図版項目

部分の名称を表示した図版、複数の項目をまとめた図版、解説付きの図版が掲載されている項目。

識別のポイント

全訳 全解古語辞典

山口堯二
鈴木日出男 編

文英堂

目で見る古典文学の世界

◎上代〔〜奈良時代〕

七〇〇年
古事記
日本書紀
万葉集中最後の歌
八〇〇年

須佐之男命（素戔嗚尊）像（八重垣神社社殿壁画）　天照大御神の弟。『古事記』『日本書紀』では乱暴な神として描かれる。高天原を追放され、降った出雲の地で八俣遠呂知を退治。救い出した櫛名田比売と結ばれる。

出雲大社本殿　主神は大国主命。『古事記』『日本書紀』には大国主命が天孫に国譲りをしたかわりとして壮大な宮殿を出雲に建てさせたとある。

元暦校本万葉集　額田王と天武天皇の贈答歌（➡名歌1・362）

大和三山　藤原宮の大極殿を囲む位置にある。香具山は天から降った山とされる。『万葉集』では、香具山と耳成山とが畝傍山をめぐって争った伝承をはじめ、さまざまに歌われる。

やまぶき

もも

あしび

ひばり

うぐひす

ほととぎす

かきつばた

あやめ(今のショウブ)

くひな

くちなし

たちばな

秋

はぎ

なでしこ

りんだう

をみなへし

かげろふ

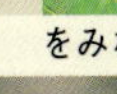

冬

ちどり

かささぎ

をし

かり

◎中古［平安時代］1

八〇〇年
凌雲集
日本霊異記

九〇〇年
竹取物語
伊勢物語（原型）
古今和歌集
土佐日記
大和物語
宇津保物語
蜻蛉日記

小野小町像（佐竹本三十六歌仙絵） 美貌を謳われ、後世、さまざまな伝承が生まれた。

紀貫之像（上畳本三十六歌仙絵） 『古今和歌集』の中心的撰者で、その代表的歌人。『土佐日記』の作者でもある。

かぐや姫の昇天（竹取物語絵巻） 厳重な警固もむなしく、迎えとともに月へ帰る。

一〇〇〇年
枕草子
源氏物語
堤中納言物語
更級日記
一一〇〇年
今昔物語集
大鏡
梁塵秘抄
山家集
一二〇〇年

木の洞に暮らす俊蔭の娘と主人公仲忠（宇津保物語絵巻）　わが子の仲忠に秘琴を伝授する俊蔭の娘。琴の音のすばらしさに山の動物たちが食べ物を持って集まる。

東下り（奈良絵本伊勢物語）　雪をかぶった富士山が比叡の山を二十重ねたようと形容される。

藤原道綱母の石山寺参籠（石山寺縁起絵巻）　道綱母が参籠中の夜明け方に見た不思議な夢の様子を描く。

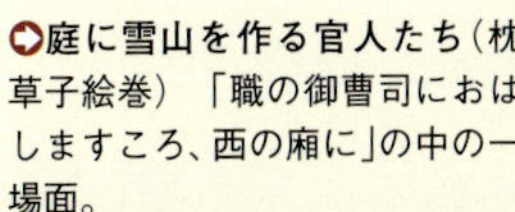

庭に雪山を作る官人たち（枕草子絵巻）　「職の御曹司におはしますころ、西の廂に」の中の一場面。

八〇〇年
凌雲集
日本霊異記

九〇〇年
竹取物語
伊勢物語（原型）
古今和歌集
土佐日記
大和物語
宇津保物語
蜻蛉日記

庭の前栽を眺める紫の上（源氏物語絵巻・御法）　病の紫の上を光源氏と明石中宮が見舞う。二人との歌の唱和のあと、紫の上は息を引き取る。

源氏物語絵巻・御法詞書　紫の上の臨終を語る部分。「きえゆく露のこゝちして…」などとある。

室内から顔をのぞかせる紫式部（紫式部日記絵巻）上の格子をあげ、内侍の局に声をかけてきた公卿に、しかたなく応対する姿。

一〇〇〇年
枕草子
源氏物語
堤中納言物語
更級日記
一一〇〇年
今昔物語集
大鏡
梁塵秘抄
山家集
一二〇〇年

石山寺参籠に向かう菅原孝標女（石山寺縁起絵巻）　雪の中を逢坂の関にさしかかる。車中の孝標女はかつて上京した折のことを思い出し、感慨にふける。

清涼殿落雷の図（北野天神縁起絵巻）　『大鏡』「左大臣時平」には、大宰府に左遷された菅原道真の怨霊が雷神となって災いをなすさまが語られている。

朱雀門の上で鬼と双六を打つ紀長谷雄（長谷雄草紙）　紀長谷雄は文才の誉れ高く、また長谷観音の申し子ともいわれ、『今昔物語集』にもたびたび登場する。

内裏・清涼殿・寝殿造り

内裏では、紫宸殿を中心として南庭を取り囲むように建物が配置されている。貴族の邸宅である寝殿造りはそれを模倣したものとされる。

内裏平面図

色文字は後宮の七殿五舎を示す。

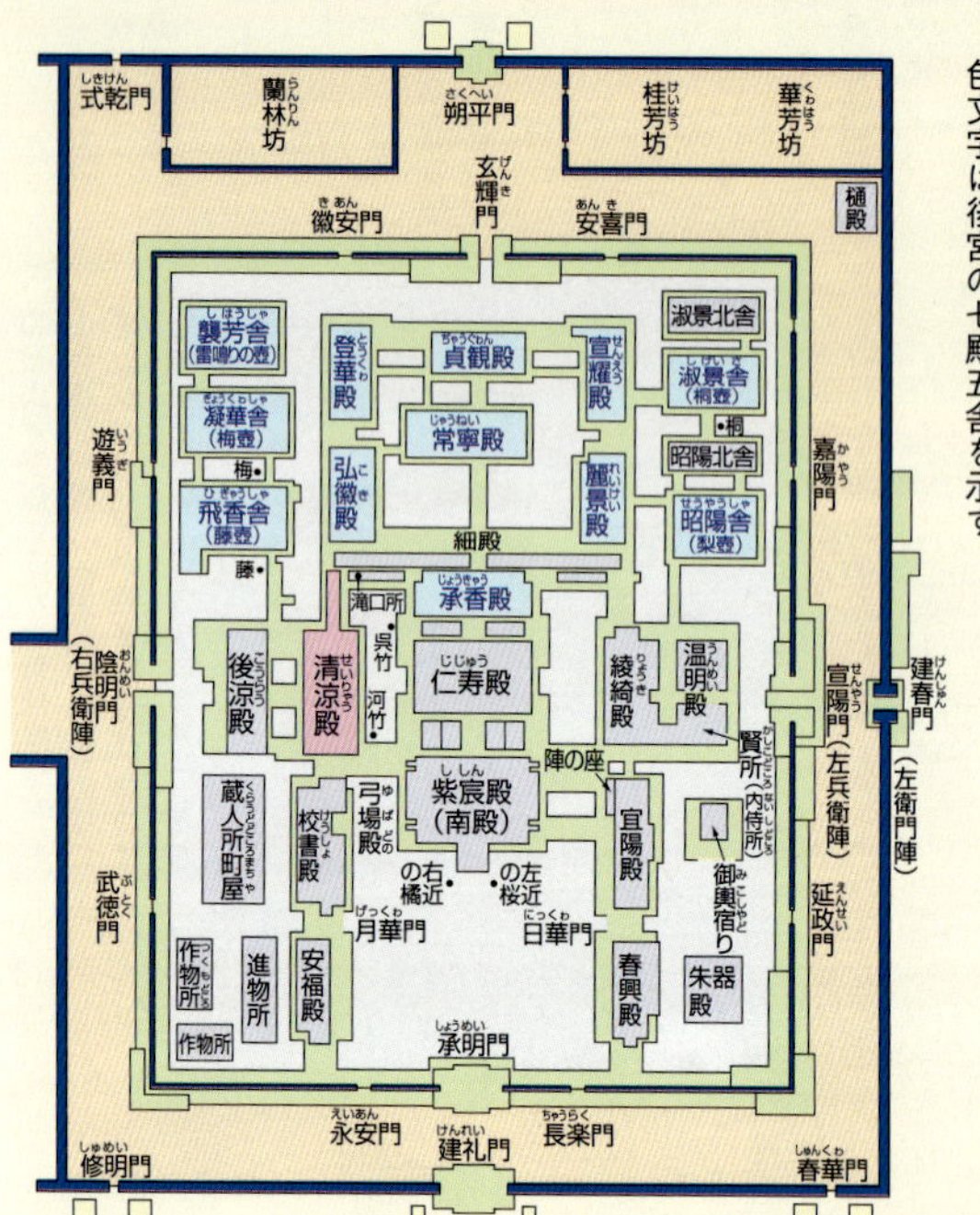

清涼殿平面図

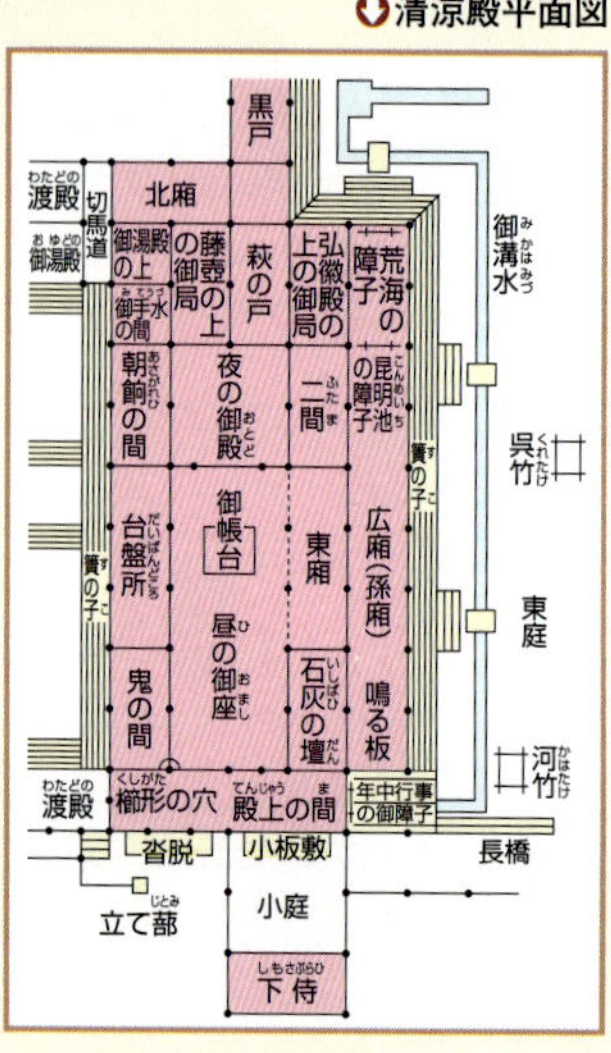

寝殿造り　藤原氏歴代の邸宅である東三条殿の復元模型。西の対を欠いた構造となっている。

東三条殿の寝殿内部の様子
(類聚雑要抄指図巻)

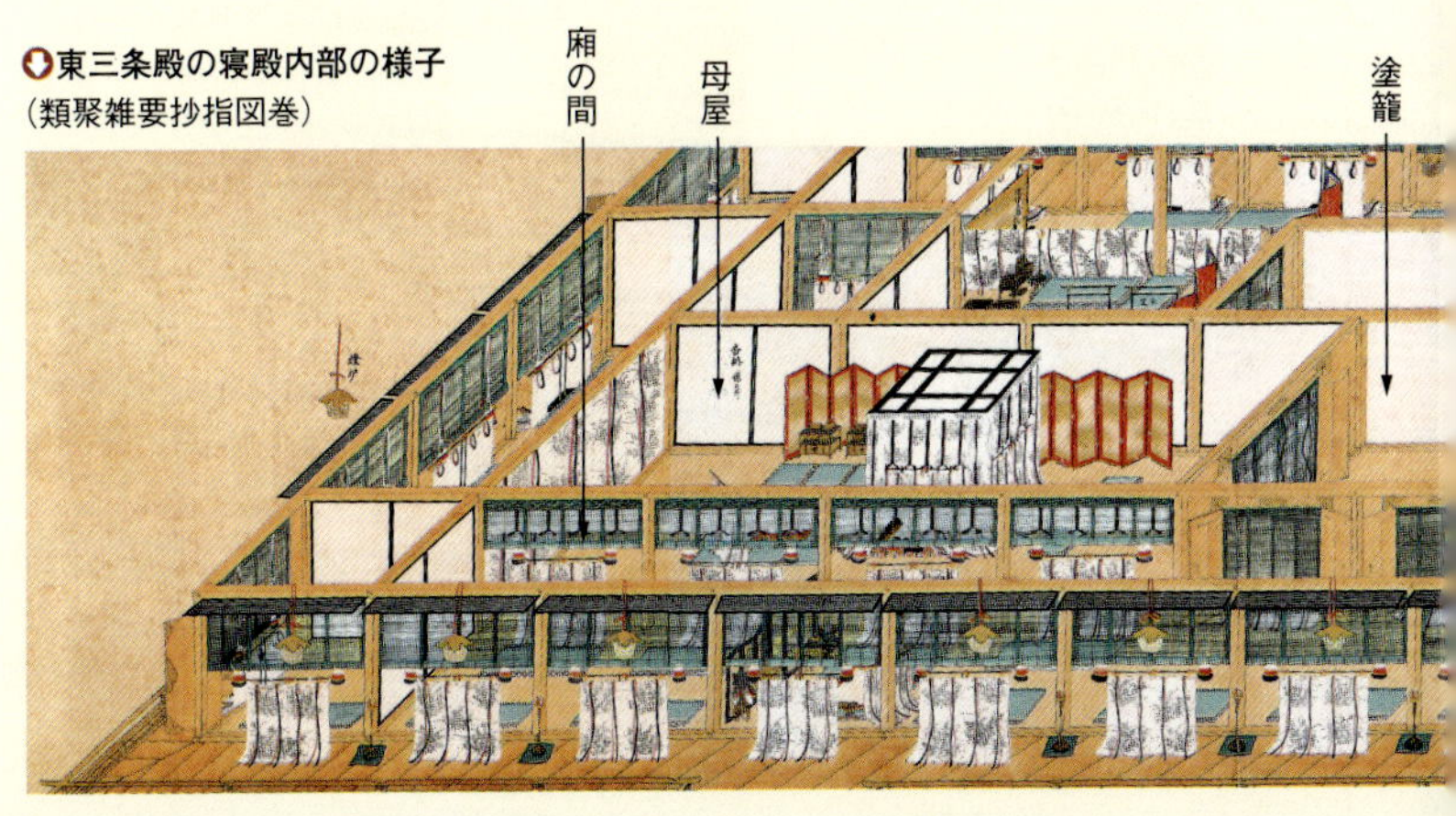

襲(かさね)の配色

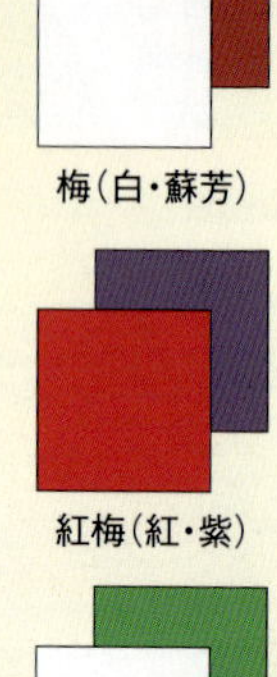

春

梅(白・蘇芳)

紅梅(紅・紫)

柳(白・青)

夏

菖蒲(あやめ)(青・紅梅)

葵(薄青・薄紫)

花橘(朽ち葉・青)

秋

紅葉(紅・青)

萩(蘇芳・青)

朽ち葉(朽ち葉・黄)

冬

椿(蘇芳・赤)

枯れ野(黄・薄青)

四季通用

海松(みる)色(萌黄・青)

木賊(とくさ)色(萌黄・白)

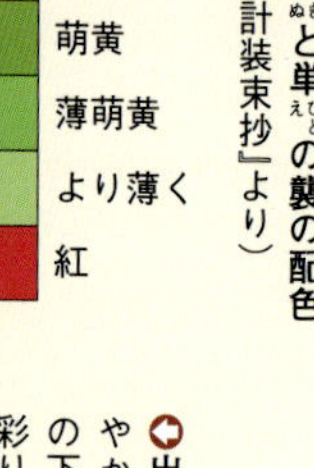

	青紅葉	松重
五つ衣	青	蘇芳
	薄青	薄蘇芳
	黄	萌黄
	薄朽葉	薄萌黄
	紅	より薄く
単	蘇芳	紅

五つ衣(ぬぎ)と単(ひとえ)の襲の配色(『満佐須計装束抄』より)

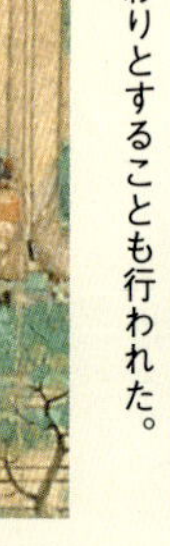

出(だい)し衣(ぬぎ)(駒競行幸絵巻) 華やかに重ね着した袖や褄を御簾の下からのぞかせ、晴れの儀式の彩りとすることも行われた。

↩釈迦三尊像（法隆寺金堂）　聖徳太子の病気平癒を祈るため、太子と等身大に作られたとされる。

⇧聖観音像（薬師寺東院）
三十三の変化した姿を持つとされる観音の本来の姿。

⇨當麻曼陀羅（當麻寺）
天平時代、中将姫が蓮糸で織ったと伝える。

⇦阿弥陀二十五菩薩来迎図（知恩院）　阿弥陀仏を信仰する人を極楽浄土へと迎えに来る姿を描いたもの。

◎中世［鎌倉・室町・安土桃山時代］

一二〇〇年
新古今和歌集
方丈記
宇治拾遺物語
平家物語（原型）

一三〇〇年
徒然草
菟久波集
太平記

三条殿夜討ち（平治物語絵巻）　藤原信頼、源義朝らが、後白河上皇の三条殿を襲う。平清盛はこの反乱を平定し、平氏全盛の基礎を築く。

平家納経・安楽行品　平清盛が厳島神社に奉納した絢爛豪華な装飾経。

壇の浦の合戦（平家物語絵巻）　源平最後の戦い。白い幟（のぼり）の源氏方が赤い幟の平氏方を追いつめる。

一四〇〇年
風姿花伝

一五〇〇年
水無瀬三吟百韻

一六〇〇年

元暦の大地震(平家物語絵巻)　安元の大火、治承の辻風、遷都、養和の飢渇、そして大地震とうち続く災厄に長明は無常の思いを強める。

厳重に囲われた蜜柑の木(奈良絵本つれづれ草)　一一段「神無月のころ」の終わりの場面。亭主の欲に興ざめする兼好。

中世の石清水八幡宮(一遍上人絵伝)　ふもとの極楽寺、高良社を経て、男山山上にある。源氏の氏神として武家の信仰を集めた。

歌会の様子(慕帰絵詞)　奥に歌聖とあがめられた柿本人麻呂の肖像が掲げられている。

能の興行(観能図屛風)　演じられているのは「翁」。舞台近くに西洋人の姿も見える。

◎近世［江戸時代］

一六〇〇年

好色一代男
日本永代蔵
奥の細道

一七〇〇年

曾根崎心中

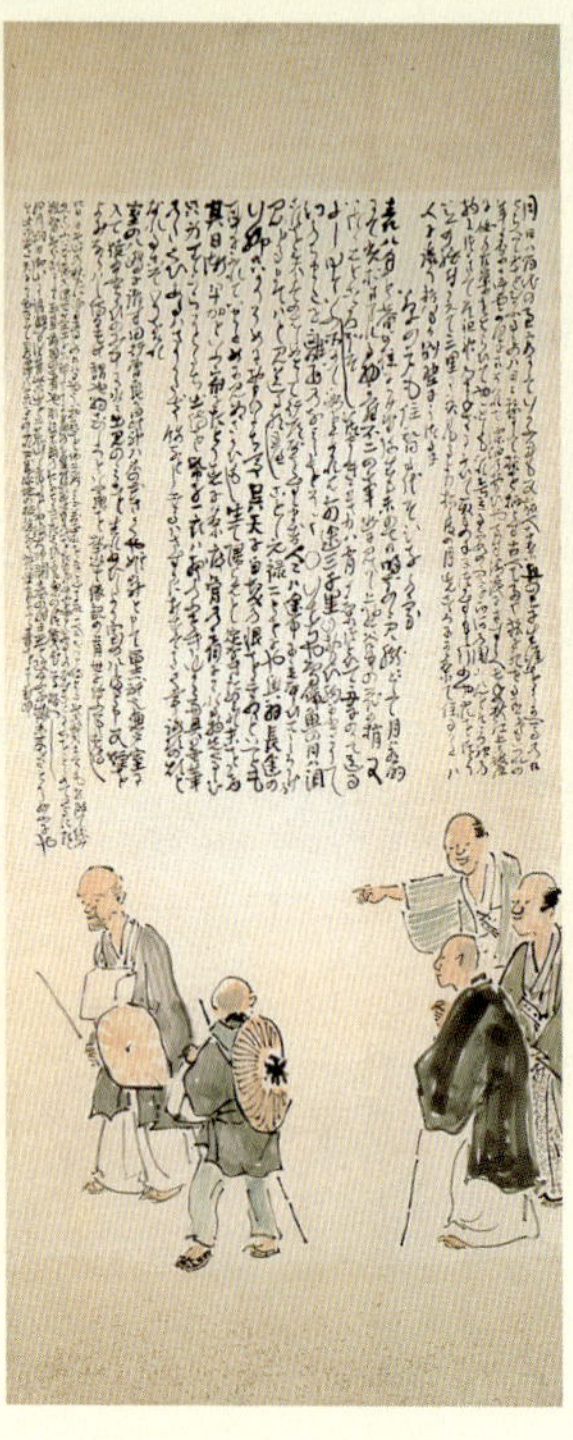

⇦旅に出る芭蕉（蕪村筆・奥の細道図屛風）　芭蕉の旅の姿とともに、『奥の細道』の本文を書きつけている。冒頭「月日は百代の過客にして…」の一節も見える。

⇧立石寺　「閑かさや…」の句（➡名句69）が詠まれた場所として名高い。『奥の細道』では「岩に巌を重ねて山とし」とその印象を語っている。

⇧蕪村筆・山野行楽図　蕪村は俳人としてばかりでなく画家としても活躍した。

⇩一茶自筆扇面　「うまさふな　雪や　ふふはり　ふふはりと」とある。

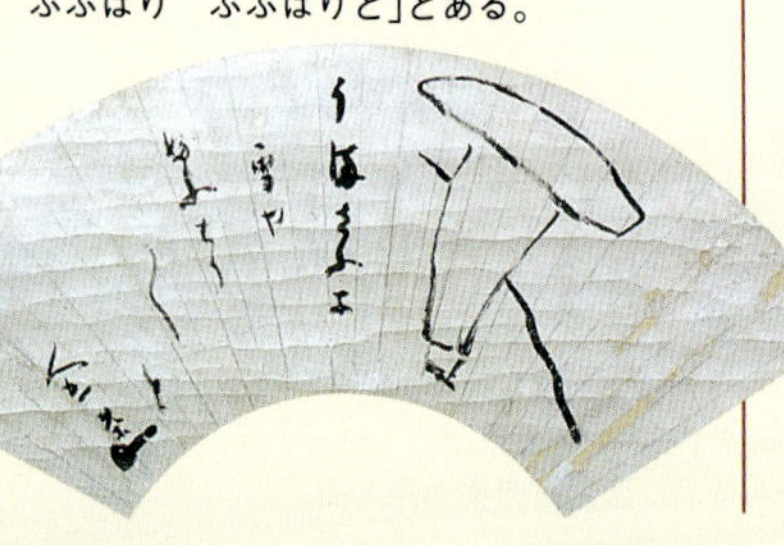

柳多留
雨月物語
新花摘
古事記伝
一八〇〇年
東海道中膝栗毛
南総里見八犬伝
おらが春

にぎわう越後屋呉服店の店頭（奥村政信筆・越後屋呉服店大浮世絵）　商品を店頭に並べ、すべて現金売りとした新商法が大当たり。『日本永代蔵』にも登場する。

八犬士犬塚信乃（上）と犬飼現八（下）（歌川国芳筆・芳流閣）　『南総里見八犬伝』の一場面。実は兄弟である二人が初めて出会う。

御油宿の留め女（歌川広重筆・東海道五十三次）　旅人の袖を引き、強引に自分の宿屋へ連れて行こうとする御油宿の留め女は、『東海道中膝栗毛』にも描かれている。

雨月物語　巻之四「蛇性の婬」の挿絵。蛇の精が正体を現す。

能

世阿弥作「井筒」
井筒の女の亡霊が在原業平の形見の直衣を着て舞う。

狂言

小名狂言「附子」
主人から猛毒の「附子」が入っていると教えられた桶を、扇であおぎながら開けようとする太郎冠者と次郎冠者。

人形浄瑠璃

近松門左衛門作「曾根崎心中」 義理と面目を保てなくなり絶望した徳兵衛と遊女お初は心中を決意する。

歌舞伎

「寿曾我対面(ことぶきそがのたいめん)」 親の敵工藤祐経に挑みかかろうとする曾我五郎とそれをいさめる兄の十郎。

刊行の辞

古典を読む楽しさには、現代の書物に接する興味とはまた一味違うものがある。現代の書物は、それが虚構の小説でも、我々の日常生活にどこかで直結しやすく、またそれだけに読んで感じるおもしろさや共感・反発する思いも直接的になりやすいが、古典の世界には我々の利害に直接かかわるようなことはほとんど出てこない。それだけ、むしろ純粋に楽しめるのである。

古典に親しむ読書の喜びを、『徒然草(つれづれぐさ)』一三段には次のように書いている。

> ひとり灯(ともしび)のもとに文(ふみ)をひろげて、見ぬ世の人を友とするぞ、こよなうなぐさむわざなる。

遠く時代の隔たった古典の作品には、現在は使われない古い言葉が多い。しかし、昔の人たちは、よくわからなくても、細かいことなど気にせず、読書百遍、意おのずから通ずと思って、気長に読むことができたのではないだろうか。昔と違って便利になった代わりに、わずかな時間も気にせざるを得なくなった現代人に、そういうまねのできる人は少ない。

『枕草子(まくらのそうし)』や『源氏物語(げんじものがたり)』の書かれた平安時代の世の中は、身分の差の著しい貴族社会であった。当時の作品によく出てくる多様な敬語がそれを反映している。「係り結び」と呼ばれる、現代語にはない、古文特有の文法上のきまりもある。古典の作品を読んで理解しようとすれば、まずそのような古語に関する知識がなにかと必要になる。わかりにくいのは、言葉の意味だけではない。昔は住居の構造も違えば、生活のしかたにもいろいろな違いがあった。物の考え方にしても、時代によってかなり変化していることがある。したがって、よくわかろうとすれば、言葉の意味とは別に、それらの点にも注意しなくてはならない。現代の我々が古典に接して「見ぬ世の人を友とする」には、いろいろと予備知識の必要な場合が多いのである。

高等学校の国語科の授業で、古典の文学作品を学ぶ時間は、種々の事情で限られてきている。しかし、古典の作品を読みたい、楽しみたいという人々の気持ちが少なくなったとは思えない。平安時代の物語を読んで登場人物の心情に共感したり、和歌の贈答に心をひかれたりすることは、現代の若い人たちにも、かえって多くなっているようにさえ思われる。

この古語辞典の編集にあたっては、そのような状況に照らして、初心者が引きやすく、読みやすく、それでいて、古典の本質に触れられるようにと心がけた。古典の文章がより正確に解釈できるよう、特によく用いられる重要語については、その根本の語義や語感がどのようなものか、また実際にはどのように用いられるのか、現代語でいえばどうなるかなどを詳しく、しかも簡潔に説き明かすように努めた。これがこの古語辞典の重要な特色の一つである。

また、古典の文章における文法などの基本的な知識、人物の心情などを表す言葉の時代性、あるいは作品の文脈を理解するのに必要な当時の生活様式や人々の教養、さらには文学史の流れなど、およそ古典の文学作品の理解に必要な事柄については、まずその基礎となる部分をしっかりおさえ、その上で理解を深められるように、解説のしかたやその配列にも工夫を重ねた。特に初心者にとって使いやすく、手ごろで、しかも良質の古語辞典になっているはずだと自負している。古典を学び、古典に親しむ道案内として、本書を十分に使いこなしていただきたい。

なお、本書の刊行に際しては、左記の方々に多大の御協力をいただいた。この場を借りて厚くお礼申し上げたい。

二〇〇四年八月

編者

○執筆協力

浅見和彦　安隨直子　安達敬子　五十嵐康夫　池田節子　池田尚隆　池山　晃　石田千尋
泉　基博　井上博嗣　今井久代　岩坪　健　上野辰義　大井田晴彦　大浦誠士　大谷俊太
岡本泰子　小川靖彦　奥村英司　奥村悦三　小倉嘉夫　片岡玲子　加藤敦子　川崎剛志
河添房江　神田　学　木谷眞理子　北村昌幸　木村　博　久木元滋昌　黒木祥子　桑名靖治
劔持雄二　小島孝之　小林ふみ子　近藤明日子　近藤要司　齊藤　歩　佐伯孝弘　酒井わか奈
佐藤明浩　佐藤一恵　佐藤知乃　佐藤至子　品田悦一　島内景二　白石佳和　杉下元明
杉田昌彦　鈴木健一　鈴木宏子　鈴木幸夫　五月女肇志　高木和子　高桑枝実子　高田祐彦
高山善行　竹内正彦　田島智子　多田一臣　玉村禎郎　田村さおり　近本謙介　千葉一子
蔦尾和宏　堤　和博　鉄野昌弘　長島弘明　中村隆嗣　中本　大　新野直哉　野村剛史
橋本行洋　馬場光子　林田孝和　深沢了子　福田安典　福長　進　藤井貞和　藤本勝義
藤本宗利　藤原克己　古橋信孝　正木ゆみ　松井健児　松岡智之　松原秀江　森山由紀子
山口慎一　山崎　淳　吉田比呂子　吉野朋美　吉野瑞恵　依田　泰　余田弘実　米山敬子
渡部泰明

○図版監修・作画指導

高田倭男

○写真提供

青木信二　石山寺　和泉市久保惣記念美術館　逸翁美術館　厳島神社　一茶記念館
永青文庫　北野天満宮　九州大学附属図書館　京都大学附属図書館　神戸市立博物館
国立劇場　国立能楽堂　国立歴史民俗博物館　五島美術館　斎宮歴史博物館　小学館
清浄光寺　世界文化フォト　當麻寺　知恩院　天理大学附属天理図書館　東京国立博物館
西本願寺　野中明　林原美術館　藤木鐵三　便利堂　蓬左文庫　法隆寺　ボストン美術館
三越資料室　八重垣神社　山形美術館　山口伊太郎　ユニフォトプレス

○図表等作成

ソーケンレイアウトスタジオ　㈱タップハウス　藤立育弘

○装丁・本文ディレクション

白尾隆太郎

この辞典の特色

1 収録語の範囲　この辞典に収録した語は、約三〇〇〇〇語である。語の選定にあたっては、高等学校で学ぶ機会が多く、大学入試問題などに採用されることも多い作品から選ぶように努めた。また、それらの作品に現れる地名や、古典を学ぶ上で重要な作品名・人名・ジャンル名・文学用語、連語や慣用表現、さらに、著名な和歌・俳諧(はいかい)なども収録した。

古語辞典に不慣れでもすぐに正しい見出し語を見つけられるように、検索のための見出し類も数多く立てた。

2 重要語・次位重要語の選定　見出し語は次の三段階に分けた。

①重要語（約九五〇語）　古文読解のための最重要の語。基本的な動詞・名詞や、人間の心情を表す語など。助動詞・助詞については、そのほとんどを重要語とした。

②次位重要語（約一三〇〇語）　重要語に次ぐと考えられる語。高校教科書や大学入試問題などでの頻出度は重要語に劣らない。

③一般語

重要語・次位重要語については、その語の執筆者名を示した。

3 冒頭説明　語の成り立ち、本来の意味や用法、語感などを、冒頭で簡潔に説明した。

4 用例の現代語訳と読解　見出し語の理解が用例からも深まるように、重要語・次位重要語については、用例に全文現代語訳をつけた。一般語については、難解な部分に現代語訳をつけた。訳については、安易な意訳を避け、正確さを重視した。

用例には随所に[読解]を設け、場面や前後の文脈、表現技法、文法的事項などを説明し、用例の内容をいちだんと理解しやすくなるようにした。

5 語誌 [語誌]欄を設け、意味や用法の変遷、特徴的な用法、関連語、さらには、その語の背景にあるものなどに至るまで、幅広く説明した。文学史的な項目では、語誌に代えて、成立・内容・構成・業績などを説明した。

6 助動詞・助詞と敬語 高等学校の古文学習では文法的な知識が重視されることが多いので、特に助動詞・助詞や敬語については説明のしかたも工夫した。

助動詞・助詞の語誌では、語の成り立ちや語源、用法の特徴や注意点、同じグループに属する語との比較、異説、関連語や注意すべき連語などを、ときには表なども用いて説明した。大学入試に頻出の同形識別は、別に設けた【識別のポイント】でも説明した（前見返し参照）。

敬語の語誌では、用法の特徴や注意点、敬意の程度、他の敬語との比較なども説明した。また、付録に『敬語表現の理解』『主な敬語動詞一覧』を設けた。

7 枠囲み項目 古典の背景の理解のために、多くの作品にみられる話の型、文学と関連の深い分野、主要なジャンルなどを取り上げ、赤の枠で囲んだ特別項目として示した（前見返し参照）。

8 挿絵・図版 見出し語の理解を助けるために、約三六〇点の挿絵・図版を収めた。図版監修者の指導を受け、考証にも厳密を期した。

9 名歌・名句辞典 著名な和歌・歌謡四四二首と、俳諧・川柳・連歌など一九八句を『名歌・名句辞典』として収録した。『百人一首』は全歌を収録してある。それぞれの作品については、歌意・句意だけでなく、読解・鑑賞のポイントや表現技法も説明した。

編集にあたっては、内容が正確でわかりやすいこと、古文に不慣れでも使いやすいことを心がけた。さらに、古典の世界への興味や関心が豊かに広がる辞典であるようにと心がけた。

この辞典の使い方

◉項目の組み立て（基本の形）

次の各要素の組み合わせによって説明する。

①見出し
②漢字表記
③読み方
④品詞・活用
⑤時代性・位相性
⑥冒頭説明
⑦語義説明
…特に重要な部分は太字
⑧用例・出典欄
…見出し語にあたる部分は太字
⑨「接続」「活用」欄
（助動詞・助詞）
⑩「語誌」欄
⑪執筆者名
（重要語・次位重要語）

普通の語

みを-つ-くし【澪標】ミオ— 名（澪（みを）の串（くし）の意）航行のために水脈や水深を知らせる目印として水中に立てた杭（くい）。難波（なには）の河口のものが有名。和歌では、「身を尽くし」に掛けて用いることが多い。例わびぬれば今はた同じ難波なる**みをつくし**ても逢はむとぞ思ふ〈後撰・恋五〉→名歌439

重要語・次位重要語

かかや・く【輝く・赫く・耀く】動（カ四）強く光る意。江戸中期以降「かがやく」。

❶**まぶしく光る。** 例そのあたりに照り**かかやく**木ども立てり（＝その周辺に輝きまぶしく光る木がたくさん立っていた）〈竹取〉

❷**恥ずかしがる。照れる。** 例女、扇（あふぎ）をもって顔に指し隠して**かかやく**を（＝女が、扇でもって顔にかざし隠して恥ずかしがるのを）〈今昔・二七・三八〉

❸**恥をかかせる。** 例昼も夜も来（く）る人を、なにしにかは、「なし」とも**かかやき**帰さむ（＝昼も夜もやって来る人を、どうして、「不在です」と言って恥をかかせて帰らせられようか）〈枕・里にまかでたるに〉読解「なにしかは」の「かは」は反語の意を表す。

語誌▼**関連語** 類義語に「**ひかる**」「**てる**」などがあり、『源氏物語』桐壺（きりつぼ）巻で、藤壺（ふぢつぼ）を「かかやく日の宮」、光源氏を「光る君（きみ）」と世間の人が並び称したという一節は有名。一方、「ひかる」が微弱な光にも用いられるのに対して、「かかやく」は強烈で持続的な光を表現するのに用いられるという違いもみられる。②のように心情に対して用いられる点では、「**まばゆし**」なども共通する。〈高田祐彦〉

助動詞・助詞

こす 助動（下二段型）《上代語》終助詞「ね」「な」を伴ったり、命令形にしたりして、他に対して実現を希望する意を表す。〜してほしい。〜してくれ。例竹敷（たかしき）の浦廻（うらみ）の黄葉（もみち）我行きて帰り来（く）るまで散り**こす**なゆめ（＝散ってくれるな、決して）〈万葉・一五・三七〇二〉

接続 動詞の連用形につく。

活用 こせ／○／こす／○／○／こせ

◉要素の説明

1　見出し

(一)　見出し語の形について

◇語の重要度によって三段階に分け、見出し語の大きさと色によってその重要度を示した。

・重要語

やむごと-な・し……普通の語

まほし……助動詞・助詞

伊勢せい……固有名詞

[心を遣やる]……子項目

・次位重要語

あいぎやう-づ・く……普通の語

万葉集まんえふしふ……固有名詞

[名に負おふ]……子項目

・一般語

はげ・む……普通の語

ます……助動詞・助詞

田子の浦たごのうら……固有名詞

[目に角かどを立たつ]……子項目

◇見出し語の表記は歴史的仮名遣いによる仮名書きとした。拗音・促音は小さく右寄せで示した。

◇助動詞・助詞は、見出し語を赤アミで囲んだ。

◇地名・人名・作品名は、漢字仮名まじり表記とし、全体の読みを小字の平仮名で示した。表記が複数ある場合は、「・」で並列した。

天の香具山あまのかぐやま

神武天皇じんむてんわう

拾遺和歌集しふゐわかしふ

◇二文節以上からなる慣用句・故事成語・成句的な項目は、子項目とした。

子項目は、漢字仮名交じり表記とし、漢字の読みを小字の平仮名で示して一字下がりで[　]に入れて示した。

は-ね[羽・羽根]……親項目

[羽打うち交かはす]
[羽を交かはす]
[羽を並ならぶ]
}……子項目

一語化の傾向が強い「名詞＋の＋名詞」や「名詞＋動詞・形容詞」は、独立項目とした。

◇動詞・形容詞は終止形で示し、語幹と語尾が分けられるものは、その間を「・」で区切った。形容動詞は語幹を掲げた。

◇語構成の区切りを「-」で示した。接頭語・接尾語は、他の語に接する位置を「-」で示した。

語構成を示す「-」と語幹と語尾の区別を示す「・」が同じ位置に入る場合は、「-」を省略し、「・」だけを示した。

連語は、単語と単語の区切りに「-」をつけた。

枕詞は、原則として「-」を省略した。

(二) 見出し語の配列について

◇五十音順に配列した。
直音→拗音、直音→促音、清音→濁音→半濁音の順とした。
子項目は、親項目のもとに読みの五十音順に配列した。
◇見出し語の表記が同じ語は、次のように配列した。
▼仮名遣いなどの空見出し→接頭語→接尾語→名詞→代名詞→動詞→補助動詞→形容詞→形容動詞→連体詞→副詞→接続詞→感動詞→助動詞→助詞→その他の言葉(連語など)の順。
▼固有名詞は、普通名詞の後ろに、地名→人名→作品名の順。
◇見出し語の表記も品詞も同じ語は、漢字表記の字数の少ない順、次に最初の漢字の画数の少ない順とした。

2 見出し語の漢字表記

◇見出し語の意味を示すため、その意味を表す漢字を、見出し語の下に【 】を用いて示した。
代表的な漢字を優先して掲げた。
◇検索のために立てた、現代仮名遣いによる見出し語の漢字表記は〖 〗を用いた。

あわい〖間〗⇩あはひ
あわし〖淡し〗⇩あはし

3 現代語の発音による読み方の表示

◇見出し語の仮名遣いが現代仮名遣いと一致しないものには、現代仮名遣いによる小字の片仮名で、その読み方を示した。
◇見出し語の仮名遣いが現代仮名遣いと一致する語構成要素の部分は、原則として「—」で省略した。

4 品詞・活用

◇品詞分類・活用の種類等については、原則として学校で行われている文法の決まりに従った。ここでは、名詞とは別に代名詞を示し、また、動詞とは別に補助動詞を示した。
◇「略語・記号表(p.11)」の「品詞名など」「活用の種類」を組み合わせて次のように示した。

名
動(カ四)
助動(特殊型)
名動(サ変)
名形動(ナリ)
名副
（名動・名形動・名副）……名詞で、サ変動詞および形容動詞語幹、副詞などに用いられるもの
接尾(ハ下二型)……接尾語で活用のあるもの

◇名詞のうち固有名詞については、品詞に代わるものとして《地名》《人名》《作品名》などと示した。
◇枕詞は、品詞に準じて《枕詞》と示した。

5 語の時代性・位相性

◇その語が用いられる時代・位相などに特徴がある場合は、《上代語》《近世語》《仏教語》などと示した。
◇歌枕については品詞表示の下に 歌枕 と示した。

6 冒頭説明

◇その語の理解のために有効な、語の組成、語形の変化、派生関係など、語の成り立ちにかかわる説明を、〔 〕に入れて、あるいは赤線で前後を区切って示した。
重要語・次位重要語では、原義(基本義)、意味のニュアンス

や広がりなどについても簡潔に説明を加えた。

やた‐がらす【八咫烏】 名〔「やた」は「やあた」の変化した形。「あた」は長さの単位〕

きこ・す【聞こす】 動(サ四)〘上代語〙〔動詞「きく」の未然形＋上代の尊敬の助動詞「す」＝「きかす」の変化した形〕

まさ・し【正し】 形(シク)「まさ」は、正しいさま、理にかなったさま、確かなさま、のであるさまを表す。意。行動や状態が、かくあるはずと予想されるとおり

7 語義説明

◇一つの見出し語の中に意味が二つ以上ある場合、❶❷…と配列した。さらに細分する場合は、㋐㋑…を用いた。品詞または活用によって意味が異なる場合は、❶❷…の上位記号として❶❷…を用いて区別した。

◇重要語・次位重要語では、特に重要な部分は太字で示した。

◇補足的な説明は（　）に入れて示した。

◇語義の理解を深めるために、別の語の説明を参照するとよい場合には、語義の後ろに、⇩を用いてその語を示した。

◇語義全体を別の語に譲る場合は ⇩ を用いてその語を示した。

8 用例・出典

(一) 用例について

◇用例は 例 で示した。一つの語義の中に例が複数ある場合は、例(a) 例(b)…のように示した。

◇用例中の見出し語にあたる部分は、太字で示した。また、その部分が、音便形の場合や、助動詞で同形の活用形がある場合などは、(音便形)(連用形)という形で、それぞれ注記した。

◇用例の表記は、信頼できる現代の注釈書などに従うことを原則とし、さらに、わかりやすくするために、次のような工夫をした。

▼歴史的仮名遣いによる漢字・平仮名まじりの形に統一する。ただし、日葡(にっぽ)辞書は『邦訳日葡辞書』により、見出し語にあたる部分は片仮名で示した。

▼難しい漢字には読み仮名をつけ、極端なあて字は仮名に改める。

▼漢詩文は読み下し文で掲げる。

▼複数の会話文にはそれぞれ「　」をつける。

▼長歌・歌謡などは、句の区切りを半字分あけて示す。

なお、用例の一部を省略する場合は、「…」を用いて示した。

◇現代語訳は、(＝　)の形で示した。

部分訳の場合には、訳をほどこした部分の例文の右横に傍線を引いた。人名・地名・動植物名などを語注的に説明する場合も、この形で示した。

◇文脈のわかりにくいところは、（　）の中に漢字・片仮名まじり文によって、主語や目的語などを補った。

◇枕詞・序詞は、(枕詞)(ここまで序詞)の形で用例中に示した。

◇用例の理解を助けるために 読解 を設け、意味内容の補足、和歌などの表現技法の説明や文法事項の説明などをした。

現代語訳だけでは内容を理解しにくい例については、読解で、訳を含めて総合的に解説した。

◇「名歌・名句辞典」にあげている和歌・俳諧などを例として引くときは、用例の後ろに「➡名歌3」「➡名句24」などと、その通し番号を示して検索しやすくした。

(二) 出典について

◇用例の出典は、例の後ろに〈　〉に入れて示した。

◇出典の示し方は、おおむね次のようにした。

▼原則として正式名称を示した。ただし、物語・説話類の「物語(集)」、日記文学類の「日記」、勅撰和歌集の「和歌集」など、作品名の一部を、他と混同のおそれのない限り省略した。次のように、略称で示したものもある。

（略称）→（正式名称）

記→古事記
紀→日本書紀
万葉→万葉集
霊異記→日本国現報善悪霊異記
枕→枕草子
随聞記→正法眼蔵随聞記
著聞集→古今著聞集
夫木→夫木和歌抄
徒然→徒然草
膝栗毛→東海道中膝栗毛
八犬伝→南総里見八犬伝
弓張月→椿説弓張月

▼巻名・巻数・段数・編名・説話番号・部立などを付記したものもある。『万葉集』の各歌は旧『国歌大観』の歌番号を添えて示した。

〈万葉・一〇・二三〇六〉

〈古今・恋五〉

〈源氏・桐壺〉

〈宇治拾遺・二八〉

▼中世・近世の芸能や小説等では、次のようなジャンル名を作品名の前に示した。

謡曲　狂言　幸若　浄瑠璃
歌舞伎　俳諧　御伽草子　仮名草子
噺本　浮世草子　談義本　読本
洒落本　黄表紙　滑稽本　人情本

近松門左衛門（ちかまつもんざえもん）・井原西鶴（いはらさいかく）・芭蕉（ばしょう）の作品では、ジャンル名に代わるものとして、作者名を「近松」「西鶴」「芭蕉」と示した。

9 「接続」「活用」欄

◇助動詞・助詞では、[接続]を用いて、どの語につくかを示した。

◇助動詞では、[活用]を用いて、重要語は表組みで、一般語は未然形・連用形・終止形・連体形・已然形・命令形の順序ですべての活用形を示した。

重要語「さす」……[接続]上一段・下一段・上二段・下二段・カ変・サ変活用の動詞の未然形につく。

[活用]下二段型

未然形	連用形	終止形	連体形	已然形	命令形
させ	させ	さす	さする	さすれ	させよ

一般語「さんす」……[接続]四段・ナ変活用以外の動詞の未然形、カ変動詞の連用形につく。

[活用]さんせ／さんし／さんす／さんす／さんすれ／さんせ

10 「語誌」欄

◇重要語・次位重要語の[語誌]では、語義・用法の変遷、語の位相性、特徴的な用法、類義語・対義語など広範囲の関連語、民俗的側面、季節感・行事との関係などについて、その語の全体像が明らかになるよう、より広く深く解説した。

◇重要語・次位重要語のうち、作品名・人名では、[語誌]欄に代えて、「●成立」「●内容・構成」「●影響」「●略歴」「●業績」などのタイトルをつけて解説した。

◇重要語・次位重要語の助動詞・助詞では、語の成り立ち・語源、用法の特徴・注意点、同じグループに属する語との比較、異説、関連語形や注意すべき連語などを、ときには図解も用いて詳しく解説した。

◇一般語では、[語誌]で、重要語・次位重要語に準じた解説をした。

11　類義語・対義語

◇類義語・対義語については、「語誌」や「冒頭説明」で説明するのを原則とし、一部は語義説明の末尾に、[類義][対義]の記号をつけて、見出しになる形（仮名書き・歴史的仮名遣い）で示した。ただし、容易に推測できるものなどは、多くの場合省略した。

◉図版

図版は典拠資料をもとに新たに書き起こし、考証には厳密を期した。このうち、装束・調度・武具などの有職故実関連の図版で、図版監修者の監修・作画指導を経たものについては、資料の書名、所蔵先などを〔　〕に入れて示した。

◉略語・記号表

品詞名など		活用の種類	
[接頭]	接頭語	（＊四）	＊行四段活用
[接尾]	接尾語	（＊上一）	＊行上一段活用
[名]	名詞	（＊下一）	＊行下一段活用
[代]	代名詞	（＊上二）	＊行上二段活用
[動]	動詞	（＊下二）	＊行下二段活用
[補動]	補助動詞	（ナ変）	ナ行変格活用
[形]	形容詞	（ラ変）	ラ行変格活用
[形動]	形容動詞	（カ変）	カ行変格活用
[連体]	連体詞	（サ変）	サ行変格活用
[副]	副詞	（ク）	ク活用
[接]	接続詞	（シク）	シク活用
[感]	感動詞	（ナリ）	ナリ活用
[助動]	助動詞	（タリ）	タリ活用
[格助]	格助詞	（口語）	口語型活用
[接助]	接続助詞		
[係助]	係助詞		
[副助]	副助詞		
[終助]	終助詞		
[間助]	間投助詞		

歴史的仮名遣い一覧

◇歴史的仮名遣いによる表記で、検索に迷いやすい語の読みを、現代仮名遣いによる五十音順で配列した。
◇表の見方は次のとおりとする。
　第一段…片仮名による現代仮名遣い
　第二段…歴史的仮名遣い
　第三段…相当する漢字

あ行

第一段	第二段	第三段
アイ	あひ	相・間・合・会・逢
	あゐ	藍
アイダ	あひだ	間
アウ	あふ	合・会・和・敢・逢・遭・饗
アエシラウ	あへしらふ	
アエズ	あへず	敢
アオ	あを	青・襖
アオイ	あふひ	葵
アオグ	あふぐ	仰・扇
アオル	あふる	煽
アキナイ	あきなひ	商
アジ	あぢ	味・鯵
アジキナシ	あぢきなし	
アズカル	あづかる	預・与
アズサ	あづさ	梓
アズマ	あづま	東・東国
アタウ	あたふ	与・能
アナズル	あなづる	侮
アラガウ	あらがふ	争・諍
アラワ	あらは	露・顕
アラワス	あらはす	表・現・著・顕
アワ	あは	粟・安房・阿波
アワアワシ	あはあはし	淡淡
アワイ	あはひ	間
アワシ	あはし	淡
アワス	あはす	合
アワツケシ	あはつけし	
アワレ	あはれ	
イ	ゐ	井・亥・位・囲・豕・威・韋・猪・惟・違・遺
イイ	いひ	家・飯・楲・謂・言
イウ	いふ	言・云
イエ	いへ	家
イオ	いを	魚
イオリ	いほり	庵・廬
イカズチ	いかづち	雷
イカン	いくわん	衣冠
イキオイ	いきほひ	勢
イズ	いづ	出・伊豆
イズク	いづく	何処
イズチ	いづち	何方・何処
イズミ	いづみ	泉・和泉
イズレ	いづれ	何
イタズラ	いたづら	徒
イタワシ	いたはし	労
イチョウ	いちやう	銀杏・公孫樹
イヅツ	ゐづつ	井筒
イデ	ゐで	堰・井出
イトウ	いとふ	厭
イトオシ	いとほし	
イナカ	ゐなか	田舎
イヌイ	いぬゐ	戌亥・乾
イマヨウ	いまやう	今様
イヤ	ゐや	礼・居屋
イラウ	いらふ	答・応
イル	ゐる	居・率
イワ	いは	石・岩・家・磐
イワウ	いはふ	斎・祝
イワオ	いはほ	巌
イワク	いはく	曰・稚
イワケナシ	いはけなし	稚
イワレ	いはれ	磐余・謂
イワンヤ	いはむや	況
イン	ゐん	尹・員・院・韻
ウイ	うひ	初
ウエ	うへ	上
ウオ	うを	魚
ウグイス	うぐひす	鶯
ウケウ	うけふ	誓・祈
ウジ	うぢ	氏・宇治
ウシオ	うしほ	潮
ウシナウ	うしなふ	失
ウズクマル	うづくまる	蹲・踞
ウズム	うづむ	埋
ウズラ	うづら	鶉
ウチワ	うちは	団扇
ウナイ	うなゐ	髫髪・垂髪
ウナズク	うなづく	頷
ウルワシ	うるはし	麗・美・愛
ウレウ	うれふ	憂・愁
ウワ	うは	上
エ	ゑ	会・回・画・廻・餌・恵・絵・慧・衛・穢
エイガ	えいぐゎ	栄華・栄花
エウ	ゑふ	酔
エコウ	ゑかう	回向・廻向
エツ	ゑつ	越
エド	ゑど	穢土
エフ	ゑふ	衛府
エマキ	ゑまき	絵巻
エム	ゑむ	笑
エル	ゑる	彫
エン	ゑん	円・垣・怨・淵・遠・鴛
エンズ	ゑんず	怨
オ	を	小・夫・丘・尾・男・牡・岡・苧・和・峰・烏・麻・雄・緒
オイ	おひ	笈・生・負・追
オウ	あう	奥・鶯・鸚
	あふ	押
	おふ	生・負・追
	わう	王・尪・往・枉・皇・黄・横
	をふ	終・麻生
オウギ	あふぎ	扇

オウサカ	あふさか	逢坂
オウジョウ	わうじゃう	往生
オウナ	をうな	女
オウミ	あふみ	近江
オオ	おほ	大・太・凡
オオウ	おほふ	被・覆
オオカタ	おほかた	大方
オオケナシ	おほけなし	
オオシ	おほし	凡・大・多
	ををし	男男・雄雄
オオジ	おほぢ	祖父
オオス	おほす	仰・果・課・生・
		負
オオドカ	おほどか	
オオヤケ	おほやけ	公
オオヨウ	おほやう	大様
オオヨソ	おほよそ	大凡・凡
オオラカ	おほらか	多
オオル	ををる	撓
オオン	おほん	大御・御
オカ	をか	丘・岡・陸
オカシ	をかし	
オカス	をかす	犯・侵・冒
オガム	をがむ	拝
オギ	をぎ	荻
オク	をく	招
オケ	をけ	麻笥・桶
オコ	をこ	痴・烏滸・尾籠
オコツル	をこつる	誘
オサ	をさ	長・筬
オサナシ	をさなし	幼
オサム	をさむ	治・修・収・蔵・
		納
オシ	をし	鴛鴦・惜・愛
オジ	をぢ	小父・翁・伯
		父・叔父
オシウ	をしふ	教
オシキ	をしき	折敷
オシム	をしむ	愛・惜
オス	をす	小簾・食
オズ	おづ	怖・懼
オソウ	おそふ	圧・襲
オダマキ	をだまき	苧環
オチ	をち	彼方・遠・復・
		変若
オツ	をつ	復・変若
オトコ	をとこ	男
オドシ	をどし	縅・威
オトズル	おとづる	訪
オトメ	をとめ	少女・乙女・処
		女
オドル	をどる	踊
オノ	をの	斧・小野
オノコ	をのこ	男子・男
オバ	をば	伯母・叔母・小
		母
オホザウ	おほぞう	
オミ	をみ	小忌・小斎・麻
		績
オミナ	をみな	女
オミナエシ	をみなへし	女郎花・敗
		醬
オメク	をめく	喚
オモウ	おもふ	思
オモオス	おもほす	思
オリ	をり	折・居
オロガム	をろがむ	拝
オロチ	をろち	大蛇
オワス	おはす	御座
オワル	をはる	終
オン	をん	怨・温・園・遠
オンナ	をんな	女

か行

カ	くゎ	火・花・和・果・
		華・掛・菓・過・
		窠・靴・裹・蝸
カイ	かひ	交・卵・貝・峡・
		匙・効・甲斐
	くゎい	会・回・灰・廻・
		傀・槐・懐
ガイ	ぐゎい	外
カイガ	くゎいぐゎ	絵画
カイナ	かひな	腕・肱
カウ	かふ	交・替・買・換・
		飼
カエス	かへす	反・返・帰
カエデ	かへで	楓
カエリミル	かへりみる	顧
カエル	かへる	反・覆・返・帰・
		還・孵
カオ	かほ	顔・貌
カオル	かをる	薫
カク	くゎく	霍
カグワシ	かぐはし	芳・馨
カケイ	かけひ	筧
カゲロウ	かげろふ	陽炎・蜻蛉・蜉
		蝣
カジ	かぢ	梶・楫・穀・加
		持・鍛冶
カジャ	くゎじゃ	冠者
カシワ	かしは	柏・槲
カズク	かづく	被・潜
カズサ	かづさ	上総
カズラ	かづら	葛・蔓・鬘
カタイ	かたゐ	乞丐・乞食
カタエ	かたへ	片方
カタワラ	かたはら	傍・側
カツ	くゎつ	活
ガツ	ぐゎつ	月
カツオ	かつを	鰹
カナウ	かなふ	叶・適
カナエ	かなへ	鼎・釜
カマウ	かまふ	構
カヨウ	かえう	歌謡
	かよふ	通
カロウジテ	からうじて	辛
カワ	かは	川・皮・河・革
カワス	かはす	交
カワズ	かはづ	蛙
カワチ	かはち	河内
カワヤ	かはや	厠
カワユシ	かはゆし	
カワラケ	かはらけ	土器
カワル	かはる	変・代・替
カン	くゎん	官・冠・巻・桓・
		菅・貫・款・勧・
		寛・管・関・歓・
		緩・還・館・観・
		灌
ガン	ぐゎん	元・願
カンオン	くゎんおん	観音
カンゲン	くゎんげん	管弦・管絃
カンジン	くゎんじん	勧進
カンブツ	くゎんぶつ	灌仏
キオウ	きほふ	競
キコウ	きかう	紀行
キズナ	きづな	絆
キュウ	きう	九・久・旧・灸・

		救・毬・裘・鳩・
	きふ	急・給
ギュウ	ぎう	牛
キョウ	きやう	向・狂・京・竟・経・卿・敬・景・軽・境・誑・慶・嚮・警・響・饗
	けう	交・叫・孝・校・教・梟・暁・僑・驕
	けふ	夾・脇・今日
ギョウ	ぎやう	仰・刑・行・形
	げう	楽・澆
キワ	きは	際
キワム	きはむ	極・窮・究
クイゼ	くひぜ	株・杭
クイナ	くひな	水鶏
クウ	くふ	食・喰
クチオシ	くちをし	口惜
クモイ	くもゐ	雲居・雲井
クヨウ	くやう	供養
クライ	くらゐ	位
クレナイ	くれなゐ	紅
クロウド	くらうど	蔵人
クワ	くは	桑・鍬
クワシ	くはし	細・美・精・詳
ゲコウ	げかう	下向・還向
ケズル	けづる	削
ケソウ	けさう	化粧・懸想
ケビイシ	けびゐし	検非違使
ゲロウ	げらふ	下臈
ケワイ	けはひ	
コイ	こひ	恋
コウ	かう	亢・号・巧・交・向・好・江・行・

		告・更・幸・庚・香・剛・降・高・皎・皓・綱・講・纐
	かふ	甲・合・閤
	くわう	広・光・荒・皇・黄・曠
	こふ	乞・劫・恋・請
ゴウ	がう	江・拷・剛・降・強・郷・嗷・豪
	がふ	合
	ごふ	劫・業
コウイ	かうい	更衣
コウガイ	かうがい	笄
コウシ	かうし	格子
コウジ	かうじ	好事・柑子・勘事・講師
コウショク	かうしょく	好色
コウシン	かうしん	庚申
コウズケ	かうづけ	上野
コウバシ	かうばし	香・馥
コウブリ	かうぶり	冠
コウブル	かうぶる	被・蒙
コウベ	かうべ	頭・首
コエ	こゑ	声
コオリ	こほり	氷・郡
コオロギ	こほろぎ	蟋蟀
ゴショウ	ごしやう	五障・後生
コシラウ	こしらふ	誘・拵
コタウ	こたふ	答・応
コロオイ	ころほひ	頃・比
コワシ	こはし	強・剛

さ行

サイイン	さいゐん	斎院
サイワイ	さいはひ	幸
サエ	さへ	
サエズル	さへづる	囀
サオシカ	さをしか	小牡鹿
サカイ	さかひ	堺・境
サカン	さくわん	主典
サズク	さづく	授
サナエ	さなへ	早苗
サブラウ	さぶらふ	候・侍
サワ	さは	多・沢
サワヤカ	さはやか	爽
サワリ	さはり	触・障
ジ	ぢ	地・治・持
シイ	しひ	椎
シウ	しふ	強・誣・癡
	しゆう	主・宗・衆
シオ	しほ	汐・塩・潮
シオリ	しをり	栞・枝折
シオル	しをる	萎
ジキ	ぢき	直
ジク	ぢく	軸
ジジョウ	ぢぢやう	治定
シズ	しづ	賤・倭文・垂
ジス	ぢす	治
シズカ	しづか	静・閑
シズム	しづむ	沈・静・鎮
シタウ	したふ	慕
ジトウ	ぢとう	地頭
シモウサ	しもふさ	下総
ジモク	ぢもく	除目
シュウ	しう	秀・周・祝・秋・愁・蹴

	しふ	拾・執・習・集・襲
ジュウ	じふ	十・什
	ぢゆう	住・重
シュウイ	しふゐ	拾遺
ジョ	ぢよ	女
ショイン	しよゐん	書院
ショウ	しやう	上・正・生・庄・声・床・姓・尚・性・牀・青・荘・相・省・将・祥・唱・商・清・菖・笙・猩・掌・装・傷・鉦・聖・障・箏・精・請・賞・
	せう	小・少・召・抄・肖・招・昭・消・笑・逍・焦・焼・詔・照・蕉・憔・簫
ジョウ	じやう	上・成・状・城・浄・常・情・盛
	ぜう	紹
	ぢやう	丈・仗・杖・定・貞・諚
	でう	条
	でふ	帖・畳
ジョウシ	じやうし	上巳・上使
ショウジン	しやうじん	生身・正身・正真・精進
ジョウズ	じやうず	上手・上衆・上種・成
ショウソク	せうそこ	消息
ショウト	せうと	兄人
ジョウド	じやうど	浄土

ショウニン	しゃうにん	上人・聖人
ジョウロウ	じゃうらふ	上臈
ジョク	ぢょく	濁
シワス	しはす	師走・十二月
シワブク	しはぶく	咳
ジン	ぢん	沈・陣・塵
ズ	づ	図・豆・頭
スエ	すゑ	末・陶・据
スオウ	すあを	素襖
	すはう	周防・素袍・蘇芳・蘇枋
スジ	すぢ	筋
ズダ	づだ	頭陀
スマウ	すまふ	争・拒・住
スモウ	すまう	相撲
ズリョウ	ずりゃう	受領
セチエ	せちゑ	節会
セワシ	せはし	忙
ソウ	さう	双・庄・早・姓・草・荘・相・候・倉・桑・曹・笙・葬・装・蒼・想・箏・薔・鞘・糟・騒・左右
	さふ	挿・障
	そふ	添・副
ゾウ	ざう	造・曹・象・像・蔵
	ざふ	雑
ソウシ	さうし	双紙・冊子・草子・草紙・荘子
ゾウシ	ざうし	曹司
ソウズ	そうづ	僧都
ソウゾク	さうぞく	装束
ソウロウ	さうらふ	候

た行

タイラ	たひら	平
タウ	たふ	堪・耐
タエ	たへ	妙・栲
タオヤカ	たをやか	嫋
タオヤメ	たをやめ	手弱女
タオル	たふる	倒
タガウ	たがふ	違
タグウ	たぐふ	比・類・副
タジマ	たぢま	但馬
タズ	たづ	鶴・田鶴
タズキ	たづき	方便
タズサウ	たづさふ	携
タズヌ	たづぬ	尋・訊・訪
タトエ	たとへ	譬・喩
タマウ	たまふ	賜・給
タマワル	たまはる	賜・給
タユウ	たいふ	大夫・太夫
タワブル	たはぶる	戯
チイサシ	ちひさし	小
チエ	ちへ	千重
チカウ	ちかふ	誓・盟
チュウ	ちう	宙
チョウ	ちゃう	丁・庁・打・町・長・停・挺・帳・張・頂・提・聴
	てう	鳥・朝・銚・調
	てふ	牒・蝶
チョウド	てうど	調度
ツイ	つひ	終
ツイエ	つひえ	費・弊・潰
ツイニ	つひに	終・遂
ツイヤス	つひやす	費・弊・潰
ツカウ	つかふ	仕・使・遣
ツガウ	つがふ	番
ツワモノ	つはもの	兵
デワ	では	出羽
トウ	たう	切・当・党・唐・桃・堂・稲・擣・蹈・蟷
	たふ	塔・荅・踏
	とふ	問・訪
ドウ	だう	堂・道・導
ドウシン	だうしん	道心
トウトシ	たふとし	尊・貴
トウブ	たうぶ	食・給・賜
トオ	とを	十
トオシ	とほし	遠
トオル	とほる	通・徹・透
トキワ	ときは	常磐・常盤
トトノウ	ととのふ	調・整・斉
トナウ	となふ	唱・称・調・整
トノイ	とのゐ	宿直
トモエ	ともゑ	鞆絵・巴
トラウ	とらふ	捕・捉・執
トワ	とは	永久

な行

ナイ	なゐ	地震
ナウ	なふ	萎・綯
ナオ	なほ	直・猶・尚
ナオザリ	なほざり	等閑
ナオシ	なほし	直衣・直・尚・猶
ナオル	なほる	直・治
ナジョウ	なでふ	
ナズ	なづ	撫
ナズム	なづむ	泥
ナニワ	なには	難波
ナラウ	ならふ	慣・馴・習
ナリワイ	なりはひ	生業
ニイ	にひ	新
ニエ	にへ	贄
ニオ	にほ	鳰
ニオウ	にほふ	匂
ニギワウ	にぎはふ	賑
ニュウ	にふ	入
ニュウドウ	にふだう	入道
ニョウ	ねう	鐃
ニワ	には	庭
ニワカ	にはか	俄
ニワトリ	にはとり	鶏
ヌウ	ぬふ	縫
ネガウ	ねがふ	願
ネジク	ねぢく	拗
ネズ	ねづ	捩・捻
ノウ	なふ	衲・納
ノウシ	なほし	直衣
ノロウ	のろふ	呪

は行

ハイ	はひ	灰
ハウ	はふ	這・延
ハエ	はへ	蠅
ハガイ	はがひ	羽交
ハジ	はぢ	恥・辱
ハズ	はづ	恥
ハズス	はづす	外
ハズム	はづむ	弾
ハダエ	はだへ	肌・膚
ハナワ	はなは	塙
ヒオドシ	ひをどし	緋縅

ヒキイル　ひきゐる　率
ヒジ　ひぢ　肘・泥
ヒタイ　ひたひ　額
ヒトエ　ひとへ　一重・単・単衣
ヒュウガ　ひうが　日向
ヒョウ　ひゃう　平・兵・拍・評
　へう　表・俵・僄
ビョウ　びゃう　平・病・屏・瓶
　べう　廟
ヒョウシ　ひゃうし　拍子
ビョウブ　びゃうぶ　屏風
ビワ　びは　琵琶
ヒワダ　ひはだ　檜皮
フジ　ふぢ　藤
フジョウ　ふぢゃう　不定
フルウ　ふるふ　震・振
ホウ　はう　方・芳・宝・庖・
　放・袍
　はふ　法
　ほふ　法
ボウ　ばう　亡・坊・防・房
ホウガン　はうぐゎん　判官
ホウキ　はうき　伯耆
ホウジョウ　はうぢゃう　方丈
ホオ　ほほ　朴・頬・厚朴
ホノオ　ほのほ　炎・焔
ボンノウ　ぼんなう　煩悩

ま行

マイ　まひ　舞・幣
マイル　まゐる　参
マウ　まふ　舞・廻
マエ　まへ　前
マガウ　まがふ　紛

マジワル　まじはる　交
マズ　まづ　先
マツワル　まつはる　纏
マトイ　まとゐ　円居・団居
マトウ　まとふ　纏
マドウ　まどふ　惑・償
マヨウ　まよふ　迷
マロウト　まらうと　客人・賓
マワル　まはる　回・廻
ミオ　みを　水脈・澪
ミギワ　みぎは　汀
ミサオ　みさを　操
ミズ　みづ　水・瑞
ミズウミ　みづうみ　湖
ミズカラ　みづから　自
ミズラ　みづら　鬟・角髪・角子
ミョウ　みゃう　名・命・明・冥
　めう　妙
ミョウモン　みゃうもん　名聞
ミョウリ　みゃうり　名利・冥利
ムカウ　むかふ　向・対・迎
メオト　めをと　女夫・夫婦・妻
　夫
メシイ　めしひ　盲
メズ　めづ　馬頭・愛
メズラシ　めづらし
メドウ　めだう　馬道
モウ　まう　亡・妄・孟・盲・
　猛・魍
モウク　まうく　参来・設・儲
モウス　まうす　申
モウズ　まうづ　参・詣
モチイル　もちゐる　用
モミジ　もみぢ　紅葉・黄葉

や行

ヤエ　やへ　八重
ヤオ　やほ　八百
ヤオラ　やをら
ヤマイ　やまひ　病
ヤワラグ　やはらぐ　柔・和
ユウ　いう　右・有・幽・祐・
　猶・遊・優
　ゆふ　夕・木綿・結
ユウゲン　いうげん　幽玄
ユウシ　いうし　猶子・遊子
ユウソク　いうそく　有職・有識
ユウベ　ゆふべ　夕
ユエ　ゆゑ　故
ユオビカ　ゆほびか
ヨイ　よひ　宵
ヨウ　えう　妖・要・窅・遥・
　腰・謡
　えふ　葉
　やう　羊・栄・揚・陽・
　楊・様・影・瑩・
　養・瓔
　ゑふ　酔
ヨウナリ　やうなり
ヨウヤク　やうやく　漸
ヨウヨウ　やうやう　様様・漸
ヨソウ　よそふ　装・寄・比
ヨバウ　よばふ　呼
ヨロイ　よろひ　鎧・甲
ヨロズ　よろづ　万
ヨワ　よは　夜半
ヨワイ　よはひ　齢

ら行

リュウ　りう　柳・流・琉・龍
　りふ　立
リョウ　りゃう　令・両・良・梁・
　領・諒・霊
　れう　料・聊・蓼・寮・
　療
ロウ　らう　老・労・牢・郎・
　浪・狼・朗・廊・
　粮・糧
　らふ　臈・臘
ロウガワシ　らうがはし　乱
ロウゼキ　らうぜき　狼藉
ロウタシ　らうたし
ロウドウ　らうどう　郎等

わ行

ワギエ　わぎへ　吾家・我家
ワザワイ　わざはひ　災・禍・殃
ワズカ　わづか　僅・纔
ワズラワシ　わづらはし
ワラウ　わらふ　笑・咲・嗤
ワラワ　わらは　妾・童
ワラワヤミ　わらはやみ　瘧
ワロウダ　わらふだ　藁蓋・円座

あ【足】 名『上代語』人間や動物の足。「足占」「足掻き」など、多く複合語で用いられる。例**あ**の音せず行かむ駒もが(=馬がほしいなあ)葛飾の真間の継ぎ橋止まず通はむ〈万葉・一四・三三八七〉

あ【案】 名〘「あん」の撥音の表記されない形〙予想。考え。

あ【畔】 名田と田の境界の盛り土。あぜ。くろ。例常田の**畔**を離ち(=壊し)〈記・上・神代〉

あ【吾・我】 代『上代語』自称の人称代名詞。わたし。あたし。例(a)**あ**は、天照大御神の弟である)〈記・上・神代〉例(b)我が旅は久しくあらしこの**我**が着る妹が衣の垢付く見れば(=私の旅は長くなっているようだ、この私の着ている妻の衣が垢じみてきたのを見ると)〈万葉・一五・三六六七〉読解愛しあう男女が互いに下着を交換し、次に逢うまで脱がない習慣があった。

語誌▼上代の自称の代名詞　上代の自称の代名詞には、「あ」「あれ」「わ」「われ」がある。「あ」「あれ」のほうが古い語のようだが、上代、すでに「わ」「われ」の使用例のほうが多く、平安時代になると、「あ」「あれ」はごくまれにしか用いられない。

「あ」と「わ」を比較すると、「あが」の下には、「主」「君」「子」「胸」「恋」などがつくのに対して、「わが」の下には、「背子」「大君」「妹」「母」「家」「屋戸」などがつくという使い分けがある。また、まれに、直接名詞について「吾君」「吾妻」などと複合語を作る。

平安時代には、「あ」は、「あがおもと」「あがきみ」「あがほとけ」など、親しいものやいとしいものに対する呼びかけの語に用いるほか、子どもの名前や呼称としての「あこ(吾子)」「あこまる(吾子丸)」などが会話の中にしばしば用いられる。〈米山敬子〉

あ【彼】 代指示代名詞。話し手から、空間的あるいは心理的に遠く離れたものをさす。あれ。例(a)**あ**の国の人を、え戦はぬなり(=あの国の人とは、戦うことができないのだ)〈竹取〉読解「あの国」は月の世界をさす。例(b)淡路にて**あ**はとはるかに見し月の近き今宵はところがらかも(=淡路であれはと遠くに見た月が近くに見える今夜は場所柄なのか)〈新古今・雑上〉読解「あは」に「淡路」の「淡」の意をこめる。「ところ」は宮中。宮中は「雲居」ともいわれることから詠まれた歌。

語誌　類義語「**か**」が上代から用いられたのに対し、「あ」の用例は平安時代から見られ、散文では「あの」、歌では「あは」などと、助詞を伴って用いられる。〈上野辰義〉

あ 感❶驚いたり感動したりしたときに発する語。あっ。例「**あ**、射たり」といふ人もあり〈平家・一一・弓流〉❷呼びかけるときに用いる語。おい。❸呼ばれて答えるときに用いる語。はい。例ただ「**あ**」と言承け(=返事)をしゐたり〈古本説話集・下・六七〉

ああ 感❶驚いたり感動したりしたときに発する語。あら。ああ。例**烏呼**、哀しきかな〈霊異記・上・二七〉❷呼びかけるときに用いる語。おい。ちょっと。例**ああ**、しばらく〈謡曲・安宅〉❸呼ばれて答えるときに用いる語。はい。え。例耳もおぼおぼしかりければ(=よく聞こえないので)、「**ああ**」と、傾きて居たり(=首をかしげて座っている)〈源氏・若菜上〉

あい〘相・間・合い・会い・逢い〙⇩あひ

あい〘藍〙⇩あゐ

あい【愛】 名❶『仏教語』物に執着し、貪る気持ち。例愛に纏はるること(=からみつかれること)葛の施るがごとし〈性霊集・一〉❷親子・兄弟・男女など、他者に対する愛情。慈愛の心。例親にも超えてむつまじきは同気(=親しい)兄弟の**愛**なり〈太平記・二九〉❸ものや人などを大事にすること。愛好すること。例**愛**に思し召さるる壺あり〈醒睡笑・八〉

あい 感返事をするとき、または同意を表すときに用いる語。はい。主に若い女性や子どもが用いる。例「また身を捨てて本腹さそうと、それで毒酒を進ぜたな」「**あい**なあ」〈浄瑠璃・摂州合邦辻・下〉

あい-きゃう【愛敬・愛嬌】 名〘「あいぎゃう」の変化した形〙かわいらしさ。愛想のよさ。例口もとより爪先まで、**愛嬌**こぼれてあいらしく〈俳諧・おらが春〉

あい-ぎゃう【愛敬】

名本来は仏教語で、愛情をもちつつ尊敬するというのが原義。阿弥陀や地蔵の慈相を「愛敬の相」ということから転じて、人の心を引きつける魅力の意が主となる。

❶**顔かたちの明るく親しみやすい愛らしさ。** 例いとうれしと思して笑みたまへる、いと花やかに見まほしう**あいぎやうこぼるばかりにて**(=とてもうれしいとお思いになって笑っていらっしゃるのが、非常に美しくいつまでも見ていたいように愛らしさがこぼれるほどで)〈宇津保・楼上上〉

❷**言動・雰囲気・態度などの優しく親しみやすい魅力。** 例この御ありさまはいみじかりけり。うち乱れたまへる**愛敬**よ(=この宮のお姿は格別であったなあ。ご冗談などをおっしゃるときの魅力的なことといったら)〈源氏・浮舟〉

❸夫婦間の和合。婉曲に結婚をさす。例げに、**愛敬**のはじめは日選りしてきこしめすべきことにこそ(=ほんとうに、結婚のはじめは日を選んでお召し上がりになるのがよいのである)〈源氏・葵〉読解結婚祝いの餅を食べること。この餅を「愛敬の餅」ということもある。

語誌　和文では『宇津保物語』ごろから散見される。当初は、男女を問わず、子どもなどに用いられることも多かった。概して、発散するような、明るく親

しみの感じられる魅力である。なお、現代語の「あいきょう」はこの語から出た。〈安達敬子〉

あいぎゃう-づ・く【愛敬付く】アイギョウ― 動(カ四)〔「づく」は接尾語〕❶**顔かたちに明るい愛らしさが備わっている**。例この君、いとあてなるに添へて**愛敬づき**、まみのかをりて、笑がちなるなどを(=この君は、たいそう上品であるのに加えて愛くるしくて、目もとがつややかで、にこにこしがちであるところなどを)〈源氏・柏木〉読解誕生五十日目の若君の様子。❷**人柄の親しみやすい魅力が、態度や筆跡・演奏する音色などに反映している**。例(a)(光源氏ハ)うちとけて、戯れ言をも言ひ乱れ遊べば、その方につけては似るものなく**愛敬づき**(=くつろいで、冗談をも言ってふざけると、その方面ではまたとない魅力があって)〈源氏・若菜上〉読解兄である朱雀院が光源氏を評する言葉。例(b)(紫ノ上ノ演奏ハ)すずろはしきまで**愛敬づき**(=気もそぞろになるほど魅力をたたえて)〈源氏・若菜下〉

語誌▼**洗練された配慮・情趣**　反対の意味をもつ語に「愛敬なし」「愛敬おくる」がある。「愛敬なし」は相手の感情を傷つけるような無神経な言動に用いられることが多く、「憎にくし」などとよく併用される。また「愛敬おくれ」ている様子は興ざめで魅力がないと評されている(『枕草子』「木の花は」段)。これらから、人の態度や雰囲気に用いられる「愛敬づく」が、洗練された配慮・情趣などを含むことがわかる。〈安達敬子〉

あい-げう【愛楽】―ギョウ 名動(サ変)❶『仏教語』仏の教えを信じ、願い求めること。例もろもろの道俗(=僧や俗人)のために**愛楽せられき**〈霊異記・中・一九〉❷愛好すること。親しみ愛すること。例人に**愛楽せられず**して衆にまじはるは恥なり〈徒然・一三四〉

あい-さう【愛想・愛相】―ソウ 名「あいそ」とも。愛情や好意のこもった表情・もてなし。例聞き入るる耳がないと**愛相なければ**〈近松・平家女護島・一〉

あい-さつ【挨拶】名動(サ変)〔本来は禅宗での問答をいう〕❶もてなし。応対。口のきき方。例馴なれた**るあいさつ**にて〈西鶴・好色一代男・三・四〉❷あいさつ。例**挨拶**をいうて通らずはなるまい〈虎寛本狂言・右近左近〉❸仲をとりもつこと。仲裁人。例何じゃあろとわしが**挨拶**ぢゃ。半分づつわけなされ〈滑稽本・膝栗毛・八上〉❹仲。間柄。例かねて**あいさつ**悪ぁしき人もや〈西鶴・武道伝来記・四・一〉

[挨拶切る] 絶交する。縁を切る。例**挨拶切る**と取り交はせしその文ふみを反古ほうごにし(=無駄なものにして)〈近松・心中天の網島・下〉

あい-しふ【愛執】―シュウ 名『仏教語』強く愛着すること。愛するあまりに心が離れがたいこと。例**愛執**の罪をはるかしきこえたまひて(=晴らし申し上げなさって)〈源氏・夢浮橋〉

あい-しゃう【哀傷】―ショウ ❶名動(サ変)悲しみ嘆くこと。特に、人の死を悲しむこと。例徳ある人の亡うせたるには…声をあげて**哀傷すること**ありけれど〈愚管抄・三〉❷名和歌や漢詩などを内容によって分類するときの部門の一つ。人の死を悲しみ悼いたむ心を詠んだもの。『古今和歌集』以来、勅撰和歌集の部立の一つとして定着する。

あい・す【愛す】動(サ変)〔名詞「あい」のサ変動詞化〕❶**親が子を、夫が妻を、男性が女性をかわいがる。また、心がひかれる**。例(一条殿ヨリハ)いま少し六条殿をば**愛しまうさせたまへりけり**(=いくぶんか六条殿をかわいがり申し上げなさっていた)〈大鏡・道長下〉

❷**ある物事が気に入り、心がひかれる**。気に入り愛好する。愛玩あいがんする。例今、草庵さうあんを**愛するも**科とがとす(=今、草庵を愛好するのも罪悪とする)〈方丈記〉

❸**動物などをかわいがる**。例この虫どもを朝夕あしたゆふべに**愛したまふ**(=この虫たちを朝に夕にかわいがりなさる)〈堤中納言・虫めづる姫君〉

❹〔「相ぁひす」の意からとも〕**適当にあしらう**。子どもをあやす。例これほどの大勢の中へただ二人入ぃったらば、何程の事をかしいだすべき。よしよししばし**あひせよ**(=これだけの大軍の中へたった二人攻め入ったところで、どれほどのことができようか。よいよいしばらく適当にあしらってやれ)〈平家・九・二度之懸〉読解「何程の事をか」の「か」は反語の意を表す。

語誌▼平安初期から見られるが、和文にはほとんど現れない。その内容も古くは目上から目下への一方的な行為・感情に限られ、対等の恋愛行為をさすのは近代以後である。

▼仏教では「愛」は物に執着する気持ちをいい、仏道の妨げとなるものとして否定される。〈剱持雄二〉

あい-ぜん【愛染】名『仏教語』❶物事を愛し、それにとらわれ執着する心。多く男女の愛欲にいう。例この婆羅門ばらもん(=僧)の妻めの美麗なるを見て**愛染**の心をおこして〈今昔・二・二九〉❷「愛染明王みゃうわう」の略。

あいぜん-みゃうわう【愛染明王】―ミョウオウ 名『仏教語』衆生しゅじゃうを救う原動力としての愛欲をつかさどる明王。全身が赤く、三つの目と六本の腕をもち、顔は怒りの相を表す。江戸時代には、恋愛の神として信仰された。

あい-そ【愛想】名「あいさう」の変化した形。例己がやうに、**あいそもなくする**やつはない〈狂言・首引〉

あいだ【間】⇩あひだ

あいだち-な・し 形(ク)愛想がない。つれない。例(夫ガ私ヲ)**あいだちなき**ものに思ひたまへる、わりなしや(=道理に合わないことだ)〈源氏・夕霧〉

あいだて-な・し 形(ク)〔「あいだちなし」の変化した形か〕❶分別がない。例**あいだてなし**とも狂気とも、笑はば笑へ、言はば言へ〈近松・用明天王職人鑑・三〉❷度が過ぎている。遠慮がない。例さてもさても、**あいだてない**(音便形)ことを書き入れておかれたは〈狂言記・荷文〉❸むやみにかわいがる。

あい-だ・る 動(ラ下二)甘える。人なつこい。例いと若やかになまめき、**あいだれて**ものしたまひし(=いらっしゃった)〈源氏・柏木〉

あいたん-どころ【朝所】名〔「あしたどころ」の変化した形〕「あいたどころ」「あいだんどころ」とも。太政官庁の北東の隅にある建物。参議以上の貴族が会食をする所。政務を執ることもある。例官の司つかさ(=太政官庁)の**朝所**にわたらせたまへり〈枕・故殿の

御服のころ〉

あい-ぢゃく【愛着・愛著】 ジャク ― 名《仏教語》人や物を愛し、それにとらわれて執着すること。例**愛著**の道、その根深く、源遠し〈徒然・九〉

あい-な・し

形(ク) ❶なんの関係もない。例もとよりことわりえたる方にこそ、あいなきおほよその人も心を寄するわざなめれば(=本妻のほうに、関係もない世間一般の人も味方するものであるようだから)〈源氏・竹河〉 読解 男女関係のもつれでは、第三者は本妻のほうに味方するものらしい、ということ。

❷㋐本意でない。筋違いだ。例御行ひのほどを、紛らはしきこえさせんに**あいなし**(=御仏道修行の間に、お邪魔申し上げるのは本意ではない)〈源氏・橋姫〉

㋑いやな感じだ。気にくわない。例(老人ガ)衆に交はりたるも、**あいなく**、見ぐるし(=大勢の人々と交際しているのも、いやな感じで、見苦しい)〈徒然・一五二〉

㋒おもしろみがない。つまらない。かわいくない。例(梨ノ花ハ)げに、葉の色よりはじめて、**あいなく**見ゆるを(=ほんとうに、葉の色をはじめとして、おもしろみがなく見えるのだが)〈枕・木の花は〉

❸「あいなく」「あいなう」などの形で副詞的に用いる。㋐関係がないのに。よそながら。例上達部・上人なども**あいなく**目を側めつつ(=上達部や殿上人なども、関係がないのに目を背け背けして)〈源氏・桐壺〉 読解 桐壺更衣に対する帝の寵愛ぶりに批判的な眼を向ける上達部や殿上人などを、関係がないのにおせっかいにも、と物語の語り手が評している。

㋑むやみやたらに。わけもなく。ただもう。例愛敬おくれたる人などは、**あいなく**かたきにして(=愛嬌に欠けている女房などは、むやみやたらに目の敵にして)〈枕・職の御曹司の西面の〉

語誌 ▼関係がない、の意が基本 平安時代から「あいなし」「あひなし」の両形がある。平安末期以降には「愛無し」とも書かれるため、語源説としては「愛なし(おもしろくない)」「合ひなし(不調和である)」「間なし」「敢へ無し」「文なし」など多様な見解がある。しかし本来は①のように、なんの関係もない、の意で用いられたと考えるのが妥当であろう。
▼③の副詞的用法は、おおむね批判的な内容の言葉として用いられる。特に『源氏物語』では、語り手の批評の言葉として用いられることが多い。〈高木和子〉

あいな-だのみ【あいな頼み】 名[形容詞「あいなし」の語幹+名詞「たのみ」]あてにならない望み。大きすぎる期待。例年月を重ねむ**あいな頼み**は、いと苦しくなむあるべければ(=あてにならない望みをもって年月を重ねるようなことは、ひどく苦しくてならないだろうから)〈源氏・帚木〉 読解 ここは恋愛についていう。

あいべつり-く【愛別離苦】 名《仏教語》八苦の一つ。愛するものと別れる苦しみ。例**愛別離苦**のかなしみを故郷の雲に重ねたり〈平家・一二・平大納言被流〉

あ-いや 感 相手の意を遮るときに用いる語。ああ、そうじゃない。ちょっと待った。主に武士や男性が用いる。例「供をせまいと言ふことか」「**あいや**、参りまする」〈狂言記・富士松〉

あいら・し【愛らし】 形(シク) かわいらしい。かれんだ。例御目は細々として、**愛らしく**おはしますぞや〈沙石集・一・一〇〉

あ-いろ【文色】 名[「あやいろ」の変化した形]模様。ものの様子。区別。けじめ。「見えず」「分かず」など打消の語を伴って用いる。例物の**あいろ**も見えざるに、松明出せと呼ばはれば〈近松・曾我会稽山・四〉

あう【合う・会う・和う・敢う・逢う・韲う・饗う】 ⇩あふ

あう-い・く【奥行く】 オウ ― 動(カ四) 奥のほうへ行く。さらに遠くのほうへ行く。例人目も知らず走られつるを、**あう行か**んことこそ、いとすさまじけれ(=興ざめだ)〈枕・五月の御精進のほど〉

奥羽 あうう オウウ《地名》東山道八か国の陸奥と出羽の二か国。領域は固定せず、時代とともに拡張し、最終的に、今の東北六県。

あう-ぎ【奥義】 オウ ― 名 学問・芸能・武芸で、奥深いところにある最も重要な事柄。おくぎ。例**奥義**を極めて、よろづに珍しき理を我と知るならでは、花は(=深い芸の境地は)あるべからず〈風姿花伝・七〉

奥義抄 あうぎせう オウギショウ《作品名》「奥儀抄」とも書く。平安末期の歌論。三巻付一巻。藤原清輔著。保延元年(一一三五)から天養元年(一一四四)の間に成立か。上巻は歌体・歌病(=修辞上の欠陥)・歌語等を論じ、中・下巻では和歌・歌語の注釈、さらに下巻余では問答形式で難語などについて述べる。平安時代の歌学の集大成。

あうしう-かいだう【奥州街道】 オウシュウカイドウ 名 江戸時代の五街道の一つ。公式には奥州道中。江戸日本橋を起点に、宇都宮・白河・仙台・盛岡・青森を経て、陸奥国(青森県)三廏に至る。法制上は宇都宮から白河まで。

あうしゅく-ばい【鶯宿梅】 オウシュク ― 名 梅の名木の名。天皇がある家の梅を掘らせたところ、その女主人が「勅なればいともかしこし鶯の宿はと問はばいかが答へむ」(→名歌227)と詠んで奉ったので、掘り取るのをやめたという『拾遺和歌集』の故事による。『大鏡』では村上天皇の時、紀貫之の娘の話とする。

あうだ【箯輿】 オウダ 名[「あみいた(編板)」の変化した形]「あをだ」「あんだ」とも。罪人や負傷者などを乗せる輿。長方形の板の台に、竹で編んだ縁をつける。例浄衣着たる死人の、首もなきが**箯輿**に舁かれて(=担がれて)通るを見れば〈源平盛衰記・一五〉

あう-な・し【奥無し】 オウ ― 形(ク) 深い考えがない。思慮が浅い。例あやしく**あうなく**、人の思はむところも知らぬ人にて〈源氏・東屋〉 語誌 『源氏物語』では全用例とも古い本は「あふなし」とするものがほとんど。そこから、「危なし」とする説もある。

あうむ【鸚鵡】 オウム 名 ❶鳥の名。オウム。大化年間(六四五～六五〇)に新羅から献上されたという。人に慣れやすく観賞用として飼われた。人の口まねをする。例鳥は こと所(=異国)のものなれど、**鸚鵡**、いとあはれなり〈枕・鳥は〉 ❷「鸚鵡の杯」の略。光沢のある貝殻で作った杯。曲水の宴に用いる。例曲水に浮かむ**鸚鵡**は石にさはりて遅くとも〈謡曲・養老〉 ❸

「鸚鵡返し」の略。

あうむ-がへし【鸚鵡返し】 名〔鸚鵡が人の口まねをすることから〕❶和歌で、相手の歌の語句をほとんど変えずに返歌とすること。「雲の上はありし昔にかはらねど見し玉だれの内や恋しき」と問いかけた歌に対し、結句の「や」を「ぞ」に変えて返した話(『十訓抄』)が有名。❷相手の言葉やしぐさをそのまま用いて返答すること。

あう-よ・る【奥寄る】 一 動(ラ四)❶奥のほうに寄る。例**あうよりて**三、四人さしつどひて〈枕・宮にはじめてまゐりたるころ〉❷老いる。年を取る。例齢などもあうよりにたべければ(=老いてしまったはずだから)〈蜻蛉・下〉❸古風になる。昔風になる。昔にさかのぼる。例御手の筋(=ご筆跡)、ことに**あうよりにたり**〈源氏・玉鬘〉

あ-うら【足占・足卜】 名「あしうら」とも。歩いたり足踏みしたりして吉凶を判断する占い。戸外で行なったらしい。例月夜良み(=月がよいので)門に出で立ち**足卜**して行く時さへや妹に逢はざらむ〈万葉・一二・三〇〇六〉

あ-うん【阿吽・阿呍】 名〔梵語の音写。「阿」は口を開いて発する音、「吽」「呍」は口を閉じて発する音で、梵字十二母音の初音と終音を表す〕❶《仏教語》吐く息と吸う息。密教では、万物の始まりと終わりをいう。例出で入る息に**阿吽**の二字を唱へ〈謡曲・安宅〉❷相対する一対のものを表す。表裏・栄枯・善悪・損得など。例物には**阿呍**があるゆゑに、道具仲間の商ひに、損もする、また得も取る〈近松・ひぢりめん卯月紅葉・上〉❸寺院山門の仁王や狛犬の相。

あえか

形動(ナリ) 触れれば壊れてしまいそうな弱々しく頼りない感じをいう。こぼれ落ちる意の下二段動詞「あゆ(落ゆ)」の連用形に接尾語「か」がついたものか。

か弱い様子だ。はかなげだ。例(a)いとらうたげに**あえかなる**心地して(=ほんとうにかわいらしく、か弱い感じがして)〈源氏・夕顔〉読解夕顔の様子。この夜、光源氏に連れ出された「なにがしの院」で、物の怪に取り殺される。例(b)いとど**あえかに**なりまさりたまへるを(=ますます弱々しげにおなりになられているのを)〈源氏・御法〉読解長年の病気で、死の近い紫の上の様子。

語誌 ▼**あえかなる女性たち** 弱々しさに加えて、上品で優美な感じが含まれることが多い。平安時代では特に『源氏物語』に用例が目立つ。例(a)(b)のほかにも、病に臥す宇治の大君を「いとどなよなよとあえかにて臥したまへるを」〈総角〉などと、女性に用いる例が多い。〈木村博〉

あえしらう ⇩あへしらふ

あえ・す 動(サ四)〔「あやす」の変化した形〕滴らす。流す。多く「血をあえす」の形で用いる。例社壇(=やしろ)に血を**あえさ**んも、神慮の恐れあり(=神の意向がはばかられる)〈義経記・二〉

あえず〘敢えず〙 ⇩あへず

あえなし〘敢え無し〙 ⇩あへなし

あえ-もの【肖物】 名 似せるべき対象。あやかり物。例(自分ノ魚袋ヲ)やがて(=そのまま)「**あえもの**にも」とて、奉らせたまふを〈大鏡・師輔〉

あお〘青・襖〙 ⇩あを

あおい〘葵〙 ⇩あふひ

あおぐ〘仰ぐ・扇ぐ〙 ⇩あふぐ

あおる〘煽る〙 ⇩あふる

あか

【赤】 名 ❶色の名。赤色。紅・緋・丹・朱などの色を含めていう。例**赤玉**は 緒さへ光れど 白玉の 君が装ひし 貴くありけり(=赤い玉は緒まで光り輝くけれども、白い玉のようなあなたのお姿はりっぱでいらっしゃったことよ)〈記・上・神代・歌謡〉❷小豆の女房詞。「赤赤」とも。例**あか**の御粥〈御湯殿上日記・天正十四年七月〉❸「赤米」の略。例飯は**赤**まじりの古臭いを(=飯は赤米が混じった古くて臭いものを)〈近松・心中宵庚申・上〉❹(接頭語的に用いて)隠すところのない、まったくの、の意を添える。「赤恥」「赤裸」など。

語誌 ▼光に関連する色の名で、「あく(明く)」と同根。上代には、①は単独では用いられなかった。▼五行説では火に配し、南・夏と通じる。〈吉田比呂子〉

あか【垢】 名 ❶体についた汚れ。例御剣を持ちて御垢に参りければ〈古活字本平治・中〉読解「御垢に参る」は、貴人の垢を流す意。❷《仏教語》心の穢れ。特に、俗念・煩悩をたとえていう。例**垢**つき穢き身なれども 仏になるとぞ説いたまふ(=お説きになる)〈梁塵秘抄・法文歌〉❸能楽で、技芸の本質への到達を妨げる余分な付着物。例能に嵩(=貫禄)も出で来、**垢**も落ちて〈風姿花伝・六〉

あか【閼伽】 名《仏教語》〔梵語の音写〕❶仏に供える水。また、供え物。例**閼伽**奉り、花折りなどするもあらはに見ゆ〈源氏・若紫〉❷①を入れる器。例**閼伽**を備へて、海の上に浮かべ放つ〈今昔・一一・七〉

あ-が【吾が・我が】 1〔代名詞「あ」＋格助詞「が」〕❶主格。私が。例**あが**隠りますによりて〈記・上・神代〉❷連体修飾格。私の。自分の。例天地は広しといへど **我がため**は 狭くやなりぬる〈万葉・五・八九二〉➡名歌122 2 連体〔1②が一語化したもの〕私の。相手を呼ぶ語の上について、親愛・敬愛の情をこめて用いる。例大殿の君もめぐみたまふ(=情けをおかけになる)、**あが**北の方はまして〈落窪・二〉

あか-あか-と【明か明かと・赤赤と】 副 たいそう明るく。たいそう赤く。例大殿油(=灯火)近く参らせて、**あかあかと**あり〈讃岐典侍日記・上〉

あかいと-をどし【赤糸縅】 一 名 鎧の縅の一種。鎧の札を赤い糸で綴ったもの。例**赤糸威**の究境の(=頑丈な)鎧を取り出だし〈義経記・八〉

あか-いろ【赤色】 名 ❶緋・紅・朱色などの染め色の総称。例**赤色**の扇、すこし乱れたるをもてまさぐりて〈蜻蛉・下〉❷襲の色目の名。表裏ともに赤色。または表は赤、裏は二藍など、諸説ある。例**赤色**の唐衣に黄なる唐の綾の衣〈栄花・初花〉❸織り

色の名。縦糸が紫、横糸が赤。❹「赤色の袍」の略。

あかいろ-の-はう【赤色の袍】 名 上皇の日常着。天皇や摂政・関白が内宴のときなどに着用することもある。

あ-かう【阿衡】 名〔「阿」はたのむ、「衡」は平らか。天下の民がそれによって公平を得るの意〕殷の賢臣伊尹の称。転じて、宰相の意。日本では摂政・関白の別称。

あ-が-おもと【吾が御許】 名 女性を親しみをこめて呼ぶ語。あなたさま。あなた。例**あがおもと**にこそおはしましけれ(=あなたさまでいらっしゃいませんか)。あなうれしともうれし〈源氏・玉鬘〉

あか-かう【赤香】 名 染め色の名。濃い香色。例赤香のかみしもに蓑笠を着て〈宇治拾遺・一〇〇〉

あか-かがち【赤酸漿】 名 ホオズキの実。ホオズキは初夏に花が咲き、赤い実がなる。例その目は**赤かがち**のごとくして〈記・上・神代〉

あか-がしは【赤柏】 名 ❶植物の名。アカメガシワ。❷赤飯。小豆飯。例膳まはりほかに物なし赤柏〈俳諧・猿蓑・一〉

あかがは-をどし【赤革緘】 名 鎧の緘の一種。鎧の札を赤く染めた革で綴ったもの。

あか-がり【皸・皹】 名 あかぎれ。例手足におほきなるあかがりひまなく(=すきまなく)われければ〈平家・八・緒環〉

あか-ぎ【赤木】 名 ❶赤い木材。赤っぽく、材質が固い木の総称。❷皮をはいだ木。皮のついたままの「黒木」に対していう。例よしある(=風情がある)黒木・赤木の籬(=柵)を結ひまぜつつ〈源氏・野分〉

あ-がき【足掻き】 名 ❶馬などが足を動かして進むこと。例**足掻き**の水に衣濡れにけり〈万葉・一七・四〇二二〉❷さまざまな手段を取ること。あくせくすること。例催促受ける百両の金の**あがき**も〈歌舞伎・お染久松色読販・序幕〉❸はしゃぎまわること。例いづれも浮気の(=陽気な)大座敷、やうやう**あがき**をやめて〈西鶴・男色大鑑・六・一〉

あかき-こころ【赤き心】 名〔「赤心」の訓読〕誠実で偽りのない心。真心。例**あかき心**を 皇辺に 極め尽くして〈万葉・二〇・四四六五〉

あか-ぎぬ【赤衣】 名 ❶緋色の袍。五位の官人が着る。❷赤色の狩衣。検非違使の下役人や貴族の召使が着る。例この検非違使どもの具(=配下)の、赤衣など着たるものども〈栄花・浦々の別れ〉❸赤色の法衣。軍荼利夜叉明王を本尊として行う修法で僧が着る。例心誉阿闍梨は、軍荼利の法なるべし、赤衣着たり〈栄花・初花〉

あかき-ひと【赤き人】 名 五位の官人。束帯に緋色の袍を着たことからいう。例車のもとには、赤き人、黒き人おしこりて(=集まりかたまって)〈蜻蛉・下〉読解「黒き人」は四位以上の官人。

あ-が-きみ【吾が君】 代 対称の人称代名詞。相手を親しみをこめていう。男女を問わず用いる。あなたさま。あなた。例「**あが君**や」とて、しばしのぼらせたまひて(=ちょっとの間部屋へお上がりになって)〈和泉式部日記〉

あ-が・く【足掻く】 動(カ四)❶馬などが足を動かして進む。例赤駒の**あがく**激ちに濡れにけるかも〈万葉・七・一一四一〉❷手や足をばたつかせる。もがく。例手を**あがき**て祈り〈宇津保・国譲上〉❸さまざまな手段を取る。あくせく動きまわる。例蔵の一軒も建てるやうにと**あがい**(音便形)ても〈近松・女殺油地獄・中〉❹子どもがはしゃぎまわる。例禿どもも**あがい**(音便形)たら遣り手に告げて叱らすぞ〈近松・博多小女郎波枕・上〉読解「禿」は遊女見習いの少女。

あか-くちば【赤朽ち葉】 名 染め色の名。赤味をおびた朽ち葉色。例ただ薄物の**赤朽ち葉**を着たるを、脱ぎかへて別れぬ〈蜻蛉・上〉

あが-こころ【我が心・吾が心】《枕詞》❶「あかき心(真心・清い心)」と音が通じることから、「あかし」と同音の地名「明石」にかかる。❷真心を尽くすの意から、「尽くし」と同音の地名「筑紫」にかかる。❸心が清いという意から、「清き」と同音を含む地名「清隅」にかかる。

あか-ごめ【赤米】 名 赤みをおびた下等な米。炊くとよく増えるので徳用とされた。例**赤米**を杣の秋と詠め〈西鶴・世間胸算用・三・四〉

あかざ【藜】 名 山野に自生する野草。若葉は食用、茎は干して老人用の杖とする。その他、薬用や染色などにも用いる。

あかざ-の-あつもの【藜の羹】 藜を汁の実にした吸い物。粗末な食べ物のたとえにいう。例紙の衾(=夜具)、麻の衣、一鉢のまうけ(=食物)、**藜のあつもの**、いくばくか人の費えをなさん〈徒然・五八〉

あかし【明かし・灯】 名 あかり。ともしび。⇩みあかし。例火を打ちて(=火打ち石で火を打ち出して)、仏前に**明かし**・香を置き〈今昔・一五・二八〉

明石 《地名》歌枕 播磨国、今の兵庫県明石市。山陽・南海両道の宿駅で、畿内から西国へ向かう出口に位置する。淡路島を対岸に、瀬戸内海に面した景勝の地。「明石潟」「明石の浦」「明石の門」「明石の泊」などとも呼ばれる。

語誌 ▼明石巻　『源氏物語』に、都を逃れた光源氏が、須磨から明石へ移り、明石の君と出会うが、単身都へ帰るという明石巻があり、その影響により、明石の地には、都への慕情・別離などの哀しみを基調としたイメージが定着した。隣接する歌枕「須磨」と一組に語られることも多い。

▼明石の和歌　和歌では、柿本人麻呂の作と伝える「ほのぼのと(枕詞)明石の浦の朝霧に島がくれ行く船をしぞ思ふ」〈古今・羇旅〉(➡名歌323)が有名。また、夜を「明かす」の意(例)や、「暗し」に対する「明し」の意を掛けることが多い。例つくづくと思ひあかしの浦千鳥波の枕になくなくぞ聞く(=しみじみ思い明かして、明石の浦の千鳥が波に鳴く声を、涙でぬれた枕で泣きながら聞いている)〈新古今・恋四〉月の名所でもあり、ほかに「浦風」「波」「千鳥」「ほととぎす」などが縁語として用いられる。〈大谷俊太〉

あか・し【明かし・赤し】 形(ク)〔「あく(明く)」と同根〕❶明るい。「暗し」の対。例日月は 明かしといへど 我がためは 照りやたまはぬ〈万葉・五・八九二〉➡名歌122

❷心が澄んでいる。汚れや偽りがない。例隠さはぬ明かき心を　皇辺に　極め尽くして(=隠し隔てのない偽らぬ心を、天皇に捧げ尽くして)〈万葉・二〇・四四六五〉❸赤い色をしている。例白き鳥の、嘴と脚と赤き、鴫の大きさなる(=白い鳥で、くちばしと足とが赤く、鴫の大きさである鳥が)〈伊勢・九〉

語誌 和歌では、播磨国の地名「明石」と掛けて詠まれることが多い。⇩明石　〈馬場光子〉

あかし-くら・す【明かし暮らす】 動(サ四) 夜を明かし日を暮らす。日々を送る。例世を棄つるやうにて**明かし暮らす**ほどに〈源氏・若菜下〉

明石の浦《地名》播磨国の明石の海・海辺。例よとともに**明石の浦**の松原は波をのみこそよると知るらめ〈拾遺・雑上〉読解「よとともに」の「よ」は、「世」と「夜」を掛ける。明石の浦はその名のとおりいつも明るく、「夜」はなくて波が「寄る」だけだ、の意。

明石の君《人名》『源氏物語』の作中人物。明石の入道と明石の尼君の一人娘。父入道は大臣家に生まれながら、播磨の国守を務めたのち土着するという特異な個性の持ち主。流離中の光源氏と結ばれるが、中流層の自分との身分差に苦しむ。源氏帰京後に出産した姫君も、将来は后にと考える源氏の意向で紫の上のもとに手放さざるを得ない。やがて自分も源氏の六条院の冬の町に移るが、姫君との再会はかなわない。姫君が東宮(のちの今上帝)の女御として入内、最終的には中宮の実母、東宮の祖母という栄華を迎えるが、厳しく自己を制御し続けたことの代償でもあった。

あかし-ぶみ【明かし文・証文】 名 神仏に対して願いの趣旨や誓いを書き記した文章。例御**あかし文**など書きたる心ばへ(=趣旨)など〈源氏・玉鬘〉

あか・す【明かす】 動(サ四) ❶灯火などを明るくする。ともす。例海原の沖辺に灯し漁る火は**明かして**灯せ大和島見む〈万葉・一五・三六四八〉❷一晩過ごして朝を迎える。例おきもせず寝もせで夜を**明かし**ては〈伊勢・二〉❸疑いを晴らして明らかにする。よくわかるように説明する。また、秘密を打ち明ける。例まづ帝王の御つづき(=順番)を覚えて、次に大臣のつづきは**明かさ**むとなり〈大鏡・後一条院〉

あか・す【飽かす】 動(サ下二) ❶満足させる。飽きさせる。例いで(芋粥ヲ)飲み**飽かせ**たてまつらばや〈今昔・二六・一七〉❷(「〜に飽かす」の形で)あるにまかせて十分に使う。例銀に**あかせ**し吟味なり(=趣向だ)〈近松・丹波与作待夜の小室節・上〉

あか-ず【飽かず・厭かず】 〔動詞「あく」の未然形＋打消の助動詞「ず」〕❶**満足できない。** 例そのことの**飽かぬ**とおぼゆる疵もなし(=そのことが満足できないと思われる落ち度もない)〈源氏・紅葉賀〉❷〔「ず」は連用形〕副詞的に用いる。㋐**満ち足りずに。心残りに。** 例帝、かぐや姫をとどめて帰りたまはむことを、**あかず**口惜しく思しけれど(=帝は、かぐや姫を残してお帰りになることを、心残りで残念にお思いになったが)〈竹取〉㋑**飽きることなくいつまでも。** 例物うち言ひたる、聞きにくからず、愛敬ありて、言葉多からぬこそ**飽かず**向かはまほしけれ(=何かちょっと言っている、その言葉が聞きづらくなく、かわいげがあって、口数が多くない人は、いつまでも向かいあっていたいものだ)〈徒然・一〉〈吉野瑞恵〉

赤染衛門《人名》生没年未詳。没年は長久二年(一〇四一)以後か。平安中期の歌人。大江匡衡の妻。穏健な歌風で、歌合わせや屏風歌など晴れの場の歌にすぐれる。家集に『赤染衛門集』。『栄花物語』正編の作者としても有力視される。

あがた【県】 名 ❶**地方。国。** 例青みづら(枕詞)依網の原に　人も逢はぬかも　石走る(枕詞)近江**県**の　物語りせむ(=依網の原でだれかと出会わないものかなあ、その人に近江の国の一件を語って聞かせよう)〈万葉・七・一二八七〉読解歌体は旋頭歌。旅の途次の人恋しい気分を歌う。❷(都に対する地方の意から)**国司の赴任先の国。** 任国。例ある人、**県**の四年五年はてて(=ある人が、任国での四、五年の任期を終えて)〈土佐〉❸大和王権の古い行政組織の一つ。例国々の堺、また大**県**・小**県**の県主を定めたまひき〈記・中・成務〉

語誌 平安時代以降の用例は、特殊なものを除いて①か②に限られる。③は、四世紀から五世紀にかけて主に西日本の要所要所に設けられた組織。県主と呼ばれる首長に率いられ、祭祀や貢納(貢ぎ物を差し出すこと)を通して、王権を政治的・経済的に支えた。〈品田悦一〉

あがた-ありき【県歩き】 名 諸国の国司を歴任し、任地を転々とまわること。また、その人。例たのもし人(=頼りに思う人)は、この十余年のほど、**あがたありき**にのみあり〈蜻蛉・上〉読解「たのもし人」は作者の父をさす。

あか-だな【閼伽棚】 名 閼伽や仏具を置くための棚。例**閼伽棚**に菊・紅葉など折り散らしたる、さすがに住む人のあればなるべし〈徒然・一一〉

あがた-ぬし【県主】 名 ❶「あがた③」の首長。❷古い姓の一つ。①に由来する。

あがた-み【県見】 名 田舎見物。例**県見**にはえ出で立たじや(=おいでになれませんか)〈古今・雑下・詞書〉

あがた-みこ【県神子・県巫】 名 主に地方をまわり、祈禱・占いなどをする民間の巫女。例すずしめの鈴(=神を鎮めるための鈴)を鳴らして**あがたみこ**来たれり〈西鶴・好色一代男・三・七〉

あがた-めし【県召し】 名「県召しの除目」の略。例年春に行われる官吏の任命式。地方官が主な対象だった。「春の除目」とも。儀式は三日間。正式の日取りは正月九日からとも十一日からともいわれるが、実際には厳格でなく、二月以降に行われることもあった。⇩ぢもく・つかさめし。例年立ち返る春の**県召し**にかずまへとどめ(=漏らさず数に入れ)〈栄花・駒競べの行幸〉

あがためし-の-ぢもく【県召しの除目】 名 ⇩あがためし。例**県召しの除目**に三か夜(=三夜続けて)出仕させたまひて〈著聞集・三・一〇一〉

あか-ぢ【赤地】 名 赤い織地。また、それに文様の入った織物。

あかぢ-の-にしき-の-ひたたれ【赤地の錦の直垂】(アカジ)——赤地の錦で作った鎧直垂。大将格の武士が着用する。例今日のいくさの大将なれば、**赤地の錦の直垂**に〈古活字本平治・中〉

あか・つ【班つ・頒つ】動〔夕四〕方々に分け配る。例山のそき(=かなた)野のそき見よと 伴の部(=部下)を **班ち遣はし**〈万葉・六・九七一〉

あか-つき

【暁】名〔「あかとき」の変化した形〕**夜明け前のまだ暗い時分。**例(a)有り明けのつれなく見えし別れより**暁**ばかり憂きものはなし〈古今・恋三〉↓名歌53 例(b)**暁**に鳥など鳴きぬれば、鬼ども帰りぬ〈宇治拾遺・三〉読解こぶ取りじいさんの説話。

語誌▼夜を中心とする時間区分「ゆふべ・よひ・よなか・あかつき・あした」の一つ。夜暗い時分から明け方が近づいたころまで。

▼「**あかつきの別れ**」　古代的な時間の感覚では、夜は昼に対する一種の異次元であったため、その夜が終わりに近づく「あかつき」は、例(b)のように、人間の世界に訪れていた怪異のものたちが去る時間でもあった。また、例(a)のように、「よひ」に訪れた男が一夜をともにした女のもとから去るころであり、男女が別れを惜しむ時間でもあった。

▼「**あけぼの**」は夜が明けようとするころで、より朝に近い。〈高田祐彦〉

あか-つき【閼伽坏】名「あか(閼伽)①」を入れる器。例花奉るとて、鳴らす**閼伽坏**の音、水のけはひなど聞こゆる〈源氏・鈴虫〉

あかつき-おき【暁起き】名 夜明け前の、まだ暗いうちに起きること。特に、夜明け前に起きて勤行すること。例**暁起き**の袖の上、山路の露もしげくして(=たくさんついて)〈平家・灌頂・大原御幸〉

あかつき-づくよ【暁月夜】名 暁にまだ月が残っている夜。また、その月。例影(=月の光)すさまじき**暁月夜**に雪はやうやう降り積む〈源氏・初音〉

あかつき-つゆ【暁露】名〔古くは「あかときつゆ」とも〕夜明け前ごろに置く露。例このごろの**あかつき露**に我が宿の萩の下葉は色づきにけり〈拾遺・雑秋〉

あかつき-の-わかれ【暁の別れ】一夜をともにした恋人たちが、暗いうちに別れること。女性のもとに通ってきた男性が、まだ暗いうちに帰ること。「待つ夕暮れ」とともに、恋のつらさを特に感じる時間。例**あかつきの別れ**はいつも露けきを(=泣かずにはいられないのに)〈源氏・賢木〉

あかつき-やみ【暁闇】名〔古くは「あかときやみ」とも〕夜明け前、月がなくあたりが暗いこと。また、そのころ。月が早く沈む陰暦一日から十四日ごろまでの夜明け方をいう。例月は夜半に入りはてて、**暁闇**の空なるに〈保元・上〉

あか-で【飽かで】〔動詞「あく」の未然形＋接続助詞「で」〕飽きることなく。不満足で。例身のうさを嘆くに**あかで**明くる夜は〈源氏・帚木〉

あか-とき【暁】名『上代語』〔「明時」の意〕「あかつき(暁)」に同じ。例秋の夜は**あかとき**寒し〈万葉・一七・三九四五〉

あかとき-づき【暁月】名『上代語』夜明けごろに空に残る月。例さ夜ふけて**暁月**に影(=姿)見えて〈万葉・一九・四一八一〉

あかとき-づくよ【暁月夜】名「あかつきづくよ」に同じ。例しぐれ降る**暁月夜**紐解かず恋ふらむ君と居らましものを〈万葉・一〇・二三〇六〉

あか-なく-に【飽かなくに】〔動詞「あく」の未然形＋打消の助動詞「ず」のク語法＋助詞「に」〕まだ不十分なのに。まだ満足していないのに。例**あかなくに**まだきも(=早くも)月のかくるるか山の端にげて入れずもあらなむ(=入れないでほしい)〈伊勢・八二〉

あかな・ふ【贖ふ】(アカナウ・アカノウ)動〔八四〕「あかふ」に同じ。

あかぬ-わかれ

【飽かぬ別れ】心が満たされないままの別れ。名残惜しい別れ。多く、ともに夜を過ごした男女の朝の別れにいう。例(a)朝戸あけてながめやすらんたなばたは**あかぬ別れ**の空を恋ひつつ(=朝の戸を開けてもの思いにふけって眺めているだろうか、織女は名残惜しい別れの空を何度も恋い慕いながら)〈後撰・秋上〉読解七月八日の朝、牽牛を見送る織女の様子を詠んだ歌。例(b)待つ宵にふけゆく鐘の声聞けば**あかぬ別れ**の鳥はものかは〈新古今・恋三〉↓名歌330 〈吉野瑞恵〉

あかね【茜】名〔「赤根」の意〕❶植物の名。アカネ科のつる性多年草。山野に生え、初秋に白い花を咲かせる。根から赤色の染料を作る。❷染め色の名。①の根からとった染料で染めた色。例**茜**に染めたる絹二十疋奉れり〈落窪・三〉

あかね-いろ【茜色】名 茜で染めたやや暗い赤色。

あかね-さす【茜さす】《枕詞》夕焼けや朝焼けの茜色に映えるさまから、太陽や美しい光輝などを連想し、「日」「昼」「紫」「君」にかかる。例(a)**あかねさす**日のことごと(=一日じゅう)〈万葉・二・一九九〉例(b)**あかねさす**紫野行き標野行き野守は見ずや君が袖振る〈万葉・一・二〇〉↓名歌1

あか-の-たな【閼伽の棚】「あかだな」に同じ。

あか-はた【赤旗】名❶赤色の旗。古くは祭礼に用いられ、のちは官人・官物を示すために用いられた。例葬具の儀の**赤旗**と青幡と交雑り〈常陸風土記〉❷平氏の旗。例大宮面(=大宮大路の方面)に平家の**赤旗**三十余流れ〈平治・中〉

あか-はだ【赤肌】名〔「あか」は接頭語〕何もまとわず、むき出しになった肌。まる裸。毛がすっかり抜き取られたり、草木がまったく生えていないさまにも用いる。例**あかはだ**の兎伏せり〈記・上・神代〉

あか-ばな【赤花・紅花】名 染め色の名。紅花で染めた、紫がかった淡紅色。または、絵の具の紅粉。例手づから、この**あかばな**を描きつけ〈源氏・末摘花〉読解絵に描いた赤い鼻と、絵の具の意を掛けた。

あかひ【贖ひ】(アカイ)名〔のちは「あがひ」とも〕金品で罪を償うこと。例酒・くだものなど取りいださせて、**あがひ**せん〈宇治拾遺・一二四〉

あか-ひも【赤紐】名 大嘗祭・豊の明かりの節会などに着る小忌衣の右肩(舞人は左肩)に、前後に長く垂れ下げる飾り紐。上代は赤色、のちには濃

らを見ん事、掌(たなごころ)(=手のひら)の上の物を見んがごとし〈徒然・一九四〉

あきら-け・し【明らけし】 形(ク) ❶明白だ。はっきりしている。例**明らけく**我が知ることを〈万葉・一六・三八六六〉 ❷心に曇りがない。潔白だ。例しきしまの(枕詞)大和の国に**明らけき**名に負ふ伴(とも)の緒(=我が大伴(おお)ともの一族の者たちよ)心努めよ〈万葉・二〇・四四六六〉 ❸賢い。すぐれている。その道によく通じている。例かく末の世の**明らけき**君として〈源氏・若菜上〉

あきら・む

【明らむ】 動(マ下二) 明るくはっきりさせる、の意から、物事をはっきりさせる、などの意にも用いられる。

❶**はっきりとよく見る。物事をはっきりさせる。**判断する。例かたみにうちいさかひても、心にあはぬことをば**あきらめつ**(=お互いに言い争ってでも、納得しないことははっきりさせてきた)〈源氏・東屋〉 読解 夫婦仲について語る妻の言葉。

❷**心を晴らし明るくする。心を楽しませる。**例陸奥(みちのく)の小田なる山に金(くがね)ありと申したまへれ御心を**明らめたまひ**(=陸奥の小田にある山に金があると申し上げなさると御心を晴らし明るくなさり)〈万葉・一八・四〇九四〉 読解 東大寺の盧遮那仏(るしゃなぶつ)に塗る金が国内から出土し、天皇の悩みが解決したと歌う。〈馬場光子〉

あき・る【呆る】 動(ラ下二) 呆然(ぼうぜん)とする。途方にくれる。あっけにとられる。中世以降、軽蔑・あざけりの意を含むこともある。例いとあわたたしきに**あきれ**たる心地したまふ〈源氏・夕顔〉

あきれ-いた・し【呆れ甚し】 形(ク)〔「いたし」ははなはだしい意〕完全に途方に暮れてしまっている。例乱り心地**あきれいたき**に、何事も思ひたまへわかれず〈夜の寝覚・一〉

あき-をさめ【秋収め】 オサメ 名 秋の収穫。また、その時期。例時雨せぬよしだの村の**秋収め**刈りほす稲のはかりなきかな〈江師集〉

あく【幄】 名 神事や朝廷の行事などのとき、参列者のために、庭に設営する仮屋。柱を立てて、棟を渡して中央を高くした屋根の部分や周囲に幕を張る。幄舎(あくしゃ)。揚げ張り。例左近(さこん)の**幄**にて、二(に)になき(=二つとない)箏(さう)の声々出だすなりつるを〈宇津保・内侍のかみ〉

幄〔年中行事絵巻〕

あく【灰汁】 名 灰(はひ)を水に浸して上澄みをとったもの。洗濯や染色などに用いる。例紅(くれなゐ)にそめし心もたのまれず人を**あく**にはうつるてふなり(=色あせるということだ)〈古今・雑体〉 読解「飽く」を掛ける。

あく

【悪】 わるいこと。 1名 ❶**正義・道徳・法などに反すること。**例汝(なんぢ)が**悪**量りなし。定めて地獄を免る(まぬか)べからず(=おまえの悪どいことは限りがない。きっと地獄をのがれることはできまい)〈今昔・六・二〉

❷**邪気。悪気。毒気。**例**悪**をふくめる(=毒気を含んでいる)毒蛇に向かひて〈宇津保・俊蔭〉

❸**歌舞伎(かぶき)などで、悪人の役を演じるもの。悪役。**かたき役。例どれが実(じつ)か**悪**かわかりませぬ(=どれが分別がある誠実な役か悪役かわかりません)〈滑稽本・浮世風呂・四下〉

2接頭 人名や人を表す語などについて、**荒々しい、たけだけしい、の意を添える。**「悪源太(げんた)」「悪左大臣(じん)」など。〈浅見和彦〉

あ・く

【明く】 動(カ下二)〔「あか(赤)」と同根〕❶**夜が明ける。**例**明け**ぬれば暮るるものとは知りながらなほうらめしき朝ぼらけかな〈後拾遺・恋二〉➡名歌14

❷**晴れて明るくなる。**例雨間(あまま)**明けて**国見もせむを故郷(ふるさと)の花橘(はなたちばな)は散りにけむかも(=雨の晴れ間に故郷の国土を眺めようともするが、故郷の橘の花は散ってしまっただろうなあ)〈万葉・一〇・一九七一〉

❸**年・月・日などが改まる。**次の年・月・日などになる。例**明けん**年ぞ五十になりたまひけるを(=次の年に五十歳におなりになったので)〈源氏・少女〉

❹**ある期間が終わる。**例親討(う)たれぬれば孝養し、忌み**あけ**て寄せ(=親が討たれてしまうと供養をして、忌中の期間が終わってから敵に押し寄せ)〈平家・五・富士川〉

語誌 ▼**関連語** 「明く」は、「くる(暗る・暮る・眩る)」の対。和歌では、しばしば両者は縁語として詠まれる(①例)。また「開(あ)く」も、「明く」の縁語あるいは掛詞のように用いられる。〈馬場光子〉

あ・く

【飽く・厭く】 動(カ四) ❶**満足する。**例芋粥(いもがゆ)にいまだ**飽か**ずと仰せらるれば、**飽かせ**たてまつらん(=芋粥にまだ満足したことがないとおっしゃるので、満足させてさしあげよう)〈宇治拾遺・一・八〉

❷**十分すぎていやになる。**飽きる。例(a)すこし心に癖ありては、人に**飽かれ**ぬべきことなむ、おのづから出で来(き)ぬべきを(=多少でも心に嫉妬(しっと)する気持ちがあっては、夫に飽きられてしまうようなことが、自然と出て来てしまうはずだから)〈源氏・胡蝶〉例(b)魚(うを)は水に**飽か**ず〈方丈記〉

語誌 ▼現代語の「飽きる」が十分すぎていやになる意に用いるのに対し、「飽く」はその一段階前の、満足する意で用いることが多い。
▼奈良・平安時代には、打消の語を伴って、満たされない気持ちを表すことが多い。特に平安時代は、単独で用いることは少なく、ほとんど「あかず」などの形で用いられる。⇩あかず・あかで・あかなくに〈吉野瑞恵〉

あ・く【開く・空く】 1動(カ四) ❶閉じふさいでいたものがひらく。例立て籠(こ)めたる所の戸、すなはち(=たちまち)ただ**あき**に**あき**ぬ〈竹取〉 ❷切れ目やすきまができる。官職や地位に欠員ができる。例(国司ノ地位ガ)来年**あく**べきにも〈更級〉 ❸禁止や制限がなくなる。例御物忌み**あく**日にて〈源氏・松風〉 2動(カ下二) ❶閉じふさいでいたものをひらく。例仏のおはする中の戸を**開けて**〈源氏・総角〉 ❷切れ目やすきまを作る。空(あか)にする。例みそかに(=ひそかに)穴を**あけて**〈宇治拾遺・一二・九〉

あ・ぐ【上ぐ・挙ぐ・揚ぐ】**1**動(ガ下二)〔「あがる」の他動詞形〕❶**高くする。** 例格子もあげながら寝入りたまへど(＝格子も高くしたまま お眠りになるけれど)〈夜の寝覚・一〉

❷**髪を結う。髪あげをする。** 例くらべこし振り分け髪も肩すぎぬ君ならずして誰かあぐべき〈伊勢・二三〉↓名歌148

❸**水や船から陸地に移す。** 例おぬしもあの島へあげて〈狂言・薩摩守〉

❹**都・宮中・寺など、より上位の場所に移す。** 例京に上げたてまつりてん(＝京にお移し申し上げよう)〈源氏・玉鬘〉

❺**位などを上に進める。** 例弁少将を右大将にあげて〈夜の寝覚・五〉

❻**高い声を出す。** 例入道相国あまりのうれしさに、声をあげてぞ泣かれける(＝入道相国はうれしさのあまりに、声をあげてお泣きになった)〈平家・三・御産〉

❼(「名をあぐ」の形で)**有名になる。名声を得る。** 例さしも日本一州に名をあげ、威をふるっし人なれども(＝あれほど日本国じゅうに名声を得て、威勢をふるった人であるが)〈平家・六・入道死去〉

❽**うまくなし遂げる。済ませる。** 例さばかりせばき壺に折りまはし、おもしろくあげたまへば(＝あれほど狭い中庭でぐるぐる方角を変え、おもしろく馬に乗りおさめられるので)〈大鏡・伊尹〉

❾**進呈する。献上する。** 例何ぞあげたらよからうが〈洒落本・道中粋語録〉

❿(「〜にあげず」の形で)間を置かない意を表す。⇩あげず

⓫**遊女などを呼んで遊ぶ。**

2補動(ガ下二)動詞の連用形につく。❶その動作が高所をめざしたり、遠くまで届いたり、高貴な相手をめざしたりする意を表す。「見あぐ」「読みあぐ」「申しあぐ」など。

❷その動作をすっかりなし遂げる意を表す。例館に火かけ焼きあげて〈平家・四・競〉

語誌▼**用法の広がり**　物などを高い位置に移す動作を表す**1**①〜③が原義であるが、④⑤のように価値的に高い場所や位などへの移動も表し、また、⑥⑦のように声や名声を遠くまで届けることにも用いて、さらにさまざまな用法を分化している。〈山口堯二〉

あく-えん【悪縁】名❶〘仏教語〙前世の悪業がもたらす悪い因縁。例悪縁にひかれて、御運すでにつきさせたまひぬ〈平家・二・先帝身投〉❷思うようにならない男女の関係。例かかる契りの悪縁と、帰らぬ道(＝死出の道)をたどり行く〈近松・生玉心中・下〉

あくがら・す【憧らす】動(サ四)〔「あくがる」の他動詞形〕❶美しいものなどが人の心をひきつけて、落ち着かない気持ちにさせる。例梅が香におどろかれつつ春の夜はやみこそ人はあくがらしけれ〈和泉式部集〉❷さまよわせる。流浪させる。例わづらはしげに思ひまとはす気色見えましかば(＝うるさくつきまとう様子が見えていたならば)、かくもあくがらさざらまし〈源氏・帚木〉

あくが・る【憧る】動(ラ下二)〔「あく」は場所の意とする説もあるが、未詳。「かる」は離れる意〕❶**魂が肉体を離れ出る。**何かに**心を奪われて放心状態になる。** 例(a)もの思へば沢の蛍もわが身よりあくがれ出づる魂かとぞ見る〈後拾遺・雑六〉↓名歌367　例(b)(ホトトギスノ)夜ふかくうちいでたる声の、らうらうじう愛敬づきたる、いみじう心あくがれ、せんかたなし(＝夜深いころに鳴き出した声が、洗練されていて愛らしいのは、非常に心を奪われて、どうしようもない)〈枕・鳥は〉

❷**本来いるはずの場所を離れて、ふらふらとさまよう。** 例忌み違ふとて、ここかしこになんあくがれたまふめる(＝もの忌みを避けるといって、あちこちに転々となさるようだ)〈源氏・東屋〉

語誌▼**遊離魂**　①例(a)のように、生きているときでも、人の魂は、ひどく思いつめたり、あるいは深く感動したりすると、肉体を遊離するものと考えられていた。『源氏物語』では、六条御息所の魂が彼女の意志とは無関係にさまよい出て、光源氏の正妻の葵の上を苦しめ殺してしまう。

▼鎌倉時代以降「あこがる」と併用されるようになり、現代語の「あこがれる」につながっていく。〈池田節子〉

あくがれ-あり・く【憧れ歩く】動(カ四)何かに心ひかれてさまよい歩く。魂が身から離れたように、ふらふら歩きまわる。例風のさきに(＝大風に先回りして)あくがれ歩きたまふ〈源氏・野分〉

あくがれ-まど・ふ【憧れ惑ふ】動(ハ四)魂が身からさまよい出てしまったように、ひどく心が乱れる。例かかるをりだにと(＝せめてこのような機会に逢いたいと)心もあくがれまどひて〈源氏・若紫〉

あく-き【悪鬼】名人に祟りをなす悪い鬼神。妖怪・怨霊。例悪鬼・悪神をおそるるゆゑに〈徒然・一九六〉

あく-ぎやう【悪行】名仏の教えや人の道に背く行い。悪い行為。例(a)これこそ平家の悪行のはじめなれ〈平家・一・殿下乗合〉例(b)優婆夷(＝在家の女性)などの身にて、比丘(＝僧)を堀へ蹴入れさする、未曽有の悪行なり〈徒然・一〇六〉

あく-ぎやく【悪逆】名❶人の道に背くひどい悪事。例つらつら平家の悪逆を見るに〈平家・七・木曾山門牒状〉❷古代の罪の一つ。主君や親を殺す罪。❸いたずら。乱暴。例なかなか聞きも入れず、なほなほ悪逆つかまつらんと申す〈御伽草子・猫の草紙〉

あくぎやく-ぶたう【悪逆無道】名形動(ナリ)邪悪で道理に外れたこと。また、そのようなことをすること。例悪逆無道にして、ややもすれば君(＝君主)を悩ましたてまつる〈平家・三・医師問答〉

あく-ごふ【悪業】名〘仏教語〙悪い報いを受けるもととなる行為。また、前世の悪事。例この沙門(＝僧)、前世にいかなる悪業をつくりて、今、臂を切り〈今昔・二・三三〉

あく-さう【悪相】名❶不吉な前兆。悪い兆候。例大地、震動し…さまざまの悪相を現ず〈今昔・一・一三〉❷不吉な夢。悪夢。❸悪い人相。凶悪な顔つき。例終焉(＝死ぬとき)にこれほどの悪相を現ずる事は〈太平記・二〇〉

あく-じ【悪事】名❶法や道徳に反する行為。例人の

運命の傾かんとては(=傾きかけるようなときは)、必ず悪事を思ひたち候ふなり〈平家・二・教訓状〉❷災難。不吉な事。例その身に悪事かさなり〈西鶴・日本永代蔵・三・二〉

あく-しゃう【悪性】シヨウ 名❶《仏教語》生まれつきの、悪い性質。善性・無記性(非善非悪の性)とともに仏教の三性の一つ。例善人の悪性もありて、上は善人に似て、名利の心ありて実なきあり〈沙石集・一・一〇〉❷身持ちの悪いこと。浮気。放蕩。例悪性する年でもなし〈近松・女殺油地獄・下〉

あく-しゅ【悪趣】名《仏教語》〔「趣」は境界・世界の意〕この世で悪いことをした結果、死後に落ちるとされる苦しみに満ちた世界。地獄道・餓鬼道・畜生道の三つを三悪趣といい、修羅道を加えて四悪趣という。「悪道」とも。例いかなる悪趣に堕ちて、はかりなき苦を受くらむ〈今昔・二〇・三四〉

あく-しょ【悪所】名❶山道や坂など、通行するのに危険な所。難所。例悪所を馳すれども、馬を倒さず〈平家・五・富士川〉❷「あくしゅ」に同じ。例御心の向けやうによりて、善所へも行き、悪所へも生まるるなり〈仮名草子・竹斎・上〉❸近世の用法。道徳的にみて悪い場所。遊里や芝居町など。例また悪所へか〈西鶴・好色一代男・五・七〉

あくしょ-おとし【悪所落とし】名 険しい坂道を馬で駆け降りること。また、それの巧みな人。例究竟の荒馬乗り、悪所落とし〈平家・九・木曾最期〉

あく-せ【悪世】名 悪事がまかり通る悪い世の中。仏教では、仏法が衰えて乱れた世の中。末世。例なほ、この悪世に生まれたまひにければにや〈狭衣・一〉

あく-そう【悪僧】名❶〔「あく」は接頭語〕武芸にすぐれた勇猛な僧。荒法師。例坂四郎永覚といふ悪僧あり…弓矢を取っても力の強さも、七大寺・十五大寺にすぐれたり〈平家・五・奈良炎上〉❷仏の教えに背いて悪事を行う僧。

あくた【芥】名 ごみ。ちり。また、ごみのような役に立たないもの。例散りぬればのちはあくたになる花を〈古今・物名〉

あく-たう【悪党】トウ 名❶悪人。また、その仲間。例悪党どもが申す事につかせたまひて(=同調なさって)〈平家・二・烽火之沙汰〉❷中世、特に南北朝時代、荘園領主や幕府の支配に反抗する地頭や名主、また、彼らに率いられた集団。支配者側からいう語。例当国・他国の悪党どもが、落人の物の具剝がんとてぞ集まりたるらん〈太平記・九〉

あく-だう【悪道】ドウ 1名《仏教語》現世で悪い行いをした者が死後に行く所。地獄・餓鬼・畜生を三悪道、修羅を加えて四悪道という。「あくしゅ」とも。例後生でだに悪道へおもむかんずる事の悲しさよ〈平家・一・祇王〉2名形動(ナリ)悪い行い。特に、酒や愛欲におぼれること。例人の小息子そそのかし、悪道に引き入れる〈近松・生玉心中・上〉

あくた-び【芥火】名 ごみなどを焼く火。特に、海岸で海人がごみを焼く火。

あくたびの【芥火の】《枕詞》「あく」の音の繰り返しで「飽く」にかかる。

あく-にち【悪日】名 暦の上で、不吉な日。事を行うのによくない日。陰陽道の考えから出た。例いかなる悪日にやありけん、いささか心地なやましうとなんありけるに〈俳諧・父の終焉日記〉

あぐ・ねる 動(ナ下一)《近世語》いやになる。もてあます。例大愚(=人名)はほとんどあぐねしさまにて〈滑稽本・七偏人・三下〉

あく-ねん【悪念】名 悪事をたくらむ心。悪い考え。例所願(=願い事)心にきざす事あらば、我を滅すべき悪念来たれりと、かたく慎み恐れて〈徒然・二一七〉

あく・ぶ【欠ぶ】動(バ四)あくびをする。例長やかにうちあくびて〈枕・懸想人にて来たるは〉

あく-まで【飽くまで】副〔飽き果てるほど十分に、の意から〕徹底的に。思う存分。例あくまで弾き澄まし〈源氏・明石〉

あく-みゃう【悪名】ミヨウ 名 悪評。悪いうわさ。例かやうに尾籠を現じて(=無礼を働いて)入道の悪名を立つ〈平家・一・殿下乗合〉

あぐ・む【倦む】動(マ四) 困難な事にぶつかって嫌気がさす。うんざりする。例この大勢を見て、敵もさすがにあぐん(音便形)でや思ひけん〈太平記・八〉

あ-ぐ・む【足組む・趺む】動(マ四) 足を組む。あぐらをかく。例その釼の前に趺み坐て(=座って)〈記・上・神代〉

あく-め【悪馬】名「あくば」とも。性質の荒い馬。例高名のなにがしと言ひし御馬、いみじかりし(=たいへんな)悪馬なり〈大鏡・道長上〉

あぐら【胡床・呉床】名〔「足座」の意〕❶台座。古く、貴人がいすや寝台として用いた。例わが大君の猪待つと呉床に坐し〈記・下・雄略・歌謡〉❷腰掛け。例門の前に平張りを打ちて、その下に胡床を立て〈今昔・二六・五〉❸材木などで組んだ足場。例あぐらを結ひあげて、窺がはせむに〈竹取〉

あく-らう【悪霊】ロウ 名 ⇩あくりゃう

あく-りゃう【悪霊】リヨウ 名「あくらう」とも。祟りをなすもの。人の執念がその死後もこの世に残ってなる場合が多い。怨霊。例代々の御悪霊とここそはなりたまひたれ〈大鏡・伊尹〉

あくる【明くる】連体〔動詞「あく」の連体形から〕次に来る日・月・年などを表す。「あくる朝」「あくる今日」「あくる年」など。

あく-をけ【灰汁桶】オケ 名 洗濯用の灰汁をとるための桶。水と灰を入れ、下部の口から灰汁を漉し出す。例灰汁桶の雫やみけりきりぎりす〈俳諧・猿蓑・五〉⇩名句5

あけ【朱・緋・赤】名〔「あか(赤)」の変化した形〕❶朱色・緋色・赤色などの総称。❷「緋袍」の略。例緋の纓を額に著け〈霊異記・上・一〉

あけ【明け】名❶夜が明けること。夜明け。明け方。例明けほどまでの一献にて〈御湯殿上日記・文明十年二月〉❷翌年。新年。翌月。翌日。明朝。年・月・日が改まることをいう。例あばら家やその身そのまま明けの春〈俳諧・八番日記〉❸ある制限期間が終わること。「年季明け」「忌み明け」など。

あげ【上げ・揚げ・櫓】名❶「上げ田」の略。例上げに種蒔き〈万葉・一三・三二九九〉❷客が遊女や芸妓を揚

げ屋に呼び寄せて遊ぶこと。また特に、まる一昼夜買うこと。例小かん(=遊女の名)が**揚げ**の侍も〈近松・心中刃は氷の朔日・中〉❸衣服の長い部分を肩・腰で縫い上げること。❹揚げ物。特に、油揚げ。❺こたつのやぐら。

あげ‐あし【上げ足・揚げ足・挙げ足】 名 ❶一方の足を折り曲げ、他方の足にのせること。また、その形で腰掛けたりあぐらをかいたりすること。無作法とされる。例御前近くも無遠慮に、縁先に**あげ足**して〈近松・丹波与作待夜の小室節・上〉❷ささいな失言。言い損ない。「あげ足を取る」の形で、それにつけこんでやりこめる意に用いることが多い。例抜き差しならぬ当座の理詰めに、丹次郎は**あげ足**のとりばもなく〈人情本・春色辰巳園・三・四〉

あけ‐あは・す【開け合はす】 動(サ下二) 両方の戸をあけあはせて、物語などし暮らす日〈更級〉

あげ‐うた【上げ歌・挙げ歌】 名 古代歌謡の一種。高い調子の歌か。例こは(=これは)、夷振りの**上げ歌**ぞ〈記・下・允恭〉

あげ‐おとり【上げ劣り】 名 元服して髪上げしたとき、顔かたちが以前より劣って見えること。例いとかうきびはなるほどは(=幼いうちは)、**あげ劣り**やと疑はしく思されつるを〈源氏・桐壺〉

あけ鳥 《作品名》江戸時代の俳諧集。一冊。几董編。安永二年(一七七三)刊。蕪村一派の蕉風復興運動への参加を宣言した書。

あげ‐く【挙げ句・揚げ句】 名 ❶連歌・連句で、一巻の最後の七・七の句。❷(①から転じて)最後。最終。終わり。例急と申すは**揚げ句**の義なり(=意味である)〈花鏡・序破急之事〉

あけ‐くら・す【明け暮らす】 動(サ四) 毎日を過ごす。月日を送る。例公私に暇なく**明け暮らし**〈源氏・橋姫〉

あけ‐く・る【明け暮る】 動(ラ下二) 夜が明け、日が暮れて一日が過ぎる。月日がたつ。例**明け暮るる**月日にそへても〈源氏・総角〉

あけ‐くれ【明け暮れ】 ❶名 朝夕。朝晩。転じて、一日じゅう。毎日。例かの人の御かはりに、**明け暮れ**の慰めにも見ばや〈源氏・若紫〉❷副 明けても暮れても。いつも。例**明け暮れ**見なれたるかぐや姫をやりては(=手放したら)、いかが思ふべき〈竹取〉

あけ‐ぐれ【明け暗】 名 夜明け前のまだ暗い時分。例**明けぐれ**の夢にまどひたまふほど〈源氏・御法〉

あけ‐ごろも【緋袍・緋衣】 ❶名 五位の人が着る緋色の袍。また、五位の人。「赤衣」とも。❷《枕詞》同音であることから「明け」にかかる。

あげ‐ざま【上げ様】 形動(ナリ) 下から上へ動くさま。上向き。例**上げざま**に三刀さす〈太平記・三八〉

あけ‐さ・る【明けさる】 動(ラ四) 〔「さる」はその時が来る意〕明け方になる。夜明けがくる。例夕されば(=夕方になると) 潮を満たしめ **明けされば** 潮を干かれしむ〈万葉・三・三八八〉

あげ‐じとみ【上げ蔀】 名 上下二枚の戸からなり、上部を釣り上げて開くことのできる蔀。

あげ‐ず【上げず】 (「〜にあげず」の形で副詞的に用いて)間を置かず。間をあけないで。例二、三日にあげず御覧ぜぬ(=御覧にならない)日なし〈大和・一五三〉

あげ‐せん【上げ銭・揚げ銭】 名 遊女を呼んで遊ぶときの費用。揚げ代。例九月からの**揚げ銭**、万事十五両ほどと覚えたが〈近松・冥途の飛脚・中〉

あげ‐た【上げ田・高田】 名 高台にあり、水はけのよい田。例その兄、**高田**を作らば、いまし命(=あなた様)は下田を営りたまへ〈記・上・神代〉

あけ‐た・つ【明け立つ】 動(タ四) 夜が明ける。夜明けになる。例**明け立たば** 松の小枝に 夕さらば(=夕方になったら) 月に向かひて〈万葉・一九・四一七七〉

あけつげ‐どり【明け告げ鳥】 名〔鳴いて夜明けを告げる鳥の意〕鶏。例巣守り子のかへらぬ事もありなまし**明け告げ鳥**の声なかりせば〈夫木・二七〉

あげ‐つち【揚げ土・上げ土】 名 塀や門の上に積み上げた土。例山のごとくなる**揚げ土**、壁とともに崩れて、堀は平地になりにけり〈太平記・九〉

あげつち‐もん【上げ土門】 名 屋上を平らにして土をのせて固めた門。武家の邸宅の形式。

あげ‐つら・ふ【論ふ】 動(ハ四) 理非を議論する。例事独り断むべからず。必ず衆と**論ふ**べし〈紀・推古〉

あげ‐て【挙げて】 副 ❶すべて。残らず。例よき果物・乾物(=干した食べ物)**あげて**出だす〈宇津保・藤原の君〉❷数の多いものを一つ一つ取り上げていう。いちいち。多く打消の語を伴って用いる。例心をなやます事は、**あげて**計ふべからず〈方丈記〉

あけ‐の‐そほぶね【赤の赭船】 ⇩そほぶね。例旅にしてもの恋しきに山下の**赤のそほ船**沖を漕ぐ見ゆ〈万葉・三・二七〇〉↓名歌212

あけ‐は・つ【明け果つ】 動(タ下二) 夜がすっかり明ける。夜が明けきる。例**明けはつる**ほどに消えはてたまひぬ〈源氏・御法〉読解 紫の上臨終の場面。

あけ‐はな・る【明け離る】 動(ラ下二) 夜がすっかり明ける。例**明けはなれて**しばしあるに、女のもとより〈伊勢・六九〉

あげは‐の‐てふ【揚げ羽の蝶】 名 ❶虫の名。アゲハチョウ。❷紋所の名。羽をあげた蝶を図案化したもの。例島原に**揚げ羽の蝶**を紋所に付けし太夫ありしが〈西鶴・好色五人女・一・二〉

揚げ羽の蝶②

あげ‐ばり【揚げ張り・幄】 名 「あく(幄)」に同じ。天井が平らな平張りに対していう。例色々の錦の**あげばり**に〈枕・関白殿、二月二十一日に〉

あけぼの

【曙】 名 夜がほのかに明けようとするころ。夜明け方。例(a)春は**あけぼの**〈枕・春はあけぼの〉例(b)またや見む交野のみ野の桜がり花の雪散る春の**あけぼの**〈新古今・春下〉↓名歌329

語誌 ▼関連語と時間帯 「あけぼの」は「あかつき」より後の時間をいう。夜が明けようとしてまだ暗いうちが「あかつき」。ほのかに白んでくるのが「あけぼの」である。また、「あさぼらけ」は、「あけぼの」より遅く、明るさからいえば、「あけぼの」のほうが暗い。
▼春の美感を表す語 例(a)の『枕草子』冒頭が有名であるが、先行する作品では『蜻蛉日記』『宇津保物語』に見られる程度である。『枕草子』にもこれ一例しかなく、当時は、新鮮な感じで受けとめられた語と思われる。以後も散文ではあまり用いられず、和歌に詠まれて、『新古今和歌集』では春の美感を表す代表的な語となった(例(b)参照)。〈木村博〉

あげ-まき【揚げ巻・総角】 名 ❶主に上代の子どもの髪の結い方の一つ。髪を中央から左右に分けて巻き、耳のところで輪を作るもの。また、それを結う年ごろの少年。例**総角**を早稲田に遣りて〈神楽歌・総角〉❷紐の結び方の一つ。左右に輪を作り、中を結んで房を垂らす。文箱や簾などの飾りに用いる。例御簾の帽額(=上部の飾り布)、**総角**などにあげたる〈枕・心にくきもの〉❸鎧の背の逆板につけた②の飾り紐。⇩よろひ(図)。例鎧の**総角**を摑んで宙にひっさげ〈太平記・八〉

あげ-まさり【上げ勝り】 名 元服して髪上げしたとき、顔かたちが以前より美しく見えること。例一の宮の御**上げまさり**のゆゆしさは(=不吉なまでの美しさは)〈狭衣・四〉

あげ-みづ【揚げ水】 ミズ 名 仕掛けをして、高い所へ引いた水。例この**揚げ水**を止められてのち、城中に水乏しくして〈太平記・六〉

あけ-むつ【明け六つ】 名 明け方の六つ時。今の午前六時ごろ。また、そのときに鳴らされる、夜明けを告げる鐘の音。例**明け六つ**の少し前に行水をするぞ〈西鶴・好色五人女・二・三〉

あけ-もてゆ-く【明けもて行く】 動(カ四)しだいに夜が明けてゆく。夜が明けてしだいに明るくなっていく。例夜ひと夜(=一晩じゅう)、酒飲みしあそびて、夜**明けもてゆく**ほどに…歌よむ〈伊勢・八一〉

あげ-や【揚げ屋】 名 遊里で、太夫・天神など上級の遊女を呼んで遊ぶ店。例しるべある(=知りあいの)**揚げ屋**に、兵作・小太夫・虎之介など集めておもしろう遊びて〈西鶴・好色一代男・五・二〉

朱楽菅江 アケラカンコウ《人名》一七四〇〜一八〇〇(元文五〜寛政一二)。江戸時代の狂歌作者。幕臣。本名山崎景貫。天明狂歌の中心人物の一人で、洒落本にも活躍した。編著に『狂言鶯蛙集』『狂歌大体』など。

あげ-わた-す【上げ渡す】 動(サ四)❶格子・蔀など、ひと続きのものを残らず上げる。例半蔀四、五間ばかり**上げわたし**て〈源氏・夕顔〉❷地方から都へ物を送り届ける。例さるべき(=必要となる)物は**上げ渡さ**む〈源氏・松風〉

あけ-わた-る【明け渡る】 動(ラ四)夜がすっかり明けて一面に明るくなる。霧や雲などがすっかり晴れて明るくなる。例**明け渡る**霞の遠(=かなた)はほのかにて〈新拾遺・春上〉

あ-こ【吾子】 1名(上代は「あご」か)我が子や年少の人を親しみをこめて呼ぶ語。例この**吾子**を唐国へ遣る斎へ(=どうぞ大切に守っておくれ)神たち〈万葉・一九・四二四〇〉2代 人称代名詞。❶対称。年少の人や目下の人を親しみをこめていう。おまえ。例**あこ**は我が子にてをあれよ〈源氏・帚木〉❷自称。幼児が用いる。わたし。ぼく。例児ども聞いて、「**あこ**は、それなら食はう」〈醒睡笑・六〉

あ-ご【網子】 名 網を引く人。漁師。例網引きすと**網子**ととのふる(=指図する)海人の呼び声〈万葉・三・二三八〉

あこが-る【憧る】 動(ラ下二)(「あくがる」の変化した形)❶「あくがる」に同じ。例そことも知らず(=どこそこということもなく)**あこがれ**ゆく〈平家・六・小督〉❷気がもめる。例母は**あこがれ**、火を吹き消し〈近松・大経師昔暦・中〉

あこぎ【阿漕】 名 形動(ナリ)❶物事が度重なること。また、度重なることで隠していたことが露顕すること。例重ねて聞こしめす事のありければこそ、**阿漕**とは仰せけめ〈源平盛衰記・八〉❷厚かましいこと。ずうずうしいこと。しつこいこと。例**あこぎな**申しごとなれど、お侍のお慈悲に、父かと言うて、私に抱き付いてくだされませ〈近松・夕霧阿波鳴渡・中〉

語誌 ①②とも、阿漕が浦の伝説による。

阿漕が浦 あこぎがうら《地名》歌枕 伊勢国、今の三重県津市阿漕町の海岸。伊勢神宮に供える魚介の漁場で、一般には禁漁区とされた。「あふことを阿漕の島に引く鯛の度重ならば人も知りなん」〈古今六帖・三〉などから、度重なると事が露顕する恐れのあることを連想させる地名となる。またさらに、阿漕という漁夫が度々禁を犯して密漁をしたため海に沈んだという伝説が生まれ、謡曲『阿漕』などに取り入れられた。

あこめ

【衵・袙】 名 ❶男性が束帯のときに、下襲の下や単の間に着る衣服。衣冠のときの袍の下や直衣の下に着ることもある。例**衵**の紅ならずは、おどろおどろしき山吹を出だして(=衵が紅色か、さもなければ非常にはでな山吹襲を出だし衣にして)〈枕・雪高う降りて〉❷女性が単の上に着る衣服。特に童女が汗衫と単の間に着用するもの。例菖蒲襲の**衵**、二藍羅の汗衫着たる童べ〈源氏・蛍〉

語誌 「間籠」で、間に着込む衣服の意といわれる。丈は腰下ぐらいで、通常は袴の中に着込めるが、袍の下から衵の裾の一部を出して見せる着方もある。出だし衣と呼ばれるもので、①の例がそれにあたる。⇩なほし(図) 〈藤本宗利〉

あこめ-あふぎ【衵扇】 オウギ 名 女性の正装用の檜扇。極彩色に金銀泥で華麗な文様を描き、両端の親骨に色系の飾り結びをして長く垂らした。

あこめ-ぎぬ【衵衣】 名「あこめ」に同じ。

あこめ-すがた【衵姿】 名 童女が、上に汗衫などを着ず、衵だけでくつろいでいる姿。例童べなど、をかしき**衵姿**うちとけて〈源氏・野分〉

阿古屋の松 あこやのまつ 名 ❶歌枕 出羽国、今の山形県山形市千歳山の松。例陸奥の**阿古屋の松**に木隠れて出づべき月の出でもやらぬか〈平家・二・阿古屋之松〉❷《作品名》謡曲。四番目物。夢幻能。世阿弥作(あるいは古作の改作)。陸奥に下った藤原実方(ワキ)に老人(シテ・実は塩竈の明神)が阿古屋の松への案内をし、夜に入り明神の姿となって松のめでたさを説き舞を舞う。①例の歌にまつわる説話に取材した幽玄な老体の神物の能。

あごん-ぎゃう【阿含経】— 名『仏教語』原始仏教の教典である小乗教典の総称。釈迦が鹿野苑で説いた経。

あさ-【浅】 接頭 名詞について、浅い、軽い、薄い、短い、などの意を添える。「浅瀬」「浅手」「浅緑」「浅茅」など。

あさ【麻】 名 植物の名。クワ科の一年草。皮からとれる繊維を布や綱などにする。例小垣内の(=垣根の内側の)**麻**を引き干し 妹なねが 作り着せけむ 白たへの 紐をも解かず〈万葉・九・一八〇〇〉 読解「妹なね」の「なね」は親しみをこめて呼びかける語。

[麻の中の蓬] 曲がりやすい蓬もまっすぐに伸びる麻の中で育つとまっすぐに育つように、人も善人と交われば感化されて自然と善人になるというたとえ。『荀子』勧学編の一節による。例**麻の中の蓬**なれば、つたなき心も、さすが(=なんといっても)友によりて直かるべし〈ささめごと・下〉

あさ

【朝】 名 **夜が明けてからしばらくの時間帯。**朝。例(a)さ雄鹿の**朝**立つ野辺の秋萩に玉と見るまで置ける白露(=雄鹿が朝立っている野辺の秋萩に、真珠と見間違えるばかりに置いている白露だ)〈万葉・八・一五九八〉例(b)我、**朝**ごと夕ごとに見る竹の中におはするにて知りぬ(=私が朝のたび夕方のたびに見る竹の中にいらっしゃるのでわかった)〈竹取〉

語誌▼昼を中心とする時間区分「あさ・ひる・ゆふ」の一つ。夜を中心とする時間区分「ゆふべ・よひ・よなか・あかつき・あした」と最初と最後で重なり、「あした」と同じ時間帯となる。

▼単独で用いられることは少なく、「ゆふ」との対比になるか、「朝霧」「朝露」などの複合語となることが多い。〈高田祐彦〉

あさ-あけ【朝明け】 名 夜明け方。例月残り露まだ消えぬ**朝明け**の秋の籬の花の色々〈玉葉集・秋上〉

あさ-あさ・し【浅浅し】 形(シク) 軽々しい。あさはかだ。例なにのいみじき事とても、**あさあさしく**散りぬれば、念なかりぬべし〈著聞集・一五・四八六〉

あざ-あざ・し【鮮鮮し】 形(シク) あざやかだ。はっきりとしている。例総じて神の御事を、**あざあざし**くは申さねども〈謡曲・賀茂〉

あさ-あさ-と【浅浅と】 副 深く考えずに軽く。あっさりと。例さしも殊勝なりし(=あれほどすぐれていた)父の詠をだにも**あさあさと**思ひたりしうへは〈後鳥羽院御口伝〉

あざ-あざ-と【鮮鮮と】 副 際立ってはっきりと。例大海の(模様ノ)摺り裳の、水の色はなやかに、**あざあざと**して〈紫式部日記〉

あさ-い【朝寝】 名 朝になっても寝ていること。あさね。例ほととぎす今朝の朝明に鳴きつるは君聞きけむか**あさい**か寝けむ〈万葉・一〇・一九四九〉

あさ-かげ【朝影】 名 ❶朝日でできる細く弱々しい影。恋にやせ細った姿をたとえる。例**朝影**に我が身はなりぬ玉かきる(枕詞)ほのかに見えて去にし児ゆゑに〈万葉・一一・二三九四〉→名歌16 ❷朝、鏡に映る姿。例**朝影**見つつ 娘子らが 手に取り持てる まそ鏡〈万葉・一九・四一九二〉 ❸朝の光。例**朝影**にはるかに見れば山の端に残れる月も〈宇津保・春日詣〉

あさ-がけ【朝駆け・朝懸け】 名 ❶早朝、不意をついて敵陣を襲撃すること。例富松城へ**朝懸け**して〈細川両家記〉 ❷(①の戦法をとれば、容易に敵を打ち破ることができることから)たやすいこと。例**朝駆け**に生け捕って〈近松・雪女五枚羽子板・上〉

あさ-がすみ【朝霞】 1 名 朝に立つ霞。例**朝霞**たなびく野辺にあしひきの(枕詞)山ほととぎすいつか来鳴かむ〈万葉・一〇・一九四〇〉 2《枕詞》❶霞が立つと物がはっきりとは見えないことから「ほのか」に、また、霞が幾重にも立つことから「八重」にかかる。❷霞がたなびくさまと煙がなびくさまとが似ていることから「鹿火屋」にかかる。❸霞が立つ季節が春であることから「春日」にかかる。

安積の沼 《地名》歌枕 陸奥国の沼。今の福島県郡山市にあったか。「花かつみ」で有名。例陸奥の**安積の沼**の花かつみ(ここまで序詞)かつ見る人に(=まれに逢う人を)恋ひやわたらん〈古今・恋四〉

あさ-がほ

【朝顔】ガオ 名 ❶植物の名。ヒルガオ科の一年生つる草の一種。花は、朝に開花して昼にはしぼむ。今のアサガオ。種子は薬用とされた。例**朝顔**に釣瓶とられてもらひ水〈俳諧・千代尼句集〉→名句7

❷襲の色目の名。表裏ともに縹色。秋に着用。

❸朝起きたばかりの顔。化粧もしていない女性の素顔をいうことが多い。例ねくたれの御**朝顔**見るかひありかし(=寝乱れた朝のお顔は見るかいがあることだよ)〈源氏・藤裏葉〉

語誌▼①は、古くは、具体的にどんな花をさすか不明で、時代によっても異なっている。『万葉集』に「萩の花尾花葛花なでしこが花をみなへしまた藤袴朝顔の花」〈八・一五三八〉とあり、すでに秋の七草の一種とされているが、その実態は不明。平安時代の辞書では、桔梗・木槿をさすとしている。『枕草子』『源氏物語』などの朝顔は、今の朝顔とみてよい。江戸時代には観賞用として栽培されるようになった。

▼無常・情交のイメージ 平安時代以降は、露との組み合わせから、人間や人間世界のはかなさや無常を象徴するもの、あるいは、朝の女性の素顔という連想から、情交を象徴するものとなる。『方丈記』冒頭の「その主と栖と無常を争ふさま、いはば朝顔の露に異ならず」は、前者の典型的な例。『伊勢物語』三七段の和歌「我ならで下紐解くな朝顔の夕影待たぬ花にはありとも(=自分とでなくては下紐を解くな。あなたが朝咲いて夕方まで待たない朝顔の花のように気の変わりやすい人であるとしても)」は、両者のイメージを重ねて用いた例といえよう。〈鈴木日出男〉

あさがほ-の-つゆ【朝顔の露】アサガオー 名 はかないことのたとえ。例**朝顔の露**のわが身を置きながら(=残したまま)まづ消えにける人ぞ悲しき〈新勅撰・雑三〉

あさがみ-の【朝髪の】《枕詞》朝起きたばかりの髪が乱れているところから「乱る」にかかる。

安積山・浅香山 1《地名》歌枕 陸奥国の山。今の福島県郡山市日和田とも、片平とも。采女が例歌を詠んで葛城王の怒りをなだめた伝説がある。例安積香山影さへ見ゆる山の井の浅き心を我が思はなくに〈万葉・一六・三八〇七〉➡名歌17 ❷《枕詞》「あさ」から、同音の「浅し」にかかる。

あさ-がら【麻幹・麻殻】 名「をがら」に同じ。例昔は年のくれに霊祭りして…神の折敷(=食器を載せる盆)と麻がらの箸と〈西鶴・世間胸算用・四・一〉

あさ-がれひ【朝餉】 ガレイ 名 ❶天皇が食べる略式の食事。朝食とは限らない。例朝餉の気色ばかりふれさせたまひて(=形ばかり手をおつけになって)〈源氏・桐壺〉 ❷「朝餉の間」の略。

あさがれひ-の-ま【朝餉の間】 アサガレイ—— 名 清涼殿の西の廂にある、天皇が略式の食事をする部屋。⇩口絵。例朝餉の間に、うへ(=天皇)はおはしますに〈能因本枕・うへに候ふ御猫は〉

あさ-ぎ【浅葱・浅黄】 名 ❶緑がかった薄い藍色。薄い青色。例浅葱の帷子どもぞ透かしたまへる〈枕・小白河といふ所は〉 ❷六位の人が着る袍の色。また、六位の人。例浅葱をいとからし(=つらい)と思はれたるが、心苦しうはべるなり〈源氏・少女〉

語誌 ①は「葱(ネギ)」の葉の色の淡い青色に由来する色名であるが、「葱」を「黄」と混同することも多い。「浅黄」と書く場合淡黄色をさすこともあるが、一般には①の色調。

あさ-きた【朝北】 名 朝、北から吹く風。例朝北の出で来ぬ先に、綱手はや曳け〈土佐〉

あさ-ぎぬ【麻衣】 名 麻で作った粗末な衣服。また、喪中に着る麻布の衣服。例麻衣に 青衿着け〈万葉・九・一八〇七〉➡名歌250

あさ-ぎよめ【朝浄め・朝清め】 名 朝の掃除。例殿守司の下部、朝ぎよめつかうまつること(=お勤め申し上げること)なければ〈大鏡・師尹〉

あさ-ぎり【朝霧】 名 朝方、あたり一面に立つ霧。例ほのぼのと(枕詞)明石の浦の朝霧に島がくれ行く船をしぞ思ふ〈古今・羇旅〉➡名歌323

あさぎりの【朝霧の】 《枕詞》 ❶朝霧が立ちこめると物がはっきりと見えなくなることから「惑ふ」「おほに(ぼんやりと)」「乱る」にかかる。また、深く立ちこめることから「八重」にかかる。 ❷朝霧が立つことから「立つ」に、また、深く立ちこめることから「八重」にかかる。

浅草 《地名》江戸の北東部、今の東京都台東区浅草。浅草寺の門前町で、遊郭の吉原(新吉原)が移転してきてからは、しだいに見世物や飲食店が並ぶ繁華な地となる。例花の雲鐘は上野か浅草か〈俳諧・続虚栗〉➡名句112

あさ-ぐつ【浅沓】 名 公卿や殿上人が、主に束帯・衣冠のときに履く底の浅いくつ。古くは革製、のちは木製。黒漆で塗り、内側に絹を張る。⇩くつ(図)

あさ-ぐもり【朝曇り】 名 朝、空が曇っていること。朝方の曇り空。例寂しさは深山の秋の朝曇り霧にしをるる槙の下露〈新古今・秋下〉

あさ-け【朝明】 名〔「あさあけ」の変化した形〕夜明け方。例今朝の朝明秋風寒し〈万葉・一七・三九四七〉

あさ-け【朝食】 名〔のちは「あさげ」〕朝とる食事。例旅にしあれば慰みもあり あさけもるしづが椎の葉たくをみて〈新撰莵玖波集・一二〉

あざけり【嘲り】 名 嘲笑。愚弄。例かたくななる親のために、いよいよ(=ますます)あざけり残すことなかれ〈輔親集・序〉

あざけ・る【嘲る】 動(ラ四) ❶嘲笑する。例これを見る人、あざけりあさみて(=嘲笑してさげすんで)〈徒然・四一〉 ❷詩歌を吟じる。例月にあざけり、風にあざけること絶えず〈後拾遺・序〉

あさ-こぎ【朝漕ぎ】 名 朝、船を漕ぎ出すこと。例射水川朝漕ぎしつつ唱ふ船人〈万葉・一九・四一五〇〉

あさ-こち【朝東風】 名 朝、東から吹く風。例朝東風にゐで(=堰)越す波の〈万葉・一一・二七一七〉

あさ-ごほり【朝氷・浅氷】 ——ゴオリ ❶名 初冬や初春の朝、薄く張る氷。薄氷。例冬来ぬと人は言へどもあさごほり結ばぬほどはあらじとぞ思ふ〈曾丹集〉 ❷《枕詞》❶が薄くすぐ溶けることから「とく」にかかる。

あさ-ごろも【麻衣】 名 麻で作った粗末な衣服。喪服や僧衣にもいう。「あさぎぬ」とも。例使はしし御門の人も 白たへの 麻衣着て〈万葉・二・一九九〉

あさ-ざ【朝座】 名《仏教語》朝の読経・説経。例朝座の講師清範〈枕・小白河といふ所は〉

あさ-さむ【朝寒】 名 形動(ナリ) 朝方の寒さ。冷えこみ。特に、晩秋にいう。例今朝の朝寒なるうちとけわざにや(=今朝の冷えこみから思い立った家事であろうか)、物裁ちなど〈源氏・野分〉

あさ-さらず【朝去らず】 朝にはいつも。毎朝。例落ち激つ 清き河内に(=ほとばしり落ちる川の谷間に) 朝去らず 霧立ち渡り〈万葉・一七・四〇〇三〉

あさ-さ・る【朝さる】 動(ラ四)〔「さる」はその時が来る意〕朝になる。例朝されば 妹が手にまく 鏡なす(=鏡のような)〈万葉・一五・三六二七〉

あさ・し【浅し】

形(ク) 望ましい奥深さ・密度がなく、不十分な状態を表す。

❶奥や底までの距離が短い。浅い。例広瀬川袖漬つくばかり浅きをや心深めて我が思へるらむ(=広瀬川は袖がつかる程度の浅い川なのに、どうして心を深めて私は思っているのだろうか)〈万葉・七・一三八一〉 読解 相手が薄情だと知りながら、慕う自分の気持ちを不思議がる。

❷情愛が薄い。あさはかだ。例思しくたしける御心ばへのほどもいかが浅くは思うたまへざらむ(=お見下げなさったお気持ちのほども、どうして愛情の浅いものと存じ上げずにいられようか)〈源氏・帚木〉 読解「いかが」は反語の意、「たまへ」は謙譲の意を表す。

❸程度が少ない。関係が薄い。例度々の御奉公浅からず(=たびたびのご奉公は並々ではない)〈平家・三・法印問答〉

❹色や香が淡い。例浅き濃き色はきらはずここはただ梅は梅なるにほひとぞみる(=薄いのも濃いのも色につ いて差別しない。ここではただ梅が梅である美しさであることよ、と目にとめる)〈能宣集・六〉

❺身分が低い。例人の御ほど・御位こそ浅くものした

まひしか(＝御身分や御地位は低くていらっしゃったが)〈栄花・松の下枝〉

❻時の経過が少ない。例こころざしふかく染めてし藤衣着つる日数のあさくもあるかな(＝念を入れて濃く染めた喪服なのに、着ている日数は少なくもあるものだなあ)〈千載・哀傷〉読解「深く」「浅く」の対照がある。〈渡部泰明〉

あさ-じのはら【浅篠原】 名 丈の低い篠の生えている原。例神奈備の浅篠原の(ここまで序詞)愛しみ我が思ふ君が声の著けく〈万葉・一一・二七七四〉

あさ-しほ【朝潮】 名 朝、満ちて来る潮。例堀江より朝潮満ちに寄るこつみ(＝木くず)〈万葉・二〇・四三九六〉

あさ-じめり【朝湿り】 名 朝方、露や霧などで戸外の花などがしっとりと湿っていること。例薄霧の籬(＝垣根)の花の朝じめり〈新古今・秋上〉

あさしもの【朝霜の】 《枕詞》朝の霜が消えやすいことから「消」に、また、同音の「木」を含む地名「御木」にかかる。

あさ-すずみ【朝涼み】 名 ❶夏の朝のまだ涼しいころ。例朝涼みのほどに出でたまひければ〈源氏・椎本〉 ❷夏、朝の涼しい風に吹かれて涼むこと。例芭蕉葉や風なきうちの朝涼み〈俳諧・続猿蓑・下〉

あさ-せ【浅瀬】 名 川の浅い所。例涙河いづれか(＝どこが)渡る浅瀬なるらん〈後撰・恋四〉

あさ-だ【浅田】 名 底が浅く、泥の深くない田。例信濃なる浅田の小田をかく鋤いて(稲ヲ)一本植ゑて千本と刈る〈狂言記・かくすい〉

あさ-だ・つ【朝立つ】 動(タ四) 早朝に旅立つ。例近江より朝立ちくればうねの野に鶴ぞ鳴くなるあけぬ(＝明けたのだ)この夜は〈古今・大歌所御歌〉

あさ-ぢ【浅茅】 名 植物の名。背丈の低いチガヤ(イネ科の多年草)。例浅茅は庭の面も見えず、しげき蓬は軒をあらそひて生ひのぼる(＝浅茅は庭の表面が見えないくらい生い茂り、繁茂した蓬は軒と争うほど高く生えている)〈源氏・蓬生〉読解すっかり荒れ果ててしまった屋敷の様子。

語誌▼浅茅のイメージ 『万葉集』に「今朝鳴きて行きし雁が音寒みかも(＝寒々としていたためか)この野の浅茅色付きにける」〈八・一五七八〉などと秋に色づく様子が詠まれており、以後も、秋に色が変わることと結びついた表現が多い。また、例のように庭に浅茅が繁茂していることは、人がめったに足を踏み入れることなく荒れほうだいである状態を示し、荒廃した場所の様子を描写する場合の常套的な表現の一つとなっている。江戸時代の『雨月物語』「浅茅が宿」も、そのイメージによる。〈佐藤明浩〉

あさぢ-が-はら【浅茅が原】 名 チガヤが生い茂っている野原。多く荒れ果てた場所の形容にいう。例ふるさとは(＝昔住んでいた所は)浅茅が原と荒れはてて〈後拾遺・秋上〉

あさぢ-が-やど【浅茅が宿】 名 庭にチガヤなどが生い茂っている荒れ果てた家。例男女の情けも…浅茅が宿に昔をしのぶこそ、色好むとはいはめ〈徒然・一三七〉

あさぢ-はら【浅茅原】 ❶名「あさぢがはら」に同じ。 ❷《枕詞》「ちはら(茅原)」と「つばら」の音の類似から「つばらつばら」にかかる。

あさぢ-ふ【浅茅生】 名 チガヤが生い茂っている所。例浅茅生の秋の夕暮れ鳴く虫は〈後拾遺・秋上〉

あさぢふの【浅茅生の】 《枕詞》浅茅が生えている野の意から「小野」にかかる。また、その同音の「おの(己)」などにかかる。

あさぢふ-の-やど【浅茅生の宿】 「あさぢがやど」に同じ。

あさ-つき【浅葱・胡葱】 名 植物の名。アサツキ。江戸時代、よく膾に加えて食べた。例蒜のつれなく残る匂ひよりあさつきばかりよき物はなし〈狂歌・後撰夷曲集・一〉読解『百人一首』の「有り明けのつれなく見えし別れより暁ばかり憂きものはなし」(➡名歌53)をもじる。

あさ-づきよ【朝月夜】 名「あさづくよ」に同じ。

あさ-づくよ【朝月夜】 名 月の残っている明け方。また、明け方の月。例朝月夜明けまく惜しみ(＝明けるのが惜しいので)〈万葉・九・一七六一〉

あさづま-ぶね【朝妻舟・浅妻舟】 名 琵琶湖東岸の朝妻と大津を往来した渡し船。遊女を乗せ、旅客の相手をする船もあった。例おぼつかな伊吹颪の風先に朝妻舟は会ひやしぬらん〈山家集・中〉

あさ-つゆ【朝露】 名 朝、草木の葉などに置く露。はかないもののたとえにもいう。例(萩ノ花ノ)枝たをやかに咲きたるが、朝露にぬれて〈枕・草の花は〉

あさつゆの【朝露の】 《枕詞》❶朝露が置くことから「置く」に、また、同音の「起く」「晩稲」にかかる。❷朝露の消えやすくはかないことから「消」「命」にかかる。

あさ-て【麻布・麻手】 名「あさで」とも。麻。また、麻布。一説に、布の原料としての麻とも。例庭に立つ麻手刈り干し布さらす〈万葉・四・五二一〉

あさて【明後日】 名 翌々日。あさって。例(雪ノ山ハ)明日・明後日までもさぶらひぬべし〈枕・職の御曹司におはします頃、西の廂にて〉

あさ-で【浅手】 名 軽い傷。例三十余度の戦ひに…深手・浅手負はぬ者も無かりければ〈太平記・二六〉

あさ-と【朝戸】 名 朝、起きて開ける戸。戸外に通じるものをいうことが多い。例朝戸開けてもの思ふ時に白露の置ける秋萩見えつつもとな(＝見えるので、よけい悲しくなる)〈万葉・八・一五七九〉

あさと-で【朝戸出】 名 朝、戸を開けて家を出て行くこと。多く女性のもとから帰ることにいう。例朝戸出の君が足結ひを濡らす露原〈万葉・一一・二三五七〉

あさとりの【朝鳥の】 《枕詞》「あさどりの」とも。朝、鳥が巣を離れて飛びまわるさまから「朝立つ」「通ふ」に、また、朝に鳥が鳴くことから「音なく」にかかる。

あさ-な【朝菜】 名 朝食の副食物。野菜・海藻など。例袖さへ濡れて朝菜摘みてむ〈万葉・六・九五七〉

あざ-な【字】 名 ❶中国で、男子が元服以後、実名のほかに用いる別名。❷日本で、中国の風習にならって用いる別名。文人や学者が用いることが多い。紀長谷雄の「紀寛」、三善清行の「三輝」の類。

例字つくることは、東の院にてしたまふ〈源氏・少女〉❸通称。あだな。例字、袴垂となん言はれさぶらふ〈宇治拾遺・二八〉

あさな-あさな【朝な朝な】 副 朝ごとに。毎朝。例朝な朝な立つ川霧の〈古今・恋二〉

あさ-なぎ【朝凪】 名 朝方のなぎ。朝、一時風がやんで、海が静かになること。例**朝なぎ**に釣りする船はここに寄らなむ(=寄ってきてほしい)〈伊勢・八一〉

あさな-けに【朝な日に】 副「あさにけに」に同じ。

あさな-さな【朝なさな】 副「あさなあさな」の変化した形。

あざな・ふ【糾ふ】 動(八四) 二つのものをより合わせる。例吉凶は、**あざなへ**る縄のごとく〈太平記・二九〉

あさなゆふな-に【朝な夕なに】 副 朝に晩に。毎朝毎晩。明け暮れ。いつもいつも。例伊勢の海女の朝な夕なに潜くてふ〈古今・恋四〉

あさに-けに【朝に日に】 副 朝に昼に。朝ごとに。毎日。例朝に日に常に見れどもめづらし(=心ひかれる)我が君〈万葉・三・三七七〉

あさね-がみ【朝寝髪】 名 朝、寝起きのままの乱れ髪。例**朝寝髪**我は梳らじ愛しき君が手枕触れてしものを(=触れていたのだから)〈万葉・一一・二五七八〉

あさ-の【浅野】 名 草深くない野原。例彼方の**浅野**の雉子響もさず(=鳴き騒がず)〈紀・皇極・歌謡〉

あさ-の-ころも【麻の衣】「あさごろも」に同じ。

あさのなかのよもぎ【麻の中の蓬】 ⇩「あさ」の子項目

あさ-はか【浅はか】 形動(ナリ) ❶深さが浅い。奥行きがない。例(ソノ家ハ)端近に**あさはかなれ**ど〈枕・五月の御精進のほど〉❷考えが浅い。軽率だ。例うちつけに(=唐突で)、**あさはかなり**と御覧ぜられぬべきついでなれど(=折だけれど)〈源氏・若紫〉

あさ-は-ふる【朝羽振る】 朝がた、風や波が荒々しく吹き寄せることのたとえ。⇩ゆふはふる。例か青く生ふる 玉藻沖つ藻 **朝はふる** 風こそ寄せめ 夕はふる 波こそ来寄れ〈万葉・二・一三一〉➡名歌69

あさ-ひ【朝日】 名 朝のぼる太陽。例**朝日**照る佐田の岡辺に〈万葉・二・一七七〉

あさひ-かげ【朝日影】 名〔「かげ」は光の意〕朝日の光。例**朝日影**にほへる山に(=朝日の光が輝いている山に)照る月の〈万葉・四・四九五〉

あさひ-こ【朝日子】 名〔「こ」は接尾語〕朝日。例**朝日子**が さすや岡辺の 玉笹の上に〈神楽歌・日霊女歌〉

あさひなす【朝日なす】《枕詞》朝日の光のように美しい、の意で「まぐはし」に掛かる。実景とみる説もある。例**朝日なす** まぐはしも 夕日なす うらぐはしも(=心にしみて美しいよ)〈万葉・一三・三二三四〉

あさひ-の-しやうぐん【朝日の将軍】 名 木曾義仲の、院宣による呼称。例左馬頭兼伊予守、**朝日の将軍**源義仲ぞや〈平家・九・木曾最期〉

あさ-びらき【朝開き】 名 朝の船出。夜、停泊していた舟が朝になって漕ぎ出すこと。例世の中を何にたとへむ**朝開き**漕ぎ去にし舟の跡なきごとし〈万葉・三・三五一〉➡名歌413

あさ・ふ【浅ふ】 動(八下二) ❶身分などが低い状態にある。例まだ位なども**浅へ**たるほどを〈源氏・竹河〉❷あさはかだ。思慮が足りない。例もののほど知らぬやうに**あさへ**たるも〈紫式部日記〉

あざ・ふ【糾ふ・叉ふ】 動(八下二)〔のちは「あざなふ」〕組み合わせる。交差させる。からみ合わせる。例戯れの態に十の指を叉ふ〈三宝絵・上〉

あさ-ぶすま【麻衾】 名 麻布で作った掛布団。例我を除きて 人はあらじと 誇ろへど 寒くしあれば 麻衾 引き被り〈万葉・五・八九二〉➡名歌122

あさ-ぼらけ

【朝朗け】 名 夜がほのかに明けるころ。夜明け方。例(a)**朝ぼらけ**有り明けの月とみるまでに吉野の里にふれる白雪〈古今・冬〉➡名歌19 例(b)**朝ぼらけ**に出でたまふ御さまのをかしきにも(=夜明け方にお出になるお姿が美しいのにつけても)〈源氏・葵〉

語誌「**あけぼの**」よりやや後の時間をさす。また、「あけぼの」が春と結びつく美感をもつのに対し、「あさぼらけ」は、秋・冬に多く用いられる。〈木村博〉

あさ-ま【浅ま】 形動(ナリ) ❶浅い。奥深くない。例(海ハ)無下に(=たいそう)**あさまに**候ふ〈平家・一一・勝浦付大坂越〉❷浅薄だ。粗略だ。例(初句二)桜と置かば、かへって、(結句デ)年の敵かなといへるところ**あさまに**なりなん〈俳諧・去来抄・先師評〉

あさま・し

形(シク) 動詞「あさむ」の形容詞形。意外なことに出くわして、驚きあきれる気持ちを表す。

❶**驚くほどすばらしい**。例かかる人も世に出でおはするものなりけりと、**あさましき**まで目をおどろかしたまふ(=このような人もこの世に現れていらっしゃるものなのだなあと、驚くほどすばらしく目を見張っていらっしゃる)〈源氏・桐壺〉読解 光源氏のたぐいまれなすばらしさに、周囲が目を見張る様子。

❷㋐**あきれる**。**興ざめだ**。**不快だ**。例かく**あさましき**そらごとにてありければ(=このようにあきれた作り事であったので)〈竹取〉

㋑**嘆かわしい**。**情けない**。例ひたすら世をむさぼる心のみ深く、もののあはれも知らずなりゆくなん、**あさましき**(=ただただ名誉や利益をほしがる心ばかりが深くて、ものに感じる人間らしい感情もわからなくなっていくのは、嘆かわしいことである)〈徒然・七〉

❸(多く「あさましく」の形で副詞的に用いて)**はなはだしく**。**ひどく**。**ずいぶん**。例むく犬の、**あさましく**老いさらぼひて毛はげたるを引かせて(=むく毛の犬で、ひどく老いてよぼよぼになった毛のはげているのを引かせて)〈徒然・一五二〉

❹(「あさましくなる」の形で)「**死ぬ**」の婉曲表現。例三月二十日、つひにいと**あさましく**ならせたまひぬ(=三月二十日、とうとうほんとうにお亡くなりになった)〈増鏡・春の別れ〉

❺**貧乏だ**。**みすぼらしい**。例親もなき身の、**あさましく**てあるを(=親もいない身で、貧乏である人を)〈読本・雨月・吉備津の釜〉

語誌▼**語義の変遷** もとはよい場合・悪い場合いずれにも用い、驚嘆や感嘆の意にも、嫌悪や不快の意にもなる。時代が下るにつれて、語義は悪い意味に傾斜し、情けない・見苦しいといった意や、近世になると貧乏・さもしいといった意になり、現代語「あさましい」の語感に近づいてくる。〈高木和子〉

あさまし-が・る 動(ラ四)〔「がる」は接尾語〕驚いてあきれはてる。びっくりする。例(中納言八)鼎の上にのけざまに落ちたまへり。人々**あさましがり**て、寄りて抱へたてまつれり〈竹取〉

あさまし-げ 形動(ナリ)〔「げ」は接尾語〕❶はたから見て、驚きあきれるほどのひどい様子。例**あさましげなる**犬の、わびしげなるが〈枕・うへにさぶらふ御猫は〉❷驚きあきれている人の様子。例袖の上の玉の砕けたりけむよりも**あさましげなり**〈源氏・葵〉読解一人娘を亡くした母の嘆き。

あさ-まだき【朝まだき】副 夜がまだ明けきらないころに。早朝に。例**朝まだき**、まだき来にけり(=早く来すぎてしまった)〈源氏・宿木〉

あさ-まつりごと【朝政】名〔「朝政」の訓読〕❶天皇が朝政務を執ること。転じて、天皇の政治。朝廷の政務。例なほ(=現在もなお)**朝政**は怠らせたまひぬべかめり〈源氏・桐壺〉読解最愛の女性を失った帝の様子。❷官人が朝廷に朝出仕して政務を執ること。例今は昔、官の司に**朝庁**といふ事行ひけり〈今昔・二七・九〉語誌「朝」は臣下が朝早くから王にまみえる意。古く、役人は日の出ごろに出仕し、正午ごろに勤務を終えるのが原則とされた。

あさ-み【浅み】名〔「み」は接尾語〕水の浅い所。例**浅み**にや人は下り立つ〈源氏・葵〉

あさ-みどり【浅緑】**1** 名 ❶薄い緑色。また、薄い青色。おぼろにかすんだ春の空の色にもいう。例(a)**浅緑**染め掛けたりと見るまでに春の柳は萌えにけるかも〈万葉・一〇・一八四七〉例(b)**浅緑**花もひとつに霞みつつおぼろに見ゆる春の夜の月〈更級〉❷浅葱色。六位の者が着る袍の色。⇩あさぎ。例くれなゐの涙にふかき袖の色を**あさみどり**にやいひしをるべき(=言いおとしめてよいものだろうか)〈源氏・少女〉**2**《枕詞》薄い緑色をしていることから「柳」「野辺」「霞」などに、また、「柳」の縁で「糸」にかかる。

あさ・む

動(マ四)意外なことに出会って、あっけにとられる意。

❶**びっくりする。驚きあきれる。**例(a)「人一人がいくつを着るべきにかあらん」と、見る人々**あさみ**たり(=「人一人が何枚着るつもりであろうか」と、見る人々はあきれてしまった)〈栄花・若ばえ〉読解大量の衣服に、人々があっけにとられている様子。例(b)東国・北国の背くだにあるに、こはいかにとて、手を打って**あさみ**あへり(=東国や北国が背くことさえ大変なのに、これはどうしたらよいかといって、手を打って驚きあきれあっている)〈平家・六・飛脚到来〉読解九州勢までもが源氏に味方したと聞いて、平家の人々の仰天する様子。

❷**さげすむ。あなどる。**例これを見る人、あざけり**あさみ**て、「世のしれものかな。かく危ふき枝の上にて、安き心ありて眠るらんよ」と言ふに(=これを見る人は、ばかにして笑ってさげすんで、「たいへんなばか者だよ。こんな危ない枝の上で、どうして安心して眠るのだろうか」と言うので)〈徒然・四一〉〈渡部泰明〉

あざむ・く【欺く】動(カ四)❶だます。例女こそものうるさがらず(=めんどうがらず)、人に**欺かれ**むと生まれたるものなれ〈源氏・蛍〉❷みくびる。ないがしろにする。例西国の敵恐るるに足らずと**欺き**ながら〈太平記・九〉❸(「〜をあざむく」の形で)劣らない。まさる。例膚は玉を**欺く**ほどなりければ〈御伽草子・あきみち〉

あさ-むらさき【浅紫】名 淡い紫色。二位・三位の着用する袍の色。一説に、「あかむらさき」に同じとも。

あさもよし【朝裳よし・麻裳よし】《枕詞》〔「よ」「し」は詠嘆の助詞〕紀伊国が良質な麻の裳の産地であったことから地名「紀」に、また、同音を含む地名「城上」にかかる。

あさ-もよひ【朝催ひ】名 朝食の支度。また、そのころ。例**あさもよひ**とはつとめて(=早朝)物食ふ時を言ふなり〈今昔・三〇・一四〉

あざ-やか【鮮やか】形動(ナリ)❶視覚的に目立つ。美しい。すっきりしている。例指貫いと濃う、直衣**あざやかにて**〈枕・内裏の局、細殿いみじうをかし〉❷性質・言動などがきっぱりしている。りっぱだ。例**あざやかに**奏しなしたまへる用意(=心遣い)、ことにめでたし〈源氏・少女〉❸新鮮だ。例**鮮やかなる**鯛ぞかし〈今昔・二八・三〇〉

あざ-や・ぐ【鮮やぐ】動(ガ四)〔「やぐ」は接尾語〕目に立ちすぎる。例もののしく**あざやぎ**て、心ばへもたをやかなる方はなく〈源氏・宿木〉

あさ-ゆふ【朝夕】名❶朝と夕べ。日常。副詞的に、いつも、しじゅう、の意に用いられることも多い。例**朝夕**の宮仕へにつけても、人の心をのみ動かし(=他人の気をもませてばかりで)〈源氏・桐壺〉❷朝夕の食事。また転じて、暮らし。生計。例**朝夕**さへ成りかぬるなり(=ありさま)で〈狂言・連歌盗人〉

あさ-らか【浅らか】形動(ナリ)〔「らか」は接尾語〕あっさりしたさま。浅い。薄い。例**浅らかに**思ひて妹に逢はむものかも〈万葉・一二・二九七〇〉

あざ-らか【鮮らか】形動(ナリ)〔「らか」は接尾語〕新鮮だ。例ある人、**鮮らかなる**物持て来たり。米して返り事す(=米で返礼する)〈土佐〉読解この「鮮らかなる物」は鮮魚。

あざらけ・し【鮮らけし】形(ク)〔形容動詞「あざらか」の形容詞形〕新鮮だ。例**鮮らけき**鯔(=魚の名。ボラ)八隻買ひて〈霊異記・下・六〉

あさり【漁り】名❶動物がえさを探すこと。例**あさり**しに出でむと鶴は今ぞ鳴くなる〈万葉・一八・四〇三四〉❷漁をすること。例**あさり**する漁夫の子どもと人は言へど〈万葉・五・八五三〉❸物を探すこと。例盗人あさりすべしなどこそ言ふめれ〈栄花・見果てぬ夢〉

あざり【阿闍梨】名《仏教語》「あじゃり」に同じ。

あさ・る【漁る】動(ラ四)❶動物がえさを探す。例春の野に**あさる**雉(=鳥の名)の妻恋ひに〈万葉・八・一四四六〉 ❷漁をする。例荒磯は**あされ**どなにのかひなくて〈更級〉 ❸物を探す。例この御文はひき隠したまひつれば、せめても**あさり**取らで〈源氏・夕霧〉

あざ・る【鯘る】 動(ラ下二) 魚肉などが腐る。平安時代の辞書『和名類聚抄』に「魚肉爛也」とある。「爛」は、ただれる意。

あざ・る【狂る・戯る】 ❶動(ラ四) 取り乱して騒ぎまわる。例神のまにまにと 立ち**あざり** 我乞ひ禱めど〈万葉・五・九〇四〉 ❷動(ラ下二) ❶ふざける。例潮海のほとりにて、**あざれ**あへり〈土佐〉 読解「鯘る」の意を掛ける。❷うちとける。例**あざれ**たる袿姿にて、笛をなつかしう吹きすさびつつ〈源氏・紅葉賀〉

あざれ-ば・む【戯ればむ】 動(マ四) [「ばむ」は接尾語] ふざける。なれなれしくする。例**あざればみ**情けなきさまに見えじと思ひつつ〈源氏・椎本〉

あざ-わら・ふ【あざ笑ふ】 ワラウ・ワロウ 動(ハ四) ❶大声で笑う。哄笑する。例おきな二人みかはして**あざ笑ふ**〈大鏡・序〉 ❷嘲笑する。例「しが(=おまえの)身のほど知らぬこそ、いと心憂けれ(=ひどく情けない)」とて、うち**あざ笑ひ**たまふ〈落窪・一〉

浅井了意 アサイリヨウイ《人名》?〜一六九一(元禄四)。八十歳前後で没か。江戸時代の仮名草子作者。質・量ともに仮名草子の代表的作者。中国怪異小説の翻案『伽婢子』とその続編『狗張子』、『堪忍記』『東海道名所記』『新語園』『浮世物語』などの仮名草子のほか、仏典の注釈書も多く著す。

あし

【足・脚】 名 ❶**人間や動物の足**。例信濃道は今の墾道刈りばねに**足**踏ましむな沓はけ我が背〈万葉・一四・三三九九〉→名歌185 ❷**歩いたり走ったりすること**。また、**その能力**。例疾き**足**をいたして走る〈宇津保・春日詣〉 読解力を尽くし、できるだけ速く走る、ということ。 ❸**形や機能が①に似た物**。物の下部にあって全体を支える部分など。例かすかなる**脚**弱き車など輪をおしひしがれ(=小さい車輪のきゃしゃな車などは車輪を押しつぶされ)〈源氏・行幸〉 ❹**雨の降る様子や日光の差す様子を足にたとえたもの**。⇩あめのあし・ひのあし

〈新野直哉〉

[足を限りに] 足の力の続く限り。例**足を限りに**いづくでも〈近松・心中刃は氷の朔日・中〉

[足を空に] 足が地につかないさま。平静さを失ったさま。例車の男ども、**足をそらに**て、まどひ倒れて〈落窪・二〉

[足をはかりに] [「はかり」は限度の意]「あしをかぎりに」に同じ。例**足をはかりに**行くほどに、やうやう大道にぞ出でにけり〈義経記・五〉

あし

【葦・蘆】 名 植物の名。イネ科の多年草。水辺・湿地に群生する。茎は燃料となり、簾を作ったり屋根を葺いたりするのにも用いる。若芽は食用、根茎は薬用となる。例難波に祓へして、帰りなむとする時に…「この**蘆**もちたる男呼ばせよ。かの**蘆**買はむ」といはせける(=難波で祓えをして、帰ろうとするときに…「この蘆を持っている男を呼ばせなさい。その蘆を買おう」と言わせた)〈大和・一四八〉

語誌▼**葦の名所** 葦の名所として、古くから摂津国難波が知られる。
▼**「あし」の異称** 異称に「よし」「はまをぎ」がある。「よし」は、「あし」が「悪し」に通じるのを嫌った呼称。なお、「難波潟しげりあへるは君が世にあしかるわざをせねばなるべし」〈拾遺・雑下〉の「あしかる」に「葦刈る」と「悪しかる」が掛けられているように、「悪し」と掛けて和歌に詠まれることがあった。

〈佐藤明浩〉

あし【銭】 名 金銭。足があるように渡り歩き、流通することからいう。例大井の土民に仰せて、水車を造らせられけり。多くの**あし**を給ひて〈徒然・五一〉

あ・し

【悪し】 形(シク) 事物そのものの本性が絶対的によくない状態、また、それに対するどうしようもないほどの不快感を表す。

❶**善悪・正邪・吉凶などから判断して、わるい。邪悪だ。よくない**。例昔の犯しの深さによりて、**あしき**身を受けたり(=昔の罪業の深さによって、邪悪な身となった)〈宇津保・俊蔭〉 ❷**性質や状態などが不快だ。いやだ。気分がわるい**。例もとの女、**悪し**と思へるけしきもなくて(=もとの妻は、不快だと思っている様子もなくて)〈伊勢・二三〉 ❸**技術や品質が劣っている。下手だ。つたない。粗末だ**。例不動尊の火炎を**あしく**書きけるなり(=不動尊の火炎を下手に描いたのである)〈宇治拾遺・三八〉 ❹**容姿や外見などが醜い。見苦しい**。例ある人の子の、見ざまなど**悪しから**ぬが(=ある人の子どもで、姿かたちなどは見苦しくない者が)〈徒然・二三二〉 ❺**貧しい。卑しい。身分が低い**。例冬はついたち、つごもりとて、**あしき**もよきも騒ぐめるものなれば(=冬は一日、末日と移っていって、身分の低い人も高貴な人も忙しく動きまわっているようなので)〈蜻蛉・上〉 ❻**天候や性格が荒々しい。荒れ模様だ。激しい。険悪だ**。例外の海は、いといみじく**あしく**波高くて(=外海は、まことにひどく荒れ波が高くて)〈更級〉 ❼(動詞の連用形について)**〜するのがいやだ。〜しにくい**。例この山道は行き**あしかり**けり(=この山道は進みにくいのだった)〈万葉・一五・三七二八〉

語誌▼**「あし」と「わろし」** 「**わろし**」は、他と比較して相対的によくない意。「あし」は上代から用いられたが、「わろし」は平安時代以後になってから用例が見られる。中世になると「あし」はしだいに衰え、「わろし」から変化した「**わるし**」が「あし」の意味を表すようになった。

〈浅見和彦〉

あじ『味・鶍』⇩あぢ

あ-じ【阿字】 名『仏教語』梵字十二母音の第一字母を漢字で表したもの。密教で、物事の始まり・根源を意味し、万物は元来不生不滅であるという真理を象徴する字として重視する。例(死者ノ)額に**阿字**を書きて、(仏トノ)縁を結ばしむるわざをなむせられける〈方丈記〉

阿字

あし-あらひ【足洗ひ】アライ 名 衣類を足で踏んで洗うこと。例ふるかたびらの**足洗ひ**して〈拾玉集・二〉

あじか【簣】 名 籠。竹や葦などを編んで作る。例**簣**に魚を入れて、自らこれを荷ひ〈太平記・四〉

あし-かき【葦垣】 名「あしがき」とも。葦を編んで作った垣。例**葦垣**真垣 真垣かきわけ てふ越すと 負ひ越すと〈催馬楽・葦垣〉

あしかきの【葦垣の】《枕詞》「あしがきの」とも。葦垣が内と外を隔てることから「ほか」に、葦垣が傷みやすいことから「古りにし里」「(思ひ)乱る」などにかかる。平安時代以降は「間近し」や地名「吉野」にもかかる。

あし-かせ【足枷・械】 名「あしがせ」「あしがし」とも。刑具の名。罪人の自由を奪うために、半円形を切り抜いた厚い板で前後から足首をはさむ。例縄はおろか**械・杻**にかかっても〈近松・国性爺合戦・三〉

あしがちる【葦が散る】《枕詞》葦が難波の代表的な景物であることから地名「難波」にかかる。

あし-がなへ【足鼎】ガナエ 名 食物を煮るのに用いる釜。二つの取っ手と三本の足のあるのがふつう。例**足鼎**を取りて頭に被きたれば〈徒然・五三〉

あし-かび【葦牙】 名 葦の芽。例**葦牙**のごとく萌え騰がる物によりてなれる(=生まれた)神の名〈記・上・神代〉

あし-がも【葦鴨】 名 鴨の別称。葦の生えている水辺に多くいることからいう。例乎布の崎 花散りまがひ 渚には **葦鴨**騒き〈万葉・一七・三九九三〉

あしがもの【葦鴨の】《枕詞》葦辺にいる鴨の群がる習性から「うち群る」にかかる。

足柄山あしがらやま《地名》歌枕 相模と駿河の国境を南北に走る連山。今の神奈川県南足柄市・足柄上郡にあり、東南は箱根山に連なる。北端の足柄峠は、東海道が箱根を通る以前は東西交通の要路。『万葉集』以来和歌に詠まれる。坂田金時(金太郎)・山姥の伝説でも有名。例**足柄山**といふは、四、五日かねて(=四、五日にわたって)恐ろしげに暗がりわたれり〈更級〉

あしがら-をぶね【足柄小舟】オブネ 名 足柄山の木材で作った舟。軽く船足が速かったとされる。例**足柄**小舟あるき多み(=あちこち寄る所が多いので)目こそ離るらめ心は思へど〈万葉・一四・三三六七〉

あし-かり【葦刈り】 名 晩秋に葦を刈ること。また、その人。例**葦刈り**に堀江漕ぐなる梶の音は大宮人の皆聞くまでに〈万葉・二〇・四四五九〉

あし-がる【足軽】 名 軽装備で足軽く走りまわる兵士。古くから存在したが、南北朝の戦乱以降戦力の中心となる。例**足軽**どもに逆茂木(=柵の一種)取りのけさせ〈平家・九・二度之懸〉

あじきなし ⇩あぢきなし

あし-ぎぬ【絁】 名〔「悪し絹」の意〕糸が太くて粗い、粗悪な絹織物。例**絁**は裂けからみてぞ(=裂けたのをからみつかせて)人は着る〈拾遺・物名〉

あしき-みち【悪しき道】《仏教語》〔「悪道」の訓読〕邪悪な世界。現世で悪事をしたものが死後落ちるとされる、地獄道・餓鬼道・畜生道・修羅道など。例なま浮かびにては(=中途半端な悟りでは)、かへりて**悪しき道**にも漂ひぬべくぞおぼゆる〈源氏・帚木〉

あし-げ【葦毛】 名 馬の毛色の名。黒・褐色などの毛に白い毛が混じったもの。例都の方より**葦毛**なる馬にのりたる武者〈平治・上〉

あし-こ【彼処】 代〔「かしこ」の変化した形〕遠称の指示代名詞。場所を示す。あそこ。例**あしこ**に籠りなむのち〈源氏・若菜上〉

あし-ざま【悪し様】 形動(ナリ) 悪いようだ。悪いふうだ。多く「あしざまに」の形で、意地悪く扱うさまをいう。例御前にさへぞ**あしざまに**啓する(=申し上げる)〈枕・職の御曹司の西面の〉

あし-しろ【足代】 名 ❶高い所に手を届かせるための足場。踏み台。例**足代**といふ物に上に大きなる木どもを横ざまに結ひ付けて〈今昔・一九・三九〉 ❷物事の基礎。例二十よりうちのさわぎは、この道(=色道)に入る、みな**足代**〈西鶴・諸艶大鑑・八・五〉

あしじろ-の-たち【足白の太刀】 名 太刀をつるす革紐(帯取り)を通すための鞘の金具(足金物)が銀作りの太刀。例萌黄威の鎧着て、**足白の太刀**をはき(=腰に着け)〈平家・一一・那須与一〉

あし-すだれ【葦簾】 名 葦で作った簾。天皇の服喪のとき、鈍色の布で縁取った葦簾を天皇の座に掛ける。例**葦すだれ**とか、いとまがまがしき(=不吉な)物ども掛けわたしたるも〈増鏡・秋のみ山〉読解 後醍醐天皇が母の談天門院を亡くしたときの記事。

あし-ずり【足摺り・足摩】 名 悲しみや恋しさのあまり、足の裏を地面にすりつけたり両方の足の裏をすり合わせたりすること。例見れば率て来し女もなし。**足ずり**をして泣けどもかひなし〈伊勢・六〉

あし-す・る【足摺る・足摩る】 動(ラ四) 足の裏を地面にすりつける。また、足の裏をすり合わせる。例立ち躍り(=躍り上がり) **足すり**叫び 伏し仰ぎ 胸うち嘆き〈万葉・五・九〇四〉

あした

【朝】 名 ❶朝。明け方。例**朝**咲き夕へは消ぬる月草の(=明け方に咲き夕方にはしおれる月草のように)〈万葉・一〇・二二九一〉 ❷翌朝。例(a)いと**あした**にまゐりはべらむ。今宵はたへがたく(=明日の朝早くに参りましょう。今夜は我慢できなくて)〈紫式部日記〉例(b)野分の**朝**こそをかしけれ(=野分の翌朝こそ趣がある)〈徒然・一九〉読解「野分」は今の台風。

語誌▼夜を中心とする時間区分の最後の時間帯をさす。昼を中心とする時間区分の「あさ」と同じ時間帯になる。もともと夜の終わりとしての朝であるために①から②の意味が生まれた。のちに①の意味が失われ、近世以降、②の意味が翌日の意味に拡大されるようになった。中世までは、翌日の意味を表すのは「あす」である。
▼「ゆふべ」と対で用いられることが多い。〈髙田祐彦〉

あし-だ【足駄】 名 履物の名。木製で、板の下に歯があり、表に緒をつけた。例若き法師ばらの、**足駄**といふものをはきて〈枕・正月に寺にこもりたるは〉

あし-だか【足高】 形動(ナリ) 足が長く見えるさま。例鶏のひなの、**足高に**、白うをかしげに〈枕・うつく

しきもの〉

あし-だち【足立ち】 名 足の立つ所。足がかり。足場。例この辺は馬の**足立ち**悪しうして〈太平記・六〉

あし-たづ【葦田鶴】 タヅ 名 鶴の別称。葦の生えている水辺に多くいることからいう。例湯の原に鳴く**葦鶴**は我がごとく妹に恋ふれや時わかず(＝季節の区別なく)鳴く〈万葉・六・九六一〉

あしたづ-の【葦田鶴の】 アシタヅノ《枕詞》葦辺の鶴が鳴くさまから「音を鳴く」に、また、「たづ」の音の繰り返しから「たづたづし(心もとない)」にかかる。

あした-どころ【朝所】 名「あいたんどころ」に同じ。

あした-の-つゆ【朝の露】 朝、草葉などに置いた露。日が昇るとまもなく消えることから、短くはかないことのたとえにもいう。例**朝の露**にことならぬ世を、何をむさぼる身の祈りにか〈源氏・夕顔〉

あし-だま【足玉】 名「あしたま」とも。足首につける装飾品の玉。例**足玉**も手玉もゆらに(＝鳴るほどに)織る服を〈万葉・一〇・二〇六五〉

あし-だまり【足溜まり】 名 ❶足を掛ける所。足場。例青の鉢(＝頭を覆う部分)を**足だまり**にして〈太平記・三四〉❷戦場で、攻防の足場にする拠点。❸しばらく足を止める所。

あした-ゆふべ【朝夕べ】 ユウベ 朝晩。いつもいつも。例**朝夕べ**に頼みきこえつるにこそ(＝頼りにし申していたからこそ)命も延びはべりつれ〈源氏・蜻蛉〉

あしづつ-の【葦筒の】《枕詞》「葦筒」が葦の茎の内側にある薄い皮であることから「一重」「薄し」にかかる。

あし-で【葦手】 名 平安時代に行われた、絵とともに和歌を書く方法の一つ。文字を絵の輪郭の中に隠して記したもの。例この笥の内に泥にて(＝金銀の塗料で)**葦手**を書きたるは〈栄花・初花〉

あして-かげ【足手影】 名 ❶人の様子。外から見える姿。例都の人の**足手影**もなつかしう候へば〈謡曲・隅田川〉❷雑踏。混雑。例入り舟の湊などは、人の**足手かげ**にて〈西鶴・西鶴織留・三・四〉

あし-なが【足長】 ❶ 名 足のきわめて長い想像上の人間。清涼殿の荒海の障子に「手長」とともに描かれていた。例蓬萊山・手長・**足長**、金して蒔かせたまへりし(＝金泥で蒔絵を作らせなさったのは)〈大鏡・伊尹〉❷ 形動(ナリ) 遠くまで足を伸ばすさま。例はるばる**足長**に出て陣取るなり〈蒙求抄・六〉

あし-なへ【蹇へ・跛へ】 ナエ 名 足が悪くて歩行が不自由なこと。また、その人。例この経を受持する人を誹らば…てなへ・**あしなへ**となり〈霊異記・下・二〇〉

あし-なみ【足並み】 名 ❶歩み。足取り。例駒の**足なみ**〈曾我・六〉❷歩調をそろえること。例**足なみ**にくつばみを浸して攻め戦ふ〈謡曲・八島〉

あしねはふ【葦根はふ】 アシネハウ《枕詞》葦の根が「泥土」の下をはうことから「下」にかかる。また、「泥土」と同音の「憂き」にかかる。

あし-の-かりね【葦の仮寝】〔「刈り根」を「仮寝」に掛けた語〕旅などでかりそめに寝ること。例難波江の**葦のかりね**のひとよゆゑみをつくしてや恋ひわたるべき〈千載・恋三〉↓名歌270

あしのねの【葦の根の】《枕詞》❶「ね」の音の繰り返しで「ねもころ」にかかる。❷葦の根が分かれているところから「分く」に、また、「節」があることから「世」「夜」などに、節が短いことから「短し」にかかる。❸葦の根が「泥土」の中にあることから、同音の「憂き」にかかる。

あし-の-ふし-の-ま【葦の節の間】 葦の節と節の間。短いことのたとえ。例難波潟みじかき**葦のふしの間**も逢はでこの世を過ぐしてよとや〈新古今・恋一〉↓名歌271

あし-の-まろや【葦の丸屋】 葦で屋根を葺いた粗末な小屋。例夕されば門田の稲葉おとづれて**葦のまろや**に秋風ぞふく〈金葉・秋〉↓名歌397

蘆の屋 あしのや《地名》歌枕 摂津国菟原郡。今の兵庫県芦屋市一帯。『万葉集』の菟原処女の伝説や『伊勢物語』八七段で知られる。「あしや」とも。

あし-の-や【葦の屋】「あしのまろや」に同じ。

あし-はや【足早・足速】 名 形動(ナリ) 歩くのが速いこと。船の速度にもいう。例いとど**足速に**すぎさせたまふ〈平家・四・信連〉

あしはや-をぶね【足速小舟】 オブネ 名 進むのが速い小舟。例見しままにめぐりもあはで島づたふ**あしはや小舟**とほざかりつつ〈新千載・恋四〉

あし-はら【葦原】 ワラ 名 葦の生い茂っている広くて平らな土地。例**葦原**のしけしき(＝汚い)小屋に菅畳いやさや敷きて(＝とてもきれいに敷いて)〈記・中・神武・歌謡〉

あしはら-の-なかつくに【葦原の中つ国】 アシワラ 名 日本の別称。「中つ国」は、天つ国(高天原)と黄泉の国(地底にある死者の国)の中間に位置する地上の世界、の意。例高天の原と**葦原の中つ国**と、おのづからに(＝自然と)照り明りき〈記・上・神代〉

あしはら-の-みづほ-の-くに【葦原の瑞穂の国】 アシワラ—ミズホ— 名 日本の別称。葦原にある豊かに稲穂の実る国、の意。例**葦原の瑞穂の国**を天降り知らしめしける皇祖の神の命の〈万葉・一八・四〇九四〉

あし-び【葦火】 名「あしひ」とも。干した葦を薪として燃やす火。炊事や暖房に用いる。例**葦火**焚く屋のすしてあれど(＝すすけているが)〈万葉・一一・二六五一〉

あしび【馬酔木】 名 植物の名。ツツジ科の常緑低木。春、小さな白い壺形の花を房状につける。「あせび」「あせぼ」「あせみ」なども。⇩口絵。例(a)磯の上に生ふる**あしび**を手折らめど見すべき君がありといはなくに(＝水辺の岩のほとりに生えている馬酔木を手折りたいけれど、見せたいあなたがこの世にいるとだれも言わないことだ)〈万葉・二・一六六〉読解 弟大津皇子の遺体が移葬された時に大伯皇女が詠んだ歌の一つ。例(b)磯影の見ゆる池水照るまでに咲ける**あしび**の散らまく惜しも(＝水辺の岩の姿が映って見える池の水が輝くほどに白く咲いている馬酔木が散ってしまうのは惜しいことだよ)〈万葉・二〇・四五一三〉

語誌 ▼**「馬酔木」の表記** 葉に毒があり、牛馬などが食べると中毒を起こして酔ったようになることから『万葉集』で「馬酔木」の表記が生じたとみられる。

▼**和歌の用例** 『万葉集』では親しまれた植物だが、

平安時代以降の和歌には取り上げられることが少ない。〈佐藤明浩〉

あしひきの《枕詞》「あしびきの」とも。語義・かかり方未詳。❶「山」や「山」を含む語、「峰」「尾の上へ」などにかかる。例**あしひきの**山川の瀬の鳴るなへに弓月が岳に雲立ち渡る〈万葉・七・一〇八八〉➡名歌23 ❷「あしひき」は山の意を表し、山と関連のある「岩根」「木の間」「こなたかなた」などにかかる。例**あしひきの**こなたかなたに道はあれど〈新古今・雑下〉

あしびなす【馬酔木なす】《枕詞》〔「なす」は接尾語〕馬酔木の花が群れて多く咲くさまから「栄ゆ」にかかる。

あしぶみ【足踏み】名 舞や能楽で、足の拍子の取り方。例同じ舞の**足踏み**・面持ち、世に見えぬさまなり(＝またとなくすばらしい様子だ)〈源氏・紅葉賀〉

あしべ【葦辺】名 葦の生えている水辺。例若の浦に潮満ちくれば潟を無み**葦辺**をさして鶴鳴きわたる〈万葉・六・九一九〉➡名歌428

あじほんぷしゃう【阿字本不生】(ーホンプショウ)《仏教語》密教の根本の教えで、「阿」の字に人生や宇宙万物の本質が表され、一切が不生不滅、すなわち「空」であるという真理が示されていること。

あしま【葦間】名 茂っている葦の間。例**葦間**より見ゆる長柄の橋柱〈拾遺・雑上〉

あしまゐり【足参り】(ーマイリ)名 ⇩みあしまゐり

あしまゐる【足参る】(ーマイル)⇩みあしまゐる

あしもと【足下・足元】名 ❶足の先のほう。例**足もと**したためつつ(＝用意しながら)〈狭衣・四〉読解 蹴鞠の沓を履いて、ということ。❷足のすぐそば。身辺。例(a)猫また、あやまたず**足もと**へふと寄り来て〈徒然・八九〉例(b)(儒学者ハ)唐のことばっかり探して**足もと**の事に疎いのだ〈滑稽本・浮世床・初上〉❸足取り。歩調。例朽木草鞋の**足もと**軽く〈滑稽本・膝栗毛・初〉

あしや【葦屋】名 葦で屋根を葺いた粗末な家。例おなじ江のあやめの草を夏かりの(枕詞)**葦屋**の軒にふきやそへまし〈草庵集・三〉

あしゃう【亜相】(ーショウ)名〔丞相に亜ぐの意〕大納言の唐名。「亜槐」とも。

あじゃり【阿闍梨】名《仏教語》梵語の音写。教授・軌範・正行などと訳される。弟子を教えてその行いを正し、規範となるべき者、の意。「あざり」とも。

❶**天台宗・真言宗での最高の学位に対し、朝廷から与えられる称号。**例故座主円仁**阿闍梨**誓ふに国を護ることをもってす(＝亡き座主の円仁阿闍梨は国を護ることを誓った)〈三代実録・貞観八年六月〉❷**平安時代、朝廷からの命令で法会を執り行う僧。転じて、加持祈禱の導師を務める僧。**例修法始めんと仕まつれば、**阿闍梨**にまうでくる人も候はぬを(＝祈禱を始めようといたしますと、加持祈禱の僧として参る人もおりませんので)〈大鏡・道隆〉❸**高徳の僧。**また、**僧一般。**僧の名の下に敬称のようにつけることもある。例今は昔、道命**阿闍梨**と言ふ人ありけり〈今昔・一二・三六〉〈劔持雄二〉

あしゅくぶつ【阿閦仏】名《仏教語》〔「阿閦」は梵語の音写で、不動の意〕大日如来の教えによって悟りを開いたとされる仏。東方に善快浄土を建て、今もそこで説法をするという。例我、年来**阿閦仏**を念じたてまつるによりて、今、歓喜国に生まれぬ〈今昔・六・二五〉

あしゆひ【足結ひ】(ーユイ)名「あゆひ」に同じ。

あしゆひのくみ【足結ひの組み】(アシュイー)机や台の覆いがとれないように、四つの脚に結びつけた組み紐。装飾も兼ねる。例**足結ひの組み**、華足の心ばへ(＝趣き)など今めかし〈源氏・絵合〉

あしゅら【阿修羅】名《仏教語》〔梵語の音写。非天・無端などと訳される〕古代インドの鬼神。常に梵天・帝釈天などと戦闘を続けている。法華経序品には須弥山海中に四人の阿修羅が住むとされ、恐るべき悪神として知られるようになっていった。一方、八部衆の一つとして、仏法の守護神ともされる。例我今日はたとひ**阿修羅**に負けて討たるる事はありとも〈今昔・一・三〇〉

あしゅらだう【阿修羅道】(ードウ)名《仏教語》「しゅらだう」に同じ。

あしゅらわう【阿修羅王】(ーオウ)名《仏教語》「阿修羅」のこと。阿修羅道の王。例**阿修羅王**といふ者あり、身の勢きはめて大きなり〈今昔・三・一〇〉

あしよわぐるま【足弱車】名 車輪の頑丈でない車。例**足弱車**の力なき花見なりけり〈謡曲・熊野〉

あしらふ(アシラウ・アシロウ)動(ハ四)〔動詞「あへしらふ」「あひしらふ」の変化した形〕❶取り扱う。例商ひのとくい(＝得意客)ことさらに**あしらひ**〈西鶴・好色一代男・二・三〉❷軽く応答する。例どれが見えたりとも、この通りに**あしらは**うと存ずる〈和泉流狂言・長刀会釈〉

あじろ【網代】

名〔「あみしろ」の変化した形〕❶魚をとるため川に仕掛けた装置。川の流れの左右に杭をすきまなく打って水をせき止め、水面の高さに簀の子を敷いて、そこに打ち上げられる魚をとる。特に京都の宇治川で、晩秋から冬にかけて氷魚(＝鮎の稚魚)をとるので有名。例(a)すさまじきもの 昼ほゆる犬、春の**網代**〈枕・すさまじきもの〉読解 時節はずれで興ざめなものとして、春まで放置されている網代を挙げる。例(b)**網代**は人騒がしげなり。されど氷魚も寄らぬにやあらん、すさまじげなるけしきなり(＝網代は人々が群れていていかにも騒騒しい。しかし氷

網代① 〔石山寺縁起絵巻〕

魚も近づかないのだろうか、景気の悪そうな様子だ）〈源氏・橋姫〉読解宇治川の網代と氷魚の組み合わせ。宇治川の網代と氷魚の組み合わせ。

❷竹・葦・檜などを薄く削り、いろいろ交差させて編んだもの。垣根・車の屋形・屏風・天井などに用いる。例山里びたる（＝山里を思わせる）網代屏風などの〈源氏・椎本〉

❸「網代車」の略。例古めかしき檳榔毛ひとつ、網代ひとつ立てり（＝古風な檳榔毛の車が一つ、網代車が一つ止まっている）〈落窪・二〉〈藤本勝義〉

【網代の氷魚】「あじろ①」に入ってしまった氷魚。逃れられない立場に陥ったことのたとえ。例網代の氷魚も心寄せたてまつりて〈源氏・総角〉

あじろ-き【網代木】 名「あじろ①」を仕掛けるため水中に打つ杭。例もののふの（枕詞）八十（ここまで序詞）宇治川の**網代木**にいさよふ波の行くへ知らずも〈万葉・三・二六四〉➡名歌368

あじろ-ぐるま

【網代車】名 牛車の一種。「あじろ②」を車体の屋根や側面に張った車。四位・五位・中将・少将らの常用で大臣・大納言・中納言・大将などにとっては略式用。官位により網代を張る位置などに違いがある。⇩くるま（図）。例宵過ぐして、睦ましき人のかぎり四、五人ばかり、**網代車**の昔おぼえてやつれたるにて出でたまふ（＝夜中ごろになって、親しい家来だけ四、五人ほど連れて、網代車で昔の若いころが思い出されるような質素なものでお出かけになる）〈源氏・若菜上〉読解光源氏は准太上天皇だが、忍び歩きのため、わずかな供人と粗末な網代車で出かける。〈藤本勝義〉

あじろ-ごし【網代輿】 名「あじろ②」を屋根や両脇に張った輿。⇩こし（図）。例**網代輿**のあやしきにぞたてまつれる（＝お乗りになった）〈増鏡・むら時雨〉

あじろ-もり【網代守り】 名 夜、かがり火をたいて「あじろ①」に入った氷魚を捕る人。例**あじろもり**さぞ寒からし〈続古今・冬〉

あし-わか【葦若】 名 葦の若芽。和歌で、「わかの浦」と掛けて「あしわかのうら」の形で用いることが多い。例**あしわか**の浦にみるめはかたくともこは立ちながら返る波かは〈源氏・若紫〉読解「みるめ」は海草の「海松布」と逢う意の「見る目」を掛ける。

あし-わけ【葦分け】 名 生い茂った葦を分けて進むこと。舟などが分けて進まなければならないほど茂った葦。障害の多いことをたとえていう。例**葦分け**のほどこそあらめ難波舟沖に出でても漕ぎあはじとや〈長秋詠藻・下〉

あしわけ-をぶね【葦分け小舟】 名 生い茂った葦を分けて進む小舟。障害の多いことをたとえていう。例湊入りの**葦分け小舟**（ここまで序詞）障り多み（＝障害が多いので）我が思ふ君に逢はぬころかも〈万葉・一一・二七四五〉

あし-を【足緒】 名 ❶鷹狩りに使う鷹の足につける紐。例鷹どもの**足緒**を解いてぞ放されける〈幸若・百合若大臣〉❷太刀を腰につるための紐。「帯取りの緒」とも。例二尺七寸の金作りの御佩刀は、足緒長に結んで下げ〈幸若・八島〉

あしを〜【足を〜】 ⇩「あし」の子項目

あす【明日】 名 あした。今日の次の日。例**明日**なん日よろしくはべれば（＝日取りも悪くございませんので）〈源氏・夕顔〉

あ・す【浅す・褪す】 動（サ下二）❶【浅す】水があさくなる。例龍田川秋は水なく**あせ**ななん〈後撰・秋下〉❷【褪す】㋐色がさめる。例濃き紫の色し**あせ**ずは〈源氏・桐壺〉㋑衰える。荒れる。例いかならん世にも、かばかり**あせ**はてんとはおぼしてんや〈徒然・二五〉

あず【崩岸】 名 くずれたがけ。例崩岸の上に駒を繫ぎて（ここまで序詞）危ほかど（＝危いけれど）〈万葉・一四・三五三九〉

飛鳥・明日香

《地名》歌枕 大和国、今の奈良県高市郡明日香村の一帯。北に大和三山があり、中央に飛鳥川が流れる。古代、特に推古天皇（六世紀末）以後の約百年間はほぼ都が置かれて、飛鳥文化が花開いた。奈良時代末には荒廃。飛鳥寺・豊浦寺・雷丘・甘樫丘などの古跡がある。「飛鳥」の表記は枕詞「飛ぶ鳥の」によるとされる。和歌では、「飛鳥の里」の形も詠まれる。

語誌▼旧都飛鳥　飛鳥浄御原宮から藤原京に遷都した際、志貴皇子は「采女の袖吹きかへす明日香風京を遠みいたづらに吹く」〈万葉・一・五一〉（➡名歌88）と詠み、旧都となった飛鳥の地を懐かしんだ。平安時代以降は、人の世や心の変わりやすさや無常を表す歌枕として「飛鳥川」が詠まれた。〈大谷俊太〉

飛鳥川・明日香川

《地名》歌枕 大和国の川。飛鳥地方の中央部、雷丘の南西から藤原京跡の北西を流れて大和川に注ぐ。

語誌▼定めなき世のたとえ　『万葉集』では流れの速い川として歌われるが、平安時代になると、「昨日といひ今日と暮らしてあすか川流れて早き月日なりけり」〈古今・冬〉のように、「明日」との掛詞で、川の流れの速さに重ねて月日の流れの速さを表すものも詠まれるようになる。さらに「世の中はなにか常なる飛鳥川昨日の淵ぞ今日は瀬になる」〈古今・雑下〉（➡名歌408）によって、飛鳥川といえば、人の世・心の変わりやすさや無常を表す言葉となった。〈大谷俊太〉

あすか-の-みやこ【飛鳥の都】 古代、飛鳥地方に置かれた都の総称。推古天皇の豊浦宮・小墾田宮以来、舒明天皇の岡本宮・田中宮、皇極・斉明天皇の板蓋宮、斉明・天智天皇の後岡本宮、天武・持統天皇の浄御原宮は、持統・文武・元明天皇の藤原宮など。

あずかる【預かる・与る】 ⇩あづかる

飛鳥井雅経 《人名》一一七〇〜一二二一（嘉応二〜承久三）。鎌倉前期の歌人。藤原氏。父頼経の伊豆配流後鎌倉へ下り、幕府の重臣大江広元の娘を妻とした。建久八年（一一九七）召されて上洛、後鳥羽院近習の一人となる。『新古今和歌集』撰者の一人。家集に『明日香井和歌集』。飛鳥井流蹴鞠の祖で、『蹴鞠略記』なども著す。

あずさ〖梓〗⇩あづさ

あす-は-ひのき【明日は檜】名〔明日は檜になろうの意〕翌檜の別称。ヒノキ科の常緑高木で山地に自生する。例あすはひのき、この世(=人里)に近くもみえきこえず〈枕・花の木ならぬは〉

あずま〖東・東国〗⇩あづま

あせ【汗】名 汗。例汗にしとどになり〈落窪・一〉

あ-せ【吾兄】代〖上代語〗対称の人称代名詞。男性を親しみをこめていう。あなた。多く間投助詞「を」を伴って囃し詞的に用いる。例尾津の崎なる 一つ松 あせを〈記・中・景行・歌謡〉

あぜ【何】副〖上代語〗「なぜ」に相当する東国方言。❶なぜ。どうして。例あぜと言へかさ寝に逢はなくに(=どういうわけですか、いっしょに寝るために逢うのではないのに)〈万葉・一四・三四六一〉 ❷どう。どのように。例白雲の(枕詞)絶えにし妹をあぜせろと(=どうせよというのか)〈万葉・一四・三五一七〉

あせ-ぐ・む【汗ぐむ】動(マ四)〔「ぐむ」は接尾語〕汗をかく。例御馬の数つかうまつりにければ(=たくさんの馬に乗り申し上げたので)汗ぐみにけり〈著聞集・一〇・三六三〉

あぜ-くら【校倉】名〔「あぜ」は交差させる意〕「あぜぐら」とも。三角形の木材を井桁の形に組み合わせて作られた倉。正倉院が有名。例大きなる校倉のあるをあけて〈宇治拾遺・一〇一〉

あぜち【按察使】名 奈良時代に設けられた、諸国の行政を監察する官職。養老三年(七一九)創設。のちは陸奥・出羽だけが実態を残し、ほかは大・中納言の兼ねる名目だけの官となった。

あせび【馬酔木】名「あしび」に同じ。

あせ-みづ【汗水】名 形動(ナリ) 水のような大量の汗。汗びっしょりなさま。例汗水にて臥したるに〈今昔・二六・一七〉

[**汗水に成る**] 汗びっしょりになる。例汗水になりて、夢覚めぬ〈今昔・一九・三二〉

あそ 名〔「あそみ(朝臣)」の変化した形か〕男性を親しみ敬って呼ぶ語。お方。例内のあそ 汝こそは 世の長人(=この世の長寿の人)〈記・下・仁徳・歌謡〉

あそうぎ-こふ【阿僧祇劫】コウ 名〖仏教語〗〔梵語の音写。「阿僧祇」は無数の意〕無限に長い時間。例阿僧祇劫の長時の苦因(=苦しみの原因)を造らむ〈沙石集・六・一〇〉

あそ-こ【彼処】代〔「あしこ」の変化した形〕遠称の指示代名詞。場所を示す。あの場所。例あそこに追っかけ、ここに追っつめ〈平家・一・殿下乗合〉

あそば-か・す【遊ばかす】動(サ四)〔「かす」は接尾語〕遊ばせる。例若君を遊ばかしたてまつりつるほどに〈今昔・二七・二九〉 語誌 「遊ばす」よりも俗語的で、説話集などに多く用いられる。

あそば-す

【遊ばす】❶〔動詞「あそぶ」の未然形＋上代の尊敬の助動詞「す」〕野外の遊楽・狩猟・音楽などをなさる。例(a)皇子の命は 春されば…松の下道ゆ 登らして国見遊ばし(=皇子は、春になると…松の下道をお登りになって国見をなさり)〈万葉・一三・三三二四〉例(b)わが天皇、なほその大御琴をあそばせ(=やはりその大御琴をお弾きなさいませ)〈記・中・仲哀〉

❷動(サ四)〔①の一語化したもの〕サ変動詞「為」の尊敬語。主に文学・芸能に関する動作に用いる。例(上皇ガ)一首の御詠をあそばして(=一首の和歌をお詠みになって)〈平家・六・祇園女御〉

❸補動(サ四)〔「ご」＋漢語、「お」＋動詞の連用形について〕尊敬の意を表す。お〜なさる。お〜になる。例(奥様ガ)於茶や於茶やとお召しあそばして(=お呼び寄せになって)〈滑稽本・浮世風呂・二上〉

語誌 ①は連語。平安時代になって一語化するが、詩歌・音楽・武芸など、文学や芸能に関する動作を中心に用いられた。③は近世以降の用法。〈泉基博〉

あそび

【遊び】名〔動詞「あそぶ」の名詞形〕❶神前での遊び。神楽。例篠の葉に 雪降り積もる 冬の夜に 豊の遊びを するが楽しさ〈神楽歌・篠〉 読解 「豊の遊び」は豊の明かりの節会で行われる神楽。

❷管弦の遊び。楽器を奏したり、歌ったりすること。例折々の御遊び、その人かの人の琴・笛、もしは声の出でしさま(=その時々の管弦の御遊び、その人あの人の琴や笛、あるいは謡いぶり)〈源氏・明石〉

❸宴会。遊宴。行楽。例春さらば逢はむと思ひし梅の花今日の遊びに相見つるかも(=春になったら逢いたいと思っていた梅の花よ、今日の宴会でやっと逢えたことだなあ)〈万葉・五・八三五〉

❹遊びごと。遊戯。遊興。例よろづの遊びにも勝負を好む人は(=どんな遊びごとにも勝ち負けを好む人は)〈徒然・一三〇〉〈鈴木日出男〉

あそび

【遊女】名 歌舞音曲を行うことを専門の職業とする女性。もともと、芸能を持ち歩く漂泊の民であったと考えられる。集団で歌を伝承する芸能者であるが、夜は寝所にもはべった。「遊び女」とも。例(a)そこに遊女たちが現れて、一夜ひと夜歌うたふにも(=そこに遊女どもも出で来て、一晩じゅう歌をうたうにつけても)〈更級〉例(b)遊女の好むもの 雑芸鼓 小端舟〈梁塵秘抄・四句神歌〉

語誌 ▼遊女・傀儡子・白拍子 『万葉集』に「遊行女婦」の語が散見される。通常「うかれめ」と訓むが、これが「あそび(遊女)」のことである。いつのころからか確かではないが、少なくとも平安時代には、交通の要所要所に、集団で生活していた。水駅(水上交通の要所)を生活の根拠地とした遊女と、陸駅(陸上交通の要所)を根拠地とする傀儡子に区別される。前者では、淀川の下流沿いの江口・神崎の遊女が名高い。平安末期ごろから登場する白拍子も、この系統に属する。〈鈴木日出男〉

あそび-がたき【遊び敵】名 詩歌・管弦などをするときの相手になる人。例かの君たちをがな、つれづれなる(=所在ないときの)遊びがたきに〈源氏・橋姫〉

あそび-ぐさ【遊び種】名 遊戯の材料。また、遊び相手。例いとをかしううちとけぬ遊びぐさに誰も思ひきこえたまへり〈源氏・桐壺〉

あそび-ごころ【遊び心】名 音楽を好む心。例帝いみじう遊び心おはしませど〈栄花・鶴の林〉

あそび-ひろ・ぐ【遊び広ぐ】動(ガ下二) 幼児が遊

び道具などをいっぱいに広げて遊ぶ。例（人形遊ビノ）小さき屋ども作り集めて奉りたまへるを、ところせきまで遊びひろげたまへり〈源氏・紅葉賀〉

あそび‐め【遊び女】 名「あそび（遊女）」に同じ。例夜昼**あそびめ**据ゑて〈宇津保・祭の使〉

あそび‐もの【遊び者】 名「あそび（遊女）」に同じ。例さやうの**あそび者**は、人の召し（＝招き）に従うてこそ参れ〈平家・一・祇王〉

あそび‐もの【遊び物】 名❶遊び道具。例をかしき絵、**遊び物**ども取りに遣はして〈源氏・若紫〉❷楽器。例多くの**遊び物**の音、拍子をととのへとりたるなむ〈源氏・常夏〉

あそび‐わざ【遊び業】 名遊戯。娯楽。勝負事。例**あそびわざ**は小弓。碁〈枕・あそびわざは〉

あそび‐を【遊び男】 ォ名雅楽を演奏する楽人。『万葉集』の「遊士」を読み誤って生じた語。例うなばらの遠きわたりを**あそびを**の遊ぶを見むとなづさひぞ来こし（＝浮き漂ってやって来た）〈夫木・三五〉

あそ・ぶ【遊ぶ】

動（バ四）日常的な束縛から心を解放して、感興のおもむくままに熱中したり楽しんだりする意。

❶**人が神がかって感動を充実させる。** ㋐神や死者の魂などと交感する。魂を奮い立たせる。魂を鎮める。例そこに喪屋を作りて…日八日、夜八夜をもちて**遊びき**（＝そこに死者の安置所を作って…昼は八日、夜は八夜かけて死者の魂を鎮めた）〈記・上・神代〉読解死んだ天の若日子の魂を鎮めようとする。㋑音楽や舞いによって神遊びをする。神楽を演奏する。例瑞垣の（枕詞）神の御代より篠の葉を手ぶさに取りて**遊びけらしも**（＝神の御代から篠の葉を手に取って神楽を演奏したらしいなあ）〈神楽歌・篠〉❷**管弦の遊びをする。** 例とりどりに物の音ども調べあはせて**遊びたまふ**（＝思い思いに楽器の音色を調え合わせて管弦の遊びをなさる）〈源氏・花宴〉❸**思うことを楽しみ、心を慰める。** ㋐**宴会を催す。饗宴する。** 例梅の花手折りかざして**遊べ**ども飽きだらぬ日は今日にしありけり（＝梅の花を手で折って髪に挿して宴を催しても飽きたりない日は今日であったなあ）〈万葉・五・八三六〉㋑**趣味・遊戯・勝負ごとなどを楽しむ。** 例**遊ぶ**子どもの声聞けば我が身さへこそゆるがるれ〈梁塵秘抄・四句神歌〉➡名歌27 ❹**狩りをする。逍遥する。** 例(a)（弓ヲ）大御手に取らしたまひて**遊ばしし**我が大君を（＝御手にお取りになって狩りをなさった我が大君を）〈万葉・一三・三三二四〉例(b)山沢に**あそびて**、魚鳥を見れば、心楽しぶ（＝山や海辺を逍遥して、魚や鳥を見ると、心が楽しくなる）〈徒然・二一〉❺**動物などが気楽に動きまわる。** 例（都鳥ガ）水の上に**遊びつつ**魚を食ふ（＝水の上で動きまわりながら魚を食う）〈伊勢・九〉❻**仕事などをしないでいる。** 遊興にふける。例**遊ん**（音便形）でさへおれば（病ハ）直りまする〈狂言記・縄綯〉

語誌 平安時代には、②の管弦の遊びをする意の例が多い。これは、もともと、①の神や霊魂と触れあう宗教的な行為と深い関係があるらしい。『伊勢物語』四五段で、ある女性の死を悼む男がその喪に服しながら、「宵は遊びをり」ていたというが、音楽を奏することが死者の魂を慰めることでもあった。〈鈴木日出男〉

あそみ【朝臣】 名〔「あせおみ（吾兄臣）」の変化した形か〕天武天皇一三年（六八四）に定められた八色の姓の一つで、真人に次ぐ第二位。はじめは主に皇族から分かれた有力氏族に与えられたが、奈良中期から平安時代にかけて、朝臣を賜るものが多くなった。姓制度が実質的な意義を失うのに伴い、儀礼上の呼称に過ぎなくなる。⇒あそん

あそん【朝臣】

名〔「あそみ」の変化した形。鎌倉時代以降「あっそん」とも〕❶「**あそみ**」に同じ。❷**五位以上の貴族に対する敬称。** 用い方には決まりがあり、三位以上の人には「藤原朝臣」のように氏の下につけ、名を記さない。四位には「藤原某朝臣」のように名の下、五位には「藤原朝臣某」のように氏と名の間に置く。例藤原敏行**朝臣**の、業平**朝臣**の家なりける女をあひ知りて（＝在原業平の家にいた女性と知りあって）〈古今・恋四・詞書〉❸**平安時代、貴族どうしが相手を親しんで呼ぶ敬称。** 例**朝臣**や、御休み所もとめよ（＝客人のご寝所を用意しなさい）〈源氏・藤裏葉〉読解宴の場で、内大臣が頭中将である長男に語りかける言葉。〈池田尚隆〉

あた【仇・敵・賊】

名こちらと敵対する相手をさすのが原義。江戸中期以降「あだ」。

❶**自分に害をなすもの。自分が倒さなければならないもの。** 敵。かたき。例筑紫の国は**あた**守るおさへの城そと（＝筑紫の国は敵を監視する鎮めの砦であるぞと）〈万葉・二〇・四三三一〉❷**害。** 危害。損害。例大江山には、鬼神が住みて**あた**をなす〈御伽草子・酒呑童子〉❸**恨み。** 遺恨。また、**恨みの種となるもの。** 例形見こそ今は**あた**なれこれなくは忘るる時もあらましものを（＝思い出の品も、今となっては恨みの種であることだ。これがなかったら、あの人を忘れることもあるだろうになあ）〈古今・恋四〉読解心変わりした恋人をいっそ忘れたいと嘆く恋の末期の歌。

語誌▼江戸中期から「あだ」と濁音に変化した。「あだ（徒）」や「あだ（婀娜）」と混同されることがある。▼「**あた**」と「**かたき**」「あた」が個人の価値判断に基づく言葉であるのに対し、類義語「かたき」は、「かたきどうし」という言葉があるように相互間の概念である。〈鈴木宏子〉

あた【咫】 名上代の長さの単位。一咫は親指と人さし指（一説に中指）を広げた長さで、約一五センチ。「七咫」「八咫」などと、大きいことを表すのに用いることが多い。例一の神ありて…その鼻の長さ七咫〈紀・神代下〉

あだ【仇】 名「あた（仇）」に同じ。

あだ

【徒】形動(ナリ) 花が実を結ばずに散ってしまうように、一時的・表面的なさまをいう。

❶浮気だ。誠意がない。例(男ハ)いとまめにじちようにて、**あだなる**心なかりけり(=たいそうまじめで実直で、浮気な心がなかった)〈伊勢・一〇三〉

❷はかない。一時的だ。例露をなど**あだなる**ものと思ひけん我が身も草に置かぬばかりを(=露をどうしてはかないものと思っていたのだろうか。私の身も草に置かないだけで、露と同じようにはかないものであったのに)〈古今・哀傷〉読解辞世の歌である。

❸いいかげんだ。粗略だ。例たしかに御枕上に参らすべき祝ひの物にはべる。あなかしこ、**あだにな**(=間違いなく御枕もとに差し上げねばならない祝いの品です。決して、いいかげんに扱ってはいけませんぞ)〈源氏・葵〉読解「あだにな」の「な」は禁止を表す副詞。下に「したまひそ」などが略されている。

❹無駄だ。無益だ。例のちまきのおくれて生ふる苗なれど**あだには**ならぬたのみとぞ聞く(=遅蒔きで遅れて生長する苗だが、無駄にはならない、しっかりと稲の実をつける頼みがいのある苗と聞いている)〈古今・物名〉読解「たのみ」に「田の実(稲の実)」と「頼み」を掛ける。

対義▶まめ

語誌▼平安時代の物語では、①の意で用いられることが多い。

▼語幹「あだ」は、主に①の意で用いて「徒心」「徒言」「徒事」「徒人」などの語を作ることもある。

▼「あた(仇)」が「あだ」と濁音化する江戸中期以降、この二語は混同されることもあった。たおやかだ、色っぽい、の意の「婀娜だ」は別語。〈鈴木宏子〉

あ-だ【婀娜】 形動(ナリ)〔「婀」も「娜」も、しなやかの意〕たおやかで美しいさま。また、色っぽくなまめかしいさま。多く、女性に用いる。例**婀娜なる**腰支は楊柳の 春の風に乱るるかと誤つ〈玉造小町子壮哀書〉語誌 タリ活用の例もある。

あた-あた【熱熱】 感 熱さに耐えかねて発する語。あつつ。熱い熱い。例ただのたまふ事とては、「**あたあた**」とばかりなり〈平家・六・入道死去〉

あだ-あだ・し【徒徒し】 形(シク)〔形容動詞「あだ」の語幹を重ねて形容詞化した語〕不実だ。移り気だ。浮気っぽい。例色めかしく**あだあだしけれ**ど、本性の人がらくせなく(=欠点なく)〈紫式部日記〉

あた・う【与う・能う】 ⇩あたふ

安宅《作品名》謡曲。四番目物。現在能。観世小次郎信光作か。『義経記』に取材。山伏姿に身をやつし奥州に逃れようとする源義経主従一行は、安宅の関で関守富樫に見とがめられるが、弁慶の体を張った機転により通過することになる。弁慶の勧進帳の読みあげと延年の舞が見所。後世、歌舞伎や浄瑠璃に影響を与えた。

あた-かたき【仇敵】 名 憎い相手。敵。かたき。例いみじき武士、**仇敵**なりとも、(光源氏ヲ)見てはうち笑まれぬべきさまのしたまへれば〈源氏・桐壺〉

安宅の関 名 加賀国、今の石川県小松市に置かれた関所。能『安宅』や歌舞伎『勧進帳』の舞台。

あたか-も【恰も・宛も】 副 ちょうど。まるで。まさしく。例我が背子が捧げて持てる厚朴**あたかも**似るか青き蓋〈万葉・一九・四二〇四〉読解厚朴の葉は長楕円形で大きい。

あだ・く【徒く】 動(カ下二)〔形容動詞「あだ」の語幹の動詞化〕浮ついている。浮気だ。例うち**あだけ**好きたる人の(=好色な人が)、年積もりゆくままに、いかに悔しきこと多からむ〈源氏・朝顔〉

あだ-くらべ【徒比べ】 名 男女が互いに相手を浮気だと言いあうこと。また、互いにはかなさを比べあうこと。例**あだくらべ** かたみに(=互いに)しける男女の〈伊勢・五〇〉

あだ-け【徒け】 名 好色。浮気。戯れ。例その古りせぬ(=いつまでも変わらない)**あだけ**こそは、いとうしろめたけれ〈源氏・若菜上〉

あだ-げ【徒げ】 形動(ナリ)〔「げ」は接尾語〕もろく崩れそうなさま。危なげな様子。例門なども片方は倒れたる、横ざまに(=横のほうに)寄せかけたる所の**あだげなる**に〈宇治拾遺・三三〉

あだ-ごころ【徒心】 名 浮気心。浮ついた心。「あだしごころ」とも。例深き心も知らで、**あだ心**つきなば、のちくやしき事もあるべきを〈竹取〉

あだ-こと【徒言】 名「あだごと」とも。実のない言葉。うそ。例例の**あだごと**もまことしきことも、さまざまをかしきやうにいひて〈右京大夫集・詞書〉

あだ-こと【徒事】 名「あだごと」とも。軽い慰みにすること。戯れごと。情事。例はかなき**あだ事**をも、まことの大事をも、言ひあはせたるにかひなからず(=相談のしがいがあって)〈源氏・帚木〉

あたご-はくさん【愛宕白山】 名 山城の愛宕権現と加賀の白山権現に向かって、固く誓う言葉。どうあっても。絶対に。例そのつれな事はおいてくれい(=そのようなことはよしてくれ)。**愛宕白山**申しつうぜぬ〈狂言・文山立〉

愛宕山《地名》山城国葛野の郡、今の京都市の北西端の山。山上の愛宕権現神社は火災除けの神として信仰を集める。毎月二十四日が縁日で、特に六月二十四日は千日詣でと称し、多くの参詣人が訪れた。また、天狗の住みかとも考えられていた。

あだ-ざくら【徒桜】 名 散りやすい桜。また、はかないもののたとえ。例浮き世の春の**あだ桜**、風吹かぬ間もあるべきか〈謡曲・墨染桜〉

あだ・し【他し・異し・徒し・空し】 形(シク) ❶【他し・異し】〔古くは「あたし」〕ことなっている。別だ。ほかの。例ほととぎす**他し**時ゆは(=ほかの時よりは)今こそ鳴かめ〈万葉・一〇・一九四七〉 ❷【徒し・空し】はかない。移りやすい。浮気な。例夢幻の**徒し**身〈仮名草子・竹斎・上〉語誌 ①②とも「あだし」の形で名詞を修飾することが多い。

あだし-ごころ【徒し心】 名「あだごころ」に同じ。和歌では、多く「あだしごころ」が用いられる。例君をおきて(=あなたをさしおいて)**あだし心**をわが持たば末の松山波もこえなむ〈古今・東歌〉

あだし-ことば【徒し言葉】 名 あてにならない言

葉。その場限りの言葉。例徒し言葉の人心、頼めて(=あてにさせて)来ぬ夜は積もれども〈謡曲・班女〉

化野《地名》「徒野」とも書く。山城国、今の京都市右京区嵯峨野の奥の葬送の地。転じて、死者を葬る場所・墓地にもいう。

語誌 ▼**無常のキーワード** 京都の西のはずれの化野は、東の鳥部野とともに、古くから死骸の風葬の地だった。兼好は、『徒然草』七段で無常の命を化野の露にたとえつつ、「あだし野の露消ゆる時なく、鳥部山の煙立ち去らでのみ住み果つる習ひならば、いかにもののあはれもなからん。世は定めなきこそいみじけれ(=化野に置く露の消えるときがなく、鳥部山の火葬の煙が立ち去らないでいるように、いつまでも住み続ける習わしであったならば、どんなに味気のないものであろう。世の中は定めないものであるからこそ、すばらしいのだ)」と、無常の人の世を肯定的に乗り越えようとした。〈大谷俊太〉

あだし-よ【徒し世】 名 無常の世。はかない世。例かくつらき別れも知らで(=知らないで)**あだし世**の習ひとばかり何思ふらむ〈新後撰・雑下〉

あたたか【暖か】 形動(ナリ) ❶物の温度や気温・体温が暖かい。適度で快いさまをいうことが多いが、不快感を伴うほどの高温をいうこともある。例**暖かに**もあらず、寒くもあらぬ風〈蜻蛉・下〉 ❷穏やかだ。素直だ。例銀も見ずに、**あたたかに**請け取りをせうわいなあ(=するものだなあ)〈近松・生玉心中・上〉 ❸いい気なさまだ。ずうずうしい。例やあ、**あたたか**なかすわっぱ(=小僧め)〈近松・用明天王職人鑑・三〉 ❹財政的に豊かだ。例身請けするほど内証(=暮らしむき)が**暖かで**〈近松・博多小女郎波枕・上〉

あたたけ・し【暖けし】 形(ク) 暖かである。例**あたたけき**春の山べに〈千里集〉

あたたま・る【暖まる】 動(ラ四) ❶暖かくなる。例こよなく**暖まり**て、寒さも忘れはべりにき〈大鏡・道長下〉 ❷金銭的に豊かになる。金銭を手に入れる。例七百づつ(=七百匁ずつ)**温まっ**(音便形)た〈近松・大経師昔暦・下〉

あだたら-まゆみ【安太多良真弓】 名 古く、陸奥の安達郡(今の福島県二本松市の辺り)の安達太良山産出の檀で作られた弓。

安達が原 名 ❶歌枕「あだちのはら」とも。陸奥の歌枕。今の福島県の安達太良山の東裾野か。鬼が住むという伝承や、多く生えていたという白木の檀の連想によって和歌に詠まれた。例陸奥の**安達が原**の黒塚に鬼こもれりと聞くはまことか〈大和・五八〉 ❷《作品名》謡曲。四、五番目物。現在能。作者不明。安達が原で山伏に宿を貸すが、鬼であることを知られ、逃げる山伏を追うが、ついに祈り伏せられる鬼女の物語。観世流以外の流派では『黒塚』。後世、浄瑠璃『奥州安達原』の通称にもなる。

あだ-な【徒名・仇名】 名 ❶色恋のうわさ。浮気だという評判。浮き名。例またも**あだ名**立ちぬべき御心のすさび(=御気まぐれ)なめり〈源氏・夕顔〉 ❷うそつきだという評判。例(満開ダト聞イテイタノニ)咲き咲かぬ花や**仇名**に立ちぬらん〈弁内侍日記〉

あた-な・ふ【仇なふ・寇なふ】 ナフ・ノウ 動(ハ四) (「なふ」は接尾語) 敵対する。害をなす。例汝(=おまえ)もし**あたなふ**心あらざるものならば、汝が生めむ子必ず男ならむ〈紀・神代上〉

あだ-なみ【徒波】 名 いたずらに立ち騒ぐ波。多く恋の歌に用いられて、変わりやすい人の心や、むなしい色恋のうわさのたとえになる。例音に聞く高師の浦の**あだ波**はかけじや袖のぬれもこそすれ〈金葉・恋下〉→名歌99

あだ-ね【徒寝】 名「あだぶし①」に同じ。例旅にして**徒寝**する夜の恋しくは(=恋しく思うならば)わが家の方に枕せよ君〈古今六帖・五〉

あた-は-ず【能はず】 アタワ (動詞「あたふ」の未然形＋打消の助動詞「ず」) ❶～することができない。例みづから起ちて燭を燃す事**あたはず**して〈今昔・七・四三〉 ❷適当でない。ふさわしくない。例これ、汝が着る物に**あたはず**〈今昔・三・一八〉 ❸合点がいかない。納得がいかない。例(相手ノ言葉ニ対シテ)いと**あたはぬ**さまのけしきにて〈大鏡・伊尹〉

あだ-ばな【徒花】 名 咲いても実を結ばない花。はかなく散ってしまう花。成就しない恋のたとえにもいう。例ならぬ**あだ花** 真っ白に見えて 憂き中垣の夕顔や〈閑吟集・六七〉

あたひ【直】 アタイ 名「あたへ」とも。姓の一つ。地方豪族に多い。

あたひ【価・値】 アタイ 名 ❶物事の値打ち。価値。例**価**なき(=はかりしれないほど貴い)宝といふとも一坏の濁れる酒にあにまさめやも〈万葉・三・三四五〉 ❷代金。値段。例一日の命、万金よりも重し。牛の**値**、鵝毛よりも軽し〈徒然・九三〉

あだ-びと【徒人】 名 移り気な人。浮気者。例あきといへばよそにぞ聞きし**あだ人**の我をふるせる名にこそありけれ(=私を捨てる言葉だったことだ)〈古今・恋五〉 読解「あき」は「秋」と「飽き」を掛ける。

あた・ふ

【与ふ】 アタ・アト 動(ハ下二) ❶**与える**。やる。授ける。例着たる衣を一つ脱ぎて**与ふれ**ば(=着ている衣を一枚脱いで与えると)〈今昔・一九・五〉 ❷**手段などを利用できるようにしてやる**。例なむぢ、日の本の父母に向かふべきたよりを**あたへ**む(=おまえに、日本にいる父母に会うことのできる便宜を与えよう)〈宇津保・俊蔭〉 ❸**影響・効果などを相手に及ぼす**。こうむらせる。多く、望ましくないことにいう。例各、杖二十を**与ふ**べし(=それぞれ、杖罪二十に処するものとする)〈今昔・七・四八〉

語誌 平安時代以降、漢文訓読語として用いられた。①は、上位者から下位者に対する授与を表すのに用いられ、和文の「たまふ」に対応する。〈奥村悦三〉

あた・ふ

【能ふ】 アタ・アト 動(ハ四) ❶**できる**。例飯すなはち火となり炭となりぬれば、食ふ事**あたはず**(=食物はたちまち火を噴き炭となったので、食べる事ができない)〈三宝絵・下・二四〉 ❷(「名詞＋に」について)**適する**。**相応である**。例汝ちは、心鈍くして学問には**能はじ**(=おまえは、頭がよくなくて学問には適さないだろう)〈今昔・一四・二四〉❸合点がいく。なるほどと思える。理にかなう。例北の方、いとあたはず思ひて(=奥方は、あまり合点がいかないと思って)〈落窪・四〉

語誌 ▼常に後に打消の語を伴って用いられる。▼①は、平安時代以降は、主に男性の用いる漢文訓読語であり、「動詞連体形＋こと」または「動詞連体形＋に」の下について用いられた。和文で不可能の意を表すには「え〜ず」の形が用いられた。⇩え(副詞) 〈奥村悦三〉

あだ-ふ【徒ふ】アダウ・アドウ 動(ハ下二) ふざける。戯れる。例若やかなる人こそ、もののほど知らぬやうにあだへたるも罪ゆるさるれ〈紫式部日記〉

あだ-ぶし【徒臥し】名❶恋人と離れ、一人むなしく寝ること。ひとり寝。「徒寝」とも。例杣人の槇の仮屋のあだぶしに〈山家集・上〉❷男女のその場限りの契り。かりそめの契り。例かの徒臥しの因果めが煩悩を起こさせます〈近松・薩摩歌・中〉

あたま【頭・天窓】名❶頭髪の生えている部分。例槌にてあたまをたたく〈狂言・禰宜山伏〉❷首から上全体。例夜着の下よりあたまをあげて見るに〈西鶴・西鶴諸国ばなし・四・一〉❸最初。始まり。例あたまから知れたり〈西鶴・西鶴織留・二・三〉

語誌 もとは顖門(頭蓋骨のすきまの部分)をさす。室町時代ごろから頭部そのものをさすようになった。

あた・む【仇む】動(マ四)〔名詞「あた」の動詞化〕敵視する。敵対する。憎む。例(源氏ノ)一門にはあたまれて、平家にへつらひけるが〈平家・七・主上都落〉

あだ-め・く【徒めく・婀娜めく】動(カ四)〔「めく」は接尾語〕浮気らしい様子をする。色っぽくふるまう。例いみじうあだめい(音便形)たる心ざまにて(=性分で)〈源氏・紅葉賀〉

あだ-もの【徒物】名 はかないもの。例命やは何ぞは(=命なんて、それがなんだというのか)露のあだものを逢ふにしかへば惜しからなくに〈古今・恋二〉

あた-ゆまひ ユマイ 名〔「あたやまひ」の変化した形〕急病。例ふたほがみ悪しけ人なり(=ふたほがみはいやな人だ)あたゆまひ我がする時に防人に差す(=指名する)〈万葉・二〇・四三八二〉

あたら【惜】すぐれたもの、美しいものが失われていくのを惜しみ嘆く気持ちをいう。形容詞「あたらし」の語幹の用法。促音化して「あったら」とも。

1 連体 惜しむべき。もったいない。例(a)(光源氏ハ)御すき心の古りがたきぞあたら御瑕なめる(=御好色心が昔とお変わりないのが惜しむべき御欠点であるようだ)〈源氏・朝顔〉例(b)あないとほし(=ああ、気の毒に)、武芸にも歌道にも達者にておはしつる人を。あったら大将軍を〈平家・九・忠度最期〉読解 討ち死にした武将を惜しむ声である。

2 副 惜しいことに。もったいないことに。例(a)あたら…ものに情けおくれ(=情味に欠け)〈源氏・葵〉例(b)かくあやしき身のために、あたら身をいたづらになさんやは(=このように卑しい自分のために、もったいないことに妻がその身を無駄にすることがあろうか)〈徒然・二四〇〉読解 末尾の「やは」は反語の意を表す。

語誌 1は、感動詞とする説もある。〈木村博〉

あたら・し【惜し】形(シク) すぐれたもの、りっぱなものであるのに、そのよさにふさわしい状態にないことを残念がる気持ちをいう。

惜しい。もったいない。そのままにしておくのが惜しいほど、すばらしい。例二十ばかりになりたまふままに、生ひととのほりて、いとあたらしくめでたし(=二十歳ぐらいにおなりになるにつれて、成人して容姿も整って、まことにもったいなくすばらしい)〈源氏・玉鬘〉読解 この女性は都から遠く離れた九州にいる。都こそ、美しく成長した大臣の姫君にふさわしい場なのに、という気持ちがこもる。

語誌 ▼「あたらし」と「あらたし」 「あらた(新)」の形容詞形「あらたし」とはもともと別語であったが、平安時代に混同が起こり、「あたらし」が新しいの意も表すようになる。中世以降、この「新し」に押されて、語幹の「あたら」以外はあまり用いられなくなった。▼関連語 「をし」は現実にある物事のすばらしさに愛着を感じ、それが失われることを惜しむ気持ちを表す。また「くちをし」は、愛着される物事に対する不満の気持ちを表す。〈木村博〉

あたら・し【新し】形(シク) 新しい。新鮮だ。例削り氷にあまづら入れて、あたらしき金鋺に入れたる〈枕・あてなるもの〉読解「あまづら」は甘葛のつるや葉を煮つめて作った甘い汁。語誌 上代は「あらたし」。平安時代以降、第二・第三音節が入れ替わり、「あらたし」に替わって用いられた。

あたら-もの【惜もの】名 惜しいもの。もったいないこと。感動をこめて、惜しいことだ、の意で用いることが多い。例見るごとにあたらものをとおぼゆるは鹿たつ野辺の萩の花かな〈和泉式部集〉

あたら-よ【惜夜】名 明けるのが惜しい夜。すばらしい夜。例玉くしげ(枕詞)明けまく惜しきあたら夜を〈万葉・九・一六九三〉

あたり【辺り】名❶基準とする所に近い場所。付近。近所。例我が思ふ妹が家のあたりかも(=私が愛するあの娘の近所だなあ)〈万葉・一四・三五四二〉❷ある場所・人を漠然という。一帯。〜ような人。例(a)はなやかなりしあたりも人住まぬ野らとなり(=栄えていた邸宅の一帯も人の住まない野原となり)〈徒然・二五〉例(b)なほなほしきあたりに、われまだきに知られじ(=平凡な身分のような者に、自分は、まだ早いうちから身分を知られたくない)〈夜の寝覚・一〉❸ある人・場所を婉曲に表現するのに用いる。例そこにはありと聞けど、消息をだに言ふべくもあらぬ女のあたりを思ひける(=そこには居ると聞くが、便りさえやることのできない女のことなどを思った)〈伊勢・七三〉読解 この女性が高貴な人なので婉曲にぼかしていうのであろう。❹身近な人。親類・縁者など。例御あたりを広うかへ

りみたまふ御心深さに(＝身近な方々を広く目をおかけになる御情愛の深さから)〈大鏡・師輔〉

語誌▼**関連語**　「**ほとり**」が周辺部だけをいうのに対し、「あたり」は、基準とする場所を含めて近辺をいう。なお、平安時代以降、「**わたり**」が「あたり」の同義語として用いられた。〈奥村悦三〉

【辺りを払ふ】　他を近くに寄せつけない。転じて、勢い・美しさが他に抜きん出ている。例(a)御馬は…馬をも人をも**あたりをはらっ**(音便形)て〈平家・九・宇治川先陣〉例(b)いとどしく(＝すばらしく)**あたりをはらふ**八重桜かな〈散木奇歌集・一〉

あたり【当たり】　名　❶手に当たる感触。例髪を探れば…**あたり**めでたき(＝すばらしい)事限りなし〈宇治拾遺・五〇〉❷対応のしかた。人当たり。例閻魔王、**あたり**のきついものぢゃと言ひ〈狂言・朝比奈〉❸仕返し。復讐。例さきに行綱に謀られたる**あたり**とぞ言ひける〈宇治拾遺・七四〉❹矢や弾丸が命中すること。❺心当たり。目当て。思惑。狙い。例何か**あたり**のあることだな〈滑稽本・膝栗毛・八中〉

あたり-び【当たり日】　名　その事に当たる日。特に、瘧(病気の名)の発作の起こる日。例わらはやみ(＝瘧)をして**当たり日**にはべりつれば〈大鏡・序〉

あた・る【当たる】　動(ラ四)〔「あつ」の自動詞形〕❶ぶつかる。例さぶらひたまふ人々は、ただ物に**当たりて**なむ惑ひたまふ〈源氏・蜻蛉〉❷触れる。さわる。くっつく。例入佐の山は秋霧の**あたる**ごとにや色まさるらん〈後撰・秋下〉❸出会う。出くわす。例さる災ひになん**あたり**て侍りし〈宇津保・国譲中〉❹命中する。的中する。例后立ちたまふべきものならば、この矢**あたれ**〈大鏡・道長上〉❺方位や時期が該当する。合致する。例御堂は大覚寺の南に**当たりて**〈源氏・松風〉❻匹敵する。値する。相当する。例我が朝の城を見るにも、ここには**当たる**べくもあらず〈今昔・一六・一五〉❼待遇する。応待する。例なさけある者にて、いたく(＝ひどく)きびしう**あたり**たてまつらず〈平家・一〇・千手前〉❽敵対する。争う。❾様子をみる。うかがう。探る。

あだ-わざ【徒業】　名　❶実生活に役立たない行い。無駄なこと。例念仏よりほかの**あだわざ**なせそ(＝するな)〈源氏・手習〉❷浮気。色事。例むべなりけり(＝もっともなことだったのだ)、君の**あだわざ**をしたまはぬは〈落窪・二〉

あ-ち【彼方】　代　遠称の指示代名詞。方向を示す。あちら。あっち。例集ひたる者ども、こち押し**あち**押し、ひしめきあひたり〈宇治拾遺・一三三〉

あぢ【鶴】　名　鳥の名。鴨の一種。晩秋に北方から渡来、晩春に帰る渡り鳥。水辺に群れて住み、騒がしく鳴く。今の巴鴨。例**あぢ**の住む渚沙(＝地名)の入り江の荒磯松〈万葉・一一・二七五一〉

あぢ【味】　1名　❶味覚。味わい。例にがき**味**をなせり〈幸若・日本記〉❷物事の趣。おもしろみ。妙味。また、物事から受ける感じ。ぐあい。例揚げ屋の手前も**味**わろく〈西鶴・西鶴置土産・三・一〉2形動(ナリ)❶趣のあるさま。変わったおもしろみのあるさま。例黒き帽子にて頭を**あぢに**つつみたれば〈仮名草子・東海道名所記・三〉❷巧妙なさま。手際がよいさま。例親仁が手前を**味にして**(＝うまくやって)〈近松・心中二枚絵草紙・中〉

あぢき-な・し

形(ク)　道理にはずれていて、どうしようもない状態をいうのが原義。そこから転じて、無益だ、おもしろくない、の意を表すようになるが、いまさらどうにもならないというあきらめの気持ちが底流にあることが多い。上代は「あづきなし」とも。

❶**道理にはずれている。むちゃくちゃだ。**　どうにもならない。例(a)**あぢきなき**ことに心をしめて、生けるかぎりこれを思ひなやむべきなめり(＝道理にはずれたことに心を奪われて、生きている限りこのことを思い悩まなければならないのであるようだ)〈源氏・若紫〉

読解　光源氏の心中。この「あぢきなきこと」は父帝の后藤壺への恋。例(b)**あぢきなく**…愛敬はにほひ散りて(＝どうにもならないくらい…かわいらしさは映えこぼれて)〈源氏・野分〉

読解　光源氏の子夕霧が紫の上をのぞき見た場面。紫の上の魅力が、夕霧に、むちゃくちゃに襲ってきたという感じ。

❷**無益だ。無価値だ。**　また、**つまらない。不快だ。おもしろくない。**　例(a)**あぢきなき**もの…しぶしぶに思ひたる人を、しひて婿取りて、思ふさまならずとなげく(＝つまらないもの…婿になるのをしぶっていた人を無理に婿に迎えて、期待通りではないとため息をつく)〈枕・あぢきなきもの〉例(b)世の中こそ、あるにつけても**あぢきなき**ものなりけれ(＝世の中というものは、生きているにつけてもつまらないものであった)〈源氏・須磨〉

類義▶②うし(憂し)・うたて

語誌▼**理不尽な恋の思い**　自分ではどうにもならない恋の思いに用いることが多い。①例(a)のように、思ってはならない人を恋してしまうことを「あぢきなきこと」とし、どうにもならない恋に悩む自分を「あぢきなし(情けない)」と反省する。また、そのような恋に苦しむ人を、無益な恋をして、と批判する言葉にもなる。さらに、不調な恋愛をおもしろくないと思うという意で用いられることも多い。

▼**厭世感**　②例(b)は、自分の生きる現実を「あぢきなきもの」ととらえる。自分の不幸や不運をあきらめつつも筋の通らなさを憤る気持ちがこもる。〈池田節子〉

あぢさはふ　《枕詞》「目」「夜昼」などにかかる。語義・かかり方未詳。

あぢ-はひ【味はひ】　名　❶食物の味。また、食物。例(雉ノ)**あぢはひ**やよき〈宇治拾遺・五九〉❷物事のおもしろみ。趣。例心にまかせて(＝気ままに)この世の**あぢはひ**をだに知ること難うこそあなれ(＝むずかしいものだ)〈源氏・須磨〉

あぢ-は・ふ【味はふ】　動(ハ四)❶食物の味をかみしめる。❷意義や趣を深く感じ取る。例(ヨイ歌ヲ)腹に**あぢはひて**〈伊勢・四四〉語誌　まれに下二段活用にも用いられる。

あぢ-むら【鶴群】　名　鶴(アジガモ)の群れ。例山のはに**あぢ群**さわき行くなれど〈万葉・四・四八六〉

あぢむらの【鶺群の】《枕詞》水鳥の鶺の群れが鳴き騒ぐことから「騒く」に、また、動きまわって行き来することから「通ふ」にかかる。

あちら-こちら 名 形動(ナリ) ❶つじつまが合わないさま。例 あちらこちらなる事を申して〈西鶴・西鶴織留・六・三〉 ❷あべこべ。反対。例 回す(＝従わせる)はずの身が回さるるやうに、あちらこちらになってきて〈浮世草子・傾城禁短気・六・一〉

あ・つ

【当つ】動(夕下二) ❶当てる。触れる。触れさせる。例 額に手を当てて〈土佐〉 ❷ぶつける。命中させる。例 柳の葉を百たび当てつべき舎人どもく源氏・若菜下〉 読解 細く揺れやすい柳の葉に矢を百発百中できそうな舎人たち、の意。『史記』の弓の名人の故事による表現。❸割り当てる。振り当てる。例 秋の末つ方、四季にあててしたまふ御念仏を(＝秋の終わりごろ、四季ごとになさる御念仏を)〈源氏・橋姫〉 ❹直面させる。あわせる。例 汝らをさへ罪にあてむ(＝おまえたちまでも罰しよう)〈宇津保・俊蔭〉 ❺見当をつける。推測を適中させる。例 大将の君の御通ひ所ここかしこと思しあつるに(＝大将の君がお通いになる女性をこちらかあちらかと考え見当をつけると)〈源氏・葵〉 ❻(「目をあつ」の形で)視線を向ける。打消の語を伴って、見るに堪えない、の意に用いられることが多い。例 変はりゆく形ありさま、目もあてられぬ事多かり(＝変わっていく姿や様子は、見るに堪えない事が多く)〈方丈記〉 読解 うち捨てられたままの死骸の様子。❼あてがう。与える。例 食物給ぁてて〈梁塵秘抄口伝集・一〇〉 ❽火で暖める。例 今夜のおもてなしに、この木を切り火に焚いてあてまうさう〈謡曲・鉢木〉 〈馬場光子〉

あつい-もの【羹】 名〔「あつきもの」のイ音便形〕⇩あつもの

あつかは・し【扱はし】 形(シク)〔動詞「あつかふ」の形容詞形〕❶世話をせずにいられない。例 心苦しく(＝気の毒に)見えたまふ人の御上(＝御身の上)を…人知れずあつかはしくおぼえはべれど〈源氏・総角〉 ❷煩わしいこと。例 いと、あまりあつかはしき御もてなしなり〈源氏・蛍〉

あつかは・し【暑かはし・熱かはし】 形(シク)〔動詞「あつかふ」の形容詞化〕❶暑苦しい。例 この生絹だに、いと所せく暑かはしく〈枕・八九月ばかりに雨にまじりて〉 読解「生絹」は練らない生糸で織った薄絹。❷煩わしい。うるさい。例 いとあまり暑かはしき御もてなしなり〈源氏・蛍〉

あつかひ【扱ひ】 名 ❶世話・看護すること。例 御湯殿のあつかひなどを仕うまつりたまふ〈源氏・若菜上〉 ❷談判。また、示談。例 金銀の欲にふけて(＝目がくらんで)、あつかひにして済まし〈西鶴・好色五人女・二・四〉

あつかひ-ぐさ【扱ひ種】 名 ❶世話すべき対象。養育すべき子ども。例 さるあつかひぐさ持たまへらで、さうざうしきに(＝もの足りなく思っていたので)〈源氏・匂宮〉 ❷うわさの対象。話題。例 まづこの君たちの御事をあつかひぐさにしたまふ〈源氏・椎本〉

あつか・ふ

【扱ふ】動(八四) ❶取り扱う。受け持つ。例 かくて死なば、むなしき骸をこれが扱はんもねたく口惜しき(＝このまま死んだなら、亡骸をこの男が始末するのもしゃくで残念なので)〈狭衣・一〉 ❷人の世話をする。看護などをする。例 病者のことを思うたまへあつかひはべるほどに(＝病人のことを心配いたしまして看病をしておりますときなので)〈源氏・夕顔〉 ❸あれこれうわさする。評判する。例 人々も、思ひのほかなることかなとあつかふめるを(＝人々も、意外なことであるなあとあれこれうわさするようなので)〈源氏・紅葉賀〉 ❹争いをやめさせる。仲裁する。例 よいやうにあつかはせられてくだされい(＝よいように仲裁なさってください)〈狂言・腹不切〉 ❺扱いに困る。もて余す。例 とりばみといふもの…多く取らむと騒ぐ者は、なかなか、うちこぼしあつかふほどに(＝多く取ろうと騒ぐ者は、かえって、取りこぼし扱いに困るうちに)〈枕・なほめでたきこと〉 読解「とりばみ」は、饗宴の後に料理の残りを投げ与えてふるまうこと。〈奥村悦三〉

あつ-か・ふ【熱かふ】 動(八四) ❶熱さにもだえ苦しむ。例 伊奘冉尊、火神軻遇突智を生まむとする時に、悶熱ひ懊悩む〈紀・神代上〉 ❷(①から転じて)苦悩する。心を痛める。

あつ-がみ【厚紙】 名 厚手の鳥の子紙。「厚様」とも。例 厚紙を懸け物(＝歌合わせの賞品)につまれたりけるに〈著聞集・五・二二〉

あづかり【預かり】 名 ❶担当すること。任されていること。また、担当する人。管理人。留守番。例 ここのあづかりしける者の、まうけ(＝迎える準備)をしたれば〈蜻蛉・中〉 ❷令外の官で、役所の長官。または、実質の責任者となっている次官。例 御書所のあづかり、紀貫之…に仰せられて〈古今・仮名序〉 ❸罪人などを監視すること。また、その人。例 新大納言は備前の児島におはしけるを、あづかりの武士難波二郎経遠…地(＝陸地)へ渡したてまつり〈平家・二・阿古屋之松〉

あづかり-どころ【預かり所】 名 荘園の官の一つ。領主に代わり、荘地・荘民・年貢徴収など荘園の管理を行う。例 国には国司に従ひ、庄には預かり所に使はれ〈平家・四・源氏揃〉

あづか・る

【預かる・与る】動(ラ四) ❶人の身柄・物品などを、一時的に引き受けて守る。例 中垣こそあれ、ひとつ家のやうなれば、望みてあづかれるなり(＝隔ての垣こそあるが、一軒の家のようなので、望んで引き受けたのである)〈土佐〉 読解 隣家の人が希望して留守宅を預かったことをいう。「こそ＋已然形」で文が終わらず、下へ逆接的に続く。❷関係する。参加する。例 謀反の事に預かりて(＝謀反の事にかかわって)〈続紀・宝亀三年三月・宣命五三〉 ❸担当する。受け持つ。例 (a)この御方にあづかりて、思し後ろめ(=この君の事を担当して、お世話くださ い)〈夜の寝覚・一〉例(b)その雁を預かりて飼ふ人の申さく(=その雁の飼育役が申すことには)〈今昔・一〇・一三〉❹目上の人の配慮などを得る。いただく。例(a)など御音づれにもあづからざる(=どうしてお便りもいただけないのか)〈謡曲・鞍馬天狗〉例(b)仏の迎接を預かりて、極楽世界に往生することを得てき(=仏のお迎えをいただいて、極楽世界に生まれ変わることができてしまった)〈今昔・一七・一七〉❺よいこと・悪いことに出くわす。受ける。こうむる。例仏法を敬へるがゆゑに、その災ひに預からずして(=仏法を敬っているために、その災いを受けないで)〈今昔・七・二八〉〈奥村悦三〉

あづき-がゆ【小豆粥】 名 米に小豆を混ぜて炊いた粥。陰暦一月十五日に食べると一年間の邪気を払うとされた。例十五日。今日、小豆粥煮ず〈土佐〉

あづき-な・し 形(ク)『上代語』ひどい。不当だ。ふがいない。⇩あぢきなし。例あづきなく何の狂言〈万葉・一一・二五八二〉

あづ・く【預く】 動(カ下二)❶物事の管理を人に任せる。また、争いやもめごとの処置を任せる。例妻の女にあづけて養はす〈竹取〉❷娘を結婚させる。例むすめをばさるべき人に預けて〈源氏・夕顔〉❸金を貸す。例この三月過ぎに二十貫目預けました〈西鶴・世間胸算用・二・一〉

あつ-け【暑気】 名❶暑さ。炎暑。暑気。例涼しくも衣手かろし禊ぎ川暑気祓ひてかへるさの森〈為忠集〉❷暑さのため病気になること。暑気あたり。例女君は暑気にや、悩ましうて〈落窪・三〉

あつ-ご・ゆ【厚肥ゆ】 動(ヤ下二)厚ぼったくなる。例胡桃色といふ色紙の厚肥えたるを〈枕・円融院の御はての年〉

あづさ【梓】 名❶夜糞峰榛の別称。カバノキ科の落葉高木で、山地に自生する。弾力性があるので弓の材料となり、また版木にも用いる。古くは呪力のある木として神聖視された。例みとらしの(=御愛用の) 梓の弓の 中弭(=握りの部分)の 音すなり〈万葉・一・三〉❷「梓弓①」の略。また、それを行う巫女。❸神降ろしや口寄せを行う呪術。また、それを行う巫女。例照る日の巫とて隠れなき(=有名な)梓の上手の候ふを〈謡曲・葵上〉

あづさ-みこ【梓巫女】 名 梓弓の弦をたたいて、死者の霊を呼び寄せる巫女。

あづさ-ゆみ【梓弓】 ❶名 梓の木で作った弓。梓の木は呪力をもつとされ、狩猟のほかに、小型のものは口寄せにも用いられた。例梓弓ま弓つき弓(ここまで序詞)年を経てわがせしがごとうるはしみせよ(=私がしたように親しみなさい)〈伊勢・二四〉❷《枕詞》弓の縁語である「い」「いる」「はる」「ひく」「よる」「かへる」「もと」「する」「おと」などにかかる。また、「弓」の音の類似から「よ」にかかる。例梓弓引きてゆるさずあらませば〈万葉・一二・三〇五〉

あつ・し【暑し・熱し】 形(ク)❶気温が高い。例たへがたく暑きころにて〈讃岐典侍日記・上〉❷病気で体温が高い。また、物の温度が高い。例身も熱き心地して、いと苦しく〈源氏・夕顔〉

あつ・し

【厚し・篤し】❶形(ク)【厚し】❶表面と裏面との間が長い。厚い。厚味がある。例陸奥国紙の、すこし年経へ、厚きが黄ばみたるに(=陸奥国紙で、少し古びて、厚味があり黄色みをおびているものに)〈源氏・玉鬘〉❷情愛・恩恵・交際などが深い。例人の奴たるものは、賞罰はなはだしく恩顧あつきを先とす(=人に召し使われる者は、恩賞を大げさに与え恩恵の深い主人を優先する)〈方丈記〉❸財産がある。例いたって厚き御身上の御方はいかがはべらん(=たいそう金持ちな御身分の御方はどのようでございましょうか)〈仮名草子・東海道名所記・六〉❹あつかましい。ずうずうしい。例厚い(音便形)人がある…知らぬとは言はせぬ(=あつかましい人があるものだ…知らないとは言わせない)〈浮世草子・新色五巻書・五・四〉

❷形(シク)【篤し】〔体に熱がある状態を表すことからとも〕病気が重い。病気がちだ。危篤の状態だ。例いとあつしくなりゆき、もの心細げに里がちなるを(=たいそう病気がちになっていき、どことなく頼りなげな様子で実家に帰っているのが多いのを)〈源氏・桐壺〉読解 桐壺更衣の様子。〈馬場光子〉

あつし-さ【篤しさ】 名〔「さ」は接尾語〕病気がちであること。病弱。病気。例年ごろ(=数年来)、常のあつしさになりたまへれば〈源氏・桐壺〉

熱田 《地名》尾張国、今の愛知県名古屋市熱田区の地名。熱田神宮の門前町として栄え、宮とも呼ばれた。東海道五十三次の一つ。桑名への渡船場があった。

熱田の宮 名 尾張国、今の愛知県名古屋市熱田区の神社。熱田神宮。熱田明神。『古事記』の伝承に基づき草薙剣を神体として祭る。ほかに天照大御神、須佐之男命、倭建命、宮簀媛などを祭神とする。

あったら【惜ら】 連体 副「あたら」を強調した語。例あったら武者、刑部うたすな〈平治・中〉

あづち【垜・堋】 名 弓の稽古のとき、的をかけるために土を積んで作った土手。例相隔たる事(=お互いの距離)草鹿のあづちばかりになりにける〈太平記・三二〉読解「草鹿」は弓の的の称。

あつち-じに【あつち死に】 名 身もだえして跳ねまわって死ぬこと。例悶絶躄地して、つひにあつち死にぞしたまひける〈平家・六・入道死去〉語誌「あつち」はのちに高熱の熱さに結びつけて解されたが、もとは飛び跳ねる意の動詞の連用形とみられる。

あっぱれ【天晴れ】 〔「あはれ」を強調した語。「天晴れ」はあて字〕❶感❶驚き・感嘆などを表す。おお。ああ。例あっぱれ、この世の中はただいま乱れ〈平家・五・文覚被流〉❷賞賛の気持ちを表す。ああ、すばらしい。例天晴れ神妙なる御働き〈西鶴・武道伝来記・六・三〉❷形動(ナリ)すばらしい。みごとだ。例天晴れな御手跡でござる〈虎寛本狂言・八句連歌〉

あつ-びん【厚鬢】 名 江戸時代、男性の髪型の一つ。月代を狭く剃り、両鬢を厚く残してふっくらとさせ、髻を高く上げて結ったもの。当初は、上品だ

がじみでやぼとされた。例神主には厚鬢をおろさせ(=剃って薄くさせ)〈西鶴・男色大鑑・五・三〉

あづま【東・東国】 名 ❶京都から見て本州の東のほう。東国。京都のすぐ東の逢坂山よりも東の国々を広くさす場合から、今の関東・東北地方をさす場合まで種々ある。例京にはあらじ、あづまの方に住むべき国もとめにとて行きけり(=京にはいるまい、東国のほうに住むことができそうな国をさがしにいこうと思って、行った)〈伊勢・九〉 読解有名な「東下り」の段の一節。❷鎌倉・室町時代、京都から鎌倉・鎌倉幕府をさしていう。例(皇子ヲ)東の主になしきこえてん(=鎌倉幕府の主人にし申し上げてしまおう)〈増鏡・内野の雪〉 読解将軍にしようということ。❸江戸時代、上方から江戸をさしていう。❹「東琴」の略。⇩わごん

語誌▼異郷の代名詞　京都の人たちにとって、「あづま」は僻遠の地であった。「あづま」の上につく枕詞が「鳥が鳴く」であるのは、東国方言が、都の人にはまるで鳥の鳴き声と同じように聞こえたためといわれる。一方、筑波山をはじめ、東国の歌枕は恋の歌に詠まれることも多い。〈大谷俊太〉

あ-づま【吾妻】 名 自分の妻。例三たび嘆かして「あづまはや(=我が妻よ、ああ)」と詔云らしき(=お告げになった)〈記・中・景行〉

あづま-あそび【東遊び】 名 歌舞の一種。東国風の歌詞に舞楽を合わせたもの。平安時代に宮廷の芸能として始まり、方々の神社でも神事に上演された。一歌・二歌・駿河舞・求子歌・片下などからなり、駿河舞と求子歌に舞がつく。舞人は四人ないし六人。歌には独唱部と合唱部とがあり、拍子・高麗笛・篳篥・和琴の伴奏がつく。鼓などの打楽器は用いない。「東舞」とも。例ことごとしき高麗・唐土の楽よりも、東遊びの耳馴れたるは、なつかしくおもしろく(=仰々しい高麗や唐土の雅楽よりも、東遊びの聞き慣れた音色は、親しみやすく趣深く)〈源氏・若菜下〉

〈品田悦一〉

東遊び〔春日権現験記絵〕
白地に草花や小鳥を摺った小忌衣を着けた舞人と、演奏を行う陪従らによって、東遊びが奉納される。直衣姿の官人に支えられた和琴や、笏拍子・篳篥などの演奏が始まっている。

あづま-うた【東歌】 名 東国の歌、の意。『万葉集』では、巻一四の短歌二三〇余首の総称とされ、前半の九〇余首は国別に分類されている。その範囲は遠江(静岡県西部)・信濃(長野県)以東。内容はほとんどが恋の歌で、風変わりな言葉遣いで性愛を明るく肯定したものが多い。『古今和歌集』巻二〇にも一三首があり、うち一首は伊勢国の歌。

令制では、日本全土が畿内と七道に区分され、七道の諸国は、都からの距離に応じて、近国・中国・遠国に分類された。『万葉集』東歌の収録範囲は、東海道と東山道の中・遠国という基準によったものらしい。⇩あづま

東歌は従来、東国の民衆歌謡と考えられてきたが、すべてが短歌定型に整っている点など疑わしい面が多く、『万葉集』への定着過程も明らかでない。〈品田悦一〉

あづま-うど【東人】 名「あづまびと」のウ音便形。例今は昔、あづまうどの、歌いみじう好みよみけるが〈宇治拾遺・一五〇〉

あづま-えびす【東夷・東蝦夷】 名 京都の人が、東国の人々をののしって呼ぶ語。特に、武士の粗野なのをいうことが多い。⇩えびす①。例東夷のふるまひ、粗忽の儀(=軽率なこと)多く〈太平記・一〉

吾妻鏡 《作品名》「東鑑」とも書く。鎌倉時代の史書。五二巻(現存五一巻)。編著者未詳。治承四年(一一八〇)から文永三年(一二六六)までの、鎌倉幕府を中心とした歴史を編年体で記す。文体は変体の漢文体。日を追って書き継がれたのではなく、後になってさまざまな資料をもとに編纂されたと推定される。鎌倉時代についての最も重要な歴史書。

あづま-からげ【東絡げ】 名 衣の裾をからげて帯にはさむこと。例東からげの汐衣〈謡曲・融〉

あづま-ぎぬ【東絹】 名 東国産の粗雑な絹織物。例ただ荒らかなる(=生地の粗い)東絹どもを押しまろがして(=押し丸めて)投げ出でつ〈源氏・東屋〉

あづま-くだり【東下り】 名 京都から東国へ行くこと。鎌倉時代には、特に鎌倉へ行くこと。海道下り。例かの大納言東下りののち〈増鏡・浦千鳥〉

あづま-ごと【東琴】 名「わごん」に同じ。例あづま琴をこそは、事もなく(=たやすく)弾きはべりしかど〈源氏・手習〉

あづま-ごゑ【東声】 名 東国の人の発音・言葉。東国なまり。京都の人が東国の発音を軽蔑していう。例賤しきあづま声したる者どもばかりのみ出で入り〈源氏・東屋〉

あづま-ぢ【東路】 名 東国の道。また、都から東国へ行く道。東海道をいうことが多い。漠然と東国地方をさすこともある。例(a)あづま路の道の果てよりも、なほ奥つ方に生ひ出でたる人〈更級〉 読解東海道をさす例。東海道の「道の果て」は実際には常陸国(茨城県の大部分)。『更級日記』の冒頭である。

例(b)**東路**の思ひ出ともなりぬべきわたりなり(=なりそうな一帯の景色である)〈東関紀行〉読解鎌倉への旅の途上での感想。

あづま-びと【東人】 名「あづまうど」とも。東国の人。例(弁当ナドヲ)**あづま人**どもにも食はせ〈源氏・宿木〉

吾妻問答 《作品名》室町時代の連歌論。一巻。宗祇著。文正二年(一四六七)成立か。連歌の歴史や作法など二五項目を問答体で解説する。書名は『角田川』『都鳥』とも。

あづま-や【東屋・四阿】 名〔東国風の家屋の意〕❶寄せ棟造りの建物。草葺き屋根で、四方に軒がある。例**東屋**の 真屋のあまりの その雨そそき 我立ち濡れぬ 殿戸開かせ〈催馬楽・東屋〉➡名歌28 ❷庭園に、休憩や眺望のためにしつらえる風雅な建物。❸催馬楽の曲名。①例はその歌詞の一部。

あづま-をとこ【東男】 名 東国の男性。古くは、勇ましい反面粗野だとして、多く見下した感じを伴って用いられた。江戸時代中ごろからは、きっぷのよい粋な江戸生まれの男性をさす。例荒ましき**東男**の、腰に物負へるあまた具して(=矢を入れた箙を負っているのを大勢従えて)〈源氏・宿木〉

あづま-をのこ【東男】 名「あづまをとこ」に同じ。例鶏が鳴く(枕詞) **東男**は 出で向かひ 顧みせずて 勇みたる 猛き軍士と〈万葉・二〇・四三三一〉

あつ・む【集む】 動(マ下二) 一か所にまとめる。集める。例これよりさきの(=以前の)歌を**あつめて**なむ、万葉集となづけられたりける〈古今・仮名序〉

あつ-もの【羹】 名〔「熱物」の意〕魚肉や野菜を実とした熱い汁物。吸い物。例鯉の**羹**を食ひたる日は、鬢そそけずとなん(=鬢の毛がけばだたないということだ)〈徒然・一一八〉

あつ-やう【厚様】 名「あつがみ」に同じ。

あつ-らか【厚らか】 形動(ナリ)〔「らか」は接尾語〕厚ぼったいさま。例練り色の衣の綿**厚らかなる**〈宇治拾遺・一八〉

あつら・ふ【誂ふ】 動(ハ下二)〔「あとらふ」の変化した形〕❶依頼する。例**あつらへ**たるやうに、かしこ(=あちら)の人の集まりたるは〈落窪・三〉❷注文して物を作らせる。例仮名暦**あつらへ**たる事〈宇治拾遺・七六〉

あつ・る【暑る・熱る】 動(ラ下二)〔形容詞「あつし」の動詞化〕暑さに苦しむ。暑さにやつれる。例秋来ては風冷ややかなる暮れもあるに**あつれ**湿らんむつかしの夜や(=うっとうしい夜だなあ)〈夫木・一〇〉

あて【父】 名〔「貴」の意から〕父上。幼児が用いる。例**あて**は麿(=私)をば恋しとは思ひたまはぬか〈栄花・ゆふしで〉

あて【当て・宛】 名 ❶目当て。目的。見込み。例五月雨はゆくべき道の**あて**もなし〈山家集・上〉❷頼み。期待。例私もこなた(=あなた)を**あて**にいたいて参りましたが〈虎寛本狂言・米市〉❸(接尾語的に用いて)割り当てること。例人は十五人、漬け豆をひとさや**あて**に出だすとも、十あまり五つなり〈宇津保・藤原の君〉

あて

【貴】 形動(ナリ) 身分や家柄が高貴であり、容姿やふるまいについても、その高貴さにふさわしく上品で優美なことをいう。

❶**身分が高い。高貴だ。** 例(姉妹ノウチ)一人はいやしき男の貧しき、一人は**あてなる**男持たりけり(=一人は身分が低い男で貧しい男を、一人は身分が高い男を夫にもっていた)〈伊勢・四一〉

❷**上品だ。優雅だ。** 例(a)四十余ばかりにて、いと白う**あてに**、痩せたれど、つらつきふくらかに(=四十歳を過ぎたくらいで、たいそう色白で上品で、痩せてはいるが、頰はふくよかで)〈源氏・若紫〉例(b)姿つき、髪のかかりたまへるそばめ、いひ知らず**あてに**らうたげなり(=姿かたちや髪のかかっていらっしゃる横顔は、言いようもなく上品でかわいらしい)〈源氏・若菜上〉

語誌▼**身分の貴賤と美** 平安時代には、身分の貴賤と美の基準が対応すべきだとする考え方があった。「あて」は本来身分の高さを意味するが、その考え方に従って、身分の尊さにふさわしい品格美を表すようになった。人物の場合は①②の意味が重なるのが普通である。②の例(a)は大納言の妻、例(b)は皇女。

▼類義の「**やむごとなし**」は最高の血筋・身分を表すが、「あて」はそれより少し程度が低く、皇族一般には用いるが皇子には用いない、ぐらいの相違がある。

▼『**枕草子**』の「**あてなるもの**」 『枕草子』「あてなるもの」の段には、「削り氷」「水晶の数珠」「藤の花」など、小さくて清新な感じのするものが列挙されている。気品のある美をとらえているが、「あて」の本来の語義を少しひねって当時の常識をはずしたおもしろさをねらっているとみられる。〈木村博〉

あて-あて【当て当て・宛宛】 名 それぞれに割り当てること。分担。それぞれの身分。例さるべき**あてあて**の板屋どもなど、あるべき限りにて(=必要なものはすべてそろっていて)〈宇津保・俊蔭〉

あて-おこな・ふ【宛て行ふ】 動(ハ四) ❶割り当てる。分担させる。例とかくせさすべきこと(=あれこれさせるべきこと)**あておこなふ**とても〈落窪・四〉❷所領や給与を与える。

あてがひ【宛行】 名 ❶適当に割り当てて与えること。また、その物。与えられた状態。例月に十五匁づつの**宛行**受けて〈浮世草子・新色五巻書・五・三〉❷配慮。ほどあい。例もし見えば、あまりに卑しくて、面白き所あるべからず。この**あてがひ**をよくよく心得べし〈風姿花伝・三〉

あてが・ふ【宛がふ】 動(八四) ❶分配する。割り当てて与える。例敵に食ひ物**あてがふ**はおろかの軍法〈近松・国性爺合戦・四〉❷適用する。あてはめる。例この分け目(=区別)をば**あてがは**ずして〈風姿花伝・六〉

あて-こと【当て言】 名 当てこすり。皮肉。嫌味。また、その言葉。例**当て**言言ひ返し、その後は日ごとにすれあひ(=衝突して)〈西鶴・西鶴織留・五・二〉

あて-ど【当て所・宛て所】 名 ❶当てる所。当てるべき箇所。例涙にくれて太刀の**あてど**もおぼえねば〈古活字本保元・中〉❷目的。目当て。例**当て所**のか

ならず違ふものは世の中〈西鶴・日本永代蔵・二・二〉

あて-はか【貴はか】 形動(ナリ)〔「はか」は接尾語〕上品だ。高貴だ。優雅だ。例人がらは心うつくしく、**あてはかなる**ことを好みて〈伊勢・一六〉

あて-ば・む【貴ばむ】 動(マ四)〔「ばむ」は接尾語〕上品な様子をしている。高貴に見える。例山の麓なる家の、口惜しからぬ(=期待を裏切らない)**あてばみたる**さましで〈浜松中納言・一〉

あて-びと【貴人】 名 身分の高い人。高貴な人。例なまめきたるさまして、**あて人**と見えたり〈源氏・帚木〉

あて・ぶ【貴ぶ】 動(バ上二)〔形容動詞「あて」の語幹の動詞化〕優雅にふるまう。上品ぶる。例若き君たちとて、すきずきしく(=好色めいて)**あてび**てもおはしまさず〈源氏・東屋〉

あて-やか【貴やか】 形動(ナリ)〔「やか」は接尾語〕上品だ。優雅だ。例いと**あてやか**にきよげなる容貌して、御直衣姿、好ましく華やかにていとをかし(=たいそう上品で美しい顔立ちをして、御直衣姿も、好感がもてて華やかで、とてもすばらしい)〈源氏・藤袴〉読解 大臣家の長男の様子。

語誌「やか」は、～の感じがする、という意を加える接尾語。したがって「あて」そのものではなく、「あて」に近い感じ、「あて」に及ばないが「あてはか」より上の気品のある感じをいう。〈木村博〉

あ-と【後】 名 ❶(空間的に)うしろ。背後。後り。例我も行く方あれど、**あと**につきて(=自分も行く先があるけれど、背後について)〈源氏・末摘花〉

❷(時間的に)**それよりのち**。以後。将来。例**あと**まで見る人ありとは、いかでか知らん(=それよりのちまで見る人がいるとは、どうして知ろうか)〈徒然・三二〉読解「いかでか」は反語の意を表す。

❸**人の死後**。例はかなくなりにける人(=死んでしまった人)の**あと**に、五十日のうちに一品経供養しけるに〈山家集・中・詞書〉

❹(時間的に)**現在より以前**。前。過去。例これと存じたならば、**あと**の宿で宿を取らうものを(=これだと知っていたなら、前の宿で泊まったのに)〈虎寛本狂言・地蔵舞〉読解「これ」は宿を貸さないことをさす。

語誌 本来「跡」と同源の語で、その用法が広がったものとされる。〈馬場光子〉

あと

【跡】 名〔「あ(足)」+「と(処・所)」か〕❶㋐**足のあたり**。**足もと**。「枕」と対で用いられることが多い。例枕より**あと**より恋の責め来ればせんかたなみぞ床中に居る(=頭のほうから足のほうから恋というものが責めて来るので、なすすべがないので寝床の真ん中でじっとしている)〈古今・雑体〉読解 逃れられない恋の想いを擬人化した歌。

㋑**足跡**。**歩いたあと**。例雪には(地面ニ)おり立ちて跡つけ〈徒然・一三七〉

❷㋐**去って行った道・方向**。例我が背子が**跡**踏み求め追ひ行かば(=私の夫が去って行った道を求め歩いて追って行ったら)〈万葉・四・五四五〉

㋑**痕跡**。**遺跡**。例夏草や兵どもが夢の**跡**〈芭蕉・奥の細道〉↓名句99

㋒**故実**。**前例**。**手本**。例和琴こそ…**跡**定まりたることなくて(=和琴こそは…範例となる定まった弾き方がなくて)〈源氏・若菜下〉

㋓**筆跡**。**文字**。例(手紙ノ紙ハ)古めきたるかびくささながら、**跡**は消えず(=古ぼけていてかび臭いけれども、文字は消えていない)〈源氏・橋姫〉

㋔**後継者**。例西園寺の**跡**を継ぎたまひし、北山の右大将実俊卿これなり(=西園寺の家督をお継ぎになった、北山の右大将実俊卿はこの方である)〈太平記・一三〉〈馬場光子〉

[**跡の白波**] 船の通った跡に立つ白波。例の歌により、はかないことのたとえとなった。例世の中を何にたとへむ朝ぼらけ漕ぎ行く舟の**跡の白波**〈拾遺・哀傷〉↓名歌413

[**跡を隠す**] 行方をくらます。隠遁する。

[**跡を暗くす**] 行方をわからないようにする。行方をくらます。例そののち、この男は**跡を暗くして**失せにけり〈今昔・一九・九〉

[**跡を垂る**]〔「垂迹」の訓読〕❶仏が衆生を救うため、仮に神となってこの世に姿を現すこと。⇩ほんぢすいしゃく。例仏法ひろむとて(=広めようとして)天台麓に**跡を垂れ**おはします〈梁塵秘抄・四句神歌〉❷本来の地を離れて別の地に住み着く。例この国に**跡をたる**べき宿世こそありけめ〈更級〉❸先人の行跡をまねる。

あど 名 ❶相手に調子を合わせた応答。あいづち。多く「あどをうつ」「あどうつ」の形で用いる。例興ありげに(=おもしろそうだと)思して**あど**をよく打たせたまふに〈大鏡・道長下〉❷【アド】狂言で、主役(シテ)の相手をする脇役。

[**あど打つ**] あいづちを打つ。例この侍ぞ、よく聞かむと**あど打つ**めりし(=あいづちを打つようだった)〈大鏡・序〉

あど 副〖上代語〗「など」に相当する東国方言。どのように。どう。例**あど**せろとかも(=どうせよというのか)あやにかなしき〈万葉・一四・三四六五〉

あと-あがり【後上がり】 名 江戸時代の男性の髪型の一つ。月代を小さく剃り、髻を高くし、鬢の後ろが上がるように結う。粋とされた。

あと-かばね【後姓】 名 血筋を引く人。家の跡継ぎ。後裔。例今まで**後姓**だにいませず〈大鏡・道長下〉

あと-さがり【後下がり】 名 江戸時代に流行した男性の髪型の一つ。月代を剃り下げて鬢が後ろに下がる。例月代を剃りすまして**跡さがり**の頭つき〈西鶴・西鶴俗つれづれ・一・四〉

あと-しき【跡職・跡式】 名 相続するはずの家督や財産。また、それを相続する人。相続人。跡目。例はや**跡職**をあらそひ、諸道具両方へわけとる〈西鶴・西鶴諸国ばなし・二・七〉

あと-た・ゆ【跡絶ゆ】 ❶行方不明になる。姿を隠す。世間との交渉を絶つ。例この山にまかり籠りにし事、五歳よりなり。そののち**跡絶え**て〈宇津保・俊蔭〉❷訪れる人がなくなる。音信がとだえる。例白山に雪降りぬれば**跡絶え**て今はこしぢに人も通はず〈後撰・冬〉読解「こしぢ」は「越路」と「来し路」を掛ける。

あと-たる【跡垂る】「あとをたる①」に同じ。

あと-つけ【後付け・跡付け】 名「あとづけ」とも。❶江戸時代、客を乗せた駅馬の後ろに荷物をつけること。また、その荷物。武士の場合は刀箱が多かった。例**跡付け**に長国・国宗の大小(ノ刀ヲ)離さず〈西鶴・武道伝来記・六・四〉❷芸者が付き添いに持たせる三味線箱。❸遊女の後ろにつく見張り役。

あと-どころ【跡所】 名「あとところ」とも。足跡。遺跡の地。例ももしきの(枕詞) 大宮人の(=官人が) 踏みし**跡所** 沖つ波 来寄せざりせば 失せざらましを〈万葉・七・一二六七〉

あと-とふ【跡訪ふ】 トウ ❶足跡を尋ねる。昔の人の事跡を尋ねる。例沖の白洲にすだく(=群がる)浜千鳥のほかは、**跡とふ**者もなかりけり〈平家・三・有王〉❷死後を弔う。例**跡とふ**わざも絶えぬれば、(墓ノ主ガ)いづれの人と名をだに知らず〈徒然・三〇〉

あと-とむ【跡求む】 ❶行く先を探し求める。あとを追う。例**跡とめて**来こん人をとどめん〈山家集・下〉❷昔の人の事跡を尋ね求める。先例を求めならう。例**あととめて**古きを慕ふ世ならなむ〈新勅撰・雑二〉

あと-とむ【跡留む】 ❶生き長らえる。出家せずに、世間に交わり残る。例この世に**跡とむ**べきにもあらず〈源氏・真木柱〉❷痕跡を残す。例足柄の山の嵐の**あととめて**〈風雅・春下〉

あと-なし【跡無し】 ❶あとかたもない。痕跡が残らない。また、むなしい。頼りない。例世の中を何にたとへむ朝開き漕ぎ去にし舟の**跡なき**ごとし〈万葉・三・三五一〉➡名歌413 ❷人が来ない。人の往来がない。例宿の道芝かれがれに**跡なき**霜のむすぼほれつつ(=解けず固まり続けて)〈新古今・恋四〉❸根拠がない。事実でない。例(鬼ガイルトイウノハ)**跡なき**事にはあらざめり〈徒然・五〇〉

あど-な-し 形(ク) あどけない。子どもっぽい。たわいない。例あからさまにも(=かりそめであっても)**あどなき**事をばすまじき事なり〈著聞集・二〇・六九六〉

あとのしらなみ【跡の白波】 ⇩「あと」の子項目

あと-の-まつり【後の祭り】 ❶祭礼の翌日。また、その日に神への供物を下げて飲食する宴。例(伊勢海老ガ)毎年京大坂へくるは、この神々に備えたる**跡の祭り**なり〈西鶴・世間胸算用・一・三〉❷(祭礼の翌日の意から)時機に遅れてどうにもならないこと。例悔やんでも**跡の祭り**〈浄瑠璃・艶容女舞衣・下〉

あとはか-な-し 形(ク) ❶はっきりした痕跡がまったくない。行方の手がかりがない。例尋ねたまはむに**あとはかなく**はあらねど、いづれとも知らで〈源氏・花宴〉❷頼りない。心細い。例**あとはかない**(音便形)やうに、はかばかしからぬ(=はっきりしない)心地に夢に見るやう〈更級〉

あと-び【跡火】 名 葬儀で、出棺後に門口でたく火。送り火。例**跡火**の火箸といふこと、などてか、世になきことならねど〈枕・とり所なきもの〉 読解「跡火の火箸」は、使い道がないもののたとえ。不吉なものとして忌み嫌われたことからいう。

あと・ふ【誂ふ・聘ふ】 アトウ 動(ハ下二) ❶誘う。例武彦を廬城河に**誘へ**率みて〈紀・雄略〉❷妻に迎える。めとる。例影媛を**聘へ**むと思ほして〈紀・武烈即位前紀〉

あと-ふところ【跡懐・後懐】 名(実の親の死後、ふところに抱いて育てる意から)実の親に代わって、その子を大切に育てること。養い親。例入道殿の御**跡ふところ**にて育てられまゐらせて〈保元・中〉

あと-へ【脚辺】 名 足のほう。例頭辺に匍匐ひ、**脚辺**に匍匐ひて〈紀・神代上〉

あと-まくら【後枕】 名 寝たときの枕もとと足もと。前後。例男女の君達、(病床ノ)**あと枕**にさしつどひて(=集まって)〈平家・六・入道死去〉

あと-め【後目・跡目】 名 ❶家督。また、家督を相続すること。相続する人。例家の**跡目**は惣領(=長男)に継がすが極まったる事〈浮世草子・世間子息気質・二・二〉❷後ろ。あと。例蔵人が**跡目**を尋ねて(=蔵人が通ったあとをたどって)〈源平盛衰記・三四〉

あども・ふ【率ふ】 アドモウ 動(ハ四)『上代語』引き連れる。一説に、号令をかけて引き連れる意とも。例御軍士をあどもひたまひ〈万葉・二・一九九〉

あとら・ふ【誂ふ】 アトラウ・アトロウ 動(ハ下二) 誘いかける。頼む。例皇后に**誂へて**曰はく〈紀・垂仁〉

あとを〜【跡を〜】 ⇩「あと」の子項目

あな【穴】 名 ❶くぼんだ所。また、貫通した所。例盗人の掘れる穴より入りて見えけむ〈万葉・一三・三二八〉❷近世の用法。一般の人の知らない、あるいは気づかない、世間の裏面や内情。例浮き世の穴を言ひ尽くして、ずいぶん人を戒しむべし〈談義本・風流志道軒伝・五〉❸近世の用法。欠点。過失。例謗りて穴をならべ立て〈人情本・春色梅美婦禰・一・一〉 語誌 ②③の「穴」を指摘し論評するのを「穴さがし」といい、宝暦(一七五一〜六四)ころから大流行した。「穴を言ふ」「穴をうがつ」「穴を探る」などともいう。

あな

感 感動したとき自然に発せられる言葉から生じた語。強い感動を表す。

ああ。なんとまあ。例「あな、うれし」と喜びてゐたり(=「ああ、うれしい」と喜んで座っていた)〈竹取〉

語誌▼「あな」の下にくる語 「あな」の後には形容詞・形容動詞の語幹が続くことが多く、上代では形容詞の語幹が続く場合しか見られない。平安時代に入ると、「あなわざはひや」〈大鏡・伊尹〉のように名詞が続く例なども出てくるが、その場合の名詞は、形容動詞の語幹となるものに限られる。〈井上博嗣〉

あ-ない

【案内】(「あんない」の撥音の表記されない形) ❶名 ❶官庁で作成した文書。または、その草案・内容。例頭の弁して**案内**啓せさせたまふめり(=頭の弁に命じて文書の草案を中宮にお目にかけなさるようだ)〈栄花・初花〉❷(①から転じて)物事の内容・事情・様子。例よろづの草子・歌枕、よく**案内**知り見つくして(=さまざまな書物や和歌のための名所の解説書の内容を、十分に知ったり見たりしつくして)〈源氏・玉鬘〉❸手引き。取り次ぎ。また、取り次ぎを請うこと。例

「大納言の君や候ひたまふ」とぞ案内きこえたまふ(＝「大納言の君は伺候していらっしゃいますか」と取り次ぎ申し上げなさる)〈海人の刈藻・二〉

❹意向・事情などを知らせること。連絡。ことわり。例五日の朝に、宮司に車の案内言ひて…四人ばかり乗りて行く(＝五日の朝に、中宮職の役人に牛車を出したいと連絡をして…四人ほど乗って行く)〈枕・五月の御精進のほど〉

２動(サ変)❶物事の内容・事情を問いただし、明らかにする。例いかなることをかく言ふぞと案内せよ(＝どのようなことをこのように言うのかと事情を問いただせ)〈源氏・蜻蛉〉

❷取り次ぎを請う。また、取り次ぐ。手引きをする。例おぼし出づる所ありて、案内せさせて入りたまひぬ(＝思い出しなさるところがあって、取り次ぎを請わせてお入りになった)〈徒然・三二〉〈安達敬子〉

あな-う【あな憂】〔「う」は形容詞「うし」の語幹〕ああ、いやだ。ああ、つらい。例事しあればまづ嘆かれぬ(＝何か事があると最初にため息が出てしまう)あな憂世の中〈古今・雑下〉

あ-な-うら【足裏・蹠】名〔「な」は「の」の意の上代の格助詞〕足の裏。例右のきびすを(＝かかとから)あなうらかけ、ずっぱと切れども〈近松・鑓の権三重帷子・下〉

あな-かしこ〔感動詞「あな」＋形容詞「かしこし」の語幹〕❶なんとまあ恐れ多い。ああ、もったいない。例「あなかしこ」とて、箱に入れたまひて(＝「ああ、もったいない」と言って、箱にお入れになって)〈竹取〉読解かぐや姫がほしがっている、火に焼けない「火鼠の皮衣」を手に入れた人の話。

❷呼びかけに用いる。失礼ですが。もしもし。例あなかしこ、このわたりに若紫やさぶらふ(＝もしもし、このあたりに若紫はいませんか)〈紫式部日記〉

❸(禁止表現を伴って)決して(〜な)。くれぐれも(〜な)。例この事、あなかしこ、人に披露すな(＝この事は、決して人に話すな)〈平家・五・咸陽宮〉

語誌 文章のはじめや終わりに用いられ、特に、手紙文の最後に用いられることが一般化して、挨拶語のようにもなってゆく。現代の手紙文の「かしこ」は女性が用いるが、古くは男女ともに用いた。中世には③の意で用いられることが多くなる。〈井上博嗣〉

あな-がち【強ち】「あな」は己れの意。「がち」は勝ちか。自分の欲望や衝動を抑えきれずに、他者の迷惑をかえりみずにふるまうさまをいうのが原義。

１形動(ナリ)❶強引だ。無理だ。例(弟ノ釣リ針ヲ)その兄、あながちに乞ひはたりき(＝その兄は、強引に乞い求めた)〈記・上・神代〉

❷一途だ。ひたむきだ。例(求婚者タチハ)あながちに心ざしを見えありく(＝一途に愛情を見せるようにして歩きまわる)〈竹取〉

❸むやみに〜だ。あまりに〜だ。例あながちに丈高き心地ぞする(＝むやみに背丈が高い感じがする)〈源氏・夕顔〉

❹あまりにひどい。不適切だ。例(説経ヲ聞クノモ)あながちなるさまにては見ぐるしきに(＝あまりにもひどい様子ではみっともないのに)〈枕・よろづのことよりも〉

❺(打消の語を伴って)必ずしも(〜ない)。例あながちにけにくからず(＝必ずしもそっけないそぶりを見せるわけでもなく)〈宇治拾遺・一〇六〉

２副(打消・禁止・反語の語を伴って)必ずしも。決して。例(a)(兵士タチガ)時々入り取りせんは何かあながちが事ならむ(＝時々強盗をするのはどうして悪事といえるだろうか、いや、必ずしも悪事とはいえまい)〈平家・八・鼓判官〉読解「何か」は反語の意を表す。例(b)あながち御許容あるべからず(＝決してお許しになってはいけない)〈平家・一〇・首渡〉

語誌 １⑤の用法は平安末期から多くなり、やがて活用語尾「に」の落ちた２の語形が一般化する。現代語は２の用法を受け継いでいる。〈鈴木宏子〉

あな-かま〔感動詞「あな」＋形容詞「かまし」の語幹〕ああ、やかましい。しっ、静かに。例あなかま。落窪の君に聞かすな(＝しっ、静かに。落窪の君に聞かせるな)〈落窪・一〉

語誌 ▼本来は、なんとまあやかましいことよ、の意。そこから、人の話や物音を制止するのに用いる。▼「かま」を「かまびすし」の「かま」とする説もある。〈井上博嗣〉

あな-かま-たま-へ【あなかま給へ】 しいっ、静かにしてください。「あなかま」を丁寧にした言い方。例あなかまたまへ。夜声はささめくしもぞ、かしがましき(＝うるさいのだ)〈源氏・浮舟〉

あな-ぐ・る【探る】動(ラ四) さがし求める。詮索する。例山を探る〈紀・舒明〉

あな-じ 名「あなし」「あなぜ」とも。風の名。北西の風とされる。例あなじ吹く瀬戸の潮あひに舟出してはやくぞ過ぐるさやかた山を〈後拾遺・羇旅〉

あなずらわし【侮らわし】⇩あなづらはし

あなずる【侮る】⇩あなづる

あ-な-す-ゑ【足末・裔】名〔「な」は「の」の意の上代の格助詞〕❶足の先。つま先。例頭よりあなすゑまでに〈宇津保・忠こそ〉❷子孫。末裔。例その同じ帝の母后の御あなすゑにて〈平中・一〉

あ-な-た【彼方】代 話し手から空間的・心理的に遠く離れた方向や場所をさす。

❶指示代名詞。方向・場所・人・時などをさす。㋐向こう側。あちら。例奈良坂のあなたには、人の御宿りもなし(＝奈良坂の向こう側には、人がお泊まりになる所もない)〈平中・三八〉

㋑以前。過去。例昨夜も、昨日の夜も、そがあなたの夜も(＝昨夜も、一昨夜も、その前の夜も)〈枕・成信の中将は、入道兵部卿の宮の〉

㋒以後。将来。例目の前に見えぬあなたのことは、おぼつかなくこそ思ひわたりつれ(＝目の前に見えない将

来のことは、はっきりと定めがたく思い続けてきたが）〈源氏・若菜上〉
❷人称代名詞。㋐他称。あの方。あちらさま。例あなたは常々言ひ聞かせし源の頼光様〈近松・嫗山姥・四〉読解源頼光は名高い武将。㋑対称。あなた。あなたさま。「貴方」とも書く。例殿様、どうぞあなたのお執り成しで〈歌舞伎・傾城天の羽衣・口明〉
語誌 ②の㋑は、㋐の用法から、江戸中期ごろ、転じて生じた。〈上野辰義〉

あなた-おもて【彼方面】 名 あちら側。向こう側。例飽かずして（＝見足りないうちに）月の隠るる山もとはあなたおもてぞ恋しかりける〈古今・雑上〉

あなた-がた【彼方方】 名 あちらの側。例宮の辺には、（私ヲ）ただあなたがたに言ひなして〈枕・殿などのおはしまさで後〉読解中宮の側近たちに、清少納言が藤原道長方の内通者とうわさされたこと。

あなた-こなた【彼方此方】 代 ❶あちらとこちら。以前と以後。例かの一ふしの別れより（＝あの折の別れ以外は）、あなたこなた、もの思ひとて心乱りたまふばかりの事あらじ〈源氏・若菜下〉❷あちこち。ほうぼう。例あなたこなたに住む人の子の、四つ五つなるは〈枕・人ばへするもの〉

あなた-ざま【彼方様】 名 あちらの方向。あちら側。例あなたざまに向きてぞ添ひ臥しぬる〈源氏・宿木〉

安名尊（作品名）催馬楽の曲名。「あな尊今日の尊さや」と始まる歌詞がめでたいとされ、祝宴の最初などに好んで演じられる。

あなづら-は・し

【侮らはし】 形（シク） 動詞「あなづる」の形容詞化。劣っていると判断して軽んじる感じをいう。

❶尊敬するに足りない。見下したい気持ちになる。例世のおぼえあなづらはしう（音便形）なりそめたるをばそしりやはする（＝世間の評判が落ちはじめた人をだれが悪く言ったりするか）〈枕・鳥は〉読解「やは」は反語の意を表す。

❷遠慮のいらない。気の置けない。例（相手ノ人ガ）けはひなつかしう、童にもあれば、少しあなづらはしくやおぼえけむ（＝親しみやすそうであり、子どもでもあるので、少し気が置けないと思われたのであろうか）〈宇津保・俊蔭〉

語誌 ▼主に人に対して用いられる語。自分よりも格下と見て気軽に接することができる人が「あなづらはしき人」である。反対に、自分が圧倒され恐縮して相対せねばならぬ人を「はづかしき人」「はづかしげなる人」などという。

▼気安い感じ ②には①のような軽蔑の気持ちが薄く、気軽に心開ける気持ちを表す。平安時代の物語などにその用法が多い。〈鈴木宏子〉

あなづ・る

【侮る】 動（ラ四） ❶劣っていると見てばかにする。軽蔑する。例人にあなづらるるもの 築土のくづれ（＝土塀の崩れ）〈枕・人にあなづらるるもの〉読解修復できないままだと、財力がないからだろうと見られるから。

❷疎略に扱う。いいかげんに扱う。例あなづりやすき人ならば、「のちに」とてもやりつべけれど（＝いいかげんに扱ってよい人ならば、「後で」とでも言って帰してしまうことができるだろうが）〈枕・にくきもの〉読解急用のある時にやって来て長ばなしをする客について記した一節。

語誌 「あなづる」は「あなどる」の古形とされる。「あなどる」は鎌倉時代以降しだいに広く用いられるようになり、近世初頭には「あなづる」より優勢になっていたらしい。〈鈴木宏子〉

あなど・る【侮る】 動（ラ四）「あなづる」に同じ。

あななひ 名 高い所に上るための足場。丸太を組んで作る。例あななひをこほちて（＝壊して）〈竹取〉

あな-に 感（感動詞「あな」＋助詞「に」）強い感動を表す。ああ、ほんとうに。例咲きにける 桜の花のにほひはもあなに〈万葉・八・一四二九〉

あな-にく【あな憎】（感動詞「あな」＋形容詞「にくし」の語幹）ああ、いやだ。ああ、憎らしいことだ。例あなにくの男や。などかう惑ふ〈枕・方弘は、いみじう人に〉

あなに-やし（感動詞「あなに」＋間投助詞「やし」）強い感動をこめてほめる語。ほんとうにまあ。なんとまあ。例あなにやし、え男を（＝いとしいお方だなあ）〈記・上・神代〉

あな-や 感（感動詞「あな」＋間投助詞「や」）強い驚きの叫び声。あれまあ。あれっ。例鬼はや一口に食ひてけり。「あなや」と言ひけれど〈伊勢・六〉

あ-なり

〔ラ変動詞「あり」の連体形＋推定・伝聞の助動詞「なり」＝「あるなり」の撥音便形「あんなり」の撥音の表記されない形〕

あるようだ。あるらしい。あるそうだ。あるという。例(a)道来る人、「この野は盗人あなり」とて、火つけむとす（＝跡を追って来る人々は、「この野には盗人がいるらしい」と言って、火をつけようとする）〈伊勢・一二〉例(b)世の中に物語といふもののあなるを、いかで見ばやと思ひつつ（＝世の中に物語というものがあるというので、なんとかして見たいと思いながら）〈更級〉

語誌 ▼上代には「いたくさやぎてありなり（＝ひどく騒いでいる音が聞こえる）」〈記・上・神代〉のように、「ありなり」の形が見える。

▼一般に「あるなり」の撥音便形「あんなり」が「あなり」と表記されたといわれるが、「ありなり」が直接「あんなり」に変化したとする説もある。音読するときは、ふつう「ん」を補って「あんなり」と読む。〈高山善行〉

あに【兄】 名 ❶（妹や弟に対して）兄。❷男性の年長者。年上であること。例二年があにして生年二十七ぞかし〈西行物語・上〉❸義理の関係における年長の男性。義兄。兄分。

あに【豈】 副 ❶（打消の語を伴って）決して（〜ない）。少しも（〜ない）。例囲み宿りは あに良くもあらず〈紀・仁徳・歌謡〉❷（反語表現に用いて）どうして（〜か、いや、〜ではない）。例一坏の濁れる酒にあにまさめやも〈万葉・三・三四五〉語誌 平安時代以降は漢文訓読文に用いられ、②の用法に限られていく。

あに-おとと【兄弟】 名 兄と弟。兄弟。例 あにおとと、友だちひきゐて(=引き連れて)〈伊勢・六六〉

あに-ごぜ【兄御前】 名〔「ごぜ」は接尾語〕兄の敬称。おにいさま。例 いかに兄御前聞こしめせ(=お聞きください)〈謡曲・望月〉

あね【姉】 名 ❶(妹や弟に対して)姉。例 北の方は紫の上の御姉ぞかし〈源氏・藤袴〉 ❷女性の年長者。年上であること。例 御母后、(夫デアル)清和帝よりは九年の御あねなり〈大鏡・陽成院〉 ❸義理の関係における年長の女性。義姉。姉分。

あね-ご【姉御・姐御】 名〔「ご」は接尾語〕❶姉の敬称。姉上。おねえさま。例 まことに不思議の夢なり。姉御は知らせたまふべし〈曾我・三〉 ❷侠客の親分・兄貴分の妻や、女親分などに対する敬称。

あね-ごぜ【姉御前】 名〔「ごぜ」は接尾語〕「あねご①」に同じ。

あ-の【彼の】 話し手から遠く離れた人や場所・物事をさす。あの。例 あの男の持ちたる物は何ぞ〈宇治拾遺・九六〉

あのくたら-さんみゃく-さんぼだい【阿耨多羅三藐三菩提】《仏教語》〔梵語の音写。一切の真理を正しく知る知恵の意〕仏の絶対の知恵をほめたたえる語。

あ-の-よ【彼の世】 名 死後の世界。例 この世にもあの世にも深くつらしと思はん〈宇津保・国譲下〉

あは【粟】 名 植物の名。アワ。穀類の一つ。例 日に粟一粒を食ふ、身には藤の衣(=粗末な着物)を着たり〈今昔・一三・三〉

安房 《地名》旧国名。今の千葉県南部。東海道十五か国の一つ。房州。延喜式で中国・遠国。

阿波 《地名》旧国名。今の徳島県。南海道六か国の一つ。阿州。延喜式で上国・中国。

あは-あは・し【淡淡し】 形(シク)〔形容詞「あはし」の語幹を重ねて形容詞化した語〕行動に重みを欠くさま。軽々しい。浮ついている。例(a)皇女たちの世づきたるありさまは、うたてあはあはしきやうにもあり(=皇女たちが結婚している状態は、見苦しく浮ついているようでもあり)〈源氏・若菜上〉例(b)思ひのほかにあはあはしき身のありさまをだに心憂く思ふ事にてはべれば(=思いがけなく軽々しい自分自身の境遇でさえつらいと思うことでございますので)〈堤中納言・思はぬ方にとまりする少将〉 読解 正妻でもない不安定な身の上を嘆く。

語誌 本来の身分や立場にふさわしくない軽々しい身の処し方を非難する語。類義語「あはつけし」は、思慮を欠く軽率さを表す。〈鈴木宏子〉

あはう【阿呆・阿房】 名 愚かなこと。また、愚か者。例「かのあはうの」と言ひてぞ終はりにける〈発心集・八・一二〉

あは-うみ【淡海】 名〔淡水の海の意〕湖。

あばう-らせつ【阿防羅刹】 名《仏教語》〔梵語の音写〕「あはうらせつ」とも。地獄の獄卒。牛頭で牛足、手と胴は人間、三股の鉄叉を持ち、人間を釜の中に投げ込んで責めるという。その暴悪さは「羅刹(人を食う悪鬼)」に等しいことからいう。例 獄卒阿防羅刹の答(=むち)の数の隙もなく〈謡曲・砧〉

あば・く【褫く】 動(カ下二) ❶はげる。はがれ落ちる。例 塗れる金褫け落つ〈霊異記・中・一七〉 ❷気がゆるむ。油断する。例 打ち解けあばけたらんところへ〈源平盛衰記・四二〉

あば・く【発く】「あはく」とも。❶動(カ四) ❶掘り出す。例 墳隴、発き掘られれば〈続紀・和銅二年十月〉 ❷秘密・不正などをばらす。❸切り崩す。切り開く。❷例 剣を抜きてこれをあばくに、葛みなきられて〈著聞集・一七・六〇四〉 ❷動(カ下二) ❶はがれる。崩れ落ちる。例 塗れる金褫け落つ〈霊異記・中・一七〉 ❷油断する。気が緩む。例 打ち解けあはけたらんところへ〈源平盛衰記・四二〉

あは・し【淡し】 形(ク) ❶色や味が薄い。❷淡白だ。あっさりしている。例 老いぬる人は、精神おとろへ、淡くおろそかにして〈徒然・一七二〉 ❸軽薄だ。浅薄だ。薄情だ。例 文詞ははなはだ美なりといへども、義理(=真理)淡く薄し〈今昔・七・一二〉

あはしまの【粟島の】 《枕詞》「あは」と同音の繰り返しで、「逢ふ」の未然形「逢は」にかかる。

あは・す【合はす】 動(サ下二)〔「あふ」の他動詞形〕❶一つにまとめる。薬などを調合する。一致させる。例 薫き物合はせたまふ〈源氏・梅枝〉 ❷音楽などの調子を合わせる。合奏する。人の話などに調子を合わせる。例 かの人々の箏・琵琶の音も合はせて〈源氏・若菜下〉 ❸対比させる。比較して判断する。夢などの吉凶を判断する。例 夢合はする者来たるに〈蜻蛉・下〉 ❹結婚させる。例 親のあはすれども〈伊勢・二三〉 ❺(動詞の連用形について)互いに〜する。〜し比べる。いっしょに〜する。例 いかで世の中の見聞くことをも聞こえあはせむ〈大鏡・序〉

あはせ【袷】 名 裏をつけた衣類の総称。例 白き袷一つをこそ着てゐたりつれ〈落窪・一〉

あはせ【合はせ】 名 ❶物と物を対比して優劣を競うこと。「歌合はせ」「貝合はせ」「香合はせ」など。❷(主食に合わせるところから)副食物。おかず。例 あはせ、いと清げにて粥まゐり〈落窪・一〉 ❸夫婦にすること。結婚。

あはせ-たきもの【合はせ薫き物】 名 数種の香を練り合わせたもの。⇩ねりかう

あはせ-て【合はせて・併せて】 時を同じくして。そのうえに。並びに。例 うち見たるにあはせてをめけば(=見ると同時にわめくので)〈枕・頭の中将の〉

あは-そか 形動(ナリ)〔「あは」は淡の意。「そか」は接尾語〕軽々しいさま。心浅いさま。例 あはそかに申すべきに侍らず〈大鏡・道長下〉

粟田口 《地名》山城国の地名。今の京都市東山区北部の白川橋から山科区日ノ岡に至る街道沿い一帯をさす。東海・東山・北陸三道から京の三条大路への入り口で、古来交通・軍事上の要地。「三条口」「大津口」とも呼ばれ、多くの文学作品に記された。

あは-た・つ【あは立つ】 動(タ四)〔「あは」は多くの意か〕雲などが、もくもくと立つ。例 雲のあはたつ山のふもとに〈古今・墨滅歌〉

淡路（あはぢ）アワジ《地名》歌枕 旧国名。今の兵庫県の淡路島全体。南海道六か国の一つ。淡州。延喜式で下国・近国。

淡路島（あはぢしま）アワジシマ《地名》歌枕 瀬戸内海の東端にある島。島単独で淡路国となる。今は兵庫県に属する。

語誌▼**千鳥の通う島**　『日本書紀』神代巻の国産み神話では、まず淡島を産んだが満足できなかったので、改めて本州以下を産んだとある。その淡島を淡路島にあてる説がある（『釈日本紀』）。和歌では「淡路島かよふ千鳥の鳴く声に幾夜寝覚めぬ須磨の関守」〈金葉・冬〉（➡名歌31）が有名で、「千鳥」がよく詠まれる。また、「淡路島山」の形で島の遠景が詠まれることも多い。〈大谷俊太〉

粟津（あはづ）アワヅ《地名》近江国、今の滋賀県大津市の膳所と勢田の間。琵琶湖畔の港。木曾義仲が敗死した粟津の松原がある。「粟津の晴嵐」は近江八景の一つ。例粟津にとどまりて、師走の二日京に入る〈更級〉

あは-つか アワ 形動（ナリ）〔「あは」は淡の意〕深みのないさま。軽々しいさま。例「何ごとぞ」などあはつかにさし仰ぎゐたらむは〈源氏・帚木〉

あはつけ・し アワツケシ 形（ク）〔形容動詞「あはつか」の語幹の形容詞化〕❶考えが浅い。軽率だ。例わが御心ながらも、ゆくりかに（＝唐突で）あはつけきことと思し知らるれば〈源氏・胡蝶〉❷軽薄だ。下品だ。例あはつけき声ざまにのたまひ出づる言葉こはごはしく（＝ごつごつしていて）〈源氏・常夏〉

あは-に アワ 副《上代語》多く。たくさん。例降る雪はあはにな降りそ（＝降らないでくれ）〈万葉・二・二〇三〉

あは-に【淡に】 アワ 副 はかなく。もろく。薄く。和歌では、「泡」と掛けて用いることが多い。例うはごほりあはにむすべるひもなれば（＝表面だけ薄く張った氷のような紐なので）かざす日かげにゆるぶばかりを〈枕・宮の五節いださせ給ふに〉

阿波の鳴門（あはのなると）アワノナルト《地名》歌枕 阿波国、今の徳島県鳴門市北東端の孫崎と兵庫県淡路島との間の海域で、渦潮の名所。⇩なると（鳴門）

あはひ

【間】 アワイ 名 ❶二つのものの間。間の距離。間隔。すきま。例(a)伊勢・尾張のあはひの海づらを行くに（＝伊勢の国と尾張の国との間の海辺を行くときに）〈伊勢・七〉例(b)あはひ一町ばかりに追ひ付きて（＝間隔が一町ほどに追いついて）〈平家・八・妹尾最期〉読解「一町」は約一〇九メートル。❷人と人の関係。間柄。配偶関係。人間関係。例げにめでたき御あはひどもなり（＝ほんとうにすばらしいご関係である）〈源氏・初音〉❸組み合わせ。配合。色の取り合わせ。配色。例濃き衣に紅梅の織物など、あはひをかしく着かへて居たまへり（＝濃紫の衣に紅梅の織物など、色の取り合わせもおもしろく着替えて座っていらっしゃる）〈源氏・浮舟〉

語誌▼「あはひ」と「あひだ」　「あはひ」は物と物とが重なったり接したりする境目の部分をいい、そこから人間関係の意にも用いられる。対して、類義語「あひだ」は物と物の中間をいう。〈鈴木日出男〉

あはび【鮑・鰒】 アワビ 名 貝の名。ミミガイ科の巻き貝。アワビ。貝殻が二枚貝の一片のように見えることから、片思い・片恋のたとえにいう。例伊勢の海人の朝な夕なに潜くといふ鮑の貝の片思ひにして〈万葉・一一・二七九八〉

あはび-たま【鮑玉】 アワビ 名 鮑からとれる真珠。「あはびしらたま」とも。例紀伊の国の 浜に寄るといふ 鮑玉 拾ひはむと言ひて〈万葉・一三・三三一八〉

あは-ふ【粟生】 アワ 名 粟の生えている所。粟の畑。例みつみつし（枕詞） 久米の子らが 粟生には 臭韮（＝ニラ）一本〈記・中・神武・歌謡〉

あは・む【淡む】 アワム 動（マ下二） 軽蔑する。冷淡にする。疎んじる。けなす。例「幼かりけり」とあはめたまひて〈源氏・空蟬〉

あは-や アワ 感〔感動詞「あは」＋間投助詞「や」〕切迫した場面や驚いたときに発する語。あれっ。例あはや、西の手（＝西の陣）はやぶれにけるは〈平家・九・越中前司最期〉

あは-ゆき【淡雪】 アワ 名 春の初めごろに降る、消えやすい雪。例あは雪の積もれば山とならぬものかは〈宇津保・蔵開中〉語誌「あわゆき（沫雪）」は別語。

あばら【荒ら】 形動（ナリ）❶目があらく、すきまが多いさま。例あばらなる板敷きに、月のかたぶくまでふせりて〈伊勢・四〉❷建物が荒れているさま。例あばらなる蔵に、女をば奥におし入れて〈伊勢・六〉❸人がまばらなさま。手薄だ。例うしろあばらになりければ、力及ばで引き退く〈平家・七・篠原合戦〉読解背後に続く味方がまばらになってしまった。❹粗雑なさま。例手（＝弓の腕前）こそあばらなれ〈保元・中〉

あば・る【荒る】 動（ラ下二） 荒廃する。例さびしくあばれたらむ葎の門に〈源氏・帚木〉

あはれ

アワレ 感動したときに出る声。感動詞「あ」「はれ」の複合した語とみられる。しみじみと身にしみるような情感を表す。

1 感 対象への強い感動や喜怒哀楽など、人間的な感情を表す。ああ。なんとまあ。例(a)家ならば妹が手まかむ草枕（枕詞）旅に臥やせるこの旅人あはれ（＝もし家にいたら妻の手を枕とするだろうに。旅で倒れ臥していらっしゃるこの旅人は、ああ）〈万葉・三・四一五〉例(b)あはれ、はかなかりける人の契りかな（＝ああ、はかなかったあの人の運命よ）〈源氏・柏木〉

2 形動（ナリ）❶しみじみとした情趣がある。感慨深い。例(a)笛をいとおもしろく吹きて、声はをかしうてぞ、あはれにうたひける（＝笛をたいそう趣深く吹いて、声は風情があって、しみじみとした情趣があるさまで歌った）〈伊勢・六五〉例(b)夕暮れの静かなるに、空のけしきいとあはれに、御前の前栽枯れ枯れに、虫の音も鳴きかれて（＝夕暮れの静かなときに、空の様子がほんとうにしみじみとした情趣があって、御殿の前の植込みの木々も枯れそうになっていて、虫の声もしわがれて）〈源氏・夕顔〉例(c)折節の移りかはるこそ、ものごとにあはれなれ（＝季節が移り変わるのは、何事につけても感慨深い）〈徒然・一九〉

❷しみじみと愛情をおぼえる。いとしい。かわいい。例(ソノ女性ノ)なま心なく若やかなるけはひも**あはれ**なれば(=中途半端にすれた気持ちもなく若々しい様子もいとしいので)〈源氏・空蟬〉❸もの悲しい。もの寂しい。例(月ヲ)見れば、世間心細く**あはれ**にはべる(=見ると、世の中が心細くもの悲しくてございます)〈竹取〉❹気の毒だ。ふびんだ。例(アナタガ)いとはかなうものしたまふこそ、**あはれ**にうしろめたけれ(=ほんとうに幼くていらっしゃるのが、気の毒で気がかりだ)〈源氏・若紫〉❺しみじみと優しい。情が深い。情がこまやかだ。例**あはれなりつる**心のほどなむ、忘れむ世あるまじき(=優しかったお心の様子は、片時も忘れることはないでしょう)〈更級〉読解家を去ることになった継母が作者に語る言葉。❻尊い。ありがたい。りっぱだ。感心だ。例霊山は、釈迦仏の御すみかなるが、**あはれなる**なり(=霊山は、釈迦仏の御すみかであるのが、尊いのである)〈枕・寺は〉

[3]名❶しみじみとした感動・風情・情趣。身にしみる感慨。例心なき身にも**あはれ**は知られけり鴫立つ沢の秋の夕暮れ〈山家集・上〉➡名歌155 ❷慈しみ。愛情。同情。例昔かやうにあひ思し、**あはれ**をも見せたまはましかば(=もし昔このようにお思いになり、愛情をお見せくださったなら)〈源氏・須磨〉❸もの寂しさ。もの悲しさ。悲哀。例いと**あはれ**深きながめをするよりは(=たいそう悲しみが深いもの思いをするよりは)〈蜻蛉・下〉

語誌▼江戸時代の国学者本居宣長が「『あはれ』はもと歎息の辞にて」〈石上私淑言・一〉と言うように、もともとは感動詞。平安時代に入って形容動詞「あはれなり」ができ、その語幹の用法から名詞「あはれ」ができたとされる。

▼平安時代には、しみじみと身にしみるような情感を表す。多様な感情に幅広く用いられる点からも、「あはれ」はもともと心の奥底からの感動を丸ごと表す語であるとみられる。中世以降しだいに哀感を表すことが多くなり、江戸時代には相手を気の毒に思う意に限られ、現代語の「あわれ」に至る。

▼「あはれ」の感情は、平安時代の、特に女流文学において重視され、中世にかけては、歌人たちが「あはれ」に新しい美意識を見いだしていく。[3]①例の西行の歌などは、その典型。〈杉田昌彦〉

あはれ-が・る 動(ラ四)〔「がる」は接尾語〕❶感動する。感慨深く思う。例この歌をこれかれ(=だれもかれも)**あはれがれ**ども〈土佐〉❷いとしく思う。例さまかたちも清げなりければ、**あはれがり**たまうて〈大和・一四六〉❸悲しく思う。例いといたく**あはれがら**せたまひて、物もきこしめさず(=何もお食べにならない)〈竹取〉❹気の毒に思う。ふびんに思う。例「(犬ハ)死にければ、陣(=警護の詰め所)の外にひき捨てつ」といへば、**あはれがり**などする夕つかた〈枕・うへにさぶらふ御猫は〉

あはれ・ぶ 動(バ四)〔「ぶ」は接尾語〕❶感動する。情趣を感じる。賞美する。慈しむ。例花をめで、鳥をうらやみ、霞を**あはれび**〈古今・仮名序〉❷気の毒に思う。ふびんに思う。例神仏の**あはれび**おはしまして〈源氏・明石〉

あはれみ 名 いとおしみ。同情。例古の賢き御世には、**憐れみ**をもって国を治めたまふ〈方丈記〉

あはれ・む 動(マ四)〔「あはれぶ」の変化した形〕❶「あはれぶ①」に同じ。例育み**あはれむ**と、安く(=安らかで)静かなるとをば願はず〈方丈記〉❷「あはれぶ②」に同じ。例はじめよりの次第申しければ、**あはれみ**たまひて〈著聞集・一・一九〉

あひ-【相】接頭〔動詞「あふ(合ふ)」の連用形から〕❶動詞につく。㋐**ともに〜である、いっしょに〜する、の意を添える。**「相飲む」「相乗る」など。㋑**互いに〜する、の意を添える。**「相思ふ」「相知る」など。㋒**対象のある行動であることを表す。**例夜半・暁にも**あひ**とぶらはん(=夜中や夜明け前にも母を見舞ってやりたい)〈源氏・夢浮橋〉㋓語調を整えたり、意味を強めたりする。例鶯に身を**あひ**変へば(=もし鶯に我が身を変えたら)〈後撰・春下〉

❷動詞の連用形について、ともに〜であること、の意を表す名詞を作る。「相生ひ」「相住み」など。

語誌 ①の場合、下の動詞との間に助詞が入ることもある。また、①の用法には漢文訓読語である「相」の影響があるといわれる。〈上野辰義〉

あひ【間】名❶物と物とのあいだ。人と人との間柄。仲。例この鹿の目の**間**の〈宇治拾遺・七〉❷酒席で、第三者が二人の間に入って代わりに杯を受け、また返杯すること。例盃の回り(=回し方)も覚え、**あひ**するといふ事も知るぞ〈西鶴・好色一代男・四・一〉❸「間狂言①」の略。❹「間の宿」の略。宿場と宿場の間の休憩地。

あひ【会ひ・合ひ・逢ひ】名 会うこと。特に、男女が会うこと。例夢の**逢ひ**は苦しかりけり〈万葉・四・七四一〉

あび【阿鼻】名《仏教語》「阿鼻地獄」の略。⇩むけんぢごく。例よろづを有漏(=煩悩)のなすところと知りぬれば　**阿鼻**の炎も心から(生マレタト知ル)〈梁塵秘抄・法文歌〉

あひ-あひ【相合ひ・相相】名 物事をいっしょにすること。二人以上で一つの物を共有すること。共同。例ここは隣の旅籠屋と田楽茶屋と**相合ひ**のかりの座敷にて〈浮世草子・昼夜用心記・二・一〉

あひ-おい【相老い】名〔「あひおひ(相生ひ)」が音変化によって「相老い」と解されたもの〕夫婦などがともに長生きすること。例この年まで**相老い**の夫婦となるものを〈謡曲・高砂〉

あひ-おひ【相生ひ】名〔「あひ」は接頭語〕ともに生長すること。のち「あひおい(相老い)」の意にも解される。例高砂・住江の松も、**相生ひ**のやうに覚え〈古今・仮名序〉

あひ-おも・ふ【相思ふ】動(ハ四)互いに思う。恋しあう。打消の語を伴って、報われない片恋を表

現することも多い。例**相思は**ぬ人を思ふは大寺の餓鬼の後に額つくごとし〈万葉・四・六〇八〉➡名歌34

あひ-がかり【相懸かり】 名 双方からともに攻めかかること。例東西より**あひ懸かり**に懸かりて、一所にさっと入り乱れ、火を散らして戦ふに〈太平記・三一〉

あひ-かた【相肩】 名 二人で駕籠を担ぐときの相手。相棒。例駕籠かきの六兵衛となりて、**相肩**の七兵衛と姿も心も同じ年ばへ(＝年格好)〈浮世草子・傾城禁短気・四・四〉

あひ-かたら・ふ【相語らふ】 動(ハ四)〔「あひ」は接頭語〕❶語りあう。例たぎつ(＝高ぶる)心を 誰にかも **相語らはん**〈古今・雑体〉 ❷親しく交際する。恋愛関係になる。例異人を**あひかたら**ふと聞きて〈後撰・雑四・詞書〉

あひ-かまへて【相構へて】 副〔「あひ」は接頭語〕❶十分注意して。いろいろ手段を考えて。例盗人なめりと思ひたまへて、**相構へて**打ち伏せて候ひつるが〈今昔・三三・一五〉 ❷〈命令や願望の表現を伴って〉必ず。きっと。例**相構へて**我が後世とぶらへ〈平家・二・大納言死去〉 ❸〈禁止や打消の語を伴って〉決して(〜な)。例**相かまへて**念仏怠りたまふな〈平家・一・祇王〉

あ-びき【網引き】 名 魚をとるため網を引くこと。例網引きすと網子ととのふる(＝指図する)海人の呼び声〈万葉・三・二三八〉

あひ-きゃうげん【間狂言】 名 ❶能楽で、一曲中、狂言方が担当する役。また、その演技部分。一般に前ジテの退場後、後ジテの登場までの間、物語のあらましなどをワキに語る。❷人形浄瑠璃や歌舞伎などで、一つの演目中に、あるいは演目と演目の間に演じられる狂言・寸劇。

あひ-きゃく【相客】 名 ❶同時に、同じ所に来あわせた客。例**相客**の見る所にして、そそけし鬢を撫で付けてやりさまに(＝やりながら)〈西鶴・好色一代女・一・四〉 ❷宿屋などで、二人以上の客が同じ部屋に泊まりあわせること。また、その客。例**相客**なきを幸ひに〈浮世草子・御前義経記・二・四〉

あひ-ぎん【間銀】 名 手数料。例毎年のくれに借し入れの肝煎りして(＝世話をして)、この**間銀**を取り〈西鶴・世間胸算用・四・三〉

あひ-ぐ・す【相具す】 動(サ変)〔「あひ」は接頭語〕❶いっしょに連れて行く。伴う。例妹の祇女をも**相具しけり**〈平家・一・祇王〉 ❷夫婦になる。連れ添う。例重盛、かの大納言が妹に**相具して**候ふ〈平家・二・小教訓〉

あひ-ごと【逢ひ事・会ひ言】 名 逢うこと。会って語りあうこと。例夜ひと夜(＝一晩じゅう)酒飲みしければ、もはら**あひごと**もえせで〈伊勢・六九〉

あひ-しゃう【相性・合ひ性】 名 男女・主従・友人などで、互いの性格が合うこと。人の生まれた年を木・火・土・金・水の五行にあてはめて考えたとき、相互の性が合っていること。また、そのような間柄。これによって男女の縁組みなどを定めた。⇩さうこく。例**あひしゃう**よくば(＝よかったら)入り聟にと言へば〈西鶴・暦・一〉

あひ-しらひ 名 ❶「あへしらひ①」に同じ。例我言ひしことの**あひしらひ**〈右京大夫集・詞書〉 ❷応対する人。特に、能楽などのシテの相手役。ワキ・ツレなど。例**あひしらひ**を目がけて、こまかに足手を使ひて〈風姿花伝・二〉 ❸ほかを引き立てるための添え物。例余が書きし岩などの**あひしらひ**の色〈独寝・下〉 ❹連歌・俳諧で、前句と付け句の取り合わせ。例細やかなる**あひしらひ**はなけれども、余情のそひて〈連理秘抄〉

あひ-しら・ふ 動(ハ四)「あへしらふ」に同じ。

あひ-し・る【相知る】 動(ラ四)〔「あひ」は接頭語〕知りあう。親しくする。男女の関係になる。例いと尊き老僧の、**あひ知りて**はべるに〈源氏・夕顔〉

あひ-ずみ【相住み】 名 同じ家にいっしょに住むこと。また、その人。例**相住み**にも、忍びやかに快くものしたまふ(＝ひっそりとつつましく気立てがよくていらっしゃる)御方なれば〈源氏・玉鬘〉

あひだ

【間】名 ❶物と物との間。途中。距離。例(a)立て蔀の**あひだ**に陰にそひて立ちて(＝立て蔀の間にその陰に添うように立って)〈枕・ある所に何の君とかや〉 読解「立て蔀」は目隠しとする板塀。例(b)二千余里の**間**を一時に飛びて渡る(＝二千里余りの距離を一気に飛んで渡る)〈今昔・七・一五〉

❷**ある事柄の続いている間。期間中。**例君待つと居りし**間**に月傾きぬ(＝あなたを待って寝ずにいた間に月が西に傾いてしまった)〈万葉・一一・二六六七〉

❸**続いている事柄がとだえる時。絶え間。**休み。ひま。例梅の花折りてかざせる諸人は今日の**間**は楽しくあるべし(＝梅の花を折って髪に挿している多くの人は今日一日は楽しいにちがいない)〈万葉・五・八三二〉

❹**間柄。**仲。関係。例いみじく親しく語らひたりける**間**なりければ(＝たいそう親しくつきあっていた間柄であったので)〈今昔・二九・五〉

❺形式名詞として接続助詞的に用いる。㋐**〜なので。〜だから。**例その故は、わが身は次にして、人をいたはしく思ふ**間**に、まれまれ得たる食ひ物をも、かれに譲るによりてなり(＝その理由は、自分のことは二の次にして、相手の人をかわいそうに思うので、たまに手に入れた食物をも、相手に譲るからである)〈方丈記〉 ㋑**〜ところ。**例(左・右大臣ガ)ともに世の政をせしめたまひし**あひだ**、右大臣は才世にすぐれめでたくおはしまし(＝いっしょに天下の政治をなさっていたところ、右大臣は学才がまことにすぐれてすばらしくいらっしゃり)〈大鏡・時平〉

語誌 ▼空間的に、物と物との中間をいうのが原義。そこから時間的な意味にも転じて、ある限られた持続的な時間・期間を表したり、あるいは持続する事柄の中断する時間を表したりする。▼⑤は中世以降一般化した用法。漢文体の記録や軍記などの和漢混交文に多く用いられる。〈鈴木日出男〉

あひ-たい【相対】 名 動(サ変) ❶面と向かいあうこと。また、当事者だけで事を行うこと。例これは筆(＝書物)に見えがたし。**相対して**の口伝なり〈風姿花伝・七〉❷合意。また、互いに納得の上で事を行うこと。例契約は御辺(=あなた)との相対〈近松・国性爺合戦・一〉❸慣れあい。共謀。例名を尋ねても言はぬからは、この質屋も相対と思はるる〈浄瑠璃・新版歌祭文・下〉

あひたい-じに【相対死に】 アイタイ─ 名 心中。情死。心中が美化され流行する風潮を嫌い、八代将軍吉宗がこの語を使わせた。例絶えてなかりし心中の、相対死にを再興して〈談義本・当世下手談義・五〉

あひ-たがひ【相互ひ】 アイタガイ 形動(ナリ) 互いにしあうさま。例ここにて勝負を決せんと、相互ひにぞ戦ひける〈太平記・三九〉

あひだちなし ⇩あいだちなし

あび-ぢごく【阿鼻地獄】 アビジゴク 名《仏教語》「むけんぢごく」に同じ。

あひ-づち【相鎚・相槌】 アイ─ 名❶鍛冶で互いに調子を合わせて打つ鎚。特に、刀を鍛えるときに師の相手として打つ鎚。また、それを打つ人。例我に劣らぬもの相鎚仕りてこそ、御剣も成就候ふべけれ(=完成しますでしょう)〈謡曲・小鍛冶〉❷相手の話に調子を合わせて返事をすること。

あひ-て【相手】 アイ─ 名❶対となって物事をする一方の人。多く対抗者をいう。例千葉は三浦が相手にならん事を嫌ひ〈太平記・一三〉❷取り合わせるもの。例投げ入れや梅の相手は蕗のたう〈俳諧・続猿蓑・下〉
読解「投げ入れ」は、花の生け方の一種。

あひ-どり【相取り】 アイ─ 名「あひとり」とも。❶一つのことをいっしょにすること。例人々あひとりに誦しけり〈著聞集・五・一三三〉❷共謀して悪事を働くこと。また、その人。例この人置き(=周旋屋)の相取り、さりとては悪にし〈西鶴・西鶴織留・六・三〉

あひなめ-の-まつり【相嘗の祭り】 アイナメ─ 名「あひにへのまつり」に同じ。

あひ-な-る【逢ひ馴る】 アイ─ 動(ラ下二) なれ親しむ。夫婦として仲よくする。例年ごろあひ馴れたる妻、やうやう床はなれて(=しだいに夫婦の関係が疎遠になって)〈伊勢・一六〉

あひにへ-の-まつり【相嘗の祭り】 アイニエ─ 名 毎年十一月初めの卯の日、新嘗の祭りに先立って天皇が新穀を神祇に供える祭り。記録に残る初見は天武天皇朝。宮中の祭りとしては早く衰退し、賀茂斎院などでのみ行われた。「あひなめのまつり」とも。

あひ-の-きゃうげん【間の狂言】 アイノキョウゲン ⇩あひきゃうげん①

あひ-の-て【間の手】 アイ─ 名❶邦楽で、歌と歌との間に入る楽器演奏部分。例あひの手を口三味線の無拍子に〈西鶴・世間胸算用・四・三〉❷あいだ。中間。例佐渡と越後のあひの手を〈近松・冥途の飛脚・上〉

あひのやまぶし【間の山節】 アイノヤマ─ 名 伊勢の間の山(三重県伊勢市)で女芸人が歌った俗謡。哀感あふれる曲調で、お杉・お玉の二人が有名。のちに門付け芸となる。例所がらとて間の山節「あさましや往き来の人に名をながす」と〈西鶴・好色一代女・六・二〉

あひ-の-る【相乗る】 アイ─ 動(ラ四) 同じ車にいっしょに乗る。例ある上人来あひて、この車にあひ乗りてはべれば〈源氏・帚木〉

あひ-は-つ【相果つ】 アイ─ 動(タ下二)〔「あひ」は接頭語〕命が尽きる。死ぬ。例相果てし時の葬礼には〈近松・女殺油地獄・下〉

あひ-びき【相引き】 アイ─ 名❶敵と味方が同時に弓を引いて射あうこと。敵の矢に応戦して味方も弓を射ること。例河なかで弓引くな。敵射るとも相引きすな〈平家・四・橋合戦〉❷戦場で、敵・味方ともに後方に退くこと。例寄せ手も三百余騎討たれて相引きに左右へさっと引く〈太平記・三一〉

あひ-まひ【相舞】 アイマイ 名 二人、あるいはそれ以上の人がいっしょに同じ舞を舞うこと。例三人ながら相舞にいたさう〈狂言・二人袴〉

あひみ-たがひ【相身互ひ】 アイミタガイ 名「相身互ひ身」の略。同じような境遇・身分の人が、お互いに助けあうこと。また、そのような間柄の人。例喧嘩すなあひみたがひの渡り鳥〈俳諧・おらが春〉

あひ-みる【相見る・逢ひ見る】 アイミル 動(マ上一)〔「あひ」は接頭語〕❶いっしょに見る。例古りにし郷の秋萩を思ふ人どち(=気の合った仲間と)相見つるかも〈万葉・八・一五五八〉❷対面する。例都離れてのち、昔親しかりし人々あひ見ること難うのみなりにたるに〈源氏・須磨〉❸男女が関係を結ぶ。例逢ひ見てののちの心にくらぶれば昔はものを思はざりけり〈拾遺・恋二〉➡名歌36

あひ-むこ【相婿・相聟】 アイ─ 名 妻が姉妹関係にある夫どうし。例いと清げなる相婿とりたまひてけりな(=お迎えになったものだ)〈落窪・一〉

あひ-やけ【相舅・相親家】 アイ─ 名 嫁と婿それぞれの親どうしの関係。例相舅の婿を思ふも娘のため〈近松・山崎与次兵衛寿の門松・中〉

あひ-やど【合ひ宿・相宿】 アイ─ 名 同じ宿屋または同じ部屋に泊まりあわせること。また、その人。例ざしきもきれいな。相宿もござらぬ〈仮名草子・東海道名所記・四〉

あひ-やどり【相宿り】 アイ─ 名❶いっしょに住むこと。例我が宿にあひ宿りして住む蛙は〈後撰・雑四〉❷「あひやど」に同じ。類義①あひずみ

あびらうんけん【阿毘羅吽欠】《仏教語》〔梵語の音写〕大日如来に祈るときに唱える呪文。この五字に地・水・火・風・空の五大が備わっているという。

あひ-ゐる【相居る】 アイイル 動(ワ上一) 大勢の人がいっしょにいる。同座する。例便あしく(=不便で)狭き所にあまたあひゐて〈徒然・三〇〉

あ・ふ

【合ふ・会ふ・逢ふ】アウ/アオ 動(ハ四) 二つ以上のものが出会い、関係をもつ動きや状態をいう。物事どうしなどにも広く用いられ、その出会い自体から、結果として調和すること・対立することまでを意味する。

❶出会う。遭遇する。出くわす。例(a)焼津辺に我が行きしかば駿河なる阿倍の市道に逢ひし児らはも(=焼津あたりに私が行ったところ駿河にある阿部の市道で出会った娘よ)〈万葉・三・二八四〉例(b)御民我

生けるしるしあり天地の栄ゆる時にあへらく思へば(=天皇の民である私は生きているかいがある。天地が栄えるときに遭遇したことを思うと)〈万葉・六・九九六〉

❷逢い引きする。例黄葉の散り行くなへに玉梓の(枕詞)使ひを見れば逢ひし日思ほゆ(=紅葉が散って行くのとともに使者を見ると、逢い引きした日を思い出される)〈万葉・二・二〇九〉

❸結婚する。例男は女にあふことをする(=男は女と結婚をする)〈竹取〉

❹似合う。つりあう。調和する。例(a)人の程にあはねば咎むるなり(=人の身分と釣り合わないので非難するのである)〈土佐〉例(b)紫苑色の折にあひたる、羅の裳もあざやかに(=紫苑色の季節に似合っている表着に、薄絹製の裳をすっきりと)〈源氏・夕顔〉

❺戦う。争う。例大太刀を垂れ佩き立ちて抜かずとも末はたしても会はむとぞ思ふ(=大きな太刀を腰にさげ立って、今は抜かなくても後にはきっと戦おうと思う)〈紀・武烈即位前紀・歌謡〉

❻(他の動詞の連用形について)いっしょに〜する。互いに〜する。例天地の寄り合ひの極み(=天と地が寄り合う果て)〈万葉・二・一六七〉

語誌▼「あふ」は「〜にあふ」「〜とあふ」などの形で用いられることが多い。『伊勢物語』九段で「もの心細く、すずろなる目を見ることと思ふに、修行者あひたり」とあるのは、修行者に(と)出会った、の意ではなく、修行者が出会った、の意。その偶然性や意外性を強調する表現といわれる。

▼男女間の「あふ」　「あふ」は本来異なる存在が出会うことをいう。男女の場合、異なる存在どうしであることに意味がある。未知への畏れや興味が伴うからである。この感覚はずっと続き、それがなくなれば男女は別れる。その別れるまでを恋愛と呼べば、古代においては恋愛と結婚が同じ「あふ」で表現されている。これは、「あふ」の語感からいえば、恋愛に重点のある発想で、結婚という制度がきちんとしていなかったことを意味している。③の例も、男は女といっしょになるものだ、というニュアンスで、強いて現代にあてはめれば結婚となるということである。

〈古橋信孝〉

あ・ふ【和ふ・韲ふ】ウア・ウオ 動(ハ下二)❶和える。食べ物どうしを混ぜ合わせて味付ける。例塩にあへてその竹の葉に包みて〈記・中・応神〉❷まぜっかえす。大騒ぎをする。例おめでたいおめでたいであへる婚礼の盃ごと〈噺本・軽口機嫌嚢・一〉

あ・ふ【饗ふ】ウア・ウオ 動(ハ下二)ごちそうを出してもてなす。饗応する。例高麗の客を朝廷に(=朝廷で)饗へたまふ〈紀・仁徳〉

あ・ふ【敢ふ】ウア・ウオ ❶動(ハ下二)❶耐える。こらえきる。例老い付く我が身けだしあへむかも(=年老いてきた私の体は、もしかしたら耐えられるだろうか、いや、耐えられないだろうなあ)〈万葉・一九・四二二〇〉読解「あへむかも」の「か」は反語の意を表す。

❷我慢できる。差し支えない。かまわない。例小さきはあへなむ(=幼い者たちはかまわないだろう)〈大鏡・時平〉読解右大臣だった菅原道真が大宰権帥に左遷されたとき、幼い子どもたちだけは父といっしょに行ってかまわないと許された。

❷補動(ハ下二)(動詞の連用形について)完全に〜しきる。最後まで〜する。〜しおおせる。打消の語を伴って、〜しきれない、結局は〜できない、の意で用いられることが多い。⇩あへず。例(a)天雲に雁ぞ鳴くなる高円の萩の下葉はもみちあへむかも(=雲の中で雁が鳴く声が聞こえる。高円の萩の下葉は完全に色づききることはできないだろうなあ)〈万葉・二〇・四二九六〉読解この「雁」は秋に早くも飛来したもの。「高円」は地名。「もみち」は動詞「もみつ」の連用形。例(b)このたびはぬさもとりあへず手向山紅葉の錦神のまにまに〈古今・羇旅〉➡名歌160 例(c)物も着あへず抱き持ち(=衣服もちゃんと身に着けきることができずかかえ持って)〈徒然・一七五〉

語誌 四段動詞「合ふ」と同源で、物事に合わせる、対応する、が原義か。そこから転じて、ある物事に対抗する、こらえきる、などの意に用いられるとみられる。

〈野村剛史〉

あ・ぶ【浴ぶ】動(バ上二)「あむ(浴む)」に同じ。例寝おきてあぶる湯は、腹だたしうさへぞおぼゆる〈枕・すさまじきもの〉

あふぎ

【扇】オウギ 名 風を起こすための道具。おうぎ。中国の団扇に対して、日本で創出されたものという。涼を取る以外にもさまざま用いられる。檜の薄板を重ねて基を金具で留めた檜扇と、細い骨に紙を張った蝙蝠扇とがある。例朴に紫の紙はりたる扇(=朴の骨に紫色の紙を張ってある扇)〈枕・七月ばかりいみじうあつければ〉

語誌▼実用品から装飾品へ　動詞「あふぐ」の名詞形から転じた語。男性の束帯・衣冠・直衣や、女性の女房装束では、檜扇(夏は蝙蝠扇)を持つ。合図のために鳴らしたり音楽の拍子を取ったり、物を差し出すときに乗せたり、また、特に女性は人前に出るとき顔を隠すのにも用いた。しだいに装飾的な価値が高くなり、平安時代の女流作品には、宮中の儀式のときに持つ扇の美を競いあう女性たちの姿が多く描かれる。これを美しい絵や折に合った詩歌などで飾ることが行われ、蝙蝠扇では骨の豪華さが競われることもあった。

▼「扇ゆゆし」　一方、恋の破綻を招来するものとして、男女の間の贈答は忌まれた。「名にし負はば頼みぬべきをなぞもかく扇ゆゆしと名づけ初めけん(=「逢う」という名前をもっているならばあてにできるはずなのに、どうしてこのように扇を不吉だと名づけはじめたのだろう)」〈古今六帖・五〉などは、「逢ふ」という名をもちながら不吉だとされる矛盾を詠む。皇帝の寵愛の衰えた女性が、我が身を秋の扇に託して詩を詠んだという中国漢代の故事にちなむものである。

〈藤本宗利〉

【扇を鳴らす】❶案内を請うためや人を呼ぶために、扇を手に当てて打ち鳴らす。例屏風の中をすこしひき開けて、扇を鳴らしたまへば〈源氏・若紫〉❷扇で手のひらを打って歌の拍子を取る。例院も、時々扇うち鳴らして加へたまふ御声〈源氏・若菜下〉

あふぎ-あはせ【扇合はせ】オウギアワセ 名 左右二組に分かれ、双方から出された扇の趣向を競いあう遊戯。例

花の朝・月の夜、詩歌・管絃・鞠・小弓・**扇合はせ**・絵合はせ〈平家・九・生ずきの沙汰〉

あふぎ-がみ【扇紙】オウギ― 名 扇の骨に張る紙。例**扇紙**を草子の形に作り〈今鏡・五・浜千鳥〉

あふぎ-ながし【扇流し】オウギ― 名 ❶川などにさまざまの美しい扇を流して遊ぶこと。室町時代から始まったという。例昼はらく書きして行く水に**扇流し**〈西鶴・好色一代男・五・七〉 ❷扇が水に流れているさまを描いた模様。例**扇流し**の中馴れなる(=やや着古した)湯帷子〈西鶴・好色五人女・二・三〉

あふぎ-ひき【扇引き】オウギ― 名 ❶くじを引いて、景品の扇を引き当てる遊び。例**扇ひき**など人々にせさせむなどありし〈讃岐典侍日記・下〉 ❷江戸時代、閉じた扇の両端を親指と人さし指でつまんで、双方から引きあう遊び。「扇相撲」とも。

あふぎ-びゃうし【扇拍子】オウギビョウシ 名 扇で手のひらを打って拍子を取ること。例**扇子拍子**をとりて…と曾我の道行き(=『世継曾我』道行きの一節)をかたり出だす〈西鶴・好色五人女・二・三〉

あふ・ぐ【仰ぐ】アオグ 動(ガ四) ❶顔を上に向ける。例空をあふぎて歎きたまふこと限りなし〈宇治拾遺・二三〉 ❷敬い尊ぶ。例古をあふぎて〈古今・仮名序〉 ❸教えや指示などを求める。例人間天道に**仰ぎ**まうしけるは〈仮名草子・伊曾保物語・中〉

あふ・ぐ【扇ぐ】アオグ 動(ガ四) 風が吹く。風が起こる。扇などで風を起こす。例(a)風かたはらに**扇ぐ**〈平家・五・富士川〉例(b)「歌よませたまへるか。さらに見はべらじ(=決して見ません)」とて、(紙ヲ)**あふぎ**返して逃げて往ぬ〈枕・里にまかでたるに〉

阿武隈川アブクマガワ《地名》歌枕 陸奥国の川。今の宮城県中部を流れ、太平洋に注ぐ。和歌では、「逢ふ」に掛けて詠むことが多い。例世とともに(=世の限り)**あぶくま河**の遠ければ〈後撰・恋一〉

あふこ【朸】アウコ・オウコ 名「あふご」とも。荷物を担うてんびん棒。和歌では、「会ふ期(会う機会)」に掛けて用いる。例人恋ふる事を重荷と担ひもて**あふご**なきこそわびしかりけれ〈古今・雑体〉

逢坂オウサカ《地名》歌枕 山城と近江の国境、今の滋賀県大津市の西部にある山。逢坂山。都から東国への出口。古く関所が設けられ、「関山」とも。和歌では、「逢ふ」と掛けて詠まれることが多い。

語誌 ▼**別れと出会いの場所** 辺境のイメージの強い東国へ向かう旅人にとって、逢坂の関は都との別れの場所であった。それなのに名前ばかりは「逢ふ」坂とある。そこで「かつ越えて別れも行くか逢坂は人頼めなる名にこそありけれ(=引き止められるそばから越えて別れて行くのだな。「逢う坂」とは人に期待させるだけの名前であったよ)」〈古今・離別〉などと嘆かれることになる。しかし、都へ帰って来る人々にとっては、逆にその名のとおり、出会いの場所ともなる。逢坂の関に住んでいたという伝承をもつ蟬丸の歌とされる「これやこの行くも帰るも別れては知るも知らぬも逢坂の関」〈後撰・雑一〉(↓名歌169)は、逢坂の関での別離と出会いが、すなわち人生における別離と出会いであると歌ったものである。

▼そのほか、「逢坂の関の清水に影見えて今や引くらむ望月の駒」〈拾遺・秋〉(↓名歌40)のように、「関の清水」や「望月の駒」もよく詠まれた。〈大谷俊太〉

逢坂の関オウサカノセキ 名 逢坂山に置かれた関所。大化二年(六四六)に設置。平安遷都のころに廃止。文徳天皇のとき(八五七)に再び設置されたが、またも間もなく廃絶。鈴鹿・不破とともに三関の一つ。例夜をこめて鳥のそらねにはかるともよに**逢坂の関**はゆるさじ〈後拾遺・雑二〉↓名歌417

逢坂山オウサカヤマ《地名》歌枕「あふさか」に同じ。例名にし負はば**逢坂山**のさねかづら人にしられでくるよしもがな〈後撰・恋三〉↓名歌268

あふさ-きるさオウサ― 形動(ナリ)〔「さ」は接尾語〕❶ぐあいが悪い。ちぐはぐだ。例とあればかかり(=ああすればこうなるし)、**あふさきるさに**て〈源氏・帚木〉 ❷会うときと別れるときと。行ったり来たり。例降りもつづかぬ雪雲の**あふさきるさに**月ぞさえたる〈夫木・一八〉 ❸あれやこれやと。いろいろ。例親のいさめ、世の謗りをつつむに(=はばかって)、心のいとまなく、**あふさきるさに**思ひ乱れ〈徒然・三〉

語誌 副詞的に用いられることが多い。

あふさわ-にアウサワ・オウサワ― 副『上代語』唐突に。軽率に。例**あふさわに**我を欲しと言ふ 山背の久世(ノ若者)〈万葉・一一・二三六二〉

あぶ・す【溢す】 動(サ四) 余す。残す。捨てる。例(光源氏ハ)さしも深き御心ざしなかりけるをだに(=それほど深い御愛情のなかった女性さえ)、落としあぶさず〈源氏・玉鬘〉

あぶ・す【浴ぶす】 ❶動(サ四) 湯水などを体に注ぎかける。例湯を**あぶし**て見るに、ただ人(=並みの人)と見えず〈今昔・三・二六〉 ❷動(サ下二) ❶❶に同じ。❷事や責任をほかに負わせる。例弟の善次郎は兄に**あぶせ**て金盗み〈近松・心中二枚絵草紙・下〉

あふ-せ【逢ふ瀬】アウ・オウ― 名 恋人どうしが会う機会。例**逢ふ瀬**なき涙の川に沈みしや〈源氏・須磨〉

あふち【楝・樗】オウチ 名 ❶植物の名。「梅檀」の古称。初夏に薄紫の小花が群がり咲く。和歌では、多く「あふ」と掛けて詠まれる。中世には獄門の木として首をさらす慣習があった。例君に**あふち**の花し咲きなば〈古今六帖・六〉 ❷染め色の名。薄紫色。❸襲の色目の名。表は薄紫、裏は青。一説に、表は紫、裏は薄紫とも。夏に着用。

あふち-びんぼふ【煽ち貧乏】アオチビンボウ 名〔「あふち」は動詞「あふつ」の名詞形〕働いても働いても、抜けることのできない貧乏。例(湯ヲ沸カスノヲ節約シテ)足もおほかたは汲みたての水で洗ふほどに気を付けけれども、これかや**煽ち貧乏**といふなるべし〈西鶴・世間胸算用・五・三〉

あふ・つ【煽つ】アオツ 動(タ四) あおる。風を起こす。例笠**あふつ**柱涼しや風の色〈俳諧・猿蓑・六〉

阿仏尼アブツニ《人名》一二二二?〜一二八三(貞応元?〜弘安六)。鎌倉中期の歌人。「阿仏」とも。藤原為家の側室で、冷泉為相・為守らの母。為相の領地相続に関する訴訟のために鎌倉へ下る。その地で没したとされる。『十六夜日記』のほか、歌論『夜の鶴』、若いころの日記『うたたね』などを著す。

あふな-あふな 副 身のほどにしたがって。分相応に。例**あふなあふな**思ひはすべしなぞへなく高きいやしき(=比べられないほど身分の高い人と低い人の恋は)苦しかりけり〈伊勢・九三〉

あふ-の・く【仰のく】 動(カ四) あおむく。例一つの猿、岩の上に**あふのき**伏して動かず〈著聞集・二〇・六九七〉

あふひ

【葵】 名 ❶植物の名。㋐フタバアオイ。ウマノスズクサ科の多年草。一本の茎の先にハート型の葉を二枚つける。賀茂の祭りに用いる。例祭りの日などは…童べの持ちたる葵を見たまひて(=祭りの日などは…子どもたちが持っている葵をご覧になって)〈源氏・若菜下〉 ㋑アオイ科のフユアオイ・タチアオイ・ゼニアオイなど。例なにがしの男の、「**葵の花のひらく石台**」とせしを「つぼむ」と直しはべるが(=なんとかという男が、「葵の花がひらく石台」としたのを「つぼむ」と直しましたのが)〈俳諧・葛の松原〉 ❷襲の色目の名。表は薄青、裏は薄紫。陰暦四月に着用。⇩口絵 ❸紋所の名。①㋐の葉を図案化したもの。徳川家の「三つ葉葵」は有名。

葵③(三つ葉葵)

語誌▼**賀茂の祭り**・「**逢ふ日**」 平安時代の作品に現れるのは、多く①㋐のフタバアオイである。賀茂の祭りに、牛車の簾や人々の冠・烏帽子にこれを挿した。和歌では、しばしば「逢ふ日」を「葵」に掛けて用いる。「はかなしや人のかざせるあふひゆゑ神のゆるしの今日を待ちける」〈源氏・葵〉は賀茂の祭りの際に交わされた歌。

▼①㋑のフユアオイは古く大陸より渡来し、薬用などとされた。『万葉集』の「のちにも逢はむと葵花咲く」〈一六・三八三四〉も、フユアオイであろう。〈佐藤明浩〉

あふひ-かつら【葵桂】 名 葵の葉と桂の枝を組み合わせた飾り。賀茂の祭りの日に、冠・烏帽子、牛車の簾などにつけた。例四月祭りの日、**あふひかつら**うるはしきさまにて〈宇津保・楼上下〉 一説に、「葵鬘」とも。

葵の上 《人名》『源氏物語』の作中人物。左大臣の長女。母は桐壺帝の妹の大宮。十六歳のとき四歳年下の光源氏と結婚した正妻。端正すぎる人柄から夫婦仲はうちとけないが、それは源氏が藤壺への恋慕を募らせていたからでもあった。結婚九年目の賀茂の祭り見物の日、源氏の愛人六条御息所方との争いが生霊事件を招き、長男夕霧を出産後、御息所の物の怪に襲われて急死する。

あふひ-まつり【葵祭り】 名 賀茂の祭りの別称。江戸時代以降用いられるようになった。

近江

《地名》旧国名。今の滋賀県。東山道八か国の一つ。中央に琵琶湖があり、淡水湖の意の「あはうみ(淡海)」が変化して国名となった。浜名湖のある「遠淡海(遠江)」に対して「近淡海」ともいう。琵琶湖西岸の大津は天智天皇の都が置かれた。江州。延喜式で上国・近国。

語誌▼**湖水朦朧の地** 和歌では、湖の縁で「みるめ(海藻の海松藻と見る目を掛ける)」「浦風」などと詠まれたり、「逢ふ」との掛詞として詠まれたりするため、恋の歌が多いが、のちには景勝地として叙景歌も増える。芭蕉は「行く春を近江の人と惜しみける」〈俳諧・猿蓑・四〉(➡名句155)の「近江」はほかの地名には替えられないとして、湖水朦朧の地、近江を惜春の情にふさわしい土地と考えた。〈大谷俊太〉

あ-ぶみ【鐙】 名〔「足踏み」の意〕馬具の名。鞍の両わきに垂れて、乗り手が足をかけるもの。鉄または木で作る。⇩くら(図)。例**鐙**ふんばりたちあがり、大音声をあげて名のりけるは〈平家・九・宇治川先陣〉

あぶみ-がしら【鐙頭】 名 後頭部が出っ張った頭。鐙の湾曲した形に似ることからいう。例頭の**あぶみがしら**なりければ〈宇治拾遺・一二四〉

あふみ-さるがく【近江猿楽】 名 室町時代、近江に所在した六座の猿楽の座。芸風は風情・情緒にすぐれ、特に比叡(日吉)座の犬王は、世阿弥から称賛された。

近江の海 《地名》歌枕 琵琶湖の古称。「あふみのみ」とも。例**近江の海**夕波千鳥汝が鳴けば心もしのに古へ思ほゆ〈万葉・三・二六六〉➡名歌42

近江天皇 《人名》⇩天智天皇

淡海三船 《人名》七二二〜七八五(養老六〜延暦四)。奈良時代の漢詩人・漢文学者。文章博士。著書に僧鑑真の事跡を記す『唐大和上東征伝』があり、『経国集』などに漢詩が収められている。

あふみ-はっけい【近江八景】 近江国の琵琶湖南西岸の八つの景勝地。琵琶湖を洞庭湖に見立て、中国の瀟湘八景にならって室町時代に選ばれた。石山の秋月・粟津の晴嵐・勢多の夕照・矢橋の帰帆・三井の晩鐘・堅田の落雁・唐崎の夜雨・比良の暮雪。

あぶら【油】 名 植物や動物からとった脂肪の総称。食用のほか、灯火や整髪・薬などに用いる。例胡麻は油に絞りて〈宇津保・藤原の君〉

あぶら-ひ【油火】 名〔のちは「あぶらび」〕灯心を油に浸してともすあかり。例**油火**の光に見ゆる我が縵〈万葉・一八・四〇八六〉

あぶら-むし【油虫】 名 ❶ゴキブリの俗称。例蟬の大きさしたる**油虫**ども数千疋わたりきて〈西鶴・西鶴織留・四・一〉 ❷他人にたかって無銭で遊興したり飲食したりする人。例太神楽ぐるりはみんな**油虫**〈柳多留・初〉

あぶら-わた【油綿】 名 香油を染みこませた綿。髪につやを出すのに用いる。例髪を短く切りて、**油綿**をぬられたりければ〈著聞集・一六・五三〇〉

あふり【障泥】 名 馬具の名。皮製で、馬の両脇腹の下、鞍の左右にさげ、乗り手に泥がかかるのを防ぐ。野外では敷物にも用いた。⇩くら(図)。例草の中に**あふり**を解き敷きて、女を抱きて臥せり〈大和・一五四〉

あふ-りゃう【押領】 名 動(サ変) ❶兵を監督・統

率すること。❷無理やりに奪い取ること。例しかれば同じく坂東(=関東諸国)を**押領して**〈今昔・二五・一〉

語誌 ②は押領使が職権を濫用して、人の物を略奪したことから生じた意。

あふりゃう-し【押領使】 名 平安時代の官名。反乱などに対し、兵を率いて鎮圧する臨時の官。令外の官で、諸国の官人が任じられる。

あふ・る【煽る】 動(ラ四) ❶風が物を動かす。また、火勢を加える。例ひらく扉に**あふり**立てられ〈読本・弓張月・拾遺・五一〉 ❷鐙で馬の脇腹を蹴って、馬を急がせる。例馬をいたく**あふりけれ**ば〈宇治拾遺・一六三〉 ❸おだてる。扇動する。例**煽り**付けておごらせてやらう〈滑稽本・八笑人・三〉

あぶ・る【溢る】 動(ラ下二)「あふる」とも。❶液体が容器からあふれこぼれる。物があり余る。例鋺の水、**溢れて**腕に凝れり〈紀・允恭〉 ❷落ちぶれる。例見苦しきさまにて世に**あぶれ**んも〈源氏・東屋〉 ❸散り散りになる。例**あぶれ**ゐたる兵ども〈平家・二・烽火之沙汰〉 ❹無法を働く。暴れる。例今は**あぶれ**に**あぶれ**て、親も兄も谷の流れにけおとして〈読本・春雨・樊噲・上〉

あぶれ-もの【溢れ者】 名 わきまえを知らない者。ならず者。例今は、さやうなる**あぶれ者**出で来まじげなる(=現れそうにない)世にこそ〈狭衣・四〉

あへ【饗】 名 ごちそうしてもてなすこと。饗応。例**饗**を国郡の司らに賜ふ〈万葉・二〇・四五一六・題詞〉

あ-べか-めり 〔ラ変動詞「あり」の連体形＋推量の助動詞「べし」の連体形＋推定の助動詞「めり」〕＝「あるべかるめり」の撥音便形「あんべかんめり」の撥音の表記されない形〕あるはずだと思われる。例あまたの御中に、とりわききこえさせたまふ(=特に御寵愛なさる)につけても、人の嫉み**あべかめる**を〈源氏・若菜上〉

あ-べかり-けり 〔ラ変動詞「あり」の連体形＋推量の助動詞「べし」の連用形＋助動詞「けり」〕＝「あるべかりけり」の撥音便形「あんべかりけり」の撥音の表記されない形〕あるべきだった。例言はまほしからむ事(=言いたい事)をも、一つ二つのふしは(言ワズニ)過ぐすべくなむ**あべかりける**〈源氏・帚木〉

あへ・く【喘く】 動(カ四)〔中世以降「あへぐ」〕せわしく呼吸する。例行き着きぬるにぞ、**あへぎ**まどひておはして〈枕・五月の御精進のほど〉

あ-べし 〔ラ変動詞「あり」の連体形＋推量の助動詞「べし」〕＝「あるべし」の撥音便形「あんべし」の撥音の表記されない形〕あるはずだ。いるはずだ。例少納言の乳母といふ人**あべし**〈源氏・若紫〉

あへ-しらひ 名 ❶応答。待遇。例ことなることなき(=通り一遍の)**あへしらひ**ばかりを慰めにては〈源氏・若菜下〉 ❷取り合わせ。例十三夜月の**あへしらひ**なき事もあれども、同じくはあるがよきなり〈耳底記・三〉

あへ-しら・ふ 動(ハ四) ❶応答する。受け答えする。例ともかくも**あへしらひ**きこえたまはず(=なんともご返答申し上げなさらない)〈源氏・桐壺〉 ❷適当に取り扱う。あしらう。例「われを頼まぬなめり」なども**あへしらひ**〈蜻蛉・上〉 ❸取り合わせる。つけ合わせる。例切り大根、柚の汁して**あへしら**ひて〈蜻蛉・上〉

あへ-ず

【敢へず】 〔「あふ」の未然形＋打消の助動詞「ず」〕 ❶〔「あふ」は動詞〕耐えられない。例秋風に**あへず**散りぬるもみぢ葉の(ここまで序詞)ゆくへさだめぬ我ぞかなしき〈古今・秋下〉➡名歌2

❷〔「あふ」は補助動詞〕㋐〜しきれない。〜しようとしてできない。例時雨ふりふりなば人に見せも**あへず**散りなば惜しみ折れる秋萩(=時雨が降って古くなってしまったら、あなたに見せようとしてもできない。散ってしまったら惜しいので折り取っておいた秋萩だ、これは)〈後撰・秋中〉 読解「時雨降り」に「(我が身)古り」の意を含ませ、秋萩だけでなく我が身が年を重ねてゆくことも暗示している。

㋑中世以降の用法。〜も終わらないうちに。例「左右にやおよぶ」と言ひも**あへず**、とんでかかる(=「とやかく言うまでもない」と言いも終わらないうちに、飛びかかる)〈曾我・九〉

〈野村剛史〉

あへ-て

【敢へて】 副〔動詞「あふ」の連用形＋接続助詞「て」〕 ❶困難を押し切って。すすんで。例由良の崎潮干にけらし白神の磯の浦廻を**あへて**漕ぐなり(=由良の崎は潮が引いてしまったらしい。白神の磯のあたりを、困難を押し切って舟を漕いでいるようだ)〈万葉・九・一六七一〉 読解末尾の「なり」は推定・伝聞の助動詞。櫓のきしむ音を聞いて、「あへて」と推定している。

❷(打消の語を伴って)決して(〜ない)。まったく(〜ない)。いっこうに(〜ない)。例人怖ぢて、**あへて**そのわたりに行かず(=人々はこわがって、決してそのあたりに行かない)〈宇治拾遺・一五五〉

語誌▼①が本来の用法だが、この用法の例が見られるのはほぼ上代に限られる。
▼②は平安時代以降、主に漢文訓読系の文章で用いられた。「不敢」の訓読から出た用法とみられる。

〈野村剛史〉

あへなく-な・る【敢へ無くなる】 動(ラ四) はかなく死んでしまう。例そのお子はその夜に**敢へなく**なりたまふと聞いて〈浄瑠璃・ひらかな盛衰記・三〉

あへ-な・し

【敢へ無し】 形(ク) 動詞「あふ」の連用形＋形容詞「なし」。予想と異なっていて緊張感が抜けてしまう感じを表す。

❶力が抜けてしまう。気落ちする。がっかりだ。どうしようもない。例(更衣ノ実家デハ)「夜半うち過ぐるほどになむ、絶えはてたまひぬる」とて泣き騒げば、御使ひもいと**あへなく**て帰り参りぬ(=「夜中を過ぎるころに、お亡くなりになってしまいました」と言って泣き騒ぐので、帝のお使者もたいそう気落ちして内裏に帰参してしまった)〈源氏・桐壺〉 読解使者は更衣を見舞うために遣わされたのに、すでに更衣は死んでしまっていた。

❷あっけない。もろい。例ここにて切られたらば、敢

へなく討たれたるとぞ言はれんずる(=ここで切られたら、もろくも討たれたよときっと言われるだろう)〈義経記・五〉読解「んずる」は助動詞「むず」の已然形で、係助詞「ぞ」の結び。〈野村剛史〉

あへ-な-む【敢へなむ】アエ ［動詞「あふ」の連用形＋完了の助動詞「ぬ」の未然形＋推量の助動詞「む」］我慢しよう。耐えられるだろう。例(鼻ガ)赤からむはあへなむ〈源氏・末摘花〉

あへ-ぬ・く【合へ貫く】アエ 動(カ四) 合わせて糸に通す。和歌で、時鳥の声や植物の葉・実などを玉に纏き取るという表現に用いる。例ほととぎすいたくな鳴きそ(=あまり鳴いてくれるな)汝が声を五月の玉に**合へ貫く**までに〈万葉・八・一四六五〉

阿倍仲麻呂あべのなかまろ《人名》六九八〜七七〇(文武二〜神護景雲四)。姓は「安倍」とも書く。奈良時代の漢詩人。留学生として渡唐、玄宗皇帝に仕え、李白などの文人とも親交を結ぶ。鑑真とともに帰国しようとしたが海難のため果たせず、在唐のまま死去。唐名朝衡。

あま【天】名 **天上世界のこと。**高天原。例**あま**とぶ 鳥も使ひそ 鶴が音の 聞こえむ時は わが名問はさね(=天上を飛ぶ鳥も使者なのだ。鶴の声が聞こえるときは私の名を言って私のことをお尋ねください)〈記・下・允恭・歌謡〉

語誌▼**神の領有する世界** 「天つ神」「国つ神」、「天つ罪」「国つ罪」というような対があるから、「天」は「国」と対の語と思われる。その「あま」は単に天空の意ではなく、神の領有する世界の意であり、「天雲」「天照る」などの複合語や、「天つ空」「天の川」など、「天つ〜」「天の〜」の形の例がほとんどである。
▼「あめ」は、「天地」を「あめつち」と訓むなど、「つち」と対になっている。「あま」が複合語や連語として用いられることが多いのに対して、単独で用いられることが多い。〈古橋信孝〉

あま【尼】名 ❶尼僧。出家して仏門に入った女性。平安時代以降は、髪を肩のあたりで切りそろえ(「尼削ぎ」という)、のちは剃髪するようになった。例持仏すゑたてまつりて行ふ(=勤行をしている)のは**尼**なりけり〈源氏・若紫〉 ❷江戸時代、女性を卑しめていう語。あまっこ。主に関東で用いる。例いや、この**あま**あ〈滑稽本・膝栗毛・三下〉

あま【海人・海士・蜑】名 **漁民。**海辺や湖のほとりで、水産物の採取や製塩、航海などに従事する人々。例(a)思ひきやひなの別れに衰へて**あま**の縄たき漁りせんとは(=思いもよらなかった。都の人々と別れ、辺境の地に住み、落ちぶれて、漁師の綱をたぐり寄せて魚を取って暮らすことになろうとは)〈古今・雑下〉読解 小野篁が、隠岐に流されていたときに詠んだ歌。例(b)うきめのみ生ひてながるる浦なればかりにのみこそ**あま**は寄るらめ(=根なしの海藻ばかりが生えては流れる海岸なので、それを刈りにばかり海人は寄ってくるのだろう。つらい目にあっては泣けてばかりいる私なので、かりそめにだけ人が通ってくるのだろう)〈古今・恋五〉読解「浮き布」と「憂き目」、「流るる」と「泣かるる」、「刈りに」と「仮に」を掛け、自身を「浦」に、相手の男性を「海人」になぞらえた歌。

語誌▼**和歌の「あま」** 内陸の都に住む貴族は、海人を、得体の知れない生活を営む異郷の民と見ていた。和歌では旅の歌に多く詠まれ、例(a)のように、漂泊や落魄の象徴とされる。また、例(b)のように、序詞や掛詞・縁語などの技法と結びついて、しばしば恋歌の素材ともなる。〈品田悦一〉

あま-うち【雨打ち】名「雨打ち際」の略。軒下の、雨だれの落ちる所。地面がくぼむのを防ぐため、石を置くなどした。例御所の**雨うち**の石に尻かけて、おのおの居並びて〈長門本平家・三〉

あまえ-いた・し【甘え甚し】形(ク)［「いたし」は、はなはだしい意］わがままだ。きまりが悪い。例今は**あまえいたく**て、まかり帰らむこともかたかるべき(=難しそうな)心地しける〈蜻蛉・中〉

あま-おち【雨落ち】名 ❶「あまうち」に同じ。例ころころと転び落ち、**雨落ち**の石たたきにどうと落つ〈義経記・三〉 ❷歌舞伎小屋で、最前列の客席。

あま-おほひ【雨覆ひ・雨蔽ひ】オオイ 名 ❶雨にぬれるのを防ぐための覆い。雨よけ。❷太刀の鞘の峰のほうを覆っている金具。❸鳥の風切り羽を上下から覆うように生えている短い羽毛。例**雨おほひ**の毛を散らすことは…(獲物ヲ)御鷹の取りたるよしなるべし〈徒然・六六〉

あま-がけ・る【天翔る】動(ラ四) 神や人の霊が天空を走り飛ぶ。例**天翔り** 見渡したまひ〈万葉・五・八九四〉

あま-かぜ【雨風】名 雨を伴った風。例心あわたたしき**雨風**に、皆散り散りに〈源氏・藤裏葉〉

あま-がつ【天児】名 幼児の守り人形。例**天児**など御手づから(=ご自分の手で)作りそそくりおはするも〈源氏・若菜上〉

あま-かは【雨皮】カワ 名「あまがは」とも。❶平安時代、雨天のときに車や輿の屋形を覆う布。表面に油を塗って防水加工した絹などが用いられ、公卿以上の乗り物に施された。例**雨皮**張りたる車さし寄せ〈蜻蛉・下〉 ❷中世、桐油を塗った厚紙で作ったかっぱ。山伏などが用いた。例笈の上には**雨皮**・肩箱取り付けて〈謡曲・安宅〉読解「笈」は山伏などが背負う箱型の物入れ。

あま-ぎぬ【雨衣】名 雨などを防ぐため、衣服の上からはおる衣。白絹製で、表には油をひいてある。

あま-ぎみ【尼君・尼公】名 尼の敬称。例「何事ぞや。童べと腹立ちたまへるか(=けんかなさったのですか)」とて、**尼君**の見上げたるに〈源氏・若紫〉

あま-ぎら・す【天霧らす】動(サ四)［「あまぎる」の他動詞形］空をかき曇らせる。例**天霧らし**雪も降らぬか〈万葉・八・一六四三〉

あまぎら-ふ【天霧らふ】アマギラウ・アマギロウ《上代語》［動詞「あまぎる」の未然形＋上代の反復・継続の助動詞「ふ」］空が一面に曇っている。例さ雄鹿の 妻呼ぶ秋は **天霧らふ** しぐれを疾み(=時雨が激しいので)〈万葉・六・一〇五三〉

あま-ぎり【雨霧】名 小雨のような霧。また、霧のように細かい雨。例佐保山に立つ**雨霧**の消ぬべく思ほゆ〈万葉・一二・三〇三六〉

あま-ぎ・る【天霧る】 動(ラ四) 雲や霧などがかかって空が一面に曇る。例梅の花それとも見えずひさかたの(枕詞)天霧る雪のなべて降れれば〈古今・冬〉

天草本伊曾保物語（あまくさぼんいそほものがたり）《作品名》⇩伊曾保物語①

天草本平家物語（あまくさぼんへいけものがたり）《作品名》安土桃山時代のキリシタン文学。四巻。日本人の修道士ハビアン訳。天正二〇年(一五九二)成立。『平家物語』を雑談風に語ったものを書きとめるという体裁で、その内容をポルトガル式のローマ字で記す。宣教師たちの日本語修得を目的として作られたが、当時の日本語の口語の資料として貴重。

あまくだり-びと【天降り人】 名 天上から地上に降りて来た人。天人。例いづこなりし天降り人ならんとこそ見ゆれ〈枕・めでたきもの〉

あま-くだ・る【天降る】 動(ラ四) 神などが天上から地上に降りて来る。例葦原の 瑞穂の国を 天降り 知らしめしける(＝お治めになった) 皇祖の 神の命の〈万葉・一八・四〇九四〉

あま-くち【甘口】 名形動(口語)『近世語』❶甘みの多いもの。例甘口辛口二つの壺をならべ〈西鶴・本朝二十不孝・五・二〉❷相手の気に入るようにうまく言うこと。甘言。例そんな甘口で幸さんを追ひ払はうとは、了簡違ひだらうぜ〈人情本・春色辰巳園・後・一〇下〉❸言動や物事のありさまなどが穏やかなこと。また、手ぬるいこと。例甘口な事は嫌です〈噺本・鹿の子餅〉❹まぬけ。愚鈍。例ちと甘口な男なれば〈浮世草子・諸道聴耳世間猿・五・二〉

あま-ぐも【天雲】 名〔上代は「あまくも」とも〕天空の雲。雲。例天雲の 影さへ見ゆる こもりくの(枕詞) 泊瀬の川は〈万葉・一三・三二二五〉

あまぐも-の【天雲の】《枕詞》「あまくもの」とも。❶雲が行く先も定めず空を漂うことから「たゆたふ」「たどきも知らず(どうしようもない)」などにかかる。❷雲がはるかかなたの空にあることから「奥処も知らず」「はるか」などにかかる。❸雲がちぎれてゆくさまから「別れ」「外」などにかかる。❹雲が風に吹かれて行き来するさまから「行く」「晴る」、また、「行き還り」などにかかる。

あま-ぐり【甘栗】 名 実を干して甘味を出した栗。かちぐり。大臣の大饗のときに天皇から大臣に与えられる。

あまぐり-の-つかひ【甘栗の使ひ】（―ツカイ） 名 大臣の大饗のとき、天皇から与えられる甘栗などを大臣家へ届ける勅使。六位の蔵人が務める。

あま-ごぜ【尼御前】 名「あまごぜん」に同じ。例入り来る姿は歳のころ五十あまりのあまごぜにて〈人情本・春色梅児誉美・四・二三〉

あま-ごぜん【尼御前】 名「尼」の敬称。「あまごぜ」「あまぜ」とも。例尼御前、何事をかくはのたまふぞ(＝そのようにおっしゃるのか)〈徒然・四七〉

あま-ごひ【雨乞ひ】（―ゴイ） 名 雨が降るように天に祈ること。例神泉苑の池の雨乞ひの時は〈義経記・六〉

あま-ごもり【雨隠り・雨籠り】 ❶名 長雨のために家の中にこもっていること。例雨隠りもの思ふ時に ほととぎす我が住む里に来鳴きとよもす(＝鳴き響かせる)〈万葉・一五・三七八二〉❷《枕詞》雨のために家の中にこもるように「御蓋」の中にいる意から、同音の地名「三笠」にかかる。

あま-ごろも【尼衣】 名 尼が着る法衣。例しほしほと泣きたまふあま衣は、げに心ことなりけり(＝格別であった)〈源氏・行幸〉

あま-ごろも【雨衣】 ❶名「あまぎぬ」に同じ。❷《枕詞》「あまごろも」が雨具であることから、その縁で「(田)蓑」にかかる。

あま-さうぞく【雨装束】（―ソウゾク） 名 雨よけのための支度。蓑や笠などの雨具も含めていう。例雨さへわりなう(＝むやみに)降るに…あまさうぞくなどして〈檜垣嫗集・詞書〉

あま-さかさま【天逆様】 名形動(ナリ) 道理に合わないこと。不合理。不条理。例この人のいふ事は、天逆様なる事も合点いたすほどに〈狂言・釣狐〉

あまざかる【天離る】《枕詞》「あまさがる」「あまさかる」とも。「ひな」「向かふ」にかかる。かかり方は未詳。例あまざかる 鄙にはあれど いはばしる(枕詞) 近江の国の〈万葉・一・二九〉➡名歌216

あま-さへ【剰へ】（―サエ） 副「あまっさへ」の促音の表記されない形。

あま・し【甘し】 形(ク) ❶甘味がある。また、美味だ。うまい。例ああ、母のあまき乳を捨てて我死なむか〈霊異記・中・二〉❷言葉が巧みだ。例佞人(＝言葉巧みにへつらう人)の詞は甘きこと蜜のごとく〈近松・嫗山姥・三〉❸しっかりしていない。しまりがない。例武士に似合はぬあまい(音便形)事〈近松・百日曾我・二〉

語誌 本来は味覚に関する語であるが、しだいに幅広く用いられるようになった。②③のような意で多く用いられるのは、江戸時代以降である。

あま・す【余す】 動(サ四) ❶余分なものとする。もてあます。例時を(＝出世の時機を)失ひ世に余されて〈方丈記〉❷こぼす。もらす。取り逃がす。例大勢の中にとりこめて(＝取り囲んで)「余すな、もらすな」とて〈平家・六・祇園女御〉

あま-ぜ【尼前】 名「尼御前」の略。例御車のしりには、尼前一人参られたり(＝お乗りになった)〈平家・三・法皇被流〉

あま-そぎ【尼削ぎ】 名 尼のように、髪を肩から背中のあたりで切りそろえた髪型。⇩髪型(図)。例頭はあまそぎなるちごの(＝幼児が)〈枕・うつくしきもの〉

あま-そそき【雨注き】 名 雨の滴。雨だれ。例雨そそきも、なほ秋の時雨めきて〈源氏・蓬生〉

あま-そそ・る【天聳る】 動(ラ四) 天高くまっすぐにそびえ立つ。例白雲の 千重を押し別け 天そそり 高き立山〈万葉・一七・四〇〇三〉

あまた

【数多】 副〔「あまる(余る)」と同根〕❶数多く。たくさん。例(a)(ソノ屋敷ニハ)木ども・前栽などは、数あまたありけれど(＝庭木や庭の植え込みなどは、数多くあったけれど)〈宇津保・楼上上〉例(b)見送りに来る人あまたが中に(＝見送りに来る人たくさんの中で)〈土佐〉❷主に上代の用法。非常に。たいへん。例鳥じもの海に浮き居て沖つ波騒くを聞けば**あまた**悲しも(=鳥のように海に浮いていて、沖の波が騒ぐのを聞くと非常に悲しいなあ)〈万葉・七・一一八四〉

[語誌] ①には、普通の連用修飾語の用法のほかに、[例](b)のように格助詞を伴って連体修飾語になったり、「あまたたび」「あまた国」のように複合語を作ったりする用法などもある。《井上博嗣》

あまた-かへり【数多返り】〔―カエリ〕[副] 幾度も。何回も。[例]御文は、明くる日ごとに(=毎日)、**あまた返り**づつ奉らせたまふ〈源氏・総角〉

あまた-くだり【数多くだり】[名] 衣装などがいくつもそろっていること。多くのそろい。[例](正月用ノ衣装ヲ)**あまたくだり**、いと清らに(=美しく)仕立てたまへるを〈源氏・少女〉

あまた-たび【数多度】[副] 何度も。たびたび。[例]驚きて、**あまたたび**傾きあやしぶ(=首をかしげて不思議がる)〈源氏・桐壺〉

あま-たら-す【天足らす】〔「す」は上代の尊敬の助動詞〕天空に満ち満ちていらっしゃる。[例]天の原振り放け見れば(=大空を振り仰ぎ見ると)大君の御寿は長く**天足らしたり**〈万葉・二・一四七〉

あま-だり【雨垂り】[名] 軒下。建物の雨だれが落ちる場所で、石畳を敷くこともある。[例]あたらしき不動尊、しばし**雨だり**にもおはしませ〈宇治拾遺・一七〉

あま-ぢ【天路・天道】〔―ジ〕[名] 天上の道。天へ昇る道。天上界。[例]夕星も通ふ**天道**を〈万葉・一〇・二〇一〇〉

あま-ちゃ【甘茶】[名] アマチャの葉を蒸して乾燥させて作った飲み物。甘味があり香りがよい。陰暦四月八日の灌仏会では釈迦の像に注ぐ。[例]一人の若衆、**甘茶**をのぞみ、多く飲む〈醒睡笑・八〉

あま-つ【天つ】〔「つ」は「の」の意の上代の格助詞〕❶天の。天にある。またそこから、高天原の。❷(①から転じて)神聖な。清らかな。[例]**天つ**菅麻を本刈り断ち〈祝詞・六月晦大祓〉

あま-つ-かぜ【天つ風】[名] 空を吹く風。一説に、霊威に満ちた風とも。[例]**天つ風**雲の通ひ路吹き閉ぢよをとめの姿しばしとどめむ〈古今・雑上〉➡名歌44

あま-つ-かみ【天つ神】[名] 天上世界の神。[例]ここに、**天つ神**のもろもろの命もちて(=仰せによって)、伊耶那岐の命、伊耶那美の命の二柱の神に「…」と詔らし(=おっしゃり)〈記・上・神代〉

あま-つ-きり【天つ霧】[名] 空に立ちこめる霧。[例]まそ鏡(枕詞)照るべき月を白たへの雲か隠せる**天つ霧**かも〈万葉・七・一〇七九〉

あま-つ-くに【天つ国】[名] 天上世界。高天原。[例]請ふ、姉の命、**天つ国**に照らし臨みたまふこと、おのづからに平安くましませ(=平安にお過ごしください)〈紀・神代上〉

あまっ-さへ【剰へ】〔―サエ〕[副]〔「あまりさへ」の促音便形〕その上に。事もあろうに。[例]若うよりつひに(=少しも)なす事なくて、**あまっさへ**われらを召し使ふわざをなんしける〈仮名草子・伊曾保物語・中〉

あま-つ-そで【天つ袖】[名] 天人の着る羽衣の袖。多く五節の舞姫の衣の袖をいう。[例]をとめごも神さびぬらし(=年を取っただろう)**天つ袖**ふるき世の友(ノ私モ)よはひ経ぬれば〈源氏・少女〉[読解]「ふるき」の「ふる」は「振る」と「古る」を掛ける。

あま-つ-そら【天つ空】[名] ❶天上。空。[例]ひさかたの(枕詞)**天つ空**なる月なれどいづれの水に影宿るらむ〈拾遺・雑上〉❷はるか遠い場所。手の届かない所。[例]夕暮れは雲のはたてにものぞ思ふ**天つ空**なる人を恋ふとて〈古今・恋一〉➡名歌396 ❸宮中。また、天皇。[例]身は下ながら言の葉を**天つ空**まで聞こえあげ〈古今・雑体〉❹うわのそら。[例]我が心**天つ空**なり地は踏めども〈万葉・一二・二八八七〉

あま-づた・ふ【天伝ふ】〔―ツタウ・―ヅトウ〕「あまつたふ」とも。❶[動](ハ四) 天空を伝わる。天空をわたる。[例]ひさかたの(枕詞)**天伝ひ**来る雪じもの(=雪のように)〈万葉・三・二六一〉❷《枕詞》空をわたる「日」の意から「日」「入り日」などにかかる。

あま-つ-つみ【天つ罪】[名] 神話で、須佐之男命が高天原で犯したとされる罪。共同体全体にかかわる侵犯行為。[例]ここだくの(=多くの)罪を**天つ罪**と法り別けて〈祝詞・六月晦大祓〉

あま-つつみ【雨障み】[名] 雨に降りこめられて家に閉じ籠もっていること。[例]ひさかたの(枕詞)雨も降らぬか(=降らないかなあ)**雨障み**君にたぐひて(=寄り添って)この日暮らさむ〈万葉・四・五二〇〉

あま-つ-ひ【天つ日】[名] 太陽。[例]**天つ日**の光はきよくてらす世に〈玉葉集・雑五〉

あま-つ-ひこ【天つ日高】[名] 天つ神の子孫、また、その子孫とされる天皇家の男子に対する敬称。[例]この人は**天つ日高**の御子、空つ日高ぞ〈記・上・神代〉

あま-つ-ひつぎ【天つ日嗣ぎ】[名] 天照大御神の正統を受け継ぐこと。また、天皇の位。

あま-つ-ひれ【天つ領巾】[名] 天女が襟から肩に掛けた細長い布。また、そのように細くたなびく雲。[例]秋風の吹き漂はす白雲は織女の**天つ領巾**かも〈万葉・一〇・二〇四一〉

あま-つ-みおや【天つ御祖】[名] 皇室の祖先。高天原の神々。[例]我が**天祖**彦火瓊瓊杵尊に〈紀・神武即位前紀〉

あま-つ-みかど【天つ御門】[名] 皇居の門。転じて、皇居。[例]ひさかたの(枕詞)**天つ御門**を恐くも定めたまひて〈万葉・二・一九九〉

あま-つ-みそら【天つ御空】[名]〔「み」は接頭語〕天空。「あまつそら①」に同じ。[例]ひさかたの(枕詞)**天つ御空**に照る月の〈万葉・一三・三〇〇四〉

あま-つ-みづ【天つ水】〔―ミズ〕❶[名] 雨水。天の水。[例]みどり子の乳乞ふがごとく**天つ水**仰ぎてそ待つ〈万葉・一八・四一二二〉❷《枕詞》日照りのとき空を仰いで雨を待つことから「仰ぎ待つ」にかかる。

あま-つ-やしろ【天つ社】[名] 天つ神を祭る神社。[例]**天つ社**・国つ社の神を祭ひまつれ〈紀・神武即位前紀〉

あま-づら【甘葛】〔―ズラ〕[名] つる草の名。また、そのつるや葉から作った甘味料。[例]削り氷に**あまづら**入れて〈枕・あてなるもの〉

あま-つ-をとめ【天つ少女】〔―オトメ〕[名] ❶天女。「あまをとめ」とも。[例]ひさかたの(枕詞)**天つをとめ**が夏衣雲居にさらす布引の滝〈新古今・雑中〉❷五節の舞姫。[例]くやしくぞ**天つをとめ**となりにける

〈後撰・雑一〉

あま‐てらす【天照らす】〔「す」は上代の尊敬の助動詞〕「あまでらす」とも。■1 ❶天で照っておられる。❷地上世界を支配しておられる。例**天照らす** 神の御代(みよ)より〈万葉・一八・四一二五〉 ■2《枕詞》天を照らすことから「日」や「月」にかかる。語誌 ■1①は、太陽を意識しながら天上の神々をたたえる語。そこから②の、神々の子孫であるとされた天皇への畏敬(いけい)の念を表す語としても用いる。

天照大御神・天照大神(あまてらすおほみかみ) アマテラスオオミカミ《人名》神名。大日孁貴(おおひるめのむち)・日神(ひのかみ)などとも呼ばれる。「天照らす」+「大御神」で、通説では「天照らす」の「す」は尊敬の助動詞とされる。天上にあって照り輝く偉大で崇高な神、の意。

●**記紀での事績** 記紀の伝承では、黄泉(よみ)の国から伊邪那岐(いざなき)が帰還したとき、月読命(つくよみのみこと)・須佐之男命(すさのおのみこと)とともにその禊(みそぎ)の場に化成した神とされる。高天原(たかまのはら)の統治を命じられて天に昇り、高天原の主宰神である女神として弟須佐之男と対決するが、その乱暴に怒って天(あま)の岩屋戸(いわやと)に籠(こ)もると世界は暗闇(くらやみ)となり、また出てくると世界に光があふれた。その後、地上界である葦原(あしはら)の中(なか)つ国は自分の子孫が統治すべき国との神勅を下し、使者を派遣して葦原の中つ国を平定した後、孫である邇邇芸命(ににぎのみこと)を降臨させた。

●**神としての性格** 太陽神的な性格が顕著だが、皇祖神でもある。『日本書紀』などに見られる別称「大日孁」は「大日女(おおひるめ)」であり、偉大な太陽の女神の意とされるが、太陽神の妻の意で太陽神に仕える巫女(みこ)のイメージが投影されているともいわれる。中世には男神と考えられたこともある。一方で、農業神(穀霊)としての面影も残す。

●**伊勢とのかかわり** もともと伊勢地方の漁民が祀(まつ)っていた日神が、国家神話に取り込まれ、皇祖神という性格を付与されてできたのが天照大御神であるとみられている。『日本書紀』によると、最初は宮廷内に祀(まつ)られていたが、よい祭祀(さいし)場所を求めて移動し、伊勢の地に鎮座させたのが伊勢神宮であるという。〈高桑枝実子〉

あま‐て・る【天照る】 動(ラ四) 大空に照り輝く。例ひさかたの(枕詞)**天照る**月の隠りなば何になぞへて(=何になぞらえて)妹(いも)を偲(しの)はむ〈万葉・一一・二四六三〉

あまてるや【天照るや】《枕詞》〔「や」は間投助詞〕空に照り輝くものの意から「日」にかかる。

あま‐と・ぶ【天飛ぶ】 動(バ四) 大空を飛ぶ。例ひさかたの(枕詞)**天飛ぶ**雲にありてしか〈万葉・一一・二六七六〉

あまとぶや【天飛ぶや】《枕詞》〔「や」は間投助詞〕空を飛ぶ意から「鳥」「雁(かり)」に、また、雁の音に類似する地名「軽(かる)」にかかる。さらに、天を飛ぶのに使うとされた「領巾(ひれ)」にかかる。例(a)**天飛ぶや**鳥にもがもや〈万葉・五・八七六〉例(b)**天飛ぶや** 軽の道は 我妹子(わぎもこ)が 里にしあれば〈万葉・二・二〇七〉→名歌45

あまな・ふ【甘なふ・和ふ】 アマナウ・アマノウ 動(ハ四) ❶好意をもつ。仲よくする。例速待(はやまち)(=人名)、玖賀媛(くがひめ)が家に詣(たい)りぬ。しかれども玖賀媛**和はず**〈紀・仁徳〉 ❷甘んじて受け入れる。例清貧を**あまなひて**〈読本・雨月・菊花の約〉

あまね・し【遍し・普し】 形(ク) 広く行き渡るさま。あたり一面。例火の光に映じて、**あまねく**紅(くれなゐ)なる中に〈方丈記〉

あま‐の【天の】「あめの」とも。天上世界の。天にある。また、天上世界が神聖な場所であるところから、宮廷に関係する事物に冠する。一説に、「あめの」の古形とも。

あま‐の‐いはくら【天の磐座】 —ワクラ 神話で、高天原(たかまのはら)にあって、神の座となっている岩石。例皇孫(すめみま)すなはち**天の磐座**を離(おしはな)ち〈紀・神代下〉

あま‐の‐いはと【天の岩戸】 —イワト 神話で、高天原(たかまのはら)の入り口にあるとされる堅固な門。「あまのと」とも。例天つ神は**天の磐門**(いはと)を押しひらきて〈祝詞・六月晦大祓〉

あま‐の‐いはや【天の岩屋・天の石窟】 —イワヤ 神話で、高天原(たかまのはら)にあって、天照大御神(あまてらすおほみかみ)が隠れ籠(こ)もったという岩の洞穴。例**天の岩窟**に入りまして、磐戸(いはと)を閉(さ)してこもりましぬ〈紀・神代上〉

あま‐の‐いはやと【天の岩屋戸】 —ワヤト 名 高天原(たかまのはら)の岩屋の戸。例天照大御神(あまてらすおほみかみ)畏(かしこ)み、**天の岩屋戸**を開きてさしこもりましき〈記・上・神代〉

あま‐の‐うきはし【天の浮き橋】 名 天上と地上を結ぶ橋。例二柱の神、**天の浮き橋**に立たして(=お立ちになって)〈記・上・神代〉

天の香具山(あまのかぐやま)《地名》香具山のこと。天上から天降(あまくだ)った山と伝えることから「天の」を冠していう。上代は「あめの香具山」。

あま‐の‐がは【天の川】

—ガワ 名 銀河。中国渡来の七夕伝説と結びつけられた。例**天の川**相向き立ちて我(あ)が恋ひし君来(き)ますなり紐(ひも)解き設(ま)けな(=天の川に向きあって立ち私が恋しく思っていたあなたがいらっしゃるようだ。衣の下紐を解いて待とう)〈万葉・八・一五一八〉

語誌 ▼**七夕伝説との結びつき** 日本の文芸には日と月を除いて、天体・星についての描写があまりない。その中で天の川だけは特別である。例で挙げた歌は山上憶良(やまのうえのおくら)のものだが、これが『万葉集』の初出といってもいい例で、七夕伝説は八世紀前半に広まったことになる。憶良の歌を典型例として、漢詩文の消化の中から七夕の文芸への定着があった。

天の川の川原、「天の川原(河原)」の例は柿本人麻呂(かきのもとのひとまろ)の日並皇子(ひなみしのみこ)の挽歌(『万葉集』巻二・一六七番)があるが、そこでは、記紀の高天原(たかまのはら)の「安(やす)の河原」と一致する。この天の安の河原も、「天地(あめつち)の初めの時ゆ 天の川 い向かひ居(を)りて 一年(ひととせ)に 二度(ふたたび)逢はぬ 妻恋ひに もの思ふ人 天の川 安の川原の あり通ふ 出での渡りに」〈万葉・一〇・二〇八九〉のように、七夕伝説と重なっていく。牽牛(けんぎゅう)と織女の逢瀬(おうせ)は一年に一度と決められたのは天地の初めの時に神々の決めたことだというのである。中国の天の川と日本古来の天の川が重ねられたことになる。〈古橋信孝〉

あま‐の‐かはら【天の河原】 —カワラ ❶神話で、高天原(たかまのはら)にある、天の安(やす)の河の河原。神々が集まる場所。

例ひさかたの（枕詞） 天の河原に 八百万 千万神の 神集ひ 集ひいまして〈万葉・二・一六七〉 ❷天の川の河原。例七夕の天の河原の岩枕〈千載・秋上〉

あま-の-かるも【海人の刈る藻】 漁師が刈り取る海草。製塩などに用いる。例海人の刈る藻にすむ虫の（ここまで序詞）われからと音をこそ泣かめ（=自らのせいで不幸を招いたのだと、声を上げて泣くだろうが）世をば恨みじ〈伊勢・六五〉 読解「われから」は「我から」と虫の名「われから」を掛ける。

あま-の-こ【海人の子】 ❶漁民の子。また、卑しい身分の人のたとえ。例漁りするあまの子どもと人は言へど〈万葉・五・八五三〉 読解「ども」は複数を表す。❷（船に住むことから）遊女。例白波の寄するなぎさによを過ぐす海人の子なれば宿もさだめず〈和漢朗詠集・下・遊女〉 読解「よ」は「世」と「夜」を掛ける。

あま-の-さかて【天の逆手】 人を呪うために、左右の手を普通とは逆にして打つこと。手の甲どうし打ち合わせる、手のひらで手の甲を打つなど、諸説ある。例かの男は、天の逆手を打ちてなむのろひ居るなる〈伊勢・九六〉

あま-の-さかほこ【天の逆鉾】 神代にあったと伝える神聖な鉾。例その土を天の逆鉾に塗りて神舟の艫舳に建て〈播磨風土記〉

あま-の-さへづり【海人の囀り】―サエヅリ 漁夫たちの聞き取りにくい言葉。がやがや話す言葉を鳥のさえずりにたとえていう。例海人のさへづり思し出でらる〈源氏・松風〉

あま-の-じゃく【天の邪鬼】 名（「あまのさぐめ」の変化した形か）❶四天王の像などの足下に踏みつけられている悪鬼。例あまのじゃくと申すは、御仏にふまへられてござる〈虎寛本狂言・仏師〉 ❷でしゃばり。差し出がましいもの。例由無く口さがなき（=品がなく、口が悪い）女房ありけるを、天の邪鬼とぞ人々言ひける〈御伽草子・乳母の草紙〉

あま-の-つりぶね【海人の釣り舟】 漁民が釣りをする舟。和歌では、海上の景物として詠まれる。例わたの原八十島かけて漕ぎ出でぬと人には告げよ海人の釣り舟〈古今・羇旅〉↓名歌438

あま-の-と【天の戸】「あまのいはと」に同じ。

あま-の-と【天の門】（「と」は海や川の幅が狭くなった所）❶太陽や月の渡る道。空を海に見立てていう。例さ夜ふけて天の門渡る月影にあかずも君をあひ見つるかな〈古今・恋三〉 ❷天の川の渡し場。

あま-の-とまや【海人の苫屋】 苫で屋根を葺いた、漁師の粗末な小屋。例世の中はかくても経けり象潟のあまの苫屋をわが宿にして〈後拾遺・羇旅〉（=このようにしても過ごせるのだなあ）

あま-の-ぬぼこ【天の瓊矛】 神話で、高天原にあった、玉飾りのある神聖な矛。例天の沼矛を賜ひて、言依さしたまひき（=ご委任なさった）〈記・上・神代〉

あま-の-はごろも【天の羽衣】 名 天上世界のものの着衣。例天の羽衣を盗み取らしむるに、弟の衣を得て隠しき〈近江風土記逸文〉

天の橋立（あまのはしだて）《地名》歌枕 丹後国、今の京都府宮津市の地名。宮津湾内に突き出た砂州を橋に見立てた称。

あま-の-はら【天の原】 名 ❶神話で、神々が住む天上の世界。高天原のこと。例あが（=私が）隠りますによりて、天の原おのづからに（=自然と）闇く〈記・上・神代〉 ❷大空。例天の原振り放け見れば大君の御寿は長く天足らしたり（=空に満ち満ちていらっしゃる）〈万葉・二・一四七〉

あま-の-ひつぎ【天の日嗣ぎ】「あまつひつぎ」に同じ。

あま-びこ【雨彦・馬陸】 名 虫の名。ヤスデ。ムカデに似て足が多く小さな虫。例童べの名は…いなごまろ・雨彦なむなどつけて〈堤中納言・虫めづる姫君〉

あま-びたひ【尼額】―ビタイ 名 尼になって髪を肩で切りそろえたときの前髪。また、その額の様子。尼削ぎの額。例御尼額ひきつくろひ〈源氏・少女〉

あま-びと【天人】 名『仏教語』「あめひと①」に同じ。例天人の翔りて、琵琶の手教へけるは〈源氏・宿木〉

あま-びと【海人・蜑人】 名「あま（海人）」に同じ。例釣りに年経る 海人も〈栄花・岩蔭〉

あま-ひれ【天領巾】 名「あまつひれ」に同じ。

あま-ぶね【海人舟・蜑舟】 名 海人の乗る舟。漁船。例鮪釣ると 海人舟騒き〈万葉・六・九三八〉

あま-ほふし【尼法師】―ホウシ 名「あま（尼）」に同じ。

あま-ま【雨間】 名 雨の晴れ間。例雨間に例の通ひ所にものしたる（=出かけた）日〈蜻蛉・上〉

あまみつ-つき【天満つ月】 名 空に輝く満月。例あまみつ月も満ち潮の海松布（=海藻の名）をいざや刈らうよ〈謡曲・海士〉 読解「あまみつ月」の「あま」に「海人」を掛ける。

あま・ゆ【甘ゆ】 動（ヤ下二）❶甘えてつけあがる。なれなれしくする。例ほどよりは（=身分のわりには）あまえて〈源氏・末摘花〉 ❷きまり悪く思う。例いとはしたなく言ひののしりければ、あまえて出でにけり〈栄花・浦々の別れ〉

あまり【余り】

1 名 ❶残ったもの。残り。余分。例その余りの暇、幾ばくならず（=その残りの暇は、いくらもない）〈徒然・一二三〉 ❷（多く「～のあまり（に）」の形で）たいへん～した結果。～のあまりに。例京の近づく喜びのあまりに、ある童の詠める歌（=ある子どもが詠んだ歌）〈土佐〉

2 副 度が過ぎて。ひどく。例(a)いとあまり埋もれいたきを（=たいそう度が過ぎて控え目なので）〈源氏・賢木〉例(b)あまりも馴れじ（=ひどくは馴れ馴れしくするまい）〈源氏・紅葉賀〉

3 形動（ナリ）度が過ぎているさま。あんまりだ。ひどい。例（コノ女君ハ）いとものをあまりなるまで思ししめたる御心ざまにて（=たいへん物事を度が過ぎているまでに思いつめておられるご性質で）〈源氏・夕顔〉

語誌 ①には、「はたとせあまりよとせ（二十四年）」〈紀・継体〉のような用法もあり、これを接尾語とする立場もある。〈井上博嗣〉

あまり-ごと【余り事】 名 余計なこと。行き過ぎ。また、分に過ぎたこと。あまりに虫のいいこと。例獅子に乗るが余り事にてあるなり〈今昔・五・二〇〉

あまり-さへ【剰へ】―サエ 副「あまっさへ」に同じ。例

あくる年は、立ち直るべきかと思ふほどに、あまりさへ、疫癘(=伝染病)うちそひて〈方丈記〉

あま・る【余る】動(ラ四)❶数量がある基準より多くある。例二十に一つ二つぞ、**あまり**たまへりける〈源氏・宿木〉❷そのものにおさまりきらない。あふれ出る。例胸よりも**あまる**心地したまふ〈源氏・幻〉❸程度が基準を越える。例御心掟・御気色など末の世の帝には**あまら**せたまへり(=末世の天皇としてはごりっぱすぎる)〈栄花・輝く藤壺〉❹我慢できる限界を越える。例忍ぶるに**あまる**ほどを(=堪えるにも堪えきれない心の内を)〈源氏・胡蝶〉

あま-をとめ【天少女】オトメ 名「あまつをとめ」に同じ。

あま-をとめ【海人少女】オトメ 名 海人の少女。漁民の娘。例**海人娘子**玉求むらし(=真珠を取りに行くらしい)〈万葉・六・一〇〇三〉

あま-をぶね【海人小舟】オブネ ❶名 漁師の乗る小さい舟。例白波の 八重折るが上に **海人小舟** はららに(=点々と)浮きて〈万葉・二〇・四三六〇〉❷《枕詞》舟が港などに停泊することを「泊つ」ということから、「泊つ」と同音を含む「泊瀬山」「初雪」「二十日」などに、また、舟に乗ることから、「乗り」と同音の「法」にかかる。

あまん・ず【甘んず】動(サ変) 満足する。楽しむ。例まのあたり奇景を**甘んず**〈芭蕉・奥の細道〉

あみ【網】名 あみ。糸や縄・針金などを編んで、狩猟や防戦に用いる。あらゆる物をすくいあげることから、衆生を救済する仏の慈悲をたとえることもある。例御前の池に**網**おろし〈宇津保・祭の使〉

あみ-がさ【編み笠】名 菅や藺草などで編んだ笠。男女の別や時代によって形は多様。例太刀帯きて(=腰に差して)、**編み笠**といふ物うち着〈義経記・六〉

あみ-さす【網さす】網を張る。例(ホトトギスヲ)**網ささ**ば花は過ぐとも離れずか鳴かむ(=網を張って捕らえたら、花は散り過ぎても、続けて鳴くだろうか)〈万葉・一七・三九一七〉読解 この「花」は橘。

あみだ

【阿弥陀】名《仏教語》〔梵語の音写。無量の意〕西方極楽世界の教主。阿弥陀仏・阿弥陀如来とも。また、略して弥陀とも。例等身の薬師一体並びに釈迦・**阿弥陀**の像、おのおの造立・供養せられけり(=人間の身長と等しい薬師如来を一体ならびに釈迦如来と阿弥陀如来の像を、それぞれ造ってご供養なさった)〈平家・一・願立〉

一語誌 ▼**四十八願** 仏となる前身は法蔵菩薩といい、衆生救済のために四十八の願を立て、その願がかなわなければ仏にならないと誓い、無量の年月、菩薩行を行った結果、阿弥陀仏となった。その浄土は西方十万億の世界を越えたところにあり、極楽と称する。四十八願のうち第十八願は念仏往生の願であり、衆生が阿弥陀仏の救済を信じて念仏すれば、必ず極楽に往生するとされる。

▼**阿弥陀信仰** 平安中期、源信という高僧や空也という念仏の聖が出て、それぞれに貴族層や庶民に阿弥陀信仰を広めた。その背景には、現実の社会不安とともに、仏の救済が得られなくなる時代が来るという末法思想の浸透があるとされる。その流れが、鎌倉時代の法然・親鸞・一遍らの阿弥陀信仰・念仏信仰に発展していく。

平安時代には多くの阿弥陀像が造られ、供養された。多くは左右に観音・勢至の二菩薩を従えた、阿弥陀三尊の姿に造られる。また死期の近い者を極楽へ迎えにやって来る、来迎仏の姿で描かれる例もある。死に際してはその阿弥陀像の手に五色の糸を掛け、一方の端を手にして念仏を行えば、間違いなく極楽へ往生できると信じられた。⇩口絵 〈劔持雄二〉

あみだ-がう【阿弥陀号】ゴウ 名〔阿弥陀仏の名号の意〕平安末期以降、特に鎌倉初期の浄土宗・時宗で、念仏行者が自分の名の一字の下に「阿弥陀」「阿弥」「阿」をつけた称号。のち、仏工・画工・能役者がこれを用いた。「世阿弥」「頓阿」など。

あみだ-がさ【阿弥陀笠】名 笠を頭の後ろの下方に傾けてかぶること。笠の内側の骨が阿弥陀仏の光背のように見えることからいう。例笠がよく似た**阿弥陀笠**、弥陀の御国に生まれける〈近松・五十年忌歌念仏・下〉

あみだ-きゃう【阿弥陀経】キョウ 名《仏教語》経典の名。観無量寿経・無量寿経とともに、浄土三部経の一つ。一巻。漢訳は鳩摩羅什の訳が普及。阿弥陀仏の名号を一心不乱に唱えることによって、極楽浄土に往生することを勧めた経典。「小典」「小無量寿経」などとも。例**阿弥陀経**…御心とどめて急ぎ書かせたまへるかひありて〈源氏・鈴虫〉

あみだ-にょらい【阿弥陀如来】名《仏教語》「あみだ」に同じ。

あみだ-の-ひじり【阿弥陀の聖】阿弥陀仏の名号を唱えて、教えを広め歩く僧。空也にならって、鹿の角をつけた杖をつき、金鼓をたたいて歩いた。例**阿弥陀の聖**の「南無阿弥陀仏」と…遥かに声うちあげたれば〈栄花・嶺の月〉

あみだ-ぶつ【阿弥陀仏】名《仏教語》「あみだ」に同じ。

あみだ-ぼとけ【阿弥陀仏】名《仏教語》「あみだ」に同じ。例今なむ**阿弥陀仏**の御光も心清く待たれはべるべき〈源氏・夕顔〉

あみ-ど【編み戸】名 竹や葦、薄い板などを編んで作った粗末な戸。例あやしの(=粗末な)竹の**編み戸**のうちより〈徒然・四四〉

あみ-ぶね【網船】名 網を引く船。網を打つ船。例網子(=網を引く人)ととのふる**網船**の〈謡曲・蘆刈〉

あむ【虻】名 虫の名。アブの古称。例**虻**、御腕を咋ふ〈記・下・雄略〉

あ・む【浴む】動(マ上二) 湯水などをかぶる。あびる。例筑紫へ湯**あみ**むとてまかりける時に〈古今・離別・詞書〉

あ・む【編む】動(マ四)❶竹や糸などを組み合わせて、かごや布状のものを作る。例竹**編める**垣しわたして(=めぐらして)〈源氏・須磨〉❷編集する。

あむ・す【浴むす】❶動(サ四) 湯水をあびせる。例櫟津の檜橋より来む狐に**浴むさ**む〈万葉・一六・三八二四〉❷動(サ下二) ❶に同じ。例姫君に湯など**あむ**

せたてまつる〈夜の寝覚・二〉

あめ【天】 名 ❶天。空。例**天**より雪の流れ来るかも〈万葉・五・八二二〉 ❷天界。高天原。例**天**なるや 弟たなばたの うながせる(=機織りの娘が首にかけていらっしゃる) 玉のみすまる〈記・上・神代・歌謡〉

あめ

【雨】 名 雨。例大前小前宿禰が 金門かげ かく寄り来ね 雨立ち止めむ(=大前小前宿禰の家の門のかげに、このように寄って来ないか、雨がやむのを待とう)〈記・下・允恭・歌謡〉

語誌 ▼**神々の降らせるもの** 雨は「天」と同源の語。同系統の語だということは、天が神々の世界だから、雨も神々の降らせるものだと考えていたことを示している。大伴家持は日照りのときに、「天つ水 仰ぎてそ待つ あしひきの(枕詞) 山のたをりに この見ゆる 天の白雲 わたつみの 沖つ宮辺に 立ち渡り との曇りあひて 雨も賜はね」〈万葉・一八・四一二二〉と歌で祈願している。雨を「天つ水」といい、山のあたりにかかる雲が海神の宮に行き、海神によって雨雲となって、雨をくださいと願っている。海神が雨を降らすと考えていたこともわかる。

雨には霊威が濃いので、普通はぬれるのが禁忌だった。雨夜は逢い引きも禁忌だった。雨の呪力は、時雨が草木の葉を紅葉させる、春雨が梅を咲かせる、などと歌に詠まれることからも知られる。〈古橋信孝〉

あめ【飴】 名 ❶菓子の名。あめ。❷飴色。水飴のような薄い黄褐色。例この家の牛の中に**あめ**なる牛あり〈三宝絵・中・二〉 ❸甘やかすこと。例ここな馬めは飴が過ぎたか〈松の葉・三・馬方〉

あめ-うじ【飴牛・黄牛】 名〔飴色の牛の意〕❶薄い黄褐色の牛。上等な牛とされた。例さる車に**あめ牛**かけたる〈枕・にげなきもの〉 読解 この「さる車」は、屋形のない粗末な車。❷雌牛。

あめ-が-した【天が下】 名 地上の世界。天下。和歌では、「雨が下」をかけることが多い。例**あめが下**には隠れ家もなし〈太平記・三〉

あ-め・く【叫く】 動(カ四) わめく。例酒のみてあめき〈枕・にくきもの〉

あめ-しづく【雨雫】 名 雨の滴。例**雨しづく**と泣きて候ひけり〈十訓抄・一〇・二六〉

あめ-つし【天地】 名《上代語》〔「つし」は「つち」の東国方言〕「あめつち」に同じ。例**あめつし**のいづれの神を祈らばか(=祈ったら)〈万葉・二〇・四三九二〉

あめ-つち

【天地】 名 ❶**天と地**。例**天地**のともに久しく言ひ継げとこの奇しみ魂敷かしけらしも(=天と地とともに長い間語り伝えろと、この霊石をお置きになったらしい)〈万葉・五・八一四〉

❷**天つ神と国つ神**。例**天地**の堅めし国そ(=堅固に作り上げた国だぞ)大和島根は〈万葉・二〇・四四八七〉

❸「天地の詞」の略。例**天地**を上下にてよむとてよませし(=天地の詞を歌の上と下につけて詠むといって詠ませた歌)〈相模集・詞書〉

語誌 ▼**古代の世界観** 本来「天」は「あま」で、「国」と対応する語である。天上世界と地上世界という対応であり、さらに海の世界を加えた三つで全宇宙になる。そうした世界観から、天と地が空間を表す語になっていく。「天」は空を、「地」は大地を表した。ただし、「天地」は漢語にあり、「あめつち」はその翻訳語である可能性が高い。〈古橋信孝〉

あめつち-の-ことば【天地の詞】 名 平安初期に作られた手習いの言葉。「あめ(天)つち(地)ほし(星)そら(空)やま(山)かは(川)みね(峰)たに(谷)くも(雲)きり(霧)むろ(室)こけ(苔)ひと(人)いぬ(犬)うへ(上)すゑ(末)ゆわ(硫黄)さる(猿)あふせよ(生ふせよ)えのえを(榎の枝を)なれゐて(慣れ居て)」と、同じ仮名を繰り返すことなく、一回ずつ用いて四八字すべてを言葉として覚えやすくしたもの。「えのえを」の前の「え」はア行、後の「え」はヤ行で、二つは区別されている。

あめ-の【天の】 「あまの」に同じ。例**天の**海に雲の波立ち月の舟星の林に漕ぎ隠る見ゆ〈万葉・七・一〇六八〉→名歌48

あめ-の-あし【雨の脚】 〔「雨脚」の訓読〕❶雨足。雨の筋。例**雨の脚**横さまにさはがしう吹きたるに〈枕・八九月ばかりに雨にまじりて〉 ❷しきりに降る雨。頻繁なことのたとえにいう。例御使ひ、**雨の脚**よりもけに(=いっそう)しげし〈源氏・夕顔〉

あめ-の-うみ【天の海】 名 大空を海原にたとえた語。例**天の海**に雲の波立ち月の舟星の林に漕ぎ隠る見ゆ〈万葉・七・一〇六八〉→名歌48

あめ-の-した

【天の下】 名 ❶**地上世界全体**。例天皇の 敷きます国の **天の下** 四方の道には(=天皇がお治めになる国の世界全体、すべての方向の道には)〈万葉・一八・四一二二〉

❷**国事**。**国政**。**朝廷**。例今は**天の下**を御心にかけたまへる大臣にて(=今は国政をお気にかけていらっしゃる大臣であって)〈源氏・玉鬘〉

❸**国じゅうに隠れのないこと**。**国じゅうで第一であること**。例**天の下**の色好み、源の至といふ人(=国じゅうに隠れのない色好み、源至という人)〈伊勢・三九〉

語誌 ▼**神々につかさどられた世界** 「天」は高天原のことだから、その下の地上世界という意だが、わざわざ「天の下」というのは、この地上世界が高天原世界に統括されているという考えを表している。政治を任されている貴族たちは、基本的に高天原の神々の子孫たちで、その政治を行う場が朝廷である。したがって、朝廷が安定していることが地上世界の安定であったと思われる。ただし、「あめのした」は漢語の「天下」の翻訳語と思われる。国家的な統治の思想は中国の思想によっているからである。しかし日本には革命思想がないから、必ずしも直輸入ではない。〈古橋信孝〉

あめ-の-ひ【天の火】 名 天からもたらされる火。例君が行く道の長手を繰り畳ね焼き滅ぼさむ**天の火**もがも〈万葉・一五・三七二四〉→名歌138

あめ-の-みかげ【天の御蔭】 りっぱな宮殿。天皇の宮殿を賛美した語。例高知るや **天の御蔭** 天知るや 日の御影の〈万葉・一・五二〉

あめ-の-みかど【天の御門】 天皇の宮殿。朝廷。また、天皇の敬称。例恐きや**天の御門**をかけつれば(=思いやると)〈万葉・二〇・四四八〇〉

あめのむらくも-の-つるぎ【天の叢雲の剣】 名 三種の神器の一つ。別名草薙の剣。須佐之命が出雲国で八岐大蛇を退治した折、その尾から発見したという霊剣。のち倭建命が東国遠征に際して与えられたが、帰途尾張に残したので、以後熱田の宮に祭られることになった。

あめ-ひと【天人】 名 ❶『仏教語』天界の人。天人。❷都の人。例天離る（枕詞）鄙（＝田舎）の奴に天人しかく恋ひすらば生ける験（＝かい）あり〈万葉・一八・四〇八二〉 ❸天皇に統治されている人。

あめ-まだら【飴斑・黄斑】 名 飴色（薄い黄褐色）の毛色で、まだらのある牛。例河内禅師がもとに黄斑の牛ありけり〈今昔・二七・二六〉

あめ-も-よ-に【雨もよに】 副 雨が激しく降る中に。和歌では、多く「よに」に「夜に」を掛けて用いる。例木幡の山のほど（＝あたり）も、雨もよにいと恐ろしげなれど〈源氏・椎本〉

あめ-やま【天山】 ❶名 天と山。はかり知れないほど多大なことのたとえ。例平家の御恩を天山と蒙ったれば〈平家・四・源氏揃〉 ❷副 たいそう。おおいに。「天山忝なし」の形で深い謝意を表すことが多い。例天山忝なくは候へど、今はかへりて（＝かえって）うらめしく候ふ〈仮名草子・竹斎・上〉

あ-めり

〔ラ変動詞「あり」の連体形＋推定の助動詞「めり」＝「あるめり」の撥音便形「あんめり」の撥音の表記されない形〕あるようだ。あるらしい。例(a)（瘧病ノ発作ハ）おこらせたまはずなりぬるにこそはあめれ（＝お起こりにならなくなってしまった様子であるようだ）〈源氏・若紫〉例(b)今ひとときは心も浮きたつものは、春のけしきにこそあめれ（＝もう一段とそわそわして心も落ち着かないものは、春の景色であるらしい）〈徒然・一九〉

語誌 ▼音読するときは、ふつう「ん」を補って「あんめり」と読む。
▼平安中期ごろ多く用いられた。例のように「にこそ（は）あめれ」の形での使用が目立つ。この形が変化し、中世に入ると「ごさんめれ」という形で軍記などに用いられた。

あも【母・阿母】 名『上代語』「おも（母）」の東国方言。母。例津の国の海の渚に舟装ひ立し出も時に阿母が目もがも（＝舟出の用意をし出発するときに母に逢いたいなあ）〈万葉・二〇・四三八三〉

あも-しし【母父】 名『上代語』「おもちち」の東国方言。母と父。両親。例旅行きに行くと知らずてあもししに言申さずて今ぞ悔しけ〈万葉・二〇・四三七六〉

あも-とじ【母刀自・阿母刀自】 名『上代語』〔「とじ」は女性の敬称〕東国方言。「あも」の敬称。母上。例阿母刀自も玉にもがもや（＝玉でもあればよいのになあ）戴きてみづらの中に合へ巻かまくも（＝混ぜて巻き込みたい）〈万葉・二〇・四三七七〉

あもり-つく【天降り付く】《枕詞》大和国（奈良県）の香具山は天から降ってきた山だとする伝説から、「天の香具山」「神の香具山」などにかかる。

あ-も・る【天降る】 動（ラ上二）〔「あまおる」の変化した形〕❶天上から地上に降りる。例葦原の瑞穂の国に 手向けすと 天降りましけむ〈万葉・一三・三二二七〉 ❷天皇が外出なさる。例和射見が原の 行宮に 天降りいまして〈万葉・二・一九九〉

語誌 連用形しか見られないが、「あまおる」から上二段活用と考えられる。

あや

【文・彩・紋】 名 ❶物の表面に現れる模様。木目・波紋・織物の紋様など。例さざれ波寄するあやをば青柳の影の糸して織るかとぞ見る（＝さざ波が寄せて作る水面の模様を、川底に映った青柳の影の糸で織り出したのかと見ることだ）〈土佐〉

読解 柳の姿が川の底に映っているのを見て詠んだ歌。「青柳」を「糸」にたとえる。「あや」「織る」はその縁語。

❷物事の道理。筋道。わけ。⇩あやなし。例などて寝られざらむ。もし、あややある（＝どうして寝られないのだろうか。ひょっとしたら、わけがあるのか）〈平中・二七〉

❸技巧。表現のしかた。音楽の節回しや文章の修辞など。例漢にはそのあやもある事となり（＝漢詩・漢文にはその修辞の法則もあるということである）〈俳諧・三冊子・白冊子〉

〈木村博〉

あや

【綾】 名 いろいろな模様を織り出した高級な絹織物。綾織物。例御几帳よりはじめて、ここの綾・錦はまぜさせたまはず（＝御几帳をはじめとして、この国の綾織物・錦はおまぜにならず）〈源氏・若菜上〉

読解 日本のものは使わず、唐織物だけで、ということ。

語誌 ▼錦と綾 錦が金銀糸や種々の色糸で模様を織り出すのに対して、綾は単色で斜めに織り筋を出し、種々の模様を現す。衣服のほか、几帳・屏風などに用いられた。

〈木村博〉

あや 感 驚いたときに発する語。ああ。ありや。おお。例弁慶が大長刀を打ち流して、手並みのほどは見しかば、あやと肝を消す〈義経記・三〉

あや-おり【綾織り】 名 ❶「あや（綾）」に同じ。❷綾を織ること。また、その人。例唐衣・表着の織物どもは、綾織り召して仰せはべりぬ〈栄花・若水〉

あや-おりもの【綾織物】 名「あや（綾）」に同じ。例いみじき君達なれどえしも着たまはぬ（＝御着用になれない）綾織物を、心にまかせて着たる〈枕・めでたきもの〉

読解 綾織物は朝廷に出仕するときの衣服としては、五位以上（蔵人の場合は六位以上）に限って着用が許された。ここは六位の蔵人の話。

あやかし 名 ❶船が暴風雨にあうとき出現するという海の妖怪。例この御舟にはあやかしが付いて候ふ〈謡曲・舟弁慶〉 ❷不思議なこと。不思議なもの。妖怪。変化。亡霊。例汝が家のあやかしは、狐・狸のわざにもなく（＝仕業でもなく）〈浄瑠璃・椀久末松山・上〉 ❸愚か者。ばか者。例人の聞きて、我をあやかしと言はん〈醒睡笑・二〉

あやか・る【肖る】 動（ラ四）❶揺れ動く。移り変わる。例ともすればあやかりやすき人の心か〈拾遺・雑恋〉 ❷人や物に感化されて、それと同じようになる。多く、幸福な人に似て自分も幸せになることをいう。例（アナタノ）お年にも御果報にも（＝御長寿にもお幸せにも）あやかるやうに、三人の者どもに名を付けて

くだされい〈狂言・財宝〉

あや・し

【奇し・異し・怪し・賤し】形(シク)「あや」は感動詞。正体不明のものや不思議な状態に接して「あや(あれっ)」と驚きの声を発したくなるような気持ち。

❶㋐**人の知恵でははかれず、不思議だ。怪奇だ。**例(a)女も、いと**あやしく**心得ぬ心地のみして、御使ひに人を添へ〈源氏・夕顔〉読解訪ねては翌朝姿をくらますように帰る光源氏を、夕顔は不思議だと思い、源氏からの使者が帰っていく跡を、人につけさせる。例(b)いと**あやし**と思しめぐらすに、ただかの御息所なりけり(=たいそう怪奇だとあれこれお考え合わせになると、まさしくあの御息所であったよ)〈源氏・葵〉読解目前に現れた物の怪を怪奇と思うと、それが御息所の生霊と気づいた。

㋑**人知を超えて、神秘的だ。**例天そそり 高き立山 冬夏と 別くこともなく 白たへに 雪は降り置きて…立ちて居て 見れども**あやし**〈万葉・一七・四〇〇三〉読解「立山」は越中国(富山県)の立山連峰のこと。季節を問わず白雪を置く険しい山を、霊峰と賛美する長歌。

❷**正体や真相、理由や原因がわからず、不審だ。いぶかしい。**例かぐや姫を養ひたてまつること、二十余年になりぬ。片時とのたまふに、**あやしく**なりはべりぬ(=かぐや姫をお育て申し上げること、二十年あまりになりました。ちょっとの間とおっしゃるので、いぶかしく思われました)〈竹取〉読解竹取の翁の言葉。

❸**普通とは違っていて、珍しい。異常だ。奇妙だ。**例陸奥の国にいきたりけるに、**あやしく**おもしろき所々多かりけり〈伊勢・八一〉読解都の人には、東北地方の風物が珍しいのである。

❹**礼儀や道理にはずれて、不都合だ。けしからぬ。よくない。**例ここかしこの道に**あやしきわざ**をしつつ(=あちらこちらの通路にけしからぬことをたびたびして)〈源氏・桐壺〉読解「あやしきわざ」は、桐壺更衣が帝の御前に行けないように糞尿をまき散らしたこと。

❺**みすぼらしい。粗末だ。身分が低い。卑しい。**例(a)(夕顔ノ花ハ)かう**あやしき**垣根になん咲きはべりける(=咲くものでございましたなあ)〈源氏・夕顔〉読解夕顔という花は卑しい身分の人の家の垣根に咲くものだ、と語る。例(b)**あやしき**下臈なれども、聖人の戒めにかなへり(=合致している)〈徒然・一〇九〉

❻**気がかりだ。不安だ。**例うひうひしき旅人の道ふみたがへん、**あやしう**(音便形)はべれば(=その土地に慣れていない旅人は道を間違えるだろう、気がかりですので)〈芭蕉・奥の細道〉

語誌▼「あやし」は、不思議な現象への驚きを表すのを原義とする。神性を認めるような感性に基づく①②は、その原義に最も近い。そこから、普通の感覚や道理とは違っているとする感じ③④や、さらに卑賤さ⑤や不安定感⑥をも表すようになる。

▼類義語に「くすし」がある。不思議さを思う点では共通するが、「くすし」はそれを畏敬する気持ちである。〈今井久代〉

あやし-が・る【怪しがる】動(ラ四)〔「がる」は接尾語〕不思議に思う。変だと思う。例いと思ひのほかなる人の言へれば、人々**あやしがる**〈土佐〉

あやし-げ【怪しげ・賤しげ】形動(ナリ)〔「げ」は接尾語〕❶いかにも変だ。不審だ。例会ふ者・見る人**あやしげに**思ひて、ささめき騒ぐぞ(=ひそひそ言いあっているのは)いとわびしき〈蜻蛉・中〉❷みすぼらしい。見苦しい。例いと**あやしげなる**下衆の小家なむある〈更級〉

あやし・ぶ【怪しぶ】動(バ上二・バ四)〔「ぶ」は接尾語〕「あやしむ」に同じ。例相人(=人相見)驚きて、あまたたび(首ヲ)傾き**あやしぶ**〈源氏・桐壺〉

あやし-み【怪しみ】名 怪しむこと。不審。疑い。例八人の郎等、とりどり**怪しみ**をなして(=それぞれ不審に思って)見るに〈宇治拾遺・一〇六〉

あやし・む【怪しむ】〔形容詞「あやし」の動詞化〕❶動(マ四)不審に思う。変だと思う。疑う。例うちうちに(=ひそかに)**あやしみ**思うたまふる人の御事にや〈源氏・夢浮橋〉❷動(マ下二)❶に同じ。例わが君を**怪しむる**は(=不審に思われては)、一期の浮沈極まりぬ〈謡曲・安宅〉

あや・す【落す】動(サ四)〔「あゆ」の他動詞形〕血・汗などを滴らす。例血を**あやし**て、卒塔婆によくぬりつけて〈宇治拾遺・三〇〉

あや-すぎ【綾杉】名 ヒノキ科の植物の名。椹の変種。葉は杉に似て、裏が白色。例生ひ繁れ平野の原の**綾杉**よ〈拾遺・神楽歌〉

あや-すげがさ【綾菅笠】名 菅を斜めにうち違えて編んだ笠。例**綾菅笠**にて顔を隠し、金剛杖にすがり〈謡曲・安宅〉

あ-やつ【彼奴】代 他称の人称代名詞。第三者をののしっていう。あいつ。例**あやつ**捕らへよ〈十訓抄・一・四二〉

あや-つり【操り】名❶道具・楽器などを巧みに操作すること。例筆の**あやつり**まで世にたぐひなく〈とりかへばや・一〉❷仕掛け。からくり。例人の身は、骨・肉の**あやつり**、朽ちたる家のごとし〈発心集・四・六〉❸「操り芝居」の略。

あやつり-しばゐ【操り芝居】名 三味線の伴奏で浄瑠璃を語るのに合わせ、手遣いの人形を動かす劇。人形浄瑠璃。⇩浄瑠璃

あや-つ・る【操る】動(ラ四)❶道具などを巧みに操作する。例車を廻して**操り**、(敵ヲ)防ぎけるを〈源平盛衰記・三〉❷楽器を巧みに演奏する。例玉笛を吹いて、みづから雅音を**操り**たまふ〈平家・四・源氏揃〉❸他人を背後から巧みに動かす。

あや-な・し

形(ク)「あや(文)」は、物事の道理・筋道。それがない意で、道理に合わない、筋道が立たないことをいう。

❶**道理に合わない。筋が通らない。わけがわからない。**例春の夜の闇は**あやなし**梅の花色こそ見えね香やは隠るる〈古今・春上〉➡名歌296

❷**無意味だ。かいがない。つまらない。** 例思へども**あやなし**とのみ言はるれば(=あなたのことを愛しているのだが、無意味だとばかり言われるので)夜の錦の心地こそすれ〈後撰・恋三〉 読解「夜の錦」は、高価な錦の衣服でも闇夜に着たのでは人に見られず、かいのないこと。かいがないこと、無駄なことのたとえ。

❸(副詞的に用いて)**わけもなく。やたらに。** 例見ずもあらず見もせぬ人の恋ひしくは**あやなく**今日やながめ暮らさむ〈古今・恋一〉 読解見ないというのでもない、といってはっきり見たわけでもない、そんなあなたが恋しく思われて、わけもなく今日はもの思いにふけって過ごすことだろうか、の意。

語誌▼「**あやなし**」と「**わりなし**」　「あやなし」が、対象がはっきりしない状態についていうのに対して、類義語の「わりなし」は、自分の理性では判断できない気持ちをいう。特に③の副詞的な用法においては、「あやなし」とほぼ同様に用いる。〈木村博〉

あや-に 副〔「あや」は感動詞〕むしょうに。とても。不思議なほどに。例夕されば(=夕方になると)**あやに**哀しみ〈万葉・二・一五九〉

あや-にく

形動(ナリ) 上代の副詞「あやに」から派生した語か。現代語「あいにく」はこの語が変化したもので、語義もほとんど同じ。

❶**不都合だ。予想よりも程度がはなはだしい。あまりにも意地が悪い。** 例(生マレタ子ガ)**あやにくに**いちじるき顔つきにて(=不都合にもはっきりとしている容貌で)〈源氏・柏木〉 読解光源氏の子であるはずなのに、不都合にも実の父が柏木だとわかるほど似ていたら、と懸念する。

❷**自分の心ながら、どうにもならず困る。ままならない。** 例わが御心のならひ**あやにくなる**身をつみて(=自分の御心の癖やままならない自分の身に比べて同情して)〈源氏・絵合〉 読解光源氏が、自分の、恋してはならない人に恋してしまう性分から朱雀院のせつなさを想像する場面。

❸**間が悪い。折が悪い。あいにく。** 例時雨といふばかりにもあらず、**あやにくに**あるに、なほ出でむとす(=時雨という程度でもなく、あいにくひどい降りであるのに、やはり出ようとする)〈蜻蛉・上〉

語誌 物事が自分の思いどおりにならないこと、予想に反して悪いことに失望し、不満をいだくのが基本的な意味である。〈池田節子〉

あやにく-が・る 動(ラ四)〔「がる」は接尾語〕いやだと思う。いやがる。例(舞ヲ)習はせたまふほども、**あやにくがり**〈大鏡・道兼〉

あやにく-ごころ【あやにく心】 名 困った心。意地の悪い心。例いとけしからぬ(=困った)御**あやにく心**なりかし〈源氏・行幸〉

あや-にく・し 形(ク)〔形容動詞「あやにく」の形容詞化〕思うようにならない。不都合だ。例さも**あやにくき**めを見るかな〈宇津保・楼上下〉

あやにく-だ・つ 動(タ四)〔「だつ」は接尾語〕してもらいたくないことをしてかす。不都合なふるまいをする。例(幼児ガ)**あやにくだち**て、ものとり散らしそこなふを(=物を取り散らし壊すのを)〈枕・人ばへするもの〉

あや-にしき【綾錦】 名 ❶綾と錦。美しく高級な織物。例ここ(=日本)の**綾錦**はまぜさせたまはず〈源氏・若菜上〉 ❷美しい衣装や紅葉などのたとえ。例**あやにしき**にまつはれて(=包まれて)生ひ出でたまはまし〈宇津保・俊蔭〉

あやふ-が・る【危ふがる】 動(ラ四)〔「がる」は接尾語〕あぶながる。不安に思う。例さては(=あのままでは)過ぐしたまひてむやと、なまねたう**あやふがり**けり〈源氏・末摘花〉

あやふ-げ【危ふげ】 形動(ナリ)〔「げ」は接尾語〕危険そうだ。例馬場の殿、南の釣殿などは、(強風デ)**危ふげ**になむ〈源氏・野分〉

あやふ・し【危ふし】 形(ク) ❶危険だ。例(清水寺ノ山上ノ堂ニ)わがのぼるは、いと**あやふく**おぼえて〈枕・正月に寺にこもりたるは〉 ❷気がかりだ。不安だ。例そのふるまひを見るに、一期の栄花なほ**あやふし**〈平家・三・医師問答〉

あやぶみ【危ぶみ】 名 危険。例「これすでに、その危ぶみの兆しなり」と申しけり〈徒然・一四六〉

あやぶ・む【危ぶむ】 1 動(マ四) あぶないと思う。不安に思う。例霜をおほへる葦の葉のもろき命を**あやぶむ**〈平家・八・太宰府落〉 2 動(マ下二) 危険にさらす。苦しめる。例国家をすでに**あやぶめ**んとす〈平家・七・還亡〉

あやまた-ず 〔動詞「あやまつ」の未然形＋打消の助動詞「ず」〕 ❶〜のとおり。約束・予想などにたがわないで。ねらいをはずさず。例**あやまたず**扇のかなめ際一寸ばかりおいて、ひいふっとぞ射きったる〈平家・一一・那須与一〉 ❷(副詞的に用いて)予想どおりに。案の定。例音に聞きし猫また(=化け物の名)、**あやまたず**足元へふと寄り来て〈徒然・八九〉

あやまち【過ち】 名 ❶過失。失敗。例のちの世に衰へある時も(=後になって落ちぶれることがあっても)、みづからの**過ち**にはならず〈源氏・若菜上〉 ❷特に、男女の仲における過失。例若き人々は…**過ち**もしつべくめできこゆ(=してしまうにちがいないほどおほめ申し上げる)〈源氏・賢木〉 ❸けが。例馬・車より落ちて**あやまち**しつ〈徒然・一七五〉

あやま・つ

【誤つ・過つ】動(タ四)〔「あやまる」の他動詞形〕

❶**間違える。取り違える。** 例(a)ひさかたの(枕詞)雲の上にて見る菊は天つ星とぞ**あやまたれ**ける(=雲の上といわれる宮中で見る菊は天の星とつい間違えられたなあ)〈古今・秋下〉

❷**背く。たがえる。違反する。** 例故大納言の遺言**あやまたず**(=亡くなった大納言の遺言に背かず)〈源氏・桐壺〉

❸**だめにする。破滅させる。** 例身を**あやまつ**ことは、若き時のしわざなり(=身を破滅させることは、若いときの行いである)〈徒然・一七二〉

❹**人を殺す。** 例この度、我は**あやまたれ**なむとする。仏神、助けたまへ(=今回、私は殺されようとする。仏や神よ、お助け下さい)〈今昔・二三・一五〉

〈松井健児〉

あやまり【誤り】 名 ❶過失。正当でないこと。間違い。心得違い。例(子ドモヲ)女房の中にいだき入れたてまつるに、なにごとの**あやまり**にか、泣きののしりたまふさへ〈枕・関白殿、二月二十一日に〉❷男女の仲の失敗。例いささかの事の**あやまり**もあらば、軽々しき譏りをや負はむ〈源氏・梅枝〉❸普通でないこと。異常。狂気。例この人を思すゆかりの(=この人を追慕なさるゆえの)御心地の**あやまり**にこそはありけれ〈源氏・蜻蛉〉

あやま・る【誤る】 動(ラ四)❶仕損なう。しくじる。間違える。例達人の人を見る眼は、少しも**誤る**ところあるべからず〈徒然・一九四〉❷普通の状態からはずれる。病気などで心が乱れる。例いとど御心地も**あやまりて**、うちはへ(=ずっと)臥しわづらひたまふ〈源氏・真木柱〉❸約束をたがえる。あざむく。例男、ちぎれることあやまれる人に〈伊勢・一二三〉

あやま・る【謝る】 動(ラ四)〔「誤る」の意から〕❶謝罪する。わびる。例**あやまっ**(音便形)て殿下へ無礼のよしを申さばや〈平家・一・殿下乗合〉❷降参する。閉口する。例「どうだ。一言もあるまい」「これは**あやまりました**」〈滑稽本・浮世風呂・前上〉❸辞退する。例飯は**あやまらう**〈洒落本・志羅川夜船〉

あや・む【危む】 動(マ下二)人に危害を加える。殺す。例物を取るのみならず、人を**あやめ**て逃げて行く〈西鶴・好色一代男・四・一〉

あや・む【怪む】 動(マ下二)〔形容詞「あやし」の動詞化〕怪しむ。不思議に思う。例とざまかうざま(=あれこれ)言ひなやまし、**あやむる**を〈夜の寝覚・三〉

あや-むしろ【綾莚】 名 文様を織り出した敷物。例綾席緒になるまでに(=すり切れて糸だけになるまで)君をし待たむ〈万葉・一一・二五三八〉

あや-め【文目】 名〔「あや」は模様や色、「め」はすじめの意〕❶綾織物などの織り目。模様。例(挿頭ノ花ヲ載セル台ハ)めづらしき文目を尽くし〈源氏・若菜上〉❷区別。物のよしあし。例大殿油も消ちたるに、長炭櫃の火に、物の**文目**もよく見ゆ(=灯火も消してあるけれども、長炭櫃の火によって、物の区別もよく見える)〈枕・心にくきもの〉 読解「長炭櫃」は横長の大きな火鉢。❸道理。分別。例急ぎ参る朝、何の**あやめ**も思ひしづめられぬに(=急いで宮中に参上する朝、なんの道理も落ち着いて考えられないときに)〈源氏・帚木〉

[文目も知らず] 物事の道理や善悪の区別がわからない。分別がつかない。例ほととぎす鳴くや五月のあやめ草(ここまで序詞)**あやめも知らぬ**恋もするかな〈古今・恋一〉➡名歌322

〈木村博〉

[文目も分かず] ❶「あやめもしらず」に同じ。例**あやめもわかず**泣かれける音(=声)の〈源氏・蛍〉❷暗くて、物の区別がはっきりしない。例灯燭滅えて善悪**もわかず**〈読本・弓張月・前・四〉

あやめ【菖蒲】 名 ❶植物の名。サトイモ科の多年草。水辺に群生する。今のショウブ。葉は剣に似て細長く、全体に香気がある。邪気を払うものとして、陰暦五月五日の端午の節句に軒や車に挿し、また薬玉の材料とした。薬用にもなる。「あやめぐさ」とも。⇩口絵。例つれづれと音絶えせぬは五月雨の軒の**あやめ**のしづくなりけり(=しんみりとさびしく音が絶えずしているのは、五月雨が軒にかけたあやめを伝うしずくの音であったなあ)〈後拾遺・夏〉❷植物の名。アヤメ科の多年草。初夏に紫色などの花が咲く。今のアヤメ。例**あやめ**は、小作りなる女の、目を病める心地ぞする(=あやめは、小柄な女性が、目を病んでいるような感じがする)〈俳諧・風俗文選・百花譜〉❸襲の色目の名。表は青、裏は紅梅。一説に、表は白とも。陰暦四、五月に着用。⇩口絵

語誌 ▼**ショウブとアヤメ** 古くはもっぱら①を「あやめ」「あやめぐさ」といった。江戸時代になると②も「あやめ」というようになり、混乱を避ける意味もあって②は「はなあやめ」とも呼ばれた。

▼**語形** 『万葉集』にはすべて「あやめぐさ」の形で詠まれていて、「あやめ」の形は見られない。平安時代以降は「あやめ」の形も普通に見られるようになる。

▼**菖蒲と端午の節句** 端午の節句に用いられることを背景にいわれることが多く、長い根を沼地から引き抜くことや、この草を軒に挿すこと、薬玉に作ることなどに関連した叙述がみられる。平安時代には、その根の長さを競う根合わせも行われた。和歌では、菖蒲に縁のある「根」「泥土(沼地)」「引く」などの語がともに詠み込まれ、しばしば「根」に「音」、「泥土」に「憂き」を掛けて用いた。また、「文目(物事の筋道)」を掛けて詠まれることもあった。

〈佐藤明浩〉

あやめ-ぐさ【菖蒲草】 ❶ 名 植物の名。「あやめ(菖蒲)①」に同じ。例ほととぎす鳴くや五月の**あやめ草**(ここまで序詞)あやめも知らぬ恋もするかな〈古今・恋一〉➡名歌322 ❷《枕詞》同音の繰り返しから「あや」に、また根を賞することから「ね」にかかる。例**あやめぐさ**ねまちの月は出でぬれど〈長能集〉

あやめ-の-かづら【菖蒲の鬘】 ―カズラ 「あやめ(菖蒲)①」で作った、頭につける飾り。陰暦五月五日の端午の節会に用いる。例天子・群臣みな**あやめのかづら**を冠にかけて、節会の儀ありしなり〈年中行事歌合・判詞〉

あやめ-の-くらうど【菖蒲の蔵人】 ―クロウド 陰暦五月五日の端午の節会に、親王や公卿へ「あやめ(菖蒲)①」や薬玉を分け配る女蔵人。例五月の節の**菖蒲の蔵人**〈枕・なまめかしきもの〉

あやめ-の-まくら【菖蒲の枕】 陰暦五月五日の夜、邪気を払うために「あやめ(菖蒲)①」を下に敷いた枕。例橘にあやめの**枕**匂ふ夜ぞ昔を忍ぶ限りなりける〈新後撰・夏〉

あやめ-ふく【菖蒲葺く】 陰暦五月五日の端午の節句に際して、前日の四日に「あやめ(菖蒲)①」を軒に挿す。例**あやめふく**軒ば涼しき夕風に山時鳥近く鳴くなり〈正治初度百首・下〉

あや-ゐがさ【綾藺笠】 ―イガサ 名 藺草を斜めにうち違えて編んだ笠。裏に絹を張り、頂は突出している。武士が遠出や流鏑馬のときに用いた。また、田楽

法師などもかぶった。⇩でんがく〈図〉。例年三十ばかりの男の、鬚黒きが、綾藺笠きて〈宇治拾遺・八九〉

あゆ【鮎・年魚】 名 魚の名。アユ科の淡水魚。体長二〇～三〇センチ程度。秋に川で産卵、稚魚はいったん海に下り、春、川にさかのぼる。古来食用として賞美された。捕らえる方法としては、釣り、梁をしかけるなどのほか、鵜を用いる鵜飼いも古くから行われていた。例鵜川にはさばしる**あゆ**の数見えて波のよるともかぎらざりけり(＝鵜飼いをする川では勢いよく泳ぐ鮎がたくさん見えて、波が寄るのは鵜飼いをする夜とも限らなかったなあ)〈教長集〉

読解 昼の川を詠んだ歌。「さばしる」は走るように勢いよく泳ぐ意。鮎の泳ぎは「さばしる」「はしる」と表現されることが多い。「よる」は「寄る」と「夜」を掛ける。

語誌 ▼用字 「鮎」は国字(中国の「鮎」はナマズの類で別種)。「年魚」はこの魚の寿命が一年であることによる用字といわれる。
▼成長と呼称 晩秋から冬にとれる鮎の稚魚を「氷魚」という。「若鮎」は、春、川をさかのぼるころの若い鮎で、『万葉集』では「鮎子」とも詠まれている。一方、秋、産卵するころの鮎は「落ち鮎」「錆鮎」などと呼ばれる。俳諧では、「鮎子」「若鮎」は春の季語、「落ち鮎」「錆鮎」は秋の季語。〈佐藤明浩〉

あゆ【東風】 名〘上代語〙北陸方言。東の風。例**あゆ**の風いたく吹くらし奈呉の海人の釣りする小舟漕ぎ隠る見ゆ〈万葉・一七・四〇一七〉 語誌 越中守だった大伴家持が用いた語。

あ・ゆ【肖ゆ】 動(ヤ下二) 似る。あやかる。例織女の…長き契りにぞ**あえ**まし〈源氏・帚木〉

あ・ゆ【落ゆ】 動(ヤ下二) ❶花・果実などが木からおちる。例**あゆる**実は 玉に貫きつつ 手に巻きて〈万葉・一八・四一一一〉 ❷血・汗などが滴る。例すずろに汗**あゆる**心地ぞする〈枕・清涼殿の丑寅のすみの〉

あゆか・す【揺かす】 動(サ四)〔「あゆく」の他動詞形〕ゆり動かす。ゆるがす。例おし(＝鼠取り)**あゆかす**な鼠とるべく〈拾遺・物名〉

あゆ・く【揺く】 動(カ四)〔「あよく」の変化した形〕ゆれ動く。動揺する。例雲まよひ星の**あゆく**と見えつるは蛍の空に飛ぶにぞありける〈拾遺・物名〉

あゆ-こ【鮎子】 名 鮎の子。若鮎。例山辺には 花咲きをり 川瀬には **鮎子**さ走り〈万葉・三・四七五〉

年魚市潟 〘地名〙 歌枕 尾張国、今の愛知県名古屋市の伊勢湾に面する低湿地帯。『万葉集』に詠まれる。

あ-ゆひ【足結ひ】 名「あしゆひ」「あよひ」とも。たくしあげた袴などの裾を結んだ紐。例朝戸出の(＝朝、戸を開けて出ていく)君が**足結ひ**を濡らす露原〈万葉・一一・二三五七〉

あゆ・ふ【足結ふ】 動(ハ四) 袴などの裾をくくる。足結いを結ぶ。例**足結ひ**出で濡れぬこの川の瀬に〈万葉・七・一一一〇〉

あゆ・ぶ【歩ぶ】 動(バ四)「あゆむ」に同じ。例はるかなる道を**歩び**疲れたるにや〈今昔・四・二五〉

あゆみ【歩み】 名 ❶歩くこと。足の運び。例**歩み**とうする(＝足の速い)馬をもちて〈竹取〉 ❷作法に従って練り歩くこと。例勧学院の衆ども、**歩み**して参れる〈紫式部日記〉

あゆみ-あり・く【歩み歩く】 動(カ四) あちこち歩きまわる。例(自分ガ病気ノトキニ)思ふことなげにて**歩みありく**人見るこそ、いみじううらやましけれ〈枕・うらやましげなるもの〉

あゆみ-いた【歩み板】 名 ❶物の上にかけ渡して、歩き渡る板。特に、船と船、船と陸との間に渡す板。例陸奥の小川の橋の**あゆみ板**の〈夫木・二一〉 ❷歌舞伎の劇場で、見物席内の通路。

あゆ・む【歩む】 動(マ四) 歩く。⇩ありく。例もし、ありくべき事あれば(＝出かけなければいけない事があるならば)、みづから**歩む**〈方丈記〉

あよ・ぶ【歩ぶ】 動(バ四)〔「あゆぶ」の変化した形〕「あゆむ」に同じ。例鬼は**あよび**帰りぬ〈宇治拾遺・二三〉

あら-【現】 接頭 名詞について、目に見える姿で存在する、この世に現れている、の意を表す。「現人神」など。

あら-【新】 接頭 名詞について、新しい、の意を添える。「新田」「新身」「新手」など。

あら 感 感動したり驚いたりしたときに発する語。ああ。なんとまあ。なんとも。例法師、「**あら**貴と」といひて〈宇治拾遺・一三六〉

あら【荒・粗】 1〔形容詞「あらし」の語幹〕主に名詞の上について接頭語的に用いる。❶勢いの激しいさま、荒々しいさまを表す。「荒馬」「荒波」など。❷自然のままのさま、人手の加わっていないさまを表す。「荒山」など。❸荒れ果てたさまを表す。「荒木」「粗金」など。❹粗雑なさま、まばらなさまを表す。「荒垣」など。 2 名〔大事な部分を取った残りの意〕❶穀類の外皮。❷魚・獣・鳥などの、肉の料理に使った残り。❸欠点。

あら-あら【荒荒・粗粗】 副 ❶荒っぽく。乱暴に。例**荒々**と申して追っ帰して候ふ〈謡曲・春栄〉 ❷だいたい。およそ。例**あらあら**書き付けん〈発心集・四・八〉

あら-あら・し【荒荒し・粗粗し】 形(シク) ❶手荒い。乱暴だ。例風のやや**荒々しう**(音便形)吹きたるは〈源氏・夕顔〉 ❷粗末だ。粗雑だ。例網代屏風、何かの**あらあらしき**(調度品)などは〈源氏・東屋〉

あらい【新井】 ⇩あらゐ

あらい-そ【荒磯】 名「ありそ」に同じ。

あらいそ-じま【荒磯島】 名 荒磯に囲まれた島。例**荒磯島**の松蔭を便りに寄する海士小舟〈謡曲・竹生島〉

あら-いみ【荒忌み・散斎み】 名 祭祀の前、神事を行う人が身を清めること。真忌みの前後に行うもので、真忌みほど厳重ではない。「大忌」とも。例契りしをたがふべしやはいつくしき(＝厳粛な)**荒忌み**真忌み清まはるとも〈和泉式部集〉

あらうま-のり【荒馬乗り】 名 暴れ馬を乗りこなすこと。また、その人。例究竟の(＝非常にすぐれた)**荒馬乗り**〈平家・九・木曾最期〉

あら-うみ【荒海】 名 波の荒い海。例**荒海**や佐渡によこたふ天の河〈芭蕉・奥の細道〉➡名句9

あらうみ-の-さうじ【荒海の障子】 名 清涼殿の東広廂の北端に置かれていた布張りのついたて。表に手長足長という想像上の怪物が荒海の浜にいる絵、裏に宇治川の網代の絵が描かれていた。『枕草子』「清涼殿の丑寅のすみの」の段などに見える。⇩口絵

荒海の障子〔鳳闕見聞図説〕

あら-えびす【荒夷】 名 都の人が東国人を卑しめていう語。荒々しい田舎者。転じて、勇猛な人。例ある**荒夷**の、恐ろしげなるが〈徒然・一四二〉

あら-か【殿】 名（多く「みあらか」の形で）宮殿。御殿。例み**あらか**を 高知りまして（=りっぱにお作りになって）〈万葉・二・一六七〉

あらがう〘争う・諍う〙⇩あらがふ

あら-がき【荒垣】 名 編み目の粗い垣根。また、神社・関所などの周囲の垣根。例河口（=地名）の関の**荒垣**や 関の**荒垣**や まもれども〈催馬楽・河口〉

あらがきの【荒垣の・粗垣の】《枕詞》「あらがき」は神社などの目の粗い垣で、その内側に入りがたいことから「ほか」「よそ」にかかる。

あらかじめ【予め】 副 前々から。せんだって。例出でて行く道知らませば**あらかじめ**妹を留めむ関も置かましを（=置いたものを）〈万葉・三・四六八〉

あら-かね【粗金・鉱】 名 採掘したままで精錬していない金属。また、鉄。例白銀三斤八両・**鉱**一籠献る〈紀・持統〉

あらかねの【粗金の】《枕詞》「あらかね」が土中にあることから「つち（土・地）」にかかる。

あらがひ【争ひ・諍ひ】 名 ❶言いあらそい。口論。例興ある**あらがひ**なり。同じくは、御前にて争はるべし〈徒然・一三五〉 ❷賭けごと。例東大寺の聖宝（=僧の名）こそ、上座（=上席の僧）と**あらがひ**して渡れ〈宇治拾遺・一四四〉

あらがひ-ごと【争ひ事・諍ひ事】 名 ❶あらそいごと。議論。例この国討ちとらんとて、常にここ ろみごとをし、**あらがひごと**をして〈枕・蟻通の明神〉 ❷賭けごと。例この帥殿は花山院と**あらがひごと**まうさせたまへりしは〈大鏡・道隆〉

あらが・ふ

【争ふ・諍ふ】 動（八四）❶否定する。抗弁する。例(a)まだ逢はざりける男を、これかれ「逢ひにけり」と言ひ騒ぐを、「**あらがはざなり**」とうらみつかはしたりければ（=まだ関係をもっていなかった男のことを、あの人この人が「関係をもってしまったそうだ」と言って騒ぐのに、「それは違うと否定しないそうだ」と恨みごとを言ってきたので）〈後撰・恋五・詞書〉 読解 うわさを否定しなかった男に女が恨みごとを言ってきた。例(b)あることと**あらがふ**、いとわびしうこそありけれ（=知っているのを知らないと言い張るのは、本当につらかったなあ）〈枕・里にまかでたるに〉

❷勝負をかけて言いあう。賭けをする。例心中に「さりとも、よもせじ」と思ひければ、かたく**あらがふ**（=心の中で「そうは言っても、まさかやるまい」と思ったので、しっかりと賭けの約束をする）〈宇治拾遺・一四四〉 読解 難題をもちかけて金品を賭けた、けちな法師の話。

❸抵抗する。いやだと逆らう。例まだきに聞こえたらば、かうもぞ**あらがひ**たまふとてなむ（=事前に申し上げておいたら、このようにだだをこねなさると思って）〈宇津保・俊蔭〉

語誌 ▼「あらそふ」と「あらがふ」 類義語「あらそふ」は互いに自分の意を通すため相手と競い勝とうとする義を根幹とするが、「あらがふ」は、主に言葉によって、事の真偽や成否について相手に反対したり、否定したりする意味をもつ。〈安達敬子〉

あら-がみ【荒神】 名 荒々しい神。例波につきて磯廻にいます**荒神**は潮汲む巫覡（=巫女）を待つにやあるらん〈夫木・三四〉

あらかん【阿羅漢】 名〘仏教語〙〔梵語の音写。「不生・殺賊などと訳される」〕小乗仏教で、最高の聖者。釈迦のそば近くに仕え、その説法を聴聞して悟りを開いた。羅漢。例彼ら、法を聞きて皆**阿羅漢**になりにけり〈今昔・一・一三〉

あら-き【殯・荒城】 名〘上代語〙人の死後、遺体を葬るまでの間、棺を安置しておくこと。また、その場所。この期間は魂がこの世にとどまると考えられていた。

あら-き【荒木・新木】 名 加工をしていない、切り出したままの丸木。例**荒木**を切って投げ出したり〈浄瑠璃・源平布引滝・三〉

あら-き【新墾】 名 新しく開墾すること。また、新たに開墾した土地。例湯種蒔く**あらき**の小田を求めむと〈万葉・七・一一一〇〉

あら-ぎ【荒儀】 名 乱暴なふるまい。荒々しいやり方。例この条（=この言い分）**荒儀**なり〈保元・上〉

あらき-だ【新墾田】 名 新たに開墾した田。例**あらき田**の鹿猪田の稲を倉に上げて〈万葉・一六・三八四八〉

あら-ぎゃう【荒行】 名 修験者や僧などが行う非常に厳しい修行。険しい山を踏破したり、断食をしたりする。例高雄神護寺の文覚（=僧の名）は…**荒行**せられた奇特かよ〈醒睡笑・七〉

あら・く【散く】 動（カ下二）散り散りになる。ばらばらになる。例（投ゲツケタ石ハ）その身にあたらず、あらけて微塵に砕け去る〈太平記・一八〉

あら-くま・し【荒くまし】 形（シク）荒々しい。例あの**荒くましい**（音便形）弁慶と〈虎寛本狂言・今参り〉

あらけ-な・し【荒けなし】 形（ク）〔「なし」は接尾語〕荒々しい。粗暴だ。例武士の**荒けなき**にとらはれて〈平家・灌頂・女院出家〉

あら-こ【荒籠・粗籠】 名 編み目の粗い籠。例まめならむ人一人を、**荒籠**に乗せ据ゑて〈竹取〉

あら-ごと【荒事】 名 歌舞伎で、鬼神や怨霊な

ど、荒々しく勇猛な行動を演じる演技。また、そのような演出・役柄。江戸歌舞伎の特色で、初代市川団十郎が始めたとされる。例荒事はなばなしくして、第一、芸大場にして(=こせこせせずに)よし〈近松・傾城壬生大念仏・役者評判〉

あら-こも【荒薦・粗薦】 名「あらごも」とも。あらく編んだむしろ。例**粗薦**のやうなるものを敷きたれば〈弁内侍日記〉

あら-し

【嵐】名 **物を吹き散らす、激しい勢いの風。特に、山から吹きおろす風。** 例(a)ぬばたまの(枕詞)夜さり来れば巻向の川音高しも**あらし**かも疾き(=夜がやって来ると巻向川の川音が高いことよ。山おろしの風が激しいのか)〈万葉・七・一一〇一〉例(b)吹くからに秋の草木のしをるればむべ山風を**嵐**といふらむ〈古今・秋下〉➡名歌312

語誌▼**神威を感じさせる風**　形容詞「あらし(荒らし)」の語幹「あら」に、風を意味する古い名詞「し」がついたもの。「あら」は、神威の発動が盛んであることを表す。物を吹き散らし、押しならしていく風の強い働きに、古代の人々は神威の著しさを感じていた。

▼**山から吹きおろす風**　平安中期の辞書『倭名類聚抄』に、「嵐」を「山下出風也(山から吹きおろす風)」と説明しているように、嵐は山風を意味する場合が多い。漢字の「嵐」も「山」「風」の合字だが、例(b)はそれをたくみに取り入れている。古来、都が盆地に営まれたため、周囲の山々から吹きおろす風が、際立って意識されることになったらしい。〈多田一臣〉

あら・し

【荒し・粗し】形(ク)〔動詞「ある(荒る)」の形容詞化〕❶**風・波などが激しい。** 例風吹き波**荒けれ**ば、船出ださず(=風が吹き波が激しいので、船を出さない)〈土佐〉❷**手ざわりなどがごつごつしている。織物や編み物などの目が大きい。作り方がおおざっぱだ。** 例秋の田の仮庵の庵の苫を**あらみ**わが衣手は露にぬれつつ〈後撰・秋中〉読解「あらみ」は、語幹＋接尾語「み」。➡名歌8 ❸**態度・動作などが乱暴だ。** 例遣り戸を**あらく**たて開くるもいとあやし(=引き戸を乱暴に閉めたり開けたりするのもまったく不都合だ)〈枕・にくきもの〉❹**土地・道などが荒涼としている。険しい。** 例岩が根の **荒き**島根に 宿りする君(=岩石のごつごつとして荒涼とした島に旅寝をする君よ)〈万葉・一五・三六八八〉

語誌▼人間世界の秩序に合っていないさまを表し、人間が近づきがたい厳しい自然環境や、自然から取り出されたばかりで人間の手が加わっていない物、人間の行為であっても安定した秩序に反するような激しさを伴ったものなどを形容するのに用いる。

▼語幹「あら」は他の名詞と複合して「荒磯・荒磯」「荒木」「荒野」など多くの語を作る。〈松岡智之〉

あらし 〔ラ変動詞「あり」の連体形＋推定の助動詞「らし」＝「あるらし」の変化した形〕あるようだ。あるらしい。例我が旅は久しく**あらし**この我が着る妹が衣の垢つく見れば〈万葉・一五・三六六七〉語誌 一説に、「あり」の形容詞化したものとも。

嵐山《地名》歌枕 山城国、今の京都市西京区の山。北東を大堰川(保津川)が流れ、渡月橋がかかっている。紅葉の名所。和歌では「嵐の山」の形で詠まれ、「有らじ」や「嵐」と掛けて用いることが多い。例朝まだき**嵐の山**の寒ければ紅葉の錦着ぬ人ぞなき〈拾遺・秋〉➡名歌22

あらし-を【荒し男】 名 勇猛な男。強い男。例**荒し男**すらに 嘆き伏せらむ〈万葉・一七・三九六二〉類義▶ますらを

あら・す【荒す】 動(サ四) 荒れるにまかせる。損なわれるままに放っておく。多く受身的な感覚で用いられる。例わが世にあらん限りだに(=私が生きているうちだけでも)、この院**荒さず**〈源氏・匂宮〉

あら-ず ❶ない。そうではない。例秋風の吹き上げに立てる白菊は花か**あらぬ**か(=花なのか、そうではないのか)波の寄するか〈古今・秋下〉❷(感動詞的に用いて)なんでもない。例「あれは誰そ、顕証に(=丸見えだ)」と言へば、「**あらず**」〈枕・大進生昌が家に〉

あらそ・ふ【争ふ】 動(ハ四) ❶抵抗する。逆らう。例しぐれの雨間なくし(=絶えることなく)降れば真木の葉も**争ひ**かねて色付きにけり〈万葉・一〇・二一九六〉❷一つの目的を求めて張り合う。例うつせみ(=この世の人)も 妻を **争ふ**らしき〈万葉・一・一三〉❸戦う。口論する。例心々に(=思い思いに)**争ふ**口つきどもををかしと聞こしめして〈源氏・絵合〉

あら-た【新田・荒田】 名 ❶【新田】新たに開墾した田。例(上皇八)池の中納言頼盛卿の山庄・**あら田**まで御覧ぜらる〈平家・四・還御〉❷【荒田】長く放置されて荒れた田。例梓弓(枕詞)春の**あら田**をうち返し〈拾遺・恋三〉

あらた【新た・灼た】 形動(ナリ) ❶新しいさま。以前とは一変していること。例冬過ぎて春の来たれば年月は**新たなれ**ども人は古り行く〈万葉・一〇・一八八四〉❷鮮やかなさま。神仏の霊験などが顕著なさま。あらたか。例昔はかく**新たなる**陰陽師のありけるなり〈今昔・二四・一四〉

あらた・し

【新たし】形(シク) 新しい。例**新たしき**年の始めの初春の今日降る雪のいや重け吉事〈万葉・二〇・四五一六〉➡名歌51

語誌 平安時代以降、惜しいの意の「あたらし」と混同されて、それに替わられた。〈木村博〉

あら-だ・つ【荒立つ】 ❶動(タ四) 荒々しくふるまう。荒くなる。例**あらだち**し波に心は騒がねど〈源氏・紅葉賀〉❷動(タ下二) 荒くする。荒立たせる。例**荒だて**てば、いみじき事(=大変な事)出で来なむ〈源氏・真木柱〉

あらたなる-つき【新たなる月】 陰暦八月十五夜の月。白居易の詩句「三五夜中新月色」の訓読からいう。例今宵の**新たなる月**の色には、げになほわが世の外までこそよろづ思ひ流さるれ〈源氏・鈴虫〉

あら-たへ【荒栲・粗栲・荒妙】 名 ❶藤などの木の繊維で織った目のあらい粗末な織物。例明け来れば うらさび(=心さびしく)暮らし **あらたへ**の 衣の袖は 乾る時もなし〈万葉・二・一五九〉❷平安時代以降、麻織物。

あらたへの【荒栲の・荒妙の】《枕詞》「あらたへ」は藤などの繊維から作ることから、藤と同音を含む地名「藤原」「藤井」「藤江」などにかかる。

あら‐たま【粗玉・璞】［名］❶掘り出されたままで、磨かれていない宝石。❷新年。正月。［例］その年も過ぎ、**あらたま**如月もたち〈御伽草子・木幡狐〉

［語誌］②は、枕詞「あらたまの」が「あらたまの年の初め」などと詠まれることから、「あらたま」自体がそのまま年の初めを意味するようになったもの。

あらたまの【新玉の・荒玉の】《枕詞》「年」「月」「春」などに、また、地名「寸戸」にかかる。語義・かかり方未詳。［例］(a)**あらたまの**月立つまでに来まさねば(=いらっしゃらないので)〈万葉・八・一六二〇〉［例］(b)**あらたまの**年の三年を待ちわびて〈伊勢・二四〉

あらたま・る【改まる】［動］(ラ四)〔「あらたむ」の自動詞形〕❶古いものが新しくなる。［例］百千鳥さへづる春は物ごとに**あらたまれ**ども我ぞ古りゆく〈古今・春上〉❷よくなる。改善される。［例］**改まら**ざるものは心なり〈枕・職の御曹子の西面の〉

あらた・む【改む】［動］(マ下二)❶新しくする。［例］また悲しさ**あらため**て思さる〈源氏・葵〉❷直す。改善する。［例］その世(=紫の上が生きていたころ)の御しつらひ**あらため**ずおはしまして〈源氏・匂宮〉❸調べる。吟味する。［例］(ナクナッタ金ヲ探スタメニ)上座から帯をとけば、その次も**改め**ける〈西鶴・西鶴諸国ばなし・一・三〉❹変わる。改まる。［例］月、海にうつりて、昼のながめまた**あらたむ**〈芭蕉・奥の細道〉

あらた‐よ【新た夜】［名］日ごとに、新しくやって来る夜。夜ごと夜ごと。［例］**新た夜**の一夜も落ちず夢に見えこそ(=見えてほしい)〈万葉・一二・二八四二〉

あら‐ち【新血】［名］激しく出る鮮血。出産時や刀傷などの出血にいう。［例］産の**あら血**をこぼさせたまひけるによりて、愛発の山とは申し候へ〈義経記・七〉

愛発の関［名］［歌枕］越前国、今の福井県敦賀市にあった関所。三関の一つ。北陸道の要害の地。奈良時代に置かれ、延暦八年(七八九)に廃止された。［例］精兵数十を遣はして**愛発の関**に入らしめむ〈続紀・天平宝字八年九月〉

あらち‐を【荒ち男】［名］〔「あらしを」の変化した形〕荒々しい男。勇ましい男。［例］**荒ち男**の狩る矢の前に立つ鹿も〈拾遺・恋五〉

あら‐づくり【粗造り・荒造り】［名］ざっと作ったままで仕上げをしていないこと。［例］丈六の仏の、いまだ**荒造り**におはするが〈更級〉

あら‐て【新手・荒手】［名］まだ戦っていない、疲労していない軍勢。［例］東国より**新手**の軍兵数万騎、都に着いてせめ下るとも聞こゆ〈平家・一〇・藤戸〉

あら‐とこ【荒床】［名］荒れすさんだ寝床。［例］波の音のしげき浜辺を しきたへの(枕詞) 枕になして **荒床**に ころ臥す(=一人横たわる)君が〈万葉・二・二二〇〉

あら‐な〔ラ変動詞「あり」の未然形＋終助詞「な」〕あってほしい。ありたいものだ。［例］生ける者つひにも死ぬるものにあればこの世なる間(=この世に生きている間)は楽しくを**あらな**〈万葉・三・三四九〉

あら‐なく‐に

〔ラ変動詞「あり」の未然形＋打消の助動詞「ず」のク語法＋助詞「に」〕ないことなのに。ないことだなあ。⇩なくに。［例］(a)見まく欲り我がする君も**あらなくに**なにしか来けむ馬疲らしに(=逢いたいと私が思うあの方もいないことなのに、どうして来たのだろう、馬を疲れさせになのか)〈万葉・二・一六四〉［読解］弟大津皇子の死後、伊勢から上京した大伯皇女の詠んだ歌。［例］(b)ひねもすに見とも飽くべき浦に**あらなくに**(=一日じゅう見ても飽きるような浦ではないのだなあ)〈万葉・一八・四〇三七〉

［語誌］文中に用いられるときは主に逆接の関係を表す。文末に用いられるときは詠嘆の意を表す。〈佐藤一恵〉

あら‐ぬ

［連体］〔ラ変動詞「あり」の未然形＋打消の助動詞「ず」の連体形〕❶**そうではない。ほかの。別の。**［例］則隆なめりとて見やりたれば、**あらぬ**顔なり(=則隆であるようだと思ってそちらに目を向けたところ、別の顔である)〈枕・職の御曹司の西面の〉❷**望ましくない。とんでもない。異様な。**［例］暑きころなれば、いつしか**あらぬ**さまになりたまひぬ(=暑いころなので、早くもとんでもない様子におなりになった)〈平家・一一・重衡被斬〉［読解］ここは死骸が腐乱したということ。❸**予想外の。**思いがけない。［例］今日はその事をなさんと思へど、**あらぬ**急ぎまづ出で来て(=今日はその事をしようと思うけれど、思いがけない急用が先に出てきて)〈徒然・一八九〉

［語誌］「あり」は、存在を示すのでなく、〜である、の意を示す。「さもあらぬ(そうではない、の意)」の「さも」のような語が省略された用法が慣用化して、一語化したものと思われる。〈井上博嗣〉

あらぬ‐さま

【あらぬ様】〔連体詞「あらぬ」＋形式名詞「さま」〕**事実とは違う様子。普通と違う様子。**［例］(a)御畳紙にいたう**あらぬさま**に書きかへたまひて(=御懐紙に、たいそういつもとは違う様子に書き変えなさって)〈源氏・夕顔〉［読解］自分だと気づかれないように筆跡を変えて書いた、ということ。［例］(b)(御髪ヲ)おろしはてさせたまひて、**あらぬさま**にておはします(=すっかり御剃髪なさって、今までの普通の姿とは違った様子でいらっしゃる)〈栄花・岩蔭〉［読解］出家したありさま。〈井上博嗣〉

あらぬ‐よ

【あらぬ世】〔連体詞「あらぬ」＋名詞「世」〕別世界。死後の世などにもいう。［例］**あらぬ世**の心地してまかり上りたりしを(=別世界のような気持ちで上京いたしましたが)〈源氏・橋姫〉［読解］九州から京に戻ったときの心境。

［語誌］死後の世界を意味する語に「あの世」「かの世」がある。この二語は死後の世界の意のみに用いるが、「あらぬ世」は、現在のこの世でない世、の意で、必ずしも死後の世界のみを意味するものではない。〈井上博嗣〉

あら‐の【荒野】［名］人けのないさびしい野。荒れた野。［例］ま草刈る(枕詞) **荒野**にはあれど〈万葉・一・四七〉

曠野《作品名》江戸時代の俳諧集。三冊。荷兮編。元禄二年(一六八九)序、実際の刊行は三年か。俳諧七部集の第三集。発句七三五句と歌仙一〇巻を収めたもの。芭蕉の序に、『冬の日』『春の日』がいささか「実」を損なう傾向にあったのを反省して編むとあり、貞門・談林の句も収める。蕉門初期の大撰集として多大な影響を与えた。『阿羅野』なども書く。

あらは

【露・顕】(アラワ) 形動(ナリ) 物事が表面に現れて、明らかに認められるさま。

❶**目にはっきりと見える。内部が丸見えだ。** 例(a)稲荷などいふ山まで**あらはに**見えわたり(＝稲荷などという山まではっきりと見渡され)〈更級〉 例(b)こなたは**あらはに**やはべらむ(＝こちらは外から丸見えでございましょうよ)〈源氏・若紫〉 読解 女性たちが表側の部屋にいて、しかも簾を下ろさずにいるのをたしなめた言葉。

❷**事柄がはっきりわかる。明白だ。** 例はかなき事のついでに、おのづから人の用意は**あらはなる**ものになむはべる(＝ふとした機会に、自然と人の心配りははっきりとわかるものでございます)〈源氏・夕霧〉

❸**おおっぴらなさま。公然としている。** 例女は…必ずしも氏神の御つとめなど、**あらはならぬ**ほどなれば(＝女というものは…必ずしも氏神への参詣など、表立っては行わないのが普通だから)〈源氏・行幸〉

語誌 平安時代の用法としては、①が最も一般的。特に、例(b)のように、部屋の戸が開け放たれている状態や几帳・簾のない状態をさして、これをとがめたり不都合としたりする場合が多い。貴族の女性が顔を人目にさらすのは、きわめてはしたないこととされていた。〈品田悦一〉

あら-ばこそ【有らばこそ】〔ラ変動詞「あり」の未然形＋接続助詞「ば」＋係助詞「こそ」〕❶(推量の語を伴って)反語の意を示す。もし〜であるなら〜だが(実際には違うのだから〜ではない)。例人を思ふ心木の葉に**あらばこそ**風のまにまに散りも乱れめ〈古今・恋五〉 ❷(文末に用いて)強い否定を示す。決してない。あるものか。例もとより勧進帳は**あらばこそ**〈謡曲・安宅〉

あらはし-ごろも【著し衣】(アラワシ—) 名 喪中であることを表す服。喪服。例この御**あらはし衣**の色なくは〈源氏・藤袴〉 読解 喪服姿でなかったら、ということ。

あらは・す【表す・現す・顕す】(アラワス) 動(サ四)〔「あらはる」の他動詞形〕❶はっきり示す。例勅勘の人なれば(＝天皇のとがめを受けた人なので)、名字をば**あらはされ**ず〈平家・七・忠度都落〉 読解 平忠度の話。その遺作の和歌が『千載和歌集』に収められるとき、作者不明の扱いとされた。❷打ち明ける。例この川上に家はあれど君をやさしみ(＝あなたが優雅なので気がひけて)**表はさ**ずありき〈万葉・五・八五四〉 ❸表現する。仏像などを作る。例金色の御像**あらはし**たてまつらん〈宇津保・菊の宴〉

あらはひ【洗はひ】(アラワイ) 名 洗うこと。洗濯。例山に住む間に、**洗はひ**などする人のなかりければ〈大和・二七〉

あらは・る【表る・現る・顕る】(アラワル) 動(ラ下二)〔「あらはす」の自動詞形〕❶見えずにいたものが現れる。出現する。例朝ぼらけ宇治の川霧たえだえに**あらはれ**わたる瀬々の網代木〈千載・冬〉→名歌20 ❷人に知られずにいた物事があらわになる。ばれる。例(譲位後ハ)院(＝上皇の御所)には参る人もなきぞさびしげなる。かかる折にぞ、人の心も**あらはれ**ぬべき〈徒然・二七〉

あらひ-がは【洗ひ革】(アライガワ) 名❶洗って白くした鹿のなめし革。❷「洗ひ革縅」の略。鎧の縅で、①を使ったもの。例木蘭地の直垂に**洗ひ革**の鎧きて〈平家・二・鶏合壇浦合戦〉

あら-ひじり【荒聖】 名 荒々しいふるまいをする僧。また、荒行をする僧。例文覚は天性(＝生まれつき)不敵第一の**荒聖**なり〈平家・五・勧進帳〉

あらひと-がみ【現人神】 名❶人の姿で現れた神。天皇。❷霊験あらたかな神。特に、住吉の神・北野の神。例住吉の **現人神** 船の舳に うしはきたまひ(＝鎮まりなさり)〈万葉・六・一〇二〇〉

あら・びる【荒びる】 動(バ上一) 荒れすさぶ。荒れている。例陸奥国の**荒びる**蝦夷どもを討ち治めに〈続紀・延暦八年九月〉

あら・ぶ【荒ぶ・粗ぶ】 動(バ上二)❶荒々しくふるまう。乱暴する。例ことごと山河の**荒ぶる**神、また伏はぬ(＝服従しない)人どもを〈記・中・景行〉 ❷情愛が薄れる。疎遠になる。例筑紫舟いまだも来ねばあらかじめ**荒ぶる**君を見るが悲しさ〈万葉・四・五五六〉

あらぶる-かみ【荒ぶる神】 名 天皇の命令に従わない、乱暴な神。例**荒ぶる神**、またまつろはぬ(＝服従しない)人どもを言向け和平せ(＝征服し平定せよ)〈記・中・景行〉

あら-ほふし【荒法師】(—ホウシ) 名 荒々しいふるまいをする僧。乱暴な僧。また、勇猛な僧。例知識を催す(＝寄進を勧める)**荒法師**の形となりて〈今昔・二〇・一二〉

あら-まき【荒巻・苞苴】 名 塩をした魚を藁・葦・竹皮などで堅く巻いて保存したもの。例俎の上に**荒巻**を置きて〈今昔・二八・三〇〉

あらまし

1名 **あらかじめ立てた計画。心づもり。予定。予想。** 例皆この**あらまし**にてぞ一期は過ぐめる(＝皆この心づもりだけで一生は過ぎるようだ)〈徒然・五九〉 読解 ここは、いずれは出家しようという心づもり。

2副 **だいたい。概略。** 例大晦日に、**あらまし**に正月の用意をして(＝大みそかに、だいたい正月の準備をして)〈西鶴・世間胸算用・五・一〉

語誌 ラ変動詞「あり」に推量の助動詞「まし」がついて成立したという。「まし」は希望の意に用いることもあるから、原義は、こうありたいと願う意と考えてよい。〈高山善行〉

あらま・し

【荒まし】 形(シク)❶**いかにも荒々しい。** 例(a)**荒ましき**東男〈源氏・宿木〉 例(b)風の音もいと**荒ましく**〈源氏・浮舟〉

❷**険しい。** 例**荒ましき**山道にはべれば(＝険しい山道でございますので)〈源氏・宿木〉

語誌 『源氏物語』やその影響を強く受けた『狭衣物語』『浜松中納言物語』などに見られる語。『源氏物語』では特に宇治十帖に多く用いられ、都の穏やかさや優美さとは異なる宇治の自然や、東国の男性の様子を形容する。〈松岡智之〉

あらまし-ごと【あらまし事】 名 ❶予想されること。計画すること。例（大君ハ）ただ亡からむのちのあらましごとを（=自分の死後のあれこれを）、明け暮れ思ひ続けたまふに〈源氏・総角〉 ❷願っていること。例僧都乗ってはおりつ、おりては乗っつ、あらまし事をぞしたまひける〈平家・三・足摺〉

あらま・す 動（サ四）〔名詞「あらまし」の動詞化〕期待する。予期する。例いかなる山の奥にも身を隠さばやと、心にあらまされてぞゐたりける（=ひそかに前々から望んでおられた）〈太平記・二一〉

あら-まほ・し ラ変動詞「あり」の未然形＋希望の助動詞「まほし」。広く、望ましいさまを表す。

[1]❶居たい。例(a)ここにぞいとあらまほしきを（=ここにはとても居たいのだが）〈蜻蛉・上〉例(b)世に人めきてあらまほしき身ならば（=世間に人並みで居たいと思う身であったら）〈源氏・総角〉

❷あってほしい。～であってほしい。例(a)（一族ノ隆盛ハ）げに千歳もあらまほしき御ありさまなるや（=ほんとうに千年も今のようであってほしい御様子であるよ）〈枕・清涼殿の丑寅のすみの〉例(b)少しのことにも先達はあらまほしき事なり（=ささいなことにも案内役はあってほしいものだ）〈徒然・五二〉例(c)（女性ハ）かうこそはあらまほしけれ、と思ふに違はぬ心地したまふ（=こうでこそ望ましい、と思い描くのとちがわない気持ちがなさる）〈源氏・椎本〉読解 大君に対する薫の気持ち。

[2]形（シク）〔[1]が一語化したもの〕望ましい。理想的だ。例家居のつきづきしく、あらまほしきこそ、仮の宿りとは思へど、興あるものなれ（=住居が住む人にふさわしく、理想的であるのは、仮の世の住まいとは思うけれど、興趣を覚えるものだ）〈徒然・一〇〉〈野村剛史〉

あらまほし-げ 形動（ナリ）〔「げ」は接尾語〕望ましい様子。理想的なさま。例女房の局々まで御心とどめさせたまひけるほどしるく見えて（=はっきりわかって）、いとあらまほしげなり〈源氏・早蕨〉

あら-みさき【荒御前・荒御裂】 名 ❶【荒御前】軍の先鋒に立つ、勇ましく荒々しい神。例伊勢大神宮より二神の荒御前を差しそへさせたまひけり〈平家・二・志度合戦〉 ❷【荒御裂】男女の仲をねたんで裂くという女神。例荒御裂といふもの放たぬ（=追い払わない）者はかくぞある〈狭衣・一〉

あら-みたま【荒御魂】 名 神霊の勇猛で活動的な側面。例荒御魂は先鋒として師船を導かむ〈紀・神功摂政前紀〉

あら-むしゃ【荒武者】 名 荒々しい武士。勇猛な武士。例いみじう身の力強く、心猛く、むくつけき荒武者の、おのづから出で来て〈宇治拾遺・二九〉

あら-もの【荒者】 名 勇猛な人。また、手に負えない暴れ者。例希代の（=世にもまれな）荒者にて、悪禅師といひけり〈古活字本平治・下〉

あら-やま【荒山】 名 人けのないさびしい山。険しい山。例荒山も人し寄すれば寄そるとぞいふ（=引き寄せられるという）〈万葉・一三・三三〇五〉

あら-ゆる【所有】 連体〔ラ変動詞「あり」の未然形＋上代の自発の助動詞「ゆ」の連体形〕ある限りの。例あらゆる蛇一口づつ嚙みて〈沙石集・七・四〉

あら-らか【荒らか・粗らか・疎らか】 形動（ナリ）〔「らか」は接尾語〕❶荒々しい。粗野だ。粗悪だ。例牛飼ひは、おほきにて、髪あららかなるが〈枕・牛飼は〉 ❷粗略だ。大ざっぱだ。例神武天皇の御代より、いとあららかにしるせり〈増鏡・序〉

あられ【霰】 名 ❶大気中の水蒸気が凍って、不透明の小さな丸い塊となって落ちてくるもの。例あられ降りいたも風吹き（=ひどく風が吹き）寒き夜や〈万葉・一〇・二三三八〉 ❷「霰地」の略。

あられ-うつ【霰打つ】《枕詞》「あられ」と同音の繰り返しで地名「安良礼松原」にかかる。

あられ-ぢ【霰地】 名 織り紋の名。市松模様のこと。「霰」「石畳」とも。例綾の紋は　葵かたばみ。あられ地〈枕一本・綾の紋は〉

あられ-ふり【霰降り】《枕詞》❶霰の降る音をかしましいとすることから地名「鹿島」にかかる。例あられ降り鹿島の崎を波高み〈万葉・七・一一七四〉 ❷①に関連して、「かし」と、きしむ・きしきしと鳴るの「きし」が類音であることから、地名「吉志美が嶽」（所在未詳）にかかる。例あられ降り吉志美が嶽を険しみと〈万葉・三・三八五〉 ❸霰の降る音が「とほとほ」と聞こえることから、同音の「遠」にかかる。例霰降り遠つ大浦に寄する波〈万葉・一一・二七二九〉

あられ-も-な・い【有られも無い】 形（口語）❶ありえない。とんでもない。例清七のあられもない疑ひ ❷ふさわしくない。特に、女性らしくない態度にいうことが多い。例あられもない裸身に〈近松・平家女護島・二〉

あらわ【露・顕】 ⇩あらは

あらわす【表す・現す・顕す】 ⇩あらはす

新井白石（あらゐはくせき）《人名》一六五七～一七二五（明暦三～享保一〇）。江戸時代の儒者。六代将軍家宣に仕え、政治家として「正徳の治」も行う。歴史書『読史余論』、自伝『折たく柴の記』、随筆『西洋紀聞』など著書多数。

あら-をだ【荒小田・新小田】 名 手を入れていない荒れた状態の田。一説に、新しく開いた田とも。例あら小田をあら鋤き返し〈古今・恋五〉

あらをだを【荒小田を】《枕詞》「あらをだ」を鋤きで打ち返すということから「かへす」にかかる。

あり【蟻】 名 アリ科の昆虫の総称。群集するもの、弱小なもののたとえに用いることが多い。例蟻のごとくに集まりて、東西に急ぎ、南北に走る〈徒然・七四〉

あ・り

【有り・在り】物が定まった場所・時に存在する意。そこから、事柄の存在、物・性質などの所有、物事がある性質・状態であることなどを広く表す。

1 [動]（ラ変）❶（空間的・時間的に）存在する。㋐存在する。ある。いる。[例](a)ここに**あり**て筑紫やいづち（＝ここにいて筑紫はどちらの方角か）〈万葉・四・五七四〉[例](b)**ある**人々もえ堪へず（＝そこに居合わせている人々も我慢できない）〈土佐〉
㋑生きている。生活する。暮らす。[例](a)名にし負はばいざ言問はむ都鳥わが思ふ人は**あり**やなしやと〈伊勢・九〉➡名歌269 [例](b)すべて**あら**れぬ世を念じ過ぐしつつ、心を悩ませる事、三十余年なり（＝総じて住みにくい世の中を耐え忍び過ごし続けて、心を悩ませていることは、三十数年である）〈方丈記〉
㋒（「世にあり」の形で）時めいて暮らす。栄える。[例]ただ今世に**ある**上達部、御子たち、親王たちは、この殿の婿になるを（＝現在栄えている上達部や、親王たちは、この殿の婿になっているから）〈宇津保・藤原の君〉
㋓実際に起こる。事実である。[例](a)この日**ある**事、末とほらず（＝この日に起こる事は、終わりまでうまくいかない）〈徒然・九一〉[例](b)**ある**ことあらがふ、いとわびしうこそ**あり**けれ（＝事実を曲げて争うのは、ほんとうにつらいことだなあ）〈枕・里にまかでたるに〉
㋔（引用を表す格助詞「と」について）〜と言う。〜と書いてある。[例]郭公待つ歌よめと**あり**ければよめる（＝ほととぎすを待つ歌を詠めと言ったので詠んだ歌）〈古今・夏・詞書〉
㋕一定の時がたつ。[例]いくばくも**あら**で女みこの身まかりにける時に（＝そんなに時もたたないうちに内親王が亡くなってしまったときに）〈古今・哀傷・詞書〉
❷物・身心などを所有する。能力・才能などが備わる。[例](a)冬の月に衾無くて藁一束**あり**けるを、夕べにはこれに臥し、朝には収めけり（＝冬の時期に寝具がなくて藁一束持っていたので、宵にこれに寝て、朝には片づけた）〈徒然・一八〉[例](b)かく危ふき枝の上にて、安き心**あり**て睡るらんよ（＝このように危険な枝の上で、安心して眠っていることだよ）〈徒然・四一〉[例](c)容貌**ある**女を集めて見む（＝容貌の美しい女を集めて妻にしよう）〈源氏・玉鬘〉

2 [補動]（ラ変）❶（断定の助動詞「なり」「たり」の連用形、またはそれに係助詞のついた形について）〜である。[例]これは龍のしわざにこそ**あり**けれ（＝これは龍のしわざであったのだ）〈竹取〉
❷（形容詞・形容動詞の連用形、副詞、またはそれらに係助詞のついた形について）〜の状態である。〜ようである。[例](a)鶏が鳴く（枕詞）東男の妻別れ悲しく**あり**けむ年の緒長み（＝東国の男の妻との別れは悲しかったであろう。これから年月長いので）〈万葉・二〇・四三三三〉[例](b)それ、さしも**あら**じ（＝それは、そういうことでもあるまい）〈源氏・帚木〉
❸（接続助詞「て」「つつ」について）〜ている。〜てある。[例]かくさし籠めて**あり**とも（＝このように閉じこめていても）〈竹取〉
❹（「お・ご・おん（御）」＋名詞・動詞の連用形について）尊敬の意を表す。お〜になる。〜なさる。[例]宮は宇治と寺との間にて六度まで御落馬**あり**けり（＝宮は宇治と寺との間で六度も御落馬なさった）〈平家・四・橋合戦〉

3 [接頭] 動詞について、動作の継続を表す。〜し続ける。ずっと〜する。「あり立つ」「あり通ふ」など。〈野村剛史〉

あり-あけ

【有り明け】[名] ❶月が空に残っていながら、夜が明けること。また、そのころ。[例]八月二十余日の**有り明け**なれば、空のけしきもあはれ少なからぬに（＝空の様子もしみじみとした風情が少なくないうえに）〈源氏・葵〉
❷夜が明けてもなお空に残っている月。[例](a)**有り明け**のつれなく見えし別れより暁ばかり憂きものはなし〈古今・恋三〉➡名歌53 [例](b)月は**有り明け**にて光をさまれるものから（＝光は弱まっているけれど）、富士の峰かすかに見えて〈芭蕉・奥の細道〉
❸「有り明け行灯」の略。一晩じゅうつけておく行灯。

[語誌] ▼十六日以後、特に二十日過ぎの月　月の出の時刻の早い望月（十五夜）以前には、夜明けの空に月が残ることはない。十六日以後、特に二十日過ぎになると、明け方、日の出のころまで月は、空に白く残る。十六日からしばらく後の月は西方、月末近くの月は東方に残っている。この月は男女の朝の別れに情趣を添えるものであった。⇩あかつきのわかれ　〈木村博〉

ありあけ-づき【有り明け月】[名]「ありあけ②」に同じ。[例]屋根は風にまくられてあれば、**有り明け月**の白みて残りたるも見ゆ〈読本・雨月・浅茅が宿〉

ありあけ-の-つき【有り明けの月】「ありあけ②」に同じ。[例]朝ぼらけ**有り明けの月**とみるまでに吉野の里にふれる白雪〈古今・冬〉➡名歌19

あり-あ・ふ【有り合ふ】アウ・オウ **1** [動]（ハ四）ある場にたまたま存在する。居合わせる。ちょうどそこにある。[例]**ありあひ**たる者は皆討たれにけり〈愚管抄・六〉
2 [動]（ハ下二）**1**に同じ。[例]梅の花なづさふ（＝慣れ親しむ）人の袖ごとに**ありあへ**たるは匂ひなりけり〈千五百番歌合〉

あり-あり-て【在り在りて】変わりなく引き続いて。このまま。とうとう。[例]**ありありて**のちも逢はむと言のみを堅く言ひつつ逢ふとはなしに〈万葉・一二・三一一三〉

ありあり-と [副] あるがままに。はっきりと。もっともらしく。[例]さも**ありありと**申しければ、中将うれしくおぼしめし〈御伽草子・木幡狐〉

あり-か【在り処・在り所】[名]（「か」は接尾語）ありか場所。人のいる所。[例]**ありか**定めぬ者にて〈源氏・夕顔〉

あり-か【在り香】[名]「ありが」とも。❶衣服に染みこんだ薫き物などのよいにおい。芳香。その人に固有のものとされ、その人の存在を周囲に知らせることもある。[例]梅の花手折りてかめにさす春は**在り香**やさしき墨染めの袖〈拾玉集・一〉❷いやなにおい。悪臭。[例]血とところどころ付きたる衣の**在り香**、まことに臭く〈閑居友・下・九〉

あり-かず【有り数】[名] ❶人が生きる年数。寿命。[例]君が千年の**ありかず**にせむ〈古今・賀〉❷人や物が

その場に存在する数。例大宮人のけさのありかず〈洞院百首〉

ありーがた・し【有り難し】形(ク) 有ることがむずかしい、の意から、滅多にない、滅多にないほどすぐれている、の意を表す。

❶**滅多にない。まれだ。**例(a)これをおきて またはありがたし さ馴らへる 鷹は無けむと(=この鷹以外にはまた滅多にない、飼いなれている鷹はないだろうと)〈万葉・一七・四〇一一〉例(b)かく執念き人は**ありがたき**ものを(=こんなに強情な女はまれであるなあ)〈源氏・空蟬〉例(c)**ありがたき**もの 舅にほめらるる婿(=滅多にないもの、舅に褒められる婿)〈枕・ありがたきもの〉

❷**生きていくことがむずかしい。**例朝な朝な鹿のしがらむ萩の枝のすゑ葉の露の**ありがた**の世や(=朝ごとに鹿がからみつく萩の枝先の葉の露のように生きがたい命だなあ)〈詞花・雑下〉読解語幹の用法。露がすぐ散ってしまうように、人の命も、という。

❸**たぐいまれにすぐれている。**例かく**ありがたき**人に対面したるよろこび、かへりては悲しかるべき心ばへをおもしろく作りたるに(=このようにたぐいまれにすぐれている人に会っている喜び、それだけにかえって悲しいにちがいない趣意を趣深く詩に作ったところ)〈源氏・桐壺〉読解この「人」は光源氏。帰国する高麗の人が、光源氏に出会った喜びと、別れの悲しみを漢詩に作ったという一節。

❹**またとなく尊い。恐れ多い。**例(a)それこそいみじく貴くしるしありて、鉢を飛ばし、さて居ながらよろづ**ありがたき**ことをしさぶらふなれ(=それこそすばらしく貴く効験があって、鉢を飛ばし、そのまま座ったままでさまざままたとなく尊いことをするそうです)〈宇治拾遺・一〇一〉例(b)念仏の六字の名号ほど、**有り難き**物はおりないぞ(=念仏の南無阿弥陀仏の六字ほど、尊いものはございません)〈狂言・悪太郎〉

❺**感謝の気持ちを表す。**例はいはい、これは**ありがたう**(音便形)ござります〈滑稽本・浮世風呂・前上〉

語誌 ③の意を経て、中世には神仏に対する尊敬・崇拝・感謝の念を表すのに多用された。室町末期ポルトガル人宣教師の手になる『日葡辞書』では、神聖な、という訳語を第一に挙げている。人に対する感謝の言葉として用いられるのは、近世になってからである。〈野村剛史〉

ありーがほ【有り顔】名・形動(ナリ) いかにも何かありそうな顔つきや態度。例うちしめりて(=うち沈んで)思ふこと**あり顔なり**〈源氏・竹河〉

ありーがーほ・し【在りが欲し】形(シク)《上代語》〔ラ変動詞「あり」の連用形＋格助詞「が」＋形容詞「ほし」〕いたい。ありたい。例**ありが欲し** 住みよき里の 荒るらく惜しも〈万葉・六・一〇五九〉

ありーがよ・ふ【あり通ふ】動(ハ四)〔「あり」は接頭語〕いつも通う。通い続ける。例布勢の海の沖つ白波**あり通ひ**いや年のはに(=ずっと年ごとに)見つつしのはむ〈万葉・一七・三九九二〉

ありき【歩き】名 歩きまわること。外出。例「用なき**歩き**は、よしなかりけり(=つまらないことだ)」とて来ずなりにけり〈竹取〉

ありきぬの【あり衣の】《枕詞》❶衣を重ねることから「三重」にかかる。❷貴重な物の意から「宝」にかかる。❸衣ずれの音から「さゑさゑ」にかかる。❹「あり」の同音の繰り返しで「在り」にかかる。

あり・く【歩く】動(カ四) あちこち動きまわる意。歩行を含めた移動全般をいう。

❶**歩きまわる。出歩く。動きまわる。**例五月ばかりなどに山里に**ありく**、いとをかし(=五月のころなどに山里に出歩くのは、たいそう趣がある)〈枕・五月ばかりなどに山里にありく〉

❷他の動詞の連用形につく。㋐**～してまわる。方々で～する。**例よろづの所求め**歩きて**…からうじてたどり来たり(=いたる所を探してまわって…やっとのことで探しあてた)〈源氏・帚木〉㋑**～して月日を送る。～し続ける。**例(妻ガ)なくなりにければ、かぎりなく悲しくのみ思ひ**ありく**ほどに(=亡くなってしまったので、ひどく悲しいとばかり思い続けているころに)〈大和・一三〉

語誌▼上代には例が見られず、平安時代の和文で多く用いられた。

▼**関連語** 「**あゆむ**」が一歩一歩足を運ぶ歩行の意であるのに対して、「ありく」は乗り物での移動も含めた、動きまわる意。動物や乗り物自体が主語になることもある。「**あるく**」は「ありく」と意味は同じだが、『万葉集』や漢文訓読体の文章に用いられる。中世末期から近世初頭にかけて、「あるく」が「ありく」を圧倒するようになる。〈高田祐彦〉

あり・く【あり来】動(カ変) ずっとその状態で続けてきている。例高き立山 冬夏と 別くこともなく 白たへに 雪は降り置きて 古ゆ(=昔から) **あり来**にければ〈万葉・一七・四〇〇三〉

ありーける 連体〔ラ変動詞「あり」の連用形＋助動詞「けり」の連体形〕さっきの。例の。例人々笑ふ時に、**ありける**女童なん、この歌をよめる〈土佐〉

ありーさま【有り様】名 ❶**ものごとの様子・状態。事情。光景。**例家にいたりて門に入るに、月あかければいとよく**ありさま**見ゆ(=家に到着して門を入ると、月が明るいのでたいそうはっきり様子が見える)〈土佐〉

❷**人の様子・状態。身分・境遇・容姿・性質。**例(a)人は、かたち・**ありさま**のすぐれたらんこそあらまほしかるべけれ(=人は、容貌や態度がほかよりまさっていることこそ望ましいにちがいない)〈徒然・一〉例(b)天の下をさかさまになしても思うたまへよらざりし御**ありさま**を見たまふれば、よろづ、いとあぢきなくなん(=天地をひっくり返しても思いもよりませんでした御境遇を拝見しますと、すべて、たいそうつまらなくなりまして)〈源氏・須磨〉読解「思うたまへよらざりし」「見たまふれば」の「たまふ」は、ともに謙譲の意を表す。〈野村剛史〉

ありーさ・る【在りさる】動(ラ四)〔「さる」は時が推

移する意〕なんの変化もないまま時がたつ。しかるべき時が来るのをじっと待つ。例**ありさりて**のちも逢はむと思へこそ〈万葉・一七・三九三三〉

あり‐し 連体〔「し」は過去の助動詞「き」の連体形〕昔の。かつての。生前の。例(光源氏ガ)大人になりたまひてのちは、**ありし**やうに御簾の内にも入れたまはず〈源氏・桐壺〉

ありし‐ながら【在りしながら】 昔のまま。生きていたときのまま。例(死ンダ女君ノ)御髪をかきやるに、さと(=さっと)うち匂ひたる、ただ**ありしながら**の匂ひに〈源氏・総角〉

あり‐すぐ・す【在り過ぐす】 動(サ四) 生き長らえる。月日を送る。例そのままに精進・斎ひをしつつ**あり過ぐし**、ひたみちに仏神を頼みたてまつりて〈栄花・初花〉

あり‐そ【荒磯】 名〔「あらいそ」の変化した形〕荒波の打ち寄せる、岩石の多い寂しい海岸。例みさご(=鳥の名)居る沖つ**荒磯**に寄する波〈万葉・一一・二七三九〉

ありそ‐うみ【荒磯海・有磯海】 名 ❶【荒磯海】岩石の多い、荒れた海辺。和歌では、「有り」と掛けたり、真砂の数が尽きないことにたとえたりする。例**荒磯海**の浜の真砂と頼めしは忘るる事のかずにぞありける〈古今・恋五〉 読解 荒磯海の浜の真砂のように、二人の恋は尽きないと言って期待させたのは、実は恋の誓いを忘れる数だったのだ、の意。❷【有磯海】《地名》歌枕 越中国、今の富山湾の、高岡市伏木から氷見市にかけての海岸。

ありそ‐み【荒磯廻】 名〔「み」は接尾語〕荒磯の湾曲した所。また、荒磯をめぐること。例**荒磯廻**に我が衣手は濡れにけるかも〈万葉・一二・三一六三〉

あり‐た・つ【あり立つ】 動(タ四)〔「あり」は接頭語〕ずっと立ち続ける。繰り返し出かける。例**あり立てる** 花橘を〈万葉・一三・三二三九〉

ありつき‐がほ【有り付き顔】 名 形動(ナリ) 慣れているような顔つき。落ち着いた様子。例(宮仕エニ)なれたる人は、こよなく(=この上なく)、何事につけても**ありつき顔に**〈更級〉

あり‐つ・く【有り付く・在り付く】 ❶動(カ四) ❶住み着く。結婚して落ち着く。例わざと**ありつき**たる男(=特に決まった夫)もなくて〈宇治拾遺・四七〉 ❷生まれつく。例もとより**ありつき**たるさやうの並々の人は〈源氏・蓬生〉 ❸似合う。例まだ(尼トシテ)**ありつか**ぬ御かたはら目(=御横顔)〈源氏・柏木〉 ❹(多く「世にありつく」の形で)生活が安定する。例年来身貧しくして、世に**有り付く**方も無かりけるほどに〈今昔・二七・二四〉 ❷動(カ下二) 就職・結婚などをさせて落ち着かせる。例今まで**ありつけ**ざるこそ、心にかかり候へども〈曾我・四〉

あり‐つる

【在りつる】 連体〔ラ変動詞「あり」の連用形＋完了の助動詞「つ」の連体形〕先にあった。先ほどの。例**ありつる**御返り持て参れり(=先ほどお出しになったお手紙の御返事を持って参上していた)〈源氏・松風〉 読解 夕刻に書いた手紙に対して、深夜返事が来た。

語誌 ▼関連語 よく似た意の語に、「あり」に過去の助動詞「き」の連体形がついた「**ありし**」がある。「ありつる」は、「ありし」より近い過去のことについて用いられる傾向がある。〈井上博嗣〉

あり‐と‐ある【有りと有る】〔ラ変動詞「あり」を重ねて強調した語〕ある限りすべての。ありとあらゆる。例世に**ありとある**人は、皆すがたかたち心ことにつくろひ(=念入りに飾り)〈枕・正月一日は〉

あり‐どころ【在り処・在り所】 名 いどころ。ありか。例**ありどころ**は聞けど、人の行き通ふべき所にもあらざりければ〈伊勢・四〉

あり‐なし【在り無し】 名 形動(ナリ) あるかないか。また、それとわからないほどわずかなこと。例小山田の庵にたく火の**ありなし**に立つ煙りもや雲となるらん〈千載・雑中〉

あり‐なら・ふ【有り習ふ・在り習ふ】 動(ハ四) ❶習慣になる。例もとより遊びの心のみ**ありならひ**にければ〈栄花・ゆふしで〉 ❷住み慣れる。例同じ所に**ありならひ**て、所々なりしは(=別々になったときには)いとど恋しくて〈宇津保・蔵開上〉

あり‐な・る【有り馴る・在り馴る】 動(ラ下二) なじんでいる。なれ親しんでいる。例**ありなれ**し(夫婦ノ)契りも絶えで〈栄花・御賀〉

あり‐にく・し 形(ク)〔「にくし」は接尾語〕生きていきにくい。例すべて世の中の**ありにく**く、我が身と栖との、はかなくあだなるさま、またかくのごとし〈方丈記〉 読解 大地震後の感慨。

あり‐ぬ‐べし【有りぬべし】〔「ぬべし」は完了の助動詞「ぬ」の終止形＋推量の助動詞「べし」〕あるにちがいない。当然そうあるべきだ。それが適当だ。例短くて**ありぬべき**もの とみのもの(=急ぎの物)縫ふ糸。下衆女の髪〈枕・短くてありぬべきもの〉

ありねよし【在根よし】 《枕詞》〔「ね」は峰の意〕対馬には航行する船から見て目立つ峰があることから地名「対馬」にかかる。

あり‐の‐ことごと【有りの悉】 あるものすべて。残らず全部。例寒くしあれば…布肩衣**ありのことごと** 着襲へども〈万葉・五・八九二〉➡名歌122

あり‐の‐すさび【有りの遊び】「ありのすさみ」とも。人や物があるのに慣れて、ありがたみを感じないでいること。例ある時は**ありのすさび**に語らはで恋しきものと別れてぞ知る〈古今六帖・五〉

あり‐は・つ【在り果つ】 動(タ下二) ❶いつまでも生き通す。ずっと生きる。例世の中にえ**ありはつ**まじきさま(=いつまでも生き通すことができない事情)を、ほのめかして言はむなど思すに〈源氏・浮舟〉 読解 死を決意した人の心内。❷ずっとそのままの状態でいる。終わりまで続ける。例まめまめしく過ぐすとならば、さても**ありはて**ず〈更級〉 読解 地道に暮らすかとなると、そうも徹底できない、ということ。

在原業平 《人名》八二五〜八八〇(天長二〜元慶四)。平安前期の歌人。六歌仙の一人。平城天皇の皇子阿保親王と伊登内親王(桓武天皇の皇女)の間に生まれ、在原の姓を与えられる。行平は兄。五男だったことから在五中将などとも称された。二十三歳で蔵人、四十一歳で右馬頭、五十六歳で死去。『伊勢物語』

の「昔男」のモデルとされている。

歴史書『三代実録』はその伝を、美男で小事にこだわらず、格別の学問もないが、よく和歌を詠んだと記すが、手腕のある官僚でもなければ、政治的な反逆児でもなかったことを伝えている。この実人生と、彼の詠歌やそれに基づく『伊勢物語』の世界には、埋めがたい断層が生じている。

●**歌風**　その和歌は、『古今和歌集』所載の三〇首をはじめとして、後続の勅撰集や数種の『業平集』を加算すると、合計五〇首ほどが認められる。内容は恋など人事にわたるものが多い。用語は心情語が比較的多く、感情を前面に押し出した表現が独自の歌風を形作っている。『古今集』仮名序の六歌仙評で「心余りて詞たらず」といわれているように、きわめて主情的な表現の歌を詠んだ。

●**業平説話**　『伊勢物語』や『古今集』から、実在の業平とは異なる業平説話が形成された。失意の惟喬親王との親交、二条后高子や斎宮との許されぬ恋、東国への漂泊の旅などである。後世さらに多様に潤色されて、諸説話集その他に定着した。『古事談』『宝物集』『無名抄』では、二条后を盗み出すまでに進み、さまざまな結末がみられる。『愚見抄』『小町草子』などには、小野小町とともに観音の化身となった話までも伝わる。〈鈴木日出男〉

在原行平《人名》八一八〜八九三(弘仁九〜寛平五)。平安前期の歌人。平城天皇の皇子安保親王の子で、業平の兄。文徳天皇の時代に須磨に籠もったとされ、それが『源氏物語』で須磨に退去する光源氏のモデルの一つとなり、謡曲『松風』の素材ともなる。現存最古の歌合わせ『在民部卿家歌合』を主催。

あり・ふ【在り経】動(ハ下二)ずっとその状態のまま過ごす。生き長らえる。例なにとなくさすがに惜しき命かな**あり経**ば人や思ひ知るとて〈新古今・恋三〉

有馬・有間《地名》摂津国有馬郡、今の兵庫県神戸市北区有馬町。六甲山の北側。温泉地として有名で、古く『日本書紀』にも見える。

ありま‐すげ【有馬菅・有間菅】名有馬産の菅。蓑や笠などを作る。和歌では、同音の繰り返しで「あり」を導く序詞を構成する。

あり‐ま・つ【在り待つ】動(タ四)今のまま変わらないで待つ。そのままで待つ。例石つつじ我が来るまでに含みて(=つぼみの状態で)**あり待て**〈万葉・七・一二八八〉

有間皇子《人名》六四〇〜六五八(舒明一二〜斉明四)。孝徳天皇の皇子。斉明天皇の代に、謀反を企てたとして捕らえられ、護送中に殺される。護送の途中「自ら傷みて」詠んだという短歌二首が『万葉集』に残る。

有馬山・有間山《地名》歌枕 摂津国、今の神戸市北区有馬町の、北を除く三方を囲む山々の総称。和歌では、多く「猪名野」とともに詠まれる。例しなが鳥(枕詞)猪名野を来れば**有間山**〈万葉・七・一一四〇〉

あり‐めぐ・る【在り巡る】動(ラ四)❶あっちこっちとずっと巡り続ける。例島伝ひ　い漕ぎ渡りて　**あり巡り**〈万葉・二〇・四四〇八〉❷生き長らえる。例世に片時**ありめぐら**せじとす〈栄花・初花〉

あり‐も‐つか‐ず【有りも付かず】情況がぴったりと落ち着かない。例(帰ッテ来タバカリデ)**ありもつか**ぬ都のほとりに、誰かは物語もとめ見する人のあらむ〈更級〉読解「誰かは」の「かは」は反語の意を表す。

あり‐やう【有り様】―ヨウ 名ありさま。事情。例海の**ありやう**も見えず〈土佐〉

あり‐よ・し【在り良し】形(ク)住みよい。暮らしよい。例久邇の都は…住み良しと　人は言へども　**あり良し**と　我は思へど〈万葉・六・一〇五九〉

あり‐わた・る【在り渡る】動(ラ四)ずっとその状態でいる。そのまま過ごす。例歳月かくて**あり渡り**けるを、純友が騒ぎ(=藤原純友の乱)にあひて家も焼けほろびぬ〈大和・一二六〉

あり‐わづら・ふ【在り煩ふ】―ワズラウ・―ワズロウ 動(ハ四)生活しづらく過ごす。例世に**ありわづらひ**、官位人よりは短し、人と等しくならん、など思ひて〈栄花・初花〉

あり‐わ・ぶ【在り侘ぶ】動(バ上二)住みづらくなる。生きがたくなる。例昔、男ありけり。京に**あり**わびて東に行きけるに〈伊勢・七〉

ありわらのなりひら『在原業平』⇩ありはらのなりひら

あり‐んす〔「あります」の変化した形〕あります。江戸時代、吉原の遊里で、遊女の代表的な言葉。例これも商売なら、しかたが**ありんせ**んわな〈洒落本・虚実情夜桜〉

あ・る【生る】動(ラ下二)出現する。生まれる。神霊や天皇など、神聖な存在にいうのが基本。例(皇后ガ)筑紫の国に渡りまして、その御子は**あれ**ましぬ〈記・中・仲哀〉

あ・る【荒る】動(ラ下二)❶天候・風・波などが荒れる。例海は**荒るれ**ども、心はすこし凪ぎぬ〈土佐〉❷建物や心が荒廃する。さびれる。すさむ。例もとより**荒れ**たりし宮の内、いとど(=ますます)狐の住み処になりて〈源氏・蓬生〉❸興ざめする。しらける。❹暴れる。乱暴する。例**荒るる**軍・獣も、この主には静まりぬ〈宇津保・藤原の君〉

あ・る【離る】動(ラ下二)はなれる。例あなない(=足場)におどろおどろしく二十人の人ののぼりてはべれば、(ツバメハ)**あれ**て寄りまうで来ず〈竹取〉

ある【或】連体〔ラ変動詞「あり」の連体形から〕不特定の人や事物をさす語。例**ある**人の、この波立つを見てよめる歌〈土佐〉

ある‐い‐は【或いは】❶〔ラ変動詞「あり」の連体形＋間投助詞「い」＋係助詞「は」〕あるものは。ある時には。例**あるいは**おのが家に籠もりゐ、**あるいは**おのが行かまほしき所へ往ぬ〈竹取〉❷接または。もしくは。例枝の長さ七尺、**あるいは**六尺〈徒然・六六〉

ある‐かぎり【有る限り】❶残らず全部。全員。例絹・綿・銭など**ある限り**取り出でて添へて遣はす〈竹取〉❷生きている限り。例女親といふ人**あるかぎり**はありけるを(=私もなんとか過ごしていたが)〈蜻向がありますといって、どちらへであろうか、お出かけになったのです)〈太平記・一三〉❷徒歩で諸国を巡ること。また、その人。①になぞらえていう。例奥羽長途の行脚ただかりそめに思ひたちて(=陸奥や出羽への長い旅をただふと思いたって)〈芭蕉・奥の細道〉

あん-ぐう【行宮】 名 天皇の旅行先に、仮に設ける御所。仮宮。

あんけつ-だう【暗穴道・闇穴道】 ドウ 名『仏教語』(唐の玄宗皇帝の怒りを買った僧が果羅の国へ送られたときに通った道から)罪深い人が通るという道。例暗穴道とて重料(=重罪)の者をつかはす道なり〈平家・二・一行阿闍梨之沙汰〉

あん-ご【安居】 名『仏教語』僧が、陰暦四月十五日から七月十五日までの夏季九十日間、一定の場所に籠もって修行する年中行事。経典の講説が行われた。夏安居。夏行。夏籠り。例仏の御弟子達、所々の安居終はりて、仏の御前に参り集まりたまふ時〈今昔・三・四〉

あんざい-しょ【行在所】 名「あんぐう」に同じ。

あん-じち【庵室】 名 僧や尼、また、世捨て人の粗末な住まい。例深き山にすむ聖のもとにまかりて尋ぬるに、**あんじち**の戸を結ひて人もなければ〈恵慶集・詞書〉

あん-じつ【庵室】 名「あんじち」に同じ。

あん-じゅ【案主】 名「あんず」とも。平安・鎌倉時代、官庁で記録や文書の作成・保管にあたる職。また、その職員。院や摂関家の御廏、検非違使庁・荘園・鎌倉幕府政所などに置かれた。

あんしょう-の-ぜんじ【暗証の禅師】 名 経文の研究や理解を軽んじ、座禅にふけるだけで悟りを得ようとする独善的な修行者をあざけって言った言葉。例文字の法師・**暗証の禅師**、たがひにはかりて、己にしかず(=自分よりも劣る)と思へる、ともに当たらず〈徒然・一九三〉

あん-じん【安心】 名『仏教語』信仰によって心の安らぎを得て、動じることのない境地。特に浄土教で、阿弥陀仏を信じて疑わないこと。例念仏の行をおろかにし…**安心**を忘るるなり〈妻鏡〉

あん・ず【按ず】 動(サ変) ❶弦楽器の奏法で、指で弦を押さえて音を上げる。例(琴ノ琴ヲ)なほ一度も揺し**按ずる**暇も心あわただしければ〈源氏・若菜下〉❷なでる。さする。特に、刀の柄に手をかける。例右の御手には御剣を**按じて**〈太平記・三〉

あん・ず【案ず】 動(サ変) ❶考える。工夫を凝らす。例これをこのころ**あんずる**に〈竹取〉❷心配する。例そら恐しく**案ぜられて**〈中務内侍日記・上〉

あん-ぢ【安置】 ジ 名 動(サ変) 〔のちは「あんち」とも〕神仏の像などを据えてあがめること。例寺を造りて舎利(=釈迦の遺骨)を**安置し**たまふべし〈今昔・六・四〉

あんぢょう アンジョウ 副『近世語』〔「あぢよう(味よう)」の変化した形〕うまいぐあいに。上手に。上方で用いる。例今のうち**あんぢょう**せんと、のちに工合が悪るなるさかい〈滑稽本・膝栗毛・六上〉

あん-ど【安堵】 名 動(サ変) ❶居所に安住すること。例叔父を殺してけり。それより八幡にも**安堵せ**ずなりて〈著聞集・一三・四四一〉❷心が落ち着くこと。安心すること。例いまだ一日片時**安堵**の思ひに住せず〈平家・一一・腰越〉❸鎌倉時代以降、幕府が領地の所有権・知行権を確認・保証すること。例君より御尋ねありて、先祖の所領を**安堵する**か、しからずは別の御恩をかうぶり候はば〈曾我・四〉

あん-どう【行灯】 名「あんどん」に同じ。例さらば、**あんどう**をまゐらせよ〈醒睡笑・五〉

あん-どん【行灯】 名「あんどう」とも。照明器具の一種。木製の枠に紙を張り、中に油を入れ、灯心に火をともす。

行灯
〔百人女郎品定〕

あん-ない【案内】 名 動(サ変) 「あない」に同じ。

あんない-しゃ【案内者】 名 ❶事情や地理に詳しい人。例敵は無案内なり、信連は**案内者**なり〈平家・四・信連〉❷道案内をする人。先導。例嵯峨の**案内者**に頼まむ〈著聞集・一六・五六六〉❸密告者。

あんない-まう【案内申】 モウ 〔「まう」は「まうす(申す)」の変化した形〕人の家を訪問したとき、取り次ぎを請う語。ごめんください。例まず案内を乞はう。「物申。**案内申**」〈山本東本狂言・石神〉

あん-なり 〔ラ変動詞「あり」の連体形+推定・伝聞の助動詞「なり」=「あるなり」の撥音便形〕⇒あなり。例世の中に物語といふもののあ**んなる**を、いかで見ばや(=どうにかして見たい)と思ひつつ〈更級〉

あんにおつ【案に落つ】 ⇒「あん」の子項目

あん-の-うち【案の内】 予想どおり。思ったとおり。例都へ返し入れまゐらせ候はん事、**案の内**に候ふ〈保元・中〉

あん-の-ごとく【案の如く】 案の定。はたして。例**案のごとく**五節果てにしかば(=終わってしまったあとに)〈平家・一・殿上闇討〉

あん-の-ほか【案の外】 予想外。意外。例彼奴は**案の外**にて迷はめ(=慌てるだろう)〈今昔・二五・九〉

あん-のん【安穏】 名 形動(ナリ) 「あんをん」の変化した形。

あん-ばい【塩梅】 名〔「えんばい」の変化した形〕❶食物を調理して味かげんをすること。例あのお香々(=お漬け物)のお**塩梅**のよさ〈滑稽本・浮世風呂・二下〉❷物事や体のぐあい。例武士の刀の**塩梅**見よ〈近松・傾城反魂香・上〉

あんばい-よし【塩梅好し】 名(「こんにゃく豆腐のあんばいよし」という売り声から)こんにゃくや豆腐に味噌を塗って焼いたもの。田楽。また、それを売る人。例なんでも今夜は**あんばいよし**でもぶち食らって〈近松・傾城吉岡染・上〉

あん-ぺい【安平】 名 形動(ナリ) 「あんべい」とも。❶たやすいこと。容易なこと。また、取るに足りないこと。例「さては**安平**ござんなれ(=それならたやすいことだ)」とて、修行にぞ出でにける〈平家・五・文覚荒行〉❷安らかで穏やかなこと。例四海(=天下)

の安平掌(たなごころ)の内に照らし〈近松・吉野忠信・一〉

あん-べし〔ラ変動詞「あり」の連体形＋推量の助動詞「べし」＝「あるべし」の撥音便形〕⇩あべし

あん-ぺら 名 熱帯産のカヤツリグサ科の多年草。茎を編んで、敷物や袋にする。また、それらの品物をもさしていう。例鬼とも組むべき男ども、**あんぺら**取って敷かすやら〈近松・博多小女郎波枕・上〉

あん-めり〔ラ変動詞「あり」の連体形＋推定の助動詞「めり」＝「あるめり」の撥音便形〕⇩あめり

あん-も【餅】 名「あも」とも。餅(もち)をいう幼児語。例坊は聞き分けがいいから御褒美をやりませう、**あんも**がよかろ〈滑稽本・浮世風呂・三下〉

あんやう-じゃうど【安養浄土】(アンヨウジョウド) 名《仏教語》〔阿弥陀(あみだ)の仏土に往生すれば、心を養い、身を安んじて、仏のようになることから〕阿弥陀仏の住む浄土。極楽浄土。例「南無(なも)西方日想(にっさう)**安養浄土**弥陀仏」と唱ふ〈今昔・一五・四九〉

あんら【菴羅】 名〔梵語の音写〕仏典にあるインドの高木の名。マンゴーのこと。菴摩羅(あんまら)。例**菴羅**といふ植木あれど、木の実を結ぶ事かたし(=めったにない)〈大鏡・後一条院〉

安楽庵策伝(あんらくあんさくでん)《人名》一五五四〜一六四二(天文二三〜寛永一九)。江戸時代の仮名草子作者。唱導僧として各地で布教活動ののち、京都誓願寺の法主となる。京都所司代板倉重宗(しげむね)らと交流があり、重宗の求めに応じて仮名草子『醒睡笑(せいすいしょう)』を著す。和歌・狂歌・漢詩や茶の湯にも長じた。

あんらく-せかい【安楽世界】 名《仏教語》「あんやうじゃうど」に同じ。

あん-をん【安穏】(―オン・―ノン) 名 形動(ナリ) 安らかで穏やかなさま。無事。例「ふるさとにとどめおきし妻子**安穏**に」と祈られけるこそかなしけれ〈平家・一〇・熊野参詣〉

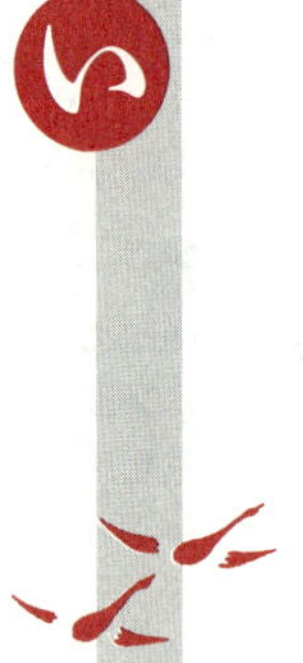

い〔井・亥・家・猪〕⇩ゐ

イ〔位・囲・威・韋・惟・違・遺〕⇩ゐ

い- 接頭《上代語》動詞について、句調や語調を整えたり、意味を強めたりする。「い隠(かく)る」「い立(た)つ」など。

い-【斎】 接頭 神事にかかわる物の名について、神聖な、**清浄な**、**の意を添える**。「ゆ(斎)」とも。「斎杙(いくひ)」「斎串(いぐし)」「斎垣(いがき)」「斎槻(いつき)」「斎笹(いささ)」など。〈吉田比呂子〉

い【五】 名 五(ご)。五つ。「五十(いそ)」「五百(いほ)」などと接頭語的に用いる。

い【胆】 名 胆嚢(たんのう)。例**胆**の下をば肓(くわう)と言ひ〈今昔・一〇・三〉

い【意】 名 ❶考え。例先師の**意**をもって見れば〈俳諧・去来抄・先師評〉❷意志。例大功の成らん事を**意**とするものなり〈太平記・三八〉❸意味。

い【寝・睡・眠】 名 眠(ねむ)ること。睡眠(すいみん)。例心とけたる**寝**だに寝(ね)られず〈源氏・空蟬〉 語誌 単独では用いられず、「朝寝(あさい)」「熟寝(うまい)」「安寝(やすい)」などの熟語となるほかは、「いを寝(ぬ)」「いの寝(ね)らえず」「いも寝(ね)ず」のように、助詞を介して動詞「寝(ぬ)」に続く形で用いられる。

【寝の寝(ね)らえず】〔「らえ」は上代の可能の助動詞「らゆ」の未然形〕眠ることができない。例妹を思ひ**いの寝らえぬ**に〈万葉・一五・三六六五〉

【寝も寝(ね)ず】 眠ることもしない。例冬の夜の 明かしも得ぬを **いも寝ず**に 我(あれ)はそ恋ふる〈万葉・九・一七八七〉

【寝も寝(ね)られず】 眠ることもできない。例庵(いほ)なども浮きぬばかりに雨降りなどすれば、恐ろしくて**寝も寝られず**〈更級〉

【寝を寝(ぬ)】 眠る。例家思ふと**いを寝**ず居(を)れば〈万葉・二〇・四四〇〇〉

い【網・蜘糸】 名 クモの糸。クモの巣。例つゆにても命かけたる蜘蛛(くも)の**い**に〈蜻蛉・下〉

い【五十】 名 五十(ごじふ)。また、数の多いこと。「五十日(いか)」などと接頭語的に用いる。「いそ」とも。

い【異】 名 形動(口語) ❶仏教で、四相(しさう)の一つ。ものの変化。例生・住・**異**・滅の移りかはる実(まこと)の大事は、たけき河の(=勢いの激しい河が)みなぎり流るるがごとし〈徒然・一五五〉❷不思議なこと。変なこと。例男、**異な**事でゆかれぬと言ひて〈狂言・柿山伏〉

い 助動 軽い敬意をこめた命令の意を表す。〜なさい。例まづ、こちらへ入ら**い**〈狂言・比丘貞〉

接続 四段活用の動詞の未然形につく。

語誌 室町時代から江戸初期にかけて用いられた。語源は未詳。「い」の形の例しか見られない。一段・二段活用の動詞には「さい」がつく。

い 終助〔終助詞「よ」の変化した形〕語調を強めたり、念を押したりする意を表す。〜よ。例さうであらうと思うた**い**〈狂言記・烏帽子折〉

接続 体言および文末につく。

い 間助 **語調を強める**。例(a)我が背子が跡踏み求め追ひ行かば紀伊(き)の関守(せきもり)**い**留(とど)めてむかも(=私のいとしいあの人の足跡を求め追いかけて行ったら紀伊の関所の番人が押しとどめてしまうだろうかなあ)〈万葉・四・五四五〉例(b)向かつ峰(を)の若桂(わかかつら)の木下枝(しづえ)取り花待つ**い**間(ま)に嘆きつるかも(=向こうの峰の若い桂の木の下のほうの枝を手にとって花を待つ間にため息をついたことだよ)〈万葉・七・一三五九〉

接続 体言・連体修飾語につく。

語誌 ▼主に上代に用いられた。上代にもあまり多くはなく、平安時代には、もっぱら漢文訓読体の中で用いられる。「あるいは」は、動詞「あり」の連体形にこの「い」と係助詞「は」がついてできたもの。

▼**異説**　係助詞・副助詞とする説や、例(a)のように主格につく「い」を格助詞とする説もある。〈近藤要司〉

いい【家・飯・械・謂・言い】⇩いひ

いう【言う・云う】⇩いふ

いう【優】ユウ 形動（ナリ）非常にすぐれていて、理想的な状態であることを表す。

❶**すぐれている。りっぱだ。** 例（自分ガ）若くはべりし時より、**優に**おはすと見たてまつりしみにしかば（＝若くございましたときから、ごりっぱでいらっしゃると心から存じ上げておりましたので）〈源氏・手習〉

❷**優美だ。風流だ。上品だ。** 例(a)いかに恐ろしき物なれども、歌に詠みつれば**優に**聞きなさるるたぐひぞ侍る（＝どんなに恐ろしい物でも、和歌の中に詠み込むと優美に聞こえるというようなこともあります）〈毎月抄〉例(b)なほことざまの**優に**覚えて、物の隠れよりしばし見ゐたるに（＝やはり事のありさまが優雅に思われて、物陰からしばらく見ていると）〈徒然・三二〉

❸**殊勝だ。けなげだ。** 例味方の御勢は皆落ち候ふに、ただ一騎のこらせたまひたるこそ**優なれ**（＝味方の御軍勢は全員逃げましたのに、ただ一騎お残りになっているのは実に殊勝である）〈平家・七・実盛〉

類義②③やさし

語誌　本来は、すぐれている、まさっている、の意で、そこから、人の姿かたち・ふるまいの上品な優雅さを表したり、風景や和歌・書跡・絵画・音楽などにおける優美な美しさを表現したりした。中でも和歌では重んじられ、平安時代の貴族文化を象徴する美としてあこがれの対象となった。中世になると、③殊勝だ、の意も生じてきた。〈渡部泰明〉

いう-くん【遊君】ユウ 名「いうぢょ」に同じ。例**遊君**遊女ども召し集め、遊びたはぶれてのみ月日を送られけり〈平家・一〇・藤戸〉

いう-げん【幽玄】ユウ 名 形動（ナリ）［「幽」はかすか・ほのか、「玄」は奥深い、の意］

❶**深遠で神秘的なさま。奥深くはっきりとはわからないさま。** 例(a)あるいは事神異に関かはり、あるいは興**幽玄**に入る（＝あるものは事柄が神秘的なものにかかわって、あるものは内容も奥深くわかりにくい）〈古今・真名序〉例(b)風体は**幽玄**、詞の義凡俗にあらず（＝一首の全体的な表現は奥深くかすかで、言葉の内容も平凡ではない）〈中宮亮重家朝臣家歌合〉読解「うちよする五百重の波の白木綿は花散る里の遠目なりけり」という歌に対する藤原俊成の判詞（批評の言葉）。

❷**上品で優美なさま。** 例(a)詩歌に巧みに、糸竹に妙なるは、**幽玄**の道（＝詩歌に器用で、音楽に上手であるのは、優美な道であって）〈徒然・一二二〉例(b)月に薄雲のおほひ、花に霞のかかりたる風情は、詞・心にとかくいふところにあらず、**幽玄**にもやさしくもあるかな（＝月に薄い雲が覆い、花に霞がかかっている趣は、言葉や内容であれこれ表現できるものではなく、上品で優美なさまでも風流でもあることだ）〈正徹物語・上〉

語誌▼**最高の美的理念**　平安時代は、古代的で神秘的な美をいうことが多い。鎌倉時代以降になると、平安貴族文化の優美な美を表すようになる。神秘性から優美さへの転換点は藤原俊成の歌論において見られるが、歌論・連歌論・能楽論では、最高の美的理念として掲げ上げられた。正徹の歌論では濃密な妖艶さが強調され、二条良基の連歌論や世阿弥の能楽論では優美さが基調となっている。いずれの場合でも、奥深く計り知れないという原義は、表現のもつ曰く言いがたい深みや広がりを示すために、常に生かされている。世俗・現実を越え、この世ならぬ美をめざす指標であった。〈渡部泰明〉

いうげん-たい【幽玄体】ユウゲンタイ 名《歌論用語》奥深くかすかな余情の感じられる和歌の表現様式。また、優美さの感じられる和歌の表現様式。例古人の**幽玄体**と取り置けるは、心を最要（＝最も重要なもの）にせしにや。（現代ノ）世の常の好士（＝世間の普通の作者）の心得たるは、姿・言葉のやさばみたるなり〈ささめごと・上〉読解幽玄体とは本来歌を詠む心のありかたが重要とされたものであったが、現代では詠みぶりや表現の優美さと理解されている、という。

いう-し【猶子】ユウ 名「いうじ」とも。❶甥または姪。❷養子。例御年十五歳、法皇御**猶子**の儀なり〈平家・一・鹿谷〉

いう-し【遊子】ユウ 名 故郷を離れて旅をしている人。旅人。例「**遊子**なほ残りの月に行く」と誦じたまへる〈枕・大納言殿まゐり給ひて〉

遊子方言 いうしはうげん ユウシホウゲン《作品名》江戸時代の洒落本。一巻。田舎老人多田爺作。明和七年（一七七〇）刊。通人ぶる男性とうぶな青年の吉原での遊びを、情景描写と洗練された会話文によって描く。初期洒落本の代表作。

いう-しょく【有職・有識】ユウ 名「いうそく」に同じ。

いう-そう【遊僧】ユウ 名 延年の舞などの芸能を行う僧。例もとより弁慶は三塔（＝延暦寺）の**遊僧**〈謡曲・安宅〉

いう-そく【有職・有識】ユウ ❶名 ❶**学識のあること。また、その人。もの知り。学者。** 例（夕霧ハ）天の下並ぶ人なき**有職**にはものせらるめれど（＝天下に匹敵する人がいない学者ではいらっしゃるようだが）〈源氏・少女〉

❷**音楽などの諸芸道に精通した人。達人。** 例（楽人ニハ）心ことなりと世人に思はれたる**有職**のかぎりとのへさせたまへり（＝非凡だと世間の人に思われている達人ばかりおそろえになった）〈源氏・紅葉賀〉

❸**朝廷や武家の典例・故実に詳しい人。また、その知識。** 例**有職**のふるまひ、やんごとなきことなり（＝典例をふまえたやり方で、実にりっぱである）〈徒然・四八〉

❹**人柄・容貌などのすぐれた人。** 例いかでさる**有職**をば、ものげなき若人にてはとりこめられしぞ（＝どうしてそれほどすぐれた女性を、たいしたことのない若者の身で手に入れられたのか）〈大鏡・道長下〉

❷形動（ナリ）**教養・知識がある。その道に精通している。** 例（道長ノ子ドモハ）とりどりに**有職**にめでたくおはしまさふ（＝それぞれ教養がありごりっぱでいらっしゃる）〈大鏡・道長上〉

語誌▼**「有職」と「有識」**　本来は学識のあること

（人）の意で、「有識」と書かれた。しだいに諸芸道に精通することの意を派生し、さらに、官職典礼に詳しいことの意にも用いられるようになって、「有職」の字があてられるようになったという。〈藤本宗利〉

いう-ちゃう【優長】 名形動（ナリ） あることにすぐれていること。例才学**優長にして**〈平治・上〉

いう-ぢょ【遊女】 名 宴席で今様などを唱歌し、また寝所もともにする女性。平安時代、主に江口・神崎など水辺を本拠地として陸路の傀儡女と区別されたが、のちの白拍子も含めて遊女と総称した。中世末期に廓が公許されて以後、廓におかれた女性と、各地の宿駅や未公認の遊里などの売春婦の総称となる。⇩あそび（遊女）

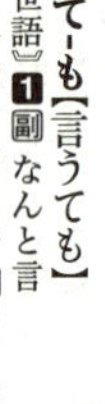
遊女〔鶴岡放生会職人歌合〕

いう-て-も【言うても】《近世語》❶副 なんと言っても。どうしても。例おまん様がいとしい、**言うても**一人の娘御〈近松・薩摩歌・中〉❷接 そうは言っても。しかし。例いやいや、**言うても**大事の縁組〈近松・心中宵庚申・中〉

いう-ひつ【右筆・祐筆】＝ 名❶文章を書くこと。❷文筆にたずさわる官名。文官。例われ**右筆**の身にあらず。武勇の家に生まれて〈平家・一・殿上闇討〉❸武家の職名。文書の書写・記録にあたる。

いえ【家】 ⇩いへ

いえ 感❶思いがけないことに驚いて発する語。ええっ。おや。まあ。例**いえ**、太郎冠者がもどったさうで声が致す〈虎寛本狂言・末広がり〉❷呼びかけるときに用いる語。やあ。もし。例**いえ**、頼うだ人でござるか（＝御主人様でございますか）〈虎寛本狂言・狐塚〉❸相手の言葉を打ち消す語。いいえ。例いえ、何とも申しませぬ〈滑稽本・浮世風呂・前下〉

いお【庵・廬・五百】 ⇩いほ

いお【魚】 ⇩いを

いおり【庵・廬】 ⇩いほり

いか【紙鳶・凧】 名「いかのぼり」の略。

い-か

【五十日】 名❶五十日。例曳く船の綱手の（ここまで序詞）長き春の日を四十日五十日までわれは経にけり（＝引き船の綱のように長い春の日を四十日五十日までも私は過ごしてしまったことだ）〈土佐〉読解土佐を出発してからの長い船旅を嘆く歌。

❷「五十日の祝ひ」の略。誕生後五十日目に、新生児に餅を含ませる儀式、およびその後の祝宴。例五月五日にぞ、**五十日**にはあたるらむと、人知れず数へたまひて（＝五月五日が、五十日の祝いにあたるだろうと、ひそかに数えなさって）〈源氏・澪標〉読解明石の地に残してきた娘の五十日の祝いに、都の光源氏が思いをはせる。

❸「五十日の餅」の略。例御**五十日**は里にてぞきこしめす（＝御五十日の餅は里邸で召し上がる）〈栄花・月の宴〉

語誌▼五十日の祝いの例 寛弘五年（一〇〇八）九月十一日、藤原道長の外孫敦成親王が誕生した。道長にとっては待望の皇子である。十一月一日、道長の土御門第で五十日の祝いが催された。実は翌二日が誕生後五十日にあたるが、日柄を考慮しての催しであった。敦成親王と生母彰子の前に御膳が据えられ、道長が餅を含ませる役を務めた。皇子皇女の場合、父帝か外祖父がその役を務めるのがしきたりであった。敦成親王に供された御膳の食器類はいずれも小作りで、『紫式部日記』には「ひひな遊びの具と見ゆ」と記されている。『紫式部日記絵巻』にその儀式の模様が絵画化されている。〈福長進〉

いか

【如何】 形動（ナリ） 状況・原因・手段・程度などについての疑問の意を表す。どのようだ。どんなだ。どういうわけだ。例(a)**いかなる**者の集へるならむ（＝どのような者が集まっているのであろうか）〈源氏・夕顔〉例(b)（二首ノ歌ハ）同じさまなるに、**いかなれば**四条大納言のはめでたく、兼久がはわろかるべきぞ（＝同じようであるのに、どうして四条大納言の歌はりっぱで、私兼久の歌はよくないのだろうか）〈宇治拾遺・一〇〉

語誌 連用形「いかに」と連体形「いかなる」の形で用いることが多い。⇩いかに〈片岡玲子〉

伊賀 《地名》旧国名。今の三重県西部。東海道十五か国の一つ。伊州。賀州。延喜式で下国・近国。古くは伊勢国に属した。

いか・い【厳い】 形（口語）〔形容詞「いかし」の口語形〕はなはだしい。たいそうな。大きい。多い。例それはいかい手柄をしたな〈狂言・空腕〉

いか-いか 副「いがいが」とも。赤ん坊の泣き声。おぎゃあおぎゃあ。例児の音にて**いかいか**と哭くなり〈今昔・二七・四三〉

い-かう【已講】＝ 名《仏教語》「三会已講師」の略。僧の称号の一つ。興福寺の唯摩会・宮中の御斎会・薬師寺の最勝会の三会の講師を務めた僧。例南京の法師（＝奈良興福寺の僧）、三会講師しつれば、**已講**と名づけて〈大鏡・道長上〉

い-かう【一向】＝ 副〔「いっかう」の促音の表記されない形〕ひたすら。例**いかう**にこの事（＝お子様のこと）をうしろみたてまつらむ〈宇津保・国譲下〉

いかう【厳う】 副〔形容詞「いかい」の連用形のウ音便形から〕はなはだしく。たいそう。ひどく。例いかう重うなってござる〈狂言・釣針〉

いか-が

【如何】 副〔副詞「いかに」＋係助詞「か」＝「いかにか」の撥音便形「いかんが」の変化した形〕❶疑問の意を表す。どう。どのように。どんなに。例**いかが**すべきと思しわづらふに（＝どうしたらよいだろうかと思い悩みなさっていると）〈竹取〉

❷問いかけに用いる。どうですか。いかがですか。例いかが、御心地はさはやかに思しなりにたりや（＝ご気分はさわやかにおなりになりましたか）〈源氏・柏木〉

❸反語の意を表す。どうして〜か（いや、〜ない）。例

さばかり多かるものを、諳(そら)にはいかが語り聞こえむ(=あんなにも分量の多いものを、どうしてそらんじてお話し申し上げることができましょうか、いいえ、できません)〈無名草子〉読解 物語批評の語り手である老尼の言葉。ここは『源氏物語』についてのところ。❹(下の「あらむ」などが省略された言い方)**ためらいや危ぶみの気持ちを表す。どうだろうか。どうかと思う。** 例 太神宮の御方を御跡にせさせたまふ事**いかが**(=伊勢神宮のご方角を御足の方向になさることはどうだろうか)〈徒然・一三三〉読解 白河院が北を枕にして寝ていたということを批判する言葉。

語誌 ▼ もともとの形に係助詞「か」を含むので、係り結びに準じて結びは連体形となる。〈片岡玲子〉

[如何すべき]〔「すべき」は、サ変動詞「す」の終止形＋推量の助動詞「べし」の連体形〕どうしたらいいのか。どうしよう。自分で悩む場合にも人に尋ねる場合にもいう。例「**いかがすべき**」とて、手をとらへたまへれば〈源氏・夕顔〉

[如何せむ]〔「せむ」は、サ変動詞「す」の未然形＋推量の助動詞「む」〕❶どうしようか。どうすべきか。例「**いかがせん**」と沙汰(=相談)ありけるに〈徒然・一七七〉❷どうしようもない。例 宿るべき所なかりければ、**いかがせん**と思ひて〈宇治拾遺・一七〉

いかが-は【如何は】〔副詞「いかが」＋係助詞「は」〕❶**疑問・詠嘆の意を表す。どんなに〜であることか。** 例 この家にて生まれし女子のもろともに帰らねば、**いかがは**悲しき(=この家で生まれた女の子がいっしょに帰らないので、どんなにか悲しいことか)〈土佐〉読解「この家」は京の我が家。娘は任地の土佐で死んだ。❷**反語の意を表す。どうして〜か(いや、〜ない)。** 例 君の仰せごとをば、**いかがはそむくべき**(=主君の御命令を、どうしてさからうことができようか、いや、そんなことはできない)〈竹取〉❸(打消を伴う述語を省略して反語表現として)**強い肯定を表す応答語に用いる。もちろん。** 例「我をば思ふや」と問はせたまふ御答へに、「**いかがは**」と啓するにあはせて(=「私を愛しているか」とお尋ねになる御返事に、「もちろん」と申し上げるのにあわせて)〈枕・宮にはじめてまゐりたるころ〉読解 中宮定子と作者のやりとり。中宮へ申し上げるので「啓す」が用いられている。〈片岡玲子〉

[如何はせむ]〔「せむ」は、サ変動詞「す」の未然形＋推量の助動詞「む」の連体形〕「いかがはせん」とも。❶反語の意を表す。どうしようか(いや、どうしようもない)。しかたがない。困惑またはあきらめの意を含んで用いる。例 命死なば**いかがはせむ**、生きてあらむかぎりかく歩きて(=命がなくなったらしかたがない、生きているようなうちはこのように動き回って)〈竹取〉❷疑問の意を表す。どうしようか。例 酒宴ことさめて(=興がさめて)、**いかがはせん**と惑ひけり〈徒然・五三〉読解 ふざけて頭にかぶった鼎が抜けなくなってしまった。

い-かか・る【い懸かる】 動(ラ四)〔「い」は接頭語〕かかる。かぶさる。例 岩の上に**いかかる**雲の〈万葉・一四・三五一八〉

い-がき【斎垣・忌垣】 名〔「い」は接頭語〕「いかき」とも。神社など、神の領域のまわりにめぐらした垣根。瑞垣。玉垣。例 変はらぬ色をしるべにてこそ、**斎垣**も越えはべりにけれ〈源氏・賢木〉読解 ここは斎宮が潔斎する野の宮の垣根。「斎垣も越ゆ」は禁忌を犯した恋や許されない恋を表すことが多い。

い-か・く【沃懸く】 動(カ下二) 注ぎかける。浴びせかける。例 銚子に水を入れて持てきて、右の方の膝に**いかく**〈蜻蛉・中〉

い-か・く【射掛く・射懸く】 動(カ下二) 敵に向かって矢を射たり鉄砲を撃ったりする。例 わが門の前を通しながら、矢一つ**射かけ**であるべきか(=射らずにいられようか)〈平家・一二・判官都落〉読解 末尾の「か」は反語の意を表す。

い-かく・る【い隠る】 動(ラ四)〔「い」は接頭語〕隠れる。例 三輪の山 あをによし(枕詞) 奈良の山の山のまに **い隠る**まで〈万葉・一・一七〉

い-かけ-ぢ【沃懸地】 ジ— 名 蒔絵の技法の一つ。漆塗りの上に粗い金粉・銀粉をまき、研ぎ出したもの。例 黒馬の太くたくましきに、**沃懸地**の金覆輪の鞍置いて〈保元・上〉

伊賀越道中双六(いがごえだうちゅうすごろく／イガゴエドウチュウスゴロク)《作品名》浄瑠璃。時代物。一〇段。近松半二らの合作。天明三年(一七八三)初演。荒木又右衛門の伊賀上野城下の仇討ちに取材した作。

いか-さま【如何様】 ❶ 形動(ナリ) **状態・方法などについての疑問の意を表す。どのようだ。どういうぐあいだ。** 例 この女君いみじくわななき惑ひて、**いかさまにせむ**と思へり(=この女君は、たいそうふるえ混乱して、どのようにしたらいいだろうかと思っている)〈源氏・夕顔〉❷ 副 ❶**推測や叙述が確かなことを表す。いかにも。どうみても。きっと。** 例 **いかさま**これは、「祇」といふ文字を名について、かくはめでたきやらむ(=きっとこれは、「祇」という文字を名前につけているから、これほどまでにすばらしいのだろう)〈平家・一・祇王〉読解 平清盛の寵愛を受けた祇王にあやかって、名前に祇の字を使う白拍子が続出したという話。❷**強い願望の意を表す。どうしても。ぜひとも。** 例 **いかさま**取りて帰り…家の宝となさばや(=ぜひとも取って帰って…家宝としたいものだ)〈謡曲・羽衣〉❸ 感 **相手の発言に心から同意する気持ちを表す。本当に。なるほど。** 例「格別に念を入れてあった壺でおりやる(=ございます)」「**いかさま**さうであらう」〈虎寛本狂言・樋の酒〉❹ 名(③から転じて)相手にいかにもそのとおりだと思わせること。ごまかし。詐欺。例 重忠がはかりごとにて、百人**いかさま**にかかる〈黄表紙・文武二道万石通・上〉〈片岡玲子〉

いかさま-にか【如何様にか】「いかさまにかせむ」の略。どうしようか。どのように〜か。例 **いかさまにか**聞こえやらん〈源氏・若紫〉

いか・し【厳し】 ❶ 形(ク) 激しい。荒々しい。恐ろしい。例 猛く**いかき**ひたぶる心出で来て(=なんとしてもという気持ちが起こって)〈源氏・葵〉❷ 形(シク)❶勢いが盛んだ。例足らし(=充実していらっしゃる)御世のいかし御世に〈祝詞・春日祭〉❷おごそかだ。いかめしい。例厳矛、これをば**いかし**ほこといふ〈紀・舒明〉❸重大だ。重々しい。例朕を助けまつり、仕へまつる事の、**重しき**労しき事〈続紀・慶雲四年四月・宣命二〉語誌 上代にはシク活用で、平安時代以降ク活用に変わったかと考えられる。ただし、ほとんどの上代の用例は、語幹もしくは終止形が名詞を修飾する用法である(②①②例)。

いかずち〘雷〙⇩いかづち

いかだ【筏】 名 木材や竹をつなぎ合わせ、水に浮かべて流すもの。水流で木材などを輸送し、舟の代用にもなる。例斧取りて 丹生の檜山の 木伐り来て 筏に作り〈万葉・一三・三二三二〉

いが-たうめ【伊賀専女】 名❶狐の別称。「たうめ」とも。例野干坂の**伊賀専女**が男祭〈新猿楽記〉❷(狐が人をだますように口で人をだますとされたことから)仲人。媒酌人。例今さらに**伊賀専女**にやとつつましくてなん〈源氏・東屋〉

いかだ-し【筏師】 名 筏を操ることを仕事とする人。例浅き瀬に流れてくだる**筏師**は〈宇津保・祭の使〉

いかづち【雷】 名❶**かみなり**。雷神。例(a)(軍勢ノ隊列ヲ)整ふる 鼓の音は 雷の 声と聞くまで(=整える鼓の音はかみなりの音かと聞こえるほど)〈万葉・二・一九九〉例(b)車の輪のごとなる雨降り、**雷**鳴りひらめきて(=車の輪のような大粒の雨が降り、かみなりが鳴り光って)〈宇津保・俊蔭〉❷猛烈な勢威あるもの。異界の、猛く恐ろしい霊的な存在。例頭には大**雷**居り、胸には火の**雷**居り、腹には黒**雷**居り(=頭には大雷がいて、胸には火の雷がいて、腹には黒雷がいて)〈記・上・神代〉読解 伊邪那岐が黄泉国(死者の世界)に伊邪那美を尋ね、その死体に化成した恐ろしい霊たちをのぞき見る場面。

類義 ①なるかみ

語誌▼**異界の神のイメージ** 「厳つ霊」の意。「いか」は猛烈な勢威を発揮する様子を表す形容詞「いかし(厳し)」の語幹。「つ」は「の」の意の上代の格助詞。「ち」は霊的な存在を意味する名詞。もともとは、異界の恐るべき鬼神や魔物の類を意味したが、のちにはもっぱらかみなり(神鳴り)をさす言葉になった。しかし、雷鳴をとどろかせ電光をひらめかせる「いかづち」は、あくまでも神(雷神)として意識されていたのであり、その姿は多く蛇霊神=水神として観想されていた。小子部栖軽が雷の丘で雷神をとらえた話(『日本霊異記』上巻第一)はよく知られている。その話のように、雷神信仰は小さ子譚や怪力譚と結びつくことが多い。〈多田一臣〉

雷太郎強悪物語 《作品名》江戸時代の合巻。一〇巻。式亭三馬作。文化三年(一八〇六)刊。無頼漢の雷太郎が悪事を働いて逃亡するが、最後に討たれる。合巻が流行するきっかけとなった作品。

雷の丘 《地名》大和国、今の奈良県高市郡明日香村大字雷の小丘。今の「城山」またはその南の「上の山」かとされる。前者は飛鳥川をはさんで甘樫丘と対する。雄略天皇の命令により、小子部栖軽がこの地で雷を捕らえたという地名説話が『日本霊異記』『日本書紀』にある。

いか-で【如何で】 副(「いかにして」の変化した形)❶(多く推量の語を伴って)**疑問の意を表す。どうして。なんで。どうやって。**例(a)(天皇ガ)「**いかで**ありつる鶏ぞ」などたづねさせたまふに(=「どうして鶏がいるのだ」などとご質問なさると)〈枕・大納言殿まゐり給ひて〉読解 天皇・中宮の御座所近くで突然鶏が鳴き騒いだという場面。例(b)**いかで**かの一族におぼえたまふらむ(=どうして一族のあの方に似ていらっしゃるのだろう)〈源氏・若紫〉❷(多く推量の語を伴って)**反語の意を表す。どうして〜だろうか(いや、〜ない)。**例あやしの男や。一人して二人が物をば、**いかで**持たるべきぞ(=変な男だな。一人で二人分の物をどうして持つことができるか、いや、そんなことはできまい)〈枕・方弘はいみじう人に〉

❸(願望・意志を表す語を伴って)**願望や強い意志を表す。どうにかして。なんとかして。ぜひ。**例(a)**いかで**このかぐや姫を得てしがな(=手に入れたい)〈竹取〉例(b)世の中に物語といふもののあんなるを、**いかで**見ばやと思ひつつ(=世の中に物語というものがあるそうだが、どうにかして見たいと思い続けて)〈更級〉

語誌 文末に助動詞「べし」「らむ」「けむ」「まし」が用いられている場合は、疑問(①)や反語(②)の意を表すことが多い。また、文末に助動詞「む」、助詞「てしかな」「にしかな」「ばや」などが用いられている場合は、願望・強い意志(③)を表すことが多い。〈片岡玲子〉

いか-てい【如何体】 名 形動(ナリ)どんな様子。どのよう。例**いかてい**の物の入る(=必要である)事にて候ふぞ〈幸若・烏帽子折〉

いかで-か【如何でか】〔副詞「いかで」+係助詞「か」〕❶**疑問の意を表す。どうして。どうやって。**例八重葎さしこもりにし蓬生に**いかでか**秋の分けてきつらむ(=葎が幾重にも茂って、それに覆われて閉じこもってしまったようなこの蓬が生えた家に、どうやって秋は分け入って訪ねてきたのだろう)〈千載・秋上〉読解「八重葎」「蓬生」は荒廃した家をイメージさせる語。❷**反語の意を表す。どうして〜か(いや、〜ない)。**例若き人々はまねをし笑へど、**いかでか**知らん(=若い女房たちはそのまねをし笑うけれど、本人はどうしてそれを知ろうか、いや、知らないだろう)〈枕・正月一日は〉❸**強い願望の意を表す。ぜひ。なんとしても。**例恥づかしく心づきなきことは、**いかでか**御覧ぜられじ(=きまり悪く気に入らないことは、なんとしてもお目にかけまい)〈枕・細殿にびんなき人なん〉

語誌 反語に用いられることが多い。〈片岡玲子〉

いかでか-は【如何でかは】〔「は」は係助詞〕❶疑問の意を表す。どうして。どういうわけで。どうやって。例**いかでかは**尋ね来つらん蓬生の人も通はぬ我が宿の道(=どうして尋ねて来たのだろう、蓬が生い茂って人も通れないほどの我が家の道を分けて)〈拾遺・雑賀〉 ❷反語の意を表す。どうして〜か(いや、〜ない)。例そのあだになりぬる人のはて、いかでかはよくはべらむ(=そういう軽薄になってしまった人の最後は、どうしてよいことがありましょうか、いいえ、よくはないでしょう)〈紫式部日記〉 ❸強い願望の意を表す。なんとかして。例いかでかは後れじ(=なんとかして死に遅れまい)と泣き沈みたまへど〈源氏・椎本〉 語誌「いかでか」を強調した語で、反語に用いられることが多い。

いかで-も【如何も】〔「も」は係助詞〕どうしても。なんとしても。例**いかでもいかでも**、御方々に数まへ知ろしめされん(=皆様から人並みだとお認めいただける)事を〈源氏・常夏〉

いか-な【如何な】〔「いかなる」の変化した形〕**1** 連体 どんな。どのような。例**いかな**悪女も、よき女に見ゆるによって〈狂言・鏡男〉 **2** 副 (打消の語を伴って)どんなにしても(〜ない)。まったく(〜ない)。例**いかな**にっこりと笑顔も見せず〈近松・心中天の網島・上〉

いかな-いかな【如何な如何な】〔「いかな」を重ねて強調した語〕(打消の語を伴って)いやいや、決して(〜ない)。どうしてどうして(〜ない)。例**いかないかな**、一足も行かれるこっちゃない〈浄瑠璃・ひらかな盛衰記・三〉

いかな-こと【如何な事】これはどうした事だ。どういう事だ。困惑や心外の気持ちをこめて用いる。例これは**いかな事**、このやうに人に恥をかかするものか〈狂言・墨塗〉

いかなら-む【如何ならむ】〔形容動詞「いかなり」の未然形+推量の助動詞「む」〕❶どんなだろう。どうだろう。例今日だに言ひ難し。ましてのちには**いかならん**〈土佐〉 ❷どうなるのだろう。例これも**いかならん**と心そらにて(=この人もどうなるのだろうとうわの空で)〈源氏・夕顔〉 読解 死んでしまうのではないか、ということ。❸(連体修飾語として)どのような。どんな。例**いかならん**世にも、かばかりあせはてんとはおぼしてんや(=どんな時代においても、これほど衰え果てるとはお思いになっただろうか)〈徒然・二五〉 読解 末尾の「や」は反語を表す。

いかなる【如何なる】〔形容動詞「いかなり」の連体形〕どういう。どのような。例仏は**いかなる**ものにか候ふらん〈徒然・二四三〉

いかなれ-ば【如何なれば】〔形容動詞「いかなり」の已然形+接続助詞「ば」〕どうして。どういうわけで。例**いかなれば**かくおはしますならむ〈源氏・葵〉 語誌 述語は連体形で結ぶ。

いか-に

【如何に】**1** 副 ❶状態についての疑問の意を表す。どんなふうに。どのように。例相見ずて日長くなりぬこのころは**いかに**幸くやいふかし我妹(=逢わないままでずいぶん日数がたってしまいました。このごろはどんなふうですか、お元気ですか。心配です、あなた)〈万葉・四・六四八〉 ❷**程度についての疑問の意を表す。どんなに。**例**いかに**わびしき心地しけん(=どんなにつらい気持ちがしたことだろう)〈枕・うへにさぶらふ御猫は〉 ❸**原因・理由についての疑問の意を表す。なぜ。どうして。**例**いかに**かく召すぞ(=なぜそのように召し上がるのですか)〈宇治拾遺・一九〉 ❹(中世以降、逆接の仮定条件を伴って)**仮定の意を強める。どんなに(〜でも)。**いかに(〜であっても)。例**いかに**繁昌の所なればとて、常のはたらきにて長者にはなりがたし(=どんなに栄えている土地だからといっても、人並みの働きで金持ちになるのは難しい)〈西鶴・日本永代蔵・六・二〉 ❺**程度のはなはだしさを感動の意をこめて表す。なんとも。実に。**例**いかに**よしなかりける心なり(=なんともとりとめのない心である)〈更級〉 読解『源氏物語』の光源氏や薫のような人とめぐりあいたいという少女時代の夢をふりかえる言葉。**2** 感 **相手に呼びかける語。やあ。もしもし。**例**いかに**殿ばら、殊勝の事は御覧じとがめずや(=やあ皆さん、このすばらしい事にお気づきにならないのですか)〈徒然・二三六〉

語誌 **1** は形容動詞「いかなり」の連用形「いかに」とする説もある。〈片岡玲子〉

[如何に況むや]〔「何況」の訓読。「言はむや」を強調した語〕(多く「をや」「むや」を伴って)まして〜は言うまでもない。例もろもろの辺地などを加へていはば、際限もあるべからず。**いかにいはむや**、七道諸国をや(=都のうちでもへんぴな所を加えていうならば、その数はきりがないにちがいない。ましてや、全国まで加えたら際限のないことは言うまでもない)〈方丈記〉 読解 養和年間の飢饉での死者の数について記す一節。

[如何にして] ❶**手段・方法についての疑問の意を表す。どのようにして。**例これ**いかにして**世にあらせんずる(=これをどうやって人並みな人生を送らせようか)〈宇治拾遺・一二三〉 ❷**反語の意を表す。どうして〜か**(いや、〜ない)。例水鶏だにおどろかさずは**いかにして**荒れたる宿に月を入れまし〈源氏・澪標〉 読解 久しぶりに光源氏が訪れたとき、花散里が詠んだ歌。普段はだれも来ないようなさびしい我が家では、せめて水鶏だけでも戸をたたくような声で鳴いて気づかせてくれなかったら、どうして月(源氏)を荒れた宿に迎え入れることができましょうか、いいえ、できません、の意。❸**強い願望の意を表す。どうしても。なんとしても。なんとかして。**例(娘ヲ)**いかにして**都の貴き人に奉らん(=差し上げたい)〈源氏・明石〉 〈片岡玲子〉

[如何にせむ]〔「せむ」は、サ変動詞「す」の未然形+推量の助動詞「む」〕❶方法・手段に困る意を表す。どうしたらよいか。例**いかにせむ**来ぬ夜あまたのほととぎす待たじと思へば村雨の空〈新古今・夏〉➡名歌59 ❷(反語的に用いて)手段がないとあきらめ嘆く意を表す。しかたがない。例君の名残を**いかにせん**〈謡曲・巴〉

いかに-か【如何にか】〔「か」は係助詞〕❶疑問の意を表す。㋐どのように〜か。例二人行けど行き過ぎかたき(=二人で行ってもたやすく行くことはできない)秋山を**いかにか**君がひとり越ゆらむ〈万葉・二・一〇

六〉㋑どうして〜か。例たまかづら〈枕詞〉かけぬ時なく恋ふれどもいかにか妹に逢ふ時もなき〈風雅・恋五〉
❷反語の意を表す。どうして〜か（いや、そんなはずはない）。どのように〜か（いや、とてもできない）。例右近はいかにか聞こえさせん〈源氏・東屋〉

いかに-かは【如何にかは】〔「かは」は係助詞〕反語の意を表す。どうして〜か（いや、〜ない）。例かくせむをいかにかはすべき〈今昔・二九・二二〉

いかに-ぞ【如何にぞ】〔「ぞ」は係助詞〕どうだろうか。どんなか。例いかにぞ、今はと見果てつや（＝もはやこれまでと見極めたか）〈源氏・夕顔〉

いかに-ぞ-や【如何にぞや】〔「ぞや」は係助詞「ぞ」＋係助詞「や」〕❶状態についての疑問の意を表す。どのようであるか。どのようなものか。例ⓐいかにぞや。宮は夜更かしたまひし（＝どうでしたか。宮は夜は遅くまでいらっしゃいましたか）〈源氏・蛍〉例ⓑぬしの御名はいかにぞや（＝あなたのお名前はなんとおっしゃいますか）〈大鏡・序〉
❷原因・理由についての疑問の意を表す。どういうわけか。どういうことか。例（近ゴロノ和歌ハ）いかにぞや、ことばの外に、あはれに、けしき覚ゆるはなし（＝どういうわけか、言外にしみじみとした趣きがあって、余情が感じられるものがない）〈徒然・一四〉
❸それとなく不満や非難の気持ちを表す。いかがなものか。例「泣かれぬる」といふ詞こそ、あまりこけ過ぎて、いかにぞや聞こえはべれ（＝あまりに浅薄すぎて、いかがなものかと申し上げます）〈無名抄・静縁こけ歌事〉〈片岡玲子〉

いかに-も【如何にも】〔「も」は係助詞〕❶どのようにでも。いかようにも。例ただいかにものたまはするままにと思ひたまふるを（＝ただどのようにでもおっしゃるとおりに、と存じております）〈和泉式部日記〉
❷（願望の表現を伴って）願望の意を強める。どうしても。ぜひとも。なんとかして。例いかにもして世を遁れん事こそ、あらまほしけれ（＝どうしても出家遁世することこそが望ましい）〈徒然・五八〉
❸（打消の語を伴って）打消の意を強める。どんなことがあっても。決して。例（私ヘノ悪口ハ）耳馴れにてはべれば、今はじめていかにものを思ひはべらず（＝聞きなれておりますので、今さら決してなんとも思いません）〈源氏・真木柱〉
❹程度のはなはだしい意を表す。たいそう。ひどく。非常に。例諸軍勢の中にいかにも見苦しき武者に〈謡曲・鉢木〉
❺（感動詞的に用いて）相手の言葉を肯定する。そのとおり。まったく。言うとおりです。例「わごりょ（＝そなた）が申し上げたか」「いかにも身ども（＝私）が申し上げた」〈虎寛本狂言・棒縛〉
❻（多く「いかにもなる」の形で）最悪の状態や死を想定していう。どのようにでも。例平家の御方にていかにもならう〈平家・七・篠原合戦〉〈片岡玲子〉

いかにもあれ【如何にもあれ】〔「あれ」はラ変動詞「あり」の命令形〕（結果を考えないという意を含んで）どうであろうと。どちらにしても。いずれにせよ。例悪しくもあれ、いかにもあれ、便りあらばやらん（＝ついでがあったら、この歌を送ろう）〈土佐〉

いかにもなる【如何にもなる】〔どうにでもなる、の意から〕死ぬ。あの世に行く。例われいかにもなりなんのちは、堂塔をもたて、孝養をもすべからず〈平家・六・入道死去〉

いかに-や【如何にや】〔「や」は係助詞〕❶程度・状態・理由などを問う。どうか。どうしてか。どうしたことか。例「いかにやいかに」と問ひけれども〈平家・二・祇王〉❷人に呼びかけるときに用いる。もしもし。例いかにや、女房〈御伽草子・物くさ太郎〉

いか-の-いはひ【五十日の祝ひ】イワイ 名 子どもが生まれて五十日目に行われる祝い。

いか-のぼり【凧・紙鳶】名 玩具の名。竹で作った骨の上に紙を張り、糸をつけて風の勢いで空に上げる。もとイカの形をしたものが多かった。主に上方でいう。江戸では「たこ」とも。例几巾きのふの空のありどころ〈俳諧・蕪村句集・上〉➡名句14

いか-の-もちひ【五十日の餅】モチイ 名 五十日の祝いのとき子どもに含ませる餅。また、その儀式。例村上か朱雀院かの生まれおはしましたる御五十日の餅〈大鏡・醍醐天皇〉

いか-ばかり【如何ばかり】副〔形容動詞「いかなり」の語幹＋副助詞「ばかり」〕❶程度についての疑問の意を表す。どのくらい。どれほど。例行く舟を振り留みかね（＝領巾を振っても留めきれずに）いかばかり恋しくありけむ松浦佐用姫〈万葉・五・八七五〉
❷程度のはなはだしい意を表す。たいそう。例焼かるるはいかばかり堪へがたけれども、力なき事なり（＝燃やされるのはたいそう我慢できないけれど、どうしようもないことなのだ）〈徒然・六九〉〈片岡玲子〉

いかばかり-かは【如何ばかりかは】〔「かは」は係助詞。「いかばかり」を強調した語〕どんなにか。さぞ。例あづま路の道の果てよりも、なほ奥つかたに生ひ出でたる人、いかばかりかはあやしかりけむを〈更級〉

い-かへ-す【射返す】カエス 動（サ四）❶矢を射て敵を退ける。例鳴り鏑もちてその使ひを待ち射返しき〈記・中・神武〉❷敵の射た矢を取って敵に射る。例奥（＝沖）よりこの矢を射て候ふが、射返せとまねき候ふ〈平家・一一・遠矢〉❸敵が矢を射てきたのに対して、こちらからも射る。例平家三十騎を出だいて三十の鏑を射かへす〈平家・七・倶梨迦羅落〉

いか-ほど【如何程】副 ❶どれほど。どのくらい。例代物（＝代金）はいかほどでおぢゃるぞ〈狂言・末広がり〉❷どんなに多く。例いかほど心ざしのなきにこそあらめ〈とりかへばや・三〉

伊香保の沼【いかほのぬま】《地名》歌枕 上野国の沼。今の群馬県群馬郡榛名町の榛名湖のこと。和歌では、「如何か」を導く序詞として用いることが多い。例伊香保のや伊香保の沼のいかにして恋しき人を今一目見む〈拾遺・恋四〉

いが・む【啀む】動（マ四）❶獣がかみつこうとする。例この犬、五つの子の中に一つを悪くみて乳も呑ませずして、**いがみ**食ひければ〈沙石集・七・九〉❷くってかかる。例早く屋敷を明け渡せと**いがみ**かかれば〈浄瑠璃・仮名手本忠臣蔵・四〉

いか-め・し【厳めし】形(シク) 姿・形が大きく、重々しさ・激しさなどを備えていて、威圧感を与えるさまを表す。

❶おごそかだ。いかめしい。例御前駆追ふ声の**いかめしき**にぞ(=先払いする声がおごそかにして)、(女房タチハ)「殿は今こそ出でさせたまひけれ…」と言ひあへり〈源氏・少女〉❷盛大だ。大きくてりっぱだ。例入道、今日の御設け、いと**いかめしう**(音便形)仕うまつれり(=入道は、今日の旅立ちのお支度を、たいそうりっぱにしてさしあげた)〈源氏・明石〉❸激しい。荒々しい。例**いかめしき**雨風、雷の(=激しい雨風や、雷が)(アナタノ身ノ危険ヲ)おどろかしはべりつれば(=はっと気づかせてくれましたので)〈源氏・明石〉

語誌 ▼威圧感を与えるさま 「いかし(厳し)」と同根の語であるが、「いかし」よりもやや新しく、平安時代になって用いられるようになったらしい。▼室町時代の抄物(僧による講釈を筆記したもの)などには、ク活用化した形も用いられた。〈小島孝之〉

いかもの-づくり【厳物作り・怒物作り】名 外装(こしらえ)がいかめしげな太刀。金銀の装飾をほどこしたりした豪華なもの。例木曾は赤地の錦の直垂に、唐綾威の鎧着て、**いか物づくり**の太刀をはき(=腰につけ)〈平家・八・山門御幸〉

いか-やう【如何様】—ヨウ 形動(ナリ)(多く推量の表現を伴って)どのよう。どんな。例**いかやうなる**心地どもしたまふらむ〈源氏・椎本〉

いから-か・す【怒らかす】動(サ四)〔「かす」は接尾語〕こわばらせる。目を角ばらせたり声を張り上げたりして、いかつい様子をする。例毛を**いからかし**て走りかかりて食らふ〈今昔・二〇・一〇〉

いから・す【怒らす】動(サ四) いかつい様子をする。角ばらせる。例大蛇ありて、目を**発瞋して**〈紀・仁徳〉

いかり【碇・錨】名❶船を停泊させるためのいかり。例鎧のうへに**碇**を負ひ〈平家・一一・能登殿最期〉❷碇のような、鍵型や四本爪型の道具。

いかり-げ【怒り毛】名 動物が怒って逆立てた毛。例頭の髪上にあがりて、冑の鉢を生ひ貫き、獅子の**怒り毛**のごとく巻きて〈太平記・二八〉

いか・る【怒る・忿る】動(ラ四)❶腹を立てる。おこる。例ねたみ、**いかり**、欲多く、身を愛し、命を惜しめること(=嫉んだり、腹を立てたり、欲望が多く、自分を大切にし、命を惜しんでいることは)〈徒然・一二八〉❷荒々しくふるまう。暴れる。例荒海の**いかれる**魚のすがた〈源氏・帚木〉読解 絵の題材・図柄に関する話の一節。❸角ばっている。ごつごつしている。例**いかれる**手の、その筋とも見えず漂ひたる書きざま(=角ばった筆跡で、だれの書風ともわからず、ふらふらとしている書きぶり)〈源氏・常夏〉

いかるが【斑鳩】名 アトリ科の小鳥の名。体は全体的に灰色で、頭・翼・尾は黒色。イカル。〈木村博〉

斑鳩《地名》歌枕 大和国、法隆寺東院の周辺地域。今の奈良県生駒郡斑鳩町。聖徳太子の創建とされる斑鳩の宮が東院にあったと推定されている。

いかん『衣冠』⇩いくわん

いか-ん【如何】副〔「いかに」の変化した形〕どうか。どのようか。例我、今、身のためにむすべり(=私は、今、自分のために庵を作った)。人のためにつくらず。ゆゑ(=理由)**いかん**となれば〈方丈記〉

いかん-が【如何が】副〔「いかにか」の変化した形〕疑問・反語の意を表す。どのように〜か。どうして〜か(いや、〜ない)。どのように〜か。どうして〜か(いや、〜ない)。例ここに利益の地をたのまずむば、**いかんが**歩みを険難の路にはこばん〈平家・二・康頼祝言〉

いき【息】名〔動詞「いく(生く)」の名詞形か〕呼吸。呼吸のとき、口・鼻を通る空気。例かい探りたまふに、息もせず〈源氏・夕顔〉

いき【意気・粋】1名 気概。いきごみ。例意気は青雲の上に揚がれども、身体は猶し塵俗の中にあり(=気概は空の青雲の上にのぼっているが、我が身は相変わらずこの俗世の塵の中にある)〈万葉・五・八〇〇・序〉

2名 形動(ナリ)❶気力や意気地のあるさま。遊女や若衆・芸者などが自分の意志を貫こうとするさまにいうことが多い。例なるほど**いき**過ぎて、男ふるほどの女郎よべ(=できるだけ意気地がまさって、男をふるぐらいの女郎を呼べ)〈西鶴・好色一代男・五・六〉❷江戸後期以降、江戸の遊里を中心に磨き上げられた美意識の一つ。程よく洗練された色っぽさ、あかぬけた張りのある媚態、人情の機微に通じた淡白な心根など。例万事**いき**にして如才なき(=気が利く)通人なり〈洒落本・傾城買二筋道〉読解 この「通人」は遊里に精通した人をいう。

語誌 2は、遊里の事情に詳しい「すい」や「大通」「通り者」に一貫して見られる、意気地を尊重する心のあり方をいう。明和(一七六四〜七二)のころから色や形にそれを示すようになり、江戸時代も後期になると、女性の媚態を主とした色っぽさを表現するようになった。〈松原秀江〉

壱岐《地名》旧国名。今の長崎県壱岐島。九州と朝鮮半島の間にあり、古くから海上交通の要地。西海道十一か国の一つ。壱州。延喜式で下国・遠国。

い-ぎ【異議・異儀・異義】名 異なる意見。反論。例(平家ニ味方スルカ、源氏ニ味方スルカ)思ひ思ひ異儀まちまちなり〈平家・七・返牒〉

いき-あか・る【行き別る】動(ラ下二)「ゆきあかる」に同じ。例その日過ぎぬれば、みなおのがじし(=それぞれに)**いきあかれ**ぬ〈蜻蛉・上〉

いき-あが・る【生き上がる】動(ラ四) 息を吹き返す。例一時ばかりありて、**生きあがり**にけり〈著聞

集・一〇・三八一〉

いきーあ・ふ【行き合ふ・行き逢ふ】 ❶動（ハ四）「ゆきあふ①」に同じ。例馬に乗りたる女の行きあひたりけるが〈徒然・一〇六〉 ❷動（ハ下二）「ゆきあふ②」に同じ。

いきーい・づ【生き出づ】 動（ダ下二）❶息を吹き返す。生き返る。例またの日（＝翌日）の戌の時ばかりになむ、からうじていきいでたりける〈伊勢・四〇〉 ❷ほっとする。例「川尻といふ所近づきぬ」と言ふにぞ、すこし生き出づる心地する〈源氏・玉鬘〉

いきーう・し【行き憂し】 形（ク）行くのがつらい。和歌では、多く「生き憂し」と掛けて用いる。例おほかたは（＝だいたいは）いきうしといひていざ帰りなん〈古今・離別〉

いきおい〘勢い〙 ⇩いきほひ

いきーかく・る【行き隠る】 動（ラ下二）立ち去って、姿を隠す。例（私ヲ）深く疑ひたれば、ほかへ行き隠れむとにやあらむ〈源氏・蜻蛉〉

いきーかよ・ふ【行き通ふ】 動（ハ四）「ゆきかよふ」に同じ。例行きかよふ夢の直路はうつつならなむ（＝現実であってほしい）〈古今・恋三〉

いきーざし【息差し】 名 ❶息遣い。呼吸。例御息ざしなどいと苦しげなるを〈大鏡・道兼〉 ❷口ぶり。様子。例さまざまに嘆く人々のいきざしを聞くも、あはれにもあり、安からずもあり〈蜻蛉・下〉

いきーしに【生き死に】 名 生きることと死ぬこと。生死。例生き死にを君にまかするわが身とならば〈源氏・竹河〉

いきーすだま【生き霊】 名「いきずたま」とも。生霊。生きている人の魂で、肉体から抜け出て、他人に取りついて祟りをなすもの。例物の怪・生き霊などいふもの多く出で来て〈源氏・葵〉

い-ぎたな・し【寝汚し・寝穢し】 形（ク）〔「い」は寝ることの意〕寝坊である。熟睡している。眠りをむさぼっている。例（侍女ガ私ヲ）起こしに寄り来て、いぎたなしと思ひ顔にひきゆるがしたる、いとにくし（＝起こしに寄って来て、寝坊だと思っているような表情で引き揺り動かしているのは、ひどくしゃくにさわる）〈枕・にくきもの〉

語誌 見苦しいなど、非難する気持ちや否定的な気分をこめて用いることが多い。〈浅見和彦〉

いきーだは・し【息だはし】 形（シク）〔「いきいたはし（息労し）」の変化した形〕息苦しい。例すべて病人の息は…息がせかせかと息だはしい（音便形）ものでござるから〈滑稽本・浮世風呂・前上〉

いきーぢ【意気地】 名 自分の意志や意見を、その面目にかけて、最後まで貫き通そうとする気力・気構え。例吉原に意気地あれば、この土地に達引きあり〈洒落本・辰巳之園〉 読解「達引き（立て引き）」は「意気地」とほぼ同義。

いきーづか・し【息衝かし】 形（シク）〔動詞「いきづく」の形容詞形〕思わずため息が出るさま。例あないきづかし（アナタト）相別れなば〈万葉・八・一四五四〉

いきーつ・く【行き着く】 動（カ四）「ゆきつく」に同じ。

いきーづく【意気尽く】 名〔「づく」は接尾語〕意地を張り通すこと。例拳固取り（＝餅の一種）より小さい首、意気尽くなら取っていけ〈近松・丹波与作待夜の小室節・中〉

いきーづ・く【息衝く】 動（カ四）❶大きく息をする。あえぐ。例（嵐デ船ガ）南海の浜に吹き寄せられたるにやあらむと思ひて、息づき臥したまへり〈竹取〉 ❷嘆く。ため息をつく。例昼はも 嘆かひ暮らし 夜はも 息づき明かし〈万葉・五・八九七〉

いきーづ・む【息詰む】 動（マ四）息を詰めて腹に力を入れる。いきむ。例息詰み候ふまじければ、（屁ヲ）ひられ候はぬぞ〈著聞集・一六・五四二〉

いきーとーしーいけーるーもの【生きとし生けるもの】 〔「し」は副助詞。「る」は完了の助動詞「り」の連体形〕この世に生きているすべてのもの。あらゆる生き物。例生きとし生けるもの、いづれか歌を詠まざりける（＝歌を詠まないものがあったか）〈古今・仮名序〉 読解「いづれか」の「か」は反語の意を表す。

いきどほ・る【憤る】 動（ラ四）❶息が詰まる。うっぷんがたまる。例憤る 心の内を 思ひ延べ〈万葉・一九・四一五四〉 ❷怒る。腹を立てる。例召しあげられざりしを、安からずいきどほり思ひて〈宇治拾遺・一九三〉

いきどほろ・し【憤ろし】 形（シク）〔動詞「いきどほる」の形容詞形〕うっぷんがたまる思いだ。気が晴れない。例潜く鳥（＝水に潜る鳥のように）目にし見えねば 憤ろしも〈紀・神功・歌謡〉

いきーとま・る【生き止まる】 動（ラ四）生き長らえる。生き残る。例かく生きとまりて、果て果てはめづらしき事どもを聞き添ふるかな〈源氏・関屋〉

いきーのーした【息の下】 苦しげに息をし、やっとのことで物を言うさま。例わづかなる声聞くばかり言ひ寄れど、息の下にひき入れ（＝かすかな声で途中で言いさし）〈源氏・帚木〉

いきーの・ぶ【生き延ぶ】 動（バ上二）命が延びる。長生きする。例し残したるを、さて（＝そのまま）うち置きたるは、面白く、生き延ぶるわざなり〈徒然・八二〉

いきーのーをーに【息の緒に】 命がけで。命の続く限り。下に「す」「思ふ」「嘆く」「恋ふ」などの動詞が来ることが多い。例君をそもとな（＝むしょうに）息の緒に思ふ〈万葉・一九・四二八一〉

いきーはぢ【生き恥】 名 生き長らえて受ける恥。例たちまち生き恥を曝らして、敵陣の堺にさまよひぬる事〈太平記・三八〉

いきーぶれ【行き触れ】 名 外出して穢れに触れること。例いかなる行き触れにかからせたまふぞや（＝おかかわりになったのか）〈源氏・夕顔〉

いきーぼとけ【生き仏】 名 ❶高徳の僧や人。例この二人、おのおの貴くて、生き仏なり〈宇治拾遺・七八〉 ❷容姿の美しい人。例腸持ち（＝生身）の弥陀如来か、生き仏よ〈仮名草子・浮世物語・一・一〇〉

いきーぼね【息骨】 名〘近世語〙声。息の音。例口へ砂でも頬張らせ、息骨をあげさすな〈近松・鑓の権三重帷子・上〉

いきーほひ【勢ひ】 名 ❶活力。気力。例人の子なれば（＝親がかりの身だから）、まだ心いきほひなかりければ〈伊勢・四〇〉❷権力。権勢。財力。例**勢ひ**ありとて頼むべからず〈徒然・三二〉❸盛んな状態。事のなりゆき。例かの君は、ただ今大臣になりぬべき**勢ひ**なれば〈落窪・二〉

いきほひ-まう【勢ひ猛】 勢いが盛んなさま。裕福なこと。例翁、竹を取ること、久しくなりぬ。**勢ひ猛**の者になりにけり〈竹取〉

いきほ・ふ【勢ふ】 動(ハ四)❶活気づく。勇み立つ。例もの騒がしきまで人多く**いきほひ**たり〈更級〉❷時勢にあって栄える。例この国の守の北の方かも詣でたりけり。いかめしく**勢ひ**たるをうらやみて〈源氏・玉鬘〉

いき-ま・く【息巻く】 動(カ四)❶権勢をふるう。時勢にあって栄える。例坊(=皇太子)のはじめの女御にて**いきまき**たまひしかど〈源氏・若菜上〉❷気勢をあげる。いきり立つ。例上人なほ**いきまき**て、「何といふぞ、非修非学の男」とあらかに(=荒々しく)言ひて〈徒然・一〇六〉

いき-み【生き身】 名生きている肉体。命ある体。例それも**いき身**なれば、歎きながらもすごさんずらん(=暮らしてゆくだろう)〈平家・三・僧都死去〉

いき-みたま【生き御霊・生き身魂】 名陰暦七月八日から十三日までの間に、両親や目上の人に祝いの品を贈ったりごちそうしたりして、その長命を願う行事。生き盆。例**いきみたま**酒のさがらぬ祖父かな〈俳諧・花摘・下〉

いき-めぐ・る【生き廻る】 動(ラ四)生き長らえる。例世の中に**生き廻り**ておはしまさむずるものとな思しめしそ(=お思いなさいますな)〈今昔・二九・四〉

い-きやう【異香】 名普通と異なるよい香り。世にまれなよい香り。例あらふしぎや、光かかやき**異香**四方に薫ずるはいかに〈狂言・夷大黒〉

い-ぎやう【異形】 名形動(ナリ)普通と異なる怪しい姿。また、そのような姿をしたもの。鬼や悪霊についていうことが多い。例人にはあらで、**異形**の鬼どもの〈今昔・六・六〉

いぎやう-だう【易行道】 名『仏教語』悟りに至るための修しやすい仏道修行。特に、ひたすら念仏を唱えることによって極楽浄土に往生しようとする浄土系の法門・宗派。

いき-りやう【生き霊】 名「いきすだま」に同じ。例この与兵衛といふ**生き霊**の苦しみ覚えてをれ〈近松・女殺油地獄・中〉

いき・る【熱る・熅る】 動(ラ四)❶体が熱くなる。ほてる。例七つの病を除くといふは…あつく**いきる**事を除く〈三宝絵・下・四〉❷近世の用法。調子に乗って勢い込む。興奮して激しく言い立てる。例早飛脚、**いきり**きって案内す〈近松・淀鯉出世滝徳・下〉

い-き・る【射切る】 動(ラ四)矢を射当てて物を切断する。例扇のかなめぎは一寸ばかりをいて、ひいふっとぞ**射きっ**(音便形)たる〈平家・一一・那須与一〉

いきれ【熱れ・熅れ】 名『近世語』むんむんする熱気や臭気。例東風風に糞の**いきれ**を吹きまはし〈俳諧・炭俵・上〉

いき-わか・る【行き別る】 動(ラ下二)「ゆきあかる」に同じ。例**いきわかるる**ほど、ゆくもとまるも(=行く人もとどまる人も)、みな泣きなどす〈更級〉

いく-【幾】 接頭多く名詞について、どのくらい、どれほど、の意を添える。「幾日」「幾許」など。

い・く【行く・往く】 動(カ四)❶目的地のほうへ進む。行く。例心憂がりて(=いやになって)、**いか**ずなりにけり〈伊勢・三三〉❷満足する。例(海神八)幣には御心の**いか**ねば、御船も**ゆかぬ**なり(=進まないのだ)〈土佐〉❸一定の年齢になる。例今死んでは年端も**いか**ぬ三人の子が流浪する〈近松・女殺油地獄・下〉

語誌 一般には「ゆく」が広く用いられた。

い・く【生く】 ❶動(カ四)〔平安時代までの活用〕命を保つ。例(a)後つひに妹は逢はむと朝露の命は**生けり**恋は繁けど(=最後にはいとしいあの娘は逢ってくれるだろうと思って、朝露のようなはかない命を保ってきた。恋心は激しいけれど)〈万葉・一二・三〇四〇〉読解「生けり」の「り」は完了・存続の助動詞。例(b)限りとて別るる道の悲しきに**いか**まほしきは命なりけり〈源氏・桐壺〉読解「いかまほしき」の「いか」は、「行か」と「生か」を掛ける。➡名歌113

❷動(カ上二)〔中世以降の用法〕❶に同じ。例とく逃げのきて、命**生きよ**(=早く逃げ去って、生きのびなさい)〈宇治拾遺・三〇〉

❸動(カ下二)❶生きさせる。**生き続けさせる**。例(a)もし我を**活け**たまへらば(=もし私を生かしてくださるなら)〈紀・神代下〉例(b)我が身も命**いけ**らるまじ(=私の命も助かるまい)〈平家・二・文之沙汰〉読解「らる」は受身の意を表す。生きさせておかれないだろう。❷**生き返らせる**。例この馬**生け**て給はらん(=この馬を生き返らせていただこう)〈古本説話集・下・五八〉❸花瓶などに花をさして飾る。例夜会にも花によって**いけ**申すに極まりしなり(=夜の茶会でも花によっては活け申すことに決まったのである)〈南方録・覚書〉❹灰や土などに埋めて長持ちさせる。

❹接頭名詞について、その力強さやめでたさをほめる意を添える。「生く大刀」「生く弓矢」〈記・上・神代〉「生く日」〈祝詞・出雲国造神賀詞〉など。

語誌▼活用の時代変化 ❶❷は自動詞だが、平安時代までは❶の四段活用であり、❷の上二段活用が生じたのは、中世になってである。❸は他動詞で、上代からある。語義によっては現代まで続いているが、その①②の基本的な意味を表すには、中世以降、新たに四段動詞「いかす」が登場してそれと交替していった。〈山口堯二〉

いく-か【幾日】 名なん日。いく日。例今日**いくか**、二十日、三十日とかぞふれば〈土佐〉

いく-かへり【幾返り】 副なんべん。何度。何回。年月・季節などがめぐるさまについていう。例大空をめぐる月日の**いくかへり**〈蜻蛉・中〉

いく-くすり【生く薬】 名不老不死の薬。例亀山に**いく薬**のみありければ〈拾遺・別〉読解「いく」は「生く」に「行く」を掛ける。

いくさ

【軍・師】 名❶軍隊。**軍勢**。**兵士**。例美濃の**師**三千人を発して、不破の道を塞ふること得つ(=美濃国の兵士三千人を動員して、不破の道を閉鎖することができた)〈紀・天武上〉

❷合戦。戦争。例いくさは勢にはよらず、はかり事によるとこそ申し伝へて候へ(=合戦は軍隊の人数にはよらず、策略によって決まると申し伝えております)〈平家・五・富士川〉
❸弓を射ること。弓矢を射るわざ。弓術。射芸。例射習ふ所を築かしむ(=弓術を訓練する所を造築させる)〈紀・持統〉
語誌 ①の用法が古い。平安時代に②の用法が現れ、中世ではもっぱらその意味で用いられた。原義は③の射芸あるいは弓を射る人とされる。〈黒木祥子〉

いくさ-がみ【軍神】 名 武運をつかさどる神。鎌倉時代以降は、北斗七星や摩利支天などが特に信仰された。例判官(=源義経)首ども切りかけて、戦神にまつり〈平家・三・判官都落〉

いくさ-だち【軍立ち】 名 ❶戦場へ出陣すること。例尾資の津にいくさだちす〈紀・斉明〉❷戦い。合戦。例これほど軍立ちのけはしき事に合はず〈源平盛衰記・三五〉❸軍勢の陣立てや作戦。例勢(=軍勢)の多少も軍立ちのやうも見分けざれば〈太平記・八〉

いくさ-ひゃうぢゃう【軍評定】 ーヒヨウジヨウ 名 合戦の前に行う作戦会議。例軍評定ありて攻め口を定めらる〈太閤記・一四〉

いくさ-ぶぎゃう【軍奉行】 ーブギヨウ 名 主君・大将の下で、軍事行動全般の指揮をする職。鎌倉・室町幕府では侍所の別当・所司が、戦国大名の諸家では経験の深い人が、戦時に任命された。

いくさ-よばひ【軍呼ばひ・軍喚ばひ】 ーヨバイ 名 戦場で上げる大声。鬨の声。例明けても暮れても軍呼ばひの声たえざりし事〈平家・灌頂・六道之沙汰〉

い-ぐし【斎串】 名(「い」は接頭語)その場所や物が神のものであることを示す神聖な串。串は、竹や木の枝によって作られ、神がそこに宿ると考えられた。例斎串立て神酒すゑ奉る祝部が〈万葉・一三・三二二九〉

いく-せ【幾瀬】 ❶名 いくつの瀬。また、多くの瀬。例大井川かがり(=篝火)さしゆく鵜飼ひ舟いく瀬に夏の夜を明かすらん〈新古今・夏〉❷副 数多く。たくさん。例足も冷えて鉄釘を胸に打たるる幾瀬の思ひ〈近松・心中重井筒・中〉

いく-そ【幾十】 名副 多くの数。また、数の多いさま。どんなに多く。たくさん。例限りなき思ひの空に満ちぬればいくそのけぶり雲となるらん〈拾遺・恋五〉

いくそ-たび【幾十度】 副 何十回。また、何度も。たびたび。例葦辺こぐ棚無し小舟いくそたびゆきかへるらん知る人もなみ(=知ってくれる人がいないので)〈伊勢・九二〉

いくそ-ばく【幾十許】 副(「ば」「く」は接尾語)❶何十回も。数多く。例いくそばくの犯しをして、かく七度までは(=七度も牢に入るのは)、あさましくゆゆしきことなり〈宇治拾遺・五八〉❷(数を数えられないほど、の意を含んで)いくらぐらい。例その松の数いくそばく、幾千年経たりと知らず〈土佐〉

いく-だ【幾だ】 副(「だ」は接尾語)(多く「いくだもあらず」の形で)いくらも(〜ない)。どれほども(〜ない)。例さ寝し夜はいくだもあらず〈万葉・二・一三五〉

生田川 イクタガワ《地名》歌枕 摂津国の川。今の兵庫県神戸市の摩耶山を源として、市内を南に流れ、神戸港に注ぐ。

生田の森 《地名》歌枕 摂津国、今の兵庫県神戸市の、生田神社の森。生田の地は、源平の一の谷の合戦や、足利・新田の湊川の合戦の舞台。和歌では、多く「行く」「生く」を掛けて用いる。例君すまばとはましものを(=尋ねるのに)津の国の生田の森の秋のはつかぜ〈詞花・秋〉

生玉万句 《作品名》江戸時代の俳諧集。一冊。井原西鶴編。寛文一三年(一六七三)成立。大坂生玉社で興行された西鶴一派の万句の抜粋。大坂談林俳諧の旗揚げを宣言し、西鶴の名を高めた。

生野 《地名》歌枕 丹波国、今の京都府福知山市の南西。和歌では、「生く」「行く」「幾」に掛けて用いることが多い。⇨大江山

いくはう-もん【郁芳門】 イクホウー 名 大内裏の外郭門の一つ。東面南端、東大宮大路にある。「大炊御門」とも。⇨付録

いく-ばく【幾許】

副(「ば」「く」は接尾語)❶不定の数量・程度などを表す。どのくらい。どれほど。例我が背子と二人見ませばいくばくかこの降る雪のうれしからまし(=もし私のいとしいあの人と二人で見るのだったら、どんなにかこの降る雪がうれしいだろうに)〈万葉・八・一六五八〉読解「〜ませば〜まし」は反実仮想の意を表す。
❷(多く「いくばくも」の形で、打消の語を伴って)いくらも(〜ない)。それほど(〜ない)。例いくばくもあらぬ心地なむするなむ、いとわりなき(=いくらも生きてはいられない気がするのが、とてもつらい)〈蜻蛉・上〉〈片岡玲子〉

い-くひ【斎杭・斎杙】 ークイ 名(「い」は接頭語)川での神事で、鏡や玉などの呪物をかけるために立てる神聖な杭。例こもりくの(枕詞)泊瀬の河の上つ瀬に斎杙を打ち〈記・下・允恭・歌謡〉

いく-ひささ【幾久さ】 名「いくびささ」とも。相当の長い間。例相見ぬはいくびさにもあらなくに(=なっていないのに)〈万葉・四・六六六〉

生田川伝説

イクタガワデンセツ 処女塚伝説の一種。『大和物語』一四七段所収。昔、摂津国のある処女に、同じ国の菟原の姓の男、和泉国の血沼の姓の男の二人が同時に求婚した。決めかねた女は、生田川に浮かぶ水鳥を射とめた男との結婚をと考えたが、二人とも水鳥の頭と尾に矢をそれぞれ命中させた。女は困惑しきって生田川に入水、男たちも女の後を追って、一人は女の足を、他の一人は手をとらえて投身する。のちに男の親たちが女の家の左右に二人の塚を築いた。さらに、この話の後に二種の後日談が付加されている。

後世、謡曲「求塚」ともなり、森鷗外の戯曲「生田川」の題材ともなった。〈鈴木日出男〉

いく-ひさ・し【幾久し】 形（シク） いつまでも変わらない。末長い。例**いくひさしく**偕老同穴の契りをなすべきと〈御伽草子・あきみち〉

いく-ほど【幾程】 副 どれほど。どれだけ。何ほど。例大きなる男三人をいく**ほど**も隔てず切り伏せたる〈今昔・三三・一五〉

いくみ-だけ【い組み竹】 名〔「い」は接頭語〕葉が繁茂して、組みあって見える竹。例本には **いくみ竹**生ひ〈記・下・雄略・歌謡〉

い-く・む【射組む】 動（マ四） 敵味方が互いに矢を射交わす。例楯を寄せて、今は**射組み**なむとするほどに〈今昔・二五・三〉

いく-よ【幾世・幾代】 名 どれほどの年代。何代。多くの年月。例一つ松**幾代**か経ぬる〈万葉・六・一〇四二〉

いく-よ【幾夜】 名 どれほどの夜。いく晩。また、数多くの夜。例淡路島かよふ千鳥の鳴く声に**幾夜**寝覚めぬ須磨の関守〈金葉・冬〉➡名歌31

いく-ら【幾ら】 副〔「ら」は接尾語〕❶どれだけ。どれほど。例「これは**いくらほど**」と問ひければ〈宇治拾遺・一八〇〉 ❷たくさん。例召しつべくは（＝召し上がることができるなら）、**いくら**も召せ〈宇治拾遺・一九〉

いくり【海石】 名 海中の岩場。暗礁。例辛の崎なる **いくり**にそ 深海松生ふる〈万葉・二・一三五〉

い-くわん【衣冠】

名 ❶貴族の男性の略式の礼装。正装の束帯から下襲と石帯を省き、表袴の代わりに指貫を履く。平安中期ごろには宮中で宿直する場合に着る宿直装束であったが、のちには儀式以外の参内にも着用した。例三人ばかりぞ**衣冠**にて供奉せられける（＝三人だけが衣冠を着た姿でお供をされた）〈平家・七・主上都落〉

❷衣服と冠。服装の総称。例**衣冠**より馬・車にいたるまで、あるに従ひて用ゐよ（＝衣服や冠から馬や車にいたるまで、ありあわせの物で間に合わせて使え）〈徒然・二〉

語誌 束帯から衣冠姿となるときは、まず石帯をはずし、袍をいったん脱ぐ。さらに下襲を脱いで、表袴を指貫に履きかえてから、袍を再び着る。袍は石帯の代わりに腰帯でたくし上げる。このとき袍の下から、中の衵・袿の褄の先をのぞかせるのが出だし衵・出だし袿で、しゃれた着こなしとされた。〈藤本宗利〉

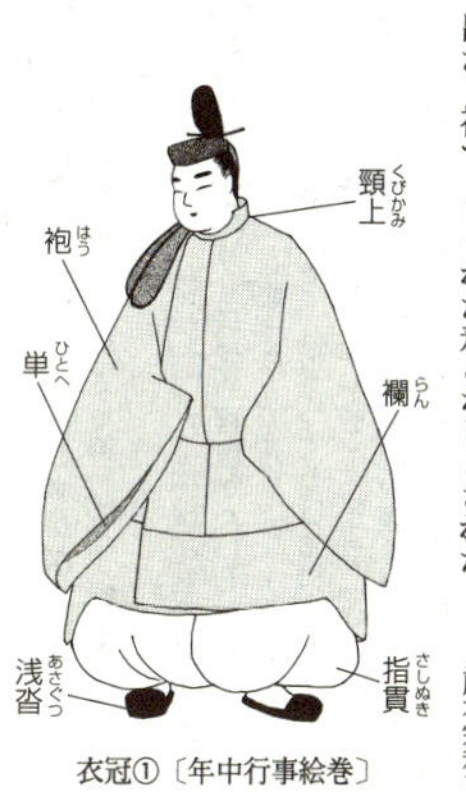

衣冠① 〔年中行事絵巻〕

いけ- 接頭《近世語》名詞・動詞・形容詞・副詞について、卑しめたり、ののしったりする意を添える。例ええ、**いけ**しぶといやつだ〈滑稽本・膝栗毛・四上〉

いけ【池】 名 水のたまっているくぼ地。池。人工のものには、灌漑用と観賞用がある。例小山田の**池**の堤にさす柳〈万葉・一四・三四九二〉

い-げ【以下・已下】 名 ❶それより下。以下。例大臣以下の人民に至るまで、これを歎かずといふ事なし〈今昔・一四・四一〉 ❷身分の低い人。例**いげ**の譬にも申すぞかし〈仮名草子・恨の介・上〉

いけ-にへ【生け贄】 名 生きたまま、動物を神へ捧げる捧げ物。例そののち、その**生け贄**立つる事無くして〈今昔・二六・七〉

い-けん【意見・異見】 名動（サ変） ❶自分の考え。例おのおの**意見**をいふ〈平家・一・二代后〉 ❷人をいさめたり戒めたりすること。忠告。例あれに**いけん**を言はうほどに、まづ待たしめ〈狂言・腹不切〉

い-こ・ぐ【い漕ぐ】 動（ガ四）〔「い」は接頭語〕船を漕ぐ。例島伝ひ **い漕ぎ**渡りて〈万葉・二〇・四四〇八〉

い-こつ【医骨】 名 医術の心得・経験。例この僧**医骨**も無かりければ〈沙石集・二・一〉

い-こ・ふ【息ふ・憩ふ】 1 動（ハ四） 休む。一息つく。例**憩ふ**ことなくおひつかはれ〈霊異記・上・二〇〉 2 動（ハ下二） 休ませる。例国の政をも**息へ**、物をもよく納めさせたまひて〈今昔・二八・三八〉

い-ごふ【意業】 名《仏教語》三業の一つ。心に思うこと。心の働き。思い。例これぞ三業の中の**意業**の行に侍れば〈撰集抄・一・五〉

生駒山 《地名》歌枕 大和国と河内国の境の山。今の奈良県生駒市と大阪府東大阪市の境に位置する。大和国と河内国とをつなぐ交通路があった。修験道の修行場として、役行者や空海が修行したという。例君があたり見つつを居らむ**生駒山**雲なかくしそ雨は降るとも〈伊勢・二三〉➡名歌134

い-こも・る【斎籠る・忌籠る】 動（ラ四）〔「いみこもる」の変化した形〕穢れを避け、身や室内を清めて家にこもる。例卯月の忌みに**忌こもる**を〈山家集・上〉 読解「卯月の忌み」は賀茂の祭りのためにする潔斎。

いさ

1 感 ❶明確な判断を下せず迷う思いを表す。さあ。まあ。例人は**いさ**思ひやすらん（＝あの人は、さあ私のことを思っているだろうか）〈伊勢・二一〉

❷特に、相手の問いに対して、答えかねる思いを表す。さあねえ。いえ。例女、いみじく恥づかしくて、「**いさ**」といらふ（＝女はたいそう恥ずかしくて、「さあ」と答える）〈落窪・一〉

2 副（「知らず」を伴って）さあ、どうだか。例人は**いさ**心も知らずふるさとは花ぞ昔の香ににほひける〈古今・春上〉➡名歌307

語誌 ▼1①では、相手の発言を疑う思いを示すこともある。例「何事をかは思はん」「いさ、されど御けしきいと苦し」（＝「何事を思いましょうか、何も心配はしていません」「さあ、そう言われるが、御様子がとても気になります」）〈落窪・三〉

▼2では、「知らず」が省略されることもある。例人はいさかれじとぞ思ふ（＝ほかの人は、さあどうだか知らないが、私は決して離れるまいと思う）〈宇津保・忠こそ〉〈井上博嗣〉

いざ 感 文のはじめに用いられ、話し手が何かをしようとするときの意志や、相手を勧誘する思いを表す。

❶**話し手の意志を表す。**さあ。例名にし負はば**いざ**言問はむ都鳥わが思ふ人はありやなしやと〈古今・羇旅〉➡名歌269

❷**相手を勧誘する気持ちを表す。**さあ。例**いざ**子ども早く日本へ大伴の三津の浜松待ち恋ひぬらむ〈万葉・一・六三〉➡名歌61

語誌▼意志・勧誘を前もって示すところから、下の動作を表す文はしばしば省略される。例いざ、かぐや姫、穢き所にいかでか久しくおはせん(=どうして長くいらっしゃるのですか)〈竹取〉読解「いざ」の下の「行かむ」などが省略されている。

▼中世には、「いざ」の後に相手を呼びかける語を示す例も見られる。⇩いざうれ〈井上博嗣〉

[いざさせ給へ] さあ、おいでなさいませ。さあ～なさいませ。例「**いざさせたまへ**」とて率て入りて〈宇津保・国譲下〉語誌「させ」については諸説がある。「いざたまへ」より敬意が強い。

[いざ給へ] 〔「たまへ」は尊敬の補助動詞「たまふ」の命令形〕**相手を誘ったり行動を促したりする意を表す。**さあ、**いらっしゃい。**さあ、行きましょう。さあ、～てください。例**いざたまへ**、おのがもとへ(=さあ、いらっしゃい。私のところへ)〈源氏・手習〉

語誌「いざたまへよ」「いざたまへかし」など、助詞「よ」「かし」をつけて勧誘を強め、念を押す言い方もある。〈井上博嗣〉

いざ-うれ 感〔「うれ」は本来は対称の人称代名詞〕人に呼びかけて誘う語。さあ。いざ。例**いざうれ**、さらば(=それなら)おのれら死途の山の供せよ〈平家・二・能登殿最期〉

いざ-かし 〔「かし」は終助詞〕さあ、行こうよ。さあ。例乳母にさし寄りて「**いざかし**、ねぶたきに」とのたまへば〈源氏・若紫〉

いさかひ【諍ひ】 名 口論。けんか。例いみじき御いさかひありて、御衣ひき破られ〈宇津保・蔵開中〉

[諍ひ果ててのちぎり木] けんかが終わってから棒を持ち出すこと。時機に遅れて役に立たないことのたとえ。例「会(=法会)にあはぬ花・六日の菖蒲・**いさかひ果ててのちぎり木**かな」とぞ笑ひける〈平家・二・志度合戦〉読解「会にあはぬ花」も「六日の菖蒲」も時機に遅れたもののたとえ。

いさか・ふ【叱ふ】 動(ハ四) しかる。例客人の前には、犬をだにも**いさかふ**まじ〈十訓抄・七・二七〉

いさか・ふ【諍ふ】 動(ハ四) 口論する。けんかする。例いみじう、さきのごと(=先ほどのように)いさかふなり〈大和・一四七〉

いさぎよ・し【潔し】 形(ク) ❶清らかだ。例**いさぎよ**き空の気色を〈金葉・雑下〉❷潔白だ。例汝は盗人なれども賢者なり。心の底**いさぎよし**〈発心集・八・三〉❸未練がない。例少しもなづまざる方の(=ちっともこだわらない点が)、**いさぎよく**覚えて〈徒然・二五〉❹勇ましい。小気味よい。例さてさて**いさぎよい**(音便形)事ぢゃなあ〈虎寛本狂言・棒縛〉

いさ-ご【砂・砂子】 名 砂。例銀の**沙**の浜に来にけり〈三宝絵・上・四〉

いささ- 接頭 名詞について、わずかな、ささやかな、などの意を添える。「いささ群竹」「いささ小川」など。

いささ-か

【聊か】〔「か」は接尾語〕1 形動(ナリ) **数量や程度がたいしたことがないさま。ほんの少しだ。**わずかだ。例**いささかなる**功徳を、翁つくりけるによりて(=ほんの少しの善行を、翁が施したことによって)〈竹取〉

2 副〔1の語幹の単独用法から〕❶**ちょっと。**少々。例雪ただ**いささか**づつうち散りて(=雪はほんのちょっとずつ降り散って)〈源氏・行幸〉

❷(打消の語を伴って)**少しも**(～**ない**)。例我が御しつらひに**いささか**おとさせたまはず(=御自分の居間のお飾りつけに少しも劣らないようになさって)〈大鏡・道長上〉

いささ-け・し【聊けし・小けし】 形(ク)〔形容動詞「いささか」の形容詞形〕ちいさい。ささいである。例常の祀り・**小けき**事は今の帝行ひたまへ〈続紀・天平宝字六年六月・宣命二七〉

いささけ-わざ【聊け業】 名 ちょっとしたこと。わずかなこと。例物持て来る人に、なほしもえあらで、**いささけわざ**せさす(=そのままですますことはできないで、ちょっとした御礼をさせる)〈土佐〉

いざさせたまへ【いざさせ給へ】 ⇩「いざ」の子項目

いささ-むらたけ【いささ群竹】 名〔「いささ」は接頭語〕ごくわずかに群がって生えている竹。例我がやどの**いささ群竹**吹く風の音のかそけきこの夕へかも〈万葉・一九・四二九一〉➡名歌429

いささめ-に 副 かりに。ついちょっと。例**いささめ**に時待つまにぞ日は経ぬる〈古今・物名〉

いさ-しら-ず【いさ知らず】 いや知らない。さあわからない。⇩いさ2。例**いさ知らず**。な頼まれそ(=お頼みにならないでください)〈枕・殿などのおはしまさで後〉

いざたまへ【いざ給へ】 ⇩「いざ」の子項目

いさ・ちる 動(タ上二)《上代語》激しく泣く。例何のゆゑにか…哭き**いさちる**〈記・上・神代〉

い-ざと・し【寝聡し】 形(ク) 目が覚めやすい。例はづかしきもの 色好む男の心の内。**いざとき**夜居の僧(=終夜加持を行う僧)〈枕・はづかしきもの〉

いさ-と-よ 感〔感動詞「いさ」+格助詞「と」+間投助詞「よ」〕不明瞭なことや疑わしいことについて、ためらいつつ応じる語。さあねえ。さあてと。例**いさとよ**…忘れにけり〈源氏・若菜下〉

いさ-な【鯨・勇魚】 名〔「な」は魚の意〕鯨の古称。

伊邪那岐・伊奘諾《人名》神名。天照大御神・月読命・須佐之男命を生んだ男神。国土・万物および人間の始祖であり、生をつかさどる。「き」は男性を表し、「いざな」は動詞「誘ふ」に関係する語という。

いさなとり【鯨取り】《枕詞》鯨を取る意から、それに関連する「海」「浜」「灘」などにかかる。例**いさなとり** 海辺をさして〈万葉・二・一三一〉➡名歌69

いざ-な・ふ【誘ふ】 動（ハ四）〔感動詞「いざ」の動詞化〕さそう。さそって行く。導く。例友とする人ひとりふたり**いざなひて**行きけり〈古今・羇旅・詞書〉

伊邪那美・伊奘冉《人名》神名。国土・万物を生んだ女神。生産豊穣の神であるが、死後に黄泉つ国（地底にある死の国）に行き、人間の死をつかさどる。「み」は女性を表し、「いざな」は動詞「誘ふ」に関係する語という。

いさま・し【勇まし】 形（シク）〔動詞「いさむ」の形容詞化〕❶気乗りがするさま。例**いさましく**うれしきいそぎにてあらむだに（＝準備だとしても）〈讃岐典侍日記・下〉❷勇敢だ。例義強うてとっと人気が**勇ましい**（音便形）な〈滑稽本・浮世床・初中〉

いさみ【勇み】 名 ❶手柄。武勲。例くろがねの的を通せる**いさみ**にぞ〈日本紀竟宴和歌〉❷勇気。気力。例（皇子ニ琴ヲ）まねびつかうまつる（＝お伝え申し上げる）**いさみ**はなし〈宇津保・俊蔭〉❸俠気のあること。また、その人。例出刃包丁は**任俠**の魂だ〈滑稽本・浮世床・初中〉

いさ・む

【禁む・諫む】 動（マ下二）相手の行動を拒否し、抑制する意。

❶**【禁む】禁止する。制止する。** 例(a)もし詔に違ひて、**禁むる**ところを犯すことあらば、必ずその族を罪せむ（＝もし天皇のご命令に背いて、禁止することを犯すことがあるならば、必ずその一族に刑罰を与えよう）〈紀・孝徳〉例(b)恋しくは来ても見よかしちはやぶる（枕詞）神の**いさむる**道ならなくに（＝恋しく思うならば来て会いなさいよ、神の禁止する恋の道ではないのに）〈伊勢・七一〉

❷**【諫む】忠告する。意見する。叱責する。** 例(a)「細道ひとつ残して、皆畠につくりたまへ」と**いさめ**はべりき（＝「細い道を一つ残して、すべて畑になさりなさい」と忠告しました）〈徒然・二二四〉例(b)言をつくして**諫むれ**ども〈読本・雨月・浅茅が宿〉読解 京へ上ろうとする夫を、妻が必死に引き留めようとする場面。

語誌 「禁む」と「諫む」は『日本書紀』などでは厳然とした使い分けがなされている。「禁む」は法などによっての禁止であり、また神の行為としての禁止としても用いられている。「諫む」は対人関係の中で相手への忠告という意味で用いられる。〈林田孝和〉

いさ・む【勇む】 ❶動（マ四）奮い立つ。例これは**いさめる**馬なり〈徒然・一八五〉❷動（マ下二）❶励ます。例消え入るやうに見えしかば、十郎、かれを**いさめん**とて〈曾我・六〉❷慰める。例作りなす庭を**いさむる**しぐれかな〈芭蕉・真蹟〉

いさめ【禁め・諫め】 名 ❶禁制。禁止。例神の**いさめ**にさはらねど〈和泉式部日記〉❷諫言。忠告。例馬頭の**諫め**思し出でて〈源氏・夕顔〉

いさ-や ❶感〔感動詞「いさ」＋間投助詞「や」〕よくわからないときや、はっきり言いにくいときの応答に用いる語。さあね。いやまあ。例**いさや**、我をば誰とやいはむ〈今昔・一六・一八〉❷〔副詞「いさ」＋間投助詞「や」〕いぶかしく思う気持ちを表す。さあどうだか。例歌の道のみ、いにしへに変はらぬなどいふ事もあれど、**いさや**〈徒然・一四〉

いざ-や 感〔感動詞「いざ」＋間投助詞「や」〕「いざ」に同じ。

いさよひ

名〔動詞「いさよふ」の名詞形。中世以降「いざよひ」〕❶**ためらうこと。** 例君や来む我や行かむの**いさよひ**に真木の板戸もささず寝にけり（＝あなたが来るだろうか、私が行こうかというためらいのうちに、槙の板戸も閉めずに寝てしまったことだ）〈古今・恋四〉

❷**【十六夜】**㋐**陰暦十六日の夜。** また、**その夜の月。** 例かの**いさよひ**のさやかならざりし秋の事など（＝あの十六日の夜の月がはっきり見えなかった秋のことなど）〈源氏・葵〉㋑**特に、陰暦八月十六日の月。** 例**十六夜**はわづかに闇の初めかな〈俳諧・続猿蓑・下〉読解 十六夜の月は昨日の満月と同じようなのに、闇夜に向かう徴候が現れていることを詠む。

語誌 ②は、十六日の夜の月の出が前夜より遅いのを、月がためらっているとしたことによる。〈木村博〉

十六夜日記《作品名》鎌倉中期の日記紀行。一巻。阿仏尼作。弘安二、三年（一二七九、八〇）ごろの成立。夫藤原為家の死後、先妻の子為氏と我が子為相との間に土地相続問題が起こり、その訴訟のため鎌倉へ下ったときの作品。旅行記、鎌倉滞在記、勝訴祈願の長歌の三部からなる。書名は、弘安二年の十月十六日に京を出立したことによる。

いさよひ-の-つき【十六夜の月】〔日没後、少し遅れてためらうように出てくる月の意〕陰暦十六日の月。例**十六夜の月**をかしきほどにおはしたり〈源氏・末摘花〉

いさよ・ふ 動（ハ四）〔鎌倉時代以降「いざよふ」〕月・波・心などが、ぐずぐずして進まない。ためらう。漂う。例もののふの（枕詞）八十（ここまで序詞）宇治川の網代木に**いさよふ**波の行くへ知らずも〈万葉・三・二六四〉➡名歌368

いさよふ-つき【いさよふ月】 山の端から出ようとして、あるいは沈もうとして、ためらうようにぐずぐずしている月。陰暦十六日の月をいうことが多い。例はかなくもわがよのふけを知らずして**いさよふ月**を待ちわたるかな〈千載・雑上〉読解「よのふけ」の「よ」は「世（人生）」と「夜」を掛ける。

いさら- 接頭 水に関連する体言について、いささかの、の意を添える。「いさら川」「いさら井」など。

いさら-がは【いさら川】 名 流れの細い川。小さな川。例犬上やとこの山なる**いさら川**（ここまで序詞）いさと答へてわが名もらすな〈古今六帖・五〉

いさら-ゐ【いさら井】 名 小さな湧き水。水がわずかに流れている遣り水。例なき人のかげだに見えずつれなくて心をやれる（＝知らん顔で、得意げな）**いさらゐ**の水〈源氏・藤裏葉〉

いざり【漁り】 名 動（サ変）〔平安時代以降「いさり」〕

❶海などで魚貝類をとること。例風のむた(=風とともに)寄せ来る波に**いざりする**海人娘子らが裳の裾濡れぬ〈万葉・一五・三六六一〉❷「漁り火」の略。例海人娘子**いざり**焚く火のおぼほしく(=おぼつかなく)〈万葉・一七・三八九九〉類義①あさり・すなどり

いざり-び【漁り火】 名〔平安時代以降「いさりび」「いざりひ」とも。夜の漁で、魚をおびき寄せるために漁船でたく火。例能登の海に釣りする海人の**いざり火**の〈万葉・一二・三一六九〉

いざりび-の【漁り火の】《枕詞》火を「ほ」といったことから「秀」に、また、沖に見える漁り火のさまから「ほのか」にかかる。

いざり-ぶね【漁り船】 名〔平安時代以降「いさりぶね」〕漁をする船。漁船。例藻屑火の磯間を分くる**いさり船**〈千載・恋一〉

いざ・る【漁る】 動(ラ四)魚貝類をとる。漁をする。例大御食に仕へまつるとをちこちに(=あちらこちらで)**いざり**釣りけり〈万葉・二〇・四三六〇〉語誌 室町時代ごろから「いさる」となったとされる。

いざ-わ 感〔感動詞「いざ」+助詞「わ」〕人を誘って呼びかける語。さあ。例うるはしき十羽の松原童ども**いざわ**出で見む〈万葉・一三・三三四六〉

いさ-を【功・勲】 名手柄。功績。例あが(=私の)ためには大き**功**あれども〈記・下・履中〉

いさ-を【勇男】 名いさましい男。豪傑。例美濃の軍将たちと大倭の**桀豪**と、ともに大友皇子を誅して〈紀・持統称制前紀〉

いさを-し【功・勲】 名「いさを(功・勲)」に同じ。例国の興るゆゑは、これ**功**に賞たふなり〈紀・顕宗〉

いさを・し【功し・勲し】 形(シク)❶勇ましい。雄々しい。例清く正しく**いさをしき**者〈紀・孝徳即位前紀〉❷誠実だ。勤勉だ。例中臣鎌子連、**いさをしき**誠を懐く〈紀・孝徳〉❸手柄がある。功績がある。例もろもろの**いさをしき**者に恩の勅して、あきらかに寵み賞す〈紀・天武上〉

いし【石】 名❶岩石の小片で、砂より大きなもの。堅いもの・冷たいもの・つまらないもの・無情なものなどにたとえられることも多い。❷宝石。例唐より持て渡りたまへりける、まだ革もつけで**石**にてはべる〈宇津保・蔵開中〉読解 革帯に宝石を飾って石帯を作ろうということ。❸石で作ったもの。碁石・石御器(茶碗)など。例(碁デ)三つの**石**を捨てて十の**石**につくことは易し〈徒然・一八八〉❹墓石。例**石**に残す形だに、それとも見えぬ蔦葛〈謡曲・定家〉

【石に漱ぎ流れに枕す】 へ理屈をつけて言い逃れることのたとえ。また、負け惜しみの強いことのたとえ。「石に枕し流れに漱ぐ」というべきところを「石に漱ぎ流れに枕す」と言った誤りを指摘され、「石に漱ぐ」とは石で歯を磨くこと、「流れに枕す」とは流れで耳を洗うことだと、こじつけて言い張ったという、中国の晋の孫楚の故事からいう。例**石に漱ぎ流れに枕す**と隠者の口の滑りたるなり〈俳諧・類船集・五〉

【石に立つ矢】 一念を込めてすれば不可能なことはないということのたとえ。虎と見誤って石に矢を射たら矢が立ったという、中国の楚の熊渠子の故事からいう。例思ひ込んだる一念の、**石に立つ矢**のたとへをば〈浄瑠璃・愛護若塒箱・一〉

い-し【医師】 名❶医者。例異国の**医師**を王城へ入れんこと、国の辱にあらずや〈平家・三・医師問答〉❷令制で、典薬寮に属して医療を担当する人。❸江戸幕府の医官。僧位に準じて位があり、また最上席者を典薬頭と称した。類義①くすし(薬師)

い-し【倚子】 名貴族や天皇が宮中の儀式で用いる腰掛け。左右にひじ掛け、背にはよりかかりがある。例上達部の着きたまふ**倚子**などに女房どものぼり〈枕・故殿の御服のころ〉語誌 鎌倉時代以降、禅僧が多く用いるようになり、「子」は唐音で「す」と発音されるようになった。

倚子〔正倉院御物〕

い-し【美し】 形(シク)❶すぐれている。好ましい。例これ(=広くりっぱな家)を**いし**と思ひならはせる人目こそあれ〈発心集・五・一三〉❷賛嘆したり感心したりする気持ちを表す。上手だ。けなげだ。例**いしう**(音便形)申させたまふ田代殿かな〈平家・九・二草合戦〉❸程度のはなはだしい様子を表す。すごい。善悪どちらにも用いる。例**いしい**(音便形)悪口仕まつりて候ふ〈沙石集・八・一七〉❹美味だ。おいしい。例**いしかり**し時は夢窓(=人名)にくらはれて〈太平記・二三〉

いし-うち【石打ち】 名❶石投げ。石を投げつけること。❷鷹などの尾羽。また、それで作った矢羽。例**石うち**の矢の、その日の戦に射て少々残ったるを〈平家・九・木曾最期〉

いし-うら【石占】 名古代の民間の占いの一つ。石の軽重や数量、または蹴った石の状態で吉凶を判断する。例夕占問ひ**石占**もちて〈万葉・三・四二〇〉

石川雅望《人名》一七五三〜一八三〇(宝暦三〜文政一三)。江戸時代の狂歌作者・国学者・読本作者。旅宿業を営み、狂歌師としての名は家業にちなんで宿屋飯盛。文化・文政期(一八〇四〜三〇)の狂歌四天王の一人。和漢の学にも通じ、『源氏物語』の注釈『源注余滴』、歌文に用いる語についての辞書『雅言集覧』などを著す。

いし-がみ【石神】 名石に神霊が籠もると信じ、神として祭ったもの。また、その信じられた神。例逢ふ事をとふ(=占う)**石神**のつれなさに〈金葉・恋下〉

い-しき-を・る【い敷き折る】 動(ラ四)〔「い」は接頭語〕飲食物を盛るために草木の葉を折り曲げる。例皇祖の遠御代御代は**い敷き折り**酒飲みきといふそこのほほがしは〈万葉・一九・四二〇五〉

いし-ずゑ【礎】 名❶家屋の土台に据えておく石。例廊の跡の**礎**などあり〈更級〉❷物事の基礎。また、基礎として支える人や物。例まことに国の**礎**ぞや〈浄瑠璃・伽羅先代萩・六〉

いし-だたみ【石畳・甃】 名❶庭や道などで、平らな四角の石を敷き詰めた所。例小一条の南、勘解由の小路には**石畳**をぞせられたりしが〈大鏡・忠平〉❷模様の名。二種類の色の方形を碁盤目状に互い違い

に並べたもの。市松模様。例帯は黒き天鵞絨に大紋の石だたみ〈西鶴・西鶴俗つれづれ・四・三〉

いしたふや《枕詞》「天馳使（急ぎの使者）」にかかる。語義・かかり方未詳。

いし-づき【石突き】 名 ❶刀剣の鞘の末端部を包む金具。こじり。⇩たち（図）。例御太刀のいしづきをとらへたりければ〈大鏡・忠平〉 ❷槍・薙刀などの柄の、地に突き立てる部分を包む金具。例二尺五寸の小長刀の石突きを取り延べて〈太平記・一六〉 ❸家の土台として、地を石で突き固めること。例はや石突き柱立てすぎて（＝済んで）、屋根葺くばかりの日までも〈西鶴・椀久一世の物語・上・三〉 ❹キノコの根。

いし-なご【石投ご】 名 ❶小石。❷女の子の遊戯の名。石でするお手玉に似た遊び。例いしなごの玉の落ちくるほどなさに〈聞書集〉

いし-の-おび【石の帯】 名〔「石帯」の訓読〕「せきたい」に同じ。例玉のかんざし・石のおびを、政頼に与へたびたまへば〈狂言・政頼〉

いし-の-はし【石の階】「いしばし」に同じ。

いし-の-ひ【石の火】 ❶石を打ち合わせて出る火。また、石から出ると考えられていた火。例春の蕨に雪消え、石の火に氷解く〈宇津保・春日詣〉 ❷（火打ち石の火が瞬時に消えることから）極めて短い時間のたとえ。電光石火。例石の火よりもまだはかないは人間の命でござる〈虎寛本狂言・呂連〉

いし-ばし【石階】 名 石段。石でできた階段。例一丁のほどを石階おりのぼりなどすれば〈蜻蛉・中〉

いし-はじき【石弾き】 名 ❶「いしゆみ②」の古称。❷小石や碁石を指先ではじいて相手の石に当てて取り、数を競う遊び。おはじき。例方分きて（＝二組に分かれて）石弾きしたまふ〈宇津保・祭の使〉

いし-ばひ【石灰】 名 石灰。また、石灰に粘土などを加えた漆喰塗りの白壁。例（ソノ草ハ）まことの石灰などには、え生ひずやあらむ（＝生えることはできないだろう）と思ふぞ〈枕・草は〉

いしばひ-の-だん【石灰の壇】 名 清涼殿の東廂の南にある壇。板敷きの高さまで土を盛り上げ、上を石灰で固めてある。ここに天皇が立って伊勢大神宮や内侍所を拝する。⇩口絵。例主上（＝天皇）夜ごとに清涼殿の石灰の壇にて、伊勢大神宮をぞ御拝ありける〈平家・三・法皇被流〉

いし-びや【石火矢】 名 石や金属製の弾丸を火薬で発射する武器。大砲。例鉄砲・石火矢すきまなく、矢玉を飛ばせて戦ひける〈近松・国性爺合戦・一〉

いし-ぶし【石伏・石斑魚】 名 魚の名。カジカ科の川魚。例西川より奉れる鮎、近き川のいしぶしやうのもの〈源氏・常夏〉

いし-ぶみ【石文・碑】 名 事跡などを後世に伝えるために、石に彫りつけた文。石碑。例いしぶみや津軽の遠にありときく〈清輔集〉

い-しやう【衣裳・衣装】 名〔上半身に着る「衣」と下半身に着ける「裳」〕着物。衣類。例しばらく（＝一時的に）衣裳に薫き物す〈徒然・八〉

い-じやう【以上・已上】 ❶名 ❶それより上。例三位以上の人の〈平家・一一・大臣殿被斬〉 ❷それまでの数などをまとめていうときに用いる。合計。例今度うたれたまへるむねとの人々（＝主だった人々）には…敦盛、以上十人とぞ聞こえし〈平家・九・落足〉 ❸手紙の末尾に記す、終わりを表す語。例近日罷りくだり申し上ぐべく候ふ。以上〈西鶴・万の文反古・二・一〉 ❹「御目見以上」の略。江戸時代、将軍に直接会うことのできる人。❷接 その結果。例親類みな梟せられ（＝さらし首にされ）、已上義朝一人に〈古活字本平治・上〉 ❸動（サ変）最上の位に達する。例是を集め、非を除けて（＝正統のわざを学び取って、他を退けて）、以上して〈至花道・闌位事〉

いしやう-まく【衣裳幕】 名 江戸時代、花見などで、木の間に綱を張り、華やかな衣裳を掛け渡して幕としたもの。「小袖幕」とも。例衣裳幕の内には小歌まじりの女中姿〈西鶴・西鶴諸国ばなし・四・二〉

石山《地名》歌枕 近江国、今の滋賀県大津市石山町。東は瀬田川、西は京都府宇治地方に連なる一帯。観音信仰で有名な石山寺があり、実際には「石山」で石山寺をさすのがふつう。和歌では、「月」を詠むことが多い。

石山寺 名 近江国、今の滋賀県大津市石山町の寺。天平勝宝年間（七四九〜五七）創建で、聖武天皇の勅命で良弁が開基と伝える。九世紀ごろ真言宗となる。本尊は如意輪観音。

語誌 ▼観音信仰の霊場　平安時代、特に観音信仰が盛んになると都の人々の信仰を集めた。『蜻蛉日記』『更級日記』などにも参籠の記事が見え、『枕草子』「寺は」の段にも名が挙がる。『源氏物語』では光源氏や薫が詣でている。

▼石山の秋月　石山寺は琵琶湖の眺望が開けた月の名所で、近江八景の一つにも「石山の秋月」が選ばれている。例都にも人や待つらん石山の峰に残れる秋の夜の月（＝都でも人が待っているだろうか、石山の峰に残っている秋の夜の月を）〈新古今・雑上〉中世になると、『源氏物語』は石山寺に参籠していた紫式部が八月十五夜の名月に着想を得て須磨巻から筆を起こしたという伝承が生じた。近世には、蛍の名所として京などから見物に出かけた。〈大谷俊太〉

石山寺縁起《作品名》絵巻物。七巻三三段。石山寺の草創と本尊観音菩薩の霊験を物語る。正中年間（一三二四〜二六）に絵巻が企画され詞書の草稿が作られたと考えられる。第一〜三巻は十四世紀後半の作で、詞書は石山寺座主杲主の筆跡、絵は高階隆兼一派の作風を示す。第五巻もほぼ同時期の作と思われるが詞も絵も別筆。第四巻は明応六年（一四九七）成立、詞は三条西実隆に、絵は土佐光信の筆。第六・七巻は江戸前期、飛鳥井雅章によって詞書が記され、文化二年（一八〇五）松平定信の命令で谷文晁が絵を補った。

いしやま-まうで【石山詣で】 名 石山寺に参詣すること。特に、陰暦十月の甲子の日に参詣すること。例かの石山詣での折り、ひとり選り捨てたまひしも思ひ出でられて、心憂し〈落窪・二〉

い-しゅ【意趣】 名 ❶考え。意向。例衆徒の意趣に至るまでならびなく（＝並ぶものもなく）〈平家・二・一行阿闍梨之沙汰〉❷意地。体面を保とうとする気持ち。ゆきがかり。例従者一人失ひてんずる事は損なれども、意趣なれば〈著聞集・九・三四七〉❸恨み。遺恨。例まことに意趣なかりけり〈平家・七・清水冠者〉❹「意趣返し」の略。恨みを返すこと。例昨日の意趣に一番参ろか〈浄瑠璃・神霊矢口渡・一〉

いしゆみ【石弓・弩】 名❶中国で用いた、ばねじかけで石を発射する装置。❷城壁やがけの上に大石をくくりつけておき、敵の近づくのを待って頭上に落下させる装置。「石弾き」とも。例城の内より石弓はづしかけたりければ、大衆・官軍かずをつくいてうたれにけり〈平家・二・山門滅亡堂衆合戦〉

いしらま・す【射白ます】 動(サ四) 矢を激しく射て、敵の気勢をくじく。「射白まかす」とも。例楯も鎧もこらへずして(＝もちこたえられずに)、散々に射しらまさる〈平家・一一・鶏合壇浦合戦〉

いしゐ【石井】 イ― 名周囲を石で囲った井戸。岩の間からわく水を利用した井戸などに用いる。例志賀の山越えにて、石井のもとにて、もの言ひける人の別れける折に詠める〈古今・離別・詞書〉

いず『出ず・伊豆』⇩いづ

いすか【鶍】 名❶鳥の名。雀より少し大きく、上下のくちばしが湾曲して交差しているのが特徴。❷「いすかのはし」に同じ。例思った金も鶍となり〈歌舞伎・三人吉三廓初買・一・三〉

【鶍の嘴】 物事が食い違い、思うようにならないことのたとえ。例鶍の嘴の食ひ違ふ、心を知らぬぞ是非もなき〈近松・冥途の飛脚・中〉

いずく『何処』⇩いづく

いすく・む【射竦む】 動(マ下二) 矢を盛んに射て、敵をすくみ上がらせる。例ただ遠矢に射すくめけれ〈太平記・五〉

いずこ『何処』⇩いづこ

いずし【貽鮨】 名貽貝(二枚貝の名)の肉を酢に漬けて押しをかけて貯蔵した食品。例ほやのつまの貽鮨、鮨鮑をぞ〈土佐〉

五十鈴川(いすずがは) イスズガワ《地名》歌枕 伊勢国の川。今の三重県伊勢市の神路山に発し、伊勢神宮内宮の前を流れ、御手洗(＝手を洗い清める川)となる。「御裳濯川」とも。例五十鈴川神代の鏡かけとめて今も曇らぬ秋の夜の月〈続後撰・神祇〉

いすす・く 動(カ四) あわてる。うろたえる。例その美人驚きて、立ち走りいすすきき〈記・中・神武〉

いずち『何方・何処』⇩いづち

いずみ【泉・和泉】⇩いづみ

いずも【出雲】⇩いづも

いずら『何ら』⇩いづら

いずれ『何れ』⇩いづれ

伊勢(いせ) 名❶《地名》旧国名。今の三重県の北部。東海道十五か国の一つ。勢州。延喜式で大国・近国。今の伊勢市に伊勢神宮がある。❷伊勢神宮のこと。

語誌▼**神国伊勢** 伊勢は、天皇家の祖先神を祀る伊勢神宮の鎮座地として開け、神国と称された。都との往来が多く、神官たちを中心に文化が育ち、江戸時代には特に、各地から来る伊勢参りの人々でにぎわった。

▼**「神風の伊勢」** 伊勢には神の力によって起きる「神風」という激しい風が吹くと考えられたことから、古来、賛辞的な枕詞が付されて「神風の伊勢」と呼ばれてきた。和歌でも、「神風の」「神風や」などの枕詞が伊勢や伊勢神宮に関する語につけられることが多い。

▼**「伊勢の海」** 伊勢湾に面した地であることから、和歌では「伊勢の海」が歌枕化し、海辺の景物として「海人」「浜荻」などが多く詠まれた。

▼**斎宮の物語** 伊勢神宮には未婚の皇女が斎宮として奉仕する制度があるため、それにまつわる物語も生じた。男と斎宮との禁忌の恋を語る『伊勢物語』六九段が特に有名。〈大谷俊太〉

【伊勢の浜荻】 ❶伊勢国の浜辺に生える荻。例神風の(枕詞)伊勢の浜荻折り伏せて旅寝やすらむ(＝旅寝をしているのだろうか)荒き浜辺に〈万葉・四・五〇〇〉❷「あし(葦・蘆)」の別称。①例の和歌が平安末期から「葦」と誤解されたことによる。

伊勢(いせ)《人名》生没年未詳。没年は天慶元年(九三八)以降。平安前期、『古今和歌集』撰者時代の代表的女性歌人。名は父が伊勢守だったことによるもので、宇多天皇に愛されたことから「伊勢の御」とも。歌合わせ・屏風歌に活躍。『古今和歌集』に二二首入集は女性では最多。家集に『伊勢集』。

いせおんど【伊勢音頭】 名民謡の一種。伊勢神宮の式年遷宮の際の木遣唄が座敷歌化したもの。また、伊勢参りの道中歌、神宮周辺の遊郭の流行歌などの総称とも。江戸後期、下級の宗教芸能者や伊勢参りの旅人によって全国に広められた。例慰みに三味線を出し、伊勢音頭をうたふ声する〈滑稽本・膝栗毛・四下〉

いせかう【伊勢講】 コウ― 名伊勢神宮参拝のための講。多人数で旅費を積み立て、代表者が順番に神宮を参詣する組織。江戸時代に盛んになり、毎月日を決めて酒食の宴をもったり、積み立て金を貸したりすることもあった。例伊勢講中の掛け銭百七十目借りまうし候ふを〈西鶴・万の文反古・四・三〉

いせごよみ【伊勢暦】 名伊勢神宮の神主藤波家が、京都の土御門家から得た暦をもとに伊勢で刊行した暦。御師(神官)が全国に配り歩いた。例ただ伊勢暦を見て春の近づくをわきまへ〈西鶴・世間胸算用・四・四〉

伊勢貞丈(いせさだたけ)《人名》名は「ていじゃう」とも。一七一七〜一七八四(享保二〜天明四)。江戸時代の有職故実家。号は安斎。室町幕府の政所の執事の家柄に生まれ、家学の故実を大成する。特に武家の儀礼に詳しい。著作も多く、主著に『安斎随筆』『貞丈雑記』などがある。

伊勢集(いせしふ) イセシュウ《作品名》平安時代の家集。一冊または二冊。伊勢作。他撰。村上天皇のころ原型がなり、平安中・後期に現在の形となった。冒頭の歌物語部分は「伊勢日記」とも呼ばれる。

伊勢神宮(いせじんぐう) 名伊勢国、今の三重県伊勢市にある皇太神宮(内宮)と豊受大神宮(外宮)の総称。

内宮は宇治にあって祭神は天照大御神、外宮は山田にあって祭神は豊受大神。七世紀末に、二十年に一度の遷宮(式年遷宮)が開始され、律令制下では、天皇家の祖先神を祀る神社として最高の国家祭祀の対象とされた。朝廷からは未婚の皇女が斎宮として遣わされて奉仕した。特に江戸時代は、伊勢参りに各地の人々が訪れる。社殿の建築様式は神明造りと呼ばれる。伊勢大(太)神宮。

伊勢の海《地名》歌枕 三河国の伊良湖岬と志摩国との間の海。今の伊勢湾。和歌では、「海人」とともに詠まれることも多い。例**伊勢の海**の沖つ白波花にもが(=花であってほしい)〈万葉・三・三〇六〉

伊勢大輔《人名》「いせのおほすけ」とも。生没年未詳。平安中期の歌人。大中臣輔親の娘。一条天皇の中宮彰子に仕え、宮廷歌人として活躍。技巧的であるが、流麗な歌風。家集に『伊勢大輔集』。

いせのはまをぎ【伊勢の浜荻】⇩「伊勢」(地名)の子項目

いせ-へいじ【伊勢瓶子】名 伊勢産の酒器。粗悪で酢がめにしか使えないという。例人々拍子をかへて、「**伊勢へいじ**はすがめなりけり」とぞはやされける〈平家・一・殿上闇討〉読解「伊勢平氏は眇(=斜視)」を掛けて平忠盛をはやしたてる場面。

いせ-まゐり【伊勢参り】名 **伊勢神宮に参詣すること**。また、その人。俳諧では春の季語。例十二、三歳ばかりの**伊勢参り**、(弥次郎兵衛・喜多八ノ)後になり先になりて〈滑稽本・膝栗毛・初〉

語誌 ▼**伊勢参りの流行** 一生に一度は伊勢神宮に参詣するべきだという風潮は室町末期に生まれ、江戸時代に全国的に広まった。その背景には、神宮の神威を民間に浸透させようとした御師たちの普及活動がある。それまでの正式参拝は、皇室・貴族・武士だけに許されていた。

▼**参宮の方式** 地方からの参宮には、信者全体が参拝する総参りと、その代表者による代参の二つの方式がある。代参は頼母子や無尽の形式で旅費を積み立て、くじ引きで代表を選ぶもので、伊勢講として各地で組織された。伊勢への出発には出立ちの祝いをし、帰着に際しては坂迎えと称して村じゅうが出迎え、その労をねぎらった。

▼**「抜け参り」と「お蔭参り」** 一方で、主人や親に隠れてひそかに参詣する抜け参りや、お蔭参りと称して、多数の人々が路銀も持たずに街道筋の家々から飲食・宿泊の接待を受けながら大挙して参宮する風習も広まった。お蔭参りは、六十年ごとに訪れるお蔭年に参拝すると特別な効験が現れるという民間信仰に基づくものだが、観光や娯楽的な面が強かった。〈鈴木幸夫〉

伊勢物語《作品名》平安前期の歌物語。『在五が物語』『在五中将の日記』とも(「在五」は在原氏の五男の意。業平をさす)。作者・成立年代ともに未詳。

●**成立・作者** 複雑な形成過程を経て現在の形態に至ったらしい。業平の死没(八八〇年)後、ほぼ業平の歌だけからなる原『伊勢物語』が十世紀初頭に作られ、十一世紀以後に大幅な増補が行われて、現在の形態に至ったとみられている。

作者については、古来、在原・紀家系の人物が想定され、一説には、文体上の類似などから紀貫之ともされる。なお、増補者もまったく不明。

●**内容・構成** 各章段が「昔、男…けり」などの冒頭で始まり、その多感な「男」の恋愛・友情・別離・流離などの話を集める。章段数は一二五。在原業平に擬せられる主人公の元服の段に始まり、辞世歌の段に終わる一代記的な構成をとるが、厳密な年代順ではなく、各章段相互の関連も緊密でない。

「男」と業平 三〜六などの段では二条の后高子への許されぬ恋が、六九段などでは斎宮との禁断の恋が語られている。また八二・八三段などでは、失意の惟喬親王との、主従関係を越えた真情が述べられ、七〜九などの段では、東国への漂泊に生きる者のわびしく孤独な精神が語られている。また、老母との死別を悲嘆する段(八四段)もある。このような宮廷貴族社会を背景とする段に対して、「筒井筒」(二三段)「梓弓」(二四段)など庶民的・地方的な内容の段も含まれている。

主人公は、業平に擬せられるとはいえ、彼の実像をはるかに越えた虚構の主人公である。作中和歌二〇九首中、業平の実作と信じられるのは三五首、ほかは、『万葉集』『古今和歌集』『後撰和歌集』『拾遺和歌集』などの業平以外の和歌を「男」の作に仕立てている。しかし、部分的にも業平実作の和歌が含まれるところから、「男」が業平その人であるとの印象を与える。この「男」という呼称が不特定の人称であるところから、業平に即しながらも、その実像から離れることもできる。

【作中の和歌】また、作中の和歌は、単に情緒を添える程度でなく、物語の中心に据えられて主題性を担い、作中人物たちが歌を詠むという行為は、かけがえのない生のあかしとされている。〈鈴木日出男〉

い-そ【五十】名 五十。また、数の多いこと。例岩の上の松の梢に降る雪は五十かへり(=何度も)降れ〈古今六帖・一〉

いそ【磯】1名❶石。巌。例我が畳(枕詞)三重の川原の**磯**の裏に〈万葉・九・一七三五〉❷岩石の多い波打ち際。例大海の**磯**もとどろに寄する波割れて砕けてさけて散るかも〈金槐集・下〉↓名歌102 2形動(ナリ)(磯が浅い水辺であることから)浅薄だ。未熟だ。例**磯なる**色遊びは〈西鶴・男色大鑑・六・四〉

いそ-がく・る【磯隠る】1動(ラ四)海辺の石の陰に隠れる。人目につかない場所に身を潜める。例淡路島**磯隠り**居て〈万葉・三・三八八〉2動(ラ下二)1に同じ。例うらめしやおきつ玉もをかづくまで**磯がくれ**ける海人の心よ〈源氏・行幸〉語誌 平安時代以降は、主に2の下二段活用が用いられる。

いそ-かげ【石影・磯影】名 水面に映った岸辺の岩の姿。例**磯影**の見ゆる池水照るまでに咲けるあしびの散らまく(=散るのが)惜しも〈万葉・二〇・四五一三〉

いそが・し【忙し】形(シク)なすべき事が多くて気のせくさま。気ぜわしい。例蔵人の五位とて、それをしもぞ(=その人たちをも)**いそがしう**(音便形)つか

へど〈枕・説教の講師は〉

いそが・す【急がす】 動（サ四）〔「いそぐ」の他動詞形〕早くするように促す。せきたてる。例湯のこと（＝沐浴して身を清めること）急がして堂に上りぬ〈蜻蛉・中〉

いそがは・し【忙はし】 イソガワシ 形（シク）せわしい。いかにも忙しそうだ。例走りていそがはしく、ほれて忘れたる事、人皆かくのごとし〈徒然・七五〉

いそ-がひ【磯貝】 ガイ 名 磯に打ち上げられた対をなしていない貝。本来二枚貝であるものが片方しかないことから、和歌では、「片」「片恋」を導く序詞を構成する。例水くくる（＝水底の）玉に交じれる磯貝の片恋のみに年は経につつ〈万葉・一一・二七九六〉

いそぎ【急ぎ】 名 ❶急ぐこと。気がせくこと。急用。例今日はその事をなさんと思へど、あらぬ急ぎまづ出で来て〈徒然・一八九〉 ❷用意。準備。例（年末ハ）公事ども繁く、春の急ぎにとり重ねて催し行はるるさまぞ〈徒然・一九〉

いそぎ-た・つ【急ぎ立つ】 動（タ四）❶急いで行う。あわててする。例御嶽にとて急ぎ立つ〈蜻蛉・中〉 ❷準備に取りかかる。例人知れずいそぎたちて、人々の装束せさせ〈源氏・東屋〉

いそ・ぐ【急ぐ】 動（ガ四）❶物事を早く行う。急ぐ。例親の呼ぶと言ひければ、いそぎ帰るとて（＝親が呼んでいると言ったので、急いで帰るといって）〈古今・恋四・詞書〉 ❷準備する。用意する。例正月の御装束いそぎたまふ（＝正月の御衣装を準備なさる）〈宇津保・嵯峨の院〉

語誌 ▼仕事など事を早くなし終えるためにせっせと励む、が原義。

▼「いそし（勤し）」などと同根。「いそがし（忙し）」は、ここから派生した語である。

いそ・し【勤し】 形（シク）勤勉だ。例黒木取り草も刈りつつ仕へめどいそしきわけ（＝奴）と褒めむともあらず〈万葉・四・七八〇〉〈鈴木日出男〉

いそ-ぢ【五十】 ジ 名〔「ぢ」は接尾語「ち（個）」の連濁形〕❶五十。❷五十歳。五十年。例五十の春を迎へて、家を出で（＝出家して）〈方丈記〉

いそ-な【磯菜】 名 磯に生える食用の草の総称。海藻の類。例こよろぎの磯たちならし磯菜摘むめざし（＝少女）濡らすな沖にをれ波〈古今・東歌〉

いそのかみ【石の上】 ❶《地名》大和国、今の奈良県天理市石上町から布留町の布留川上流・中流にかけての地域。物部氏の氏神石上神宮がある。❷《枕詞》地名「布留」に、また、同音の「降る」「古る」などにかかる。例(a)石の上布留の山なる杉群の〈万葉・三・四二二〉例(b)いそのかみふるき都の時鳥〈古今・夏〉❸名（❷から転じて）古いものや昔の意に用いる。例石の上の世々経たる（＝古い昔からの）御願にやとぞ見えたる〈源氏・御法〉

石上私淑言 いそのかみのささめごと《作品名》江戸中期の歌論。三巻。本居宣長著。宝暦一三年（一七六三）以後の成立。歌の本質は「もののあはれ」にあるとする論を中心に、和歌に対する見解を全巻問答体で記す。

石上宅嗣 いそのかみのやかつぐ《人名》七二九？〜七八一（天平元？〜天応元）奈良時代の漢学者・漢詩人。詩文に通じ、淡海三船と並んで「文人の首」と称される。漢籍を集めた書庫（芸亭）を好学の人に開放した。

いそ-ふり【磯振り・磯触り】 名 海岸に打ち寄せる荒々しい波。例磯ふりの寄する磯には年月をいつともわかぬ雪のみぞ降る〈土佐〉 読解 白い波を雪に見立てる。

伊曾保物語 いそほものがたり《作品名》❶安土桃山時代のキリシタン文学。一巻。イエズス会宣教師らによって、文禄二年（一五九三）天草で出版。寓話集『イソップ』を当時の口語の日本語に翻訳し、ポルトガル式のローマ字で記したもの。前半は作者イソポ（イソップ）の略伝、後半に七〇の寓話を収める。中世末期ごろの国語資料としても貴重。ふつう、「天草本」「耶蘇会版」「キリシタン版」などを作品名の上につけて呼ぶ。❷江戸時代の仮名草子。三巻。作者未詳。寛永一六年（一六三九）以前の刊。中巻の第九話までが伊曾保の略伝、その後に六四の寓話を収める。①との間には異同も多く、両者に共通の別な本が先にあったとする説もある。

いそ-まつ【磯松】 名 磯辺に生えている松。

いそまつの【磯松の】 《枕詞》磯辺に生えている松が常緑で不変の象徴であることから「常に」にかかる。

いそ-み【磯回・磯廻】 名〔「み」は接尾語〕❶磯の、陸のほうへ湾曲した場所。入り江。例馬並めていざ打ち行かな渋谿（＝地名）の清き磯廻に寄する波見に〈万葉・一七・三九五四〉❷磯に沿ってめぐること。例大君の命恐み磯廻するかも〈万葉・三・三六八〉

いそ-もと【磯もと】 名 磯の波打ち際。波が打ち寄せる岩の下方部。例大き海の磯もと揺すり立つ波の寄せむと思へる浜の清けく〈万葉・七・一二三九〉

いそ-もの【磯物】 名 磯で採れる海藻・小魚・貝の類。例磯物などのはしばし（＝切れ端）もいささか包み集めて〈十六夜〉

いそ-や【磯屋】 名 海辺にある漁師などの家。例藻塩焼く海人の磯屋の夕煙〈新古今・恋二〉

いた【板】 名 ❶薄い木材。板。❷「いたじき」に同じ。例いとつややかなる板の端近う〈枕・七月ばかりいみじうあつければ〉❸まないた。また、それを使う料理人。例嘉例のごとくいたを出せ〈狂言・包丁聟〉❹出版のための版木。例ひとたび板にゑりて（＝彫って）すり本出でぬれば〈玉勝間・一〉

いた【甚】 副《上代語》ひどく。はなはだしく。例いた泣かば人知りぬべし〈記・下・允恭・歌謡〉

いたい-け【幼気】 形動（ナリ）〔「いたきけ（痛き気）」のイ音便形。心が痛くなるような様子の意〕❶幼くてかわいい。例かたちいたいけに見えたり〈御伽草子・三人法師・下〉❷物などの小さいさま。ちょっとした。例いたいけなる物も得やらで（＝やれずに）遣はす〈仮名草子・仁勢物語・上〉

いたいけ・す【幼気す】 動（サ変）かわいらしい様子をしている。あどけなく見える。多く「いたいけしたり」の形で用いる。例幼気したる小女房、顔ばかりさし出だいて〈平家・六・小督〉

いた・う【甚う】 イト ウ 副「いたく」のウ音便形。平安女流文学などでは「いたく」より「いたう」の例のほうが多い。例(a)五月など、すべて雨いたう降らんとする年は〈枕・池は〉例(b)世のおぼえはなやかなる御方々にもいたう劣らず〈源氏・桐壺〉

いだか・ふ【抱かふ】 動(ハ下二) だきかかえる。じっとだく。例嫗…かぐや姫を抱かへてをり〈竹取〉

いた-が・る【甚がる・痛がる】 動(ラ四)〔「がる」は接尾語〕❶すばらしいと感心した様子をする。例これをのみ(＝この和歌だけを)いたがり、物をのみ食ひて〈土佐〉❷痛いという様子をする。

いたく【甚く】 副〔形容詞「いたし」の連用形から〕❶ひどく。はなはだしく。例いといたく泣きたまふ〈竹取〉❷(打消の語を伴って)それほど(〜ない)。たいして(〜ない)。例をかしき事をいひてもいたく興ぜぬと〈徒然・五六〉 語誌 主に動詞を修飾する。

いだ・く【抱く】 動(カ四)〔「うだく」の変化した形〕❶両腕でかかえる。例人みな、船のとまる所に、子をいだきつつ下り乗りす(＝人は皆、船がとまる所では、子どもをかかえて乗り降りする)〈土佐〉
❷心の中に、ある考えや思いをもつ。例(旅ノ途中)騒人の恨みをいだきけんも(＝詩人が悲哀の情をもったというのも)〈海道記〉
語誌 上代の仮名書きの例はすべて「むだく」で、大まかには「むだく」→「うだく」→「いだく」と変化した。「いだく」の形では①例の『土佐日記』などは古い例に属する。また現代では「だく」の形が普通だが、②では今も「いだく」を用いる。〈吉野瑞恵〉

いた-ごし【板輿】 名 屋形の屋根と両側面を白木の板で張り、前後に簾を下げた簡素な輿。主に貴人や僧が軽装の遠出に用いる。⇩こし(図)

いた・し【痛し・甚し】 形(ク) 苦痛に感じられる状態を表し、転じて、苦痛に感じるほど程度のはなはだしいさまをいう。
❶肉体的に痛みを感じるさま。痛い。苦しい。例明くる日まで頭痛く、物食はず(＝翌日まで頭が痛く、食べ物も食べない)〈徒然・一七五〉
❷精神的に痛みを感じるさま。つらい。せつない。例御使ひことごとしうもてなさぬを、胸いたく思へり(＝御使者を大げさには接待しないことを、心せつなく思っている)〈源氏・明石〉
❸心苦しい。いたわしい。例いたしや、この御手よ。昔は上手にものしたまひけるを(＝いたわしいことよ、この御筆跡は。昔は上手にお書きになったのだが)〈源氏・行幸〉
❹(「いたく」の形で)ひどく。はなはだしく。例いたくな鳴きそ我が恋増さる(＝ひどく鳴いてくれるな、私の恋心が増すから)〈万葉・八・一四一九〉 読解「な〜そ」は柔らかい禁止を表す。
❺(④を打消の語を伴って用いて)たいして(〜ない)。それほど(〜ない)。例内のさまは、いたくすさまじからず(＝中の様子は、それほど殺風景ではない)〈徒然・一〇四〉
語誌▼④⑤は副詞とも見られる。⇩いたく
▼「あきれいたし」「くんじいたし」や「こちたし」「めでたし」などのように、動詞の連用形について、その意味がはなはだしすぎることを表す用法もある。〈小島孝之〉

いだし-あこめ【出だし衵】 名 衵の裾を上衣の下からのぞかせた着方。⇩なほし(図)。例直衣の長やかにめでたき裾より、青き打ちたる(＝打って光沢を出した)出だし衵して〈宇治拾遺・一二四〉

いだし-うちき【出だし袿】 名 直衣や狩衣の下から、下に着た袿の前裾をのぞかせる着方。例桜(＝桜襲の直衣)の直衣に出だし袿して〈枕・三月三日は〉

いた-じき【板敷き】 名 床を板張りにした所。板の間。室内だけでなく縁側にもいう。例あばらなる(＝すきまが所々あいた)板敷きに月のかたぶくまで臥せりて〈伊勢・四〉

いだし-ぎぬ【出だし衣】 名 ❶男性が衣冠のときの袍や、直衣の下部から、その下に着ている衵や袿の前身頃の裾の一部をのぞかせるような着こなし。「出だし衵」「出だし袿」など。
❷平安時代、儀式などのとき、簾の下に女房たちが衣装の袖や褄を出して装飾としたもの。また牛車の簾・下簾の下から同様に衣装をのぞかせること。「押し出づ」「さし出づ」「打ち出だす」「打ち出づ」「打ち出で」などの形で表されることが多い。
語誌▼さまざまな「出だし衣」「出だし衣」というのは通称で、実際の用例は次のようなものである。例(a)御直衣に、えならぬ御衣(＝とても美しいお召し物)、出だし袿にしたまへる〈和泉式部日記〉例(b)(車ノ)簾の下より、清げなる掻い練りに紫の織物重なりたる袖ぞさし出でためる(＝簾の下から、きれいな光沢のある絹に紫の模様のある絹織物が重なった袖を出しているようだ)〈蜻蛉・下〉例(c)打ち出で十具ばかりありける、中より切りて袖二十出ださむ用意ありけるを(＝簾の下から出す衣装が十そろいほどあったのを、背中から切って袖を二十出す準備があったが)〈今鏡・四・小野の御幸〉
例(a)は男性についてで①の例。その他は②の例。特に例(b)は牛車の出だし衣の例で、このようにして飾り立てた車を、出だし車という。例(c)は実際に人の着ているものではなく、衣類のみを置いた場面である。時代が下るにつれて、出だし衣は儀式の際の装飾の様式になっていく。〈藤本宗利〉

いだし-ぐるま【出だし車】 名 簾の下から装束の端をのぞかせて乗っている牛車。例出だし車どもの袖口、色あひも目馴れぬさまに〈源氏・賢木〉

いだし-た・つ【出だし立つ】 動(タ下二) ❶出発させる。例朝には狩りにいだしたててやり〈伊勢・六九〉 ❷出仕させる。例かの遺言を違へじとばかりに、出だし立てはべりしを〈源氏・桐壺〉 ❸歌い出す。例頭中将、心づかひして、出だしたてがたうす(＝歌い出しにくそうにしている)〈源氏・篝火〉

いた-じとみ【板蔀】 名 格子をつけず、板を打ちつけて作った蔀。例風ふけばたぢろく(＝傾き動く)宿のいたじとみ〈散木奇歌集・七〉

いた・す【致す】「いたる」の他動詞形。至らせる、が原義。

1動(サ四) ❶**行き着かせる。** 例一日(ひと)の内に、すなはち**致し**まつるべし(=一日で、すぐに送り届け申し上げるにちがいない)〈紀・神代下〉 ❷**ある動作をする。** 例(平重盛ハ)療治(れうぢ)もしたまはず、祈禱(きたう)をも**いたされ**ず(=治療もなさらず、加持祈禱(きとう)もせず)〈平家・三・医師問答〉 ❸(「心をいたす」の形で)**力の限りを尽くす。** 例などてか、かくなにがしが心を**いたし**て仕うまつる御修法(みずほふ)に験(しる)しなきやうはあらむ(=どうして、このように私が力の限りを尽くしてご奉仕申し上げるご祈禱に効きめがないことがありましょうか)〈源氏・夕霧〉 読解加持を務める僧の言葉。「などてか」は反語の意を表す。 ❹**ある結果をもたらす。** 例これもよろづおもふさまなるが**いたす**ところなり(=これも平家が万事思うままにふるまっていることがもたらしたことである)〈平家・一・鹿谷〉 読解「これ」は平宗盛(むねもり)に役職を超えられたこと。 ❺**サ変動詞「為(す)」の謙譲語。し申し上げる。** 例(熱田(あつた)神ハ)無礼(むらい)を**いたす**ものをば、やがてたちどころに、罰せさせおはしましければ(=無礼をし申し上げる者を、そのままただちに、罰しなさったので)〈宇治拾遺・四六〉 ❻**サ変動詞「為(す)」の丁寧語。します。** 例万疋(まんびき)も**致す**物を、そのまま買うて参れと申し付けられた〈狂言・粟田口〉 読解「疋」は金銭の単位。

2補動(サ四) 動詞の連用形や漢語の名詞につく。❶(「おん・お・ご〜いたす」の形で)**謙譲の意を表す。お(ご)〜し申し上げる。** 例身どもは御奉公**いたす**事がなるまい(=私は御奉公し申し上げることができないだろう)〈狂言・秀句傘〉 ❷**丁寧の意を表す。〜します。** 例馬から落ちて落馬**いたし**たと〈近松・鑓の権三重帷子・上〉

語誌 上代・平安時代は、和歌や和文にはほとんど用いられず、漢文訓読文で用いられた。中世以後一般化するとともに敬語化し、謙譲語・丁寧語の広い用法をもつようになった。〈泉基博〉

いだ・す【出だす】動(サ四)〔動詞「いづ」の他動詞形〕❶**外へ出す。行かせる。派遣する。** 例よしある(=教養のある)下仕(しもづか)ひを**出だし**て〈源氏・若紫〉 ❷**人に渡す。提示する。** 例題**いださ**ん。歌よみたまへ〈枕・雨のうちはへ降るころ〉 ❸**顔に現す。声に出す。** 例降魔(がうま)の相(=悪を降伏(ごうぶく)させる、怒りの形相)を**出だし**て、つと見たてまつりつれば〈源氏・東屋〉 ❹動詞の連用形につく。㋐外に向かって〜する。例遣(や)り戸を引き開けて、もろともに見**出だし**たまふ〈源氏・夕顔〉 ㋑〜しはじめる。例夕べに泣き**出だし**、朝(あした)に煩ひ〈西鶴・本朝二十不孝・一・三〉

いたずら〘徒ら〙⇩いたづら

いただき【頂・戴き】名 ❶**頭のてっぺん。** 例雷(かみ)さへ頂に落ちかかるやうなるは〈竹取〉 ❷**物の最上部。** 例炭を重ね置きたる**いただき**に火を置きたる〈枕・節分違などして〉 ❸「戴き餅(もちひ)」の略。例我は若君の**いただき**せさせたてまつらん〈浜松中納言・四〉

いただき-もちひ【戴き餅】〔―モチイ〕名 平安時代、貴族の正月の儀式の一つ。子どもの頭に餅(もち)を触れさせ、その将来を祝福し、寿詞(よごと)を唱える。例正月三日まで、宮たちの御**戴き餅**に〈紫式部日記〉

いただ・く【頂く・戴く】動(カ四) ❶**頭上にのせる。** 例桶(をけ)に入れて、女どもに**いただか**せて〈宇治拾遺・一六〉 ❷**大切にする。** 例石山の仏をも、弁のおもと(=女房の名)をも、並べて**頂か**まほしう思へど〈源氏・真木柱〉 ❸**「貰(もら)ふ」の謙譲語。頂戴(ちやうだい)する。** 例代々相州(さうしう)(=北条(ほうでう)高時)の恩を**戴き**〈太平記・九〉 ❹**「飲(の)む」「食(く)ふ」の謙譲語。** 例芥子酢(からしず)にて辛々とし、**いただか**ん〈狂言記・生捕鈴木〉

いたち【鼬】名 動物の名。イタチ。夜行性の食肉獣。俗信・ことわざにとりあげられることが多い。

い-た・つ【射立つ】動(タ下二) ❶**矢を射て突き立てる。** 例矢七つ八つ**射たて**られて、立ち死ににこそ死ににけれ〈平家・七・篠原合戦〉 ❷**盛んに矢を射て攻めたてる。** 例**射立て**られて引き退(の)く〈太平記・一七〉

いたつかは・し【労かはし】〔イタツカワシ〕形(シク)〔動詞「いたつく」の形容詞形。中世以降「いたづかはし」とも〕**苦労して努め励むさま。** 転じて、**煩わしい。めんどうだ。** 例愚かなる人、この楽しびを忘れて、**いたづがはしく**ほかの楽しびを求め〈徒然・九三〉

いたつき【労き・病き】名「いたづき」とも。❶**努力。骨折り。** 例**いたつき**もなく、人の家刀自(いへとうじ)にぞ(=主婦に)なりにける〈平中・一八〉 ❷**病気。** 例身に**いたつき**の入るも知らずて〈古今・仮名序〉 読解「いたつき」に矢の一種の「いたつき」を、「入る」に「射る」を、それぞれ掛ける。

いた-つき【平題箭】名 先のとがっていない小さな鏃(やじり)。的矢(まとや)に用いる。例はやく(=驚いたことに)左の目に、**いたつき**たちにけり〈宇治拾遺・一八九〉

いたつ・く

【労く】動(カ四)〔中世ごろから「いたづく」とも〕❶**努める。力を尽くす。** 例**労か**ずして功(こと)を成(と)げむ(=労せずして成功するだろう)〈紀・垂仁〉 ❷**病む。病気する。** 例**イタヅキ**まゐらせ候(さうら)ふ(=私は病んでおります)〈日葡〉 ❸**ねぎらう。いたわる。** 例かくてねむごろに**いたつき**けり(=このようにして心をこめてねぎらった)〈伊勢・六九〉

語誌 形容詞「いたし(痛し・甚し)」の語幹と「つく」との複合語であろう。〈奥村悦三〉

いたづら

【徒ら】〔イタズラ〕**1**形動(ナリ) ❶**無用だ。無益だ。無駄だ。** 例(水車ハ)おほかた廻(めぐ)らざりければ、とかく直しけれど、つひにまはらで、**徒らに**立てりけり(=まったく回らなかったので、あれやこれやと直したが、結局回らなくて、無駄に立っていた)〈徒然・五一〉 ❷**むなしい。はかない。かいがない。** 例花の色はうつりにけりな**いたづらに**わが身世にふるながめせしまに〈古今・春下〉➡名歌288 ❸**あいている。使われていない。** 例南の町には、**いたづらなる**対どもなどもなし(=南の町には、あいている建物などもないし)〈源氏・玉鬘〉❹何もすることがない。手持ちぶさた。例船も出ださでいたづらなれば(=船も出さなくて手持ちぶさたなので)〈土佐〉

❷名動(サ変)❶悪ふざけ。悪さ。例きやつがいろいろいたづらをいたしまする〈虎寛本狂言・真奪〉❷好色。不義。密通。例いたづらして流されたものぢやわいの〈近松・国性爺合戦・二〉

類義▶Ⅰ①あだ/①②むなし/④つれづれ

語誌▶「いたづら」は物が有効に活用されていない状態をいう。そこから、心理的にむなしい、空虚だ、という意味も生まれる。Ⅰ④では、物にあたるものが時間だと考えればよい。

▼現代語の「いたずら」に通じるふざけたさまの意が出てくるのは、中世末期から。〈高田祐彦〉

［徒らになす］❶無駄にする。役に立たなくする。例この心をいたづらになしつるは、仏は「あはれ」と思しなん〈狭衣・三〉❷死なせる。また、破滅させる。例夏虫の身をいたづらになすこともひとつ思ひによりてなりけり〈古今・恋一〉➡名歌265

［徒らになる］❶無駄になる。だめになる。例上人の感涙、いたづらになりにけり〈徒然・二三六〉❷死ぬ。身の破滅になる。例宮、いとわびしう、このことにより身のいたづらになりぬべきことと思し嘆くに〈源氏・紅葉賀〉読解光源氏との間にできた不義の子の出産を控えた藤壺の心情。

いたづら-ごと【徒ら言・徒ら事】名 ❶【徒ら言】無意味な言葉。役に立たない言葉。例つれづれといたづらごとを かき集めて〈千載・雑下〉❷【徒ら事】㋐無駄なこと。つまらないこと。例源空もはじめは、さるいたづら事したりき〈一言芳談・下〉㋑みだらなこと。浮ついたこと。読解ここは説法をさす。

いたづら-びと【徒ら人】名 ❶役に立たない人。地位・職もなく無用な人。例かくいたづら人にて侍れば、つかさ(=官職)・位の用も侍らねど〈宇津保・国譲上〉❷落ちぶれた人。例いたづら人をば、ゆゆしきものにこそ思ひ捨てたまふらめ〈源氏・明石〉❸死んだ人。また、死んだも同然の人。例またいたづら人に見なしたてまつるべきにや〈源氏・夕霧〉

いたづら-ぶし【徒ら臥し】名 恋しい人と離れ、寂しく一人寝すること。例君は解けても(=くつろいで)寝られたまはず、いたづら臥しと思さるるに〈源氏・帚木〉

いたづら-もの【徒ら者】名 ❶「いたづらびと①」に同じ。例今はつかさ(=官職)もなきいたづら者になれるよしなり〈著聞集・五・一六七〉❷悪さをする人。乱暴者。例酒盛りをのみ好み、博奕に心を入るるほどに、とりどころなき徒ら者に生ひ立つなり〈十訓抄・七・序〉❸怠け者。例かれは家業を嫌ふいたづらもの〈読本・英草紙・二・四〉❹浮気者。

いたづら-や【徒ら屋】名 何にも使っていない建物。例平野(=平野神社)は、いたづら屋のありしを〈枕・神は〉

いた-で【痛手】名 戦いで受けた重傷。深手。例薄手負うて戦ふもあり、痛手負うて討ち死にするものもあり〈平家・九・坂落〉

い-たど・る【い辿る】動(ラ四)《上代語》(「い」は接頭語)探りながら進む。たどりつく。例娘子らがさ寝す板戸を(=寝ていらっしゃる家の板戸を)押し開き い辿り寄りて〈万葉・五・八〇四〉

いたは・し

【労し】形(シク)「いた」は「痛」で、「いたし(痛し)」、「いたはる(労る)」と同根。いたわりたい気持ちをいう。

❶病気や心労で苦しい。例己が身し 労しければ 玉桙の(枕詞) 道の隈廻に 草手折り 柴取り敷きて 床じもの うち臥い伏して(=自分の体が病気で苦しいので、道の曲がり角で草を手で折り柴を取って敷いて、寝床のようにして倒れてしまって)〈万葉・五・八八六〉

❷大切にしたい。心配である。例親などのかなしうする子は、(周囲カラ)目たて耳たてられて、いたはしう(音便形)こそおぼゆれ(=親などがかわいがっている子は、周囲から注目され聞き耳を立てられて、大切に思われる)〈枕・世の中になほいと心憂きものは〉

❸気の毒だ。かわいそうだ。例さこそ世を捨つる御身といひながら、御いたはしう(音便形)こそ(=そのように俗世を捨てた御身というものの、お気の毒なことだ)〈平家・灌頂・大原御幸〉

語誌 平安時代の和文では②の例が多い。中世以降では③の用例がほとんどである。〈木村博〉

いたはり【功り・労り】名 ❶手柄。功績。例壬申の年の功りをもて、大錦中の位を贈ふ〈紀・天武下〉❷大切に扱うこと。心配り。世話。例人の婿といふものは…本家のいたはりなどして立つるをこそは面白きことにはすれ〈宇津保・内侍のかみ〉❸恩恵。ねぎらい。心づけ。例乳母にも、ありがたうこまやかなる御いたはりのほど浅からず〈源氏・澪標〉❹丹念な造作。工夫。技巧。例何のいたはりもなく建てたる寝殿の〈源氏・松風〉❺病気。例いたはりあって、都にとどまりぬ〈平家・九・木曾最期〉

いたは・る

【労る】動(ラ四)(「いたし(痛し)」と同根)❶心身を痛める。骨を折る。苦労する。例望はくは死りてのちに、人を労らしむることなかれ(=どうか自分の死後に、人を苦労させることがないように)〈紀・皇極〉読解生前に墓を造った理由。

❷心をこめて世話をする。大切にする。例つねの使ひよりは、この人よくいたはれ(=いつもの使者よりは、この人を十分心をこめて世話をせよ)〈伊勢・六九〉

❸めんどうをみる。役職の世話をする。例さもやいたはらまし、と大殿も思いたるを(=そのように世話してやろうかと大臣殿もお思いになったのを)〈源氏・少女〉読解ある人から、自分の娘を典侍にしていただきたいと願いがあった。

❹病気を治療する。介抱する。養生する。例(ソノ馬ハ酷使シタノデ)しばらくいたはらせ候はんとて、田舎へつかはして候ふ(=当分の間養生させましょうと思って、田舎に送っております)〈平家・四・競〉

❺病気になる。例日ごろいたはるところ侍りて、院にも内にも参りはべらぬ(=このところ病気にかかっておりまして、院にも内裏にも参上しておりません)〈宇津保・国譲下〉

語誌 ②③は、主に目下の人や弱者に対する心配りをいう。〈鈴木宏子〉

いた-びさし【板庇】 名 板で作った庇。例人住まぬ不破の関屋の板びさし荒れにしのちはただ秋の風〈新古今・雑中〉➡名歌304

いた-ぶき【板葺き】 名 板で屋根を葺くこと。また、その屋根。例はかなき(=簡単な)板葺きなりしなどは骨のみわづかに残りて〈源氏・蓬生〉

いた-ぶ・る【甚振る】 動(ラ四) ❶〔「いた」は、はなはだしい意〕激しく揺れる。揺らす。例風をいたみ(=風が激しいので)いたぶる波の間なく〈万葉・一一・二七三六〉 ❷金品をせびる。ゆすり取る。例伯父御でもいたぶらねえきゃあ、(金ノ)出所がねえはな〈滑稽本・浮世風呂・三上〉

いた-ま【板間】 名 板葺き屋根の板と板とのすきま。例板間あらみ(=板と板とのすきまが広いので)降る春雨の 漏りやしぬらむ〈古今・雑体〉

いたま・し【痛まし・悼まし・傷まし】 形(シク)〔動詞「いたむ」の形容詞形〕❶心が痛む。かわいそうだ。例(生キ物ニ)苦しみを与へ、命を奪はん事、いかでかいたましからざらん(=どうしてかわいそうでないだろうか)〈徒然・一二八〉 読解「いかでか」は反語の意を表す。
❷苦しい。困る。例(酒ヲ勧メラレテ)いたましう〈音便形〉するものから(=困ったような様子をするものの)〈徒然・一〉〈木村博〉

いた・む【痛む・悼む・傷む】〔「いたし(痛し)」と同根〕 1動(マ四) ❶体に痛みを感じる。例いたみ泣き伏せれば(=体に痛みを感じて泣き伏していると)〈記・上・神代〉 読解 因幡の白兎の話。
❷心に苦痛を感じる。悲しむ。例一事を必ずなさんと思はば、他の事の破るるをもいたむべからず(=一つの事を必ず成し遂げようと思うならば、他の事がだめになるのを悲しんではいけない)〈徒然・一八八〉
❸迷惑がる。例(酒ヲ勧メラレテ)いたういたむ人の、しひられて少し飲みたるも、いとよし(=たいそう迷惑がる人が、強要されて少々飲んでいるのも、とてもよい)〈徒然・一七五〉
2動(マ下二) ❶痛めつける。傷つける。例生ける物を殺し、痛め〈徒然・一二八〉
❷苦痛を感じさせる。悲しませる。例足手をはさみ(=手足を動かせないようにして)、さまざまにいため〈平家・二・西光被斬〉〈木村博〉

いため-がは【撓め革】 ガワ 名 膠を溶いた水に浸したあと、鉄鎚で打ち固めた革。鎧の札などに用いる。例その(=楯の)面にいため革を当てて、たやすくうち破られぬやうにこしらへて〈太平記・三〉

いため-じほ【炒め塩】 ジオ 名 焼き塩。例炒め塩。衵。帷子〈枕・一本・文字に書きてあるやうあらめど〉 読解 なぜその漢字を用いて表記するのかわからないものを列挙する段。

いた-も【甚も】 副《上代語》〔副詞「いた」＋係助詞「も」〕とても。はなはだしく。多く「いたもすべなし」の形で用いる。例君に恋ひいたもすべなみ(=ひどくしかたがないので)奈良山の小松が下に立ち嘆くかも〈万葉・四・五九三〉➡名歌140

いた-や【板家・板屋】 名 屋根を板で葺いた粗末な家。また、その屋根。例隈なき月影、隙(=すきま)多かる板屋残りなく漏り来て〈源氏・夕顔〉

いたり【至り】 名 ❶届いている程度。特に、思慮・学問などの深さにいう。例いみじういたりありける人にて〈大鏡・伊尹〉 ❷〔「〜のいたり」の形で〕きわみ。極限。例短慮のいたり、きはめて荒涼の事(=ぶしつけなこと)なれども〈徒然・二一九〉

いたり-ぜんさく【至り穿鑿】 名《近世語》「いたりせんさく」とも。粋、あるいはぜいたくの限りを尽くすこと。例男女の衣類品々の美をつくし…格別世界に(=この世のものとは思えないほど)いたりぜんさく〈西鶴・日本永代蔵・一・四〉

いたり-て【至りて】 副 この上なく。きわめて。例至りて愚かなる人は、たまたま賢なる人を見て、これを憎む〈徒然・八五〉

いたり-ふか・し【至り深し】 形(ク) ❶思慮深い。配慮が行き届いている。例世に住まふべき心おきて(=心構え)を思ひめぐらさむ方もいたり深く〈源氏・帚木〉 ❷学問などの造詣が深い。また、趣が深い。例言の葉、筆づかひなどは、人よりことになまめかしくいたり深う〈音便形〉見えたり〈源氏・須磨〉

いた・る【至る】 動(ラ四)〔「いたす」の自動詞形〕❶ある場所に達する。到着する。例ゆきゆきて(=だんだんと進んで行って)駿河の国にいたりぬ〈伊勢・九〉
❷ある時点に達する。ある時節になる。例冬に至れば霜置けども その葉も枯れず(=冬になると霜が降りるけれどもその葉も枯れない)〈万葉・一八・四一一一〉
❸ある地位に達する。ある身分になる。例太子生まれさせたまひて、天子にいたらせたまふべし(=男子がお生まれになって、天皇におなりになるにちがいない)〈十訓抄・一・二二〉
❹こちらへ来る。例よき事行へば福いたり〈三宝絵・中・一〉
❺ある程度に達する。ある範囲に及ぶ。例(a)至らぬ隈なき心ばへを〈狭衣・三〉 読解 好色な大将について。女性については、隅々まで思いが及ばないことはない性質であるという。例(b)四大種のなかに、水・火・風はつねに害をなせど、大地にいたりては異なる変をなさず(=四大種の中で、水・火・風はいつも災害を起こすが、大地だけは異変を起こさない)〈方丈記〉
❻この上ないところまで達する。極まる。すぐれる。例能因はいたれるすきものにてありければ(=能因はこの上もない風流人であったので)〈著聞集・五・一七一〉

語誌「〜に至るまで」の形で用いられるのは訓読語で、全体が和文の「まで」と同じ意味になる。〈奥村悦三〉

いたわし【労し】 ⇩いたはし

いたわる【労る】 ⇩いたはる

いた-ゐ【板井】 イ 名 周囲を板で囲った井戸。例わ

が門の**板井**の清水里遠み(=里が遠いので)人し汲まねば水草生ひにけり〈古今・神遊びの歌〉

いち-【逸】 接頭 体言や用言について、神威が盛んである、はなはだしい、すぐれている、の意を添える。「逸早し」「逸物」など。

いち

【市】 名 ❶**人が多く集まって物品の交換や売買を行う場所。** 例(a)西の**市**にただひとり出でて目並べず買ひてし絹の(=西の市場にただ一人出かけてほかの品とよく見比べないで買ってしまった絹の)〈万葉・七・一二六四〉例(b)自らが家をこぼちて、**市**に出でて売る(=自分の家を壊して、市場に出かけて売る)〈方丈記〉読解 飢饉のときのありさま。
❷**人が多く集まる場所。町。** 市井。例**市**の中に住して諸々の仏事をすすめたまふによりて、**市の聖**とも聞こゆ(=町なかに住んで多くの仏事をお説きになることによって、町なかの聖とも評判になる)〈発心集・七・一〉読解 町なかに住んで仏教を説き、「市の上人」「市の聖」と呼ばれた空也の話。

語誌 ▼**神聖な場所** 古代社会での市は、神が寄り来る神聖な場所として位置づけられ、小高い所や大木のある所などに置かれた。高市・海柘榴市などの名はそれを示している。物品の交易の場であるとともに、祭祀・歌垣などが行われもした。『日本書紀』武烈紀の、一人の女性を二人の男性が争う海柘榴市の歌垣が有名。市における歌垣の習俗は、市の中で出逢った女性への恋という形で万葉和歌に詠まれた。
▼**いろいろの市** 藤原京以降は東西の市が設けられ、平安時代以降は、寺社の門前、港、中州、河原などに市ができた。市の開かれる日は、辰市・酉市などの干支の日、三斎市・六斎市などの斎日、三日市・六日市など定期的に行われる市などがあったが、やがて常設の店ができるようになった。〈馬場光子〉

いち

【一】 1 名 ❶**数の名。ひとつ。** 例一二の目のみにはあらず五六三四さへありけり双六の頭〈万葉・一六・三八二七〉読解 人の眼は二つだけなのに、さいころの目は六まであると戯れた歌。
❷**順序・序列の第一。** 例(a)すべて、人に一に思はれずは何にかはせん…二三にては死ぬともあらじ(=万事、人には一番に思われないではどうしようか…二番目か三番目に思われるなんて、死んでもいやだ)〈枕・御かたがた、君たち〉読解「何にかはせん」の「かは」は反語の意を表す。例(b)一の皇子は右大臣の女御の御腹にて(=第一皇子は右大臣家出身の女御から生まれた御方で)〈源氏・桐壺〉
❸**最高・最上の人や物。第一人者。** 例ただ今の琵琶の一は、良少将こそはべめれ(=現在の琵琶の第一人者は、良少将であるようです)〈宇津保・内侍のかみ〉
2 副「いっち」とも。**最も。いちばん。** 例この画中においての(=この絵の中で)、どこが**いち**面白いぞ〈四河入海・一一・一〉

語誌 ▼「**一の〜**」 1②③の意では、格助詞「の」のついた「一+の+名詞」の形で用いることも多く、一語化した名詞とみなしてよいものもある。
▼「**一**」と「**壱**」 古文書などで、数字を壱(一)・弐(二)・参(三)・肆(四)・伍(五)・陸(六)・漆(七)・捌(八)・玖(九)・拾(十)・佰(百)・仟(千)などと画数の多い字(これを大字という)で表記してあるのは、数字の改竄を防ぐためで、中国で古くから行われ、日本でも公式令に定められた古来の慣習である。〈藤原克己〉

い-ぢ【意地】 名〔本来は仏教語。意識の存在する所の意〕❶**気立て。性格。** 例**意地**の悪い事をなされた〈狂言・杭か人か〉❷**自分の主張を押し通そうとする心。** 例もう、かやうなっちゃあ武士の**意地**〈滑稽本・七偏人・三下〉❸**連歌で、作句の本質をつかんだ心の作用。**

いち-あし【逸足】 名 馬などの早足。「逸足出だす」の形で、馬を早足で駆けさせる意に用いることが多い。例**逸足**を出だしてぞ逃げたりける〈太平記・八〉

いち-いち【一一】 1 名 ❶**ひとつひとつ。** 例宮たちの御誦経など、一々に誓ひ申したまふ〈栄花・音楽〉
❷**ひとりひとり。それぞれ。** 例一々の懇志(=誠意のある志)を納受したまへ〈平家・二・康頼祝言〉 2 副 **すべて。残らず。** 例事の根源、一々しだいに(=順々に)申しければ〈平家・四・信連〉

いち-う【一宇】 名〔「宇」は軒の意〕**一軒の家。一棟の建物。** 例ただ一宇、その事を免るによりて〈宇治拾遺・六七〉読解「その事」は疫病にかかること。

いち-えふ【一葉】 名 ❶**一枚の木の葉。** ❷**一艘の小舟。** 頼りない、不安、の意をこめていうことも多い。例一葉の舟に棹さして、万里の蒼海に浮かびたまふ〈平家・一〇・維盛入水〉

いちえふ-ばんり【一葉万里】 一艘の小舟で大海を渡ること。晩唐の詩人李商隠の「万里の風波一葉の舟」の句による。例**一葉万里**の舟の道、ただ一帆の風に任す〈謡曲・八島〉

いち-が【一河】 名 **一つの川。また、同じ川。** 例**一河**の流れ百瀬に流れて〈海道記〉

【一河の流れを汲む】 見知らぬ人どうしが同じ河の流れを汲みあうようなちょっとした人間関係も、前世からの因縁であるということ。例**一河の流れを汲む**も皆これ他生の契りなり〈義経記・二〉

市川団十郎 《人名》歌舞伎役者。屋号成田屋。元禄期の初世から代々江戸を代表する役者の名として現在の十二世に引き継がれている。**【初世】**一六六〇〜一七〇四(万治三〜宝永元)。荒事の創始者。三升屋兵庫の名で作者も兼ねた。**【二世】**一六八八〜一七五八(元禄元〜宝暦八)。初世の子。荒事に加え和事にもすぐれて芸風を広げ、江戸を代表する役者の地位を築く。**【四世】**一七一一〜一七七八(正徳元〜安永七)。幅広い芸域と人望で劇界の重鎮となり、江戸の「親玉」と呼ばれた。**【五世】**一七四一〜一八〇六(寛保元〜文化三)。四世の子。江戸っ子に絶大な人気を得る。文壇との交流もある文化人であった。**【七世】**一七九一〜一八五九(寛政三〜安政六)。五世の孫。歌舞伎十八番を制定、近代以降の団十郎家発展の基礎を作った。

いち-ぎ【一義】 名 **一つの道理。一通りの意味。** 一説。例その説まちまちなりといへども、しばらく記するところの一**義**によらば〈謡曲・白髭〉

いち-ぎ【一議】 名 ❶**一度の評議。** 例**一議**にも及ばず「皆御定に従ふべし」とぞ申しける〈太平記・一〇〉❷

一つの意見。異論。例いかでか存ずる旨を一議申さざるべき〈古活字本平治・上〉

いち-ぐ【一具】 名 ひとそろい。ひと組。例物を必ず一具に調へんとするは〈徒然・八二〉

いち-ぐら【肆】 名〔「市座」の意〕「いちくら」とも。市で商品を並べて置く場所。売買や交換をする場所。例肆の辺に水をうしなふ枯魚(=魚の干物)のごとし〈平家・七・聖主臨幸〉

いちげ-あんご【一夏安居】『仏教語』一夏、九十日間修する安居。例一夏安居の仏前もなければ、供花の薫りも絶えにけり〈源平盛衰記・一六〉

いち-げん【一見】 名❶初めて会うこと。初対面。例一見になれなれしきことながら〈近松・心中万年草・上〉❷遊里で、客と遊女が初めて会うこと。また、その客。

いち-ご

【一期】 名❶**一生**。また、**一生が終わること**。例(a)建久二年きさらぎの中旬に、一期つひにおはらせたまひぬ(=一生がとうとう終わりなさった)〈平家・灌頂・女院死去〉例(b)このころ一期の芸能の定まる初めなり(=このころは一生の芸の基本が確定する初期段階である)〈風姿花伝・一〉

読解「このころ」は二十四、五歳をさす。

❷(「一期の」の形で)**一生に一度しかないような**。例この人一期の高名とおぼえし事は(=この人の一生に一度しかないような手柄と思われた事は)〈平家・四・鵼〉

語誌「一期の浮沈(=一生の大事、運命の分かれ目)」「一期と思ふ(=一生離れまいと思う)」「一期一会(一生のうちたった一度の出会い)」などの熟語的表現でも用いられる。〈剣持雄二〉

いち-こつ【壱越】 名 雅楽の十二律の第一音。

いちこつ-でう【壱越調】 名「いちこちでう」とも。雅楽の十二律の第一音の壱越を主音とした音階。

いちごふ-しょかん【一業所感】『仏教語』前世で業を同じくした人々が、現世で同じ報いを受けること。例いかなる一業所感にか、かかる乱世に生まれ逢うて〈太平記・三一〉

いちご-まつだい【一期末代】 名 この世では一生涯、未来は永劫まで。永久に。例一期末代所帯が専ぢゃぞや(=家庭が第一だぞ)〈狂言記・釣女〉

一言芳談 『作品名』中世の法語集。二巻。編者未詳。鎌倉末期の成立か。法然の影響を受けた念仏僧の言行を書き留めたもの。『徒然草』などに影響を与える。

いち-ざ【一座】 名❶第一の上席。首座。例諸僧、一座より次第に鉢を飛ばせて、物を受く〈宇治拾遺・一七二〉❷同じ席に連なること。同席。同座。例近日一座いたしたい〈近松・冥途の飛脚・上〉❸同席のすべての人。満座。例一座の懐紙などは見えず〈連理秘抄〉❹説法・講談などの一回の集まり。例大日本一番の大仏の御供養に、一座の御説法はすげなき(=そっけない)御事にこそ候はんずれ〈御伽草子・大仏供養物語〉❺連歌や俳諧を興行すること。また、そこでできた作品。例一座を張行せん(=開催しよう)と思はば、まづ時分を選び眺望を尋ぬべし〈連理秘抄〉❻演劇・芸能を興行するときの集団。

いちし 名 植物の名。タデ科の羊蹄か。草イチゴ・エゴノキなどとも。例道の辺のいちしの花の〈万葉・一一・二四八〇〉

いち-じ【一字】 名❶一つの文字。仏教で特に「阿」字をいうことがある。❷主君などが目下や臣下に与える、自分の諱の一字。例二人共に出家して(=出家しても)、おのおの名乗りの一字を替へず〈延慶本平家・一本〉❸(一文銭の表面に四つの文字が刻まれていることから)一文の四分の一。二分五厘。例一銭一字損かけまじ〈近松・冥途の飛脚・上〉

いち-じ【一時】 名副❶当世。例馬総(=人名)は一時の大才なり〈性霊集・序〉❷あるとき。例一時、仏…沙羅双樹の間にましましき〈閑居友・上・一〇〉❸短い時間。例一日の中、一時の中にも、あまたの事の来たらんなかに〈徒然・一八八〉❹かりそめ。一時的。例功名一時の叢となる〈芭蕉・奥の細道〉

いちじ-さんらい【一字三礼】『仏教語』写経のとき、経文を一字書くごとに三度仏を礼拝すること。例御手づから一字三礼の紺紙金泥の法華経をあそばされて(=お書きになって)〈太平記・三九〉

いちしち-にち【一七日】 名 七日間。多く物忌みや祈禱・修法などの期間の単位にいう。例霊運(=僧の名)、一七日食を断ちて〈今昔・七・六〉

いち-じゅ【一樹】 名 一本の木。例一村雨の過ぎ行くに、一樹の陰に立ちよって〈平家・三・少将都帰〉

【一樹の陰、一河の流れも他生の縁】 同じ木の陰に休んだり同じ川の水をくんだりするようなささいな人間関係も、みな前世からの因縁であるということ。

【一樹の陰に宿る】「いちじゅのかげ、いちがながれもたしゃうのえん」に同じ。例一樹のかげに宿りあひ、同じ流れをむすぶだに、別れは悲しきならひぞかし〈平家・一・祇王〉

いちじょう【一定】 ⇨いちぢゃう

いちじょう【一条】 ⇨いちでう

いち-じょう【一乗】 名『仏教語』〔「乗」は乗り物。世のすべてを悟りに運ぶという比喩〕すべての衆生を成仏させる唯一の教え。法華経を尊ぶ天台宗で強調される。例如来の金言一乗の妙文なれば〈平家・七・主上都落〉

いち-しる・し【著し】 形(ク)〔「いち」は甚だしい、「しるし」は明白・顕著、の意。中世末期以降「いちじるし」〕❶明らかに表れている。はっきりしている。例いちしるき罪には当たらずとも〈源氏・若菜下〉❷感情をむき出しにする性質である。例入道(=平清盛)もとよりいちじるき人にて〈源平盛衰記・三〉

語誌 中世末期にはシク活用の例が見られるようになり、近世にはシク活用が一般化する。

いち-しろ・し【著し】 形(ク)〔「いちしるし」の古形〕❶明らかに表れている。はっきりしている。例旅にして妹を思ひ出でいちしろく人の知るべく嘆きせむかも〈万葉・一五・三一三三〉

読解 恋していることを、人がはっきり知ってしまうほど態度に出してしまうだろうか、の意。

❷(打消の語を伴って)たいして(〜ない)。

例 **いちしろく**時雨の雨は降らなくに(=降らないのに)〈万葉・一〇・二二九七〉

いち-じん【一人】 名〔天下にただ一人の意〕天皇。天子。例いかなる年月にて一人海底に沈み、百官波の上にうかぶらん〈平家・一一・内侍所都入〉

いち-だい【一代】 名❶人の一生。生涯。例一代の大事ここなり〈西鶴・好色一代男・六・六〉❷国を治めている期間。家督を継いでいる間。例わづかにその身一代のさいはひにて〈平家・一〇・千手前〉

いち-だいじ【一大事】 名❶《仏教語》仏がこの世に出現する目的となった事柄。転じて、悟りを開くこと。例この出現、すなわち一大事なるがゆゑに〈正法眼蔵・法華転法華〉❷重要な事柄。容易ならない事件。例命は養生の一大事なるに(=養生が重要な事柄なのに)〈西鶴・日本永代蔵・三・四〉

いちだい-ぶんげん【一代分限】 名一代だけで財産を築いた金持ち。例これらは格別の一代分限、親より譲りなくてはすぐれて富貴にはなりがたし〈西鶴・日本永代蔵・六・二〉

いちだい-をとこ【一代男】ーオトコ 名定まった妻も後継ぎの子もない、自分一代だけの男性。例たまたま一代男に生まれての、それこそ願ひの道なれ〈西鶴・好色一代男・八・五〉

いちだい-をんな【一代女】ーオンナ 名夫も子どももない、自分一代限りの女性。例我は一代女なれば何をか隠して益なし〈西鶴・好色一代女・六・四〉

いち-だう【一道】ードウ 名❶一本の道。一つの芸道。一芸。専門。例一道にもまことに長じぬる人は、みづから明らかにその非を知るゆゑに〈徒然・一六七〉❷《仏教語》悟りに至るためのただ一つの道。

いち-だん【一段】 1名ひと区切り。2名副❶ひときわ。格別。いっそう。例それは一段めでたい事でござる〈狂言・鐘の音〉❷ひときわよいこと。また、そのさま。例今日は一段の日和にては候はぬか〈謡曲・舟弁慶〉

いち-だんな【一旦那】 名❶寺の信徒のなかで最有力の檀家。例一旦那のひとり子、金銀を使ひ過ごし〈西鶴・世間胸算用・五・三〉❷一番の得意客。例あの客は私方の一旦那、大印子あり(=大金持ち)にて〈浮世草子・好色万金丹・三・三〉

いち-ぢゃう【一定】ージョウ 1名形動(ナリ)決まっていること。確実なこと。例往生は、一定と思へば一定、不定(=決まっていないこと)と思へば不定なり〈徒然・三九〉2副きっと。確かに。例一定(ソノ人ノ)子とも聞こえぬ(=思えない)人ありけり〈宇治拾遺・七七〉

いち-ぢん【一陣】ージン 名❶第一の陣。先鋒。例一陣より五陣まで兼ねて約束したりければ〈平家・八・室山〉❷敵陣へ一番に攻め込むこと。先陣。先駆け。例敵をも攻めに御くだり候はば、一陣にこそ候べけれども〈平家・一〇・三日平氏〉❸風や雨がひとしきり吹いたり降ったりすること。

いち-づ【一途】ーズ 名形動(ナリ)一筋。また、ひたむきなさま。例評定一途に定まって〈太平記・二〉

いち-でう【一条】ージョウ 名❶線など細長いものの一筋。❷箇条書きの一か条。ひとくだり。❸同じ道理。一連の関係。例可・不可は一条なり〈徒然・三八〉

一条大路イチジョウオオジ 名都城の北端の東西の通り。平安京では、賀茂の祭りの見物の桟敷が設けられた。例賀茂の祭りの日…一条大路を大宮より河原まで〈宇治拾遺・一四四〉

一条兼良イチジョウカネヨシ《人名》名は「かねら」とも。一四〇二〜一四八一(応永九〜文明一三)。室町時代の公卿で、学者・歌人。摂政・関白を務める。当代きっての碩学で、『源氏物語』の注釈書『花鳥余情』などの古典注釈を著す。有職故実の著作も多い。二条良基の孫にあたり、連歌にもすぐれる。

一条天皇イチジョウテンノウ《人名》九八〇〜一〇一一(天元三〜寛弘八)。平安中期の天皇。円融天皇の第一皇子。母は藤原兼家の娘で道長の姉の詮子。二人の后定子・彰子にはそれぞれ清少納言・紫式部などの才女が仕え、また藤原公任らが活躍するなど、その治世は摂関政治の全盛期で、宮廷文化も頂点を極めた。

一条院イチジョウイン 名平安時代の仮の皇居(里内裏・今内裏)の一つ。もと一条摂政藤原伊尹の邸宅で、のちに一条天皇の母東三条院詮子が入手した。長保元年(九九九)六月十四日の内裏火災により、一条天皇は十六日にここに移り、翌二年十月十一日新造の内裏に戻るまでこの邸を里内裏とした。

いちどう-に【一同に】 副いっしょに。いっぺんに。そろって。例すべて堂上・堂下一同にあっと悦びあへる声〈平家・三・御産〉

いち-なん【一男】 名長男。例これ、九条殿の一男におはします〈大鏡・伊尹〉

いち-にち【一日】 名一昼夜。ごくわずかな時間をいうのにも用いる。例(新シイ都へ)一日なりとも疾く(=早く)移ろはむと励み〈方丈記〉

いちにち-ぎゃう【一日経】ーギョウ 名経典一部を一日のうちに書写すること。特に法華経が多い。例手負ひの(=負傷者が)ただいまおちいるに(=死んだので)、一日経書いてとぶらへ〈平家・一一・嗣信最期〉

いちにち-へんし【一日片時】 名ほんのしばらくの間。ちょっとの間。例一日片時も心安く暮らすべき方もなくて〈義経記・六〉

いち-にょ【一如】 名《仏教語》(「一」は不二で絶対、「如」は不異の意)真理の根本が平等で唯一絶対なこと。例邪正おのづから一如なり〈源平盛衰記・九〉

いち-にん【一人】 名❶ひとりの人。例その儀ならば一人ももらさず討てや〈平家・九・六ケ度軍〉❷第一人者。例一人の才覚者といはれ〈西鶴・日本永代蔵・二・三〉 語誌 「上一人」は天皇。なお、「一の人」は摂政・関白や太政大臣をさす。

いちにん-たうぜん【一人当千】ートウゼン 一人で千人にも相当する力や勇気をもっていること。一騎当千。例あっぱれ剛の者かな。これをこそ一人当千の兵ともいふべけれ〈平家・八・妹尾最期〉

いち-ねん【一念】 名❶ひたすらに思い詰めること。いちずな思い。例いまはのとぢめ(=臨終のとき)に、一念の恨めしきにも〈源氏・横笛〉❷《仏教語》ごく短い時間。一瞬。例ただ今の一念、むなしく過ぐる事を惜しむべし〈徒然・一〇八〉❸《仏教語》一瞬の思い。

例何ぞ、ただ今の一念において、ただちにする事のはなはだ難き〈徒然・九二〉❹《仏教語》心の中で一度念仏を唱えること。例一念といふとも必ず(阿弥陀仏ハ)感応す〈和漢朗詠集・下・仏事〉

いちねん‐さんぜん【一念三千】《仏教語》(「三千」は全宇宙の意)人の日常におけるほんの一瞬の思いの中にも、全宇宙の姿が含まれているということ。天台宗の重要な教義。

いちねん‐じふねん【一念十念】‐ジュウネン《仏教語》一回の念仏と十回の念仏。一回の念仏でも十回の念仏でも回数に関係なく、等しく極楽浄土に往生できるという浄土宗の教え。例功徳少なければとて望みを断つべからず。一念十念の心を致せば来迎す(=極楽へ導かれる)〈平家・一〇・戒文〉

いちねん‐ほっき【一念発起】《仏教語》❶仏を信じる心をいだくこと。例一念発起する時、金剛の(=金剛石のように堅固な)信心を賜はりぬれば〈歎異抄〉❷今までの迷いから覚めて、善心を起こすこと。それまでの考えを改めて、熱心に行うこと。例徳兵衛一念発起して〈近松・心中重井筒・上〉

いち‐の【一の】連体❶最初の。一番目の。例一の御車は唐車なり。それにつづきてぞ尼の車〈枕・関白殿、二月二十一日に〉❷最高の。例除目にその年の一の国得たる人〈枕・したり顔なるもの〉

いち‐の‐かみ【市正】名令制で、市司の長官。正六位上相当。東西の両市にそれぞれ置かれた。

いち‐の‐かみ【一の上】名左大臣の別称。第一の公卿の意か。例(太政大臣ハ)めづらしげなし。一の上にて止みなん(=終わりにしよう)〈徒然・八三〉

いち‐の‐きさき【一の后】名皇后の別称。第一の后の意。例一の后の父、一の大臣、おそろしき人なり〈浜松中納言・一〉

いち‐の‐ざえ【一の才】名最も得意とする技芸・学芸。例琴弾かせたまふ(=お弾きになる)事なん一の才にて〈源氏・絵合〉

いちのたに【一の谷】名摂津国と播磨国の境に位置する古戦場。今の神戸市須磨区。源義経・範頼軍に平家軍が大敗した。例西は一の谷を城郭に構へ、東は生田の森を大手(=正面)の木戸口とぞさだめける〈平家・九・樋口被討罰〉

一谷嫩軍記(いちのたにふたばぐんき)《作品名》浄瑠璃。時代物。五段。並木宗輔・浅田一鳥・並木正三らの合作。宝暦元年(一七五一)初演。『平家物語』に取材した作。平敦盛の身代わりとして我が子を殺した後出家した熊谷直実を描く「熊谷陣屋」が有名。

いち‐の‐つかさ【市司】名令制で、市をつかさどる役所。平安京の東市と西市のそれぞれに置かれ、財貨の交易・物の真偽・度量の軽重などを監督する。

いち‐の‐ところ【一の所】名「いちのひと」に同じ。例世の一の所におはしませば、いみじうめでたきうちに〈栄花・花山尋ぬる中納言〉

いち‐の‐ひと【一の人】名一番すぐれた人。第一の権力者。特に、摂政・関白の称。例この前の帥殿は時の一の人の御孫にて〈大鏡・頼忠〉

いち‐の‐ふで【一の筆】名❶戦陣で一番首を取ったことを首帳(=討ち取った首と、その手柄を立てた武士の名を記す帳簿)の最初に記入されること。第一の戦功となる。例その日の高名(=手柄)の一の筆にぞ付きにける〈平家・九・越中前司最期〉❷最初に書くこと。転じて、最初。筆頭。

いち‐の‐みこ【一の御子・一の皇子】名第一番目の皇子。「一の宮」とも。例一の御子は、右大臣の女御の御腹にて、寄せ重く(=後見もしっかりしていて)〈源氏・桐壺〉

いち‐の‐みや【一の宮】名❶第一番目の皇子。「一の御子」とも。例一の宮を見たてまつらせたまふにも〈源氏・桐壺〉❷諸国で、第一位の格を有する神社。例周防の国の一の宮に、玉祖の大明神と申す神在します〈今昔・一七・三三〉

いち‐の‐や【一の矢】名最初に射る矢。弓を射るとき、手に矢を二本持つが、先に射る矢。例一の矢を射損じて、二の矢をつがふところを〈古活字本保元・中〉

いち‐の‐ゐん【一の院】‐イン名同時に二人以上の院(上皇または法皇)がいるとき、最初に院となった人を区別していう称。一院。例内裏・春宮・一の院・后の宮、次々の御ゆかり〈源氏・若菜上〉

いち‐ばい【一倍】1名動(サ変)ある数量にそれと同じ数量を加えること。また、その数量。例一年を経たるに、借れる所の銭一倍しぬ〈今昔・一四・三八〉2副いっそう。例(自分ノ悪事ヲ)人に言はれじ悟られじと、一倍横柄にそらさぬ顔(=なにくわぬ顔)〈近松・女殺油地獄・下〉

いち‐はや・し

【いち早し】形(ク)「いち」は神威を表す「いつ(厳)」と同根。「はやし」は激しい意。神の威力が激しい、が原義。

❶神の威力が激しい。例熱田神いちはやくおはしまして…無礼をいたす者をば、やがてたちどころに罰せさせおはしましければ(=熱田の神は威力が激しくていらっしゃって…無礼をいたす者を、その場ですぐに神罰をお下しになったので)〈宇治拾遺・四六〉❷勢いが激しい。例昔人は、かくいちはやきみやびをなんしける(=昔の人は、このように激しい風雅をした)〈伊勢・一〉読解垣間見た女性に感動して歌を詠みかけたことについて、激しい情熱をこめた情趣を言動に現したとする。❸気性が激しい。いちずだ。例后の御心いちはやくて(=后の御心は激しくて)〈源氏・賢木〉❹進行が早い。速度が速い。例なほここにはいといちはやきここちすれば(=やはりこちらではひどく速すぎる気がするから)〈蜻蛉・下〉読解養女に求婚する男性が現れたが、話の進み方が速すぎると作者は感じる。〈吉野瑞恵〉

いち‐ばん【一番】1名❶一組。ひとつがい。一回。特に、歌合わせ・囲碁などの勝負にいう。❷能楽・狂言・謡い物・歌舞伎などの一曲。例舞もさだめてよかるらむ。一番見ばや〈平家・一・祇王〉❸最もすぐれたもの。例兵藤次秀遠は九国一番の勢兵にてありけるが〈平家・二・鶏合壇浦合戦〉❹最も早い順番。例一番に討ち死して、その名を末代に遺さんとぞ〈太平記・六〉❷副試みに。いちおう。ひとつ。例なんでも一番縫って見せる気で〈滑稽本・浮世床・三上〉

いちばん-て【一番手】名 戦陣で最初に敵に当たる軍勢。

いちひ【櫟・石櫧】名 植物の名。イチイガシ。材質が固く用途が広い。実はどんぐりに似て食用にする。例大きなる**櫟**の木に登りて〈今昔・二・一〉

いち-びと【市人】名 市で物を売る人。平安時代ごろまでは市司に服して特権的に売買する人をいい、中世以後は市で物を売る人一般をいう。例**市人**四よより(=四方から)集ひて〈出雲風土記〉

いち-ぶ【一分・一歩】名❶尺度の単位。一寸の十分の一。一割の十分の一。❷江戸時代の貨幣の単位。一両の四分の一。江戸の吉原では、中級女郎の揚げ代の基準の値ともなった。また、「一分金」「一分銀」の略。例ぐわらぐわら一**分**をまきちらし(=使いまくり)〈近松・曾根崎心中〉

いちぶ-きん【一分金・一歩金】名 江戸時代の金貨の一種。一両の四分の一。江戸では「小粒」とも。

いちぶ-ぎん【一分銀・一歩銀】名 江戸時代の銀貨の一種。一両の四分の一。

いちぶ-こばん【一分小判】名「いちぶきん」に同じ。例人の情けは一**歩**小**判**あるうちなり〈西鶴・好色五人女・一・一〉

いち-ぶつ【一仏】名《仏教語》❶一尊の仏。特に、阿弥陀如来。❷同一の仏。例石山寺を伏し拝み、これも清水の一**仏**と〈謡曲・田村〉

いちぶつ-じやうだう【一仏成道】《仏教語》「いちぶつ①」が悟りを開くことによって、人間や動物・草木に至るまで、その徳によって成仏できるという教え。例土砂、山河草木も、一**仏成道**の法味(=仏法の妙味)に引かれて〈謡曲・野守〉

市振の関(いちぶりのせき) 名 江戸時代、越中と越後の間の要所として、今の新潟県青海町に置かれた関所。例鼠の関をこゆれば、越後の地に歩行を改めて、越中の国**いちぶりの関**に到る〈芭蕉・奥の細道〉

いち-ぶん【一分】名❶その人自身。例三人もろともに(=いっしょに)したる事をも、おのれが一**ぶん**の手柄だてを言ひまはり〈仮名草子・可笑記・一〉❷面目。体面。例一**分**はすたった(=つぶれた)〈近松・曾根崎心中〉❸同様の身。同然の身。例我とは兄弟一**分**に申しかはせしに〈西鶴・好色一代男・三・三〉

いちぶん-みせ【一分見世・一分店】名 親方から独立して出した自分名義の店。例この弟子、おとなしくなりて(=成人して)、一**分見世**を出しけるに〈西鶴・日本永代蔵・一・三〉

いちまい-かんばん【一枚看板】名❶上方の歌舞伎で、劇場前に掲げる大きな看板。芝居の題名を書き、主要場面を絵で示す。江戸では「名題看板」という。例江戸の芝居太夫玉村主膳と、一**枚看板**に名を広め〈西鶴・男色大鑑・五・四〉❷(①に絵姿が描かれることから)一座の中心の役者。

いちまい-きしやう【一枚起請】名❶法然が臨終に際して浄土往生の奥義を書き遺したというもの。一枚誓文。一枚御消息。❷一枚だけの紙に書いた起請文。例吉野の名君上人の、一**枚起請**といふ物あり〈浮世草子・傾城禁短気・六・四〉

いち-まき【一巻】名 物事の一部始終。いっさい。すべて。例一**まき**は、語るも聞くもあはれなり〈近松・心中刃は氷の朔日・中〉

いち-まつ【市松】名❶「市松模様」の略。例**市松**に見ゆる田の面の早稲晩稲〈柳多留・七四〉❷(男の子の名に多かったことから)男の子の通称。

いちまつ-もやう【市松模様】名 碁盤縞の四角形を一つ違いに色を変えた模様。歌舞伎役者の佐野川市松が舞台で用いたことからという。

市松模様〔高田装束研究所〕

いち-み【一身・一味】❶名《仏教語》仏の教えは、いつでもどこでも平等で無差別であること。例すでに(=すべて)一**味**なるがゆゑに三宝なり〈正法眼蔵・発菩提心〉❷名動(サ変)仲間になること。味方すること。例そもそも北嶺は、円宗一**味**の学地(=学問の地)〈平家・四・山門牒状〉

いちみ-どうしん【一味同心】同じ目的のもとに心を一つにして力を合わせること。例一**味同心**に僉議して(=討論して)〈平家・四・山門牒状〉

いちみ-の-あめ【一味の雨】《仏教語》国土・草木をあまねく潤す雨。仏の教えや慈悲が広く平等に行きわたることをたとえていう。例ものをのみ思ひの家を出でて降る一**味の雨**にぬれやしなまし(=ぬれてしまったらよいのに)〈和泉式部集〉

いち-め【市女】名 市で物を売る女性。例あやしき(=卑しい)**市女**・商人の中にて〈源氏・玉鬘〉

市女〔直幹申文絵巻〕
京の市に店を構え、魚・草履・鰹節・薪などを商う女性。商品を桶に入れた物売りと何かやりとりをしている様子。

いちめ-がさ【市女笠】名 菅や檜の片木で編み、漆を塗った凸型の女笠。もと市女がかぶった。平安中期以後は女性の外出用となる。例いと若くはなき女房の気高げなる、**市女笠**を着て〈今

市女笠〔年中行事絵巻〕

昔・一六・一八〉

いち-めん【一面】 名❶両面あるものの片面。多くの方向の中の一方。例先(ま)づ上の牙(げ)(=歯)を取りて別に**一面**に置きて〈今昔・三・三五〉❷あたり一面。❸一面識。初対面。

いち-めん-に【一面に】 副 いっせいに。そろって。例甲(かぶと)の錣(しころ)をかたぶけ、太刀を抜いて**一面に**うってかかる〈平家・一一・能登殿最期〉

いち-もう【一毛】 名 一本の毛(け)。転じて、非常にわずかなもの。例**一毛**心に違(たが)へば、王侯といへどもこれを捕らへ〈平家・四・南都牒状〉

いち-もつ【一物】 名〔近世語〕❶胸に秘めたたくらみ。一計。もくろみ。例**一物**ありと知りながら、いやと言はば女房をすぐに戻さん〈浄瑠璃・仮名手本忠臣蔵・一〇〉❷例の物。あの物。例あらたに門人を引きつけては、かの**一物**を取り込みける〈黄表紙・高漫斉行脚日記・上〉読解 ここは謝礼の金品。

いち-もつ【逸物】 名「いちもち」とも。多くの中で特にすぐれているもの。人や馬・牛・犬・鷹(たか)などにいう。例据(す)ゑかうたる(=つないで飼っている)牛の**逸物**なるが〈平家・八・猫間〉

いち-もん【一文】 名❶一つの文字。一つの文章。例〈法華経(ほけきやう)ノ〉一**文**一偈(げ)を聞く人の 仏にならぬは一人なし〈梁塵秘抄・法文歌〉❷江戸時代、銭一個の称。一貫の千分の一。通貨の最小単位で、ごくわずかな金額や価値のないもののたとえにも用いる。例天満(てんま)祭りの明くる日も、銭が一**文**落ちてなし〈西鶴・世間胸算用・三・三〉

いち-もん【一門】 名❶同一の家系に属する一族。一家。例頼政(よりまさ)・光基(みつもと)など申す源氏どもにあざむかれて候はんは、誠に一**門**の恥辱でも候ふべし(=頼政や光基などといった源氏たちにだまされますようなことは、ほんとうに一族の恥にちがいありません)〈平家・一・殿下乗合〉❷同一の宗派や流派。また、そこに属する人の総称。例その後、一**門**の僧、相継ぎて居住して、修学今にたえずとなん(=そののち、同じ宗派の僧が、続いて住んで、学問を修めることは今に至るまでとぎれることがないということだ)〈著聞集・二・四一〉❸〔仏教語〕悟りに到達するための道や教え。例念仏の一**門**によりて(=念仏というただ一つの教えに従って)〈往生要集・序〉

〈近本謙介〉

いち-もんじ【一文字】 名❶一つの文字。例多くのものを書くといへども、仏法のかたには(=仏法に関係することでは)、一**文字**をも書かずしてやみにけり〈十訓抄・六・二七〉❷漢字の「一」の字。例朱砂(しゆ)にて一**文字**を土器(かはらけ)に書けり〈十訓抄・七・二一〉❸「一」の字のようにまっすぐなこと。まっしぐらなこと。多く「一文字に」の形で副詞的に用いる。例宇治河はやしといへども、一**文字**にざっと渡いて〈平家・九・宇治川先陣〉❹書画の掛け軸の表装で、書画の上下に横につける細い布きれ。綾(あや)・錦(にしき)・金襴(きんらん)などを用いる。❺「一文字笠(がさ)」の略。頂が「一」の字のように平たくなった編み笠。

いち-もん-ふつう【一文不通】 文字を一字も読み書きできないこと。例若くより武勇(ぶよう)の道を好みて一**文不通**なりけるが〈沙石集・一〇本・六〉

いち-や【一夜】 名❶ひと晩。例一**夜**のうちに塵灰(ぢんくわい)となりにき〈方丈記〉❷ある晩。先夜。例「一**夜**の狐(きつね)はいかに」など言ひければ〈今昔・二七・四一〉

いちやう【銀杏・公孫樹】(イチョウ) 名❶植物の名。イチョウ科の落葉高木。葉は扇形で、秋に黄色になる。種子(ギンナン)は食用。❷「銀杏頭(がしら)」の略。❸紋所の名。①の葉を図案化したもの。

いちやう-がしら【銀杏頭】(イチョウ) 名 江戸時代の男性の髷(まげ)の一種。結んだ毛先が銀杏(いちやう)の葉の形に広がったもの。

いちや-づけ【一夜漬け・一夜付け】 名 一晩で漬けた漬物。転じて、歌舞伎(かぶき)などで、世間で評判の事件などをすぐに脚色して上演すること。また、その芝居。

銀杏頭〔風俗図巻〕

いち-らふ【一臈・一臘】(ロウ) 名〔「臈」は「臘」の俗字。「臘」は年数の意。僧侶が夏安居(げあんご)を一回終えると法臘一歳〕❶〔仏教語〕年功を積んだ僧。例金峰山(みたけ)の別当(=寺の最高責任者)はかの山の一**臈**をなむ用ゐける(=任命した)〈今昔・二六・一八〉❷年功を積んだ人。最古参・最上席の人。例一**臈**の判官藤原康光いひけるは〈著聞集・一六・六三五〉

いち-り-づか【一里塚】 名 江戸時代、里程を知らせるために街道の一里ごとに設けた塚。塚の上には榎(えのき)あるいは松を植えて目印にする。例行く秋や道せばからぬ一**里塚**〈西鶴・俳諧大句数・一〉

いち-るい【一類】 名 同族。一門。同類。例平家の一**類**のみ繁昌(はんじやう)して〈平家・一・二代后〉

いちれん-たくしやう【一蓮托生】(タクショウ) ❶〔仏教語〕死後、極楽浄土で同じ一つの蓮(はす)の花の上に生まれ変わること。例未来は一**蓮托生**〈浮世草子・新色五巻書・四・五〉❷物事の善悪などにかかわらず、運命や行動をともにすること。例一**蓮託生**(いちれんたくしやう)の闇(やみ)のお同行とじゃれて〈近松・心中宵庚申・下〉

いち-ろく【一六】 名❶双六(すごろく)や博打(ばくち)で、二つの賽(さい)で一と六の目が出ること。❷毎月、一と六のつく日(一日・六日・十一日など)。江戸時代、この日は休日や稽古(けいこ)日であった。

いち-ゐん【一院】(イン) 名「いちのゐん」に同じ。

いち-ゑん【一円】(エン) ■1名 ある区画内の全体。■2副❶(打消の語を伴って)いっこうに(〜ない)。少しも(〜ない)。例一**円**に呑(の)みこまず(=理解せず)〈談義本・風来六部集・放屁論後編〉❷すべて。ことごとく。例ただ一**円**に人の物を取りたまひしも〈御伽草子・三人法師・上〉

いつ【厳・稜威】 名〔上代語〕❶威力があること。例また**厳**の竹鞆(たかとも)を取り佩(お)ばして(=また威力がある高々と音を発する鞆を身にお着けになって)〈記・上・神代〉❷神聖なこと。厳粛なこと。例**いつ**幣(ぬさ)の緒結び〈祝詞・出雲国造神賀詞〉語誌 ①は多く「いつの〜」の形で用いられ、単独に用いられるときには「御(み)いつ」となる。②は接頭語的用法。

いつ【何時】代 ❶**不定の時・時点を指示する。どの時。いつ。**例みかの原わきて流るる泉川(ここまで序詞)いつ見きとてか恋しかるらむ〈新古今・恋一〉➡名歌335
❷(「いつより」などの形で)いつも。**普段。**例**いつ**よりも、ことに今日は尊く覚えはべりつる(=普段よりも、特に今日は尊く思われましたよ)〈徒然・一三五〉
読解 説法を聞いた人々の言葉。〈井上博嗣〉

い・つ【凍つ・冱つ】動(タ下二) 凍る。例雪降りつもりつららいて(=氷が張って)〈平家・五・文覚荒行〉

伊豆 《地名》旧国名。今の静岡県東部伊豆半島と東京都の伊豆諸島。東海道十五か国の一つ。豆州。延喜式で下国・中国。古来流刑の地とされ、源頼朝も配流された。

い・づ【出づ】 1動(ダ下二) ❶**家などから外へ出る。出発する。**例住む館より出でて、船に乗るべき所へ渡る(=住んでいる官舎から出て、船に乗ることになっている所に行く)〈土佐〉
❷**見える場所に姿を現す。出て来る。**例(深夜カラ)暁かけて月出づるころなれば(=未明にかけて月が出る時期なので)〈源氏・須磨〉読解 月の下旬、二十四、五日ごろの月である。
❸**突き出る。**例雄島が磯は(陸カラ)地つづきて海に出でたる島なり(=地続きで海に突き出ている島である)〈芭蕉・奥の細道〉
❹**超越する。逃れ出る。**例ひとへにこのたび生死の境を出でなんと思ひとりたる聖人に候ふ(=一途にこの度生死輪廻の境を必ず超越しようと決心している聖人でございます)〈宇治拾遺・六〉
❺**表面に現す。出す。**例思ふには忍ぶることぞ負けにける色にはいでじと思ひしものを(=あの人を思う心には耐えることのほうが負けてしまったよ、表面には現すまいと思っていたのに)〈古今・恋一〉
2補動(ダ下二) 動詞の連用形につく。❶**姿を現す意や表面に出す意を添える。**例春日野は雪のみ積むと見しかども生ひいづるものは若菜なりけり(=春日野は雪だけが積もっていると見ていたが、生え出てくるものは若菜であったよ)〈後拾遺・春上〉
❷**〜しはじめる。**例咲きいづる八重山吹の〈玉葉集・春下〉
語誌 のちに語頭の「い」が脱落し、下一段化したのが現代語の自動詞「でる(出る)」である。古語では1①〜③のように自動詞として、ある範囲から外に出る意のほか、そうなるように仕向ける意で、1⑤のように他動詞的にも用いられた。〈山口堯二〉

いつ-か【五日】名 ❶日数を五つ経ること。五日目。
❷月の五日目。特に、陰暦五月五日の端午の節句の日。例あやめ草根にあらはるる今日こそはいつかと待ちしかひもありけれ〈蜻蛉・下〉読解 いつになったら、の意と「五日」を掛ける。

いつ-か【何時か】副〔「か」は係助詞〕❶疑問の意を表す。㋐不定の未来のある時点をさす。事態の実現を待ち望む気持ちをこめて用いることが多い。いつ〜か。いつになったら。例わがやどの池の藤波咲きにけり山郭公いつか来鳴かむ〈古今・夏〉㋑不定の過去のある時点をさす。いつか。いつのまにか。例塩竈にいつか来にけむ朝なぎに釣する舟はここに寄らなん〈伊勢・八一〉
❷反語の意を表す。いつ〜か(いや、そんなことはない)。例みよし野のたのむの雁をいつか忘れん〈伊勢・一〇〉

いっかい-そうじゃう【一階僧正】名 決まった位階の順序を経ないで僧正に任じられること。また、その人。

いっ-かう【一向】副 1副 多く「一向に」「一向の」の形で用いる。❶**ひたすら一つのことに専念するさま。ひたすら。**いちずに。例ただ一向に念仏すべし(=ただひたすら念仏を唱えるのがよい)〈一枚起請文〉読解 極楽往生をするための手段をいう。
❷**異なるありようがまじらないさま。すべて。**もっぱら。例恣に我意に任せて悪事をするは、一向の悪人なり(=勝手気ままに自分の考えのままに悪事を行うのは、もっぱらの悪人である)〈随聞記・三〉
❸(打消の語を伴って)まったく(〜ない)。例一向前がくらうて見えぬぞ(=前が暗くてまったく見えないものだ)〈平家・八・妹尾最期〉
2形動(口語) まったくひどい。まるでだめだ。例これは一向だ。こんな櫛がつかはれるものか(=これはまるでだめだ。こんな櫛が使えるものか)〈滑稽本・浮世床・二下〉〈劔持雄二〉

いっかう-しゅう【一向宗】名 ひたすら(一向)に阿弥陀仏を念じることを宗旨とすることから、他宗よりつけられた浄土真宗の別称。

いっかう-せんじゅ【一向専修】《仏教語》ひたすら念仏に専念すること。一向専念。一向念仏。例一向専修に入りて念仏ばかりを信じつれば〈愚管抄・六〉

いっ-かく【一角】名(形が長方形であるところから)「一分金」の別称。例一角ばかりとらせて、酒などすすめければ〈西鶴・好色一代男・三・六〉

いつ-かし【厳樫・斎樫】名〔「いつ」は神聖な、の意〕神聖で清浄な樫の木。枝葉の繁茂しているりっぱな樫の木。例我が背子がい立たせりけむ(=お立ちになったという)厳樫がもと〈万葉・一・九〉

いつか・し【厳し】形(シク)〔動詞「いつく(斎く)」の形容詞形〕身を潔めて仕えたいほどいかめしくりっぱだ。例いつかしき御ありさまなり〈源氏・少女〉

いづ-かた【何方】代 不定称の指示代名詞。❶(方向・方面について)どのほう。どこ。どちら。例知らず、生まれ死ぬる人いづかたより来たりて、いづかたへか去る〈方丈記〉❷(事物について)どれ。❸(①から転じて、人をさして)どちら。どなた。例いづかたをも捨てじ〈徒然・一八八〉
類義 いつくし

いっ-かど【一廉】副 相当。かなり。例一かど御恩にあづからん〈近松・出世景清・三〉

いつか-の-せちゑ【五日の節会】名 陰暦五月五日に宮中で行われる節会。天皇が武徳殿で臣下に薬玉を与え、饗宴の後、騎射が行われる。

いつ-かは【何時かは】〔「かは」は係助詞〕❶疑問の

意を表す。いつ〜か。いつになったら。例よそながらだに、いつかは見んずる(＝見られるだろうか)〈源氏・手習〉❷反語の意を表す。いつ〜か(いや、そんなことはない)。例この折のきよらより、または、いつかはえばえしきついで(＝光栄な機会)のあらむ〈源氏・宿木〉 語誌 ②の意に用いられることが多い。

い-つが・る【い繋る】 動(ラ四)〔「い」は接頭語〕つながる。男女が体を接触させる。例さぶるその児に 紐の緒の(枕詞) い繋り合ひて〈万葉・一八・四一〇六〉

いつき【斎】 名 身を潔めて神に仕えること。また、その場所・人。斎宮または斎院。例賀茂のいつき(＝斎院)には、孫王(＝天皇の孫)のゐたまふ例多くもあらざりけれど〈源氏・賢木〉

い-つき【斎槻】 名〔「い」は接頭語〕神聖で清浄な槻の木。例百足らず(枕詞) 斎槻の枝に みづ枝さす秋のもみち葉〈万葉・一三・三二二三〉 類義 ゆつき

いっ-き【一揆】 名 ❶法則ややり方などを同じくすること。同一の原理。例前聖・後聖一揆にして〈太平記・一六〉❷心を一つにして団結すること。例この間一揆同心の大名三十余人〈太平記・三五〉❸血縁や地縁をもとにした武士の連合組織。例赤旗一揆・扇一揆・鈴付一揆、二千余騎を三所にひかへて〈太平記・二九〉❹室町後期以降、支配者への反抗を目的とした、農民や一向宗などの信徒の組織。また、その反抗の運動。

一休 《人名》一三九四〜一四八一(明徳五〜文明一三)。室町中期の僧。詩歌にすぐれ、『狂雲集』などがある。風狂・奇行でも知られ、江戸時代は『一休咄』などの書物に描かれ、とんち話の主人公として知られるようになった。

いっ-きく【一掬】 名 ひとすくい。例骨は…卵塔(＝墓)一掬の塵となりにけり〈太平記・三三〉

いっき-たうぜん【一騎当千】 —ウゼン 一騎で千騎の敵に当たるほどの勇者。『太平記』に見られる表現で、『平家物語』では「一人当千」。例一騎当千の武者とはこの人々をぞ申すべき〈太平記・一四〉

いつき-の-みこ【斎の皇女】 名 天皇の名代として、伊勢神宮・賀茂神社に仕えた独身の皇女。それぞれ、「斎宮」「斎院」とも。

いつき-の-みや【斎の宮】 名 ❶大嘗祭の悠紀・主基両神殿。例神楯を斎の宮の南北二門に立つ〈続紀・神亀元年十一月〉❷神を祭る所。特に、伊勢神宮。例渡会の(＝地名)の 斎の宮ゆ 神風に い吹き惑はし〈万葉・二・一九九〉❸斎院・斎宮の居所。また、斎院・斎宮。例昔、男、伊勢の斎の宮に、内(＝天皇)の御使ひにてまゐれりければ〈伊勢・七一〉

いつき-むすめ【斎娘】 名 大切に育てている娘。深窓の姫君。例海龍王の后になるべきいつきむすめなり〈源氏・若紫〉

いつき-め【斎女】 名 奈良の春日神社・京都の松尾神社などの、神に仕える少女。

いっ-きょう【一興・逸興】 名・形動(ナリ)❶ちょっとしたおもしろみ。楽しみ。例ただ当座の(＝その場限りの)逸興を催すまでなれば、さのみ執着・執心なきこと〈筑波問答〉❷風変わりなさま。奇妙なさま。また、とんでもないことや意外なこと。例不思議に思ひて見れば、一興なるものにてありけり〈御伽草子・一寸法師〉

いつ・く【斎く・傅く】 動(カ四)❶**穢れを取り払って神に仕える。神として敬い祭る。**例(a)この三柱の綿津見の神は、阿曇連らが祖神ともちいつく神ぞ(＝祖先神として敬い祭る神だ)〈記・上・神代〉例(b)住吉に斎く祝が神言と行くとも来とも舟は早けむ(＝住吉大社の神に仕える人が神のお告げとして言うことには、行くにしても帰るにしても船は速やかであろう)〈万葉・一九・四二四三〉 読解 航海安全を守る住吉の神のお告げとして、遣唐使の壮行会に、無事帰国を前もって祝って詠まれた歌。❷**愛情をもって大切に守り育てる。**例故大納言、内裏に奉らむなど、かしこういつきはべりしを(＝亡き大納言は、入内させようなどと思って、たいそう大切に守り育てましたが)〈源氏・若紫〉

語誌 対象を神として敬いあがめる意が強く、そこから娘などを大切に育てる意も出た。①の意には「いつきのみや(斎宮)」、②の意には「いつき娘」などの複合語もある。類義語に「いはふ(祝ふ)」があるが、その原義は吉事を招くために精進潔斎する意。〈山口堯二〉

い-つ・く【射付く】 動(カ下二)❶矢を物に射当てる。例射付けずして箭は道に落つべきなり〈今昔・二五・六〉❷射通して身動きできないようにする。例袴の裾をふなばたに射付けられ〈平家・一一・能登殿最期〉

い-つ・ぐ【い次ぐ・い継ぐ】 動(ガ四)《上代語》〔「い」は接頭語〕続く。例秋萩の恋も尽きねばさ雄鹿の声い継ぎい継ぎ恋こそ増され〈万葉・一〇・二一四五〉

いづく【何処】 —イズ 代〔「く」は場所を表す接尾語〕不定称の指示代名詞。どこ。どちら。例いづくにか舟泊てすらむ安礼の崎漕ぎたみ行きし棚なし小舟〈万葉・一・五八〉→名歌63

語誌 平安時代以降は「いづこ」と併用されるようになった。〈片岡玲子〉

【何処ともなし】「いづこともなし」に同じ。

【何処はあれど】〔「あれど」は後に来る表現を強調するために、言葉を濁した言い方〕ほかの場所はともかく。どこもまあよいけれども。例陸奥はいづくはあれど塩釜の浦漕ぐ舟の綱手かなしも〈古今・東歌〉→名歌341

いつくさ-の-たなつもの【五種の穀】〔「五穀」の訓読〕稲・粟・稗・麦・豆の五種の穀物。五穀。

いつく・し【厳し・美し】 形(シク)❶おごそかだ。威厳がある。例そらみつ(枕詞) 大和の国は 皇神の 厳しき国〈万葉・五・八九四〉❷端正だ。美しい。例みめもいつくしい(音便形)者、笛も上手〈幸若・烏帽子折〉

厳島 《地名》安芸国の島。今の広島県佐伯郡宮島町。広島湾内の島で、厳島神社があり、「安芸の宮島」と呼ばれる。

いつくしみ【慈しみ】 名 思いやること。慈愛。例あまねき御心のいつくしみ深うして〈謡曲・難波〉

いつくし・む【慈しむ】 動(マ四)大切にする。かわ

いがる。例継母も、のちには隔てなく**いつくしみ**、もとの母と同じくなれり〈御伽草子・二十四孝〉

語誌 平安時代は「うつくしむ」。「うつくし」が、美しい、の意に変化したのに伴い、大切にする意の動詞「いつく」と結びついて、室町時代以降多く用いられた。

いづく-へ【何処辺】—イズク 名 どのあたり。どのへん。例我が思ふ君は**いづくへ**に〈万葉・一三・三二七七〉

いづくん-ぞ【焉んぞ・安んぞ】—イズクン— 副〔「いづくにぞ(何処にぞ)」の撥音便形。漢文訓読語〕推量の表現を伴って反語の意を表す。どうして〜だろうか(いや、〜ない)。

いっ-け【一家】 名 ❶家族。一門。「いっか」とも。例一家ひろき者なれば、人数をおこして〈宇治拾遺・六九〉 ❷家にいるすべての人。例一家の女郎十一人、おくりまゐらせて座する〈西鶴・好色一代男・八・三〉

いっ-けん【一件】 名 ❶ある事件。事柄。❷事実を遠回しにさしていう。あのこと。例のこと。例かのお頼みの**一件**は〈人情本・春色梅児誉美・四・二〇〉

いっ-けん【一見】 名 動(サ変) ちょっと見ること。一度見ること。例一日郊外に逍遥して、犬追物の跡を一**見し**〈芭蕉・奥の細道〉

いづ-こ

【何処】—イズ 代〔「こ」は場所を表す接尾語〕不定称の指示代名詞。どこ。**どちら**。例(a)夏の夜はまだ宵ながら明けぬるを雲の**いづこ**に月やどるらむ〈古今・夏〉➡名歌264 例(b)大夫は**いづこ**にいきたりつるぞ(=大夫はどこに行っていたのだ)〈蜻蛉・下〉

語誌 「いづく」より遅れて、平安時代以降用いられるようになった。〈片岡玲子〉

[何処ともなし] どこともわからない。例道いと露けきに、いとどしき朝霧に、**いづこともなく**まどふ心地したまふ〈源氏・夕顔〉

[何処を面にて] なんの面目があって。例**いづこを面にて**かは、またも見えたてまつらん〈源氏・賢木〉

[何処をはかと] どこを目当てに。例昇りけむ野辺は煙もなかりけむ**いづこをはかと**たづねてか見し〈更級〉 読解「はか」に「墓」を掛ける。「いづこをはかと」に同じ。

いっ-こん【一献】 名 ❶最初の酒杯と膳部。例一**献**に打ち鮑、二献に海老、三献に掻い餅〈徒然・二一六〉 ❷小規模の酒宴。例ある夜一**献**のありけるに、相模入道数盃を傾け〈太平記・五〉

一茶 いっさ《人名》一七六三〜一八二七(宝暦一三〜文政一〇)。江戸時代の俳人。姓は小林氏。通称弥太郎。

●**生涯** 信濃国(長野県)柏原村に、中農の長男として誕生。三歳で生母に死別、八歳で継母を迎える。十五歳のとき、継母との不和を案じた父のはからいで江戸に奉公に出され、その後十年ほどの消息は不明。天明七年(一七八七)二十五歳で葛飾派の俳人二六庵竹阿に入門か。以後、生活の糧や帰郷の旅費を求めて諸国を行脚。父の死後も、家産折半と帰郷定住をめぐって継母側との抗争は続くが、文化一〇年(一八一三)和解、生涯こだわり続けた柏原に五十一歳で落ち着く。俳諧の師として迎える人も少なくなかったが、次々に愛児を失い、結婚も三度に及び、自宅は類焼、不遇のうちに没した。

●**作風・作品** 俳諧が地方へ爆発的に広まり、芭蕉が神格化された時代に、葛飾派の俗談調や江戸俳壇に流行した田舎体などの影響を受けて、庶民性に富んだ人間味あふれる作風を示した。土着性の強い一茶の俳風は、当時の江戸俳壇の主流からはずれたものだったが、夏目成美のような理解者もいた。

作品には、代表作『おらが春』のほかに、句日記『七番日記』『八番日記』、句文集『我春集』などがある。また、家族への愛憎を生々しく記した『父の終焉日記』も、特異な作品として知られる。〈松原秀江〉

いっ-さい【一切】 ❶名 全部。例一**切**の有情(=生き物)を見て、慈悲の心なからんは〈徒然・一二八〉 ❷副(打消の語を伴って)全然(〜ない)。まったく(〜ない)。例一**切**らちが明かねば〈浮世草子・好色万金丹・二・四〉

いっさい-きゃう【一切経】—キョウ 名《仏教語》「だいざうきゃう」に同じ。例沙門道眼上人、一**切経**を持来して〈徒然・一七九〉

いっさいきゃう-くやう【一切経供養】イッサイキョウクヨウ 名《仏教語》一切経を書写し寺に奉納するときに行う法会。例法興院の積善寺といふ御堂にて、二月二十一日に**一切経供養**せさせたまふに〈枕・関白殿、二月二十一日に〉

いっさい-しゅじゃう【一切衆生】—シュジョウ 名《仏教語》この世に生まれたすべてのもの。特に、人間。例三世の諸仏は一**切衆生**を一子のごとくにおぼしめして〈平家・一〇・維盛入水〉

いっ-さう【一双】—ソウ 名 ひと組。二つで一組となるものについていう。例「明理・行成(=ともに人名)」と一**双**にいはれたまひしかども〈大鏡・伊尹〉

いっ-し【一子】 名 一人の子ども。また、一人っ子。例これは日野中納言の一**子**にて候ふが〈太平記・二〉

いつ-し-か

【何時しか】〔代名詞「いつ」+副助詞「し」+係助詞「か」〕❶**いつ〜か**。いつになったら〜か。実現を待ち望む思いをこめて用いる。例うぐひすの鳴き散らすらむ春の花**いつしか**君と手折りかざさむ(=鶯が鳴いて散らしているであろう春の花を、いつになったらあなたといっしょに折って髪に挿せるだろうか)〈万葉・一七・三九六六〉

❷(多く下に希望・願望の表現を伴って)**早く**。例(a)**いつしか**その日にならなん(=早くその日になってほしい)〈枕・四月、祭の頃〉 読解 賀茂の祭りの日を待ち望む気持ち。「なむ」は他に対する希望の意を表す終助詞。例(b)幼き人々を**いつしか**思ふさまにしたてて見む(=幼い人たちを早く思いどおりに育ててあげよう)〈更級〉

❸**いつの間にか**。**いつかわからぬうちに**。**早くも**。例この男、**いつしか**入り来て〈宇治拾遺・一〇八〉

語誌 ▼「**いつしかも**」「**いつしかと**」 上代は、「いつしかもこの夜の明けむ(=いつになったらこの夜が明けるのだろうか)」〈万葉・一〇・一八七三〉のように、「いつしかも」の形で①の意に用いられることが多い。②は、①の実現を待ち望む気持ちから平安時代になって生まれた。「いつしかと(=早く来ないかと)待ちおはするに」〈源氏・夢浮橋〉のように、「いつしかと」の形で用いられることもある。〈井上博嗣〉

いっ-しき【一色】 名 ❶他の色をまじえず、一色でであること。純一。例尉の面を一色に彩色き(=色をつけ)〈申楽談儀〉 ❷一種類。一品。例ある者座敷を建てて絵を描かする。白鷺の一色を望む〈仮名草子・浮世物語・三・二〉 ❸ひとそろい。

いっし-さうでん【一子相伝】 学問や技芸の奥義を、我が子または弟子中の最も優秀な一人を選んで伝えること。ほかには秘密とする。例一子相伝の大事なれば…(私ゴトキガ)許し受けうはずもござらねども〈近松・鑓の権三重帷子・上〉

いつ-しば【いつ柴】 名(「いつ」は勢いのよい意)枝が生い茂った雑木。例天霧らし雪も降らぬかいちしろくこのいつ柴に降らまくを見む〈万葉・八・一六四三〉

いつしば-はら【いつ柴原】 名 雑木が繁茂している原。和歌では、「いつもいつも」を導く序詞を構成する。例道の辺のいつ柴原のいつもいつも人の(=あの人の)許さむ言をし待たむ〈万葉・一一・二七七〇〉

いっし-はんせん【一紙半銭】 名(一枚の紙や一文の半分の意から)ごく少額なもの。寄進の額の少ないことをいう。例一紙半銭の宝財においてをや〈平家・五・勧進帳〉

いっ-しゃう【一生】 名 ❶生まれてから死ぬまで。生涯。例(心ニ)閑かなる暇なく、一生を苦しむるこそ愚かなれ〈徒然・三八〉 ❷(「一生の」の形で)一生に一度。生涯で最高。例ありゃあおめえ一生の出来だぜ〈滑稽本・膝栗毛・四下〉

いっしゃう-しゃうじん【一生精進】 《仏教語》生涯、仏道修行に励むこと。例一生精進にて、読経うちして〈徒然・八六〉

いっしゃう-ふぼん【一生不犯】 《仏教語》生涯、戒律を守って異性と関係しないこと。例一生不犯にて清浄ならん事を思ひき〈明恵上人伝記〉

いっ-しゅ【一朱】 名 ❶江戸時代の貨幣の単位。一両の十六分の一。一分の四分の一。例百両ならば知らねえこと、一朱欠けても売りゃあしねえ〈歌舞伎・青砥稿花紅彩画・三〉 ❷「一朱金」「一朱銀」の略。

いっしゅ-きん【一朱金】 名 江戸時代の金貨の一種。一両の十六分の一で、金貨としては最小単位。

いっしゅ-ぎん【一朱銀】 名 江戸時代、一朱金廃止ののちに発行された銀貨。

いっ-しゅく【一縮】 名 動(サ変) 鎧の一そろい。また、それを着ること。例ただ一人鎧一縮して、徒立ちになって(=徒歩で)〈太平記・二六〉

いっ-しょ【一所】 名 ❶一か所。例蔵人の太刀は一所もきれず〈平家・一一・泊瀬六代〉 ❷一つ所。同じ場所。例死なば一所で死なんとこそ契りしに〈平家・八・法住寺合戦〉 ❸「一人」の尊敬語。おひとり。例帰り入りたまふ平家の君達一所もおはせねば〈平家・七・一門都落〉 ❹一つになること。例後陣の御方と一所にならんと〈太平記・三五〉

いっしょ-けんめい【一所懸命】 ❶中世、武士が一か所の領地に命をかけること。例さしたる罪科とも覚えぬ事に、一所懸命の地を没収せらる〈太平記・三三〉 ❷命をかけるような事態。命がけで事にあたること。例一所懸命の時節到来、死に損なはせてくれるか〈近松・丹波与作待夜の小室節・下〉

いっしょ-ふぢゅう【一所不住】 一か所に定住せず、諸国を行脚してまわること。例これは一所不住の沙門にて(=僧で)候ふ〈謡曲・鉢木〉

いっ-しん【一心】 名 ❶心ひとつ。例一心清浄の誠を致し〈平家・三・康頼祝言〉 ❷心を集中させること。一つの事に専念すること。例一心に信仰せむに〈今昔・四・一九〉

いっ-しん【一身】 名 ❶我が身ひとつ。自分自身。例今、一身を分かちて、二つの用をなす〈方丈記〉 ❷全身。例一身ゆふゆふと腫れたる者〈今昔・二四・七〉

いっすい-の-ゆめ【一炊の夢】 人の世の栄華のはかなさのたとえ。中国の唐代、盧生という若者が、邯鄲という地の宿で枕を借りて眠ったのち都に上り出世して栄華の人生を送ったが、ふと目覚めると、もとの宿で黄粱(粟飯)が炊き上がるところだったという『枕中記』の故事による。

いっす-もの【一種物】 名「いっしゅもの」とも。各人が肴を一種ずつ持ち寄って、その趣向を競い合う宴会。また、その持ち寄る肴。平安中期ごろ、宮中でしばしば行われた。例殿上のいっす物し〈今鏡・六・花ちる庭のをも〉

いっ-すん【一寸】 名 ❶一尺の十分の一の長さ。近世以降の曲尺では三・〇三センチ。例布(=ワカメ)を一寸ばかり、紙に包みてやりつ〈枕・里にまかでたるに〉 ❷わずかなこと。少しのこと。例一寸の暇を惜しみて法華経を読誦し〈今昔・一五・四五〉

いっすん-のがれ【一寸遁れ】 名《近世語》責任を一時的に回避すること。その場のがれ。例「女房どもが留守で銭の置き所が知れませぬ。明日ござれ」と、一寸のがれを言へば〈浮世草子・傾城禁短気・一・四〉

いっ-せ【一世】 名 ❶《仏教語》現在。現世。例父子恩愛の道、今生(=この世)一世の契り〈保元・中〉 ❷一生涯。一生。終生。例この威勢、一世の思ひ出なり〈西鶴・好色一代男・八・三〉 ❸一代。その人の代。子を「二世」、孫を「三世」というのに対していう。

いっ-せい【一声】 名《能楽用語》❶能の囃子。主に化身や霊などの登場時に奏される高潮感をもつ囃子。❷能の謡。シテの登場時や舞の直前に謡われる高音域の謡。ふつう「一セイ」と書く。

いっせ-いちだい【一世一代】 ❶一生に一度であること。例首尾する(=都合よく出会った)一夜を、一世一代の事のやうに思ひて〈西鶴・好色盛衰記・二・四〉 ❷能や歌舞伎の役者などが、引退するときなどに行う一生に一度の晴れ舞台。また、二度とその芸を行わないつもりで演じること。例観世太夫一世一代の勧進能ありしに〈西鶴・日本永代蔵・四・五〉

いっ-せき【一跡】 名 ❶家督。跡目。例大家の一跡、この時断亡せん事もったいなく候ふ〈太平記・三五〉 ❷全財産。例家一跡は申すに及ばず、女どもが身の廻りまで〈虎寛本狂言・子盗人〉 ❸自己特有のもの。独特。例身が一跡のせりふの裏を食はすは(=先手を打って出し抜くとは)〈近松・嫗山姥・四〉

いっ-せつ【一切】 副 (打消の語を伴って)まったく(〜ない)。全然(〜ない)。例 一**切**用ゐたてまつらず(=聞き入れ申し上げない)〈平家・五・奈良炎上〉

いっせつ-たしゃう【一殺多生】 ―タショウ 『仏教語』一人を殺すことで多数の命を助けること。例 一**殺多生**の理に任せ、かれを殺せと言ひ合へり〈謡曲・鵜飼〉

いっ-せつな【一刹那】 名 ほんのわずかな時間。例 一**刹那**のうちにおいて、懈怠の心(=怠け心)あることを知らんや〈徒然・九二〉

いっせ-の-げんじ【一世の源氏】 天皇の子で臣籍に降り、源の姓を与えられた人。例 一**世の源氏**、また納言・大臣になりてのちに、さらに親王にもなり〈源氏・薄雲〉

いっ-せん【一銭】 名 一文。転じて、わずかな金額。例 万金を得て一**銭**を失はん人〈徒然・九三〉

いっそ 副 ❶かえって。むしろ。例 **いっそ**殺せと抱きつけば〈近松・冥途の飛脚・上〉 ❷ほんとうに。まったく。例 ぬしゃあ**いっそ**手(=手管)があらっしゃる〈洒落本・傾城買四十八手〉

いっ-そく【一束】 名 ❶ひとたば。一つにまとめること。❷こぶし一握りの長さ。矢の長さにいい、親指を除く指四本の幅。例 (矢ノ)沓巻より一**束**ばかり置いて(=離れて)〈平家・二・遠矢〉 ❸紙十帖をたばねたもの。❹野菜や魚などを十ずつまとめたものが十あるもの。百。

いっ-たい【一体】 名 「いってい」とも。❶同一であること。また、同じもの。例 この神は木の花さくや姫の神と申して、富士(ノ祭神ト)一**体**なり〈芭蕉・奥の細道〉 ❷仏像などの、一つ。❸一様式。例 その一**体**に入りふして余体(=ほかの歌体)を捨てよとには候はず〈毎月抄〉

いっ-たん【一旦】 (「旦」は朝の意) 1 名 ❶ある朝。ある日。例 一**旦**にこれを捨てて死ぬ〈今昔・一・三〉 ❷(多く「一旦の」の形で)一時的であること。短い間。例 一旦の楽しみにほこって、後生を知らざらん事のかなしさに〈平家・一・祇王〉 2 副 ❶臨時に。ひとまず。例 一旦山河をせきあげて(=せき止めて)〈平家・七・火打合戦〉 ❷ひとたび。もしも急に。例 一旦恥ぢ恐るることあれば、必ず汗を流す〈徒然・一二九〉

いっち 副 (「いち(一)」を強調した語)最も。いちばん。例 **いっち**上代物(=すばらしい遊女)を自分の相方と定め〈滑稽本・膝栗毛・五追加〉

いづ-ち【何方・何処】 イズ― (「ち」は方角を表す接尾語) 代 不定称の指示代名詞。**どちら**。どちらへ。**どこ**。どこへ。例(a) 世をすてて山に入る人山にてもなほ憂き時は**いづち**ゆくらん(=俗世を捨てて山に入る人よ、山に住んでもやはりつらいときは、どこへ行くのだろうか)〈古今・雑下〉 例(b) われをば**いづち**へ具してゆかむとするぞ(=私をどちらへ連れて行こうとするのだ)〈平家・一一・先帝身投〉

語誌 もともと単独で副詞的に用いられていたが、時代とともに、より代名詞的に「へ」や「に」を伴うようになった。〈片岡玲子〉

いっ-ちゃう【一町】 ―チョウ 名 ❶土地の広さの単位。一〇反(約九九アール)。❷距離の単位。六〇間(約一〇九メートル)。例 かくいふほどに、一**町**がうちに寄り来たりて(=わたって)辺りに人も翔らず〈宇治拾遺・三六〉 ❸一つの町。町全体。例 一**町**兼ねて(=わたって)辺りに人も翔らず〈大鏡・師輔〉

いっ-ちゃう【一張】 ―チョウ 名 弓・弦楽器・幕・袈裟などの、一つ。例 三尺の剣の光は氷手にあり 一張の弓の勢ひは月心に当たれり〈和漢朗詠集・下・将軍〉

いっちゃう-ら【一張羅】 イッチョウ― 名 持っている衣服の中で一番の晴れ着。また、一枚だけのかけがえのない衣服。例 一**張羅**を取り出して思ひ思ひに立ち出で〈西鶴・男色大鑑・六・五〉

いっちゅう-ぶし【一中節】 名 浄瑠璃節の一派。元禄(一六八八〜一七〇四)の末ごろ、京都の都太夫一中が語り出し、江戸にも広めた。上品で重厚な曲節が好まれた。

いつ-つ【五つ】 名 ❶数の名。五。❷五歳。❸時刻の名。五つ時。今の午前または午後八時ごろ。例 五つ六つ四つ千日寺の鐘も〈近松・心中重井筒・下〉

いづつ【井筒】 ⇩ゐづつ

いつつ-ぎぬ【五つ衣】 名 単と表着の間に袿を五枚重ねて着ること。のちには一枚の衣の襟・袖口と裾だけを五重に仕立てて、五枚重ねに見せた。「五つ重ね」とも。例 十八、九ばかりなる女房の、まことに優にうつくしきが、柳(=柳襲)の**五つ衣**に紅の袴着て〈平家・一一・那須与一〉

いつつ-だうぐ【五つ道具】 ―ドウグ 名 大名など身分の高い武士が供回りを連れて外出するとき、行列に立てる五本の槍。打ち物・立傘・台笠などを加えて立てることもある。例 (武者ガ集マル広場カラ)引き馬に**五つ道具**〈近松・曾我会稽山・一〉

いつつ-の-さはり【五つの障り】 ―サワリ 『仏教語』(「五障」の訓読)女性に生まれながらに備わるとされた五つの障害。例 女人**五つの障り**あり〈梁塵秘抄・法文歌〉

いつつ-の-にごり【五つの濁り】 『仏教語』(「五濁」の訓読)この世の穢れ。例 **五つの濁り**深き世に、などて(=どうして)生まれたまひけむ〈源氏・蓬生〉

いつつ-を【五緒】 オ― 名 牛車の簾の上部に、五筋の緒を垂らしたもの。また、その車。例 車の**五緒**は、必ず(=必ずしも)人によらず、ほどにつけて、きはむる(=家柄に応じて、最高の)官・位に至りぬれば、乗るものなり〈徒然・六四〉

いづ-てぶね【伊豆手船】 イズ― 名 伊豆国(静岡県)で造られた船。例 防人の堀江漕ぎ出る**伊豆手船**〈万葉・二〇・四三三六〉

いっ-てん【一天】 名 ❶空全体。例 一**天**かくれて(=曇って)月日の光を失ひ〈保元・上〉 ❷「一天下」の略。例 (御威光ハ)一天にかかやきて、恩沢八荒(=国じゅう)にあふれ〈芭蕉・奥の細道〉

いっ-てんか【一天下】 名 「いってんが」とも。世の中全体。例 一**天下**の人よりも、そなた一人に恥づかしい〈近松・山崎与次兵衛寿の門松・中〉

いってん-しかい【一天四海】 名 (一つの天の下と四方の海の意)全世界。また、日本全体。例 この剣をもって一**天四海**をしづめ〈平家・一一・大塔建立〉

いってん-の-あるじ【一天の主】 天皇。例 まさしき一天の主を、下として(=臣下の身で)流したてま

つることのあさましさよ〈太平記・四〉

いってん-の-きみ【一天の君】「いってんのあるじ」に同じ。例一天の君、万乗の主だにも遷しえたまはぬ都を〈平家・五・都遷〉

いっ-とう【一統】❶名動(サ変) 天下を一つにすること。統一。例一統の世となれり〈神皇正統記・中〉❷名 一同。全体。副詞的にも用いる。例流し捨てよと御一門一統の仰せ〈近松・平家女護島・一〉

いっ-とき【一時】名❶一日の十二分の一にあたる時間。今の約二時間。例海道三十五里の間を一時が内に歩ませたまひし足駄(=下駄)なり〈太平記・一一〉❷わずかな時間。ちょっとの間。例一時も早く婿殿を呼び入れ〈近松・女殺油地獄・中〉❸(多く「いっときに」の形で副詞的に用いて)同時。例盆も正月も一時に来ました〈近松・大経師昔暦・下〉

いつ-と-なく【何時となく】❶いつであるともなく。いつともわからないうちに。例数ならぬ人はいつとなく紛らはさむ(=自分のように取るに足りない人は、いつともわからないように人目につかないようにしよう)と思して〈源氏・少女〉読解六条院に移るときの明石の君の心中。❷いつも。常に。例いつとなく大宮人の恋しきに桜かざしし今日も来にけり〈源氏・須磨〉

いつ-の-まさか-も【何時のまさかも】どんな時でも。いつでも。例言こそば(=真心のこもった言葉こそ)何時のまさかも常忘らえね〈万葉・一二・二九九六〉

いっ-ぱ【言っぱ】〔「いふは」の促音便形〕(「〜といっぱ」の形で)〜というのは。〜といえば。例それ山伏と言っぱ、山に起き伏すによっての山伏なり〈狂言・犬山伏〉

いっ-ぱい【一杯・一盃】名副❶容器や場所にものが満ち足りているさま。また、その量。例茶漬け一ぱいかき込んで〈洒落本・遊子方言〉❷ぎりぎりの範囲。限度。例遅うてこの月一杯に済まそと言ふから〈近松・心中二枚絵草紙・中〉❸限界まで満ちていること。ありったけ。例一ぱいにしゃれる〈黄表紙・江戸生艶気樺焼・上〉❹気軽に酒を飲むこと。例河豚汁焚いて一盃せう〈滑稽本・浮世床・初中〉❺あざむかれる。だまされる。例腹の立つ。うまうまと一ぱい〈浄瑠璃・夏祭浪花鑑・七〉❻金一両。例祝儀は…一ぱい〈浮世草子・元禄太平記・五・一〉

いっ-ぱう【一方】名❶多くのなかの一つの方向。一方面。❷二つあるうちの片方。例(延暦寺・三井寺ハ)車の二つの輪に似たり。一方闕けんにおいては〈平家・四・山門牒状〉

いっ-ぱく【一白】名❶陰陽道で、九星の一つ。水の性をもち、方角では北にあたる。❷馬で、一本の足先だけに白い毛が混じったもの。

いつはり【偽り】名 虚偽。うそ。例偽りのなき世なりせばいかばかり人の言の葉うれしからまし〈古今・恋四〉読解「〜せば〜まし」は反実仮想の意を表す。

いつは・る【偽る】動(ラ四) 作りごとをする。うそを言う。だます。あざむく。例ことを偽りて、ものを盗めるなり〈宇津保・藤原の君〉

いっ-ぴつ【一筆】名❶最初から最後まで一人の筆跡で書くこと。また、その筆跡。例大般若(=般若経)一筆書写の志ありけれども〈著聞集・二・六八〉❷一通の書面・書状。また、一気にすらすらと書くこと。例あの仁(=あの人)から一筆取って置くならば〈近松・五十年忌歌念仏・上〉

いっ-ぷく【一腹】名 同じ母親の腹から生まれたこと。同腹。例この四の宮も、故待賢門院の御腹にて、新院と御一腹なれば〈古活字本保元・上〉

いつ-へ【五重】名❶五枚重ねの衣服。また、五枚重ねたと見えるように、襟・袖口・裾に中陪(表地と裏地の間に挟み込む布)を入れて重ね縫いにした衣服。例表着は菊の五重〈紫式部日記〉❷「五重の扇」の略。例五重はあまり厚くなりて、もとなど憎げなり〈枕・なまめかしきもの〉

いつ-へ【厳瓮】名〔「いつ」は神聖な、の意〕神を祭るのに用いる神酒を入れる壺。例厳瓮を造りて、天神地祇を敬び祭り〈紀・神武即位前紀〉類義いはひへ

いづ-へ【何処辺】代 不定称の指示代名詞。どのへん。どのあたり。例ほととぎすいづへの山を鳴きか越ゆらむ〈万葉・一九・四一九五〉

いつへ-がさね【五重襲】名「いつへ(五重)①」に同じ。例葡萄染めの五重がさねの織物〈枕・関白殿、二月二十一日に〉

いつへ-の-あふぎ【五重の扇】名 檜扇の一種。通常の一重扇(板数は七、八枚)の五倍の板数のものという。例髪は五重の扇を広げたるやうに〈源氏・手習〉

いつへ-の-おんぞ【五重の御衣】名「いつへ(五重)①」を貴人が着用した場合の称。例大宮は葡萄染めの五重の御衣、蘇芳の御小袿奉れり(=お召しになっている)〈紫式部日記〉

いっ-ぺん【一遍・一返】名❶一度。一回。例もしは一返、もしは十返も(念仏ヲ)唱えたまふものならば〈平家・一〇・維盛入水〉❷ひととおり。一部始終。例この僧、法華経の寿量一品を持ちて…毎日に必ず一遍を読誦しけり〈今昔・一三・三七〉

一遍《人名》一二三九〜一二八九(延応元〜正応二)。鎌倉中期の僧。時宗の開祖。遊行上人とも。はじめ天台宗を修める。のちに浄土宗を学んで専修念仏の確信を深め、踊り念仏を勧めて全国を遊行した。その生涯を描いた『一遍上人絵伝』があり、法語などをまとめた『一遍上人語録』がある。

いっ-ぽん【一本】名❶一冊の書物。❷異本。別の本。❸棒状・線状のものの一つ。❹銭緡一本につないだ銭。一文銭なら百文、四文銭なら四百文。❺仲間。一味。例今までおのれら一本と思ひしに〈近松・ひぢりめん卯月紅葉・上〉❻一本立ち。

いっ-ぽん【一品】名❶親王・内親王の位階の第一位。例御心ざしのあるままにとて、一品になしたてまつらせたまひける〈栄花・初花〉❷《仏教語》経典中の一つの章。特に法華経にいう。例経一品づつ書きて申し上げん〈栄花・本の雫〉

いっぽん-きゃう【一品経】名《仏教語》法華経二十八品を、一品ずつ独立させて各一軸としたも

の。これを各人が分担して書写し、仏前で読誦するのが一品経供養。

いつま【暇】 名《上代語》「いづま」とも。東国方言。いとま。ひま。例我が妻も絵に描き取らむ**いつま**もが旅行く我は見つつ偲はむ〈万葉・二〇・四三二七〉

いつまで-ぐさ【何時迄草・壁生草】 名 植物の名。木蔦の別称。木や壁にからみつく。和歌では、「何時まで」を導く序詞を構成する。例**いつまで草**は、またはかなくあはれなり〈枕・草は〉

和泉 いづみ イズミ《地名》旧国名。今の大阪府南部。畿内五か国の一つ。泉州。延喜式で下国。

泉城・和泉城 いづみがじゃう イズミガジョウ 名 陸奥国、今の岩手県西磐井郡の北、平泉の北西にあった城。藤原秀衡の三男忠衡の居城。例衣川は**和泉城**をめぐりて、高館の下にて大河に落ち入る〈芭蕉・奥の細道〉

泉川 いづみがは イズミガワ《地名》歌枕 木津川の古称。山城国、今の京都府の南部、相楽郡を流れる。⇩甕の原

和泉式部 いづみしきぶ イズミシキブ《人名》平安中期の歌人。生没年未詳。家集『和泉式部集』、『和泉式部日記』がある。

●**略歴** 貞元二年(九七七)ごろ大江雅致の娘として出生。長徳二年(九九六)ごろ和泉守橘道貞と結婚、のちに歌人として知られるようになる小式部が誕生する。しかし夫婦仲はしだいに疎遠となり、長保四年(一〇〇二)ごろには離別。翌夏、敦道親王(帥宮)から求愛され、年末には親王邸に迎えられる。『和泉式部日記』はその恋愛の経緯を記した作品。寛弘四年(一〇〇七)の親王の死後、同六年(一〇〇九)ごろ中宮彰子のもとに女房として出仕し、藤原保昌と結ばれたらしい。

●**歌風** 早くから歌才を発揮して、二十歳前に詠んだらしい歌「暗きより暗き道にぞ入りぬべきはるかに照らせ山の端の月」(➡名歌147)は当時編纂中の『拾遺和歌集』に採られて注目を浴びた。和泉式部の歌の特徴は、心情を表す語句を中心に自己を直接表出するような主情的な表現にある。その歌風は、作者生存当時よりも後世に至って高い評価を得て、死後の『後拾遺和歌集』では集中最多の歌数が入集した。また後世、作者の内実とは別に、恋多き女として言いはやされ、多く説話・伝説としても伝えられた。〈鈴木日出男〉

和泉式部集 いづみしきぶしふ イズミシキブシュウ《作品名》家集。和泉式部作。成立年未詳。和泉式部の四種類の歌集の総称で、中心の正集・続集は平安時代に成立か。現存の形はすべて他撰。正集は約九〇〇首、続集は約六五〇首を収め、続集には帥宮敦道親王の挽歌などがある。

和泉式部日記 いづみしきぶにっき イズミシキブニッキ《作品名》和泉式部の日記。一巻。和泉式部自身の作と考えるのが有力で、それに従えば平安中期の成立。和泉式部と帥宮敦道親王との、出会いから式部が宮邸に迎えられるまでの恋を、二人の間に取り交わされる一四〇余首の贈答歌を中心に記す。式部を三人称で「女」とすること、式部の知るはずのない宮の言動の描写があることなどから他作説もあるが、二人の恋を身分を越えた純粋なものとして描こうとする式部自身の虚構と考えるのがふつう。

いづみ-どの【泉殿】 イズミ― 名 寝殿造りで、池に臨む建物。周囲に壁がない。納涼や観月などに用いる。例**泉殿**に出でて(琴ヲ)聞く〈宇津保・楼上下〉

いつ-も【厳藻】 名〔「いつ」は盛んな、の意〕繁茂した藻。和歌では、「いつもいつも」を導く序詞を構成する。例川の上への**いつ藻**の花のいつもいつも来ませ(=おいでください)我が背子〈万葉・四・四九一〉

出雲 いづも イズモ《地名》旧国名。今の島根県東部。山陰道八か国の一つ。雲州。延喜式で上国。中国。

語誌 ▼**神話・伝承の国** 出雲は、『古事記』では須佐之男命の八俣大蛇退治や、大国主命が天照大御神の御子に国土を献上した国譲りの舞台となり、『出雲国風土記』では出雲国の国土形成を語る国引き神話が語られるなど、多くの神話に彩られている。これらは、もと畿内や九州とは異なる文化を形成していた出雲が大和王権の支配下に組み込まれる歴史を反映するものといわれる。大社町の出雲大社は大国主を祭る神社。大社造りと呼ばれるその神殿は、古代には今の四倍の高さを誇ったといわれる。例八雲立つ(枕詞)出雲八重垣妻籠みに八重垣作るその八重垣を〈記・上・神代・歌謡〉➡名歌375

▼**神無月と神在月** 古来、毎年十月に日本じゅうの神々が出雲大社に集まるので、十月を諸国では「神無月」といい、出雲では「神在月」というとされる。また、集まった神々は、そこで男女の縁を定めたともいわれ、出雲大社は縁結びの神様としても信仰されるようになった。〈大谷俊太〉

いつ-もじ【五文字】 名 和歌・連歌・俳諧で、最初の五音節の句。初句。例出す**五文字**から合点がいかぬ〈狂言記・箕潜〉

出雲の阿国 いづものおくに イズモノオクニ《人名》生没年未詳。安土桃山時代の女性芸能者。歌舞伎の創始者とされる。出雲大社の巫女と名のって、慶長八年(一六〇三)京都五条橋東詰でかぶき踊りを演じたり、男装して遊郭の茶屋遊びの芝居を見せたりして評判となり、のちの歌舞伎芝居の礎を作ったという。

出雲国風土記 いづものくにふどき イズモノクニフドキ《作品名》奈良時代の地誌。一巻。和銅六年(七一三)の詔勅によって編まれ、天平五年(七三三)成立。現存する五風土記のうち、唯一完備しているもの。国引きの話、和爾に食われた少女の話など、土着の出雲系神話を多く収める。

い-つも・る【い積もる】 動(ラ四)〔「い」は接頭語〕積み重なる。例道の隈(=道の曲がり角)**い積もる**までにつばらにも見つつ行かむを〈万葉・一・一七〉

いづ-ら【何ら】

イズ―〔「ら」は場所や方角を表す接尾語〕❶代 不定称の指示代名詞。**どこ。どちら。どこか。**例いづら、猫は。こちゐて来(=どこだ、猫は。こちらへ連れてこい)〈更級〉
❷感 ❶**相手を促したり、相手に問いかけたりするときに用いる語。**さあ。どうした。例いづら、はや寝たまへる(=どうなさいました、もうおやすみですか)〈蜻蛉・中〉

❷（多く「いづらは」の形で）どうしたことか。反語的に用いられることが多い。例四の宮帝がねと申し思ひしかど、いづらは（＝四の宮は帝の候補者と申し上げもし、思いもしたが、どうしたことか）〈栄花・月の宴〉
読解 この「四の宮」は天皇となることができなかった。〈片岡玲子〉

いづ-れ

【何れ】イズ ❶代 不定称の指示代名詞。❶二つ以上の物の中から一つを選択する。どれ。どちら。どっち。どの。例かの大納言、いづれの船にか乗らるべき（＝あの大納言は、どの船にお乗りになるだろうか）〈大鏡・頼忠〉
読解 藤原公任の三船の才の話。漢詩・和歌・管弦の三つの船のうちどの船に乗るだろうか、ということ。
❷不定の時を表す。いつ。例逢はむ日をその日と知らず常闇にいづれの日まで我恋ひ居らむ（＝逢える日がいつがその日ともわからずに、永遠の闇のような気持ちで、いつの日まで私は恋い慕い続けるのだろうか）〈万葉・一五・三七四二〉
❸不定の場所を表す。どこ。例木綿畳（枕詞）手向けの山を今日越えていづれの野辺に廬りせむ我（＝手向けをする山を今日越えて、どこの野原で仮寝をしよう、私は）〈万葉・六・一〇一七〉
❷副 どちらにしても。いずれにせよ。例何れ御勝ちとは見えませぬ〈虎寛本狂言・文相撲〉〈片岡玲子〉

【何れ菖蒲か杜若】両方ともすぐれていて選択に迷うこと。二つが似ていることからいう。

【何れとなし】どれとも優劣をつけることができない。どれということもない。どれもどれも。「いづれともなし」とも。例七、八人うち連れて迎へ入れたてまつる。いづれとなくをかしき（＝美しい）容貌どもなれど〈源氏・藤裏葉〉

いづれ-も【何れも】イズレ― 代 対称の人称代名詞。だれも。どなたも。一同。みなさん。例いづれもようおいでなされた〈歌舞伎・幼稚子敵討・六〉

いつ-を-いつ-とて【何時を何時とて】いつを限りの時と思って。例思ひ知る人もありける世の中をいつをいつとて過ぐすなるらむ〈拾遺・哀傷〉
読解 「思ひ知る人」とは世の無常を知って出家する人。

い-て【射手】名 ❶弓を射る人。❷弓を巧みに射る人。弓の名手。例櫓の上・さま（＝城壁の小窓）の陰には、射手とおぼしき者ども〈太平記・三〉

いで【堰・井出】⇩ゐで

いで

感 主に文のはじめに用いられて、後に続く内容についての話し手の気持ちを表す。
❶相手の行動を促したり、自分で行動を始めようとする気持ちを表したりする。さあ。どれ。例(a)いで遊ばさんや（＝さあお弾きなされませんか）〈源氏・紅梅〉例(b)いで、御消息聞こえん（＝どれ、御挨拶を申し上げよう）〈源氏・若紫〉
❷否定したり、疑問に感じる気持ちを表したりする。いや。例いで、なにかゆゆしからむ（＝いや、どうして縁起の悪いことがあろう）〈蜻蛉・中〉
❸感動したり嘆いたりする気持ちを表す。ほんとうに。いやはや。例いで、あな悲し（＝ほんとうに、ああ悲しい）〈源氏・帚木〉〈井上博嗣〉

いで

接助 打消の意を表しながら、下に続ける。～ないで。～ずに。例寝もせいで　ねむかるらう（＝寝もしないで、眠いのだろう）〈閑吟集・二八一〉
接続 動詞・助動詞の未然形につく。
語誌 室町時代から例が見られる。

いで-あ・ふ【出で会ふ・出で逢ふ】アウ・オウ 動（八四）❶面会する。例御使ひに、竹取いであひて〈竹取〉❷出くわす。例そこにて知らぬ男に出であひ、もの言ふとも〈紫式部日記〉❸立ち向かう。例二人河原へ出であひて、心行くばかりに貫きあひて（＝刺し違えて）、共に死ににけり〈徒然・一一五〉

いで-いで 感（感動詞「いで」を重ねた語）さあさあ。どれどれ。いやもう。例いでいで、この持たまへらんもの見せたまへ〈宇津保・国譲下〉

いで-いり【出で入り】名 ❶出入りすること。例君の出で入りしたまふにうち連れきこえたまひつつ（＝お供申し上げなさっては）〈源氏・帚木〉❷立ち居ふるまい。身のこなし。例家の人の出で入り、憎げならず（＝感じがよく）〈土佐〉❸もめごと。訴訟ざた。例その約束をのばし出で入りになる事なりしに〈西鶴・日本永代蔵・一・三〉

いで-い・る【出で入る】動（ラ四）出たり入ったりする。出入りする。例出で入りたまひし方、寄りゐたまひし真木柱などを見たまふにも〈源氏・須磨〉

い-てう【異朝】―チョウ 名 外国。特に、中国。例遠く異朝をとぶらへば〈平家・一・祇園精舎〉

いで-がて-に【出で難に】副（動詞「いづ」の連用形＋連語「がてに」）なかなか出て行けなくて。出て行くのが困難で。例出でがてに、御手をとらへてやすらひたまへる（＝ためらっていらっしゃるのが）〈源氏・賢木〉

い-てき【夷狄】名 ❶（古代中国で、東方の異民族を「夷」、北方の異民族を「狄」と呼んで野蛮人扱いしたことから）未開人。野蛮人。例像、花にあらざる時は夷狄にひとし〈芭蕉・笈の小文〉❷（①から転じて）地方の人を卑しめていう。田舎者。例夷狄の蜂起耳を驚かし〈平家・六・入道死去〉

いで-ぎえ【出で消え】名 人前に出てぱっとしないこと。見劣りがすること。例（ドノ人ヲ見テモ）出で消えどもの片端なるにやあらむ（＝見苦しい様子であろうか）〈源氏・行幸〉

いで・く【出で来】動（カ変）❶物事が表面上に現れる。ある事が発生する。例鬼のやうなるものいで来て、殺さむとしき〈竹取〉❷物が出来上がる。生まれ出る。産出する。例生の松原のほとりに出で来なる筑紫筵〈堤中納言・よしなしごと〉❸出会う。めぐってくる。例后の宮の御賀、正月二十七日に出で来る乙子（＝月の最後の子の日）になむ仕うまつりたまひける〈宇津保・菊の宴〉

いで-さ・す【出で止す】動（サ四）出かかって途中でやめる。全部出ずに残る。例（薄ノ）まだ穂に出でさしたるも〈源氏・宿木〉

いで-しほ【出で潮】―シオ 名 満ち潮。上げ潮。例この浦舟に帆をあげて…月もろともに出で潮の、波の淡路の島影や〈謡曲・高砂〉[読解]満ち潮の意と月が出る意を掛ける。

いで-そ-よ〔感動詞「いで」＋代名詞「そ」＋間投助詞「よ」〕そう、そのことよ。[例]有馬山猪名の笹原風吹けばいでそよ人を忘れやはする〈後拾遺・恋二〉➡名歌54

いで-たち【出で立ち】[名]❶樹木・山などがそびえ立っているさま。[例]青旗の（枕詞）忍坂の山は…出で立ちのくはしき山ぞ(=みごとな山だ)〈万葉・一三・三三三一〉❷出発。また、その準備。[例]この二十八日なむ、舟に乗るべき日とりたりければ(=定めてあったので)、出で立ち、さらにいと近し〈落窪・四〉❸世に出ること。立身出世。[例]大臣ののち(=子孫)にて、出で立ちもすべかりける人の〈源氏・若紫〉

いでたち-いそぎ【出で立ち急ぎ】[名]❶出発の準備。[例]このごろの出で立ちいそぎを見れど、何言もいはず〈土佐〉❷死出の旅の準備。多く出家することをいう。[例]世に心とどめたまはねば、出で立ちいそぎをのみ思せば〈源氏・椎本〉

いで-た・つ【出で立つ】[動](タ四)❶ある場所に出て立つ。[例]妻呼ぶ雄鹿出で立つらむか〈万葉・二〇・四三二九〉❷出発する。旅立つ。[例]大君の醜の御楯と出で立つ我は〈万葉・二〇・四三七三〉❸宮仕えに出る。立身出世する。[例]宮仕へに出で立ちて、思ひがけぬ幸ひとり出づる例ども多かり〈源氏・帚木〉

いで-ばえ【出で映え】[名]人前で引き立つこと。見映えのすること。[例]目もあやなる(=まばゆいほどの)御さま容貌のいとどしう出でばえを見ざらましかば〈源氏・葵〉

出羽弁《人名》生没年未詳。平安中期の歌人。出羽守平季信の娘。上東門院彰子、後一条天皇の中宮威子、章子内親王などに仕える。家集に『出羽弁集』がある。『栄花物語』続編の作者ともいわれる。

いてふ〖銀杏・公孫樹〗⇩いちゃう

いで-まし【行幸】[名]天皇や皇子が出かけること。お出まし。⇩ぎゃうがう(行幸)・みゆき(行幸)。[例]我が大君の 行幸の 山越す風の〈万葉・一・五〉

いでまし-の-みや【行幸の宮】行幸のときに宿泊する宮殿。行宮。[例]み吉野の 吉野の宮は…万代に 変はらずあらむ 行幸の宮〈万葉・三・三一五〉

いで-まじら・ふ【出で交じらふ】―マジラウ・―マジロウ [動](八四)世間に出て交際する。宮仕えに出る意などにも用いる。[例]我は世にも出で交じらはず、陰に隠れたらむやうにてゐたるを〈更級〉

いで-ま・す【出で座す】[動](サ四)〔動詞「いづ」の連用形＋尊敬の補助動詞「ます」〕❶「出づ」「行く」「来」などの尊敬語。出ていらっしゃる。おいでになる。[例]梅の花咲ける月夜に出でまさじとや〈万葉・八・一四五二〉❷「居り」「あり」の尊敬語。いらっしゃる。おられる。[例]百代にいでませ我が来るまで〈万葉・二〇・四三二六〉

いで-や[感]〔感動詞「いで」＋間投助詞「や」〕❶否定的な気持ちを強調した語。「いで」。いやまあ。さあどうだろうか。[例]言はまほしきこともはべれど、いでやと思ほえ〈紫式部日記〉❷多く文のはじめに用いて、文全体に感動の思いを添える。さてさて。いやもう。[例]いでや、この世に生まれては、願はしかるべきことこそ多かめれ〈徒然・一〉

いで-ゆ【出で湯】[名]温泉。[例]その谷に百千の出で湯あり〈今昔・一四・七〉

いで-ゐ【出で居】イ― [名]❶部屋の外に近い端に出て座ること。[例]例は(=いつもは)ことに端近なる出でゐなどもせぬを〈源氏・薄雲〉❷寝殿造りに設けた客間。母屋の南の廂の間にある。「でゐ」とも。[例]殿の御出で居の方に入りたまへり〈源氏・柏木〉❸宮中で賭射や相撲などの儀式のとき、庭に設ける座。出で居の座。[例]院の小弓始まりて、出で居などののしる(=騒ぎ立てる)〈蜻蛉・下〉

いで-ゐる【出で居る】イル― 出て座る。出てそこにいる。[例]端のかたに出でゐてながむるを(=もの思いに沈んでいると)〈蜻蛉・中〉

いと-[接頭]名詞について、年少、いとけない、の意を添える。「いと姫君」「いと若君」など。

いと【糸】[名]❶糸。[例]糸のままに(=糸をたよりに)尋ね行けば、美和山に至りて〈記・中・崇神〉❷糸のように細くて長いもの。[例]青柳の糸の細しさ〈万葉・一〇・一八五一〉❸琴・琵琶・三味線などの弦。弦楽器。[例]稽古に郢曲うたふときは、まづ琴にても琵琶にても糸にその音をうつして〈郢曲抄〉

いと

[副]「いたし(痛し・甚し)」と同根。物事の程度がはなはだしいさまを表す。

❶たいそう。とても。非常に。[例]髪ゆるるかにいと長く、めやすき人なめり(=髪がゆったりとしていてとても長く、見苦しくない人であるようだ)〈源氏・若紫〉
❷まったく。ほんとうに。[例]にはかに都遷りはべりき。いと思ひの外なりし事なり(=急に遷都がありました。まったく想像外の事だった)〈方丈記〉
❸(打消の語を伴って)それほど(〜ない)。たいして(〜ない)。[例]いとやむごとなき際にはあらぬが(=たいして重々しい身分ではないお方が)〈源氏・桐壺〉

〈井上博嗣〉

いとう〖厭う〗⇩いとふ

伊藤仁斎《人名》一六二七〜一七〇五(寛永四〜宝永二)。江戸時代の儒者。朱子学を批判し、孔子・孟子の古に復すべきだとする古学(古義学)を唱え、『論語古義』『童子問』などを著す。京都の堀川に塾を開き、その学派を堀川学派という。

いとおし ⇩いとほし

いときな・し【幼きなし・稚きなし】[形](ク)「いとけなし」に同じ。

いと-げ【糸毛】[名]❶「糸毛の車」の略。[例]廂なき糸毛三つ〈源氏・宿木〉❷「いとをどし」に同じ。[例]糸毛の御腹巻きに、御重代の鬚切(=刀の名)抜き〈曾我・九〉

いとけ-な・し

【幼けなし・稚けなし】[形](ク)〔「なし」は接尾語〕幼い。年少である。[例](死ヌ時ニハ)老いたる親、いとけなき子、君の恩、人の情け、捨てがた

しとて捨てざらむや(=年老いた親、幼い子ども、主君の恩、人の情けなど、捨てるのが難しいといっても捨てないでいられようか)〈正徹本徒然・五九〉読解 末尾の「や」は反語の意を表す。

類義 いはけなし　〈池田節子〉

いとげ-の-くるま【糸毛の車】 名 車体を青・紫・赤などの色糸で飾った牛車。主に貴婦人用で、更衣・内親王以上が用いる。⇒くるま(図)。例**糸毛の御車**に殿の上〈紫式部日記〉

いと-こ【愛子】 名《上代語》親しい人への呼びかけの語。いとしい人。例**いとこ** 汝背の君(=あなた様)〈万葉・一六・三八八五〉

いど-こ【何処・何所】 代(「いづく」の変化した形)どこ。例おもしろき所に船を寄せて、「ここや**いどこ**」と問ひければ〈土佐〉語誌 現代語の「どこ」は「いどこ」の「い」が脱落したもの。

いとこ-に【従兄弟煮】 名 小豆・ごぼう・芋・大根・焼き栗・豆腐などを堅いものから順に入れて、味噌で煮込んだ料理。材料を「追い追い」入れるのを「甥甥」とかけてしゃれていう。例おや、おことにぢゃあねえ**従弟煮**を〈滑稽本・浮世風呂・三下〉

いと-ざくら【糸桜】 名 植物の名。しだれ桜の別称。例わぎもこが箱根の山の**糸桜**結び置きたる花かとぞ見る〈太皇大后宮大進清輔朝臣家歌合〉

いと・し【愛し】 形(シク)(「いとほし」の変化した形)❶かわいそうだ。ふびんだ。気の毒だ。例あんな気の短い男に添はしゃるお内儀が、縁とは申しながら**いとしい**(音便形)ことぢゃ(=あんな気の短い男と夫婦におなりになる奥様が、縁とは申しながらもふびんなことだ)〈西鶴・世間胸算用・二・四〉

❷かわいい。いとおしい。恋しい。例糸より細い腰締むれば いとどなほ**愛し**(=糸より細い腰を抱き締めるとますますいっそうかわいい)〈宗安小歌集〉

語誌 「いとほし」が中世に「いとおし」「いとうし」となり、さらに「いとし」となった。〈白石佳和〉

いとしぼ・い【愛しぼい】 形(口語)《近世語》(「いとほしい」の変化した形)かわいそうだ。ふびんだ。いたわしい。例このままで思ひ切るお前の心がいかにしても**いとしぼい**〈浄瑠璃・一谷嫩軍記・三〉

いと-しも (副詞「いと」+副助詞「しも」)❶特別に。ひどく。例**いとしも**寒き秋の風かな〈新古今・雑下〉

❷(打消の語を伴って)十分には(〜ない)。深くは(〜ない)。例こまやかなる御調度は、**いとしも**整へたまはぬを〈源氏・初音〉

いと-すすき【糸薄】 名 植物の名。葉・茎の特に細い薄。例**糸薄**吹きな乱りそ(=吹き乱してくれるな)野べの風はた織る虫に任せてを見む〈拾玉集・一〉

いと-すぢ【糸筋】スジ 名 ❶糸の筋。また、糸のように細くて長いもの。例秋の野に置く白露は玉なれや貫きかくる蜘蛛の**糸すぢ**〈古今・秋上〉❷琴・三味線などの弦。例常(=いつも)もてあそびし**糸筋**鳴らして〈西鶴・好色一代女・一・一〉

いと-たけ【糸竹】 名(「糸竹」の訓読。「糸」は弦楽器、「竹」は管楽器)楽器の総称。音楽。例ある時には**糸竹**の声しらべをととのへ〈千載・序〉

いと-づつみ【糸裹み】 名 弓の一種。本弭から末弭まで全体を籐の代わりに細い麻糸で巻き、その上を漆で塗り、さらに籐を巻いたもの。例**糸づつみ**の弓の九尺ばかりありける四人張りを〈義経記・五〉

いとど【蟋蟀・竈馬】 名 虫の名。オカマコオロギ(カマドウマ)の別称。台所のあたりに住む。例海士の屋は小海老にまじる**いとど**かな〈俳諧・猿蓑・三〉

いと-ど 副(副詞「いと」を重ねた「いといと」の変化した形か)❶**そうでなくても〜なのに、そのうえさらに。** 例これは四十たりの子にて、**いとど**五月にさへ生まれて、むつかしきなり(=この子は父親が四十歳のときの子で、そのうえさらに五月にまで生まれて、不安だ)〈大鏡・序〉読解 父が四十歳のときに生まれた子は不吉とされた。そのうえさらに、(父母に害をなすといわれた)五月生まれで、ということ。

❷**ますます。** いよいよ。**よりいっそう。** 例えさらぬ事のみ**いとど**重なりて、事の尽くるかぎりもなく(=避けられない用事ばかりがいっそう重なって、用事がなくなる際限もなく)〈徒然・五九〉　〈井上博嗣〉

いと-どころ【糸所】 名 平安時代の役所の一つ。中務省縫殿寮に属し、裁縫などをつかさどる。端午の節句の薬玉なども献上した。院や摂関家にも置かれた。

いとど・し 形(シク)(副詞「いとど」の形容詞化)❶**そうでなくても〜なのに、いっそう〜だ。** 例**いとどしく**過ぎゆく方の恋しきにうらやましくもかへる波かな〈伊勢・七〉読解 都から東国に向かう旅の途中で詠まれた歌。そうでなくても過ぎ去ってゆく都のほうが恋しいのに、うらやましいことにも返ってゆく波だなあ。その返る波を見ると、都がいっそう恋しい、の意。

❷**さらにはなはだしい。いよいよ激しい。** 例御心地、いと苦しげにおはします事**いとどしければ**(=御気分は、たいそう苦しそうでいらっしゃることがさらにはなはだしいので)〈栄花・玉の飾り〉　〈井上博嗣〉

いと-な・し【暇無し】 形(ク)(「いと」は「暇」の意か)絶え間ない。せわしい。例あはれとも憂しともものを思ふときなどか涙の**いとなかるらむ**〈古今・恋五〉読解「涙の糸流る」と「暇無かる」を掛ける。

いとな・ぶ【営ぶ】 動(バ四)「いとなむ」に同じ。

いとなみ【営み】 名 ❶生活のためにする仕事。生業。例おのがじしの**営み**に、起き出でてそそめき騒ぐも〈源氏・夕顔〉❷準備。支度。例御法事の**営み**にて、朔日ごろは紛らはしげなり〈源氏・幻〉❸仏事。仏道の勤め。例をりをりの尊き御**営み**ばかりをしたまひて〈源氏・匂宮〉

いとなみ-あ・ふ【営み合ふ】アウ・オウ 動(ハ四)ある物事を二人以上の人がいっしょにする。例(法会ノ準備ヲ)**いとなみあはれ**たるぞ、いとあはれに見ゆる〈讃岐典侍日記・下〉

いとなみ-いだ・す【営み出だす】 動(サ四)作り上げる。例(水車ヲ)数日に**営み出だし**て〈徒然・五一〉

いとなみ-い・づ【営み出づ】イズ 動(ダ下二)せっせと作り出す。例風流の(=しゃれた)破子やうのも

の、ねんごろにいとなみ出でて〈徒然・五四〉

いとな・む【営む】動(マ四)〔形容詞「いとなし」の語幹の動詞化〕❶忙しく事をする。せっせと～する。例明け暮れ書き読み営みおはす(=毎日せっせと読み書きをしていらっしゃる)〈源氏・蛍〉❷作る。こしらえる。例(水車ヲ)数日に営みいだして、掛けたりけるに(=数日かかって作り出して取り付けたが)〈徒然・五一〉❸生活のために仕事する。経営する。例汝は家業を営め、我出家すべし(=あなたは家業に励め、私は出家しよう)〈今昔・一・二〉❹準備する。支度する。例内裏の賭弓の事ありて、いみじくいとなむなり(=内裏の賭弓の催しがあって、並一通りでなく準備をしているとのことだ)〈蜻蛉・中〉❺儀式などを執り行う。例折々の御仏事営みたまふぞあはれなる(=その時々の御仏事を執り行いなさるのは感慨深いことである)〈平家・灌頂・女院死去〉〈奥村悦三〉

いと-のき-て 副〔副詞「いと」+動詞「のく」の連用形+接続助詞「て」〕とりわけて。特別に。例いとのきて薄き眉根を〈万葉・一二・二九〇三〉

いとは・し【厭はし】形(シク)〔動詞「いとふ」の形容詞形〕いやだ。好ましくない。煩わしい。例なべての世の(=すべてこの世が)厭はしく思しなりて〈源氏・鈴虫〉

いとひ-がほ【厭ひ顔】名 形動(ナリ) 避けている顔つき。いやがっている様子。例客人の来むと侍りつる、いとひ顔にもこそ〈源氏・末摘花〉

いと-びん【糸鬢】名 江戸時代、男性の髪型の一つ。月代を後方まで剃り下げ、鬢を額のほうへ細く残したもの。奴や侠客が好んだ。

いと・ふ【厭ふ】動(ハ四) いやなものを嫌って、避けようとする意。❶いやだと思う。疎んじる。例(ソノ僧ハ)尋常ならぬさまなれども、人に厭はれず、よろづ許されけり(=世間並みではない様子であるが、人にいやがられず、すべて許された)〈徒然・六〇〉❷(多く「世を厭ふ」の形で)世間を嫌い、遁世する。出家する。例世を厭ひて、仏の御許に詣で、出家して〈今昔・二・一三〉❸いたわる。大事に守る。例(仏教ノ)捨身の行といふは…身をいとはぬ事をいふ〈狂言・布施無経〉

語誌▼「きらふ」と「いとふ」　類義語「きらふ」は、いやなものを積極的に切り捨て、排除する意であるが、「いとふ」は、消極的に身を引いて遠ざかるという感じで用いる。

▼平安時代以降は、仏教の「厭離穢土、欣求浄土(欲望にまみれたこの世を嫌い、仏の世界である浄土を一途に求める)」の教えと結びついて、「世を厭ふ」などの形で、俗世を捨てる、出家する、の意で用いられることが多くなった。また特に危険を避ける意から、身体を大事にする意をも派生させた。〈今井久代〉

いとほ・し 形(シク) 弱いもの・劣ったものに同情する気持ち。自分自身について、困ったと思う気持ちをも表す。

❶(他者に対して、見ていてつらい感じで)気の毒だ。ふびんだ。例(a)あはれ、かれをはしたなう言ひけむこそ、いとほしけれ(=ああ、あの人を手ひどく言ったようだが、気の毒だ)〈枕・大進生昌が家に〉例(b)(御息所ヲ)いとほしと見ながら、用意せむもわづらはしければ、知らず顔をつくる(=お気の毒だと思いながらも、仲裁するのもやっかいなので、知らん顔をしている)〈源氏・葵〉読解車争いの一節。御息所の車が葵の上の従者たちに蹴散らされるのを見ていた光源氏の召使たちの様子。❷(他者に対して、いたわる感じで)いじらしい。かわいらしい。例さりがたき妻、いとほしき子を振り捨てて(=別れにくい妻、いじらしい子どもを見捨てて)〈撰集抄・一・四〉❸(自分自身について)困った。いやだ。つらい。心苦しい。例はかられにけりと、いとほしう(音便形)て(=だまされてしまったのだなあと、つらく思って)〈平中・二九〉

語誌▼動詞「いたはる(労る)」の形容詞形「いたはし(労し)」の変化した形とみる考え方が有力。どちらも心を痛めているという語感である。

▼「こころぐるし」と「いとほし」　他者についていう①②の場合、類義語の「こころぐるし」とは対照的である。「こころぐるし」がつらくて目を背けたくなる主体の側にその主眼を置いた語であるのに対して、「いとほし」はあくまでも同情・憐憫の対象に即した語である。気の毒だ、かわいい、などと幅広く用いられるのも対象に柔軟に即しているからである。〈鈴木日出男〉

いとほし-が・る 動(ラ四)〔「がる」は接尾語〕気の毒に思う。かわいそうに思う。例言ひののしらるるを、いとほしがりて〈枕・殿上の名対面こそ〉

いとほし-げ 形動(ナリ)〔「げ」は接尾語〕❶いかにもかわいそうなさま。気の毒なさま。例思し嘆くさま、ことわりに(=言うまでもなく)いとほしげなり〈栄花・月の宴〉❷いじらしいさま。かわいいさま。例小さき子どもの、いとほしげなるを〈宇津保・楼上上〉

いとほし・む 動(マ四)〔形容詞「いとほし」の動詞化〕気の毒に思う。ふびんに思う。同情する。例我のみぞわが心をばいとほしむあはれぶ人のなきにつけても〈山家集・下〉

いと-ま【暇】名❶何もしない時間。余暇。余裕。例つくづくと暇のあるままに、物縫ふ事を習ひければ(=もの寂しく何もしない時間があるのにまかせて、裁縫を習ったので)〈落窪・二〉❷任務から離れること。休暇。辞職。例御暇もゆるされがたきを、(内大臣ハ)うちむつかりたまひて(=御立腹なさって)〈源氏・少女〉読解内大臣は娘の女御を里下りさせようとするが、帝は許そうとしない。

❸喪に服すための期間。物忌みの期間。例新しき帝の居たまひてほどなく、長々とあらむ暇ならむ、いと悪(あ)しかるべし(=新しい帝が即位なさって間もなく、長々と続く喪の期間になるようなことは、ひどく悪いにちがいない)〈落窪・四〉❹別れ。別れの挨拶(あいさつ)。例二条院へ渡りたまはむとて、御暇聞こえたまふ(=二条院へお帰りになろうとして、お別れの御挨拶を申し上げなさる)〈源氏・若菜下〉❺間。絶え間。例ひさかたの(枕詞)月は照りたり暇なく海人(あま)のいざりは灯(とも)し合へり見ゆ(=月は照っている。絶え間なく漁夫の漁(いさ)り火をあちらこちらでともしあっているのが見える)〈万葉・一五・三六七二〉

語誌▼「いと」は、ひまがなく忙しいさまを表す形容詞「いとなし(暇無し)」の「いと」、ひまがないほど忙しく勤める意の動詞「いとなむ(営む)」の「いと」と同じとされる。「ま」は「間」。忙しくない時、何もしない時間、の意。
▼「いとま」が時間的なすきまをいうのに対して、「ひま」は空間的なすきまをいうのが原義。〈松井健児〉

【暇を取(と)る】 ひまをもらう。夫と離別する。離婚する。例一日の暇をとらす〈曾我・七〉

いとま-あく【暇明く】 ひまができる。休暇になる。例この僧ども暇あくを待ちて〈栄花・鶴の林〉

いとまき-の-たち【糸巻きの太刀】 太刀の拵(こしら)えの一つ。柄(つか)や帯取りの下を糸で巻いたもの。本来は手がすべらないようにするためだったが、しだいに装飾的になり、進物の太刀などに用いる。

いど-まし【挑まし】 形(シク)〔動詞「いどむ」の形容詞化〕競争心が強い。例男も女も、いどましきこともなきにうちとけ〈紫式部日記〉

いとま-ぶみ【暇文】 名❶休暇や辞職を願い出る文書。例脚病(かくびやう)(=脚気(かつけ))のわづらひてなむ…いとま文奉りて、参らず〈宇津保・嵯峨の院〉❷離縁状。

いとま-まうす【暇申す】 (—モウス)❶辞任を申し出る。ひまをいただく。例「筑紫(つくし)の国に湯あみにまからむ」とて暇申して〈竹取〉❷お別れを申し上げる。例浮き世に思ひおく(=未練を残す)事候はず。さらば暇申して〈平家・七・忠度都落〉

いどみ【挑み】 名❶挑戦。挑発。例人の衣(きぬ)の色・匂(にほ)ひにや劣らん勝らんの挑み、胸騒がしかるべし〈栄花・若ばえ〉❷特に、恋の誘い。例昔の懸想のをかしきいどみには〈源氏・玉鬘〉

いどみ-ごと【挑み事】 名勝敗を争う行為。勝負事。例折節(=季節ごと)の物合はせ・挑み事のやうにて、をかしき世のありさまなり〈栄花・本の雫〉

いと-みや【幼宮】 名〔「いと」は接頭語〕幼い皇子・皇女。例「いと宮抱きたてまつらむ」と、殿のたまふを〈紫式部日記〉

いど・む【挑む】 動(マ四)❶挑戦する。しかける。例ないたう挑みたまひそ(=ひどく挑戦なさいますな)〈堤中納言・逢坂越えぬ権中納言〉読解「な〜そ」は柔らかい禁止の意を表す。❷競争する。張りあう。例なにくれと挑むことに勝ちたる〈枕・うれしきもの〉❸恋をしかける。例なまいどみて(=ちょっと恋をしかけて)、ものなど言ふ人のもとより〈平中・一〉

いと-も 〔副詞「いと」+係助詞「も」〕❶たいそう。非常に。例仰せのことはいとも尊し〈竹取〉❷(打消の語を伴って)まったく(〜ない)。少しも(〜ない)。例御心にはいとも思ほさぬことをだに〈源氏・行幸〉

いと-ゆふ【糸遊】 (—ユウ)名陽炎(かげろう)。一説に、糸を吐いて空中を浮遊する蜘蛛(くも)の子とも。例かすみ晴れみどりの空ものどけくてあるかなきかにあそぶ糸遊〈和漢朗詠集・下・晴〉

いと-をどし【糸縅】 (—オドシ)名鎧(よろい)の縅(おどし)の一種。組み糸で鎧の札(さね)を綴(つづ)ったもので、その色によって赤糸縅・黒糸縅などという。例糸縅にはあらずして皮縅なり〈源平盛衰記・四〇〉

いな【稲】 名「いね(稲)」の交替形。「稲穂」「稲葉」「稲作」など、複合語で用いられる。

い-な【異な】 連体奇妙な。変な。風変わりな。例それは誠にいな者がゐたな〈狂言・ぬらぬら〉

いな【否】 感相手の言動に同意しないことを表す。いやだ。いいえ。例否と言へど語れ語れと詔(の)らせこそ(=おっしゃるので)〈万葉・三・二三七〉

いなおほせ-どり【稲負鳥】 (イナオオセ—)名鳥の名。秋に現れる鳥であることのほか実体は不明。古来諸説がある。古今伝授(こきんでんじゅ)の三鳥(さんちょう)の一つ。例わがかどにいなおほせ鳥の鳴くなへに(=鳴くのと同時に)けさ吹く風に雁(かり)は来(き)にけり〈古今・秋上〉

いなか【田舎】 ⇩ゐなか

いな-がら【稲幹・稲茎】 名稲(いね)の茎(くき)。例なづきの田の稲がらに稲がらに匍匐(は)ひ廻(もとほ)ろふ野老蔓(ところづら)(=山芋の一種)〈記・中・景行・歌謡〉

いな-き【稲城】 名古く、戦いのときに稲を積み上げて敵の攻撃を防いだもの。例その王、稲城を作りて待ち戦ひき〈記・中・垂仁〉

いな-き【稲置】 名「いなぎ」とも。❶大化改新以前の地方官の一つ。屯倉(みやけ)の稲の収納を管理する。❷天武天皇一三年(六八四)に定められた八色(やくさ)の姓(かばね)の一つ。第八位。

い-な・く【嘶く】 動(カ四)〔「い」は馬の鳴き声を表す〕馬がひひんと鳴く。いななく。例駒(こま)や恋ひつついなかせむ〈蜻蛉・上〉

いなご-まろ【稲子麿】 名イナゴを擬人化して呼ぶ語。イナゴはバッタ科の昆虫で、稲などの葉を食べる。例茨小木(うばらこぎ)の下にこそ…稲子麿賞(め)で拍子つく〈梁塵秘抄・四句神歌〉

いな・す【往なす・去なす】 動(サ四)〔「いぬ」の他動詞形〕❶去(さ)らせる。行かせる。例無用ぢゃと言うていなせたは〈狂言・文山立〉❷特に、妻を実家に去らせる。離縁する。例気に入らいでいなした嫁〈近松・心中宵庚申・下〉❸ばかにする。けなす。例「唐人組(たうじんぐみ)の名折れぢゃ」「こりゃ、いなすな、いなすな」〈歌舞伎・韓人漢文手管始・一〉

いなだき【頂】 名「いただき①」に同じ。例いなだきにきすめる玉は二つなし(=秘蔵してある玉は二つとない)〈万葉・三・四一二〉

いな-づま【稲妻・雷】 (—ズマ)名雷(かみなり)による光。稲光。転じて、短い時間・瞬間的な速さなどにもいう。例秋の田の穂の上を照らす稲妻の光の間(ま)にも我や忘るる〈古今・恋一〉語誌稲の夫(つま)の意。稲の開花のころによく発生するため、これによって稲が結実すると考えられた。

いな-と-よ【否とよ】 感「いやとよ」に同じ。例 **いなとよ**、世にしら猫ともしら鼠ともいふにこそ(=言うことがあるだろうか)〈俳諧・鶉衣・百魚譜〉

いなのめの 《枕詞》「明く」にかかる。語義・かかり方未詳。

いな-ば【稲葉】 名 稲の葉。初秋の風にそよぐさまが和歌に詠まれる。例昨日こそ早苗取りしかいつの間に**稲葉**そよぎて秋風の吹く〈古今・秋上〉

因幡 《地名》旧国名。今の鳥取県東部。山陰道八か国の一つ。因州。延喜式で上国・近国。

因幡の山 《地名》歌枕 因幡国、今の鳥取県岩美郡国府町と鳥取市との境の山。和歌では、「往なば」を掛けて用いることが多い。例の歌により有名となる。例たち別れ**いなばの山**の峰に生ふるまつとし聞かば今帰り来む〈古今・離別〉↓名歌209

いな-ぶ【否ぶ・辞ぶ】〔感動詞「いな」の動詞化〕❶ 動(バ上二)断る。辞退する。いやだという。拒否する。例人の言ふことは強うも**いなび**ぬ御心にて〈源氏・末摘花〉❷ 動(バ四)❶に同じ。例一切は(=一応は)**辞ば**むずらむと思ひつるに〈今昔・三一・三五〉

いな-ぶね【稲舟】 名 刈り取った稲を運ぶ舟。最上川のものが有名。「いなぶねの」は、「いな(否)」や「いなしばし」を導く序詞に用いる。例最上川のぼればくだる**稲舟**の(ここまで序詞)いなにはあらずこの月ばかり(=今月だけがだめなのだ)〈古今・東歌〉

印南野 《地名》歌枕 播磨国印南郡、今の兵庫県加古川市から明石市にかけての野。万葉の時代は浅茅や萩とともに和歌に詠まれ、平安時代は「否」を導くために詠まれた。例をみなへし我に宿かせ**印南野**のいなといふともここを過ぎめや〈拾遺・別〉

いな-む【辞む・否む】 動(マ四)「いなぶ」に同じ。例**いなみ**まうすべき事ならねば、左右なう(=ためらわずに)領状の請け文を書いて奉る〈平家・六・慈心房〉

いな-むしろ【稲筵】 ❶ 名 ❶稲藁で編んだむしろ。例秋の田のかりねの床の**稲筵**月宿れとも敷ける露かな〈新古今・秋上〉❷稲がみのって倒れ伏したもの。そのさまをむしろにたとえていう。例夕露のたましく(=一面に玉のように置いた)小田の**稲筵**〈山家集・上〉❷《枕詞》「川」にかかる。かかり方未詳。また、むしろを敷くことから「しき(敷・頻)」にかかる。例**いなむしろ**川そひ柳水行けば靡き起き立ちその根は失せず〈紀・顕宗即位前紀・歌謡〉

いな-むら【稲叢】 名 刈り取った稲を積み重ねたもの。例**いなむら**の山田守(=山の田の番人)をばまたもあひきや〈夫木・二〇〉

いな-や【否や】 ❶ 感〔「や」は間投助詞〕相手の言動に対する不同意や、物事に対して驚きあきれる気持ちを表す。いやいや。いやもう。これはこれは。例思へども思はずとのみ言ふなれば**否や**思はじ(=いやもう、これ以上は思わないようにしよう)思ふかひなし〈古今・雑体〉❷ 副〔「や」は疑問の係助詞〕❶(「〜やいなや」の形で)質問の文末に用いる。〜かどうか。そうではないか。例思ふべしや**いなや**(=あなたを大事に思おうか、どうしようか)〈枕・御かたがた、君たち〉❷(「〜やいなや」「〜といなや」の形で)〜するとすぐに。例朝めし過ぐると**いなや**、羽織脇ざしさして〈西鶴・世間胸算用・三・三〉

いなり【稲荷】 名 五穀をつかさどる神とされる、宇迦之御魂神のこと。また、それを祭る社。使者とされる狐を信仰する習わしがあった。京都伏見の伏見稲荷神社が総本社。

いな-を-かも【否をかも】〔感動詞「いな」+間投助詞「を」+終助詞「かも」〕いやどうかな。例筑波嶺に雪かも降らる**いなをかも**かなしき児ろが布乾さるかも〈万葉・一四・三三五一〉↓名歌234

いに-し【往にし・去にし】 連体〔ナ変動詞「いぬ」の連用形+過去の助動詞「き」の連体形〕過ぎ去った。過去の。例**去にし**年根こじて(=根のついたまま掘り取って)植ゑし我が宿の若木の梅は花咲きにけり〈拾遺・雑春〉

いにし-とし【往にし年】 過ぎ去った年。先年。例**いにし年**、京を別れし時〈源氏・須磨〉

いにしーへ

【古】エー 名「往にし方」の意。現在からは取り戻すことのできない過ぎ去ってしまった過去をいう。

❶**過ぎ去った古い時代。過去。以前。** 例(a)**いにしへ**のこと語り出でてうち泣きなどしたまふ(=過去のことなど話し出して少し泣きなどなさる)〈源氏・末摘花〉例(b)**いにしへ**の奈良の都の八重桜けふ九重ににほひぬるかな〈詞花・春〉↓名歌65 例(c)**いにしへ**見し人は、二、三十人が中にわづかにひとりふたりなり(=以前に見た人は、二、三十人の中にわずか一人か二人である)〈方丈記〉

❷**亡き人。故人。** 例**いにしへ**の御代はりとなずらへきこえて(=亡き人の御身代わりになぞらえて思い申し上げて)〈源氏・早蕨〉

語誌 ▼**去ぎ過った過去** 「往にし方」という語構成が示すように、遠ざかってしまい、現在とは断絶した過去をさす。話し手(書き手)が経験したかどうかにかかわりなく用いられる。①例(a)(c)は経験、例(b)は非経験の例である。

▼**「いにしへ」と「むかし」** 類義語「むかし」は、「いま」と向かいあう時としての過去をさし、過去のある時点と現在との時間的な隔たりを越えて過去を語る場合に用いられる。鎌倉時代ころから両者の区別があいまいになり、「いにしへ」は文語的・古語的になってゆく。〈髙田祐彦〉

いにしへ-がたり【古語り】イニシエー 名 思い出話。昔話。例そこはかとなき(=どうということのない)**いにしへ語り**にのみ紛らはさせたまひて〈源氏・横笛〉

いにしへ-ざま【古様】イニシエー 名 昔。昔のこと。例心の中には、なほ忘れがたき**いにしへざま**のみおぼえて(=思い出されて)〈源氏・宿木〉

いにしへ-の-ひと【古の人】イニシエー ❶昔の人。例**古の人**に我あれや(=昔の人で私はあるのか)ささなみの古き都を見れば悲しき〈万葉・一・三二〉❷旧家の出身の人。古風な人。例母北の方なむ**いにしへの人**のよ

しあるにて(=教養ある人で)〈源氏・桐壺〉

いにしへ-びと【古人】 名 昔なじみの人。特に、昔の恋人。例眉根掻き下いぶかしみ思へるに(=心の中にいぶかしく思っていたら)古人を相見つるかも〈万葉・一一・二六一四〉 読解 眉がかゆくなるのは恋人に会える前兆と考えられていた。

いにしへ-ぶみ【古典】 名 昔の書物。古典。例おのれ古典をとくに(=講釈するときに)、師の説とたがへること多く〈玉勝間・二〉

いぬ

【犬・狗】 **1** 名 ❶動物の名。イヌ科の哺乳動物。例犬は、守り防ぐつとめ人にも勝りたれば、必ずあるべし(=犬は、守り防ぐ役目が人間よりすぐれているので、必ず飼っておくのがよい)〈徒然・一二一〉

❷人をののしっていう。例請ふらくは、君我が家の狗に語れ(=どうか、あなたは我が家の犬めに語ってくれ)〈今昔・九・三〇〉 読解 ここは、自分の長男を卑下して言ったもの。

❸密偵。回し者。例こなたのことで、この在所は大坂から犬が入りこみ(=あなたのことで、この村には大坂から密偵が入りこみ)〈近松・冥途の飛脚・下〉

❹【戌】㋐十二支の第十一番目。⇩十二支(図)
㋑㋐にあてた年・月・日の呼称。例わしは戌でちゃう六十(=私は戌年生まれでちょうど六十歳)〈近松・鑓の権三重帷子・上〉
㋒方角の呼称。西北西。
㋓時刻の呼称。今の午後八時ごろ、およびその前後約二時間。(一説に、その後約二時間)。例西の殿にいぬの刻に渡りたまふ(=西の御殿に戌の刻にお越しになる)〈源氏・梅枝〉

2 接頭 名詞につく。❶卑下・軽蔑などの意を添える。「いぬ侍」など。

❷あるものによく似ているが異なる、というものの名称に用いる。「いぬ桜」「いぬ蓼」など。

❸無駄な行為であることを表す。「いぬ死に」など。

語誌 ▼人間と犬　犬は家畜としては最も古く、警護や狩猟などに用いられ、騎射の犬追物では逆に標的とされた。その賢さ・忠実さから、非常に愛玩される動物である。『源氏物語』若紫巻には「犬君」と呼ばれるかわいらしい童女も登場する。人間にとって最も身近な動物である犬だが、一方では当然人間との間に厳然とした溝があり、そこから、似て非なるものというニュアンスが生じたのであろう。

▼有名古典の犬　『枕草子』「うへにさぶらふ御猫は」段に登場する翁丸は打ちすえられて追放されるが、哀れな姿で作者たちの前に戻ってくる。このくだりの描写には筆者の並々ならぬ愛情が注がれている。

『源氏物語』浮舟巻には、夜更けの犬たちの鳴き声が不安・無気味さ・恐怖をかき立てる一節がある。

中世の説話には犬が盛んに登場し、人間と犬の転生を語る話もある。主人に忠実に活躍する犬のイメージは、江戸後期の読本『南総里見八犬伝』によって、さらに決定的なものとなった。〈池山晃〉

い・ぬ

【往ぬ・去ぬ】 動(ナ変) ❶立ち去る。いなくなる。例道知らば尋ねもゆかん紅葉葉を幣とたむけて秋はいにけり(=道を知っているならば訪ねても行こう。しかし紅葉を幣として供えて秋は立ち去ってしまった)〈古今・秋下〉 読解 秋が去っていく道を知っていたら追っていくのに、そうではないから秋だけが去ってしまう。

❷出かける。行く。例(a)梶取り…おのれし酒をくらひつれば、はやく往なんとて(=梶取りは…自分だけ酒を飲んでしまったので、早く出発しようといって)〈土佐〉例(b)おのが行かまほしき所へ往ぬ(=自分自身が行きたい所へ出かける)〈竹取〉例(c)奈良の京、春日の里にしるよしして狩りに往にけり(=奈良の旧都、春日の里に所領の縁があって狩りに出かけた)〈伊勢・一〉

❸時が過ぎ去る。例相見ては千年や去ぬるいなをかも我やしか思ふ君待ちかてに(=お逢いしてから千年も過ぎ去ったのか、いやどうだか、私がそう思うだけか、あなたをお待ちしかねて)〈万葉・一一・二五三九〉

❹近世上方での用法。家などに帰る。例これ長蔵、おれはあとから往のほどに〈近松・曾根崎心中〉 読解 「いの」は「いなう」の変化した形。

語誌 どこかへ立ち去り、そこにいなくなるというのが原義のようであるが、②の例(b)のように、その行く先が格助詞「へ」で示されることも多く、その場合は、出かけるというほどの意になり、動詞「行く」とも類義性が高くなる。②の例(c)はその行く先が格助詞「に」で示され、さらに「狩りに」と移動の目的も示されていて「行く」の用法にきわめて近い。③は①の意を時間的に用いたものである。④は、②の用法で高まった移動の意から、その意の類義語と意味分担するようになり、「行く」に対する一つの対義語として、帰る、の意が定着したものである。〈山口尭二〉

い・ぬ

【寝ぬ】 動(ナ下二) 横になって眠る。例夕されば小倉の山に鳴く鹿は今夜は鳴かず寝ねにけらしも(=寝てしまったらしい)〈万葉・八・一五一一〉⬇名歌399

語誌 「い」は眠ること、「ぬ」は横になる意。類義語「ぬ(寝)」は体を横にしている状態をいうのが原義で、必ずしも眠ることをいうわけではない。〈浅見和彦〉

いぬ-あはせ【犬合はせ】 名 犬をかみあわせて勝負させる催し。闘犬。例月に十二度、犬合はせの日とて定められしかば〈太平記・五〉

いぬゐ【戌亥・乾】 ⇩いぬゐ

いぬ-おふもの【犬追物】 名 鎌倉時代、武芸として行われた騎射の一種。竹垣で囲んだ円形の馬場の中央に犬を放し、騎馬武者たちが蟇目の矢で射る。例ひと日郊外に逍遥して犬追物の跡を一見し〈芭蕉・奥の細道〉

いぬ-かひ【犬飼ひ】 名 鷹狩りに使う猟犬を飼育する人。例なにがし(=なんとか)と言ひしいぬかひの〈大鏡・道長下〉

いぬかひ-ぼし【犬飼ひ星】 名 牽牛星。彦星。例犬飼ひ星は なん時候ふぞ〈閑吟集・一六〇〉

いぬ-くひ【犬食ひ】 名「いぬあはせ」に同じ。例朝夕好む事とては、犬くひ・田楽などをぞ愛しける〈増鏡・むら時雨〉

いぬ-じま【犬島】 名 罪を犯した犬を追放する場所。例この翁丸(=犬の名)うちてうじて(=打ち懲らし

めて)、**犬島**へつかはせ〈枕・うへにさぶらふ御猫は〉
語誌 右の『枕草子』に見える語。平城天皇時代、犬の流刑地として定めた備前の離れ島とする説などがあるが、確認できない。

いぬ-じもの【犬じもの】〔「じもの」は接尾語〕❶名 犬のようなもの。取るに足りないもの。例故明恵上人の、「我らは**犬じものなり**」とて、非時に菓子など召しける〈沙石集・八・一三〉❷副 犬のように。例**犬じもの** 道に伏してや 命過ぎなむ〈万葉・五・八八六〉

犬筑波集(イヌツクバシユウ)《作品名》室町時代の俳諧集。一冊。宗鑑編。天文元年(一五三二)ごろ成立。最も初期の俳諧撰集で後世に大きな影響を与えた。作風は自由奔放。書名は連歌撰集『新撰菟玖波集』などによるもので、「犬」に卑下の意をこめる。『俳諧連歌抄』『新撰犬筑波集』とも。

いぬ-ばしり【犬走り】名❶築地や城などで、外壁と溝・堀との間に設けられた通路状の余地。例西の築地の**犬走り**にぞ打って出で〈保元・中〉❷犬のように、小走りに走ること。例一時三里**犬走り**、日暮れまでには戻ってくる〈浄瑠璃・新版歌祭文・上〉

いぬ-はりこ【犬張り子】名 犬の姿を模した紙製の置き物。古くは箱形。小児を守る魔除けとして、嫁入りや小児の誕生・宮参りの贈り物とされた。例未来へ送る嫁入り道具、行器(=食物を運ぶ器)・長持ち・**犬張り子**〈浄瑠璃・妹背山婦女庭訓・三〉

いぬ-ふせぎ【犬防ぎ】名 仏堂の内陣と外陣を仕切る、丈の低い格子のついたて。例**犬防ぎ**のうち見入れたる心地ぞ、いみじうたふとく〈枕・正月に寺に籠りたるは〉

いぬ-め【犬目】名 涙の出ない目。非情のたとえにいう。例何事にもすべて泣かざりければ、**犬目**の少将と言はれけるぞ〈十訓抄・一〇・六一〉

いぬ-やま【犬山】名 犬を使って山で狩りをすること。例この人**犬山**と言ふ事をして、あまたの犬を飼ひて、山に入りて〈今昔・二六・七〉

いぬる【往ぬる・去ぬる】連体〔ナ変動詞「いぬ」の連体形から〕過ぎ去った。去る。例**去ぬる**朔日の夢に〈源氏・明石〉

いぬ-ゐ【戌亥・乾】イ― 名 方角の呼称。戌と亥の中間で、北西にあたる。⇩十二支(図)。例**戌亥**のかたへすぢかへに、飛び越え飛び越え焼けゆけば〈平家・一・内裏炎上〉

いのご・ふ【期剋ふ】イノゴウ 動(ハ四) 敵に対して強い敵意のこもった声を出す。例ええ しやご しや こは(=これは)**いのごふ**ぞ〈記・中・神武・歌謡〉

いのち

【命】名❶生命。寿命。例**命**の 全けむ人は たたみこも(枕詞) 平群の山の くまかしが葉を うずにさせ その子〈記・中・景行・歌謡〉⬇名歌67
❷生きるよりどころ。例今ははや恋ひ死なましをあひ見んと頼めしことぞ**命**なりける(=今はもう恋い死にしてしまおうかなあ。いずれ逢おうと私にあてにさせた言葉が生きるよりどころであったことよ)〈古今・恋二〉読解 逢おうという恋人の言葉を支えにしてきたが、なかなか逢えずに死にそうだ、という訴え。
❸生涯。一生。例長からぬ**命**のほどに忘るるはいかに短き心なるらむ(=長くもない一生の間に忘れるとは、なんと短い心であろうか)〈伊勢・一一三〉読解 長・短を対置した歌で、「短き心」は薄情な心・浅薄な心。
❹運命。例春ごとに花のさかりはありなめどあひ見んことは**命**なりけり(=春のたびに必ず花の盛りはあるだろうが、それに出会うかどうかは運命であったなあ)〈古今・春下〉

類義 ①③よ(世・代)

語誌 生き物を生き物たらしめている力、という意味が本来のもの。その力が持続する限り存在するものとして、①の意となる。①を維持させるものの意が②、①の持続する期間の意が③となる。また、この力は不可思議なものであることから④の意が生まれた。表現・発想の上で死とかかわることが多い。〈高田祐彦〉

いのち-いく【命生く】生き長らえる。命をとりとめる。例いつまでか**命いき**て、乱れむ世をも見候ふべき〈平家・三・烽火之沙汰〉

いのち-ごひ【命乞ひ】ゴイ― 名❶長寿を神仏に祈ること。例いづれの民も、ただ殿の御**命乞ひ**をのみ申し思へり〈栄花・楚王の夢〉❷殺されそうな人の命を助けてくれるよう願うこと。例室の明神へ**命乞ひ**したてまつりにけり〈西鶴・好色五人女・一・四〉

いのち-しらず【命知らず】名❶生命の危険を顧みないこと。また、その人。例**命しらず**の狼藉者〈近松・津国女夫池・一〉❷物が丈夫で長持ちすること。例(コノ衣服ハ)**命しらず**とて親父の着られしが〈西鶴・日本永代蔵・一・二〉

いのち-なり-けり【命なりけり】命あってのことだ。命があったからこそのことであるなあ。例年たけてまた越ゆべしと思ひきや**命なりけり**佐夜の中山〈新古今・羈旅〉⬇名歌246

いのち-みゃうが【命冥加】―ミョウガ 名 形動(ナリ) 神や仏の守護によって命拾いすること。運が強いこと。例やれやれあぶなや、**命冥加な**孫どもや〈近松・鑓の権三重帷子・下〉

いのねらえず【寝の寝らえず】⇩「い」の子項目

いのり【祈り】名 神仏に請い願うこと。特に、利福や息災延命・怨霊調伏などを願い求めること。例家に帰りてものを思ひ、**祈り**をし、願を立つ〈竹取〉

いの・る

【祈る】動(ラ四) 神仏に願いをかける。祈願する。例(a)雨風やまず。日一日、夜もすがら、神仏を**祈る**(=雨や風がやまない。日中ずっと、また夜通し、神仏を祈る)〈土佐〉読解 天候の回復を祈る。例(b)みなかみに**祈る**かひなく涙河うきても人をよそに見るかな(=つらくても、あなたから離れたままで見るしかないなあ)〈後撰・恋一〉読解 神に祈願したかいもなく、涙を流すようにつらい片恋をしつづけなくてはならないのか、と詠んだ歌。「みなかみ」に「水上」と「皆神」を、「うき」に「憂き」と「浮き」を掛ける。「水上」「涙河」「浮き」は水の縁語。

語誌▼ 神聖の意の接頭語「い(斎)」に動詞「のる(宣る)」がついた語で、神仏の名やまじないの言葉を口に出して唱えることによって、自身の幸いを求めることをいうのが原義。ただし、古くから、心の中で祈るときにも用いた。
▼古くは助詞「を」を受けて、例(a)のように「神を祈る」の形で用いられたが、しだいに例(b)のように「神に祈る」の形で用いられるようになる。〈林田孝和〉

いは【岩・石・磐】 名 ❶岩石。大きな石。例その岩のもとに波白く打ち寄す〈土佐〉 ❷岩で作ったいかりやおもり。例いはおろす方こそなけれ伊勢の海の潮瀬にかかる海人の釣舟〈千載・雑上〉

いは【家】 名『上代語』「いへ」の東国方言。例いはなる我は紐解かず寝む〈万葉・二〇・四四一六〉

いは‐がき【岩垣】 名「いはかき」とも。❶岩石が取り囲んで垣根のようになっている所。例見し人もなき山里の岩垣に心ながくも這へる葛かな〈源氏・総角〉 ❷石垣。また、岩石で作られた塀。例彫り磐てる磐壁三所あり〈出雲風土記〉

いは‐がく・る【岩隠る】 1 動(ラ四) ❶岩に隠れる。例岩隠りかがよふ玉(=きらめく玉)を取らずは止まじ〈万葉・六・九五一〉 ❷貴人が亡くなる。例神さぶと(=神として)岩隠ります やすみしし(枕詞) 我が大君の〈万葉・二・一九九〉 2 動(ラ下二) 1①に同じ。例人もまだふみ見ぬ山の岩がくれ流るる水を袖に堰くかな(=袖でせきとめることだ)〈新古今・恋二〉
読解「ふみ」は「踏み」と「文」を掛ける。

いは‐がくれ【岩隠れ】 名 岩によって隠れたところ。岩陰。例岩隠れの苔の上に並みゐて、土器まゐる(=杯をおとりになる)〈源氏・若紫〉

いは‐が‐ね【岩が根】 名「いはね」に同じ。

いは‐き【石木・岩木】 名 岩や木。木石。非情なもののたとえに用いることが多い。例あはれなる御心ざまを、岩木ならねば思ほし知る〈源氏・東屋〉

いは‐き【石城・岩城】 名 墳墓で、棺を納めるために石で築いた石室。例事しあらば小泊瀬山の石城にも隠らばともにな思ひ(=思い悩むな)我が背〈万葉・一六・三八〇六〉

磐城 《地名》旧国名。今の福島県東部と宮城県南部。東山道八か国の一つ「陸奥」を、明治元年(一八六八)五分割して設けた国。

いは・く【稚く】 動(カ下二)〔仮名遣いは「いわく」とも〕幼稚である。子どもっぽいことをする。例いはけたる遊び戯れに心いれたる童べのありさま〈源氏・若菜上〉

いはく

【曰く】 1〔動詞「いふ」のク語法〕言うことには。例(a)たわやめといはくも著く(=かよわい女性というとおり)〈万葉・四・六一九〉例(b)女、答へていはく、「これは蓬莱の山なり」と答ふ(=女が答えて言うことには、「これは蓬莱の国の山です」と答える)〈竹取〉 2 名 いわれ。理由。事情。例曰くを御存じないゆゑ御不審の立つはず(=事情を御存じないので不思議にお思いなのももっともだ)〈近松・心中天の網島・上〉

語誌 平安時代以降ク語法が廃れていっても、慣用的に用いられ続け、やがて、2のように名詞として用いられるようになった。〈佐藤一恵〉

いは‐くえ【岩崩え】 名 岩がくずれること。岩くずれ。和歌では、「くえ」の類音「悔ゆ」を導く序詞を構成する。例鎌倉の見越しの崎の岩くえの君が悔ゆべき心は持たじ〈万葉・一四・三三六五〉

いは‐くら【磐座】 名〔「いは」は堅固な、の意〕神のすわる場所。例皇孫すなはち天の磐座を離ち、また天の八重雲を排分け〈紀・神代下〉

いはけ‐な・し

【稚けなし】 形(ク)〔「いはけ」は「いはく(稚く)」と同根。「なし」は接尾語〕❶幼い。年少だ。例いはけなきほどより、学問に心を入れてはべりしに(=幼いころから、学問を熱心にしてまいりましたが)〈源氏・絵合〉 ❷幼稚だ。子どもっぽい。あどけない。思慮がない。例君たちの、いはけなく寝おびれたるけはひなどここかしこにうちして(=若君たちが、あどけなく寝ぼけている様子などがあちらこちらでして)〈源氏・横笛〉

語誌 ▼関連語 類義語「いとけなし」「いときなし」は、多くただ年少であることをいう。それに対して、「いはけなし」は年少ゆえのかわいらしさや、いたらなさをいう気持ちを底流させている語。
▼該当の年齢 『源氏物語』では、十五歳ぐらいまでに用いられ、二十歳を過ぎると「いはけなからず」となる。年齢が進むにつれて、「いはけなし」と評価されることには非難の語感が強まる。〈池田節子〉

いは‐しみづ【石清水】 名 ❶岩の間からわき出る清水。和歌では、「石清水いくその」「石清水いはで」のように同音を反復する序詞としても用いる。❷「いはしみづはちまんぐう」に同じ。例仁和寺にある法師、年寄るまで石清水を拝まざりければ〈徒然・五二〉

石清水八幡宮 名 歌枕 山城国、今の京都府八幡市男山の神社。貞観二年(八六〇)、清和天皇が宇佐八幡宮を勧請し鎮護国家の神とした。祭神は応神天皇・神功皇后・比売大神の三神。平安末期以降、源氏の氏神として武家の信仰があつい。三月の臨時の祭りは賀茂の祭りを北祭りと呼ぶのに対し、南祭りと呼ばれた。和歌では、堅固な岩と清き流れを詠んで、「絶えず」「千代」「万代」などの語を導くことが多い。「男山八幡宮」とも。

石清水物語 《作品名》鎌倉中期の物語。二巻。作者未詳。文永八年(一二七一)以前に成立。『源氏物語』『夜の寝覚』などの影響を受けた擬古物語。貴族の姫君と東国武士の悲恋が中心。

岩代 《地名》旧国名。今の福島県中・西部。東山道八か国の一つ「陸奥」を、明治元年(一八六八)五分割して設けた国。

いは‐せ【岩瀬・石瀬】 名 岩の多い浅瀬。例吉野川岩瀬の波に寄る花や〈風雅・春下〉

いはせ‐も‐はて‐ず【言はせも果てず】 話を全部話させないで。言うのも待たずに。例言はせもはてず、十二束三つぶせ(ノ矢ヲ)、よっぴいて(=引き絞って)ひやうど放つ〈平家・一一・嗣信最期〉

いは‐そそ・く【岩注く・石注く】 1 動(カ四) 水が岩などにうちかかる。例石そそき岸の浦廻に寄する波〈万葉・七・一三八八〉 2《枕詞》流れや水が岸を洗うことから「岸」に、また、水が注ぐさまから「垂水」にかかる。

いは-つつじ【岩躑躅】|イワ 名 山野の岩の間に自生するツツジ。和歌では、「言は」を導く序詞を構成することが多い。例思ひ出づるときはの山の**岩躑躅**(ここまで序詞)言はねばこそあれ恋しきものを〈古今・恋一〉

いは-つぼ【岩壺】|イワ 名 岩のくぼみ。洞穴。滝壺。例この滝の落ち入る**岩壺**より〈今昔・一四・四三〉

いは-と【岩戸】|イワ 名 ❶岩の戸。例天の原 **石門**を開き〈万葉・二・一六七〉 ❷「あまのいはと」に同じ。

いは-とこ【岩床】|イワ 名 平べったい岩。平らな岩。例**石床**と(=平らな岩のように) 川の氷凝り 寒き夜を〈万葉・一・七九〉

いは-なし【岩梨】|イワ 名 植物の名。今のコケモモか。実を食用とする。例あるいは茅花を抜き、**岩梨**を採り〈方丈記〉

いは-なみ【岩波】|イワ 名 岩に打ち寄せる波。岩にぶつかって立つ波。例吉野川**岩波**高く行く水の(ここまで序詞)はやくぞ人を思ひそめてし〈古今・恋一〉

いは-ね【岩根】|イワ 名 大地に根を下ろしたような、どっしりした岩。大きな岩。例**岩根**踏み 山越え野行き 都辺に 参ゐし我が背を〈万葉・一八・四一一六〉

石之日売・磐之媛(いはのひめ) イワノヒメ《人名》生没年未詳。仁徳天皇の皇后。履中・反正・允恭天皇の母。記紀では夫の女性関係に激しく嫉妬する妻として描かれるが、『万葉集』では夫の帰りを待ちわびる歌を詠む。

いは-ばし【石橋・岩橋】|イワ 名「いははし」とも。❶岩でできた橋。石橋。❷「くめのいはばし」に同じ。例**岩橋**の夜の契りも絶えぬべし〈拾遺・雑賀〉

いは-ばし・る【石走る】|イワ ❶動(ラ四) 水が岩の上を勢いよく激しく流れる。例**岩走り激ち**流るる泊瀬川〈万葉・六・九九一〉 ❷《枕詞》水が激しく流れる意から「滝」「垂水」に、また、「溢水」と同音の地名「淡海(近江)」にかかる。例**いはばしる** 近江の国の 楽浪の 大津の宮に〈万葉・一・二九〉↓名歌216

いは-はな【岩鼻・岩端】|イワ 名 岩の先端。例**岩はな**やここにもひとり月の客〈俳諧・去来抄・先師評〉↓名句17

いはひ【斎ひ・祝ひ】イワイ 名 ❶吉事が起こるように、心身を清めて神に祈ること。また、神を祭る人。祭る場所。例**斎ひ**の返り事の神賀の吉詞(=神の祝いの言葉)〈祝詞・出雲国造神賀詞〉 ❷吉事を喜ぶこと。祝賀。例ことさらにさるべき**祝ひ**の事にこそはと思して〈源氏・総角〉 読解 ここは結婚三日目の祝い。

いはひ-うた【祝ひ歌】|イワイ 名『古今和歌集』仮名序で、和歌の六義の一つ。太平の世や人の長寿・繁栄を喜び祝い、神に告げる歌。

いはひ-ご【斎児】|イワイ 名「いはひこ」とも。尊いものとして大切に守り育てている子。例錦綾の 中に包める **斎児**も〈万葉・九・一八〇七〉↓名歌250 語誌「いつきご」と読む説もある。

いはひ-づき【祝ひ月】|イワイ 名 正月・五月・九月の忌み詞。この三つの月を凶の月として忌んで逆に呼んだもの。例この月は**祝ひ月**とて物忌まひ〈近松・ひぢりめん卯月紅葉・下〉

いはひ-づま【斎ひ妻】|イワイ 名 夫の留守中、身を清めて夫の安全を祈り待っている妻。例あしひきの(枕詞) 山椿咲く八つ峰越え鹿待つ君が(=鹿をねらって待つあなたの)**斎ひ妻**かも〈万葉・七・一二六二〉

いはひ-へ【斎ひ瓮】|イワイ 名「いはひべ」とも。神を祭るとき、神酒を入れて供える壺。例**斎ひ瓮**に 木綿取り垂でて(=掛けて) 斎ひつつ〈万葉・九・一七九〇〉

類義 いつへ

い-は・ふ【斎ふ・祝ふ】

ワ・オウ|ワ 動(ハ四) よいことがあるように神に祈りながら、心身を清浄にして仕える、が原義。

❶**身を清らかに保つ。潔斎する。物忌みをする。** 例ま幸くて妹が**斎はば**沖つ波千重に立つとも障りあらめやも(=ご無事でといとしいあなたが物忌みをしたら、沖の波がたくさん立っても事故などあろうか)〈万葉・一五・三五八三〉 読解 遣新羅使の歌。「あらめやも」は反語表現。

❷**あがめ祭る。大切に守る。** 例ここに社を造りて**いはひたまへ**。さらばいかにもまもりたてまつらん(=ここに社殿を造ってあがめ祭ってください。そうすればどのようにでも守護し申し上げよう)〈宇治拾遺・一五八〉 読解 陽成院に住み着く化け物の言葉。

❸**神として祭る。祭礼をする。** 例斎瓮に 木綿取り垂でて **斎ひつつ** 我が思ふ我が子 ま幸くありこそ(=斎瓮に木綿を取りつけて垂らし、祭礼をしつづけて私が心配する我が子よ無事であっておくれ)〈万葉・九・一七九〇〉 読解 遣唐使の一員となった我が子の安全を願う母の歌。「斎瓮」は祭器の名。

❹**幸福を祈る。祝福する。** 例百年と**祝ふ**を我は聞きながら思ふがためは飽かずぞありける(=百年も生きるようにと祝福する言葉を私は聞くけれど、あなたを想うこの私のためには満足できませんよ)〈後撰・慶賀〉 読解 百年も生きるように、という言葉でも、あなたを想う私には不十分だ、の意。長寿を祝う歌。

語誌 ▼類義語 類義語「いつく」は、神聖なものを大切に護り、それに仕える意。〈林田孝和〉

い-は・ふ【い這ふ】ハウ・ホウ|ワ 動(ハ四)〔「い」は接頭語〕這う。腹ばう。例鶉なす **い這ひもとほり**(=鶉のように這い回って)〈万葉・三・二三九〉

いは-ぶち【岩淵】|イワ 名「いはふち」とも。岩に囲まれた深い水のよどみ。例神奈備の打廻の崎の**磐淵**の〈万葉・一一・二七一五〉

いは-ふね【岩船・磐船】|イワ 名〔「いは」は堅固な、の意〕神が空中を飛行するのに用いるという堅固な船。例天雲に **磐船**浮かべ… い漕ぎつつ 国見しせして〈万葉・一九・四二五四〉

いは-ほ【巌】イワオ 名〔「岩秀」で、「秀」は突き出て目立つ意〕大きな岩。例土(=大地)裂けて、水涌き出で、**巌**割れて谷にまろび入る〈方丈記〉

いはまく【言はまく】イワマク〔動詞「いふ」の未然形+推量の助動詞「む」=「いはむ」のク語法〕言うこと。言葉に出すこと。例後生の**言はまく**、吾二人国を破れり(=損なった)といはむ〈紀・舒明即位前紀〉

いはまく-も【言はまくも】イワマク-モ〔「まく」は推量の助動詞「む」のク語法〕口に出して言うことも。言葉にすることも。例かけまくも　ゆゆしきかも　**言はまくも**　あやに恐き(＝心に思うのも神聖ではばかられることだ。口に出して言うのも恐れ多い)〈万葉・二・一九九〉

いは-まくら【岩枕】イワ　名 石の枕。石を枕に野宿すること。例七夕の天の河原の**岩枕**交はしもはてず明けぬこの夜は〈千載・秋上〉

いはまし-ごと【言はまし事】イワマシ　名〔「まし」は反実仮想の助動詞〕言おうかと思っていること。言いたいこと。例生けるかひなきや(トイウ言葉ハ)、誰が**言はましごと**にか〈源氏・夕顔〉

石見いはみ　イワミ《地名》旧国名。今の島根県西部。山陰道八か国の一つ。石州。延喜式で中国・遠国。

いはみ-ぎんざん【石見銀山】イワミ　名 ❶《地名》石見国、今の島根県大田市大森の銀山。戦国時代に本格的な採掘が始まり、当時、世界でも最大級の銀山であったという。江戸時代には天領となる。❷①で副産物としてできる砒石で作られた殺鼠剤。

いは・む【聚む・満む】イワム　動(マ四)《上代語》みちる。充満する。例大きに軍集ひてその地に**満めり**〈紀・神武即位前紀〉

いは-む-かた-なし【言はむ方無し】イワン〔「む」は推量の助動詞〕言いようがない。この上ない。例**言はん方なく**むくつけげなるもの(＝気味の悪いもの)来て、食ひかからんとしき〈竹取〉

いは-む-すべ【言はむ術】イワン〔「む」は推量の助動詞〕言う方法。言いよう。例**言はむすべ**せむすべ知らず極まりて(＝この上なく)貴きものは酒にしあるらし〈万葉・三・三四二〉

いは-む-や

【況や】イワン　副 動詞「いふ(言ふ)」の未然形＋推量の助動詞「む」の終止形＋反語の係助詞「や」。前文から考えて、後文の内容が成立するのはいうまでもない、の意。

まして。なおさらのこと。例(a)文もをさをさしからず、ことばもいひ知らず、**いはむや**歌はよまざりければ(＝手紙もしっかり書けず、言葉遣いもわからず、まして歌は詠めなかったので)〈伊勢・一〇七〉例(b)三帰五戒を受くる人すら、三十六天の神祇、十億恒河沙(＝ガンジス河の砂ほどの多さ)の鬼神護るものなり。**況や**、まことの出家をや〈栄花・疑ひ〉読解 神仏は初心の人でさえ守護するのだから、まして、真実の出家者が無上の果報を得ることはいうまでもないとする。

語誌 比較を表す漢語の「況」から生じた。漢文訓読が定まるにつれ、「いはむや〜む」「いはむや〜むや」などの形を経て、平安中期以降は「いはむや〜(にをいて)をや」と固定化した形が多くなる。前文と後文を比較することから、前文に「だに」「すら」などを伴うことも多い。〈上野辰義〉

いは-や【岩屋】イワ　名 岩穴。また、岩穴のように人里離れた粗末な住まい。例須磨はいと心細く、海人の岩屋もまれなりしを〈源氏・明石〉

いはや-と【岩屋戸】イワヤ　名 洞窟の入り口の戸。例岩屋戸に立てる松の木汝を見れば昔の人を相見るごとし〈万葉・三・三〇九〉

いば・ゆ【嘶ゆ】動(ヤ下二)〔「い」は馬の鳴き声を表す〕馬がいななく。例馬どものいばゆる音も〈源氏・総角〉

いは-ゆる【所謂】イワ　連体〔動詞「いふ」の未然形＋上代の受身の助動詞「ゆ」の連体形〕世間でよく言われている。世に言うところの。例かたはらに琴・琵琶おのおの一張を立つ。**いはゆる**折り琴・継ぎ琵琶これなり〈方丈記〉

いばら【茨・荊】名〔古くは「うばら」「むばら」〕とげのある低木類の総称。特に、野性のバラをさすこともある。例卯の花の白妙(＝白い色)に、茨の花の咲きそひて〈芭蕉・奥の細道〉

いはらさいかく『井原西鶴』⇩ゐはらさいかく

いは-れ【謂れ】イワ　名〔動詞「いふ」の未然形＋助動詞「る」の連用形〕理由。来歴。例花見ればその**いはれ**とはなけれども(＝これといった理由はないけれど)心のうちぞ苦しかりける〈山家集・上〉

磐余いはれ　イワレ《地名》歌枕 大和国、今の奈良県桜井市池之内を中心とした地域。平安時代以降の和歌では、「言はれ」と掛けて用いることが多い。例ももづたふ(枕詞)**磐余**の池に鳴く鴨を今日のみ見てや雲隠りなむ〈万葉・三・四一六〉➡名歌373

いは-れ-ざる【言はれざる】イワ〔動詞「いふ」の未然形＋可能の助動詞「る」の未然形＋打消の助動詞「ず」の連体形〕言わなくてもよい。余計な。無用の。例**言はれざる**御心づけにてと、かへって恨みられた〈噺本・昨日は今日の物語・下〉

いは-れ-ぬ【言はれぬ】イワ〔動詞「いふ」の未然形＋助動詞「る」の未然形＋打消の助動詞「ず」の連体形〕筋の通らない。道理のない。例**いはれぬ**事、なしたまひそ(＝なさいますな)〈竹取〉

いは-ろ【家ろ】イワ　名《上代語》〔「ろ」は接尾語〕「いへ」の東国方言。例我が**いはろ**に行かも人もが(＝行く人がいてほしい)〈万葉・二〇・四四〇六〉

いは-ゐ【岩井・石井】イワイ　名 岩間のわき水を利用した井戸。例松影の岩井の水をむすび上げて(＝すくい上げて)〈拾遺・夏〉

いは-ん-や【況んや】イワ　副 ⇩いはむや

いひ【家】イイ　名《上代語》「いへ」の東国方言。例**いひ**にして子持ち痩すらむ〈万葉・二〇・四三四三〉

いひ

【飯】イイ　名 米などを蒸したもの。のちには、水を加えて煮たものにもいう。今の、めし・ごはんにあたる。⇩かゆ(粥)。例甑には　蜘蛛の巣かきて　**飯**炊く　ことも忘れて〈万葉・五・八九二〉➡名歌122

語誌 ▼米の食べ方　古くは、米を蒸して調理することを「炊く」といい、炊いだ米を「飯」と呼んだ。米を煮て調理することもあり、煮た米は「粥」と呼んだ。粥は、水の量の多少によって固粥と汁粥に区別されていた。平安時代になると、しだいに飯は固いと感じられるようになったようで、平安末ごろからは、現在の米の調理法に近いと思われる固粥が米の普通の食べ方となった。

飯を乾燥させて、湯や水でもどして食べる食品を

「餉」「干し飯」といい、保存食品として旅にも持って行った。〈余田弘実〉

いひ【樋】名 池などの水の流れ口に設け、戸を開閉して水量を調節する仕掛け。和歌では、多く「言ひ」と掛けて用いる。例心の池の**いひ**は放たじ〈後撰・恋三〉

いひ【謂】名 言うこと。また、意味・いわれ。例よろづに**いひ**のままにせさせたまひしほどに〈栄花・後くいの大将〉

いひ-あつか・ふ【言ひ扱ふ】動(ハ四) ❶助言して世話する。例かの遺言は違へじと思ひたまへて、ただかく(故人ノ娘ヲ)**言ひあつかひ**はべるなり〈源氏・夕霧〉 ❷あれこれうわさする。例世の中の人も…かばかりになりぬるあたりの事は、**言ひあつかふ**ものなれば〈源氏・若菜上〉

いひ-あつ・む【言ひ集む】動(マ下二) さまざまな歌や話などを取り集めて言う。例さまざまにめづらかなる人の上(=身の上)などを、まことにやいつはりにや、**言ひ集め**たる中にも〈源氏・蛍〉

いひ-あは・す【言ひ合はす】動(サ下二) ❶口をそろえて同様のことを言う。例男女「いとわりなきわざかな(=まことに困ったことだ)」と**言ひあはせ**つつ嘆く〈源氏・桐壺〉 ❷相談する。例この人々にも、ことに**言ひあはせ**ず〈源氏・浮舟〉 ❸申し合わせて取り決める。約束する。例「今日見えばこのこと問はん」と、**いひ合はせ**けるほどに〈宇治拾遺・三〇〉

いひ-あらは・す【言ひ表す】動(サ四) ❶打ち明ける。白状する。例「つひにこれを**いひあらはし**つること」など笑ふに〈枕・うへにさぶらふ御猫は〉 ❷言葉で表現する。例いかにして**いひあらはさん**法の道〈新千載・釈教〉

いひ-あり・く【言ひ歩く】動(カ四) ❶行っては何かと話しかける。言い寄る。例中納言の、とざまかうざまに(=あれこれと)**言ひ歩き**たまふも、人の心を見むとなりけり〈源氏・総角〉 ❷言ってまわる。

いひ-いだ・す【言ひ出だす】動(サ四) ❶家や部屋の中から、外にいる人に言う。取り次ぎを介することもある。例局の内より、「これこれにや」と**言ひ出だし**たれば〈徒然・二三八〉 ❷口に出して言う。例そらごと(=うそ)をよくし馴れたる口つきよりぞ**言ひ出だす**らむ〈源氏・蛍〉 ❸言い始める。例灸治あまたどころになりぬれば神事にけがれありといふ事、近く人の**言ひ出だせ**るなり〈徒然・一四七〉

いひ-い・づ【言ひ出づ】動(ダ下二) 口に出して言う。例いかで心なさけあらむ男にあひ得てしがなと思へど、**言ひ出で**むもたよりなさに(=機会もないので)〈伊勢・六三〉

いひ-いひ-て【言ひ言ひて】 互いにあれこれ言いあって。歌を詠み交わし続けて。例**いひいひて**、つひに本意のごとくあひにけり(=もとからの願いのとおり結ばれた)〈伊勢・二三〉

いひ-い・る【言ひ入る】動(ラ下二) ❶建物や部屋の外から、中にいる人に言う。案内を請う場合にもいう。例「かく聞こえたまへ」とて、門のはさまより(=すきまから)**言ひ入れ**ける〈大和・七六〉 ❷耳にささやく。言い届ける。例夜いひつることの名残、女の耳に**いひ入れ**て〈枕・あかつきに帰らん人は〉

いひ-いれ【言ひ入れ】名《近世語》❶申し込み。特に、結婚の申し込み。例あなたこなたの**言ひ入れ**も合点せず(=承知せず)〈西鶴・西鶴諸国はなし・三・二〉 ❷結納。例**言ひ入れ**の祝儀贈ると見せけるに〈西鶴・日本永代蔵・六・一〉

いひ-おく・る【言ひ送る】動(ラ四) 手紙や伝言などで伝える。例(送別ノ宴ハ)今日と**言ひ送れ**りける時に〈古今・雑下・詞書〉

いひ-おこ・す【言ひ遣す】動(サ下二) 言ってよこす。言ってくる。例この女、いと久しくありて、念じわびてにやありけん(=こらえきれなくなったのだろうか)、**いひおこせ**たる〈伊勢・二一〉

いひ-おと・す【言ひ落とす】動(サ四) 悪く言う。けなす。例すずろなるそら言を聞きて、**いみじういひおとし**〈枕・頭の中将の、すずろなるそら言を〉

いひ-おほ・す【言ひ果す】動(サ下二) 十分に表現し尽くす。例(コノ句ハ)糸桜の十分に咲きたる形容、よく**言ひおほせ**たるにはべらずや〈俳諧・去来抄・先師評〉

いひ-おも・ふ【言ひ思ふ】動(ハ四) 口に出しても言い、心にも思う。例人のただならず**言ひ思ひ**たるも、聞きにくしと思して〈源氏・若菜上〉

いひ-おも・む・く【言ひ趣く】動(カ下二) 説き伏せる。説得する。例(姫君ヲ)**言ひおもむけ**てはべり〈堤中納言・花桜をる少将〉

いひ-かかづら・ふ【言ひかかづらふ】動(ハ四) 物を言ってかかわりをつける。うるさくまとわりついて言う。例(夕霧ガ)かうてもやまで(=このままでは終わらず)とかく**言ひかかづらひ**出でむも、わづらはしう聞き苦しかるべう〈源氏・夕霧〉

いひ-かか・る【言ひ掛かる】動(ラ四) ❶言葉をかけて近づく。言い寄る。例家の人どもにものをだに言はんとて、**言ひかかれ**ども〈竹取〉 ❷言い出して後に引けず、意地になる。例にがにがしいことを言ひかかつ(音便形)て、めいわくいたす〈狂言・米市〉

いひ-か・く【言ひ掛く】動(カ下二) ❶言葉をかける。和歌を詠みかける。例わがもろともなる人、ものを**言ひかけ**たれば〈蜻蛉・下〉 ❷言いがかりをつける。難癖をつける。例聊爾なこと(=失礼なこと)を**言ひかけ**後悔するな〈近松・曾根崎心中〉

いひ-かけ【言ひ掛け】名 ❶言いがかり。例この徳兵衛が**言ひかけ**したるでさらになし〈近松・曾根崎心中〉 ❷和歌などの修辞法の一つ。掛詞のこと。

いひ-かた・む【言ひ固む】動(マ下二) 言って約束する。例「酒・くだものなど取りいださせて、あがひせん(=償おう)」と**いひかため**て〈宇治拾遺・一二四〉

いひ-かな・ふ【言ひ叶ふ】動(ハ下二) 適切に表現する。うまく言い表す。例このごろの歌は、一ふし(=一部分)をかしく**言ひかなへ**たりと見ゆるはあれど〈徒然・一四〉

いひ-かは・す【言ひ交はす】動(サ四) ❶言葉や歌をやりとりする。例人と**いひかはし**たる歌の聞こえて(=評判になって)〈枕・うれしきもの〉 ❷口約束する。例引くに引かれぬ義理づめにふっと**いひかは**

し〈近松・心中天の網島・上〉

いひ-がひ【飯匙】 名 飯を盛るためのしゃもじ。例手づから**飯匙**とりて、笥子のうつは物に盛りけるを見て〈伊勢・二三〉

いひがひ-な・し【言ひ甲斐無し】 形(ク)「いふかひなし」に同じ。例この僧伽多は**いひがひなき**者かな〈宇治拾遺・九一〉

いひ-かま・ふ【言ひ構ふ】 動(ハ下二) 都合よく言い繕う。例とかく(=あれこれと)**言ひ構へ**て、尋ねて逢ひたり〈源氏・浮舟〉

いひ-き・す【言ひ期す】 動(サ変) 言い交わして約束する。例殿上にて**いひ期し**つる本意もなくては(=目的も果たさないでは)、など帰りたまひぬるぞ〈枕・五月ばかり、月もなういとくらきに〉

いひ-くた・す【言ひくたす】 動(サ 四)〔「くたす」は「くつ(朽つ)」の他動詞形。損なう、無価値にする、などの意〕**悪口を言う**。けなす。**けちをつける**。例このころ紅葉を**言ひくたさむ**は、龍田姫の思はんこともあるを(=今の季節に紅葉をけなすのは、秋の女神の龍田姫の思惑もいかが、ということもあるので)〈源氏・少女〉 読解季節は秋。〈上野辰義〉

いひ-くん・ず【言ひ屈ず】 動(サ変)〔「くんず」は「くっす」の変化した形〕気落ちして言う。言ってがっかりする。例「(雪ガ)夜のほどに消えぬらんこと」と**いひくんずれ**ば〈枕・職の御曹司におはします頃、西の廂にて〉

いひ-け・つ【言ひ消つ】 動(タ四) ❶**言いさす**。中途で聞きとりにくいようにしたり、言い切らずに終えてしまったりする。例「はつるる糸は」と末は**言ひ消ちて**(=「はつるる糸は」と後のほうは言葉にならずに消えて)〈源氏・椎本〉 読解亡き父を思い、涙がこみあげて言葉が続かないという場面。「はつるる糸は」は、和歌の一部。❷**非難する**。**悪評する**。**けなす**。例(a)光る源氏、名のみことごとしう、**言ひ消たれ**たまふ咎多かなるに(=光源氏という名だけはりっぱだが、非難されなさる過失も多いというが)〈源氏・帚木〉例(b)をこにも見え、人にも**言ひ消たれ**(=愚かにも見え、人にも非難され)〈徒然・一六七〉〈上野辰義〉

いひ-ごと【言ひ事】 名 ❶話の種。話題。例そのころの**言ひ事**にこそ侍りしか〈大鏡・伊尹〉❷口げんか。例我が非分とはわきまへながら、**いひ事**の種をこしらへ〈西鶴・西鶴織留・三・一〉❸言い分。例にくき男の**言ひ事**かな〈宇治拾遺・一五八〉

いひ-さ・す【言ひさす】 動(サ四)〔「さす」は接尾語〕話を中途でやめる。例「尽きせぬ御物語なども、今日は言忌みすべくや(=不吉なことを言うのは慎しむほうがよいだろうか)」など(故人ノ話ヲ)**言ひさし**つつ〈源氏・早蕨〉

いひ-さだ・む【言ひ定む】 動(マ下二) 話しあって決める。例**いひ定め**たるやうに、すみやかに酒・くだものとりにやりて〈宇治拾遺・一二四〉

いひしら-ず【言ひ知らず】 ❶言いようがわからない。表現のしようがない。例など(=どうして)**言ひ知らぬ**思ひそふらむ〈古今・恋三〉❷言いようもないほどすばらしい。例(楽人タチガ)**いひ知らず**吹きたてたるものの音どもに〈源氏・紅葉賀〉❸言う価値がない。言うのもばかげている。例いとひなび(=田舎びた)**いひ知らぬ**ことなど、人に問ひ聞きなどはせじかし〈枕・おひさきなく〉

いひ-し・る【言ひ知る】 動(ラ四) ものの言いようを心得ている。例好き者なれば(=風流な人なので)、**いひ知り**ためり〈落窪・二〉

いひ-しろ・ふ【言ひしろふ】 動(ハ 四)〔「しろふ」は接尾語〕❶**互いに言いあう**。例あまえて、「いかに聞こえむ」など**言ひしろふ**べかめれど(=いい気になって、「なんと申し上げよう」などと互いに言いあっているようだが)〈源氏・夕顔〉 読解光源氏からの返事にはしゃぐ女性たちの様子。❷**言い争う**。**いさかう**。例「いとわりなからむ」と言**ひしろふ**ほどに(=「それはとても無理でしょう」と言い争ううちに)〈源氏・浮舟〉〈上野辰義〉

いひ-す・つ【言ひ捨つ】 動(タ下二) ❶無造作に言う。例昔の人は、ただいかに**言ひすて**たることぐさ(=言葉)も、皆いみじく聞こゆるにや〈徒然・一四〉❷連歌・俳諧で、筆録せずに詠み捨てる。例**いひ捨て**られし句どもを集め〈俳諧・貝おほひ・序〉

いひ-すて【言ひ捨て】 名「いひずて」とも。❶言いっ放し。例「あんまり主に酒進ぜてくださんすな」と**言ひ捨て**にして〈浮世草子・傾城禁短気・五・四〉❷連歌・俳諧で、懐紙に正式に記録しない、詠み捨ての即興の句。例ただ今は連歌の**言ひ捨て**をした〈狂言・大黒連歌〉

いひ-そ・す【言ひそす】 動(サ四)〔「そす」は接尾語〕はなはだしく言う。言い過ぎる。例われたけく(=調子に乗って)**言ひそし**はべるに〈源氏・帚木〉

いひ-そ・む【言ひ初む】 動(マ下二) ❶言いはじめる。口をききはじめる。例そのはじめ(=最初に)**いひそめ**てし人をたづね〈枕・職の御曹司の西面の〉❷異性に言い寄りはじめる。例かくて少将**いひそめ**たまひてければ〈落窪・一〉

いひ-た・つ【言ひ立つ】 1 動(タ四) ❶ものを言いながら立っている。例頭の弁、ものをいと久しう**いひ立ち**たまへれば〈枕・職の御曹司の西面の〉❷うわさが立つ。言われ出す。例「(死者ガ続クノハ)この岩のある故ぞ」と**いひたち**にけり〈宇治拾遺・二二〉❸しきりに言う。盛んに言う。例「鳴り制せん(=静かにしろ)」と**いひたて**けるに〈宇治拾遺・三一〉 2 動(タ下二) 取り立てて言う。言い立てる。例この歌に限りてかく**いひたて**られたるも知りがたし〈徒然・一四〉

いひ-たて【言ひ立て】 名 ❶取り立てて言うこと。特に、自分の得意な技能などを言うこと。例何も言ひ立てに致す芸はござらねども〈虎寛本狂言・八幡の前〉❷口実。例道ならちと送って、それ**言ひ立て**に夜食食はうといふことか〈近松・心中重井筒・上〉❸物売りなどが宣伝のために行う口上。例歯磨き売りの居合ひ抜き・売薬の**言ひ立て**…境内に所せきまで満ち満ちたり〈滑稽本・膝栗毛・七上〉

いひ-ちぎ・る【言ひ契る】 動(ラ四) 言葉で約束する。例ねむごろに**いひちぎり**ける女の、ことざまになりにければ(=ほかの男に心を動かしてしまったので)〈伊勢・一二二〉

いひ-ちら・す【言ひ散らす】 動(サ四) ❶わめき散らす。例「はや出だしたてまつりたまへ」など**いひちらして**〈蜻蛉・中〉 ❷言いふらす。例世の人の言ぐさに…事にふれつつ**言ひ散らす**を〈源氏・篝火〉

いひ-つか・ふ【言ひ使ふ】 動(ハ四) 用事を言いつけて使う。例この人、国に(=国司の役所で)必ずしも**言ひ使ふ**者にもあらざなり〈土佐〉

いひつが-ふ【言ひ継がふ】〔動詞「いひつぐ」の未然形＋上代の反復・継続の助動詞「ふ」〕次々に言い伝える。例言霊の　幸はふ国と　語り継ぎ　**言ひ継がひ**けり〈万葉・五・八九四〉

いひ-つ・く

【言ひ付く】 **[1]**動(カ四) ❶意中の人に声をかける。言い寄る。例心かけてはべりけれど、**言ひつかむ**かたもなく(=思いを寄せておりましたが、言い寄る方法もなく)〈後撰・恋三・詞書〉 ❷男女が親しくなる。例その武蔵なむ、のちは返事はして**いひつきにける**(=その武蔵が、のちには返事はしたので、いい仲になった)〈大和・一〇三〉 読解「武蔵」は女性の名。 ❸頼む。頼みこむ。例頼りの人に**いひつきて**(=縁者に頼んで)、女は京に来にけり〈大和・一四八〉
[2]動(カ下二) ❶言葉で人に託す。物事を依頼する。命じる。例(a)宮の御返りも人々の消息も、**いひつけ**て、また遣りければ(=宮様の御返事も人々の手紙も、使者に命じて、また送ったところ)〈大和・一六八〉 例(b)扇なども…さるべき人々に**いひつけ**、我が絵師にかかせなどしたる人は(=扇なども…しかるべき人々に依頼したり、おかかえの絵師にかかせたりなどした人は)〈栄花・若ばえ〉 ❷告げ口する。言いふらす。例「何ごとを**言ひつけむ**」と目をつけて見たまへど、**言ひつく**べきこともなし(=「どんなことでも告げ口してやろう」と注意してご覧になるが、告げ口できることもない)〈宇津保・忠こそ〉 ❸呼び名をつける。命名する。例大宰相の君などいふ人、おばおとどなど**言ひつけ**たまひ(=大宰相の君などいう人を、「おばおとど」などと呼び名をおつけになり)〈栄花・日蔭の鬘〉 ❹言いならわす。言い癖にする。例ここもとに**言ひつけ**たることくさ(=仲間うちで言い慣れている言葉)〈徒然・七八〉　〈上野辰義〉

いひ-つ・ぐ【言ひ告ぐ】 動(ガ下二) 言い知らせる。告げ口をする。例世には盗人あさり(=盗人の捜索)と**言ひ告ぐる**も〈栄花・浦々の別れ〉

いひ-つ・ぐ【言ひ継ぐ】 動(ガ四) ❶言い伝える。例万代に　**言ひ継ぐ**がねと(=言い伝えるようにと)〈万葉・五・八一三〉 ❷言葉を取り次ぐ。例孫王の君して御答へなど**言ひ継がせ**たまへば〈宇津保・国譲下〉

いひ-つた・ふ【言ひ伝ふ】 動(ハ下二) 言葉で伝える。語り伝える。例女のはける足駄にて作れる笛には、秋の鹿、必ず寄るとぞ**言ひつたへ**はべる〈徒然・九〉

いひ-でう【言ひ条】 名 言い分。例それでお前の**言ひ条**は立つから〈歌舞伎・四天王楓江戸粧・三〉

いひ-とぢ・む【言ひ閉ぢむ】 動(マ下二) 言い切る。断言する。例**言ひ閉ぢめ**つることは、さてこそあらめ(=そのまま押し通すのがよい)〈枕・御かたがた、君たち〉

いひ-とほ・る【言ひ通る】 動(ラ四) 筋の通った話をする。例(コノ者タチハ)世のすき者にて、ものよく**言ひ通れる**を〈源氏・帚木〉

いひ-なぐさ・む【言ひ慰む】 **[1]**動(マ下二) 慰めごとを言う。例心地などのむつかしきころ、まことしき思ひ人の**言ひ慰め**たる〈枕・たのもしきもの〉 **[2]**動(マ四) 話をして心が慰められる。例をかしき事も、世のはかなき事も、うらなく(=心おきなく)**言ひ慰まん**こそうれしかるべきに〈徒然・一二〉

いひ-なし【言ひ做し・言ひ成し】 名 ❶それらしく言うこと。例み吉野の春も**言ひなし**のそら目(=見間違え)かと〈拾遺愚草・中〉 ❷とりなすこと。例皆こな様(=あなた様)の**言ひなし**ゆゑと、ほんに男(=夫)の御恩は〈近松・心中宵庚申・下〉

いひ-な・す

【言ひ為す・言ひ做す】 動(サ四)〔「なす」は、意識して～する、ことさら～する、の意〕 ❶相手にしっかり言う。説得する。例いとくちをし。かばかりのことをば、**言ひなさぬ**は(=たいそうふがいない。これくらいのことを説得できないのは)〈蜻蛉・中〉 読解母を説得できない子をしかる父の言葉。 ❷言って決着をつける。結論する。例暗うなりて、もの食はせたれど食はねば、あらぬものに**いひなして**やみぬる(=暗くなって、えさを食べさせたけれど食べないので、別の犬だと結論づけて終わりにした)〈枕・うへにさぶらふ御猫は〉 読解現れた犬が、宮中で飼っていた翁丸という犬ではないと結論を出した。 ❸取り繕って言う。例その人の御子とは館の人にも知らせず、ただ孫の、かしづくべきゆゑあるとぞ言**ひなし**ければ(=だれだれの御子だとは館の内の人にも知らせないで、ただ孫で、丁重に扱わなければならない事情がある人だと取り繕って言ったので)〈源氏・玉鬘〉　〈上野辰義〉

いひ-な・る【言ひ馴る】 動(ラ下二) ❶ある事柄を口にすることになれる。例若くてよろしき男の、下衆女の名**言ひなれ**て呼びたるこそ、いと憎けれ〈能因本枕・若くてよろしき男の〉 ❷繰り返し言葉をかけて親しくなる。例言多く**言ひ馴れ**たらむ方にぞ(姫君モ)なびかむかし〈源氏・末摘花〉 ❸ものなれた巧みな言い方をする。例さきのうたは、「ゐなの笠原」などいへるわたり**言ひ馴れ**たり〈元永元年十月二日内大臣家歌合・判詞〉

いひ-ののし・る【言ひ罵る】 動(ラ四) 言い騒ぐ。やかましくうわさする。例いよいよいと尊きものに**言ひののしる**〈源氏・手習〉

いひ-はげま・す【言ひ励ます】 動(サ四) 言って相手の気持ちを高揚させる。例憎げなる事どもを言**ひ励まし**はべるに〈源氏・帚木〉

いひ-はじ・む【言ひ始む】 動(マ下二) ある言い

方をしはじめる。言いはじめる。異性に恋文や和歌を贈りはじめる。例まさただが娘に**言ひ始め**はべりける〈拾遺・恋一・詞書〉

いひ-は・つ【言ひ果つ】｜イイ｜動(タ下二) 言い切る。断定する。例ひたぶるにそらごとと**言ひ果て**むも、事の心(=実情)違ひてなむありける〈源氏・蛍〉

いひ-はな・つ【言ひ放つ】｜イイ｜動(タ四) はっきりと言う。言い切る。例けやけく否びがたくて、よろづえ**言ひ放たず**(=きっぱりと断りにくくて、万事はっきりと言うことができず)〈徒然・一四一〉

いひ-はや・す【言ひ囃す】｜イイ｜動(サ四) ❶話を合わせてあおる。おだてる。例(ソノ人ガ)**言ひはやしける**にやあらむ、皆出で立ちて行きにけり〈今昔・三一・一三〉 ❷言い立てる。盛んに言う。例「ただ当世の一奇士なり(=奇人の一人である)」とぞ**言ひはやしける**〈読本・雨月・貧福論〉

いひ-ひら・く【言ひ開く】｜イイ｜動(カ四) 説明する。弁明する。例ありつるありさまも(=事の次第を)**言ひ開き**なむと思ふほどに〈今昔・三〇・二〉

いひ-ひろ・む【言ひ広む】｜イイ｜動(マ下二) 言いふらす。例今様の事どもの珍しきを**言ひ広め**もてなすこそ、またうけられね(=納得できない)〈徒然・七八〉

いひ-ふく・む【言ひ含む】｜イイ｜動(マ下二) 相手に十分言い聞かせる。例「いまより後は、かかる事なせそ(=するなよ)」と、**言ひ含めて**許しつ〈宇治拾遺・一一九〉

いひ-ふ・る【言ひ触る】｜イイ｜動(ラ下二) ❶言葉をかける。話しかける。例たはぶれごと**言ひ触れ**て〈源氏・紅葉賀〉 ❷言い広める。言いふらす。例清十郎取りて逃げしと**言ひ触れ**て〈西鶴・好色五人女・一・四〉

いひ-ぶん【言ひ分】｜イイ｜❶名 主張したい事柄。また、不平。文句。例まづ私が**言ひ分**を聞いてくだされい〈狂言・博労〉 ❷名動(サ変) 言いがかりをつけること。転じて、口論。例家さへ空けてくださるれば、**言ひ分する**事もござらぬ〈西鶴・西鶴織留・四・一〉

いひ-ぼ【飯粒】｜イイ｜名『上代語』めしつぶ。例針を勾げて鉤(=釣り針)を為り、**粒**を取りて餌にして〈紀・神功摂政前紀〉

いひ-まが・ふ【言ひ紛ふ】｜イイマガウ・イイマゴウ｜動(ハ下二) 混同して言う。例賀茂の岩本・橋本は、業平・実方なり。人の常に**言ひまがへ**はべれば〈徒然・六七〉 読解 上賀茂神社の末社「岩本」「橋本」二社の祭神の話。

いひ-まぎらは・す【言ひ紛らはす】｜イイマギラワス｜動(サ四) ほかのことを言ってはぐらかす。話をごまかす。例他事に**言ひ紛らはし**たまひつ〈源氏・薄雲〉

いひ-まは・す【言ひ回す】｜イイマワス｜動(サ四) ❶巧みに言葉を操る。例消息文にも仮名といふものを書きまぜず、むべむべしく(=もっともらしく)**言ひ回し**はべるに〈源氏・帚木〉 ❷言い広める。例「かかる所こそあれ」と**言ひ回して**〈宇治拾遺・一三〉

いひ-みだ・る【言ひ乱る】｜イイ｜動(ラ四) 心を乱すようなことを言う。口を出して邪魔する。例しそめつるを、**言ひ乱る**ものし(=不快だ)〈源氏・手習〉

いひ-むか・ふ【言ひ逆ふ】｜イイムカウ・イイムコウ｜動(ハ下二) 対抗してものを言う。言い争う。例事のついでごとに、(コノ話題ガ)**言ひむかふる**くさはひなるを(=もとであるので)〈源氏・紅葉賀〉

いひ-もてゆ・く【言ひもて行く】｜イイ｜動(カ四) ❶言い続ける。例よろづのことども、**言ひもてゆく**に〈蜻蛉・中〉 ❷言いながら歩く。例道すがら「くさめくさめ」と**言ひもて行きけれ**ば〈徒然・四七〉

いひ-や・る【言ひ遣る】｜イイ｜動(ラ四) ❶手紙や人を介して言い送る。例「とく来こ」と**言ひやり**たるに〈枕・すさまじきもの〉 ❷述べきる。言い尽くす。例言の葉を尽くして、え**言ひやらず**〈源氏・絵合〉

いひ-よ・る【言ひ寄る】｜イイ｜動(ラ四) ❶ものを言って近寄る。例「ここなる物とりはべらん」など**言ひ寄り**て〈枕・正月一日は〉 ❷恋心を告げて近づく。例ものや**言ひ寄らまし**〈源氏・末摘花〉 ❸依頼する。例いみじくゆかしけれど、え**言ひ寄らぬ**に〈更級〉

いひ-わ・く【言ひ分く】｜イイ｜❶動(カ四) 道理を説いて明らかにする。例(私ノモノダト)誰かは**言ひ分く**人あらむ〈宇津保・俊蔭〉 ❷動(カ下二) 筋道を立てて説明する。例こはいかなる事ぞと問ひけれども…**言ひわくる**事もなし〈御伽草子・狐の草紙〉

いひ-わた・る【言ひ渡る】｜イイ｜動(ラ四) ❶言い続ける。常に言う。例女は「男を捨ててはいづちかいかむ(=どこへ行こう)」とのみ**言ひわたりける**を〈大和・一四八〉 ❷求愛し続ける。例かたちよしと聞きて、人あまた**言ひわたりけれ**ど〈徒然・四〇〉

いひ-わづら・ふ【言ひ煩ふ】｜イイワズラウ・イイワズロウ｜動(ハ四) どう話したらよいかわからず苦しむ。なかなか話しかけられず困る。例中将、**言ひわづらひ**て帰りにければ〈源氏・手習〉

いひ-わ・ぶ【言ひ侘ぶ】｜イイ｜動(バ上二) 言っても効果がなく、落胆・困惑する。言いあぐねる。例(娘ニ返事ヲ書クヨウニ)**言ひわびて**入道ぞ書く〈源氏・明石〉

飯尾宗祇《人名》⇩宗祇

い・ふ【言ふ・云ふ】｜イウ｜動(ハ四) 言葉を音声に出す意が原義。表明する、名づける、言い伝えるなど、広く言語活動をさす。

❶**言葉にして表現する。**例**言はむ**すべ せむすべ知らに(=口に出して言うような方法も、なすべき方法もわからず)〈万葉・五・七九四〉

❷**称する。名づける。世間で言いならわす。**例(a)名をば讃岐のみやつことなむ**いひける**〈竹取〉例(b)少納言の乳母とぞ人**言ふ**めるは、この子の後ろ見なるべし(=少納言の乳母と人が呼んでいるようなのは、この子の世話役であるにちがいない)〈源氏・若紫〉

❸**声をかける。言い寄る。**例(カグヤ姫ノ)家の人どもに物をだに**いはむ**とて(=家の人たちにせめて何か言いかけたいと言って)〈竹取〉

❹**話題にする。議論する。**例真俗につけて、必ず果たし遂げんと思はんことは、機嫌を**いふ**べからず(=仏道のことについても世俗のことについても、必ず成し遂げようと思うことは、時機について議論してはいけない)〈徒然・一五五〉

❺**口ずさむ。**例ひそかに心知れる人と**いへ**りける歌(=こっそりと気持ちのわかっている人と口ずさんだ

歌)〈土佐〉

❻(「〜といふ」の形で)引用したり、〜である、の意を表したりする。〜という。例見るところ花にあらずといふ事なし(=目に見るものが花の美しさでないということはない)〈俳諧・笈の小文〉

語誌▼引用する用法 「言ふ」は言語活動をさし示すために、会話文などを「と」によって導く。例「あなにやし、えをとこを」と言ひ(=「ほんとうにまあ、いい男よ」と言って)〈記・上・神代〉 引用の内容が意味の要約となることから、形式的な「といふ」という表現が早くから見られ、「ちふ」あるいは「とふ」という変化した形が『万葉集』などに見られることは、それと対応している。

▼実際の使われる現場では、「のたまふ」「聞こゆ」など「言ふ」と同じ意味のさまざまな敬語が用いられることが多い。〈藤井貞和〉

【言ふべきにもあらず】 ことさら言うまでもない。例冬はつとめて(=早朝)。雪の降りたるは**言ふべきにもあらず**〈枕・春はあけぼの〉

【言ふべくもあらず】 言葉で表現できない。言いようもない。例**言ふべくもあらぬ**(上等ナ)綾織物(あやおり)に〈竹取〉

【言ふもおろかなり】 言葉では不十分にしか言い表せない。言いようがない。例大饗(だいきやう)は正月二十三日なり。ありさま、**いふもおろかに**めでたし(=すばらしい)〈栄花・ゆふしで〉

いふ-いふ【言ふ言ふ】(イウイウ) 副 言いながら。言いつつ。例「いま、ただ今立ち並びたまひなむ」と**言ふ言ふ**、我もこの戸より出でて来(く)〈源氏・空蟬〉

いぶか・し【訝し】 形(シク) 上代は「いふかし」。はっきりわからず気にかかる気持ちを表すのが原義。

❶**様子がわからず気になる。気がかりだ。**例相見ずて日(け)長くなりぬこのころはいかにさきくや**いふかし**吾妹(わぎも)(=逢わなくて日が長くたった。このごろはどうしていらっしゃるか気がかりだ、あなた)〈万葉・四・六四八〉

❷**気になるので詳しく知りたい。見たい。聞きたい。会いたい。**例京の方(かた)のことと思せば**いぶかしう**(音便形)て、御前に召し出でて問はせたまふ(=京都のこととお思いになると詳しく知りたくて、御前にお呼び出しになってお尋ねになる)〈源氏・明石〉 読解須磨(すま)にいる光源氏が、都からの使者を迎えた場面である。

❸**不審だ。納得がいかない。疑わしい。**例横笛の五の穴は、いささか**いぶかしき**ところのはべるかと(=横笛の五番目の穴は、すこし不審なところがありますかと)〈徒然・二一九〉

語誌▼関連語 「**ゆかし**」がすばらしい対象に肯定的にひかれる心情を表すのに対し、「いぶかし」は疑問・不審・心配の思いや、それらに発する好奇心、また容易に対象に接しえないことによる欲求不満を晴らしたいという心情を表す。また、「**いぶせし**」と「いぶかし」は意味の範囲がかなり重なるが、「いぶせし」が欲求が満たされないことによる鬱屈(うつくつ)した心情の表現に重点があるのに対し、「いぶかし」は対象へと向かう気持ちを強く表すところに違いがある。〈松岡智之〉

いふ-かた-なし【言ふ方無し】(イウ) 言いようがない。例**言ふ方なく**めでたき御ありさま〈源氏・明石〉

いふ-かひ【言ふかひ】(イウカイ) 言うだけの効果。言うだけの値打ち。例かれはされて(=あちらの人は気が利いて)**言ふかひ**ありしを〈源氏・若菜上〉

いふ-かひ-なし【言ふ甲斐無し】(イウカイ) ❶**言っても効果がない。言ってもしかたがない。**例(光源氏ノ)かくのみ定めなき御心を心づきなしと思せど…**言ふかひなければ**にやあらむ、深うも怨(ゑ)じきこえたまはず(=このように頼りない浮気なお心を不快だとお思いになるが…言ってもしかたがないからであろうか、深くはおとがめ申し上げなさらない)〈源氏・葵〉

❷**取り返しがつかない。どうしようもない。**例日ごろ月ごろわづらひて、かくなりぬる人をば、今は**いふかひなき**ものになして(=長い年月を患った末に、こうなった人のことは、今はどうしようもないものとして)〈蜻蛉・上〉 読解亡くなった母親のこと。

❸**言うだけの価値がない。言うに足りない。つまらない。**例さすがに**言ふかひなから**ずは見えたてまつりてやみなん、と思ふなりけり(=そうはいってもつまらない女でもないと思っていただいて終わりにしたいものだ、と思うのであった)〈源氏・夕顔〉 読解空蟬(うつせみ)の胸中。逢おうとは思わないが、それでも光源氏につまらない女とは思われたくない。

❹**みっともなく不体裁だ。幼稚で未熟だ。**例(a)女、親なくたよりなくなるままに、もろともに**いふかひなく**てあらんやはとて(=女が親が亡くなり暮らしむきがおぼつかなくなるにつれ、男はこの妻とともに貧しい暮らしのままでよいだろうか、と思って)〈伊勢・二三〉 読解「あらんやは」の「やは」は反語の意を表す。例(b)(少女ハ)いと、まだ**言ふかひなき**ほどにて(=ほんとうに、まだ幼稚で未熟な年ごろで)〈源氏・若紫〉 〈上野辰義〉

いぶか・る【訝る】 動(ラ四)〔上代は「いふかる」〕事情や様子がわからず、気がかりに思う。知りたく思う。不審に思う。例王仁(わに)といふ人の**いぶかり**思ひて〈古今・仮名序〉

い-ぶき【息吹】 名〔上代は「いふき」〕息(いき)を吹くこと。例吹き棄(う)つる**気噴**(いぶき)の狭霧(さぎり)に〈紀・神代上〉

伊吹山(いぶきやま)《地名》歌枕 近江(おうみ)国、今の滋賀県の北東と岐阜県との境にある山。修験道(しゅげんどう)の霊地で、「かくとだにえやはいぶきのさしも草(ここまで序詞)さしも知らじな燃ゆる思ひを」〈後拾遺・恋一〉(➡名歌114)などと詠まれるもぐさ(「さしも草」)で有名。

い-ぶ・く【息吹く】 動(カ四)〔上代は「いふく」〕息(いき)を吹きかける。例根の国・底の国に**気吹**(いぶ)**き**放ちてむ〈祝詞・六月晦大祓〉

いぶせ-げ 形動(ナリ)〔「げ」は接尾語〕汚らしい様子だ。見苦しい様子だ。例虫の巣にて**いぶせげなる**を〈徒然・一三八〉

いぶせ-さ 名〔「さ」は接尾語〕❶気持ちが晴れ晴れとしないこと。うっとうしさ。例**いぶせさ**そふる宵(よひ)の雨かな〈源氏・末摘花〉 ❷気持ちが悪いこと。不快なこと。汚らしさ。例合子(がふし)(=ふたのある椀(わん))のいぶせさに(食事ヲ)召さざりければ〈平家・八・猫間〉❸不気味さ。恐ろしさ。例あまりのいぶせさに、目をふさいでぞおとしける(=馬で坂を駆け降りた)〈平家・九・坂落〉

いぶせ・し 形(ク) ゆううつで楽しめない心情を表すのが原義。

❶**気分が晴れない。胸がふさがる。気づまりだ。** 例ひさかたの(枕詞)雨の降る日をただひとり山辺(やまへ)に居れば**いぶせかりけり**(=雨が降る日にただ一人で山辺にいると気分も晴れないものだ)〈万葉・四・七六九〉❷**気がかりだ。** 例いかなることと**いぶせく**思ひわたりし年ごろよりも(=どのようなことかと気がかりに思い続けた数年間よりも)〈源氏・椎本〉❸**うっとうしい。** 例屏風(びやうぶ)ども持て来(き)て、**いぶせき**まで立てあつめて(=屏風などを持って来て、うっとうしいほど数多く立て並べて)〈源氏・東屋〉❹**汚らしい。むさ苦しい。気味が悪い。粗末だ。** 例道すがらの汗**いぶせかりつれば**(=道を行く途中で出た汗が汚らしかったので)〈平家・一〇・千手前〉

類義 いぶかし・おぼつかなし

語誌▼自分の希望や理想に反する状況にあるときに感じる苦しさや不快感などが、発散されずにもやもやと胸の内にたまっている気分を表す。孤独感に連なることも多い。そこからさらに、不快感や嫌悪感を催させるような状態にも用いられるようになった。

▼**恋の苦しさ** 『万葉集』や平安時代の仮名文学では、思いどおりにならない恋のつらさを表現する例が多い。例ⓐたらちねの(枕詞)母が飼ふ蚕(こ)の繭隠(まよごも)り**いぶせく**もあるか妹に逢はずして〈万葉・一二・二九九一〉➡名歌219 例ⓑ何ばかりのことにつけてか(=どのような機会があったら)、かく深き心ありけりとだに知らせたてまつるべきと胸いたく**いぶせけれ**ば〈源氏・若菜上〉

読解 光源氏の妻女三の宮へのかなわぬ恋に苦しむ柏木(かしはぎ)の心情。〈松岡智之〉

いふならく【言ふならく】(イウナラク)〔動詞「いふ」の終止形＋推定・伝聞の助動詞「なり」＝「いふなり」のク語法〕人の言うところでは。聞くところによると。例今聞く、筑紫(つくし)に在(はべ)りて、密(ひそ)かに謀(はか)りて**いふならく**、「…」といふなり〈紀・応神〉

いふ-はかり-なし【言ふ計り無し】(イウ)〔「はかり」は量・限度の意〕言うに言い尽くせない。言いようがないほどはなはだしい。例かなしとも**言ふはかりなし**〈平家・灌頂・女院出家〉

いふ-べき-かた-なし【言ふべき方無し】(イウ) 言いようがない。言葉に尽くせない。例郭公(ほととぎす)は、なほ(=やはり)さらに**言ふべきかたなし**〈枕・鳥は〉

いふべきにもあらず【言ふべきにもあらず】 ⇩「いふ」の子項目

いふべくもあらず【言ふべくもあらず】 ⇩「いふ」の子項目

いふもおろかなり【言ふもおろかなり】 ⇩「いふ」の子項目

いふ-やう【言ふ様】(イウヨウ) 言うことには。例翁(おきな)**いふやう**「我朝ごと夕ごとに見る竹の中におはするにて(=いらっしゃるので)知りぬ」〈竹取〉

いふ-よし-なし【言ふ由無し】(イウ) 言い表しようがない。例御容貌(かたち)は**いふよしなく**きよらにて(=お美しくて)〈源氏・真木柱〉

いぶり 名 形動(ナリ) ❶不満を言うこと。すねること。例心に傷を持ちたれば、**いぶり**もならずすねられず〈近松・心中万年草・中〉❷残忍で怒りっぽいこと。例勇みたけく**いぶり**にして〈神皇正統記・上〉

いへ【家】(イエ) 名 ❶**人が住む建物。自分の住まい。** 例家に至りて、門(かど)に入るに(=家に着いて、門内に入ると)〈土佐〉❷**家族。特に、妻。** 例春雨(はるさめ)に我立ち濡(ぬ)るると家思ふらむか(=春雨に私が立ったまま濡れていると、今ごろ家族は思っているだろうか)〈万葉・九・一六九六〉❸**家柄。家系。特に、名門。** 例ⓐ高き家の子として、官爵(つかさかうぶり)心にかなひ、世の中さかりにおごりならひぬれば(=高貴な家柄の子として、官位が望みどおりになり、世間の栄華に慣れていい気になってしまうと)〈源氏・少女〉例ⓑ愚かにつたなき人も、**家**に生まれ、時にあへば、高き位に登り、奢(おご)りを極むるもあり(=愚かで劣っている人も、名門に生まれ、うまく時勢にあうと高い地位に上がり、ぜいたくをしつくす者もいる)〈徒然・三八〉❹**俗世間。在家。**「家にあり」「家を出(い)づ(出家する)」などの形で用いる。

語誌▼**語義の変遷** 家族・家庭・家系など、血縁関係にある人間の集団によって構成されるものが基本の意味。上代では、旅先や宮仕え先に対する家族・家庭の意味合いが強いが、平安時代に入ると、藤原氏の権力確立に伴う身分の固定化によってしだいに家系の意が出てくる。やがて武家社会になると、個人や家族の上に強力に君臨する制度の側面が強くなり、近代にまで至る。

▼「や(屋)」は、建物そのものをいう。〈高田祐彦〉

【家にあり】 出家しないで俗世間にいる。例「**家にあり**、人に交はるとも、後世(ごせ)(=来世の安楽)を願はんに難(かた)かるべきかは」と言ふは〈徒然・五八〉

【家を出(い)づ】 出家する。例一たび**家を出でたまひ**なば、仮にもこの世をかへりみんとは思しおきてず(=ご計画なさらない)〈源氏・御法〉

いへ-あるじ【家主】(イエ) 名 家の主人(しゅじん)。例宮仕へする人々の、(宮中カラ)出で集まりて…かたみに(=互いに)語りあはせたるを、その**家あるじ**にて聞くこそをかしけれ〈枕・宮仕する人々の出で集りて〉

いへ-うつり【家移り】(イエ) 名 転居。引っ越し。例三月つごもりの日、**家移り**するに〈貫之集・詞書〉

いへ-かぜ【家風】(イエ) 名 ❶自分の家のほうから吹いて来る風。故郷のほうから吹いて来る風。例**家風**は日に日に吹けど〈万葉・二〇・四三五三〉❷〔「家風(かふう)」の訓読〕「いへのかぜ」に同じ。

いへ-ごと【家言】(イエ) 名 自分の家からの伝言や便り。例我妹子(わぎもこ)が**家言**持ちて来(く)る人もなし〈万葉・二〇・四三五三〉

いへ-ざくら【家桜】(イエ) 名 人家の庭などに植えてあ

る桜。例垣越しに見るあだ人(=不実な人)の家桜花散るばかり行きて折らばや〈新古今・雑上〉

いへ-だち【家建ち・家立ち】イエ 名 家の建ちぐあい。家の構え。例田舎とは違うて、家立ちまでも格別な〈虎寛本狂言・末広がり〉

いへ-ぢ【家路】イエジ 名 ❶その家へ行く道。例妹が家道にこの日暮らしつ〈万葉・一〇・一八七七〉❷我が家へ帰る道。例この里に旅寝しぬべし桜花散りのまがひに(=散るのに紛れて)家路忘れて〈古今・春下〉

いへ-づかさ【家司】イエ 名「けいし(家司)」に同じ。

いへ-づと【家苞】イエ 名 家への土産。例桜花手ごとに(=めいめいが)折りていへづとにせん〈古今・春上〉

いへ-で【家出】イエ 名 ❶よそへ出かけること。外出。他出。例寂しさに家出しぬべき山里をこよひの月に思ひとまりぬ〈詞花・雑上〉❷僧になること。出家。例世の中を憂しと思ひて家出せし〈万葉・一三・三二六五〉❸ひそかに家を出て帰らないこと。出奔。例連れそふ男憎みして、家出をせし〈西鶴・好色一代男・四・一〉

いへ-とうじ【家刀自】イエ 名「いへとじ」とも。一家の主婦。例(夫ト疎遠ニナッタ)いへとうじ、まめに思はむといふ人につきて、人の国へいにけり(=よその国へ行ってしまった)〈伊勢・六〇〉

いへ-どころ【家所】イエ 名 家の場所。住む所。例水江の浦島子が家所見ゆ〈万葉・九・一七四〇〉

いへ-とじ【家刀自】イエ 名「いへとうじ」に同じ。例家室、家長(=家の主人)に告げて曰はく〈霊異記・中・一六〉

いへ-ども【雖も】イエ 接〈動詞「いふ」の已然形＋接続助詞「ども」〉「といへども」の形で用いる。❶〜であっても。〜でも。例いみじき絵師といへども、筆限りありければ、いとにほひすくなし(=生き生きとした美しさが乏しい)〈源氏・桐壺〉❷漢文訓読体などで、「ども」と同じような逆接に用いる。〜けれども。〜でも。例聖人なりといへども、知恵なき者は、かく謀らるるなり(=このようにだまされるのだ)〈今昔・二〇・一三〉

いへにあり【家にあり】⇨「いへ」の子項目

いへ-ぬし【家主】イエ 名 ❶家の所有者。家の主人。戸主。または主婦。例その家主がありさまを問ひきく〈増鏡・草枕〉❷江戸時代の上方で、貸家の持ち主。江戸では、持ち主に代わり貸家の管理をする人。

いへ-のかぜ【家の風】イエ 名〈「家風」の訓読〉代々家に伝えてきた流儀・伝統・わざ。例はかばかしき方にはぬるくはべる(=政務の方面では劣っております)家の風の〈源氏・若菜上〉

いへ-のきみ【家の君】イエ 一家のあるじ。例小さながら家の君にておはする御ありさま(=一家のあるじでいらっしゃる御様子)〈栄花・衣の珠〉

いへ-のぐ【家の具】イエ 家財道具。例厨子・唐櫃・几帳・屛風よりはじめて(=はじめとして)、人の家の具あり〈宇津保・蔵開下〉

いへ-の-こ

【家の子】イエ 名 ❶一門の子弟。良家の子弟。例(a)閣下の君末の家の子におはしませば(=閣下の君は御子孫でいらっしゃるので)〈大鏡・道長上〉読解「閣下の君」は藤原道長のこと。例(b)舞のさま手づかひなむ、家の子はことなる(=舞の様子も手さばきも、良家の子弟は格別だ)〈源氏・紅葉賀〉

❷武家で、分家して本家と主従関係にあるもの。例「木曾殿の家の子に(=家来で)、長瀬判官代重綱」と名のる〈平家・九・宇治川先陣〉

語誌 ▼①は、単なる一門ではなく、有力な一門場合が多い。①例(b)は、「家の子」の舞が専門の舞人以上に魅力的だということで、良家の子弟のもつみずみずしさが評価されている。

▼②はしばしば「家の子郎等」と並列に用いられる。「郎等」は主君と血縁関係をもたない従者。〈高田祐彦〉

いへ-のころ【家の子ろ】イエ 〘上代語〙東国方言。家にいる妻。例我を偲ふらむ家の児ろはも(=家にいる妻よ)〈万葉・一四・三五三二〉

いへ-のしふ【家の集】イエシュウ 個人の和歌集。私家集。例天暦の御時、伊勢が家の集召したりければ(=お求めになったので)〈拾遺・雑秋・詞書〉読解伊勢は『古今和歌集』撰者時代の歌人。

いへ-ばえ-に【言へば得に】イエ 〈「に」は打消の助動詞「ず」の古い連用形〉口に出して言おうとすると言うことができずに。例言へば得に言はねば胸に騒がれて心ひとつに歎くころかな〈伊勢・三四〉

いへ-ばおろかなり【言へばおろかなり】イエ ❶「いふもおろかなり」に同じ。❷〜と言うくらいでは不十分だ。言い尽くせない。例いと心細しと言へばおろかなり〈源氏・明石〉

いへ-ばさらなり【言へば更なり】イエ 言うと、いまさらめいて聞こえる。言うまでもない。例渡りたまふ儀式いへばさらなり〈源氏・若菜上〉読解内親王降嫁の儀式のすばらしさを語る一節。

いへ-びと【家人】イエ 名 ❶家族。旅に出たとき、家で待つ妻をさしていうことが多い。例今日か来こむ(=今日来るだろうか)明日かも来こむと家人は待ち恋ふらむに〈万葉・一五・三六八八〉❷貴族の家に仕えている人。「けにん」とも。例なほ親しき家人の中には数へたまひけり〈源氏・関屋〉

いへ-ひろし【家広し】イエ 一門一族の人員が多く、富み栄えている。例右大臣安倍のみむらじは、たから豊かに家ひろき人にぞおはしける〈竹取〉

いへ-むら【家群】イエ 名 人家が集まっている所。集落。例埴生坂わが立ち見ればかぎろひの(枕詞)燃ゆる家群妻が家のあたり〈記・下・履中・歌謡〉

いへ-もち【家持ち】イエ 名 江戸時代、家屋敷を所有する町人。町人としての権利と義務があり、借家人と区別される。例人に召し使はれし下女、札に突き当たりて(=入札で当たって)、四匁めにて家持ちとなれり〈西鶴・日本永代蔵・一・五〉

いへらく【言へらく】イエラク 〈動詞「いふ」の命令形＋完了の助動詞「り」＝「いへり」のク語法〉言ったこと。言ったことには。例妹が言へらく常世辺に(=常世の国に)また帰り来て〈万葉・九・一七四〇〉

いへ-ゐ【家居】イエイ 名 ❶家を建てて住んでいること。例野辺近く家居しせれば鶯の鳴くなる声は朝な朝な(=毎朝毎朝)聞く〈古今・春上〉❷家。住まい。例家居のつきづきしく、あらまほしきこそ(=住む人に

ふさわしく、理想的であるのは〈徒然・一〇〉

いへをいづ【家を出づ】⇩「いへ」の子項目

いほ【庵・廬】 名 草木や竹などで作った粗末な家。僧・隠者の仮住まいや、農事や旅中の宿泊用の小屋をいう。いおり。例(a)わが**庵**は都のたつみしかぞすむ世をうぢ山と人はいふなり〈古今・雑下〉↓名歌418 例(b)**庵**なども浮きぬばかりに雨降りなどすれば〈更級〉

い-ほ【五百】— 名 五百。また、数の多いこと。「五百枝」「五百夜」などと接頭語的に用いることが多い。例天にはも五百つ綱延ふ〈万葉・一九・四二七四〉

いぼ-じり【蟷螂】 名 昆虫の名。カマキリ。例**蟷螂**・蝸牛などを取り集めて〈堤中納言・虫めづる姫君〉

いほしろ-をだ【五百代小田】 名〔「しろ」は面積の単位〕広々とした田地。例しかとあらぬ(=広くもない)**五百代小田**を刈り乱り〈万葉・八・一五九二〉

いほ-ち【五百個】— 名〔「ち」は接尾語〕五百個。また、数の多いこと。例金鋤も**五百ち**もがも(=たくさんあればよい)〈記・下・雄略・歌謡〉

いほ-つ【五百つ】—〔「つ」は「の」の意の上代の格助詞〕たくさんの。数多くの。例白玉の**五百つ**集ひを手に結び〈万葉・一八・四一〇五〉

いほ-はた【五百機】— 名 数多くの織機。例たなばたの**五百機**立てて織る布の〈万葉・一〇・二〇三四〉

いほ-へ【五百重】 名 雲や山などが幾重にも重なっていること。例大君は神にしませば天雲の**五百重**の下に隠りたまひぬ〈万葉・二・二〇五〉

いほへ-なみ【五百重波】— 名 幾重にも重なりあって寄せてくる波。例朝なぎに千重波寄せ夕なぎに**五百重波**寄す〈万葉・六・九三一〉

いほり【庵・廬】 名〔動詞「いほる」の名詞形〕❶(多く「いほりす」の形で)旅先などで仮設の小屋に泊まること。仮の宿りをすること。例大伴の三津に舟乗り漕ぎ出てはいづれの島に**いほり**せむ我(=大伴の三津で乗船し、漕ぎ出してしまったら、どこの島に仮の宿りをするのだろう、私は)〈万葉・一五・三五九三〉

❷草や木で作った粗末な小屋。農作業用に田畑のそばに作ったものや、旅寝に使うものにもいう。例秋田刈る旅の**いほり**に時雨降り(=秋、稲の実った田を刈る、その田のそばの小屋に時雨が降り)〈万葉・一〇・二二三五〉読解 この「旅」は旅行の意味ではなく、単に自宅以外の場所に行くことをいう。

❸粗末な家。仮住まい。特に、修行者・僧などの住まい。自分の家を卑下していうこともある。例三十あまりにして、さらにわが心と、一つの**庵**をむすぶ(=三十歳を過ぎて、改めて自分から求めて、一軒の草庵を構える)〈方丈記〉

いほり-さす【庵さす】— 庵を作って住む。例**庵さす**草の枕にともなひて笹の露にも宿る月かな〈山家集・下〉

いほ・る【庵る・廬る】 動(ラ四)〔名詞「いほ」の動詞化〕仮小屋を作って宿る。例河口の野辺に**廬りて**夜の経れば〈万葉・六・一〇二九〉

いま

【今】 1 名 ❶現在。現今。例**いま**の世の中、色につき、人の心、花になりにけるより(=現在の世の中は、はでになり、人の心も、華やかになってしまったことから)〈古今・仮名序〉

❷新しいもの。例信濃道は**今**の墾道刈りばねに足踏ましむな沓はけ我が背〈万葉・一四・三三九九〉↓名歌185

2 副 ❶ただ今。もっか。例あをによし(枕詞)奈良の都は咲く花のにほふがごとく**今**盛りなり〈万葉・三・三二八〉↓名歌56

❷やがて。すぐに。例たち別れいなばの山の峰に生ふるまつとし聞かば**今**帰り来む〈古今・離別〉↓名歌209

❸新しく。新たに。例(カツテ生エテイタ松モ)かたへはなくなりにけり。**今**生ひたるぞまじれる(=一部はなくなってしまっていた。新たに生えているものが混じっている)〈土佐〉

❹さらに。なお。もう。例小倉山峰のもみぢ葉心あらば**今**ひとたびのみゆき待たなむ〈拾遺・雑秋〉↓名歌442

語誌 現在、の意であるが、少し時間的な幅をもって用いられる。たとえば大昔と対比される場合には近い過去も範囲に入る。また、2②④は事柄は未来のことであるが、それを現在とつながるものと捉えることによっている。〈高田祐彦〉

いま-いま【今今】 副 ❶今すぐに。例「**いまいま**」とてあるほどに、まづ使ひは返しつ〈蜻蛉・下〉❷今か今かと。待ち望む気持ち・危ぶむ気持ちのどちらにも用いる。例人のもとにとみの物(=急ぎの仕立て物)縫ひにやりて、**いまいま**と苦しう居入りて(=苦しい気持ちで座り込んで)〈枕・心もとなきもの〉

いまいま・し

【忌ま忌まし】 形(シク) 動詞「いむ」を重ねて形容詞化した語。不吉なことや穢れを嫌う気持ちを表すのが原義。

❶慎むべきだ。はばかられる。例(私ハ)ゆゆしき身にはべれば、(若宮ガ)かくておはしますも、**いまいましう**(音便形)かたじけなくなん〈源氏・桐壺〉読解 若宮(光源氏)の祖母の言葉。私は夫や娘に先立たれた不吉な身でございますので、そんな私のもとにこうして若宮がいらっしゃるのも慎むべきで、恐れ多いことです、の意。

❷不吉だ。縁起が悪い。例(a)かく**いまいましき**身の添ひたてまつらむもいと人聞きうかるべし(=このように不吉な身がつき従い申し上げるのもたいそう外聞が悪いにちがいない)〈源氏・桐壺〉読解 祖母が、若宮(光源氏)を連れて参内することを、不吉な身だからと慎む場面。例(b)かやうのことは、局々の下人まで、**いまいましき**事にこそいふを(=そのようなことは、局々の下仕えの者まで、縁起が悪い事だと言っているのに)〈讃岐典侍日記・上〉読解「かやうのこと」は念仏を唱えること。

❸いやな感じだ。小憎らしい。例かかる事な言ひそ。さまにも似ず、**いまいまし**(=そんなことを言ってはいけない。柄でもない、小憎らしい)〈宇治拾遺・一四七〉

❹残念だ。いやだ。例年の始めの走り者を生けて、食はざらむは**忌ま忌ましき**事なり(=年の始めの走り物を生かしておいて、食べないのは残念な事である)〈今昔・二九・二七〉読解「走り者」は季節初めの食べ物。走る動物とする説もある。

[語誌] 本来は、宗教的な禁忌の意識に基づく不吉や穢れを嫌悪する気持ちを表す語であった。それが中世以後では、③④のように他人や自分に対する不快感を表す意にもなる。〈林田孝和〉

今鏡《作品名》平安末期の歴史物語。一〇巻。藤原為経（寂超）作。嘉応二年（一一七〇）成立か。『大鏡』を受け、それに続く後一条天皇から高倉天皇までの十三代一四六年間の歴史を仮名書きの紀伝体で記す。『大鏡』の語り手大宅世継の孫にあたる二百歳の老女が語るという設定。四鏡の一つで、『大鏡』に対して『小鏡』『読世継』とも。

今川了俊《人名》一三二六～一四一四？（嘉暦元～応永二一？）。南北朝・室町前期の歌人。俗名貞世。了俊は法名。足利幕府の重臣。冷泉派の歌人として活躍、二条良基から連歌も学ぶ。歌論『二言抄』『言塵集』などのほか、『難太平記』などを著す。

いーまき【湯巻き・今木】 [名]〔「ゆまき」の変化した形〕湯殿に奉仕する女官が、湯のかかるのを防ぐため に身に着けるもの。[例]御湯殿の**いまき**など皆（女房タチノ白装束ト）同じ事なり〈栄花・初花〉

いまーきさき【今后】 [名]（すでに后の位についている人に対して）新しく后の位についた人。[例]今后は心やましう（＝不愉快に）思すにや〈源氏・葵〉

いまさう・ず【坐さうず】 ❶[動]（サ変）〔動詞「いまさふ」の連用形＋サ変動詞「す」＝「いまさひす」のウ音便形〕「あり」「居り」の尊敬語。いらっしゃる。主語が複数のときに用いる。[例]いとよくまゐりたる御房たち（＝とてもたくさん召し上がったお坊様たち）も、**いまさうじ**けり〈大鏡・道長下〉 ❷[補動]（サ変）（動詞の連用形について）尊敬の意を表す。～（て）いらっしゃる。[例]（乳母ノ夕チハ）「…」と、のたまひ**いまさうじ**ける〈大鏡・道長上〉

いまさ・ふ【坐さふ】 [動]（ハ四）〔動詞「います」の未然形＋上代の反復・継続の助動詞「ふ」〕いらっしゃる。[例]諸の大法師たちが理のごとく勤めて坐さひ〈続紀・神護景雲元年八月〉 [語誌] 動詞「います」の連用形＋複数のものの動作を表す動詞「あふ」＝「いましあふ」の変化した形とも。

いまーさら【今更】 ❶[名][形動]（ナリ）❶今となってはしかたがない。[例]**いまさらに**山へ帰るな郭公声のかぎりは我がやどに鳴け〈古今・夏〉 ❷今初めてだ。[例]**いまさら**の人などのある時〈徒然・七八〉 ❷[副]〔[1]の副詞化〕今となって。事新しく。[例]**いまさら**人に対面してあそびたはぶるべきにもあらねば〈平家・一・祇王〉

いまさらーめ・く【今更めく】 [動]（カ四）〔「めく」は接尾語〕今さら改めて言うのも気がひける。[例]まことに二千里の外の心地するも**今さらめき**たり〈増鏡・久米のさら山〉

いまし【汝】 [代]〔動詞「います」の名詞化〕対称の人称代名詞。**あなた。なんじ。おまえ。**[例](a)この豊葦原の水穂の国は、**いまし**知らさむ国ぞ（＝この日本国は、あなたが統治なさる国である）〈記・上・神代〉[例](b)たらちねの（枕詞）母に障らばいたづらに**汝**も我も事そなるべき（＝母に邪魔されたら台なしにあなたも私もなるにちがいない）〈万葉・一一・二五一七〉

[類義]▶まし・みまし・な・なれ

[語誌]▼動詞「います」は尊敬語であるが、「いまし」には尊敬の意味合いはほとんどなく、多くの場合、目上から目下に、あるいはまた、男性から女性に対して用いられる。尊敬の意の含まれた語としては、「みまし」が用いられる。

▼『古事記』『日本書紀』『万葉集』などに現れるのが主で、上代語といってよいが、江戸時代の読本などに復古的な用例が見られる。平安時代には、「いまし」「みまし」の語頭音が脱落したと思われる「まし」が見られる。〈米山敬子〉

いまーし【今し】 [副]〔「し」は副助詞〕❶たった今。今し、羽根といふ所に来ぬ〈土佐〉 ❷今となって。[例]我妹子に言問はましを**今し**悔しも（＝いとしい妻に言葉を交わしておけばよかった。今となって後悔されることだ）〈万葉・一二・三一四三〉

いまし・む【戒む・警む】 [動]（マ下二）動詞「いむ（忌む）」の未然形＋使役の助動詞「しむ」で、慎ませる、が原義。

❶**過ちを起こさないように注意する。教える。戒める。**[例]御文にも、おろかにもてなし思ふまじと、かへすがへす**戒め**たまへり（＝お手紙にも、おろそかに取り扱ってはいけないと、繰り返しご注意なさっている）〈源氏・澪標〉

❷**用心する。警戒する。**[例]かかる人は世にありては公の御ために大事出で来はべりなん。かやうのことは**いましめ**たるこそよけれ（＝このような人が世の中にいては朝廷の御ために重大な事件が出て来ることになりましょう。このようなことはご用心していることこそよいのです）〈栄花・花山尋ぬる中納言〉[読解]藤原兼通が弟兼家の無能ぶりを天皇に奏上する場面。

❸**禁止する。律する。**[例]自ら**いましめ**て、恐るべく慎むべきは、この惑ひなり（＝自ら律して、恐れ慎まなければならないことは、この迷いである）〈徒然・九〉[読解]「この惑ひ」は愛欲の迷いのこと。

❹**しかる。言い聞かせる。**[例]郡司のしどけなかりければ、「召しにやりて**戒めん**」といひて（＝郡司がだらしなかったので、「召し出してしかろう」と言って）〈宇治拾遺・一・二〉

❺**懲らしめる。罰する。自由を奪う。縛る。**[例]深く閉ぢこめて、重く**いましめ**ておけ（＝しっかり閉じこめて、厳重に縛っておけ）〈宇治拾遺・一・九五〉〈林田孝和〉

いましめ【戒め・警め】 [名]❶禁制。[例]（外国人ヲ）宮の内に召さむことは宇多の帝の御**戒め**あれば〈源氏・桐壺〉 ❷教訓。教え。諭し。[例]あやしき（＝卑しい）下﨟なれども、聖人の**戒め**にかなへり〈徒然・一〇九〉 ❸縛ること。懲らしめ。懲罰。[例]**警め**を蒙る輩おほかりけり〈平家・二・阿古屋之松〉 ❹用心。警戒。[例]これがうしろめたければ（＝このことが心配なので）…たえず**いましめ**にやる〈枕・職の御曹司におはします頃、西の廂にて〉

いーま・す【在す・坐す】〔接頭語「い」+動詞「ます(座す)」〕 **1**動(サ四) ❶「あり」「居をり」の尊敬語。おありになる。いらっしゃる。例吾が大国主 汝こそは 男にいませば(=我が大国主よ、あなたこそ男でいらっしゃるから)〈記・上・神代・歌謡〉
❷「行く」「来く」の尊敬語。いらっしゃる。おいでになる。例かくばかり降り敷く雪に君いまさめやも(=これほどに一面に降り広がる雪にお帰りになれるだろうか)〈万葉・一九・四二三三〉 読解「めや」は反語の意を表す。
2動(サ変) ❶1①に同じ。例いませぬ後なれど、この世の光はいと面目ありかし(=この世にいらっしゃらなくなってからだが、この世の栄光はたいそう面目あることだよ)〈大鏡・円融院〉 読解天皇の母方の祖父が、死後に三位の位を贈られたという話。
❷1②に同じ。例遠き所よりいまする人あり(=遠方からおいでになる人がいる)〈大和・一四七〉
3補動(サ四)(用言・断定の助動詞「なり」の連用形について)尊敬の意を表す。〜て(で)いらっしゃる。例直向かひ 見む時までは 松柏の 栄えいまさね(=お顔を面と向かって見るときまでは、栄えていらっしゃってください)〈万葉・一九・四一六九〉
4補動(サ変) 3に同じ。例(私ヲ)をこなりと見てかく笑ひいまするがはづかし(=愚かだと思って、こう笑っていらっしゃるのがきまり悪い)〈枕・関白殿二月二十一日に〉
語誌▼「います」と「おはす」 「います」は上代に多く用いられた。上代は四段活用。サ変は平安時代になってから。「おはす」とほぼ同義であるが、「おはす」より敬意がやや低い。平安時代の和文では「います」に替わって「おはす」が多く用いられた。〈泉基博〉

いますーが・り【坐すがり】〔「がり」は、格助詞「が」+ラ変動詞「あり」とも、接尾語「か(処)」+「あり」とも〕「いまそがり」「みまそがり」とも。**1**動(ラ変)「あり」「居をり」の尊敬語。おありになる。いらっしゃる。例(a)いますがりつる心ざしどもを思ひも知らで(=今までおありになった愛情をわきまえ知らないで)〈竹取〉例(b)(父ガ)いますからぬことのあはれなることを(=いらっしゃらないのが悲しいことを)〈大和・二八〉
2補動(ラ変)(用言・断定の助動詞「なり」の連用形について)尊敬の意を表す。〜て(で)いらっしゃる。例気色ばみいますがりとも(=その気になっていらっしゃっても)〈源氏・梅枝〉
語誌▼関連語 「おはします」よりやや敬意が低い。「います」とほぼ同義であるが、「います」にある「行く」「来く」の尊敬語としての用法はない。〈泉基博〉

いまそーが・り【坐そがり】〔「いますがり」の変化した形〕 **1**動(ラ変)「いますがり1」に同じ。 **2**補動(ラ変)「いますがり2」に同じ。

いまーだ【未だ】副 以前から今に至るまで変わることがないことを表す。
❶今もなお。まだ。例(a)逆手に抜きたりける刀は、いまだ持ちたり(=さかさまに抜いていた刀は、今もなお持ったままである)〈宇治拾遺・一七六〉例(b)その人いまだ蔵人頭なりし時(=その人がまだ蔵人頭であったとき)〈平家・一・殿上闇討〉
❷(打消の語を伴って)まだ(〜ない)。今だに(〜ない)。例音には聞けども、いまだ見ぬ物なり(=うわさには聞くけれども、まだ見たことがない物だ)〈竹取〉
語誌 平安時代の和文では、「いまだ」より「まだ」が用いられることが多い。〈井上博嗣〉

いまーだいり【今内裏】名 仮の皇居。火災による焼失などで、一時的に天皇が住む内裏。⇩さとだいり。例中宮もやがてその夜移りおはしまして、堀河の院を今内裏といひて〈栄花・花山尋ぬる中納言〉

いまだ・し【未だし】形(シク)〔副詞「いまだ」の形容詞化〕まだそうなっていない。未熟だ。例いまだしき学者の、心はやりて言ひ出づる事は〈玉勝間・一〉

いまーに【今に】副 ❶今でも。いまだに。例いかなりけることならむとは、今に心得がたく思ひける(=理解しにくく思っていた)〈源氏・真木柱〉 ❷そのうち。ほどなく。例今に見をれ。このわなにかけてそのまま打ち殺いてくれう〈虎寛本狂言・釣狐〉

いまーのーほど【今の程】 ❶今のうち。すぐ。こうしている間。例今のほどに内裏に参りはべりて〈源氏・少女〉 ❷これほど。あれほど。例いまの程に手を取って引き回すやうに言うても〈狂言記・布施無〉

いまーのーま【今の間】 ❶今この瞬間。例今の間も恋しきぞわりなかりける(=困ったことだ)〈源氏・宿木〉
❷たちまち。「今の間に」の形で用いることが多い。例これ(=この騒ぎ)を今の間にしづめるほどの事もあるべきか〈西鶴・好色一代男・七・二〉

いまーのーまさか【今のまさか】〔「まさか」は現在の意〕今この時。例今のまさかも愛しみすれ(=親しくするのだ)〈万葉・一八・四〇八八〉

いまーのーよ【今の世】 ❶当世。現代。例今の世にも昔の世にも、この皮は、たやすくなき物なりけり〈竹取〉 ❷当代の天皇。また、その治世。例今の世のこと繁き(=忙しさ)にまぎれて、院には参る人もなきぞさびしげなる〈徒然・二七〉

いまーは【今は】 **1**今となっては。もう。例花の木も今は掘り植ゑじ〈古今・春下〉 **2**名 もう最後という時。臨終。例故大納言、いまはとなるまで(=臨終の間際まで)〈源氏・桐壺〉

いまーはーかう【今は斯う】〔「かう」は「かく」のウ音便形〕もはやこれまでだ。最後だ。例祇王すでに、今はかうとて出でけるが〈平家・一・祇王〉

いまーはーかぎり【今は限り】 ❶もうこれまで。例逢ふことは今は限りと思へども涙は絶えぬものにぞありける〈大和・七〉 ❷生涯の最後。臨終。例今は限りのさま、いと悲しう心細し〈源氏・夕霧〉

いまーはーかく【今はかく】もうこれまで。例つひに陣のうち破れて、今はかくと見えたり〈増鏡・月草の花〉

いまは・し【忌まはし】形(シク)〔動詞「いまふ」の形容詞形〕不吉だ。いとわしい。例(死者ヲ)悪しき方(=方角)より出ださん事…ことに忌まはしかるべし〈宇治拾遺・二四〉

いまは-の-きは【今はの際】 臨終の時。「今はのとぢめ」とも。例**今はのきは**まで持たせたまひける桐の御数珠なども〈増鏡・藤衣〉

いまは-の-とぢめ【今はのとぢめ】 「いまはのきは」に同じ。例かの**いまはのとぢめ**に、一念の(=ひたすらに)恨めしきにも〈源氏・横笛〉

いま-は-むかし【今は昔】 今となっては昔のこと。一説に、この話の「今」というのは昔のことだが、の意とも。例**今は昔**、竹取の翁といふものありけり〈竹取〉

いま-ほど【今程】 副 近ごろ。例**今ほど**の書き手、あるまじきことを書き入るるなり〈申楽談儀〉

いま-まゐり【今参り】 名 新しく仕えること。また、その人。新参者。例**今参り**の、(先輩ヲ)さし越えてもの知り顔に教へやうなる事言ひ〈枕・にくきもの〉

いま-めか・し

【今めかし】 形(シク) 当世風だ、現代的だ、が基本的な意味。それを明るく新鮮だと肯定的に見る場合と、軽薄だ、落ち着きがないと否定的に見る場合がある。

❶**当世風だ。目新しい。華やかである。**例髪のうつくしげにそがれたる末も、なかなか長きよりもこよなう**いまめかしき**ものかな、とあはれに見たまふ(=髪のきれいに切りそろえられている端も、かえって長いのよりも格別に当世風なものだなあと、しみじみとご覧になる)〈源氏・若紫〉 読解 尼君の姿。髪を背のあたりで切っている。

❷**はでだ。けばけばしい。**例心にくく奥まりたるけはひは立ちおくれ、**いまめかしき**ことを好みたるわたりにて(=奥ゆかしく深みのある感じは少なくて、はでなことを好んでいるところであって)〈源氏・花宴〉 読解 右大臣家の様子である。

❸**わざとらしい。今さらめいている。**例**今めかしき**申し事にて候へども、七代まではこの一門をば、いかでか捨てさせたまふべき(=今さらめいた申し分でございますが、今後七代まではこの一門を、どうしてお見捨てなさってよいものでしょうか)〈平家・三・法印問答〉 読解 「いかでか」は反語の意を表す。「させたまふ」は最高敬語。

語誌 ▼**肯定的評価と否定的評価** ①は当世風な様子を評価する場合の意。「今」を肯定する立場が示されている。平安時代には基本的にこの立場が貫かれているが、その様子が行き過ぎて批判がこめられると②の意となる。③は中世以降生じた意で、「今」に対する不満や否定的な考えが反映されている。 〈木村博〉

いま-め・く【今めく】 動(カ四) 〔「めく」は接尾語〕 現代風である。当世風である。目新しい。例(和琴ヲ)ものやはらかに搔き鳴らして、**いまめきたる**物の声なれば〈源氏・帚木〉 簾の内より聞こえたるも、

今物語 《作品名》 鎌倉中期の説話集。藤原信実編。延応元年(一二三九)以後の成立。現存は一冊で、和歌や連歌の話を中心に五三編を収める。

いま-やう

【今様】 名 ❶**当世風。現代風。**例(a)**今様**の若き人は、かやうなる事をぞ好まれざりける(=当世風の若い人は、このような事をたしなまれなかったのだなあ)〈源氏・手習〉 読解 和琴を弾いた老女の言葉。例(b)何事も古き世のみぞ慕はしき。**今様**は、無下にいやしくこそなりゆくめれ(=どんな事も古い時代のものだけが心ひかれる。現代風のものは、ひどくつまらなくなっていくようだ)〈徒然・二二〉

❷**「今様歌」の略。**例十余歳の時より今に至る日まで、**今様**を好みて怠る事なし〈梁塵秘抄口伝集・一〇〉

今様歌 神楽歌・催馬楽・風俗など古い形式の歌謡に対して、新しい旋律様式をもつ歌謡の総称。平安中期に起こり、末期には都で大流行した。
　種類は多く、仏教歌謡が世俗化した法文歌、神社神事に関連する神歌、地方歌謡を基にした風俗系の歌、農耕神事に発する田歌、そして只の今様など多岐にわたる。音数律は、七五音四句形式、八五音四句形式、または七五音八五音をとり混ぜた四句形式のほか、自由不定形の詩形ももつ。
　江口・神崎などの水駅の遊女や陸駅を拠点とする傀儡子などによって伝承された。後白河院撰の『梁塵秘抄』にその一端をうかがうことができる。 〈馬場光子〉

読解 今様歌に熱中した後白河院の言葉。 〈馬場光子〉

いまやう-いろ【今様色】 名 現代風の色。流行の色。一説に、濃紅色のこととも。例紅梅のいと紋(=模様)浮きたる葡萄染めの御小袿、**今様色**のいとすぐれたる〈源氏・玉鬘〉

いまやう-だ・つ【今様だつ】 動(タ四) 〔「だつ」は接尾語〕 当世風の趣がある。当世風になる。例山籠りの御うらやみは、なかなか**今様だち**たる御ものまねびになむ〈源氏・手習〉 読解 出家にあこがれる流行を批判的に語る言葉。

当世下手談義 《作品名》 江戸時代の談義本。五巻五冊。静観房好阿作。宝暦二年(一七五二)刊。江戸の流行や風俗を、神や幽霊と人間の対談形式などで風刺する。教訓性が強いが滑稽味も帯びる。江戸の当世を活写した初めての小説として反響が大きく、多くの追随作も生み、談義本というジャンルを興した。

いまよう〖今様〗 ⇩いまやう

いみ【忌み・斎み】 名 ❶**祭礼に携わる人が、神に対し、心身を清め言動を慎むこと。斎戒。**例仏殿・経蔵を作りて、月ごとの六の**斎み**を行へり〈紀・持統〉

❷**避けるべきこと。はばかり。**例長恨歌・王昭君などやうなる絵は、おもしろくあはれなれど、事の**忌み**あるは〈源氏・絵合〉 読解 これらの絵は男女が離別する不吉な内容。 語誌 人の死後の服喪、出産・月経などの血の穢れに対する禁忌、陰陽道のいう方角の障りなど、避け慎むべきこと全般にいう。

いみ-あけ【忌み明け】 名 ❶**喪に服す期間の終わる**

こと。例二十一日目の朝、**忌み明け**の月代を剃り〈黄表紙・見徳一炊夢・上〉❷出産の穢れを慎む期間の終わること。例今日は御産所の御**忌み明け**にて〈御湯殿上日記・文明十四年八月〉

いみ-き【忌寸】 名 天武天皇一三年(六八四)に定められた八色の姓の一つ。第四位。主に渡来人系統の氏に与えられた。

いみ・じ 形(シク) 動詞「いむ(忌む)」の形容詞化。はなはだ忌まなければならぬ意。転じて、善悪どちらでも、程度がはなはだしいさまを表す。

❶**はなはだしい。著しい。** 例秋になりて月**いみじう**(音便形)明きに(=秋になって月がはなはだしく明るいころに)〈更級〉

❷**大変だ。ひどくつらい。ひどく悲しい。ひどく苦しい。** 例(a)ひがおぼえもし、忘れたるところもあらば、**いみじかる**べきこと(=記憶違いもし、また忘れているところでもあったら、ひどく不名誉にちがいないことだ)〈枕・清涼殿の丑寅のすみの〉例(b)**いみじき**道なりとも、おもむきがたくおぼえたまふ(=向かいにくいとお思いになる)〈源氏・紅葉賀〉読解「いみじき道」は逃れられない死出の道。

❸**すばらしい。非常によい。とてもうれしい。** 例(物語ノ文章ガ)そらにおぼえ浮かぶを、**いみじき**ことに思ふに(=自然に頭に浮かぶのを、すばらしいことのように思っていると)〈更級〉読解暗記している自分を誇らしく思う気持ち。

類義①③こよなし

語誌▼平安時代には和文に用いられた。うれしくても悲しくても驚いても、自己の高ぶった感情を「いみじ」と表現する。その点では、「あはれ」が多様な場面のしみじみとした感動を表現するのにも似る。▼②③のように、「いみじくうれし」とか「いみじく悲し」などの意を「うれし」「かなし」などを用いずにただ「いみじ」とだけいうことも多いので、文脈に応じて語を補って解釈する。〈池田節子〉

いみじ-げ 形動(ナリ)(「げ」は接尾語)物事の程度がはなはだしいさま。とてもひどい。たいへんだ。例**いみじげに**はれ(=腫れあがり)、あさましげなる犬のわびしげなるが〈枕・うへにさぶらふ御猫は〉

いみ-たがへ【忌み違へ】 タガエ 名 物忌みのため、方違えをすること。例**忌みたがへ**に、みな人ものしつるを(=出かけてゆくのを)〈蜻蛉・中〉

いみ-な【諱】 名(「忌み名」の意)❶死後にいう貴人の実名。生前、実名で呼ぶことを慎む習わしがあったことによる。例後鳥羽院と申すおはしましき。御**いみな**は尊成〈増鏡・おどろの下〉❷人の死後、その生前の行状などによって贈る称号。おくりな。例太政大臣になりたまひぬる人は、うせたまひてのち(=お亡くなりになった後)、かならず諡号と申すものあり〈大鏡・後一条院〉❸生前の貴人の実名の敬称。例かたじけなくも、天子の御諱の字を下されて〈太平記・一三〉

い-みゃう【異名】 ミョウ 名❶別名。❷あだ名。例五徳の冠者と**異名**をつけにけるを〈徒然・二二六〉

いむ【妹】 名《上代語》「いも(妹)」の東国方言。例防人に立たむ騒きに家の**いむ**が業るべきこと(=生計を立てるすべ)を言はず来ぬかも〈万葉・二〇・四三六四〉

い・む【忌む・斎む】 動(マ四) 宗教的な禁忌に触れないように、身を清め慎む意。

❶**穢れを避けるために心身を清め慎む。** 例くすしく**忌む**やつは、命も短く、はかばかしき事なし(=禁忌にとらわれすぎて清め慎むやつは、命も短く、ろくな事はない)〈宇治拾遺・二四〉

❷**不吉なことを恐れて避ける。嫌う。** 例「月の顔見るは、**忌むこと**」と制しけれども(=「月を見ることは、避けること」と止めたけれども)〈竹取〉

語誌「忌む」は、犯すことのできない宗教的な禁忌で、畏敬や恐怖の気持ちからそれに接触することを避ける、というのが原義である。その積極的な行為としては、物忌みや参籠などがなされた。②の意では、妊娠・出産・死・血・生理なども、穢れとして嫌われた。それは神の前では常に清い身体でなくてはならない、という発想に基づいている。「忌む」行為には、神を祭るために一定期間飲食や言行を慎み、身を清めることを要求される場合が多い。〈林田孝和〉

い-むか・ふ【い逆ふ・い向かふ】 ムカウ・ムコウ 動(ハ四)《上代語》(「い」は接頭語)❶向きあう。例天の川**い向かひ**立ちて恋しらに言だに告げむ(=恋しさに言葉だけでも伝えよう)〈万葉・一〇・二〇一一〉❷対抗する。反抗する。例**い向かふ**神と面勝つ神ぞ(=面と向かって勝てる神である)〈記・上・神代〉

いむけ-の-そで【射向けの袖】(弓を射るとき左を敵に向けることから)鎧の左袖。例**射向けの袖**ふきなびかせ、黒煙けたてて駆せまゐる〈平家・九・河原合戦〉

いむ-べ【斎部・忌部】 名 上代の姓の一つ。中臣氏とともに、祭器の作成、祭祀をつかさどる。例(女ノ子ノ)名を、御室戸**斎部**の秋田をよびて、つけさす〈竹取〉語誌「いみべ」の音便形か。その場合「いんべ」と発音。

いめ【夢】 名《上代語》夢。⇨ゆめ。例心ゆも思へや(=心から思ってくれるからか)妹が**夢**にし見ゆる〈万葉・四・四九〇〉

い-め【射目】 名 狩りのとき、射手が獲物を狙い射るために身を隠す設備。例み山には**射目**立て渡し(=一面に設け)〈万葉・六・九二六〉

いめたてて【射目立てて】《枕詞》「射目」を設けるために「跡見」をすることから、同音の地名「跡見」にかかる。

いめ-ひと【射目人】 名 狩りのとき、射目に隠れて獲物を射る人。例(天皇ハ)**射目人**を餝磨(=地名)の射目前に立ててみ狩りしたまひき〈播磨風土記〉

いも【妹】 名 兄弟から見た姉妹を意味するとともに、妻や、男性から見た恋人を表す語。「せ(兄)」の対。

❶兄弟から見た姉妹。年齢の上下を問わない。例言問はぬ木すら妹と兄とありといふをただ独り子にあるが苦しさ(=ものを言わない木にだって姉妹や兄弟があるというのに私はたった独りの子であるのがつらいよ)〈万葉・六・一〇〇七〉読解自分が独りっ子なのを嘆く歌。

❷妻。男性から見た恋人。例(a)石見のや高角山の木の間より我が振る袖を妹見つらむか〈万葉・二・一三二〉➡名歌70 例(b)筒井筒の井筒にかけしまろがたけ過ぎにけらしな妹見ざるまに〈伊勢・二三〉➡名歌237

❸伝説や物語の女主人公を、その夫や恋人の視点から表現する。例妹が名は千代に流れむ姫島の小松がうれに苔生すまでに(=この乙女の名は永遠に伝わるだろう、姫島の小松の梢に苔が生えるくらいまで長く)〈万葉・二・二二八〉読解姫島の松原に入水した若い女性の死体を見て詠んだ歌。

❹親しい女性どうしが呼び掛けに用いる。例高々に我が思ふ妹を見むよしもがも(=背伸びをするようにしきりに私が待ち遠しく思うあなたと逢う方法があればいいのになあ)〈万葉・四・七五八〉読解姉が妹に送った歌。

類義①②いろも・いもうと・つま

語誌▼兄妹=霊的な男女関係　「いも」が姉妹のことであるとともに妻や恋人のことでもあるのは、兄妹の関係を男女関係の本質と考える古代的な見方があるからである。記紀の国生み神話で伊邪那岐と伊邪那美の夫婦が兄妹であったように、神話の世界では兄妹の結婚による世界の始まりを説くものが少なくない。沖縄のおなり神の信仰のように、姉妹がその兄弟の霊的守護者とされる例もある。実際には、兄妹の結婚は重大な禁忌とされるが、その結びつきは霊的なつながりを通じたきわめて強固なものが感じ取られていた。その関係が、夫と妻あるいは恋人どうしのそれに移行していくのである。

しかし、恋人どうしとはいえ、「妹と言はば無礼し恐ししかすがにかけまく欲しき言にあるかも(=妹と言ったら失礼だし恐れ多い。しかしそう呼んでみたい言葉であることよ)」〈万葉・一二・二九一五〉などのように、「いも」はどこかに禁忌性を残した、親密な男女の間にしか用いることの許されぬ言葉だった。類義語の「つま」は、もともとある主体から見たそのかたわらにある存在を意味する、いわば配偶者という社会的な関係を表す言葉だが、「いも」はそれに対してもっと私的な秘密性をもつ男女関係の場で用いられる。したがって、対象に対する呼びかけ性も強い。⇩わぎも・わぎもこ

▼平安時代になると、「いも」はもっぱら歌語となり、通常の場では「いもうと(「いもひと」のウ音便形)」が用いられるようになる。〈多田一臣〉

いも【疱】名「いもがさ」の略。⇩もがさ

いも〜【寝も〜】⇩「い」の子項目

いもうと

【妹】名(「いもひと(妹人)」のウ音便形)❶(男の兄弟から見て)姉・妹。年齢の上下に関係なく用いられる。「せうと(兄人)」の対。例(a)昔、男、妹のいとをかしげなりけるを見をりて(=とても魅力的だったさまを見ていて)〈伊勢・四九〉例(b)(声ガソノ少年ト)いとよく似通ひたれば、いもうとと聞きたまひつ(=とてもよく似通っているので、姉だとお思いになった)〈源氏・帚木〉

❷年下の女のきょうだい。妹。例いもうとの祇女にも、「姉身を投げば、我もともに身を投げんとこそ契りしか(=姉が身を投げるなら、私もいっしょに身を投げようと約束したのだが)…」とて〈平家・一・祇王〉

語誌▼姉妹の呼び方　平安時代では、姉妹の間では「いもうと」を用いることはなかった。姉を「あね」または「このかみ」というのに対して、妹は「おとうと」または「おとと」といった。『紫式部集』には「あねなりし人亡くなり、また、人のおとうとうしなひたるが、かたみに行きあひて」とある。〈米山敬子〉

いもがうむ【妹が績む】《枕詞》愛する女性がつむぐ「麻」の意から、同音を含む地名「小津」にかかる。

いもがきる【妹が着る】《枕詞》愛する女性がかぶる「御笠」の意から、同音の地名「三笠」にかかる。

いもーがさ【疱瘡】名「もがさ」に同じ。

いもーがしら【芋頭】名 里芋の根元の球茎。親芋。例思ふやうに(=思うぞんぶん)よきいもがしらを選びて、ことに多く食ひてよろづの病を癒やしけり〈徒然・六〇〉

いもがそで【妹が袖】《枕詞》愛する女性の袖を「枕く」意から、同音を含む地名「巻来」にかかる。

いもがてを【妹が手を】《枕詞》愛する女性の手を「取る」意から、同音を含む地名「取石」にかかる。

いもがめを【妹が目を】《枕詞》地名「始見」(「跡見」とも)にかかる。妹の目を見そめる意からか。

いもーがゆ【芋粥・薯蕷粥】名 山芋を薄く切ったものを甘葛の汁で煮た粥。例芋粥すすりて舌打ちして〈宇治拾遺・一八〉

いもーがり【妹許】名(「がり」は接尾語)妻や恋人のところへ。例思ひかね(=恋しい思いにたえかねて)妹がり行けば冬の夜の川風寒み(=寒いので)千鳥鳴くなり〈拾遺・冬〉

いもーじ【芋茎】名 サトイモの茎。また、それを干したもの。ずいき。例(正月ナノニ)芋茎・荒布も、歯固め(=長寿を祈って食べる食事)もなし〈土佐〉

いもーじ【鋳物師】名(「いものし」の変化した形)鋳物を作る職人。例銀の篝四つ…鋳物師ども召して作らせたまひて〈宇津保・国譲中〉

いもーせ【妹背】名❶妹と兄。姉と弟。❷性的関係で結ばれた男女。恋人どうし。夫婦。例紀有常が娘と契り、妹背の心浅からざりしに〈謡曲・井筒〉

妹背の山《地名》歌枕 紀伊国(和歌山県)の山。背山と妹山を合わせた名。和歌では、男女の仲の比喩として詠まれることが多い。例後れ居て恋ひつつあらずは紀伊の国の妹背の山にあらましものを〈万葉・四・五四四〉

妹背山婦女庭訓《作品名》浄瑠璃。時代物。五段。近松半二らの合作。明和八年(一七七一)初演。藤原鎌足の蘇我入鹿の討伐に取材した作。川を挟んで左右対照の大がかりな舞台を演出する「山の段」が有名。

いもーと【妹】名「いもうと」の変化した形。例兵衛佐殿のいもと、奥波賀の夜叉御前〈平治・下〉

いも-なね【妹なね】 名《上代語》〔「なね」は親しみをこめて相手を呼ぶ語〕男性が妻や恋人を親しみをこめて呼ぶ語。例**妹なね**が 作り着せけむ 白妙の 紐をも解かず〈万葉・九・一八〇〇〉

いも-なろ【妹なろ】 名《上代語》〔「なろ」は親愛の意を表す接尾語〕男性が妻や恋人を親しみをこめて呼ぶ語。「いもなね」の東国方言か。例**妹なろ**が使ふ川津のささら荻を〈万葉・一四・三四四六〉

いもひ【斎ひ・忌ひ】 名 心身を清め、慎むこと。斎戒。物忌み。精進潔斎。例夜昼、精進**斎ひ**をして、世間の仏神に願を立てまどへど〈大和・一六八〉

いも-めいげつ【芋名月・芋明月】 名 陰暦八月十五夜の月の別称。里芋を供えた。例雲霧や**芋明月**のきぬかづき(=皮つきの里芋)〈俳諧・犬子集・五〉

いも-ら【妹ら】 名《上代語》〔「ら」は接尾語〕男性が妻や恋人を親しみをこめて呼ぶ語。例見渡し(=向こう側)に **妹ら**は立たし(=お立ちになり) この方に 我は立ちて〈万葉・一三・三二九九〉

いも-ろ【妹ろ】 名《上代語》〔「ろ」は「ら」の東国方言〕「いもら」に同じ。例家の**妹ろ**我を偲ふらし(=思い慕っているらしい)〈万葉・二〇・四四二七〉

いや【礼・居屋】 ⇩ゐや

いや-【弥】 接頭 動詞や形容詞などについて、副詞的に物事の状態が盛んなことを表す。

❶いよいよ。ますます。「弥栄」「弥離る」「弥懐かし」など。

❷たいそう。非常に。はなはだ。「弥頻く頻くに」「弥高に」「弥痩せに」「弥愚に」など。

❸いちばん。最も。例**いや**前立てる 兄をし枕かむ(=一番先頭に立っている年長の娘を妻にしよう)〈記・中・神武・歌謡〉

❹無限に。「弥次々に」「弥常しくに」「弥遠永に」など。

❺重ねて。数多く。例新たしき年の始めの初春の今日降る雪の**いや**重け吉事〈万葉・二〇・四五一六〉➡名歌51

語誌 主に上代に用いられた。②～⑤は、「いや～に」の慣用的な言い方が多い。〈吉田比呂子〉

いや【嫌・厭・否】 ❶名 形動(ナリ) 好ましくないこと。不快。例**嫌ならば** 我もただそれを限りに〈閑吟集・一五七〉 ❷感 否定するときに言う語。いいや。例「件の田は相違あるまじ」…「**いや**、田におきては、はやく(=早々と)とられぬ」〈著聞集・一六・五二九〉

いや 感 ❶驚いたときや嘆息するときに発する語。いやあ。いやはや。例貞道、その時にぞ思ひ出でて、「いや、さる事あり」〈今昔・二五・一〇〉 ❷人に呼びかけるときに発する語。やあ。よう。例**いや**、なうなう、しし申し(=もしもし)〈虎寛本狂言・宗論〉

いや-いや【弥弥】 副 いよいよ。ますます。例**いやいや**継子の徳をなむ見る〈落窪・四〉

いや-いや【否否】 感〔「いや」を重ねた語〕いえいえ。例**いやいや**、それは苦しからず(=かまいません)〈謡曲・舟弁慶〉

いやいや-の-おとと【いやいやの弟】 ずっと年の離れた弟。例**いやいやの弟**九郎判官〈義経記・六〉

いや-おう【否応】 名 承諾することと承諾しないこと。諾否。例頼む返事の**否応**は、涙に紛らし入りにけり〈近松・傾城反魂香・中〉

いや-が-うへ-に【弥が上に】 なおその上に。その上さらに。例親死に子討たるれどもかへりみず(=気にかけず)、**いやが上に**死に重なって戦ふ〈古活字本保元・中〉

いや-さ【否さ】 感〔感動詞「いや」+助詞「さ」〕❶相手の言葉を軽く抑えるときに発する語。例「甚平殿は御休息頼み入る」と言ひければ、「**いやさ**、いはれぬ(=無用な)遠慮」〈近松・鑓の権三重帷子・下〉 ❷途中で言葉を言い直すときに発する語。例ありゃ俺が落とした。**いやさ**、この宗九郎が落とした状ぢゃ〈歌舞伎・韓人漢文手管始・一〉

いや-ざか・る【弥離る】 動(ラ四)〔「いや」は接頭語〕いよいよ遠ざかる。例かなしけ児らに(=いとしいあの子に)**いや離り**来も〈万葉・一四・三四一三〉

いや・し【賤し・卑し】 形(シク) ❶**身分が低い**。「良し」「高し」「貴」などの対になることも多い。例(a)(自分ノ)身は**いやし**ながら、母なむ宮なりける(=身分は低いけれども、母は宮家出身であった)〈伊勢・八四〉例(b)高き、**いやしき**、人の住まひは、世々を経て尽きせぬものなれど(=身分の高い人でも、低い人でも、人の住居というものは、代々経過してもなくならないものであるが)〈方丈記〉

❷**貧しい**。**みすぼらしい**。例葎延ふ**賤しき**やども大君のまさむと知らば玉敷かましを(=つる草がはびこるみすぼらしい我が家も、天皇がおいでになると知っていたら美しい玉石を敷いただろうに)〈万葉・一九・四二七〇〉 読解「～ば～まし」は反実仮想の意を表す。

❸**品性下劣だ**。例けはひ**いやしく**言葉たみて(=人柄は下品で言葉はなまりがあって)〈源氏・橋姫〉

❹**つたない**。**取るに足りない**。例なにがし**がいやしき**諫めにて(=私のつたない忠告によって)〈源氏・帚木〉

❺**欲が深い**。**いじきたない**。例いかに**いやしく**もの惜しみせさせたまふ宮とて…まだおろしの御衣一つ賜はらず(=どんなにいじきたなく物を惜しみなさる宮だからといって…いまだにお下がりのお召し物一ついただかない)〈枕・関白殿、二月二十一日に〉 読解 藤原道隆が、娘の中宮定子付きの女房たちに冗談を言いかけている場面。娘の定子はけちで、父親の私にはお下がり一つくれないと語る。

❻(「いやしき名」の形で)**悪いうわさ**。**汚名**。**悪名**。例平高遠が、**いやしき名**とりて、人の国へまかりけるに(=地方へ下ったときに)〈後撰・離別・詞書〉

語誌 ▼**身分差社会の要語** 本来は身分の低いことをいう語。古代社会では富や美や品性などの基準を身分の差に求めることが多かったため、②以下の意にも用いるようになった。⑤は品性の卑しさが特に物質的関心に向けられていることを批判する用法である。

▼**卑下する気持ち** 自分や自分に属するものについていうときには卑下する気持ちをこめることがある。たとえば②例の歌の作者は左大臣であるが、我が家だから「賤し」とするのである。④例も同様。〈今井久代〉

いやしう-も【苟うも】 副「いやしくも」のウ音便形。例なにがしらが女子をぞ、**いやしうも**尋ねのたまふめれ〈源氏・東屋〉

いや-し・く【弥頻く】 動(カ四)〔「いや」は接頭語〕ますます重なる。いっそう盛んになる。例新たしき年の始めの初春の今日降る雪の**いやしけ**吉事〈万葉・二〇・四五一六〉➡名歌51

いやしくしく-に【弥頻く頻くに】 副 いよいよますます。いよいよしきりに。例浜波は**いやしくしく**に高く寄すれど〈万葉・二〇・四四一一〉

いやしく-も【苟くも】 副〔卑賤で取るに足りないと謙遜する気持ちが原義〕❶身分不相応にも。もったいなくも。例**いやしくも**九卿(=三位以上の高官)に列して〈平家・三・医師問答〉❷かりそめにも。例**いやしくも**将門、柏原天皇の五世の末孫なり〈今昔・二五・一〉

いやし-げ【賤しげ】 形動(ナリ)〔「げ」は接尾語〕下品そうなさま。例**賤しげなる**もの。居たるあたりに調度の多き。硯に筆の多き〈徒然・七二〉

いやし・む【賤しむ・卑しむ】 動(マ四) いやしいものと見下げる。軽んじる。さげすむ。例寺僧にくみいやしみて、交会する事なし〈宇治拾遺・一三七〉

いや・す【癒やす】 動(サ四) 病気・傷・苦痛などを取り除く。例ことに多く食ひて、よろづの病を**癒やし**けり〈徒然・六〇〉

いやたか-に【弥高に】 副〔「いや」は接頭語〕ますます高く。非常に高く。例いや遠に 里は離りぬ **いや高に** 山も越え来ぬ〈万葉・二・一三二〉➡名歌69

いや-た・つ【弥立つ】 動(タ下二)〔「いや」は接頭語〕いよいよ心を奮い立たせる。さらに言い立てる。例我をおきて 人はあらじと **いや立て** 思ひし増さる〈万葉・一八・四〇九四〉

いやちこ【灼然】 形動(ナリ)『上代語』明白だ。際立っている。例時に天皇謂りて曰はく、「**灼然なり**」とのたまふ〈紀・景行〉

いやつぎつぎ-に【弥次次に・弥継継に】 副〔「いや」は接頭語〕次から次へと。いよいよ引き続いて。例**いや継ぎ継ぎに** 万代に かくし知らさむ(=こうしてお治めになるだろう)〈万葉・六・九〇七〉

いや-とほなが・し【弥遠永し・弥遠長し】 形(ク)❶(時間的に)末長い。永遠だ。例天地の **いや遠長く** 偲ひ行かむ〈万葉・二・一九六〉❷(空間的に)はるかに遠い。例富士の嶺の**いや遠長き**山路をも〈万葉・一四・三三五六〉

いやとほ-に【弥遠に】 副〔「いや」は接頭語〕❶距離がますます遠く。例**いや遠に** 里は離りぬ いや高に 山も越え来ぬ〈万葉・二・一三二〉➡名歌69 ❷時間がますます遠く長く。いつまでも。永久に。例のちの世の 聞き継ぐ人も **いや遠に** 偲ひにせよと〈万葉・一九・四二一一〉

いや-とも【否とも】 副 いやでも。どうでもこうでも。例**いやとも**両国権(=権力)をあらそひ合戦に及ぶところ〈近松・国性爺合戦・一〉

いや-と-よ【否とよ】 感〔感動詞「いや」+格助詞「と」+間投助詞「よ」〕相手の言葉を強く打ち消す。いやいや。いやそうではない。例**いやとよ**、弓を惜しむにあらず〈謡曲・八島〉

いやひけ-に【弥日異に】 副 日増しに。日ごとに。例常なりし 笑まひ振る舞ひ **いや日異に** 変はらふ見れば 悲しきろかも〈万葉・三・四七八〉

いや-まさ・る【弥増さる】 動(ラ四)〔「いや」は接頭語〕いよいよ増加する。いっそう募る。例いとなめし(=失礼だ)と思ひけれど、心ざし(=愛情)は**いやまさりけり**〈伊勢・一〇五〉

いやまし-に【弥増しに】 副〔「いや」は接頭語〕いよいよ多く。いっそう。ますます。例湊廻に(=港のあたりに)満ち来る潮の(ここまで序詞) **いやましに**〈万葉・一二・三一五九〉

いやますます-に【弥益益に】 副〔「いや」は接頭語〕いよいよますます。例夕なぎに 寄せ来る波の その潮の **いやますますに**〈万葉・一三・三二四三〉

いや・む【否む・嫌む】 動(マ四)〔名詞「いや」の動詞化〕気を悪くする。きらう。いやがる。例「我らにあひてはかうは言ふぞ(=私に向かってこんなことを言うとは)」とて、**いやみ**思ひて〈宇治拾遺・四六〉

いや-め【嫌目】 名 形動(ナリ) 悲しそうな顔。例奥山の鹿もいとど**いやめに**思ひやられ〈栄花・本の雫〉

い-や・る【言やる】 動(ラ四)〔「いひやる」の変化した形。「やる」は尊敬の助動詞〕おっしゃる。対等または下位の人に、親しみをこめて用いる。例ほんに**言やれ**ばさうぢゃ〈近松・大経師昔暦・上〉 読解 下女の話に同感する女主人の言葉。

いやをち-に 副〔「いや」は接頭語〕何度も新たによみがえって。ますます若返って。例ゆめ(=決して)花散るな**いやをちに**咲け〈万葉・二〇・四四四六〉

い・ゆ【癒ゆ】 動(ヤ下二) 病気や傷が治る。例苦しび病むこと比なく、終に**愈ゆる**こと得ず〈霊異記・上・一六〉

いゆき-はばか・る【い行き憚る】 動(ラ四)〔「い」は接頭語〕行くのをためらう。行きかねる。例富士の嶺を高み恐み(=高くて恐れ多いので)天雲も**い行きはばかり**たなびくものを〈万葉・三・三二一〉

いゆき-もとほ・る【い行き回る】 動(ラ四)〔「い」は接頭語〕ぐるぐると行きめぐる。行ったり来たりする。例(船ガ)岩の間を **い行きもとほり**〈万葉・四・五〇九〉

い-ゆ・く【い行く】 動(カ四)〔「い」は接頭語〕行く。例山の辺に**い行く**猟雄(=猟師)は多かれど〈万葉・一〇・二一四七〉 語誌 連用形「いゆき」の下に他の動詞を伴って複合語として用いることが多い。

いゆししの【射ゆ猪鹿の】《枕詞》射られた猪や鹿などのさまから「心を痛み」「行きも死なむ」にかかる。

伊予《地名》旧国名。今の愛媛県。南海道六か国の一つ。予州。延喜式で上国・遠国。

いよ-いよ【愈愈】 副〔副詞「いや」の変化した形「いよ」を重ねた語〕❶ますます。いっそう。例老いぬればさらぬ別れ(=死別)もありといへば**いよいよ**見まくほしき(=会いたい)君かな〈古今・雑上〉❷たしかに。間違いなく。例(金ガ)**いよいよ**ないに極まりける〈西鶴・西鶴諸国ばなし・一・三〉

いよ-す【伊予簾】名「いよすだれ」に同じ。

いよ-すだれ【伊予簾】名伊予国（愛媛県）上浮穴郡で産する篠竹で作った上等の簾。例放ち出で（＝外に張り出した建物）に上りて見れば、**伊予簾**白くて懸けたり〈今昔・二四・六〉

いよ-よ【愈・弥】副〔「いよいよ」の変化した形か〕いっそう。ますます。例世の中は空しきものと知る時し**いよよ**ますます悲しかりけり〈万葉・五・七九三〉➡名歌409

い-よ・る【い寄る】動（ラ四）〔「い」は接頭語〕近寄る。そばに寄る。例朝には取り撫でたまひ夕へには**い寄り立たしし**…梓の弓の〈万葉・一・三〉

いらいら・し【苛苛し】形（シク）もどかしくじれったい。じりじりする。例いまだ来たらざらむ報を、**いらいらしく**願ひ求めて〈十訓抄・七・序〉

いらう『答う・応う』⇩いらふ

いらか【甍】名❶屋根の一番高い所。上棟。また、棟瓦。例海神の殿の**甍**に飛び翔る〈万葉・一六・三七九一〉❷瓦葺きの屋根。屋根瓦。また、りっぱな建物。例棟を並べ、**甍**を争へる、高きいやしき人の住まひは〈方丈記〉

いら-せ-ら・る【入らせらる】動（ラ下二）〔動詞「いる」の未然形＋尊敬の助動詞「す」の未然形＋尊敬の助動詞「らる」〕「行く」「来く」「居る」の尊敬語。おいでになる。いらっしゃる。例これはこれは、ようこそ**いらせられ**ましてござります〈歌舞伎・青砥稿花紅彩画・三〉

いらたか-じゅず【苛高数珠】名数珠の一種。珠が平らで角が高く作られ、揉むと高い音を立てる。山伏などが用いた。例**いらたかじゅず**をさらさらと押し揉みて〈太平記・二〉

いら・つ【苛つ】❶動（タ四）いらだつ。いらだたせる。例苛っ（音便形）て熊坂（＝人名）早足を踏み（＝機敏に足を構えて）〈謡曲・熊坂〉❷動（タ下二）せきたてる。例「乗り物よりおり候へ、おり候へ」と**いらっ**（音便形）てけれども〈平家・一・殿下乗合〉

いら-つ-こ【郎子】名『上代語』〔「いら」は接頭語「いろ」の交替形か〕男性の敬称。個人の名の下につけて用いる。例大伴佐提比古**郎子**、ひとり朝命を被り（＝朝廷の命令を受けて）〈万葉・五・八七一・題詞〉

いら-つ-め【郎女】名『上代語』〔「いら」は接頭語「いろ」の交替形か〕女性の敬称。個人の名の下につけて用いる。例久米禅師、石川**郎女**を娉ふ（＝求婚する）時の歌〈万葉・二・九六・題詞〉

いら-な・し【苛なし】形（ク）〔「いら」は草木のとげ。「なし」は接尾語〕❶心がちくりと痛む。例**いらなけく**そこに思ひ出〈記・中・応神・歌謡〉❷鋭い。強い。例**いらなき**太刀を磨き〈宇治拾遺・二・九〉❸程度がはなはだしい。ひどい。例わがさまのいと**いらなく**なりたるを〈大和・一四八〉❹仰々しい。荒々しい。例印ことごとしく（＝大げさに）結び出でなどして、**いらな**くふるまひて〈徒然・五四〉

いら・ふ

【答ふ・応ふ】動（ハ下二）返答する。応じる。**あしらうように返事をする。**

一応の返事をするものの不確実さを残して、会話の内容を将来の成り行きに対しあいまいなものにする感じがある。例二人の子は、なさけなく**いらへて**止みぬ（＝二人の子どもは、思いやりなく応じてすましてしまった）〈伊勢・六三〉

語誌▼「いらふ」と「こたふ」　一般的に、漢文訓読の文では「こたふ」を用い、和文の文学（『源氏物語』など）だと「いらふ」を用いる、といわれる。しかし『竹取物語』は「こたふ」を用いるなど、文献による差もある。ともに「こたふ」が古語的であり、「いらふ」は平安時代以後に現れるという差からは、新古の意味のずれをも生じているらしい。「こたふ」は「こと・あふ」で、問答において言葉によって相手に合わせ、または逆らうなど、諾否をはっきりさせる感じが強く、それに対して「いらふ」は会話的である。〈藤井貞和〉

いらへ【答へ・応へ】名返事。応答。例いと恥づかしと思ひて、**いらへ**もせでゐたるを〈伊勢・六三〉

いらら-が・す【苛らがす】動（サ四）目立つようにする。例鼻を**苛らがし**、さし仰ぎてゐたるを〈落窪・二〉

いらら・ぐ【苛らぐ】❶動（ガ四）荒々しく角ばる。つっぱる。例顔つきただ駒のやうに鼻**いららぎ**たる事限りなし〈落窪・二〉❷動（ガ下二）角ばらせる。荒らげる。例鼻の穴よりは人通りぬべく（＝通れそうなほど）、吹き**いららげ**て臥したるに〈落窪・二〉

いら・る【焦らる】動（ラ下二）いらいらする。例うちつけに（＝露骨に）**焦られ**んもさま悪しければ〈源氏・夢浮橋〉

いり-あひ

【入相】名❶**日が沈むころ。夕暮れ。**例正月二十一日、入あひばかりのことなるに（＝夕暮れごろのことであるので）〈平家・九・木曾最期〉

❷「入相の鐘」の略。例山寺の入相の声々にそへても〈源氏・澪標〉〈木村博〉

いりあひ-の-かね【入相の鐘】日没を知らせるために突き鳴らす鐘。また、その音。例山里の春の夕暮れ来てみれば**入り相の鐘**に花ぞ散りける〈新古今・春下〉

いり-あや【入り綾】名雅楽で、舞楽が終わって退場するとき再び舞台に引き返して舞う舞。また、舞いながら楽屋に入ること。入り舞。例**入り綾**をほのかに（＝ちょっと）舞ひて、紅葉の蔭に入りぬるなごり〈源氏・若菜上〉

いり-え【入り江】名海・湖の、陸地に入り込んだ場所。例葦鶴の騒く**入り江**の〈万葉・一一・二七六八〉

いり-がた【入り方】名月・日の沈もうとしていること。例月は**入り方**の、空清う澄みわたれるに〈源氏・桐壺〉

いり-しほ【入り潮】名❶満ち潮。例月はほどなく**入り汐**の、煙満ち来る小松原〈謡曲・道成寺〉

読解 月が入る意を掛ける。❷引き潮。例**入り塩**の干潟に来居るみとさぎ（＝鳥の名）を〈夫木・二七〉

いり-ずみ【煎り炭】名火にあぶって湿気をとった炭。例とみにて（＝急いで）**いり炭**おこすも〈枕・心もとなきもの〉

いり-たち【入り立ち】名親しく出入りすること。また、それを許された人。例公所に**入り立ちす**る男〈枕・男こそ、なほいとありがたく〉

いり-た・つ【入り立つ】動（タ四）❶入り込む。立ち入る。例紀伊道に入り立ち 真土山 越ゆらむ君は〈万葉・四・五四三〉❷親しく出入りする。例つねに入りたちて見る（=世話する）人もなし〈紫式部日記〉❸深く知る。例何事も入りたたぬさましたるぞよき〈徒然・七九〉

いり-ちゃう【入り帳】チヨウ 名 商家で、出納に関する記録を行う帳簿。例百七十貫目、入り帳の内見えざりしに〈西鶴・日本永代蔵・二・三〉

いり-どり【入り取り】名 他人の家に押し入って物を奪い取ること。また、その人。例兵粮米もなければ…時々いりどりせんは何かあながちひが事（=悪い事）ならん〈平家・八・鼓判官〉

いり-は・つ【入り果つ】動（タ下二）すっかり入る。月・日などがすっかり沈む。例入りはてぬる山の端に、光なほとまりて〈枕・日は〉

いり-ひ【入り日】名 西のほうに沈もうとする太陽。夕日。例わたつみの豊旗雲に入り日さし今夜の月夜さやけかりこそ〈万葉・一・一五〉➡名歌436

いりひなす【入り日なす】《枕詞》〔「なす」は接尾語〕夕日が山などに隠れてゆくことから「隠る」にかかる。

いり-ほが【入り穿】名 形動（ナリ）〔「ほが」は穿つ意か〕❶和歌・連歌などで、表現が凝りすぎていて意味がわかりにくくなること。例いりほがのいりくり歌（=まとまりのない歌）とて〈毎月抄〉❷物事を考え過ぎること。うがちすぎること。例皆いりほがなる説にて、後にこしらへたるもののやうに覚ゆることなり〈独寝・上〉

いり-まい【入り米】名《近世語》収入。所得。例身の入り米はじゃうでんの（=上々で）〈近松・心中宵庚申・中〉

いり-め【入り目】❶名 出費。経費。例子を産ますうちの入り目、ぜひに（借金ヲ）頼みたてまつる〈西鶴・好色一代女・三・三〉❷名 形動（ナリ）内気。控えめ。沈みがち。例雲にあひて入り目になるや月の顔〈俳諧・毛吹草・六〉

いり-め・く動（カ四）〔「めく」は接尾語。「いり」は「煎り」か〕騒ぎひしめく。もみあって大騒ぎする。例口々にいりめくほどに〈今昔・二八・三八〉

いり-もみ【入り揉み・焦り揉み】名 揉みあうこと。風が吹き荒れる様子などにいう。例道すがらいりもみする風なれど〈源氏・野分〉

いり-も・む【入り揉む・焦り揉む】動（マ四）❶風・雷・波などが激しく荒れる。例終日にいりもみつる雷の騒ぎに〈源氏・明石〉❷気を揉む。あれこれと心を砕く。例「この人を妻にせばや」と、いりもみ思ひければ〈古本説話集・上・二〇〉❸強く願う。例額をつき、仏もいりもみたてまつる〈栄花・鶴の林〉

いり-もや【入り母屋】名 屋根の形式の一つ。上は切り妻のように二方へ傾斜し、下は四方へ勾配をもたせたもの。

いる【居る・率る】⇩ゐる

いる【沃る】動（ヤ上一）注ぐ。浴びせる。例面に（=顔に）水なむいるべき〈蜻蛉・中〉

いる【射る】動（ヤ上一）矢などを放つ。矢などを当てる。例矢をはげて（=つがえて）射むとて、弓ふりたてて見るに〈宇治拾遺・七〉

いる【鋳る】動（ヤ上一）金属を溶かして型に流し、器物や貨幣を造る。鋳造する。例母、一尺の鏡を鋳させて〈更級〉

い・る【入る】

❶動（ラ四）❶他の物の内部に入る。例ふと山の中に入りぬ（=すうっと山の中に入ってしまった）〈竹取〉

❷狭い所に入り込む。例玉垂れの 小簾のすけきに入り通ひ来ね（=玉を垂らした簾のすきまにそっと入って通って来てほしい）〈万葉・一一・二三六四〉読解 母に内緒で男性を誘っている歌の一節。

❸ある範囲に含まれる。例万葉集にいらぬ古き歌〈古今・仮名序〉

❹地形などが内部に食い込む。例海づらはやや入りて、あはれにすごげなる山中なり（=海辺からは少し奥に入って、しみじみとして寂しそうな山中である）〈源氏・須磨〉

❺実などが熟す。例稲と申す物に実の入らぬところにて侍りけるを（=稲と申します物に実がならない所でございましたのを）〈とはずがたり・四〉

❻（「お入りある」などの形で）行く・来る・居るの意を敬って表す。例余の方へも御入り候へかし（=よそのお宅へでもお行きくださいよ）〈義経記・二〉

❷動（ラ下二）❶他の物の内部に移す。例物の蓋に少し入れて、君にまゐる（=主君に差し上げる）〈落窪・一〉

❷狭い所に押し込む。例（恋人カラノ手紙ヲ）肌懐にいれけるが〈近松・心中万年草・上〉

❸ある範囲に含ませる。例官位高き人をば、たやすきやうなればいれず（=官位の高い人は、軽々しいようだから含めない）〈古今・仮名序〉

❹力・心などをこめる。うちこむ。例力をもいれずして（=力も入れないで）、天地を動かし〈古今・仮名序〉読解 和歌の働きを述べた一節。

❺受け入れる。例俺が諫言をも容れられて（=私の諫めの言葉も受け入れなさって）〈読本・八犬伝・八・七八〉

❻収める。払う。例宗さん（=人名）に入れて〈人情本・英対暖語・五・二六〉

❸補動（ラ四）（動詞の連用形について）その動作や状態がひどくなる意を添える。例絶えいるやうなりければ（=息絶えてしまいそうだったので）〈源氏・手習〉

❹補動（ラ下二）動詞の連用形につく。❶その動作の対象を内部に取り入れる意を添える。例(a)散りぬべみ袖に扱き入れつ藤波の花（=散りそうなので袖にしごき入れた、藤の花を）〈万葉・一九・四一九三・一云〉例(b)聞きいれぬやうにて〈落窪・四〉

❷集中してその動作をひどくする意を添える。例みづからはさしも思ひいれはべらねど（=私はそれほど深く思ってはおりませんけれど）〈源氏・葵〉

語誌▼①は自動詞、②は他動詞である。自動詞としては外からほかの物の内部へ移動したり、その内部に含まれる状態になったりすることを表し、他動詞としてはそのように仕向けることを表すのが、それぞれ基本的な意味。自動詞は、外部への移動などを表す

「いづ」を対義語とし、他動詞はそう仕向ける意の「いだす」を対義語とする。

▼①には動詞「這ふ」との複合語「はひいる」があり、①〜④の用法では、その「はひいる」から変化した「はいる」が、近世ごろから「いる」に取って替わった。

▼③は①の補助動詞。④は②の補助動詞であるが、その①は複合動詞と見ることもできる。〈山口堯二〉

い-るい【異類】 名 普通とは異なる種類のもの。多く人間に対して鬼神・動物の類をいう。例さまざまの異類の形なる鬼神ども来たる〈今昔・一三・二〉

いるかせ【忽】 形動(ナリ) いいかげんなさま。例(コノ人ノ)世ざかり(=全盛期)のほどは、いささかいるかせにも申す者なし〈平家・一・禿髪〉

いる-さ【入るさ】 名〔「さ」は接尾語〕入る方角。入る時。例月のいるさの山の端を、そなたの空とや思はれけん〈平家・九・小宰相身投〉読解「そなた」は極楽浄土をさす。

いれ-かたびら【入れ帷子】 名〔「かたびら」は単衣の衣服の意〕衣服を箱にしまうとき、その服を包む布。今のふろしきのようなもの。例入れ帷子・包みなどいと清らなり〈宇津保・内侍のかみ〉

いれ-ずみ【入れ墨】 名 ❶皮膚に傷をつけ、墨や朱などで文字や絵などを施す彫りもの。例三年以前背中をほらせ、入れ墨いたさせたり〈西鶴・懐硯・四・五〉❷江戸時代の刑罰の一つ。手や足などに傷をつけて墨をさし、前科者のしるしとする。❸「いれふで」に同じ。例硯引き寄せ筆染めて、ここが眼(=核心)と入れ墨の〈近松・双生隅田川・二〉

いれ-にっき【入れ日記】 名 荷作りして送る商品に同封する内容証明書。例さだめて(=決して)あの入れ日記をしらぬ事はあるまい〈狂言・茶壺〉

いれ-ひも【入れ紐】 名 袍や直衣・狩衣などの襟をとめる紐。玉に結んだ雄紐を、雌紐の輪に差し入れて用いる。和歌では、「結ぶ」とともに詠まれることが多い。例よそにして(=離れていて)恋ふれば苦しいれひもの同じ心にいざ結びてん〈古今・恋一〉

いれ-ふだ【入れ札・入れ簡】 名 売買や請け負いなどで複数の競合者がいるとき、各自が見込み価格を紙に書いて箱に入れること。また、その紙。入札。例諸道具の入れ札、年々大分の物なるに(=かなりな金額になるのに)〈西鶴・日本永代蔵・五・一〉

いれ-ふで【入れ筆】 名 後から書き足すこと。また、その書き足したもの。例この万葉に入れ筆したりと覚えたり〈謡曲・草子洗小町〉

いれ-もじ【入れ文字】 名 和歌の遊戯的技巧の一つ。三十一文字の中に、歌の内容に関係のない文字や物の名前を隠して詠むこと。たとえば「我はけさうひにぞ見つる花の色をあだなるものといふべかりけり」〈古今・物名〉は初・二句に「さうび(薔薇)」の名が隠されている。⇩もののな

いろ- 接頭 血統関係を表す語について、母が同じであることを表す。「いろ背」「いろ弟」など。

い-ろ【倚廬】 名 天皇が父母の喪に服する期間(諒闇)に籠もる仮り屋。例倚廬の御所のさまなど、板敷きをさげ…御調度どもおろそかに(=御道具類も質素にして)〈徒然・二八〉

異類婚姻の話

異類(動物)と人間の不思議な結婚を語る話。昔話などに多くみられる。この話は、異類が男の場合と、女の場合とに二分される。前者は、蛇婿入り・猿婿入りなどに代表される。蛇婿入りは、女が、男神としての蛇と結ばれる、いわゆる三輪山型の伝承の延長上にある。また後者は、鶴女房・蛤女房などに代表される。「鶴の恩返し」の話のように、動物が人間の妻となって、人間の恩に報いるという内容が多い。

こうした異類婚姻の話では、その結婚が富や幸運をもたらす話、あるいは逆に、異類であることが暴かれるために不幸に終わる話など、多種多様である。〈鈴木日出男〉

いろ

【色】 色彩の意が基本。人の性質や感情、気配や情趣などまで幅広い意を表す。

1 名 ❶**色彩。色合い。** 例皮衣を見れば、金青の色なり〈竹取〉読解「金青」は鮮やかな藍色。

❷**衣服の色。** ㋐**位階により定められた衣服の色。**特に、**天皇や皇族だけが用いる特定の色。**禁色。禁色の着用を許されるのを「色許さる」という。例このごろこそ、すこしものものしく、御衣の色も深くなりたまへれ(=最近は、少し重々しく、御召し物の色も濃くおなりになったけれど)〈源氏・若菜下〉読解 昇進したことをいう。同じ色では、濃い色(深い色)が位が上とされた。

㋑**喪服の色。**また、**喪服。鈍色。** 例女房なども、かの御形見の色変へぬもあり(=女房なども、その御形見として喪服の色を変えない者もいる)〈源氏・幻〉読解 前年の秋に死去した紫の上を偲んで、年が改まっても喪服姿のままの女房がいる。

❸**気持ちのありようや気配が表に現れ出たもの。** ㋐**顔色。**多く「色に出づ」の形で用いる。例(a)色に出でて恋ひば人見て知りぬべし(=顔色に表れて恋したら人が見て知ってしまうにちがいない)〈万葉・一一・二五六六〉例(b)関白殿、色青くなりぬ〈大鏡・道長上〉

㋑**気配。** 例春の色のいたりいたらぬ里はあらじ咲ける咲かざる花の見ゆらん(=春の気配がやって来たり、やって来なかったりする里があるわけではないだろう。それなのにどうして、咲いている花と咲いていない花とが見えるのだろう)〈古今・春下〉

❹**情趣。風情。** 例「祭り過ぎぬれば、のちの葵不用なり」とて、ある人の、御簾なるを皆取らせられはべりしが、色もなく覚えはべりしを(=「祭りが過ぎたので、それ以後の葵はいらないものである」と言って、ある人が、御簾にかけてある葵をすべてお取らせになりましたのが、風情もなく思われましたが)〈徒然・一三八〉読解「祭り」は賀茂の祭り。

❺**華美。はで。** 例今の世の中、色につき、人の心、花

になりにけるより(=今の世の中は、はでになり、人の心も、華やかになってしまったことから)〈古今・仮名序〉

❻種類。例恐ろしげに厳き者ども…目に見ゆる鳥・獣、色をも嫌はず殺し食へば(=恐ろしそうで荒々しい者どもが…目に入った鳥や獣を、種類を問わず殺して食べるので)〈宇津保・俊蔭〉

❼㋐恋愛。色情。⇩いろこのむ。例色にふけり情けにめで…身をあやまつことは、若き時のしわざなり(=色情におぼれ恋情に心ひかれ…身を破滅させることは、若いときの行いである)〈徒然・一七二〉 ㋑恋人。情人。例御心に染む色も無かりけるにや(=お心に深くとまる恋人もいなかったのだろうか)〈太平記・一八〉

2 形動(ナリ) ❶髪などの美しいさま。例筋さはらかに、すこし**色なる**が(=髪先がさらっと整って、少し髪が美しい人が)〈枕・小舎人童〉 ❷情趣を解するさま。風流だ。例目馴れずもある住まひのさまかなと、**色なる**御心にはをかしく思しなさる(=ほんとうに見慣れない住居の様子であることよと、風流なお心には趣深くお思いになる)〈源氏・総角〉 読解 都からやって来た匂兵部卿宮が、見慣れない宇治の景色を眺める場面。 ❸好色だ。浮気だ。例越前守、**色なる**人にて(=越前守は、好色な人で)〈落窪・三〉 〈林田孝和〉

【色に出づ】 心で思うことなどが、表情や様子に現れる。例しのぶれど**色に出で**にけりわが恋はものや思ふと人の問ふまで〈拾遺・恋一〉➡名歌187

【色を失ふ】 驚きや恐怖などで顔色が変わる。蒼白になる。例それを見て、このつどひゐたる者ども、**色を失ひ**て立てり〈宇治拾遺・三六〉

いろ-あひ【色合ひ】アイ 名 染め・塗りなどの色のぐあい。また、人の顔色。機嫌。例龍胆は…いとはなやかなる**色あひ**にてさし出でたる〈枕・草の花は〉

いろ-あらたまる【色改まる】 喪の期間が明けて、鈍色(濃い鼠色)の喪服を、平常の色鮮やかな衣服に着替える。例宮の御はて(=御一周忌)も過ぎぬれば、世の中**色あらたまり**て〈源氏・少女〉

いろ-いろ【色色】 **1** 名 ❶いろいろの色。さまざまの色。例**いろいろ**の紙を継ぎつつ手習ひをしたまひ〈源氏・須磨〉 ❷さまざまのこと。種々さまざま。例**いろいろ**の病をして〈竹取〉 **2** 副 ❶色とりどりに。例花は**色々**にほへども(=色づくけれども)〈平家・灌頂・女院出家〉 ❷さまざまに。例いつのほどに、いとかく**いろいろ**思しまうけけん(=ご用意なさったのだろうか)〈源氏・御法〉

いろ-いろ・し【色色し】 形(シク) ❶好色な性質だ。例**色々しき**者にて、(容貌ノ)よきあしきをきらはず、女といへば心をうごかしけり〈著聞集・一六・五五四〉 ❷華やかだ。きらびやかだ。例**色々しく**も出で立たず(=装わず)〈義経記・六〉

いろう『色う・弄う・彩う・綺う・艶う』⇩いろふ

いろ-え【いろ兄】 名『上代語』(「いろ」は接頭語)同じ母から生まれた兄。例我が**兄**の二の天皇、我を愚かなりとして〈紀・允恭即位前紀〉

いろ-か【色香】 名 ❶花などの色と香り。例月やうやうさし上がるままに、花の**色香**ももてはやされて〈源氏・若菜下〉 ❷女性の色気。あでやかな容姿。例(髪ニツケテ)**色香**揉みこむ梅花の油〈近松・女殺油地獄・下〉

いろ-くさ【色種・色草】 名(「いろ」も「くさ」も種類の意)さまざまな種類。また、秋に咲く色とりどりの草。例秋の花を植ゑさせたまへること、常の年よりも見どころ多く、**色種**を尽くして〈源氏・野分〉

いろ-くづ【鱗】クズ 名「うろくづ」とも。❶魚類・爬虫類などのうろこ。❷(①から転じて)魚類の総称。例宇治川の底に沈める**いろくづ**を〈栄花・御裳着〉

いろ-こ【鱗】 名 魚類・爬虫類などのうろこ。例**いろこ**なす(=うろこのように)造れる宮室〈記・上・神代〉

いろ-こし【色濃し】 ❶色が濃い。特に、衣服の紅・紫の色が濃い。例葡萄染めにやあらむ、**色濃き**小袿、薄蘇芳の細長に〈源氏・若菜下〉 ❷感情の表現があらわなさま。しつこい。例片田舎の人こそ、**色こく**よろづはもて興ずれ〈徒然・一三七〉

いろ-ごと【色事】 名 ❶情事。色情。例この坊主、**色事**の用心ならば気遣ひあるな〈近松・最明寺殿百人上臈・下〉 ❷愛人。情人。例亭主が**色事**の所へ夜な夜な通ふことを〈滑稽本・浮世床・二上〉 ❸歌舞伎で、恋愛や情事の演技・演出。

いろ-ごのみ

【色好み】 名 ❶恋愛の情趣を解すること。情事を好むこと。また、その人。例昔、男、**色ごのみ**なりける女に逢へりけり〈伊勢・三七〉 ❷風流を解すること。また、その人。例世にふたりみたりの賢き**色好み**出でて、盛りにもてはやしはべるより(=世の中に二人三人のすぐれた風流を解する人が現れて、盛んにほめそやしますことから)〈ささめごと・上〉 読解 連歌が隆盛になる経緯をいう。

類義 ①②すきもの

語誌 ▼**古代帝王の美徳** 現代語の「色好み」は、人の多情さを非難する「好色」の意を示す言葉であるが、古語では必ずしもそうした否定的な意味ばかりではない。折口信夫によれば、諸国の神々に仕える巫女を妻とすることで、その国を支配し得た古代英雄のありかたが「色好み」であるとし、それが古代帝王の美徳であるという。そこから、恋愛の情趣・機微を解し、異性を魅了する才覚や資質を備えた理想的人物が、「色好み」と評されることになる。『竹取物語』では、かぐや姫を得ようとする男五人が「色好み」とされ、和歌や音楽の才をもって熱心に求婚する姿が描かれる。また、『源氏物語』の光源氏もそうした「色好み」の資質を備えているが、物語の上では、彼が「色好み」の語で形容されることはない。王朝の貴族生活では、その習俗や芸能を美的に彩る行為を「色好み」といった。中世になると遊女もそう呼ぶようになる。〈林田孝和〉

いろ-このむ【色好む】 恋愛の情趣を解する。また、情事を好む。例(大輔命婦ハ)いといたう**色好め**る若人にてありけるを〈源氏・末摘花〉

いろ-ごろも【色衣】 名 美しい色染めの衣服。晴れの日(特別な日)の衣服。例あまた年(=長年)今日改

め し色衣〈源氏・葵〉読解元日に詠んだ歌。

いろ-ざと【色里】 名遊里。遊郭。例さて今日よりは色里の衣装重ね、これを見ること命の洗濯〈西鶴・好色一代男・七・七〉

いろ-しな【色品】 名❶いろいろな品。しなじな。例御年貢の色しなを申せ〈狂言・筑紫の奥〉❷さまざまな手段・方法。例それより二、三日過ぎて、色品変へて、内儀の方へ持たせ遣はしける〈西鶴・西鶴置土産・三・二〉

いろ-せ

名《上代語》(「いろ」は接頭語)母を同じくする兄・弟。同腹の兄・弟。例(a)あは、天照大御神のいろせぞ(=私は天照大御神の弟である)〈記・上・神代〉例(b)うつそみの人なる我や明日よりは二上山を弟と我が見む〈万葉・二・一六五〉➡名歌85

語誌 接頭語「いろ」は同母の意で、兄弟姉妹の意を表すそれぞれの語の前に置いて、同じ母から生まれたことを表す。語構成を同じくする語に、「いろえ(兄)」「いろと(弟・妹)」「いろね(兄・姉)」「いろも(妹)」がある。〈米山敬子〉

いろ-づ・く【色付く】 動(カ四)❶花・葉・実が美しい色になる。染まる。上代は紅葉についていうことが多い。例秋されば置く露霜にあへずして(=耐えきれないで)都の山は色付きぬらむ〈万葉・一五・三六九九〉❷皮膚が赤みを帯びる。例(鼻ノ)先の方すこし垂りて色づきたること〈源氏・末摘花〉

いろ-ど 名《上代語》(「いろおと」の変化した形。「いろ」は接頭語)同じ母から生まれた弟または妹。例阿礼比売の命のいろど、蝿伊呂杼を娶りて(=妻としてお迎えになって)〈記・中・孝霊〉

いろ-どり【色鳥】 名さまざまの鳥。特に、秋に渡ってくる種々の鳥。例秋風のくるる木末(=梢)に色鳥の声〈碧玉集〉

いろ-ど・る【色取る・彩る】 動(ラ四)❶色をつける。彩色する。例月草に衣色どり摺らめども〈万葉・七・一三三九〉❷化粧する。例色どりたる顔づくりをよくして〈源氏・総角〉❸変化を求めて工夫する。例風体の品々(=様式のさまざまな能楽)を色どるべし〈風姿花伝・七〉

いろ-に-いづ【色に出づ】 ⇩「いろ」の子項目

いろ-ね 名《上代語》(「いろ」は接頭語)同じ母から生まれた兄または姉。例吾が姉(=私の姉)、磐長姫在りけり〈紀・神代下〉

いろ-は【母】 名《上代語》生みの母。例母をば玉依姫とまをす(=申し上げる)〈紀・神武即位前紀〉

い-ろ-は

【伊呂波・以呂波・色葉】名❶「いろはうた」の略。例台記に「久安六年正月十二日、今日今麻呂御前に参り、勅によりて以呂波を書く(=今麻呂が天皇の御前に参上し、天皇の命によっていろはうたを書く)」とあり。このころも童(=子ども)にいろはを書かせしなり〈玉勝間・六〉読解「台記」は平安後期の藤原頼長の日記。❷(手習いのはじめに「いろはうた」を習うことから)物事の第一歩。初歩。例気遣ひは、分別のいろはにてはなきか(=気遣いは、分別の初歩ではないのか)〈甲陽軍鑑・四〇上〉❸ものの順序を示す記号。語のいろは順配列。たとえば、『色葉字類抄』をはじめ中世・近世の辞書類の多くもその配列をとる。❹物の名につけて、それが四十七、あるいはたくさんあることを示す。「いろは蔵」「いろは茶屋」「いろは屋敷」など。〈黒木祥子〉

いろは-うた【伊呂波歌・以呂波歌】 名❶四十七字の仮名を、もれなく繰り返さずに読み込んで、七五調の今様形式にまとめた歌。「色はにほへど散りぬるを 我が世誰ぞ常ならむ 有為の奥山けふ越えて 浅き夢見じ酔ひもせず」と解され、涅槃経の偈「諸行無常 是生滅法 生滅滅已 寂滅為楽」を訳したといわれる。❷①に「京」などを加えた四十八文字を句頭に置いて教訓的な内容を読み込んだ和歌。「いろはたんか」。語誌 ①は古来弘法大師の作と信じられたが、実際には、ア行とヤ行の「エ」の区別が失われた平安中期の成立と考えられる。のちに末尾に「京」あるいは「ん」がつけ加えられ、四十八字で普通に使われるようになった。平仮名で書かれ、手習いの最初に習うべきものとされた。これより古く類似のものに「あめつちのことば」「たゐにのうた」などがある。

色葉字類抄・伊呂波字類抄 《作品名》平安末期・鎌倉初期の辞書。二巻本・三巻本を『色葉字類抄』、十巻本を『伊呂波字類抄』と表記して区別する。二巻本・三巻本は橘忠兼の著、天養年間から長寛年間(一一四四～六五)にかけて二巻本が、天養年間から治承年間(一一四四～八一)にかけて三巻本が成立。十巻本は三巻本を増補したもので、著者未詳、鎌倉初期までに成立。漢字・熟語に音訓・意味を記し、その訓の語頭音によりイロハ順に分類・配列する。和訓の音で分類する辞書としては最古。

いろは-たんか【伊呂波短歌】 名いろは四十七文字と「京」を各句頭に置いて作った、教訓的な和歌・ことわざを集めたもの。江戸中期以降、絵入りの草紙やカルタの形で多数出版された。

いろひ【綺ひ・弄ひ】 名❶口出しすること。干渉。例御いろひな候ひそ(=どうか御干渉なさらないで下さい)〈沙石集・九・一三〉❷口争い。口論。

いろ-びと【色人】 名❶なまめかしい人。美しい人。例その名も月の色人は、三五夜(=十五夜)中の空にまた〈謡曲・羽衣〉❷遊里での遊びに通じている人。粋人。通人。また、遊女。例世伝が二代男、近年の色人、残らずこれに加筆せし〈西鶴・諸艶大鑑・一・一〉

いろ・ふ【綺ふ・弄ふ】 動(ハ四)❶関与する。世話をする。例例の忍ぶる道は、いつとなく(=常に)いろひ仕うまつる人なれば〈源氏・松風〉❷干渉する。口出しをする。例いろふべきにはあらぬ人の、よく案内(=事情)知りて〈徒然・七七〉❸逆らう。固辞する。例姫もまたこれをいろはず〈読本・八犬伝・二・一三〉❹もてあそぶ。いじる。例かの一粒の銀をいろう(音便形)て見る事幾度か〈西鶴・諸艶大鑑・三・三〉

いろ・ふ【色ふ・彩ふ・艶ふ】 1動(ハ四)色づく。美しくなる。色どりが加わる。例露に色へる撫子の花〈和泉式部集〉2動(ハ下二)美しく彩る。色ど

りを加えて飾る。例赤地の錦をもって大領・端袖いろへたる直垂に〈平家・二・那須与一〉

いろ-ふかし【色深し】❶色が濃い。例**色深く**背なが衣（＝夫の着物）は染めましを〈万葉・二〇・四四二四〉❷容貌が美しい。例**色ふかく**情けありければ、心を動かす人多かりけり〈著聞集・八・三三〇〉❸愛情が深い。例**色深く**思ひし心我わすれめや〈古今・恋四〉

いろ-ふし【色節】名❶きらびやかなこと。はでなこと。例よろづのものの綺羅（＝美しさ）・飾り・**色ふし**も、夜のみこそめでたけれ〈徒然・一九一〉❷晴れがましいこと。晴れがましい場。例かく口惜しき際（＝取るに足りない身分）の者だに…仕うまつるを**色節**に思ひたるに〈源氏・澪標〉

いろ-め【色目】名❶衣服・色紙などの色合い。例雲鳥の（枕詞）綾の**色目**もおもほえず〈続後拾遺・恋四〉❷様子。そぶり。例思ひ極めて舌食ひ切る**色目**のとき〈西鶴・好色一代女・四・五〉❸相手に恋しい思いを伝えようとする色めかしい目つき。流し目。例それ、もう**色目**さ〈洒落本・駅舎三友〉

いろ-めか・し【色めかし】形（シク）〔動詞「いろめく」の形容詞化〕色っぽい。なまめかしい。好色そうだ。例いとよしある（＝風情のある）さまして、**色めかしう**（音便形）なよびたまへるを〈源氏・紅葉賀〉

いろ-め・く【色めく】動（カ四）〔「めく」は接尾語〕❶色がはっきりと現れる。色づく。例すこし**色めけ**梅の初花〈源氏・竹河〉❷好色のさまが見える。色気がある。例いたく**色めき**たまへる親王を〈源氏・若菜下〉❸戦いに負ける気配が現れ、浮き足立つ。動揺する。例敵は**色めき**たるは〈太平記・八〉

いろ-も 名『上代語』〔「いろいも」の変化した形。「いろ」は接頭語〕同じ母から生まれた妹。例生みたまへる子…次に、**妹**高比売の命〈記・上・神代〉

いろ-ゆるさる【色許さる】〔「る」は受身の助動詞〕禁色の着用を許される。例昔、おほやけ思してつかうたまふ女の（＝天皇がお心をかけてお召し使いなさる女で）、**色ゆるされ**たるありけり〈伊勢・六五〉

いろをうしなふ【色を失ふ】⇩「いろ」の子項目

いわ『石・岩・家・磐』⇩いは

いわう『斎う・祝う』⇩いはふ

い-わう【医王】名『仏教語』❶仏や菩薩が人々の苦悩を救うのを、医者にたとえていう語。例薬師医王の浄土をば　瑠璃の浄土と名づけたり〈梁塵秘抄・法文歌〉❷薬師如来の別称。例**医王**・山王に憚りたてまつって〈平家・七・木曾山門牒状〉

いわお『巌』⇩いはほ

い-わか・る【い別る】動（ラ下二）〔「い」は接頭語〕別れる。例島伝ひ**い別れ**行かば〈万葉・八・一四五三〉

いわく『曰く・稚く』⇩いはく

いわ・く 動（カ下二）驚きうろたえる。例（皇子ノ）屍を抱きて**いわけ**惋てて〈紀・雄略即位前紀〉

いわけなし『稚けなし』⇩いはけなし

いわしみず『石清水』⇩いはしみづ

い-わた・す【射渡す】動（サ四）矢を射て遠くまで届かせる。例投ぐ矢持ち　千尋（＝はるか遠くまで）**射渡し**〈万葉・一九・四一六四〉

いわみ『石見』⇩いはみ

いわれ『磐余・謂れ』⇩いはれ

いわんかたなし『言わん方無し』⇩いはむかたなし

いわんや『況んや』⇩いはむや

いを【魚】名〔「うを」の古形〕うお。さかな。例白き鳥の、嘴（＝くちばし）と脚と赤き、鴫の大きさなる、水の上に遊びつつ**いを**を食ふ〈伊勢・九〉

いをぬ【寝を寝】⇩「い」の子項目

イン『尹・員・院・韻』⇩ゐん

いん【印】名❶印章。はんこ。また、物に残されたしるし。例沙頭（＝砂浜）に**印**を刻む鷗の遊ぶ所〈和漢朗詠集・下・水〉❷『仏教語』仏や菩薩などの悟りや誓願を示す手指の特定の形。転じて、真言密教で僧が呪文を唱えるときに、指でいろいろな形を表すこと。例不動の陀羅尼誦みて、**印**つくりてゐたらむも〈源氏・常夏〉

いん【因】名『仏教語』物事の起こるもと。原因。因に働きかけるものを「縁」、その結果を「果」という。例過去の**因**を知らむと（＝知ろうと）欲はば、その現在の果（＝結果）見よ〈霊異記・上・一八〉

いん【陰】名易学で、万物を二つの要素に分けたうちの一つ。積極的・能動的な「陽」に対して、消極的・受動的な事象の象徴で、太陽に対する月、奇数に対する偶数、男性に対する女性など。⇩いんやう。例夜はまた**陰**なれば〈風姿花伝・三〉

いん-えん【因縁】名『仏教語』⇩いんねん

いん-か【印可】名❶『仏教語』師の僧が修行者の悟りの円熟を認めて証明すること。印可を受けることで、修行者は法嗣（＝師の法を嗣ぐ弟子）となる。例国師、手巾・薬籠を付属して、**印可**の信を表したまふ〈一遍上人語録・上〉❷（①から転じて）芸道・武道などで、師匠が弟子の熟達を認めて証明すること。また、その証明書や免許状。例師家の**印可**を得てこそ、我もまた師家とはなるべけれ〈五音曲条々〉

いん-きょ【隠居】名動（サ変）❶俗世間から逃れて山野などに住むこと。例ただ**隠居**を好む心のみあり〈今昔・一三・三〇〉❷家督を跡継ぎに譲り、社会の表から退いてのどかに暮らすこと。また、その人。例何も両人に譲り、身は**隠居**つかまつる〈狂言・かくすい聟〉❸②の人の住む家。例**隠居**の戸をあけて下女を起こし〈西鶴・西鶴織留・一・三〉

いん-ぎん【慇懃・殷勤】名形動（ナリ）礼儀正しいこと。丁寧なこと。例にはかに御**いんぎん**迷惑致す〈狂言・二千石〉

いん-くゎ【陰火】名夜、幽霊や妖怪などが現れるとき燃えるという火。実際はリンなどが燃えたもの。例一段の**陰火**君が膝の下より燃え上がりて〈読本・雨月・白峯〉

いん-ぐゎ【因果】

名『仏教語』❶原因と結果。過去・現在・未来にわたる一切の現象の間に見られる原因と結果の法則性。例仏法を悟り**因果**を知りて浄土に往生する者多かりけり（＝仏の教えを理解し、因果を知って極楽浄土に往生をする者は多かった）〈今昔・四・三六〉❷**過去に行った行為（業）の報い**。多く過去の悪い行いやその報いをいう。例(a)この因果によって、田夫は沙門と生まれ(=この報いによって、農夫は僧として生まれ変わり)〈太平記・三〉例(b)いかなる因果の報ひにや、かかるうき世に住みそめて(=どのような悪い行いの報いであろうか、このようなつらい世の中に住みはじめて)〈御伽草子・鉢かづき〉
❸(形容動詞的に用いて)不幸な。不運な。例かかるりんきのふかき女を持ち合はすこそその男の身にして因果なれ(=こんな嫉妬深い女を妻にもつとは、その男の身にとって不幸である)〈西鶴・好色五人女・二・五〉〈剱持雄二〉

【因果が蹲ふ】 前世の悪行に対する報いが待ち構えている。

いんぐゎ-きゃう【因果経】 名《仏教語》「過去現在因果経」の略。釈迦の伝記と、因果応報の道理を説いた経典。

隠元《人名》一五九二〜一六七三(文禄元〜延宝元)。江戸時代の禅僧。黄檗宗の開祖。明から渡来し、寛文三年(一六六三)宇治に万福寺を開く。

いん-ごふ【因業】 名《仏教語》因と業。また、果報を生じるもと(因)となる行為(業)。例死はまた我が欲ふにあらず。因業の鬼、我を殺す〈性霊集・八〉

いん-ざう【印相】 名《仏教語》❶「いん(印)②」に同じ。例すべてこの仏、昔より印相定まりたまはぬ由申し伝へて候へど〈著聞集・二・六三〉❷仏の顔つき。

いん-じ【往んじ・去んじ】(「いにし」の撥音便形)❶連体 過ぎ去った。去る。例去んじ安元三年四月二十八日かとよ、風烈しく吹きて静かならざりし夜〈方丈記〉❷名 過ぎ去ったこと。過去。例往んじをとがめずと申す事候へば〈太平記・三八〉

いん-じゃう【引声】 名《仏教語》「いんぜい」とも。音に高低・伸縮・緩急などの調子をつけて、念仏や経文を唱えること。

いん-ぜふ【引接・引摂】 名動(サ変)《仏教語》仏が衆生を導くこと。特に、人の臨終のとき阿弥陀仏が迎えに来て極楽へ導くこと。例聖衆の来迎にてましませば(=菩薩のお迎えでいらっしゃるので)、などか引摂なかるべき〈平家・一・祇王〉

いん-だう【引導】 名動(サ変)❶《仏教語》迷っている人々を仏道へ導くこと。例無数の衆生を引導すべし〈今昔・一・二九〉❷《仏教語》葬式のとき、僧が経文などを唱え、死者を彼岸の浄土に導き、悟りを開かせること。また、その経文。例引導も過ぎて、火をかけければ〈仮名草子・昨日は今日の物語・下〉❸案内をすること。導くこと。例引導の山伏に「いかなる御座敷候ふぞ」と問へば〈太平記・二七〉

【引導を渡す】 ❶葬儀のときに、僧が死者に悟りを開くよう説き教える。❷(①から転じて)相手を悟らす。また、相手の命を奪うことを告げる。例この世の引導渡してくれん〈浄瑠璃・絵本太功記・一〇〉

いん-ぢ【印地】 名❶石を投げあって戦うこと。石合戦。また、端午の節句に子どもが河原などで行った石合戦の遊び。例しゃつも(=そいつも)印地をこそし習うて候ふらめ〈義経記・三〉❷石合戦を得意とした無頼者。例召されける勢(=軍勢)と申すは、向かへ礫、いんぢ、言ふかひなき辻冠者ばら、乞食法師どもなりけり〈平家・八・鼓判官〉

いん-ねん【因縁】 名❶《仏教語》因と縁。直接的な原因(因)と、間接的な原因(縁)。この世の物事は、その原因である因と、それを結果に至らせる作用の縁との関係から生じるということ。例出家の因縁は必ず遂げ難し〈今昔・一・四〉❷いわれ。ゆかり。由来。例六部(=全国を行脚する僧)になった因縁のう、かたり申すべいが〈滑稽本・膝栗毛・三下〉

いん-の-こ【犬の子】 名(「いぬのこ」の撥音便形)子どもを安眠させるために唱えるまじないの語。例入相に(=夕暮れ時には)いんの子をせよ花のかほ〈俳諧・崑山集・二〉

いん-ばん【印判】 名印。印章。例我が印判ひとつで千貫目の事も(=千貫の銭のことでも)埒が明くほどにと〈西鶴・西鶴織留・六・四〉

いん-ぶつ【音物・引物】 名「いんもつ」とも。贈り物。引出物。進物。例里々よりの衣装・音物取り

印刷と版本

版木(板木)に文字や絵を彫って印刷する木版技術は、早くから寺で経典などを印刷するために利用されていたが、室町時代までは、一般の書物は一冊一冊人の手で書き写される写本として伝えられるのが普通であった。

室町末期(戦国時代)になると、さまざまな南蛮文化とともに、西洋の印刷技術が日本に渡来した。日本へ布教に訪れた宣教師たちは、日本語学習のために、自分たちが持ち込んだ西洋式の印刷機によって、特別にいくつかの書物を出版した。これらは「キリシタン版」(天草版)と呼ばれる。

ほぼ同じころ、朝鮮から、活字による新しい印刷技術が伝来する。木製や銅製の文字の型を作り、それを、文章どおりに並べ組み合わせて印刷するものである。この技術の伝来により、それまで寺などでしか行われなかった書物の出版が、民間にも広まることとなった。この時期(特に文禄から寛永にいたる約五〇年間 一五九二〜一六四四ごろ)に活字印刷された本を、特に古活字本と呼ぶ。古活字本は同時代の一般の書物も印刷の対象とし、より多くの読者を意識した点で大きな意義をもつ。

しかし、活字による印刷は、一枚の版木に文や絵をまるごと彫り込む整版印刷に比べて、印刷部数が調節できない(印刷が終わると組み上がった活字は再度ばらばらにされるため)、続け字の印刷が困難、挿絵を入れるのが難しいなど、大量印刷技術としては不足な点がある。そのため、江戸時代に入って文字を読み書きする層が拡大し、大量の書物が必要とされるようになる寛永年間以降は、ふたたび整版による木版印刷が主流となった。やがて町人文化の発展とともに、さまざまな分野の版本(印刷された書物のこと。「板本」とも)が大量に出版されるようになる。

添へ取り添へ送りしに〈曾我・九〉

殷富門院大輔（いんぷもんゐんのたいふ／インプモンイン ノタイフ）《人名》生没年未詳。平安末期・鎌倉前期の歌人。藤原信成の娘。後白河院の皇女亮子内親王（殷富門院）に仕える。多くの歌人と交流があり、技巧的な歌が多い。多作であったため、千首大輔の別称がある。家集に『殷富門院大輔集』。

いんへるの 名〔ポルトガル語から〕地獄。例今一人はいんへるのへ落ちぬ〈仮名草子・伊曾保物語・上〉

いんも【恁麼・什麼】 名『仏教語』指示や疑問を表す。このよう。そのよう。どのよう。多く禅宗で用いる。副詞的、または格助詞「の」を伴って連体詞的に用いることも多い。例**恁麼**見取して（＝このように考えて）〈正法眼蔵・仏性〉

いん-もん【印文】 名守り札。護符。例たった一目見て死んだら、善光寺様の御**印文**にもまさって、未来は極楽往生〈浄瑠璃・新版歌祭文・上〉

いん-やう【陰陽】―ヨウ 名「おんやう」とも。陰と陽。特に易学で、万物の生成や消滅の根元となる相反する二つの要素。太陽・奇数・男性など、積極的・能動的とされるものを陽とし、月・偶数・女性など、消極的・受動的とされるものを陰とする。すべての事象をこの分類で解明しようとするのが陰陽道である。例**陰陽**の和するところの境を成就とは知るべし〈風姿花伝・三〉

いん-やく【印鑰・印鎰】 名印と蔵の鍵。管理・支配のために最も重要なもので、官職・地位のあかしとなる。例諸国の**印鎰**を奪ひ取りて、受領を京に追ひ上せむ（＝追い返そう）〈今昔・二五・一〉

いん-ろう【印籠】 名腰にさげる三段または五段の小さい箱。もと印判・印肉を入れたが、江戸時代は当座の薬を入れた。例にはかに腹いたむと悩めば、田舎大臣**印籠**あけていく薬か（＝何種かの薬を）与へけるを〈西鶴・好色一代男・七・三〉

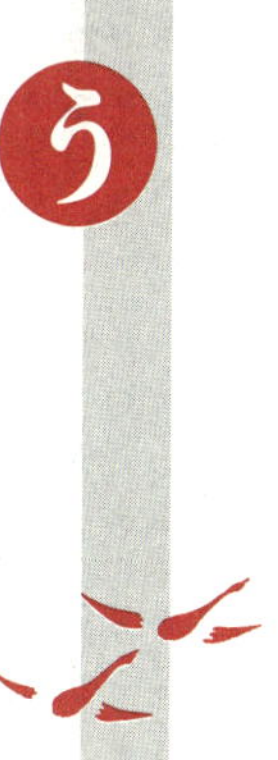

う

-う【宇】 接尾〔「宇」は軒の意〕建物を数える語。「一宇の御堂」「数十宇の僧房」など。

う【卯】 名❶十二支の第四番目。⇨十二支（図）。❷①にあてた年・月・日の呼称。❸方角の呼称。東。❹時刻の呼称。今の午前六時ごろ、およびその前後約二時間。（一説に、その後約二時間）。例二十一日、うのときばかりに船出だす（＝船を出す）〈土佐〉

う【羽】 名❶鳥の羽。❷音階の名。五音の一つで、いちばん高い音。

う【鵜】 名ウ科の水鳥の総称。全身黒色でくちばしが大きい。水中に潜って巧みに魚を捕らえ飲むので、鵜飼いに用いられる。

【鵜の真似する烏】 自分の能力を省みず、人まねをして失敗することのたとえ。姿が似ている鵜をまねて、水に潜ろうとして失敗した烏の意。

う【居・坐】 動（ワ上二）『上代語』〔「ゐる」の古形〕いる。座る。例立つとも**居**うとも君がまにまに（＝立とうと座ろうと、すべてあなたの思いのままです）〈万葉・一〇・一九一二〉

う【得】 ❶動（ア下二）❶**手に入れる。自分のものにする。** 例龍の馬も今も**得**てしかあをによし（枕詞）奈良の都に行きて来むため（＝龍の馬を今すぐに手に入れたい。奈良の都に行って来るために）〈万葉・五・八〇六〉読解「龍の馬」は足の速い馬。❷**自分の妻にする。めとる。** 例(a)我はもや安見児**得**たり皆人の**得**かてにすといふ安見児**得**たり（＝私はまあ安見児を妻にしている。すべての人が妻にしがたいものとしている安見児を妻にしている）〈万葉・二・九五〉読解采女の安見児と結婚できた喜びの歌。例(b)いかでこのかぐや姫を**得**てしかな（＝なんとかしてこのかぐや姫を妻にしたい）〈竹取〉❸**罪などを身に負う。** 例（女性ニ）目をくばりて読みゐたるこそ、罪や**得**らむとおぼゆれ（＝目を向けて読経し座っている僧こそ、仏罰を被るだろうと思われる）〈枕・八月ばかりに、白き単〉読解読経に心がこもっていないということ。❹（漢文体の文章で用いて）**〜できる。** 例身疲れ力弱りて、起居すること**得**ず（＝体は疲れ力は弱って、起きて座っていることもできない）〈霊異記・下・六〉

❷補動（ア下二）（動詞の連用形について）**可能の意を表す。〜できる。** 例奉る御調宝は数へ**得**ず尽くしもかねつ（＝差し上げる貢ぎ物の宝は数えることができず、挙げ尽くすこともできない）〈万葉・一八・四〇九四〉

語誌▼古語でア行の動詞は、「得」と、「得」のつく「心得」「所得」などのみである。なお、現代語では下一段活用で基本形は「得る」。

▼可能を表す陳述の副詞「え」は、「得」の連用形が転じたもの。〈高山善行〉

う 感❶うめくときに発する声。ううっ。例「**う**」と言ひて、うしろざまにこそ臥しかへりたれ（＝寝返りをうった）〈宇治拾遺・三五〉❷**【諾】** 承諾の意を表す語。はい。うん。例今日のうちに否とも**う**とも言ひはてよ〈信明集〉

う 助動（特殊型）〔推量の助動詞「む」の変化した形〕❶推量の意を表す。〜だろう。例これが武蔵野であら**う**（終止形）〈狂言・雷〉❷意志を表す。〜う。〜よう。例死なば一所（＝同じ所）で死な**う**（終止形）〈平家・九・一二之懸〉❸勧誘・依頼の意を表す。〜う。〜よう。〜せよ。例いざおのおの（＝さあ皆さん）木曾殿へ参ら**う**（終止形）〈平家・七・篠原合戦〉❹（連体形で用いて）婉曲の意を表す。〜ような。例天地の間にあら**う**（連体形）ものは、かうなうてはかなうまいぞ〈史記抄・一二〉

接続 活用語の未然形につく。

活用 ○／○／う／う／○／○

う【憂】 形容詞「うし」の語幹。多く「あな、う」の形で

う

用いられて、つらい気持ちを感嘆的に表す。例年月をあはれあなうと過ぐしつるかな〈古今・雑上〉

うい『初』⇩うひ

う-い【羽衣】 名 天人や天女の着る衣。はごろも。身に着けると空を飛べるという。例月の夜遊の**羽衣**の曲〈謡曲・楊貴妃〉

う・い 形（口語） けなげだ。感心だ。かわいい。愛らしい。例今の難儀を救ふたるは、業（＝家業）に似合はぬ**うい**働き〈浄瑠璃・義経千本桜・三〉 語誌 連体形「うい」の形でのみ用いられる。

ういこうぶり『初冠』⇩うひかうぶり

うい-らう【外郎】 ―ロウ 名 ❶丸薬の名。江戸時代、小田原の名物で痰を除き頭痛に効くとされた。室町時代に中国の元の礼部員外郎の陳宗敬が日本に帰化して伝えた。❷「外郎餅」の略。

ういらう-もち【外郎餅】 ウイロウ― 名 米の粉と砂糖を使った羊羹に似た蒸し菓子。色が薬の外郎に似ることからついた名。例菓子に羊羹・**外郎餅**のちぎり喰ひ〈浮世草子・好色産毛・三・二〉

う・う【飢う・饑う】 動（ワ下二） 空腹になる。飢える。例父母は　**飢ゑ**寒ゆらむ〈万葉・五・八九二〉➡名歌122

う・う【植う・殖う】 動（ワ下二） ❶草木などを植える。種をまく。例前栽など心とめて（＝工夫して）**植ゑ**たり〈源氏・帚木〉 ❷何かのもとになることをする。例いかなる福を**殖ゑ**て、福貴の家に生まれて〈今昔・二・二〉 ❸棒状のものを据える。例ひし（＝武具の名）を**うゑ**て〈平家・二・大納言死去〉

うえ『上』⇩うへ

うえだあきなり『上田秋成』⇩うへだあきなり

う-えん【有縁】 名《仏教語》❶仏に救われる因縁のあること。例**有縁**の衆生を導き、無縁の群類を救はむがために〈平家・二・康頼祝言〉 ❷地縁・血縁などなんらかのゆかりがあること。例**有縁**の所にこの木を運び寄せて〈今昔・三・二一〉

うお『魚』⇩うを

う-がい【有涯】 名《仏教語》限りのあるもの。この世。人生。例**有涯**は秋の月（ト同ジデ）、雲に伴って隠れやすし〈平家・灌頂・大原入〉

うかがひ【窺ひ・伺ひ】 ウカガイ 名 ❶こっそりのぞくこと。ひそかに様子を見ること。また、その人。例人ありや（＝だれかが住んでいる）と見て、人の**うかがひ**などするに〈宇津保・俊蔭〉 ❷尋ねることなどの謙譲語。例御病気の御様子**窺ひ**のため〈浄瑠璃・伽羅先代萩・六〉

うかが・ふ

【窺ふ・伺ふ】 ウカガウ・ウカゴウ 動（ハ四） 相手に気づかれないように探る意。

1【窺ふ】〔上代は「うかかふ」〕❶**ひそかにのぞいて見る。**例窃かに坊の壁を穿ちて**窺へ**ば、その室の内、光を放ちて照り炫く（＝こっそりと僧坊の壁に穴をあけてのぞいて見ると、その部屋の中は、光を放っていて明るく輝く）〈霊異記・上・四〉 ❷**それとなく様子を探る。**例ただならで、我も行く方あれど、あとにつきて**うかがひ**けり（＝いつもと違う様子が気になって、自分も行く先があるけれど、背後について様子を探った）〈源氏・末摘花〉 ❸**相手のすきをねらう。ひそかにねらう。**例武士の寝静まるを**うかがひ**て〈宇津保・俊蔭〉 ❹**調べてみる。ざっとながめ渡す。**例近く本朝を**うかがふ**に（＝近く我が国を調べてみると）〈平家・一・祇園精舎〉 ❺**たしなむ。心得る。**例弓射・馬に乗る事…必ずこれを**うかがふ**べし（＝必ずこれをたしなまなくてはならない）〈徒然・一二二〉

2【伺ふ】（1から転じて）❶**神仏や貴人などの意向を打診する。指令をあおぐ。**例入道相国の気色をも**うかがう**（音便形）て（＝入道相国の意向も打診して）〈平家・三・足摺〉 ❷**謙譲語。**㋐「聞く」「問ふ」の謙譲語。**お聞きする。お尋ねする。**例この由法皇へ**伺ひ**まうして（＝この趣旨を法皇へお尋ね申して）〈平家・二・大納言死去〉 読解「この由」は出家したいという希望をさす。㋑（比喩的に）相手にいやなものを与える。お見舞いする。例君を一太刀**うかがひ**たてまつりて（＝君に一撃お見舞いして）〈曾我・一〇〉 〈小島孝之〉

うか・す【浮かす】 動（サ四）〔「うく」の他動詞形〕❶浮くようにする。浮かべる。例引き抜かんと身を**うかし**けれども〈十訓抄・三・一〇〉 ❷心を明るくさせる。陽気にさせる。例生き仏でござるによりて、お地蔵をちと**うかし**ませう〈虎寛本狂言・金津〉

うがち【穿ち】 名 人が気づかないことを指摘すること。特に、物事の本質などを側面や裏面からとらえ、隠された矛盾や欠点を明らかにすること。人情の機微に迫ること。洒落本をはじめ、江戸後期文学の理念の一つ。

うが・つ【穿つ】 動（タ四） ❶穴をあける。例ひそかに坊の壁を**穿ち**て窺へば〈霊異記・上・四〉 ❷貫く。突き通す。例（船ノ）棹は**穿つ**、波の上の月を〈土佐〉 ❸表面に出てこない物事の真実や欠点、また人情の機微などを指摘し、明らかにする。例人情のありさまを詳しく**穿ち**て〈滑稽本・浮世床・二下〉

うか-ねら・ふ【窺狙ふ】 ―ネラウ・―ネロウ 1 動（ハ四） 好機をうかがい狙う。例この岡に雄鹿踏み起こし**うかねらひ**〈万葉・八・一五七六〉 2《枕詞》狩りのとき、獲物を狙う前に「跡見」をすることから、「とみ」と同音を含む地名「跡見山」にかかる。

うか-の-みたま【宇迦の御魂・倉稲魂】 名 稲の精霊。穀物をつかさどる神。

う-かは【鵜川】 ―カワ 名 飼い慣らした鵜を川に放ち、鮎などの魚を捕らせること。鵜飼い。また、その川。例上つ瀬に　**鵜川**を立ち（＝行い）〈万葉・一・三八〉

う-かひ

【鵜飼ひ】 ―カイ 名 飼い慣らした鵜の首を結った縄を操って、鵜の飲みこんだ鮎・鯉などの魚を吐き出させて捕る漁法。また、それを職業とする人。古くは「鵜川」とも。例**鵜飼ひ**はいとほしや　万劫年経る亀殺し　また鵜の首を結ひ　現世はかくてもありぬべし　後生わが身をいかにせむ〈梁塵秘抄・四句神歌〉➡名歌79

語誌▼漁業としての鵜飼いは古くから行われていたが、平安時代の貴族たちにとっては趣のある遊びでもあった。『蜻蛉日記』中巻には、篝火をともして

川を上下する鵜舟を見て、「をかしく見ゆることかぎりなし」とある。
▼平安末期になると、仏教による殺生禁断の教えによって、鵜飼いは地獄に落ちるものとされ、その悲しみ・嘆きが歌われた。例の今様歌はその典型例。和歌などでは、鵜飼い舟や鵜舟が哀感をこめて詠まれ、芭蕉の「おもしろうてやがて悲しき鵜舟かな」〈俳諧・曠野・三〉(➡名句39)などにつながる。

〈馬場光子〉

鵜飼ひ〔一遍上人絵伝〕

うか・ぶ【浮かぶ】〔四段動詞「浮く」の未然形＋接尾語「ぶ」〕 **1**動(バ四) ❶**物が水面や空中などに現れる。浮く。** 例よどみに浮かぶうたかたは、かつ消え、かつ結びて(＝川のよどんだところに浮く水の泡は、一方では消え、一方ではできて)〈方丈記〉
❷**気持ちがうわつく。落ち着かない。** 例**浮かび**たる心のすさびに(＝浮気心の行き過ぎのせいで)〈源氏・夕顔〉
❸**不安定である。頼る所がない。** 例女の宿世はいと**浮かび**たるなむあはれにはべる(＝女の運命はたいそう不安定であるのがかわいそうでございます)〈源氏・帚木〉
❹**根拠がない。いいかげんだ。** 例ようも案内せで、**浮かび**たることを伝へける(＝十分にも調べないで、いいかげんな話を伝えたものだ)〈源氏・東屋〉
❺**思い浮かぶ。** 例(『源氏物語』ノ文章ガ)おのづからなどは、そらにおぼえ**浮かぶ**を(＝自然とそらんじて思い浮かぶのを)〈更級〉
❻**苦しい暮らしから抜け出る。出世する。世に出る。** 例御子どもなど、沈むやうにものしたまへるを、みな**浮かび**たまふ(＝お子様がたなども、落ちぶれたようなぐあいでおいでだったが、皆様出世なさる)〈源氏・澪標〉
❼**成仏する。** 例流れ出る涙に今日は沈むとも**浮かばん**末をなほ思はなん(＝成仏できる来世をやはり思ってほしい)〈山家集・下〉 読解ある女房から贈られた歌の返歌。末尾の「なん(む)」は他に対して実現を希望する終助詞。
2動(バ下二) ❶**物が水面や空中などに浮くようにする。浮かべる。** 例梅の花誰か**浮かべ**し酒坏の上に〈万葉・五・八四〇〉
❷**思い浮かべる。暗唱する。** 例(法華経ヲ)そらにはいまだ**浮かべ**ず〈今昔・一七・三三〉
❸**苦しい暮らしから抜け出させる。出世させる。世に出す。** 例沈める輩をこそ多く**浮かべ**たまひしか(＝悲境に沈んでいる仲間をたくさん出世させなさった)〈源氏・明石〉

〈余田弘実〉

うか・む【浮かむ】動(マ四)「うかぶ」に同じ。例打てばしづみ、**浮かめ**ば打ち〈近松・国性爺合戦・一〉

うから【親族】名〔「から」は一族・血族の意か〕「うがら」とも。血縁の人々。一族。身内。例問ひ放くる(＝話しあう) **親族兄弟**なき国に 渡り来まして〈万葉・三・四六〇〉

うか・る【浮かる】動(ラ下二)〔四段動詞「浮く」の未然形＋自発の助動詞「る」〕 ❶**ひとりでに浮く。浮かぶ。** 例(亀ガ)水の上に**うかれ**来て〈平家・六・祇園女御〉
❷**あてもなくさまよい歩く。流浪する。** 例年ごろ仕りける所をもその事となく**浮かれ**て(＝長年仕えていた所まで、格別の理由もなくさまよい出て)〈今昔・一六・三〇〉
❸**心が落ち着かない。** 例さらぬだに**うかれ**てものを思ふ身の心をさそふ秋の夜の月(＝そうでなくてさえ心が落ち着かずもの思いをする私の心をそそのかす秋の夜の月よ)〈山家集・上〉
語誌 本来、同じ所にとどまらずに漂う意。②や③の意では「**あくがる**」が類義。

〈余田弘実〉

うかれ【浮かれ】名 ❶浮かれること。例袖をひかれて、北八(＝人名)少し**うかれ**がきて〈滑稽本・膝栗毛・七下〉 ❷「浮かれ女」の略。

うかれ-い・づ【浮かれ出づ】動(ダ下二) ❶あてもなく家を出る。ふらふらと離れる。例**浮かれ出づ**る心は身にもかなはねば〈山家集・中〉 ❷うきうきして出かける。浮かれ出る。例朝食もうち忘れてうかれ出でぬ〈読本・雨月・蛇性の婬〉

うかれ-た・つ【浮かれ立つ】動(タ四) あてもなく家を出る。心がうきうきとする。例共に送らんと…路の枝折りと(＝道案内だと)**浮かれ立つ**〈芭蕉・奥の細道〉

うかれ-びと【浮かれ人】名 ❶定住しない人。浮浪者。租税・課役からのがれやすく、古代は厳しい取り締まりを受けた。例盗賊と**浮かれ人**とを断むる〈紀・天智〉 ❷道楽者。

うかれ-め【浮かれ女】名 歌舞を見せたり、売春をしたりする女性。遊女。元来、居所を定めない放浪の民であることからいう。⇩あそび(遊女)。例このわたりの**うかれめ**ども、あまた参りて候ふなかに〈大和・一四六〉

うき【盞】名《上代語》杯。例三重の子が 捧がせる瑞玉**盞**に〈記・下・雄略・歌謡〉 読解「瑞玉盞」は美しい杯。

うき【泥土】名 泥深い地。和歌では、多く「憂き」と掛けて用いる。例数ならぬみくり(＝水草の名)や何のすぢなれば**うき**にしもかく根をとどめけむ〈源氏・玉鬘〉

うき-き【浮き木】名「うきぎ」とも。❶川や海などの水面に浮いた木。また、筏。船。例**浮き木**に乗りて、河のみなかみ尋ねゆきければ〈俊頼髄脳〉 読解中国の漢の時代に、張騫が浮き木に乗って天の川の水上を尋ねたという話の一節。❷仏典で、盲目の亀が大海で出会ったという浮き木。めったにない機会のたとえ。⇩まうきのふぼく。例釈迦の御法は**浮き木**なり 参り会ふ我らは亀なれや〈梁塵秘抄・法文歌〉

うき-くさ【浮き草】名 水に浮かんだり漂ったりし

ている水草の総称。和歌では、漂泊の人生や人の世の定めなさなどのたとえに用い、「浮き」に「憂き」を掛けることも多い。例わびぬれば身を**うき草**の根を絶えてさそふ水あらば去なんとぞ思ふ〈古今・雑下〉読解「うき」は「(身の)憂き」と「浮き」を掛ける。

うき-ぐも【浮き雲】 名「うきくも」とも。❶空に浮かんでいる雲。例雨となりしぐるる空の**浮き雲**を〈源氏・葵〉❷不安定なさま、落ち着かないさまのたとえ。

【浮き雲の思ひ】 空に浮かび漂う雲のように、不安定な落ち着かない気持ち。例ありとしある(=すべての)人は、皆**浮き雲の思ひ**をなせり〈方丈記〉

うき-す【浮き州・浮き洲】 名 池・川・海などに流木や泥などが集まって漂い、その上に植物などが生えて、州のように見えるもの。また、水面に現れて浮いているように見える州。例鳴海潟潮の**浮き州**にとまるなり〈為尹千首〉

うき-す【浮き巣】 名 水に浮いている鳥の巣。葦や枯れ葉などで作られる。鳰の浮き巣をいうことが多い。例鳰の**浮き巣**の流れとどまるべき蘆の一本のかげたのもしく〈芭蕉・幻住庵記〉

うき-た・つ【浮き立つ】 動(タ四)❶雲や霧などがわき上がる。浮き上がる。例**浮き立つ**雲の跡もなく〈謡曲・浮舟〉❷心がうきうきする。例今ひときは心も**浮き立つ**ものは、春の気色にこそあめれ〈徒然・一九〉❸騒がしくて落ち着かない。例世の中**浮き立ち**て、人の心もをさまらず〈方丈記〉

うき-つ【浮き津】 名 天の川にあるという舟着き場。例天の川**浮き津**の波音騒くなり〈万葉・八・一五二九〉

うき-な【憂き名・浮き名】 名❶当人にとってつらくいやな評判。悪いうわさ。例つひに**うき名**をさへ流しはてつべきこと〈源氏・葵〉❷色恋ざたの評判。浮いたうわさ。例割れ割れになるとても**浮き名**は捨てじと心がけ〈近松・曾根崎心中〉語誌 もとは「憂き名」であったが、恋に関していわれることが多かったことから「浮き名」とも意識されるようになった。

うき-ぬ-しづみ-ぬ【浮きぬ沈みぬ】 浮いたり沈んだり。例(扇ガ)白波のうへにただよひ、**浮きぬ沈みぬ**ゆられければ〈平家・一一・那須与一〉

うき-ぬなは【浮き蓴】 名 水に浮かんだ蓴(水草の名。ジュンサイ)。泥の中に根を張り、葉は水面に浮く。和歌では、多く動揺する気持ちのたとえに用いる。例我が心ゆたにたゆたに(=落ち着いたり動揺したりで)**浮き蓴**〈万葉・七・一三五二〉

うき-ね【浮き根】 名〔「うき」は泥土の意〕泥の中の水草の根。和歌では、「憂き音(つらさに泣くこと)」と掛けて用いることが多い。例**うきね**のみ袂にかけしあやめ草〈栄花・浦々の別れ〉

うき-ね

【浮き寝】 名❶水鳥が水に浮かんだままで寝ること。また、そのように船中で夜を明かすこと。例波の上に**浮き寝**せし夕あど思へか心悲しく夢に見えつる(=どう思ってか、せつなくも妻が夢に見えたことだ)〈万葉・一五・三六三九〉読解 新羅へ使いに行った一行の歌。❷悲しんで、泣きながら寝ること。また、不安で寝つけないこと。例涙川枕ながるる**浮き寝**には夢もさだかには見えずぞありける〈古今・恋一〉読解 泣く涙が川となって枕まで流れてしまいそうな悲しい浮き寝では、夢もはっきりとは見えないことだ、の意。夢で恋する人に逢いたいと思うが、それさえかなえられそうにない。「浮き」に「憂き」を響かせている。❸かりそめの男女の契り。例いとかう仮なる**うき寝**のほどを思ひはべるに(=ほんとうにこんな一時的なかりそめの契りのさまを思いますと)〈源氏・帚木〉

語誌 わびしさ、つらさ、悲しさなどの気分をこめて用いられることが多い。特に和歌では、「浮き」に「憂き」を掛けて用いる。〈余田弘実〉

うき-はし【浮き橋】 名 筏や船などをつないで、その上に板を渡して橋としたもの。例淀瀬には**浮き橋**渡し〈万葉・一七・三九〇七〉

うき-ふし【憂き節】 名 つらく悲しいこと。いやなこと。つらく悲しい折。「節」が竹の「節」と同音であることから、和歌では多く竹の縁語として用いる。例世に経れば言の葉しげきくれ竹の**うきふし**ごとに鶯ぞ鳴く〈古今・雑下〉

うき-ふね【浮き舟】 名 水の上に浮いている舟。寄るべない境遇をたとえていうことが多い。例橘の小島の色はかはらじをこの**うき舟**ぞゆくへ知られぬ〈源氏・浮舟〉→名歌207

浮舟《人名》『源氏物語』の作中人物。宇治の八の宮の三女。母は宮の侍女だった中将の君。大君・中の君の異母妹。幼くして八の宮邸を追われ東国で育つ。のち宇治の中の君に預けられ、大君に酷似していることに心動いた薫の世話を受けるようになるが、多感な匂宮とも結ばれ、その熱情的な魅力にもひかれる。二人の板挟みとなって苦しんだ末、宇治川への身投げを決意、しかし失神していたのを横川の僧都一行に助けられて、小野の山里で養われる。以前の愛欲の苦しみに戻ることを恐れて出家し、薫の使者として訪れた弟とも会おうとしない。

うき-まくら【浮き枕】 名 水辺、または船で旅寝をすること。和歌では、「浮き」に「憂き」を掛け、涙で枕も浮くほどのつらい独り寝をいうことが多い。例せきかぬる涙の川の**うき枕**〈続後撰・恋三〉

うき-み【憂き身】 名 自分のつらい身の上。悲しい境遇。例**憂き身**一つをもてわづらふにこそはあめれ(=もてあましているようだ)〈蜻蛉・下〉

うき-みる【浮き海松】 名 水の上に浮いている海松(海草の名)。例その家の女の子ども出でて、**浮き海松**の、波に寄せられたる拾ひて〈伊勢・八七〉

うき-め【憂き目】 名 つらく悲しいこと。情けなくいやなありさま。例世の**うき目**見えぬ山路へ入らんには〈古今・雑下〉

うき-め【浮き海布】 名 水の上に浮いて見える海藻。和歌では、多く「憂き目」と掛けて用いる。例**うきめ**刈る伊勢をの海人を思ひやれ〈源氏・須磨〉

うき-もん【浮き紋・浮き文】 名 綾の地に浮き出るように糸を織った模様。また、その模様のある絹綾の衣服。例紅梅の固紋・**浮き紋**の御衣ども〈枕・淑景舎、東宮にまゐり給ふほどのことなど〉

う-きやう【右京】 名❶平安京など、都城制の敷かれた都で、朱雀大路を境として東西に分けた西半分の地域。天子は南面する(南向きに座る)という思想により、内裏から南に向かって右側にあたることからいう。西の京。例奈良の右京の薬師寺に一人の僧あり〈今昔・一四・三〉❷「右京職」の略。例侍所の別当なる右京大夫召して〈源氏・宿木〉

うきやう-しき【右京職】 名 令制で、右京の行政・司法・警察をつかさどる役所。

うきやう-の-だいぶ【右京の大夫】 名 右京職の長官。正五位上相当。「うきやうのかみ」とも。

うき-よ

【憂き世・浮き世】 名 [1]「憂き世」の意。❶つらいことの多い世の中。無常の現世。例(a)散ればこそいとど桜はめでたけれうき世に何か久しかるべき(=散るからこそますます桜はすばらしい。このつらい世の中でいったい何が永遠だろうか)〈伊勢・八二〉読解「何か」以下は反語を表す。例(b)心にもあらで憂き世にながらへば恋しかるべき夜半の月かな〈後拾遺・雑一〉→名歌156

❷つらいことの多い男女の仲。例うき世をばかばかりみつの浜辺にて涙になごりありやとぞ見し(=つらいことの多い夫婦の仲をこんなにも思い知らされてしまった。御津の浜辺で泣き尽くし涙はもう残っていないのか)〈蜻蛉・中〉読解琵琶湖岸の唐崎から帰って、夫に届けた歌。「みつ」は「見つ」と唐崎の近くの地名「御津」を掛ける。

[2]「浮き世」の意。❶浮かれ遊ぶべき世の中。享楽の人生。例歌を歌ひ、酒飲み、浮きに浮いて慰み…水に流るる瓢箪のごとくなる、これを浮き世と名づくるなり(=歌を歌い、酒を飲み、浮かれに浮かれて憂さを晴らし…水に浮いて流れる瓢箪のような沈むことのない人生、これを享楽の人生と名づけるのだ)〈仮名草子・浮世物語・一・一〉

❷世間。現実社会。また、現実の生活。例浮き世の事を外になして(=現実の生活のことをほったらかしにして)〈西鶴・好色一代男・一・一〉

❸当世風。今風。流行。多く他の語の上について複合語を作る。「浮世小紋」「浮世頭巾」など。

❹遊里。遊里遊び。また、色事。例にはかに浮き世もやめがたく(=急に遊里遊びもやめられなく)〈西鶴・本朝二十不孝・一・一〉

語誌 平安時代には、生きることのつらさをいう「憂き世」の意[1]で用いられ、仏教的な観念も加わって、厭うべき世の中、無常な世の中の意にも用いられた。室町末期ごろからは「憂き」と同音の「浮き」も意識され、「浮き世」の意[2]でも用いられるようになる。〈鈴木日出男〉

浮世親仁形気 《作品名》江戸時代の浮世草子。五巻五冊。江島其磧作。享保五年(一七二〇)刊。特定の身分や職業の人物を主人公とする気質物の代表作。「親仁」は男性の老人の意で、子ども自慢・力自慢・色狂い・信心・けちなど、一つの性癖に凝り固まった老人の巻き起こす笑話一三話を集める。

浮世床 《作品名》江戸時代の滑稽本。三編八冊。初編・二編は式亭三馬作。三編は滝亭鯉丈作。文化一〇～文政六年(一八一三～二三)刊。髪結床へ集まった町人たちが順番を待つ間に交わす会話を生き生きと描く。

うきよ-の-ならひ【憂き世の習ひ・浮き世の習ひ】 人の世のきまり。習わし。世の常。例生者必滅、会者定離は浮き世の習ひにて候ふなり〈平家・一〇・維盛入水〉

浮世風呂 《作品名》江戸時代の滑稽本。四編九冊。式亭三馬作。文化六～一〇年(一八〇九～一三)刊。庶民の社交場というべき銭湯を舞台に、そこにやって来るさまざまな職業の老若男女の会話や行動を生き生きと描く。滑稽本の代表作。

浮世物語 《作品名》江戸時代の仮名草子。五巻五冊。浅井了意作。寛文五年(一六六五)刊か。若いころ諸国を放浪して失敗を重ねた浮世房は、大名の御伽衆となってからはさまざまな教訓を垂れるが、最後は行方不明となる。当世批判を色濃く含む。

浮世絵 名 江戸時代に発達した絵画の一種。肉筆画もあるが、版画が主。春画的な好色性を基盤にし、遊里や芝居を主な題材にした。のちに名所風景画も現れ、すぐれた美人画・役者絵・風景画が生まれた。画家に菱川師宣・鈴木春信・東洲斎写楽・喜多川歌麿・歌川広重・葛飾北斎など。

う・く

【受く・承く・請く】 動(カ下二) ❶受ける。受け取る。受けとめる。例風に散る花橘を袖に受けて(=風に散る花橘を袖に受けとめて)〈万葉・一〇・一九六六〉

❷授かる。例末代に生をうけて(=末世に生まれて)〈平家・三・烽火之沙汰〉

❸誓い・頼み・命令などを受け入れる。承知する。例恋せじと御手洗川にせし禊神はうけずぞなりにけ

浮世草子

浮世草子 江戸時代の小説の一種。仮名草子のあとを受け、天和二年(一六八二)刊の井原西鶴作『好色一代男』に始まり、天明三年(一七八三)刊の福隅軒蛙井作『当世風俗諸芸独自慢』に至る約百年の間に、上方を中心に作られた七〇〇編前後の小説の総称。町人を中心に、当世の享楽的な好色生活などを積極的に描いた写実的な風俗小説で、これによって近世小説が成立する。

『好色一代男』は当時の好色風俗を鋭い観察をもとに大胆かつ清新に描いてベストセラーとなり、作者西鶴は一連の好色物を世に送ることになる。このほか、西鶴の作品は、町人の経済生活とその悲喜劇を描く町人物、武家社会を描く武家物、諸国の奇談などを集めた雑話物に分類でき、これらの題材はその後の浮世草子にも引き継がれた。

西鶴没後、大坂の西沢一風は長編の伝奇的小説で活躍した。また京都の江島其磧は、八文字屋本と総称される数々の小説を書いた。作品には『けいせい色三味線』『傾城禁短気』などがあり、さらに『世間子息気質』以下の気質物で新領域を開いた。〈松原秀江〉

らしも(=もう恋はするまいと御手洗川でした禊を神はお受けにならないでしまったらしいよ)〈古今・恋一〉
❹評判・恩恵・病気などを受ける。こうむる。例はからざるに病を受けて(=思いがけずに病気をこうむって)〈徒然・四九〉
❺信頼する。大切に思う。多く受身形で用いる。例身に敵もなく、よろづの人に請けられて(=自身に敵もなく、さまざまな人に信頼されて)〈今昔・二五・五〉
❻迎える。例来たれる使ひを受けて(=やって来た使者を迎えて)〈今昔・二・一〉
❼血統・財産・学風などを受け継ぐ。例目に触れ、耳に聞き置きしまま、その風を受けて(=目で見て、耳で聞いたまま、父の遺風を継承して)〈風姿花伝・五〉
❽近世の用法。請け出す。質ぐさや遊女などを代金を払って引き取る。例衣を一匁八分の質に置きけるが、そののち請くることとなりがたく(=着物を一匁八分で質に置いてきたが、そののち引き取ることができなくて)〈西鶴・世間胸算用・一・三〉 〈桑名靖治〉

う・く【浮く】

❶動(カ四) ❶空中や水面に漂う。浮かぶ。例この川に浮きてはべる水鳥を射たまへ(=この川に浮いております水鳥を射てください)〈大和・一四七〉
❷表面に出てくる。にじみ出る。例涙の浮かぬときなし〈蜻蛉・中〉
❸落ち着かない。よりどころがない。例水鳥を水の上とやよそに見むわれもうきたる世をすぐしつつ〈千載・冬〉➡名歌343
❹うわつく。気まぐれだ。浮気だ。例浮きたる心我が思はなくに(=うわついた気持ちで私は恋しく思っているわけではないことなのに)〈万葉・四・七一一〉
❺あてにならない。いいかげんだ。例口にまかせて言ひ散らすは、やがて浮きたることと聞こゆ(=口からでまかせにしゃべりちらすうそは、すぐにいいかげんなことだとわかる)〈徒然・七三〉
❻陽気になる。例(酒ヲ一升飲ムト)浮い(音便形)てくるもんだから〈滑稽本・浮世床・初上〉
❷動(カ下二) 浮かす。浮かべる。例涙を一目浮けて見おこせたまへる、いと忍びがたし(=涙を目にいっぱい浮かべてこちらをご覧になっている、その様子が実に堪えがたくいじらしい)〈源氏・須磨〉

語誌 物についても人の心についても、不安定な状態をいうのが基本。室町時代を過ぎると、心に楽しい状態を表すようになる。⇩うきよ 〈余田弘実〉

う・ぐ【穿ぐ】

動(ガ下二)〔「うがつ」の自動詞形。古くは「うく」とも〕❶穴があく。えぐり取られたようになる。例波に当たりて大きにうげたる岩穴あり〈太平記・一八〉 ❷鼻やかさぶたなどが欠け落ちる。取れる。例(カブッタ足鼎ヲ)首もちぎるばかり引きたるに、耳鼻欠けうげながら抜けにけり〈徒然・五三〉

うぐひす【鶯】

名 鳥の名。ウグイス科の小鳥。背は緑褐色で腹は白い。早春、美しい声でさえずり、初音など、古来その鳴き声が賞美される。「春告げ鳥」「経読む鳥(鳴き声を「法華経」と聞きなすことによる)」などの別称がある。例あらたまの(枕詞)年たちかへる朝より待たるるものは鶯の声(=新しい年に改まるその朝から待たれるものは鶯の声だ)〈拾遺・春〉

語誌 ▼春の到来と鶯 鶯は春の到来とともに鳴くとされ、「鶯の谷より出づる声なくは春来ることを誰か知らまし」〈古今・春上〉などと、春がやってきたことを告げ知らせる鳥と考えられていた。「春告げ鳥」の異称はこうしたとらえ方によるもの。
▼鶯と梅 和歌などで鶯と最もよくとり合わされる景物は梅である。すでに『万葉集』からその例が見られるが、平安時代以降、鶯と梅の配合は常套的な表現として定着した。鎌倉初期の歌論『八雲御抄』は、鶯について「尋常には梅にすくふ物なり」「ねぐらは梅・竹なり」と記している。
▼「憂し」を掛ける 和歌などで「うぐひす」の「う」に「憂し」の意を掛けることがある。「我のみや世をうぐひすとなきわびむ人の心の花と散りなば」〈古今・恋五〉はその一例。 〈佐藤明浩〉

うけ【槽】

名『上代語』容器の名。おけの類をいうか。例天の石屋戸にうけ伏せて、踏みとどろこし(=とどろかせ)〈記・上・神代〉

う-け【有卦】

名 陰陽道で、幸運の年回り。七年間続くとされ、それが終わると、不運が五年続く無卦に入る。

【有卦に入る】

有卦の年回りになる。幸運にめぐりあう。例明後日より金性の者は有卦に入りまする。年の七年(=七年間)は仕合はせ〈西鶴・好色一代男・二・一〉

うけ【受け・請け】

名❶物を受けたり支えたりするもの。❷相手の申し出などを承知すること。引き受けること。例そのやうな事を迂闊に(=うかうかと)おうけを申すものか〈狂言・髭櫓〉 ❸評判。信用。人望。例行く先のうけでも悪いやうならば〈人情本・春色梅児誉美・初・四〉 ❹身元などを保証すること。また、保証する人。例お七が約束せしものは、我が請けに立つ(=私が保証人になる)〈西鶴・好色五人女・四・三〉 ❺代金を払って、質ぐさや遊女を引き取ること。例女郎をひそかに請けに行く心ざし〈浮世草子・傾城禁短気・四・四〉

うけ【浮け】

名 漁をするときに用いる浮き。例伊勢の海に釣りする海人のうけなれや心ひとつをさだめかねつる〈古今・恋一〉

うけう【誓う・祈う】

⇩うけふ

うけ-が・ふ【肯ふ】

動(ハ四) 承知する。承諾する。例天皇うけがひたまはず〈神皇正統記・上〉

うけ-こ・む【受け込む・請け込む】

動(マ四)『近世語』引き受ける。うけあう。例諸国の旧里切られ(=勘当された人)を請け込み〈西鶴・本朝二十不孝・五・四〉

うけ-じゃう【請け状】

名❶江戸時代、奉公人や借家人などの身元保証書。例おのれが(=おまえの)請け状にある親めが印判〈近松・五十年忌歌念仏・中〉
❷「うけぶみ」に同じ。

うけ-たまはり【承り】

名 命令を受けてそれを執行すること。また、その人。例公達をば義通が承りにて、ただいまこれにて失ひまゐらせむずる(=殺し申し上げよう)〈保元・下〉

うけ-たまは・る【承る】ウケタマワル 動(ラ四)〔動詞「うく(受く)」の連用形＋謙譲の補助動詞「たまはる」〕

❶「受く」の謙譲語。お受け申し上げる。例かしこき仰せ言をたびたびうけたまはりながら(＝恐れ多いお言葉を何度もお受け申し上げるものの)〈源氏・桐壺〉

❷依頼・命令を承諾する意の謙譲語。承諾申し上げる。例(宮仕エセヨトノゴ命令ヲ)心強くうけたまはらずなりにしこと、なめげなるものに思しとどめられぬるなむ、心にとまりはべりぬる(＝強情に承諾申し上げなかったことを、無礼なやつとお心におとどめなさってしまっていることが、心残りになってしまっております)〈竹取〉読解月に帰ろうとするかぐや姫が天皇に差し上げた手紙の一節。

❸「見る」の謙譲語。拝見する。例(オ手紙ハ)うけたまはりぬ(＝拝見しました)〈源氏・宿木〉

❹「聞く」の謙譲語。お聞きする。うかがう。例この御社の獅子の立てられやう、さだめてならひある事に侍らん。ちとうけたまはらばや(＝この御社の獅子のお立てになり方は、きっといわれがあることでしょう。少しお聞きしたい)〈徒然・二三六〉

雨月物語 うげつものがたり 《作品名》江戸時代の読本。五巻五冊。上田秋成作。明和五年(一七六八)成立、安永五年(一七七六)刊。〈泉基博〉

●**内容** 「白峰」「菊花の約り」「浅茅が宿」「夢応の鯉魚」「仏法僧」「吉備津の釜」「蛇性の婬」「青頭巾」「貧福論」の九つの短編からなる怪異小説集。現実と非現実の境を舞台に、情念に憑っかれ、執着に身をまかせて、不可解な運命のままに深みにはまってゆくいちずで哀れな人間の姿が、歴史小説の姿を借りて巧みな構成のもとに語られている。文章は、独特の和漢混交文。

中国の白話(口語体)小説、『万葉集』や『源氏物語』をはじめ、近世の小説にまで至るさまざまの先行作品を駆使して練り上げられ、怪異小説史上最高の傑作とも、初期(上方)読本の代表作ともされる。

●**影響** 『春雨物語』とともに、秋成の名を不朽のものにした。山東京伝や曲亭(滝沢)馬琴らの後期(江戸)読本に与えた影響も大きい。〈松原秀江〉

うけ-と・る【受け取る・請け取る】動(ラ四)❶手で受けて取る。受領する。例その横刀を受け取りたまひし時に〈記・中・神武〉❷引き受ける。担当する。例その御後見のことをばうけとりきこえむ〈源氏・若菜上〉❸納得する。満足する。例昔語りにあることに、当世受け取らぬこと多し〈難波土産〉

うけ-にん【請け人】名保証人。例請け人・印判吟味(ホカノ店ト)かはる事なく、掟の通り大事に掛ける(＝大切にしていた)〈西鶴・日本永代蔵・三・三〉

うげ-の・く【穿げ除く】動(カ四)えぐり取られたような穴があく。例左の脇の下、大きなるかはらけの口ばかりうげのい(音便形)てぞ見えたりける〈平家・一・願立〉

うけはし-げ ウケワシー 形動(ナリ)〔「げ」は接尾語〕呪いたいような様子だ。例弘徽殿などのうけはしげにのたまふと聞きしを〈源氏・紅葉賀〉

うけ-ば・る【受け張る】動(ラ四)他にはばかることなくふるまう。気がねなくふるまう。でしゃばる。例これは、人の御際まさりて、思ひなしめでたく、人もえおとしめきこえたまはねば、うけばりて飽かぬことなし(＝この方は、御身分も高くて、世間の評判もすばらしく、だれもさげすみ申し上げなさることができないので、気がねなくて何一つ不足はない)〈源氏・桐壺〉読解桐壺更衣に比較して、藤壺は身分が高く、人望があり、だれも悪く申すことができないから、思いどおりにふるまう。「うけばりて飽かぬことなし」の主語を桐壺帝ととる読み方もある。

語誌 「うけばる」の反対語は「はばかる」であろう。〈藤井貞和〉

うけ-はん【請け判】名保証人が押す判。また、保証人となって判を押すこと。例金銀の取りやりには、預り手形に請け判たしかに〈西鶴・日本永代蔵・一・三〉

うけひ【誓ひ】ウケイ 名❶占いの一つ。事柄の吉凶や成否を判断する。例それ誓約の中に、必ず子を生むべし〈紀・神代上〉❷神前での誓い。誓約。祈誓。例天皇祈の御酒を飲ましめて、誓はしめて詔したまひしく(＝お言葉を述べられることには)〈霊異記・下・三八〉

うけ-ひ・く【受け引く・承け引く】動(カ四)確かに引き受ける。喜んで承諾し同意する。請けあう。例(a)坊定まりたまふにも、いと引き越さまほしう思せど、御後見すべき人もなく、また、世のうけひくまじきことなりければ(＝皇太子がお決まりになるときにも、たいそう追い越させたくお思いになるけれど、御補佐するのに適当な人もいなく、また、世間が承諾するはずがないことであったので)〈源氏・桐壺〉読解帝は、第一皇子を飛び越えて第二皇子(光源氏)を東宮にしたいと思うが、世間が承知するはずはない。例(b)(私ハ)「それ、人のさぶらふらん」など言ひ譲れど、さしもうけひかずなどぞおはする(＝「それは、ほかにだれかが控えているでしょう」などと言ってほかの人に譲るけれど、そうはいっても承知しないなどといったふうでいらっしゃる)〈枕・職の御曹司の西面の〉読解作者と藤原行成の親交を示す一節。用件をほかの女房に譲ろうとしても、行成は、どうしてもあなたでなくては承知しないという。

語誌 「よし」と引き受ける、という意味であるが、一般には「うけひかず」という否定で用いられることが多いようである。〈藤井貞和〉

うけ・ふ【誓ふ・祈ふ】ウケウ・ウキョウ 動(ハ四)❶神意を聞くために祈る。例鉤(＝釣針)を投げ祈ひて曰はく〈紀・神功摂政前紀〉❷事の実現を神に祈る。例妹に逢はむとうけひつるかも〈万葉・一一・二四三三〉❸呪う。例罪もなき人をうけへば忘れ草おのが上にぞ生ふといふなる〈伊勢・三一〉読解罪のない人を呪うと、忘れ草が自分の上に生えて、人に忘れられるということだよ、の意。

うけ-ぶみ【請け文】名文書の受取状。ふつう、上位者からの指示に従ったこと、または従う旨を記した返書をいう。例否みまうすべきことならねば、領状

の請け文書きて奉る〈著聞集・二・五六〉

うけら【朮】 名 草の名。オケラ。多く「うけらが花」の形で用いる。

う-げん【有験】 名 加持祈禱などの効果を現すこと。また、その僧。例 御懐妊さだまらせたまひしかば、有験の高僧・貴僧に仰せて、大法・秘法を修し（＝おさめ）〈平家・三・赦文〉

う-げん【繧繝】 名「うんげん」の撥音の表記されない形。

う-げん-ばし【繧繝縁】 名「うげんべり」とも。⇩うんげん③。例 むかしおぼえて不用なるもの 繧繝縁の畳の節出で来たる〈枕・むかしおぼえて不用なるもの〉

羽後《地名》旧国名。今の秋田県の大部分と山形県北部。東山道八か国の一つ「出羽」の北部で、明治元年（一八六八）分割して設けた国。

うご-か・す【動かす】 動（サ四）〔「うごく」の他動詞形〕❶動くようにする。揺らす。例 君待つと我が恋ひ居れば我がやどの簾動かし秋の風吹く〈万葉・四・四八八〉➡名歌141 ❷感動させる。例 力をもいれずして、天地を動かし〈古今・仮名序〉

うご・く【動く】 動（カ四）❶人・物などが位置を変える。また、揺れる。例 風・雲動きて、月・星さはぐ〈宇津保・吹上下〉❷心が動揺する。例 この本どもなん、ゆかし（＝見たい）と心動きたまふ若人、世に多かりける〈源氏・梅枝〉

うご-なは・る【集はる】 動（ラ四）《上代語》群がりつどう。例 集はりはべる卿たち・臣・連…に詔のたまはく〈紀・孝徳〉

う-ごま【胡麻】 名 植物の名。ゴマの古称。例 うごまは油にしぼりて売るに〈宇津保・藤原の君〉

う-こん【右近】 名「右近衛府」の略。

う-こん【鬱金】 名 ❶草の名。ショウガ科の多年草。秋に淡黄色の花をつける。根や茎を止血薬・香料・染料として用いる。❷①で染めた鮮やかな黄色。例 はんなりと細工に染まる紅うこん〈俳諧・炭俵・下〉

うこん-の-うまば【右近の馬場】 名「うこんのむまば」とも。「うこんのばば」に同じ。例 昔、右近の馬場のひをり（＝騎射）の日〈伊勢・九九〉

うこん-の-しゃうげん【右近の将監】 名「うこんゑのしゃうげん」に同じ。

うこん-の-だいしゃう【右近の大将】 名「うこんゑのだいしゃう」に同じ。

うこん-の-たいふ【右近の大夫】 名 右近の将監（従六位上相当）で五位に進んだ人。

うこん-の-たちばな【右近の橘】 名 紫宸殿の正面の階下の西側に植えてある橘。儀式のとき、右近衛府がこの木の南に陣を立てることからいう。⇩口絵。例 右近の橘の木の下にこれも東向きに引っ立てたり〈平治・上〉

うこん-の-ぢん【右近の陣】 名「右近衛の陣」の略。右近衛府の武官の詰め所。紫宸殿の前庭西側の月華門内にあった。例 右近の陣の御溝水のほとりになずらへて〈源氏・梅枝〉

うこん-の-つかさ【右近の司】 名「うこんゑふ」に同じ。

うこん-の-ばば【右近の馬場】 名「うこんのう（む）まば」とも。右近衛府に属する馬場。一条西大宮の北西にあり、毎年陰暦五月に右近衛府の騎射の行事が行われる。

うこんゑ-の-しゃうげん【右近衛の将監】 名 右近衛府の判官。従六位上相当。定員四人。「うこんのじょう」とも。

うこんゑ-の-せうしゃう【右近衛の少将】 名 右近衛府の次官。同じ次官である中将の下位。正五位下相当。定員二人、のち四人。

うこんゑ-の-だいしゃう【右近衛の大将】 名 右近衛府の長官。従三位相当。多くは大臣や大納言が兼任する。「右近の大将」「右大将」。

うこんゑ-の-ちゅうじゃう【右近衛の中将】 名 右近衛府の次官。同じ次官である少将の上位。従四位下相当。定員一人、のち四人。「右近の中将」「右中将」。

うこんゑ-ふ【右近衛府】 名 六衛府の一つ。「右近」「右近の司」。⇩このゑふ

う-さ【憂さ】 名〔形容詞「うし」の語幹＋接尾語「さ」〕思うようにならないつらさ。いやな気分。例（恋シイ人ト）逢はで止みにし憂さを思ひ、あだなる契りをかこち（＝恨んで）〈徒然・一三七〉

うざい-がき【有財餓鬼】 名 ❶《仏教語》常に飢えに苦しむとされる餓鬼のなかで、物を食べることのできる餓鬼。血や膿を食べる小財餓鬼と、残飯を食べる多財餓鬼とがある。❷餓鬼のように貪欲な人。けち。守銭奴。例 一生遊山嫌ひの有財餓鬼〈浮世草子・世間子息気質・三・三・目録〉

う-さう【有相】 名《仏教語》「うざう」とも。形のあるもの。目に見えるもの。例 生死輪廻の根元を尋ぬるに、有相執着の妄念より起これり〈謡曲・土車〉

うさぎ【兎】 名 ウサギ科の小動物。色の白さ・耳の長さ・目の赤さ・足の素早さなどが特徴。『古事記』で大国主命に助けられた「いなばの白兎」は有名。月の中には兎が住むという伝説もある。例 気多の前（＝地名）に到りし時に、裸の菟伏せり〈記・上・神代〉

うさ-の-つかひ【宇佐の使ひ】 名 即位や国家の大事のとき、宇佐八幡宮に幣帛を奉る勅使。例 この男、宇佐の使ひにて行きけるに〈伊勢・六〇〉

宇佐八幡宮 名 豊前国宇佐（大分県宇佐市）にある神社。祭神は応神天皇・神功皇后・比売大神の三神。石清水・鶴岡など諸国の八幡宮の本社。古くから朝廷では皇室の祖神として尊び、国家の大事には勅使が遣わされた。

うさ-ゆづる【儲弦・設弦】 名 弓弦が切れたときにかけ替える弦。予備の弓弦。例 設弦を採り出でて、さらに張りて追ひ撃ちき〈記・中・仲哀〉

うさ・る【失さる】 動（ラ四）〔「うせる」の変化した形〕なくなる。見えなくなる。例 昔の片言（＝方言）もうさりぬ〈西鶴・日本永代蔵・一・三〉

う-さん【胡散】 名 形動（ナリ）疑わしいこと。怪しいこと。例 うさんな奴ばら切り捨てにせよ〈近松・平

家女護島・二〉

うし【牛】名 ❶動物の名。ウシ科の哺乳動物。例(a)吾先の世に…子に告げずして稲を十束取りき。このゆゑに今牛の身を受けて(=私は前世に…子どもに黙って稲を十束使った。このために この世で牛の身となって)〈霊異記・上・一〇〉読解家長である子どものものを盗んだ罪により牛となる。例(b)牛ながら引き入れつべからむ所を(=牛をつけたまま車を引き入れられるような所を)〈源氏・帚木〉

❷【丑】㋐十二支の第二番目。⇩十二支(図)

㋑㋐にあてた年・月・日の呼称。

㋒方角の呼称。北北東。

㋓時刻の呼称。今の午前二時ごろ、およびその前後約二時間。(一説に、その後約二時間)。例右近の司の宿直奏しの声聞こゆるは、丑になりぬるなるべし(=右近衛府の宿直奏しの声が聞こえるのは、丑の刻になってしまったのであるにちがいない)〈源氏・桐壺〉

語誌▼牛は八世紀ごろには家畜化されていたとされる。運搬や農耕などに用いられて、その鈍重さと力強い仕事ぶりで親しまれてきた。また、平安時代には貴族の交通手段として牛車が用いられた。

▼仏教説話で、①例(a)に掲げたような、悪業の報いとして人が牛に転生するという化牛説話の類型が目立つのは、牛に重労働のイメージが強いためであるとも考えられている。また、大日如来の化身や、天神の使いとしてもよく知られる。〈池山晃〉

【牛に食らはる】 だまされる。一杯食わされる。例牛に食らはれ、だまされた〈狂言・鍋八撥〉

【牛は牛連れ】 似たものどうしはいっしょに集まることのたとえ。

うし【大人】名 ❶〘上代語〙領主や貴人の敬称。例太子に啓して曰したまはく「大人、何ぞ憂へますこと甚しき(=なぜひどくお嘆きでいらっしゃるのか)」〈紀・履中即位前紀〉❷師匠・学者の敬称。江戸時代、国学者が用いた。例宣長、県居の大人に会ひたてまつりしは〈玉勝間・二〉読解「県居の大人」は賀茂真淵のこと。

う・し【憂し】形(ク)「うむ(倦む)」と同根か。物事の対応に疲れ、苦しく内攻する感じで、物事が思うようにならないのを嘆いたり、心が沈んで晴れなかったりする気持ちをいう。

❶**つらい。ゆううつだ。**例(a)世の中を憂しとやさしと思へども飛び立ちかねつ鳥にしあらねば〈万葉・五・八九三〉➡名歌411 例(b)ながらへばかならず**うき**こと見えぬべき身の(=生き長らえていたら、きっとつらい思いをしなければならない自分が)〈源氏・浮舟〉

❷**気が進まない。いやだ。**例古代の親は、宮仕へ人はいと**うき**ことなりと思ひて(=古風な親は、宮仕え人はたいそう気が進まないことだと思って)〈更級〉

❸**無情だ。つれない。**自分のつらい気持ちをいう意から転じて、相手の仕打ちについていう。例ただに過ぎぬる笛の音ぞ**憂き**(=ただただ通り過ぎてしまう笛の音がつれないことよ)〈更級〉

❹(動詞の連用形について)**〜するのがつらい。〜しづらい。**例帰り**うく**若き人々は思ひたり(=帰りづらいと若い人たちは思っている)〈源氏・常夏〉

語誌▼「うし」と「つらし」 平安時代では、類義語「つらし」と、ほぼ対照的な語として区別されていた。「つらし」が他者のせいでつらいと思う気持ちを表すのに対して、「うし」は自分自身のせいでつらいという気持ちを表す。この場合、自分の身の上や運命が念頭に置かれるのが普通で、「うし」は「身」「世」「宿世」などの語とともに用いられることが多い。中世以後は、「うし」と「つらし」の区別は明確でなくなる。日常的な言葉として、「うし」がしだいに用いられなくもなった。〈鈴木日出男〉

うじ〘氏・宇治〙⇩うぢ

うしお〘潮〙⇩うしほ

うし-おに【牛鬼】名 頭が牛の形をした化け物。閻魔の庁の門番の牛頭など。例牛鬼。いかり。名よりも見るはおそろし〈枕・名おそろしきもの〉

うし-かひ【牛飼ひ】名 ❶牛を飼って使う人。❷「牛飼ひ童」の略。例牛飼ひは、大きにて髪あららかなるが〈枕・牛飼は〉

うしかひ-わらは【牛飼ひ童】名 牛車の牛を扱う人。大人でも「童」と呼ばれ、少年風の垂れ髪で、烏帽子はかぶらず、狩衣などを着る。例牛飼ひ童、なりいとつきづきしうて(=身なりがたいそう似つかわしくて)〈枕・ことにきらきらしからぬ男の〉

牛飼ひ童〔平治物語絵巻〕

う-しき【有職】名〘仏教語〙僧の地位の一つ。已講・内供・阿闍梨の総称で、僧綱に次ぐ。例有職・僧綱どものやむごとなきさぶらふ〈大鏡・道長上〉

うし-ぐるま【牛車】名「ぎっしゃ」に同じ。例(光源氏ハ)御位添ひて、**うしぐるま聴**されて参りまかでしたまふ〈源氏・薄雲〉読解「うしぐるま聴さる」は、「牛車の宣旨(牛車に乗ったまま建礼門までの出入りを許可されること)」を賜わること。

うし-こでい【牛健児】名「うしかひわらは」に同じ。例これは牛健児がはからひか〈平家・八・猫間〉

うじしゅういものがたり〘宇治拾遺物語〙⇩うぢしふゐものがたり

うしち-にしゃ【烏瑟膩沙】名〘仏教語〙(梵語の音写)仏の三十二相の一つ。頭の頂上の骨肉が隆起して髻のような形になったもの。肉髻相。

う-しつ【烏瑟】名「うしちにしゃ」に同じ。例金銅十六丈の盧遮那仏、烏瑟高くあらはれて〈平家・五・奈良炎上〉読解東大寺大仏の姿。一丈は約三メートル。

うし‐とら【丑寅・艮】 名 方角の呼称。丑と寅の中間で、北東にあたる。陰陽道(おんようどう)で鬼門とされる。⇩十二支(じゅうにし)(図)。例清涼殿の**丑寅**のすみの、北のへだてなる御障子は〈枕・清涼殿の丑寅のすみの〉

うし‐な・ふ【失ふ】(ナウ・ノウ) 動(ハ四) ❶なくす。消滅させる。例得たりし物は**失ひつ**〈徒然・九一〉 ❷死別する。例ただ、わが過ちに**失ひつる**人なり〈源氏・蜻蛉〉 ❸取り逃がす。見つけられなくなる。例山の中にして道に迷ひて東西を**失ひつ**〈今昔・三・一〉

うしにくらはる【牛に食らはる】 ⇩「うし」の子項目

うし‐の‐くるま【牛の車】 名『仏教語』仏の教え。法華経(ほけきょう)譬喩品(ひゆほん)の、火事の家で遊んでいる子どもたちを、門外に牛などが引く車があるといって連れ出し、命を救ったというたとえ話による。例世の中に**牛の車**のなかりせばおもひの家をいかで出でまし〈拾遺・哀傷〉 読解「おもひ」は、煩悩(ぼんのう)の意の「思ひ」と「火」を掛ける。

うし‐の‐つの‐もじ【牛の角文字】 名 (字の形が牛の双角に似ていることから)平仮名の「い」の字。一説に、「ひ」とも。⇩ふたつもじ

うし‐の‐とき‐まゐり【丑の時参り】(マイリ) 名 丑の刻(午前一〜三時ごろ)に社寺に祈願に行くこと。この時刻に詣(もう)でれば願いがかなうと信じられた。のちはもっぱら人を呪詛(じゅそ)するために行うことをいい、白衣を着て、火をつけたろうそくを立てた鉄輪(かなわ)を頭にのせ、恨む相手の形代(かたしろ)のわら人形を神木などに五寸釘(くぎ)で打ち付けた。七日目の満願の日に相手は死ぬとされた。例思ひ詰めたる揚げ句には**丑の時参り**に身を凝らし〈浮世草子・好色万金丹・三・四〉

うしはうしづれ【牛は牛連れ】 ⇩「うし」の子項目

うしは・く【領く】 動(カ四)『上代語』(主人とし領有する意)支配する。統治する。例この山を**うしはく**神の〈万葉・九・一七五九〉

うしほ【潮】(ウシオ) 名 ❶海水。例塩釜(しほがま)に**潮**汲(く)み入れ〈宇津保・吹上上〉 ❷満ち引きによる海水の流れ。潮流。例水門(みなと)の**潮**の下り〈紀・斉明・歌謡〉

うし‐まつり【牛祭り】 名 陰暦九月十二日、京都太秦(うずまさ)の広隆寺で行われる摩多羅神(まだらじん)の祭り。深夜、寺僧や町民らが紙の面や木の冠で仮装して摩多羅神に扮(ふん)した一人が牛に乗り、寺内をめぐり、恵心僧都(えしんそうず)作と伝えられる祭文(さいもん)を読む。例角文字のいざ月もよし**牛祭り**〈俳諧・蕪村句集・下〉

うし‐みつ【丑三つ】 名 丑の刻を四等分したうちの第三刻。今の午前二時ごろ。転じて、真夜中。例子(ね)ひとつより**丑三つ**まであるに(＝いっしょにいたが)、まだ何事も語らはぬにかへりけり〈伊勢・六九〉

う‐じゃう【有情】(ジョウ) 名『仏教語』意識や感情をもつ、すべての生き物。人間と動物をさす。例一切(さいっ)の**有情**を見て、慈悲の心なからんは、人倫にあらず(＝人間ではない)〈徒然・一二八〉

う‐しゃうこく【右相国】(ウショウコク) 名 右大臣の唐名。

うしろ

【後ろ】 名 ❶**後方**。**背後**。例物の足音ひしひしと踏みならしつつ**うしろ**より寄り来(く)る心地す(＝なにものかが足音をみしみしと踏みならしながら背後から近寄って来る感じがする)〈源氏・夕顔〉 ❷**背中**。例廂(ひさし)の柱に**うしろ**をあてて〈枕・淑景舎、東宮にまゐり給ふほどのことなど〉 ❸**後ろ姿**。例戸をおしあけて、御**うしろ**をや見まゐらせけん(＝戸を押し開けて、御後ろ姿を拝見したのだろうか)〈大鏡・花山院〉 ❹**後部**。例(牛車(ぎっしゃ)ニ)めされ候ふ時こそ**うしろ**よりめされ候へ(＝お乗りになるときは後部からお乗りなさいませ)〈平家・八・猫間〉 ❺**物の裏側**。かげ。例三尺の御几帳(きちゃう)の**うしろ**にさぶらふに(＝三尺の御几帳のかげに伺候していると)〈枕・宮にはじめてまゐりたるころ〉 ❻**以後**。のち。例(コノ世ヲ)去りなん**後ろ**のこと知るべきことにはあらねど(＝去ってしまったのちのことを知ることができるわけではないけれど)〈源氏・椎本〉 ❼下襲(したがさね)の後ろに引いた裾(すそ)の部分。裾(きょ)。例御衣(ぞ)の**うしろ**ひきつくろひなど(＝御召し物の裾を整えたりなど)〈源氏・紅葉賀〉 ❽歌舞伎(かぶき)で、舞台の役者のしぐさ・せりふの間に下座(げざ)で演奏する音曲。〈鈴木宏子〉

【後ろを見(み)す】 敵に背を見せて退く。弱みを見せる。例まさなうも(＝見苦しくも)敵(かたき)に**うしろを見せ**させたまふものかな〈平家・九・敦盛最期〉

うしろ‐あはせ【後ろ合はせ】(アワセ) 名 ❶背中合わせ。例六角堂の**後ろ合はせ**にぞ仕みし〈今昔・二七・二七〉 ❷正反対。食い違うこと。例両人の異見**うしろあはせ**なり〈難太平記〉

うしろ‐かげ【後ろ影】 名 去って行く後ろ姿。例人々は途中に立ちならびて、**後ろかげ**の見ゆるまではと見送るなるべし〈芭蕉・奥の細道〉

うしろ‐がみ【後ろ髪】 名 後頭部の髪。例首筋立ちのびて、おくれ(＝おくれ毛)なしの**後ろ髪**〈西鶴・好色一代女・一・三〉

うしろ‐ぐら・し【後ろ暗し】 形(ク) ❶心に裏表があるのではないかと疑わしい。例(平清盛ハ)君(＝後白河法皇)をも**後ろ暗き**御事に思ひたてまつりて〈源平盛衰記・八〉 ❷心にやましいところがある。例すべて日本国中、大小の神祇(じんぎ)、冥道(みゃうだう)(＝冥界(めいかい)を支配する仏神)知見(ちけん)したまへ。御**うしろぐらき**事は候はず〈承久軍物語・三〉

うしろ‐ざま【後ろ様】 名「うしろさま」とも。❶後方。例月のかげ(＝月の光)のはしたなさに、(車ノ)**うしろざま**にすべり入るを〈枕・十二月二十四日、宮の御仏名の〉 ❷後ろ向き。例御前なる獅子(しし)・狛犬(こまいぬ)、背きて**後ろさま**に立ちたりければ〈徒然・二三六〉

うしろ‐だて【後ろ立て・後ろ楯】 名 ❶陰で人を助けること。また、その人。後見。後援者。例**後ろ楯**にはなりまうすべし。頼もしく思ひたまへ〈曾我・九〉 ❷背後の防ぎとする楯。

うしろ‐つき【後ろ付き】 名 後ろから見た姿。後ろ姿。例ほんに、**うしろつき**のしをらしきところが(亡クナッタ人ニ)そのまま〈西鶴・世間胸算用・三・三〉

うしろ‐づめ【後ろ詰め】 名 ❶先陣のあとに待機する軍勢。後詰(ごづ)め。例**後ろ詰め**ならば、仕(つか)まつるまじき〈仮名草子・大坂物語・上〉 ❷敵を背後から攻めるこ

と。後ろ攻め。❸背後にいて援助すること。例松風(=人名)をお討ちなされ、**後ろ詰め**は私〈近松・松風村雨束帯鑑・二〉

うしろ‐で【後ろ手】 名 ❶〔「で」は接尾語〕後ろ姿。例物とりおろして、髪けづりたる**うしろで**〈枕・むとくなるもの〉 ❷両手を後ろに回すこと。

うしろ‐み【後ろ見】

名〔後ろで見守ること、の意〕**世話をすること**。また、その人。**後見役**。例(a)とりたててはかばかしき**うしろみ**しなければ、事ある時は、なほ拠りどころなく心細げなり(=格別にしっかりした後見役がないので、何か重要な事のあるときは、やはり頼りとするところがなく心細い様子だ)〈源氏・桐壺〉例(b)少納言の乳母とぞ人言ふめるは、この子の**うしろみ**なるべし(=少納言の乳母と人が呼んでいるように見える人は、この子の世話役であるにちがいない)〈源氏・若紫〉

語誌▼**さまざまな「後ろ見」** 臣下が主君を補佐する、妻が夫の世話をする、子どもなど能力の劣るものを庇護する場合などにいう。例(a)は、光源氏の母、桐壺更衣の家の状況である。女御や更衣として入内した場合も経済的・政治的に支援する後見は必須で、父や兄がこれにあたった。桐壺更衣にはその後見役がなく、孤立無援の状態であった。〈木村博〉

うしろ・みる【後ろ見る】 動(マ上一) 世話をする。補佐する。例物知り顔に教へやうなる事言ひ**うしろみ**たる、いとにくし〈枕・にくきもの〉

うしろ・む【後ろむ】 動(マ四)「うしろみる」に同じ。例この御方にあづかりて、おぼし**後ろめ**〈夜の寝覚・一〉 語誌 上一段活用の「うしろみる」が四段化したもの。上二段活用ともみられる。

うしろめた‐げ【後ろめたげ】 形動(ナリ)〔「げ」は接尾語〕いかにも気がかりな感じだ。例**うしろめた**げに思へりし人もいかならむ〈源氏・若紫〉

うしろめた・し

【後ろめたし】 形(ク)「うしろめいたし(後目痛し)」あるいは「うしろべいたし(後方痛し)」の変化した形といわれる。背後から見て不安な気持ちや状態をいうのが原義。「うしろやすし」の対。

❶**心配だ。心もとない。気がかりだ。** ある人の将来や、事態のなりゆきに対する不安な気持ち。例(a)いとはかなうものしたまふこそ、あはれに**うしろめたけれ**(=とても幼稚でいらっしゃるのが、ふびんで心配だ)〈源氏・若紫〉例(b)のちの世も思ふにかなはずぞあらむかしとぞ**うしろめたき**に(=来世も思いどおりにいかないだろうよと気がかりであるが)〈更級〉

❷**気が許せない。信用できない。油断ならない。** 例君をも御**うしろめたき**事に思ひたてまつりて、上には事なきやうなれども、下には用心して(=法皇をもご信用できない方に思い申し上げて、表面では何事もないようにしているけれども、内心は警戒して)〈平家・三・赦文〉

❸**気がとがめる。気がひける。後ろ暗い。** 自分自身にやましい点があり、それが周囲からどのように見られているか、不安に感じる気持ち。例義時、君の御ために**後ろめたき**心やはある(=義時は、主君の御ために後ろ暗い心をもっているだろうか)〈増鏡・新島守〉 読解「心やは」の「やは」は反語の意を表す。

語誌▼平安時代は①の意で用いられることが多く、②③の意で用いられるのは主に中世以降。平安後期以降「**うしろめたなし**」の形も一般化する。

▼**関連語** ①の類義語「**おぼつかなし**」は、対象がはっきりとせず、ぼんやりとしていることから生じる不安な気持ちを表す。これに対し「うしろめたし」は、対象がはっきりとしている点に相違がある。また「**こころもとなし**」は、気持ちばかりがあせって物事が思いどおりに進まないもどかしい感情を表す。〈大井田晴彦〉

うしろめた‐な・し【後ろめたなし】 形(ク)〔「なし」は接尾語〕「うしろめたし」に同じ。例さらに(=まったく)**うしろめたなく**はな思しそ〈蜻蛉・上〉

うしろ‐や【後ろ矢】 名 敵に内通して、味方の後ろから射る矢。例味方の者どもが敵となりあひて**後ろ矢**を射るよと思はれければ〈太平記・一五〉

うしろ‐やす・し

【後ろ安し】 形(ク) 将来に不安もなく安心できる状態をいう。「うしろめたし」の対。

あとの心配がない。安心だ。頼もしい。 例(a)心ばせなどの古びたる方こそあれ、いと**うしろやすき**後ろ見ならむ(=気立てなどが古くさいところはあるが、実に安心な世話役であろう)〈源氏・蓬生〉例(b)継母を**後ろ安き**者に思ひてあるほどに(=継母を頼もしい者と思っているのに)〈今昔・一九・二九〉〈鈴木日出男〉

うしろをみす【後ろを見す】 ⇩「うしろ」の子項目

う‐しん

【有心】 深い心がある、の意。「無心」の対。

1 名 形動(ナリ) ❶**思慮分別のあること。** 例(a)おとなびて**有心**にものしたまふ人にて(=一人前で思慮分別がおありでいらっしゃる人で)〈栄花・根合はせ〉例(b)ただ今**有心**にて、このわきまへはてよ(=すぐに分別を働かせて、この支払いを済ませよ)〈今昔・二六・三二〉

❷**風流を解する心のあること。優美な心のあること。** 例工夫をもっぱらとして**有心なる**所を求め、姿美しく長高き体を恋ひねがふべく候ふなり(=あれこれと思案をめぐらせて優美な心がある所を求め、歌全体が美しく格調高い歌体を切に願わなくてはならないのです)〈吾妻問答〉

2 名 ❶**伝統的な和歌。** 卑俗な歌を「無心」というのに対していう。例柿の本は世の常の歌、これを**有心**と名づく〈井蛙抄・六〉

❷「有心連歌」の略。

語誌▼**和歌における「有心」** 特に歌論の分野で重んじられた語である。平安時代の歌合わせの判詞(批評)では、「心あり」の語で表されていた。その場合、あれこれ思いめぐらした作者の心配りが感じられるという理知的側面を重視する例と、深く思い入れた作者の心情が感じられるという心情的側面を重視する例とがあり、時代が進むにつれて、前者から後者へと中心が移っていった。〈渡部泰明〉

うしん‐てい【有心体】 名《歌論・連歌論・俳論用語》作品全体から作者の深い心が感じられる風体。例〈和歌ノ十体ノ〉いづれの体にても、ただ**有心体**を存ずべきにて候ふ（＝心得るべきでございます）〈毎月抄〉

うしん‐れんが【有心連歌】 名 優美な和歌的伝統に基づく連歌。滑稽を主とした「無心連歌」に対していう。

う・す【失す】 動（サ下二）「うしなふ」に対応する自動詞。視界から見えなくなる、無いことになる、という状態や動きをいう。存在しなくなっているとまでは決定できない。

❶**消える。見えなくなる。** 例(a)露こそば 朝に置きて 夕へには消ゆといへ 霧こそば 夕に立ちて 朝には**失す**といへ（＝露は、朝に降りて夕方にはなくなるといい、霧は、夕方に立って朝には消えるという）〈万葉・二・二一七〉 読解「いへ」は係助詞「こそ」の結びで已然形。例(b)「人だに見れば、**失せ**ぬ」と申す（＝「ちょっとでも人が見ると、消えてしまう」と申し上げる）〈竹取〉

❷**亡くなる。** 例その皇女**うせ**たまひて、御葬の夜（＝その皇女がお亡くなりになって、御葬儀の夜）〈伊勢・三九〉

語誌 ▼①例(a)が「消ゆ」と対になっているように、本来「失す」と「消ゆ」とは同じ意味。②の用法は①の婉曲的表現としてあったのが本来のはずで、行方不明になることをいった。出て行け、の意を、卑しめののしって「出て失せろ」というような近世の言い方もその延長である。

▼「薄る」という語と関係があるとする説があるが、よくわからない。〈藤井貞和〉

うず【髻華】 名 髪や冠に挿す飾り。上代には、草木の枝や花などを用い、挿した人が植物の生命力を得ると信じられた。⇩かざし。例赤る橘**うず**に刺し〈万葉・一九・四二六六〉

う・ず【倦ず】 動（サ変）〔「うんず」の撥音の表記されない形〕ふさぎこむ。嫌気がさす。例男は、かぎりなく**うじ**て、そのままにものもいはず〈平中・一七〉

うず 助動（サ変型）〔「むず」の変化した形〕❶推量の意を表す。〜だろう。例いかさまこの祟りがあら**うず**（＝必ずこの祟りがあるだろう）〈エソポ〉❷意志を表す。〜しよう。例ぜひにおのれをばわが夕飯にせ**うずる**（＝必ずおまえを私の夕飯にしよう）〈エソポ〉❸誘いかけ・命令の意を表す。〜しよう。〜せよ。例一つに組んで関東へ攻め下って、頼朝を討た**うずる**と申したれば（＝ともに手を組んで関東に攻めて行って、頼朝を討とうと申したので）〈天草本平家・四〉

接続 活用語の未然形につく。

活用 ○／○／うず／うずる／うずれ／○

うす‐いろ【薄色】 名 ❶染め色の名。薄い紫色。また、「二藍」の薄い色目のもの。例**薄色**の衣濃き衣うへにきて（＝薄紫色の衣を濃い紅色の衣の上に着て）〈大和・一七三〉

❷織り色の名。縦糸を紫、横糸を白で織ったもの。例**薄色**の織物の袙（＝薄紫色の模様を織り出した袙）〈源氏・若菜下〉

❸襲の色目の名。表は薄紫、裏は薄紫または白。四季にわたって着用。例女房たち・童の色どももとのはず（＝女房たちや子どもの召使の衣装の色もそろわず）、紅梅・梅・柳・桜・山吹・**薄色**・蘇芳・紅などをうちまぜて〈夜の寝覚・一〉〈吉田比呂子〉

うす‐がき【薄柿】 名 柿の渋で染めた柿色の薄いもの。渋色。例**薄柿**の帷子高くねぢからげ〈近松・鑓の権三重帷子・下〉

うす‐ぎぬ【薄衣】 名 紗や絽などの薄地の絹織物で仕立てた衣服。例かの脱ぎすべしたる（＝すべらせるように脱いだ）と見ゆる**薄衣**をとりて〈源氏・空蟬〉

うす‐きりふ【薄切り斑】 名 切り斑の矢の、黒と白の斑紋が薄くぼかしになったもの。例**薄切り斑**に鷹の羽はぎまぜたる（＝混ぜて作った）ぬた目の鏑をぞさしそへたる〈平家・一一・那須与一〉

うずくま・る【蹲る・踞る】 動（ラ四）〔中世以降「うづくまる」〕❶しゃがんで丸くなる。例頰を押さへて**蹲る**〈霊異記・中・三四〉❷しゃがんで礼をする。例扇を笏にとりて（＝笏のように持って）、すこしうつぶして、**うずくまり**居たり〈宇治拾遺・一八〉

うす‐こうばい【薄紅梅】 名 ❶紅梅の花の、色の薄いもの。例梅は、白き（＝白梅）、**うす紅梅**〈徒然・一三九〉❷①の色に似た色。とき色。また、その染め色。例御手のはつかに（＝かすかに）見ゆるが、いみじうにほひたる**薄紅梅**なるは〈枕・宮にはじめてまゐりたるころ〉❸襲の色目の名。紅梅襲の色の薄いもの。例**薄紅梅**に、御髪、色にて（＝美しく）、柳の糸のやうにたをたをと（＝しなやかに）見ゆ〈源氏・竹河〉

うす・し【薄し】 形（ク）❶**厚みがない。** 例我が背子（＝私のいとしいあの人）が着る衣**薄し**〈万葉・六・九七九〉

❷**色が淡い。物の香りや味わいが淡い。** 例濃き**薄き**紅葉をこきまぜたるやうにて（＝混ぜ合わせてあるようで）〈紫式部日記〉

❸**愛情・道心・思慮などが深くない。浅い。あさはかだ。** 例**薄き**心を我が思はなくに（＝あさはかな心で私は思っているのではないのだ）〈万葉・二〇・四四七八〉

❹**数量・程度が少ない。まばらだ。手薄だ。** 例畝傍山木立**薄け**ど〈紀・舒明即位前紀・歌謡〉 読解「うすけ」は、上代の已然形。〈馬場光子〉

うすす・く 動（カ四）あわてうろたえる。うろたえ騒ぐ。例御門守寒げなる気配（＝寒そうな様子で）**うすすき**出で来て〈源氏・朝顔〉

うす‐ずみ【薄墨】 名 ❶墨のつきぐあいの薄いもの。例紛らはし書いたる濃墨・**薄墨**〈源氏・少女〉❷「薄墨色」の略。例**薄墨**とのたまひしよりは、今すこしこまやかにて奉れり（＝もう少し濃い色の喪服を着ていらっしゃる）〈源氏・御法〉 読解 この「奉る」は「着る」の尊敬語。❸薄墨色の紙。すきかえした再生紙で、墨の色が混じる。⇩かみやがみ。例**薄墨**に書く

玉梓と（＝文字のように）見ゆるかな霞める空に帰る雁がね〈後拾遺・春上〉

うすずみ-いろ【薄墨色】 名 墨色の薄いもの。ねずみ色。灰色。喪服の染め色や手紙の墨の色などにいう。例大将殿などは、**うすずみ色**なる衣着たまふにつけても〈苔の衣〉

うすずみ-ごろも【薄墨衣】 名 薄墨色に染めた衣服。喪服に用いる。例限りあれば**薄墨衣**あさけれど涙ぞ袖をふちとなしける〈源氏・葵〉 読解 妻葵の上の死を悼む光源氏の歌。「限り」は、葬令の定めによって「軽服（軽い喪）」の薄墨衣を着なければならないことをさす。

うすぞめ-ごろも【薄染め衣】 名 淡い色調に染めた衣服。例紅の**薄染め衣**（ここまで序詞）浅らかに相見し人に（＝浅い気持ちで逢った人に）恋ふるころかも〈万葉・一二・二九六六〉

うす-だん【薄緂】 名 白地に薄紫色で彩ったもの。一説に、白と薄紫色のだんだらぼかしとも。例色紙形に**薄緂**にて、同じ人草うに（＝草仮名で）書きたまへり〈栄花・御裳着〉

うす-で【薄手】 名 浅い傷。「浅手」とも。例**薄手**負うて戦ふもあり、痛手負うて討ち死にするものもあり〈平家・九・坂落〉

うす-にび【薄鈍】 名 ❶染め色の名。鈍色の薄いもの。灰色の薄い色。例薄物の衣ども、あるは**薄鈍**、紫香などしても染めたり〈栄花・本の雫〉 ❷①の色の衣服。多くは喪服や僧服に使用する。例月ごろ黒くならはしたまへる御姿、**薄鈍**にて〈源氏・総角〉 読解 父の喪（「重服」）。重い喪）の期間は黒の喪服を着ていた。その一年が過ぎても華やかな衣装など着る気持ちになれず、「薄鈍」を着用している。

うす-はなざくら【薄花桜】 名 ❶色の薄く、白っぽい桜の花。また、その色。例紅の**薄花ざくら**匂にはずはみな白雪とみてや過ぎまし〈詞花・春〉 ❷襲の色目の名。表は白、裏は紅。春に着用。

うすはな-ぞめ【薄花染め】 名 薄い縹色に染めること。また、染めたもの。例人心**薄花染め**の狩衣さてだにあらで（＝そのままでさえなくて）色や変はらむ〈新古今・恋三〉

うす-ふたあゐ【薄二藍】 名 染め色の名。薄い二藍。薄紫に似た色。例**薄二藍**なる帯の、御衣にまつはれて〈源氏・賢木〉

うすべ-う【護田鳥尾・護田鳥斑】 名（「うすべ」は鳥の名）薄黒いまだらのある鷲の羽。また、その羽で作った矢羽。例射残したる**護田鳥尾**の矢負ひて、歩ませ出だして名乗りけるは〈源平盛衰記・三五〉

うずむ〘埋む〙 ⇩うづむ

うす-もの【薄物】 名 ❶薄く織った絹織物。紗・絽・羅などの類。例**羅**の表紙は、とく損ずるがわびしき（＝薄く織った絹織物で張った表紙は、早く傷むのが困りものだ）〈徒然・八二〉 ❷①を仕立てた夏用の衣服。「うすぎぬ」「うすごろも」とも。例**薄物**などの小袿着て、まことしうきよげなる人（＝薄く織った絹の小袿を着て、実直そうで美しい女性）〈枕・野分のまたの日こそ〉

語誌 ▼透ける魅力　平安時代の貴族たちは男女ともに、夏の着用として薄物を好んでいた。薄物の特性は透けるところにある。『枕草子』を見ると、「薄物の二藍の御直衣、二藍の織物の指貫、濃蘇枋の下の御袴に、張りたる（＝糊で板張りして光沢を出した）白き単」〈小白河といふ所は〉と、直衣・指貫ともに薄物仕立てで、中に着た単や下袴の色を透かしている。また『源氏物語』蜻蛉巻には、白の薄物の衣を透かして見える女一の宮の肌の美しさが描かれる。〈藤本宗利〉

うす-やう【薄様】 名 ❶和紙の一種。薄くすいた鳥の子紙。「薄葉」とも書く。例ありつる花につけて、卯の花の**薄様**に書きたり（＝さきほどの花に結びつけて、卯の花色の薄くすいた鳥の子紙に書いた）〈枕・五月の御精進のほど〉 ❷襲の色目の名。ひとつの色を上からしだいに薄くしていき、最も下に白を重ねる配色。

語誌 薄様の紙は、趣味的な高級紙で、人に文を贈るときなどに用いる。その際、季節の草木に文を結び、その花の色に合わせた配色の紙を重ねることも多い。〈藤本宗利〉

薄雪物語《作品名》江戸時代の仮名草子。二巻二冊。作者未詳。慶長・元和年間（一五九六〜一六二四）に成立。男が人妻薄雪を見初め、やがて二人は結ばれるが、すぐに薄雪は病死。男は出家し、若くして往生を遂げる。作品の大半が二人の往復書簡の形で構成され、恋文の手本として重宝がられた。

うずら〘鶉〙 ⇩うづら

うすら-か【薄らか】 形動（ナリ）（「か」は接尾語）❶厚さがほとんどなさそうだ。うっすらとしている。例雪のいと高うはあらで、**うすらかに**降りたるなどは、いとこそをかしけれ〈枕・雪のいと高うはあらで〉 ❷色彩が淡い感じだ。例鈍色の直衣、指貫**うすらかに**更衣して〈源氏・葵〉 読解「鈍色」は喪服に用いる色。

うすら・ぐ【薄らぐ】 動（ガ四）❶密度がうすくなる。まばらになる。例所なく（＝すきまなく）立ちこみたりし馬・車**うすらぎ**て〈源氏・賢木〉 ❷色彩が淡くなる。例（服喪ノ期間ガ終ワッタノデ）人たちの衣の色ども思ひ思ひに**うすらぎ**たり〈讃岐典侍日記・下〉 ❸感情や状態がおさまってゆく。例今はつつましさ薄らぎて〈源氏・賢木〉

うすら-ひ【薄氷】 名（上代は「うすらび」）薄い氷。例佐保川に凍り渡れる**薄氷**の（ここまで序詞）薄き心を我が思はなくに〈万葉・二〇・四四七八〉

うす-わた【薄綿】 名 衣服に綿を薄く入れること。また、その衣服。例我がもとの**薄綿**はむつかしう（＝不快で）〈宇治拾遺・一八〉

うす-わら・ふ【薄笑ふ】 動（ハ四）かすかに笑う。あざけってうすら笑いをする。例**うす笑ひて**…小唾吐きて〈宇治拾遺・一八九〉

う-せうしゃう【右少将】 名 ⇩うこんゑのせうしゃう

う-せうべん【右少弁】 名 太政官右弁官局に属

する職員。右大弁・右中弁に次ぐ。正五位下相当。定員一人。⇩べん

う・せる【失せる】 動（サ下一）〔下二段動詞「うす（失す）」の口語化〕❶行く・来る・居るの意を、相手を卑めののしっていう語。例よそから**うせる**客めらが（＝来やがる客どもが）、みんな、酒つくらひよ〈滑稽本・浮世風呂・三上〉❷（動詞の連用形＋助詞「て（で）」について）～していやがる。例勘当ぢゃ、出て**失せう**〈近松・女殺油地獄・中〉

羽前 《地名》旧国名。今の山形県の大部分。東山道八か国の一つ「出羽」の南部で、明治元年（一八六八）分割して設けた国。

うそ- 接頭〔形容詞「うすし」の語幹「うす」の変化した形〕❶さまざまな語について、動作や状態の程度が軽い、の意を添える。「うそ汚される」「うそ霞む」など。❷主に形容詞など状態を表す語について、なんとなく、妙に、変に、の意を添える。「うそ寂し」「うそ恥づかし」など。

うそ【嘘】 名虚言。偽り。例世はただ**嘘**に揉まるる〈閑吟集・一〇〉

うそ【嘯】 名口をすぼめて息や声を出すこと。また、口笛。例「濃染紙の紙、巻き上げの筆」と、**うそ**に吹き出だしたるを〈たまきはる〉

【嘯を吹く】 ❶「うそぶく」に同じ。❷口笛を吹く。例貝（＝ほら貝）をも持たぬ山伏が、道々**うそを吹**かうよ〈狂言・柿山伏〉

うそ【鷽】 名スズメ科の小鳥の名。冬季平地に来て、桜・梅のつぼみを食べる。口笛を吹くように愛らしい声で鳴く。「うそひめ」とも。例**鷽**の声ききそめてより山路かな〈俳諧・猿蓑・四〉

うそ-うそ 副落ち着かない様子で動作するさまを表す。うろうろ。まごまご。きょろきょろ。例馬方はつひに（＝一度も）見ぬ金の間を**うそうそ**と覗き回れど〈近松・丹波与作待夜の小室節・上〉

うそ-ぶき【嘯き】 名狂言や里神楽などに用いる面の一つ。口笛を吹くように口をとがらせた面。のちにひょっとこの面になる。

うそ-ぶ・く【嘯く】 動（カ四）❶息を吹く。例暑けくに 汗かきなけ 木の根取り **うそぶき**登り（＝暑いときに汗をかいて苦しみ、木の根をつかみふうふう言いながら登り）〈万葉・九・一七五三〉読解筑波山に登ったときの歌。❷詩歌を吟じる。口ずさむ。例紅梅の木のもとに、梅が枝（＝催馬楽の曲名）を**うそぶき**て立ち寄るけはひの〈源氏・竹河〉

語誌▼口をすぼめて息や声を出す意。①の用法が古く、②は平安時代に入ってから現れる。鳥や動物の鳴き声に用いられることもある。江戸時代に入ると、そらとぼける、という意味が出てくる。

▼室町末期の『日葡辞書』に「月や花をながめて息をつき、口笛を吹く」とあり、また、「口笛を吹く」の用法として『宇津保物語』や『源氏物語』の例が挙げられることがあるが、確かな例とはいえない。〈高田祐彦〉

うそ-や・ぐ 動（ガ四）「うぞやく」とも。鼻がむずむずして笑いそうになる。得意気な様子にいう。例鼻が**うそやい**（音便形）て笑かしきぞ〈沙石集・四・一〉

うた【歌・唄】 名❶声に出し、節をつけ、調子をもって歌う言葉。例（光源氏ハ）琴を弾きすさびたまひて、良清に**歌**うたはせ（＝琴を心まかせにお弾きになって、良清に歌をうたわせ）〈源氏・須磨〉❷詩歌の総称。特に、和歌。例たけきもののふ（＝たけだけしい武士）の心をも慰むるは**歌**なり〈古今・仮名序〉

うた-あはせ【歌合はせ】 ―アワセ 名平安・鎌倉時代に貴族の間で流行した文学遊戯の一つ。競技者を左右二組に分け、それぞれが提出した歌を一首ずつ組み合わせて優劣を判定し、勝負の数を合計して勝負を決める。例天徳四年三月三十日、内裏女房に**歌合はせ**のことありけり〈天徳四年内裏歌合・仮名日記〉

語誌▼**沿革** もともと根合わせ・貝合わせなどの遊戯から始まった。『古今和歌集』成立の少し手前で創始され、鎌倉時代まで盛んに行われる。現存する最古の記録は在原業平の兄行平主催の『在民部卿家歌合』で、仁和元年（八八五）ごろの成立。当初は華麗な行事全体を楽しむ遊宴的性格が強かったが、『天徳四年内裏歌合』（九六〇）のころに形式が完備し、十一世紀後半の院政期を境に、歌自体の文学性が真剣に競われるようになる。この時期の代表的なものに、『六百番歌合』（一一九三）『千五百番歌合』（一二〇三ころ）があり、『新古今和歌集』成立の重要な基盤ともなった。

▼**構成** 多くの場合、歌題が設定される。前もって与えられる題を兼題、その場で与えられる題を即題という。競技者は方人と呼ばれ、自分で歌を詠む場合と他者に依頼して詠んでもらう場合とがあった。左右から提出された歌を講師が読み上げて披露（披講）し、判者が勝・負・持（引き分け）を判定、勝負を決した。ただし、実際には、紙上の催しの場合もあったらしい。また、判者の判定（判詞）は、しだいに歌論的傾向をもつようになった。〈鈴木宏子〉

う-だい【有待】 名『仏教語』人の体。人の体は、衣食などの助けを待って生きているものということからいう。例ただ**有待**の御命限りある事を歎きたまひしかば〈太平記・二六〉

う-だいしゃう【右大将】 ―ダイショウ 名「右近衛の大将」の略。例権中納言、大納言になりて**右大将**かけたまへるを（＝兼任しておいでだが）〈源氏・薄雲〉

右大将道綱母 うだいしゃうみちつなのはは ウダイショウミチツナノハハ 《人名》⇩藤原道綱母

う-だいじん【右大臣】 名太政官で、太政大臣・左大臣の次に位し、政務を統轄する職。「右丞相」「右相府」「右相国」「右府」「みぎのおとど」「みぎのおほいまうちぎみ」などとも。例菅原のおとど、**右大臣**の位にておはします〈大鏡・時平〉

う-だいべん【右大弁】 名太政官右弁官局の長。従四位上相当。定員一人。⇩べん。

うた-うら【歌占】 名歌を選ばせて、その歌の内容によって吉凶を占うこと。また、占いの結果を歌で示すこと。例小弓に短冊を付け**歌占**を引き候ふが（＝行いましたところ）〈謡曲・歌占〉

うた-がき【歌垣】 名❶古く、春秋に、男女が山や市に集まり、歌の掛けあいや舞踊・飲食して求愛した行

事。本来は、春には豊作を願い、秋には収穫を感謝する祭り。歌垣が行われた場所としては、常陸国（茨城県）の筑波山などが有名。東国では「嬥歌」とも。❷正月、宮廷の踏歌の節会で歌い舞踊する行事。①が宮廷に取り入れられたもの。

うたかた【泡沫】❶名 **水面に生じる泡。生じてはたちまちに消えることから、仏教的な無常観ともかかわって、はかないもののたとえにいう。** 例ⓐ雨降れば水に浮かべる**うたかた**の（ここまで序詞）久しからぬは我が身なりけり（＝雨が降ると水に浮かんでいる泡のように長くないのは私自身であったなあ）〈赤染衛門集〉 読解 維摩経方便品の「この身は泡のごとし」による歌。例ⓑよどみに浮かぶ**うたかた**は、かつ消え、かつ結びて、久しくとどまりたるためしなし（＝水のよどんだ所に浮かぶ泡は、あちらでは消え、こちらでは生じて、長くそのままでいる例はない）〈方丈記〉

❷副（打消・反語の語を伴って）**片時も（〜だろうか、いや、〜ない）。よもや（〜ない）。** 例ながめする軒のしづくに袖ぬれて**うたかた**人をしのばざらめや（＝長雨が降る軒の滴ではないが、もの思いに沈む涙で袖がぬれて、片時もあなたを思い慕わずにいられようか、いや、思い慕わずにはいられない）〈源氏・真木柱〉 読解「ながめ」は「長雨」と「眺め」を掛ける。

語誌▼はかなさの象徴としての「うたかた」は、和歌では「消ゆ」「憂し」「あはれ」（「泡」との掛詞）などとともに用いられることが多い。また、「うたかたの」の形でこれらの語を導く枕詞ともなった。

▼❷は、上代の副詞「うたがたも」の用法を継承し、それと❶が混同して成り立ったもの。〈松岡智之〉

うたかたの【泡沫の】《枕詞》「うたかた」が消えやすいことから「消ゆ」に、また、水面などに浮いていることから「浮き」と同音の「憂き」にかかる。

うたがた-も 副《上代語》❶**きっと。間違いなく。** 例離磯に立てるむろの木**うたがたも**久しき時を過ぎにけるかも〈万葉・一五・三六〇〇〉 ❷（打消の語を伴って）**決して（〜ない）。ほんの少しも（〜ない）。** 例**うたがたも**君が手触れず花散らめやも〈万葉・一七・三九六八〉

うた-がたり【歌語り】名 **和歌の由来を語ること。また、その話。**「歌物語」とも。例すきずきしき（＝恋愛めいた）**歌語り**などもかたみに（＝互いに）聞こえかはさせたまふ〈源氏・賢木〉

うたがは・し【疑はし】ウタガワシ 形（シク）〔動詞「うたがふ」の形容詞化〕**信じられない。悪いように想像される。** 例限りなくうれしく、また（一方デハ）**疑はしかり**ければ〈伊勢・九〇〉

歌川広重 ウタガワヒロシゲ《人名》一七九七〜一八五八（寛政九〜安政五）。江戸時代の浮世絵師。江戸の人。本姓は安藤。歌川豊広の門人。詩情豊かな浮世絵風景画で人気を集めた。「東海道五十三次」「木曾海道六十九次」などがある。

うたが・ふ【疑ふ】ウタガウ 動（ハ四）❶**疑問に思う。不審に思う。** 例この人の御往生**疑ひ**まうすべきならず〈大鏡・伊尹〉 ❷**悪いほうに想像する。** 例異心もやある（＝浮気心でもあるのか）と**疑ひて**〈古今・雑下・左注〉

うた-がま・し【歌がまし】形（シク）〔「がまし」は接尾語〕**すぐれた歌らしい。** 例さすがに**歌がましう**（音便形）、われは（＝自分こそは）と思へるさまに、最初によみはべらん〈枕・五月の御精進のほど〉

うた・く【吼く】動（カ四）《上代語》**獣がうなる。** 例その猪怒りて、**うたき**依り来〈記・下・雄略〉

うだ・く【抱く・懐く】動（カ四）《上代語》**だく。** 例子の泣くごとに男じもの（＝男なのに）負ひみ**うだき**み〈万葉・三・四八一〉 類義 むだく

うた-ぐち【歌口】名 ❶**和歌の詠みぶり。また、和歌を詠むのが巧みなこと。** 例稽古も**歌口**も同じほどの人の〈ささめごと・下〉 ❷**笛や尺八などの、唇をあてて吹く穴。また、笛のすべての穴。**

うた-くづ【歌屑】―クズ 名 **下手な和歌。ものの数に入らない和歌。** 例古今集の中の**歌屑**とかやいひ伝へたれど〈徒然・一四〉

うたげ【宴】名 **酒宴。宴会。** 例例にも似ず**宴**したまふぞ〈今昔・一・一五〉

うた-ざいもん【歌祭文】名 祭文から派生した歌謡の一種。江戸時代、三味線の伴奏で、心中など世間の事件を切々と歌った。元禄（一六八八〜一七〇四）ごろが最盛期。世話浄瑠璃にも影響を及ぼした。例我が噂も、明日よりは**歌祭文**を身の上に〈近松・生玉心中・下〉

うた-じゃうるり【歌浄瑠璃・唄浄瑠璃】―ジョウルリ 名 浄瑠璃がかった様式の長唄。明和年間（一七六四〜七二）、富士田吉次が開拓したとされる。

うた・す【打たす】動（サ下二）（馬を鞭で打つことから）**乗った馬を進める。** 例二町ばかり先立てて、馬を静めて**打たせ**たり〈太平記・六〉

うた-ぜっきゃう【歌説経】―ゼッキョウ 名 江戸時代、説経が三味線の伴奏で語られるようになったもの。人家の門口で語り、金銭を請う場合も多かった。例**歌説経**あはれに聞こえて〈西鶴・好色一代男・二・五〉

うた-た【転】副「うたうた」の変化した形で、「うた」は「うつる（移る）」と同根か。事態が一方向に進むさまを表すのが原義。

❶**程度がはなはだしくなるさま。いよいよ。ますます。** 例王風**転**盛りなり（＝天皇の徳風はますます盛んになる）〈紀・崇神〉

❷（多く「うたたある」の形で）**いやな気を起こさせるさま。** ㋐**ひどく。普通でなく。** 例いと**うたた**あるまで世を恨みたまふめれば（＝ほんとうに普通でないくらいに世の中を恨んでいらっしゃるようなので）〈源氏・手習〉 ㋑**いやで。** 例花と見て折らんとすれば女郎花**うたた**あるさまの名にこそありけれ（＝ただの花だと思って折ろうとすると女郎花だった。いやな感じの名前であったことよ）〈古今・雑体〉 〈泉基博〉

うたた-ね【仮寝】名 **うとうとと眠ること。** 例**うたた寝**に恋しき人を見てしより夢てふものはたのみそめてき〈古今・恋二〉➡名歌82

うた-だの・し【転楽し】形（シク）**ますます楽しい。むしょうに楽しい。** 例この御酒の 御酒の あやに

（＝むやみに）うただのし〈記・中・仲哀・歌謡〉

うたーづかさ【雅楽寮】 名「うたれう」に同じ。

うたて

程度がはなはだしく進むさまをいう。平安時代以降は、主に悪いほうに進むさまや、それに対する不愉快な気持ちを表す。

❶副❶**程度の進むさま。ますます。いっそうひどく。** 例三日月のさやにも見えず雲隠り見まくそ欲しき**うたて**このころ（＝三日月が雲に隠れてはっきり見えないように恋しい人が見られないので、ますます逢いたくてたまらない、このごろは）〈万葉・一二・三二四四〉読解三句目まで比喩による序詞。

❷**普通でないさま。怪しく。気味悪く。** 例物に襲はるる心地して、おどろきたまへれば、灯も消えにけり。**うたて**思さるれば、太刀を引き抜きてうち置きたまひて（＝物に襲われる気がして、お目覚めになったところ、灯火も消えてしまっていた。気味悪く思われなさるので、太刀を抜いて傍にお置きになって）〈源氏・夕顔〉読解太刀を抜くのは魔除けのため。

❸**気に入らないさま。不快に。情けなく。** 例（桐ノ花ハ）葉のひろごりざまぞ**うたて**こちたけれど（＝葉の広がりぐあいがいやな感じで仰々しいけれども）〈枕・木の花は〉

❷形動（ナリ）**ひどい。情けない。** 例**うたてなり**ける心なしの痴者かな（＝なんとひどい考えなしのばか者だなあ）〈宇治拾遺・二五〉

語誌▼副詞「うたた」の変化した形とされる。「うたた」が状態の変化がはなはだしいさまをいうのに対し、「うたて」は程度に対していうことが多い。
▼平安時代以降は、「あり」「侍り」「思ふ」などを伴って用いることが多く、嘆きやあきらめの気持ちがこめられる。
▼形容詞「うたてし」の語幹「うたて」と同形になるので注意。「あなうたて」のように感動詞とともに用いる場合、「うたてやな」のように終助詞とともに用いる場合、「うたての心ばへ」のように格助詞「の」に続く場合は、形容詞の語幹の用法である。〈木村博〉

うたてーあり 不快だ。いやだ。困ったことだ。例（鼻ノ）先の方すこし垂りて色づきたること、ことのほかに**うたてあり**〈源氏・末摘花〉

うたてーげ 形動（ナリ）［「げ」は接尾語］❶異様だ。怪しげだ。例例の人よりは（＝ふつうの老人よりは）ことなう年老い、**うたてげなる**翁二人〈大鏡・序〉❷不快だ。見苦しい。例かたちの異ざまにて**うたてげ**に変はりてはべらば〈源氏・賢木〉読解出家して尼姿になることをいう。

うたて・し 形（ク・シク）［副詞「うたて」の形容詞化］❶**いやだ。気にくわない。情けない。** 例(a)東宮、いと**うたてき**御物の怪にて、ともすれば御心地あやまりしけり（＝東宮は、実にいやな御物の怪のために、どうかするとお気持ちが錯乱なさった）〈栄花・月の宴〉例(b)御前に人一人も候はざらんが、無下に**うたてしう**（音便形）候ふ（＝御座所の前に人が一人もいないようなのが、ひどく情けないことです）〈平家・四・信連〉

❷**気の毒だ。** 例俊寛僧都一人、赦免なかりけるこそ**うたてけれ**（＝俊寛僧都一人が、赦免がなかったのは気の毒だ）〈平家・三・頼豪〉

語誌 平安時代には、「あなうたて」のように語幹「うたて」の形で用いられることが多い。中世には①例(b)のようにシク活用も用いられた。〈木村博〉

宇多天皇（人名）八六七〜九三一（貞観九〜承平元）。平安前期の天皇。光孝天皇の第七皇子。摂関政治が確立されようとする時期にあって天皇親政をめざし、菅原道真を用いて藤原氏を抑えようとした。他方、詩歌・芸能に関心をいだき、『寛平御時后宮歌合』『亭子院歌合』を催すなど『古今和歌集』成立に向かう時代の和歌の基盤を確立する。亭子院とも。

うたーぬし【歌主】 名 和歌の作者。例（詠ンダ歌ヲ笑ワレタノデ）**歌主**いと気色悪しくて〈土佐〉

うたーねんぶつ【歌念仏】 名 江戸時代に流行した門付け芸・俗曲の一つ。念仏に節をつけて歌うもの。のちは、説経や浄瑠璃を念仏の節で語った。

うたーのーかみ【雅楽頭】 名 令制で、雅楽寮の長官。従五位上相当。

うたーのーつかさ【雅楽寮】 名「うたれう」に同じ。

うたーのーみち【歌の道】 名 和歌の分野。また、歌を作ること。歌道。例**歌の道**のみ、いにしへに変はらぬなど言ふ事もあれど〈徒然・一四〉

うたひ【謡】 名❶「うたひもの」に同じ。例玉女（＝美女）ども、**うたひ**を謡ひて来て〈宇治拾遺・九一〉❷謡曲。能楽の台本。また、それに節をつけて謡う音曲。

うたーびくに【歌比丘尼】 名 寺社の縁起や地獄絵の絵解きをし、歌念仏を唱えて勧進する尼。のちには売春もした。熊野比丘尼が有名。例節はあはれに身は伊達に、歌は念仏の**歌比丘尼**〈近松・五十年忌歌念仏・下〉

歌比丘尼〔洛中洛外図屏風〕

うたーびと【歌人】 名❶雅楽寮に属し、国風（＝諸国の風俗歌）を歌う役の職員。❷歌を上手に歌う人。例**歌人**と我を召すらめや〈万葉・一六・三八八六〉❸和歌を詠む人。歌人。例**歌人**召し集めてあまたの題詠ませはべりけるに〈拾遺・雑秋・詞書〉

うたひーもの【謡物・歌ひ物】 名 節をつけてうたうものの総称。詩歌・神楽歌・催馬楽・風俗・朗詠・今様・早歌・謡曲・小歌・長唄など。

うた・ふ【訴ふ】 動（ハ下二）［「うったふ」の促音の表記されない形］訴える。例**うたへ**まうし候はん〈宇治拾遺・九一〉

うた・ふ

【歌ふ・唄ふ・謡ふ】 動（ハ四）❶歌謡・和歌などの言葉を、調子をとり、節をつけて唱える。例(a)この御酒を醸

みけむ人は　その鼓を臼に立てて　歌ひつつ　醸みけれかも(=この御酒を醸造したという人は、その鼓を臼として立てて歌いながら醸造したからか)〈記・中・仲哀・歌謡〉例(b)扇はかなう(=軽く)うち鳴らして、「豊浦の寺の西なるや」とうたふ〈源氏・若紫〉読解「豊浦の…」は、催馬楽の一節。

❷詩歌を作って、節をつけて詠じる。また、詩歌を作る。例男は…人の国に歩きて、かくうたふ(=男は…地方に行って、このように歌を作る)〈伊勢・六五〉読解「かくうたふ」の「かく」は、次に続く「男」の作った和歌をさす。

❸盛んに言い立てる。ほめたたえる。評判を立てる。例はるばると曇りなきよをうたふなり(=はるか遠くまで晴れわたる夜を、そして長く不正のない御世であることをほめたたえるのである)〈新拾遺・賀〉読解「よ」は「夜」と「世」を掛ける。〈馬場光子〉

うたへ【訴へ】 名 訴訟。例人の田を論ずるものうたへに負けて〈徒然・二〇九〉

うた-まくら

【歌枕】 名 ❶和歌に詠まれる地名。特に、『古今和歌集』時代以降、特定の地名が繰り返し和歌に詠まれるところから、「吉野」は雪と桜の名所、「逢坂」は「逢ふ」と掛詞になるなど固定した観念と結びつくようになった。例「歌枕見て参れ」とて陸奥守に任ぜられけり〈古事談・二〉読解 歌人の藤原実方が陸奥(今の福島・宮城・岩手・青森)に左遷されることになったときの天皇の言葉。陸奥は都人のはるかなあこがれを誘う土地で、和歌に詠まれる地名も数多い。

❷和歌に詠まれる景物・枕詞・異名・地名などの語句。例春の初めの歌枕　霞たなびく吉野山　鶯佐保姫翁草　花を見すてて帰る雁〈梁塵秘抄・今様〉読解 歌枕を列挙した物尽くしの歌謡。「佐保姫」は奈良の佐保山に住む春の女神。「翁草」は春に暗赤紫色の花をつける。

❸和歌に詠まれる地名・枕詞などを集めた、作歌の手引書的なもの。たとえば『能因歌枕』など。例よろづの草子・歌枕、よく案内知り見つくして、その中の言葉を取り出づるに(=さまざまな書物や歌枕を、よく内容を知り読みつくして、その中にある言葉を取り出してみたところで)〈源氏・玉鬘〉

語誌 ▼発生的には②③の用法が早いが、しだいに地名に限定され、①の意が中心となった。
▼平安中期の歌人能因は、歌枕に興味をもって、東国をはじめ諸国を旅した。芭蕉の『奥の細道』も歌枕を訪ねる旅の記である。〈鈴木宏子〉

うたまひ-の-つかさ【楽府・楽官】 名 宮廷歌舞音楽をつかさどる役所の総称。また、それに属する人。『万葉集』に「歌儛所」と見えるのが初出。のち雅楽寮の成立、内教坊の派生などがあったが、大歌所の成立によって機能が縮小する。

うた-め【歌女】 名 ❶雅楽寮に所属する女性の歌い手。❷歌を専門に歌う女性の芸能者。例遊女・傀儡などの歌女を招きて〈今昔・一三・四四〉

うた-ものがたり【歌物語】 名 ❶「うたがたり」に同じ。例人の語り出でたる歌物語の、歌のわろきこそ本意なけれ(=がっかりする)〈徒然・五七〉❷平安時代の物語の分類の一つ。和歌を中心に構成された小話。また、その小話を集めた物語集。『伊勢物語』『大和物語』『平中物語』など。

うた-よみ【歌詠み】 名 ❶和歌を作ること。例小さき人には、手習ひ(=習字)・歌よみなど教へ〈蜻蛉・下〉❷和歌を作る人。和歌の上手な人。例和泉式部といふ人…恥づかしげの(=すぐれた)歌よみやとは覚えはべらず〈紫式部日記〉

うた-れう【雅楽寮】 名 令制で、治部省に属する役所。日本古来の歌舞や外来の楽舞を伝習し、儀式に奏する。「うたづかさ」「うたのつかさ」とも。

うた-ろんぎ【歌論議】 名 和歌の用語や内容について、問答の形式で論じあうこと。宮廷で男子中心に行われた。例殿上に歌論議といふ事出できて〈大鏡・伊尹〉

うた-ゑ【歌絵】 名 和歌の内容を絵にかいたもの。例陸奥へまかりける人に、扇調じて(=作って)、歌絵に書かせはべりける〈後撰・離別・詞書〉

うち-

【打ち】 接頭〈動詞「うつ」の連用形から〉動詞につく。❶勢いよく〜する、の意を添える。「打ち上ぐ」「打ち掛く」など。㋐一面に〜する。「打ち霧る」など。
❷語調を整え種々の意を添える。
㋑完全に〜する。すっかり〜する。「打ち絶ゆ」など。
㋒ちょっと〜する。軽く〜する。「打ち聞く」「打ち語らふ」「打ち見る」など。
㋓すばやく〜する。さっと〜する。「打ち吹く」など。

語誌 単に語調を整えるために用いられるものも多い。〈野村剛史〉

うち

【内・中】 名 ❶内部。内側。例(a)(雀ノ子ヲ)伏せ籠のうちに籠めたりつるものを(=伏せ籠の内に閉じこめておいたのに)〈源氏・若紫〉例(b)宿りして春の山べに寝たる夜は夢のうちにも花ぞ散りける〈古今・春下〉➡名歌378

❷㋐宮中。内裏。「内裏」とも書く。例内へまゐりたまふに(=宮中に参上なさるときに)〈伊勢・六〉
㋑天皇。例うちにも聞こしめし嘆くこと限りなし(=天皇もお聞きになって嘆くことはこの上もない)〈源氏・夕顔〉

❸㋐ある範囲内。例年二十歳よりうちの人(=年齢が二十歳より下の人)〈宇津保・吹上上〉
㋑ある期間内。例年のうちに春は来にけり一年を去年とやいはむ今年とやいはむ〈古今・春上〉➡名歌247

❹多く「〜うちに」の形で用いる。㋐〜している間に。例ののしるうちに、夜ふけぬ(=大騒ぎしている間に、夜が更けた)〈土佐〉
㋑そのうえに。例容貌はいと清げにおはするうちに、ただ今なり出でたまひなむ(=容貌がほんとうに端正でいらっしゃるうえに、きっとすぐに御出世なさるであろう)〈落窪・一〉

❺㋐内面。内心。例人目にこそ変はることなくもてなしたまひしか、うちには憂きを知りたまふ気色しるく(=はた目には以前と変わることなくお扱いになったが、内心ではつらいことをご存知でいらっしゃるご様子がはっきりと見えて)〈源氏・鈴虫〉

㋑外見に対する中身。実情。「内劣りの外めでた」などと用いる。⇩うちおとり

❻(仏教を内教、儒教を外教と称することから)仏教に関すること。例内には五戒を保って慈悲を先とし、外には五常を乱さず、礼義を正しうしたまふ人なれば(=仏教の方面では五戒を守って慈悲を第一とし、儒教の方面では五常の徳を乱さないで、礼儀を正しく行いなさる人なので)〈平家・二・教訓状〉

❼自分の家。また、夫・妻。例(a)内も忙しいほどに、やがて(=すぐに)戻れ〈虎寛本狂言・素襖落〉例(b)わたしらが内(=夫)なんぞは出好きでの〈滑稽本・浮世風呂・二下〉

語誌▼関連語　類義語「なか」は本来、上下・左右・始終などの両端の間や、「野中」「海中」のように空間的な広がりのなかのある点をさす語であったが、しだいに「うち」の意味をも兼ねるようになった。しかし、たとえば心については、上代から近世まで、「心のうち」が普通で「心のなか」の例はまれであるなど、両者の語義・語感の違いが保たれている面もある。対義語は「と(外)」「ほか」「そと」。〈藤原克己〉

うぢ【氏】名❶一族。同族。例空言も 祖の名絶つな 大伴の 氏と名に負へる ますらをの伴(=かりそめにも祖先の名を絶やすな。大伴の一族と名をもつ男たちよ)〈万葉・二〇・四四六五〉読解大伴家持の長歌「族を喩す歌」の末尾。

❷家柄。育ち。例氏と言ひ、器量と言ひ(=家柄といい、才能といい)〈曾我・一〉

❸名字。姓。例それがし原来氏もなく、名もあらず(=私はもともと姓もなく、名もない)〈読本・弓張月・続・三六〉

語誌　古く、豪族層が朝廷から姓を与えられ、同じ先祖をもつ者が集団を組織して朝廷に奉仕する形態をとった。それが氏である。氏の名には蘇我・平群のように地域の名称をとったものと、大伴・物部のように、奉仕の職掌を名としたものとがあるが、大化改新以降は、職掌の世襲よりも、貴族官僚を出す母体としての性格が強まる。氏集団は氏の中の高位者である氏の上に統率されたが、直系男子による相続の原理が浸透すると、しだいに家々の独立性が強まり、集団としての氏は衰える。平安時代には、源氏・平氏・藤原氏・橘氏など少数の氏のみが残った。〈鉄野昌弘〉

宇治《地名》歌枕 山城国、今の京都府宇治市一帯。大和と京都の間に位置し、大和から近江へ抜けるのにも通る交通の要衝。古来しばしば合戦場ともなり、『平家物語』巻四の「橋合戦」や巻九の「宇治川先陣」などで有名。平安時代には、都の郊外の景勝地として貴族の別荘が営まれ、特に藤原道長の別邸は子息の頼通に受け継がれて平等院となった。『源氏物語』最後の十巻「宇治十帖」の舞台でもある。

語誌▼宇治川　宇治川は急流で知られ、景物としては、氷魚を獲るための網代や、川霧・川波・柴舟・水車などが挙げられる。例(a)朝ぼらけ宇治の川霧たえだえにあらはれわたる瀬々の網代木〈千載・冬〉➡名歌20 例(b)暮れてゆく春のみなとは知らねども霞に落つる宇治の柴舟〈新古今・春下〉➡名歌151

▼宇治＝憂し　宇治山を詠んだ有名な「わが庵は都のたつみしかぞすむ世をうぢ山と人はいふなり」〈古今・雑下〉(➡名歌418)の掛詞のように、「憂し」のイメージをもつことによって、宇治には宗教的雰囲気も漂う。〈大谷俊太〉

うち-あ・ぐ【打ち上ぐ】動(ガ下二)❶皆がそろって手を打ち鳴らす。転じて、宴会を催す。例このほど三日、**うちあげ**遊ぶ〈竹取〉❷(「うち」は接頭語)簾などを高く上げる。はね上げる。例二所して(=お二人で)簾**うちあげ**、下簾ひきあげて〈枕・関白殿、二月二十一日に〉❸(「うち」は接頭語)声などを高く張り上げる。例ひなびたる調子**うち上げ**て〈芭蕉・奥の細道〉❹歌舞伎で鳴り物の演奏を終える。転じて、興行などを終了する。「打ち揚ぐ」とも書く。

うち-あはび【打ち鮑】名 鮑の肉を薄く切って伸ばして干したもの。祝儀の席で酒の肴に用いた。例あるじまうけられたりけるやう(=饗応なさった様子)、一献に**打ち鮑**〈徒然・二一六〉

うち-あ・ふ【打ち合ふ】動(ハ四)❶(「うち」は接頭語)適合する。相応する。例もとの品、時世のおぼえ(=本来の家柄と、今の世間の信望)**うち合ひ**しけるほどに〈源氏・帚木〉❷互いに打つ。争う。例**打ち合ひ**張り合ひ〈平家・一・俊寛沙汰鵜川軍〉

うち-あ・り【打ち有り】動(ラ変)(「うち」は接頭語)何気ないさまでそこらへんにある。ありふれている。例**うちある**調度も昔覚えて(=古風な感じで)やすらかなるこそ、心にくしと見ゆれ〈徒然・一〇〉

うち-いた【打ち板】名❶廊下と廊下、あるいは牛車と車寄せの間に渡す歩み板。❷地面に座るときに敷く厚板。陣中では敷皮の代わりとして用い、裏に脚がついている。例大薙刀の真ん中にぎり、**打ち板**の上に立ちけり〈義経記・八〉

うち-いだ・す【打ち出だす】動(サ四)(「うち」は接頭語)❶出す。特に、衣類を簾の下からのぞかせる。⇩いだしぎぬ。例車三つ四つに乗りこぼれて、大海の摺り裳**うち出だし**たる〈栄花・月の宴〉❷口に出す。特に、詩歌などを吟誦する。例「月秋と期して身いづくか」といふことを、**うちいだし**たまへり〈枕・故殿の御ために〉

うち-い・づ【打ち出づ】動(ダ下二)(「うち」は接頭語)❶出る。現れる。姿を現す。例田子の浦に**うち出で**てみれば白妙の富士の高嶺に雪は降りつつ〈新古今・冬〉➡名歌206 ❷さし出る。でしゃばる。例あまた(=大勢)の中に**うち出で**て〈徒然・五六〉❸出陣する。例明日**うち出で**んとての夜〈平家・九・小宰相身投〉❹口に出して言う。例まほには(=あからさまには)、え**うち出で**きこえたまはで〈源氏・鈴虫〉❺「うちいだす①」に同じ。例(女房八)西の渡殿にかけて**打ち出で**たり〈栄花・御賀〉

うち-いで【打ち出で】名❶金・銀・銅などを打ち延べること。金属を鍛造すること。例水干装束して、**打ち出で**の大刀帯びたり〈今昔・二六・一八〉❷「うちいでのきぬ」に同じ。例御簾際の女房の**打ち出で**ども〈栄花・若水〉

うち‐いで‐の‐きぬ【打ち出での衣】 賀宴など晴れの場で、部屋や車の簾の下からのぞかせた、女房装束の袖口や褄先のこと。「出だし衣」「打ち出で」などとも。後世は様式化されて衣類のみを置く場合もあった。⇨いだしぎぬ。例女房、**うちいでの衣**さまざま出だされたり〈今鏡・三・春のしらべ〉

うち‐いで‐の‐たち【打ち出での太刀】 金銀を打ち延べて飾った太刀。例枕上(=枕もと)に**打ち出での太刀**置きたり〈今昔・二五・四〉

うち‐い・ふ【打ち言ふ】 イウ 動(ハ四)〔「うち」は接頭語〕ふと言う。なにげなく言う。例文を書き、ものうち言ひたるも〈源氏・蜻蛉〉

うち‐い・る【打ち入る】 1動(ラ四) 勢いよく入る。攻め入る。「討ち入る」とも書く。例御所へ夜**討ち入り**、皆焼きはらはれたまひぬ〈平治・上〉 2動(ラ下二)〔「うち」は接頭語〕❶ひょいと入れる。例鼻はづれて、粥の中へふたりと(=ぽとりと)**うち入れつ**〈宇治拾遺・二五〉❷金品をつぎこむ。例ばくちの負けきはまりて、残りなく**打ち入れん**とせんにあひては、打つべからず〈徒然・一二六〉

うち‐うち【内内】 1名❶家の中。例**内々**のしつらひ(=飾りつけ)には〈竹取〉❷わたくしごと。うちわ。例これは御私ざまに、**内々**のことなれば〈源氏・少女〉 2副 ないないに。ひそかに。例**内々**忍びたまふ(=こっそりお通いになる)方々多かめるを〈源氏・紅葉賀〉

うち‐お・く【打ち置く】 動(カ四)〔「うち」は接頭語〕❶ひょいと置く。例赤駒に倭文鞍**うち置き**〈万葉・五・八〇四〉❷そのまま放っておく。例棺をひさく(=売る)者、作りて**うち置く**ほどなし〈徒然・一三七〉

うち‐おとり【内劣り】 名 表面はすぐれたように見えるが、内実は劣っていること。例その帝をば「**内劣りの外めでた**」とぞ、世の人申しし〈大鏡・伊尹〉

うち‐おどろ・く【打ち驚く】 動(カ四)〔「うち」は接頭語〕ふと目が覚める。はっとする。例**うち驚き**たれば、夢なりけりと思ふに〈更級〉

うち‐おほひ【打ち覆ひ】 オオイ 名 上を覆うだけの粗末な屋根。例土居(=土台)を組み、**うちおほひ**をふきて〈方丈記〉

うち‐おぼめ・く 動(カ四)〔「うち」は接頭語〕知らないふりをする。例所々**うちおぼめき**、よく知らぬよしして、さりながらつまづま(=話の端々)合はせて語る虚言は〈徒然・七三〉

宇治加賀掾(うぢかがのじょう) ウヂカガノジョウ《人名》一六三五〜一七一一(寛永一二〜宝永八)。江戸時代の浄瑠璃太夫。近松門左衛門の初期の作品や井原西鶴の作品を上演、大坂・京都で人気を得る。のちの義太夫節に影響を与えた。

うち‐か・く【打ち掛く・打ち懸く】 動(カ下二)〔「うち」は接頭語〕❶水などが強くかかる。例波は船に**うちかけつつ**〈竹取〉❷ひょいと掛ける。水などをさっとかける。例すでに鞍に手**うちかけ**て乗らんとしけるが〈保元・上〉

うち‐かけ【裲襠・打ち掛け】 名❶朝廷の儀式で、武官が装束の上から着ける袖なしの上着。❷舞楽の装束の一つ。形状は①に似る。❸江戸時代、上級武家の女性の礼服の一つ。帯を締めた上からはおる長い小袖。「搔い取り」とも。例**打ち掛け**の裾に隠し入れ〈近松・曾根崎心中〉

うち‐かた【内方】 名❶他人の家に対する敬称。お宅。例気遣ひなれど、**内方**の首尾を知らねば便宜もならず(=便りも出せず)〈近松・曾根崎心中〉❷奉公人が主人をさしていう。例**内方**は悋気深し(=嫉妬深い)〈西鶴・好色一代女・四・四〉❸(店を表ととらえるのに対して)家族のいる奥のほう。例**内方**へ聞こゆるほど手本読みて手習ひするは、その身の徳なり〈西鶴・世間胸算用・二・三〉

うち‐がたな【打ち刀】 名 刃を上にして腰に差す刀の一種。敵と打ち合いをするための刀。長大で鍔がある。例**打ち刀**をぬき、薩摩守の右の腕を肘のもとよりふっと斬りおとす〈平家・九・忠度最期〉

うち‐かたぶ・く【打ち傾く】 動(カ四)〔「うち」は接頭語〕斜めになる。軽く首をかたむける。首をかしげて不思議がる。例ちごの、目に髪のおほへるを搔きはやらで、**うちかたぶき**て物など見たるも、うつくし(=かわいい)〈枕・うつくしきもの〉

うち‐かたら・ふ【打ち語らふ】 カタラウ／カタロウ 動(ハ四)〔「うち」は接頭語〕語りあう。例下仕へなどやうの人々とだに**うち語らはばや**〈源氏・藤袴〉

宇治川(うぢがは) ウヂガワ《地名》歌枕 琵琶湖から流れ出る瀬田川の下流で、宇治あたりの称。京都盆地の南を流れて木津川・桂川と合流し、淀川となる。流れの早い川として知られる。例もののふの(枕詞)八十(ここまで序詞)宇治川の網代木にいさよふ波の行くへ知らずも〈万葉・三・二六四〉➡名歌368

うち‐かは・す【打ち交はす】 カワス 動(サ四) 互いに重ねあう。例白雲に羽**うち交はし**飛ぶ雁の数さへ見ゆる秋の夜の月〈古今・秋上〉➡名歌188

うち‐がひ【打ち飼ひ】 ガイ 名「打ち飼ひ袋」の略。犬・鷹・馬などのえさを入れる袋。食糧や金銭を入れる袋にもいう。例この**打ち飼ひ**に新銀五百八十目〈近松・女殺油地獄・下〉

うち‐かぶと【内兜】 名❶兜の内側。兜に接する額の部分。例弓を引きまうけて、声に付けて**内かぶと**をぞ狙ふらむ〈保元・中〉❷内輪の事情。特に、弱点。例**内かぶと**質屋へ見せる口惜しさ〈柳多留・一九〉

うち‐かへし【打ち返し】 カエシ 副〔動詞「うちかへす」の連用形から〕❶何度も。繰り返し。例**うち返し**のたまひ明かす〈源氏・薄雲〉❷逆に。思い直してみて。例なほ忍びてや迎へましと思す。また**うち返し**、なぞや、かくうき世に罪をだに失はむと思せば〈源氏・須磨〉

うち‐かへ・す【打ち返す】 カエス 動(サ四)〔「うち」は接頭語〕❶ひっくり返す。例火桶の火、炭櫃などに、手のうら**うち返しうち返し**おしのべなどしてあぶりをる者〈枕・にくきもの〉❷繰り返す。例**うち返しうち返し**、あやしと御覧じて〈源氏・浮舟〉❸田畑を耕す。例鴫のゐる野沢の小田を**うちかへし**〈金葉・春〉

うち‐かへ・る【打ち返る】 カエル 動(ラ四)〔「うち」は接頭語〕ひっくり返る。例あさましきもの…車のう

ちかへりたる〈枕・あさましきもの〉

うぢ-がみ【氏神】ウヂ 名 氏族の祭る神。地域で祭る神をさすこともある。例二条の后の…**氏神**にまうでたまひけるに〈伊勢・七六〉

うち-き【袿】 名 ❶男性が直衣や狩衣の下に着る衣服。例なよよかなる直衣、しをれよいほどなる掻い練りの**袿**(=しなやかな直衣、よいぐあいに柔らかくなった光沢のある絹の袿)〈蜻蛉・下〉❷女性が唐衣などの下に着る服。例紅に葡萄染めの織物の**袿**、裳、唐衣〈紫式部日記〉❸天皇の装束の着替えをすること。例上は御**袿**果てて(=帝はお召し替えが済んで)〈源氏・紅葉賀〉

語誌 ▼**語の由来**　装束の内に着る「内着」の意とも、打ち掛けて着る「打ち着」の意ともいわれている。▼**重袿**　②は、幾枚も重ね着する重袿をさす場合と、その最も上に着る一枚(表着)のみをさす場合がある。『紫式部日記』で、「えならぬ(=非常に美しい)三重五重の袿に、表着は織物」とあるのは重袿で、「唐綾の黄なる菊の袿ぞ表着なんめる(=中国の織物の黄菊襲の袿が表着であるようだ)」とあるのは表着と袿を同一視している。

重袿は、その配色や材質の美を競って、しだいに多く重ねるようになる。そのため禁制で五枚までと定められ、後世の五つ衣につながっていく。〈藤本宗利〉

うち-ぎき【打ち聞き】 名 ❶ちょっと耳に入ったこと。また、その言葉・話。例深き筋思ひ得ぬほどの**うち聞き**にはをかしかなりと耳もとまるかし(=意味を深くわきまえないくらいのちょっと耳に入った程度にはおもしろそうだと耳もとまるのだよ)〈源氏・常夏〉❷(①から転じて)**聞いたままを書き記しておくこと**。また、**そのように書き記されたもの**。特に、耳にした**歌の記録としての私撰集**。例(a)ここもとは**打ち聞き**になりぬるなめり(=この辺の話は聞き書きになってしまったのであるようだ)〈枕・小原の殿の御母上とこそは〉例(b)もののをり、もしは人といひかはしたる歌の聞こえて、**打ち聞き**などに書き入れらるる(=何かの折の、もしくは人とやりとりした歌が評判になって、聞き書きなどに書き込まれるの)〈枕・うれしきもの〉〈野村剛史〉

打聞集うちぎきしふ ウチギキシュウ《作品名》平安後期の仏教説話集。一巻。編者未詳。長承三年(一一三四)以前に成立。二七話。『今昔物語集』と同話が多い。

うち-き・く【打ち聞く】 動(カ四)〔「うち」は接頭語〕ふと耳にする。例**うち聞く**より胸ふたがりておぼゆれど〈源氏・明石〉

うちき-すがた【袿姿】 名 袿だけの姿。くつろいでくだけた服装である。例いとなまめかしき**袿姿**うちとけたまへるを〈源氏・松風〉

うち-ぎぬ【打ち衣】 名 砧などで打って光沢を出した衣。男性は直衣や狩衣の下、女性は表着の下に重ねて着るのが通例。例紅の**打ち衣**などぞ着たまへる〈栄花・初花〉

うち-きら・す【打ち霧らす】 動(サ四)〔「うち」は接頭語〕空一面を曇らせる。例**うち霧らし**雪は降りつつしかすがに(=そうだけれども)我家の園にうぐひす鳴くも〈万葉・八・一四四一〉

うち-ぐ・す【打ち具す】 動(サ変)〔「うち」は接頭語〕❶欠けることなくそろう。備わる。例親**うち具し**、さしあたりて世のおぼえはなやかなる御方々にもいたう(=ひどくは)劣らず〈源氏・桐壺〉❷ともに連れて行く。伴う。例(紫ノ上ヲ)**うち具して**は、つきなからむさまを(=ふさわしくないだろうと)思ひ返したまふ〈源氏・須磨〉❸携える。持つ。例破子やうのもの調じて(=弁当箱のようなものを用意して)、**うち具して**まかりつつ〈大鏡・時平〉

うち-くっ・す【打ち屈す】 動(サ変)〔「うち」は接頭語〕ふさぎこむ。気落ちする。例侍従・大夫などの、あながちに(=むやみに)**うち屈し**たるさま、いと心苦しければ〈十六夜〉

うち-くは・す【打ちくはす】クワス 動(サ下二)〔「うち」は接頭語〕矢をしっかりと弓につがえる。例今度は中差し取って**打ちくはせ**〈平家・一一・弓流〉

うち-くび【打ち首】 名 首を斬る刑。江戸時代、武家の極刑とされた。斬罪。例御仕置き替はって**打ち首**にあひけるとなり〈西鶴・武家義理物語・六・二〉

うち-くら【内蔵・内庫】 名 ❶朝廷の物品を納める蔵。令制下では内蔵寮となる。❷「うちぐら」とも。江戸時代、母屋に接して建てられた土蔵。例三十万両の小判の**内蔵**を造らせ〈西鶴・好色一代男・三・二〉❸(②から転じて)金持ち。例客のうちでの**内蔵**と存ずる方から〈西鶴・好色盛衰記・一・四〉

うち-くん・ず【打ち屈ず】 動(サ変)「うちくっす」に同じ。例かかる者(=女法師)は、**うち屈じ**たるこそあはれなれ(=哀れを誘う)〈能因本枕・職の御曹司におはしますころ、西の廂に〉

うぢ-こ【氏子】ウヂ 名 氏神に守られる子。転じて、氏神を祭る人々。例宇都宮の大明神、大将を**氏子**に授けたまはんために〈太平記・三〇〉

うち-こし【打ち越し】 名 ❶連歌・俳諧で、付け句の前々句。同じ連想の繰り返しを避けるため、前々句と同趣の句を付けることを「打ち越しを嫌ふ」あるいは単に「打ち越し」と言って禁止した。❷「打ち越し酒」の略。席順にこだわらず自由に杯を回して飲む酒。また、その酒宴。

有智子内親王うちこないしんわう ウチコナイシンノウ《人名》八〇七〜八四七(大同二〜承和一四)。平安前期の漢詩人。嵯峨天皇の皇女。最初の賀茂の斎院。『経国集』などに詩一〇首を残す。

うち-こみ【打ち込み】 名 ❶「うちごみ」とも。大勢が順序もなく入り乱れること。「打ち込みの軍」の形で用いることも多い。例畿内近国の勢(=軍勢)、**打ち込み**に二十万七千余騎〈太平記・一三〉❷歌舞伎の囃子の一つ。幕開き・幕切れなどで、大太鼓を勢いよく鳴らす。❸技量・流儀・派などの異なる作者が同席して催す連句。例両門の連衆、**打ち込み**の会相勤め候ふ〈芭蕉書簡・元禄七年九月正秀宛〉

うち-こ・む【打ち込む】 動(マ四)❶刀で切り込む。例鋒五寸ばかりぞ**打ち込み**たる〈太平記・一四〉❷たたいたり突いたりして、中へ入れる。例「それ(=針)を何とするぞ」「これを痛む所へ**打ち込みまする**」〈虎寛本狂言・神鳴〉 ❸ばくち・遊び・商売などに、金や財産をつぎこむ。例年々の元手**打ち込みて**、残る物とて家・蔵ばかり〈西鶴・日本永代蔵・四・二〉 ❹熱中する。ほれこむ。例**打ち込みし**撞木町の八雲といふ女郎を〈浮世草子・傾城禁短気・一・四〉 ❺順序なく入り交じる。入り乱れる。例後ろに三百余騎は**打ち込み**てありけり〈愚管抄・六〉

うち-ごろも【裏衣】 名 一般の僧が参籠のときなどに着る単衣の法衣。例那智ごもりの僧どもも、みな**裏衣**の袖をぞぬらしける〈平家・一〇・熊野参詣〉

うち-ささ・ぐ【打ち捧ぐ】 動(ガ下二)〔「うち」は接頭語〕少し上に向ける。例顔**うちささげ**てうち笑ひ〈徒然・一七五〉

うち-ささめ・く【打ちささめく】 動(カ四)〔「うち」は接頭語〕ひそひそと話す。例別当など呼び出でて、**打ちささめき**物語して出でぬる〈枕・正月に寺にこもりたるは〉

うち-ざた【内沙汰】 名 内々での処置。内輪での裁判。例その儀でござるならば、まづ**内沙汰**にしてみさっしゃれい〈狂言記・内沙汰〉

うち-さぶらひ【内侍】 名 武家の邸宅で、寝殿の東西の廊に設けられた、武士の詰め所。例**内侍**には一門の源氏上座して、末座に大名小名なみゐたり〈平家・八・征夷将軍院宣〉

うち-さま【内裏様】 名 朝廷方。官軍の側。例鎮西(=九州)の者どもをば、**内裏様**にこそ召されしか〈平家・八・太宰府落〉

うち-しき【打ち敷き】 名 ❶器物などを載せるための布製の敷物。例さし油するに、灯台の**打ち敷き**を踏みて立てる〈枕・方弘は、いみじう人に〉 ❷仏壇・仏具などの敷物。死者の供養のため、その衣服で作ることが多い。例金入りの(=金糸を使った)鳳凰の小袖こそは**打ち敷き**〈西鶴・西鶴織留・一・三〉

うち-しき・る【打ち頻る】 動(ラ四)〔「うち」は接頭語〕しきりにある動きが起こる。例このたびは鳥もはなやかなる声に**うちしきれ**ば〈徒然・一〇四〉

うち-しぐ・る【打ち時雨る】 動(ラ下二)〔「うち」は接頭語〕❶さっと時雨が降る。例み吉野の山かき曇り雪降ればふもとの里は**うちしぐれ**つつ〈新古今・冬〉→名歌352 ❷(比喩的に)涙がこぼれる。例まみのわたり(=目もとのあたり)**うちしぐれ**てひそみゐたり(=べそをかいている)〈源氏・若菜上〉

うち-じに【討ち死に】 名 戦場で敵と戦って死ぬこと。例今度北国へむかひては、**討ち死に**仕り候ふべし〈平家・七・実盛〉

うち-しはぶ・く【打ち咳く】 動(カ四)〔「うち」は接頭語〕せきをする。せきばらいをする。例神官の者ども、ここかしこに(=あちらこちらで)**うちしはぶき**て〈源氏・賢木〉

宇治拾遺物語 《作品名》鎌倉初期の説話集。成立・作者ともに未詳。一九七の説話からなる。『今昔物語集』とともに、説話文学の代表的作品といわれる。

●**成立事情** 序文によれば、平安時代の貴族・宇治大納言源隆国は夏の間、宇治の平等院の南泉坊で過ごしていたが、往来の人々に昔物語をさせ、それを書きとめて『宇治大納言物語』という説話集を作った。その後、「侍従俊貞」という人が持っていたが、大変におもしろい本で、人々の間で読み継がれ、増補もされていった。この『宇治大納言物語』に続いて、新たに、別の説話集が作られ『宇治拾遺物語』と呼ばれた。書名は『宇治大納言物語』の「遺りを「拾」ったとも、侍従の唐名の「拾遺」によるともいわれるが、はっきりしない、という。

『宇治大納言物語』は現在伝わらないが、『宇治拾遺物語』はこの続編、または抄出本・増補本とも考えられ、『宇治大納言物語』の大きな影響下になったと考えられる。内容から、建暦二年(一二一二)から承久三年(一二二一)の間に主だった部分は成立したかと推定されている。

●**内容・構成** 各話の配列は自在で、巻頭第一話は和泉式部と僧道命の情事の話、第二話は不浄な僧が平茸に生まれ変わる話、第三話は「こぶとりじいさん」の話と、さまざまな話が順不同で語られていく。貴族社会の話、庶民の話、都の話、地方の話、外国の話、神仏の話、雀・狐・狸など動物の話、失敗談、笑話、舌切り雀・博打聟入などの民話など、多彩な話が軽妙な語り口で語られる。

●**影響関係** 『今昔物語集』『古本説話集』などと類話が多数あるが、鎌倉初期の説話集『古事談』を出典とする話も多い。江戸時代にはパロディも作られるが、その軽妙・自在な表現、多彩な内容、自由な連想は、『徒然草』、江戸時代の『醒睡笑』などに受け継がれているといってよい。〈浅見和彦〉

うち-しめ・る【打ち湿る】 動(ラ四)〔「うち」は接頭語〕❶雨・露などによって湿りけを帯びる。例露に**うちしめり**たまへる薫り、例の、いと様ことに(=格別に)匂ひ来れば〈源氏・宿木〉 ❷人の態度や雰囲気がしっとりと落ち着く。例**うちしめり**たる宮の御けはひも、いと艶なり〈源氏・蛍〉 ❸もの思いに沈む。しんみりする。例あはれなる夕べのけしきに、いとど**うちしめり**て〈源氏・藤裏葉〉

うち・す【打ち為】 動(サ変)〔「うち」は接頭語〕動作が軽く起こる。ちょっとする。例昨日今日、風いと寒く、時雨**うちし**つつ〈蜻蛉・中〉

うち-す・ぐ【打ち過ぐ】 動(ガ上二)〔「うち」は接頭語〕❶通り過ぎる。例初瀬川などうち**すぎ**て〈更級〉 ❷ある時点を過ぎる。例夜半**うち過ぐる**ほどになむ、絶えはてたまひぬる(=お亡くなりになってしまった)〈源氏・桐壺〉 ❸ある基準を超える。例身のほどにはややうち**過ぎ**、ものの心など得つべけれど(=情理などわきまえているはずだが)〈源氏・朝顔〉

うぢ-すじゃう【氏素性】 名 生まれ。家柄。「氏種姓」とも。例氏**すじゃう**誰にか劣りたまふべき〈狂言・夷毘沙門〉

うち-す・つ【打ち捨つ】 動(タ下二)〔「うち」は接頭語〕❶ぱっと放り出す。投げ捨てる。例笛**うちすて**て逃げ隠れぬ〈宇津保・内侍のかみ〉 ❷ほったらかしにする。置き去りにする。例(a)(私ヲ)**うちすて**ては、え行きやらじ〈源氏・桐壺〉例(b)老いの末に**うち**

う

すてられたるがつらうもはべるかな〈源氏・葵〉[読解]娘に先立たれてしまった父親の嘆き。

うち-ずみ【内裏住み・内住み】[名]皇族や女官などが、宮中で生活すること。[例]**内裏住み**のみ好ましうおぼえたまふ〈源氏・桐壺〉

うち-そ【打ち麻】[名]〔「そ」は麻の古称〕打って柔らかくした麻の繊維。[例]娘子らが績み麻のたたり(=紡いだ麻糸を巻く棒)**打ち麻掛け**〈万葉・一二・二九九〇〉

うち-そ・ふ【打ち添ふ】ソウ—〔「うち」は接頭語〕❶[動](ハ四)つき添う。加わる。[例]心得ぬ宿世(=思いがけない運命)**うち添へ**りける身を思ひつづけて〈源氏・帚木〉❷[動](ハ下二)つけ加える。[例]声**うち添ふる**沖つ白波〈古今・賀〉

うち-たえ【打ち絶え】[副]〔動詞「うちたゆ」の連用形から〕まったく。ひたすら。[例]物語のことも**うち絶え**忘られて、ものまめやかなるさまに(=地道な様子に)心もなりはてて〈更級〉

うちたえ-て【打ち絶えて】[副](打消の語を伴って)まったく(〜ない)。全然(〜ない)。[例]**うち絶えて**内裏・春宮にも参りたまはず〈源氏・賢木〉

うち-た・つ【打ち立つ】[動](タ四)〔「うち」は接頭語〕突っ立つ。出発する。[例]浜ばたに**うち立ちて**〈宇治拾遺・一三八〉

うち-た・ゆ【打ち絶ゆ】[動](ヤ下二)〔「うち」は接頭語〕関係などがぷっつり切れる。すっかり絶える。[例]よその御返り(=恋愛とは無関係な手紙の返事)などは**うち絶え**で、おぼつかなかるまじきほどに聞こえたまひ〈源氏・朝顔〉

うちたれ-がみ【打ち垂れ髪】[名]結い上げずに垂らした髪。女性または子どもの普通の髪型。[例]簾の隙より…**うち垂れ髪**の見えつるは〈源氏・手習〉

うち-つ・ぐ【打ち継ぐ】[動](ガ四)〔「うち」は接頭語〕後に続く。引き続く。[例]まづ、居丈の高く(=座高が高く)…**うち継ぎて**、あなかたは(=ああ見苦しい)と見ゆるものは鼻なりけり〈源氏・末摘花〉

うち-つ-くに【内つ国】[名]〔「つ」は「の」の意の上代の格助詞〕❶大和の国。[例]東のかた胆駒山を踰えて、**中洲**に入らむ〈紀・神武即位前紀〉❷都に近い地域。畿内。❸日本。外国に対していう。

うち-つけ

[形動](ナリ)❶突然だ。だしぬけだ。[例](荒レ狂ウ海ニ鏡ヲ投ジルト)**うちつけに**海は鏡の面のごとなりぬれば(=突然海は鏡の表面のように平らになったので)〈土佐〉[読解]古代人は海神の怒りで海が荒れると考えた。鏡を捧げ物にしてその怒りをしずめようとする。❷深い考えがないさま。軽率だ。失礼だ。[例]ものや言ひ寄らましと思せど、**うちつけに**や思さむと心恥づかしくてやすらひたまふ(=言葉をかけて近づいてみようかとお思いになるが、相手が軽率だとお思いになるだろうかと、気が引けてためらっていらっしゃる)〈源氏・末摘花〉[読解]女性に言葉をかけたいのだが、失礼だと思われるのではないかとためらっている。

[語誌]ぶっつける意の動詞「打ち付く」から派生した語。物を打ち付けるように突然物事が起こるさまや、あれこれ検討したり考えたりしないで行動するというような場合に用いる。その行動がうまくいくと、①[例]のように、てきめんに、などの意があたる。批判の気持ちがこめられると②の意となる。〈木村博〉

うちつけ-ごころ【うちつけ心】[名]ふと思い立った心。思いつき。[例]**うちつけ心**ありて参り来むにだに〈源氏・手習〉

うちつけ-ごと【うちつけ言・うちつけ事】[名]❶【うちつけ言】無遠慮に言う言葉。思いつきの発言。[例]「幸ひ人の光うしなふ日にて、雨はそぼ降るなりけり」と、**うちつけ言**したまふ人もあり〈源氏・若菜下〉[読解]「光うしなふ」は死ぬ意。❷【うちつけ事】思いがけないこと。[例]人の心々も引き別るるやうに、**うちつけ事**ども出できけり〈増鏡・飛鳥川〉

うちつけ-め【うちつけ目】[名]ちょっと見た感じ。また、そのための見誤り。[例]**うちつけ目**かとなほ疑はしきに〈源氏・浮舟〉

うち-つ・る【打ち連る】[動](ラ下二)〔「うち」は接頭語〕連れ立つ。[例]殿上人、四位・五位こちたく(=はなはだ多く)**うち連れ**、御供にさぶらひて並みゐたり〈枕・関白殿、二月二十一日に〉

うち-てう・ず【打ち調ず】—チョウズ[動](サ変)打ち懲らしめる。[例](コノ犬ヲ)**うちてうじて**犬島へつかはせ〈枕・うへにさぶらふ御猫は〉

うちで-の-きぬ【打ち出の衣】⇒うちいでのきぬ

うちで-の-こづち【打ち出の小槌】[名]振れば思いのままに望みのものが出てくるという小さな槌。[例]これはまことの鬼とおぼゆる。手にもてる物はきこゆる**打ち出の小槌**なるべし〈平家・六・祇園女御〉

打出の浜《地名》[歌枕]近江国、今の滋賀県大津市の琵琶湖岸。石山寺への参詣の道筋。和歌では、「うち出づ」と掛けて用いることが多い。[例]近江なる**打出の浜**の(ここまで序詞)うち出でつつ(=口に出して)怨みやせまし人の心を〈拾遺・恋五〉

うぢ-でら【氏寺】ウジ—[名]氏族が建て、信仰する寺。藤原氏の興福寺など。[例]藤氏の公卿一人も参ぜられず。**氏寺**焼失によってなり〈平家・六・新院崩御〉

うち-と

【内外】[名]❶㋐内部と外部。[例]**うちと**なる人の心ども、ものにおそはるるやうにて(=家の内と外を警護していた兵たちの心は、何かに襲われるような気持ちで)〈竹取〉㋑**奥向きと表向き**。[例]**うちと**の用意多からずいはけなきは…うしろめたきやうなりや(=奥向きと表向きの心配りが十分でなく幼稚なのは…心もとないようであるよ)〈源氏・若菜上〉❷内教と外教。仏教と、儒教など仏教以外の教え。[例]**内外**の道を見たまふるに(=仏教の教えや仏教以外の教えを拝見すると)〈三宝絵・序〉❸「内外の宮」の略。[例]片削ぎの千木は**うちと**に変はれども誓ひは同じ伊勢の神風(=片側をそぎ落とした千木は、内宮と外宮とで違っているが、誓いは同じように伊勢の神風にたてることだ)〈風雅・神祇〉❹おおよその前後。[例]三町が**うちと**の物ははづさず強う射けり(=三町前後の物は外さず強く射た)〈平家・一一・遠矢〉[読解]「三町」は約三三〇メートル。

[語誌]①は特に高貴な女性のいる御簾の内と外の意に用いられることが多い。また、貴人の家の奥向き

や女性の御簾の内に出入りが許されることを「内外許さる」と言ったが、この場合、『源氏物語』などの写本には「ないげ」と仮名で表記された例もあり、「ないげ」と言われたことも多かったようである。《藤原克己》

うち-と・く【打ち解く】〔「うち」は接頭語〕［1］動（カ下二）❶気を許す。油断する。例誰とか知らむ（＝私をだれだと知るだろうか）と**うちとけ**たまひて〈源氏・夕顔〉 読解「誰とか」の「か」は反語の意を表す。❷溶ける。例鶯の涙のつららうち解けて古巣ながらや春を知るらん〈新古今・春上〉 ❸くつろぐ。のんびりする。例人々（＝女房たち）月見るとて、この渡殿に**うちとけ**て物語するほどなりけり〈源氏・蜻蛉〉 ❹隔てがない。親しむ。例疎き人の（＝疎遠な人が）、**うちとけ**たる事など言ひたる〈徒然・三七〉 ［2］動（カ四）紐などを解く。例（着テイル直衣ノ）紐**うち解き**、ないがしろなるけしきに（＝無造作な様子で）（碁石ヲ）拾ひ置くに〈枕・碁を、やむごとなき人のうつとて〉

うち-とけ【打ち解け】名 うちとけること。親しみをもつこと。例**うちとけ**のあさましげなるありさま（＝あきれるほどに醜い様子）は、いかに見たまふらん〈浜松中納言・四〉

うちとけ-がほ【打ち解け顔】名 気を許している顔つき。くつろいでいるさま。例（童女ガ）よろこび走るに、扇なども落として、**うちとけ顔**をかしげなり（＝無邪気な顔を見せるのもおもしろい感じである）〈源氏・朝顔〉

うちとけ-ごと【打ち解け言】名 気を許して言う言葉。遠慮なく言う言葉。例奥の方に（＝部屋の奥のほうで）**うちとけごと**など言ふを〈枕・かたはらいたきもの〉

うちとけ-すがた【打ち解け姿】名 気を許してくつろいだ姿。例ものきよげなる**うちとけ姿**に、花の（＝桜の花が）雪のやうに降りかかれば〈源氏・若菜上〉

うちとけ-ぶみ【打ち解け文】名 うちとけて書いた手紙。例女どちの中に（＝女どうしの間で）書き通はしたらむ**うちとけ文**を〈源氏・浮舟〉

うちとけ-まさり【打ち解け勝り】名 親しくなってくつろいだ姿が、これまでよりすばらしく見えること。例**うちとけ勝り**のいささかもあらば（＝少しでもあったら）、うれしからむ〈源氏・末摘花〉

うちとけ-わざ【打ち解け業】名 立ち入った内々の世話。例さならぬ（＝そこまではしないような）**うちとけわざ**もしたまひけり〈源氏・末摘花〉

うち-とねり【内舎人】名「うどねり」に同じ。

うち-どの【打ち殿・擣ち殿】名 宮中や貴族の邸宅で、布や絹を砧で打って、光沢を出す仕事をする場所。例ここかしこの**打ち殿**より参らせたる打ち物（＝つやを出した絹布）〈源氏・玉鬘〉

うちと-の-みや【内外の宮】名 伊勢神宮の内宮と外宮。例神風や玉ぐしの葉を取りかざし**内外の宮**に君をこそ祈れ〈新古今・神祇〉

うち-なが・む【打ち眺む】動（マ下二）〔「うち」は接頭語〕もの思いに沈んでぼんやり眺めやる。なんとなくぼんやりしている。例この女、いとよう（＝念入りに）化粧じて**うちながめ**て〈伊勢・二三〉

うち-なび・く【打ち靡く】［1］動（カ四）〔「うち」は接頭語〕❶草木などが傾き伏す。髪がゆらめく。例（薄ノ穂ガ）朝霧にぬれて**うちなびき**たるは〈枕・草の花は〉 ❷人が横になる。寝る。例安騎の野に宿る旅人**うちなびき**〈万葉・一・四六〉 ❸（相手に心がなびくということから）服従する。心ひかれる。例速き瀬に生ふる玉藻の**うちなびき**心は寄りて〈万葉・一一・二三六六〉 ［2］《枕詞》風などになびくことから「草」「黒髪」に、また、春になると草木がなびきはじめることから「春」にかかる。

うち-ならし【内慣らし・内習し】名 音楽などの、うちうちの練習。下稽古。試演。例明日の御遊びの**うちならし**に、御琴どもの装束（＝支度）などして〈源氏・梅枝〉

うち-ねぶ・る【打ち眠る】動（ラ四）〔「うち」は接頭語〕うとうとする。例暁まかでむ（＝退出しよう）とて**うちねぶり**たる夜さり〈更級〉

うち-の-うへ【内の上】名 天皇。例まろ（＝私）は、**うちの上**よりも宮よりも、はは（＝おばあさま）をこそまさりて思ひきこゆれば〈源氏・御法〉

うち-の-おとど【内の大臣】名「ないだいじん」に同じ。

うち-の-おほいどの【内の大殿】名「ないだいじん」に同じ。例東の対には**内のおほい殿**住ませたまへば〈栄花・さまざまの喜び〉

うぢ-の-かみ【氏の長・氏の上】名 氏の統率者。また、その地位。古代、氏の中で最高の官位をもつ者が、朝廷から認定を受けて就任した。「うぢのこのかみ」とも。平安時代は「氏の長者」という。

うちのたくみ-の-つかさ【内匠寮】名「たくみれう」に同じ。

うぢ-の-ちゃうじゃ【氏の長者】名 氏族の頭領。氏の最高位者が朝廷より任じられ、氏社の管理などをつかさどる。例内覧の宣旨かうぶらせたまひて（＝お受けなさって）、十月三日**氏の長者**にならせたまふ〈今鏡・四・薄花桜〉

うぢ-の-はしひめ【宇治の橋姫】名『古今和歌集』恋四の「さむしろに衣片敷き（＝ただ一人衣を敷いて）今宵もや我を待つらん宇治の橋姫」の歌にかかわって語られる伝説上の女性。男性の訪れを待つ女性として種々の話が伝わる。宇治橋の神ともいわれ、後世、宇治橋のたもとの橋姫神社に祭られた。

うち-の-ひと【内の人】名 主人。亭主。多く、妻が他人に対して自分の夫をいう。例恥づかしながら、わらはが**内の人**でござる〈虎寛本狂言・猿座頭〉

うち-の-へ【内の重】名〔「へ」は隔ての意か〕宮殿の最も内側。例天皇の 神の御門に 外の重に 立ち候ひ **内の重**に 仕へまつりて〈万葉・三・四四三〉

うち-の-みかど【内の帝】名 天皇。例**内の帝**御位につかせたまひて（＝おつきになって）十八年にならせたまひぬ〈源氏・若菜下〉 読解「せたまひ」は、どちらも最高敬語。

うち-の-もの【内の者】名 ❶女房。妻。多く、夫が他人に対して自分の妻をいう。例身どもが（＝私の）**内の者**を、誰れ見た者もあるまいに〈虎寛本狂言・鬼

瓦〉❷奉公人。家来。例折節内の者も居らいで、自身太刀を持ってござるが〈狂言・二人大名〉

うぢ‐の‐ゐん【宇治の院】(ウヂノイン) 名 平安時代、宇治に建てられた貴族たちの別邸の称。源融・藤原道長・藤原忠実らの別荘など。例故朱雀院の御領にて宇治の院といひし所、このわたりならむ(=このあたりであろう)〈源氏・手習〉

うち‐は【団扇】(ウチワ) 名❶あおいで風を送る道具。うちわ。例大きなる**打輪**をもて、あふがせなどして〈宇治拾遺・序〉❷「軍配団扇」の略。❸紋所の名。①を図案化したもの。例**団扇**の旗さいたる(=差した)者ども十騎ばかり〈平家・九・知章最期〉

うち‐ば【内端】名 形動(ナリ)❶実際よりもやや少なめなこと。内輪。例**内端**にとって新銀三百五十匁〈近松・心中天の網島・中〉❷内気。控えめ。消極的。例世間(=世間とのつきあい)**うちば**に構へ〈西鶴・日本永代蔵・四・五〉

うち‐ばかま【打ち袴】名 砧で打って光沢を出した袴。女性の正装用で、地質は身分によって綾や平絹が使われた。例ぬひもの(=刺繍をした袴)にも**打ち袴**をしたる人もあり〈栄花・根合はせ〉

うち‐はし【打ち橋】名❶板や木を掛けただけの橋。例泉の川の上つ瀬に**打ち橋**渡し 淀瀬には 浮き橋渡し〈万葉・一七・三九〇七〉❷殿舎と殿舎の間に渡した取りはずしのできる板の橋。例**打ち橋**・渡殿のここかしこの道に〈源氏・桐壺〉

うち‐はた・す【討ち果たす】動(サ四)敵を討ち取る。果たしあいをする。例親子兄弟一類を**うち果たす**べきものなり〈仮名草子・竹斎・下〉

うち‐はぶ・く【打ち羽振く】動(カ四)羽ばたきをする。例**打ち羽振き**鶏は鳴くとも〈万葉・一九・四二三三〉

うち‐はへ【打ち延へ】(ハエ) 副 動詞「うちはふ」の連用形から。「うちはふ」は、空間的・時間的にずっと延びてゆく意。

❶時間的にずっと。いつまでも。例雨の**うちはへ**降るころ、けふも降るに(=雨が引き続いて降るころ、今日も降るのに)〈枕・雨のうちはへ降るころ〉

❷特に。きわだって。例腹葦毛なる馬の長七寸ばかりにて**打ちはへ**長きが(=腹部が葦毛である馬で、丈が四尺七寸ほどで特に背丈の高い馬が)〈今昔・二五・五〉

〈野村剛史〉

うちはへ‐て【打ち延へて】(ウチハエテ) 副(動詞「うちはふ」の連用形＋接続助詞「て」)❶「うちはへ①」に同じ。例咲きそめし時よりのちは**うちはへて**世は春なれや色の常なる〈古今・雑上〉❷空間的にずっと。どこまでも。例たなばたに貸しつる糸の**うちはへて**年の緒長く恋ひやわたらん〈古今・秋上〉読解 糸を供えてたなばたを祭る、そのことを「貸しつる糸」と詠んでいる。「うちはへて」はその糸のようにずっと長くという意で、同時に「恋ひやわたらん」に対しては、自分がずっと恋し続けねばならないのかと、①の意味でかかっている。

うち‐は・む【打ち塡む・打ち嵌む】動(マ下二)〔「うち」は接頭語〕放りこむ。はめこむ。例ただ一つある鏡をたいまつるとて、海に**うちはめ**つれば口惜し〈土佐〉読解「たいまつる」は「たてまつる」の変化した形。

うち‐はやし【打ち囃子】名 鼓・太鼓などをにぎやかな調子で打つこと。また、その種の芸事。例男子によろづの**打ち囃子**〈西鶴・日本永代蔵・三・一〉読解 商家でしてはならないことを並べたてたうちの一つ。

うち‐はや・む【打ち早む】動(マ下二)馬などを早く歩ませる。急がせる。「打ち早す」とも。例めでたき馬を**うち早め**ていそぎ参りて〈枕・八幡の行幸の〉

うち‐はや・る【打ち逸る・打ち早る】動(ラ四)〔「うち」は接頭語〕勇み立つ。調子に乗る。例**うちはやり**てもの怖ぢせず〈堤中納言・虫めづる姫君〉

うち‐はら・ふ【打ち払ふ】(ハラウ・ハロウ) 動(ハ四)〔「うち」は接頭語〕邪魔なもの、煩わしいものをさっと除く。きれいにする。追い払う。例駒とめて袖**うちはらふ**かげもなし佐野のわたりの雪の夕暮れ〈新古今・冬〉➡名歌166

うちひさす《枕詞》「宮」「都」にかかる。語義・かかり方未詳。

うちひさつ《枕詞》「宮」に、また、その同音を含む地名「三宅」にかかる。語義・かかり方未詳。

うち‐ひそ・む【打ち顰む】動(マ四)〔「うち」は接頭語〕泣き顔になる。べそをかく。例悲しうおぼえて、つつむとすれど(=隠そうとするけれど)**うちひそみ**つつ泣くを〈源氏・東屋〉

うち‐びと【内人】名 伊勢神宮の神官の職名。禰宜の下の位で、主に供物をつかさどる。

うぢ‐びと【氏人】(ウヂ) 名 同じ氏族を構成する人々。例もののふの八十**氏人**も吉野川絶ゆることなく仕へつつ見む〈万葉・一八・四一〇〇〉

うち‐ふ・す【打ち伏す・打ち臥す】動(サ四)〔「うち」は接頭語〕横になる。伏せる。例知らぬ人の中に**うち臥し**て、つゆまどろまれず(=少しもとろとろと眠ることもできないで)〈更級〉

うぢ‐ぶみ【氏文】(ウヂ) 名 古代氏族の来歴を記した文書。『高橋氏文』が現存し、有名。

うち‐まか・す【打ち任す】動(サ下二)〔「うち」は接頭語〕❶任せきる。放任する。例天下のまつりこと良相(=人名)に**うちまかせ**てありけるに〈愚管抄・三〉❷ありふれたこととする。普通のこととする。例この病のありさま、**うち任せ**たる事にあらず〈宇治拾遺・六〇〉

うちまかせ‐て【打ち任せて】副 普通に。通り一遍に。例「あながちに」といふ詞、**うちまかせて**歌に読むべしとも覚えぬ事ぞかし〈無名抄・連がら善悪事〉

うち‐まき【打ち撒き】名❶邪気を払うために米をまくこと。また、その米。例いただき(=頭の上)には、**うちまき**の雪のやうに降りかかり〈紫式部日記〉❷神仏に供える米。例御幣紙・**打ち撒き**の米ほどの物、たしかに取らせん〈宇治拾遺・八〉

うち‐まぎ・る【打ち紛る】動(ラ下二)〔「うち」は接頭語〕❶ほかのものと混じって、目立たなくなる。例この人の御さまの、なのめに(=平凡で)**うち紛れ**た

るほどならば〈源氏・総角〉❷気が紛れる。例ほど経ば、すこし**うちまぎるる**こともやと〈源氏・桐壺〉

うち-まつ【打ち松】 名 松の割り木。松明。例**打ち松**おどろおどろしからぬほどに(=おおげさにならない程度に)置きて〈源氏・篝火〉

うち-まも・る【打ち守る】 動(ラ四)〔「うち」は接頭語〕じっと見つめる。見守る。例(猫ハ)顔を**うちまもり**つつ、なごう(=なごやかに)鳴くも〈更級〉

うち-まゐり【内参り】 名 宮中へ参ること。参内。また、女性の入内。例よろづの事限り(=制限)ありて、**内参り**にも似ず〈源氏・若菜上〉

うち-み【打ち身】 名 ❶打撲傷。例**打ち身**の薬に狸薬といふあり〈仮名草子・御伽物語・三・三〉❷魚類の刺身。例**うちみ**には、海の物にては鯛〈狂言・鱸庖丁〉

うちみだり-の-はこ【打ち乱りの箱】 女性が調度などを入れておく箱。もとは髪をくしけずるための道具やかもじなどを入れるものだったが、のちはさまざまなものを入れるのに用いた。例えならぬ(=言いようもなくすばらしい)御よそひども、御櫛の箱、**うちみだりの箱**、香壺の箱ども〈源氏・絵合〉

うち-みだ・る【打ち乱る】 動(ラ下二)〔「うち」は接頭語〕❶ふざける。だらしなくなる。例装束**うち乱れ**〈栄花・紫野〉❷ゆったりとくつろぐ。格式ばらない。例泣きみ笑ひみ(=泣いたり笑ったり)、みな**うちみだれたまひぬ**〈源氏・行幸〉

うち-み・る【打ち見る】 動(マ上一)〔「うち」は接頭語〕ふと見る。ちらっと見る。例**うち見るより**(=ちらっと見るやいなや)、めづらしううれしきにも、ひとつ涙ぞこぼれける〈源氏・須磨〉

うち-み・る【打ち廻る】 動(マ上一)〔「うち」は接頭語〕めぐり歩く。例**うち廻る** 島の崎々〈記・上・神代・歌謡〉

うち-む・る【打ち群る】 動(ラ下二)〔「うち」は接頭語〕大勢集まる。連れ立つ。例思ふどち春の山辺に**うちむれて**そこともいはぬ旅寝してしが(=どこということもない気ままな旅寝をしたいものだ)〈古今・春下〉

うち-め【打ち目】 名 絹布を砧で打ったときに出た光沢の模様。例地摺りの袴のなかより、氷かとおどろくばかりなる**打ち目**など、すべていとめでたし〈枕・賀茂の臨時の祭〉

うち-もの【打ち物】 名 ❶砧で打ってつやを出した布。特に、絹織物。例ここかしこの打ち殿より参らせたる**打ち物**ども〈源氏・玉鬘〉❷打ち鍛えた道具。金属の武器の総称。例**うち物**くき短かに取って(=柄を短く持って)〈平家・一一・能登殿最期〉❸(打ち鳴らす意から)雅楽の打楽器。小鼓・大鼓・鉦鼓・羯鼓など。例さらば**打ち物**をもこそ仕らめ(=演奏申し上げましょう)〈著聞集・六・二五一〉

うち-もら・す【討ち漏らす】 動(サ四) 討ち取ることができず逃がしてしまう。例能登殿、河野をも**うちもらされ**たれども〈平家・九・六ケ度軍〉

う-ちやう【有頂】 名「うちやうてん」に同じ。

うちやう-てん【有頂天】 名 ❶《仏教語》天の中の最高の天。三界(欲界・色界・無色界)のうちの最高の場所。❷熱中して我を忘れること。例月を見る人の心や**有頂天**〈俳諧・毛吹草・六〉

うぢ-やしろ【氏社】 名「うぢのやしろ」とも。氏神を祭る社。例藤氏は春日の社・興福寺をもって氏社・氏寺として〈平家・七・平家山門連署〉

うち-や・る【打ち遣る】 動(ラ四)〔「うち」は接頭語〕❶向こうへ押しやる。取りのける。例手洗ふ所に、貫簀(=竹で編んだ簀)を**うちやりて**〈伊勢・二七〉❷ほったらかしにする。かまわずにおく。例(髪ハ)さばかりあさましう(=あれほど無造作に)引き結ひて**うちやりつれど**〈源氏・手習〉

う-ちゅうじゃう【右中将】 名「右近衛の中将」の略。例**右中将**はいと深く思ひしみて、言ひ寄るたより(=手づる)もいとはかなければ〈源氏・蛍〉

う-ちゅうべん【右中弁】 名 太政官右弁官局に属する職員。右大弁に次ぐ。正五位上相当。定員一人。⇩べん

うち-よ・す【打ち寄す】 動(サ下二)❶〔「うち」は接頭語〕寄せる。押し寄せる。例川風のすずしくもあるか**うちよする**波とともにや秋は立つらむ〈古今・秋上〉❷馬に乗ったまま近寄る。例入道殿は、御馬をおしかへして、帥殿の御うなじのもとにいと近う**うち寄せ**させたまひて〈大鏡・道長上〉

うちよする【打ち寄する】 《枕詞》「する」と同音の反復で地名「駿河」にかかる。

うち-ろんぎ【内論議】 名 年中行事の一つ。陰暦一月十四日の御斎会の結願の日(最終日)に、高僧を大極殿に招き、天皇の前で経文の意味を論争させるもの。

うち-わたし【打ち渡し】 副 長い距離・時間にわたって。おしなべて。例あはれともつゆだにかけよ(=かわいそうだとほんの少しでも言葉をかけてくださ い)**うちわたし**一人わびしき夜半の寝覚めを〈夜の寝覚・二〉

うち-わた・す【打ち渡す】 動(サ四)❶並べてしかける。かけわたす。例阿太人(=阿太に住む人)の梁**打ち渡す**瀬を速み(=流れが急なので)〈万葉・一一・二六九九〉❷馬にむち打って、渡る。例六千余騎で鷲の瀬(=地名)を**打ちわたし**〈平家・七・火打合戦〉❸〔「うち」は接頭語〕見渡す。例**うちわたす** 遠方人(=遠くにいる人)に もの申すわれ〈古今・雑体〉

うち-わたり【内辺り】 名 ❶宮中。内裏。例**うちわたり**に宮仕へしける人々なれば〈平中・二五〉❷天皇。例**内裏わたり**にも愁へきこえたまふべかめれば〈源氏・総角〉

うち-わら・ふ【打ち笑ふ】 動(ハ四)〔「うち」は接頭語〕笑う。ふと笑う。例「あな若々し(=ああ、子どもっぽい)」と**うち笑ひ**たまひて〈源氏・夕顔〉

うち-ゑ・む【打ち笑む】 動(マ四)〔「うち」は接頭語〕にっこりする。ほほえむ。例何心なく**うち笑み**などしてゐたまへるがいとうつくしきに(=かわいらしくて)〈源氏・若紫〉

うつ-【全・空・虚】 接頭 ❶【全】名詞について、すべて、完全、の意を添える。「うつ剝ぎ」「うつ抜き」など。❷【空・虚】名詞について、空虚、空か、の意を添える。「うつ蟬」「うつ木」など。

う・つ【棄つ】 動(タ下二) 捨てる。放り出す。例黒き御衣を…そに(=後ろに)脱ぎ棄て〈記・上・神代・歌謡〉

う・つ

【打つ・撃つ・討つ】 腕などで上から下へたたきつけるようにして強い打撃を与える意。同類の動作に広く用いられる。

1 動(タ四) ❶**たたきつけるようにして強い打撃を与える。ぶつ。なぐる。** 例面忘れだにもえすやと手握りて**打て**ども懲りず恋といふ奴(=顔を忘れることだけでもできるかと、げんこつでなぐるが懲りない。恋というやつは)〈万葉・一一・二五七四〉

❷①を、それと同類の動作を伴う種々の活動に用いる。㋐**楽器・鐘などを打ち鳴らす。** 例皆人を寝よとの鐘は**打つ**なれど君をし思へば寝ねかてぬかも(=すべての人よ寝なさいという鐘を打つ音が聞こえるけれど、あなたのことを思うので寝られないことだよ)〈万葉・四・六〇七〉

㋑**砧で衣服を打って光沢を出す。** ⇩ころもうつ。例ものの折に衣**打たせ**にやりて、いかならんと思ふに(=何かの機会に衣服を光沢を出させにやって、どんなぐあいだろうと思っていると)〈枕・うれしきもの〉

㋒**たたき切る。切り落とす。** 例武蔵守の首を**うつ**〈平家・九・知章最期〉

㋓**金属を鍛えて、刀剣などを作る。** 例潔斎して剣を**打ち**(=身を清めて刀を鍛え作り)〈芭蕉・奥の細道〉

㋔**田畑を耕す。** 例**打つ**田に稗はしあまたありと言へど(=耕す田に稗はたくさんあるというのに)〈万葉・一一・二四七六〉 読解「稗はし」の「し」は強意の副助詞。

㋕**碁・双六などの勝負事をする。** 例(双六ハ)勝たんと**打つ**べからず(=勝とうと思って打ってはいけない)〈徒然・一一〇〉

㋖**杭などを打ち込む。** また、それによって仮設の建物などを作る。例上つ瀬に い杭を**打ち**(=上流に神聖な杭を打ち込み)〈万葉・一三・三二六三〉

㋗点やしるしをつける。

㋘石などをぶつける。

㋙水などをまく。

❸自動詞的に用いる。**風や波などが勢いよく当たる。** 例風吹けば波**打つ**岸の松なれや(=風が吹くと波が打ちつける岸の松なのだなあ)〈古今・恋三〉

❹**敵をやっつける。攻め滅ぼす。** 例(a)**撃ちて**し止まむ(=敵をやっつけてはじめてやめよう)〈記・中・神武・歌謡〉 読解「撃ちてし」の「し」は強意の副助詞。例(b)親**うたれ**ぬれば孝養し(=親が討たれると供養をし)〈平家・五・富士川〉

2 動(タ下二) 〔**1**の受身形〕強い打撃を与えられる。例一人も残らず圧に**うて**て死ににけり(=一人も残らず、重しとなった柱に押しつぶされて死んでしまった)〈太平記・一三〉

うづ【貴・珍】 ウズ 名 たぐいまれで尊いこと。例天皇朕(=天皇である私は) 珍の御手もち かき撫でぞねぎたまふ(=ねぎらいなさる)〈万葉・六・九七三〉〈野村剛史〉 読解「珍の御手」「ねぎたまふ」は、いわゆる自敬表現。

うつ-ぎ【空木・卯木】 名 植物の名。ウツギ。⇩うのはな

う-づき

【卯月・四月】 名 **陰暦の四月のこと。** 夏の始まりの月。初夏。卯の花が咲く月の意とされる。例**うづき**きてねぶとに鳴けや郭公〈俳諧・久流留〉 読解「うづき」に「卯月」と痛む意の「疼き」を掛け、「ねぶと」に鳴き声の「音太」と腫れ物の意の「根太」を掛ける。

語誌 ▼**四月の景物** 例にあるように、時鳥などが鳴きはじめる月である。『源氏物語』では、まず、「四月になりぬ。更衣の御装束、御帳の帷子など よしあるさまにしいづ(=風情があるように調達する)」〈明石〉のような夏の衣装への衣更えの記事がある。また明石から都に帰還した光源氏が、心長く彼を待ち続けた末摘花と再会するのは「卯月ばかり」〈蓬生〉のことで、藤の花、橘、夕月などとともに印象深く描写されている。

▼**賀茂の祭り** 古典文学で単に「祭り」といえば、四月の第二の酉の日に行われる賀茂の祭り(葵祭り)をさすことが多い。その見物の様子などが多くの作品に描かれる。〈島内景二〉

うつ・く【空く・虚く】 動(カ下二) 〔名詞「うつ」の動詞化〕 ❶中身が空になる。例たとへば鹿の角のごとし。**うつけ**たる国なり〈紀・神功摂政前紀〉 ❷気抜けする。ぼんやりする。また、間が抜ける。例老い耄れ虚け、つかれたり〈紀・顕宗〉

うつく・し

【愛し・美し】 形(シク) 古くは肉親に対する情愛を表す。平安時代以降は、幼いもの・小さいもののもつかわいらしさに感動する気持ちを表すようになる。

❶**いとおしい。** 例父母を 見れば尊し 妻子見れば めぐし**愛し**(=かわいい、いとおしい)〈万葉・五・八〇〇〉 読解肉親への情愛の尊さを説く長歌の一部。

❷**愛らしい。かわいい。** 例(a)(竹ノ筒ノ中ニ)三寸ばかりなる人、いと**うつくしう**(音便形)てゐたり(=三寸ぐらいの大きさである人が、たいそうかわいい様子で座っている)〈竹取〉 例(b)なにもなにも、ちひさきものはみな**うつくし**〈枕・うつくしきもの〉

❸**すぐれている。りっぱだ。** 例その日の文(=詩文)**うつくしう**(音便形)作りたまひて〈源氏・少女〉

❹**きれいだ。美しい。** 例みめかたち**うつくしく**、声よく節も上手でありければ(=顔かたちが美しく、声がよく節回しも上手であったので)〈平家・一・祇王〉 読解白拍子の名手の女性の話。

語誌 ▼**語義の広がり** 上代は親子・夫婦など肉親に対する情愛の気持ちを表し、平安時代以降は、幼いもの・小さいものを愛らしいと思う気持ちを表すようになった。「愛し」がこれにあたる。中世に近づくと現代語の、きれい、に近い「美し」の意が出て、自然描写にも用いるようになる。

▼**『枕草子』の「うつくしきもの」** 『枕草子』「うつくしきもの」が「うつくし」とする基準は、②例(b)の一文に端的に示されている。これは作者独自の好みではなく、この時代の美的趣味と一致した感じ方である。

の段には「雛の調度」「鶏の雛」など小さいもののもつ美、人間の場合は幼いもの、特に「ちご」の姿が中心に取り上げられている。

▼『源氏物語』の「うつくし」　『源氏物語』では、二十四、五歳以下の人物、特に十歳以下の幼児に用いることが多い。年配者に用いる場合には、年齢のわりにはかわいいという感じがこめられる。

▼「うつくし」と「うるはし」　平安時代の言葉で現代語の「美しい」に近いのは「うるはし」である。「うつくし」が愛らしさをいうのに対し、「うるはし」はきちんと整った端正な美しさをいう。〈木村博〉

うつくし-が・る【愛しがる】 動（ラ四）〔「がる」は接尾語〕かわいがる。慈しむ。例松君（＝幼児の名）のをかしうもののたまふを（＝かわいらしく何かおっしゃるのを）、誰も誰も、**うつくしがり**きこえたまふ〈枕・淑景舎、東宮にまゐり給ふほどのことなど〉

うつくし-げ【愛しげ】 形動（ナリ）〔「げ」は接尾語〕いかにもかわいらしい。いかにも美しい。例髪の**うつくしげ**にそがれたる末も〈源氏・若紫〉

うつくし・ぶ【慈しぶ・愛しぶ】 動（バ四）「うつくしむ」に同じ。

うつくし-み【慈しみ・愛しみ】 名 かわいがること。慈愛。例かの紫のゆかり尋ねとりたまひては、その**うつくしみ**に心入りたまひて〈源氏・末摘花〉

うつくし・む

【慈しむ・愛しむ】 動（マ四）〔「む」は接尾語。「うつくしぶ」とも。中世末期ごろからは「いつくしむ」とも〕かわいがる。**大切にする**。例をかしげなるちごの、あからさまに抱きて遊ばし**うつくしむ**ほどに、かいつきて寝たる、いとらうたし（＝いかにもかわいらしい赤ん坊が、ちょっと抱いてあやしてかわいがるうちに、取りついて寝ている、それはたいそうかわいらしい）〈枕・うつくしきもの〉〈木村博〉

うづくまる〖蹲る・踞る〗⇩うずくまる

うつけ【空け・虚け】 名 愚か者。うつけ者。例銀つかふ男、今この目からは**空け**のやうに思はれはべる〈西鶴・好色一代男・七・六〉

うつし【移し】 名 ❶草花の汁などを紙にしみこませること。衣などを染めるためのもの。特に、ツユクサの汁を用いた。その汁や紙にもいう。例秋の露は**移し**にありけり〈万葉・八・一五四三〉 ❷薫き物や花の香を衣服などにしみこませること。例菊の露もこちたく（＝おびただしく）、おほひたる綿などもいたく濡れ、**うつし**の香ももてはやされて〈枕・正月一日、三月三日は〉 ❸「移し馬」の略。

うつ・し

【現し・顕し】 形（シク）目の当たり、そこに見えて確かに存在するさまをいう。

❶**現にこの世に生きている**。例葦原の中つ国にあらゆる**うつしき**青人草（＝葦原の中つ国に住むすべての、現にこの世に生きている人民）〈記・上・神代〉

❷**現実のことである**。例偽りも似つきてぞする**うつしく**もまこと我妹子我に恋ひめや（＝うそも本当らしくつくもの、現実的にほんとうにあなたが私を恋しく思うことがあるだろうか）〈万葉・四・七七一〉 読解 末尾の「めや」は反語の意を表す。

❸**心の状態が平常だ。正気だ**。例春の日のうら悲しきに後れ居て君に恋ひつつ**現しけ**めやも（＝春の日のもの悲しいときに、あとに残ってあなたを恋い慕い続けて正気でいられようか）〈万葉・一五・三七五二〉 読解「現しけ」は古い未然形。末尾の「めやも」は詠嘆をこめた反語の意を表す。

語誌　「うつつ」「うつらうつら」「うつせみ」などの語根「うつ」から派生した形容詞で、目に見えない神霊の世界に対して、目に見える現実の、という意味が原義。ある物を別の所にそのまま現れさせるのが原義の「移す」「写す」の「うつ」も同根と考えられる。日常の現実感覚に支えられて思慮分別をしている心が「現し心」である。〈藤原克己〉

うつし-いろ【移し色】 名「移し花」で染めた色。青色。「移し花」は、つゆ草の花の汁を紙に移しておいて染料に用いるもの。例色々にこきまぜたる上に、**うつし色**なる織物を着たり〈浜松中納言・二〉

うつし-うま【移し馬】 名 供奉などのとき、乗り換え用として馬寮から支給される馬。例御厩より**移し馬**ども引きたり〈宇津保・藤原の君〉

うつし-おみ【現しおみ】 名 この世に人間の姿として目に見えるもの。現実の人。一説に、この世に姿を現している人とも。例恐し我が大神、**うつしおみ**にしあれば、覚らずありけり〈記・下・雄略〉

うつし-ごころ【現し心】 名 平常心。正気。例来し方行く先かきくらす心地して、**うつし心**失せにければ（＝前後の見境がつかなくなる）〈源氏・賢木〉

うつし-ざま【現し様】 形動（ナリ）❶心が平常であるさま。正気の状態。例御心みな乱れて、**うつしざま**にもあらず〈源氏・賢木〉 ❷普段と変わりないさま。例公のかしこまりなる人の（＝朝廷のとがめを受けている人で）、**うつしざま**にて世の中にあり経るは〈源氏・須磨〉

うつし-びと【現し人】 名「うつしひと」とも。❶（出家した人に対して）在俗の人。例**うつし人**にては、世におはせんもうたてこそあらめ〈源氏・手習〉 ❷（死者に対して）生存している人。例**うつし人**にてだに、むくつけかりし人の御けはひの〈源氏・若菜下〉

うづ-しほ【渦潮】 名 渦を巻く海水の流れ。例これやこの名に負ふ（＝名高い）鳴門の**渦潮**に玉藻刈るとふ海人娘子ども〈万葉・一五・三六三八〉

うつし-み【現し身】 名 江戸時代、国学者が「うつせみ」「うつそみ」の語源として想定した語。

うつ・す【写す・映す】 動（サ四）〔もとは「移す」と同語。物の形を別の場所に現す意〕❶そのまま書き取る。模写する。そっくりに作る。模造する。例願文の言葉ども…え**写し**とらず〈栄花・疑ひ〉 ❷まねする。模倣する。例山（＝延暦寺）・寺（＝三井寺）の作法**うつし**て〈紫式部日記〉 ❸光や影を投影する。例池の水に影を**うつし**たる山吹〈源氏・胡蝶〉

うつ・す

【移す】 動（サ四）〔「うつる」の他動詞形〕❶**場所・位置を変える**。**移動させる**。例仏は、皆かの寺に**移し**たてまつりてむ（＝仏像は、すべてその寺にお移し申し上げてしまお

う)〈源氏・椎本〉

❷高貴な人を流罪にする。例いかでか我が山の貫首をば、他国へはうつさるべき(=どうして我が比叡山の座主を、ほかの国へ流罪になさってよいものか)〈平家・二・一行阿闍梨之沙汰〉読解「いかでか」は反語の意を表す。

❸色や香りを染みつける。例梅が香を袖にうつしてとどめてば春は過ぐともかたみならまし(=梅の香りを袖に染みつけてとどめておいたならば、春が過ぎても思い出の品になるだろうに)〈古今・春上〉

❹物の怪を「よりまし」につかせる。⇒かりうつす。例物の怪にいたう悩めば、移すべき人とて(=物の怪にひどく苦しむので、とりつかせるのによい人をといって)〈枕・一本・松の木立高き所の〉

❺気持ちを転じる。愛情・興味の対象を変える。例をさをさ御心移したまはず(=ほとんどお気持ちをお向けにならない)〈源氏・匂宮〉

❻そのまま時を過ごす。例無益のことをなして時をうつすを(=役に立たないことをして時を過ごすのを)〈徒然・一二三〉〈大井田晴彦〉

うつせ-がひ【空貝・虚貝】ガイ 名 中身が空になった貝。貝殻。和歌では、中身がないことから「実なし」「むなし」、離れている貝殻の意から「あはず」、同音の「うつ」などを導く序詞を構成する。例よし思へ海人のひろはぬうつせ貝むなしき名をば立つべしや君〈大和・八五〉

うつせみ

【現せみ・空蟬・虚蟬】 名 ❶この世に生きている人。例うつせみと 思ひし妹が 玉かぎる(枕詞) ほのかにだにも 見えなく思へば(=この世の人と思った妻がかすかにさえも見えないと思うと)〈万葉・二・二一〇〉読解 妻が死んだ後に泣き悲しんで作った長歌の一節。

❷この現世。神世に対する今の世。例神代より かくにあるらし…うつせみも 妻を 争ふらしき(=神代からこのようであるらしい…今の世でも妻を取りあって争うらしい)〈万葉・一・一三〉

❸セミ。セミのぬけがら。例うつせみの身をかへてける木のもとになほ人がらのなつかしきかな(=セミが姿を変えてしまった木の下に残したぬけがらのように衣を残したあの人の人柄がやはり心ひかれるなあ)〈源氏・空蟬〉読解「人がら」の「から」に「殻」を掛ける。衣を残して逃げ去った女性を詠んだ歌。ここから、この女性は空蟬と呼ばれる。

語誌▼『古事記』下巻の雄略天皇の条に見える「うつしおみ」の語が、「うつそみ」→「うつせみ」と変化した語。「うつしおみ」は「現し臣」で、現実の人の意とする説が有力。

▼この語は『万葉集』でもすでに「空蟬」「虚蟬」などの漢字表記があてられていたため、平安時代になると、③の意にも用いられるようになる。〈藤原克己〉

空蟬〈人名〉『源氏物語』の作中人物。衛門督の娘。若くして両親と死別、老齢の伊予介の後妻となる。介の先妻の子紀伊守の邸で方違えに来た光源氏と結ばれてしまう。柔和で思慮深くつつましい人柄に源氏はひかれるが、本人は、受領の後妻に定まらない娘時代だったらと思う。その後の源氏の接近には、源氏への感動を懸命に抑えて拒み続ける。夫の死後、紀伊守の懸想を避けて出家。後年は源氏の二条東院に迎えられる。

うつせみ-の【空蟬の・虚蟬の】(枕詞)「命」「世」「人」「身」「空し」などにかかる。語義・かかり方未詳。例玉ならば手にも巻かむを(=巻くのに)うつせみの世の人なれば手に巻きかたし〈万葉・四・七二九〉

うつそみ【現そみ】 名「うつせみ」の古形。❶この世に生きている人。例(今ハ亡キ我ガ妻ヲ)うつそみと 思ひし時に たづさはり(=手を取りあって) 我が二人見し…百枝槻の木〈万葉・二・二一三〉❷この現世。例うつそみの人なる我や明日よりは二上山を弟世と我が見む〈万葉・二・一六五〉➡名歌85

うづ-たか-し【堆し】ウズ 形(ク)〔平安時代は「うつたかし」〕❶高く盛り上がっている。例高雄は、山うづたかくして〈平家・五・勧進帳〉❷高慢だ。例そのうづたかい(音便形)顔色は〈歌舞伎・隅田川花御所染・五〉

うっ-た-つ【うっ立つ】〔「うちたつ」の促音便形〕❶動(夕四)立つ。また、出発する。例東国へこそうったたれけれ〈平家・五・富士川〉❷動(夕下二)立てる。打ち立てる。例白旗三十流れ先立てて、黒坂の上にぞうったてたる〈平家・七・願書〉

うった-ふ【訴ふ】ウッタウ・ウットウ 動(八下二)〔「うるたふ」の促音便形〕不平・苦情を申し立てて裁きを請う。例をのをの訴へまうされければ〈平家・一・殿上闇討〉

うつ-たへ【打つ栲】タエ 名 打って柔らかくした布。「うちたへ」とも。例宝の子らがうつたへは綜て(=縦糸をそろえて)織る布〈万葉・一六・三七九一〉

うつたへ-に ウッタエー 副(打消や反語の表現を伴って)まったく(〜ない)。むやみに(〜ではない)。例うつたへに忘れなむとにはあらで〈土佐〉

う-づち【卯槌】 名 正月の初めの卯の日に、糸所から内裏に献上する槌。桃の木で直方体を作り、縦に穴を開け、五色の糸を通して垂らしたもの。邪鬼・悪霊を払うという。例はかなき薬玉・卯槌など持てありく者などにも〈枕・すさまじきもの〉

卯槌〔枕草子絵巻〕
中宮定子のもとに趣向を凝らした卯槌が届く。包み紙には和歌を記し、山橘・日蔭の蔓などを添えている。

うつつ

【現】 名〔形容詞「うつし」の語幹を重ねた「うつうつ」の変化した形〕❶現実。例うつつには逢ふよしもなしぬばたまの(枕詞)夜の夢にを継ぎて見えこそ(=現実には逢う手段もない。せめて夜の夢にでも絶えず見えてほしい)〈万葉・

五・八〇七〉 読解 末尾の「こそ」は他に対する希望を表す終助詞。

❷正気。例**うつつ**にも似ず、猛くいかきひたぶる心出で来て、打ちかなぐるなど見えたまふこと度重なりにけり(=正気とは違って、荒々しく激しく一途にはやる心が起こってきて、乱暴にかきむしる様子などをお見えになることが度重なってしまった)〈源氏・葵〉 読解 六条御息所の生霊が、光源氏の正妻葵の上に物の怪となって取りついていたとき、御息所自身はこのような夢を見ていたという。

❸**夢か現実かわからないような状態。ぼんやりした状態。夢心地。** 例一同に皆入興して**うつつ**のごとくに成りにけり(=いっしょに皆興じ入って夢心地のようになってしまった)〈太平記・二五〉

語誌▼「夢」と「うつつ」 「うつつ」は、①例に見られるように、『万葉集』以来、夢と対比して用いられることが多かった。そして「やど見れば寝てもさめても恋しくて夢うつつとも分かれざりけり」〈後撰・哀傷〉のように、夢とも現実とも区別がつかない、という文脈で用いられた「夢うつつ」という複合語が、やがてそのような状態そのものを意味する語となり、さらには「夢まぼろし」という言葉からの連想も働いて、③の意でも用いられるようになった。〈藤原克己〉

うつつ-ごころ【現心】 名 ❶気がしっかりしている状態。正気。例肝魂も消えはてて**うつつ心**なし〈源平盛衰記・六〉 ❷正気を失っている状態。夢見心地。例**うつつ心**になりて十日も宿へ帰らねば〈浮世草子・けいせい歌三味線・一・二〉

うつつ-な・し【現無し】 形(ク) 正気でない。正体がない。例この心を得ざらん人は、物狂ひとも言へ、**うつつなし**情けなしとも思へ〈徒然・一一二〉 読解「この心」は、いっさいの俗縁を捨て去るべきだ、という気持ち。

うつつ-の-やみ【現の闇】 暗闇のような現実。例世の中の**現の闇**に見る夢の〈新拾遺・哀傷〉

うっ-て【討手】 名 敵などを討伐する人・軍勢。追っ手。例内裏よりただいま**討手**のむかふをば、左大臣殿つゆも思し召しよらせたまはず〈保元・中〉

うづ-な・ふ ウズナウ・ウズノウ 動(ハ四) 〔名詞「うづ(貴)」＋接尾語「なふ」〕『上代語』よしとする。貴重なものとする。例天地の 神相**うづなひ**〈万葉・一八・四〇九四〉

宇津の山 《地名》歌枕 駿河国の山。今の静岡県の静岡市と志太郡との境にある宇津谷峠付近のこと。「夢」「現」「蔦」などとともに詠まれることが多い。例駿河なる**宇津の山**べの(ここまで序詞)うつつにも夢にも人に逢はぬなりけり〈伊勢・九〉➡名歌199

うつは-もの【器物】 ウツワ— 名 ❶入れ物。例笥子の**うつは物**に盛りけるを〈伊勢・二三〉 ❷道具。器具。例かの木の道の匠の作れるうつくしき**うつは物**も〈徒然・二二〉 ❸人の器量・才能。また、才能のある人。例その**うつは物**、昔の人に及ばず〈徒然・五八〉

うつ-ばり【梁】 名〔古くは「うつはり」〕はり。柱と柱の間に渡し、屋根を支える建材。例中の間の梁の上に、(木材ヲ)上げすぐして〈古本説話集・下・四七〉

うつ・ぶ・く【俯く】 ❶動(カ四) 下を向く。うつむく。例ものの来ければ(=何者かが来たので)**うつぶきて**見るに〈宇治拾遺・一三二〉 ❷動(カ下二) 下に向ける。うつむける。例水壺買ひに行き、皆々**うつぶけて**あるを見て〈噺本・軽口御前男・二〉

うつ-ぶし【俯し】 名 ❶下を向いて臥すこと。例ものに酔ひたる心地して、**うつぶし**に伏せり〈竹取〉 ❷下を向くこと。例袖を顔におしあてて、**うつぶし**にぞなられける〈平家・一〇・内裏女房〉

うつぶし-ぞめ【空五倍子染め】 名 五倍子で薄墨色に染めること。五倍子は中空なことから空五倍子といい、和歌では、「うつ伏し」と掛けて用いられる。例霜雪のふる屋のもとに独り寝の**うつぶしぞめ**の麻の袈裟なり〈大和・一七三〉 読解「うつ伏し」と掛けた例。ほかに「降る」と「古」、「朝」と「麻」、「今朝」と「袈裟」も掛詞。

うつ・ぶ・す【俯す】 動(サ四) ❶下を向く。うつむく。❷顔を下に向けて臥す。例伏し目になりて**うつぶし**たるに〈源氏・若紫〉 例涙にむせび**うつぶして**、しばしはものも申さず。ややあって(=少し時間がたって)起きあがり〈平家・三・僧都死去〉

うつ-ほ【空・洞】 —オ 名 ❶内部がからであること。例(コノ唐櫃ハ)空にて物なかりけり〈今昔・二九・一二〉 ❷岩や木などの空洞。ほら穴。例牝熊・牡熊、子生みつれて住む**うつほ**なりけり〈宇津保・俊陰〉 ❸上着だけで、下に重ねの衣服を着ないこと。例山吹の袿の、袖口いたく(=ひどく)すすけたるを、**うつほ**にてうちかけたまへり〈源氏・玉鬘〉

うつ-ぼ【靫・空穂】 名 矢を入れて背負う武具。雨露を防ぐために、矢全体を納める細長い筒状になっている。竹製の大和靫、漆塗りの塗靫、皮で包んだ皮靫などがある。例主従ともに狩装束にて、**うつぼ**をぞ負へりける〈著聞集・九・三三八〉

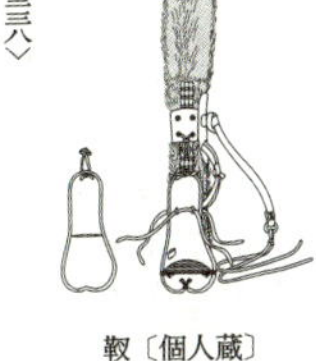

靫〔個人蔵〕

うつほ-ぎ【空木】 ウツオ— 名 幹の中が朽ちて空洞になっている木。例我が居たる**うつほ木**の前に(鬼タチガ)居まはりぬ(=車座になった)〈宇治拾遺・三〉

うつほ-ばしら【空柱】 ウツオ— 名〔中がうつろな柱の意〕雨水を地上に導く縦の樋。特に、清涼殿の殿上の間の南隅にあるものをいう。

うつほ-ぶね【空舟】 ウツオ— 名 大木をくりぬいて作った舟。丸木舟。例かの変化の物をば、**うつほ舟**に入れて流されけるとぞ聞こえし〈平家・四・鵼〉

宇津保物語 《作品名》平安中期の物語。二〇巻。作者は源順ともいわれるが未詳。十世紀後半の成立。書名は、主人公藤原仲忠が山奥の巨木のうつほで幼少時を過ごしたことによる。清原俊蔭を祖とする一族が、奇瑞をもたらす秘琴の伝授を通じて繁栄していく物語を、俊蔭の孫仲忠と源正頼の娘貴宮の結ばれない恋をからめながら描く。日本最初の長編物語として重要な作品。

太秦 ウズマサ《地名》山城国、今の京都市右京区太秦。秦氏の根拠地。⇩広隆寺

うづみ-ひ【埋み樋】 ウズミ— 名 地中に埋める樋。⇩か

けひ。例西室の戌亥の角(=北西の隅)よりうづみ樋これありて〈大乗院寺社雑事記・文明七年〉

うづみ-び【埋み火】 名 灰の中に埋めてある炭火。例**埋み火**をかきおこして老いの寝覚めの友とす〈方丈記〉

うづ・む

【埋む】動(マ四)〔「うづもる」の他動詞形〕❶**下に物を入れて、その上を覆う。下の物を覆い隠す。**例火取りに火深ううづみて(=香炉に火を深くうずめて)〈枕・南ならずは東の〉

❷**もの思いに沈ませる。めいらせる。**例心を**うづむ**夕暮れの雲〈壬二集〉

語誌 ▼「うづむ」と「うむ」 「うづむ」は土などを盛り上げて物を覆う、が基本的な意味。「うむ」(下二段活用)は、土などの中に物を入れこむ、が基本的な意味だが、しだいに混同されるようになった。

▼室町時代ごろから下二段活用に転じた。〈藤本宗利〉

うづ-むろ【無戸室】 名 土で塗り固めた、出入り口のない室。例**無戸室**に入りて〈芭蕉・奥の細道〉

うづも・る【埋もる】 動(ラ下二)〔「うづむ」の自動詞形〕❶うもれる。物に覆われて見えなくなる。例池も水草に**うづもれ**たれば〈源氏・夕顔〉❷世間の人に知られない状態にある。世に隠れている。例かく**うづもれ**過ぐさむを思はむも〈源氏・澪標〉

うつゆふの【うつ木綿の・虚木綿の】《枕詞》「こもる」「まさき」にかかる。語義・かかり方未詳。

うづら【鶉】 名❶キジ科の鳥の名。和歌では、草深い野や荒れた里、古屋などで鳴くと詠まれた。例野とならば**鶉**となりて鳴きをらむかりにだにやは君は来ざらむ〈伊勢・一二三〉➡名歌281 ❷(形が鶉を飼う籠を連想させることから)歌舞伎の劇場で、東西の桟敷の階下にある安い席。例**うづら**でもいいと藪入り弱く出る〈柳多留・九〉

うつら-うつら 副❶〔「うつ」は現実の意〕はっきり見える状態で。まざまざ。例目も**うつらうつら**、鏡に神の心をこそは見つれ〈土佐〉❷〔「うつ」はうつろの意〕ぼんやりとして。うとうと。例**うつらうつら**と寝もせず起きもせず〈仮名草子・浮世物語・一・四〉

うづら-ごろも【鶉衣】 名(褐色に黒白の斑点のある鶉の羽毛から)継ぎはぎだらけの粗末な衣服。破れて丈の短くなった衣服。例同じ思ひに朽ち果てし**鶉衣**に苔深き〈近松・平家女護島・三〉

鶉衣《作品名》江戸時代の俳文集。四編一二冊。也有作。天明七年〜文政六年(一七八七〜一八二三)刊行。巧みな修辞を駆使した完成度の高い作品集。

うづらなく【鶉鳴く】《枕詞》鶉が草深く古びた場所に住むとされたことから「古る」にかかる。

うつり【移り】 名❶移転。移動。例**移り**ありて、その所、人の家になりて〈今昔・二七・一〉❷変化。推移。例時の**移り**に従ひて、曲のもの(=音楽)などは習ふやうはべれば〈宇津保・楼上下〉❸色や香りが染みつくこと。また、その色や香り。転じて、影響を受けること。例白粉の**うつり**が奇麗で〈滑稽本・浮世風呂・三上〉❹つながり。関係。縁故。例虎様や少将様の**移り**といひ〈近松・百日曾我・三〉❺事情。わけ。雰囲気。例銀持ち合はさぬ**うつり**を知らせ〈浮世草子・傾城禁短気・六・一〉❻身代わり。例せめて御兄弟の**移り**にもなれかし〈近松・百日曾我・四〉❼返礼の品。贈り物の器に入れて返す。例いい花をもらひ**うつり**にやぶれ傘〈柳多留・三〉❽連歌・俳諧で、前句の情趣が付け句へ引き継がれること。また、二句が対照・呼応すること。「響き」「匂ひ」「位」とともに蕉風俳諧で重視された。

うつり-が【移り香】 名 ほかの物に移った香り。残り香。例蟬の羽の夜の衣はうすけれど**移り香**濃くも匂ひぬるかな〈古今・雑上〉

うつり-ゆ・く【移り行く】 動(カ四)❶時間が経過する。物事が時間とともに変化していく。例**移り行く**時見るごとに心痛く昔の人し思ほゆるかも〈万葉・二〇・四四八三〉❷移動する。例(a)吹き迷ふ風に(=炎ガ)とかく**移りゆく**ほどに〈方丈記〉例(b)心に**うつりゆく**よしなし事を、そこはかとなく書きつくれば〈徒然・序〉

読解「映り行く」を掛けて、比喩的に心に去来する意に用いたもの。

うつ・る

【映る・写る】動(ラ四)もと「移る」と同語。物の形がほかの場所に現れる意。

❶**物の形や光が反映する。投影する。**例池広きに、月おもしろく**映れり**(=池が広いので、月が趣深くうつっている)〈宇津保・俊蔭〉

❷**よく似合う。ふさわしい。**例いうれいといふものは…器量がようなけにゃ、**うつら**ぬものぢゃ(=幽霊というものは…容貌がよくなくては、ふさわしくないものだ)〈噺本・軽口大黒柱・五〉〈大井田晴彦〉

うつ・る

【移る】動(ラ四)〔「うつす」の自動詞形〕❶**場所を変える。移転する。**例この山より西にあたる花園に**移り**て(=この山から西のほうにあたる花園に場所を変えて)〈宇津保・俊蔭〉

❷**官職が変わる。転任する。**例貞観八年に関白に**うつり**たまふ(=ご転任になる)〈大鏡・良房〉読解 太政大臣の藤原良房が関白になったこと。

❸**時間が経過する。**例時**うつり**事去り、楽しび悲しびゆきかふとも(=時が経過し事が過ぎ去り、楽しいことや悲しいことが行き来しても)〈古今・仮名序〉

❹**愛情や興味の対象が変わる。**「心移る」「目移る」の形で用いられることが多い。例斎宮の女御は、いとをかしう描かせたまひければ、これに御心**移り**て(=斎宮の女御は、たいそうみごとに絵をおかきになったので、この方のほうに帝の御情愛の対象が変わって)〈源氏・絵合〉

❺**色あせる。**衰微する。例花の色は**うつり**にけりないたづらにわが身世にふるながめせしまに〈古今・春下〉➡名歌288

❻**花や葉が散る。**例庭をさかりと**うつる**花(=庭の上を花盛りにして散る花)〈新古今・春下〉

❼**色や香りが染みつく。**例えならぬ御衣に匂ひの**移り**たるを(=なんとも美しいお召し物に香りが染みついているのを)〈源氏・明石〉

❽**物の怪が「よりまし」に取りつく。**例御物の怪**うつ**

れと召し出でたる人々も、みな**うつら**で(=御物の怪が取りつくようにとお呼び出しになった人々も、皆取りつかないで)〈紫式部日記〉 ❾死ぬ。例**うつり**し人の後世をこまごまととぶらひなんど(=死んだ人の来世を丁寧に供養するなど)〈撰集抄・四・一〉 〈大井田晴彦〉

うつれ-ば-かはる【うつれば変はる】 時の推移につれて、あらゆる物が変化する。例目に近く(=目の前にある)**移ればかはる**世の中を行く末とほく頼みけるかな〈源氏・若菜上〉

うつ-ろ【空】 名 ❶中が空なこと。空洞。例木のうつろよりつと(=さっと)出でて、真下りに逃ぐる〈義経記・四〉 ❷「うつほぶね」に同じ。

うつろは・す【移ろはす】 動(サ四) ❶移転させる。移住させる。例東の院造りたてて、花散里と聞こえし(=申し上げるお方)、**移ろはし**たまふ〈源氏・松風〉 ❷色を変化させる。

うつろひ【移ろひ】 名 ❶移動。転居。例須磨の御**移ろひ**のほどに〈源氏・玉鬘〉 ❷変遷。特に、時とともに衰えること。例これこそ、あらはなる**移ろひ**なれ〈宇津保・楼上上〉

うつろ・ふ【映ろふ】 動(ハ四)〔動詞「うつる」の未然形＋上代の反復・継続の助動詞「ふ」＝「うつらふ」の変化した形〕光や影が映る。反映する。和歌では、「移ろふ」と掛けて用いることが多い。例山吹の**うつろふ**影や底に見ゆらん〈拾遺・春〉

うつろ・ふ【移ろふ】 動(ハ四)〔動詞「うつる」の未然形＋上代の反復・継続の助動詞「ふ」＝「うつらふ」の変化した形〕 ❶**ほかの場所に移動する**。例山里などに**うつろひ**て(=山里などに移動して)〈徒然・三〇〉 ❷**時間が経過する**。特に、**時とともにしだいに衰える**。例時世に**うつろひ**ておぼえ衰へぬれば(=時代が経過してよい評判も衰えてしまうと)〈源氏・帚木〉 ❸**色づく**。例ちはやぶる(枕詞)神の斎垣にはふ葛も秋にはあへず**うつろひ**にけり(=神社の神聖な垣にからまる葛も秋という季節には耐えられずに紅葉してしまった)〈古今・秋下〉 ❹**色あせる**。例月草に衣は摺らむ朝露に濡れてののちは**うつろひ**ぬとも(=月草で衣を摺り染めにしよう。朝露に濡れた後は色あせてしまっても)〈万葉・七・一三五一〉 読解 月草(露草)で染めた衣服は色があせやすい。 ❺**花や葉が散る**。例たれこめて春のゆくへも知らぬ間に待ちし桜も**うつろひ**にけり〈古今・春下〉➡名歌220 ❻**心変わりする。愛情が薄れる**。例おほかたの心ざしは、さらに**移ろふ**ことなくなむ(=ごく一般的な気持ちは少しも変わることはない)〈源氏・行幸〉

語誌 花や紅葉が色あせたり散ったりするのを嘆くのが一般的であるが、白菊の場合は紫色に変色するさまが好まれた。また、「色見えでうつろふものは世の中の人の心の花にぞありける」〈古今・恋五〉(➡名歌78)のように、花や紅葉の移ろいやすさに人の心の変わりやすさをたとえる例も多い。 〈大井田晴彦〉

う-づゑ【卯杖】 名 正月の初めの卯の日に、大学寮(のちには六衛府や大舎人寮)から内裏に献上する杖。桃や梅などの木を五尺三寸(約一・六メートル)に切ったもの。邪鬼・悪霊を払うという。例正月、人の**卯杖**をおこせたるに〈和泉式部続集・詞書〉

うで【腕】 名 ❶人間の上肢。肘から先についていう場合が多い。例あるは**腕**うち切られ、あるは肘うち落とされて〈平家・九・坂落〉 ❷腕力。例太刀は聞こゆる(=名高い)宝物なり。**腕**は強かりけり〈義経記・五〉 ❸技量。腕前。例薄い所を厚う見ゆるやうに作るが包丁人の**腕**でおぢゃる〈狂言記・鱸包丁〉 語誌 肩から肘までは「かひな」。のちには「うで」「かひな」の二語は、ほぼ同じ部分をさしても用いられた。

うで-だて【腕立て】 名 腕力に訴えること。実力行使。例力が強うて**うでだて**をするぞ〈史記抄・三〉

うてな【台】 名 ❶**周囲を見渡すために土を盛り上げた壇**。また、**その上に築いた建造物**。高楼。高殿。例今日見れば玉の**台**もなかりけり菖蒲の草の庵のみして(=今日あたりを見るとりっぱな高楼もないことだ。菖蒲を葺いた粗末な草庵ばかりで)〈拾遺・夏〉 読解 五月五日の節句に菖蒲を軒に葺いた家のさまを、草庵に見立てた歌。 ❷**極楽往生した人が座るという、蓮の花の形をした台座**。蓮華座。蓮の台。例はちす葉を同じ**うてな**と契りおきて〈源氏・鈴虫〉 ❸植物の萼。例朝顔の花の**うてな**のりんりんごとに(=朝顔の花の萼の一輪ごとに)〈近松・嫗山姥・三〉

語誌 ▼「玉の台」と「草の庵」 ①の建物は、平安時代には、多く「玉の台」の形で用いられる。美々しくりっぱな邸を表す漢語「玉台」の訓読である。例のように、粗末な家の意の「草の庵」と対で用いられることも多い。 〈藤本宗利〉

うとう【善知鳥】 名 ❶鳥の名。ウミスズメ科の海鳥。小鴨くらいの大きさで北海に住む。❷「善知鳥安方」の略。

うと-うと・し【疎疎し】 形(シク) よそよそしい。冷淡だ。疎遠だ。例(宮ガ私ヲ)思し捨てたりしかば、**疎々しき**やうになりそめにしかど〈源氏・蓬生〉

うとう-やすかた【善知鳥安方】 名 陸奥国(青森県)外の浜に住むとされる鳥。親鳥が「うとう」と呼ぶと、子は「やすかた」と答えたと伝えられたことからの称。謡曲『善知鳥』などで知られる。

う-とく【有徳・有得】 名 形動(ナリ) **裕福なこと。富み栄えていること**。例(a)ある山寺に、**有得**の房主、弟子・門徒多きありけり(=ある山寺に、裕福な僧で、弟子や信徒が多い僧がいた)〈沙石集・七・二〉 例(b)(私ノ祖父ハ)ことのほか**有徳**にござれども、しわい人で、孫どもに少しも物をくれられぬ(=この上もなく裕福でございますが、けちな人で、孫たちに少しも物をお与えにならない)〈狂言・財宝〉

語誌 ▼「有徳」と「有得」 漢籍では、「有徳」は人徳がある、の意で用いられ、本来「有徳」と「有得」は別語であるが、日本ではしだいに混同されて用いられるようになる。 〈近本謙介〉

うとく-じん【有徳人・有得人】 名 「うとくにん」とも。金持ち。裕福な人。例**有徳人**ぢゃによって、大きな居なしぢゃ(=住居だ)〈山本東本狂言・二人袴〉

うと・し【疎し】形(ク) 自分と対象との関係、物事と物事の関係が疎遠であるさまを表す。

❶**親しくない。疎遠だ。** 例法師は人に**うとく**てありなん(=法師は世間の人に疎遠であるのがよい)〈徒然・七六〉 読解「なん」は、完了の助動詞「ぬ」の未然形＋推量の助動詞「む」。
❷**関係が薄い。縁がない。** 例人ごとに、我が身に**うとき**事をのみぞ好める(=だれもみな、自分に縁がないことばかりを好んでいる)〈徒然・八〇〉 読解続く叙述に、僧が武道・武術を専らとすることなどが記されている。
❸**無関心だ。** 例のちの世の事心に忘れず、仏の道**うとからぬ**、心にくし(=来世のことを心の中に忘れないで、仏道に無関心でないのが、奥ゆかしい)〈徒然・四〉
❹**よく知らない。不案内だ。** 例恋に**うとからず**〈西鶴・好色五人女・二・二〉
❺**愚かだ。** 目や耳がよく利かない。例何者やらと、**うとき**老眼すかして見る行灯の影に(=何者だろうと、よく見えない老眼ですかして見る行灯の光に)〈近松・大経師昔暦・中〉

語誌▼対象との関係が薄いことが原義で、それが人間関係の遠さ(①)、知識・関心の薄さ(②〜④)、心身の機能の不十分さ(⑤)を表す。
▼関連語 対義語は「**したし**」。類義語「**うとまし**」は、いとわしい・いやだ、の意で用いることが多いが、「うとし」も同じように用いられることもある。〈鈴木幸夫〉

う-どねり【内舎人】名(「うちとねり」の変化した形。「うち」は内裏の意)中務省に属する職員。警備や雑役を奉仕する。帯刀するが文官。平安中期までは有力貴族の出世コースだった。⇩とねり

うとま・し【疎まし】形(シク) 動詞「うとむ」の形容詞化。いやなものに反発を感じ、自分から遠ざけたい気持ちを表す。

❶**いとわしい。いやだ。** 例(a)世の**疎ましく**過ぐしがたう思さるれば、背きなむことを思しとるに(=世間がいとわしく、ふと過ごしにくくお思いになられるので、出家してしまおうとご決心なさるのだが)〈源氏・賢木〉 例(b)(宮仕エノ生活ニ)こよなくたち馴れにけるも、**うとまし**の身のほどや(=すっかり馴れきってしまったのも、我ながら愛想の尽きる身の上よ)〈紫式部日記〉
❷**気味が悪い。無気味だ。** 例山彦の答ふる声いと**疎まし**(=こだまが返ってくる音がたいそう気味が悪い)〈源氏・夕顔〉

語誌▼「**うとましき世**」「**うとましき身**」 いやなものに対する嫌悪感を表す語で、主に人や世間、あるいは異様な情景についていう。①は、例(a)のように「世」とともに用いて、現世を厭い出家したい気持ちを表したり、例(b)のように「身」とともに用いられて、自己を疎ましく思う気持ちを表すことも多い。
▼対義語は「**なつかし**」で、身近にしたい・なれ親しみたい気持ちを表す。〈鈴木幸夫〉

うと・む【疎む】

❶動(マ四) **よそよそしくする。疎んじる。嫌う。** 例(a)な**疎み**たまひそ(=よそよそしくなさいますな)〈源氏・桐壺〉 例(b)父は汝を**うとむ**にあらじ〈芭蕉・野ざらし紀行〉 読解「な〜そ」は柔らかい禁止の意を表す。汝をにくむにあらじ(=父はおまえを嫌うのではないだろう)、母は汝を**うとむ**にあらじ〈芭蕉・野ざらし紀行〉

❷動(マ下二) **嫌いにさせる。疎んじさせる。**「言ひうとむ」「聞こえうとむ」などの形で用いて、嫌いにさせるように言う(申し上げる)、の意を表すことが多い。例かつは言ひも**うとめ**、また慰めも(=一方ではその人を嫌うようにしむけて言い、また慰めたりもして)〈源氏・宿木〉

語誌▼類義語 「**いとふ**」は、いやなものから身を避ける感じ。「**きらふ**」は、気に入らないものを退ける感じである。〈鈴木幸夫〉

うどん-げ【優曇華】名(梵語の音写)「うどんはら(優曇波羅)」とも。❶植物の名。インド原産のクワ科の高木。葉は先がとがった楕円形で一〇〜一八センチくらいになり、花は花托に包まれ外からは見えない。三千年に一度咲くと伝えられ、その花が咲くとき、仏がこの世に出現するという。例**優曇華**の花待ち得たる心地して深山桜に目こそうつらね〈源氏・若紫〉 ❷きわめてまれなこと。

うない『髫髪・垂髪』⇩うなゐ

うな-が・ける【項がける】動(ラ四)『上代語』互いに首に手を掛けあう、の意か。例携はり(=手を取りあい)**うながけり**居て 思ほしき 言とも語らひ〈万葉・一八・四一二五〉 語誌 連用形の例しか見られず、上二段活用とも考えられる。

うなが・す【促す】動(サ四) 急がせる。催促する。例「日も暮れぬべし」とて、「御車**うながしてむ**」といふに〈大和・一四八〉

うな-かぶ・す【項傾す】動(サ四)『上代語』首をかたむける。うなだれる。例**うながぶし** なが泣かさまく(=あなたがお泣きになるその吐息) 朝雨の 霧に立たむぞ〈記・上・神代・歌謡〉

うな-かみ【海上】名 海のほとり。一説に、地名とも。例海の底(枕詞) 沖つ深江の **海上**の 子負の原に〈万葉・五・八一三〉

うな・ぐ【嬰ぐ・纓ぐ】動(ガ四)(「うな」は首筋の意)首にかける。例天なるや 弟棚機(=天上の若い機織り女)の **うながせる** 玉の御統(=玉の飾り)〈記・上・神代・歌謡〉

うな-さか【海境】名 海の果てに想像された異世界との境界。例七日まで 家にも来ずて **海界**を 過ぎて漕ぎ行くに〈万葉・九・一七四〇〉

うな-じ【項】名 首筋。例おとがひ(=あご)の下より、**うなじ**に七八寸ばかり、とがり矢を射出だしつ(=射通した)〈宇治拾遺・一五五〉

うな-つき【頸著き】名 髪の毛の後ろのほうが首筋につくような髪型。例**頸著き**の 童髪には 結ひ幡の 袖付け衣〈万葉・一六・三七九一〉 読解この例は「くびつき」と訓読する説もある。

うな-づ・く【頷く】ズク 動(カ四) 首を縦に振って同意の気持ちを表す。例「ほかなるほどは恋しくやある」

とのたまへば、**うなづき**たまふ〈源氏・紅葉賀〉

うな-て【溝】 名 田の用水を引く溝。例儺の河の水を引かせて、神田に潤っけむと欲して、**うなて**を掘る〈紀・神功摂政前紀〉

うな-はら【海原】 名 広々とした海。例国原は 煙立ち立つ **海原**は かまめ立ち立つ〈万葉・一・二〉↓名歌386

う-なみ【卯波】 名 卯月(陰暦四月)のころに立つ波。卯月波。

うな-ゐ【髫髪・垂髪】 イ 名(「うな」は首筋。「ゐ」は「居」か)❶髪を首筋のあたりで結ぶこと。例行く時には**垂髪**にて〈今昔・三一・五〉❷①の髪型の子ども。また、そのような年格好の子ども。例そこなりける**うなゐ**を右京の大夫よびいでて〈大和・三九〉

うなゐ-こ【髫髪児・髫髪子】 ウナイ 名「うなゐ②」に同じ。例郭公をちかへり(=繰り返し)鳴け**うなゐ子**がうちたれ髪の五月雨の空〈拾遺・夏〉読解三・四句は「五月雨」を導く序詞。

うなゐ-はなり【童女放り】 ウナイ 名「うなゐ①」のような少女の髪型。また、その髪型の少女。例橘の寺の長屋に我が率寝し**童女放り**は髪上げつらむか〈万葉・一六・三八二二〉

うぬ【己】 代(「おの」の変化した形)❶反射指示の代名詞。自分自身。おれ。例暗い晩**うぬ**が声色通るなり〈柳多留・一六〉❷対称の人称代名詞。相手を見下したりののしったりしていう。おまえ。てめえ。例やあやあ、**うぬ**はいづくの風来人(=どこから来た風来坊か)〈近松・国性爺合戦・二〉

畝傍山《地名》歌枕 大和国、今の奈良県橿原市畝傍町の山。天の香具山・耳成山とともに大和三山の一つ。

うねべ【采女】 名「うねめ」の変化した形。例昔、ならの帝に仕うまつる**うねべ**ありけり〈大和・一五〇〉

うね-め

【采女】 名「うねべ」とも。宮廷の女官の一つ。天皇の身辺に仕え、食事の世話などをする。例**采女**の袖吹きかへす明日香風京を遠み(=京が遠いので)いたづらに吹く〈万葉・一・五一〉↓名歌88

語誌▼**制度の沿革** 采女の制度は五世紀の後半ごろに始まったらしい。大和王権の日本列島統一が進む過程で、各地の首長に対し、服従の誓いとして一族の女性を差し出させた。令制でもこの伝統を引き継ぎ、郡ごとに郡司の姉妹または子女を、朝廷に貢ぎものとして献上することとした。令の規定に、顔立ちの美しい者という条件がつけられているのは、采女が単なる人質でなく、天皇の妻の一種とみなされていたためといわれる。この制度は、平安時代には実質的な意味を失うが、名目上は江戸時代まで存続した。

▼**悲劇のヒロイン** 采女は美人ぞろいで、男性貴族のあこがれの的だったが、恋の自由はなかった。禁を犯して男性と結ばれた采女が厳しく処罰された話や、思い余って自殺した話がいくつもある。吉備津采女の悲劇を歌った柿本人麻呂の作品(『万葉集』巻二・二一七〜二一九番)はその代表。『大和物語』一五〇段にも、帝に見捨てられて奈良の猿沢の池に身を投げた采女の話があり、世阿弥作の謡曲『采女』はこれに取材したもの。〈品田悦一〉

うねめ-の-つかさ【采女司】 名 令制で、宮内省に属する役所の一つ。後宮の采女をつかさどる。

う-の-はな

【卯の花】 名 ❶植物の名。ウツギ。また、その花。ユキノシタ科の落葉低木で、初夏に鐘形の小さな白い花が群れて咲く。古くから垣根などに用いられた。⇩口絵。例(a)**卯の花**の散らまく惜しみほととぎす野に出で山に入り来鳴きとよもす(=卯の花が散りゆくのが惜しいので、ほととぎすは野に出たり山に入ったりしてやって来ては鳴きたてている)〈万葉・一〇・一九五七〉例(b)**卯の花**をかざしに関の晴れ着かな〈芭蕉・奥の細道〉↓名句27

❷「卯の花襲」の略。

語誌▼**初夏の代表的な花** 夏の代表的な景物の一つとして、奈良時代以前から文学の題材とされた。例(a)のように、「ほととぎす」との取り合わせが古くから見られる。その白く咲き乱れる様子は、月・雪・波・布・衣などにたとえられた。また、「ほととぎす我とはなしに卯の花の憂き世の中に鳴きわたるらん」〈古今・夏〉のように、「う」の同音によって「憂し」を導き出す表現もしばしば用いられた。〈佐藤明浩〉

うのはな-がさね【卯の花襲】 名 襲の色目の名。表は白、裏は青。陰暦四・五月に着用。例**卯の花襲**な召さいそよ 月に輝き顕はるる〈閑吟集・五七〉

うのはな-くたし【卯の花腐し】 名(卯の花を腐らせる、の意から)陰暦四、五月ころに降り続く雨。五月雨。

うのはな-づき【卯の花月】 名 ❶卯の花が白く咲いているさまを月に見立てていう。例垣根こそ**うの花づき**のくもりなりけれ〈千五百番歌合〉❷陰暦四月の別称。卯月。

うのはな-づくよ【卯の花月夜】 名 ❶卯の花が咲いている月夜。例五月山**卯の花月夜**ほととぎす聞けども飽かずまた鳴かぬかも(=鳴かないかなあ)〈万葉・一〇・一九五三〉❷「うのはなづき①」に同じ。例我がやどの**卯の花月夜**照りまさりけり〈林葉集・二〉

うのはな-をどし【卯の花縅】 オドシ 名 鎧の縅の一種。鎧の札を白糸や白革で綴ったもの。後世、白糸と萌黄糸で綴ったものとする。

うのまねするからす【鵜の真似する烏】 ⇩「う」の子項目

うば

【姥・祖母・乳母】 名(「おほば(祖母)」が「おば」を経て変化した形)❶**【姥】**老女。年老いた女性。例妻の**姥**、「こはいかなりつることぞ」と問へば(=妻の老婆が、「これはどうしたことだ」と尋ねると)〈宇治拾遺・三〉

❷**【祖母】**父や母の母。例かかれど、おほぢ・**うば**、二人をり(=母は亡くなったけれど、祖父と祖母の二人がいる)〈宇津保・吹上上〉

❸**【乳母】**母親の代わりに子どもに乳を与え、世話をする女性。うば。主に近世に用いられた。例**乳母**はゐぬか(=乳母はいないのか)〈西鶴・好色一代男・一・一〉

❹**【姥】**能面の一つ。老女の面。

語誌▼「うば」は、幼児が老女のことを呼んだ幼児語から出たものかといわれる。御伽草子などによると、四十歳ぐらいで「姥」といったらしい。

▼老人は神に近い存在と考えられ、姥は翁とともに神秘的な印象を与え、伝説にしばしば登場する。それらは、謡曲「山姥」、姥石（老女が化したという伝説の石。各地にある）、姥ケ池（江戸の浅草寺内の池）など、昔話や地名などに多く残る。〈米山敬子〉

うばい【優婆夷】 名《仏教語》〔梵語の音写〕在家のままで、仏法に帰依し、戒を受けた女性。

う-はう【右方】 名 ❶右のほう。❷右方の楽。雅楽で、高麗楽の総称。

うは-おそひ【上襲ひ】 名 上にひきかけて着る衣服。上着。例この衵のうはおそひは、何の色にかつかうまつらすべき〈枕・大進生昌が家に〉読解「衵の上襲ひ」とは汗衫のこと。

うは-おび【上帯】 名 ❶着物の外側に締める帯。❷鎧の腰のあたりで締める帯。例馬よりおり、鎧の上帯切り〈平家・九・重衡生捕〉❸箙の上にかけて腰に結び、安定させる緒。

うは-かぜ【上風】 名 草木などの上を吹きわたる風。例時雨うちして（＝さっと降って）荻の上風もただならぬ夕暮れに〈源氏・少女〉

うは-き【浮気・上気】 名 形動（ナリ）《近世語》❶陽気ではでな性格。浮ついた心。例うは気なる男を好けるによりて〈西鶴・好色一代女・二・二〉❷多情。移り気。例ここもとにて持ちまうし候ふ女房、私浮気にて持ちまうさず候ふ〈西鶴・万の文反古・一・三〉

うは-ぎ【上着・表着・表衣】 名 衣服を重ねて着るとき、いちばん上に着る衣服。特に、女房装束の重袿の最も上に着る一枚。唐衣、あるいは小袿の下になる。⇩からぎぬ（図）。例薄色の表着ども、いみじうなまめかし〈枕・関白殿、二月二十一日に〉

うは-ぐ・む 動（マ四）〔「ぐむ」は接尾語〕上気する。のぼせて平静を失う。例民部卿殿はうはぐみて、人々の御顔をとかく見たまひつつ〈大鏡・道隆〉

うは-ぐも・る【上曇る】 動（ラ四）表面が曇っている。光沢がない。例いと濃き衣のうはぐもりたるに〈枕・野分のまたの日こそ〉

うは-げ【上毛】 名 鳥の体の表面の毛。和歌で、「上毛の雪」「上毛の霜」の形で用いることが多い。例このごろの鴛（＝おしどり）のうき寝ぞあはれなるうは毛の霜よ下の氷よ〈千載・冬〉

うば-ざくら【姥桜】 名（「葉」のないことが、「姥（老女）」の「歯」がないことに通じることから）葉の出る前に花が開く桜の総称。年を取っても色気のある女性のたとえにも用いる。例酒よりもせんじ茶で見よ姥桜〈俳諧・犬子集・二〉

うは-ざし【上刺し】 名 ❶裳や袴の腰（腰部をゆわえる紐）などに、飾りとして組み糸で上から刺し縫いにしたもの。例裳の腰も白銀をのべて（＝のばして）、うはざしは玉を貫きてぞ飾られはべりける〈今鏡・二・白河の花宴〉❷布地の補強のため、丈夫な糸で碁盤目のように刺し縫うこと。また、その刺し縫いした布地。❸貴人の外出のとき、衣服などを入れて従者に持たせた袋。②を施し、口を紐でくくって用いた。上刺し袋。

うは-じら・む【上白む】 動（マ四）表面の色があせて白っぽくなる。例聴し色のわりなう（＝ひどく）上白みたる一かさね〈源氏・末摘花〉

うば-そく【優婆塞】 名《仏教語》〔梵語の音写〕在家のままで、仏法に帰依し、戒を受けた男性。例優婆塞が行ふ（＝修行する）道をしるべにて〈源氏・夕顔〉

うばたまの【烏羽玉の】《枕詞》「ぬばたまの」の変化した形。

うは-つ-くに【上つ国】 名〔「つ」は「の」の意の上代の格助詞〕地上の国。また、現世。海神の国や、黄泉国などの「下つ国」に対していう。例虚空津日高、上つ国に出幸さむとしたまふ（＝お出かけになろうとなさっている）〈記・上・神代〉

うは-て【上手】 名 ❶上のほう。かみて。川上。風上。例強き馬をば上手（＝川上）に立てよ、弱き馬をば下手（＝川下）になせ〈平家・四・橋合戦〉❷上位。優位。例心をば上手になして、行業を下手になすべきなり〈一言芳談・下〉❸技芸・才知などがほかよりも秀でていること。また、その人。じょうず。例何事も長能は上手を打ちけるに〈古本説話集・上・二六〉

うは-てうし【上調子】 名 ❶基本に対して完全四度ほど高く調弦された三味線。また、その奏者。❷声が高いこと。声がうわずること。例まさしく初山（＝遊女の名）が上調子の声とも聞こえ〈西鶴・諸艶大鑑・三・二〉❸（②から転じて）言動に落ち着きを欠くこと。例刀が折れはせまいかと、詞てんでん（＝ころころ変わって）上調子〈近松・津国女夫池・三〉

うは-なげし【上長押】 名 鴨居の上に渡す横木。⇩なげし。例上長押より鼠の走り渡るに〈今昔・一二・三四〉

うは-なり【後妻】 名 あとから迎えた妻。本妻のほかに妻をもうけたり、前妻と死別・離縁して新たな妻をめとる場合にいう。⇩こなみ。例このうはなり・こなみ（＝前妻）、一日一夜よろづのことをいひ語らひて〈大和・一四一〉

うはなり-うち【後妻打ち】 名 後妻やその家に対して、もとの妻やその家人が乱暴を働くこと。室町時代以降は習俗として行われるようになった。例六条御息所ほどの御身にて、後妻打ちの御ふるまひ〈謡曲・葵上〉

うはなり-ねたみ【後妻嫉妬】 名 ❶前妻が後妻をねたむこと。例須勢理毘売命、いたく嫉妬したまひき〈記・上・神代〉❷ねたみ。嫉妬。例ここに、一の尼嫉妬して〈紀・舒明即位前紀〉

うは-に【上荷】 名 ❶馬・車・船などで、積み荷の上にさらに上積みする荷物。例ますますも重き馬荷に表荷打つ（＝載せる）といふことのごと〈万葉・五・八九七〉❷「上荷船」の略。二、三十石ほどの小船で、江戸時代、主に大坂周辺で用いた川船。本船と岸の間を行き来して荷物を運ぶ。例上荷・茶船かぎりもなく川波に浮かびしは〈西鶴・日本永代蔵・一・三〉

うは-の-そら【上の空】 名 形動（ナリ）❶空の上のほう。多く②の意を掛けて用いる。例はかなくてうはの空にぞ消えぬべき風にただよふ春のあは雪〈源氏・若菜上〉読解 上空で消える雪と不安な我が身を重ねる歌。❷不安で落ち着かないこと。例いとど心細さまさりて、**上の空なる**心地のみしつつ明かし暮らすを〈源氏・薄雲〉❸あてにならないこと。根拠のないこと。例御書を給はらで申さんには、**うはの空**にや思しめされ候はんずらん〈平家・六・小督〉

うは-ば【上葉】 名 上のほうの葉。多く、風にそよぐ秋草についていう。例身のほどを思ひつづくる夕暮れの荻の**上葉**に風わたるなり〈新古今・秋上〉

うはばみ【蟒蛇】 名 ❶大蛇。例両角振々として連鱗歴々たり。疑ひなく**山蟒**といふものなりと思ひ〈三国伝記・六・一八〉❷(大蛇がよく物を飲み込むことから)大酒飲み。

うば・ふ【奪ふ】 動(ハ四)❶無理に取る。奪い取る。また、盗み取る。例宿れる家の童女の并を奪ふ〈霊異記・上・九〉❷(受身の助動詞を伴って)心をひきつける。例心、外の塵(=外界の刺激)に**奪はれて**惑ひやすく〈徒然・七五〉

うは-ぶみ【上文】 名 ❶手紙の表書き。上書き。例上文に「西山より」と書いたるを〈蜻蛉・中〉❷書物の表題。外題。

うはへ-な・し 形(ク) つれない。薄情だ。例**うはへなき**妹にもあるかもかくばかり人の心を尽くさく(=気をもむこと)思へば〈万葉・四・六九二〉

うは-まい【上米】 名 ❶荷物や旅客に課す通行税。例越前の国敦賀の湊は、毎日の入り舟、判金一枚ならし(=大判一枚平均)の**上米**ありといへり〈西鶴・日本永代蔵・四・四〉❷売買などで、仲介者が取る手数料。うわまえ。例**上米**に取り上げ、十分一も我々が手に付けさせず〈近松・国性爺後日合戦・三〉

うは-むしろ【表筵・上筵】 名 貴人の寝所(帳台)内の畳の上に敷く敷物。表と裏が唐綾で、錦の縁どりをし、中に綿を入れてある。例**上筵**、ただの筵の清きに敷きかへさすれば〈蜻蛉・中〉

うは-も【上裳・表裳・褶】 名 裳の一種。男性は袴の上に、女性は下裳の上に着用する衣。例**表裳**の裾ぬれ 下裳の裾ぬれ〈催馬楽・我が門に〉

うは-もり【上盛り】 名 最上のもの。最高のこと。第一。例かの鼠と申すは外道の**上盛り**なるべし〈御伽草子・猫の草紙〉

うは-や【上矢】 名 箙や胡簶に差した普通の矢の左外側に差し添える二本の鏑矢。例**上矢**の鏑を平家の陣へぞ射入れたる〈平家・七・倶梨迦羅落〉

うばら【茨・荊】 名「いばら」に同じ。例からたちのうばら刈り除け倉建てむ〈万葉・一六・三八三二〉

うひ-

【初】 接頭 名詞について、**初めての、最初の、の意を添える**。「初冠」「初事」など。

語誌 「うひ」が生まれて初めての意であるのに対して、類義語「はつ」は、一年の最初など、一定周期内で初めて、の意であることが多い。〈奥村悦三〉

うひ-うひ・し【初初し】 形(シク)〔「うひ」を重ねて形容詞化した語〕はじめてなので気がひける。例まだ**うひうひしき**ほどなる今参り(=新参の女房)などは〈枕・関白殿、二月二十一日に〉

うひ-かうぶり

【初冠】 名 ❶**男子が成人する儀式として、初めて冠をつけること。**「元服」「初元結」とも。例昔、男、**うひかうぶり**して、奈良の京、春日の里にしるよしして(=領地を持っていた縁で)、狩りに往にけり〈伊勢・一〉読解 ここは②とする説もある。

❷初めて位に叙せられ、任官・叙爵すること。

語誌 ▼**人生の開始** 「初冠」の語が多くの作品で使われるようになったのは、例の『伊勢物語』一段の影響である。人の一生はこの世に生まれた瞬間から始まるが、この物語の作者(編纂者)は、主人公の一代記を、その「初冠」から書き始めた。〈島内景二〉

うひ-かぶり【初冠】 名「うひかうぶり」に同じ。例三歳にて**うひかぶり**きせて、義宗とぞ名のらせける〈平家・二・副将被斬〉

うひ-ご【初子】 名 はじめての子。例うつくしき女房をもち、ほどなく**初子**をまうけけるが〈噺本・鯛の味噌津〉

うひ-ごと【初琴】 名 初心者が弾く琴。例いはけなき**初琴**ならふ人もあめるを〈源氏・初音〉

うひ-だち【初立ち】 名 ❶はじめて旅に出ること。また、しばらくぶりに外出すること。例(a)夏ばかり**初立ち**すなるほととぎす〈宇津保・祭の使〉読解 雛の巣立ち。例(b)内裏などにもあまり久しう参りはべらねば、いぶせさに、今日なむ**初立ち**しはべるを〈源氏・葵〉❷子どもが生後はじめて歩行すること。また、病人が病後はじめて立つこと。例親父は病後にて、今日**初立ち**の旅〈浮世草子・新色五巻書・一・二〉

うひ-だ・つ【初立つ】 動(タ四) はじめて立つ。特に、雛鳥の巣立ちや初霞にいう。例ほととぎす初立つ山をさと知らば〈曾丹集〉

う-ひぢ【泥土・埿土】 名〔上代語〕泥。泥土。例聊に(=少しでも)霖雨に逢へば…道路また**埿**となる〈紀・仁徳〉

う-ひゃうゑ【右兵衛】 名「右兵衛府」の略。

うひゃうゑ-の-かみ【右兵衛の督】 名 右兵衛府の長官。従五位上相当。

うひゃうゑ-の-じょう【右兵衛の尉】 名 右兵衛府の判官。大・少があり、おのおの正七位下・従七位上相当。定員各一人。

うひゃうゑ-の-すけ【右兵衛の佐】 名 右兵衛府の次官。正六位下相当。定員一人。

うひゃうゑ-ふ【右兵衛府】 名 六衛府の一つ。⇩ひゃうゑふ

うひ-やまぶみ【初山踏み】 名 はじめての山歩き。特に、修行のために大峰山・葛城山などにはじめて登ること。転じて、学問の道にはじめて入ること。

うひ山ぶみ 《作品名》江戸時代の国学書。一冊。本居宣長著。寛政一〇年(一七九八)成立。門人の求めに応じて執筆した国学の入門書。努力の大切さや「道の学問」の指針を記す。自身の大著『古事記伝』完成の体験などもふまえられ、宣長の学問観や方法論をうかがうことができる。

う-ふ【右府】 名 右大臣の唐名。

うぶ【産・生・初】 ❶出産に関する語を作る語構成要

素。「うぶ声」「うぶ湯」など。❷名形動(ナリ)生まれたときのままであること。世慣れず初々しいこと。

うぶ-がみ【産神】 名「うぶかみ」とも。❶「うぶすながみ」に同じ。例国元へ参り候ふところ、**産神**へは参りまうさず候ふ〈都鄙問答・四〉❷出産のとき、母子を守ってくれる神。安産の神。例顔美しう産ませたる、**産神**にも恨みあり〈近松・日本武尊吾妻鑑・四〉

うぶ-ぎぬ【産衣】 名生まれたばかりの子に着せる衣服。うぶぎ。例**産衣**に(生年月日ナドヲ)書き置きてはべりける〈大鏡・序〉

うぶ-すな【産土】 名❶生地。本拠地。例山を去りて本(もと)の**生土**(うぶすな)にて〈今昔・一九・一二〉❷「産土神(うぶすながみ)」の略。

うぶすな-がみ【産土神】 名生まれた土地の守り神。例**土地**(うぶすな)に幣帛(みてぐら)献(たてまつ)り〈読本・弓張月・前・七〉後世は氏神(うぢがみ)と同一視される。

う-ぶね【鵜舟】 名鵜を使って漁業する舟。鵜飼い舟。例おもしろうてやがて悲しき**鵜舟**かな〈俳諧・曠野・三〉➡名句39

うぶ-め【産女・孕女】 名❶産婦。❷出産で死んだ女性が化してなるという想像上の怪鳥。声は女性の泣き声に似て、夜中に飛んで子どもに害を及ぼすという。また、難産で死んだ女の幽霊。「姑獲鳥」とも書く。例**産女**、ちごを泣かせて、「これ抱(だ)け、抱け」といふなる〈今昔・二七・四三〉

うぶ-や【産屋】 名❶出産のために新造した建物。穢(けが)れを避けるために建てる。例我がために**産屋**を造りて待ちたまへ〈紀・神代下〉❷出産のための部屋。例ちご亡くなりたる**産屋**〈枕・すさまじきもの〉❸「うぶやしなひ」に同じ。例親王(みこ)生まれたまへりけり。御**産屋**に人々歌詠みけり〈伊勢・七九〉

うぶ-やしなひ【産養ひ】ーヤシナイ 名 出産後三日・五日・七日・九日の夜に行われる祝宴。親族・縁者から、衣類や餅(もち)などが産家に贈られる。特に平安貴族の間で盛んに行われた。例(a)院をはじめたてまつりて、親王(みこ)たち、上達部(かんだちめ)残るなき**産養ひ**どものめづらかにいかめしきを、夜ごとに見ののしる(=院をはじめとし申し上げて、親王たち、公卿(くぎょう)が一人残らず催される産養いの祝宴の珍しくりっぱなことを、その祝いの夜ごとに見て大騒ぎする)〈源氏・葵〉読解光源氏に男子が誕生したときのもの。例(b)三日の夜は本家、五日の夜は摂政殿より、七日の夜は后(きさい)の宮よりと、さまざまいみじき御**産養ひ**なり(=三日目の夜は本家、五日目の夜は摂政殿から、七日目の夜は后の宮からと、さまざまにりっぱな御産養いの祝宴である)〈栄花・さまざまの喜び〉読解藤原道長に女子(のちの彰子)が誕生したときのもの。「本家」は妻の家のこと。〈藤本宗利〉

うへ

【上】ウエ ❶名❶**物の表面**。例紅(くれない)の面(おもて)の上にいづくゆか皺(しわ)が来(き)たりし(=紅色の顔の表面にどこから皺が来たのか)〈万葉・五・八〇四〉❷上代の用法。**ある物を中心とする、その近くをさす。ほとり。あたり。**例石走(いはばし)る垂水(たるみ)の**上**のさわらびの萌(も)え出づる春になりにけるかも〈万葉・八・一四一八〉➡名歌68 ❸**縦の方向における高い位置。**例屋の**上**に飛ぶ車を寄せて(=建物の上に空飛ぶ車を近づけて)〈竹取〉❹(「人の上」などの形で)**ありさま。身の上。**例身の**うへ**嘆き、人の**うへ**言ひ(=自分の身の上を嘆き、人の身の上をあれこれ言い)〈枕・にくきもの〉❺**高貴な人のそば。その住居。内裏(だいり)の清涼殿、またその殿上(てんじょう)の間(ま)をいうことが多い。**例(a)**うへ**にさぶらふ御猫は(=殿上の間に伺候する御猫は)〈枕・うへにさぶらふ御猫は〉例(b)**うへ**には時々、夜々ものぼりて、知らぬ人の中にうち臥(ふ)して(=宮の御前には時々、夜分にも参上して、知らない人たちの中に交じって横になって)〈更級〉❻**尊敬語。**⑤**の住居に住む高貴な人として、天皇・将軍・主人、また、正妻などをさす。**例(a)**上**も御涙のひまなく流れおはしますを(=帝も御涙がとめどなく流れていらっしゃるのを)〈源氏・桐壺〉例(b)殿(との)・**上**、暁(あかつき)に一つ御車にてまゐりたまひにけり(=関白様と奥様は、未明に一つの御車に同乗して参上なさった)〈枕・淑景舎、東宮にまゐり給ふほどのことなど〉❼**地位・身分・年齢・力量などの高いありよう。**例虎(とら)はなるほど強いが…龍(りゅう)の方が**上**だぜ〈滑稽本・浮世床・初中〉❽形式名詞として用いる。**ある事柄にほかの事柄が累加される意や、前提・原因・理由などの意を表す。**例(a)入道相国(しょうこく)の御娘なる**うへ**、天下(てんが)の国母(こくも)にてましましければ(=入道相国の御娘である上に、天下を治める天皇の母でいらっしゃったので)〈平家・一・吾身栄花〉読解「入道相国」は平清盛のこと。例(b)かへって叡感(えいかん)にあづかっし**うへ**は、あへて罪科の沙汰(さた)もなかりけり(=逆に上皇のお褒めにあずかったので、まったく処罰のご命令もなかった)〈平家・一・殿上闇討〉

❷接尾目上の人を表す語について、敬意を添える。「母(はは)上」「尼(あま)上」「父(ちち)上」など。

語誌▼もと、外側から見える物の表面を表し、転じて、垂直の方向におけるより高い位置や、地位・身分などの序列的に高いほうを表すようにもなった。▼❶⑧の形式名詞としての用法には、単独の形にも、「うへは」などの助詞を伴う形にも、接続助詞に近い働きが認められる。〈山口堯二〉

[上見(み)ぬ鷲(わし)] 空高く飛んで、上を見上げる必要のない鷲。転じて、おごり高ぶり、恐れを知らない態度。また、その人。例源氏を君とかしづきたてまつり、**上見ぬ鷲**のごとくにてあらばや〈義経記・一〉

[上を下(した)に返(かへ)す] 上下がひっくり返るくらい混乱する。ごったがえす。例御所中の兵(つはもの)ども、**上を下に返し**てあわてさわぐ〈保元・中〉

うべ

【宜・諾】 肯定の意や、同意・満足の意を表す。平安中期以降、「むべ」とも。

❶副なるほど。まことに。推量を表す語が下に来る場合が多い。例(a)闇(やみ)ならば**うべ**も来(き)まさじ梅の花咲ける月夜(つくよ)に出でまさじとや(=もし闇夜であるならば、なるほどおいでにはなるまい。でも梅の花の咲いている月夜においでにならないというのか)〈万葉・八・一四五二〉例(b)吹くからに秋の草木のしをるれば**むべ**山風

を嵐といふらむ〈古今・秋下〉➡名歌312
❷【形動】(ナリ)もっともなことだ。道理だ。【例】(a)天照大神の曰はく「諾なり」(=天照大神がおっしゃることには「もっともなことである」)〈紀・神武即位前紀〉【例】(b)むべなりけり、と思ひあはすることどももあるに(=もっともなことだなあ、と数々思い当たることがあるので)〈源氏・行幸〉

【語誌】▼関連語 「うべし」「うべこそ」「うべしこそ」「うべも」「うべしも」は「うべ」に強意の助詞がついたもの。

また、「うべなく」「うべもなく」は『蜻蛉日記』特有で、副詞的に用いられる。感動の終助詞「な」がついたものの畳語「うべなうべな(なるほどなるほど)」という言い方などもある。〈堤和博〉

うべ-うべ・し【宜宜し】【形】(シク)「むべむべし」に同じ。【例】かやうにもののはえ、**うべうべしき**ことども、天暦の御時までなり〈大鏡・道長下〉

うべ-こそ【宜こそ】〔「うべ」を強調した語。「こそ」は係助詞。平安時代以降「むべこそ」とも〕いかにも。なるほど。もっともだ。【例】**むべこそ**親の(娘ヲ)世になくは思ふらめ(=この世にまたとないと思っているのだろう)と、をかしく見たまふ〈源氏・空蟬〉

うへ-さま【上様】【名】天皇・将軍など、高貴な人物に対する敬称。【例】**上様**にはいまだ知ろしめされ候はずや〈太平記・七〉

うへ-ざま【上方・上様】【名】上のほう。上部。【例】衣**うへざま**にひき返しなどしたるもあり〈枕・正月に寺にこもりたるは〉

うべ-し【宜し】〔副詞「うべ」+副助詞「し」〕なるほど。道理で。【例】ここ見れば **うべし**神代ゆ 始めけらしも(=この様子を見ると、なるほど神代から始めたのだったのだろうよ)〈万葉・二〇・四三六〇〉【読解】難波の繁栄ぶりを神代からのものとして讃えた歌。

うべし-こそ【宜しこそ】〔「うべし」を強調した語〕至極もっともなことに。【例】夜くたちて(=夜中過ぎて)鳴く川千鳥**うべしこそ**昔の人もしのひ来にけれ(=賞美してきたのだ)〈万葉・一九・四一四七〉

上島鬼貫【人名】⇨鬼貫

上田秋成【人名】一七三四〜一八〇九(享保一九〜文化六)。江戸時代の読本作者・歌人・国学者。特に、前期(上方)読本の代表作者として重要。本名は東作。和訳太郎・剪枝畸人・無腸などと号す。

●**生涯** 大坂の曾根崎に生まれ、四歳で堂島の紙油商上田家(嶋屋)の養子になる。五歳のとき悪性の疱瘡にかかって指が不自由になる。十代から俳諧に親しみ、大坂町人の漢学塾懐徳堂にも学んだ。宝暦一一年(一七六一)二十八歳で養父を亡くすと、不如意な生活の中で『諸道聴耳世間猿』や『世間妾形気』などの浮世草子に手を染めた。堂島の大火で類焼後は、都賀庭鐘に医学を学んで開業を決意、また加藤宇万伎に師事して国学にも触れ、和歌・和文にも関心を深める。晩年は失明し、妻にも先立たれた。読本の代表作『雨月物語』『春雨物語』のほかに、歌文集『藤簍冊子』、随筆『胆大小心録』、滑稽本『癇癖談』などがある。〈松原秀江〉

うへ-つ-かた【上つ方】【名】〔「つ」は「の」の意の上代の格助詞〕「うへつがた」とも。身分の高い人々。上流階級。【例】**うへつかた**の御衆も参る(=召し上がる)物でござる〈狂言・饅頭〉

うへ-つぼね【上局】【名】中宮・女御などが、常の部屋(局)のほかに、特に天皇のそば近くに与えられる控えの部屋。【例】後涼殿にもとよりさぶらひたまふ更衣の曹司(=部屋)をほかに移させたまひて、(桐壺更衣ニ)**上局**に賜はす〈源氏・桐壺〉

うへ-とう【上頭】【名】現地に赴任せず、京都にいる荘園領主。【例】いつも**上頭**へ御年貢をささぐる〈狂言・三人夫〉

うべな-うべな【諾な諾な】〔副詞「うべ」+終助詞「な」を重ねた語〕なるほどなるほど。もっともっとも。【例】**うべなうべな** 母は知らじ **うべなうべな** 父は知らじ〈万葉・一三・三二九五〉

うへ-な・し【上無し】【形】(ク)❶上回るものがない。最高だ。【例】**上なき**位には、なしあげてまし(=昇らせたであろうに)〈夜の寝覚・三〉❷際限がない。とどまるところを知らない。【例】**上なき**ものは思ひなりけり〈新古今・恋三〉

うべ-な・ふ【諾ふ】【動】(ハ四)〔副詞「うべ」の動詞化。「なふ」は接尾語〕「むべなふ」「うべなむ」とも。❶同意する。承服する。承諾する。【例】(a)罪無しと言うまして、**伏弁はず**して、争ひ訴へば(=無罪だと申して、承服しないで、抗弁すれば)〈紀・天武下〉【例】(b)なほ**うべな**ひがたき事こそ、多うはべりけれ(=やはり承服しにくいことが、多くございました)〈琴後集・一三〉

❷服従する。【例】その**うべなはぬ**者は、ただ星の神香香背男のみ(=その服従しない者は、ただ星の神の香香背男だけ)〈紀・神代下〉

❸罪を認め、謝る。【例】頓首みて罪を**受ひて**、尽くにその地を献る(=礼拝して謝罪して、ことごとくその領地を献上する)〈紀・景行〉

【語誌】古くはほとんど漢文脈の中で用いられ、和文脈では「うけがふ」が①の意を担っていた。〈堤和博〉

上野【地名】❶伊賀国の地名。今の三重県北西部、伊賀盆地。江戸時代は藤堂氏の城下町。芭蕉生誕の地として有名。❷江戸の地名。今の東京都台東区。徳川家の菩提所寛永寺がある。桜の名所。【例】**上野**・谷中の花の梢、またいつかは(見ルコトガデキルダロウカ)と心ぼそし〈芭蕉・奥の細道〉

うへ-の-おほんぞ【上の御衣・表の御衣】【名】「うへのきぬ」の敬称。

うへ-の-きぬ【上の衣・表の衣・袍】【名】「はう(袍)」に同じ。【例】上達部も殿上人も、**うへのきぬ**の濃き薄きばかりのけぢめにて(=濃い薄いというぐらいの区別で)〈枕・四月、祭の頃〉

うへ-の-さぶらひ【上の侍】【名】清涼殿の殿上の間。殿上人の詰め所。【例】**うへの候ひ**に侍りける男ども、瓶を持たせて〈古今・雑上・詞書〉

うへ-の-にょうばう【上の女房】【名】天皇のま

わりに仕える女官。例人柄のあはれに、情けありし御心を、上の女房なども恋ひしのびあへり(=恋しくしみじみと思い起こしあっている)〈源氏・桐壺〉

うへ-の-はかま【上の袴・表の袴】ウエ 名 ❶男性が束帯の正装をするとき、最も上に履く袴。表は白、裏は紅で、位階により織り地に差がある。例見れば、表の袴も縫はで置きたり(=縫わないで置いてある)〈落窪・一〉❷童女が正装のときに履く袴。

うへ-の-みつぼね【上の御局】ウエ 名「うへつぼね」に同じ。

うへ-の-をのこ【上の男】ウエオノコ 名 殿上人のこと。例うへの男ども、賀茂の河原に川逍遥しける供にまかりて〈古今・秋上・詞書〉

うへ-びと【上人】ウエ 名 ❶「てんじゃうびと①」に同じ。例上達部・上人なども、あいなく目を側めつつ(=関係がないのに目を背けつつ)〈源氏・桐壺〉❷天皇づきの女房。例北の陣に車あまた(=たくさん)ありといふは、うへ人どもなりける〈紫式部日記〉

うへ-ぶし【上臥し】ウエ 名 宮中・院中に宿直すること。例院の御所法住寺殿に上臥しして〈平家・二・少将乞請〉

うへみぬわし【上見ぬ鷲】⇨「うへ」の子項目

うへ-みやづかへ【上宮仕へ】ウエミヤヅカエ 名 天皇のそば近くに仕えて、日常の用を務めること。例はじめよりおしなべての(=ありきたりの)上宮仕へしたまふべき際(=身分)にはあらざりき〈源氏・桐壺〉

うべ-も【宜も】〈副詞「うべ」+係助詞「も」〉同意・肯定の意を表す。もっともなことに。例春なればうべも咲きたる梅の花君を思ふと夜眠も寝なくに〈万葉・五・八三一〉

うへ-わらは【上童】ウエワラワ 名 貴族の子で、昇殿を許されて奉仕する少年・少女。主に宮中の作法見習いを目的とする。「殿上童」とも。例御供にさぶらふ上童のをかしきして奉りたまふ(=かわいらしいのを使者としてお差し上げになる)〈源氏・椎本〉

うへ-を-したにかへす【上を下に返す】⇨「うへ」の子項目

うま【馬】名「むま」とも。❶動物の名。ウマ科の哺乳動物。例男女死ぬるもの数十人、馬・牛のたぐひ辺際を知らず(=男女死んだ者は数十人、馬や牛のたぐいは限りを知らない)〈方丈記〉読解 大火事による被害。

❷双六で用いる駒。また、将棋の駒の「龍馬」「桂馬」などの略称。例むま下りぬ(=駒が進まない)双六〈枕・つれづれなるもの〉

❸【午】㋐十二支の第七番目。⇨十二支(図)

㋑㋐にあてた年・月・日の呼称。

㋒方角の呼称。南。

㋓時刻の呼称。今の正午、およびその前後約二時間。(一説に、その後約二時間)。例むまの刻ばかりに、みなあなたに参りたまふ(=皆、あちらに参上なさる)〈源氏・胡蝶〉

語誌▼古代の駅制以来、馬は交通手段に用いられてきた。令制では、左右の馬寮が置かれて馬や牧場を管理した。武士階級が台頭すると、馬はその乗り物・兵器としてさらに重要な存在となる。『平家物語』巻九で宇治川の先陣を争った佐々木高綱の生食と梶原景季の摺墨の活躍や、説経『小栗』の暴れ馬鬼鹿毛などに、その一端がうかがえる。江戸時代には庶民の旅の交通手段としても親しまれた。▼一方で、神聖視されて神馬として奉納することが行われ、のちには木馬や絵馬などがその代用品として登場した。年中行事としては、白馬の節会、賀茂の競べ馬などがよく知られる。〈池山晃〉

うま-い【熟寝】名 気持ちよく眠ること。上代は、男女の共寝にいう。例人の寝るうまいは寝ずて(=せずに)〈万葉・一一・二三六九〉

うま-いかだ【馬筏】名 騎馬で川を渡るとき、馬を数頭つなぎ合わせて筏のようにして渡る方法。例馬いかだおしやぶられ、水におぼれて六百余騎ぞ流れける〈平家・四・宮御最期〉

うま-おひ【馬追ひ】オイ 名 客や荷物を乗せた馬を追って行くこと。また、その人。馬子。例馬追ひ・船頭・お乳の人〈西鶴・西鶴織留・六・三〉

うま-がた【馬形】名 ❶神に奉納する馬の人形。❷馬の絵。例筆をふるひて絵かける中に、ことにすぐれたる馬形なん侍るなる〈著聞集・一一・三八五〉

うま-ご【孫】名「まご」の古形。平安時代以降「むまご」とも。❶孫。例おのおの鰥寡に居りて(=独身の老夫と老婆でいて)、かつて子・孫なし〈霊異記・中・一六〉❷子孫。例この山の族、七人にあたる人を、三代のうまごに得べし〈宇津保・俊蔭〉

うま-ざくり【馬決り】名 ❶馬が踏んで土を掘ること。また、その跡。例数ならぬ身にしられたるうまざくりさのみや同じ跡を踏むらむ〈夫木・二七〉❷騎射のとき、走路の目印として最初に走らせた馬の足跡。

うま-さけ【旨酒・味酒】1 名 味のよい上等な酒。例筑波の雅曲を唱ひ、久慈の味酒を飲む〈常陸風土記〉2《枕詞》❶神に捧げる酒を「神酒」ということから、同音の地名「三輪」にかかる。また、「三輪山」は「みむろ(神が降臨する所)」であることから「三室」などにかかる。❷美酒の生産地「鈴鹿」などにかかる。

うまさけの【旨酒の】《枕詞》「うまさけ2①」に同じ。

うまさけを【旨酒を】《枕詞》〈「を」は間投助詞〉「うまさけ2①」に同じ。また、酒を醸む(=醸造する)の意から、「かむ」の同音を含む「神名火山」にかかる。

うま-さへ【馬副へ】サエ 名「うまぞひ」に同じ。

うま・し【味し・甘し・美し】1 形(ク) ❶味がよい。例飯食めど うまくもあらず〈万葉・一六・三八五七〉

❷好都合だ。ぐあいがよい。例やあ、うまい(音便形)所へ出合うたな〈近松・国性爺合戦・一〉

❸ぬかりがない。巧妙だ。例うまき色咄(=色恋話)にうつつをぬかし〈西鶴・好色五人女・二・四〉

❹近世の用法。まぬけだ。あまい。例うまい(音便形)やつらと片端に蹴散らし蹴散らし〈近松・津国女夫池・一〉

2 形(シク) 物事の充実ぶりを賛美する気持ちを表す。

満ち足りていてすばらしい。まことに結構だ。例(a)**うまし**国そ　あきづ島(枕詞)大和の国は〈万葉・一・二〉 読解 語幹の用法。➡名歌386 例(b)なんでふ心地すれば、かくものを思ひたるさまにて月を見たまふぞ。**うましき**世に(＝どんな気持ちがするので、このようにも思わしげな様子で月をご覧になるのか。なんの不足もない境遇なのに)〈竹取〉 読解 かぐや姫に対する翁の問いかけ。

語誌 ②のシク活用の用法は平安時代には廃れかけていたらしく、『竹取物語』後の用例は知られていない。〈品田悦一〉

うまーじもの【馬じもの】 副 〔「じもの」は接尾語〕馬のように。例**馬じもの**　縄取り付け…天離る(枕詞)夷辺(＝田舎)に罷る〈万葉・六・一〇一九〉

うまずーめ【不生女・石女】 名 妊娠しない女性。子のできない女性。石女地獄に落ちるという偏見をもたれた。例つひに**うまずめ**にて、御子の出で来ざりければ〈愚管抄・四〉

うまーせ【馬柵・馬塞】 名 廏や牧場の柵。例**馬柵**越し麦食む駒の〈万葉・一四・三五三七・或本歌〉

うまーぞひ【馬副ひ】 ゾイ 名「うまぞへ」「うまさへ」とも。行幸・行啓の供奉、または祭りの使いの公卿の乗馬につき従う従者。馬の口取り。例**馬副ひ**の、ほそく白うしたてたるばかりして(＝白装束を着せた者だけを従えて)〈枕・八幡の行幸のかへらせ給ふに〉

うまーぞろへ【馬揃へ】 ゾロエ 名 合戦に備えて軍馬を集め、よしあしを検分し、演習などをして威容を示すこと。例信長公、諸大名を寄せたまひ、**馬揃へ**あそばし〈醒睡笑・一〉

うまーだし【馬出し】 名 ❶馬場で馬を乗り出す所。例**馬出し**より馬とどめまでひまなく、褐の衣きたる男ども灯ともしたり〈宇津保・祭の使〉 ❷人馬の出入りを敵に知られないため、城門の前に築いた土手。

うまーづかさ【馬寮】 名 ❶「めれう(馬寮)」に同じ。❷「うまやのつかさ」に同じ。

うまーつぎ【馬継ぎ・馬次ぎ】 名 街道などで、馬を乗り替えること。また、その場所。宿駅。例ことさら東海道の繁昌、**馬次ぎ**・替へ駕籠、車をとどろかし〈西鶴・日本永代蔵・二・二〉

うまーとねり【馬舎人】 名 馬の口取り。貴人の乗馬に徒歩でつき従う従者。例随身一人、小舎人童一人、**馬舎人**ばかりにて〈今昔・三〇・七〉

うまーのーかみ【馬の頭】 名 馬寮の長官。定員は左右各一人。従五位上相当。例**馬の頭**、物定めの博士になりて、ひひらきゐたり(＝しゃべりたてていた)〈源氏・帚木〉

うまーのーかみ【右馬の頭】 名 右馬寮の長官。従五位上相当。「みぎのうまのかみ」とも。

うまーのーすけ【右馬の助】 名 右馬寮の次官。「みぎのうまのすけ」とも。正六位下相当。

うまーのーつかさ【馬寮】 名「めれう(馬寮)」に同じ。

うまーのーはなむけ

【餞】 名 旅人の前途を祝して、宴を催したり、金品を与えたりすること。また、その金品など。餞別。例(a)藤原のときざね、船路なれど**うまのはなむけ**す。(身分ノ)上中下酔ひあきて(＝すっかり酔っ払って)〈土佐〉 読解 船旅だから馬はいないのに、というしゃれ。例(b)明州といふ所の海辺にて、かの国の人**うまのはなむけ**しけり〈古今・羇旅・左注〉

語誌 古く、旅に立つ人の安全を祈って、馬の鼻先を旅先の方向に向けたことからいう。実際の用例では、別れを惜しむ宴をいうことが多い。例(a)は、その宴。例(b)は、遣唐使として唐に渡ったまま帰国できなかった阿倍仲麻呂の歌に添えられた説明で、その別れの宴で詠まれたのが、『百人一首』にも採られている「天の原」の歌(➡名歌47)である。〈奥村英司〉

うまーのり【馬乗り】 名 ❶馬に乗ること。また、巧みに馬を乗りこなす人。例つづきの平太経家は、高名の(＝名高い)**馬乗り**・馬飼ひなりけり〈著聞集・一〇・三六四〉 ❷馬に乗るような形でまたがること。例鳥居の上に上り、笠木を**馬乗り**にして居けり〈醒睡笑・六〉 ❸馬に乗ること、また、馬をもつことを許された武士。例この橋の上に**馬乗り**一人、出家一人〈西鶴・日本永代蔵・三・一〉 ❹羽織などの背縫いの下のほうに、縫わずにあけてある部分。例**馬乗り**のあきし木綿羽織〈西鶴・諸艶大鑑・五・一〉

うまーば【馬場】 名「むまば」とも。乗馬を練習する広場。馬場。例**馬場**といふ所にて、人おほくさわぐ〈枕・五月の御精進のほど〉

うまばーのーおとど【馬場の殿】 名 端午の節会に騎射や競べ馬を見物するために建てられた、馬場に面した殿舎。宮中では、武徳殿のこと。貴族の邸にも建てられた。例(強風ニ)**馬場の殿**、南の釣殿などは危げになむ〈源氏・野分〉

うまーひと【貴人】 名 身分や家柄が高い人。高貴な人。貴人。例漁夫の子どもと人は言へど見るに知らえぬ(＝わかった)**うまひと**の子と〈万葉・五・八五三〉

うまーふ【産まふ・生まふ】 ウマ・ウモウ ウ 〔上代語〕〔動詞「うむ」の未然形＋上代の反復・継続の助動詞「ふ」〕次々に生む。どんどん生む。例大神の男餓鬼賜りてその子**産まは**む〈万葉・一六・三八四〇〉

うまーぶね【馬槽】 名 馬の飼料を入れる桶。飼い葉桶。例ただ残りたるものは、**馬ぶね**のみなむありける〈大和・一五七〉

うまーまはり【馬回り】 マワリ 名 ❶大将の乗っている馬の周囲。例**馬回り**に、すぐれたる兵を七千余騎囲ませて〈太平記・一四〉 ❷主君の馬のかたわらについて護衛する武士。

うまーや

【駅・駅家】 名 令制で、街道の要所に設けた宿駅。約一六キロごとに置かれた。例**駅**は　梨原。望月の**駅**〈枕・駅は〉

語誌 ▼「うまや」の制度　宿駅は唐の制度にならって設けられたもので、官人のために人や馬を継ぎ立てたり宿舎や食料を供給したりする。財源として駅田が与えられ、駅長・駅子などがその管理にあたった。鎌倉時代には衰えた。〈吉田比呂子〉

うまーや【馬屋・廏】 名 馬を飼っておく小屋。馬小屋。例黒駒を　**廏**に立てて〈万葉・一三・三二七八〉

うまやーたち【駅館】 名 宿駅に設けた、宿泊や人馬の交替を扱う施設。例往還ふ路の**駅**としたまふ

〈紀・神功摂政前紀〉

うまや-ぢ【駅路】ヂ 名 宿駅の設置されている街道。「えきろ」とも。例**うまやぢ**に引き舟渡し〈古今六帖・三〉読解 これは水駅で、舟を設置したもの。

うまや-の-つかさ【廏の司】名 院の庁や摂関家で、馬のことをつかさどる役所。「うまづかさ」「うまやつかさ」「みまやのつかさ」などとも。

うまや-の-をさ【駅の長】オサ 令制で、駅の責任者。「駅長」とも。例明石の駅といふ所に御宿りせしめたまひて、**うまやのをさ**のいみじく(=ひどく悲しく)思へる気色を御覧じて〈大鏡・時平〉

うま-ゆみ【馬弓・騎射】名 馬に乗って弓を射ること。特に、端午の節会に、宮中の武徳殿の前で行われる騎射などの儀式。例下野の公助といふ舎人、**馬弓**射けるに〈今昔・一九・二六〉

うまら【茨・荊・棘】名『上代語』〔「うばら」の変化した形〕東国方言。「いばら」に同じ。例道のへの**うまら**の末に延ほ豆の(=はいまつわる豆のように)〈万葉・二〇・四三五二〉

うまら-に 副 おいしく。気持ちよく。満ち足りて快い状態を表す。例横臼に醸みし大御酒**うまらに**聞こしもち食せ〈記・中・応神・歌謡〉

うま・る【生まる】動(ラ下二) 生まれる。例朝に死に夕べに**生まるる**ならひ(=この世の道理)、ただ水の泡にぞ似たりける〈方丈記〉

うまれ【生まれ】名 ❶生まれること。誕生。また、出生地。例遠州浜松の**うまれ**にて〈浮世草子・好色万金丹・四・四〉❷生まれもった性質。例不調法な**生まれ**で面目もござらぬ〈虎寛本狂言・老武者〉

うまれ-あ・ふ【生まれ合ふ】アウ・オウ 動(ハ四) 同じ時代に生まれ合わせる。また、偶然その時代に生まれる。例かくばかりつれなき人と同じ世に**生まれあひ**けんことさへぞ憂き〈玉葉・恋二〉

うま-れう【馬寮】リョウ 名「めれう(馬寮)」に同じ。

う-まれう【右馬寮】ーリョウ 名「うめれう」とも。左・右ある馬寮のうち、右の馬寮。⇩めれう(馬寮)

うまれ-しゃう【生まれ性】ショウ 名 生まれつきの性質。天性。持って生まれた宿命。例なんぢは、いみじき(=すぐれた)**生まれ性**にて〈曾我・一〇〉

うまれ-つ・く【生まれつく】動(カ四) 持って生まれる。生まれながら身に備わっている。例しな・かたちこそ**生まれつき**たらめ〈徒然・一〉

うみ

【海・湖】名 ❶海。例(a)石見の**海** 角の浦廻を 浦なしと 人こそ見らめ 潟なしと 人こそ見らめ〈万葉・二・一三一〉➡名歌69 例(b)大**海**の磯もとどろに寄する波割れて砕けてさけて散るかも〈金槐集・下〉➡名歌102

❷**大きな池・湖**。琵琶湖についていうことが多い。例(a)大君は神にしませば真木の立つ荒山中に**海**をなすかも(=天皇は神でいらっしゃるので真木の茂る荒々しい山中にまで海をお造りになることよ)〈万葉・三・二四一〉読解「海」は、今の奈良県桜井市にあった猟路の池のこと。例(b)近江の**海**夕波千鳥汝が鳴けば心もしのに古思ほゆ〈万葉・三・二六六〉読解「近江の海」は琵琶湖のこと。➡名歌42

語誌▼古くは、大きな池・湖にもいう。①②を区別する場合、前者を「しほうみ(潮海)」、後者を「あはうみ(淡海)」といった。「あはうみ」が変化して「あふみ」となる。琵琶湖のある国を「近江」と呼ぶのもそのためである。

▼「天の海に雲の波立ち月の舟星の林に漕ぎ隠る見ゆ」〈万葉・七・一〇六八〉(➡名歌48)のように、天空を比喩的に海と呼んだ例もある。海の深さを山の高さと比べて、孝恩の重さを表すこともある。

▼基本的に海は異界であり、人間世界の対極に位置づけられていた。類義語「**わたつみ**」は特にその霊性を強調した言い方。〈多田一臣〉

うみ-が【海処】名〔「が」は接尾語〕海というところ。海。例**海処**行けば 腰なづむ(=足腰も行き悩む)〈記・中・景行・歌謡〉

うみ-さち

【海幸】名 ❶海の獲物。例山さちも己がさちさち、**海さち**も己がさちさち(=山の獲物をとるにも、自分の道具でなければならない、海の獲物をとるにも自分の道具でなければならない)〈記・上・神代〉

❷海の獲物をとるための道具。釣り針など。例火遠理の命、**海さち**をもちて魚釣らすに(=火遠理の命は、海の獲物をとる道具を使って魚をお釣りになるが)〈記・上・神代〉

語誌▼**異界の呪力** 「さち」の「さ」は霊威の発動を示す言葉。「ち」は霊威のこもるもの、の意。海や山は異界だから、そこでとれる動植物には異界の呪力(生命力)が満ちていると信じられた。「うみさち」「やまさち」の原意はそこにある。釣り針や弓矢などの猟具も「さち」と呼ばれるが、その道具自体にも異界から呪力を引き出すという霊性が強く感じ取られていた。

一方、そのような道具を操る人物にも、同様な力が備わっていると信じられた。「弟彦火火出見尊は、自づからに山幸有します(=弟の彦火火出見尊は、本来、山の獲物を得る霊力をおもちになっている)」〈紀・神代下〉とある「山幸」は、山の獲物が自然と集まる彦火火出見の力を示す。なお、記紀の海幸彦(火照命または火闌降命)と山幸彦(火遠理命または日子穂々手見命)が互いの猟具を交換した結果、前者が後者に服従することになる話は海幸山幸の物語としてよく知られている。〈多田一臣〉

うみ-そ【績み麻】名「うみを」に同じ。例髪は**うみそ**をわがねたるごとくなれど〈読本・雨月・蛇性の婬〉

うみ-ぢ【海路】ヂ 名 海上の船の航路。例風吹けば波のささふる(=立ちふさがる)**海路**は行かじ〈万葉・一三・三三三八〉

うみ-つ-ぢ【海つ路】ヂ 名「うみぢ」に同じ。

うみ-づら【海面】名 ❶海や湖のほとり。例伊勢・尾張のあはひ(=国境)の**海づら**を行くに〈伊勢・七〉❷海や湖の水面。例月澄み渡る**海面**に〈謡曲・竹生島〉

うみ-の-こ【生みの子】名 子孫。また、実の子。例**うみのこ**の いや継ぎ継ぎに〈万葉・二〇・四四六五〉

うみ-べた【海辺】名 海岸。例世を**うみべた**にみるめすくなし〈古今・恋三〉読解「うみ」は「海」と「憂み」を、「みるめ」は「海松布」と「見る目」を掛ける。

うみ-まつ【海松】名 ❶海岸に生えている松。例動き無き巌に根ざす**海松**の〈恵慶集〉❷海藻の名。「みる(海松)」に同じ。例おぼつかな今日は子の日か海人ならば**海松**をだに引かましものを〈土佐〉読解初子の日に小松を引く風習をふまえた歌。

うみ-やま【海山】 名 ❶海と山。例人の国(=地方の国々)などにはべる**海山**のありさまなどを御覧ぜさせてはべれば〈源氏・若紫〉❷恩恵や思慕の情などの程度がはかりがたいことのたとえ。例まことに御恩**海山**まで〈海人の刈藻・四〉

うみ-を【績み麻】 ォ― 名 麻の茎を細く裂いて、長くより合わせた糸。紡いだ麻糸。例**績み麻**を用ちてその人の襴に繋け〈肥前風土記〉

うみをなす【績み麻なす】 ウミオナス《枕詞》〔「なす」は接尾語〕「績み麻」のように長い、の意から、「なが」と同音を含む地名「長柄」「長門」にかかる。

う-む【有無】 名 ❶あることとないこと。あるかないか。例志の**有無**にまかせたり〈海道記〉❷諾と否。承知か不承知か。例**有無**の仰せごとを仰せられい〈狂言・瓜盗人〉

う・む【生む・産む】 動(マ四)出産する。新しいものを作り出す。例今、わが**生める**(=出産した)子良くあらず〈記・上・神代〉

う・む【埋む】 動(マ下二)うめる。物の上を覆い隠す。例山を崩し、海を**うめて**も〈宇津保・吹上上〉

う・む

【倦む】 動(マ四)**いやになる。飽きる。疲れる。** 例(a)**うむ**時なしに恋ひ渡るかも(=いやになる時もなく恋しつづけることだ)〈万葉・一二・二九九〇〉例(b)ある時は**倦ん**(音便形)で放擲せんことを思ひ(=放り出すことを思い)〈芭蕉・笈の小文〉読解作品の冒頭の一節。生涯をかけることとなった俳諧も、ある時は、飽きて放り出そうかと思った、と語る。

語誌▼「うし(憂し)」と同根の語か。同じことが続くのに嫌気がさし、苦しく内攻する心理状態を表す。
▼**関連語** 「**倦んず**」は、「倦む」の連用形にサ変動詞「す」がついてできた語。「**たゆむ**」は、持続してきた状態が止まって緊張が緩む意を表す。〈鈴木幸夫〉

う・む【績む】 動(マ四)麻や苧などの茎を細く裂いて、長くより合わせる。例麻をやある(=緒はありますか)、**績み**てたてまつらん〈宇治拾遺・五七〉読解「麻」は麻や苧などの繊維。

うめ

【梅】 名〔平安時代以降「むめ」とも〕❶植物の名。バラ科の落葉高木。また、その実・花。春先から、香りのよい白や紅の花をつける。例我が園に**梅**の花散るひさかたの(枕詞)天より雪の流れ来るかも〈万葉・五・八二二〉➡名歌425
❷「梅襲」の略。
❸紋所の名。①の花を図案化したもの。
❹遊女の位の天神の別称。天神として祭られた菅原道真が梅を愛した故事による。

単梅　八重向梅

梅③

語誌▼**色と香り** 梅は大陸から渡来した。『万葉集』に梅の歌が多く見られるが、梅の香りを詠んだ歌はほとんどなく、花の色(白色)がとりあげられた。平安時代になると漢詩文の影響もあって、「色よりも香こそあはれと思ほゆれ誰が袖ふれし宿の梅ぞも」〈古今・春上〉などと梅の香りへの注目が高まり、以後香りを賞する歌が一般的となった。
▼**雪と白梅** 『万葉集』ごろの梅は白梅をさし、雪の白さとともに詠まれることが多かった。梅を雪に、あるいは雪を梅に見立てる趣向も『万葉集』以来のものである。「我がやどの梅の初花昼は雪夜は月とも見えまがふかな」〈後撰・春上〉は雪だけでなく月にも見立てた歌。
▼**白梅か紅梅か** 平安時代もなかばになると、『枕草子』「木の花は」の段に「濃きも薄きも紅梅」とあるように、白梅よりも紅梅が愛好されるようになる。
▼**梅と鶯** 鶯の宿る木とされ、鶯とともに詠まれることも多かった。〈佐藤明浩〉

うめ-が-え【梅が枝】 名「むめがえ」とも。梅の枝。例**梅が枝**に来ゐる鶯〈古今・春上〉

うめ-が-か【梅が香】 名「むめがか」とも。梅の花の香り。例心あらば問はましものを**梅が香**に誰が里よりか匂ひ来つらむ〈新古今・春上〉

うめ-がさね【梅襲】 名 襲の色目の名。表は白、裏は蘇芳。一説に、表は濃い紅、裏は紅梅とも。陰暦十一月から二月に着用。⇩口絵

うめ・く

【呻く】 動(カ四)❶**嘆息する。ため息をつく。** 例高やかにうち言ひ、**うめきたる**も(=大きな声で言って、ため息をついているのも)〈枕・懸想人にて来たるは〉❷**詩歌などを苦心して作る。苦吟する。** 例あまたたび誦じて、**うめきて**返し(=何度も声を出して読んで、苦心して作って返歌し)〈大鏡・後一条院〉❸**低い声を出す。うなる。** 例父の家に飼ひける牛、夜ごとに必ず**うめく**こと侍りけり(=父の家で飼っていた牛が、夜のたびに必ずうなることがございました)〈著聞集・二〇・七〇一〉

語誌 平安時代の用例では、ほとんどが①か②の意。中でも①は、対象について、身分や立場などから来る心理的な負い目を感じていて口に出して文句を言えないという場合、あるいは文句を言ってもしかたがないという場合に集中している。〈藤本宗利〉

うめ-くさ【埋め草】 名 ❶敵城を攻めるとき、堀や溝などを埋めるために使う草。また、作戦上前線に出されて犠牲になる兵。例堀・溝をうめんために、**埋め草**三万余荷〈太平記・二〇〉❷空白や欠損を満たすもの。例この**埋め草**にゃあ…可愛がって貰わにゃあ合はねえよ〈歌舞伎・小袖曾我薊色縫・二・序幕〉

うめ-ごよみ【梅暦】 名 山中などで、梅が咲くのを見て春が来たことを知ること。また、梅の花。例頃こしも春の**梅ごよみ**、れんじ(=格子のついた窓)に開く鉢植ゑの〈人情本・春色梅児誉美・初・三〉

うめ-つぼ【梅壺】 名 内裏の後宮五舎の一つ。凝華舎の別称。女御などが住む。⇩口絵。中庭に紅白の梅が植えてあることからいう。例(宮中に)参りたまふ時の御局には**梅壺**をしたれば〈源氏・賢木〉

うめ-の-はながさ【梅の花笠】 梅の花を笠に見立てた語。例鶯の縫ふてふ(=縫うという)笠は梅の花笠〈古今・神遊びの歌〉

うめ-ばち【梅鉢】 名 紋所の名。ひとえの梅の花の正面から見た形を図案化したもの。菅原道真の、加賀の前田家などの家紋。

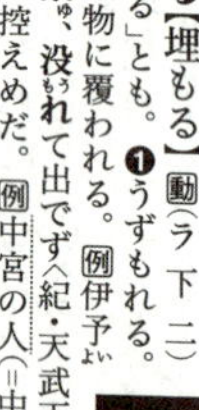
星梅鉢

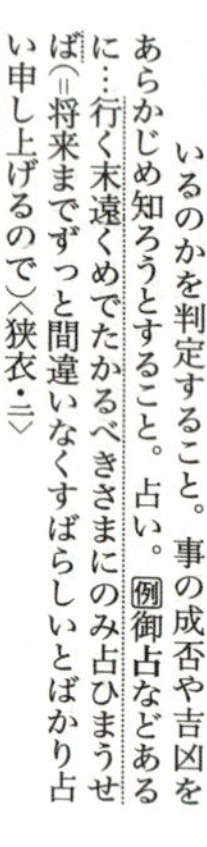
剣梅鉢

うも【芋】 名『上代語』植物の名。芋の古称。今の里芋や山芋の類。例意吉麻呂が家なるものはうもの葉にあらし(=家にあるのは芋の葉であるらしい)〈万葉・一六・三八二六〉

うも・る【埋もる】 動(ラ下二) ❶うずもれる。ほかの物に覆われる。例伊予の湯泉、没れて出でず〈紀・天武下〉 ❷引っ込み思案だ。控えめだ。例中宮の人(=中宮付きの女房たち)埋もれたり、もしは用意なしなども言ひはべる〈紫式部日記〉 ❸陰気だ。ふさいでいる。例むげに埋もれたりつる心地晴れはべぬべかめり〈栄花・初花〉

うもれ-いた・し【埋もれいたし】 形(ク) 〔「いたし」は、はなはだしい意〕「むもれいたし」とも。❶うっとうしい。気が晴れ晴れしない。例ただうもれいたく、心地のむつかしきを〈浜松中納言・一〉 ❷控えめすぎる。例いとあまり埋もれいたきを、物越しばかりの対面はと〈源氏・賢木〉

うもれ-ぎ【埋もれ木】 名「むもれぎ」とも。❶樹木が長い年月水底や土中に埋まり、炭化したもの。例名取川瀬々の埋もれ木〈古今・恋三〉 ❷世間から見捨てられ、顧みられることのない境遇。また、そのような境遇にある人。例埋もれ木の咲かですぎにし枝にしもふりつむ雪を花とこそ見れ〈貫之集・九〉

うもれぎの【埋もれ木の】 《枕詞》「埋もれ木」が土中などにあって見えないことから「下」「人知れぬ」にかかる。

うもれ-みづ【埋もれ水】 ミヅ― 名 草木などの物陰を流れて、人目につかない水。不遇の身や人に知られない思いのたとえ。例春日野のおどろの道(=草木の乱れる道)の埋もれ水〈新古今・神祇〉

う-もん【有文・有紋】 名 ❶衣・冠・帯などに、紋あるいは模様のあるもの。❷能楽で、外面に美を押し出した演じ方。❸連歌・俳諧などで、趣向を凝らしたすぐれたもの。

うら

うら【末】 名〔「うれ」の交替形〕「うれ(末)」に同じ。例うら若み花咲きかたき梅を植ゑて〈万葉・四・七八八〉

うら

【占・卜】 名〔「裏・心」と同源か〕事物に現れた現象から、それがどのようなことを意味しているのかを判定すること。事の成否や吉凶をあらかじめ知ろうとすること。占い。例御占などあるに…行く末遠くめでたかるべきさまにのみ占ひまうせば(=将来までずっと間違いなくすばらしいとばかり占い申し上げるので)〈狭衣・二〉

語誌▼**占のいろいろ** 占は、古代では鹿の肩甲骨や亀甲を焼いてできるひび割れのぐあいで占う太占が行われた。「占」も「卜」も、焼かれた亀の甲にできたひびを象形した文字である。また、筮木を数えて行う卜筮は令制の神祇官・陰陽寮などでも行われた。その他、夢によって占う夢占、歩数で占う足占、石の数や蹴った状態による石占、夕方道行く人の話によって占う夕占、歌占・辻占・水占など、多くの種類がある。〈馬場光子〉

うら

【浦】 名 ❶**海・湖・池などの、陸地に湾入した部分**。入り江。例敏馬の浦は 朝風に 浦波騒き 夕波に 玉藻は来寄る(=敏馬の浦は朝の風が吹くと入り江の波が立ち騒ぎ夕べの波に玉藻が流れ寄って来る)〈万葉・六・一〇六五〉 ❷海辺。浜辺。例見渡せば花も紅葉もなかりけり浦の苫屋の秋の夕暮れ〈新古今・秋上〉➡名歌355

語誌▼**異界との接点** 「うら」とは、別に「裏」「心」「占」の用字例があることからも知られるように、表面からは隠れて見えないものを意味する。「浦」も、もとは海岸線の、外海から視線の遮断された、陸地に湾入する部分を意味する言葉だった。そこは、入り江として船の停泊に適したところとされ、また海の彼方からやって来る波に乗って、「玉藻(海藻のことだが、海という異界の呪力がこもると信じられていた)」などがこの世界に寄り来る場として考えられていた。浦は、人が、海のかなたに想像した異界と触れあう接点ともいえるところだった。〈多田一臣〉

うら

【裏・心】 名 ❶**おもての反対側**。裏面。後ろ側。衣服の裏地。例裏まだつけぬ袷の縫ひ目(=裏地をまだつけていない皮衣の縫い目)〈枕・むつかしげなるもの〉 ❷**表面からは見えない部分**。内。内側。例天地の底ひの裏に我がごとく君に恋ふらむ人はさねあらじ(=天地の果ての内に私のようにあなたを恋い慕っている人は決していないでしょう)〈万葉・一五・三七五〇〉 ❸心。心の内。上代は「うらもなし」の形で用いられる。⇨うらもなし。例我ぞ我が身のうらは怨むる〈後撰・恋三〉 ❹連歌・俳諧で、句を記すために二つに折った懐紙の裏面。また、その裏面に記した句。

語誌 ③は、心情を表す語などについて接頭語的に用いて、なんとなく、の意を添えることも多い。「うらがなし」「うらさぶ」「うら泣く」「うら待つ」など。〈五十嵐康夫〉

【裏をかく】 矢・刀・槍などを、物の裏まで貫く。例(矢ハ)鎧の草摺りに裏をかかせてぞ立ったりける(=刺さったのであった)〈太平記・一六〉

うら-いた【裏板】 名 ❶物の裏側に張った板。❷屋根裏に張った板。例工ども裏板どもをいとうるはしく鉋かきて(=鉋をかけて)〈大鏡・時平〉

うら-うへ【裏表】 ウエ― 名 ❶裏と表。例(紙ノ)うらうへかきみだりたるを〈枕・今朝はさしも見えざりつる空の〉 ❷相対する物の両方面。両側。右と左、前と後ろ、上と下など。また、方々。例うらうへに瘤つきたる翁に〈宇治拾遺・三〉 ❸反対。うらはら。例祭りの日はうらうへの色なり〈栄花・殿上の花見〉

読解 賀茂の祭りの当日は、それに先だつ御禊の日とは反対色の着物を着たということ。

うら‐うら 副 ❶日ざしの柔らかなさま。明るくのどかなさま。うららかに。例**うらうら**に照れる春日に雲雀あがり心悲しもひとりし思へば〈万葉・一九・四二九二〉➡名歌91 ❷のどかで平穏なさま。心がゆったりとしたさま。のんびりと。例(a)海の面、**うらうら**となぎわたりて(=海面は、のどかにないでいて)〈源氏・須磨〉例(b)**うらうら**とこそは御堂は思しめしけんを、浅く思ひて悪霊も出で来るなるべし(=のんきに御堂様は思っておられただろうに、あさはかに考えて怨霊が出て来たのだろう)〈愚管抄・四〉読解「御堂」は藤原道長のこと。

語誌 平安時代以降は「うららと」の形で用いられることが多くなる。〈吉田比呂子〉

うら‐がき【裏書き】 名 巻き物などの裏に、補注や心覚え、その由来などを書いたもの。例行成(=人名)ならば**裏書き**あるべし。佐理(=人名)ならば**裏書き**あるべからず〈徒然・二三八〉類義➡おくがき

うら‐か・く【裏かく】 動(カ四)「うらをかく」に同じ。例鎧にたったる(=刺さった)矢目を数へたりければ六十三、**裏かく**矢五所〈平家・四・橋合戦〉

うら‐かた【占形・卜形・占方】 名 ❶【占形・卜形】占いで、結果として亀甲や鹿の骨などに現れる形。❷【占方】占い。また、占いをする人。例大江山の鬼神の事、**占方**の言葉に任せつつ〈謡曲・大江山〉

うら‐がな・し【うら悲し・うら愛し】 形(シク)〔「うら」は心の意〕❶【うら悲し】なんとなく悲しい。例春の野に霞たなびき**うら悲し**この夕影に鶯鳴くも〈万葉・一九・四二九〇〉➡名歌294 ❷【うら愛し】いとしい。例紫草は根をかも終ふる人の児の**うらがなしけ**を寝を終へなくに〈万葉・一四・三五〇〇〉読解「うらがなしけ」は「うらがなしき」のなまり。

うら‐がへ・る【裏返る】 動(ラ四)❶裏側が返って表になる。例難波江に心とまりて蘆の葉に**うらがへる**べき(=都に帰りたい)心地こそせね〈栄花・松の下枝〉読解「蘆の葉に」は序詞。「うらがへる」は「裏返る」と「浦帰る」の意を掛ける。❷心変わりをする。裏切る。例当代の宣旨を賜りしものの、かく**裏返り**ぬれば、誰か思ひよらん〈増鏡・月草の花〉

うら‐が・る【末枯る】 動(ラ下二)木の梢や草の葉先が枯れる。例**うら枯るる**浅茅が原の刈萱の〈新古今・秋上〉

うら‐がれ【末枯れ】 名 木の梢や草の葉先が枯れること。例**うらがれ**せな(=しないで)常葉にもがも〈万葉・一四・三四三六〉

うら‐ぐは・し【うら細し・うら麗し】 形(シク)〔「うら」は心の意〕心にしみるほど美しい。例隠国の(枕詞)泊瀬の山は あやに**うら麗し** あやに**うら麗し**〈紀・雄略・歌謡〉

うら‐ごひ・し【うら恋し】 形(シク)〔「うら」は心の意〕心中恋しく思うさま。わけもなく恋しい。例**うら恋し**我が背の君はなでしこが花にもがもな(=花になってほしい)朝な朝な見む〈万葉・一七・四〇一〇〉

うら‐さび・し【うら寂し・うら淋し】 形(シク)〔「うら」は心の意〕心さびしい。何とはなしにさびしい。例君まさで(=いらっしゃらないので)煙絶えにし塩竈の**うらさびしく**も見えわたるかな〈古今・哀傷〉読解「うら」は「浦」と「心」を掛ける。

うら‐さ・ぶ【うら荒ぶ】 動(バ上二)〔「うら」は心の意〕心さびしく思う。心が荒れている。例楽浪の国つ御神の**うらさびて**〈万葉・一・三三〉

浦島説話 古代から現代にまで広く及ぶ説話・伝説・童話などに取り込まれた話の一つ。話の基本は、ある漁師が海のかなたの龍宮に招かれて乙女らに歓待されるが、やがて故郷に戻ってみると、長の歳月がたって周囲が一変してしまっていたので、乙女から開けてはならぬと禁じられていた玉手箱を開いてみたところ、彼自身が老人となって龍宮へ二度と行けなくなる、という内容である。

この説話は古く『日本書紀』雄略紀・『丹後国風土記』逸文(他書に引用されている記述)・『万葉集』巻九(高橋虫麻呂作)に採られているが、いずれも男が仙境を訪ねるという神仙の思想を色濃く反映させている。平安時代には『浦島子伝』などの漢文体の述作もあり、中国文学を背景に神仙の要素をいっそう強め、さらに男と乙女との恋愛の関係が強調されている。室町時代の御伽草子『浦島太郎』では、亀の命を助けた恩返しによって龍宮城へ連れて行かれるということになり、この点で、のちの昔話や童話と共通する。また、この御伽草子では、龍宮城を東西南北の四方に四季を重ねて描いている点が注目される。〈鈴木日出男〉

浦島の子 《人名》浦島伝説の主人公。浦島太郎。助けた亀に連れられて龍宮城に行く御伽草子の話が有名。伝説そのものは、『万葉集』や『風土記』以来、時代を越えて見ることができる。

うら‐す【浦州・浦洲】 名 川や海にある浅瀬の州。例**浦渚**には千鳥妻呼び〈万葉・六・一〇六二〉

うら‐ぢ【浦路】 名 浦辺の道。海岸の道。例旅寝する須磨の**浦路**のさよ千鳥〈千載・羇旅〉

うら‐づたひ【浦伝ひ】 名 舟で海岸沿いに行くこと。例舟にて(京へ)上る。**浦づたひ**に逍遥しつつ来るに〈源氏・須磨〉

うら‐づた・ふ【浦伝ふ】 動(ハ四)舟で浦から浦へ移動する。海岸沿いに行く。例にほの海や秋の夜わたるあま小舟月に乗りてや**浦づたふ**らん〈玉葉集・秋下〉

うら‐て【占手】 名 ❶相撲の節会で最初に取り組みをする四尺以下の小童。例一の(=最初の取り組み)には**うらて**〈宇津保・内侍のかみ〉❷相撲で最手(最高位)に次ぐ位。今の関脇に相当。例相撲は最手、**占手**〈著聞集・一〇・三七〇〉❸歌合わせで、最初の一番。例左方、**うらて**の菊は〈寛平御時菊合・詞書〉❹占い。また、その結果。例さて松明の**占手**はいかに〈謡曲・烏帽子折〉

うら‐と・く【うら解く】 動(カ下二)〔「うら」は心の

意〕心がうちとける。例うらとけて君し思はば(=あなたが思うのなら)我もたのまむ〈後撰・春下〉

うら‐と・ふ【占問ふ】 動(ハ四) 占いによって神意を問い、吉凶や成否を判断する。例**占問へ**ど君を相見むたどき知らずも(=手段もわからないことだ)〈万葉・一六・三八一二〉

うら‐ど・ふ【うら問ふ】 動(ハ四)〔「うら」は心の意〕それとなく相手の心中を探るようにして尋ねる。例その根心(=心底)が聞きたいと、騒がぬ顔で**うら問へ**ば〈近松・ひぢりめん卯月紅葉・中〉

うら‐な・し

【心無し】 形(ク)「うら」は表面に現れない内心の意で、それがないというのが原義。

❶**隠し立てがない。心隔てがない。遠慮がない。** 例同じ心ならん人と、しめやかに物語して、をかしきことも、世のはかなき事も、**うらなく**いひなぐさまんこそうれしかるべきに(=同じ心持ちの人と、しんみり話をして、風流なことも、この世の無常なことも、心隔てなく語り合って心を楽しませるのこそうれしいに違いないのに)〈徒然・一二〉❷**心配がない。安心しきっている。用心がない。** 例我が身を思ひ上がり、**うらなく**て過ぐしける世の(=自分自身を自負し、安心しきって過ごしてきた夫婦の仲が)〈源氏・若菜上〉読解これまで光源氏の最愛の妻という座に安閑としてきたが、という紫の上の思い。〈鉄野昌弘〉

うら‐な・ふ

【占ふ・卜ふ】 動(ハ四)〔「なふ」は接尾語〕**占いをする。** 占いによって、事の成否、吉凶、意味などを判断する。例(a)いと恐ろしく**占ひ**たる物忌みにより、京の内をさへ避りてつつしむなり(=たいそう恐ろしい占いに出た物忌みのため、京都の中までも避けて身を慎んでいるのだ)〈源氏・浮舟〉読解占って悪い判断が出たりすると、方違えをして身を慎み、その厄を避けようとする習俗があった。例(b)よい事か悪ぁしい事か、**うらなう**(音便形)て〈狂言・茸〉〈馬場光子〉

うら‐なみ【浦波】 名 海や湖の入り江に寄せてくる波。例敏馬の浦は 朝風に **浦波**騒き 夕波に 玉藻は来寄る〈万葉・六・一〇六五〉

うら‐ば【末葉】 名「うらは」「うれは」とも。木の枝や草の茎の先端のほうの葉。例水門の 葦の**末葉**を 誰か手折りし〈万葉・七・一二八八〉➡名歌345 類義すゑば

うら‐はず【末弭・末筈】 名〔「うら」は先端の意〕弓の上側の弦をかける部分。⇩ゆみ(図)。例弓を差し降ろして水の深さを探るに、**末弭**わづかに残りたり〈太平記・九〉

うら‐びと【浦人】 名 入り江に住む人。漁民。例**浦人**の潮汲む袖にくらべみよ〈源氏・須磨〉

うら‐び・る 動(ラ下二)〔「うらぶる」の変化した形か〕悲しみに沈む。例秋萩に**うらびれ**をればあしひきの(枕詞)山したとよみ(=鳴り響くほど)鹿の鳴くらん〈古今・秋上〉

うら・ふ【占ふ・卜ふ】 動(ハ下二)「うらなふ」に同じ。例夢を以て**占へ**む〈紀・崇神〉

うら‐ぶ・る 動(ラ下二)〔「うら」は心の意〕失意に心しおれる。悲しみに沈む。例我が背子に我が恋ひ居れば我がやどの草さへ思ひ**うらぶれ**にけり〈万葉・一一・二四六五〉

うら‐べ【卜部】 名❶古く、各地の神社に奉仕し、占いをつかさどる人々。例**卜部**すゑ 亀(=亀甲)もな焼きそ〈万葉・一六・三八一一〉❷令制で、神祇官に属し、占いをつかさどる職。また、その人。

卜部兼好 《人名》⇩兼好

うらぼん【盂蘭盆】 名〔梵語の音写〕《仏教語》⇩うらぼんゑ

うらぼん‐ゑ【盂蘭盆会】 名《仏教語》陰暦七月十五日の中元を中心に行う仏事。先祖の霊を自宅に招いて供養し、冥福を祈る。もとは、餓鬼道に落ちて苦しむ亡者を救済するための仏事。「うらぼん」とも。

うら‐ま・つ【うら待つ】 動(タ四)〔「うら」は心の意〕心待ちにする。例秋風に今か今かと紐解きて**うら待ち**居るに月傾きぬ〈万葉・二〇・四三一一〉

うらみ【恨み・怨み】 名❶恨みに思うこと。怨恨。例人の心をのみ動かし、**恨み**を負ふ積もりにやありけん〈源氏・桐壺〉❷残念に思うこと。未練。例世に亡くなりてのちに**恨み**残すは世の常のことなり〈源氏・葵〉❸悲しみ。嘆き。例行く者の悲しみ、残る者の**恨み**〈芭蕉・奥の細道〉❹仕返し。復讐。例かかる時節をうかがひて、**恨み**をなすも理なり〈謡曲・舟弁慶〉

うら‐み【浦回・浦廻】 名〔「み」は接尾語〕海や湖の入り江の沿岸。例住吉の岸の**浦廻**ゆ(=沿岸を通って)行かましものを〈万葉・七・一一四四〉

うら‐み【浦見】 名 浦を見ること。和歌では、多く「恨み」と掛けて用いる。例近江なる打出の浜の(ここまで序詞)うちいでつつ(=口に出して)**うらみ**やせまし人の心を〈拾遺・恋五〉

うら‐みち【裏道】 名❶裏口から通じる道。例むつかしい人がわせた(=来られた)。**裏道**へはづさう〈狂言六義・胸突〉❷街道とは別の道。抜け道。間道。例**裏道**から御所海道、山へかかって(=入って)退のかっしゃれ〈近松・冥途の飛脚・下〉

うらみ‐わ・ぶ【恨み侘ぶ】 動(バ上二) 恨み嘆く。恨んで気力を失う。例**恨みわび**ほさぬ袖だにあるものを恋に朽ちなむ名こそ惜しけれ〈後拾遺・恋四〉➡名歌92

うら・む

【恨む・怨む】 相手に不満をいだきながらも表には出さず、じっと相手の心をうかがう、が原義。

1 動(マ上二)❶**相手の仕打ちに対して恨みに思う。嘆き悲しむ。** 例逢はずとも我は**恨みじ**(=逢わなくても私は恨みに思わない)〈万葉・一一・二六二九〉❷**恨みごとを言う。文句を言う。不満を訴える。** 例花散らす風の宿りは誰か知る我に教へよ行きて**恨みむ**(=桜の花を散らす風の泊まり場所はだれか知ってい

るか。私に教えておくれ。訪ねて行って文句を言おう)〈古今・春下〉 ❸仕返しをする。恨みを晴らす。例おのれが師…殺されけりと承りしかば、その人に逢ひたてまつりて、恨み申さばやと思ひて(=私の師匠が…殺されたとお聞きしたので、その人にお逢いし申し上げて、仕返し申したいと思って)〈徒然・二一五〉 読解「その人」は犯人のこと。

❷動(マ四) 近世の用法。①に同じ。例(a)恨まば恨め〈近松・冥途の飛脚・中〉例(b)松島は笑ふがごとく、象潟は恨むがごとし(=松島は笑っているようで、象潟は嘆き悲しんでいるようである)〈芭蕉・奥の細道〉

語誌 ▼漢語の「怨ず」が不満をすぐ口に出したり行動で示したりする場合が多いのに対して、「恨む」は不満を表には出さず相手をうかがう意が基本。そこから、恨みごとを言う意、仕返しをする意が派生した。▼本来上二段活用の語で、和歌などには「恨みず」と「浦見ず」の掛詞の例も見られる。近世に四段活用に転じた。〈鈴木日出男〉

うら-むらさき【うら紫】 名〔「うら」は末の意か〕紫色。一説に、藤が枝先に紫色の花をつけることとも。和歌では、多く「恨む」「恨めし」などに掛けて用いる。例中島の松にかかれる藤なみの、うら紫にさける色〈平家・灌頂・大原御幸〉

うらめ・し

【恨めし・怨めし】形(シク)〔動詞「うらむ」の形容詞形〕不満だ。残念に思われる。恨めしい。例(a)恨めしく君はもあるかやどの梅の散り過ぐるまで見しめずありける(=恨めしく思われるあなたであることだよ。家の梅の花が散り終わるまで見せてくれなかったなんて)〈万葉・二〇・四四九六〉例(b)大殿には絶え間おきつつ、恨めしくのみ思ひきこえたまへり(=お屋敷にはとだえがちなので、ひたすら不満に思い申し上げなさってばかりいる)〈源氏・夕顔〉読解光源氏が妻の葵の上のもとへあまり通わないので、葵の上本人をはじめ左大臣家の人々は不満に思っている。

語誌 相手の態度・仕打ちなどを不満に思いながら、表面には出さずにじっとこらえている気持ちである。事態の変化・好転をひそかに願う気持ちも伴うことが多い。類義語「つらし」は他者の仕打ちが耐えがたい、の意で、主に他者に向けられる気持ちをいう。〈髙田祐彦〉

うら-めづら・し【うら珍し】 形(シク)〔「うら」は心の意〕目新しく感じて、心ひかれるさま。和歌では、多く「裏」や「浦」に掛けて用いる。例わがせこが衣のすそを吹き返しうらめづらしき秋の初風〈古今・秋上〉

うら-もと-な・し 形(ク)〔「うら」は心の意〕気がかりだ。不安だ。例限りとや君が来まさぬ(=いらっしゃらない)うらもとなくも〈万葉・一四・三四九五〉

うら-も-なし【心も無し】 ❶無心だ。なにげない。例うらもなく我が行く道に青柳の萌りて立てれば(=芽吹いて立っているので)もの思ひ出つも〈万葉・一四・三四四三〉 ❷隠しごとがない。隔て心がない。例うらもなくなつかしきものから(=親しみやすい感じであるものの)〈源氏・若菜上〉

うらや-さん【占や算】 名 算木や筮竹による占い。また、その占いをする人。易者。占い師。例占や算、占や算。しかも上手〈狂言・居杭〉読解客寄せのための易者の掛け声。

うら-やす【心安・浦安】 名〔「うら」は心の意〕心が安らかなこと。例うら安にさ寝る夜そなき児ろをし思へば〈万葉・一四・三五〇四〉

うらやす-の-くに【浦安の国】〔心安らぐ国の意〕大和国。転じて、日本の別称。例この国を目けて曰はく、日本は浦安の国〈紀・神武〉

うら-やま・し

【羨まし】形(シク)〔動詞「うらやむ」の形容詞形〕うらやましい。すぐれている相手にあこがれ、自分もそうなりたいと思う。例(a)いとどしく過ぎゆく方の恋しきにうらやましくもかへる波かな(=ますます過ぎていく都のほうが恋しいのに、うらやましいことに返っていく波だなあ)〈伊勢・七〉読解寄せては返す波を見て、都へ帰れない悲しみを詠んだ歌。例(b)手よく書き、歌よく詠みて、もののをりごとにも、まづ取り出でらるる、うらやまし(=字をうまく書き、歌を上手に詠んで、何かの折ごとに、真っ先に選び出されるのは、うらやましい)〈枕・うらやましげなるもの〉

語誌 ▼関連語 「ともし」は、すぐれたものにあこがれ心ひかれるあまりに感じる、満たされない思い。「こころやまし」は、物事が自分の思うとおりにならないことからくる不満や不愉快な感情。「うらやまし」も、単なる羨望だけでなく、ねたましさや悔しさがこめられることがある。〈髙田祐彦〉

うら-や・む

【羨む】動(マ四)「心病む」が原義。すぐれた相手を見て、自分もそうありたいと願い、自分の劣っていることを悩む意。

❶ねたむ。そねむ。例我すでに人を嫉むときは、人また我を嫉む(=私がまさに他人をねたむときは、他人も同じく私をねたむ)〈紀・推古〉 ❷羨望する。例(頭中将ニ八子ドモガ多クテ)にぎははしげなるを、源氏の大臣はうらやみたまふ(=いかにもにぎやかそうなのを、源氏の大臣は羨望なさる)〈源氏・澪標〉

語誌 ▼関連語 ①は、しばしば類義語「ねたむ」「そねむ」などと並べて用いられる。「ねたむ」はすぐれた相手に不利益を与えたり傷つけたりしたいと思う気持ち。「そねむ」はすぐれた相手への不快感である。〈髙田祐彦〉

うら-ら 形動(ナリ)〔「うらうら」の変化した形〕多く「うららに」の形で副詞的に用いる。日の光が穏やかで晴れているさま。春の日などにいう。例春の日のうららにさして行く舟は〈源氏・胡蝶〉

うらら-か 形動(ナリ)〔「か」は接尾語〕❶日の光ののどかなさま。穏やかで晴れているさま。例日いとうららかに照りて〈宇津保・俊蔭〉 ❷態度や声が明るく朗らかなさま。例鶯のうららかなる音(=鳴き声)に〈源氏・胡蝶〉

うら-わ【浦回・浦廻】 名 湾曲して入り組んだ海岸。

『万葉集』の「浦廻」の誤読から、平安後期以降生まれた語。例野辺の露うらわの波をかこちても(=嘆いていても)行方も知らぬ袖の月影〈新古今・羈旅〉

うら‐わか・し【うら若し】 形(ク) ❶草木などが若々しくみずみずしい。新鮮だ。例小里なる花橘を引きよぢて折らむとすれどうら若みこそ〈万葉・一四・三五七四〉読解「うら若み」は、語幹＋接尾語「み」。若々しいので折ることができないでいる。❷人や動物などが成熟しきっていない。初々しい。例(結婚ガ近イノニ)見る人はなほいとうら若く〈蜻蛉・下〉

うらをかく【裏をかく】 ⇩「うら」の子項目

うり【瓜】 名 ウリ類の総称。古くは、特にマクワウリをいうことが多い。例瓜食めば 子ども思ほゆ 栗食めば まして偲はゆ〈万葉・五・八〇二〉➡名歌93

うり‐かけ【売り掛け】 名 後払いで商品を売ること。また、その代金。例売り掛けも、たとへば十貫目の物、みつ一ぶん(=三分の一)にして三貫目と請け払ひ(=支払い勘定)すれば〈西鶴・日本永代蔵・五・三〉

うり‐かひ【売り買ひ】 名 ❶売買。商売。例十匁に相場極まりて売り買ひいたせし物を、九匁八分にうれば〈西鶴・世間胸算用・五・一〉❷物価。相場。例売り買ひ高い世の中でも、銀とたはけは沢山な〈近松・心中天の網島・中〉❸家計の支出。例売り買ひを安くせんための御倹約〈近松・心中宵庚申・上〉

うり‐へぎ【売り剝ぎ】 名 物、特に他人の物を売り払って、その代金の一部を手数料として得ること。例三百両もしてやって(=巻き上げて)、売り剝ぎの百両も手に持ったがよいはず〈近松・淀鯉出世滝徳・下〉

う‐りん【羽林】 名 近衛府の唐名。また、近衛の大将・中将・少将の唐名。

雲林院 名 山城国、今の京都市北区紫野にあった寺。もとは淳和天皇の離宮。平安文学にしばしば登場する。例先つころ(=先ごろ)、雲林院の菩提講にまでてはべりしかば〈大鏡・序〉

う・る【売る】 動(ラ四) ❶物品を渡して代金や代価を得る。例(a)牛を売る者あり〈徒然・九三〉例(b)人商人に身を売りて、東の方へ下り候ふ〈謡曲・桜川〉❷自分の利益のために、敵対する相手に情報などを流す。また、信頼を裏切る。例我を売りて栄利に走るその愚者、逃ぐとも逃がさじ〈読本・弓張月・前・一〉❸口実にする。かこつける。例御伊勢様を売りて、この十二、三年も、同じ偽にて世を過ぐる女もあり〈西鶴・日本永代蔵・二・三〉

うるさ・し 形(ク) ❶煩わしい。めんどうだ。例あまりうるさくもあれば、このたび出でたる所をば、いづくとなべてには知らせず(=あまり煩わしくもあるので、今回出かけた所を、どこだと一般には知らせない)〈枕・里にまかでたるに〉❷わざとらしい。嫌味だ。例(字ノ下手ナ人ガ)みぐるしとて、人に書かするはうるさし(=みっともないといって、他人に代筆させるのは嫌味だ)〈徒然・三五〉❸りっぱだ。すぐれている。例人に心をおかれ、うるさき者に思はれて(=人に一目置かれ、りっぱな者として思われて)〈今昔・二五・四〉読解父の仇討ちを遂げた人への世間の評価。❹よく気がつく。例いとうるさくてさぶらひし宿りにまかりて(=とてもよく気がついてお仕えした宿所に参りまして)〈大鏡・道長下〉

語誌▼プラスの評価・マイナスの評価　①②はマイナスの、③④はプラスの感じ・評価と分けることができるが、平安時代の用例では、この両面のニュアンスをもつことが多い。

▼関連語　「わづらはし」は、事態が込みいっていて気が詰まるような不快感や、病気のために苦悩するさまをいう。また、語形のよく似た類義語に「うるせし」があり、③④の意で用いられる。なお、現代語の「うるさい」と違って、「うるさし」が音に対する不快感を表すのはまれ。その場合は「さわがし」「かまし」「かしがまし」「かまびすし」が用いられる。〈鈴木幸夫〉

うるし【漆】 名 ❶植物の名。ウルシ。❷①の樹液からできる塗料。漆器や蒔絵などに用いる。例うるはしき屋(=建物)を作りたまひて、漆を塗り〈竹取〉

うるせ・し 形(ク) ❶気が利く。賢明だ。例この童も心得てけり。うるせきやつぞかし〈宇治拾遺・一三〉❷上手だ。巧みだ。例仁寿殿は(書ノ)うるせき人にこそありけれ〈宇津保・内侍のかみ〉

うる‐ち【うる鉤】 名 ⇩おぼち

うるは・し【麗し・美し・愛し】 形(シク) きちんとした美しさ、整った感じの美しさを表す。

❶壮麗だ。りっぱで美しい。例倭は 国のまほろば たたなづく(=重なりあった) 青垣 山隠れる 倭しうるはし〈記・中・景行・歌謡〉➡名歌387

❷端正だ。きちんとしている。きちょうめんだ。例(a)同じ小柴なれど、うるはしう(音便形)しわたして(=同じ小柴垣であるが、きちんとめぐらして)〈源氏・若紫〉例(b)あまりうるはしき御ありさまの、とけがたく(=あまりきちんとしすぎているご様子が、うちとけにくく)〈源氏・帚木〉読解妻の葵の上に対する光源氏の思い。

❸完全だ。正式だ。本当だ。本物だ。例(a)仏の、いとうるはしき心にて説きおきたまへる御法も(=仏が、まことにりっぱなお心でこの世に説きおかれたお教えも)〈源氏・蛍〉読解この「うるはし」は、完全で間違いなどのあるはずもない、という感じ。例(b)うるはしくは、ただくるくると巻きて、上より下へわなの先をさしはさむべし(=正式には、ただくるくると紐を巻きつけて、上から下に紐の先をさし挟むのがよい)〈徒然・二〇八〉読解巻き物の経典の結び方を紹介した一節。例(c)故左馬頭義朝のうるはしきかうべとて(=本物の首だといって)〈平家・一二・紺掻之沙汰〉

語誌▼用法の変遷　上代は、自然の景物や宮殿のおごそかな美、人物の美しくりっぱなさまを賛美する気持ちを表した(①)。平安時代は、建物や調度の端麗さ、人物の気高く整った美しさやきちょうめんさ(②)、内容が適正であるさま(③)などに広く用いた。

▼人物に用いる「うるはし」　平安時代、人物の評価としての「うるはし」は、整いすぎる、きちょうめんだ、

の意がこめられて、親しみにくさを表す場合も多い（②例(b)）。また、人間関係に用いて「うるはしき友」「仲うるはし」などというのは、単に、親しい、の意ではなく、節度や信義がきちんとしたのを前提とする。

▼「うるはし」と「うつくし」　この二語は美的なものをさす語であるが、平安時代には、ともに美しいの意はなく、「うるはし」は端正だ、「うつくし」はかわいい、の意で使い分けられた。〈鈴木幸夫〉

うるはし-だ・つ【麗しだつ】 動(タ四)〔「だつ」は接尾語〕きちんとする。きまじめにふるまう。とりすました様子をする。例男の御さまは、**うるはしだち**たまへる時よりも、うちとけてものしたまふは、限りもなうきよげなり〈源氏・夕霧〉

うるふ【閏】 名 暦で、月と季節のずれを修正するために特定の年に月や日を多くすること。陰暦では、五年に二回、十九年に七回の割で一年を十三か月にする。また、その年・その月。例閏四月二十五日、后きの宣旨かぶらせたまふ〈大鏡・村上天皇〉

うる・ふ【潤ふ】 1動(ハ四) 湿っぽくなる。例天の下とみの小川の末なればいづれの秋か**うるは**ざるべき〈栄花・日蔭の鬘〉 2動(ハ下二) ぬらす。うるおす。例まづ水を飲みて喉を**潤へよ**〈今昔・四・二五〉

うるふ-づき【閏月】 名 陰暦で、月の運行と暦の調整のため、十二か月のほかに加えられた月。例年ごとにあまれば恋ふる君がため**うるふ月**をばおくにやあるらむ〈蜻蛉・中〉

うるほ・す【潤ほす】 動(サ四)〔「うるほふ」の他動詞形〕❶水気を与える。例涙をながし、袖をうるほす〈平家・四・厳島御幸〉❷恩恵を施す。例君恩飽くまで(=思う存分)**うるほし**て〈海道記〉

うるほ・ふ【潤ほふ】 動(ハ四)〔「うるほす」の自動詞形〕❶水気を帯びる。例車軸のごとくなる雨ふりて、天下たちまちに**うるほひ**〈宇治拾遺・二〇〉❷恩恵を受ける。例徳沢(=帝の徳の恩恵)に**うるほひ**て、国も富み民もやすかりき〈古活字本保元・上〉

うる・む【潤む】 動(マ四)❶打たれたりつねられたりして、皮膚が青黒くあざになる。例義朝ともにうたれし鞭目、左の頬さきに**うるみ**てありしぞ〈古活字本平治・中〉❷色や形がぼやけて不鮮明になる。例灰捨てて白梅**うるむ**垣ねかな〈俳諧・猿蓑・四〉❸湿りけを帯びる。涙がにじむ。例腹立てる目元に泪一雫**潤めば**〈浮世草子・好色万金丹・三・三〉

うるわし【麗し・美し・愛し】 ⇩うるはし

うれ【末】 名 木の枝先や草の葉の先端。梢。葉末。例企救の池なる菱の**末**を〈万葉・一六・三八七六〉

うれ 代〔「おれ」の変化した形か〕対称の人称代名詞。身分の低い人などに呼びかける語。おまえ。きさま。「いざ、うれ」「や、うれ」などの形で用いられることが多い。

うれう【憂う・愁う】 ⇩うれふ

うれ・し

【嬉し】 形(シク) 心が晴れ晴れとして満足している気持ち、また、満足させてくれた相手に対しての感謝の気持ちを表す。

❶うれしい。快い。例京に入り立ちて**うれし**(=京にどんどん入って行くのでうれしい)〈土佐〉

❷ありがたい。かたじけない。例「**嬉しき**人どもなり」といひて、禄いと多く取らせたまふ(=「ありがたい人たちだ」と言って、褒美をたくさんお与えになる)〈竹取〉 読解 あやうくだまされるところを救ってくれた職人たちに対する、かぐや姫の感謝の言葉。

語誌 「**たのし**」の多くが物質的・肉体的に充足した状態への気持ちであるのに対して、「うれし」は心の満ち足りる状態への気持ちである。〈山口慎一〉

うれし・ぶ【嬉しぶ】 動(バ上二)「うれしむ」に同じ。

うれし・む【嬉しむ】 動(マ四) うれしく思う。うれしがる。例よろこび**うれしみ**つつ、また日ごろを(=何日か)とどまりける〈読本・雨月・菊花の約〉

うれ-た・し

形(ク)「心痛し」の意か。思うようにならない他人の行動や周囲の状況をいやに思う気持ちを表す。

❶しゃくにさわる。憎い。恨めしい。例**うれたき**や醜ほととぎす今こそば声の嗄るがに来鳴きとよめめ(=しゃくにさわるよ、ばかほととぎす。今こそ声がかれるほどに来て鳴き響かすとよいのに)〈万葉・一〇・一九五一〉 読解 今こそ鳴いてほしいのに、まったく鳴かないほととぎすをののしる。

❷気味が悪い。例葎生ひて荒れたる宿の**うれたき**はかりにも鬼のすだくなりけり(=葎が生えて荒れている家で気味が悪い家は、一時的にせよ鬼が集まるのであったなあ)〈伊勢・五八〉〈山口慎一〉

うれ-は【末葉】 名「うらば」に同じ。例竹の**うれは**に降れる白雪〈山家集・上〉

うれは・し

【憂はし・愁はし】 形(シク)〔動詞「うれふ」の形容詞形〕嘆かわしい。心配だ。おもしろくない。悲しい。

例(a)厭はるる身を**うれはし**み(=嫌われる自分が嘆かわしいので)〈後撰・恋三〉 読解 語幹の用法。「～を＋語幹＋み」の形で、原因・理由を表す。例(b)母なる人の**うれはしき**ことに思ひて(=母である人が嘆かわしいことに思って)〈源氏・宿木〉 読解 娘が田舎で長年過ごしていたことに対する母の思い。〈山口慎一〉

うれひ【憂ひ・愁ひ】 名「うれへ」に同じ。例御ありさまを見るに**愁ひ**の心みな失せぬ〈宇治拾遺・九一〉

うれ・ふ

【憂ふ・愁ふ】 苦しみ・悲しみ・不満を、言葉や態度に出したり、心の中にもったりする意。

1動(ハ下二)❶**嘆き訴える**。**嘆願する**。例なほ忍びがたきことを誰にかは**うれへ**はべらむ(=やはり隠しておけないことを、あなた以外のだれに嘆き訴えることができましょうか)〈源氏・柏木〉 読解「誰にかは」の「かは」は反語の意を表す。

❷**愚痴をこぼす**。**心配する**。例(天候ガ悪イノデ)船出ださず。みな人々**うれへ**嘆く〈土佐〉

❸**悲しむ**。**嘆く**。例(a)民間の**愁ふる**ところを知らざっしかば(=民衆が悲しんでいることを理解しなかったの

で)〈平家・一・祇園精舎〉 読解「知らざっしかば」は「知らざりしかば」の音便形。例(b)及ばざる事を望み、叶はぬ事を憂へ(=身に及ばない事を望み、できない事を嘆き)〈徒然・一三四〉
❹患らう。病気になる。例昔は身の病を患へき。今は人の病を癒やしぬ(=昔は自分が病気を患った。今は他人の病気を治している)〈今昔・七・二五〉
2 動(ハ上二)❶思い悩む。ものがなしい気分をいだく。例愁ひつつ岡にのぼれば花いばら〈俳諧・蕪村句集・上〉➡名句32
❷病気になる。例旅の空にこの疾を憂ひたまふは(=旅の境遇でこの病気をお患いになるのは)〈読本・雨月・菊花の約〉

語誌▼語義の変遷 困っていることや不平不満、またそこから生じる苦しみや悲しみを他人に打ち明ける意が原義。しだいに、そうした気持ちを心の中にいだく意に用いることが多くなる。
▼活用 2は、中世以降の用法で、連用形「うれひ」のみが用いられる。〈山口慎一〉

うれへ【憂へ・愁へ】 名 ❶悲しみ。悲嘆。例わが身に愁へある時…道心も起こるわざなめるを〈源氏・橋姫〉 ❷嘆き訴えること。愁訴。嘆願。例かのうれへせし工匠をば、かぐや姫呼びすゑて〈竹取〉 ❸災い。例かかる老い法師の身には、たとひ愁へはべりとも何の悔いかはべらむ〈源氏・薄雲〉 ❹喪。例真の病と親のうれへとにあらずして〈紀・天武下〉
読解「親のうれへ」は原文では「重服」。

うれへ-ぶみ【愁へ文】 名 朝廷や神に窮状を訴える文書。嘆願書。訴状。例「政事かしこき(=治世がすぐれている)世に、愁へたてまつらん」とて、うれへぶみを作りて〈宇津保・あて宮〉

う-ろ【有漏】 名《仏教語》(「漏」は煩悩の意)煩悩をもつこと。また、その人。凡夫。俗人。例有漏のこの身を捨て棄ててて〈梁塵秘抄・法文歌〉

うろ-うろ 副 ❶涙ぐむなどして目の焦点が定まらないさま。例目はうろうろとなりにけり〈近松・傾城反魂香・中〉 ❷あわてて動きまわるさま。あてもなくさまようさま。例うろうろせずと出てうせい〈近松・心中宵庚申・下〉

うろ-くづ【鱗】 名「いろくづ」に同じ。例近江の湖の鱗とりたまふ事は〈沙石集・六・六〉

うろこ【鱗】 名(「いろこ」の変化した形)❶魚のうろこ。また、魚。❷三角形の符号。例稽古本の所々へ○や△やいろいろなきっかけをして(=印をつけて)覚えたといふやつだ〈滑稽本・浮世床・初上〉

うろ-ぢ【有漏路】 名《仏教語》煩悩に汚された世界。俗人の住む世界。現世。例有漏路より無漏路(=悟りの境地)へ帰る一休み雨ふらば降れ風ふかば吹け〈仮名草子・一休ばなし・一・三〉

う-ろん【胡乱】 名 形動(ナリ) 確かでないこと。怪しいこと。不実。例証拠なくては胡乱なり〈近松・国性爺合戦・三〉

うわ【上】 ⇩うは

う-ゐ【有為】 名《仏教語》因と縁によって生じる、この世のすべての現象。例有為の境を辞するには(=この世を去るにあたっては)伴うて行く人もなし〈太平記・三三〉

【有為の奥山】 無常なこの世を、越えにくい深山にたとえたもの。いろは歌の一節による。

うゐ-てんぺん【有為転変】 《仏教語》「ういてんぺん」とも。この世の現象は、移り変わりやすくはかないということ。例しばらくもとどまらざるは、有為転変の里〈曾我・九〉

うゑ【飢ゑ・饑ゑ】 名 空腹。飢餓。例うゑを助け、嵐を防ぐよすがなくてはあられぬ(=生きていけない)わざなれば〈徒然・五八〉

うゑ-め【植ゑ女】 名 田植えをする女性。早乙女。例早苗とるみたのうゑめもいろいろの袖をつらねていはふ今日かな〈夫木・七〉

う-ゑもん【右衛門】 名「右衛門府」の略。

うゑもん-の-かみ【右衛門の督】 名 右衛門府の長官。正五位上相当。「ゑもんのかみ」とも。

うゑもん-の-ぢん【右衛門の陣】 名 右衛門府の武官の詰め所。内裏の宜秋門にあった。また、そこから、宜秋門の別称。「ゑもんのぢん」とも。例道隆は右衛門の陣より出でよ〈大鏡・道長上〉

うゑもん-ふ【右衛門府】 名 六衛府の一つ。左衛門府とともに、宮中の諸門を警備する役所。⇩ゑもんふ

うを【魚】 名「いを」とも。魚類の総称。さかな。例志賀の浦にいざりする(=漁をする)海人家人の待ち恋ふらむに明かし釣る(=夜が明けるまで釣っている)うを〈万葉・一五・三六五三〉

【魚と水】(「水魚」の訓読)親密なことのたとえ。例今日よりのちは魚と水とのごとくにして、先祖の恥をすすぎ〈義経記・四〉

うん【吽・呍】 名《仏教語》(梵語の音写)口を閉じて出す音声。梵語の字音で「あ(阿)」が最初の音であるのに対し「うん(吽)」は最後の音。密教で、すべての事物の究極の象徴とされる。仁王や狛犬などの口を閉じた姿にもいう。例最前(=さっき)は吽の仁王でござった〈山本東本狂言・仁王〉

うん【運】 名 ❶運命。めぐりあわせ。例みじかき運を悟りぬ〈方丈記〉 ❷強い運勢。幸運。例いとかかる(藤原道長ノ)運におされて〈大鏡・道長上〉

うん-か【雲霞】 名 雲と霞。特に、多くの人が群れ集まっているたとえに用いる。例渡りせん(=渡海しよう)とする者、雲霞のごとし〈宇治拾遺・三六〉

うん-かく【雲客】 名「てんじゃうびと」に同じ。公卿を「月卿」と呼ぶのに対する語。

うん-げん【繧繝】 名「うげん」とも。❶彩色の名。一色を段階的に濃淡をつけて染め、または織る方法。❷「繧繝錦」の略。赤・黄・緑・藍・紫・白などの色縞を配列した中に、四菱や花菱などの文様を織り込んだ錦。❸「繧繝縁」「繧繝縁」の略。繧繝錦の縁へ、また、その縁をつけた畳やしとね。最上の品で、天皇・東宮・上皇・親王や摂関家の料とする。

雲州往来《作品名》⇩明衡往来

うん-しゃう【雲上】 「うんじゃう」とも。1 名 雲の上。また転じて、高貴な場所。特に宮中をさす。例われ世にありし古は、雲上の花の宴、春の朝

の御遊(ぎよいう)に馴(な)れ〈謡曲・葵上〉❷形動(ナリ) 上品で優雅だ。また、偉そうにしている。例雲上にばかり構へ〈浮世草子・傾城禁短気・三・四〉

うん-じゃう【運上】ジヨウ 名「うんしゃう」とも。❶鎌倉・室町時代、年貢などを運送すること。❷室町末期以降、雑税。農業以外のさまざまな業種に課された。例(税ノ額ハ)淀(よど)の川舟の運上にかかはらず〈西鶴・日本永代蔵・四・四〉

うんしゃう-びと【雲上人】ウンショウ― 名「てんじゃうびと」に同じ。「雲(くも)の上人(うへびと)」とも。

うん・ず【倦んず】動(サ変) 動詞「倦(う)む」の連用形＋サ変動詞「す」＝「うみす」の撥音便形。物事が思うようにならないので、疲れて嫌気がさしたり、うんざりしたりする、さらに、思うようにならない対象そのものがいやになる意。

❶ふさぎこむ。がっかりする。例倦んじて、皆帰りぬ〈竹取〉読解かぐや姫から難題を出された貴公子たちの様子。

❷いやになる。つらく思う。例世の中を思ひうんじて、京にもあらず、はるかなる山里に住みけり(＝世の中をいやに思って、京にも住まず、はるかに遠い山里に住んだ)〈伊勢・一〇二〉〈山口慎一〉

うん-すい【雲水】名❶雲と水。例雲水蒼々(さうさう)たり〈海道記〉❷居所を定めずさすらい歩くこと。また、諸国を行脚する修行僧。例参学の雲水、必ず勤学なるべし〈正法眼蔵・心不可得〉

うん-でい【雲泥】名雲(くも)と泥(どろ)。空にある雲と地面にある泥のように大きく隔たっていること。例(源氏ト平家ハ)雲泥まじはりをへだてて〈平家・四・源氏揃〉

うん-どん【饂飩】名うどんの古称。

うんめい-でん【温明殿】名内裏(だいり)の殿舎の一つ。紫宸殿(ししんでん)の北東にあり、神鏡を安置する賢所(かしこどころ)(内侍所(ないしどころ))がある。⇩口絵

え

え【飢】⇩ゑ

エ【会・回・画・廻・恵・絵・慧・衛・穢】⇩ゑ

え-【愛・可愛】接頭『上代語』名詞について、愛(あい)すべき、いとしい、などの意を添える。「え男(をとこ)」「え女(をとめ)」など。

え【兄】名『上代語』(「おと(弟)」の対)❶兄弟・姉妹のうち、年長者。兄(あに)または姉。例宇陀(うだ)(＝地名)に兄宇迦斯(えうかし)・弟宇迦斯(おとうかし)の二人あり〈記・中・神武〉

❷年上の人。年長者。例かつがつも いや前立(さき)てる兄をし枕(ま)かむ(＝ともかくも、一番先頭に立っている年長の娘を妻にしよう)〈記・中・神武・歌謡〉

語誌▼上代、特に同性の兄弟・姉妹の間で、年長者をいうのに用いた。

▼「え」「おと(弟)」は、①例のように、兄弟・姉妹を並列させるときに、よく用いられる。また、干支(かんし)を「えと」というのもこの二語の複合によるもので、たとえば、甲子(きのえね)(木(き)の兄(え)の子)・乙丑(きのとうし)(木(き)の弟(と)の丑)となる。〈米山敬子〉

え【江】名海や湖などが陸に入り込んだ所。入り江。湾。例奈呉(なご)の江に妻呼びかはし鶴(たづ)さはに(＝たくさんに)鳴く〈万葉・一七・四〇一八〉

え【枝】名えだ。例同じ枝をわきて木の葉の移ろふは(＝紅葉しているのは)〈古今・秋下〉

え【疫】名「えやみ」に同じ。例これは世の疫にはおはしまさず〈大鏡・道長上〉

え【榎】名植物の名。ニレ科の落葉高木。エノキ。例我が門(かど)の榎の実もり食(は)む(＝摘みついばむ)百千鳥(ももちどり)千鳥(ちどり)は来(く)れど君ぞ来(き)まさぬ〈万葉・一六・三八七二〉

え【縁】名「えん」の撥音の表記されない形。例夕露に紐(ひも)とく花は玉ぼこのたよりに(＝通りすがりの折に)見えしえにこそありけれ〈源氏・夕顔〉

え 副〔動詞「う(得)」の連用形の副詞化〕❶(打消・反語の語を伴って)不可能の意を表す。とても〜でき(ない)。十分には〜でき(ない)。例ⓐ重き病(やまひ)をしたまへば、え出でおはしますまじ(＝ひどい病気をなさっているので、外に出ることはおできになるまい)〈竹取〉例ⓑ旅寝えせめや長きこの夜を(＝旅寝をできようか、いや、できまい、長いこの夜を)〈万葉・一三・三二五三〉読解「めや」は反語の意を表す。

❷(肯定の表現を伴って)可能の意を表す。うまく〜できる。例御船え進みき(＝御船はうまく進むことができた)〈記・中・景行〉

語誌▼②の例は上代にわずかあるだけで、①の例が圧倒的に多い。

▼①は、会話文・手紙文などでは下の打消の語などが省略されることもある。例「対面に」といひければ、この女ども、「かかる人の制したまへば、雲居(くもゐ)にてだにもえ(＝このような人が禁止なさるので、雲のある遠くでさえも対面できません)」〈平中・二七〉

また、平安末期から、下に不可能表現が来る言い方が現れ、中世になって数を増す。例死なむと思ふも、え死なれねば〈今昔・三〇・三〉

▼関連語 「え」の後に強意や反語の助詞が種々の形で続くことも多い。「えしも」「えや」「えやは」「えこそ」「えさらず」「えならず」「えも言はず」など慣用的な表現もある。〈堤和博〉

え 感『上代語』悲嘆にくれたときや苦しいときに発する声。ああ。例え苦しゑ(＝ああ、苦しいよ) 水葱(なぎ)の下(もと) 芹(せり)の下(もと)〈紀・天智・歌謡〉

え ❶間助『上代語』「よ」に相当する東国方言。詠嘆や感動の意を表す。例父母え斎(いは)ひて待たね〈万葉・二〇・四三四〇〉❷終助『近世語』❶人名などにつけて、親しい呼びかけを表す。例おかみさんえ、ちっと(オ体ヲ)お流しまうしませう〈滑稽本・浮世風呂・二下〉❷語気を和らげるのに用いる。例いぢゃああ

りませんかえ〈人情本・春色梅児誉美・初・一〉

え 上代の受身・自発・可能の助動詞「ゆ」の未然形・連用形。接続 1 2ともに種々の語につく。

えい『酔い』⇩ゑひ

えい【詠】 名 ❶詩歌を朗詠すること。特に、舞楽の途中で音楽をやめ、舞人が詩句を字音のまま吟じること。また、その詩歌。例(光源氏ガ)詠などしたまへるは、これや仏の御迦陵頻伽(=極楽にいる美声の鳥)の声ならむと聞こゆ〈源氏・紅葉賀〉 ❷詩歌を作ること。また、その詩歌。例一首の御詠をあそばしてくだされけり〈平家・六・祇園女御〉

えい【影】 名 絵姿。肖像画。例「かの聖のすがたを、影に書きとらん」とて〈宇治拾遺・一〇七〉

えい【纓】 名 冠の部分の名。羅を張り、冠の後ろに垂らすもの。垂らしたままの垂纓(文官用)、巻いてとめた巻纓(武官用)などがある。⇩かうぶり(図)。例風はやきほどに、纓吹きあげられつつ立てるさま〈蜻蛉・下〉

えい 感 ❶呼ばれて答えるときに用いる語。はい。ええ。例無期ののちに(=かなり時間がたってから)、「えい」といらへたりければ(=返事をしたので)〈宇治拾遺・一三〉 ❷力むとき発する声。よいしょ。えいっ。例「えい」といひて(天ノ岩戸ヲ)あけたまひしよりして〈平家・二・鏡〉 ❸驚いたり激したりしたとき発する声。まあ。あれっ。例えい、ここな(=これはこれは)、何と思うてお出でござるぞ〈狂言記・二人大名〉 ❹呼びかけたり、相手に念を押したりするときに用いる語。おい。例「えい戻ったか」「ただいま戻りました」〈虎寛本狂言・末広がり〉

えい-えい 感 ❶力むとき発する声。えいやっ。例さらば(鐘ヲ)撞いてみう。えいえい、やっとな〈虎寛本狂言・鐘の音〉 ❷笑い声を表す。例「えいえい」と笑ひて〈宇治拾遺・八〇〉 ❸呼びかけたり、相手に念を押したりするときに用いる語。おいおい。やあやあ。例いかに海龍王どもはなきか。えいえい〈源平盛衰記・一八〉 ❹歌や踊りなどの囃し詞。

えいえい-おう 感 大勢が気勢をあげるかけ声。また、戦場での鬨の声。例平家の赤旗討ち取ったり。勝鬨あげよ、えいえいおう〈近松・烏帽子折・一〉

えいえい-ごゑ【えいえい声】 名 力を入れるときに発する「えいえい」という掛け声。例えいえい声を忍びにして〈平家・九・坂落〉

えい-えう【栄耀】 名「ええう」に同じ。例三代の栄耀一睡のうちにして〈芭蕉・奥の細道〉

えい-か【詠歌】 名「えいが」とも。❶歌を朗詠すること。例もとより詠歌といひて、声につきて(=声の調子によって)善くも悪しくも聞こゆるものなり〈古来風体抄・上〉 ❷歌を作ること。また、作った歌。例この歌は和泉式部の詠歌ぞと〈謡曲・東北〉

えいが『栄華・栄花』⇩えいぐわ

詠歌之大概 《作品名》鎌倉時代の歌論。一巻。藤原定家著。成立は建保六年(一二一八)ごろ、あるいは貞応二年(一二二三)以後とする説がある。歌論部分と、秀歌例をあげた「秀歌之躰大略」とからなり、歌論部分では本歌取りについて詳述する。

えい-かん【叡感】 名 天皇・上皇が感心なさること。感心しておほめになること。例かへって叡感にあづかっしうへは(=おほめにあずかったので)、あへて罪科の沙汰もなかりけり〈平家・一・殿上闇討〉

えいかん-ぶし【永閑節】 名 江戸古浄瑠璃の曲節の一つ。虎屋永閑が語り出した豪放な曲節で、元禄期(一六八八〜一七〇三)まで盛んであった。

えい-きょく【郢曲・詠曲】 名〔中国の春秋時代、郢(楚の都)で流行した俗曲の意〕平安時代以後の音曲の総称。神楽・催馬楽・風俗などをさすが、のち特に朗詠をさすようになり、さらに、今様・早歌をもさした。例梁塵秘抄の郢曲の言葉こそ、また、あはれなることは多かめれ〈徒然・一四〉

えい-ぐ【影供】 名 動(サ変)神仏や故人などの肖像に供物を供えて祭ること。例本尊としてはじめて影供せられける時〈十訓抄・四・二〉

えい-ぐゎ【栄華・栄花】 名 ❶時めき栄えること。権力や富貴を極めること。例太政大臣の栄花の盛りに〈伊勢・一〇一〉 ❷ぜいたく。例この両人栄花を極め、世間の盛をやめさせ〈西鶴・好色一代男・六・七〉

栄花物語 《作品名》「栄華物語」とも書く。平安後期の歴史物語。四〇巻。正編三〇巻は赤染衛門作かとされ、十一世紀前半の成立。続編一〇巻は、作者として出羽弁などの名が挙がるが未詳、十一世紀末の成立か。六国史のあとを継ぎ、宇多天皇から堀河天皇までの十五代約二百年を、藤原道長の栄華を中心に仮名文による編年体で描く。最初の歴史物語。文体や人物造型などの面で『源氏物語』の影響が強い。『世継物語』とも。

えい-ごふ【永劫】 名「やうこふ」「やうごふ」とも。極めて長い年月。例未来永劫に至るまで消ゆる事なかるべきに〈太平記・五〉

えい-ごゑ【えい声】 名「えいえいごゑ」に同じ。例えい声を上げて、名虎など(=人名)を取って伏せむとす〈平家・八・名虎〉

栄西 《人名》⇩栄西

叡山 《地名》「えいさん」とも。⇩比叡山。例叡山は…仏教繁昌の霊崛として、鎮護国家の道場にそなふ〈平家・七・平家山門連署〉

えい-じつ【永日】 名 ❶日中の長い春の日。春の日長。例竹院に君閑かにして永日を銷すならん(=過ごすだろう)〈和漢朗詠集・上・三月尽〉 ❷手紙の結びや別れの挨拶に用いる。後日ゆっくりとお会いしましょう、の意。例ずいぶん弓馬の稽古精出しまうさうぞ。永日、永日〈近松・夕霧阿波鳴渡・中〉

えい-しゃく【栄爵】 名 栄誉ある高い地位。転じて、五位の別称。例東の方より(=東国のほうから)、栄爵尋ねて買はむと思ひて〈今昔・二七・一七〉

えい・ず【映ず】 動(サ変) ❶物の姿がうつる。例秋の夜の月水に映ず、といふ題を〈輔親集・詞書〉 ❷光を受けて照り輝く。例火の光に映じて、あまねく紅なる中に〈方丈記〉

えい・ず【詠ず】 動(サ変) ❶詩歌を朗詠する。例ひとりしらべ(=琵琶を弾き)、ひとり詠じて〈方丈記〉 ❷詩歌を作る。例牡鹿鳴くこの山里と詠じけん、嵯

峨のあたりの秋のころ〈平家・六・小督〉

えい-たい【永代】 名副 長い年月。いつまでも。子々孫々まで。例丹波国小川庄を寄付せられ、**永代**の寺領にぞなされける〈太平記・二九〉

えい-とう 感❶勢いよく動作するときのかけ声。例鋒を揃へて掛かりける「**えいとうえいとう**」〈狂言・老武者〉❷芝居などの口上で、言い出しに用いるかけ声。

永福門院（エイフクモンイン）《人名》「ようふくもんいん」とも。一二七一〜一三四二(文永八〜康永元)。鎌倉末期・南北朝時代の歌人。名は鏱子。西園寺実兼の娘。伏見天皇の中宮。京極為兼に和歌を学ぶ。京極派の代表的歌人の一人で、同派が中心の勅撰集『玉葉和歌集』『風雅和歌集』などに多数入集。

えい-ぶん【叡聞】 名 天皇・上皇がお聞きになること。例多く御方に参るよし、ほぼ**叡聞**におよぶ(=おおよそお聞き及びである)〈保元・上〉

永平寺（えいへいじ） 名 越前国、今の福井県吉田郡の寺。曹洞宗の大本山。寛元二年(一二四四)道元が開山。

えい-や 感 力を入れるときに発する声。例**えいや**と引く〈平治・中〉

えい-やっと 副❶力を尽くして。うんと。たくさん。例鰻の鮓をば、**えいやっと**ほほばって〈狂言・末広がり〉❷ようやく。やっと。かろうじて。例**えいやっと**箱根の駅(=宿場)に着きて候ふ〈滑稽本・膝栗毛・二上〉

えい-ゆう【英雄】 名❶才知や武勇が並はずれてすぐれた人物。❷摂関家に次ぐ高い家柄。⇩せいぐわ。例当家はさせる(=それほどの)**英雄**にはあらざれども〈古活字本平治・上〉

えいらく-せん【永楽銭】 名❶中国の明の永楽年間に造られた銅銭。室町時代に輸入され、慶長一三年(一六〇八)に禁止されるまで標準的通貨の一つとして流通した。❷紋所の名。①を図案化したもの。水野越前守の家紋でもあったので、「水野家銭」とも称した。例**永楽銭**の駕籠印〈近松・薩摩歌・上〉

えい-らん【叡覧】 名 天皇・上皇がご覧になること。例その刀を召し出だして(=お取り寄せになって)**叡覧**あれば〈平家・一・殿上闇討〉

えい-りょ【叡慮】 名 天皇・上皇のお考え・お気持ち。例これほどのこと、などか**叡慮**に任せざるべき〈平家・一・二代后〉

えう【酔う】 ⇩ゑふ

えう【要】（ヨウ） 名 要点。かなめ。また、必要なこと・物。例文どもも**えう**あるは取り出でて見たまふ〈宇津保・蔵開上〉語誌 平安末期ごろから「よう(用)」との混同が起こる。

えう-えん【妖艶】（ヨウ―） 名《歌論用語》表現から感じ取られる優美さ。⇩えん(艶)。例(紀貫之は)言葉強く、姿おもしろきさまを好みて、余情**妖艶**の体を詠まず〈近代秀歌〉

えう-がい【要害・用害】（ヨウ―） 名❶地勢が険しくて、守りやすく攻めにくい所。例四箇国の**要害**、皆敵の城に成って候はんずるのちは〈太平記・一六〉❷とりで。防御のための設備。例**要害**を構へて時々馬の足を休め〈太平記・九〉

えう-きょく【謡曲】（ヨウ―） 名 能の台本。能役者のせりふと地謡の詞章とからなり、節付けされている。

えう-じゅ【遥授】（ヨウ―） 名 地方官に任命されても任地に赴かないこと。京官が名目上兼任し、俸禄を給付されるものであったが、しだいに国司にも赴任しないものが出た。平安時代に多い。「遥任」とも。

えう・ず【要ず】（ヨウズ） 動(サ変) 必要とする。求める。例かぐや姫の**要じ**たまふべきなりけり〈竹取〉

えう-ぜん【窅然】（ヨウ―） 名 形動(タリ) 深みがあって美しいさま。また、もの思いに沈んでいるさま。例そのけしき**窅然**として、美人の顔を粧ふ(=思わせる)〈芭蕉・奥の細道〉

えう-な・し【要無し】（ヨウ―） 形(ク) **必要とされない**。役に立たない。例身を**えうなき**ものに思ひなして、京にはあらじ、あづまの方に住むべき国求めにとて行きけり(=我が身を必要とされないものと思いこんで、京には居るまい、東国のほうに住むことができる国を求めるためにと思って行った)〈伊勢・九〉読解 主人公の、いわゆる東下りを語る段。

えう-にん【遥任】（ヨウ―） 名「えうじゅ」に同じ。

語誌 平安末期ごろから「用なし」との混同が起き、例も「用なきもの」とする本もある。〈吉野瑞恵〉

えう-もん【要文】（ヨウ―） 名 経文の中の重要な文句。例念仏を唱へ諸経の**要文**を誦じて〈今昔・一五・二〉

えう-よ【腰輿】（ヨウ―） 名「たごし(手輿)」に同じ。例主上**腰輿**に召して(=天皇は腰輿にお乗りになって)…行幸なる〈平家・一・内裏炎上〉

え-えう【栄耀】（ヨウ） 名(「えいえう」の変化した形)❶時めき栄えること。晴れがましいこと。例この間の狩りをば**栄耀**の狩りと思しめすや〈義経記・八〉❷ぜいたく。わがまま。おごり。例ここもとにて(=こちらで)女房持ちまうし候ふ事、ゆめゆめ**栄耀**にて持ちまうさず〈西鶴・万の文反古・一・三〉

えき【役】 名❶人民を強制的に公用の労務などに使うこと。例諸大名の**役**に課せらる〈折たく柴の記・中〉❷(①から転じて)戦争。

えき【易】 名 易経の原理に基づく占い。算木と筮竹を使い、卦によって吉凶などを判断する。例**易**のうらなひする男来て〈宇治拾遺・八〉

えき【益】 名「やく(益)」に同じ。例朝敵となっては、いかに悔ゆとも**益**あるまじ〈平家・三・教訓状〉

えき【駅】 名「駅家」とも。⇩うまや(駅)

易経（エキキョウ）《作品名》古代中国の占いの書。儒教の五経の一つ。一二編。著者・成立年とも未詳。陰を象徴する⚋と陽を象徴する⚊を、三本組み合わせた八種類のパターン(八卦)を基とし、それを二つずつ組み合わせた六四卦を用いる。『易』『周易』とも。「観光」「革命」「君子豹変」などは『易経』に由来する語。

えき-ちゃう【駅長】（―チョウ） 名「うまやのをさ」に同じ。例**駅長**驚くことなかれ、時の変改〈大鏡・時平〉

えき-でん【駅伝】 名 令制の交通・通信制度。駅馬・伝馬を用いて、駅と駅の間の官人や荷物の行き来を担当した。

えき-な・し【益無し】形(ク)「やくなし」に同じ。例治療をくはふも、**益なからむ**か〈平家・三・医師問答〉

えき-ば【駅馬】名 令制で、駅に備えられた馬。「はゆま」とも。

えき-はかせ【易博士】名 陰陽寮に属し、易の占いをつかさどる職。令外の官。

えき-れい【疫癘】名 疫病。流行病。「疫」「疫病」とも。例あくる年は立ち直るべきかと思ふほどに、あまりさへ(=おまけに)**疫癘**うちそひて〈方丈記〉

えき-れい【駅鈴】名 令制で、公用の旅行をする使者が駅馬を使用するあかしとして支給された鈴。

えき-ろ【駅路】名 ❶宿駅の設備がある街道。例**駅路**に駅屋の長もなく関屋に関守る人を替へたり〈太平記・三九〉❷芝居の囃子で、馬の鈴の音。

江口《地名》摂津国、今の大阪市東淀川区、神崎川が淀川から分岐する地点に位置した舟の停泊所。山陽道・西海道・南海道が集まる要衝の地で、遊女の集合する地ともなった。

え-こ【依怙】名 ❶頼ること。頼むこと。また、頼りとすべきもの。例何をもてかかの**依怙**とせむ〈今昔・四・一八〉❷一方に肩入れすること。えこひいき。例かやうの事についてこそ、をのづから**依怙**も候へ〈平家・五・文覚被流〉❸自分の利益。収入。例露ほども利潤思ふに塩焼きて 少しの**依怙**も心こそひけ〈宗祇畳字百韻〉

えこう〖回向・廻向〗⇩ゑかう

え-さす【得さす】〔動詞「う(得)」の未然形＋使役の助動詞「さす」〕くれる。与える。例人にさとは知らせで(=ほかの人にそうとは知らせず)我に**得させよ**〈源氏・夕顔〉

え-さら-ず【え避らず】〔副詞「え」＋動詞「さる」の未然形＋打消の助動詞「ず」〕**避けることができない。必要だ。**例(a)**え避らず**とり使ひたまふべき物ども(=必要でご使用になるはずの物たち)〈源氏・須磨〉例(b)**え避らぬ**馬道の戸を鎖しこめ(=通らないわけにはいかない廊下の両端の戸口を閉めて閉じこめて)〈源氏・桐壺〉

語誌▼用法 「えさらず」の形で連用修飾語的に用いられる場合(例(a))と、「えさらぬ」の形で連体修飾語的に用いられる場合(例(b))が多い。〈堤和博〉

え・し【善し・良し】形(ク)〔「よし」の古形〕よい。例児ろが金門よ行かくし**えし**も(=あの娘の家の門を通るのはうれしいよ)〈万葉・一四・三五三〇〉

江島其碩《人名》一六六六〜一七三五(寛文六〜享保二〇)。江戸時代の浮世草子作者。本屋の八文字屋八左衛門の浮世草子の代表的作者。井原西鶴の影響を強く受けつつも、気質物・時代物という新境地を開く。代表作に『傾城禁短気』『世間子息気質』『世間娘気質』『浮世親仁形気』など。

え-しも〔副詞「え」＋副助詞「しも」〕(打消の語を伴って)強い不可能の意を表す。とても(〜できない)。例憂きながら人をば**えしも**忘れねば〈伊勢・二二〉

えせ【似非】❶形動(ナリ) 劣っている。つまらない。見苦しい。例右衛門の尉なりける者の、**えせなる**男親を持たりて(=つまらない男親をもって)〈枕・右衛門の尉なりける者の〉❷接頭 名詞などにつく。❶形だけの、まやかしの、の意を添える。「似非歌」「似非幸ひ」など。❷劣っている、つまらない、の意を添える。「似非受領」「似非者」など。❸不敵な、したたかな、の意を添える。「似非法師」など。

語誌 平安時代の女流文学では、『枕草子』に多く用いられたのに対して、『源氏物語』では例が少ない。〈吉野瑞恵〉

えせ-うた【似非歌】名 歌ともいえないようなつまらない歌。例**えせ歌**どもに至りては、またいづれもよろしからず〈無名抄・近代歌体事〉

えせ-ざいはひ【似非幸ひ】名 つまらない幸福。見せかけの幸せ。例おひさきなく、まめやかに(=将来の希望もなく、きまじめに)、**えせざいはひ**など見てゐたらん人は〈枕・おひさきなく〉

え-せ-ず〔副詞「え」＋サ変動詞「す」の未然形＋打消の助動詞「ず」〕(多く「〜もえせず」の形で)〜もできないで。例息も**えせず**、胸に手を置きたらむやうにて、(一夜ヲ)明かしつ〈蜻蛉・中〉

えせ-ずりやう【似非受領】名 取るに足りない下級の受領・地方官。例何とも見入れたまふまじき**えせ受領**の娘などさへ〈源氏・葵〉

えせ-もの【似非者】名 ❶つまらない人。例昔は**えせ**者などもみなをかしうこそありけれ〈枕・清涼殿の丑寅のすみの〉❷偽者。例実に候ひけり。ただし、**えせ者**にこそ候ふめれ〈今昔・二七・三四〉❸不敵な人。ひとくせある人。悪者。例極めて案深き(=思慮深い)寺中一の**えせ者**なり〈義経記・七〉

えぞ【蝦夷】名 ❶「えみし」に同じ。例(藤原泰衡ノ)館は衣が関を隔てて南部口をさし堅め、**夷**を防ぐとみえたり〈芭蕉・奥の細道〉❷《地名》北海道の古称。

え-だ【枝・肢】❶名 ❶草木の枝。例わが逃げ登りし在り丘の(=そこにある丘の)榛の木の**枝**〈記・下・雄略・歌謡〉❷手足。四肢。例その**枝**を引き闕きて〈記・中・景行〉❸一族。子孫。例(藤原氏ノ)北家の末、今に**枝**ひろごりたまへり〈大鏡・道長上〉❷接尾 ❶(花の木の枝につけて贈り物をしたことから)贈り物を数える。例籠物四十**枝**〈源氏・若菜上〉❷扇やなぎなたなど、柄のあるものを数える。例物の具一領、長刀一**えだ**〈謡曲・鉢木〉

[枝の雪を馴らす] 苦学のたとえ。貧乏なため雪を集めて、その明かりを灯火の代わりにして学問に励んだという、晋の孫康の故事からいう。例窓の蛍を睦び、**枝の雪を馴らし**たまふ志のすぐれたるよしを〈源氏・少女〉

[枝を交はす] 男女の契りの深いことのたとえ。白居易『長恨歌』の「連理の枝」からいう。例翼をならべ、**枝をかはさむ**と契らせたまひしに〈源氏・桐壺〉

[枝を連らぬ] ❶「えだをかはす」に同じ。❷〔「連枝」の訓読〕兄弟仲のたとえ。また、一族が繁栄することのたとえ。例累葉(=代々)**枝を連ね**しよそほ

ひ〈謡曲・敦盛〉

【枝を鳴らさず】 世の中が治まり平和であることのたとえ。天下泰平。後漢の王充『論衡』に「太平の世、五日に一風、十日に一雨、風条(枝)を鳴らさず、雨塊を破らず」とあることからいう。例かく帝の御心のめでたければ、吹く風も**枝を鳴らさず**などあればにや(=といったさまであるからか)、春の花も匂ひのどけく〈栄花・月の宴〉

えだ-あふぎ【枝扇】 ーオウギ 名 葉のついた木の枝を、扇として用いたもの。例(梨ノ木ヲ)もとよりうちきりて、定澄僧都の**枝扇**にせばや(=したい)〈枕・今内裏のひむがしをば〉

えだ-ざし【枝差し】 名〔「ざし」は接尾語〕枝の出た様子。枝ぶり。例龍膽は、**枝ざし**などもむつかしけれど(=むさ苦しいけれども)〈枕・草の花は〉

え-だち【役】 名 ❶令制以前、大和王権が課した労役や兵役。❷戦役。いくさ。例この**役**に、天皇の志、必ず克たむといふことを存ちたまへり〈紀・神武即位前紀〉

え-たり【得たり】 感〔動詞「う(得)」の連用形＋完了の助動詞「たり」〕物事が思いどおりにいったときに発する語。しめた。うまくいった。例敵は**得たり**と斬って掛かれば〈謡曲・巴〉

えたり-がほ【得たり顔】 ーガオ 名 得意顔。得意そうな表情。例「隆方つかうまつりてはべらむ」など、**得たりがほ**にいひけるを〈今鏡・一・司召し〉

えたり-や【得たりや】〔「や」は間投助詞。「えたり」を強調した語〕うまくいったぞ。しめたぞ。例「**えたりや、えたりや**」と大声をいだす時〈著聞集・一二・四四一〉

えちご『越後』⇨ゑちご

エツ『越』⇨ゑつ

え-つき【課役・役調】 名 令制以前、労役と物品による納税。例ことごとくに**課役**を除めて、百姓の苦を息へよ(=苦しみを休ませよ)〈紀・仁徳〉

え-て【得手】 名 ❶最も得意とすること。得意わざ。例(師デアル芭蕉ノ)のたまひける事を聞きまどひ(=聞き違え)、我が**得手**にひ

干支（えと）

十干と十二支を組み合わせた六〇通りの組み合わせ。「干支」とも。

「えと」は「兄」と「弟」で、五行(木火土金水)の陽と陰の違いを表す語。十干を五行に配当するとき、「甲」は「木の兄」、「乙」は「木の弟」というぐあいにして、もとはこれを「えと」と呼んだ。やがて、十干十二支の組み合わせの称となり、今日ではむしろ十二支の別称となっている。

十干の「甲」と十二支の「子」による「甲子」から始まり、「癸亥」で一巡する。中国古代から日の表示法として用いられ、やがて月や年にも用いられるようになった。

「えと」のいくつかには、長く俗信として特別の意味を付与されたものがあった。丙午(この年に生まれた女性は気性が激しい)・庚申(この日には体内の三尸という虫が天に自分の悪事を報告するので、徹夜をして、体内から出さないようにする)などである。『拾遺和歌集』「物名」に「かのえさる」を詠み込んだ歌があり、平安中期ごろにはすでに使われていたことがわかる。〈高田祐彦〉

五行	木		火		土		金		水	
兄弟	兄	弟	兄	弟	兄	弟	兄	弟	兄	弟
十干	木の兄	木の弟	火の兄	火の弟	土の兄	土の弟	金の兄	金の弟	水の兄	水の弟
	甲（きのえ／かふ）	乙（きのと／おつ(いつ)）	丙（ひのえ／へい）	丁（ひのと／てい）	戊（つちのえ／ぼ）	己（つちのと／き）	庚（かのえ／かう）	辛（かのと／しん）	壬（みづのえ／じん）	癸（みづのと／き）

▲五行と十干

番号	十干	十二支
1	甲（きのえ／かつ）	子（ね／し）
2	乙（きのと／いつ）	丑（うし／ちう）
3	丙（ひのえ／へい）	寅（とら／いん）
4	丁（ひのと／てい）	卯（う／ばう）
5	戊（つちのえ／ぼ）	辰（たつ／しん）
6	己（つちのと／き）	巳（み／し）
7	庚（かのえ／かう）	午（うま／ご）
8	辛（かのと／しん）	未（ひつじ／び）
9	壬（みづのえ／じん）	申（さる／しん）
10	癸（みづのと／き）	酉（とり／いう）
11	甲（きのえ／かふ）	戌（いぬ／じゅつ）
12	乙（きのと／いつ）	亥（ゐ／がい）
13	丙（ひのえ／へい）	子（ね／し）
14	丁（ひのと／てい）	丑（うし／ちう）
15	戊（つちのえ／ぼ）	寅（とら／いん）
16	己（つちのと／き）	卯（う／ばう）
17	庚（かのえ／かう）	辰（たつ／しん）
18	辛（かのと／しん）	巳（み／し）
19	壬（みづのえ／じん）	午（うま／ご）
20	癸（みづのと／き）	未（ひつじ／び）
21	甲（きのえ／かふ）	申（さる／しん）
22	乙（きのと／いつ）	酉（とり／いう）
23	丙（ひのえ／へい）	戌（いぬ／じゅつ）
24	丁（ひのと／てい）	亥（ゐ／がい）
25	戊（つちのえ／ぼ）	子（ね／し）
26	己（つちのと／き）	丑（うし／ちう）
27	庚（かのえ／かう）	寅（とら／いん）
28	辛（かのと／しん）	卯（う／ばう）
29	壬（みづのえ／じん）	辰（たつ／しん）
30	癸（みづのと／き）	巳（み／し）
31	甲（きのえ／かふ）	午（うま／ご）
32	乙（きのと／いつ）	未（ひつじ／び）
33	丙（ひのえ／へい）	申（さる／しん）
34	丁（ひのと／てい）	酉（とり／いう）
35	戊（つちのえ／ぼ）	戌（いぬ／じゅつ）
36	己（つちのと／き）	亥（ゐ／がい）
37	庚（かのえ／かう）	子（ね／し）
38	辛（かのと／しん）	丑（うし／ちう）
39	壬（みづのえ／じん）	寅（とら／いん）
40	癸（みづのと／き）	卯（う／ばう）
41	甲（きのえ／かふ）	辰（たつ／しん）
42	乙（きのと／いつ）	巳（み／し）
43	丙（ひのえ／へい）	午（うま／ご）
44	丁（ひのと／てい）	未（ひつじ／び）
45	戊（つちのえ／ぼ）	申（さる／しん）
46	己（つちのと／き）	酉（とり／いう）
47	庚（かのえ／かう）	戌（いぬ／じゅつ）
48	辛（かのと／しん）	亥（ゐ／がい）
49	壬（みづのえ／じん）	子（ね／し）
50	癸（みづのと／き）	丑（うし／ちう）
51	甲（きのえ／かふ）	寅（とら／いん）
52	乙（きのと／いつ）	卯（う／ばう）
53	丙（ひのえ／へい）	辰（たつ／しん）
54	丁（ひのと／てい）	巳（み／し）
55	戊（つちのえ／ぼ）	午（うま／ご）
56	己（つちのと／き）	未（ひつじ／び）
57	庚（かのえ／かう）	申（さる／しん）
58	辛（かのと／しん）	酉（とり／いう）
59	壬（みづのえ／じん）	戌（いぬ／じゅつ）
60	癸（みづのと／き）	亥（ゐ／がい）

▲干支

きかけ(=ひきつけて解釈し)〈俳諧・去来抄・同門評〉❷「得手勝手」の略。自分勝手なこと。例さやうの時に、**得手**のお方が〈近松・傾城酒呑童子・三〉❸例のもの。例の人。例の所。その名を言わなくても相手に通じるものをさす。例**例所**へ行ってももんぢい(=猪や鹿の料理)で四文二合半ときめべい〈滑稽本・浮世風呂・三上〉

【得手に帆】 得意なことを行う機会を得て、待ってましたとばかりに得意になること。「得手に帆を揚ぐ」「得手に帆を掛く」の形で用いる。

え-て【得て】 副〔動詞「う(得)」の連用形+接続助詞「て」〕とかく。ともすると。えてして。例とかく人といふものは、このやうな事をば**えて**例にしたがるものぢや〈虎寛本狂言・抜殻〉

えど『穢土』 ⇩ゑど

江戸 《地名》今の東京都中心部の明治以前の称。武蔵国の豊島・荏原・葛飾の三郡にわたる地域。平安時代末から江戸氏の館が営まれ、長禄元年(一四五七)太田道灌が城を築き、天正一九年(一五九〇)徳川家康が入城。慶長八年(一六〇三)江戸幕府が開かれると政治の中心地となる。元禄期(一六八八〜一七〇四)には百万の人口を擁したといわれる。

語誌▼**武士の街**　将軍家直属の武士の旗本・御家人に限らず、諸大名も江戸に屋敷を拝領し、江戸詰めと呼ばれる武士たちが常駐していたので、武士の人口比率が高い。武家屋敷が多くあった江戸城の西部は高台で坂が多く、山の手と呼ばれた。北東部の神田・本所などは下級武士の住所。南東部の低湿地は町人の商業地域で、下町と呼ばれた。

▼**火事と喧嘩は江戸の花**　武士の町である江戸はもともと無骨な気風だったが、しだいに洗練されて、気前のよい、率直・淡泊な気質が形成されてくる。「火事と喧嘩は江戸の花」という言葉は、そのような江戸っ子気質をのちに言い表したもの。人家が密集する江戸の町は、明暦三年(一六五七)のいわゆる振袖火事で江戸城本丸をはじめ市中の大半が焼け尽くされるなど、しばしば火事に見舞われた。幕府は、武士による定火消しのほか、町人による町火消しも組織して消火にあたらせた。また、気の短い江戸っ子は、しばしばはでな喧嘩を引き起こし、これまた江戸っ子気質をよく表すものとされた。〈大谷俊太〉

えど-あきなひ【江戸商ひ】 名 ほかの土地から江戸へ進出して商売をすること。上方の商人が江戸に支店を出すことなどにいう。例天下泰平、国土万人**江戸商ひ**を心がけ〈西鶴・世間胸算用・五・四〉

江戸生艶気樺焼 《作品名》江戸時代の黄表紙。三巻。山東京伝作。天明五年(一七八五)刊。滑稽な容貌ながらうぬぼれの強い金持ちの息子艶二郎が、世間にもてはやされようとあれこれ趣向を凝らすが失敗し、最後に改心する。黄表紙の代表作。

えど-おもて【江戸表】 名 地方から江戸をさしていう語。例我らはこれより**江戸表**に出づれど〈耳袋・六〉

えど-ざ【江戸座】 名 江戸の俳諧の流派の一つ。芭蕉没後、其角の晩年の影響を受けて、しゃれと機知を主とした都会的な作風の句を作った。

えど-だな【江戸店・江戸棚】 名 江戸時代、上方の有力な商店が、江戸に出した支店。例操り綿・塩・酒は**江戸棚**の状日(=手紙の来る日)を見合はせ〈西鶴・日本永代蔵・二・一〉

えど-づめ【江戸詰め】 名 江戸時代、参勤交代の供などで、家臣が江戸屋敷に住んで勤務すること。また、その家臣。例これは夫の**江戸詰め**の留守の仕事の張り物や〈近松・堀川波鼓・上〉

えど-とも【江戸供】 名 大名の江戸参勤に家臣が随行すること。また、その家臣。例病気とて、**江戸供**許され在国せしが〈近松・堀川波鼓・上〉

えど-ばらひ【江戸払ひ】 名 江戸時代の追放刑。江戸市中、品川・板橋・千住・本所・深川・四谷大木戸内に居住することを禁止する刑。

えど-まちぶぎゃう【江戸町奉行】 名 ⇩まちぶぎゃう①

えど-まへ【江戸前】 名 ❶〔江戸の前海の意〕今の東京湾内奥の、芝や品川の海で捕れた魚。もとはウナギについていい、のちに新鮮さを示す言葉となる。例**江戸前**うなぎと旅うなぎほど旨味も違はず〈滑稽本・里のをだ巻評〉❷江戸独特の風味・やり方。江戸っ子の自負に用いる。

えど-むらさき【江戸紫】 名 染め色の名。青味の強い紫色。江戸で染められた。京の紅に対し江戸っ子の自慢の色。転じて、江戸自慢にひきあいに出された。例**江戸紫**なら大好き大好き。こちゃ(=私は)あないな着物がしてほしい〈滑稽本・浮世風呂・二上〉

えど-もとゆひ【江戸元結ひ】 名 「元結ひ」のこと。元来、江戸でもっぱら作られたところからいう。例手足つひに洗はず、渡世に**江戸元結ひ**の賃びねりして(=生活のために元結いを作る賃仕事をして)〈西鶴・西鶴置土産・一・一〉

えど-もの【江戸者】 名 生粋の江戸人。江戸生まれの人。「江戸っ子」よりもやや以前から用いられた。例江戸者の生まれそこなひ金をため〈柳多留・二〉

え-なら-ず 〔副詞「え」+動詞「なる(成る)」(一説に断定の助動詞「なり」)の未然形+打消の助動詞「ず」〕並々ではない。**言葉にできないほどすばらしい**。例ⓐ**えならず**薫きしめたまへる御けはひ言はん方かたなし(=言葉にできないほどすばらしく衣服に香をたきしめなさっている御様子は申し分なくすばらしい)〈源氏・宿木〉例ⓑこの岩根の松も、こまかに見れば、**えならぬ**作りごとどもなりけり(=この岩根の松も、よく見ると、並々でない作り物であったなあ)〈源氏・少女〉

語誌▼**用法**　「えならず」の形で連用修飾語的に用いられる場合(例ⓐ)と、「えならぬ」の形で連体修飾語的に用いられる場合(例ⓑ)が多い。

▼**関連語**　類義の「**えもいはず**」がよくも悪くも程度のはなはだしい場合をいうのに対し、「えならず」はよい意味で用いられることが多い。〈堤和博〉

えに【縁】 名〔「えん」の撥音を「に」と表記したもの〕機縁。縁故。ゆかり。和歌では、「江」にかけて用いることが多い。例めぐり逢ひける**えに**は深しな〈源氏・澪標〉

えにーし【縁】 名〔名詞「えに(縁)」＋副助詞「し」〕「えに」に同じ。例かち人の渡れど濡れぬえにしあれば、と書きて〈伊勢・六九〉読解徒歩で行く人が渡っても裾が濡れない浅い江、そのように浅い縁なので、の意。「えにし」の「え」に「江」を掛ける。

榎本其角 《人名》⇩其角

えーはう【吉方・兄方】 名 干支によって定められた、その年の縁起のよい方角。歳徳神が宿るとされる。「恵方」とも。

えーはつ【衣鉢】 名《仏教語》「えはち」とも。❶「三衣一鉢」の略。例参詣せんとすれば、さらに衣鉢なし〈平家・六・慈心房〉❷〔禅宗で法を伝える証拠として衣鉢を与えたことから〕仏法や学問、また芸道の奥義。例山門・寺門の貫主(＝延暦寺・園城寺の長)、宗を改めて衣鉢を持ち〈太平記・二六〉

えひ【裛衣】 名「裛衣香」の略。例えひの香いとなつかしう薫り出でて(＝たいそう慕わしく漂ってきて)〈源氏・末摘花〉

えひーかう【裛衣香】 名 香の名。栴檀の樹皮や葉を細かくつぶして作る。例えひ香の香の紛へる(＝混じっている)、いと艶なり〈源氏・初音〉

えびーかづら【葡萄蔓】 名❶植物の名。ブドウ科の山ぶどう・えびづるの古称。例蒲の子生りき〈記・上・神代〉❷髪を繕い飾るもの。付け髪。かもじ。例葡萄蔓してぞつくろひたまふべき(＝お手入れなさるのがよい)〈源氏・初音〉

えびす【夷・戎・恵比須】 名〔「えみし」の変化した形〕❶文化や教養をもたない、都から遠く離れた地の粗野な人間。「もののあはれ」を解さないとして、荒々しい東国武士をさすことが多い。⇩あづまえびす。例東の夷どもも、やうやう(都ニ)攻め上るよし聞こゆ〈増鏡・むら時雨〉❷【恵比須】七福神の一つ。風折り烏帽子に狩衣、指貫を着け、右手に釣竿を持ち、左手に鯛を抱える。大黒天とともに商家が福神として祭る。❸「えぞ①」に同じ。

えびすーかう【恵比須講】 名 陰暦十月二十日、商家で恵比須神を祭って商売繁盛を祈り、親戚・知人を招いて宴を催すこと。上方では正月十日にも行った。例年中の誓文を、十月二十日のえびすかうにさらりとしまふ(＝祓い清める)事あり〈西鶴・日本永代蔵・六・二〉読解「誓文」は商売上のうその誓い。

えびすーがほ【恵比須顔】 名 恵比須神のような円満でにこにこした顔。例わっさり(＝あっさり)恵比須顔して見せましや〈近松・長町女腹切・中〉

えびすーごころ【夷心】 名 未開地の人間の無教養で粗野な心。東国人の荒々しく人情を解さない心を意味することが多い。例さるさがなきえびす心を見ては、いかがはせんは〈伊勢・一五〉読解そんな粗野な田舎女の心を見たってどうにもならない、の意。

えびすーさぶらう【夷三郎】 名 七福神の一つ「えびす」の別称。例鞍馬の毘沙門天、西の宮のえびす三郎殿に、祈誓を申してござれば〈狂言・夷毘沙門〉語誌 本来別神であった「三郎殿」と鎌倉末期ごろから同一視された。

えびすーまはし【夷回し・恵比須回し】 名 摂津国(兵庫県)西宮の恵比須神社を本拠地とする、人形遣いの芸能集団。新春に「門付け」を行い、恵比須神の人形を操ったり神影を配ったりした。人形浄瑠璃の原型の一つ。「えびすかき」とも。例橋本に泊まれば、大和の猿引き・西の宮のえびすまはし・日暮しの歌念仏、かやうの類の宿とて〈西鶴・好色一代男・三・一〉

えびすーむかへ【恵比須迎へ】 名 江戸時代、奈良で正月二日(または三日)の早朝、吉野の住民が木版の恵比須神の絵像を売り歩いた習俗。例二日のあけぼのに恵美酒むかへと売りける〈西鶴・世間胸算用・四・二〉

えびーぞめ【葡萄染め】 名❶染め色の名。ブドウの実の色のような薄紫色。例葡萄染めのいと濃き指貫〈枕・かへる年の二月二十日よ日〉❷襲の色目の名。表は蘇芳、裏は縹色。一説に、表は紫、裏は赤とも。例葡萄染めの五重の御衣、蘇芳の御小袿などをぞ奉りたる(＝お召しになっている)〈栄花・初花〉❸織り色の名。縦糸は赤、横糸は紫。例葡萄染めの織物の指貫を着たれば〈枕・関白殿、二月二十一日に〉

えびら【箙】 名 矢をさして右腰に負う武具。二十四本の矢を納める。例箙に結びつけられたる文をといて見れば〈平家・九・忠度最期〉

箙（逆頬箙）

えふ【衛府】 ⇩ゑふ

えふ【葉】 ❶名❶草木の葉。❷葉のようにとがった切れ込み。例これ(＝新内裏の櫛形の穴)は葉の入りてぞ〈徒然・三三〉❷接尾 紙や舟などを数える。例一葉舟飛んで〈和漢朗詠集・下・餞別〉

えぶ【閻浮】 名《仏教語》⇩えんぶ

えーぶり【朳・柄振り】 名 農具の名。柄の先に横板がついていて、穀物をかき寄せ、また土をならすのに用いる。例朳を捧げて頭の上に招き(＝頭の上で振り)〈今昔・二八・七〉

えーぼうし【烏帽子】 名「えぼし」に同じ。例笑ひののしり、詞多く(＝笑い騒ぎ、口数が多くなり)、えぼうしゆがみ〈徒然・一七五〉

えーぼし【烏帽子】 名「えぼうし」とも。元服した男性のかぶりものの一種。黒色であるところから、「烏」の字が用いられる。例(a)こはからぬ烏帽子ふりやりつつ(＝硬くない烏帽子を後ろに払いのけながら)〈枕・きよげなる男の〉例(b)烏帽子ばかり押し入れて、すこし起き上がらむとしたまへど、いと苦しげなり(＝烏帽子だけを髪を押し込むようにかぶって、少し起き上がろうとなさるが、たいへん苦しそうである)〈源氏・柏木〉読解見舞客に対し、苦しいのをこらえて烏帽子をかぶって会おうとする病人の様子。人前で冠や烏帽子をつけないでいるのは無作法とされたからである。

語誌 ▼用途・製法・種類　もとは冠の下にかぶる袋

状の柔らかなものであった。平安時代には、束帯・衣冠のときに用いる冠に対し、平常服の直衣・狩衣のときに用い、日常生活になくてはならない私的なかぶりものである。

本来は黒色の絹・紗などで作るが、薄く漆塗りをする場合もあった。のちに漆を厚くして硬くするようになり、さらに絹の代わりに紙張りにして黒漆で塗り固めるようになった。例(a)によれば、当時すでに柔らかなものとやや硬いものとがあったようである。また『枕草子』には「長烏帽子」という例も見え、形状もいくつかあったことがわかる。のちには揉み烏帽子(梨打ち烏帽子)・風折り烏帽子・折り烏帽子などと種類も多くなり、身分階層により塗り方・硬さ・形などが異なっていった。

▼日常の場から晴れの場へ　中世以降、武家の台頭とともに狩衣装束が正装となっていくのに並行して、烏帽子も晴れの場に着用されるようになる。武家社会では烏帽子をつけることが成人男子の象徴であった。そのため元服のことを「烏帽子着」「烏帽子始」といい、さらに美化して「烏帽子桜」とも称した。同時に威儀を整えるために硬くなり、しだいに実用には不向きとなって儀礼化するに至る。〈藤本宗利〉

◆烏帽子〔高田装束研究所〕

烏帽子(平安時代)

揉み烏帽子(梨子打ち烏帽子)(平安時代)

風折り烏帽子(鎌倉時代)

折り烏帽子(鎌倉時代)

えぼし-おや【烏帽子親】 名 武家で、男子が元服するときに仮の親となって烏帽子をかぶらせ、烏帽子名をつける人。縁故ある有力者がなる。例わが子の**烏帽子親**に取るべき人(=ふさわしい人)無しとや思ひけん〈太平記・三六〉

えぼし-かけ【烏帽子掛け・烏帽子懸け】 名❶侍烏帽子の上からかけて、あごの下で結ぶ紐。例**烏帽子懸け**をもって額にむずと結ひて〈義経記・六〉❷烏帽子をかけるために、座敷の床柱に打ちつけた釘。例あまたの**烏帽子掛け**にさまざまの烏帽子を着せ〈近松・源氏烏帽子折・三〉

えぼし-ご【烏帽子子】 名 元服に臨み、烏帽子親に烏帽子を着けてもらう子。例大串次郎は、畠山には**烏帽子子**にてぞありける〈平家・九・宇治川先陣〉

えぼし-な【烏帽子名】 名 元服名。幼名を改め、父祖や烏帽子親の一字をもらってつけられる名。例裏書きには名字**えぼし名**これを書くべし〈大館常興書札抄〉

えぼし-をり【烏帽子折り】 ーオリー 名 烏帽子を作ること。また、その職人。

えまき【絵巻】 ⇩ゑまき

えみし【蝦夷】 名 大和王権時代は北関東以北に、大化改新後は東北地方に住む部族に対して、中央政府が与えた呼称。「蝦夷」の表記には蔑視の意識がある。

えむ【笑む】 ⇩ゑむ

え-も 〔副詞「え」+係助詞「も」〕❶(打消の語を伴って)まったく(〜できない)。例**えも**止めず泣きたまふ〈源氏・夕顔〉❷上代の用法。よくも。例恋ふといふは**えも**名付けたり〈万葉・一八・四〇七八〉

え-も-いは-ず【えも言はず】 ーイワー 〔副詞「え」+係助詞「も」+動詞「いふ」の未然形+打消の助動詞「ず」〕なんとも言いようがない。よいにつけ悪いにつけ、程度がはなはだしい場合にいう。例(a)**えもいはず**おどろおどろしきいびきしつつ(=なんとも言いようがなく気味が悪いいびきをかき続けて)〈源氏・手習〉例(b)花も**えもいはぬ**匂ひを散らしたり(=花もなんとも言いようがないいいにおいを漂わせている)〈源氏・胡蝶〉

類義 えならず

語誌 **▼用法**　「えもいはず」の形で連用修飾語的に用いられる場合(例(a))と、「えもいはぬ」の形で連体修飾語的に用いられる場合(例(b))が多い。

▼関連語　類義の「えならず」は多くよい意味で用いられるが、「えもいはず」はよくも悪くも程度のはなはだしい状態をさす。〈堤和博〉

え-もの【得物】 名❶得意とする技能・芸能。例三味線は**得物**〈西鶴・好色一代男・六・三〉❷得意とする武器。例**得物得物**に渡り合ひ、半時ばかりぞ戦ひける〈近松・用明天王職人鑑・五〉

え-もん【衣紋・衣文】 名❶装束の着付け・着こなしや、着付けの作法。例この大将殿は、ことのほかに**衣紋**をぞ好みたまひて〈今鏡・八・花のあるじ〉❷衣服の襟合わせ。❸衣服。服装。例**衣文**も冠も、いかにもあれ(=どうであろうと)、ひきつくろふ人も侍らじ〈徒然・一〇七〉

【衣紋を繕ふ・衣文を繕ふ】 衣服の乱れをきちんと整える。例**衣文をつくろひ**、鬢をなで、花やかなりし男なり〈平家・一〇・横笛〉

え-や 〔副詞「え」+係助詞「や」〕疑問・反語の意を表す。どうして(〜か)。〜できるのか。どうして〜できようか、いや、できない。例**えや**まかり下りあへざらむ(=まだ下りきれないのだろうか)〈源氏・帚木〉

え-やは 〔副詞「え」+係助詞「やは」〕どうして〜できようか、いや、できない。反語の意を表す場合がほとんどで、疑問の意に用いられるのはまれ。例かくとだに**えやは**いぶきのさしも草(ここまで序詞)さしも知らじな燃ゆる思ひを〈後拾遺・恋一〉➡名歌114

え-やみ【疫病】 名❶流行病。はやりやまい。例この村の在家、ことごとく**えやみ**をして〈宇治拾遺・六七〉❷今のマラリヤのような病気。⇩わらはやみ

えらび【選び】 名 選択。選抜。例**選び**にかならず漏

るまじきは〈源氏・帚木〉

えら・ぶ【選ぶ・撰ぶ・択ぶ】動(バ四)〔上代は「えらふ」〕❶多くの中から抜き出す。選抜する。抜擢する。例くさぐさの歌をなんえらばせたまひける(=さまざまの歌を選抜させなさった)〈古今・仮名序〉
❷編集する。編纂する。資料などを集め、その中から抜き出して書物を作る。例万葉集を撰ばせたまふ(=万葉集を編纂させなさる)〈栄花・月の宴〉
❸区別する。差別する。打消の語を伴って、区別・差別しない、それを問題としない、の意に用いられる。例貴きと賤しきと択ばず(=身分の高い人と低い人と差別なく)〈紀・孝徳即位前紀〉
語誌▼関連語 「えらぶ」は基準に合うものを取り上げるのが原義。対して、類義語「える(選る)」は基準に合うものを取り、合わないものを捨てる意。また、「えらぶ」の変化した形に「えらむ」がある。〈浅見和彦〉

えら・む【選む・撰む】動(マ四)〔「えらぶ」の変化した形〕❶「えらぶ」に同じ。❷取り調べる。吟味する。例国々に新関を立てて、山伏をかたく(=厳重に)選みまうせ〈謡曲・安宅〉

えり【魞】名 漁具の名。水中に竹の簀を立てめぐらし、魚をその中央部に追い込んでつかまえるしかけ。例春ごとにえりさす民の〈曾丹集〉

えり-うち【選り討ち・択り討ち】名 強い敵を選んで討ち取ること。例択り討ちなんどもし候ふべきに〈平家・四・競〉

えり-つき【襟付き】名 衣服を重ねて着たときの襟の厚さのぐあい。また、身なり。その人の経済状態をいうのにも用い、裕福なことを「襟付きが厚い」という。例襟付き見立てらるるが口惜しい〈西鶴・好色一代女・五・一〉

えり-ととの・ふ【選り整ふ】動(ハ下二) よいものを選んでそろえる。厳選する。例今めかしきは(=当世風であるのは)それそれと選りととのへさせたまふ〈源氏・絵合〉

える【彫る】⇩ゑる

え・る【選る・択る】動(ラ四) 多くの中から抜き出す。抜き出して区別する。選択する。例(a)稗を多み選らえし業そ我がひとり寝る〈万葉・一二・二九九九〉読解 稲田に生えた稗が多いと抜き取られるように、自分も恋人に捨てられ一人寝をする、という。例(b)言ふ人多く、いどみたる中に、選りて婿になりたるも(=求婚者が多く、張りあっている中で、選んで婿になったのも)〈枕・したり顔なるもの〉
類義▶えらぶ・えらむ
語誌 多くのものの中から基準に合うものを取り、基準に合わないものを捨てる意が原義。例(a)は取り出して捨てられたもの、例(b)はすぐれているとして残されたものである。〈浅見和彦〉

え-をとこ【好男・可愛少男】名〔上代語〕〔「え」は接頭語〕いとしい男。りっぱな男。例あなにやし(=ほんとうにまあ)、えをとこを〈記・上・神代〉

え-をとめ【好女・可愛少女】名〔上代語〕〔「え」は接頭語〕いとしい女。すばらしい女。例あなにやし(=ほんとうにまあ)、えをとめを〈記・上・神代〉

エン〖円・垣・怨・淵・遠・鴛〗⇩ゑん

えん【宴】名 酒食を設けて、催しなどを楽しむこと。宴会。例月の前の秋の宴には、玉笛を吹いて〈平家・四・源氏揃〉

えん【縁】名 ❶〖仏教語〗物事の原因となるもの(因)に働きかけ、結果(果)を生むきっかけ。例心は縁に引かれて移るものなれば、閑かならでは道は行じがたし(=心は機縁にひかれて移り変わるものなので、心が穏やかでなくては仏道修行は行いにくい)〈徒然・五八〉
❷物事の間にある、絶つことの難しい関係。ゆかり。縁故。それによって対象に近付くきっかけや機会となる一方、束縛されることもある。例(a)(餓死者ノ)首の見ゆるごとに額に阿字を書きて縁を結ばしむ(=頭が見えるたびに、その額に阿の字を書いて仏との縁故を結ばせる)〈方丈記〉読解 阿の字は梵語の第一字。言語・万物の根本として、特に密教で尊ばれた。例(b)いまだ誠の道は知らずとも、縁を離れて身を閑かにし(=まだ真の仏道は知らないでも、世俗の諸縁を離れて身を静かなところに置き)〈徒然・七五〉
❸絶ちがたい肉親や夫婦のつながり。例(a)我が子の縁にむすぼほれざらむには、これほど心をばくだかじものを(=自分の子との血縁に束縛されていなかったならば、これほど心を痛めないだろうに)〈平家・二・少将乞請〉例(b)親となり、子となり、夫婦の縁を結ぶも、みなこの世ひとつに限らぬ契りぞかし(=すべて現世だけでの約束ではないのだよ)〈平家・三・僧都死去〉〈中本大〉

【縁に付く】1〔「つく」は四段活用〕❶つてを頼る。例縁に付きて京上りして大納言に到る〈宇治拾遺・四〉❷嫁入りする。例何始末して縁に付くべきしがく(=工夫)もなく〈西鶴・好色一代女・五・一〉2〔「つく」は下二段活用〕娘を嫁入りさせる。例ある人かしづきて縁につくるに〈和泉流狂言・禁野〉

【縁は異なもの】縁というものは不思議なものだ。男女の仲にいうことが多い。例むすばるる縁はいなもの雪と墨〈軽口頓作〉読解 雪のように色白な美女と色黒の武骨な男が結ばれた。

【縁を離る】世俗の生活からかかわりを断って暮らす。例縁を離れて身を閑かにし、事にあづからずして心をやすくせんこそ〈徒然・七五〉

【縁を結ぶ】❶仏縁を結ぶ。往生するために仏との縁をつなぐ。例この御神は海漫の鱗(=大海の魚)に縁をむすばせたまふらん〈平家・二・卒都婆流〉❷夫婦や養子などの縁を結ぶ。

えん【縁・椽】名 ❶寝殿造りの外側や渡殿の板敷きの部分。例雪いみじう降りたるを、女官どもなどして、縁にいと多く置くを〈枕・職の御曹司におはします頃、西の廂にて〉❷家の外側の板敷き。縁側。例妻戸のきはの縁にゐて〈平家・六・小督〉

えん【艶】名形動(ナリ) 人を引きつける、華やかで洗練された美や、しっとりとした風情を表す。
❶優雅で美しいさま。しっとりした風情のあるさま。

深みのあるさま。例物の音ども絶え絶え聞こえたる、いとえんなり(=楽器の音がとぎれとぎれに聞こえてくるのが、たいそう優雅で美しい)〈源氏・賢木〉❷なまめかしいさま。あでやかなさま。例女は、なほいと艶に恨みかくるを(=女は、なおもとてもなまめかしく恨みごとを言いかけるので)〈源氏・紅葉賀〉❸華やかで美しいさま。つややかなさま。例舎人などもさへ艶なる装束を尽くして(=舎人たちまで華麗な装束を極めて)〈源氏・蛍〉読解 端午の節句の日、騎射に参加する近衛府の兵たちの様子。❹歌論で、みやびやかな美しさ。優艶美・妖艶な美。例歌はただよみあげもし、詠じもしたるに(=歌はただ声に出して読んだりもし、抑揚をつけて歌ったりもするとき)、何となく艶にもあはれにも聞こゆる事のあるなるべし〈古来風体抄・上〉

語誌▼平安時代の女流文学、特に『源氏物語』にしばしば用いられる語。『源氏物語』では、女性よりも光源氏など男性に用いることが多く、自然描写、笛や虫の音、香のにおいなどにも用いる。▼④を意識的に取り上げたのは、平安末期から鎌倉初期の歌人藤原俊成である。例の『古来風体抄』はその著。「やさし」「いう(優)」などと近しい、繊細かつ優雅・妖艶な美を表す。「あはれ」とも異なる、ある種の余情美を伴った評価概念として認識されていた。具体的には、本歌取りなどでもたらされる複雑な情調をもった歌に対して用いることが多い。〈杉田昌彦〉

えん-いん【宴飲・讌飲】名 酒宴。宴会。例**宴飲**・声色を事とせず(=熱中せず)〈徒然・一二七〉

えん-いん【延引】名動(サ変)「えんにん」とも。予定がのびのびになること。延期すること。例これほどの大事、日の定まりたる事を…**延引せ**しめたまふ事〈宇治拾遺・一三九〉

えん-がく【縁覚】名《仏教語》師につかず、独力で理法を悟る人。悟りの段階としては菩薩の下に位置する。例**縁覚**の聖の(=修行僧が)木の下に居たる時〈三宝絵・上・八〉

えん-が・る【艶がる】動(ラ四)〔「がる」は接尾語〕風流ぶったふるまいをする。思わせぶりにふるまう。例何事ももの好みし(=風流を好み)、**艶がり**おはする親王にて〈源氏・梅枝〉

えん-ぎ【縁起】名❶《仏教語》あらゆる事象が因縁によって生起していること。❷事物の起源・由来。特に、社寺・仏像などの由来。また、それを記した文書。例下寺町にて南都東大寺大仏の**縁起**読みたまふに〈西鶴・好色一代女・四・一〉❸吉凶の兆候。兆し。

延喜式《作品名》平安中期の法令集。律令の施行細目。五〇巻。延喜五年(九〇五)醍醐天皇の勅命で藤原時平・忠平らが編纂。延長五年(九二七)成立。宮中の儀礼・諸官庁の制度や運営などについて集大成したもので、律令制下の政治や文化の基礎資料の一つ。

えん-きょく【宴曲】名 鎌倉時代から室町時代にかけて、武家を中心に流行した長編歌謡。主に鎌倉で作られた。当時は「早歌」といった。

えん-げ【艶げ】形動(ナリ)〔「げ」は接尾語〕風流めいたさま。いろっぽいさま。例今様の若人たちのやうに、**艶げ**にもてなさで〈源氏・椎本〉

えん-げつ【偃月】名❶半月。弓張り月。また、それに似た形。例**偃月**の鉾会釈もなくふり回し〈近松・国性爺合戦・一〉❷陣立ての名。中央をへこませ、両端を張り出させて半月形に兵を並べた陣形。

えん-ご【縁語】名 和歌の表現技法の一つ。⇩『名歌・名句辞典』「和歌の表現技法」

えん-ざ【縁座】名 罪人の家族や親戚が、連帯責任によって罰せられること。例父悪左大臣殿の**縁座**によって、兄弟四人流罪せられたまひしが〈平家・三・大臣流罪〉

えん-じゃ【縁者】名 縁続きの人。江戸時代は、結婚した相手方との間にできた親戚関係をいう。例(a)**縁者**境界に集まり訪ひ、悲嘆すること比類なし〈古事談・三〉例(b)親類**縁者**たりとも、他国者は城内へかたく禁制〈近松・国性爺合戦・三〉

えん-しゃう【炎上】ショウ 名 燃え上がること。火事。例近く**炎上**ある時、その災を逃るる事なし〈方丈記〉

えん-しょ【艶書】名 恋文。懸想文。例この大宮へ御**艶書**あり〈平家・一・二代后〉

えんしょ-あはせ【艶書合はせ】アワセ 名 左右の組に分かれて、恋文に載せる歌の優劣を競う遊び。「けさうぶみあはせ」と訓読するとみる説もある。例堀河院御時**艶書合はせ**によめる〈金葉・恋上・詞書〉読解「堀河院艶書合はせ」は、康和四年(一一〇二)に行われた男性貴族と女房たちの恋文を番わせた歌合わせ。

えんず【怨ず】⇩ゑんず

えん-だう【筵道】ドウ 名 貴人の通行のとき、裾が汚れないように、門から母屋までの通路などに敷く筵。例檳榔毛の車などは、門小さければ、障りてえ入らねば、例の(=いつものように)**筵道**敷きておるるに〈枕・大進生昌が家に〉

えん-だ・つ【艶だつ】動(タ四)〔「だつ」は接尾語〕優美にふるまう。風流ぶる。例**艶だち**、気色ばまむ(=気どりたがる)人は、消えも入りぬべき住まひのさまなめりかし〈源氏・夕顔〉

えん-にち【縁日】名「有縁の日」「結縁の日」の意。ある神仏に特別の縁がある日。祭典や供養が行われ、その日に参詣すると功徳が大きいという。例今日は十八日、観音の御**縁日**なり〈今昔・一四・七〉

えんにつく【縁に付く】⇩「えん」の子項目

えん-ねん【延年】名❶寿命を延ばすこと。長生きすること。例詩歌管弦は嘉齢(=長寿)**延年**の方(=方法)なり〈庭訓往来・二月〉❷楽しむこと。❸「延年の舞」の略。

えんねん-の-まひ【延年の舞】マイ 名 平安後期ごろから、東大寺・興福寺・延暦寺などの大寺で法会の後に演じられた芸能。

役行者《人名》生没年未詳。奈良時代の呪術者。修験道の祖。役小角・役優婆塞とも。大和国(奈良県)葛城山で修行、呪術にすぐれ、多くの伝説を残す。

えん-の-ざ【宴の座】名 節会や大饗のときの、正式な酒宴の座。酒杯のやりとりだけを、身分の上下に従って行う。例**宴の座**とまりければ(=取りやめ

になったので)、まかり出でにけり〈著聞集・一五・四九二〉

えん-の-まつばら【宴の松原】 名 平安京の大内裏の中にあった広場。宜秋門の西、豊楽院の北。ものさびしく、妖怪変化が跳梁する場所として知られ、『今昔物語集』巻二七第八話には女が鬼に食われた話が載る。例 **宴の松原**のほどに、そのものともなき声どもの聞こゆるに、術なくて(=どうしようもなくて)帰りたまふ〈大鏡・道長上〉

えん-ばい【塩梅】 名 ❶調味料の塩と梅酢。味かげん。また、それを調えること。あんばい。❷食物の味かげん。例「同じくは味はひを調へて与へたまへ」と申せば、上人みづから**塩梅**を和して〈著聞集・一二・三七〉 ❸君主を助けて政務を適切に執り行うこと。例 地にあまくだっては**塩梅**の臣となって〈太平記・一三〉

えんはいなもの【縁は異なもの】 ⇩「えん」の子項目

えんぶ【閻浮】 名《仏教語》〔梵語の音写〕「えぶ」とも。❶「閻浮提」の略。例 すみやかに、**閻浮**に返りて、生死の界を棄て、往生極楽の望みを遂げよ〈今昔・一七・一七〉 ❷「閻浮樹」の略。閻浮提の大森林の中にあるという非常に高い木。

えんぶ-だい【閻浮提】 名《仏教語》〔梵語の音写〕須弥山の南方にあるという大陸。転じて、インドをいう。のち、人間界・現世を意味する。例 **閻浮提**のうちに湖あり〈平家・七・竹生島詣〉

えんぶ-だごん【閻浮檀金】 名《仏教語》〔梵語の音写〕「えんぶだんごん」とも。閻浮提の閻浮樹林を流れる川の底にあるという砂金。転じて、良質の金。例 **閻浮檀金**といふ金で作った観音本尊〈近松・賀古教信七墓廻・三〉

えんま【閻魔】 名《仏教語》死者の魂を支配し、生前の行為を審判して罪の軽重によって賞罰を決めるという地獄の王。閻魔大王。閻魔羅。

えんま-だう【閻魔堂】 ドウ 名 閻魔を祭った堂。例 志賀の**閻魔堂**の前を横切りに〈太平記・二〉

えんま-の-ちゃう【閻魔の庁】 チョウ 名 閻魔大王が、その人の生前の行為を審判して、罪を裁く法廷。例 冥途に行きむかひて、**閻魔の庁**にめされぬ(=呼び出された)〈宇治拾遺・四四〉

えん-ら【閻羅】 名《仏教語》〔梵語の音写「閻魔羅社」の略〕「えんま」に同じ。

えん-り【厭離】 名《仏教語》⇩えんりゑど

延暦寺 えんりやくじ 名 山城国と近江国の境の比叡山山頂、今の滋賀県大津市坂本町の寺。天台宗の総本山。

語誌 ▼日本仏教の一大中心地 延暦四年(七八五)に最澄が比叡山に庵りを結んだのに始まり、最澄没後の弘仁一四年(八二三)、勅額を受けて延暦寺と号す。その後西塔・横川が開かれ、根本中堂のある東塔と合わせて三塔が成立、十世紀に全体の規模が整う。平安京の鬼門の艮(北東)にあたり、鎮護国家の寺として日本仏教の一つの中心となる。盛時には三千もの寺院・僧坊があったという。平安後期になると園城寺(三井寺)と対立するようになる。他の社寺と争ったり政治に介入したりするようにもなり、守護神日吉神社(山王権現)の神輿を担いで朝廷に押し寄せることもあった。武装した僧兵を多数擁し、中世においては一大武力勢力だったが、元亀二年(一五七一)織田信長の焼き打ちに遭う。豊臣秀吉や徳川家康らによって復興される。

▼「北嶺」「山門」「山」 奈良の諸大寺、特に興福寺を南都と呼ぶのに対して北嶺、園城寺を寺門と呼ぶのに対して山門と呼ばれる。また、単に「山」というだけで延暦寺をさすことも多い。〈大谷俊太〉

えんり-ゑど【厭離穢土】 エド 《仏教語》現世を煩悩に穢れたところとして、厭い離れること。また、そのように願うこと。末法思想を背景とする浄土信仰の理念で、「欣求浄土(極楽浄土に往生することを心から喜び願い求めること)」と対になる。

えん-わう【閻王】 オウ 名《仏教語》「閻魔王」の略。⇩えんま。例 この居士に、命をはりて**閻王**の前に召しすゑられたりける時〈発心集・七・四〉

えんを〜【縁を〜】 ⇩「えん」の子項目

お〘小・夫・丘・尾・牡・岡・苧・男・峰・麻・雄・緒〙⇩を

オ〘和・烏〙⇩を

お-【御】 接頭 尊敬・丁寧の意を表す。もとは名詞についていたが、中世以降用言にもつくようになる。「御前」「御立ちある」「お久しや」など。⇩おほん

お-あし【御足】 名 銭の女房詞。お金。例 この祝ひにおあし百貫まゐするぞ〈狂言・比丘貞〉

おあむ物語 おあむものがたり オアンモノガタリ《作品名》江戸時代の回想録。一巻。作者未詳。享保元年(一七一六)前後に成立か。刊行は天保八年(一八三七)。石田三成の家臣の娘で「おあん」と呼ばれる老女の、関ケ原合戦の体験などの口述を筆録した短編。戦の状況を女性の視点で捉える点、江戸初期の口語資料となりうる点で貴重。

お-あん【御庵】 名〔「お」は接頭語〕尼の住む庵の敬称。転じて、尼の敬称。例 **おあん**様、昔物語なされませ〈おあん物語〉

おい〘笈・生い・負い・追い〙⇩おひ

おい【老い】 名 年をとること。老年。例 おほかたは月をもめでじこれぞこのつもれば人の**老い**となるもの〈古今・雑上〉➡名歌104

おい-おい・し【老い老いし】 形(シク) いかにも年をとった様子だ。昔風だ。例 きよげにおはすれど、もの**老い老いしく**〈栄花・月の宴〉

おい-かがま・る【老い屈まる】 動(ラ四) 年をとって腰が曲がる。例 この姑の**老いかがまりて**ゐたるを、つねに憎みつつ〈大和・一五六〉

おい-かけ【老い懸け・緌】 名 武官が冠を着用するとき、あごにかけて結ぶ紐につけた扇形の装飾。馬

の毛で作り、左右一対を耳の所につける。⇩そくたい(図)。例犬の耳垂れたるやうなる老い懸けを〈今昔・二八・三五〉

おい-くづほ・る【老い頽る】ークズオル 動(ラ下二) 年をとって弱くなる。老いぼれる。例色好みの老いくづほれたる〈枕・むかしおぼえて不用なるもの〉

おい-ごゑ【老い声】ーゴエ 名 年老いた声。例夏・秋の末まで老いごゑに鳴きて〈枕・鳥は〉読解 季節はずれの鶯についての記述。

おい-さらぼ・ふ【老い曝ふ】ーサラボウ 動(ハ四) 年老いてやせ衰える。例むく犬の浅ましく老いさらぼひて、毛はげたるを〈徒然・一五二〉

おい-じた【老い舌】名 年老いて歯が抜け落ち、話すときなどに口の外に出がちな舌。例百歳に老い舌出でてよよむとも(=腰が曲がっても)我は厭はじ恋は益すとも〈万葉・四・七六四〉

おい-しら・ふ【老い痴らふ】ーシラウ・ーシロウ 動(ハ四)〔「ふ」は接尾語〕年老いてぼける。老いぼれる。例老いしらへる人々、うち泣きつつ〈源氏・賢木〉

おい-しら・む【老い痴らむ】動(マ四) 年老いてぼける。老いぼれる。例晴明が土御門の家に、老いしらみたる老僧来たりぬ〈宇治拾遺・一二六〉

おい-し・る【老い痴る】動(ラ下二) 年老いてぼける。老いぼれる。例我は老いしれて、おぼえもなくなり行く〈落窪・一〉

おいずしなず-の-くすり【老いず死なずの薬】飲むと老いもせず死ぬこともないという、仙人界の薬。不老不死の薬。例音にきく(=うわさに聞く)老いず死なずの薬もが〈古今・雑体〉

おい-づ・く【老い就く】動(カ四) 年をとる。年寄りじみる。例かく恋ひば老いづく我が身けだし堪へむかも(=耐えられるだろうか)〈万葉・一九・四二二〇〉

おい-て【於て】〔漢語「於」の訓読〕(「において」の形で)時・場所・場合などを表す語を受けて下へ続ける。〜で。〜に。例何ぞ、ただ今の一念に(=瞬間に)おいて、ただちにする事のはなはだ難き〈徒然・九二〉

おいなみ-に【老い次に】副 年をとるにつれて。年老いてみると。例事もなく生き来しものを老いなみにかかる恋にも我はあへるかも〈万葉・四・五五九〉

おい-の-かず【老いの数】老齢。老いた年の数。例わたくしの老いの数さへやよければ(=いよいよ多いので)〈古今・雑体〉

おい-の-かたうど【老いの方人】ーカタウド・ーカトウド 老人の味方となる人。年老いてその方面の貴重な存在とされるような人。例「この人の後には誰にか問はん」など言はるるは、老いの方人にて〈徒然・一六八〉

おい-の-つもり【老いの積もり】ひどく年をとったこと。例老いの積もりにや、悩ましくのみして〈源氏・関屋〉

おい-の-なみ【老いの波】繰り返し年がやって来て老いることを、しわを連想しつつ、寄る波にたとえた表現。例老いの波かひある浦に立ちいでて〈源氏・若菜上〉読解「かひ」に「効かひ」と「貝」を掛ける。

おい-の-ねざめ【老いの寝覚め】老人が夜中や明け方に目を覚ましやすいこと。例埋み火をかきおこして、老いの寝覚めの友とす〈方丈記〉

おい-の-はる【老いの春】❶年をとった後迎える春。例蓬萊の山まつりせむ老いの春〈俳諧・蕪村句集・上〉❷晩春。例いつまでか雲ゐの桜かざしけむ折忘れたる老いの春かな〈続拾遺・雑春〉

おい-の-よ【老いの世】老年期。老後。例老いの世に、(コレマデ)持たまへらぬ女子をまうけさせたてまつりて〈源氏・少女〉

おい-ば・む【老いばむ】動(マ四) 年寄りじみる。例老いばみたる者こそ、火桶のはた(=縁)に足をさへもたげて、物いふままにおしすりなどはすらめ(=こすったりするようだ)〈枕・にくきもの〉

お-いへ【御家】ーイエ 名〔「お」は接頭語〕❶貴人や大名の家に対する敬称。例武家の作法といふ内に、ことに御家は御法度きびしく〈近松・丹波与作待夜の小室節・上〉❷座敷。❸「御家様」の略。

おいへ-さま【御家様】オイエー 名 上方で、商家の主婦に対する敬称。身分の高い武士や裕福な町人の妻には「奥様」を用いるが、それよりやや下の階層で用いる。例よい衆(=良家)の娘子たちやお家様方が〈近松・女殺油地獄・上〉

おいへ-りう【御家流】オイエリュウ 名 和様書体の一つ。柔らかで流麗な書体。鎌倉時代、伏見天皇の皇子青蓮院尊円法親王が創始した。青蓮院流・尊円流とも。近世に普及し、公文書はこの書体に限られた。例兄様は御家流で柔らかな手ぢゃ(=筆跡だ)〈近松・傾城壬生大念仏・上〉

おい-らか

形動(ナリ) 物事に執着することなく、もめごとを避け、相手に対し穏やかで素直に接する平静な態度や性質をいう。

❶**平静だ。穏やかだ。**例(花散里ガ)「うき身からは同じ嘆かしさにこそ」とのたまへるも、おいらかにらうたげなり(=「つらいことの多い私の身の上では、同じ嘆かわしさであるのに」とおっしゃっているのも、穏やかでかわいらしい様子だ)〈源氏・澪標〉

❷**素直だ。従順だ。**例わが殿の、などか、おいらかに、この殿の御婿にうちならせたまふまじき(=我が殿は、どうして、素直に、この殿の御婿におなりにならないのだろう)〈源氏・宿木〉

❸(「おいらかに」の形で副詞的に用いて)**あっさりと。率直に。いっそのこと。**例いづこのさる女かあるべき。おいらかに鬼とこそ向かひゐたらめ(=どこにそんな女がいるだろうか。いっそのこと鬼と向かい合っているほうがましだ)〈源氏・帚木〉読解 きわめて異様な賢女の話を聞いての感想。

類義 ①②おほどか

語誌 特に、女性の好ましいありかたをいうことが多い。『源氏物語』の花散里という女性は、①例のように、光源氏の恋の遍歴に対して恨みごとを言わない態度を「おいらか」と形容されている。また、女三の宮降嫁後、紫の上は心の内でこのままでは「人笑へ」(世間のもの笑い)になるかもしれないと危ぶむところから、処世の態度を「おいらかにのみ」ふるまおうとする〈若菜上巻〉。自らを厳しく律するこの態度が、周囲

の人々から理想的な女性として賞賛される。〈白石佳和〉

おいらく【老いらく】 名〔動詞「おゆ」のク語法「おゆらく」の変化した形〕年を取ること。老い。例桜花散りかひくもれ**老いらく**の来こむといふなる道まがふがに(=道がわからなくなるように)〈古今・賀〉

おいり-あ・る【御入りある】 動(ラ四)「行く」「来く」「あり」「居をり」などの尊敬語。いらっしゃる。例これは今年生まれ、片子かた(=満一歳になっていない赤ん坊)で**おいりある**〈醒睡笑・一〉 類義 おりゃる

オウ〖奥・鶯・鸚〗⇩あう

オウ〖押〗⇩あふ

おう〖生う・負う・追う〗⇩おふ

オウ〖王・徃・往・枉・皇・黄・横〗⇩わう

おう〖終う・麻生〗⇩をふ

応安新式おうあんしんしき《作品名》南北朝時代の連歌論。一冊。二条良基よしもと著。応安五年(一三七二)成立。救済きゅうぜいの協力により式目を整備した作法書。『連歌新式』とも。

おうぎ〖扇〗⇩あふぎ

おう-げ【応化】 名《仏教語》「応現変化おうげんへんげ」の略。仏や菩薩ぼさつが衆生しゅじょうを救うため、それぞれの人に応じてさまざまな姿となって現れること。例すなはち疑はくは、観音の**応化**ならむかと〈霊異記・上・六〉

おう-ご【擁護】 名動(サ変)《仏教語》神や仏が人々の祈願に応じて助け守ってくれること。例諸天も**おうご**したまはず〈平家・六・入道死去〉

おうさか〖逢坂〗⇩あふさか

おうじょう〖往生〗⇩わうじゃう

おう・ず【応ず】 動(サ変)❶従う。答える。呼応する。例勅定ちょくぢゃうなれば召しに**応じ**て参内さんだいす〈平家・四・鵼〉❷あてはまる。相応する。適合する。例時に**応じ**、所によりて、愚かなる眼まなこにも、げにも(=なるほど)と思ふやうに能をせん事〈風姿花伝・五〉

おうてん-もん【応天門】 名平安京大内裏だいだいり八省院の正門。貞観八年(八六六)の応天門の変の舞台にもなった。⇩付録

おうと〖夫〗⇩をうと

おうな〖女〗⇩をうな

おうな

【老女・嫗】 名〔「おみな」の変化した形。「おきな(翁)」の対〕年老いた女性。老女。自称としても用いられ、また、軽侮の気持ちで用いられる場合もある。ばあさん。例(a)隣に耆おき・嫗あり。おのおの鰥やもを・寡やもめに居りてかつて子こ息うまご無し(=隣に老人と老女がいる。どちらもやもめ暮らしでまったく子や孫がいない)〈霊異記・中・一六〉例(b)**嫗**には、な隠したまひそ(=私には、お隠しなさいますな)〈宇津保・俊蔭〉 読解 女主人に対して老齢の婢はしためが語る言葉。自称として用いた例。例(c)(夫ハ妻ヲ)**嫗**とつけて心にも入れず(=ばあさんと呼んで、むつまじくすることもなく)〈源氏・藤袴〉 読解 精神を病む妻を夫は離縁したがっている。この妻は三十歳台後半である。〈米山敬子〉

お-うへ【御上】 ウエ 名❶他家の主婦に対する敬称。例**おうへ**さまとて(偉ソウニ)うちかけして(=打ち掛けを着て)〈西鶴・万の文反古・五・一〉❷居間。茶の間。例**お上**を立って奥の間まの〈近松・心中宵庚申・下〉❸(土間や庭から見て)座敷。例(私ハ)お庭で舞ひまして、お前(=あなた様)は**お上**に結構な蒲団ふとん敷いて〈近松・大経師昔暦・下〉

おうみ〖近江〗⇩あふみ

おうよる〖奥寄る〗⇩あうよる

おお〖大・太・凡〗⇩おほ

おおう〖被う・覆う〗⇩おほふ

おおえ〖大江〗⇩おほえ

おおかがみ〖大鏡〗⇩おほかがみ

おおかた〖大方〗⇩おほかた

おおけなし⇩おほけなし

おおし〖凡し・大し・多し〗⇩おほし

おおし〖男男し・雄雄し〗⇩ををし

おおじ〖祖父〗⇩おほぢ

おおす〖仰す・果す・課す・生おす・負おす〗⇩おほす

おおどか⇩おほどか

おおとなぶら〖大殿油〗⇩おほとなぶら

おおとのごもる〖大殿籠る〗⇩おほとのごもる

おおみや〖大宮〗⇩おほみや

おおやけ〖公〗⇩おほやけ

おおよう〖大様〗⇩おほやう

おおよそ〖大凡・凡そ〗⇩おほよそ

おおらか〖多らか〗⇩おほらか

おおる〖撓る〗⇩ををる

おおん〖大御・御〗⇩おほん

おか〖丘・岡・陸〗⇩をか

お-かう【御講】 コウ 名〔「お」は接頭語〕浄土真宗の報恩講。親鸞上人しんらんしょうにんの忌日の法会ほうえで、陰暦十一月下旬に行われる。例**御かう**でもないにどやどや参るなり〈柳多留・三三〉

おかげ-まゐり【御蔭参り】 マイリ 名〔人々の好意にすがって旅行したことから〕江戸時代、主人や親に相談せず、いきなり家を抜け出して伊勢神宮に参拝すること。⇩いせまゐり

おか-さま 名《近世語》〔「おかかさま」あるいは「おかたさま」の変化した形〕他人の妻の敬称。奥様。おかみ様。例せめて今日こそ人の**おかさま**並みに〈西鶴・好色一代男・六・三〉

おかし⇩をかし

おかす〖犯す・侵す・冒す〗⇩をかす

お-かた【御方】 名❶他人の敬称。お人。例見馴なれぬ**御かた**でござるが〈狂言・鈍太郎〉❷他人の妻の敬称。奥様。例ただいま、下京しもぎょうの**御方**の仰せらるるごとく(=おっしゃられたように)〈狂言・鈍太郎〉

おかみ【龗】 名水辺や丘に住み、雨・雪など水をつかさどるとされた龍神。例我が岡の**おかみ**に言ひて降らしめし雪の摧くだけしそこ(=あなたの所)に散りけむ〈万葉・二・一〇四〉

お-かみ【御上】 名❶天皇。朝廷。また、幕府など時の政治を行う機関。施政者。例いかに御威光なればとて、残らず**お上**へ取り上げたまふは、さてさてつれなきなされかた〈談義本・風流志道軒伝・五〉❷武家で、主人やその家族の敬称。

おかみ-け【御上家】 ❶名貴族。貴族の家柄。例我が恋はただ**御上家**の女中〈西鶴・好色一代男・四・六〉❷

形動（ナリ）貴族的だ。上品だ。例京大坂の**御上家**な遊びも知らず〈浮世草子・けいせい色三味線・鄙・三〉

おがむ〘拝む〙⇩をがむ

おき【沖・澳】名〔「おく（奥）」と同根〕海や池などの、岸から遠く離れた所。例海原の**沖**行く舟を〈万葉・五・八七四〉

おき【燠・熾】名 火勢の盛んな炭火。また、薪などが燃えたあと炭のようになったもの。例**おき**のゐて（＝燠火があって）身を焼くよりもかなしきはみやこしまべの別れなりけり〈伊勢・一一五〉

隠岐《地名》旧国名。今の島根県の隠岐諸島。山陰道八か国の一つ。隠州。延喜式で下国・遠国。古来遠流の地とされ、小野篁・後鳥羽上皇・後醍醐天皇などが配流された。

おぎ〘荻〙⇩をぎ

おき-あま・る【置き余る】動（ラ四）露などが、置き所のないほど多く生じている。例心のままに（＝思う存分に）茂れる秋の野らは、**置きあまる**露に埋もれて〈徒然・四四〉

おき-ぐち【置き口】名 手箱・硯箱などの縁や女性の装束の袖口や裾を、金・銀・錫などで縁取り飾ること。例若き人々は縫ひ物・螺鈿など、袖口に**置き口**をし〈栄花・初花〉

おき-そ【息嘯・嘆息】名〔「おきうそ」の変化した形。「うそ（嘯）」は口をすぼめて出す息（いき）〕息を吹くこと。嘆息。ため息。例大野山霧立ち渡る我が嘆く**おきその風**に霧立ち渡る〈万葉・五・七九九〉➡名歌107

おき-そ・ふ【置き添ふ】ソウ ❶動（ハ四）いっそうひどく置く。和歌で、露の上に涙が加わって、いっそうひどくなるのをいうことが多い。例七夕の逢ふ瀬は雲のよそに見て別れの庭に露ぞ**おきそふ**〈源氏・幻〉読解 庭の露に、亡き紫の上を思う涙の露が加わっていっそうひどい露だ、の意。❷動（ハ下二）いっそうひどく置かせる。例いとどしく虫の音しげき浅茅生に露**おきそふる**雲の上人（＝しきりに虫が鳴く草深い宿にますます悲しみの涙の露を置かせる大宮人よ）〈源氏・桐壺〉

おき・つ

【掟つ】動（タ下二）「おく（置く）」と同根。あらかじめ方向を決めておいて、物事に対応する意。

❶**計画する。取り決める。**例よろづに見ざらん世までを思ひ**掟て**んこそ、はかなかるべけれ（＝何事につけても、死後のことまでをあらかじめ考えておくのは、むなしいことであるに違いない）〈徒然・二五〉

❷**指図する。命令する。**例高名の木登りといひし男、人を**掟て**て、高き木に登せて梢を切らせしに（＝有名な木登りといった男が、人を指図して、高い木に登らせて梢を切らせたときに）〈徒然・一〇九〉

❸**取り計らう。取り扱う。**例この皇子生まれたまひてのちは、いと心ことに思ほし**おきて**たれば（＝この皇子がお生まれになって以後は、格別に配慮してお取り扱いなさっているので）〈源氏・桐壺〉

語誌 ▼**名詞「掟」**　名詞「掟」は、この「掟つ」を名詞化させた語。連用形は「掟」と混同しがちなので注意が必要である。

▼**「おきつ」の複合語**　「おきつ」は複合語として用いられることが多い。特に敬語動詞などと複合した「おぼしおきつ」「おほせおきつ」「のたまひおきつ」などが多く、『源氏物語』ではほとんどがこの形で用いられている。〈鈴木幸夫〉

おき-つ【沖つ】連体〔「つ」は「の」の意の上代の格助詞〕沖の。沖にある。和歌で、「沖つ風」「沖つ浪」など複合語で用いられる。

おき-つ-かい【沖つ櫂】名〔「つ」は「の」の意の上代の格助詞〕沖あいの船の櫂。例**沖つ櫂**いたくなはねそ（＝ひどく水をはねないでおくれ）〈万葉・二・一五三〉

おき-つ-かぜ【沖つ風】名 沖に吹く風。沖のほうから吹いてくる風。例若の浦（＝地名）に白波立ちて**沖つ風**寒き夕へは大和し思ほゆ〈万葉・七・一二一九〉

おき-づきん【置き頭巾】ーズキン 名 服紗のような布を畳んだ頭巾。江戸前期、裕福な隠居などがかぶった。例旦那様と呼ばれて、**置き頭巾**・撞木杖、替へ草履取るも〈西鶴・日本永代蔵・一・三〉

おき-つ-しほあひ【沖つ潮会ひ】ーシオアイ 名 沖で潮流が合流する所。例わたつみの**沖つ潮会ひ**に浮かぶ泡の〈古今・雑上〉

おき-つ-しまもり【沖つ島守】名 沖に浮かぶ島の番人。例八百日行く浜の沙も我が恋にあにまさらじか**沖つ島守**〈万葉・四・五九六〉読解「あに」は打消の語を伴って、決して〜ない、の意を表す。

おき-つ-しらなみ【沖つ白波】名 沖のほうに立つ白い波。和歌では、白波が立つことから「龍田山」を、また、「白波」の「しら」から「知らず」を導く序詞の一部として用いることもある。例風吹けば**沖つ白波**（ここまで序詞）たつた山夜半にや君がひとり越ゆらむ〈伊勢・二三〉➡名歌120

おき-つ-す【沖つ州】名 沖にある砂州。例夏麻引く（枕詞）海上潟の**沖つ渚**に鳥はすだけど君は音もせず（＝集まり騒ぐけれどあなたは音沙汰もない）〈万葉・七・一一七六〉

おきつとり【沖つ鳥】《枕詞》❶沖にいる水鳥の意から「鴨」にかかる。❷沖にいる水鳥アジガモの「あぢ」と同音を含む地名「味経」にかかる。

おき-つ-なみ【沖つ波】❶名 沖のほうに立つ波。沖のほうから打ち寄せる波。例渋谿（＝地名）の荒磯の崎に**沖つ波**寄せ来る玉藻〈万葉・一七・三九九三〉❷《枕詞》沖の波のさまざまな状態から「頻く」「競ふ」「撓む」「荒る」に、また、沖の波の高いことから、「たかし」と同音の地名「高師」にかかる。

おき-つ-も【沖つ藻】名『上代語』沖の海底に生えている海藻。例にきたづの荒磯の上にか青く生ふる玉藻**沖つ藻**〈万葉・二・一三一〉➡名歌69

おきつもの【沖つ藻の】《枕詞》❶沖の海藻が波になびくことから「なびく」にかかる。例**沖つ藻の**なびきし妹は〈万葉・二・二〇七〉➡名歌45 ❷沖の海藻が海中に隠れていることから、隠れる意の「隠る」の連用形と同音の地名「名張」にかかる。例我が背子はいづく行くらむ**沖つ藻の**名張の山を今日か越ゆらむ〈万葉・一・四三〉

おきて

【掟】名〔動詞「おきつ」の名詞化〕❶思い定めること。取り決めること。計画。方針。例親のおきてに違へりと思ひ嘆きて（＝親の方針に背いてしまったと思い嘆いて）〈源氏・帚木〉
❷決まり。規則。例道の掟正しく、これを重くして放埓せざれば、世の博士にて、万人の師となる事、諸道かはるべからず（＝芸道の決まりを正しく守り、これを重視して気ままにふるまうことがなければ、世の博士として、万人の師となることは、どの道でも変わるはずがない）〈徒然・一五〇〉
❸処置。指図。例帝の御おきて、きはめてあやにくにおはしませば（＝天皇のご処置が、たいへん厳しくていらっしゃるので）〈大鏡・時平〉読解 菅原道真の一家が流罪にされたときの話。
❹心構え。心配り。例まことの聖の掟になん見えたまふ（＝真実の聖の心構えにお見えになる）〈源氏・橋姫〉読解 宇治の八の宮の修行ぶりをたたえる言葉。
❺配置のしかた。形式。例（屋敷ノ庭ノ）水のおもむき、山のおきてをあらためて（＝水の流れや山の配置のしかたを改めて）〈源氏・少女〉〈鈴木幸夫〉

おき-どころ【置き所・置き処】名 物などの置き場所。転じて、物事の扱いよう。例いともかしこき（オ言葉）は、置き所もはべらず（＝お受けしようもございません）〈源氏・桐壺〉

おきな

【翁】名〔「おみな（媼）」の対。「き」は男性を表す〕❶年老いた男性。老翁。例(a)椎根津彦をして、弊しき衣服及び蓑笠を着せて、老父の貌に為くる（＝椎根津彦にみすぼらしい着物と蓑と笠を着せて、老人の姿に変装させる）〈紀・神武即位前紀〉例(b)嫗・翁、額に手を当てて喜ぶこと二つなし（＝この上もない）〈土佐〉
❷老人を敬意や親しみをこめて呼ぶ。例(a)などか、翁のおほし立てたらむものを、心にまかせざらむ（＝どうして、おまえの手で育て上げたものを、思いどおりにできないことがあろうか）〈竹取〉読解 竹取の翁に対する帝の言葉。例(b)この翁どもは覚えたぶや（＝こちらのご老人は覚えていらっしゃいますか）〈大鏡・序〉読解「たぶ」は尊敬の意を表す補助動詞。
❸老人が自らをへりくだっていう。例翁もほとほと舞ひ出でぬべき心地なむしはべりし（＝この老人もほとんど舞い出したい気持ちがいたしました）〈源氏・花宴〉読解 光源氏に対して舅の左大臣が自称に用いた。
❹《作品名》能楽の曲名。古くは「式三番」「翁の舞」と呼ばれた。歌詞を神歌といい、演能の最初に、天下泰平・国家安穏の祈禱として演じられた神聖な舞。構成は「翁の賀詞」「千歳の舞」「翁の舞」「三番叟の舞」から成る。
❺能面の一つ。④に用いる老人の面。翁面。尉面。

語誌▼神仏の化現するイメージ 神仏が白髪の老人に化現したのを「翁」と呼ぶ例が早くから見られる。例化翁来たり資け、別れし後すみやかに翳れぬ（＝やって来て助け、別れた後すぐに姿を消してしまった）〈霊異記・上・六〉①例(a)の椎根津彦は自ら「国つ神」と名のっており、『日本霊異記』の「化翁」は観音菩薩の化現である。聖なる者が仮に姿を現すときの形として「翁」があったようである。能楽における「翁」も淵源はここにある。各地に残る神事芸能の「翁」もこれにつながるものである。〈米山敬子〉

おきな-ぐさ【翁草】名 植物の名。キンポウゲ科の多年草。高さ一〇～三〇センチ。春、暗紅紫色の花が咲き、その後、白毛を帯びたたくさんのめしべが伸びて老人の白髪を思わせるので、この名がある。例春来てはみな若菜になりにける雪いただきしおきな草まで〈夫木・一〉読解 めしべを雪にたとえる。

おきな-さ・ぶ【翁さぶ】動（バ上二）〔「さぶ」は接尾語〕老人らしくなる。年寄りらしくふるまう。例翁さび人なとがめそ（＝人々よ責めてくれるな）〈伊勢・一一四〉

おきな-びと【翁人】名 男の老人。例翁人一人、専女（＝老女）一人〈土佐〉

おきな・ぶ【翁ぶ】動（バ上二）〔「ぶ」は接尾語〕老人らしさを帯びる。年寄りらしくなる。例翁びたる声に額づく（＝礼拝する）ぞ聞こゆる〈源氏・夕顔〉

おきのり-わざ【賖り事】名「おぎのりわざ」とも。代金後払いで物を買うこと。例虚言をしておぎのりわざをして、銭も持て来ず〈土佐〉

おきの・る【賖る】動（ラ四）〔室町時代は「おぎのる」とも〕代金後払いで物を買う。例ある時、（酒ヲ）おきのりて布施物出で来れば〈沙石集・六・一六〉

おき-ふし【起き臥し】❶名 起きたり寝たりすること。日常の生活。例たなびく雲の立ち居、鳴く鹿のおきふしは〈古今・仮名序〉❷副 寝ても覚めても。いつも。例起き臥し…恋しう悲しきに〈源氏・賢木〉

おき-へ【沖辺・沖方】名 沖のほう。一説に、沖と岸辺。例おきへにも寄らぬ玉藻の波の上に〈古今・恋一〉

おき-まどは・す【置き惑はす】（―マドワス）動（サ四）❶霜が降りて、紛らわしくする。例心あてに折らばや折らむ初霜の置きまどはせる白菊の花〈古今・秋下〉↓名歌
153 ❷物を置き忘れる。見失う。例鍵を置きまどはしはべりて〈源氏・夕顔〉

おき-まよ・ふ【置き迷ふ】（―マヨウ）動（ハ四）❶露や霜が、置き場所に迷うほどひどく置く。例色変はる露をば袖に置き迷ひうらがれてゆく（＝草葉の先が枯れてゆく）野辺の秋かな〈新古今・秋下〉❷露や霜が降りたのかと見間違う。例霜を待つ籬の菊の宵の間に置き迷ふ色は山の端の月〈新古今・秋下〉

おき-め【置き目】名 ❶掟。法令。例世の置き目をもどかんより（＝非難するより）〈仮名草子・浮世物語・一・四〉❷処罰。刑罰。仕置き。例娘が置き目にあふならば〈近松・大経師昔暦・中〉

おき-や【置き屋】名 遊里で、遊女・芸妓をかかえて置く家。例ここの置き屋に新造（＝新人の遊女）が出ると〈滑稽本・膝栗毛・八下〉

おき・ゐる【起き居る】（―イル）動（ワ上一）起きて座っている。例あいなう（＝わけもなく）起きゐつつ、鼻を忍びやかにかみわたす〈源氏・須磨〉

おく〖招く〗⇩をく

おく

【奥】名 空間的に奥まった所、の意。しだいに時間的にも用いられるようになり、さらに抽象

的・精神的にも用いられるようになった。
❶入り口から深く入った所。奥まった所。建物の内部。例奥は暗くて恐ろしければ、端近くうち臥させたまひて(＝奥まった所は暗くてこわいので、外側近くで横におなりになって)〈和泉式部日記〉読解建物の内部で、庭に面した「端」との対比で「奥」といっている。
❷手紙や書物の終わりの部分。末尾。例よろづのことども書きもていきて、月日など書きて、奥の方にかくなん(＝さまざまなことを書き連ねて、月日などを書いて、末尾の所にこのように書いてある)〈大和・四〉
❸行く末。将来。例あらかじめ人言繁しかくしあらばしゑや我が背子奥もいかにあらめ(＝今からもう人のうわさがうるさい。このようであるならば、ええい、私のいとしいあなた、将来はどうにでもなるがよい)〈万葉・四・六五九〉読解恋の行く末に気をもむ女性の歌。「しゑや」は、捨て鉢な気分で発する語。
❹心の底。心の奥。例心ばへありて、奥おしはからるるまみ・額つきなり(＝賢くて、心の奥が推量できるまなざしや額つきである)〈源氏・紅梅〉
❺江戸時代、大名や旗本などの屋敷で、公的な場である「表」に対して、夫人の居室。転じて、大名・旗本が妻を呼ぶときの呼称。
❻(道の奥の意で)奥州。みちのく。例奥よりも引き上せた馬どもを(＝奥州から引いて上京させた馬たちを)〈虎寛本狂言・今参〉
語誌▼関連語 海などの「おき(沖)」と同根。上代では漢字で「奥」とある場合は、「おく」か「おき」か不明のこともある。また、語義によって「表」「外」「端」「口」などと対義となる。〈吉野瑞恵〉

お・く

【起く】動(カ上二) ❶横になって伏した状態から身を持ち上げる。例男、臥して思ひ、起きて思ひ、思ひあまりて(＝男は、横になって思い、身を起こして思い、思い余って)〈伊勢・五六〉
❷目覚めて立ち上がる。目覚める。例起きもせず寝もせで夜を明かしては(＝目覚めて起き上がりもせず眠りもしないで一晩じゅう過ごしては)〈伊勢・二〉
語誌 ①が原義である。例で「起きて思ひ」が「臥して思ひ」と対句になっているように、①の意は「ふす(臥す)」の対義語である。②は、例に「起きもせず」が「寝もせで」と対句に用いられているように、「ぬ(寝)」とも対義的であるが、その例にはたいてい起き上がる意も含まれており、単に目が覚める意のみに用いた例は古くには見当たらない。〈山口堯二〉

お・く

【置く】[1]動(カ四) ❶ある位置に据える。置く。例嬢子の 床のべに わが置きし 剣の太刀(＝乙女の寝床のあたりに私が置いた太刀)〈記・中・景行・歌謡〉
❷露や霜が降りる。例秋の露色々ことにおけばこそ山の木の葉のちぐさなるらめ(＝秋の露がさまざまな色に降りるからこそ山の木の葉が色とりどりに色づくのだろう)〈古今・秋下〉
❸あとに残す。そのままにする。放置する。例(a)寄り寝し妹を 露霜の(枕詞) 置きて来れば〈万葉・二・一三一〉➡名歌69 例(b)持たせいではおかぬ(＝持たせずにはおかない、きっと持たせる)〈狂言・犬山伏〉
❹さしおく。除く。例我を除きて 人はあらじと 誇ろへど〈万葉・五・八九二〉➡名歌122
❺間をあける。隔てる。例ほととぎす間しまし置け汝が鳴けば我が思ふ心いたもすべなし(＝ほととぎすよ、間をしばらくあけろ。おまえが鳴くと私のもの思う心はまったくどうしようもない)〈万葉・一五・三七八五〉
[2]補動(カ四)(動詞の連用形、またはそれに接続助詞「て」のついた形について)前もって～する。例その旅の所尋ねおきたまへ(＝その仮住まいの場所を前もって確かめておいてください)〈源氏・東屋〉
語誌▼意味の広がり [1]①の意は、役所を設けるとか、物の表面に模様や飾りをつけるなど、用いられた対象の範囲が広いので、そういう対象で区別すれば、もっと細分することもできる。「心(を)置く」などの心理的な意味に用いられた例は[1]⑤に近い。例けしう心おくべきこともおぼえぬを(＝変に心に分け隔てをしそうなことも思い当たらないのに)〈伊勢・二一〉
▼「～を置きて」と「～を放ちて」 [1]④の意は、[1]③の意から派生したもの。古く除外を意味する言い方には、「～を放ちて」という、反対の発想による言い方もあった。〈山口堯二〉

おく‐か【奥処】 名(「か」は接尾語)❶奥深い所。例常知らぬ国の奥かを〈万葉・五・八八六〉❷将来。例家にてもたゆたふ命(＝不安定な命)波の上に思ひし居れば奥か知らずも〈万葉・一七・三八九六〉

おく‐がき【奥書】 名 本などの末尾に、伝来や書写の年月などを記したもの。例代々に書きおかれける歌の草子どもの奥書などして〈十六夜〉

おく‐がらう【奥家老】ガロウ 名 江戸時代、大名家などで女性たちの勤める奥の仕事をする家老。多くは老人。例恋の山色の海底なき道の奥家老〈浮世草子・新色五巻書・三・一〉

おく‐ぐち【奥口】 名❶土地の奥のほうに通じる入り口。また、家の奥に通じる出入り口。例政岡(＝人名)が奥口窺ひ〈浄瑠璃・伽羅先代萩・六〉❷反物の見える部分に美しい織り上がりを見せながら、傷や汚点を巻き込んで欺いて売ること。例絹物に奥口せず、薬種にまぎれ物せず〈西鶴・日本永代蔵・四・三〉

おく‐ざま【奥様】 名 奥のほう。例奥ざまへゐざり入りたまふさま〈源氏・末摘花〉

おく‐じゃうるり【奥浄瑠璃】ジョウルリ 名 古浄瑠璃の系譜を引く語り物の一種。中世末ごろから東北の仙台地方を中心に行われた。江戸時代には伊達藩の保護を受ける。例琵琶を鳴らして奥浄瑠璃といふものを語る〈芭蕉・奥の細道〉

おく・す【臆す】 動(サ変) 気後れする。おじけづく。例帥殿の射たまふに、いみじう臆したまひて…(矢ハ)的のあたりにだに近く寄らず〈大鏡・道長上〉

おく‐だか・し【臆高し】 形(ク) 気が小さい。非常に臆病だ。例(勅題二)臆だかき者どもは、ものもおぼえず(＝どうしてよいかわからず)〈源氏・少女〉

おく‐ぢょちゅう【奥女中】ジョチュウ 名 江戸時代、将軍や大名の正室・側室に仕える女中。

おく‐つ‐かた【奥つ方】 名(「つ」は「の」の意の上代の格助詞)奥のほう。例あづま路の道のはてよりも、

なほ**奥つかた**に生ひ出でたる人〈更級〉

おく-つ-き【奥つ城】 名『上代語』〔「つ」は「の」の意の上代の格助詞〕墓。例古の小竹田壮士の妻問ひし菟原処女の**奥つ城**ぞこれ〈万葉・九・一八〇二〉

おくつき-どころ【奥つ城処】 名『上代語』墓。墓のある所。例我も見つ人にも告げむ勝鹿の真間の手児名が**奥つ城処**〈万葉・三・四三二〉

おくつゆの【置く露の】《枕詞》露がはかなく消えることから「消ゆ」に、露がかかることから「かかる」と同音の「斯かる」に、また、露が玉のようであることから「たま」の音をもつ言葉にかかる。例秋づけば尾花が上に**置く露の**消ぬべくも我は思ほゆるかも〈万葉・八・一五六四〉 語誌 「消」「いちじろく」「たま」などを導く序詞を構成することもある。

おく-て【奥手・晩生・晩稲】 名〔「て」は接尾語〕❶花や実を遅くつける種類の草木。例咲く花もをそろ(=早咲き)はいとはし**おくて**なる長き心になほしかずけり〈万葉・八・一五四八〉 ❷遅く熟する稲。例朝露の**おくて**の山田〈古今・哀傷〉 読解 「おくて」は「晩稲」と「(朝露の)置く」を掛ける。

おくに-かぶき【阿国歌舞伎】 名 慶長年間(一五九六〜一六一五)、出雲大社の巫女と称する御国が京都で演じた舞台芸能。爆発的な人気を得た。歌舞伎の始まりとなる。

おく-ねん【憶念・臆念】 名 心に深く思いこむこと。執念。例ことには讃岐院の御霊、宇治悪左府(=藤原頼長)の**憶念**〈平家・三・赦文〉

おく-の-て【奥の手】 名❶(古く、左を右より上位としたことから)左手。例左手の我が**奥の手**に巻きて去なましを(=巻いて行くのになあ)〈万葉・九・一七六六〉 ❷最後の手段。とっておきの策。

奥の細道《作品名》江戸時代の俳諧紀行。一冊。芭蕉作。元禄七年(一六九四)以前に成立。同一五年(一七〇二)刊。

●**内容** 元禄二年(一六八九)三月、門人曾良を伴って江戸を出立し、奥羽(東北地方)・北陸の歌枕や旧跡を尋ねて八月に美濃国(岐阜県)の大垣に至る旅の紀行。行程は六〇〇里(約二四〇〇キロ)に及び、さらに伊勢神宮参拝のために船出するところで終わる。約五〇の短い章段のつながりからなり、ほとんどの段は末尾などに発句を置く。松島・平泉・象潟などの段が特に有名。発句は芭蕉の句が五〇、ほかに曾良の一一句(芭蕉による代作も含む)など。文章は引き締まった和漢混交文である。

●**風雅の旅** 元禄二年は歌人西行の五百年忌にあたり、この旅は西行や能因らにちなむ歌枕巡礼ともいうべき目的があった。しかし『奥の細道』は、見たままを記す旅行記とは必ずしもなっていない。芭蕉の目的は単に歌枕などを見ることにあるのではなく、それを通して、詩歌の伝統の中で俳諧の本質を見極めようとするところにあった。そこから「不易(変わらぬもの)」と「流行(変わるもの)」とを結び合わせる「不易流行」の考えも生まれた。芭蕉の姿も、前半では懸命な修行者のように描かれるが、後半ではそこから解放されている。

書名には、詩歌の伝統という「細き一筋をたどり」(『許六離別の詞』)、風雅の奥を求めようとする意図もこめられているとされる。〈松原秀江〉

おく-の-ゐん【奥の院】 名 寺社で本殿・本堂より奥まった所にあり、開祖の霊などを安置している所。例清盛高野へのぼり、大塔拝み、**奥の院**へまゐられたりければ〈平家・三・大塔建立〉

おく-びやう【臆病】 名 ちょっとしたことにもびくびくして怖がること。例いみじき**臆病**の者よ〈今昔・二八・四二〉

おく-ふか・し【奥深し】 形(ク) ❶奥まっている。奥まったところにいる。例女房の、**奥深き**を起こし出づるほど〈源氏・橋姫〉 ❷深みがある。奥ゆかしい。また、深遠でわかりにくい。例**奥深き**声なるに、いとど心とまりはてて〈源氏・横笛〉

おく-ま・る【奥まる】 動(ラ四) ❶引き籠もっている。例かく、いと**奥まり**たまへるもことわりぞかし〈源氏・橋姫〉 ❷奥ゆかしい。控えめだ。例心にくく**奥まり**たるけはひ〈源氏・花宴〉

おく-やま【奥山】 名 人里離れた奥深い山。山の奥。例**奥山**に紅葉踏みわけ鳴く鹿の声きく時ぞ秋は悲しき〈古今・秋上〉➡名歌97

おくやまの【奥山の】《枕詞》❶樹木が奥山に生えていることから「真木」に、また、「立つ木」の意から同音の「方便」にかかる。❷山の深いところの意から「深き」にかかる。

おく-ゆか・し【奥ゆかし】 形(シク)「ゆかし」は、そちらに行きたいほど心がひかれる、の意。より奥のこと、より先のことに心ひかれる気持ちを表す。

❶さらに先が知りたい。その奥に心ひかれる。例いつしか聞かまほしく、**おくゆかしき**心地するに(=早く聞きたく、さらに先が知りたい気持ちがしていると)〈大鏡・序〉

❷行き届いた心遣いが感じられて、心がひかれる。どことなく上品で、慕わしい。例隙々よりほの見えたる薄鈍・梔子の袖口などなかなかなまめかしう、**奥ゆかしう**(音便形)思ひやられたまふ(=隙間隙間からかすかに見えている薄鼠色や梔子色の袖口などがかえって優美で、どことなく慕わしく思いやられなさる)〈源氏・賢木〉 読解 出家した藤壺の屋敷を訪ねた光源氏の気持ち。出家した人にふさわしい薄鈍・梔子色などが、かえって優美に思われて心ひかれる。

語誌 ①は、文脈によって、さらに見たい、さらに知りたい、などの意になる。外側の様子を見たり知ったりすることで、さらにその内面に心ひかれる気持ちを表すのが②である。〈山口慎一〉

おくら-か・す【後らかす】 動(サ四)〔「かす」は接尾語〕❶あとに残す。例人はみな**おくらかし**先立てなどして、かすかにて歩みゆけば〈蜻蛉・中〉 ❷この世に残す。先に死んで、人を後に残す。例**後らかし**たまはば、いみじうつらからむ〈源氏・総角〉 ❸後回しにする。おろそかにする。例のちの世(=後世)の御勤めも**おくらかし**たまはず〈源氏・匂宮〉

おくら・す【後らす】 動(サ四) あとに残していく。例にはかにまどひ出でたまひし騒ぎに、(女房タチヲ)みな後らしてければ〈源氏・玉鬘〉

おぐらひゃくにんいっしゅ『小倉百人一首』⇩をぐらひゃくにんいっしゅ

おぐらやま『小倉山・小椋山』⇩をぐらやま

おくり【送り】 名❶葬送。野辺の送り。例(死者ノ母上ハ)御送りの女房の車に慕ひ乗りたまひて〈源氏・桐壺〉❷見送り。例かれこれ、知る知らぬ(=知っている人や知らない人)、送りす〈土佐〉

おくり-じゃう【送り状】ジヨウ 名 送り主から受け取り人あてに送る荷物の明細書。例揚屋町の丸屋七左衛門方へ、馬方先立って送り状をわたしぬ〈西鶴・好色一代女・二・一〉

おくり-な【贈り名・諡】 名❶人の死後、生前の徳や業績にちなんで贈る称号。中国の風習によるもので、古くは天皇や摂政・関白に限られた。例諡たてまつりて大倭根子天之広野日女尊と曰す〈続紀・大宝三年十二月〉読解持統天皇に贈られたもの。❷仏教で、死者につける名。戒名。

おくり-び【送り火】 名 盂蘭盆の最終日(陰暦七月十六日)に、祖先の霊を送るために門前で焚く火。例七月、魂祭りの送り火の時、蓮の葉に包みて、極楽へ取って帰るべし〈西鶴・世間胸算用・一・一〉

おくり-ぶみ【送り文】 名 品物を送るときにつける手紙。例四日、例のごと調じて、政所のおくり文添へてあり〈蜻蛉・下〉

おく・る【送る・贈る】 動(ラ四)❶途中まで見送りをする。あとに残って見送る。例我妹子が我を送ると白たへの(枕詞)袖ひつまでに泣きし思ほゆ(=いとしいあの娘が私を見送るというので袖がぬれるほど泣いたのが思い出される)〈万葉・一二・三一二八〉

❷死者をあの世へ見送る。葬る。葬儀に参列する。例前太政大臣を、白川のあたりにおくりける夜〈古今・哀傷・詞書〉

❸先方へ届ける。例天飛ぶや(枕詞)鳥にもがもや都まで送りまうして飛び帰るもの(=鳥になれたらいいなあ。そうしたら都まであなたを届け申し上げて飛んで帰るのに)〈万葉・五・八七六〉

❹時間・歳月を過ごす。例十九年の星霜(=年月)を送りて〈平家・三・蘇武〉

❺贈り物を届ける。プレゼントする。例いとあはれと思ひて、夜の物までおくりて(=たいそうしみじみと気の毒に思って、夜具まで贈って)〈伊勢・一六〉

❻死後に位などを授ける。例三位の位贈りたまふよし(=趣旨)〈源氏・桐壺〉

❼(「恩をおくる」の形で)報いる。例御恩おくり奉るべきたよりもなし(=御恩に報い申し上げることができる方法もない)〈西鶴・武道伝来記・一・四〉

語誌 移動する人の無事を祈る気持ちで、その行く先などを見届けようとする①が基本義であろう。②は、あの世へ行く死者を見送ること。葬送を表す「山送り」「野辺の送り」なども②に基づく。③は、無事に移動を終えるように、先方までついていく意である。移動を見届けようとする相手は、人以外の、時間や物事にも適用され、過ぎてゆく時間を見送るのが④である。⑤〜⑦も、贈り物・位・報恩の志などを先方に届ける意味では、なおつながりがある。〈山口堯二〉

おく・る【後る・遅る】 動(ラ下二)❶おくれる。あとに残る。取り残される。例春の日のうら悲しきに後れ居て君に恋ひつつ現しけめやも(=春の日のもの悲しいときに取り残されてあなたを恋しく思い思いして、正気でいられるでしょうか)〈万葉・一五・三七五二〉読解「めやも」は詠嘆をこめた反語の意を表す。

❷身近な人に死なれて、あとに残される。先立たれる。例かかる齢の末に、若く盛りの子に後れたてまつりて(=このような老年になって、若い年盛りの子どもに先立たれ申し上げて)〈源氏・葵〉読解一人娘を失った父の言葉。

❸容貌・人格・才能などが、ほかの人より劣る。例にほひやかなる方は後れて、ただいとあてやかにをかしく(=つややかな美しさという点は劣るが、ただほんとうに気品があって美しく)〈源氏・若菜下〉

語誌『万葉集』では、①例のように、「後れ居る」の形で親しい人が旅立ってあとに取り残されることを意味する用例が多い。〈吉野瑞恵〉

おくれ【後れ・遅れ】 名❶勝負事や戦いで不利な立場に立つこと。劣勢。敗北。例我は後れになりしかば、かなはじと思ひて〈狂言記・双六僧〉❷気後れ。例命を惜しみ、思はぬ後れも取ることあり〈近松・源氏冷泉節・下〉❸後れ毛。例そそけたる御おくれをあらためたまへ〈西鶴・好色一代男・一・四〉

おくれ-さきだ・つ【後れ先立つ】 動(タ四)❶あるものが後になり、あるものが先になる。❷一方がこの世に取り残され、他方が先に死ぬ。例後れ先立つほどの定めなさは世の性と見たまへ知りながら(=人の世の習いと存じてはおりますものの)〈源氏・葵〉

おくれ-ばせ【後れ馳せ】 名 遅れて駆けつけること。例入善が郎等(=家臣)三騎、おくればせに来たっておちあうたり〈平家・七・篠原合戦〉

おけ【麻笥・桶】⇩をけ

おけ 感 神楽歌・催馬楽などに用いる囃し詞。例伊勢志摩の海人の刀禰らが焼く火の気 おけおけ〈神楽歌・湯立歌〉

おこ【痴・烏滸・尾籠】⇩をこ

お-ごう【御御】 名〔「お」は接頭語。「ごう」は「ごぜ(御前)」の変化した形か〕娘または妻を親しんで呼ぶ語。「おご」とも。例「おごう来たか」「あう参った。わたくしが所の人(=夫)も参られてござる」〈狂言・庖丁聟〉語誌 もとは他人の娘や妻への敬称であったが、しだいに敬意が薄れた。敬意を添えるときは「おごうさま」を用いる。

おこし-ごめ【興し米・粔籹】 名 菓子の名。おこし。糯米を蒸して干し、煎って蜜をまぶし、固めたもの。例御くだ物をまゐらせられたりけるに、おこしごめを取らせたまひて〈著聞集・一八・六二三〉

おこ・す【起こす】 動(サ四)〔「おく」「おこる」の他動詞形〕❶伏しているものを立たせる。立てる。例梓弓(枕詞)末振り起こし(=先を振り立てて)投ぐ矢持ち

〈万葉・一九・四二六四〉❷寝ているものを目覚めさせる。起こす。例寝臥したる人を**起こす**ほどに〈蜻蛉・下〉❸心を奮い立てる。発奮する。例ますらをの 心振り**起こし**〈万葉・一七・三九六二〉❹衰えていたものを盛んにする。例旧りにしことをも**おこし**たまふとて〈古今・仮名序〉❺火をおこす。例とみにていり炭**おこす**も、いとひさし〈枕・心もとなきもの〉❻心にある思いをもつ。例ぬかづき虫、またあはれなり。さる心地に道心**おこし**てつきありくらんよ〈枕・虫は〉

おこ・す【遣す】❶動(サ下二) **使いの人や物・手紙などをこちらに届けてよこす。送ってくる。**例親族なる人のもとより…かばねたづぬる宮といふ物語を**おこせ**たり(=親族である人のところから…『かばねたづぬる宮』という物語を送ってきた)〈更級〉
❷補動(サ下二)(動詞の連用形について)**その動作や行為をこちらに向けてくる。**例(a)うち見**おこせ**て、つくづくうちまもりて(=振り返って、しみじみと私を見つめて)〈蜻蛉・上〉読解 作者邸で発病した夫の藤原兼家が自邸に戻ろうとする場面である。例(b)かくてながむらむと、思ひ**おこする**人あらむや(=こんなふうにもの思いにふけっているだろうと、思いをはせる人がいるだろうか)〈更級〉例(c)文も、「久しく聞こえさせねば」などばかり言ひ**おこせ**たる、いとうれし(=手紙も、「長いことお手紙も差し上げませんので」などぐらいに言ってよこしてくるのは、たいそううれしい)〈徒然・一七〇〉読解 格別な用件のない手紙がうれしい。

語誌 ▼相手との間が離れていて、自分が受け手の立場にあるときに用いる語である。対して、「**やる**(遣る)」「**おくる**」は与え手の立場で用いる。なお、現代語の「よこす」は、近世に「おこす」から転じたとされる。▼②は「見る」「思ふ」について用いることが多く、それぞれ、まなざしや気持ちを自分のほうへ送ってくる意になる。「言ふ」「告ぐ」などにつくことも多いが、その場合は手紙の内容や伝言を届ける意。〈安達敬子〉

おこそ-づきん【御高祖頭巾】名 頭巾の一種。御高祖(日蓮上人)の像がかぶっている頭巾に似ているところからの称という。防寒用で、目だけを出すようにして頭と顔を覆う。初め男女ともに用いたが、江戸後期以降は主に女性が用いる。「袖頭巾」とも。

御高祖頭巾〔藤の下風に吹かるる美人〕

おこたり【怠り】名 ❶怠慢。ぶさた。例久しく訪れぬころ…我が**怠り**思ひ知られて〈徒然・三六〉❷怠慢による失敗。過ち。例(コノ左遷ハ)わが**おこたり**にて流されたまふにしもあらず〈大鏡・道隆〉❸怠慢をわびること。謝罪。例泣く泣く**おこたり**を言へど〈堤中納言・はいずみ〉❹運命のつたなさ。例わが宿世の**おこたり**にこそあめれ〈蜻蛉・上〉

おこたり-は・つ【怠り果つ】動(タ下二) 病気がすっかり治る。全快する。例乱り心地はまだ**おこたりはて**ねど〈大和・一〇一〉

おこたり-ぶみ【怠り文】名 過失をわびる手紙。謝罪文。例かやうに、名簿に**怠り文**を添へて出だす〈宇治拾遺・一二八〉

おこた・る【怠る】動(ラ四) 物事の進行が途中でとぎれる、また、ゆるやかになる意。

❶**なまける。**例(帝ハ)朝政は**怠ら**せたまひぬべかめり(=朝のご政務はきっとなまけなさるにちがいないようだ)〈源氏・桐壺〉❷**とぎれる。休止する。**例器に水を入れて、細き穴をあけたらんに…**怠る**間なく漏りゆかば、やがて尽きぬべし(=容器に水を入れて、小さい穴をあけておくと…とぎれることなく漏れていけば、すぐになくなってしまうにちがいない)〈徒然・一三七〉❸**病気がよくなる。快方に向かう。**例病にいといたうわづらひて、少し**おこたり**て(=病気にたいそうひどく苦しんで、少しよくなって)〈大和・一〇一〉❹**油断する。誤ちを犯す。**例みづから**怠る**と思ひたまふること侍らねど(=自分では誤ちを犯していると思い申し上げる点はございませんが)〈栄花・浦々の別れ〉読解 流罪にされた人の言葉。「たまふる」は謙譲の用法。

語誌 ②〜④は現代語にはない用法。③は病気の進行が弱まる意、④は注意することを忘れる意。③には特に注意を要する。〈浅見和彦〉

おこづ・く 動(カ四) ❶勢いづく。例大石弾んで二つ三つ、どうどうどうと**おこづき**て〈近松・曾我虎が磨・上〉❷傷口がずきずき痛む。病状が悪化する。例忌中に合戦の疵口**おこづき**〈浄瑠璃・義経千本桜・四〉

おこつる〖誘る〗⇩をこつる

お-こと【御事】代 対称の人称代名詞。相手を親愛の情をこめて呼ぶ語。あなた。例それにつけても**おこと**は誰そ(=だれか)〈謡曲・敦盛〉

おこと-はじめ【御事始め】名 ⇩ことはじめ

おこなひ【行ひ】名 ❶動作。ふるまい。行為。例**行ひ**をいさぎよくして百年の身(=生涯)を誤り〈徒然・一七二〉❷仏道の修行。勤行。例などて、多くの年月を、いたづらにて(=無駄に)臥し起きしに、**おこなひ**をも物詣でをもせざりけむ〈更級〉

おこなひ-すま・す【行ひ澄ます】動(サ四) 仏道修行に励む。例のちには高雄といふ山の奥に、**おこなひすまし**てぞゐたりける〈平家・五・勧進帳〉

おこなひ-びと【行ひ人】名 仏道を修行する人。例北山になむ、なにがし寺といふ所に、かしこき(=すぐれた)**行ひ人**はべる〈源氏・若紫〉

おこな・ふ【行ふ】動(ハ四) ❶**仏道の修行をする。勤行する。法会などを行う。**例持仏すゑたてまつりて**行ふ**尼なりけり(=仏像をお置き申し上げて勤行する尼であった)〈源氏・若紫〉❷**行動する。行為をする。**例吉日に悪をなすに必ず凶なり。悪日に善を**行ふ**に必ず吉なり(=物事を行うのによい日に悪い事を行うと必ず悪い結果となる。物事を行うのによくない日によい事をすると必ずよい結果となる)〈徒然・九一〉

❸ある目的のために行動する。㋐儀式などを実施する。催す。例院の御ために、御八講行はるべきこと（＝院の御ために、法華八講を催しなさるよう）〈源氏・明石〉
㋑政務を執る。治める。事務を処理する。例穏便の政をおこなふべかりしが（＝穏やかな政治を行うのがよかったのに）〈平家・一・俊寛沙汰鵜川軍〉
㋒法などに照らして処置する。取り締まる。処罰する。例新大納言すでに死罪に行はるべかりし人の（＝新大納言は、すでに死罪に処せられるはずであった人だが）〈平家・二・大納言流罪〉読解「行はる」の「る」は受身の助動詞。
❹指示・命令する。例夜は「門強くさせ」など事おこなひたる（＝夜は「門をしっかりと閉めろ」などと指示しているのは）〈枕・六位の蔵人などは〉
❺順序よく進む。実現する。例まことの大事は、たけき河のみなぎり流るるがごとし。しばしも滞らず、ただちに行ひゆくものなり（＝ほんとうに重大な事柄は、流れの激しい河が満ちあふれ流れるようなものだ。少しの間も停滞せず、たちまち実現してゆくものである）〈徒然・一五五〉

語誌 決められたことを決められたとおりに実行する、が基本的意味。現代語との相違で注意が必要なのは、格助詞「に」を受けて決められた刑罰を実施する意となる用法（③㋒）、無生物主語を受けて実現する意となる用法（⑤）などである。〈中本大〉

おごーめ・く【蠢く】 動（カ四） わずかに動く。うごめく。例鼻のほどおごめきて言ふは〈徒然・七三〉読解得意げに話すさま。

おこらーご【御子良子】 名 伊勢神宮で、神饌や神楽に奉仕する少女。神饌を調える子良館に奉仕することからいう。例御子良子の一もと（＝一本）ゆかし梅の花〈芭蕉・笈の小文〉

おこり【瘧】 名 病の名。一定の間隔で発熱を繰り返す熱病の一種。⇩わらはやみ。例世間に人の煩ひあひ候ふおこり心地と申し候ふ事は〈著聞集・一七・五九六〉

おごり【驕り・奢り】 名 ❶思い上がってほかの人を見下すこと。例ひとへに上（＝天皇）を犯さんとせし奢りの末〈太平記・四〉 ❷分不相応なぜいたく。例宿への進上、下々への遣はし物、奢り第一の世之介が肝煎るほどに〈西鶴・好色一代男・八・四〉

おこ・る

【起こる】 動（ラ四） ❶物事が生じる。始まる。例素戔嗚尊よりぞおこりける〈古今・仮名序〉読解和歌の起源を説く一節。「八雲立つ」の歌（➡名歌375）をさす。
❷勢いが盛んになる。いっせいに立ち上がる。例諸侯蜂のごとく起こりし時〈平家・九・樋口被討罰〉読解「蜂のごとく」は、蜂がいっせいに巣から飛び立つように群がり起こるさまをいう。
❸病気の症状が現れる。例例の病おこりて、いたく悩む（＝いつもの病気の症状が現れて、ひどく苦しむ）〈土佐〉
❹何かをめざす心が生じる。例などて、この月ごろ詣うでで過ぐしつらんと、まづ心もおこる（＝どうして、この幾月もの間お参りしないで過ごしたのだろうかと、まっさきに信心の気持ちも生じる）〈枕・正月に寺にこもりたるは〉

語誌▼物事が生じ、発生する意の①が基本的な意味である。②は①の意を物事の勢いや力の発現として捉えたもの。③④も、主語になる病・心などの特徴に応じて区別できるものである。
▼「おこる」は自動詞で、その他動詞形として「おこす」がある。〈山口堯二〉

おご・る

【驕る・奢る】 動（ラ四） ❶つけあがる。高ぶり得意になる。高慢になる。例おごれる人も久しからず、ただ春の夜の夢のごとし（＝高ぶり得意になっている人も長くは続かず、まるで春の夜の夢のようだ）〈平家・一・祇園精舎〉読解「春の夜の夢」は短くはかないもののたとえ。
❷ぜいたくをする。浪費する。例上の奢り費やす所をやめ、民を撫で農を勧めば（＝為政者が、ぜいたくをし浪費するのをやめ、民を慈しみ農業を奨励すれば）〈徒然・一四二〉

語誌▼「おごる」と「おもひあがる」 「おごる」は、人に優越していることをほかに自慢する、という否定的な語感が中心である。これに対し、「おもひあがる」には、心持ちを高く保つ、その地位に見合った自負をもつ、という肯定的な用法もある。〈松井健児〉

おさ【長・筬】 ⇩をさ

おさおさ ⇩をさをさ

おさなし【幼し】 ⇩をさなし

おさ・ふ【押さふ・抑ふ】 動（ハ下二） ❶おさえる。押しとどめる。例すべて入るまじ（＝一人も入ってはいけない）、と戸をおさへて〈枕・内裏は、五節の頃こそ〉 ❷体の痛むところをさする。もむ。例心地なやましければ、人々避けず（＝召使たちをそばに置いて）おさへさせて〈源氏・帚木〉 ❸我慢する。耐えしのぶ。例涙をおさへてぞ入りたまふ〈平家・七・忠度都落〉 ❹下位のものとみなす。例当山の末寺でありながら…（我々ノコトヲ）おさへて書く条奇怪なり〈平家・四・南都牒状〉

おさへ【押さへ・抑へ】 名 ❶敵を防ぎおさえること。守備。例筑紫の国は 敵守る おさへの城ぞと〈万葉・二〇・四三三一〉 ❷軍隊や行列の最後。しんがり。例身（＝私）は押さへを乗りまうす〈近松・丹波与作待夜の小室節・上〉 ❸念を押すこと。例義朝の押さへの詞〈近松・鎌田兵衛名所盃・上〉 ❹動かないように押しつけること。また、その物。

おさむ【治む・修む・収む・蔵む・納む】 ⇩をさむ

おし【鴛鴦・惜し・愛し】 ⇩をし

おしー

【押し】 接頭（動詞「おす」の連用形から）動詞につく。❶無理に〜する、強いて〜する、の意を添える。「押し入る」「押し取る」など。
❷意味を強めたり、語調を整えたりする。例不動（＝不動明王）、火炎の前におし立ち〈沙石集・二・五〉〈井上博嗣〉

おじ【小父・翁・伯父・叔父】 ⇩をぢ

おしーあて【推し当て】 名 あて推量。例おしあてにのたまふを〈源氏・花宴〉

おしーあゆ【押し鮎】 名 鮎を塩漬けにしておもしで

押したもの。元日の祝いなどに用いる。土佐の名産。例ただ押し鮎の口をのみぞ吸ふ〈土佐〉

おし-いだし【押し出だし】 名「押し出だし衣」の略。⇩うちいでのきぬ

おしいだし-ぎぬ【押し出だし衣】 名「うちいでのきぬ」に同じ。

おし-いだ・す【押し出だす】 動(サ四) 押して外や前に出す。押し出す。どっと出す。例(a)衣のすそ、裳などは、御簾の外にみな**おしいだされ**たれば〈枕・淑景舎、東宮にまゐり給ふほどのことなど〉例(b)ただ一度に(銭ヲ)**おし出だし**て〈著聞集・一二・四三三〉

おし-い・づ【押し出づ】 動(ダ下二) ❶「おしいだす」に同じ。例これかれ(=侍女たち)(姫君ヲ)**押し出で**たり〈源氏・東屋〉 ❷女房たちが、御簾の下などから衣装の袖口や裳などを出す。⇩うちいでのきぬ・いだしぎぬ。例若き人々さまざまなる袖口ども**押し出で**たる、いとをかし〈栄花・蜘蛛のふるまひ〉

おし-いり【押し入り】 名 強盗。例かや原といふ里に**押し入り**ありて〈西鶴・好色一代男・四・一〉

おし-い・る【押し入る】 〔「おし」は接頭語〕[1]動(ラ四) 強引に入る。例御祈りの僧なども、その辺りの家どもの程広きに**押し入る**やうにて混み居たり〈栄花・若水〉 [2]動(ラ下二) 無理に中へ入れる。押しこめる。例しひて御懐に**押し入れ**ておはしぬ〈宇津保・藤原の君〉

おしう〘教う〙⇩をしふ

おし-かか・る【押し掛かる】 動(ラ四) ❶寄りかかる。例高欄に**おしかかり**て〈源氏・葵〉 ❷押し寄せる。例旗本に**押しかかり**〈常山紀談・三〉

おし-か・く【押し掛く】 動(カ下二) 押し寄せて襲う。例猛火はまさしう(=ほんとうに)**押し掛け**たり〈平家・五・奈良炎上〉

おし-かけ【押し掛け】 名 ❶招かれないのに出向くこと。例**押しかけ**のお客に参ります〈滑稽本・浮世床・二下〉 ❷馬の鞍につなぐ紐。

おし-かへし【押し返し】 副 ❶逆に。反対に。例**おし返し**諫めたてまつる〈源氏・末摘花〉 ❷繰り返して。例**おし返しおし返し**三返歌ひすましたりければ〈平家・一・祇王〉

おし-かへ・す【押し返す】 動(サ四) ❶押し戻す。例わびしけれど(=困ったけれど)、(侍女ヲ)えはた**押しかへさ**で〈源氏・空蟬〉 ❷反対にする。裏返す。例下なる弟**押し返し**て〈今昔・二七・一三〉 ❸言葉を返す。返歌をする。例これより(=こちらから)**押し返し**たまはざらむも〈源氏・玉鬘〉

おし-がみ【押し紙】 名 付箋。不審・疑問や注意事項を書いて文書などにはる紙。例僻事(=誤り)ある所々に**押し紙**をして〈著聞集・一一・三九七〉

おし-がら【押し柄】 名 押しの強い性質。例思量りあり肝太くして(=思慮深くて度胸がすわっていて)、**押し柄**になむありける〈今昔・二八・二三〉

おしき〘折敷〙⇩をしき

お-しきせ【御仕着せ】 名〔「お」は接頭語〕❶「しきせ」に同じ。例若い者は…日野絹の**御仕着せ**〈西鶴・西鶴織留・一・三〉 ❷型どおりのこと。お決まりのこと。例**お仕着せ**の通り、百座の参会にも少しも色の替はりたることなし〈西鶴・好色一代女・五・二〉

おし-くくみ【押し包み・押し含み】 名 物をつつむもの。おくるみ。例大路に子を捨ててはべりける**押し含み**に書き付けてはべりける〈金葉・雑下・詞書〉

おし-くく・む【押し包む】 動(マ四)〔「おし」は接頭語〕くるむ。つつみ入れる。例(オ二人ヲ)御衣に**押しくくみ**て率ておろしたてまつらせたまふ(=連れて下ろし申し上げなさる)〈栄花・着るはわびしと嘆く女房〉

おし-け・つ【押し消つ】 動(タ四)〔「おし」は接頭語〕圧倒する。勢いで押さえつける。例(ソノ女御ニ)尚侍の君の御おぼえ(=帝からの寵愛)に**おし消た**れたまへりしを〈源氏・澪標〉

おし-ごと【推し言】 名 憶測で言うこと。あて推量。例「さてはその事正体(=根拠)なし。この人は**おし事**する人にこそ」と沙汰ありて〈著聞集・一二・四〇二〉

おし-こ・む【押し込む】 [1]動(マ四) ❶無理に入る。例君達**押し込み**入りて〈宇津保・国譲下〉 ❷こみあう。例渡殿の戸口まで、(女官タチガ)ひまもなく**おしこみ**てゐたれば〈紫式部日記〉 [2]動(マ下二) ❶押して中に入れ込める。例板屋をつくって**押し込め**まいらせ〈平家・五・都遷〉 ❷心の中に押し込んで外に出さない。例言はぬをも言ふにまさると知りながら**おしこめ**たるは苦しかりけり〈源氏・末摘花〉

おし-こ・る【押し凝る】 動(ラ四)〔「おし」は接頭語〕ひとところに固まる。例女房えもいはず装束きて(=言葉にならないほど着飾って)、**おしこり**て候ふ〈栄花・歌合〉

おし-た・つ【押し立つ】 [1]動(タ四)〔「おし」は接頭語〕❶立ちはだかる。例不動(=不動明王)、火炎の前に**おしたち**〈沙石集・二・五〉 ❷㋐わがままにふるまう。我を張る。例ただ今の時の人の御族とて(=権力者の御一族だといって)、**おしたち**てあらむかし〈落窪・四〉 ㋑無理にことを行う。例色に出でては(=表立っては)**おしたた**せたまはじ〈夜の寝覚・四〉 [2]動(タ下二) ❶戸や屏風などを押し立てる。押して閉じる。例(屏風ヲ)**おし立て**たまひつ〈源氏・若紫〉 ❷人を前に押し出す。先に行かせる。例(姫君ノ)袖をとらへ、先に**おしたて**ておはす〈落窪・一〉 ❸(多く「おしたてて」の形で副詞的に用いて)無理にでもさせる。例さやうなる人の**おしたて**てのたまはば〈落窪・二〉

おし-つけ【押し付け】 [1]名「押し付けの板」の略。例首の骨か**押し付け**かを一矢射て〈義経記・五〉 [2]副 ほどなく。やがて。おっつけ。例こりゃあ病気だから**おしつけ**治らあ〈滑稽本・浮世風呂・前下〉

おしつけ-の-いた【押し付けの板】 名 鎧の背中上部の板。文様を染めた染革で鉄板を包んである。⇩よろひ(図)。例鎧の**押し付けの板**をつかまへ〈源平盛衰記・三〇〉

おし-つつ・む【押し包む】 動(マ四)〔「おし」は接頭語〕つつむ。例紅の薄様(ノ紙)に、あざやかに**おし包まれ**たるを〈源氏・若菜上〉

おし-て【押し手】 名「おしで」とも。❶手のひらに朱や墨を塗って押し、証明の印にしたもの。判。例

その戸には、「文殿」と（書イテアッテ）**押し手**さしたり〈宇津保・蔵開上〉❷琵琶や琴などの奏法の一つ。左手で弦を押さえて右手で弾くこと。例琵琶は、**押し手**しづやかなるをよきにするものなるに〈源氏・紅梅〉❸弓を射るときの左手。

おし-て【**押して**】副〔動詞「おす」の連用形＋接続助詞「て」〕❶**一面に。あまねく。ずっと。**例春日山**おして**照らせるこの月は〈万葉・七・一〇七四〉❷**強いて。強引に。無理に。**例いよいよ危ぶがりて、**おして**この国に越え来ぬ(=ますます心配に思って、強引にこの国に野山を越えて来た)〈源氏・玉鬘〉 類義①おしなべて 〈井上博嗣〉

おし-て・る【**押し照る**】1動（ラ四）光がくまなく照る。一面に照り注ぐ。例我がやどに月**おし照れり**〈万葉・八・一四八〇〉2《枕詞》地名「難波」にかかる。かかる理由として、都の置かれた難波に対する賛美とするものや、難波の海が一面に光り輝いている実景に基づくなどの説がある。間投助詞「や」をつけて五音にした「おしてるや」の形でも用いる。

おしてるや【**押し照るや**】《枕詞》〔「や」は間投助詞〕「おしてる2」に同じ。

おし-と・る【**押し取る**】動（ラ四）〔「おし」は接頭語〕無理に奪い取る。例許さぬ者ども**おし取り**て〈徒然・一七五〉

おし-な・ぶ【**押し靡ぶ・押し並ぶ**】動（バ下二）❶押しなびかせる。例我がやどの尾花**押しなべ**置く露に〈万葉・一〇・二一七二〉❷すべて一様にする。平らにならす。例雪降れば木々の木の葉も春ならで(=春ではないのに)**おしなべ**梅の花ぞ咲きける〈和泉式部日記〉❸（多く「たり」を伴って）普通である。平凡である。例**おしなべ**たる世の常の人をば〈源氏・蓬生〉

おしなべ-て

副〔動詞「おしなぶ」の連用形＋接続助詞「て」〕物事が一面に行き渡っている様子や、普通で一般的であることを表す。

❶**一様に。すべて。あまねく。**例花の木ども散りはてて、**おしなべて**緑になりたるなかに(=花の咲く木々の花がすっかり散ってしまって、あたり一面緑になっている中で)〈枕・花の木ならぬは〉❷（多く「おしなべての」の形で）**ふつう。ありきたり。通り一遍。**例（桐壺更衣ハ）はじめより**おしなべて**の上宮仕へしたまふべき際にはあらざりき(=もともとふつうの女官のようなお側務めをなさらなければならない身分ではなかった)〈源氏・桐壺〉読解 れっきとした妃なのだ、ということ。

語誌 時代が下るにつれて①の用法が主となり、現代語「おしなべて」につながる。〈井上博嗣〉

おし-なほ・る【**押し直る**】（ナオル）動（ラ四）〔「おし」は接頭語〕正しく座り直す。例亭主の役なれば、茶の湯元に**押し直り**〈虎寛本狂言・鱸包丁〉

おし-な・む【**押し靡む**】動（マ四）〔「おしなぶ」の変化した形〕押しなびかせる。例わが宿の薄**おしなみ**降れる白雪〈古今・冬〉

おし-なら・ぶ【**押し並ぶ**】動（バ下二）〔「おし」は接頭語〕相手の馬に無理に並ぶ。例鞭あぶみをあはせて馳せ来たり、**おしならべ**てむずと組む〈平家・七・篠原合戦〉

おし-ね【**晩稲**】名 実る時期が遅い稲。「おくて」とも。例憂き身には山田の**晩稲**(ここまで序詞)おしこめて世をひたすらに恨みわびぬる〈新古今・雑下〉

おし-ね・る【**押し捻る**】動（ラ四）押しひねるように強く握る。例焼き大刀の手かみ(=柄)**押しねり**〈万葉・九・一八〇九〉

おし-のご・ふ【**押し拭ふ**】（ノゴウ）動（ハ四）〔「おし」は接頭語〕ぬぐい取る。ふき取る。例涙**おし拭ふ**も、ことさらめいたり(=わざとらしい)〈源氏・竹河〉

おし-はかり【**推し量り**】名 あて推量。憶測。例かやうの**推しはかり**にて、仏法までをなずらへ言ふべきにはあらず〈徒然・一九四〉

おし-はか・る【**推し量る**】動（ラ四）あることを根拠に推量する。例心ばへ(=才気)ありて、奥(=将来)**推しはからるる**まみ・額つきなり〈源氏・紅梅〉

おし-は・る【**押し張る**】動（ラ四）❶張る。押して張る。例檀のえもいはず照りて(=言いようもないほどに照り輝いて)(枝ヲ)**おしはり**出でたるも〈栄花・御賀〉❷意地を張る。あえてそうする。例**おしはり**てのたまはん事を言ひかはすべき(=言い争うことができる)上達部もおはせず〈落窪・四〉

おし-ひし・ぐ【**押し拉ぐ**】動（ガ四）❶押しつぶす。例かすかなる脚弱き車など(=みすぼらしい貧弱な車などは)、輪を**押しひしがれ**〈源氏・行幸〉❷押さえつける。押しつける。例（クシャミガ出ソウナトキモ）**おしひしぎ**つつあるものを〈枕・宮にはじめてまゐりたるころ〉

おし-ひた・す【**おし浸す**】動（サ四）〔「おし」は接頭語〕ぐっしょりぬらす。漬ける。例汗に(体ヲ)**おし漬し**て、額髪もいたう濡れたまへり〈源氏・葵〉

おし-ひら・む【**押し平む**】動（マ下二）押して平たくする。例鼻を**おし平め**て、顔を(足鼎ノ中ニ)さし入れて〈徒然・五三〉

おし-へ・す【**押し圧す**】動（サ四）押してつぶす。例さいで(=布の切れ端)の、**おしへされ**て草子の中などにありける〈枕・すぎにしかた恋しきもの〉

おし-ま・く【**押し巻く**】動（カ四）押すようにして巻く。巻く。例硯に、文を**おし巻き**てうち入れて〈蜻蛉・上〉

おしまづき【**几**】（オシマズキ）名❶ひじかけ。脇息。例**おしまづき**おのづからに断れぬ〈紀・斉明〉❷机。例筆を草家の**机**に捨つる〈洒落本・神代相眜論〉

お-しまひ【**御仕舞ひ**】（シマイ）名❶商家などで、年末に収支決算を済ませ、正月を迎える用意をすること。例当年の**お仕舞ひ**は庭に(米ヲ)三石〈西鶴・日本永代蔵・五・二〉❷お化粧。身繕い。例おや、お前もう**お仕舞ひ**が出来たね〈滑稽本・浮世風呂・二上〉

おしむ【愛しむ・惜しむ】⇨をしむ

お-しもつき【**御霜月**】名〔「お」は接頭語〕浄土真宗で、親鸞の命日の十一月二十八日までの七日間、本願寺で行う仏事。報恩講。

おし-や・る【**押し遣る**】動（ラ四）向こうへと押し出

す。押して向こうへやる。例(琴ヲ)**押しやり**たまふ〈源氏・明石〉

おしゃ・る【仰しゃる】 動(ラ四)〔「おほせある」の変化した形〕「言ふ」の尊敬語。おっしゃる。例そさうな事(=軽率な事)は**おしゃる**まい〈浄瑠璃・八百屋お七・上〉

お-しゅう【御主】 名〔「お」は接頭語〕主人・主君を敬って呼ぶ語。例よくよく**お主**は怖いもの〈近松・鑓の権三重帷子・上〉

おす『小簾・食す』⇩をす

お・す

【押す・圧す・捺す】 動(サ四) ❶力を加えて向こうへやる。例人に**押さ**れなどして〈栄花・着るはわびしと嘆く女房〉

❷軍隊を前進させる。例岨伝ひに(=がけを伝って)**押す**〈甲陽軍鑑・三五〉

❸舟を前に進める。例唐泊より川尻**おす**ほどは〈源氏・玉鬘〉読解「唐泊」は今の兵庫県姫路市にあった港。「川尻」は今の兵庫県尼崎市にあった港。

❹はりつける。例あれに箔**おし**たてまつらむ(=あれに金箔をはりつけ申し上げよう)〈更級〉読解「あれ」は金箔をはりかけの仏像をさす。

❺捺印する。印判をつく。例二十五日に落とした判を、八日に**押さ**れうか(=二十八日につくことができようか)〈近松・曾根崎心中〉

❻圧倒する。例右大臣の御勢ひは、ものにもあらず**おさ**れたまへり(=右大臣の御威勢は、ものの数ではなく圧倒されなさってしまった)〈源氏・桐壺〉

〈井上博嗣〉

おず『怖ず・懼ず』⇩おづ

おず・し【悍し】 形(ク)〔「おぞし」の古形か〕強烈で恐ろしい。勝気で強情だ。主に女性についていう。例(身投ゲナドトイウ)すこし**おずかる**べきことを思ひ寄るなりけむかし〈源氏・浮舟〉

おすひ【襲】(オスイ) 名 上代の衣服の名。頭からかぶって、衣服の上を覆う。例太刀が緒も いまだ解かずて **おすひ**をも いまだ解かねば〈記・上・神代・歌謡〉

おずま・し【悍まし】 形(シク)「おぞまし①」に同じ。例かの乳母こそ**おずましかりけれ**〈源氏・東屋〉

お-すみつき【御墨付き】 名 将軍・大名などが臣下に与えた証明書。花押や黒印の押してある公式文書。墨付き。

お-すゑ【御末】(スエ) 名〔「お」は接頭語〕❶宮中や将軍家で、家臣などとの対面に用いられた部屋。御末の間。また、そこに仕える女中。❷邸の奥の部屋で、女中が食事の用意をする所。例**御末**へ持って参ってござらば〈狂言・栗焼〉❸江戸時代、幕府・大名の奥女中のうち、雑役をする女中。また、その住む部屋。

おせぐ・む 動(マ四) 猫背になる、の意か。例たけ(=身長)たかく、**おせぐみ**たる者〈宇治拾遺・二〇〉

お-せち【御節】 名 正月や五節句のこと。また、そのときに作る野菜中心の料理。主に正月に作る料理をいう。例早く帰って**御節**の支度をせにゃあならねえ〈滑稽本・浮世風呂・三上〉

おそう『圧う・襲う』⇩おそふ

おそ-き【襲着】 名 上着。⇩おそひ。例児ころが**おそき**の有ろこそ良えしも(=妻が持たせてくれた上着が手もとにあるのがうれしいことよ)〈万葉・一四・三五〇九〉

おそ・し

【遅し・鈍し】 形(ク) ❶時刻に遅れている。なかなか実現しない。例紀の有常がりいきたるに、歩きて**おそく**来けるに(=紀有常の所に行ったところ、有常は外出していて遅く帰ってきたので)〈伊勢・三八〉

❷にぶい。機転が利かない。例さやうのことにも心**おそく**ものしたまふ(=そのようなことにも機転が利かなくていらっしゃる)〈源氏・蓬生〉読解「さやうのこと」は和歌や物語のこと。

語誌 ▼①は単に物事の進行が遅いだけではなく、待っているのになかなか実現しないという否定の意を表すことが多い。

▼②の用法は現代語にはないので要注意。例のように「心おそし」の形で用いられることが多い。この意では「とし(疾し・敏し)」が対義語で、こちらは「心とし」の形で用いられることが多い。

〈吉野瑞恵〉

おぞ・し【悍し】 形(ク) ❶気が強くて強情だ。強烈で恐ろしい。例(乳母ハ)ものづつみせずはやりかに(=遠慮がなくせっかちで)**おぞき**人にて〈源氏・東屋〉

❷悪賢い。ずるい。例そちが今度の**おぞい**(音便形)仕様、魔法でも叶ふまい〈近松・五十年忌歌念仏・中〉

おそ-なは・る【遅なはる】(オソナワル) 動(ラ四) 遅くなる。遅れる。例おそれをなしたてまつるゆゑ、今に**おそなはり**候ふ〈曾我・八〉

おそば・ふ(オソバウ・オソボウ) 動(ハ下二)〔「お」は接頭語〕ふざける。戯れる。じゃれる。例**おそばへ**て、「あれ、おしこぼちてむ(=私が、ぶち壊してしまおう)」と腹立ちののしれば〈落窪・一〉

おそ-はや-も【遅早も】 副 遅くても早くても。例**おそはやも**汝をこそ待ため〈万葉・一四・三四九三〉

おそは・る【魘はる・襲はる】(オソワル) 動(ラ下二)〔動詞「おそふ」の未然形＋受身の助動詞「る」〕夢の中で、恐ろしいものにおそわれる。うなされる。例物に**襲はるる**心地して、おどろきたまへれば〈源氏・夕顔〉

おそひ【襲ひ】(オソイ) 名 ❶覆い。例(牛車ノ)**おそひ**・棟などに、長き枝を葺きたるやうにさしたれば〈枕・五月の御精進のほど〉❷上着。⇩うはおそひ。❸屛風の縁の木。例**襲ひ**にはみな蒔絵したり〈栄花・衣の珠〉❹屋根板の上の押さえ。❺馬の鞍。

おそ・ふ

【圧ふ・襲ふ】(オソウ) 動(ハ四) 動詞「おす(押す)」に継続を表す接尾語「ふ」のついた「おさふ」の変化した形か。上から押しつける、上からかぶせる、が原義。

❶上からのしかかる。押しつける。圧する。例罵り、**圧ひ**て打つ(=大きな声を出し、上からのしかかってたたく)〈霊異記・上・九〉読解村の少女たちが、ある召使の少女をいじめる場面。

❷不意に攻めかかる。襲撃する。突然押しかける。例敵**襲ひ**来りて、囲み攻めけるに(=敵が襲撃して来て、取り囲んで攻めたときに)〈徒然・六八〉

❸物の怪などがとりつく。乗り移る。多く受身の形で用いられる。⇩おそはる

❹官職や家督を引き継ぐ。世襲する。例兄の職を襲ひて、南朝の礎の臣となり(=南朝の土台をなす臣となって)〈読本・英草紙・三・五〉 〈浅見和彦〉

おぞま・し【悍まし】形(シク) ❶強情だ。気が荒い。勝ち気だ。例かくおぞましくは、いみじき契り深くとも、絶えてまた見じ(=このように気が荒くては、夫婦の縁が深くても、まったく会うまい)〈源氏・帚木〉 読解 嫉妬深く気の強い妻に対する夫の言葉。「絶えて」は副詞。
❷いとわしい。恐ろしい。怖い。例守護といふものの、目代よりはおぞましきを据ゑたれば(=守護というもので、代官よりは恐ろしいのを置いたので)〈増鏡・久米のさら山〉 〈松井健児〉

おそらく【恐らく】副 ❶思うに。たぶん。きっと。例おそらく脛を薙ぐ事はなるまい〈狂言・鈍太郎〉
❷はばかりながら。自分がほかよりすぐれていることを自負していう。例「やるまいと言うたりと取ってみせう」「おそらく取らすまいぞ」〈狂言・竹の子〉

おそり【恐り・畏り】名 危険。不安。心配。恐怖。例「このわたり(=このあたり)、海賊のおそりあり」といへば〈土佐〉

おそ・る【恐る・懼る・畏る】❶動(ラ上二・ラ四) ❶恐れる。例(a)宗廟を保つこと獲ておそりあやぶむ(=国家のことを委ねられて、恐れ不安に思う)〈紀・継体〉例(b)あやまたれなんと恐り思して(=きっと殺されるだろうと恐れお思いになって)〈宇治拾遺・一八六〉
❷はばかる。恐縮する。例かつは人の耳におそり、かつは歌の心に恥ぢ思へど(=一方では世の人への聞こえをはばかり、また他方では和歌の本質に対して恥ずかしく思うけれど)〈古今・仮名序〉 読解『古今和歌集』の撰者に選ばれたことに対する謙遜の言葉。
❷動(ラ下二) ❶恐れる。こわがる。例人皆生を楽しまざるは、死を恐れざる故なり(=人が皆生を楽しまないのは、死を恐れないからである)〈徒然・九三〉
❷心配する。懸念する。例いかなる仰せ言にかと、恐れ申しはんべる(=どのようなご命令であろうかと、心配いたしております)〈源氏・浮舟〉
❸かしこまる。畏敬する。例(銭ヲ)君のごとく、神のごとく恐れ尊みて、従へもちゐることなかれ(=主君のように、神のように畏敬し尊敬して、思いのままに用いてはならない)〈徒然・二一七〉

語誌 ▼活用の種類　上代には上二段に活用したが、平安時代の中ごろから下二段に転じ、以後は下二段活用に定着した。四段活用はその変化の過程にみられ、主に漢文訓読の際に用いられた。なお用例からは、上二段・四段のいずれか不明の場合も多い。
▼関連語　「おそる」は漢文訓読系の語感が強く、和文脈の文では、恐怖を表す場合には主に「おづ」が用いられた。また、恐れの感覚が表情などに現れる場合には「おびゆ」が用いられる。 〈松井健児〉

おそれ【恐れ・怖れ・畏れ・懼れ】名 ❶こわがること。恐怖。例恐れをなして、人にもかくともいはずと。〈著聞集・一七・六〇五〉 ❷かしこまること。畏敬。例君(=帝)を後ろになしまいらせむがおそれなれば〈平治・中〉 ❸不安。心配。気遣い。例財あれば恐れ多く〈方丈記〉

おそろ・し【恐ろし】形(シク) 〔動詞「おそる」の形容詞形〕 ❶恐ろしい。怖い。不安だ。例神いとおそろしう(音便形)鳴りたれば、ものも覚えずただおそろしきに(=雷がたいそう恐ろしく鳴っているので、どうしてよいかわからずただ恐ろしいので)〈枕・五月の御精進のほど〉
❷畏敬すべきだ。たいしたものだ。例(父ノ大臣ハ)せめてかなしきあまりに、かたじけなく、おそろしきものに思したり(=非常にかわいいと思うあまりに、恐れ多く、畏敬すべきものにお思いになっている)〈落窪・四〉

語誌 ②は、単なる恐怖ではなく、並外れたものへの敬いの感情が含まれたもの。 〈松井健児〉

おそろし-げ【恐ろしげ】形動(ナリ) 〔「げ」は接尾語〕 恐ろしそうなさま。例荒海の絵、生きたる物どものおそろしげなる〈枕・清涼殿の丑寅のすみの〉

お-だい【御台】名 〔「台」は「台盤」の略〕 ❶食物を盛る盤を載せる台。食膳。例御台に箸の台ばかり据ゑたり〈宇治拾遺・九四〉 ❷飯の女房詞。例白飯とは白い御台の事〈狂言・岡太夫〉

愛宕《地名》山城国、今の京都市の北東部。平安時代の葬送の地。例愛宕といふ所に、いといかめしうその作法(=葬儀)したるに〈源氏・桐壺〉

おだ・し【穏し】形(シク) ❶安心していられる。例(姫君ガ)そこはかとなくて心苦しうおぼえわたりはべりしも、おだしう(音便形)思ひなりにてはべり(=頼りない様子でずっと気の毒に思っておりましたことも、安心していられるようになったのです)〈源氏・薄雲〉
❷平和だ。平穏だ。例平家ほろびて、いつしか国々しづまり、人のかよふも煩ひなし。都もおだしかりければ(=平家が滅んで、早くも国々は落ち着き、人が往来するのも難儀がない。都も平穏だったので)〈平家・一一・文之沙汰〉

類義 ①こころやすし・うしろやすし

語誌 ▼安心していられる状態　安心していられる状態であることについていう語で、たとえば歌の詠みぶりについては、奇をてらった感じでなく安心して鑑賞できる、の意となる。平安時代の作品では用例が少なく、「心安し」の語が用いられることが多い。 〈池田節子〉

おだひ・し【穏ひし】形(シク)《上代語》穏やかだ。安らかだ。例款しみ明らけみ(=勤勉で心に曇りがなく)穏ひしみ〈続紀・宝亀二年三月〉

おたび-しょ【御旅所】名 神社の祭礼のとき、神輿が一時とどまる所。例貧乏神の御旅所といひさうな住居〈近松・山崎与次兵衛寿の門松・上〉

お-だぶつ【御陀仏】名 〔「陀仏」は臨終のときに唱える「(南無)阿弥陀仏」の略〕 ❶死ぬこと。往生すること。❷(①から転じて)物事が失敗に終わること。だめになること。例これにて将棋は御陀仏かいと。〈滑稽本・浮世風呂・前下〉

おだまき【苧環】⇩をだまき

お-ため【御為】名 〔「お」は接頭語〕。主人や目上の人

に尽くすこと。例無念をこらへて御為になり、親・旦那様の御恩を送る(=返す)心はないかいの〈近松・淀鯉出世滝徳・上〉

おだ-やか【穏やか】形動(ナリ) 静かで落ち着いている。例(仏事二)兵を用ゐんこと、**穏やかならぬ**ことなり〈徒然・六三〉

おち〘遠・彼方・変若・復ち〙⇩をち

おち【落ち】名❶落ち度。手落ち。例油断すな。侮るゆゑに**おち**をこそ取れ〈仮名草子・武者物語・下〉❷品質の劣るもの。粗悪なもの。例此等が**落ち**だ…たかだか三文だらう〈滑稽本・浮世風呂・四中〉

おち-あし【落ち足】名❶戦いに負けて逃げて行くこと。また、その足取り。例一の谷の**落ち足**、八島の**落ち足**にも〈幸若・八島〉❷川の水が減ること。減水。また、そのとき。例水の**落ち足**をや待つべき〈平家・九・宇治川先陣〉

おち-あ・ふ【落ち合ふ】アウ・オウ 動(八四)❶同じ所で出会う。来あわせる。例石田が郎等二人**落ちあう**(音便形)て、つひに木曾の首をばとってんげり〈平家・九・木曾最期〉❷立ち向かう。組みあう。例高橋が勢は国々のかり武者なれば(=寄せ集めの武者なので)、一騎も**おちあはず**、われさきにとこそ落ち行きけれ〈平家・七・篠原合戦〉❸仲直りする。妥協する。例兄弟の仲不快なりける間、今こそ**おちあふ**ところよ〈保元・中〉❹流れが一つになる。例**落ち合う**(音便形)て音なくなれる清水かな〈俳諧・蕪村句集・上〉

おち-あゆ【落ち鮎】名秋、川を下って産卵するころの鮎。「錆鮎」とも。例すたすたいうて(魚売リガ)荷なふ**落ち鮎**〈俳諧・炭俵・上〉

おちいる〘落ち居る〙⇩おちゐる

おち-い・る【落ち入る・陥る】動(ラ四)❶落ち込む。はまる。例棹をさしはづして(川ニ)**落ち入り**はべりにける〈源氏・浮舟〉❷くぼむ。例目皮ら(=まぶたなど)いたく黒み**落ち入り**て〈源氏・紅葉賀〉❸死ぬ。また、気絶する。例手負ひの(=負傷者が)ただいま**おちいる**に〈平家・二・嗣信最期〉

おち-う・す【落ち失す】動(サ下二) 戦いに負けて逃げ去る。例その勢(=軍勢)みな**落ちうせ**て、ただ主従二騎になりたまふ〈平家・九・重衡生捕〉

おち-うど【落人】名〔「おちびと」のウ音便形〕「おちうと」とも。戦いに負けたりして、人目を避けて逃亡する人。例帝都をいで、波の上にただよふ**おちうど**となれり〈平家・二・逆櫓〉

おちかえる〘復ち返る〙⇩をちかへる

おちかた〘彼方・遠方〙⇩をちかた

おち-かた【落ち方】名「おちがた」とも。❶物の落ちるころ。花の散るころ。例西は白く、東は紅梅に て、少し**落ちがた**になりたれど〈枕・かへる年の〉❷逃げる機会。逃げ場所。例下の手(=下流)に控へたる者どもは**落ち方**を失ひて〈太平記・三八〉❸落ちた方角・場所。例神鳴り(=雷)も**落ちかた**知れず、おさまり〈西鶴・武家義理物語・六・二〉

おち-くぼ【落ち窪】名家の中で、床を一段低く作った所。例樋殿の(=便所)におはしけるままに、**落ち窪**をさしのぞいて見たまへば〈落窪・一〉

落窪物語おちくぼものがたり〘作品名〙平安中期の物語。四巻。作者未詳。十世紀後半の成立。早くに母をなくした姫君は、落ち窪んだ部屋に住まわされ、継母からいじめを受けていたが、少将道頼と知りあい、救出される。道頼は継母に報復を繰り返すが、それもやがて終わり、姫君は道頼と幸福に暮らす。当時流行した継子いじめ物語の典型的な作品。

おち-ぐり【落ち栗】名❶地面に落ちた栗。❷染め色の名。黒ずんだ濃紅色。例**落ち栗**とかや何とかや、昔の人のめでたうしける袷の袴〈源氏・行幸〉

おちこち〘遠近・彼方此方〙⇩をちこち

おち-ず【落ちず】残らず。すべて。例ぬばたまの(枕詞)一夜も**落ちず**夢にし見ゆる〈万葉・一五・三六四七〉

おち-たぎ・つ【落ち滾つ・落ち激つ】動(タ四) しぶきを上げて流れ落ちる。例瀬をはやみ(=川瀬の流れが速いので)**落ち激ち**たる白波にかはづ鳴くなり朝夕ごとに〈万葉・一〇・二一六四〉

おち-つき【落ち着き】名❶行く先。行方。例**落ち**つきの知れぬ別れや鳳巾(=凧)〈俳諧・丈草発句集〉❷宿屋で最初に出される飲食物。例まづ**落ち着き**に、蕎切り百桶〈浮世草子・好色万金丹・二・三〉

おち-つ・く【落ち着く】動(カ四)❶居所が定まる。住み着く。例東に下りし親、からうじて上りて、西山なる所に**おちつき**たれば〈更級〉❷高い所から落ちて地面に着く。例鞍置き馬三疋、越中の前司が屋形の上に**おちつい**(音便形)て〈平家・九・坂落〉❸納得する。例凡兆、「あ」と答へて(=「はい」と答えたものの)、いまだ**落ちつか**ず〈俳諧・去来抄・先師評〉❹安定感がある。例句は**落ちつか**ざれば真の発句にあらず〈俳諧・去来抄・先師評〉

おち-とま・る【落ち留まる】動(ラ四)❶あとに残る。例**落ちとまれ**る御指貫・帯など、つとめて(=翌早朝)奉れり〈源氏・紅葉賀〉❷滞在する。居残る。例(コノ土地ニ)**落ちとまり**ぬべくなむおぼえける〈源氏・須磨〉❸頼る人に死に遅れる。生き残る。例はかばかしき後ろ見なくて**落ちとまる**身どもの悲しきを思ひつづけたまふに〈源氏・総角〉

おち-の-ひと【御乳の人】名貴人の乳母。例医師の所へ、**御乳の人**、子をつれて行き〈噺本・昨日は今日の物語・上〉

おち-ば【落ち葉】名枯れて落ちた木の葉。身分の低い女性の腹に生まれた子をたとえていうこともある。例もろかづら**落ち葉**を何にひろひけむ〈源氏・若菜下〉読解どうして身分の低い更衣から生まれた皇女のほうを妻にしてしまったのかという嘆き。

おぢ-はばか・る【怖ぢ憚る】オジ 動(ラ四) 恐れはばかる。こわがって気がねする。気後れする。例とざまかうざまに(=あれやこれやと)**怖ぢ憚り**て、我にもあらで年を過ぐすに〈源氏・玉鬘〉

お-ちゃのこ【御茶の子】名形動(口語) 物事が容易にできること。茶の子(茶菓子)は腹にたまらないことからいう。例この上にまだ(酒ノ)一升や二升は**お茶の子**さ〈洒落本・卯地臭意〉

おぢゃ・るオジャル〔「おいである」の変化した形〕❶動(ラ四)❶「行く」「来く」の尊敬語。おいでになる。例今日ここへ**おぢゃっ**(音便形)たは天神様の御利生(=

ご利益(りやく)〈近松・生玉心中・上〉❷「あり」「居(を)り」などの丁寧語。あります。例(金(かね)八)三匁(もんめ)もおぢゃらぬ〈近松・女殺油地獄・中〉**2**補動(ラ四)(形容詞・形容動詞型活用語の連用形、接続助詞「て」、連語「にて」が変化した「で」について)「あり」「居(ゐ)る」の丁寧語。～でございます。例代物(だいもつ)(=値段)はいかほどでおぢゃるぞ〈狂言・末広がり〉

おち‐ゆ・く【落ち行く】動(カ四)❶落ちぶれてゆく。例何ごとにつけても末になれば(=後のほうになると)、**落ち行く**けぢめこそ安くはべめれ〈源氏・行幸〉読解物事は悪いほうに進みやすいものだ、ということ。❷逃げのびて行く。例多くの者ども**落ち行**き、討たれける中に〈平家・九・木曾最期〉

おち・ゐる

【落ち居る】オチイル 動(ワ上一)不安定な状態から、普通の状態に戻る意。

❶**気持ちが落ち着く。安心する。**例人見て、「おはします」といふにぞ、すこし心**おちゐ**ておぼゆる(=召使が見に行って、「おいでです」と言うので、少し心が落ち着いたように思われる)〈蜻蛉・下〉読解やっと夫がやってきた。

❷**性格や態度がゆったりしている。**例**落ちゐ**たまへる御心(みこころ)の本性なれば、懈怠(けだい)なく行ひたまひて(=ゆったりとしていらっしゃるお心の性質なので、怠ることなく仏道を修行なさって)〈大鏡・伊尹〉

❸**疑念がなくなる。納得する。**例心には**おちゐ**ずして、うはべばかりを学びて(=心の中では納得しないで、表面だけを勉強して)〈為兼卿和歌抄〉

❹**あるべき場所に落ち着く。**例(俵ガ)むら雀(すずめ)などのやうに飛び続きたるを見るに…主(しゅ)の家に確かに皆**おちゐ**にけり(=群をなした雀などのように飛んで続いていくのを見ると…主人の家に確かにすべて落ち着いたのだった)〈宇治拾遺・一〇一〉

❺**世の中が平和を取り戻す。騒ぎがしずまる。**例世はさればいかに**落ちゐ**なんずるぞ(=世の中はさてどのように平和を取り戻すのだろうか)〈愚管抄・五〉

❻**病気が回復する。**例弟子の僧は死ぬばかり病みて、**落ちゐ**て死なずなりぬ(=弟子の僧は死ぬほどに病気になって、それから回復して死ななかったのであった)〈今昔・二八・一七〉

〈小島孝之〉

おつ〖復つ・変若つ〗⇩をつ

おつ【乙】**1**名❶十干(じっかん)の二番目。きのと。❷物事の第二番目。甲に次ぐものをいう。例名もなく類もなく、甲もなく**乙**もなし〈俳諧・風俗文選・豆腐弁〉❸楽器や声で、甲(かん)に対して調子の低いもの。例覚一(かくいち)(=琵琶(びわ)法師の名)初重(しょぢゅう)の**乙**に収めて、歌ひすましたりければ〈太平記・二一〉❹物事の状態。ぐあい。調子。**2**形動(口語)いっぷう変わっている。また、普通と違って、しゃれている。例**おつな**事をいふの〈洒落本・通言総籬〉

お・つ

【落つ】動(タ上二)❶**高い所から低い所に移動する。落下する。こぼれる。日や月などが沈む。**例(a)車よりも**落ち**ぬべうまろびたまへば(=車からも落ちてしまいそうに転げ伏していらっしゃるので)〈源氏・桐壺〉例(b)白妙(しろたへ)の(枕詞)袖(そで)の別れに露**おち**て身にしむ色の秋風ぞ吹く〈新古今・恋五〉⬇名歌194

❷**勢いよく下降する。流れ下る。風が激しく吹き下ろす。**例(a)富士川といふは、富士の山より**落ち**たる水なり(=富士川という川は、富士山より流れ下っている水である)〈更級〉例(b)嵐ぞ**おつる**足柄の山〈海道記〉

❸**価値や程度が低下する。落ちぶれる。堕落する。数量が減る。**例(a)やむごとなき筋ながらも、かうまで**落つ**べき宿世ありければにや(=高貴な家柄なのに、こうまで落ちぶれなければならない前世からの因縁があったからだろうか)〈源氏・蓬生〉例(b)名にめでて折れるばかりぞ女郎花(をみなへし)われ**おち**にきと人に語るな(=名前に心ひかれて折り取っただけだ。女郎花よ、私が堕落したなどとほかの人に話してはならない)〈古今・秋上〉読解「女郎花」という花の名から若く美しい女性を連想して戯れて詠んだ歌。

❹**戦いに敗れて逃げる。敗走する。**例たすけ舟に乗らんと、汀(みぎは)の方(かた)へぞ**おち**たまふらむ(=助け船に乗ろうと、波うち際のほうへお逃げになるだろう)〈平家・九・敦盛最期〉

❺**元あったものが欠落する。**㋐**なくなる。**例(a)螺鈿(らでん)の軸は貝**落ち**てのちこそいみじけれ(=螺鈿を施した巻物の軸は貝がはがれて落ちた後がたいそうよいのだ)〈徒然・八二〉㋑(「おちず」の形で)**残らず。すべて。**⇩おちず

❻**物事がある位置に落ち着く。行き着く。**例恋は皆我が上(へ)に**落ち**ぬ〈霊異記・上・二〉読解恋はすべて我が身に降りかかって来てしまった、ということ。

❼**陥落する。意に従う。白状する。**例(a)城堅(かた)うしてさらに**落ち**ず(=城は堅固でまったく陥落しない)〈古活字本平治・中〉例(b)余りに強く責められて、ありのままにぞ**落ち**にける(=非常に厳しく問いつめられて、ありのままに白状してしまった)〈義経記・四〉

❽(「心に落つ」などの形で)**納得する。腑(ふ)に落ちる。**打消の語を伴って用いられることが多い。例とんと心(むね)に**落ち**ぬ所ぢゃ(=少しも納得しないところだ)〈滑稽本・浮世風呂・四上〉

語誌▼**語義の広がり** 事物が高所から低所へ移動する動作や作用を表す①②が本来の用法。価値評価の高低にも用いられて③の用法が生まれ、また、水平方向にも中心から外縁へと移動する④のような用法が派生した。さらに、移動した結果についていう⑤⑥の用法などが生まれたと推定される。それぞれの用法の中においても、時代が下るにつれて比喩的に適用する範囲が広がった。

〈小島孝之〉

お・づ

【怖づ・懼づ】オズ 動(ダ上二)❶**恐れる。こわがる。おびえる。**例燕(つばくらめ)も、人のあまたのぼりゐたるに**怖ぢ**て、巣にものぼり来(こ)ず(=燕(つばめ)も、人が大勢のぼっているのを恐れて、巣にものぼってこない)〈竹取〉

❷**遠慮する。はばかる。**例船には、紅(くれなゐ)濃くよき衣(きぬ)着ず。それは「海の神に**怖ぢ**て」といひて(=船では、紅の濃い美しい着物は着ない。それは「海の神にはばかって」というが)〈土佐〉

語誌▼「**おづ**」と「**おそる**」 「おづ」は対象への恐

怖のため萎縮するさまを表す。主に和文脈で用いられ、漢文訓読系の文章では「おそる」が用いられる。『今昔物語集』では、恐怖や畏怖を表す場合には「おづ」、前途を懸念する場合には「おそる」と、区別して使用されている。〈松井健児〉

おづ-おづ【怖づ怖づ】 副〔動詞「おづ」を重ねて副詞化した語〕おそるおそる。びくびく。例**おづおづ**内に入りて見れば、東大寺に死にし僧あり〈今昔・一九・一九〉

おっ-かか・る【押っ掛かる】 動(ラ四)〔「おしかかる」の促音便形〕近づく。今にも事に及びそうになる。追いつく。例弟とはいひながら三十に**おっかかり**〈近松・心中天の網島・上〉

お-つぎ【御次】 名「御次の間」の略。貴人の居室の続きの部屋。例御上台所の**御次**に居て、見えわたりたる諸道具を取りさばきの奉公なり〈西鶴・好色一代女・四・三〉

おっさま-に【追っ様に】 副〔「おひさまに」の促音便形〕あとを追うようにして。引き続いて。例心すこし落としするゐて(=落ち着かせて)、**おっさまにまゐり**候ふべし〈平家・一〇・三日平氏〉

おっ-た・つ【追っ立つ】 動(タ下二)〔「おひたつ」の促音便形〕追い立てる。追い払う。例鶉・雲雀を**追っ立て追っ立て**、終日に(=一日じゅう)狩り暮らし〈平家・一・殿下乗合〉

おったて-の-くゎんにん【追っ立ての官人】 名「おったてのつかひ」に同じ。

おったて-の-つかひ【追っ立ての使ひ】 名 流罪になった人を流刑地まで護送する使い。多く検非違使が任じられた。例**追っ立ての使ひ**は、青侍(=若く身分の低い侍)季通なり〈平治・下〉

おっとっ-て【押っ取って】 副《近世語》〔「おしとりて」の促音便形〕❶(「言ふ」「申す」などの上について)周囲を代表して。例弥七**押っ取って**申し上ぐるは〈浮世草子・傾城禁短気・五・二〉❷おおよそ。例**おっとって**この座に計六百騎〈近松・嫗山姥・三〉❸さしあたって。例隣近所の人大勢立ち合ひ、**おっとってま**づ浪人を疑ひ〈西鶴・本朝桜陰比事・三・九〉

おっ-と・る【押っ取る】 動(ラ四)〔「おしとる」の促音便形〕とっさに手にする。急につかむ。例そばなる将碁の盤を**おっ取っ**(音便形)て〈太平記・二〉

お-つぼね【御局】 名〔「お」は接頭語〕❶宮中・将軍家・大名家の奥向きに仕え、局(個室)をもつ女性を呼ぶ敬称。例ある夜の宵のまぎれに、三位殿の**御局**の御産の事近づいたりとて〈太平記・七〉❷江戸時代、専用の部屋をもつ奥女中の敬称。

お-てて 名❶子を養育する役の人。お守り役。❷乳母の夫。例お乳が肩くま(=乳母が肩車して)、**おてて**が日傘〈近松・山崎与次兵衛寿の門松・下〉

お-てまへ【御手前】 代 対称の人称代名詞。主に武士が同輩を呼ぶときに用いる。そこもと。そなた。例ありゃあ**御手前**の江戸からもらった弟御ぢゃあござらぬか〈歌舞伎・お染久松色読販・序幕〉

おと

【音】名 空気を伝わってはっきりと耳に聞こえてくる音声のたぐいをいう。視覚と違って闇を通ることができ、伝わることから、評判・うわさや、便り・伝言をも示す。

❶**物の響き**。例(a)都武賀野に鈴が**音**聞こゆ〈万葉・一四・三四三八〉例(b)我がやどのいささ群竹吹く風の**音**のかそけきこの夕かも〈万葉・一九・四二九一〉➡名歌429

❷**人の声**。**鳥獣の声**。例(a)日長く恋ひし君が**音**ぞする(=長い間恋してきたあなたの声がする)〈万葉・一〇・二三四七〉例(b)うぐひすの**音**聞くなへに梅の花我家の園に咲きて散る見ゆ(=鶯が鳴く声を聞くとともに梅の花が我が家の庭園に咲いて散るのが見える)〈万葉・五・八四一〉

❸**訪れ**。**便り**。例(手紙ヲ)おこせてのち、**音**もせずなりにければ(=よこした後、便りもなくなってしまったので)〈伊勢・一一三〉

❹(多く「音に聞く」などの形で)**評判**。**風聞**。例**音**に聞き目にはいまだ見ず佐用姫が領巾振りきとふ君松浦山(=風聞に聞いて実際にはまだ見ていない、佐用姫が領布を振ったという、あなたを待つ松浦山を)〈万葉・五・八八三〉読解「松浦山」の「松」と「待つ」を掛ける。

語誌▼「おと」「ね」「こゑ」「おと」は物の音や動植物の音が多く、人の声をはっきりと示す用例は多くない。羽の音、波の音など、比較的大きな、音響のある音らしい音をいう。それに対して「ね」はかすかな音、鳴く、あるいは泣く音についていう。「こゑ」は人や動物の音声を主にさす。〈藤井貞和〉

[音に聞く] ❶有名だ。評判が高い。例**音に聞く**高師の浦のあだ波はかけじや袖のぬれもこそすれ〈金葉・恋下〉➡名歌99 ❷人づてに聞く。うわさを耳にする。例**音に聞く**と見る時とは、何事も変はるものなり〈徒然・七三〉

おと【乙・弟】 1 名〔「え(兄・姉)」の対〕❶同性のきょうだいの年下の人。弟または妹。例父母が成しのまにまに(=生んだ順序のままに)箸向かふ**弟**の命は〈万葉・九・一八〇四〉読解箸のように二人そろって育ってきた弟は、の意。❷一番末の子。例姉が手を引き**乙**は抱く〈近松・女殺油地獄・上〉❸能狂言の面。おかめ・おたふくの面。2 接頭 名詞につく。❶同性のきょうだいの年下・末子である意を表す。「え(兄)」の対。「おと宇迦斯」など。❷年若く美しい、の意を表す。「おと娘」など。

おと-うと

【弟・妹】名〔「おとひと(弟人)」のウ音便形〕❶**男のきょうだいの弟**。例民部卿・中将の御**弟**、左大臣殿の三郎にあたりたまふ実忠といふ宰相にて(=民部卿や中将の弟君で、左大臣殿の三男におあたりになる実忠という宰相で)〈宇津保・藤原の君〉

❷**女のきょうだいの妹**。例式部のおもとは、**おとうと**なり(=式部のおもとという人は、妹である)〈紫式部日記〉読解中宮付きの女房らについての批評の一節。前に述べた宮の内侍の妹のこと。

❸**年下であること**。**年下の人**。男性について、血縁に関係なく用いる。例(道案内スル子ハ)十六といひけん里の童子よりは四つばかりも**おとうと**なるべきを(=十六歳とかいった里の子どもよりは四つほども年下で

あるはずなのに〈芭蕉・笈の小文〉
[語誌]▼「おとうと」の変化した「おとと」は、平安時代以降の女流の日記などに用例が多い。▼①の意に限定されるのは江戸時代以降であるが、なお③の意で用いられることもあった。〈米山敬子〉

おとがひ【頤】オトガイ [名] ❶あご。特に、下あご。[例](鼻ガ)おとがひより下がりてぞ見えける〈宇治拾遺・二五〉❷憎まれ口。悪口。[例]旦那に当てつけ、さまざまの頤吐く〈歌舞伎・幼稚子敵討・六〉

【頤落つ】❶食べ物がうまいことのたとえ。[例]さてもさても、うまい事ではないか…**おとがひが落つる**やうな〈虎寛本狂言・附子〉❷寒くて震える。[例]寒きこといとわりなく、**おとがひなど落ち**ぬべきを〈枕・節分違などして〉❸しゃべりまくることのたとえ。[例]**頤の落つる**程、こっちからもしゃべるあっちからもしゃべる〈近松・艶狩剣本地・三〉

【頤を解く】あごがはずれるくらい大きく笑う。[例]人麿・赤人**頤を解き**て嘲哢し〈国歌八論〉

おと-ぎ【御伽】[名](「お」は接頭語)❶貴人の話の相手をして、退屈を慰めること。また、その人。[例]太郎冠者、これへ出て**御伽**を申せ〈虎寛本狂言・察化〉❷「御伽衆」の略。❸貴人の寝所の相手をすること。[例]ことに枕も二つあり。さだめて**御伽**の人ならん〈浄瑠璃・義経千本桜・三〉

御伽草子(おとぎざうし/オトギゾウシ) 室町時代から江戸初期にかけて作られた短編小説の総称。江戸中期、二三編を「御伽文庫」「御伽草紙」として出版したことによる称。室町時代物語などとも。

広く数えればその作品数は五〇〇編ほどにもなる。短編であるのは、戦乱の続いたこの時代の慌ただしさや、地方にまで広がった多様な読者層を反映してのことか、といわれる。内容は、物語や軍記の流れをひく公家物・武家物、出家遁世譚・本地物(仏や菩薩が神となって現れるまでの由来話)などの宗教物、庶民物、中国などを舞台にした外国物、動植物などを主人公にした異類物などに分類することができる。

泥絵の具を使った素朴な味わいのある挿絵入りの奈良絵本として伝わることが多いが、江戸時代には、挿絵を伴った板本(印刷された本)も刊行された。啓蒙・教訓的要素も強く、つれづれを慰める伽の場で、読まれたものを聞くことも多かったと思われる。「鉢かづき」「物ぐさ太郎」「一寸法師」「浦島太郎」「福富長者物語」「二十四孝」「文正さうし」「酒呑童子」などが有名。〈松原秀江〉

おと-ぎき【音聞き】[名] 世間の評判。風評。[例]世にたぐひなき御ありさまの**音聞き**に〈源氏・末摘花〉

おとぎ-しゅう【御伽衆】[名] 戦国時代以降、話し相手として主君のそばに仕える家臣。また、その職務。主人のつれづれを慰め、その見聞を広めた。

伽婢子(おとぎぼふこ/オトギボウコ)《作品名》江戸時代の仮名草子。一三巻。浅井了意作。寛文六年(一六六六)刊。中国の『剪灯新話』などを翻案した怪異小説集で、六八話を収録。筋立てのおもしろさや浪漫的傾向が好まれ、中でも「牡丹灯籠」は有名。書名に「御伽」と冠する追随作も多く出た。

おど・く [動](カ下二)(「おほどく」の変化した形)おっとりとしている。のんびりとする。[例]心をたつる方もなく(=我を張ることもなく)、**おどけ**たる人こそ〈源氏・椎本〉

おとこ【男】⇩をとこ

おと-ご【乙子・弟子】[名] 兄弟姉妹のうち、最後に生まれた子。末子。[例]子あまたある中に、**弟子**なる女の童の〈今昔・一六・一五〉

おと-ごぜ【乙御前】[名] ❶末娘。また、娘の愛称。[例]**乙御前**ぞ恋しかりける〈狂言・枕物狂〉❷醜い女性。おたふく。おかめ。[例]顔は**乙御前**の黒きがごとし〈西鶴・西鶴諸国ばなし・一・二〉

おとし【落とし】[名] ❶人や鳥獣を捕らえる仕掛け。落とし穴など。[例]**落とし**にかかってつい殺さるる〈近松・山崎与次兵衛寿の門松・中〉❷話の落ち着きどころ。話の落ち。[例]「こち(=私)は存じませぬ」などと言ふが十五女郎の必ず**落とし**なり〈西鶴・好色一代女・二・二〉❸布を裁断した残りの部分。[例]帯は羽織の**落とし**と見えて〈西鶴・好色五人女・三・一〉

おどし【縅・威】⇩をどし

おとし-ご【落とし子】[名]「おとしだね②」に同じ。[例]公家の**おとし子**かとおもはれて〈西鶴・好色一代男・三・一〉

おとし-だね【落とし種・落とし胤】[名] ❶鳥などがよそからくわえてきて落とした植物の種。❷身分の高い人が正式な妻ではない女性に生ませた子。[例]孫王の、ひがみたりし皇子(=嫡出ではない皇子)の**落とし胤**なり〈蜻蛉・上〉

おとし-ぶみ【落とし文】[名] 公然と言えないことを匿名の文書にして、道に落とすこと。また、その文。落書。[例]伊通の公ぞかかる歌詠みて、多く**落とし文**に書きなどしける〈愚管抄・五〉

おとし-みづ【落とし水】ミズ [名] 稲刈りの前に、田を干すために水を抜くこと。また、その水。[例]五月雨ほど恋ひ慕はれて、今はあき田の**落とし水**〈近松・心中宵庚申・中〉[読解]「あき田」の「あき」は「秋」と「飽き」を掛ける。

おとし・む

【貶む】[動](マ下二)「おとす(落とす)」と同根。人や物を、故意に劣ったものとして扱う意。

見くだす。**軽蔑する**。**悪口を言う**。[例](a)はじめより我はと思ひあがりたまへる御方々は、めざましきものに**おとしめ**そねみたまふ(=はじめから、我こそはと自負なさっている御方々は、目に余るものとして見くだしねたみなさる)〈源氏・桐壺〉[例](b)我が身をやむごとなくもてなし、人を**おとしめ**(=自分自身を重々しく見せかけ、他人を軽蔑し)〈今昔・一九・三〉〈安隨直子〉

おとしめ-ごと【貶め言】[名] 中傷。悪口。[例]あいな

き(＝つまらない)御おとしめ言になん〈源氏・若菜下〉

おと・す【落とす】 動(サ四)〔「おつ」の他動詞形〕❶落下させる。例皆人、乾飯の上に涙**落として**ほとびにけり(＝ふやけてしまった)〈伊勢・九〉❷なくす。紛失する。例(a)昨夜のかはほり(＝扇)を**落として**〈源氏・若菜下〉例(b)流れ矢のために命を**落とし**〈太平記・三〉❸勢いよく下方へ移動させる。例一の谷の後ろ、鵯越にうち上がり、すでに**落とさ**んとしたまふに(＝今や駆け降りようとなさるときに)〈平家・九・坂落〉❹残す。漏らす。例前の事を**落とさ**ず語りて〈今昔・二三・一八〉❺陥れる。意に従わせる。例謀をもって…黒丸の城を**落とし**てこそ〈太平記・二二〉❻劣った状況にする。堕落させる。例二郎君をも(兄ヨリモ)**落とさ**じと〈落窪・四〉❼音の調子を下げる。例琵琶を取り寄せて、更衣(＝催馬楽の曲名)をひとわたり**落として**〈狭衣・三〉❽逃がす。例これは謀叛の輩(＝謀反を企てた仲間)を**落とさ**じがための謀なり〈太平記・一〉

おど・す【威す・嚇す】 動(サ四)相手を怖がらせる。恐れさせる。例まろあれば(＝私がいるのだから)、さやうのものには**おどされ**じ〈源氏・夕顔〉

おとずる〖訪る〗⇩おとづる

おと-づ・る

【訪る】ズル 動(ラ下二)「音連る」で、絶えず音がする、が原義か。

❶音がする。**声を立てる**。例(a)夕されば門田の稲葉**おとづれ**て蘆のまろやに秋風ぞ吹く〈金葉・秋〉↓名歌397 例(b)郭公(＝鳥の名)、二声三声**おとづれ**てぞ通りける〈平家・四・鵼〉

❷**訪問する**。例年ごろ**おとづれ**ざりける人の、桜のさかりに見に来たりければ(＝長年の間訪問しなかった人が、桜の満開のころに見に来ていたので)〈伊勢・一七〉

❸**便りをする**。**手紙で安否を尋ねる**。例月に一度なんどは必ず**おとづるる**ものをと待ちたまへども(＝月に一度などは必ず便りをするものとお待ちになるけれども)〈平家・一〇・三日平氏〉

〈小島孝之〉

おと-づれ【訪れ】ズレ 名 便り。訪問。例み吉野の山の白雪踏み分けて(山奥ニ)入りにし人の**おとづれ**もせぬ〈古今・冬〉

おと-と【弟・妹】 名「おとうと」の変化した形。

おとど

【大臣・大殿】名〔「おほとの」の変化した形か〕❶**貴人の邸宅の敬称**。**御殿**。例**御殿**の造りざま、しつらひざま、さらにもいはず(＝御殿の造りや部屋の設備のさまはいうまでもなくすばらしく)〈源氏・若紫〉読解光源氏の邸宅二条院の様子。

❷**貴人の敬称**。㋐**大臣・公卿の敬称**。例その夜、大臣の御里に源氏の君まかでさせたまふ(＝その夜、大臣の御自邸に源氏の君を宮中から退出させなさる)〈源氏・桐壺〉読解ここは左大臣をさす。

㋑**女主人の敬称**。例北の**殿**をば、めざましと心おきたまへり〈源氏・玉鬘〉読解紫の上が、六条院の「北の町」に住む明石の君のことを目障りだと思ってこだわっていらっしゃる、ということ。

㋒**女性に対する軽い敬称**。乳母や女房など、身分の高くない相手にも用いる。例母**おとど**明け暮れ嘆き〈源氏・玉鬘〉

語誌「おほとのど(大殿処)」の変化した形かとする説もある。①が本来の用法で、②はその御殿に住む人を敬っていう。

〈池田尚隆〉

おと-とい 名〔「い」は「え(兄)」の変化した形か〕兄弟。姉妹。例都に聞こえたる(＝都で名高い)白拍子の上手、祇王・祇女とて**おととい**あり〈平家・一・祇王〉

おとな

【大人】名 ❶**一人前の男女**。例**おとな**になりにければ、男も女も恥ぢかはしてありけれど(＝一人前の年ごろになってしまったので、男も女も互いに恥ずかしく思っていたけれど)〈伊勢・二三〉

❷**成人**。男性は元服、女性は裳着をすませた人。例(光源氏ガ)大人になりたまひてのちは、ありしやうに、御簾の内にも入れたまはず(＝成人なさったあとは、以前のように、御簾の中にお入れにならない)〈源氏・桐壺〉読解「入れたまはず」の主語は桐壺帝。

❸**おもだった女房**。**老女格の女房**。例清げなる**大人**二人ばかり、さては童べぞ出で入り遊ぶ(＝こざっぱりした女房が二人ほど、それから女の子が出たり入ったりして遊んでいる)〈源氏・若紫〉

❹**家事をとりしきる主婦**。例父はただ、われを**大人**にしするて(＝父はただ、私を主婦の座に据えて)〈更級〉

❺**長老格の人**。**主要な立場の人**。**家老**。例資賢卿はふるい人**おとな**にておはしき(＝資賢卿は年寄りの長老でいらっしゃった)〈平家・三・大納言流罪〉

❻**一家・一族の長**。例家の**おとな**たる者にひそやかにこれを語り(＝一家の長である者にひそかにこれを語り)〈西鶴・武道伝来記・八・三〉

語誌 ①が原義。「わらは」「若き人」など幼少の人に対し、成長した男女をさす。②は成人の儀式以降という形で規定される。③から長老格を意味するようになり、中世以降⑤⑥の語義が加わった。

〈桑名靖治〉

おとな-おとな・し【大人大人し】 形(シク)いかにも大人びて分別がありそうだ。例**おとなおとなしき**御前の人々は〈源氏・葵〉

おとなげ-な・し【大人げ無し】 形(ク)大人らしくない。幼稚だ。分別が足りない。例**おとなげなく**彼を打たんとして〈沙石集・九・七〉

おとな・し

【大人し】形(シク)〔名詞「おとな」の形容詞化〕❶**大人になっている**。**大人といえる年齢に達している**。例かく**おとなしく**ならせたまひにける御齢のほども夢のやうになん(＝このように大人になられたご年齢のことなども、夢のようです)〈源氏・橋姫〉

❷**大人っぽい**。**大人びて落ち着いている**。例十一になりたまへど、ほどより大きに、**おとなしう**(音便形)清らに(＝十一歳におなりになるが、年齢のわりには大きく、大人びて美しく)〈源氏・澪標〉

❸**大人らしい思慮分別がある**。例いと**おとなしう**(音便形)よろづを思ひしづめ、人の譏りどころなく、めやすくて過ぐしたまふを(＝たいそう思慮分別があって何

事も慎重に構え、他人から悪く言われるところがなく、無難に過ごしておいでなのを）〈源氏・夕霧〉❹おもだっている。年配だ。例大人しく物知りぬべき顔したる神官を呼びて（＝年配でものをきっと心得ているような顔をした神官を呼んで）〈徒然・二三六〉❺温和だ。穏やかだ。素直だ。例これ小太郎…**おとなしう**（音便形）して待っていや（＝これ小太郎…穏やかにして待っていなさい）〈浄瑠璃・菅原伝授手習鑑・四〉

語誌 ①が原義。④は中世以降に現れ、語義の主流となって現代語「おとなしい」に続く。〈桑名靖治〉

おとなし-やか【大人しやか】 形動（ナリ）〔「やか」は接尾語〕❶大人びている。例（幼イノニ）「しるしに柳を植ゑて賜り候へ」と**おとなしやかに**申し〈謡曲・隅田川〉❷落ち着いている。穏やかだ。例**おとなしやかに**て、大将軍なりとぞ見えし〈保元・上〉

おとな-だ・つ【大人だつ】 動（タ四）〔「だつ」は接尾語〕大人びて見える。年長で思慮深く見える。例**おとなだつ**宰相の君〈堤中納言・このついで〉

おと-なひ（ナイ） 名❶聞こえてくる音。例（女房ノ）衣のおとなひなど、おどろおどろしからねど〈枕・心にくきもの〉❷音によって感じ取られる様子。気配。例梅壺の女御のぼらせたまふなる**おとなひ**、いみじく心にくく優なるにも〈更級〉❸訪れ。訪問。例知らずとも吹きくる風の**おとなひ**に〈浜松中納言・二〉❹評判。取りざた。例世の**おとなひ**聞こし召す〈増鏡・春の別れ〉

おと-な・ふ【音なふ・訪ふ】（ナウ・ノウ） 動（ハ四）〔名詞「音」＋接尾語「なふ」〕❶㋐音を立てる。声を立てる。例遣り水心細く**おとなひたり**（＝遣り水はもの寂しく音を立てている）〈十訓抄・一・四三〉読解「遣り水」は川の水を庭に引き入れて作った小さな流れ。㋑鳴く。例鶏も、いづ方にかあらむ、ほのかに**音なふ**に（＝鶏も、どちらの方角であろうか、かすかに鳴くので）〈源氏・総角〉❷訪れる。便りをする。手紙をやる。例このわたりに**おとなふ**折あらむついでに（＝このあたりに訪れる機会があるついでに）〈源氏・宿木〉

語誌 音を立てる動作をするのが原義。せきばらいや扇を鳴らして来訪を知らせたところから②の意が派生した。〈小島孝之〉

おとな・ぶ【大人ぶ】 動（バ上二）〔「ぶ」は接尾語〕❶大人になる。一人前になる。年をとる。例皆、さまざまに配りて（＝結婚させて）、**おとなびさせたり**〈源氏・東屋〉❷大人らしくなる。しっかりする。例久しかりつるほどに、いとこよなうこそ（＝格別に）**おとなびたまひにけれ**〈源氏・葵〉

おとにきく【音に聞く】 ⇩「おと」の子項目

音羽山（おとはやま／オトワヤマ）《地名》歌枕 山城国、今の京都市山科区の山。和歌では、ほととぎすの名所として、また「音」に関連して詠まれることが多い。例**音羽山**けさ越えくればほととぎす梢はるかに今ぞ鳴くなる〈古今・夏〉

おと-ひめ【弟姫・乙姫】 名❶㋐姉妹で、妹にあたる姫。また、末の姫。例兄比売・**弟比売**、この二はしらの女王〈記・中・垂仁〉㋑年若い姫。若い娘。例篠原の**弟姫**の子ぞ〈肥前風土記〉❷龍宮に住むという仙女の名。浦島伝説などに登場する。

お-とほり【御通り】（トオリ） 名〔「お」は接頭語〕❶通ることの意の尊敬語。例このあたりにはお宿もなし、いますこし先へ**御通り**あれ〈謡曲・蟻通〉❷貴人の前に召し出されること。❸貴人からじきじきに杯をいただくこと。また、その酒。御流れ。例前々はくだされねども、**お通り**を下さるる〈狂言・三人夫〉

おと-みや【弟宮・妹宮】 名 弟または妹である宮。例（父君ハ）**おと宮**をこそ夜昼抱きたまへ〈宇津保・蔵開中〉

おとめ『少女・乙女・処女』 ⇩をとめ

おと-や【乙矢】 名 一回の射的に用いる二本の矢のうち、あとに射る矢。先に射る矢は「甲矢」。例**おとや**にてまた後ろの串を射てけり〈著聞集・九・三五一〉

お-とりこし【御取り越し】 名❶浄土真宗の末寺や門徒の行う報恩講（開祖親鸞の命日の法事）の別称。本山の報恩講参詣のため、十一月二十八日を一か月繰り上げて行うことからいう。例折節十月二十八日、今宵**お取り越し**とて〈西鶴・西鶴諸国ばなし・三・三〉❷繰り上げて行うこと。例顔見せに**お取り越し**の正月して〈談義本・根無草後編・跋〉

おとり-ざま【劣り様】 名 形動（ナリ）劣っている状態。また、劣っているほう。例よろづの事、昔には**劣りざま**に、浅くなりゆく世の末なれど〈源氏・梅枝〉

おとり-ばら【劣り腹】 名 母親の身分がほかと比べて劣っていること。また、その子。例聞けば、かれも**劣り腹**なり〈源氏・行幸〉

おとり-まさり【劣り勝り】 名 優劣。例いかでか、中に**劣りまさり**は知らむ〈竹取〉

おとり-まさ・る【劣り勝る】 動（ラ四）❶優劣がついている。例（装束ナドヲ）とりどりにし出でたまへるありさま（＝調えなさった様子）、**劣りまさらず**〈源氏・行幸〉❷劣っている度合いが大きい。例思ひなしに（＝気のせいか）**劣りまさらん**〈源氏・藤裏葉〉

おと・る【劣る・損る】 動（ラ四）❶ほかのものに及ばない。身分・官位などがほかと比べて低い。例世のおぼえ（＝世間の評判）はなやかなる御方々にもいたう**劣らず**〈源氏・桐壺〉❷数量などが減る。例（財宝ガ）**損り**費ゆることきはめて甚だし〈紀・皇極〉

おどる『踊る』 ⇩をどる

おどれ【己】 代〔「おのれ」の変化した形〕対称の人称代名詞。相手をののしっていう。きさま。おまえ。例**おどれ**は…同罪に粟田口（ノ刑場）へ馬に乗って行くわいやい〈西鶴・世間胸算用・四・一〉

おどろ【棘・藪】 名❶草木が生い茂る藪。また、草木が生い茂っていること。例奥山の**おどろ**が下も踏みわけて〈新古今・雑中〉❷イバラなど、とげのある低木。例**おどろ**などを植ゑたりけり〈著聞集・九・三三九〉

おどろ-おどろ・し 形（シク）❶程度がはなはだしい。例女、**おどろおどろしう**（音便形）泣き惑へど（＝女は、ひどく泣いて取り乱すけれど）〈落窪・二〉❷大げさだ。仰々しい。例かの尼君などの聞かむに、**おどろおどろしく**言ふな（＝あの尼君などが聞くであろうから、大げさに言ってはならない)〈源氏・夕顔〉❸**不気味だ。恐ろしい。**例ただいま身を投げ、出家入道せむも、いとまことに**おどろおどろしからむ**事は逃るべきにもあらず(=今すぐに身を隠したり、出家したりするのも、ほんとうに恐ろしい事をまぬがれるはずでもなく)〈栄花・浦々の別れ〉❹**いかめしい。**例(読経ノ)声々遠く近く聞きわたされたるほど、**おどろおどろしく**尊し(=声々が遠くや近くから聞こえてくる様子は、いかめしく尊い)〈紫式部日記〉

語誌 ①は、衣服の色が濃い・はでだ、風雨・雷や器物の音が騒がしい・うるさい、病状が重い、などの意にも用いる。〈藤本宗利〉

おどろか・し【驚かし】形(シク) 仰々しい。恐ろしい。例琴どもを試みたまふに、**おどろかしき**声出で来〈宇津保・俊蔭〉

おどろか・す

【驚かす】動(サ四)〔「おどろく」の他動詞形〕❶**びっくりさせる。**例(満腹デ)船子どもは腹鼓をうちて、海をさへ**おどろかして**(=船乗りたちは腹を鼓のように打ち鳴らして、海までもびっくりさせて)〈土佐〉❷**目を覚まさせる。起こす。**例添ひ臥して、「やや」と**おどろかしたまへど**(=寄り添って、「これこれ」と目を覚まさせなさるけれど)〈源氏・夕顔〉❸**注意を促す。気を引く。**例人々しはぶき**おどろかしきこゆ**(=人々はせきばらいして注意を促し申し上げる)〈源氏・浮舟〉❹**便りをする。訪問する。**例さしも**おどろかい**(音便形)たまはぬ恨めしさに(=それほどにも便りを下さらない恨めしさのために)〈源氏・蓬生〉

語誌 ④は、思いがけなく、忘れたころになって、などのニュアンスをこめて用いることも多い。〈鈴木宏子〉

おどろ・く

【驚く】動(カ四)❶**心が動揺する。びっくりする。おどろく。**例相人**おどろきて**、あまたたび傾きあやしぶ(=相人はびっくりして、何度も首をかしげて不思議がる)〈源氏・桐壺〉読解「相人」は人相を観察して占う人。幼い光源氏の人相に驚いている。❷**はっと気づく。**例秋来ぬと目にはさやかに見えねども風の音にぞ**おどろかれぬる**〈古今・秋上〉➡名歌7 ❸**目を覚ます。起きる。**例物に襲はるる心地して、**おどろきたまへれば**、灯も消えにけり(=何かに襲われる気持ちがして、目をお覚ましになったところ、灯火も消えてしまっていた)〈源氏・夕顔〉

語誌 ▼現代語では①の意だけに用いるが、古語では②③の意に用いられることが多い。▼③の類義語「**さむ**(覚む・醒む)」が自然に目が覚める生理的現象をいう語であるのに対し、「おどろく」は、外部からの刺激に意識が反応して目覚める意になる。〈鈴木宏子〉

おどろ-の-みち【棘の道】❶茨などの草木が生い茂る道。例春日野やくもらぬ月の影なれば**おどろの道**の跡もまよはず〈新拾遺・雑上〉❷〔「棘路」の訓読。中国で九人の大臣「九卿」を「九棘」と言ったことから〕「公卿」の別称。例位山**おどろの道**も程とほし〈新拾遺・雑上〉読解「位山」は飛騨国の歌枕。官人の位の意を掛ける。

おとろ・ふ【衰ふ】動(ハ下二) 勢力が弱くなる。体力・容色などがおとろえる。例昔、**おとろへ**たる家に、藤の花植ゑたる人ありけり〈伊勢・八〇〉

お-ないぎ【御内儀】名〔「お」は接頭語〕⇩ないぎ③

おな・じ【同じ】形(シク)❶同一だ。例**同じ**人にや恋ひわたりなん〈古今・恋四〉❷等しい。変わらない。例色も香も**同じ**昔に咲くらめど〈古今・春上〉

おなじく-は【同じくは】副 同じことなら。いっそのこと。多く文末に推量・意志・願望・命令などがくる。ウ音便形「おなじうは」の形でも用いる。例あたら夜(=一人で見るには惜しい今夜)の月と花とを**同じくは**あはれ知れらん人に見せばや〈後撰・春下〉

お-なり【御成り】名〔「お」は接頭語〕貴人・将軍などの外出・到着をいう尊敬語。例まづもって今日は冥加にかなひし(=ありがたい)**御成り**にて〈近松・用明天王職人鑑・一〉

おに

【鬼】名❶死んだ人の霊魂や、人間に祟りをもたらす物の怪などのような、目に見えない恐ろしい存在。「鬼神」とも。例目に見えぬ**鬼**の顔などのおどろおどろしく作りたる物(=仰々しく描いた絵)〈源氏・帚木〉❷想像上の怪物。頭に牛の角が生え、虎の皮のふんどしをはく。髪の毛は乱れ、目はらんらんと輝く。例酒呑童子といふ**鬼**に妻子を取られ〈御伽草子・酒呑童子〉❸獰猛・強欲・醜悪で、優しさや同情心などの人間的な感情をもたない人間。例鬼界が島に鬼はなく、**鬼**は都にありけるぞや〈近松・平家女護島・二〉読解「もののあはれ」を知らない無慈悲な武士を非難する一節。❹貴人の食物の毒味をする役。

語誌 ▼語源 「隠」という漢字の発音が変化して「おに」となったという説が有力である。一方、『万葉集』で「鬼」という漢字を「もの」と訓読しているように、大和言葉の「もの」も、「物の怪」などのように不可視の霊的存在を意味していた。

▼「心の鬼」 物語で、良心の呵責を「心の鬼」と表現するが、鬼本来の精神性をよくとどめている。『源氏物語』紅葉賀巻では、光源氏と不義密通して罪の子を生んだ藤壺の内面が、「御心の鬼にいと苦しく」と描かれる。

▼代表的な鬼 鬼退治を主題とする一連の伝説があり、中でも、大江山に住み、美女を都から誘拐してきてはその生き血をすすって飲む酒呑童子は有名。この鬼は、武家の棟梁である源頼光により退治された。中央政府に反抗する地方勢力を「鬼」や「土蜘蛛」などとして文学化することも多く、鬼伝説は広く流布している。女性が嫉妬や憎悪に苦悩して、生きながら鬼女となったという伝説もある。

『伊勢物語』六段は、女性が鬼に一口であっけなく食われてしまう話だが、鬼のような心をもった兄弟が、逃亡しようとする女性を連れ戻したことの比喩表現だと種明かしされている。〈島内景二〉

おに-おに・し【鬼鬼し】 形(シク) 鬼のようにむごい。荒々しい。例手(=筆跡)は**おにおにしく**て清からねど〈読本・春雨・海賊〉

おに-かみ【鬼神】 名〔「鬼神」の訓読〕「おにがみ」とも。死者の霊魂(鬼)と天地の神霊(神)。また、強い霊威をもつ神霊。⇨きしん。例(a)(和歌ハ)力をも入れずして天地を動かし、目に見えぬ**おにかみ**をもあはれと思はせ〈古今・仮名序〉読解和歌の効用を説く一説。真名序の「天地を動かし、鬼神を感ぜしめ…」に相当する。例(b)**おにかみ**も荒だつまじきけはひ〈源氏・帚木〉読解光源氏の魅力を、鬼神の心もやわらぐほどだと表現した一節。

おに-ご【鬼子】 名❶鬼に似た子。歯や髪がはえそろっているなど生まれながらに異様な姿をしていたり、普通ではない力をもっていたりする子。例**鬼子**とも知らで、髪さへいといみじう黒く〈仮名草子・仁勢物語・上〉❷親に似ていない子ども。

おに-こめ【鬼こめ】 名〔「ここめ」も化け物の名〕汚く醜い鬼。恐ろしい鬼。例**鬼こめ**のやうなりし輪田が一門を、かけ散らしたりし武士あり〈沙石集・九・四〉

鬼貫 《人名》一六六一〜一七三八(万治四〜元文三)。江戸時代の俳人。本姓上嶋氏。重頼・宗因に学び、放埒異体の俳諧の有力作者となる。のち「誠のほかに俳諧なし」と悟り、率直な口語調の句をよくした。俳諧集『大悟物狂』、俳論『独言』など。

おに-の-ま【鬼の間】 名内裏の清涼殿の西廂の南端にある部屋。壁に、インドの想像上の神獣白沢王が鬼を切る絵があるところからいう。⇨口絵。例**鬼の間**に帝出でしめたまひて〈大鏡・頼忠〉

おに-ひとくち【鬼一口】 名〔『伊勢物語』第六段の「鬼はや一口に食ひてけり」から〕❶鬼が一口に人を食うこと。また、そのように一口に物を食うこと。例**鬼一口**に食はんとて、歩み寄る足音〈謡曲・黒塚〉❷(①から転じて)ひどく恐ろしいこと。はなはだ危険なこと。例**鬼一口**の雨の夜に、神(=雷)鳴り騒ぎおそろしき〈謡曲・山姥〉❸(①から転じて)容易なこと。すぐにできること。例惟茂殺すはおのれを頼まず、**鬼一口**に嚙んでやる〈近松・栬狩剣本地・五〉

おに-もぢ【鬼綟・鬼縺】—モジ 名麻糸の織物で、最も目の粗いもの。夏の肩衣に用いる。伊勢国の津が産地として有名。例麻裃に**鬼綟**の肩衣、幾年か折目正しく取り置かれける〈西鶴・日本永代蔵・二・一〉

おに-やらひ【追儺・鬼遣らひ】—ヤライ 名「ついな」に同じ。例月日はさながら、**鬼やらひ**来ぬるとあれば〈蜻蛉・中〉

お-ぬし【御主】 代対称の人称代名詞。同輩以下に対して用いる。おまえ。そなた。例それは皆**おぬし**たちの悪しさのままぢゃ〈山本東本狂言・重喜〉

おの【斧・小野】 ⇨をの

おの

【己】 代反射指示の代名詞。自分自身。わたし。例道行き人は**己**が行く道は行かずて…隣の君はあらかじめ**己妻**離れて(=通行人は自分の行く道は行かないで…隣家の主人は前もって自分の妻と別れて)〈万葉・九・一七三八〉読解伝説上の美女を詠んだ歌の一節。

語誌 単独で用いられることはなく、格助詞「が」を伴った「**おのが**」の形の用例が最も多い。ほかには、助詞「も」のついた「**おのも**」、接尾語「れ」のついた「**おのれ**」、さらには、ほかの名詞の上について「おのさま(己様)」「おのづま(己妻・己夫)」などと用いられる。また、複数を表す「おのら(己等)」がある。〈米山敬子〉

おの-おの【各・各各】〔代名詞「おの(己)」を重ねた語〕1名それぞれ。皆。各自。例(家来タチハ)**おのおの**仰せ承りて、まかり出でぬ〈竹取〉2代対称の人称代名詞。多人数に対する呼びかけ。みなさん。例これを**おのおの**聞きたまへ〈平家・二・烽火之沙汰〉

おの-が【己が】〔代名詞「おの」+格助詞「が」〕❶連体修飾格。自分の。例鴨すらも**己が**妻どちあさりして(=妻といっしょにえさを取って)後るる間に恋ふといふものを〈万葉・一二・三〇九一〉❷主格。自分が。例あるいは**己が**行かまほしき(=行きたい)所へ往ぬ〈竹取〉

おの-が-きぬぎぬ【己が衣衣】〔脱いで重ね掛けた互いの衣を、それぞれに身に着けることから〕ともに一夜を過ごした男女が起きて別れること。例しののめのほがらほがらと(=ほのぼのと)明けゆけば**おのがきぬぎぬ**なるぞ悲しき〈古今・恋三〉

おの-が-さまざま【己が様様】 ひとりひとり。それぞれに。思い思いに。例今までに忘れぬ人は世にもあらじ**己がさまざま**年の経ぬれば〈伊勢・八六〉

おの-が-じし

【己がじし】〔「じし」は、サ変動詞「す」の連用形を重ねたもの〕めいめい。それぞれ。思い思いに。例(a)**おのがじし**人死にすらし(=それぞれに人は死ぬものらしい)〈万葉・一三・三二九八〉例(b)いとあはれなる**おのがじし**の営みに起き出でて(=なんともせつないめいめいの生活のために起き出して)〈源氏・夕顔〉〈米山敬子〉

おの-が-ちりぢり【己が散り散り】 散り散りばらばらに。例秋のもみぢと(=秋の紅葉した木の葉のように)人々は**おのがちりぢり**わかれなば〈古今・雑体〉

おの-が-どち【己がどち】 自分たちどうし。仲間どうし。お互い。例(乳母タチハ)**おのがどち**嘆く〈源氏・少女〉

おの-が-よ【己が世】〔「世」は男女の仲の意〕男女が離れ、それぞれに別の生活をすること。例**おのが世**々になりにければ、疎くなりにけり〈伊勢・二一〉

おのこ【男子・男】 ⇨をのこ

お-の-し【御主】 代〔「おぬし」の変化した形〕おまえ。あんた。例和尚様やお所化(=お弟子)の顔までも、みんな**おのし**のやうに見えて〈滑稽本・浮世床・二上〉

おの-づ-から

【自ら】—ズ 副〔代名詞「おの」+上代の格助詞「つ」+名詞「から」〕。物事が、ほかのものの力や意志によらずに、ひとりでに進んでゆくさま。

❶自然に。ひとりでに。例山辺の五十師の御井

はおのづから成れる錦を張れる山かも(=ひとりでにできあがった錦を広げた山だなあ)〈万葉・一三・三二三五〉 ❷いつとなく。しだいに。例(宮仕エニモ)おのづから面馴れぬべし(=しだいに平気になってしまうにちがいない)〈枕・宮にはじめてまゐりたるころ〉 ❸偶然に。たまたま。まれに。例かばかりの名残だになき所々は、おのづから礎ばかり残るもあれど(=この程度の遺跡さえも残っていない所々では、偶然に土台石だけ残る所もあるが)〈徒然・二五〉 ❹もしかして。万一。例おのづから入る事もやあるとて(=もしかして必要な事もあるかと思って)〈宇治拾遺・一〇八〉

語誌 ①が原義。物事の自然な進行に任せるという意から②が派生し、自分の意志によらないという意から③が派生する。④は、仮定条件や、推量・疑問の文脈でよく見られる用法。〈安随直子〉

おの-づ-と【自づと】(ーズ) 副 ひとりでに。自然に。例**おのづと**哀れさもまさりて(=募って)〈西鶴・好色五人女・二・一〉

おののこまち『小野小町』⇩をののこまち

おの-ら【己等】 代(「ら」は接尾語)❶自称(複数)の人称代名詞。わたしたち。われわれ。例**おのら**がいとけなきを(=幼いのに)見捨てて天上へ帰りたまひにしかば〈宇津保・俊蔭〉 ❷対称(単数・複数)の人称代名詞。同輩や目下の人を見下していう。おまえ。おまえたち。きさまら。例**おのら**が(着物ヲ)脱ぎおって〈狂言記・二人大名〉

おの-れ【己】(代名詞「おの」+接尾語「れ」)

1 代 ❶反射指示の代名詞。**自分自身。そのもの自身。** 例楫取り…**己し**酒をくらひつれば(=楫取りは…自分だけ酒を飲んでしまったので)〈土佐〉 読解「し」は強意の助詞。❷自称の人称代名詞。改まった気持ちで、あるいは自分を卑下していう。**わたくし。わたくしめ。** 例ただ今**おのれ**見棄てたてまつらば、いかで世におはせむとすらむ(=たった今わたくしがお見捨て申したならば、どうやってお暮らしになるのだろうか)〈源氏・若紫〉 ❸対称の人称代名詞。目下の人に対して、見下したりののしったりする場合に用いる。**おまえ。きさま。** 例かぐや姫は、罪をつくりたまへりければ、かく賤しき**おのれ**がもとに、しばしおはしつるなり(=かぐや姫は、罪をお作りになっていたので、このように身分の低いおまえの所に、しばらくいらっしゃったのである)〈竹取〉

2 副 **ひとりでに。おのずから。自然に。** 例春風は花ちるべくも吹かぬ日に**おのれ**うつろふ山ざくらかな(=春風は花が散りそうになるほど吹かない日に、ひとりでに散っていく山桜だなあ)〈続千載・春下〉

語誌 ▼1③は、相手に対して怒気をこめて強く呼びかけるときの言葉として用いられることもあり、これを感動詞とする説もある。例季武、「今は返すまじ、己」と言ひて〈今昔・二七・四三〉 ▼2は、1①から派生したもので、「おのれと」「おのれおのれと」のような形でも用いられる。〈米山敬子〉

おのれ-と【己と】 副 自然に。ひとりでに。自分から。例(葵ノ葉ハ)**己と**枯るるだにこそあるを、名残なく、いかが取り捨つべき〈徒然・一三八〉

おのれ-やれ 感 怒りをこめた強い決意を表す語。なにくそ。今に見ろ。例**おのれやれ**、一度は狩野の元信が内儀(=妻)と言はれうと、四年が間の気の張り弓〈近松・傾城反魂香・中〉

おのれ-ら【己等】 代(「ら」は接尾語)❶自称の人称代名詞。相手に対して、改まった気持ちやへりくだった気持ちで用いる。わたしども。わたくし。単数・複数いずれにもいう。例**己ら**よりは、なかなか御存知などもこそさうらはめ〈徒然・六七〉 ❷対称の人称代名詞。相手を見下していう。おまえら。例**己ら**がやうなる下臈のはてを〈平家・二・西光被斬〉

お-ば【祖母】 名(「おほば」の変化した形)祖母。例かの御**祖母**北の方、慰む方なく(=気持ちを晴らすすべもなく)思ししづみて〈源氏・桐壺〉 語誌 父母の姉妹をいう「をば」とは別語。

お-はぐろ【御歯黒・鉄漿】 名「歯黒め」のこと。

おはさう・ず【御座さうず】(オワソウズ)(動詞「おはさふ」の連用形+サ変動詞「す」=「おはさひす」のウ音便形)主語が複数のときに用いる。❶動(サ変)「行く」「来」「あり」「居り」の尊敬語。いらっしゃる。例いま二所も、苦む苦む(=もうお二方も、いやいやながら)おのおの**おはさうじ**ぬ〈大鏡・道長上〉 ❷補動(サ変)(活用語の連用形、またはそれに接続助詞「て」のついた形について)尊敬の意を表す。~(て)いらっしゃる。例うちひそみて(=顔をしかめて)泣き**おはさうず**〈源氏・真木柱〉

おはさ・ふ【御座さふ】(オワサウ・オワソウ)(動詞「おはす」+接尾語「ふ」。動詞「いまさふ」への類推から生じた語か)❶動(ハ四)「行く」「来」「あり」「居り」の尊敬語。いらっしゃる。例この**おはさふ**人々に…聞かせたてまつらむ〈大鏡・序〉 ❷補動(ハ四)(活用語の連用形について)尊敬の意を表す。~(て)いらっしゃる。例皇子をうつくしみ(=慈しんで)**おはさふ**〈宇津保・国譲中〉 語誌 動詞「おはす」の連用形+複数のものの動作を表す動詞「あふ」=「おはしあふ」の変化した形とも。

お-はした【御半下・御端】 名「端女」の丁寧な言い方。身分の低い下女。例日の目もつひに見たまはぬ女郎達や**おはした**なり〈西鶴・好色一代男・四・四〉

おばしま【欄・檻】 名 欄干。手すり。例籠の中の鸚鵡**檻**にしたがって(=押さえつけられて)ふし仰ぎ〈近松・平家女護島・一〉

おはしまさ・ふ【御座しまさふ】(オワシマサウ・オワシマソウ)(「おはしましあふ」の変化した形)主語が複数のときに用いる。❶動(ハ四)「行く」「来」「あり」「居り」の尊敬語。いらっしゃる。例女君たちは、皆かく**おはしまさふ**〈大鏡・師輔〉 ❷補動(ハ四)(活用語の連用形、またはそれに接続助詞「て」のついた形について)尊敬の意を表す。~(て)いらっしゃる。例とりどりに有識に(=それぞれに物事によく通じていて)めでたく**おはしまさふ**も〈大鏡・道長上〉

おはしまし-あ・ふ【御座しましあふ】(オワシマシアウ・オワシマシオウ) 動(ハ四)(尊敬の動詞「おはします」の連用形+複数のものの動作を表す動詞「あふ」)おいでになる。み

んないらっしゃる。例皆墨染め(＝喪服)におはしましあふに、いといと悲し〈栄花・玉の飾り〉

おはし‐ま・す【御座します】（オワシ）―〔「おほましま す」の変化した形とも、動詞「おはす」＋尊敬の補助動詞「ます」とも〕 1動(サ四) ❶「あり」「居り」の尊敬語。おありになる。いらっしゃる。例(a)(ソノ女御ガ二八)皇女たちなども**おはしませ**ば(＝おありになるので)〈源氏・桐壺〉例(b)(中宮ハ)端ちかく**おはします**(＝外に近い所にいらっしゃる)〈枕・職におはします頃、八月十よ日の〉
❷「行く」「来く」の尊敬語。いらっしゃる。おいでになる。例仁和の帝…布留の滝御覧じに**おはしまして**(＝御覧になりにいらっしゃって)〈古今・離別・詞書〉
2補動(サ四) ❶(用言・断定の助動詞「なり」の連用形について)尊敬の意を表す。～て(で)いらっしゃる。例(天皇ガ私ヲ)待ち**おはします**らむに(＝お待ちでいらっしゃいましょうから)〈源氏・桐壺〉
❷(尊敬の助動詞「す」「さす」の連用形について)尊敬の意を表す。～て(で)いらっしゃる。例上もきこしめして、興ぜさせ**おはしまし**つ(＝天皇もお聞きになられて、おもしろがっていらっしゃった)〈枕・五月ばかり、月もなういとくらきに〉
語誌▼高い敬意　神仏・天皇・上皇などに用いられ、非常に敬意が高い。2②は平安中期から中世に多い用法で、「せたまふ」「させたまふ」より敬意が高く、最も敬意の高い敬語である。
▼語の成り立ちについて　「おはす」＋「ます」とする説に対しては、逆に、「おはす」のほうが「おはします」の変化した形とする説もある。〈泉基博〉

おは・す【御座す】（オワス）〔「おはします」の変化した形か〕 1動(サ変) ❶「あり」「居り」の尊敬語。おありになる。いらっしゃる。例(a)竹の中に**おはする**にて知りぬ(＝竹の中にいらっしゃるので知った)〈竹取〉例(b)真実の心**おはせ**む人は(＝誠の心がおありになる方は)〈大鏡・後一条院〉
❷「行く」「来く」の尊敬語。いらっしゃる。おいでになる。例(a)「くらもちの皇子**おはしたり**」と告ぐ(＝「くらもちの皇子がいらっしゃった」と告げる)〈竹取〉例(b)愛宕といふ所に**おはし**着きたる心地、いかばかりかはありけむ(＝愛宕という所にご到着なさった、その気持ちは、どれほどであっただろうか)〈源氏・桐壺〉
読解「愛宕」は葬場。娘を亡くした母の悲しみを思いやる。
2補動(サ変)(用言・断定の助動詞「なり」の連用形について)尊敬の意を表す。～て(で)いらっしゃる。例中宮のかく添ひ**おはする**に(＝中宮がこのように付き添っていらっしゃるので)〈源氏・賢木〉
語誌▼平安貴族の日常敬語　上代に多く用いられた「います」に替わって、平安時代に貴族の日常敬語として多く用いられた語。「**おはします**」より敬意が低い。〈泉基博〉

おばすてやま【姥捨山】 ⇩をばすてやま

お‐はつほ【御初穂】（ハツオ）― 名〔「お」は接頭語〕❶⇩はつほ③。例懐より「これ**お初尾**」と金子十両投げ出だせば〈西鶴・好色一代男・八・一〉❷⇩はつほ④。例「三太、おぬしも呑んだか」「**お初穂**をやらかしました」〈歌舞伎・蔦紅葉宇都谷峠・序〉

おは・ふ【追はふ】（オワウ） 動(ハ下二)追いかける。追い続ける。例冠者ばら(＝家来ども)、**おはへ**て搦めてけり〈沙石集・五末・三〉

お‐はらひ【御祓ひ】（ハライ）― 名〔「お」は接頭語〕❶寺社で出す厄払いの札。例(オ土産ニ)まづこなた様へはめでたう**御祓ひ**、奥様へは伊勢おしろい〈虎寛本狂言・素袍落〉❷陰暦六月晦日の夏越しの祓え。夏祭りとして、大坂の天満宮・住吉神社などの祭りが名高い。御祓い祭り。例(銀箱ヲ)そろへの大男にさし荷になはせ、そのまま**御祓ひ**の渡るごとし〈西鶴・世間胸算用・三・一〉読解祭りの神輿の行列になぞらえる。

お‐はり【御針】 名 江戸時代、雇われて裁縫をする女性。例**御針**が縫うたれど、祝うて我も縫はんとて〈近松・五十年忌歌念仏・中〉

おひ【笈】（オイ） 名〔動詞「おふ(負ふ)」の名詞化〕背中に背負う、脚のついた箱型の物入れ。もとは旅行用具として、山伏や行脚の修行僧がよく用いた。例**おひ**をも捨て、ただ身一つ走り出で〈今昔・三一・四〉

笈〔法然上人絵伝〕

おび【帯】 名 ❶衣服の腰のあたりに巻いて結ぶもの。例紫の**帯**の結びも解きも見ず〈万葉・一二・二九七四〉❷「かけおび①」に同じ。例**帯**うちして拝みたてまつるに〈枕・正月に寺にこもりたるは〉❸「せきたい」に同じ。❹妊婦が腹に巻く帯。岩田帯。例白き御衣の薄らかなる一襲奉りて(＝一そろいお召しになって)、まだ御**帯**もせさせたまへり〈栄花・楚王の夢〉

おひ‐い・づ【生ひ出づ】（オイイズ） 動(ダ下二) ❶生まれ出る。生え出る。例御歯の**生ひ出づる**に〈源氏・横笛〉❷成長する。例あづま路の道のはてよりも、なほ奥つかたに**生ひ出で**たる人〈更級〉

おひ‐う・つ【追ひ棄つ】（オイ）― 動(タ下二)追い出す。追い払う。例やがて(＝そのまま)**追ひ棄て**むと思ひしものを〈落窪・三〉

おひ‐おと・す【追ひ落とす】（オイ）― 動(サ四) ❶追って高い所から落とす。例鞍置き馬を**おひおとす**〈平家・九・坂落〉❷敵を追い払う。敗走させる。例四国はみな大夫判官(＝源義経)に**おひおとさ**れぬ〈平家・一一・志度合戦〉❸追いかけて奪い取る。強奪する。例下種徳人(＝身分の卑しい金持ち)あらば**追ひ落とし**て〈義経記・三〉

おひ‐かぜ【追ひ風】（オイ）― 名 ❶背後から吹く風。例榊葉や立ち舞ふ袖の**追ひ風**に〈金葉・冬〉❷舟の背後から吹く順風。「おひて」とも。例船に乗りて、**追ひ風**吹きて〈竹取〉❸香りや音を吹き伝える風。例内よりほのめく**追ひ風**も、いとどしき(＝いっそうはなはだしい)御匂ひのたち添ひたれば〈源氏・蛍〉

おひかぜ‐ようい【追ひ風用意】（オイカゼ）― 名 通った後に

よい香りが残るように、衣服に香をたきしめておくこと。例寝殿より御堂の廊に通ふ女房の**追ひ風用意**など〈徒然・四四〉

おび・く【誘く】 動(カ四) ⇒をびく

おひ-こ・る【生ひ凝る】 オイ 動(ラ四) 草木が生い茂る。例長雨になりぬれば、草ども**生ひこり**てあるを〈蜻蛉・中〉

おひ-さき【生ひ先】 オイ 名 成長していく将来。例いみじく**生ひ先見え**て(=美しく成長する将来が予想されて)うつくしげなる容貌なり〈源氏・若紫〉

おひさき-こもる【生ひ先籠る】 オイサキ 将来が期待される。年が若くて将来が有望だ。例親など立ち添ひもてあがめて、**生ひ先籠れる**窓の内なるほどは〈源氏・帚木〉

おひし【大石】 オイシ 名《上代語》(「おほいし」の変化した形とも、「おひいし(生ひ石)」の変化した形とも)大きな石。例伊勢の海の 大石に 這ひ廻ろふ(=這いまわる) 細螺(=貝の名)の〈記・中・神武・歌謡〉

おひ-し・く【生ひ及く】 オイ 動(カ四) 後から生えてくる。例このころの恋の繁けく夏草の刈り払へども**生ひしく**ごとし〈万葉・一〇・一九八四〉

おひ-すが・ふ【追ひすがふ】 オイスガウ・オイスゴウ 動(ハ四) 追いかけてくる。後から続く。例かう言ふ幸ひ人の腹の后がねこそ、また**追ひすがひ**ぬれ〈源氏・少女〉

おひ-す・つ【追ひ棄つ】 オイ 動(タ下二) 追い出す。追放する。例治部卿、腹立ちて太刀を抜きて子ども**追ひ棄て**たるところ〈宇津保・あて宮〉

おひ-ずり【笈摺り】 オイ 名「おひずる」とも。巡礼が、背負った笈で着衣を傷めないために着る羽織。単衣で袖がない。例**おひずり**に花の香しめて中いりの都の人の袖にくらべん〈三十二番職人歌合〉

おひ-すゑ【生ひ末】 オイスエ 名 成長後の行く末。例命あらばそれとも見まし人しれぬ岩根にとめし松の**生ひすゑ**〈源氏・橋姫〉 類義 おひさき

おひ-そや【負ひ征矢】 オイ 名 身に背負った戦闘用の矢。のちは、空穂にさす征矢と区別して、箙にさす征矢をいう。

おひ-だし【追ひ出し】 オイ 名 ❶芝居・相撲などで、一日の興行の終了時に太鼓を打つこと。また、その太鼓。例芝居は**追ひ出し**の太鼓をたたき立て〈西鶴・男色大鑑・六・五〉 ❷「追ひ出しの鐘」の略。明け六つ(午前六時ごろ)の鐘。遊里の泊まり客が帰る時刻にあたることからいう。例金龍山(=浅草寺)の**追ひ出し**を聞くと否や、舟宿桐屋より客を迎ひの提灯〈浮世草子・元禄大平記・五・二〉

おびた・し

【夥し】 形(シク) 〔江戸中期ごろ以降「おびただし」〕 ❶**数量が非常に多い**。例鎌倉殿には門前に市をなして**夥し**(=鎌倉殿では門の前に人々が非常に多く集まっている)〈義経記・六〉 読解「鎌倉殿」は源頼朝の屋敷のこと。

❷**程度がはなはだしい**。㋐**激しい**。**ものすごい**。例**おびたたしく**大地震振ること侍りき(=激しく大地震が起こることがありました)〈方丈記〉 ㋑**たいへんりっぱだ**。**にぎやかだ**。例(楽器ヲ)一度に打ち吹き弾き合はせたり。**おびたたしく**めでたし(=一度に、打ち、吹き、弾き合わせて演奏している。たいへんりっぱですばらしい)〈宇津保・吹上下〉 ㋒**大げさだ**。**仰々しい**。例おほかたその姿**おびたたしく**、似るべきものなし(=全体にその身なりは仰々しく、たとえようもない)〈宇治拾遺・一〇〇〉 読解 暴風雨のとき、異様なほどの身なりで立ち回る人物の姿。

❸**物音や声が大きい**。**騒がしい**。例その声、いと**おびたたし**〈今昔・五・一〉

〈安隨直子〉

おひ-た・つ【生ひ立つ】 オイ 動(タ四) 大きくなる。成長する。例親に知られたてまつりて**生ひ立ち**たまはましかば〈源氏・東屋〉

おひ-つ・ぐ【生ひ継ぐ】 オイ 動(ガ四) 次々に成長する。例臣の木も **生ひ継ぎ**にけり〈万葉・三・三二二〉

おひ-て【追ひ手】 オイ 名 敵や犯人などを追いかける人。追っ手。例**追ひ手**と一つになりて尋ねけり〈義経記・四〉

おひ-て【追ひ風】 オイ 名 順風。舟の進行方向に向けて吹く風。例この風は**おひて**にて候へども〈平家・一一・逆櫓〉

お-びと【首】 名(「おほひと(大人)」の変化した形)大化改新以前の姓の一つ。地方の有力者に与えられた下級の姓。八色の姓で廃止された。

おひ-とり【追ひ鳥】 オイ 名「追ひ鳥狩り」の略。狩猟法の一つ。山野で勢子に鳥を追い立てさせて、馬上から弓・銃などで射落とす。

おび-とり【帯取り】 名「帯取り革」の略。太刀を腰に帯びるとき、太刀の足金と、太刀を腰につける革紐(佩き緒)とをつなぐ部分。⇒たち(図)。例**韄**に鞘に付きたる緒を結ひ付けたりける刀にて〈今昔・二六・二三〉

おひ-な・す【負ひ為す】 オイ 動(サ四) ～の状態に背負う。例(残リノ矢ヲ)頭高に(=頭の上に出るように)**負ひなし**〈平家・一一・那須与一〉

おひ-なほり【生ひ直り】 オイナオリ 名 成長してよく改まること。りっぱに変わること。例人目にはすこし**生ひなほり**したまふかなと見ゆるを〈源氏・蜻蛉〉

おひなめ-も・つ【負ひ並め持つ】 オイナメー 動(タ四) 二つのものをいっしょに背負う。例まそみ鏡に 蜻蛉領巾 **負ひ並め持ち**て〈万葉・一三・三三一四〉

おひ-な・る【生ひ成る】 オイ 動(ラ四) 成長する。例いとうつくしげに**生ひなり**て〈源氏・花宴〉

笈日記 オイニッキ《作品名》江戸時代の俳諧・俳文集。三冊。支考編。元禄八年(一六九五)刊。芭蕉の追善のためその遺吟・遺文を収録、門人たちの追悼吟などを加える。また、臨終前後の模様を日記風に記す。

お-ひねり【御捻り】 名(「お」は接頭語)米や銭を紙に包んでひねったもの。神前に供えたり、舞台の祝儀などにする。例十二文の**御ひねり**を陰陽師(=占い師)に取られても〈滑稽本・当世下手談義・三〉

笈の小文 オイノコブミ《作品名》江戸時代の俳諧紀行。一冊。芭蕉作。乙州編。宝永六年(一七〇九)刊。貞享四年(一六八七)十月、「旅人と我が名呼ばれん初時雨」(↓名句85)と詠んで江戸をたち、郷里伊賀上野で年を越し、翌年、伊勢・吉野・奈良、須磨・明石などに遊んだ旅の紀行。冒頭の「造化にしたがひ、造化に

かへれ」という風雅論は有名。『卯辰紀行』とも。

おひ‐ばら【追ひ腹】オイ― 名 主君の死後、家来が続いて腹を切ること。殉死。例細川頼春の家来、**追ひ腹**はじめて〈西鶴・武道伝来記・一・一〉

おひ‐まさ・る【生ひ勝る】オイ― 動(ラ四) 成長するにつれ、りっぱになる。例こよなうこそ**生ひまさり**て見えたまひしか〈源氏・玉鬘〉

おひ‐まどは・す【追ひ惑はす】オイマドワス 動(サ四) ❶追って取り逃がす。例**追ひまどはし**て、なのめに思ひなしつべくは(＝普通の女だったと思ってしまえるようなら)〈源氏・夕顔〉 ❷追い散らす。例(私ノ妻子ヲ)**追ひまどはし**て、いかがしなすらん〈源氏・玉鬘〉

おひ‐も・つ【負ひ持つ】オイ― 動(タ四) 名前としてもつ。名前を身にもつ。例その名をば 大久米主と**負ひ持ち**て〈万葉・一八・四〇九四〉

おひもの‐い【追ひ物射】オイモノ― 名「おんものい」とも。馬上から獣を追って射る射芸。転じて、馬上から徒歩の敵を追いつめて射ること。例川をわたいて、源氏を**追ひ物射**に射てゆく〈平家・六・祇園女御〉

おびや‐か・す【脅かす】 動(サ四) 怖がらせる。おどして従わせる。例南殿の鬼の、なにがしの大臣**おびやかし**ける例〈源氏・夕顔〉

お‐ひゃくど【御百度】 名「御百度参り」の略。⇨ひゃくどまゐり。例観音さんと淡島さんへ**お百度**をして帰るつもりだから〈人情本・春色梅児誉美・初・一〉

おび・ゆ【怯ゆ】 動(ヤ下二) おびえる。怖がる。おびえて声を立てる。例ものにおそはるる心地して「や」と**おびゆれ**ど〈源氏・帚木〉

おひ‐ゆ・く【生ひ行く】オイ― 動(カ四) 育っていく。例初草の**生ひゆく**末も知らぬ間に〈源氏・若紫〉

お‐ひらき【御開き】 名(「お」は接頭語) ❶落ちのびることの忌み詞。退却。逃走。例ただまづ筑紫へ**御開き**候へかし〈太平記・一五〉 ❷帰る・去ることの忌み詞。祝宴や宴会で用いる。例もう**おひらき**にいたしやせう〈滑稽本・膝栗毛・発端〉

お‐ひる【御昼】 名『女房詞』(「お」は接頭語) ❶起きることの敬称。お起きになること。お目覚め。例**御昼**よりさきにと急ぎ参りたれば〈中務内侍日記・上〉 ❷昼飯の敬称。

おび・る 動(ラ下二) 内気でおっとりしている。例やはらかに**おびれ**たるものから、深うよしづきたるところの、並びなくものしたまひしを〈源氏・朝顔〉

おひ‐わけ【追ひ分け】オイ― 名〔駄馬などを左右に追い分ける意から〕道が左右に別れる所。街道の分岐点。各地に地名として残る。例旅人の野中の道の**追ひ分け**に名残多くも行き別れぬる〈新撰六帖・二〉

お・ふ

【生ふ】オウ 動(ハ上二) **成長する。伸びる。育つ。はえる。**例ⓐたち別れいなばの山の峰に**生ふる**まつとし聞かば今帰り来む〈古今・離別〉➡名歌209 例ⓑ毛はむくむくと**おひ**たる手の、爪ながくて刀の刃のやうなるに(＝毛が恐ろしげにはえている手で、爪が長くて刀の刃のようなものに)〈大鏡・忠平〉

語誌 ▼「おふ」は主に草木や髪・ひげなどに対して用い、人間については、多く「おひいづ」「おひたつ」などの形で用いる。

▼「生ふ」と「生ゆ」 類義の語に「はゆ」があるが、「柳こそ伐れば生えすれ」〈万葉・一四・三四九一〉の例や「ひこばえ(切った草木の根株から生じた芽)」などの語からわかるように、基本的に何もない所に物が生じてくるのが「はゆ」である。それに対して「おふ」は、その物が成育していくことを示す語であるといわれる。〈藤本宗利〉

お・ふ

【追ふ】オウ 動(ハ四) ❶**後を追う。追いかける。**例我が背子が跡踏み求め**追ひ**行かば紀伊の関守い留めてむかも(＝私のいとしいあの人の足跡を求め追いかけて行ったら紀伊の関所の番人が押しとどめてしまうだろうかなあ)〈万葉・四・五四五〉

❷**追い払う。**例うれたきや 醜ほととぎす 暁の うら悲しきに **追へ**ど**追へ**ど なほし来鳴きて(＝腹の立つことよ、醜いほととぎすめ、未明のもの悲しいときに追い払っても追い払ってもやはりやって来て鳴いて)〈万葉・八・一五〇七〉読解「なほし」の「し」は強意の助詞。

❸**その方向に向かって行く。**例暁に船を出だして室津を**おふ**(＝未明に船を出発させて室津へ向かって行く)〈土佐〉

❹(「さきを追ふ」などの形で)**貴人の通行の際に、先払いする。**例ことごとしく前駆な**追ひ**そ(＝おおげさに先払いをしないでくれ)〈源氏・野分〉読解「な～そ」は柔らかな禁止の意を表す。

❺**後ろからせき立てて先へ進ませる。**例小さき小童部をもって馬を**追は**せてなむありける(＝年少の子ども召使を使って馬をせき立てて先へ進ませていた)〈今昔・二九・三六〉

❻**先例などに習い従う。踏襲する。**例あるいは累代の勲功の跡を**おひ**(＝一つには代々の手柄の例に習い従い)〈平家・七・平家山門連署〉

❼**時の流れなどに従う。**例身の不合、年を**追ひ**てまさる(＝我が身の貧窮は、年が進むに従ってひどくなる)〈古本説話集・上・四〇〉

語誌 基本的な意味は追いかける意であろう。その場合、追う対象も移動している。追うことによって、前を行くものは追い立てられる。つまり、追うのは追われる対象に対して圧迫感を与えている。貴人の先払いをする意の「さきを追ふ」も、前にいるものに対して圧力をかけ、追われる状態から逃げるようにさせることである。〈古橋信孝〉

お・ふ

【負ふ】オウ 動(ハ四) ❶**背負う。**例若ければ道行き知らじ幣はせむ黄泉の使ひ**負ひ**て通らせ(＝幼いので行く道もわかるまい。贈り物はしよう。だからあの世の使者よ、背負って通ってくれ)〈万葉・五・九〇五〉読解幼くして死んだ我が子を慕って詠んだ長歌の反歌。

❷**身に受ける。こうむる。**例朝顔は朝露**負ひ**て咲くといへど夕影にこそ咲き増さりけれ(＝朝顔は朝露を身に受けて咲くというけれど、夕方の薄明かりにこそ一段とみごとに咲いているなあ)〈万葉・一〇・二一〇四〉読解この「朝顔」はキキョウか。

❸(「名に負ふ」などの形で)**名や評判をもつ。名に適**

合する。例名にし負はばいざ言問はむ都鳥わが思ふ人はありやなしやと〈古今・羇旅〉➡名歌269
❹ふさわしい。似合っている。例言葉巧みにて、そのさま身におはず(=その歌の姿が内容に似合っていない)〈古今・仮名序〉読解六歌仙の一人文屋康秀についての評の一節。
❺負債をもつ。借金する。例その人は我が金を千両負ひたる人なり(=その人は私のお金を千両分借金している人である)〈宇治拾遺・八〉

語誌▼「負ふ」と「追ふ」 「負ふ」と「追ふ」はその底部で通じていよう。背負うという解釈をすれば、後ろから迫られている感じで、追われる側と近い。
▼③の「名に負ふ」という言い方は、名が性格を決定するとみなされることから、そういわれるようになった。名の与える性格に合ったものならば、④のようにふさわしいという評価が与えられる。〈古橋信孝〉

おふ【覆ふ】オウ 動(ハ四)『上代語』覆う。例上つ枝は天を覆へり〈記・下・雄略・歌謡〉

おぶ【帯ぶ】動(バ四)❶身に着ける。腰に下げる。例我が大君の帯ばせる細紋の御帯の結び垂れ〈紀・継体・歌謡〉❷含む。持つ。例梨花一枝、春、雨を帯びたり〈枕・木の花は〉❸任務を引き受ける。例意宇の郡の大領(ノ役目)を帯びたる〈出雲風土記〉語誌上代は四段活用。平安時代の活用は明らかでなく、中世以降は上二段に活用した。

おふく【御福】名(「お」は接頭語)❶神仏から授かる福。また、神仏への供え物のお下がり。例多聞(=多聞天)の御福を清水にて給はらうずる間〈狂言・毘沙門〉❷近世の芸能に用いられる女性の面の一つ。丸顔で鼻が低く、額が出て頰のふくれた滑稽な顔つきで、おどけ役や醜女に用いる。豊作や福を呼ぶ面相として喜ばれることもある。おたふく。おかめ。例姫君はさておき、たとへ餅屋のお福でも〈近松・傾城反魂香・中〉

おぶつみゃう【御仏名】ーブツミョウ 名(「お」は接頭語)宮中の年中行事。陰暦十二月十九日から二十一日まで、仏の名を唱え、罪障の消滅を祈る法会。貴族の家や諸寺でも行われた。例御仏名・荷前の使ひ立つなどぞ、あはれにやんごとなき〈徒然・一九〉

おふな-おふなオウナ-オウナ 副「おほなおほな」に同じ。

御文おふみ《作品名》室町後期の消息文集。五帖。蓮如著。天文年間(一五三二〜五五)刊。蓮如が浄土真宗の教義を平明に説いて信者に与えた手紙八〇通を編纂したもの。後世もたびたび刊行され、信者は勤行のときに拝読した。特に東本願寺派でいい、西本願寺派では『御文章』とも。

おほ-【大】オオ 接頭 名詞、または名詞に準じる語につく。❶広い、大きい、多量、はなはだしい、などの意を添える。「大空」「大雪」「大地震」など。❷尊敬・称賛の意を添える。「大君」「大八州」など。

おほ

【凡】オオ 形動(ナリ) 接頭語などの「おほ(大)」から分化したもの。物事の状態が漠然としているさまを表す。「おほに」の形で用いられることが多い。「おぼ」とも。
❶ぼんやりとしたさま。際立っていないさま。普通だ。平凡だ。例朝霧の(枕詞)おほに相見し人ゆゑに命死ぬべく恋ひ渡るかも(=漠然と見た人なのに死ぬほど恋い続けることだなあ)〈万葉・四・五九九〉
❷心にとめないさま。おろそかだ。いいかげんだ。例佐保山をおほに見しかど今見れば山なつかしも風吹くなゆめ(=佐保山をいいかげんに見ていたが、今見ると山は心ひかれることよ、風よ吹くな、決して)〈万葉・七・一三三三〉〈堤和博〉

大海人皇子おほあまのわうじ オオアマノオウジ《人名》⇩天武天皇

おほ-あらき【大殯・大荒城】オオ 名(「おほ」は接頭語)「あらき」の尊敬語。例大君の命恐み大殯の時にはあらねど雲隠ります〈万葉・三・四四一〉

大荒木の森おほあらきのもり オオアラキノモリ《地名》歌枕 山城国の森。今の京都市伏見区にあったか。本来は「大殯」で、遺体を仮に埋葬する場であったらしい。『万葉集』では大和国の地名。平安時代に山城国の歌枕と考えられるようになった。老いを嘆く歌がよく詠まれた。例大荒木の森の下草老いぬれば駒もすさめず(=好まないし)刈る人もなし〈古今・雑上〉

おほ-あらめ【大荒目】オオ 名 鎧の縅の一種。幅広い札を太い糸で荒く綴じたもの。

おほい-【大】オオイ 接頭「おほき」のイ音便形。

おほい-ぎみ【大君】オオイ 名(「おほい」は接頭語)貴人の長女の敬称。一番年長の姫君。二女を中の君、三女以下を三の君・四の君などと呼ぶ。例南面に大納言殿・大君、西に中の君、東に宮の御方と住ませたてまつりたまへり〈源氏・紅梅〉

大君おほいぎみ オオイギミ《人名》『源氏物語』の作中人物。宇治の八の宮の長女。幼時に死別した母は大臣の娘。父は桐壺帝の第八皇子で、光源氏の異母弟。容姿や物腰は上品で美しく、思慮深い性格。父と死別したころから薫の求愛が強まるが、薫を信頼しつつも拒む。彼の再三の接近に悩んで妹中の君を勧めるが、その中の君は匂宮と結婚、新婚早々夫の不誠実さに苦しむ。妹の不幸を見るにつけ、薫との好ましい関係を続けるためにはかえって結婚を拒否しなければならないとも思う。心痛・悲嘆が重なって病床につき、冬十一月、薫に見取られながら死去。

おほい-こ【大子】オオイ 名「おほいぎみ」に同じ。例故御息所の御姉、おほいこにあたりたまひけるなむ、いとらうらうじく(=才気があり)〈大和・一四三〉

おほい-ご【大御】オオイ 名(「おほい」は接頭語)年長の女性に対する敬称。例淡路の島の大御、「都近くなりぬ」といふを喜びて〈土佐〉

おほい-どの【大殿】オオイ 名「おほいとの」とも。❶大臣の邸宅の敬称。例おほい殿に二三日など、絶え絶えにまかでたまへど(=とぎれとぎれに御退出なさるけれど)〈源氏・桐壺〉❷大臣の敬称。例大殿の(子息ノ)三位中将は、今は宰相になりて〈源氏・須磨〉

おほい-まうちぎみ【大臣】オオイモウチギミ 名「おほきまへつぎみ」の変化した形。「だいじん(大臣)」に同じ。例河原のおほいまうちぎみの、身まかりての秋(=亡くなった年の秋)〈古今・哀傷・詞書〉

おほい-まつりごとのつかさ【太政官】オオイ 名「だ

いじゃうくゎん」に同じ。

おほ‐いらつめ【大郎女・大嬢】─ 名 長女。例生みたまへる御子、木梨の軽の王…次に軽の大郎女〈記・下・允恭〉

おほ‐うた【大歌】─ 名 宮中の儀式で歌われる歌謡。日本に古来伝わる歌で、神楽歌・催馬楽・風俗など。奈良時代には雅楽寮で、平安時代には大歌所で管理・伝習された。

おほうた‐どころ【大歌所】─ 名 平安時代、大歌の管理・伝習を行った役所。

おほ‐うち【大内】─ 名 皇居の別称。内裏。宮中。例二条院御時、大内におはしまして〈千載・賀・詞書〉

おほ‐うちき【大袿】─ 名 裄や丈を大きく仕立てた袿。禄として与えられるもので、着用のときに普通の大きさに仕立て直す。例御禄の物…白き大袿に御衣一領(=一そろい)、例のことなり〈源氏・桐壺〉

大内山 名 ❶《地名》山城国(京都府)御室の山。南麓に宇多上皇の住んだ仁和寺がある。例大内山に院の帝(=宇多上皇)おはしますにまゐりたまへり〈大和・三五〉❷「おほうち」に同じ。例西の朱雀(=朱雀大路)を南へゆけば、大内山も今はよそにぞ見たまひける〈平家・二・大納言流罪〉

おほ‐うみ【大海】─ 名 ❶大きな海。❷文様の名。波・州浜・松・貝・海藻など海にちなむ物を集めた意匠。女房の裳に多く用いる。「海賦」とも。例大海の摺り裳、水の色はなやかに〈紫式部日記〉

おぼえ

【覚え】 名 動詞「おぼゆ」の名詞形。自然に思い当たることを表すほか、古くは他から思われることの意で用いられることが多い。

❶(多く「なし」を伴って)**自分で思い当たること。記憶。** 例時々かやうの折に、**おぼえ**なく見ゆる人なりけり(=時々このような時に、思いがけず会う人なのであった)〈枕・雪のいと高うはあらで〉

❷**人に思われること。愛されること。** 寵愛。例いとまばゆき、人の御**おぼえ**なり(=ほんとうに目を背けたくなるほどの、帝からの御寵愛である)〈源氏・桐壺〉

❸**評判。名声。** 例世の**覚え**花やかなるあたりに(=世間の評判が高く栄えているあたりに)〈徒然・七六〉

❹**感じ。趣。** 例おそき梅は桜に咲き合ひて、**おぼえ**劣り、けおされて(=遅咲きの梅は桜と同時に咲いて、趣が劣り、圧倒されて)〈徒然・一三九〉

❺**自信。** 例**おぼえ**ある力、異人よりはまさり(=自信のある力は、ほかの人よりはまさり)〈宇治拾遺・三二〉

語誌 動詞「おぼゆ」に比べて、名詞形「おぼえ」の古い用法には、他からどう思われるかにかかわる意味が目立つ。②〜④はいずれもそれである。①の用法は、古くは「覚えなし」など否定形の述語を伴うことが多い。「汝が覚えもあらうが」〈狂言・武悪〉のような例は、室町時代以後のようである。〈山口堯二〉

おぼえ‐ず【覚えず】 副 思わず。思いがけなく。例いと**おぼえず**、うれしき山里の光と明け暮れ見たてまつりつるものを〈源氏・手習〉

おぼえ‐な・し【覚え無し】 形(ク) 思いがけない。例**おぼえなき**さまなる(出会イ)しもこそ、契り(=前世からの因縁)あるとは思ひたまはめ〈源氏・帚木〉

大江千里 《人名》生没年未詳。平安前期の漢学者・歌人。文章博士。勅撰集には『古今和歌集』以下三一首入集。家集『句題和歌』は宇多天皇の勅命で撰進したもので、漢詩の一句を和歌に改作した集。

大江匡房 《人名》一〇四一〜一一一一(長久二〜天永二)。平安後期の漢学者・歌人。学才にすぐれ、後冷泉以下五代の天皇に仕えた。著書に有職故実書『江家次第』、『本朝神仙伝』『続本朝往生伝』など。家集に『江帥集』。説話集『江談抄』は、匡房の談話を藤原実兼が筆録したものとされる。

大江山 《地名》歌枕 山城国、今の京都市西京区大枝と亀岡市にまたがる山。酒呑童子の住んでいた山ともいうが、それは丹波と丹後の境とする説が有力。例**大江山**いく野の道の遠ければふみもまだみず天の橋立〈金葉・雑上〉→名歌103

おぼ‐おぼ・し

形(シク) ぼんやりとした、の意の「おぼ」を重ねた形容詞。ぼんやりして実体がとらえにくい感じをいう。

❶**薄暗くてはっきりしない。ぼんやりかすんでいる。** 例雪のやうやう積もるが星の光に**おぼおぼしき**を(=雪がしだいに積もっていくのが星の光にぼんやりとかすんでいるのを)〈源氏・浮舟〉

❷**頼りない。しっかりしない。たどたどしい。** 例(年老イテ)耳も**おぼおぼしかり**ければ(=耳もしっかりしていなかったので)〈源氏・若菜上〉

❸**よそよそしい。他人行儀だ。** 例思し隔てて、**おぼおぼしく**もてなさせたまふには、何ごとをか聞こえはべらむ(=疎んじなさって、よそよそしくお扱いなさるからには、何を申し上げましょうか)〈源氏・夢浮橋〉

読解「何ごとをか」の「か」は反語の意を表す。

語誌 ①は視覚的にはっきりしない意。②は、人の心理・能力・技量などがぼんやりとして不確かであるさま。③は、対人関係において隔意があり本心をはっきり示さないさまをいう。〈鈴木宏子〉

おほ‐おみ【大臣】─ 名 大化改新以前、臣の姓をもつ氏の最有力者。大連と並んで政治の中心にあった。例この時にあたりて、蘇我蝦夷臣大臣たり〈紀・舒明即位前紀〉

おほ‐かうじ【大柑子】─ 名 大きな柑子。今の夏ミカン類といわれる。例右の顔に大きなるこぶある翁ありけり。**大かうじ**の程なり〈宇治拾遺・三〉

大鏡 《作品名》平安時代の歴史物語。作者・成立年代は諸説あるが未詳。ただし作者が男性であることは確実。『世継物語』『世継の翁が物語』などの別称も伝わる。

●**内容・構成** 百九十歳の大宅世継と百八十歳の夏山繁樹という二人の老人(百五十歳と百四十歳とする本もある)が中心となって歴史を語り、そこに若侍が口をはさむという対談形式をとる。語りの場は藤原道長の栄華の頂点である万寿二年(一〇二五)

に設定され、雲林院の菩提講で出会った語り手たちが、歴史の現場を生きてきた体験を語る。天皇は文徳から後一条までの一四代、摂関は藤原冬嗣から道長までの二〇人を対象とし、摂関政治の始まりから隆盛までを扱う。

【『栄花物語』との相違】歴史物語の最初の作品『栄花物語』が編年体であるのに対し、紀伝体をとり、序・天皇紀・大臣列伝・藤原氏物語・昔物語からなる。『栄花物語』が女性作者による賛美的な歴史であるのに対し、男性作家らしい批評性をもって、政権争いにからむ行動的な人間像を生き生きと描く。

●影響　『大鏡』に続いて、鏡物と呼ばれる一連の作品、『今鏡』『水鏡』『増鏡』が『大鏡』の形式にならって書かれた。〈池田尚隆〉

おほ‐がき【大垣】― 名 外部との隔てとなる、家屋から最も遠い囲い。例ものはかなげなる小柴垣を大垣にて(=大垣として)〈源氏・賢木〉

おほ‐がさ【大傘・大笠】― 名 人が後ろからさしかけて用いる、柄の長い大きな傘。晴雨いずれでも用いる。例大傘をふりさして、門をみそかにあけさせたまひて、いと忍びて出でたまひぬ〈落窪・一〉

おほ‐かた

【大方】― 物事を全体的・一般的にとらえて、総括的に説明するときに用いる語。

1 名 ❶大部分。だいたい。例(屋敷ノ)おほかたの気色、人のけはひもけざやかに気高く(=だいたいの様子、人の雰囲気も端麗で気品があり)〈源氏・帚木〉 ❷世間一般。普通。ひととおり。例悲しびはおほかたのことにて、御よろこびといふことのみきこゆ(=悲しみは世間一般のこととして、お祝いということばかり申し上げる)〈蜻蛉・上〉 読解 天皇死去による代替わりで作者の夫兼家が昇進したので、天皇死去の悲しみは一般的なこととして、人々が祝いばかり述べる。

2 形動(ナリ) 一般的だ。普通だ。ひととおりだ。例世にある人のありさまを、おほかたなるやうにて聞きあつめ(=世間の女性の様子を、ひととおりというようにいろいろ聞いて集め)〈源氏・末摘花〉

3 副 ❶全体的に。総じて。例おほかた、らうらうじくをかしき御心ばへを(=総じて、利発ですぐれたご気性を)〈源氏・紅葉賀〉 ❷(打消の語を伴って)まったく(〜ない)。ぜんぜん(〜ない)。例(足鼎カラ頭ヲ)抜かんとするに、大方抜かれず(=抜こうとするが、まったく抜くことができない)〈徒然・五三〉

語誌 ▼関連語 「おほかたならず」「おほかたの世(一般的な人間関係)」などの慣用句もある。現代語の「おおかた」は、副詞として推量表現を伴って、たぶん、おそらく、の意で用いられるが、これは3①から発展したものと思われる。〈堤和博〉

おほかた‐は【大方は】― 副 たいていの場合は。だいたいのところでは。概して言えば。例おほかたは月をもめでじこれぞこのつもれば人の老いとなるもの〈古今・雑上〉➡名歌104

おほ‐かぶら【大鏑】― 名 大きな鏑をつけて、大きな音が出るようにした鏑矢。例まづ大鏑をとって(弓ニ)つがひ〈平家・四・鵼〉

おほ‐かみ【大神】― 名(「おほ」は接頭語)神の敬称。例大神の斎へる国そ(=慎み守っていらっしゃる国である)〈万葉・一九・四二六四〉

おほ・かり【多かり】 形容詞「おほし」のカリ活用の連用形・終止形。⇩おほし(多し)。例憎みたまふ人々多かり(終止形)〈源氏・桐壺〉

おほき‐

【大き】〔形容詞「おほし」の連体形から〕 1 接頭 体言につく。イ音便形「おほい」の形で用いられることも多い。
❶賛美・感嘆の気持ちをこめて、広大な、量が多い、などの意を添える。「大き御門」「大き海」など。
❷同種の官職・位階のうちで上位のものを表す。「おほきおとど(太政大臣)」「おほきみつのくらゐ(正三位)」など。
❸「君」「御前」などの人称語について、年齢や家族の中での上位のものを表す。「おほいぎみ(大君)」「おほいこ(大子)」など。イ音便形の語例が多い。

2 形動(ナリ) 量の大きさ、偉大さなどを表す。❶容積・容量が大きい。体が大きい。例大きなる餌袋に白い米入れて〈落窪・一〉 ❷偉大だ。寛大で器量が大きい。例さこそおいらかに大きなる心おきてと見ゆれど(=あれほどにおっとりして寛大で器量が大きい気性と見えるけれど)〈源氏・藤裏葉〉 ❸程度のはなはだしいさま。たいへんな。大々的な。例人見咎むばかりおほきなるわざはえしたまはず(=人が見て怪しく思うほどの大々的なことはなさることができず)〈源氏・蜻蛉〉 読解「え〜ず」は不可能の意を表す。❹(「おほきに」の形で副詞的に用いて)非常に。とても。例おほきに思ひに違ふべき事なんはべるべき(=非常に本意に反するような事もあるにちがいありません)〈源氏・橋姫〉

語誌 ▼姉妹の呼び方　一般に姉妹のうち、長女は「大君」と呼ばれる。これも姉妹中、最年長で、従って最上位にいるからである。次女は中の君、それ以下は三の君、四の君のように呼ばれるのが普通である。なお、類義語「おほ」は「おほき」よりも包含する意味の範囲が広い。〈安達敬子〉

おほき‐おとど【太政大臣】― 名「だいじゃうだいじん」に同じ。例おほきおとど亡せたまひぬ〈源氏・明石〉

おほき‐おほいどの【太政大臣】― 名「だいじゃうだいじん」に同じ。例おほきおほいどのの君たち、頭の弁・兵衛の佐・大夫の君など〈源氏・若菜上〉

おほき‐おほいまうちぎみ【太政大臣】 名「だいじゃうだいじん」に同じ。例堀河のおほきおほいまうちぎみ身まかりにける(=亡くなった)時に〈古今・哀傷・詞書〉

おほ‐きさいのみや【皇太后宮】― 名 太皇太后・皇太后。また、その居所。例おほきさいの宮おはしましける西の対に〈伊勢・四〉

おほ‐きさき【大后】― 名 ❶皇后。例大后の奉れる

御歌一首〈万葉・二・一四七・題詞〉❷先帝の后。皇太后。例大后御悩み重くおはしますうちにも〈源氏・澪標〉

おほ-きたのまんどころ【大北の政所】 オオ― 名 摂政・関白の母の敬称。

おほ-きみ【大君・大王・王】 オオ― 名 ❶天皇の敬称。例やすみしし〈枕詞〉我が大君の 朝には 取り撫でたまひ〈万葉・一・三〉❷親王・内親王・王・女王など、天皇の子孫の敬称。特に、諸王の敬称。例この男は**おほきみ**なりけり〈大和・一四九〉❸身分ある人の敬称。❹主君の敬称。

おほきみ-すがた【大君姿】 オオキミ― 名 皇族が、正装でなく直衣を着てくつろぐ姿。例皆人は袍衣のなるに、〈光源氏ハ〉あざれたる(=くだけた)**おほきみ姿**のなまめきたるにて〈源氏・花宴〉

おほきみの【大君の】 オオキミノ《枕詞》「大君」の使う「御笠」の意から、同音の地名「三笠」にかかる。

おほき-やか【大きやか】 オオキ― 形動(ナリ)〔「やか」は接尾語〕いかにも大きい様子だ。例**大きやかなる**岩のさまして〈源氏・浮舟〉

おほ-くち【大口】 オオ― 名 平安時代の男性が、正装の束帯着用のとき、表袴の下に履く袴。普通は紅の生絹・平絹などで製し、口を広く仕立てる。「大口の袴」とも。例大口、また、長さよりは口広ければ、さもありなん(=そのような名称でもよいだろう)〈枕・などて、官得はじめたる〉

おほくちの【大口の】 オオクチノ《枕詞》大きな口をしているオオカミをいう「真神」の意から、同音の地名「真神」にかかる。

大国主命 おほくにぬしのみこと オオクニヌシノミコト 名〔古くは「おほくにぬしのかみ」〕神名。偉大な国土の支配神の意。大穴牟遅・大物主・葦原色許男・八千矛・宇都志国玉・大国玉など多くの別名・異称があるが、これらを統合した名と考えられている。須佐之男命の五世または六世の孫とされる。天孫降臨に先立って、国土を支配していた国つ神の代表神で、天孫に国譲りをした後、幽界に隠遁した。いわゆる出雲系神話の中心となる神。記紀の神話では、以下のような話が知られている。因幡の素兎を救い、八上比売と結婚したこと。根の国(異界)に赴き、須佐之男命の課した難題を克服してその娘須勢理毘売と結婚し、八十神(数多くの兄弟神)の迫害を退けて、葦原中国(地上世界)の支配者となったこと。少名毘古那とともに国土経営にあたり、人や家畜の医療の法を定めたこと。越の国の沼河比売のもとへ求婚に行き、須勢理毘売の嫉妬を受けたこと、など。『出雲国風土記』や『播磨国風土記』にも、この神の名が見える。出雲大社、大神神社などに主神として祀られる。

のち大黒天と習合し、福の神として信仰された。縁結びの神ともされる。〈多田一臣〉

おほ-くび【大領・衽・袵】 オオ― 名 ❶袍・直衣・狩衣などの、首の周囲を囲むように作った前襟。❷直垂・大紋などの襟。例褐(=濃い藍色)に赤地の錦をもって**おほくび**・はた袖いろへたる(=彩った)直垂〈平家・二・那須与一〉

大隈言道 おほくまことみち オオクマコトミチ《人名》一七九八〜一八六八(寛政一〇〜慶応四)。江戸時代の歌人。旧来の和歌の模倣を否定し、幅広い題材を自由に詠む。家集に『草径集』、歌論に『ひとりごち』など。

おほ-くら【大蔵】 オオ― 名 ❶諸国の貢ぎ物を納める朝廷の蔵。秦氏が出納をつかさどった。❷大きな倉庫。例建てそめて(=建てられたばかりで)まだ物つまぬ**おほくら**は〈著聞集・一六・五二四〉

おほくら-きやう【大蔵卿】 オオクラキョウ 名 大蔵省の長官。正四位下相当。「おほくらのかみ」とも。例**大蔵卿**ばかり耳とき(=耳ざとい)人はなし〈枕・大蔵卿ばかり耳とき人はなし〉

おほくら-しやう【大蔵省】 オオクラショウ 名 令制で、太政官の八省の一つ。諸国からの調の収納、度量衡、市場価格の決定などをつかさどる役所。織部司などの五司が所属する。

おほ-ぐれ【大暮れ】 オオ― 名 年の暮れ。年末。大みそか。例九月の節句過ぎより**大暮れ**までは遠い事のやうに思ひ〈西鶴・世間胸算用・三・一〉

おほけく【多けく】 オオケク〔形容詞「おほし」のク語法〕多いこと。例柃 実の**多けく**を〈記・中・神武・歌謡〉

おほ-げさ【大袈裟】 オオ― 名 ❶大きな袈裟。例**大げさ**を縫ひてやるとて〈伊勢大輔集・詞書〉❷大きく袈裟がけに切り下ろすこと。⇨けさがけ②。例踏み込んで大袈裟に討ちとどめ〈西鶴・武道伝来記・六・三〉

おほけ-な・し

オオケ― 形(ク) 身分・地位や年齢に不相応のことを願ったりしたりするさまをいうのが原義。

❶**身のほど知らずだ。分不相応だ。恐れ多い。** 例(a)わが心ながらも**おほけなく**、いかで立ち出でしにかと(=自分で決めたことながら分不相応で、どうして宮仕えに出てしまったのかと)〈枕・宮にはじめてまゐりたるころ〉例(b)**おほけなく**うき世の民におほふかなわがたつ杣に墨染めの袖〈千載・雑中〉➡名歌105

❷**大胆不敵だ。果敢だ。** 例この男の**おほけなく**ただ一人して、さばかりの眷属隙無く守る者を、心のごとく罰ち得たるは(=この男が大胆不敵にもたった一人で、あれほど多くの従者がすきまなく守っている者を、望みどおりに討つことができたのは)〈今昔・二五・四〉

語誌 ▼物語では身分不相応な恋についてしばしば用いられる。特に『源氏物語』では、父帝の后の藤壺に対する光源氏、光源氏の正妻の女三の宮に対する柏木の場合など、密通にかかわって用いられる。▼②は、身のほどをわきまえないという点では①と同じだが、特に武士などの勇猛果敢さをさして用いられる点が特徴である。〈高田祐彦〉

おぼこ 名 世間ずれしていないこと。うぶなこと。また、その人。例田舎生まれの**おぼこ**にも〈近松・五十年忌歌念仏・上〉

おほ-ごしょ【大御所】 オオ― 名 親王・摂政・関白・将軍などの隠居所。転じて、その人の敬称。江戸時代では、特に徳川家康・家斉にいうことが多い。

おほ-さいばり【大前張】 オオ― 名 ⇨さいばり

おほざう ⇩おほぞう

大坂《地名》「おほさか」とも。摂津国、今の大阪市。古くは「難波」と呼ばれた。室町時代、浄土真宗の蓮如が石山本願寺を開く。その門前町として栄え、のち、豊臣秀吉が大坂城を築くとその城下町として栄える。江戸時代は幕府の直轄地となり、京・江戸と並ぶ三都の一つとして国内の経済的中心地として繁栄、「天下の台所」と呼ばれる。江戸時代は「おほざか」と濁るのがふつう。また、「大阪」の表記は江戸末期ごろから見える。

おほざか-さんがう【大坂三郷】 名 大坂の南組・北組・天満組の三区画の総称。大坂じゅうの意に用いる。例天満**大坂三郷**に男も多いに〈近松・心中天の網島・上〉

おほ-さき【大前駆】 名 貴人の先払いをする声が大きくて長いこと。身分の高い上達部の場合という。例上達部の前駆さども、殿上人のは短ければ、**大前駆**・小前駆とつけて〈枕・職の御曹司におはします頃、木立などの〉

おほ・し【大し・多し】 形(ク) ❶【大し】㋐広さ・かさが大きい。例**大き**海の水底〈万葉・二〇・四四九一〉㋑**すぐれている。りっぱだ**。例古の**大き**聖の言の宜しさ(＝昔のりっぱな聖人の言葉の結構なことよ)〈万葉・三・三三九〉❷【多し】㋐**量・数が多い。たくさんだ**。例国はしも**多く**あれども(＝国はたくさんあるけれども)〈万葉・六・一〇五〇〉㋑(「ゆくさき多く」の形で)**距離が長い。遠い**。例ゆくさき**多く**夜もふけにければ(＝行く手は遠く夜もふけてしまったので)〈伊勢・六〉

語誌 ▼平安時代以降はもっぱら②「多し」の意となり、①「大し」の用法は形容動詞「おほき」「おほい」に取って替わられる。

▼**活用の特色** 活用表は次のとおり(括弧内は奈良時代の形)。終止形「**多かり**」、已然形「**多かれ**」の存在が一般の形容詞とは異なる。

語幹	未然形	連用形	終止形	連体形	已然形	命令形
おほ	(-け)	-く	-し	-き	(-け)-けれ	
	-から	-かり	-かり	-かる	-かれ	-かれ

▼**文体で異なる活用形の用法** 終止形は、和文では「**多かり**」の形が用いられる。これに対し、漢文訓読語は「**多し**」の形をとる。

連体形「**多き**」は、上代にも原則的には述語としてのみ用いられて、連体修飾には用いられなかったと考えられるが、平安時代以降、特に和文では全面的に「**多かる**」の形に取って替わられた。例(a)残り多かる心地なんする〈枕・頭の弁の、職にまゐり給ひて〉例(b)いとほしく悔しきことの多かるかな〈源氏・朝顔〉また「多くの」の形が連体修飾に用いられるようになった。

已然形は、「**多かれ**」が和文で、「**多けれ**」が訓読語で用いられた。〈奥村悦三〉

おほ-し【凡し】 副 おおよそ。大体。そもそも。例**おほし**垣下あるじ、はなはだ非常にはべりたうぶ(＝おおよそ宴の相伴役の方々は、たいへん不作法でいらっしゃる)〈源氏・少女〉 語誌 連体詞とする説もある。

おぼ・し【覚し・思し】 形(シク) 〔「おもほし」の変化した形〕❶ひとりでに心に浮かんでくるさま。望ましいさま。例国のうちには、国王こそ**おぼしき**住ひはしたまふらめ〈宇津保・吹上上〉❷(助詞「と」について)それらしく思われる。〜らしい。例王と**おぼしき**人〈竹取〉

おぼし-い・づ【思し出づ】 動(ダ下二) 「思ひ出づ」の尊敬語。お思い出しになる。例南殿の鬼の、なにがしの(＝なんとかという)大臣おびやかしける例(＝先例)を**思し出でて**〈源氏・夕顔〉

おぼし-おき・つ【思し掟つ】 動(タ下二) 「思ひ掟つ」の尊敬語。心にお決めになる。心積もりなさる。例(若宮ヲ)源氏になしたてまつるべく**思しおきてた**り〈源氏・桐壺〉 読解 「源氏になす」とは、源姓を賜り、臣籍に下すこと。

凡河内躬恒《人名》生没年未詳。平安前期の歌人。『古今和歌集』の撰者の一人。勅撰集には『古今集』以下に一九五首入集。家集に『躬恒集』。

おほし-た・つ【生ほし立つ】 動(タ下二) 育てて大きくする。例すべて男をば、女に笑はれぬやうに**おほしたつ**べしとぞ〈徒然・一〇七〉

おほしま-の【大島の】 《枕詞》島に浦や鳴門が関連することから「うら」や「なると」にかかる。

おぼしめ・す

【思し召す】 動(サ四) 〔「おもほしめす」の変化した形〕「思ふ」の尊敬語。**お思いになる**。例かくながら、ともかくもならむを御覧じはてむと**思しめす**に(＝このままで、どうなろうと、なりゆきを見届けなさろうとお思いになるが)〈源氏・桐壺〉 読解 このまま宮中に置いて更衣の死を見届けたいという帝の思い。

語誌 ▼**最高敬語** 「**おぼす**」より敬意の高い尊敬語で最高敬語。「思し召し嘆く」「思し召し遣る」など、他の動詞と複合した形で用いられることもある。

▼「**思し召さる**」**の形** 「かくても月日は経にけり(＝こんな状態でも月日は過ぎていってしまうものだった)とあさましう思し召さる」〈源氏・桐壺〉などの「る」は、自発の助動詞と解されるが、中世以後、「思し召さる」の「る」は、尊敬の助動詞として、合わせて最高の敬意を表すものになる。例さなおぼしめされ候ひそ(＝そんなにお思いなさいますな)〈平家・三・城南之離宮〉〈山口堯二〉

おほ-じゃうらふ【大上臈】 名 宮中に仕える最高位の女官。摂関家の家柄の女性が任じられる。のち、幕府や大名家に仕える最上位の女性にもいった。例**大上臈**・小上臈・おさし・抱き乳母・お乳の人〈近松・丹波与作待夜の小室節・上〉

おぼし-や・る【思し遣る】 動(ラ四) 「思ひ遣る」の尊敬語。遠く離れたことなどを想像なさる。思いやりなさる。例人々の語りきこえし海山のありさまを、はるかに**思しやり**しを〈源氏・須磨〉

おほ-じょゐん【大書院】 名 書院床をつけた、大きな書院造りの座敷。りっぱな表座敷をさしてい

う。例大書院に並み居て、酒も半ばを見合はせ(=見計らい)〈西鶴・好色一代男・五・一〉

おほ・す【仰す】動(サ下二) 動詞「おほす(負ほす)」から派生した語。言葉を負わせる、が原義。

❶命じる。言いつける。例司々につかさにおほせて…二千人の人を竹取が家につかはす(=それぞれの役所に命じて…二千人の人を竹取の翁の家に派遣なさる)〈竹取〉
❷「言ふ」の尊敬語。おっしゃる。㋐「おほせらる」の形で用いる。例(天皇ガ)「草子に歌ひとつ書け」と、殿上人てんじゃうびとにおほせられければ(=「とじ本に和歌を一つ書け」と殿上人におっしゃったので)〈枕・清涼殿の丑寅のすみの〉
㋑「おほせたまふ」の形で用いる。例皇子の君…官も賜はむと仰せたまひき(=官職も下さろうとおっしゃった)〈竹取〉
㋒単独で用いる。例法皇は、「遠き国へもながされ、はるかの島へもうつされんずるにや」と仰せけれども(=法皇は、「遠い国へも流され、はるか遠くの島へも移されるのだろうか」とおっしゃったけれども)〈平家・四・鼬之沙汰〉

語誌▼尊敬語の用法について　①から②㋐㋑が派生した。㋐㋑の発話内容が命令的なときには①の意が強く残存している。㋐の「おほせらる」は、下位者を主体とする受身の言い方から、発話者(上位者)を主体とする言い方に変化したもので、㋑よりも早くから用いられる。「おほす」のみで尊敬語として用いる㋒の用法は中世になってからのもの。〈泉基博〉

おほ・す【果す】動(サ下二)(動詞の連用形について)動作をやり終える。～しとげる。例いとよしよく縫ひおほせたり〈落窪・一〉

おほ・す【生ほす】動(サ四)〔「おふ」の他動詞形〕❶植木などを生長させる。生えさせる。例山吹は撫でつつ生ほさむ〈万葉・二〇・四三〇二〉❷生えさせる。伸ばす。例(姫君ノ)この春より生ほす御髪、尼のほどにてゆらゆらとめでたく〈源氏・薄雲〉❸養育する。育てあげる。例あやしのきぬ(=産着)のなかよりおほしまゐらせて〈讃岐典侍日記・上〉

おほ・す【負ほす・課す】動(サ下二)〔動詞「おふ」の未然形＋使役の助動詞「す」＝「おはす」の変化した形〕❶背負わせる。例乾飯、馬二十ばかりにおほせて〈宇津保・国譲下〉❷労役・租税を課する。例諸国に課せて、船舶を造らしむ〈紀・皇極〉❸罪をきせる。例罪を負ほせたまふは、恨めしきことになむ〈源氏・少女〉❹傷を負わせる。例あまたして(=大勢で)手負ほせ、打ち伏せて縛りけり〈徒然・八七〉❺名づける。例酒の名を聖と負ほせし古の大き聖(=大聖人)の言のよろしさ〈万葉・三・三三九〉❻金などを貸す。例汝に負ほせける一石の米をただ今返せ〈仮名草子・伊曾保物語・中〉

おぼ・す【思す】動(サ四)〔「おもほす」の変化した形〕「思ふ」の尊敬語。お思いになる。例(a)天の羽衣うち着せたてまつりつれば、翁をいとほしく、かなしと思しつることも失せぬ(=天の羽衣をお着せ申し上げたところ、翁を気の毒で、いとおしいとお思いになったことも消えてしまった)〈竹取〉例(b)ほど経るままに、せむ方なう悲しう思さるるに(=時がたつにつれて、どうしようもなく悲しくお思いになるので)〈源氏・桐壺〉読解「おぼさるる」の「るる」は助動詞「る」で自発の用法。

語誌　平安時代の和文では、「思ひたまふ」より高い敬意を表す。「おぼし明かす」「おぼし急ぐ」「おぼしやる」など、他の動詞と複合した形で用いられることも多い。その場合も、「おぼす」で敬意が示されるので、下に補助動詞の「たまふ」はつかない。〈山口堯二〉

大隅《地名》旧国名。今の鹿児島県北東部から大隅半島、および種子島・屋久島・奄美諸島。西海道十一か国の一つ。隅州。延喜式で中国・遠国。古くは日向国の一部で「襲国」とも呼ばれ、また、奄美諸島はもと琉球国に属した。

おほせ【仰せ】名 ご命令。例おのおの仰せうけたまはりてまかりぬ〈竹取〉

おほせ-いだ・す【仰せ出だす】動(サ四)「言ひ出だす」の尊敬語。命令をお出しになる。例心晴るる由の返し仰せつかはせ(=心が晴れた旨の返事をおっしゃり贈れ)と仰せ出だされければ〈千載・雑中・詞書〉

おほせ-がき【仰せ書き】名 貴人の言葉を書くこと。また、その文書。例心にくき所(=奥ゆかしいりっぱな所)へつかはす仰せ書きなどを〈枕・うらやましげなるもの〉

おほせ-くだ・す【仰せ下す】動(サ四)「言ひ下す」の尊敬語。下命なさる。お言葉が下される。例目にも見えぬ変化のもの仕れ(=退治せよ)と仰せ下さるる事、いまだ承り及び候はず〈平家・四・鵼〉

おほせ-ごと【仰せ言】名 おっしゃった言葉。ご命令。例(帝ノ)かしこき(=恐れ多い)仰せ言をたびたびうけたまはりながら〈源氏・桐壺〉

おほ-ぜっき【大節季】名 大みそか。陰暦の十二月三十日。例大坂の大節季、よろづの宝の市ぞかし〈西鶴・世間胸算用・一・三〉

おほせ-つ・く【仰せ付く】動(カ下二)「言ひ付く」の尊敬語。ご命令になる。例六条判官ならびに子ども尋ねまゐらすべきよし、播磨守に仰せ付けらる〈古活字本保元・中〉

おほせ-ら・る【仰せらる】動(ラ下二)〔動詞「おほす」の未然形＋助動詞「らる」〕「言ふ」の尊敬語。おっしゃる。⇩おほす(仰す)②㋐

おほ-ぞう 名 形動(ナリ) いいかげんなさま。ありふれたさま。おろそか。例心やすく立ち出でて、おほぞうの住まひはせじ、と思へるを〈源氏・薄雲〉

おほ-ぞら【大空】❶名 広い天空。例大空より、人、雲に乗りて降り来て〈竹取〉❷形動(ナリ) とらえどころのないさま。いいかげんだ。例大虚にのみ聞きなして〈読本・雨月・吉備津の釜〉

おほ-たか【大鷹】名❶雌の鷹。雄よりも体が大きいところからいう。一説に、ワシタカ科の鳥の名とも。大鷹狩りに用いる。例(帝ハ男ヲ)大鷹の鷹飼ひにてさぶらはせたまひける(=お仕えさせなさる)

〈伊勢・一二四〉❷「大鷹狩り」の略。例小鷹によき犬、大鷹に使ひぬれば〈徒然・一七四〉

おほたか-がり【大鷹狩り】 名 大鷹を使って冬に行う狩り。例**大鷹狩り** 霜がれの草葉を憂しと思へばや冬野の野辺は人のかるらむ〈貫之集・一〉読解 大鷹狩りの題で冬の野の淋しさを詠む。

太田垣蓮月 《人名》一七九一～一八七五(寛政三～明治八)。江戸時代の女性歌人。俗名誠。出家して蓮月と称す。清純で平明な歌風で、生活のため自作の陶器に自作の歌を刻んで売った焼き物も評判となった。家集に『海人の刈藻』。

お-ほたき【御火焚き・御火焼き】 名 陰暦十一月に、京都の諸神社で行う神事。神前に神酒を供え庭火を焚く。例**お火焼き**に稲荷などへ進ぜたるお神酒徳利の小さきに〈西鶴・世間胸算用・五・一〉

大田蜀山人 《人名》⇒大田南畝

おほ-だち【大太刀】 名(古くは「おほたち」)❶大きな太刀。例**大太刀**を垂れ佩き立ちて〈紀・武烈即位前紀・歌謡〉❷鎌倉時代以降、長大な太刀。長いものは二メートルにも及び、背負ったり従者に担がせたりした。例いか物づくりの(=いかめしく豪華な作りの)大太刀はき〈平家・八・征夷将軍院宣〉

おほ-たてあげ【大立て挙げ】 名 鎧の、鉄などで作った臑当て。膝頭から上を特に大きくし、ももを保護する。例**大立て挙げ**の臑当てに膝鎧懸けて〈太平記・八〉

大田南畝 《人名》一七四九～一八二三(寛延二～文政六)。江戸時代の狂歌・狂詩・洒落本・黄表紙作者。幕臣。名は覃。別号に蜀山人・寝惚先生・四方赤良など。天明狂歌の中心として活躍、『万載狂歌集』『徳和歌後万載集』『狂歌才蔵集』を編集。ほかに、洒落本『世説新語茶』、黄表紙『源平惣勘定』など。

おほ-ち【大路】 名(江戸時代以降「おほぢ」とも)大通り。平安京の主要道路をいうことが多い。例むつかしげなる(=むさ苦しいような)**大路**のさまを見渡したまへるに〈源氏・夕顔〉

おほ-ぢ【祖父】 名(「おほちち(大父)」の変化した形)❶祖父。父母の父。例至りは順が**祖父**なり〈伊勢・三九〉❷年老いた男性。老翁。例姥も頼もしや、**おほぢ**は言ふに及ばず〈謡曲・通盛〉

おぼ-ち【おぼ鉤】 名 心がぼんやりとする釣り針。釣り針にかけた呪いの言葉で、これを手にした者は心がぼんやりとなるという。例この鉤は、**おぼ鉤**・すす鉤・貧鉤・うる鉤〈記・上・神代〉読解 海幸山幸の物語の一節。すべて釣り針への呪いの言葉で、「すす鉤」は心が荒れ狂うようになる針、「貧鉤」は貧しくなる針、「うる鉤」は愚かになる針。

大津 《地名》近江国、今の滋賀県大津市。琵琶湖の南西岸にあり、水運・陸上交通の要地として古くから開ける。天智天皇の大津の宮の所在地とされ、『万葉集』にも唐崎とともに詠まれる。平安中期以降、園城寺(三井寺)の門前町。東海道・東山道・北陸道が集まり、北陸道諸国の物資は琵琶湖の水運で大津に運ばれてから京に入ることが多かった。江戸時代は東海道の宿駅が置かれ、京を出て最初の宿場町としてにぎわう。

おぼつか-な・し

【覚束なし】 形(ク)「おぼ」は、ぼんやりとした、の意。「つか」「なし」は接尾語。対象がぼんやりしていてとらえどころのない感じであるさまや、そこから受ける気持ちなどにいう。「覚束」はあて字。

❶**ぼんやりしている。はっきりしない。おぼろだ。** 例明けぐれの空に、雪の光見えて**おぼつかなし**(=夜明け方の薄暗い空に、雪明かりが見えてぼんやりしている)〈源氏・若菜上〉

❷**気がかりだ。心配だ。** 例若宮のいと**おぼつかなく**露けき中に過ぐしたまふも心苦しう思さるるを(=若宮が大変気がかりで涙がちのところで暮らしていらっしゃるのも気の毒にお思いになるので)〈源氏・桐壺〉

❸**待ち遠しい。逢いたい。** 例一夜のほど、朝の間も恋しく**おぼつかなく**(=一晩のへだたりも、朝の間ですらも恋しく待ち遠しく)〈源氏・若菜上〉

❹**不審だ。疑わしい。よくわからない。** 例(『和漢朗詠集』ヲ)道風書かん事、時代や違ひはべらん。**覚束なくこそ**(=道風が書いたということは、年代が違っているのではないでしょうか。不審なことで)〈徒然・八八〉読解「道風」は能書家として知られた小野道風。『和漢朗詠集』成立前に没している。

❺**疎遠だ。うとうとしい。** 例(末摘花ノ邸ニハ)いと**おぼつかなくて**、秋暮れはてぬ(=たいそう疎遠になって、すっかり秋も暮れてしまった)〈源氏・末摘花〉

類義 ①～③こころもとなし/②④いぶかし/②うしろめたし

語誌 ①が原義。平安時代には、相手の様子がはっきりせず気がかりであるという②の意が生じ、さらに、待ち遠しいという③の意が生じた。④は物事の事情がはっきりせず不審に思う意で、現代語の「おぼつかない」は、この延長上にある。⑤は様子のはっきりしない疎遠さに重点を置いた用法。〈鈴木宏子〉

おほ-つごもり【大晦日】 名 一年の最後の日。大みそか。例世の定めとて**大晦日**は闇なる事〈西鶴・世間胸算用・一・一〉

おほ-つち【大土・大地】 名 大地。例**大地**は取り尽くすとも世の中の尽くし得ぬものは恋にしありけり〈万葉・一一・二四四二〉

おほ-づつ【大筒】 名❶大砲。❷大きな酒壺。また、酒を入れる竹の筒。例三石入りばかりなる**大筒**に酒を湛へ〈太平記・三七〉読解「石」は容積の単位。❸(うそを「鉄砲」というところから)でまかせばかりを言うこと。また、その人。

おほ-つづみ【大鼓】 名❶大型の鼓。雅楽の演奏や戦場の合図に用いる。例西の方の錦の平張りより**大鼓**打ちて、静かに楽がやうやう(=だんだんと)し出づ〈宇津保・楼上下〉❷能楽や歌舞伎の囃子などに用いる楽器。表裏に皮をあて調緒で締める。左膝にのせ、手で打つ。「大革」とも。

大津皇子 《人名》六六三～六八六(天智二～朱鳥元)。天武天皇の第三皇子。文武に秀で、人望も厚かったが、謀反の嫌疑を受け刑死。のち、二上山に移葬されたという。『懐風藻』に「臨終」などの漢詩四首、『万葉集』に短歌四首を残す。

おほつ-の-みや【大津の宮】 オオツ— 名 大津にあった天智天皇の皇居。天智六年(六六七)に飛鳥から遷都し、天武元年(六七二)天武天皇が飛鳥浄御原宮に都を遷すまでの五年間存続。「志賀の宮」とも。

おほ-つぼ【大壺】 一 名 便器。例大御大壺とりにも仕うまつりなむ〈源氏・常夏〉

おほ-て【大手】 オオ一 名 ❶城や陣所の正面。例東は生田の森を大手の木戸口とぞさだめける〈平家・九・樋口被討罰〉❷敵を正面から攻める軍勢。例東国より攻めのぼる大手の大将軍は蒲の御曹司範頼〈平家・九・生ずきの沙汰〉

おほ-と【大門】 オオ一 名〔「と」は入り口の意〕大きな入り口。また、大きな海峡。例ともしびの(枕詞)明石大門に入らむ日や〈万葉・三・二五四〉

おほ-どか

オオ一 形動(ナリ) おっとりしている。おおらかだ。おおようだ。例(a)「あなかま」とまねき制すれども、女はた知らず顔にて、**おほどか**にて居たまへり(=「しっ、静かに」と手まねして止めるけれども、姫君はそれでも気がつかない様子で、おっとりと座っていらっしゃる)〈枕・正月一日は〉例(b)文を書けど、**おほどか**に言選りをし〈源氏・帚木〉読解 手紙について用いた例。内容を露骨に書かない奥ゆかしい書き方。

語誌 ▼「おいらか」と「おほどか」 ともに、おっとりしている、おおようだ、の訳語をあてられることが多いが、「おいらか」が自分の感情を抑えて、恨んだり事を荒立てたりしない処世の態度を表すのに対し、「おほどか」は、世間や男女関係に疎いおっとりした態度をいう。〈白石佳和〉

おほ-ど・く オオ一 〔形容動詞「おほどか」の動詞化〕❶動(カ四) おっとりしている。のんびりしている。例(女君ノ態度ハ)いとあさましくやはらかに**おほどき**て〈源氏・夕顔〉❷動(カ下二) ①に同じ。例うち**おほどけ**たる声に言ひなして〈源氏・花宴〉

おほ-どころ【大所】 オオ一 名 ❶大寺院。例わが朝には(=我が国では)熊野・羽黒とて、**大所**にて候ふぞかし〈義経記・七〉❷手広く商売をしている店。大きな構えの家。例**大所**の勝手にあふ者、給銀四十五匁から五十目に極めておきしに〈西鶴・西鶴織留・五・三〉

おほ-とじ【大刀自】 オオ一 名〔「おほ」は接頭語。「とじ」は女性の敬称〕❶大化改新以前、宮廷に仕える女性の称号。❷妃に次ぐ天皇の夫人の称。例藤原夫人の歌一首…字を**大原大刀自**といふ〈万葉・八・一四六五・題詞〉

おほ-どし【大年・大歳】 オオ一 名「おほとし」とも。一年最後の日。大みそか。例**大年**の夜のありさまも、京・大坂よりは格別しづかにして〈西鶴・世間胸算用・四・二〉

おほとなぶら

【大殿油】オオトナブラ 名〔「おほとのあぶら」の変化した形〕宮中や貴族の邸内でともす油の灯火。実際には照明具の灯台をさすことが多い。例(a)高坏にまゐらせたる(=おともし申し上げている)**御殿油**なれば〈枕・宮にはじめてまゐりたるころ〉読解 定子中宮の御前で絵を見ているところ。いわゆる高坏灯台(高坏をさかさにして台の底に灯油皿をのせたもの)で、低いから手もとが明るい。例(b)**大殿油**を近くかかげて見たてまつりたまふに、飽かずうつくしげにめでたうきよらに見ゆる御顔の(=御灯火を近づけ灯心をかき立てて拝見なさると、どこまでもかわいらしく申し分なく気品があり美しく見えるお顔の)〈源氏・御法〉読解 光源氏が紫の上の死に顔を見るところ。

語誌 ともしびに照らされた女性の容姿美は『源氏物語』でもしばしば表現されている。その極致は、例(b)の紫の上の死に顔や宇治の大君の死に顔(総角巻)の美しさである。薄明かりに照らし出された微妙な美である。〈藤本勝義〉

おほ-とねり【大舎人】 オオ一 名「おほどねり」とも。中務省大舎人寮に属し、宮中の宿衛や雑用を務める下級官人。定員は左右各八〇〇人。⇩とねり

おほ-との【大殿】 オオ一 名〔「おほ」は接頭語〕❶宮殿や貴人の邸宅の敬称。その正殿の寝殿をさすこともある。例大宮は ここと聞けども **大殿**は ここと言へども〈万葉・一・二九〉➡名歌216 ❷大臣の敬称。例片手(=舞の相手方)には**大殿**の(子息ノ)頭中将〈源氏・紅葉賀〉❸貴人である当主の敬称。当主の父をさす場合もある。例**大殿**、「なにか着たる(=何を着ているか)」と、内々御尋ねありければ〈著聞集・一一・四〇九〉

おほとの-あぶら【大殿油】 オオトノ一 名「おほとなぶら」に同じ。

おほとの-ごもり-すぐ・す【大殿籠り過ぐす】 オオトノゴモリ一 動(サ四) 寝過ごす意の尊敬語。寝過ごしなさる。例(桐壺帝ハ)**大殿籠りすぐし**てやがて(=そのまま)(更衣ヲ)さぶらはせたまひなど〈源氏・桐壺〉

おほとの-ご・も・る

【大殿籠る】オオトノ一 動(ラ四)〔「おほとの」は寝殿の意〕「寝」「寝ぬ」の尊敬語。おやすみになる。例親王、**おほとのごもら**で明かしたまうてけり(=親王は、おやすみにならないで夜をお明かしになってしまった)〈伊勢・八三〉

語誌 寝殿は皇族・貴族の邸宅の正殿で、そこにこもるという意から、貴人が寝る意の尊敬語になった。〈吉野瑞恵〉

おほともの【大伴の】 オオトモノ《枕詞》大伴(今の大阪市付近)にある地名「御津」に、また、同音の「見つ」にかかる。

大伴黒主 オオトモノクロヌシ《人名》生没年未詳。姓は「大友」とも書く。平安前期の歌人。六歌仙の一人。勅撰集には『古今和歌集』以下に八首入集。

大伴坂上郎女 オオトモノサカノウエノイラツメ《人名》生没年未詳。奈良前期から中期にかけての歌人。大伴旅人の異母妹で、家持の叔母。『万葉集』に女性としては最多の八四首を残す。特に、相聞歌にすぐれる。

大伴旅人 オオトモノタビト《人名》六六五〜七三一(天智四〜天平三)。奈良前期の歌人。家持の父。詩文の教養が豊かで、晩年の大宰帥のとき山上憶良らと筑紫歌壇を形成、『万葉集』第三期を代表する

一人。仙境に遊ぶ詩情や人生の悲哀を歌う点などに特色がある。中国文学の影響がみられる「松浦河に遊ぶ序」以下の連作や「酒を讃むる歌」の連作が有名で、亡き妻を思い、老いを嘆く歌などもある。

大伴家持 オオトモノヤカモチ《人名》七一八?〜七八五(養老二?〜延暦四)。奈良中期の人。大伴旅人の子。越中守・因幡守などを歴任、中央に復帰後中納言で死去。大伴家がしだいに衰えてゆく現実に直面しながら、波乱に富む人生を送った。『万葉集』第四期の代表的歌人。『万葉集』には、長歌四六首、短歌約四三〇首などを収め、集中最多。繊細にとぎすまされた感覚から、抒情性の豊かな詩情を詠む。『万葉集』の成立にも関与しているとされる。

おほ-とり【大鳥・鳳】 オオ― 名 ❶鶴など大きな鳥の総称。例数百の鶴…高く空に翔りぬ〈紀・天武下〉 ❷中国で、想像上の大きな鳥。鳳凰など。

おほとりの【大鳥の】 オオトリノ《枕詞》大鳥が羽を交えるさまの「羽交ひ」の意から、同音の地名「羽易」にかかる。大鳥の羽の意から「羽」にかかるとする説もある。

おぼと・る 「おほとる」とも。**1** 動(ラ四) 乱れ広がる。例莵荚(=木の名)に延ひおほとれる屎葛〈万葉・一六・三八五五〉 **2** 動(ラ下二) ❶1に同じ。例長かりし髪は抜け落ち、枕上におぼとれてあり〈今昔・一九・一〇〉 ❷だらける。だらしがない。例大路近き所に、おぼとれたる声して〈源氏・東屋〉 語誌 1は上代の用法で、「おほとる」と清音かとされる。

おほな-おほな オオナオオナ 副 ❶本気になって。真剣に。例御心につくべき御遊びをし、おほなおほな思しいたつく(=いたわっておられる)〈源氏・桐壺〉 ❷身のほどにしたがって。分相応に。❸深く考えないで。 語誌 「おほなおほな」「あふなあふな」については諸説があり、なお未詳な部分が多い。

おほ-なかぐろ【大中黒】 オオ― 名 ❶矢羽の斑の一種。上下が白く中央に太い黒斑のあるもの。例大なか黒の矢負ひ、塗籠籐の弓脇にはさみ〈平家・八・山門御幸〉 ❷紋所の名。輪の中央に一本太く黒い横線を引いたもの。例二つ引き両と大中黒といづれかすぐれたる紋にて候ふらん〈太平記・一八〉 読解 前者は足利氏の紋、後者は新田氏の紋。

大中臣能宣 オオナカトミノヨシノブ《人名》九二一〜九九一(延喜二一〜正暦二)。平安中期の歌人。村上天皇の命令で、梨壺の五人の一人として『後撰和歌集』撰進などにあたる。家集に『能宣集』。『小倉百人一首』に採られた「みかきもり」の歌は『詞花和歌集』には能宣作とするが、家集には見られない。

おほ-なほび【大直毘・大直日】 オオナオビ 名 凶事を吉事に転じる神。非日常的な状態を正常な状態に回復させる言葉の働きを神格化したもの。例大直日の命、聞き直し見直して、平らけく安らけく知ろしめせ(=平安に保ってください)〈祝詞・大殿祭〉

おほなめ-まつり【大嘗祭り】 オオナメ― 名 「だいじゃうさい」に同じ。

おほ-なゐ【大地震】 オオナイ 名 大きな地震。例昔、斉衡(=年号)のころとか、大地震ふりて〈方丈記〉

おほ-には【大庭】 オオニワ 名 広い庭。特に、紫宸殿の前の庭。例昌俊を大庭にひっすゑたり(=引き据えた)〈平家・一二・土佐房被斬〉

おほ-にへ【大贄】 オオニエ 名〔「おほ」は接頭語〕神や朝廷に献上する各地の産物。⇩にへ。例この歌は、国主すら、大贄献る時々に〈記・中・応神〉

おほ-ぬさ【大幣】 オオ― 名 ❶大祓えのときに用いる幣。人々が身にひきよせて穢れを移し、祓えが終わると川に流す。和歌では、「引く」の序詞として用いる。例おほぬさの引く手あまたになりぬれば思へどえこそ頼まざりけれ(=あなたを愛していてもあてにはできない)〈古今・恋四〉 ❷(①例の『古今和歌集』の歌から)多くの人にひかれること。気が多いこと。例おほぬさと名にこそ立てれ〈古今・恋四〉

おほ-ね【大根】 オオ― 名 ❶植物の名。ダイコン。例正月のおほね〈枕・えせものの所得るをり〉 ❷大きな鏃。❸物事の根源。おおもと。例三教の風味概は米の味〈続相槌・下〉

おほ-の【大野】 オオ― 名 広大な野原。例冬ごもり(枕詞)春の大野を焼く人は〈万葉・七・一三三六〉

おほ-のか オオ― 形動(ナリ)〔「おほどか」の変化した形〕❶大きい。例車のうちかへりたる。さるおほのかなる物は、所せくやあらん(=どっしりとしているだろう)と思ひしに〈枕・あさましきもの〉 ❷おっとりした。おおらか。例あさましうおほのかにも言ふものかなと聞きて〈宇治拾遺・一八〉

太安万侶 オオノヤスマロ《人名》?〜七二三(養老七)。奈良時代の学者。和銅四年(七一一)元明天皇の勅命によって、稗田阿礼の誦する帝紀(天皇の系譜)・旧辞(帝紀以外の神話や伝承)を筆録し、『古事記』として献上した。『日本書紀』の編纂にもかかわったとされる。

おほ-ば【祖母】 オオ― 名〔「おほはは(大母)」の変化した形〕❶祖母。父母の母。例父方の祖母の家を伝へて(=受け継いで)、久しくかの所に住む〈方丈記〉 ❷年老いた女性。老女。例翁・姥とは吾が先(=前世)の父母なりといふ〈霊異記・上・一八〉

おほ-ば【大場】 オオ― **1** 名 大都会。例大場に住める商人どの心だま(=心持ち)、格別に広し〈西鶴・世間胸算用・五・一〉 **2** 形動(ナリ) ゆったりとして、こせこせしていないさま。例よろづ大場にさばき〈浮世草子・けいせい色三味線・京・二〉

大原 オオハラ《地名》歌枕 ❶大和国、今の奈良県高市郡明日香村小原。藤原鎌足の本拠地。例我が里に大雪降れり大原の古りにし里に降らまくは(=降るのは)のち〈万葉・二・一〇三〉 読解 天武天皇が大原にいた藤原夫人に贈った歌。❷山城国、今の京都市左京区大原。三千院などがある。隠棲の地で、和歌では、炭竈の煙がよく詠まれた。例日数ふる雪げに(=幾日も続く雪模様に)まさる炭竈の煙もさびし大原の里〈新古今・冬〉

大原野 オオハラノ《地名》歌枕 山城国、今の京都市西京区大原野。春日神社を勧請した大原野神社や、小塩山がある。「大原」とも。例大原や小塩の山もけふこそは神世のことも思ひ出づらめ〈伊勢・七六〉

おほ-はらへ【大祓へ】 オオハラエ 名 宮中の年中行事。陰暦六月・十二月の晦日に世の中のいろいろな穢れを祓って捨てる神事。十二月の大祓えは早くに廃れ、もっぱら六月に行われたが（「水無月祓へ」）、大嘗会、斎宮・斎院の選定、災害や疫病などのときにも臨時に行われた。例今年の六月の晦の大祓へに〈祝詞・六月晦大祓〉

おほ-ばん【大判】―名天正一六年（一五八八）から江戸末期まで通用した大型楕円形の金貨。天正大判・慶長大判・元禄大判などがあり主に献上や贈答用に使われた。金貨大判一枚は小判十両に相当するが、時代によりその実際的な価値は異なる。例大判三枚小袖で代として給はりし事〈西鶴・好色一代女・三・一〉

おほ-ばん【大番】―名❶「大番役」の略。例大番のために上洛したりける畠山庄司重能〈平家・七・聖主臨幸〉❷「大番組」の略。

おほばん-ぐみ【大番組】―名江戸幕府の職名。江戸城と江戸市中、および大坂城・京都二条城の警備を行う。旗本から選抜して組を組織、寛永年間（一六二四～一六四四）以降は十二組が定数となり、交替して任にあたった。例大番組に入りて相勤め申せとの上意〈西鶴・武家義理物語・六・三〉

おほばん-しゅ【大番衆】―名「おほばんしゅう」とも。❶大番役を務める武士。例大番衆がとどめかねたりし強盗六人〈平家・四・信連〉❷江戸時代、大番組に所属する武士。例大番衆たけき（＝勇ましい）心も花薄〈俳諧・桜千句〉

おほばん-やく【大番役】―名平安末期から鎌倉時代にかけて、諸国の武士に命じて交替で皇居や院の御所、幕府の警護にあたらせたもの。例大番役にのぼりけるときの事なり〈著聞集・二〇・六七八〉

おほ-ひ【大炊】―名〔「おほいひ（大飯）」の変化した形〕❶天皇の食べ物。また、それを調理すること。❷「大炊寮」の略。

おほひ【庇ひ・覆ひ】―名❶上からかぶせるもの。包むもの。例紫の綾の覆ひどもうるはしく見えわたりて〈源氏・若菜上〉❷屋根。例築地はあれども、おほひもなく、軒のしのぶ（＝忍草）もうちしげり〈御伽草子・小伏見物語〉❸かばうこと。保護すること。また、その人。例軍次（＝人名）はやがて覆ひになり〈浄瑠璃・一谷嫩軍記・三〉

おほひ-どの【大炊殿】―名貴族などの屋敷で食べ物を調理する場所。また、その建物。例背後の方なる大炊殿と思しき屋に移したてまつりて〈源氏・明石〉

おほひ-の-つかさ【大炊寮】―名「おほひづかさ」とも。「おほひれう」に同じ。例大炊寮の飯炊く屋の棟に〈竹取〉

おほ-ひめぎみ【大姫君】―名貴族の長女の敬称。例大姫君は春宮に参りたまひて〈源氏・匂宮〉

おほひ-れう【大炊寮】―名令制で、宮内省に属する役所。諸国からの舂米・雑穀を収納し、諸司に分給する。「おほひのつかさ」とも。

おほ・ふ【被ふ・覆ふ】動（ハ四）❶雲・霞・雪・火・土砂などが、一面に広がって、表面を包み隠す。例めでたう照り輝きたる月日の面に群雲のにはかに出できておほひたるにこそ似たれ（＝すばらしく照り輝いている月や太陽の表面に一群の雲が急に出てきて包み隠したのに似ている）〈栄花・月の宴〉
❷下の物が見えないように上から物をかぶせる。ふたをする。例たとしへなく口おほひてさやかにも見せねど（＝すっかり口をおおってはっきりとも見せないけれど）〈源氏・空蟬〉読解女性が口を袖でおおうのは、恥じらいや慎しみを表すしぐさ。
❸威勢・名声などを広く行き渡らせる。例威をあまねく海内に覆ひしかども（＝威勢を広く全国に行き渡らせたけれども）〈太平記・一・一〉
❹庇護する。救済する。和歌では、「袖」とともに用いることが多い。例おほけなくうき世の民におほふかなわがたつ杣に墨染めの袖〈千載・雑中〉↓名歌105

〈安達敬子〉

語誌 基本的に他動詞だが、①は自然現象などについての自動詞的用法である。

おほ-ぶく【大服・大福】―名「大服茶」の略。元旦の祝いに飲む、梅干しを入れた茶。のちは、昆布や山椒なども入れるようになった。例茶をたてたなどといふな。大福御祝い候へと申せ〈噺本・昨日は今日の物語・上〉

おほぶね-の【大船の】《枕詞》❶大船が海でゆったりと揺れるさまから「ゆくらゆくら」「ゆた」「たゆたふ」にかかる。例大船の ゆくらゆくらに 面影に もとな見えつつ〈万葉・一九・四二二〇〉❷大船が頼りになることから「頼む」「思ひ頼む」にかかる。例天の下 四方の人の 大船の 思ひ頼みて〈万葉・二・一六七〉❸大船が利用する「渡り」や「津」などから、同音の地名「渡り」、同音を含む人名「津守」に、また、「揖取り」と類似する地名「香取」にかかる。

おほ-べしみ【大癋見】―名能面の一種。目をむいて鼻の穴を広げ、口を大きく「へ」の字に結ぶ。「鞍馬天狗」「善界」などの天狗物に使用する。

おほほし 形（シク）ぼんやりしているさま。心の暗いさま。例たらちしの（枕詞）母が目見ずて（＝母に逢えないで）おほほしくいづち向きてか我が別るらむ〈万葉・五・八八七〉語誌「おぼほし」とする説もある。

おぼほ・す【思ほす】動（サ四）「おもほす」の変化した形。

おぼほ・る【溺ほる・惚ほる】動（ラ下二）❶水におぼれる。沈む。例激しき波風におぼほれ〈源氏・絵合〉❷涙にむせぶ。例心をさめん方なく、おぼほれ居たり〈源氏・早蕨〉❸ぼんやりする。正気をなくす。例むげに（＝まったく）世を思ひ知らぬやうに溺ほれたまふ〈源氏・帚木〉

おほ-まうちぎみ【大臣】名「だいじん（大臣）」に同じ。

おほ-まし・ま・す【大座します】―動（サ四）〔「おほ」は接頭語〕いらっしゃる。おありになる。神や天皇について用い、最高の敬意を表す。例朕は御身つからしくおほましますによりて（＝疲れていらっしゃるので）〈続紀・神護景雲三年十月・宣命四五〉読解ここは、いわゆる自敬表現。

おほまつりごと-の-おほまへつぎみ【太政大臣】名⇩だいじょうだいじん

おほ-まへ【大前】 名〔「おほ」は接頭語〕❶神や天皇の前の敬称。御前。例誰そ 大前に申す〈記・下・雄略・歌謡〉❷射芸の最初の射手。

おほ-まへつぎみ【大臣】 名「だいじん(大臣)」に同じ。例もののふの(＝官人たる)大臣楯立つらしも〈万葉・一・七六〉

おほ-み-【大御】 接頭〔「おほ」も「み」も接頭語〕主に神や天皇に関する事物について、非常に高い尊敬の意を表す。「大御歌」「大御酒」「大御言」など。⇩おほん

おほ-み【大忌】 名〔「おほいみ」の変化した形〕❶「あらいみ」に同じ。❷①の役の公卿の着る衣。例山藍の色をかさぬる今宵だにおほみの袖や変はらざるらむ〈新葉・冬〉

おほみ-あへ【大御食・大御饗】 名〔「おほみ」は接頭語〕天皇のお食事。例その土人…大御饗献りき〈記・中・神武〉

おほみ-うた【大御歌】 名〔「おほみ」は接頭語〕天皇が詠んだ歌。例比良宮に幸すとき(＝行幸なさったとき)の大御歌といふ〈万葉・一・七・左注〉

おほみ-おや【大御祖】 名〔「おほみ」は接頭語〕天皇の祖先。皇祖。

おほみ-かど【大御門】 名〔「おほみ」は接頭語〕皇居の門。転じて、皇居。宮殿。のちは、貴人の家の門にもいう。例藤井が原に 大御門 始めたまひて〈万葉・一・五二〉

おほみ-き【大御酒】 名〔「おほみ」は接頭語〕神や天皇などに差し上げる酒。例親王に馬の頭、大御酒まゐる(＝差し上げる)〈伊勢・八二〉

おほ-みぎり【大砌】 名 雨垂れを受けるための、軒下の敷石。例大砌の石を伝ひて〈徒然・六六〉

おほみ-け【大御食】 名〔「おほみ」は接頭語〕神や天皇に献上する食物。例大御食に 仕へまつると をちこちに(＝あちこちに) 漁り釣りけり〈万葉・二〇・四三六〇〉

おほみ-こと【大御言・大命】 名〔「おほみ」は接頭語〕天皇のお言葉。天皇の御命令。例大命 戴き持ちて 唐の 遠き境に 遣はされ〈万葉・五・八九四〉

おほみこともち-の-つかさ【大宰府】 名〔天皇の命令を帯びて任地に赴き、国を治める官の意〕大宰府の古称。

おほみ-たから【大御宝・百姓】 名〔「おほみ」は接頭語〕天皇の支配する人民。一般民衆。

おほみね-いり【大峰入り】 名 ⇩みねいり

おほみ-はぶり【大御葬】 名〔「おほみ」は接頭語〕天皇の葬儀。葬送。例故、今に至るまでに、その歌は、天皇の大御葬に歌ふぞ〈記・中・景行〉

おほみ-み【大御身】 名〔「おほみ」は接頭語〕天皇や皇太子のお体。例(高市皇子ハ)大御身に 大刀取り佩かし(＝身に着けられ)〈万葉・二・一九九〉

おほ-みや

【大宮】 名 ❶**皇居や皇居に準じる宮殿の敬称。** 例天皇の 神の尊の 大宮は ここと聞けども〈万葉・一・二九〉

↓名歌216

❷(皇后を「宮」と称するのに対して)**皇太后・太皇太后の敬称。** 例大宮もそこはかとなうわづらひたまひて(＝皇太后もなんとなくご病気になって)〈源氏・明石〉

❸皇族や皇族出身の女性で、母や祖母などの立場にあたる人への敬称。まれに同様の立場の男性に対しても用いる。例(孫ガ)浅葱にて殿上に還りたまふを、**大宮**は飽かずあさましきことと思したる(＝六位の袍の姿で宮中にお戻りになるのを、祖母の大宮が不満で心外なこととお思いになっている)〈源氏・少女〉

❹皇子・皇女の母宮に対する敬称。例(若宮誕生後五十日目ノ祝宴デハ西側ガ)**大宮**の御膳、例の沈の折敷、何くれの台なりけむかし(＝大宮のお膳で、例の沈香の木の盆や、何やかやのりっぱな台であったであろうよ)〈紫式部日記〉 読解 ここは若宮の母中宮彰子のこと。

〈藤本宗利〉

おほ-みやすんどころ【大御息所】 名〔「おほ」は接頭語〕先帝の御息所の敬称。例大御息所とていますがりける(＝いらっしゃった)〈伊勢・六五〉

おほみや-つかへ【大宮仕へ】 名 宮廷に仕えること。例山辺の 五十師の原に うちひさす(枕詞) 大宮仕へ〈万葉・一三・三三二四〉

おほみや-どころ【大宮処】 名 皇居のある地。また、皇居。例み吉野の激つ河内の大宮処〈万葉・六・九二一〉 読解 吉野の離宮の地を詠む。

おほみや-びと

【大宮人】 名 **宮中に仕える人。宮廷人。** 例ももしきの(枕詞)大宮人は暇あれや梅をかざしてここに集へる(＝宮廷人たちは暇があるのだろうか。梅の花を髪に挿してここに集まっているよ)〈万葉・一〇・一八八三〉

〈藤本宗利〉

大神神社 名 大和国、今の奈良県桜井市の神社。三輪山を神体とするため本殿をもたない。⇩三輪山

おほ-む-【大御・御】 接頭 ⇩おほん

おほ-むらじ【大連】 名 大化改新以前、朝廷の最高官。連の姓をもつ氏族(大伴氏・物部氏など)中の最有力者が任命された。臣の有力者大臣と並ぶ要職。大化改新後、左右大臣制に移行。

おぼめか・し【朧めかし】 形(シク)〔動詞「おぼめく」の形容詞化〕❶はっきり見えない。おぼろげだ。例夕すずみといふほど、物のさまなどもおぼめかしきに〈枕・いみじう暑きころ〉❷記憶や技能がはっきりしない。不案内だ。あやふやだ。例その方(＝歌の方面)におぼめかしからぬ人、二、三人ばかり〈枕・清涼殿の丑寅のすみの〉❸とらえどころがなく不安だ。気がかりだ。例かかる御心ざしのおろかならぬを(＝いいかげんではないのを)見知れば、おぼめかしながら頼みかけ聞こえたり〈源氏・夕顔〉❹態度をはっきりさせない。とぼけている。知らん顔をする。例女君、さばかりならむと心得たまへれど、おぼめかしくもてなしておはす〈源氏・若菜上〉

おぼ-め・く

【朧めく】 動(カ四)〔「おぼ」は、ぼんやりとした、の意。「めく」は接尾語〕❶**はっきりしない。ぼんやりしている。よくわからない。** 例よろづのことに通はしなだらめて、かどかどしきゆゑもつけじ、たどたどしくおぼめくこともあらじ(＝万事に片寄りなく通じ、格別に

目立つ学問も身につけさせず、不案内でよくわからないこともあるようにはしたくない〈源氏・常夏〉[読解] 光源氏の娘を教育する方針。中庸を重んじる。

❷不審に思う。いぶかしく思う。[例]「こは誰がしわざにか…それにや、かれにや」など、おぼめきゆかしがり(＝「これはだれのしわざだろうか…その人だろうか、あの人だろうか」などと、不審に思い知りたがり)〈枕・円融院の御はての年〉

❸はぐらかす。とぼける。[例]げにげにしく所々うちおぼめき、よく知らぬよしして(＝いかにも本当らしく、所々はっきりしないふうを装って、よく知らないそぶりをして)〈徒然・七三〉

[語誌] ぼんやりした状態・動作を表すのが原義。②はよくわからない事態に接して不審に思う意。③はわかっていながら知らないふうを装う意。〈鈴木宏子〉

おほ-めつけ【大目付】 名 江戸幕府の職名。老中の配下で政務を行い、大名を監視する。旗本から選ばれる。

大物主神 《人名》神名。奈良県桜井市の大神神社の祭神。三輪山に鎮座し、蛇体となって現れるという。この神が人に化身して娘と婚姻する話を三輪山伝説と呼ぶ。記紀では、大国主命の国作りを助けた神としても登場する。「おほもの」は偉大な精霊の意。

おほ-や【大矢】 名 矢束の長い矢。また、それを射る人。[例]大矢と申す定の者の(＝大矢を引くと言われるほどの武者で)、十五束に劣って引くは候はず〈平家・五・富士川〉

おほ-やう【大様】

細部にこだわらず、おおらかに構えているさま。

[1]形動(ナリ) ❶こせこせせずゆったりとしている。落ち着いている。[例]重盛卿はゆゆしく大様なるものかな(＝重盛卿はひどく落ち着いていることだな)〈平家・一・清水寺炎上〉

❷おおざっぱだ。おおまかだ。[例]御内方とは、おほやうなり。やはか通る(＝御家来衆とはおおざっぱな答えである。どうして通せようか)〈曾我・九〉[読解] 屋敷に入ろうとする人物の正体をただそうとする門番の言葉。「やはか」は反語の意を表す副詞。

[2]名副 だいたい。おおよそ。[例]しやせまし、せずやあらましと思ふことは、おほやうはせぬはよきなり(＝しようか、しないでおこうかと思うことは、だいたいはしないのがよいものである)〈徒然・九八〉

[語誌]▼関連語 主に中世以降に用いられる。江戸時代以降、威厳のあるさま、動作のゆったりしているさまを表す「おうやう(鷹揚)」と混同され、さらに、意味領域が拡大して、愚鈍だ、などの意にも用いられるようになる。〈堤和博〉

おほ-やかず【大矢数】 名 ❶江戸時代、京都や江戸深川の三十三間堂で行われた、通し矢の数を競う競技。陰暦四月・五月の日暮れから翌日の日暮れまでの一昼夜に、堂の長さ約一二〇メートルを射通した矢の数を競う。❷①にならって、一昼夜に一人で吟じた句数を競う俳諧の興行。矢数俳諧。談林派の俳諧師だった井原西鶴が始め、四千句興行の『西鶴大矢数』の刊行などもあった。貞享元年(一六八四)住吉神社での西鶴の二三五〇〇句が最高記録。

おほ-やけ【公】

「やけ」は「家・宅」で、大きな家、が原義。

[1]名 ❶朝廷。政府。官庁。幕府。[例]おほやけには、「筑紫の国に湯あみにまからむ」とて暇申して(＝朝廷には、「筑紫の国に湯治に参ろうと思う」と言って休暇を願い出て)〈竹取〉

❷天皇。皇后・中宮を含めていうこともある。[例]昔、おほやけおぼしてつかうたまふ女の(＝昔、天皇がお心をおかけになって召し使っていらっしゃる女で)〈伊勢・六五〉

❸公的なこと。政治に関すること。[例]世にあることのおほやけわたくしにつけて(＝この世に存在することの公的なこと私的なことについて)〈源氏・帚木〉

❹表ざた。「公にす」の形で用いることが多い。[例]木に彫りて、公にする事とはなりぬ(＝版木に彫って、表ざたにする事となった)〈俳諧・左比志遠理・序〉[読解] 書物を出版することをいう。

[2]形動(ナリ) ❶公平だ。私情がない。[例]詞うるはしく、論おほやけなり(＝言葉はきちんと整っていて、議論には公平だ)〈難波物語〉

❷裕福だ。[例]こなたはおほやけな事でござれば(＝あなたは裕福な事でございますので)〈虎寛本狂言・米市〉

対義 [1]③④わたくし(私)

[語誌]▼「大宅」「大家」が原義で、『日本書紀』『播磨国風土記』『和名類聚抄』などに地名として残っている。「大家の里」「大宅郷」などである。▼大きな建物をさしたことから、[1]①の意が生じ、そこからさらに②③の意が派生したとみられる。▼平安時代には「おほやけおほやけし」のような形容詞が派生し、中世になると[2]のような形容動詞も派生した。〈小島孝之〉

おほやけ-おほやけ・し【公公し】 形(シク) 〔「おほやけし」を強調した語〕儀式ばっている。公的である。表立っている。[例](葬送ノ)おほやけおほやけしき作法ばかりのことを〈源氏・夕霧〉

おほやけ-ごと【公事】 名「くじ」とも。❶朝廷の政務。公務。宮中の儀式。公的な行事。[例]祭りのほど、限りある(＝定まった)公事に添ふこと多く〈源氏・葵〉❷国家から課せられた義務的な奉仕。租税・賦役など。[例]生けらむ世のかぎり武蔵の国を預けとらせて、おほやけごともなさせじ〈更級〉❸型どおりに行うこと。通り一遍のやり方。[例]公事に仕うまつれる、おろそかなることもぞと〈源氏・桐壺〉❹公式のこと。仕える主人に関する事柄。[例](返歌ヲ)公事にぞ聞こえなす〈源氏・夕顔〉

おほやけ-ざま【公様・公方】 名 ❶天皇・朝廷・国家など、公的な物事に関係すること。[例]おほやけざまの公事・作法ばかりにはあるべきほど(＝分相応)にふるまひ〈大鏡・道長上〉❷表向き。ひととおり。[例]公ざまの折々の御とぶらひ(＝御訪問)などは〈源

氏・少女〉

おほやけ・し【公し】 形(シク)〔名詞「おほやけ」の形容詞化〕儀式ばっている。公的である。表立っている。例これはた(=これはまた)**おほやけしう**(音便形)、唐めきてをかし〈枕・淑景舎、東宮にまゐり給ふほどのことなど〉

おほやけ-づかひ【公使ひ】 名 朝廷からの使者。勅使。例この皇女、**おほやけ使ひ**を召して〈更級〉

おほやけ-どころ【公所】 名 ❶朝廷。政府。例**おほやけ所**に入り立ちする男、家の子(=よい家柄の子弟)などは〈枕・男こそ、なほいとありがたく〉❷朝廷の領有地。国有地。例**おほやけ所**なれど、人もなく心やすきを〈源氏・手習〉

おほやけ-ばら【公腹】 名 人ごとながら、公平な立場から腹を立てること。公憤。義憤。例すずろに心やましう(=むしょうに不愉快で)、**おほやけばら**とか…憎くこそ思うたまへられしか〈紫式部日記〉

おほやけばら-だた・し【公腹立たし】 形(シク)人ごとながら腹立たしい。義憤を感じる。例あやなき**おほやけ腹立たしく**、心ひとつに思ひあまることなど多かるを〈源氏・帚木〉

おほやけばら-だつ【公腹立つ】 義憤をおぼえる。公憤を感じる。例(男ガ女ヲ)見捨てて行きなどするは、あさましう、**おほやけ腹立ちて**〈枕・男こそ、なほいとありがたく〉

おほやけ-びと【公人】 名 朝廷に仕える人。官吏。「大宮人」とも。例中将などをば、すくすくしき(=まじめな)公人にしなしてん〈源氏・初音〉

おほ-やしま【大八州・大八洲】 名「大八州国」の略。日本の美称。例深き御うつくしみ、**大八洲**にあまねく〈源氏・明石〉

おほ-やまと【大倭・大日本】 名 ❶日本の美称。例我が大君皇子の命万代にめしたまはまし(=お治めになるはずの)**大日本**久邇の都は〈万葉・三・四七五〉❷大和国(奈良県)の別称。

おほ-やまもり【大山守】 名〔「おほ」は接頭語〕天皇のもつ山を管理する役。例楽浪の**大山守**は誰がためか山に標結ふ〈万葉・二・一五四〉

おぼ・ゆ

【覚ゆ】動(ヤ下二)「おもほゆ」の変化した形。「ゆ」は、上代の自発・受身の助動詞「ゆ」に関連する接尾語。自然と思われる、自然に頭に浮かぶ、が原義。

❶**自然に思われる。~という気がする。** 例隅田川のほとりに至りて、都のいと恋しう**おぼえければ**(=隅田川のほとりに行き着いて、都がたいそう恋しく思われたので)〈古今・羇旅・詞書〉

❷**思い浮かぶ。わかる。思い当たる。** 例(意識ガアッテ)物はすこし**覚ゆれ**ども腰なん動かれぬ(=物は少しわかるが腰は動くことができない)〈竹取〉

❸**記憶している。記憶をたどって思い出す。** 例かの国の父母の事も**覚えず**(=あの月の国の父母のことも覚えていない)〈竹取〉

❹**思い出して語る。** 例いで、**覚えたまへ**(=さあ、思い出して話してください)〈大鏡・序〉

❺**記憶しているものに似ている。面影がある。** 例すこし**おぼえたる**所あれば、子なめりと見たまふ(=少し似ているところがあるので、その人の子どものようだとご覧になる)〈源氏・若紫〉

❻(③から転じて)**学んで身につける。** 例言ひ立てになる芸が一年や二年習うて**覚えらるる**ものでおりゃるか(=宣伝になる芸が一年や二年習って身につけることができるものでございますか)〈虎寛本狂言・八幡前〉

語誌 ▼**現代語との比較** 現代語「覚える」は、記憶するという意の他動詞だが、古文では、自然と思われる、頭に浮かぶ、という自動詞的意味が中心。⑥は他動詞の用法。意味の上では、特に⑤を見落としやすいので注意する。

▼**「思ふ」との違い** 「覚ゆ」の古い用法には自発的な意味が目立ち、その自然に思われる事柄は、一般に主語として表される。同じ心の働きを意味する語でも、「思ふ」のほうは、基本的に意図して何かを心にいだく意味をもち、「人を思ふ」などと、格助詞「を」でその事柄が示されるという違いがある。

▼「覚ゆ」の「ゆ」は、自発・受身の助動詞「ゆ」と同源であり、自発的な意味の接尾語だが、それと同様の接尾語「ゆ」を伴う語は、「聞こゆ」「栄ゆ」「萎ゆ」「映ゆ」「見ゆ」「燃ゆ」など少なくない。

なお、この語からできた副詞に「おぼえず」がある。「物も覚えず」の形で、何がなんだかわからなくなるような精神状態をいうこともある。連用形から転じた名詞「覚え」に、「覚えなし(思いもよらない・思いがけない)」という使い方があるのも、ともに自発的な意味による。〈山口堯二〉

おほ-ゆか【大床】 名 ❶武家造りの広廂。広縁。例入道相国**大床**に立って〈平家・二・西光被斬〉❷神社の床。例十禅師(=十禅師権現)の**大床**の上へぞ投げあげたる〈平家・二・一行阿闍梨之沙汰〉

おほ-よこめ【大横目】 名「おほめつけ」に同じ。例**大横目**両役人に申しわたされ、吟味をするに(=調査すると)〈西鶴・武道伝来記・二・三〉

おほ-よそ

【大凡・凡そ】名副 物事を全体的・概括的にとらえる語。

❶**だいたい。おおよそ。** 例(a)見れば…**おほよそ**六行うす(=見ると…おおよそ六列に並んでいる)〈今昔・七・四七〉例(b)これは**おほよそ**の定めなり(=これはだいたいの基準である)〈風姿花伝・六〉

❷話を切り出すときに用いる。**一般に。そもそも。** 例**おほよそ**人天・大衆、仏の涅槃したまひなむとするを見て誰かは歎かざるべき(=そもそも、人間と天人と大勢の僧は、今にも仏がお亡くなりになろうとするのを見てだれか嘆かない者がいようか)〈今昔・三・二八〉読解「誰かは」の「かは」は反語の意を表す。

❸**まったく。どう見ても。** 例(a)**おほよそ**この功徳量りなし(=この善行のもたらす恵みはまったく計り知れない)〈今昔・三・一〉例(b)**おほよそ**骸散りたる事無くして(=まったく死骸が散乱している様子はなくて)〈今

昔・二七・八〉 ❹特別でないこと。普通。例（縁故ヤ関係ガ）さしもあるまじきおほよその人さへ…涙落とさぬはなし（＝特別にあるはずのない普通の人までも…涙を落とさない人はいない）〈源氏・御法〉

おほよそ-びと【大凡人】 名 世間一般の人。関係のない人。例とやかくやと、おほよそ人の思はむ心さへ思ひめぐらさるるを〈源氏・若菜下〉 〈堤和博〉

おほ-よろひ【大鎧】 名 ❶普通より大きな鎧。例ふとりせめたる（＝ひどく太った）大男の、大よろひはきたり〈平治・中〉 ❷平安中期から鎌倉時代、武将の正式な鎧。騎馬戦用の重装備で、徒歩戦が中心となった南北朝以降は廃れる。⇩よろひ（図）。例洗ひ革の大鎧に五枚甲の緒をしめ〈太平記・一七〉

おほ-らか【多らか】 形動（ナリ）〔「らか」は接尾語〕分量の多いさま。例金まり（＝金属製の椀）に氷の多らかにいりたるを〈讃岐典侍日記・上〉

おぼ・る【溺る】 動（ラ下二）〔「おぼほる」の変化した形〕❶おぼれる。例先陣二百余騎おし落とされ、水に溺れてながれけり〈平家・四・橋合戦〉 ❷心を奪われる。ある事に熱中する。例名利に溺れて先途（＝死）の近き事をかへり見ねばなり〈徒然・七四〉

おぼ-ろ【朧】 形動（ナリ） ぼんやりかすむさま。はっきりしないさま。例月のおぼろなるに、小さき童をさきに立てて、人立てり〈伊勢・六九〉

おほ-ろか 形動（ナリ） いいかげんなさま。例ますらをの行くといふ道そおほろかに思ひて行くなますらをの伴〈万葉・六・九七四〉

おぼろ-け

形動（ナリ）❶**並一通りだ。ありきたりだ。** 否定的表現を伴って、並一通りではない、並一通りでは〜しない、の意を表すことが多い。例(a)**おぼろけならず**忍びたまへば（＝並々でなく人目をはばかっておいでになるので）〈源氏・須磨〉例(b)**おぼろけならん**人をば見じ（＝並一通りの女性とは結婚するまい）〈源氏・東屋〉

❷（「おぼろけならず」の意で）**並一通りでない。格別だ。** 例(a)**おぼろけ**の願によりてにやあらん、風も吹かず、よき日いできて（＝並々ならぬ祈願のおかげであろうか、風も吹かないで、すばらしい日和になってきて）〈土佐〉例(b)（美女ヲ見慣レテイルノデ）**おぼろけならで**は目も心もとまらず（＝並々ならぬ女性でなければ、目も心もとまらない）〈源氏・宿木〉

語誌▼「おぼろけ」と清音で、江戸時代に生じる「おぼろげ（朧げ）」は別語。

▼②は、いつも否定的表現とともに用いられるうちに、「おぼろけ」と「おぼろけならず」とが混同されて生じた用法。 〈鈴木宏子〉

おぼろ-づきよ【朧月夜】 名「おぼろづくよ」とも。特に春の夜の、ぼんやりかすんだ月。また、その月の出ている夜。例照りもせず曇りも果てぬ春の夜の朧月夜にしくものぞなき〈新古今・春上〉➡名歌241

朧月夜《人名》『源氏物語』の作中人物。右大臣の六女。右大臣は左大臣家やその婿の光源氏と対立する側の長で、桐壺帝の東宮（のちの朱雀院）の外祖父。明るく優雅な人柄。もともと東宮への入内が予定されていたが、源氏と結ばれてしまう。事が露顕し、本人は女御としては入内できず、尚侍として朱雀帝の愛を受ける。この一件は、源氏が須磨の地に退去する原因ともなった。後年は朱雀院に続いて出家。

おほ-わだ【大曲】 名 湖や川などが、陸地に深く入りこんでいる所。大きな入り江。湾。例楽浪の志賀の大わだ淀むとも昔の人にまたも逢はめやも〈万葉・一・三一〉➡名歌174

おほ-わらは【大童】 名 髪の結びが解けて乱れ髪になること。また、その髪。髪を結ばない子どもの姿にたとえていう。例甲も落ちて大わらはになりたまふ〈平治・中〉

大井川《地名》遠江国と駿河国との境をなす川。今の静岡県中央部を流れ、駿河湾に注ぐ。東海道の難所の一つ。江戸時代、幕府の政策で架橋・渡船が許されず、旅人は人足の肩車や輦台によって渡ったが、大水でしばしば川止めとなった。

大堰川《地名》歌枕「大井川」とも書く。山城国、今の京都市北西部の嵐山のあたりを流れる川。上流は保津川、下流は桂川と呼ばれ、淀川に合流する。桜・紅葉の名所で、平安時代、天皇の行幸や貴族の来遊が盛んに行われた。藤原公任の三船（漢詩・和歌・管弦の船）の故事などで知られる。

おほゐ-ぐさ【大藺草】 名 植物の名。フトイ。水草の一種で、茎はむしろにする。例上野伊奈良の沼の大藺草〈万葉・一四・三四一七〉

おほ-を【大峰】 名 大きな峰。例こもりくの（枕詞）泊瀬の山の 大丘には 幡張り立て さ小丘には幡張り立て〈記・下・允恭・歌謡〉

おほ-をそどり【大軽率鳥・大嘘鳥】 名「おほ」は接頭語〕そそっかしい鳥。烏を嘲笑していう。例烏とふ大をそ鳥のまさでにも来まさぬ君をころくとそ鳴く〈万葉・一四・三五二一〉➡名歌130

おほ-ん-【大御・御】

接頭〔「おほみ（大御）」の変化した形〕「おほむ」とも。❶神仏・天皇・皇族・貴人の所有物や行為を表す名詞について、尊敬の意を添える。「おほん衣」「おほん返り」「おほん供」など。例帝のおほん目には〈古今・仮名序〉

❷「おほん」の下の名詞を略して、単独で名詞的に用いる。例大臣の御は、すぐれてなまめかしうなつかしき香なり（＝大臣の御ものは、非常に優美で親しみのある香りである）〈源氏・梅枝〉

語誌▼「御」の読み方　平安時代の女流文学作品では、すべて「御」と表記されていて、仮名書きの例がないので、「おほん」「おほむ」「おん」「お」のいずれに読んだかはわからないが、歌合わせや歌集などの仮名書きされたものには「おほん」「おほむ」とあることから、『源氏物語』や『枕草子』などの「御」は「おほん」または「おほむ」と読むのが適当。平安後期以降、「おん」の仮名書きの例が見られるようになる。平曲では「御」は「おん」（漢語が下についた場合は「ご」）と発音するのが普通である。室町時代になると、口語では「おん」の変化した形「お」が用いられるようになるが、文語的言い回しには「おん」が用いられ、現代に至っている。

⇩み(御) 〈泉基博〉

おほん-ぞ【御衣】オオン | 名〔「おほん」は接頭語〕衣服の敬称。お召し物。例(光源氏ハ)**御衣**奉りかへて(＝お召し物をお着替えになって)〈源氏・桐壺〉 〈泉基博〉

語誌 同義の語に「**みそ**」(後世は「**みぞ**」とも)「**みけし**」がある。「み」は接頭語、「そ」は衣服の意。「けし」は上代の四段動詞「けす(着す)」が名詞化したもの。 〈泉基博〉

おほん-とき【御時】オオン | 名〔「おほん」は接頭語〕**天皇の在位する時代の敬称**。**御時代。御治世**。例いづれの**御時**にか、女御(にょうご)・更衣(かうい)あまたさぶらひたまひける中に(＝どの帝の御代であったろうか、女御や更衣が大勢お仕えなさっていた中に)〈源氏・桐壺〉 読解『源氏物語』の冒頭。 〈泉基博〉

おほんべ【大嘗】オオンベ 名〔「おほにへ」の変化した形〕「おほむべ」とも。大嘗祭(だいじょうさい)。例承和の**御嘗**(おほんべ)の吉備(きび)国の歌〈古今・神遊びの歌・左注〉

お-まし【御座】名〔「お」は接頭語で、「おほ(大)」の変化した形。「まし」は動詞「ます(座す・坐す)」の名詞形〕❶**貴人の席の敬称**。**御座所**。**御座席**。例(光源氏ガ)端つ方(かた)の**御座**に、仮なるやうにて大殿籠(おほとのごも)れば(＝端のほうの御座所で、仮寝のようにしてお休みになると)〈源氏・帚木〉❷**貴人の敷物の敬称**。**御敷物**。例(大臣ハ)簀(す)の子に**御座**敷かせて〈宇津保・吹上上〉

語誌「お」は「おま(へ)」「おもと」の「お」と同じで、上代の「おほ(大)」の変化した形。これらの「お」は平安時代には仮名書きの例が多くあるので、室町時代の口語に現れる「お」(「おん」の変化した形)とは区別が必要。 〈泉基博〉

おまし-どころ【御座所】名「おまし①」に同じ。

おまし-ま・す【御座します】〔「おほまします」の変化した形とも〕［1］動(サ四)「行く」「あり」「居(ゐ)る」の尊敬語。いらっしゃる。例亭子(ていじ)院、位に**おましまし**ける時〈続後撰・賀・詞書〉［2］補動(サ四)(活用語の連用形について)尊敬の意を表す。〜て(で)いらっしゃる。例仁和(にんな)の帝、親王(みこ)に**おましまし**ける時に〈古今・春上・詞書〉

お-ま・す〔「おまらす」の変化した形〕［1］動(サ四)「与ふ」の謙譲語。差し上げる。例まづ飯を**おまして**〈浮世草子・世間子息気質・一・三〉［2］動(サ下二)[1]に同じ。［3］補動(サ四)(活用語の連用形、またはそれに接続助詞「て」のついた形について)謙譲の意を表す。〜してさしあげる。［4］補動(サ下二)[3]に同じ。例(月代(さかやき)ヲ)母が剃(そ)って**おませ**うぞ〈浄瑠璃・壇浦兜軍記・三〉

お-まへ【御前】マエ | 〔「お」は接頭語で、「おほ(大)」の変化した形〕［1］名❶**神仏や貴人の前の敬称**。**ごぜん**。**おそば**。例(中宮ノ)**おまへ**にて物語などするついでにも(＝話などをする折にも)〈枕・御かたがた、君たち〉❷**貴人に対する敬称**。**ごぜん**。「〜のおまへ」の形で用いることが多い。例(a)上の**御前**、宮の御前(ごぜ)出でさせたまへば(＝お出ましなさると)〈枕・職の御曹司の西面の〉読解「上の御前」は天皇、「宮の御前」は中宮をさす。例(b)殿の**御前**は、やがてさし退(の)いて(＝お殿様は、そのまま立ち退いて)〈栄花・楚王の夢〉読解ここは藤原道長のこと。［2］代 対称の人称代名詞。❶尊敬する相手に対して用いる。**あなたさま**。例「**御前**に、とくきこしめせ」など寄り来(き)て言へど(＝「あなたさまも、早く召し上がれ」などと近寄って言うけれど)〈源氏・手習〉❷対等または目下の人に対して用いる。あんた。おまえ。例西光(せいこう)さん、**おまへ**の頭巾(づきん)はいつもよりあたらしくなったやうだ〈滑稽本・浮世風呂・前上〉

語誌▼[2]①の用法は平安時代や中世には多くない。また、[1]②との区別がはっきりしないものもある。この[2]①は江戸初期になって、室町時代の「こなた」に替わり、敬意の高い敬語になったが、やがて「あなた」に取って替わられ、江戸後期には[2]②の用法になった。

▼中世には「御前」を音読した「**ごぜん**」「ごぜ」が多く用いられるようになる。 〈泉基博〉

おみ【小忌・小斎・麻績】⇩をみ

おみ【臣】名❶宮廷に仕える人。臣下。「臣の子」「臣の壮士(をとこ)」「臣のをとめ」などの形で用いる。❷姓(かばね)の一つ。最高官の大臣(おほおみ)を出す名族であったが、八色(やくさ)の姓では臣(おみ)の一部が朝臣(あそみ)に昇格、もとの臣は第六位に置かれ、下級の姓となった。

おみづ-とり【御水取り】オミズ | 名 奈良東大寺の二月堂で、陰暦二月一日から十四日間行われる法会(ほうえ)。堂の下の若狭井(わかさい)から水をくみ取り、香水(こうずい)として用いる儀式からいう。

おみな【女】⇩をみな

おみな【嫗・老女】名〔「おきな(翁)」の対。「み」は女性を表す〕**年老いた女性**。**老女**。例(a)なは誰(た)が**老女**ぞ(＝おまえはなんという名の老女か)〈記・下・雄略〉例(b)古(ふ)りにし**嫗**にしてやかくばかり恋に沈まむ手童(たわらは)のごと(＝年老いた老女だというのにこれほどまでも恋におぼれるだろうか、幼い子のように)〈万葉・二・一二九〉

語誌▼若い女性を表す「をみな」「をむな」「をんな」とは別語である。

▼「おきな」と「おみな」、「おきな」「おみな」の「き」「み」は、神名「いざなき」「いざなみ」同様、男性・女性の別を示す語である。

▼この語は、「おみな」から「おむな」「おうな」に変化し、さらに「おんな」と変化したようである。「おみな」の例は主に上代に見られ、平安時代以降の文学作品に用例は見当たらない。中世以降、ア行のオとワ行のヲとの同化に伴って、老女を表す「おむな」「おんな」と若い女性を表す「をむな」「をんな」との混同が生じた。その結果、老女を表す「おむな」「おんな」はしだいに用いられなくなり、最後に「おうな」が残ったものと思われる。 〈米山敬子〉

おみなえし【女郎花・敗醬】⇩をみなへし

おみ-ぬぐひ【御身拭ひ】ヌグイ | 名 寺で、本尊を白布でぬぐい清めること。特に、陰暦三月十九日に京都清涼寺で行われるものが有名。

お・む【怖む】 動（マ下二）気後れする。臆してしりごみする。「怖めかず臆せず」の形で用いることが多い。例御辺ほどの（＝あなたほどの）大将軍の夢物語こそ**おめ**たる儀にて候へ〈保元・上〉

おむな【嫗】 名〔「おみな」の変化した形。「おきな（翁）」の対〕老女。老婆。例みな人々、**嫗**・翁、額に手を当てて喜ぶこと二つなし（＝この上ない）〈土佐〉

御室 名 ❶（宇多法皇が仁和寺の一室に隠棲したことから）仁和寺の別称。また、仁和寺周辺の地の称。八重桜の名所。例**御室**に、いみじき（＝とてもかわいい）児のありけるを〈徒然・五四〉 ❷仁和寺の寺主。代々法親王が務めるものとされ、仁和寺は門跡寺院の筆頭となる。御室門跡。例仁和寺の**御室**守覚法親王〈平家・三・赦文〉

おめい-かう【御命講】 名 日蓮宗で、日蓮の命日陰暦十月十三日に行う報恩の法会。例ほどなく**御命講**ぢゃとて、寺より案内ある〈噺本・昨日は今日の物語・上〉

おめ-おめ 副 恥ずかしい思いをしながら相手に屈するさま。転じて、恥ずべき思いをしながら平然としているさま。例こなさん（＝あなた）との契約違へ、**おめおめ**太兵衛に添ふものか〈近松・心中天の網島・中〉

おめく〖喚く〗⇩をめく

お-めみえ【御目見得】 名 ❶身分の高い人に会うこと。❷江戸時代、大名や旗本が将軍に謁見すること。また、その資格。❸歌舞伎や人形浄瑠璃で、役者や太夫が、初めて、または久しぶりに舞台に立つこと。

おも【母】 名 ❶母。例韓衣裾に取り付き泣く子らを置きてそ来ぬや**おも**なしにして〈万葉・二〇・四四〇一〉➡名歌128 ❷乳母。例みどり子（＝赤ん坊）のためこそ**乳母**は求むといへ〈万葉・一二・二九二五〉

おも【面】 名 ❶顔。人相。例我が**面**の忘れむしだは（＝私の顔を忘れるような時は）〈万葉・一四・三五一五〉 ❷物の表面。例浅茅は庭の**面**も見えず、しげき蓬は軒を争ひて生ひのぼる〈源氏・蓬生〉

おも-いれ【思入れ】〔「おもひいれ」の変化した形〕❶名「おもひいれ①」に同じ。例**おもいれ**金をつかって〈黄表紙・江戸生艶気樺焼・中〉❷副「おもひいれ②」に同じ。

おもう〖思う〗⇩おもふ

おもおす〖思おす〗⇩おもほす

おも-おも・し【重重し】 形（シク）❶身分や地位が高い。例**重重しく**おはする殿の〈源氏・夢浮橋〉❷威厳がある。落ち着いている。例三位などになりぬれば**重々しけれ**ど〈枕・位こそなほめでたき物はあれ〉❸おもだっている。例この御後ろ見どもの中に、**重々しき**御乳母の兄〈源氏・若菜上〉

おもおゆ〖思おゆ〗⇩おもほゆ

おも-がい【面繋】 名〔「おもがき」のイ音便形〕馬具の名。馬の頭から両頰を通って轡につなぐ紐。革や組み紐で作る。⇩くら（図）。例おのが馬の手綱・**おもがい**をおしはづして〈著聞集・一〇・三六七〉

おも-がくし【面隠し】 名「おもかくし」とも。❶恥ずかしがったり人目を避けたりして、顔を隠すこと。例逢はむと言ふは誰なるか逢へる時さへ**面隠しする**〈万葉・一二・二九一六〉❷恥ずかしさをごまかすこと。照れ隠し。例はしたなくて（＝きまりが悪くて）、さすがに御文を**面隠し**に広げたり〈源氏・帚木〉

おも-がく・す【面隠す】 動（サ四）❶恥ずかしがったり人目を避けたりして、顔を隠す。例相見ては**面隠さるる**ものからに〈万葉・一一・二五五四〉❷恥ずかしさをごまかす。例今日は、臨時客のことに紛らはしてぞ、**おもがくし**たまふ〈源氏・初音〉

おもかげ

【面影】 名 ❶思い出や想像の中に現れる姿。例陸奥の真野の草原遠けども**面影**にして見ゆといふものを（＝陸奥の真野の草原は遠いけれど想像の中に見えるというのに）〈万葉・三・三九六〉 読解 近くのあなたは見えない、と詠む。

❷顔つき。容貌。例見し**面影**も忘れがたくのみなむ思い出でられける（＝かつて見た容貌も少しも忘れられず思い出される）〈源氏・若菜上〉

❸和歌などで、作品から余情として浮かべられる情景。例詞のやさしく艶なるほか、心も**おもかげ**もいたくはなきなり（＝たいしたことはない）〈後鳥羽院御口伝〉 読解 藤原定家の歌についての評。

語誌 ▼**心に投影された影**　面影は「面」と「影」に分けられる。「面」は表面、現れたものを意味する。「面」が顔の意になるのは、顔が人の心の現れ出る部分だからである。「影」は、光が当たってできる影、あるいは光そのものを意味する。鏡に写った姿も「影」である。面影は「面」の「影」、つまり面を写したものと考えられる。心に投影された影である。歌論書などで美的な評価を表す場合、歌から作られる像が心に残すものを面影といい、情緒的な部分をさす。〈古橋信孝〉

【面影にす】 連想する。思い浮かべる。例秋風を耳に残し、紅葉を**俤にして**〈芭蕉・奥の細道〉

おも-かた【面形】 名 顔かたち。面ざし。例**面形**の忘れむしだは（＝面ざしを忘れそうになったときは）大野ろにたなびく雲を見つつ偲はむ〈万葉・一四・三五二〇〉

おも-かぢ【面舵・面梶】 名 船首を右へ向けるように舵をとること。また転じて、船の右側の縁。右舷。⇩とりかぢ。例**面梶**よ明石のとまり（＝港）時鳥〈俳諧・去来抄・先師評〉

おも-がはり【面変はり】 名 ❶年を取ったり病気をしたりして、顔立ちが変わること。例はや帰りませ**面変はり**せず〈万葉・一三・三二二七〉❷物の様子・外見が変わること。例（秋ガ過ギテモ）野辺のけしきよ**おもがはり**すな〈千載・秋下〉

おも-ぎらひ【面嫌ひ】 名 人見知り。幼児が、見知らぬ人の顔を見ていやがること。例児の**面嫌ひ**せぬ心地して〈源氏・若菜上〉

おも-し【重し・重石】 名 ❶物を押さえておく重い物。例**重し**の石を踏み返したまひしに〈宇治拾遺・五・七〉❷世間や人を押さえしずめる力。また、その力をもつ人。重鎮。例世の**重し**となるべき心おきて（＝心構え）〈源氏・少女〉

おも・し

【重し】 形（ク）❶**目方が重い**。**重量がある**。例ますますも**重き**馬荷に（＝いよいよ重い馬の荷に）〈万葉・五・八九七〉

❷身分・価値などが高い。貴い。重要だ。大切だ。例(a)重き位と見えたまはず(=高い位とはお見えにならない)〈源氏・若菜上〉例(b)一日の命、万金(=莫大な金銭)より重し〈徒然・九三〉

❸落ち着いている。軽率でない。重々しい。例もの深く重き方はおくれて、ひたぶるに若びたるものから(=考え深く落ち着いている点はあまりなく、ただただ幼なげな感じであるものの)〈源氏・夕顔〉読解夕顔という女性の様子。

❹病気や罪の程度が並々でない。例重き病して、死なむとする心地にも(=重い病気をして、今にも死にそうな気持ちにも)〈源氏・玉鬘〉 〈桑名靖治〉

おも-しろ・し

【面白し】形(ク)「おも」は顔、「しろし」は「白し・著し」で、顔がはっきりと明るくなるような晴れ晴れとした気持ちをいうか。

❶快く楽しい。例生ける代に我はいまだ見ず言絶えてかく**おもしろく**縫へる袋は(=この世では私はまだ見たこともない。口では言えないほどこんなにすばらしく縫ってある袋は)〈万葉・四・七四六〉

❷興趣がある。風情がある。例(a)かぐや姫、月の**おもしろう**(音便形)いでたるを見て、つねよりももの思ひたるさまなり(=かぐや姫は、月が興趣あるさまに出ているのを見て、いつもよりも思い悩んでいる様子である)〈竹取〉例(b)浜のさまも、寄せ返る波のけしきも、いみじう**おもしろし**(=浜の様子も、寄せては返す波の風景も、すばらしく風情がある)〈更級〉

❸滑稽だ。いっぷう変わっている。例あら**おもしろ**や、いかなるものやらん(=ああ変わっているなあ、どのようなものなのだろうか)〈御伽草子・鉢かづき〉
読解語幹の用法。

語誌▼類義語「**たのし**」は行動によって生じる快適な感情を表す。「**をかし**」が批評意識をもつのに対し、「おもしろし」は自然の景色や音楽を楽しむ場合などに用いられ、批評的要素はほとんどない。〈馬場光子〉

おも-だか【沢瀉】名❶植物の名。池や水田に生えるクワイに似た水草。夏に白い三弁の花が咲く。例**おもだか**は、名のをかしきなり〈枕・草は〉❷模様や紋所の名。①の花や葉を図案化したもの。例小次郎は**おもだか**を一しほ(=一度)摺ったる直垂に〈平家・九・一二之懸〉

沢瀉②

おもだか-をどし【沢瀉縅】名 鎧の縅の一種。色の異なる糸で上を狭く下を広く「おもだか①」の葉をかたどって、鎧の札を綴ったもの。

おも-だた・し【面立たし】形(シク)❶晴れがましい。光栄だ。例引きすぐれて**面だたしき**ほどにしなしても〈源氏・東屋〉❷肩身が広い。れっきとしている。例**面立たしき**腹に(=れっきとした正妻の子として生まれた)、むすめかしづきて〈源氏・常夏〉

おも-だち【面立ち】名容貌。また、表情。例馬のふるまひ、**おもだち**、尻ざし〈宇治拾遺・九・七〉

おも-て

【面・表】名詞「おも(面)」+方角・方面を表す接尾語「て」。内側・奥・裏などの隠れた部分に対し、外に向かった目に見える部分。

❶名❶顔。顔面。例中将の君、**面**の色変はる心地して(=中将の君は、顔色が変わる気持ちがして)〈源氏・紅葉賀〉

❷面目。体面。例いづこを**面**にてかはまたも見えたてまつらん(=なんの面目があって再びお目にかかれようか)〈源氏・賢木〉読解「かは」は反語の意を表す。

❸舞楽などに用いる面。例(顔ガ腫レテ)二の舞の面のやうに見えけるが〈徒然・四二〉読解舞楽で、最初の「安摩」の次に行うのが「二の舞」。異様な面をつけて演じる。

❹表面。表側。外見。例海は鏡の**面**のごとくなりぬれば(=海面が鏡の表面のように穏やかになってしまったので)〈土佐〉

❺家屋で、道に面した側。また、その側に位置する表座敷。例はや**おもて**へ通られてござる(=すでに表座敷へお上がりになっておられます)〈狂言・墨塗〉

❻家屋で、ある方角に面した側。また、その側に位置する部屋。例(男君タチガ)北のおとどの東の**面**に並み立ちて(=北の御殿の東に向いた部屋に並び立って)〈宇津保・蔵開下〉

❼家の外。例走って**表**へ逃げてけり(=走って家の外へ逃げてしまった)〈近松・堀川波鼓・上〉

❽第一に重んじるべきこと。公式・正式であること。例正直をもって**表**とし(=正直をもって第一に重んじるべきこととし)〈仮名草子・浮世物語・一・九〉

❾連歌・俳諧で、句を記すために二つ折りした懐紙の表側。百韻の「表八句」など。

❷接尾 体言につく。❶家屋などがそのほうに向いていることを表す。「南おもて」など。
❷地名などについて、その方面、の意を表す。「江戸おもて」など。〈長島弘明〉

【面も振らず】わきめもふらず、まっしぐらに。例**面もふらず**、命も惜しまず、ここを最後と防ぎ戦ふ〈平家・九・二度之懸〉

【面を合はす】❶顔を見合わせる。例互ひに**面を合はせ**つつ泣くばかりなるありさまかな〈謡曲・安宅〉❷正面から立ち向かう。面と向かって相手になる。例あれに馳せあひ、これに馳せあひ、切ってまはるに、**面をあはする**者ぞなき〈平家・九・木曾最期〉

【面を起こす】面目をほどこす。名誉を得させる。例まろ(=私)が**面起こす**ばかり、よき歌つかうまつれよ〈増鏡・おどろの下〉

【面を伏す】面目をなくさせる。名誉を汚す。例亡き親の**面を伏せ**、影(=名声)をはづかしむるたぐひ多く聞こゆる〈源氏・若菜上〉

【面を向かふ】顔を合わせる。正面から立ち向かう。例いかなる御物の気なりとも、**面をむかふ**べしとも見えざりけり〈平家・三・御産〉

おもて-うた【表歌・面歌】名その人の自信作である歌。または、撰集の中での代表的な歌。例これをなん**おもて歌**と思ひたまふるは、いかがはべらん〈無

名抄・代々恋歌秀歌事〉

おもて-おく【面置く】 顔向けをする。打消の語を伴って、合わせる顔がない、の意に用いる。例**面お**かん方なくぞおぼえたまふや〈源氏・真木柱〉

おもて-おこし【面起こし】 名 名誉を回復すること。面目を施すこと。例何ごとにもはかばかしからぬみづからの(=私の)**面おこし**に〈源氏・賢木〉対義おもてぶせ

おもて-おもて【面面】 副 めいめい。それぞれ。例かく**おもておもて**に、とざまかくざまに(=あれこれと)言ひなさるれど〈蜻蛉・中〉

おもて-だい【重手代】 名 商家の手代のうちで、筆頭格あるいは古参のもの。例**重手代**の、頭にばかり知恵のある男を頼み〈西鶴・好色一代女・五・四〉

おもて-だうぐ【面道具・表道具】 名 ❶その人の身分や職業に不可欠の道具。また、その体面を保つのに必要な道具。例時々の着る物に相応の羽織・麻の上下・中脇差し一腰は、町人の**面道具**なれば〈西鶴・西鶴織留・五・三〉❷顔にある目・鼻・口などの総称。顔のつくり。例**面道具**一つも不足なく…いづれも見とれて〈西鶴・好色五人女・三・一〉

おもて-はっく【表八句】 名 ❶百韻の連歌・俳諧で、四枚の懐紙の一枚目(初折)の表に記す八句。発句を含み、一巻の序にあたるので、静かで落ち着いた句がよいとされ、神祇・釈教・恋・無常などの目立ったものは、詠まない約束になっていた。例**面八句**を庵の柱に懸け置く〈芭蕉・奥の細道〉❷(①から転じて)連歌。例俳諧連歌を、**表八句**あそばすまいか〈狂言・八句連歌〉

おもて-ぶせ【面伏せ】 名 形動(ナリ)「おもぶせ」とも。面目を失うこと。不名誉。例(姉上ハ)おのれをばおとしめたまひて、**面伏せ**に思したりしかば(=この私をさげすみなさって、ご自分の不名誉にお思いになっていたので)〈源氏・蓬生〉

語誌 ▼関連語 恥ずかしいので顔を上げられず、伏せることからいう。対義語は「**面起こし**」。類義語「面なし」は合わせる顔がない、の意で、恥知らずなさま、厚かましいさまを表すこともある。〈長島弘明〉

おもて-むき【表向き・面向き】 名 ❶うわべ。世間体。例この人は、**面向き**軽うして、内証の強き事〈西鶴・日本永代蔵・四・三〉❷公式。公然。例これを着て、**表向き**の客になってくだんせ〈近松・山崎与次兵衛寿の門松・上〉❸公務。政務。家業。例そうじて大名は**面向き**の御勤めしげく〈西鶴・好色一代女・一・三〉❹役所。公の機関。お上。例預け銀ふらちにつき(=借金を返済しないので)、近日**表向き**へお願ひまうすとの届け〈浮世草子・世間娘気質・一・三〉

お-もと【御許】(「お」は接頭語で、「おほ(大)」の変化した形) 1 名 ❶**貴人の席の敬称**。御座所。**おそば**。例入鹿、(天皇ノ)御座に転び就きて(=ころがりついて)〈紀・皇極〉❷**女性、特に女房に対する敬称**。**お方**。例若き**おもと**のはべるを(=おりますが)〈源氏・夕顔〉❸女房の名前や職名につけて「～のおもと」の形で女房を親しんで呼ぶ敬称。**～の方**。～さん。例民部の**おもと**なめり(=民部の方であるようだ)〈源氏・空蟬〉
2 代 対称の人称代名詞。主に女性に対して敬愛の気持ちをこめて用いる。**あなた**。例**おもと**は、今宵は上にやさぶらひたまひつる(=あなたは、今夜はご主人の御前にお仕えになっていたのか)〈源氏・空蟬〉

類義▶ 1①おまし

語誌 1②③は、元来は貴人の身辺に仕える人の意の「おもとびと」の略。「おもとびと」が男女に用いられたのに対して、「おもと」は女性のみに用いられ、それも比較的上位の女房のみに用いられたようである。〈泉基博〉

おも-とじ【母刀自】 名(「とじ」は女性の敬称)母上。例雪よりけなる(=ひときわ白い)**おもとじ**の乳房のむくいするほどを〈曾丹集〉

おもと-びと【御許人】 名 貴人の身辺に仕える人。侍女。古くは男女にかかわらず用いたが、のちには女性にのみ用いる。例またその日、宮の家司・別当・**おもと人**など、職定まりけり〈紫式部日記〉

おも-な・し【面無し】 形(ク)(「おも」は顔の意)❶**恥ずかしさのために合わせる顔がない**。例夕に逢ひて朝**面な**み(=夜に逢って朝恥ずかしくて合わせる顔がないので)〈万葉・八・一五三六〉読解「面なみ」は、語幹＋接尾語「み」。
❷**恥知らずだ**。**厚かましい**。例かの鉢を捨ててまた言ひけるよりぞ、**面なき**事をば、はぢを捨つとは言ひける(=例の鉢を捨てても、まだ言い寄ったことから、厚かましい事を、恥を捨てると言った)〈竹取〉読解「鉢を捨つ」と「恥を捨つ」とを掛けた表現。

語誌 上代は羞恥心を表すのに用いられ、「はづかし」「やさし」との類義性が指摘される。②は平安時代以降の用法。〈橋本行洋〉

おも-な・る【面馴る】 動(ラ下二) 見なれる。なれて平気になる。なれなれしくなる。例観じもてゆくに(=深く観察してゆくと)、おのづから**面馴れ**ぬべし〈枕・宮にはじめてまゐりたるころ〉

おも-にく・し【面憎し】 形(ク) 顔を見るのも憎らしく思われる。例戸をおさへて、**おもにくき**まで言へば〈枕・内裏は、五節の頃こそ〉

お-もの【御物・御膳】 名(「お」は接頭語)❶貴人の食事・食物の敬称。お食事。例昼の御座のかたには(天皇ノ)**御物**まゐる(=差し上げる)足音たかし〈枕・清涼殿の丑寅のすみの〉❷貴人の衣服・服飾品の敬称。お召し物。

おもの-だな【御物棚】 名 宮中や貴族の台所で、御膳などをのせておく棚。例御廚子所の**御物棚**に沓おきて、いひのゝしるを〈枕・殿上の名対面こそ〉

おもの-やどり【御物宿り】 名 宮中や貴族の台所で、御膳などを納めて置く場所。内裏では紫宸殿の西廂にあった。例女房は、**御物やどり**にむかひたる渡殿にさぶらふべし〈枕・淑景舎、東宮にまゐり給ふほどのことなど〉

おもはく【思はく】(オモワク) 1(動詞「おもふ」のク語法)思うこと。思うことには。例あやしみと そこに**思はく**(=不思議だなとそこで思うことには)家ゆ出で

て三年の間に垣もなく家失せめやと(=家がなくなるものかと)〈万葉・九・一七四〇〉❷名❶思っていること。考え。例(枕デ)打たれじと用意したる(=用心している)ゐずまひ、思はくどもも、おのおのをかしう見るを〈狭衣・四〉❷恋い慕うこと。恋仲。例(アノ女郎ハ)そなたさまとこそおもはくなれ〈難波鉦・二〉

おもは・し【思はし】 形(シク)〔動詞「おもふ」の形容詞形〕好ましい。例口つき愛敬づき、おとがひ(=あご)の下、首清げに、声憎からざらむ人のみなん思はしかるべき〈枕・職の御曹司の西面の〉

おもはーず

【思はず】予期していなかったり、または予想とは違った事態や出来事が起こったとき、とっさにもつ感情。よいときにも悪いときにも用いる。

1 形動(ナリ)❶思いがけない。意外だ。例**おもはず**にわが手になるる梓弓ふかき契りのひけばなりけり(=思いがけなくもあなたが私に親しむようになったのは深い前世からの縁が二人を引き寄せるからであったなあ)〈堤中納言・思はぬ方にとまりする少将〉読解 人違いから、自分の恋人の妹と関係をもってしまった男が、その相手に詠んだ和歌。「おもはず」の「はず(筈)」「なるる」「ひけ」は「梓弓」の縁語。
❷心外だ。期待はずれだ。また、予想以上だ。否定的な意味で用いられることが多い。例(a)おほかたの世のうちあはぬことはなければ、ただ人の心の**思はずなる**を(=生活全般はなんの不自由もないので、ただ夫の愛情が期待はずれなのを)〈蜻蛉・上〉例(b)**思はずに**まめやかなる御心ざしのありけること(=予想以上に誠実な御愛情があったこと)〈宇津保・国譲上〉

2 副❶1①に同じ。例**思はず**も世に落ちぶれて(=思いがけなくもひどく落ちぶれて)〈醒睡笑・一〉❷無意識に。とっさに。例**おもはず**…涙をこぼしたのを〈人情本・英対暖語・二・一〇〉〈安達敬子〉

おもはずーげ【思はず気】 形動(ナリ)〔「げ」は接尾語〕予想外の様子だ。意外な様子だ。例人々みな**思はずげ**にぞ見たまひける〈平家・二・小教訓〉

おもは・ふ【思はふ】 動(ハ下二)〔「おもひあふ(思ひ敢ふ)」の変化した形か〕思い及ぶ。予期する。例俄しくも負ふせたまほか**思はへ**なくに(=突然お召しになることとか、思ってもみなかったことに)〈万葉・二〇・四三八九〉

おもーはゆ・し【面映し】 形(ク)顔を合わせることがまばゆい。恥ずかしい。きまりが悪い。例腹巻(=鎧の一種)を着て向かはむ事、**面映う**(音便形)恥づかしうや思はれけむ〈平家・二・教訓状〉

おもひ

【思ひ】名〔動詞「おもふ」の名詞形〕❶思い浮かべること。考え。気持ち。例身にしみて恐ろしく、恥づかしく浅ましき**思ひ**、誠に切なるべし(=身にしみて恐ろしく、恥ずかしく情けない気持ちは、ほんとうに痛切であるにちがいない)〈徒然・一二九〉
❷予想。例いと**思ひ**のほかにをかしう覚えたまふ(=まったく予想外に趣深くお思いになる)〈源氏・夕顔〉
❸願い。望み。例(a)今や**思ひ**かなふとこそ頼みきこえつれ(=やっと願いがかなうとあてにし申し上げたのに)〈源氏・明石〉例(b)漂泊の**思ひ**やまず〈芭蕉・奥の細道〉読解『奥の細道』冒頭の一節である。
❹恋心。例**思ひ**もぞつくとて、この女をほかへ追ひやらむとす(=恋心がつくと困るとして、この女を別の所へ追放しようとする)〈伊勢・四〇〉
❺もの思い。憂い。例きりぎりすいたくな鳴きそ秋の夜の長き**思ひ**は我ぞまされる(=こおろぎよ、そうひどく鳴かないでくれ。秋の長夜のような長く果てしないもの思いは、私のほうが深いのだ)〈古今・秋上〉読解 コオロギに寄せて詠まれた嘆きの歌。「〜な〜そ」は柔らかい禁止の意を表す。
❻喪に服すること。例父が**おもひ**にてよめる(=父の服喪のときに詠んだ歌)〈古今・哀傷・詞書〉

語誌 恋の歌では、「おもひ」の「ひ」に同音の火の意を掛けて詠まれることが多い。例夏虫の身をいたづらになすこともひとつ思ひによりてなりけり〈古今・恋一〉→名歌265〈山口堯二〉

おもひーあが・る【思ひ上がる】 動(ラ四)身分などに誇りをもっている。気位を高くしている。例はじめより我はと**思ひあがり**たまへる御方々、(更衣ヲ)めざましきものに(=目障りなものだと)おとしめそねみたまふ〈源氏・桐壺〉

おもひーあ・つ【思ひ当つ】 動(タ下二)❶それと気づく。例(光源氏ノ君ダト)いとしるく**思ひ当て**られたまへる御側目(=横顔)〈源氏・夕顔〉❷これがよいと見当をつける。例女房の中にも、品々に**思ひ当て**たる(贈リ物ノ)際々〈源氏・柏木〉

おもひーあつか・ふ【思ひ扱ふ】 動(ハ四)❶心にかけて世話をする。例よき君達を婿にして、**思ひあつかひ**けるを〈源氏・手習〉❷心配する。悩む。例のどかにて涼しかりけり夏の日も**思ひあつかふ**こともなき身は〈曾丹集〉

おもひーあつ・む【思ひ集む】 動(マ下二)気になることを寄せ集めて、あれこれと思い悩む。例つくづくと臥して、**思ひあつむる**ことぞ、あいなきまで(=むやみなほど)多かるを〈蜻蛉・中〉

おもひーあなづ・る【思ひ侮る】 動(ラ四)軽蔑する。見下す。例身の人数にはべらねば(=人並みでないので)、親はらからの(=親兄弟が)**思ひあなづり**はべるまま〈宇津保・国譲上〉

おもひーあは・す【思ひ合はす】 動(サ下二)❶あれこれと考え合わせる。例昔語りに人の言ふを聞き、**思ひあはする**に〈枕・行幸にならぶものは〉❷思い当たる。例のちにこそ**思ひあはする**事どもも多かりけれ〈平家・三・公卿揃〉

おもひーあ・ふ【思ひ合ふ】 動(ハ四)❶皆が同じ思いをする。例さぶらふ人々も…心細う**思ひあへ**り〈源氏・須磨〉❷互いに相手のことを思う。慕いあう。例かたみに(=互いに)**思ひあは**ぬにしもあらじと見えしかど〈右京大夫集・詞書〉

おもひーあへーず【思ひあへず】 よく考えられない。予測しがたい。例まだ**思ひあへぬ**ほどなれば、心騒ぎて〈源氏・東屋〉

おもひ‐あま・る【思ひ余る】(オモイ―) 動(ラ四) あまりの思いに耐えがたくなる。例臥(ふ)して思ひ、起きて思ひ、**思ひあまりて**〈伊勢・五六〉

おもひ‐い・づ【思ひ出づ】(オモイイズ) 動(ダ下二) 思いだす。例去年(こぞ)を**思ひいで**て詠める〈伊勢・四〉

おもひ‐いで【思ひ出で】(オモイ―) 名 思い出す事柄。思い出。また、思い出すきっかけやもととなる事柄。例散りぬとも香をだに残せ梅の花こひしきときの**思ひいで**にせん〈古今・春上〉

おもひ‐い・る【思ひ入る】(オモイ―) 1動(ラ四) 思いつめる。深く思い続ける。例東山に住まむと**思ひ入り**て〈伊勢・五九〉 2動(ラ下二) 深く心にとめる。気にかける。例司召(つかさめし)にも漏れぬれど、いとしも**思ひ入れ**ず(=それほどは気にしていない)〈源氏・賢木〉

おもひ‐いれ【思ひ入れ】(オモイ―) 「おもいれ」とも。1名❶つもり。思惑。例**思ひ入れ**ちがひまして迷惑いたすなり〈西鶴・世間胸算用・四・三〉 ❷好意。信頼。例人の**おもひ入れ**もよろしく〈西鶴・西鶴織留・四・三〉 ❸歌舞伎(かぶき)で、身ぶりで意思を示す役者の演技。例お梅、恥づかしき**思ひ入れ**〈歌舞伎・東海道四谷怪談・初日序幕〉 読解ト書きの一節。 2副 思う存分。

おもひ‐う【思ひ得】(オモイウ) 動(ア下二) 考えて気づく。思いつく。例人々もあきれて、いかにすべきことともえ**思ひえ**ず〈源氏・夕霧〉

おもひ‐うたが・ふ【思ひ疑ふ】(オモイウタガウ・オモイウタゴウ) 動(ハ四) 疑わしく思う。例異心(ことごころ)(=浮気心)ありてかかるにやあらむと、(女ヲ)**思ひうたがひ**て〈伊勢・二三〉

おもひ‐うつ・る【思ひ移る】(オモイ―) 動(ラ四) 心変わりをする。ほかに心が移る。例さらに目の前にだに(=私が目の前にいてさえ)**思ひ移ら**ぬなめり、と胸いたう思さる〈源氏・浮舟〉

おもひ‐うと・む【思ひ疎む】(オモイ―) 動(マ四) 疎ましく思う。いやがって遠ざける。例侍らむ所に**思ひうとま**れんも、苦しうなん〈宇津保・国譲中〉 読解この「侍らむ所」は自分の妻をさす。

おもひ‐うん・ず【思ひうんず】(オモイ―) 動(サ変) いやだと思う。いやになる。例世の中を**思ひうんじ**て、京にもあらず〈伊勢・一〇二〉

おもひ‐おき・つ【思ひ掟つ】(オモイ―) 動(タ下二) 将来の方針などを心に決める。心づもりをする。例見ざらん世(=自分の死後の将来のこと)までを**思ひおきて**んこそ、はかなかるべけれ〈徒然・二五〉

おもひ‐お・く【思ひ置く】(オモイ―) 動(カ四) ❶考えておく。例(山寺カラ)出でむと**思ひおき**しかど〈蜻蛉・中〉 ❷残念な思いを残す。例浮き世に**思ひおく**事候はず〈平家・七・忠度都落〉

おもひ‐おく・る【思ひ後る】(オモイ―) 動(ラ下二) 立ちおくれる。決心するのがおくれる。例本意(ほい)深き道(=出家)にも、たどり(=思慮)薄かるべき女方(をんながた)にだにみな**思ひ後れ**つつ〈源氏・若菜下〉

おもひ‐おこ・す【思ひ遣す】(オモイ―) 動(サ下二) 向こうからこちらに、思いを寄せる。例(私タチガ)かくてながむらむ(=このようにもの思いにふけっているだろう)と**思ひおこする**人あらむや〈更級〉

おもひ‐おこ・す【思ひ起こす】(オモイ―) 動(サ四) 心を奮い立たせる。気を取り直す。思い立つ。例(a)からうじて**思ひ起こし**て、弓矢を取り立てむとすれども〈竹取〉 例(b)稲荷(いなり)に、**思ひ起こし**て詣(まう)でたるに〈枕・うらやましげなるもの〉

おもひ‐おと・す【思ひ貶す・思ひ落とす】(オモイ―) 動(サ四) 見下げる。例我よりは下臈(げらふ)と**思ひおとし**たりしだに〈源氏・少女〉

おもひ‐かぎ・る【思ひ限る】(オモイ―) 動(ラ四) あきらめる。思い切る。例今は、かかる方(かた)に、**思ひかぎり**つるありさまになん〈源氏・手習〉 読解「かかる方」は尼としての遁世(とんせい)生活。

おもひ‐か・く【思ひ掛く・思ひ懸く】(オモイ―) 動(カ下二) ❶恋い慕う。例我よりはまさりたる人(=身分の高い人)を**思ひかけ**て〈伊勢・八九〉 ❷考えてみる。予測する。例**思ひかけ**ぬは死期(しご)なり〈徒然・一三七〉

おもひ‐かしづ・く【思ひ傅く】(オモイカシズク) 動(カ四) 大切に思って身の回りの世話をする。心にかけて養育する。例父君、(娘ヲ)ところせく(=仰々しく)**思ひかしづき**て〈源氏・須磨〉

おもひ‐がな・し【思ひ愛し・思ひ悲し】(オモイ―) 形(シク) いとしく思う。いとしさのあまり、心がせつない。例旅なれば思ひ絶えてもありつれど家にある妹し**思ひ悲し**も〈万葉・一五・三六八六〉

おもひ‐か・ぬ【思ひ兼ぬ】(オモイ―) 動(ナ下二) ❶考えられない。思いつかない。例行かむたどき(=方法)も**思ひかね**つも〈万葉・一五・三六九六〉 ❷思いに耐えがたい。恋しさなどを強調する言い方。例秋の野にさ雄鹿(をしか)鳴きつ妻**思ひかね**て〈万葉・一五・三六七八〉

おもひ‐がは【思ひ川】(オモイガワ) 名 絶えることなく深い恋の思いを川にたとえていう語。平安時代以降は歌枕とも考えられた。例**思ひがは**絶えず流るる水の泡の〈後撰・恋一〉

おもひ‐かは・す【思ひ交はす】(オモイカワス) 動(サ四) 慕いあう。愛しあう。例昔、男女、いとかしこく(=深く)**思ひ交はし**て、異心(ことごころ)なかりけり〈伊勢・二一〉

おもひ‐かへ・る【思ひ返る】(オモイカエル) 動(ラ四) もとの思いや考えに戻る。例かく言ひ契りつれば、**思ひかへる**べきにもあらず〈蜻蛉・下〉

おもひ‐がほ【思ひ顔】(オモイガオ) 名 形動(ナリ) そう思っている顔つきや表情。例わが方(かた)たけう(=まさっていると)**思ひ顔**に、心おごりして〈源氏・藤裏葉〉

おもひ‐かま・ふ【思ひ構ふ】(オモイカマウ・オモイカモウ) 動(ハ下二) 心に計画する。たくらむ。例「忍びてたばかれ(=こっそり工夫せよ)」とのたまへば…心知れるどち(=事情を知る人どうし)は**思ひかまふ**〈源氏・総角〉

おもひ‐き・ゆ【思ひ消ゆ】(オモイ―) 動(ヤ下二) 消え入るような気持ちになる。例白雪の降りてつもれる山里は住む人さへや**思ひ消ゆ**らん〈古今・冬〉

おもひ‐き・る【思ひ切る】(オモイ―) 動(ラ四) ❶見切りをつける。あきらめる。例恩愛の道は**思ひきら**れぬ事にて候ふなり〈平家・一一・副将被斬〉 ❷覚悟する。決心する。例このたびのいくさに討ち死にせうど**思ひきつ**〈音便形〉て候ふぞ〈平家・七・篠原合戦〉

おもひ‐ぐさ【思ひ草・思ひ種】(オモイ―) 名❶草の名。ナンバンギセル。露草なども。例道の辺(へ)の尾花が下の**思ひ草**〈万葉・一〇・二二七〇〉 ❷もの思いの種(たね)。例日を経つつ繁(しげ)さはまさる思ひ草逢ふ言(こと)の葉のなどなかるらん〈千載・恋一〉読解①の意を掛ける。❸煙草(たばこ)の別称。

おもひ-くだ・く【思ひ砕く】オモイ— ❶動(カ四) あれこれと思案する。しきりに気をもむ。例こまかにものを思ひくだけば〈蜻蛉・中〉❷動(カ下二) さまざまに思い悩む。例ただこの人のみ思ほえたまへば(=自然と恋しく思われなさるので)、千々に思ひ砕くれど〈宇津保・俊蔭〉

おもひ-くた・す【思ひ腐す】オモイ— 動(サ四) つまらないと見下す。けちをつける。例それしかあらじと、そらにいかがは推しはかり思ひくたさむ(=それはそうではないだろうと、あて推量で、どうしてけちをつけられよう)〈源氏・帚木〉読解「いかがは」は反語の意を表す。

おもひ-くっ・す【思ひ屈す】オモイ— 動(サ変) 元気をなくす。気落ちがする。「おもひくんず」とも。例むげに(=ひどく)思ひ屈しにけり。いとわろし〈枕・御かたがた、君たち〉

おもひ-くづほ・る【思ひ頽ほる】オモイクズオル 動(ラ下二) がっかりする。気弱になる。例我亡くなりぬとて、口惜しう思ひくづほるな〈源氏・桐壺〉

おもひ-ぐま-な・し【思ひ隈無し】オモイグマ— 形(ク) (思いの行き届いた所がない意) 思慮が足りない。思いやりがない。例思ひぐまなく、悪(あ)しうしたり〈枕・頭の弁の、職にまゐり給ひて〉

おもひ-くら・す【思ひ暮らす】オモイ— 動(サ四) 恋い慕って日を暮らす。一日じゅうもの思いを続ける。例相思はぬ妹をやもとな(=やたら)菅(すが)の根の(枕詞)長き春日を思ひ暮らさむ〈万葉・一〇・一九三四〉

おもひ-ぐる・し【思ひ苦し】オモイ— 形(シク) 心が苦しい。例家の妹にもの言はず来(き)にて思ひ苦しも〈万葉・一四・三四八一〉

おもひ-くん・ず【思ひ屈ず】オモイ— 動(サ変) (「おもひくっす」の変化した形) 元気をなくす。例(私ガ)かくのみ思ひくんじたるを、(母ハ)心も慰めむと〈更級〉

おもひ-け・つ【思ひ消つ】オモイ— 動(タ四) 心にとめないようにする。無視したり、忘れようとしたりするときにいう。例かたへの人々をば思ひ消ち、こよなき(=この上ない)心おごりをばしつれ〈源氏・若菜上〉

おもひ-ご【思ひ子】オモイ— 名 かわいく思う子。いとしい子。例父母(ちちはは)の思ひ子にて、片時も見えたまはねば、思し騒ぎたまふ子なり〈宇津保・俊蔭〉

おもひ-こ・む【思ひ籠む・思ひ込む】オモイ— ❶動(マ下二) 思いを内に秘める。気持ちを隠して外に表さない。例恋しきも思ひこめつつあるものを〈後撰・恋三〉❷動(マ四) 心に深く思う。例年ごろ日ごろの憂きもつらきも、ただ一すぢに思ひこん(音便形)だる思ひの〈近松・曾我五人兄弟・三〉

おもひ-ざし【思ひ差し】オモイ— 名 宴席で、これと思う相手を選んで、杯をさすこと。⇩おもひどり。例その盃(さかづき)、いづかたへもおぼしめさん方(かた)へ思ひざししたまへ〈曾我・六〉

おもひ-さだ・む【思ひ定む】オモイ— 動(マ下二) よく選んで心に決める。例ことなる事なき(=とりえがない)女をよしと思ひ定めて〈徒然・一九〇〉

おもひ-さま・す【思ひ醒ます】オモイ— 動(サ四) 高ぶった思いを静める。例さまで心とどむべき(=それほどまで執着するような)事のさまにもあらずと、いみじく思ひさましたまふに〈源氏・夕顔〉

おもひ-しづま・る【思ひ鎮まる】オモイシズマル 動(ラ四) 気持ちが静かになる。落ち着く。例しばしは夢かとのみたどられしを、やうやう思ひしづまるにしも(=しばらくの間は、夢ではないのかとばかり思い迷われていたが、だんだん気持ちが静かになるにつれてかえって)〈源氏・桐壺〉

おもひ-しづ・む【思ひ沈む】オモイシズム 動(マ四) 考えて気がふさぐ。ゆううつになる。例身の心憂さを思ひ沈みたまひて〈源氏・総角〉

おもひ-しづ・む【思ひ鎮む】オモイシズム 動(マ下二) 気持ちを落ち着かせる。例なほいと恨めしく口惜しきに、思ひしづめん方(かた)もなき心地して〈源氏・宿木〉

おもひ-しな・ゆ【思ひ萎ゆ】オモイ— 動(ヤ下二) しおれてしょんぼりする。例夏草の(枕詞) 思ひしなえて 偲(しの)ふらむ 妹が門(かど)見む なびけこの山〈万葉・二・一三一〉➡名歌69

おもひ-し・ぬ【思ひ死ぬ】オモイ— 動(ナ変) 恋い焦がれて死ぬ。例言ふことの恐(かしこ)き国ぞ紅(くれなゐ)の(枕詞)色にな出でそ思ひ死ぬとも〈万葉・四・六八三〉

おもひ-し・む【思ひ染む】オモイ— ❶動(マ四) しみじみ思う。例雨は心もなきものと思ひしみたればにや(=しみじみ思っているからだろうか)、片時降るもいと憎くぞある〈枕・成信の中将は、入道兵部卿の宮の〉❷動(マ下二) 思いつめる。例蔵人(くらうど)に思ひしめたる人(=蔵人になりたいと思いつめた人)〈枕・四月、祭りの頃〉

おもひ-し・る【思ひ知る】オモイ— 動(ラ四) 理解する。よくわきまえる。例歌はよまざりけれど、世の中(=男女の仲)を思ひ知りたりけり〈伊勢・一〇二〉

おもひ-しを・る【思ひ萎る】オモイシオル 動(ラ下二) しおれてしょんぼりする。例消息(せうそこ)などもせで久しくはべりしに、むげに思ひしをれて〈源氏・帚木〉

おもひ-す・ぐ【思ひ過ぐ】オモイ— 動(ガ上二) 慕う思いが消えてなくなる。忘れる。例神奈備(かむなび)の三諸(みもろ)の山に斎(いは)ふ杉(ここまで序詞)思ひ過ぎめや苔生(こけむ)すまでに〈万葉・一三・三二二八〉

おもひ-すぐ・す【思ひ過ぐす】オモイ— 動(サ四) ❶心にとめないでやり過ごす。例立つ霧の 思ひ過ぐさず〈万葉・一七・四〇〇三〉❷辛抱して月日を過ごす。例千千(ちぢ)の憂きふしをあまり(=あまりにも)思ひ過ぐしきて〈夜の寝覚・四〉

おもひ-すご・す【思ひ過ごす】オモイ— 動(サ四) ❶気にせずにいる。「おもひすぐす」とも。例あどすすかなしけ児(こ)ろを思ひ過ごさむ(=どうやっていとしい娘を気にしないでいられるだろうか)〈万葉・一四・三五六四〉❷心配しすぎる。

おもひ-す・つ【思ひ捨つ】オモイ— 動(タ下二) 見捨てる。関心をもたない。例かの下(しも)が下(=最低)と人の思ひ捨てし住まひなれど〈源氏・夕顔〉

おもひ-すま・す【思ひ澄ます】オモイ— 動(サ四) 雑念

を去って一心になる。芸事や修行などに専念する場合にいう。例(a)いみじきものの上手の、心の限り思ひ澄まして静かに描きたまへるは〈源氏・絵合〉例(b)世を思ひ澄ましたる尼君たちの〈源氏・賢木〉

おもひ-せ・く【思ひ塞く・思ひ堰く】―オモイ 動(カ四) 激しい思いをせきとめる。耐えようとする。例**思ひせく**心のうちの滝なれや落つとは見れど音の聞こえぬ〈古今・雑上〉

おもひ-そ・む【思ひ初む】―オモイ 動(マ下二) 思いはじめる。恋しはじめる。例恋すてふわが名はまだき立ちにけり人知れずこそ**思ひそめしか**〈拾遺・恋一〉➡名歌165

おもひ-た・つ【思ひ立つ】―オモイ 動(タ四) 決心する。例わざと(=わざわざ)**思ひ立ちて**宮仕へに出で立ちたる人の〈枕・あぢきなきもの〉

おもひ-たの・む【思ひ頼む】―オモイ 動(マ四) 心頼みにする。例大舟の(枕詞) **思ひ頼めど** 現(=現実)には君には逢はず〈万葉・一三・三二八一〉

おもひ-たは・る【思ひ戯る】―オモイタワル 動(ラ下二) 心を寄せてたわむれ遊ぶ。例百草の花の紐とく秋の野に(私ハ)**思ひ戯れむ**人な咎めそ〈古今・秋上〉

おもひ-た・ゆ【思ひ絶ゆ】―オモイ 動(ヤ下二) 思うことをやめる。あきらめる。例旅なれば**思ひ絶えても**ありつれど家にある妹し思ひ悲しも〈万葉・一五・三六八六〉

おもひ-たゆ・む【思ひ弛む】―オモイ 動(マ四) 気が緩む。油断する。例今はさりとも(=もういくらなんでも大丈夫だろう)と**思ひたゆみ**たりつるに〈源氏・葵〉

おもひ-たわ・む【思ひ撓む】―オモイ 動(マ四) 気がくじける。例**思ひたわみて** たもとほり(=行きつ戻りつして) 我はそ恋ふる〈万葉・六・九三五〉

おもひ-つ・く【思ひ付く】―オモイ 1動(カ四) ❶好意をいだく。好きになる。例**思ひつきて**、妻になりにけり〈大和・一四八〉 ❷味方につく。例九郎に**思ひつかぬ**先に、これ計らへ〈義経記・六〉 ❸思い当たる。 2動(カ下二) 思いを寄せる。例枕にも人にも心**思ひつけ**て名残よ何と君ぞ言ひなす(=あなたはまことしやかに言う)〈右京大夫集〉

おもひ-つづ・く【思ひ続く】―オモイ 動(カ下二) ❶あれこれ思い続ける。思いめぐらす。例来し方行く末**思ひつづけ**たまふに、悲しきこといとさまざまなり〈源氏・須磨〉 ❷述懐する。思いを歌に詠む。例かたじけなくうれしさのあまりに、泣く泣くかうぞ**思ひつづけ**たまふ〈平家・七・竹生島詣〉

おもひ-つつ・む【思ひ包む・思ひ慎む】―オモイ 動(マ四) 人目をはばかる。つつしむ。例さすがに色に出でてはえあらず(=表面に表すことはできず)、**思ひつつむ**ことありて〈宇津保・内侍のかみ〉

おもひ-づま【思ひ妻・思ひ夫】―オモイ 名 心の中でいとしく思う妻または夫。例根深くも思ほゆるかも我が**思ひ妻**は〈万葉・一一・二七六二〉

おもひ-つ・む【思ひ詰む】―オモイ 動(マ下二) いちずに思う。例いかで物越しに対面して、おぼつかなく**思ひつめ**たること少し晴るかさん〈伊勢・九五〉

おもひ-つ・む【思ひ積む】―オモイ 動(マ四) 重ね重ね思う。例筑波嶺の 良けくを見れば 長き日に **思ひ積み来し** 憂へは止みぬ〈万葉・九・一七五七〉

おもひ-つら・ぬ【思ひ連ぬ】―オモイ 動(ナ下二) あれこれと思い続ける。例憂きことを**思ひ連ねて**雁がねの鳴きこそ渡れ秋の夜な夜な〈古今・秋上〉

おもひ-と・く【思ひ解く】―オモイ 動(カ四) 考えて事情などを理解する。例思ひ放つまじきあたりは(=見はなすことのできそうにない人のことは)、いとほしなど**思ひ解けば**〈枕・人のうへいふを腹立つ人こそ〉

おもひ-どち【思ひどち】―オモイ 名 思いを寄せている点で共通する人どうし。思い人どうし。例上(=帝)も、(后ノ藤壺ト御子ノ光源氏トガ)限りなき御**思ひどち**にて〈源氏・桐壺〉

おもひ-とぢ・む【思ひ閉ぢむ】―オモイトジム 動(マ下二) 思うことをやめる。断念する。例(都ニハ)さらに(=決して)たち返らじと**思ひとぢめて**〈源氏・若菜上〉

おもひ-とどこほ・る【思ひ滞る】―オモイトドコオル 動(ラ四) ためらっている。思いどおり実行しないでいる。例出家の心ざしはもとよりものしたまへるを(=昔からおありだったが)、はかなき事に**思ひとどこほりて**〈源氏・橋姫〉

おもひ-とど・む【思ひ止む・思ひ留む】―オモイ 動(マ下二) ❶【思ひ止む】思いが先に進まないようにする。断念する。例かうまで(言葉ニ)うち出でたまへれば、え**思ひとどめ**たまはず〈源氏・浮舟〉 ❷【思ひ留む】忘れないように思いを心にとどめる。愛着を残す。例若きほどのすき心地には、この人をとまり(=正妻)にとも**思ひとどめ**はべらず〈源氏・帚木〉

おもひ-どり【思ひ取り】―オモイ 名 宴席で、これと思う人の飲んだ杯をもらい受け、酒をついでもらうこと。⇩おもひざし。例その盃、義秀飲みて面々にくだし、思ひざし、**思ひどり**、その後は乱舞になる〈曾我・六〉

おもひ-と・る【思ひ取る】―オモイ 動(ラ四) 悟る。理解する。例世の道理を**思ひ取りて**〈源氏・帚木〉

おもひ-なが・す【思ひ流す】―オモイ 動(サ四) 次から次へといろいろ思い続ける。例わが世のほかまでこそ(=現世の外の世のことまで)、よろづ**思ひ流さるれ**〈源氏・鈴虫〉

おもひ-なが・む【思ひ眺む】―オモイ 動(マ下二) あれこれともの思いにふける。例憂かりし京のみ恋しくなりゆきければ、**思ひながめつつ**〈平中・三五〉

おもひ-なぐさ・む【思ひ慰む】―オモイ 1動(マ四) つらい思いなどが紛れる。気が晴れる。例**思ひ慰まん**方ありてこそ、悲しさをもさますものなめれ〈源氏・椎本〉 2動(マ下二) つらい思いなどを和らげる。気を晴らす。例来し方のつらさはなほ残りある心地して、よろづに**思ひ慰めつる**を〈源氏・総角〉

おもひ-なし【思ひ為し・思ひ做し】―オモイ 名 ❶思い込み。特に、人物への評価。人望。例これは、人の御際(=御身分)まさりて、**思ひなし**めでたく〈源氏・桐壺〉 ❷(そのように見える原因を述べる形で)そう思うせいか。気のせいか。例(a)いと仮なる草の庵に、**思ひなし**、事そぎたり(=簡素に暮らしている)〈源氏・橋姫〉例(b)**思ひなし**にや、なほいとようおぼえたりかし(=似ているなあ)〈源氏・柏木〉

おもひ-な・す【思ひ為す・思ひ做す】―オモイ 動(サ四)

意図して思うようにする。思い込む。例身を要なきものに思ひなして〈伊勢・九〉

おもひ-なずら・ふ【思ひ準ふ】 オモイナズラウ・オモイナズロウ 動（ハ下二）思い比べる。例なべての人（＝普通の人）に思ひなずらふれば、けはひこよなくおはすれど（＝この上なくすぐれておいでだが）〈源氏・若菜下〉

おもひ-なほ・る【思ひ直る】 オモイナオル 動（ラ四）気持ち・機嫌などがもとに戻る。例つらき心を忍びて、（アナタガ）思ひ直らむ折を見つけむと〈源氏・帚木〉

おもひ-なら・ふ【思ひ習ふ・思ひ慣らふ】 オモイナラウ・オモイナロウ 動（ハ四）思う習慣がつく。いつもそう思う。例君により思ひならひぬ世の中の人はこれをや恋といふらん〈伊勢・三八〉

おもひ-な・る【思ひ成る】 オモイ 動（ラ四）〜という気になる。例責められわびて、さしてむと思ひなりぬ（＝そうしようという気になった）〈大和・一五六〉

おもひ-ね【思ひ寝】 オモイ 名 思いながら寝ること。和歌では、多く恋しい人を思って寝る意にいう。例君をのみ思ひ寝に寝し夢なれば〈古今・恋二〉

おもひ-ねん・ず【思ひ念ず】 オモイ 動（サ変）強く思う。じっと我慢する。例命長くとこそ思ひ念ぜめ〈源氏・桐壺〉読解うれしいことにめぐりあう時まで長生きをして、と思って今はじっと我慢せよ、ということ。

おもひ-の-いへ【思ひの家】 オモイノイエ 煩悩に苦しめられ迷いの多い世界。憂き世。仏教語の「火宅」による語で、「おもひ」の「ひ」に「火」を掛けて用いる。例世の中に牛の車のなかりせば思ひの家をいかでいでまし（＝どうやって出るのだろうか）〈拾遺・哀傷〉読解「牛の車」は仏の教え。

おもひ-のこ・す【思ひ残す】 オモイ 動（サ四）❶もの思いをし残す。打消の語を伴って、もの思いを尽くす意に用いることが多い。例年の終はりには、何事につけても、思ひ残さざりけむかし〈蜻蛉・中〉❷後に残して残念に思う。例うき世に思ひ残す事とては、ただ君の御名残ばかりなり〈平家・七・経正都落〉

おもひ-のど・む【思ひのどむ】 オモイ 動（マ下二）のんびり考える。心を静める。例いま少しみづからも思ひのどめ、また（コチラ様モ）しづまりたまひなむに、参り来む〈源氏・夕霧〉

おもひ-の・ぶ【思ひ延ぶ・思ひ伸ぶ】 オモイ 動（バ下二）気持ちを和やかにする。例憤る心の内を思ひ延べ〈万葉・一九・四一五四〉

おもひ-の-ほか【思ひの外】 オモイ 予想にはずれて、思いがけないさま。例いと思ひのほかなる人の言へれば（＝言ったので）、人々あやしがる〈土佐〉

おもひ-のぼ・る【思ひ上る】 オモイ 動（ラ四）高い気位でいる。思い上がる。例この世の濁りにも穢れず、はるかに思ひのぼれる契り高く〈源氏・絵合〉

おもひ-はか・る【思ひ量る】 オモイ 動（ラ四）思案する。例（翁ハカグヤ姫ヲ）よき人にあはせん（＝結婚させよう）と思ひはかれど〈竹取〉

おもひ-はげ・む【思ひ励む】 オモイ 動（マ四）頑張る。例なほ口惜しくは見えじ（＝だめだとは思われまい）と思ひ励みつつ〈源氏・帚木〉

おもひ-は・つ【思ひ果つ】 オモイ 動（タ下二）❶断念する。あきらめる。例つらきものに思ひはてたまひなむも（＝冷淡だとあきらめてしまわれるのも）〈源氏・賢木〉❷最後にわかる。思い当たる。例（コノ人ハ）宮なりけり（＝宮だったのだ）と思ひはつるに〈源氏・東屋〉

おもひ-はな・つ【思ひ放つ】 オモイ 動（タ四）あきらめる。見はなす。例かかるにこそ（＝こんなに可憐だからこそ）人もえ思ひ放たざらめ〈源氏・宿木〉

おもひ-はな・る【思ひ離る】 オモイ 動（ラ下二）関心をなくす。断念する。例あはれてふ言こそうたて（＝あわれという言葉こそ困ったものだ）世の中を思ひ離れぬほだし（＝妨げ）なりけれ〈古今・雑下〉

おもひ-はばか・る【思ひ憚る】 オモイ 動（ラ四）あれこれ考えて気がねする。例いちはやき世（＝厳しい時勢）を思ひ憚りて〈源氏・須磨〉

おもひ-はる・く【思ひ晴るく】 オモイ 動（カ下二）ゆううつな思いを晴らす。心を晴れ晴れとさせる。例（アリフレタ）御文にもあらざめれど（＝ないようだけれど）、なほえ思ひはるけず〈源氏・夕霧〉

おもひ-びと【思ひ人】 オモイ 名 恋人。例心地などのむつかしきころ、まことまことしき（＝誠実な）思ひ人の言ひ慰めたる〈枕・たのもしきもの〉

おもひ-へだ・つ【思ひ隔つ】 オモイ 動（タ下二）心に隔てを置く。疎む。例（継娘ヲ）他人と思ひ隔てたる心のありければ〈源氏・東屋〉

おもひ-ほ・る【思ひ惚る】 オモイ 動（ラ下二）気が抜けてぼんやりする。例（悲シミノアマリ）よろづ思ひほれたまへるけはひなれば〈源氏・椎本〉

おもひ-まう・く【思ひ設く】 オモイモウク 動（カ下二）あらかじめ用意する。例いかでさ（＝そのように）思ひまうけたるやうにのたまひけん〈枕・故殿の御服のころ〉

おもひ-まが・ふ【思ひ紛ふ】 オモイマガウ・オモイマゴウ 動（ハ下二）錯覚する。例海の上曇りなく見え渡れるも、住みなれたまひし古里の池水に思ひまがへられたまふに〈源氏・明石〉

おもひ-ま・す【思ひ増す】 オモイ 動（サ四）❶思いが募る。例我が命の全けむ（＝無事である）限り忘れめやいや日に異には（＝日増しに）思ひ増すとも〈万葉・四・五九五〉❷評価がまさる。例君とあれと（＝あなたとあれと）いづれをか思ひましたる〈落窪・二〉

おもひ-まつは・す【思ひ纏はす】 オモイマツワス 動（サ四）慕ってつきまとう。例わづらはしげに思ひまつはす気色見えましかば、かくもあくがらさざらまし（＝こうも行方知れずにはしなかったろう）〈源氏・帚木〉

おもひ-まつは・る【思ひ纏はる】 オモイマツワル ❶動（ラ四）心がまとわりつく。例藤波の（枕詞）思ひまつはり若草の（枕詞）思ひつきにし君が目に〈万葉・一三・三二四八〉読解この例を「思ひもとほり」と読む説もある。❷動（ラ下二）心配事に取りつかれる。例心地よげに見えたまひし北の方も、思ひまつはれてなむおはすめる〈落窪・二〉

おもひ-まど・ふ【思ひ惑ふ】 オモイマドウ 動（ハ四）〔上代は「おもひまとふ」〕思い迷う。途方にくれる。例親たちのいとことごとしう（＝おおげさに）思ひまどはるるが心苦しさに〈源氏・葵〉

おもひ-まは・す【思ひ回す】 動(サ四) あれこれ考える。思案する。例いかにかはすべからん(=どうしたらよいだろう)…と**思ひまはす**程もなく〈枕・頭の中将の、すずろなるそら言を〉

おもひ-みだ・る【思ひ乱る】— 動(ラ下二) あれこれと思い悩む。例かの人に疎まれたてまつらむ、なほいみじかるべし(=やはりとてもつらいだろう)と**思ひ乱るる**をりしも〈源氏・浮舟〉

おもひ・みる【思ひ見る】 動(マ上一) いろいろと考えてみる。例**思ひ見て**すでに心は(アナタニ)寄りにしものを〈万葉・一二・二九六六〉

おもひ-むすぼほ・る【思ひ結ぼほる】 動(ラ下二) 心がふさがる。沈みこんでいる。例尼になりなむと**思ひむすぼほれ**たまふめれば〈源氏・夕霧〉

おもひ-むすぼ・る【思ひ結ぼる】— 動(ラ下二)「おもひむすぼほる」に同じ。例ねもころに(=心から)**思ひ結ぼれ**〈万葉・一八・四一一六〉

おもひ-むつ・ぶ【思ひ睦ぶ】— 動(バ上二) むつまじくする。親しくする。例親しく**思ひむつぶる**筋は、またなくなん思ほえし(=ほかにいないと思われた)〈源氏・夕顔〉

おもひ-もの【思ひ者】— 名 恋人。愛人。例**思ひ者**あまたありければ(=たくさんいたので)、腹々の子ども多かりけり〈保元・中〉

おもひ-やす・む【思ひ休む】— 動(マ四) 忘れる。気にかけない。例人皆の**思ひやすみて**つれもなく(=よそよそしく)ありし間に〈万葉・六・九二八〉

おもひ-やすら・ふ【思ひ休らふ】 動(ハ四) ためらう。例いさよふ月にゆくりなくあくがれんこと(=思いがけず浮かれ出ること)を、女は**思ひやすらひ**〈源氏・夕顔〉

おもひ-や・む【思ひ止む】— 動(マ四) 思いとどまる。あきらめる。例色好みといはるるかぎり五人、**思ひやむ**時なく夜昼来けり〈竹取〉

おもひ-や・む【思ひ病む】— 動(マ四) 思い悩む。多く恋の悩みにいう。例(夫ノ)使ひも来ねば **思ひ病む** 我が身一つぞ〈万葉・一六・三八一一〉

おもひ-やり【思ひ遣り】— 名 ❶想像する様子。例**思ひ遣り**異なることなき閨(=寝室)の内に〈源氏・帚木〉 ❷先々のことに対する考え。思慮分別。例「いと**思ひ遣り**深くあらがひたる(=言い争ったものだ)」など…仰せられけり〈枕・職の御曹司におはします頃、西の廂にて〉 ❸人の立場や思いなどを察すること。同情。例**思ひ遣り**少なう、御心のままならむも〈源氏・末摘花〉

おもひ-や・る

【思ひ遣る】— 動(ラ四) ❶遠くのことや、人の身の上などを想像する。例その河のほとりに群れ居て**思ひやれ**ば、限りなく遠くも来にけるかなと、わびあへるに(=その川のほとりに集まり座ってはるかな都を想像すると、ひどく遠くまで来てしまったなあと、お互いに悲しんでいると)〈伊勢・九〉 ❷思いを晴らす。心を慰める。例鄙にはあれど 我が背子を 見つつし居れば **思ひ遣る** こともありしを(=田舎ではあるけれど、あなたに逢っているので、人恋しい思いを晴らすこともあったが)〈万葉・一七・四〇〇八〉

語誌▼「やる」の方向性　①は、本来、思いをそちらのほうへ届ける意味でいう。逆に、遠くからこちらのほうへ思いを届ける意味の「おもひおこす」という言い方もある。同じ想像する意味ではあるが、その方向について両者は対義語になる。②は、胸中のつらい思いなどを外に吐き出して、すっきりする、ということで、思いを晴らすなどの意になるもの。この場合の「やる」も、こちらから外部へという方向性は、①と共通する。〈山口堯二〉

おもひ-ゆづ・る【思ひ譲る】 動(ラ四) 自分の思う人のことをほかの人に任せる。例思ふ人具したるは(=かわいがってくれる人がついている人は)、おのづからと**思ひ譲られ**て〈源氏・東屋〉

おもひ-ゆる・す【思ひ許す】— 動(サ四) 心の中で許す。自分自身に納得させる。例これもさるべきにこそは(=しかるべき理由があるに違いない)と**思ひゆるし**て〈源氏・総角〉

おもひ-よ・す【思ひ寄す】— 動(サ下二) 思い合わせる。例もて離れたること(=見当違いのこと)をも**思ひ寄せ**て疑ふも〈源氏・帚木〉

おもひ-よそ・ふ【思ひ寄そふ・思ひ準ふ】 動(ハ下二) 思い合わせる。引き比べる。例つれなき人の御けはひにも通ひて(=似ていて)**思ひよそへ**らるれど〈源氏・総角〉

おもひ-よ・る【思ひ寄る】— 動(ラ四) ❶心がひかれる。慕い寄る。例真心に後ろ見きこえん(=心からお世話申し上げよう)など、**思ひよりきこゆる**あらば〈源氏・椎本〉 ❷予測する。思い当たる。例さすがに昨日今日とは**思ひよらず**〈平家・一・祇王〉

おもひ-よわ・る【思ひ弱る】— 動(ラ四) 気が弱くなる。例**思ひ弱る**事ありて、やうやう(=しだいに)文通はして言ひ付く(=親しくなる)〈落窪・三〉

おもひ-わ・く【思ひ分く】— 1 動(カ四) 判断する。分別する。打消の語を伴って用いることが多い。例ともかくも**思ひわかれず**、ただ涙ぞこぼるるる〈蜻蛉・中〉 2 動(カ下二) 1に同じ。例とりどり(=それぞれ)、**思ひわけ**つつ、物言ひたはぶるるも〈堤中納言・ほどほどの懸想〉

おもひ-わた・る【思ひ渡る】— 動(ラ四) ずっと思い続ける。例年を経て**思ひわたりける**ことの、たまさかに本意かなひて(=たまたま念願がかなって)〈源氏・若菜下〉

おもひ-わづら・ふ【思ひ煩ふ】 動(ハ四) 思案にくれる。悩む。例これが本はいかでか付くべからん(=これの上の句はどうやって付けたらよいのか)、と**思ひわづらひぬ**〈枕・二月つごもり頃に〉

おもひ-わ・ぶ【思ひ侘ぶ】— 動(バ上二) 思い悲しむ。思い悩む。例数知らず苦しきことのみまされば、いといたう**思ひわびたる**を〈源氏・桐壺〉

おも・ふ

【思ふ】 動(ハ四) ❶心に浮かべる。例心に**思ふ**ことを、見るもの聞くものにつけて、言ひ出だせるなり(=心に浮かべることを、見るもの聞くものに託して、言葉に表すのである)〈古今・仮名序〉 ❷予想する。例**思はぬ**にしぐれの雨は降りたれど(=思いがけず時雨は降ったけれど)〈万葉・一〇・二二二七〉❸願う。希望する。例いと恋しければ、行かまほしく思ふに(=たいそう恋しいので、会いに行きたいと願うと)〈更級〉❹恋い慕う。愛する。例人知れず思ふてふこと誰にに語らむ(=人知れず恋しているということを、だれに話せばよいのだろう)〈古今・恋一〉❺懐かしむ。例昔思ふ草の庵の夜の雨に涙な添へそ山ほととぎす〈新古今・夏〉➡名歌359 ❻思いつめる。心配する。例月のおもしろく出でたるを見て、常よりもの思ひたるさまなり(=月が趣深く出ているのを見て、いつもよりものを思いつめている様子である)〈竹取〉

語誌▼何をどう思うかで、具体的な意味の違いが出てくる点は、現代語の「思う」と同様である。⑥の意は、「ものをおもふ」などという場合に多い。

▼**複合動詞による心情表現**　古くは、「思ひ染む」「思ひ成る」「思ひ上がる」「思ひ設く」などと、他の動詞と複合させて、心の変化や心の中の動きを表す用法が多い。現代語では「心に〜」「心の中で〜」「心が〜」などと言いそうな、心情・思考に関する意味が複合動詞で表されがちであった。〈山口堯二〉

おも-ぶ・く【趣く・赴く】 ❶動(カ四)「おもむく①」に同じ。❷動(カ下二)「おもむく②」に同じ。

おもふ-こ【思ふ子】 名 いとしい人。恋人。男女どちらにもいう。例我がやどの一群萩を思ふ子に見せずほとほと散らしつるかも(=もう少しで散らすところだったよ)〈万葉・八・一五六五〉

おもふ-さま【思ふ様】 ❶名 思うところ。考え。例思ひやりなきやうなれど、思ふさまことなることにてなむ(=格別の考えがあってのことだ)〈源氏・澪標〉❷形動(ナリ)❶思いどおりだ。望みどおりだ。例しぶしぶに思ひたる人を、しひて婿取りて、思ふさまならずと嘆く〈枕・あぢきなきもの〉❷思いどおりにふるまっている。勝手気ままだ。例これは入道相国(=平清盛)よろづ思ふさまなるが致すところなり〈平家・四・厳島御幸〉

おもふ-そら【思ふ空】 名〔「そら」は心の意〕思う心。例思ふそら安けなくに(=穏やかではないのに)嘆くそら安けなくに〈万葉・八・一五二〇〉

おもふ-どち【思ふどち】 名 気の合う人どうし。例思ふどちかいつらねて(=連れだって)和泉の国へ…いきけり〈伊勢・六七〉

おもふ-ひと【思ふ人】 名 愛している人。自分が愛する相手にも、自分を愛してくれる人にもいう。例(a)名にし負はばいざ言問はむ都鳥わが思ふ人はありやなしやと〈古今・羇旅〉➡名歌269 例(b)まづは思ふ人にさまざま後れ〈源氏・若菜下〉読解 自分をかわいがってくれた人たちと幼いころに死別したことをいう。

おもふ-やう【思ふ様】 ❶名「おもふさま①」に同じ。例(私ニハ)なほ思ふやうのはべるぞ〈源氏・澪標〉❷形動(ナリ)「おもふさま②①」に同じ。例かかる所に、思ふやうならむ人(=理想どおりの人)を据ゑて住まばや〈源氏・桐壺〉

おもへ-らく【思へらく】〔動詞「おもふ」の命令形＋完了の助動詞「り」＝「おもへり」のク語法〕思っていることには。例常に以為へらく、「これを作なすは労はしし(=大変である)…」とおもへり〈続紀・和銅元年二月〉

おもほえ-ず【思ほえず】〔動詞「おもほゆ」の未然形＋打消の助動詞「ず」の連用形〕思いがけなく。例(美シイ姉妹ガ)思ほえずふる里にいとはしたなくて(=古い都に、とても不似合いなさまで)ありければ〈伊勢・一〉

おもほ・し【思ほし】 形(シク)〔動詞「おもふ」の形容詞化〕心に望んでいるとおりだ。願わしい。例思ほしき言も語らひ慰むる心はあらむを〈万葉・一八・四一二五〉

おもほし-め・す【思ほし召す】 動(サ四)〔尊敬の動詞「おもほす」の連用形＋尊敬の補助動詞「めす」〕「思ふ」の尊敬語。お思いになる。例我が大君の万代と思ほし召して作らしし(=お作りになった)香具山の宮〈万葉・二・一九九〉

おもほ・す【思ほす】 動(サ四)「思ふ」の尊敬語。お思いになる。例(a)草枕(枕詞)旅の翁と思ほして針そ賜へる縫はむ物もが(=旅の老人とお思いになって針を下さった。縫う物はないかなあ)〈万葉・一八・四一二八〉例(b)(帝ハ、更衣ヲ)いよいよあかずあはれなるものに思ほして(=ますますたまらなくふびんな者にお思いになって)〈源氏・桐壺〉

語誌▼「おもほ」は「おもふ」の変化した形。「す」は尊敬の助動詞「す」に関連する形。「おもほし出づ」「おもほし疑ふ」「おもほし知る」など、他の動詞と複合した形で用いられることも多い。

▼この語が変化した形に「おぼす」がある。〈山口堯二〉

おもほ・ゆ【思ほゆ】 動(ヤ下二)〔「おもほ」は「おもふ」の変化した形。「ゆ」は上代の自発・受身の助動詞に関連する接尾語〕自然に思われる。例(a)瓜食めば子ども思ほゆ〈万葉・五・八〇二〉➡名歌93 例(b)桜花とく散りぬともおもほえず人の心ぞ風も吹きあへぬ(=桜の花が早く散ってしまうとも思えない。人の心こそ風も吹ききらないうちに変わってしまう)〈古今・春下〉

語誌 この語から変化した語に「おぼゆ」がある。〈山口堯二〉

おも-むき【趣】 名 動詞「おもむく」の名詞形。それとなく向かっている方向、自然と示されている事柄や心持ちなどをいう。

❶心の向かう方向。心のありかた。心の様子。例人の心の、とあるさまかかるおもむきを見るに(=人の心の、あれこれの様子を見ると)〈源氏・若菜上〉❷事柄のだいたいの意味。主旨。事のなりゆき。様子。例仏の教へたまふおもむきは(=仏がお教えになる主旨は)〈方丈記〉❸情趣。風情。例水のおもむき、山のおきてを改めて(=遣り水の風情や築山のたたずまいを新しくして)〈源氏・少女〉読解 邸宅造営後の場面。〈浅見和彦〉

おも-む・く【趣く・赴く】「面（おも）向（む）く」で、顔がその方向に向く、または顔をその方向に向ける意。

1 動（カ四）❶**その方向に向く。向かって行く。行く。** 例(a)（風ハ）よき方にお**もむき**て吹くなり（＝都合のよい方向に向かって吹くのである）〈竹取〉 例(b)明日は遠き国へ**赴く**べし（＝明日は遠い国に向かって行くことになっている）〈徒然・一二三〉

❷**心が向かう。こころざす。** 例ひたみちに行ひに**おもむき**なんに（＝いちずに仏道修行をこころざそうとするのに）〈源氏・御法〉

❸**相手の考えなどに同意する。従う。** 例自然（おのづから）よき事をいはむに、**赴く**事もありなむ（＝自然と正しい事を言おうとすると、その人も従う事もあるだろう）〈今昔・一〇・一五〉

2 動（カ下二）❶**ある方向に向かわせる。向かって行かせる。** 例仏の道に**おもむけ**んも（＝仏道に向かわせようとするのも）〈源氏・横笛〉

❷**同意させる。従わせる。** 例とけがたかりし御気色をお**もむけ**きこえたまひて（＝うちとけにくかったお気持ちを従わせ申し上げなさって）〈源氏・夕顔〉

❸**ほのめかす。それとなく言う。** 人の心を同じ方向に向けさせようとする意。 例事のついでには、さやうに**おもむけ**奏せさせたまへ（＝何かのついでに、そのようにそれとなく奏上なさってください）〈源氏・葵〉

❹**事柄をうまく運ぶようにする。** 例このこと**赴け**しめたまへ（＝このことがうまく運ぶようになさってください）〈宇津保・藤原の君〉 〈浅見和彦〉

おも-むけ【趣け・赴け】名 意向。仕打ち。 例人の**おもむけ**をも見知りたまはず〈源氏・若紫〉

おも-もち【面持ち】名 表情。 例**面もち**・気色（けしき）、誇りかにもの思ひげなるさまして〈源氏・蓬生〉

おも-や【母屋・主屋】名 ❶屋敷の中で、主人家族の住む中心となる建物。 例児（ちご）は**母屋**にも居らず〈読本・弓張月・後・一七〉 ❷本家。本店。 例**面屋**（おもや）の若い衆とも言ふ事も嫌ひたまふなり〈西鶴・好色一代女・四・四〉

おも-やう【面様】名 容貌（ようぼう）。目鼻立ち。 例髪（かむ）ざし（＝髪の様子）・**面様**の、恋ひきこゆる人の面影にふとおぼえて〈源氏・朝顔〉

おも-や・す【面痩す】動（サ下二） 病気や心労によって顔がやせる。 例さる恐ろしきこと（＝出産）をしたまへれば、すこし**面痩せ**細りて〈源氏・若菜上〉

おも-らか【重らか】形動（ナリ）〔「らか」は接尾語〕「おもりか」に同じ。

おもり-か【重りか】形動（ナリ）〔「か」は接尾語〕❶重量がありそうだ。 例衣箱の**重りかに**古代なる（＝古風なもの）うちおきて〈源氏・末摘花〉 ❷態度が重々しい。落ち着いている。 例**重りかに**おはする人の、ものに情けおくれ（＝思いやりが欠け）〈源氏・葵〉

おも・る【重る】動（ラ四）❶重くなる。重みが増す。 例人多く居て屋（＝部屋）**重り**にければ〈今昔・一九・四三〉 ❷病気が重くなる。悩みがひどくなる。 例（病状ガ）日々に**重り**たまひて〈源氏・桐壺〉

おもろさうし（オモロソウシ）《作品名》沖縄の歌謡集。二二巻。沖縄・奄美（あまみ）地方に伝わる古代歌謡オモロを、首里王府が採録・編集したもの。一五五四首（重複を除くと一二四八首）を収める。オモロは共同体の呪術（じゅじゅつ）的な詞章に発したとされ、三、四世紀ごろから歌われたという。主題は、土地や神・国王の賛美、労働歌など多様で、集団の舞踊を伴うものもある。

おも-わ【面輪】名 顔。顔かたち。 例桃の花 紅色（くれなゐいろ）に にほひたる **面輪**のうちに〈万葉・一九・四一九二〉

おも-わすれ【面忘れ】名 人の顔を忘れること。 例**面忘れ**いかなる人のするものそ我はしかねつ（＝できない）継ぎてし思へば〈万葉・一一・二五三三〉

おもん-ばかり【慮り】名〔動詞「おもひはかる」の撥音便形「おもんばかる」の名詞形〕「おもんぱかり」とも。いろいろと思いをめぐらすこと。考え。思慮。 例人は**おもんばかり**なく、言ふまじきことを口とく（＝軽々しく）言ひ出だし〈十訓抄・四・序〉

おもん・みる【惟る】動（マ上一） 動詞「おもひみる」の撥音便形。 例それ**おもんみれ**ば、真如（しんにょ）（＝永久不変の真理）広大なり〈平家・五・勧進帳〉

おや

おや【親・祖】名 ❶**両親。父。母。** 例（亡クナッタ幼イ）女子（をむなご）のためには、**親**幼くなりぬべし（＝娘のためには、両親も分別を失って子どものようになってしまうにちがいない）〈土佐〉

❷**長。かしら。第一の人。** 人間以外のものにもいう。 例(a)国の**親**となりて、帝王の上（かみ）なき位にのぼるべき相（さう）おはします人（＝国の長となって、帝王というこの上もない位にのぼるはずの相がおありになる方）〈源氏・桐壺〉 例(b)（日本デハ）これを物の**親**としたるにこそあめれ（＝これを楽器の第一のものとしたからでしょう）〈源氏・常夏〉 読解「これ」は和琴（わごん）をさす。

❸**祖先。父祖。** 例**おや**の御時より次々伝はれたる名高き帯（＝先祖の御時代から代々伝わっていらっしゃる有名な石帯（せきたい））〈宇津保・忠こそ〉

❹**そのものの始めとなるもの。元祖。** 例物語の出で来はじめの**親**なる竹取の翁（おきな）に（＝物語のできはじめの元祖である竹取の翁の物語に）〈源氏・絵合〉

語誌 ①は「子（こ）」の対としての父母をさすのが一般的であるが、古くは子どもが母親のもとで育てられる家族制のため、母親をさすことが多い。平安時代になると、「めおや（女親）」の語も見られ、家族制の変化に伴って、現代により近い用法になった。 〈米山敬子〉

おや-かた【親方】名 ❶親代わりになって世話をすること。また、その人。 例**親方**になりて聞こえたまふ（＝申し上げなさる）〈源氏・総角〉 ❷職人のかしら。また、遊女をかかえる主人。 例（着物ガ）やれたらば（＝破れたら）**親方**の損〈西鶴・好色一代男・一・六〉

おや-が・る【親がる】動（ラ四）〔「がる」は接尾語〕親のようにふるまう。 例「つひにいかが、となん見たまへはべる（＝しまいにはどうなることか、と心配申しております）」と、**親がり**て言ふ〈源氏・手習〉

おや-こ【親子】名 ❶親と子。また、親と子との関係。 ❷親戚。親類。 例初午（はつうま）に女房の**親子**振る舞ひて〈俳諧・炭俵・上〉 読解 初午の祭礼の日に、妻の親戚を招いてごちそうした、ということ。

おや-ざと【親里】 名 嫁・婿・養子・奉公人などの、実の親の家。実家。親元。例人の家に行き、その夫にしたしみ、**親里**をわすれぬ〈西鶴・本朝二十不孝・一・三〉

おや-ざま【親様】 名 親のように頼りに思うこと。また、その人。親代わり。例うけばりたる**親ざま**には聞こしめされじ(=出しゃばった親代わりだとは、お思いいただかないようにしよう)〈源氏・絵合〉

おや・じ【同じ】 形(シク)『上代語』「おなじ」の古形。例妹も我も 心は**おやじ**〈万葉・一七・三九七八〉

親不知 《地名》❶越後国(新潟県)の西端、外波から市振にかけての海岸。飛騨山脈が海に迫る難所。例今日は**親しらず**子しらず・犬もどり・駒返しなど言ふ北国一の難所を越えて〈芭蕉・奥の細道〉❷駿河国(静岡県)の東南部、由比と興津の間の地。薩埵峠が海に迫る難所。語誌 親子が互いを顧みる余裕のない危険な所、の意からという。

おや-しろ【親代】 名 親に代わって子どもを養育すること。また、その人。親代わり。例殿の二歳の時より、家安親代となりて〈源平盛衰記・二〇〉

おや-ぢゃ-ひと【親ぢゃ人】 名〔「ぢゃ」は、である、の意〕親。例**親ぢゃ人**はなんとしてゐらるるぞ(=どうしていらっしゃるか)〈狂言・武悪〉

お-やま【お山】 名 ❶下級の遊女。また、遊女一般。❷美女。例みめよき女を**お山**といふも〈近松・曾我会稽山・一〉❸歌舞伎の女形。「女方」「女形」とも書く。例これは**おやま**の元祖大吉弥が下宿なるが〈西鶴・男色大鑑・六・四〉

おや-め・く【親めく】 動(カ四)〔「めく」は接尾語〕親のようにふるまう。親らしく見える。例まことに親めきて(ソノ子ヲ)あつかひたまふ〈源氏・帚木〉

お・ゆ

【老ゆ】 動(ヤ上二) 年をとる。衰える。盛りを過ぎる。例(a)悔しくも**老い**にけるかも我が背子が求むる乳母に行かましものを(=悔しいことに年をとってしまったなあ、私のいとしいあなたが求める乳母に行っただろうになあ)〈万葉・一二・二九二六〉読解「行かましものを」は反実仮想の意を表す。若かったら乳母として行けたのに、という気持ちである。例(b)梢の花色おとろへて、宮の鶯声**老い**たりる。(=梢の花の色はあせて、宮中にいる鶯の声も盛りを過ぎている)〈平家・四・厳島御幸〉

語誌▼「親」との関連 「おや(親)」と同根の語とみられる。「老ゆ」が年をとって老年になる意であり、「親」もまた老年であることが一般的である。老人や親は経験による知恵で家庭や社会をうまく運営できる存在である。伝統的な社会では、昔からのしきたりを社会の成り立ちの基礎にしているので、当然、老人は尊ばれた。しかし、社会の実際の中心にあって生産を担うのは、老人の一歩手前にある大人たちである。したがって老人は、一方で負の評価にもなる。例(a)の歌の「悔しくも」は、そうした気分である。〈古橋信孝〉

お-ゆどの【御湯殿】 名 ❶清涼殿の西廂の北にある部屋。食膳を調えたり、天皇が湯浴みをしたりする。⇩口絵。例**御湯殿**の馬道(=殿舎内の通路)より下りて来る殿上人〈枕・細殿の遣戸を〉❷貴人の入浴。また、貴人の邸宅の浴室。例脱ぎかへて、**御湯殿**など、いたうつくろひたまふ(=念入りに身繕いなさる)〈源氏・真木柱〉❸「御湯殿の儀式」の略。例**御湯殿**は、酉の時とか〈紫式部日記〉❹「御湯殿の儀式」に奉仕する女官。例**御湯殿**は、宰相の君。御むかへ湯、大納言の君〈紫式部日記〉

おゆどの-の-うへ【御湯殿の上】 名「おゆどの①」のすぐそばにある部屋。女官の詰め所で、食膳の道具などが置かれている。宮中以外の御湯殿近くの同類の部屋にもいう。⇩口絵。例中宮の御方の**御湯殿の上**の黒御棚に〈徒然・二一八〉

御湯殿上日記 《作品名》日記。内裏の御湯殿の上に仕える女官が、天皇の日常や年中行事などを仮名書きで記したもの。文明九年(一四七七)から文政九年(一八二六)にわたる約三五〇年間の記録が現存。女房詞など国語の資料としても貴重。

おゆどの-の-ぎしき【御湯殿の儀式】 名 皇子誕生のとき、産湯をつかわせる儀式。一日二回、七日間行われた。例うちには、**御湯殿の儀式**など、かねてまうけさせたまふべし〈紫式部日記〉

おゆび【指】 名 ❶〔「および」の変化した形か〕指。例左手の**指**にてつよくとらへ〈読本・雨月・夢応の鯉魚〉❷〔「おほゆび」の変化した形〕親指。例「まづこれほどな大きさでおぢゃる」といひて、**おゆび**を見する〈狂言・察化〉

およし-を【老よし男】 名 年老いた男性。例かく行けば 人に憎まえ **老よし男**は かくのみならし(=このようなものらしい)〈万葉・五・八〇四〉

およす・く

動(カ下二)「おゆ(老ゆ)」と同根であろう。容貌や雰囲気が実際の年齢よりも大人びている意。

❶**子どもが成長する。大人になる。ませている。** 例いとどこの世のものならず、きよらに**およすけ**たまへれば(=ますますこの世のものとも思えないほど、気品高く成長なさっておいでなので)〈源氏・桐壺〉読解 幼い光源氏の様子。

❷**老成している。年寄りじみている。** 例よろづの事もてしづめつつ、おのづから**およすけ**たる心ざまを人にも知られたまへり(=万事控えめにふるまいなさり続けて、自然と老成した気質であることをほかの人にも理解されていらっしゃった)〈源氏・匂宮〉

❸**じみである。目立たない。** 例昼は、ことそぎ、**およすけ**たる姿にてもありなむ(=昼間は、簡素で、じみな姿でも差し支えないだろう)〈徒然・一九一〉

類義▼①②ねぶ

語誌 主に連用形「およすけ」の形で用いられる。「およすぐ」「およずく」とする説もあり、清濁については明らかではない。〈大井田晴彦〉

およそ

【凡そ】〔「おほよそ」の変化した形〕1 形動(ナリ) ❶粗略だ。例かやうに大事のうたひを、**およそに**してはかなふまじい(=このように大切な謡いを粗略にしてはなるまい)〈狂言・二千石〉❷愚かだ。例殿様は**およそな**ほどに(=だんな様は愚かであるので)〈近松・一心二河白道・一〉

❷ 副 ❶だいたい。一般に。例(a)〈源氏軍八〉凡そ八日九日の道にはたとつづいて(=だいたい八、九日かかる道にびっしりと続いて)〈平家・五・富士川〉例(b)凡そ君と臣とは水と魚とのごとし(=一般に主君と臣下とは水と魚のようである)〈著聞集・八・三三一〉 ❷(否定の語を伴って)まったく(〜ない)。少しも(〜ない)。例松島は扶桑第一の好風にして、凡そ、洞庭・西湖を恥ぢず(=松島は日本一のよい景色で、まったく洞庭湖や西湖に劣ることがない)〈芭蕉・奥の細道〉 読解「洞庭」「西湖」は、ともに名勝として有名な中国の湖。〈堤和博〉

およづれ【逆言】オヨズレ 名《上代語》**人を惑わす言葉。**不吉な呪力が感じられた。「およづれこと」とも。例**およづれ**のたはこととかも高山のいはほの上に君が臥やせる(=人惑わせのたわごとなのか、高山の巌の上にあなたが臥せていらっしゃるとは)〈万葉・三・四二一〉

語誌▼**不吉な呪力をもつ「およづれ」**　例は挽歌である。死を告げる知らせが「およづれ」と表現されている。原文に「逆言」とあり、「およづれ」とは、もともと通常の言葉の順序を故意に逆転させたり、論理を飛び超えたりするような言い方だったらしい。そこには日常の秩序を転倒させた異常な状態が出現するから、めったに発してはならない言葉とされたのである。死の知らせも、そうした不吉さをもつから「およづれ」と呼ばれた。その場合、例のように「たはこと(狂言)」と並べて用いられることが多い。また『日本書紀』などには、流言蜚語の類が「およづれ」と呼ばれ、弾圧されている記事が見える。だれの言葉でもなく世間を流通するその不思議さに、畏怖を起こさせる異常な呪力が感じ取られていたのである。〈多田一臣〉

およづれ-こと【逆言・妖言】オヨズレ― 名《上代語》「およづれ」に同じ。例狂言か**およづれ言**かこもりくの(枕詞)泊瀬の山に廬せりといふ〈万葉・七・一四〇八〉 読解この「およづれ言」は死の知らせ。泊瀬の山に葬られたことをいう。

およば-ず【及ばず】 ❶至らない。行き届かない。かなわない。例何ごとも広き心を知らぬほどは、文の才をまねぶにも、琴・笛の調べにも、音たへず**及ばぬ**ところの多くなむはべりける〈源氏・少女〉 読解「広き心」は、学問や諸芸を学ぶ上で土台となる広い教養のこと。❷することができない。不可能である。例身一つ、からうじて逃るるも、資財を取り出づるに**及ばず**〈方丈記〉 ❸必要がない。例硯も紙も候はねば御返事にも**及ばず**〈平家・三・僧都死去〉

および【指】 名「おゆび」とも。**指。**例(a)秋の野に咲きたる花を**指**折りかき数ふれば七種の花(=秋の野に咲いている花を指を折って数えてみると、七種類の花がある)〈万葉・八・一五三七〉例(b)いとちひさき塵のありけるを目ざとに見つけて、いとをかしげなる**および**にとらへて(=とても小さなごみがあったのを目ざとく見つけて、とてもかわいらしい指につまんで)〈枕・うつくしきもの〉 読解かわいらしいものを列挙した章段の一節。幼い子どものしぐさ。

語誌「ゆび」とほぼ同義だが、平安時代は「ゆび」は主に漢文訓読語として、「および」は仮名文の用語として用いられた。〈新野直哉〉

および【及び】 接〔漢語「及」の訓読〕並列の関係にあることを示す。〜と。ならびに。そして。例あるいは主君・師匠、**および**財宝・牛馬のためにさへ、これ(=家)を作る〈方丈記〉

およびーかか・る【及び掛かる】 動(ラ四) ❶今にも届きそうになる。例七十齢に**およびかかれる**杖なればすがりてのみぞ足も立ちける〈新撰六帖・四〉 ❷前にのしかかる。例人の後ろにさぶらふは、さまあしくも**及びかからず**〈徒然・一三七〉

およびーな・し【及び無し】 形(ク) ❶能力や身分から考えて実現できないさま。力が及ばない。手が届かない。例合はする者(=夢占いをする者)を召して問はせたまへば、**及びなう**(音便形)思しもかけぬ筋のことを合はせけり〈源氏・若紫〉 ❷(①から転じて)教養がない。身分が低い。例月も残りの天の原、**及びなき**身の眺めにも、心そらなる(=うっとりするような)景色かな〈謡曲・羽衣〉

およ・ぶ【及ぶ】 動(バ四) 足はもとの位置で、体や手を伸ばして物に届くようにする意。

❶**身をのり出して手を伸ばす。**例枕上なる扇、わが持たるして、**およびて**かき寄するが(=枕もとにある扇を、自分が持っている扇でもって、身をのり出して引き寄せるが)〈枕・七月ばかりいみじうあつければ〉 ❷**届く。達する。**例雲居に**およぶ**枝もありなん(=雲に届く枝もきっとあるだろう)〈宇津保・藤原の君〉 ❸**事柄が進行して、ある状態・状況になる。ついに〜になる。**例寺中へ乱れ入らんとする間、合戦に**及びて**(=寺の中へ押し入ろうとするので、ついに合戦になって)〈著聞集・一・一八〉 ❹**ある範囲まで影響する。行き渡る。**例父祖の善悪は必ず子孫に**及ぶ**とみえて候ふ(=先祖のおこした善悪は必ず子孫に影響すると見えてございます)〈平家・二・小教訓〉 ❺**できる。**例雨風はしたなくて、帰るに**及ばで**(=雨風が激しくて、帰ることができなくて)〈宇治拾遺・三〉 ❻**必要である。**例一旦の歎き申すに**および**候はねども(=一時の嘆きであることは申し上げる必要もございませんが)〈平家・灌頂・六道之沙汰〉 ❼(動詞の連用形について)**その動作を強調する。しっかりと〜する。十分〜する。**例称名を追福に修して巨益あるべしと説ける経文を見**及ば**ねば(=念仏を死者の供養に唱えて大きな利益があるはずだと説いている経文もしっかり見たことがないので)〈徒然・二二二〉

語誌⑤⑥は打消の語を伴って用いられることが多い。⇩およばず〈浅見和彦〉

お-よる【御夜】 名 女房詞で就寝の意の尊敬語。おやすみ。御就寝。多く「およるになる」の形で用いる。例夜もふけにしかば、御所も**御夜**にならせおはしましたりしが〈弁内侍日記〉

おら【俺・己】 代 自称の人称代名詞。おれ。江戸時代は男女ともに用いる。例**おら**がとこのかかさんとき

ちゃあ〈滑稽本・浮世風呂・二上〉

おらが春《作品名》江戸時代の俳諧俳文集。一冊。一茶作。文政三年(一八二〇)成立。刊行は没後の嘉永五年(一八五二)。文政二年の一年間の発句・文章をまとめたもの。幼くして死んだ娘への愛情に満ちた一茶の代表作。

おら・ぶ【哭ぶ】動(バ四)泣き叫ぶ。わめく。例天仰ぎ 叫び**おらび**〈万葉・九・一八〇九〉

おらんだ【阿蘭陀・和蘭】名❶国の名。オランダ。また、オランダ人。例**紅毛**は出島に呼うで戯れ〈西鶴・好色一代男・八・四〉❷舶来品。例布は**阿蘭陀**のむしろ織り〈洒落本・遊子方言〉❸(「阿蘭陀流」の形で)西洋風のもの。また、新奇・珍奇なもの。例やつがれも(=私めが)狂句をはけば、世人**阿蘭陀**流などさみして(=軽蔑して)〈俳諧・生玉万句〉語誌 オランダ人は慶長五年(一六〇〇)に初めて日本に渡来した。鎖国下の日本にとってオランダはヨーロッパに通じる唯一の窓口であり、そこから②③の意にも用いられるようになった。なお、井原西鶴らの俳諧を「阿蘭陀流」と称するのは、貞門派がその俳風を珍奇で怪しげだとけなしたのに始まる。③例はその西鶴の言である。

おり『折り・居り』⇩をり

おり-か・く【織り懸く】動(カ下二)織ってかけわたす。和歌では、紅葉の美を比喩的に表現することが多い。例龍田川錦**おりかく**神無月時雨の雨をたてぬき(=縦糸と横糸)にして〈古今・冬〉

おり-た・つ【下り立つ】動(タ四)❶**乗り物などからおりて、地面に立つ。下のほうにおりる。**例御船に入れたる楯を取りて**下り立たし**き(=御船に入れてある盾を取っており立ちなさった)〈記・中・神武〉❷**自分でことを行う。手をくだす。**例右大将**おりたち**てまつりごとしたまふ(=右大将は自ら手をくだしてとりしきりなさる)〈宇津保・国譲上〉❸**身を入れて熱心に取り組む。身も心もうちこむ。熱中する。**例わざと**おりたち**たる御心ざしとも見えず(=特別に身を入れて熱心に取り組んでいる御本心とも見えないで)〈狭衣・四〉語誌 ②③は、わざわざ低い所へおりるように、わざわざ立ち入って事にあたる、という感じ。〈浅見和彦〉

おり-どめ【織り留め】名❶織物を織り終わること。❷(①から転じて)物事の終わり。

おり-ない〔「おいりない(御入りない)」の変化した形〕「おりゃる」の否定形。「ない」「ゐない」の丁寧語。ありません。いません。⇩おりゃる。例大風が吹いて新しい魚が**おりない**〈醒睡笑・三〉

おり-のぼり【下り上り】名動(サ変)❶下りたり上ったりすること。例一町のほどを、石階**おりのぼり**などすれば〈蜻蛉・中〉❷参上したり退出したりすること。例**おりのぼり**の御かしづきのほどにけ近くならひ(=なれ親しんで)〈とりかへばや・一〉❸都と地方を行き来すること。例売り買ひのため筑前へは毎年の**下り上り**〈近松・博多小女郎波枕・上〉

おり-は【下り端・下り際】名下りる機会。引き際。例鯉も滝へ登りつめ、今ではどうも**下り端**がない〈近松・淀鯉出世滝徳・下〉

おり-は・ふ【織り延ふ】ハウ・ホウ 動(ハ下二)〔「をりはふ(折り延ふ)」から派生した語〕(多く「おりはへ」「おりはへて」の形で)織って長くのばす。例旅人の立ち野の原の唐錦**おりはへ**さらす秋萩の花〈夫木・二一〉

おり-ひめ【織姫】名❶機を織る女性。例**織姫**は我が左脇の弟子、観世音なり〈著聞集・二・三六〉❷織女星。

おり-みだ・る【織り乱る】動(ラ四)入り乱れた模様を散らして織る。例藤の折り枝おどろおどろしく(=豪華に)**織りみだり**て〈枕・かへる年の二月二十日よ日〉

おり-もの【織物】名❶さまざまな紋様を浮き出させるように織った絹布。また、それで仕立てた衣服。華麗で高価なため、宮中での着用には制限があった。例袙は紅に藤襲の**織物**なり〈源氏・絵合〉❷絹・毛・木綿などの糸を、機にかけて織った布の総称。染め物に対していう。

おりや・る〔「おいりある(御入りある)」の変化した形〕**1**動(ラ四)❶「行く」「来」「あり」「居り」などの尊敬語。いらっしゃる。例亭主、内に**おりゃる**か〈狂言・萩大名〉❷「あり」「居り」などの丁寧語。あります。います。例伯耆の大仙寺へ参ったれば、大きなる太鼓が**おりゃっ**(音便形)たは〈狂言・法定〉**2**補動(ラ四)(形容詞・形容動詞型活用語の連用形、接続助詞「て」、連語「にて」が変化した「で」について)丁寧の意を表す。〜て(で)ございます。例そなたの心ざしが届いて**おりゃる**は〈狂言・仏師〉

おりゐ-の-みかど【下り居の帝】オリイ― 譲位した帝。上皇。太上天皇。例御封などこそ、みな同じごと(=御給与などは、すべて同じように)**おりゐの帝**と等しく定まりたまへれど〈源氏・若菜上〉

おり・ゐる【下り居る】オリイル 動(ワ上一)❶降りて座る。腰を降ろす。乗り物から降りる。例その沢のほとりの木の陰に**おりゐ**て、乾飯食ひけり〈伊勢・九〉❷天皇などが位から降りる。例帝**おりゐ**たまひて、またの年(=翌年)の秋御髪おろしたまひて〈大和・二〉

おる『折る』⇩をる

お・る

【降る・下る】動(ラ上二)❶**高い所から低い所へ移る。下に移動する。**例いみじう霧りわたりたる庭に**下りて**(=ひどく霧が立ちわたっている庭に降りて)〈枕・職の御曹司におはします頃、木立などの〉❷**乗っている乗り物から離れる。**例御馬より**下り**たまひて、御社の方拝みたまふ(=御馬からお降りになって、御社の方角に礼拝なさる)〈源氏・須磨〉❸**貴人の前から退く。退出する。**例曹司に**おり**たまへれば(=曹司に退出なさっていると)〈伊勢・六五〉読解「曹司」は宮中にある女房の居室。❹**職を退く。天皇が位を退く。**例帝、御心地悩み重くて、**おりたまひて**、春宮、位につかせたまひぬ(=帝は、御病気が重くなって、位を退きなさって、皇太子が、天皇の位におつきになった)〈落窪・三〉❺**露・霜などが、地上に生じる。**例露**おりて**四条はもとの川原かな〈俳諧・七番日記〉

語誌 高い所から低い所へ、注意を払いながら、下まで移っていく感じ。類義語「くだる」は上から下へ、一直線に、一気に移動していく意。〈浅見和彦〉

お・る【痴る・愚る】 動(ラ下二) 放心状態になる。ぼんやりする。おろかしくなる。例かしこがりたまへど、人の親よ。(我ガ子カワイサカラ)おのづから**おれ**たることこそ出で来べかめれ〈源氏・少女〉

お・る【織る】 動(ラ四) ❶縦糸と横糸とを組み合わせ、機にかけて布を作る。例我がためと織女のそのやどに**織る**白たへは**織り**てけむかも〈万葉・一〇・二〇二七〉 ❷(比喩的に用いて)組み合わせたり混ぜ合わせたりして作る。和歌では、紅葉にいうことが多い。例山の錦の**おれ**ばかつ散る〈古今・秋下〉

おれ【己・乃公・爾】 代 ❶対称の人称代名詞。相手を見下していう。おまえ。きさま。例「ほととぎす…**おれ**鳴きてこそ、我は田植うれ」とうたふを聞くも〈枕・賀茂へまゐる道に〉 ❷〔「おのれ」の変化した形か〕自称の人称代名詞。同輩、または目下に対して用いる。わたし。おれ。江戸時代は男女・貴賤を問わず用いる。例ほんに**おれ**は生まれつきこそ横ぶとれ(=横太り)〈西鶴・好色五人女・一・二〉

お-れう【御寮】リヨウ 名 ❶尼の住む寮舎、また寮舎に住む尼の敬称。例ここに有徳なる(=裕福な)**おれう**様のござあるが〈狂言・比丘貞〉 ❷寮舎に住む尼の自称。例この**おれう**が所へは、方々から酒をたくさんにたもる〈狂言・比丘貞〉 ❸江戸時代、歌比丘尼や勧進比丘尼の長。例いつころより**おれう**猥りになして(=風儀を乱しはじめて)、遊女同前(=同然)に相手も定めず〈西鶴・好色一代男・三・六〉

おれ-おれ・し【痴れ痴れし・疎疎し】 形(シク) 〔動詞「おる(痴る)」の連用形を重ねて形容詞化した語〕ぼんやりしている。愚かだ。例もとより**おれおれしく**、たゆき心の怠りに〈源氏・初音〉

おれがで-に【己が手に】 副 自分の手で。自ら。例誰も叩いたのぢやなかった、**おれがでに**打ったのぢや〈浄瑠璃・艶容女舞衣・下〉

おれ-もの【痴れ者・愚れ者・疎れ者】 名 おろか者。例深き労(=熟練)なく見ゆる**おれ者**も〈源氏・絵合〉

おれ-ら【己等・乃公等・爾等】 代〔「ら」は接尾語〕❶対称の人称代名詞。おまえたち。例やうれ(=これこれ)、**おれら**よ、召されて参るぞ〈宇治拾遺・七三〉 ❷自称の人称代名詞。われら。単数でも用いる。例**おれら**がやうに銀使ふ大尽(=はでに遊ぶ客)は嫌ひなさうな〈近松・曾根崎心中〉

おろ- 接頭 動詞・形容詞などについて、少し、いささか、不確か、の意を添える。「おろ癒ゆ」「おろ眠る」など。

おろ-い・ゆ【おろ癒ゆ】 動(ヤ下二)〔「おろ」は接頭語〕病気・傷などが少し癒える。例杖の目(=むちで打たれた傷)**おろ癒ゆる**ほどに〈今昔・二九・三〉

おろ-おぼえ【おろ覚え】 名〔「おろ」は接頭語〕確かでない記憶。はっきり記憶していないこと。うろ覚え。例国をお出なされたは三つの時で**おろ覚え**〈近松・丹波与作待夜の小室節・上〉

おろ-おろ 副〔「おろか」「おろそか」などの「おろ」を重ねた語〕❶不十分に。大まかに。例(オシロイヲ顔ニ)**おろおろ**にならして〈堤中納言・はいずみ〉 ❷少し。ところどころ。例年七十余ばかりなる翁の、髪もはげて、白きとても(=白髪といっても)**おろおろ**ある頭に〈宇治拾遺・一三六〉 ❸とりとめなく。ぽつりぽつり。例ある老人の…と**おろおろ**言ひ出たりけるを〈無名抄・ますほの薄事〉 ❹泣きそうになって目や声が潤むさま。例にらむ目の中**おろおろ**と女は涙もろかりし〈近松・鑓の権三重帷子・上〉 語誌 ①〜③は不完全である意を中心にする。④は「おろおろと」の形で用いられることが多い。

おろおろ-なみだ【おろおろ涙】 名 取り乱して泣いて流す涙。例こなたのやうな口先ではないぞやと**おろおろ涙**の腹立ち声〈近松・生玉心中・上〉

おろ-か

【疎か・愚か】 形動(ナリ)〔「おろ」は、不完全、不十分、の意。「か」は接尾語。「おろそか(疎か)」と同根〕❶**疎略だ**。いいかげんだ。**並一通りだ**。おろそかだ。打消の語を伴って、並々ではない、懇ろだ、の意を表すことも多い。例(a)**おろかならず**契り慰めたまふこと多かるべし(=心をこめて行く末を約束し慰めなさることが多いにちがいない)〈源氏・帚木〉 例(b)わづかに二つの矢、師の前にて一つを**おろかに**せんと思はんや(=たった二本の矢で、師匠の前で一本をいいかげんに射ようと思うだろうか)〈徒然・九二〉 読解 末尾の「や」は反語の意を表す。

❷**頭の働きがおおざっぱだ**。**間抜けだ**。**おろかだ**。例利にまどふは、すぐれて**おろかなる**人なり(=利欲に心を乱すのは、特におろかな人である)〈徒然・三八〉

❸**劣っている**。**未熟だ**。例賢き人のこの芸に**おろかなる**を見て、己れが智に及ばずと定めて(=賢い人がこの芸に劣っているのを見て、自分の知恵にかなわないと決めこんで)〈徒然・一九三〉

❹㋐(「言ふもおろか」「言へばおろか」などの形で)**言葉では言い尽くせない**。**表現が不十分だ**。例闇もまたをかし。有り明けはたいふも**おろかなり**(=月の出ない時期もまた趣がある。有り明けの月の時期もまた言葉では言い尽くせない)〈枕・七月ばかりいみじうあつければ〉

㋑(㋐の「言ふも」「言へば」などを略した形で)**言うまでもない**。もちろん。例虎は**おろか**、象でも鬼でも一ひしぎ(=一ひねり)〈近松・国性爺合戦・二〉

類義 ①おろそか

語誌 平安時代までの用例は①の意が多い。身の処し方や考え方がおおざっぱでいいかげんである意から②の意が生じる。中世ごろから、①の意は「おろそか」が担うようになり、「おろか」はもっぱら②の意で用いられるようになる。〈鈴木宏子〉

おろがむ『拝む』 ⇩をろがむ

おろし【下ろし】 名 ❶神仏の供物のおさがり。貴人の飲食物や衣服のおさがり。例我は宮の生まれさせたまひしより、いみじう仕うまつれど、まだ**おろし**の御衣一つ賜はらず〈枕・関白殿、二月二十一日に〉 ❷山から吹き下ろす風。⇩やまおろし

おろし-こ・む【下ろし籠む】 動(マ下二) 御簾・格子・蔀などをおろして、中を見えなくする。例寄りて見たまへど、この中をば**おろし籠め**たれば、い

とかひなし〈源氏・早蕨〉

おろし-ごめ【下ろし米】名 神仏や貴人に奉った後の、おさがりの米や飯。例大饗のおろし米とて、給仕したる恪勤の者(=仕えている者)どもの食ひけるなり〈宇治拾遺・一八〉

おろし-た・つ【下ろし立つ】動(タ下二) ❶下げ渡す。また、身分の低い人の間に交わらせる。例つきづきしく(=似つかわしく)今めきたらむに、(ソノ女性ヲ)おろしたてむやは〈源氏・帚木〉 ❷牛車の轅を外して駐車する。例人声多くて、「御車おろし立てよ」とののしる〈蜻蛉・上〉

おろ・す【下ろす】動(サ四)〔「おる」の他動詞形〕❶高い所から下へ移す。乗り物から降ろす。例童べおろして、雪まろばしせさせたまふ〈源氏・朝顔〉 ❷風が吹き下ろす。例三室山おろす嵐のさびしきに〈千載・秋下〉 ❸垂れ下げる。つり下げる。錠を下ろす。例なぞ、かう暑きにこの格子は下ろされたる〈源氏・空蟬〉 ❹退位させる。位を下げる。また、貴人の前から下がらせる。例(a)おして(=無理に)(皇太子ヲ)おろしたてまつらむこと、はばかり思し召しつるに〈大鏡・師尹〉例(b)みな下屋におろしはべりぬるを〈源氏・帚木〉 ❺神仏の供物を下げる。また、貴人の飲食物や衣服などを下げ与える。例御前のをおろしたるとて、わざとめでたき(=特にすばらしい)冊子ども、硯の箱のふたに入れておこせたり(=よこした)〈更級〉 ❻剃髪する。頭を剃って出家する。例思ひのほかに、御髪おろしたまうてけり〈伊勢・八三〉 ❼悪く言う。けなす。例あさましく咎め出でつつおろす〈源氏・少女〉 ❽切り落とす。削る。例猪を捕らへ、生けながら下ろしてけるを〈今昔・一九・二〉

おろ・す【織ろす】動(サ四)〔「す」は上代の尊敬の助動詞〕お織りになる。例女鳥の わが王の 織ろす服〈記・下・仁徳・歌謡〉

おろ-そか【疎か】形動(ナリ)〔「おろ」は不完全、不十分、の意。「そか」は接尾語。「おろか(疎か)」と同根〕❶ばらばらだ。まばらだ。すきまが多い。例牙歯疎かに欠け(=歯が欠けてまばらになり)〈霊異記・上・一九〉 ❷粗末だ。簡素だ。例御しつらひなども、いとおろそかに事そぎて(=お部屋の調度なども、たいそう簡素で手間を省いて)〈源氏・幻〉 ❸なおざりだ。いいかげんだ。例国家を祈りたてまつる事おろそかならず(=国家の繁栄をお祈り申し上げる事もなおざりではない)〈平家・三・一行阿闍梨之沙汰〉 ❹劣っている。よくない。例前生の運おろそかにして、身に過ぎたる利生にあづからず(=前世の運がよくなくて、身にあまる御利益を受けることがない)〈宇治拾遺・六四〉

類義 ③おろか

〈鈴木宏子〉

おろち【大蛇】⇩をろち

おろ-ねぶ・る【おろ眠る】動(ラ四)〔「おろ」は接頭語〕軽くねむる。うとうととする。例あしをうちひろげて、おろねぶりたるを〈宇治拾遺・六〉

おわす『御座す』⇩おはす

おわり『尾張・終はり』⇩をはり

おわる『終わる』⇩をはる

オン『怨・温・園・遠』⇩をん

おん-【御】接頭 名詞について、尊敬の意を表す。「御事」「御曹司」「御身」など。⇩おほん

おん【恩】名 ❶恵み。慈しみ。例いときなき(=幼い)子、君の恩、人の情け〈徒然・五九〉 ❷主君からの恩としての領地・俸禄。

おん-あい【恩愛】名「おんない」とも。親子・夫婦・兄弟などの間の愛情。例人をはぐくめば、心、恩愛につかはる〈方丈記〉 語誌 仏教語では悟りの妨げになるもので、「恩愛の別れ」「恩愛の絆」などの形で、断ちがたい情愛を表す例も多い。

おん-あびらうんけん【唵阿毘羅吽欠】『仏教語』〔梵語の音写。「唵」は呪文の初めに唱える語〕大日如来に祈るときに唱える呪文。⇩あびらうんけん。例唵阿毘羅吽欠と数珠さらさらと押し揉めば〈謡曲・安宅〉

おん-いり【御入り】イリ・ニリ 名〔「おん」は接頭語〕来ることの意の尊敬語。お越し。ご来訪。例女房の御入りまでは思ひも寄らざりつるに〈義経記・六〉

おんいり-ある【御入りある】オンイリー・オンニリー 「おいりある」に同じ。

おんいり-さうらふ【御入り候ふ】オンイリソウロウ・オンニリソウロウ ❶「あり」「ゐる」「行く」「来」の尊敬語。いらっしゃる。例急いで連れておん入り候へ〈謡曲・自然居士〉 ❷「あり」の丁寧語。あります。ございます。例申し上げたき義の御入り候ふ〈西鶴・好色一代男・四・四〉 語誌 謡曲で多く用いられ、その場合「おんにりそうろう」と発音する。

おん-かた【御方】■1名〔「おん」は接頭語〕❶貴人の住居や居室の敬称。お住まい。例故建春門院の御方を御覧ずれば〈平家・六・祇園女御〉 ❷貴人、特に貴婦人や姫君の敬称。例建礼門院のいまだ中宮にてましましける(=いらっしゃった)時なり。その御方へ「…」と仰せければ〈平家・六・紅葉〉 ■2代 対称の人称代名詞。貴人に対して用いる。あなたさま。例御かたをばまったくおろかに思ひまゐらせ候はず〈平家・七・一門都落〉

おん-ぎゃう【隠形】ギョウ 名『仏教語』呪術の力で自分の姿を隠すこと。例隠形の印を結びて、息を沈めてゐて見るに〈沙石集・七・二〇〉

おん-ぎょく【音曲】名 ❶音楽。歌。例聞くに嫌な物…下手の音曲〈仮名草子・犬枕〉 ❷能楽で、舞などに対する音楽的要素。例ただ音曲・働き・舞などならでは、せさすべからず〈風姿花伝・一〉

おん-こ【恩顧】名 目上の人からの引き立て。恵み。例人の奴たる者(=人に召し使われる者)は、賞罰はなはだしく、恩顧あつきを先とす〈方丈記〉

おん-こと【御事】■1名〔「おん」は接頭語〕貴人に関する事柄の敬称。死に関する事にいうことも多い。例かぎりある御事(=ご寿命)なれば、建久二年きさらぎの中旬に、一期(=生涯)つひに終はらせたまひぬ〈平家・灌頂・女院死去〉 ■2代 敬意を含んだ対称の人称代名詞。あなたさま。例我らが身の上はさておきぬ。ただ御事の苦しさをこそ存じ候へ〈保元・中〉

おん-ざうし【御曹司・御曹子】 名〔「おん」は接頭語。「曹司」は部屋の意〕❶貴族の子息で、まだ独立していない部屋住みの人の敬称。例四番目の御子、宰相殿**御曹子**と申すは〈御伽草子・鉢かづき〉❷源氏の嫡流の子息に対する敬称。平家の「公達」に対する称。特に、源義経をさす。例まづ九郎**御曹司**の宿所へ渡したてまつる〈平家・一〇・海道下〉読解義経は、義朝の第九子(九郎)。

おん-し【恩賜】 名 天皇や主君から物をいただくこと。また、その物。例**恩賜**の御衣は今ここにあり〈源氏・須磨〉

おん-じき【飲食】 名 飲み物と食べ物。また、飲むことと食べること。例一日のうちに、**飲食**・便利(=用便)・睡眠・言語・行歩、止む事を得ずして多くの時を失ふ〈徒然・一〇八〉

おん-しやう【恩賞】 名 ❶功績をほめて、主君が官位・所領・物品などを与えること。また、そのもの。例親類を捨てて(合戦二)参じたりしかども、**恩賞**これおろそかなり〈平家・四・鵼〉❷恩返し。例やっかいになれる**恩賞**に、せめてはと思ひ〈西鶴・日本永代蔵・五・四〉

おん-じやう【音声】 名 ❶人の声。例大**音声**をあげて名のりけるは〈平家・九・木曾最期〉❷楽器の音。例海中に楽器の**音声**ありき〈霊異記・上・五〉

おん-ぞ【御衣】 名「おほんぞ」の変化した形。

おんぞうし〖御曹司・御曹子〗⇩おんざうし

おんぞ-がち【御衣がち】 形動(ナリ)「おほむぞがち」とも。体が着物に埋もれて見えないほど小さいさま。例いと**御衣がちに**、身もなくあえかなり(=体がないかのようにはかなげだ)〈源氏・若菜上〉

おん-だらし【御執らし・御弓】 名「たらし」は「とらし(執らし)」の変化した形」「おんたらし」とも。天皇・大将など、貴人の弓。例たとひ千疋万疋にかへさせたまふべき**御たらし**なりとも〈平家・一一・弓流〉

おん-ど【音頭】 名 合唱や合奏で、先に一人が歌い、また奏し、ほかを導くこと。例わらは**音頭**を取り候ふべし〈謡曲・百万〉

おんな〖女〗⇩をんな

おんな【嫗】 名〔「おみな」の変化した形。「おきな(翁)」の対〕老女。老婆。例歳九十ばかりにて、雪を戴きたるやうなる(=頭に雪を乗せたような)**嫗**〈宇津保・蔵開上〉語誌 年若い女性や成人女性をいう「をんな」とは別語。⇩おみな

おん-の-じ【御の字】 名〖近世語〗〔「御」の字をつけたいほどよい、の意〕たいへんよいこと。一流の人。例今の世の**御の字**の客〈西鶴・西鶴織留・三・三〉

おん-はかせ【音博士】 名 令制で、大学寮の博士の一つ。中国語の音について教授する。定員二人。従七位上相当。

おん-み【御身】 1 名〔「おん」は接頭語〕「身」の尊敬語。お体。例灯籠の火のやうなる物の、おとど(=大臣殿)の**御身**より出でて〈平家・三・医師問答〉2 代 対称の人称代名詞。軽い敬意を含んで用いる。あなたさま。例官位といひ俸禄といひ、**御身**にとってはことごとく満足す(=すべてが備わっている)〈平家・三・法印問答〉

おん-みつ【隠密】 名 ❶隠して行うこと。例互ひに**隠密**しけれども、兄は弟に語り、子は親に知らせける間〈太平記・三三〉❷江戸時代、幕府や諸藩に属し、各藩を探る密偵。

おん-みやう【陰陽】 名「おんやう」の連声。

おん-やう【陰陽】 名「おんみやう」とも。❶「いんやう」に同じ。❷「陰陽道」「陰陽寮」などの略。例**陰陽**の友がら、相論の事ありけり〈徒然・一六三〉

おんやう-じ【陰陽師】 名 陰陽五行説に基づいて占いをする人。令制では、陰陽寮に属する職員。後世は民間にも登場し、江戸時代には数万人に達したという。例**陰陽師**・巫よびて、恋せじといふ祓への具してなむいきける(=持って行った)〈伊勢・六五〉

おんやう-だう【陰陽道】

名「おんみやうだう」とも。中国の陰陽五行思想を取り込み、日本で独自の展開をとげた学問。また、その学派。天文・暦数・卜筮・相地・方位などにより、吉凶や禍福を占う。令制で陰陽寮が設けられ、その学科の一つとなる。平安時代以降は、国家の施策から人々の日常生活まで、大きな影響を与えた。例**陰陽道**も医師の方も、よろづにあさましきまで足らはせたまへり(=陰陽道も医術の方面も、万事に驚きあきれるほど極めていらっしゃる)〈栄花・初花〉

語誌 ▼文献上では、『日本書紀』推古天皇十年(六〇二)の条に、百済の僧が来朝して「暦本と天文地理の書、并せて遁甲方術の書とを貢る」とあるのが、陰陽道に関する最初の記事とされる。陰陽寮では、長官の頭は「天文・暦数・風雲の気色に異あらば、密封して(天皇二)奏聞する事」を、陰陽師は「占筮し地を相ること」を行った。国家的な吉凶を判定したり、都建設の適地を占ったりしたのである。
▼律令制が形骸化するようになると、陰陽道は俗化した形で一般にも普及した。平安中期ごろからは、物忌み・方違えなど陰陽道によるさまざまな禁忌や儀式の作法が生まれて宮廷や貴族社会全般を強く拘束するようになり、中世以降は民間にも及ぶ。江戸時代には陰陽師は祈禱師や芸能者にも転じ、その数は数万人にも達したという。〈大井田晴彦〉

おんやう-の-かみ【陰陽の頭】 名 陰陽寮の長官。「占の頭」とも。

おんやう-はかせ【陰陽博士】 名 令制で、陰陽寮で陰陽の学を教授し、また、天文・暦数などをつかさどる職。

おんやう-れう【陰陽寮】 名 令制で、中務省に属する役所。陰陽道をつかさどる。例神祇官・陰陽寮ともにうらなひ申しける〈平家・三・飈〉

おん-り【厭離】 名〖仏教語〗「えんり」とも。⇩えんりゑど

おんり-ゑど【厭離穢土】 〖仏教語〗⇩えんりゑど

カ〘火・花・和・果・華・掛・菓・過・窠・靴・裹・蝸〙⇩

か- ［接頭］色彩や性質などを表す形容詞・形容動詞について、**語調を整え、そのものの状態・ありさまを強調する**。「か青し」「か易し」「か弱げなり」など。 〈米山敬子〉

-か【日】 ［接尾］ひにちを数える語。複数のときに「幾日」「三十日」などと用いる。

-か【処】 ［接尾］名詞や動詞の連用形について、場所を示す。「住み処」「在り処」「奥処」など。

-か【荷】 ［接尾］肩に担える量を単位とし物を数えるときに用いる。［例］殿には炭十**か**〈宇津保・蔵開下〉

か【香】 ［名］香り。におい。［例］五月待つ花橘の**香**をかげば昔の人の袖の**香**ぞする〈古今・夏〉➡名歌178

か

【蚊】 ［名］カ科の昆虫の総称。成虫は夏に最も多く活動し、雌は人や家畜を刺して血を吸うので、害虫とされる。［例］夏の夜はまくらをわたる蚊の声のわづかにだにも寝こそ寝られね（＝夏の夜は枕もとを通る蚊の羽音がかすかに聞こえるだけで寝られないことだ）〈秋篠月清集〉

［語誌］▼**にくきもの** 『枕草子』「にくきもの」の段に「ねぶたしと思ひてふしたるに、蚊の細声にわびしげに名のりて、顔のほどにとびありく」とあるように、蚊は古くから人にいやがられる存在であった。

▼**微小なもののたとえ** 同じく『枕草子』「大蔵卿ばかり耳とき人はなし」の段では、微小なものの究極として「蚊のまつげ」という表現が用いられている。また、『人やさぶらふ』とのたまへば、蚊の声ばかりにて『内にこそ』と言ふまま」〈狭衣・三〉と、細く小さい声を「蚊の声」にたとえて言うことがある。「蚊の鳴くような声」とは現在でも用いられる表現である。 〈佐藤明浩〉

か【鹿】 ［名］動物の名。鹿の古称。［例］妻恋ひに**か**鳴く山辺の秋萩は〈万葉・八・一六〇〇〉

か

【彼】 ❶［代］指示代名詞。話し手から離れた事物や場所・人物をさす。**あれ。あちら。あの人。**［例］ふるさとを**かは**と見つつもわたるかな淵瀬ありとはむべもいひけり〈大和・一〇〉［読解］「かは」は「彼は」と「川」を掛ける。もと住んでいた家をあれがそうだと何度も見ながら通り過ぎることだ。昔の歌の「昨日の淵ぞ今日は瀬になる」（➡名歌408）というのはなるほどよく言ったものだった、の意。

❷［副］（多く「か〜かく〜」の形で）**あのように。ああ。**［例］宇奈比川　清き瀬ごとに　鵜川立ち　**か**行きかく行きて（＝宇奈比川の澄んだ瀬ごとに鵜飼いしてあちこち行って）〈万葉・一七・三九九一〉

［語誌］❶は、上代以来、連体詞的な「かの」を除くと用例が多くない。和歌で、係助詞「は」を伴う「かは」の形は、［例］のように「川」と掛詞で用いられるのがふつう。 〈上野辰義〉

か

❶［係助］❶**疑問の意を表す。〜か。**［例］(a)新治　筑波を過ぎて　幾夜**か**寝つる（＝幾夜寝たか）〈記・中・景行・歌謡〉➡名歌277 ［例］(b)いづれの山**か**天に近き（＝どの山が天に近いか）〈竹取〉［例］(c)秋風の吹きあげに立てる白菊は花**か**あらぬ**か**波の寄する**か**（＝秋風が吹き上げる吹上の浜に立っている白菊は、花か、そうじゃないのか、波が打ち寄せるのか）〈古今・秋下〉［読解］「吹きあげ」は、地名「吹上」と風が吹き上げる意を掛ける。［例］(d)いづれの御時に**か**、女御・更衣あまたさぶらひたまひける中に（＝どの帝の御代であったろうか、女御や更衣が大勢お仕えなさっていた中に）〈源氏・桐壺〉

❷**反語の意を表す。〜か（いや、そんなことはない）。〜ものか。** ⇩かは・かも・ものか。［例］花に鳴くうぐひす、水に住む蛙の声を聞けば…いづれ**か**歌を詠まざりける（＝だれが歌を詠まなかったか、いや、詠まないものはない）〈古今・仮名序〉

❷［終助］**詠嘆・感動の意を表す。〜かなあ。〜だなあ。** ⇩かな・かも。［例］浅緑糸縒りかけて白露を玉にも貫ける春の柳**か**（＝春の柳だなあ）〈古今・春上〉［読解］柳の枝に露が宿っている様子を、浅緑の糸をより合わせて玉を貫いたようだと詠む。

❸［副助］（「いつ」「たれ」などの疑問を表す語について）**不確かな意を表す。〜か。**［例］御用に立てば私もなんぼうか嬉しいもの（＝お役に立てば私もどんなにかうれしいこと）〈近松・冥途の飛脚・下〉

［接続］❶は体言、活用語、副詞、助詞につき、❷❸は体言、活用語の連体形につく。

［語誌］▼**係り結び** ❶には、文中に用いられる場合と文末に用いられる場合とがある。文中に用いられる場合は、係り結びによって文末の活用語は連体形で結ばれる。

▼**結びの省略** 係り結びをする際、❶①［例］(d)のように結びが省略されることがある。省略されるのは、「あらむ」（「む」は連体形）であることが多い。

▼**❶の文中の「か」の訳し方** 現代語では、疑問・反語を表す「か」は文末にのみ用いられる。だから、文中の「か」を現代語に訳すには、それを文末に移すとよい（①［例］(a)(b)）。

▼**「ぬか」** 打消の助動詞「ず」の連体形「ぬ」に「か❶」がつく場合は、「ぬか」の形で願望を表す。〜しないかなあ、〜してほしい、の意。［例］ひさかたの（枕詞）雨も降らぬか（＝雨でも降ってくれないかなあ）〈万葉・四・五二〇〉

▼**「か」と「や」の違い** 「か」と「や」はどちらも疑問を表し、文中に用いられる場合は、係り結びによってともに文末の活用語が連体形で結ばれる。しかし、活用語について文末に用いられる場合、

○「か」——**連体形につく**

○「や」——**終止形につく**

という違いがある。❶①［例］(c)の「あらぬか」「寄するか」などが連体形につく文末用法の「か」の一例。

また、平安時代の「か」は、疑問を表す語の下にくる用法にほぼ限られ、ほかに疑問語のない場合や、疑問語の上には一般に「や」が用いられた。

▼疑問語＋「か」　「いかが」が「いかに」と「か」との一語化したものであるように、「か」は時に上の疑問語と一語化する傾向を示すが、「いかでか」のように形の上でそれを確認しにくいものは、一語か二語か見分けにくい。〈山口堯二〉

識別のポイント　か

(1)**係助詞**　種々の語につくが、疑問語とともに用いられることが多い。疑問・反語の意を表す。文末の活用形は連体形で結ばれる。例いづれの山**か**天に近き(＝どの山が天に近いか)〈竹取〉

(2)**終助詞**　体言、活用語の連体形につく。文末にあって詠嘆の意を表す。例苦しくも降り来る雨**か**(＝困ったことに降ってくる雨だなあ)三輪の崎狭野の渡りに家もあらなくに〈万葉・三・二六五〉➡名歌149

(3)**過去の助動詞「き」の已然形の一部**　「しか」で一語となる。係助詞「こそ」の結びになったり、下に接続助詞「ば」「ど」「ども」がついたりする。例その世にはかくこそはべりし**か**(＝その時代はこんなふうでございました)〈徒然・二二五〉

が【我】 名 意地。強情。例顔も見るまじ、物言ふまじとの**我**もありしが〈近松・心中宵庚申・中〉

【我を折る】 強情を張るのをやめて、ほかに従う。また、あきれる。例**我を折つ**(音便形)て、食ひもせぬ餅に口をあきける〈西鶴・日本永代蔵・三・一〉

が【賀】 名 祝賀。祝い。長寿の祝いをいうことが多い。例春宮の女御の御方の花の**賀**に〈伊勢・二九〉

が【雅】 名 ❶漢詩の六義の一つ。天下の政治を歌う厳正な詩。❷和歌の六義の一つ。『古今和歌集』仮名序では「ただこと歌」とする。❸高尚なこと。

が

■1 格助 ❶**主格を表す。** 〜が。〜の。例(a)恋しくは形見にせよと我が背子**が**植ゑし秋萩花咲きにけり(＝恋しかったら思い出にしろとあの人が植えた秋萩が咲いたなあ)〈万葉・一〇・二一一九〉例(b)雀の子を犬君**が**逃がしつる(＝雀の子を犬君が逃がしてしまったの)〈源氏・若紫〉

読解「犬君」は童女の名。

❷**連体修飾格を表す。** 文脈によって、さまざまな意味関係になる。「梅が枝」〈古今・春上〉など。

❸**体言に準じる意味を表す。** 〜のもの。〜のこと。準体助詞と呼ばれることがある。例この歌は…大伴黒主**が**なり(＝この歌は…大伴黒主のものである)〈古今・雑上・左注〉

❹**情意や希望・可能などの対象を表す。** 〜が。〜を。例それ**が**きはめて見ま欲しく思ひたまへ候ひしかば(＝それをとても見たく存じましたので)〈今昔・三一・六〉

■2 接助 ❶**前の事柄を後の事柄を述べるための前置きとして示す。** 〜が。例女二人ありける**が**、姉は人の妻にてありける(＝娘が二人いたが、姉は人妻であった)〈宇治拾遺・四七〉

❷**逆接の確定条件を表す。** 〜けれども。〜が。例昔よりおほくの白拍子ありし**が**、かかる舞はいまだ見ず(＝昔から多くの白拍子がいたけれども、このような舞はいまだ見たことがない)〈平家・一・祇王〉

■3 終助 近世の用法。聞き手に注意を促す。〜よ。例おめえも熱からう**が**(＝おまえも熱いだろうよ)〈滑稽本・浮世風呂・二上〉

接続 ■1は体言、活用語の連体形につく。■2は活用語の連体形につく。■3は文末に用いられる。

語誌 ▼**主格の用法**　「が」が主格を表す場合、古くは連体修飾句(■1①例(a))や準体法、条件句など、従属句中の主語を表す場合に用いられた。①の例(b)も、文末の述語は連体形となり、文全体として体言相当の句になっていると考えられる。平安後期以降、しだいにこのような制約がなくなり、言い切りになる単文の主語にも用いられるようになって、現代語の「が」につながってゆく。

▼**連体修飾格の用法**　■1②には、次のような意味関係が含まれる。

(1)体言または活用語の連体形について、あとの体言を限定修飾する。

㋐所有・所属。「わが背子」〈万葉・二・一〇五〉「みやつこまろが家」〈竹取〉「在次の君といふが妻(＝在次の君という人の妻)」〈大和・一四三〉

㋑数量。「四年ばかりがこのかみ(＝四歳ほど年上)」〈源氏・紅葉賀〉

(2)「形容詞語幹＋さ」が下に続いて、詠嘆の表現を作る。〜の(〜よ)。〜が(〜であることよ)。例秋の夜の長きにひとり寝るが苦しさ(＝秋の夜長に一人で寝ることの苦しさよ)〈万葉・八・一六三二〉

(3)助動詞「ごとし」や「やう」「まにま」「から」などの形式名詞が下に続いて、その実質や内容を表す。「咲く花のにほふがごとく」〈万葉・三・三二八〉➡名歌56「あれがやうに」〈枕・うらやましげなるもの〉

▼**接続助詞「が」の成立**　「が」の本来の用法は「の」と同じく格助詞としての用法であった。しかし「の」とは異なり活用語の連体形を受けることができたので、そこからやがて句と句を結びつける接続助詞としての用法が派生する。したがって、「が」が活用語の連体形につく場合、格助詞であるか接続助詞であるか、区別しにくいことも少なくない。一般に、接続助詞としての用法の成立は平安時代末とされており、■1③のような平安時代の「が」は、体言を補って解釈できるので格助詞と考えられる。

▼**「が」と「の」**　■1と同様の働きをする格助詞「の」に比べ、「が」のほうが格関係を明示する働きがある。そのため、用法も上の語の種類も「の」より限定されている。「が」は「の」より格関係を明示するので、人物を表す語につく場合、その人物への敬意をそぐことになり、「が」には軽蔑の気持ちや親愛の気持ちがこもりやすい。

▼**異説**　同格について。同格を表す「の」にならって、「が」にも次のように「〜で」と訳して同格を表す用法を認める説がある。例いとやむごとなき際にはあらぬが、すぐれて時めきたまふありけり(＝たいして重々しい身分ではないお方で、格別に帝の御寵愛を受けていらっしゃるお方がいた)〈源氏・桐壺〉しかし、他に同格と認められる例は見当たらず、この例の「が」

も、「たいして重々しい身分ではないお方が、格別に帝の御寵愛を受けていらっしゃることがあった」の意で、主格を表す例と解釈できるため、ここでは同格の用法は認めない立場を取った。〈佐藤一恵〉

かい【交・卯・貝・峡・匙・効・甲斐】⇩かひ

カイ【会・回・灰・廻・傀・槐・懐】⇩くわい

かい-【掻い】接頭〔「かき」のイ音便形〕動詞について、語勢を強め、また語調を整える働きをする。「掻い列らぬ」「掻い屈まる」など。⇩かき（掻き）

かい【戒】名〘仏教語〙仏教に帰依したものが守るべきおきて。五戒・十戒などの戒律。また、仏道修行者が修めるべき徳目の三学の一つで、非を防ぎ、悪を止め、善を行うこと。例よろづの**戒**を破りて、地獄におつべし〈徒然・一七五〉

かい【界】名❶〘仏教語〙分類の範疇となるもの。宇宙や空間の範囲・領域。境界。例この苦域の**界**を出でて〈平家・一〇・戒文〉❷区別された世界・社会。現世。例二月十五日は、これ、釈尊の入滅の日なり。我その日この**界**を別れむ〈今昔・一三・九〉

かい【階】名❶建物や階段・調度品などの段。階層。例上の**階**より仏の御顔は見えたまへば〈今昔・一三・一四〉❷官位などの等級。段階。例**階**越えて、学士の右大弁三位になる〈宇津保・国譲下〉

かい【櫂】名船具の名。水をかくオール。例天の河門わたる舟の**櫂**のしづくか〈伊勢・五九〉

ガイ【外】⇩ぐわい

かい-えき【改易】名動（サ変）❶職をやめさせ、ほかの人に替えること。更迭。例御持僧を**改易せ**らる〈平家・三・座主流〉読解「御持僧」は天皇のための祈禱を行う僧。❷江戸時代、武士の刑罰の一つ。士族の籍を除き、領地や家屋敷を没収する。例不慮の越度（＝過ち）ありて**改易**に逢ひて〈西鶴・武道伝来記・七・一〉

かいが【絵画】⇩くわいぐわ

かい-き【開基】名❶基礎を築くこと。❷「かいさん①」に同じ。例空海大師**開基**の時、（二荒山ヲ）日光と改めたまふ〈芭蕉・奥の細道〉

がい-き【咳気】名咳がよく出ること。また、咳の出る病気。風邪など。例二条の北に**咳気**つかふまつる男ありけり〈仮名草子・仁勢物語・下〉

かい-く・る【掻い繰る】動（ラ四）〔「かい」は接頭語〕たぐり寄せる。例その時義朝、手綱**かいくり**打ち向かひ〈古活字本保元・中〉

かい-け・つ【掻い消つ】動（タ四）〔「かきけつ」のイ音便形〕例あひてものも言はむと思ひて行きたれば、**かい消つ**やうに失せにけり〈大和・一六八〉

かい-げん【開眼】名❶〘仏教語〙〔新しくできた仏像の眼を開く意〕仏像・仏画に魂を迎え入れること。また、その供養の儀式。例地蔵を造りたてまつりてけり。いまだ**開眼**せざりけるほどに〈今昔・一七・二八〉❷真理を悟ること。特に芸能の道で、ある境地に達すること。演技で見物人を感動させること。例一番の眼を開く妙所なれば**開眼**と名づく〈三道〉❸（①から転じて）新しい品物の使い始め。例あの蚊屋の**開眼**をせまいか〈近松・五十年忌歌念仏・中〉

かい-こう【戒功】名〘仏教語〙戒律を守ることによって得られる功徳。例我十善の**戒功**によって、万乗の宝位（＝天子の尊い位）を保つ〈平家・一・二代后〉

かい-こ・す【掻い越す】動（サ四）〔「かきこす」のイ音便形〕後ろに垂らした髪を肩ごしに前に出す。例髪、脇より**掻い越し**て、様体（＝容姿）いとをかしき人なり〈源氏・浮舟〉

かい-さぐ・る【掻い探る】動（ラ四）〔「かきさぐる」のイ音便形〕触って様子を見る。さぐる。例**かい探り**たまふに（女ハ）息もせず〈源氏・夕顔〉

かい-さん【開山】名❶寺を創建すること。新たな宗派をおこすこと。また、それを行った人。例当寺**開山**の事の起こり〈太平記・二九〉❷新たな物事の創始者。また、その道の第一人者。例宗因はこの道の中興**開山**なり〈俳諧・去来抄・修行〉

かい-しき【掻い敷き・皆敷き】名〔「かきしき」のイ音便形〕食物を盛りつける器に敷くもの。ナンテン・ヒバ・スギなどの青葉、のちに紙も用いた。

かい-しゃく【介錯】名動（サ変）❶世話をすること。また、その人。付き添い。例**かいしゃく**の女房さへ身を投げけるこそありがたけれ〈平家・一一・副将被斬〉❷切腹のときに付き添って首を切り落とすこと。また、その役。例尋常に腹を切れ。**介しゃく**はみどもが（＝私が）してやらう〈虎寛本狂言・武悪〉

かい-しら・ぶ【掻い調ぶ】動（バ下二）〔「かきしらぶ」のイ音便形〕弦楽器の調子を合わせる。また、弾き鳴らす。例琵琶**かい調べ**、笛の音など聞こえたるは〈枕・いみじう暑きころ〉

かい-しろ【垣代】名〔「かきしろ」のイ音便形〕舞楽、特に青海波のときに、舞手を取り囲む楽人。例四十人の**垣代**いひ知らず（＝言いようもなくみごとに）吹きたてたる物の音どもに〈源氏・紅葉賀〉

がい・す【害す】動（サ変）傷つける。殺す。例親を**がいする**罪よりまさる罪や侍らん〈宇津保・吹上上〉

かい-そ・ふ【掻い添ふ】ソウ〔「かい」は接頭語〕❶動（ハ四）寄り添う。例渡殿の口（＝戸口）に**かい添ひ**て、隠れ立ちたまへれば〈源氏・空蟬〉❷動（ハ下二）寄り添わせる。例御髪長くうつくしうて、**かい添へ**て臥させたまへり〈栄花・花山尋ぬる中納言〉

かい-ぞへ【介添へ】ゾエ名❶貴人・武将などに付き添い、世話をすること。また、その人。例**かい添へ**の侍二人をば〈太平記・三〉❷嫁入りのとき、新婦に付き添って行って世話をする年輩の女性。例何屋とかやへ**介添へ**せしが、この子息ばかり我に近寄りたまはず〈西鶴・好色一代女・四・一〉

かい-だう【海道】ドウ名❶船の航路。船路。例いまだ**海道**万里の波に棹ささず〈海道記・序〉❷海沿いの道。海沿いの土地に通じる道。例ひそかに一の谷の前路を廻り、**海道**より館際に競ひ襲ふ〈吾妻鏡・寿永三年二月〉❸「東海道」の略。例**海道**は宿々固めてはんべるといへば〈平治・下〉❹街道。

海道記かいだうき カイドウキ〘作品名〙鎌倉初期の紀行。一巻。作者未詳。貞応二年（一二二三）成立か。出家して間もない作者が東海道を鎌倉に下り、寺社などを参拝して帰京の道につくまでを、漢文訓読体に近い和漢混交文で記す。鎌倉下向の紀行の先駆けで、信仰についての心情の吐露に特色がある。

かいだう-くだり【海道下り】カイドウー 名 ❶都から東海道を通って東国へ向かうこと。❷室町時代の謡物(うたいもの)の一種。都から東国へと向かう道行き文。例面白の海道下りや 何と語ると尽きせじ〈閑吟集・二六〉

かい-だて【垣楯・掻楯】名〔「かきだて」のイ音便形〕防御のために、楯(たて)を並べて垣のようにしたもの。例寺にも堀ほり、**掻楯**かき(＝構え)、逆茂木(さかもぎ)ひいて待ちかけたり〈平家・四・三井寺炎上〉

かい-だん【戒壇】名〘仏教語〙僧が出家するときに戒を授ける儀式を行う壇。石または土を盛って設ける。日本では、天平勝宝六年(七五四)鑑真(がんじん)が奈良の東大寺に設けたのが最初。例東大寺の大仏の前に**戒壇**をたて、和尚をもって戒師として〈今昔・一一・八〉

かい-ちゃう【開帳】チョウ 名動(サ変) 寺で、特定の日や期間、または臨時に、秘仏などを厨子(ずし)の帳(とばり)を開いて公開すること。例石山寺の**開帳**とて、都人袖(そで)を連ね(＝大勢連れ立って)〈西鶴・好色五人女・三・三〉

かい-つ・く【掻い付く】〔「かきつく」のイ音便形〕❶動(カ四) 抱きつく。例(木二)猿のやうに**かいつき**てをめくも(＝大声で叫ぶのも)をかし〈枕・正月十よ日のほど〉 ❷動(カ下二) しっかりとつける。例紅といふもの、いと赤らかに**かいつけ**て〈源氏・常夏〉

かい-つくろひ【掻い繕ひ】ーツクロイ 名 介添え。特に、五節(ごせち)の舞姫らの介添え役の女房。例**かいつくろひ**二人、童(わらは)よりほかには、すべて入るまじ(＝だれも入ってはいけない)〈枕・内裏は、五節の頃こそ〉

かい-つくろ・ふ【掻い繕ふ】ーツクロウ 動(ハ四)〔「かい」は接頭語〕身なりを整える。乱れを整える。例馬の腹帯結ひ、胡籙(やなぐひ)(＝矢を入れて背負う武具)など**掻いつくろひ**て〈今昔・二五・一〇〉

かい-つら・ぬ【掻い列ぬ】動(ナ下二)〔「かい」は接頭語〕連れ立つ。例思ふどち(＝親しい者どうし)**かいつらね**て、和泉(いづみ)の国へ〈伊勢・六七〉

かい-ともし【掻い灯し】名〔「かきともし」のイ音便形〕清涼殿の寝所にともした明かり。例「**かいともし**とうよ(＝早くつけよ)」などいふ〈徒然・二三〉

かい-どり【掻い取り】名 ❶衣服の褄(つま)を持って裾(すそ)を引き上げること。❷「うちかけ③」に同じ。

かいどり-すがた【掻い取り姿】名「かいどり①」をして歩く姿。例物も着あへず抱(いだ)き持ち、ひきしろひて逃ぐる**掻い取り姿**の後ろ手〈徒然・一七五〉

かい-ど・る【掻い取る】動(ラ四)〔「かきとる」のイ音便形〕衣服の裾(すそ)・褄(つま)を手でからげ持つ。

かいな【腕・肱】⇩かひな

かい-な・づ【掻い撫づ】ーナズ 動(ダ下二)「かきなづ」のイ音便形。

かい-なで【掻い撫で】名形動(ナリ)「かきなで」のイ音便形。

がい-に 副 ひどく。むやみに。例空(から)っ腹にて**がいに**目がまひ(＝まわり)さうな〈近松・曾我五人兄弟・三〉

かい-ねり【掻い練り】名〔「かきねり」のイ音便形〕❶灰汁(あく)などで煮てにかわ質を取り除き、やわらかにした絹。色を特定しない場合は、紅(くれない)をさすのがふつう。❷「かいねりがさね」に同じ。例いと濃き**かいねり**着たりける〈大和・一〇三〉

かいねり-がさね【掻い練り襲】名 襲(かさね)の色目の名。表裏ともに紅で、地質は打って光沢を出した練り絹。冬から春に着用。例下襲は 冬は躑躅(つつじ)。桜。**掻い練り襲**。蘇枋(すはう)襲〈枕・下襲は〉

かい-のご・ふ【掻い拭ふ】ーノゴウ 動(ハ四)〔「かい」は接頭語〕ぬぐい取る。例年ごろ(＝長年)ありし瘻(ふ)に、あとなく**かいのごひ**たるやうに、つやつや(＝まったく)なかりければ〈宇治拾遺・三〉

かい-の-し【戒の師】名 出家する人に戒を授ける僧。例御**戒の師**もやがて(＝引き続き)この僧都(そうづ)ぞ仕うまつりたまひける〈栄花・玉の飾り〉

かい-はう【介抱】ーホウ 名動(サ変) ❶かたわらでよく世話をし、支えること。例後家妙閑(めうかん)の**介抱**ゆゑ、商ひ巧者〈近松・冥途の飛脚・上〉 ❷病人などを看護すること。看病。

かい-はさ・む【掻い挟む】動(マ四)〔「かい」は接頭語〕はさむ。かかえる。例長刀(なぎなた)脇(わき)に**かい挟み**〈平家・一一・能登殿最期〉

かいば-み【垣間見】名「かいまみ」の変化した形。例ある人の局(つぼね)にいきて、**かいばみ**して〈枕・職の御曹子の西面の〉

かいば・む【垣間む】動(マ四)〔「かいまむ」の変化した形〕「かいまみる」に同じ。例物の狭間(はさま)より**かいばま**せたてまつらばや(＝何かのすきまからのぞき見させ申し上げたいものだ)〈栄花・浅緑〉

かい-ひざ【掻い膝】名〔「かきひざ」のイ音便形〕片膝を立て、それを手で抱えて座ること。例僧などさし集まりて、**かい膝**をして〈栄花・鶴の林〉

かい-ひそ・む【掻い潜む】〔「かい」は接頭語〕❶動(マ四) ひっそりと静かにしている。例**かいひそみ**て群がりゐつつ〈増鏡・三神山〉 ❷動(マ下二) ひっそりと身を隠している。例**かいひそめ**、人疎(うと)うもてなしたまへば〈源氏・末摘花〉

かい-びゃく【開闢】名「かいびやく」とも。❶天地の開け始め。例**開闢**よりこのかた、かかる事あるべしともおぼえず〈平家・八・山門御幸〉 ❷山を開き寺院を建立すること。また、その人。開基(かいき)。開山。例当山**開闢**能除(のうぢよ)大師は〈芭蕉・奥の細道〉

かい-ぶ【海賦・海浦・海部】名「おほうみ②」に同じ。例浅縹(あさはなだ)(＝色の名)の**海賦**の織物、織りざまなまめきたれど〈源氏・玉鬘〉

かいふうそう【懐風藻】⇩くわいふうさう

かい-ふ・す【掻い伏す】動(サ四)〔「かきふす」のイ音便形〕姿勢を低くする。背をかがめる。例**かい伏し**て逃ぐるを、追ひつけてくれば〈宇治拾遺・一三三〉

がい-ぶん【涯分】❶名 分際。身分相応。例我が**涯分**をはからず、さしもなき身を高く思ひあげ〈十訓抄・二・序〉 ❷副 精一杯。力の限り。例あら嬉(うれ)しや、**涯分**舞を舞ひ候ふべし〈謡曲・道成寺〉

かい-まく・る【掻い捲る】動(ラ四)〔「かい」は接頭語〕まくり上げる。例うへのきぬも、狩衣(かりぎぬ)、袖(そで)**かいまくり**て〈枕・あかつきに帰らん人は〉

かい-まさぐ・る【掻い弄る】動(ラ四)〔「かきまさぐる」のイ音便形〕手先でもてあそぶ。例数珠**かいまさぐり**〈枕・説経の講師は〉

かい-まみ

【垣間見】名〔「かきまみ」のイ音便形〕「かいばみ」とも。物のすきまなどから、こっそりのぞき見ること。例かくうちとけたる人のありさまかいま見などは、まだしたまはざりつることなれば(=このようにくつろいでいる人の姿をのぞき見ることなどは、まだなさらなかったことなので)〈源氏・空蟬〉

語誌▼恋の発端　もともとは文字どおり、垣のすきまからのぞき見ることだった。平安時代、身分のある女性にとって、他人、特に夫や肉親以外の男性に顔を見せることは慎むべきこととされたので、「かいまみ」は女性の容姿を知ることのできる貴重な機会であった。

物語では、「かいまみ」をきっかけに恋が始まることが多い。女君の容姿などが描写され、読者はそれを見つめる男君の感動と一体になって物語の世界に入ってゆくことができる。『伊勢物語』初段や、『源氏物語』若紫巻の、光源氏が幼い紫の上の無邪気な姿を見る場面などは、特に有名。〈高田祐彦〉

かいま・みる【垣間見る】動(マ上一)〔「かきまみる」のイ音便形〕物のすきまなどからこっそりのぞき見する。例その里に、いとなまめいたる女はらから(=姉妹)住みけり。この男かいまみてけり〈伊勢・一〉

かいま・む【垣間む】動(マ四)〔動詞「かいまみる」の四段化〕「かいまみる」に同じ。例立ち聞き、かいまむ人のけはひして〈更級〉

かい-みやう【戒名】ミヨウ　名❶受戒した人が授かる名。法名。例和尚すなはち髪を剃りて、戒名を夕春と付けられたり〈仮名草子・浮世物語・一・九〉❷死者につける法名。例兄甚六郎儀、先月二十九日相果てまうし候ふ。すなはち戒名春雪道泉と申し候ふ〈西鶴・万の文反古・三・二〉

かい-もちひ【搔い餅】モチイ　名〔「かきもちひ」のイ音便形〕ぼたもち。「かいもち」とも。例僧たち、宵のつれづれに、「いざ、かいもちひせん(=ぼたもちを作ろう)」と言ひけるを〈宇治拾遺・一・一二〉

かい-もと【垣下】名〔「かきもと」のイ音便形〕饗宴の席で、正客以外の相伴の人。例あいなき垣下かな〈宇津保・内侍のかみ〉類義▶ゑんが

かい-や・る【搔い遣る】動(ラ四)〔「かきやる」のイ音便形〕❶手で払いのける。例いはけなく(=あどけなく)かいやりたる額つき、髪ざし、いみじううつくし(=とてもかわいい)〈源氏・若紫〉❷〔「かい」は接頭語〕立ち去らせる。例「もはや帰られ」とかいやりぬ〈浮世草子・御前義経記・三・五〉❸〔「かい」は接頭語〕与える。例(手紙ヲ)引き結びてかいやりたまひしを〈西鶴・好色五人女・三・二〉

かい-らう【偕老】ロウ　名〔偕に老いる意〕夫婦が年をとるまで仲むつまじく連れ添うこと。例ただ西施(=女性の名)に偕老の契りを結ばんがためなりき〈太平記・四〉

かいらう-どうけつ【偕老同穴】カイロウ　〔偕に老い、死んでは同じ穴に葬られる意〕「かいらうどうけつ」とも。夫婦が死ぬまで仲むつまじいこと。例偕老同穴の契り深かりし入道には〈平治・上〉

かいらぎ【梅花皮・鰄】名「かいらげ」「かへらぎ」とも。南方産のサメ類の背皮。堅い粒のような突起があり、刀剣の鞘や柄を包むなどの装飾に用いる。また、それで飾った刀剣にもいう。例鰄の金作りの太刀を帯く(=腰につける)〈太平記・四〇〉

かい-りき【戒力】名《仏教語》仏教の教えを守ったことによって得られる功徳の力。例前生(=前世)の御戒力に、また国王の位をすてたまへる出家の御功徳〈大鏡・伊尹〉

かい-りつ【戒律】名《仏教語》〔「戒」は自律的な戒め、「律」は他律的な規律の意〕修行上の守らなければならない規律。戒と律は本来別のものであるが、一般には混用される。例戒律を持ちて破る事なし〈今昔・一五・三〉

かいりゅう-わう【海龍王】オウ　名海中に住み、海や雨などをつかさどるという海神。龍王。例海龍王の后になるべきいつきむすめなり〈源氏・若紫〉

かい-わぐ・む【搔い綰む】動(マ四)〔「かい」は接頭語〕たわげ曲げる。例下の袴を着て、みなかいわぐみて走らるめりし〈宇津保・蔵開上〉

かう『交う・替う・買う・換う・飼う』⇩かふ

かう【更】コウ　名日没から日の出までを五等分した時刻の単位。順に初更・二更・三更・四更・五更などという。季節によって日没・日の出の時刻が異なるので、長さは一定ではない。

【更闌く】夜がふける。例更たけ、世人しづまりけれども〈曽我・五〉

かう【香】コウ　名❶香り。におい。❷香料。沈香・丁字・白檀などの天然の香木や、麝香・龍涎などの動物性の材料を用いる。仏前の供養のためにたいたり、香煙を衣類や髪にたきしめたりする。例あざやかなる御直衣、香にしみたる御衣ども〈源氏・若菜下〉❸「香染め」「香色」の略。例香の紙いみじうしめたる〈枕・七月ばかりいみじうあつければ〉❹襲の色目の名。表裏ともに香色。一説に、裏は紅とも、老人は裏は白とも。

かう【剛】コウ　名〔近世以降「がう」とも〕力の強いこと。勇猛なさま。例力は劣ったれども、心は剛なりければ〈平家・九・越中前司最期〉

かう【講】コウ　名❶《仏教語》仏典を講義する法会。例安祥寺にてみわざ(=御法要)しけり…講の終はるほどに〈伊勢・七七〉❷神仏に参詣・寄進などをする宗教的な共同体。転じて、金銭や労働力などの融通のために集まった団体。頼母子講など。

かう【長官】コウ　名〔「かみ」のウ音便形〕令制の役所の長官。「かうの君」「かうの殿」などの形で用いることが多い。⇩かみ(長官)

かう【斯う】コウ　副〔「かく」のウ音便形〕このように。例「などかうつたなうはあるぞ(=愚かであるのか)」と言ひ嘆く〈枕・清涼殿の丑寅のすみの〉

がう【郷】ゴウ　名❶律令制における地方区分の一つ。原則として一郷は五十戸。奈良時代初め、それまでの「里」から改称された。中世末期から郷村制に組み込まれ、納税や自衛組織の単位となっていった。❷田舎。故郷。

かう-い【更衣】コウイ　名後宮の女官の一つ。天皇の着

替えに奉仕する役。のちには、天皇の寝所に侍し、女御に次ぐ地位となる。例いづれの御時にか、女御・更衣あまたさぶらひたまひける中に〈源氏・桐壺〉

かうい-ばら【更衣腹】 名 更衣の腹から生まれたこと。また、その皇子・皇女。例下臈の(=身分の低い)更衣腹におはしましければ〈源氏・若菜下〉

かう-いろ【香色】 名 黄色みをおびた薄い赤色。香染めの色。例白御小袖、籠のかたつきて香色にこがしてけり〈貞享版沙石集・七・一〉

がう-えん【強縁・剛縁】 名 ❶《仏教語》強力な縁。❷権力者との縁故。また、その関係を後ろ盾とした横暴なふるまい。例強縁を取る(=手にした)と思ひて、喜ぶ事限りなし〈今昔・二六・五〉

かう-がい【笄】 名〔「かみかき(髪掻き)」の変化した形〕❶髪をかきあげて整えたり、かゆい所をかいたりするための細長い棒状の道具。男女ともに使う。男性の場合、刀の鞘にさして携行することもある。例御櫛・笄具したまへりける取り出でて〈大鏡・道隆〉❷江戸時代、女性が髪に挿す装飾品。

かうがい-わげ【笄髷】 名 江戸時代、女性の髪型の一つ。髪を笄に巻きつけて留めるもの。例めでたく祝言、その時には櫛・笄、その切り髪を添へに入れ、笄髷の三国一〈浄瑠璃・仮名手本忠臣蔵・一〇〉

笄髷〔女用訓蒙図彙〕

かう-かう【皓皓・皎皎】 形動(タリ) 月光や雪などが白く輝くさま。白く明らかで美しいさま。例のぼれば白雲皓々として聳え〈平家・九・老馬〉

かう-かう【斯う斯う】 副〔「かくかく」のウ音便形〕これこれ。しかじか。例「かうかうなむ思ふ」と言ひければ〈伊勢・六三〉

かうがう・し【神神し】 形(シク)〔「かむかむし」の変化した形〕神秘的だ。尊く厳かだ。例黒木の鳥居どもは、さすがに神々しう(音便形)見渡されて〈源氏・賢木〉読解 斎宮の野の宮のたたずまい。

かうが・ふ【考ふ・勘ふ】 動(ハ下二)〔「かんがふ」の変化した形〕❶先例や文書などに照らして判断を下す。例近う(=近い日に)またよき日なしと、(陰陽師ガ)かうがへ申しけるうちに〈源氏・行幸〉❷罪を責める。非難する。例かうがへたまふことどもの恐ろしければ〈源氏・浮舟〉

かう-がん【向顔】 名 顔を合わせること。面会。対面。例向顔をだにも遂げられざる上は日ごろの忠も益なし〈義経記・四〉語誌 偶然的なものも含め、目上に対して用いる。「対面」は意志的で、同輩以下に用いる。

がう-き【拷器】 名 拷問に用いる器具。例犯人を笞にて(=鞭で)うつ時は、拷器によせて結ひつくるなり(=縛りつけるのだ)〈徒然・二〇四〉

がう-ぎ【嗷儀・嗷議】 名〔「嗷」は大勢で騒ぐ声〕❶多人数をよいことに無理を言い張ること。例三塔嗷儀をもって谷々の講演を打ち止め〈太平記・一五〉読解「三塔」は比叡山の東塔・西塔・横川のこと。❷乱暴。暴力。例がうぎ、がさつを仕ったらば〈近松・丹波与作待夜の小室節・上〉

かう-ぎは【髪際】 名〔「かみぎは」のウ音便形〕髪の生え際。また、馬のたてがみの生え際。例髪際により て二寸ばかりきずあり〈宇治拾遺・五〉

がう-きゅう【強弓】 名 引くのに力のいる強い弓。また、その弓を引く人。「つよゆみ」とも。例大力の強弓、矢続早の手ききなり(=すぐれた腕前である)〈古活字本保元・上〉

かう-ぐ【香具】 名 ❶薫き物や匂い袋の材料となる香。❷香道で用いる道具。香炉・香箱など。例鮫・書物・香具・絹布、かやうの花車商ひ(=趣味・装飾品の商売)は、かざりの手広きがよし〈西鶴・日本永代蔵・六・一〉❸「香具売り」の略。香具を行商する人。そのかたわら男色を売ることもあった。

かう-け【高家・豪家】 名「がうけ」とも。❶由緒正しく権力のある家。平安時代は摂関家などの貴族、中世は武家の名門、江戸時代は公家をいうことが多い。例豪家にことよせて(=かこつけて)〈源氏・薄雲〉❷あてにするよりどころ。例老いをかうけにて(=口実にして)〈宇治拾遺・一二〉❸江戸幕府の職名。幕府の儀式・典礼をつかさどる。室町時代以来の名家が務める。吉良家が有名。

かう-げ【香花・香華】 名《仏教語》「かうけ」とも。仏に供える香と花。例死人をみこしに乗せて香花をもってその上に散らす〈今昔・一・三〉

かう-げ【高下】 名動(サ変)❶身分や官位の上下。例(人間ハ)貴賤高下異なることなく〈保元・上〉❷優劣。多少。例三人は、昨日まで高下もない御寵愛〈近松・津国女夫池・三〉❸値段の高い低い。また、その上がり下がり。例店の勘定、薬種の高下も知らねば〈浮世草子・諸道聴聞世間猿・一・一〉

かう-けち【纐纈・交纈】 名「かうけつ」とも。染色法の一種。絞り染めの類で上代から行われた。例纐纈の几帳のかたびら〈増鏡・老のなみ〉

かう-げん【巧言】 名 口先がうまいこと。また、その言葉。『論語』学而編の「巧言令色鮮し仁」による語。例巧言令色(=取り繕った顔)君の心を悦ばしめしかば〈太平記・一三〉

かう-ご【香壺】 名 薫き物や香を入れる壺。例香壺の御箱どものやう、壺の姿、火取りの心ばへも目馴れぬ(=目新しい)さまに〈源氏・梅枝〉

かう-ざ【高座】 名 ❶寺で、仏事や説法を行う僧が座る一段高く設けられた座席。のちに、講談や落語の演者も用いた。例高座の上も光満ちたる心地して〈枕・小白河といふ所は〉❷①で説法・講談などを行うこと。例高座果ててのち、楽人、酒胡子を奏す(=演奏する)〈増鏡・老のなみ〉

かう-さう【高相】 名 すぐれた相。高貴な地位に昇るはずの相。例汝やんごとなき(=この上ない)高相の夢見てけり〈宇治拾遺・四〉

かう-さく【視告朔・告朔】 名 毎月一日、各役所の前月の業務出勤日の記録を天皇に奏上する儀式。延喜のころからは、一・四・七・十月だけに行われた。

かう-ざく【警策】 名 形動(ナリ)「きゃうざく」に

同じ。

かう-さつ【高札】 名 人々に広く知らせるために、交通量の多い場所に高く立てた板の札。禁令や法令、犯罪者の罪状などを記した。例心に懸かるはこの**高札**〈近松・五十年忌歌念仏・下〉

かう-ざま【斯う様】 名 形動(ナリ)〔「かくさま」のウ音便形〕このようなさま。この方面。例源中納言は、**かうざまに**好ましうはたき匂ははさで〈源氏・紅梅〉 読解「源中納言」は薫。ここでは、わざと風流めいて香をたきしめることはないということ。

がうざんぜ-みゃうわう【降三世明王】 名《仏教語》東方を守護し、貪・瞋・痴の三毒を調伏する明王。多く、三つまたは四つの顔と八本の腕をもち、怒りの表情で立つ像に作る。

かう-し

【格子】 名〔「かくし」のウ音便形〕❶寝殿造りの廂の外側などに設置する戸の一種。黒塗りの細い角材を縦横に組み合わせたもので、上下二枚を柱と柱の間に取りつける。開けるときは上の戸を外へ釣り上げる。下の戸を開くときはかけがねをはずして取り去る。例(a)**格子**放ちて入れたてまつる(=格子を取りはずしてお入れ申し上げる)〈源氏・末摘花〉 読解 格子を上下とも取りはずし、そこから出入りした例。例(b)御**格子**まゐらせたまひて、朝霧をながめたまふ(=御格子を上げさせなさって、朝霧を眺めなさる)〈源氏・朝顔〉 ❷細い木や竹を間をすかして縦横に組み、窓・戸口の外に取りつけたもの。格子窓。格子戸。例おもての**格子**をあらくたたきて(=正面の格子戸を乱暴にたたいて)〈西鶴・好色一代男・一・三〉 ❸「格子縞」の略。格子のように縦横に筋を出した模様。また、その織物。❹「格子女郎」の略。

語誌 ▼「御格子参る」 ①の開閉は「あぐ」「おろす」と言い表されるのが普通だが、「参る」は格子の上げ下げ両方に用いられるので注意が必要。例(b)はぼんやりと外を眺めているので、格子を上げさせたとわかる。〈藤本勝義〉

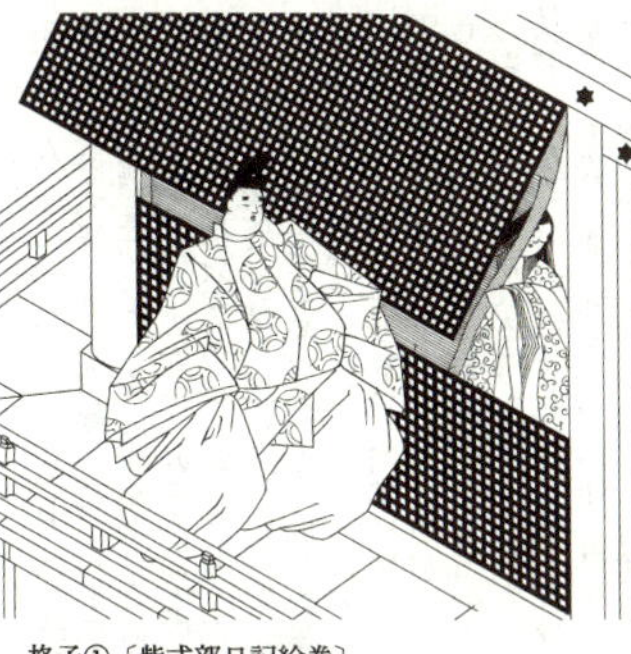

格子①〔紫式部日記絵巻〕
上達部が上の格子を上げて、局の女房たちに声を掛ける。格子の内の御簾をからげて顔を出し、迷惑げに答える紫式部。

かう-じ【好事】 名 よい事。よい行い。例**好事**を行ぎやうじて、前程(=将来)を問ふことなかれ〈徒然・一七一〉

かう-じ【柑子】 名〔「かんじ」のウ音便形〕❶植物の名。ミカンの類。例大きなる**柑子**の木の、枝もたわわになりたるが〈徒然・一一〉 ❷襲の色目の名。表裏ともに濃い朽葉色。秋に着用。

かう-じ【講師】 名 ❶《仏教語》奈良・平安時代、諸国の国分寺に置かれた僧官。国内の僧尼を監督し、経典を説く。古くは「国師」。❷《仏教語》法会で、経典を説教する僧。例かくて**講師**待つほどに〈大鏡・序〉 ❸詩歌の会で、作品を読み上げて披露する人。例左中弁、**講師**仕うまつる〈源氏・少女〉

かう-じ【勘事】 名 動(サ変)〔「かんじ」のウ音便形〕❶罪を問い、遠ざけること。とがめられて遠ざけられること。勘当。例この**勘事**ゆるされたらむなむ、御徳にはべるべき〈源氏・柏木〉 ❷拷問。例七十度の**かうじ**を経ければ〈宇治拾遺・二・三〉

かうし-ぢょらう【格子女郎】 名 ❶遊女の位の一つ。太夫に次ぐ。格子の内に部屋をもつことからいう。❷遊里の格子の所へ出て客を待つ遊女の総称。

かう-しゃう【江上】 名 川・湖・入り江などのほとり。例去年の秋、**江上**の破屋に蜘蛛の古巣を払ひて〈芭蕉・奥の細道〉

かう-しゃう【高声】 名 高い声。大声。例そののち西にむかひ、**高声**に十念(=十回の念仏)となへ〈平家・九・忠度最期〉

かう-しょく【好色】 名 ❶異性との情事を好むこと。性欲がはなはだしいこと。例**好色**・博奕・大酒、三重戒、これ古人の掟なり〈風姿花伝・序〉 ❷美貌。美人。例李夫人は**好色**の花のよそほひ(=花のような姿)衰へて〈謡曲・花筐〉 ❸遊女。

好色一代男

《作品名》江戸時代の浮世草子。八巻八冊。井原西鶴作。挿絵も西鶴。天和二年(一六八二)刊。主人公世之介の七歳から六十歳までの好色生活を描く。

●**内容** 世之介は、銀山で財を築いた京の富豪と、遊郭の名高い太夫との間に生まれた。七歳で侍女に戯れかかるほどで、十一歳で遊女を身請けする。十八歳のとき商い修業のため江戸に下るが、遊びが過ぎて勘当され、諸国を遍歴して好色生活を重ねる。三十四歳のとき父親が死去すると、京に戻って遺産を相続し、大金持ちになる。

以後も京島原・大坂新町・江戸吉原をはじめ各地の遊女たちとたわけの限りを尽くし、全国の遊女町は残らず見尽くしてしまう。六十歳の還暦の年、女護の島で女たちをつかみ取りにしようと好色丸で船出し、行方知れずになる。

●**意義** 俳諧師の余技として、遊び半分の「転合書き」のつもりだったが、好色を正面から大胆に描いて好評を博した。西鶴の小説の第一作で、この作品から文学史上の浮世草子が始まる。『源氏物語』の五十四帖にならい、一代記の一年に一章をあてた五十四章からなる。『伊勢物語』などをパロディ化した部分もある。文体は口語体を基本として、『源氏物語』『伊勢物語』や謡曲の表現を積極的に取り込み、俳諧のリズムや連想なども生かした独特のもので、自由はつらつと当時の活気に満ちた享楽的な「浮き世」の

現実をうたいあげている。〈松原秀江〉

好色一代女《作品名》江戸時代の浮世草子。六巻六冊。井原西鶴作。貞享三年(一六八六)刊。好色庵を訪れた二人の青年が老女の昔話を聞くという形で、一人の女性の好色生活と転落の跡を描く。主人公は公家の娘。十三歳のとき恋愛ざたで宮仕えに失敗、多情な性格から転落の人生を送る。そのたびに体験する数々の職業に即した享楽的な好色生活が描かれ、その数は三〇にも及ぶ。一個人の人生としては不可能な数で、西鶴には当時の女性の階層や職業を網羅しようという意図があったと考えられている。中国の小説『遊仙窟』や小町伝説の影響があるとされる。

好色五人女《作品名》江戸時代の浮世草子。五巻五冊。井原西鶴作。貞享三年(一六八六)刊。当時世間をにぎわした実際の恋愛事件に取材。お夏清十郎・おせん長左衛門・おさん茂右衛門・お七吉三郎・おまん源五兵衛の五組の話を、姫路・大坂・京・江戸・薩摩を舞台に描く。巻五以外は悲劇的結末で、一途な女性たちのたくましくも哀れな姿が、笑いの中で叙情的に描かれている。

好色本 名 浮世草子の一種。井原西鶴の『好色一代男』にはじまる愛欲を主題にした作品の総称。好色物。

かう-しん【庚申】 名 ❶干支の一つ。十干の「かのえ(庚)」と十二支の「さる(申)」の組み合わせで、干支の五十七番目。「かのえさる」とも。例二月中の十日、年の初めの**庚申**出で来たるに〈宇津保・あて宮〉❷庚申の夜に、眠らずに祈り、災厄を避けること。歌合わせや管弦の遊びなども行われた。「庚申待ち」「庚申を守る」とも。例内裏にて**庚申**の御あそびありけり〈著聞集・六・二四一〉

語誌 ▼**庚申信仰** 庚申信仰は、中国の道教思想が日本に渡来して土着したという説が有力だが、民俗学では日本固有の民間信仰とされる。また、密教(仏教)・神道・修験道・呪術的な医学などの要素も複合していて、複雑な発生をしている。

▼**庚申待ち** 道教では、人間の体内に三尸虫という悪い虫が棲息していて、庚申の夜に人間が眠ると体内を抜け出して天に昇り、日ごろの悪事を天帝に報告して、人間の寿命を奪うという。それを防止するには、庚申の夜に一睡もせずに清浄を保ち、三尸虫を天に昇れなくするしかない。これが②の「庚申待ち」である。王朝文学に単に「庚申」とあるのは、ほとんどがこの意。〈島内景二〉

かう-じん【行人】 名 通行人。旅人。例件の鷹を…**行人**に見せられけり〈著聞集・二〇・六七八〉

かうしん-まち【庚申待ち】 名「かうしん②」に同じ。例小夜千鳥**庚申まち**の舟屋形〈俳諧・続猿蓑・下〉読解 庚申待ちの夜、一晩じゅう、屋形舟の中で寂しい千鳥の声を聞き明かしたことだ、という句。

かう-す【号す】 動(サ変)〔のちは「がうす」とも〕❶呼びなす。名づける。例改元あって仁安と**号す**〈平家・一・東宮立〉❷触れ回る。唱える。例相伝の郎従(=年来の家臣)と**号し**て布衣の兵を殿上の小庭に召しおき〈平家・一・殿上闇討〉

かう-ず【好事】 名 形動(ナリ) 変わった物事を好むこと。また、それを趣味とすること。物好き。例京・大坂の**好事**の者、潮干の遊びに集まり〈仮名草子・浮世物語・二・六〉

かう-ず【勘ず・拷ず】 動(サ変) 拷問にかける。厳しく取り調べる。例たてこめて(=閉じこめて)**かうぜん**〈宇治拾遺・二・七〉

かう-ず【講ず】 動(サ変) ❶仏典などの文書や学説などを講義する。例法華経を**講ずる**庭(=場)に人ありて〈三宝絵・中・三〉❷歌の会などで和歌や詩を読み上げる。例初めて詩歌を**講ぜ**られはべりけるに〈千載・賀・詞書〉

かう-ずい【香水】 名《仏教語》仏に供える水。いろいろな香を混ぜたり花を散らしたりする。例我ら、**香水**をもってこの火にそそきて〈今昔・三・三四〉

かう-せき【行跡】 名「ぎゃうせき」とも。行い。行状。品行。例名(=名誉)に二種あり。**行跡**と才芸との誉れなり〈徒然・三八〉

かう-せん【香煎】 名 もち米などを煎って粉にしたものに、シソやミカンの皮、山椒などの香料の粉を混ぜたもの。白湯に入れて飲む。例草庵には小釜ひとつ、素湯わかして、**香煎**より(ホカニ)人をもてなす物はなかりき〈西鶴・西鶴置土産・五・三〉

がう-そ【嗷訴・強訴】 名 朝廷や幕府に対して、集団で訴えること。平安後期から鎌倉時代にかけて、延暦寺や興福寺の僧が宗教的権威を背景に盛んに行った。

かう-ぞめ【香染め】 名 黄色みをおびた薄赤色。香木の丁子の煮汁で染めたことからいう。例あるかなきかの色したる**香染め**の狩衣〈枕・七月ばかりいみじうあつければ〉

かう-ぞり【剃刀・髪剃り】 名〔「かみそり」のウ音便形〕「かうずり」とも。❶かみそり。例**剃刀**脇にはさみて持たり〈落窪・三〉❷髪を剃ること。特に、仏門に入るしるしに髪を剃ること。また、その儀式。例げに、**髪剃り**も捨てつべきさまなり〈狭衣・三〉読解 姫君の様子が、出家の思いをくじいてしまうほどかれんだということ。

かう-だう【講堂】 名 寺の建物で、経文の講義や説法を行う大きな堂。例**講堂**、中堂すべて…焼き払って〈平家・一・内裏炎上〉

がう-だう【強盗】 名「がうたう」とも。暴力や脅しで金品を奪い取ること。また、その人。強盗。例たびたび**強盗**にあひたるゆゑに〈徒然・四六〉

かう-たく【更闌く】 ⇩「かう」の子項目

江談抄《作品名》平安後期の説話集。六巻。約四五〇話。十二世紀はじめの大江匡房の談話を藤原実兼が筆録。宮廷世界の多くの逸話を収め、後代の説話集の出典として影響を与えた。

かう-ぢき【高直】 名 形動(ナリ) 値段の高いこと。例馬の声聞こえけるを尋ねて、**高直**に買ひとりて〈著聞集・二〇・六七三〉

かう-ちゃう【綱丁】 名 奈良・平安時代、諸国からの庸・調などの貢ぎ物を、京へ運搬する人たちの

長。例この鮭の**網丁**〈宇治拾遺・一五〉

かう‐ぢゃう【定考】(コウジョウ) 名 平安時代、朝廷で毎年陰暦八月十一日に、六位以下の官人について勤務成績によって昇進を定めること。また、その儀式。例定考、障る事ありて陣(=会議の場)に参らず〈御堂関白記・長和二年八月〉

かう‐づか【髪束】(コウ) 名〔「かみつか」のウ音便形〕「かんづか」とも。髪(かみ)をたばねた部分。髻(もとどり)。また、首。例自ら**かうづか**を攫(つか)み、己が首を後ろへ折り付くる音、二町ばかりぞ聞こえける〈太平記・三三〉

上野(かうづけ)(コウズケ)《地名》旧国名。今の群馬県。東山道八か国の一つ。上州(じょうしゅう)。延喜式(えんぎしき)で大国・遠国。古く「毛野(けの)」と呼ばれ、のち上下に分けられて「上毛野(かみつけの)」、さらに「上野」となった。

かう‐て【斯うて】(コウ) 副「かくて」のウ音便形。例**かうて**やみなむ(=終わりにしよう)〈源氏・花宴〉

かうて‐さぶらふ【斯うて候ふ】(コウテサブラウ・コウテサブロウ) 挨拶(あいさつ)の言葉。ごめんください。例主殿司(とのもづかさ)来(き)て、「**かうてさぶらふ**」といへば〈枕・二月つごもり頃に〉

がう‐な【寄居虫】(ゴウナ) 名「かむな」とも。動物の名。ヤドカリの古称。例侍る所の(=住んでおります所が)焼けはべりにければ、**がうな**のやうに、人の家に尻をさし入れてのみさぶらふ〈枕・僧都の御乳母のままなど〉

かう‐なぎ【巫】(コウ) 名「かむなぎ」のウ音便形。例わが子は十余になりぬらん(=十余歳になっているだろう)巫してこそ歩くなれ〈梁塵秘抄・四句神歌〉

かう‐にん【降人】(コウ) 名 降伏した人。例我らが中へ**降人**になりたまへ〈平家・九・樋口被討罰〉

かう‐にん【高人】(コウ) 名 身分の高い人。貴人。例娌(よめ)も高人の家は各別(かくべつ)〈西鶴・日本永代蔵・一・五〉

かう‐の‐きみ【長官の君】(コウ) 名〔「かみのきみ」のウ音便形〕「かんのきみ①」に同じ。例この**かうの君**の、御文(みふみ)女房に奉りたまふ〈源氏・浮舟〉

かう‐の‐との【長官の殿】(コウ) 名〔「かみのとの」のウ音便形〕「かんのとの」に同じ。

かう‐の‐もの【剛の者】(コウ) 名〔「剛者(かうじゃ)」の訓読。のちは「がうのもの」とも〕強く勇ましい者。例あっぱれ、をのれは日本一(にっぽんいち)の**剛の者**にぐんでうずな(=組みつこうというのだな)〈平家・七・実盛〉

かう‐ばこ【香箱・香匣】(コウ) 名 香を入れるふたつきの容器。「香合(かうがふ)」とも。例長机(ながつくえ)に書院硯(すずり)・筆掛(ひっか)・**香箱**〈西鶴・好色一代男・五・七〉

かうば・し【香ばし・馥し】(コウバシ) 形(シク)〔「かぐはし」の変化した形〕❶香りがよい。こうばしい。例御座(おまし)のあたりもの清げに、けはひ**香ばしう**(音便形)〈源氏・柏木〉❷美しい。りっぱだ。心ひかれる。例いと**かうばしき**高僧おはします〈御伽草子・梵天国〉

かう‐ばり【勾張り】(コウ) 名 ❶物が倒れないように支える木。つっかい棒。例よわき家には**かうばり**なくてはなり〈俳諧・類船集・三〉❷後押し。かばいだて。例あんまり母があいだてない(=分別がない)、**かうばり**が強うて〈近松・女殺油地獄・下〉

かう‐ばん【香盤】(コウ) 名 四角形の大型の香炉。例大きなる**香盤**に名香(みゃうがう)や匂(にほ)ふらんと見えたり〈中務内侍日記・下〉読解「名香」は仏に供える香。

かう‐びん【幸便】(コウ) 名 よい機会。よいついで。多く、手紙の書き出しに用いる。例長崎へ手代どもさし下し候ふ**幸便**に一筆申し入れ候ふ〈西鶴・万の文反古・五・一〉

かう‐ふう【好風】(コウ) 名 よい眺め。すばらしい風景。例松島は扶桑(ふさう)(=日本)第一の**好風**にして〈芭蕉・奥の細道〉

がう‐ぶく【降伏】(ゴウ) 名・動(サ変) 神や仏の力で、悪霊や敵を抑えること。調伏(てうぶく)。例この文覚(もんがく)は悪魔**降伏**・国土安穏を祈る〈近松・平家女護島・一〉

かうぶり

【冠】(コウブリ) 名 ❶**かんむり**。束帯・衣冠(いかん)のときにつける。例上﨟(じゃうらふ)も乱れて、**冠**の額(ひたひ)すこしくつろぎたり(=身分の高い者たちもうちとけて、冠の額に当たる部分が少しゆるんでいる)〈源氏・若菜上〉

❷「**初冠**(うひかうぶり)」の**略**。例十六といふ年、二月に**かうぶり**せさせたまひて(=十六歳になった年、二月に元服をおさせになって)〈宇津保・俊蔭〉

❸**位階**。もと冠の色によって位階を表したことからいう。例さらに官(つかさ)も**かうぶり**も賜はらじ(=決して官職も位階もいただくまい)〈枕・蟻通の明神〉

❹**五位に叙せられること**。叙爵(じょしゃく)。初めて冠をかぶることからいう。例**かうぶり**得て、遠江介(とほたあふみのすけ)といひしかば(=従(じゅ)五位下に叙せられて、遠江介といったので)〈枕・里にまかでたるに〉

❺「ねんしゃく」に同じ。例年官(つかさ)**年爵**(かうぶり)、御封(みふ)などはあべき事なり(=適当である)〈栄花・見果てぬ夢〉

語誌▼頭にかぶる意の動詞「かがふる」から変化してできた語で、上代は「かがふり」。のちは「かんむり」「かむり」と変化する。①が原義で、②〜④は冠を着用することに関連して用いられるようになったもの。②は「かうぶりす」の形で用いることが多い。

▼**種類と各部の名称**　巾子(こじ)には髻(もとどり)を入れる部分で、

◆**冠**〔高田装束研究所〕

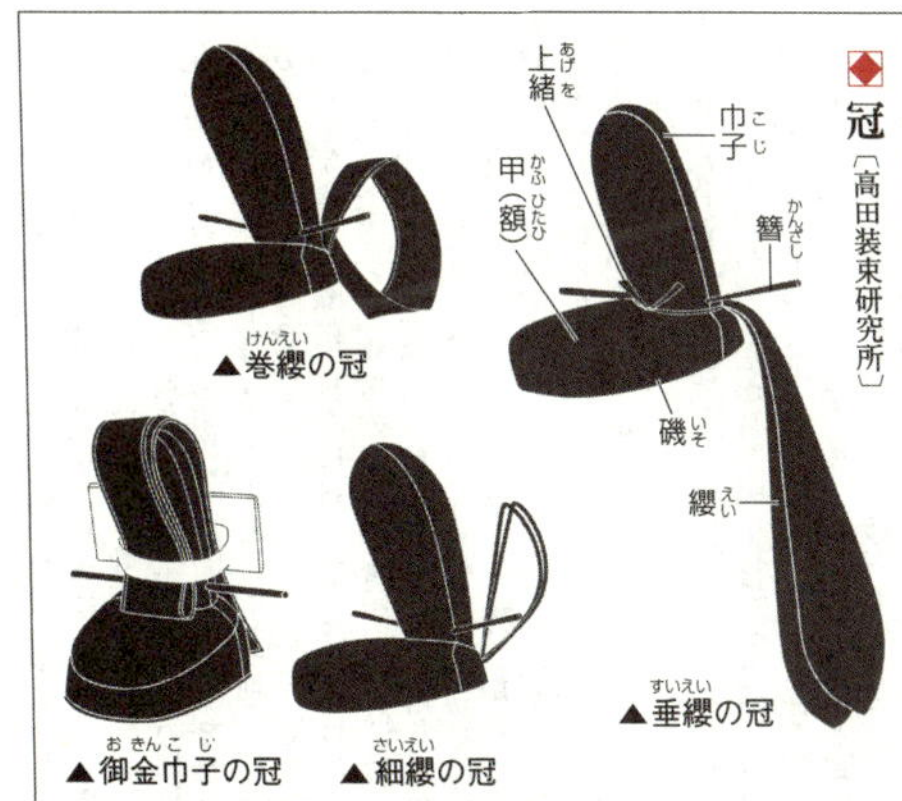

▲垂纓(すいえい)の冠
▲巻纓(けんえい)の冠
▲御金巾子(おきんこじ)の冠
▲細纓(さいえい)の冠

その下部に簪を挿して髪にとめる。頭上を覆う甲こは額ともいい、冠の縁は磯という。巾子の後ろに垂らしたのが纓で、長く垂らしたままのものを垂纓すいえという。天皇の冠は、日常の略装のときには金巾子きんじをつけた御金巾子の冠を用いる。また武官の場合には纓を内側に巻いた冠を用い、文官の垂纓に対して巻纓という。巻纓には馬毛で作った緌という飾りをつける。六位以下の武官は細纓を用いた。

▼**平安貴族と冠**　冠は王朝の男性が公的な場に出るときには必ずかぶるものであった。元服を初冠と称し、元服したばかりの若者を冠者ということからも、冠が官吏の象徴であることがわかる。『枕草子』「五月の御精進のほど」段に、烏帽子では内裏に行けないと断った人の話がある。同じく頭にかぶる物でも、烏帽子＝私的、冠＝公的という違いのあったことがうかがえる。したがって、人前で冠を脱ぎ髻を放つことは、非常に恥ずべきことであった。〈藤本宗利〉

【冠を掛く】〔「挂冠」の訓読。「挂」は「掛」と同義〕官職を辞する。致仕する。『後漢書』の、冠を城門に挂け、官を辞して国を去った人の故事からいう。例年ふかき(＝年老いた)身の**冠を掛け**む、何か惜しからん〈源氏・若菜下〉

かうぶ・る【被る・蒙る】コウブル 動(ラ四)「かがふる」の変化した形。頭上に物が載せられる、が原義。自分の意志に関係なく、絶対的立場にあるものからの働きかけを一方的に受ける意味が主である。中世以降は「かうむる」とも。

❶**命令・恩恵・賞罰などを身に受ける。いただく。こうむる。**例太政大臣が、摂政の宣旨**かうぶり**たまひぬ(＝太政大臣が、摂政になれとの宣旨をいただきなさった)〈栄花・月の宴〉読解「宣旨」は天皇の命令を述べ伝える公文書。

❷**傷や不利益を受ける。**例やにはに射ころさるる者八人、疵を**蒙る**者十余人(＝いきなり矢で射殺される者八人、傷を受ける者十余人)〈平家・一・願立〉〈安達敬子〉

かう-べ【頭・首】コウベ 名❶首から上全体。例京中の上中下の道俗・男女首を傾けて〈今昔・一九・一八〉❷頭髪の生えた部分。例**かうべ**を地につけ、涙をながいて申しけるは〈平家・七・聖主臨幸〉

がう-ま【降魔】ゴウマ 名『仏教語』「がま」とも。悪魔を降伏させること。例**降魔**の利剣(＝鋭い剣)を提げて、向かふ敵に走り懸かり〈太平記・一七〉

がうま-の-さう【降魔の相】ゴウマノソウ 『仏教語』不動明王などが悪魔を降伏させるときのような憤怒の形相。転じて、恐ろしい顔。「がまのさう」とも。例仙人、たちまちに**降魔の相**になりて〈今昔・五・二〉

かう-みやう【高名】コウミョウ ❶名 形動(ナリ)評判が高いこと。有名。例**高名**の木のぼりといひし男〈徒然・一〇九〉❷名 動(サ変)手柄をたてること。功績。武功。特に、戦で手柄をたてること。例**高名せ**うどて(＝手柄をたてようと思って)不覚したまふな〈平家・九・宇治川先陣〉

かうむ・る【被る・蒙る】コウムル 動(ラ四)「かうぶる」の変化した形。例きずを**かうむり**なんどしたりければ〈愚管抄・四〉

かう-めん【高免】コウメン 名お許し。許される側からいう。例ただ今までの慮外ども(＝無作法の数々)、御**高免**下さるべし〈浮世草子・傾城禁短気・四・四〉

かう-やう【斯う様】コウヨウ 形動(ナリ)「かくやう」のウ音便形。例今は上中下の人も、**かうやうに**別れ惜しみ〈土佐〉

かうや-がみ【紙屋紙】コウヤガミ 名「かんやがみ」に同じ。

高野山 こうやさん 《地名》紀伊国、今の和歌山県伊都郡高野町にある山。弘仁七年(八一六)に空海が真言宗の本山として、ここに金剛峯寺を創建したことから、その通称としても用いられる。「高野」「高野の山」あるいは「高野の山」とも。例それ、**高野山**は弘法大師入定のみぎり、弥勒慈尊下生の仏土なり(＝そもそも、高野山は弘法大師がお亡くなりになった折、弥勒菩薩が姿を変えてこの世に現れた霊地である)〈久保家本西行物語・下〉

一語誌▼**高野山開創伝説**　空海が高野山を霊地として、金剛峯寺を創建するに至る経緯については、空海の遺言という体裁で記された『御遺告』をはじめとして、すでに平安時代から縁起譚としての物語化が進められている。諸書は、空海が高野山を開山するにあたって、丹生・高野の明神などの地主神からこの地を譲り受けたことを記し、また、空海が唐から帰国する際に、日本における霊地を占おうとして投げた三鈷(＝密教の法具)が雲中に飛び去り、高野山中に落ちた、あるいは山中の樹木に落ち掛かったという逸話を記している(『金剛峯寺建立修行縁起』、『今昔物語集』巻一一第九話・第二五話、『打聞集』第六話、『高野物語』巻五など)。後者には異伝も生じているが、これらの逸話は、高野山開創の縁起を綴る際の不可欠な要素となっている。〈近本謙介〉

かうや-ひじり【高野聖】コウヤ 名高野山の復興のために、勧進修行をしながら諸国を行脚する高野山の僧。のちには行商人化・巡遊芸人化し、無関係な乞食僧が名をかたることもあった。例**高野聖**と聞きて、なつかしく思はれけるにや〈沙石集・一・三〉

かうらい【高麗】コウライ 名❶朝鮮半島の国の名。十世紀初めに建国、新羅を滅ぼして朝鮮半島を統一。十四世紀末、李氏朝鮮によって滅亡。日本では、朝鮮半島全体の称にも用いる。⇒高麗こま。例**高麗**へぞ行きける…かしこにて(＝かの地で)宰相になされにけりと、のちに聞こえけり〈十訓抄・九・六〉❷「高麗縁」の略。例ことさらに御座といふ畳のさまにて、**高麗**など、いときよらなり(＝たいそうすばらしい)〈枕・御前にて人々とも〉

かうらい-べり【高麗縁】コウライベリ 名畳の縁の一種。白地の綾に雲形などの模様を黒く織り出したもの。貴人が用いる畳に使われる。例上には**高麗縁**の畳を敷き、御簾高く上げさせ〈平家・八・征夷将軍院宣〉

かう-らん【高欄】コウラン 名殿舎の周囲や廊下・階段・橋などにつけた欄干。例君は、西のつま(＝端)の**高欄**におしかかりて〈源氏・葵〉

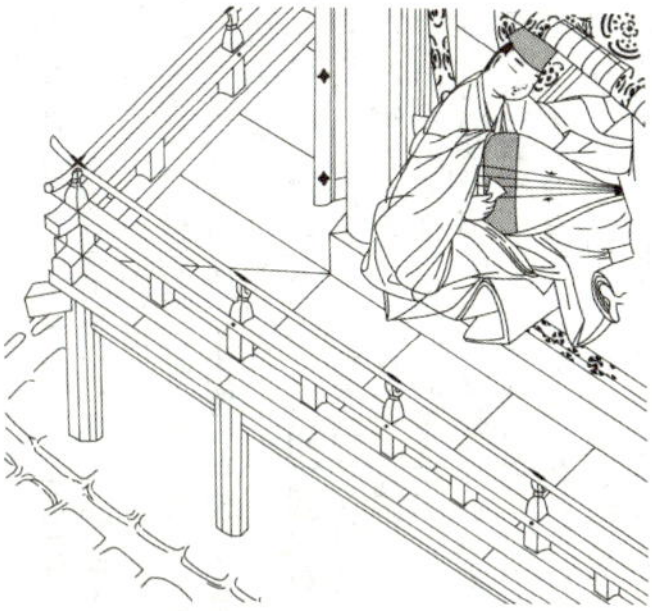

高欄〔源氏物語絵巻〕
高欄を巡らした簀の子近く、端近に座り、琵琶を奏でる匂宮。柔らかく着慣らした袿に直衣をうち掛けただけのくつろいだ姿。

がう-りき【強力】ゴウ 名 ❶力が強いこと。また、その人。例誰とも知らぬ**強力**の人出で来たりて〈今昔・一三・一九〉❷山伏や修験者の従者で、荷物を運んだり登山の案内をしたりする人。例武蔵坊は喜三太といふ下部を**強力**になして〈義経記・七〉

かう-りょう【亢龍】コウ 名 天空高く登りつめた龍。転じて、栄華を極めた人。

【亢龍の悔いあり】 栄華を極めると、後は必ず衰えるので自戒せよというたとえ。『易経』の句による。例「**亢龍の悔いあり**」とかやいふこと侍るなり。月満ちては欠け、物盛りにしては衰ふ〈徒然・八三〉

かう-ろ【香炉】コウ 名 香をたくのに用いる道具。灰を入れてその上に炭火をのせて香をたく。陶磁器・漆器・金属器があり、据え香炉・釣り香炉・撃り香炉などの種類がある。例**香炉**をさしあげて、煙をたててぞおはしける〈宇治拾遺・一〇五〉

香炉峰コウロホウ《地名》中国江西省九江県の西南にある廬山の北峰。白居易が左遷されたとき、ふもとに草庵を作って住んだ。例（中宮定子ガ）「少納言よ、**香炉峰**の雪いかならん」と仰せらるれば、御格子あげさせて、御簾を高くあげたれば〈枕・雪のいと高う降りたるを〉

【香炉峰の雪は簾を撥げて看る】 白居易の七言律詩「香炉峰下新たに山居を卜し、草堂初めて成り、偶東壁に題す」の第四句。詩は草庵で閑居する感懐を詠じたもの。この句は、香炉峰の雪も簾を上げただけで見ることができる、という意。第三句「遺愛寺の鐘は枕を欹てて聴き」と対をなし、三・四句続けた形で『和漢朗詠集』に採られている。『枕草子』『源氏物語』にも引用される。

かうわか-まひ【幸若舞】コウワカマイ 名 室町初期に桃井幸若丸直詮が始めたとされる舞の曲。平曲・曲舞に声明の節を取り入れたもので、扇や鼓の拍子で軍記などを歌い、烏帽子に直垂姿で舞う。特に戦国武将に愛好された。

かえ【萱】 名《上代語》「かや」の東国方言。薄などの総称。例明日ゆりや**萱**がむた寝む（＝明日から萱といっしょに寝るのか）妹なしにして〈万葉・二〇・四三二一〉

かえす〘反す・返す・帰す〙⇩かへす

かえで〘楓〙⇩かへで

かえりみる〘顧みる〙⇩かへりみる

かえる〘反る・覆る・返る・帰る・還る・孵る〙⇩かへる

かお〘顔・貌〙⇩かほ

かおる〘薫る〙⇩かをる

かか【母・嚊・嬶】 名 ❶【母】子どもが母親を親しんで呼ぶ語。かあちゃん。おっかあ。父の意で対応するのは「とと」。例ととよ**かか**よと朝夕にいふ〈俳諧・犬子集・一四〉❷【嚊・嬶】庶民が自分の妻または他人の妻をいう語。例この子泣きやまねば、となりの**嚊**たちとひよりて（＝訪ねて来て）〈西鶴・世間胸算用・三・三〉

加賀《地名》旧国名。今の石川県南部。北陸道七か国の一つ。賀州。延喜式で上国・中国。

が-が【峨峨】 形動（タリ）山や岩が険しくそびえ立つさま。例青山**峨々として**〈平家・一〇・海道下〉

か-かい【加階】 名動（サ変）位階を加えること。位階が昇進すること。例必ずあるべき**加階**などをだにせずなどして、嘆くたぐひいと多かり〈源氏・賢木〉

かがい〘嬥歌〙⇩かがひ

かか・ぐ【掲ぐ・挑ぐ】 動（ガ下二）〔「かきあぐ（掻き上ぐ）」の変化した形〕❶かき上げる。巻き上げる。まくり上げる。例殿上人ども黒戸にて碁を打ちけるに、御簾を**掲げ**て見るものあり〈徒然・二三〇〉❷灯心をかきたてて灯火を明るくする。例みじかき灯台に火をともして、いとあかう**かかげ**て〈枕・きよげ

歌謡
カヨウ

拍子や旋律などの音楽的要素を伴って歌われる韻文形式の詞句の総称。文学史では、古代から現代まで生き続けている形態。

古代の歌謡として、神語り・夷振り・国思ひ歌・片歌・酒楽の歌・志良宜歌・宮人振り・天田振り・読み歌・志都歌・天語り歌などの名称が『古事記』『日本書紀』に記されている。これらの多くからは、歌謡を中心とした歌物語の存在が推定されもする。

平安時代には、神事に用いられた神楽歌、地方歌謡に雅楽の旋律をつけて宮廷歌謡とした催馬楽、地方の民謡である風俗が、宮廷儀礼の場で歌われた。平安後期の院政期には今様歌が都に流行し、それを所収したのが『梁塵秘抄』。その他、仏教歌謡に和讃がある。これらの伴奏には、和琴・笛・笙・篳篥・箏・琵琶・笏拍子などのいずれかが用いられた。

鎌倉時代になると鎌倉武士を中心に早歌が歌われ、室町時代には小歌が流行した。狂言の中で歌われる狂言小歌もある。小歌は『閑吟集』に収められている。その他、宗安小歌・隆達節小歌などもある。小歌は一節切の尺八を伴奏に用いたが、江戸時代には三味線を伴奏楽器とした小唄・長唄・端唄などが酒宴の座敷歌として歌われた。農村では田植え行事に田植え歌が、盆踊りには盆踊り歌が歌われた。

〈馬場光子〉

か

歌学 和歌についての学問。広い意味では、歌論も含む。通常は、和歌の文芸性を批評的に論じたものを歌論と呼ぶのに対し、和歌に関する知識を集成したものを歌学と呼ぶ。ただし両者の区別は、厳密にしがたい部分もある。

内容としては、和歌の用語や句法・修辞の研究、和歌の歴史の研究、古歌の注釈などの分野がある。

●**展開** 歌学の萌芽は奈良時代からみられるが、いまだ中国の詩学の影響から抜け出ていない。日本固有の歌学が盛んになるのは平安中期以降で、和歌が文芸として自立しはじめ、さまざまな知識がなければ和歌が作れなくなってきたときからである。

平安末期には藤原清輔・顕昭ら六条家の歌人たちがすぐれた業績を残したが、藤原俊成・定家ら御子左家の人々に押され、指導的役割を担うまでには至らなかった。

鎌倉・室町時代の歌学は、当時の文学研究の中心といってもよく、『古今和歌集』や『小倉百人一首』などの注釈書が盛んに編まれ、『伊勢物語』『源氏物語』の注釈書も和歌に多くの筆を費やしている。

江戸時代になると、契沖らによって実証主義的文学研究が確立され、『万葉集』や『古今集』なども作品として厳密に研究されるようになった。〈渡部泰明〉

なる男の〉❸高く差し上げる。転じて、広く人に知らせる。例両目両足(=仏)の並びたまへる台には、金の盤雁灯を挑げたり〈海道記〉

下学集 《作品名》室町時代の辞書。二巻。東麓破衲と号する僧の著。文安元年(一四四四)成立。当時の語約三〇〇〇を意義別に一八の部門に分類し、漢字表記(横にカタカナで読みを示す)・注釈をつける。

かかぐ・る 動(ラ四) なんとかして進む。たどる。すがる。多く複合語で用いられる。例柱より**かかぐり**下るる者あり〈宇治拾遺・一二・四〉

ががく-れう【雅楽寮】 名 令制で、歌舞・音楽を管理・伝承する役所。平安時代以後、大歌所や楽所が、これに替わった。

かかげ-の-はこ【掻上げの箱】 名(「かかげ」は「かきあげ」の変化した形)髪を結うための道具をおさめた箱。例古めきたる鏡台の、唐櫛笥、**掻上げの箱**など取り出でたり〈源氏・末摘花〉

かがし【鹿驚・案山子】 名(動詞「かがす(臭がす)」の名詞形)❶田畑を荒らす鳥獣が近づかないように、悪臭のする獣肉や毛髪を焼いたものを立てたもの。❷(江戸時代の関東では「かかし」)鳥獣を防ぐために田畑に立てておく人形。「そほづ」とも。例秋の田のみのる折ふし、諸鳥をおどすために**案内子**をこしらへ〈西鶴・世間胸算用・二・四〉

か-がし 代(「がし」は接尾語)不定称の人称代名詞。だれそれ。「なにがし」とともに用いることが多い。例一番にはなにがし、二番には**かがし**〈大鏡・伊尹〉

かかづら・ふ 動(八四)❶関係する。また、いつまでも関係を続ける。例ここかしこあまた**かかづらひ**たまふを(=あちこちの女性とたくさん関係していらっしゃるので)〈源氏・紅葉賀〉❷**とらわれる**。こだわる。例いとよく思ひ澄ましつべかりける世を、はかなくも**かかづらひ**けるかな(=きっと殊勝に仏道修行に専念することができた人生なのに、たわいもなくとらわれてきたことよ)〈源氏・幻〉

読解 光源氏が、仏道に専心するべきだったのに俗世の生活を捨てることができなかったと後悔している場面。

❸**従事する**。例公事のいとしげく…**かかづらひて**なん(=政務がとても忙しく…従事していて)〈源氏・手習〉

語誌 いずれの用法も、好ましくないことやつまらないことに関係するというニュアンスをこめて用いられることが多い。②例のように、俗世を捨てきれずにいて出家できないという用法も特徴的。〈吉野瑞恵〉

かが-なべ-て【日日並べて】 日数を重ねて。例**かがなべて** 夜には九夜 日には十日を〈記・中・景行・歌謡〉↓名歌277

香川景樹 《人名》一七六八〜一八四三(明和五〜天保一四)。江戸時代の歌人。号は桂園・梅月堂など。『古今和歌集』を理想として、「調べ」を重んじる説を提唱、桂園調と呼ばれる歌風を樹立する。桂園派は、以後明治二〇年代まで一大勢力を誇った。家集『桂園一枝』、歌論『新学異見』など。

かかは・る【係はる・関はる】 動(ラ四)❶かかわりあいをもつ。例(家ヲ)とりつくろひ(=修理し)**かかはる**人もなければ〈蜻蛉・上〉❷こだわる。例なすところのわざに少しも**かかはら**で、無心無風の位に至る見風(=芸風)〈花鏡・妙所之事〉❸制約を受ける。例力にも**かかはら**ぬ無常の殺鬼(=死)をば〈平家・六・入道死去〉

雅楽 古来、宮廷を中心に行われた音楽の総称。民間の俗楽・穢曲(卑しい音楽の意)に対して、上品で正しい音楽の意。奈良時代から、朝廷における正式な音楽をさす。

●**種類** 音楽だけの管弦と舞を伴う舞楽とに大別されるが、およそ三種の楽の内容を含む。第一は中国・朝鮮半島など外国渡来系の、唐楽・百済楽・高麗楽・新羅楽・伎楽など。第二に日本古来の詩歌を外来の楽器・旋律によって歌う催馬楽・朗詠など。第三は日本古来の歌詞・旋律・伴奏楽器による久米舞・神楽歌・五節舞・筑紫舞など。令制では雅楽寮で管理・伝承されたが、奈良末期に大歌所が成立すると、その体制には変化があったとみられる。平安時代には、これらの一部は貴族の家や寺社などでも行われた。室町時代には一時衰えるが、江戸時代以降再興された。〈馬場光子〉

かがひ【嬥歌】名〔動詞「かがふ」の名詞形〕「うたがき①」の東国での称。例娘子壮士の 行き集ひかがふ嬥歌に〈万葉・九・一七五九〉

かかふ【繿褸】名 ぼろ。ぼろ布。例海松のごと わわけさがれる(=裂けて下がった) かかふのみ 肩にうち掛け〈万葉・五・八九二〉➡名歌122

かか・ふ【抱ふ】動(ハ下二) ❶だきかかえる。例その時義仲二歳なりしを、母泣く泣く**かかへ**て〈平家・六・廻文〉 ❷拘束する。閉じこめる。例大象の(=大きな象が)窓を出づるが、身は出でつつなほ尾に**かかへ**られて出でやらぬ〈沙石集・一〇本・一〇〉 ❸かばいだてする。例流罪せられよと公家(=朝廷)に申ししかども、君**かかへ**仰せられしを〈古活字本平治・下〉 ❹召しかかえる。雇い入れる。例出家と料理人を**抱へ**うと存ずる〈虎寛本狂言・惣八〉 ❺責任・負担を感じる。例これほどの大事をまへに**かかへ**ながら〈平家・一一・鶏合壇浦合戦〉

かが・ふ【嬥歌ふ】動(ハ四) 男女が集まり、歌の掛け合いや舞踏・飲食して交歓する。例かく歌ひて、**闘ひ**明かして〈記・下・清寧〉

かがふり【冠】名『上代語』冠。また、冠により示される位階。⇩かうぶり。例このころの我が恋力記し集め功に申さば(=功績として申し出たならば) 五位の**冠**〈万葉・一六・三八五八〉

かがふ・る【被る】動(ラ四)『上代語』❶かぶる。例寒くしあれば 麻衾(=麻製の夜具) 引き**被り**〈万葉・五・八九二〉➡名歌122 ❷こうむる。命令などを受ける。例恐きや 命(=勅命)**被り**〈万葉・二〇・四三二一〉

語誌 平安時代以降「かうぶる」「かうむる」、さらに「かぶる」「かむる」などに変化した。

かかへ【抱へ】名 人を雇うこと。また、その雇われた人。貴人・大名などがかかえる家来・芸能者・力士や、遊女など。例三浦四郎左右衛門**抱へ**の太夫〈西鶴・諸艶大鑑・五・三〉

かがま・る【屈まる】動(ラ四) 折れ曲がる。寒さでかじかむ。うずくまる。かがむ。例人の家に逃げいりて、竈のしりへ(=後ろ)に**かがまり**てをりける〈大和・一四八〉

かがみ

【鏡】名 ❶**物の姿・形を映し見る道具。かがみ。また、そこに映った姿・形。**近代になってガラス製のものが普及するまでは、中国の影響下に金属製の鏡が作られてきた。多くは青銅製で、鏡面は研磨したり錫めっきを施したりしてある。普通は円盤形で、背面中央につまみを作って紐を通すが、室町時代以降は柄のついたものも作られた。例御けづり髪、御手水などまゐりて、御**鏡**を持たせさせたまひて御覧ずれば(=御調髪、御手洗いなどをなさって、御鏡をお持たせになって御覧になると)〈枕・うへにさぶらふ御猫は〉 読解 この「まゐる」は尊敬語の用法。「持たせ」の「せ」は使役で、「させたまふ」は最高敬語。❷「鑑」とも書く。手本。模範。例見る人の 語り次ぎてて 聞く人の **かがみ**にせむを(=見る人が次々と語っていき、聞く人の手本にしようとするのも)〈万葉・二〇・四四六五〉 ❸「餅鏡」「鏡餅」の略。例正月に、**鏡**・はなびら(=はなびら餅)・煎餅・あられ・かき餅・おこし米など…かぶり食ひて〈御伽草子・猫の草子〉 ❹酒樽のふた。円形で①に似た形であることからいう。例踏みつくれば(=踏みつけると)、底も**鏡**もすっぽりと抜けたるを〈近松・鑓の権三重帷子・上〉

直弧文鏡（古墳時代）

飛雲鳳馬八稜鏡（平安時代）

橘鶴亀柄鏡（室町時代）

鏡①

語誌 ▼「かがみ」は「かげ（影）」の「かが」の交替形で、「かがみ」は「影見」の意かとされる。「影」は、本来人の目には見えない魂などが顕れた状態を意味する。その「影」を見る道具、さらには、人の目に見えない真実・未来などを見明らめる道具が鏡である。たとえば『更級日記』に、長谷寺へ僧を遣わして鏡を奉納させる話がある。僧は寺に籠もり、ついに夢の告げを得る。それは、奉納した鏡に未来の様子が映って見えるという夢であった。

鏡を見る女房〔病草子〕

▼鏡に映って見えた魂はそのまま鏡に留まる、とも考えられた。たとえば『源氏物語』須磨巻で、都を離れる光源氏は、最愛の妻紫の上との別れに臨んで次のような歌を詠む。「身はかくてさすらへぬとも君があたり去らぬ鏡のかけは離れじ(=影は、かけ離れることはないだろう)」。〈木谷眞理子〉

かがみ-ぐら【鏡鞍】名 馬の鞍の一種。金銀などの薄い板を、前後に張った鞍。例これに**鏡鞍**置いて、白山の社へ神馬にたてられけり(=奉納する馬となさった)〈平家・七・倶梨迦羅落〉

各務支考《人名》⇩支考

かがみなす【鏡なす】《枕詞》〔「なす」は接尾語〕❶貴重品である鏡を大切に思う意から「思ふ」にかかる。❷鏡を見る意から「見る」に、また、「み」と同音を含む地名「御津」にかかる。

かがみ-びらき【鏡開き】名 江戸時代、武家を中心に行われた正月行事。十一日(古くは二十日)に、供えていた鏡餅を割って食べる。例今日は御**鏡開き**にて、(刀剣ナドヲ)奥の座敷に飾られたり〈近松・雪女五枚羽子板・中〉

鏡山《地名》歌枕 近江国、今の滋賀県蒲生郡と野洲郡の境にある山。和歌では、鏡に見立てて「影」「澄む」などとともに詠まれることが多い。例鏡山いざ立ち寄りて見てゆかん年へぬる身は老いやしぬると(=老いてしまったかと)〈古今・雑上〉

かが・みる【鑑みる】 動(マ上一)〔名詞「かがみ」の動詞化〕他に照らし合わせて考える。例昔をもて今をかがみるべし〈正法眼蔵・弁道話〉

かが・む【屈む】 ■1動(マ下二)腰・手・足・指などを折り曲げる。例指をかがめて…数ふるさま〈源氏・空蟬〉■2動(マ四)❶腰・手・足・指などが折れ曲がる。例寒さでかじかむ。例ことのほか腰が屈う(音便形)たが〈狂言・腰祈〉❷身を隠す。例どこに屈ん(音便形)でこの苦をかける〈近松・心中天の網島・下〉

かか-め・く 動(カ四)〔「かか」は擬声語。「めく」は接尾語〕鳥や獣などがきゃっきゃっと鳴く。例(猿タチハ)一つもなく(=一匹残らず)逃げ去りて、木に走り登りてかかめき合ひたり〈今昔・二六・八〉

かかやか・し【輝かし・赫かし・耀かし】 形(シク)〔動詞「かかやく」の形容詞化。江戸中期以降「かがやかし」〕❶輝くほどりっぱだ。例ごぜんの立ちし(=天皇の立ち姿)は…かかやかしきまでに見るに〈讃岐典侍日記・下〉❷恥ずかしい。きまり悪い。例いとどものはしたなくて(=体裁が悪くて)、かかやかしき心地すれば〈紫式部日記〉

かかやか・す【輝かす・赫かす・耀かす】 動(サ四)〔「かかやく」の他動詞形。江戸中期以降「かがやかす」〕きらびやかにする。例秋の草むら・蝶・鳥などを、白銀してつくりかかやかしたり〈紫式部日記〉

かかや・く

【輝く・赫く・耀く】動(カ四)強く光る意。江戸中期以降「かがやく」。

❶まぶしく光る。例そのあたりに照りかかやく木ども立てり(=その周辺に輝きまぶしく光る木がたくさん立っていた)〈竹取〉

❷恥ずかしがる。照れる。例女、扇をもって顔に指し隠してかかやくを(=女が、扇でもって顔にかざし隠して恥ずかしがるのを)〈今昔・二七・三八〉

❸恥をかかせる。例昼も夜も来る人を、なにしにかは、「なし」ともかかやき帰さむ(=昼も夜もやって来る人を、どうして、「不在です」と言って恥をかかせて帰らせられようか)〈枕・里にまかでたるに〉読解「なにしかは」の「かは」は反語の意を表す。

語誌 ▼関連語 類義語に「ひかる」「てる」などがあり、『源氏物語』桐壺巻で、藤壺を「かかやく日の宮」、光源氏を「光る君」と世間の人が並び称したという一節は有名。一方、「ひかる」が微弱な光にも用いられるのに対して、「かかやく」は強烈で持続的な光を表現するのに用いられるという違いもみられる。②のように心情に対して用いられる点では、「まばゆし」などとも共通する。〈高田祐彦〉

かがよ・ふ【耀ふ】 動(ハ四)ちらちらと光って揺れる。例見渡せば近きものから岩隠りかがよふ玉を取らずは止まじ〈万葉・六・九五一〉

かからは・し 形(シク)〔動詞「かかる」の未然形＋接尾語「ふ」＝「かからふ」の形容詞化〕かかわって離れにくい。例もち鳥のかからはしもよ〈万葉・五・八〇〇〉読解とりもちにかかった鳥のように離れられないよ、の意。

かかり

【掛かり・懸かり】名〔動詞「かかる」の名詞形〕❶女性の髪の垂れかかる様子。例髪のかかり・髪ざしなど、なほいとありがたげなり(=髪の垂れかかる様子や生えぐあいなどが、やはりほんとうにめったにない様子である)〈源氏・宿木〉

❷和歌・連歌・能楽などで、表現のスタイル。表現のもつ情趣。例詞のかかり、実に学生の歌と覚えたり(=言葉の情趣が、いかにも学問僧の歌と思われた)〈沙石集・五本・九〉

❸蹴鞠をする場所。また、そこに植えてある木。ふつう、北東に桜、南東に柳、南西に楓、北西に松。⇩まり。例「をかしき鞠のかかりかな」と興あるまで鞠遊ばす(=「みごとな蹴鞠の場所だなあ」と飽きるまで蹴鞠をなさる)〈宇津保・国譲中〉

❹関係。特に、人間関係。関係のある人。類義の「ゆかり」と重ねて「ゆかりかかり」の形で用いることも多い。例我に従ひたりし者、十が九は亡びうせぬ。城もなし、かかりもなし(=私に従ってきた者は、十人のうち九人は死んでしまった。城もないし、味方もいない)〈十訓抄・一・六〉

❺建物などの構え。身なり・様子。例いづれも同じ局のかかり(=どれも同じ部屋の構え)〈近松・女殺油地獄・下〉

❻他人の世話になって生活すること。また、そうする人。例親にかかりのやうに、ゆるりと暮らしぬ(=親に世話になっているかのように、のんびりと暮らした)〈西鶴・本朝二十不孝・一・一〉

❼ある仕事を受け持つこと。担当。また、その仕事、その人。例そりゃ手前のかかりだから(=それはおまえの担当だから)、おいらは知らぬが〈滑稽本・膝栗毛・七下〉

❽きっかけ。手がかり。入り口。例頭のかかりがどうもなく(=交渉のきっかけがつかめず)〈近松・傾城反魂香・中〉〈奥村悦三〉

かか・り【斯かり】 動(ラ変)〔副詞「かく」＋ラ変動詞「あり」＝「かくあり」の変化した形〕このようである。⇩とありかかり・かかる。例かからむとかねて知りせば大御舟泊てし泊まり(=港)に標結はましを〈万葉・二・一五一〉読解天皇の死を悼む歌。

かがり【篝】 名❶その中で照明のための火を燃やす鉄製の籠。例余の歌は鵜舟して篝に入れて持たせり〈亭子院歌合・仮名日記〉❷「篝火」の略。例大堰川篝さしゆく鵜飼ひ舟〈新古今・夏〉

かかり-うど【掛かり人・懸かり人】 名〔「かかりびと」のウ音便形〕他人の世話になっている人。居候。例この家のかかりうどでござりまする〈歌舞伎・幼稚子敵討・三〉

かかり-どころ【掛かり所・懸かり所】 名寄りかかる所。頼りとする所。例ともかくも言ふ言の葉の見えぬかないづらは露の(=露のようにはかない私の命の)かかり所は〈後撰・恋三〉

かかり-ば【掛かり端・懸かり端】 名 長い髪の垂れかかっているさま。例頭つき(=頭のさま)・髪のかかりば、いとをかしげなりと見るほどに〈落窪・一〉

かがり-び【篝火】 名 照明のためにたく火。夜警・漁猟などに用いる。「かがり①」に松の割り木を盛って燃やす。例月もなきころなれば、遣り水に**篝火**ともし〈源氏・若紫〉

かか・る【皸る】 動(ラ四)《上代語》ひび割れがする。あかぎれが切れる。例稲搗けば**かかる**我が手を今夜もか殿の若子が取りて嘆かむ〈万葉・一四・三四五九〉 語誌 例の東歌にのみ見える語。東国方言か。

かか・る【掛かる・懸かる】 動(ラ四) ❶垂れかかる。例なよよかなる御衣に、髪はつやつやと**かかり**て〈源氏・若紫〉 ❷降りかかる。例白雪の**かかれ**る枝に鶯の鳴く〈古今・春上〉 ❸かぶさる。覆う。例月のかほにむら雲の**かかり**て〈大鏡・花山院〉 ❹支えとする。頼る。例杖に**かかり**ても、必ず参りあひまうしはべらむ〈大鏡・道長下〉 ❺関係する。かかわる。例静範法師、八幡の宮のことに**かかり**て、伊豆の国に流されて〈後拾遺・雑三・詞書〉 ❻こうむる。受ける。例海にます(=いらっしゃる)神の助けに**かから**ずは〈源氏・明石〉 ❼従事する。熱中する。例酒を飲みつつ、やまと歌に**かかれ**りけり〈伊勢・八二〉 ❽攻めかかる。例八十余騎追うてぞ**かかり**ける〈平家・一一・志度合戦〉 ❾さしかかる。到達する。例沼尻といふ所もすがすがと(=無事に)過ぎて…遠江に**かかる**〈更級〉 ❿ある働きを受ける。「お目にかかる」「口にかかる」「心にかかる」「手にかかる」などと用いる。⓫他の動詞の連用形につく。㋐動作・作用があるものに向けられる意を表す。～してくる。例雷は落ち**かかる**やうにひらめく〈竹取〉 ㋑動作・作用が始まろうとする意や、始まったばかりである意を表す。～しはじめる。例日暮れ**かかる**ほどに〈源氏・紅葉賀〉

かかる【斯かる】 動詞「かかり」の連体形。このような。こういう。例**かかる**事の起こりにこそ、世も乱れ悪しかりけれ〈源氏・桐壺〉 語誌 現代語では連体詞として扱う。

かかる-ほど-に【斯かるほどに】 そうこうしているうちに。例**かかるほどに**宵うちすぎて〈竹取〉

かかれ-ど【斯かれど】〔動詞「かかり」の已然形＋接続助詞「ど」〕このようであるけれど。例船にも思ふことあれど、かひなし。**かかれど**、この歌を独り言にして、やみぬ〈土佐〉

かかれ-ば【斯かれば】〔動詞「かかり」の已然形＋接続助詞「ば」〕このようであるから。このようなわけだから。例はやう(=すでに)御髪おろしたまうてき。**かかれば**、御達(=女房がた)も昨日今日いみじく泣きまどひたまふ〈大和・一〇三〉

かき-【掻き】 接頭「かい」とも。動詞について、語勢を強め、また語調を整える働きをする。また、天候の急変にいうことも多い。「掻き消つ」「掻き絶ゆ」「掻き曇る」「掻き暗す」など。

かき

【垣】 名 家・庭・所有地などで、一区画を他と区別する囲い。垣根。例**垣**のさまよりはじめてめづらかに見たまふ(=垣根の様子をはじめとして珍しそうにご覧になる)〈源氏・須磨〉 読解 光源氏の須磨の住まいの様子。都とは違っていて、すべてもの珍しく感じる。

語誌 ▼**垣のいろいろ** 垣の材料には木・土・石のほか、葦垣・竹垣・柴垣など、垣の名称となったものもある。また製作技術の由来から韓垣・檜垣・透垣など、そして幾重にもめぐらすという形態から八重垣、その役割からは斎垣、美称としての玉垣・端垣などの別もある。

▼**男女の隔て** 垣はその内部と外部とを隔てる。そこから、和歌では男女の仲を隔てるものとして詠まれることがある。垣の向こうに異性を想定したり、垣越しに見た異性に心を奪われるさまを詠んだりすることも多い。⇩かいまみ 〈馬場光子〉

かき【柿】 名 ❶植物の名。カキノキ科の落葉高木。柿。果実は食用。例大きなる**柿**の木の下に庵を造りたれば〈更級〉 ❷「柿色」の略。柿の渋で染めた茶色。例**柿**の直垂につめ紐し〈平家・八・妹尾最期〉 ❸柿衣(柿の渋染めの上っ張り)。また、それを着ることから、酒屋の奉公人。

かき【部曲・民部】 名「かきべ」に同じ。

が-き【餓鬼】 名 ❶《仏教語》生前の罪業で餓鬼道に落ち、飢えや渇きに苦しむ亡者。例相思はぬ人を思ふは大寺の**餓鬼**の後に額つくごとし〈万葉・四・六〇八〉➡名歌34 ❷《仏教語》「餓鬼道」の略。例在生の時財を貪りしがゆゑに、**餓鬼**の中に堕ちたり〈今昔・六・三八〉 ❸人、特に子どもを卑しめていう。例乳のみくさる**がき**めが〈滑稽本・膝栗毛・六下〉

かき-あ・ぐ【掻き上ぐ】 動(ガ下二) ❶上のほうに引き上げる。例御簾のすそを少し**かきあげ**て〈宇治拾遺・三四〉 ❷灯心をかきたてて灯火を明るくする。例火をほのかに**かきあげ**て、泣き臥せり〈篁物語〉

かき-あは・す【掻き合はす】 アワス 動(サ下二) ❶弦楽器を他の楽器に合わせて弾く。合奏する。例御琴どもの声々**掻き合はせ**て〈源氏・鈴虫〉 ❷弦楽器の音の調子を合わせる。❸手で寄せ合わせる。例少将袖を**かきあはせ**〈平家・三・少将都帰〉

かき-あはせ【掻き合はせ】 アワセ 名 弦楽器の調子を整えた後、その調子をみるために短い曲を弾いてみること。例なほ(=やはり)**掻き合はせ**ばかりは、手一つ(=一曲)〈源氏・若菜下〉

かき-い・づ【書き出づ】 イズ 動(ダ下二) 書き出す。書き表す。例(後生ヲ)阿弥陀仏に譲りきこゆるよし、あはれげに**書き出で**たまへれば〈源氏・夕顔〉

かき-い・づ【掻き出づ】 イズ 動(ダ下二) ❶手などで掻いて外に出す。例さが(=そいつの)尻を**かきいで**て、ここらの朝廷人に見せて、恥を見せむ〈竹取〉 ❷〔「かき」は接頭語〕外に出す。出す。例そぎ棄てまほしう思さるる御髪を**かき出で**て見たまへば〈源氏・夕霧〉

かき-おこ・す【掻き起こす】 動(サ四) ❶抱き起こす。例御かたはらの人を**かき起こさ**むとすと見たまふ〈源氏・夕顔〉 ❷灰にうもれている炭火の勢いを強くする。例あるいはまた、埋み火を**かきおこし**て、老いの寝覚めの友とす〈方丈記〉

かき-おろ・す【掻き下ろす】 動(サ四) ❶〔「かき」は

接頭語〕牛車から牛をはずし、轅をおろす。例車の榻ども一たびにかきおろしたりつる〈枕・関白殿、二月二十一日に〉❷車などから、かかえておろす。例車よりかき降ろして臥ししより、起き居る時なくて過ぐすほどに〈成尋阿闍梨母集〉

かき-かぞ・ふ【搔き数ふ】 ❶動(ハ下二)『上代語』〔「かき」は接頭語〕数える。例秋の野に咲きたる花を指折りかき数ふれば七種の花〈万葉・八・一五三七〉❷《枕詞》「ひと」「ふた」と数えることから、「ふた」と同音を含む地名「二上山」にかかる。後世はさまざまな数詞にかかることもある。

かき-かは・す【書き交はす】 動(サ四)手紙などを書いてやりとりする。例(光源氏ト紫ノ上ハ)常に書きかはしたまへば〈源氏・賢木〉

かき-きら・す【搔き霧らす】 動(サ四)『上代語』〔「かき」は接頭語〕一面に霧がかかってあたりを曇らせる。例かき霧らし雨の降る夜を〈万葉・九・一七五六〉

かき-き・る【搔き切る】 動(ラ四)〔「かき」は接頭語〕勢いよく物を引き切る。例腹かききつ(音便形)てぞ死ににける〈平家・九・河原合戦〉

かき-くづ・す【搔き崩す】 動(サ四)〔「かき」は接頭語〕❶少しずつ崩す。なし崩しにする。例十月、時雨に紅葉かきくづし〈宇津保・楼上下〉❷少しずつ考えたり語ったりする。例昔語りもかきくづすべき人少なうなりゆくを〈源氏・花散里〉

かき-くど・く【搔き口説く】 動(カ四)〔「かき」は接頭語〕くどくどと訴えかける。愚痴をこぼす。例さめざめとかきくどきければ〈平家・一・祇王〉

かき-くも・る【搔き曇る】 動(ラ四)〔「かき」は接頭語〕❶空が急に暗くなる。例月夜には来ぬ人待たる(=待ってしまう)かき曇り雨も降らなむわびつつも寝む〈古今・恋五〉❷急な涙で目が曇る。例またかき曇り、もの見えぬ心地したまへば〈源氏・椎本〉

かき-くら・す【搔き暗す】 動(サ四)〔「かき」は接頭語〕❶空などを暗くする。例かきくらし降る白雪のしたぎえに(=下のほうから消えていくように)〈古今・恋二〉❷心を暗くする。悲しみにくれる。例かきくらす心の闇にまどひにき夢うつつとは今宵さだめよ〈伊勢・六九〉➡名歌112

かき-く・る【搔き暗る】 動(ラ下二)〔「かき」は接頭語〕❶空が急に暗くなる。例にはかに風吹き出でて、空もかきくれぬ〈源氏・須磨〉❷心が暗くなる。涙で目の前が暗くなる。例水ぐきの跡(=筆跡)は涙にかきくれて〈平家・二・大納言死去〉❸急に姿が見えなくなる。死ぬ。例淵瀬に身を投げ、跡かきくれたく〈幸若・百合若大臣〉

かき-け・つ【書き消つ】 動(タ四)いったん書いたものを消す。例中空にてぞわれは消ぬべき、と書き消ちたり〈源氏・浮舟〉

かき-け・つ【搔き消つ】 動(タ四)〔「かき」は接頭語〕突如姿を消す。例跡もなくこそかき消ちて失せにしか〈源氏・帚木〉

かき-こ・す【搔き起す・搔き越す】 動(サ四)背に垂らした髪を、肩ごしに前へ出す。例首より髪をかき越したまへりしが〈枕・十月十よ日の月の〉

かき-こも・る【搔き籠る】 動(ラ四)〔「かき」は接頭語〕引きこもる。閉じこもる。例山寺にかきこもりて、仏に仕うまつるこそ〈徒然・一七〉

かき-しら・ぶ【搔き調ぶ】 動(バ下二)「かいしらぶ」に同じ。

かき-す・う【舁き据う】 動(ワ下二)輿や車などを担いできて、しっかりと置く。例舟に車をかきすゑて〈枕・卯月のつごもりがたに〉

かき-すさ・ぶ【書きすさぶ】 動(バ四)「かきすさむ」とも。慰みに書く。気の向くままに書く。例手習ひのやうに書きすさびたまふ〈源氏・空蟬〉

かき-すま・す【書き澄ます】 動(サ四)念を入れて書く。整然とりっぱに書く。例手習ひどもの乱れうちとけたるも…めやすく(=見た目よく)書きすましたり〈源氏・初音〉

かき-ぞめ【柿染め】 名❶柿渋色(赤茶色)に染めること。柿渋で染めること。また、染めた物。❷特に、江戸時代、大和郡山産の柿渋で染めた麻や木綿。例柿染めの夏羽織〈西鶴・日本永代蔵・五・三〉

がき-だう【餓鬼道】 名《仏教語》六道の一つ。亡者が飢えと渇きに苦しむ世界。例これまた餓鬼道の苦とこそおぼえさぶらひしか〈平家・灌頂・六道之沙汰〉

かき-だし【書き出し】 名❶書きはじめ。書きはじめること。例まづ書き出しをさてもさてもと〈虎寛本狂言・文山立〉❷請求書。勘定書き。例書き出しでぶちのめされたやうになり〈柳多留拾遺・初〉

かき-たて【書き立て】 名目録。箇条書き。例四人づつ書き立てにしたがひて、「それ、それ」と呼び立てて乗せたまふに〈枕・関白殿、二月二十一日に〉

かき-た・ゆ【搔き絶ゆ】 動(ヤ下二)〔「かき」は接頭語〕❶交渉や音信がとだえる。例またかき絶えて十余日になりぬ〈蜻蛉・下〉❷死ぬ。例あやにくなりし御思ひの盛りにかき絶えては〈源氏・蜻蛉〉

かき-た・る【搔き垂る】 ❶動(ラ四)〔「かき」は接頭語〕垂れる。例手肱に水沫かき垂り〈祝詞・祈念祭〉❷動(ラ下二)❶〔「かき」は接頭語〕空が曇り暗くなり、雨・雪が激しく降る。例いとど愁ふなりつる(=たいへん心配していた)雪、かきたれいみじう降りけり〈源氏・末摘花〉❷搔いて垂らす。例か黒し髪をま櫛もち ここにかき垂れ〈万葉・一六・三七九一〉

語誌 ②②の例は、「かきたり」と訓んで四段活用とする説もある。

かき-ちら・す【書き散らす】 動(サ四)無造作に書く。ほうぼうに書く。例真字(=漢字)書きちらしてはべるほども〈紫式部日記〉

かき-つ【垣内】 名〔「かきうち」の変化した形〕垣根のうち。例我が背子が古き垣内の桜花〈万葉・一八・四〇七七〉

かき-つ・く【搔き付く】 ❶動(カ四)❶とりつく。飛びつく。例手腓に蝈(=虻)かきつき〈記・下・雄略・歌謡〉❷頼りにする。すがる。例いとどかきつかむ方なく、悲しげにながめ過ごしたまふ〈源氏・蓬生〉❷動(カ下二)❶髪をなでつける。例草枕ねくたれ髪をかきつけしその朝顔(=寝起きの顔)の忘られぬかかな〈続詞花・恋中〉❷身に着ける。例弓矢かきつ

けて、出でてみはべりしに〈著聞集・四・四二一〉

かき-つ-た【垣内田】 名 垣根のうちの田。例清き御田屋の 垣内田の 池の堤の〈万葉・一三・三二二三〉

かぎ-って【限って】 副 (打消の語を伴って)〜であっても(〜ない)。〜でさえも(〜ない)。例女房**限って**この文見せず〈近松・心中天の網島・上〉

かきつばた

【燕子花・杜若】〔上代は「かきつはた」〕**1** 名 ❶植物の名。アヤメ科の多年草。水辺に生育し、初夏に紫色・白色の花を咲かせる。花が美しいことから「かほよばな」の別称もある。⇩口絵。例むらさきの花の中には、**かきつばた**ぞすこしにくき(=紫の花の中では、かきつばたは少し気にくわない)〈枕・めでたきもの〉 ❷襲の色目の名。表は二藍、裏は萌黄。一説に、表は萌黄、裏は薄紅梅とも。陰暦四、五月に着用。 ❸紋所の名。①の花、または花と葉の取り合わせを図案化したもの。

2《枕詞》花が美しいことから「につらふ(赤く照り映えて美しい)」に、また、咲く意から地名「佐紀」にかかる。例(a)**かきつはた**につらふ君を〈万葉・一一・二五二一〉 例(b)**かきつはた**佐紀沼の菅を笠に縫ひ〈万葉・一一・二八一八〉

語誌 ▼**季節の扱い** 『万葉集』と『後撰和歌集』では夏の花とされるが、十二世紀初めの『堀河百首』では春の歌題に含まれ、以降、和歌ではおおむね春の景物として扱われる。俳諧では夏の季語。
▼**八橋のかきつばた** 『伊勢物語』九段では、三河国(愛知県東部)八橋で、主人公の男が、「からころもきつつなれにしつましあればはるばるきぬるたびをしぞ思ふ」(➡名歌129)と、各句の頭に「かきつはた」の五文字をすえた折り句の歌を詠む。以来、八橋はかきつばたの名所とされた。〈佐藤明浩〉

かき-つ-む【掻き集む】 動(マ下二)〔「かきあつむ」の変化した形〕かきあつめる。例**かきつめ**て海人のたく藻の思ひにも〈源氏・明石〉

かき-つら-ぬ【掻き列ぬ・掻き連ぬ】 動(ナ下二)〔「かき」は接頭語〕並べる。続けて思いを述べる。和歌では、雁が連なる意と掛けて用いることが多い。例昔のこと**かき連ね**思されて〈源氏・花散里〉

かき-な-す【書き成す】 動(サ四) ことさら〜のように書く。例ことさら幼く**書きなし**たまへるも、いみじうをかしげなれば〈源氏・若紫〉

かき-な-す【掻き鳴す】 動(サ四) かき鳴らす。弾き鳴らす。例秋風に**かきなす**琴のこゑにさへはかなく人の恋しかるらむ〈古今・恋二〉

かき-な・づ【掻き撫づ】 ナズ 動(ダ下二)「かいなづ」とも。頭などをやさしくなでる。例父母が頭**かきなで**幸くあれて言ひし言葉ぜ忘れかねつる〈万葉・二〇・四三四六〉➡名歌225

かき-なで【掻き撫で】 名 形動(ナリ)「かいなで」とも。通り一遍。例**かきなで**の心やり(=慰め)ばかりにのみあるを〈源氏・明石〉

かき-ね【垣根】 名〔「ね」は接尾語〕垣のもと。垣。例(夕顔ノ花ハ)かうあやしき(=こういうみすぼらしい)垣根になん咲きはべりける〈源氏・夕顔〉

かき-の・く【掻き退く】 動(カ下二) 手で払いのける。遠くにやる。例木の葉を**かきのけ**たれど、つやつや(=少しも)物も見えず〈徒然・五四〉

かき-の-ころも【柿の衣】 名 柿染めの衣。僧や山伏などが着る。例山伏のまねして、**柿の衣**にあやい笠といふ物着て〈増鏡・春の別れ〉

かき-の-もと【柿の本】 名 優雅を旨とした正統的な和歌や連歌。歌聖とされた柿本人麻呂にちなんでいう。⇩くりのもと。例**柿の本**は世の常の歌、これを有心と名づく〈井蛙抄・六〉

柿本朝臣人麿歌集 カキノモトノアソミヒトマロカシユウ《作品名》『万葉集』に名が見える歌集。巻冊数・成立ともに未詳。原本は残存せず、『万葉集』の左注によって存在が確認できる。記録に残るものでは最古の個人歌集。人麻呂の若いころの作とみられる歌に加え、人麻呂以外の歌も含まれ、計約三七〇首が『万葉集』に採録されている。『万葉集』編纂の基礎資料となった。

かきのもと-の-しゅう【柿の本の衆】 名 和歌的な伝統に基づいた連歌を詠む一派。⇩くりのもとのしゅう。例よき連歌をば**柿の本の衆**と名づけられ〈筑波問答〉

柿本人麻呂《人名》生没年未詳。七世紀後半から八世紀初頭にかけての人。主に持統・文武朝に仕えた下級官人。『万葉集』第二期の代表的歌人。『万葉集』に人麻呂作と明記されるのは、長歌一八首、短歌約七〇首。個人的な感懐から出た恋歌・羇旅歌のほか、天皇の行幸に従った折の宮廷讃歌や皇子皇女の死を悼む挽歌などが多い。枕詞や序詞などを効果的に駆使し、感情の激越な高揚を歌いあげ、格調高く豊かな詩の世界を作り出した。「近江の海夕波千鳥汝が鳴けば心もしのに古思ほゆ」〈万葉・三・二六六〉(➡名歌42)などはよく知られている。なお、『万葉集』には人麻呂作と明記された歌以外に、柿本朝臣人麿歌集の歌と称する歌も三七〇首ほど収められている。若干の歌を除いて、これを人麻呂の若いころの歌とみる説が有力である。『古今和歌集』仮名序では「歌の聖」と呼ばれている。

かき-は【堅磐】 ワ 名 堅固で揺るぎない岩石。不変のたとえ。「ときは(常磐)」と連ねて用いることが多い。例**堅磐**に常磐に斎ひまつり〈祝詞・祈年祭〉

かき-はら・ふ【掻き払ふ】 ハラウ・ハロウ 動(ハ四)〔「かき」は接頭語〕❶取り除く。払いのける。例落つる涙を**かき払ひ**て〈源氏・薄雲〉 ❷すっかりなくなる。副詞的に用いることが多い。例西の宮は…**かきはらひ**焼けにしかば〈蜻蛉・中〉

かき-ふ・す【掻き伏す】 **1** 動(サ下二) 抱きかかえて寝かせる。例人に**かき臥せ**られたまふ〈源氏・澪標〉 **2** 動(サ四)〔「かき」は接頭語〕姿勢を低くする。伏す。例**掻き伏し**て逃ぐるを〈今昔・二三・一五〉

かき-べ【部曲・民部】 名 令制以前、豪族の私有民。例大連等、**民部**広く大きにして、国に充盈てり(=いっぱいになった)〈紀・雄略〉

かき-ほ【垣穂】 名〔「ほ」は高く突き出ているものの意〕垣。例山賤の(=山里に住む人の家の)**垣ほ**に咲ける大和撫子〈古今・恋四〉

［垣穂成なす］〔垣根のように、の意〕❶隔てて邪魔をする。例垣ほなす人の横言(=中傷)繁みかも〈万葉・九・一七九三〉❷大勢が取り囲んで。例垣ほなす人のとふ時(=人々が求婚するとき)〈万葉・九・一八〇九〉

かき-ま【垣間】名垣のすきま。例我が越えし妹が垣間は荒れにけるかも〈万葉・一〇・一八九九〉

かき-まぎ・る【掻き紛る】動(ラ下二)〔「かき」は接頭語〕まぎれる。目立たない。例ともかくも**かき紛れ**たる際(=身分)の人こそ〈源氏・若菜上〉

かき-まぜ【掻き雑ぜ】名形動(ナリ)他とまぜあわせてよいさま。平凡。ありきたり。例**かきまぜ**の際だに(=身分の人でさえ)、かやうの艶ある暁の別れをしのばせん〈浜松中納言・三〉

かきま・みる【垣間見る】動(マ上一)⇩かいまみる

かき-みだ・る【書き乱る】動(ラ四)乱雑に書く。書き散らす。例筆にまかせて**書き乱り**たまへるしも、見どころありをかしげなり〈源氏・浮舟〉

かき-みだ・る【掻き乱る】〔「かき」は接頭語〕❶動(ラ下二)降り乱れる。例雪霙**かき乱れ**荒るる日〈源氏・澪標〉❷動(ラ四)心が乱れる。例心地**かき乱り**てたへがたければ〈源氏・若菜下〉

かき-むだ・く【掻き抱く】動(カ四)《上代語》〔「かき」は接頭語〕だく。いだく。例**かき抱き**寝れど飽かぬを〈万葉・一四・三四〇四〉

かき-もち【欠き餅】名❶正月の鏡餅を手や槌で欠き割ったもの。縁起のよい餅なので、刃物で切ることを忌む。例まん丸な月**かきもち**の夜食かな〈俳諧・犬子集・五〉❷なまこ餅やのし餅を薄く切って干したもの。焼いて食べる。おかき。例手づから**掻き餅**を焼いて〈西鶴・好色一代男・五・三〉❸寒中に、薄く切った餅を凍らせたもの。湯に浸して食べる。凍餅。「こほりもち」とも。例その**かき餅**の氷より、涙の氷とけやらぬ〈近松・心中刃は氷の朔日・中〉

歌経標式《作品名》奈良時代の歌論。一巻。藤原浜成撰。宝亀三年(七七二)成立。最古の歌論書。漢詩の理論を応用して、和歌の起源や歌体などについて述べる。

かき-や・る【掻き遣る】動(ラ四)手で払いのける。かきのける。例帷子をすこし**かきやり**たまへれば〈源氏・蓬生〉

かぎり【限り】

名動詞「かぎる」の名詞形。時間的・空間的な物事の限界。限界点。また、その限界点までの範囲。

❶限界。期限。例(カグヤ姫ノ)罪の**限り**果てぬれば、かく迎ふるを(=罪の期限が終わったので、このように迎えるのを)〈竹取〉読解天人の言葉。かぐや姫が罪を償う期間が終わったので、月の世界から迎えに来た。

❷限度。制限。際限。例すべて、尊きことの**かぎり**もあらず(=すべて、尊いことの際限もない)〈枕・小白河といふ所は〉読解すべてたいへん尊い、ということ。

❸極限。極致。例災ひ極まる身ならば、その災ひ**限り**になりて命極まり(=たいへんな災難を受ける身ならば、その災難が極限に達して命が危うくなり)〈宇津保・俊蔭〉

❹定められた決まり。掟。定め。例**限り**あれば、さのみもえとどめさせたまはず(=定められた決まりがあるから、そうむやみにもお引き止めになることはできず)〈源氏・桐壺〉読解宮中では天皇以外の死は許されないという決まりがあるので、重態の病人をそのままとどめておくことはできない。

❺終着点。最後。臨終。葬儀。例(a)をしめども春の**かぎり**の今日の日の夕暮れにさへなりにけるかな(=名残惜しく思うけれど、春の最後の今日の日の、その上夕暮れにまでなってしまったなあ)〈伊勢・九一〉例(b)(紫ノ上ハ)消えゆく露の心地して、**限り**に見えたまへば(=消えてゆく露のような感じがして、ご臨終とお見受けされるので)〈源氏・御法〉

❻機会。時機。例(親シイ人々ト)めぐりあふべき**限り**だになく(=再会できる機会さえなく)〈増鏡・新島守〉

❼ある限界内の全部。すべて。例(琵琶ヲ)おぼゆる**かぎり**弾きて聞かせむ(=知っている曲すべて弾いて聞かせたい)〈更級〉

❽(「〜のかぎり」の形で形式名詞的に用いて)〜だけ。〜ばかり。例(楽人ハ)有職の**かぎり**ととのへさせたまへり(=達人ばかりおそろえになった)〈源氏・紅葉賀〉

語誌 ①は時間や空間の限界。②は物事の程度の限界。②から③が派生する。また、限度や制限が社会的または慣習的に定められていることから④の意になる。⑤⑥は、時間的な限界点を示すことから派生した意味である。〈安隨直子〉

かぎり-あり【限りあり】空間的な限界や時間的な期限があること。物事の程度や数量に限度があること。また、その限度いっぱいであるさま。例**限りある**財をもちて限りなき願ひにしたがふ事〈徒然・二一七〉

かぎり-ある-みち【限りある道】❶期間が決まっている旅。例幾年そのほどと(=どのくらいという)**限りある道**にもあらず〈源氏・須磨〉❷(寿命には限りがあるので必ず行かなくてはならない道、の意で)死出の旅。例ただ**限りある道**の別れのみこそうしろめたけれ(=気がかりだ)〈源氏・初音〉

かぎり-な・し【限り無し】形(ク)❶限度がない。果てしない。例**限りある**財をもちて**限りなき**願ひにしたがふ事〈徒然・二一七〉❷たいへん。非常に。例女、**かぎりなく**めでたしと思へど〈伊勢・一五〉❸最上の。この上ない。例**限りなき**帝の御いつきむすめ(=大切に育てている姫君)も〈源氏・少女〉

かぎり-の-こと【限りの事】臨終の作法。死者の冥福を祈ること。追善。供養。例御心地をあながちに(=無理に)静めたまひて、**限りの御事**どもしたまふ〈源氏・御法〉

かぎり-の-たび【限りの度】最後の機会。特に、人の臨終。例はかなき御悩み(=ちょっとした御病気)と見ゆれど、**限りのたび**にもおはしますらん〈源氏・椎本〉

かぎり-の-たび【限りの旅】最後の旅。特に、死出の旅。「旅」に「度」を掛けて用いることが多い。例逢ふことの**かぎりのたび**の別れには死出の山路ぞ露けかるべき(=湿っぽいことだろう)〈新千載・哀傷〉

かぎ・る【限る】 動(ラ四) ❶時間や空間、物事の程度などの限界を定める。範囲を決める。例天地は**かぎ**る所なし〈徒然・二一〉 ❷それだけと決まる。定まる。例およそ武芸にも**かぎら**ず歌道にもすぐれたり〈平家・一・御輿振〉

かぎろひ【陽炎】 名 ❶明け方の光。例東の野にかぎろひの立つ見えてかへり見すれば月かたぶきぬ〈万葉・一・四八〉↓名歌309 ❷「かげろふ(陽炎)」に同じ。

かぎろひの【陽炎の】 《枕詞》 ❶陽炎の立つ季節が春であることから「春」にかかる。❷陽炎が立つさまを「燃ゆ」ということから「心燃ゆ」にかかる。

かき-わた・す【掻き渡す】 動(サ四) 琴などを一区切り弾き通す。ずっとかき鳴らす。例をささ心にも入らず(=ほとんど心もこめず)**掻きわたし**たまへるけしき、いと響き多く聞こゆ〈源氏・竹河〉

か-きん【瑕瑾】 名〔「瑕」はきず、「瑾」は美しい玉の意〕❶きず。欠点。例無下の(=ひどい)**瑕瑾**もありき〈徒然・一五〇〉 ❷恥辱。例仕損じては一門の**瑕瑾**になるべく候ふ間〈義経記・六〉

カク〖霍〗 ⇩くわく

かく【角】 名 ❶物のかど。四角い形。❷角材。❸つの。また、つので作った笛。❹音階名。五音の一つで第三音。❺一分金・一分銀のこと。長方形をしていることからいう。例さうさう(=急いで)買ひたまへと、一**角**投げ出せば〈西鶴・世間胸算用・二・二〉 ❻将棋の駒の一つ。

かく【格】 名 ❶決まり。例ありがたかりける**格**にかかはらぬ心なり〈沙石集・一〇末・三〉 ❷身分。例禄の高下につけて、そのほどほどの**格**をもって差別をなす〈難波土産・発端〉 ❸格調。例病雁(ノ句)は**格**高く〈俳諧・去来抄・先師評〉 ❹やりかた。流儀。例江戸の**かく**にて〈滑稽本・膝栗毛・五追加〉

か・く【舁く】 動(カ四) 肩に乗せて運ぶ。二人以上で担ぐ。例車さし寄せつつ、人に**かか**れて乗りたまふ〈大鏡・道隆〉

か・く【書く・描く】 動(カ四)〔「掻く」と同源〕文字・線・絵などを書きつける。例水の上に数**書く**ごとき我が命〈万葉・一一・二四三三〉

か・く【掻く】 動(カ四) ❶手・指・爪やそれに似たものを繰り返しふり動かす。こする。ひっかく。転じて、弦楽器を弾く。つまびく。例琴に作り**かき**弾くや〈記・下・仁徳・歌謡〉 ❷手や道具でかき分ける。払いのける。また、髪をとかす。例目に髪のおほへるを**かき**はやらで〈枕・うつくしきもの〉 ❸刃物で手前に切り取る。かき切る。例(敵ヲ)取っておさへて、首を**かか**んとするところに〈平家・九・六ケ度軍〉 ❹食物を口へ押し込む。かき込む。例猫殿は小食におはしけるや…**かい**(音便形)たまへ〈平家・八・猫間〉 ❺とりすがる。しがみつく。例はしたての(枕詞) 倉椅山を 嶮しみと 岩**かき**かねて わが手取らすも〈記・下・仁徳・歌謡〉↓名歌283

か・く【駆く・駈く】 動(カ下二) ❶馬を走らせる。例さらばとて、粟津の松原へぞ**駆け**たまふ〈平家・九・木曾最期〉 ❷馬で攻め入る。例**駆けよ**や、わかものども。命な惜しみそ(=命を惜しむな)〈保元・上〉

か・く【欠く】 [1]動(カ四) ❶一部をなくす。損じる。例四十九日のこと、たれも**欠く**ことなくて家にてぞする〈蜻蛉・上〉 ❷(多く打消の語を伴って)怠る。例滝口・帯刀など番(=当番)**欠か**ず候ふ〈栄花・見果てぬ夢〉 [2]動(カ下二) 一部がなくなる。月が欠ける。例月満ちては**欠け**〈徒然・八三〉

か・く【掛く・懸く】 [1]動(カ四) ❶作る。設ける。例飯には 蜘蛛の巣**かき**て〈万葉・五・八九二〉↓名歌122 ❷取りつける。例馬にこそ ふもだし**かく**もの(=馬にこそ逃げないように綱をかけるものだが)〈万葉・一六・三八八六〉 ❸汗を出す。例暑けくに 汗**かき**なけ(=暑いときに、汗を出して泣き)〈万葉・九・一七五三〉 ❹いびきや泣き声を出す。例高鼾**かき**て寝入りたり〈太平記・一〉 ❺名を挙げたり、恥をさらしたりする。例天離る(枕詞) 鄙に名**かか**す…その立山に(=地方で有名でいらっしゃる…その立山に)〈万葉・一七・四〇〇〇〉 読解「かかす」の「す」は尊敬の助動詞。❻料金などを取る。例高駄賃**かく**からは(=高い運賃を取るからには)〈近松・冥途の飛脚・上〉 [2]動(カ下二) ❶物にひっかけたり、物と物をつないだりする。例(a)斎杙(=神聖な杭)には 鏡を**懸け**〈記・下・允恭・歌謡〉例(b)牛**かくる**ほどに〈蜻蛉・上〉 読解 牛を牛車の轅の先端の軛につないでいる間に、ということ。❷造りつける。設ける。例山川に風の**かけ**たるしがらみは流れもあへぬ紅葉なりけり〈古今・秋下〉↓名歌382 ❸火をつける。放火する。例湯屋に火を**かけ**て焼き殺せやと〈保元・下〉 ❹測り比べる。例筒井筒の井筒に**かけ**しまろがたけ過ぎにけらしな妹見ざるまに〈伊勢・二三〉↓名歌237 ❺願望などを託す。例頼みを**かけ**たり〈竹取〉 ❻何かを対象に、心・目・口などを働かせる。㋐心に浮かべる。例住吉のまつこそものは悲しけれ神代のことを**かけ**て思へば(=住吉の松を見ると、まず胸が詰まることだ、神の時代のような昔のことを心に浮かべるので)〈源氏・澪標〉 読解「まつ」は、松と「先づ」を掛ける。㋑めざす。例わたの原八十島**かけ**て漕ぎ出でぬと人には告げよ海人の釣り舟〈古今・羇旅〉↓名歌438 ㋒口にする。言う。例「見き」とな**かけ**そ(=「逢った」と言わないでくれ)〈源氏・帚木〉 ❼注意・同情・被害などを及ぼす。㋐注目する。例長兵衛に目を**かけ**て、大床(=広縁)の上へ飛び上る〈平家・四・信連〉 読解 長兵衛を捕らえようとする検非違使庁の下級役人の動き。㋑恵みや情けを及ぼす。例なげのあはれをも**かけ**(=かりそめの情けもかけ)〈源氏・若菜上〉 ㋒迷惑や損害を与える。例一銭一字損**かけ**まじ(=損はさせないつもりだ)〈近松・冥途の飛脚・上〉 読解「一字」は「一銭」を強調する語。❽二つの事を兼ねたり、関係づけたりする。㋐任務を兼ねる。兼任する。例国の守、斎の宮の頭**かけ**たる〈伊勢・六九〉読解 伊勢の国守で斎宮寮の長官を兼任している、ということ。

㋑関係づける。たとえる。例筑波山にかけて君(ノ恩寵)を願ひ〈古今・仮名序〉

㋒神仏に誓いを立てる。例よろづの神仏にかけて、知らずとのみぞ申し合はれける(=すべての神仏に誓いを立てて、知らないとだけ皆申し上げなさった)〈平家・九・小宰相身投〉

❾範囲が及ぶ。範囲に含める。㋐またがる。わたる。例来し方行く末かけてまめやかなる御物語に(=過去から未来のことにわたって心をこめたお話に)〈徒然・一〇四〉

㋑数に加える。例お供かけて(=お供を加えて)三人ぢや〈近松・丹波与作待夜の小室節・中〉

❿代償にする。㋐引き換えにする。例命をかけて、何の契りにかかる目を見るらむ(=命を引き換えにして、どんな宿縁でこのような目にあうのだろう)〈源氏・夕顔〉

㋑金品を賭ける。例何を賭物にかけん〈宇津保・内侍のかみ〉

⓫(他の動詞の連用形について)あるものに向けて、〜しかける。例女の物言ひかけたる返り事(=女がものを言いかけてきたのに対する返事)〈徒然・一〇七〉

語誌▼①と②は、意味も近く、互いに補いあうようである。②は具体的にも抽象的にも、物を関連づけたり、働きを及ぼしたりする意味で広く用いられ、意味を細分化し出すときりがないほどである。

▼省略された補語　②⑥の㋐㋑㋒では、「心に」「目に」「口に」という補語がそれぞれ省略されている。文脈の上から、その省略された補語を区別することが必要である。〈山口堯二〉

かく【斯く】 副 話し手が、身近な物事のさまをさしていう語。ウ音便形で「かう」とも。

このように。こう。例生ける代に我はいまだ見ず言絶えてかくおもしろく縫へる袋は(=この世に生まれて以来、私はまだ見たことがない。言いようもなく、こんなにみごとに縫ってある袋は)〈万葉・四・七四六〉

語誌▼指示領域　話し手側の物事のさまをさすという点で、基本的に聞き手の側のそれをさす副詞「さ」「しか」と使い分けられた。また、話し手に身近な物事のさまをさす点では、話し手から遠い物事をさす副詞「か」とも使い分けられた。ただし、現代語の副詞「こう」よりその用法は広い。

▼関連語　上代には、「かにかくに」のように、副詞「か」とともに用いることが多い。また、平安時代以後は、「とかく」のように、副詞「と」とともに用いることが多い。〈山口堯二〉

か-ぐ【下愚】 名 ひどく愚かなこと。また、その人。例世俗の事に携はりて生涯を暮らすは、下愚の人なり〈徒然・一五一〉

か-ぐ【加供】 名動(サ変) 仏に物を供え、僧に布施をして供養すること。例藤氏の殿ばら(=藤原氏の殿方)みな加供したまふ〈大鏡・道長上〉

がく【楽】 名 ❶楽器で奏する楽曲。音楽。例楽の声まさり、もののおもしろきほどに〈源氏・紅葉賀〉❷特に、雅楽。❸能楽の囃子の一種。唐人・老体の神・仙人などが舞楽を模して舞う舞事。

がく【額】 名 板・紙・絹などに書画をかき、門・壁などに掲げるもの。例御墓所のめぐりに、わが寺々の額を打つ(=額を掲げる)〈平家・一・額打論〉

かく-かく【斯く斯く】 副(副詞「かく」を重ねた語)「かうかう」とも。これこれ。しかじか。例「かくかく思ふ」と言へば、いらへ(=返事)もせで、さくりもよよに(=しゃくりあげて激しく)泣く〈蜻蛉・中〉

かく-ご【覚悟】 名動(サ変) ❶真理や道理を知ること。悟ること。例それより生死の眠り覚め(=迷いからさめて)覚悟の月をぞもてあそぶ〈梁塵秘抄・法文歌〉❷知ること。覚えること。承知。認知。例時にあたりて本歌を覚悟す。道の冥加なり(=歌道の神の御加護である)〈徒然・二三八〉❸心構え。決意。例もとより覚悟の前にて〈古活字本平治・上〉❹あきらめること。例御意ぢや、覚悟せい〈狂言・武悪〉

かく-ごん【恪勤】 名「かくご」とも。❶怠らずに勤めること。精勤。例恪勤の薄さに、今日ばかりは慰めはべるを(=我慢いたしますが)〈狭衣・一〉❷平安時代、親王・大臣などに仕える侍。鎌倉時代は、宿直を務める身分の低い侍。例一の人(=関白)の御許に、恪勤になん候ひける〈今昔・二六・一七〉

かくさ-ふ【隠さふ】 カクサウ・カクソウ〘上代語〙〘動詞「かくす」の未然形＋上代の反復・継続の助動詞「ふ」〙隠し続ける。繰り返し隠す。例しばしばも見放けむ山(=幾度も見はるかそうと思う山)を心なく雲の隠さふべしや〈万葉・一・一七〉

かく-さま【斯く様】 形動(ナリ)「かうざま」とも。このよう。かよう。例世の中の常の理かくさまになり来にけらしすゑし種から〈万葉・一五・三七六一〉

かくし【隠し】 名 ❶隠すこと。また、秘密のものや場所。❷内部を隠し守るもの。守護。例中区(=都の周辺)の蕃屏となさむ〈紀・成務〉❸衣服の内側に作った物入れ。

がく-し【学士】 名 令制で、春宮坊に所属し、皇太子に儒学を講義する学者。「とうぐうのがくし」とも。例つかさ(=官職)をもその道にたまひ、学士をも仕うまつらするに〈宇津保・俊蔭〉

かく-しき【格式】 名「きゃくしき」に同じ。

かくし-す・う【隠し据う】 動(ワ下二) 人目につかないように隠して置く。隠して住まわせる。例女をなむ隠し据ゑさせたまへる、けしうはあらず(=悪くはなく)思す人なるべし〈源氏・浮舟〉

かくし-だい【隠し題】 名 和歌などで、事物の名を、内容とは無関係に隠して詠み込む技法。たとえば「来べきほど時過ぎぬれや待ちわびて鳴くなる声の人をとよむる」〈古今・物名〉では、「来べきほど時過ぎぬれや」に「ほととぎす」が詠み込まれている。この技法による和歌を「物名」という。

かく-しつ【確執】 名 ❶自説を主張して譲らないこと。例公が忠貞(=あなたの忠節と貞節)の誠を聞いて、わが確執の心を恥づ〈太平記・二六〉❷いさかい。不和。例国々の確執やむ時無し〈太平記・一四〉

がく-しゃう【学生】ショウ 名 ❶大学寮や地方の国学で学ぶ人。例その才かしこし(＝文才がすぐれている)と聞こえたる学生十人を召す〈源氏・少女〉❷大寺において学問修行を専門とする僧。「学徒」「学侶」とも。例南北二京の僧綱(＝僧正・僧都・律師の総称)・凡僧(＝僧綱以外の僧)・学生数を尽くしたり〈栄花・疑ひ〉❸すぐれた学者。例南北二京に、これほどの学生あらじものを〈宇治拾遺・六五〉

がく-しゃう【学匠】ショウ 名 ❶《仏教語》学問を修めた僧。また、仏道を修めて、師匠の資格のある人。例一切経までくりて(＝通読して)、無双の学匠達たりしかども〈戴恩記・上〉❷学問に長じていること。また、その人。学者。物知り。例この僧都…能書・学匠・弁説、人にすぐれて〈徒然・六〇〉

がく-しょ【楽所】名「がくそ」とも。❶宮中で舞楽をつかさどる所。天暦二年(九四八)、令制の雅楽寮に代わって設けられた令外の官の一つ。蔵人所の管轄。❷音楽を演奏する場所。例釣殿につづきたる廊を楽所にして〈源氏・若菜下〉

かく・す【隠す】動(サ四)❶見えないようにする。例三輪山をしかも隠すか雲だにも心あらなも隠さふべしや〈万葉・一・一八〉→名歌358 ❷秘密にする。例隠さはぬ 明き心を 皇辺に 極め尽くして〈万葉・二〇・四四六五〉❸葬る。例せめてその御亡骸なりとも尋ねて、かくすべく思ひながら〈読本・弓張月・前・一〇〉

がく・す【学す】動(サ変) 学ぶ。修行する。例道を学する人、夕べには朝あらんことを思ひ〈徒然・九二〉

がく-そ【楽所】名「がくしょ」に同じ。例後涼殿の東にがくその人々召して〈源氏・宿木〉

かく-て【斯くて】〔副詞「かく」＋接続助詞「て」〕❶副 このようで。こうして。話し手の立場からある事態を指示したり、直前に述べられた内容を受けて後に続けたりする。例今日ばかりは、わざとかくてあるべきなり(＝今日だけは、わざとこうしてあるのがよいのだ)〈徒然・一八四〉❷接 こうして。そうして。前の内容を受けて、新たな事態が展開されることを示す。例かくて、少将言ひそめたまひてければ(＝そうして、少将が言い寄りはじめなさってしまったので)〈落窪・一〉読解 最初の恋文のあと、少将が姫君に何度も文を贈るという新たな展開を語り出す部分。

語誌 ▼①副詞の用法は、「あり」「おはす」など存在を意味する語句に続くことが多い。
▼②の接続詞の用法は、前文を受けることから、ふつう文頭に用いられる。指示性が薄れて、単に話題の転換を示すような用法もある。〈井上博嗣〉

かくて-も【斯くても】副〔「も」は係助詞〕こうしても。こんな状態でも。例かくてもあられけるよと、あはれに見るほどに〈徒然・一一〉

がく-と【学徒】名「がくしゃう(学生)❷」に同じ。例本は叡山の学徒なりけり〈著聞集・二・五六〉

がく-とう【学頭】名 ❶僧職の一つ。寺院の学事を統轄する。例六宗の学頭の僧等、集会して〈霊異記・中・二八〉❷勧学院の職員。別当に次ぐ地位。

かく-ながら【斯くながら】〔副詞「かく」＋接続助詞「ながら」〕このような状態のままで。このまま。例(帝ハ)かくながら、ともかくもならむを御覧じはてむと思しめすに(＝このままで、どうなろうと、なりゆきを見届けなさろうとお思いになるが)〈源氏・桐壺〉

かく-なわ【結果】名〔「かくのあわ」の変化した形〕❶紐を結んだようなねじれた形をした菓子。❷(①の形のように)入り組んで複雑なさま。心の動きや刀の使い方などについていう。例行く水の 絶ゆる時なく かくなわに 思ひ乱れて〈古今・雑体〉

がく-にん【楽人】名 雅楽を演奏する人。特に、雅楽寮や楽所に属する官人。「伶人」とも。例御階のもとの苔の上に、楽人召して〈源氏・胡蝶〉

かく-の-ごとし【斯くの如し】〔「かく」は副詞、「ごとし」は比況の助動詞〕このようである。例迷ひの心をもちて名利の要を求むるに、かくのごとし(＝名誉や利益を追求すると、このようなことになる)〈徒然・三八〉

かく-の-このみ【香の木の実・香菓】名 橘の実。「かくのみ」とも。例この橘を 時じくの(＝いつの時もある) かくの木の実と 名付けけらしも〈万葉・一八・四一一一〉

がく-の-ま【額の間】名 大極殿・紫宸殿・清涼殿など大内裏の諸殿で、前面中央の柱と柱との間。梁の中央に殿名を書いた額がかけてある。例紫宸殿の額の間の長押に寄り居たまへり〈平治・上〉

かく-ばかり【斯くばかり】〔副詞「かく」＋副助詞「ばかり」〕これほど。例かくばかり恋ひむものぞと思はねば妹が手本をまかぬ(＝彼女と共寝をしない)夜もありき〈万葉・一一・二五四七〉

か-ぐは・し【芳し・馨し】グワシ 形(シク)〔「香か細くはし」の意〕❶香りがよい。こうばしい。例かぐはしき花橘を玉に貫き〈万葉・一〇・一九六七〉❷美しい。りっぱだ。心ひかれる。例縵かげ(＝縵の髪飾り)かぐはし君を相見つるかも〈万葉・一八・四一二〇〉

かく-びゃう【脚病】ビョウ 名 脚気。「乱り脚病」とも。例例(＝いつも)わづらひはべる脚病のわづらひてなん〈宇津保・嵯峨の院〉

かく-べつ【各別・格別】❶名 動(サ変) まったく別であること。違っていること。例親類・郎従にいたるまで、みなもって各別す(＝思い思いに行動する)〈保元・上〉❷名 形動(ナリ)「かくべち」とも。差があること。また、特にすぐれていること。例町の風とは一位(＝いちだんと)、顔も姿も各別に〈近松・平家女護島・四〉❸副「かくべち」とも。❶とりわけ。例かれこれ武士のつきあひ、格別ぞかし〈西鶴・西鶴諸国ばなし・一・三〉❷ともかくも。例当座の色は各別、極めしことはゆめゆめなし(＝その場限りの女はともかくも、心に決めたものはまったくない)〈近松・鑓の権三重帷子・上〉

かくま・ふ【囲まふ・匿まふ】カクモウ・カクマウ ❶動(ハ四) 人や物をひそかに隠し置く。こっそり保護する。例尾張国熱田の大宮司にかくまはれ〈近松・出世景清・二〉❷動(ハ下二) ①に同じ。例心やすき妾をかくまへ置きける〈西鶴・世間胸算用・四・三〉

かく-まれ 副 ⇩とまれかくまれ

かく・む【囲む】 動(マ四)《上代語》かこむ。例妻子どもは 足の方に 囲み居て〈万葉・五・八九二〉➡名歌122

がく-もん

【学問・学文】 名 学芸を学び習うこと。勉学すること。また、それによって修得した学芸。知識。例(a)学問などして、すこしものの心得はべらば(=学問などして、少し道理を理解しましたなら)〈源氏・少女〉読解 光源氏が、息子の夕霧を大学寮で学ばせようとする場面。例(b)さては『古今』の歌二十巻をみなうかべさせたまふを御学問にはせさせたまへ(=それからまた『古今和歌集』の歌二十巻分を全部暗記なさることを御学問になさいませ)〈枕・清涼殿の丑寅のすみの〉読解 左大臣である父が娘に語ったという言葉。例(c)大きなる職をも辞し、利をも捨つるは、ただ学問の力なり(=りっぱな職をやめ、利益も捨てるのは、もっぱら学問の力である)〈徒然・一三〇〉

語誌 ▼男子官人の勉学にいうことが多く、本来は、漢学、あるいは仏典に関する学をさした。のち、和歌・和学・和文などをも含むようになる。〈杉田昌彦〉

がくもん-れう【学問料】 名 平安時代、大学寮の学生に支給された学費。はじめは灯燭料だったが、衣服・食料費まで拡大した。例(登用試験ニ)及第し、学問料給はり〈宇津保・藤原の君〉

がく-や【楽屋】 名 ❶楽人が雅楽を演奏する場所。例御前に渡れる廊を、楽屋のさまにして〈源氏・胡蝶〉❷能楽・人形浄瑠璃・歌舞伎などで、出演者が準備を整えたり休息したりする場所。

かく-やう【斯く様】 名 形動(ナリ)「かうやう」とも。このよう。こんなさま。例かくやうの歌や詩などを…言ひつづけまねぶに〈大鏡・時平〉

かぐや姫 《人名》『竹取物語』の主人公。竹取の翁に竹の根元から発見され、翁夫婦に養われる。三寸(約九センチ)ばかりの小さな体から三か月で成人する。多くの貴公子や帝から求婚されるが、すべて断る。やがて、八月十五夜の晩、月から迎えが来て、月の世界の人となって帰って行く。

「かぐや」は、光り輝くの意であるらしく、実際にかぐや姫は光を放っていた。これは、人間ならぬ超越的な美質である。一方、人間とは異なる姫が、求婚譚や帝とのかかわりを通して確かな人間の心をもち、別れの場面ではしみじみとその悲しみを訴える。異界の存在であるかぐや姫がそうした人間の心をもつことを通して、『竹取物語』は人間の心を見つめる作品になっている。〈高田祐彦〉

香具山・香久山 《地名》歌枕 大和国、今の奈良県橿原市の山。「かごやま」とも。耳成山・畝傍山とともに大和三山の一つ。三山を男女に見立てて妻(夫)争いをするという伝説がある。

語誌 ▼神の天降る神聖な山 「天降りつく 天の香具山」〈万葉・三・二五七〉と歌われるように、香具山は、天上から天降った山と伝えられ、「天の香具山」「天の香具山」と呼ばれる。そのような神聖な山のイメージゆえに、古代の人々は香具山の山の様子に敏感であった。「春過ぎて夏来るらし白妙の衣ほしたり天の香具山」〈万葉・一・二八〉(➡名歌292)などでは、香具山の情景に季節の推移(天の運行)を感じている。〈大谷俊太〉

かく-よく【鶴翼】 名 陣立ての名。鶴が翼を張った形に兵を配置して敵を取り囲む陣形。例魚鱗に進み鶴翼に囲まんとす〈太平記・八〉読解「魚鱗」も陣立ての名。

かぐら【神楽】 名 歌舞を伴って行われる祭祀。宮廷で行われる御神楽と、民間の里神楽がある。御神楽は人長が主宰し、神楽歌が式次第の役目を果たす。「神遊び」とも。

かぐら-うた【神楽歌】 名 神楽のときに歌う歌。神楽の式次第の役割をもち、たとえば宮廷の御神楽では、採り物(神降ろし)、大前張・小前張(神遊び)、星(神上げ)の順に歌われる。

かくら-ふ【隠らふ】 《上代語》(四段動詞「かくる」の未然形＋上代の反復・継続の助動詞「ふ」)「かくろふ」とも。隠れ続ける。隠れている。例渡る日の影も隠らひ〈万葉・三・三一七〉語誌『万葉集』に数例が認められるが、表記は「隠」「隠比」「隠経」などとなっている。これらを「かくろふ」として、「かくらふ」の存在を認めない説もある。

かく-りき【脚力】 名「きゃくりき」とも。手紙などを運び届けるのを仕事とする人。のちの飛脚にあたる。例西の国より脚力にて上りける男ありけり〈今昔・二七・三六〉

がく-りょ【学侶】 名 ❶学問上の友。❷諸大寺で、学問を修める僧。例こざかしき学侶一人出で合ひ言ひけるは〈醒睡笑・一〉

かく・る

【隠る】 ❶動(ラ下二) ❶隠れる。見えなくなる。姿を隠す。例前栽の中にかくれゐて(=植え込みの中に隠れて座って)〈伊勢・二三〉❷世間との交際を断つ。隠遁する。例人の国にも隠れ、山林にも入りぬべし(=きっと地方に隠遁し、山林に入って隠棲したりするにちがいありません)〈平中・一〉❸亡くなる。死ぬことを遠回しにいう表現。特に、高貴な人に用いる。例十余日に内裏の御薬のことありて…二十余日のほどにかくれさせたまひぬ(=十日過ぎに帝がご病気になることがあって…二十日過ぎにお亡くなりになった)〈蜻蛉・上〉❹(多く「かげに隠る」の形で)守られる。世話になる。例内わたりにあり、みかど・きさきの御かげにかくる(=宮中などで暮らし、帝や后の御庇護を受ける)〈更級〉

❷動(ラ四) 隠れる。例青山に 日が隠らば(=日が隠れるならば)〈記・上・神代・歌謡〉

語誌 ▼活用の種類 四段活用が古い活用で、のちに下二段活用に変わった。上代には両者が並存し、『万葉集』では四段の例が多い。

▼「かくる」と「こもる」 ともに「隠」の字をあてるように、語義に重なる面もあるが、「かくる」は、視界から消えることをいうのが原義であり、一方「こもる」は、一定の区域内にあって外部との接触を断つことを

いう。〈品田悦一〉

かくれ【隠れ】 名 ❶人に知られずにいること。否定表現を伴って用いられることが多い。⇩かくれなし。❷人目につかない場所。例物の**かくれ**よりしばし見ゐたるに〈徒然・三二〉❸逝去。「御かくれあり」の形で尊敬語として用いられる。例御悩はつかせたまひて(=ご病気になられて)、つひに御**かくれ**ありける〈平家・六・小督〉

かくれ-あそび【隠れ遊び】 名 かくれんぼ。例御**隠れ遊び**のほども童げたる(=子どもっぽい)心地して〈栄花・つぼみ花〉

かくれ-が【隠れ処・隠れ家】 名 人目を避けて隠れる所。隠れ住む家。例み吉野の山のあなたに宿もがな世の憂き時の**かくれが**にせむ〈古今・雑下〉

かくれ-がさ【隠れ笠】 名 かぶると姿が見えなくなるという、想像上の笠。例隠れ蓑の**隠れ笠**をも得てしがな来たりと人に知られざるべく〈拾遺・雑賀〉

かくれ-ざと【隠れ里】 名 ❶外界との交渉を断って、ひそかに維持されている村里。また、山奥や地下などにあるという別世界。仙境。例飛騨の国の奥山に、むかしより**隠れ里**のありしを、所の人もしらず〈西鶴・西鶴諸国ばなし・二・五〉❷遊里。公認されていないものをいうことが多い。

かくれ-な・し【隠れ無し】 形(ク) ❶はっきりそれとわかる様子だ。くまなく明らかだ。例(薫ノ君ノ)**隠れなき**御匂ひぞ、風に従ひて〈源氏・橋姫〉❷広く知られている。有名だ。例三井寺にはその**かくれなし**。堂衆(=僧兵)のなかに、筒井の浄妙明秀といふ一人当千の兵者ぞや〈平家・四・橋合戦〉

かくれ-ぬ【隠れ沼】 名 草などに覆われて、はたからは見えない沼。『万葉集』の「隠沼」が誤って訓読されたために生じた語か。例**隠れ沼**に住む鴛鴦の〈後撰・恋三〉

かくれ-みの【隠れ蓑】 名 着ると姿が見えなくなるという、想像上の蓑。例御屏風もおしあけつれば、かいまみの人、**隠れ蓑**取られたる心地して〈枕・淑景舎、東宮にまゐり給ふほどのことなど〉

か-ぐろ・し【か黒し】 形(ク)『上代語』(「か」は接頭語)黒い。黒々としている。多く髪にいう。例**か黒**き髪に何時の間か霜の降りけむ〈万葉・五・八〇四〉

かくろ・ふ【隠ろふ】 カクロウ 1動(ハ四)(「かくらふ」の変化した形)隠れ続ける。隠れている。例きのふけふ雲の立ち舞ひ(山ガ)**かくろふ**は花の林を憂しとなりけり(=雪が花のように積もっている林を見せるのがつらいということなのだったよ)〈伊勢・六七〉 2動(ハ下二) 1に同じ。例夜目にこそ…よろづ**隠ろへ**たること多かりけれ〈源氏・末摘花〉

かくろへ-ごと【隠ろへ事】 カクロエ― 名 人に隠していること。秘めごと。例(光源氏ガ)忍びたまひける**隠ろへごと**をさへ語り伝へけん人の〈源氏・帚木〉

かくろへ-ば・む【隠ろへばむ】 カクロエ― 動(マ四)(「ばむ」は接尾語)世間から隠れるようにする。例世に恨みある者など、ここかしこに**隠ろへばみ**て居る限りは、集まりつどひけり〈増鏡・久米のさら山〉

かぐわし『芳し・馨し』⇩かぐはし

か-くゎん【加冠】 カン― 名 ❶元服して、初めて冠をかぶること。⇩うひかうぶり。例主上(=天皇)明年御元服、御**加冠**、拝官の御さだめ(=御相談)〈平家・一・殿下乗合〉❷元服の儀式のとき、元服する人に冠をかぶらせる役。⇩ひきいれ。例左大臣ぞ**加冠**はしたまひける〈著聞集・八・三〇六〉

かけ【鶏】 名『上代語』にわとり。鳴き声を「かけろ」と聞いたことからの称。例庭つ鳥(枕詞)**かけ**の垂り尾の〈万葉・七・一四一三〉

かけ【掛け・懸け】 名 ❶言葉にかけて言うこと。口に出して言うこと。例児らが名に(=あの娘の名前として)**かけ**のよろしき〈万葉・一〇・一八一八〉❷計画。計略。また、わなの一種。例わなを捨て、**かけ**と申すものに致しておいた〈和泉流狂言・釣狐〉❸掛け売り。また、掛け買い。その頭金や未払い金にもいう。例棚商ひに**掛け**は堅くせぬ事なれど〈西鶴・好色一代女・四・三〉❹「うちかけ③」の略。❺一人で担げる程度の荷を数える。荷。例御衣櫃あまた**荷**〈源氏・明石〉

かけ【駆け・懸け】 名 馬に乗って敵陣に駆け入ること。例さてこそ熊谷・平山が一二の**かけ**をば(=一番乗りか二番乗りかを)あらそひけれ〈平家・九・一二之懸〉

かげ

【影・景・陰】 名 光そのものを意味すると同時に、その光によってできる像、光の当たる物の背後に生じる暗部をも表す語。本来、物や人の存在の根源、生命力の本質がその外側に現れ出た状態を意味する。

❶**日・月・灯火などの光。** 例木の間より漏りくる月の**影**見れば心づくしの秋は来にけり〈古今・秋上〉↓名歌163

❷**光によって見える、物の姿や形。** 例ほととぎすこよ鳴き渡れ灯火を月夜になそへその**影**も見む(=ほととぎすよ、ここを鳴いて過ぎよ、灯火を月に見立ててその姿も見たい)〈万葉・一八・四〇五四〉

❸㋐**光の当たらないところ。光の当たるものの背後に生じる陰影。** 例橘の**影**踏む道の(ここまで序詞)八衢にものをそ思ふ妹に逢はずして(=橘の木陰を歩む道の多くの別れ道のように、あれこれと思い悩むことだ、あなたと逢わないで)〈万葉・二・一二五〉㋑**人や物の背後。** 例(夕霧ハ)御消息聞こえ伝へにゐざり入る人の**影**につきて入りたまひぬ(=御口上をお取り次ぎ申し上げにいざり入る女房の背後についてお入りになってしまった)〈源氏・夕霧〉

❹㋐**魂や霊のぼんやりした姿。** また、**死者の霊**。例(a)このかぐや姫、きと**影**になりぬ(=さっと影になってしまった)〈竹取〉読解 光り輝くかぐや姫が、一瞬、光を失った霊的な存在になったことを意味する。人間の力ではとらえられない状態になったことを表している。例(b)亡き親の面を伏せ、**影**をはづかしむるたぐひ多く聞こゆる(=亡き親の面目を汚し、その霊をはずかしめる例がたくさんある)〈源氏・若菜上〉㋑**人の影。** 影法師。例(藤原公任ノ)**影**だに踏むべくもあらぬこそ口惜しけれ(=影さえ踏めそうもないの

は実に残念だ)〈大鏡・道長上〉読解 自分の子どもたちが才能豊かな藤原公任に遠く及ばない、と嘆いている。

㋒人に寄り添って離れないもの。例寄るべなみ身をこそ遠く隔てつれ心は君が影となりにき(=あなたに近づく手立てがないので身体こそ遠くに隔たってしまったが、心はあなたに寄り添う影となってしまった)〈古今・恋三〉

❺水や鏡に映る、物の姿や形。例(a)天雲の 影さへ見ゆる こもりくの(枕詞) 泊瀬の川は(=天の雲の姿まで映って見える泊瀬の川は)〈万葉・一三・三二二五〉例(b)この鏡を、こなたにうつれる影を見よ(=この鏡を、こちらに映っている姿を見なさい)〈更級〉

❻面影。例(光源氏ハ)母御息所も、影だにおぼえたまはぬを(=母御息所のことも、面影さえ覚えていらっしゃらないが)〈源氏・桐壺〉

❼肖像・遺影。例伊豆国に、かの大納言の影をとどむ(=伊豆国に、あの大納言の肖像が残っている)〈十訓抄・一・三二〉

❽周囲の人に及ぼす威光・恩恵・恵み。例(桐壺更衣ハ、帝ノ)かしこき御かげをば頼みきこえながら(=恐れ多い御威光を頼りにし申し上げるけれども)〈源氏・桐壺〉

語誌▼存在の根源を意味する語 「かげ」は「かぎる」「かがよふ」「かぎろふ」などと同根で、照り輝く光、明滅する光を意味した。それとともに、光の作り出す像そのものも「かげ」と呼ばれた。「かげ」は物や人の存在の根源、生命力の本質を意味したのである。「かげ」は、存在そのものでありながら、実体としてはつかみ取ることのできない何物かである。魂や霊の姿といってもよい。水や鏡に映る像、心に浮かぶ面影は、いずれもそれ自体の姿ではありながら、決して手に触れることのできないものとしてある。貴人や有力者の威光を「かげ」と呼ぶのも、その周囲に及ぶ霊力の働きをみているからである。人の「かげ」が魂の姿であるのは、「影が薄い」ことが死と結びつけられることによっても明らかである。〈多田一臣〉

かげ【蘿】 名 ⇩ひかげのかづら

か-げ【鹿毛】 名 馬の毛色の名。茶褐色で、たてがみ・尾・足の下部が黒いもの。例鹿毛なる馬のならびなき逸物(=すぐれたもの)〈平家・四・競〉

-がけ 接尾 ❶名詞について、〜を身に着けたまま、の意を表す。例草鞋がけの体〈近松・鑓の権三重帷子・下〉❷動詞の連用形について、〜のついでにする、の意を表す。例もどりがけに都へ参って〈狂言・腰祈〉

かけ-あは・す【駆け合はす】 動(サ下二)❶互いに馬を駆け寄せて戦う。例斉藤別当、一騎の武者にかけあはせ〈平治・中〉❷かけつける。はせ集まる。例おのおのかけあはせ、義理をつめ至極にあつかひ(=道理を正し円満に調停し)〈西鶴・好色一代男・六・一〉

かけ-あひ【掛け合ひ・懸け合ひ】 名 ❶交互に言いあったり歌ったりすること。例今助さんと掛け合ひで、琴責(=浄瑠璃の一つ)を語りました〈人情本・春色梅児誉美・三・一三〉❷交渉。談判。例廓へは理詰めの掛け合ひにて、むづかしく談じて〈人情本・春色梅児誉美・初・六〉❸ありあわせ。間にあわせのもの。例旅籠屋に立ち寄り、「かけあひの食を出したまへ」と言ひて〈西鶴・万の文反古・五・二〉

かけ-あひ【駆け合ひ】 名 双方の兵力を正面からぶつけあうこと。例かけあひのいくさは勢(=軍勢)の多少による事なり〈平家・七・願書〉

かけ-あ・ふ【掛け合ふ・懸け合ふ】 動(八四)❶二つのものがつりあう。また、匹敵する。例この句にかけ合ひたる秀逸は、十句に一句もありがたし(=めったにない)〈連理秘抄〉❷交互に言いあったり歌ったりする。掛けあいでやる。例二人三人つれてもうたひ、かけ合ひてもうたふ〈俳諧・風俗文選・鉢叩辞〉❸交渉する。談判する。例重兵衛に懸け合つ(音便形)て、都合して(=やりくりして)勤めをひかせるから〈人情本・仮名文章娘節用・前・三〉

かけい【筧・懸け樋】 ⇩かけひ

荷兮 《人名》一六四八〜一七一六(慶安元〜享保元)。江戸時代の俳人。名古屋の人。本姓山本氏。芭蕉に俳諧を学び、芭蕉七部集の最初の三点『冬の日』『春の日』『曠野』を編んで尾張蕉門の筆頭となる。晩年は芭蕉から離反、連歌に転じた。

かけ-い・づ【駆け出づ】 動(ダ下二)馬を走らせて出る。走り出る。例つはもの二十余騎、木戸をひらいてかけ出でたり〈平家・九・一二之懸〉

かけ-う・ぐ【欠け穿ぐ】 動(ガ下二)欠けて穴があく。例耳鼻欠けうげながら(鼎ハ)抜けにけり〈徒然・五三〉

かけ-おち【駆け落ち・欠け落ち】 名 ひそかに逃亡すること。例孫十郎はただちにいづくとも知らずかけ落ち候ひて〈信長公記・首〉

かけ-おび【掛け帯】 名 ❶女性が物詣でなどのとき、胸から掛けて背中で結び垂らす装飾用の帯。普通は赤色平絹。平安時代は単に「帯」と呼ぶ。❷中世以降、裳の腰につけた装飾的な帯。唐衣の肩に掛けて、前で結ぶ。例青地の錦の掛け帯、玉の上刺し〈たまきはる〉

掛け帯①
〔春日権現験記絵〕

かけ-かけ・し【懸け懸けし】 形(シク)〔動詞「かく」を重ねて形容詞化した語〕いつも心にかけている。執心がましい。特に恋愛関係に用いて、思いをかけている。例かけかけしきありさまにて心を悩まし〈源氏・藤袴〉

かけ-がね【掛け金・繋け金】 名 戸や襖などにつけて、開かないようにする鉤・鐶。「かきがね」とも。例掛け金をこころみに引き開けたまへれば〈源氏・帚木〉

かげ-くさ【陰草・影草】 名 物陰に生えている草。例影草の生ひたるやどの夕影に鳴くこほろぎは聞けど飽かぬかも〈万葉・一〇・二二五九〉

かけ-く・む【駆け組む】 動(マ四)敵の中に騎馬で駆け込み組み打ちをして戦う。例かけくみ、打ち合ひ、身をわすれ命を捨てむ事は〈沙石集・三・三〉

かけ-ご【懸け子・懸け籠】 名 ❶大きな箱の縁に掛け、その中にはめて用いる平たい箱。例古今・後撰集・拾遺抄…**かけご**の上に入れたり〈紫式部日記〉❷(①から転じて)心の底を見せないこと。

かけ-ことば【掛詞】 名 和歌の表現技法の一つ。⇩『名歌・名句辞典』「和歌の表現技法」

かけ-ごひ【掛け乞ひ・掛け請ひ】 — 名 掛け売りの代金を請求すること。また、その人。例善はいそげと、大晦日の**掛け乞ひ**、手ばしこく(=手早く)まはらせける〈西鶴・世間胸算用・三・二〉

かけ-こみ【掛け込み】 名 両替屋が、客から受け取る銀貨の目方を実際より少なく数えること。また、それによって不当な利益を得ること。例銀二匁・三匁のうちにて、五厘・一分の**駆け込み**を見て、少しの事ながら、積もれば大分の利を取り〈西鶴・日本永代蔵・四・三〉

かけ-こも・る【掛け籠る】 動(ラ四) 鍵をかけてこもる。閉じこもる。例やがて(=すぐに)**かけこもら**ましかば、口惜しからまし〈徒然・三二〉

かけ-ず 副[下二段動詞「かく(掛く・懸く)」の未然形+打消の助動詞「ず」の連用形] 問題にされないで。簡単に。例**かけず**けおさるる(=圧倒されること)こそ、本意なきわざなれ(=残念なことである)〈徒然・一〉

かけ-すずり【懸け硯・掛け硯】 名 懸け子のある硯箱。ふつう、懸け子に筆・墨・硯を入れ、下に帳簿・印判・金銭などの貴重品を入れる。例**かけ硯**の二重めな印判もって参りしに〈浄瑠璃・お初天神記〉

かけ-た・つ【駆け立つ】 動(タ下二) 馬で追い立てる。攻め立てる。例十七騎に**かけ立てられて**、五百余騎かなはじとや思ひけん〈平治・中〉

かけ-だひ【懸け鯛・掛け鯛】 — 名 正月の飾り物の一つ。塩漬けの鯛二尾を藁縄で結び合わせ、シダやゆずり葉で飾って戸の上・神棚などにかけるもの。六月一日にこれを下ろして食べると疫病を避けられるとされた。例**掛け鯛**を六月まで荒神(=かまどの神)の前に置きけるは〈西鶴・日本永代蔵・三・一〉

かけ-ぢ【懸け路】 — 名 険しい斜面に、木材などで棚のように作りつけた山道。また、険しく危険な山道。例かくも尋ね参るまじき山の**かけ路**に思うたまふるを〈源氏・橋姫〉

かけ-づくり【懸け造り】 名 山や崖にもたせかけたり、谷や川などにかけ渡して家を建てること。また、その家。例**懸け造り**なるに、柴垣・遣り水など、はかなきものから〈中務内侍日記・上〉

かげつそうし『花月草紙』⇩くわげつさうし

かけ-て

[下二段動詞「かく(掛く)」の連用形+接続助詞「て」。副詞的に用いる] ❶**思いを寄せて。心にかけて。** 例み越路の雪降る山を越えむ日は留まれる我を**かけて**偲はせ(=み越路の、雪が降る山を越えようとする日は、あとに残っている私を心にかけて恋い慕えよ)〈万葉・九・一七八六〉❷**ふと。ちょっと。** 例この人の御事をだに**かけて**聞きたまふは、いとどつらく(=この方の御事をさえ、ふとお聞きになるのは、ますますつらく)〈源氏・夕霧〉❸(否定・禁止・反語の表現を伴って)**まったく思いも寄らない気持ちを表す。いささかも(〜ない)。** 仮にも(〜ない)。**少しも(〜か、いや、〜でない)。**「かけても」の形で用いることも多い。例(a)**かけて**だに思ひやはせし山深くいりあひの鐘に音をそへむとは(=少しでも思っただろうか。山深く入って入相の鐘に泣く声を合わせようとは)〈蜻蛉・中〉読解「やは」は反語の意を表す。「いり」は「山深く入り」の「入り」と「入相の鐘」を掛ける。例(b)**かけて**もこの人々の下の心なん知りはべらざりける(=いささかもこの人々の心の内を知ってはおりませんでした)〈源氏・少女〉〈奥村悦三〉

かけ-で【駆け出・駈け出】 名 山伏が、修行を終え、験力を身につけて下山すること。「かけいで」「かけだし」とも。例大峰・葛城(デノ修行)を致いて、ただいま**かけ出**でござる〈狂言・犬山伏〉

かけて-も 副[「も」は係助詞] ❶(打消の語を伴って)いささかも(〜ない)。仮にも(〜ない)。例「吉く射たりつるものかな」と言ふ事、**かけても**言ひ出ださずして〈今昔・二五・一三〉❷ふと。ちょっと。例**かけても**聞こしめさむことをいみじきこと(=すばらしいこと)に思しめして〈源氏・薄雲〉

かけ-とど・む【懸け留む・掛け留む】 動(マ下二) 関係をつけて引きとどめる。この世に生き長らえさせる。例あながちに(=無理に)**かけとどめ**まほしき御命とも思されぬを〈源氏・御法〉

かげ-とも【影面】 名《上代語》[「かげつおも(影つ面)」の変化した形。「かげ」は光の意] 日の光が当たる方角・面。南側。例名ぐはしき 吉野の山は **影面**の 大き御門ゆ〈万葉・一・五二〉

かけ-とり【翔け鳥・掛け鳥】 名 空を飛んでいる鳥を射落とすこと。例**かけ鳥**なんどをあらがうて(=競って)、三つに二つは必ず射おとす者で候ふ〈平家・一一・那須与一〉

かけ-とり【掛け取り】 名 掛け売りの代金を受け取ること。また、その人。例**掛け取り**上手の五郎左衛門〈西鶴・世間胸算用・三・二・目録〉

かけ-はし【懸け橋】 名 ❶はしご。例長さ二十丈余りに**梯**をぞ作らせける〈太平記・七〉❷「かけぢ」に同じ。例雪深き山の**かけ橋**〈源氏・椎本〉❸川などの上にかけ渡した橋。多くは、仮に作ったもの。例みつぎ物運ぶふなせの**かけ橋**に〈風雅・賀〉

かけ-はづ・す【懸け外す】 — 動(サ四) 牛車をとめておくために、車とつないである牛を引きはずす。例院の御所に参り着いて、車**かけはづさ**せ、後ろより降りむとしければ〈平家・八・猫間〉

かけ-ばん【懸け盤】 名 儀式などに用いる食器を載せる台。例院の御前に、浅香(=香木の名)の**懸け盤**に御鉢など〈源氏・若菜上〉

かけ-ひ【筧・懸け樋】 名 地上にかけ渡してある樋。例木の葉に埋もるる**懸け樋**の雫ならでは(=以外には)、つゆおとなふものなし〈徒然・一一〉

筧〔春日権現験記絵〕

かけ‐ひき【駆け引き・懸け引き】 名 ❶(攻めるのを「かく」、退くのを「ひく」ということから)戦場で、機に応じて進退すること。例路細く深田なれば、馬の**懸け引き**も自在なるまじとて〈太平記・八〉❷(①から転じて)商売や交渉などで、相手の出方に応じて適切に処置すること。例町人の家業なる天秤の**かけひき**〈西鶴・西鶴織留・一・二〉

かけ‐へだ・つ【駆け隔つ】 動(タ下二)間へ馬を駆け入らせて、両者を隔てる。例**かけ隔て**られては判官のため悪しかりなん〈古活字本保元・中〉

かけまく‐も【掛けまくも】(「まく」は推量の助動詞「む」のク語法)言葉に出して言うことも。また、心に思うことも。「かしこし」などを伴って、言うもはばかられるほど尊い、の意を表す。例**かけまくも** あやに恐し 天皇の 神の大御代に〈万葉・一八・四一一一〉

かげ‐み【影身】 名 影が体に添うように、いつも離れずにつき添うこと。例我が名は夫の**影身**に添ひ〈浄瑠璃・ひらかな盛衰記・四〉

かけ‐みち【懸け道】 名 「かけぢ」に同じ。例世にふれば憂さこそまされみ吉野の**かけ道**踏みならしてん〈古今・雑下〉

かけ‐みづ【懸け水】 ミズ 名 筧を流れて来る水。例水上は山の白雪とぢてけり凍りてつづくやどの**かけ水**〈夫木・二六〉

かけ‐もの【賭け物・懸け物】 名 勝負事などに賭ける品物。懸賞。例艶なる**賭け物**ども、こなたかなた人々の御心見えぬべきを(＝方々の御趣向もきっとよくわかるだろうという物を)〈源氏・若菜下〉

かけ‐や【掛け屋・懸け屋】 名 江戸時代、諸大名の蔵屋敷に出入りして、蔵米の販売や金融などを行う御用商人。例大名衆の**掛け屋**、あなたこなたの御出入りもっぱらにしければ〈西鶴・日本永代蔵・一・三〉

かけ‐や・る【掛け破る】 動(ラ四)衣服などを物に引っかけてやぶる。例いとほそやかなる童の、狩衣は**かけやり**などして、髪うるはしきが〈枕・正月十よ日のほど〉

かげゆ‐し【勘解由使】 名 平安初期以降、国司などの交替にあたって、新任者が前任者に交付する事務引き継ぎの証明(解由状)を審査する職。令外の官の一つ。

かけら‐ふ【翔らふ】 カケラウ・カケロウ〘上代語〙(動詞「かける」の未然形＋上代の反復・継続の助動詞「ふ」)飛び回る。例我を思へか さ野つ鳥(＝雉) 来鳴き**翔らふ**〈万葉・一六・三七九一〉

かけり【翔り・駆けり】 名 ❶空を飛ぶこと。また、空を飛ぶように速く走ること。例飛鳥の**翔り**の手を砕き(＝全力を尽くし)攻め戦へば〈謡曲・熊坂〉❷連歌や俳諧で、発想や連想のひらめき。例句の**かけり**、事あたらしさ、まことに秀逸の句なり〈俳諧・去来抄・先師評〉❸能楽で、物狂いや修羅道に落ちた武士の霊などが、興奮して動き回る所作。緩急の変化が特徴。狂言でもこれを崩して用いる。

かけ・る【翔る・駆ける】 動(ラ四)❶**空中を飛び回る**。例(飼ッテイタ鷹ガ)二上の 山飛び越えて 雲隠り **翔り**去にきと(＝二上の山を飛び越えて雲に隠れ飛び去ってしまったと)〈万葉・一七・四〇一一〉❷**飛ぶように速く移動する**。走る。例いと**翔り**来まほしげに思へるを(＝ほんとうにこちらに飛んできたそうに思っているのに)〈源氏・常夏〉❸連歌・俳諧で、鋭く動的な表現を打ち出す。例にぶく眠りめなる歌人には、**かけり**たるかたを学べと…示したまひし(＝鈍感でぼうっとした歌人には、切れ味鋭い表現法を学べと…教示なさった)〈ささめごと・下〉

〈品田悦一〉

かげろふ【陽炎】 カゲロウ 名 **かげろう**。直射日光によって地表近くの空気が暖められ、空気の密度分布に差ができることによって、光が不規則に屈折して揺らいで見える現象。春によく見られる。例つれづれの春日にまよふ**かげろふ**の(＝もの思いに沈んだ寂しい春の日にゆらゆらと立つ陽炎の)〈古今六帖・一〉

語誌▼**陽炎と蜉蝣** 「かぎろひ」の変化した形。ちらちら光るものというのが原義で、揺らめく陽炎と羽が光るトンボの類(蜻蛉)の両方を「かげろふ」と称するようになったという。和歌では、「ほのめく」「あるかなきか」などに続き、消えやすいもの・はかないもののたとえに用いることが多い。

〈吉野瑞恵〉

かげろふ【蜻蛉・蜉蝣】 カゲロウ 名 虫の名。トンボ目の昆虫。成虫は夏から秋にかけて活動するものが多い。また、ウスバカゲロウ・クサカゲロウなどの類や、カゲロウ目の昆虫。いずれも体が棒状で細長く、大きな透明の羽で飛行する。⇩口絵。例つくづくと思ひつづけながめたまふ夕暮れ、**蜻蛉**のものはかなげに飛びちがふを(＝しんみりと思いつづけてもの思いに沈んでいらっしゃる夕暮れに、かげろうが頼りなさげに飛びかうのを見て)〈源氏・蜻蛉〉

語誌▼**はかないもののたとえ** ちらちらと光るもの、の意が「かげろふ」の原義で、羽がきらきら光るところからトンボの類(蜻蛉)を「かげろふ」と称するようになったとされる。さらに、トンボと形が似ていることもあって、ウスバカゲロウ・クサカゲロウの類やカゲロウ目の昆虫(蜉蝣)も「かげろふ」と呼ばれるようになったらしい。「陽炎」への連想も働いて、虫の「かげろふ」もはかないもののたとえに用いられることが多い。『徒然草』第七段で命の短いものの例に挙げる「命あるものを見るに、人ばかり久しきはなし。かげろふの夕べを待ち、夏の蟬の春秋を知らぬもあるぞかし」の一節は有名で、この「かげろふの夕べを待ち」というとらえ方は、「朝に生まれて暮れに死す」という漢籍の知識に由来する。なお、「かげろふ」は、蜘蛛の一種が出す糸が空中を浮遊する「いとゆふ(糸遊)」をもさすことがあるといい、個々の用例については、「蜻蛉」「蜉蝣」「陽炎」「糸遊」のどれをいうか判然としない場合もある。

〈佐藤明浩〉

かげろ・ふ カゲロウ 動(ハ四)❶光がちらつく。光がほのめく。例しづまりぬるほどに、火の影に**かげろふ**ものあり〈発心集・八・三〉❷光がかげる。日がかげってほの暗くなる。例よられつる野もせの草の(＝暑さでし

おれた野原いっぱいの草が）**かげろひ**て涼しくくもる夕立の空〈新古今・夏〉

蜻蛉日記（かげろふにっき）【カゲロウニッキ】《作品名》平安中期の女流日記。三巻。藤原道綱母（みちつなのはは）作。成立時期は不明。日々の記録ではなく、折々に夫藤原兼家（かねいえ）とやり取りした和歌・自らの感慨を綴（つづ）った和歌などの手控えをもとにして、後年回想記として書かれた。

●**内容・構成**　天暦八年（九五四）の兼家の求婚に始まり、天延二年（九七四）の記事で終わる。中心になるのは兼家との結婚生活である。上巻は天暦八年から安和元年（九六八）までの十五年間。兼家との結婚生活の始まり、兼家の愛人の出現などが書かれる。中巻は天禄二年（九七一）までの三年間。結婚生活の苦悩の高まり、苦悩から逃れるための山寺参籠（さんろう）などが書かれる。下巻は天延二年までの三年間。激しい苦悩は影を潜め、養女を迎えた話、道綱や養女の結婚話などが物語的な筆致で淡々と描き出されている。

●**『蜻蛉日記』から『源氏物語』へ**　文学史では、最初の女流日記文学として重要。仮名散文で人間の細やかな心理のひだを描き出したのは『蜻蛉日記』が初めてといってよい。このような内面へのまなざしと表現が『源氏物語』へとつながっていった。〈吉野瑞恵〉

かげろふの【陽炎の】【カゲロウノ】《枕詞》陽炎の様子から「ほのか」「ほのめく」「それかあらぬか」などにかかる。⇩かぎろひの

かけ-わた・す【掛け渡す】動（サ四）一面に掛け連ねる。また、こちらから向こうへ渡し掛ける。例御衣（ぞ）どもを**かけわたし**て〈宇津保・春日詣〉

雅言集覧（がげんしゅうらん）【ガゲンシュウラン】《作品名》江戸時代の辞書。石川雅望（まさもち）著。「い」〜「か」六冊が文政九年（一八二六）刊、「よ」〜「な」三冊が嘉永二年（一八四九）刊、以下は写本で伝わる。平安時代の歌文に用いられた語を中心とした古典語をイロハ順に配列、用例・語釈をつけた古語辞書的なもの。

か-こ【水夫・水手】名〔「楫（か）子（こ）」の意〕船を操る人。船乗り。かじ取り。船頭。例朝なぎに　**水手**整へ　夕潮に　梶（かじ）引き折り〈万葉・二〇・四三三一〉

かこ【鉸具】名「かく」とも。革帯の端につける金具。もう一方の革緒を貫いて留める。尾錠（びじょう）。⇩くら（図）。例**かこ**の裏に、「春宮（とうぐう）にたてまつる」と刀のさきにて、自筆に書かせたまへるなり〈大鏡・兼家〉

かご【影】名〔上代語〕「かげ（影・景・陰）」の東国方言。例我が妻はいたく恋ひらし飲む水に**かご**さへ見えてよに忘られず〈万葉・二〇・四三二二〉➡名歌427

か-ご【加護】名神仏が力を加えて人々を助け守ってくれること。例神明の**加護**、（道中）必ず恙（つつが）なかるべし（＝無事でしょう）〈芭蕉・奥の細道〉

か-ご【歌語】名主に和歌だけに用いられる言葉。日常用いられる言葉に対していう。「つる（鶴）」に対する「たづ」、「うま（馬）」に対する「こま（駒）」、「かへる（蛙）」に対する「かはづ」など。

か-ご【駕籠】名乗り物の名。輿（こし）の変形したもので、竹製または木製の人の乗る座に棒をつけ、前後から人が担ぐ。例**駕籠**に乗る人**駕籠**舁（か）く人、品は変はれど行く道は同じ事〈近松・博多小女郎波枕・上〉

かご-か形動（ナリ）〔「か」は接尾語〕閑静だ。ひっそりとしている。「かごやか」とも。例あたりは人しげきやうにはべれど、いと**かごかに**はべり〈源氏・夕顔〉

かこじもの【鹿子じもの】《枕詞》鹿（かし）は一度に一子しか生まないことから「ひとり子」「ひとり」にかかる。一説に、鹿の子のように、の意の副詞とも。例**鹿子じもの**　ただ一人して　朝戸出（あさとで）の　かなしき我（あ）が子〈万葉・二〇・四四〇八〉

かこち-がほ【託ち顔】【ガオ】名形動（ナリ）恨めしそうな顔つき。例嘆けとて月やはものを思はする**かこち顔**なるわが涙かな〈千載・恋五〉➡名歌257

かこち-よ・す【託ち寄す】動（サ下二）こじつける。かこつける。例菊の露を（涙ノ露ニ）**かこち寄せ**などやうの（歌ヲ詠ンデ）〈源氏・帚木〉

かこち-よ・る【託ち寄る】動（ラ四）口実にして近寄る。かこつけて言い寄る。例（女君ニ）言ひ寄るたよりもいとはかなければ（＝全くあてにならないので）、この君をぞ**かこち寄り**けれど〈源氏・蛍〉

かこ・つ

【託つ】動（タ四）「かごと（託言）」と同根。自分自身の責任を逃れて、他のせいにする意。

❶口実にする。かこつける。**無理に関係があるとする。**例例に似ず悩ましくはべれば（＝いつもと違って気分が悪うございますので）、それに**かこち**てなむ〈宇津保・嵯峨の院〉読解病気を口実に里下がりしたということ。

❷**恨み嘆く。恨みごとを言う。愚痴・不平を言う。**例逢はで止（や）みにし憂さを思ひ、あだなる契りを**かこち**（＝契りをもたずに終わったつらさを思い、かりそめの逢瀬（おうせ）を恨み嘆き）〈徒然・一三七〉〈高田祐彦〉

か-ごと

【託言】名「かこと」とも。❶**言い訳。口実。**例ただ涙におぼほれたるばかりを**かごと**にて、はかばかしうも答（いら）へやらず（＝ひたすら涙におぼれていることばかりを口実にして、はっきり返事もしない）〈源氏・蜻蛉〉

❷**非難。言いがかり。**例ここに失ひたるやうに、**かごと**かくる人なんはべるを（＝私が死なせてしまったように、言いがかりをつける人がございますので）〈源氏・夢浮橋〉

❸**恨みごと。愚痴。**例山深き道の**かごと**は聞こえつべし（＝山深い道を苦労してやってきた愚痴はきっと申し上げてもよいでしょう）〈源氏・手習〉

語誌▼好ましくない状態の原因や責任を、別の人や物などのせいであると関係づけて言う言葉、の意。「かこつ（託つ）」と同根であろう。

▼和歌では、恋の恨みごとの意で用いることが多い。〈松井健児〉

かごと-がま・し【託言がまし】形（シク）〔「がまし」は接尾語〕言い訳めいている。恨みがましい。愚痴っぽい。例影見ても憂きわが涙落ち添ひて**かごとがましき**滝の音かな〈紫式部集〉

かごと-ばかり【託言ばかり】ほんの申し訳程度。形だけ。例しるしなき（＝かいのない）思ひとぞ聞く

富士の嶺もかごとばかりの煙なるらん〈後撰・恋六〉

かこひ【囲ひ】イカコ 名 ❶周囲を囲むもの。垣・塀・屏風・ついたてなど。また、囲まれた所。例小山田の春のかこひは霞なりけり〈林葉集・一〉 ❷（もと、座敷の一部を屏風やついたてで囲って設けたことから）茶室。例茶の湯を好み、道具を集め、狭き囲ひ・数奇屋に練り入り〈仮名草子・浮世物語・三・四〉 ❸上方の遊里で、太夫・天神に次ぐ遊女の位。「鹿恋」「鹿子位」とも書く。例名を知らぬ鹿恋さへ、これはと心動かす〈西鶴・好色一代男・七・七〉

かごめ-に【香籠めに】 副 香りといっしょに。香りごと。例今日桜雫に我が身いざ濡れむかごめにさそふ風の来ぬ間に〈後撰・春中〉

かご-やか 形動（ナリ）［「やか」は接尾語］「かごか」に同じ。

かさ

【笠・蓋・傘】 名 ❶雨・雪・日差しなどを避けるために、頭にかぶったりさしたりするもの。例(a)我妹子が袖を頼みて真野の浦の小菅の笠を着ずて来にけり（＝あなたの袖を枕にしてぬれた衣を乾かしてもらおうと頼みに思って、真野の浦に生えている小菅で作った笠をかぶらずに来てしまったなあ）〈万葉・一一・二七七一〉例(b)（オ屋敷カラ）かさ持て来たるをささせて〈枕・五月の御精進のほど〉 読解 供人にかさをささせている。

❷①の形をしたもの。石灯籠などの上部に造られた屋根状の部分、天蓋、きのこの頭部など。例ちっくり笠にふりがある（＝ちょっと笠にずれがある）〈浄瑠璃・一谷嫩軍記・三〉 読解 石塔の上に石で造った屋根状のものを載せるところ。

❸筆のさや。例書き終へてのち、硯水をもって筆を洗ふ。笠をさすべきなり（＝さやをかぶせるのがよいのだ）〈遊学往来・下〉

❹太陽や月のまわりにできる光の環。〈中村隆嗣〉

かさ【嵩】 名 ❶物のかさ。大きさや量・体積をいう。❷土地が高い所。高台。例敵の行く先、難所なる山路にては、かさより落とし懸けて〈太平記・一五〉 ❸精神的な重み。威厳。例心の嵩もなく〈沙石集・四・二〉

［嵩にかかる］ ❶勢いに乗じる。例八つ割きにさいてすてんと、かさにかかりて攻めければ〈保元・中〉 ❷高圧的な態度に出る。例嵩にかかつ（音便形）た言ひ分をむっとはすれど〈浄瑠璃・八百屋お七・中〉

かさ【瘡】 名 ❶できもの。腫れもの。例御髪のきはにあしき御瘡いでさせたまひて（＝おできになって）〈平家・一・願立〉 ❷①のできる病気。江戸時代は、特に梅毒をさす。例天下に瘡おこりて命を失ふもの数をしらず〈水鏡・敏達〉

かざ【香】 名 におい。かおり。例油揚げ・焼き鳥のかざをだにもかがず〈御伽草子・猫の草紙〉

かざ-がくれ【風隠れ】 名 風が直接当たらない物陰。例風は払ふやうに吹きて、頭さへ痛きまであれば、風隠れ作りて〈蜻蛉・中〉

かさ-がけ【笠懸】 名 「かさかけ」とも。鎌倉時代、武士の間で行われた射芸の一つ。馬を走らせながら遠方にある皮張りの的を射る。例今比叡の馬場にて笠懸射て〈太平記・三三〉

かざ-きり【風切り】 名 ❶唐船のやぐらに掲げ、風の方向を見る旗。❷「風切り羽」の略。鳥の両翼の下にあり、飛ぶときに風を切るしっかりとした羽。例ひな鳥のかざきり弱み飛ばれねば〈古今六帖・六〉

かささぎ【鵲・笠鷺】 名 ❶【鵲】カラス科の鳥の名。カラスよりやや小さい（⇩口絵）。七夕の夜、天の川に翼を並べて橋をかけると考えられた。⇩かささぎのはし。❷【笠鷺】サギ科の鳥の名。頭部の羽毛が長く、笠状になっている。例寒き洲崎に立てるかささぎの姿も〈源氏・浮舟〉

［鵲の橋］ ❶陰暦七月七日の夜、牽牛星と織女星が逢うとき、天の川に鵲が翼を並べて渡すという想像上の橋。『淮南子』の「烏鵲河を塡めて橋をなし織女を渡す」による。例天の河扇の風に霧晴れて空澄みわたる鵲の橋〈拾遺・雑秋〉 ❷（①から転じて）男女の契りの橋渡し。❸（宮中を天にたとえて）宮中の階段。また、りっぱな殿舎の階段。「鵲の渡せる橋」とも。例天の原雲井に高きかささぎの橋〈新撰六帖・六〉

かざし

【挿頭】 名〔動詞「かざす」の名詞形〕飾りとして、草木や造花などを髪や冠に挿すこと。また、その挿した草木など。例(a)春さらばかざしにせむと我が思ひし桜の花は散り行けるかも（＝春になったら髪に挿そうと私が思った桜の花は散って行ったことだよ）〈万葉・一六・三七八六〉例(b)かざしの紅葉いたう散りすきて、顔のにほひにけおされたる心地すれば（＝冠に挿した紅葉がひどく散ってまばらになって、美貌に圧倒されている感じがするので）〈源氏・紅葉賀〉

語誌 ▼挿頭の呪術的な意味 「あしひきの（枕詞）山の木末の寄生とりてかざしつらくは千年寿くとぞ（＝髪に挿したのは千年の命を祝う気持ちからだよ）」〈万葉・一八・四一三六〉という歌がある。「寄生」はヤドリギのこと。長寿を祝うために飾るというのだから、これは明らかに呪術的な行為である。ヤドリギは冬になっても常緑を保つところから、強い生命力の象徴とみなされたのであろう。挿頭は本来、このような神秘的な植物の力を身に帯びるという意味を有していた。同様に、つる草などを頭に巻くのが鬘である。

しかし、そうした植物崇拝はしだいに忘れられていき、挿頭・鬘も単なる飾りとして様式化していく。のちには金属で作った華麗な造花なども用いるようになった。〈藤本宗利〉

かざ-した【風下】 名 かざしも。例深山なる松は変はらじ風下の草葉と名のる君はかるとも〈平中・九〉 読解「かる」は「枯る」と「離る」を掛ける。

かさ-じるし【笠印・笠標・笠符】 名 戦場で敵味方を識別するために、兜や鎧の袖につける標識。布製の小さな旗がふつう。例ただ今はせまゐる武士どもは、笠印

笠印

のかはって候ふ〈平家・九・河原合戦〉

かざ・す

【挿頭す・翳す】動(サ四) ❶草木や造花などを、髪や冠に挿す。⇩かざし。例ももしきの(枕詞)大宮人は暇あれや梅をかざしてここに集へる(=宮廷人たちは暇があるのだろうか。梅の花を髪に挿してここに集まっているよ)〈万葉・一〇・一八八三〉

❷上に飾る。飾りつける。例奈良より、作りたる桜をまぜ果物の上にかざしてつかはしたる〈頼政集・詞書〉

読解 造花の桜を飾って、いろいろな「くだもの」を送ってよこした、ということ。

❸上のほうにさしかける。光・視線・熱などを遮る動作にいうことが多い。例あつき日や扇をかざす手のほそり(=暑い日だなあ。扇をさしかける手が細くなって見えるよ)〈俳諧・続猿蓑・下〉〈藤本宗利〉

かさ-だか【嵩高】 名形動(ナリ) ❶分量や数が多いこと。❷相手を見下すような態度。高圧的なさま。例「家主へ、五人組へ付け届け申す」と、**嵩高に**言ふとも〈西鶴・万の文反古・一・一〉

かさ-づけ【笠付け】 名「かむりづけ」に同じ。

笠取山 《地名》歌枕 山城国、今の京都府宇治市北東部の山。和歌では、笠に関連して詠まれたりする。例雨ふれど露ももらじを**かさとりの山**はいかでかもみぢそめけん〈古今・秋下〉

かさ-ど・る【嵩取る】 動(ラ四) 《近世語》調子に乗って偉そうにする。横柄にふるまう。例中にも惣兵衛**嵩取っ**(音便形)て、「なんといづれも、旦那の幅(=威勢)をごらうじたか」〈近松・淀鯉出世滝徳・上〉

かさな・る【重なる】 動(ラ四) 〔「かさぬ」の自動詞形〕積もり加わって数を増す。何度も繰り返される。例(a)言とは通へど直に逢はず(=便りは交わすが、じかに逢わず)日の**重なれば**〈万葉・一九・四二一四〉例(b)黄金ある竹を見つくることかさなりぬ〈竹取〉

かさにかかる【嵩にかかる】 ⇩「かさ」の子項目

かさ・ぬ【重ぬ】 動(ナ下二) 重ねる。同じことを繰り返す。同じものをさらに加える。例二条院に夜離れ重ねたまふ〈源氏・朝顔〉

かさね

【重ね・襲】❶名 ❶物を重ねること。特に、衣服の表地と裏地を重ねて仕立てること、また、仕立てたもの。例薄物の**襲**の裳とかづけたまひつ(=薄い絹織物の裏地つきの裳を引出物としてお与えになった)〈落窪・三〉

❷衣服を重ね着すること。袿などについていう場合が多い。例唐衣すくよかにして、**かさね**には綾・薄物をしたる人もあり(=唐衣をあっさりと着て、下に重ねた袿には綾織物や薄い絹織物を着ている人もいる)〈紫式部日記〉

❸①や②の場合の配色。

❷接尾 衣服や紙など、重なったものを数える。例搔い練りの袿一**襲**(=練り絹の袿一そろい)〈蜻蛉・下〉

語誌 ▼襲の色目と「折」 平安朝の人々は、衣服の個々の色合いの美しさのみではなく、その組み合わせによって生じる色と色の映りあい・ひびきあいを賞美した。その配色には一定の約束があり、たとえば藤襲とは表が薄紫、裏が青で晩春から初夏、菊襲は表は白、裏は青(一説に蘇芳または紫とも)で秋から冬に用いるというように、季節の草木の名で呼ばれることが多い。また、その季節を無視して用いることは無粋なこととされた。『枕草子』は早春の紅梅襲(表は紅、裏は紫)の衣を三・四月に着ているのを季節はずれで不調和だと「すさまじきもの」としている。〈藤本宗利〉

かさね-うちき【重ね袿】 名 袿を重ねたもの。袖口や褄・裾に現れる色の重なりがめでられた。⇩いつつぎぬ・うちき

かさね-て【重ねて】 副 ❶再び。もう一度。例**重ねて**京へ帰りたまふべき宣旨くだる〈源氏・明石〉 ❷この次。今後。例**重ねて**のためぢゃによって言うて聞かする〈山本東本狂言・末広がり〉

かさね-の-いろめ【襲の色目】 衣服の表地と裏地の配色、また、衣服を重ね着するときの袖口・褄などの配色の決まり。色の組み合わせによって「藤襲」「菊襲」「紅梅襲」などと呼ばれ、その季節に応じた使用の決まりがある。

笠女郎 《人名》生没年未詳。奈良後期、『万葉集』第四期を代表する歌人。地名と景物を詠み込んだ序詞を用いた歌に特色があり、大伴家持に贈った二九首が残る。

笠金村 《人名》生没年未詳。奈良前期、『万葉集』第三期の歌人。元正・聖武朝(七一五～七四九)の宮廷歌人として活躍した。『万葉集』に長歌一一、短歌三二首が残る。家集に『笠朝臣金村歌集』があるが現存はしない。

かざ-ばな【風花】 名 初冬のころ、風に舞い散る小雪。例**風花**はらりと顔へ咲いて見せ〈柳多留・二七〉

かざ-はや【風早】 名 風が強いこと。「かざはやの」の形で、地名「美保」にかかる枕詞にも用いる。例風早の美保の浦廻の白つつじ〈万葉・三・四三四〉

かざほろし【風疿し】 名「かざぼろし」とも。風邪などの熱で皮膚にできる小さな発疹。例**風ぼろし**で身内(=体じゅう)が痒いと申します〈浮世草子・傾城禁短気・三・三〉

かざ-ま【風間】 名 ❶風のやんでいる間。例よるべ無み(=身を寄せる所がないので)**風間**を待ちし浮舟の〈一条摂政御集〉 ❷風の吹いている間。例雨降り、**風間**には、転んだり何かいたさぬで(=いたしませんので)〈滑稽本・浮世風呂・二上〉

かさ-まつ【笠松】 名 枝が笠のように広がって垂れ下がった松。例秋風の吹きくる峰の村雨にさしてやどかる輪田(=地名)の**かさ松**〈夫木・二九〉

かざ-まつり【風祭り】 名 風の神に、風が荒れないことを祈る祭り。例山おろしの 風な吹きそと うち越えて 名に負へる社(=名高い神)に **風祭りせな**〈万葉・九・一七五一〉

かざみ

【汗衫】名 童女の衣服の名。正装のとき、単・衵を着た上に重ねる。例薄色に白襲の**汗衫**(=淡紫色の衵の上に重ねた表裏ともに白の汗衫)〈枕・あてなるもの〉

語誌 「汗衫」の漢字音「かんさん」から転じた称。本来は汗取り用の下着であったらしいが、平安時代には童女の礼装として、最も上に着る衣服の称となった。ただし、実態は不詳。裾を長く引く形だったら

しい。成人女房の唐衣に相当する。『枕草子』「職の御曹司の西面の」の段に、くつろいでいた清少納言が、帝と中宮の訪れに驚いて、「唐衣をただ汗衫の上にうち着て」とあるのは、成人が下着として用いた例といわれるが、これは例外。〈藤本宗利〉

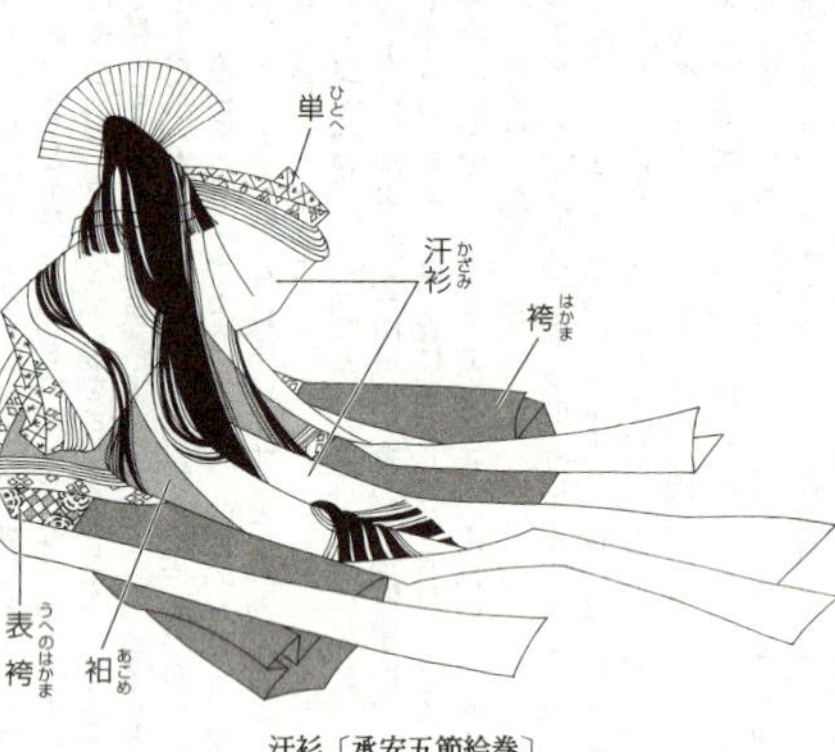

汗衫〔承安五節絵巻〕

かさ-やどり【笠宿り】 名 軒下や物陰などで雨宿りすること。転じて、しばらく身を寄せること。また、そうする場所。例雨降り出でて、ところせくもあるに(=おっくうなので)、**笠宿りせむ**と〈源氏・末摘花〉

かざり【飾り】 名 ❶飾ること。装備。装飾。例春の日に雪仏を作りて、そのために金銀珠玉の**かざり**を営み〈徒然・一六六〉❷外見を取り繕うこと。例人目の**飾り**ばかりは〈源氏・初音〉❸文章や絵などの技巧。例筆の**飾り**、人の心に(=絵師の趣向によって)作りたてられて〈源氏・絵合〉❹頭髪。出家剃髪に関連していう。例孝謙天皇も大菩提心をおこし、御**かざり**をおろさせたまひ〈平家・八・名虎〉❺正月の飾り物。「しめ飾り」「松飾り」など。

かざり-うま【飾り馬】 名 唐鞍をつけるなどして美しく飾りたてた馬。賀茂の祭りなどの祭事に用いる。例**飾り馬**に乗りて、埒に向きて馬の毛申したまへり(=柵のほうを向いて見物席に馬の毛色を披露申し上げなさる)〈宇津保・祭の使〉

かざり-ぐるま【飾り車】 名 美しく飾った牛車。賀茂の祭りなどの祭礼や、その見物などに用いる。金銀・玉・錦などで豪華に飾った。例**飾り車**の風流などするもの侍りき〈今鏡・一〇・敷島の打ち聞き〉

かざり-たち【飾り太刀】 名 装飾を施した儀式用の太刀。平安時代、節会・行幸・御禊など晴れの儀式で束帯に帯刀する。金銀・蒔絵・螺鈿などで飾った。⇩たち(図)。例めでたきもの 唐錦。**飾り太刀**〈枕・めでたきもの〉

かざり-ちまき【飾り粽】 名 いろいろな糸を巻いて美しく飾ったちまき。端午の節句に用いる。例五月五日、小さき**飾り粽**を山菅の籠に入れて〈拾遺・雑賀・詞書〉

かざり-まつ【飾り松】 名 正月に新年を祝って門前に立てる松。例東雲やまいら戸はずす**かざり松**〈俳諧・炭俵・上〉読解「東雲」は夜明けごろのこと。

かざ・る【飾る】 動(ラ四)❶装飾する。例我は顔にて(=得意顔で)家の内を**飾り**〈源氏・帚木〉❷うわべを取り繕う。例まことかと聞きて見つれば言の葉を**かざれる**玉の枝にぞありける〈竹取〉❸準備する。設備を整える。例堂を**飾り**て…経を講じたまひけるに〈宇治拾遺・一七三〉

かざをり-えぼし【風折り烏帽子】 カザオリ― 名(風に吹き折られた形の烏帽子の意)烏帽子の一種。立て烏帽子の先を筋かいに折り伏せた形。略儀用で、狩衣姿や大紋姿に用いる。右折りと左折りとがある。⇩えぼし(図)

かし【戕牁】 名 船をつなぐために水中に立てる杭。船に積んでおき、停泊地で水中に打ち込む。例舟泊ててかし振り立てて廬りせむ〈万葉・七・一一九〇〉

かし

終助 **文末でその文の内容を自ら確認したり、念を押して相手に訴えたりする意を表す。**…よ。…ね。例国王の仰せごとを背かば、はや殺したまひてよ**かし**(=国王の御命令に背いたというならば、早く私を殺してくださいよ)〈竹取〉

接続 文の終止した形につく。

語誌 ▼**語の成り立ち** 係助詞「か」の文末用法に、強意の副助詞「し」がついて一語化したものであろう。▼**用法の広がり** 平安時代の会話文に現れて、断定的な言い方をはじめ、推量・命令の表現などにもよく用いられた。断定的な言い方では、係助詞「ぞ」の文末用法について「〜ぞかし」の形になることが多い。推量表現の例としては、次のようなものがある。例かたみに心深きどちの御物語、はた、よろづあはれまさりけん**かし**(=万事につけて感慨が深かっただろうよ)〈源氏・須磨〉

相手に訴える用法から、間投助詞的に感動詞や副詞につけて、「いざかし」「さかし」「なほかし」「よもかし」「さぞかし」などとも用いられる。

▼**用法の推移** 中世になると、動詞の命令形につけて、希望を表す用法が目立ってくる。例散らであれ**かし**桜花 散れ**かし**口と花心(=散ってほしいよ、口先だけの言葉と浮気心は)〈閑吟集・二五〉

近世には「これ見よがしの」「聞こえよがしに」など、「〜がし」と熟した言い方も現れる。〈山口堯二〉

かじ【梶・楫・穀・加持・鍛冶】 ⇩かぢ

かしかま・し【囂し】

形(シク)〔近世以降「かしがまし」〕❶**声や音がうるさい。やかましい。** 例(鶯ハ)あやしき家の見所もなき梅の木などには、**かしかましき**までぞ鳴く(=みすぼらしい家の見る価値もない梅の木などには、やかましいまでに鳴く)〈枕・鳥は〉❷**口うるさい。とやかく言う。** 例右近はた、**かしかましく**言ひ騒がれんを思ひて(=右近もまた、口うるさく騒がれるだろうことを思って)〈源氏・夕顔〉

語誌▼関連語　『源氏物語』では、「かしかまし」「あなかま」（「かま」は「かまし」の語幹）が多少例あるが、「かしまし」「かまびすし」はない。平安時代では、これらの語は全体的に用例は少なく、平安文学に騒々しい事柄が取り込まれることが少ないことを示す。「かまし」「かしまし」「かしかまし」の関係については諸説あるが、「かしまし」と「かまし」が結合して「かしかまし」となったとみるのが穏当であろう。〈池田節子〉

かし・く【炊く】 動（カ四）〔近世以降「かしぐ」〕米・麦などを蒸すなどして飯を作る。例かまどには　火気吹き立てず　甑には　蜘蛛の巣かきて　飯炊く　ことも忘れて〈万葉・五・八九二〉⬇名歌122

かし・く【悴く】 動（カ下二）〔室町時代以降「かじく」とも〕❶衰える。やつれる。例鬚がちに、かしけ痩せ痩せなる男〈枕・見ぐるしきもの〉❷植物がしおれる。例いとかしけたる（笹ノ）下折れの〈源氏・藤袴〉❸凍えてちぢこまる。例水凍り、筆かじけて、絵かく日なし〈俳諧・風俗文選・画楼絵合序〉❹生活に困って衰える。例いとかしけ衰へて、米銭も無かりけり〈仮名草子・仁勢物語・上〉

かしこ【恐・畏】 名〔形容詞「かしこし」の語幹から〕おそれ多いこと。また、もったいないほどすばらしいこと。例かしこの御手や（＝ご筆跡よ）〈源氏・葵〉

かし-こ【彼処】 代 指示代名詞。話し手から遠く離れた場所や先行文脈中の場所をさす。あそこ。あちら。例(a)ここにぞいとあらまほしきを、何事もせんに、いと便なかるべければ、かしこへものしなん（＝ここにとても居たいのだけれど、何をするにも、とても都合が悪いにちがいないので、あちらに帰ろう）〈蜻蛉・上〉読解この「かしこ」は自邸をさす。例(b)（伊勢カラノ使者ヲ）二、三日据ゑさせたまひて、かしこの物語などせさせて聞こしめす（＝二、三日お止め置きになって、あちらの話などをさせてお聞きになる）〈源氏・須磨〉

語誌 平安時代以降に用いられるが、「あしこ」「あそこ」「あすこ」などにしだいに取って替わられ、「ここかしこ」などの熟語の中に姿を残していく。〈上野辰義〉

かしこ・し【畏し・賢し】 形（ク）自然を霊威あるものと感じ、恐れ敬う気持ちが原義。

❶恐ろしい。例こもりくの（枕詞）豊泊瀬道は常滑の恐き道そ恋ふらくはゆめ（＝泊瀬の道は苔のついた滑りやすい恐ろしい道だ。恋心に浮かれてはいけない、決して）〈万葉・一一・二五一一〉

❷恐れ多い。ありがたい。例（悲シミノ涙デ）目も見えはべらぬに、かくかしこき仰せ言を光にてなん（＝目も見えませんが、このように恐れ多い天皇のお言葉を光として）〈源氏・桐壺〉

❸才知にすぐれている。賢明だ。例七つになりたまへば読書始めなどせさせたまひて、世に知らず聡うかしこくおはすれば（＝七歳におなりになるので読書始めなどをおさせになって、並々でなく聡明で才知にすぐれていらっしゃるので）〈源氏・桐壺〉読解「読書始め」は皇族の男子が初めて漢籍を読む儀式。

❹技能などがすぐれている。まさっている。りっぱだ。例年のほどよりも、御手などのわざと賢う（音便形）こそものしたまふべけれ（＝年齢よりも、御筆跡などが特にすぐれていらっしゃるにちがいない）〈源氏・賢木〉

❺運がよい。好都合だ。例風吹かず（蹴鞠ヲスルノニ）かしこき日なりと興じて（＝おもしろがって）〈源氏・若菜上〉

❻（連用形を副詞的に用いて）はなはだしく。非常に。例なきことによりかく罪せられたまふを、かしこく思し嘆きて（＝無実の罪でこのように罰せられなさるのを、非常にお嘆きになって）〈大鏡・時平〉

語誌▼自然や神に人間とは異なる霊威を認め、それを畏怖・畏敬する気持ちが原義である。転じて、才能や技能のすぐれた人物や生き物、ひいては楽器などの事物に対して用いられるようになった。③④などでも畏敬の念がこめられていることが多い。

▼**関連語**　「さとし」は主にもの覚えの早いことをいう。「ゆゆし」は対象に対する畏怖・畏敬から、接したくない、遠ざけたいという気持ちである。〈高田祐彦〉

かしこ-どころ【賢所】 名〔恐れ多くてかしこまる所の意〕❶天照大御神の御霊代である神鏡（八咫の鏡）を祭ってある所。内裏の温明殿にある。内侍が守護の任にあたることから「内侍所」とも。⇩口絵。❷（①から転じて）神鏡。八咫の鏡。例賢所をいだしたてまつるにも及ばず〈平家・一一・鏡〉

かしこまり【畏まり】 名❶恐れ多いこと。恐縮なこと。また、遠慮。慎しみ。例汚なげなる所に、年月を経てものしたまふ事（＝お通いになること）、極まりたるかしこまり〈竹取〉❷おわび。例一日まかり過ぎしかしこまりなど申す〈源氏・関屋〉❸お礼。例僧都もかしこまり聞こえたまふ〈源氏・若紫〉❹謹慎。おとがめ。例かしこまりゆるされて、もとのようになりにき〈枕・うへにさぶらふ御猫は〉

かしこま・る【畏まる】 動（ラ四）恐れ敬う気持ちを行動や態度に表す意。

❶恐れ敬う。恐縮する。遠慮する。例やむごとなき人の、よろづの人にかしこまられ、かしづかれたまふ、見るもいとうらやまし（＝身分の高い人が、大勢の人に恐れ敬われ、仕えられていらっしゃる、それを見るのもたいそううらやましい）〈枕・うらやましげなるもの〉

❷礼を言う。例己汶の地賜ることを謝りまうす（＝己汶の地をいただくことをお礼申し上げる）〈紀・継体〉

❸謹慎する。例朝廷にかしこまりきこゆる人は、明らかなる月日の影をだに見ず（＝朝廷に謹慎申し上げる人は、明るい月や日の光さえ見ない）〈源氏・須磨〉

❹謝罪する。わびを言う。例（私ノ）心まどはしたまひし世の報いなどを、仏にかしこまりきこゆるこそ苦しけれ（＝心を悩ましなさったころの報いなどを、仏様におわび申し上げるのがつらいことだ）〈源氏・初音〉

❺きちんと座る。例（那須与一ハ）判官の前に畏まる〈平家・一一・那須与一〉

❻命令を受ける。承知する。例「汝は町へ行って、

（酒ノ）さかな物を求めて来こい」「畏まっ（音便形）てござる」〈狂言・雁盗人〉

語誌 ▼①が本来の用法で、②以下も常に①の気持ちを含んでいる。

▼形容詞「かしこし」に対応する動詞であるが、賢い、にあたる意味はない。〈高田祐彦〉

かしこ・む【畏む】 動（マ四）恐れ多いと思う。慎んで承る。例**畏み**て仕へまつらむ〈紀・推古・歌謡〉

か-じち【家質】 名「いへじち」とも。家屋敷を借金の担保にすること。また、その家屋敷。例烏丸通りに三十八貫目の**家質**を取りしが、利銀（=利息）つもりておのづから流れ〈西鶴・日本永代蔵・二・一〉

かしづき【傅き】 名 ❶大切に世話をすること。養育すること。例人ひとりの（=娘一人を）御**かしづき**に、とかくつくろひ立てて〈源氏・桐壺〉 ❷世話をする人。介添え役。

かしづき-ぐさ【傅き種】 名 大切に世話する相手。秘蔵っ子。例これは、いとさま変はりたる（=風変わりな）**かしづきぐさ**なり〈源氏・若紫〉

かしづき-す・う【傅き据う】 動（ワ下二）大切に世話をして家に住まわせる。大切に取り扱って置いておく。例ここながら（=ここに住まわせたまま）**かしづき据ゑ**て〈源氏・常夏〉

かしづき-た・つ【傅き立つ】 動（タ下二）大切に世話をする。大切に育てあげる。例大殿の大納言の大姫君・小姫君、いみじく（=非常に）**かしづきたて**て〈栄花・さまざまの喜び〉

かしづき-むすめ【傅き娘】 名 大切に養育している娘。例帝の御**かしづき娘**を得たまへる君は〈源氏・東屋〉 類義 いつきむすめ

かしづ・く【傅く】

動（カ四）子どもなど一人立ちできない人や弱者をかばって、守り育てたり大切に扱ったりすることをいう。

守り育てる。**世話をする。大切に扱う。** 例(a)（姫君ヲ）心にくくなべてならぬさまに親たち**かしづきたまふ**こと、限りなし（=奥ゆかしく並々でない様子に親たちが大切にお育てになることは、このうえもない）〈堤中納言・虫めづる姫君〉例(b)この君をば、私物に思ほし**かしづきたまふ**こと限りなし（=この君を、秘蔵っ子としてお思いになり大切にお世話なさることは、このうえもない）〈源氏・桐壺〉 読解 桐壺帝が光源氏を寵愛する様子。

類義 いつく・はぐくむ

語誌 ▼地位の高い人が子どもを育てる場合にいうことが多い。

▼現代語「かしずく」は、目上の人に仕える意が主だが、「かしづく」は上位者が下位者を大切にする意となる。〈木村博〉

かしのみの【樫の実の】 《枕詞》樫の実が一つずつなることから「ひとり」「ひとつ」にかかる。

かしは【柏・槲】 名 ❶植物の名。ブナ科の落葉高木。葉は大きく、柏餅に用いる。例その海松（=海藻の名）を高坏にもりて、**柏**をおほひて出だしたる〈伊勢・八七〉 ❷古く、祭祀のときに酒を盛ったり日常の食物を盛ったりした、広い堅い葉の総称。例髪長比売に大御酒の**柏**をとらしめて〈記・中・応神〉 ❸紋所の名。①の葉を図案化したもの。

かしは-ぎ【柏木】 名 ❶柏の木。例御前の若楓、**柏木**などの青やかに茂りあひたるが〈源氏・胡蝶〉 ❷（柏の木には葉守の神が宿るといわれたことから）皇居を守る兵衛・衛門の別称。例**柏木**の木高きわたりより、かくいはせむと思ふことありけり〈蜻蛉・上〉 読解 兵衛佐である高貴な人から求婚された、ということ。

柏木 《人名》『源氏物語』の作中人物。頭中将（のち内大臣、太政大臣）の長男。光源氏の子夕霧とは従兄弟どうしで親友。将来を期待される貴公子として成長、妻には皇女をと朱雀院の女三の宮を望むが、宮は光源氏に降嫁。なおあきらめきれず、源氏邸六条院の蹴鞠で女三の宮を垣間見て心を乱すこともあった。数年後、強引に宮と契る。恋に陶酔する一方で源氏を恐れ、宮あての手紙を源氏に見つけられて身も凍り、病床につく。恋に殉じる気持ちを生きた証として死に身をまかせようと思う。夕霧に後を託して死去。三十二、三歳。

かしは-で【膳・膳夫】 名（古く柏の葉を食器に用いたことから）❶饗膳をつかさどる人。料理人。例水戸の神の孫、櫛八玉の神、**膳夫**になり〈記・上・神代〉 ❷食膳を供すること。ごちそう。

かしは-びと【膳人】 名 料理人。例**鱠手**したり顔に魚を取り出でて〈読本・雨月・夢応の鯉魚〉

橿原 《地名》大和国の畝傍山南東の一帯。今の奈良県橿原市。神武天皇が都としたという地。例玉だすき（枕詞）畝傍の山の **橿原**の ひじりの御代ゆ〈万葉・一・二九〉 読解「橿原のひじり」は神武天皇。➡名歌216

か-しふ【家集】 名 ❶個人の漢詩集。❷個人の和歌集。「家の集」とも。例各に**家集**ならびに古来の旧歌を献らしめ〈古今・真名序〉

が-しふ【我執】 名《仏教語》自分の中に自我が実体として存在すると考え、これに執着すること。また、自己の主観に執着すること。例世を捨てたるに似て（=捨てたようでいて）**我執**深く〈徒然・一一五〉

鹿島 《地名》歌枕 常陸国、今の茨城県鹿島郡鹿島町。古くから崇拝された鹿島神宮がある。

鹿島紀行 《作品名》江戸時代の俳諧紀行。一巻。芭蕉作。貞享四年（一六八七）成立。芭蕉第二の紀行。門人曾良らとともに常陸国（茨城県）の鹿島神宮に詣で、月見をした折の作品。『鹿島詣』とも。

かしま・し【囂し】 形（シク）「かしかまし」に同じ。例冗談な事（=余計な事）**かしましう**（音便形）言ふまい〈狂言・鞍馬参〉

かしま-だち【鹿島立ち】 名 旅立ち。門出。鹿島明神に関連づけられるが、いわれは未詳。例これぞこの旅のはじめの**かしまだち**〈菟玖波集・一七〉

かしま-の-ことぶれ【鹿島の事触れ】 名 常陸国（茨城県）鹿島明神の神託を、毎年初春にふれ歩く下級神職。江戸時代は、それをまねて金銭を請い求め

る人をいう。例思ひ思ひの旅用意…京の呉服屋、**鹿島の言触れ**〈西鶴・好色五人女・一・四〉

かしま・む【喧む】動(マ四) 語義未詳。やかましく思う意か。例**かしまみ**て鳴戸の浦にこがれいづる心はえきや磯のあま人〈更級〉 語誌 形容詞「かしまし」の動詞形とする説、「かしま」を人目のない間と解する説など、諸説ある。

かじゃ〖冠者〗⇩くわじゃ

か-しゃく【呵責】名動(サ変) 厳しく責めしかること。例阿防羅刹(=地獄の獄卒)が**呵嘖**すらんも〈平家・二・小教訓〉

か-しょく【家職】名 家の職業。家業。世襲の職業。例手遠き願ひを捨てて、近道にそれぞれの**家職**を励むべし〈西鶴・日本永代蔵・一・一〉

かしら

【頭】 **1**名 ❶人間や動物の頭部。例(a)**かしら**もたげて、人に紙を持たせて、苦しき心地にからうじて書きたまふ(=頭をもちあげて、人に紙を持たせて、苦しい気分のままやっとのことでお書きになる)〈竹取〉 読解 病床にある人が見舞いへの返事を書く場面。例(b)**頭**白き女の水汲くめるなむ…家に入りける(=頭部の白い女で水を汲んでいた女が…家に入った)〈大和・一二六〉

❷物の最上部。物の先端部。例卯杖(=儀式用の杖)の頭包みたる小さき紙に〈枕・職の御曹司におはします頃、西の廂にて〉

❸最初。冒頭。例(a)かきつばたといふ五文字を句の**かしら**にすゑて(=各句の冒頭に置いて)、旅の心をよまん〈古今・羇旅・詞書〉例(b)**かしら**から物ごとしらけて語りぬ(=最初からすべて包み隠さず話した)〈西鶴・好色一代男・二・四〉

❹前方。前面。例(自分ノ馬ヲ)父義朝の馬と同じ**かしら**(=同じ前線)に引っ立てさす〈平治・上〉

❺ある組織・集団の長。首領。親方。例(a)二人を**かしら**として、雲霞のつはものをたなびかせて、都にのぼす(=二人を首領として、おびただしい数の軍勢を引き連れさせて、都へのぼらせる)〈増鏡・新島守〉例(b)お**いかしら**、煙草にせうぜえ〈滑稽本・浮世床・二上〉

2接尾 数を表す語につく。❶仏像や頭のある動物を数える。例(a)(仏像ヲ)五**頭**作りたてまつれり(=五体お作り申し上げた)〈宇治拾遺・一一〇〉例(b)鹿の一**頭**にても殺す者あらば(=鹿を一頭でも殺す者がいたら)〈宇治拾遺・九二〉

❷烏帽子を数える。例折らぬ烏帽子十**かしら**〈義経記・七〉

❸大名など、かしらになる人を数える。例あれへ大名一**かしら**〈近松・丹波与作待夜の小室節・中〉

語誌 ▼関連語 平安時代は「**かうべ**」は漢文訓読で、「かしら」は主に仮名文で用いられた。中世の軍記では「かうべ」「**くび**」は胴体から切り離された頭部をさす場合が多いのに対し、「かしら」にはそのような例はない。「**あたま**」が1①の意で用いられるようになるのは室町時代からである。

▼1①例(b)のような例を根拠に、この語に髪の毛、の意があるとする辞書類がある。しかし、このような例の「かしら」は、髪の毛をも含む頭部全体を表していると考えるべきである。頭部から完全に離れた髪の毛を「かしら」と呼んだ例はない。この点は現代語「あたま」と同じである。〈新野直哉〉

【頭おろす】 髪の毛を剃る。出家する。例比叡の山にのぼりて、**頭おろし**てけり〈古今・哀傷・詞書〉

かしら-だか【頭高】名形動(ナリ) 矢を入れる箙の背負い方の一つ。筈(=矢の後部)が肩越しに高く見えるように背負うこと。実用よりも見栄えを重視した背負い方。例その日のいくさに射て少々のこったるを、**頭高**に負ひなし〈平家・九・木曾最期〉

かしら-つき【頭付き】名 頭の様子。特に、頭に近い部分の頭髪の様子。例髪の下がり端(=毛先)・**頭つき**などぞ、ものよりことに〈源氏・宿木〉

かしわ〖柏・槲〗⇩かしは

-か・す 接尾(サ四型) 四段動詞の未然形などについて、他動詞的意味を強調する。「後らかす」「放らかす」など。

かす【糟・粕・滓】 **1**名 油・酒・醤油など、搾って液体を精製したあとに残った固体。特に、酒のかす。また、よいものを取った残り。くず。**2**接頭 名詞について、つまらない、取るに足りない、の意を添える。人を卑しめた表現に用いる。「かす侍」「かす禰宜」「かす烏帽子」など。

か・す【淅す】動(サ四) ❶水に浸す。水でふやかす。例秋刈りし室のおしね(=晩稲)を思ひ出でて春ぞたなゐに種も**かし**ける〈堀河百首〉❷米をとぐ。

かず

【数】 **1**名 ❶数。数字。例水の上に**数**書くごとき我が命〈万葉・一一・二四三三〉 読解「水の上に数書く」は、すぐに消えてしまうはかなさをいう表現。

❷(多く「数の」の形で)多数。例今我ら**数**の仏を見たてまつりつ(=今私たちは多数の仏を見申しあげた)〈栄花・鳥の舞〉

❸定数。定員。例源氏の大納言、内大臣になりたまひぬ。**数**定まりてくつろぐ所もなかりければ、加はりたまふなりけり(=源氏の大納言は、内大臣におなりになった。定員が決まっていて余裕もなかったので、員外の大臣として加わりなさったのであった)〈源氏・澪標〉 読解 定員各一人の左右大臣がすでに定まっていたので、令外の官である内大臣になった、ということ。

❹数える価値のあるもの。否定表現を伴って用いることが多い。例(a)塵泥の(枕詞)**数**にもあらぬ我ゆゑに思ひわぶらむ妹がかなしさ(=物の数でもない私のせいで思い悩んでいるあなたがいとしいことよ)〈万葉・一五・三七二七〉例(b)高き人は我を何の**数**にも思さじ(=高貴な人は私を何か価値のあるものにもお思いになるまい)〈源氏・須磨〉

2接頭 名詞について、数が多い意から、ありふれていて粗末で安っぽい、の意を添える。「数扇」「数雪駄」「数羽織」など。

語誌 1④は、「数ならず」などの形でも用いるほか、「人数」などもその意に用いられる。〈五十嵐康夫〉

【数を尽っくす】 あるだけの数すべてを出しきる。「かずをつくして」の形で、残らず、ある限り、の意に用いることが多い。例御祈禱の**数を尽くし**てせさせたまへれど〈源氏・葵〉

かず-おく【数置く】 勝負事で、点数を数える。例碁石して数おかせたまふ〈枕・清涼殿の丑寅のすみの〉

かす-か【幽か】 形動(ナリ)〔「かすむ(霞む)」と同根〕❶光や音、ものの形などがかろうじてわかるさま。かすかだ。ほんのわずかだ。はっきりしない。例衣うつ砧の音も、かすかに、こなたかなた聞きわたされ(=布を打つ砧の音も、かすかに、あちらこちら一帯から聞こえ)〈源氏・夕顔〉❷目立たない。ひっそりとしている。例殿の内(=お屋敷の内部)いとかすかなり〈源氏・須磨〉読解花散里の住む邸内の様子。❸貧しくみすぼらしい。哀れだ。例住まひかくかすかにおはすれど(=住まいはこのようにみすぼらしくていらっしゃるけれど)〈源氏・宿木〉❹奥深い。幽玄だ。多く和歌・俳諧の批評に用いる。例病雁は、格高く趣かすかにして(=品格が高く情趣が奥深くて)〈俳諧・去来抄・先師評〉読解「病雁の夜寒に落ちて旅寝かな」(➡名句148)の句についての評。

語誌▼「かすか」と「わづか」 「わづか」が①とよく似た意味をもつが、「わづか」が数量の少なさを示すのに対して、「かすか」は、その存在がどうにかわかる程度であることを示す。〈井上博嗣〉

春日(かすが) 《地名》大和国、今の奈良市の東部の丘陵地。春日山や春日野は奈良朝の人々の行楽地。藤原氏の氏神を祭る春日神社がある。「春日」の表記は、枕詞「春日の」によるあて字とされる。例天の原ふりさけ見れば春日なる三笠の山に出でし月かも〈古今・羇旅〉➡名歌47

語誌▼藤原氏の氏神の地 春日神社は奈良時代の創建と伝えられ、藤原一族の崇拝を集めた。陰暦二月・十一月の上の申の日の祭日には勅使が遣わされる。「春日詣で」は春日神社に参詣することだが、特に藤原氏の氏の長者が参詣することをいった。和歌でも「松」「藤」がよく詠まれ、松は天皇家、藤は藤原氏のたとえとして、その繁栄が歌われた。〈大谷俊太〉

かず-かず【数数】 名 形動(ナリ)❶数・種類の多いこと。数多いこと。例友だちの女房など、数々来つつとぶらひ〈枕・八月ばかりに、白き単〉❷(副詞的に用いて)一つ一つ。あれやこれやと。例数々に思ひ思はず問ひがたみ(=尋ねにくいので)〈古今・恋四〉

春日野(かすがの) 《地名》歌枕 大和国、奈良市東部の春日山の西麓一帯、今の奈良公園のあたり。古代、「飛ぶ火(のろし)」が設けられ、「飛火野」ともいわれた。

語誌▼遊覧の地 奈良時代は平城京郊外の遊覧の地で、『万葉集』には狩りや野遊びの場として詠まれている。平安時代に入ってからも、『伊勢物語』初段に見えるように狩りなどの遊楽の地だった。

▼若菜の名所 平安時代以降、春日野は春の光ののどかな心も弾む歌の多い歌枕となり、特に若菜摘みや子の日の小松引きがよく歌われた。例春日野の飛ぶ火の野守出でて見よいまいく日ありて若菜摘みてん(=春日野の飛火野の野の番人よ、野に出て様子を見てこい。あと何日したら若菜を摘むことができるだろうかと)〈古今・春上〉〈大谷俊太〉

かすがひ【鎹】(カスガイ) 名❶戸を締めておく金具。かけがね。例かすがひも錠もあらばこそ〈催馬楽・東屋〉➡名歌28 ❷建材の合わせ目をつなぎとめるコの字形の大釘。例大釘・かすがひを打ち抜き打ち抜き〈狂言記・朝比奈〉❸(②から転じて)人と人をつなぎとめるもの。特に、夫婦仲をつなぎとめる子ども。

かすが-まつり【春日祭り】 名 奈良の春日神社の祭り。陰暦二月・十一月の最初の申の日に行われる。朝廷から勅使が遣わされる。

春日山(かすがやま) 《地名》歌枕 奈良の春日神社の背後の山。三笠山を含む五峰の総称。古来神木として伐採が禁じられてきたため原生林が残る。例春日山朝立つ雲の(ここまで序詞)居ぬ日なく見まくの欲しき(=逢いたい)君にもあるかも〈万葉・四・五八四〉

かずく【被く・潜く】 ⇩かづく

かす-げ【糟毛】 名 馬の毛色の名。灰色の毛に白色の毛が少し混じったもの。例高角打ったる甲を着、糟毛なる馬に乗り〈古活字本保元・中〉

かずけもの【被け物】 ⇩かづけもの

かずさ【上総】 ⇩かづさ

かず-さし【数差し・籌刺し・員刺し】 名 賭弓・競べ馬・相撲・歌合わせ・根合わせ・小弓・鶏合わせなどの勝負で、勝った回数を計るために串や枝を数立てに差し入れること。また、それをする人。例左は歌よみ・員刺しの童〈亭子院歌合・仮名日記〉

かず-しら-ず【数知らず】 あまりに多くて数えきれない。限りなく多い。例上達部の御車ども数知らず集ひたり〈源氏・少女〉

かず-そ・ふ【数添ふ】(ソウ) ❶動(ハ四)数が増す。増える。例御年の数添ふしるしなめりかし〈源氏・紅葉賀〉❷動(ハ下二)数を増す。増やす。例八重榊繁き恵みの数添へて〈新勅撰・神祇〉

かず-な・し【数無し】 形(ク)❶物の数に入らない。つまらない。例うつせみ(=この世の人)は数なき身なり〈万葉・二〇・四四六八〉❷短い。はかない。例世の中は数なきものか春花の散りのまがひ(=散り乱れると き)に死ぬべき思へば〈万葉・一七・三九六三〉❸数えきれないほど多い。無数だ。例怨むる事をぞ数なかりける〈後撰・恋二〉

かず-なら-ず【数ならず】 数えるほどの価値がない。取るに足りない。例花筐(枕詞)めならぶ人のあまたあれば忘られぬらむ数ならぬ身は〈古今・恋五〉

かず-の-ほか【数の外】 定められた人員以外。定員外。例大納言あかざりければ(=欠員がなかったので)、員の外にぞ加はられける〈平家・三・大臣流罪〉

かずへ-の-かみ【主計の頭】(カズエ) 名「かぞへのかみ」とも。令制で、主計寮の長官。従五位相当。

かずへ-れう【主計寮】(カズエリョウ) 名「しゅけいれう」「かぞふるつかさ」などとも。令制で、民部省に属する役所。調・庸・その他の貢献物を計算し、年間の収支をつかさどる。

かず-ま・ふ【数まふ】(マウ・モウ) 動(ハ下二)取り上げて数の中に入れる。人並みに取り扱う。存在を認める。例(a)同じ御子たちの中に数まへきこえたまひしかば(=御自身の御子たちと同列に扱って大切にし申し上げなさっていたので)〈源氏・澪標〉例(b)そのころ、世に数まへられたまはぬ古宮おはしけり(=そのころ、世間から存在を認められていらっしゃらない年寄りの皇族がいらっしゃった)〈源氏・橋姫〉 〈鈴木宏子〉

かすみ

【霞】名〔動詞「かすむ」の名詞形〕かすみ。微細な水滴が空中に浮遊して、空や遠景がぼんやりとする現象。山の中腹などに薄い帯のように漂うこともある。例(a)春の野に霞たなびきうら悲しこの夕影に鶯鳴くも〈万葉・一九・四二九〇〉⇒名歌294 例(b)花の色は霞にこめて見せずとも香をだにぬすめ春の山風(=桜の花の色は霞に閉じこめて見せてくれなくてもせめて香りだけでも盗んで運んでほしい、春の山から吹く風よ)〈古今・春下〉例(c)いつしかとけしきだつ霞に木の芽もうちけぶり、おのづから人の心ものびらかにぞ見ゆるかし(=早くもと春めく霞に木の芽もほんのりと萌え出て、自然に人の気持ちものびのびしてくるように見受けられるのだ)〈源氏・初音〉 読解 光源氏の六条院に初めての春がめぐってきたさまを語ろうとする一節。

一語誌 ▼春の霊威の現れ　霞と霧は類似の自然現象であるが、平安時代になると、春の霞、秋の霧のように特定の季節と固定的に結びつくようになった。この傾向は特に和歌の世界で著しい。霞が春の景物とされる理由は、もともと季節というものが異界からこの世にもたらされる神秘な力の発現として信じられており、霞はその霊威の具体的な現れとして感じ取られていたからである。霞のたなびくのに、人々は、春という季節の訪れを感じたのである。

▼霞は、ぼんやりとあてどのない恋心の比喩に用いられることもある。「秋の田の穂の上に霧らふ朝霞いつへの方に我が恋やまむ」〈万葉・二・八八〉(⇒名歌9)が、その例である。一方、平安時代になると、例(b)のように、美しい花の姿を隠すものとして霞をうたう例も現れてくる。 〈多田一臣〉

かすみ-しく【霞敷く】 かすみわたる。一面に霞がかかる。例霞しく春のしほぢを見渡せばみどりをわくる沖つしら波〈千載・春上〉

かすみたつ【霞立つ】《枕詞》霞が春立つものであることから「春」にかかる。また、「かすみ」の「かす」と同音を含む地名「春日」にかかる。例(a)霞立つ春の永日を〈万葉・一三・三二五〇〉例(b)霞立つ春日の里の梅の花〈万葉・八・一四三七〉

かすみ-の-ころも【霞の衣】 ❶春を擬人化し、霞をその衣に見立てた言葉。例春の着る霞の衣緯を薄み(=横糸が薄く弱いので)山風にこそ乱るべらなれ(=乱れそうだ)〈古今・春上〉❷(「かすみ」の「すみ」に「墨」を掛けて)墨色の衣、すなわち喪服。例木の下の雫にぬれてさかさまにかすみの衣着たる春かな〈源氏・柏木〉読解「さかさまに」は、子が親に先立つこと。

かすみ-の-ほら【霞の洞】 仙人の住むところ。仙境。転じて、上皇の御所。仙洞御所。例千代に八千代をかさね、霞の洞の御すまゐ〈増鏡・新島守〉

かす・む【掠む】 動(マ下二)❶奪い取る。盗む。例唐人その南の堺を略むること得ず〈紀・天智〉❷ほのめかす。例あらはには言ひなさで、かすめ愁へたまふ〈源氏・東屋〉

かす・む【霞む】 動(マ四)霞がかかる。霞がかかったように、物の形がぼんやりとしてはっきり見えなくなる。例春の日の 霞める時に 墨吉の 岸に出で居て〈万葉・九・一七四〇〉

かすゆ-ざけ【糟湯酒】 名 酒のしぼり糟を湯に溶いたもの。酒の代わりに飲んだ。例堅塩を 取りつづしろひ 糟湯酒 うちすすろひて〈万葉・五・八九二〉⇒名歌122

かず-より-ほか【数より外】 ❶定員外。「数の外」とも。例数より外の権大納言になりたまふ〈源氏・明石〉❷取るに足りないこと。例都にて月をあはれと思ひしは数よりほかのすさびなりけり〈山家集・上〉

かずら【葛・蔓・鬘】 ⇩かづら

かす・る【掠る・擦る・摩る】 動(ラ四)❶軽くこする。特に、少量のものを容器の底をこするようにすくい取る。また、底に触れてしまうほど品物が乏しくなる。例(井戸ノ)濁り水おほかたかすりて、(底ノ)真砂の上がるにまじり〈西鶴・好色五人女・二・一〉❷少しの利益をかすめ取る。上前をはねる。例その提灯の明かりをかすり、わしも隣の念仏講へ〈歌舞伎・東海道四谷怪談・後日序幕〉❸節約する。例油かすりて宵寝する秋〈俳諧・猿蓑・五〉

かす-を【糟尾】 名 白髪まじりの髪。ごましお頭。例をさな目に見しかば(=幼いころに見たときは)、しらがの糟尾なりしぞ〈平家・七・実盛〉

かずをつくす【数を尽くす】 ⇩「かず」の子項目

かせ【枷】 名❶(「かし」の変化した形)罪人の体の自由を奪うため、首や手足にはめる刑具。例甲の鉢付けの板を左より右へかせに(=かせをはめたように)つっと射抜かれたり〈保元・中〉❷行動や決断を束縛するもの。邪魔。ほだし。例杖よ箒よと支ゆるも枷となり〈近松・堀川波鼓・下〉

かせ【桛】 名 紡いだ糸を巻いてかけておく道具。また、それに巻いた糸。例娘子らが績麻を(=紡いだ糸)かくといふかせの山〈万葉・六・一〇五六〉読解 上二句は掛詞式で地名「鹿背の山」を導く序詞。

かせ【甲蠃・石陰子】 名 動物の名。ウニの類。古くから食用とされた。例御肴に 何よけむ(=何がよいだろう) 鮑栄螺か 石陰子よけむ〈催馬楽・我家〉

かぜ

【風】名❶吹く風。例佐韋河よ 雲立ち渡り 畝火山 木の葉さやぎぬ 風吹かむとす(=佐韋河のほうから雲が立ち広がり畝傍山の木の葉がざわざわ音を立てた。風が吹こうとしている)〈記・中・神武・歌謡〉読解 伊須気余理比売が当芸志美々の謀反を暗示した歌謡。風による木の葉のさやぎが不穏な状態の比喩になっている。
❷風邪。感冒。鼻・のど・気管などに現れる炎症性の諸症状。例風いと重き人にて、腹いとふくれ(=風邪がとてもひどい人で、腹がたいへんふくらみ)〈竹取〉
❸風習。習わし。しきたり。例ひさかたの《枕詞》月の桂も折るばかり家の風をも吹かせてしがな〈拾遺・雑

上〉[読解]菅原道真の元服のときの母の歌。月にあるという桂の木を折るほどに儒学の家の業を振興してほしい、という意。

[語誌]▼**異界の霊威の現れ**　古く風は異界の霊威の現れと考えられていた。風を身に受けて妊娠したという神話もあり、風に宿る呪力の働きを示している。「朝羽振る風」〈万葉・二・一三一〉という言い方では風に鳥の羽ばたきが連想されており、風が具体的な映像として想像されていたことがわかる。農作物に被害を与える大風は、風の神のしわざと考えられた。龍田神社や伊勢の風の宮はそうした風の神を祀る神社である。はやり病が「風邪」と呼ばれるのも、風の神のもたらす悪い作用と考えられていたからである。

風はまた、季節の変化を感じさせるものだった。「袖ひちてむすびし水のこほれるを春立つ今日の風やとくらむ」〈古今・春上〉(➡名歌201)や「秋来ぬと目にはさやかに見えねども風の音にぞおどろかれぬる」〈古今・秋上〉(➡名歌7)は、風によって季節の到来を実感したことをうたった歌。季節も異界から訪れてくるものであり、風はその具体的な現れだった。風習や習わしを意味するのも、人々をそのようにしむける一定の力がそこに意識されていたからである。〈多田一臣〉

か-せい【歌聖】[名]和歌の才能が最もすぐれた人。特に、柿本人麻呂と山部赤人の二人をいう。『古今和歌集』仮名序の「柿本人麻呂なむ歌のひじり(聖)なりける」による。

かぜ-かをる【風薫る】カオル ─ 若葉を渡って風がさわやかに吹く。俳諧では夏の季語。[例]高紐に懸かくる兜や**風薫る**〈俳諧・落日庵句集〉[読解]「高紐」は鎧の胴の緒。脱いだ兜をそこに掛けた。さっそうとした武者の姿を写す。

かせぎ【鹿】[名]鹿の別称。[例]峰の**かせぎ**の近く馴れたるにつけても〈方丈記〉

かせ-ぐ【稼ぐ】[動](ガ四)❶懸命に勤める。一心に働く。[例]儚きこの世を過ぐすとて海山(=海や山で)**稼ぐ**とせしほどに〈梁塵秘抄・法文歌〉❷商売や労働によって収入を得る。金を儲ける。[例]我一生なにほど**かせぎ**ても〈西鶴・西鶴織留・一・四〉

かせ-づゑ【鹿杖】ヅエ ─ [名]先が鹿の角のように二股になっている木の杖。[例]**かせ杖**をつきて、走りまはりておこなふなりけり〈宇治拾遺・一〇〇〉

かぜ-の-かみ【風の神】[名]❶風をつかさどる神。❷風邪をはやらせる神。❸江戸時代、風邪をはやらせる神を追い払うと称して、面をかぶり太鼓を鳴らして、金品を貰い歩く門付け。[例]あいつは何者ぢや、**風の神**か鳥おどし(=案山子)のやうな〈近松・夕霧阿波鳴渡・上〉

かぜ-の-たより【風の便り】❶風という使い。漢語の「風便」「風信」の訳語というが、風をこの世と異界を結ぶ仲立ちと考える古い意識が残されている。[例]花の香を**風のたより**にたぐへてぞ鶯誘ふしるべには遣る(=道案内として送る)〈古今・春上〉❷風聞。世間のうわさ。古くは、だれの言葉でもなく世間に流通するうわさには、異界からもたらされる不思議な力が感じ取られていた。[例]君まさば(=亡き人が生きていたならば)まづぞ折らまし桜花**風のたより**に聞くぞ悲しき〈拾遺・哀傷〉[読解]「風の便り」は死の風聞。❸どこから送られたのか、どこに送るのかも知れない手紙。とりとめのない内容の手紙。[例]ほのかには**風の便り**に見しかどもいづれの枝と(=だれに下さった手紙か)知らずぞありける〈宇津保・藤原の君〉❹手紙をやるようなふとした機会。ついで。偶然の働きに誘われるというニュアンスがある。[例]荻の葉も、さりぬべき**風の便り**ある時はおどろかしたまふをりもあるべし〈源氏・末摘花〉[読解]「荻の葉」は、軒端荻と呼ばれる女性をさす。光源氏は軒端荻に対しても、何かしかるべきついでのある折には気を引いてごらんになることもあるにちがいない、の意。

かぜ-の-つて【風の伝】「かぜのたより」に同じ。[例]**風のつて**にも漏り聞きたまはむことは〈源氏・明石〉

か-せん【歌仙】[名]❶**和歌を詠むことにすぐれた人。**一定数の歌人を並べて「六歌仙」「三十六歌仙」などともいう。[例]良暹いはく「式部・赤染ともにもって**歌仙なり**」〈袋草紙・上〉[読解]「良暹」は歌人。「式部」は和泉式部、「赤染」は赤染衛門。ともに歌人として有名。❷**「歌仙連歌」「歌仙俳諧」の略。連歌・俳諧の一形式で、長句(五・七・五)と短句(七・七)を交互に三十六句連ねたもの。**和歌の三十六歌仙に由来するという。歌仙一巻を作ることを「歌仙をまく」という。[例]美濃の大垣・岐阜のすきものとぶらひ来たりて、**歌仙**あるは一折など度々に及ぶ(=美濃の大垣や岐阜の風流の士が訪ねて来て、歌仙あるいは半歌仙などをまくことが何度もある)〈芭蕉・笈の小文〉

[語誌]▼**六歌仙・三十六歌仙**　歌仙は、唐の詩人李白を「詩仙」と称するところから生まれた語である。『古今和歌集』序で紀貫之が選んだ「六歌仙(在原業平・小野小町・遍昭ら)」、平安中期の歌人藤原公任が選んだ「三十六歌仙(柿本人麻呂・紀貫之ら)」が有名。

▼**連歌・俳諧への影響**　鎌倉時代に成立した連歌は、長句と短句を交互に百回連ねる百韻形式を基本としたが、変種として三十六句形式のものも行われるようになり、「歌仙」と呼ばれた。歌仙は連歌から俳諧へ継承され、蕉門俳諧(芭蕉とその門下の新しい俳諧)確立後、百韻に代わって主流を占めるようになった。〈鈴木宏子〉

かぞ【父】[名](上代は「かそ」)父。母の意で対応するのは「いろ」「いろは」。[例]俗、父を呼びて**かぞ**とす〈紀・仁賢〉

かぞ-いろ【父母】[名](上代は「かそいろ」)父母。両親。[例]**かぞいろ**のともに祈れば〈夫木・三六〉

かぞ-いろは【父母】[名]「かぞいろ」に同じ。

かそけ-し【幽けし】[形](ク)光・色・音が薄れて消え入りそうなさま。かすかだ。淡い。[例]我がやどのいささ群竹吹く風の音の**かそけき**この夕べかも〈万葉・一九・四二九一〉➡名歌429

かぞ-ふ【数ふ】カゾウ[動](ハ下二)❶数をかぞえる。計算する。[例]わたつみの浜の真砂を**かぞへ**つつ〈古今・賀〉❷一つ一つかぞえあげる。列挙する。[例]親に先立つ子、子に後るる親、あげて**かぞへ**がたし〈保元・上〉❸数の中に加える。その中にかぞえ入れる。例なほ親しき家人の中には**数へ**たまひけり〈源氏・関屋〉❹拍子を取って歌う。白拍子を歌う。例白拍子を、まことにおもしろく**かぞへ**すましたりければ〈平家・一〇・千手前〉

かぞへ-うた【数へ歌】—— 名 ❶『古今和歌集』仮名序で、和歌の六義の一つ。物の名を隠して詠み込んだ歌とも、心情をほかのものにたとえずそのまま詠じた歌ともいう。❷数の順を追って歌う歌謡。

かぞへ-の-かみ【主計の頭】—— 名「かずへのかみ」に同じ。

かた-

【片】 接頭 ❶名詞について、一対のものの一方、片一方の意を表す。また、不完全であることを表す。「片思ひ」「片下ろし」「片歌」「片坏」など。❷名詞について、中心からはずれて、一方に片寄っている意を表す。「片隅」「片帆」「片辺り」など。❸(①から転じて)名詞について、中途半端な、あるいは、未成熟な、の意を表す。不十分な。わずかな。「片生ひ」「片生り」「片飼ひ」「片端」など。❹(③から)動詞、あるいはその連用形につく形で、その動作に身が入っていないさまを表す。「片泣き」「片待つ」など。

語誌 ④には、ひたすらに～する、と動作がそればかりに片寄る意に解する説もある。〈米山敬子〉

かた

【形・型】 名 ❶**外側から見た物の姿・かたち・様子。輪郭。**また、その形態の特徴。例出づる**かた**を見せてたちかへり(＝出て行く様子を相手に見せて引き返し)〈枕・ある所になにの君とかや〉❷**実際のかたちに似せて作った、絵・彫像・模様など。**例ほととぎすの**かた**をかきて(＝ほととぎすの絵を描いて)〈伊勢・四三〉❸**実物がなくなった後に残るかたち。**あとかた。形跡。例古き墳はすかれて田となりぬ。その**かた**だになくなりぬるぞ悲しき(＝古い墳墓は鋤で掘り返されて田となってしまった。そのあとかたさえもなくなってしまうのは悲しいことだ)〈徒然・三〇〉❹**習慣として出来上がっている様式。しきたり。**例仏事形のごとくおこなはる(＝仏事はしきたりどおりに行われる)〈平家・九・三草勢揃〉❺亀の甲などを焼いて行われた占いに現れるかたち。❻借金などの担保。抵当。

語誌 もともと外から見える外形という①の意が基本になる。そのため、類義語「**かたち**」が、本来、人物の容貌など、美醜の対象にもなる具体的なありようをいうのに比べて、「かた」はより抽象的である。②以下の意においても、実物とは違う意や、実際の中身を伴わない意をあわせもつ傾向が目立つ。特に、④は例のように、「かたの如く」などの形で、習慣どおりに、の意を表し、転じては、形式的に、通り一遍に、というほどの意にもなる。〈山口堯二〉

かた【肩】 名 ❶人間の腕または動物の前肢の、付け根の上部。例女房の装束をば**肩**にうちかけ〈平家・六・小督〉❷衣服の肩の部分。例肩衣の**かた**を脱ぎ〈狂言・老武者〉

かた【潟】 名 ❶遠浅の海岸で、潮の干満によって現れたり隠れたりするところ。例若の浦に潮満ちくれば**潟**を無み葦辺をさして鶴鳴きわたる〈万葉・六・九一九〉➡名歌428 ❷入り江。

かた

【方】 **1** 名 ❶**方向。方角。**例(a)あしき**かた**の風にはあらず。よき**かた**におもむきて吹くなり(＝悪い方角に吹く風ではない。よい方角に向かって吹いているようだ)〈竹取〉例(b)都の**かた**も残りなく見やらるるに(＝都の方向もくまなく眺めやられるが)〈更級〉❷**時。時分。ころ。**例過ぎにし**かた**のやうなるあいなだのみの心驕りをだに、すべきやうもなくて(＝以前の時のようなそら頼みをする心の驕りさえも、できるはずもなくて)〈更級〉❸**ある地点を基準にして、特定の場所・位置などをさす。ほう。もと。**例奥の**かた**よりやをらのぞいたるも(＝奥のほうからそっとのぞいたのも)〈枕・心にくきもの〉❹**人の営み・仕事・親族関係などのありよう。方面。**例宮づかへの方にも立ちなれ(＝宮仕えの方面にも慣れ親しみ)〈更級〉❺**二組に分かれて勝負を争う場合の、その一方。組。**例左右と**方**分かたせたまふ(＝左と右とに組をお分けになる)〈源氏・絵合〉読解 中宮の御前で絵の優劣を争う場面。❻**手段。方法。**例いはむ**かた**なく、あはれ悲しと思ひ嘆かる(＝言いようがなく、さびしく悲しいと思って悲嘆にくれてしまう)〈更級〉❼**尊敬語。間接的に人をさしていう。かた。おかた。**例(帝ハ)この御**かた**の御諫めをのみぞ、なほわづらはしう心苦しう思ひきこえさせたまひける(＝この御方のご忠告だけは、さすがにやっかいに、またつらく思い申し上げていらっしゃるのだった)〈源氏・桐壺〉❽**陰陽道で、人の移動のよしあしが問題にされた方角。方位。**例**かた**塞がりたれば、むべもなく、待つに、見えずなりぬ(＝方位が悪くなっているので、案の定、待ったけれど、来ずじまいになってしまった)〈蜻蛉・中〉

2 接尾「がた」とも。❶名詞、動詞の連用形、形容詞・形容動詞の語幹について、方向や位置を表す。「何方」「異方」「行き方」など。❷名詞、動詞の連用形について、1②の意を表す。時分。ころ。「暁方」「暮れ方」など。❸名詞、動詞の連用形について、特定の場所・仕事・親族関係、互いに争う二組の一方などについて、それに属したり、関係したりしている意を表す。「国方」「平家方」「右方」「屋敷方」「院方」「女方」など。❹人を表す名詞について、敬意をこめて複数である意を表す。「御大名方」「お侍ひ方」など。

語誌 ▼**1の意味分化** 方向の意を表す①が最も基本的な用法である。②は、①の向きを時間的に用いたもの。③以下はいずれも①の特殊用法といえよう。
▼「**方ふたがり**」「**方違へ**」 1⑧の陰陽道でいう方位の場合、方位が悪く、そちらの方角に移動がで

きない状態は、「方ふたがる」とか「方ふたがり」と言われた。その悪い方位にやむをえず移動しなければならない場合には、前もって「方違へ」をする必要があった。⇩おんやうだう〈山口堯二〉

かだ 名 自分の務めを怠けること。例大分の銭をとりながら、**かだ**をして働かず〈近松・出世景清・一〉

-がた【方】 接尾 ⇩かた(方)2

かたい【乞丐・乞食】 ⇩かたゐ

か-たい【歌体】 名 和歌の形式のこと。和歌は五音・七音の句から成り立つが、その配列のしかたや句数・音数によりいくつかの形式に分類される。その分類を「歌体」といい、短歌・長歌・旋頭歌・片歌・仏足石歌などがある。

かた-いき【片息】 名 ひどく苦しそうな呼吸。絶え絶えの息。例蝦数千あつまりて…或いは食ひころされ、或いは**かたいき**して〈著聞集・二〇・七一〇〉

かた-いと【片糸】 名 より合わせていない細糸。より合わせる前の片方の糸。糸は、二本の細糸をより合わせて作る。例手染めの糸を繰り返し**片糸**にあれど絶えむと思へや〈万葉・七・一三一六〉

かたいとの【片糸の】 《枕詞》糸をより合わせる意から「より」「よる」「あふ」にかかる。また、糸の縁語で「くる」「を」「ふし」などにかかる。

かた-うた【片歌】 名 和歌の歌体の一つ。五・七・七の三句からなり、記紀歌謡に見られる。旋頭歌の半分の形式で、問答歌の一方となる場合が多い。「新治 筑波を過ぎて 幾夜か寝つる かがなべて 夜には九夜 日には十日を」〈記・中・景行・歌謡〉(→名歌277)は、片歌による問答歌の例。

かた-うど【方人】 カタ・カトウド 名(「かたひと」のウ音便形)❶左右に分かれて競う歌合わせ・競べ馬・賭弓などで、一方の側に属する人。例**方人**どもおのおの世の中にありがたき物をば…求め騒ぎ合ひたる〈今昔・二八・三五〉❷味方。ひいき。例この国にも平家の**かたうど**する人ありけり〈平家・六・横田河原合戦〉

かたえ【片方】 ⇩かたへ

かた-え【片枝】 名「かたえだ」とも。片方の枝。一方の枝。例青き枝の、**片枝**いと濃く紅葉たるを〈源氏・総角〉

かた-おち【片落ち】 名 形動(ナリ) 一方だけに偏重すること。えこひいき。例そのやうな**片落ち**な事があるものでござるか〈虎寛本狂言・鈍太郎〉

かた-おひ【片生ひ】 オイ 名 形動(ナリ)(「かた」は接頭語)十分に成長していないこと。形の整わないこと。未成熟。例まだ**片生ひなる**手の(=筆跡で)、生ひ先うつくしきにて、書きかはしたまへる文どもの〈源氏・少女〉 類義 かたなり

かた-おもむき【片趣】 名 形動(ナリ) 一方に寄りすぎること。融通のきかないこと。例**片趣なる**をば、猪のしし武者とて〈平家・一一・逆櫓〉

かたおりど【片折り戸】 ⇩かたをりど

かた-か・く【片掛く】 動(カ下二) ❶片側を寄せかける。片方を掛ける。例山に**片かけ**たる家なれば、松蔭しげく、風の音もいと心細きに〈源氏・手習〉❷少し頼りにする。あてにする。例かの殿の御蔭に(=ご恩恵に)**片掛けて**〈源氏・松風〉

かた-かご【堅香子】 名 カタクリの古称。ユリ科の多年草。根からでんぷん(かたくり粉)をとる。早春、紅紫色の花をつける。例もののふの(枕詞)八十娘子らが汲みまがふ寺井の上の**堅香子**の花〈万葉・一九・四一四三〉(→名歌369)

かた-かた【片方】 名 ❶片一方。かたほう。例この川、堤の方はいと深くて、**片方**は浅ければ〈十六夜〉❷片隅。かたわら。例**片方**へ行きてさうぞきて(=装束をつけて)〈宇治拾遺・七・八〉

かた-かた【堅堅】 副(形容詞「かたし」の語幹を重ねた語)「かたがた」とも。(多く「かたかたと」「かたかたに」の形で)堅固に。しっかりと。すきまなくぎっしりと。例桟敷をも**かたかたと**打ち廻して〈申楽談儀〉

かた-がた

【方方】 1名 ❶人々の敬称。おかたたち。かたがた。例はじめより我はと思ひあがりたまへる御方々(=もともと自分こそはと自負していらっしゃる御方々は)〈源氏・桐壺〉 読解「御方々」は女御たちをさす。

❷あちこち。ほうぼう。例皆**かたがた**に流されたまひて(=全員あちこちに流罪になられて)〈大鏡・時平〉

❸あれこれ。種々。万事。例宮をば、**かたがた**につけて、いとやむごとなく思ひきこえたまへるものを(=宮を、万事につけて、たいそう大事にお思い申し上げていらっしゃるのに)〈源氏・若菜上〉

2代 対称の人称代名詞。複数の相手に対する敬称。あなたがた。みなさん。例**かたがた**は定めて聞き及ばせたまひたる事も候ふらん(=あなたがたはきっと伝え聞いていらっしゃる事もございましょう)〈太平記・五〉

3副 ❶あれやこれや。さまざま。例恐ろしうも、かたじけなくも、うれしくも、あはれにも、**かたがた**うつろふ心地して(=恐ろしくも、もったいなくも、うれしくも、哀れにも、さまざまに移り変わる気持ちがして)〈源氏・紅葉賀〉

❷いずれにしても。どっちみち。例**かたがた**おそれあるべし(=いずれにしても後で問題が起きるにちがいない)〈平家・二・小教訓〉〈鈴木宏子〉

かた-かど【片才】 名(「かた」は接頭語)わずかな才芸。ほんの少しの技量。例すぐれてしもあらぬ御手を(=御筆跡を)、ただ**片かど**に〈源氏・梅枝〉

かたかは-やぶり【片側破り・片皮破り】 カタカワ― 名 強引に押し通そうとすること。また、そのような気質の人。横紙破り。例**片皮破り**の猪武者〈太平記・三八〉

かた-がひ【片飼ひ】 ガイ 名 馬などの飼育が、十分でないこと。例逢ふことの**かた飼ひ**したる陸奥のこまほしくのみ思ほゆるかな〈拾遺・恋四〉 読解「かた飼ひ」の「かた」に「難し」を掛ける。

かた-がゆ【固粥・饘】 名「かたかゆ」とも。固く煮た粥。今の飯にあたる。⇩かゆ(粥)。例蔵人御粥を供ふ。**堅粥**なり、高くこれを盛る〈江家次第・七〉

かたき

【敵】 名 ❶相手。遊び相手。競争相手。例(帝ハ薫ヲ)御碁の**敵**に召し寄す(=御碁の相手としてお呼び寄せになる)〈源氏・宿木〉

❷配偶者。例御かたきをば知りたてまつらじ（＝お相手のことはお尋ねいたしますまい）〈宇津保・俊蔭〉読解召使の老女が姫君を問いただす言葉。
❸戦争の相手。敵。例やにはに（＝たちまちのうちに）敵五、六騎射おとす〈平家・八・妹尾最期〉
❹恨みをいだく相手。仇。例父の敵討たんにおきては、わが命何か惜しかるべき（＝父の仇を討つに際しては、自分の命はどうして惜しいはずがあろうか）〈曾我・四〉読解「何か」は反語の意を表す。
類義❸❹あた（仇）
語誌 一対になるその相手を広くいうのが原義で、①が本来の用法。②以下は何の相手であるかによって分けたものである。〈鈴木宏子〉

かた-ぎ【気質】名〔「型木」の意から〕職業・身分・環境などに応じた独特の気質や風俗・習慣。例むかしは律義千万なるを人の女房かたぎと申しはべりき〈西鶴・好色一代女・三・四〉

かた-きし【片岸】名❶片側。一方の側。例われは左近の馬場をかたきしにしたれば〈蜻蛉・上〉読解ここは「左近の馬場」の横に住んでいたこと。❷片側が切り立って崖になっている所。断崖。例遥かなる片岸より馬を丸ばして落ちて〈今昔・一九・三五〉

かた-ぎぬ【肩衣】名❶古く、袖なしの上着。例寒くしあれば 麻衾 引き被り 布肩衣 ありのことごと 着襲へども〈万葉・五・八九二〉→名歌122 ❷江戸時代、武家の礼服の一部。袴と一対にした上下の上部。例夏はすきたる御肩衣に、ひとへの御袴をめされて〈折たく柴の記・上〉❸江戸時代、町家の礼服。袴とともに着用する。浄土真宗では、勤行・参詣の折、正月、葬式などで着用した。また能役者・浄瑠璃語りなども、舞台で使用した。例津村の御堂まゐりとて、かたぎぬは持たせ出でしが〈西鶴・好色五人女・二・三〉

かた・ぐ【担ぐ】動（ガ下二）❶肩にのせる。かつぐ。例この弓を左へかたげさしめ〈虎寛本狂言・八幡の前〉❷負ける。例一本かたげ恥かこより（＝恥をかくよりは）〈近松・心中二枚絵草紙・上〉

かた-くな【頑な】

形動（ナリ）思慮・判断に偏りがあって行き届かないさまをいう。「かた」は不完全の意、「くな」は曲がっているの意の「くねる」と同根であろう。

❶一つのことに固執している。偏屈だ。ものわかりが悪い。例いとど人わろうかたくなになりはつるも（＝ますますみっともなく偏屈になり果ててしまったのも）〈源氏・桐壺〉
❷愚かしさがうかがわれて見苦しい。みっともない。教養やたしなみがない。例ⓐ子の道の闇にたちまじり、かたくななるさまにやとて（＝我が子を思う親心の闇に迷いこんで、みっともないありさまになりはしないだろうかと思って）〈源氏・若菜上〉例ⓑことにかたくなる人ぞ、「この枝、かの枝散りにけり。今は見所なし」などは言ふめる（＝とりわけ教養やたしなみのない人は、「この枝も、あの枝も、花が散ってしまった。今は見るところがない」などと言うようだ）〈徒然・一三七〉
語誌 王朝の貴族が理想とするような、調和のとれた穏かなふるまいや生活態度に反して、一つのことに固執したりものの見方に偏りがあったりして、見苦しいさまをいう。王朝の美意識にあこがれた兼好は、そうした美意識や教養を身につけた「よき人」と対照的な「かたくなる人」の姿を、『徒然草』の随所で批判的に描き出している（②例ⓑ）。〈高田祐彦〉

かたくな・し【頑なし】形（シク）❶愚かしい。一つのことに固執しているさまをいうことが多い。例（逃ゲタ女ハ）いづくに這ひ紛れて、（私ノコトヲ）かたくなしと思ひゐたらむ〈源氏・空蟬〉❷みっともない。体裁が悪い。例かたくなしく、直衣・狩衣などゆがめたりとも〈枕・あかつきに帰らん人は〉

かた-け【片食】❶名 一回の食事。江戸時代の初めごろ、一日二食であったことからいう。例（羽織ヤ脇差シノ類ハ）町人の面道具なれば、たとへ片食は食はずとも、身を離つ事なし〈西鶴・西鶴織留・五・三〉❷接尾 食事の度数を示す語。例旅籠が六片食、酒が四升五合〈近松・丹波与作待夜の小室節・中〉

かた-げ【難げ】形動（ナリ）〔形容詞「かたし」の語幹＋接尾語「げ」〕むずかしそうだ。めったになさそうだ。例かの御心にゆるしたまはむことは難げなめり〈源氏・夕霧〉

かた-ごころ【片心】名 少し心が動くこと。わずかな関心。例らうたげなる（＝かわいらしいさまの）姫君のもの思へる見るに、かた心つくかし〈源氏・蛍〉

かた-こひ【片恋ひ】コイ 名 一方的に相手を恋すること。片思い。例我が片恋ひの繁ければかも（＝絶え間ないからか）〈万葉・一七・三九二九〉

かた-こびん【片小鬢】名「かたかうびん」とも。片方の鬢。片鬢。例とかくは片小鬢剃られて〈西鶴・好色一代男・三・七〉読解 片鬢を剃るのは処刑の一つ。

かた-さま【方様】代『近世語』対称の人称代名詞。あなたさま。多く女性が男性に敬意を表して用いる。例今かたさまにおもひ合はせ、昔が思はるる〈西鶴・好色一代男・一・七〉

かた-ざま【方様】名「かたさま」とも。❶方角。方向。例北の陣の方ざまに歩み行くに〈能因本枕・細殿の遣戸を押しあけたれば〉❷その方面。その向き。例かかる方ざまを思し好みて〈源氏・少女〉❸その人のほう。味方。例おのが方ざまに（＝自分に都合がよいように）ものいふ〈落窪・一〉

かた-さ・る【片去る】動（ラ四）❶片方に寄る。例ぬばたまの（枕詞）夜床も片去り 朝寝髪 掻きも梳らず〈万葉・一八・四一〇一〉❷遠慮する。退く。例みなこなたの御けはひ（＝こちらの方のお人柄）には片さり憚るさまにて過ぐしたまへばこそ〈源氏・若菜上〉

かた-し【片し】名❶片方。対のものの片一方。例上の袴をかへざまに着（＝後ろ前に着て）、片しに足二つをさし入れて〈宇津保・あて宮〉❷剃刀・かんざしなど、細長い道具の一本。例剃刀かたし見えける〈西鶴・西鶴諸国ばなし・二・一〉

かた・し

【堅し・固し】形（ク）❶硬度や密度が高い。かたい。例堅き巌も沫雪になしたまうつべき御気色なれば（＝硬い岩も

やわらかい雪になさってしまうにちがいない御意気ごみなので)〈源氏・行幸〉 ❷**柔軟性に欠ける。角張っている。ぎこちない。** 例御手は…強う、**固う**(音便形)書きたまへり(=御筆跡は…強く、角張ってお書きになってある)〈源氏・行幸〉 ❸**堅固だ。厳重だ。** 例明日明後日、**固き**物忌みにはべるを(=明日と明後日は、厳しい物忌みでございますが)〈源氏・東屋〉 ❹**心や態度などが容易に変化しない。誠実だ。** かたくなだ。例(a)大君に**堅く**仕へまつらむ(=大君に変わることなくお仕え申し上げよう)〈紀・雄略・歌謡〉例(b)衛門督の**かたく**いなぶるを責めたまへば(=衛門督がかたくなに辞退するのをお責めなさるので)〈源氏・若菜上〉

語誌 ①が原義と考えられるが、上代にすでに③④のような比喩的転用の例が見られる。〈橋本行洋〉

かた・し

【難し】形(ク) もとは「かたし(堅し)」と同語。事物が堅くて、変化動揺しにくいの意から、物事を成しがたいの意に転じた。

❶**むずかしい。容易でない。** 例(a)白露と秋の萩とは恋ひ乱れ別くこと**難き**我が心かも(=白露と秋萩とどちらも好きで、どちらがより好きか判断しがたい私の心だなあ)〈万葉・一〇・二一七一〉例(b)世に逢ふことかたき女になん(=まことに結婚するのがむずかしい女性であった)〈伊勢・七五〉読解下に「ありける」が省略されている。

❷(①から転じて)**めったにない。まれだ。** 例契りふかくて語らふ人の、末までなかよき人**かたし**(=前世からの因縁が深い感じで懇意にしている人で、将来まで仲がよい人はめったにいない)〈枕・ありがたきもの〉

対義 ①やすし

語誌 ▼関連語 「**むつかし**」は、気持ちが晴れないような事態に対する不快感を表す。近世以降、その「むつかし」に「かたし」と同じ意が生じ、現代語「むずかしい」になる。「**めづらし**」は、こんなにすばらしいことはめったにない、の意で、よい意味で用いられるのがふつう。〈池田節子〉

-がた・し【難し】 接尾(ク型)〔形容詞「かたし」の連濁形〕動詞の連用形について、〜するのがむずかしい、〜しにくい、の意を添える。「堪へ難し」「旧り難し」など。

かた-しき【片敷き】 名 自分の衣だけを敷いて寝ること。独り寝。例**片敷き**の夜の衣を思ひこそやれ〈源氏・玉鬘〉

かた-し・く【片敷く】 動(カ四) ❶自分の衣だけを敷いて臥す。独り寝をする。例我が恋ふる妹は逢はさず玉の浦に衣**片敷き**ひとりかも寝む〈万葉・九・一六九二〉 ❷(「かた」を接頭語的に用いて)敷く。例ひさかたの(枕詞) 天の川原に 天飛ぶや(枕詞) 領巾**片敷き**〈万葉・八・一五二〇〉 語誌 古く、男女が共寝をする場合に二人の衣服を敷いて寝たところから、その片方(一人)の衣だけを敷くことをいう。

かたじけな・し

【辱し・忝し】形(ク) **恐れ多い。もったいない。** 例(a)**かたじけなく**、穢げなる所に年月を経てものしたまふこと、きはまりたるかしこまり(=もったいなくも、汚ならしいこの家に長年お通いになることは、このうえなく恐縮です)〈竹取〉読解竹取の翁が、かぐや姫に求婚する貴公子たちに言った言葉。例(b)身にあまるまでの御心ざしのよろづに**かたじけなき**に(=過分なまでの帝の御寵愛が、何かにつけて恐れ多いので)〈源氏・桐壺〉

語誌 主として高貴な相手に対して、自分とのかかわりを恐縮する気持ちを表す。類義語「**かしこし**」が対象に対して恐れおののく気持ちであるのに対して、自らを恥じ、卑下する気持ちが強い。〈髙田祐彦〉

かた-しほ【堅塩】 名 粗製の、固まりになった塩。酒の肴にもした。例すべもなく 寒くしあれば **堅塩**を 取りつづしろひ〈万葉・五・八九二〉➡名歌122

かた-しろ

【形代】名〔本物の形の代わりの意〕 ❶**祭りのとき、神体の代わりにするもの。** 例むつきのうちの御ありさまは、ただ**形代**などを祝ひたらんやうにて(=産着にくるまれた御様子は、まるで形代を祭っているようで)〈増鏡・新島守〉読解幼い将軍の様子。「祝ふ」は神として祭る意。

❷**禊や祓えのときに用いる人形。** 主に紙で作り、人の身体をなでて罪や穢れを移して川に流す。「撫で物」「人形」とも。例見し人の**形代**ならば身にそへて恋しき瀬々のなでものにせむ(=かつて愛した人の形代なら、そばに置いて、恋しい折々にその思いを移す祓えの人形にしよう)〈源氏・東屋〉読解川に縁があるので「瀬々」を用いた。また、③の意を掛ける。

❸(②から転じて)**その人の代わりとなるもの。身代わりの人。** 例かかる**形代**を神の作り出でたまへるにや(=このような身代わりの人を、神が作り出しなさったのであろうか)〈狭衣・四〉

語誌 ▼『源氏物語』の「かたしろ」と「ゆかり」 ②例は、薫にとって、死んだ大君の身代わりの浮舟という女性をさしている。身代わりの女性という点では、「ゆかり」の発想とも通じるが、藤壺の「ゆかり」である紫の上がやがて本格的に光源氏に愛されるようになるのに対して、大君の「形代」である浮舟はあくまで身代わりにとどまる。〈髙田祐彦〉

かた-そぎ【片削ぎ】 名 ❶片方を削ぎ落とすこと。また、そのもの。例**かたそぎ**の月を昔の色とみて〈新後撰・秋下〉 ❷神殿の屋根の千木の端を削ぎ落とすこと。また、その千木。例わが恋は千木の**片そぎ**難くのみゆき逢はで年の積もりぬるかな〈新古今・恋三〉

かた-そば

【片傍】名 かたはし。端っこ。一部分。例(a)日本紀などはただ**かたそば**かし(=日本紀などはほんの一部分なのだよ)〈源氏・蛍〉読解この「日本紀」は『日本書紀』など官製の歴史書の総称。有名な物語論の一節。例(b)(手紙ヲ)**かたそば**広げたまへるを(=かたはしお広げになっていると)〈源氏・若菜上〉〈米山敬子〉

かた-そ・ふ【片添ふ】 動(八下二) 片側にぴったりと寄る。例山かげに**片添へ**て〈増鏡・新島守〉

堅田《地名》近江国、今の滋賀県大津市北部。琵

琵琶湖西岸の景勝の地。「堅田の落雁」は近江八景の一つ。

かた-たがへ【方違へ】タガエ 名「かたたがひ」とも。**陰陽道で、外出する目的地への方角を違えること。** 天一神・太白神などが巡行する方角を忌避し、前夜にほかの場所に移り、方角を変えてから目的地に行く。⇩なかがみ。例**方違へ**に行きたるに、あるじせぬ所。まいて節分などは、いとすさまじ(=方違えに行ったときに、客をもてなさない家。まして節分のときなどは、たいそう興ざめだ)〈枕・すさまじきもの〉

語誌▼「忌み違へ」「方忌み」などともいう。平安時代以降、特に貴族社会では陰陽道が重視され、方違えは厳守すべき禁忌とされた。天一神・太白神や修理に関連する金神・大将軍の場合は、数十日に及ぶこともある。避けるべき方角を「方塞がり」といい、その方角に行けるようになることを「方明く」という。方違えで一時的に移る場所が「方違へどころ」。

▼**方違えの実態** 物語や日記などには、方角が悪いからという理由で女性を訪れない男性の姿が散見される。実はその女性に飽きたからというのが真実であることが多く、方違えは、外出する・しないの理由についての格好の口実ともなったらしい。また『源氏物語』帚木巻では、光源氏は方違えに行った家で空蝉という女性を発見している。ここでは、身分差もあって普通なら出会うことのない男女を結びつける手段となっている。例は、方違えに行った家がもてなしをしないことを、興ざめだ、不快だと批評するもので、方違えではもてなしをすることが期待されていたことがうかがえる。〈大井田晴彦〉

かた-だより【片便り】名 一方からのみ出す手紙。手紙を出しても、先方から返事がないこと。例**片だより**なる恋もするかな〈山家集・中〉

かた-ち【形・容・貌】名 ❶**そのものらしい外見。** 例目さすとも知らぬ闇ではあり、姿**かた**ちも見えざれば(=ねらってもどこともわからない闇で、姿や形も見えないので)〈平家・四・鵼〉 ❷**顔立ち。** 例かぐや姫の**かたち**優におはすなり(=かぐや姫の顔立ちはすばらしく美しくいらっしゃるということだ)〈竹取〉 ❸②に美しい意を含めていう。**美貌。** 例**かたち**ある女を集めて見む(=器量のよい女性を集めて妻にしよう)〈源氏・玉鬘〉 ❹**人や世の中のありさま。状況。** 例誰そこの 仲人立てて 御許の**かたち** 消息し 訪ひに来るや(=だれだろうかいったい、仲人を立てて先方のありさまを手紙で伝え尋ねて来るのは)〈催馬楽・朝津〉

語誌▼「**かたち**」と「**かた**」 「かた」が、より抽象的な外形に重点を置いて表すのに対して、「かたち」は人や物の外観を、単なる外見としてではなく、その物の個性や内面の特徴の現れとしてとらえる語であり、価値判断の対象になることも多い。その点からも、「かたち」の「ち」は、「いのち」「ここち」などの「ち」と同類の、霊的な力を表す語であったと見られる。〈山口堯二〉

【形変はる】 出家姿になる。出家する。例御**かたちも変はり**ておはしますらんが〈源氏・橋姫〉

【形を変ふ】 出家姿にする。出家する。例**かたちを変へ**、世を背きにき(=俗世を捨てた)とおぼえたれど〈源氏・夢浮橋〉

かたち-あり【形あり】容貌が美しい。例**かたち**ある女を集めて〈源氏・玉鬘〉

かた-ちぐ【片ちぐ】名 形動(ナリ) 対になるべきものが不ぞろいであること。ちぐはぐ。例上着を脱げば右左、振りと詰め(=振袖と詰め袖)との**片ちぐ**に〈近松・五十年忌歌念仏・中〉

かたち-づくり【形作り・容作り】名 身ごしらえ。化粧。おめかし。例いざ雪見**容づくり**す蓑と笠〈俳諧・蕪村句集・下〉

かたち-びと【形人・容人・貌人】名 容貌のすぐれた人。男女ともにいう。例若やかなる**かたちびと**の〈源氏・若菜上〉

かた-つ-かた【片つ方】名〔「つ」は「の」の意の上代の格助詞〕❶二つの側面をもつものの一方。二つで一組のものの一方。片側。片方。例扉**片つ方**を、人ひとり入るほどあけたり〈宇治拾遺・七八〉 ❷もう一つのほう。いま一方。例待ちきこえ顔なる**片つ方人**を、あはれと思さぬにしもあらねど(=お思いにならないわけではないが)〈源氏・夕顔〉 ❸端に片寄った所。片隅。例この御畳紙の**片つ方**に〈源氏・空蝉〉

かた-つき【肩衝き】名 茶入れの一種。肩が少し角張ったもの。例**肩つき**ひとつ百貫目の質に取りて〈西鶴・諸艶大鑑・五・二〉

かた-づ・く【片付く】1動(カ四) ❶片方に寄る。地形的に、山・海などのほうに寄るのをいう。例難波の宮は いさなとり(枕詞) 海**片付きて**〈万葉・六・一〇六二〉 ❷落ち着く。はっきり定まる。例勅定(=天皇の仰せ)にまかせて、ともかくも**片付き**はんべらん〈御伽草子・鶴の草子〉 ❸ある人のほうにつく。嫁入りする。例娘はそれぞれに**片付くし**〈滑稽本・浮世風呂・前下〉 2動(カ下二) ❶片方に寄せる。整理する。例そこらを**片付けて**置きや〈歌舞伎・金門五山桐・三の詰〉 ❷どちらかに決める。けりをつける。例我が身一つを**片付け**かねて震ひゐる〈近松・博多小女郎波枕・上〉 ❸嫁入りさせる。例相応なとこがございましたから**片付け**ました〈滑稽本・浮世風呂・二上〉

かたつぶり【蝸牛】名 動物の名。カタツムリ。「ででむし」「まひまひつぶり」など別称も多い。例舞へ舞へ**かたつぶり** 舞はぬものならば 馬の子や牛の子に蹴ゑさせてん〈梁塵秘抄・四句神歌〉➡名歌332

かた-つま【片端】名 かたはし。例檜扇の**片つま**引き折りて書きつけて〈今鏡・三・花園匂〉

かた-て【片手】名 ❶片方の手。❷一方の人。相手。例源氏の中将は青海波をぞ舞ひたまひける。**片手**には大殿の頭中将〈源氏・紅葉賀〉

かたて-うち【片手打ち】名 ❶刀を片手で持って切りつけること。例**片手うち**の下げ切りに諸膝かけず(=簡単に)切って落とし〈太平記・九〉 ❷不公平なこと。例在所の親を召し寄せて吟味もなされず、**片手**打ちのなされやう〈近松・五十年忌歌念仏・中〉

かたて-や【片手矢】名 一本の矢。矢は二本で一対

(一手)であることからいう。例片手矢はげて(=つがえて)進み出でて〈平家・一一・逆櫓〉

かた-とき【片時】 名(一時の半分の意から転じて)わずかの時間。ほんの少しの間。例片時涙浮かばぬ時なし〈蜻蛉・中〉

かたとき-さらず【片時さらず】 わずかな時間もとぎれることなく。始終。例片時さらずあひ思ひけるを〈伊勢・四六〉

かた-な【刀】 名(「片刃」で、本来、片刃の刃物をいう)❶太刀の短いもの。腰に差す。例腰の刀を抜き…首をとる〈平家・九・越中前司最後〉❷江戸時代、大刀。脇差しと合わせて「大小」といい、武士の身分のみ両刀を差すことが許された。例刀・脇差しの棚(=店舗)出して〈西鶴・日本永代蔵・四・三〉❸小さな刃物。例唐衣我は刀の触れなくにまづたつものはなき名なりけり〈拾遺・恋三〉読解「たつ」は「(名が)立つ」と「(刀で)裁つ」を掛ける。

かた-な【片名・偏名】 名❶二字の名の片方。また、名前の一字をとった略称。あだ名。例名乗りは、我が片名に父が片名を取って〈源平盛衰記・三六〉❷名前の上に添える称号。例日本と肩名に呼ばるる頭株(=親分)〈歌舞伎・青砥稿花紅彩画・三〉

かた-なき【片泣き・片鳴き】 名(「かた」は接頭語)❶半泣きに泣くこと。ひとり泣き。例朝嬬の避介の小坂を 片泣きに 道行く者も 偶ひてぞ良き〈紀・仁徳・歌謡〉❷鳥などの未熟な鳴き方。例おのづからまだかたなきのひな鳥の〈新撰六帖・六〉

-がた-な・し 接尾(ク型)(接尾語「がたし(難し)」の語幹+接尾語「なし」)動詞の連用形について、ク活用の形容詞を作る。~するのがむずかしい、~しにくい、の意を添える。例遁れがたなき手詰めの段〈近松・心中天の網島・中〉

かたな-だま【刀玉】 名 田楽・猿楽などで、数本の刀を投げ上げ、手で受け取る曲芸。また、それをする曲芸師。例田楽・猿楽なんどの中に、刀玉と言ひて、あやふきわざする者あり〈発心集・八・七〉

かた-なづけ【片馴付け】 名(「かた」は接頭語)馬などのなつけ方が十分でないこと。例悪源太の馬は片馴付けの駒にて〈平治・中〉

かた-なり【片生り】 名 形動(ナリ)(「かた」は接頭語)❶身心がまだ十分に成長していないこと。未成熟。例まだいと小さく、片なりにおはするうちにも〈源氏・若菜上〉❷物事・技量が不完全・未完成であること。未熟。例御琴の音、まだ片なりなるところありしを〈源氏・竹河〉類義①②かたおひ

かた・ぬ【結ぬ】 動(ナ下二) ひとまとめにする。束ねる。例仕ふる国の 年の内の 事(=国政の報告)かたね持ち〈万葉・一八・四一一六〉

かた-ぬ・ぐ【肩脱ぐ】 動(ガ四)❶着ている袍をずらして、下に着ているものの肩を出す。宴席でくつろいだり舞を舞ったりするためにする。例若やかなる上達部は肩ぬぎて(庭に)おりたまふ〈源氏・若菜下〉❷肌脱ぎになる。例かたぬぎて背中を見せしむ〈今昔・七・四八〉

交野 《地名》歌枕 河内国、今の大阪府交野市・枚方市一帯。平安初期には百済王氏の住所で、壮麗な百済寺があり、皇室の遊猟地である禁野に天皇もしばしば行幸し、鷹狩りを行った。

語誌▼交野の御野の桜狩り 「世の中にたえて桜のなかりせば春の心はのどけからまし」(↓名歌406)の歌が詠まれた、惟喬親王と在原業平の遊猟(『伊勢物語』八二段)が特に有名。次の歌もこの話が典拠。例またや見む交野のみ野の桜がり花の雪散る春のあけぼの〈新古今・春下〉↓名歌329 〈大谷俊太〉

荷田春満 《人名》一六六九~一七三六(寛文九~元文元)。江戸時代の国学者・歌人。伏見稲荷の神官の家に生まれ、契沖の影響を受けて国学を研究。門人に賀茂真淵らがおり、国学隆盛の基盤を作る。注釈書『万葉集僻案抄』『伊勢物語童子問』などのほか、家集『春葉集』がある。

かた-の-ごとく【形の如く】 ❶形ばかり。わずかに。例身は貧しくて、老いたる母を持ちたりければ、寺の中にする置きて、形のごとく命つぐほどの事をなんしけり〈発心集・五・一四〉❷形式どおり。しきたりどおり。例(狐ガ)形のごとくよく化けてござある〈狂言・釣狐〉

交野の少将 《作品名》平安時代の散逸物語。また、その主人公の名。色好みの人物として有名。

かた-は【片端】 名 形動(ナリ)❶欠点があること。不完全なこと。例この大臣は色めきたまへるなむ、少し片端に見えたまひける〈今昔・三一・八〉❷体に障害のあること。例容貌などはさてもありぬべけれど、いみじきかたはのあれば〈源氏・玉鬘〉❸不体裁。見苦しいこと。例人聞きかたはになのたまひなしそ(=ことさらにおっしゃるな)〈源氏・真木柱〉

かた-ばこ【肩箱】 名 山伏が背負う笈の上に取り付けて、経文・仏具などを入れる小箱。例笈の上には雨皮・肩箱とり付けて〈謡曲・安宅〉

かた-はし【片端】 名❶一方の端。例片端は水にのぞき、片端は島にかけて、いかめしき(=りっぱな)釣殿造られて〈宇津保・祭の使〉❷全体の一部分。一端。ほんの少し。例はかばかしき事(=きちんとしたこと)は、片端も学び知りはべらねば〈徒然・一三五〉

かたばみ【酢漿草】 名❶植物の名。カタバミ科の多年草。葉は互生、長い柄がある。酸を含むので、生葉は銅(鏡など)を磨くのに用いる。❷紋所の名。①の葉を図案化したもの。

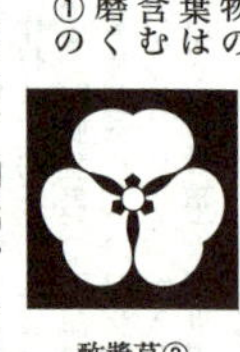

酢漿草②

かたは-ら【傍ら・側】 名(「かた」は「片」、「は」は端の意。「ら」は接尾語)❶ものの一方に片寄った所。側面。わき。そば近く。例(a)この家のかたはらに、檜垣といふもの新しうして(=この家のわきに、檜垣というものを新しく作って)〈源氏・夕顔〉例(b)かたはらに貝をにはかに吹き出でたるこそ、いみじうおどろかるれ(=すぐそばで法螺貝を突然吹き出したのは、たいそう驚かされる)〈枕・正月に寺にこもりたるは〉❷そばにいる人。周囲の人。例本性の人がらくせなくかたはらのため見えにくきさませずだになりぬれ

ば、にくうはべるまじ(=生まれつきの人柄に癖がなく、周囲の人にとって、接しにくい様子を見せないようにさえなってしまえば、憎くはないでしょう)〈紫式部日記〉

❸はしに片寄った所。片隅。例(a)(階段ノツイタ長イ廊下ヲ)のぼるは、いとあやふくおぼえて、**かたはら**によりて勾欄おさへなどして(=登るのは、大変危なく思えてはしに寄って欄干につかまりなどして)〈枕・正月に寺にこもりたるは〉例(b)これは、この国の**傍ら**に住む白拍子にて候ふ(=私は、この国の片隅に住む白拍子でございます)〈謡曲・道成寺〉

語誌▼**表記について** 「かたはら」の「は」は、平安末ごろには「ワ」と発音されるようになった。しかし、その一方で、「かたはら」の表記に「片腹」の字をあてることが中世以降に行われたため、「かたはら」と表記どおりにも発音された。室町末期の『日葡辞書』では、「かたはら」は「カタワラ」、「かたはらいたし」は「カタハライタイ」となっている。〈米山敬子〉

かたはら-いた・し【傍ら痛し】

カタワラー・カタハラー 形(ク) そばにいる人との関係で、相手に対して自分が「痛し」と感じる気持ち。相手がどう思うか気になり、あるいは、相手に対して見る(聞く)に堪えない気持ちになるさまを表す。

❶**周囲の人が自分のふるまいをどう思っているか気になって、いたたまれない。気恥ずかしい。きまりが悪い。** 例(自分ノ恋心ヲ)聞こえさせんにつけて、いと**かたはらいたき**心地してこそ、え聞こえね(=お話し申し上げたいと思うにつけて、まことに気恥ずかしい感じがして、申し上げることができない)〈宇津保・嵯峨院〉

❷**相手の言動をそばで見ていて、みっともなくて我慢がならない。見苦しいと思う。** 例我が身いみじき事ども、**かたはらいたく**言ひ聞かせ(=自分がりっぱであるということなどを、見苦しいと思うほどに言って聞かせ)〈徒然・一七五〉

❸**相手の言動を侮蔑をこめて見る気持ちを表す。おかしい。ばかばかしい。** 語幹だけで詠嘆的に用いることもある。例あな、**かたはらいた**の法師や(=ああ、ばかげた坊さんだなあ)〈宇治拾遺・五〉読解 語幹の用法。

語誌▼**表記と意味領域** 「かたはら」は本来「傍ら」であるが、平安末期以後に「片腹痛」の表記が現れる。『小右記』『明月記』などの漢文の日記に散見されるが、①②の意のあて字として用いられたものが、中世以後しだいに一般化したようである。また、意味のほうは、『枕草子』「かたはらいたきもの」の段の例示のように、他人の見苦しさや滑稽さなどを苦々しく思ったりする②の意に多用された。江戸時代にはほぼ③の意に固定化するようになる。〈米山敬子〉

かたはら-さび・し【傍ら淋し】 カタワラー・カタハラー 形(シク) 自分のそばに人がいなくて寂しい。独り寝の寂しさをいう。例塵がましき(=ほこりだらけの)御帳の中も**かたはらさびしく**もの悲しく思さる〈源氏・蓬生〉

かたはら-ふ・す【傍ら臥す】 カタワラー・カタハラー 動(サ四) 横向きに寝る。例**かたはら臥し**たまへる頭つき、(髪ノ)こぼれ出でたるほどいとめでたし〈源氏・末摘花〉

かたはら-め【傍ら目】 カタワラー・カタハラー 名 横から見た姿・様子。横顔。例恥ぢらひてすこし側みたまへる**かたはらめ**、頬つきうつくしげにて〈源氏・少女〉

かた-ひ・く【方引く・片引く】 動(カ四) 片方をひいきにする。えこひいきする。例男も女も、け近き人思ひ(=身近な人を大事に思い)**方引き**、ほめ〈枕・故殿の御ために〉

かた-びさし【片庇】 名❶一方に傾斜した片流れの庇。例山里の柴のかたどの**かたびさし**〈夫木・三二〉❷粗末なさしかけ屋根の家。例自然の岩の洞静かに**片びさし**をおろして〈西鶴・好色一代女・一・一〉

かた-びと【方人】 名「かたうど①」に同じ。例三月二日、左右の**かたひと**の書き分けを典侍して〈天徳四年内裏歌合・仮名日記〉

かた-びら【帷・帷子】 名❶几帳・壁代などに掛け、隔てとした布。夏は生絹、冬は練り絹を用いる。例母屋の几帳の**帷子**引き上げて、いとやをら(=そっと)入りたまふとすれど〈源氏・空蝉〉❷裏をつけない単衣の衣服。例夏などのいと暑きにも、**かたびら**いとあざやかにて〈枕・説経の講師は〉

かたぶ・く【傾く・斜く】

1動(カ四) ❶**かたむく。傾斜する。** 例(a)大宮の をとつ端手 隅**傾けり**(=御殿のあちらの端のほうは、かたむいて隅が落ちかかっている)〈記・下・清寧・歌謡〉例(b)唐葵、日の影にしたがひて**かたぶく**こそ、草木といふべくもあらぬ心なれ(=唐葵は、日の光に合わせてかたむくのが、草木と言えそうもない分別のある心だ)〈枕・草は〉

❷**日や月が西に落ちかかる。** 例東の野にかぎろひの立つ見えてかへり見すれば月**かたぶきぬ**〈万葉・一・四八〉↓名歌309

❸**衰える。終わりに近づく。** 例帝かしこしと申せど、臣下のあまたして傾けたてまつる時は、**傾き**たまふものなり(=帝が賢明だと申しても、臣下が大勢で御位をくつがえ申し上げるときは、衰えなさるものである)〈大鏡・後一条院〉

❹**首をかしげる。** 例相人おどろきて、あまたたび**傾き**あやしぶ(=人相見はびっくりして、何度も首をかしげ不審に思う)〈源氏・桐壺〉

2動(カ下二) ❶**傾斜させる。かたむける。** 例からかさをさしたるに…横さまに雪を吹きかくれば、すこし**かたぶけ**て歩みくるに(=傘をさしているけれど…横のほうから雪を吹きかけるので、少しかたむけて歩いて来ると)〈枕・雪高う降りて〉

❷**くつがえす。転覆する。** 例帝**かたぶけ**たてまつらむと騒ぎはべるめる(=帝の地位をくつがえ申し上げようと騒ぎたてているようです)〈宇津保・忠こそ〉

語誌▼**「かたぶく」と「かたむく」** 早くから「かたぶく」が用いられるのに対し、「かたむく」が見られるのはだいたい十三世紀以後。したがって「かたぶく」が「かたむく」の古形だといわれることは無理がない。語源は「片向く」かと理解されているので、「かたむく」「かたぶく」の交替は早くからあったらしい。

▼傾斜させる、の意から、杯などを傾けて中のものを出す、耳を傾ける、あるいは、けなす、悪く言う、そしる、などの意にも広がる。〈藤井貞和〉

かた-ふたがり【方塞がり】 名 陰陽道で、行こうとする方角に天一神がとどまっているため、行けないこと。また、その時期。その方角に行くには方違えをしなければならない。例**方塞がり**とて、男の来ざりければ〈後撰・恋四・詞書〉

かた-ふたがる【方塞がる】 陰陽道で、行こうとする方角に天一神などが巡っていて行けなくなる。例**方塞がり**けるころ、違へにまかるとて〈後撰・恋三・詞書〉

かた-へ【片方】 エ 名（「へ」は接尾語）❶**一対のものの一方。片方。片側。** 例夏と秋と行きかふ空のかよひ路は**かたへ**すずしき風や吹くらん(=去り行く夏とやって来る秋がすれ違う空の道では片側は涼しい風が吹いているのだろうか)〈古今・夏〉読解 夏の部の巻尾に配された歌。夏の終わりと秋の気配を詠む。
❷**全体のうちの一部分。なかば。** 例台盤なども**かたへ**は塵ばみて(=台盤などもなかばほこりにまみれて)〈源氏・須磨〉読解「台盤」は食物を盛る盤を載せる台。
❸**かたわら。わき。そば。また、そばにいる人。仲間・朋輩。** 例ある荒夷の恐ろしげなるが、**かたへ**にあひて「御子はおはすや」と問ひしに(=ある東国武士で恐ろしそうな者が、そばの人に向かって「お子さんはおいでですか」と尋ねたところ)〈徒然・一四二〉
❹中心から一方へはずれている所。すみの方。へんぴな地。例まことにこの所(=この土地)は**かたへ**と申し、雪国にて〈西鶴・諸艶大鑑・二・一〉〈米山敬子〉

かたへ-は【片方は】 カタエ 副（多く、推量・疑問の表現を伴って副詞的に用いて）原因や理由の一部を示す。半面では。一つには。例**かたへは**思ひなしか、をりからかと思して〈源氏・蜻蛉〉読解 姫君の印象を、気のせいか折が折だったからかといぶかっている。

かた-ほ【片帆】 名 横風を受ける船を前進させるために、一方へ片寄せて帆を張ること。また、その帆。⇩まほ(真帆)。例夕づく日わだの岬をこぐ舟の**片帆**にひくや武庫の浦風〈夫木・二六〉

かた-ほ【片秀・偏】 名 形動(ナリ)「かた」は欠けるところがある意。「ほ」は他から抜きん出てすぐれているもの、の意。「まほ(真秀)」の対。
不完全だ。未熟だ。例(a)**かたほなる**ところなうねび整ほりたまへる(=不完全なところもなく、成熟し完成されておられる)〈源氏・夕霧〉例(b)**かたほに**ものしたまはん人の、居丈高に髪すくなにて(=不器量でいらっしゃる方が、胴長で髪の毛も少なくて)〈栄花・根合はせ〉読解 容貌について用いた例。〈米山敬子〉

かた-ほとり【片辺り・偏辺り】 名 ❶中心地から離れたへんぴな所。片田舎。場末。例**かたほとりなる**(=片田舎にいる)聖法師などぞ〈徒然・七七〉❷ある地域の片隅。一隅。例都の**かたほとり**には置きたまはで、隠岐国まで流さるる〈平家・三・六代被斬〉

かた-ま・く【片設く】 動(カ下二) やがてその時が来る。まさにその時になる。待ち受ける。例桜の花の時**片設けぬ**〈万葉・一〇・一八五四〉

かだま・し【奸し・姦し】 形(シク)〔動詞「かだむ」の形容詞形〕ひねくれている。正直でない。例**かだましき**者朝(=市中)にあって罪を犯す〈平家・六・紅葉〉

かた-ま・つ【片待つ】 動(タ四) ひたむきに待つ。ひたすら待つ。例植ゑし木の実になる時を**片待つ**我ぞ〈万葉・九・一七〇五〉

かたみ【筐】 名 籠。和歌では、「難み」や「形見」に掛けて用いることが多い。例などてかくあふご**かたみ**になりにけん〈伊勢・二六〉読解「あふご」は「逢ふ期」と天びん棒をさす「朸」を掛ける。「朸」と「筐」は縁語で、「筐」で水をくむのが難しいように、逢うのが難しくなってしまった、という意。

かた-み【片身】 名 ❶身体の半分。半身。例(鯉ノ)**片身**さかうて(=境にして)獺をがたべてござる〈狂言・鱸庖丁〉❷衣の片方。身頃の左右いずれか半分。例御衣の**片身**づつ、誰かとく縫ふと〈枕・ねたきもの〉

かた-み【形見】 名 **死んだ人や別れた人を思い出させるもの。** 例(a)忘れ貝拾ひしもせじ白玉を恋ふるをだにも**かたみ**と思はむ〈土佐〉⇨名歌432 例(b)**形見**に添へたまふべき身馴衣も、しほなれたれば(=形見としてお添えになるおつもりの着なれた衣服も、あかじみているので)〈源氏・蓬生〉
読解 貧しい生活をしている姫君が、都を離れる侍女に着古した衣を形見の品として贈る場面。
語誌『万葉集』では、離れ離れになった男女が自分を思い出すよすがにしてほしいという思いをこめて衣を贈る例が多く見られ、それを「形見の衣」と呼んでいる。〈吉野瑞恵〉

かた-みせ【片店・片見世】 名 商店で、本業以外の商品を副業的に扱うこと。また、そのために区切った狭い空間。例**片見世**に米商売しけるが〈西鶴・西鶴織留・一・四〉

かたみ-に【互に】 副 おたがいに。かわるがわる。例(a)かく**かたみに**そばそばしからでおはせかし(=このようにおたがいによそよそしくなくいらっしゃってほしいものだよ)〈源氏・葵〉例(b)契りきな**かたみに**袖をしぼりつつ末の松山波越さじとは〈後拾遺・恋四〉⇨名歌224
語誌 類義語「たがひに」が主に漢文訓読体の文章で用いられたのに対して、「かたみに」は、平安時代の仮名文で用いられた。中世以降は、「たがひに」が広く用いられるようになった。〈吉野瑞恵〉

かたみ-の-いろ【形見の色】 ❶亡くなった人や別れた人のよすがとなる色。❷「形見の衣の色」の略。喪服の色。鈍色。例女房なども、かの御**形見の色**変へぬもあり〈源氏・幻〉

かたみ-の-くも【形見の雲】 火葬の煙が雲に溶けた様子を形見と見た語。例なき人の**形見の雲**やしをるらむ夕べの雨に色は見えねど〈新古今・哀傷〉

かた-みみ【片耳・傍耳】 名 ❶片方の耳。❷(「片耳に聞く」の形で)小耳にはさむこと。ちょっと耳にはさむこと。聞きかじること。例「いとめでたかるべきことかな」と**片耳**に聞きて〈源氏・椎本〉

かた・む【固む・堅む】 動（マ下二）❶柔らかいものを固くする。固める。例天地の堅めし国そ大和島根は〈万葉・二〇・四四八七〉 ❷緩いものを締めつける。例馬の腹帯を**かため**〈平家・二・教訓状〉 ❸固く約束する。厳重に禁じる。強く念を押す。例この櫛笥開くなゆめと そこらくに 堅めしことを（＝この櫛箱を決して開かないようにとあれほど固く約束したのに）〈万葉・九・一七四〇〉 読解「浦島の子」の伝説を詠んだ長歌の一節。❹警備・守備・武装・戸締まりなどをしっかりとする。厳重に警備する。例門いたく（＝厳重に）固め〈枕・女のひとりすむ所は〉 ❺固定する。特に、矢を射るときの手もとについていう。例例の大矢を打ちくはせ、しばしかためてひやうど射る〈古活字本保元・中〉 ❻財産・地位・品行などをしっかりと保つ。例身体（＝身代）かためざるうちは妻を持たず〈西鶴・西鶴織留・四・二〉

かだ・む【佞む・奸む】 動（マ四）「かたむ」とも。❶心がねじけている。人をあざむく。例詐り奸める心をもちて兵を発し〈続紀・天平宝字八年九月・宣命二八〉 ❷姦淫する。例（母ノ鳥ガ）今の夫に奸み婚ひて〈霊異記・中・二〉 ❸惜しむ。物事を控えめに行う。例（一尺切レト言ワレタノニ）五寸**かたみ**て切りさふらはすと申す〈世継物語〉

かた-むすび【片結び】 名 帯や紐の結び方の一つ。紐の一方を他方に巻きつけるようにして結ぶ。解けやすいことのたとえにいう。例蘆の屋のしづはた帯の**片結び**〈新古今・恋三〉

かため【固め】 名 ❶守りかためること。守りかためるもの。例朝廷の**かため**となりて〈源氏・桐壺〉 ❷固い約束。多く主従や夫婦の約束にいう。例「その相手は」と問へども「申さぬ**かため**」といふ〈西鶴・好色一代男・八・二〉

かた-もじ【片文字】 名 文字または名前の一部分。例知りながらも、なにとかや、**片文字**はおぼえで言ふはをかし〈枕・若くよろしき男の〉

かた-もひ【片垸】 名 蓋のない、水を入れる素焼きの食器。和歌では、多く「片思ひ」と掛けて用いる。例思ひ遣るすべの知らねば**かたもひ**の底にぞ我は恋ひなりにける〈万葉・四・七〇七〉

かた-もん【固紋・固文】 名 織物の織り方の一つ。糸を浮かせずに固くしめて文様を織り出したもの。「浮き紋」に対してじみな感じになる。例濃き紫の**固紋**の指貫〈枕・清涼殿の丑寅のすみの〉

かた-や【方屋】 名 相撲・競べ馬などのとき、左右や東西に分かれた人々の控え集まる場所。例鞭を取り直して立てるほどに、右の**方屋**より打ち出でたる者あり〈今昔・二八・三五〉

かた-やま【片山】 名 山の片側。片側だけが斜面の山。人里離れた山。例ただ言ふに随ひて行きければ、**片山**のある所に将て行きて〈今昔・三一・一三〉

かたやま-かげ【片山陰】 名 山の片側の陰。山の一方が陰になっている所。例ひさぎ生ふる**片山陰**に忍びつつ吹きくるものを秋の夕風〈新古今・夏〉

かたやま-ぎし【片山岸】 名 山沿いの崖。例朝妻の**片山岸**に霞たなびく〈万葉・一〇・一八一八〉

かた-より【片縒り・片撚り】 名 糸の片方だけから縒りをかけること。例**片縒り**に糸をそ我が縒る〈万葉・一〇・一九八七〉

かた-よ・る【片寄る・偏る】 動（ラ四）❶一方に寄る。傾く。例浦野の山に月**片寄る**も〈万葉・一四・三五六五〉 ❷そばに寄り添う。片方に心を寄せる。例かずかずに君**片寄り**て引くなれば〈蜻蛉・中〉

かたらく【語らく】〔動詞「かたる」のク語法〕語ることには。例我妹子が 母に**語らく**〈万葉・九・一八〇九〉

かたらひ【語らひ】 名 ❶語りあうこと。互いに親しく話をすること。例思ふやうなるべき御**語らひ**にこそはあなれ〈源氏・若菜上〉 ❷男女の契り。例あさはかなる**語らひ**だに…別るるほどはただならざめるを〈源氏・松風〉 ❸説得。誘い。例入道、やがて戸野が**語らひ**に従って〈太平記・五〉

かたらひ-ぐさ【語らひ種】 名 話の種。語りぐさ。例万代の **語らひぐさ**と いまだ見ぬ 人にも告げむ〈万葉・一七・四〇〇〇〉

かたらひ-つ・く【語らひ付く】 ❶動（カ四）話をして親密になる。例めづらしき人々にはかなく**語らひつき**などしたまひつつ〈源氏・総角〉 ❷動（カ下二）❶話をして自分に親しませる。例かかる者をなん**語らひつけ**ておきためる〈枕・職の御曹司におはします頃、西の廂にて〉 ❷話をして依頼する。例**語らひつけ**たまへる心違へじ〈源氏・夕霧〉

かたらひ-と・る【語らひ取る】 動（ラ四）説き伏せて仲間に取り込む。例二郎が**語らひとら**れたるも、いと恐ろしく心憂くて〈源氏・玉鬘〉

かたらひ-びと【語らひ人】 名 話相手。相談相手。例乳母も、この女君のあはれに思ふやうなるを**語らひ人**にて、世の慰めにしけり〈源氏・澪標〉

かたら・ふ

【語らふ】 動（ハ四）〔動詞「かたる」の未然形＋上代の反復・継続の助動詞「ふ」。一説に「かたりあふ（語り合ふ）」の変化した形とも〕❶繰り返し語る。話し続ける。例いつしかも 都を見むと 思ひつつ **語らひ居**れど（＝早く都が見たいと思いながら話し続けているけれど）〈万葉・五・八八六〉 ❷話し合う。相談する。例事のありやう、くはしう**語らひたまふ**（＝事の次第を、詳しくお話し合いなさる）〈源氏・澪標〉 ❸親しく交際する。懇意にする。例いかでかたみに近う**語らひ聞こえ**はべらん（＝なんとかしてお互いに親しく交際し申し上げたいものです）〈宇津保・俊蔭〉 ❹男女が契る。夫婦の約束をする。例子一つより丑三つまであるに、まだ何事も**語らは**ぬにかへりにけり（＝子の一刻から丑の三刻までいたが、まだ何も契りを交わさないのに帰ってしまった）〈伊勢・六九〉 読解 夜十一時ごろから午前二時ごろまでいっしょにいた。❺説得して仲間にする。例乳母を**語らひ**て、よろづの宝物を取らせて（＝乳母を説得して仲間にして、さまざまな宝物を与えて）〈宇津保・国譲下〉

語誌 ▼「語らふ」男女 「語らふ」は、数人で、あるいは数時間にわたって話し合って、互いに心を通わせあうこと。言葉を交わすことで親しい関係を作るところから、特に、男女の関係で、親しく交際する、契り

を交わす、などの意が生じるようになる。〈大井田晴彦〉

かたり【語り】 名 ❶格別なこととして語られる話。語りぐさ。例永き世の **語り**にしつつ 後人の 偲ひにせむと〈万葉・九・一八〇一〉 ❷説得。誘い。例堀河左大臣顕光公の**かたり**を得てつかまつりたり〈宇治拾遺・一八四〉 ❸能や間狂言で、事の由来や物語などを語る部分。

かたり-い・づ【語り出づ】 イズ 動(ダ下二) 話し出す。語り出す。例いにしへのこと**語り出で**て、うち泣きなどしたまふ〈源氏・末摘花〉

かたり-しら・ぶ【語り調ぶ】 動(バ下二) 調子に乗って話す。例わづかに聞きえたることをば、我もとより知りたることのやうに、こと人(=別の人)にも**かたりしらぶる**もいとにくし〈枕・にくきもの〉

かたり-な・す【語り成す】 動(サ四) ❶〜のように話す。例かたくなしう(=愚かな人のように)**語りなせ**ど〈源氏・明石〉 ❷もっともらしく話す。例言ひたきままに**語りなし**て〈徒然・七三〉

かた・る

【語る】 動(ラ四) ❶**話して聞かせる。言葉で伝える。**例おほかたの御ありさまなど**語る**(=おおよそのご様子などを話して聞かせる)〈源氏・若紫〉 ❷**伝承・物語など筋のある話をする。**例遠き代に**語り継がむ**と(=遠い未来に語り伝えようと)〈万葉・九・一八〇九〉 読解 菟原処女を詠んだ長歌の一節。⇩処女塚伝説 ❸**節をつけて朗読する。**例行長入道、平家物語を作りて、生仏といひける盲目に教へて**語らせけり**(=行長入道は、『平家物語』を作って、生仏といった盲目の人に教えて節をつけて朗読させた)〈徒然・二二六〉 ❹**親しく話し合う。懇意にしている。**例われと数年**語れ**ども一銭借った覚えなし(=おまえと数年間懇意にしているけれども、一銭も借りた記憶はない)〈近松・曾根崎心中〉

語誌 ▼「かた(型・形)」と関連ある語か。話の内容をそっくりそのまま伝える、が原義。相手を説得しようとするニュアンスをもつ。

▼関連語 「いふ」は言葉を発する意。「はなす」はおしゃべりをする意で、室町時代以降に用いられた。また、「とふ」は、不明な点を明らかにするために相手に言う意の語。〈大井田晴彦〉

かた・る【騙る】 動(ラ四) 人をだます。また、だまして金品を手に入れる。例針屋・筆屋**かたられ**て〈西鶴・日本永代蔵・二・三〉

かた-わ・く【方分く】 動(カ四) ❶区別する。けじめをつける。例御心少しづつは**方わかせ**たまへれど〈栄花・殿上の花見〉 ❷歌合わせ・競べ馬などで、人数を左右や東西など二手に分ける。例この人々、**方わき**て小弓のことせむとす〈蜻蛉・中〉

かたわら『傍ら・側』 ⇩かたはら

かたわらいたし『傍ら痛し』 ⇩かたはらいたし

かたわれ-づき【片割れ月】 名 半分に欠けた月。半月。七、八日ごろの月をいう。例逢ふ事は**片われ月**の雲隠れおぼろけにやは人の恋しき〈拾遺・恋三〉

かた-ゐ【乞丐・乞食】 イ 名 ❶物乞い。こじき。例蘆になひたる男の(=蘆を担いでいる男で)、**かたゐ**のやうなる姿なる〈大和・一四八〉 ❷人をののしってい う語。ばか者。愚か者。例この楫取りは、日もえ計らぬ(=天気も予測できない)**乞丐**なりけり〈土佐〉

かたゐ-おきな【乞丐翁】 カタイ 名 卑しいじじい。こじきじじい。人をののしって、または自分を卑下して言う。例そこにありける**かたゐおきな**〈伊勢・八一〉 読解 自分を卑下して用いた例。

かた-ゐざり【片蹇】 イザリ 名 片膝を床について動くこと。小児が少しずつ這っていくこと。例**かたゐざり**するみどり児の立たむ月にも〈拾遺・恋二〉

かた-ゐなか【片田舎】 イナカ 名 へんぴな村里。例男、片田舎にすみけり〈伊勢・二四〉

かた-ゑ・む【片笑む】 エム 動(マ四) 〔「かた」は接頭語〕かすかにほほえむ。微笑する。例君、すこし**かた笑み**て、さる事とは思すべかめり〈源氏・帚木〉

かた-を【片緒】 オ 名 まだ二本の糸を縒り合わせていない、一本だけの糸で縒った緒。⇩かたいと。例玉の緒を**片緒**に縒りて緒を弱み(=緒が弱いので)〈万葉・一二・三〇八一〉

かた-をか【片丘・片岡】 オカ 名 一方が低くなだらかになっている丘。一説に、孤立した丘とも。例**片岡**にわらび萌えずは尋ねつつ〈大和・八六〉

片岡山 カタオカヤマ《地名》 歌枕 大和国、今の奈良県香芝市今泉の山。『日本書紀』『日本霊異記』などに見える、聖徳太子の慈悲の心と聖人ぶりを語る片岡山説話の舞台。例しなてる(枕詞) **片岡山**に 飯に飢ゑて 臥せる(=伏せっている) その旅人あはれ〈紀・推古・歌謡〉

かた-をなみ【片男波】 オナミ 名 「をなみ」に同じ。例寄せては帰る**片男波**、葦辺の鶴こそは立ち騒げ〈謡曲・松風〉 語誌 山部赤人の「若の浦に潮満ちくれば潟を無み葦辺をさして鶴鳴きわたる」〈万葉・六・九一九〉(➡名歌428)をもじってできた語。和歌の浦(和歌山県)の地名にあてられることもあった。

かた-をりど【片折り戸】 オリド 名 片側だけに開く一枚作りの戸。例(ソノ女房ハ)嵯峨の辺に、**片折り**戸とかやしたる内にありと〈平家・六・小督〉

片折り戸〔春日権現験記絵〕

かち

【徒・徒歩・歩行】 名 ❶**乗り物に乗らずに歩いて行くこと。**例(a)馬買はば妹**徒歩**ならむよしゑやし石は踏むとも我は二人行かむ(=もし私が馬を買ったら、おまえは歩いて行くことだろう。えい、かまうものか。たとえ石は踏んでも私たちは二人で歩いて行こう)〈万葉・一三・三三一七〉 例(b)よろしき女房も壺装束などして、**かち**の者どももうちまじれり(=相当な身分の女房も壺装束などして、徒歩の者たちもいり交じっていた)〈増鏡・久米のさら山〉 読解 「壺装束」は女性が徒歩で旅や外出をするときの服装。 ❷**江戸時代、徒歩で行列の供などに従う下級の武士。**

「侍」に対していう。「かち侍」とも。「徒士」とも書く。例先度(=先ごろ)逢うた**徒**の人より若い男はござらぬか〈西鶴・好色一代女・四・三〉

語誌▼王朝の貴族などの外出や旅では牛車や輿に乗るのが普通で、徒歩というのはかなり特別な場合であった。▼助詞を伴って「かちより」「かちゆ」などの形で用いられることが多い。〈高田祐彦〉

かち【褐】 名「かちいろ」に同じ。例**かち**の直垂に黒革威の鎧着て〈平家・七・願書〉

かぢ【梶・穀】 カジ 名植物の名。クワ科の落葉高木。楮の一種。皮から紙・木綿・綱などを作る。

かぢ【楫・梶】 カジ 名船具の名。船を漕ぐための櫂や櫓などの総称。例雁の連ねて鳴く声、**楫**の音にまがへるを(=よく似ているのを)〈源氏・須磨〉

かぢ【鍛冶】 カジ 名〔「かなうち(金打ち)」が「かぬち」を経て変化した形〕金属を鍛え、加工して道具を作ること。また、その職人。例**かぢ**つかうまつる才なむ(=技能が)〈宇津保・菊の宴〉

か-ぢ

【加持】 ―ジ 名動(サ変)『仏教語』❶**真言密教で行う祈禱の修法**。手に印を結び、口に真言(陀羅尼)を唱えて、仏と一体化することを求める。例念誦声に**加持し**たるを、あないみじと聞きつつ思へば(=経を唱えるときの低い声で修法を行っているのを、なんと心にしみいることだと聞きながら考えてみると)〈蜻蛉・中〉❷(①から転じて)祈禱。願いごとの成就や病気平癒などのために、①の作法にならって行う。**神仏に祈ること。** 例行者を請じて率て来りて、**加持せ**しむるに(=仏道修行者を招いて連れて来て、祈禱させると)〈三宝絵・中・六〉

語誌 原義は仏や菩薩が人々を守ること、の意で、仏や菩薩の慈悲心が衆生に加わり(加)、衆生の信心がよくそれに感じ(持)、一体化してとけあうことをいう。〈劔持雄二〉

-がち【勝ち】 接尾(ナリ型) 名詞、動詞の連用形などについて、～することが多い、～しやすい、の意を添える。「雨がち」「ながめがち」など。

かち-ありき【徒歩き】 名「かちあるき」とも。乗り物に乗らないで、徒歩で出かけること。例はじめつかたは(=以前は)、**かちありき**する人(=女)はなかりき〈枕・説経の講師は〉

かち-いろ【褐色】 名濃い藍色。音が「勝ち」に通じることから武具の色などに用いた。

かち-ざむらひ【徒士侍】 ―ザムライ 名徒歩で主人の供や行列の先導などにあたる武士。例瑠璃姫は乗り物に召し(=お乗りになり)、**徒士侍**御供まうせば〈近松・傾城壬生大念仏・上〉

かち-だち【徒立ち】 名徒歩。特に合戦などで、馬に乗らず徒歩で行動すること。例馬をも射させ(=射られて)、**かちだち**になり〈平家・七・篠原合戦〉

かち-ぢ【徒路】 ―ジ 名徒歩で行く道。また、徒歩で歩くこと。例**徒歩路**もまたおそろしかなれど〈枕・日のいとうららかなるに〉

かぢ-とり【楫取り】 カジ― 名船頭。操船の責任者をいう。「かんどり」とも。例**楫取り**答へて申す〈竹取〉

かぢ-の-は【梶の葉】 カジ― 名❶梶の木の葉。大きな広卵形。七夕の夜、これに歌や願い事を書いて供える風習があった。例天の川とわたる舟の**かぢの葉**に思ふことをも書き付くるかな〈後拾遺・秋上〉❷紋所の名。①を図案化したもの。

梶の葉②

かち-はだし【徒跣】 名はだしで歩くこと。例大覚寺より六波羅まで**かちはだし**にてぞ走りける〈平家・二・六代〉

かち-びと【徒人】 名徒歩で行く人。例行きちがふ馬も車も**かち人**も〈更級〉

かぢ-ま【楫間・梶間】 カジ― 名船の櫓や櫂を次の一漕ぎするまでの間。短い時間のたとえに用いる。例淡路島門(=海峡)渡る舟の**梶間**にも我は忘れず家をしそ思ふ〈万葉・一七・三八九四〉

かぢ-まくら【楫枕】 カジ― 名〔楫を枕にして寝る意〕船の中で寝ること。船旅。波枕。例泊りさだめぬ**梶枕**片しく袖もしほれつつ〈平家・九・落足〉

か-ちゅう【家中】 名❶家の中。また、家全体。家じゅうの人。例**家中**人なく、一身徘徊す〈明月記・治承四年二月〉❷武家で、家来の総称。例**家中**へ出だす知行の米を、何とぞ課役をかけて、せめて半分取り返す分別〈仮名草子・浮世物語・一・七〉

かち-ゆみ【徒弓・歩射】 名徒歩で弓を射ること。また、その弓。例**かちゆみ**のすぐれたる上手どもありければ〈源氏・若菜下〉

かち-より【徒歩より】 〔「より」は格助詞〕徒歩で。歩いて。例(長谷寺へ参ルトキニ)ことさらに**徒歩より**と定めたり〈源氏・玉鬘〉 読解 信心深さを示すため、牛車を用いずあえて徒歩で行く。

かちん 名〔「かちいひ(搗飯)」の変化した形か〕餅の女房詞。例正月は**かちん**をさいさい(=たびたび)見もし食ひもしたが〈噺本・軽口露がはなし・二・八〉

かちん【褐】 名〔「かち」の変化した形〕「かちいろ」に同じ。例**かちん**の直垂に小桜を黄に返したる鎧着て〈保元・上〉

カツ『活』⇩くわつ

か・つ【勝つ・克つ】 動(タ四)戦いで相手を負かす。優劣を競って、優位を示す。例百度戦ひて百度**勝つ**とも〈徒然・八〇〉

[勝つに乗る] 「かちにのる」とも。勝った勢いに乗じる。思いどおりになって図に乗る。例将軍のいくさ**勝つに乗りて**〈著聞集・九・三三七〉

か・つ【糅つ】 動(タ下二) 混ぜる。例醤酢に蒜搗き**糅てて**〈万葉・一六・三八二九〉

か・つ 補動(タ下二)『上代語』(動詞の連用形について)～できる。～に堪える。打消の語を伴って、～できない、～しかねる、の意で用いることが多い。例朝露の(枕詞)消やすき我が身他国に過ぎ**かて**ぬかも親の目欲り(=他国では死にきれないことだ、親に会いたくて)〈万葉・五・八八五〉

かつ

【且つ】 1副❶**ある動作・作用が、他の動作・作用と同時に成り立つことを表す。一方では。** 例**かつ**読みつつ(=一方では読経しながら)唱

歌もしたまふ〈源氏・橋姫〉
❷（「かつ〜かつ〜」の形で）一方では〜、一方では〜。例恋のごとわりなきものはなかりけりかつ睦れつつかつぞ恋しき（＝恋のように理屈に合わないものはなかったなあ。一方では親しく接しながらも一方では恋いこがれることだ）〈後撰・恋一〉
❸ある動作・作用から他の動作・作用に直ちに移ることを表す。すぐに。〜するそばから。例うつせみの世にも似たるか花ざくら咲くと見しまにかつ散りにけり（＝はかない人の世にも似ているものよ、桜の花は咲くと思ったとたんすぐに散ってしまったなあ）〈古今・春下〉
❹わずかに。ちょっと。例かつ見る人に恋ひやわたらん（＝わずかに逢う人に恋い続けるのであろうか）〈古今・恋四〉
❺事前に。すでに。例後世の苦しみかつ思ふこそ悲しけれ（＝来世の苦しみをあらかじめ味わうことこそ悲しいものだ）〈平家・八・太宰府落〉
❷接そのうえ。それとともに。例松島・塩がまの所々画に書きて送る。且つ、紺の染め緒つけたる草鞋二足餞す（＝松島や塩釜のあちこちを絵にかいて贈る。そのうえ、紺で染めた緒をつけた草鞋を二足餞別にする）〈芭蕉・奥の細道〉
語誌 ①では、①③は互いに矛盾する動作・作用についていうことが多い。②は漢文の「且〜且〜」の訓読に基づく表現とみられる。〈奥村悦三〉

かっ‐ 接頭〔「かき（掻き）」の促音便形〕動詞について、その動作の意を強める。例尻突き出してかっつくばひ〈近松・心中宵庚申・上〉

ガツ【月】⇨ぐわつ

かつう‐は【且つうは】副〔「かつは」の変化した形〕一方では〜。他方では〜。例かつうは妻子をもはぐくみ、かつうはまた維盛が後生をもとぶらへかし〈平家・一〇・維盛出家〉

かつ‐がう【渇仰】ゴウ 名動(サ変)〔のどが渇いた人が水を欲するように仏を仰ぐ意〕❶仏を深く信じ仰ぐこと。例歓喜の涙を流し、渇仰骨をとほすなど誦して〈栄花・玉の台〉❷人や事物を大切に扱い、敬うこと。例持ちたる花籠を君の御花筐とて渇仰するは〈謡曲・花筐〉

かっ‐かう【恰好】コウ ❶名形動(ナリ) ふさわしいこと。手ごろ。例（コノ詩ハ）題によく恰好なり〈中華若木詩抄〉❷名姿。形。例よい恰好な堂でござる〈狂言記・鬼瓦〉

かつ‐がつ

【且つ且つ】副 元来は、堪える意の動詞「かつ（克つ）」を重ねたものであったが、平安時代以降、副詞「かつ（且つ）」とも関係づけられるようになったらしい。

❶ある事態を不満ながら受け入れる気持ちを表す。まあ、ともかく。とりあえず。例玉守に玉は授けてかつがつも枕と我はいざ二人寝む（＝玉を守る者に玉は渡して、ともかくも枕といっしょに私はさあ二人で寝よう）〈万葉・四・六五二〉読解「玉」は自分の娘、「玉守」はその夫をさす。
❷不十分ながらわずかに成立したことを表す。ようやく。例君が経む八百万世を数ふればかつがつ今日ぞ七日なりける（＝あなたの今後の長寿を数えると、ようやく今日で七日になったことだ）〈拾遺・賀〉読解誕生七夜に詠んだ祝いの歌。
❸急いで。何はともあれ。例まづ住吉の神をかつがつ拝みたてまつる（＝はじめに住吉の神を何はともあれ拝み申し上げる）〈源氏・明石〉
❹しだいに。だんだん。例白露のならしの岡のうすもみぢかつがつ秋の色や添ふらん（＝白露が置く奈良思の岡の色の薄い紅葉は、しだいに秋の色が増しているだろうか）〈夫木・一二〉
❺早くも。もう。例我が山の衆徒、かつがつもって承悦す（＝我が比叡山の僧たちは、早くも喜んでいる）〈平家・七・返牒〉読解木曾義仲の戦功を喜ぶという書状の一節
❻それとともに。一方では。例残りの命うしろめたくて、かつがつものゆかしがりて、慕ひ参りたまふなりけり（＝余生も少ないと気がかりで、それとともにたまらなく見物したがって、あとを慕って参詣なさったのであった）〈源氏・若菜下〉読解光源氏の住吉参詣に同行する老尼君の姿。〈奥村悦三〉

かづき【被き・被衣】カズキ 名「かつぎ」とも。❶頭を覆うこと。また、その覆うもの。例かづきせむ袂は雨にいかがせし〈玄々集〉❷身分のある女性が外出のとき、顔を隠すために単衣などを頭にかぶること。また、その衣。例また額のひょっと出たも、かづきの着ぶりがよいものなり〈西鶴・世間胸算用・二・三〉

被き〔年中行事絵巻〕

かづき【潜き】カズキ 名水中にもぐること。もぐって魚介類を採ること。また、その人。例海女の潜きしに入るは憂きわざなり〈枕・日のいとうららかなるに〉

がっき‐め【餓鬼奴】名〔「がっき」は「がき」の変化した形。「め」は接尾語〕相手をののしって言う語。やい、きさま。このやろう。例がっきめ、覚えたるぞ（＝覚えていろ）〈醒睡笑・五〉

かつ・ぐ【担ぐ・擔ぐ】動(ガ四)❶肩でかける。になう。例太刀を擔ぎ〈歌舞伎・暫〉❷からかってだます。例こいつはかつがれた。はははは〈滑稽本・膝栗毛・初〉

かづ・く

【被く】カズク 頭の上に物を載せる、が原義。室町時代以降「かつぐ」とも。

[1]動(カ四)❶衣類などを頭からかぶる。例錦（＝高級な絹織物）を頭にもかづき、足にもはいたる僧の〈更級〉
❷褒美や引出物をいただく。また、その褒美や引出物を肩にかける。布・衣類・綿など、賜った物（禄）は肩にかけるのが作法とされた。例事はてて、大臣・大納

言・次々の人々、物**被き**てまかでたまふ(＝行事も終わって、大臣や大納言やそれ以下の人々は、禄を肩にかけて退出なさる)〈栄花・根合はせ〉
❸損害・不利益を引き受ける。だまされる。例闇にても人はかしこく、老いたる姿を**かづか**ず(＝暗闇の中でも人は利口なもので、年寄りの姿にだまされず)〈西鶴・好色五人女・二・二〉
❷動(カ下二)⊡を他者に施す。❶頭に載せる。上にかぶせる。例まどゐする身に散りかかるもみぢ葉は風の**かづくる**錦なりけり(＝輪になって座っている私の体に散りかかってくる紅葉の葉は風がかぶせる美しい絹織物であったのだなあ)〈伊勢集〉
❷褒美や引出物として、布・衣類・綿などを与える。

被く⊡②〔年中行事絵巻〕
正月に行われる大臣の大饗の一場面。手前に立ち並ぶ殿上人たちが、禄として賜った布を両肩に引き回している。寝殿の簀の子では、下襲の裾を高欄に掛けて座についている。

また、それを与えるとき相手の肩にかけてやる。例宮のかたより萌黄の織物の小袿・袴おし出でたれば、三位の中将**かづけ**たまふ。首苦しげに持ちて立ちぬ(＝中宮方から萌黄の織物の小袿や袴を押し出したので、三位の中将が使者の肩にかけてお与えになる。首が苦しそうに持って帰った)〈枕・淑景舎、東宮にまゐり給ふほどのことなど〉

語誌▼関連語　同源の「潜く」は、頭から水にもぐる意。連用形から出た名詞「かづき(被き・被衣)」は上流の女性が外出のとき、顔を隠すために頭からかぶる衣類。また、「かづけもの」は、禄として与えられる衣類・綿などをいう。〈安達敬子〉

かづ・く【潜く】カズク ❶動(カ四)水にもぐる。もぐって魚介類を採る。例わたの底(＝海の底)**潜き**て知らん君がため思ふ心の深さくらべに〈後撰・恋三〉❷動(カ下二)水にもぐらせる。もぐって魚介類を採らせる。鵜についていうことが多い。例速き瀬に鵜を**潜け**つつ〈万葉・一九・四一八九〉

かづけ-もの【被け物】カズケ― 名 褒美や祝儀として与える物。主として衣服・綿・布など。与えられた人はその品を肩にかける。例**かづけ物**一重(＝ひとそろい)賜びてぞかへされける〈宇治拾遺・六七〉

かっ-こ【羯鼓】名 ❶雅楽に用いる鼓の一種。胴のくびれはなく、台の上に据え、二本の撥で左右の鼓面を打つ。例源中納言**羯鼓**を打ちて、高く唱歌ありけり〈著聞集・一〇・六九〇〉❷能・狂言で、羯鼓の舞のこと。小さな羯鼓を首からかけて、二本の撥で軽やかな調子で打ちながら舞う。

羯鼓①〔春日大社蔵〕

上総カズサ《地名》旧国名。「かみつふさ」とも。今の千葉県中部。東海道十五か国の一つ。総州。古代の「総」の国が上下に分かれて上総となった。延喜式で大国・遠国。

かっ-し【甲子】名 ❶「きのえね①」に同じ。例康治三年、**甲子**にあたりけり〈著聞集・四・一二四〉❷干支の総称。転じて、年月。歳月。例長夜の飲をなして時日**甲子**を忘れたる儕の間に〈近世畸人伝・題言〉

葛飾かつしか《地名》〔上代は「かづしか」とも〕下総国葛飾地方。今の東京・千葉・埼玉にまたがる。伝説上の美女真間の手児奈で有名。江戸時代は江戸近郊の農村地帯。

葛飾北斎かつしかほくさい《人名》一七六〇〜一八四九(宝暦一〇〜嘉永二)。江戸時代の浮世絵師。江戸本所の人。「北斎」は一時の画号で、生涯に三〇回ほど改号した。勝川春章に入門するがのちに離れ、さまざまな流派に学びつつ独自の画風を確立。「富嶽三十六景」に代表される風景版画のほか、読本挿絵や肉筆の美人画など、広い画域に傑作を残す。

かっ-しき【喝食】名〔「喝」は大声を発する意〕❶禅寺で、僧たちに大声で食事の案内をし、給仕の役を務める僧。のちには有髪の小童が務めた。例始めは武蔵国東勝寺の**喝食**なりしを〈太平記・二六〉❷子どもの髪型の一つ。髻を結んで後ろに垂らし、肩のあたりで切りそろえたもの。例女君、御髪、**かっしき**ばかり、いとをかしげにて〈宇津保・国譲下〉

甲子吟行かっしぎんこう《作品名》⇩野ざらし紀行

かっ-ちう【甲冑】カッチュウ 名 鎧と兜。例太政大臣の官に至る人の**甲冑**をよろふ(＝着る)事、礼義を背くにあらずや〈平家・二・教訓状〉

かつ-て【曾て・嘗て】副 ❶打消の語を伴って強い否定の意を表す。㋐決して(〜ない)。少しも(〜ない)。例(a)木高くは**かつて**木植ゑじほととぎす来鳴きとよめて恋増さらしむ(＝こんもりと茂るようには決して木は植えまい。ほととぎすが来て鳴き声を響かし恋心を募らせるだろうから)〈万葉・一〇・一九四六〉例(b)**かつて**ものをいはねば、現の人に会へるごとし(＝少しもものを言わないので、正気を失った人に会っているようである)〈西鶴・西鶴諸国ばなし・三・二〉
㋑今まで一度も(〜ない)。まだ全然(〜ない)。例**かつ**ても知らぬ恋もするかも(＝今まで決して知ることのな

かった恋をするものだよ)〈万葉・四・六七五〉
❷以前のある時点に。例かつて衆人と船に乗りて黄河を渡るに〈冥報記・長治点〉
語誌▼現代語の「かつて」は過去のことにのみ用いるが、古語では必ずしもそうとは限らない。打消を伴わず単独で過去の一時点を表す②の用法は平安時代からあったが、古くは、漢文の訓読に限られたようで、普通の文章に出てくるのは明治以後。
▼江戸初期までは「かって」と促音に発音されることはなかった。〈森山由紀子〉

かっ-て【勝手】 1名❶弓を引くほうの手。右手。例押し手(=左手)・勝手の定まりて〈幸若・高館〉❷様子。事情。例内の勝手を知らざれば〈近松・堀川波鼓・下〉❸暮らしむき。生計。例近年なに商ひもござなく、勝手さしつまり〈西鶴・万の文反古・一・三〉❹台所。2名形動(ナリ)❶都合のよいこと。便利。例狭い屋敷が勝手でござる〈虎寛本狂言・武悪〉❷意のまま。思うまま。例くくりなりと殺しなりと(=縛るなり殺すなり)勝手にしや〈近松・大経師昔暦・上〉

かって-かた【勝手方】 名台所に近いほう。下座。例次第次第に座につけば、祐成親子は勝手方〈近松・曾我五人兄弟・二〉

がっ-てん【合点】 名動(サ変)❶《和歌・連歌・俳諧用語》作品を批評するとき、よしとする作品にしるしをつけること。また、そのしるし。例よく思ひよりて一骨詠み据ゑたらん歌(=大切なことを一点でもしっかり詠み込んだような歌)になりなば、合点をも加へ、勅撰にも入りはべるべきにや〈愚秘抄〉❷承知すること。納得すること。

かつにのる【勝つに乗る】 ⇩「かつ」の子項目

かつ-は【且つは】 〔鎌倉時代以降「かつうは」とも〕1副❶一方では。例かつは恥づかしけれど…あはれにて着たまひつ(=一方ではきまりが悪いけれど…うれしくも思ってお召しになった)〈落窪・一〉
❷(「かつは〜かつは〜」の形で)一方では〜、一方では〜。例かつは人の耳に恐り、かつは歌の心に恥ぢ思へど(=一方では人の評判をはばかり、一方では歌の本質に対して恥ずかしく思うけれど)〈古今・仮名序〉
❸事前に。すでに。例たびたびの奉公、かつは見たまひし事なれば、こと新しうはじめて申すべきにあらず(=たびたび奉公したことは、すでにご覧になった事なので、あらためて申し上げる必要もない)〈平家・一二・六代〉
2接そのうえ。それとともに。例静かに籠りゐて、のちの世のことを勤め、かつは齢をも延べん(=静かにひきこもっていて、後世のための勤行をし、そのうえ寿命を延ばそう)〈源氏・絵合〉〈奥村悦三〉

かっぱ【合羽】 名〔ポルトガル語から〕防寒・防雨のために用いた長い上着。ポルトガルの宣教師が着ていたマントをまねて作った。例おいらが合羽をかしてやろう〈滑稽本・膝栗毛・六下〉

かっぱ【河童】 名〔「かはわらは」の変化した形〕❶想像上の動物。頭に皿があり、口がとがり、背に甲羅があり、四、五歳の子どものようななりをしている。動物や人間の子どもを水中に引き入れ、生き血を吸うという。❷(①のように客を小屋に引き入れることから)芝居小屋の客引き。例岡に住む河童の多い二丁町〈柳多留・五八〉読解「二丁町」は江戸日本橋にあった二つの町の併称。中村座・市村座があり、芝居町として知られる。

かっぱ-と 副「がばと」「がはと」とも。❶激しい物音を表す。例持ち楯一帖かっぱと踏み倒し〈太平記・二〉❷急に起き上がったり倒れ伏したりするさま。例かっぱと転ぶが、また起き上がりて〈謡曲・道成寺〉読解蛇体に変身した女性が修験者に祈り伏せられる場面。

かつ-ふつ 副(打消の語を伴って)まったく(〜ない)。まるで(〜ない)。例色事かつふつ不得手なり〈近松・艶狩剣本地・三〉

かつ-ま【勝間】 名目の詰まった竹籠。「かたま」とも。例間なし勝間の小船を造り〈記・上・神代〉

かつみ 名「かつみ草」の略。植物の名。「真菰」の別称。一説に、「菖蒲」の類とも。⇩はなかつみ。例(五月二)やどにあやめをばふかで(=軒に挿さずに)、かつみをふきたりけるを見て〈著聞集・一九・六六一〉

かつ-めい【渇命】 名「かつみょう」とも。飢えと渇きで命が危うくなること。また、その命。例三人ともに渇命におよべば〈西鶴・世間胸算用・三・三〉

かつ-やま【勝山】 名江戸時代、女性の髪型の一つ。後頭部で束ねた髪を下から輪を作るようにして前方へ出し、先端部を笄で横からとめる。江戸吉原の遊女勝山が結い始めたという。例勝山にお髪をおあげさせあすばして、さぞお美しからう〈滑稽本・浮世風呂・三下〉

勝山〔奥村政信筆〕

かつら【桂・楓】 名❶植物の名。カツラ科の落葉高木。山地に自生し、早春に紅色の小花をつける。賀茂の祭りでは、桂の枝に葵をつけてかざしたりする。❷中国の伝説で、月に生えているという木。例目には見て手には取らえぬ月のうちの桂のごとき君にぞありける〈伊勢・七三〉

桂 《地名》山城国の地名。今の京都市西京区桂、桂川(大堰川の下流)の西岸一帯。山陽・山陰方面への交通の要地。景勝地でもあり、平安時代には貴族の別荘が多く作られた。中国の伝説で月に生えているとされる植物の桂と同じ名であることから、和歌では、「月」とともに詠まれることが多い。

かづら【葛・蔓】 名植物の名。つる性の草の総称。例切り懸けだつ物に、いと青やかなるかづらの心地よげに這ひかかれるに〈源氏・夕顔〉読解ユウガオのつるが板塀に這いかかっている様子。

かづら【鬘】 名❶草木などを髪に巻いた飾り。例梅の花咲きたる園の青柳は縵にすべくなりにけらずや(=梅の花が咲いている庭園の青々とした柳は髪飾りにできるほど美しく芽ぶいているではないか)〈万葉・五・八一七〉

❷特に髪の少ない女性などが、別の髪の毛を束ねて、自分の髪に添えて使うもの。「かもじ」とも。例わが御髪の落ちたりけるを取り集めて鬘にしたまへるが(=自分の御髪で落ちていたものを拾い集めて鬘になさったものを)〈源氏・蓬生〉 ❸能楽などで扮装用につける人工的な髪。かつら。

語誌 ▼①はつる性の植物を表す「葛・蔓」から出た呼称。元来、つる性の植物がもっている旺盛な生命力を人が身につけるための飾りであった。▼②もおそらく①が頭髪を飾るところからの連想であろう。例は自分の髪で作ったものだが、『今昔物語集』巻二九第一八話には死んだ女性の髪を抜いて鬘を作る老婆の話もある。〈藤本宗利〉

桂川 《地名》歌枕 山城国の川。今の京都市西京区桂付近を南に流れる。上流を保津川、嵐山付近を大堰川、桂の渡し付近から下流を桂川と呼ぶ。淀川に注ぐ。例桂川、月の明かきにぞ渡る〈土佐〉

葛城 《地名》大和国(奈良県)の西部、河内国(大阪府)と接する金剛山地の東側のふもとの地域。要所で、五世紀前半に大王家を支えた葛城氏の本拠地。記紀の神話によれば、第二代綏靖天皇以下数代の宮が置かれた。金剛山地にあたる葛城山は修験道の霊場として有名。

かづらき-の-かみ【葛城の神】 名 葛城山に住むという神。一言主神。役行者から、吉野の金峯山と葛城の峰との間に橋を渡す仕事を命じられるが、容貌が醜いのを恥じて、夜間だけ隠れて働いたという(『日本霊異記』上巻第二八・『三宝絵』中巻二話など)。⇩くめのいはばし。例暁にはとく下りなんと急がるる。「**葛城の神**もしばし」(待チナサイ)」など仰せらるるを〈枕・宮にはじめてまゐりたるころ〉 読解 宮仕えを始めたばかりの清少納言が、顔を見られるのを恥じて暁方になると少しでも早く自分の局に退出しようとするので、中宮定子が葛城の神の故事にことよせていま少しとどまらせようとしている。

葛城山 《地名》大和国と河内国の境にある金剛山地の山並み。修験道の霊場として有名。例かしこき行ひ人(=修験道の行者)、**葛城山**より請じ出でたる(=招き寄せたのを)、待ちうけたまひて、加持まゐらせむとしたまふ〈源氏・柏木〉

かづら・く【鬘く】 動(カ四)〔名詞「かづら」の動詞化〕木の枝や花などを髪飾りとしてつける。草木や花の生命力を身に着ける呪的意味がある。例ほととぎす 来鳴く五月の あやめぐさ 蓬**かづらき**〈万葉・一八・四一一六〉

かつら-の-まゆずみ【桂の黛】 三日月のように細く引いた眉墨。例花の容(=花のような容貌)輝き、**桂の黛**青うして〈謡曲・卒都婆小町〉

かづら-ひげ【鬘髭】 名 もみあげの下に続いて生えた髭。鬘をつけたように黒々と生えた髭。例**鬘髭**とかいふ頬つき心づきなくてある(=気に食わないさまでいる)〈源氏・椎本〉

かつら-め【桂女】 名 ❶京都の桂に住み、頭を布で高く巻いた姿で、町へ出て鮎・飴などを売り歩いた女性たち。例**かつらめ**の鮎にはあらず〈経信集〉 ❷京都の桂に住み、女系相続の、一種の巫女のような存在の女性たち。祝言の祓えや陣中での歌舞もした。「桂姫」とも。

桂女①〔東北院職人歌合〕

かづら-もの【鬘物】 名《能楽用語》女性を主人公(シテ)とする能。主人公が鬘をかぶることからの称。特に、美女の霊や草木の精、あるいは現実の美女が優美な舞を舞うのを見どころとする。夢幻能の典型。三番目物。

かつを【鰹】 名 ❶魚の名。カツオ。江戸では初夏の初鰹が珍重された。例鎌倉の海に鰹といふ魚は、かの境にはさうなき(=この上ない)ものにて〈徒然・一一九〉 ❷「かつをぎ」に同じ。例鰹魚を上げて舎を作れる家あり〈記・下・雄略〉

かつを-ぎ【鰹木】 名 神社や宮殿の棟木の上に、直角に並べて配置してある横木。鰹節の形に似ていることからいう。⇩ちぎ(図)。例(内宮八)鰹木も九あり〈沙石集・一・一〉

かて【糧・粮】 名〔「かりて」の変化した形〕❶携帯用の食糧。旅行などに用いる。例この人々の道(=旅)の糧、食ひ物に〈竹取〉 ❷一般的に、食料。食べ物。例糧乏しければ〈方丈記〉

かて-に 〔補助動詞「かつ」+打消の助動詞「ず」の古い連用形「に」〕～できないで。～しかねて。例うぐひすの待ち**かてにせし**(=待ちかねていた)梅が花〈万葉・五・八四五〉

がて-に 〔「かてに」の変化した形〕～できないで。～しかねて。例春されば(=春になると)我家の里の川門には鮎子さ走る君待ち**がてに**〈万葉・五・八五九〉 語誌 「かてに」が「難し」の語幹+助詞「に」と意識されるようになって濁ったとされる。

がてら

接助 前の動作を兼ねて後の動作を行う意を表す。～かたがた。～のついでに。～ながら。例ありぬやとこころみ**がてら**逢ひ見ねば戯れにくきまでぞ恋しき(=このままでいられるだろうかと試しながら逢わないでいると、冗談にできないほど苦しく恋しい)〈古今・雑体〉

接続▼動詞の連用形や動作的意味を与えられた名詞などにつく。

語誌 上代には「がてり」が多く用いられた。〈佐藤一恵〉

がてり

接助《上代語》前の動作を兼ねて後の動作を行う意を表す。～ながら。例迎へ舟片待ち**がてり**浦ゆ漕ぎあはむ(=迎えの舟をひたすら待ちながら、浦で漕ぎあおう)〈万葉・七・一二〇〇〉

接続▼動詞の連用形につく。

語誌 『万葉集』にのみ用いられた。平安時代以降「がてら」の形が用いられる。

が-てん【合点】 名 動(サ変)〔「がってん」の変化した形〕「がってん②」に同じ。例徳兵衛、**合点し**てうちうなづき〈近松・曾根崎心中〉

かど【角・才】 名 とがったところ。物や人で、よい意味でも悪い意味でも際立って並はずれているところ。

❶**端がとがって突き出た部分。** 例岩の**かど**をかかへつつ(=岩の突き出た部分をよじ登っては)〈平家・一〇・高野御幸〉

❷**物の隅。隅っこ。** 例あそこの隅へいてはぐどぐど、ここの**角**へいてはぐどぐどと(=あそこの端っこに行ってはぐずぐず、ここの隅っこに行ってはぐずぐずと)〈虎寛本狂言・宗論〉

❸**道や廊下などの折れ曲がった所。曲がり角。** 例**角**から三軒目の新しい家でござる〈虎寛本狂言・雁盗人〉

❹**人柄がきつくて円満でないこと。他人と協調しない性格。** 例**かど**ある人は友と頼まじ(=他人と協力しない性格の人は友達として信頼するまい)〈新撰六帖・五〉

❺**才能。才気。機転。** 例(子ドモタチハ)容貌をかしう、心ばせ**かど**ありて、みなすぐれたりける(=顔立ちが美しく、性格は才気があって、皆ひいでていた)〈源氏・夕霧〉

❻**見どころ。目立つところ。美点。持ち味。** 例あやしき草木を掘り植ゑ、**角**ある巌石を立て並べて(=珍しい草木を掘って植え、趣のある巌石を立てて並べて)〈栄花・駒競べの行幸〉

類義▶⑤ざえ

語誌 現代語「角が取れる」などの「角」は④と、「一角の人物だ」の「角」は⑤と意味が同じ。〈岩坪健〉

か-ど【門】 名 ❶**家への正式な出入り口。門。** 例**門**立てて戸もさしたるをいづくゆか妹が入り来て夢に見えつる(=門の扉を閉めて戸も錠をさしてあるのに、どこからかあなたが入って来て夢に見えたのか)〈万葉・一二・三一一七〉

❷**門のあたり。門口。門前。** 例**門**に立ち夕占問ひつつ(=門前に立って夕占を尋ねては)〈万葉・一七・三九七八〉 読解「夕占」は、日暮れ時に辻に立って道行く人の言葉を聞いて神意を占うこと。

❸**一族。一門。** 例そこにこそは、**門**はひろげたまはめ(=あなたこそは、この家門を広げていただきたい)〈源氏・幻〉 読解光源氏が息子の夕霧に語る言葉。「門広ぐ」は、一族を繁栄させる意。

❹**家。家屋。** 例御**門**を存じませぬによって〈虎寛本狂言・二人袴〉〈馬場光子〉

か-とう【歌頭】 名 踏歌のとき、音頭をとること。また、その人。例年返りて、男踏歌せられけり…この四位侍従、右の**歌頭**なり〈源氏・竹河〉

かど-うたひ【門謡】ウタイ 名 編み笠をかぶり扇を手にして人家の門口に立って、歌を歌って金銭を請うこと。また、その芸能者。「門付け」とも。例せんかたなくて**門謡**、編み笠深くかぶり〈西鶴・武道伝来記・六・三〉

かど-かど・し【角角し・才才し】 形(シク)〔名詞「かど」を重ねて形容詞化した語〕❶**角ばっている。** 例山椒の芽は**かどかどしき**気のしたるとありしかば(=山椒の芽は角ばっている感じがしている、とあったので)〈行宗集・詞書〉

❷**心に角がある。とげとげしい。気が強く性格が円満でない。** 例あくまで**かどかどしく**今めきたまへる御心にて、我人に劣りなむやと思し励みて(=どこまでも気が強く派手でいらっしゃる御性格なので、自分が人に負けるものかと頑張りなさって)〈源氏・絵合〉

❸**才能がある。理知的だ。賢い。よく気が利く。** 例この命婦こそ、ものの心得て**かどかどしく**はははべる人なれ(=この命婦は、分別をよくわきまえて気が利いております人です)〈紫式部日記〉〈岩坪健〉

か-とく【家督】 名 ❶一家・一門の長の地位。例次男の流れたりといへども、**家督**を相継ぐ〈吾妻鏡・治承四年八月〉 ❷家を相続すべき子。跡継ぎ。例将軍**家督**の若君〈吾妻鏡・建久四年五月〉 ❸江戸時代、家の財産や遺産。土地・建物のほか、武家の俸禄、農家の田畑、商家の屋号など。例親の**家督**を取りて〈西鶴・日本永代蔵・三・二〉

かど-た【門田】 名 家の近くにある田。例夕されば**門田**の稲葉おとづれて蘆のまろやに秋風ぞ吹く〈金葉・秋〉➡名歌397

かど-たがへ【門違へ】タガエ 名「かどたがひ」とも。家を間違って訪問すること。かどちがい。例**門違へ**にてましますか〈謡曲・小督〉

かど-ちか【門近】 名 形動(ナリ) 門に近いこと。例**門近**なる所なれば、すこしさし出でて(=身を乗り出して)見入れたまへば〈源氏・花散里〉

かど-づめ【門詰め】 名 家の入り口。門の敷居。例**門詰め**も踏ませまいと女夫ささやきうなづいて〈近松・丹波与作待夜の小室節・中〉

かど-で【門出】 名 **家の門を出て、旅などに出発すること。**実際の出発に先立って、一時的によその場所に移ることにもいう。例(a)ますらをの心振り起こし取り装ひ**門出**をすれば(=りっぱで雄々しい男子が心を奮い起こして、支度を整え出発をすると)〈万葉・二〇・四三九八〉 読解防人の心中を思いやって詠んだ長歌の一節。例(b)日悪しければ、**門出**ばかり法性寺の辺にして、あかつきより出で立ちて(=出発予定日が凶日なので、仮の出発を法性寺のあたりにして、夜明け前に出発して)〈蜻蛉・上〉例(c)九月三日**かどで**して、いまたちといふ所に移る…**かどで**したる所は、めぐりなどもなくて、かりそめのかや屋の(=九月三日に出発して、いまたちという所に移る…移った場所は、周囲の垣根などもなくて、一時しのぎの茅葺きの家で)〈更級〉

語誌▼**仮の「門出」** 平安時代は、実際の出発に先立って、日取りや方角の吉凶を考えて、一時的によその場所に移るという仮の門出の風習があった。陰陽道の方違えの思想によるものである。例(b)は、長谷寺に詣でようとした作者が、仮の門出を九条の法性寺のあたりにして、翌朝、夜明け前に改めて出発する場面。例(c)は上総国(千葉県)から上京しようとする場面。作者の一行は九月十五日に国境を越えたとあり、それまで「いまたち」という所で仮住まいをしていた。⇩かたたがへ〈吉野瑞恵〉

かど-の-をさ【看督長】オサ 名 検非違使庁の下

級職員。罪人の追捕や牢獄の守衛をつかさどる。例看督長の負ひたる靫をその家にかけられぬれば、人出で入らず(＝出入りしない)〈徒然・二〇三〉 読解 家に「靫(矢を入れて背に負う武具)」をかけるのは、勅命による勘当を受けたしるし。

かどは-か・す【誘拐す・勾引す】 動(サ四)〔動詞「かどふ」の未然形＋接尾語「かす」〕誘拐する。「かどはす」とも。例**かどはかし**まゐらせ、御供して秀衡の見参に入れ〈義経記・一〉

かどは・す【誘拐す・勾引す】 動(サ四)「かどはかす」に同じ。

かど-び【門火】 名 ❶葬送や婚礼のとき、門前でたく火。例可愛やおさゐ(＝人名)が嫁入りの時、まあここで**門火**をたき〈近松・鑓の権三重帷子・下〉 ❷盂蘭盆会のときにたく、迎え火や送り火。

かど・ふ【誘拐ふ・勾引ふ】 ❶動(ハ四) 欺き誘う。また、誘拐する。例山風の花の香**かどふ**麓には〈後撰・春中〉 ❷動(ハ下二) ❶に同じ。例**かどへ**て売らむ〈幸若・信田〉

かど-め・く【才めく】 動(カ四)〔「めく」は接尾語〕才気があるように見える。気が利くようだ。例もののみやび深く(＝風雅の心深く)**かどめき**たまへる人にて〈源氏・若菜上〉

かな-【金】 接頭 名詞について、金属製の、かたい、はなはだしい、などの意を添える。「金椀」「金拳」など。

かな【鉋】 名〔「かんな」の撥音の表記されない形〕工具の名。かんな。例工どども、裏板どもをいとうるはしく**かな**かきて〈大鏡・時平〉

かな

【仮名】 名 漢字をもとに、日本で成立した表音文字。万葉仮名・平仮名・片仮名の総称であるが、平仮名をさす例が多い。「真名」の対。例(姫君ハ)**かな**はまだ書きたまはざりければ、片かなに(＝平仮名はまだお書きにならなかったので、片仮名で)〈堤中納言・虫めづる姫君〉 読解 片仮名で歌を書いた、の意。女性は平仮名を使うのが常識とされていた。

語誌 ▼「かな」という呼称 「かな」は「かり(仮)」＋「な(名)」＝「かりな」が変化した「かんな」の撥音の表記されない形。「名」は文字の意。正式の文字とされた漢字を「真名」と呼ぶのに対し、仮の字という意味でつけられた呼称である。⇩『国語・国文法用語集』平仮名・片仮名・万葉仮名 〈奥村悦三〉

か-な

終助〔終助詞「か」＋終助詞「な」〕❶**詠嘆の意を表す。**〜だなあ。〜であることだ。例(a)ほととぎす鳴くや五月のあやめ草(ここまで序詞)あやめも知らぬ恋もする**かな**〈古今・恋一〉➡名歌322 例(b)かへすがへすつれなき命にもはべる**かな**(＝なんとしても思いどおりにならない命でございますなあ)〈源氏・桐壺〉 読解 娘に先立たれた母の嘆き。例(c)うめが香にのっと日の出る山路**かな**〈俳諧・炭俵・上〉➡名句31

❷近世の用法。自問自答的な疑問を表す。〜かなあ。例あの娘をつれて往ったかな〈人情本・春告鳥・三・一三〉

接続 ①は体言および活用語の連体形につく。②は活用語の終止形、体言などにつく。

語誌 ▼「かな」と「かも」 上代には、「かも」のほうがはるかに多く用いられていて、「かな」の用例は、『常陸国風土記』の一例のみだとされている。ところが、平安時代から「かな」は「かも」に替わって、和歌にも散文にも広く用いられるようになった。ただし、「かも」には係助詞の用法もあるが、「かな」はもっぱら終助詞としてのみ用いられた。

▼**代表的な切れ字** ①はしだいに口頭語では用いられなくなるが、和歌や俳諧などには盛んに用いられた。連歌・俳諧では、例(c)のように切れ字として用いられた。

▼②は現代語でも「雨が降るのかな」などのように用いられる。 〈近藤要司〉

がな

❶終助 ❶**事物の存在を希望する意を表す。**〜がほしい。〜があればなあ。〜がないかなあ。例あっぱれ、よからう敵**がな**。最後のいくさして見せたてまつらん(＝ああ、申し分ないような戦いの相手がいればなあ。最後の戦いをしてお見せ申し上げよう)〈平家・九・木曾最期〉 読解 「よからう敵」の「う」は、推量の助動詞「む」の変化した助動詞「う」の連体形。

❷**物事の実現を希望する意を表す。**〜してほしい。例橋へ廻れば人が知る 湊の川の潮が引け**がな**(＝

仮名の発達と文学

仮名の始まりは、奈良時代の万葉仮名にさかのぼる。万葉仮名は、漢字それ自体の意味とは別に、漢字の音訓を用いて日本語を表記したものである。やがて、その漢字をやや崩した書体としての草仮名が生まれ、さらに九世紀後半には、それがさらに簡略化されて平仮名が現れはじめた。また片仮名は、主に漢文や経典を訓読するための補助記号として、すでに九世紀前半に生み出されていた。平仮名が生まれた理由は必ずしも明らかではないが、当初、消息(手紙)や和歌に用いられたことからすれば、公的な文章とは別に私的な表現のために必要とされた文字であったらしい。

平仮名は、折からの和歌復興の流れを促進して宮廷に和歌を普及させる大きな力となり、最初の勅撰和歌集である『古今和歌集』の成立を導くことにもなった。同じころ最初の物語文学である『竹取物語』が登場するのも、豊かな想像力の展開を自在に文章に移すことが、平仮名によって容易になったからであろう。その後、平仮名は、女性による宮廷行事の記録などにも用いられたが、紀貫之が女性に扮して、公的な日記とは異なる『土佐日記』を著したことは、文章史の上で画期的な出来事であった。そこから、女性が自らの身の上を書き記す『蜻蛉日記』などの日記文学への道も拓かれてゆく。こうして、平仮名による文章が発達すると、物語もしだいに長編化するようになり、『源氏物語』の誕生へと至るのである。 〈髙田祐彦〉

橋へ回ってゆくと恋人に逢いに行くのを他の人が知る。湊の川の潮が引いてほしい）〈閑吟集・三二〉

2 副助 ❶**不定のものをさし示すのに用いる。**〜か。例何をがな形見に嫗に取らせむ（＝何か形見としておばあさんにあげよう）〈今昔・二六・九〉

❷**漠然と例示する意を表す。**〜でも。〜など。例連れがなほしい（＝いっしょに行く人でもほしい）〈山本東本狂言・佐渡狐〉

接続▶1①は体言・助詞「を」に、②は命令を表す文につく。2は種々の語につく。

語誌▶**語の成り立ち**　希望の終助詞「もが」に終助詞「な」がついた終助詞「もがな」から生じた。この「もがな」がしだいに「も＋がな」と意識されるようになり、「〜を＋がな」の形を介して「がな」が独立した終助詞として成立した。さらにそこから2が派生した。
▶2を係助詞とする説もある。　〈近藤要司〉

かなう【叶う・適う】⇩かなふ

かなえ【鼎・釜】⇩かなへ

かなぐ・る 動（ラ四）乱暴に払いのける。乱暴に引き抜く。例さが（＝そいつの）髪をとりて、**かなぐり**落とさむ〈竹取〉

かな-ごよみ【仮名暦】名 仮名で書かれた暦。漢字書きの本格的な暦に対して女性用。例そこなりける（＝近くにいた）若き僧に、「**仮名暦**書きてたべ」と言ひければ〈宇治拾遺・七六〉

金沢（かなざは）（カナザワ）《地名》❶「かねさは」とも。武蔵国、今の神奈川県横浜市金沢区。鎌倉に幕府が開かれると、港湾として利用された。北条実時の開いた私設図書館金沢文庫で有名。❷加賀国、今の石川県金沢市。江戸時代、前田氏の城下町として栄える。例くりからが谷を越えて、**金沢**は七月中の五日なり〈芭蕉・奥の細道〉

仮名草子（かなざうし）（カナゾウシ）　江戸初期の仮名書きの読み物の総称。室町時代の御伽草子のあとを受け、浮世草子の第一作である井原西鶴『好色一代男』の刊行される天和二年（一六八二）以前に書かれた小説類をさす。

時代の変わり目であることを反映して、作者層が公家や僧侶・儒者、浪人を含む武士・俳諧師など多彩なのが特色の一つになっている。内容も、平和な時代の訪れを反映して儒教・仏教に深くかかわる啓蒙教訓的なもの、名所案内記などの実用的なもの、文学的作品も含む娯楽的なものなどと多様である。代表的作品は、鈴木正三『二人比丘尼』、如儡子『可笑記』、富山道冶『竹斎』、浅井了意『浮世物語』『伽婢子』『東海道名所記』や、作者未詳の『仁勢物語』『恨の介』など。　〈松原秀江〉

かな・し

【悲し・哀し・愛し】形（シク）対象に対する思いが痛切であることをいう語。悲哀・愛惜両面にわたって用いられる。

❶【悲し・哀し】㋐**心が強く痛む。痛ましい。悲しい。**例世の中は空しきものと知る時しいよよますます**悲しかりけり**〈万葉・五・七九三〉➡名歌409
㋑**悔しい。いまいましい。残念だ。**例きゃつに、**かなしう**（音便形）、はかられぬるこそ（＝やつに、悔しくも、だまされたことだ）〈宇治拾遺・七四〉

❷【愛し】㋐**身にしみていとおしい。かわいい。**例(a)多摩川にさらす手作り（ここまで序詞）さらさらになにそこの児のここだ**かなしき**〈万葉・一四・三三七三〉➡名歌214
例(b)「父母にもあひ見ず、**かなしき**妻子の顔をも見で死ぬべきこと」と嘆く（＝「父母にも会えなくて、いとおしい妻子の顔をも見ないで死なねばならないことだ」と嘆く）〈源氏・明石〉
㋑**心にしみておもしろい。心ひかれる。**例陸奥はいづくはあれど塩釜の浦漕ぐ舟の綱手**かなしも**〈古今・東歌〉➡名歌341

語誌▶**悲哀と愛惜**　本来は①が基本らしく、『万葉集』では①が数量的にも多い。平安時代に入ってから②の意も多くなる。②は単なる愛着・感興ではなく、相当にせつない思いである。　〈高田祐彦〉

かなしう・す【愛しうす】動（サ変）〔形容詞「かなし」の連用形＋サ変動詞「す」＝「かなしくす」のウ音便形〕かわいがる。例ひとつ子にさへありければ、いと**かなしうし**たまひけり〈伊勢・八四〉

かなし-が・る【愛しがる・悲しがる・哀しがる】動（ラ四）〔「がる」は接尾語〕❶【愛しがる】かわいがる。かわいいと思う。例にくげなるちごを、おのが心地のかなしきままに、うつくしみ、**かなしがり**〈枕・かたはらいたきもの〉❷【悲しがる・哀しがる】悲しく思う。例今日はまして、（死ンダ子ヲ思イ出シテ）母の**悲しがらるる**ことは〈土佐〉

かな-しばり【金縛り】名（不動明王の金縛りの法から）身動きのとれないよう厳重に縛ること。例走り人（＝駆け落ち者）・盗人、動かせぬは不動の**金縛り**〈近松・女殺油地獄・中〉

かなし-び【悲しび】名 悲しみ。悲嘆。例時移り事去り、楽しび・**悲しび**ゆきかふとも〈古今・仮名序〉

かなし・ぶ

【愛しぶ・悲しぶ・哀しぶ】動（バ四）〔形容詞「かなし」の動詞化。「ぶ」は接尾語〕❶【愛しぶ】**めでる。いとおしむ。**例父母これを**かなしび**たまふ事限りなし（＝両親がこの娘をいとおしむことこの上ない）〈今昔・一九・九〉
❷【悲しぶ・哀しぶ】**悲しく思う。嘆く。**例京へ帰るに、女子のなきのみぞ**悲しび**恋ふる（＝京へ帰るのに、女の子がいないことばかりを悲しみ、恋しがる）〈土佐〉読解▶土佐で娘を亡くした。

語誌▶上代特殊仮名遣いによれば、上代は上二段にも活用したらしい。
▶中世以降は「かなしむ」が増える。　〈高田祐彦〉

かなし・む【愛しむ・悲しむ・哀しむ】動（マ四）〔「かなしぶ」の変化した形〕❶【愛しむ】**いとしく思う。愛する。賞美する。感動する。**例親として子を**かなしま**ぬはなきもの〈浄瑠璃・源平布引滝・一〉❷

【悲しむ・哀しむ】悲しく思う。嘆く。例父の殺されたまはん事を悲しみたまひて〈宇治拾遺・一八六〉

か-な-た【彼方】 代 遠称の指示代名詞。あちら。向こう側。時間的に遠い過去・未来にもいう。例かなたの庭に大きなる柑子(=ミカンの一種)の木の、枝もたわわになりたるが〈徒然・一一〉

かな・づ【奏づ】 動(ダ下二) ❶舞を舞う。音楽を奏する。例手を挙げ膝を打ち、舞ひかなで歌ひ参来ぬ〈記・下・允恭〉 ❷鞭を振るう。例馬をいさめて(=元気づけて)、手、鞭をかなづ〈海道記〉

かなで【奏で】 名 舞を舞うこと。例さもめづらしからん奏でを見ばや〈宇治拾遺・三〉

仮名手本忠臣蔵 《作品名》江戸時代の浄瑠璃。時代物。一一段。竹田出雲・三好松洛・並木千柳(宗輔)の合作。寛延元年(一七四八)竹本座初演。元禄一五年(一七〇二)十二月十四日の赤穂浪士四十七人の仇討ち事件を素材として脚色した作品。外題の「仮名手本」は四十七士の数を「いろはうた」になぞらえたもの。「忠臣蔵」は忠臣を集めた蔵の意で、「蔵」には大石蔵之助の「蔵」を利かせる。浅野内匠頭長矩と吉良上野介義央の争いを『太平記』の世界に移して、塩冶判官高貞と高師直の争いとし、大星由良之介を中心にして、塩冶の浪士たちがめでたく亡き主君の仇を討つ話。古今の大当たりをとった。時代物の中に、世話物的な義理人情や世の風俗が巧みに描かれている。先行する浄瑠璃や歌舞伎などを踏まえ、義士劇の集大成された作品となったため、以後の忠臣蔵物と呼ばれる作品群は、本作を基とするようになった。〈中村隆嗣〉

かな-と【金門】 名 門。家の入り口。例金門にし人の来立てば〈万葉・九・一七三九〉

かなと-だ【金門田】 名「かどた」に同じ。例金門田をあらがきまゆみ日が照れば〈万葉・一四・三五六一〉

かなと-で【金門出】 名「かどで」に同じ。例防人に立ちし朝明の金門出に〈万葉・一四・三五六九〉

かなは-ず【叶はず】 ❶できない。やっていけない。例朝夕なくてかなはざらんものこそあらめ〈徒然・一四〇〉 ❷願いどおりにならない。例かなはざりける命のほどぞ尽きせずうらめしき〈源氏・桐壺〉

かな-び・く【金引く】 動(カ四) ❶刀の切れ味を試す。例直常が太刀の金をも金引きて御覧候へかし〈太平記・三三〉 ❷試しに人の気を引いてみる。例おのおのの御心どもをかなびきたてまつらんとてこそ申したれ〈平家・七・篠原合戦〉

かな・ふ【叶ふ・適ふ】 ❶動(ハ四) ❶適合する。うまくいく。例熟田津に舟乗りせむと月待てば潮もかなひぬ今は漕ぎ出でな〈万葉・一・八〉 読解 舟出に都合よく潮が満ちたことをいう。↓名歌275 ❷願いどおりになる。例世の中はわが御こころにかなはぬことなく(=世の中のことは自分のお心の願いどおりにならないことはなく)〈大鏡・伊尹〉 ❸可能である。できる。打消を伴って用いることが多い。例(私ハコノオ経ヲ)誦すること、いまだかなはず(=暗唱することが、いまだにできない)〈宇治拾遺・一九三〉

❷動(ハ下二) 願いを実現させる。例それを取りて奉りたらん人には願はん事を叶へん(=それを取って献上した人には願い事を実現させよう)〈竹取〉

語誌 本来は、あらかじめ期待していたかどうかにかかわらず、広く、適合するという意味をもつが、よい意味で用いられることが多く、願望が成就するという意に限定されていった。〈森山由紀子〉

かな-ぶみ【仮名文】 名 仮名で書いた手紙。平安時代には、女性の手紙や女性あての恋文、和歌の贈答などに用いる。例(僧デアル私ガ)仮名文見たまふるは目の暇いりて(=時間がかかって)〈源氏・若菜上〉 読解 仏道に専念して漢文の経典ばかりを目にしているからである。

かな-へ【鼎・釜】 名 飲食物を煮たり湯を沸かしたりするために用いる青銅製の器。三本の足があるのが普通で、これを足鼎という。ほかに円鼎・平鼎がある。祭器としても用いる。例地獄の鼎のはたにかしら打ち当てて〈大鏡・道隆〉

鼎

かなへ-どの【鼎殿】 名 宮中や将軍家の湯殿。また、そこに仕える人。例御湯殿(=御入浴)とあるをりは、鼎殿いみじう喜びをなして仕うまつるも〈栄花・玉の飾り〉

かな-ぼふし【かな法師】 名 男の子を呼ぶ語。坊や。例かな法師を地蔵にないてやらうずる(=してやろう)と思うて〈狂言・金津の地蔵〉

かな-まり【金椀・鋺】 名 金属製の椀。例男の目の細きは女びたり(=女性っぽい)。また、金椀のやうならんもおそろし〈枕・おほきにてよきもの〉

かな-やき【金焼き】 名 馬などに鉄の焼き印を押すこと。例(馬ニ)仲綱といふかなやきをして〈平家・四・競〉

かな-やま【金山】 名 ❶鉱山。また、鉱山を開発・営業すること。例「(娘ノ嫁入リ屛風トシテハ)源氏・伊勢物語は、心のいたづらになりぬべき物なり」と、多田の銀山出盛りしありさま書かせける〈西鶴・日本永代蔵・二・一〉 ❷(①から転じて)金儲けのもととなるもの。

かならず【必ず】 副 ❶きっと。確かに。例仏の御徳必ず見たまふべき人にこそあめれ〈更級〉 ❷(打消の語を伴って)必ずしも(〜ない)。例心ばせ必ず重からぬ(人モ)うちまじりて〈源氏・若菜下〉

かならず-しも【必ずしも】 (「しも」は副助詞) ❶「かならず②」に同じ。例必ずしもわが思ふにかなはねど〈源氏・帚木〉 ❷「かならず①」に同じ。

かな-わ【金輪・鉄輪】 名 鉄製の輪に足を三本つけたもの。囲炉裏や火鉢にすえて、鍋などをのせる。五徳。例炭櫃に…かなわといふ物の立てるを見て詠める〈散木奇歌集・九・詞書〉

がに

接助 《上代語》 ❶その事態が今にも起こりそうな程度や状況であることを表す。〜するほどに。〜しそうに。例我がやどの夕影草の白露の(ここまで序詞)消ぬがにもとな思ほゆるかも(＝私の家の夕影草に置かれた白露のように、消えてしまいそうなほどにむやみにあなたのことが思われるなあ)〈万葉・四・五九四〉

❷意志・命令・禁止などの表現に続けて、その目的や理由を表す。～となるように。～してほしいから。 例(a)おもしろき野をばな焼きそ古草に新草交じり生ひは生ふる**がに**(＝すばらしい野原を焼いてくれるな。古草に新草が交じって生えるなら生えるように)〈万葉・一四・三四五二〉 読解「な～そ」は柔らかい禁止の意を表す。例(b)泣く涙雨と降らなむ渡り川水まさりなば帰り来る**がに**〈古今・哀傷〉➡名歌255

接続 ①は動詞・助動詞の終止形につく。完了の助動詞「ぬ」につくことが多い。②は活用語の連体形につく。

語誌 ②は「がね」の上代東国方言と考えられている。和歌の第五句の末尾に置かれることが多いため、②を終助詞とする説もある。〈佐藤一恵〉

かに-かくに 副〔副詞「か」「かく」にそれぞれ格助詞「に」のついたもの〕あれこれと。いろいろ。例**かにかくに**人は言ふとも織り継がむ我が機物の白き麻衣〈万葉・七・一二九八〉

かには【樺・桜皮】 名 樺・樺桜・桜などの樹皮。器物をとじ合わせる材料や明かりをとる燃料などに用いる。例**桜皮**巻き 造れる舟に〈万葉・六・九四二〉

かにひ 名 草花の名。雁皮の古称というが未詳。今のフジモドキか。例**かにひ**の花、色は濃からねど、藤の花といとよく似て、春秋と咲くがをかしきなり〈枕・草の花は〉

かにも-かくにも ああもこうもして。なんとしても。ともかくも。例白髪生ふることは思はずをち水(＝若返りの水)は**かにもかくにも**求めて行かむ〈万葉・四・六二八〉

-か・ぬ 接尾(ナ下二型) 動詞の連用形について、～し続けることができない、～しようとしてもできない、の意を添える。「塞きかぬ」「待ちかぬ」など。例我が心慰め**かねつ**更級や姨捨山に照る月を見て〈古今・雑上〉➡名歌420

か・ぬ【兼ぬ・予ぬ】 動(ナ下二) 空間的・時間的に、一定の事柄を合わせ含める意。

❶合わせる。広い範囲にわたる。 例(a)心と詞とを**かね**たらんを、よき歌とは申すべし(＝「心」と「詞」とを兼ね備えているようなのを、よい歌とは申すことができるでしょう)〈毎月抄〉例(b)一町**かね**てあたりに人もかけらず(＝一町にわたって、その付近はだれも走り回らない)〈大鏡・師輔〉 読解「町」は市街地の区画。平安京では約一二〇メートル四方の広さ。

❷兼任する。 例大臣の、大将を**兼ね**たりき〈平治・上〉

❸予測する。予想する。将来のことを考える。 例千年を**かねて** 定めけむ 奈良の都は(＝千年も先を予測して決めたのであろう奈良の都は)〈万葉・六・一〇四七〉

語誌 ③の意から、その連用形に接続助詞がついた連語「**かねて**」は、あらかじめ、以前から、の意の副詞として用いられた。〈鈴木幸夫〉

かね【金】 名 **❶金属の総称。** 金・銀・銅・鉄などをさし、区別するときには「こがね(くがね)」「しろがね(しろかね)」「あかがね」「くろがね」という。また、金属製の道具・調度。五行説では、秋・西・白に対応する。例**金**の杯とりて(＝手に持って)〈宇津保・藤原の君〉

❷金銭。貨幣。また、財産。 江戸時代、上方では銀が広く流通していたことから、「銀」と書かれることが多い。例(a)使ひにそへて**かね**をば返したてまつらむ(＝使者に託して金銭をお返し申し上げよう)〈竹取〉例(b)以前は大商人なりしが、大分の**銀**をなくなし(＝以前は大商人であったが、ほとんどの財産をなくし)〈西鶴・日本永代蔵・二・二〉

❸「金性」の略。陰陽道で、その人の生年月日が金にあたっているもの。運勢や人との相性判断に用いられた。〈大井田晴彦〉

かね【矩】 名 **❶**大工道具の名。L字型をした金属製のものさし。**❷**(①の形から)直角。例**かね**に(川ヲ)渡いておし落とさるな〈平家・四・橋合戦〉

かね【鉦】 名 **❶**仏具の名。金属製の円形で、念仏のとき、地に伏せたりして撞木でたたいて鳴らす。例誦経の**鉦**の音など、我がななり(＝私のためになる鉦だ)と聞くも〈枕・正月に寺に籠りたるは〉**❷**「けい(磬)」に同じ。**❸**「しゃうこ」に同じ。

かね【鐘】 名 **つりがね。** 特に、寺の梵鐘。また、**鐘の音。** 時刻を知らせるために鳴らす。例(a)皆人を寝よとの**鐘**は打つなれど君をし思へば寝ねかてぬかも(＝すべての人に寝るようにとの時の鐘は鳴っているようだけれど、あなたのことを思うと眠れないことだ)〈万葉・四・六〇七〉例(b)花の雲**鐘**は上野か浅草か〈俳諧・続虚栗〉➡名句112

語誌 ▼令制では陰陽寮に漏刻博士・守辰丁が置かれ、時間を管理した。例(a)の鐘はこれ。守辰丁は鐘・鼓を打って時刻を知らせた。江戸時代には、時刻を「明け六つ」「夜五つ」などと呼んだが、数字は、その時刻に打つ鐘の数である。

▼**鐘の音のイメージ** 夜更けの鐘は恋人を待つ身の悲しさをかきたて(例(a))、夜明けの近いことを知らせる暁の鐘は恋人との別れをせきたてるものとして、しばしば恋の歌に登場する。また日没を告げる入相の鐘は、もの悲しいもの・心細いものとしてとらえられ、人に無常を感じさせるものとして表現されることも多い。〈大井田晴彦〉

かね【鉄漿】 名 歯を黒く染めるために用いる鉄の液。鉄片を酒または酢に浸して作る。⇩はぐろめ。例**鉄漿**つける間もあるにこそ〈近松・用明天王職人鑑・三〉

-がね

1 接尾 名詞について、**～するためのもの、～になる予定のもの、の意を添える。**「后がね」「婿がね」など。

2 接助〘上代語〙**意志・命令・禁止などの表現に続けて、その目的や理由を表す。～となるように。～してほしいから。** 例橘の林を植ゑむほととぎす常に冬まで住み渡る**がね**(＝橘の林を植えよう、ほととぎすがいつも冬まで住み続けてくれるように)〈万葉・一〇・一九五八〉

接続 ②は活用語の連体形につく。

語誌 ▼**実現を望む気持ち** ②の意では、和歌の例が多く二文の構成を取るところから、後の文が倒置されていると見て、接続助詞と考えられている。倒置ではなく、そこで文が切れていると見て、終助詞とする説もある。いずれにせよ、前の文には、意志・命令・禁止などの表現が取られ、「がね」のついた句では、実現を望む事柄が前の文の目的や理由になっている。〈佐藤一惠〉

かね-あきびと【金商人】 名 ❶砂金などの売買をする人。例奥州の**金商人**吉次といふ者〈古活字本平治・下〉 ❷両替商。金貸し業。例**金商人**ゆゑ殺されけるや〈西鶴・武家義理物語・四・三〉

かね-あひ【兼ね合ひ】 名 つりあい。ころあい。標準。例式法をこまかに定めて、**かねあひ**極まるものもあれど〈俳諧・鶉衣・長短解〉

かね-う・つ【金打つ・鉦打つ】 動(タ四) ❶神仏の前で、鉦や鰐口を鳴らし、誓いを立てる。例大仏の御前にて、**金打ちて**、仏に申してさりぬ〈宇治拾遺・一四〉 ❷武士が大小の刀を抜いて打ち合わせ、誓い合う。また、女性が鏡を打ち合わせ、誓い合う。

かね-ぐろ【鉄漿黒】 形動(ナリ) 歯を鉄漿で黒くしているさま。歯黒めをしているさま。例**鉄漿黒**に、眉細くつくりて〈義経記・三〉

かね-ごと【予言】 名〔「かね」は動詞「かぬ」の連用形から〕「かねこと」とも。前もって言っておく言葉。約束の言葉。予言。例なにの心ありて、あすはひの木とつけけむ。あぢきなき**かねごと**なりや(=どういう心があって「あすはひの木」とつけたのだろう。つまらない予言であるよ)〈枕・花の木ならぬは〉 読解 翌檜の木の話。この名は、明日は檜になろう、の意からつけられた。

かね-て【予ねて】 1 (日数などを示す語について)〜以前から。〜にわたって。前から予想して。例(a)二、三日**かねて**(=二、三日前から用意して)、夜に隠れて大殿に渡りたまへり〈源氏・須磨〉例(b)足柄山といふは四、五日**かねて**恐ろしげに暗がりわたれり〈更級〉 2 副 ❶前もって。あらかじめ。例つひに行く道とは**かねて**聞きしかど昨日今日とは思はざりしを〈古今・哀傷〉➡名歌239 ❷以前。普段。例**かねて**は猛く見えし人々も、まことの際(=いざという場合)になりぬれば〈増鏡・新島守〉 ❸今のうちから。早くも。例あしひきの(枕詞)山の嵐は吹かねども君なき夕は**かねて**寒しも〈万葉・一〇・二三五〇〉

か-の

【彼の】代名詞「か」+格助詞「の」。話し手から遠く離れていたり、前の文脈に出ていたりする事物や人をさす。

1 ❶あの。その。例(a)(今夜モ)**かの**児ころと寝ずやなりなむ(=あの娘と共寝をせずに終わってしまうのだろうか)〈万葉・一四・三五六五〉例(b)この名しかるべからずとて、**かの木**を伐られにけり(=この名前はよくないと言って、その木をお伐りになってしまった)〈徒然・四五〉 読解 僧坊のそばに榎の大木があったために「榎の木の僧正」とあだ名をつけられた僧の話。❷素姓の不明な人をさす。**その**。**そこにいる**。例**かの**男、その得たる物、若君の召すに、参らせよ(=そこにいる男、その手に入れた物を、若君がお望みになるので、差し上げよ)〈古本説話集・下・五八〉 2 代 物や人を直接明示せず、遠回しにさしていう。**例のもの**。**あれ**。**あの人**。例**かの**がよろしくと言ったよ〈滑稽本・浮世風呂・三上〉〈上野辰義〉

がの

終助〔接続助詞「が」+終助詞「の」〕相手の意向を確かめたり賛同を求めたりする意を表す。〜だろうよね。〜がどうかね。例簪と取っ替へたが**の**〈滑稽本・浮世風呂・三上〉 接続 活用語の連体形につく。

が-の-いはひ【賀の祝ひ】 名 長寿の祝い。平安時代には数え年で四十歳から十年ごとに行った。室町時代末から六十一歳(還暦)・七十七歳(喜寿)・八十八歳(米寿)・九十九歳(白寿)なども祝うようになった。「賀」「算賀」とも。例年寄った親人の七十の**賀の祝ひ**もこの月〈浄瑠璃・菅原伝授手習鑑・三〉

狩野探幽 《人名》一六〇二〜一六七四(慶長七〜延宝二)。江戸時代の画家。狩野孝信の長男で、永徳の孫。幕府の成立後間もない江戸へ下り、幕府の用命を受けて江戸城などの障壁画制作に活躍、狩野派の地位を不動のものとした。代表作は二条城二の丸御殿大広間や名古屋城上洛殿の障壁画など。

か-の-え【庚】 名〔「金の兄」の意〕十干の七番目。

かのえ-さる【庚申】 名 干支の五十七番目。この日は庚申待ちをする。⇩かうしん

か-の-きし【彼の岸】 名〔「彼岸」の訓読〕「ひがん①」に同じ。

か-の-こ【鹿の子】 名 ❶鹿の子。毛に白い斑点がある。例浅茅生に**鹿の子**の分くる小野の山〈竹林抄・二〉 ❷「鹿の子斑」の略。例**鹿の子**の雪も今や消ゆらむ〈宇津保・春日詣〉 ❸「鹿の子絞り」の略。

かのこ-しぼり【鹿の子絞り】 名 絞り染めの一種。布をしばって染色し、その箇所に白い模様を染め出す。「鹿の子結ひ」とも。

かのこ-まだら【鹿の子斑】 名 鹿の子の毛のように白い斑点のある模様。例時知らぬ山は富士の嶺いつとてか**鹿の子まだら**に雪の降るらむ〈伊勢・九〉➡名歌242

か-の-さま【彼の様】 代 遠称の人称代名詞。あのお方。例のお方。特に、恋人。例なんぢ呼び出だすは別儀でない、**かの様**へ参りて〈狂言記・抜殻〉

か-の-しし【鹿】 名 鹿。また、鹿の肉。「しし」は肉を食用とする獣の総称で、「かのしし」は「ゐのしし(猪)」と区別して示す言い方。例(狩リデ)七日がうちに、猪六百・**鹿**千頭・熊三十七〈曾我・一〉

か-の-と【辛】 名〔「金の弟」の意〕十干の八番目。

か-の-も【彼の面】 名〔「かのおも」の変化した形〕あちらの面。あちら側。「このもかのも」の形で用いることが多い。

かは

【川・河】名 かわ。水が地表を帯状に流れている所。例ゆく**河**の流れは絶えずして、しかももとの水にあらず(=流れ去る川の流れはとぎれることなくて、しかもはじめのままの水ではない)〈方丈記〉

【語誌】▼**異界とつながる通路**　川は基本的にこの世と異界を結ぶ通路と考えられていた。川上から不思議なものが流れ下ることを語る伝承は数多い。後世の桃太郎や瓜子姫の話も同種。川上には知らぬ世界、異界があると信じられていたのである。川上から不思議な予言を記した黄色い紙が流れてきたという『更級日記』の富士川の伝承は、そうした川の意味をよく示している。川は異界の神秘と触れあう場とされ、その威力の最も強く現れる瀬では祭りが行われ、そこはまた禊の場とされた。

▼**境界となるもの**　川は、しばしば共同体を区切る境界ともされる。その川の意味が、観念化されると、川そのものをこの世と異界の隔てとして意識するようにもなる。「三途の川（三瀬川）」がそのよい例。

▼**永遠・無常のイメージ**　流れの絶えないところから永続のイメージを、またその逝って帰らぬところから無常のイメージを表すことがある。〈多田一臣〉

かは【皮・革】 名 ❶動物・植物の表皮。例木の**皮**を剝ぎ〈宇津保・俊蔭〉 ❷動物の皮を加工したもの。例ふるき（＝黒貂）の**皮**ならぬ絹・綾・綿など〈源氏・末摘花〉 ❸物の表面を覆うもの。実体を隠すものの意にいうこともある。例（鹿ガ言ウニハ）我が皮はみ箱の**皮**に〈万葉・一六・三八八五〉

か-は

係助〔係助詞「か」＋係助詞「は」〕❶文中で「たれ」「いつ」「なに」などの疑問語の下に用いて、反語や強い疑問の意を表す。～か（いや、そんなことはない）。㋐反語の意を表す。例なにわざをして**かは**、妻子をば養い、我が命をも継ぎはべらん（＝どんな仕事をして、妻子を養い、自分の命をもつなぎましょうか、いや、これ以外にする仕事はありません）〈宇治拾遺・一四〇〉 ㋑疑問の意を表す。～か。例蓮葉の濁りに染まぬ心もてなに**かは**露を玉とあざむく〈古今・夏〉↓名歌284 ❷文末に用いて、反語の意を表す。～か（いや、そんなことはない）。例声たえず鳴けや鶯一年にふたたびとだに来べき春**かは**（＝声が絶えることなく鳴いてくれよ、鶯よ。一年に二度でさえ来る春だろうか、いや、二度と来ない春なのだ）〈古今・春下〉 ①は格助詞・接続助詞などにもつく。

接続▶体言、活用語の連体形などにつく。

【語誌】▼平安時代以降用いられる。係助詞「か」と同じく疑問や反語に用いられるが、「か」よりも強い調子になる。反語に用いられる場合がほとんどである。

▼係助詞「か」と同様に、文中に用いられた場合には係り結びが起こり、結びの活用語は連体形となる。文中用法の場合、疑問語に直接ついて「なにかは」「たれかは」などの形になることも多いが、その場合も、たとえば、「たれかは知る」は、だれが知っているか、いや、だれも知らない、という反語の意になることがほとんどなので注意を要する。〈近藤要司〉

かはい・い 形（口語）〔「かはゆし」の変化した形〕❶かわいそうだ。ふびんだ。例明日の日中（＝昼間）に斬らるるげな。**かはいい**ことをしまするとへ近松・丹波与作待夜の小室節・中〉 ❷いとしい。愛らしい。例**かはいい**坊に灸う（＝灸）する亠て〈滑稽本・浮世風呂・前上〉

かは-かみ【川上・河上】 名 川の上流。例**河上**の方より黄なる物流れきて〈更級〉

か-ばかり

副〔代名詞「か」＋副助詞「ばかり」〕❶これほど。この程度。例げに**かばかり**にて隔てあらむも、事のさまに違ひたりと思して（＝ほんとうにこれほどになって隠しだてをするのも、今の場合にふさわしくないとお思いになって）〈源氏・夕顔〉 読解 ここは親しい仲になったことをさす。

❷これだけ。例極楽寺・高良などを拝みて、**かばかり**と心得て帰りにけり（＝これだけのものと思い込んで帰ってしまった）〈徒然・五二〉 読解 付属寺社を見ただけなのに、石清水八幡のすべてを見たと思い込んだ僧の話。〈上野辰義〉

かは-ぎぬ【皮衣・裘】 名 獣の毛皮で作った衣服。例表着には黒貂の**皮衣**〈源氏・末摘花〉

かは-くぢら【皮鯨】 名 鯨の皮下脂肪で、食用にする部分。塩漬けや酒漬けなどにした。例「**皮鯨**の吸ひ物」といへば、「いやいや、はじめてなれば雑煮なるべし」といふ〈西鶴・日本永代蔵・三・一〉

かは-くま【川隈】 名 川の流れの曲がっているところ。例**川隈**の八十隈おちず（＝多くの曲がり角ごとに）よろずたびかへり見しつつ〈万葉・一・七九〉

かは-ご【皮籠】 名 皮を張った籠。ただし、紙を張ったものや竹製のものもいう。例黒き**皮籠**三合（＝三個）を置けり〈方丈記〉

かは-ごし【川越し】 名 ❶川を隔てた対岸。例**川ごし**の彼方の田中の夕やみに〈六花集・七〉 ❷大きな川を徒歩で渡ること。❸大きな川で、人や荷を肩や輦台に乗せて渡すこと。また、それを仕事とする人。例**川ごし**の肩車にて我々を深い所へひきまはしたり〈滑稽本・膝栗毛・三下〉

川越し③〔大井川かち渡〕
大井川は橋の建設や渡し船が禁じられたため、旅人は川越し人足の担ぐ輦台や肩車を利用した。高欄つきの輦台や駕籠ごと輦台に乗せたもの、肩車など、さまざまに行き交う旅人の様子。

かは-ごろも【皮衣・裘】 カワ― 名「かはぎぬ」に同じ。例限りなき思ひに焼けぬ皮衣袂もかわきて今日こそは着め〈竹取〉読解「思ひ」の「ひ」に「火」を掛ける。

かば-ざくら【樺桜】 名❶植物の名。山桜の一種。「かにはざくら」とも。例(a)春のあけぼのの霞の間より、おもしろき(=すばらしい)樺桜の咲き乱れたるを見る心地す〈源氏・野分〉読解光源氏の子の夕霧が垣間見た紫の上の印象。例(b)八重咲く花桜盛り過ぎて、樺桜は開け〈源氏・幻〉❷襲の色目の名。表は蘇芳、裏は赤花。または、表は薄色、裏は濃い二藍など、諸説ある。春に着用。若者が着る。

語誌 ①の実態については、ウワズミザクラをあてる説、シダレザクラの園芸品種の一つ(単弁白色花)だとする説など諸説あって未詳。②の色目から推量すると、紅色の桜と考えられる。

-がは・し ガワシ 接尾(シク型)体言、動詞の連用形などについて、形容詞を作る。〜の様子である。「乱がはし」「乱だりがはし」など。⇩がまし

かはし-ぎん【為替銀】 カワシ― 名「かはせぎん」に同じ。例かはし銀につまりて(=行き詰まって)難義〈西鶴・日本永代蔵・一・四〉

かは-しま【川島】 カワ― 名川の中にある島。和歌では、多く「交はし」と掛けて用いる。例逢ひ見ては心一つをかはしまの水の流れて絶えじとぞ思ふ(=とだえることはあるまいと思う)〈伊勢・二二〉

か-ばしら【蚊柱】 名夏の夕暮れ、蚊が群がって飛んで柱のように見えるもの。例草ふかきしづのふせや(=粗末な家)のかばしらに〈拾遺愚草・上〉

かは・す【交はす】 カワス 1動(サ四)❶通い合わせる。互いにやりとりする。例ただ文かはすばかりにて年経はべりける人につかはしける〈後撰・恋四・詞書〉❷交差させる。例翼をならべ、枝をかはさむと契らせたまひし〈源氏・桐壺〉2補動(サ四)(動詞の連用形について)〜しあう。例文など作りかはして〈源氏・桐壺〉

かは-せ【川瀬】 カワ― 名川の流れの浅いところ。例川瀬には鮎子さ走り〈万葉・三・四七五〉

かはせ【交はせ・為替】 カワセ 名❶手形などで行う送金・決済の方法。また、その手形類。例別に為替にふってよこしてあるから〈滑稽本・膝栗毛・八中〉❷交換。例お礼は為替に仕まつる〈近松・百日曾我・一〉

かは-せうえう【川逍遥】 カワショウヨウ 名「かはぜうえう」とも。川で遊ぶこと。川辺の散策にも、舟に乗って遊ぶことにもいう。例賀茂の河原に川逍遥しける供にまかりて〈古今・秋上・詞書〉

かはせ-ぎん【為替銀】 カワセ― 名「かはしぎん」とも。江戸時代、為替を組むために支払人や引受人などが支払う金銭。例米問屋の為替銀、添へ状は届いたが銀はなぜ届きませぬ〈近松・冥途の飛脚・上〉

かは-たけ【川竹・河竹】 カワ― 名❶竹の一種。女竹をさすという。例夕暮れ・暁に川竹の風に吹かれたる〈枕・あはれなるもの〉❷清涼殿の東庭の御溝水のそばに植えてある竹。⇩口絵。例河竹は葉ひろし。御溝にちかきは河竹〈徒然・二〇〇〉

河竹黙阿弥 カワタケモクアミ〈人名〉一八一六〜一八九三(文化一三〜明治二六)。江戸末期・明治時代の歌舞伎作者。二十歳で見習い作者となり、一時、二世河竹新七と称す。幕末の名優四世市川小団次と提携して、盗賊の活躍を描く白浪物や庶民の生活を写実的に描いた世話物に傑作を残した。『蔦紅葉宇都谷峠』『三人吉三廓初買』『八幡祭小望月賑』『青砥稿花紅彩画』などがある。

かはたれ-どき【彼は誰時】 カワタレ― 名薄暗くて、人の姿を誰だとは見分けられない時間帯。主に明け方にいう。例暁のかはたれ時に島陰を漕ぎにし船のたづき(=様子)知らずも〈万葉・二〇・四三八四〉

河内 カワチ〈地名〉〔古くは「かふち」〕旧国名。今の大阪府南東部。畿内五か国の一つ。河州。延喜式で大国。

かはづ【蛙】 カワズ 名❶動物の名。カエル。例(a)宵ごとにかはづのあまた鳴く田には水こそまされ雨は降らねど(=夜ごとカエルがたくさん鳴く田では、水が増していくことだ、雨は降らなくても)〈伊勢・一〇八〉読解雨が降らなくても蛙(私)の涙で水が増す、という。例(b)古池や蛙飛びこむ水の音〈俳諧・春の日〉⇩名句130 ❷特に、カジカガエル。谷川の流れの速い清流に住み、夏から秋にかけて鹿の鳴き声のような澄んだもの悲しい声で鳴く。例かはづ鳴く井手の山吹散りにけり花のさかりに逢はましものを(=カジカガエルが鳴く井手の里の山吹が散ってしまったなあ、花盛りのときに出逢いたかったのに)〈古今・春下〉

語誌 ▼「かはづ」が古くから和歌に詠まれるのに対し、「かへる」は『万葉集』には詠まれず、平安時代以降も「帰る」との掛詞で詠み込まれる程度。「かへる」は俗語で、「かはづ」は歌語・雅語とされていたらしい。▼『万葉集』で「かはづ」の鳴き声を詠む歌の多くは②のカジカガエルをさすとみられる。平安時代に入ると、例のように、山吹の花、ことに「山城の井手(今の京都府綴喜郡)の山吹」との取り合わせで詠まれることが多くなる。〈今井久代〉

かは-つら【川面】 カワ― 名「かはづら」とも。❶川のほとり。川辺。例川づらに放ち馬どものあさりありくも〈蜻蛉・中〉❷川の水面。川面。例宇治にいたりて…河づらをながめて〈読本・春雨・血かたびら〉

かは-と【川門】 カワ― 名❶川の両岸の迫った場所。例春されば(=春になると)我家の里の川門には鮎子さ走る〈万葉・五・八五九〉❷川の渡り場。例彦星と織女と今夜逢ふ天の川門に波立つなゆめ(=決して)〈万葉・一〇・二〇四〇〉

かは-と【川音】 カワ― 名〔「かはおと」の変化した形〕川の流れの立てる音。例ぬばたまの(枕詞)夜さり来れば(=夜がやってくると)巻向の川音高しも嵐かも疾き〈万葉・七・一一〇一〉

がは-と 副「がばと」とも。激しい勢いで動作をするさま。例がはと起き、走りめぐり見まゐらせられけれども〈平治・上〉

かは-どめ【川止め・川留め】 カワ― 名江戸時代、川が増水したとき、通行を禁止すること。例川止めの間太夫(=浄瑠璃の語り手)も麦をつき〈柳多留・初〉

かばね【姓】 名 古く、氏族の地位の標識とした称号。「柿本朝臣人麻呂」「大伴宿禰家持」などで、「朝臣」「宿禰」にあたる称。「柿本」「大伴」は氏の名、「人麻呂」「家持」は個人名。氏の名を含めての称に用いることもある。「柿本朝臣」「大伴宿禰」にあたるもの。⇩うぢ(氏)。例八色の姓を作りて、天下のよろづの姓を混す(=八種類の姓を作って、全国のすべての姓を一元化する)〈紀・天武下〉

語誌▼姓はもともと王権から各氏族に与えられた称号で、氏と王権との個別的・伝統的関係を表示するものであった。その関係とは、大王家との名目上の親族関係であったり、職業的な奉仕の関係であったりする。七世紀半ばごろまでには、臣・連・造・君・直など、三〇種近い姓が存在し、王権の変遷する過程での複雑な経緯を反映している。

▼天武天皇一三年(六八四)の「八色の姓」(⇩例)は、それまでの非体系的な氏姓秩序に終止符を打つ画期的施策であり、このとき編成された新たな姓(真人・朝臣・宿禰・忌寸・道師・臣・連・稲置)により、各氏族は初めて一元的序列を与えられた。

▼「在原業平朝臣」のように、姓を氏名の後ろにつける方式もあり、これは一種の敬称。〈品田悦一〉

かばね【屍・尸】 名 死体。人のなきがら。また、遺骨。例うづもれぬかばねを何にたづねけむ苔の下には身こそなりけれ〈更級〉

かはのぼり-ぢ【川上り路】 名 川をさかのぼる水路。例来と来ては(=はるばる来てみたら)川上り路の水を浅み船もわが身もなづむ今日かな〈土佐〉

かは-ばしら【川柱】 名 川の中に残っている柱。橋の残骸。例朽ちもせぬこの川柱残らずは昔のあとをいかで知らまし〈更級〉

かは-び【川傍】 名 『上代語』川のほとり。例秋風になびくかはびのにこ草の〈万葉・二〇・四三〇九〉

河合曾良 《人名》⇩曾良

かは-ぶえ【皮笛】 名 (唇の皮で吹くことから)口笛。例皮笛ふつつかに馴れたる声して〈源氏・紅梅〉

かは-ぶくろ【皮袋・革袋】 名 革製の袋。財布として持ち歩くのに用いることが多い。例革袋に取り集めて五十両〈西鶴・日本永代蔵・四・三〉

かは-ほり【蝙蝠】 名 「かはぼり」とも。❶動物の名。コウモリの類。「こうもり」は「かはほり」の変化した形。例かはほりの飛びかふ軒は暮れそめてうけらが花初編・三〉❷「蝙蝠扇」の略。例去年のかはほり〈枕・すぎにしかた恋しきもの〉

かはほり-あふぎ【蝙蝠扇】 名 竹の骨の片面に紙を張った扇。夏季に用いる。開くと蝙蝠が羽を広げた形に似ることからの称。例今日中納言行成、蝙蝠扇を持す〈小右記・長和四年閏六月〉

かは-むし【皮虫・烏毛虫】 名 毛虫。蝶・蛾などの幼虫。例烏毛虫は、毛などはをかしげなれど〈堤中納言・虫めづる姫君〉

かは-や【厠】 名 〔川の上に渡して作った「川屋」の意とも、家のそばに作った「側屋」の意とも〕便所。古来、その隅には厠神を祭る習俗がある。例朝曙に厠に入りし時〈記・中・景行〉

かは-やぎ【川柳】 名 「かはやなぎ」に同じ。例かはづ鳴く六田の川の川柳の〈万葉・九・一七二三〉

かは-やなぎ【川柳】 名 植物の名。ネコヤナギ。または、川辺に生えている柳。「かはやぎ」とも。例川柳糸は緑にあるものを〈拾遺・雑下〉

かは-ゆか【川床】 名 納涼のため、料理屋などで川の上へ突き出すように設けた桟敷。京都四条河原のものが有名。例河床や蓮からまたぐ便りにも〈俳諧・蕪村句集・上〉

かはゆ-げ 形動(ナリ) 〔「げ」は接尾語〕❶いかにもかわいそうだ。例かはゆげなる乞食に、着物をぬぎくれて(=脱ぎ与えて)〈撰集抄・二・八〉❷いかにもかわいらしい。例かはゆげなるを膝に据ゑて〈とはずがたり・三〉

かはゆ・し 形(ク) 〔「かほはゆし(顔映ゆし)」の変化した形〕❶恥ずかしい。例臨終のわろきを、ありのままに言ふもかはゆくして〈沙石集・一〇本・一〇〉❷かわいそうだ。例この児に刀を突き立て、箭を射立て殺さむは、なほ(=やはり)かはゆし〈今昔・二六・五〉❸かわいらしい。例下々には(=奉公人にしては)やさしき心入れ(=計らい)と無性にかはゆう(音便形)なりて〈浮世草子・傾城禁短気・四・三〉

かは-よど【川淀】 名 川の水の緩やかなところ。例明日香川川淀去らず立つ霧の(ここまで序詞)思ひ過ぐべき恋にあらなくに(=すぐ消えるような思いではないのだ)〈万葉・三・三二五〉

かはら【瓦】 名 屋根がわら。粘土を固め、かまで焼いて作る。古くは寺院や宮殿など特別な建物だけに用いた。例殿の瓦さへ残るまじく(風ガ)吹き散らすに〈源氏・野分〉

かはら【川原・河原】 名 〔「かははら」の変化した形〕❶川辺の平地。石や砂が多い。本来どの所有地にも属さないのが特色で、餓死者の放置場所や芸能舞台の設置場所にもなった。❷京都賀茂川の河原。特に四条河原は、室町時代には猿楽の、また江戸時代には芝居興行の場として有名。⇩賀茂川

かは-らか 形動(ナリ) ⇩かわらか

かはら-がよひ【河原通ひ】 名 芝居見物のため京都四条河原へ通うこと。歌舞伎若衆を買うこともさす。例毎日の河原通ひに、同じ着物に色もかはらぬ羽織に〈西鶴・世間胸算用・三・一〉

かはら-け【土器】 名 〔「け」は容器の意〕❶素焼きの皿。例みな大きなる土器をささげて泣きけり〈宇治拾遺・一二・三〉❷素焼きの杯。例女あるじにかはらけとらせよ〈伊勢・六〇〉❸(②から転じて)酒盛り。宴会。例御土器などはじまりて〈源氏・匂宮〉

かはら-げ【川原毛・瓦毛】 名 馬の毛色の名。たてがみだけが黒い白馬。色合いによって、白・黒・黄などをつけて呼び分けることも多い。例黄河原毛なる馬にぞ乗ったりける〈平家・九・一二之懸〉

河原院 名 平安京の左京六条にあった左大臣源融の邸宅。陸奥国の歌枕塩釜の浦を模したという庭園で知られる。融の死後、宇多上皇に献上されたが、融の亡霊が現れたという説話が残る。その後荒廃し、平安時代半ばには往時を偲ぶ歌人たち

が集まって風流な催し事を行う場となった。いくたびか火災にあうが、室町時代まで存続。

かはら-ふ【変はらふ】〔動詞「かはる」の未然形＋上代の反復・継続の助動詞「ふ」〕変わってゆく。例いや日異に(=日を追って)変はらふ見れば〈万葉・三・四七八〉

かはり【代はり・替はり】 名❶交替。後任。例朝顔の姫君は、かはりに(斎院ニ)ゐたまひにき〈源氏・賢木〉❷代理。例かの人の御かはりに、明け暮れの慰めにも見ばや〈源氏・若紫〉❸償い。代償。代金。例かく宿させたまへるかはりに、緒やある、績みてたてまつらん(=緒はありますか、糸に撚ってさしあげましょう)〈宇治拾遺・五七〉

かは・る【変はる・代はる・替はる】 動(ラ四)❶変化する。例去年の夏鳴きふるしてし郭公それかあらぬか(=それと同じか、そうではないか)声のかはらぬ〈古今・夏〉❷年月・治世などが改まる。例年かはりぬ〈源氏・明石〉❸普通とは異なっている。例橘にはかはりてをかしければ〈源氏・蓬生〉❹交替する。役職などを退く。例今替はる新防人が舟出する〈万葉・二〇・四三三五〉❺代理をする。例例の男、女にかはりて(歌ヲ)詠みてやらす〈伊勢・一〇七〉

かは-をさ【川長】 名船頭。渡し守り。例(棹ヲ)さしかへる宇治の川長〈源氏・橋姫〉

か-はん【加判】 名動(サ変)❶公文書に署名し、判を押すこと。また、鎌倉幕府の連署、江戸幕府の老中など、その役目にある人。❷室町時代以降、借用証文などに連判・連署をすること。例下も立ち売りの居屋敷を、町衆の加判で一昨年三十貫目の家賃に入れたげな〈近松・大経師昔暦・上〉

-かひ【交ひ】 接尾 名詞などについて、物と物とが交差するところ、物と物との間、の意を添える。「道交ひ」「目な交ひ」「羽交ひ」など。

かひ【貝】 名❶貝。貝殻。貝殻で作ったもの。例家づと(=家への土産)に貝を拾ふと〈万葉・一五・三七〇九〉❷ほら貝。吹き鳴らして、合図や号令を送ったり時刻を知らせたりする。例時は…貝四つ吹くほどになりにたり〈蜻蛉・中〉

【貝を作る】(口を貝の形にすることから)口をへの字にして泣く。べそをかく。例(明石ノ入道ガ)かひをつくるもいとほしながら〈源氏・明石〉

かひ【卵】 名〔「貝」と同源〕たまご。また、たまごの殻。「かひご」とも。例おなじ巣にかへりしかひの見えぬかないかなる人か手ににぎるらん〈源氏・真木柱〉読解「卵」に「効」を掛ける。

かひ【効・甲斐】

名〔「甲斐」はあて字〕❶価値。値打ち。例暑さに乱れたまへる御ありさまを見るかひありと思ひきこえたり(=暑さのためうちとけなさっているご様子を、見る価値があるとお思い申し上げた)〈源氏・帚木〉❷効き目。効果。しるし。例(イクラ頼ンデモ)何のかひあるべきにもあらず(=なんの効き目もあろうはずがない)〈源氏・紅葉賀〉

類義▶②やく(益)

語誌 動詞「かふ(替ふ)」を名詞化した語で、代わりになることの意から変化したもの。①は代わりになる価値があること、②はしただけの価値があることを表す。〈岩坪健〉

かひ【峡】 名山と山の間。山あい。峡谷。例桜花咲きにけらしな(=咲いたらしいな)あしひきの(枕詞)山の峡より見ゆる白雲〈古今・春上〉

かひ【匙】 名さじ。しゃくし。物をすくいとる道具。古くは貝殻を用いたことからの称という。例箸・匙など、とりまぜて鳴りたる〈枕・心にくきもの〉

甲斐《地名》旧国名。今の山梨県。東海道十五か国の一つ。甲州。延喜式で上国・中国。

-がひ 接尾❶人間関係を表す名詞について、〜よしみ、〜の権利、の意を表す。「親がひ」「一門がひ」など。❷活用語の終止形について、〜するだけまだましな状態である、〜する程度、の意を表す。「死なずがひ」など。❸活用語の終止形について、〜ほうだい、の意を表す。「言ひたいがひ」など。

かひ-あはせ【貝合はせ】 名❶平安時代の遊戯の名。左右二組に分かれ、おのおの貝を出しあって優劣を競う。例貝あはせせさせたまはむとて、月ごろ(=ここ数か月)いみじく(貝ヲ)集めさせたまふに〈堤中納言・貝あはせ〉❷平安後期から江戸時代まで行われた遊戯の名。三六〇個の蛤を二枚に分ける。一枚を地貝として伏せて並べ、もう一枚を出し貝として各自が持つ。出し貝を一つずつ出して地貝と合わせ、多く合わせ取った人を勝ちとする。「貝覆ひ」とも。例今ぞ知る二見の浦のはまぐりをかひあはせとておほふなりけり〈山家集・下〉読解地名の「二見」に、貝の「蓋・身」を掛ける。

かひ-うた【甲斐歌】 名東歌の一種。甲斐国(山梨県)の歌謡。例ある人、西国なれど甲斐歌などいふ〈土佐〉

かひ-おほひ【貝覆ひ】 名「かひあはせ②」に同じ。例乱碁・貝おほひ・手まり・へんつきなどやうの事どもを、思ひ思ひにしつつ〈増鏡・内野の雪〉

貝おほひ《作品名》江戸時代の俳諧発句合わせ。一冊。松尾宗房(芭蕉)撰。寛文一二年(一六七二)刊。芭蕉が撰者となった最初の撰集。伊賀上野の俳人三十七人の発句六〇句を左右に分けて三十番の句合わせにしたもの。

かひ-かう【貝香】 名アカニシという貝の蓋。粉末にして練り香の材料にする。例甲香は、ほら貝のやうなるが…貝の蓋なり〈徒然・三四〉

かひ-がかり【買ひ掛かり】 名代金後払いの約束で品物を買うこと。また、その代金。例世の習ひにて買ひ掛かりする事、互ひに合点づくなり(=承知の上のことである)〈西鶴・日本永代蔵・五・二〉

かひ-かね【貝鐘・貝鉦】 名「かひがね」とも。ほら貝と鉦。寺や戦場で、合図や号令に用いる。例法華三昧勤むる禅衆もなければ(=僧もいないので)貝鐘の音もせず〈保元・下〉

かひ-がひ・し【甲斐甲斐し】 形(シク)〔名詞「かひ(効)」を重ねて形容詞化した語。「甲斐」はあて字〕❶するかいがある。張りあいがある。例女院、住吉・石清水に詣でさせたまふ。これに候ふ人は、かひがひしきことにぞ思ひける〈栄花・殿上の花見〉❷頼りがいがある。頼もしい。例ただ頼もしう思ふ人のあらんこそ、かひがひしう（音便形）あるべかめれ〈栄花・初花〉❸てきぱきしている。例（幼児ヲ預カッテ）かひがひしう（音便形）二十余年養育す〈平家・六・廻文〉❹勇ましい。力強い。例かひがひしく防ぐ者なければこそ、敵はこれまで近づくらめ〈平治・中〉

かひ-ぐら【貝鞍】 名「かひくら」とも。馬の鞍の一種。青貝などをちりばめ、漆で塗り固めたもの。例黄鶴毛なる馬に、柳桜をすりたる**貝鞍**をかせて乗りたまへり〈平治・中〉

かひ-ご【卵】 名 たまご。例うぐひすの **かひご**の中に ほととぎす ひとり生まれて〈万葉・九・一七五五〉

かひ-じゃくし【貝杓子】 名 貝殻に、竹や木の柄をつけた杓子。例家主に**貝杓子**させて、女の料理食はせんとす〈仮名草子・仁勢物語・上〉

かひ-つ・く【飼ひ付く】 動（カ下二）鳥獣などにえさを与えて慣らす。飼い慣らす。例年ごろ（＝長年）**飼ひ付け**たりける犬山の犬を〈今昔・二六・七〉

かひ-つ-もの【貝つ物】 名〔「つ」は「の」の意の上代の格助詞〕貝類。例海人ども漁りして、**貝つ物**持て参れるを召し出でて御覧ず〈源氏・須磨〉

かひな【腕・肱】 名 人間の上肢。上代は、特に二の腕をさす。例太刀抜きたる**腕**をとらへて〈源氏・紅葉賀〉

かひ-な・し【効なし・甲斐無し】 形（ク）〔名詞「かひ（効）」＋形容詞「なし（無し）」〕❶それだけの値打ちがない。つまらない。例あるに**かひなき**我が身かな（＝生きていてもなんの値打ちもない我が身であることよ）〈平家・一〇・横笛〉❷何かしただけの効果がない。無駄である。例（紫ノ上ニ会エナクテハ）**かひなき**心地のみしはべるを（＝来たかいがない気持ちばかりしますので）〈源氏・若紫〉❸仕方がない。どうしようもない。例（死ンダ子ドモヲ）父母恋ひ悲しむといへども、**甲斐無く**て止みぬ（＝父母は恋しがって悲しむが、どうしようもなくて終わってしまった）〈今昔・一三・二〉❹（「かひなくなる」の形で）死ぬ。亡くなる。例（私ガ）もし、**かひなく**なりはてはべりなば（＝もし、死んでしまいましたならば）〈源氏・夕霧〉

語誌 ▼④は、死んだ人はいくら嘆いても生き返らず、嘆いても仕方がないことからいう。▼和歌では、「峡なし」「貝なし」などと掛詞として用いることも多い。〈岩坪健〉

貝原益軒《人名》一六三〇〜一七一四（寛永七〜正徳四）。江戸時代の儒者。『養生訓』など「益軒十訓」と呼ばれる多くの教訓書や、博物誌『大和本草』、随筆『慎思録』などを著す。

かひ-や【鹿火屋】 名「かびや」とも。鹿や猪などの害から田畑を守るために、火をたいて見張る小屋。一説に、蚊遣り火をたく小屋とも。例朝霞（枕詞）**鹿火屋**が下に鳴く蛙〈万葉・一〇・二二六五〉

かひろ・ぐ 動（ガ四）揺れる。例風になびきて**かひろぎ**立てる〈枕・草の花は〉

かひ-をけ【貝桶】 名「かひあはせ②」の貝殻を入れる桶。地貝用と出し貝用の二個一対。八角形で印籠蓋がつくのがふつう。蒔絵を施す。江戸時代には、嫁入り道具の一つとされた。例嫁取りの嫁の手道具、御厨子・鏡台・うちみだれ箱・つづら・**貝桶**・はさみ箱〈近松・傾城反魂香・中〉

かひをつくる【貝を作る】 ⇩「かひ」の子項目

かふ【甲】 名 ❶十干の第一。きのえ。❷物事の第一番目。例先師芭蕉翁、ひとり天下に**甲**たり〈俳諧・風俗文選・師説〉❸鎧。また、兜。❹亀や蟹の背面を覆っている固い殻。例蟹の**甲**ににせて穴をほるも〈四方のあか・下〉❺手足の背面。例手の**甲**へ餅を受け取る煤払ひ〈柳多留・初〉❻邦楽で、高い調子。高い声。例弁慶が**甲**の声、御曹司の乙の声…（経ヲ）半巻ばかりぞ読まれたり〈義経記・三〉❼琵琶や琴など弦楽器の胴の部分。例元興寺といふ琵琶は…紫檀の**かふ**、ふと弦・ほそ弦あひかなひて（＝よく調和して）〈著聞集・一三・四二八〉

か・ふ【買ふ】 動（ハ四）❶物と物を交換して手に入れる。例まそみ鏡に 蜻蛉領巾 負ひ並め持ちて 馬**買へ**我が背〈万葉・一三・三三一四〉読解「鏡」「蜻蛉領巾」と「馬」とを交換する。❷金で物を手に入れる。例火鼠の皮といふなる物、**買ひ**ておこせよ〈竹取〉❸よくない結果を自らに招く。例（財産ハ）害を**かひ**、累ひを招くなかだちなり〈徒然・三八〉

か・ふ【替ふ・換ふ】 動（ハ下二）❶交換する。更新する。例照左豆（＝人名）が手に巻き古す玉もがもその緒は**替へ**て我が玉にせむ〈万葉・七・一三二六〉❷（「〜にかふ」の形で）〜を犠牲にする。例身に**かへ**てこの御身ひとつを救ひたてまつらむ〈源氏・明石〉

か・ふ

【飼ふ】 動（ハ四）❶動物を飼育する。飼う。例吾が**飼ふ**駒を 人見つらむか（＝私が飼う馬を、他人が盗み見てしまうだろうか）〈紀・孝徳・歌謡〉❷家畜などに食物や水などを与える。例（馬ニ）草こそば 取りて**飼へ** 水こそば 汲みて**飼へ**（＝草を刈って食わせるのに、水を汲んで飲ませるのに）〈万葉・一三・三三二七〉

語誌 ▼**語義の広がり** 中世になると、毒や薬を与える意がみられる。近世には、そこから転じて、悪知恵をつける意にも用いられた。俳諧などで、植物やその種に土・肥料を与える意で用いた例もある。〈吉田比呂子〉

か・ふ

【交ふ】 1 動（ハ下二）交差させる。例敷栲の（枕詞）袖**かへ**し君玉垂の（枕詞）越智野過ぎ行くまたも逢はめやも（＝袖を敷き交わしてともに一夜を過ごしたあなたが越智野を過ぎて行く、再び逢えるだろうか）〈万葉・二・一九五〉読解「めや」は反語の意を表す。2 動（ハ四）❶交差する。交わる。例吹き**かふ**風も近きほどにて（＝吹き交じる風も近い距離なので）〈源氏・賢木〉❷（他の動詞の連用形について）互いに〜する。混じりあう。互いに〜になる。例春の野に若菜つまんと来しものを散り**かふ**花に道はまどひぬ（＝春の野に若菜を摘もうと来たのに、散り乱れる花のために道に迷って

しまった〉〈古今・春下〉

語誌 「交ふ」は交わしあう意が原義で、そこから交換する意の「替ふ」、さらに金銭と物を交換する「買ふ」と派生していったと考えられる。〈古橋信孝〉

かぶ【株】 名 ❶植物の根もと。また、切り株。❷江戸時代、商工業の営業権。また、世襲の身分・地位・特権。例家屋敷・商ひの**株**、ともに親父(おやぢ)の跡を継がする〈近松・生玉心中・上〉❸(②から転じて)家柄や地位の高いこと。例それでも昔の**株**の家〈近松・大経師昔暦・上〉❹その人特有の言動。おはこ。例泣きごとばかり言ふが**かぶ**なり〈滑稽本・浮世風呂・三下〉

-がふ【合】ゴウ 接尾 箱や長持ちなど、ふたのある入れ物の数を数える。例黒き皮籠(かはご)三**合**〈方丈記〉

が-ふ【楽府】 名 ❶漢詩の種類の一つ。古体詩の形式。日本では『白氏文集(はくしもんじゅう)』に収められた白居易(はくきょい)作の新楽府をいうことが多い。例**楽府**の御論義の番に召されて〈徒然・二二六〉❷奈良時代以前の宮廷歌舞を管掌する役所。「うたまひどころ」「うたまひのつかさ」とも。語誌 本来、中国で漢の武帝が設立した音楽の役所の名で、そこで集められたり作られたりした歌曲や詩をさすのにもいう。

歌舞伎(かぶき) 江戸時代の演劇。当時は「歌舞妓」と書くのがふつう。名称は、常軌を逸脱した装いや行いをする意の動詞「かぶく(傾く)」に由来する。近世初頭、京都では無頼(ぶらい)の徒(と)を「かぶき者(もの)」と呼び、その風俗を舞台化した踊りを「かぶき踊り」「かぶき」と呼びならわすようになった。

●**成立期** 歌舞伎の歴史は、中世の風流(ふりゅう)踊りを土台とし、慶長八年(一六〇三)ごろ京都で出雲(いずも)の阿国(おくに)が演じたかぶき踊りに始まる。これが大評判を得ると遊女の歌舞団体が次々と現れて女(おんな)歌舞伎が生まれるが、風紀上の弊害から幕府に禁止される。代わって美少年の若衆(わかしゅ)歌舞伎が脚光を浴びるが、これも同じ理由で禁止される。その後、前髪を剃(そ)り落として成年の姿をした男子の演じる野郎(やろう)歌舞伎の時代に入り、容色・歌舞本位から演劇重視の方向へ転換するに至った。

●**元禄(げんろく)歌舞伎と江戸歌舞伎** 元禄期(一六八八〜一七〇四)を中心に歌舞伎は演劇として飛躍的な発展を遂げ、その様式も確立される。和事(わごと)中心の上方(かみがた)、荒事(あらごと)中心の江戸の芸風が定まり、上方に坂田藤十郎(さかたとうじゅうろう)、江戸に市川団十郎(いちかわだんじゅうろう)といった名優が現れる。

その後しばらくは浄瑠璃(じょうるり)に圧倒されるが、上方の作者並木正三(なみきしょうざ)やその門の並木五瓶(ごへい)、江戸の作者桜田治助(さくらだじすけ)の時期を経て復興、文化・文政年間(一八〇四〜三〇)の江戸で爛熟(らんじゅく)期を迎える。この時期の代表的作者は鶴屋南北(つるやなんぼく)で、『東海道四谷(よつや)怪談』などがある。幕末には河竹黙阿弥(かわたけもくあみ)が登場し、明治に至るまで活躍した。作品に『三人吉三廓初買(さんにんきちさくるわのはつがい)』などがある。〈川崎剛志〉

かふ-おつ【甲乙】コウ 名 ❶十干(じっかん)の甲と乙。❷物事の第一と第二。❸優劣。よしあし。例いづれに**甲乙**あれど〈噺本・籠耳・序〉❹だれかれ。人々の名を示さない場合に用いる。

かふおつ-にん【甲乙人】コウオツ 名 ❶だれということのない、あらゆる人々。だれもかれも。貴賤(きせん)・上下の人々。例(浴室ニ)をり合はせたる**甲乙人**らこれをみて〈保元・下〉❷庶民一般。凡下。雑人。例**甲乙人**ども、乱れ入りけりと覚えて〈太平記・一四〉

かふ-か【閤下】コウ ❶名 貴人に対する敬称。閣下(かっか)。例**閤下**の御事こそ、姫宮の(亡クナラレタ)御折にいみじかりしかど(=大変でしたが)〈栄花・衣の珠〉❷代 対称の人称代名詞。対等の相手に対する敬称。貴殿。あなた。例さて、**閤下**はいかが〈大鏡・序〉

歌舞伎十八番(かぶきじゅうはちばん)カブキジュウハチバン 名 江戸歌舞伎の市川団十郎(いちかわだんじゅうろう)家の家の芸として代々伝えられてきた、荒事(あらごと)を基本とする十八の演目。天保年間(一八三〇〜四四)に七代目団十郎が制定。不破(ふわ)・鳴神(なるかみ)・不動(ふどう)・嫐(うわなり)・象引(ぞうひき)・景清(かげきよ)・暫(しばらく)・勧進帳(かんじんちょう)・助六(すけろく)・外郎売(ういろううり)・矢の根(ね)・押戻(おしもどし)・関羽(かんう)・七(なな)つ面(めん)・毛抜(けぬき)・解脱(げだつ)・蛇柳(じゃやなぎ)・鎌髭(かまひげ)。

かぶき-もん【冠木門】 名 二本の門柱の上に冠木という幅広い横木を渡した門。例六波羅(ろくはら)の大手門・総門・楼門・**冠木門**〈近松・平家女護島・二〉

かぶき-をどり【歌舞伎踊り】オドリ 名 江戸初期、奇抜で人目を引く身なりをして都市をうろついていたかぶき者の風俗を舞台化した踊り。慶長八年(一六〇三)ごろ、出雲(いずも)大社の巫女(みこ)と称するお国が京都の北野社頭などで演じたのが始まりとされる。

かぶ-く【傾く】 動(カ四)(「かぶ」は頭の意)❶頭がかたむく。稲の穂などが垂れる。例雨ふれば門田(かどた)の稲ぞしどろなる心のままに**かぶき**わたりて〈行宗集〉❷常軌を逸する。華美で異様な身なりや行動をする。例**かぶき**たるなり(=格好)ばかりを好み〈御伽草子・猫の草紙〉

合巻(ごうかん)ゴウカン 名 江戸後期の小説の一種。草双紙(くさぞうし)の最終形態。五冊物の黄表紙を一冊にして売ることから始まった。読本(よみほん)や演劇の影響下にあり、伝奇的・娯楽的な要素が強い。代表的作品に柳亭種彦(りゅうていたねひこ)の『偐紫田舎源氏(にせむらさきいなかげんじ)』がある。

がふ-ご【合期】ゴウ 名動(サ変)❶間に合うこと。期限に遅れないこと。❷前もって思っていたとおりになること。例立ち居も**合期せ**ざりければ〈保元・下〉

かぶ-し【傾し】 名 頭・髪の毛の様子。例**かぶし**・かたち(=容姿)など、いとよしと見えて〈徒然・一〇五〉

がふ-し【合子】ゴウ 名(身とふたが合う器、の意)ふたつきの椀(わん)。例**合子**のいぶせさに(=汚さに)(飯ヲ)召さざりければ〈平家・八・猫間〉

かふしう-かいだう【甲州街道】コウシュウカイドウ 名 江戸時代の五街道の一つ。公式には甲州道中。江戸日本橋を起点に、甲斐(かい)国の府中(山梨県甲府市)を経て、信濃(しなの)国(長野県)下諏訪(しもすわ)で中山道(なかせんどう)に合流する。

かふ-ち【河内】コウチ 名(「かはうち」の変化した形)川の流れる谷間・盆地。例(天皇ハ)吉野川 たぎつ**河内**に 高殿(たかどの)を 高知(たかし)りまして(=りっぱにお造りになって)〈万葉・一・三八〉

河内《地名》「かはち」に同じ。

かぶと【兜・甲・冑】名❶頭部を防御する鉄製の武具。例馬より降り甲をぬいで神輿を拝したてまつる(=御輿を拝み申し上げる)〈平家・一・御輿振〉❷「とりかぶと」に同じ。例装束きて、**かぶと**して出できたりけり(=装束を身に着け、鳥兜をかぶって出てきた)〈宇治拾遺・七八〉❸端午の節句の飾り物。兜人形。近世、厚紙で作って長刀・幟・武者人形などとともに家の前に飾った。例五月の節句に**甲**、正月に破魔弓進じて(=差し上げて)〈西鶴・西鶴織留・六・三〉

語誌▼「かぶと」細説　時代により形態が異なるが、最もよく知られているのは、平安中期から鎌倉時代に完成した大鎧と一そろいになる星兜・筋兜である。頭を覆う部分が鉢で、その左右後ろに垂れて首を守る部分が錣で、鉢と錣とを繰り合わせる部分が鉢付けの板、以下、二の板・三の板、最下端を菱縫いの板という。錣の左右を折り返した部分が吹き返し。鉢の板をはぎあわせる鋲を兜の星といい、その兜を星兜という。鉢の頂上が天辺(頂辺)で、穴があいており、ここを射られることがあった。鉢の正面が真向、その下が目庇、目庇の上に前立てという飾りをつける。前立てが鍬形をしたのが「鍬形打ったる兜」である。安土桃山時代には、実用性よりも前立てや全体の形の奇抜さを競う物が出現した。
なお、「甲」の字は本来鎧をさすが、日本では古来冑の意味で用いられた。⇩よろひ(図)　〈黒木祥子〉

かぶと-の-てさき【兜の手先】兜の吹き返しの前方。例岩波(=岩に当たって砕けた波)**甲の手さき**へざっとおしあげけれども〈平家・九・宇治川先陣〉

かぶと-の-はち【兜の鉢】兜の頭部を覆う部分。例**冑の鉢**を真っ二つに打ちわらんと〈太平記・三〉

かぶと-の-ほし【兜の星】兜の鉢の表面のいぼ状の鋲の頭。例雲井をてらすいなづまは、**甲の星**をかかやかす〈平家・一・俊寛沙汰鵜川軍〉

かぶと-の-を【兜の緒】一オ 兜についている、顎で締める紐。例鍬形うったる**甲の緒**をしめ〈平家・七・実盛〉

かぶら【鏑】名❶鏃の一種。木や角で球形に作り、穴をあけ、射ると音が出るようにしたもの。⇩や(図)。例拳高に差し揚げて、鏑の上までかりりと引き上げて放たれたり〈保元・中〉❷「鏑矢」の略。例表矢の鏑の一筋残ったりけるを〈保元・中〉

かぶら-や【鏑矢】名 先端に「かぶら①」をつけた矢。大きな音を出すので、戦闘開始の矢合わせなどに用いた。⇩や(図)。例当社第三の神殿より**鏑矢**の声いでて〈平家・二・志度合戦〉

かぶり【冠】名❶「かうぶり①」に同じ。例にはかに御**かぶり**奉りて〈大鏡・醍醐天皇〉❷官位。❸元服して任官すること。例男君達の**かぶり**などしたまへるも〈栄花・月の宴〉

かぶり【頭】名❶頭。「かぶり振る」の形で用いることが多い。例下卑た奴めと叱られて**頭**ふり〈近松・山崎与次兵衛寿の門松・上〉❷「髪振」とも書く。首を横に振ること。幼児のしぐさなどにいう。例**髪振**のあたまも定まり〈西鶴・好色一代男・一・一〉

かふ-りょく【合力】一コウ 名動(サ変)❶協力して助けること。加勢。例源氏**合力**の心に住すべき(=源氏に味方することに決めるべきだ)〈平家・七・返牒〉❷金銭や品物を与えて援助すること。扶助。例着る物をも**合力して**〈西鶴・好色一代男・二・六〉

かぶり-をけ【冠桶】一オケ 名 冠を入れる桶。「冠箱」とも。例古代の**冠桶**を持ちたる人は〈徒然・六五〉

かぶ・る【被る・蒙る・冠る】動(ラ四)［「かうぶる」の変化した形］❶頭の上を覆う。例男、着る物を**かぶり**、座敷の隅にうつぶしになり〈醒睡笑・六〉❷恩・罰・命令などをこうむる。受ける。例かく宣旨(=天皇の命令)を**蒙りて**〈宇治拾遺・一〇七〉❸損害・失敗などを背負いこむ。だまされる。例(ソノ男ハ)人の**かぶる**衣装つき(=人がだまされるような衣装の様子)〈西鶴・世間胸算用・三・一〉

かぶ・る【齧る】動(ラ四)❶かじる。例犬の、枯れたる骨を**齧る**に〈霊異記・下・一八〉❷(腹の中で虫がかじるとの考えから)腹が痛む。例互ひに虫腹が**かぶら**うとも〈虎寛本狂言・宗論〉

かぶろ【禿】❶名形動(ナリ)頭に毛がないこと。はげ頭。山に樹木がなかったり木に花がついていなかったりすることなどにもいう。例頭の髪なくして**禿なり**〈今昔・六・一〉❷名❶髪の先を切りそろえたまま結ばずにおく髪型。今のおかっぱに近い。また、その髪型の子ども。例童部を三百人揃へて、髪を**禿**にきりまはし〈平家・一・禿髪〉❷「かむろ」とも。遊里で、上級の遊女について雑用をする遊女見習いの少女。例**禿**ばかりを二十五人、これもまたおもしろし〈西鶴・諸艶大鑑・六・四〉

かへ【榧・柏】カエ 名❶【榧】榧の古称。イチイ科の常緑高木。❷【柏】植物の名。ヒノキ科の針葉樹の総称。人などが栄える形容に用いる。例見む時までは松柏の栄えいまさね〈万葉・一九・四一六九〉

かべ【壁】名❶建物や室内の壁。❷(壁を「塗る」と「寝ぬる」が同音であることから)夢。和歌で用いる。例ぬる時に見るものとてやむば玉の(枕詞)夢をも**かべ**といひはじめけむ〈続草庵集・四〉❸豆腐の女房詞。「おかべ」とも。

【壁に耳】密談などが漏れやすいことをたとえることわざ。例この事よしなし。**壁に耳**あり。おそろしおそろし〈平家・一・清水寺炎上〉

【壁の中の書】『古文孝経』『古文尚書』などの儒学の経書。漢の景帝のとき、孔子の旧宅の壁を壊したところ、その中から、古文(古い字体)で書かれた『古文尚書』などが発見された、という故事から出た語。『十六夜日記』に「昔、壁の中より求め出でたりけん書の名をば、今の世の人の子は、夢ばかりも身の上のこととは知らざりけりな」とあるのが有名で、『古文孝経』をさし、転じて親孝行の意に用いている。

がへ ガエ 終助《上代語》東国方言。反語の意を表す。〜であるか(いや、そうではない)。例親は放くれど我(=私たち)は離る**がへ**〈万葉・一四・三四二〇〉

接続用言の連体形につく。

かへ-おとり【替へ劣り】カエ 名 物を取り替えて、前より悪い状態になること。例平家に源氏**かへおとり**したり〈平家・八・鼓判官〉

かべ-くさ【壁草】名 家の壁を作る材料にする草。茅・薄・葦など。例新室の**壁草**刈りにいましたまはね(＝お越しください)〈万葉・一一・二三五一〉

かへ-さ【帰さ】カエ 名〔「かへるさ」の変化した形〕❶帰りがけ。帰り道。例そのみわざにまうでたまひて、**かへさ**に〈伊勢・七八〉❷特に、賀茂の祭りの翌日、斎院が斎院御所に帰る行列。⇒まつりのかへさ

かへさ-ふ【返さふ】カエサウ・カエソウ ❶〔上代語〕〔動詞「かへす」の未然形＋上代の反復・継続の助動詞「ふ」〕何度も裏返す。例針袋取り上げ前に置き**返さへ**ば〈万葉・一八・四一二九〉❷動(ハ四)❶繰り返し問い返す。問いただす。例博士の**かへさふ**べきふしぶしを〈源氏・少女〉❷思い直すようにと繰り返し言う。翻意を促す。例ねむごろに口入れ(＝仲を取り持ち)**かへさひ**たまはむにこそは〈源氏・常夏〉❸思い返す。反省する。例かくだに思はじ(＝もうこんなことすら考えまい)など、心一つを**かへさふ**〈源氏・手習〉❹(「かへさひ申す」「申しかへさふ」などの形で)辞退する。例などか(招キヲ)**かへさひ**申されける〈源氏・若菜下〉

語誌 平安時代になって一語化する。一方の働きかけをもう一方が押し返す感じの語。

かへ-さま【返様】カエ 名形動(ナリ) 裏返し。後ろ前。さかさま。例とみの物縫ふに(＝急ぎの仕立て物を縫うときに)…**かへさま**に縫ひたるもねたし(＝しまったと思う)〈枕・ねたきもの〉

かへし【返し】カエシ 名 ❶返事。返答。例「とく来(＝早く帰って来なさい)」と言ひやりたるに、「今宵はえまゐるまじ(＝帰ることができそうもない)」とて**返し**おこせたるは〈枕・すさまじきもの〉❷返歌。例かのよみたまひける歌の**返し**、箱に入れて返す〈竹取〉❸風・波・地震などが、一度静まってまた起こること。例昼つかた(＝昼ごろ)、**かへし**うち吹きて〈蜻蛉・下〉❹返礼。返報。仕返し。例それなら、いまの**返し**に舞はうか〈狂言記・棒縛〉

かへし-あは・す【返し合はす】カエシアワス 動(サ下二) 引き返して戦う。例父をのばさん(＝逃がそう)と、**返しあはせ返しあはせ**防き戦ふ〈平家・四・宮御最期〉

かへし-うた【返し歌】カエシ 名 ❶贈られた歌に答えて詠む歌。返歌。❷「はんか」に同じ。

かへし-がたな【返し刀】カエシ 名 木や竹の端を大きく斜めに切り、その先を反対側から少しそいで切り口を整えること。例枝の長さ七尺、あるいは六尺、**返し刀**五分に切る〈徒然・六六〉

かへし-もの【返し物】カエシ 名 ❶人に返すべきもの。❷神楽歌・催馬楽などで、はじめの歌に続けて曲の調子を移して歌うこと。呂(長調)から律(短調)へ、あるいは律から呂へ移したりする。

かべ-しろ【壁代】名〔壁の代わりの意〕室内を仕切るための帳。母屋と廂の間との間、御簾の内側に上長押から垂らす。例**壁代**、御屏風、御几帳、御座などまで〈源氏・夕霧〉

壁代〔源氏物語絵巻〕
絹や綾を縫い合わせて作り、表には飾り紐を垂らす。物の怪におびえる我が子を心配して室内の様子を見る夕霧の姿。

かへ・す

【反す・返す・帰す】カエス 動(サ四)〔「かへる」の他動詞形〕❶**上下・表裏などを逆にする。**翻す。例いとせめて恋しき時はむばたまの(枕詞)夜の衣を**かへし**てぞ着る(＝極めて恋しいときは夜着を裏返して着ることだ)〈古今・恋二〉

読解 夜着を裏返しに着て寝ると恋人に夢で逢えるという俗信による歌。

❷**田の土を掘り返す。**耕す。例しづが山田を**返さ**ねば(＝農夫が田を耕さないので)〈平家・三・大納言死去〉❸**吐き出す。**嘔吐する。例湯飲ませなどすれど、**かへし**つつ惑ふ(＝薬湯を飲ませたりするが、吐き出しては悲嘆にくれる)〈栄花・嶺の月〉❹**もとの位置や状態に戻す。帰らせる。**例今夜さへ我を**帰す**な道の長手を(＝今夜までも私を帰らせるな、長い道のりを)〈万葉・四・七八一〉❺**引き返す。戻る。**例まさなうも敵にうしろをば見するものかな。**返せや返せ**(＝見苦しくも敵に背中を見せるものだなあ。引き返せ引き返せ)〈平家・八・妹尾最期〉❻**返却する。返上する。**例病によりて位を**返し**たてまつりしを(＝病気のため位を返上し申し上げたのに)〈源氏・澪標〉❼**返事や返歌をする。**例かのよみたまひける歌の返し(＝あの方がお詠みになった歌の返歌)、箱に入れて**返す**〈竹取〉❽**繰り返す。反復する。**補助動詞的に用いることも多い。例手染めの糸を繰り**返し**(＝手染めの糸を何度もたぐり)〈万葉・七・一三一六〉❾**【孵す】卵をかえす。ふ化させる。**例卵のうちに命こめたる雁の子は君がやどにて**かへさ**ざるらん(＝卵の中に命をこめている雁の卵は、あなたの家ではふ化させないでしょう)〈宇津保・藤原の君〉

語誌 ⑤は自動詞的用法。特に軍記などで、逃げようとしたのをやめて引き返し、また敵と戦うことに用いる。〈鈴木宏子〉

かへす-がへす【返す返す】カエスガエス 副〔動詞「かへす」を重ねて副詞化した語。上代は「かへすかへす」〕❶繰り返し。何度も。念を入れて。例親王、歌を**返す返す**誦じたまうて〈伊勢・八二〉❷何度考えても。まったく。例**返す返す**口惜し〈源氏・末摘花〉

かべ-そしょう【壁訴訟】 名 一人でぶつぶつ苦情を言うこと。また、間接的に頼むこと。遠回しにあてこすること。例下されものが遅いと、白々しい壁訴訟〈浮世草子・傾城禁短気・六・三〉

かへで【楓】 名 ❶〔「かへるで(蛙手)」の変化した形〕植物の名。カエデ科の落葉高木。色づいた葉が特に美しいので、「もみぢ」といえば、一般には紅葉した楓をさす。例三月ばかりに、**かへで**のもみぢの、いとおもしろきを折りて〈伊勢・二〇〉 読解 この「もみぢ」は紅色の若芽。❷幼児の小さくかわいい手の形容。例玄関の戸をとんとんとたたく**楓**のわくらばに〈近松・夕霧阿波鳴渡・中〉 ❸紋所の名。①の葉を図案化したもの。

かべにみみ【壁に耳】 ⇩「かべ」の子項目

かべのなかのふみ【壁の中の書】 ⇩「かべ」の子項目

かへ-まさり【替へ勝り】 名 物を取り替えて、前よりよい状態になること。例武蔵野の夜の衣ならましかば、げに**替へまさり**にもやおぼえまし〈狭衣・一〉 読解「武蔵野の夜の衣ならましかば」は、縁続きの姫君を妻にできるのなら、ということ。

かへら-か・す 動(サ四)〔「かす」は接尾語〕煮たたせる。ぐらぐら沸騰させる。例さらさらと(粥ヲ)かへらかして〈宇治拾遺・一八〉

かへらぬ-たび【帰らぬ旅】 死を、行くだけで帰ることのない旅にたとえた語。例常に見し君が御幸を今日問へば**帰らぬ旅**と聞くぞかなしき〈平家・六・新院崩御〉

かへらば-に 副「かへらまに」に同じ。例暁の朝霧隠り**かへらばに**〈万葉・一三・三〇三五〉

かへらま-に 副〔「ま」は接尾語〕逆に。反対に。かえって。例**かへらまに**君こそ我にたくひれの(枕詞)白浜波の(=白い砂浜に寄せる波のように)寄る時もなき〈万葉・一一・二八二三〉

かへり【返り・帰り】 名 ❶帰ること。帰路。例近くあらば 帰りにだにも うち行きて〈万葉・一七・三九七八〉 ❷「かへりごと」の略。例少納言、ゆゑなからず(=風情ありげに)御返りなど聞こえたり〈源氏・若紫〉

かへり-あるじ【還り饗】 名 ❶賭弓や相撲の節などの後、勝ったほうの大将が、自分方の人々を自邸に招いて饗応すること。例賭弓の**還り饗**の設け、六条院にて、いと心ことにしたまひて〈源氏・匂宮〉 ❷賀茂・石清水・春日の祭りに遣わされた人々が、参詣後に帝から宴を賜ること。

かへり-き・く【還り聞く】 動(カ四) めぐりめぐって、その人の耳に入る。例入道相国(=平清盛)の**かへりきき**たまはんところは〈平家・六・小督〉

かへり-ご・つ【返り言つ】 動(タ四)〔名詞「かへりごと」の動詞化〕返事をする。例情けなからず、うち**返りごち**たまひて〈源氏・賢木〉

かへり-ごと

【返り言・返り事】 名「かへりこと」とも。❶**使者が帰って来てする報告。復命。** 例平らけく早渡り来て 返り言 奏さむ日に(=無事にすぐ渡って来て、報告を申し上げる日に)〈万葉・一九・四二六四〉 読解 遣唐使を送り出す長歌の一節。❷**もらった手紙・和歌などに対する返事。** 返書。返答。返歌。例こなたかなたより文などやりたまふべし。いづれも**返り事**見えず(=こちらからもあちらからも手紙などをお送りになるにちがいない。どちらにも返事は来ない)〈源氏・末摘花〉 ❸**返礼。お返し。** 例ある人あざらかなる物持て来たり。米して**返り事**す(=ある人が鮮魚を持って来た。米でお返しする)〈土佐〉〈鈴木宏子〉

かへり-ごゑ【返り声】 名 雅楽で、調子が呂から律へ、または律から呂へと転じること。例**返り声**に、みな調べ変はりて〈源氏・若菜下〉

かへり-だち【還り立ち】 名 ❶「かへりあるじ①」に同じ。「還り立ちの饗」とも。❷「かへりあるじ②」に同じ。「還り立ちの御神楽」とも。例賀茂の臨時の祭りは、**還り立ち**の御神楽などにこそなぐさめらるれ〈枕・なほめでたきこと〉

かへりだち-の-あるじ【還り立ちの饗】 名「かへりあるじ①」に同じ。例賭弓の**還りだちの饗**にまかりて〈後撰・雑一・詞書〉

かへり-た・つ【帰り立つ】 動(タ四) ❶帰途につく。帰ろうと出発する。例みかさ山春日の原の朝霧に**かへりたつ**らんけさをこそ待て〈後拾遺・雑五〉 ❷「かへりだち②」の歌舞をする。例**かへりたつ**雲井の庭火ふかき夜に〈夫木・一八〉

かへり-ちゅう【返り忠】 名 味方を裏切って敵に力を貸すこと。例(謀反ノトキ)同心しながら**返り忠**したる不当人で候へば〈平家・四・源氏揃〉

かへり-て【却りて】 副 予想や判断に反する事柄を述べるときに用いる。逆に。かえって。あべこべに。例異事に目も移らず、**かへりて**は事ざまし(=興ざめ)にやありけむ〈源氏・紅葉賀〉

かへり-な・る【還り成る】 動(ラ四) 解任された人が、再びもとの官につく。例かの解けたりし(=解任された)蔵人も**還りなり**にけり〈源氏・松風〉

かへり-ばな【返り花・帰り花】 名 季節はずれに咲く花。例山吹の**帰り花**三つ四つ二つ開きたるに寒菊はまだ蕾なり〈浮世草子・好色万金丹・五・四〉

かへり-まうし【返り申し】 名 ❶使者が返事を報告する言葉。復奏。復命。例おなじ群行の長奉送使にてまかりくだりて、**かへりまうし**のあかつき〈続古今・離別・詞書〉 ❷神仏への祈願がかなったときの御礼参り。例随分に(=たいそう)さかえて**返り申し**は仕うまつらむ〈源氏・玉鬘〉

かへり-まうで・く【帰り詣で来】 動(カ変) 宮中・都や目上の人のもとなどに帰ってくる。例京に**かへりまうできて**遣はしける〈古今・雑下・詞書〉

かへり-まゐ・る【帰り参る】 動(ラ四) 宮中や身分のある人のもとへ帰る。帰参する。例御使ひもいとあへなくて**帰り参りぬ**〈源氏・桐壺〉

かへり-み【顧み】 名 ❶後ろを振り向くこと。例岡の岬い廻むるごとに(=めぐるたびに)よろづ度**顧みしつつ**〈万葉・二〇・四四〇八〉 ❷気にかけること。反省すること。例大君の辺にこそ死なめ**顧みはせじ**と言立て〈万葉・一八・四〇九四〉 ❸世話をすること。目をかけること。例親たちの**かへりみを**、いさ

さかだに仕うまつらで(＝いたしませんで)〈竹取〉

かへり・みる【顧みる】動(マ上二) ❶振り返って見る。例こはいかにと思ひて、うしろをかへりみければ(＝これはどうしたことかと思って、後ろを振り返って見たところ)〈平家・五・咸陽宮〉 ❷気にかける。心配する。例恥をもかへりみず、財をも捨てて(＝恥も気にかけず、財産をも捨てて)〈徒然・五九〉 ❸かばって人の世話をする。目をかける。例蔵人になしかへりみたまひし人なれば(＝蔵人に取り立てて目をおかけになった人であるので)〈源氏・須磨〉 ❹反省する。例身をかへりみる方、はた、ましてはかばかしからぬ恨みをとどめつる(＝我が身を反省する面でも、また、いっそう思いどおりにならない恨みを残したが)〈源氏・柏木〉

語誌 動詞「かへる」と動詞「みる」の複合語。後ろを振り返る動作を表す①が基本的な意味である。その①も、背後に気を配るという心理面を同時に含むことから、気配りをするという心理的側面を中心とする②が出る。③④はその気配りを向ける人物との関係に重点が移り、③は他者を対象に、④は自分自身を対象に、それぞれ気を配る意。〈山口堯二〉

かへ・る【反る・覆る・返る・帰る・還る・孵る】動(ラ四) ❶上下・表裏などが逆になる。翻る。例天の川霧立ち上る織女の雲の衣の反る袖かも(＝天の川の霧が立ち上る。あれは織女の雲の衣の翻る袖であろうか)〈万葉・一〇・二〇六三〉 ❷船などが転覆する。ひっくり返る。例大舟を漕ぎのまにまに岩に触れ覆らば覆れ妹によりては(＝大きな船を漕ぐ勢いにまかせて岩に触れて、転覆するなら転覆してしまえ、いとしいあの娘が原因であるならば)〈万葉・四・五五七〉 ❸もとの位置や状態に戻る。帰宅する。例翁喜びて、家に帰りて〈竹取〉 ❹季節・年月などがめぐって、もとに戻る。例年かへりて、三月ばかりにもなりぬ(＝年が改まって、三月ごろになった)〈蜻蛉・上〉 ❺色があせる。変色する。例今はとてうつりはてにし菊の花かへる色をば誰か見るべき(＝今はもうこれまで、と言ってあなたが完全に心をほかに移してしまった後の、菊の花のような私の変色した色をだれが見るだろうか)〈後撰・恋四〉 読解「誰か」の「か」は反語の意を表す。 ❻卵が雛になる。例同じ巣にかへりしかひの見えぬかな(＝同じ巣で雛になったかいもなく、卵が見えないことだ)〈源氏・真木柱〉 読解「かひ」は、「卵」と「効」を掛ける。

❷ 補動(ラ四) 動詞の連用形につく。❶その動作が繰り返される意を表す。繰り返し〜する。例千度ぞ我は死にかへらまし(＝千回も私は繰り返し死ぬだろうに)〈万葉・四・六〇三〉 ❷その動作が完全に行われる意を表す。すっかり〜する。例静まりかへっ(音便形)て音もせず〈平家・九・一二之懸〉

語誌 物の位置や状態が、表裏・上下において反転することを表す❶①②が原義であろう。移動や変化の向きに関する反転は、③の意の人の移動にせよ、④の意の季節や暦年の変化にせよ、結果的にもとの位置や状態への復帰・回帰を意味するため、もとの位置や状態に戻る意も早くから分化している。〈山口堯二〉

かへる-がへる【返る返る】副〔動詞「かへる」を重ねて副詞化した語〕❶繰り返し繰り返し。例遥かなる東国をかへるがへる年月をゆきて〈源氏・手習〉 ❷思えば本当に。まったく。例白雪の八重降りしけるかへる山(ここまで序詞)かへるがへるも老いにけるかな〈古今・雑上〉

かへる-さ【帰るさ】名〔「さ」は接尾語〕帰るとき。例(a)妹と来し敏馬の崎を帰るさにひとりし見れば涙ぐましも(＝妻といっしょに来た敏馬の崎を都に帰るときに一人で見ると、涙がにじんでくる)〈万葉・三・四四九〉 読解 筑紫から帰京するときの歌。作者は筑紫で妻を亡くした。例(b)道のほども、帰るさはいと遥けく思されて(＝道の距離も、帰るときはたいそう遥か遠くにお思いになって)〈源氏・総角〉

語誌「さ」は、〜するとき、〜する場合、などの意。「行くさ」「来さ」などの「さ」に同じ。「かへるさ」の変化した形に「かへさ」がある。〈山口堯二〉

かへる-て【楓】名(葉の形がカエルの手に似ていることから)かえで。例我がやどにもみつ(＝紅葉している)かへるて見るごとに〈万葉・八・一六二三〉

かへる-とし【返る年】名 翌年。例そのかへる年の十月二十五日〈更級〉

かへる-また【蛙股・蟇股】名 建築部材の一つ。梁の上に置いて上方の重みを支えるもの。時代が下るとともに、彫刻を施すなどして装飾用ともなった。蛙の股が広がったような形からいう。

がへん・ず【肯んず】動(サ変)〔「かへにす」の変化した形〕承諾する。多く、打消の助動詞「ず」を伴った「がへんぜず」の形で漢文訓読語として用いる。例師が言ひし事にも肯んぜられぬ事どもありて〈胆大小心録〉

語誌「かへにす」は、本来、承諾しない意。打消の意を含むことが忘れられたため、「がへんぜず」と助動詞「ず」を伴うようになった。

かほ【顔・貌】名 ❶顔面。例(蚊ガ)顔のほどに飛びありく(＝顔のあたりに飛び回ること)〈枕・にくきもの〉 ❷顔立ち。容貌。人相。例(男ハ)顔よりはじめ、着たる物、馬、なにかにいたるまで、夢に見しにたがはず(＝顔立ちをはじめとして、着ている物、馬、そのほか何かに至るまで、夢に見たのと違わない)〈宇治拾遺・八九〉 ❸その時その時の表情。顔つき。例(姫君ノ)うち笑みたる顔の、何心なきが(＝にっこり笑っている顔つきの無邪気なさまが)〈源氏・松風〉 ❹月などの表面を人間の顔面にたとえたもの。例月の顔のみきらきらとして(＝月の表面だけがきらきらと輝いていて)〈源氏・明石〉 ❺体面。名誉。面子。例いい加減に、だまされて

ろ。友達の顔がよごれらあ〈滑稽本・浮世床・初上〉

❷[接尾]「がほ」の形で用いる。動詞の連用形、形容詞の終止形などについて、いかにも～らしい表情・様子、の意の名詞や形容動詞を作る。「憂へがほ」「託ちがほ」「つれなしがほ」など。

[語誌]▼関連語 [一]は、上代は②の意味が中心で、当時は「おも」「おもて」が①の意味であった。平安時代以降は「おも」は物体の表面の意で用いられるようになり、「おもて」も同様に用いられる傾向が強くなる。そして替わって「かほ」が①の意味でも用いられるようになる。「つら」も平安後期以降「かほ」と同じように①～⑤の意味で用いられるが、「かほ」に対して話し言葉的・卑語的な性格を今日までもち続けている。「かたち」は②を美醜の観念を伴ってとらえる場合に用いられる傾向がある。〈新野直哉〉

かほ-かたち【顔形・容貌】カオ―[名]容貌。外見全体をさすこともある。[例]この帝は、顔かたちよくおはしまして〈伊勢・六五〉

かほ-げしき【顔気色】カオ―[名]顔の表情。顔つき。[例]あさましと思ひたる顔気色にて(=驚いた、と思っている表情で)〈宇治拾遺・一八〇〉

かほ-ざま【顔様】カオ―[名]顔立ち。顔の感じ。また、表情。[例](帝ノ御顔ト)源氏の大臣の御顔ざまは、別物とも見えたまはぬを〈源氏・行幸〉

かほ-つき【顔付き】カオ―[名]❶容貌。目鼻立ち。[例]首いと長うて、顔つきただ駒のやうに〈落窪・三〉❷表情。[例]したり顔に笑ふ顔つき、絵にかかまほしく見ゆ〈大鏡・後一条院〉❸物の様子。[例]いたどり(=植物の名)は、まいて虎の杖と書きたるとか。(虎ハ)杖なくともありぬべきかほつきを〈枕・見るにことなることなきものの文字に書きてことごとしきもの〉

か-ほど【斯程】[副]これほど。これくらい。[例]かほどの理、誰かは思ひよらざらんなれども〈徒然・四一〉

かほ-どり【貌鳥・容鳥】カオ―[名]「かほとり」とも。カッコウ。一説に、美しい鳥とも。[例]山辺には 桜花散り かほ鳥の 間なくしば鳴く〈万葉・一七・三九七三〉

かほ-ばせ【顔ばせ】カオ―[名]〔古くは「かほはせ」〕「かんばせ」とも。顔の様子。[例]顔ばせやはらかにして女めきしに〈西鶴・好色五人女・五・四〉

かほ-ばな【貌花・容花】カオ―[名]花の名。何にあたるかは未詳。ヒルガオ・カキツバタ・オモダカなど諸説ある。美しい花の意とする説もある。[例]高円の野辺のかほ花〈万葉・八・一六三〇〉

かほ-みせ【顔見世】カオ―[名]❶初めて多くの人に顔を見せること。特に、遊女が初めて勤めに出るとき、挨拶に回ること。[例]今日突き出しの妹女郎唐琴引き連れて、揚げ屋揚げ屋を顔見せと〈近松・傾城島原蛙合戦・三〉❷陰暦十一月、歌舞伎の各座で、新たな顔ぶれの役者で催される最初の興行。さまざまな催しがにぎやかに行われる。[例]大坂にての顔見世をさて提灯にてよく見れば〈西鶴・難波の顔は伊勢の白粉・三〉

かほ-もち【顔持ち】カオ―[名]顔つき。表情。[例]扇うちつかふ顔もち、ことにをかし〈大鏡・基経〉

かほよ-ばな【顔佳花】カオヨ―[名]❶〔美しい花の意〕植物の名。「かきつばた」の別称。[例]顔佳花とも申すやらん、あら美しの杜若や〈謡曲・杜若〉❷(①から転じて)美人。[例]十八、九なる顔佳花〈近松・曾根崎心中〉

かほよ-びと【顔佳人・美人】カオヨ―[名]美人。[例]女君は国のとなりまでも聞こえたまふ(=評判でいらっしゃる)美人なるが〈読本・雨月・吉備津の釜〉

かま【囂】形容詞「かまし」の語幹。

がま【降魔】[名]「がうま」に同じ。

かま-いり【釜煎り】[名]戦国時代の極刑の一つ。罪人を湯や油の煮えたぎった大釜に入れて殺す。釜ゆで。石川五右衛門の刑が有名。[例]秀吉公の時は…法を犯す輩をば、あるいは張っ付け、あるいは釜煎りなどせられしかども〈太閤記・或問〉

かまう【構う】⇨かまふ

かま-ぎ【薪・竈木】[名]まき。⇨みかまぎ

かま・く[動](カ下二)❶感動する。[例]翁の歌におほほしき(=愚かな)九の児らやかまけて居らむ〈万葉・一六・三七九四〉❷ある事に気をとられる。かまける。[例]渡世にかまけまして〈虎寛本狂言・財宝〉

鎌倉《地名》相模国、今の神奈川県鎌倉市。十二世紀末に源頼朝が幕府を開いて以降、関東の中心地として栄える。十五世紀半ばには衰える。鶴岡八幡宮・鎌倉五山などが有名。

かまくら-ごさん【鎌倉五山】[名]⇨ごさん

かま・し【囂し】[形](ク)やかましい。うるさい。[例]蠅の声、あな囂し〈肥前風土記〉[語誌]単独使用の確例はないが、「あなかま」は、感動詞「あな」にこの形容詞の語幹「かま」が結合したものと考えられる。

-がま・し[接尾](シク型)体言、副詞、動詞の連用形などについて、形容詞を作る。～の様子である。あたかも～のようだ。「様とがまし」「痴がまし」など。「がはし」より広く用いられた。

かま-しし【羚羊】[名]〔「かもしし」の変化した形〕動物の名。カモシカの古称。[例]米だにも 食げて通らせ かましし の老翁〈紀・皇極・歌謡〉

かまち【框】[名]❶玄関の上がり口など、一段高くなった床の端に渡す化粧横木。[例]板席なる框際まで駕籠を横ざまに舁き居ゑて〈読本・八犬伝・四・三五〉❷戸・障子などの建て具のまわりの枠木。

かま-ど【竈】[名]❶土や石などで作り、鍋や釜をのせて、物を煮炊きする設備。[例]かまどに豆やくべたる〈枕・方弘は、いみじう人に〉❷生活の基礎となる家財。[例]家・竈をも捨て…頼むべき子どもにもひき別れて〈源氏・玉鬘〉❸一つの世帯。家系。[例]今にその糸奉る竈戸にてはありなる〈今昔・二六・一一〉

竈①

[竈にぎはふ]生活が豊かになる。国家が太平で国民の暮らしが楽になることをいうことが多い。[例]高き屋に 登りて見れば 煙立つ 民のかまどは にぎはひにけり〈新古今・賀〉[読解]仁徳天皇の歌とされる。

かまひ【構ひ】カマイ[名]❶かまうこと。関係。世話。[例]

その時節構ひなき町人〈西鶴・本朝桜陰比事・四・九〉❷差し支え。手落ち。例この娘には構ひあって嫁入りはさせぬ〈近松・五十年忌歌念仏・下〉❸江戸時代、刑罰の一つ。一定地域内から追放すること。

かま-ひげ【鎌髭】 名 鼻の下から両頬(おほ)にかけて、鎌形に上へはねあげた髭。江戸時代、奴(やっこ)などが生やしたり油墨(あぶらずみ)で描いたりした。例この鎌髭で頬ずりは痛かろもの〈近松・平家女護島・三〉

かまびす・し【囂し・喧し】 ❶形(ク) やかましい。うるさい。例かまびすく鳴くひよどりにねぶたげもなし〈為忠集〉❷形(シク) 鎌倉時代以降の用法。❶に同じ。例波の音常にかまびすしく〈方丈記〉

かまひ-て【構ひて】 カマイ 副〔「かまへて」の変化した形〕❶(命令・意志の語を伴って)なんとかして。ぜひ。例かまひてかまひてこの事を人々に語り伝へよ〈狂言・文山立〉❷(打消・禁止の語を伴って)絶対に(〜ない。〜な)。決して(〜ない。〜な)。例(蔵ノ酒ヲ)かまひて人に飲ますなと言ひつけられたよ〈狂言・樋の酒〉

かま・ふ【構ふ】 カマウ・カモウ ❶動(ハ下二) ❶組み立てて作る。構築する。例道の辺(へ)近く岩構へ作れる塚を(=道端の近く岩を組んで作った塚を)〈万葉・九・一八〇一〉
❷必要なものを前もって用意する。準備する。例馬の草なんどをもかまへさせよ(=馬のえさなどをも準備させろ)〈平家・八・妹尾最期〉
❸計画する。企てる。例かかる住まひをさへせむとかまへたりける身の宿世(すくせ)ばかりをながむるにそひて(=このような山住まいまでもしようと企てていた自分の前世の因縁ばかりをつくづくと思うのに加えて)〈蜻蛉・中〉
❹(多く形容詞・形容動詞の連用形、「〜と」に続く形で)ある姿勢・態度・様子をする。身構える。例かやすく構へたりけれど、徒歩(かち)より歩(あゆ)みたへがたくて(=身軽に装っていたけれど、徒歩でやってきたので我慢できないほど疲れて)〈源氏・玉鬘〉
❷動(ハ四) ❶関係する。かかわりをもつ。例こなたのかまはせらるる事ではござない(=あなたの関係する事ではございません)〈狂言・雁盗人〉
❷人をもてなす。相手になる。例いや何もお構ひなさるるな(=いや何もおもてなしくだされるな)〈近松・堀川波鼓・上〉
❸こだわる。気にする。「かまはぬ」など打消の形で用いられることが多い。例代にはかまはぬ、念を入れたのを買うて来(こ)い(=代金にはこだわらない、吟味したものを買って来い)〈狂言・粟田口〉
❹処罰して、一定の地域から追放する。その地に居ることを禁じる。例死罪を御赦免(ごしゃめん)なされ、和泉(いづみ)堺(さかい)にをお構ひなさる(=死罪をお許しになり、和泉国堺に立ち入ることを禁じなさる)〈浄瑠璃・夏祭浪花鑑・三〉
語誌 ❶の副詞化した語に「かまへて」がある。❷は中世以降に用いられる。〈奥村悦三〉

蒲生野(がまふの) ガモウノ《地名》近江(おうみ)国、今の滋賀県近江八幡(おうみはちまん)市・八日市(ようかいち)市から蒲生郡に至る野。古くは朝廷の薬草園があり、薬狩りも行われた。例天皇(すめらみこと)、蒲生野に遊猟(みかり)(=薬草取り)する時に、額田王(ぬかたのおほきみ)の作る歌〈万葉・一・二〇・題詞〉

かまへ【構へ】 カマエ 名❶組み立てて作ること。また、作ったもの。構築物。例木ども植ゑて、上に仮屋のかまへをしつつ〈発心集・一・八〉❷計画。準備。また、心構え。例その間に逃げもし、また寄られぬ構へもせられなん(=きっとされてしまうだろう)〈宇治拾遺・一二八〉❸姿勢。様子。例(仏像ハ)さるべき構へをしておはします〈栄花・玉の飾り〉

かまへ-いだ・す【構へ出だす】 カマエ 動(サ四) 作り出す。考え出す。例ある人の、世に虚言(そらごと)を構へ出だして人を謀る事あらんに〈徒然・一九四〉

かまへ-い・づ【構へ出づ】 カマエイズ 動(ダ下二) 工夫して作り出す。あれこれ考えて事を実現させる。例障子の紙の穴かまへ出でてのぞきはべりしかば〈堤中納言・このついで〉

かまへ-て【構へて】 カマエ 副 動詞「かまふ」の連用形+接続助詞「て」。十分に用意して、慎重に、の意を原義として、意志・命令・禁止などの意を強める働きをする。
❶なんとかして。ぜひ。例かまへて、ひが事なりけりと聞こえなして、もて隠したまへ(=なんとかして、人違いだったとわざと申し上げて、おかくまい下さい)〈源氏・夢浮橋〉読解「かまへて」は「もて隠したまへ」の部分にかかる。
❷やっとのことで。例かまへて思したためひかしら時々もたげ(=やっとのことで気を取り直されて頭を時折あげて)〈浜松中納言・四〉
❸(打消・禁止の語を伴って)絶対に(〜ない)。決して(〜ない)。例かまへてこれを食はじと思ひて(=決してこれを食べるまいと思って)〈今昔・一九・二〇〉
❹自分の言葉に間違いないことを主張する気持ちを表す。ほんとうに。例かまへて絵の事ではおりないぞ(=ほんとうに絵の事ではございませんぞ)〈虎寛本狂言・末広がり〉〈奥村悦三〉

かまめ【鴎】 名 鳥の名。「かもめ」の別称。例海原(うなはら)は かまめ立ち立つ〈万葉・一・二〉➡名歌386

かま-やり【鎌槍】 名 刃に鎌のような形の枝のある槍。両側に出た両鎌槍と片側の片鎌槍がある。⇩やり(図)

が-まん【我慢】 名動(サ変) ❶《仏教語》自分自身を頼みにしておごり高ぶること。わがまま。例我慢より癡心(ちしん)(=愚かな心)を生ず〈今昔・一・五〉❷耐え忍ぶこと。忍耐。例今日まぢゃあ(=までは)我慢して居たけれど〈人情本・春色梅児誉美・初・一〉

かみ

かみ【上】 名❶空間的により高い所。また、より奥まった所。上手(かみて)。例いざ、この山のかみにありといふ布引(ぬのびき)の滝見にのぼらん(=さあ、この山の奥まった所にあるという布引の滝を見に登ろう)〈伊勢・八七〉
❷地位・身分などから見た上位。その人物の座席・居間などについてもいう。例上は下(しも)にたすけられ、下は上になびきて(=身分の高い者は低い者に助けられ、身分の低い者は高い者に従って)〈源氏・帚木〉

❸**人々の上に立つもの。為政者。天皇・王など。** 例上の奢(おご)り費やすところをやめ、民を撫(な)で、農を勧めば、下(しも)に利あらん事、疑ひあるべからず(＝上に立つ者が、ぜいたくをしたり浪費したりするのをやめ、人民を慈しみ、農業を奨励するならば、人民に利益があるであろうことは、疑いのあるはずがない)〈徒然・一四二〉

❹**令制で、四等官の第一位の官職。**また、**それを務める人。**⇒かみ(長官)

❺**年齢・技量・品質などの上位。**例(歌人トシテ)人麻呂(ひとまろ)は赤人(あかひと)が**かみ**に立たむ事かたく(＝人麻呂が赤人の上位に立つことは難しく)〈古今・仮名序〉

❻**皇居に近いところ。**京都では、御所のある北のほうをいう。また、その他の地方に対して、京阪地方の総称としても用いる。上方(かみがた)。例御年貢を納めに**上**へのぼるは〈狂言記・餅酒〉

❼**時の流れにおける前のほう。昔。以前。**また、ある範囲の中の早いほう。例**上**、万葉集より始めて、中古、古今集・後撰・拾遺、下(しも)、後拾遺よりこなたざまの歌の(＝古くは、『万葉集』から始めて、中間は、『古今和歌集』『後撰集』『拾遺集』、新しくは、『後拾遺集』からそれ以後の歌の)〈古来風体抄・上〉

❽**文章や歌句における初めのほう。**例かきつばたといふ五文字(いつもじ)を句の**かみ**にすゑて、旅の心を詠め(＝かきつばたという五つの文字を句ごとの頭に置いて、旅の思いを歌にしてみろ)〈伊勢・九〉

語誌▼「**かみ**」「**なか**」「**しも**」　「かみ」は高低があって連続する位置における相対的な上位・上部をさす語で、低いほうをさす「しも」の対。その両者の関係は相対的・連続的であって、全体を三分するときは、「なか」の対にもなる。なお、類義語「うへ」は、外から見える物の表面を表すのが原義で、外からは見えない隠れた部分を表す「した」と、はっきり分かれている点が、「かみ」「しも」の関係とは異なる。

▼兄・姉の意を表す「このかみ」は⑤の年齢の上位を表す用法に基づくもの、過去にさかのぼってその当時などの意を表す「そのかみ」は、⑦の用法に基づくものである。　〈山口堯二〉

かみ

【神】 名 天地の創造主。自然や人間を支配する、最高で神聖な存在。人間に対して威力をふるう神秘的な存在であり、脅かしもし加護もする威力を強く発揮する存在とみられてきた。

❶**人間の生命や生活を脅かす威力ある存在。**例(a)玉葛(たまかづら)(枕詞)実成らぬ木にはちはやぶる(枕詞)**神**そつくといふ成らぬ木ごとに(＝実のならない木には神が取りつくという、実のならない木には皆)〈万葉・二・一〇一〉

読解 つれない女性を実のならない木にたとえて悪態をついた相聞歌(そうもんか)。例(b)これ、鬼の人に変じて来(き)たりてだむざるか、また**神**の嗔(いか)りをなして、重ねて祟(たた)りをなせるか(＝これは、鬼が人に化けてやって来て食い殺したのか、または神が怒って加えて祟りをしたのか)〈今昔・二〇・三七〉

❷**人間の運命をつかさどる存在。**人間を守護する存在。祈願の対象となる。例かからずも かかりも **神**のまにまにと 立ちあざり 我(あ)乞(こ)ひ禱(の)めど(＝我が子の病気が治らないのも治るのも神のおぼしめしのままだと、取り乱して私は祈るが)〈万葉・五・九〇四〉

❸**道や坂・峠・川・海峡などの交通の難所を、畏怖(いふ)の念をこめていう。**例昔、この川の西に荒ぶる**神**ありて、路(みち)行く人、多(さは)に殺され(＝昔、この川の西に暴威をふるう神がいて、通行人は、多く殺され)〈肥前風土記〉

❹**雷。**「なるかみ」とも。例**神**鳴りひらめく(＝雷が鳴り稲妻が一瞬光る)〈源氏・須磨〉

❺**天皇を、人間の力を越えた絶対的な支配者として畏敬(いけい)の念をこめていう。**例大君(おほきみ)は**神**にしませば天雲(あまくも)の雷(いかづち)の上に廬(いほ)りせるかも(＝天皇は神でいらっしゃるから、空の雲に鳴る雷の上に仮の宮殿を建てて宿っていらっしゃることだ)〈万葉・三・二三五〉**読解** 天皇が行幸した雷(いかづち)の丘を雷神と見なして、天皇は神であるから、それさえも支配すると讃(たた)えた。

❻**山・川や、地方の国々を領有している存在。**例(神武(じんむ)天皇ハ)荒ぶる**神**らを言向(ことむ)け平和(やは)し、伏(まつろ)はぬ人らを退(そ)け撥(はら)ひて(＝暴威をふるう神どもを服従させ平定し、従わない者どもを撃退して)〈記・中・神武〉

❼**人間の時代以前に、天上・地上を支配したと考えられた存在。**例天照(あまて)らす **神**の御代より(＝天照大御神(あまてらすおおみかみ)のお治めになった昔から)〈万葉・一八・四一二五〉

語誌▼①には、「韓国(からくに)の 虎(とら)といふ神を」〈万葉・一六・三八八五〉のように、虎・狼(おほかみ)・蛇などの猛獣に対しても用いた。

紙(かみ)　紙は、植物性の繊維にトロロアオイなどから採った粘液を加えて、漉(す)いて薄く乾かして製する。原料は、楮(こうぞ)・三椏(みつまた)・雁皮(がんぴ)など。『日本書紀』には、推古天皇一八年(六一〇)に高句麗(こうくり)の僧曇徴(どんちょう)が、絵の具や墨などとともに紙を伝えたと見える。当初はかなり貴重な品として扱われた。律令制下では図書寮(ずしょりょう)で製紙が行われ、諸国からも献上されていた。

平安時代になっても、唐・高麗(こうらい)の舶来の高価な紙を尊重する姿勢は変わらない。その一方で日本の製紙技術も向上し、「陸奥紙(みちのくがみ)(檀紙)」をはじめ、「鳥の子」「色紙(しきし)」「薄様(うすよう)」などの高級紙の名が諸作品の中に見いだせる。特に、宮中で使用する紙を漉いていた紙屋院(かみやいん)の技術はかなり高かったようで、『源氏物語』梅枝(うめがえ)巻には、色合い華やかな紙屋の色紙を、唐・高麗の紙の美と互角に評する場面がある。平安後期以降の紙屋院は、もっぱら一度用いた紙を漉き返した宿紙(しゅくし)を生産する。

平安時代には紙の用法も豊かに発展した。多種の色柄の紙をちぎって貼り合わせた継紙(つぎがみ)の技法や、装束の襲(かさね)にならって色の異なる薄様(うすよう)を重ね合わせる用法などは、その代表といえる。文字を書くだけでなく、のちは水引き・元結いなどにも用いた。

中世以降は紙の名産地も生まれ、越前・美濃(みの)・播磨(はりま)・大和・出雲(いずも)などが有名となる。　〈藤本宗利〉

畏怖(ふ)の念をこめて「神」という例もある。▼②には、生死をつかさどることや正邪を知り尽くすこと、男女の出会いと離別、旅の安全などをつかさどることも挙げられる。この意の神は『万葉集』では多く「天地(あめつち)の神」と呼ばれる。平安時代は、春日(かすが)・賀茂(かも)・住吉(すみよし)などの特定の社の神が意識されるようになるとともに、「仏神(ほとけかみ)」「神仏(かみほとけ)」と仏と並べられ、加護を求める対象としての性格を強める。さらに中世には仏の仮の姿とみなすことも広まる。〈小川靖彦〉

かみ

【髪】图 頭髪。髪の毛。貴人の場合には「御髪(みぐし)」という。例(a)髪だにも掻(か)きは梳(けず)らず沓(くつ)をだに はかず行けども〈万葉・九・一八〇七〉↓名歌250 例(b)我はこのごろわろきぞかし。さかりにならば、容貌(かたち)もかぎりなくよく、髪もいみじく長くなりなむ(＝私は今は美しくないよ。年ごろになったら、きっと顔かたちもこの上もなく美しく、髪もたいへん長くなるだろう)〈更級〉

語誌 ▼美の指標 長く美しい髪は、古くから美しさのバロメーターであった。平安時代、村上天皇のある女御(にょうご)は、自身は部屋を出て車に乗っても、髪の先はまだ奥の柱のもとに残っているというほど、長い髪

髪型(かみがた) 文学作品に描かれる髪の形は、多くその人物の年齢や職業・階層を表す記号として示されている。

●平安時代の髪型 幼年期は、男女を問わず、振り分け髪。少女は、十歳前後で行われる裳着(もぎ)の儀式で長く伸びた髪を結い上げて、成人のあかしとした。『伊勢物語』二三段の「くらべこし振り分け髪も肩すぎぬ君ならずして誰(たれ)かあぐべき」は、そのような年ごろの幼い恋を詠んだ歌(↓名歌148)。

少年は、正装のときには左右にみづら(「びんづら」とも)を結った。古くは成人男性の髪型だったが、平安時代には少年が用いた。元服の際にはみづらを切って一つに束ね、元結(もとゆ)いで結んで冠をかぶる。これを「初冠(ういこうぶり)」と称し、以後男性は、人前で冠や烏帽子(えぼし)を脱いで髻(もとどり)を放つことはなかった。伴大納言絵巻の絵は、深夜、急に参内(さんだい)した人物を迎える天皇の姿。就寝中だったので、髻をあらわにしている珍しいもの。

振り分け髪〔扇面古写経〕

みづら〔聖徳太子孝養像〕

髻を放つ〔伴大納言絵巻〕

成人のしるしとしての髻や長い髪を失うことは、俗人としての生活を捨てること、すなわち出家を意味する。『伊勢物語』八三段で惟喬(これたか)親王の出家を「御髪(みぐし)おろしたまうてけり」とだけ記すように、「髪を下ろす」「頭下ろす」などの表現は、ほとんど出家と同義で用いられた。なお女性は出家に際してまず肩のあたりで髪を切りそろえる。『源氏物語』若紫巻で光源氏が尼君を垣間見(かいまみ)して、「なかなか(＝かえって)長きよりもこよなう今めかしき」と評している。これに似た童女の髪型は尼削(あまそ)ぎといい、『枕草子』が「うつくしきもの」に数えあげている。

尼削ぎ〔源氏物語絵巻〕

若衆髷(角前髪)〔お七吉三〕

野郎頭〔岩木絵尽〕

●江戸時代の髪型 前髪立ちの若衆髷(わかしゅまげ)が元服前の男性の髪型。一人前になると、野郎頭(やろうあたま)といって、前髪を落とし、額から頭の中ほどまで月代(さかやき)を剃(そ)る。月代を小さく剃って両鬢(びん)の厚いのは、上品でおとなしい髪型で、侠客(きょうかく)などは後頭部まで広く剃り下げて鬢を細くすることを好んだ。

女性の場合はさらに多様である。下げ髪(「すべらかし」とも)は宮中の女官や大名の奥方など上流の女性が用いた。

丸髷(まるまげ・まるわげ)に眉(まゆ)を落としお歯黒をつけた姿が既婚者であることを示すのに対して、未婚の女性は島田髷(しまだまげ・しまだわげ)を結った。島田髷は江戸時代を通じて広く行われ、投げ島田、大島田、高島田など、さまざまな種類が生まれた。このうち、投げ島田、大島田は、立兵庫(たてひょうご)とともに特に遊女が好んだ。〈藤本宗利〉

下げ髪〔高田装束研究所〕

丸髷〔円窓美人図〕

島田髷〔風俗図巻〕

の持ち主であったという（『大鏡』師尹伝）。また、額から両頬にかけて垂れる額髪の様子も鑑賞の対象となった。これを「下がり端」「掛かり（懸かり）」という。『枕草子』には、「髪いとながくうるはしく、さがりばなどめでたき人（=髪がたいそう長く美しく、額髪の様子などがすばらしい人）」が、「うらやましげなるもの」の一つに挙げられている。⇩髪型

重要な美の要素であったことから女性の髪は恋の和歌にも詠まれた。「黒髪の乱れも知らずうちふせばまづかきやりし人ぞ恋しき」〈後拾遺・恋三〉（↓名歌152）などが有名。〈藤本宗利〉

【髪を下ろす】 剃髪して出家する。仏門に入る。貴人の場合は「御髪おろす」。例**髪をおろして**楽々と御法体のはずなれども（=御僧形のはずであるが）〈近松・心中刃は氷の朔日・中〉

【髪を生やす】（「はやす」は「切る」の忌み詞）幼児のころの髪を切り、元服する。例この路次にて（=この途中で）、**髪をはやして**〈謡曲・元服曾我〉

かみ【長官】 名（「上」の意から）令制で、**四等官の第一位の官。所属する役所を総括する責任者。** 下に次官・判官・主典がある。役所によってあてる字が異なる。例国の**かみ**、斎宮の**かみ**かけたる、狩りの使ひありときて、夜一夜酒飲みしければ（=伊勢国の守で、斎宮寮の頭を兼任している人が、狩りの使者がいると聞いて、一晩じゅう酒宴をしたので）〈伊勢・六九〉

語誌▼「長官」の表記　神祇官では「伯」、八省では「卿」、弾正台では「尹」、職や坊では「大夫」、寮では「頭」、近衛府では「大将」、兵衛府・衛門府では「督」、内侍司では「尚侍」、大宰府では「帥」、国では「守」、郡では「大領」など。なお、「かみ」と読むとは限らず、「大将」のように音読するものもある。

▼太政官の場合は必ずしも明確な四等官制ではないが、一応、大臣以上を長官とする。〈池田尚隆〉

かみ-あが・る【神上がる】 動（ラ四）「かむあがる」に同じ。

かみ-あぐ【髪上ぐ】 髪上げをする。例(a)童女放り（=髪を垂らした少女）は**髪上げ**つらむか〈万葉・一六・三八二二〉例(b)おものまゐるとて（=お膳を差し上げると言って）、**髪あぐる**ことをぞする〈紫式部日記〉

かみ-あげ【髪上げ】 名❶女子の成人の儀式で、子どもの振り分け髪を改めて、髪を結うこと。貴人の場合には「御髪上げ」という。⇩もぎ。例よきほどなる人になりぬれば、**髪あげ**など、とかくして〈竹取〉❷儀式や食膳に奉仕する女官・女房の髪型。垂れ髪の前部を結い上げ、釵子・櫛などで留める。唐風の名残の一つ。例**髪あげ**うるはしき姿、唐絵をかしげにかきたるやうなり〈紫式部日記〉

釵子と髪上げ②
〔紫式部日記絵巻〕

かみ-あそび【神遊び】 名「かぐら」に同じ。

かみ-いちにん【上一人】 名「かみいちじん」とも。天皇。例上一人より下万民にいたるまで、信仰の頭を傾け〈人情本・閑情末摘花・四・一九〉

かみ-うた【神歌】 名❶神がうたう歌、神をたたえる歌、神事に関連する歌などをいう。❷平安後期に流行した歌謡の一種。『梁塵秘抄』に収録されている四句神歌・二句神歌などがある。

かみ-おき【髪置き】 名幼児が、それまで剃っていた髪を伸ばしはじめるときの儀式。江戸時代は、公家は二歳、武家・民間では三歳の陰暦十一月十五日にすることが多い。

かみ-おくり【神送り】 名十月に出雲に参集する神を送る神事。陰暦九月末日から十月一日にかけて行う。例折節**神送り**の空おそろしげに（=荒れ模様で）〈西鶴・男色大鑑・三・一〉

かみ-おろし【神降ろし・神下ろし】 名❶天の神霊を祭壇に招き下ろすこと。例胸に願立て**神おろし**〈近松・冥途の飛脚・上〉❷巫女が神々の名を唱え、神がかりの状態になること。例しきみの葉に水をむけると（=樒の葉で水をかけると）、巫女はまづ**神おろし**をはじめる〈滑稽本・膝栗毛・三上〉

かみ-かうぶり【紙冠】（―コウブリ）名「かみかぶり」に同じ。

かみ-が-かみ【上が上】 上のそのまた上。最上。例御ためには**上が上**（ノ女性）を選り出でても、なほあくまじく（=満足することはないだろうと）見えたまふ〈源氏・帚木〉

かみ-かき【髪掻き】 名「かうがい」に同じ。

かみ-がき【神垣】 名神社・神域の垣根。また転じて、神社。例**神垣**はしるし（=目印）の杉もなきものを〈源氏・賢木〉

かみがきの【神垣の】《枕詞》「かみがき」が神社を表すことから「みむろ」にかかる。例**神垣の**御室の山の榊葉は〈古今・神遊びの歌〉

かみ-がくし【神隠し】 名「かみかくし」とも。子どもなどが急に行方不明になること。天狗などの仕業と考えられた。例**神がくし**だな、こいつは面白いぞ〈滑稽本・浮世床・三上〉

かみ-がく・る【神隠る】 動（ラ下二）天皇が崩御する。お亡くなりになる。例深山の荊（=やぶ）の下に**神がくれ**たまはんとは〈読本・雨月・白峯〉

かみ-がくれ【神隠れ】 名❶神の姿が見えなくなること。転じて、貴人の死。例やごとなき（=高貴な）神ぞかしと木綿四手に立ちまぎれて、**神隠れ**になりにけり〈謡曲・賀茂〉❷人がひそかに姿を隠すこと。例**神がくれ**してやり過ごし、隙をうかがひ立ち寄れば〈近松・心中天の網島・下〉

かみ-かけて【神掛けて】（神に誓って、の意）必ず。絶対に。決して（〜ない）。例袖の時雨（=恋のために流す涙）は**神かけて**これぱかりは偽りなし〈西鶴・好色一代男・五・一〉

かみ-かしら【髪頭】 名頭髪。例毎日、**髪かしら**も自ら梳きて〈西鶴・日本永代蔵・三・一〉

かみ-かぜ【神風】 名「かむかぜ」に同じ。例**神風**す

ごく音づれて(=音を立てて)〈とはずがたり・四〉

かみかぜや【神風や】《枕詞》伊勢神宮に関連する「伊勢」「五十鈴川」などにかかる。平安時代以降用いられた。例**神風や**五十鈴の川の〈新古今・神祇〉

かみ-がた【上方】

名(「上」は皇居のある所、京を示すことから)京・大坂とその周辺。また、畿内地方。例某いまだ上方を見物つかまつらぬほどに(=私はまだ京・大坂を見物いたしたことがないので)〈狂言・鼻取相撲〉

語誌 ▼**上方の範囲** 「上方」の語は中世末期以降に定着したらしい。一般的には他の地方から京・大坂とその周辺、広くは畿内全域をさす呼称として用いられたが、大坂など畿内では京またはその周辺をさした。▼**上方の誇り** 江戸幕府が誕生すると、新興都市の江戸に対して、古くからの伝統をもち、また自由で物資の豊かな地であることを誇りとして、「上方」という言葉は新しい意味合いをもつようになった。「上方者」「上方育ち」などの語も、風土や生活感情において強く江戸を意識し、江戸のそれとは異なるものとして用いられ、定着していった。〈福田安典〉

かみがた-じゃうるり【上方浄瑠璃】名 上方で起こり、上方の特徴をもつ浄瑠璃。江戸からみた呼称。義太夫節・角太夫節・播磨節・文弥節など。特に義太夫節をさす場合も多い。

かみ-かぶり【紙冠】名「かみかうぶり」とも。法師や陰陽師などが、祈禱のときに冠の代用として額につける三角形の紙。例法師・陰陽師の**紙冠**して祓へしたる〈枕・見ぐるしきもの〉

かみ-ぎぬ【紙衣】名 紙をもみほぐして作った衣服。主に僧が着る。中世末期以降「紙子」とも。例もとは**紙衣**一重をぞ着たりける〈宇治拾遺・一〇一〉

かみ-けいし【上家司】名 上級の家司。平安中期以降、摂関家や大臣家の政所で四位・五位の人が任じられた別当(長官)などをいう。

かみ-こ【紙子】名 紙で作った衣服。紙に柿渋を塗って日にさらして乾かし、夜露にさらした後、揉みやわらげて作る。軽くて安価。貧しい人や老人が着用した。保温力にすぐれ、冬の防寒具にもなる。例ただ身すがらにと(=身ひとつでと)出で立ちはべるを、**紙子**一衣は夜の防ぎ〈芭蕉・奥の細道〉

かみ-さ・ぶ【神さぶ】動(バ上二)(「さぶ」は接尾語。古くは「かむさぶ」)❶神々しい。いかにも神らしい様子をする。例**神さぶる**生駒高嶺に雲ぞたなびく〈万葉・二〇・四三八〇〉❷古めく。いかにも昔風にする。例声づかひものものしく(=いかめしく)**神さび**て読みあげたる〈源氏・少女〉

かみ-さま【上様】名❶貴人の妻の敬称。奥方。中世は大名の妻などにいう。江戸時代は武家や富裕な町家の妻などにいい、さらに時代が下るにつれ使用範囲が広まった。奥様。おかみさん。例御館(=御領主)も**上様**も、死出の山と申す道越えさせたまひて〈義経記・八〉❷上方で、良家の未亡人や隠居した老母の敬称。例隠居の貞法七十三…男勝りの**かみ様**にて〈近松・今宮の心中・上〉

かみ-ざま【上様・上方】名(「ざま」は接尾語)「かみさま」とも。❶上のほう。例(枝ガ)人も手ふれぬに、ふと**かみざま**へあがりたるも〈枕・九月ばかり、夜一夜〉❷上流社会。また、上流階級の人々。例上達部・殿上人、**かみさま**までおしなべて、武を好む人多かり〈徒然・八〇〉❸京都で、北のほう。例四条より**かみさま**の人〈徒然・五〇〉

上島鬼貫《人名》⇩鬼貫

かみ-しも【上下】

名(「上」と「下」)❶川上と川下。また、上、下などと分けて呼ばれる地域の、上と下。京都の場合は北と南。例大井河川のしがらみ**かみしも**にちどりしば鳴く夜ぞふけにける(=大井川の柵の川上でも川下でも千鳥がしきりに鳴いている。夜が更けてしまったなあ)〈夫木・一七〉❷**上位の人と下位の人**。例ありとある**かみしも**、童までゑひしれて(=その場にいる身分の上の人も下の人もみな、子どもにいたるまで酒に酔って正体をなくして)〈土佐〉❸歌舞伎の舞台などで、上手と下手。客席から見て右のほうが上手、左のほうが下手。❹狩衣・直垂・水干・素襖などの、上着と袴とが同じ色合いでできているもの。上代は、上衣と袴。また、衣と裳。例わが装束、**上下**・帯・太刀まで〈大和・一六八〉❺「裃」とも書く。近世の武士の礼装。同じ色合いの肩衣と袴を、紋服・小袖の上に着る。例春秋冬は裏打ちたる(=裏布をつけてある)御**上下**をめされ〈折たく柴の記・上〉〈中村隆嗣〉

かみ-しゃうじ【紙障子】名「かみさうじ」とも。明かりを取り入れるために紙を張った障子。今の障子のこと。例夫の傍にありける**紙障紙**の不意に倒れて〈今昔・二八・四二〉

かみ-だいどころ【上台所】名 公家や武士・豪商などの家で、主人やその家族・客人などの食事を調理する所。例御**上台所**の御次(=次の間)に居て〈西鶴・好色一代女・四・三〉

かみ-つ-えだ【上つ枝】名(「つ」は「の」の意の上代の格助詞)❶上のほうの枝。「かみつえ」「ほつえ」とも。❷(兄弟姉妹を枝にたとえて)兄または姉。例おほけなく(=身のほども知らず) **上つ枝**をば さし越えて〈拾遺・雑下〉

かみ-つ-かた【上つ方】名(「つ」は「の」の意の上代の格助詞)❶最初。例**上つ方**は三宝に供へまつり〈続紀・天平神護元年十一月・宣命三八〉❷京都で、北のほう。例**上つ方**にさべき御さまに(=しかるべき御屋敷を)と掟てきこえさせたまふ〈栄花・初花〉

かみ-つ-せ【上つ瀬】名(「つ」は「の」の意の上代の格助詞)川上にある瀬。例飛ぶ鳥の《枕詞》明日香の川の **上つ瀬**に 生ふる玉藻は 下つ瀬に 流れ触らばふ〈万葉・二・一九四〉

かみ-て【上手】名❶上の方向や位置。川の上流、座敷の上座など。❷歌舞伎の舞台などで、客席から見て右のほう。例**上手**へ逃げて入る〈歌舞伎・三人吉三廓初買・一・三〉

かみ-とけ【神解け・霹靂】名(「かみ」は雷の意)「かむとけ」とも。落雷。例**霹靂**に当たりし楠ありき

〈霊異記・上・五〉

かみ-どひや【上問屋】―ドイヤ 名 主に大坂で、京都方面に米穀を送る問屋。例**上問屋**・下問屋、数をしらず〈西鶴・好色一代女・五・四〉

かみ-な・し【上無し】 形(ク) 上回るものがない。最高だ。例国の親となりて、帝王の**上なき**位にのぼるべき相(=人相)おはします人の〈源氏・桐壺〉

かみ-な-づき【神無月】 名「かんなづき」に同じ。例**かみな月**、例の年よりも時雨がちなるころなり〈蜻蛉・下〉

かみ-なり【雷】 名(「神鳴り」の意)❶雷鳴。例**かみなり**鳴りおそろしかりける時〈十訓抄・六・三〉❷雷神。太鼓を持った鬼の姿をしたものと考えられていた。例某(=私)は**神鳴り**であるが〈狂言・神鳴〉❸雷鳴のように頭ごなしにがみがみどなりつけること。また、その口うるさい人。例**雷**めが戻っても大事ないこと〈近松・薩摩歌・中〉

かみなり-の-ぢん【雷鳴りの陣】―ジン 名「かんなりのぢん」とも。平安時代、雷鳴のとき、宮中に臨時に設けられた警護の陣。近衛府や兵衛府の将官が、弓矢を持って清涼殿・紫宸殿に伺候して、弓の弦を打ち鳴らし、天皇を守る。例神(=雷)のいたう鳴るをりに、**雷鳴りの陣**こそいみじうおそろしけれ〈枕・神のいたう鳴るをりに〉

かみなり-の-つぼ【雷鳴りの壺】 名 内裏の後宮五舎の一つ。襲芳舎の別称。庭に神解けの木、すなわち落雷した木があったところからいう。⇩口絵

かみ-の-まち【上の町】 名 一流。上流。例**上の町**も、上臈とて、御口つきども(=お歌の詠み方)はことなる事見えざめれど〈源氏・宿木〉

かみ-の-まつ【神の松】 名 正月、神棚に飾る松。例**神の松**・山草、むかしより毎年かざり付けたる蓬萊に〈西鶴・世間胸算用・一・三〉

かみ-の-みかど【神の御門】 ❶神のいる場所。例伊勢の大御神の宮に参入りて、**神の朝庭**を拝がみて〈記・中・景行〉❷(天皇を神として)朝廷。皇居。例天皇の **神の御門**に〈万葉・三・四四三〉

かみ-の-るす【神の留守】 陰暦十月、出雲に参集するため、諸国の神々が神社からいなくなること。「神の旅」とも。例**神のお留守**、きく人もなきぞ〈西鶴・好色一代男・三・七〉

かみ-びと【神人】 名 神に仕える人。神官。例**神人**の手にとり持たる榊葉に〈源氏・若菜下〉

かみ-びな【紙雛】 名 紙を折って作った男女一対の雛人形。子どもの手遊びから発し、江戸時代には陰暦三月の雛祭りにも飾る。例**紙びな**はころぶ時にも夫婦連れ〈柳多留・初〉

かみ-ひねり【紙捻り】 名 こより。細長い紙を指でねじり合わせて糸のようにしたもの。例木の間より**紙ひねり**を通して結ひ付く〈徒然・二三七〉

かみ-ぶすま【紙衾】 名 紙製の夜具。中に藁を入れる。例尼上は**紙ぶすま**といふものばかりをひき着て〈著聞集・一三・四四六〉

かみ-む【上無】 名 雅楽の十二律の第十二音。

かみ-むかへ【神迎へ】―ムカエ 名 陰暦十月末に、出雲大社に参集していた神々の帰りを迎える祭事。例**神迎へ**水口だちか(=水口の宿を出発するのか)馬の鈴〈俳諧・猿蓑・一〉

かみ-や【神矢】 名 神の射るという矢。不思議な威力をもつ矢。例これはうちある(=普通の)矢にもあらざりけり。**神矢**なりけり〈宇治拾遺・一八九〉

かみや-がみ【紙屋紙】 名 奈良・平安時代、朝廷の造紙所で作られた紙。特に、平安時代に紙屋院で作られたものが有名。本来は美的な紙まで含んだ上質の紙だったが、平安末期ごろからは一度文字を書いた古紙を漉き返した薄墨色の紙となった。「かうやがみ」「かんやがみ」とも。

かみや-ゐん【紙屋院】―イン 名 平安時代、図書寮に属し、官用の紙を作った役所。

かみゆひ-どこ【髪結ひ床】カミユイ― 名 江戸時代、男性の髪を結い、ひげ・月代を剃る店。床屋。例「どれちょっと髭ばかりでも剃ってこやう」「ああこれこれ、今ごろどこに**髪結ひ床**があるものだ(=開いているというのだ)」〈滑稽本・膝栗毛・発端〉

かみ-よ【神代】 名 神が生まれ、国土を創造した時代。記紀では、神武天皇以前の太古の世界。例あはせて**神世**七代といふ〈記・上・神代〉

かみ-わざ【神事・神業】 名 ❶「かうわざ」「かんわざ」とも。神に関する行事。神事。祭礼。例**神事**などの繁きころほひ〈源氏・柏木〉❷神のしわざとしか思えない不思議な事。例観る者おどろき嘆じて、「神所行なめり」と称賛す〈読本・八犬伝・九・一六五下〉

かみ-ゑ【紙絵】―エ 名 紙一枚ずつに描いた絵。屛風絵・襖絵や、巻き物に描いた絵などに対していう。例**紙絵**は限りありて、山水のゆたかなる心ばへをえ見せ尽くさぬものなれば〈源氏・絵合〉

かみを～【髪を～】 ⇩「かみ」の子項目

か・む【醸む】 動(マ四)(「嚙む」の意から)酒を作る。米をかんで吐き出して、それを瓶に集めて発酵させて酒を作ったことからいう。例この御酒を **醸み**けむ人は〈記・中・仲哀・歌謡〉

かむ-あが・る【神上がる】カン― 動(ラ四)神として天にのぼる。お亡くなりになる。おかくれになる。天皇・皇族や貴人の死に用いる。例天の原 石門を開き **神上り** 上りいましぬ〈万葉・二・一六七〉

かむ-がかり【神懸り】カン― 名 神が人にのり移ること。例**神懸り**して、胸乳を掛き出で〈記・上・神代〉

かむ-かぜ【神風】カン― 名 神の力によって起きる激しい風。例渡会の 斎の宮ゆ(=伊勢神宮から) **神風**に い吹き惑はし〈万葉・二・一九九〉

かむかぜ-の【神風の】カンカゼノ 《枕詞》地名「伊勢」にかかる。⇩伊勢。例山辺の御井を見がてり**神風の**伊勢娘子ども相見つるかも〈万葉・一・八一〉

かむ-ごと【神言】カン― 名 神託。神のお告げ。例住吉に斎く祝が**神言**と〈万葉・一九・四二四三〉

かむ-さび【神さび】カン― 名 神々しいこと。例こもりくの(枕詞) 泊瀬の山に **神さび**に 斎きいますと(=祭られていらっしゃると)〈万葉・三・四二〇〉

かむ-さ・ぶ【神さぶ】カン― 動(バ上二)「かみさぶ」に同じ。例天地の 分かれし時ゆ **神さびて** 高く貴

き 駿河なる 富士の高嶺を〈万葉・三・三一七〉

かむ-し・む【神しむ】 動(マ上二)「かみさぶ」に同じ。例山高く川の瀬清し百代まで**神しみ**行かむ大宮所〈万葉・六・一〇五二〉

かむ-だから【神宝】 カン 名 神の宝。神の所有する物。例貢る**神宝**は、御鏡・御横刀・御弓・御桙・御馬に備へまつり〈祝詞・春日祭〉

かむ-だち【神館】 カン 名 神社で、神官の精進潔斎のため設けられる建物。例**神館**に郭公の眠た気に鳴き〈今昔・一九・三三〉

かむ-づかさ【神官・神司・神祇官】 カン 名「かみづかさ」とも。❶【神官・神司】神官。神に仕える人。例**神官**の者ども、ここかしこにうちしはぶきて(=せきばらいをして)〈源氏・賢木〉❷【神祇官】「じんぎくわん」に同じ。

かむ-つど・ふ【神集ふ】 ツドウ 動(ハ四) 多くの神々が集まる。例天の河原に 八百万 千万神の **神集ひ** 集ひいまして〈万葉・二・一六七〉

かむ-づま・る【神留まる】 カン 動(ラ四) 神としてとどまる。神が鎮座する。例海原の 辺にも沖にも **神留まり**〈万葉・五・八九四〉

かむな【寄居虫】 名 動物の名。「がうな」に同じ。例かむなは(家トシテ)小さき貝を好む〈方丈記〉

かむ-な-がら【神随・随神・惟神】 カン 副(「な」は「の」の意。「がら」は「柄」で本来の性質の意)「かんながら」とも。❶神でおありのままに。天皇を賛美する表現に用いられることが多い。例**神ながら** 思ほしめして〈万葉・一八・四〇九四〉❷神代からのままに。神代そのままに。例葦原の 瑞穂の国は **神ながら** 言挙げせぬ国〈万葉・一三・三二五三〉❸神のお心のままに。不思議な現象や事態などを神の意志によるものとしていう。例立山に 降り置ける雪の 常夏に 消ずて渡るは **神ながら**とそ〈万葉・一七・四〇〇四〉

かむ-なぎ【巫・覡】 カン 名(「神和ぎ」で、神の心をなごめる意)「かうなぎ」「かみなぎ」「かんなぎ」とも。神に仕え、歌舞を捧げ神降ろしをして神意を伺う人。多くは女性。例陰陽師・**巫**よびて、恋せじといふ祓への具してなむいきける〈伊勢・六五〉

かむ-な-づき【神無月】 名(「かみなづき」の変化した形)「かんなづき」に同じ。

かむ-な-び【神奈備・神名火】 カン 名(「な」は「の」の意。「び」は「辺」でほとりの意か)神や霊が宿る場所。大和国(奈良県)の三輪山・飛鳥など。例**神奈備**の三諸の山に斎ふ杉〈万葉・一三・三二二八〉

神奈備山(地名)歌枕 ❶上代、大和国飛鳥(奈良県高市郡明日香村)の雷の丘。例みもろの(=神が宿る) **神奈備山**に〈万葉・三・三二四〉❷平安時代以降、主に大和国生駒郡斑鳩町の立田山。

かむ-のぼ・る【神登る】 動(ラ四)「かむあがる」に同じ。例天の原 石門を開き **神登り** いましにしかば(=お行きになったので)〈万葉・二・一六七・一伝歌〉

かむ-はぶ・る【神葬る】 動(ラ四) 神として葬る。神にふさわしい方法で葬る。貴人を葬るのにいう。例**神葬り** 葬りいませて あさもよし(枕詞) 城上の宮を 常宮と(=永遠の宮殿として) 高くしたてて 神ながら(=神として) しづまりましぬ〈万葉・二・一九九〉読解 高市皇子の挽歌の一節。

かむ-・ぶ【神ぶ】 動(バ上二)(「ぶ」は接尾語)神々しくなる。転じて、年老いる。年を経て古びる。例**神びに**し我やさらさら(=今さら)恋にあひにける〈万葉・一〇・一九二七〉

かむ-べ【神戸】 名 特定の神社に属し、その神社に租税を納めたり雑役に奉仕したりする民戸。例諸国諸神の**神戸**を定めらる〈著聞集・一・一〉

かむ-みそ【神御衣】 名 神の着る衣。神に捧げる衣。例**神御衣**織らしめたまひし時に〈記・上・神代〉

かむ-みや【神宮】 カン 名 神のいる宮。神殿。例我が大君 皇子の御門を **神宮**に 装ひまつりて(=神殿としてお飾り申し上げて)〈万葉・二・一九九〉読解 ここは死んだ皇子の宮殿をいう。

かむり【冠】 名(「かんむり」の変化した形)❶「かうぶり①」に同じ。❷和歌や俳諧で、初めの五文字。

かむり-づけ【冠付け】 名「かんむりづけ」とも。雑俳の一種。上の五文字を題として出し、それに中の七文字・下の五文字を付けて一句とするもの。冠句。「笠付け」とも。

かむろ【禿】 名(「かぶろ」の変化した形)「かぶろ2②」に同じ。

かめ

【亀】 名 ❶爬虫類の動物の名。鶴とともに長寿の象徴とされる。例命を全う持つ**亀**は、蓬莱に逢ふ〈幸若・信田〉読解 長生きした人は死後も安楽だ、という意のことわざ。「蓬莱」は蓬莱山。❷占いに用いる亀の甲。焼いてできるひび割れで吉凶を占う。例占部すゑ **亀もな焼きそ**(=占い役の官人を招いて亀の甲を焼いたりしないでくれ)〈万葉・一六・三八一一〉読解「な〜そ」は柔らかい禁止の意を表す。

一語誌 ▼**聖なる亀** 背中に文字のある亀や白亀などは古来吉兆とされ、『日本書紀』天智天皇九年の条をはじめ、正史にたびたび記されている。奈良時代の「霊亀」「神亀」などの年号は、そうした聖なる亀の出現によるものである。『万葉集』にも「図(=文様)負へる くすしき(=不思議な)亀」〈一・五〇〉が詠まれている。

▼**亀と浦島説話** 亀が登場する話で有名なのが浦島説話である。『日本書紀』雄略天皇二十二年の条に、浦島子が亀を釣り上げ、女に変じた亀と夫婦になり、仙人が住む蓬萊山に至ったという。また、『丹後国風土記』逸文』では、玉手箱(玉匣)が登場している。のちの御伽草子『浦島太郎』では、亀が妻となったのは、浦島が釣った亀の命を助けたからだという異類報恩譚(動物の恩返し)の要素が加わっている。⇒浦島説話〈長島弘明〉

【亀の上の山】 蓬萊山の別称。巨大な霊亀に背負われているとされることによる称。「亀山」とも。例**亀の上の山**もたづねじ舟のうちに老いせぬ名をばここに残さむ〈源氏・胡蝶〉

【亀の鑑】(「亀鑑」の訓読。「亀」は占いに用いる。「鑑」は「鏡」に同じで正しい姿を映すもの)規範。手本。例**亀の鑑**に映さば、曇らぬ影もや顕はると(=真実が明らかになると)〈十六夜〉

かめ【瓶・甕】 名 底の深い器。酒や水などを入れた

り、花をいけたりする。例なさけある人にて、**瓶**に花をさせり〈伊勢・一〇一〉

か-めい【佳名・佳命】 名 よい評判。名声。例かれは勇義忠孝の士なり。**佳名**今に至りて、慕はずといふことなし〈芭蕉・奥の細道〉

かめやま【亀山】 名「かめのうへのやま」に同じ。例万劫年経る**亀山**の 下は泉の深ければ〈梁塵秘抄・四句神歌〉

亀山 《地名》❶山城国の山。今の京都市右京区嵯峨、小倉山の南東の尾根。古くから遊宴の地で、後嵯峨・亀山両上皇の離宮の亀山殿があった。❷伊勢国、今の三重県亀山市。鈴鹿山の東側にある。東海道五十三次の宿駅の一つ。

亀山天皇 《人名》一二四九〜一三〇五（建長元〜嘉元三）。鎌倉中期の天皇。後嵯峨天皇の皇子。正元元年（一二五九）兄後深草天皇に次いで即位し、文永一一年（一二七四）我が子後宇多天皇に譲位後は院政を行う。皇位継承をめぐる後深草上皇との対立が、南北朝分立の遠因となる。その皇統を大覚寺統といい、後深草上皇方の皇統を持明院統という。『続拾遺和歌集』の撰進を命じた。

かも【鴨】 名 ガンカモ科の水鳥の名。マガモ・カルガモ・クロガモなど。川・池・湖・海にすむ。多くは冬に北方から渡って来て春に帰る。肉は美味で食用となる。例ももづたふ（枕詞）磐余の池に鳴く**鴨**を今日のみ見てや雲隠りなむ〈万葉・三・四一六〉➡名歌373

【鴨の浮き寝】 鴨が水に浮かんだまま寝ること。不安定なことのたとえ。例我妹子に恋ふれにかあらむ（＝恋い慕っているからだろうか）沖に住む**鴨の浮き寝**の安けくもなき〈万葉・一一・二八〇六〉

かも【氈】 名 毛織りの敷物。例能宣に車の**かも**を乞ひに遣はしてはべりけるに〈拾遺・雑下・詞書〉

賀茂 《地名》❶山城国、今の京都市北区・左京区の、上賀茂神社・下鴨神社のある地。❷「賀茂川」の略。❸上賀茂神社（賀茂別雷神社）と下鴨神社（賀茂御祖神社）の総称。特に平安遷都以降、王城鎮護の神として朝廷の崇拝を受けた。平安時代には、未婚の皇女が斎院として祭祀にあたった。賀茂の社。⇩かものまつり

か-も

❶ 終助 〔終助詞「か」＋係助詞「も」〕詠嘆の意を表す。〜だなあ。〜であることだ。例我がやどのいささ群竹吹く風の音のかそけきこの夕へ**かも**〈万葉・一九・四二九一〉➡名歌429

❷ 係助 〔係助詞「か」＋係助詞「も」〕疑問や反語の意を表す。❶疑問の意を表す。〜か。例あしひきの（枕詞）山**かも**高き巻向の崖の小松にみ雪降り来る（＝山が高いからか。巻向の崖の小松に雪が降ってくるよ）〈万葉・一〇・二三一三〉

❷反語の意を表す。〜か（いや、そんなことはない）。例ますらをの思ひわびつつ度まねく嘆く嘆きを負はぬものかも（＝りっぱな男子が恋に思い悩んで幾度となく嘆く嘆きをあなたは身に負わないものなのか、いや、そんなことはない）〈万葉・四・六四六〉

接続▶体言、活用語の連体形、助詞などにつく。②は右以外に已然形にもつく。

語誌▼上代に盛んに用いられた。平安時代になると、①は「かな」と交替し、②も用いられなくなった。▼②は係助詞「か」と同様に、文中に用いられた場合には係り結びが起こり、結びの活用語は連体形となる。▼②には、上代、文末において打消の助動詞「ず」の連体形につき、「**ぬかも**」の形で他に対する希望を表すものがあった。〈近藤要司〉

が-もう【鵝毛】 名 ガチョウの羽。白いもの、極めて軽いもののたとえに用いる。例一日の命、万金よりも重し。牛の値、**鵝毛**よりも軽し〈徒然・九三〉

かも-かくも 〔「か」「かく」は副詞〕とにもかくにも。どのようにでも。例武蔵野の草はもろ向き（＝めいめい勝手な方向を向いているが）**かもかくも**君がまにまに我は寄りにしを〈万葉・一四・三三七七〉

賀茂川・鴨川 《地名》歌枕 平安京の東を南北に流れる川。北山を源として、上賀茂神社の西を通り、下鴨神社の南の糺河原で高野川と合流、今の京都市街東部を南に流れて桂川と合流する。高野川と合流するまでを賀茂川、合流してからを鴨川と書き分けることもある。しばしば洪水を起こす川で、白河法皇が自分の意のままにならない三つのうちの一つに賀茂川の流れを挙げた話（『平家物語』巻一「願立」など）は有名。和歌では、「水無月祓へ」「禊ぎ」などがよく詠まれた。例**賀茂川**の水底澄みて照る月をゆきて見むとや夏祓へする（＝賀茂川の水が底まで澄んでいて、そこに照る月が映っているのを、出かけて行って見ようと、夏越しの祓えをするのか）〈後撰・夏〉

語誌▼**賀茂の河原** 平安初期から、賀茂川の河原は朝廷に関連する重要な禊ぎの場であった。即位した天皇の禊ぎがしばしば行われ、斎宮・斎院もここで禊ぎをする。平安末期には合戦の場となり、六条河原などは処刑場とされた。室町時代には四条河原で猿楽などの芸能が演じられ、江戸時代の四条河原は芝居見物や夕涼みでにぎわった。〈大谷俊太〉

かも-かも 「かもかくも」に同じ。例凡ならば（＝普通の人ならば）**かもかも**せむを〈万葉・六・九六五〉

か-もじ【か文字・髪文字・髢】 名 〔「髪」または「髪」の女房詞〕❶頭髪。❷女性の髪に加える入れ髪。例（髪ヲ）引きほどきたまへば**かもじ**いくつか落ちて〈西鶴・好色一代女・三・四〉

かも-じもの【鴨じもの】 副 〔「じもの」は接尾語〕鴨のように。一説に、「浮く」にかかる枕詞とも。例**鴨じもの** 水に浮き居て〈万葉・一・五〇〉

かも・す【醸す】 動（サ四） 穀物などを発酵させて酒や醤油を作る。

かも-どく-しま【鴨着く島】 〔「どく」は「つく（着く）」の変化した形〕鴨が寄りつく島。例**鴨どく島**に我が率寝し 妹は忘れじ〈記・上・神代・歌謡〉

が-も-な ⇩もがもな

かも-の-くらべうま【賀茂の競べ馬】 名 陰暦五月五日に上賀茂神社で行われる競馬。五穀豊穰を祈るものという。左右十騎ずつに分かれて競う。例五月五日、**賀茂の競べ馬**を見はべりしに（＝見物しましたときに）〈徒然・四一〉

鴨長明 カモノチョウメイ《人名》一一五五?〜一二一六(久寿二?〜建保四)。平安末期から鎌倉初期の歌人、随筆作者。本名「ながあきら」。法名蓮胤。通称長明入道。

下鴨神社神官の子として生まれる。和歌を俊恵に学び、管弦を中原有安に学ぶ。十八、九歳のころ父が亡くなり、神官としての前途を失った。二十七歳のころに家集『鴨長明集』をまとめ、歌人として知られるようになる。三十四歳で『千載和歌集』に一首入集して勅撰歌人となり、四十六歳のとき『正治後度百首』の歌人に加えられ、以後、後鳥羽院歌壇で活躍する。和歌所の寄人となり、『新古今和歌集』編纂のために働くが、元久元年(一二〇四)河合社禰宜職への期待が破れ、出家する。大原に隠棲し、のちに日野山に移住し、方丈の庵を結ぶ。出家後、歌論書『無名抄』、仏教説話集『発心集』を編纂し、建暦二年(一二一二)、『方丈記』を著す。

『方丈記』は通常、随筆とされるが、慶滋保胤の『池亭記』などに範をとった「記」というジャンルの漢文学を和漢混交文で記したもの。兼好とともに隠者文学の代表的作家として、後世に大きな影響を与えた。〈小島孝之〉

かも-の-まつり【賀茂の祭り】 名 上賀茂・下鴨両社の祭り。陰暦四月の中の酉の日に行われる。

語誌▼**祭りといえば賀茂の祭り** 賀茂神社の祭り自体は相当古くから行われていたが、平安時代になって賀茂神社が王城鎮護の神として皇室の崇拝を受けるようになると、祭りも国家的な行事とされるようになり、特に平安中期以降盛大に行われた。都の人々にとって、単に「祭り」といえば賀茂の祭りをさす。

祭りの当日は勅使が遣わされて幣などを奉るが、この奉幣使の行列(路頭の儀)の見物のため一条大路に桟敷が立つなど、多くの人出でにぎわった。『源氏物語』葵の巻の有名な車争いは、当日に先立って斎院が賀茂川で禊ぎをする御禊の日の出来事で、これも「いみじき見物」とされていた。当日はまた、葵と桂の葉を、社殿や牛車の簾、供奉の人の冠などに飾る。江戸時代になると徳川幕府の庇護を受け、「葵祭り」とも呼ばれるようになったのは、徳川氏の紋である三つ葉葵との縁によるともいわれる。臨時の祭りは、陰暦十一月の下の酉の日に、四月の祭りに準じて行われた。〈大谷俊太〉

賀茂真淵 かものまぶち《人名》一六九七〜一七六九(元禄一〇〜明和六)。江戸時代の国学者・歌人。遠江(静岡県)の人。県居・県主などとも号する。荷田春満に学び、のち江戸に出て田安宗武に仕え、国学の師となる。古語を通して日本の古代精神を明らかにしようと考え、特に『万葉集』研究に力を注いだ。また加藤千蔭・村田春海・揖取魚彦ら、多くの門人を育成した。主著に注釈書『万葉集考』(『万葉考』)『歌意考』、家集に『賀茂翁家集』など。

かも-の-みあれ【賀茂の御生れ】 名 京都の上賀茂神社の神事。賀茂の祭りの三日前の陰暦四月の中の午の日に、神を御生れ木に移し、神の再誕を祝う。「みあれ」とも。

かも-の-りんじのまつり【賀茂の臨時の祭り】 名 上賀茂・下鴨両社の、陰暦十一月の下の酉の日に行われる祭り。四月の祭りに準じて行われる。例**賀茂の臨時の祭り**、空の曇り、さむげなるに、雪すこしうち散りて〈枕・賀茂の臨時の祭〉

かも-まうで【賀茂詣で】 モウデ 名 上賀茂・下鴨両社に参詣すること。特に、摂政・関白が賀茂の祭りの前日に参拝する儀式をいう。例見ものは 臨時の祭り・行幸・祭りのかへさ・御**賀茂詣で**〈枕・見ものは〉

かもめ【鷗】 名 鳥の名。カモメ。白色でくちばしが大きい。海岸や河口にすむ。例**鷗**ゐる藤江の浦の沖つ洲に夜舟いさよふ月のさやけさ〈新古今・雑上〉

かもめ-じり【鷗尻】 名(鷗の尾羽がはね上がっているさまから)❶太刀を、鞘の尻を上に反らせるように身に着けること。例黒漆の太刀を**鷗尻**にぞ帯きなしたり〈義経記・五〉❷竿秤で目方を量るとき、竿が上にはね上がるほど目方をたっぷりと取ること。例一匁の貫目も**鷗尻**に取りをる〈近松・丹波与作待夜の小室節・中〉

がも-や ⇩もがもや

かもり-づかさ【掃部寮】 名「かもんれう」に同じ。

かもん【掃部】 名「掃部寮」の略。

かもん-づかさ 名 ❶【掃部司】令制で、大蔵省に属する役所。宮中の掃除や儀式のときの設営をつかさどる。のちに掃部寮に併合された。❷【掃部寮】「かもんれう」に同じ。例**かもんづかさ**の者ども、畳取るやおそしと(=取るやいなや)〈枕・なほめでたきこと〉

かもん-の-かみ【掃部の頭】 名 掃部寮の長官。従五位下相当。

かもん-れう【掃部寮】 リョウ 名「かもりづかさ」「かんもりのつかさ」などとも。令制で、宮内省に属する役所。宮中の掃除や儀式のときの設営をつかさどる。例次に**掃部寮**御倚子・師子形等を御帳の内に立つ〈御堂関白記・長和五年正月〉読解 天皇の代替わりの儀式が行われた日の記事。

かや【茅・萱】 名 植物の名。薄・茅・萱など、屋根を葺く材料となる草の総称。例我が背子は仮廬作らす**草**なくは小松が下の草を刈らさね(=お刈りください)〈万葉・一・一一〉

か-や 終助 ❶〈終助詞「か」+間投助詞「や」〉(上代に用いられて)感動・詠嘆の意を表す。例うれたき**かや**(=腹立たしいことだなあ)〈紀・神武即位前紀〉❷〈係助詞「か」+間投助詞「や」〉疑問・反語の意を表す。例さては天人にてまします**かや**〈謡曲・羽衣〉

接続 体言、活用語の連体形につく。

か-やう【斯様】 ヨウ 形動(ナリ) このよう。例**かやう**に、御心をたがひに慰めたまふほどに〈竹取〉

か-やす・し【か易し】 形(ク)(「か」は接頭語)❶**たやすい。容易だ。簡単だ。** 例(私ノ鷹ハ)手放れもをちも**かやすき**(=飛んでいくのも戻るのも思いのままだ)〈万葉・一七・四〇一一〉❷**ふるまいが気軽だ。気ままだ。** 例**かやすき**身ならば、忍びていと逢はまほしくこそ(＝気ままな身であるなら、こっそりほんとうに逢いたいものだが)〈源氏・若菜上〉〈米山敬子〉

か-やつ【彼奴】代 他称の人称代名詞。人を卑しめていう。あいつ。やつめ。例ほととぎす、おれ(＝おまえ)、かやつよ〈枕・賀茂へまゐる道に〉

かや-ね【茅根・萱根】名「かや(茅・萱)」に同じ。例かやね刈り袂露けき旅の寝覚めは〈堀河百首〉

かや-の【茅野・萱野】名 茅の生えている野。例葛城の高間のかや野はや知りて標刺さましを(＝自分のものだと標識を立てればよかったものを)今ぞ悔しき〈万葉・七・一三三七〉読解 他人のものとなってしまった女性をかや野にたとえて惜しんでいる。

かや-や【茅屋・萱屋】名 茅で葺いた屋根。また、その建物。例茅屋ども、葦ふける廊めく屋など、をかしうしつらひなしたり〈源氏・須磨〉

かやり-び【蚊遣り火】名 夏、煙を出して蚊を追い払うためにたく火。例六月のころ…蚊遣り火ふすぶるも(＝くすぶるのも)あはれなり〈徒然・一九〉

かゆ【粥】名 米などに水を加えて煮たもの。例(a)鐺子を出し、水を暖め粥を煮て〈続紀・文武四年三月〉例(b)御粥・強飯召して、客人にもまゐりたまひて(＝御粥や強飯を召し上がって、お客人にも差し上げなさって)〈源氏・末摘花〉読解「強飯」は米を蒸したもの。

語誌 ▼「粥」と「飯」 米を蒸して調理した「飯」に対して、煮て調理したものを「粥」と呼んだ。粥は、水分の多い汁粥と水分の少ない固粥に区別されていた。それぞれ、今の粥と飯にあたる。平安時代、貴族の日常の食事は強飯が正式なものであったが、末期には固粥が常食となった。その結果、「飯」の語がさすものは、米を蒸したものから固粥に変化し、「粥」はもっぱら汁粥のことをさすようになった。

▼ななくさがゆ もとは「七種の粥」で、米・粟・稗などの七種類のものを入れて煮た固粥。正月の十五日に食べる習慣があった。正月七日に食べる、春の七草を入れて煮た「七草粥」のことになった時期ははっきりしないが、五節句の一つとして広く全国で行われるようになったのは江戸時代からである。〈余田弘実〉

か-ゆ【離ゆ】動(ヤ下二)「かる(離る)」に同じ。例人は離ゆとも〈記・下・允恭・歌謡〉

か-ゆき-かく-ゆき【か行きかく行き】〔「か」「かく」は副詞〕あちらへ行きこちらへ行き。例宇奈比川 清き瀬ごとに 鵜川立ち(＝鵜飼いをして) か行きかく行き 見つれども〈万葉・一七・三九九一〉

かゆ-づゑ【粥杖】ツヱ 名 陰暦一月十五日、粥を炊くのに使った薪の燃えさしで作った杖。この杖で子のない女性の尻を打つと男子を授かるといわれた。例果ての十五日には、若き人々群れ居つつ、をかしげなる粥杖ひきかくしつつ〈狭衣・四〉

かゆ-の-き【粥の木】名「かゆづゑ」に同じ。例十五日、節供まゐりすゑ(＝節日の御膳を差し上げ据え)、かゆの木ひきかくして〈枕・正月一日は〉

かよう【歌謡】⇩かえう

かよう【通う】⇩かよふ

かよ-ちゃう【駕輿丁】チヤウ 名 貴人の輿や駕籠を担ぐ人。例駕輿丁の…階よりのぼりて、いと苦しげにうつぶしふせる〈紫式部日記〉

かよは・す【通はす】カヨワス 動(サ四)〔「かよふ」の他動詞形〕❶行き来させる。夫として通って来させる。また、心を合わせる。例光源氏などのやうにおはせむ人を、年に一たびにても通はしたてまつりて〈更級〉❷知識や考察を及ぼす。例(『史記』ヲ)ひとわたり読ませたてまつりたまふに、至らぬ隈もなくかたがたに(＝あやふやなところもなく諸説に)通はし読みたまへるさま〈源氏・少女〉

かよひ【通ひ】カヨイ 名 ❶通うこと。行き来。例をりをりの御文の通ひなど〈源氏・澪標〉❷容貌などが似通うこと。例この姫君の御ありさまの、(理想ノ女性ニ)通ひめでたきを見ても〈浜松中納言・四〉❸宴席などの給仕役。例ありつるやどに(＝先ほどの宿で)かよひしつる郎等なり〈宇治拾遺・一〇六〉❹後日まとめて支払う約束で商品を買う方式。また、それに用いる帳面。売り主が作成し、品名・金額・月日などを記しておく。通い帳。例万事を通ひにて取る(＝買う)事なかれ…払ひの時分、書き出し(＝請求書)に驚く事なり〈西鶴・日本永代蔵・四・五〉

かよひ-ぢ【通ひ路】カヨイジ 名 行き来する道。通路。例その通ひ路に、夜ごとに人をすゑて守らせければ(＝見張らせたので)〈伊勢・五〉

かよひ-ぼん【通ひ盆】カヨイ 名 飲食物の給仕に用いる盆。例朝夕も通ひ盆なしに手から手にとりて〈西鶴・日本永代蔵・四・一〉

かよ・ふ【通ふ】カヨウ 動(ハ四)❶行ったり来たりする。往来する。例(夫ハ)七、八日のほどにぞわづかに通ひたる(＝七、八日の間にほんの少しやって来た)〈蜻蛉・中〉読解 冷えきった夫婦関係についての記述。

❷ある場所を自由に通る。通行する。例大空ゆ通ふ我すら汝が故に天の川道をなづみてぞ来し(＝天空を自在に飛び回るこの私でも、あなたのためには、天の川の瀬を踏んで苦労して来たのだ)〈万葉・一〇・二〇〇一〉読解 牽牛が織女に真心を訴えた形の歌。

❸気持ちが通いあう。例雪間なき吉野の山をたづねても心のかよふあと絶えめやは(＝たとえ雪の晴れ間もない吉野の山を捜しても、心の通いあう跡はとだえることがあるだろうか)〈源氏・薄雲〉読解「絶えめやは」は反語表現。

❹互いに似通う。共通する。例親王の御筋にて、かの人にも通ひきこえたるにや(＝親王のご血統によって、あの方にも似通い申しているのだろうか)〈源氏・若紫〉読解 紫の上と藤壺女御とが血縁関係にあることを知った光源氏の感想。

❺物事をよく知っている。通じている。例仏の道にさへ通ひたまひける御心のほど(＝仏道のことについてまでもよく知っていらっしゃった御心持ち)〈源氏・御法〉

❻入り交じる。交錯する。例春はやがて夏の気を催し、夏よりすでに秋はかよひ(＝春はそのまま夏の気配をひき起こし、夏からすでに秋が入り交じり)〈徒然・一五五〉

❼他の地点へ通じる。例秋田にかよふ道遥かに、海、

丈よりも後身頃が短く、その下から裳の裾を後ろに引く形となる。
　女性の晴れ装束は、唐衣と裳をつけた姿である。すなわち、まず袴（紅が普通）をつけ、単を着る。その上に袿を重ね着するが、その最も上の一枚を表着と呼んで特に上等なものを用いる。表着のすぐ下に、紅で光沢のある打衣を重ねることもある。ここまでが袿姿で、この上に上半身だけの唐衣をはおり、腰から後ろに裳をつけると正装である。〈藤本宗利〉

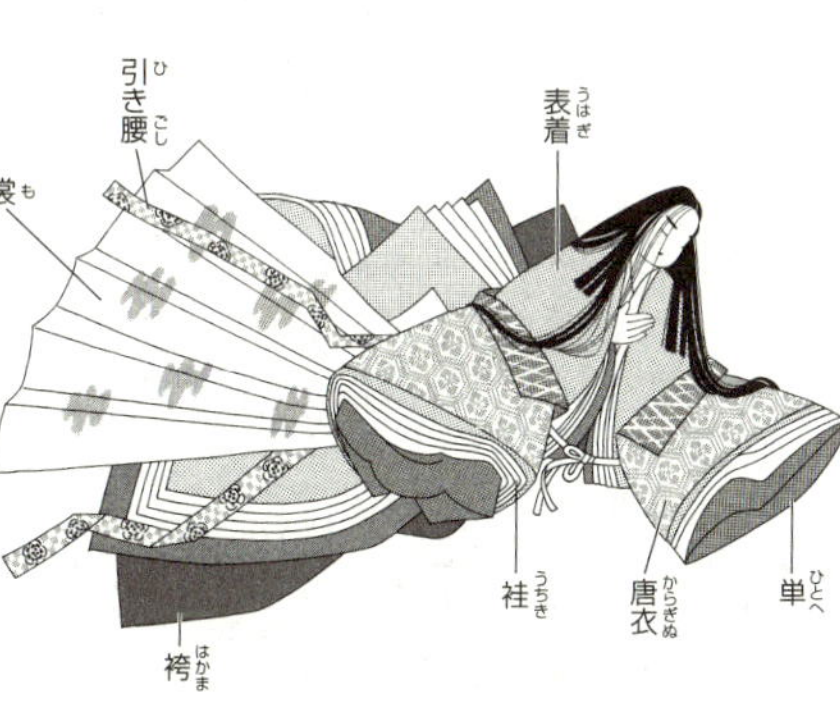

唐衣〔源氏物語絵巻〕

からく【辛く】 副〔形容詞「からし」の連用形から〕必死に。やっと。例夜中なれば西東も見えず。男女からく神仏を祈りて、この水門を渡りぬ〈土佐〉

から・ぐ【絡ぐ】 動（ガ下二）❶縛りくくる。例おとがひ（＝下あご）に、縄にてからげつけて〈宇治拾遺・一〇〇〉❷まくりあげる。例裾をかしうからげて、路の枝折り（＝道案内）とうかれ立つ〈芭蕉・奥の細道〉

から-くさ【唐草】 名 つる草のからんでいるさまを図案化した文様。染織や工芸などに広く用いられた。例よしある唐草を乱れ織れるも〈源氏・玉鬘〉

から-くしげ【唐櫛笥・唐櫛匣】 ❶名〔「から」は中国風、の意〕調髪の道具を入れておくための美しい箱。例古めきたる鏡台の、唐櫛笥・掻上げの箱など取り出でたり〈源氏・末摘花〉❷《枕詞》箱が開くことから、同音の「明く」にかかる。

からく-して【辛くして】 副 ようやくのことで。やっとのことで。例今日からくして和泉の灘より小津の泊まりを追ふ（＝めざして行く）〈土佐〉

から-くに【唐国・韓国】 名 もと朝鮮半島南部の国名。のち、朝鮮・中国をさす。⇩から（唐・韓・漢）

から-くみ【唐組み】 名 中国風の組み紐。菱文様に平たく組みあげる幅広のもの。太刀の緒などに用いる。例螺鈿の太刀、唐組みの緒つけてたてまつり〈宇津保・吹上上〉

から-くり【絡繰り・機関】 名 ❶仕掛け。装置。例（コノ案山子ハ）ことのほかよいからくりぢゃ〈虎寛本狂言・瓜盗人〉❷細工。計略。深謀。例二人の手を切らせしは（＝二人の仲を終わらせたのは）、このさん（＝人名）がからくり〈近松・心中天の網島・中〉❸「絡繰り人形」の略。

からくり-にんぎゃう【絡繰り人形】 ―ニンギョウ 名 糸や歯車などの仕掛けで動く人形。江戸時代のものは精巧を極めた。例雪踏の音をやめて、からくり人形のありくごとく忍ぶ〈西鶴・諸艶大鑑・六・三〉

から-く・る【絡繰る】 動（ラ四）❶縦横に引いた糸で操る。また、精巧に細工する。例操りをからくる智恵や天下一〈俳諧・鷹筑波集・一〉❷陰で人を操る。たくらむ。例意地悪きたくみを夫婦からくりはべるうちに〈仮名草子・是楽物語・下〉

から-ぐるま【唐車】 名 牛車の一種。屋根が「唐庇」で、檳榔の葉で葺いてある大型のもの。上皇・皇后・東宮・親王・摂関などが晴れの場に用いる。「唐の車」「唐庇の車」とも。⇩くるま（図）。例一の御車は唐車なり〈枕・関白殿、二月二十一日に〉

から-くれなゐ【韓紅・唐紅】 ―クレナイ 名〔「から」から渡来した紅の意〕鮮紅色。染色の深く鮮やかなのを賛美していう。例ちはやぶる（枕詞）神代も聞かず龍田川からくれなゐに水くくるとは〈古今・秋下〉➡名歌226

から-こ【唐子】 名 ❶中国風の装いをした童子。絵画や陶器の図柄に描かれた。❷「唐子髷」の略。鎌倉・室町時代の武家で、元服前の男子の髪型。髻から上を二つに分け、頭頂で二つの輪を作る。❸江戸時代、幼児の髪型。頭の左右とぼんのくぼの部分を残し、ほかは全部剃り落としたもの。

唐子③〔守貞漫稿〕

から-ごころ【漢心・漢意】 名 漢籍を学んだことにより、中国風なものの考え方に感化された心。江戸時代の国学者の用語で、「大和魂」「大和心」などに対していう。例大和魂よくかたまりて、漢意におちいらぬまもりにもよかるべきなりなり〈うひ山ぶみ〉

から-ごと【唐琴】 名 中国から伝来した弦楽器の総称。琴・箏・瑟・琵琶など。例都まで響き通へるからことは波の絃すげて風ぞひきける〈古今・雑上〉

読解「からこと」は地名「唐琴」を掛ける。

から-ころも【唐衣・韓衣】

❶名 中国風の衣服。裾が長く広袖で、上前と下前を深く打ち合わせて着用する。またそこから転じて、珍しく美しい衣服のこともいう。例韓衣君に打ち着せ見まく欲り（＝美しい衣装をあなたに着せて見ていたい）〈万葉・一一・二六八二〉❷《枕詞》衣服に関連することから「着る」「裁つ」「反す」「裾」「袖」「紐」などにかかる。また、これらと同音の語や同音を含む語にかかる。例雁がねの来鳴きしなへに韓衣たつたの山はもみちそめたり（＝雁が渡って来て鳴くとともに龍田山は紅葉しはじめた）〈万葉・一〇・二一九四〉〈藤本宗利〉

唐衣橘洲 からごろもきっしゅう　カラゴロモキツシユウ《人名》一七四三～一八〇二（寛

保三～享和二)。江戸時代の狂歌作者。幕臣。姓は小島。通称源之助。天明狂歌界の中心人物の一人。家集に『酔竹集』。

から-ごゑ【枯ら声・嗄ら声】ゴエ 名 しわがれ声。ひからびたような声。例気色ある(=異様な感じの)鳥のから声に鳴きたるも〈源氏・夕顔〉

から-ざえ【漢才】名「かんざい」とも。漢籍に通じて、漢詩文を作るのに巧みなこと。漢学の教養や才能。「大和心」「大和魂」などと対にされることが多い。例漢才はよくて、詩などはいみじく(=すばらしく)作られけれど〈愚管抄・三〉

唐崎《地名》歌枕「辛崎」とも書く。近江国、今の滋賀県大津市下坂本、琵琶湖西岸の崎。斎院の祓えの場所で、『蜻蛉日記』の作者も夏越しの祓えに行っている。「一つ松」が有名で、「唐崎の夜雨」は近江八景の一つ。例辛崎の松は花より朧にて〈芭蕉・野ざらし紀行〉↓名句44

から-ざけ【乾鮭】名 鮭の乾物。内蔵を取り、塩をふらず陰干しにする。例枯鮭を太刀に帯けて(=太刀のように腰に差して)〈今昔・二八・三五〉

から・し

【辛し】形(ク) ❶舌を刺すような塩けや酸味などがあるさま。例難波の小江の 初垂を 辛く垂れ来て(=難波の入り江の初垂れを辛くしぼって来て)〈万葉・一六・三八八六〉

読解「初垂」は製塩時に最初にしたたる濃い塩水。

❷つらい。せつない。苦しい。例扇を取られてからきめを見る(=扇を取られてつらいめにあう)〈源氏・花宴〉

❸ひどく厳しい。残酷だ。例我をば煮て、からき目を見するものかな(=私を煮て、ひどい目にあわせるものだなあ)〈徒然・六九〉

❹いやだ。気にいらない。例からしや、眉はしも、かは虫だちためり(=いやだなあ、眉はといへば、毛虫のようだ)〈堤中納言・虫めづる姫君〉

❺危うい。危ない。例からき命まうけて、久しく病みゐたりけり(=危うい命は助かって、長い間病気で寝ていた)〈徒然・五三〉

類義 ②③つらし

語誌 ▼本来は①の意。転じて苦痛や不快感などが骨身にしみるような状態をもいうようになった。▼やっとのことで、の意の「からく」や「からくして」は、「からし」の連用形から副詞として固定化した語。〈藤本宗利〉

から-しし【唐獅子】名〔外国産の獅子の意。猪・鹿などの「獣」と区別していう〕ライオンに由来する空想上の動物。文殊菩薩の乗り物とされる。絵画や彫刻、芸能の作り物などにも取りあげられる。

唐獅子〔唐獅子図屛風〕

から-しほ【鹹塩・辛塩】シオ 名 海水。塩水。塩。例いとのきて(=格別に) 痛き傷には 辛塩を 注くちふがごとく〈万葉・五・八九七〉

から-じり【軽尻・空尻】名 ❶馬に積む荷物がないこと。空荷。また、その馬。❷「から尻馬」の略。例追分(=地名)よりから尻を急がせぬれど〈西鶴・西鶴諸国ばなし・五・四〉

からじり-うま【軽尻馬・空尻馬】名 江戸時代、街道筋で旅人を乗せる駄馬。荷物を四十貫目積む本馬に対するもの。荷物は、人の乗る場合五貫目まで、乗らない場合二十貫目まで許された。例新銭二百貫調へ、から尻馬に付けて〈西鶴・日本永代蔵・四・三〉

からす

【烏】名 鳥の名。カラス科の黒い鳥。ハシボソガラス・ハシブトガラスなど。人家近くにも多く見られる。植物の実や死んだ動物の肉など雑多なものを食べる。例(a)烏とふ大をそ鳥のまさでにも来まさぬ君をころくとそ鳴く〈万葉・一四・三五二一〉↓名歌130 例(b)かれ朶に烏のとまりけり秋の暮れ〈俳諧・曠野・四〉↓名句45

語誌 ▼鳴き声の擬声語と語源説 例(a)では鳴き声は「ころく」とある。この「ころ」は「から」と関係があるとも考えられ、「からす」は、鳴き声を表す「から」に接尾語「す」がついたものとする語源説がある。ほかに「かか」「こか」などの擬声語がみえる。

▼烏のイメージ 例(a)で烏を「大をそ鳥」と言っており、農作物を荒らし悪食である烏は、古来あまり好かれる鳥ではなかったらしい。一方、中国からは烏を親孝行の鳥(孝鳥)とする捉え方も入ってきている。また神話では、神武天皇東征のとき八咫烏が熊野から大和へと先導したとされ、熊野の神の使いとされるなど、霊力をもつ鳥ともみられた。〈佐藤明浩〉

からす-あふぎ【烏扇】—オウギ 名〔漢名「烏扇」の訓読〕植物の名。ヒオウギの別称。アヤメ科の多年草。晩夏に赤い斑点のある黄赤色の花が咲き、黒くて丸い小さな実をつける。この実を「ぬばたま」という。例庭の面に烏扇のなぞ茂るらん〈山家集・中〉

からす-がしら【烏頭】名〔「烏頭」の訓読〕馬の後脚の中ほどの関節の、後方へ曲がった部分。例馬の烏頭・太腹にたつ(=海水が届く)ところもあり、それより浅きところもあり〈平家・一一・勝浦付大坂越〉

から-すき【犂・唐鋤】名 農具の名。牛馬に引かせて田畑を耕すのに用いる鋤。柄が曲がって、幅広の刃をもつ。例牛どもにからすきかけつつ、男ども緒持ちて鋤く〈宇津保・吹上上〉

犂

からす-ば【烏羽】名 烏の羽。多く「烏羽に書く」の形で和歌に詠まれ、はっきりわからないことのたとえにいう。高句麗の使者が烏の羽に墨で書いた上表文を持参したという『日本書紀』の故事に基づく。例我が恋はからす羽に書く言の葉のうつさぬほどは知る人もなし〈堀河百首〉

から-だいみゃう【空大名】—ダイミヨウ 名 表向きは堂々と格式を誇り、内実は経済的に窮迫している人をあざ

けっていう語。例世間には、から大名の見せかけ商売おほし〈西鶴・日本永代蔵・四・三〉

から-たち【枳・枸橘・枳殻】 名 植物の名。ミカン科の落葉低木。枝にとげが多く、生け垣に用いられる。実は薬用となる。例うばら・からたちにかかりて(=引っかかって)、家にきてうちふせり〈伊勢・六三〉

から-たま【唐玉・韓玉】 名 外国渡来の宝玉。美しく、貴重とされる。例娘子らが　娘子さびすと(=娘らしくふるまおうと)　韓玉を　手本(=手首)に巻かし〈万葉・五・八〇四〉

から-と【唐櫃】 名〔「からうと」の変化した形〕「からひつ(唐櫃)」に同じ。

から-な【唐名】 名 官職名や地名などを中国風の名称で呼んだもの。太政大臣を相国、参議を宰相、山城国を雍州などという類。

から-なでしこ【唐撫子】 名 ❶植物の名。ナデシコ科の多年草。セキチク。中国原産で、初夏に五弁の花が咲く。例こちたう赤き薄様を、唐撫子のいみじう咲きたるに結びつけて〈枕・いみじう暑き昼中に〉❷襲の色目の名。表裏ともに紅。一説に、表は紫とも。夏に着用。例唐撫子の衣五つばかり…用意せさせたり〈夜の寝覚・三〉

から-に

接助〔名詞「から」＋格助詞「に」〕❶**前の事柄の成立の後、後の事柄がすぐに成立する意を表す。〜するとすぐに。〜するやいなや。** 例吹くからに秋の草木のしをるればむべ山風を嵐といふらむ〈古今・秋下〉➡名歌312

❷**前の事柄がもとで後の事柄が簡単に成立する意を表す。それだけの原因で。〜するだけで。** 例語り継ぐからにもここだ恋しきを直目に見けむ古壮士(=語り継ぐだけでもこんなに恋しいのに、直接娘を見たという昔の若者はどんなに恋しかっただろう)〈万葉・九・一八〇三〉読解 葦屋の菟原処女をめぐる妻争い伝説に基づいて詠まれた歌。

❸**原因・理由を表す。〜ので。** 例(匂宮ガ中ノ君ノモトニ)やすからず忍びたまふからに、かたみに思ひ悩みたまふべかめるも(=お気の毒な様子でこっそりと通っておいでなので、お互いに思い悩んでいらっしゃるようなのも)〈源氏・総角〉

❹(「〜むからに」などの形で)**逆接の仮定条件を表す。たとえ〜だとしても。〜だからといって。** 例などかは女といはむからに、世にあることの公私につけて、むげに知らずいたらずしもあらむ(=どうして女性だからといって、世間にある公事・私事に関して、全然知らぬ存ぜぬでいられるだろうか)〈源氏・帚木〉読解「などかは」の「かは」は反語の意を表す。

接続 活用語の連体形につく。

語誌 ①と②の意味は両立することも多く、時間性・因果関係のどちらに重点を置くかによって分けられる。さらに因果関係に重点が置かれると③の意味になる。④はそれが反語に用いられて因果関係自体を否定する感情が加わり、「〜だとしても〜」の意で逆接仮定条件に取れる場合である。〈佐藤一恵〉

から-にしき【唐錦】 1 名 中国渡来の豪華な錦。例めでたきもの　唐錦〈枕・めでたきもの〉2《枕詞》織物に関係することから「裁つ」「織る」「縫ふ」などに、また、その同音を含む語にかかる。例唐錦たつたの山も今よりは紅葉ながらに常磐ならなん(=永遠であってほしい)〈後撰・秋下〉読解「裁つ」に、同音を含む紅葉の名所「龍田」を掛ける。

から-ねこ【唐猫】 名 中国渡来種の猫。珍種としてもてはやされた。例唐猫の、ここのに(=日本の猫とは)違へるさましてなむはべりし〈源氏・若菜下〉

から-の-あや【唐の綾】「からあや」に同じ。

から-の-いぬ【唐の犬】 中国産の犬。舶来の犬。一説に、狛犬とも。例(僧ノ顔ガ)あれほど唐の犬に似候ひなんうへは〈徒然・一三五〉

から-の-うた【唐の歌】 名「からうた」に同じ。例そもそも歌のさま六つなり。からのうたにもかくぞあるべき〈古今・仮名序〉

から-の-おほんぞ【唐の御衣】 名「唐衣」の敬称。例まだ御裳・唐の御衣奉りながら(=お召しになったまま)おはしますぞ〈枕・関白殿、二月二十一日に〉

から-の-かがみ【唐の鏡】 中国渡来の上等な鏡。非常に貴重なもののたとえにもいう。例唐の鏡六十六面、十二の手箱添へて参らすべし(=差し上げよう)〈御伽草子・浄瑠璃十二段草紙〉

から-の-かみ【唐の紙】「からかみ①」に同じ。例標の唐の紙につつみて〈源氏・絵合〉

から-の-くるま【唐の車】 名「からぐるま」に同じ。

から-は 1〔格助詞「から」＋係助詞「は」〕原因などを強調していう。〜である以上は。例憂き身からは、同じ嘆かしさにこそ〈源氏・澪標〉2 接助〔接続助詞「から」＋係助詞「は」〕明らかな条件を表す。〜する以上は。例国本(=故郷)を出ますからは、申しおきたい事もござらぬ〈狂言・鼻取相撲〉

接続 1は体言につく。2は活用語の連体形につく。

から-はぎ【唐萩】 名 植物の名。萩の別称か。例走り出で、笹の葉わけてのぞけば、鞠は唐萩の枝にとまりて〈西鶴・武道伝来記・三・一〉

から-はな【唐花】 名 中国の空想上の花の文様。また、それをかたどった造花・紋所。例涅槃会に参れる道俗男女、皆この会の供花の唐花を取りて、冥途の験にせむと言へり〈今昔・一二・六〉

から-はふ【唐破風】 名 中央は丸く、左右は八の字形に緩やかに反った曲線の破風(切り妻屋根の端につけた板)。中世以降、寺社、門・玄関などの装飾に盛んに用いられた。

から-びさし【唐庇】 名 ❶唐破風造りにした家の軒先。また、その下の部屋。例(牛車ヲ)西の対の唐廂にさし寄せてなん乗るべきとて〈枕・関白殿、二月二十一日に〉❷「唐庇の車」の略。

唐花

剣唐花

唐破風

からびさし‐の‐くるま【唐庇の車】 名「からぐるま」に同じ。

から‐ひつ【屍櫃】 名 死体を納める棺。例 塚を掘りくづすに、中に石の辛櫃あり〈宇治拾遺・八四〉

から‐ひつ【唐櫃】 名「からびつ」とも。外に反った六本の足がついている櫃。衣服や書物・調度品を入れるのに用いる。例 禄(=引き出物)の唐櫃によりて、一つづつ取りて、次次賜ふ〈源氏・若菜上〉

唐櫃

から‐ひと【唐人・韓人】 名 朝鮮半島や中国の人。また、外国人の総称。例 唐人なれば、お言葉をもとても聞きも知らばこそ〈謡曲・白楽天〉

から・ぶ【乾ぶ】 動(バ上二) ❶ひからびる。例 帰り花乾ぶる糞に榎の実うく〈苗代集〉 ❷声がかれる。例 からびたる音の気色異なるをもって〈今昔・二七・三四〉 ❸枯淡な趣を帯びる。例 からびてけだかき所及ぶべき物にもあらず〈正徹物語・下〉

から‐ふね【唐船】 名 中国の船。また、中国風に造った船。

から‐ぶみ【唐文・漢文】 名 中国の書物。漢文の書物。また、漢文。例 うたてなど(=なぜ)大和にはあらぬ唐文の跡を学ばぬ身となりにけん〈新撰六帖・五〉

から‐へいじ【唐瓶子】 名 中国風の徳利。もとは金属製、のち黒漆塗りの木製になった。例 唐瓶子・菓子なんどとりさばくり(=取り扱い)〈平家・三・泊瀬六代〉

からまき‐ぞめ【絡巻き染め】 名〔「からまき」はからんで巻きつく意〕絞り染めの一種。巻いた布地を糸で巻いて染める。糸の跡が白く残って不規則な筋模様となる。一説に、「唐巻き染め」とも。例 からまき染めの小袖に、唐綾縅の鎧着て〈平家・一一・嗣信最期〉

から・む【絡む】 動(マ四) ❶巻きつく。絡まる。巻きつける。絡める。例(蛇ガ)鷲の細くなるばかりに強く巻き絡む〈今昔・二九・三三〉 ❷まとわりつく。例(姫君ニ)からみまはさせておきたらむ〈落窪・一〉

から・む【搦む】 動(マ下二) 捕縛する。捕らえる。例 ぬすびとなりければ、国の守にからめられにけり〈伊勢・一二〉

からむし【苧・枲】 名 植物の名。イラクサ科の多年草。茎の繊維から織物を作る。また、その繊維や、それで織った布。「苧麻」「真苧」「むし」とも。例 信濃の国より出づるなる、からむしとも、または真苧ともいふ麻を〈醒睡笑・一〉

がら‐めか・す 動(サ四) ががらと音をさせる。例(下駄ヲ)履きながらがらめかしてぞ上りけり〈義経記・三〉

から‐め・く【唐めく】 動(カ四)〔「めく」は接尾語〕中国風に見える。異国的である。また、異国的でしゃれた感じがする。例 棕櫚の木、唐めきて〈枕・花の木ならぬは〉

がら‐め・く 動(カ四)〔「めく」は接尾語〕がらがらと音を立てる。がらがらと鳴り響く。例(死人ノシャレコウベガ)おびたたしうがらめきあひければ〈平家・五・物怪之沙汰〉

からめ‐て【搦め手】 名「からめで」とも。❶敵や賊をからめ取る人。捕り手。例 からめて四方をまきて攻むるに〈著聞集・一二・四三六〉 ❷城の裏門。敵の背面。例 富士の腰より(=富士山の裾から)搦め手にや回り候ふらん〈平家・五・富士川〉 ❸敵の背面や城の裏門を攻める軍勢。例 この山は四方巌石であんなれば、搦め手よも(=まさか)まはらじ〈平家・七・願書〉

から‐もの【唐物】 名 中国渡来の物。舶来品。特に室町時代、織物・香料・茶器・絵画などがもてはやされた。例 すべて唐土の人の来るごとに、からものの交易したまひて〈宇津保・内侍のかみ〉

から‐もの【乾物・干物】 名 鳥や魚の肉を干したもの。ひもの。かんぶつ。例 紙をへだてて、くだもの・乾物包みて〈落窪・一〉

唐物語 《作品名》説話集。一巻(または二巻)。藤原成範著かといわれ、それに従えば平安末期の成立。日本でもよく知られた中国の説話二七編を和文体で歌物語風に翻訳したもの。

からもの‐の‐つかひ【唐物の使ひ】 名 平安時代、唐や渤海から交易船が九州に来たときに、貨物を調べるために朝廷から派遣される使い。例 唐物の使ひに、長月のつごもりがたにまかりけるに(=都から九州に下ったときに)〈古今・離別・詞書〉

から‐もも【唐桃】 名 植物の名。アンズの別称。花は紅梅の後、桃に先がけて咲くという。例 日のもとのわが国ならぬからももの花〈新撰六帖・六〉

から‐もん【唐門】 名 屋根を唐破風造りにし、唐戸(彫刻を施した両開き戸)をつけた門。

から‐やう【唐様】 名 ❶中国風。唐風。絵画や書道などについていう。例 ただ出で立ち(=扮装)を唐様にするならでは、手だてなし〈風姿花伝・三〉 ❷特に江戸中期以降、文人の間で流行した元・明の書家をまねた中国風の書体。

読解 中国を素材とする能の作品について。一般人には難しくてなかなか読めなかった。

から‐やま【枯山】 名 草木の枯れた山。はげ山。例 その泣く状(=ありさま)は、青山は枯山なす(=枯れ木の山になるほど)泣き枯らし〈記・上・神代〉

がらり 1 副 ❶すっかり。そっくりそのまま。残らず。例(遊女屋ニ)命がらりに身を売りて〈近松・淀鯉出世滝徳・下〉 ❷即座に。たちどころに。ひょいと。例 それ縛れと言ふやいなや、がらり後ろ手三寸縄〈浄瑠璃・壇浦兜軍記・二〉 2 名 給料などを一度にすべて前払いすること。例 がらりに八十五匁…かたじけない事と思はしゃれ〈西鶴・世間胸算用・三・三〉

から‐ろ【空艪】 名 艪を水中に浅く入れてゆるやかに漕ぐこと。例 また湊へ舟が入るやらう 空艪の音が ころりからりと〈閑吟集・一三七〉

から‐ゑ【唐絵】 名 中国風の技法・題材でかかれた絵。「大和絵」に対していう。例 唐絵の屏風の、黒み、面そこなはれたる(=表面の破れたもの)〈枕・むかしおぼえて不用なるもの〉

がらん【伽藍】 名《仏教語》〔梵語の音写「僧伽藍摩」の略〕僧が集まって仏道を修行する清浄閑静な所。

のち、寺、寺の建造物の意にも用いる。例因幡国高草の郡さかの里に**伽藍**あり〈宇治拾遺・四五〉

かり【雁】名 鳥の名。ガンカモ科の水鳥。ガン。秋に北方から来て春に帰る。渡るときに列をなして飛行する。また、食用として珍重される。「かりがね」とも。⇩口絵。例(a)秋は夕暮れ…**雁**などのつらねたるが、いとちひさくみゆるは、いとをかし（=秋は夕暮れ…雁などで並んでいるものが、たいそう小さく見えるのは、とても風情がある）〈枕・春はあけぼの〉例(b)今日からは日本の**雁**ぞ楽に寝よ（=今日からは日本の雁になったのだ、安心して寝るがよい）〈俳諧・株番〉読解 北方から飛来した雁に呼びかける。

語誌 ▼**鳴き声の擬声語と名称** 雁の鳴き声は「かり、かり」と表され、それが名称になったとされる。同じ鳥をさす「がん」も鳴き声に由来するとされる。室町時代以降は「がん」が普通に用いられるようになり、「かり」はみやびな言葉と意識されるようになった。

▼**秋の飛来と春の帰雁** 秋に北方から飛来する雁は「白雲に羽うち交はし飛ぶ雁の数さへ見ゆる秋の夜の月」〈古今・秋上〉（➡名歌188）などと和歌に詠まれ、秋の代表的な景物とされた。一方、春に帰っていく雁も「春霞立つを見捨てて行く雁は花なき里に住みやならへる」〈古今・春上〉（➡名歌289）などと詠まれ、歌の素材として定着した。俳諧では秋の季語。〈佐藤明浩〉

【雁の玉章】 手紙。消息。⇩かりのつかひ。例妹が住むこしのみそらをながむれば恋しと思ふ**雁の玉章**〈親宗集〉

【雁の便り】 「かりのたまづさ」に同じ。例**雁の便り**の折ごとに、筆・墨・料紙のたぐひまで心をこめし贈り物〈近松・用明天王職人鑑・二〉

【雁の使ひ】 手紙をもたらす使者としての雁。転じて、手紙。例春草を馬（ここまで序詞）咋山ゆ（=咋山を通って）越え来なる**雁の使ひ**は宿り過ぐなり〈万葉・九・一七〇八〉語誌 中国で、前漢の蘇武が匈奴に囚われていたとき、匈奴が蘇武はすでに死んだと偽ったのに対し、漢の使者が「天子が射た雁の足に蘇武の手紙がつけられていた（だから蘇武は生きているはずだ）」と言ったので蘇武が漢に返されたという『漢書』の故事による。

かり【狩り・猟り】名 ❶狩猟。特に、**鷹狩り**。例蔵人所の鷹飼ひの、北野に**狩り**仕まつれる鳥一番を（=蔵人所の鷹飼いが、北野で狩猟をし申し上げた鳥一つがいを）〈源氏・藤裏葉〉

❷「くすりがり」に同じ。例天皇、蒲生野に遊猟する時に、額田王の作る歌〈万葉・一・二〇・題詞〉

❸山野に行って、桜や紅葉の美しさを鑑賞すること。「桜狩り」「紅葉狩り」など。〈馬場光子〉

かり【仮】名 形動（ナリ）❶**一時的なこと**。**かりそめ**。**はかないこと**。例わが君、かうおぼえなき世界に、**かりにても移ろひおはしましたるは**（=あなた様が、このように思いがけない田舎に、一時的にでも移っていらっしゃるのは）〈源氏・明石〉

❷**臨時**。**間に合わせ**。例御前に渡れる廊を、楽屋のさまにして、**仮に胡床ども**を召したり（=中宮の御殿に通じている廊下を、楽屋の体裁にして、臨時に楽人の腰掛けをいくつも取り寄せなさっている）〈源氏・胡蝶〉

❸**本物でないこと**。**うわべだけであること**。**にせ**。例吾は陽世の人にあらず、きたなき霊の**かりに**形を見えつるなり（=私はこの世の人ではない、穢れた死霊がうわべだけ人の姿を見せたのである）〈読本・雨月・菊花の約〉

語誌 ▼**「借る」から「仮」へ** 動詞「借る」からできた語。「借る」は、他の所有物を一時的に使用する意。「仮」も上代では、一時的に使用する事物を具体的に表す「仮庵」「仮宮」などの複合語がまず広く用いられ、のちに抽象概念を表す単独の「仮」も定着した。

▼**和歌に詠まれた「仮」** 平安時代以降、「雁」や「刈り」「狩り」などと「仮」を掛詞とする和歌が多く詠まれるようになった。

▼**仏教思想と「仮」** 平安時代以降、一切の現象は因縁によって成り立つ実体のない一時的な存在であるという仏教的な考え方が広まり、「仮」の語がそれを象徴した。〈松岡智之〉

かり『上代語』助動詞「けり」の東国方言。例家の妹も が着せし衣に垢付きに**かり**〈万葉・二〇・四三八八〉

かり 形容詞、または形容詞型活用の助動詞「べし」「まじ」「まほし」などの連用形語尾「く」（「しく」）にラ変動詞「あり」のついた「くあり」（「しくあり」）が変化した形。形容詞の場合は、その形の活用を、補助活用ともカリ活用ともいう。原則として、下に助詞・助動詞が続く。ただし、「多し」は例外。⇩『国語・国文法用語集』カリ活用

-がり【許】接尾 代名詞・人を表す名詞について、**その人のいる場所**、**の意を表す**。**〜のところへ**。**〜のもとへ**。例(a)思ひかね妹**がり**行けば（=恋しい思いに耐えかねて愛する人のところへ行くと）〈拾遺・冬〉例(b)そこの法師の**がり**、間どもなく人やる（=そこの法師のもとへ、ひっきりなしに使いをやる）〈平中・一七〉

語誌 「行く」「遣る」「通ふ」など移動を表す動詞を伴う。平安時代以降、例(b)のように「の」を介する用法が普通になり、「がり」は形式名詞化する。〈安達敬子〉

かり-あを【狩襖】名 狩衣の別称。一説に、裏をつけた狩衣とも。例この着たる紺の**狩襖**に女換へたべ〈梁塵秘抄・二句神歌〉

かり-いほ【仮庵・仮廬】名 仮に作った小屋。旅の宿として泊まったり、農機具や収穫物を収納したりする。「かりほ」とも。例秋の野のみ草刈り葺き宿れりし宇治のみやこの**かりいほ**し思ほゆ（=自然と思い出される）〈万葉・一・七〉

かり-うつ・す【駆り移す】動（サ四）加持祈禱で、物の怪などをよりましに移す。例人に**駆り移し**たまへる御物の怪ども〈源氏・葵〉

かり-が-ね【雁が音・雁・雁金】名 ❶雁の鳴き声。例さ夜中と夜はふけぬらし（=更けたらしい）**かりがね**のきこ

対結雁　二遠雁

雁が音③

ゆる空に月わたる見ゆ〈古今・秋上〉❷(①から転じて)雁。例春霞かすみて去にしかりがねは今ぞ鳴くなる秋霧のうへに〈古今・秋上〉❸紋所の名。②を図案化したもの。

かり-ぎぬ【狩衣】名 男性の衣服の名。直衣と同型で、袖口に括り紐がある。元来狩りなどに着用したことによる称。平安時代中ごろには貴族の日常着となり、中世以後は武家の式服となった。例(a)着たりける**狩衣**の裾を切りて、歌を書きてやる(=着ていた狩衣の裾を切って、歌を書いて贈る)〈伊勢・一〉例(b)あやしき馬に、**狩衣**姿のないがしろにて来ければ(=見栄えのしない馬に、狩衣を着た姿の無造作な様子で来たので)〈源氏・末摘花〉

語誌▼鷹狩り・旅行・蹴鞠など野外で着用するのが本来の姿であるため、活動に便利なように袖がくくれるようになっている。また袖付けも後ろの一部を縫うだけで、前は縫いつけない。地質はもとは麻などで作ったが、のちに日常着化するにつれて綾や織物などで華麗に作られるようになった。
▼同じ貴族の日常着でも、直衣に比べてやや質素な感がある。そのため物語などでは、高貴な主人公が身分を隠して忍び歩きをするときに着用することが多い。例(b)もそれである。なお、和歌では「かりごろも」という。〈藤本宗利〉

袖括り　単　頸上　狩衣　狩袴　露

狩衣〔年中行事絵巻〕

かりぎぬ-ばかま【狩衣袴】名 狩衣と袴。袴は狩袴とも指貫とも。例車副ひ(=牛車の従者)、青色の**狩衣袴**に山吹の衵〈栄花・殿上の花見〉

かり-くら【狩倉・狩座】名 ❶狩りをする場所。狩り場。例赤沢山の**狩座**にて〈謡曲・小袖曾我〉❷狩りで獲物を競うこと。「狩競」とも書く。例昼の**狩座**に疲れければ〈曾我・九〉

かり-くら・す【狩り暮らす】動(サ四) 狩りをして一日を過ごす。例**狩り暮らし**たなばたつめに宿借らむ天の河原に我は来にけり〈古今・羇旅〉➡名歌131

かり-こも【刈り菰・刈り薦】名 刈り取ったマコモ。また、それで編んだむしろ。例**刈り薦**の一重を敷きてさ寝れども〈万葉・一一・二五二〇〉

かりこもの【刈り菰の・刈り薦の】《枕詞》刈ったマコモは乱れやすいことから「乱る」にかかる。「心」にかかる例もある。例**かりこもの**乱れて出づ見ゆ海人の釣舟〈万葉・三・二五六〉

かり-ごろも【狩衣】❶名「かりぎぬ」に同じ。多く和歌に用いる。例秋の野の露分けきたる**狩衣**〈源氏・手習〉❷《枕詞》衣服に関係することから「乱る」「紐」「裁つ」「裾」などに、また、その同音を含む語にかかる。例いづくにか今宵は宿を**かり衣**日も夕暮れの峰の嵐に〈新古今・羇旅〉読解「狩り」と「借り」、「紐結ふ」と「日も夕」を掛ける。

かり-さうぞく【狩装束】―ソウゾク 名 狩りや外出のための装束。狩衣に指貫または狩袴をはき、烏帽子をつける。例若君達、**狩装束**・直衣などもいとをかしうて〈枕・小白河といふ所は〉

かり-そ・く【刈り除く】動(カ下二) 刈り取る。例からたちの茨**刈り除け**倉建てむ〈万葉・一六・三八三二〉

かり-そめ 名形動(ナリ) 本格的でなく、一時的で不安定なさまを表す。

❶一時的なこと。ほんのしばらくの間。例**かりそめ**の別れと思へど(=一時的な別れだと思うけれど)〈後拾遺・別〉❷**間に合わせ。一時しのぎ。**例寝殿の東面払ひあけさせて、**かりそめ**の御しつらひしたり(=寝殿の東側の部屋を人払いしてあけさせて、間に合わせのお部屋を作ってある)〈源氏・帚木〉❸**はかないこと。無常だ。**例心戒といひける聖は、あまりにこの世の**かりそめなる**事を思ひて、静かについゐけることだになく(=心戒といった高徳の僧は、あまりにこの世が無常であることを思って、静かに膝をついて座っていたことさえなく)〈徒然・四九〉❹**軽い気持ちであること。なおざり。いいかげん。軽はずみ。**例**かりそめに**見送りて〈芭蕉・奥の細道〉❺(「かりそめに」の形で副詞的に用いて)ふと。たまたま。例奥羽長途の行脚ただ**かりそめに**思ひ立ちて(=陸奥や出羽への長い旅をただふと思い立って)〈芭蕉・奥の細道〉

語誌▼「かりさま(仮様)」の変化した形とも、あるいは「そめ」は「染め」「初め」ともいわれる。「仮」の状態であることを表す語である。
▼対象となる行為・事物・事象の性質が本格的でないことをいい、そこから、③の例のように、仏教的な無常観を表すのに用いられることも多い。
▼「かりそめにも」の形に打消の語が伴うと、ある行為を軽い気持ちでなおざりにすることさえないという意味で、強い否定を表す。〈松岡智之〉

かりそめ-ぶし【仮初臥し】名 ❶ちょっと寝ること。うたた寝。例秋の田の**かりそめぶし**もしてけるがいたづらにのみ…〈後撰・恋四〉❷旅寝。例**かりそめぶし**の幾夜へぬらむ〈風雅・旅〉

かりて【糧・粮】名《上代語》食糧。特に、旅行用の食糧。例いかにか行かむ**糧**はなしに〈万葉・五・八八八〉

かり-ね【仮寝】名 旅先など自宅ではない場所で宿泊すること。ちょっと眠ること。「仮枕」とも。例まして思へ(水鳥ノ)水の**仮寝**のほどだにぞ上毛の霜をはらひわびける〈更級〉

かり-の-こ【雁の子】名 ❶雁の雛。例とぐら立て(=鳥小屋を作って)飼ひし**雁の子**巣立ちなば〈万葉・二・一八二〉❷雁・鴨など水鳥の卵。例**かりのこ**を十づ

つ十は重ぬとも人の心をいかがたのまん(＝どうして頼みにできるだろうか)〈古今六帖・四〉

かり-の-つかひ【狩りの使ひ】ツカイ 名 平安初期、朝廷で用いる鳥獣を狩猟するため諸国に派遣された勅使。のちは五節のときだけに限定された。例その男、伊勢の国に**狩りの使ひ**にいきけるに〈伊勢・六九〉

かり-の-もの【仮の物】仮にほかのものの姿を借りて現れたもの。化け物。変化。例人の心まどはさむとて出で来たる**仮の物**にや〈源氏・手習〉

かり-の-やど【仮の宿】一時的な住まい。また、旅の宿。多く、はかない現世を象徴する。例世を厭ふ人とし聞けば**仮の宿**に心とむな(＝執着するな)と思ふばかりぞ〈新古今・羇旅〉

かり-の-やどり【仮の宿り】「かりのやど」に同じ。例家居のつきづきしく(＝住む人にふさわしく)、あらまほしきこそ、**仮の宿り**とは思へど、興あるものなれ〈徒然・一〇〉

かり-の-よ【仮の世】はかない現世。例なくなくも帰りにしかな(＝帰ったことだ)**かりの世**はいづこもつひの常世ならぬに〈源氏・幻〉

かり-ばか【刈りばか】名〔「はか」は量の意〕稲や茅を刈り取るのに決められた範囲や仕事の量。例秋の田の我が**刈りばか**の過ぎぬれば〈万葉・一〇・二一三三〉

かり-ばかま【狩袴】名 狩衣の下に着ける袴。⇩かりぎぬ〈図〉。例等身の衣に**狩袴**きたる侍法師の〈著聞集・一八・六三四〉

かり-ばね【刈り株】名 木や竹や草を刈った後の株。切り株。例信濃道は今の墾道**刈りばね**に足踏ましむな沓はけ我が背〈万葉・一四・三三九九〉➡名歌185

かり-ほ【仮庵・仮廬】オ ― 名「かりいほ」の変化した形。例雨は降る**かりほ**は造る〈万葉・七・一一五四〉

かり-ほ【刈り穂】オ ― 名 刈り取った稲穂。例数しらず秋の**かりほ**をつみてこそおほくら山の名には負ひけれ(＝名前にふさわしい)〈長秋詠藻・中〉

かりほ-の-いほ【刈り穂の庵】カリオ―イオ「かりいほ」に同じ。「刈り穂」と「仮庵」とを掛けた語。例秋の田の**かりほの庵**の苫をあらみわが衣手は露にぬれつつ〈後撰・秋中〉➡名歌8

かり-まくら【仮枕】名「かりね」に同じ。

かり-また【雁股】名 鏃の一種。先端が二股に分かれ、内側に刃がある。また、それをつけた矢。⇩や〈図〉。例**雁股**をつがひて二度腹を射る〈宇治拾遺・一五五〉

かり-みや【仮宮】名 臨時に造った宮殿。新宮を建設するまでの間のものと、天皇が行幸などで一時的に滞在するときの行宮・行在所とがある。例すなはち**仮宮**を造りて、たちまちに豊の楽(＝酒宴)したまひて〈記・下・履中〉

かり-むしゃ【駆り武者】名 諸方から駆り集めた兵士。寄せ集めで統制がとれていない兵士。例御方の御勢は七万余騎とは申せども、国々の**駆り武者**どもなり〈平家・五・富士川〉

かり-や【仮屋】名 仮に造った建物。例世のつねならずめでたき**仮屋**どもを作りて〈大和・一七二〉

かりょうびんが【迦陵頻伽】名《仏教語》〔梵語の音写〕極楽浄土にいるという想像上の鳥。美女の顔と非常に美しい声をもつとされ、仏の声の形容などに用いられる。「かりょうびん」「びんが」とも。例〈光源氏ノ声ハ〉これや仏の御**迦陵頻伽**の声ならむと聞こゆ〈源氏・紅葉賀〉

かりろく【訶梨勒】名〔梵語の音写〕❶植物の名。インド地方原産のシクンシ科の落葉高木。白色の花をつける。実は薬用にし、その薬を訶梨勒丸という。例比丘を見て哀れびて一の**訶梨勒**菓を与ふ〈今昔・三・二〇〉❷①の実をかたどった柱飾り。邪気払いとして柱にかける。

か・る【刈る】動(ラ四)密生している草木などを切り除く。例葦**刈る**と 海人の小舟は 入り江漕ぐ〈万葉・一七・四〇〇六〉

か・る【狩る・猟る】動(ラ四)〔「駆る」と同源〕

❶山野で鳥獣を捕らえる。狩猟をする。例交野を**狩りて**、天の河のほとりに至る、を題にて、歌よみて(＝交野で狩りをして、天の河のほとりにたどりつく、を題として、歌を詠んで)〈伊勢・八二〉読解「交野」は今の大阪府枚方市あたりの地名。鷹狩りの名所。

❷罪人などを捜し回る。例遠くはあらじ、一、二町野を**狩れ**(＝遠くではあるまい、一、二町、野を捜し回れ)〈近松・丹波与作待夜の小室節・下〉

❸山野に行って、桜や紅葉の美しさを鑑賞する。また、鑑賞するために尋ね求める。例折につけつつ(＝時節に応じながら)桜を**狩り**、紅葉をもとめ〈方丈記〉

〈馬場光子〉

か・る【枯る・涸る・嗄る】動(ラ下二)❶草木などがひからびて生気を失う。虫などが死んでひからびる。例(a)磯の草根の**枯れ**まく惜しも(＝磯の草の枯れるのが惜しいことだ)〈万葉・三・四三五〉例(b)〈楓ハ〉花もいとものはかなげに、虫などの**乾かれ**たるに似て(＝花もとても頼りなさそうで、虫などが死んでひからびているのに似て)〈枕・花の木ならぬは〉

❷池などの水がなくなる。例耳無の池し恨めし我妹子が来つつ潜かば水は**涸れ**なむ(＝耳無の池は恨めしい。あの娘が来てもぐったら、水がなくなってほしかった)〈万葉・一六・三七八八〉

❸声がかすれる。例**かれ**たる声のいといたうすきひがめるも(＝かすれた声がひどく抜けた歯のすきまから漏れるのも)〈源氏・若紫〉

❹できもののうみが乾き、かさぶたになる。例御瘡**かれ**させたまひつれど(＝御できものはかさぶたにおなりになったけれど)〈栄花・嶺の月〉

❺未熟さがなくなる。枯淡の境地になる。例ひゑ**枯る**ると申して、初心の人体が備前物・信楽物などをもちて、人も許さぬたけくらむ事(＝世間も認めない風流にひたる事)、言語道断なり〈珠光心の文〉

語誌 ▼**水分の欠乏を表す語** 水分の欠乏によって本来の働きを失うことをさすのが「かる」の基本的用法であろう。水分そのものの蒸発・減少をいうには「ひる」があり、その結果、乾燥した状態になることをいうには「かはく」がある。②は「ひる」と、③④は「かはく」と、それぞれ類義性がある。

▼本来は「**離る**」とも同源の語であり、和歌ではそれ

との掛詞に用いられることが多い。〈山口堯二〉

か・る【借る】動(ラ四) ❶**他人の所有物を一時的に使わせてもらう。借りる。** 例狩り暮らしたなばたつめに宿借らむ天の河原に我は来にけり〈古今・羇旅〉➡名歌131 ❷**転用する。代用する。** 例こき散らす滝の白玉拾ひおきて世の憂き時の涙にぞかる(=一面にまき散らす滝の、玉のような滴を拾っておいて、世の中のつらいときの涙に代用する)〈古今・雑上〉 ❸**かりそめにそうしている。** 例うつせみの(枕詞) **借れる身なれば**(=かりそめの身だから)〈万葉・三・四六六〉 ❹**先客のある遊女を後の客が譲ってもらう。** 例揚げ屋より**借り**にやり〈難波鉦・一〉

語誌▼③は仏教思想による。この世は仮の世で、人の肉体も一時的にその姿を借りただけの、はかないものと見る。

▼近世後期の江戸語には、上一段活用の「かりる」も現れる。〈山口堯二〉

か・る【駆る・駈る】動(ラ四) ❶**追い立てる。** 例河上より魚を**かりけり**〈著聞集・二〇・六九七〉 ❷(多く「かり立つ」の形で)**強いてさせる。** 例公事・雑事に**かり立て**られて〈平家・四・源氏揃〉 ❸**馬・車などを走らせる。** 例長く**駆っ**(音便形)て、ただに宜野湾を攻めん〈読本・弓張月・拾遺・五五〉

か・る

【離る】動(ラ下二) ❶**はなれる。遠ざかる。時間的に間があく。** 例(a)百つ島(枕詞)足柄小舟歩き多み目こそ**かるらめ**心は思へど(=足柄小舟は立ち寄り先が多いので逢う折が遠のいているんでしょう、心では思うけれど)〈万葉・一四・三三六七〉 読解気の多い男をやじる民謡。「足柄小舟」は足柄山で作った船。「舟」の縁語で「め(海藻)こそ刈るらめ」の意も掛けている。 例(b)山里は冬ぞさびしさまさりける人目も草も**かれ**ぬと思へば〈古今・冬〉➡名歌384 ❷(①から転じて)**男女の仲が疎くなる。心がはなれる。** 例相思はで**離れ**ぬる人をとどめかねわが身は今ぞ消え果てぬめる(=私の思いが通じないで心がはなれていった人を引きとめることはできずに私は今息絶えてしまうようだ)〈伊勢・二四〉

語誌▼空間的に距離をおく状態になることを原義とする「はなる(離る・放る)」に比べて、心理的に親密な状態が失われ、疎遠になるという意味が強い。

▼①の例(b)には、枯れる意が掛けてあるように、和歌にはその掛詞として用いられることが多い。「枯る」も、語源的にはつながるものであろう。

▼魂がその身を離れていくことをいう動詞「あくがる」の「かる」も、この語とみられる。〈山口堯二〉

-が・る

接尾(ラ四型) 名詞、形容詞・形容動詞の語幹について、**そのように感じる、そのようにふるまう、の意の動詞を作る。**「親がる」「怪しがる」「らうたがる」など。〈片岡玲子〉

かる-かや【刈萱】名 ❶(「萱」は屋根を葺く材料となる草の総称)刈り取った萱。 例秋風に乱れそめにしかるかやを我ぞ束ねて夕まぐれ見し〈古今六帖・六〉 ❷草の名。イネ科の多年草。山野に自生し、秋、黄褐色の花穂を出す。 例(手紙ヲ)吹き乱りたる**かるかや**につけたまへれば〈源氏・野分〉

かるかや《作品名》説経浄瑠璃。三段。作者未詳。出家した父を尋ねて高野山へやって来た石童丸に対して、父の苅萱道心は頑固に父と名のらず、親子は別れて修行を続け、同日同時刻に往生を遂げる。謡曲『苅萱』をふまえた作で、のちの浄瑠璃・歌舞伎に大きな影響を与えた。

かるが-ゆゑ-に【かるが故に】接(「かあるがゆゑに」の変化した形。古くは漢文訓読語)そうであるから。だから。 例(コノ少年ハ)心強くて、女人に近づかず。**かるが故に**、文殊、これを…教化して仏道に入らしめたまふなり〈宇治拾遺・一七五〉

かる-がる・し【軽軽し】形(シク)「かろがろし」に同じ。

かる-くち【軽口】1名 ❶**深く考えずに話すこと。** ❷**話が軽妙でしゃれていること。冗談。しゃれ。** 例ふるな(=おしゃべり者)の忠六といふ男、常に**かる口**たたき、町の芸者といはれて〈西鶴・世間胸算用・三・二〉 2形動(ナリ) **しゃれの上手なさま。** 例さてもかる口なる御事〈西鶴・西鶴諸国ばなし・一・三〉

かる-み【軽み】名《俳諧用語》「かろみ」とも。蕉風俳諧の美的理念の一つ。物事の本質を深くとらえながらも、軽妙・平淡でさらりと表現しようとする境地。日常卑近な事象の中に詩を発見し、平明な言葉で句を作る姿勢に通じる。晩年の芭蕉が最も強く唱えたもので、『炭俵』はその代表的撰集。

かる・む【軽む】「かろむ」とも。1動(マ四) **病気や罪などが軽くなる。** 例(病気ガ)少し**軽ませ**たまふやうなれば、うちたゆみて(=油断して)〈栄花・ゆふしで〉 2動(マ下二) **軽視する。あなどる。** 例いたく(=ひどく)な**軽め**たまひそ〈源氏・若菜下〉

かる-も【刈る藻】名 **刈り取った海藻。** 和歌では、「乱る」の比喩に用いることが多い。 例なぞもかく海人の**刈る藻**に思ひ乱るる〈古今・雑下〉

かる-も【枯る草】名 **枯れた草。** 猪が集めてその上に寝るとされ、和歌で、「猪」「臥す猪の床」などとともに用いることが多い。 例さてもなほ臥す猪の床ややすからん**かるも**が上は荻の夕風〈壬二集〉

かる-もの【軽物】名(目方の軽いもの、の意)絹織物。 例この船には粮も少しあり、**軽物**も人要すばかりの物は少々あり〈今昔・二八・一五〉

かるら【迦楼羅・迦留羅】名《仏教語》(梵語の音写)仏典に登場する想像上の大鳥。翼は金色で両翼をのばすと三三六万里あり、口から火を吐き龍を食べるという。「金翅鳥」とも。

かれ

【彼】代 指示代名詞。話し手から遠く離れていたり、前の文脈に出ていたりする事物や人をさす。

❶**あれ。あの人。あちらの人。** 例(a)沖辺より満ち来る潮のいや増しに我が思ふ君がみ舟かも**かれ**(=沖辺から満ちてくる潮のようにますます私が恋い慕うあなたのお船でしょうか、あれは)〈万葉・一八・四〇四五〉 読解「満ち来る潮の」は序詞。 例(b)これも**かれ**もいとあはれと思ひけり(=こちらもあちらの人もたいそうし

しみじみと悲しく思った)〈大和・六〉
❷素姓不明の相手をさす。**その人。そこにいる人。** 例寄りて声づくれば、いともの古りたる声にて、まづ咳を先にたてて、「**かれ**は誰ぞ。何人ぞ」と問ふ(=近寄ってせきばらいをすると、たいそう年老いた声で、まずせきをしてから、「そこにいるのはだれだ。何者だ」と尋ねる)〈源氏・蓬生〉〔上野辰義〕

かれ

【故】 接〘上代語〙〔副詞「か」＋ラ変動詞「あり」の已然形＝「かあれ」の変化した形〕❶**原因・理由を表す。だから。それで。** 例御船に入れたる楯を取りて下り立たしき。**かれ**そこを号けて楯津といひき(=御船に入れてある楯を取って船から下り立ちなさった。そこでここを名づけて楯津といった)〈記・中・神武〉
❷**場面転換を表す。そこで。さて。** 例名を賜ひて、槁根津日子と号けたまひき。**かれ**、その国より上り行でましし時に…青雲の(枕詞)白肩の津に泊てましき(=名をお与えになって、槁根津日子と名づけなさった。さて、その国から大和へお行きになったとき…白肩の船着き場にご停泊になった)〈記・中・神武〉
語誌 漢文訓読語。副詞「か」によって先行の内容を指示し、已然形「あれ」で後に続く事柄の条件を表すと考えられる。上代には、接続助詞を伴わず、已然形だけで確定条件を示す用法があり、「かれ」も①を中心に、接続助詞「ば」を伴った「かあれば」の意味で用いられる。〔佐藤一惠〕

か-れい【嘉例・佳例】 名 めでたい先例。めでたい時のしきたり。また転じて、通例。いつものとおり。例(新帝ノ即位式ハ)延久(ノ年)の**佳例**にまかせ、太政官の庁にて行はるべきものを〈平家・四・還御〉

かれ-いひ【乾飯】 イイ 名 米を炊いて乾燥させたもの。旅行などの携行食として、湯や水でもどして食べる。例皆人、**乾飯**のうへに涙おとしてほとびにけり(=ふやけてしまった)〈伊勢・九〉

かれ-がし【彼某】 代〔「がし」は接尾語〕他称の人称代名詞。名のわからない人、名を出す必要のない人をさしていう。だれそれ。例「庁にはまた何者か候ふ(=だれか伺候しているか)」と言へば、「それがし、**かれがし**」と言ふ〈宇治拾遺・一八〉

かれ-がた【離れ方】 名 形動(ナリ) 疎遠になってくる時期。親しかった男女の仲で、男がだんだん通って来なくなるころ。例あひ知れりける人の、やうやく**離れがた**になりける間に〈古今・恋五・詞書〉

かれ-がれ【枯れ枯れ・涸れ涸れ・嗄れ嗄れ】 形動(ナリ)〔動詞「かる」の連用形を重ねた語〕❶草木が枯れそうなさま。例通ひ来し宿の道芝**かれがれに**〈新古今・恋四〉❷水などが乾くさま。例小車のわだちの水の**かれがれに**〈夫木・三七〉❸声がしわがれるさま。例虫の音も**かれがれに**なる長月の〈続拾遺・秋下〉語誌 和歌では、「離れ離れ」に掛けて用いることが多い。

かれ-がれ【離れ離れ】 形動(ナリ)〔動詞「かる」の連用形を重ねた語〕人が訪ねて来たり手紙をよこしたりすることが、とぎれがちであるさま。和歌では、「枯れ枯れ」に掛けて用いることが多い。例一日二日も見えたまはず、**離れ離れに**おはせしをだに飽かず胸いたく思ひはべりしを〈源氏・葵〉

かれ-これ【彼此】 1代❶指示代名詞。あれこれ。例よめる歌多く聞こえねば、**かれこれ**を通はして(=比較して)〈古今・仮名序〉❷人称代名詞。あの人この人。例**かれこれ**知る知らぬ(=知っている人も知らない人も)、送りす〈土佐〉2副❶あれやこれやと。例人知れず**かれこれ**恥をさらし候ふも〈平家・一〇・戒文〉❷あれこれ合わせて。合計して。例**かれこれ**三万疋を芋頭の銭(=代金)と定めて〈徒然・六〇〉

かれ-なで【離れなで】〔動詞「かる」の連用形＋完了の助動詞「ぬ」の未然形＋打消の接続助詞「で」〕はなれてしまわないで。とだえずに。例みるめなきわが身をうらと知らねばや**離れなで**海人の足たゆく(=足がだるくなるほどしきりに)来る〈古今・恋三〉
読解 「みるめ」は「見る目」と「海松布」、「うら」は「憂」と「浦」を掛ける。

かれ-の【枯れ野】 名❶草の枯れ果てた冬の野原。中世以降の和歌などでは、「冷え」の美を示す景物の一つ。例旅に病んで夢は**枯れ野**をかけ廻る〈俳諧・笈日記・上〉→名句84 ❷襲の色目の名。表は黄、裏は薄青。冬に着用。⇨口絵

かれ-は・つ【枯れ果つ】 動(タ下二) 草木がすっかり枯れてしまう。和歌では、「離れ果つ」と掛けて用いることが多い。例**かれはて**んのちをば知らで夏草の(枕詞)深くも人の思ほゆるかな〈古今・恋四〉

かれ-ば・む【嗄ればむ】 動(マ四)〔「ばむ」は接尾語〕声がしわがれる。例あやしく**かればみ**さわぎたる声にて〈枕・大進生昌が家に〉

かれ-ひ【餉】 イ 名「かれいひ(乾飯)」の変化した形。

かれ-やう【離れ様】 ヨウ 形動(ナリ) 男女の仲で、男がだんだん通って来なくなるさま。疎遠。例河内の国に人をあひ知りて(=親しくなって)通ひつつ、**離れやう**にのみなりゆきけり〈古今・雑下・左注〉

かれ-ゆ・く【枯れ行く】 動(カ四) 草木などが、しだいに枯れてゆく。和歌では、「離れゆく」に掛けて用いる。例時過ぎて**かれゆく**小野の浅茅には今は思ひぞ絶えずもえける〈古今・恋五〉

かれ-をばな【枯れ尾花】 オバナ 名 冬枯れの薄。寒々としてわびしいさまが俳諧でよく詠まれた。元禄七年(一六九四)其角の編んだ芭蕉追悼の俳諧撰集もこれを書名とする。例ともかくもならでや雪の**枯れ尾花**〈俳諧・北の山〉

かろうじて【辛うじて】 ⇨からうじて

かろ-がろ・し【軽軽し】 形(シク)〔形容詞「かろし」の語幹を重ねた語〕「かるがるし」とも。❶軽率だ。例**軽々しき**名さへとり添へむ身のおぼえ(=評判)を〈源氏・帚木〉❷重々しくない。気楽だ。例かくまでのたまふは、**軽々しくは**思されざりける人にこそあめれ〈源氏・夢浮橋〉❸身分が低い。例中納言などは、年若く**軽々しき**やうなれど〈源氏・若菜上〉

かろ・し

【軽し】 形(ク)「かるし」とも。❶**かるい。軽率だ。軽薄だ。** 例(a)御心の少し**軽く**おはしますこそ〈大鏡・兼家〉例(b)身**軽く**して飛び超ゆることを好む(=物を飛び越えることが得意である)〈今昔・二五・一三〉

❷**身分が低い**。例おのづから**軽き方**にも見えしを(=自然と身分が低い者にも見えたが)〈源氏・桐壺〉読解帝が桐壺更衣を愛するあまりいつもそば近くに居させるので、身分の低い女官のようにも見えたということ。❸**たいしたことはない**。**重々しくない**。**尊重に値しない**。例(夫ヲ放任スルヨウナ妻ハ)おのづから**軽き方**にぞおぼえはべるかし(=自然とたいしたことはない女と思われますよ)〈源氏・帚木〉❹**程度が小さい**。例罪に任せて、重く**軽く**戒むる事(=罪によって、重くあるいは軽く罰すること)〈宇治拾遺・一二〉〈鈴木幸夫〉

かろ-し・む【軽しむ】動(マ下二)軽んじる。軽蔑する。例法蓮聖を**軽しめ**つる事を悔いて、かへりて随ひぬ〈今昔・一三・四〇〉

かろ-とうせん【夏炉冬扇】夏の囲炉裏と冬の扇(は)。役に立たないもののたとえ。例予が風雅(=俳諧)は、**夏炉冬扇**のごとし〈芭蕉・許六離別の詞〉

かろび-やか【軽びやか】形動(ナリ)〔「やか」は接尾語〕身軽なさま。例装束**軽びやか**にして、馬に乗りて行くに〈今昔・二七・一三〉

かろ・ぶ【軽ぶ】動(バ上二)〔「ぶ」は接尾語〕❶**軽快である**。**身軽そうだ**。例さばかり**かろび**すずしげなる御中に(=あれほど軽快で涼しそうな装いの方々の中で)〈枕・小白河といふ所は〉❷**軽率である**。**軽々しく見える**。例かかるすき事どもを末の世にも聞きつたへて、**軽びたる**名をや流さむ(=こんな浮気ざたなどを後の時代までも聞き伝えて、軽々しいという評判を流すだろうか)〈源氏・帚木〉❸**低い身分である**。例まだ年いと若くて、むげに**軽び**たるほどなり(=まだ年齢がたいそう若年で、ひどく低い身分である)〈源氏・若菜上〉〈鈴木幸夫〉

かろ・む【軽む】「かるむ」とも。**1**動(マ四)❶軽くなる。軽くする。例のちの世の罪も少し**軽み**なんやと思す〈源氏・柏木〉❷軽んじる。軽視する。例聞きて**軽み**咲ひあざけり〈霊異記・上・一九〉**2**動(マ下二)❶軽くする。例その罪を**軽めて**許したまへ〈源氏・賢木〉❷**1**②に同じ。例大臣**軽むる**人のよきやうなし〈大鏡・道長上〉

かろ-らか【軽らか】形動(ナリ)〔「らか」は接尾語〕「かるらか」とも。❶かろやかだ。例若君をば、いと**軽らか**にかき抱きて〈源氏・若紫〉❷軽はずみだ。例いと口惜しき際の田舎人こそ…さやうに**軽らか**に語らふわざをもすなれ〈源氏・明石〉❸気軽だ。手軽だ。例**軽らか**にえしも紛れたまふまじきを〈源氏・夕顔〉❹待遇や評価が低い。例御おぼえのほど、いと**軽らかなり**や〈源氏・常夏〉❺身分が低い。例昔**軽らかなる**上人などにて見し人々、(今ハ)重々しき上達部にてあるも〈右京大夫集・詞書〉

かろ-ろか【軽ろか】形動(ナリ)「かろらか」に同じ。

かろん・ず【軽んず】動(サ変)❶軽くする。例刑の疑はしきをば**軽んぜ**よ〈平家・二・小教訓〉❷軽く思う。惜しまない。例主君の命を重んじて、私の命を**軽んず**〈平家・一二・土佐坊被斬〉❸軽視する。あなどる。例朝権を**軽んずる**者には〈平家・一・二代后〉

かわ『川・皮・河・革』⇩かは

かわき-すなご【乾き砂子】名乾いた砂。雨が降った後で庭を使用するとき、水たまりやぬかるみをとるために用いた。例**乾き砂子**の用意やはなかりける(=用意はなかったのか)〈徒然・一七七〉

かわす『交わす』⇩かはす

かわず『蛙』⇩かはづ

かわち『河内』⇩かはち

かわほり『蝙蝠』⇩かはほり

かわや『厠』⇩かはや

かわゆし ⇩かはゆし

かわ-らか 形動(ナリ)〔「かわく(乾く)」と同根か〕さっぱりしている様子。さわやか。例やすらかに身をもてなしふるまひたる、いと**かわらかなり**や〈源氏・帚木〉語誌「かはらか」の表記も多い。

かわらけ『土器』⇩かはらけ

かわる『変わる・代わる・替わる』⇩かはる

薫(人名)『源氏物語』の作中人物。光源氏の正妻女三の宮と柏木との不義の子。この真相は世間には知られず、源氏の子として出生。世の声望も高く華やかに繁栄しつつある一方、自分の出生に漠然とした疑いをもち、若くして道心を深めている。法の(仏道)の友として宇治の八の宮と親交するうち、その姫君の大君・中の君姉妹にも関心をいだくようになる。八の宮が姫君たちの後見を託して死去すると大君に近づくが、かたくなに拒まれ、かえって中の君との結婚を勧められる。それへの対処として匂宮を中の君に導くが、この結婚による中の君の不幸を心痛する大君は病床につき、薫の看護もかな

歌論 和歌に関する評論のこと。和歌をどう詠むか、という問題意識を基本とする。広い意味では歌学に含まれるが、和歌の文芸性に関心を絞った、より主体的な姿勢のみられるものをさす。

内容としては、和歌とは何かという本質論、すぐれた和歌とはどのようなものかという秀歌論、和歌にはいかなる種類があるかという風体論、和歌はどのように作るべきかという技法論などがある。

●**展開** 中国の詩論の影響を脱して、最初に和歌独自の特性を論じたのは、『古今和歌集』の序文である。そのほか平安時代には、藤原公任の『新撰髄脳』や源俊頼の『俊頼髄脳』などが著された。

鎌倉時代になって、藤原俊成(『古来風体抄』)・定家(『近代秀歌』『毎月抄』など)父子が和歌界の指導者の地位を確立すると、彼らの著作が強い影響力をもつようになり、中世にはその下に多数の歌論が生み出された。それらの特色は、作者の心、すなわち内面性を重視する点にある。

江戸時代になると、実証主義的な研究を背景に、各流派がそれぞれの理想を掲げながら、さまざまな歌論を著した。〈渡部泰明〉

わず死去。都の匂宮邸に迎えられた中の君を世話するが、彼女を匂宮に譲ったことに後悔の念も募る。その中の君に教えられた異母妹浮舟を見て、大君によく似た容姿に感動し、やがて宇治に住まわせる。一方でこの前後に権大納言兼右大将となり、今上帝の女二の宮と結婚する。浮舟が匂宮とも関係をもって苦悶の末に失踪。のちに生存を知るが、浮舟は薫と会おうとはしない。

かを・る【薫る】動(ラ四)❶**煙・霧・もやなどが立ちこめる。けぶる。かすむ。**例我が生める国、ただ朝霧のみありて、**薫り満て**るかな(=私が生んだ国は、ただ朝霧ばかりあって、立ち込め満ちていることだ)〈紀・神代上〉読解国生みの神話。伊邪那岐命が語った言葉。❷**よいにおいが立つ。香気を放つ。**例橘の**かをりし**袖に(=橘のよいにおいが立った袖に)〈源氏・胡蝶〉❸**つやつやと美しく見える。**例まみの**かをりて**笑がちなるなどを(=目つきがつやつやと美しく見えてよく笑うさまなどを)〈源氏・柏木〉読解光源氏の目に映る幼い薫の様子。

語誌▼もともと①の煙などの気が漂う意であったとみられるが、人の感覚を刺激することから②の嗅覚の意が生じ、さらに③の視覚の意が生じた。▼「かをる」と「にほふ」　類義語「にほふ」は、色彩が目に鮮やかに映じることから、転じて嗅覚も表すようになった。「かをる」は主に自然に発する香気をいい、「にほふ」はより人為的な香気をいう場合が多い。〈鈴木宏子〉

がを-を・る【我を折る】⇩「が」の子項目

カン〘官・冠・巻・桓・菅・貫・款・勧・寛・管・関・歓・緩・還・館・観・灌〙⇩くわん

かん【干】名横笛の指穴で、吹き口から六番目の穴。例干の穴は平調〈徒然・二一九〉

かん【欠】名(「欠」の字音「けん」の変化した形)目方や数量などが、前に計ったときよりも減っていること。目減り。例また目を懸けしに(=量ってみると)、思ひのほかに欠のたつ事(=目方が減っていること)〈西鶴・日本永代蔵・三・一〉

かん【甲】名音曲で、高い調子。例(三味線ノ)糸を調べて甲を取り〈仮名草子・恨の介・上〉

かん【寒】名冬至から立春までの約三十日間。一年じゅうで最も寒い時期。前半を小寒、後半を大寒といい、それぞれ二十四気の一つ。例干鮭も空也の痩せも寒の内〈俳諧・猿蓑・一〉読解干からびた乾鮭も寒行にやせ細った空也僧の姿も寒中にこそふさわしい、の意。

かん【感】名心に感じること。感動。例いと感あることなり〈大鏡・後一条院〉

かん【長官】名(「かみ」の撥音便形)令制の役所の長官。「かんの君」「かんの殿」などの形で用いることが多い。⇩かみ(長官)

ガン〘元・願〙⇩ぐわん

かんあみ〘観阿弥〙⇩くわんあみ

かん-おう【感応】名動(サ変)❶〘仏教語〙信心が神仏に通じて、利益のあること。例その風流なる事(=清らかな行い)、神仏に**感応し**…天に飛びき〈霊異記・上・一三〉❷深く心に感じ入ること。例与一、扇の的を射し時、「別してはわが国の氏神正八幡」と誓ひしも、この神社にてはべると聞けば、**感応**ことにしきりに覚えらる〈芭蕉・奥の細道〉

かんおん〘観音〙⇩くわんおん

かんが・ふ【考ふ・勘ふ】動(ハ下二)「かむがふ」の撥音便形。客観的な事象や資料によって物事を判断する意。「かうがふ」とも。

❶**前例・故実などにてらして検討する。**例古を尋ね例を**考へ**て、供奉の行装、路次の行列を定めらる(=昔のことを調べ前例を検討して、お供の人々の支度、道中の並び順をお決めになる)〈太平記・三〉❷**占いの結果によって吉凶を判断する。**例十六日、彼岸のはじめにて、いとよき日なりけり。近うまたよき日なしと**勘へ**申しけるうちに(=十六日は、彼岸のはじめで、非常に吉日であった。この前後にほかに吉日がないと、占いの結果をお答え申し上げたうえに)〈源氏・行幸〉読解裳着の日を選ぶ場面である。❸**事情をよく糾明して処罰する。叱責する。**例(地獄デ)**勘へ**られつる事ども…あきらかなる鏡に向かひたらんやうにおぼえければ(=糾明された事々を…曇りのない鏡に向かっているように覚えていたので)〈宇治拾遺・一〇三〉〈安達敬子〉

かんがふ-ふ【勘合符】名室町時代、中国の明が入港・通商の許可証として日本の貿易船に発行した割り符。「勘合」とも。

かんが・みる【鑑みる】動(マ上一)(「かがみる」の変化した形)他に照らし合わせて考える。例臣が(=臣下である私の)忠義を**鑑み**て、潮を万里の外に退け、道を三軍の陣に開かしめたまへ〈太平記・一〇〉

かん-き【勘気】名主君など目上の人から受けるとがめ。例**勘気**をかうむるとき、正理(=正しい道理)をただしく申せば〈保元・上〉

かん-きょ【閑居】名動(サ変)俗世間を離れて、心静かに住むこと。また、その住まい。例**閑居**の気味もまた同じ。住まずして誰かさとらむ〈方丈記〉

閑居友〘作品名〙鎌倉前期の仏教説話集。二巻。慶政作。承久四年(一二二二)成立。作者は僧。上巻は遁世者の異伝・逸話を、下巻は女性の発心・往生にまつわる説話を収める。全三二話。先行の『発心集』に刺激を受けて執筆され、後続の『撰集抄』に強い影響を及ぼした。

かん-きん【看経】名動(サ変)〘仏教語〙❶禅宗で、経を黙読すること。例句読におよばず、**看経する**のみなり〈正法眼蔵・看経〉❷(①から転じて)声を出して読経すること。例鎮守の御宝前に**看経し**ておはしける〈太平記・一七〉

閑吟集〘作品名〙室町後期の歌謡集。一巻。編者未詳。永正一五年(一五一八)成立。小歌二三一首を中心に、大和節・田楽節など多様な歌謡三一一首を収める。大きく四季・恋の順に配列されるが、前者には恋愛の歌謡も入り込み、全体に恋の小歌集的。当時の民衆の感情が生き生きと歌われ、近世歌謡の源泉ともなった。

かん-くてう【寒苦鳥】―チョウ 名『仏教語』インドの雪山(ヒマラヤ)に住むという想像上の鳥。夜は寒さに苦しみ、夜が明けたら巣を作ろうと鳴くが、日が昇ると昨夜の苦しみを忘れ、世は無常だからなどと言って巣を作らず怠ける。悟りを求めようとしない人にたとえる。例いつも氷に閉ぢこめられたる心地して、**寒苦鳥**に異ならず〈平家・九・生ずきの沙汰〉

かんけ『菅家』⇩くゎんけ

かんげん『管弦・管絃』⇩くゎんげん

函谷関カンコククヮン 名 中国の関所。秦代に、華北平原から長安などのある渭水盆地に入る要所に設けられたのが最初。朝、鶏の声とともに開き、日没には閉じたという。孟嘗君の故事で有名。日本でも通過しがたいもののたとえに用いる。

かんこ-どり【閑古鳥】 名 ❶鳥の名。カッコウ。夏、山林に住み、秋に南に渡る。例憂き我をさびしがらせよ**閑古鳥**〈芭蕉・嵯峨日記〉➡名句20 ❷①の鳴き声から、もの寂しいさまのたとえ。例鍋釜も畳も上げて**閑古鳥**〈近松・博多小女郎波枕・中〉

かん-ごり【寒垢離】 名 寒中に、冷水を浴びて心身を清め、神仏に祈願すること。また、白装束の修験者や山法師が「六根清浄」を唱え、家々の門口に用意された水を浴びて回る修行。例**寒垢離**や上の町まで来たりけり〈俳諧・蕪村句集・下〉

かん-ざい【漢才】 名「からざえ」に同じ。例**漢才**ことに、御学問あて(=あって)〈愚管抄・二〉

かん-ざう【甘草】―ゾウ 名 マメ科の植物の名。根に甘味があり、薬用にする。例出さまにまくり(=海草の名)・**かんざう**を取り持ちて〈西鶴・好色五人女・四・三〉

かん-ざし【簪】 名〔「かみさし(髪刺し)」の撥音便形〕❶冠をつけるとき、巾子に髻を入れ、冠が落ちないように刺しておくもの。❷女性が装飾として髪に挿すもの。釵子や櫛など。例亡き人の住み処尋ね出でたりけんしるし(=証拠)の**かんざし**ならましかば〈源氏・桐壺〉

かん-ざし【髪状・髪差し】 名〔「かみさし」の撥音便形〕❶髪の生えぐあい。髪の様子。例額つき、**髪ざし**、いみじううつくし〈源氏・若紫〉❷髪。例緑の(=黒くつやつやとした)**かんざし**を撫であげ〈御伽草子・鉢かづき〉

かん-し【監使】 名 ❶監視・守衛の兵士。例緑衣の**監使**、宮門をまぼるだにもなし(=御所の門を守護する者さえない)〈平家・灌頂・女院出家〉❷鎮守府将軍の唐名。類義①ゑじ

かん-じ【柑子】 名 ⇩かうじ(柑子)

かん-じ【勘事】 名動(サ変)「かうじ(勘事)」に同じ。例その日**勘事**許させたまふ〈宇津保・国譲下〉

かんじき【樏・橇】 名 雪国で、深い雪にはまりこんだり滑ったりしないように、履物の下につける楕円形の道具。例深雪に**橇**をも懸けず、山路八里を一日に越えて〈太平記・一八〉

樏

がん-しき【含識】 名『仏教語』「がんじき」とも。心識(心)を有するもの。人間。衆生。例**含識**のたぐひ、誰れか随喜せざらん〈平家・四・南都牒状〉

かん-じゃ【勘者】 名 洞察力のある人。知恵の回る人。例人の気のつかぬところを、さりとは(=さても)名誉の**勘者**と〈西鶴・武家義理物語・三・一〉

かん-じゃう【勘状】―ジョウ 名 法令・故実を調べたり、日時・方角を占ったりした結果を記した文書。「勘文」とも。例きっと勘へさせて(=必ず吉凶を判断させて)、**勘状**をとって参れ〈平家・四・鼬之沙汰〉

かん-じゃく【閑寂】 名形動(ナリ)「かんせき」とも。俗世間から遠ざかり、もの静かなこと。ひっそりしていること。例ひたぶるに(=いちずに)**閑寂**を好み、山野に跡を隠さむとにはあらず〈芭蕉・幻住庵記〉

かん-じょ【閑所】 名 ❶人けのない静かな所。例上人**閑所**に居て掌を合はせて信仰恭敬して〈十訓抄・三・一五〉❷便所。

かん-しん【甘心】 名動(サ変)「かんじん」とも。よいと思うこと。納得すること。例先言耳にあり。今もって**甘心す**〈平家・三・医師問答〉

かんじん『勧進』⇩くゎんじん

鑑真ガンジン《人名》六八八〜七六三(朱鳥二〜天平宝字七)。唐の学僧。天平勝宝六年(七五四)日本に渡り、律宗を伝え、東大寺戒壇院を建立して戒律をもたらした。唐招提寺を建立。唐大和上と称される。渡海の際の苦難で失明。『唐大和上東征伝』にその苦難の生涯が記されている。

かんじんちょう『勧進帳』⇩くゎんじんちゃう

かん-ず【感ず】 動(サ変)❶心を動かされる。感動する。感心する。例人、木石にあらねば、時にとりて、ものに**感ずる**事なきにあらず〈徒然・四一〉❷前世や過去の行為によって報いを受ける。例殺生の罪は現報を**感ずる**なり〈今昔・九・二二〉

かん-せい【感情】 名 しみじみとした深い感動。心の高まり。感興。例優しくもげにもと覚ゆる**感情**の浮かぶべきなり〈連理秘抄〉

かんぜおん『観世音』⇩くゎんぜおん

かん-せき【閑寂】 名形動(ナリ)「かんじゃく」に同じ。

かん-だう【勘当】―ドウ 名動(サ変)〔「勘」は考える、「当」は法に当てる意〕❶処罰すること。とがめ。例遅く参らば、われは**勘当**蒙りなん〈宇治拾遺・一八〉❷親子や主従の縁を切ること。⇩きうり。例**勘当**の身となりて〈西鶴・好色一代男・三・一〉語誌 江戸時代、親子の縁を切る勘当には公的なものと私的なものがあった。公には、町年寄・五人組に届け、奉行所に願い出て勘当帳に登記する。

がんだう-ぢゃうちん【強盗提灯・龕灯提灯】ガンドウヂヨウチン 名 銅板やブリキ板などを釣り鐘形に作り、その中に反射鏡と自由に回転するろうそくをつけ、正面だけを照らすようにしたもの。持つ人のほうは暗くて、顔を隠

強盗提灯

すのに都合がよい。

かん-だち【神館】名「かむだち」に同じ。

かんだち-べ【上達部】名「かんだちめ」に同じ。

かんだち-め【上達部】名「かんだちべ」とも。**公卿の別称。朝廷の最高幹部。**摂政・関白・太政大臣・左大臣・右大臣・大納言・中納言・参議および三位以上の人が相当する。例**上達部**・上人なども、あいなく目を側めつつ(=上達部や殿上人なども関係がないのに目を背け背けして)〈源氏・桐壺〉

かん-たん【肝胆】名 肝と胆。転じて、心。心の底。例くだんの人の歌四首なり。皆もって**肝胆**に染む〈袋草紙・上〉

【肝胆を砕く】一心に物事をする。誠意を尽くす。例老僧ども**肝胆をくだい**(音便形)て祈念しけり〈平家・三・一行阿闍梨之沙汰〉

かんたん-の-まくら【邯鄲の枕】「いっすいのゆめ」に同じ。

かんたん-の-ゆめ【邯鄲の夢】「いっすいのゆめ」に同じ。例**邯鄲の夢**の間の栄耀なり(=栄華である)〈近松・冥途の飛脚・中〉

かんぢやう-ぶぎやう【勘定奉行】カンジョウブギョウ 名 ❶室町時代、大名の家に置かれた職名。金銭や穀物の出納を管理する。❷江戸幕府の職名。直轄地の収税、幕府の財政管理、領内の訴訟などに携る。寺社奉行・町奉行とともに三奉行の一つ。

かん-づか【髪束】名〔「かみつか」の撥音便形〕「かうづか」に同じ。

かんてい-りう【勘亭流】—リュウ 名 歌舞伎の看板・番付に用いる独特の書体。安永八年(一七七九)岡崎屋勘六(号、勘亭)が江戸の中村座の看板を書いたことに始まる。

かん-てう【漢朝】—チョウ 名 中国の漢の王朝。また、広く昔の中国の称。例(李少卿ハ)**漢朝**へ帰らんとのみ嘆けども〈平家・二・蘇武〉

かん-どり【楫取り】名「かぢとり」の撥音便形。例水主(=水夫)・**梶取り**ども、いかにもして助からむとしけれども〈平家・五・文覚被流〉

かん-な【仮名】名〔「かりな」の撥音便形〕「かな」に同じ。例真名も**かんな**もあしう書くを〈枕・雨のうちはへ降るころ〉

かん-ながら【神随】副「かむながら」に同じ。

かん-なぎ【巫・覡】名「かむなぎ」の撥音便形。

かんな-づき【神無月・十月】名「かみなづき」「かむなづき」とも。**陰暦の十月のこと。**冬の初めの月。語源的には、「神の月(神祭の月。「な」は「の」の意)」だとされるが、しだいに「な」を「無い」の意にとって、神々が高天原から出雲大社に出かけていなくなる月、という俗説が流行した。出雲の国では、逆に「神在り月」という。例**神無月**降りみ降らずみ定めなき時雨ぞ冬のはじめなりける(=十月、降ったり降らなかったり定めのない時雨こそが、冬の始まりであったのだったなあ)〈後撰・冬〉

語誌▼**時雨と紅葉の月** 『万葉集』以来、和歌では時雨とともに詠まれることが多い。時雨は『万葉集』では九月・十月の景物であったが、平安時代以降は十月のものとなった。

『源氏物語』では、紅葉など秋の景色を楽しむために、天皇や院がこの月に行幸(外出)するという場面設定が印象的である(紅葉賀・藤裏葉巻)。〈島内景二〉

かん-なび【神奈備】名「かむなび」に同じ。

かん-なり【雷鳴り】名「雷鳴りの壺」の略。⇩かみなりのつぼ。例**雷鳴り**にて、大将・中納言の弾きし琴の声なむ〈宇津保・楼上下〉

かんなり-の-つぼ【雷鳴りの壺】名「かみなりのつぼ」に同じ。

かん-にち【坎日】名 陰陽道で凶とされ、外出などを避けるべき日。たとえば正月の辰の日、二月の丑の日、三月の戌の日など。例(暦ニ)**坎日**・凶会日など書きたりけるが〈宇治拾遺・七・六〉

かん-にん【堪忍】名動(サ変)❶堪え忍ぶこと。もちこたえること。忍耐。例将軍京都には一日も**堪忍し**たまはじ〈太平記・一九〉❷過ちを許すこと。勘弁。例**堪忍**ならぬところなれども〈西鶴・世間胸算用・五・三〉❸最低限の生計。例それでは(=召使の数が多くては)**堪忍**がつづきますまい〈虎寛本狂言・今参〉

かん-のう【堪能】名 学問や芸能などに才能があること。また、その人。例道になづまず、みだりにせずして年を送れば、**堪能**の嗜まざるよりは終に上手の位に至り(=その道で滞らず、勝手気ままにしないで年月を過ごすと、才能があって精進しない人よりも結局名人の段階に達し)〈徒然・一五〇〉

かん-の-きみ【長官の君】名〔「かみのきみ」の撥音便形〕❶令制の役所の長官の敬称。❷特に、内侍司の長官の尚侍の敬称。例そのころ**かんの君**まかでたまへり〈源氏・賢木〉

かん-の-との【長官の殿】名〔「かみのとの」の撥音便形〕❶「かんのきみ①」に同じ。❷「かんのきみ②」に同じ。例**督の殿**と聞こえさするは、中姫君におはします〈栄花・初花〉

かん-ばし【羹箸】名 正月の雑煮に用いる白木の太い箸。祝い箸。例心ざしのあはれや、**かんばし**二膳買ひ置きしが〈西鶴・世間胸算用・三・三〉

かん-ばせ【顔・容】名「かほばせ」の撥音便形。例くるしげなる**かんばせ**に立腹の色あらはれ〈近松・平家女護島・三〉

がん-ぴ【雁皮】名 ❶植物の名。ジンチョウゲ科の落葉低木。初夏、枝の先に黄色の小花が群がって咲く。樹皮を紙の原料とする。❷「雁皮紙」の略。

がんぴ-し【雁皮紙】名「がんぴ①」の樹皮の繊維から作った紙。薄くて強くなめらかな光沢のある上質な紙。

かん-びやう【看病】—ビョウ 名 ❶〔仏教語〕僧侶がまじないなどで病人を治療すること。例浄行を勤修し、**看病**を第一とす〈霊異記・上・二六〉❷病人の世話をすること。例**看病**の輩、これを見て〈今昔・一五・五三〉

かんぶつ『灌仏』⇩くわんぶつ

かん-ぼつ【勘発】名動(サ変)「かんほつ」とも。悪い行いや過失を責め立てること。例「何のゆゑありて、かかる僻事を申して事をやぶらむとするぞ(=

荒立てようとするのか)」と**勘発し**仰せられける〈今昔・二四・二九〉

かんむり【冠】 名〔「かうぶり」の変化した形〕「かうぶり①」に同じ。

かんむり-づけ【冠付け】 名「かむりづけ」に同じ。

かんもり-の-つかさ【掃部寮】 名「かもんれう」に同じ。

かん-もん【勘文】 名「かもん」とも。「かんじゃう」に同じ。例天文博士、「月、大将の星を犯す(=月が大将の星の座に侵入する)」といふ**勘文**奉れば〈今昔・二〇・四三〉

かん-もん【勘問】 名 罪状を取り調べ、尋問すること。例速やかに法に任せて**勘問**して〈今昔・二九・一四〉

かん-や【紙屋】 名〔「かみや」の撥音便形〕❶「かみやゐん」に同じ。例**紙屋**の人を召して、ことに仰せ言賜ひて(=特にお命じなさって)心ことにきよらに漉かせたまへるに〈源氏・鈴虫〉❷「紙屋紙」の略。

かんや-がみ【紙屋紙】 名「かみやがみ」に同じ。例うるはしき**紙屋紙**・陸奥国紙などのふくだめるに(=古くなってぶくぶくになっているものに)〈源氏・蓬生〉

かん-ろ【甘露】 名 ❶世の中が泰平のとき、天が君主の徳に感じて降らせるという甘美な液。中国の伝説による。例時の人(=当時の人)のいはく、「**甘露**なり」〈紀・天武下〉❷〘仏教語〙〔梵語の漢訳。原語は不死、天酒の意〕苦悩を除き、長命を授け、死者を蘇らせるという、忉利天の甘美な霊液。不死涅槃の理想的な境地や仏の徳で衆生を救うことの比喩にもいう。例**甘露**の法を雨ふらして、衆生を潤すがゆゑに〈無量寿経・下〉❸美味なもの、甘美なもののたとえ。例現在の**甘露**は未来の鉄丸なり(=苦しみである)〈霊異記・上・三〇〉

き-【生】 接頭 名詞について、純粋、もとのままで手を加えていない、の意を添える。「生糸」など。

-き 接尾〔「きみ(君)」の意か〕平安時代、童女の名につける。「あてき」「犬き」など。

-き【疋・匹】 接尾 ❶「ひき①」に同じ。例幾**き**ともえこそ見わかね秋山の紅葉の錦よそに立てれば〈後撰・秋下〉❷「ひき②」に同じ。「二きの駒」など。

き【寸】 名 ❶古代の長さの単位。一寸は約三センチ。例その野に石あり…厚さ一尺あまり五**寸**〈紀・景行〉❷馬の背の高さ(前脚の先から肩まで)を測る語。四尺(約一二〇センチ)を標準とし、それ以上を一寸、二寸という。八寸以上は「丈に余る」、一寸足りない三尺九寸は「かへり一寸」といった。例黒栗毛なる馬の、たけ八**寸**余りばかりなる〈宇治拾遺・九七〉

き【木・樹】 名 ❶樹木。材木。薪。古くは草・海草を含めて植物全般をいった。例言問はぬ**木**にもありとも〈万葉・五・八一二〉❷「柝」とも書く。歌舞伎で、幕の開閉や回り舞台の合図のために打つ拍子木。

き【気】 名 ❶自然のかもし出す**雰囲気・趣**。また、**大気**。**空気**。例春はやがて夏の**気**を催し、夏よりすでに秋は通ひ(=春はそのまま夏の趣をひき起こし、夏からすでに秋が入り混じり)〈徒然・一五五〉❷**気勢**。**元気**。例度々の合戦に打ち勝って、兵皆**気**を挙げける(=たびたびの合戦に勝って、兵士は皆気勢をあげた)〈太平記・八〉❸**心**。**気持ち**。例時々**気**を転じ、日々に情をあらたむ(=その時々で気持ちを変え、その日その日に感情を新しくする)〈芭蕉・笈の小文〉

語誌 漢語に由来する語で、漢詩文を除いては平安時代までは見られない。①の意では「け(気)」と共通する。〈髙田祐彦〉

【気を詰っむ】 緊張する。例兵ども、夜ごとに**きをつめて**今や今やと待ちかけけるが〈太平記・七〉

き【忌】 名 ❶命日。例中納言の君の、**忌**の日とて〈能因本枕・関白殿の、黒戸より出でさせたまふとて〉❷喪に籠もる一定の期間。忌中。

き【季】 名 ❶春夏秋冬、それぞれの季節。例この月は季の果てなり〈源氏・玉鬘〉❷年季奉公の区分。一年を一季、半年を半季とする。例備前屋といふ上問屋に**季**を重ね〈西鶴・好色五人女・二・四〉❸連歌や俳諧で、句に詠み込む四季の景物。季語。

き【紀】 名 ❶『日本書紀』の略称。例ただし、**紀**に曰はく〈万葉・一・七・左注〉❷紀伊の国。例**紀**の温泉に幸す時に、額田王の作る歌〈万葉・一・九・詞書〉

き【城・柵】 名 敵を防ぐために堀や垣をめぐらせた所。とりで。さく。例筑紫の国は敵守るおさへの**城**そと聞こし食す〈万葉・二〇・四三三一〉

き【記】 名 ❶記録。文書。また、事実をそのまま記す文体の一つ。例李部王の**記**(=重明親王の日記)に侍るとかや〈徒然・一三三〉❷『古事記』の略称。

き【酒】 名 酒の古称。「黒酒」「白酒」など、多く複合語で用いられる。例帰り来む日に相飲まむ**酒**そ(=いっしょに飲もうと思う酒だぞ)〈万葉・六・九七三〉

き【棺】 名 死体を収める箱。ひつぎ。例空蟬のからは**き**ごとにとどむれど魂の行方を見ぬぞ悲しき〈古今・物名〉読解「から」は蟬の抜け殻の意と人のなきがらの意を重ねる。「き」は「木」を掛ける。

き【綺】 名 白糸に色糸を交じえ、模様が浮き出るように織った薄い絹織物。例桜の唐の**綺**の御直衣、今様色の御衣ひき重ねて〈源氏・行幸〉

き【機】 名 ❶〘仏教語〙仏の教えに触れることで発動する心の働き。衆生が本来備えている宗教的素質。例(仏ハ)人の**機**を待ちて、ある時は現れある時はかくれたまへば〈ささめごと・下〉❷(①から転じて)心の働き。心の勢い。例人の齢も高く機も強かりければ〈増鏡・序〉❸機会。時機。はずみ。例御方の疲れたる小勢をもって、敵の機に乗ったる大勢に懸け合って(=応戦して)〈太平記・一六〉❹能楽で、息。心の働きがあるものとしていう。例調子をば機が持つなり〈花鏡・一声二機三声〉

き【驥】 名 一日に千里行くという名馬。駿馬。例驥を学ぶは驥の類、舜(=中国古代の聖天子の名)を学ぶは舜の徒(=仲間)なり〈徒然・八五〉

き【黄】 名 形動(ナリ) 色の名。黄色。今の黄色よりも幅のある漠然とした色をいう。例**黄なる**葉どものほろほろとこぼれ落つる、いとあはれなり(=黄色の木の葉などがはらはらと舞い落ちるのが、たいそうしみじみと趣深い)〈枕・九月つごもり、十月のころ〉

語誌▼「黄」が独自の色として認識されるようになるのは平安時代に入ってからとされる。

▼五行説では土に配し、中央と通じる。〈吉田比呂子〉

き

助動(特殊型) 事柄が確実に過去に生じたことを表す。

❶**過去・回想の意を表す。** 話し手・書き手が体験した過去の出来事に用いる。**〜た**。例(a)つひに行く道とはかねて聞き**しか**ど昨日今日とは思はざり**し**を〈古今・哀傷〉➡名歌239 例(b)(ハヤリ病ガ)去年の夏も世におこりて、人々まじなひわづらひ**し**を、やがてとどむるたぐひあまたはべり**き**(=去年の夏も世間に起こって、人々が調伏しきれなかったのを、すぐに鎮める例が多くございました)〈源氏・若紫〉

❷上代の特殊な用法。完了の意を表す。〜た。〜ていた。例三重の子が 捧がせる 瑞玉盞に 浮き**し**脂 落ちなづさひ(=三重の采女が捧げておられるりっぱな杯に浮いた脂のように落ちて浮かび漂って)〈記・下・雄略・歌謡〉

接続▶活用語の連用形につく。ただし、カ変動詞「く」、サ変動詞「す」には、特別なつきかたをする。

活用▶特殊型　表内の( )は使用例の限られたもの。

未然形	連用形	終止形	連体形	已然形	命令形
(せ)	○	き	し	しか	○

語誌▼**カ変・サ変からの接続** 終止形「き」はカ変動詞「来」にはつかない。一方、連体形の「し」と已然形の「しか」は、カ変動詞には未然形にも連用形にもついて、「こし」「こしか」「きし」「きしか」のすべての言い方が可能である。さらにこの「し」「しか」は、サ変動詞では未然形について「せし」「せしか」となる。

「来」への接続	「為」への接続
こ(未然形)─**し**(連体形)／**しか**(已然形)	**せ**(未然形)─**し**(連体形)／**しか**(已然形)
き(連用形)─**し**(連体形)／**しか**(已然形)	**し**(連用形)─**き**(終止形)

▼**未然形「せ」** 「き」は、ほとんどが確実な過去を表すために用いられている。ところが未然形「せ」は、「〜せば〜まし」の形で反実仮想の仮定条件を表すのに用いられる。確実な過去の助動詞が未然形をもち仮定条件を表すのは、奇妙なことである。おそらく「き」のサ行の活用形「せ」「し」「しか」は、古くは存在を表す語であったのだろう。日本語ではしばしば存在を表す語が完了を表すようになる例(「り」「たり」や現代語「ている」)や、完了を表す語が過去を表すようになる例(「たり」から「た」へ)が見られるから、「せ」「し」「しか」もそのケースに当てはまると考えられる。このとき「し」「しか」は上代でもほとんど過去を表すわけであるが、「せ」は仮定条件句の中にあったために完了の意味をよく残存させ、平安時代以降もその意味で用いられた。だからこの「せ」は、現代語の「もし〜したら」の「たら」(完了・過去の助動詞「た」の未然形)のように考えればよい。なお、この「せ」をサ変動詞「す」の未然形とする説もある。〈野村剛史〉

き【来】 カ変動詞「く」の連用形。

[識別のポイント] **き**

(1)**過去の助動詞「き」の終止形** 活用語の連用形につく。例糧つきて、草の根を食物としき(=食糧も尽きて、草の根を食べ物とした)〈竹取〉

(2)**形容詞の連体形の一部** 多くは準体言、連体修飾語、係助詞「ぞ」「なむ」「や」「か」の結び、になる。例九重のうちに鳴かぬぞいとわろき(=宮中で鳴かないのは、はなはだよくない)〈枕・鳥は〉

(3)**形容詞型活用の助動詞の連体形の一部** 助動詞「まほし」「たし」「べし」「まじ」「ごとし」の連体形の一部。例子になりたまふべき人なめり(=子におなりになるはずの人であるようだ)〈竹取〉

ぎ【義】 名 ❶儒教で、五常の一つ。人の行うべき道。例命を軽んじ、**義**を重んじて〈平家・七・木曾山門牒状〉❷道理。規則。例この**義**を守りて利を求めん人は〈徒然・二七〉❸意義。意味。例文どもの(=経文など)の深きなど、阿闍梨も請じおろして、**義**など言はせたまふ〈源氏・橋姫〉❹講義。教え。例この条、すこぶる不足言(=つまらない理論)の**義**と言ひつべし〈歎異抄〉

ぎ【儀】 1 名 ❶儀式。作法。例文武百寮と新羅の朝貢使と拝賀す。その**儀**常のごとし〈続紀・戊戌正月〉❷事柄。事情。意味。例この**儀**もっとももしかるべし。さらば書け〈平家・七・木曾山門牒状〉2 接尾 手紙などで、差し出し人の名や自称の人称代名詞について、卑下の意を表す。例私**儀**、若気にて京都の住居望み〈西鶴・万の文反古・二・三〉

き-あひ【気合ひ】 アイ 名 ❶気の合うこと。気の合う相手。例御**気合ひ**の人々を集めて〈仮名草子・露殿物語・中〉❷気分。心のぐあい。例「お**気合ひ**はいかが」と優しく尋ね〈西鶴・好色五人女・三・三〉

き-あ・ふ【来合ふ】 アウ・オウ 動(ハ四) 来て会う。来あわせる。例ある上人**来あひ**て、この車にあひ乗りてはべれば〈源氏・帚木〉

き-い【奇異】 名 形動(ナリ) 普通とは違って、珍しい

こと。不思議なこと。例看病の輩、これ(=極楽の蓮華)を見て**奇異なり**と思ひて〈今昔・一五・五一〉

紀伊《地名》旧国名。今の和歌山県と三重県南部。南海道六か国の一つ。紀州。延喜式で上国・近国。

嬉遊笑覧《作品名》江戸時代の風俗書。一二巻・付録一巻。喜多村信節(筠庭)著。文政一三年(一八三〇)成立。当時の庶民生活の事物を四〇〇〇余の項目に分け、古今の文献をふまえて説明する。体系的で百科事典的性格をもち、江戸の風俗資料として重要。

きうぎう-が-いちもう【九牛が一毛】 多数の中の一部分のたとえ。例**九牛が一毛**、大倉の一粒にも当たらぬほどの小勢にて〈太平記・三九〉

きう-きょく【九棘】 名 公卿の別称。古代中国で、宮廷に九本の棘を植えて、九つの主要な官職の座位を表したことによる。例三台・**九棘**の宿所宿所皆門戸を閉ぢて〈太平記・三三〉 読解「三台」は太政大臣・左大臣・右大臣をさす。

きう-けい【九卿】 名 公卿の別称。古代中国で、九人の高官をさしたことによる。例重盛いやしくも**九卿**に列して、三台にのぼる〈平家・三・医師問答〉 読解「三台」は太政大臣・左大臣・右大臣をさす。

きう-けう【九竅】 名 人体にある九つの穴(両眼・両耳・両鼻孔・口・両便孔)。九穴。「百骸」と合わせて人体の全体をいう。例百骸**九竅**の中に物あり、かりに名付けて風羅坊といふ〈芭蕉・笈の小文〉 読解「風羅坊」は芭蕉の別号。

きうしう-たんだい【九州探題】 名 鎌倉・室町両幕府の職名。九州地方の軍事・警察・裁判などをつかさどる。鎌倉幕府では、鎮西探題が正式名称。

きう-しゅ【旧主】 名 昔の君主。また、以前に仕えた主君。例これらは皆**旧主**先皇の政にも従はず〈平家・一・祇園精舎〉

きう-じん【九仞】 名〔「仞」は中国の周代の長さの単位。一仞は八尺(約二・四メートル)〕非常に高いこと。例石の階**九仞**に重なり〈芭蕉・奥の細道〉

救済《人名》「きうせい」「ぐさい」とも。一二八二～一三七八?(弘安五～永和四?)。南北朝時代の連歌師。二条良基の師として連歌集『菟玖波集』、連歌論『応安新式』の完成に尽力した。

きう-せん【九泉】 名 ❶墓場。墓地。例父祖の尸を**九泉**の苔の下にはづかしむる恨みあり〈太平記・四〉 ❷死後の世界。冥土。例**九泉**の旅の路には供奉つかまつる臣一人もなし〈太平記・二〉

きう-ぞく【九族】 名 九代の親族(高祖父母・曾祖父母・祖父母・父母・自分・子・孫・曾孫・玄孫)。一族、また、一族の人々。仏教では、一人が仏門に入ると九族が天に生まれ代わることができるとする。例いにしへは槐門棘路(=大臣・公卿)の間に**九族**をなびかし〈平家・二・先帝身投〉 語誌 範囲については、父方の四親族、母方の三親族、妻方の二親族を合わせていうとする説もある。

きう-たい【裘代・裘帯・裘袋】 名〔「裘」は皮衣。出家者の着る裘の代用の衣の意〕法皇や法親王、または出家した公卿などが、参内のときなどに着用する衣服。絹製で、指貫を履き、袈裟をかけるのがふつう。俗人の直衣に相当するという。例**裘代**の袖を顔に押しあてて〈平家・三・法皇被流〉

きう-ぢ【灸治】 名 灸をすえて治療すること。例大事の手ならねば(=致命傷ではないので)、所々に灸治して〈平家・四・橋合戦〉

きう-ぢゃう【毬杖】 名 打毬に用いる杖。例舎人どもも**毬杖**を持ちて遊びて打ち、勝ちては舞ひ遊ぶ〈宇津保・祭の使〉

きう-てん【九天】 名〔古代中国で天を九つの方位に分けたことから〕高い天。天上。例名は留まって、青雲九天の上に高し〈太平記・六〉

きう-と【旧都】 名 昔、都であった所。もとの都。例**旧都**をばすでにうかれぬ(=さまよい出てしまった)、新都はいまだ事ゆかず(=整っていない)〈平家・五・都遷〉 読解この「新都」は摂津国の福原(神戸市)、「旧都」は京都。

きう-び【鳩尾】 名 胸と腹の間のくぼみ。みぞおち。例**鳩尾**の辺りを強く押さへる〈歌舞伎・お染久松色読販・中幕〉

きう-り【久離・旧離】 名 江戸時代、戸籍上の手続きの一つ。目上の親族が目下の親族に対して、特に親が子に対して、親属関係を断つこと。奉行所に届け出て久離帳に登録されると、犯罪の連帯責任を免れた。本来「勘当」とは別だが、混同して用いられることもある。

【久離を切る・旧離を切る】 親族関係を断絶する。縁を切る。例親の心を大きに背き、**きうりを切**られてさまよひ〈西鶴・本朝二十不孝・三・四〉

き-え【帰依】 名 動(サ変)《仏教語》仏や高僧の力を深く信じ、その力に頼ること。例法師を**帰依**してさまざまの財を与へたまふ〈今昔・六・六〉

きえ-あ・ふ【消え敢ふ】 動(ハ下二) すっかり消えてなくなる。打消の語を伴って用いることが多い。例**消えあへ**ぬ雪の花とみゆらん〈古今・春上〉

きえ-い・る【消え入る】 動(ラ四) ❶だんだん弱まってなくなる。例灯火などの**消え入る**やうにて〈源氏・薄雲〉 ❷悲しみ・恥・嘆き・苦しみなどを心に強く感じて、人心地がなくなる。身の細る思いがする。例女、いとはしたなしと思ふものから(=たいそうきまり悪いと思うけれど)、いたう**消え入り**などはせで〈狭衣・一〉 ❸気絶する。意識を失う。例昨夜、にはかに**消え入る**人のはべりしにより〈源氏・真木柱〉 ❹死ぬ。例死ぬるきざみになりて(=死ぬときになって)、念仏して**消えいら**んとす〈宇治拾遺・五五〉

きえ-う・す【消え失す】 動(サ下二) ❶消えてなくなる。例(アナタハ)心さへ**消え失せ**たれや言も通はぬ(=私を思う心まで消えてなくなったのか、便りもよこさない)〈万葉・九・一七八二〉 ❷死ぬ。例(母君ガ)思ししみて(=深く思い込んで)**消えうせ**たまひにしことを思し出づるに〈源氏・夕霧〉

きえ-がた【消え方】 名 形動(ナリ) 消えてなくなりそうな様子。また、消えかかるとき。例雪は、檜皮葺き、いとめでたし(=檜皮葺きの上に降ったのが、たいそうすばらしい)。すこし**消えがた**になりたる

ほど〈枕・雪は、檜皮葺〉

きえ-がて【消えがて】 形動（ナリ） すぐには消えないさま。消えにくいさま。例桜散る花のところは春ながら（=春なのに）雪ぞ降りつつ**消えがてにする**〈古今・春下〉

きえ-かへ・る【消え返る】―カエル 動（ラ 四）❶〔「かへる」は完全に行われる意〕㋐すっかり消えてなくなる。例さだめなく**消えかへりつる**露よりもそらだのめする我はなになり（=はかなくすっかり消えてなくなってしまう露よりも、もっとあてにならないことを頼みにさせられている私はなんなのだ）〈蜻蛉・上〉㋑消え入るほど思いつめる。死ぬほど強く思う。例**消えかへりてぞ**恋しかりける〈古今・恋三〉❷〔「かへる」は繰り返される意〕消えてはまた現れる。何度も消える。例行く水の泡ならばこそ**消え返り**〈拾遺・雑恋〉

きえ-ぎえ【消え消え】 副 多く「きえぎえと」の形で用いる。❶姿・形が今にも消えそうなさま。例経正の幽霊と答ふる方を見んとすれば、また**消え消え**と形もなくて〈謡曲・経正〉❷気を失いそうになるさま。例（悲シミノタメニ）目くれ（=涙で目も曇り）、心**消え消え**となりしかども〈太平記・一〇〉

きえ・す【消えす】 動（サ変）〔動詞「きゆ」の連用形のサ変動詞化〕消える。また、死ぬ。多く「きえせぬ」の形で、消えない、かろうじて命を保つ、の意に用いる。例身は早くなきもののごとなりにしを**消えせぬ**ものは心なりけり〈後撰・雑三〉

きえ-のこ・る【消え残る】 動（ラ四）❶全部消えてしまわないで、一部分だけ残る。例北の屋陰に**消え残りたる**雪の〈徒然・一〇五〉❷なんとか生き残る。例なにとて我が身**消え残りけん**〈源氏・橋姫〉

きえ-は・つ【消え果つ】 動（タ下二）❶すっかり消えてしまう。例**消えはつる**時しなければ越路なるしら山の名は雪にぞありける（=雪のことだったのだ）〈古今・羇旅〉❷息が絶えてしまう。死ぬ。例明けはつるほどに**消えはて**たまひぬ〈源氏・御法〉

きえ-まど・ふ【消え惑ふ】―マドウ 動（ハ四） 死ぬほどに思い乱れる。例**消えまどへ**る気色、いと心苦しくらうたげなれば（=とてもいたわしくかれんな感じなので）〈源氏・帚木〉

きえ-やら-ず【消え遣らず】〔動詞「きゆ」の連用形＋動詞「やる」の未然形＋打消の助動詞「ず」〕消えるはずのものがまだ残っている。例小笹原風まつ露の**消えやらず**〈新古今・雑下〉

きえ-わ・ぶ【消え侘ぶ】 動（バ上二） 死んでしまうほど悲嘆にくれる。例**消えわび**ぬうつろふ人の秋の色に身をこがらしの森の下露〈新古今・恋四〉読解死んでしまうほど悲嘆にくれてしまった。秋の色が移ろい変わるように、私に飽きたあの人の様子に、身を焦がれさせている。まるで「木枯らしの森」の木から漏れ落ちる露のように、の意。「秋」に「飽き」を、「こがらし」に「木枯らし」と身を焦がれさせる意を、「森」に「漏り」を掛ける。「木枯らしの森」は歌枕。所在地については諸説ある。初句切れの歌。

き-えん【奇縁】 名 不思議な因縁。思いがけないめぐりあわせ。例先性（=前世）よりの**奇縁**ぢゃ〈浄瑠璃・八百屋お七・中〉

き-えん【機縁】 名 ❶〘仏教語〙衆生がもつ、仏の教えを受け入れることのできる素質。また、そのような因縁。例今**機縁**ありて舎利（=仏の骨）に参りあへり〈三宝絵・下・一六〉❷（①から転じて）縁。例聖人**機縁**深く在しまして（=深くていらっしゃって）、今この家に来たり宿りたまふ〈今昔・一五・三〇〉

きおう〘競う〙⇩きほふ

鬼界が島〘地名〙薩摩国の南方海上の島。古くからの流刑の地。今の硫黄島にあたるとされる。

きかう-でん【乞巧奠】―キコウ 名「きっかうでん」の促音の表記されない形。

其角〘人名〙一六六一〜一七〇七（寛文元〜宝永四）。江戸時代の俳人。榎本氏、のち宝井氏。蕉門十哲の筆頭。芭蕉とともに俳諧の革新に努め、都会風の才気あふれる作風で人気宗匠として活躍した。洒落風の祖。初期の代表作に俳諧集『虚栗』があり、俳諧俳文集『類柑子』、自撰発句集『五元集』はともに没後刊行された。

紀行キコウ 作者の旅の体験に基づいて書かれた作品。文学のジャンルの一つ。古くは「道の記」とも。途次の風景や旅情・見聞などが主に取り上げられ、七五調を主体とした道行文や、均整のとれた和漢混交文などで綴られることも多い。漢詩・和歌・俳諧を詠み込んだものもある。日次に従って書かれるため、日記と重なる面もあり、また旅中の感想・観照に触れるものも多く、随筆とも類似する。

●**主な作品** 『古事記』『日本書紀』『万葉集』などに旅を素材とした部分もすでに見られ、紀行文学の原型といえる。平安時代の紀貫之『土佐日記』は日記紀行文学に大きな影響を与えた。

鎌倉幕府の成立は京都・鎌倉間の行き来を盛んにし、『海道記』『東関紀行』『十六夜日記』などの作品が生まれた。『とはずがたり』の後半部も紀行文学の一つに数えられる。室町時代になると社寺の参詣の旅や、歌枕や名所を歴訪する旅、地方大名のもとへ赴く連歌師の旅など隆盛を迎えた。二条良基『小島のくちずさみ』、宗祇『筑紫道の記』など佳作も多い。京・北陸・越後・武蔵・鎌倉・奥州へと長大な旅をした道興の『廻国雑記』などもある。

江戸時代になると、旅が比較的容易に行えるようになったこともあって、多くの紀行文が記された。『奥の細道』をはじめとする芭蕉の紀行文は文学的達成度にすばらしいものがあるが、ほかは概して旅行の記録にとどまるものが多く、地誌的な記述に終始するものがほとんどである。そうしたなか、古河古松軒『東遊雑記』『西遊雑記』、橘南谿『東遊記・西遊記』、菅江真澄の多数の旅行記などが個性的な作品として注目される。

〈浅見和彦〉

きかく【聞かく】〔動詞「きく」のク語法〕聞くこと。例夕さらずかはづ鳴くなる三輪川の清き瀬の音を**聞かく**し良しも〈万葉・一〇・二二二二〉

ぎ‐がく【伎楽】名❶仏教的な仮面舞楽。インド・チベットから呉の国を経て、推古天皇のとき、百済から伝わる。大仏開眼などの仏事や朝廷の饗宴に行われた。「呉楽」とも。❷音楽。例諸々の菩薩・聖衆、音声**伎楽**をして〈栄花・玉の台〉

きか‐す【聞かす】〔「す」は上代の尊敬の助動詞〕お聞きになる。⇩きこす。例さかし女をありと(=賢い女がいると)**聞かして**〈記・上・神代・歌謡〉

きかぬ‐がほ【聞かぬ顔】―ガオ 名 形動(ナリ)聞こえないふり。例「耳無草となんいふ」と言ふ者のあれば、「むべなりけり(=なるほど)、**聞かぬ顔なるは**」と笑ふに〈枕・七日の日の若菜を〉読解名が「耳無草」なので聞こえないふりをしている、と納得する。

きか‐まほし【聞かまほし】〔「まほし」は願望の助動詞〕聞きたい。例今は声こそ**聞かまほしけれ**〈後撰・恋三〉

き‐がらちゃ【黄枯ら茶】名 染め色の名。薄い藍色の入った黄色。例この**黄枯ら茶**の着るものも、その時の名残ぢやぞ〈西鶴・世間胸算用・五・三〉

きき【聞き】名❶聞くこと。聞こえる音・声。例百鳥の来居て鳴く声春されば(=春が来ると)**聞き**のかなしも〈万葉・一八・四〇八九〉❷評判。うわさ。例誉れを愛するは、人の**聞き**を喜ぶなり〈徒然・三八〉❸味などを試すこと。鑑定。

きき‐あきら・む【聞き明らむ】動(マ下二)聞いて、事の次第を明らかに知る。例**聞き明らめ**、恨みとけたまひにたなり(=和らぎなさったということだ)〈源氏・真木柱〉

きき‐あつ・む【聞き集む】動(マ下二)いろいろな事柄を聞いて心にとどめる。例人の上(=他人の身の上)を言ひ笑ひ、そしり恨みもするを、(夜居ノ僧ハ)つくづくと**聞き集む**らん、心のうち恥づかしかし〈枕・はづかしきもの〉

きき‐あは・す【聞き合はす】―アワス 動(サ下二)❶あちこちから聞く。聞き込む。例人のもの言ひ隠れなき世なれば(=人のうわさはすぐ広まる世の中だから)、おのづから**聞きあはせて**〈源氏・夕霧〉❷聞いて考え比べる。例今宵の御物語に**聞きあはすれ**ば〈源氏・明石〉

きき‐あ・ふ【聞き敢ふ】―アウ・―オウ 動(ハ下二)はっきりと聞きつける。十分に聞き取る。例**聞きあへ**ぬゆふつけ鳥の初声に〈新千載・恋三〉

きき‐あらは・す【聞き顕す】―ラワス 動(サ四)秘密などを聞き出す。聞いて明らかにする。例かく忍ぶる筋を、**聞きあらはし**けり〈源氏・手習〉

きき‐い・づ【聞き出づ】―イズ 動(ダ下二)探って聞き知る。聞き出す。例さるべき所々を尋ねきこえけれど、つひにえ**聞き出でず**〈源氏・玉鬘〉

きき‐い・る【聞き入る】❶動(ラ四)耳を澄まして聞く。例若君の、この事どもをつくづくと**聞き入りて**〈夜の寝覚・五〉❷動(ラ下二)❶聞いて心にとめる。注意して聞く。例鳶・烏などのうへ(=身の上)は、見入れ**聞き入れ**などする人、世になしかし〈枕・鳥は〉❷聞いて承諾する。聞き届ける。例仏神も**聞き入れ**たまふべき言の葉、明らかなり〈源氏・若菜下〉

きき‐お・く【聞き置く】動(カ四)聞いて心にとめる。聞いて覚えておく。例ひとふしあはれともをかしとも**聞きおき**つるものは〈枕・花の木ならぬは〉

きき‐おと・す【聞き落とす】動(サ四)聞いて軽蔑する。例あへなく、あはつけきやうにや、**聞きおとし**たまひけむ〈源氏・若菜下〉読解相手が私のことを聞いて、落胆して、軽薄な人間のように、軽蔑なさったのではないか、と考える。

きき‐お・ふ【聞き負ふ】―オウ 動(ハ四)聞いて自分のことと思いこむ。自分のこととして聞く。例女、人の心を恨みて「…」と常の言ぐさに(=普段口癖のように)言ひけるを、**聞きおひける**男〈伊勢・一〇八〉

きき‐およ・ぶ【聞き及ぶ】動(バ四)うわさに聞く。人から伝え聞く。例(a)西の山寺にありと**聞きおよび**て〈竹取〉例(b)人は(=ほかの人が)いまだ**聞き及ばぬ**事を、我が知りたるままに…言ひ遣りたれば〈徒然・二三四〉

記紀歌謡キキカヨウ 名『古事記』と『日本書紀』に挿入されている歌謡の総称。『古事記』に一一二首、『日本書紀』に一二八首あるが、重複する歌を除くと約一九〇首。歌体は短歌形式が多く、ほかに長歌・旋頭歌(五・七・七・五・七・七)・片歌(五・七・七)などさまざま。記紀の具体的な話の展開に応じて、作中人物の心を伝えるものとして挿入されている。これらの多くは、もともと祭礼・恋愛・労働など古代の生活の中で実際に歌われていた歌謡であるとみられる。たとえば『古事記』の倭建命の歌「倭は 国のまほろば たたなづく 青垣 山隠れる 倭しうるはし」〈中・景行・歌謡〉(➡名歌387)は、もともとの歌謡としては土地の美しさをほめたたえる国讃めの歌謡であるが、物語に即してみると旅の途次で死を迎える者の切実な望郷の歌である。

きき‐がき【聞き書き】名❶人から聞いて、その内容を書き留めておくこと。また、その文書。例物も知らず、ただ**聞き書き**ばかりにて療治をする〈仮名草子・浮世物語・四・四〉❷除目における叙位や任官の理由を書いた文書。例頼政法師父子追討の賞とぞ**聞き書き**にはありける〈平家・四・通乗之沙汰〉

きき‐かは・す【聞き交はす】―カワス 動(サ四)互いに聞きあう。便りを取り交わして様子を聞きあう。例人の通ひ来るたよりに(=機会を利用して)、御ありさまは絶えず**聞きかはし**たまひけり〈源氏・早蕨〉

きき‐がほ【聞き顔】―ガオ 名 形動(ナリ)「ききしりがほ」に同じ。例かの事は聞こしめしたれど、何かは**聞き顔**にもと思いて〈源氏・夕霧〉

きき‐かよ・ふ【聞き通ふ】―カヨウ 動(ハ四)聞き及ぶ。伝え聞く。例おのづから**聞き通ひて**、隠れなきこともこそあれ〈源氏・浮舟〉

きき‐ごと【聞き事】名 聞く価値のあること。聞きごたえのあること。例今の手柄話、**聞き事**でおりゃる〈虎寛本狂言・空腕〉

きき‐こ・ふ【聞き恋ふ】―コウ 動(ハ上二)聞いて恋しく思う。例里人の**聞き恋ふる**まで山彦のあひ響むまで

むまで　ほととぎす　妻恋すらし〈万葉・一〇・一九三七〉

ききーさ・す【聞きさす】動（サ四）〔「さす」は接尾語〕聞くのを中途でやめる。例ことなること（＝特別な内容）なければ、**聞きさし**たまひつ〈源氏・帚木〉

ききーざれ【聞き戯れ】名 いいかげんに聞くこと。例**聞きざれ**に聞けるなり〈土佐〉

きぎし【雉・雉子】名「きぎす」とも。鳥の名。雉の古称。⇩口絵。例春の野にあさる雉の妻恋ひに己があたり（＝自分の居所）を人に知れつつ〈万葉・八・一四四六〉

ききーしの・ぶ【聞き忍ぶ】動（バ四）聞いても知らないふりをする。聞いて黙っている。例心やましうち思ひて（＝不愉快に思って）、**聞き忍び**たまふ〈源氏・横笛〉

ききしりーがほ【聞き知り顔】―ガオ 名 形動（ナリ）聞いてわかっているという表情・様子。例（猫ヲ）「大納言殿の姫君」と呼びしかば、**聞き知り顔**に鳴きて〈更級〉

ききーし・る【聞き知る】動（ラ四）聞いてそれと知る。聞き分ける。例笛をえならず吹きすさびたる、あはれと**聞き知る**べき人もあらじ〈徒然・四四〉

きぎす【雉・雉子】名「きぎし」に同じ。例狩りに来ばゆきてもみまし（＝行ってみるだろうに）片岡の朝の原に**きぎす**鳴くなり〈後拾遺・春上〉

ききーすぐ・す【聞き過ぐす】動（サ四）聞いても心にとめない。聞き流す。例（宮ノ）御かたち、よろづの人**聞き過ぐし**たまはぬを〈宇津保・藤原の君〉

ききーすま・す【聞き済ます】動（サ四）最後まですっかり聞く。完全に聞き知る。例この謀…将軍これを**聞きすまし**てんげれば〈太平記・一七〉

ききーすま・す【聞き澄ます】動（サ四）耳を澄まして聞く。注意して聞く。例（怪鳥ガ）鳴きけるところを**聞き澄まし**て、弦音高く（矢ヲ）ひゃうど放つ〈太平記・一二〉

ききーそ・ふ【聞き添ふ】―ソウ 動（ハ下二）聞いたうえにさらに重ねて聞く。聞き加える。例はてはてはめづらしきことどもを**聞き添ふる**かな〈源氏・関屋〉

ききーた・つ【聞き立つ】動（タ下二）熱心に聞く。また、尋ね回る。例人のなか事（＝他人の中傷）**聞き立つ**なゆめ（＝決して）〈古今六帖・五〉

ききーつ・く【聞き付く】■1動（カ四）❶耳を傾けて聞く。聞いて心ひかれる。例（カスカニオ話シニナル様子ガ）いとなつかしげなるに、**聞きつき**て〈源氏・薄雲〉❷聞いてよくわかる。聞き慣れる。例「べらなり」といふ言葉、げに昔の言葉なれば、世の末には**聞きつか**ぬやうに聞こゆ〈俊頼髄脳〉■2動（カ下二）❶聞いて気づく。例門うちたたかせたまへど、**聞きつくる**人なし〈源氏・若紫〉❷聞きこむ。聞いて知る。例いみじう泣く人あるを**聞きつけ**て〈伊勢・六〉

ききーつ・ぐ【聞き継ぐ】動（ガ四）❶人づてに聞く。人から人へと伝え聞く。例かく籠りゐたまへれば、**聞きつぎ**つつ、御訪ひにふりはへ（＝わざわざ）ものしたまふ人もあり〈源氏・総角〉❷人が聞いた後で続けて聞く。例ほととぎす鳴き渡りぬと（人ガ私ニ）告ぐれども我**聞き継が**ず花は過ぎつつ〈万葉・一九・四一九四〉

ききーつた・ふ【聞き伝ふ】―ツタウ・―ツトウ 動（ハ下二）人づてに聞く。伝え聞く。例世になきものと**聞き伝へ**し御琴の音をも風につけて聞き〈源氏・明石〉

ききーとが・む【聞き咎む】動（マ下二）❶聞いて問題にする。聞きとがめる。例いかなることをか聞こえつる（＝申し上げたのだろうか）。さらに**聞きとがめ**たまふべきことなし〈枕・弘徽殿とは〉❷聞いて心にとめる。例逢坂の夕つけに鳴く鳥の音を**聞きとがめ**ずぞ行き過ぎにける〈後撰・雑二〉

ききーどころ【聞き所】名 聞く価値のあるところ。例**聞きどころ**ある世の物語などして〈源氏・澪標〉

ききーとど・く【聞き届く】動（カ下二）❶注意して聞く。聞いて確かめる。例人の言ふ事を**聞き届くれ**ば心もよいが〈狂言・文蔵〉❷聞き入れる。聞いて許可する。例（金ガナイト）断わり言へば、掛け取り（＝借金取り）**聞きとどけ**て〈西鶴・世間胸算用・四・二〉

ききーと・る【聞き取る】動（ラ四）❶聞いて耳にとめる。例（人ノ悪口ヲ）幼き子どもの**聞きとり**て〈枕・はしたなきもの〉❷演奏技法などを、聞いて習い取る。例しばしも弾きたまはなむ、**聞きとる**こともや〈源氏・常夏〉読解もう少しお弾きくだされば、聞いて習い覚えることもできように、の意。

ききーな・す【聞き為す・聞き做す】動（サ四）聞いてそれと思う。意識的にそれと聞く。例恥づかしかりし人と、さすがに**聞きなし**て〈源氏・若紫〉読解幼い少女でも、その声を聞いて、あのりっぱだった人だと察する。

ききーなほ・す【聞き直す】―ナオス 動（サ四）❶聞いて考え直す。聞いて誤解を訂正する。例（ウワサガ）まことならばこそあらめ（＝事実ならともかく、うそなので）、おのづから**聞きなほし**たまひてん〈枕・頭の中将の、すずろなるそら言を〉❷聞いて改める。例咎過ちあらむをば、神直び・大直びに見直し**聞き直し**まして〈祝詞・御門祭〉読解「神直び」「大直び」は、凶を吉に直すという神の名か。

ききーなら・す【聞き慣らす・聞き馴らす】動（サ四）聞いて耳を慣らす。聞き慣れている。例いはけ初琴習ふ人もあめるを、もろともに**聞きならし**たまへ〈源氏・初音〉読解ここは、琴を稽古すること。

ききーなら・ふ【聞き習ふ・聞き慣らふ】―ナラウ・―ナロウ 動（ハ四）聞き慣れている。いつも聞いている。例例ならず（＝いつもと違うように）のたまへば、**聞きならは**ぬ心地なむ〈宇津保・国譲下〉

ききーにく・し【聞きにくし】形（ク）❶聞き苦しい。聞いて不愉快である。例鼻などを、けざやかに**聞きにくく**はあらで、忍びやかにかみたるは〈枕・正月寺に〉❷聞き取りにくい。耳慣れない。例（読経ノ声ガ）**聞きにくき**まで鳴り満ちたり〈栄花・初花〉

ききーにげ【聞き逃げ】名 動（サ変）うわさや物音などを聞いただけで、恐れて逃げること。例いくさには見逃げといふ事をだに心憂き事にこそするに、これは**聞き逃げし**たまひたり〈平家・五・五節之沙汰〉

ききーは・つ【聞き果つ】動（タ下二）最後まで全部聞く。例この理**聞きはて**む〈源氏・帚木〉

ききーはな・つ【聞き放つ】動（タ四）関係のないことと思って聞く。よそごととして聞き流す。例いづれの皇女たちをも、よそに**聞き放ち**たてまつるべき

にもあらねど〈源氏・若菜上〉

きき-はや・す【聞き囃す】 動(サ四) 聞いて、すばらしいと賞美する。聞いてもてはやす。例**聞きはやす**べき人のある時、手な残いたまひそ(=演奏を出し惜しみなさるな)〈源氏・帚木〉

きき-ひら・く【聞き開く】 動(カ四) 聞いてその意味を理解する。聞いて納得する。例汝が申すところ、一々に**聞きひらき**ぬ〈曾我・一〇〉

きき-ふけ・る【聞き耽る】 動(ラ四) 聞いて心を奪われる。じっと聞き入る。例この歌どもを、人の何かといふを、ある人**聞きふけり**て〈土佐〉

きき-ふ・す【聞き臥す】 動(サ四) 聞きながら横たわる。横になったままで聞く。例誦経の鐘の風につけて聞こえ来くるを、つくづくと**聞き臥し**たまふ〈源氏・浮舟〉

きき-ふる・す【聞き旧るす】 動(サ四) 聞き慣れて新鮮味がない。例いたらぬところなしと**聞きふるし**たる手(=筆跡)も〈蜻蛉・上〉

きき-まが・ふ【聞き紛ふ】 ―マガウ・―マゴウ 動(八四) 聞き間違える。例おのれが声を**聞き紛はう**か〈狂言記・福渡〉

きき-みみ【聞き耳】 名 ❶聞いた感じ。例同じことなれども、**きき耳**異なるもの 法師の言葉〈枕・おなじことなれどもきき耳ことなるもの〉 ❷外聞。世間への聞こえ。例まだ下臈なり(=身分が低い)、世の**聞き耳**軽しと思はれば〈源氏・常夏〉 ❸注意して聞こうとすること。例(鼠ガ)じじといへば**聞き耳**たつる猫殿の〈御伽草子・猫の草紙〉

ききみみ-どほ・し【聞き耳遠し】 ―ドオシ 形(ク) 聞いても実感がわかない。耳慣れない。例それ(=大昔のこと)はいと**聞き耳遠けれ**ば〈大鏡・序〉

ぎぎ-め・く 動(カ四) 〔擬声語「ぎぎ」＋接尾語「めく」〕 ❶ぎぎと鳴く。ぎぎと音を立てる。ぎぎと音が立つほど密集する。例(イタチガ)大きに**ぎぎめき**て〈源平盛衰記・一三〉 ❷りきむ。意気ごむ。例太刀に手を掛け**ぎぎめく**を〈浄瑠璃・舎利・四〉

きき-もた・り【聞き持たり】 動(ラ変) 〔「ききもちあり」の変化した形〕聞いて覚えている。例(父ガ)「いま来むよ」と言ふも、**聞きもたり**て〈蜻蛉・上〉

きき-もら・す【聞き漏らす・聞き洩らす】 動(サ四) ❶秘密などを聞いて他人へ漏らす。例次々に**聞き漏らし**つつ、ありがたき世語りにぞ(=めったにない世間話として)ささめきける〈源氏・真木柱〉 ❷聞き落とす。聞き漏らす。例世に古りぬる事をも、おのづから**聞きもらす**あたりもあれば〈徒然・二三四〉

き-きやう【桔梗】 ―キョウ 名 〔「きちかう」の変化した形〕 ❶植物の名。キキョウ科の多年草。秋に青紫色の花をつける。秋の七草の「あさがほ」をこの花とする説もある。例女郎花、**桔梗**など咲きはじめたるに〈源氏・手習〉 ❷襲の色目の名。表は二藍、裏は青。一説に、表裏ともに縹色とも。秋に着用。❸紋所の名。①の花の形を図案化したもの。

き-きやう【帰敬】 ―キョウ 名 動(サ変) 『仏教語』「帰依敬礼」の略。仏を心から信仰して敬うこと。例(観音ノ)像を造り、日に夜に**帰敬し**〈霊異記・上・六〉

き-ぎやう【鬼形】 ―ギョウ 名 鬼の形。鬼の姿。例**鬼形**なる者、火を諸堂に吹きかけ〈太平記・二一〉

き-ぎょ【綺語】 名 「きご(綺語)」に同じ。

きき-よ・し【聞きよし】 形(ク) 聞いていて快い。人聞きがよい。例(ホトトギスガ)ひねもすに(=一日じゅう)鳴けど**聞きよし**〈万葉・九・一七五五〉

きき-わ・く【聞き分く】 ❶ 動(カ四) 聞いて判別する。聞いて理解する。例(a)春や疾き花や遅きと**聞きわかん**〈古今・春上〉例(b)同じ所の人の声などは、常に聞かぬ人はさらにえ**聞き分かず**〈枕・成信の中将こそ〉 ❷ 動(カ下二) ❶❶に同じ。例何と**聞きわけ**たる事はなけれども〈保元・上〉 ❷聞いて納得する。聞いて承諾する。例その時、童子**聞き分けて**「さもあらば、ともかくも母の仰せに従ふべし」とて〈御伽草子・法妙童子・三〉 語誌 ❷は中世以降の用法。

きき-わた・す【聞き渡す】 動(サ四) ❶あたり一帯の物音を聞く。例白栲の衣打つ砧の音も、かすかにこなたかなた**聞きわたされ**〈源氏・夕顔〉 ❷絶えず聞く。聞き続ける。例かの近き寺の鐘の声も**聞きわた**さまほしくおぼえはべるを〈源氏・宿木〉

きき-わた・る【聞き渡る】 動(ラ四) ずっと聞き続ける。前から聞いている。例日ごろ重く悩みたまふと**聞きわたりつれ**ど〈源氏・夕霧〉

きき-わづら・ふ【聞き煩ふ】 ―ズラウ・―ズロウ 動(八四) 聞いて心苦しく思う。例死ぬばかり思ひて、母北の方を責めたてまつれば、(北ノ方ハ)**聞きわづらひ**たまひて〈源氏・竹河〉

きく【菊】 名 ❶植物の名。キク科の多年草。秋に開花する。花の色・形は多様。例(a)さるいみじき姿に、**菊**の色々うつろひ、えならぬをかざして(=そのように美しい姿に、菊で、さまざまな色に変わって、なんとも言いようのないほど美しいものを挿して)〈源氏・紅葉賀〉 読解 上皇の賀宴で舞う光源氏の姿。例(b)**菊**の香や奈良には古き仏たち〈芭蕉書簡・元禄七年九月杉風宛〉 読解 陰暦九月九日の重陽の日の句。➡名句46 ❷「菊襲」の略。襲の色目の名。表は白、裏は青。一説に、裏は蘇芳または紫とも。秋から冬に着用。❸「菊襲」の略。女性の重ね袿の色目の名。上に蘇芳の匂い(濃い色から薄い色への配色)を五枚、下に白を三枚重ねて着る。例**菊**の濃く薄き八つばかりに、濃き掻い練りをうへに着たり(=菊襲で濃い色のものと薄い色のものを混ぜた八枚ほどに、濃い紅色の練り絹を上着に着ていた)〈更級〉 ❹紋所の名。①の花や葉を図案化したもの。

語誌 ▼観賞用・薬用の菊は、古く中国大陸から渡来した。「きく」は中国語「菊」をそのまま移入した字音語である。▼奈良時代の漢詩集『懐風藻』に例が見えるが、『万葉集』の和歌には詠まれていない。しかし、平安時代以降は和歌にも普通に詠まれるようになる。白い菊ばかりでなく、紫色に変色した花も賞美された(①例(a))。長寿の象徴ともみられ、中国の南陽県を流れる菊水は上流の菊のしずくを含み飲む者に長寿をもたらしたという故事が意識されることも多かった。⇩ちょうやう(重陽)・きくのわた

〈佐藤明浩〉

き・く【利く】 動(カ四) ❶役に立つ。有効に働く。例あはれ、ききたまへる口かな〈栄花・根合はせ〉 ❷すぐれている。例忠実は打ち物(=武器)取って手はききたれども〈太平記・二九〉

き・く

【聞く・聴く】 動(カ四) 音声を耳に受けて知覚する、が原義。

❶**聞く。耳にする。音声を耳で知る。** 例春日の国に 麗し女を ありと**聞きて**(=春日の地に美しい女がいると聞いて)〈紀・継体・歌謡〉

❷**人の言葉に従う。聞き入れる。承諾する。** 例親のあはすれども、**聞かで**なんありける(=親が結婚させようとするが、承知しないでいた)〈伊勢・二三〉

❸**尋ねる。問う。** 例散り散らず**聞かま**ほしきを古里の花見て帰る人も逢はなん(=散っているのか散っていないのか尋ねてみたいので、古里の花を見て帰って来る人は私に逢ってほしい)〈拾遺・春〉

❹**酒や香などを味わい試す。吟味する。** 例(a)良い酒か悪しい酒か、私が**聞い**(音便形)てみずはなりますまいほどに(=良い酒か悪い酒か、私が吟味してみなければなりますまいから)〈虎寛本狂言・伯母が酒〉例(b)香を**聞く**事、京にもならびなし(=香を味わい試すことは、京でも並ぶ者がいない)〈西鶴・日本永代蔵・六・三〉

語誌 最も基本的な用法は、音や声を聴覚でとらえる意。そこから、②の他者の発言に従う意や、③の他者に発言を求める意の、対人関係を前提とする用法が生まれた。③の意では、平安時代ごろまでは「**とふ**(問ふ)」が多く用いられた。④の用法はこの語本来の聴覚的な感覚が他の感覚に転用されたものとみられる。〈鈴木日出男〉

きく-あはせ【菊合はせ】アワセ 名 平安時代の遊戯の名。左右二組に分かれ、双方から菊の花を出して優劣を競う。菊に歌を添えることが多い。例同じ御時せられける**菊合はせ**に〈古今・秋下・詞書〉

きく-ざけ【菊酒】 名 ❶菊の花を浸した酒。不老長寿の効能があるとされ、陰暦九月九日の重陽の節句に飲まれた。「菊の酒」とも。❷加賀国(石川県)産の名酒。一説に、みりんの一種とも。例酌を取らせてまゐれや加賀の**菊酒**〈田植草紙・酒来時之歌〉

菊慈童(きくじどう)《人名》中国の仙童の名。十六歳のとき河南省の南陽に流されたが、この地で菊の露を吸って不老不死になったという伝説がある。

きく-すい【菊水】 名 ❶《地名》中国河南省にある川。この地にある菊の露が川にしたたり落ち、その水を飲むと長生きをするとされた。例昔南陽県の**菊水** 下流を汲んで齢を延ぶ〈太平記・二〉 ❷紋所の名。半輪の菊の下を水が流れるさまを図案化したもの。楠木氏の家紋として有名。

菊水②

き-くちば【黄朽ち葉】 名 ❶染め色の名。梔子に茜や紅を混ぜた、赤みを帯びた黄色。❷織物で、縦糸を紅、横糸を黄で織ったもの。秋に着用。例**黄朽ち葉**の織物、薄物などの小袿着て〈枕・野分のまたの日こそ〉

きく-ぢん【麹塵】ジン 名(「麹塵」はこうじかび。その色に似ることから)❶色の名。染色の場合は紫根と刈安(イネ科の草)で染め、織物の場合は縦糸を萌黄、横糸を黄で織り出した。黄味を帯びた萌黄色。天皇の服色に用いるため、着用には制約があった。「きぢん」とも。「青色」「青白橡」「山鳩色」なども同じ色をさす。❷「麹塵の袍」のこと。天皇が略儀に着る袍で、①の色で桐・竹・鳳凰などの文様がある。盛儀に着る黄櫨染の袍を「赤色の袍」と呼ぶのに対して、「青色の袍」ともいう。

きく-づき【菊月】 名 陰暦九月の別称。例さまざま口を**きくづき**には、九日の節句〈談義本・風流志道軒伝・二〉読解「きく」は「菊」と「(口を)きく」を掛ける。

きく-とぢ【菊綴ぢ】トジ 名 直垂・水干・素襖・狩衣などの縫い目にとじつける紐。先を乱して、菊の花の形に作ったことによる称。例ひゃうもんの狩衣の**菊とぢ**大きらかにしたるに〈平家・四・競〉

きくならく【聞くならく】〔動詞「きく」の終止形+推定・伝聞の助動詞「なり」=「きくなり」のク語法〕聞くところによると。漢文訓読体の文章で、引用に用いられる。例**聞くならく**春色園中に遍しと〈文華秀麗集・下・雑詠〉

きく-の-えん【菊の宴】 名 陰暦九月九日の重陽の節句に行われた観菊の宴。例九月のこよひ、内裏にて**菊の宴**ありしに〈大鏡・時平〉

きく-の-さけ【菊の酒】 菊の花を浸した酒。不老長寿の効能があるとされ、陰暦九月九日の重陽の節句に用いる。例所も山路の**菊の酒**を飲まうよ〈謡曲・安宅〉

きく-の-したみづ【菊の下水】シタミズ 菊の下を流れる水。「きくすい①」の故事から、この水を飲むと長生きをするとされる。例山川の**菊の下水**いかなれば流れて人の老いを堰くらん〈新古今・賀〉

きく-の-つゆ【菊の露】 菊の花に置いた露。不老長寿をもたらすとされた。例**菊の露**若ゆばかりに(=若返る程度に)袖ふれて〈紫式部集〉

きく-の-わた【菊の綿】 菊の花にかぶせた綿。陰暦九月九日の重陽の節句に、これで顔や身体をぬぐうと老いを去り長生きするとされた。菊の着せ綿。例九日、**菊の綿**を兵部のおもと(=女房の名)の持てきて〈紫式部日記〉

き-くわい【奇怪】カイ 名・形動(ナリ) ❶怪しい。不思議だ。例いかなる人の入りおはしたるぞ。いと**奇怪なる**事なり〈今昔・二七・一六〉❷けしからぬこと。不都合だ。例さがなき(=いたずらな)童べどもの仕りける、**奇怪に**候ふことなり〈徒然・二三六〉

ぎ-けい【儀刑・儀形】 名・動(サ変)「ぎぎゃう」とも。手本。模範。例太政大臣は一人(=天子)に師範として、四海(=天下)に**儀刑せり**〈平家・一・鱸〉

義経記(ぎけいき)《作品名》室町時代の軍記。八巻。作者・成立年代未詳。源義経の生涯を描く。

●**構成** 巻四冒頭の挙兵した兄頼朝との対面を軸に、大きく二部に分かれる。前半は父義朝の仇討ちのために武芸に励む幼少期を、後半は梶原の讒言によって頼朝と不和になり奥州の衣川の館に攻められ自害するまでを語る。前半の牛若丸時代の超人的な活躍に比べ、後半の義経は精彩がなく、むしろ弁慶はじめ家来たちに守られる人物となっている。軍記としては異例で、源義経の一代記となっているが、伝奇的で史実とはかけ離れている。歴史の表舞台での義経の活躍も描かれない。悲劇的な生涯にもかかわらず、全体に空想的で明るい色調がある。

●人物　義経は、『平家物語』では「平家の中のゑりくづ（=選び残しの屑）よりもなほ劣れり」などと評されていたのが、この作品では優雅な美男子に変わっている。義経を取り巻く弁慶・義盛・忠信・鈴木兄弟などの忠臣や、母常盤や、静御前・北の方・鬼一法眼の娘などの献身的女性たちのほかに、山伏・盗賊・悪僧・印地（ならず者）や鬼一法眼のような陰陽師、金売吉次のような商人など多様な群像が登場する。

●影響　江戸時代に版本として流布し、歌舞伎・浄瑠璃・小説類の源泉ともなった。〈黒木祥子〉

きーげん【機嫌・譏嫌】

1 [名] ❶《仏教語》そしり嫌うこと。[例]聖人は食を要したまふ事無しといへども**譏嫌**のために求めたまふか（=聖人は食物を必要となさることがないというけれども、人からそしられるために食事をお求めになるのか）〈今昔・七・四四〉[読解]聖人といわれる僧が食事を求めたことに対しての皮肉。

❷**事の起こる時期。事を起こす潮時**。[例]世に従はん人は、まづ**機嫌**を知るべし（=世俗に順応しようとする人は、第一に物事の潮時を知らなければならない）〈徒然・一五五〉

❸**様子。形勢。事情**。[例]京の**機嫌**をぞ窺ひける（=京都の様子を探った）〈義経記・二〉

❹表情・言動に現れる、その人の気分のよしあし。[例]しかれば、**機嫌**をはばかって和らかに諫むべし（=だから、その人の気分のよしあしに遠慮して穏やかに注意をするのがよい）〈十訓抄・六・序〉

2 [名] [形動]（ナリ）気分がよいこと。また、そのさま。[例]常より（=普段よりも）**機嫌なる**顔にして〈西鶴・武家義理物語・五・五〉

[語誌]　本来の表記は「譏嫌」で、「譏」は非難する、「嫌」は疑う・嫌う意。世間からの「譏嫌」を除くための戒律から出た語。「機」が人の気持ちに関連する語にも用いられることから「機嫌」の表記も行われるようになった。また「機」には、きっかけ・潮時・こまやかなどの意があるから、**1**②③の意にも用いられるようになった。〈剱持雄二〉

きけん-じゃう【喜見城】―ジヨウ [名] ❶《仏教語》須弥山の頂上にあるという帝釈天の居城。四門に四つの大庭園があり、諸天人が遊び戯れるという。❷（①から転じて）非常に楽しい場所。多く遊里にいう。[例]目前の**喜見城**とは、吉原・島原・新町〈西鶴・諸艶大鑑・一・一〉

きーご【季語】 [名] ⇩『名歌・名句辞典』「俳諧の表現技法」

きーご【綺語】 [名] ❶《仏教語》十悪の一つ。仏の説いた実語に対して、人におもねり心を惑わす言葉。真実でない言葉。❷美しく飾った言葉。仏教の立場から詩歌や物語をいう。[例]（源氏物語ハ）**綺語**とも雑穢語などはいふとも〈今鏡・一〇・作り物語の行方〉

きこう【紀行】 ⇩きかう

きこうでん【乞巧奠】 ⇩きかうでん

きこえ【聞こえ】 [名] ❶うわさ。評判。[例]（男ガ）二条の后に忍びて参りけるを、世の**聞こえ**ありければ、兄たちの守らせたまひけるとぞ〈伊勢・五〉❷世間体。外聞。[例]師匠の婿と申せば**聞こえ**もよし〈近松・鑓の権三重帷子・上〉

きこえ-かは・す【聞こえ交はす】―カワス [動]（サ四）「言ひ交はす」の謙譲語。手紙を差し上げたりいただいたりする。お話を申し上げたりうかがったりする。[例]（帝カラノ手紙ニ対スル）御返り（=御返事）、さすがに憎からず**聞こえかはし**たまひて〈竹取〉

きこえ-かよ・ふ【聞こえ通ふ】―カヨウ [動]（ハ四）「言ひ通ふ」の謙譲語。手紙などを差し上げて親しく交際する。うちとけてお話を申し上げる。[例]とある事かかる折につけて、何ごとも**聞こえ通ひ**しに〈源氏・朝顔〉

きこえ-ご・つ【聞こえごつ】 [動]（タ四）〔「きこえごと」の動詞化〕申し上げる。また、聞こえよがしに申し上げる。[例]「うしろめたきわざかな（=心配なことだよ）」と**きこえごつ**人々も〈枕・淑景舎、東宮にまゐり給ふほどのことなど〉

きこえ-さ・す【聞こえさす】 [動]（サ四）〔「さす」は接尾語〕「言ひさす」の謙譲語。申し上げかけて途中でやめる。[例]人々参れば**聞こえさし**つ〈源氏・玉鬘〉

きこえ-さ・す

【聞こえさす】〔謙譲の動詞「きこゆ」の未然形＋使役の助動詞「さす」〕**1** [動]（サ下二）❶「言ふ」の謙譲語。**申し上げる**。呼び名をいう場合は「呼ぶ」の謙譲語とも。**お呼び申し上げる**。[例](a)「うちとけて、あやしきふる人どもの侍るに」と**聞こえさす**（=「くつろいだ姿で、みっともない古女房たちがおりますので」と申し上げる）〈源氏・若紫〉[読解]若紫の乳母が光源氏に言う言葉。[例](b)法住寺の大臣ときこえさす（=お呼び申し上げる）〈大鏡・為光〉

❷**手紙を差し出す意の謙譲語。差し上げる**。[例]宮の北の方の御もとに、御文奉る。「…馴れ馴れしくやとかしこまりて、え思ひたまふるままにも**聞こえさせ**ぬを」（=宮の北の方の御所に、お手紙を差し上げる。「…なれなれしいかと遠慮して、私が思っておりますようにもお手紙を差し上げられませんが」）〈源氏・東屋〉

2 [補動]（サ下二）（動詞の連用形について）**謙譲の意を表す**。**〜申し上げる**。[例]つらかりし御心ばへも、かすめ**聞こえさせ**まほしけれど（=冷淡だったお心のありさまも、それとなくお恨み申し上げたかったが）〈源氏・須磨〉

[語誌]▼「聞こゆ」との違い　「聞こえさす」は、助動詞「さす」が使役の意から転じて、動作の受け手を敬う謙譲の意を強める働きをするようになったもの。謙譲語の「聞こゆ」に比べて、受け手により高い敬意を払う必要のある場合に用いられた。〈山口堯二〉

きこえ-させ-たまふ【聞こえさせ給ふ】―タマウ・―タモウ

〔「きこゆ」の未然形＋助動詞「さす」の連用形＋尊敬の補助動詞「たまふ」〕 **1**〔「きこゆ」は謙譲の動詞〕 ❶〔「さす」は使役〕申し上げさせなさる。例（東宮ハ）桐壺の御方より伝へて（女三ノ宮ニ）**聞こえさせたまひけれ**ば〈源氏・若菜下〉読解東宮は、桐壺の御方を通して、女三の宮に申し上げさせなさったので、の意。「聞こゆ」は女三の宮への、「たまふ」は東宮への敬意を表す。

❷〔「さす」は尊敬〕申し上げあそばす。申し上げなさる。例（関白殿ハ）御前にゐさせたまひて、ものなど**聞こえさせたまふ**〈枕・関白殿、二月二十一日に〉読解関白殿が中宮様の御前にお座りになって、何かと申し上げあそばす、の意。「聞こゆ」は中宮への、「さす」「たまふ」は関白への敬意を表す。

2〔「きこゆ」は謙譲の補助動詞〕 ❶〔「さす」は使役〕～申し上げさせなさる。例かの弁（＝左中弁）してぞ（院ハ、光源氏ニ）かつがつ案内伝へ**きこえさせたまひける**〈源氏・若菜上〉読解院は、あの左中弁を使者として、とりあえずお考えを光源氏にお伝え申し上げさせなさった、の意。「きこゆ」は光源氏への、「たまふ」は院への敬意を表す。

❷〔「さす」は尊敬〕～申し上げあそばす。～申し上げなさる。例（帝ハ）この若宮を坊（＝東宮）にと思ひ**きこえさせたまふ**に〈源氏・紅葉賀〉読解帝は、この若宮を東宮にしようとお思い申し上げあそばすが、の意。「きこゆ」は若宮への、「さす」「たまふ」は帝への敬意を表す。

語誌▼**二方面への敬語**　謙譲の意を表す「きこゆ」によって動作を受ける人物への敬意を、尊敬の意を表す「たまふ」によって動作をする人物への敬意を表す。いわゆる二方面への敬語表現である。

▼助動詞「さす」が使役か尊敬かは、実際の用例では区別しにくいことも多い。使役の相手となる人物が明示されている場合以外は、「させたまふ」の最高敬語がふさわしいか、「たまふ」がふさわしいかが、判断の一つの目安となる。

▼同じ形となるが働きの違うものに、謙譲の動詞「きこえさす」＋尊敬の補助動詞「たまふ」の「きこえさせたまふ」がある。

きこえ-ぬ【聞こえぬ】〔動詞「きこゆ」の未然形＋打消の助動詞「ず」の連体形〕相手の出方などが納得できないときに非難する気持ちで言う言葉。理不尽だ。あんまりだ。室町時代以降の口語で、言い切りにも用いられる。例やら、**きこえぬ**ことをおしゃる（＝おっしゃる）〈狂言・千切木〉

きこえ-をか・す【聞こえ犯す】動（サ四）「言ひ犯す」の謙譲語。❶失礼を顧みず申し上げる。遠慮なく申し上げる。例闇に惑ふはるけどころに（＝気持ちを晴らす場所として）**聞こえをかさ**むかし〈源氏・紅梅〉 ❷くどき申し上げる。言い寄り申し上げる。例斎院をもなほ**聞こえ犯し**つつ、忍びに御文通はしなどして〈源氏・賢木〉

きこしめし-つ・く【聞こし召し付く】動（カ下二）「聞き付く」の尊敬語。お聞き及びになる。聞きつけなさる。例かかるほどに（＝こうしているうちに）、帝**きこしめしつけ**て〈伊勢・六五〉

きこし-め・す

【聞こし召す】動（サ四）〔尊敬の動詞「きこす」の連用形＋尊敬の補助動詞「めす」〕 ❶「聞く」の尊敬語。お聞きになる。例御門（内侍ノ報告ヲ）**きこしめし**て、「多くの人殺してける心ぞかし」とのたまひてやみにけれど（＝「多くの人を殺してしまった心なのだねえ」とおっしゃってそのままになってしまったが）〈竹取〉

❷下二段動詞「聞き入る」の尊敬語。お聞き入れになる。承諾なさる。例ここに切に申さむことは、**聞こしめさ**ぬやうあらざらまし（＝私が一途に申し上げることは、承諾なさらないことはないだろうに）〈源氏・行幸〉

❸「食ふ」「飲む」の尊敬語。召し上がる。お飲みになる。例壺なる御薬たてまつれ。穢き所の物**きこしめし**たれば、御心地悪しからむものぞ（＝壺の中にある御薬をお飲みください。穢れた所の食物を召し上がったので、ご気分が悪いことでしょう）〈竹取〉

❹「治む」の尊敬語。お治めになる。例桜花今盛りなり難波の海おしてる宮に**聞こしめす**なへ（＝桜の花は今が盛りである。難波の海の輝く宮で世をお治めになるとともに）〈万葉・二〇・四三六一〉

❺公の行事など、**天皇の主催する行為の尊敬語**。催しなさる。例今年は節会**きこしめす**べしとて、いみじう騒ぐ（＝今年は五月の節会を催しなさるはずだと言って、非常に騒ぐ）〈蜻蛉・上〉

類義④きこしをす

語誌▼**最高敬語**　平安時代の『枕草子』『源氏物語』などでは、主に天皇・皇后の動作について用いられている。特に高い敬意を表す最高敬語の一つ。

▼中世には、その敬意をさらに補うように尊敬の助動詞「る」を伴う「聞こし召さる」という形も出てくる。例御出家ののちも万機の政を聞こし召されし間〈平家・一・殿下乗合〉

▼②の意は、次のように「聞こし召し入る」ともいう。例たとひ入道非拠（＝無理なこと）を申しおこなふとも、一度はなどか聞こし召し入れざるべき〈平家・三・法印問答〉〈山口堯二〉

きこし-を・す【聞こし食す】動（サ四）〔尊敬の動詞「きこす」の連用形＋尊敬の動詞「をす」〕お治めになる。例高照らす（枕詞）日の皇子の　**聞こし食す**御食つ国（＝食料を奉る御国）〈万葉・一三・三二三四〉

きこ・す

【聞こす】動（サ四）『上代語』〔動詞「きく」の未然形＋上代の尊敬の助動詞「す」＝「きかす」の変化した形〕 ❶「聞く」の尊敬語。お聞きになる。例賢し女を　ありと聞かして　麗し女を　ありと**聞こして**（＝かしこい女がいるとお聞きになって、美しい女がいるとお聞きになって）〈記・上・神代・歌謡〉

❷「言ふ」の尊敬語。おっしゃる。例大君し　良しと**聞こさ**ば　一人居りとも（＝大君さえよいとおっしゃるのなら、独身でいてもいい）〈記・下・仁徳・歌謡〉

❸「食ふ」の尊敬語。召し上がる。例横臼に　醸みし大御酒　うまらに　**聞こし**もち飲せ（＝平たい臼に醸造したお酒を、おいしく召し上がってください）

〈記・中・応神・歌謡〉

語誌 上代にだけ用いられた語。この語の連用形に尊敬の補助動詞「召す」がついた、より高い敬意を表す尊敬語に「聞こし召す」がある。①③の意には、「聞こす」と並んで「聞こし召す」も上代から用いられている。〈山口堯二〉

きごつ-な・し 形(ク)「ぎごつなし」とも。愛想がない。無作法だ。ぎこちない。例若衆に、**ぎこつなき**法師の思ひを寄せながら〈醒睡笑・三〉

き-ことば【季詞・季言葉】 名 連歌・俳諧で、その句の季節を表す言葉。季語。

き-こ・む【着込む・着籠む】 動(マ下二) 髪などを衣服の内側に入れて着る。女性が徒歩で外出するときなどのさま。例髪着**こめ**たるあやしの者どもの(＝卑しい身分の者たちが)〈源氏・葵〉

きこ・ゆ【聞こゆ】「ゆ」は、上代の自発・受身の助動詞「ゆ」に関連する接尾語。

1 動(ヤ下二) ❶**聞こえる**。例さ夜中と夜はふけぬらし雁が音の**聞こゆる**空を月渡る見ゆ(＝真夜中と夜は更けたのだろう。雁の鳴き声が聞こえる空を月が渡って行くのが見える)〈万葉・九・一七〇一〉

❷**世間に知られる。うわさされる。**例これ、昔、名高く**きこえ**たる所なり(＝これは、昔、評判になった所である)〈土佐〉

❸**わけがわかる。理解できる。**例(酒ニ酔ッタ老法師ガ)**聞こえ**ぬ事ども言ひつつよろめきたる、いとかはゆし(＝わけがわからないことを言いながらよろよろとしているのは、見られたざまではない)〈徒然・一七五〉

❹近世の用法。聞かせてくれる。例(和歌ヲ)松の炭して岩に書き付けはべりと、いつぞや**聞こえ**たまふ(＝松の炭で岩に書きつけたものですと、いつだか聞かせてくださったものである)〈芭蕉・奥の細道〉

2 動(ヤ下二) 謙譲語。❶「**言ふ**」の謙譲語。**申し上げる**。呼び名をいう場合は、「呼ぶ」の謙譲語とも。お**呼び申し上げる**。例(a)(僧都ハ)かく籠もれるほどの御物語など**聞こえ**たまひて(＝このように山ごもり中のお話などを申し上げなさって)〈源氏・若紫〉例(b)二条の后の東宮の御息所ときこえける時(＝二条の后が東宮の御息所とお呼び申し上げたとき)〈古今・春上・詞書〉

❷**手紙を差し出す意の謙譲語。差し上げる**。例御返り**聞こえ**んものともおぼえず(＝ご返事を差し上げるものとも思われない)〈和泉式部日記〉

3 補動(ヤ下二)(動詞の連用形について)謙譲の意を表す。**～申し上げる**。例光る君といふ名は、高麗人の愛でき**こえ**て、つけたてまつりけるとぞ(＝光る君という名は、高麗人がおほめ申し上げて、おつけしたと)〈源氏・桐壺〉

語誌 ▼[1]の中では、聴覚を通して音が耳に入る意の①が原義。②③はそれから派生したものである。②の意は、その連用形の名詞化した「聞こえ」や、「世の聞こえ」などの形でもよく用いられる。④は近世文語の特殊な用法といってよい。

▼[2][3]の謙譲語の用法は、平安時代から見られる用法。[2]の類義語に「まうす」、[3]の類義語に「まうす」「たてまつる」「まゐらす」などがある。より高い敬意を払うことの必要な人物には、「**きこえさす**」が用いられた。[2][3]の用法が盛んな期間はわりあい短く、平安時代の末には早くも衰退している。〈山口堯二〉

きこゆる【聞こゆる】 連体(動詞「きこゆ」の連体形から)評判になっている。有名な。例**きこゆる**木曾の鬼葦毛といふ馬〈平家・九・木曾最期〉読解「木曾」は木曾義仲のこと。

き-こん【機根】 名《仏教語》仏の教えに導かれて悟ることのできる素質。転じて、人の生まれつきの能力。例時代・**機根**相萌して(＝働きあって)、因果業報の時(＝過去の行為の結果が現れる時)到る故なり〈太平記・二七〉

き-こん【気根】 **1** 名 しっかりした気力。根気。例身体不調、**気根**亡きがごとし(＝気力がまるでなくなったようだ)〈明月記・安貞元年十二月〉 **2** 形動(ナリ) 根気がよいこと。転じて、自由気ままなさま。例(三味線ヲ)さきから**気こん**にひきやす(＝気ままに弾きます)〈洒落本・売花新駅〉

きさ【象】 名 動物の名。ゾウ。例**きさ**出で来て、その山を越しつ〈宇津保・俊蔭〉

きさい【后】 名「きさき」のイ音便形。例みかど・**きさい**の思しおきつるままにも(＝ご計画のとおりにも)おはしまさば〈源氏・総角〉

きさい-の-みや【后の宮】 名「「きさきのみや」のイ音便形」后の敬称。例院の御絵は、**きさいの宮**より伝はりて〈源氏・絵合〉

きさい-ばら【后腹】 名「「きさきばら」のイ音便形」皇后の腹から生まれたこと。また、その皇子・皇女。例同じ宮と聞こゆる中にも、**きさい腹**の皇女、玉光りかかやきて〈源氏・紅葉賀〉

象潟 《地名》歌枕 出羽国、今の秋田県南西端の地名。日本海に面した景勝地。多くの島があったとされるが、文化元年(一八〇四)の地震で陸地となる。能因・芭蕉などのゆかりの地。例**象潟**や雨に西施がねぶの花〈芭蕉・奥の細道〉➡名句47

きさき【后】 名「きさい」とも。❶**天皇の配偶者**。例太政大臣道長のおとどは、太皇太后宮彰子・皇太后宮妍子・中宮威子・東宮の御息所の御父…后三人並べ据ゑて見たてまつらせたまふことは、入道殿下よりほかに聞こえさせたまはざんめり(＝后を三人並べ置いて拝見なさることは、入道殿下以外世に知られていらっしゃらないようだ)〈大鏡・道長上〉

❷王妃。貴族の妻。例海龍王の**后**になるべきいつきむすめななり(＝海龍王の王妃になるにちがいない大切な娘であるようだ)〈源氏・若紫〉

語誌 ▼**后の種類** 古くは天皇の妻妾をすべて后といったが、そのうちの正妻格にあたる一人を大后と呼ぶようになり、のちに皇后と改称された。『後宮職員令』は、皇后のほかに、従来の后の地位にあたるものとして、妃二人、夫人三人、嬪四人を挙げている。平安時代には、主に皇后・皇太后・太皇太后をさすが、広く女御や更衣に対して用いることもある。また、中宮は本来皇后の別称だったが、一条天皇の時代に皇后藤原定子と中宮藤原彰子を並立させて以来、皇后とは別の天皇の正妻をさすことになり、これも后と呼ばれた。⇨ちゅうぐう
▼平安中期の後宮が政治の中心であった時代には、天皇の多くの妻妾の中からだれが后に立つかは、極めて大きな政治問題だった。〈池田尚隆〉

きーさき【気先】 名『近世語』気勢。先走る気持ち。意気込み。例俳諧は**気先**をもって無分別に作すべし〈俳諧・去来抄・同門評〉

きさきーがね【后がね】 名（「がね」は接尾語）将来、后となる予定の人。后の候補者。例殿は（孫ヲ）**后がね**と抱き持ちて、うつくしみたてまつりたまふ（＝おかわいがり申し上げなさる）〈栄花・岩蔭〉

きさきーだち【后立ち】 名 皇后または中宮の位に就くこと。また、その儀式。立后。例九条女院の后立ちの御時〈平治・下〉

きさきーばら【后腹】 名「きさいばら」に同じ。例斎院も下りゐたまひて（＝退きなさって）、**后腹**の女三の宮ゐたまひぬ（＝お就きになった）〈源氏・葵〉

きさきーまち【后町】 名 皇后の御所。常寧殿の別称。例**后町**より始めて、君だちの御宿直所・御局どもにうかがひたまふに〈宇津保・内侍のかみ〉

きさ・ぐ【刮ぐ】 動（ガ下二）削り落とす。こそぐ。例（貝ノ殻ヲ）**きさげ**集めて〈記・上・神代〉

きざし【萌し・兆し】 名❶芽生え。例ほのかにして**きざし**を含めり〈紀・神代上〉❷前兆。例これ、すでに、その危ぶみの**兆し**なり〈徒然・一四六〉

きざ・す【萌す・兆す】 動（サ四）❶芽ぐむ。例片岡の雪間に**きざす**若草の〈曾丹集〉❷物事が起ころうとする。思いが生じる。例人柄もいとよき人なりと思し**きざし**て〈落窪・四〉

きざーはし【階】 名 階段。例御前の**階**を半らばかり降りさせたまへるところに〈平家・四・鵼〉

きーさま【貴様】 代 対称の人称代名詞。あなたさま。おまえ。江戸前期までは敬称。後期以降は同等以下に対して用いる。例**貴様**もよろづに気の付きさうなるおかたさまと見えて〈西鶴・好色一代男・一・七〉

きざみ【刻み】 名❶細かく切ること。刻むこと。また、刻み目。❷階級。等級。例品（＝階層）定まりたる中にも、また**きざみきざみ**ありて〈源氏・帚木〉❸折。時。場合。例いまはの**きざみ**（＝死に臨んだ折）につらしとや思はむ〈源氏・夕顔〉

きざ・む【刻む】 動（マ四）❶細かく切る。例優婆塞が朝菜に**きざむ**松の葉は〈曾丹集〉❷彫る。彫刻する。また、入れ墨する。例（仏ヲ）**刻める**像もなし〈謡曲・卒都婆小町〉❸苦しめる。さいなむ。例わが身をただいままでいろいろに**きざまれ**〈西鶴・万の文反古・五・三〉❹太鼓などを連打する。

象山（地名）歌枕 大和国の山。今の奈良県吉野郡吉野町喜佐谷の西方に位置する。吉野離宮のあった宮滝に近い。「象の中山」とも。例み吉野の**象山**のまの木末にはここだも騒く鳥の声かも〈万葉・六・九二四〉↓名歌350

きーさらーぎ

【如月・二月・衣更着】 名 **陰暦の二月のこと**。春の盛りであり、物語などでは桜と関連して語られることが多い。例願はくは花のしたにて春死なむその**きさらぎ**の望月のころ〈山家集・上〉↓名歌280

語誌 ▼**花盛りの月** 和歌では、例のように満開の「花」といっしょに詠まれる場合が多い。「我妹子が衣きさらぎ風寒み（＝妻が衣服を重ねて着る二月は風が寒いので）」〈曾丹集〉などのように、冬の残りの寒さを防ぐために衣服を更に重ねて着る月として詠まれる場合もある。

修二会は二月に行われる仏教行事だが、日本の陰暦二月は天竺（インド）の正月にあたるからだとされる。また十五日は釈迦入滅の日でもある。

▼**『源氏物語』のめでたい月** 『源氏物語』では、天皇や皇太子の元服などの国家的行事、姫君の裳着（成人の儀式）、男君と女君の結婚などの、めでたい出来事がこの月に比較的多い。花宴巻の「二月の二十日あまり」の花の宴は、宮廷の盛大な儀式であると同時に、青年光源氏の得意の絶頂期を、華麗で散りやすい桜の花に託して表現している。〈島内景二〉

きーさん【帰参】 名動（サ変）❶元いた所に帰ってくること。例深更にまた内裏に**帰参す**〈古事談・一〉❷一度離れた主君や主人、親のもとに再び帰って、その傘下に入ること。例かの両人、上杉家へ**帰参**まうしたしとて〈甲陽軍鑑・一三〉

きーさんじ【気散じ】 名形動（ナリ）気苦労のないさま。気楽。また、気晴らし。例男所帯も**気さんじ**なる物ながら〈西鶴・好色五人女・三・二〉

きし【岸】 名❶切り立ったがけ。例蔵橋山の峰・多武の峰の**岸**重なれるが後ろに峰あり〈今昔・三一・三五〉❷川や海などの水辺に面した所。岸辺。例舟の**岸**に寄するほどに〈蜻蛉・上〉

きし【吉師・吉士】 名 新羅の官名。転じて、古く、朝鮮から渡来した人につけた姓の一つ。文筆に秀で、外交事務にあたった。

きじ【雉・雉子】 名 キジ科の鳥の名。主に低木林にすみ、春の繁殖期になると雄がけたたましく鳴く。古くは「きぎし」「きぎす」。例春の野のしげき草葉の妻恋ひにとびたつ**雉子**の〈古今・雑体〉

【雉の草隠る】（雉が草の中に頭だけ隠して尾を出したままでいることから）一部分だけを隠して、他の部分が現れているのに気づかないでいること、あさはかな考えによる失敗のたとえ。例狩り場の**雉の草隠れ**たるありさまにて、敵にさがし出だされて〈太平記・一〇〉

きーし・かた【来し方】 名（カ変動詞「く（来）」の連用形＋過去の助動詞「き」の連体形＋名詞「かた」）❶過去。例**来し方**行く先悲しきこと多かり〈源氏・玉鬘〉❷過ぎて来た方向。例**来し方**を見やれば、湖づらに並びて集まりたる屋どもの前に〈蜻蛉・中〉 語誌 「く」の未然形につく「来こし方」の形もある。平安時代は特に①の意で「来きし方」が多く用いられた。

きしかたーゆくさき【来し方行く先】 過去と未来。例**来し方行く先**思しつづけられて、心弱く泣きたまひぬ〈源氏・賢木〉

きしかたーゆくすゑ【来し方行く末】（クスヱ）「きしか

たゆくさき」に同じ。例**きしかたゆくする**思しつづけらるることも〈栄花・玉の飾り〉

ぎ-しき【儀式】 名 公事・神事・仏事などの行事。また、それらの行事の作法。例何ごとの**儀式**をもてなしたまひけれど〈源氏・桐壺〉

きし-ね【岸根】 名 川岸などの水際。最も水面に近い所。例岸根の松は枝たれて〈御伽草子・鶴の草子・中〉

きしぼ-じん【鬼子母神】 名『仏教語』⇩きしもじん

きし・む【軋む】 動（マ四）❶きしきし音がする。例石のきしきしと**きしみ**〈枕・にくきもの〉❷気をもむ。例**きしませ**ずと話しや〈近松・艶狩剣本地・二〉

きし-め・く【軋めく】 動（カ四）〔「めく」は接尾語〕きしきし音を立てる。例**きしめく**車に乗りてありく（=動き回る）者〈枕・にくきもの〉

きしも-じん【鬼子母神】 名『仏教語』「きしぼじん」とも。仏教諸神の一つ。もと鬼神の妻。千人（一説に五百人）の子があったが、性質が邪悪で人の子を殺して食うのが常であったため、仏が末の子を隠して戒めたことによって改心し、仏教に帰依して、安産と幼児守護の神となったという。その像は、手に吉祥果を持った天女の形をしている。

き-しゃ【騎射】 名 ❶走っている馬の上から弓を射ること。馬弓。例**騎射**・馳突（=突撃）の兵ども三千余騎にてひかへたり〈太平記・三九〉❷陰暦五月五日の端午の節句に、大内裏武徳殿前で行われた騎射の競技会。後世、武家では、流鏑馬・犬追物・笠懸などに発展した。例右近の馬場の**騎射**わろく射たりとて〈古事談・六〉

き-しゃう【起請】 名 ❶主君や上位者に対して、物事を提案し、請い願うこと。また、その文書。例藤原朝臣衛、四条の**起請**を上奏す〈続日本後紀・承和九年八月〉❷神仏に誓いを立てること。また、その文書。例北野（=北野天満宮）に七日参籠し、**起請**を書きて〈沙石集・五末・一〉

き-じゃう【気情】 名 気力で我慢すること。意地を張ること。例たった一飛びと思へども、**気情**も足も心ばかり〈近松・心中宵庚申・上〉

きしゃう-もん【起請文】 名 起請の内容を記した文書。誓紙。誓文。もとは主に主従間で交わされたが、江戸時代には男女間で心の変わらないことを誓うのにもよく用いた。熊野権現の護符の牛王宝印の裏に書かれることが多い。例身においては（=私に限って）まったく御腹ぐろ候はず。**起請文**を書き進ずべき〈平家・一二・土佐房被斬〉

きしゅん-らく【喜春楽】 名 雅楽の曲名。黄鐘調。四人で舞う。例**喜春楽**などいふ舞どもをなむ…舞ひける〈源氏・若菜下〉

き-しょく【気色】 名 本来は大気・事物の様子や、そこにうかがわれる前兆をさす。転じて、顔色や表情からうかがわれる気持ちや意向の意となった。「きそく」とも。

❶**顔色・態度など、表面に現れた心の内面。機嫌。気分。**または、それらが態度や表情に現れ出ること。例入道相国の**気色**をもうかがうて（=入道相国の機嫌も探って）〈平家・三・足摺〉 読解「入道相国」は平清盛のこと。

❷**意向。内意。意図。**多く貴人について「御気色」の形で用いる。例「さるにてもこれへ」と御**気色**ありければ、参られたり（=「それでもここへ呼べ」という御意向があったので、参上なさった）〈平家・二・少将乞請〉

❸**病気などで気分が悪いこと。**または、**容態。**例重くおはしつるに、この僧召すほどの御**気色**、こよなくよろしく見えければ（=病気が重くていらっしゃったのに、この僧をお呼びになるときの御容態は、この上なくよいように見えたので）〈宇治拾遺・一九一〉

語誌 ▼漢語「気色」の漢音読みで、類義語「けしき」は「気色」の呉音読み。

▼動詞化した「気色す」は人目を意識してもったいぶる、様子を作る、または、怒りなど不快の感情をあらわにする、などの意をもつ。〈安達敬子〉

きし・る【軋る】 動（ラ四）❶きしきし音を立てる。例暁氷を**軋る**車のあと〈平家・三・城南之離宮〉❷擦れあうほどに近づける。例回廊軒を**きしれ**り〈撰集抄・七・一三〉❸かじる。例（茶碗ヲ）夜ごとに鼠が**きしり**ける〈噺本・昨日は今日の物語・上〉

きしろ・ふ【軋ろふ・競ろふ】 動（ハ四）〔動詞「きしる」の未然形＋上代の反復・継続の助動詞「ふ」＝「きしらふ」の変化した形〕きそう。争う。例大姫君は春宮に参りたまひて（=入内なさって）、また**きしろふ**人なきさまにてさぶらひたまふ〈源氏・匂宮〉

き-しん【鬼神】 名 **死者の霊魂（鬼）と天地の神霊（神）。**例天地を動かし、**鬼神**を感ぜしめ、人倫を化し、夫婦を和らぐること、和歌より宜しきは莫し（=天地の神々を動かし、鬼神を感動させ、人としての道を教え導き、夫婦をむつまじくさせることは、和歌よりすばらしいものはない）〈古今・真名序〉

語誌 ▼**鬼と神と**『礼記』祭法に「山林川谷丘陵のよく雲を出だし、風雨をなし、怪物を見はすもの

貴種流離の話 高貴な血を受け継ぐ身でありながら、原郷を離れて漂泊の人生を送るという話。「王子流され」ともいう。古代以来の神話・物語などに、このような話が多くみられる。もともとは、異郷の神がこの人間世界にやってきて、さまざまな苦難をするという神話が、この話の原型であったといわれる。しかし、これが人間世界の話ともなると、さすらいの人生の悲劇性があらわになってくる。『古事記』に語られている、すぐれた皇子でありながらも、その生涯を討征の旅にさらす倭建命の話はその典型。また、『伊勢物語』で東下りをする在原業平の話、『源氏物語』における光源氏の話、あるいは『義経記』での、各地で追手に追われる源義経の話なども、この貴種流離の話によっている。〈鈴木日出男〉

は、皆神と曰ふ」「人の死せるをば皆鬼と曰ふ」とあるように、本来、漢語では「鬼」は死者の霊魂をさし、「神」はそれ以外の天地万物の神霊をさした。そして、鬼神は霊妙な造化の働きをなし、政治の得失や個人の行動を監察して、天変地妖や禍福によってこれをさとすとされた。また、杜甫の詩に「詩成れば鬼神を泣かしむ」〈李十二白に寄す〉とあるように、人間の詩や音楽に感動するものとも考えられていた。
しかし、こうした中国の本来の鬼神の一方で、仏典の鬼神もあり、こちらは日本では「きじん」と呉音で訓まれた。この区別は室町時代ごろまではかなりよく保たれていたようである。〈藤原克己〉

【鬼神に横道無し】 鬼神は、道理にはずれたこと、曲がったことをしない。例**鬼神に横道なし**といふに、何ぞみだりに騒がしく〈謡曲・鍾馗〉

【鬼神は邪無し】「きしんにわうだうなし」に同じ。例**鬼神はよこしまなし**。とがむべからず〈徒然・二〇七〉

き-じん【鬼神】 名 ❶『仏教語』仏教の守護神。乾闥婆・阿修羅・迦楼羅・緊那羅・摩睺羅伽など。また、羅刹などの悪鬼。例多くの**鬼神**等を具して(=引き連れて)龍宮へ行きたまふ〈今昔・四・三〉 ❷強暴な悪鬼。例丹波国大江山には**鬼神**の住みて、日暮るれば、近国他国の者までも数をも知らず取りて行く〈御伽草子・酒呑童子〉

き・す【帰す】 動(サ変) ❶ある場所や状態などに落ち着く。帰着する。例責め(=責任)一人に**帰す**とかや〈平家・一〇・戒文〉 ❷神仏を信仰する。帰依する。例久しく法相大乗の宗を**帰す**〈平家・七・平家山門連署〉 ❸従う。服従する。例人に志をあらはせばかならず**帰す**といへり〈平治・上〉

き・す【着す・著す】 動(サ下二)〔「きる(着る)」の他動詞形〕 ❶身につけさせる。着せる。かぶらせる。鞍などを置く。例甲斐の黒駒 鞍**着せ**ば〈紀・雄略・歌謡〉 ❷恩や恨みなどを受けさせる。被らせる。例恩に御**きせ**候へども〈噺本・昨日は今日の物語・下〉 ❸(②から転じて)たたく。一発くらわす。例「僧は敲く月下の門」とてはうと(=ぽんと)**きせ**た〈噺本・昨日は今日の物語・下〉

き・す【期す】 動(サ変) ❶日時を定める。予定する。例月、秋と**期して**(=月は秋になってまた照り)〈枕・故殿の御ために〉 ❷約束する。⇩いひきす

きず

【疵・瑕】 名 ❶皮膚や肉の痛めた部分。物の一部が壊れたりした所。傷。例いとのきて 痛き**傷**には 辛塩を 注くちふがごとく(=格別に痛い傷に辛塩をふりかけるというように)〈万葉・五・八九七〉 読解 いやなことつらいことが重なるたとえ。
❷**不完全な点。欠点。** 例人の御ありさまの、かたほに、そのことの飽かぬとおぼゆる**きず**もなし(=その人のご様子は、不完全で、そこが不満だと感じられる欠点もない)〈源氏・紅葉賀〉
❸**不名誉。恥。** 例射損じ候ひなば、ながき味方の御**きず**にて候ふべし(=もし射損ないましたら、味方の永久の御不名誉であるにちがいありません)〈平家・一一・那須与一〉

語誌 類義語「**とが**」が、他から非難されるような過失・欠点であるのに対し、より軽い意味。完全無欠なことを「きずなし」と表現した。〈高田祐彦〉

【疵無き玉】 完全無欠なこと、また、非常に大切なもののたとえ。例(帝ハ皇子ヲ)**瑕なき玉**と思ほしかしづくに(=大切になさるので)〈源氏・紅葉賀〉

【疵を求む】 人の欠点や過失を探し求める。例さらぬはかなきことをだに(=たいしたことのないつまらないことでさえ)**疵を求むる**世に〈源氏・紅葉賀〉

ぎ・す【擬す】 動(サ変) ❶あらかじめ決めておく。例忠盛を闇打ちにせむとぞ**擬せ**られける〈平家・一・殿上闇討〉 ❷なぞらえる。似せる。例錦の地鋪(=ござ)を庭上に敷きて、舞台に**擬す**〈著聞集・二〇・六九〇〉

き-ずい【奇瑞】 名 不思議な現象。特に、よい事の起こる前兆。例日嗣(=皇位)をうけたまひし、先立ちてさまざまの**奇瑞**ありき〈神皇正統記・下〉

き-ずい【気随】 名 形動(ナリ) 気まま。わがまま。例名人はかならず**気随にして**〈西鶴・西鶴織留・二・四〉

き-すぐ【生直】 形動(ナリ)「きすく」とも。きまじめだ。堅苦しい。例(手紙ヲ)**きすくに**書きたまへり〈源氏・真木柱〉

きずな【絆】 ⇩きづな

きす・む【蔵む】 動(マ四)『上代語』隠し収める。例いなだきに**きすめる**玉は二つなし(=頭上に隠し収めた宝石は二つとない)〈万葉・三・四一二〉

き-せい【祈請】 名 動(サ変) 神仏に祈ること。例(額ニ香炉ヲ当テテ)涙を流し、黒煙を立てて**祈請し**たまひければ〈宇治拾遺・二〇〉

ぎ-せい【義勢・擬勢】 名 相手に威勢を見せること。意気込み。また、見せかけの勢い。虚勢。例**義勢**ばかりではこの謀反かなふべうも(=成功しそうにも)見えざりしかば〈平家・二・西光被斬〉

ぎ-ぜつ【義絶】 名 動(サ変) 主従や親子・兄弟・夫婦・親族などの縁を絶つこと。また、絶交すること。例(一族ノ)諫めに従ふ事なきが故に**義絶し**訖んぬ(=縁を絶ってしまった)〈折たく柴の記・中〉

きせ-なが【着背長・着せ長】 名 大鎧の美称。大型で草摺りが長い。例重代の(=代々伝わる)鎧唐皮といふ**着背長**をば、唐櫃に入れてかかせらる(=担がせておられる)〈平家・五・富士川〉

喜撰 『人名』生没年未詳。平安前期の歌人。六歌仙の一人。『古今和歌集』に一首、『玉葉和歌集』に一首入集。『古今集』撰者時代にはすでに伝説的な人物であった。

きぞ【昨夜】 名「きそ」とも。昨晩。きのうの夜。例ぬばたまの(枕詞)**昨夜**は返しつ今夜さへ我を帰すな道の長手を(=長い道のりを)〈万葉・四・七八一〉

き-そう【貴僧】 1 名 身分の高い僧。例六十人の**貴僧**を召して、大般若経に読ましめたまひけるに〈宇治拾遺・二〇〉 2 代 対称の人称代名詞。僧を敬っていう。御坊。例持ちたる百貫の料足(=銭)を**貴僧**に奉るべし〈仮名草子・伊曾保物語・下〉

き-そく【気色】 名 動(サ変)「きしょく」に同じ。例(女君ハ)生憎なる御**きそく**にて(=うちとけない御機嫌で)〈無名草子〉

きそ‐ぢ【木曾路】 名 上代、美濃・信濃両国を結ぶ交通路。江戸時代は、中山道のうち、贄川から馬籠に至る間。また、中山道の道筋である。例美濃・信濃の二国の境、径道険隘にして(=道が狭く険しくて)往還艱難なり。よりて木曾路を通す〈続紀・和銅六年七月〉

きそひ‐うま【競ひ馬】 名「くらべうま」に同じ。

き‐そ・ふ【着襲ふ・着装ふ】 動(ハ四) 衣服を重ねて着る。例布肩衣ありのことごと 着襲へども〈万葉・五・八九二〉➡名歌122

木曾義仲 《人名》一一五四〜一一八四(久寿元〜寿永三)。平安末期の武将。本姓は源。源頼朝の従弟。父義賢が源義平に討たれたため信濃国(長野県)に逃れ、木曾の豪族中原兼遠によって養育される。以仁王の令旨に応じて挙兵し、平家軍を破って入京するが、後白河法皇に敵対したため、頼朝の差し向けた軍勢に攻められて近江国(滋賀県)の粟津で敗死した。

きた

【北】 名 ❶方角の名。北。十二支の子に相当し、太陽が通過しない。例北へ行く雁ぞ鳴くなる連れて来し数は足らでぞ帰るべらなる(=帰るようだ)〈古今・羇旅〉➡名歌133

❷北から吹く風。北風。例朝北の出で来ぬ先に、綱手はや曳け(=朝吹く北風が出て来ない前に、引き綱を急いで引け)〈土佐〉

❸(江戸城の北にあったことから)江戸で、吉原の遊里。例おやぢまだ西より北へ行く気なり〈柳多留・五〉 読解「西」は西方の極楽浄土。極楽往生を願うべき年齢なのに吉原通いをやめない、というのである。

❹大坂で、中の島より北の地域。例心は北へ行く行くと思ひながらも身は南(=体は南へ向かっている)〈近松・冥途の飛脚・上〉 読解「南」は遊里などのある歓楽街。

語誌 ▼北のイメージ 北は太陽が通過しない方角として、暗い、冷たい、静か、というイメージでとらえられてきた。貴人の妻を「北の方」「北の政所」などと呼ぶのは、居所が北側の建物であったことによるが、北側は私的な場と考えられたからでもある。

▼北と南 一方、北は南などと対立する場所とも把握された。③の場合、「北の吉原」は、代表的な遊里として「南の品川」「辰巳(東南)の深川」などと対称される。④は、現在でも用いられている。

▼五行など 五行説では水に通じ、五色の黒、四季の冬に通じる。四神では玄武があたる。〈奥村英司〉

‐きだ【段】 接尾 《上代語》❶いくつかに切り分けられたものを数える単位。例三段に打ち折りて〈記・上・神代〉❷田畑の広さの単位。❸布の長さの単位。

き‐たい【希代・稀代】 名 形動(ナリ) ❶世にもまれなこと。めったにないこと。例清盛公はさばかりの悪行人たりしかども、希代の大善根をせしかば〈平家・八・法住寺合戦〉❷不思議なこと。おかしなこと。奇怪なこと。例両条(=二つとも)希代いまだ聞かざる狼藉なり〈平家・一・殿上闇討〉

ぎ‐だいふ【義太夫】 名「義太夫節」の略。

ぎだいふ‐ぶし【義太夫節】 名 浄瑠璃節の流派の一つ。略して「義太夫」とも。貞享元年(一六八四)大坂道頓堀に竹本座を創立した竹本義太夫が、当時流行していた宇治加賀掾や井上播磨掾などの節に学んで生み出す。絶大な人気を博し、最有力流派となる。元禄一六年(一七〇三)に門弟豊竹若太夫が独立した後も、竹本・豊竹両座が競い、全盛期を迎えた。例このごろ大坂より下りたる小間物売り、義太夫節の上手〈浮世草子・新色五巻書・三・二〉

き‐たう【祈禱】 名 動(サ変) 救いや願いを神仏に祈り求めること。また、その祈りや儀式。例さまざまに祈禱をいたして雨の降らむ事を願ふと言へども〈今昔・五・四〉

きた‐おもて【北面】 名 ❶北向き。北側。例北面の、人しげき方なる御門は入りたまはむも軽々しければ〈源氏・朝顔〉❷寝殿造りで、北向きの部屋。家人・女房などが住む。例御方は、北面にゐたり〈源氏・東屋〉❸「ほくめんのぶし」に同じ。

喜多川歌麿 《人名》一七五三?〜一八〇六(宝暦三?〜文化三)。江戸時代の浮世絵師。版元蔦屋重三郎から、美人の上半身をクローズアップした美人大首絵を刊行、一世を風靡した。「歌撰恋之部」「婦人相学十体」などがある。

きた‐どの【北殿】 名 ❶北側にある殿舎。例北殿の桟敷にて、うちうち試楽めきて〈増鏡・むら時雨〉❷北隣に住む人に対する敬称。例北殿こそ、聞きたまふや〈源氏・夕顔〉 読解「こそ」は呼びかけ。

きたな‐げ【汚げ・穢げ】 形動(ナリ) 〔「げ」は接尾語〕よごれているさま。不浄・不潔なさま。見苦しいさま。例(雪ノ)白からん所入れて持て来。きたなげならん所かき棄てて〈枕・職の御曹司におはします頃、西の廂にて〉

きたなげ‐な・し【汚げ無し・穢げ無し】 形(ク) 見苦しくないさま。こぎれいだ。こざっぱりしている。例容貌きたなげなく若やかなるほど〈源氏・帚木〉 語誌 よごれていないという消極的な意味ではなく、「きよげ」に近い語感である。

きたな・し

【汚し・穢し】 形(ク) ❶けがれている。清浄・清潔でない。例穢き所のもののきこしめしたれば(=けがれている所の食べ物を召し上がったので)〈竹取〉 読解かぐや姫を迎えに来た天人の言葉。「穢き所」は地上の人間世界をさす。

❷不正だ。よこしまだ。例僕は邪き心なし(=私はよこしまな心はない)〈記・上・神代〉

❸卑劣だ。恥知らずだ。例きたなしや、返せ返せ(=卑劣だぞ、戻れ戻れ)〈平家・七・倶利迦羅落〉

❹下品だ。野卑だ。卑しい。例(常陸介ハ)上達部の筋にて、仲らひもものきたなき人ならず(=上達部の家柄で、親類も下品な人ではない)〈源氏・東屋〉

語誌 ▼「きよし」の対義語で、①の意が基本。見た目にいかにも不潔で、触るのもいやだという感覚をいう。『枕草子』「いみじうきたなきもの」の段は、筆頭に「なめくぢ」を挙げるが、人の意表をつくような選択ながら、この語感を示すのにぴったりである。

▼人の心を対象に用いられると、②以下の意を生じてくる。②例の「きたなき心」は反逆心。③は武士のモ

ラルに反していることをいい、この意味での用例は軍記などに多い。〈藤本宗利〉

きたな・む【汚む・穢む】 動(マ四) きたないと思う。けがらわしいものとして扱う。例(病人ヲ)厭ひきたなむ人のみありて〈発心集・四・四〉

北野 《地名》平安初期、平安京の北側の野を広くさす称。十世紀なかばに北野天満宮が創建されて以降は、その一帯、今の京都市北区北野あたりをさす。例(菅原道真ノ霊ハ)夜のうちにこの**北野**にそこらの(=多くの)松を生ほしたまひて〈大鏡・時平〉

きた-の-かた【北の方】 名 ❶北の方角。北方。例御陵は畝火山の**北の方**の白檮の尾の上にあり(=御墓は畝火山の北方の白檮の山すそのほとりにある)〈記・中・神武〉

❷(貴族の邸宅である寝殿造りで北の対に住んだことから)**貴族・大名など、貴人の正妻の敬称。** 例**北の方**御年三十にすこし足らぬほどなり(=奥方の御年齢は三十歳に少し足りないぐらいである)〈宇津保・俊蔭〉

❸鎌倉時代、六波羅探題の北庁。北殿。また、その長官。

語誌 ▼『宇津保物語』には「父母は、北の御方になん住みたまひける」〈藤原の君〉の例があり、元来、寝殿造りの北の対そのものをいったことがわかる。

▼**正妻の呼び方** 貴人の正妻をいう呼称には、ほかに「殿のうへ」「北の台」「北の政所」などがある。一口に貴人の正妻といっても、摂政や関白など太政大臣級の正妻から地方官級の妻まで、かなりの幅をもって用いられたようである。〈米山敬子〉

きた-の-たい【北の対】 名 寝殿造りで、北側の殿舎。家族が住む。例**北の対**はことに広く造らせたまひて〈源氏・松風〉

きた-の-ぢん【北の陣】 ジン 名 内裏の北にある朔平門の別称。兵衛府の詰め所があった。例色々の衣どものこぼれ出でたるを、押し入れなどして、**北の陣**ざまに歩み行くに〈枕・細殿の遣戸を〉

きた-の-まんどころ【北の政所】 名 摂政・関白の正妻の敬称。のち、大納言・中納言の妻にも用いる。例ひととせの、**北の政所**の御賀に〈大鏡・道長上〉

北畠親房 《人名》一二九三〜一三五四(永仁元〜正平九)。鎌倉・南北朝時代の貴族。南朝方の重鎮として北朝幕府軍と戦い、そのかたわら学者として執筆活動にもいそしんだ。帝紀の体裁をとりながら政治論を展開する『神皇正統記』をはじめ、有職故実書『職原抄』などを著す。

きた・ふ【鍛ふ】 キタ・ウ キト ❶ 動(ハ四) ❶熱した金属をたたいて固める。例**鍛ひ**出だしたる剣なり〈太平記・三〉❷繰り返し練習させて、習熟させる。❷ 動(ハ下二) ❶に同じ。

きた-まくら【北枕】 名 頭を北にして寝ること。例御心には極楽をおぼしめしやりて…**北枕**に、(顔ヲ)西向きに臥させたまへり〈栄花・鶴の林〉語誌 釈迦が入滅(死去)のとき頭を北にして横たわったことから、仏教では死者をそのように寝かせる。そのため日常ではこれを忌むが、婚礼の夜、夫婦が北枕に寝る場合は、新しく生まれ変わるということを意味する。

きた-まつり【北祭り】 名 賀茂神社の祭り。陰暦四月の例祭。のち、十一月の臨時の祭りにもいう。石清水八幡宮の祭りを「南祭り」というのに対する称。例春過ぎ夏きたって、**北まつり**も過ぎしかば〈平家・灌頂・大原御幸〉

きた・む【懲む】 動(マ四・マ下二) こらしめる。罰する。例法のまにまに問ひたまひ**きため**たまふべくあれども〈続紀・延暦八年九月・宣命六二〉

北村季吟 《人名》一六二四〜一七〇五(寛永元〜宝永二)。江戸時代の俳人・歌人。別号拾穂軒・湖月亭など。貞徳に俳諧・和歌を学ぶ。古典注釈にも力を注ぎ『源氏物語湖月抄』『枕草子春曙抄』『徒然草文段抄』などを著す。

北山 《地名》山城国、今の京都市の北のほうにある山々。船岡山・岩倉山・衣笠山など。そのあたり一帯の土地にもいう。室町時代、足利義満が鹿苑寺金閣を建立したことで知られ、その時期の文化を北山文化と呼ぶ。例**北山**になむ、なにがし寺といふ所に〈源氏・若紫〉

きた-りう【喜多流】 リユウ 名 能楽のシテ方の流派の一つ。江戸初期、金春流の門人であった喜多七太夫が独立して始める。

ぎだ-りん【祇陀林】 名 ❶インドの舎衛国の祇陀太子所有の林。のちに祇園精舎が建てられた。❷「祇陀林寺」の略。①にちなんで命名された天台宗の寺。京都の中御門京極にあった。例舎利(=釈迦の遺骨)を法興院より**祇陀林**へ渡したてまつる間、ほかに似ず微妙し〈今昔・一二・九〉

きた・る【来たる】 動(ラ四)〔「きいたる(来至る)」の変化した形〕❶やって来る。例正月立ち(=正月になって)春の**来たら**ば〈万葉・五・八一五〉❷弱る。衰える。役に立たなくなる。例角琴柱はちと**来たっ**〈音便形〉たから打ち直させうと思ふよ〈滑稽本・浮世風呂・三下〉語誌 平安時代には漢文訓読調の文章に用いられた。カ変動詞「く」の連用形＋完了の助動詞「たり」の「来たり」とは別語。

きち【吉】 名「きつ」とも。よいこと。めでたいこと。「凶」の対。例凶は吉にかへると申します〈人情本・春色梅児誉美・後・一二〉

き-ぢ【生地・木地】 ジ 名 ❶自然のままの性質・状態。化粧をしていない顔などにもいう。例鏡で顔を見て、**生地**はずいぶんよけれども〈近松・鑓の権三重帷子・上〉❷漆などの塗料を塗る前の木材。加工前の木材の地肌。例**木地**を隠した塗り机〈浄瑠璃・菅原伝授手習鑑・四〉❸「木地塗り」の略。木の木目が見えるようにした漆塗り。

きち-かう【桔梗】 コウ 名 ❶「ききやう①」に同じ。❷「ききやう②」に同じ。例朽ち葉(=色の名)の単襲、**きちかう**の表着〈栄花・根合はせ〉

きち-じゃう【吉上】 ジョウ 名 六衛府の下役の称。内裏の諸門の警護にあたる。衛士の上位。例陣の**吉上**涙を流したり〈栄花・衣の珠〉

きちじゃう-てんにょ【吉祥天女】 キチジョウー 名《仏教語》「きっしゃうてんにょ」とも。顔かたちが美しく、人々に福徳を与えるという天女。もとはインド神話の神。母は鬼子母神とされ、毘沙門天の妻（または妹）といわれる。

きち‐にち【吉日】 名「きちじつ」とも。事を行うのによい日。例**吉日**を定め、堂の前に舞台を敷き〈太平記・三三〉

き‐ちゃう【几帳】チョウ 名 寝殿造りで、室内の隔てとして用いた調度。土居という木の台に二本の細い柱を立て、その上に横木を渡し、帷子（帳）と呼ばれる布を垂らす。高さは三尺（約九一センチ）が普通で、二尺や四尺のものもある。移動が容易で室内で自由に使用するが、御簾や格子に添えて立てることもある。例鈍色の**几帳**を簾のつまより少し押し出でて（＝濃い鼠色の几帳を簾の端から少し押し出して）〈源氏・夕霧〉

几帳〔源氏物語絵巻〕

読解 喪のときに鈍色の帳を用いた例。

語誌 ▼**美的調度** 几帳は部屋の区切りであるとともに美的調度品でもあり、横木は黒塗や螺鈿などを施し、帳には、夏に生絹、冬に練絹といった絹布を用い、花鳥や秋草または朽ち木形など、季節により模様も変えた。▼**物越しの対面** 女性が人と会うときは、御簾や几帳を間に隔てる場合が非常に多く、これらは、物語などでは男女の対面の場面に欠かすことのできない小道具ともなる。〈藤本勝義〉

ぎ‐ちゃう【毬打・毬杖】チョウ 名「ぎっちゃう」に同じ。

きちや‐むすび【吉弥結び】 名 江戸時代、女性の帯の結び方の一つ。二つ結びにして両端を垂らす。上方の女方の歌舞伎役者上村吉弥が始めたという。

吉弥結び〔見返り美人図〕

ぎ‐ぢょ【伎女・妓女】ジョ 名❶宮中の内教坊に所属して、伎楽を演舞する女性。例内宴行ひて、**妓女**の舞などして〈愚管抄・五〉❷芸妓。遊女。

きち‐れい【吉例】 名❶縁起のよい前例。例去月十二日の合戦も、その方より勝ったりしかば**吉例**なりとて〈太平記・八〉❷慣例。しきたり。例木曾が軍の**吉例**には陣を七手に分かちつつ〈源平盛衰記・三四〉

き‐ちん【木賃】 名❶宿泊客が、持参した米などの食料を煮炊きするために宿に払う薪代。「木銭」とも。例**木賃**入らずの上宿と、探り寄ったる椽の上〈近松・信州川中島合戦・三〉❷「木賃宿」の略。例どこぞ**木賃**にでも泊まりやせう〈滑稽本・膝栗毛・五下〉

きちん‐やど【木賃宿】 名「きちん①」だけで泊まれる安宿。下等の宿。食事つきの宿は「旅籠」。

きつ 名 水槽。例夜も明けば**きつ**にはめなで（＝投げ込んでやろう）〈伊勢・一四〉

きっかう‐でん【乞巧奠】キッコウ― 名「きかうでん」とも。陰暦七月七日の夜、牽牛・織女の二星を祭って、技芸の上達を願う行事。宮中では清涼殿の東庭に机を据え、供え物をして、夜通し香をたいた。⇩たなばた。例七月七日…宮人の風俗、竹竿に願ひの糸を懸け、庭前に嘉菓を列ねて、**乞巧奠**を修する（＝執り行う）夜なれども〈太平記・一〉

き‐づき【忌月】 名「きげつ」とも。故人の命日のある月。例三月は故宮の御**忌月**なり〈源氏・少女〉

き‐つきげ【黄鴾毛・黄月毛】 名 馬の毛色の名。黄色みを帯びたつき毛。例五枚冑の緒をしめ、**黄月毛**なる馬に乗って〈太平記・一八〉

きっ‐きょう【吉凶】 名❶幸運と不運。よいことと悪いこと。例**吉凶**は人によりて、日によらず〈徒然・九一〉❷幸運であること。例この家**吉凶**と思はれよ〈西鶴・本朝二十不孝・五・四〉

き‐つ・く【来着く】 動（カ四） 到着する。例返りごとは京に**来着き**てなむもて来たりける〈伊勢・二〇〉

き‐づくり【木作り・木造り】 名❶「こづくり」に同じ。例地蔵の**木作り**ばかりをしたてまつりて〈宇治拾遺・四五〉❷「きつくり」とも。植木屋。庭師。例**木作り**の名人が…見事に作りなしたる松と〈役者論語・耳塵集・上〉

きっ‐くゎい【奇怪】カイ 名 形動（ナリ）〔「きくゎい」を強調した語〕怪しいさま。けしからぬさま。例大納言に情けなう（＝情け容赦なく）あたりける事、返す返すも**奇怪なり**〈平家・二・小教訓〉

ぎっこどく‐をん【給孤独園】オン 名『仏教語』正式には「祇樹給孤独園」。貧しく孤独な人々に食事を施したことから「給孤独」と呼ばれた須達長者が、釈迦に寄進した園。ここに建てられた僧房が祇園精舎。例昔、仏の法を説きたまひし竹林精舎・**給孤独園**も〈平家・二・山門滅亡〉

きっ‐さう【吃相・血相】ソウ 名 表情。顔色。例拙者めが一分立つる（＝面目を立てる）御覚悟と、**きっさう**変へて見えければ〈浄瑠璃・八百屋お七・上〉

きっ‐さう【吉相・吉左右】ソウ 名❶よいことのある前ぶれ。吉兆。幸先。例ながく御末（＝御子孫）つがせたまふは**吉相**にこそはありけれ〈大鏡・道長下〉❷よい知らせ。吉報。例どうぞ無事な**吉左右**を〈近松・冥途の飛脚・下〉

きっ‐さき【切っ先】 名〔「きりさき」の促音便形〕刀の刃の先端。例首を取って**きっさき**に貫いて〈太平記・一〉

きっさき‐あがり【切っ先上がり】 名 刀の切っ先を柄のほうより高く上げて構えること。また、その構えで切りつけること。例**切っ先上がり**に、二つ三つすき間もなく（＝続けざまに）（切ッ先ヲ）入れたりけるに〈太平記・三〉

きっさき‐さがり【切っ先下がり】 名 刀の切っ先を柄のほうより低く下げて構えること。また、その

ような形になるまで切りつけること。例右の肩先より左の小脇まで、**切っ先下がり**に切りつけられて〈太平記・二九〉

ぎっ-しゃ【牛車】 名 牛に引かせた車。「うしぐるま」とも。⇩くるま。例**牛車**・輦車の宣旨をかうぶって、乗りながら宮中を出入りす〈平家・一・鱸〉

きっしゃう-てんにょ【吉祥天女】 名《仏教語》⇩きちじゃうてんにょ

きっ-しょ【吉書】 名 ❶公家や武家で、年始・代始め・改元など物事の始めのときに見る儀礼的な文書。例新造の公文所の吉書始めなり…邦通、まづ**吉書**を書く〈吾妻鏡・元暦元年十月〉 ❷税の納入を催促する文書。また、税を納入する期限日。例(年貢米ヲ)この六日の**吉書**に立てねば、もとの水牢〈近松・丹波与作待夜の小室節・中〉 ❸書き初め。例唐墨で今日敷島(=日本)に**吉書**かな〈俳諧・玉海集・一〉

きっ-すい【生粋】 名 混じりけがなく、すぐれていること。例恥を知ったる侍、大丈夫の武士の、**生粋**といふものぞ〈近松・丹波与作待夜の小室節・下〉

ぎっ-ちゃう【毬打・毬杖】 名 遊戯の名。正月の遊びで、いろいろな色の糸で飾った槌型の杖で「ぶりぶり」と呼ばれる木製の玉を打つ。また、それに用いる杖。例また南都には(=奈良では)大きなる**毬杖**の玉を作って〈平家・五・奈良炎上〉

毬打〔年中行事絵巻〕

きっ-つけ【切っ付け】 名 馬具の名。鞍の下に敷いて、馬の背と横腹を保護する。⇩くら(図)。例馬に、豹の皮の張り鞍に、虎の皮の**切っ付け**、熊の障泥(=泥よけの馬具)さし〈狂言・文蔵〉

きっ-て【切手】 名 ❶関所の出入りや船に乗るときの通行証。手形。例「この女、上下二人御通しあるべし」と、**切手**を見せて〈西鶴・好色一代男・四・四〉 ❷金品の受け渡しの証拠の券。米切手など。

きっ-てう【吉兆】 名 よいことのある前ぶれ。吉相。例何となう陣取りしに、八幡の御地なるこそ**吉兆**なれ〈謡曲・木曾〉

きっ-と【急度・屹度】 副 ❶「きと①」に同じ。例「この仁も内々所望すると聞きしものを(=この人もひそかに欲しがっていると聞いたけれども)」と**きっと**思ひ出だして〈平家・九・生ずきの沙汰〉 ❷鋭くにらみすえるさま。きっと。例両眼より涙を浮かべて、行きも過ぎざりけるを、父**きっと**これを見て、高らかに恥ぢしめて(=両眼に涙を浮かべて、立ち去りもしなかったが、父はきっとこれを見て、声高に戒めて)〈太平記・一〇〉 ❸厳しく。厳重に。例目代殿ならば、**急度**仰せ付けられて下されい(=代官殿なら、厳しくお言いつけになってください)〈虎寛本狂言・牛馬〉 ❹しっかりと。例(肩ヲ)**急度**捕らへてゐよ(=しっかりとつかまえていろ)〈虎寛本狂言・柿山伏〉 ❺必ず。間違いなく。例花は今夜の中に**急度**発くべし(=咲くにちがいない)〈中華若木詩抄〉

語誌 元来、擬態語である。⑤は現代の陳述性の副詞「きっと」の用法につながるもの。⇩きと 〈玉村禎郎〉

き-づな【絆】 名 ❶動物をつなぎとめる綱。例御厩(=お馬小屋)の隅なる飼ひ猿は **絆**離れてさぞ遊ぶ〈梁塵秘抄・四句神歌〉 ❷断ちがたいつながり。係累。例若公・姫君…面々に慕ひ泣きたまふにぞ、憂き世の**きづな**とおぼえて〈平家・七・維盛都落〉

きつね【狐】 名 ❶動物の名。イヌ科の哺乳動物。例**狐**の、人に変化するとは昔より聞けど、まだ見ぬものなり(=狐が、人に化けるとは昔から聞くが、まだ見たことのないものである)〈源氏・手習〉 ❷(狐は人を化かすとされることから)他人をだます悪人。ずるがしこい人。例二年といふもの化かされた(=二年という間だまされた)、根性腐りの**狐**め〈近松・心中天の網島・上〉

語誌 ▼狐は、古来人間をだます動物として恐れられた。妖しい狐のイメージを描いた話は数多いが、謡曲『殺生石』などに登場する「九尾の狐」が特に有名。その一方、狐は霊的な存在として祭られてもきた。この方面では、稲荷大明神の使いとして、現代に至るまでなじみ深い。

▼狐女房 説話などに、狐が人間の妻となるという狐女房譚があり、多くの類話をもつ。最も有名なのが平安時代の陰陽師安倍晴明の出生譚で、晴明の神秘性は、狐を母親にもつという設定によって増幅されている。この話は浄瑠璃『芦屋道満大内鑑』へと成長していくが、そこでは狐は、情愛の面でも人間にひけをとらない、共感すべき存在として描かれる。浄瑠璃『義経千本桜』に登場する源九郎狐の場合も同様で、親の皮でできた鼓を慕う子狐の姿からは、人間以上に純粋な親子の情愛が強く感じられる。〈池山晃〉

【狐の子は頬白】 子は親に似ることのたとえ。例**狐の子は頬白**と親に似たる不敵者かな〈源平盛衰記・三七〉

きつね-ど【狐戸】 名 屋根の破風の下に取りつける、裏に板を張った格子。「狐格子」「木連格子」「妻格子」とも。例**狐戸**より入りて、頼光の寝たる上の天井にあり〈著聞集・九・三三五〉

きつね-び【狐火】 名 闇夜に山野などに出現する不思議な火。狐の口から吐き出されるとされた。例**狐火**や髑髏に雨のたまる夜に〈俳諧・蕪村句集・下〉

きてれつ 形動(ナリ)《近世語》非常に奇妙だ。とても不思議だ。「奇妙きてれつ」の形で用いることも多い。例や、**きてれつきてれつ**〈滑稽本・八笑人・初二〉

き-てん【機転・気転】 名 物事にとっさに応じる心の

働き。例ただいまの**機転**、さらに(=まったく)凡慮よりなすわざにあらず〈謡曲・安宅〉

きーでん【紀伝】 名❶人物の伝記を記録した書。❷「紀伝体」の略。歴史記述の方法の一つで、編年体ではなく、人物の伝記を中心として構成するもの。本紀(帝王の伝記)、列伝(臣下の伝記)と志(年表・田制・度量衡などの史実)からなる。中国では『漢書』などの正史はこれによる。『大鏡』『大日本史』などの記述法である。❸「紀伝道」の略。

きーでん【貴殿】 ❶代 対称の人称代名詞。同等あるいは目上に対して用いる。きみ。あなた。例**貴殿**と川人(=人名)とこそこの罪をば負ひつらめ〈今昔・二四・一三〉❷名 他人の殿舎に対する敬称。御殿。例六波羅の**貴殿**へも参ずべし〈源平盛衰記・一〇〉

きでん-だう【紀伝道】 名 令制の大学寮の四学科の一つ。史書や漢詩文を学ぶ。俗に「文章道」とも呼んだ。

きでん-はかせ【紀伝博士】 名 令制の大学寮で、紀伝道を教授する教官。平安初期の一時期置かれたが、のちに文章博士に統合された。

きーと 副❶**動作や行為が素早く行われるさま。**不意に思いつくさま。急に。すぐに。さっと。はっと。例かぐや姫、**きと**影になりぬ(=かぐや姫は、さっと影になってしまった)〈竹取〉❷**一瞬わずかに見えるさま。**ちょっと。ちらりと。例法師の着たる衣の袖口**急と**見ゆ(=法師が着ていた衣服の袖の先がちょっと見える)〈今昔・二九・九〉❸**ゆるみのないさま。しっかり。**厳しく強いさま。**緊張して張りつめたさま。**例(a)烏帽子の緒を**きと**つよげに結ひ入れて(=烏帽子の紐をきゅっと強く結び入れて)〈枕・あかつきに帰らん人は〉例(b)あすの暁にしかじかせよと、**きと**言ひ教へて(=明日の夜明け前にこれこれせよと、しっかり言い聞かせて)〈俳諧・おらが春〉

語誌▼「きと」と「きっと」 この二語の関係については、先に「きと」があって、そこに促音が入って「きっと」が生まれたとも、語としてははじめから「きっと」だったが、促音を表記しなかったために「きと」と書かれていたとも考えられる。〈玉村禎郎〉

きーど【木戸・城戸】 名❶城の入り口。城門。転じて、城。例見えざりし旗の紋ども、**木戸**・櫓の上に幽揚す(=かすかにあがっている)〈太平記・三八〉❷江戸や京都・大坂などで、市中の警戒のために要所に設けた門。例**木戸木戸**で角をもがれて行く屋台〈柳多留・初〉❸芝居小屋などの客の出入り口。例(笠ヲ)芝居の**木戸**に預けて〈近松・五十年忌歌念仏・中〉

きとう【几董】《人名》一七四一〜一七八九(寛保元〜寛政元)。江戸時代の俳人。高井氏。蕪村の門人で、その後継者として活躍した。編著に俳諧集『あけ烏』『蕪村句集』など。

ぎどう-さんし【儀同三司】 名〈儀礼の格式が太政大臣・右大臣・左大臣の三司に同じ、の意〉準大臣。寛弘五年(一〇〇八)、藤原伊周が「大臣の下、納言の上」の地位に任じられて自称したのに始まる。正式な官名ではなく、多く伊周をさす。

きとーきと 副〈副詞「きと」を重ねて強調した語〉必ず。はっきりと。すばやく。例**きときと**よく申したるぞ〈宇治拾遺・三七〉

きーとーく【来と来】〈カ変動詞「く」を重ねて強調した語〉❶次から次に来る。後から後から来る。例春ごとの花の盛りは我が宿に**来と来る**人の長居せぬなし〈和泉式部集〉❷やっとの思いで来る。はるばるやって来る。例**来と来**ては川上り路の水を浅み船もわが身もなづむ(=苦しむ)今日かな〈土佐〉

きーどく【奇特】 名 形動(ナリ)❶**たいへん珍しく不思議なこと。**また、**不思議なほどすぐれていること。**例(息絶エタ童巫女ガ)程なくいきいでて、やがて立って舞ひかなづ。人**奇特**の思ひをなしてこれを見る(=まもなく蘇生して、そのまま立ち上がって舞を舞う。人々は不思議なことに思ってこれを見る)〈平家・二・願立〉❷**感心なこと。**殊勝なこと。例**きどくに**遁世めされた(=殊勝にも世俗をお離れになった)〈狂言・松山〉❸**神仏の霊験。不思議なしるし。**例仏神の**奇特**、権者の伝記、さのみ信ぜざるべきにもあらず(=仏や神の霊験、仏や菩薩が仮に姿を変えて現れた人の伝記を、そう一概に信じてはならないというわけでもない)〈徒然・七三〉

きどく-づきん【奇特頭巾】 名 目の部分だけあけて顔を覆うようにした、黒い絹製の女性用頭巾。江戸中期に流行した。「奇特帽子」とも。⇩づきん(図)。例黒繻子の**奇特頭巾**〈西鶴・好色一代男・四・六〉〈近本謙介〉

きーない【畿内】 名 京都に近い五か国の総称。山城・大和・河内・摂津・和泉。

きーなか【半銭】 名〈「寸半」の意〉(一文銭の直径が一寸であることから)一文の半分。半文。転じて、わずかな金。わずかなもの。例一文も**半銭**もなりませぬ〈浄瑠璃・伽羅先代萩・五〉

きーなか【季中・季半】 名 年季奉公の契約期間中。例御奉公もなりがたく、**季中**に病つくりて(=仮病を使って)御暇請けて〈西鶴・好色一代女・四・二〉

きーながーす【着流す】 動(サ四)衣服をだらりと長く垂らして着る。また、羽織・袴を着けず、略装をする。例直垂**着流し**、太刀佩いて(=腰に着けて)〈近松・源氏烏帽子折・三〉

きーなーす【着為す】 動(サ四)〜の状態に着る。〜のように着る。例直衣ばかりをしどけなく(=ゆったりと)**着なし**たまひて〈源氏・帚木〉

きーにち【忌日】 名❶命日。ある人が死んだ日で、毎年または毎月仏事を行う。例かの御**忌日**の経仏のことなどのたまふ〈源氏・宿木〉❷物忌みの日。例今日は御**忌日**と申しつるものを〈落窪・二〉

きーにん【貴人】 名「きじん」とも。家柄や身分の高い人。例身にそなはりし徳もなく、**貴人**もなるまじき事を思へば〈西鶴・好色一代女・一・四〉

きぬ

【衣】 名❶**衣服**。着物。例(a)我が恋ふる君 玉ならば 手に巻き持ちて **衣**ならば 脱く時もなく(=私が恋しく思うあなた、もしあなたが玉であったなら手に巻いて持ち、衣服であったら脱ぐ時もなく)〈万葉・二・一五〇〉例(b)いろいろの**衣**に、濃きが打

ち目心異なるを上に着て(=色とりどりの衣服に、濃紅色で光沢が特に美しい着物を上に着て)〈紫式部日記〉❷(比喩的に)中身を覆っているもの。皮膚・動物の羽毛など。例(鶏ノ雛ノ)衣短なるさまして、ひよひよとかしがましう(=羽毛が短い様子で、ぴよぴよとうるさく)〈枕・うつくしきもの〉

語誌 衣服を「きぬ」というのは、本来これが絹製であったことに由来するからとされる。「ころも」は、平安時代以降は僧の服以外にはもっぱら和歌に用いられた。〈藤本宗利〉

きぬ-がさ【蓋・衣笠】 名 ❶絹を張った長い柄のかさ。貴人の行列などのとき、従者が後ろからさしかける。例ひさかたの(枕詞)天行く月を網に刺し我が大君は蓋にせり〈万葉・三・二四〇〉❷仏像や棺などの上にかざす絹張りのかさ。天蓋。

蓋① 〔高松塚古墳壁画〕

きぬ-がち【衣勝ち】 形動(ナリ)着重ねて、衣装ばかりが目立つさま。例あまり衣がちにて、たをやかならぬさまなりと言ふもどきはあれど〈栄花・初花〉

きぬ-かづき【衣被き】 —カヅキ 名 ❶身分ある女性が、外出のときに顔を隠すために衣をかぶること。また、その衣。「かづき」とも。❷①を着た女房。例物見ける衣被きの、寄りて〈徒然・七〇〉

きぬ-ぎぬ【衣衣・後朝】 名(「きぬ(衣)」を重ねた語)❶男女がともに一夜を明かした翌朝、脱ぎ重ねて掛けたり敷いたりした各自の着物を身に着けて別れること。また、その朝。「後朝」とも。⇩おのがきぬぎぬ。例明けぬれどまだ後朝になりやらで人の袖をも濡らしつるかな(=夜が明けてしまったけれどまだ別れにはなりきれないで、自分の袖だけでなく相手の袖までも悲しみの涙で濡らしてしまったなあ)〈新古今・恋三〉❷男女・夫婦が別れること。離縁。離婚。例尼になるべき宵の衣々 月影に鎧とやらを見透かして〈俳諧・去来抄・修行〉 読解 後半の付け句では、「尼」は出陣する夫を見送る武家の妻と解釈される。❸(②から転じて)広く一般に、別れ別れになること。例首と胴とのきぬぎぬ〈西鶴・武道伝来記・三・四〉

語誌 ▼きぬぎぬの別れ 平安時代になって用いられるようになった語。共寝の後別れる恋人たちの哀切な情感がこもる。「きぬぎぬ」の場面は、文学作品に多く描かれ、たとえば『枕草子』「あかつきに帰らむ人は」の段には、共寝の翌朝帰ろうとする男性の、好ましい態度と不粋な態度とが描写されている。〈鈴木宏子〉

きぬぎぬ-の-つかひ【後朝の使ひ】 —ツカイ 男女が一夜をともにした翌朝、男性から女性のもとに送る手紙を届ける使者。例その後朝の使ひ敦忠中納言、(当時ハ)少将にてしたまひける〈大鏡・時平〉

きぬた【砧・碪】 名(「きぬいた(衣板)」の変化した形)布を木槌で打って柔らかくして光沢を出すために用いる、木や石の台。また、それを打つこと。例恋ひつつや妹が打つらん唐衣きぬたの音の空になるまで〈千載・秋下〉 語誌 砧は、家族の冬支度のために女性が夜なべで打つものだった。その音は哀愁を帯びたものとされ、特に和歌では、夫の訪れを待ちながら、独りで秋の夜長を過ごしている女性のイメージがある。⇩ころもうつ

きね【杵】 名 臼に入れた穀物などをつく道具。例標のうちにきねの音こそ聞こゆなれ〈金葉・雑下〉

き-ね【木根】 名 木。樹木。例磐根木根履みさくみて(=踏み破って)〈祝詞・祈年祭〉

きね【巫覡・宜禰】 名 神に仕え、歌舞して神の心を慰める人。神懸かりして神意を伝えたり、死者の口寄せをしたりもする。多くは女性。「みこ」「かむなぎ」とも。例住吉の一の鳥居に舞ふ巫は〈梁塵秘抄・四句神歌〉

き-の-え【甲】 名(「木の兄」の意)十干の一番目。

きのえ-ね【甲子】 名 ❶十干の一番目の甲と、十二支の一番目の子との組み合わせで、干支の一番目。また、それにあたる年や日。物事の始まりとして重んじられた。甲子。⇩干支。例貞享甲子秋八月、江上の破屋を出づるほど〈芭蕉・野ざらし紀行〉 読解『野ざらし紀行』の冒頭部の一節。この作品は「甲子吟行」とも呼ばれる。❷「甲子待ち」の略。江戸時代、甲子の日に、子の刻(午前零時ごろ)まで起きていて大黒天を祭り、商売繁盛を願う行事。例今日は甲子だっけ、大黒さまへお灯明をあげるのを忘れた〈人情本・春色辰巳園・四・一一〉

紀海音 《人名》一六六三〜一七四二(寛文三〜寛保二)。江戸時代の浄瑠璃作者・俳諧師。父は貞門俳人の貞因、兄は狂歌師の貞柳。宝永四年(一七〇七)大坂豊竹座の座付き作者となり、竹本座の近松門左衛門と対抗して、竹豊時代を築いた。『八百屋お七』『心中二つ腹帯』などがある。

紀の川 《地名》紀伊国(和歌山県)の川。紀伊山脈北側を西流し、和歌山市で紀伊水道に流れ込む。上流は吉野川で、「紀の川」は紀伊に入ってからの称。大和国(奈良県)と紀伊国とを結ぶ道はこの川に沿い、沿岸には大寺院も多い。

き-の-くすり【気の薬】 名 形動(ナリ)心の慰めになるもの。例食ふよりも気の薬かな鹿の声〈俳諧・犬子集・四〉

木下幸文 《人名》一七七九〜一八二一(安永八〜文政四)。江戸時代の歌人。香川景樹に学ぶ。桂園派の中心と目されるが、生活実感を飾らずに詠み、独自な歌風を築く。家集『亮々遺稿』、随筆『亮々草紙』など。

木下長嘯子 《人名》一五六九〜一六四九(永禄一二〜慶安二)。江戸時代の歌人。名は勝俊。豊臣秀吉の北政所の甥。関が原合戦後は京都の東山・西山に閑居。細川幽斎に和歌を学ぶ。同門に貞徳がおり、また、当時の知識人とも交流があった。自由な詠みぶりで異彩を放つ。歌文集『挙白集』など。

紀貫之 《人名》八七〇?〜九四五(貞観一二?〜天慶八)。平安前期の歌人。『古今和歌

集』の中心的撰者で、その仮名序も記す。また、『土佐日記』など仮名散文の作品も残した。

父は望行（茂行とも）、母は内教坊の妓女であったらしい。十五歳ごろ大学寮に入り、九年間の勉学の後、官人としての生涯を送る。少内記・大内記などを経て、後年、加賀介・美濃介・土佐守などを歴任、最後は従五位上木工権頭で終わる。

早くから歌人としてのすぐれた資質を発揮し、宇多天皇時代から盛んになった歌合わせ・屏風歌の有力な作者であった。『是貞親王家歌合』『寛平御時后宮歌合』などには二十歳代の半ばでその名を現し、『古今集』成立時の延喜五年（九〇五）には三十数歳の若さであった。『古今集』には一〇二首もの歌が入集するが、その名歌の数々が若年において詠まれていたことになる。延喜七年、貫之・凡河内躬恒・壬生忠岑らが宇多天皇に随行して和歌を献じ、貫之が仮名文で記した「大堰川行幸和歌序」は、同じ貫之の『古今集』仮名序や『新撰和歌』の序とともに、最初期の仮名散文の名文として知られる。また家集『貫之集』は八〇〇余首からなるが、そのうち五〇〇首ほどが宮廷貴族のための屏風歌で占められている。晩年、土佐守として赴任、帰路の体験をもとに記した『土佐日記』は、文学史上最初の仮名散文による日記文学である。

貫之の和歌は、『古今集』時代の歌風の典型で、事実を理知的に再構成するような表現になっている。たとえば「さくら花散りぬる風のなごりには水なき空に波ぞ立ちける」〈古今・春下〉（➡名歌173）も、理知的な見立ての技法によって、華麗な時の過ぎ去った後の、不気味なまでの空虚感を表した名歌である。〈鈴木日出男〉

き-の-と【乙】 名〔「木の弟」の意〕十干の二番目。

き-の-どく【気の毒】 名 形動（ナリ）❶いやな気分であること。迷惑なこと。例さてさて**気の毒な**事でござる〈虎寛本狂言・萩大名〉❷他人について心を痛めること。かわいそう。例そなたの川へはまったは**気の毒なれ**ども〈虎寛本狂言・飛越〉

紀友則 《人名》？〜九〇五（延喜五）。平安前期の歌人。紀貫之のいとこで、『古今和歌集』の撰者の一人でもあるが、完成前に没。勅撰集には『古今集』以下に六五首入集。家集に『友則集』。

き-の-はし【木の端】 ❶人間的な感情を理解しないもののたとえ。例（法師ヲ）ただ**木のはし**などのやうに思ひたるこそ、いといとほしけれ〈枕・思はむ子を〉❷つまらないもの、役に立たないもののたとえ。例ただ**木の端**と思ひすてたる雲水（＝修行僧）の生涯ならむ〈俳諧・鶉衣・奈良団賛〉

きのふ【昨日】 名❶きのう。今日の前の日。例**昨日**のやうなれば、船出ださず〈土佐〉❷このあいだ。近い過去。例世の中はなにか常なる飛鳥川**昨日**の淵ぞ今日は瀬になる〈古今・雑下〉➡名歌408

【昨日の花は今日の夢】 人の世の栄枯盛衰がうつろいやすいことのたとえ。例**昨日の花は今日の夢**と、驚かぬこそ愚かなれ〈謡曲・葵上〉

きのふ-けふ【昨日今日】 名❶最近。近ごろ。例この君の、**昨日今日**の児と思ひしを、かく大人びて〈源氏・少女〉❷時が切迫していることのたとえ。例つひに行く道とはかねて聞きしかど**昨日今日**とは思はざりしを〈古今・哀傷〉➡名歌239

きのふ-の-よ【昨日の夜】 ❶一昨夜。例昨夜も、**昨日の夜**も、そがあなたの夜も（＝その前の夜も）〈枕・成信の中将は〉❷昨夜。例**昨日の夜**、鞍馬にまうでたりしに〈枕・かへる年の二月二十日よ日〉

き-のぼり【木登り】 名❶木に登ること。また、それにすぐれている人。例高名の**木登り**といひし男〈徒然・一〇九〉❷（高い木へ首を載せられることから）獄門にかけられること。さらし首。例親子三人をば**木登り**と定め〈浮世草子・沖津白波・五・四〉

きのまる-どの【木の丸殿】 名「きのまろどの」に同じ。例内裏は山のなかなれば、かの**木の丸殿**もかくやとおぼえて〈平家・八・緒環〉

きのまろ-どの【木の丸殿】 名皮を削らないままの丸太造りの宮殿。特に、百済救援時に斉明天皇が建てたという筑前国（福岡県）朝倉郡の仮の宮殿が有名。例朝倉や　**木の丸殿**に　我が居れば〈神楽歌・朝倉〉

き-の-みち-の-たくみ【木の道の工】 木材を扱う職人の総称。大工。指物師。例**木の道のたくみ**の造れるうつくしきうつは物も〈徒然・二二〉

き-の-みどきゃう【季の御読経】 名《仏教語》春秋の二季（陰暦二月・八月）に四日間、吉日を選んで、宮中で多くの僧に大般若経を読ませる仏事。例毎年の**季の御読経**なども、常のこととも思し召したらず〈大鏡・頼忠〉

き-の-め【木の芽】 名⇩このめ

きは

【際】 名物事が極まるところ。また、極まってほかの物事に変わる境目のところ。空間・時間・物事の程度などについて、その限度をいう。

❶**空間的な限度。** ㋐**端。物のへり。** 例母屋の**際**に立てたる屏風〈源氏・夕顔〉㋑**物と物との境目。区切り目。仕切り。** 例（母屋ト）二間の**際**なる障子（＝二間の部屋の境目にある襖）〈源氏・末摘花〉㋒**すぐそば。ほとり。**あたり。例埒の**きは**に寄りたれど（＝馬場の柵のすぐそばに近寄っているけれど）〈徒然・四一〉

❷**時間的な限度。** ㋐**大きな変化が起きようとする間際。どたんば。**最後。最期。例さはこれこそは**際**の御ありさまなりけれ（＝では、これこそが最後の御様子だったのだ）〈栄花・岩蔭〉読解天皇の葬儀を見送る人々の思い。㋑**物事の起きたその折。**当座。場合。例（死者ヲ）年月経ても、つゆ忘るるにはあらねど…その**きは**ばかりは覚えぬにや（＝年月がたっても、少しも忘れることはないけれど…亡くなった当座ほどには悲しく思われないのであろうか）〈徒然・三〇〉㋒江戸時代、盆・暮れ・節句前の収支決算期。例**際**の日に、商人の店を捨てて〈近松・生玉心中・中〉

❸程度の限度。㋐極限。最上。例(容姿ノ)気高くすぐれたること、いと際あらねど(=上品で秀でていることは、ほんとうに限りがないけれど)〈宇津保・蔵開上〉㋑程度。ほど。例才の際、なまなまの博士恥づかしく(=学問の程度は、なまはんかの博士が気後れし)〈源氏・帚木〉㋒特に、身分。家柄。分際。例いとやむごとなき際にはあらぬが、すぐれて時めきたまふありけり(=たいして重々しい身分ではないお方が、格別に帝のご寵愛を受けていらっしゃることがあった)〈源氏・桐壺〉読解 光源氏の母桐壺更衣のこと。更衣は女御より下位。〈鈴木宏子〉

きは-ぎは【際際】名〔「きは」を重ねた語〕❶各自の身のほど。また、おのおのの身のほどに差があること。例母方からこそ(=母方の家柄によって)帝の御子もきはぎはにおはすめれ〈源氏・薄雲〉❷江戸時代、盆・暮れなどの収支決算期。例去年の春から際々に〈近松・心中刃は氷の朔日・上〉

きは-ぎは・し【際際し】形(シク)〔名詞「きは」を重ねて形容詞化した語〕目立っている。際立っている。けじめがはっきりしている。例(a)(家ヲ)なだらかに修理して、門いたく固め、きはぎはしきは、いとうたてこそおぼゆれ(=体裁よく手入れして、門をひどくしっかりと閉め、目立つふうなのは、たいそういやな感じがする)〈枕・女のひとりすむ所は〉例(b)かの大臣と、何ごとにつけても際々しう(音便形)(=あの大臣は、どんな事につけてもけじめをはっきりさせ)〈源氏・行幸〉〈鈴木宏子〉

きは-こと【際殊】形動(ナリ)格別だ。際立っている。例際ことにかしこくて〈源氏・桐壺〉

き-はだ【黄蘗】名❶「きわだ」とも。植物の名。ミカン科の落葉高木。樹皮の黄色い内皮を染料に用い、内皮の粉末や実は胃腸薬にも用いる。例にがきこと物にも似ず、黄蘗などのやうにて〈宇治拾遺・四八〉❷①の樹皮から採った染料。また、それで染めた色。薄い黄色。例たとしへなきもの…藍と黄蘗と、雨と霧と〈能因本枕・たとしへなきもの〉

きは-だか【際高】❶形動(ナリ)❶際立っている。例(日吉ノ明神ハ)しるし(=霊験)をも際高に施したまふなるべし〈今鏡・二・手向〉❷気位が高い。性格がきつい。格別にいかめしい。例御心ばへの際高におはしけるにや、三条の悪宰相とぞ人は申しはべりし〈今鏡・五・苔の衣〉❷名 年末に物価のあがること。例この際高でしまはれぬ(=年末の支払いができない)〈浮世草子・世間子息気質・五・一〉

きは-だか・し【際高し】形(ク)気位が高い。きっぱりしている。例(出家ショウト)際高く思ひたちてはべるを〈堤中納言・よしなしごと〉

きは-だけ・し【際猛し】形(ク)気が強い。厳格だ。高圧的で容赦がない。例よからぬ世の人の言につきて(=つまらないうわさを信じて)、きはだけく思しのたまふもあぢきなく〈源氏・少女〉

きは-な・し【際無し】形(ク)❶果てしがない。限りがない。例心の底見えず、際なく深きところある人になん〈源氏・若菜下〉❷この上なくすばらしい。限りなくすぐれている。例中宮大夫殿こそ、かぎりなくきはなくおはしませ〈大鏡・道長上〉

き-はな・る【来離る】動(ラ下二)もと居た土地を離れてやって来る。例いや遠に(=だんだん遠く)国を来離れ いや高に 山を越え過ぎ〈万葉・二〇・四三九八〉

きは-はな・る【際離る】動(ラ下二)群を抜く。際立つ。例かれ(=あの人)はいとかやうに際離れたるきよら(=気高い美しさ)はなかりしものを〈源氏・横笛〉

きはまり-て【極まりて】副 この上なく。きわめて。例極まりて貴きものは酒にしあるらし(=酒であるらしい)〈万葉・三・三四二〉

きはまり-な・し【極まり無し】形(ク)際限がない。この上ない。例きはまりなき放言しつと思ひける気色にて〈徒然・一〇六〉

きはま・る【極まる・窮まる】動(ラ四)❶極限に達する。例きたなげなる所に、年月をへてものしたまふ事、極まりたるかしこまり(=長い間おいでになることは、この上なく恐れ入ること)〈竹取〉❷尽きる。終わる。なくなる。例兵(=武器)尽き、矢窮まりて〈徒然・八〇〉❸困窮する。行き詰まって苦しむ。例人、きはまりて盗みす〈徒然・一四二〉❹結論がそこに行き着く。決まる。例鮹の足は日本国が八本に極まりたるものを〈西鶴・世間胸算用・四・二〉

きはみ【極み】名❶(空間的に)果て。限り。例天雲の 向か伏す極み(=横たわる空の果て)〈万葉・五・八〇〇〉❷(時間的に)最後の時。限り。例わが命の 生けらむ極み(=生きている限り)〈万葉・一三・三二五〇〉

きは・む【極む・窮む・究む】動(マ下二)〔「きはまる」の他動詞形〕❶極限まで至らせる。きわめる。例我かく悲しびをきはめ、命尽きなんとしつるを(=自分がこのように悲しみの限りをきわめて、命が終わってしまおうとしたのを)〈源氏・明石〉❷極限まで至る。きわまる。例ほどにつけて、きはむる官・位に至りぬれば(=家柄に応じて、最高の官や位に到達したときは)〈徒然・六四〉読解 家柄によって、昇進できる最高の官位が決まっていた。❸学問などで、奥深いところに到達する。例文の道を極めたまひたりけり(=漢詩文の道を奥深いところまでご到達なさっていた)〈今昔・一一・一八〉❹終わらせる。尽くす。例何ばかりの過ちにてかこの渚に命をばきはめん(=どれほどの過失のせいでこの渚で命を終わらせるのだろうか)〈源氏・明石〉❺決める。例思ひとどまるに極めし〈西鶴・好色五人女・三・二〉

語誌 平安時代には、主に漢文訓読に用いられた。和文では「いたる」が用いられることが多い。②は自動詞の用法。〈鈴木宏子〉

きはめ【極め】名❶果て。限り。極限。例このころの能、盛りの極めなり〈風姿花伝・一〉❷決定。例必ずそのきはめでおりゃるぞ〈狂言記・佐渡狐〉❸鑑定。書画・刀剣などの作者や品質を見極めること。

きは-め【際目】名 折。間際。例やうやう(=しだいに)身の憂さをも慰めつべききはめに〈源氏・手習〉

きはめ-たる【極めたる】 連体 この上ない。大変な。はなはだしい。例(a)この母君、**きはめたる**和歌の上手におはしければ〈大鏡・兼家〉例(b)**極めたる**罪重き悪人なり〈今昔・六・一一〉

きはめ-て【極めて】 副 ❶この上なく。非常に。例良覚僧正と聞こえしは、**極めて**腹あしき(=怒りっぽい)人なりけり〈徒然・四五〉❷きまって。きっと。確かに。例こは**きはめて**やう(=わけ)ある事にこそ〈読本・弓張月・後・一七〉

きは-やか【際やか】 形動(ナリ)〔「やか」は接尾語〕❶際立っている。くっきりしている。例花橘の月影(=月の光)にいと**きはやかに**見ゆるかをりも〈源氏・幻〉❷きっぱりしている。きびきびしている。例いと**きはやかに**起きて、ひろめきたちて(=ばたばた騒いで)〈枕・あかつきに帰らん人は〉

きば-を-かむ【牙を嚙む】 悔しがったり怒ったりなどして、歯をくいしばってぎりぎりいわせる。例鼻をふきいからかし、**牙をかみ**〈宇治拾遺・一九七〉

き-び【気味】 名「きみ(気味)」に同じ。例閑居の**気味**もまた同じ。住まずして誰かさとらむ〈方丈記〉

吉備 《地名》山陽道八か国のうち、備前・備中・備後・美作四か国の古称。今の岡山県・広島県東部。

きび・し【厳し】 形(シク)❶厳格だ。厳重だ。いかめしい。例(a)なだむることなく**きびしう**(音便形)行へ(=手加減することなく厳格に行え)〈源氏・少女〉例(b)大きな柑子の木の、枝もたわわになりたるが、まはりを**きびしく**囲ひたりしこそ(=大きな柑子の木で、枝もしなうほどたくさんなっている木が、周囲を厳重に囲ってあったのが)〈徒然・一一〉読解「柑子」はみかんの一種。❷容赦しない。手きびしい。例**きびしき**片つ方やありけむ(=やかましい本妻がいたのだろうか)〈堤中納言・このついで〉❸険しい。例すぐれて山**峻し**(=非常に山が険しい)〈梁塵秘抄・四句神歌〉❹**びっしり詰まっている**。密だ。例洲崎遠くさし出でて、松**きびしく**生ひつづき(=洲崎が遠くまで突き出ていて、松がびっしりと生え並んで)〈東関紀行〉❺**たいしたものだ**。普通でないことをあきれたり感心したりする気持ち。例みどもは…一つも腹は立てぬ。**たいしたものだ**。

きびしい(音便形)か(=私は…少しも腹を立てない。たいしたものだろう)〈歌舞伎・幼稚子敵討・三〉

語誌 もと漢文訓読語。古くはク活用で、④の意で用いられている例が多い。近世までごくまれにク活用の例も存在する。〈小島孝之〉

きびす【踵】 名 かかと。また、履物のかかとの部分。例沓の**きびす**を、刀にて切りたるやうに引き切りて〈宇治拾遺・三一〉

きびは 形動(ナリ)幼少で弱々しい。例(光源氏)いと**きびはに**ておはしたるを、(左大臣ハ)ゆゆしうつくしと思ひきこえたまへり〈源氏・桐壺〉

きびょうし【黄表紙】 ⇩きべうし

き-ひん【気稟】 名〔「稟」は生まれつきの意〕生まれつきもっている気質。例**気稟**の清質、もっとも尊ぶべし〈芭蕉・奥の細道〉

きふ【急】 1名 形動(ナリ)❶さし迫ったさま。急ぎ。例**急なる**事にてまかでたれば(=おいとましたところ)〈源氏・手習〉❷短気。性急なさま。例いと**急**にこはき人になむ侍る〈宇津保・国譲下〉2名 雅楽・能楽などで、曲を構成する三要素序破急の最終部。調子が早い。⇩じょはきふ

き・ふ【来経】 動(ハ下二)年月がやって来ては過ぎて行く。年月が経過する。例あらたまの(枕詞)月日も**きへ**ぬ〈万葉・一五・三六九一〉

き-ふく【帰伏・帰服】 名 動(サ変)「きぶく」とも。心を寄せてつき従うこと。服従し、支配下に入ること。また、そうさせること。例たちまちに悪心をあらためて**帰伏せる**気色になりて〈著聞集・一二・四三一〉

き-ぶくりん【黄覆輪】 名「きんぷくりん」に同じ。

きふ-じ【給仕】 名 動(サ変)❶貴人のそば近く仕えて身の回りの世話をすること。また、その人。例花をとり水を汲みて**給仕**したまひけり〈著聞集・二・四六〉❷飲食の席でその世話をすること。また、その人。例お酌取り・**給仕**の衆、一座残らずお相手、明日まで飲みあかし〈近松・鎌田兵衛名所盃・下〉

きふ-しゅ【給主】 名「きふにん②」に同じ。例所領一所に四、五人の**給主**付いて〈太平記・一二〉

きふ-しょ【給所】 名 主君から家臣に給与された土地。例田上郡は**給所給所**の入り組みにて、地割りなかなか難しし〈近松・傾城反魂香・下〉

きふ-にん【給人】 名 ❶平安時代、年給に相当する年官・年爵の権利を与えられた皇族や貴族。❷中世、幕府や領主から所領を与えられ、それを支配する人。例稲毛の庄十二郷を闕所になして、すなはち**給人**をぞ付けられける〈太平記・三三〉❸江戸時代、大名の家臣のうち、知行地を与えられた人。実際には、知行地がなく、扶持米(給料としての米)を与えられた下級武士にもいう。例**給人**・若党・お出入りの町人まで〈近松・心中宵庚申・上〉

貴船 《地名》歌枕 山城国の地名。今の京都市左京区鞍馬貴船町付近。貴船川の流域にあたり、貴船神社がある。和歌では、貴船川の清流が詠まれたり、その名に「船」が掛けられたりする。

きふ-ぶん【給分】 名 給料。家臣に与える給地・給米や、奉公人に与える給金。例親方の手前より**給分**取るにもあらず〈西鶴・好色一代女・六・三〉

き-ぶん【気分】 名 ❶気持ち。心持ち。様子。雰囲気。例このところは人間の**気分**を離れて多くの年を経たり〈今昔・一三・一〉❷性質。気質。例**気分**は寛闊にぞ生まれ付きて〈西鶴・男色大鑑・六・一〉

ぎ-へい【義兵】 名 正義のために起こす兵。例(帝ノ)御方に参じて**義兵**を揚げしが〈太平記・四〉

き-へな・る【来隔る】 動(ラ四)来てへだたる。へだてて来る。例あしひきの(枕詞)山**きへなりて**遠けども心し行けば夢に見えけり〈万葉・一七・三九八一〉

き-ぼ【規模】 名 ❶物事の仕組み。全体の組み立て。例この抄は小序玄恵法印、奥書救済法師等をもって**規模**となす〈連理秘抄〉❷手本。模範。例国家の御宝、末代の**規模**なり〈源平盛衰記・二六〉❸誉れ。名誉。例多年の所望、氏族の**規模**とする職なれば〈太平記・一〇〉❹面子。体面。「規模が立つ」などの形で用い

る。例ただこの場を相済ましては、そこもとたち(=おまえたち)のきぼも立たぬと申すもの〈歌舞伎・青砥稿花紅彩画・序幕〉❺効果。かい。例伝授しても規模がない〈浄瑠璃・菅原伝授手習鑑・一〉

ぎ-ぼうしゅ【擬宝珠】名「ぎぼうし」「ぎぼし」とも。橋の欄干の柱頭などにつける、葱の花の形の飾り。例宇治橋のはしの橋柱の、擬宝珠のもとに着きにけり〈狂言・通円〉

きほひ【競ひ】名❶われ先にというように、次々に物事が起こること。また、物事の余勢。はずみ。例尼になりなむと思したれど、かかる(=上皇が出家する折の)競ひには、慕ふやうに心あわたたし〈源氏・若菜上〉❷激しい勢い。気勢。例いと荒ましき風の競ひに〈源氏・橋姫〉❸「競ひ馬」の略。⇩くらべうま。例その時の御勝負には、十番の相撲、十番の競ひにてありしよな〈狂言・横座〉❹「競ひ肌」の略。勇み肌。任侠の気風。

きほひ-うま【競ひ馬】名「くらべうま」に同じ。例競ひ馬の鼓に我を打ちこめて〈夫木・二七〉

きほひ-かか・る【競ひ掛かる】動(ラ四)勇み立つ。意気ごむ。例最前のやうに(=先ほどのように)きほひ掛かっ(音便形)て言へ〈虎寛本狂言・清水〉

きほ・ふ【競ふ】動(ハ四)互いに負けまいと張りあったり、われ先にと勢いこんだりする意。

❶われ先にと争うように行く。例そこらの者ども、これを見むとて、東の陣へ競ひ集まるほどに(=たくさんの者たちが、これを見ようとして、東の陣へわれ先にと争うように集まるときに)〈十訓抄・六・三四〉

❷(多く「〜にきほふ」の形で)〜に負けまいと張りあう。〜と先を争う。例(a)荒れたる家の露しげきをながめて、虫の音に競へる気色(=荒れ果てている家の庭で露深い庭を眺めながら、虫の鳴く音に負けないようにすすり泣く様子は)〈源氏・帚木〉例(b)(久シブリデ出会ッタ友人ガ)月にきほひて帰りはべりければ(=月が沈むのと争うように急いで帰ってしまいましたので)〈新古今・雑上・詞書〉〈安達敬子〉

きま・る【決まる・極まる】動(ラ四)❶物事がある状態に定まる。例そんなきまらぬ事を言いっこなしさ〈黄表紙・心学早染草・中〉❷態度や服装などがきちんとなる。物の形などがかっこうよくできる。例羽折(=羽織)できまっ(音便形)て来ずとも〈歌舞伎・東海道四谷怪談・初日序幕〉

きみ【黍・稷】名穀物の名。きび。例梨棗黍に粟次ぎ(=続いて実り)延ふ葛の〈万葉・一六・三八三四〉

き-み【気味】名❶風味。香りと味。例よろづの物の気味は、塩にこそあれ〈沙石集・五・六〉❷味わい。趣。例道(=仏の道)を楽しぶより気味深きはなし〈徒然・一七四〉❸気持ち。気分。例これでは気味が悪い。酒とってこい〈西鶴・好色一代男・八・九〉

き-み【鬼魅】名(「鬼」は霊魂、「魅」は物の怪の意)化け物。妖怪。悪鬼。例生あるものを殺して鬼魅に祭を備へて〈今昔・一・一七〉

きみ

【君】もともとは重々しい尊称で、王や君主をいうのに用いられた。そこから敬意をこめて人をいうのに広く用いられるようになり、さらに代名詞や接尾語の用法が生じた。

❶名❶天子。天皇。君主。例天皇の天の日継と継ぎて来る君の御代御代(=天皇が天上にいる神の御子孫として継承して来る君主の御代御代に)〈万葉・二〇・四四六五〉

❷自分の仕える人。主人。主君。例命を捨てても、おのが君の仰せ言をば叶へん(=命を捨てても、自分の主君のご命令をかなえよう)〈竹取〉

❸敬うべき人。高貴な人。例(都二)人はしも満ちてあれども君はしも多くいませど(=人は満ちているけれど、高貴な人はたくさんいらっしゃるけれど)〈万葉・一三・三三二四〉

❹高貴な人を敬っていう。特定の人をさしていうこともある。お方。あのお方。例君は大殿におはしける に(=あのお方は大臣邸にいらっしゃったが)〈源氏・若紫〉読解光源氏をさす。

❺(人名や官名などについて、「〜の君」の形で)敬称として用いる。例(a)業平の君の…といふ歌〈土佐〉例(b)あて宮の御乳母子で…兵衛の君とて候ふに(=あて宮の御乳母子で…兵衛の君といってお仕えしているが)〈宇津保・藤原の君〉読解女房の呼び名に用いた例。

❻遊女。例その西尾こそ、我もこがるる君なり(=その西尾こそ、私も恋い焦がれる遊女である)〈西鶴・諸艶大鑑・三・二〉

❼姓の一つ。「公」とも書く。

❷代対称の人称代名詞。あなたさま。あなた。例君が行く道の長手を繰り畳ね焼き滅ぼさむ天の火もがも〈万葉・一五・三七二四〉➡名歌138

黄表紙 江戸時代の小説の一種。絵本である草双紙の一つで、表紙の色による称。絵の余白に平仮名中心の文章が入る体裁で、いわば漫画のような大人の絵本。知的でナンセンスな笑いを特色とし、身近な現実を写実的に描きながらもそれをちゃかしてはぐらかす、滑稽味あふれる都会的センスを売りものとする。

安永四年(一七七五)刊の恋川春町作『金々先生栄花夢』に始まり、天明年間(一七八一〜八九)ごろに最盛期を迎える。代表的作品は、天明五年(一七八五)刊の山東京伝作『江戸生艶気樺焼』で、同年には芝全交作『大悲千禄本』や唐来参和作『莫切自根金生木』なども刊行された。

その後、寛政の改革を戯画化した作品が幕府の弾圧を受けると、教訓的な内容を表面に押し出すようになり、さらに、伝奇的な敵討ち物へと変質し、その時代は終わる。〈松原秀江〉

❸接尾 高貴な人の呼び名につける。「姫君」「尼君」など。「〜ぎみ」となることが多い。

語誌 ▼①の①では、「大君」ということも多い。▼②は、上代では主として女性の側から男性を呼ぶのに用いられたが、平安時代になると、男女の区別なく親密な相手を呼ぶようになった。〈鈴木日出男〉

【君は舟、臣は水】 君主と臣下の関係を舟と水にたとえた言葉。君主は水によって舟が浮かぶように臣下に助けられるが、ときには水が舟を転覆させるように臣下に覆されることもある、ということ。『荀子』王制編の句から出た。

きみ-あひ【気味合ひ】 《近世語》❶名❶様子。気分。恋愛にいうことも多い。例諸事その**気味合ひ**で〈洒落本・深川新話〉❷歌舞伎で、強い感情をこめて互いに見つめあう型。また、その演技。❷名形動(ナリ)趣のあること。味わいのあること。例わがみ(=おまえ)と俺が立ち合ひとは、はて**気味合ひな**事ぢゃの〈浄瑠璃・関取千両幟・二〉

きみ-がきる【君が着る】 《枕詞》君がかぶる「御笠」の意から、同音の地名「三笠」にかかる。

きみ-がさす【君がさす】 《枕詞》君がさす「御笠」の意から、同音の地名「三笠」にかかる。

きみ-が-よ【君が代】 ❶あなたの寿命。例**君が代**も我が代も知るや岩代の岡の草根をいざ結びてな(=さあ結ぼうよ)〈万葉・一・一〇〉読解草を結ぶのは旅の無事を祈る行為。❷貴人の寿命・生涯。特に、天皇の治世。例**君が代**にあへるはたれもうれしきを花は色にも出でにけるかな〈新古今・賀〉

きみ-ざね【君ざね】 名(「ざね」は接尾語)大切な妻。正妻。例わが**君ざね**と頼む〈大和・一二四〉

き-みづ【黄水】 名「わうずい」に同じ。

きみゃう-ちゃうらい【帰命頂礼】 《仏教語》仏に帰依し、頭を地につけて礼拝すること。仏を拝むときに唱える言葉にも用いる。例(a)手を額にあてて**帰命頂礼**するほどに〈十訓抄・一・七〉例(b)南無**帰命頂礼**、八幡大菩薩、君をはじめまゐらせて(=天皇をはじめ申し上げて)、我ら都へ帰し入れさせたまへ〈平家・七・一門都落〉

き-むか-ふ【来向かふ】 動(ハ四)やって来る。到来する。例日並みしの皇子の尊の馬並めてみ狩り立たしし時は**来向かふ**〈万葉・一・四九〉

きむぢ 代「きんぢ」に同じ。例**きむぢ**が姓(=名字)はなにぞ〈大鏡・序〉

き-めい【貴命】 名 貴人や年長者の命令。ご命令。仰せ。例得難きは時、去り難きは(=断りがたいのは)**貴命**なり〈謡曲・盛久〉

き-めう【奇妙】 名形動(ナリ)❶不思議なこと。珍しいこと。例**奇妙**の事説きつくすべからず〈三宝絵・下・三〇〉❷非常にすぐれていること。例近里遠方、おなじく**奇妙なり**と讃歎す〈正法眼蔵・古鏡〉

きめ-ごまか【肌理細か】 形動(ナリ)❶肌が滑らかだ。例**きめごまかに**爪端(=手足の先端)うるはしく〈西鶴・好色一代女・四・一〉❷損得勘定に細かい。例今の世の人は**きめごまかで**〈浄瑠璃・菅原伝授手習鑑・三〉読解口語に活用した例。

き-めん【貴面】 名 お目にかかること。相手を敬っていう。例**貴面**ならねば(=お目にかかることもなければ)便りも聞かず〈近松・心中天の網島・上〉

きも【肝・胆】 名❶肝臓。また、内臓一般。例わがはらのうちなる蛇ありきて(=動き回って)**肝**を食む〈蜻蛉・中〉❷心。感情。例世の人は心も**肝**も無きやうに思ひてはべるべかめる〈紫式部日記〉

【肝を消す】 「きもきゆ」に同じ。例敵の船かと**肝をけし**〈平家・灌頂・六道之沙汰〉

きも-いり【肝煎り・肝入り】 ❶名動(サ変)❶人の世話をすること。また、その人。例かみ様の**肝煎り**で安堂寺町へ嫁入りのとき〈近松・今宮の心中・中〉❷遊女や奉公人を斡旋すること。また、それを職業とする人。❷名 庄屋。名主。

きも-きゆ【肝消ゆ】 驚きや恐怖などで我を失う。例我にもあらぬ気色にて、**肝消えゐ**たまへり〈竹取〉

きも-こころ【肝心】 名(「肝」と「心」)「きもごころ」とも。❶気持ち。感情。例その音声楽を聞く人は皆**肝心**栄えて〈宇津保・蔵開上〉❷正気。まともな思考力・判断力。例**肝心**失せて、さらに(=まったく)物覚えずして、我にもあらぬ心地して〈今昔・二六・一八〉

きも-だましひ【肝魂】 名(「肝」と「魂」)「きもたましひ」とも。❶気持ち。感情。例見る人聞く者**肝たましひ**を痛ましめずといふ事なし〈平家・九・小宰相身投〉❷正気。しっかりした心。例**肝魂**たちまちにくれ、正念(=正気)次第に失せしかば〈保元・中〉

きも-つぶる【肝潰る】 突発的な出来事に我を失う。ひどく驚く。例いと物さわがしく**きもつぶれ**て、ある限りまどひあへり〈増鏡・むら時雨〉

きも-なます【肝膾】 名(肝で作ったなますの意から)内臓を切り刻むこと。例わが心にかなはば、用ひん。かなはずは、**肝膾**に作らん〈宇治拾遺・一九七〉

きも-ふとし【肝太し】 大胆だ。恐れを知らない。例心ばへかしこく、**肝ふとく**〈宇治拾遺・九四〉

きもむかふ【肝向かふ】 《枕詞》肝(肝臓)は心臓に向かいあっていると考えられたことから「心」にかかる。

き-もん【鬼門】 名 丑寅(北東)の隅・方角。陰陽道で、邪悪な鬼が出入りするとして忌避する。例この日域(=日本の比叡山)も、帝都の**鬼門**にそばだちて、護国の霊地なり〈平家・二・座主流〉

きやう

【京】 名❶都。皇居のある土地。⇩みやこ。例平城の**京**、春日の里に知るよしして(=領地がある縁で)〈伊勢・一〉❷特に、平安京。京都。延暦一三年(七九四)から東京遷都まで、一千年余のあいだ都だった。

語誌 ▼**平安京の盛衰** 平安京は唐の都市にならった条坊制をとり、南北は一条大路から九条大路まで、東西は両京極に囲まれた地域が、大路・小路によって碁盤の目状に分けられた市街をもつ。ただし実際は、朱雀大路より西の右京は整備されず、鴨川を東の境として左京のみが栄えた。御所周辺の上京には貴族の屋敷が並び、三条より南の下京は室町時代以後町衆の町としてにぎわった。応仁の乱では戦場となり荒廃したが、その後復興。豊臣秀吉が天正一八年(一五九〇)に寺院を東の京極と京の北辺に移すなど都市

き

改造を行い、周囲に御土居と呼ばれる土塁を築いた。江戸時代には江戸・大坂と並んで三都と呼ばれ、上方文化の中心地であり続けた。⇩付録〈大谷俊太〉

きやう【経】 名 仏教の教えを文章にまとめたもの。また、それが書かれた書物。経典。例脇息の上に経を置きて〈源氏・若紫〉

きやう【卿】 名 ❶令制で、八省の長官。中務卿・式部卿の類。❷参議および三位以上の上級貴族。また、その人の名の下につける敬称。例重盛卿ばかりぞ御供には参られける。父の卿は参られず〈平家・一・清水寺炎上〉 読解「父の卿」は平清盛。

きやう【境】 名 ❶《仏教語》五感と心とで認識される外界の事物。例言によりて心を生じ、心によりて境を存す〈沙石集・一〇末・二〉 ❷境地。心境。

きやう【饗】 名 酒や食べ物でもてなすこと。例ところどころの饗など…きよらを尽くして(=ぜいたくを極めて)仕うまつれり〈源氏・桐壺〉

ぎやう【行】 名 ❶《仏教語》善悪を含めた一切の行為。また、一切の存在。❷《仏教語》**悟りを求めるための修行。** 例行のこころみに、きこゆる滝にしばらく打たれてみんとて(=修行の小手調べに、名高い滝に少しの間打たれてみようといって)〈平家・五・文覚荒行〉 ❸令制で、官職と位階とが相当せず、位階が官職より高い場合、位階と官職名との間にはさむ語。❹文字の並び。例この草子を取り上げ見れば、行の次第もしどろにて(=この書物を取り上げて見てみると、文字の並びの順序も乱れていて)〈謡曲・草子洗小町〉〈劔持雄二〉

きやう-うちまゐり【京内参り】 名〔「うちまゐり」はもとは宮中に参内することの意〕京都へ行くこと。都見物をすること。例京内参りを仕らんとて三条大橋うち渡りて〈仮名草子・竹斎・上〉

きやう-えん【竟宴】 名〔「竟」は終わる意〕宮中で、書物の講読や勅撰集の撰進の後や、神事などが終わった後に催される宴会。特に、『日本書紀』の講読が終わった後に催される日本紀竟宴が有名。例新古今の時ありしかばにや(=あったからか)、竟宴といふ事行はせたまふ〈増鏡・北野の雪〉

きやう-おう【響応・饗応】 名動(サ変)「きやうよう」とも。❶相手の機嫌をとって調子を合わせること。例この殿渡らせたまへれば、「おもひがけず、あやし」と中関白殿おぼしおどろきて、いみじう饗応しまうさせたまうて〈大鏡・道長上〉 ❷酒食でもてなすこと。例食物・馬の草などに至るまで、ことに饗応しければ〈今昔・二六・一四〉

きやう-がい【境界】 名 ❶《仏教語》精神的な働きかけの対象として認識される世界。例境界なければ何につけてか破らん〈方丈記〉 ❷能力の及ぶ範囲。領域。例おのれが境界にあらざる物をば、争ふべからず〈徒然・一九三〉 ❸境遇。環境。例二十の境界まで、定むる妻はいまだなし〈御伽草子・鉢かづき〉

ぎやう-がう【行幸】 名動(サ変)「ぎやうかう」とも。天皇が皇居から外出なさること。みゆき。例行幸近くなりぬとて、殿のうちを、いよいよつくり磨かせたまふ〈紫式部日記〉 語誌 同じ「みゆき」でも、上皇・法皇・女院の場合には「御幸」と書き、「ごかう」と言い分けた。

ぎやう-がう【行香】 名動(サ変)《仏教語》〔「行」は配る意〕「ぎやうかう」とも。法会のとき、参列した僧たちに焼香のための香を配ること。また、その役目の人。香炉と香を台に載せ、僧の間を回る。例(少女タチガ)花ども奉る。行香の人々取りつぎて〈源氏・胡蝶〉

ぎやう-がく【行学】 名《仏教語》修行と学問。仏教の教えを学び、自己の修養のためにそれを実践すること。例宿老碩徳の(=経験豊かで徳の高い)名師は行学におこたり〈平家・四・三井寺炎上〉

きやう-かたびら【経帷子】 名 仏式で死者を葬るときに着せる衣。白麻などで作り、襟や背に名号(南無阿弥陀仏)や題目(南無妙法蓮華経)などを書く。例おほかたは限りの浮き世と極め、経帷子を縫はせ〈西鶴・男色大鑑・二・四〉

行基 《人名》六六八〜七四九(天智七〜天平二一)。奈良時代の法相宗の僧。諸国を行脚して民間布教と社会事業を行い人々の信仰を集め、行基菩薩と呼ばれた。東大寺の大仏造営にも協力。『日本霊異記』などに事跡を伝える。

ぎやう-ぎ【行儀・形儀】 名 ❶《仏教語》手本とすべきふるまいや修行のあり方。例まことに仏道を学習せん人、忘れざるべき行儀なり〈正法眼蔵・溪声山

狂歌

短歌の形式をとる、機知や洒落に富んだ戯れの歌。ことさらに滑稽な用語を用い、内容は言葉遊びを楽しむものから時勢を風刺するものまで幅広い。すでに平安時代から詠まれているが、古くは詠みっぱなしの言い捨てが普通で、その場限りの座興にすぎなかった。江戸時代に独立したジャンルとなった。

●**上方狂歌** 江戸時代の隆盛は、中世末期に細川幽斎らの歌人が狂歌を好んだことに始まる。幽斎の弟子の貞徳は京で狂歌も指導し、その一門を中心に狂歌が作られた。これらは狂歌集『古今夷曲集』などに収められた。その後大坂に永田貞柳(油煙斎貞柳)が出て平易な詠みぶりを提唱し、狂歌ブームを起こした。

●**天明狂歌** 江戸中期以降、舞台を江戸に移して、四方赤良(大田南畝)・唐衣橘洲などの戯作者や朱楽菅江を中心に、前期の上方狂歌とはやや趣の異なる狂歌が流行した。いわゆる天明狂歌である。鋭い機知と軽妙洒脱で歯切れのよい作風を特色とし、「天明ぶり」と呼ばれた。この傾向は天明三年(一七八三)に編まれた『万載狂歌集』で全盛を迎え、狂歌集も続々と刊行された。しかし寛政の改革が始まると出版や風俗に対する規制も厳しくなり、狂歌もしだいに自由さ・清新さを失っていった。この時期の作者には鹿都部真顔や宿屋飯盛などがいる。〈福田安典〉

き

色〉❷『仏教語』仏事の方式。儀式の作法。例行儀異様なれども〈沙石集・一・三〉❸行為・動作の作法。例行儀正しき御身持ち〈近松・国性爺合戦・一〉❹しわざ。行為。例盗人の行儀か〈近松・大経師昔暦・上〉

きやう-きやう【軽軽】 形動（ナリ）かるがるしい。例この春宮の御弟の宮たちはすこし軽々におはしましし〈大鏡・兼家〉

きやう-く【狂句】 名❶戯れ・滑稽の句。特に、有心に対する無心の連歌・俳諧。例狂句これは定まれる法なし。ただ心ききて（＝気が利いていて）興あるやうにとりなすべし〈連理秘抄〉❷俳諧。例かれ狂句を好むこと久し。つひに生涯のはかりごと（＝仕事）となす〈芭蕉・笈の小文〉

きやう-くやう【経供養】 名動（サ変）書き写した経文を仏前に供えて、法会を行うこと。例その人のせし八講、経供養せしこと〈枕・説経の講師は〉

きやう-ぐわん【経巻】 名『仏教語』「きやうくゎん」とも。経文を書いた巻き物。経典。例仏像・経巻の煙とのぼりけるを見て〈平家・六・新院崩御〉

きやう-け【京家】 名❶京都に住む貴族。また、その家。例武文は京家の者と言ひながら、心剛にして〈太平記・一八〉❷藤原氏で、不比等の四男、麻呂を祖とする家系。例弟の麿をば京家と名づけたまひて〈大鏡・道長上〉❸足利将軍家の別称。例京家の下知（＝命令）として〈読本・雨月・浅茅が宿〉

ぎやう-けい【行啓】 名動（サ変）「ぎやうけい」とも。皇后・皇太后・太皇太后、または皇太子が皇居から外出なさること。みゆき。例后の昼の行啓。一の人の御歩き（＝摂関の外出）〈枕・めでたきもの〉

きやう-げん【狂言】

名❶道理にはずれた言動。非常識な言動。例かくのごときのことばは、仏法を知らざる痴人の狂言なり（＝このような言葉は、仏法を知らない愚か者の非常識な言動である）〈正法眼蔵・礼拝得髄〉❷おもしろおかしい言葉や動作。ざれごと。例遁世の遁は時代に書きかへむ　昔は遁る今は貪る…狂言はばかりあるにや（＝遁世の遁の字は時代とともに書きかえよう、昔は遁だが今は貪…ざれごとは差し障りがあるのだろうか）〈沙石集・三・八〉読解 現実的な名利のために遁世（出家）する人が増えたということ。❸⇩狂言

きやうげん-かた【狂言方】 名❶能楽で、間狂言と本狂言を専門に演じる役者。❷歌舞伎で、物まね芸を受けもつ役者。❸歌舞伎の脚本家。

きやうげん-きぎょ【狂言綺語】 名「きやうげんきご」とも。仏教からみて、仏の説いた真実の言葉に対して、道理にはずれた言葉や飾った言葉。特に、詩歌・物語の文章をいう。例今生世俗文学の業、狂言綺語の誤りをもって〈平家・三・大臣流罪〉

きやうげん-ばかま【狂言袴】 名狂言で庶民層を演じるときに着ける袴。いろいろな紋の柄を描いた紋尽くしの模様がついている。

きやう-こう【向後・嚮後】 名副今後。例向後、かかるわざすべからず〈宇治拾遺・一八四〉

ぎやう-こう【行功・行劫】 名『仏教語』修行によって得た功徳の力。例われ人の行劫もかやうのためにてこそ候へ〈謡曲・道成寺〉

京極為兼 『人名』⇩藤原為兼

きやう-こつ【軽忽・軽骨】 ❶名形動（ナリ）❶軽はずみなこと。例御対面の条、かへって軽骨の謗りを招くべし〈吾妻鏡・文治元年六月〉❷ばかばかしいこと。例なう軽忽や、この年になって恋をするものか〈狂言・枕物狂〉❷動（サ変）軽んじる。例公家の成敗（＝朝廷の裁決）を軽忽し〈太平記・三〉

ぎやう-ごふ【行業】 名『仏教語』行い。行為。特に、修行。例我が信心まことなく、行業いたらぬにこそと思ひて〈沙石集・六・一五〉

きやう-ざう【経蔵】 名『仏教語』❶三蔵の一つ。仏の教えを集めたもの。❷寺院で経典を収めておく建物。例経蔵の東の方より沓すりて人来なり〈栄花・玉の台〉

ぎやう-さう【行粧・行装】 名外出のときの装い。旅の装束。例将軍すでに参内あり。その行装、見物の貴賤みな目を驚かせり〈太平記・四〇〉

きやう-ざく【景迹】 名「きやうじゃく」に同じ。

きやう-ざく【警策】 名形動（ナリ）「かうざく」とも。❶詩文にすぐれている。例文なども警策に、舞・楽・物の音なども調ほりて〈源氏・花宴〉❷人柄などがすぐれている。例人柄も警策なる御あはひどもならむかし（＝御間柄であろうよ）〈源氏・常夏〉語誌 本来は馬にあてる鞭の意。転じて、詩文を引き締める語句、すぐれた語句をいう。

きやう-ざま【京様】 名京都の方角。例つとめていととく（＝翌朝たいそう早く）京ざまにのぼりければ〈宇治拾遺・九六〉

ぎやう-さん【仰山】 副形動（ナリ）❶数や量の多

狂言

室町時代に成立した笑喜劇。能とともに猿楽から発達した。

● **能と狂言**　能が世阿弥によって幽玄の歌舞劇として完成されていくのに対し、笑劇として発達したのが狂言。貴族的・古典的・象徴的な能に比べて、庶民的・現実的・写実的である。普通は面をつけず、扮装も素朴。江戸初期に大蔵・鷺・和泉の各流派ができ、現在、大蔵・和泉の二流が伝わる。

● **内容**　内容から、脇狂言・大名狂言・小名狂言・聟女狂言・鬼山伏狂言・出家座頭狂言・集狂言に分類される。登場人物は主役のシテと脇役のアドで、多くは主従や夫婦のような対の人間関係である。滑稽さや軽妙な笑いを特色とし、既成の権威が崩れようとする当時の世相を反映して、権力に対する皮肉や風刺がこめられることも多い。

狂言は当時の現代劇で、せりふなどは当時の口語で演じられた。したがって台本に残された言葉は、室町時代から江戸初期の口語の実態を知るうえで貴重な資料でもある。

〈馬場光子〉

いさま。たくさん。例仰山無理を言はんす〈浮世草子・傾城禁短気・五・四〉❷言葉や動作がおおげさなさま。例なんぞと思へば仰山な〈近松・心中重井筒・上〉

きゃう-じ【経師】 名 写経を生業とする人。また、写経のための紙を調えたり、書写された経文を折り本や巻物に仕立てたりする職人。のちは書画や屏風・襖などの表装もしたので、その職人をもいう。例四巻経書きたてまつるべき紙、経師に打ちつがせ〈宇治拾遺・一〇三〉

ぎゃう-じ【行事】 名 ❶恒例となっている催し物。年中行事など。❷物事を執り行うこと。また、その責任者。担当者。例鼓判官知泰、軍の行事うけたまはって〈平家・八・鼓判官〉❸「ぎゃうじくゎん」に同じ。例いかがすべきと行事思ひあつかひて(=思い悩んで)〈大鏡・道長下〉

きゃう-しき【京職】 名 令制で、都の司法・警察・行政をつかさどる役所。平安京では左京職・右京職の二つがあったが、検非違使が置かれるようになると有名無実化する。

ぎゃうじ-くゎん【行事官】 名 朝廷の儀式を執り行う役人。多く弁官が任じられる。例行事官帰り参ってこのよしを奏聞す〈平家・五・都遷〉

きゃう-しゃ【狂者】 名 ❶ふざけたことを言ったりしたりする人。狂言師。例狂者の言を巧みにする戯れにもあらず〈太平記・五〉❷風流を好む人。風狂の人。例先師の意をもって見れば、少し狂者の感もあるにや〈俳諧・去来抄・先師評〉

ぎゃう-じゃ【行者】 名 ❶仏道を修行する人。修行者。例寺に詣でて行者を請け求む〈霊異記・上・二二〉❷特に、修験道を修行する人。修験者。山伏。例行者は加持に参らんと、役の行者の跡を継ぎ〈謡曲・葵上〉読解「役の行者」は修験道の祖。

きゃう-じゃうらふ【京上臈】 名 ❶京都の貴人。例国司に下りたまひし京上臈も、とかく仰せ候へども〈御伽草子・文正草子〉❷特に、京都の貴婦人。例見目の好い(=美しい)京上臈をひけらかしに来たか〈近松・津国女夫池・三〉

ぎゃうじゃ-かう【行者講】 名 大和国、今の奈良県金峯山の蔵王権現に寄進・参詣する信者の団体。山上講。例山上参りの、行者講のと〈近松・女殺油地獄・中〉

きゃう-じゃく【景迹】 名 〔「景」は大きい意、「迹」は跡。りっぱな行いの意〕「きゃうざく」「けいせき」とも。■1名 行跡。行状。経歴。例毎年に官人らの…景迹を実録して〈続紀・和銅五年五月〉■2名動(サ変) 推察すること。また、不審に思うこと。例一事を申さば、余事(=それ以外の事)は御景迹あるべく候ふ〈沙石集・七・二〉

ぎゃう-ず【行ず】 動(サ変) ❶いく。歩く。例四方におのおの七歩を行ぜさせたてまつる〈今昔・一・一〉❷おこなう。ふるまう。例この道に至らん(=能の道で大成しよう)と思はん者は、非道(=専門外の学芸)を行ずべからず〈風姿花伝・序〉❸仏道を修行する。例閑かならでは道は行じがたし〈徒然・五八〉

ぎゃう-ずい【行水】 名 ❶神事や仏事の前に水や湯で体を清めること。例今宵は御行水も候はで(法華経ヲ)読みたてまつらせたまへば〈宇治拾遺・一〉❷汗を流すため湯や水を簡単に浴びること。

きゃう-ぜん【饗膳】 名 ごちそうの膳。また、ごちそう。例饗膳などに就く時も〈徒然・六〇〉

きゃう-だう【経堂】 名「きゃうざう②」に同じ。例経堂は三将の像をのこし〈芭蕉・奥の細道〉

ぎゃう-だう【行道】 名動(サ変) ❶《仏教語》僧が、列を作って読経をしながら仏像や仏堂のまわりを右回りに歩くこと。また、その儀式。仏への最大の恭敬を表す。例孔恪、たちまちに僧尼を請じ集めて七日が間、共に行道して〈今昔・九・二八〉❷《仏教語》僧が、読経をしながら歩くこと。例月夜に出でて行道するものは、遣り水に倒れ入りにけり〈源氏・明石〉❸《仏教語》修行すること。例後日を待って行道せんと思ふ事なかれ〈随聞記・一〉❹一定の場所をぐるぐるめぐること。例龍神は浮きあがり、船行道にめぐるらん〈御伽草子・浜出草紙〉

ぎゃう-ぢゅう-ざ-ぐゎ【行住坐臥】 名 ❶《仏教語》歩くこと・とどまること・座ること・横になることの四つの動作。四威儀といい、常に正しく保つべきものとする。例行住坐臥にこの経を読む人あらば〈梁塵秘抄・法文歌〉❷普段。平生。例行住坐臥に称名は欠かしませぬ〈近松・女殺油地獄・下〉

きゃうぢょ-もの【狂女物】 名《能楽用語》女物狂の女を主人公とする能。別離した恋人や肉親との再会をテーマとするが、『隅田川』のみ悲劇の結末。芸づくしや狂乱の演技を見所とする。四番目物。

きゃう-づくえ【経机】 名 仏前で読経をするとき、経を載せておく小型の机。例売るところの鯖を経机に置く〈宇治拾遺・一〇三〉

経机〔信貴山縁起絵巻〕

ぎゃう-でん【宜陽殿・儀陽殿】 名 内裏の殿舎の一つ。紫宸殿の東側にあり、楽器・書籍など皇室歴代の所蔵品を納める「納め殿」がある。⇩口絵。例この御琴は、宜陽殿の御物にて、代々に第一の名ありし御琴を〈源氏・若菜上〉

ぎゃう-てん【仰天】 名動(サ変) びっくりすること。非常に驚くこと。例陰陽師に取りかかれば、陰陽師心得ず仰天して〈宇治拾遺・一四〇〉

ぎゃう-とく【行徳】 名《仏教語》修行によって備わる徳。例かかる奇特を見ることも、これ行徳のゆゑなり〈謡曲・野守〉

京都 名 ⇩きゃう(京)

きゃうと-ござん【京都五山】 名 ⇩ござん

ぎゃう-にん【行人】 名《仏教語》❶修行者。行者。例仏道を修行するやむことなき(=尊い)行人来たり住む事絶えず〈今昔・一七・一四〉❷延暦寺で、主に雑役をする僧の称。堂衆。例近年行人とて、大衆をも事ともせざりしが〈平家・二・山門滅亡堂衆合戦〉❸高野山で、密教修学のかたわら、大峰・

葛城などの山々を修行してまわる僧。例女禁制の大峰山上、女の行人あるべきか〈近松・曾我虎が磨・下〉

きゃう-ねんぶつ【経念仏】 キヨウ─ 名 経を読み、念仏を唱えること。例かやうに経念仏して弔ひ候へば〈謡曲・松風〉

きゃう-のぼり【京上り】 キヨウ─ 名動(サ変) 地方から京都へ行くこと。上京。上洛。例それがしが京のぼり、一世(=生涯)の始めに候ふ〈醒睡笑・七〉

きゃう-ばこ【経箱】 キヨウ─ 名 経文を入れておく箱。例法花経を入れたてまつるところの経箱を相具したてまつれる〈今昔・七・二九〉

きゃう-びと【京人】 キヨウ─ 名「きゃうひと」とも。都の人。例さる田舎の隈にて、ほのかに京人と名のりける古大君女の〈源氏・常夏〉

ぎゃう-ぶ【行歩】 ギヨウ─ 名 歩くこと。例一日のうちに、飲食・便利(=便通)・睡眠・言語・行歩、やむ事を得ずして、多くの時を失ふ〈徒然・一〇八〉

ぎゃうぶ-きゃう【刑部卿】 ギヨウブキヨウ 名 令制で、刑部省の長官。正四位下相当。例四位にて、司は刑部卿、大和守にてなんありける〈宇治拾遺・二〇〉

きゃう-ぶく【軽服】 キヨウ─ 名 近親でない人の死去に伴い、軽い喪に服すること。また、その際に着る喪服。⇩ぢゅうぶく。例后の宮の、御軽服のほどはなほかくておはしますに(=依然として里下がりしていらっしゃると)〈源氏・蜻蛉〉

きゃう-ぶくろ【経袋】 キヨウ─ 名 携帯のために経文を入れておく袋。例経袋首にかけて、夜昼経読みつるを〈宇治拾遺・一三〉

ぎゃうぶ-しゃう【刑部省】 ギヨウブシヨウ 名 令制で、太政官の八省の一つ。裁判や罪人の処罰をつかさどる役所。検非違使の設置後は実質的な機能を失う。

ぎゃう-ぼふ【行法】 ギヨウボウ 名《仏教語》修行をすること。また、その方法。例いよいよ行法怠らずして〈今昔・一九・二八〉

きゃう-もん【経文】 キヨウ─ 名 仏教の経典の語句や文章。また、それが書かれたもの。例安楽といひける僧、経文を集めて〈徒然・二二七〉

ぎゃう-やくじん【行疫神】 ギヨウヤク─ 名 疫病を流行させる神。例行疫神の異類異形なる、その数も知らず参りて〈沙石集・五本・一〉

きゃう-よう【饗応】 キヨウ─ 名動(サ変) ⇩きゃうおう

きゃう-らい【敬礼】 キヨウ─《仏教語》❶名動(サ変) 敬って拝むこと。例父の王を敬礼したまふべし〈今昔・一・三〉 ❷名 神仏に祈願するとき、神仏の名の上につける語。例敬礼熊野権現、今度の合戦ことゆゑなくうち勝たさせたまへ〈古活字本平治・上〉

ぎゃう-りき【行力】 ギヨウ─ 名《仏教語》修行で得た力。例空飛ぶ鳥をも目の前へ祈り落とすは山伏の行力です〈虎寛本狂言・禰宜山伏〉

きゃう-わく【狂惑】 キヨウ─ 名 心が乱れること。また、ばかげていること。例人をはかりて(=だまして)物を乞はんとしたりけるなり。狂惑の法師にてありける〈宇治拾遺・六〉

きゃう-わく【誑惑】 キヨウ─ 名動(サ変) だましあざむくこと。例誑惑不善の勧めにあらず〈源平盛衰記・一八〉

きゃう-わらはべ【京童部】 キヨウワラワベ 名 京都市中の無頼者たち。悪口が達者で他人のうわさに通じた。「きゃうわらべ」「きゃうわらんべ」とも。例博打・京わらはべ、数知らず集まりて〈宇津保・藤原の君〉

きゃく【格】 名 律令制で、律・令の改正・廃止や、その不備を補う目的で臨時に追加される法令。詔勅や太政官符の形をとることが多い。例そもいつの代の格にあるにや〈国歌八論〉

ぎゃく-えん【逆縁】 名《仏教語》❶仏道に背く行いがかえって仏道に入る因縁となること。例逆縁朽ちずして(=尽きずに)、かへって得道の因(=悟りを得る原因)ともなる〈平家・二・重衡被斬〉 ❷供養者が順当でないこと。親が子を弔うこと。例娘が菩提、逆縁ながら弔ふこの尼〈浄瑠璃・菅原伝授手習鑑・三〉 ❸縁のない人が死者を弔うこと。例逆縁ながら念仏を御申し候ひて御弔ひ候へ〈謡曲・隅田川〉

ぎゃく-ざい【逆罪】 名《仏教語》天の道理に背く重い罪。特に、主君や父母を殺害するなどの悪逆。例何ぞ今父母を殺して逆罪を造らむ〈今昔・五・六〉

きゃく-しき【格式】 名「かくしき」とも。❶「格」と「式」。律令の補助法令。「格」は律令の改正・追加、「式」は施行細則。例格式等にも見えずとぞ〈徒然・一四七〉 ❷(①から転じて)身分・家柄に応じて定められた、儀式などの規定。例みなこれ格式の礼をまもる〈平家・一・殿上闇討〉

ぎゃく-しゅ【逆修】 名《仏教語》❶(「逆」はあらかじめ、の意)生きているうちに仏事を営んで死後の冥福を祈ること。例逆修のためとおぼしくて、おのおの鬢髪を切って仏殿に投げ入れ〈太平記・二六〉 ❷年長者が、年若くして死んだ人の冥福を祈ること。

きゃく-しん【隔心】 名「かくしん」とも。うちとけず、よそよそしくする心。例傍輩(=同輩)もこれに隔心ある体に見えけるあひだ〈太平記・三三〉

ぎゃく-しん【逆心】 名 主君に背く心。謀反の心。例太閤へ逆心を申すべきにあらず〈仮名草子・恨の介・上〉

きゃく-そう【客僧】 名「かくそう」とも。❶(「客」は旅の意)旅の僧。諸国行脚の僧。転じて、山伏の別称。例衆僧その家に集会せる中に、一人の客僧あり〈今昔・七・二八〉 ❷一時的にその寺に身を寄せている僧。例一日ある客僧のいはく〈随聞記・五〉

きゃく-でん【客殿】 名 貴族の邸宅や寺で接客のために設けた建物。例公家より御使者ありけるに、客殿にして御返事申して〈沙石集・一〇末・三〉

きゃく-りき【脚力】 名「かくりき」に同じ。

きゃ-しゃ【花車・華奢】 名形動(ナリ) ❶上品で優雅なこと。例よろづを花車にて暮らせし身なれども〈西鶴・世間胸算用・一・三〉 ❷姿・形が上品で繊細なさま。例三人の子の親でも華奢骨細の生まれつき〈近松・鑓の権三重帷子・上〉

きゃつ【彼奴】 代(「かやつ」の変化した形)他称の人称代名詞。人を卑しめのしっていう。やつめ。例きゃつ、たしかに召し籠めて、勘当せよ(=捕らえて、処罰せよ)〈宇治拾遺・四六〉

きゃつ-ばら【彼奴ばら】代〔「ばら」は接尾語〕あいつら。例御前にて**きゃつばら**すなはち(=即座に)罪科に行ふべし〈近松・国性爺合戦・五〉

きゃ-はん【脚絆・脚半】名 旅行などのとき、すねに巻く布。歩きやすいよう、また、汚れを防ぐためにつける。「はばき」とも。例世になき身なれば馬もなき次第、**脚巾**に編み笠を着〈源平盛衰記・一九〉

ぎやまん 名〔ポルトガル語・オランダ語から〕❶ダイヤモンド。❷ガラス。ガラス製品。例わづか四文の白玉水も、**ぎやまん**の鉢にいれて〈滑稽本・八笑人・三追加下〉

き-やみ【気病み】名 心配・不安・気苦労などから起こる病気。例この一年余り**気病み**隙なく、近国の医者残らず療治〈浮世草子・新色五巻書・五・二〉

きゃ-ら【伽羅】名 ❶香木の名。最高級品とされる。❷すぐれたものをほめていう。例(妹ハ)ずんど(=非常に)**伽羅**めでござれども〈近松・心中万年草・上〉

きゃら-きゃら 副 かん高い笑い声を表す語。例よくしたと褒むれば、まことと思ひ、**きゃらきゃら**と笑ひて〈俳諧・おらが春〉読解 幼い我が子の様子。

き・ゆ

【消ゆ】動(ヤ下二) ❶**なくなる。形が見えなくなる。消える。** 例(a)雪こそは春日**消ゆ**らめ(=雪は春の日で消えるだろうが)〈万葉・九・一七八二〉例(b)風吹きあれて、大殿油**消え**にけるを、点しつくる人もなし(=風が荒々しく吹いて、灯火が消えてしまっていたが、火をつける人もいない)〈源氏・末摘花〉

❷**人の気持ちや世間の評判がなくなる。** 和歌では、「思ひ」の「ひ」に「火」を掛けて、その縁語として用いられることが多い。例年を経て**消え**ぬ思ひはありながら夜の袂はなほ凍りけり(=長い年月がたっても消えない恋の思いの火はあるけれど、ひとりで寝る夜着の袂はやはり涙で凍っていることだ)〈古今・恋二〉

❸**正気を失う。失神する。** 例我にもあらぬ気色にて、肝**消え**ゐたまへり(=我を忘れた様子で、正気を失って座っていらっしゃる)〈竹取〉

❹**生命がなくなる。死ぬ。** 例やがて**消え**たまひなば、かひなくなむ(=そのままお亡くなりになってしまったら、なんのかいもないことです)〈源氏・若菜上〉

語誌 ▼「きゆ」の「ゆ」は、「覚ゆ」「聞こゆ」の「ゆ」と同様、上代の自発・受身の助動詞「ゆ」に関連する接尾語。

▼上代は「きゆ」と「消く」が併用されていたが、「きゆ」はもっぱら雪や露に対して用いられ、一般には「消く」の未然形・連用形「け」が多用された。例たちまちに心消け失せぬ〈万葉・九・一七四〇〉〈余田弘実〉

キュウ【九・久・旧・灸・救・毬・裘・鳩】⇩きう

キュウ【急・給】⇩きふ

ギュウ【牛】⇩ぎう

きゅう-せん【弓箭】名 ❶弓と矢。例互ひに**弓箭**・兵仗(=武器)を帯して、射あひ切りあひ数剋戦ふ〈平家・一・俊寛沙汰鵜川軍〉❷弓矢を射ること。また、いくさ。例**弓箭**に携はらむ者のはかりこと(=計略)は〈平家・一・殿上闇討〉❸弓矢をとる人。武士。

きゅうせん-の-みち【弓箭の道】武士としての道。例我譜代(=代々)**弓箭**の家に生まれ〈太平記・一四〉例今日よりのち**弓箭の道**にわかれ候ひなむず〈平家・一・御輿振〉

きゅう-ば【弓馬】名 ❶弓術と馬術。武芸。例武士の事・**弓馬**のわざは…武士に問ひ聞きて書かせけり〈徒然・二二六〉読解『平家物語』成立に関する逸話。❷いくさ。戦争。例思はざりにし**弓馬**の騒ぎ〈謡曲・朝長〉

きゅうば-の-いへ【弓馬の家】イエ 武士の家柄。武門。例義仲いやしくも**弓馬の家**に生まれて〈平家・七・願書〉

きょ【挙】名 ❶行動。ふるまい。❷推薦。例むかしは、前の頭(=前任の蔵人頭)の**挙**によりて、のちの頭はなることにて侍りしなり〈大鏡・伊尹〉

きょ【虚】名 ❶むなしいこと。内容のないこと。例(人ノ)心は本**虚**にして、物に応じて跡なし〈西鶴・日本永代蔵・一・一〉❷油断。すき。例(敵ノ)**虚**を見るときはすなはち進み〈太平記・三〉❸うそ。偽り。例我が心底は実か**虚**かいうてみや〈浮世草子・傾城禁短気・一・二〉対義 ①③じつ

ぎょ【御】接頭 漢語の名詞について、尊敬の意を表す。特に、天皇や上皇に関する事物・行為を表す語につく。「御衣」「御製」など。「御意」のように広く尊敬すべき人の事物・行為を表す語につくこともある。

語誌 「ご(御)」が二字以上の漢語にも広く用いられるのに対し、「御」は一字の漢語に用いられる。

ぎょ-い【御衣】名 天皇の御衣服。例山鳩色の**御衣**にびんづら結はせたまひて〈平家・一一・先帝身投〉

ぎょ-い【御意】名 ❶お心。お考え。おぼしめし。相手を敬っていう。例ただ**御意**にこそ〈保元・中〉❷主君などの指示を敬っていう。お指図。ご命令。例まかり帰れば本意にあらず。帰らねば**御意**に背く。とかく進退ここにきはまって候ふ〈謡曲・夜討曽我〉

ぎょ-いう【御遊】ユウ 名 天皇や上皇が催される管弦や詩歌の遊び。例**御遊**もいまだ終はらざるに、ひそかに罷り出でらるるとて〈平家・一・殿上闇討〉

き-よう【器用】名 形動(ナリ)〔役に立つ器物の意〕❶役に立つ才能・才知があること。また、その人。例「誰をか追手に下すべき」とて、その**器用**をぞ選まれける〈太平記・三〉❷手先の技が巧みなこと。例細工は**器用**にて〈近松・心中刃氷の朔日・上〉❸潔いこと。例「気遣ひしやるな、逃げはせぬ」と、もっとも**器用**な白状〈近松・淀鯉出世滝徳・下〉

キョウ【向・狂・京・竟・経・卿・敬・景・軽・境・誑・慶・嚮・警・響・饗】⇩きゃう

キョウ【交・叫・孝・校・教・梟・暁・憍・驕】⇩けう

きょう【今日】⇩けふ

キョウ【夾・脇】⇩けふ

きょう

【興】名〔仮名では「けう」と記されることも多い〕❶**おもしろみ。興味。興趣。** 例をかしきことにもあるかな。もっともえ知らざりけり。**興**あること申したり(=おもしろいことであるなあ。少しも知らなかった。興味のあることを申したものだ)〈竹取〉

❷**ちょっとした戯れ。座興。即興。** 例ともあることには、まづ酒を勧めて、強ひ飲ませたるを**興**とする事(=何かある度に、まず酒を勧めて、無理に飲ませている

のを座興とすること)〈徒然・一七五〉 ❸㋐漢詩の六義の一つ。ある事物から呼び起こされた感興を述べる詩。㋑和歌の六義の一つ。『古今和歌集』仮名序では「たとへ歌」とする。

【興に入る】 おもしろがる。上機嫌になる。例満座(=全員)**興に入る**こと限りなし〈徒然・五三〉〈馬場光子〉

ギョウ〖仰・刑・行・形〗⇩ぎゃう

ギョウ〖楽・澆〗⇩げう

ぎょ-う【御宇】 名 天皇が天下を治めている期間。御代。例大極殿は、清和天皇の**御宇**、貞観十八年にはじめて焼けたりければ〈平家・一・内裏炎上〉

きょうか〖狂歌〗⇩きゃうか

きょう-がい【凶害】 名 人を傷つけたり、陥れたり、殺したりすること。また、その計画。例謀臣(=陰謀を企てる臣下)の**凶害**にてぞ候ふらん〈平家・三・法印問答〉

きょう-が・る【興がる】 動(ラ 四)〔「がる」は接尾語〕❶いっぷう変わっていて興味を感じる。おもしろがる。例この滝は様がる(=風変わりな)滝の**興がる**滝の水〈梁塵秘抄・四句神歌〉 ❷一般と異なっている。例それがしが栗毛の馬は、**興がる**馬にて候ふ〈沙石集・四・六〉 ❸ふざけている。常軌を逸している。例**興がる**奴やかなとて、さんざんに打擲す(=打ちたたく)〈仮名草子・百物語・下・二六〉 語誌 室町時代以降「きょう」と「けう」の発音に区別がなくなると、「希有がる」と混同して用いられるようになる。

きょうぎょうしんしょう〖教行信証〗⇩けうぎゃうしんしょう

きょう-ぐ【供具】 名「くぐ」に同じ。

ぎょうくゎ-しゃ【凝華舎】 名「うめつぼ」に同じ。

きょうげん〖狂言〗⇩きゃうげん

きょう-げん【興言】 名動(サ変) その場の雰囲気で勢いにのって言う言葉。座興の言葉。例後撰・古今ひろげて**興言し**〈大鏡・道兼〉

きょう-さむ【興醒む】 興味やおもしろさがなくなる。気まずい雰囲気になる。例平家の人々都うつりもはや**興さめぬ**〈平家・五・早馬〉

きょう-じ【凶事】 名 悪い出来事。不吉な出来事。例あへて(=まったく)**凶事**なかりける〈徒然・二〇六〉

きょう・ず【興ず】 動(サ変) おもしろがる。興に入る。例供に走りつる人どもも**興じ**笑ふ〈枕・五月の御精進のほど〉

ぎょう-だう【凝当・凝濁】 名 杯の底に残った酒。また、その酒を捨てること。「魚道」とも。例**凝当**と申しはべるは、底に凝りたるを捨つるにや候ふらん〈徒然・一五八〉

きょう-と【凶徒】 名 悪者。謀反人。例畿内の**凶**徒を召し集めて〈保元・中〉

きょうにいる【興に入る】 ⇩「きょう」の子項目

きよ-がき【清書き】 名 草稿をきれいに写し改めること。清書。例五十首の歌を詠みたりけるとて、**清書き**もしあへず(=し終わらず)〈十六夜〉

ぎょ-かん【御感】 名 天皇や上皇などが感心なさること。例上皇**御感**のあまりに、内の昇殿をゆるさる(=清涼殿の殿上の間へ昇ることをお許しになる)〈平家・一・殿上闇討〉

ぎょ-き【御忌】 名 ❶天皇や貴人の忌日。また、その日に行われる法会。❷浄土宗の開祖法然の忌日に行われる法要。京都知恩院で陰暦一月十九日から二十五日まで行われるものが特に有名。例正月二十五日、法然の**御忌**を拝せんと〈醒睡笑・七〉

ぎょ-き【御記】 名 天皇や貴人の書いた日記・記録類の敬称。例占文(=占いの結果を記した文書)の裏に書かれたる**御記**、近衛の関白殿にあり〈徒然・一六三〉

きょく【曲】 名 ❶音楽・歌謡の調子。節。❷正しくないさま。また、曲がっていること。❸おもしろみ。例宇治へ参じても**曲**なしとて〈明徳記・上〉 ❹変化やおもしろみのある技。例**曲**が過ぎて後には見おとされしなり〈役者論語・あやめぐさ〉

【曲が無い】 おもしろみがない。そっけない。例田甫から拝む観音さま、うしろ向きとは**曲がない**〈歌舞伎・助六〉

ぎょく-い【玉扆】 名〔「扆」は斧の形を縫い取りにした屏風〕(中国で、天子の座席の後ろに立てるところから)天皇の座席。例御ために設けたる**玉扆**にて候へば〈太平記・三〉

玉葉 《作品名》平安末期～鎌倉初期の日記。九条兼実著。長寛二年(一一六四)から正治二年(一二〇〇)に至る三十六年間の記事を有する。朝廷の諸制度や行事の詳しい記述とともに、平家政権の興亡、源平の争乱など歴史の激動期が活写され、史料的価値が高い。別称『玉海』。

玉葉和歌集 《作品名》鎌倉後期の勅撰和歌集(一四番目)。二〇巻。下命者は伏見院。藤原(京極)為兼撰。正和元年(一三一二)奏覧。歌数は約二八〇〇首で、勅撰集中最も多い。革新的な歌風を追求する京極派歌人の歌が多く、特に叙景歌に特色が見られる。

ぎょく-ざ【玉座・玉坐】 名 天皇の御座所。例呉王の玉座に近付き、事の子細を奏しければ〈太平記・四〉

きょく-すい【曲水】 名「ごくすい」とも。「曲水の宴」の略。例**曲水**・重陽の宴も絶えはて(=すっかりとだえて)〈太平記・二一〉

きょくすい-の-えん【曲水の宴】

名「ごくすいのえん」とも。「めぐりみづのとよのあかり」とも訓読する。陰暦三月上巳の日(最初の巳の日)、あるいは三月三日に行われた風流の行事。庭に曲がりくねった溝を掘って水を引き入れ、上流から酒杯を流す。参加者は流れの角などに座り、酒杯が自分の前を通過する前に詩歌を作って杯をとって飲み、さらに下流の者に流してやる。そののち宴席を設け、各自の作品を披露する。「曲水」「曲宴」とも。例三月の上巳に、後苑に幸して、**曲水の宴**きこしめす(=三月の最初の巳の日に、庭園にお出かけになって、曲水の宴を催しなさる)〈紀・顕宗〉 読解 曲水の宴の記録に残る初期の例の一つ。

語誌 はじめ古代中国の水辺の民間行事であったものがしだいに遊宴化し、奈良時代以前に日本に伝わ

り、宮廷行事に取り入れられたらしい。清涼殿の庭内で行われたが、のちには貴族の私邸でも催されるようになった。〈鈴木宏子〉

ぎょく-たい【玉体】 名 天皇・上皇や貴人のお体。例上皇は今年二十、あけがたの月の光にはえさせたまひて、**玉体**もいとどうつくしうぞ見えさせおはします〈平家・四・厳島御幸〉

曲亭馬琴（きょくていばきん）《人名》一七六七〜一八四八（明和四〜嘉永元）。江戸時代の読本・合巻・黄表紙作者。特に、後期（江戸）読本の代表的作者として重要。姓は滝沢氏。幼名倉蔵、元服して興邦、のちに解。著作堂主人、蓑笠漁隠などと号す。

●**生涯**　旗本松平家の用人の五男として江戸に生まれる。父の死後十歳で滝沢家を継ぎ、主家に仕えるが、出奔。旗本を転々とし、官医山本宗英の塾に入るが、医学にも身が入らず、寛政二年（一七九〇）二十四歳で山東京伝に師事して黄表紙を刊行。その後出版業の蔦屋重三郎の番頭になり、履物商に入り婿。やがて読本を発刊、合巻も出版し、読本作者としての地位を確立する。後年失明すると、長男宗伯の嫁お路に口述筆記させて作品を刊行し続けた。終生、戯作者であることを恥じ、武家としての滝沢家にこだわり続けた。

●**作風・作品**　和漢の知識を駆使して、因果応報・勧善懲悪の思想に基づく、雄大な構想の伝奇小説を得意とした。戯作の中でも読本に力を入れ、代表作『南総里見八犬伝』のほか、『三七全伝南柯夢』『椿説弓張月』などがある。〈松原秀江〉

ぎょく-でん【玉殿】 名 玉（宝石）をちりばめたような美しい宮殿。りっぱな宮殿。例雲の上なる**玉殿**の、月も光や磨くらん〈謡曲・金札〉

ぎょく-と【玉兎】 名（月の中に兎が住むという伝説から）月の別称。例**玉兎**昼眠る（＝月も昼は眠る）雲母の地〈謡曲・俊寛〉

ぎょく-はい【玉佩】 名 即位などの大礼のとき、天皇や臣下が礼服につける飾り。玉を貫いたものを金銅の花形につなぎ、腰から下げて垂らし、沓先に当たると鳴るようにした。天皇は左右一対、諸臣は右にのみ下げる。

玉佩

きょく-ほ【極浦】 名 遠くはるかな浦辺。はるかに続く浦。遠い旅路にあることを意味する場合が多い。例夜**極浦**の波に宿すれば 青嵐吹いて皓月（＝明るく照る月）冷じ〈和漢朗詠集・下・行旅〉

ぎょく-よう〔玉葉〕⇨ぎょくえふ

きょく-ろ【棘路】 名 公卿の別称。古代中国で、宮廷に九本の棘を植えて九つの主要な官職の座位を表したことによる。例群弟・庶子みな**棘路**にあゆみ〈平家・四・南都牒状〉

ぎょく-ろう【玉楼】 名 珠玉で飾った御殿。美しい御殿。例昔は**玉楼**金殿に錦の褥をしき、妙なりし御住まひなりしかども〈平家・灌頂・大原入〉

きょく-ろく【曲彔・曲録】 名 法会や説法などのときに、僧が用いるいすの一種。背もたれを丸く曲げ、脚をX型に交差させた折り畳み式のもの。例中門に**曲彔**をかざらせて、その上に結跏趺座し〈太平記・一〇〉

曲彔

きよ-げ

【清げ】 形動（ナリ）（「げ」は接尾語）❶**すっきりとして美しい。こざっぱりとしてきれいだ。** 例(a)（明石入道ハ）年は六十ばかりになりたれど、いと**きよげ**に、あらまほしう行ひさらぼひて（＝年は六十歳くらいになっているけれど、とてもすっきりとして美しく、好ましい感じに仏道修行でやせ細って）〈源氏・明石〉例(b)（内大臣ハ）同じき大臣と聞こゆる中にも、いと**きよげ**にものし（＝同じ大臣と申し上げるなかでも、たいそうおきれいで堂々としていて）〈源氏・常夏〉
❷**きちんと整っている。整っていてきれいだ。見た目がきれいだ。** 例青き薄様に、いと**きよげ**に書きたまへり（＝青い薄くすいた紙にたいそう整っていてきれいにお書きになっている）〈枕・頭の中将の、すずろなるそら言を〉
❸**さっぱりとして清潔だ。** 例庭いと**きよげ**に掃き（＝庭をたいそうさっぱりと清潔に掃いて）〈枕・六位の蔵人などは〉

語誌▼「きよら」と「きよげ」　ともに平安時代に「きよし」から派生した形容動詞。「きよら」が第一級の清浄美をいうのに対し、「きよげ」は、二流の美、見た目のこぎれいさ、清潔な感じをいう。『源氏物語』では、①例(b)の内大臣（もとの頭中将）や薫をはじめ、身だしなみのよい貴公子や女房などに用いられる。『枕草子』では、室内や調度、紙、道などにも広く用いられている。▼中世以降、一般的なきれいさをいう語になる。〈鈴木宏子〉

ぎょ-けい【御慶】 名 ❶お祝い。お喜び。また、御礼の言葉。例弄璋（＝男子出生）の**御慶**、天下に聞こえて〈太平記・一三〉❷新年を祝う言葉。年始の挨拶の言葉。例初朝（＝元旦）、小六が罷り出でて「**御慶**」と申し納め〈西鶴・好色一代男・六・五〉

きよ・し

【清し】 形（ク）　くもりや汚れ・穢れが少しもない、純一な美をいう。

❶**澄みきっている。さわやかだ。すがすがしい。** 例(a)ぬばたまの（枕詞）夜のふけゆけば久木生ふる**清き**川原に千鳥しば鳴く〈万葉・六・九二五〉➡名歌279　例(b)月は入り方の（＝月は沈みかけるころで）、空**清う**（音便形）澄みわたれるに〈源氏・桐壺〉読解季節は秋。
❷**穢れがない。清浄だ。潔白だ。** 例(a)あたらしき**清き**その名そ（＝惜しむべき清らかなその名だ）〈万葉・二〇・四四六五〉読解大伴家持の長歌の一部。「名」は大伴氏という家名。例(b)（法華経ヲ）**清く**て読みまゐらせたまふ時は（＝穢れがなくてお読み申し上げなさるときは）〈宇治拾遺・一〉
❸（「きよく」の形で副詞的に用いて）**きれいさっぱりと。残るところなく。すっかり。** 例常に覚えたる事

も、また人の問ふに、きよう（音便形）忘れてやみぬる折ぞ多かる（＝いつも覚えている事も、改めて人が尋ねると、きれいさっぱり忘れてそのままになってしまうことが多い）〈枕・うれしきもの〉

語誌▼元来感覚によって捉えられる清らかさをいう語で、視覚的には川・水辺・月光などに、聴覚的には川の瀬音などに用いられる。さらに倫理的・宗教的な穢れのなさをも表すようになる。▼「きよし」が主に対象の様子や性質をいうのに対して、類義語「さやけし」は対象から受けた主体の情感のほうに重点が置かれる。〈鈴木宏子〉

ぎょ‐じ【御璽】 名 天皇の御印。一辺が二寸七分（約八・二センチ）の正方形で黄金材（古くは銅製）。「天皇御璽」と刻されている。少納言が保管し、諸国に下す符や六位以上の位記（叙位の旨を記した文書）に押す。

きょ‐じつ【虚実】 名 虚像と実像。虚構と事実。うそとまこと。例虚実の二つともに、皆憎からぬ男の事のみ〈西鶴・好色一代女・四・三〉 語誌 文学の本質を表す語として、さまざまな意味をこめて用いられる。弟子の支考の「陳情ノ表」（『国の花』）では、芭蕉は「言語は虚に居て実をおこなふべし」と語ったとされ、近松門左衛門は「芸といふものは実と虚との皮膜の間にあるものなり」「虚にして虚にあらず、実にして実にあらず、この間に（芸ノ）慰みがあったものなり」と語ったという（『難波土産』）。

きょ‐じゃう【挙状】 ジョウ 名 人を推薦する書状。例長老の挙状をとりて、関東へくだり〈戴恩記・下〉

ぎょ‐しゅつ【御出】 名 貴人の外出を敬っていう語。お出まし。例摂政殿も行幸に供奉して（＝従って）御出なりけるが〈平家・七・主上都落〉

ぎょ‐しん【御寝】 名 天皇や貴人が寝ることを敬っていう語。おやすみ。例（法皇ハ）長き夜すがら（＝夜通し）御寝もならず〈平家・三・法皇被流〉

ぎょしん‐な・る【御寝成る】 動（ラ四）「ぎょしなる」とも。「寝ぬ」「寝ぬ」の尊敬語。おやすみあそばす。例白河院は、北首に（＝頭を北にして）御寝なりけり〈徒然・一三三〉

ぎょ‐せい【御製】 名 天皇や皇族が作った詩文や和歌。『万葉集』の題詞では「おほみうた」「みうた」「ごせい」とも読む。例女院の御製とおぼしくて〈平家・灌頂・大原御幸〉

ぎょ‐たい【魚袋】 名 節会や大嘗会などの儀式のとき、束帯の腰に下げる服飾品。石帯の右腰につけるのを例とし、鮫皮で張った長方形の小箱に、三位以上は金、四位・五位は銀の魚の形の金具をつけたものを用いた。例正月一日つけさせたまふべき魚袋のそこなはれたりければ〈大鏡・師輔〉

魚袋

ぎょ‐だう【魚道】 ドウ 名「ぎょうだう」に同じ。

清滝川 《地名》歌枕 山城国、今の京都市北西部を流れる川。愛宕山の東側を南流し、保津川に合流する。水の清いことで知られ、清流やそれに映じる月が多く和歌に詠まれる。紅葉の名所。例筏おろす清滝川にすむ月は棹にさはらぬ氷なりけり〈千載・雑上〉

きょ‐たん【虚誕】 名 根拠のない偽り。でたらめ。作り事。例仏道を信ぜずして、「これ虚誕の教へなり」と言ふ〈今昔・九・三八〉

挙白集 《作品名》江戸時代の歌文集。一〇巻八冊。木下長嘯子作。慶安二年（一六四九）刊。巻一～五は歌集で、一七七五首を収める。巻六～一〇は文集で、五八編からなる。歌は自由な詠みぶりで、文章には脱俗的な趣がある。

清原深養父 《人名》生没年未詳。平安前期の歌人。清少納言の曾祖父。『古今和歌集』の撰者らと同時期の人で、古今的歌風を形成した歌人の一人。家集に『深養父集』。

清原元輔 《人名》九〇八～九九〇（延喜八～永祚二）。平安中期の歌人。深養父の孫。清少納言の父。屏風歌に実績を残す。梨壺の五人の一人として『後撰和歌集』の撰集などにあたった。家集に『元輔集』。

きよ‐まはり【清まはり】 マワリ 名 神事などのために、心身の穢れを払い、清らかにすること。潔斎すること。例斎宮の御清まはりもわづらはしく〈源氏・葵〉

きよ‐まは・る【清まはる】 マワル 動（ラ四）❶潔斎や精進によって、心身が清らかになる。例この人々もみな精進し、きよまはりてあるに〈源氏・浮舟〉❷潔白になる。例今しもけざやかにきよまはりて（＝今ごろきっぱりと潔白にふるまっても）、立ちにし我が名今さらに取り返したまふべきにや〈源氏・若菜上〉

きよ‐ま・る【清まる】 動（ラ四）「きよまはる①」に同じ。例山寺にかき籠もりて、仏に仕うまつるこそ…心の濁りも清まる心地すれ〈徒然・一七〉

清見潟 《地名》歌枕 駿河国、今の静岡県静岡市の海岸。三保の松原にかかえられるように位置し、『更級日記』にも描かれた清見関があった。富士を眺める景勝の地で、月の名所でもある。例清見潟はるかに沖の空はれて波より月のさえのぼるかな〈秋篠月清集〉

清水 《地名》山城国、今の京都市東山区清水坂あたりの、清水寺を中心とした地域。また「清水寺」の略。例清水にねむごろに（＝熱心に）参りつかうまつらましかば〈更級〉

清水寺 キヨミズデラ 名 山城国、今の京都市東山区清水の寺。法相宗（もとは法相・真言宗を兼ねる）。

語誌▼沿革など 『清水寺縁起』によれば、延暦一七年（七九八）坂上田村麻呂の創建。鎮護国家の勅願寺となる。しばしば焼失したが、広く信仰を集めて再建が繰り返された。本尊は十一面千手観音。本堂は高い束柱に支えられ断崖の上に建ち、清水の舞台と呼ばれる。境内では地主神社・子安の塔・音羽の滝・地主の桜などが有名。七月十日は千日詣での日で、この日参詣すると千日分参詣したことになるとされ、にぎわった。

▼人々の信仰 都の人々の信仰を集め、『枕草子』「さわがしきもの」段に毎月の観音の縁日に人々が参籠するさまが挙げられるように、たいへんにぎわ

っていたらしい。『今昔物語集』には、貧しい女性が清水の観音のご利益で富を得る話がいくつも見られる。また、参籠・参詣した人が結婚相手や子宝に恵まれるという話も、狂言や御伽草子に多く伝わる。〈大谷俊太〉

きよ・む【清む】 動（マ下二） ❶穢れを取り除いて清らかにする。例まつろはぬ（＝服従しない）人をも和し掃き**清め**〈万葉・二〇・四四六五〉 ❷無実の罪や恨みなどを晴らす。例わが名**きよめむ**〈伊勢集〉

きよもと-ぶし【清元節】 名 江戸浄瑠璃の流派の一つ。文化一一年（一八一四）、富本節から独立した清元延寿太夫が創始した。粋で艶のある曲節が特色。歌舞伎や舞踊に用いられる。

きよ-ら 【清ら】〔「ら」は接尾語〕 **1** 形動（ナリ） ❶**人物の第一流の美しさをいう。輝くように美しい。清らかに美しい。気品があって美しい。** 例世になく**きよらなる**玉の男御子さへ生まれたまひぬ（＝世の中に比べるものがなく清らかに美しい玉のような皇子までもお生まれになってしまった）〈源氏・桐壺〉 読解 光源氏誕生の場面。 ❷**調度・服装・儀式などが、華やかに美しい。すばらしい。** 例（天人ノ）装束の**清らなる**こと、物にも似ず（＝衣装の華やかに美しいことは、似る物がない）〈竹取〉

2 名 **最高の美しさ。美麗。豪華。ぜいたく。** 例御調度の、こまかなる**きよら**ども加へさせたまひ（＝御手回り道具で、手の込んだ作りの美しい品々を加えさせなさり）〈源氏・行幸〉

語誌 **「きよげ」と「きよら」** 「きよげ」がこざっぱりした清潔な美しさをいうのに対し、「きよら」は光り輝くような第一級の美をいう。『源氏物語』では、光源氏・冷泉帝・匂宮など、皇室の血に連なる第一級の人々に用いられ、「きよげ」と形容される人物との区別が見られる。⇩けうら 〈鈴木宏子〉

［清らを尽っくす］ できるかぎり豪華にする。華美を極める。善美を尽くす。例よろづに**きよらをつくして**いみじと思ひ（＝すばらしいと思い）〈徒然・二〉

去来 《人名》 一六五一〜一七〇四（慶安四〜宝永元）。江戸時代の俳人。本姓向井氏。長崎に生まれ、京に上る。芭蕉門人。嵯峨に落柿舎を構え、「関西の俳諧奉行」と称された。凡兆とともに俳諧集『猿蓑』を刊行、俳論に『去来抄』がある。

去来抄 《作品名》 江戸時代の俳論。去来著。宝永元年（一七〇四）ごろ成立。安永四年（一七七五）三冊として刊行。先師評・同門評・故実（安永四年の版本にはない）・修行からなる。芭蕉の教えや自らの見聞をまとめ、蕉風俳論書として高く評価される。

許六 《人名》 一六五六〜一七一五（明暦二〜正徳五）。江戸時代の俳人。本姓森川氏。近江（滋賀県）彦根藩士。芭蕉の門人。画技にもすぐれた。彦根蕉門の指導者で、俳諧集『韻塞』、俳文集『風俗文選』など多くの編著がある。

許六離別の詞 《作品名》 江戸時代の俳文。芭蕉作。元禄六年（一六九三）成立。門人の許六が彦根に帰藩するときに書き与えた送別の文。芭蕉の芸術観がうかがえる。『柴門の辞』とも。

ぎょ-りょう【魚綾・御綾】 名 織物の名。唐綾の上質のもの。一説に、波に魚の紋のある綾織物とも。例練り色の**魚綾**の直垂に〈平治・上〉

ぎょ-りん【魚鱗】 名 ❶魚の鱗。また、魚。例瓠巴（＝琴の名手の名）琴を弾ぜしかば、**魚鱗**躍りほどばしる〈平家・三・大臣流罪〉 ❷陣立ての名。先を細く中を太く、魚鱗の形になって、敵陣を突破する陣形。例**魚鱗**・鶴翼の陣を全うし〈保元・上〉

きら【雲母】 名「きらら」に同じ。例渋油に**きら**を引きて、雨夜のちゃうちんといふをはじめて〈西鶴・西鶴織留・二・四〉

き-ら【綺羅】 名〔「綺」は綾織物、「羅」は薄絹の意〕 ❶華美な衣装。例**綺羅**充満して、堂上花のごとし〈平家・一・吾身栄花〉 ❷美しいこと。きらびやかなこと。例（灯火ハ）ほのかなれど、物の**綺羅**など見えて〈徒然・一〇四〉 ❸盛んな威勢。栄華。例世のおぼえ（＝信望）、時の**きら**、めでたかりき〈平家・一・東宮立〉

きら-きら 副 ❶光り輝くさま。例月の顔のみ**きらきら**として〈源氏・明石〉 ❷りっぱなさま。例節会の内弁**きらきら**とつとめて〈愚管抄・四〉 ❸笑い声を表す。けらけら。きゃあきゃあ。例**きらきら**とことさらび（＝わざとらしく）笑ひ入りつつ〈狭衣・一〉

きら-きら・し 形（シク）〔光り輝くさまを表す擬態語「きら」を重ねて形容詞化した語。「きらぎらし」とも〕 ❶**きらきらと輝いている。光沢があって美しい。まばゆい。** 例（ユズリ葉ノ）茎はいと赤く**きらきらしく**見えたるこそ…をかし（＝茎はたいそう赤くきらきらと輝いて見えるのが…趣がある）〈枕・花の木ならぬは〉 ❷**容姿が整っていて美しい。端正だ。** 例（コノ女君ハ）いとはなやかに…隅なくにほひ**きらきらしく**（＝たいそうきらびやかで…欠点がなくつややかな美しさに整っていて）〈源氏・初音〉 ❸**物腰や態度が堂々としてりっぱだ。威儀が正しい。** 例**きらきらしき**もの　大将の御前駆追ひたる（＝威儀が正しいもの、近衛の大将が御先払いをしている様子）〈枕・きらきらしきもの〉 ❹**際立っている。はっきりしている。** 例おそばえたる者の口聞き**きらきらしく**（＝お調子者で弁舌が際立っていて）〈今昔・二七・一三〉

語誌 ①が原義。転じて、美しさにもいう。上代は「端正」を「きらきらし」と訓むことが多く、均整のとれた美を表す。〈藤本宗利〉

き-らく【帰洛】 名動（サ変） 都へ帰ること。帰京。例すみやかに**帰洛し**て道をまたうせらるべし（＝芸道にご専念なさい）〈著聞集・六・二五五〉

きらは・し【嫌はし】 形（シク）〔動詞「きらふ」の形容詞形〕いとわしい。いやで近づけたくない。例御心には**嫌はしく**思し召しながら〈太平記・三五〉

きらび-やか 形動（ナリ）〔「やか」は接尾語〕 ❶きらめくように美しい。輝くほど華やかだ。例宮柱太しく、彩椽（＝色をつけた垂木）**きらびやかに**〈芭蕉・奥の細道〉 ❷きっぱりとしている。例「流罪に行はれ候へかし（＝流罪になさいませ）」と、**きらびやかに**申してけり〈著聞集・六・二六五〉

きら・ふ【嫌ふ】 動（ハ四）❶よくないものとして退ける。除く。いやがる。例殿上のまじはりをだにきらはれし人の子で〈平家・一・西光被斬〉❷区別する。えり好みする。例僧俗を嫌はず人数を集め候ふ〈謡曲・隅田川〉❸連歌・俳諧で、前句と似た表現を用いることを避ける。

きら・ふ【霧らふ】 動（ハ四）《上代語》〔動詞「きる」の未然形＋上代の反復・継続の助動詞「ふ」〕霧や霞が立ちこめる。例秋の田の穂の上に霧らふ朝霞いつへの方に我が恋やまむ〈万葉・二・八八〉➡名歌9

きら-ぼし【煌星・綺羅星】 名 夜空に輝く無数の星。すぐれた人が多く集まっていることのたとえに用いる。例上り集まる兵、煌星のごとく並み居たり〈謡曲・鉢木〉

きら-め・く【煌めく】 動（カ四）〔「めく」は接尾語〕❶きらきらと光り輝く。例椎柴・白樫などの濡れたるやうなる葉の上に（月光ガ）きらめきたるこそ〈徒然・一三七〉❷華やかに飾り立てる。例公卿も殿上人も、今日を晴ときらめい（音便形）て〈平家・一・一門大路渡〉❸盛大にもてなす。歓待する。例（茶ヲ入レルノニ）風炉たきなどして、きらめきたりけり〈著聞集・一二・四二六〉

きらら【雲母】 名〔擬態語から〕鉱物の名。雲母。美しい光沢があって薄くはがれるので、細かく砕いて和紙や工芸品に散らし、装飾とした。「きら」とも。例雲母を海にて彩りて〈斎宮貝合・仮名日記〉

きら-らか【煌らか】 形動（ナリ）〔「らか」は接尾語〕きらきら輝くさま。華やかで人目を引くさま。例夜は、きららかにはなやかなる装束いとよし〈徒然・一九一〉

きり 名 蝶の羽についている粉。鱗粉。例蝶は、とらふればきり（＝つかまえると）手にきりつきて〈堤中納言・虫めづる姫君〉

きり【桐】 名 ❶植物の名。ゴマノハグサ科の落葉高木。夏に紫色の花が咲き、秋に落葉する。鳳凰が住む木といわれ、虫がつかず湿気を防ぐため、たんすや琴などに加工する。例桐の木の花、紫に咲きたるはなほをかしきを〈枕・木の花は〉❷（桐の木で作ることから）琴の別称。❸紋所の名。①の花や葉を図案化したもの。

きり【錐】 名 木材などに小さな穴をあける工具。例一尺ばかりの矢に、錐のやうなる鏃をすげて〈宇治拾遺・一・一五〉

【錐嚢を通す】（錐が袋の中に入っていると先が突き出しやすいことから）すぐれた人物は、凡人の中にあっても自然にその才能が現れることのたとえ。また、物事の現れやすいこと、秘密の漏れやすいことのたとえ。「錐嚢にたまらず」「錐嚢を脱す」とも。例人の善悪は錐袋を通すとて隠れなし〈平家・二・吉田大納言之沙汰〉

五七の桐　五三の桐

桐③

きり【霧】 名 動詞「きる（霧る）」の名詞形。微細な水滴が、地面や水面の近くにぼんやりと煙のように浮遊する現象。

❶霧。例(a)（立山ノ激流ガ）落ち激つ 清き河内に 朝去らず 霧立ち渡り（＝水しぶきをあげて激しく流れ落ちる清い谷あいに朝ごとに霧が立ち渡り）〈万葉・一七・四〇〇三〉例(b)霧のいと深き朝、いたくそそのかされたまひて…出でたまふを（＝霧がたいへん深く立ちこめた朝、しきりにせきたてられなさって…お出になるのを）〈源氏・夕顔〉

❷息。呼気。嘆息。例沖つ風いたく吹きせば我妹子が嘆きの霧に飽かましものを（＝沖の風がもし激しく吹いたら、いとしい妻の嘆きの息に十分触れて満足できるだろうになあ）〈万葉・一五・三六一六〉

語誌 ▼**生命力の活動する姿**　霧の本来の意味は②にある。寒中、吐く息が白く見えるが、そこに古代の人々は生命力の活動する具体的な姿をみた。その白い息が霧である。呼吸とともに生命力の根源である魂が口から出入りするのである。記紀には、「吹き棄つる気吹の狭霧に成りませる神の御名は、多紀理毘売の命（＝吐き出した息の霧にお成りになった神の御名は、多紀理毘売の命）」〈記・上・神代〉と、吐き出す息の霧の中から神を生じさせる話もある。恋歌などで、嘆きの息が霧になるという発想が現れるのも、漂い出たおのれの魂が霧となってあたりに揺れたなびくことが自覚されているからであろう。「我妹子に恋ひすべながり胸を熱み朝戸開くれば見ゆる霧かも（＝いとしい妻が恋しくてならず胸が熱いので朝の戸を開けると一面に立ちこめて見える霧よ）」〈万葉・一二・三〇三四〉は、その好例。火葬の煙を霧に見立てた例のあることも参考になる。

霧は、それぞれの土地のもつ息吹、地霊の盛んな活動を示すしるしとして考えられた。したがって、霧は土地讃めの表現に用いられることが多い。①例(a)もそれである。

▼**霧と霞**　類似の現象として霞があり、混同されることもあるが、霞が季節の霊威の現れであるのに対し、霧は土地の霊威の現れであるという差がある。平安時代になると、特に和歌の世界において、霧も霞とともに特定の季節との連合を強め、春の霞、秋の霧というように、固定的な結びつきが成立してくる。

視界を遮るところから、恋歌などで、霧は互いの関係を隔てる比喩に用いられることもある。〈多田一臣〉

きり【切り】 1名 ❶際限。例景廉はことさらきりも証人（＝保証人）なしにその一人の手形にて、切りも定めず借しける〈西鶴・西鶴織留・五・四〉❷期限。例請け人（＝保証人）なき剛の者〈源平盛衰記・二〇〉❸能・歌舞伎・浄瑠璃などで、その日の最後に上演される演目。また、一曲の最後。例恋の籠った浄瑠璃を初段から切りまで〈近松・心中二枚絵草子・上〉2接尾 ❶数を表す語について、切ったものを数える。「きれ」とも。❷名詞や動詞の連用形などについて、物事の終わり、限度、の意を添える。〜限り。〜だけ。連濁で「ぎり」とも。例この酒のあり切りに（＝ある限りに）〈西鶴・好色一代女・二・一〉

ぎーり【義理】名❶物事の正しい筋道。道理。例世法・仏法の無尽の**義理**をふくめり(＝俗世間の法と仏の教えの尽きることのない道理を包みもっている)〈沙石集・三・一〉❷文章や言葉の意味。内容。例新訳の経は…**義理**淡く薄し(＝味わい薄く、おもしろみがない)〈今昔・七・二〉❸対人関係において、人として守り行わなければならないと意識された道義・倫理。元来は儒教の「義」から出た言葉。例申しかはせし**義理**にせめられ(＝お約束申し上げた道義に追いつめられ)〈西鶴・武家義理物語・一・三〉❹世間体や事のなりゆきから、しかたなしにする言動。つきあいとしての挨拶(あいさつ)。交際上出し合う必要のある費用にもいう。例言はねばならぬ**義理**になって〈西鶴・好色一代男・三・三〉❺血縁関係のない親族の間柄。多く「義理ある」の形で用いる。例王女(わうによ)は**義理**ある子にはべれば〈読本・弓張月・続・三三〉

語誌▼**義理と人情** 江戸時代、特に町人社会においては、複雑な人間関係によって③の義理についての考え方が最も発達した。義理は時と場合によっては人間を束縛することにもなり、しばしば人情と対立することでその人間の心に葛藤を生じさせた。この義理と人情の葛藤を作品の中に取り上げたのが近松門左衛門(ちかまつもんざえもん)である。〈中村隆嗣〉

ぎりーあひ【義理合ひ】アイ 名 義理のからんだつきあい。例大事の殿なれど、引かれぬ**義理合ひ**、思ひ切る〈近松・心中天の網島・中〉

きりーいし【切り石】名❶用途に応じていろいろな形に切った石材。例**切り石**を広さ二丈ばかり平らに畳み連ねて〈太平記・三八〉❷敷き石。石畳。例**切り石**の上へまうつむけ(＝うつむけ)〈近松・嫗山姥・三〉

きりーおほね【切り大根】オオネ 名 大根を切って干したもの。例**切り大根**、柚(ゆ)の汁して〈蜻蛉・上〉

きりーかーく【切り懸く・切り掛く】動(カ下二)❶刀をふるって打ちかかる。切りつける。例忠信(ただのぶ)やらぬ(＝逃がさないぞ)とまた**切りかくる**〈浄瑠璃・義経千本桜・四〉❷切り崩したり切り倒したりした物を、ほかの物の上に寄せ掛ける。例(遺体ハ)庵(いほ)りを**切り懸け**、松の枯れ枝・蘆(あし)の枯れ葉を取り覆ひ〈平家・三・僧都死去〉❸首を斬(き)って獄門などにかける。さらし首にする。例この奴(やつ)ばら一々に召し捕って六条河原に**切り懸け**て〈太平記・六〉

きりーかけ【切り懸け】名❶板塀の一種。横板を重ね合わせて打ちつけ、目隠しにしたもの。例房(＝僧房)にしける所の前に**切り懸け**をなむせさせける〈大和・四三〉❷①と似た作りの室内用ついたて。例賤(あや)しの水旱(すいかん)(＝衣服の名)の綻(ほころ)びの絶えたりけるを脱ぎて、**切り懸け**より投げ越して〈今昔・二四・五六〉

切り懸け①〔春日権現験記絵〕

きりーがみ【切り髪】名「きりかみ」とも。❶女児の髪型の一つ。頭上から左右に分けて肩のあたりで切りそろえたもの。振り分け髪。一説に、「切り髪の」で「よち子」にかかる枕詞とも。例年の八年(やとせ)を**切り髪**のよち子を過ぎ〈万葉・一三・三三〇九〉❷切り取った髪の毛。例「文(ふみ)」とてさしいでたるを見るに、**切り髪**を包みたり〈平中・三八〉❸江戸時代、夫を亡くした武家の女性などの髪型。髷(まげ)を結わず、束ねた髪を短く切りそろえ、打ち紐(ひも)で結んで後ろに下げたもの。切り下げ髪。

切り髪③〔守貞漫稿〕

きりーきし【切り岸】名「きりぎし」とも。切り立ったがけ。断崖(だんがい)。絶壁。例堀の中へ走り下りて、**切り岸**をあがらんとしけるところを〈太平記・六〉

きりーきゃうげん【切り狂言】キョウゲン 名 歌舞伎(かぶき)で、一日の上演のうち最後に演じる演目。

きりーきり 副「きりきりと」の形でも用いる。❶物がきしる音。例内より片戸を**きりきり**と細目に開け〈仮名草子・恨の介・下〉❷堅く巻くさま。弓を強く引き絞るさま。例斑(まだら)なる小蛇(こくちなは)の、**きりきり**として(＝くるくるととぐろをまいて)ゐたれば〈宇治拾遺・五七〉❸きびきびとするさま。例なう忠兵衛、**きり**渡しゃ〈近松・冥途の飛脚・上〉❹頭・腹などが痛むさま。例ほがみさしつつこと(＝下腹がさすように)**きりきり**と病む〈御伽草子・福富長者物語〉

きりきりーしゃんと 副 きちんとして、かいがいしいさま。例物干し竿(ざを)を手ばしかく(＝手早く)**きりきりしゃんと**押し立つれば〈浄瑠璃・神霊矢口渡・四〉

きりぎりす【蟋蟀】名 虫の名。コオロギの古称。コオロギ科の虫を総称していう。雄の成虫は秋に鳴き、その鳴き声は賞美の対象となった。例**きりぎりす**鳴くや霜夜のさむしろに衣かたしきひとりかも寝む〈新古今・秋下〉→名歌143

語誌▼「**きりぎりす**」「**こほろぎ**」「**はたおり**」 平安時代以降、和歌などでは、今のコオロギの類をさすにもっぱら「きりぎりす」の語が用いられた。『万葉集』に見える「蟋蟀」「蟋」も、平安時代以降「きりぎりす」と訓(よ)まれていた。江戸時代になると、コオロギ科の虫をさして「こほろぎ」と言う例も現れ、『万葉集』の訓(よ)みも「こほろぎ」と正された。一方、今のキリギリスは、古くは「機織(はた)」「機織女(はたおりめ)」と呼ばれていた。キリギリス科の虫をさして「きりぎりす」と言う例が現れるのは江戸時代になってからのことである。
▼「**きりぎりす」のイメージ** 「きりぎりす」は、鳴き声によってその存在が感受され、また、それが秋の哀れをしみじみ感じさせるものととらえられている。なお、「秋風にほころびぬらし藤袴(ふぢばかま)つづりさせてふきりぎりす鳴く」〈古今・雑体〉などの「つづりさせ」は、コオロギの鳴き声を「綴(つづ)り刺せ(ほころびを縫い綴(と)じよ)」と聞きなした表現。〈佐藤明浩〉

きりーくち【切り口】名❶物を切断したところにできる面。切断面。「小口(こぐち)」とも。例**切り口**三寸、長さ五尺の芋〈宇治拾遺・一八〉❷①のぐあいからわかる武

芸などの腕前。例主君の太刀の**切り口**見て思ひ出にせん〈近松・曾我扇八景・下〉

きり-くひ【切り杭】—クイ 名 木の切り株。例その根のありければ、**きりくひ**の僧正と言ひけり〈徒然・四五〉

きりしたん【吉利支丹・切支丹】 名〔ポルトガル語から〕キリスト教。また、その信者。例**きりしたん**にならずんば、後生(=来世)を助かる事あるべからず〈どちりなきりしたん・一〉

きり-じに【切り死に】 名 戦などで、敵と切りあって、その場で死ぬこと。例大勢の中へ懸け入って、**切り死に**にこそ死ににけれ〈太平記・二六〉

きり-たて【切り立て】 名 ❶蹴鞠を行う庭の四隅に柳・桜・楓・松の木をそれぞれ植えること。また、その木。例仁寿殿の東向かひの御壺(=中庭)に…**切り立て**をせられて、つねに御鞠ありけるに〈著聞集・一一・四二六〉 ❷衣服が仕立てたばかりであること。仕立ておろし。新調。例きせるの火玉のひざへ落ちたを知らず、**切り立て**の上田(=上田縞の紬)の小袖で燃える〈洒落本・傾城買四十八手〉

きり-つぼ【桐壺】 名 内裏の後宮五舎の一つ。淑景舎の別称。庭に桐が植えてあることからいう。⇩口絵。例(ソノ更衣ノ)御局は**桐壺**なり〈源氏・桐壺〉

桐壺更衣キリツボノコウイ《人名》『源氏物語』の作中人物。故按察大納言の娘。れっきとした後見のないまま、女御の下位の更衣として入内。帝の愛を一身に集めて第二皇子(光源氏)を出産する。周囲の女御・更衣たちから激しく嫉妬・迫害され、心労のあまり病死。後宮を舞台とする権力争いの犠牲者というべき死である。

桐壺帝《人名》『源氏物語』の作中人物。桐壺更衣を溺愛し第二皇子をもうけるが、更衣は周囲からの嫉妬・迫害を受けて病死。更衣に似る藤壺を女御に迎え、やっとその悲しみが紛れる。更衣との愛の形見の第二皇子に皇位を継がせようとするが断念、第一皇子を東宮に立て、第二皇子を臣籍に降ろす。この第二皇子が光源氏である。その代償として、藤壺の生んだ皇子、実は源氏との間に生まれた子に、それとは知らずに皇統を伝えようとする。東宮(朱雀帝)の即位とともにこの皇子を東宮とし、源氏を後見役と定める。死後、源氏が須磨に退去すると、その霊が朱雀帝や源氏の夢に現れ、源氏を早く都に戻すよう示唆する。

きり-ど【切り戸】 名 忍び戸・隠し戸の一つ。主殿造りの館で扉や塀などに作った。例義景は、**切り戸**の脇にかしこまりてぞ侍りける〈増鏡・三神山〉

きり-どほし【切り通し】—ドオシ 名「きりとほし」とも。❶山や野を開いて作った道。例五万余騎、極楽寺の**切り通し**を堅めたり〈太平記・一〇〉 ❷物事の筋道をつけ、滞りなくさばいていくこと。例政務**きりとほし**にして、上下の善悪を糺されければ〈古活字本保元・上〉

きり-とほ・す【切り通す】—トオス 動(サ四) 道のないところを切り開いて道を作ること。例吉野川岩**きりとほし**行く水の〈古今・恋一〉

きり-と・る【切り取る】 動(ラ四) ❶一部分を切って取る。❷武力で領地を獲得する。例河東はそれがしが**切り取り**まうすべし〈三河物語・下〉

きり-のう【切り能・尾能】 名〖能楽用語〗五番仕立ての能で、一日の最終に演じられる能。五番目物ともいい、一般に鬼畜物が演じられた。

きり-の-たう【桐の薹】—トウ 名「きりのと」とも。大判・小判・一分金などの別称。桐の薹(花軸)の刻印があることからいう。例光をかざる**桐のたう**を貰ひためて〈浮世草子・けいせい歌三味線・二・三〉

きり-の-まがき【霧の籬】 ❶霧の立ちこめている垣根。例秋はてて**霧のまがき**にむすぼほれ〈源氏・朝顔〉 ❷霧が立ちこめて視界を遮っているさまを垣根にたとえていう。例山里に**霧の籬**のへだてずは〈曾丹集〉

きり-の-まよひ【霧の迷ひ】—マヨイ ❶霧が立ちこめて、物の見分けがつかないこと。例**霧のまよひ**は、いと艶にぞ見えける〈源氏・野分〉 ❷迷いや憂いなど、心中のもやもやしたもののたとえ。例いぶせかりし**霧の迷ひ**もはるけはべらん〈源氏・橋姫〉

きり-びと【切り人】 名 主君に重く用いられて権力をもっている人。例院の**きり人**してやうやうに(=いろいろと)讒奏せられ候ふなれ〈平家・八・室山〉

きり-ふ【切り斑・切り生】 名 矢羽の模様の一種。鷲などの鳥の羽で、白と茶色(あるいは黒)が段々の模様になったもの。⇩や(図)。例黄金作りの太刀をはき、**切り斑**の矢負ひ〈平家・四・宮御最期〉

きりふくろをとほす【錐嚢を通す】 ⇩「きり」の子項目

きり-ふたが・る【霧り塞がる】 動(ラ四) ❶霧が立ちこめて視界がふさがれる。例(山路ニ)入りもてゆくままに**霧りふたがりて**、道も見えぬ繁木の中を〈源氏・橋姫〉 ❷涙があふれ出て物がはっきりと見えなくなる。例いみじうあはれにて、御目も**きりふたがる**心地したまふ〈増鏡・藤衣〉

きり-まい【切り米】 名 ❶江戸時代、幕府や諸大名が知行地をもたない家臣に支給した米。また、それを時価に換算した金銭。幕府では、年三回、二月・五月・十月に支給した。例知行(=領地)・**切り米**を貰ひて身を過ぐる者〈仮名草子・浮世物語・三・五〉 ❷奉公人に支給される給金。例「**切り米**は何程欲しい」「半季(=半年)に二両二分下され」〈近松・薩摩歌・上〉

きり-まは・す【切り回す】—マワス 動(サ四) あちらこちらを切る。例明り障子のやぶればかりを(=破れた所だけを)、禅尼手づから小刀して**切りまはし**つつ張られければ〈徒然・一八四〉

きり-め【切り目】 名 ❶切り口。切り跡。例「これは」と**切り目**を見るに、血ひかず(=血がついていない)〈西鶴・武道伝来記・三・四〉 ❷物事の区切り。例歌いみじくとも(=すばらしくても)、折節・**切り目**を見て仕うまつるべきなり〈大鏡・道長下〉

きり-もの【切り者】 名「きりびと」に同じ。例師高と言ふ者あり。これも**きり者**にて、検非違使五位尉に経あがって〈平家・一・俊寛沙汰鵜川軍〉

き-りやう【器量】—リョウ 名 ❶その人の備えている才能や力量。❷才能にすぐれた人。名手。例敦盛**器量**

たるによって、(ソノ笛ヲ)持たれたりけるとかや〈平家・九・敦盛最期〉❸顔立ち。容姿。

きーりょ【羇旅・羈旅】 名〔「羇」も「羈」も旅の意〕❶旅。旅の宿り。例**羈旅**にして作る〈万葉・七・一二六一・題詞〉❷和歌や俳諧の部立の一つ。旅中の感慨や目にふれた景物を詠んだ歌や句を集める。たとえば『古今和歌集』巻九など。

きりーわた・る【霧り渡る】 動(ラ四)❶霧が一面に立ちこめる。例日の入り際のいとすごく(=実に恐ろしく)**霧りわたり**たるに〈更級〉❷霧がかかったように涙があふれて物が見えなくなる。例顔をだに見むと思へど、涙に**きりわたり**て〈成尋阿闍梨母集・詞書〉

きーりん【麒麟・騏驎】 名 古代中国の想像上の獣。姿は鹿に似て一本の角があり、尾は牛、ひづめは馬に似る。聖人が世に出る前に出現するとされる。「麒」が雄、「麟」が雌だという。すぐれた人物のたとえや駿馬の意にも用いる。例身に二つの翼生ひて、空を飛ぶ事**麒麟**・鳳凰のごとし〈今昔・一三・三〉

【麒麟も老いぬれば駑馬に劣る】 すぐれた人物も年老いると、平凡な人物に劣るようになるというたとえ。中国の『戦国策』の「麒麟の衰ふるや、駑馬これに先だつ」による。

きる【着る】 動(カ上一)❶衣服を身につける。笠などをかぶる。例今はとて天の羽衣**着る**をりぞ〈竹取〉❷恩・罪・恨みなどを身に受ける。例否と申せば、人の怨みを**きる**〈御伽草子・猿源氏草紙〉

き・る【霧る】 動(ラ四)❶霧や霞が立つ。かすむ。例霞立ち 春日の**霧れる**〈万葉・一・二九〉→名歌216 ❷涙があふれて目が曇る。例(娘ノ)御髪かき撫でつくろひ、(車カラ)下ろしたてまつりたまひしを思し出づるに、目も**霧り**ていみじ〈源氏・夕霧〉

き・る【鑽る】 動(ラ四) 木をきりもみしてこすり合わせたり、石と金属を激しく打ち合わせたりして、発火させる。例火を**鑽り**出でて〈記・上・神代〉

き・る【切る・斬る】 **1** 動(ラ四)❶切断する。切る。刀などで殺傷する。例黒漆の大太刀もって、二人つっと走り出で、延暦寺の額を**切っ**(音便形)ておとし(=黒い漆塗りの大太刀を持って、二人はつっと走り出し、延暦寺の額を切り落とし)〈平家・一・額打論〉
❷決着をつける。けじめをつける。定める。例今日その沙汰**切りてむ**(=今日そのことに決着をつけてしまおう)〈今昔・二八・三一〉
❸期限を区切る。例十年**切っ**(音便形)て抱へたる十四になる小者(=十年を期限として雇っていた十四歳になる丁稚)〈西鶴・日本永代蔵・六・二〉
❹関係をなくする。縁を切る。例今日よりしては…知音を**切るぞ**(=今日からは…友人づきあいをやめるぞ)〈仮名草子・竹斎・下〉
2 動(ラ下二)❶切断される。分断される。切れる。例(紙ニ)**切れ**たる髪をすこしかいわがねて包みたり(=切り取られた髪を少し曲げて輪にして包んである)〈大和・一〇三〉
❷(「事切る」の形で)決着がつく。けじめがつく。定まる。また、息が絶える。例よき事もわろき事もその時事は**切るる**なり(=その時に事は決着がつくのだ)〈愚管抄・五〉
❸関係がなくなる。離れる。縁が切れる。例いかなる月日か、今日の今日、主従の縁**切るる**(=どんな月日のめぐりあわせか、今日という今日、主従の縁が切れる)〈近松・五十年忌歌念仏・中〉
❹尽きる。なくなる。例折節(=ちょうど)茶が**切れ**て〈狂言記・止動方覚〉
❺わきへそれる。曲がる。例二本松より右に**きれ**て、黒塚の岩屋一見し(=ちょっと見て)、福島に宿る〈芭蕉・奥の細道〉読解「二本松」は今の福島県二本松市。「黒塚の岩屋」はそこから数キロ東にある。
3 補動(ラ四)(動詞の連用形について)その行為を完全にし終える意を表す。すっかり～する。～しきる。例今宵あしともよしとも定め**きり**てやみなんかし(=今夜悪いともよいともすっかり決めて終わりにしてしまおうよ)〈枕・頭の中将の、すずろなるそら言を〉

〈森山由紀子〉

きるーもの【着る物】 名 身に着けるもの。衣服。「きりもの」「きりもん」とも。例姿も**着る物**も、目を恥ぢしめはべるぞかし〈閑居友・下・九〉

きれ【切れ】 **1** 名❶布・木・紙などの切れ端。例長柄の橋の**きれ**なりけり〈宇治拾遺・四三〉❷まがりなりにもその仲間であることをいう。はしくれ。例なかなか奏者の**きれ**です〈狂言・餅酒〉**2** 接尾 数詞について、切ったものを数える。例まづ二百にきりさきて、をのをの一**きれ**づつ取りてん〈宇治拾遺・一〇三〉

きーれい【綺麗】 名 形動(ナリ)❶美しくきらびやかなさま。例その壮観・**奇麗**いまだかつて目にも見ずと見えて、〈太平記・一五〉❷清潔だ。例ふだん掃除を召さるると**きれいな**よな〈狂言・萩大名〉❸潔い。例銀がほしくは…**きれいに**家尻切れいやい(=泥棒でもしろやい)〈近松・生玉心中・上〉❹何も残らないさま。すっかり。例**きれいに**ほどなくもとの木男(=武骨な男)となりぬ〈西鶴・好色一代男・八・四〉

きれーじ【切れ字】 名 ⇩『名歌・名句辞典』「俳諧の表現技法」

きれーもの【切れ物】 名❶よく切れる刃物。例みづからの刀の**きれもの**なる由をいひしを〈折たく柴の記・上〉❷品薄の物。例当年は柑子が**きれ物**ぢゃほどに〈狂言・柑子俵〉

きろーきろ 副 目などが光ったり、落ち着きなく動いたりするさま。きらきら。きょろきょろ。例目の**きろきろ**としてまたたきゐたり〈堤中納言・はいずみ〉

きわ〖際〗 ⇩きは

きわむ〖極む・窮む・究む〗 ⇩きはむ

きーゐる【来居る】 一 来てその場にとどまっている。すでに来ている。例梅が枝に**きゐる**鶯〈古今・春上〉

きをつむ【気を詰む】 ⇩「き」の子項目

ぎーをん【祇園】 一 名❶昔、中インドの舎衛国にあった園。釈迦がここで説法をしたとされる。❷『仏教語』「祇園精舎」の略。❸祇園感神院の略称。京都市東山区にある、今の八坂神社。また、その付近の地名。江戸時代は遊里となる。

祇園精舎 名『仏教語』〔「精舎」は寺の意〕

須達長者が舎衛国の祇陀太子の庭園を買って、釈迦のために建てた寺。「給孤独園」「祇陀林」とも。例祇園精舎の鐘の声〈梁塵秘抄・法文歌〉

ぎをん-まつり【祇園祭り】 名「ぎをんゑ」に同じ。

ぎをん-ゑ【祇園会】 名京都の祇園社(八坂神社)の疫病除けの祭礼。陰暦六月七日から十四日まで(今は七月十七日から二十四日まで)行われる。諸国の祇園社でも行われる。「祇園御霊会」「祇園祭り」とも。

きん【斤】 名❶重さの単位。ふつう十六両(約六〇〇グラ)を一斤とするが、実際は計るものによって差があった。例一斤の名香を一度にたきあげたれば〈太平記・三九〉❷容量の単位。酒一升を一斤とする。例いや、一斤はいらぬ、三合ばかりたのみます〈滑稽本・膝栗毛・八上〉

きん

【金】 名❶貴金属の名。金。例真珠の砂、瑠璃の砂、金の砂をしきみてり(=真珠の砂、瑠璃の砂、金の砂を敷きつめていた)〈平家・五・咸陽宮〉❷金貨。一分金、大判・小判がある。例一人を金一角に定めおきしは(=一人を金一分と決めておいたのは)〈西鶴・好色一代女・一・二〉読解芸人の代金。❸将棋で、金将。

語誌▼「きん」の例が確認できるのは中世になってからで、『保元物語』に「金波」「金覆輪の鞍」の例がある。それ以前は「**くがね**」や「**こがね**」と訓まれていたと考えられ、その「くがね」の「く」は色名の「黄」に関連があるともいわれている。

▼五行説では第四。季節は秋、方角は西、色は白にあてられる。〈吉田比呂子〉

きん【琴】 名中国渡来の七弦の琴。「琴の琴」とも。中国では最高の楽器として重んじられた。平安時代初めごろ、すぐれた音楽はすぐれた政に通じるとする儒教的な考え方とともに、この琴の演奏が盛んであった。十世紀半ばごろまでは、皇族や上流貴族たちの間で熱心に演奏され、尊重されたが、十一世紀初めの一条天皇の時代にはすでに廃れていた。⇩こと(図)。例(a)この三人の人、ただ琴をのみ弾く。されば、添ひ居て習ふに、一つの手(=一曲)残さず習ひ取りつ〈宇津保・俊蔭〉読解清原俊蔭が、漂着した土地で琴の秘曲を伝授されるという一節。『宇津保物語』では琴が神秘的な楽器として尊重されている。例(b)一つには、御手(=御書道)を習ひたまへ。次には**きん**の御琴を、人よりことに(=格別に)弾きまさらんと思せ〈枕・清涼殿の丑寅のすみの〉読解十世紀前半の村上天皇の時代の話。ある女御の少女時代に、その父が教え聞かせた教育方針の一節。

ぎん【吟】 名❶詩歌や発句などを声に出して詠じ作ること。また、その作品。例さまざまの**吟**ども多くはべりけれど〈俳諧・去来抄・先師評〉❷声音にのせた調子。響き。音調。調べ。例音曲は美しく**吟**にかなへるが上果なり(=最上である)〈中楽談儀〉

ぎん

【銀】 名❶貴金属の名。銀。例色々の御衣四十領、**銀**剣七つ、広蓋に置かせ(=色とりどりの御召し物を四十領、銀製の剣を七つ、広蓋に載せ)〈平家・三・御産〉❷銀貨。丁銀・豆板銀などがある。江戸時代、銀本位制の上方では貨幣一般の称にもいう。例(自分ノ才覚デ)**銀**五百貫目よりして、これを分限といへり(=銀五百貫目ぐらい稼ぎ出したものから、これを分限といった)〈西鶴・日本永代蔵・一・一〉❸将棋で、銀将。❹銀製のキセル。

語誌「ぎん」の例が確認できるのは平安末期から中世にかけてである。古くは「**しろかね**」と訓まれていたと考えられている。

「金銀」とある場合、中世では「きんぎん」と「こんごん」の二つの読み方が見られる。前者は宝物や財宝の意にいい、後者は金属の素材・材料の意に用いたとする説がある。〈吉田比呂子〉

金葉和歌集 キンヨウワカシユウ《作品名》平安末期の勅撰和歌集(五番目)。一〇巻。下命者は白河院。源俊頼撰。初度本・二度本・三奏本の三種がある。初度本・二度本は受納されず、三奏本が院に受け入れられたのは大治二年(一一二七)。ただし世に広く流布したのは二度本である。総歌数は二度本の一本は六六五首、三奏本は六五〇首。初度本は巻五までしか伝わっていない。二度本は新風を示す当代の歌人の歌が中心で、連歌も含むなど革新的。

きん-かい【禁戒・禁誡】 名禁じ戒めること。また、守るべきおきて。例必ず**禁戒**を守るとしもなくとも、境界(=禁戒を破る環境)なければ、何につけてか破らん〈方丈記〉

金閣寺 名山城国、今の京都市北区の衣笠山のふもとの鹿苑寺の通称。鹿苑寺はもと室町幕府三代将軍足利義満が応永四年(一三九七)に造営した別荘で、その没後臨済宗の寺としたもの。三層宝形造り(方形造り)で金箔を押した舎利殿金閣が有名で、寺名の通称となった。金閣は北山文化を代表する建築物。

銀閣寺 名山城国、今の京都市左京区の大文字山のふもとの慈照寺の通称。慈照寺はもと室町幕府八代将軍足利義政が文明一四年(一四八二)に造営した別荘で、その没後臨済宗の寺としたもの。金閣寺にならって、銀閣と通称される観音堂を建てたが、実際には銀箔は押されなかった。銀閣は下層が書院造り、上層が仏殿風の造りで、東山文化を代表する建築物。

琴歌譜《作品名》平安時代の和琴の譜本。一巻。編者未詳。平安初期に成立か。万葉仮名で記した歌詞に歌い方と和琴の弾き方をつける。音楽史・古代歌謡の重要な資料。

きん-ぎん【金銀】 名❶金と銀。❷金銭。例今は**金銀**うめきて(=金銭の貯えがあって)〈西鶴・日本永代蔵・二・四〉

金々先生栄花夢 キンキンセンセイエイガノユメ《作品名》江戸時代の黄表紙。二巻。恋川春町作。安永四年(一七七五)刊。江戸で儲けようと田舎から出てきた金村屋金兵衛が粟餅屋で居眠りし、夢の中で金持ちの養子になるが遊び過ぎて勘当されるところで目覚める。一生の栄華もつかの間の夢のようにはかないと知った金兵衛はそのまま家に帰る。黄表紙というジャンルを確立させた作品。

金槐和歌集（きんくわいわかしふ・キンカイワカシユウ）《作品名》鎌倉前期の家集。一巻。源実朝作。「金」は「鎌倉」の「鎌」の偏、「槐」は大臣を意味する。建保元年（一二一三）成立。歌数約七〇〇首。二系統の本が伝わるが、両者は歌数・部立・歌の配列などが異なる。近代に入ってもその万葉調の歌で高く評価されるが、歌数の多くは古今調・新古今調で、本歌取りの歌も多い。

きん-けい【金鶏】 名 天上の金鶏星に住むという想像上の鶏。この鶏が最初に鳴いて暁を知らせ、ほかの鶏がこれに応じて鳴くという。転じて、暁に鳴く鶏。例 金鶏三度唱へて（＝鳴いて）、雪よりしらむ山の端に〈太平記・一七〉

きん-けつ【禁闕】 名 皇居の門。転じて、皇居。内裏。例（雨ハ）禁闕ばかり降りて、墎外（＝皇居の外）にはくだらざりけり〈著聞集・二・四三〉

きん-こ【金鼓】 名 鉦と太鼓。軍中の指揮や、合図に打ち鳴らす。例 金鼓を打って見聞の衆を集めたまふ〈太平記・二四〉

きん-ごく【近国】 名 ❶令制で、都からの距離によって諸国を近国・中国・遠国の三種に分類したうちの一つ。京の近くの国。『延喜式』では十七か国。❷ある地から近い国。周辺の国。例 丹波国大江山には鬼神のすみて…近国他国の者までも数をも知らずとりて行く〈御伽草子・酒呑童子〉

きん-ごく【禁獄】 名動（サ変）牢獄に監禁すること。例 禁獄せられて、あまっさへ（＝そのうえ）伊豆国へ流罪せらる〈平家・五・文覚被流〉

きん-ざ【金座】 名 江戸時代、小判・一分判金貨を鋳造・発行する役所。

ぎん-ざ【銀座】 名 江戸時代、丁銀や豆板銀などの銀貨を鋳造・発行する役所。

きん-じ【近侍】 名動（サ変）いつも主君のそば近くに仕えること。また、その人。例 この卿は、先帝帥宮と申したてまつりしころより、**近侍し**て朝夕の礼拝怠らず〈太平記・四〉

きん-しう【錦繡】（シュウ）名 錦と縫い取り（刺繡）をした織物。転じて、華美な衣装。例 綾羅（＝綾織物と薄絹）、**錦繡**、黄金・珠玉の飾りたまへる衣の裏に〈栄花・本の雫〉

きん-じう【禽獣】（ジュウ）名 鳥とけだもの。人としての道徳や倫理をもたないものにもいう。例 人倫に遠く、**禽獣**に近きふるまひ〈徒然・八〇〉

きん-じき【禁色】 名 衣服に使用することを禁止された色や布地や文様。

❶令制で、位階ごとに規定された以外の服色。例 恣に**禁色**を着け（＝勝手気ままに規定された以外の色の服を着て）〈続紀・延暦二年正月〉読解 延暦年間に禁色が貴賤の区別なく着用されていたという風潮についての記述の一節。

❷特に禁じられていた色。天皇・皇族のみが用い、臣下の着用が許されていなかった袍の色。例 蔵人召して、**禁色**おほせらる（＝蔵人をお呼びになって、禁色の宣旨をお下しになる）〈増鏡・草枕〉読解 新天皇の即位にあたって、装束に禁色を用いることを許すという宣旨が下された場面。

❸公家社会で禁じられた有文の織物。位階に応じた有文の綾や織物、また表袴に霰地に窠文のあるもの。

語誌 ②の袍の色は、天皇は青。太上天皇は赤・黄丹や梔子。皇太子以下無品の王は深紫。親王四品以上一位は深緋・深蘇芳。これらの色が禁色となる。〈吉田比呂子〉

きんし-ぎょくえふ【金枝玉葉】（ギョクヨウ）名〔金や玉の枝葉の意。枝葉は子孫の意〕天皇の一門。皇族。例 かの国鼎（＝人名）が先祖は…**金枝玉葉**と称せられ〈読本・弓張月・残・六四〉

きん-じふ【近習】（ジュウ）名「きんじゅ」に同じ。

きん-しゃ【金紗・錦紗】 名 ❶金糸を織り込んだり、金糸で模様を出したりした薄い絹織物。例 深紅の帯の八打ち（＝紐の名）に**金紗**を交ぜてぞ召されける〈仮名草子・竹斎・上〉❷金糸。例 夜さ恋といふ字を**金紗**で縫はせ〈近松・心中重井筒・上〉

きん-じゃう【今上】（ジョウ）名 現在の天皇。例 **今上**一の宮の二歳にならせたまふがましましけるを（＝いらっしゃったのを）〈平家・一・額打論〉

きん-じゃう【謹上】（ジョウ）名〔謹んで差し上げる、の意〕手紙の末尾に記す宛名の上に添える語。同輩、またはそれに準じる人に用いる。例 **謹上**前右兵衛佐殿へとぞ書かれたる〈平家・五・福原院宣〉

きん-じゅ【近習】 名〔「きんじふ」の変化した形〕主君のそば近く仕える職。また、その人。例 **近習**勤めし十倉新六に御雑談あり〈西鶴・武道伝来記・五・二〉

きん-す【金子】 名 金貨。また、金銭。例 **金子**十両包みて〈西鶴・西鶴諸国ばなし・一・三〉

ぎん-す【銀子】 名 銀貨。また、上方では銀本位の貨幣制度であったことから、貨幣。金銭。例 **銀子**たてまして（＝銀貨で弁償して）御損はかけますまい〈西鶴・世間胸算用・五・三〉

ぎん-ず【吟ず】 動（サ変）詩歌などを節付けして歌う。例 僧侶佳句を**吟ずる**廊下の声〈閑吟集・仮名序〉

近世説美少年録（きんせせつびせうねんろく・キンセセツビショウネンロク）《作品名》江戸時代の読本。四五冊。曲亭馬琴作。前半一五冊は文政一二～天保三年（一八二九～三二）刊。後半は弘化二～五年（一八四五～四八）刊。内面の美しい少年と外見の美しい少年に善・悪を象徴させ、その成長を大内義隆の滅亡のいきさつにからませて描く未完の大作。

きん-そく【禁足】 名 外出を禁じること。一定の場所から出ることを禁じること。自発的にする場合にもいう。例 **禁足**は破らせたまふか〈謡曲・三笑〉

きん-だい【近代】 名 近ごろ。最近。例 **近代**この事流布したるなり〈徒然・二〇五〉

近代秀歌（きんだいしうか・キンダイシュウカ）《作品名》鎌倉前期の歌論。一巻。藤原定家著。承元三年（一二〇九）成立。源実朝の求めに応じて記した書。書簡体で書かれた歌論部分と秀歌例とからなる。前者では和歌史論と作歌の方法論が説かれ、特に本歌取り論が注目される。

きん-だち【公達・君達】名〔「きみたち」の変化した形〕「きむだち」とも。❶親王・諸王など天皇家の一族。例**王宗**の中に接りて〈紀・皇極〉❷**貴族の息子**。娘をいうこともある。例(a)**君達**は頭の中将。頭の弁。権中将。四位の少将。蔵人の弁。四位の侍従。蔵人の少納言。蔵人の兵衛佐〈枕・君達は〉例(b)ある**君達**に、忍びて通ふ人やありけむ(=ある姫君に、人目を避けて通う男があったのだろうか)〈堤中納言・このついで〉❸(代名詞的に用いて)**あなたさま。あなたさま方**。例**きむだち**の上なき御選びには、まして、いかばかりの人かはたぐひたまはむ(=あなたさま方の最上の結婚相手をというお選びには、なおさら、どれほどの方がお似合いでしょうか)〈源氏・帚木〉読解「きむだち」と呼ばれているのは光源氏と頭中将の二人。「かは」は反語の意を表す。

語誌 ▼「たち」は本来敬意を含んだ複数を表す接尾語。ただし「きんだち」は単数・複数ともに用いる。
▼もとは単に家柄のよい貴族をさしたが、中世になって公家の家格が定まってくるにつれ、清華(摂家の下、大臣家の上に位する家。太政大臣にまで昇ることができる家柄)とほぼ同じ意味で使用されるようになり、「公達家」の語も見られる。
▼②例(a)『枕草子』はこの章段の全文。若い貴公子たちが歴任することの多い官職を並べている。天皇の近くに仕える蔵人や侍従、衣装の華やかな近衛や兵衛が挙げられ、人々の、家柄と若さの両方を兼ね備えた公達へのあこがれを示している。〈池田尚隆〉

きんぢ キンジ 代〔「きみむち(君貴)」の変化した形〕「きむぢ」とも。対称の人称代名詞。目下に対して用いる。おまえ。例すべて、**きんぢ**いと口惜し〈蜻蛉・中〉

きん-ちゃう【錦帳】―チョウ 名 錦で作った垂れ絹。また、豪華な垂れ絹をおろした居室。例(法皇ハ)**錦帳**近くに御座あって〈平家・三・御産〉読解ここは中宮の御座所の意。

きん-ちゃく【巾着】名❶口を紐でくくるように作った布や革製の袋。例守り袋や**巾着**を縫うておいた〈虎寛本狂言・花子〉❷いつも主人に付き添って離れない人。腰巾着。

きん-ちゅう【禁中】名 皇居。内裏。宮中。例順徳院の**禁中**の事ども書かせたまへるにも〈徒然・二〉

きん-てい【禁廷・禁庭】名 皇居。宮中。例**禁庭**への恐れあれば〈浄瑠璃・菅原伝授手習鑑・三〉

きん-でん【金殿】名 黄金で飾ったりっぱな宮殿。また、そのような美麗な御殿。例昔は玉楼**金殿**に錦の褥をしき、たへなりし(=美しかった)御すまひなりしかども〈平家・灌頂・大原入〉

きん-の-こと【琴の琴】名「きん(琴)」に同じ。例次には**琴の御琴**を人よりことに(=格別に)弾きまさらんと思せ(=お思いなさい)〈枕・清涼殿の丑寅のすみの〉

きん-ばん【勤番】名❶交代して勤務につくこと。また、その番。例二十九日朝、**勤番**のために院に参る〈玉葉・承安二年六月〉❷江戸時代、地方の大名の家臣が交代で江戸や大坂の屋敷の勤務につくこと。ふつう、妻子は伴わない。

金平 きんぴら 名❶《人名》架空の人物の名。坂田金時の息子で、怪力無双とされる。金平浄瑠璃の主人公。❷「金平浄瑠璃」の略。

きんぴら-じゃうるり【金平浄瑠璃】―ジョウルリ 名 江戸古浄瑠璃の流派の一つ。坂田金時の子という設定で、怪力無双の金平の武勇譚を創作、桜井和泉太夫の勇壮な語り口と人形の荒々しい演出で、明暦から寛文(一六五五〜七三)のころ大流行した。初代市川団十郎の荒事にも影響したといわれる。

きん-ぷくりん【金覆輪】名 覆輪の一種。鞍・鞘・鍔などを金や金色の金属をかぶせたり縁どったりして飾ったもの。例連銭葦毛なる馬に**黄覆輪**の鞍置いて〈平家・九・敦盛最期〉

ぎん-み【吟味】名動(サ変)❶詩歌を口ずさんでその趣を味わうこと。また、その味わい。例これはむさと(=むやみに)そしるべき歌とはおぼえぬなり。よくよく**吟味し**たまへ〈戴恩記・下〉❷詳しく調べること。例退きやう(=女郎と別れた事情)**吟味**の上〈西鶴・好色一代男・七・五〉❸罪状を調べること。例召し出され御詮議さまざまなれども…御**吟味**なりがたし〈西鶴・本朝桜陰比事・一・五〉❹監督すること。

きん-め【金目】名 江戸時代、金や金貨を計量する単位。両が基準で、分(一両の四分の一)・朱(一分の四分の一)などがある。

ぎん-め【銀目】名 江戸時代、銀や銀貨を計量する単位。匁が基準で、貫(一匁の千倍)・分(一匁の十分の一)などがある。

きん-もん【禁門】名❶宮城の門。転じて、皇居。例**禁門**を出入すといへども、姓名を尋ねらるるに及ばず〈平家・一・禿髪〉❷出入りを禁止した門。

金門五山桐・金門五三桐 きんもんごさんのきり《作品名》歌舞伎。時代物。五幕一五場。並木五兵衛(初世並木五瓶)作。安永七年(一七七八)初演。真柴久吉(豊臣秀吉)と対立する大盗賊石川五右衛門の謀反を描く。五右衛門と久吉が出会う「南禅寺山門の場」が有名。のち『楼門五山桐』『楼門五三桐』の題が一般的となる。

きん-や【禁野】名 皇室の狩猟場として、一般の狩猟を禁じた場所。例**禁野**の鷹飼ひ敦友が 野鳥の合はせしこそ見まほしき(=野鳥を捕っていたのを見たいものだ)〈梁塵秘抄・四句神歌〉

きんようわかしゅう【金葉和歌集】⇩きんえふわかしふ

きん-らん【金襴】名 織物の名。錦の一種で、金糸を縦横に用いて模様を織り出したきらびやかなもの。江戸時代には京都の西陣などで作られるようになったが、それ以前は中国から輸入していた。例土の付きたる**金襴**の守り(=守り袋)〈太平記・三〇〉

きん-り【禁裏・禁裡】名「きんちゅう」に同じ。例**禁裏**も静かならざるに〈古活字本保元・上〉

きん-る【近流】名「こんる」に同じ。

きん-ろう【禁籠】名動(サ変)閉じこめること。例父は**禁籠せ**られ〈太平記・三〉

く【句】 名 ❶和歌で、五音または七音で一区切りになっている部分。また、五・七・五のひとまとまりを「上の句」、七・七を「下の句」ともいう。例「かきつばた」といふ五文字を句の上にすゑて、旅の心をよめ〈伊勢・九〉 ❷漢詩で、一区切りをなす五字または七字などのまとまり。例皇子もいとあはれなる句を作りたまへるを〈源氏・桐壺〉 ❸連歌・俳諧で、五・七・五の長句、七・七の短句。また、発句。例上人の旅と聞きて、言下に(＝すぐに)句出でたり〈俳諧・去来抄・先師評〉

く【苦】 名 ❶苦しみ。悩み。心配。例(妊娠ハ)ただ女の苦にて侍らんかし〈狭衣・一〉 ❷『仏教語』煩悩や悪行のために、その報いとして受ける苦しみ。例地獄の苦を思ひやりてかなしみしかば〈宝物集・三〉

く【消】 動(カ下二) ❶きえる。例立山の雪しくらしも〈万葉・一七・四〇二四〉 ❷生気がなくなる。死ぬ。例朝咲き夕へはけぬる月草の〈万葉・一〇・二二九一〉 語誌▼未然形・連用形の「け」、終止形「く」の例しか見られない。▼上代には「きゆ」よりも多く用いられたが、平安時代以降は、和歌以外では「雪消」など複合語の名詞に残るのみとなる。

く【来】〔「行く」の対〕 ❶動(カ変) ❶空間的にこちらの場所へ移動する。例かの唐船きけり(＝その唐の船がやって来た)〈竹取〉 ❷会いに行く。相手の立場に立っていう。例からうじて、大和人「こむ」といへり(＝ようやく、大和の国の人は「会いに行こう」と言った)〈伊勢・二三〉 ❸ある時期が近づき、やってくる。例杉が枝に霞たなびく春は来ぬらし(＝杉の枝に霞がたなびいている。春はやってきたらしい)〈万葉・一〇・一八一四〉 ❹ある状態が発生する。例よもやこの身に祟りも生じないだろうが)〈歌舞伎・東海道四谷怪談・初日三幕目〉 ❺ほれる。相手の思いが自分のほうに向かう意味でいう。例これほど我らにくる事、何とも合点がゆかぬ(＝これほど私めにほれるということは、どうも納得がいかない)〈西鶴・好色一代女・一・四〉

❷補動(カ変) ❶(動詞の連用形について)過去から現在まで続いている意を表す。〜し続けてくる。例古ゆ言ひ継ぎ来らし(＝昔から語り伝え続けてきただろう)〈万葉・一七・三九七三〉 ❷(動詞の連用形、またはそれに接続助詞「て」がついた形について)しだいに状態が現れたり、強まったりする意を表す。しだいに〜になる。〜てくる。例我が欲りし雨は降り来ぬ(＝私が望んでいた雨は降ってきた)〈万葉・一八・四一二四〉

語誌▼話し手の現にいる場所や時点に向かって行われる移動を表すのが普通である。名詞「こしかた」の「こ」も、❶③の意に用いられたこの動詞の未然形による。❶②の例のように相手の立場に立ってそちらへの移動にも用いられたのは、親しい間柄でのことであろう。

▼命令形　「とく来(＝早く来い)と言ひやりたるに」〈枕・すさまじきもの〉の「来」のように、平安時代末ごろまで、命令形には「こ」の形が用いられ、「よ」はつけなかった。〈山口堯二〉

く　活用語について、その句を体言化する。

❶体言的にまとめる。〜すること。〜するところ。例照る月の高島山に隠らく惜しも(＝照る月が高島山に隠れるのは名残惜しいなあ)〈万葉・九・一六九一〉 ❷引用文を導く。〜することには。⇩いはく・おもはく。例皇神たちの前に白さく(＝皇神たちの前で申し上げることには)〈祝詞・祈年祭〉 ❸文末で詠嘆の意を表す。〜ことよ。〜ことだなあ。例み吉野の玉松が枝は愛しきかも君がみ言を持ちて通はく(＝み吉野の松の枝はいとおしいなあ。あなたの言葉を運んでくることよ)〈万葉・二・一一三〉 読解 松の枝につけて贈られた歌への返事の歌らしい。 ❹(助詞「に」を伴って接続助詞的に用いいて)〜のに。〜のだから。例み吉野の山のあらしの寒けくにはたや今夜も我がひとり寝む(＝み吉野の山から吹く風が寒いのに、ひょっとすると今夜も私は一人で寝るのだろうか)〈万葉・一・七四〉

接続▼四段・ラ変活用の語の未然形、形容詞の古い語尾「け」、助動詞「き」の連体形「し」などにつく。

語誌▼ク語法　この「く」は、すぐ上の語だけでなく、それにかかる語があればそれを含む連語の全体を体言化する働きをもつ。その働きから、「ク語法」と呼ばれる。現代語で「鳥が飛ぶのを見た」と言うときなどの「の」の働きに似ている。

上代に特に用いられ、平安時代以降は「言はく(曰く)」などの慣用的な用法が残るだけであるが、和歌では、助動詞「ず」のク語法＋助詞「に」＝「なくに」の形で用いられた。⇩なくに・あらなくに 〈佐藤一恵〉

ぐ【具】 ❶名 ❶身の回りにある道具・調度・衣類など。例恋せじといふ祓への具して(＝道具を持って)なんいきける〈伊勢・六五〉 ❷つき従う人。㋐結婚相手。配偶者。例この宮の御具にては〈源氏・浮舟〉 ㋑お相手役。侍女。例姫宮の御具にて〈源氏・蜻蛉〉 ㋒従者。例この検非違使どもの具の、赤衣など着たる者ども〈栄花・浦々の別れ〉 ❸食物などの添え物。例歯固めの具にももてつかひためるは〈枕・花の木ならぬは〉 読解「歯固め」は正月に長寿を祈って餅などを食べる行事。 ❷接尾 ひとそろいの物を数える。「袴一具」「鞍二十具」など。

ぐ【愚】 ❶名 おろかなこと。また、その人。例徳を隠し、愚を守るにはあらず〈徒然・三八〉 ❷代 自称の人称代名詞。自分を謙遜していう。男性が主に手紙や文書で用いる。例臣愚生前の望みここに足んなんのみ(＝それで十分である)〈太平記・一三〉 ❸接頭 自分や自分側の人・事物を表す語について、謙遜の意を添える。「愚案」「愚僧」など。

ぐ‐あん【愚案】 名❶愚かな考え。例人望に背き、**愚案**の企てにあらば〈源平盛衰記・六〉❷自分の考えをへりくだっていう。例退いて(=見方を変えて)**愚案**を回らすに〈太平記・三〉

くい【悔い】 名後悔。例先立たぬ**悔い**の八千たびかなしきは〈古今・哀傷〉

くいぜ【株・杭】 ⇩くひぜ

くいな【水鶏】 ⇩くひな

くう【功】 名功績。手柄。例このころの我が恋力記し集め**功**に申さば五位の冠〈万葉・一六・三八五八〉

くう【空】 名形動(ナリ)『仏教語』この世に存在する物事はすべて因縁によって生じる仮のもので、実体はないということ。例善も悪も**空**なりと観ずるが、まさしく仏の御心に相叶ふ事にて候ふなり〈平家・一一・大臣殿被斬〉

く・う【蹴う】 動(ワ下二)「ける(蹴る)」の古形。『日本書紀』神代上に「蹴散」を「くゑはららかす」とよむ訓注があり、その「くゑ」が連用形の例。

空海《人名》七七四～八三五(宝亀五～承和二)。平安初期の僧。真言宗の開祖。讃岐国(香川県)多度郡生まれ。俗姓は佐伯、幼名は真魚。空海は法名。灌頂を受けたときに得た号は遍照金剛。延喜二一年(九二一)弘法大師の諡号を受ける。

●略歴・著作 十八歳のころ(十五歳のころとも)奈良に出て、仏教や儒教などを学び、延暦二三年(八〇四)渡唐、青龍寺の恵果に密教の奥義を学ぶ。大同元年(八〇六)帰国。弘仁七年(八一六)高野山に真言密教の根本道場金剛峯寺を開く。同一二年讃岐国の万農池(満濃池)の工事に携わり、同一四年嵯峨天皇から京都の教王護国寺(東寺)を与えられる。天長五年(八二八)最初の庶民の学校である綜芸種智院を設立した。

仏教学の書として『三教指帰』『十住心論』などが残されているが、特に前者は文学的な述作としても注目される。これは戯曲的な構成をとっていて、儒・道・仏の三教の基本的立場が呈示され、その座談の批評の展開に応じて仏教の優位がおのずと主張される。空海は詩文の制作でも活躍し、詩論『文鏡秘府論』、詩文集『性霊集』も重要な著作。また、能筆の誉れも高く、平安前期の漢字の名筆家、いわゆる三筆の一人に数えられている。

●空海の説話・伝説 その活動が多方面にわたったこともあって、空海にまつわる説話や伝説はたいへん多い。法力や能筆に関する話が多いが、その代表的な伝説に弘法清水がある。旅の高僧に親切にした結果、望ましい所に泉が湧き、逆に不親切にしたために泉が湧き出なくなってしまうという話で、その旅の僧の多くが空海とされている。このような後世の話の多くを集めたものの一つに、『弘法大師行状絵詞』がある。〈鈴木日出男〉

くう‐げ【供花・供華】 名『仏教語』「くげ(供花・供華)」に同じ。

ぐう‐じ【宮司】 名❶神職の名。神社の造営や収税・祭礼一般をつかさどる人。❷東宮職・中宮職・皇太后宮職などの職員。

ぐう‐じ【窮子】 名『仏教語』「ぐじ」に同じ。

くう‐そく‐ぜ‐しき【空即是色】 『仏教語』般若心経の句。万物は実体がなく空であるが、目に見える形としては、個々の因縁の違いにより、そのまさまざまの現象である色として存在しているということ。

くう‐づ・く【功付く・功就く】 動(カ四)年功が積もる。例かれたる声の…あはれに**功づき**て、陀羅尼読みたり〈源氏・若紫〉

くう‐でん【宮殿】 名天皇の住む御殿。皇居。宮殿。例**宮殿**楼閣、重々にして〈今昔・六・一五〉

空也《人名》「こうや」とも。九〇三～九七二(延喜三～天禄三)。平安中期の僧。諸国を巡って念仏を勧めるとともに、橋を架け井戸を掘るなど民衆のために尽くす。民間に浄土の教えを広めた先駆者で、市の聖と呼ばれた。また、西光寺(六波羅蜜寺)を建立した。

くうや‐き【空也忌】 名陰暦十一月十三日の空也上人の忌日。この日、京都の空也堂で法会を行い、僧たちが、鉢や瓢箪をたたきながら念仏を唱え、京都の内外を回る。例**空也忌**やうやうやしげに古瓢〈俳諧・新類題発句集〉

くう‐りん【空輪】 名『仏教語』❶世界を成り立たせているとされる四輪(金輪・水輪・風輪・空輪)の一つ。風輪の下にあって世界を支えるという。❷九輪の別称。例**空輪**雲に耀やかし五重の塔婆〈源平盛衰記・二四〉

く‐えう【九曜】 名陰陽道で、占いに用いる九つの星。日・月・火・水・木・金・土の七曜星に、羅睺と計都という想像上の二星を加えたもの。九曜星。例天道あはれみたまひて、**九曜**のかたちを現じつつ〈平家・三・一行阿闍梨之沙汰〉

くえう‐せい【九曜星】 名「くえう」に同じ。

くが【陸】 名〔「くぬが」の変化した形〕陸地。例水鳥の**くが**にまどへる心地して〈源氏・玉鬘〉

く‐かい【九界】 名『仏教語』十界から、悟りの境地の仏界を除いた世界。程度の差はあるが、迷いの心のある世界。

く‐かい【苦海】 名『仏教語』「くがい」とも。現世の際限なく大きな苦しみを海にたとえた語。例仏神は…**苦海**に沈む衆生をあはれみたまひ〈盲安杖〉

く‐がい【公界】 名❶公のこと。晴れの場。例述懐は私事、弓矢の道は**公界**の義〈太平記・一九〉❷世間。社会。例三人寄れば**公界**〈近松・冥途の飛脚・中〉❸交際。転じて、遊女。遊里。

く‐がい【公廨】 名「くげ(公廨)」に同じ。

く‐がい【苦界】 名❶『仏教語』この世の苦しみの絶えない世の中。人間界。例この**苦界**にうかうかとの長生き〈浮世草子・けいせい色三味線・大坂・三〉❷(「公界」と混同されて)遊女のつらい世界。また、その境遇。

くがい‐もの【公界者】 名世間に知られている人。世間で一人前と認められている人。例これは誰も知った**公界者**ぢゃほどに〈毛詩抄・三〉

くか-たち【探湯・盟神探湯】 名「くかだち」「くがたち」とも。古く、人の行為の正邪を判断する占いの一つ。神に誓って熱湯に手を入れると、正しい人の手はただれず、不正な人の手はただれるとされた。例沐浴斎戒して、おのおの**盟神探湯**せよ〈紀・允恭〉

くが-ち【陸路】 ―ジ 名 陸を通る道。船が通る海上の道に対していう。例大勢にて船路と**陸路**とより上る〈太平記・一六〉

く-がね【黄金・金】 名「こがね」の古形。例良き事を始めたまひて **くがね**かも たしけくあらむと(=確かにあるだろうかと) 思ほして〈万葉・一八・四〇九四〉

く-がら【句柄】 名 連歌・俳諧で、句の出来栄え。例**句がら**おもしろし〈醒睡笑・一〉

ぐかんしょう【愚管抄】 ⇩ぐくゎんせう

くき【岫】 名 ❶山の洞穴。例その鳥は、須弥山の片**岫**に巣を作りて〈今昔・三・一〇〉 ❷山の峰。山頂。例笹深み霧越す**岫**を朝立ちて〈山家集・下〉

くぎ-がくし【釘隠し】 名 建物で、長押などに打った釘の頭を隠すためにかぶせる装飾金具。例美を尽くして…瑪瑙の**釘隠し**〈西鶴・日本永代蔵・三・二〉

くき-なが【茎長】 形動(ナリ) 槍や長刀を構えるとき、柄の端のほうを持って長く使うさま。例長刀を**茎長**に取りてするりと差し出だす〈義経記・二〉

くぎ-ぬき【釘貫】 名 ❶木製の柵。柱を並べ横木を渡しただけの簡単なもの。例**釘貫**に車を引きかけて見れば〈蜻蛉・中〉 ❷町の入り口にある門・木戸。

くき-みじか【茎短】 形動(ナリ) 槍や長刀を構えるとき、刃に近い所を持って短く使うさま。例白柄の長刀**くきみじかに**とり〈平家・一・額打論〉

く-きゃう【究竟】 ―キヨウ 名 形動(ナリ) ❶『仏教語』物事の極まり。究極。例天に生ずる事得て**究竟**解脱せむと〈今昔・七・一〉 ❷力や技術などが非常にすぐれていること。例屏の中より**究竟**の射手ども、鏃を支へて思ふやうに射ける間〈太平記・六〉 ❸『仏教語』「究竟即」の略。天台宗で、悟りに至る六つの段階(六即)の最高位。悟りを達成した至極の位。例**究竟**は理即(=六即の最下位)にひとし〈徒然・二一七〉

くーぎゃう

【公卿】 ―ギヨウ 名 ❶**朝廷の最高幹部。**位階では三位以上、官職では大臣・大納言・中納言・参議がこれにあたる。参議であれば四位でも、三位であれば参議になっていなくとも、公卿の中に入る。正確には、太政大臣・左右大臣・内大臣を「公」、大納言・中納言・参議と三位以上を「卿」といい、公卿はその総称。和語で「上達部」、唐名として「棘路」「卿相」、また殿上人をいう「雲客」に対しては「月卿」ともいう。例**公卿**といへど、この人のおぼえに、かならずしも並ぶまじきこそ多かれ(=公卿といっても、この人の声望に、必ずしも匹敵できそうにない人が多い)〈源氏・胡蝶〉 ❷(「大臣・公卿」の形で)大納言・中納言・参議と三位以上。①の「卿」に同じ。例世の中の摂政・関白と申し、大臣・**公卿**と聞こゆる〈大鏡・序〉

語誌▼中国の三公九卿の制に基づく。初期には「まへつきみ」の漢語的表現として、四位・五位を含むより広い層をさした。物語など仮名の作品では「上達部」が使用されることが多く、「公卿」の語は極端に少ない。

▼神武朝から明治まで、年ごとの公卿の名を列挙した書物『公卿補任』があり、すべての公卿の経歴を見ることができる。〈池田尚隆〉

く-ぎゃう【苦行】 ―ギヨウ 名 動(サ変)『仏教語』悟りを得るために、肉体をいためつけて行う修行。水行・断食・焼身など。例太子、城を出でて山に入りて六年、**苦行**を修して仏になりたまひぬ〈今昔・二・二〉

く-ぎれ【句切れ】 名 ⇩『名歌・名句辞典』「和歌の表現技法」

く・く【漏く・潜く】 〔「くぐる(潜る)」と同根〕 動(カ四) くぐり抜ける。もれる。例山吹の繁み飛び**潜く**うぐひすの〈万葉・一七・三九七一〉

く-ぐ【供具】 名「きょうぐ」とも。神仏への供え物。また、それを載せる道具。例**供具**をそなへて、心に思ひ願ふ事を祈り請ふに〈今昔・一七・五〇〉

くく・す【括す】 動(サ四) ❶くくる。縛る。例それ、女めを梯子に**くくせ**〈歌舞伎・幼稚子敵討・口明〉 ❷括り染めにする。例村千鳥をここかしこに色々に**括しける**〈仮名草子・恨の介・下〉

くく-たち【茎立ち】 名〔「くく」は「くき」の交替形〕スズナなどアブラナ科の野菜。また、その茎。例佐野(=地名)の**茎立ち**折りはやし〈万葉・一四・三四〇六〉

くぐつ【裹】 名 糸や藁で編んだ網の袋。もと、海浜の植物「くぐ」を編んで作ったことによる称という。例絹・綾を糸の**くぐつ**に入れて〈宇津保・国譲下〉

くぐつ【傀儡・傀儡子】 名 ❶人形を使う芸能。また、その人形。「くゎいらい」とも。❷平安後期ごろ集団で生活していたとされる一族。男女とも芸能をよくしたという。例伏見に**くぐつ**四三が詣できたりけるに〈散木奇歌集・一〇・詞書〉読解「四三」は傀儡女の名。❸「くぐつまはし」に同じ。

くぐつ-まはし【傀儡回し】 ―マワシ 名 操り人形をあやつる旅芸人。「くぐつ」「くゎいらいし」とも。例**傀儡子**の者ども多く館に来たりて〈今昔・二八・二七〉

くぐひ【鵠】 クグイ 名「くくひ」「こひ」「こふ」とも。鳥の名。白鳥の古称。古く、白鳥は人間の霊魂を運ぶ鳥と考えられていた。例高往く**鵠**の音を聞きて、はじめてあぎとひたまひき(=ものをおっしゃった)〈記・中・垂仁〉読解白鳥の霊力で初めて口をきくようになったという話。

くぐま・る【屈まる・跼まる】 動(ラ四) 腰を曲げて体を小さくする。かがむ。例海賊を射たるに、海賊**くぐまりて**箭を上へ通しけり〈著聞集・一二・四三五〉

くく・む【包む・銜む・含む】 ❶動(マ四) ❶つつみ持つ。つつむ。例(ヘソノ緒ヲ)切りてこの袴におし**くくみて**〈宇津保・蔵開上〉 ❷口の中にふくむ。例**くくみたる**水をはき捨てて〈宇治拾遺・一三三〉 ❸外側を金や銀でつつんで飾る。例金にてうち**くくん**(音便形)だる腰の刀にて〈平家・一二・泊瀬六代〉 ❷動(マ下二) 口にふくませる。例うつくしげなる御乳を**くくめ**たまひつつ〈源氏・薄雲〉

くぐ・む【屈む】 ❶動(マ四) かがむ。例笛の音の近づきければ、さし**屈みて**見れば〈義経記・三〉 ❷動(マ

下二）かがめる。例背を屈めてぞ立たりける〈太平記・一七〉

くぐもり-ごゑ【くぐもり声】 名「くくもりこゑ」とも。内にこもってはっきりしない声。例男、手をひらきて**くくもり音**に叫べども〈今昔・二八・三三〉

くくり【括り】 名❶袋の口などをくくるために用いる紐など。例結び袋に色々の玉を村濃につらぬきて、**くくり**にして〈著聞集・一一・三九三〉❷特に、指貫の裾や狩衣の袖を縛る紐。例（指貫ヲ）いと長やかに踏みしだかせたまひて、**くくり**は地にひかれて〈大鏡・道隆〉

くくり-ぞめ【括り染め】 名 絞り染めのこと。布を糸でくくって、糸の跡を白く染め残す染色法。例色々の襖（＝狩衣）のつきづきしき縫ひ物（＝刺繡）、**括り染め**のさまも〈源氏・関屋〉

くくり-もの【括り物】 名 括り染めにしたもの。例とくゆかしきもの 巻き染め、むら濃、**くくり物**など染めたる〈枕・とくゆかしきもの〉

くく・る【括る】 動（ラ四）❶結んで束ねる。縛りとめる。例腰を**括ら**れて、外へはえ行かで（＝行くことができずに）〈宇治拾遺・九六〉❷括り染めにする。例ちはやぶる（枕詞）神代も聞かず龍田川からくれなゐに水**くくる**とは〈古今・秋下〉➡名歌226

くぐ・る【潜る】 動（ラ四）〔古くは「くくる」〕❶狭いすきまを通り抜ける。すり抜ける。例しきたへの（枕詞）枕ゆ（＝枕を）**くくる**涙にぞ〈万葉・四・五〇七〉❷水中にもぐる。例水の底を**くぐっ**（音便形）てむかへの岸へぞつきにける〈平家・九・宇治川先陣〉

愚管抄 《作品名》鎌倉初期の史論。七巻。慈円著。承久二年（一二二〇）成立。神武天皇から順徳天皇までの歴史を片仮名交じり文で記す。皇帝年代記・本論・総論的部分の三部からなり、末法思想を背景に、歴史は道理の推移によって変遷すると説く。

く-げ【公家】 名❶天皇。また、朝廷。公。例鎌倉殿（＝源頼朝）より**公家**へ申されたりければ〈平家・一二・平大納言被流〉❷朝廷に仕える人。朝臣。例国王・大臣より始めたてまつりて、**公家**の御たたずまひ〈風姿花伝・三〉

く-げ【公廨】 名「くがい」とも。官庁。役所。転じて、官庁の雑費や官人の俸給。例諸国の公田は…その価を太政官に送りて**公廨**に供へむ〈続紀・天平八年三月〉

く-げ【供花・供華】 名《仏教語》「くうげ」とも。❶仏に花を供えること。また、その花。例皆、この会の**供花**の唐花を取りて〈今昔・一三・六〉❷仏に花を供えて供養する法会。陰暦五月と九月に行われる。例例の五月の**供花**〈増鏡・老のなみ〉

く-けつ【口訣・口決】 名 文書に記さないで、口伝えに伝授される秘伝。また、それを教え授けること。例唯受一人の（＝ただ一人に伝授される）**口決**どもをさまざまにぞ問ひたりける〈太平記・一七〉

く-げん【苦患】 名《仏教語》死後、地獄で受ける苦しみ。また広く、苦しみ。苦痛。苦悩。例堪へがたき**苦患**にあづかれる事、皆、先の世に施の心（＝施しをする心）なきによりてなり〈今昔・一・三四〉

く-ご【箜篌】 名「くうご」「くうこう」とも。大陸渡来の弦楽器の名。竪琴（ハープ）型・琴型の二種あり、奈良時代から平安時代初めにかけて用いられた。インドから朝鮮を経て渡来したことから「百済琴」ともいう。例海中に楽器の音声ありき。笛・箏・琴・**箜篌**等の声のごとし〈霊異記・上・五〉

ぐ-ご【供御】 名「くご」とも。❶飲食物の敬称。お召し上がり物。主に天皇の食事をいい、武家の時代には将軍の食事もいった。例（宮ヲ）入れたてまって（＝お入れ申し上げて）、**供御**したてて参らせけり〈平家・四・競〉❷米飯の女房詞。ごはん。

く-ごふ【口業】 名《仏教語》三業の一つ。言葉によって行う行為。例持経の者をば誹謗るべからず。よく**口業**を護れ〈霊異記・上・一九〉

く-こん【九献】 名❶杯を三杯ずつ三回さすこと。三三九度。例御嘉例の**九献**に酔うて〈近松・大経師昔暦・上〉❷酒の女房詞。例白き色なる**九献**を時々願ふ事のはべるを〈とはずがたり・一〉

く-さ【来さ】 名〔「さ」は接尾語〕来るとき。帰りしな。⇩ゆくさくさ。例行くさも**来さ**も舟の早けむ〈万葉・九・一七八四〉

くさ【草】 1 名❶草。例**草**は 菖蒲。菰。葵、いとをかし〈枕・草は〉❷牛や馬のえさ。かいば。例牛つなぎて**草**など飼はする（＝食べさせる）〈枕・六位の蔵人などは〉 2 接頭 名詞について、本格的でないもの、粗末なもの、の意を添える。「草相撲」「草蒲団」など。

語誌「木」と対にして捉えられることも多く、「木草」「草木」などと並べられる。『枕草子』には「木の花は」「草の花は」という章段もある。

くさ【種】 1 名❶物事の生じるもととなるもの。原因。材料。例千代経べき小松と聞けば今よりはただ朝夕の**くさ**と頼まん（＝千年も月日を過ごすことができる小松だと聞くので、今からはひたすら朝晩心を慰める種と頼りにしよう）〈和泉式部集〉❷種類。例唐土・高麗と尽くしたる舞ども、**種**多かり（＝唐楽・高麗楽と数を尽くした舞楽は、種類が多い）〈源氏・紅葉賀〉 2 接尾「ぐさ」とも。❶名詞や動詞の連用形について、**その状態・動作の原因や材料を表す**。「遊び種」「傅き種」「慰め種」など。❷数を表す語について、**物の種類を数えるのに用いる**。「三種」「百種」など。〈渡部泰明〉

くさ-あはせ【草合はせ】 名 物合わせの一つ。持ち寄ったいろいろの草を見せあって、その優劣を論じあう遊戯。陰暦五月五日に行われることが多かった。「草尽くし」とも。例**草合はせ**しはべりけるところに〈拾遺・雑下・詞書〉

救済 《人名》⇩救済

くさ-いち【草市】 名 盂蘭盆の精霊棚に飾る品を売る市。陰暦七月十二日の夜から翌朝にかけて、蓮の葉・鬼灯・麻殻・茄子、わら細工の牛馬などを売った。盆市。例**草市**はひだるい腹（＝空き腹）の人だかり〈柳多留・初〉

くさ-がく・る【草隠る】 動（ラ下二）草の陰に隠れ

る。例夏山の木の下水は草がくれつつ〈後拾遺・恋一〉

くさ-がくれ【草隠れ】 名 ❶草陰に隠れること。また、その場所。例みそかに(=こっそりと)草隠れにうかがひ寄りて〈平中・一七〉 ❷草深い田舎の住居。例かかる草隠れに過ぐしたまひける年月のあはれも〈源氏・蓬生〉

くさ-かひ【草飼ひ】 名 馬に草を与えること。また、その時期である四月ごろ。例備中の妹尾は、馬の草飼ひよい所で候ふ〈平家・八・妹尾最期〉

くさ-がれ【草枯れ】 名 秋から冬にかけて草が枯れること。また、そのころ。例草枯れの冬まで見よと露霜のおきて残せる白菊の花〈詞花・秋〉

くさ-き【草木】 名 草と木。植物一般の総称。例吹くからに秋の草木のしをるればむべ山風を嵐といふらむ〈古今・秋下〉➡名歌312

【草木も靡く】 威勢などが盛んで、すべてのものが服従するさまのたとえ。例権勢いよいよ重くして、飛ぶ鳥も落ち草木も靡くほどなり〈平治・上〉

くさ-ぐき【草潜き・草漏き】 名 鳥などが草の茂みの中に隠れること。⇩もずのくさぐき

くさ-ぐさ【種種】 名 種類の多いこと。いろいろ。さまざま。例この泊まりの浜には、くさぐさの麗しき貝・石など多かり〈土佐〉

くさ-ざうし【草双紙】 名 江戸中期以降に流行した通俗的な絵入りの小説の総称。仮名書きで、赤本・黒本・青本・黄表紙・合巻などがある。

くさ・し【臭し】 〔「くさる(腐る)」と同根〕 ■1 形(ク) ❶くさい。例くさき香世界に満ち満ちて〈方丈記〉 ❷怪しい。うさんくさい。例おほかたこれくさい(音便形)者、ぬくぬくと(=ぬけぬけと)欠け落ちぢやの〈浄瑠璃・心中二つ腹帯・三〉 ■2 接尾(ク型) 名詞について、～のにおいがする、～らしい、の意を添える。例鴨長明が孔子くさき身のとり置き(=身持ち)も〈西鶴・好色一代男・一・四〉

くさ-ずり【草摺り】 名 鎧の胴の下に垂れて、腰から下を覆うもの。⇩よろひ(図)。例景経が鎧の草摺りひきあげて、二刀さす〈平家・二・能登殿最期〉

くさずり-なが【草摺り長】 名 形動(ナリ) 鎧の草摺りを通常より長く垂らした状態で身に着けること。また、そのさま。ゆったりとした着方で、堂々とした威風を示すとされる。例草摺り長に着なして、甲をばぬぎ〈平家・三・一行阿闍梨之沙汰〉

くさ-づくし【草尽くし】 名 ❶いろいろの草花を刺繍したり描いたりした絵模様。例その日の御装束…秋の野に草尽くし縫うたる直垂〈幸若・敦盛〉 ❷「くさあはせ」に同じ。例草尽くし・虫尽くし、さまざま興ありし事ども〈平家・九・生ずきの沙汰〉

くさなぎ-の-たち【草薙の剣】 名 「あめのむらくものつるぎ」に同じ。倭建命が野中で火攻めに遭った時、この剣で草を薙ぎ払って難を逃れたことによる称。

くさ-ね【草根】 名 草。例岩代の岡の草根をいざ結びてな(=さあ結ぼう)〈万葉・一・一〇〉 読解 草を結ぶのは旅の無事を祈る行為。

くさ-の-いほり【草の庵】 〔「草庵」の訓読〕 「くさのいほ」とも。草葺きの家。粗末な家。また、俗世との交渉を絶った人の住まい。例世を背き草の庵にすみぞめの衣の色はかへるものかは〈千載・雑中〉 読解 「すみぞめ」は「墨染め」と「住み初め」を掛ける。

くさ-の-かげ【草の陰】 墓の下。あの世。例流罪の淵に沈むものならば、草の陰なる父母の名まで流さむ口惜しさよ〈仮名草子・恨の介・上〉

くさ-の-と【草の戸】 草葺きの粗末な家の戸。また、粗末な住まい。例草の戸も住み替はる代ぞ雛の家〈芭蕉・奥の細道〉➡名句51

くさ-の-とざし【草のとざし】 ❶「くさのと」に同じ。例秋の夜の草のとざしのわびしきは〈後撰・恋五〉 ❷草が茂って入り口や道をふさいでしまうこと。また、その草。例ちはやぶる(枕詞)神のいがきも越ゆる身は草のとざしに障るものかは〈古今六帖・三〉

くさ-の-はら【草の原】 ❶草の茂っている野原。例見し秋を何に残さん草の原〈六百番歌合〉 ❷草に覆われた墓所。例うき身世にやがて消えなば尋ねても草の原をば問はじとや思ふ〈源氏・花宴〉

くさ-の-まくら【草の枕】 「くさまくら■1」に同じ。例草の枕は夢もむすばず〈源氏・明石〉

くさ-の-むしろ【草の筵】 「くさむしろ」に同じ。

くさ-の-やどり【草の宿り】 ❶草の上を宿とすること。多く虫のすみかとして和歌に詠まれる。例わがごとくものやかなしききりぎりす草の宿りに声絶えず鳴く〈後撰・秋上〉 ❷粗末な住居。例心もて草のやどりをいとへども〈源氏・鈴虫〉

くさ-ば【草葉】 名 ❶草の葉。また、草。例草葉も水もいとあをく見えわたりたるに〈枕・五月ばかりなど山里にありく〉 ❷(草深い場所であることから)墓所のたとえ。例恋ひわびて野べの露とは消えぬともたれか草葉をあはれとは見ん〈新古今・恋五〉

【草葉の陰】 墓の下。あの世。例必ず草葉のかげでも、それがしを恨みとばし思うてくれな(=私を恨みとは思ってくれるな)〈虎寛本狂言・靫猿〉

くさ-はひ【種】 名 原因。材料。もと。種。例かの内侍ぞ、うち笑ひたまふくさはひにはなるめる(=なるようである)〈源氏・葵〉

くさ-びら【草片】 名 「くさひら」とも。❶野菜。青物。例くさびら食らひて戒むことを持つ〈紀・持統〉 ❷キノコの総称。例山に入りて茸を求むるに、すべて、くさびらおほかた見えず〈宇治拾遺・三〉

くさふか-の【草深野】 名 草が深く茂った野。例たまきはる(枕詞)宇智の大野に馬並めて朝踏ますらむ(=踏ませておいでだろう)その草深野〈万葉・一・四〉

くさふか-ゆり【草深百合】 名 草深い所に咲いている百合。例道の辺の草深百合の(ここまで序詞)後もと言ふ妹が命を我知らめやも〈万葉・一一・二四六七〉

くさ-ぶし【草臥し・草伏し】 名 ❶鹿などが草の上に臥すこと。また、その場所。例さ雄鹿の小野の草伏し〈万葉・一〇・二二六八〉 ❷旅寝すること。野宿すること。例からころも(枕詞)きつつならしのおのが草ぶし〈新撰六帖・五〉

くさ-まくら【草枕】 ■1 名 (草を枕にして野宿することから)旅寝。また、旅。例あさなけに(=朝に昼に)

見べき君とし頼まねば思ひたちぬる**草枕**なり〈古今・離別〉 ❷《枕詞》旅先で草を枕として寝る意から、「旅」「結ぶ」「ゆふ」「かりそめ」「つゆ」などにかかる。例家にあれば笥に盛る飯を**草枕**旅にしあれば椎の葉に盛る〈万葉・二・一四二〉➡名歌71

くさ-むしろ【草莚】 名 ❶草が一面に生えていること。例うちなびき秋来たりとや**草むしろ**野もせの露の玉をしくらん〈夫木・一〇〉 ❷野宿の寝床。例ひと夜仮寝の**草莚**、鐘を枕の上に聞く〈謡曲・鵜飼〉

くさ-むすび【草結び】 名 ❶草庵を作って住むこと。例これはこの山遥かの麓に**草結び**する女なるが〈謡曲・身延〉 ❷人に先んじて物事を始めること。草分け。草創。例荒れたる野原なりしに…次第に人家も軒を並べぬ。その**草結び**より久しき里人に〈西鶴・新可笑記・一・四〉 ❸男女の縁を結ぶこと。縁結び。例草を敷き寝の初枕…これぞ妹背の**草結び**〈近松・都の富士・一〉

くさめ 名 ❶くしゃみをしたときに唱える呪文。くしゃみをすると死ぬという俗信があり、それを防ぐために唱えた。⇩はなひる。例道すがら「**くさめくさめ**」と言ひもて行きければ(=言いながら行ったので)〈徒然・四七〉 ❷(①から転じて)くしゃみ。

くさり【鎖・鏁・鏈】 名 ❶鎖。例走る獣は、檻にこめ、**鎖**をさされ(=つながれ)〈徒然・一二一〉 ❷連歌で、表現の続け方。例詞のくさりなど、いつもの事なりとも、下に置きかへ上に置きかへ案じて〈吾妻問答〉

くさり-かたびら【鎖帷子】 名 細かい鎖を編み連ね、鎧や衣服の下に着込んで用いた防具。

くさり-れんが【鎖連歌】 名 上句と下句を鎖のように交互に詠み続けていく連歌。例君たち参りては、**鎖連歌**などいふこと常にせらるるに〈今鏡・八・花のあるじ〉 類義 ちゃうれんが

くさ・る【鏈る・鎖る】 動(ラ四) ❶つながる。例水に流れ行くくちなはどもの、この蘆にわづかに流れかかりて、次第に**くさり**連なりつつ(=水に流れて行く蛇たちが、この蘆にかかろうじてひっかかって、どんどん長くつながっていきながら)〈発心集・四・九〉 ❷つなぐ。つなぎ合わせる。例神山の園の葵を**くさり**つつ〈堀河百首〉 ❸《歌論用語》語句と語句を組み合わせる。例この歌、あまりにぞ**鎖り**ゆきたれど、姿をかしきなり(=この歌は、あまりにも語句と語句を組み合わせすぎているけれど、全体の印象は風情があるのである)〈古来風体抄・下〉 読解「たち別れいなばの山の峰に生ふるまつとし聞かば今帰り来む」(➡名歌209)についての評。「因幡」と「去なば」、「松」と「待つ」の二種の掛詞を中心にした語句のつながりが強すぎるが、という。〈渡部泰明〉 ❹《連歌論用語》前句に付け句をする。例以前の句に美しく準じて**鎖る**べきに〈僻連抄〉

くさ・る【腐る】 1 動(ラ四) ❶腐敗する。❷堕落する。だめになる。例**くさり**たる讃岐前司〈大鏡・伊尹〉 ❸びしょぬれになる。例**くさっ**(音便形)た着物は、しぼって引きさげ〈滑稽本・膝栗毛・三下〉 2 動(ラ下二) 1①に同じ。 3 補動(ラ四) 近世の用法。(動詞の連用形について)人の動作をののしる意を表す。〜やがる。例見ず知らぬ男めに惚れ**くさっ**(音便形)て〈浄瑠璃・神霊矢口渡・四〉

くされ【腐れ】 《近世語》 1 名 ❶くさること。くさったもの。また、気持ちがくさること。例地紙売り**くされ**な文もことつかり〈柳多留・三〉 ❷(「いっそのくされ」の形で)やけを起こしたり、なりゆきにまかせたりすること。例いっその**くされ**に、今宵はここに泊まりはどうだ〈滑稽本・膝栗毛・六下〉 2 感 口がくさっても、と誓う言葉。断じて。決して。例**くされ**、さうした事ではない〈浮世草子・御前義経記・二・三〉 3 接頭 名詞について、あざけりののしる意を添える。「腐れ儒者」など。

くさ-わき【草別き・草脇】 名(草を押し分けて行くところから)鹿や馬などの胸毛。「くさわけ」とも。例馬の**草脇**・胸懸づくし(=胸のあたり)・太腹に(海水ガ)つくところもあり〈平家・一〇・藤戸〉

くさ-わけ【草分け・草別け】 名 ❶「くさわき」に同じ。❷草深い荒地を開拓して、町や村を創始した人。例**草分け**の名主もつひは老いにほれて(=老いぼれて)〈俳諧・談林十百韻〉

くさ-ゐなぎ【野猪・野猪黄】 名 猪の別称。例林の中に大きなる**野猪**、木に射つけられてぞ死にてありける〈今昔・二七・三四〉

くし【髪】 名 髪の毛。⇩みぐし

くし【櫛】 名 髪をすいたり、飾りとして髪に挿したりする用具。例**櫛**おし垂れてさしたる額つき(=櫛を前下がりに挿している額の様子)〈源氏・末摘花〉

語誌 ▼**聖なる霊力が宿るもの**　古く、櫛には霊力があるとされていた。『古事記』では、黄泉国に降りた伊邪那岐が、「ゆつ爪櫛」の歯をかいて火を灯し闇を照らしたとあり、また追われて逃げるときにその櫛を投げると、そこから夕ケノコが生えて追っ手の注意をそらし、彼らがそれを食べている間に逃げのびたとある。また、伊勢の斎宮となる女性の髪に天皇みずから櫛を挿すことも、櫛の霊力を帯びて神への奉仕者となるという意味をもつ。同時にそれは世俗世界を離れることであるから、「別れの櫛」と称され、これをはばかって一般には櫛を人に贈ることを忌んだ。
▼**装飾の具**　一方、平安時代には装飾品としての価値が高まり、沈・紫檀などの材に螺鈿などで飾った華美な刺櫛(髪飾り)も用いられ、笄や鏡など調髪用具や扇などとともに贈答されるようになる。近世には、形も材質も多様な飾り櫛が発達した。〈藤本宗利〉

く-し【口詩】 名 物に書きつけずに、口で唱えた詩。一説に、「句詩」で、一句または二句の詩とも。例駅の長に**くし**とらする人もありけるを〈源氏・須磨〉

く・し【奇し】 形(シク)「くすし(奇し)」に同じ。

く-じ【九字】 名 災いから身を守る魔除けの呪文。臨・兵・闘・者・皆・陣(陳)・列・在・前の九字。中国の道教に由来し、密教や修験道に移入された。唱えながら、空中に指で縦四本、横五本の線を描くことを「九字を切る」という。例印など結び、**九字**など切るまねをして〈狂言・犬山伏〉

くーじ【公事】名❶公務。政務。例国府に着きてのち、いまだ神事をも拝せず、公事をも始めざる前に(=国府に着いた後、まだ神への祭事をも行わず、政務をも始めない前に)〈今昔・一四・六〉❷特に、朝廷で行われる政務や儀式。例公事ども繁く、春の急ぎにとり重ねて催し行はるるさまぞ、いみじきや(=政務や儀式が多く、新年の準備に加えて準備し行われる様子は、すばらしいことであるよ)〈徒然・一九〉❸荘園制で、各種の税の総称。例国には国司に従ひ、庄には預かり所に使はれ、公事・雑事にかりたてられ〈平家・四・源氏揃〉読解「預かり所」は領主に代わって荘園の管理を行う。❹訴訟。訴えごと。例秋の田を刈らせぬ公事の長びきて〈俳諧・曠野・員外〉読解訴訟が長びいて稲の刈り取りができない。

語誌▼「おほやけごと」と「くじ」「くじ」は、主に中世以降の男性の文章や漢文訓読調の文章に用いられた。『源氏物語』など平安女流文学では、「おほやけごと」が用いられている。〈藤本宗利〉

孔子(人名)⇩孔子

【孔子の倒れ】孔子のようなりっぱな人物も、時には失敗するというたとえ。盗人を改心させようとした孔子が逆に盗人にやりこめられ、帰るときおびえて馬にうまく乗れなかったのを、世人が「孔子倒れす」と称したのによる(『宇治拾遺物語』第一九七話)。例恋の山には孔子の倒れまねびつべき気色に(=そっくりまねしそうな様子で)〈源氏・胡蝶〉

ぐーじ【窮子】名『仏教語』(困窮した子の意)仏が衆生を、初めは方便で導き、機の熟するのを待って正道を悟らせることのたとえ。法華経信解品の、ある長者が、家出して落ちぶれて帰った息子を初めは下僕として使い、のちに財産を譲ったという話による。例窮子の譬ひぞあはれなる　親を離れて五十年〈梁塵秘抄・法文歌〉

くしーいた・し【屈し甚し】形(ク)〔「くっしいたし」の促音の表記されない形〕「くんじいたし」とも。ひどくふさぎこんでいる。例この夕べより屈しいたく、もの思はしくて〈源氏・若菜上〉

くしーがた【櫛形】名❶櫛のような形。半月形。❷「櫛形の穴」の略。例日の御座(=清涼殿の部屋の名)の火ども消ちて、櫛形よりのぞけば〈弁内侍日記〉❸欄間に開けた半月形の窓。また、壁に設けた半月形の出入り口。❹侍烏帽子の部分の名。前面中央の三角形(まねき)の下の半月形のところ。

くしがたーのーあな【櫛形の穴】名清涼殿の殿上の間と昼の御座・鬼の間との境の壁にある半月形の窓。殿上の間に伺候する殿上人の様子を見るためのものという。⇩口絵。例櫛形の穴は、丸く、縁もなくてぞありし〈徒然・三三〉

くーしき【九識】名『仏教語』人間に備わっている九つの識別・認識の作用。知覚にかかわる眼・耳・鼻・舌・身・意の六識に、内面的な精神作用である末那識(自己愛)・阿頼耶識(意識下の意識)・菴摩羅識(清浄な境地)を加えたもの。

くしーげ【櫛笥・櫛匣・篋】名櫛など、調髪や化粧の用具を入れる箱。例くしげの小櫛取りも見なくに(=手に取って見もしないことだ)〈万葉・三・二七八〉

くじーだくみ【公事工】❶名利欲のために訴訟を起こそうとするたくらみ。例ことさら公事だくみして筋なき事(=筋の通らないこと)を書き求め〈西鶴・西鶴織留・三・一〉❷名形動(ナリ)巧みに理屈を言い、言いがかりをつけること。例公事だくみなる女、うすき唇を動かし〈西鶴・日本永代蔵・五・二〉

くじーどり【籤取り・鬮取り】名「くじとり」とも。くじを引いて物事を決めること。くじびき。例いつものごとくくじ取りにいたさう〈狂言・鬮罪人〉

くしび【奇しび・霊しび】名形動(ナリ)霊妙であること。神秘的だ。例万物の内に、人、これ最も霊しびなり〈紀・孝徳〉

くし・ぶ【奇しぶ・霊しぶ】動(バ上二)〔形容詞「くし」の動詞形〕霊妙・神秘的な力をもっている。例奇しびますことを怪しみたまひき。故(=それゆえ)、久志備の浜といひき〈丹後風土記逸文〉

くしーみたま【奇し御魂】名霊妙な力をもつ魂。神霊の宿るもの。例天地のともに久しく言ひ継げとこの奇しみ魂敷かしけらしも(=お置きなさったらしい)〈万葉・五・八一四〉

くーしゃ【倶舎】名〔梵語の音写。蔵・入れ物の意〕「くさ」「ぐしゃ」とも。❶「倶舎宗」の略。❷「倶舎論」の略。小乗仏教の教理の基礎的綱要書。三〇巻。インドの世親著、唐の玄奘訳。倶舎宗の基本教典。例をかしげなる小法師七、八人ばかり声を合はせて倶舎を誦じ(=唱え)〈栄花・玉の台〉

くじゃくきゃうーのーほふ【孔雀経の法】『仏教語』孔雀経にしたがって、孔雀明王を本尊として行う密教の祈禱。雨ごいや災難除け、延命や安全祈願などのために行う。「孔雀明王の法」とも。例孔雀経の法をもって御加持あり〈平家・三・赦文〉

くしゃくーにけん【九尺二間】名間口が九尺(約二・七メートル)、奥行が二間(約三・六メートル)の家。江戸時代、棟割り長屋の一区画。転じて、狭い住居。貧しい家。例九尺二間の寝所を借宅して〈人情本・春色辰巳園・四・序〉

くじゃくーみゃうわう【孔雀明王】名『仏教語』孔雀経などに説かれている密教の守護神。腕が四本あり金色の孔雀に乗る。

くじゃくみゃうわうーのーほふ【孔雀明王の法】名「くじゃくきゃうのほふ」に同じ。

くしゃーしゅう【倶舎宗】名南都六宗の一つ。主として世親菩薩の倶舎論を研究する学僧の集まり。日本には法相宗とともに伝わり、東大寺を中心に諸寺で行われた。一宗派にはならず、平安初期以後は法相の一部となる。

くじょう【九条】⇩くでう

くじ・る【抉る】動(ラ四)❶えぐる。穴をあける。例穴をくじり垣間見〈竹取〉❷えぐり取る。例目をくじらむとしけるとき〈著聞集・二〇・六九七〉

くしろ【釧】名古代の装身具の一つ。貝・石などで作った、手首やひじに巻いた輪状の飾り。例我妹子は釧にあらなむ(=釧であったらよいのに)左手の我ぁ

が奥の手に巻きて去なましを〈万葉・九・一七六六〉

く・す 動(サ四)〔「おこす(遣す)」の変化した形〕届ける。よこす。例わしに文をくさしゃったか〈近松・けいせい仏の原・二〉

く・す【屈す】 動(サ変)〔「くっす」の促音の表記されない形〕❶気がめいる。例心細くて屈したまへり〈源氏・紅葉賀〉 ❷卑屈になる。例(衣服ヲモラエテ)少しうれしと思ふぞ、心地の屈しすぎたるにや(=卑屈になりすぎているのだろうか)〈落窪・一〉

くず【葛】 名 ❶植物の名。マメ科の多年生つる草。山野に自生し、秋に赤紫色の花をつける。つるで籠などを編み、茎から葛布を作り、根から葛粉をとる。葉は裏が白く、秋のころに風で翻るのが目立つことから、和歌で「裏見」を「恨み」と掛けて詠むことがある。「葛の秋風」「葛の裏風」「葛の裏葉」なども詠まれる。秋の七草の一つ。例秋風の吹きうらがへす葛の葉のうらみてもなほうらめしきかな〈古今・恋五〉➡名歌6 ❷①の繊維を用いて織った布。葛布。例酒に飲み酔ひて、葛に墨をぞ付けたりける〈平家・二・大納言流罪〉

くーず【国栖・国樔】 名〔「くにす」の変化した形〕大和王権の支配民族が大和地方に住みつく以前から吉野地方に住んでいた土着の民。上代、大和国(奈良県)の吉野地方にいて古来の習俗を保ち、特殊な歌や笛をもって朝廷の儀式などに奉仕した。

ぐ・す

【具す】 動(サ変) ❶そろう。備わる。例人ざま容貌など、いとかくしも具したらむとは、え推しはかりたまはじ(=人柄や顔立ちなどが、ほんとうにこれほどにも備わっているだろうとは、推測することがおできになるまい)〈源氏・蛍〉 ❷ともに連れ立って行く。従う。例やがて(=そのまま)聖に具して、法師になりて〈宇治拾遺・七〉 ❸夫婦になる。連れ添う。例(ソノ女御ハ)かの大臣に具したまひければ〈大鏡・師輔〉 ❹そろえる。備える。例織女の手にも劣るまじく、その方も具して(=織女の腕前に決して劣りそうになく、そちらの方面も備えていて)〈源氏・帚木〉 読解 七夕伝説の織女星は裁縫をつかさどるとされる。 ❺従える。連れて行く。例(カグヤ姫ハ)百人ばかり天人具して(月ノ世界ニ)のぼりぬ〈竹取〉 ❻加える。添える。合わせる。例先坊に御息所参りたまふ事、本院の大臣の御むすめ具して三、四人なり(=前皇太子に妃として参上なさるのは、本院の大臣の御娘を加えて三、四人である)〈大鏡・時平〉 ❼持参する。例御櫛・笄具したまへりける、取り出でて(=御櫛・笄をご持参なさっておいでだったが、それを取り出して)〈大鏡・道隆〉 読解「笄」は髪を整える道具。

語誌 漢語「具」をサ変動詞化した語。①〜③は自動詞、④〜⑦は他動詞の用法。〈片岡玲子〉

くずーかづら【葛蔓】 ❶名「くず(葛)①」に同じ。つる草なので「かづら」を添えていう称。例神なびのみむろの山のくずかづら〈家持集〉 ❷《枕詞》葛のつるを「繰る」ことから同音の「来る」「苦し」に、また、葛の葉が秋風に吹かれて裏返ることから「うら」「うらみ」にかかる。

くすーし【薬師】 名〔「くすりし」の変化した形〕医師。例京なる医師のがり率て行きける〈徒然・五三〉

くす・し

【奇し】 形(シク) ❶霊妙だ。神秘的だ。不思議だ。例海神は くすしきものか(=海の神は、不思議な神だなあ)〈万葉・三・三八八〉 ❷普通と変わっている。人間離れしている。きまじめでとっつきにくい。例吉祥天女を思ひかけむとすれば、法気づきくすしからむこそ、またわびしかりぬべけれ(=吉祥天女を妻にしようとすれば、仏くさくて人間離れしてしまうのが、これまたきっと困るにちがいない)〈源氏・帚木〉

語誌「くすり(薬)」と同根の語と考えられ、人間の力を超えた、神秘的で不可思議なさまをいう。ただし、平安時代はほとんどが②の意で用いられる。霊的なことをきまじめに信仰し、宗教的な規則を遵守するような態度が、神妙・奇特といった感じを通り越して、しだいに、固苦しく、まじめくさった、抹香臭いという、嘲笑や揶揄を含む否定的ニュアンスを帯びるようになったのであろう。〈藤本宗利〉

くすーだま【薬玉】 名〔「くすりだま」の変化した形〕袋の中に麝香・丁子などの香料を玉にして入れて造花で飾り、五色の糸を長く垂らしたもの。邪気を払い、不浄を避けるものとして、陰暦五月五日の端午の節句に柱などに掛ける。例御薬玉とて、色々の糸を組み下げて参らせたれば(=献上してあるので)、御帳立てたる母屋の柱に、左右につけたり〈枕・節は五月にしく月はなし〉

薬玉

くすーどの【薬殿】 名 宮中で、侍医などが待機している所。例紫宸殿の東、薬殿の前には南都の大衆(=興福寺の僧たち)〈太平記・四〇〉

くす・ねる 動(ナ下一)《近世語》こっそり自分のものにする。例あまりはみなわが手へくすねける〈黄表紙・金々先生栄花夢・下〉

くずーのーうらかぜ【葛の裏風】 葛の葉を裏返して吹く風。秋のころ、葛の葉が白い葉裏を見せて風に翻る光景が印象的であることからいう。例さを鹿の朝ふす小野の葛の裏風〈新古今・秋下〉

くすのきーぶんげん【楠分限】 名《近世語》「くすのきぶげん」とも。手堅く財産を増やしていく金持ち。楠は成長は遅いが、地中深く根を張ってついには大木になることからいう。例つもれば大分の利を取り、次第に両替屋となりて、これ楠分限、根のゆるぐことなし〈西鶴・日本永代蔵・四・三〉

くずのはの【葛の葉の】 《枕詞》葛の葉が風に吹かれると見せる白い裏葉が印象的なことから「うら」と同音の「心」に、また、「裏見」の意から同音の「恨み」にかかる。平安時代以降の枕詞。

くずーばかま【葛袴】 名 葛の繊維で織った葛布で作った袴。例葛紺の水干、葛袴の練り色衣に〈源平盛衰記・三五〉

くすば・し【奇ばし】 形(シク) 霊妙だ。神秘的だ。

[例]古に ありけるわざの(＝遠い昔にあったことで) くすばしき事と言ひ継ぐ〈万葉・一九・四二一一〉

くず‐ばな【葛花】 [名]葛の花。[例]萩の花尾花**葛花**なでしこが花をみなへしまた藤袴朝顔が花〈万葉・八・一五三八〉[読解]秋の七草の歌。

くす・む [動](マ四) ❶落ち着いたじみな様子にする。暗く陰鬱になる。[例]新古今、花すぎたりとて、新勅撰を定家の**くすみ**て〈耳底記・三〉 ❷きまじめにする。まじめくさる。[例]何せうぞ **くすん**(音便形)で一期(＝一生)は夢よ ただ狂へ〈閑吟集・五五〉

くすり

【薬】 [名]「くすし(奇し)」と同根。人知では計り知れないほどすぐれていて神秘的な働きをするものの意。

❶病気や傷などを治し、生命や健康維持に霊妙な効果をもたらす物質。[例]天人の中に持たせたる箱あり。天の羽衣入れり。またあるは不死の**薬**入れり(＝天人の中の一人に持たせている箱がある。天の羽衣が入っている。またある箱には不死の薬が入っている)〈竹取〉[読解]月の都から天人たちがかぐや姫を迎えに来た場面。「天の羽衣」は空を飛ぶ霊力をもつ衣服。 ❷物質を生成したり、変化を生じさせたりする薬品。陶磁器の釉薬や火薬など。

[語誌]自然の薬草類を用いたほか、薬草を栽培する農園も古代からあり、朝廷には薬を管理する役所の典薬寮が置かれた。江戸時代には、救急用の常備薬を印籠に入れて携行することもあった。〈余田弘実〉

くすり‐がり【薬猟り・薬狩り】 [名]陰暦五月五日に、山野に出て、薬用となる鹿の若い角や薬草などを採集する行事。[例]四月と 五月との間に **薬狩り** 仕ふるときに〈万葉・一六・三八八五〉

くすり‐ぐひ【薬食ひ】 [名]❶冬、滋養のために、猪や鹿などの獣肉を薬と称して食べること。[例]小雄鹿も霜前の**薬食ひ**となる浮き世の姿〈浮世草子・好色万金丹・一・四〉 ❷病中・病後などに栄養のあるものを食べること。[例]そのやうなるには、土筆を薬食ひにしたまへ〈浮世草子・好色万金丹・四・三〉

くすり‐こ【薬子】 [名]宮中で、元旦に天皇の屠蘇の毒味をする少女。[例](ツマラナイモノガ幅ヲキカスノハ)春日祭りの近衛の舎人ども。元三(＝元日)の**薬子**〈枕・えせものの所得るをり〉

くすり‐し【薬師】 [名]「くすし(薬師)」に同じ。

くすり‐づつみ【薬包み】 [名]薬を包むような包み方。また、その包んだもの。薄様の紙を重ねて四方から折る。女御・更衣が入内するとき、薄様の紙に歌を書いて、他の一枚を重ね、四方を折って遣わした。[例]紫の薄様に**薬包み**にしていだされたりし〈十訓抄・一・一九〉

くすり‐の‐かみ【典薬頭】 [名]⇩てんやくのかみ

くすり‐の‐こと【薬の事】 病気。[例]内裏に御**薬のこと**ありて、世の中さまざまにののしる(＝大騒ぎする)〈源氏・明石〉

くすり‐の‐すけ【典薬助】 [名]⇩てんやくのすけ

くすり‐の‐つかさ【典薬寮】 [名]⇩てんやくれう

くすり‐の‐にょうくゎん【薬の女官】 [名]平安時代、宮中で元旦から三日間、天皇に屠蘇などの薬を奉る役の女官。

くすり‐び【薬日】 [名]陰暦五月五日のこと。古く、この日が薬草などを採る薬猟りの日であったことからという。[例]ほととぎす鳴くとも知らずあやめ草こそくすりびのしるしなりける〈古今六帖・一〉

くすん‐ごぶ【九寸五分】 [名]長さが九寸五分(約二九センチ)の短刀。戦場で敵を組み打ちにするときや、切腹するときに用いる。女性が護身用に帯に差すこともあった。鎧通し。[例]母の譲りの**九寸五分**、抜くより早く〈浄瑠璃・源平布引滝・三〉

くせ【曲】 [名]能楽で、曲の構成要素の一つ。曲舞から取り入れた節で謡う部分をいい、一曲の中心となる内容を説明する。

くせ

【癖・曲】 一般的なあり方から外れた偏り。欠点など、主に悪い意味で用いられる。

❶[名]❶偏った好みや傾向。[例]心づくしなることを御心に思しとどむる**くせ**なむあやにくにて(＝心をくだくもの思いにご執心なさる傾向が、あいにくなことにおありで)〈源氏・帚木〉 ❷欠点。[例]ありがたきもの…つゆの**癖**なき(＝めったにないもの…少しも欠点がないこと)〈枕・ありがたきもの〉 ❸習性。習わし。[例]むつかしき世の**くせ**なりけり(＝男女の間柄は煩わしいものなのだなあ)〈源氏・真木柱〉

❷[接頭]名詞について、偏っている、正しくない、の意を添える。「くせ者」「くせ事」など。

[語誌]十世紀後半から現れる語。とりわけ『源氏物語』の例が多く、なかでも光源氏に用いられることが多い。〈高田祐彦〉

ぐ‐せ【救世】 [名]《仏教語》「くせ」「くぜ」「ぐぜ」とも。仏が衆生の苦しみを救うこと。[例]我は**救世**の菩薩なり〈今昔・一一・一〉

ぐ‐ぜい【弘誓】 [名]《仏教語》衆生をすべて救済しようという仏や菩薩の大きな願い。[例]智恵甚深にして**弘誓**広大なり〈今昔・四・二六〉

[弘誓の海] 《仏教語》弘誓の広く深いことを海にたとえた語。[例]**弘誓の海**に船浮かべ 沈める衆生引き乗せて〈梁塵秘抄・法文歌〉

[弘誓の船] 《仏教語》弘誓が衆生を彼岸に至らせるものであることを、船が人を渡すのにたとえた語。[例]池には**弘誓の船**を浮かべり〈曾我・一〉

くせ‐ぐせ・し【癖癖し】 [形](シク) いかにも癖がある。意地が悪い。ひねくれている。[例]この大将は…**くせぐせしき**おぼえまさりて(＝評判がいっそうひどくて)〈大鏡・師尹〉

くせ‐くゎんおん【救世観音】 [名]《仏教語》「救世観世音菩薩」の略。観世音菩薩をほめたたえた呼称。[例]金堂の御本尊は、如意輪の仏像、**救世**観音とも申すとか〈謡曲・弱法師〉

くせ‐ごと【曲事】 [名]❶道理に反すること。間違ったこと。[例]去年持って参る御年貢を当年持って参る事、**曲事**におぼしめす〈狂言・餅酒〉 ❷珍しいこと。

とんでもないこと。例前代未聞の曲事なり〈太平記・三三〉❸処罰。例どちなりとも(=どちらであれ)、違うた方を曲事にいひ付けるぞ〈虎寛本狂言・茶壺〉

くーぜち【口舌・口説】 名 口論。非難。例その人のもとへいなむずなりとて、口舌出できにけり〈伊勢・九六〉

くーぜつ【口舌・口説】 名 ❶「くぜち」に同じ。❷近世の用法。男女のもめごと。恋のかけひきとして用いることもある。例顔が気にいらぬと口舌しかけられ〈西鶴・好色一代男・七・三〉

くせーづ・く【癖付く】 動(カ四) 癖がある。いっぷう変わっている。一説に、「曲付く」で節回しが特徴的である意とも。例今様歌は(節回シガ)長うてくせづい(音便形)たり〈枕・歌は〉

くせーびと【曲人・癖人】 名 性格のよくない人。変わり者。例酒乱せし癖人の〈人情本・春色辰巳園・四・一二〉

くせーまひ【曲舞】 マイ 名 南北朝から室町時代に流行した芸能の一つ。宴曲に白拍子舞をつけたもので、水干・立て烏帽子・扇子・腰鼓姿で舞う。幸若舞もこの系統で、また、観阿弥がこれを謡曲に取り入れてクセ謡いを成立させた。

くせーもの【曲者・癖者】 名 ❶普通の人とどこか違った人。ひとくせあるもの。例光盛こそ奇異のくせ者〈平家・七・実盛〉❷変なもの。化け物。例(頭ニ鉢ヲカブッタ人ヲ見テ)「いかなるくせものぞや」とて笑ひける〈御伽草子・鉢かづき〉❸悪者。危険なもの。例今の世までも絶えせぬものは恋といへる曲者〈閑吟集・二九五〉

くそ ❶代 対称の人称代名詞。相手に対して敬意や親しみの気持ちを表す。あなた。きみ。例あるまじきこと(=とんでもないこと)言ふくそたちかな〈宇津保・藤原の君〉❷接尾 人の呼び名などにつけて、軽い敬意や親しみの気持ちを表す。

ぐーそう【供僧】 名『仏教語』「くそう」とも。❶「供奉僧」の略。寺の本尊に奉仕する僧。例法性寺の尊勝院の供僧にて道乗といふ僧ありけり〈今昔・一三・八〉❷神社で、仏事に奉仕する僧。

ぐーそう【愚僧】 代 自称の人称代名詞。僧が自分を謙遜していう。例最前から愚僧が念仏を申せばそなたは返事をするが〈虎寛本狂言・悪太郎〉

くそーかづら【屎葛】 カズラ 名 植物の名。アカネ科の多年草。ヘクソカズラ。茎はつる性でほかの物に巻きつく。葉をもむと悪臭がある。つるが長く伸びることから、和歌では、「絶ゆることなし」を導く序詞を構成する。例屎葛絶ゆることなく宮仕へせむ〈万葉・一六・三八五五〉

ぐーそく【具足】 ❶名 動(サ変) ❶必要な要素を十分に備えていること。整っていること。例慈悲具足の山王(=慈悲を備えた山王権現)〈平家・一・願立〉

❷携えること。所有すること。人を連れて行くこと。例兄の万寿をば…今朝何方へやらん具足しつれば(=兄の万寿を…今朝、どこへだろうか、連れて行ったので)〈太平記・一〇〉

❸副食物。例高坏に八種の具足し(=高い足のついた盆に八種のおかずを添えて)〈御伽草子・文正草子〉

❷名 ❶調度品。所持品。例およそ仏道修行には何の具足もいらぬなり(=だいたい仏道修行にはなんの所持品もいらないものである)〈栂尾明恵上人遺訓〉

❷武具。特に、鎧と、その付属品の小具足。また、武装すること。例(a)後ろより具足の隙間をちゃうと斬れば(=後ろから鎧のすきまをすばやく斬ったので)〈謡曲・熊坂〉例(b)者ども皆具足して、ただ今よせんといで立ちさぶらふ(=兵士たちは皆武装して、今すぐ攻め寄せようと身支度をしています)〈平家・三・土佐房被斬〉

❸戦国時代以降用いられた鎧の一種。当世具足。「大鎧」を簡略にしたもの。

❹部下。家来。例かくのごとく値あふ狐どもを皆具足に成して(=このように出会った狐たちを皆家来にして)〈今昔・五・二〇〉

❺『仏教語』「具足戒」の略。例親教しばしば召して具足を受けしむ(=先生はたびたびお呼びになって私に具足戒を受けさせる)〈性霊集・一〇〉〈黒木祥子〉

ぐそくーおや【具足親】 名 武家の男子が元服して甲冑の着初めをするとき、それを着せる役の人。武功のある人物に頼んだ。「鎧親」とも。例具足親は北条四郎時政〈近松・曾我五人兄弟・一〉

ぐそくーかい【具足戒】 名『仏教語』僧や尼が守らなければならない戒律。出家して正式に比丘や比丘尼になるときに受ける戒で、ふつう、比丘には二五〇、比丘尼には三四八(大まかな表現として五百戒という)の戒条がある。例二十二にして東大寺の戒壇にして具足戒を受く〈今昔・一一・九〉

くだ【管】 名 ❶細長くまるい中空の筒。例家にくだといふ小竹の節を多くちらし置きて〈著聞集・一六・五六一〉❷「管の笛」の略。古く、戦場で用いた笛。「小角」とも書く。例吹き鳴せる小角の音も〈万葉・二・一九九〉❸機の部品の名。糸巻き。横糸を巻いておいて、送り出すもの。

くーたい【裙帯】 名〔「くんたい」の撥音の表記されない形〕装飾として裳の腰につけて左右に長く垂らした帯状の布。女官が正装のときに用いる。例いみじう装束きたる女房、うるはしく髪あげ、裙帯・領布などして〈浜松中納言・一〉

くたーかけ【腐鶏】 名 にわとりをののしって呼ぶ語。ばかにわとり。例くたかけのまだきに鳴きてせなをやりつる(=夜が明けないうちに鳴いて、あの人を帰らせてしまった)〈伊勢・一四〉

くだ・く【砕く・摧く】 ❶動(カ四) ❶こなごなにする。細かくする。例粟の粒を粉きて〈霊異記・上・序〉

❷敵などを打ち破る。撃破する。例運に乗じて(=好運を生かして)敵を砕く時〈徒然・八〇〉

❸(多く「身をくだく」「心をくだく」などの形で)思いつめる。思い悩む。例(a)命もたふまじく身をくだきて思しまどふを(=命ももちこたえられまいと思うほど思いつめ悲嘆にくれるのを)〈源氏・若菜下〉例(b)我が子の縁にむすぼほれざらむには、これほど心をばくだかじものを(=我が子の縁につながらなかったら、これほど思い悩まないだろうに)〈平家・三・少将乞請〉

❷動(カ下二) ❶こなごなになる。細かくなる。例袖

の上の玉の**砕け**たりけむよりもあさましげなり（＝袖の上の玉がこなごなになったとかいうよりも嘆かわしいありさまである）〈源氏・葵〉[読解] 一人娘を失った母親の悲嘆ぶり。

❷**思い乱れる**。[例]むらきもの（枕詞）心**砕け**てかくばかり我が恋ふらくを知らずかあるらむ（＝思い乱れてこのように私が恋い慕っていることを知らずにいるのだろうか）〈万葉・四・七二〇〉

❸歌学用語。言葉の続きがなめらかでなく、歌の姿が整わない趣である。[例]いやしく**くだけ**たるさまなり（＝品がなく姿が整わないさまである）〈無名抄・近代歌体事〉 〈吉野瑞恵〉

くた-くた [副] 弱って力が抜けたさま。ぐったり。[例]背骨を打ち切りて**くたくた**となしつ〈宇治拾遺・一五六〉

くだ-くだ [副] 細かになるさま。ずたずた。こなごな。[例]大蛇を**くだくだ**に切りたまふ〈平家・一一・剣〉

くだ-くだ・し

[形]（シク）〔動詞「くだく」の語幹を重ねて形容詞化した語〕**こまごまとしていて煩わしい。煩雑だ**。[例](a)かやうの**くだくだしき**ことは、あながちに隠ろへ忍びたまひしもいとほしくて（＝このようなこまごまとして煩わしいことは、無理に隠して秘密にしていらっしゃったのもお気の毒で）〈源氏・夕顔〉[読解] ここは、光源氏が隠していた中流階級の女性たちとの恋愛の一部始終をさす。[例](b)御前なども**くだくだしき**人数が多くもあらず（＝先払いの人なども煩わしい人の数は多くもなく）〈源氏・藤裏葉〉 〈吉野瑞恵〉

くださ・る【下さる】〔動詞「くだす」の未然形＋助動詞「る」〕[1][動]（ラ下二）❶〔「る」は尊敬〕「与ふ」の尊敬語。お与えになる。お下しになる。[例]西国へ院宣を**下され**たりけれども〈平家・八・山門御幸〉❷〔「る」は受身〕「もらふ」「飲む」「食ふ」の謙譲語。いただく。[例]経正、（親王カラ）御硯**くだされ**て〈平家・七・経正都落〉[2][動]（ラ四）近世の用法。[1]に同じ。[例]三匁**下さる**なら取り持ちませう〈近松・仏母摩耶山開帳・一〉[3][補動]（ラ下二）（動詞の連用形、またはそれに接続助詞「て」のついた形について）〜てくださる。[例]まづ私を生害させられて**下されい**〈蒙求抄・四〉[4][補動]（ラ四）近世の用法。[3]に同じ。[例]まっぴら許して**くだされ**〈近松・女殺油地獄・下〉

くだし-ぶみ【下し文】 [名] 上級の機関・人から下級のものに出される命令書。平安中期から鎌倉時代に用いられた。[例]この**下し文**を見れば、米二斗渡すべしとあり〈宇治拾遺・一九三〉

くた・す

【腐す・朽たす】[動]（サ四）〔「くつ」の他動詞形〕❶**朽ちさせる。無駄にする**。[例]富人の家の子どもの着る身なみ**腐し**捨つらむ絁綿らはも（＝金持ちの家の子どもが着余して腐らせて捨てるという絹や真綿の着物よ）〈万葉・五・九〇〇〉

❷**評価を下げる。くさす**。⇨いひくたす・おもひくたす。[例]在五中将の名をばえ**くたさ**じ（＝在五中将の名をおとしめることはできないだろう）〈源氏・絵合〉[読解]「在五中将」は在原業平。

❸**意志や感情を、抑えつけて働かなくする。押しつぶす**。[例]（恋情ヲ）ひたぶるに籠めてやみはべりなましかば、心のうちに**くたし**て過ぎぬべかりけるを（＝一途に押し隠して、言い出さずに終わってしまいましたのなら、心の中で抑え殺したままになってしまうにちがいなかったのに）〈源氏・若菜下〉

[語誌]▼②は、後世には、見下す意の「**くだす**」と混同されるようになった。
▼和歌に多い「袖をくたす」は、涙で「袖を濡らす」という表現を誇張したもの。 〈品田悦一〉

くだ・す

【下す・降す】[動]（サ四）〔「くだる」の他動詞形〕❶**上から下へ移動させる。また、雨や雪を降らす**。[例](a)汝が助けにとて、かた時のほどとて**下しし**を（＝おまえの助けにしようと、わずかな間と思って下したのだが）〈竹取〉[読解] かぐや姫が月の世界から人間の世界に下りてきた事情を天人が語る場面。[例](b)杣山に立つ煙こそ神無月時雨を**下す**雲となりけれ（＝杣山にのぼる煙こそが、十月の時雨を降らす雲となったのだなあ）〈拾遺・雑秋〉

❷**上流から下流へ移動させる**。[例]大井河**下す**筏の〈拾遺・恋一〉

❸**都から地方へ、人を行かせたり物を送ったりする**。[例]やがて関東へ**下し**たてまつる（＝すぐに関東に行かせ申し上げる）〈平家・一二・六代被斬〉

❹**上位の人から下位の人に、物・命令・判決などを与える。下賜する。申し渡す**。[例]大納言になりたまふ宣旨、**くだし**たまひつ（＝大納言におなりになる天皇の辞令を、申し渡しなさった）〈落窪・四〉

❺**身分・価値などを低くする**。[例]親王の名は**下し**て諸王となして隠岐国に流したまふ（＝親王から降格して諸王として隠岐国に流罪となさる）〈続紀・天平宝字八年十月・宣命三〇〉

❻戦って相手を負かす。降参させる。

❼食事・書写・将棋などの動作を始める。[例]御箸**下し**たまふ〈宇津保・俊蔭〉

❽音調を低くする。[例]琴の緒もいと緩に張りて、いたう**下し**て調べ（＝琴の弦もたいそう緩やかに張って、ひどく調子を落として弾き）〈源氏・若菜上〉 〈奥村悦三〉

くたち【降ち】 [名]〔上代語〕日が傾くこと。また、夜の盛りが過ぎて夜明けに近づくこと。[例]今年の六月の晦の日の、夕日の**降ち**の大祓に〈祝詞・東文忌寸部献横刀時呪〉

くた・つ【降つ】 [動]（タ四）〔「くたす（腐す）」と同根〕盛りを過ぎる。老い衰える。また、ある時が終わる。夕方に近づく。明け方に近づく。[例]我が盛りいたく（＝ひどく）**くたち**ぬ〈万葉・五・八四七〉

くたに【苦丹・苦胆・木丹】 [名]「くだに」とも。植物の名。龍胆・牡丹などの別称といわれるが未詳。[例]昔おぼゆる花橘・撫子・薔薇・**くたに**などやうの花のくさぐさを植ゑて〈源氏・少女〉

くだ-もの【果物・菓物】 [名]❶草木になる食用の実。[例]所々に松、杉、花の木ども、**菓物**の木、数を尽くして〈宇津保・俊蔭〉❷間食の食物。[例]御**くだ物**をまゐらせられたりけるに、おこしごめ（＝菓子の名）をとらせたまひて〈著聞集・一八・六三三〉❸酒の肴。[例]その盞に、酒・**果物**と入れて出だす〈蜻蛉・下〉

百済 [名] 古代朝鮮の国の名。四世紀前半に朝鮮半島

南西部を統一。七世紀に日本と結んで新羅に対抗するが滅亡。日本の古代文化に大きな影響を与え、渡来した人も多い。儒教や仏教もこの国を通じて伝来したという。

くだら-がく【百済楽】 名 奈良時代以前、百済から伝来した舞楽。古代雅楽の三韓楽の一つ。

-くだり【領・襲】 接尾 装束や武具など、そろいのものを数える。例白き大袿に御衣一領〈源氏・桐壺〉

くだり【件】 名「「くだり(行)②」から」❶文章の一部分。❷文章の前の部分に述べられたことをさしていう語。例ありつるよしを、上のくだり啓せさせけり(=それまでのいきさつを、以上のとおり后の宮に申し上げさせた)〈大和・一六八〉

くだり【行】 名「「下り」の意から」❶縦の筋。例風の音の遠き我妹が着せし衣手本のくだりまよひ来にけり(=すれて緩んできてしまった)〈万葉・一四・三四五三〉❷文章の、行。例ただ三くだりばかりに…書きたまへる〈源氏・梅枝〉

くだり【下り】 名❶低いほうに移動すること。川を下流へ行くこと。例呼子鳥佐保の山辺を上り下りに〈万葉・一〇・一八二八〉❷都から地方へ行くこと。また、都の中で南へ行くこと。例などか御くだりなうても候ふべき(=関東へおくだりにならないでよいでしょうか)〈平家・一〇・三日平氏〉読解「などか」は反語の意を表す。❸ある刻限の後半。例申のくだりになり候ひにたり〈宇治拾遺・一三〉❹近世の用法。(②から転じて)上方から江戸へ来た人や物。例たとへばくだり盃一つ〈西鶴・好色一代男・二・六〉

くだり-せば【行狭】 形動(ナリ) 文章の行間がせまいさま。例墨のいと黒う、薄く、くだりせばに〈枕・今朝はさしも見えざりつる空の〉

くだり-ぶね【下り船】 名❶川をくだる船。❷江戸時代、伏見から大坂にくだる淀川の寄り合い船。例六地蔵(=地名)の馬かた、下り舟まつ旅人〈西鶴・好色一代男・一・五〉❸江戸時代、上方から江戸や全国各地へ航行する船。例我が夫の讃岐の任の下り舟〈近松・天神記・四〉

くだ・る

【下る・降る】 動(ラ四)❶上から下へ何かに沿って移動する。また、雨や雪がふる。例(a)走りて坂を下る輪のごとくに衰へゆく(=転がって坂をくだっていく輪のように衰えていく)〈徒然・一八八〉例(b)大空暗うなり、雲みだれて大風吹き、大雨くだる(=大空は暗くなり、雲はばらばらになって大風が吹き、大雨がふる)〈三宝絵・中・一〉❷上流から下流へ移動する。例朝なぎに 梶引き上り 夕潮に 棹さし下り(=朝なぎに梶を引き寄せて上流に向かい、夕潮に棹をさして下流に向かい)〈万葉・二〇・四三六〇〉❸都から地方へ移動する。また、都の中で、南へ行く。内裏が京の北にあったところから、都の中で、南へ行く。例(a)山坂越えて 天離る(枕詞) 鄙に下り来(=山や坂を越えて田舎へやって来て)〈万葉・一七・三九六二〉例(b)大宮の大路よりくだりたまふ(=大宮大路から南へお行きになる)〈宇津保・春日詣〉❹上位の人から下位の人に、物・命令・判決などが与えられる。下賜される。申し渡される。例今も仰せのくだれるは(=今再びご命令が申し渡されたのは)〈古今・雑体〉❺身分・価値などが劣る。例それより下れる際は、みなさやうにぞある(=それよりも劣っている身分の人は、皆そのようなものだ)〈枕・懸想人にて来たるは〉❻戦って相手に負かされる。降参する。例(敵ハ)攻むれば必ずくだる(=攻めれば必ず降参する)〈平家・七・木曾山門牒状〉❼時が過ぎる。時が移る。例未下るほどに(=未の刻が過ぎるころに)〈源氏・藤裏葉〉❽食事・書写・将棋などの動作が始まる。例かはらけ始まり、御箸下りぬ(=酒杯が回り、御食事が始まった)〈宇津保・祭の使〉

一語誌▼関連語 「おる(降る・下る)」が注意を払いながら下へ移動する感じであるのに対し、「くだる」は一気に下へ移動する意を表す。「さがる」は元来下に垂れる意で、中世以降、位置を下へ移すことを表すようになった。〈奥村悦三〉

くだん【件】 名「「くだり」の撥音便形」例のもの。例の人。はっきり口に出すのをはばかるものをさす。

くだん-の【件の】 連体❶前述の。その。例天皇この事を聞きたまひて…件の僧を召す〈今昔・一三・一三〉❷例の。いつもの。例鶴、件のくちばしを伸べ〈仮名草子・伊曾保物語・中〉

くだん-の-ごとし【件の如し】(多く「よって〜件の如し」の形で)前述のとおりである。証文や手紙などの末尾に用いる。ふつう、「如件」と書く。例添へたる立て文には解文(=公文書)のやうにて、「進上、餅餤(=食物の名)一包。例によって進上件の如し」〈枕・頭の弁の御もとより〉

くち

【口】 名❶人間や動物の口。鳥のくちばし。例御歯のすこし朽ちて、口の内黒みて(=御歯が少し虫歯になって、口の中が黒ずんで)〈源氏・賢木〉❷ものを言うこと。また、その内容。うわさ。例世の人の口煩はしう思さるるほどに(=世間の人のもの言いをやっかいだとお思いでいらっしゃる様子で)〈栄花・浦々の別れ〉❸外部に向かって開いた部分。容器の口、建物の出入り口、穴など。例畳一枚口のもとにうち敷きて(=敷物一枚を部屋の入り口の所に敷いて)〈落窪・一〉❹物の先端部。例(出刃包丁ガ)膝の口(=膝頭)へずっぱと立つ〈浄瑠璃・神霊矢口渡・三〉❺物事のはじめ。最初。例二句書いて、自賛と思ふかたを口に書くべし(=二句書いて、自分がよいと思うほうをはじめに書くのがよい)〈俳諧・三冊子・黒冊子〉❻馬の口縄。手綱。例道にて(=途中で)馬の口を取りて〈伊勢・六三〉読解ここは相手の馬を引きとどめようとしたことをいう。❼和歌の詠みぶり。例口の優しき人のしたるは(=詠みぶりが優美な人の詠んだ歌は)、極めて幽玄にきこゆ〈連理秘抄〉❽食べていくこと。生計。例広い都で口が一つ過ぎられず(=自分一人の生計も立てられず)〈浮世草子・傾城禁短気・一・四〉

❾就職や嫁入りの先。例御縁がなくて、どうも御奉公の口がはづれます(=だめになります)〈滑稽本・浮世風呂・二上〉

[口を固む]「くちがたむ」に同じ。例「彼が船と言ふな」と口を固められたりければ〈今昔・三一・五〉

[口を利く]❶言葉を発する。例人に口をきかせずに、うぬ(=自分)ひとり口をきい(音便形)てぽいと帰ったぜ〈滑稽本・浮世床・二下〉❷巧みに話す。大きなことを言う。例坂東武者は馬の上でこそ口はきき候ふとも〈平家・一一・鶏合壇浦合戦〉❸勢いがある。幅をきかせる。例身ども(=私)も宇治のおちかたでは口をきく者ぢや〈狂言・合柿〉〈新野直哉〉

ぐ-ち【愚痴・愚癡】名形動(ナリ)❶《仏教語》愚かで、物事の道理をわきまえていないこと。例(a)かの仏、我らが愚癡を哀しみて〈今昔・四・三七〉例(b)いかに愚智なればとて、人の生死をこれほどに嘆く事ではござらぬ〈西鶴・世間胸算用・一・四〉❷言ってもしかたのないことをくどくど嘆くこと。

くち-あけ【口開け・口明け】名❶物事の最初。例今日口明けの初談義〈浮世草子・傾城禁短気・五・一〉❷歌舞伎などの、序幕。

くち-あそび【口遊び】名❶なんとなく言葉が口をついて出ること。口ずさむこと。例ただ仏の御ことをのみ、寝言にも口遊びにもしつつ行ふ〈宇津保・春日詣〉❷冗談。無駄口。悪口。例かかる口遊びはさらに(=決して)承らじ〈宇津保・藤原の君〉

くち-あひ【口合ひ】名❶話の呼吸。話術。例口合ひのよき者なれば〈噺本・鹿の巻筆・四〉❷しゃれ。ごろ合わせ。例「後に青菜の浸し物」と口合ひ〈近松・心中天の網島・上〉読解後で会おうとのしゃれ。

くち-あま【朽ち尼】名年老いた尼。例なにがし(=私の)母なる朽ち尼のはべるを〈源氏・夢浮橋〉

くち-あみ【口網】名❶言葉。詩歌。口から出る言葉を網にたとえたもの。例かの人々の口網も諸持ちにて(=大勢で協力して)、この海辺にて、になひいだせる歌(=やっと出てきた歌)〈土佐〉❷鳥籠などの口につけた網。例かごの口網うちひらき(鳥ヲ)皆一同に放さるれば〈近松・娥歌かるた・一〉

くち-い・る【口入る】動(ラ下二)❶口出しをする。世話をしたり干渉したりする。例折々の御洗まし(=御洗髪)のことなども御口入れたまひしかど〈宇津保・国譲中〉❷人と人との間を仲介する。例大臣などもねむごろに口入れかへさひたまはむにこそは(=熱心に何度も仲介なさるようならば)〈源氏・常夏〉

くち-いれ【口入れ】名❶話に口をはさむこと。例仲を直らしめといひて口入れすれども〈史記抄・一六〉❷借金や就職などの仲介をすること。また、その人。例口入れ致されました煙草屋の喜兵衛殿〈歌舞伎・お染久松色読販・序幕〉

くち-うつし【口移し】名❶文字で書かずに口頭で伝えること。例もの書くべき具さらに(=まったく)なかりければ、ただ口うつしに〈平中・三六〉❷だれかが言ったそっくりそのままに言うこと。口まね。

くち-うら【口占】名❶人の発した言葉から、吉凶を占うこと。例殺せとはよい口占〈近松・日本武尊吾妻鑑・二〉❷言葉や話しぶりから、話し手の心の中を推察すること。例問はず語りの口占も〈人情本・春色梅児誉美・三・一七〉

くちおし『口惜し』⇩くちをし

くち-おほひ【口覆ひ】名恥ずかしがったり笑ったりして、手で口を覆うこと。例いたう恥ぢらひて口おほひしたまへるさへ、鄙び(=やぼったく)古めかしう〈源氏・末摘花〉

くち-おも・し【口重し】形(ク)❶物の言い方が慎重だ。軽々しく言わない。例よくわきまへたる道には、必ず口重く、(人ガ)問はぬ限りは言はぬこそいみじけれ(=りっぱである)〈徒然・七九〉❷言いにくい。例明かしたまはんことは、なほ口重き心地して〈源氏・手習〉

くち-かた・し【口固し・口堅し】形(ク)負けずに言い張るさま。例口かたう(音便形)あらがひたる〈能因本枕・ねたきもの〉

くち-がた・む【口固む】動(マ四)口止めをする。他言を禁じる。例「我が名もらすな」と口がためたまひしを〈源氏・玉鬘〉

くち-がため【口固め】名❶口止め。例よし(=人名)に見つけられて、悲しやさまざま口固め〈西鶴・好色一代男・七・六〉❷口約束。例かたがた口固めをせられたほどに〈狂言記・六人僧〉

くち-かる・し【口軽し】形(ク)「くちがるし」「くちかろし」とも。ものの言い方が軽率だ。軽々しくものを言う。例かくまで漏らしきこゆるも、いと口軽けれど〈源氏・宿木〉

くち-かろ・し【口軽し】形(ク)「くちかるし」に同じ。

くち-き【朽ち木】名腐った木。世に知られない不遇な境遇のたとえにもいう。例影の朽ち木と世を過ぐす身は〈後撰・雑二〉

くちき-がた【朽ち木形】名模様の名。朽ちた木の木目を図案化したもの。多く冬用の几帳の帷子やふすま紙などの調度に用いる。

朽ち木形〔高田装束研究所〕

くち-きき【口利き】名❶物の言い方。話術。また、それの巧みな人。例十徳とは、世おぼえ・種姓高貴・和歌才学・口利き・古歌おぼえ、以下条々なり〈十訓抄・一・二三〉❷勢力のある人。顔役。例口利きの女郎十五、六人〈浮世草子・好色万金丹・三・二〉

くち-ぎたな・し【口汚し・口穢し】形(ク)「くちきたなし」とも。ものの言い方が下品なさま。ののしるように言うさま。例口ぎたなくて言ふべからず〈著聞集・一五・四九七〉

くち-きよ・し【口清し】形(ク)「くちぎよし」とも。❶ものの言い方がきちんとしているさま。例(自分ノ)心の問はむにだに口ぎよう(音便形)答へん〈源氏・夕霧〉❷口先だけはりっぱなさま。口がうまい。例かくては、いかで口浄くは言ひけるを〈今昔・三一・一〇〉

くち-ぐるま【口車】名《近世語》口先だけで人をまるめこんでだますこと。例水車のような口車にまよって〈洒落本・傾城買二筋道〉

くち-ごは【口強】名形動(ナリ)❶強く主張する

こと。言葉遣いが荒いこと。例女の**口ごはな**は離別の基といふ〈山本東本狂言・髭櫓〉 ❷馬の性質が荒く扱いにくいこと。例坂東黒といふ**口強なる**馬に乗りて〈浮世草子・風流軍配団・一・二〉

くち‐ごは・し【口強し】 形(ク)「くちこはし」とも。❶強く主張して、言うことを聞かない。言い方が荒々しい。例「これは、さらにさやうにさし退けなどすべき御車にもあらず」と、**口強くて**手触れさせず〈源氏・葵〉 ❷馬が荒々しくて馭しにくい。馬を口にかませる轡で扱うことからいう。例きはめて**口こはき**にぞ乗ったりける〈平家・八・法住寺合戦〉

くち‐さがな・し

【口さがなし】 形(ク) 口のききかたに慎みがないさま。口が悪い。うわさ好きだ。例**口さがなき**君達は、ながく笑ひなんものをや(=うわさ好きの貴公子は、きっといつまでも笑うだろうよ)〈宇治拾遺・一六三〉

語誌▼「さがなし」は性質が悪い意。「口さがなし」は、人が隠しておきたいような秘密・恥を意地悪く言いふらしてしまいがちなさまをいう。〈松岡智之〉

くち・す【朽ちす】 動(サ変)〔動詞「くつ」の連用形＋サ変動詞「す」。「くつ」を強調した語〕腐る。廃れる。打消または反語とともに用いる。例契り(=約束)はいまだ**くちせ**ざりけり〈平家・九・木曾最期〉

くち‐すぎ【口過ぎ】 名 生計。また、生計を立てる手段。例元日より大晦日まで、夫婦の**口過ぎ**ばかりにさりとはせはしく〈西鶴・男色大鑑・七・三〉

くち‐ずさび【口遊び】 名 ❶詩歌や経文などの文句を心に浮かんだままに口にすること。例経などのさるべき(=ふさわしい)ところどころ、しのびやかに**口ずさび**に読みゐたるに〈枕・すきずきしくて〉 ❷うわさ。例よからぬ童べの**口ずさび**になるべきなめり(=なってしまうにちがいない)〈源氏・夕顔〉

くち‐ずさ・ぶ【口遊ぶ】 動(バ四) 詩歌や経文などの文句を心に浮かんだままに口にする。例「西の方、都門を去れる事いくばくの地ぞ」と**口ずさびつる**事など〈枕・かへる年の二月二十日よ日〉 読解『白氏文集』の一節。

くち‐ずさみ【口遊み】 名 ❶「くちずさび①」に同じ。例よべ(=昨夜)の御**口ずさみ**をめできこゆ(=おほめ申し上げる)〈紫式部日記〉 ❷「くちずさび②」に同じ。例はかなき**口ずさみ**にあるべかりし人の御事かは(=軽はずみなうわさをしてよい御方の事だろうか)〈狭衣・四〉 読解末尾の「かは」は反語の意を表す。

くち‐ずさ・む【口遊む】 動(マ四)「くちずさぶ」に同じ。例「麻生の下草」など**くちずさみつつ**〈枕・七月ばかりいみじうあつければ〉

くち‐づから【口づから】 副〔「づから」は接尾語〕他人を通してではなく、自分自身の口から。例恥もわすれて**口づから**言ひたれば〈紫式部日記〉

くち‐つき【口付き】 名 ❶口もとの様子。例**口つき**愛敬づきて〈落窪・一〉 ❷物の言い方。また、歌の読み方。例あやしく定まりて(=妙に型にはまって)、憎き**口つき**こそものしたまへ〈源氏・野分〉 ❸車につき従う人。また、馬の手綱を取る人。例車の**口付き**ども、装束整へ〈宇津保・国譲下〉

くち‐づ・く【口付く】 ❶動(カ四) 言い慣れる。口癖になる。例敦盛を一番よりほかは御舞ひ候はず候ふ…これを**口付き**て御舞ひ候ふ〈信長公記・首〉 ❷動(カ下二) 言い慣らす。口癖にする。例人みな**口づけ**たる上に、事ながければしるさず〈十訓抄・五・七〉

くち‐づつ【口づつ】 名 形動(ナリ) ものの言い方や話し方のつたないさま。口べた。例己は**口づつ**にはべれば〈今昔・二四・二三〉

くち‐てづつ【口てづつ】 名 形動(ナリ)「くちづつ」に同じ。例おのれは**口てづつ**にて、人の笑ひたまふばかりの物語は、えしはべらじ(=することができません)〈宇治拾遺・一八五〉

くち‐と・し【口疾し】 形(ク) ❶返歌や返事をするのが早い。受け答えが早い。例書きなれたる手して、**口とく**返り事などしはべりき〈源氏・夕顔〉 ❷軽率にものを言うさま。ぺらぺらしゃべるさま。例言ふまじき事を**口疾く**言ひ出だし〈十訓抄・四・序〉

くち‐とり【口取り】 名 ❶馬の手綱を取ること。また、その人。例雑色など下りて、馬の**口とり**などして、をかし〈枕・よろづのことよりも〉 ❷酒宴で最初に出す肴。また、お茶受けの菓子。例これ一種の**口取り**にして呑むほどに〈西鶴・諸艶大鑑・一・五〉

くち‐なし【梔子】 名 ❶植物の名。アカネ科の常緑低木。夏、芳香のある白い花をつける。実は黄色の染料や漢方薬として用いる。実が熟しても口を開かないことからの名といわれ、和歌では、「口無し」と掛けて用いることが多い。⇩口絵。例耳なしの山の**くちなし**得てしがな思ひの色の下染めにせん〈古今・雑体〉 ❷「梔子色」の略。例隙々よりほの見えたる薄鈍・**梔子**の袖口など、なかなかなまめかしう〈源氏・賢木〉 ❸襲の色目の名。表裏ともに黄。

くちなし‐いろ【梔子色】 名 染め色の名。クチナシの実の汁で染め出した、少し赤みがかった濃い黄色。例咲きにけり**くちなし色**の女郎花言はねどしるし秋のけしきは〈金葉・秋〉 読解「くちなし」は「梔子」と「口無し」を掛ける。

くち‐なは【蛇】 名〔「朽ち縄」の意か〕動物の名。ヘビの別称。例大きなる**蛇**、数も知らず凝り集まりたる塚ありけり〈徒然・二〇七〉

くち‐な・る【口馴る・口慣る】 動(ラ下二) 言い慣れる。口癖になる。例あなにく(=ああ、憎らしい)。かかること**口馴れ**たまひにけりな〈源氏・紅葉賀〉

くち‐の‐は【口の端】 口の先。言葉の出て来る場所としていう。例多くの人の**口の端**におぼめく(=ぼんやりと浮かんでくる)事を〈曾丹集・詞書〉

【口の端に掛かく】 人の口にのぼる。うわさになる。例このごろ、童べの**口の端にかけ**たるあやしの(=卑しげな)今様歌どもを〈狭衣・四〉

くち‐の‐よ【口の世】 やっと食べていけるだけのわずかな報酬。例やうやう**口の世**で抱へられ(=雇われ)〈西鶴・日本永代蔵・五・四〉

くち‐ば【朽ち葉】 名 ❶朽ちかけた落葉。例軒に**朽ち葉**深く、土居(=柱の土台)に苔むせり〈方丈記〉 ❷「朽ち葉色」の略。例**朽ち葉**の唐衣、薄色の裳に〈枕・殿などのおはしまさで後〉

くちば-いろ【朽ち葉色】 名 ❶色の名。赤みをおびた黄色。色調により青朽ち葉・赤朽ち葉・黄朽ち葉などの色名がある。❷襲(かさね)の色目の名。表は赤みがかった黄色、裏は黄色。主に秋に着用。⇩口絵

くち-は・つ【朽ち果つ】 動(タ下二) すっかり朽ちてしまう。また、落ちぶれたまま死ぬ。例おさふる袖(そで)も朽ちはてて心のままに落つる涙か〈千載・恋五〉

くち-はみ【蝮】 名「くちばみ」「くちはめ」とも。動物の名。マムシの別称。例くちばみにさされたる人、かの草を揉(も)みて付けぬれば〈徒然・九六〉

くち-ひき【口引き】 名 馬の手綱を取ること。また、その人。例口ひきの男「いかに仰せらるるやらん、えこそ聞き知らね(=まるで聞き分けられない)」と言ふに〈徒然・一〇六〉

くち-ひそ・む【嚬む・口嚬む】 動(マ四) 口もとがゆがむ。苦々しく思ったり、非難したりするときの動作。例姫宮の御心を…もどき(=非難し)口ひそみきこゆ〈源氏・総角〉

くちびる【唇】 名 ❶口の上下にある赤く色づいた部分。例何といふにか、唇はたらく(=動く)〈宇治拾遺・一三三〉❷花びらのたとえ。例春くれど野べのかすみにつつまれて花のゑまひのくちびるもみず〈永久百首〉読解「ゑまひ」は微笑の意。ここでは花のほころびること。

【唇を反(かへ)す】 悪口を言う。非難する。例万人唇(くちびる)をかへすべし〈平家・八・名虎〉

くち-びろ・し【口広し】 形(ク)《近世語》大きな口をきくさま。例「人の身上にむつかしき事の談合相手になるべし」と、口広くいひまはりぬ〈西鶴・西鶴織留・三・四〉

くち-ふさぎ【口塞ぎ】 名 自分に都合の悪いことを言わせないようにすること。口止め。また、そのために与える金品。「くちふたげ」とも。例口ふさぎに、大事の墨付き(=証明書)あいつに渡して〈歌舞伎・東海道四谷怪談・初日三幕目〉

くち-ふたげ【口塞げ】 名「くちふさぎ」に同じ。例いとほしと思ひながら、口ふたげに言へば〈落窪・二〉

くち-め【朽ち目】 名 ❶和琴(わごん)の名器の名。宮中にあった。❷板などの腐った部分。例めぐりたる廊(らう)も朽ち目に雨をふくみて苔(こけ)むしぬ〈読本・雨月・青頭巾〉

くち-もち【口持ち】 名 ものを言う様子。口ぶり。例口持ち・けしきことごとしくなりぬる人は(=口ぶり・態度がもったいぶっている人は)〈紫式部日記〉

く-ぢゅう【久住】(—ジュウ) 名動(サ変)《仏教語》久しくとどまること。長くその場所に住むこと。例娑婆(しゃば)に久住して、常に説法して〈源平盛衰記・一八〉

くぢゅう-しゃ【久住者】(クジュウ—) 名「くぢゅうさ」とも。長年、山寺に籠(こ)もって修行した僧。特に、比叡(ひえ)山で十二年の修行の後も山に籠もっている僧。例中堂の久住者二十人具して参りて、いみじく祈り(病気ヲ)やめまゐらせて〈愚管抄・四〉

ぐちゅう-れき【具注暦】 名 暦の一種。平安・鎌倉時代に盛んに用いられた。その日の吉凶や禁忌・季節の変動などを漢文で詳しく注記してある。日ごとに数行の余白を設けたものもあり、公卿(くぎょう)などが日記帳としても利用した。藤原道長の日記『御堂関白記(みどうかんぱくき)』はその一例である。

くち-よせ【口寄せ】 名 神仏や生霊(いきりょう)・死霊が、陰陽師(おんようじ)や巫女(みこ)、またはそれらが術をかけた人に乗り移って語ること。例「神のまこと・そらごと(=偽り)をも聞かむ」とて、左近の乳母(めのと)泣く泣く御口寄せに出でたつに〈栄花・後くいの大将〉

くち-わき【口脇】 名 口の端。例かしらふり、口わきをさへひきたれて〈枕・にくきもの〉

【口脇黄(き)ばむ】 若輩である。経験が乏しい。例口わき黄ばみたるぬしたち〈栄花・さまざまの喜び〉

【口脇白(しろ)し】「くちわききばむ」に同じ。例口脇白き男、ちと出家(=僧)をなぶり、理屈につめて(=追いつめて)遊びたやと思ひつつ〈醒睡笑・一〉

くちを〜【口を〜】 ⇩「くち」の子項目

くち-を・し

【口惜し】(—オシ) 形(シク) 予想や期待がはずれたときの失望・落胆や、思うにまかせないことを嘆く気持ち。自分の心情にも他者への批判にも用いられる。

❶残念だ。がっかりする。情けない。悔しい。例(a)くちをしきもの 五節(ごせち)、御仏名(ぶつみゃう)に、雪降らで、雨のかきくらし降りたる(=がっかりするもの、五節や御仏名のときに、雪が降らないで、雨があたり一面暗くして降っていること)〈枕・くちをしきもの〉読解「五節」「御仏名」はともに冬の宮廷行事なので、雪が似つかわしい。例(b)(桐壺更衣(きりつぼのこうい)ヲ)女御(にょうご)とだに言はせずなりぬるがあかず口惜しう(音便形)思さるれば(=女御とさえ言わせないままになってしまったのが残念でたまらないとお思いになるので)〈源氏・桐壺〉例(c)あはれ、弓矢とる身ほど口惜しかりけるものはなし(=ああ、武士ほど情けなかったものはない)〈平家・九・敦盛最期〉❷つまらない。取るに足りない。感心できない。例男は、口惜しき際(きは)の人だに心を高うこそつかふなれ(=男とは、取るに足りない身分の人でさえ気位を高く保つものである)〈源氏・少女〉

語誌 ▼語源は不明であるが、「口惜し」とみて、口に出して言ってみてもどうしようもないの意とするのが妥当か。①は、軽い期待はずれ程度の意から深刻に自分の運命を嘆くものまで幅広く用いる。

▼類義語「くやし」は、自分のしたことをしなければよかったと悔やむ意。「ねたし」は、しゃくだ、いまいましいという瞬間的な心情で、ときにうらやましさも伴う。「くちをし」は中世以降、自分自身に対する①のみに用いられるようになり、「くやし」が①の意をもちはじめると、ほぼ「くやし」に吸収される。〈高田祐彦〉

くつ【沓・靴・履】 名 足先を覆うように作った履物(はきもの)の総称。深沓・浅沓・靴(かのくつ)など。平安時代以降は官位などによる決まりがある。また、本来宮中の儀式などのときに履(は)くものは皮製で、平常用には木製のものなどもあった。⇩次ページ(図)。例信濃道(しなぬぢ)は今の墾道(はりみち)刈りばねに足踏ましむな沓はけ我が背〈万葉・一四・三三九九〉➡名歌185

【沓を抱(いだ)く】 婚姻習俗の一つ。新婚の婿君の沓を、

夫婦関係の永続を願って、舅姑が一晩抱く風習。例夜は御沓を抱き、御衾参らせたまふ(=御夜具をおかけ申し上げなさる)〈栄花・暮れ待つ星〉

く・つ【朽つ】動(タ上二) ❶くちる。腐ってもとの形を失う。例朽ちもせぬこの河柱のこらずは昔のあとをいかで知らまし(=腐りもしないこの川の中の柱がもし残っていなかったなら、昔の屋敷跡をどうして知ることができただろうか、いや、知ることはできなかっただろうに)〈更級〉読解昔の長者の屋敷跡で、柱だけが今も川に残っているのを見て詠んだ歌。「〜は〜まし」の形は反実仮想の意を表す。「いかで」は反語の意を表す。

❷名声や地位などが廃れる。例人のほどの心苦しきに、名の朽ちなむはさすがなり(=身の上が気の毒なので、名誉が損なわれるのはさすがにはばかられる)〈源氏・末摘花〉

❸むなしく死ぬ。例やがてこの住処に朽ちぬべきよりほかの行方もなくなん(=このままこの家で死んでしまうよりほかに行きどころもございません)〈宇津保・俊蔭〉読解末尾の「なん」は係助詞。結びの「はべる」が省略されている。

語誌▼本来の形がしだいに損なわれてゆく感じであり、時間の作用を含む点が「くさる」と異なる。▼和歌に多い「袖くつ」は、「袖濡る」を誇張した表現。〈品田悦一〉

沓

浅沓〔宇治上神社蔵〕

半靴〔信貴山縁起絵巻〕

毛沓〔粉河寺縁起絵巻〕

靴〔手向山八幡宮蔵〕

深沓〔年中行事絵巻〕

糸鞋〔高田装束研究所〕

挿鞋〔熊野速玉大社蔵〕

ぐ-づう【弘通】(ヅウ) 名動(サ変)《仏教語》「ぐつう」とも。仏教が世間に広まること。また、仏教を広めること。例それよりこのかた仏法弘通して効験絶ゆる事なし〈著聞集・二・三四〉

くつ-かぶり【沓冠】名 和歌で、十文字の語句を、各句の始めと終わりに詠み込んだもの。たとえば「『合はせ薫き物少し』といへる事を据ゑたる歌 あふさかもはてはゆききのせきもゐずたづねてこばこきなばかへさじ」〈俊頼髄脳〉という折句の歌では、各句のはじめをつなげると「あはせたき」、次に終わりをつなげると「ものす(ず)こし(じ)」となる。⇩をりく

くつがへ・す【覆す】(クツガエス) 動(サ四) ❶ひっくり返す。例水また船を覆す〈平家・三・城南之離宮〉 ❷国家・権力などを滅ぼす。例臣また君を覆す〈平家・三・城南之離宮〉

くつがへ・る【覆る】(クツガエル) 1動(ラ四) 上下が逆になる。ひっくり返る。例もののもまだ言はぬちごの、そりくつがへり〈枕・おぼつかなきもの〉 2補動(ラ四)(動詞の連用形について)ひどく〜する。例(ソノ和歌ヲ)めでてくつがへりて〈大和・一三〉

くつ-かむり【沓冠】名「くつかぶり」に同じ。

くっ-きやう【究竟】(キョウ) 名形動(ナリ)〔「くきゃう」の変化した形〕❶非常にすぐれていること。卓越していること。例究竟の弓の上手なれば〈平家・九・二度之懸〉 ❷非常に堅固であること。例もとより究竟の城郭なり〈平家・七・火打合戦〉 ❸非常に好都合なこと。例すはや、究竟の事こそありけれ〈太平記・二六〉

くつくつ-ぼふし(ボウシ) 名 昆虫の名。セミの一種。ツクツクボウシ。例くつくつぼふしいとかしがましきまで(=やかましいほど)鳴くを聞くにも〈蜻蛉・下〉

くっさめ【嚔】〔「くさめ」の変化した形〕1名 くしゃみ。2感 くしゃみをする音。はくしょん。例頭かしまで濡らいた。ああくっさめくっさめ〈狂言・雷〉

くっし-いた・し【屈し甚し】形(ク)「くしいたし」に同じ。

くづし-い・づ【崩し出づ】(クズシイズ) 動(ダ下二) 少しずつ話し始める。ぽつぽつ語り出す。例世の古事どもくづし出でて〈源氏・明石〉

くっ-しやう【屈請】(ショウ) 名動(サ変)《仏教語》〔「屈」は膝を折ってへりくだる意〕❶神仏の出現を祈り願うこと。例大神も小神も、屈請の砌に影向し(=姿を現し)〈源平盛衰記・九〉 ❷貴人や僧などを招くこと。例衆の僧を屈請して〈霊異記・上・三三〉

くっ・す【屈す】動(サ変)「くす」「くんず」とも。❶屈服する。敬服する。例君が才学を聞きて、屈してこの官に備へむ(=この官職につけよう)〈今昔・九・三〇〉 ❷気がめいる。心がふさぐ。例昼はさても紛らはしたまふを、夕暮れとなれば、いみじくくしたまへば〈源氏・若紫〉 ❸折り曲げる。例膝を屈し手をつかねて〈太平記・三〇〉

くづ・す【崩す】(クズス) 動(サ四) ❶壊す。例中の廊の壁をくづし、中門を開きて〈源氏・藤裏葉〉 ❷整っていたものを乱す。例浦風や巴をくづすむら千鳥〈俳諧・猿蓑・一〉 ❸少しずつする。ぽつりぽつり話す。例日ごろありつるやうくづし語らひて〈蜻蛉・上〉

くつ-づけ【沓付け】名 雑俳の一種。下の五文字を題として出し、それに上の五文字・中の七文字を付けて一句とするもの。たとえば、「とってみる」の出題に、「道楽な息子に嫁を」と上に付けるなど。

くつ-ばみ【轡・鑣・馬銜】名〔「口食み」の意〕「くつわ①」に同じ。例細馬(=良質の馬)に轡を嚙ませて〈太平記・一一〉

く

くづ-ほ・る【頽る】 動(ラ下二) ❶衰弱する。例老いねど**くづほれ**たる心地ぞするや〈源氏・少女〉 ❷気が弱る。⇩おもひくづほる。例さりとも(=いくらなんでも)**くづほれ**たまひなむ、と(人々ガ)思ひたりしところを〈大鏡・道隆〉

くつ-まき【沓巻・口巻】 名 矢竹の、鏃を差し込んだ部分。くだけないように糸で堅く巻いてある。⇩や(図)。例**くつ巻**を残さず引きつめて、弦音高く切って放つ〈太平記・一七〉

くつ-めか・す 動(サ四)〔「めかす」は接尾語〕痰などが詰まって、のどをくっくっと鳴らす。例喉を**くつめかす**やうに鳴らしてありければ〈今昔・三一・二九〉

くづ・る【崩る】 動(ラ下二) ❶山・建造物などが壊れる。例勢多の橋みな**崩れ**て、渡りわづらふ〈更級〉 ❷整っていたものが乱れる。例夏の夜や**崩れ**て明けし冷やし物〈俳諧・続猿蓑・上〉 ❸集まっていた人々が散らばる。例足音どもして**くづれ**出づるを〈枕・殿上の名対面こそ〉

くつろ-か【寛か】 形動(ナリ)〔「か」は接尾語〕ゆったりとしている。例桜(=桜襲)の唐衣ども**くつろか**にぬぎたれて〈枕・清涼殿の丑寅のすみの〉

くつろぎ-がま・し【寛ぎがまし】 形(シク)〔「がまし」は接尾語〕くつろいでのんびりした様子だ。例歌などを、すこし頬ゆがめて語るも聞こゆ。**くつろぎがましく**歌誦じがちにもあるかな〈源氏・帚木〉

くつろ・ぐ【寛ぐ】 [1] 動(ガ四) ❶締まっているものが緩くなる。例冠の額すこし**くつろぎ**たり〈源氏・若菜上〉 ❷入りこむ余地ができる。例数定まりて(=定員が定まっていて)**くつろぐ**所もなかりければ〈源氏・澪標〉 ❸ゆったりとする。休息する。例昼も心うち**くつろぐ**事なし〈著聞集・一三・四四一〉 ❹人とうちとける。例入鹿は重き人(=慎重な人)なれども、妹には早く**くつろぎ**〈幸若・入鹿〉 [2] 動(ガ下二) 緩める。例装束だにも**くつろげ**ず〈平家・二・小教訓〉

くつ-わ【轡】 名〔「口輪」の意〕❶馬の口にかませる金具。手綱をつけて馬を御する。くつばみ。例その布一むらして、**轡**やあやしの(=粗末な)鞍にかへて、馬に乗りぬ〈宇治拾遺・九六〉 ❷遊女屋。また、遊女屋の主人。例**轡**へ金子十両、うちへ同じく五両〈西鶴・諸艶大鑑・二・四〉

【轡を並ぶ】 馬を並べる。騎馬の武者が勢ぞろいする。例十騎の兵**轡をならべ**て懸けたりければ〈古活字本保元・上〉

くつわ-むし【轡虫】 名 虫の名。キリギリス科の昆虫。がちゃがちゃという鳴き声が、轡の鳴る音に似ることによる称。例篳篥(=楽器の名)はいとかしがましく(=やかましく)、秋の虫をいはば、**轡虫**などの心地して〈枕・笛は〉

くつをいだく【沓を抱く】 ⇩「くつ」の子項目

九条兼実 《人名》一一四九〜一二〇七(久安五〜承元元)。平安末期〜鎌倉初期の貴族。関白藤原忠通の三男。九条家(五摂家の一つ)の創始者。平家滅亡後、源頼朝の後援を得て後鳥羽天皇の摂政となり、幕府との連携を計りつつ朝廷政治を行うが失脚。和歌をはじめ書・音楽にも通じ、歌壇の庇護者としての役割も果たす。晩年は法然に深く帰依した。その日記『玉葉』は史料的価値が高い。天台座主の慈円は弟。

くでう-の-けさ【九条の袈裟】 名《仏教語》布を九幅の(一幅は約三〇センチ)縫いあわせた袈裟。僧の正装の大衣の一種。例慈覚大師の**九条の袈裟**を着して〈著聞集・二・六三〉

く-でん【口伝】 名 ❶師から弟子へ、奥義を口づたえで授けること。❷①の内容を記した書物。例別紙の口伝にあるべきか〈風姿花伝・三〉

く-でん【公田】 名「こうでん(公田)」に同じ。

くど【竈突・竈】 名 かまどの後ろの煙を抜く穴。また、かまど。例かみに**くど**をあけて、玉の枝を作りたまふ〈竹取〉

くどき【口説き】 名 ❶繰り返してくどくど言うこと。❷能・歌舞伎・浄瑠璃などで、恋情や懐古など思いを切々と訴える文句。また、その場面。

くどき-ごと【口説き言】 名 嘆きや愚痴をくどくどと言うこと。泣き言。例聖にむかひてさまざまに**くどきごと**をしける折ふし〈著聞集・二〇・六九八〉

く-どく【功徳】 名《仏教語》❶現世、または来世に果報の得られるようなよい行為。例いささかなる(=ほんのわずかな)**功徳**を翁作りけるによりて〈竹取〉 ❷善行を積んだことにより神仏からもたらされる果報。ご利益。例一日の出家の**功徳**ははかりなきものなれば〈源氏・夢浮橋〉

くど・く【口説く】 動(カ四) ❶くどくど繰り返して言う。例「思ふことなげに寝たまへる、うたてさよ(=情けないことよ)」と、**くどき**ければ〈著聞集・五・一七三〉 ❷切々と心中を訴える。神仏への祈願などにいう。例経読み仏**くどき**まゐらせらるるほど〈讃岐典侍日記・上〉 ❸異性に恋心を訴えて迫る。例**口説き**ても埒のあかざる事もあるに〈西鶴・好色一代男・七・三〉

ぐど-ぐど 副「くどくど」とも。❶しつこく繰り返して言うさま。例かなはぬことを**ぐどぐど**と、近ごろ愚痴の至りなり〈近松・用明天王職人鑑・二〉 ❷ぐずぐずするさま。例やい太郎冠者、何を**ぐどぐど**して居る〈虎寛本狂言・靫猿〉

く-ない【宮内】 名 ❶皇居の中。宮中。❷「宮内省」の略。

くない-きゃう【宮内卿】 名 宮内省の長官。

宮内卿 《人名》生没年未詳。鎌倉前期の歌人。歌才を認められて兄とともに後鳥羽院に召される。当時、女性歌人として藤原俊成女と並び称されたが、元久二年(一二〇五)ごろ二十歳前後で没したとみられる。知的で色彩感豊かな歌を詠む。

くない-しゃう【宮内省】 名 令制で、太政官の八省の一つ。宮中や皇室のいっさいの事務をつかさどる役所。大膳職・木工寮・内膳司など、下に多くの役所を管轄する。

くに

【国】 名 ❶大地。土地。陸地。天や海に対していう。例天の壁立つ極み、**国**の退き立つ限り(=天の壁の立っている地上の果て、国土が退き去っている地平線の果て)〈祝詞・祈年祭〉 ❷国家。国土。例天皇の 敷きます**国**の 天の下 四方の道には(=天皇のお治めになる国土の天の下に

ある四方の国々には〈万葉・一八・四一二二〉

❸一地域。一地方。令制以前は国造(くにのみやつこ)が支配し、令制以後は国司が任命され統治した。例富士の山はこの国なり。わが生(お)ひいでし国にては西面(にしおもて)に見えし山なり(＝富士山はこの国にある。私が育った国では西の方角に見えた山である)〈更級〉読解 はじめの「国」は駿河(するが)国(静岡県)、後の「国」は上総(かずさ)国(千葉県)をさす。

❹故郷。生まれた土地。例雁(かり)がねは国偲(しの)ひつつ雲隠り鳴く(＝雁は故郷を思っては雲に隠れて鳴いている)〈万葉・一九・四一四四〉

❺国の政治。国務。例尾張(をはり)にくだりて、国おこなひけるに(＝尾張の国に下って、国務を執ったが)〈宇治拾遺・四六〉

語誌 上代の用例の多くは国土賛美の詞章などに見られる。平安時代になると、「人の国」などの形で、田舎、地方、の意に用いられることも多い。〈吉田比呂子〉

くに-あらそひ【国争ひ】ラソイ 名 一国の土地や政権をめぐる争い。また、国と国の争い。例主上・上皇の国争ひに、夜討ちなんどしかるべからず〈保元・上〉

くに-いり【国入り】名 領主が自分の領国に行くこと。大名が自分の領地に入ること。例義経が国入りの初めなれば、引き繕へ(＝体裁を調えよ)〈義経記・四〉

くに-かた【国形】名 国の地形や地勢。国の状況。例国方(くにかた)を 見(め)したまひて〈万葉・六・九七一〉

くに-がた【国方】名 ❶地方。国もと。郷里。例我が国方のあの時分の娘は、いまだ門(かど)にて竹馬に乗り遊びしと〈西鶴・好色一代女・一・三〉❷国司側の人。役人。例昔より、この所は国方の者入部する事なし(＝立ち入ったことはない)〈平家・一・俊寛沙汰鵜川軍〉

くに-がへ【国替へ】ガエ 名 ❶平安時代、諸国の掾(じょう)(三等官)・目(さかん)(四等官)に任命された人が、その国を望まないとき、任国を替えてもらうこと。❷江戸時代、幕府が大名の領地を交換すること。

くに-から【国柄】名 国の本質や性質。国の品格。例み吉野の 秋津(あきつ)の宮は 神(かむ)からか 貴くあるらむ 国からか 見が欲しからむ〈万葉・六・九〇七〉

くに-さと【国里】名 ❶国と里。また、地方。例あたり近き国里までも〈仮名草子・伊曾保物語・上〉❷生まれ故郷。郷里。例おこと(＝あなた)の国里はいづくの者にてあるぞ〈謡曲・三井寺〉

くに-す【国栖】名「くず(国栖)」に同じ。例国栖らが春菜摘むらむ司馬(しば)の野の〈万葉・一〇・一九一九〉

くに-だいみゃう【国大名】ーダイミョウ 名 室町時代から江戸時代、一国以上を領有する大名。例万に一つも運に叶(かな)ひ親王の首取ったれば、国大名と仰がるる〈近松・用明天王職人鑑・三〉

くに-たみ【国民・国人】名「くにびと②」に同じ。例国民、かへって国の守(かみ)ものに狂ひたまふとて〈仮名草子・浮世物語・三・一〉

くに-つ【国つ】〈「つ」は「の」の意の上代の格助詞〉国の。国にある。地上の。地上にある。

くに-つ-かみ【国つ神・地祇】名 地上の神。人の国土を守護する神。「天(あま)つ神」に対していう。例天(あま)つ神 仰ぎ乞(こ)ひ祈(の)み 国つ神 伏して額(ぬか)つき(＝天の神を仰いで祈り、地の神を伏して拝み)〈万葉・五・九〇四〉

くに-つ-つみ【国つ罪】名 地上で人間が犯した罪。例国つ罪と、生き膚(はだ)断ち、死に膚断ち〈祝詞・六月晦大祓〉

くに-つ-もの【国つ物】名 その地方の産物。

くに-つ-やしろ【国つ社】名 国つ神を祭る神社。天(あま)つ神を祭る「天つ社」に対していう。例天つ社・国つ社の神を祭(いは)ひまつれ〈紀・神武即位前紀〉

くに-の-おや【国の親】❶天皇。例国の親となりて帝王の上(かみ)なき位に上るべき相(＝人相)おはします人の〈源氏・桐壺〉❷皇后。または天皇の生母。例かく国の親ともてさわがれたまひ〈紫式部日記〉読解 ここは皇子を出産したばかりの中宮。

くに-の-かみ【国の守】名「こくしゅ(国守)」に同じ。例盗人なりければ、国の守にからめられにけり(＝捕らえられた)〈伊勢・一二〉

くに-の-つかさ【国の司】名「こくし(国司)」に同じ。例国の司まうでとぶらふにも、(大納言ハ)え起きあがりたまはで、船底に臥(ふ)したまへり〈竹取〉

くに-の-はは【国の母】「こくも」に同じ。例若君、国の母となりたまひて〈源氏・若菜上〉

くに-の-ほ【国の秀】名 国の中で最もすぐれた所。栄えている土地。例葛野(かづの)を見れば 百千足(ももちだ)る 家庭(やには)も見ゆ 国の秀も見ゆ〈記・中・応神・歌謡〉読解「百千足る」は、満ち足りている、豊富だ、の意。

くに-の-まほろば【国のまほろば】「くにのほ」に同じ。例倭(やまと)は 国のまほろば たたなづく 青垣(あをかき) 山隠(ごも)れる 倭しうるはし〈記・中・景行・歌謡〉↓名歌387

くに-の-みやつこ【国の造】名 大和王権の置いた地方官。地方の豪族の中から任命され、姓(かばね)を与えられた。大化改新後には郡司に任命され祭祀(さいし)などをつかさどった。律令国家体制に移行されて廃止された。

くに-はら【国原】名 国の、広く平らな所。平野。例とりよろふ 天(あめ)の香具山 登り立ち 国見(くにみ)をすれば 国原は 煙(けぶり)立ち立つ〈万葉・一・二〉↓名歌386

くに-ひき【国引き】名 他の国土を引き寄せること。『出雲(いづも)国風土記(ふどき)』に、八束水臣津野命(やつかみづおみつののみこと)が新羅(しらぎ)の国を引きよせて出雲国(島根県)に縫い合わせたという伝説がある。

くに-びと【国人】名〈古くは「くにひと」〉❶その土地の人。土着の人。例くにひとの心の常として〈土佐〉❷一国の人民。例君が代にあへるくに人たのもしきかな〈兼盛集〉

く-にふ【口入】ーニュウ 名動(サ変)〈「くちいれ」の漢字表記を音読してできた語〉❶干渉すること。口出しすること。また、その人。例法皇去年(こぞ)の冬より政(まつりごと)に御口入もなく〈著聞集・三・八七〉❷世話をすること。仲介すること。また、その人。例口入を相たて、物を借り候ふところに〈塵芥集〉

くに-ぶみ【国文】名 平安時代、国司から朝廷へ奉る貢ぎ物につけた文書。例春はまづみつぎそなふる国文のさしていく代も君のみぞ見ん〈新撰六帖・五〉

くに-ぶり【国風・風俗】名 国々・地方の風俗や習慣。例風俗の諺(ことわざ)に、筑波岳(つくはね)に黒雲かかり、衣袖(ころもで)漬(ひた)ちの国といふはこれなり〈常陸風土記〉読解土地の言い習わしの由来を述べる一節。

くに-へ【国辺】 名 国のあたり。故郷のあたり。例海原に霞たなびき鶴が音の悲しき夕は国辺し思ほゆ〈万葉・二〇・四三九九〉読解故郷を思う防人の歌。

くに-まぎ【国覓】 名 住むのによい未知の国を求めて行くこと。例山川を岩根さくみて(=押し分けて)踏み通り国まぎしつつ〈万葉・二〇・四四六五〉

くに-み【国見】 名 古く、天皇や地方の首長が、山などの高い場所から自己の支配する領域を見渡す儀礼。支配権を確認するために行われたが、本来は豊穣を期待して、それをあらかじめ儀礼的に祝う意味もあった。のちは、単に眺望を楽しむ行為をもいう。例(a)〈天ノ香具山ニ〉登り立ち国見をすれば〈万葉・一・二〉➡名歌386 例(b)雨間明けて国見もせむを故郷の花橘は散りにけむかも(=雨が止んだら景色を眺めに行こうと思うのだが、故郷の橘の花は散ってしまっただろうなあ)〈万葉・一〇・一九七一〉

語誌▼国見と春山入り　各地の農村で近年まで行われていた習俗に、「春山入り」と総称されるものがある。春、農作業の開始にさきがけて、村人たちが近くの山に登って宴を開き、花を採って帰る行事で、花の生命力にあやかって健康と豊かな実りを得ようとするものである。国見も、これと同じような民間の習俗から出発して、しだいに政治的意義を強めたものらしい。〈品田悦一〉

くに-もと【国元・国許】 名❶領地。本国。例国もとへ追っ付け下らうが〈狂言・墨塗り〉❷故郷。郷里。例国もとに残し置いたるめこ子ども(=妻や子ども)に名残が惜しいか〈狂言記・二千石〉

くに-ゆづり【国譲り】 ユヅリ 名 天皇が皇太子に位を譲ること。譲位。例御国ゆづりも近くあべかなるに(=ありそうなので)〈宇津保・国譲上〉

く-にん【公人】 名❶朝廷で雑事をする身分の低い役人。例数定まりたる公人の通号(=通称)にこそ〈徒然・一九七〉❷鎌倉・室町時代、幕府の政所・問注所・侍所などで、寄人以下の役人。例古の公人たりし人は、賄賂をも取らず〈太平記・三三〉

くぬえ-かう【薫衣香】 コウ 名「くのえかう」に同じ。

くぬ-が【陸】 名〔「くにが(国処)」の変化した形〕陸地。

くぬち【国内】 名〔「くにうち」の変化した形〕国の中。国じゅう。例悔しかもかく知らませば(=妻の寿命が短いと知っていたら)あをによし(枕詞)国内ことごと見せましものを〈万葉・五・七九七〉

くね 名 竹などを編んだ垣根。生け垣。例腹も立つ。くねをも引きぬいてやらう〈虎寛本狂言・瓜盗人〉

くねくね・し 形(シク) ひねくれている。例くねくねしく恨むる人の心破らじと思ひて〈源氏・紅葉賀〉

くね・る 動(ラ四)❶愚痴をこぼす。例女郎花の一時を(=盛りが一時でしかないのを)くねるにも、歌を言ひてぞ慰めける〈古今・仮名序〉❷すねる。例少しはくねりて書きつ〈蜻蛉・中〉

く-のう【功能】 名 効き目。功徳。例功能も尋ね下されて〈徒然・一三六〉

くのえ-かう【薫衣香】 コウ 名「くぬえかう」とも。衣服にたきしめる薫き物の名。丁字・沈香・白檀・麝香などを練り合わせて作る。⇩たきもの。例昔の薫衣香のいとかうばしき一壺〈源氏・蓬生〉

くは【桑】 クワ 名 植物の名。クワ科の落葉樹。葉を蚕の飼料とするため、古くから栽培された。また、桑には霊力があるとして、男子の健やかな成長を願う桑の弓や、中風になるのを防ぐという杖・箸なども作られた。例くはの木に露のおきたるを見て〈散木奇歌集・三・詞書〉

くは【鍬】 クワ 名 農具の名。くわ。土を掘り起こしたり草を取ったりするのに用いる。例鋤・鍬を取りて畑を作る〈宇津保・藤原の君〉

くは クワ 感〔「こは」の変化した形〕相手の注意を促すときに発する語。さあ。ほら。例くは、これを御覧ぜよ〈宇治拾遺・六〉

く-ばう【公方】 ボウ 名❶公のこと。公務。公事。例公方私(=公私ともに)心やすく、のちの世かけてもたのもしく思ひつるに〈曾我・一〉❷朝廷。天皇。例在京して公方の御意さかりに候ふなる(=おぼしめしがとてもよいそうだ)〈曾我・一〉❸鎌倉時代以降、幕府または将軍の敬称。例公方の御恩をも蒙らねば〈太平記・一〇〉

くばう-さま【公方様】 クボウ 名 室町時代以降、将軍の敬称。例公方様御働き候ふといへども多勢に叶はず〈信長公記・一〉

くは-がた【鍬形】 クワ 名 兜の前立ての一つ。目庇の上につける二本の角のような金属製の飾り。⇩よろひ(図)。例鍬形うったる甲の緒しめ〈平家・九・敦盛最期〉

くは-こ【桑子】 クワ 名〔桑の葉を食べて成育することから〕蚕の別称。例なかなかに人とあらずは桑子にもならましものを玉の緒ばかり(=なまじ人として生きるくらいなら、蚕にでもなれたらよいのになあ。わずかな時だけでも)〈万葉・一二・三〇八六〉

くは・し

【細し・美し・精し・詳し】 クワシ 形(シク)❶【細し・美し】こまやかで美しい。うるわしい。例青柳の糸の細しさ春風に乱れぬい間に見せむ児もがも(=青柳の、糸のように細くて長い葉のこまやかな美しさを春風で乱れないうちにだれかかわいい人に見せてやりたいなあ)〈万葉・一〇・一八五一〉

❷【精し・詳し】くわしい。精通している。細かい点まで漏らさずにいる。例(a)(ソノ子ノ)いもうとの君のこともくはしく問ひたまふ(=姉君のこともくわしくお尋ねになる)〈源氏・帚木〉例(b)その道の芸くはしからば、多能はなくてもあらまし(=その道の芸に精通しているならば、多くの技芸がなくてもよいようなものだ)〈俳諧・鶉衣・奈良団賛〉

類義▶①うるはし

語誌▼原義は①。単に美しいのではなく、美しさが快さに直結する感じである。繊細な美をいうことが多い。

▼①は、「うらぐはし」「かぐはし」「まぐはし」など複合語で用いられることも多い。〈品田悦一〉

くはし-め【美し女・麗し女】― 名 霊妙さをたたえた美しい女性。例神の命は…遠々し 高志の国に賢し女を ありと聞かして 麗し女を ありと聞こして〈記・上・神代・歌謡〉

くは・す【食はす】 1 動（サ下二）❶飲食させる。例ものを食はせなどしけり〈伊勢・六三〉❷くわえさせる。例御巻数鶴に食はせて洲浜に立てたりけり〈拾遺・賀・詞書〉❸（「目をくはす」の形で）目で合図する。目くばせする。例目をくはせつつ、いとよく笑みてまぼりゐたるべし（＝見守っていたようだ）〈蜻蛉・中〉❹矢をつがえる。例中差し（ノ矢ヲ）とってうちくはせ、よっぴいて〈平家・一一・弓流〉❺被らせる。例非難をくはせた〈噺本・昨日は今日の物語・上〉❻なぐる。打つ。例頭をくはせ〈醒睡笑・一〉 2 動（サ四）❶飲食させる。例それを食はしてなるものかはして〈西鶴・好色一代女・三・一〉❷なぐる。打つ。例横づらをく〈狂言記・鬼の養子〉

くは-た・つ【企つ】― 動（タ下二）〔江戸中期ごろから「くはだつ」〕❶計画する。例かしこく思ひくはたてられけれど〈源氏・東屋〉❷計画を実行する。悪事にいうことが多い。例おそろしき事くはたてたるものなり〈大鏡・道隆〉

桑名《地名》伊勢国、今の三重県桑名市。伊勢湾に面し、中世以降港湾都市として栄える。江戸時代は東海道の宿駅の一つで、桑名と宮の宿（熱田）とを海上で結ぶ「七里の渡し」の渡し場として栄えた。伊勢路の起点・終点でもあり、宗教上の要地の一つ。焼きはまぐりが名物。

くは-の-かど【桑の門】― 名〔「桑門」の訓読〕僧。出家。例からくして入りしは何ぞ桑の門みちの心よそのしるしあれ〈新撰六帖・二〉

くは-の-ゆみ【桑の弓】―〔「桑弧」の訓読〕桑の木で作った弓。男子が生まれたとき、この弓に蓬の茎で作った矢をつがえて四方を射て、邪気を払って将来を祝福する。例桑の弓・蓬の矢にて、天地四方を射させらる〈平家・三・御産〉

くは-ばら【桑原】― 感 雷が落ちないように祈る言葉。ふつう二度繰り返して言う。雷が和泉国の桑原（大阪府和泉市桑原）で捕らえられたことがあるためとも、菅原道真の所領の桑原には落雷しないためともいう。例日ごろ雷公をこはがる事、人にすぐれたれば…「桑原桑原」と身を縮め〈西鶴・武道伝来記・六・三〉

くはは・る【加はる】 動（ラ四）❶団体・集団・行列などの一員になる。例大門引き出づれば乗り加はりて〈蜻蛉・中〉❷さらに積み重なる。多くなる。例嘆き加はる琴の音ぞする〈古今・雑下〉

くは・ふ【加ふ】 動（ハ下二）❶さらに積み重ねる。仲間に入れる。例屠蘇、白散、酒加へて持て来たり〈土佐〉❷程度を増す。例今より添ひたる身のうさを嘆き加へて〈源氏・浮舟〉❸与える。治療などを施す。例療治を加へずとも、助かる事を得べし〈平家・三・医師問答〉

くは・ふ【銜ふ】 動（ハ下二）❶唇や歯に軽くはさんで持つ。くわえる。例口に物やくはへたると見るに〈宇治拾遺・四八〉❷引き連れる。携える。鳥や犬などの動作にたとえて卑しめていう。例気に入らいで往なした嫁（＝気に入らずに離縁した嫁）…ようくはへて戻ったな〈近松・心中宵庚申・下〉

くは-や ― 感〔感動詞「くは」＋終助詞「や」〕❶驚いたときに発する語。あらまあ。これはまあ。例明星は 明星は くはや ここなりや〈神楽歌・明星〉❷相手の注意を促したりするときに発する語。そらよ。では。例くはや、昨日の返り事（＝そらよ、昨日の返事だよ）〈源氏・末摘花〉

くば・る【配る】 動（ラ四）〔上代は「くまる」〕❶分けて与える。例御形見なるべき物など…みな配らせたまひけり〈源氏・葵〉❷分けて位置づける。配置する。例（横笛ノ指穴ノ）間を配る事等しきゆゑに〈徒然・二一九〉❸配慮・注意などを行き渡らせる。例目を配りて読みゐたるこそ〈枕・八月ばかりに、白き単〉❹女子をそれぞれ結婚させる。例はじめの腹の（＝先妻との間に生まれた）二、三人は、みなさまざまに配りて〈源氏・東屋〉

くび【首・頸】 名 ❶人間や動物の頭部と胴体をつなぐ細い部分。例（顔ノ色ハ）雪の白さにて、首いと長うて〈落窪・二〉❷頭部。頸部から上全体。例をさなき人の頸を懐にいだいて沈みたりけるは（＝幼少の人の頭部を衣服の胸の内に抱いて川に沈んだ人は）〈平家・一一・副将被斬〉

読解 斬首された若君の頭部を抱いて川に身を投げた。

❸物の細くなった部分。また、そこから先の部分。例瓶子のくびをとって〈平家・一・鹿谷〉

読解「瓶子」は口の部分が細くなっている器。

❹「領」とも書く。衣服の襟の首にあたる部分。例狩衣の領の、顔にかかれば（＝狩衣の襟の首にあたる部分が、顔にかかるので）〈枕・きよげなる男の〉

語誌 平安時代は①の意の例がほとんどであるが、中世の軍記や説話ではむしろ②の例のほうが多い。〈新野直哉〉

［首を掻く］ 組み伏せた相手の首を掻き切る。例「にっくい君が申しやうかな」とて、やがて首をかかんとしければ〈平家・九・越中前司最期〉

［首を懸く］ 切断した敵や罪人の首を獄門にかける。例兄二人ははや首をかけられぬ。頼朝もやがて誅せらるべし〈古活字本平治・下〉

［首を継ぐ］ 斬首されるべきところを、特別に許されて生き延びる。例御恩をもって首をつがれまゐらせ〈平家・二・小教訓〉

くび-かせ【首枷】 名 ❶〔古くは「くびかし」〕刑具の名。囚人の首にはめて自由を奪う。例首械・手械をせを入れられ、罪の軽重を糺すらんも〈太平記・二〉❷行動の制約となるもの。足手まとい。例年来思ひ立ちて遁世したる身の、今日、子といふ首枷をになふべきか〈御伽草子・三人法師・下〉

くび-かみ【頸上・首上】 名 袍・狩衣・水干などの、首を包み込むように作った襟。例狩衣の頸かみに針をさし〈平家・八・緒環〉

くび-き【軛】 名 牛車で、轅の先端につけた横木。牛の首につけることによる称。⇩くるま（図）。例牛

をかきはづして、榻(=台座)に轅を置きて〈宇治拾遺・九九〉

くび-きり【首切り】 名 刑罰の一つ。首を切ること。斬罪。また、それを職務とする人。例巾着切り から家尻切り(=土蔵破り)、果ては首切り〈近松・冥途の飛脚・中〉

くび-じっけん【首実検】 名 討ち取った敵の首の真偽を確かめること。また、その儀式。

くびす【踵】 名 「きびす」に同じ。

【踵を継ぐ・踵を接ぐ】(前の人のかかとに後ろの人の足が触れるぐらい、の意から)多くの人が切れ目なく連なる。例法皇、熊野へ御参詣あり。見物の貴賤千里の浜まで踵をつぎ〈保元・上〉

【踵を廻らすべからず】 振り返るためにかかとの向きを変えるほどの、わずかな時間もかからない。すぐに事が運ぶことのたとえ。例もし合戦をいたさば、叡岳の滅亡踵をめぐらすべからず〈平家・七・木曾山門牒状〉

くひ-ぜ【株・杭】 名 木の切り株。くい。例その中に黒き桴のごとき物ありて〈霊異記・下・三五〉

【株を守る】 古い習慣にとらわれて時代や情勢の変化を考えない愚かなことのたとえ。木の切り株にぶつかって死んだウサギをつかまえた農夫が、またウサギが手に入らないかと切り株のそばで待ち続けたという『韓非子』の故事からいう。例うちまかせたる習ひと頼まむこと、鵜の真似する烏に似たり。株を守る愚夫に異ならず〈十訓抄・七・序〉

くび-だけ【首丈】 名副 「くびたけ」とも。❶(首まで埋まるほど、の意から)並たいていでないこと。例首だけの借銭を納して(=返して)〈俳諧・風俗文選・旅賦〉❷すっかり夢中になること。くびったけ。例あの竹輿に乗せてきた女に我ら首だけ〈浄瑠璃・神霊矢口渡・三〉

くび-づな【頸綱・首綱】 名 ❶動物の首につける綱。例いとをかしげなる猫の、赤き首綱に白き札つきて〈枕・なまめかしきもの〉❷罪人が逃亡しないように首につける綱。例首綱のかからぬうち、四の五のい

はずと出した出した〈浄瑠璃・義経千本桜・三〉

くひ-つみ【食ひ積み】 名 正月に年賀客に儀礼的に出す料理。⇩ほうらい②。例食ひつみや木曾のにほひの檜物〈俳諧・炭俵・上〉

くひな

【水鶏】 名 クイナ科の水鳥の名。冬、北方から渡り、水辺に住む。初夏のころ盛んに鳴き、その声が戸をたたく音に似ることから、水鶏が鳴くことを「たたく」という。⇩口絵。例(a)水鶏のうちたたきたるは、誰が門さしてとあはれにおぼゆ(=水鶏が鳴いているのは、「だれかが門を閉めているのか」と尋ねたいほど趣深く思われる)〈源氏・明石〉例(b)五月、あやめふくころ、早苗とるころ、水鶏のたたくなど(=五月の、軒に菖蒲を挿すころ、早苗を取って田植えをするころ、水鶏が鳴くころなど)、心ぼそからぬかは〈徒然・一九〉読解「心ぼそし」は、もの寂しいようなしみじみとした趣をいう。末尾の「かは」は反語の意を表す。

語誌 鳴き声の「たたく」を、男性が女性の家の戸をたたくとみることから、物語や和歌では、男性の訪れを待ちわびる心情の景物としたり、「来」と掛詞にしたりする。〈今井久代〉

くび-ほそ・し【頸細し・首細し】 形(ク) ❶首が細い。例髪は火のごとくに赤く、首細く〈宇治拾遺・三四〉❷頼りない。弱々しい。例頼もしげなく頸細しとて…かく侮りたまふなめり〈源氏・帚木〉

くびら-だいしゃう【宮毘羅大将】 名『仏教語』「こんぴらだいしゃう」に同じ。例(読経シテ)「いはゆる宮毘羅大将」とうちあげたるに〈大鏡・時平〉

くび・る【縊る】 1 動(ラ四) 絞め殺す。絞首刑にする。例有間皇子を藤白の坂にくびらしむ〈紀・斉明〉 2 動(ラ下二) 首をくくって死ぬ。例還りて山前に隠れて、みづから縊れぬ〈紀・天武上〉

くびを〜【首を〜】 ⇩「くび」の子項目

く・ふ

【食ふ・喰ふ】 動(ハ四) ❶口にくわえる。かむ。例水鳥ども…細き枝どもをくひて(=水鳥たちが…細い枝々を口にくわえて)

〈源氏・胡蝶〉❷食べる。飲む。薬を飲む。例(a)乾飯食ひけり(=乾飯を食べた)〈伊勢・九〉例(b)薬も食はず、やがて起きも上がらで病み臥せり(=薬も飲まず、そのまま起き上がらず病床に臥せっている)〈竹取〉❸縄状のものが締めつける。例藁沓に足を食はれて(=藁沓に足を締めつけられて)〈金葉・雑下・詞書〉❹生計を立てる。生活する。例在所の婿と申すも、生計を立てるのに困らないほどの財産持ち)〈近松・今宮の心中・上〉❺よくないことを被る。例権威をくふ男でなし(=権勢におされる男ではない)〈近松・浦島年代記・一〉

語誌 ▼関連語 類義語に「はむ」(食べ物を食べる場合のみ)「くらふ」(動作主を卑しんでいう)などがある。また②の尊敬語には、「きこしめす」「きこす」「たてまつる」「めす」などがある。〈堤和博〉

く・ふ【構ふ】 動(ハ四) かまえる。巣を作る。例穴ごとに、燕は巣をくひはべる〈竹取〉

く・ぶ【焼ぶ】 動(バ下二) 燃やすために火の中に入れる。くべる。例火の中にうちくべて焼かせたまふに〈竹取〉

ぐ-ぶ【供奉】 名動(サ変) ❶行幸や貴人の外出などの供をすること。また、その供人。例もし、それに供奉せねば〈今昔・二三・三四〉❷「内供奉」の略。例三条院の御目も御覧ぜざりしは観算(=僧の名)供奉が霊なり〈平家・三・赦文〉❸高僧。内供奉には高僧が選ばれることからいう。例この僧を一の供奉と名付けて〈今昔・二〇・三五〉

く-ふう【工夫・功夫】 名 ❶『仏教語』修行などに精進すること。例禅門の工夫を専らにせんとすれば〈沙石集・四・一〉❷思案をめぐらしてよい方法を考え出すこと。例何とて出で来ぬやらんと(=どうして成功しないのだろうかと)工夫するに〈風姿花伝・六〉

ぐ-ふ-たい-てん【倶不戴天】 名 ともにこの世に存在することを望まないこと。恨みの深い敵に対していう。「不倶戴天」とも。『礼記』曲礼の「父の讐は共には天を戴かず」による。例倶不戴天の敵を

討ち名を後代にあげん事〈近松・曾我会稽山・三〉

く-ぶつ【供仏】 名『仏教語』仏に花などを供えて供養すること。例されども、(寺ハ荒レ果テテ)今は供仏を嶺の嵐にまかせ〈平家・二・山門滅亡〉

くぶつち-の-たち【頭椎の太刀・頭槌の太刀】 名 刀剣の一種。柄頭が槌の形をしている。例頭椎の太刀を取り佩き〈記・上・神代〉

頭椎の太刀

くぶん-でん【口分田】 名 大化改新後、班田収授法によって国家から人民に支給された田。原則として六歳以上の男性良民に二反、女性はその三分の二で、租税の対象となる。

くへ【柵・垣】 名 牛や馬が入らないように設けた柵。例くへ越しに麦食む小馬の(ここまで序詞)はつはつに相見し児らしあやにかなしも〈万葉・一四・三五三七〉↓名歌146

くぼ・し【凹し・窪し】 形(ク) くぼんでいる。へこんでいる。例(椀ノ)きはめて大きにくぼかりけるに、飯うづたかくよそひ〈平家・八・猫間〉

くぼ-て【窪手・葉椀】 名 神への供え物を盛る器。柏の葉を何枚も並べて四方を竹のひごで刺しとじて、中央をくぼませて作る。例大きなる葉椀を白き組して(=白い組み紐で)結ひて〈宇津保・国譲中〉

ぐ-ほふ【求法】 名『仏教語』仏の教えを求めること。悟りを得ようと願い求めること。例それは求法のためなれば、自他の利益もありけむ〈平家・八・太宰府落〉

ぐ-ほふ【弘法】 名動(サ変)『仏教語』仏法を世の中に広めること。例和尚、弘法の心深きがゆゑに(ソノ寺ニ)留まらずして〈今昔・一一・八〉

くぼま・る【凹まる・窪まる】 動(ラ四) へこむ。例池めいて窪まり、水漬ける所あり〈土佐〉

くぼ・む【凹む・窪む】 **1** 動(マ四) ❶中央部が低くなる。へこむ。例車の輪跡のくぼみたる所にたまりたる少水に〈宇治拾遺・一九六〉 ❷落ちぶれる。例くぼめる身をもあはれとは見よ〈新撰六帖・三〉 **2** 動(マ下二) へこませる。くぼませる。例木をくぼめ(船ニシテ)、揖をまうけて〈賀茂保憲女集・序〉

く-ほん【九品】 名『仏教語』❶極楽の九つの階位。阿弥陀仏を念じて極楽浄土に生まれる際、往生するものの能力・修行程度に応じて分かれるとされる。上・中・下の三品と、さらにその各品の上・中・下の三生があり、上位から順に、上品上生・上品中生・上品下生・中品上生…下品下生と呼ぶ。「ここのしな」とも。例(念仏ハ)心ざしを九品にわかち、行を六字につづめて(=志す極楽浄土を九つの階位に分け、修行を六字に縮約して)〈平家・一〇・戒文〉読解「六字」は南無阿弥陀仏の六文字。 ❷「九品浄土」「九品蓮台」の略。例はるかに西の方、十万億の国隔てたる九品の上の望み疑ひなくなりはべりぬれば(=はるか西の方角の、十万億の国を隔てた浄土の上品上生に生まれる望みは疑いなくなりましたので)〈源氏・若菜上〉

語誌 この世で恵まれた生活を送った貴族たちにとっても、死後の世界については不安が大きかった。九つのクラスのうち最も下のクラスでも浄土に生まれたいと熱望したことがさまざまの作品からもうかがえる。〈劔持雄二〉

くほん-じゃうど【九品浄土】 名『仏教語』九種の浄土。また、極楽浄土。例再会は必ず九品浄土の台にあるべし〈太平記・三三〉

くほん-の-うてな【九品の台】『仏教語』「くほんれんだい」に同じ。例九品の台、目の前にかかやき〈平家・三・灯炉之沙汰〉

くほん-の-ねんぶつ【九品の念仏】『仏教語』極楽浄土に往生しようと願って行う念仏。例九品の念仏を申しけるに〈徒然・一一五〉

くほん-れんだい【九品蓮台】 名『仏教語』極楽浄土にある九種の蓮の台。また、九品のそれぞれに属する人が、極楽浄土に往生するとき、それぞれ乗る蓮の台。「九品の台」「九品の蓮」とも。例やうやく近づく九品蓮台の聖衆〈宝物集・七〉

くほん-わうじゃう【九品往生】 名『仏教語』九品のそれぞれに属する人が、それぞれの極楽に生まれること。また、極楽浄土に往生すること。例そばなる壁には「…九品往生疑ひなし」とも書かれたり〈平家・三・少将都帰〉

くま

【隈】 名 ❶川や道などの折れ曲がった所。例味酒(枕詞) 三輪の山 あをによし(枕詞) 奈良の山の 山のまに い隠るまで 道の隈 い積もるまでに つばらにも 見つつ行かむを(=三輪の山が奈良の山の山の間に隠れるまで、道の曲がり角が幾重にも重なるまで、十分に見続けて行こうと思っているのに)〈万葉・一・一七〉読解 遷都のために近江(滋賀県)に下る額田王が、大和との別れを惜しんで詠んだ長歌の一部。三輪山は大和の象徴である。 ❷人目につかない奥まった所。物陰。片隅。例ゆかしく思ふ御琴の音どもを…しばし、すこしたち隠れて聞くべき物の隈ありや(=聞きたいと思っている御琴の合奏を…しばらくの間、ちょっと隠れて聞くことのできそうな物陰はあるか)〈源氏・橋姫〉 ❸曇り。かげ。月に関していうことが多い。例隈もなき月の光にさそはれて〈山家集・上〉 ❹心に隠していること。秘密。例秋の夜の月の光はきよけれど人の心の隈は照らさず〈後撰・秋中〉 ❺欠点。短所。例ひとわたり読ませたてまつりたまふに、至らぬ隈もなく(=ひととおり読ませ申し上げなさると、行き届かない欠点もなく)〈源氏・少女〉読解 光源氏の子の夕霧が大学寮の試験の前に模擬試験を受けたときの様子。 ❻歌舞伎で、荒事を演じる役者が顔に施す彩色。隈取り。

隈⑥

語誌 ①が原義。『万葉集』ではこの用法が多い。曲がり角が人目につきにくい部分であることから、中央に対する隅、光に対する陰の部分などをさすようになった。〈木村博一〉

く-まい【供米】 名 神仏に供える米。また、僧への扶

持米。例金色の仏多くおはします。供米三十石くを、定図(=容器)におかれて〈大鏡・実頼〉

くま-かし【熊白檮・熊橿】名〔「くま」は大きい、茂った、の意〕大きく茂った樫の木。例命の 全けむ人は たたみこも〈枕詞〉平群の山の 熊白檮が葉を うずに挿せ その子〈記・中・景行・歌謡〉➡名歌67

くま-ぐま【隈隈】名〔「くま」を重ねた語〕すみずみ。目立たない所。例紙燭さして、隈々をもとめしほどに〈徒然・二一五〉

くま-ぐま・し【隈隈し】形〈シク〉❶奥が深くて、暗い。例灯はほのかにまたたきて…ここかしこのくまぐましくおぼえたまふに〈源氏・夕顔〉❷心に秘密があるようだ。例何ごとかはべらむ。隈々しく思したるこそ苦しけれ〈源氏・梅枝〉

くま-しね【糈米】名 神仏に供える洗い清めた白米。「おくま」とも。例くましねを包みなどして参りけり〈御伽草子・蛤の草紙〉

熊襲 名❶〈地名〉今の九州南部。❷部族の名。①の地域に居住し、大和王権にしばしば反抗した。例西の方に熊曾建二人あり〈記・中・景行〉読解「建」は勇猛な人の意で、ここは首長の兄弟。

くま-たか【熊鷹・角鷹】名❶ワシタカ科の鳥の名。大形の鷹。鷹狩りに用い、また、尾羽などを矢羽に用いる。❷〈①から転じて〉性質が凶暴で、欲深いもののたとえ。例熊鷹の、熊手の、つかみ面のと異名(=あだ名)をつけ〈近松・ひぢりめん卯月紅葉・上〉

くま-つづら【熊葛・馬鞭草】名❶【熊葛】〔「くま」は大きく力強い意〕固く太いつる草。また、大きなつる草。例熊葛の練り鞦〈霊異記・中・四〉❷【馬鞭草】植物の名。クマツヅラ科の多年草。野原などに自生して、夏、淡紫の小花を穂状につける。和歌では、多く「くる」「つらし」などを導く序詞を構成する。例繁り行くしばをの山のくまつづら暮るるも長き水無月の空〈新撰六帖・一〉

くま-で【熊手】名❶鉄製の爪を先端につけて敵を引っかける武器。例船のうちより熊手をもって判官の甲のしころにからりからりと二、三度までうちかけるを〈平家・一一・弓流〉❷穀物や落ち葉などをかき寄せるための竹製の道具。❸欲の深いこと。また、その人。例若いお主をそそのかす、熊手よ欲よと言はるるも〈近松・淀鯉出世滝徳・上〉❹江戸浅草の鷲神社の酉の市で売る縁起物の飾り。

くま-と【隈所・隈処】名 曲がった所。物陰。例葦垣の隈処に立ちて我妹子が袖もしほほに泣きしぞ思はゆ(=泣いたのが思い出される)〈万葉・二〇・四三五七〉

くま-ど・る【隈取る】動〈ラ四〉❶彩色して濃淡をつける。ぼかす。例雲の色は隈取る墨の移し絵に〈為兼集〉❷歌舞伎で荒事を演じる役者が、顔に筋・模様などを絵の具で描いて色どりをする。

くま-な・し

【隈無し】形〈ク〉「くま」は、暗い所、隠していること、の意。陰に隠された部分がなく、明らかになっている感じをいう。

❶暗い所がない。曇りや影がない。例花はさかりに、月はくまなきをのみ、見るものかは(=桜の花は満開の状態だけを、月は曇りなく照っている状態だけを見るものか、いや、そうではない)〈徒然・一三七〉読解「かは」は反語の意を表す。満開の桜、満月がすばらしいことを認めた上で、花や月の情趣がそれだけでないことを説く。

❷隠し事がない。あけひろげだ。例さまざまのすき事どもを、かたみに隈なく言ひあらはしたまふ(=さまざまの女性関係のことを、互いに隠すことなく白状なさる)〈源氏・葵〉

❸行き届かない所がない。ぬかりがない。例おのれも隈なきすき心にて〈源氏・夕顔〉読解光源氏の従者の惟光のこと。自分も好き者なので、源氏を女性のもとに手引きするのにぬかりがない。〈木村博〉

熊野 〈地名〉❶紀伊半島南部の、熊野川流域と熊野灘に面する地域。紀伊国、今の和歌山県東・西牟婁郡と三重県南・北牟婁郡。「み熊野」とも。例〈平忠度ハ〉熊野そだち、大力のはやわざにておはしければ(=熊野育ち、怪力の俊敏でいらっしゃったので)〈平家・九・忠度最期〉❷熊野本宮、あるいは、熊野三山。例熊野へ参るには 紀路(=紀州路)と伊勢路のどれ近し どれ遠し 広大慈悲の道なれば(=広大な慈悲をもつ権現への道だから) 紀路も伊勢路も遠からず〈梁塵秘抄・四句神歌〉

語誌▼熊野詣で 平安末期から中世にかけて、「人まねの熊野詣で」「蟻の熊野詣で」といわれるほど熊野詣でが流行した。一方、多くの神領を背景に、熊野別当の下に多くの衆徒と侍、強大な水軍を擁し、世俗的な勢力も大であった。

文学では、後鳥羽上皇の御幸の途次で催した和歌会の懐紙(熊野懐紙)が有名。『平家物語』には熊野詣での記事が数度ある。特に巻一〇の平維盛は参詣の後、浜の宮で入水するが、補陀落渡海の信仰(⇒じゃうど)が背景にあるとされる。また、水軍と別当の活躍も出てくる。『義経記』は熊野山伏との関連が深いといわれている。〈黒木祥子〉

くまの-ごわう【熊野牛王】ゴオウ 名 熊野神社が発行する守り札。熊野の神の使いとされる鳥七十五羽で「熊野牛王宝印」と記す。起請文を書くのに用いられた。

くまの-さんざん【熊野三山】名 熊野坐神社(本社)・熊野速玉神社(新宮)・熊野夫須美神社(那智)の総称。「熊野三社」「三所権現」とも。

熊野牛王〔熊野那智大社〕

くまの-まうで【熊野詣で】モウデ 名 熊野三社に参詣すること。平安末期以降流行した。例日ごとに熊野まうでのまねをして〈平家・二・康頼祝言〉

くま-み【隈回・隈廻】名〔「み」は接尾語〕道の曲がり角。例道の隈廻に標結へ我が背〈万葉・二・一一五〉

くみ【組み】名「組み糸」の略。よりあわせて作った糸。例細き組みして(袋ノ)口の方を結ひたるに〈源

氏・橋姫〉

くみ-いれ【組み入れ】 名 ❶「組み入れ天井」の略。木を格子形に組んで板を張った天井。「くみれ」とも。例天井の**組み入れ**の上に、もののこそめくを(=がさがさ音を立てるのを)見上げたれば〈今昔・二七・三〉 ❷組んで中に入れ込むように作ること。また、そのように作った器物。入れ子。

くみ-おび【組み帯・條帯】 名 ❶奈良時代、男性が正装のときにつける帯。撚り糸を平らに組んだ細長い紐で、先に房をつけたもの。❷中世から江戸中期まで民間で流行した帯の一つ。組み紐で編み、両端に房をつける。例大振袖のゆかたに紫糸の**組み帯**、しどけなくむすびて〈西鶴・武道伝来記・三・一〉

くみ-がしら【組頭】 名 ❶江戸時代、鉄砲組・徒組など、大名の軍隊組織の長。❷江戸時代、京都に置かれた組町の長。例ほどなく八町走り井の問屋・**組頭**、組町引き具し〈近松・傾城反魂香・上〉

くみ・す【与す】 動(サ変) 味方する。例皇后は天皇に**与し**たまはずして〈紀・雄略〉

くみ-て【組み手】 名 ❶組みついて討ち取ろうとする相手。また、敵と組みあって戦う人。例二人を**組み手**に定め〈太平記・二七〉 ❷組み糸を組む人。

くみ-まが・ふ【汲み紛ふ】 ―マガウ・マゴウ 動(八四) 入り乱れて水をくむ。入れかわり立ちかわり水をくむ。例もののふの(枕詞)八十娘子らが**汲みまがふ**寺井の上の堅香子の花〈万葉・一九・四一四三〉➡名歌369

くみ-れ【組入れ】 名「くみいれ①」に同じ。例**くみれ**の上などをも見よ〈栄花・浦々の別れ〉

く・む【汲む・酌む】 動(マ四) ❶**水などを器にすくい取る**。例銀のかなまりを持ちて水を**汲み**ありく(=銀製の器を持って水をすくって歩きまわる)〈竹取〉 ❷酒・茶などを器につぐ。また、**ついで飲む**。例酒をいざや**酌ま**うよ〈謡曲・猩々〉 ❸他人の心中や事の内情を思いやる。**推察する**。斟酌する。例(オ屋敷ニ)とまりて思ひたまはむ心地どもを**酌み**きこえたまふも(=残ってお偲びになるお気持ちなどをご推察申し上げなさるにつけ)〈源氏・椎本〉 読解 父宮が亡くなった後の寂しい住居に残される宇治の姫君の心中を思いやる薫の様子。〈鈴木宏子〉

く・む【組む】 動(マ四) ❶**組み討ちする**。取っ組みあう。例汀にうちあがらむとするところに、おしならべてむずと**組ん**(音便形)で(=波打ち際にあがろうとするところに、馬を無理に並べてむんずと組みあって)〈平家・九・敦盛最期〉 ❷**手や足を交差させる**。例肩をならべ、膝を**組み**て〈平家・八・征夷将軍院宣〉 ❸**糸などを交互にからませて編む**。織る。例青つづら籠にや**く**ままし若菜摘むべく(=青つづらを籠に編もうか、若菜を摘むことができるように)〈拾遺・物名〉 読解「つづら」はつる草のこと。❹**木や石などを用いて構築する**。例土居を**組み**、うちおほひを葺きて(=土台を築いて、簡単な屋根を葺いて)〈方丈記〉〈鈴木宏子〉

-ぐ・む 接尾(マ四型) 名詞について、それが外にあふれかけたり、ふくらんだりする状態を表す動詞を作る。「涙ぐむ」「汗ぐむ」「角ぐむ」など。

くめ-うた【久米歌・来目歌】 名 久米部が伝承し、久米舞に際して歌った戦闘歌謡。記紀には神武天皇の大和征服時の歌として載る。⇩くめまひ

くめ-の-いはばし【久米の岩橋】 ―イワバシ 名 伝説上の石橋。役行者が一言主神に命じて、大和国(奈良県)の葛城山と吉野の金峯山に渡そうとしたもの。一言主が容貌の醜いことを恥じて夜の間しか仕事をしなかったため完成しなかったという。和歌では、男女の契りが成就しないたとえにいう。「久米路の橋」とも。例葛城や渡しもはてぬものゆゑに(=渡しきらなかったものだから)**久米の岩橋**苔おひにけり〈千載・雑上〉

くめ-べ【久米部・来目部】 名 大和王権の部曲の一つ。久米氏に属した武人。久米舞や久米歌を伝承し、宮廷の警護をつかさどる。

くめ-まひ【久米舞】 ―マイ 名 朝廷の宴席で久米部が行った歌舞。記紀では、神武天皇東征のとき、大伴氏の祖先道臣命が久米部を率いて先住民を討ったときに久米部が舞ったと伝える。剣を抜いて舞う。平安時代以降は歌を欠いて舞だけとなった。⇩くめうた

く-めん【工面】 名動(サ変)「ぐめん」とも。❶工夫。例のがるる**工面**はあるまいか〈近松・傾城反魂香・中〉 ❷金回り。経済状態。例**工面**がえいから(=いいから)好きなものを着やあがる〈滑稽本・膝栗毛・二上〉

くも【雲】 名 ❶**空の雲**。例あしひきの(枕詞)山川の瀬の鳴るなへに弓月が岳に**雲**立ち渡る〈万葉・七・一〇八八〉➡名歌23 ❷**雲状をなすもの**。一面に咲いた花など。例(a)紫の**雲**とぞ見ゆる藤の花〈拾遺・雑春〉 読解 藤の花を、めでたい紫雲に見立てた。例(b)花の**雲**鐘は上野か浅草か〈俳諧・続虚栗〉➡名句112 ❸**火葬の煙**。例程もなく**雲**となりぬる君なれど昔の夢の心地こそすれ(=あっけなく火葬の煙となってしまったあなただが、あなたとのことが、昔見た夢のように思われることだ)〈新千載・哀傷〉 ❹**心をうつうつと閉ざすもの**。**心の曇り**。例**雲**晴れて身にうれへなき人の身ぞさやかに月の影は見るべき(=心の曇りが晴れて我が身に悲しみのない人だけがはっきり明るく月の光を見ることができる)〈山家集・下〉

語誌 ▼**霊魂の姿** 古く、雲は霊魂の姿と考えられた。地名「出雲」にかかる「八雲立つ」という枕詞があるが、わき起こる雲は、地霊の盛んな活動を意味していた。その場合、雲は土地讃めの表現と結びつくことが多い。雲のわき上がる様子はしばしば「たつ」と表現されるが、「たつ」は霊性の発現を意味する。雲に、死者や離れて逢えない人の姿を思い浮かべる例も少なくないが、そこにも魂の作用が感じ取られている。火葬の煙が雲と表現されるのも、煙に死者の魂の姿が意識されているからである。〈多田一臣〉

【雲となり雨となる】 ❶男女の愛情のこまやかなことのたとえ。中国の楚の襄王が夢の中で巫山の神女と情を交わしたが、彼女は朝には雲、夕には雨となることを契って消えたという「朝雲暮雨」

夢」の故事による。例雲となり雨となるてふ中空の夢にも見えよ夜ならずとも〈新勅撰・恋三〉❷あとかたもなく消えてしまうことのたとえ。例声ばかり虚空に残る、雲となり雨となるや〈謡曲・金札〉❸時により変転しやすいこと、定まりがたいことのたとえ。

【雲に梯】 雲にはしごをかけるように、望みが実現不可能なこと。特に、かなわぬ恋にいう。例それは雲に梯、及ばぬ恋なり〈狂言・金若〉

くも【蜘蛛】 名 虫の名。クモ目の節足動物。糸を出して網状の巣を作るものが多い。例甑には 蜘蛛の巣かきて 飯炊く ことも忘れて〈万葉・五・八九二〉↓名歌122

くも‐あし【雲脚】 名 ❶雲の動き。また、その速さ。例雲脚早き雨空も〈歌舞伎・小袖曽我薊色縫・一・四〉❷机や台などの脚で、雲形にかたどったもの。

雲脚②

くもい【雲居・雲井】 ⇩くもゐ

くも‐がく・る【雲隠る】 動(ラ四) ❶雲に隠れる。例照る月の 雲隠るごと〈万葉・二・二〇七〉↓名歌45 ❷亡くなる。高貴な人の死を遠回しにいう表現。例ももづたふ(枕詞)磐余の池に鳴く鴨を今日のみ見てや雲隠りなむ〈万葉・三・四一六〉↓名歌373

語誌▼天上世界に行く　雲は天上世界と地上世界との間にあるものと考えられていたから、雲隠れは、いわば天上世界に行くことでもあった。①の例は、「照る月が雲隠る」ごとく愛する人が死んでしまったという内容である。月が雲に隠れることと死ぬことが同じレベルで捉えられていたことがわかる。
　このような観念は、死者が天上世界に昇ると考えていなければ生じない。死者を焼く煙が立ち昇って行く先を天とみたのではないか。火葬の煙を雲として詠む歌もある。〈古橋信孝〉

くも‐がくれ【雲隠れ】 名 ❶月などが雲に隠れること。隠れて見えないこと。例三日月のさやかに見えず雲隠れ見まくぞほしきうたてこのごろ〈拾遺・恋三〉❷貴人の死を婉曲にいう。例光源氏の雲隠れ〈仮名草子・根の介・下〉

くも‐かすみ【雲霞】 名 ❶雲と霞。例今はとて(=もう最後だと)かき籠もり、さる遥けき山の雲霞にまじりたまひにし〈源氏・若菜上〉❷すばやく逃げて姿をくらますこと。例雲霞、砂道蹴立てて逃げたりけり〈浄瑠璃・伽羅先代萩・五〉❸多くの人が群がり集まることのたとえ。例こなたかなたの軍(=あちらこちらの軍勢)雲霞のごとくして、その数を知らず〈水鏡・天武〉

くも‐すけ【雲助・雲介・蜘蛛助】 名 江戸時代、住所不定の道中人足。街道や宿場で荷物の運搬・駕籠かきなどに従事した。例悪い病がつきました。そりゃ雲介の身持ち(=行い)ぞや〈近松・丹波与作待夜の小室節・中〉

くも‐ぢ【雲路】 ―ヂ 名 雲の中の道。月や鳥などが行き通うとされた空の中の路。例いづかたの(=どちらの)雲路にわれも迷ひなむ月の見るらむこともはづかし〈源氏・須磨〉

く‐もつ【公物】 名 官有物。朝廷の物。公の物。例累代の公物、古弊をもちて規模とす(=古く傷んでいることを規範とする)〈徒然・九九〉

く‐もつ【供物】 名「ぐもつ」とも。神仏に供える物。お供えもの。例人々五十二種の供物をそなへけるに〈著聞集・二・七一〉

くも‐で【蜘蛛手】 名 (蜘蛛の足のように広がっている意)❶道や川などがいくつにも分かれていること。例水ゆく河の蜘蛛手なれば〈伊勢・九〉❷四方八方に動くこと。また、刀などを振り回すこと。例たてさま・よこさま・蜘蛛手・十文字に駆け割り〈平家・九・二度之懸〉❸材木などを組み合わせること。また、そうして作った格子や支柱。例ある障子の上に蜘蛛手結うたる所あり〈平家・三・小教訓〉❹心があれこれと思い乱れること。例うちわたし長き心は八橋の蜘蛛手に思ふことは絶えせじ〈後撰・恋一〉

くもとなりあめとなる【雲となり雨となる】 ⇩「くも」の子項目

くも‐とり【雲鳥】 名 ❶雲の中を飛ぶ鳥。天空を飛ぶ鳥。例雲鳥もかへるゆふべの山風にそともの谷のかげぞ暮れぬる〈玉葉集・雑三〉❷文様の名。雲と鶴を配したもの。例「雲鳥の紋の綾をや染むべき」と聞こえたりしを〈大和・一五九〉

雲鳥②
〔高田装束研究所〕

くもとりの【雲鳥の】 《枕詞》「くもとり②」が「綾」の模様として多く用いられることから「綾」に、また、その同音を含む「あやにく」「あやに」にかかる。

くもにかけはし【雲に梯】 ⇩「くも」の子項目

くも‐の‐い【蜘蛛の網】 ―ヰ 名 蜘蛛の巣。例壁の角の中を見るに、蜘蛛の網あり〈今昔・九・三三〉

くも‐の‐うへ【雲の上】 ―ウエ 名 ❶天空。天上。例行く蛍雲のうへまでいぬべくは秋風吹くと雁に告げこせ〈伊勢・四五〉↓名歌395 ❷宮中。内裏。例(a)ひさかたの(枕詞)雲のうへにて見る菊は天つ星とぞあやまたれける(=宮中で見る菊の花は天の星かと間違ってしまいそうだなあ)〈古今・秋下〉例(b)この里にものしたまふ皇女の、雲の上離れて思ひ屈したまへるこそ、いとほしう見たまふれ(=私の邸においでになる皇女が、宮中を離れてふさぎこんでいらっしゃるのは、お気の毒と拝見しております)〈源氏・蜻蛉〉〈藤本宗利〉

くも‐の‐うへびと【雲の上人】 ―ウエ― 名 (宮中を「雲の上」ということから)宮中に仕える人。狭義には殿上人のこと。雲上人。例忠盛三十六にて始めて昇殿す。雲の上人これを猜み(=ねたみ)〈平家・一・殿上闇討〉

くも‐の‐かけはし【雲の梯】 名 ❶たなびく雲を、空にかかるはしごに見立てていう。例ふみみれど雲のかけはしあやふしと思ひしらずも頼むなるかな(=あてにしているそうだよ)〈蜻蛉・下〉読解「ふみみれど」

は「踏みみれど」と「文見れど」を掛ける。「頼むなる」の「なり」は推定の助動詞。❷深い絶壁の谷間に高くかけ渡した橋。例山路秋なる雲のかけはし〈風雅・雑上〉❸(宮中を「雲の上」などということから)宮中にある階段。例うらやまし雲のかけはしたちかへり〈金葉・雑上〉

くも-の-かよひぢ【雲の通ひ路】―カヨイジ 雲の行き通う天空の道。例天つ風**雲の通ひ路**吹き閉ぢよをとめの姿しばしとどめむ〈古今・雑上〉➡名歌44

くも-の-ころも【雲の衣】 雲を天女の着ている衣服に見立てていう語。例織女の**雲の衣**の反る袖かも〈万葉・一〇・二〇六三〉

くも-の-すがき【蜘蛛の巣がき】 蜘蛛が巣を作ること。また、その巣。「くものいがき」とも。例秋風は吹きな破りそ我が宿のあばら(=荒れ果てたさま)隠せる**蜘蛛の巣がき**を〈拾遺・雑秋〉

くも-の-なみ【雲の波】 ❶雲の重なったさまを波に見立てた語。例夕べの空の**雲の波**〈謡曲・八島〉❷波の立ち重なったさまを雲に見立てた語。例**雲の波**煙の波をたちへだて〈栄花・浦々の別れ〉

くも-の-ふるまひ【蜘蛛の振る舞ひ】―ルマイ 蜘蛛の動作。蜘蛛が現れて動き回るのを見ると、待ち人が来ると信じられていた。「蜘蛛の行ひ」とも。例我が背子が来べき宵なりささがにの(枕詞)**蜘蛛のふるまひ**かねて(=今からもう)しるしも〈古今・墨滅歌〉

くも-の-みね【雲の峰】 夏雲が高く立つさまをいう語。例**雲の峰**幾つ崩れて月の山〈芭蕉・奥の細道〉

くも-の-みを【雲の澪】―ミオ 雲の流れていく道筋。雲の流れを水路に見立てていう。例天の河**雲のみを**にてはやければ光とどめず月ぞ流るる〈古今・雑上〉

くも-ばな・る【雲離る】 動(ラ下二) 雲のように遠く離れる。例**雲離れ** 遠き国辺の 露霜の 寒き山辺に〈万葉・一五・三六九一〉読解「雲離れ」を「遠き」にかかる枕詞とする説もある。

くも-ま【雲間】 名❶雲の切れ目。例卯の花のむらむら(=所々に群がって)咲ける垣根をば**雲間**の月の影(=光)かとぞ見る〈新古今・夏〉❷雨雲の晴れ間。雨が上がったとき。例**雲間**待ち出でむほど、いかに心もとなう〈源氏・末摘花〉

くも-みづ【雲水】―ミズ 名 雲と水。また、雲や水のように行方の定まらないことのたとえ。例心を誘ふ**雲水**の、行くへやいづくなるらん〈謡曲・雨月〉

くもらは・し【曇らはし】クモラワシ 形(シク) 曇っている。おぼろげで、くすんださまだ。例おぼつかなき空のけしきの**曇らはしき**に〈源氏・蛍〉

くもり【曇り】 名❶光が雲で遮られている状態。また、光・色・音などが鮮明でなく、おぼろげであること。例大空は晴れも**曇り**もさだめなきを〈右京大夫集〉❷後ろ暗いこと。不正や疑惑。「くもりなし」の形で用いることが多い。

くもり-な・し【曇り無し】 形(ク)❶鮮明で明るい。例更衣の御しつらひ**曇りなく**あざやかに見えて〈源氏・葵〉❷不正なところがない。潔白だ。例われは春日の**くもりなき**身ぞ〈源氏・須磨〉

くも・る【曇る】 動(ラ四)〔名詞「くも(雲)」の動詞化〕❶雲などで空が覆われる。例五月五日は、**くもりく**らしたる(=一日じゅう空が雲で覆われている)〈枕・正月一日、三月三日は〉❷色つやが失せる。心や顔つき・声などに生気がなくなる。例御容貌など、いと華やかに、ここぞ**曇れる**と見ゆるところなく〈源氏・初音〉❸目がかすんで、物が見えにくくなる。例涙に**くもる**玉の箱かな〈源氏・夕霧〉

くも-ゐ【雲居・雲井】

―イ 名「ゐ」は動詞「ゐる(居る)」の名詞形。「くもゐ」で雲が動かずにいる所、の意。「井」はあて字。

❶雲のかかっている所。天空。大空。例葦辺より**くもゐ**をさして行く雁の(ここまで序詞)いや遠ざかる我が身悲しも(=葦の生えている水辺から大空をめざして飛んで行く雁のようにあなたが遠ざかっていく我が身が悲しく思われることだ)〈古今・恋五〉

❷雲。例はしけやし 我家の方よ **雲居**立ち来も(=ああ、なつかしい。我が家のほうから雲がわき起こってくることだ)〈記・中・景行・歌謡〉

❸はるかに離れた所。例長き夜をひとり明かし、遠き**雲井**を思ひやり(=長い夜を一人で過ごし、遠くはるかに離れた所に思いをはせ)〈徒然・一三七〉

❹(雲のようにはるかに仰ぎ見ることから)皇居。宮中。また、都。例かからむ世には、**雲井**に跡をとどめても何かはし候ふべき(=このような世の中においては、宮中にとどまっていても何をすることができようか)〈平家・三・城南之離宮〉読解高倉天皇から父法皇への手紙の一節。「かからむ世」は、平家の横暴によって乱れた世の中。「何かは」は反語の意を表す。

語誌▼**「雲居の～」の熟語** 「雲居の桜」は宮中の桜、特に南殿の桜。「雲居の雪」は高い山に積もった雪、あるいは宮中の雪。「雲居の雁」は空を飛ぶ雁のことで、『源氏物語』では光源氏の息子夕霧の妻の呼び名でもある。〈鈴木宏子〉

くもゐ-がく・る【雲居隠る】クモイ― 「くもゐがくる」とも。❶動(ラ四) 雲の中に隠れる。例淡路の島は夕されば **雲居隠りぬ**〈万葉・一五・三六二七〉❷動(ラ下二) ❶に同じ。例春日山**雲居隠れて**遠けれど家は思はず君をこそ思へ〈拾遺・雑恋〉

くもゐ-の-そら【雲居の空】クモイ― ❶雲のある所。空。例都にも旅なる月の影をこそ同じ**雲居の空**に見るらめ〈山家集・下〉❷遠く離れた場所。例人臣にだに交じらはで、**雲居の空**をも迷ひきて〈近松・吉野都女楠・四〉❸宮中。例**雲居の空**に まじりつつ〈増鏡・おどろの下〉

くもゐ-の-よそ【雲居の余所】クモイ― 遠く離れた所。例限りなき**雲居のよそ**に別るとも〈古今・離別〉

く-もん【公文】 名❶律令時代、公文書の総称。❷社寺や公家などが領地・荘園に下す文書。また、それを取り扱う職。特に、荘園の管理にあたる荘官。

くもん-じょ【公文所】 名❶平安時代、諸国で公文(公文書)を処理する役所。例太政官の庁は…**公文所**ていの所なり(=公文所ぐらいの所だ)〈平家・四・還御〉❷公家・寺社などで、文書を処理する所。❸鎌倉時代、幕府の文書の評決機関。のちに、政所に改められた。

くーやう【供養】ヨウ 名動(サ変)《仏教語》❶**香料・花・灯明・飲食物・衣服などを、仏・法・僧の三宝や父母・亡者などに施すこと。**また、**施される物。**精神的な行為にいうこともある。例御正日には上下の人々みな斎ひして、かの曼荼羅など今日ぞ**供養ぜ**させたまふ(=御命日には身分の高い人も低い人も皆精進して、あの極楽の曼荼羅などをこの日にご供養させなさる)〈源氏・幻〉
❷**死者の追悼などのために法会を営むこと。**例故殿の御ために、月ごとの十日、経・仏など**供養ぜ**させたまひしを(=亡き殿の御ために、月ごとの十日に、写経をし、仏画・仏像を造るなどして法会を営みなさったが)〈枕・故殿の御ために〉
語誌 サ変動詞として用いる場合、古くは「供養ず」とザ行にも活用した。〈劔持雄二〉

くやう-ぼふ【供養法】クヨウボウ 名《仏教語》三宝(仏・法・僧)や死者の霊、または自分の仏道精進のために供養する行法。例入道もえ堪へで、**供養法**たゆみて(=怠って)急ぎ参れり〈源氏・明石〉

くや・し【悔し】形(シク) **後悔せずにはいられない。残念だ。**例(a)**悔し**かもかく知らませばあをによし(枕詞)国内ことごと見せましものを(=残念だなあ。こうと知っていたら、国じゅうをくまなく見せておいただろうに)〈万葉・五・七九七〉読解 亡き妻を偲ぶ夫の立場に立って詠んだ歌。「〜ませば〜まし」は反実仮想の意を表す。例(b)忍ぶれど涙こぼれそめぬれば、をりをりごとにえ念じえず、**悔しき**ことも多かめるに(=こらえても涙がこぼれはじめてしまうと、その時々のたびにこらえきれず、悔やむことも多いようなので)〈源氏・帚木〉読解 夫を捨てて出家した女性が後悔するという話。「え〜ず」は不可能の意を表す。
語誌 ▼関連語 自分のしたことを、しなければよかったと悔やむ気持ちを表す語で、他人を恨んだり反発したりする気持ちはない。「**くちをし**」は、出来事やなりゆきが自分の思いどおりにならず残念だ、の意。「**ねたし**」は、しゃくだ、いまいましいなどの意で、瞬間的に相手に反発を感じる気持ちが中心。「くちをし」が中世から自分自身や自分の行為に多く用いられるようになり、「くやし」にも近世以降、腹立たしい、しゃくだ、の意がみられるようになった。対応する動詞は「くゆ」。〈高田祐彦〉

くーやつ【此奴】代(「こやつ」の変化した形)対称の人称代名詞。人を卑しめていう。こいつ。例**くやつ**、今また縛りかけよ〈宇津保・藤原の君〉

く・ゆ【悔ゆ】動(ヤ上二) **後悔する。悔いる。**例(a)かかる御容貌やつしたまひて、**悔い**たまふな(=このように美しいお姿を尼姿に変えなさって、後悔なさるな)〈源氏・手習〉例(b)終にものの上手にもならず、思ひしやうに身をも持たず。**悔ゆれ**ども取り返さるる齢ならねば(=とうとう何かの名人にもならず、思ったように出世もしない。後悔しても取り返せる年齢ではないので)〈徒然・一八八〉
語誌 おそらく漢文訓読系の語であろう。和文では、ほとんど意味の変わらない「くやし」がもっぱら用いられた。〈高田祐彦〉

く・ゆ【崩ゆ】動(ヤ下二) くずれる。例愛しと我が思ふ心早川の塞きに塞くとも(=どんなに塞き止めても)なほや**崩え**なむ〈万葉・四・六八七〉

くゆら-か・す【燻らかす】動(サ四)(「かす」は接尾語)「くゆらす」に同じ。

くゆら・す【燻らす】❶動(サ四) 煙や香りを立てる。例庵の下に火を**くゆらし**て蚊を払ふは〈六百番陳状・春下〉❷動(サ下二) ❶に同じ。例煙をいとおほく**くゆらせ**て〈大和・六〇〉

くゆ・る【燻る】動(ラ四) ❶煙や香りなどが立ちのぼる。例空薫き物いとけぶたう**くゆり**て〈源氏・花宴〉❷思い焦がれる。悩む。例富士の嶺の(煙ノヨウニ)絶えぬ思ひもあるものを**くゆる**はつらき心なりけり〈大和・一七一〉

くよう『供養』⇩くやう

くら【座】名 物を置く場所。また、神や貴人がいる所。「高御座」「天の磐座」など複合語で用いられることが多い。

くら【鞍】名 牛や馬の背において、人や荷物をのせる道具。例馬に**鞍**置きながらとらせて(=鞍をつけたまま与えて)〈宇治拾遺・一八〉

くらい『位』⇩くらゐ

ぐーらう【愚老】ロウ 代 自称の人称代名詞。老人・老僧などが自分をへりくだっていう。例**愚老**も外祖と仰がるべき瑞相にてもや候らむ(=吉兆であるかも

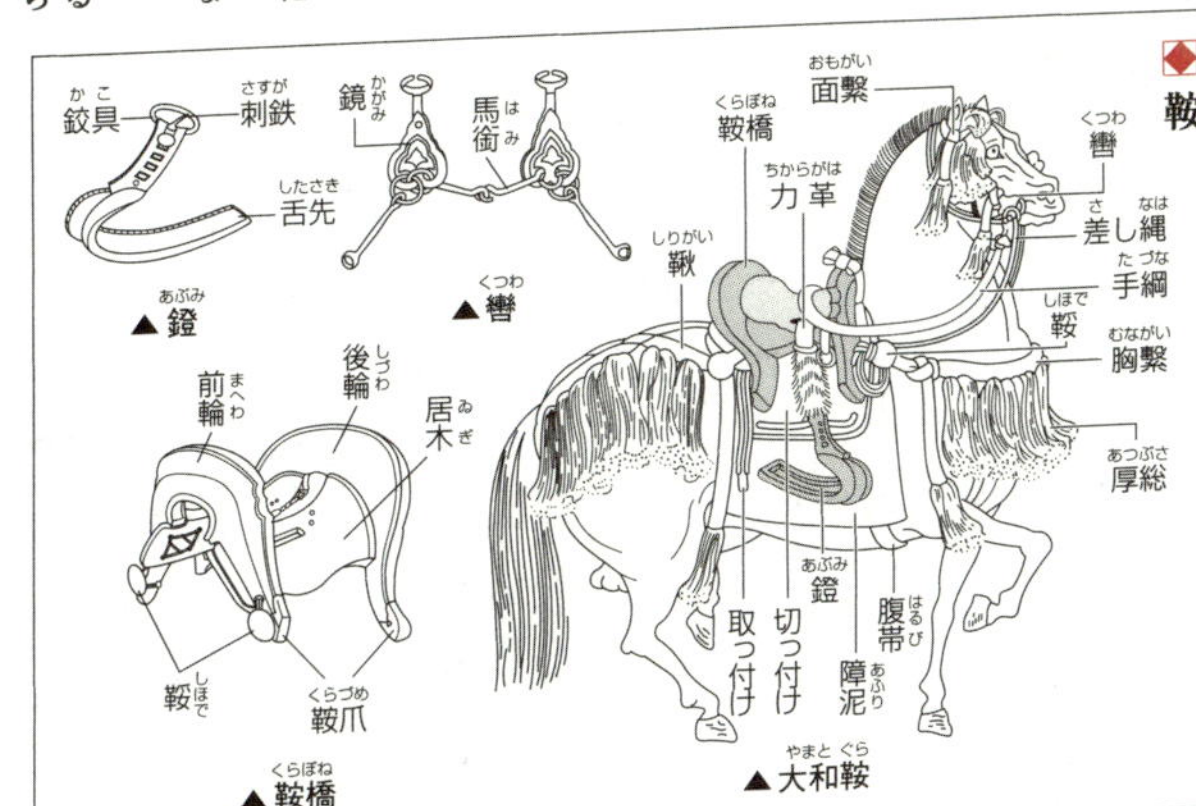

しれません)〈平家・一・二代后〉

くら-うど【蔵人】クロウド 名(「くらひと」のウ音便形)「くらんど」とも。❶蔵人所の職員。令外の官の一つ。唐名は「侍中」。また「職事」ともいう。設置当初は天皇の腹心として機密文書や訴訟をつかさどったが、しだいに、宣旨を下に伝えたり奏上を取り次いだりなど、天皇周辺の雑事いっさいを扱う要職となる。長官の頭の下に五位の蔵人・六位の蔵人がいる。例かく言ふは、播磨守の子の、**蔵人より今年かうぶり得たるなりけり**(=こう言うのは、播磨守の子で、六位の蔵人から今年五位に叙せられた人なのであった)〈源氏・若紫〉 読解 この「かうぶり」は五位に叙せられることの意で、六位の蔵人を経て、今年従五位の下になった人物のこと。

❷①にならって、院や女院・摂関家などに置かれた役職。

❸「女蔵人」の略。

語誌 ▼もともとは天皇家の文書などを納める納殿を管理する職。平安初期の弘仁元年(八一〇)に置かれ、九世紀後半にはすでに重職とみなされるようになっていた。

▼六位の蔵人　一般の六位の官人は昇殿を許されないが、天皇の側近である蔵人は六位でも昇殿が許される殿上人だった。また、蔵人は六位であっても天皇から下賜された麹塵(青色)の袍の着用を許される。『枕草子』「めでたきもの」の段にはその「青色姿」をすばらしいとする一節がある。『枕草子』には六位の蔵人を賞賛する記述が多く、中流貴族のあこがれであったことがわかる。〈池田尚隆〉

くらうど-どころ【蔵人所】クロウドドコロ 名❶蔵人が執務する役所。校書殿の西廂に置かれた。例**蔵人所**の鷹飼ゐて賜はりたまふ〈源氏・桐壺〉❷①にならって、院・女院・摂関家などに置かれた役所。

くらうど-の-ごゐ【蔵人の五位】クロウドノゴイ 名 六位の蔵人で、六年の任期が満ちて五位に叙されたものの、五位の蔵人(定員三人)に欠員がないため、殿上を退いた人。例**蔵人の五位**よきかぎり(=りっぱな人ばかり)二十人〈栄花・松の下枝〉 語誌「ごゐのくらうど(五位の蔵人)」とは別語。

くらうど-の-せうしやう【蔵人の少将】クロウドノショウショウ 名 近衛府の少将で、五位の蔵人を兼ねる人。若くしてなる場合、出世コースの官。例**蔵人の少将**にていと若うをかしきを〈源氏・桐壺〉

くらうど-の-とう【蔵人の頭】クロウドノトウ 名 蔵人所の長。定員は二人で、四位の殿上人から選ばれる。一人は弁官、一人は近衛の中将をあてることが多く、それぞれ「頭の弁」「頭の中将」と呼ぶ。天皇と摂政・関白の間の連絡や、宮廷の管理・運営にあたる重職。のちに上に別当一人が置かれたが、多くは名誉職で、事実上の長官は頭が務めた。

くらおき-うま【鞍置き馬】名 鞍をつけた馬。例「馬どもおといてみん(=坂を降りさせてみよう)」とて、**鞍置き馬**を追ひおとす〈平家・九・坂落〉

くら-かけ【鞍掛け・鞍懸け】名❶鞍をかけておく四本足の台。例移しの鞍二十具、**鞍かけ**にかけたりけり〈宇治拾遺・七〉❷四本足の踏み台。例塀に**鞍掛け**(ヲ置キ)、木に取り付き〈近松・傾城反魂香・中〉

くら-かさ【鞍笠】名「くらつぼ」に同じ。例鐙踏ん張り鞍笠に突っ立ち上がり〈謡曲・八島〉

くら-がり【暗がり・闇がり】名❶暗闇。暗い所。例夕立のしたりしほどに、神泉(=神泉苑)の内の**暗がり**になりて〈今昔・二四・二一〉❷人目につかない所。秘密。内緒。例**暗がり**の商ひはせうものでござらぬ(=しようものではございません)〈近松・薩摩歌・中〉❸愚かなこと。道理に暗いこと。

くら-が・る【暗がる】動(ラ四)(「がる」は接尾語)暗くなる。闇になる。例足柄山といふは、四、五日かねて(=四、五日にわたって)恐ろしげに**暗がり**わたれり〈更級〉

くらき【暗き】名(形容詞「くらし」の連体形の名詞化)❶暗いこと。また、暗い時刻や場所。例(女ヲ)からうじて盗み出でて、いと**暗き**に来けり(=暗い中を逃げてきた)〈伊勢・六〉❷『仏教語』無明の闇。煩悩に迷う状態。例**暗き**より暗き道にぞ入りぬべきはるかに照らせ山の端の月〈拾遺・哀傷〉→名歌147

くらき-みち【冥き途・暗き道】名❶(「冥途」の訓読)死後の世界。あの世。例仏の御しるし、今はかの**冥き道**のとぶらひにだに頼みまうすべきを(=せめて道案内にだけでもおすがり申し上げなければならないから)〈源氏・御法〉❷煩悩に迷う状態。例暗きより**暗き道**にぞ入りぬべきはるかに照らせ山の端の月〈拾遺・哀傷〉→名歌147

くら-ぐら【暗暗】1名 薄暗い時分。夕暮れ、または未明。例物など食ひはてて、いそぎたちて、**くらぐら**に行き着きぬ〈宇治拾遺・一八〉2副 薄暗く、物がはっきり見えないさま。例十二日、池田を立ちて**くらぐら**行けば(=薄暗い中を行くと)〈海道記〉

くらげ【水母・海月】名 動物の名。クラゲ。骨がないものとされる。例(ソノ骨ハ)扇のにはあらで、**海月のなり**〈枕・中納言殿まゐり給ひて〉

【水母の骨にあふ】(クラゲには骨がないことから)非常に珍しいものに出会うことのたとえ。例みづはさす(=長生きをして)八十あまりの老いの波**くらげのほねにあふぞうれしき**〈今昔・三一・三三〉

くら・し

【暗し】形(ク)(動詞「くる」の形容詞形)❶**物がよく見えない**。例(a)宇津の山にいたりて、わが入らむとする道は、いと**暗う**(音便形)細きに(=宇津の山に到着して、自分が入ろうとする道が、たいそう暗く細い上に)〈伊勢・九〉例(b)つごもりの夜、いたう**闇き**に、松どもともして(=いくつもたいまつをつけて)〈徒然・一九〉 読解 大みそかの夜の様子。「つごもり」なので、月が出ない。❷**物事を理解する力に欠けている**。愚かだ。よく知らない。例**くらき**人の、人をはかりて、その智を知れりと思はん、さらにあたるべからず(=愚かな人が、他人を推測して、その智恵の程度を知ったと思う、それは絶対にあたっているはずがない)〈徒然・一九三〉❸**悟りを得ていない**。迷いがある。仏教的な意味でいう。例**暗き**より暗き道にぞ入りぬべきはるかに照らせ山の端の月〈拾遺・哀傷〉→名歌147　〈高田祐彦〉

くら・す【暮らす・暗す】動（サ四）〔「くる」の他動詞形〕**1**【暮らす】❶**日が暮れるまで時を過ごす。**例あたりを離れぬ君達、夜を明かし、日を**暮らす**、多かり（=近辺を離れない貴公子たちは、そこで夜を明かし日中を過ごす人が多い）〈竹取〉読解かぐや姫を得たいと、その家の近辺に張り込むようにしている。

❷**月日を送る。**例霞立つ山のあなたの桜花思ひやりてや春を**暮らさむ**（=霞が立つ山のかなたの桜花に思いをはせるだけでこの春を過ごすのだろうか）〈拾遺・雑春〉読解思いを寄せる女性を「桜花」にたとえる。

❸（動詞の連用形について）**一日じゅう〜し続ける。**例御琴など教へ**暮らして**〈源氏・花宴〉

2【暗す】**悲しみなどで心を暗くする。**例かきくもり日かげも見えぬ奥山に心を**くらす**ころにもあるかな（=空が暗くなり日の光も見えない奥深い山の中で私の心も暗くするこのごろであることだなあ）〈源氏・総角〉

語誌 「くる（暮る）」が、自然に時間が経過して日暮れになる意であるのに対して、「くらす」は、主体的に何かをして日暮れまでの時を過ごす意である。1②は、ある時節の終わりまで時を送るという意味合いが強く、①の限度が拡大されたような趣である。「春をくらす」「一年をくらす」などの例が多い。2も、心が暗くなる意の「くる」に対して、心が暗くなった原因をも含めて表現するときに用いられる。涙で目の前が見えなくなる場合にもいう。〈高田祐彦〉

くら-づかさ【内蔵寮・蔵司】名「くられう」に同じ。例**内蔵寮**・納殿の物を尽くして、（御袴着ノ儀式ヲ）いみじうせさせたまふ〈源氏・桐壺〉

くら-つぼ【鞍壺】名 鞍の中央部の、人のまたがる所。前輪と後輪の間。例**鞍壺**によく乗りさだまって鐙を強うふめ〈平家・四・橋合戦〉

くら-づめ【鞍爪】名 鞍の前輪と後輪の両下端のとがった所。例**鞍爪**浸るほどに、相違なく（=無事に）向かひの岸へ着きにけり〈平家・七・倶梨迦羅落〉

くら-の-かみ【内蔵の頭】名 内蔵寮の長官。従五位下相当。例御兄、このごろ**内蔵の頭**にてぞものしたまふ〈栄花・見果てぬ夢〉

くら-の-すけ【内蔵の助】名 内蔵寮の次官。従六位上相当。

くら-の-つかさ【内蔵寮】名「くられう」に同じ。

倉椅山《地名》歌枕 大和国、今の奈良県桜井市倉橋のあたりの山。『古事記』では、仁徳天皇にさからって結ばれた速総別と女鳥王の逃亡経路にある山として有名。平安時代以降の和歌では、「暗し」と掛けて「月」や「ほととぎす」とともに詠まれることも多い。例はしたての（枕詞）**倉椅山**を 嶮しみと 岩かきかねて わが手取らすも〈記・下・仁徳・歌謡〉→名歌283

くら・は・す【食らはす】〔「くらふ」の他動詞形〕**1**動（サ四）❶飲み食いさせる。❷強くなぐる。たたく。例侍の生面なぜ**くらはした**〈浄瑠璃・大塔宮曦鎧・一〉**2**動（サ下二）❶1①に同じ。例**くらはする**が放さぬか〈近松・淀鯉出世滝徳・上〉❷1②に同じ。例**くらはせ**て飼っておくはと亭主言ひ〈柳多留・二一〉

くら-びつ【鞍櫃】名 鞍を入れておく箱。例大きなる**鞍櫃**のやうなる物のありけるが〈今昔・二七・一四〉

くら-びらき【蔵開き】名 新年に吉日を選んで、その年初めて蔵を開くこと。江戸時代に始まったもので、多くは陰暦一月十一日に行い、鏡餅で雑煮を作ったりして、財産が増えたことを祝う。例吉日を改め、**蔵開き**せしに〈西鶴・好色五人女・五・五〉

くら・ふ【食らふ・喰らふ】動（ハ四）❶飲食する。例楫取り、もののあはれも知らで、己し（=自分だけは）酒を**食らひ**つれば〈土佐〉❷生計を立てる。例茶屋をして**食らふ**奴がぬるい熱いを知らぬか〈狂言記・禰宜山伏〉❸よくないことを被る。例息杖のむね打ちを**くらふ**〈近松・淀鯉出世滝徳・上〉

類義 ①〜③くふ／①はむ（食む）

語誌 ①②は動作主を卑しんでいう。

くら・ぶ【比ぶ・較ぶ・競ぶ】動（バ下二）❶**比較する。優劣を争う。**例逢ひ見てののちの心に**くらぶれ**ば昔はものを思はざりけり〈拾遺・恋二〉→名歌36

❷**張りあえる仲間として、親しくつきあう。**例年ごろ、よく**くらべ**つる人々なん、別れがたく思ひて（=長年、非常に親しくつきあっていた人々が、別れづらく思って）〈土佐〉

語誌 ▼①の意は、現代語の「くらべる」までほとんど変わりなく続いており、これが基本的な意味。▼②の意は、「くらべがたし」「くらべぐるし」などの複合語におけるその意を含めて、平安時代に例が限られている。互いに比べあい、張りあうためには、身分や力量が、ある程度似ている必要があり、最初から差がありすぎれば、比較する意味がなくなる。そういう意識から、張りあうことが可能な関係として、親しい仲を表すのにも用いられたのであろう。〈山口堯二〉

暗部山《地名》歌枕 山城国、今の京都市左京区の山。鞍馬山あるいは貴船山のことといわれるが未詳。その名から、暗いという印象がある。和歌では、「比ぶ」を掛けることもある。例梅の花にほふ春べは（=美しく咲く春のころは）**くらぶ山**闇に越ゆれどしるくぞありける（=はっきりとしている）〈古今・春上〉読解暗闇でも香りでわかるという。

くらべ-うま【競べ馬】名 馬を走らせて速さを競う競技。もとは二頭の馬で行う。陰暦五月五日賀茂神社で行われるものが有名。「きそひうま」「きほひうま」とも。例五月五日、賀茂の**競べ馬**を見はべりしに〈徒然・四一〉

くらべ-がた・し【比べ難し】形（ク）つきあいにくい。例女のいと**比べがたく**はべりけるを、相離れにけるが〈後撰・雑三・詞書〉

くらべ-ぐる・し【比べ苦し】形（シク）❶比較しづらい。例とりどりに**比べ苦しかる**べき〈源氏・帚木〉❷思案に苦しむ。また、心や調子を合わせにくい。例悲しさのみまされば、いかにして慰むべき心ぞと、いと**くらべ苦し**〈源氏・幻〉

鞍馬《地名》山城国の地名。今の京都市左京区の鞍馬山付近。鞍馬山の山腹に鞍馬寺がある。幾重にも折れ曲がったつづら折りの山道や、幼いころ鞍馬寺に預けられた源義経（牛若丸）に鞍馬山の天狗て

ぐが兵法を伝授したという伝説でも有名。例**鞍馬**に詣でたりしに〈枕・かへる年の二月二十日よ日〉

くら-まぎれ【暗紛れ】 名 暗闇に紛れること。また、その時・場所。例**暗まぎれ**なれば、やをら〈箱ノフタヲ〉細めにあけて見たまひければ〈大鏡・兼通〉

くらま・す【暗ます】 動(サ四)❶暗くする。真っ暗にして、相手にわからなくする。例人馬走り騒ぐ音、軍兵のあわて迷ふ声、天を**くらまし**地を動かすがごとくなり〈保元・中〉❷ごまかす。だます。例人を**くらまし**〈仮名草子・浮世物語・五・五〉

くら-まち【蔵町・倉町】 名 貴族などの邸宅内で、倉庫が多く建て並べてある一区画。例**蔵町**に御蔵いと多かり〈宇津保・俊蔭〉

鞍馬寺 名 山城国、今の京都市左京区の寺。鞍馬山の山腹にある。天台宗。本尊は毘沙門天。平安京鎮護の寺として尊ばれた。幼いころの源義経が修行をしたことでも有名。

鞍馬山 《地名》山城国、今の京都市左京区にある北山の一峰。中腹に鞍馬寺がある。例恋しさにまだ夜をこめて(=まだ夜が明けないうちに)出でたればたづねぞ来たる**くらま山**まで〈清少納言集〉

くら・む【暗む・眩む】 動(マ四)❶暗くなる。暗くする。例**暗む**命の灯火は〈近松・浦島年代記・三〉❷めまいがする。見えなくなる。例庖丁をおしあてらるれば、眼も**くらみ**息つまって〈狂言・蛸〉❸理性・分別を失う。例色も嫉妬に迷ひの煙、**くらむ**眼に涙の霞〈近松・井筒業平河内通・四〉

くら-め【暗め】 名 日が暮れてあたりが暗くなるころ。夕暮れ時。例難波津は**くらめ**にのみぞ舟は着く朝の風のさだめなければ〈拾遺・物名〉

くら-やしき【蔵屋敷】 名 江戸時代、諸大名・旗本・寺社が領地の米や産物をさばくために、大坂や江戸などに設置した倉庫つき事務所。例ただいま二百貫目御**蔵屋敷**へ渡すぞ。米は追っ付け(=間もなく)のぼると〈西鶴・世間胸算用・三・二〉

くら-らか【暗らか】 形動(ナリ)〔「らか」は接尾語〕暗いさま。例御前の大殿油**くららか**にしなして〈讃岐典侍日記・下〉

くら-れう【内蔵寮】 ―リョウ 名 令制で、中務省に属する役所。宮中の宝物や天皇の装束などを納めた蔵を管理する。

くら-ゐ【位】 クライ 名〔「座ら居ゐ」の意〕❶帝位。天皇の地位。例帝おりさせたまひぬれば、東宮**位**につかせたまひぬ(=帝がご退位なさったので、皇太子が帝位におつきになった)〈栄花・月の宴〉

❷朝廷における席次。位階。例内裏より御使ひあり。三位の**位**贈りたまふよし、勅使来て(=宮中から御使者がある。三位の位階をお授けになる旨、天皇の使者が来て)〈源氏・桐壺〉

❸官職の地位。例親、大臣の**位**をたもちたまへりき(=親は、大臣の地位を保っておられた)〈源氏・明石〉

❹等級。また、芸道などの能力の段階。芸位。例終ひに上手の**位**にいたり(=結局名人の段階に達し)〈徒然・一五〇〉

❺品位。風格。例姿に**位**そなはり、心立ておとなしく(=姿に風格がつき、気立ては落ち着いていて)〈西鶴・好色一代女・一・三〉

❻俳諧で、句の品位。また、前句の品位をよく見定めて、ふさわしい句をつけること。

語誌▼**位階制度** ②は推古一一年(六〇三)の冠位十二階の制定に始まり、大宝令で完成した。親王に一品から四品、諸王に一位から五位、諸臣に一位から初位が授けられる。一位から三位をそれぞれ正・従に、四位から八位は正・従をさらに上・下に、初位は大・小をさらに上・下に分け、合計三十階とする。位階制度は平安時代以降も長く行われた。〈池田尚隆〉

くらゐ-やま【位山】 ―クライ 名 位が上がることを、山を登ることにたとえていう語。例登るべき道にぞまどふ**位山**〈千載・雑中〉

くら-んど【蔵人】 名「くらうど」に同じ。

く-り【庫裏・庫裡】 名❶《仏教語》寺の台所にあたる建物。供物や食事などの準備をする。例**庫裡**の傍らに〈義経記・五〉❷寺で、住職やその家族が住む所。

くり【繰り】 名 勘繰り。例女といふものは、**繰り**の深いもので〈狂言・花子〉

くり-か・く【繰り懸く】 動(カ下二)❶糸状のものを繰り出して、かけ渡す。例見わたせば佐保の河原に**繰りかけ**て風によらるる青柳の糸〈山家集・上〉❷何度も繰り返し、しかける。例木芙蓉の花に呪文を**くりかくれ**ば〈近松・国性爺後日合戦・一〉

くり-かた【栗形】 名 刀の鞘口近くにつけた半円状の突起。穴があり、下げ緒を通す。例鞘巻の**栗形**欠けて〈源平盛衰記・二〇〉

くり-かた【刳り形】 名 えぐってあけた穴。多くは紐を通すためのもの。例箱の**くりかた**に緒をつくる(=つける)事〈徒然・九五〉

くり-かへ・す【繰り返す】 ―カエス 動(サ四)❶糸を反復してたぐる。例いにしへのしづのをだまき(ここまで序詞)**くりかへし**昔を今になすよしもがな〈伊勢・三二〉❷同じことを反復してする。例かう**くり返し**聞こえ知らする心のほどを〈源氏・若紫〉

くりから【倶利迦羅・倶利伽羅】 名《仏教語》〔梵語の音写〕「倶利迦羅龍王」「倶利迦羅不動明王」の略。不動明王の化身の龍王。像は、岩の上に直立する剣に、火炎に包まれた黒龍が巻きついて、その剣を飲もうとしている形に作る。剣は不動明王の右手の降魔の剣、龍は左手の羂索という。

倶利伽羅峠 《地名》北陸道、加賀国・越中国の境の峠。今の石川県河北郡と富山県小矢部市との境。木曾義仲が平家軍を破った古戦場。

くりから-ふどうみゃうわう【倶利迦羅不動明王】 ―フドウミョウオウ 名《仏教語》⇩くりから

く-りき【功力】 名《仏教語》功徳の力。呪術的な霊力。修行によって得た力。例法華一乗(=法華経)の**功力**は尊とし〈幸若・伏見常葉〉

くり-げ【栗毛】 名 馬の毛色の名。赤茶色。例**栗毛**なる馬の、下尾白いに(=尾の先が白いものに)乗りかへて〈平家・八・法住寺合戦〉

くり-たた・ぬ【繰り畳ぬ】 動(ナ下二)たぐり寄せてたたむ。例君が行く道の長手を**繰り畳ね**焼き滅

ぼさむ天の火もがも〈万葉・一五・三七二四〉➡名歌138

くり-の-もと【栗の本】 名 狂歌や、滑稽・卑俗な連歌。正統的な和歌や連歌を「柿の本」と呼ぶのに対していう。⇩かきのもと

くりのもと-の-しゅう【栗の本の衆】 名 滑稽・卑俗な連歌を詠む一派。⇩かきのもとのしゅう。例よき連歌をば柿の本の衆と名づけられ、わろきをば**栗の本の衆**とて〈筑波問答〉

くり-ひろ・ぐ【繰り広ぐ】 動(ガ下二) 書物などを順に開く。順にめくる。例机の上に文を**くり広げ**て見ゐたり〈徒然・四三〉

くり-や【厨】 名 料理をする部屋。台所。例鮮らけき魚を煮て**厨**に備ふ〈読本・雨月・菊花の約〉

くりや-め【厨女】 名 台所で働く女性。例**厨女**、黒き強飯笥(=食器)に入れて〈宇津保・祭の使〉

くりや・る【呉りやる】 〔動詞「くる」の連用形＋「ある」＝「くれある」の変化した形〕 **1** 動(ラ四)「呉る」の尊敬語。くださる。例約束の鳥目(=銭)を**くりやれ**〈狂言記・磁石〉 **2** 補動(ラ四) (動詞の連用形＋接続助詞「て」の形について)尊敬の意味を添える。〜してくださる。例鳥目(=銭)を貸して**くりやれ**〈狂言記・磁石〉

く-りん【九輪・空輪】 名『仏教語』塔の最上部(相輪)の請花と水煙との間に位置する九つの輪。相輪全体をさすこともある。⇩さうりん(図)。例**九輪**空にかかやきし二基の塔〈平家・五・奈良炎上〉

く-りん【苦輪】 名『仏教語』生死の苦しみが永久に輪廻してやまないこと。例重盛が運命をつづめて、来世の**苦輪**を助けたまへ〈平家・三・医師問答〉

く・る
【暮る・暗る・眩る】 動(ラ下二) **1**【暮る】 ❶**日が暮れる**。例明くれば言ひ、**暮るれ**ば嘆きて(=夜が明けると愚痴を言い、日が暮れると悲しみにひたり)〈蜻蛉・中〉 ❷**年月や季節が終わる**。例ゆふづくよ(枕詞)小倉の山に鳴く鹿の声のうちにや秋は**くるらん**(=小倉山に鳴く鹿の声とともに、秋は終わっていくのだろうか)〈古今・秋下〉

2【暗る・眩る】 ❶(多く「目くる」「目もくる」の形で)**悲しみや驚きなどで目の前が真っ暗になる**。**目がくらむ**。例「これせさせたまへ」とてはあるものか。見るに目**くるる**心地ぞする(=「これをなさってください」と言ってよこすとはなんということか。見ると目の前が真っ暗な気持ちがする)〈蜻蛉・上〉 読解 夫が、愛人の衣服を仕立ててほしいと作者に頼んできた。 ❷(多く「涙にくる」の形で)**涙で目が見えない**。例雲のうへも(=宮中でも)涙に**くるる**秋の月〈源氏・桐壺〉 ❸**理性を失う**。**途方にくれる**。例「絶え入りたまひぬ」とて人参りたれば、さらに何ごとも思し分かれず、御心も**くれ**て(=「息をお引き取りになってしまいました」と言って使者が参上したので、まったく分別がおつきになれず、お心も理性を失って)〈源氏・若菜下〉 読解 紫の上死去の知らせを受けた光源氏の様子。

語誌 「くらし」「くらす」「くろ(黒)」などとグループをなし、「あく(明く)」が「あかし」「あかす」「あか(赤)」などとつながるのと対応する。〈高田祐彦〉

く・る【繰る】 動(ラ四) ❶紐状のものを引き出す。また、たぐり寄せる。例ま葛原(ノ葛ヲ)いつかも**繰り**て我が衣に着む〈万葉・七・一三四六〉 ❷順に送る。順次動かす。ページをめくる。例雨戸を**くる**やら、窓をしめるやら〈滑稽本・膝栗毛・八下〉

く・る【呉る】 **1** 動(ラ下二) ❶人が自分に物をくれる。例よき友三つあり。一つには、物**くるる**友〈徒然・一一七〉 ❷他人に物を与える。例この長櫃の物は、みな人、童までに**くれ**たれば〈土佐〉 **2** 補動(ラ下二) 動詞の連用形＋接続助詞「て」の形につく。❶〜てくれる。例髻なん切りたくはべれども、誰そりて**くる**べきとも覚えぬままに(=思いつかないので)〈撰集抄・三・九〉 ❷〜てやる。例ひげをむしりて**くれん**〈狂言・髭櫓〉

くる-くる 副「くるくると」の形でも用いる。❶軽やかに回るさま。例寂照が前なる鉢…**くるくる**と転めきて〈今昔・一九・二〉 ❷物事がすんなり運ぶさま。例(経ヲ)**くるくる**とやすらかに読みたるこそ〈枕・うらやましげなるもの〉

くる・し【苦し】 形(シク) 心身の痛みに耐えがたい状態をいう。接尾語として用いられるときは、連濁して「ぐるし」となる。

❶**苦痛だ**。**つらい**。例(a)我が背子に恋ふれば**苦し**(=私のいとしい人を恋すると苦しい)〈万葉・六・九六四〉例(b)御頭も痛く、身も熱き心地して、いと**苦しく**〈源氏・夕顔〉 ❷**見ていてつらい**。**不愉快だ**。例前栽の草木まで心のままならず作りなせるは、見る目も**苦しく**、いとわびし(=庭先の草木まで自然のままではなく手を加えて作りたててあるのは、見た目も不愉快で、ほんとうにやりきれない)〈徒然・一〇〉 ❸(多く打消・反語表現を伴って)**差し障りがある**。**不都合だ**。例その人ならば**くるしかる**まじ。いれまうせ(=その人ならば差し障りあるまい。お入れ申し上げろ)〈平家・七・忠度都落〉

語誌 現代に至るまで意味の変化が少ない。その点で形容詞としては珍しい。比較的遅く出てきた③の用法がかえって姿を消している。〈高田祐彦〉

-ぐる・し【苦し】 接尾(シク型) 〔形容詞「くるし」の連濁形〕動詞の連用形について、〜するのが不快だ、〜しにくい、などの意を添える。「見苦し」「聞き苦し」「比べ苦し」など。

くるし-び【苦しび】 名 苦しみ。苦痛。例地獄の苦しびをも救ひまうさむ〈宇津保・吹上下〉

くるし・ぶ【苦しぶ】 動(バ四)「くるしむ1」に同じ。例ただこの病をもって死なむに、**苦しぶ**ところにあらず〈今昔・一三・二三〉

くるし・む【苦しむ】 〔形容詞「くるし」の動詞化〕 **1** 動(マ四) 苦しむ。苦しいと思う。苦労する。例それを**苦しむ**にはあらず〈今昔・三一・一七〉 読解「それ」は死ぬことをさす。 **2** 動(マ下二) 苦しめる。困らせる。例学問などに身を**苦しめ**むことは、いと遠くなむおぼゆべかめる(=たいそう縁遠いことと思われるようだ)〈源氏・少女〉

動きをする。

くる・ふ【狂ふ】動(ハ四) 平常の心の状態を失う。神が乗り移ったかのように激しい動きをする。

❶心が乱れる。心の安定を逸する。例相見ては幾日も経ぬをここだくも狂ひに狂ひ思ほゆるかも(=逢ってから何日も経っていないのに、こんなにも心が乱れに乱れて恋しく思われることだなあ)〈万葉・四・七五一〉 ❷神霊が取りつく。神がかりになる。例時に病める人託ひて言はく(=その時病人に霊が取りついて言うには)〈霊異記・下・三六〉 ❸憑かれたように激しく動く。例なにせうぞ くすんで 一期は夢よ ただ狂へ(=どうしようというのか、まじめくさって、人の一生ははかない夢よ、ただ憑かれたように遊べ)〈閑吟集・五五〉

語誌 心的状態が高揚し、平常のそれと違って何物かにそれが占拠されたような思いや、そのような感じの人や物を外から見た場合の判断をいう語。芸事で「物狂ひ」などというのも本来は神がかりをものまねしていることをいうらしい。神がかりはシャーマニズムの基本にあり、人格を神霊と入れ替えることをいい、神がかりから覚めるとその間の記憶を失っていることを一般とする。〈藤井貞和〉

くる-べか・す【転べかす】動(サ四)〔「くるべく」の他動詞形〕「くるめかす」に同じ。多く「見くるべかす」の形で用いる。例眼を車の輪のごとく(=車輪のように)見くるべかして〈宇津保・俊蔭〉

くるべき【反転・蟠車】名 糸を繰る道具。台に立てた短い棹の上に木枠をつけ、それを回転させて糸を繰る。例我妹子に恋ひて乱ればくるべきに掛けて撚らむと我が恋ひそめし〈万葉・四・六四二〉

反転

くる-べ・く【転べく】動(カ四)「くるめく」に同じ。

くるほ・し【狂ほし】形(シク)〔動詞「くるふ」の形容詞形「くるはし」の変化した形〕度はずれているさま。狂気じみているさま。⇩ものぐるほし。例僧この事を「いと狂ほし」と言ひて逃げて去りにけり〈今昔・三一・二六〉

くるほ・す【狂ほす】動(サ四) 神がかりのような状態にさせる。例少名御神の 神寿き(=祝福し) 寿き狂ほし〈記・中・仲哀・歌謡〉

くるま【車】名 車輪の回転で動く乗り物・運搬具。平安時代、単に「車」とあれば牛車をさすのがふつう。例今日、車、京へ取りにやる(=人を遣わす)〈土佐〉

語誌▼部位の名称 人の乗る屋形が固定された基台部を横に貫く軸の両端に車輪がついている。屋形の両側からのびた轅の先端には牛をつなぐ軛がわたされ、屋形の後方に出た部分を鴟の尾と呼ぶ。屋形の上部中央を棟が貫き、前後は乗降のために開放し、簾を降ろす。内側に下簾と呼ぶ絹の帳を垂らすこともある。乗降口の上を眉、左右を袖、両側に設けた窓を物見と呼ぶ。駐車する場合は牛を放ち、榻という台で軛を支える。榻はまた乗降の際の踏み台ともなる。

▼乗降の仕方 ふつう四人乗りで、両側を背に二人ずつ向かい合って座る。進行方向に向かって右前が最上席、次いで左前、左後ろとなり、右後ろが末席。男女で乗るときは、左側が女性の席となる。『平家物語』巻八「猫間」には、木曾義仲が車には後ろから乗って前から降りると教えられる条があって、当時の風習を知ることができる。ただし、『枕草子』「関白殿、二月二十一日に」段には、後方の女房から順に降車するという記事があり、家の車寄せに屋形の後ろをつけて乗り降りすることもあったことがわかる。

▼種類 牛車にはさまざまな種類があって、それぞれ格式が定まっていた。

最も格式の高いのは唐車(唐庇の車)で屋根が唐破風の形をしている。上皇・皇后・東宮・摂関などが晴儀に用いる。皇后や女御・更衣などの乗る車としては、糸毛の車がある。これは絹糸で屋形を覆ったものという。また、ビロウというヤシ科植物の葉を裂いたもので屋形を覆ったのが檳榔毛の車で、上皇以下四位以上の高位の人が乗る。高僧や高位の女房などが晴の場で乗ることもある。高官から地下人や女房まで、広い階層に用いられたのが、網代車。これは檜や竹などの薄板を斜めに編んだ網代で屋形を張った車で、質素なので、人目を避ける忍び歩きにも用いた。〈藤本宗利〉

【車を懸く】〔「懸車」の訓読〕年をとって官職を退くこと。中国の漢の薛広徳が退官のとき、天子から下賜された車を高い所にかけつるして、子孫に伝えたという故事による。例数ふれば車を懸くる齢にてなほこの世にぞめぐり来にける〈夫木・三三〉

くるま-あらそひ【車争ひ】名 祭り見物のときなどに、牛車をとめる場所をめぐって起きる争い。双方の従者によって起こされることが多い。『源氏物語』葵の巻の、葵の上方が六条御息所の車を押しのけた話が有名。例はかなかりし所の(=つまらない)車争ひに人の御心の動きにけるを〈源氏・葵〉

くるま-うし【車牛】名 牛車を引かせる牛。例黄なる御車牛かけたり〈宇津保・国譲下〉

くるま-ぞひ【車添ひ・車副ひ】名 牛車の左右について供をする従者。例心ある(=風情のある)朝ぼらけに急ぎ出でつる車副ひなどこそ〈源氏・東屋〉

くるま-ど【車戸】名 下に戸車をつけて、動きを円滑にした引き戸。例車戸の音いぶかしく(=気がかりで)、開けかねし折から〈近松・曾根崎心中〉

くるま-やどり【車宿り】名 ❶寝殿造りの邸宅で、牛車を入れておく建物。総門の内、中門の外にある。例車宿りにさらにひき入れて〈枕・すさまじきもの〉 ❷外出などのとき、立ち寄って車をとめる場所。女性などを住まわせて通い所とした例も多い。例女御の御乳母のとあるは、実誓僧都といふ人の車宿りなり〈栄花・つぼみ花〉

くるま-よせ【車寄せ】名 貴人の邸宅で、客が牛車を寄せて乗り降りする所。屋根を張り出してある。例檳榔の車をみて来て、我が家の車寄せにたつといふ夢をみて〈平家・六・祇園女御〉

◆車

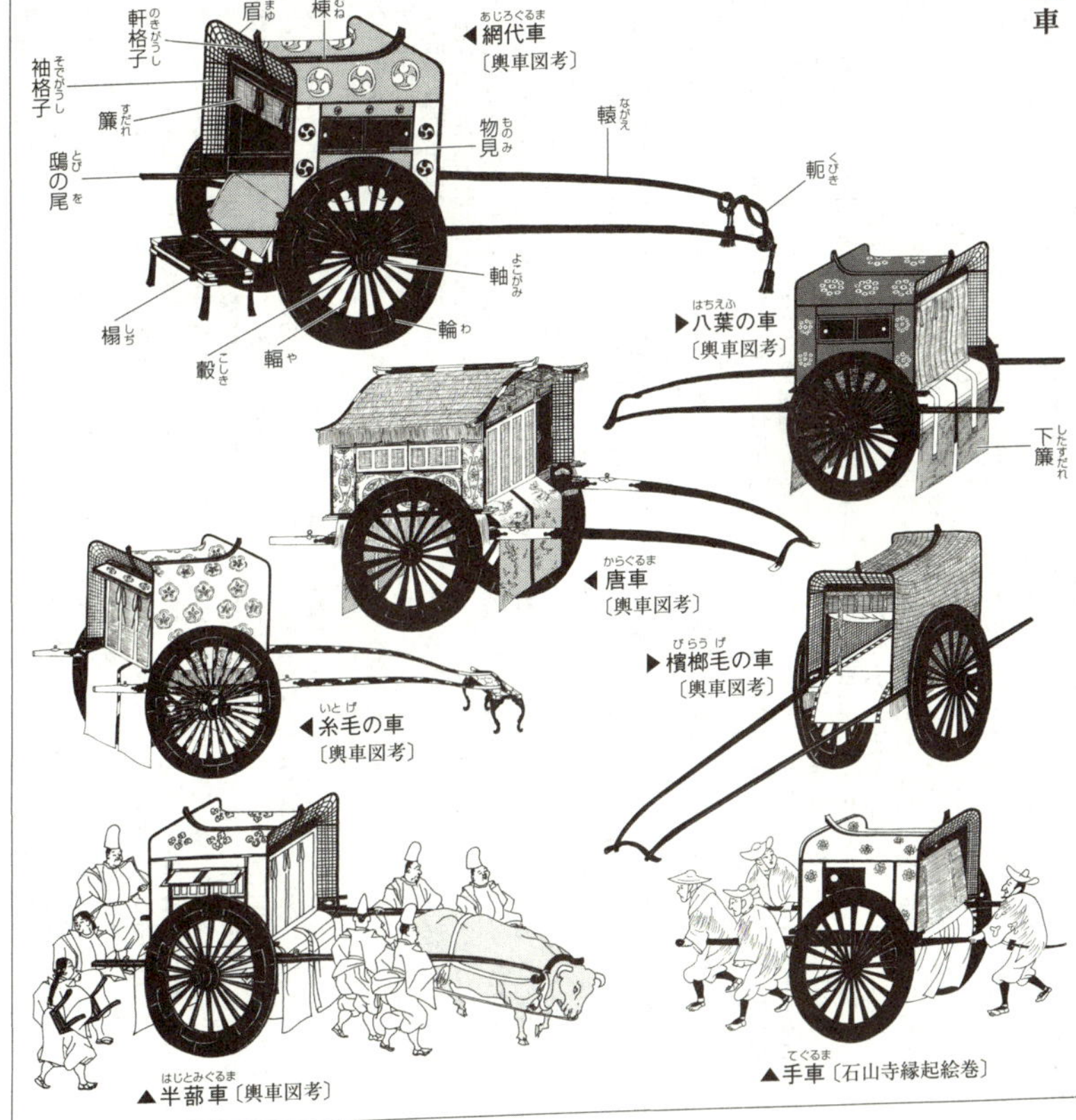

◀網代車〔輿車図考〕

▶八葉の車〔輿車図考〕

◀唐車〔輿車図考〕

▶檳榔毛の車〔輿車図考〕

◀糸毛の車〔輿車図考〕

▲半蔀車〔輿車図考〕

▲手車〔石山寺縁起絵巻〕

くるみ【胡桃】 名 植物の名。クルミ。クルミ科の落葉高木で、実を食用・薬用にする。例文字に書きてことごとしきもの いちご・つゆくさ…**くるみ**〈枕・見るにことなることなきものの文字に書きてことごとしきもの〉

-ぐるみ 接尾〔四段動詞「くるむ」の連用形から〕名詞について、ひっくるめて全部、残らず、いっしょに、などの意を添える。「家ぐるみ」「母ぐるみ」など。「ぐるめ」とも。

くるみ-いろ【胡桃色】 名 紙の色で、表が薄い香色(黄ばんだ薄赤色)、裏は白色のもの。例**胡桃色**といふ色紙の厚肥えたるを〈枕・円融院の御はての年〉

くる-めか・す【転めかす】 動(サ四)〔「くるめく」の他動詞形〕くるくると回す。また、くるくる回して目が回るようにさせる。例(馬ヲ)と引き、かう引き、**くるめかせ**ば〈宇治拾遺・一六三〉

くる-め・く【転めく・眩く】 動(カ四)〔「めく」は接尾語〕❶くるくる回る。例鉢、こまつぶりのやうに(=こまのように)**くるめき**て〈宇治拾遺・一七三〉❷(多く「目くるめく」の形で)目が回る。例目**くるめき**、枝危きほどは〈徒然・一〇九〉❸あわて騒ぐ。あわて惑う。例「あな、さまあし(=ああ、みっともない)」といひて、**くるめきける**ほどに〈宇治拾遺・三四〉

くる・める【包める】 動(マ下一) 巧みにだます。まるめこむ。例てっきり米八(=人名)に**くるめられ**〈人情本・春色辰巳園・三・六〉

くるる【枢】 名「くる」とも。❶扉を回転させるしかけ。扉の端の上下に取りつけたでっぱりを敷居の穴に差しこんで、それを軸に扉が回転するようになっている。例をさめ殿の**くるる**の妻戸おしあけて〈拾玉集・三〉❷敷居の穴に差しこんで戸締まりをする桟。例花ちるや伽藍の**枢**おとしゆく〈俳諧・猿蓑・四〉❸「枢戸」の略。

くるる-ど【枢戸】 名「くるる①」で開閉する戸。例奥の**枢戸**も開きて、人音もせず〈源氏・花宴〉

くるわ【廓・郭・曲輪】 名 ❶城や砦の周囲に土や石で築いた囲い。また、それに囲まれた土地。❷遊郭。

遊里。例**曲輪**やここの奉公は楽しみなうては(=楽しいことがなくては)勤まらず〈近松・心中重井筒・中〉 ❸俳諧で、連想範囲。例発句は題の**曲輪**を飛び出でて作すべし〈俳諧・去来抄・修行〉

くれ【榑】名 ❶加工していない木材。和歌では、「暮れ」と掛けて用いることが多い。例浅き瀬に嘆きて渡る筏師はいくらの(=どれほどの)**くれ**かながれ来きぬらん〈宇津保・祭の使〉 ❷屋根を葺く板材。

くれ【暮れ・暗れ】名 ❶夕暮れ。例いつしかと(=いつになったらと)**暮れ**を待つ間の大空は〈拾遺・恋三〉 ❷季節や年の終わり。末。例ものの栄えなき春の**暮れ**なり〈源氏・薄雲〉 ❸暗い所。暗い時。例木の**暗れ**になりぬるものをほととぎすなにか(=なぜ)来鳴かぬ君に逢へる時〈万葉・一八・四〇五三〉

くれ【呉】 **1**名 中国の春秋時代、長江(揚子江)の南にあった国。転じて、中国。例呉に学びて、伎楽の儛を得たり〈紀・推古〉 **2**接頭 名詞について、中国渡来の意を添える。「呉竹」「呉織」など。

くれ 代 不定称の指示代名詞。「何」と併用して、不定・不明の人や物をさす。だれ。なにがし。例「何の親王、**くれ**の源氏」など数へたまひて〈源氏・少女〉

く-れう【供料】 名 供養として仏や僧に供える米や衣服など。例(僧タチニ)夏・冬の法服を賜び、**供料**をあて賜びて、我が滅罪生善の祈り、また姫君の御息災を祈りたまふ〈大鏡・実頼〉

くれ-えん【榑縁】 名 細長い板を敷居と平行に張った縁側。例**榑椽**より下に飛び下りるを〈西鶴・好色一代男・五・四〉

くれ-がく【呉楽・伎楽】 名〔「呉」の国から伝わった歌舞の意〕「ぎがく①」に同じ。

くれ-がし【某】 代〔「がし」は接尾語〕他称の人称代名詞。名のわからない人、名を出す必要のない人をさしていう。だれそれ。「なにがし」と対にして用いる。例(供ノ随身ヲ)なにがし、**くれがし**と数へしは〈源氏・夕顔〉

くれ-ぐれ 副 繰り返し行うさま。ねんごろに。くれぐれも。よくよく。例先哲(=すぐれた先人)の**くれぐれ**書きおける物にも〈毎月抄〉

くれぐれ-と【暮れ暮れと・暗暗と】 副〔上代は「くれくれと」〕心が晴れず、悲しみに沈むさま。例常知らぬ道の長手(=長い道のり)を**くれくれと**いかにか行かむ糧(=食糧)はなしに〈万葉・五・八八八〉

くれ-たけ【呉竹】 名〔「くれ」は中国伝来の意〕淡竹の別称。中国原産で、葉は細くて高さは一〇メートルぐらいに達する。内裏の清涼殿の東庭に植えられているものが有名。⇩口絵。例仁寿殿のかたによりて植ゑられたるは**呉竹**なり〈徒然・二〇〇〉

くれたけ-の【呉竹の】《枕詞》竹の「節よ」、竹の「節ふし」から同音の「世」「夜」「(憂き)ふし」などにかかる。例**くれたけ**のよよの竹取り〈竹取〉

くれ-つ-かた【暮れつ方】 名〔「つ」は「の」の意の上代の格助詞〕❶日の暮れるころ。例御文ばかりぞ**暮れつ方**ある〈源氏・葵〉 ❷年・季節などの終わりごろ。例春の**暮つかた**、のどやかに艶なる空に〈徒然・四三〉

くれ-なゐ【紅】 名〔「くれのあゐ(呉の藍)」の変化した形〕❶紅花の別称。例(アナタガ)**紅**の花にしあらば衣手に染め付け持ちて行くべく思ほゆ〈万葉・一一・二八二七〉 ❷①で染めた色。鮮紅色。また、その色の衣服。例白き衣どものうへに、山吹・**紅**などぞ着たる〈枕・すきずきしくて〉

くれなゐ-の【紅の】《枕詞》❶紅の色の意から「色」にかかる。❷紅色の「浅し」から、「あさ」と同音を含む地名「浅葉」にかかる。❸紅花の色を移す意から「うつし」に、紅花を振り出して染色することから「ふり出づ」に、また、染色に「灰汁」を用いることから同音の「飽く」にかかる。

くれなゐ-の-なみだ【紅の涙】〔「紅涙」の訓読〕❶悲しさのあまり流す涙。血の涙。例**紅の涙**を流して惜しむ〈宇津保・俊蔭〉 ❷深く感動して流す涙。感涙。例中納言のつくりたまへる御文に、もろこしの人々も…**紅の涙**をながして〈浜松中納言・二〉

くれ-の-あき【暮れの秋】 秋の終わり。晩秋。例跡かくす(=行方をくらました)師の行き方や**暮れの秋**〈俳諧・蕪村句集・下〉

くれ-の-おも【呉の母・懐香】 名 植物の名。茴香(セリ科の多年生植物)の古称。

くれ-の-はる【暮れの春】 春の終わり。晩春。例もの恨めしき**暮れ**の春かな〈源氏・竹河〉

くれ-は・つ【暮れ果つ】 動(タ下二) ❶日がすっかり暮れる。例**暮れはて**ぬれば、御殿油近くまゐらせたまひて〈源氏・葵〉 ❷季節や年がすっかり終わる。例年の**暮れはて**て、人ごとに急ぎあへるころぞ、またなくあはれなる〈徒然・一九〉

くれ-はとり【呉織・呉服】〔「くれはたおり」の変化した形〕 **1**名 ❶呉の国(古代中国の呉。また、広く中国)から渡来し、機織りを伝えた技術者。❷呉の国の手法で織られた織物。 **2**《枕詞》1②に「綾織り」があることから、同音を含む「あや」「あやに」「あやし」「あやにく」にかかる。その際、「くれ」に、「来れ」や「暮れ」を掛けて用いることが多い。

くれ-ふたが・る【暗れ塞がる】 動(ラ四) ❶あたり一面暗くなる。例四方に**暗れ塞がり**て、物もおぼえずして(=頭もはっきりしないで)侍りしを〈今昔・二四・二二〉 ❷暗い気分になる。例世は**暗れふたがり**たる心地せしものかな〈大鏡・道長下〉

くれ-まど・ふ【暗れ惑ふ】 動(ハ四) 悲しみのため思慮分別を失う。例**くれまどふ**心の闇もたへがたき片はしをだに(=一部分だけでも)〈源氏・桐壺〉

くれ-むつ【暮れ六つ】 名 夕暮れの六つ時。今の午後六時ごろ。また、その時刻に鳴らす鐘。日没の時刻と意識された。例寝耳へはいる**暮れ六つ**も、鐘は上野か浅草を〈談義本・風流志道軒伝・三〉

ぐ-れん【紅蓮】 名 ❶《仏教語》「紅蓮地獄」の略。例下を見れば三丈歴々とある**紅蓮**の淵〈義経記・五〉 ❷赤い蓮の花。紅蓮華。勢いの強い炎をたとえる。例**紅蓮**のごとくなる人の舌一つ土の底にあって、法華読誦の声やまず〈太平記・一八〉

ぐれん-ぢごく【紅蓮地獄】 名《仏教語》八寒地獄の第七。ここに落ちると、寒さのために皮膚や肉が裂けて赤い蓮の花のようになるという。例つひに死して**紅蓮地獄**に堕ちぬ〈今昔・六・三四〉

くろ【黒】名 色の名。墨のような色。「黒髪」「黒馬」「黒土」など、多く複合語で用いられることが多い。例(a)ありつつも君をば待たむうちなびく我が黒髪に霜の置くまでに(=このままであなたを待とう。ゆらめく私の黒髪が霜が降りたような白髪になるまでも)〈万葉・二・八七〉例(b)黒の小馬歩まずして(=黒い小馬が進もうとせずに)〈今昔・二・二〉

語誌 ▼「あけ(明)」に対する「くれ(暗)」という光の感覚によって判断される色の名。古くは「あか」と取り合わされることもあったが、一般的には「しろ」と取り合わされる。

▼五行説では水に配し、北・冬と通じる。〈吉田比呂子〉

くろ【畦・畔】名 田のあぜ。田と田の境界で高くなった所。例霜冴ゆる山田の**畔**の群薄〈新古今・冬〉

くろ【壟】名 土が盛り上がって小高くなった所。例**壟**のかげに隠れて〈今昔・三一・三〇〉

くろいと-をどし【黒糸縅】— 名 鎧の縅の一種。鎧の札を黒い糸で綴ったもの。

くろうど〖蔵人〗⇩くらうど

くろ-がい【黒柿】名「くろがき」のイ音便形。

くろ-がき【黒柿】名 柿の木の一種。木材の中心部に黒い縞がある。材質が堅いので、上質の家具や装飾用の小道具に用いる。例**黒柿**の机の清げなる二つを立てたり〈今昔・二六・一八〉

くろ-かげ【黒鹿毛】名 馬の毛色の名。鹿毛の黒みがかったもの。例少将に**黒鹿毛**の馬、たけ七寸ばかりなる若き馬四つ〈宇津保・吹上上〉

くろ-がね【鉄】名〔「黒金」の意〕鉄の古称。きわめて堅固なさまのたとえにも用いる。例夏の暑さに堪へずして、常に**鉄**の柱を抱きたまふ〈今昔・九・四四〉

くろがね-とり【鉄取り】名 鉄の採掘を生業とする人。例**鉄取り**六十人が長なりける者〈宇治拾遺・五四〉

くろかは-をどし【黒革縅】名 鎧の縅の一種。鎧の札を黒い皮紐で綴ったもの。

くろ-かみ【黒髪】名 黒くてつやのある頭髪。髪の美称にもいう。例ぬばたまの(枕詞)妹が**黒髪**今夜もか我がなき床になびけて寝らむ〈万葉・一一・二五六四〉

くろかみ-の【黒髪の】《枕詞》髪のさまざまな状態から「乱れ」「解け」「長し」に、また、髪が分かれる意から同音の「別れ」にかかる。

くろ-き【黒木】名「くろぎ」とも。❶皮のついた丸木。皮をはいだ「赤木」に対していう。例奈良の山なる**黒木**もち造れる室は〈万葉・八・一六三八〉❷黒檀の別称。例**黒木**の数珠手に貫き入れて〈平家・一二・六代〉❸生木をかまどで蒸し焼きにして黒くした薪。京都の八瀬や大原で作られ、大原女らが市中で売った。例箸よりこまかに小刀割りの**黒木**〈西鶴・万の文反古・二・三〉

くろき-きぬ【黒き衣】黒色の衣服。喪中に着用する。例若くきよげなるが、いと**黒き衣**を着たるこそあはれなれ〈枕・あはれなるもの〉

くろ-くりげ【黒栗毛】名 馬の毛色の名。黒みをおびた栗毛で、たてがみ・毛に暗赤色の混じったもの。例**黒栗毛**なる馬の、きはめて太うたくましいが〈平家・九・宇治川先陣〉

くろ-こま【黒駒】名 黒毛の馬。駿馬の意をこめていうことが多く、甲斐国(山梨県)産の馬が有名。例妹が家に早く至らむ歩め**黒駒**〈万葉・七・一二七一〉

くろ・し【黒し】形(ク)❶色が黒い。例**黒き**御衣をまつぶさに 取りよそひ(=完全に身支度して)〈記・上・神代・歌謡〉❷正しくない。卑怯だ。例**黒し**赤しの悟りなきが〈宇津保・祭の使〉

くろ-だな【黒棚】名 黒漆を塗った三段の棚。室町時代以降、女子の嫁入り道具となった。例**黒棚**のきらめきたるもゆかしく覚ゆ〈読本・雨月・吉備津の釜〉

くろ-つきげ【黒月毛・黒鴾毛】名 馬の毛色の名。月毛の灰色をおびたもの。例**黒鴾毛**なる馬に黒鞍置いて〈平治・上〉

くろ-ど【黒戸】名 内裏の清涼殿の北、弘徽殿と結ぶ廊。部屋として用いた。清涼殿側に「黒戸」と呼ばれる戸があったことからいう。また、その戸。⇩口絵。例関白殿、**黒戸**より出でさせたまふとて〈枕・関白殿、黒戸より出でさせ給ふ〉読解「させたまふ」は最高敬語。語誌『徒然草』一七六段に「御薪にすすけたれば、黒戸といふとぞ」とある。

くろど-の-ごしょ【黒戸の御所】名「くろど」に同じ。

くろ-とり【黒鳥】名 鳥の名。羽の黒い水鳥。具体的には不明で、黒鴨の別称あるいは古称かとも。例かぢとりの言ふやう、「**黒鳥**のもとに、白き波を寄す」とぞいふ〈土佐〉読解「黒」と「白」のしゃれ。

くろ-は【黒羽】名❶鷲の黒い羽。矢羽に用いる。「黒づ羽」とも。⇩や(図)。例塗り篦に**黒羽**をもって矧ぎたる(=作った)矢の〈義経記・五〉❷「黒羽二重」の略。黒色の羽二重(絹織物)。

くろ-ば・む【黒ばむ】動(マ四)〔「ばむ」は接尾語〕黒みをおびる。黒ずむ。例海賊が宗徒(=首領)の者、**黒ばみ**たる物着て〈宇治拾遺・一八九〉

くろ-ふね【黒船】名 室町・江戸時代、欧米諸国から来航した黒塗りの大船。例堺の浦は昔**黒舟**のつきたる湊なり〈仮名草子・浮世物語・一・六〉

くろ-ぼこ【黒ぼこ】名 黒い土。細かく軽い。例足袋ふみよごす**黒ぼこ**の道〈俳諧・猿蓑・五〉

くろ-ほろ【黒母衣】名「くろぼろ」とも。矢羽の一種。鷲などの黒い羽を用いたもの。例二十四さいたる(=差してある)**黒ぼろ**の矢負ひ〈平家・七・願書〉

くろ-ほん【黒本】名 江戸中期以降に流行した通俗的小説の一つ。絵入りの平仮名書きで、草双紙の一種。表紙が黒いところからの称で、先行する赤本よりは大人向けの内容で、青本と共通点が多い。

くろ-み【黒み】名〔「み」は接尾語〕❶黒い部分。例(的ノ)第二の**黒み**、射落として持て参れ〈宇治拾遺・九八〉❷墨で記された文字。例御筆の**黒み**を見まうし候へば〈仮名草子・薄雪物語・上〉

くろ-みだな【黒御棚】名 ⇩くろだな。例御湯殿の上の**黒御棚**に雁の見えつるを〈徒然・一一八〉

くろ・む【黒む】1 動(マ四)❶黒くなる。黒みを帯びる。喪服などを着る。例(日焼ケシテ)すこし**黒み**やつれたる旅姿〈源氏・夕顔〉❷暮らしが立つ。生活できる。例(別レテモ)夫婦の人の心さへかはらずは、たがひに身のくろみてのち、またひとつの寄り合ひなる事〈西鶴・西鶴織留・六・三〉 ❷動(マ下二) ❶黒くする。例少し色黒めて〈落窪・三〉 ❷紛らわせて隠す。ごまかす。例蒲団をかぶって行くふりも涙くろめしまぎらなり〈近松・心中重井筒・中〉 ❸暮らしが立つようにする。例あの人の身をも黒めてやりたい〈近松・丹波与作待夜の小室節・中〉

くろろ【枢】 名「くるる」に同じ。

くわ【桑・鍬】 ⇩くは

くゎ【火】 カ 名 五行の第二。また、四大種の一つ。例四大種の中に、水・火・風は常に害をなせども〈平家・三・大地震〉

くゎ【果】 カ 名 ❶〔仏教語〕原因(「因」)によって生じる結果。報い。例罪を作れば定めて(=きっと)果を感ずるなり〈今昔・三・一七〉 ❷〔仏教語〕仏教の真理を会得すること。仏果。例仏に値ひたてまつりてとく(=すぐに)果を得たるぞと〈今昔・二・八〉 ❸果実。草木の実。

くゎ【過】 カ 名 ❶過大なこと。見栄を張って大げさに言うこと。ほら。例かやうに過をば申せども、召し使ふ者はただ一人でござる〈狂言・鼻取相撲〉 ❷過去。例過現(=現在)の二生、重ねて本経(=法華経)を誦じ〈霊異記・上・一八〉 ❸過失。

くゎ【窠】 カ 名 模様や紋所の名。鳥の巣が卵を包んでいる形を図案化したもの。一説に、瓜の輪切りにした形、また、蜂の巣の形とも。簾の帽額などに用いる。

窠〔高田装束研究所〕

くゎ-あふ【花押】 カオウ 名 文書で、署名の下に書く自筆の判。書き判。

花押(源頼朝)

くゎい-き【回忌】 カイ― 名〔仏教語〕人の死後、毎年めぐってくる命日。満一年目が一回忌(一周忌)、満二年目が三回忌で、以下七回忌・十三回忌・十七回忌・三十三回

絵画 カイガ

●**奈良時代まで** 日本の絵画は、仏教文化の伝来によって飛躍的に発展した。七世紀中ごろに法隆寺「玉虫厨子」の絵画などが制作され、七〇〇年前後には「法隆寺金堂壁画」や「高松塚古墳壁画」が、さらに奈良時代に入ると薬師寺の「吉祥天像」などの仏画、正倉院の「鳥毛立女図屛風」のような世俗画が盛んに制作された。

国家的な造寺造仏が盛んに行われた奈良時代は数多くの画師が必要とされた。彼らは画工司に組織され、官営寺院の造営では仏画制作などを担当した。

●**平安時代** 画工司は平安初頭には大幅に縮小され、画師の多くは諸寺院に吸収されて仏画制作に専従、絵仏師と呼ばれるようになる。宮廷の画師たちは絵所に再組織される。絵所の絵師は、主に宮廷や貴族のための装飾的・鑑賞的絵画の制作に携わり、世俗画、特に日本的な題材を描く大和絵の発達を支えていく。十世紀を中心に和歌を伴った大和絵屛風が流行、十二世紀になると絵巻が黄金期を迎え、『源氏物語絵巻』『信貴山縁起絵巻』など数多くの傑作が生まれる(⇩絵巻)。

仏画においては、密教が宮廷を中心に急速に浸透するようになると、その根本思想を図示する曼荼羅や諸尊の画像などが制作される。また十世紀後半以降、貴族のあいだに浄土信仰が広まり、臨終の人を浄土から仏が迎えに来るさまを描く来迎図などが生み出された。天喜元年(一〇五三)完成の「平等院鳳凰堂扉絵」などが現存する。

●**鎌倉時代** この時代は、宗教美術が活況を呈した最後の時代であり、肖像の時代でもある。宗教画では、来迎図などの仏画が盛んに制作された。肖像画では、天皇や貴族の顔の特徴を軽妙な筆致でとらえる似絵が十三世紀の宮廷社会で流行する。禅宗では師僧の肖像が重要視され、武士の肖像もさまざまに描かれた。絵巻は流行期を迎え、多様な主題の作品が量産された。

●**南北朝・室町時代** 中国宋代以降の絵画の影響によって興った、水墨を中心とする漢画が、禅宗を基盤に繁栄を遂げる。京都五山の禅僧たちのあいだで、彼らの詩文に水墨画を組み合わせた詩画軸が流行。周文・雪舟など画僧も輩出する。屛風絵や扇絵、御伽草子絵巻の盛んな制作には、土佐派や狩野派など上層の絵師のほか、町絵師たちもかかわっている。

●**安土桃山・江戸時代** 安土桃山時代は織田信長と豊臣秀吉という天下人の時代であり、狩野永徳一門による絢爛豪華な障壁画がその城郭を飾った。また、町衆がいっそう力をつけてくるのに伴って風俗画は全盛期を迎え、洛中洛外図は都の活況を描き出し、西洋との出会いは、西洋人来航のさまを描く南蛮屛風や初期洋風画を生み出す。

江戸時代に入ってもしばらくは桃山的おおらかさが見られ、俵屋宗達などが活躍するが、安定した閉鎖的秩序に向かう時代のなか、狩野派は、永徳の孫探幽が瀟洒で淡泊な新様式を確立、以後幕府の御用絵師として江戸時代の画壇に君臨し続ける。大和絵系では土佐派と住吉派が宮廷と幕府の御用を務めるようになる。一方では、江戸風俗を活写した菱川師宣により浮世絵が生まれ、尾形光琳による琳派などが生まれ、個性的な創造を始める。十八世紀には、文人画の池大雅や蕪村、写生画の円山応挙、洋風画の司馬江漢などが輩出。十九世紀に至ると、画壇は百花繚乱の趣を呈した。

室町時代の御伽草子絵巻は冊子本の奈良絵本へ移行、出版が盛んになるとともに絵入り小説が発展した。多くの浮世絵師が、草双紙や読本などの挿絵に筆を執っている。

〈木谷眞理子〉

忌・五十回忌・百回忌などに法事を営む。

くゎいけい-の-はぢ【会稽の恥】— 敗戦の恥辱。以前の恥。中国の春秋時代、越王勾践が、呉王夫差と会稽山で戦い大敗したが、後年夫差を破り恥をすすいだという故事による。「会稽をすすぐ」「会稽をきよむ」などの形が軍記に多用される。例御葬送の夜の、会稽の恥を雪めんがためとぞ聞こえし〈平家・一・清水寺炎上〉

くゎい-けん【懐剣】— 名 懐中に入れて持ち歩く護身用の短刀。懐刀。例懐剣といふ太刀を錦の袋より取り出だして〈太平記・二七〉

くゎい-こく【回国・廻国】— **1**名動(サ変) 諸国を巡り歩くこと。例西国までも廻国いたさうと存ずる〈虎寛本狂言・地蔵舞〉 **2**名「廻国巡礼」の略。諸国の札所を巡拝すること。例その身は廻国の道者(=修行僧)にまぎれて〈西鶴・新可笑記・三・二〉

くゎい-し【懐紙】— 名 畳んで懐に入れた紙。のちは和歌などを書くのに用いる。「懐紙」「畳紙」とも。例弓に懐紙を取り具して〈とはずがたり・三〉

くゎい-じゃう【回状・廻状】— 名「くゎいぶん①」に同じ。

くゎい-しょ【会所】— 名 **❶**寄り合いをする場所。集会所。例在家俗士、堂塔を建立する…酒宴の座席、詩歌の会所として、無礼の事多し〈沙石集・八・二三〉 **❷**貴人の屋敷に設けられた、歌会や茶会などの会合所。例御廏・会所・囲炉裏の間〈庭訓往来・三月〉 **❸**江戸時代、町役人の事務や商取引などを行うための集会所。例御下知(=お指図)あるまでは…会所へ取って押し込めよ〈近松・堀川波鼓・下〉

くゎい-じん【灰燼】— 名 灰と燃えがら。火事の焼け跡。例七珍万宝さながら(=ことごとく)灰燼となりにき〈方丈記〉

ぐゎい-じん【外人】— 名 疎遠な人。仲間ではない人。例外人もなき所に兵具をととのへ、軍兵をかたらひおき(=仲間に引き入れ)〈平家・一・鹿谷〉

くゎい-せき【会席】— 名 **❶**集まりの席・場所。多く連歌・俳諧・茶の湯などにいう。例今日は連歌の御会席にて候ふ〈太平記・三三〉 **❷**「会席料理」の略。酒を楽しむために宴席で出される高級な料理。皿に一品ずつ盛って会席膳で順に出す。例会席、茶菓子、事終はり〈仮名草子・東海道名所記・六〉

ぐゎい-せき【外戚】— 名「げしゃく」とも。母方の親族。例女院の御兄なれば、内(=天皇)の御外戚なり〈平家・一・東宮立〉

くゎい-せん【廻船・回船】— 名 旅客や荷物を運ぶ船。江戸時代、荷物を海上輸送する二、三百石積み以上の大型船。大坂を中心に遠距離を定期航行した。檜垣廻船・樽廻船が有名。例檜垣作り十四、五端の廻船に〈近松・博多小女郎波枕・上〉

くゎい-ちゅう【懐中】— 名動(サ変) ふところへ入れること。例(夢ニ出テキタ笏ガ)うつつにありけり…懐中して宿所へ帰り〈平家・六・祇園女御〉

ぐゎい-ぢん【外陣】— 名「げぢん(外陣)」に同じ。

くゎい-てん【回天】— 名 時勢を一変させること。衰えた勢いを盛り返すこと。例勇気いまだたゆまず、天下の機を呑んで、回天の力を出ださんと思へる者どもなれば〈太平記・三〉

ぐゎい-ど【外土】— 名 都から遠く離れた土地。例外土へ向かふ将軍は、まづ参内して切刀(=任命のしるしの刀)を給はる〈平家・五・富士川〉

くゎい-はう【懐抱】— 名動(サ変) **❶**胸に抱きしめること。例帝王、その女を召して、一夜懐抱したまひにけるに〈今昔・一四・四〉 **❷**胸中の思い。例つひに懐抱を申のべ〈万葉・五・八五三・序〉 **❸**ふところ。

懐風藻 《作品名》奈良時代の漢詩集。一巻。編者未詳。淡海三船・石上宅嗣など諸説ある。天平勝宝三年(七五一)成立。「懐風」は先人の遺風を懐かしむ・懐う意で、近江朝以降八〇年間の詩人六四人の一二〇編を収める。作者は皇族を中心とする上流官人が多く、詩形は五言八句が多い。現存する最古の漢詩集。

くゎい-ぶん【回文・廻文】— 名 **❶**複数の名あてに、順次回覧する文書。**❷**和歌・俳諧などで、上下どちらから読んでも同文同音になるように作った作品。

ぐゎい-ぶん【外聞・外分】— **1**名 **❶**世間での評判。例人多ければ外聞もいかがぢゃと存じて〈狂言・河原太郎〉 **❷**名誉。例一首よませられて下さらうならば、私の外分にもなる事でござる〈虎寛本狂言・萩大名〉 **❸**表向き。体裁。例打ちそこなうては外分も悪しいとおもうて〈虎寛本狂言・武悪〉 **2**形動(ナリ) 世間体がよいさま。例一門の広きほど外聞に見えける〈西鶴・世間胸算用・四・二〉

くゎいぶん-うた【回文歌・廻文歌】— 名「くゎいぶん②」になっている和歌。平安末期の歌学書『奥義抄』には次の歌が紹介されている。「むらくさにくさのなはもじそなはらばなぞしもはなのさくにさくらむ」

くゎい-もん【槐門】— 名 大臣の家柄。また、大臣の別称。中国の周代に、朝廷に三種の槐を植え、最高位の官人の座とした故事による。例いにしへは槐門棘路(=公卿)の間に九族をなびかし〈平家・一二・先帝身投〉

くゎいらい-し【傀儡師・傀儡子】— 名「くぐつまはし」に同じ。

くゎい-ろく【回禄】— 名動(サ変) 〔中国の火の神の名から〕火事。例もし回禄あらば、朝家の御大事たるべし〈古活字本平治・中〉

くゎう-いん【光陰】— 名〔「光」は日・昼、「陰」は月・夜の意〕**❶**年月。時間。例光陰何のためにか惜しむとならば、内に思慮なく、外に世事なくして〈徒然・一〇八〉 **❷**光と影。日光と月光。例この光陰に誘はれて、月の都に入りたまふよそほひ〈謡曲・融〉

くゎう-げん【広言・荒言】— 名 他をはばからず、大きなことを言うこと。放言。例かやうの荒言は、よくよく控ふべきことなり〈著聞集・一六・五三二〉

くゎう-ごう【皇后】— 名 天皇の正妃。例御母をば光明皇后と申しき〈大鏡・道長上〉 語誌 古くは皇族に限られていた。平安時代、一条天皇に二后が並立するようになって以降、元の正妃を「皇后」、新しい后を「中宮」と区別するようになる。⇩きさき

くゎうごう-ぐう【皇后宮】— 名 **❶**皇后の住む宮

殿。例院、皇后宮に参りたまひて〈栄花・ゆふしで〉❷皇后の敬称。例このさぶらはせたまふ(元ノ后)をば皇后宮と聞こえさす(=申し上げる)〈栄花・輝く藤壺〉

くゎう-ごふ【曠劫】 名『仏教語』非常に長い年月。永劫。⇩こふ(劫)。例**曠劫**の勤修を、一日七日の行につづめ(=短縮し)〈発心集・六・一三〉

くゎう-じん【荒神】 名❶荒々しい神。鬼神。例**荒神**ありて障難を乱れおこす〈今昔・六・二七〉❷『仏教語』「三宝荒神」の略。例やあ**荒神**の神酒がある〈近松・心中二枚絵草子・中〉

くゎう-せん【黄泉】 名〔地下の泉の意〕死者の赴く国。冥土。例**黄泉**の旅に出でなんのちは〈平家・五・文覚被流〉類義よみ・よみぢ

くゎう-たいこう【皇太后】 名天皇の生母で、先帝の皇后であった人。のちには、皇后でなかった天皇の生母を皇太后とすることもあった。例内大臣高藤のおとどは、**皇太后**胤子の御父〈大鏡・道長上〉

くゎうたいこう-ぐう【皇太后宮】 名❶皇太后の住む宮殿。❷皇太后の敬称。例はじめの冷泉院の中宮をば皇太后宮と聞こえさす(=申し上げる)〈栄花・花山尋ぬる中納言〉

くゎう-みやう【光明】 名❶明るい光。輝き。例(神鏡ハ)**光明**かくやくとして(=光り輝いて)、朝の日の山の端を出づるにことならず〈平家・一一・鏡〉❷『仏教語』仏や菩薩の心身から発する光。衆生に安心や知恵を与えるもの。

くゎうみやう-しんごん【光明真言】 名『仏教語』真言密教で唱える呪文の一つ。これを唱えると仏の光明を受け、すべての罪障を除き、長寿・福楽を得るという。

くゎうみやう-へんぜう【光明遍照】 『仏教語』阿弥陀仏の身体から出る光は、遍く十方を照らし、念仏する衆生を捨てず救う、の意。その慈悲が広大無辺であることをいう。例「**光明遍照**十方世界、念仏衆生摂取不捨」と宣ひもはてねば(=言い終わられないうちに)〈平家・九・忠度最期〉

くゎうもく-てん【広目天】 名『仏教語』帝釈天に仕える四天王の一つ。仏法守護の善神で、須弥山の西の中腹に住み、西方を守護する。広大な浄天眼をもつために「広目」という。その姿は赤色で甲冑をつけ、矛や索(縄)を手にする。

くゎう-もん【黄門】 名中納言の唐名。特に、京極中納言藤原定家・水戸権中納言徳川光圀をさすこともある。古代中国で、黄色に塗った宮廷の小門の中に勤める人・役所をさしたことからいう。例四条**黄門**(=藤原隆資)命ぜられていはく〈徒然・二二九〉

くゎう-りやう【荒涼・広量】 名動(サ変)❶荒れ果ててもの寂しいこと。例旱涝(=日照りと長雨)・飢饉し、邦国**荒涼**せり〈性霊集・六〉❷うっかり気を許すこと。ぼんやりすること。例知らざらむ所には、**広量**して、行き宿りすべからず〈今昔・二七・三〇〉❸大口をたたくこと。例「**荒涼**の申しやうかな」とささやきあへり〈平家・九・生ずきの沙汰〉

広隆寺 山城国、今の京都市右京区太秦の寺。本尊は聖徳太子像。聖徳太子より仏像を授けられた秦河勝が創建したとされる。

くゎうりん-ふう【光琳風】 名江戸時代、尾形光琳によって確立された画風や装飾の作風。金銀泥なども多用する華麗さを特色とする。

くゎえん-だいこ【火炎太鼓】 名雅楽に用いる大太鼓の俗称。周囲に火炎をかたどった装飾があることからいう。

くゎかい-じゅ【火界呪】 名『仏教語』不動明王の呪文。印を結び、その印から無量の大火炎が流れ出て悪魔や煩悩を焼き尽くすことを観想しながら唱える。例**火界呪**をもちて加持す(=祈禱する)〈宇治拾遺・一七三〉

くゎ-かく【過客】 名旅人。唐の李白の『春夜宴桃李園序』の詩句による。例月日は百代の**過客**にして、行きかふ年もまた旅人なり〈芭蕉・奥の細道〉

くゎ-ぎう【蝸牛】 名動物の名。カタツムリ。

[蝸牛の角の争ひ] つまらない争い。『荘子』則陽編の、カタツムリの二本の角の上にある国が互いに争った、という故事から出た語。例**蝸牛の角**の争ひも、はかなかりける心かな〈謡曲・頼政〉

くゎ-きふ【火急】 名形動(ナリ)火のつくように急なこと。事態が切迫しているさま。例今、**火急**の事ありて、すでに朝夕に迫れり〈徒然・四九〉

花鏡 《作品名》室町中期の能楽論書。一巻。世阿弥著。応永三一年(一四二四)成立。四十歳ごろから六十歳前後までの演者としての体験を、題目六か条・事書き一二条の秘伝としてまとめ、長男元雅に伝えたもの。末尾「奥の段」の初心忘るべからずの論は特に有名。

くゎく-らん【霍乱】 名主に夏に起こる急性の胃腸炎。激しい下痢・嘔吐を起こす。例過ぎにし夏、**霍乱**をわづらひて〈西鶴・世間胸算用・一・二〉

花月草紙 《作品名》江戸時代の随筆。六巻。松平定信著。文政元年(一八一八)成立。一五六段からなり、人事や風物などを雅文体で記す。

くゎ-けっ-たう【火血刀】 名『仏教語』〔「火」は地獄、「血」は畜生、「刀」は餓鬼の意〕地獄・畜生・餓鬼の三悪道。例**火血刀**の苦果、あへて(=まったく)疑ひなし〈平家・一〇・戒文〉類義さんづ(三途)

ぐゎご-じ【元興寺】 名〔奈良の元興寺の鐘楼に鬼がいたという伝承から〕❶鬼の別称。例清水へ参れば、元興寺が出でて人を食ふ〈狂言・清水〉❷目・口を指で広げて鬼の顔を作り、子どもをおどすのに発する言葉。「ぐゎごうじ」「ぐゎごぜ」とも。

くゎこ-ちゃう【過去帳】 名寺で、檀家の死者の法名・俗名・死亡年月日・年齢などを記しておく帳簿。点鬼簿。鬼籍。例法師になりたりける宿坊に**過去帳**のありけるを見て〈保元・中〉

くゎ-ごん【過言】 名度を過ぎて失礼な言葉。失言。例あまつさへ種々の**過言**、かへりて己が放逸(=身勝手さ)を知らず〈後鳥羽院御口伝〉

くゎ-さ【過差】 名〔「差」は等級の意〕分に過ぎたこと。ぜいたく。例堀川相国は…そのことなく(=何事にも)**過差**を好みたまひけり〈徒然・九九〉

くゎ-ざ【冠者】 名〔「くゎんざ」の撥音の表記され

ない形』「くゎんじゃ」に同じ。例**くゎざ**の君参りたまへり〈源氏・少女〉

花山天皇《人名》九六八〜一〇〇八（安和元〜寛弘五）。平安中期の天皇。冷泉天皇の第一皇子。藤原兼家の謀略にかかって若くして退位出家。その経緯は『大鏡』などに語られている。奇行もあったらしいが、諸芸にすぐれ、特に和歌を愛好する。『拾遺和歌集』の撰者か。

くわし『細し・美し・精し・詳し』⇩くはし

くゎ-し【菓子】カ― 名 食事のほかに食べる嗜好品などの総称。古くは果物をさしたが、のちに米粉や小麦粉などを加工した食品もいう。例食後の**菓子**まで、至極（＝この上なく）せめ食ひて〈沙石集・三・八〉

くゎ-じつ【花実】カ― 名 ❶花と実。❷外見と内容。特に歌論で、表現（詞）と内容（心）。例中ごろ古今の時（＝『古今和歌集』のとき）、**花実**ともに備はりて、そのさままちまちに分かれたり〈無名抄・近代歌体事〉

くゎ-しゃ【火車】カ― 名《仏教語》❶火の燃えている車。生前に悪事を働いた罪人を乗せて地獄に運ぶという。「ひのくるま」とも。例身を責め骨を砕く**火車**の責めといふとも〈謡曲・綾鼓〉❷「火車婆」の略。悪心をもった老婆。

くゎ-じゃ【冠者】カ― 名「くゎんじゃ」の撥音の表記されない形。

くゎ-しゃう【和尚】カシヤウ 名《仏教語》〔「くゎ」は漢音〕受戒の師となる僧。転じて、高僧の敬称。天台宗・華厳宗で用いる。語誌 法相宗・律宗・真言宗などでは「和」の呉音を用いて「わじゃう」といい、浄土宗・禅宗では唐音を用いて「をしゃう」という。

くゎ-しょ【過所・過書】カ― 名 ❶〔上代は「くゎそ」〕朝廷や幕府が発行する、関所通行の許可証。例諸国の百姓、往来の**過所**に当国の印を用いよ〈続紀・霊亀元年五月〉❷「過所船」の略。①を持つ船。特に江戸時代、淀川を往来して伏見と大坂の間で貨客を運ぶ船。例**過書**の船持ち、世上に名をふれて（＝有名で）〈西鶴・西鶴織留・二・一〉

くゎ-しょく【華飾・過飾】カ― 名 形動（ナリ）❶思い上がり。尊大。高慢。例法眼は**華飾**世に越えたる人にて〈義経記・二〉❷華美。ぜいたく。

くゎ-そ【過所・過書】カ― 名「くゎしょ①」に同じ。例**過所**なしに関飛び越ゆるほととぎす〈万葉・一五・三七五四〉

くゎ-ぞく【華族・花族】カ― 名「せいぐゎ」に同じ。

くゎ-たい【過怠】カ― 名 ❶過ちと怠け。過失。罪。例召され候ふ事は、何の**過怠**にて候やらむ〈平家・三・法印問答〉❷過失に対する懲らしめ。例その**過怠**に、くわっとした歌を今一首づつ申し上げい〈狂言・餅酒〉❸中世以降の刑罰の一つ。金銭や労役などを科す。例**課怠**仰せ付けらるるとの御意（＝ご命令）〈近松・曾我会稽山・二〉

くゎ-たく【火宅】カ― 名《仏教語》迷いの多い人間の住む世界。現世。煩悩に悩まされることを燃えさかる家にたとえた語。例我、永く**火宅**を離れて人間（＝人間界）に来たらずと言へども〈今昔・一三・三〉

ぐゎち-ぎゃうじ【月行事】ガチギヤウジ 名 江戸時代、毎月交代で町内や組合内の事務を行う人。「月行事」とも。例**月行事**から札（＝通過許可証）取らねば、大門が出られませぬ〈近松・冥途の飛脚・中〉

くゎ-ちゃう【火長】カチヤウ 名 令制の兵制で、兵士十人の長。例右の一首、**火長**今奉部与曾布〈万葉・二〇・四三七三・左注〉

ぐゎっ-き【月忌】ガッ― 名《仏教語》亡くなった人の月ごとの命日。また、その日に行う仏事。例かの**月忌**二十七日にてありけるを〈著聞集・二〇・七二〉

くゎっ-けい【活計】カッ― ❶名 生活の手立て。生計。例乞食の客はこれをもちて**活計**の謀とすることあるに至る〈古今・真名序〉❷名 動（サ変）豊かな暮らしをすること。ぜいたくをすること。例さまざまの遊宴を尽くし、**活計しける**が〈太平記・二三〉

月山《地名》出羽国（山形県）の山。修験道の道場として知られ、湯殿山・羽黒山とともに出羽三山と呼ばれる。例（羽黒山八）**月山**・湯殿を合はせて三山とす〈芭蕉・奥の細道〉

ぐわっ-てんし【月天子】ガッ― 名《仏教語》月を神格化していう語。月宮殿に住み、月世界を統治するという。例南無帰命**月天子**〈謡曲・羽衣〉読解 月天子に帰依します、の意。

くゎっ-とカッ― 副 ❶急に大きく動くさま。ぱっと。ぐっと。例柘榴**くゎっと**吐きたまへる〈中楽談儀〉❷大きく広がるさま。ぱっと。例末で**くゎっと**開いたを末広がりといふ〈虎寛本狂言・末広がり〉❸火が勢いよく燃えるさま。かっかと。例火を**くゎっと**おこいて〈近松・心中重井筒・中〉❹急に感情が高ぶるさま。かっと。例**くゎっと**せき上げ胸ぐら取って〈近松・国性爺合戦・二〉❺思いきって気前よくするさま。ぐっと。うんと。例汝には**くゎっと**扶持をして（＝給料を与えて）〈狂言・鈍根草〉

くゎ-てう【花鳥】カテウ 名 花と鳥。自然の美しい風物の代表としていう。また、それをめでる心。風雅。風流。例たどりなき風雲に身をせめ、**花鳥**に情を労して〈芭蕉・幻住庵記〉

［花鳥の使ひ］ 恋文の使者。恋のなかだち。例好色の家には、これをもちて**花鳥の使ひ**とし〈古今・真名序〉読解「これ」は和歌をさす。

くゎてう-ふうげつ【花鳥風月】カテウ― 名 自然の美しい風物。また、それを愛する心。風雅。風流。例源平などの名のある人の事を**花鳥風月**に作り寄せて〈風姿花伝・二〉

花伝書《作品名》⇩風姿花伝

くゎ-とう【裹頭】カ― 名《仏教語》僧が袈裟で頭や顔を包み、両目だけを出した装い。また、その姿をした僧。「つつみがしら」とも。例**裹頭**の大衆といふは、これよりまた始まれり〈源平盛衰記・二四〉

裹頭〔天狗草子絵巻〕

くゎ-の-くつ【靴の沓・靴】カ― 名 束帯を着用すると

きに履く沓。皮製・黒塗りで、上縁を赤地または青地の錦で飾り、靴帯という金銅金具つきの紐で締める。⇨くつ(図)

くゎ-ぶん【過分】ーカ ❶名動(サ変)形動(ナリ)身分不相応なさま。思いあがっているさま。例父子ともに、**過分**のふるまひするとみしに〈平家・二・西光被斬〉❷名形動(ナリ)❶余分なこと。例金掘りを頼み**過分**に物をとらせ、ぬけ道をほり置き〈醒睡笑・一〉❷ありがたいこと。例撥を貸しておくりゃって(=くださって)**過分**におりゃる〈山本東本狂言・鍋八撥〉

くゎ-ほう【果報】ーカ 名〘仏教語〙❶前世の行いによって現世で受ける報い。例衆生の善悪の**果報**、皆前世の業因(=原因となる行為)によりてなり〈今昔・一・二七〉❷前世のよい行いによる幸運。例五戒十善の御**果報**〈平家・灌頂・大原御幸〉

くゎ-ら【掛絡・掛羅】ーカ 名❶両肩を通して胸に垂らす小さい方形の袈裟。例**掛絡**といふ袈裟かけさせたまへり〈増鏡・さしぐし〉❷①につけた象牙の輪。❸根付け。また、根付けのついている印籠・巾着・たばこ入れなど。例象牙の**掛羅**よりもぐさを取り出だし〈西鶴・好色一代男・五・五〉

くゎ-らく【花洛・華洛】ーカ 名(「洛」は都の意)都の美称。花の都。特に、京都。例すでに**花洛**におもむくとて〈著聞集・四・一二〇〉

ぐゎらり ガラリ 副❶堅い物がぶつかったり、物が壊れたりする音を表す。例**ぐゎらり**、ちん。はああ、(茶碗ガ)微塵になった〈虎寛本狂言・附子〉❷戸や障子などを一気にあける音を表す。例潜り(=くぐり戸)**ぐゎらり**と〈近松・女殺油地獄・下〉❸物事の状態が急に変わるさま。例首尾は**ぐゎらり**と違うて来る〈近松・曾根崎心中〉❹勢いのよいさま。気前のよいさま。例金銀米銭**ぐゎらりぐゎらり**と蒔き散らしたら〈近松・山崎与次兵衛寿の門松・上〉

くゎ-れう【過料】カリョウ 名❶中世、過失・怠慢に対して科した金品。❷江戸時代、比較的軽い罪を犯した庶民に対する罰金刑。

くゎ-ろ【火炉】ーカ 名 火を入れて暖をとるもの。火鉢など。例御前の**火炉**に火をおくときは、火ばしして(=火箸で)はさむ事なし〈徒然・二一三〉

くゎん【官】カン 名❶朝廷。政府。❷役所。特に、太政官庁。例**官**に仰せごとたまはす(=お指図をお下しになる)〈栄花・日蔭の鬘〉❸官職。官位。例太政大臣の**官**に至る人の〈平家・二・教訓状〉

くゎん【貫】カン 名❶銭を数える単位。一千文。江戸時代は九百六十文。例銭五十**貫**を子に持たせてやる〈宇治拾遺・一六四〉❷鎌倉・室町時代、土地面積を表す単位。課税額を銭に換算して表示するもの。土地によって換算の比率は異なる。例三万**貫**に及ぶ大庄(=大荘園)〈太平記・三五〉❸重さの単位。一千匁。約三・七五キロ。

ぐゎん

【願】ガン 名 **神仏に祈り、事の達成や成就を期待すること。**また、その内容。「願を立つ」「願を掛く」などの形で用いられることが多い。例(a)おぼろけの**願**によりてにやあらむ、風も吹かず、よき日出で来て(=並々ならぬ祈願のおかげであろうか、風も吹かず、美しい太陽が出てきて)〈土佐〉例(b)家に帰りてものを思ひ、祈りをし、**願**を立つ(=家に帰って思い悩み、神仏に祈り、願をかける)〈竹取〉 〈中本大〉

観阿弥 カンアミ 〘人名〙一三三三〜一三八四(正慶二〜至徳元)。室町前期の能役者・能作者。観阿弥は法名的な芸名で、本名は清次。結崎姓を名のる。若いころから名役者の評判が高く、大和猿楽四座の中心結崎座を率いる。将軍足利義満の後援を得て、息子の世阿弥元清とともに能の基礎を確立し、観世流の祖となった。能の作品に『卒都婆小町』『自然居士』などがある。

ぐゎん-い-し-くどく【願以此功徳】ガンニ ❶〘仏教語〙勤行や法事の終わりに唱える文。願わくはこの経文の功徳をもって、自他ともに成仏できるように、の意。例念仏高声に三十遍ばかり申して、**願以此功徳**と廻向して〈義経記・六〉❷(①から転じて)物事の終わり。結末。例嫁女夫(=嫁夫婦)の**願以此功徳**気がかり〈近松・心中宵庚申・下〉

寛永寺 カンエイジ 名 江戸上野の徳川家の菩提寺。天台宗。寛永二年(一六二五)三代将軍家光の創建。山号東叡山(東の比叡山の意)。

くゎんえい-つうほう【寛永通宝】カンエイ 名 江戸時代の代表的貨幣。寛永一三年(一六三六)以降、幕府によって鋳造された。円形で中央に四角い穴がある。表には「寛永通宝」の四字、裏には「文」、または波模様が記されていた。普通は一文銭で、四文銭もある。

くゎん-おん

【観音】カンノン 名〘仏教語〙(「観世音」の略。「観世音」は、世の苦しみの音を観ずる意)慈悲の心で衆生の苦しみを救う菩薩。衆生を救うために三十三に変化する身をもつ。仏像としては、勢至菩薩とともに阿弥陀如来の脇士。⇩口絵。例我、初め死せし時、見ればたちまちに**観音**・勢至来りたまひて(=私が、最初に死んだとき、見るとたちまちのうちに観世音菩薩と勢至菩薩が現れなさって)〈今昔・六・三七〉

語誌▼**観音信仰** 法華経の観世音菩薩普門品に説く観音の慈悲にすがって現世利益を願うのが、観音信仰である。平安時代には特に熱心に信仰され、観音の寺々が物詣での人々でにぎわった。京の清水寺、近江国の琵琶湖畔の石山寺、大和国の初瀬の長谷寺が有名。その霊験については、『今昔物語集』などの説話に語られている。『蜻蛉日記』『枕草子』『源氏物語』『更級日記』などの記述からもわかるように、女性の参詣者が多かった。平安末期ごろからは、西国三十三所など観音巡礼の霊所もできた。 〈鈴木日出男〉

くゎんおん-ぎゃう【観音経】カンノンギョウ 名〘仏教語〙法華経第八巻第二五品、観世音菩薩普門品のこと。観音の功徳が説かれている。観音信仰が盛んになるにつれて広く流布し、ここだけ独立して唱えられるようにもなる。

くゎん-かう【還幸】カンコウ 名 天皇が外出先からお帰りになること。例午の時に及んで(=正午ごろになって)、高松殿へ**還幸**なる〈保元・中〉

くゎんがく-ゐん【勧学院】 名 ❶藤原一門の子弟のための教育機関。藤原冬嗣が弘仁一二年(八二一)に創立し、一時は興福寺や春日神社の管轄も行い、政治にも関与した。例蔵人道広(=人名)とて、勧学院にありけるが〈平家・七・願書〉 ❷延暦寺・東大寺などの大寺が、僧に宗学を教授するために設けた教育機関。

[勧学院の雀は蒙求を囀る]〔「勧学院①」の軒端の雀は、学生が『蒙求』(初学者用の漢学教科書)を読むのを聞き覚え、それをさえずる、の意〕常に見聞きしていると、自然に覚えるという意のことわざ。「門前の小僧習はぬ経を読む」の類。

くゎん-ぎょ【還御】 名 天皇・上皇・皇后などが外出先からお帰りになること。後世は、将軍や公卿などにもいう。例法皇やがて還御〈平家・三・公卿揃〉

くゎん-くゎつ【寛濶】 名 形動(ナリ) ❶心が広いこと。おおらかなこと。また、そのさま。例気分は寛濶にぞ生まれ付きて〈西鶴・男色大鑑・六・一〉 ❷はでなこと。また、そのさま。例女郎は寛濶にして短気なもよい事あり〈浮世草子・傾城禁短気・四・一〉

くゎん-げ【勧化】 名 動(サ変)『仏教語』❶人々に仏の教えを勧め、仏道に導くこと。教化。例当流勧化の趣を詳しく知りて極楽に往生せんと思はん人〈御文〉 ❷寺院・仏像の建立のための寄付を勧めること。また、寄付をすること。例檀方中(=檀家じゅう)を廻って勧化して〈滑稽本・浮世床・初上〉

類義 ①②くわんじん

菅家後集 《作品名》平安前期の漢詩集。一巻。菅原道真の作。延喜三年(九〇三)成立。大宰府に左遷された後の詩四六首を収める。「都府楼は纔かに瓦の色を看る 観音寺はただ鐘の声を聴く」の一節のある「門を出でず」、醍醐天皇からの恩賜の御衣を今も捧げ持つとうたう「九月十日」などが有名。

菅家文草 《作品名》平安前期の漢詩文集。一二巻一二冊。菅原道真の作。昌泰三年(九〇〇)成立。前半六巻に詩四六八首、後半六巻に文一五九編を編集し、醍醐天皇に献上したもの。詩では七言律詩・七言絶句・五言律詩が多く、文では願文・奏状・詩序などにすぐれたものが多い。平安漢詩文の最高峰とされる。

菅家万葉集 《作品名》⇩新撰万葉集

くゎん-げん【管弦・管絃】 名 ❶管楽器と弦楽器。また、楽器の総称。例唱歌し管絃を奏す(=歌をうたい楽器を演奏する)〈著聞集・一九・六五二〉 ❷音楽。また、音楽を演奏すること。⇩あそび(遊び)。例作文の船・管絃の船・和歌の船と分かたせたまひて、その道にたへたる人々を乗せさせたまひしに(=漢詩を作る船、音楽を演奏する船、和歌を作る船とにお分けなさって、その道にすぐれている人々をお乗せになったところ)〈大鏡・頼忠〉 読解 舟遊びで、藤原道長が藤原公任に、どの船に乗るかと聞いたことによって、公任が漢詩・音楽・和歌のどの道にも長じていたことを証した逸話の一節。

語誌 ▼貴族の教養 ②の意では、例のように漢詩・和歌とともにいわれることが多い。この三つは男性貴族の教養として重視された。〈馬場光子〉

元興寺 名 大和国、今の奈良市の寺。南都七大寺の一つ。蘇我馬子造営の最古の寺である飛鳥寺(法興寺)を元とし、平城遷都に伴って奈良に移る。奈良時代は東大寺に次ぐ寺格で、三論宗・法相宗の本拠として重きをなした。

くゎん-ざ【冠者】 名 ⇩くわんじゃ

くゎん-ざう【萱草】 名「くゎざう」とも。❶植物の名。ユリ科の多年草。山野に自生し、夏に赤黄色の花をつける。若葉・花は食用となる。食べたり身に着けたりすると憂いを忘れるとされ、「忘れ草」とも。例憂へあらむ人は萱草を植ゑて常に見るべし〈今昔・三一・二七〉 ❷「萱草色」の略。

くゎんざう-いろ【萱草色】 名「くゎざういろ」とも。染め色の名。萱草の花の色。赤黄色。例紅の黄ばみたる気添ひたる袴、萱草色の単衣〈源氏・幻〉 読解 ここは喪服の色。

くゎん-さく【官爵】 名「くゎんざく」とも。「くゎんしゃく」に同じ。

くゎん-ざし【貫差し・貫緡】 名 銭一貫文(一文銭千枚)を、中の穴に縄をさし通して一本にまとめた銭。また、それをさし通す緡(細い縄)。持ち運びをしやすくするためのもの。実際には九百六十文を一貫として通用させた。例寺役の法師、貫差しながら(=貫差しのまま)相渡して〈西鶴・日本永代蔵・一・一〉

ぐゎん-さん【元三】 名「ぐゎんざん」とも。❶〔年・月・日の三つのはじめの意〕元日。正月一日。例元三の薬子(=毒味役の少女)〈枕・えせものの所得るをり〉 ❷正月三が日。例元日元三の間参入する人もなし〈平家・四・厳島御幸〉

ぐゎんじつ-の-せちゑ【元日の節会】 名「ぐゎんにちのせちゑ」とも。元日の朝賀の後、紫宸殿で、天皇が官人たちに宴を賜る儀式。

くゎん-じゃ【冠者】 名 ❶元服して冠をつけた少年。例その冠者さるべき(=しかるべき)所に宮仕へしけるほどに〈今昔・二九・一一〉 ❷若い召使。若輩の人。例七徳の舞を二つ忘れたりければ、五徳の冠者と異名を付きにける〈徒然・二二六〉 語誌 ▼「くゎんざ」「くゎじゃ」「くゎざ」などとも表記される。▼若い人に対して、軽侮や親しみをこめていうことが多い。狂言に登場する「太郎冠者」などもその例。

くゎん-じゃう【款状】 名「くゎじゃう」とも。官位を望んだり、訴訟をしたりするときなどに出す嘆願書。例款状にも、異なる事なき(=特別でもない)題目をも書き載せて〈徒然・二三八〉

くゎん-じゃう【勧請】 名 動(サ変) 神仏や高僧を迎えること。また、神仏の分身をほかの場所に迎えて祭ること。例この島のうちに熊野の三所権現を勧請したてまつって〈平家・二・康頼祝言〉

ぐゎん-じゃう【願状】 名 神仏に祈願するとき、その趣意を記した文書。例実盛討ち死にののち、木曾義仲願状にそへて、この社に(実盛ノ遺品ヲ)こめられはべるよし(=奉納されたといういきさつ)

〈芭蕉・奥の細道〉

くゎん-しゃく【官爵】 カン 名「くゎんさく」「くゎんざく」とも。官職と位階。官位。例心のままなる(=思いどおりの)官爵にのぼりぬれば〈源氏・少女〉

くゎん-じゅ【貫首・貫主】 カン 名「くゎんしゅ」「くわんず」とも。❶かしらとなること。また、その人。❷蔵人(くろうど)の頭(とう)の別称。例貫首以下(げ)あやしみをなし〈平家・一・殿上闇討〉❸仏教の宗派の長。特に、天台座主(ざす)。例昔こそ三千の衆徒の貫主たりしか〈平家・二・一行阿闍梨之沙汰〉

くゎん-じん【勧進】 カン 名動(サ変)《仏教語》❶**人を仏道に入るように勧め導くこと。** 例この後あまねく勧進の間、本帳に入る所の人三千二百八十二人なり(=こののち広く布教を行ったところ、宗門の名簿に名を連ねた人は三千二百八十二人である)〈著聞集・二・五三〉❷**寺院や仏像の造立・修理のために寄付を募ること。** また、その人。寄付する人の善根功徳のためになると言って勧める。例堂を造り、塔を建つる、最上の善根(ぜん)なりとて、**勧進せ**られけり(=仏堂を造り、塔を建てるのが、このうえないよい行いであると言って、寄付をお募りになった)〈宇治拾遺・一四〇〉❸**②のために興行する芸能や相撲。** 応仁の乱以前は田楽(でんがく)が中心。乱後、永正期(一五〇四〜二一)以後、興行は多様化する。❹僧体で施しを乞(こ)いながら歩くこと。また、その人。転じて、物乞い。例大坂中を**勧進すれ**ども、さらにその日を送るほどのたよりもなし(=大坂じゅうを物乞いして歩くけれども、まったくその日一日を暮らすほどの稼ぎもない)〈仮名草子・浮世物語・二・三〉

くゎんじん-すまう【勧進相撲】 カンジンスモウ 名「くゎんじん②」のために興行する相撲。のちは、それを名目として料金を取って行う興行をもいう。

くゎんじん-ちゃう【勧進帳】 カンジンチョウ 名《仏教語》「くゎんじん②」の内容を記し、寄付を募るときに勧進の僧が読み上げる書状。多くは巻物。例**勧進帳**をひきひろげ、高らかにこそ読うだりけれ〈平家・五・勧進帳〉

勧進帳(くゎんじんちゃう) カンジンチョウ《作品名》長唄(ながうた)を地(じ)とする所作事(しょさごと)。三升屋二三治(一説に三世並木五瓶(ごへい))作、四世杵屋(きねや)六三郎作曲。天保一一年(一八四〇)初演。謡曲『安宅(あたか)』をふまえ、講談の「山伏問答」を取り入れて、奥州(おうしゅう)へ下る源義経(よしつね)一行が弁慶の機転で安宅の関を通るまでを描く。歌舞伎(かぶき)十八番の一つ。

くゎんじん-のう【勧進能】 カンジンノウ 名寺社勧進のために興行する能。江戸時代には、許可を受けた能役者が一世一代として行う大規模なものもいった。例**勧進能**に芝居銭三十文(もん)づつとりければ〈噺本・昨日は今日の物語・下〉

くゎんじん-びくに【勧進比丘尼】 カンジンビクニ 名各地を回って「くゎんじん②」をする尼。牛王宝印(ごおうほういん)の守り札を売り、地獄や極楽の絵巻物の解説をしながら、念仏を唱え、歌を歌って勧進する。のちは、売春をすることもあった。例**勧進比丘尼**声を揃(そろ)へてうたひ来(きた)れり〈西鶴・好色一代男・三・六〉

くゎんじん-ひじり【勧進聖】 カンジンヒジリ 名「くゎんじん②」のため、諸国を巡り歩く僧。また、それを名目に金品を請う人。例利欲の心すすまねば**勧進聖**もしたからず〈一遍上人語録・上〉

くゎんじん-よみ【勧進読み】 カンジンヨミ 名「くゎんじん②」の名目で、寺社の境内や路傍で『太平記』などの読み物を人々に読み聞かせ、金品を請うこと。また、その人。例書物好きの権六は、神田の筋違(すじかい)ひ橋にて、太平記の**勧進読み**〈西鶴・日本永代蔵・五・四〉

くゎん-ず【観ず】 カンズ 動(サ変)❶《仏教語》心静かに考えて、仏の真理に達する。例善も悪も空(くう)なり(=実体がないものである)と**観ずる**が、まさしく仏の御心にあひかなふ〈平家・一〇・大臣殿被斬〉❷深く考える。例さここそはおぼえけめなど、**観じ**もてゆくに〈枕・宮にはじめてまゐりたるころ〉

くゎん-ぜおん【観世音】 カンゼオン 名《仏教語》「くゎんおん」に同じ。例我、この年月、清水(きよみず)の**観世音**を信じ〈謡曲・盛久〉

くゎんぜおん-ぼさつ【観世音菩薩】 カンゼオンボサツ 名《仏教語》「くゎんおん」に同じ。

観世元清(くゎんぜもときよ) カンゼモトキヨ《人名》⇩世阿弥(ぜあみ)

くゎんぜ-りう【観世流】 カンゼリュウ 名能楽のシテ方の流派の一つ。観阿弥(かんあみ)・世阿弥(ぜあみ)の親子を祖とする。室町幕府の将軍足利義満(あしかがよしみつ)・義持(よしもち)の保護を受けて発展、勢力を得る。⇩世阿弥(ぜあみ)

くゎんぜん-ちょうあく【勧善懲悪】 カンゼンチョウアク 名善行を勧め、悪行を懲(こ)らしめること。また、そのような考え方。江戸時代、儒教の朱子(しゅし)学が官学となると特に強く主張されるようになり、文学は勧善懲悪の道具であるべきとする考え、作品の主張は勧善懲悪であるべきとする考えなども出る。曲亭(滝沢)馬琴(ばきん)の作品などにその影響が強い。

くゎん-たい【緩怠】 カン ■名❶怠けること。怠慢。例国司の祇承(しじょう)(=奉仕)、**緩怠**なること異(こと)に甚だし〈万葉・一六・三八〇七・左注〉❷過失。罪。例何の**緩怠**に修行者の面(つら)をば足駄(あしだ)にしては履かれけるぞ〈義経記・三〉■名形動(ナリ)失礼。無礼。例皆礼儀をも知らず、よろづふつつかなる**緩怠**を致し〈仮名草子・浮世物語・三・二〉

くゎん-だい【館代】 カン 名館を預かる留守居役の家老。例黒羽(くろばね)の**館代**浄坊寺(じょうぼうじ)何がしの方(かた)(=もと)に音信(おとず)る〈芭蕉・奥の細道〉

ぐゎん-だて【願立て】 ガン 名神仏に祈願すること。願かけ。例胸に**願立て**、神下ろし〈近松・冥途の飛脚・上〉

くゎん-ぢく【巻軸】 カンジク 名❶文書や書画を巻き物にしたもの。❷巻き物の終わりの軸に近い部分。巻末。例神楽(かぐら)の発句(ほっく)を**巻軸**におきぬるは〈俳諧・貝おほひ〉

くゎん-ぢゃう【灌頂】 カンジョウ 名動(サ変)〔頭に水を注ぐ意〕❶《仏教語》頭に香水(こうずい)を注いで、一定の資格を得たことを証する儀式。特に、真言(しんごん)密教で秘法として重要視された。例三井(みい)寺にて御**灌頂**あるべしとぞ聞こえける〈平家・二・山門滅亡堂衆合戦〉❷芸道の秘伝を伝授すること。

くゎん-ぢょ【官女】 カンジョ 名宮中に奉仕する女性。宮仕えの女房。女官。例国母(こくも)・**官女**は東夷西戎(とういせいじゅう)

の手にしたがひ〈平家・二・内侍所都入〉読解 安徳天皇の母建礼門院らが、東国・九州の源氏の武士に捕らえられたこと。

くゎん-ど【官途】 ― 名「くゎんと」とも。❶官吏としての職務や地位。また、官吏になること。例子孫の官途も、龍の雲に昇るよりはなほすみやかなり〈平家・一・鱸〉❷鎌倉時代、諸国に赴任する受領に対して、京官の称。

くゎん-とう【関東】 ― 名〔関所の東の意〕❶上代、伊勢国鈴鹿関・美濃国不破関・越前国愛発関の三関以東の地方。平安時代以降は相模国足柄・箱根関以東の地方、南北朝以降は近江国逢坂関以東の地方をさす。❷鎌倉幕府・江戸幕府、また、その将軍。例関東の盛んなりし世をも見たまひたりし人なれば〈太平記・三九〉

くゎんとう-くゎんれい【関東管領】 名 室町幕府の職名。関東支配のために鎌倉に置いたもの。

ぐゎん-にち【元日】 ― 名 正月一日。元日。例元日、なほ同じ泊まりなり(=港にいる)〈土佐〉

くゎん-にん【官人】 ― 名 ❶官吏。役人。例官人ありて、この捕らへられたる者どもを引きて〈今昔・七・四七〉❷太政官・諸省などに勤務する六位以下の役人。❸六衛府の三等官以下の役人。❹検非違使庁の役人。

くゎん-ねん【観念】 ― 名動(サ変)❶〘仏教語〙心静かに仏の真理を観察すること。例我一心に極楽を観念するに〈今昔・一五・八〉❷あきらめること。例これ限りこれ限りと、逢ふたびごとの観念〈近松・心中重井筒・中〉

くゎん-の-き【貫の木・関の木・閂】 ― 名 門戸が外から開けられないように、横に差す棒。かんぬき。例門の関の木をはづして〈宇治拾遺・七・六〉

くゎん-の-ちゃう【官の庁】 ― 名 太政官の役所。太政官庁。例八月七日、官の庁にて大仁王会行はる〈平家・六・横田河原合戦〉

くゎん-の-つかさ【官の司】 ― 名 太政官。また、太政官の役所。「官の庁」とも。例二月、官の司に定考といふことすなる〈枕・二月、官の司に〉

くゎん-ばく【関白】 ― 名〔天下の政務を「関り白す」意〕「くゎんぱく」とも。❶天皇の政務に関与し、意見を言上すること。❷平安時代以降、天皇を補佐して政務を執り行う重職。天皇の幼時に摂政を務めた人が、天皇の成人後は関白となるのがふつう。例関白の宣旨かぶりたまひて、世の中みなうつりぬ〈栄花・花山尋ぬる中納言〉❸権勢者の称。

くゎん-はっしう【関八州】 名 武蔵・相模・上野・下野・上総・下総・安房・常陸の関東八か国の総称。例さても兵衛佐頼朝公、関八州を切りしたがへ〈近松・平家女護島・五〉

寛平御時后宮歌合 〘作品名〙平安前期の歌合わせ。一巻。主催者は班子(光孝天皇后)とされるが、実際の推進者は、その子宇多天皇と考えられる。成立は、寛平五年(八九三)九月二十五日以前。春・夏・秋・冬・恋の五題各二〇番、計一〇〇番二〇〇首。完全な伝本はない。和歌が公的な文学として復興していく時期の歌合わせで、最初の勅撰和歌集『古今和歌集』にも多く採られる。菅原道真の撰の『新撰万葉集』の編纂と深いかかわりがあると推定される。

くゎん-ぷ【官府】 ― 名 ❶天皇の居所。朝廷。❷官庁。役所。例多くの人来たりて我を捕らへて、将て行きて、官府の大門に入りぬ〈今昔・七・四七〉

くゎん-ぷ【官符】 ― 名「太政官符」の略。令制で、太政官から八省や諸国に下す公文書。

くゎん-ぶつ【灌仏】 ― 名〘仏教語〙❶仏に香水などを注ぎかける儀式。また、それに用いられる仏像。例灌仏率てたてまつりて〈源氏・藤裏葉〉❷「灌仏会」の略。例灌仏のころ、祭りのころ、若葉の梢涼しげに茂りゆくほどこそ〈徒然・一九〉

くゎんぶつ-ゑ【灌仏会】 名〘仏教語〙釈迦の誕生日の陰暦四月八日に、小さな仏像に香水や甘茶を注ぎかける法要。朝廷・諸寺で行われた。

くゎん-ぺい【官幣】 ― 名 祈年の祭り・月次の祭り・新嘗祭りなどに、神祇官から格式の高い神社に捧げる幣帛。例同じ四月二十日、臨時に二十二社に官幣あり〈平家・六・横田河原合戦〉

くゎんぺい-し【官幣使】 名 官幣を捧げるために、諸社に遣わされる勅使。例伊勢大神宮・石清水・賀茂・春日へ官幣使をたてらる〈平家・二・逆櫓〉

くゎんぺい-しゃ【官幣社】 名 神祇官から幣帛を捧げられる、格式の高い神社。

くゎん-ぼふ【観法】 名動(サ変)〘仏教語〙物事の真の姿を心の中で悟ること。仏性の真理を深く知ること。また、そのための修行。例行く末今の御観法ありけるほどに〈保元・上〉

桓武天皇 〘人名〙七三七〜八〇六(天平九〜延暦二五)。奈良末期・平安初期の天皇。光仁天皇の第一皇子。平安遷都を行う。蝦夷征討・勘解由使の設置など、律令体制の立て直しに努めた。

くゎん-もつ【官物】 ― 名「くゎんぶつ」とも。❶政府の所有するもの。官有物。❷諸国から政府に納める租税や上納物。例国々の守どもも、地子(=公田の賃貸料)・官物は遅なはれども〈栄花・疑ひ〉

ぐゎん-もん【願文】 ― 名 神仏に祈願するときや法要をするとき、その趣意を述べた文。例かたみに(極楽浄土に)導きかはしたまふべき心を願文に作らせたまへり〈源氏・鈴虫〉

くゎん-らく【歓楽】 ― 名 ❶喜び楽しむこと。例百年の歓楽も、命終はれば夢ぞかし(=夢であることよ)〈謡曲・邯鄲〉❷病気の忌み詞。例将軍家の御歓楽によって〈吾妻鏡・承元二年一月〉

ぐゎん-りき【願力】 ― 名 ❶〘仏教語〙阿弥陀仏の、本願の力。仏の、衆生を救おうとする誓願の力。例(阿弥陀如来ノ)願力をたのまん人疑ひやはあるべき〈源平盛衰記・四〇〉❷神仏に願を立てて、それを貫こうとする気力。例大願力にや、難波より昨日なむ都にまうで来つる〈竹取〉

くゎん-りゃう【管領】 ― 名動(サ変)❶自分のものにすること。押領。例よからんずる宿をも取り、財宝をも管領せん〈太平記・八〉❷「くゎんれい」とも。管理支配すること。領有すること。また、その人。

例今年石川河原に陣を取って、近辺を**管領せ**しのちは〈太平記・二六〉

くゎん-れい【管領】 名動（サ変）❶「くゎんりゃう②」に同じ。❷室町幕府の職名。将軍を補佐して政務すべてを総轄する。斯波・畠山・細川の三氏が交替で就任した。

くゎん-ろく【官禄】 名 ❶官位と俸禄。❷政府から受ける俸禄。例身に**官禄**あらず〈方丈記〉

くゎん-ゐ【官位】 名 官職と位階。例**官位**・俸禄皆身にあまるばかりなり〈平家・一・殿下乗合〉

くゎんゐ-さうたう【官位相当】 名 令制で、すべての官職に相当する位階を定めたもの。その官職にはその位階にある者を任じるという原則があった。たとえば、太政大臣は正・従一位に、左右大臣は正・従二位に相当する。

くゑ-にち【凶会日】 名 陰陽道で、凶事が起こるとされる日。例ことに人に知られぬもの　**凶会日**〈枕・ことに人に知られぬもの〉

く-をん【久遠】 名《仏教語》時間的に長く遠いこと。例過去の**久遠**に仏、世に出でたまへりき〈今昔・三・一九〉

くん【裙】 名 ❶裳の裾。❷「裙子」の略。僧の衣服で、黒色でひだの多い袴状のもの。腰から下を覆う。

くん-し【君子】 名 為政者。徳のある人。人格・教養のすぐれた人。儒教の理想的人間像。例多能は**君子**の恥づるところなり〈徒然・一二二〉

ぐん-じ【郡司】 名 令制の地方官。国司の下にあって、一郡を治める。現地の豪族から任命され、大領・少領・主政・主帳の四等官からなる。「郡の司」とも。例伴大納言善男は佐渡国**郡司**が従者なり〈宇治拾遺・四〉

くんじ-いた・し【屈じ甚し】 形（ク）「くしいたし」に同じ。例**くむじいたく**て、書も読までながめ臥したまへるを〈源氏・少女〉

くん-じゅ【群集】 名動（サ変）〔「くんじふ」の変化した形〕「ぐんじゅ」とも。人が群れ集まること。また、その人々。例軒騎（=車や馬）**群集して**、門前市をなす（=非常ににぎわう）〈平家・一・吾身栄花〉

くん-じゅ【薫修】 名動（サ変）《仏教語》香が衣に染み込んでいくように、仏道修行を習慣的に行うこと。例一心に法花経を読みたてまつりける間に、**薫修**積もりて暗に覚えぬ〈今昔・一四・一三〉

群書類従 《作品名》江戸時代の叢書。五三〇巻六六五冊・目録一冊。塙保己一編。安永八年（一七七九）に着手、文政二年（一八一九）に刊行完了。江戸初期までの書籍一二七〇余点を神祇・帝王以下二五部門に分類して収める。この叢書のみに収める珍しい書や特色ある異本などもあり、歴史や文学研究の貴重な資料。保己一が目録を編んだとされる『続群書類従』は今も継続中。

くん・ず

【屈ず】 動（サ変）「くっす」「くす」とも。くよくよする。気がめいる。ふさぎこむ。例悲しければ、月の興もおぼえず、**くんじ**臥しぬ（=悲しいので、月の興趣も感じられず、ふさぎこんで寝てしまった）〈更級〉

語誌　漢語「屈」を動詞化した語で、「くっす」が本来の形。平安時代、促音の表記が一定しなかったため、「ん」で代用したもので、のち表記どおり読むようになったといわれる。〈木村博〉

くん・ず【薫ず】 動（サ変）かおる。におう。かおらせる。例香ばしき匂ひ、室の内に**薫じ**て消えず〈今昔・七・二五〉

ぐん-せん【軍扇】 名 武士が陣中で用いる扇。黒漆塗りの骨に、地紙の表は紅地に太陽を、裏は青地に月星を描いたりする。

くん-たい【裙帯】 名「くたい」に同じ。

ぐん-だい【郡代】 名 ❶室町時代、一郡または二郡を管理支配する役職。守護代の別称。❷江戸時代、勘定奉行の支配に属し、幕府直轄地の民政にあたる役人。代官より格は上。❸江戸時代、諸藩の農村支配の役人。

ぐんだり-やしゃ【軍荼利夜叉】 名《仏教語》〔梵語

軍記　主に平安末期から中世にかけて、合戦を中心とした歴史を題材とする叙事的な文学。「軍記物」「軍記物語」「戦記物語」とも。

　年代記的な叙述と、説話的要素、英雄物語的な要素とをもつ。仏教的な無常観や因果観、儒教的な政道観が全体の記述を支える思想となっている。その一方では、一般に敗者の側に同情的で、その亡魂の鎮魂を願うという構造をもつ。「語り」や「読み」という形式で流布することが多く、一つの作品に多くの異本が存在するのも特徴である。

●**展開**　先駆的な作品は、天慶三年（九四〇）に平定された平将門の乱を記した『将門記』である。和風漢文体で、記録性が強い。一方で将門は英雄的で同情的に描かれる。次に、いわゆる前九年の役（一〇五一〜六二）を記した『陸奥話記』がある。記録的な面と説話的な面とがあり、のちの軍記に通じるが、正格の漢文体で、勝者側に立っている点は異なる。

　平安末期の源平の合戦を書いた鎌倉時代の『保元物語』『平治物語』『平家物語』は、物語性と記録性の調和、和漢混交文の文体の完成など、文学的な成熟を遂げている。承久の乱を描いた『承久記』は、物語性が後退して記録性が強い。

　室町時代には『太平記』がある。『平家物語』の影響が強く、長すぎる戦乱を反映して作品全体の統一が崩れていて文学的成熟度は低いが、下克上のありさまや戦乱の悲惨さ・無道さを批判的に記す新しい観点が出てきている。この後、室町政権に対する反乱を書いた『明徳記』『嘉吉記』『応仁記』などは、物語性よりも年代記・実録としての性格が強く、その性格は無数の戦国期の地方軍記に受け継がれていく。

　『義経記』『曾我物語』は、個人の伝記・英雄物語・復讐物語の面が強いが、軍記の中に入れるのが一般的である。〈黒木祥子〉

の音写」「軍荼利夜叉明王」の略。例南方の軍荼利夜叉は、火炎の炎を吹き掛けたまへば〈謡曲・調伏曾我〉

ぐんだりやしゃ-みゃうわう【軍荼利夜叉明王】―ミョウオウ 名《仏教語》密教の五大明王の一つ。南方に位置し、種々の災いを取り除くとされる。像は、多く八本の腕をもち、怒りの相を表し、火炎を背にする。軍荼利明王。

ぐん-だん【軍団】 名 令制で、諸国に置かれた軍隊。正丁の三分の一を兵士として徴発して構成した。衛士・防人はここから選ばれた。のち、一部を除いて廃止され、延暦一一年(七九二)以降は健児の制がしかれた。

ぐん-ばい【軍配】 名 ❶軍隊の配置や進退などの指揮。❷かけひき。商略。例それも商ひの掛け引き。こりや軍配といふもんぢや〈滑稽本・浮世風呂・四中〉❸「軍配団扇」の略。

ぐんばい-うちは【軍配団扇】―ウチワ 名 戦国時代以降、武将が軍隊の指揮に用いたうちわ。革製で漆を塗り、鉄の柄をつけた。例信玄公立って、軍配団扇にて受けなさる〈甲陽軍鑑・三二〉

軍配団扇

ぐん-びゃう【軍兵】―ビョウ 名「ぐんぴょう」とも。軍勢。兵士。例成親卿の軍兵めされ候ふも、院宣とてこそ召され候へ〈平家・二・西光被斬〉

くん-ぷう【薫風】 名 初夏、青葉を吹きわたる快い風。例薫風や(灯籠ノ火ヲ)ともしたてかねつ厳島〈俳諧・蕪村句集・上〉

ぐん-りょ【軍旅】 名 ❶軍勢。兵士。例臣下・卿相は数万の軍旅に捕らはされて〈平家・二・内侍所都入〉❷戦争。例丁壮(=兵士)そぞろに軍旅につかれなば、敵に気(=士気)を奪はるべし〈太平記・八〉

くん-ろ【薫炉】 名「かうろ」に同じ。

け

-け【家】 接尾 官職・家柄・姓氏などについて、敬意や所属を表す。〜家。〜一門。「右大臣家」「摂家」「源家」など。

け【日】 名《上代語》〔複数の日を表す〕二日以上の期間。例一日こそ人も待ちよき長きけをかくのみ待たば〈万葉・四・四八四〉

け【木】 名《上代語》木。「木」の東国方言とも、古形とも。例松のけの並みたる見れば家人の我を見送ると立たりしもころ(=立っていたように見える)〈万葉・二〇・四三七五〉

け【怪】 名 ❶あやしい事。怪奇な事。例かやうの怪ども、未然に(=前もって)凶を示しけれども〈太平記・二〇〉❷祟り。物の怪。例世の中静かならぬはこのけなり〈源氏・薄雲〉

け【卦】 名 陰陽道で、易で占った結果現れる象ち。乾・兌・離・震・巽・坎・艮・坤という、基本となる八つの象があり、これを八卦という。この八卦をそれぞれ組み合わせた六十四卦によって占いをする。例相師の卦を説きていはく〈今昔・五・五〉

け【故】 名 ゆえ。ため。せい。理由を表す。例千度ばかり申したまふけにやあらん〈竹取〉

け【食】 名〔「笥」と同源〕食事。食物。上代では「御食」「大御食」のように、神や貴人の食物の意に用いた。例大御食に仕へまつると をちこち(=あちこち)に漁り釣りけり〈万葉・二〇・四三六〇〉

け【笥】 名〔「食」と同源〕物を入れる器。容器。特に、食器。例ⓐ家にあれば笥に盛る飯を草枕(枕詞)旅にしあれば椎の葉に盛る〈万葉・二・一四二〉→名歌71 例ⓑ(奥ノホウデ)碁石の、笥に入るる音あまたたび聞こゆる、いと心にくし(=とてもおくゆかしい)〈枕・心にくきもの〉

け【褻】 名「晴れ」に対して、日常的な私的なことをいう。

普段。平生。正式でないこと。よそいきでないこと。例うち解けぬべき折節ぞ、褻・晴れなく、ひきつくろはまほしき(=気を許してしまいそうな時こそ、普段とか、正式とかの区別なく、身繕いをしておきたいものだ)〈徒然・一九一〉

〈馬場光子〉

け【気】 1名〔あるものから発せられ、手には取れないが、見えたり感じられたりするもの〕❶光・霧・煙・かげろう・ほてりなど、物から発する精気。例東面の朝日の気、いと苦しければ〈蜻蛉・下〉❷気配。心地。例(遺体ハ)恐ろしきけもおぼえず、いとらうたげなるさまして〈源氏・夕顔〉❸異常な様子。病気。例中風の気ありて〈沙石集・四・一〉❹血の気。例ものをいと苦しうさまざまに思すには、気ぞ上がりける〈源氏・夕霧〉❺風味。感じ。例米の気なれば、よきものなり〈今昔・一・二〉❻気候。例けを寒み(=気候が寒いので)さえゆく冬のよもすがら〈曾丹集〉2接頭 動詞・形容詞・形容動詞などについて、なんとなく〜だ、〜の感じがする、などの意を添える。「気劣る」「気圧さる」「気長し」「気疎げなり」など。

【気も無し】 ❶見る影もない。みすぼらしい。例尻切れ(=草履の一種)の尻の破れたる履きて、気もなく青み痩せて〈宇津保・祭の使〉❷それらしい気配がない。例けもない(音便形)事を、「おなかにお子さまが宿りたまふ」など言ひて喜び〈西鶴・好色一代女・五・四〉❸思いもよらない。とんでもない。多く「けもないこと」の形で用いる。例「飛びかかってすっぱりは(=一さしに殺してしまおう)」「いや、けもない(音便形)事」〈浄瑠璃・神霊矢口渡・三〉

け【異】 形動(ナリ)❶普通でない。いつもと違っている。変だ。例鳥が音異に鳴く秋過ぎぬらし〈万葉・一〇・二一六六〉❷(多く「〜よりけに」の形で)格別に。いっそう。⇩けに。例ありしよりけに(=以前よりいっそう)待つぞ恋しき〈古今・恋四〉❸格別だ。すぐれている。例(光源氏ガ読経スル様子ハ)行ひ馴れたる法師よりはけなり〈源氏・葵〉

け【消】 動詞「く(消)」の未然形・連用形。例梅の花早くな散りそ(=早くは散るな)雪はけ(連用形)ぬとも〈万葉・五・八四九〉

け【来】 《上代語》カ変動詞「く」の連用形「き」の東国方言。例父母に物言はずけにて〈万葉・二〇・四三三七〉

-げ

【気】 接尾 ❶形容詞・形容動詞の語幹や動詞の連用形などについて、いかにも～のようだ、～らしく見える、の意の形容動詞の語幹を作る。「あさまし気」「さうざうし気」「あはれ気」「有り気」など。

❷名詞について、～の気配、～の様子、の意の名詞を作る。例いささか人げもせず(=少しも人の気配がしない)〈源氏・蓬生〉

語誌 ①は心情や評価を表す語につくことが多い。外見は～らしく見えるが内実はそうではない、というニュアンスをこめて用いられることもあり、たとえば、「きよげ」は二流の美をいう、とされる。「きよら」が第一級の清浄美をいうのに対して〈片岡玲子〉

げ【夏】 名《仏教語》夏安居の期間九十日間。また、夏安居。⇩あんご。例この夏と申すは諸国の修行者充満して、余念もなく勤めける〈義経記・三〉

げ【偈】 名《仏教語》〔梵語の音写「偈陀」の略〕。仏の徳をほめ、教えを説いた韻文。多く四句からなる。例半ばなる偈教へむ鬼もがな(=鬼がいたらいいのになあ)〈源氏・総角〉

げ【解】 名 ❶説くこと。解釈すること。❷令制で、諸官庁から太政官や所管の役所に上申するときに用いる公文書。「解状」「解文」とも。

け-あがる【気上がる】 のぼせる。逆上する。「けのぼる」とも。例気上がりて、ものぞ覚えぬや〈紫式部日記〉

げ-あんご【夏安居】 名《仏教語》⇩あんご。例檀越の請けによりて(=檀家の招きによって)夏安居し、法花経を講じき〈霊異記・上・一一〉

けい【卿】 名 ⇩きゃう(卿)

けい【磬・磬】 名 中国伝来の打楽器。石または銅製で、つり下げて打ち鳴らす。特に、仏具として勤行のときに用いられた。例琵琶・御琴・磬打たせ〈宇津保・祭の使〉

磬

け-い【怪異】 名 あやしいこと。不思議なこと。例今勅命を蒙り、怪異を鎮めんとす〈源平盛衰記・一六〉

げい【芸】 名 学んで身につけた専門的技能。学問・武術・音楽・歌舞・文学など。例己が(=自分の)芸の勝りたる事を喜ぶ〈徒然・一三〇〉

けい-あん【慶庵・慶安】 名〔江戸時代、縁談のとりまとめが得意だった医者の名から〕❶奉公人の口入れや縁談の仲介を商売とする人。例けいあんは文字が方かと聞いて行き〈柳多留・三〉 読解 仲介の参考に、得意芸は文字の方面かと奉公人に尋ねる。❷お世辞。追従。また、それを言う人。例慶庵とりどり御きげん伺ふ折節〈近松・傾城酒呑童子・四〉

けい-えい【経営】 名動(サ変) ❶建物を造ること。例多日の経営をむなしうして、片時の(=わずかな間に)灰燼となりはてぬ〈平家・七・聖主臨幸〉❷行事の準備のために奔走すること。例さまざまの魚鳥を造り(=料理し)、極じく経営す〈今昔・二六・一八〉

けい-き

【景気】 名 風景や人物・表現などから立ち現れる雰囲気のこと。

❶景色。趣のある風景。例岸にあがってこの島の景気を見たまふに、心も詞もおよばれず(=岸にあがってこの島の景色をご覧になると、なんとも表現できないほどすばらしい)〈平家・七・竹生島詣〉

❷様子。気配。例小声に評定する景気なり(=小声で相談している様子である)〈義経記・四〉

❸《歌論・連歌論・俳論用語》詩的雰囲気。特に、視覚的イメージを伴うものをさすことが多い。例(幽玄体トハ)ただ詞に現れぬ余情、姿に見えぬ景気なるべし(=ただ言葉には出てこない余韻や、一首の表現以外から感じ取られる雰囲気なのであろう)〈無名抄・近代歌体事〉

語誌 ③は、歌論では表現や物事のもつ雰囲気をさしたが、連歌論・俳論では、より風景の視覚的イメージに重点が置かれる。〈渡部泰明〉

けい-きょく【荊棘】 名「けいぎょく」とも。イバラ・カラタチなど、とげのある低木の総称。例荊棘路を閉づるのみならず〈太平記・一二〉

けい-くゎい【経回・経廻】 名動(サ変)「けいぐゎい」とも。❶あちこちめぐり歩くこと。徘徊すること。例京都の経廻難治の間〈平家・一一・腰越〉❷月日を過ごすこと。世を渡ること。例頼朝世に経廻せば、かの方に奉公仕りて〈源平盛衰記・四一〉

けい-こ【稽古】 名〔「古を稽ふ」の意〕❶古典を学ぶこと。学問。例信濃前司行長、稽古の誉れありけるが〈徒然・二二六〉❷芸道などを学ぶこと。練習。例見聞き及ぶところの稽古の条々、大概注し置くところなり〈風姿花伝・序〉

げい-こ【芸子】 名 ❶歌舞伎役者。特に、修業中の若い役者。例上方の芸子に(芸ヲ)見ならひ〈西鶴・好色一代女・六・二〉❷芸者。

けい-こく【傾国】 名 ❶国の存在を危うくすること。例将門の傾国の謀をきざすといへども〈古事談・四〉❷〔『漢書』外戚伝の、李夫人の美しさを詠んだ詩から〕国主の心を奪い、国を危うくするほどの美人。例三月の末まで西国下向のこと延引せられけるこそ、まことに傾城・傾国の験しるなれ〈太平記・一六〉❸(②から転じて)遊女。また、遊里。例名を傾国と、今の世も人の心をやはらぐる〈近松・用明天王職人鑑・三〉

経国集 《作品名》平安前期の勅撰漢詩集。二〇巻(現存六巻)。淳和天皇の勅命で良岑安世らの撰。天長四年(八二七)成立。勅撰三集の第三。平安初期の詩文の集大成で、嵯峨天皇・空海ら一七八人、『懐風藻』以降の詩文一〇〇〇余りを収める。

書名は中国の魏の文帝の言葉という「文章は経国の大業」(『文選』)による。

けい-し【京師】 名 都。京都。例**京師**の長吏(=役人)、これがために目を側むむ〈平家・一・禿髪〉

けい-し【屐子】 名〔「けきし」のイ音便形〕足駄に似た木製の履物。例高き**屐子**をさへはきたれば〈枕・今内裏のひむがしをば〉

けい-し【家司】 名〔「けし」の変化した形〕親王・摂関・大臣など三位以上の家で、事務をつかさどる職。「いへづかさ」とも。例良清朝臣、親しき**家司**にて、仰せ行ふもあはれなり〈源氏・須磨〉 語誌 令制では「家令」として決められた官吏であったが、所属する主家との結びつきが強く、摂関政治の発展に伴い権力者の私的な配下としての性格を強めていった。平安中期ごろからは、受領層と呼ばれる中下級貴族が摂関家など権門の家司となって、政治的な庇護を受ける一方、蓄えた財力や実務能力で主家に仕えることが多くなる。位階は四位・五位が多く、六位以下で任じられたものを下家司という。例の「良清朝臣」は播磨守の子。光源氏の家司で腹心の部下。

げい-しゃ【芸者】 名 ❶遊芸にすぐれている人。また、多芸な人。例さてさてそなたは芸者ぢや〈虎寛本狂言・子盗人〉 ❷遊里などで酒宴に興を添えることを職業とする人。男性は幇間・太鼓持ち、女性は芸妓・芸子・女芸者とも。例手代源四郎、芸者をよびあつめて〈黄表紙・金々先生栄花夢・上〉

けい-しゃう【卿相】 名「くぎやう(公卿)①」に同じ。例**卿相**雲客(=殿上人)四十九人が官職をとどめて(=停止して)〈平家・八・法住寺合戦〉

けい-じゃう【啓上】 名 動(サ変) 申し上げること。「一筆啓上」の形で手紙の冒頭に用いる。

げいしゃう-うい【霓裳羽衣】 名〔「霓」は虹に、「羽衣」ははごろもの意〕❶天女や仙人が着るような美しい衣。例**霓裳羽衣**の粧ひを天人影向する(=仮に姿を現す)かと〈源平盛衰記・三三〉 ❷唐の玄宗皇帝が作ったという舞楽の名。

けい-しん【桂心】 名 肉桂(クスノキ科の常緑高木)の、硬い外皮の下の黄色い部分。薬剤・香味料・調味料に用いる。例**桂心**といふ薬はこの国にも候ひければ(=ございましたので)〈今昔・三四・一〇〉

けい-じん【鶏人】 名 宮中で時刻を知らせる役人。鶏のトサカに似た形の帽子をかぶり、暁の時刻を知らせたという古代中国の官からいう。例**鶏人**暁に唱ふ〈和漢朗詠集・下・禁中〉

けい・す

【啓す】 動(サ変)〔申し上げる意の漢語「啓」にサ変動詞「す」のついたもの〕❶「言ふ」の謙譲語。申し上げる。言上する。太皇太后・皇太后・皇后・皇太子などに対して用いる。例ありつるよし(=あった事柄)を…(五条ノ后ニ)**啓せ**させけり〈大和・一六八〉 ❷文書で述べる意の謙譲語。申し上げる。言上する。例進退に迷うて案内を**啓する**所なり(=どうにもならなくなって事情を申し上げるのである)〈平家・七・木曾山門牒状〉

語誌 ①の類には、天皇や上皇・法皇に対して用いられる「**奏す**」がある。②は漢文調の文書などで相手を敬う場合に用いる。〈泉基博〉

けい-せい【傾城】 名〔『漢書』外戚伝の、李夫人の美しさを詠んだ詩から〕❶国主の心を奪い、城を危うくするほどの美人。例夜陰に及んで、陣外より**傾城**のもとへ通はれん時〈平家・四・競〉 ❷「けいせん」とも。遊女。例**傾城**と地女(=素人女)に別に変はったこともなけれども〈西鶴・世間胸算用・二・三〉

傾城阿波の鳴門《作品名》浄瑠璃。時代物。一〇段。近松半二らの合作。明和五年(一七六八)初演。近松門左衛門の『夕霧阿波鳴渡』などの影響がある。お弓・十郎兵衛夫婦が、両親を尋ねて巡礼する娘おつるを我が子と知りながら名のらず別れる「十郎兵衛住家の段」(通称「巡礼唄の段」)が有名。

けいせい色三味線《作品名》江戸時代の浮世草子。五巻五冊。江島其磧作。元禄一四年(一七〇一)刊。其磧の浮世草子の第一作。諸国の遊里を舞台とする二四話の短編集で、京・江戸・大坂・鄙・湊の五巻からなる。『〜三味線』と題する追随作を多く生んだ。

傾城禁短気《作品名》江戸時代の浮世草子。六巻六冊。江島其磧作。正徳元年(一七一一)刊。宗論(仏教の異宗派どうしの論争)や寺での説法をまねた趣向で、京・江戸・大坂を中心とする遊里の逸話・秘伝二四話を収める。

傾城反魂香《作品名》浄瑠璃。時代物。三段。近松門左衛門作。宝永五年(一七〇八)竹本座初演。絵師土佐光信の娘お光(実は遊女遠山)は、恋人の絵師狩野元信と将来を約束するが、元信は姫君銀杏の前と結婚することになる。それをねたむ者たちにより祝言が妨げられるが、遠山の力で危機を脱する。結婚の日、姫君の前に遠山が現れ、嫁入りを七日間譲ってくれと頼み、姫君はそれを承諾した。実はこの遠山は悲恋を嘆いて死んだ亡魂であった。やがて姫君と元信は結婚する。

傾城仏の原《作品名》歌舞伎。時代物。三番続。近松門左衛門作。元禄一二年(一六九九)京都都万太夫座初演。梅永文蔵を主人公とするお家騒動物。文蔵役の坂田藤十郎の演技が評判となる。

けいせつ-の-こう【蛍雪の功】 苦労して学問を修めること。苦学。貧乏で油が買えなかった晋の車胤と孫康が、それぞれ、蛍の光、窓辺の雪明かりを灯火代わりに勉学に励んだという中国の故事による。例信西を師として読書ありて、**蛍雪の功**をぞげましたまひける〈古活字本保元・下〉

けい-たい【継体】 名「けいてい」とも。君主の位を継ぐこと。例**継体**の君、位を天に受けさせたまふ時〈太平記・三〉

契沖《人名》一六四〇〜一七〇一(寛永一七〜元禄一四)。江戸時代の国学者・歌人。武家の出で、出家して真言宗の僧となる。下河辺長流を受け継いだ注釈書『万葉代匠記』によって、文献学的・実証的な古典研究の方法を確立し、国学成立の基礎を築く。歴史的仮名遣いの基準を示した国語学書

『和字正濫鈔』、家集『漫吟集』などがある。

けい-てう【京兆】 名 京職の唐名。特に、長官である左京大夫・右京大夫をさしていう。例伊勢の(=伊勢にいる)京兆も定めて未練にぞ思ひたまふらん〈太平記・三五〉

けい-てん【経典】 名〔不変の道理を記した書物の意〕学問の基本となる書物。ふつう、四書・五経など儒教の書にいう。語誌 仏典・経文をいうときは「きやうてん」「きゃうでん」と読む。

げい-のう【芸能】 名 ❶学んで身につけた技能。例(昔ノ相撲ハ)雌雄を決して芸能あらはるるに〈著聞集・一〇・三八二〉 ❷芸における才能・腕前。例このころ、一期(=一生)の芸能の定まる始めなり〈風姿花伝・一〉 読解「このころ」は二十四、五歳のころ。

けい-はく【軽薄】 名 形動(ナリ) ❶軽くて薄いこと。❷考えがあさはかで、誠実さがないこと。例交はり(=交際)は軽薄の人と結ぶことなかれ〈読本・雨月・菊花の約〉 ❸おせじ。おべっか。例下男どもにけいはく言ひて〈西鶴・西鶴置土産・二・二〉

けい-ひち【警蹕】 名〔「警」は戒める、「蹕」は払う意〕天皇の出入りや食事、貴人の通行などのとき、「をし」などと声を出して先払いをすること。また、その声。例御膳参る(=天皇に食事をお運びする)足音高し。警蹕など「をし」といふ声聞こゆるも〈枕・清涼殿の丑寅のすみの〉「けいひつ」とも。

けい-ひつ【警蹕】 名「けいひち」に同じ。

けい-びゃく【啓白・敬白】 名 動(サ変)「けいひゃく」とも。神仏に願いや誓いなどを申し述べること。また、その文書。例夜更け人しづまって、啓白したまふに〈平家・一〇・熊野参詣〉

けい-ぶつ【景物】 名 ❶四季折々の自然の風物。連歌・俳諧では、雪・月・花・時鳥などをいう。例発句に三月に渡る景物出づる時は、脇にて(=脇の句で)当季を定むべし〈俳諧・三冊子・白冊子〉 ❷時節に応じて興を添える食べ物・衣裳など。例時の景物たづねて、酒勧めたてまつらん〈源平盛衰記・三九〉

けい-めい【鶏鳴】 名 ❶鶏が鳴くこと。また、その鳴き声。特に、夜明けに一番鶏が鳴くこと。例明けがたの月白くさえて、鶏鳴またいそがはし〈平家・七・主上都落〉 ❷一番鶏の鳴く時刻。夜明け方。例東の陽気はこれ鶏鳴〈浄瑠璃・鎌倉三代記・七〉

けい-めい【経営】 名 動(サ変)〔「けいえい」の変化した形〕❶行事の準備のために奔走すること。例大殿もけいめいしたまひて〈源氏・夕顔〉 ❷接待すること。例今日は、院の御けいめいにて〈増鏡・草枕〉

けい-らく【経絡】 名 漢方医学の用語。経脈(動脈)と絡脈(静脈)。例按摩して経絡たちまちに整ひ〈読本・弓張月・前・一一〉

桂園一枝 《作品名》江戸時代の家集。三巻。香川景樹作。文政一三年(一八三〇)刊。弟子の勧めに従って自撰。九八三首を収め、景樹の代表的な歌集。

桂園派 名 江戸後期の香川景樹が起こした和歌の流派。景樹の雅号「桂園」による称。熊谷直好・八田知紀らが属し、明治初期まで隆盛を誇った。心を歌う「調べ」を学び取るために『古今和歌集』を重視し、『万葉集』を重んじる賀茂真淵ら県居派と対立した。

けう【孝】 名 ❶親孝行。例まことに我孝の子ならば、氷解けて魚出で来〈宇津保・俊蔭〉 ❷親など身近な人の死後の供養をすること。例親の孝よりもけに(=いっそう)やつれたまへり〈源氏・柏木〉 読解 子に先立たれた人の様子。

け-う【希有・稀有】 形動(ナリ) ❶まれだ。めったにない。例いよいよはえて、物を繰り出だすやうに言ひつづくるほどぞ、まことに希有なるや(=ますます調子に乗って、糸を引き出すように話し続けるのは、ほんとうにめったにない光景である)〈大鏡・時平〉 ❷不思議だ。主に神仏の霊験や信心の功徳によってもたらされた結果や現象についていう。例四の壁穿げ通り、庭の中顕に見えたり。吾ここに希有の想ひを生じ(=部屋の四方の壁に穴があいて抜け通り、庭の中がはっきりと見えた。私は、そこで不思議な思いがして)〈霊異記・上・一四〉 読解 般若心経を一晩に百回唱えた僧が、自分の不思議な体験を語る言葉。❸思いもかけない。とんでもない。例「さいふものありと聞くぞ。あやふげに、希有のやつかな」といひて(=「そういう者がいると耳にするぞ。危険そうで、とんでもないやつだな」と言って)〈宇治拾遺・二八〉 読解 襲いかかってきた盗賊を問い詰める言葉。〈近本謙介〉

けう-あく【梟悪】 名(梟が母鳥を食い殺す悪鳥とされたことから)悪く荒々しいこと。また、その人。悪逆。例これも世澆季(=末世)に及んで、人梟悪を先とするゆゑなり〈平家・一・二代后〉

けう-かい【教誡・教戒】 名 動(サ変) 教え戒めること。例一言耳に留まらば、我が教誡に違ふ事なかれ〈太平記・一六〉

けう-が・る【希有がる】 動(ラ四)〔「がる」は接尾語〕❶不思議に思う。怪しく思う。例底より水湧き出づ。希有がりて、方二三尺深さ一尺余ばかり掘りたれば〈古本説話集・下・四七〉 ❷風変わりである。興味深く感じる。例鎌倉に御上りあらばお尋ねあれ。(ソノ人ハ)希有がる法師なり〈謡曲・鉢木〉 語誌 室町時代「きょうがる」と発音されるようになり、「興がる」と混用された。

げう-き【澆季】 名〔「澆」は軽薄、「季」は末の意〕❶道徳が衰え、人情が薄れた末世。例末代澆季なりとも、帝運のきはまるほどの御事はあらじかし〈平家・二・剣〉 ❷後世。例書きたる手跡(=筆跡)天下に風聞して、澆季にこれを伝へたり〈平治・上〉

教行信証 《作品名》鎌倉前期の仏教書。六巻。浄土真宗の開祖親鸞の著。正しくは『顕浄土真実教行証文類』。元仁元年(一二二四)成立、のち推敲が重ねられたとみられる。法然の唱えた実践的な念仏の意義をさらに徹底して明らかにしたもので、浄土真宗の根本聖典。

けう-くゎん【叫喚】 名 動(サ変) ❶わめき叫ぶこと。例火を遁れて出る者は、矢に驚きて還り、火中に入りて**叫喚す**〈将門記〉 ❷『仏教語』「叫喚地獄(ごく)」の略。

けうくゎん-ぢごく【叫喚地獄】(キヨウカンジゴク) 名『仏教語』八熱地獄(八大地獄)の第四。ここに落ちると、熱湯や猛火に苦しめられて泣き叫ぶという。

けう-げ【教化】(キョウ―) 名動(サ変)『仏教語』人々を教え導き、仏法に帰依させること。例後夜(ごや)の御導師、**教化**ども、説相(=説教のしかた)みな心々〈紫式部日記〉

けうげ-べつでん【教外別伝】(キョウゲ―) 名『仏教語』禅宗で、教義を、文字や言葉によらず、心から心へと伝えること。また、その奥深い教義。例我らが宗体(しゅうてい)(=宗門の根本的教義)と申すは、**教外別伝**にして言ふも言はれず〈謡曲・放下僧〉

けう-さう【教相】(キョウソウ) 名『仏教語』釈迦(しゃか)の教義を各宗派で分別・判断すること。転じて、各宗派の教義。天台宗では「観心(かんじん)」に対して、真言(しんごん)宗では「事相(じそう)」に対していう。例行雅僧都(ぎょうがそうず)とて、**教相**の人の師する(=師範をする)僧ありけり〈徒然・四二〉

けう-しゅ【教主】(キョウ―) 名『仏教語』人を教化するための主要な人物。特に、仏教の祖である釈迦(しゃか)。また、一宗一派の創始者。例われはこれ極楽世界の**教主**なり〈著聞集・二・三六〉

けう-しゅ【梟首】(キョウ―) 名動(サ変) 打ち首にした罪人の首を木にかけて人目にさらすこと。さらし首。例賊徒多く**梟首**さる〈明月記・治承四年五月〉

けう-しょ【教書】(キョウ―) 名 ⇩みげうしょ

けうしょ-でん【校書殿】(キョウショ―) 名 内裏(だいり)の殿舎の一つ。歴代の書籍・文書が納められた。清涼殿と安福殿との中間にある。西廂(にしびさし)には蔵人所(くろうどどころ)が置かれた。⇩口絵。例**校書殿**にて日高く題を給ひて〈宇津保・俊蔭〉 類義 ふどの・ふみどの

け-う・す【消失す】動(サ下二)〔動詞「く(消)」の連用形＋動詞「うす」〕きえてなくなる。例たちまちに心**消失せ**ぬ〈万葉・九・一七四〇〉

けう・ず【孝ず】(キョウズ) 動(サ変) ❶親孝行する。例かくたまさかに逢へる親の**孝ぜ**むの心あらば〈源氏・常夏〉 ❷親など身近な人のために追善供養する。例(法事ヲ)いと尊くせさせたまひつつ、おろかならず(=並一通りでなく)**孝じ**たまへど〈源氏・総角〉

暁台(けうたい)(キョウタイ)『人名』一七三二〜一七九二(享保一七〜寛政四)。江戸時代の俳人。本姓加藤氏。中興俳諧(はいかい)の指導者。俳諧集に『秋の日』など。

け-うと-げ【気疎げ】形動(ナリ)〔「げ」は接尾語〕気にいらない。興ざめだ。不気味だ。例いと**けうとげ**にはあらず聞こえ通ひたまふ〈源氏・椎本〉

け-うと・し

【気疎し】形(ク) なんとなくなじめず、近寄りがたい、遠ざけたいという感じを表す。

❶**親しみにくい。疎ましい。**例(来訪シタ夕霧ニ対シテ)女房などもいと**けうとく**はあらず(=女房などもそれほど親しみにくくはない)〈源氏・野分〉 ❷**気味が悪い。恐ろしい感じだ。人けがなくさびしい。**例(a)**けうとく**もなりにける所かな。さりとも、鬼なども我をば見ゆるしてん(=気味が悪くもなってしまった所であるよ。そうであっても、鬼などでも私を見逃してくれるだろう)〈源氏・夕顔〉 読解 ある廃院に行ったときの光源氏の言葉。例(b)からは、**けうとき**山の中にをさめて、さるべき日ばかり詣(まう)でつつ見れば(=遺骸(いがい)は、人けがなくさびしい山の中に埋葬して、しかるべき忌日だけに詣でては見るので)〈徒然・三〇〉

類義 ①②けどほし

語誌 ▼「け」は接頭語ともいわれるが、「気」すなわち気配・雰囲気の意味が生きている例が多い。なんとなく相手との距離を感じさせられている、という語感である。女性の男性に対する心情・態度や、女性の出家姿などに用いられるのが目につく。

▼江戸時代に入ると、「きょうとし」と発音されて、程度がはなはだしい、すばらしい、などの意も派生した。〈高田祐彦〉

けうに-して【希有にして】(ケウ) 〔形容動詞「けう」の連用形＋接続助詞「して」〕やっとのことで。多く、かろうじて危機を逃れた場合に用いる。例**希有にして**そこを逃れて、鞍馬(くらま)の奥に逃げこもりたりけるが〈平家・三・土佐房被斬〉

けう-まん【驕慢・憍慢】(キョウ―) 名形動(ナリ) おごりたかぶること。偉ぶって人を見下すこと。例我ばかり(=自分ほど)貴き者はあらじと、**驕慢**の心のありければ〈宇治拾遺・一三〉

けう-みゃう【校名・交名】(キョウミョウ) 名 文書に関係者の名前を並べて書くこと。また、その文書。例討手の**交名**記(しる)いて〈平家・九・六ケ度軍〉

けう-やう【孝養】(キョウヨウ) 名動(サ変)「かうやう」とも。❶親孝行。例いと**孝養**の心深く、あはれなりと見たまふ〈源氏・常夏〉 ❷親など身近な人のために追善供養をすること。例親討たれぬれば**孝養し**、忌み明けて寄せ(=敵に押し寄せ)〈平家・五・富士川合戦〉

けう-やく【交易】(キョウ―) 名動(サ変) 取り引き。貿易。例唐土(もろこし)の人の来(く)るごとに、唐物(からもの)の**交易し**たまひて〈宇津保・内侍のかみ〉

げう-よく【楽欲】(ギョウ―) 名『仏教語』〔「楽」は願い求める意〕六塵(ろくじん)(煩悩(ぼんのう)を起こさせる六つの対象)によって引き起こされる願望・欲望。例六塵の**楽欲**おほしといへども、皆厭離(えんり)しつべし(=捨てることができる)〈徒然・九〉

けうら

(キヨウラ) 形動(ナリ) **輝くばかりに美しい。**例(a)(カグヤ姫ノ)かたち**けうらなる**事世になく、屋(や)のうちは暗き所なく光満ちたり(=姿が輝くばかりに美しいことはこの世に比類なく、屋敷の中は暗い所がなく光が満ちている)〈竹取〉例(b)表(うへ)の御はかま…いとめでたく**けうらに**(=表の御袴(はかま)は…たいそうすばらしく美しくて)〈大鏡・道隆〉

語誌 ▼**輝くばかりの美** 『竹取物語』に多くの用例が見られ、かぐや姫や月の都の住人の、光り輝くばかりの超越的な美の形容に用いられている。

▼「けうら」は「きよら」と同語で、「きよら」を「きょーら」と発音したことから「けうら」と表記したという説がある。〈鈴木宏子〉

け-おさ・る【気圧さる】動(ラ下二)〔「け」は接頭語〕相手の雰囲気・勢いに圧倒される。例(光源氏ノ

御前にてはけおされたまふ〈源氏・初音〉

け-おそろ・し【気恐ろし】 形(シク)〔「け」は接頭語〕なんとなく恐ろしい。うす気味悪い。例狐などやうのものの、人おびやかさんとて、**け恐ろしう**〈音便形〉思はするならん〈源氏・夕顔〉

け-おと・る【気劣る】 動(ラ四)〔「け」は接頭語〕どことなく劣っている。例何くれに思ひくらぶれど、**け劣りて**もおぼえず〈源氏・宿木〉

け-が【怪我】 名〔「怪我」はあて字か〕❶思いがけない過失。思いがけない事態。例一座のさばきつひに**怪我**を見付けず(＝一度も失敗したことがない)〈西鶴・好色一代男・六・二〉❷思いがけない負傷。例脚をちと**けが**いたし〈近松・釈迦如来誕生会・一〉

げ-かい【下界】 名❶『仏教語』人間の住む世界。この世。娑婆。例いはんや電光朝露の**下界**の命においてをや〈平家・二・大臣殿被斬〉読解「電光朝露」は短くはかないことのたとえ。❷海中にあるという想像上の世界。龍宮界。例波風しきりに鳴動して、**下界**の龍神現れたり〈謡曲・竹生島〉

げ-かう【下向・還向】 名動(サ変)❶都から地方へ下ること。例勅使**下向して**〈大鏡・道長上〉❷神仏に参拝して帰ること。例熊野へ参り、**下向して**病つき〈平家・三・無文〉

げ-かうし【下格子】 名格子をおろすこと。例月の明かき夜は、**下格子**もせで眺めさせたまひけるに〈大鏡・兼家〉

けが・し【穢し・汚し】 形(シク)きたならしい。けがらわしい。例年ふれば**けがしき**みぞに落ちぶれて〈散木奇歌集・九〉

けが・す【穢す・汚す】 動(サ四)❶きたなくする。よごす。例(文章ガ)拙くして浄き紙を**黷し**〈霊異記・中・序〉❷名誉を傷つける。例龍田の川の濁る(ヨウニ)名を**もけがし**〈源氏・椎本〉❸身分不相応の地位に就き、その地位をはずかしめる。自分について謙遜していうこともある。例その人ならでは**けがすべき**官ならねども〈平家・一・鱸〉

け-かつ【飢渇】 名動(サ変)「きかつ」「けかち」とも。飢えと渇き。食べ物が不足すること。例世の中**飢渇**して、あさましき事侍りき〈方丈記〉

けがらひ【穢らひ・汚らひ】 名穢れ。喪中。例ただおぼえぬ**穢らひ**に触れたるよしを奏したまへ〈源氏・夕顔〉

けがら・ふ【穢らふ・汚らふ】 動(ハ四)〔「ふ」は接尾語〕❶けがれる。死などの穢れに触れる。喪に服する。例**穢らひ**たる人とて、立ちながら追ひ返しつ〈源氏・手習〉❷死ぬ。例袈裟をひきかけたりしままに、やがて**穢らひ**にしかば〈蜻蛉・上〉

けが・る【穢る・汚る】 動(ラ下二)❶清浄なものがきたなくなる。よごれる。例かぐや姫の、この世の濁りにも**穢れず**〈源氏・絵合〉❷貞操に傷がつく。処女でなくなる。例**けがれ**たりとも思し捨つまじきを頼みにて〈源氏・賢木〉❸月経になる。例昨夜より**穢れ**させたまひて〈源氏・浮舟〉語誌「よごる」に対して、内面的・観念的なよごれをいう傾向が強い。

けがれ

【穢れ・汚れ】名〔動詞「けがる」の名詞形〕❶死・出産・月経など。例いつよりか御**けがれ**は止みたまひし(＝いつごろから御月経はお止まりになったのか)〈宇津保・俊蔭〉❷忌み避けるべきもの。例灸治、あまた所になりぬれば、神事に**けがれ**ありといふ事、近く人の言ひ出だせるなり(＝灸をすえることが多くの箇所になってしまうと、祭神の行事に避けるべきものがあるということは、近年人々が言い出したことである)〈徒然・一四七〉

語誌▼**身を慎むべきこと**　語源的には、「け」は「褻」によると考えられる。穢れは、それに触れると、外出・出仕・神仏への参詣などを避け、身を慎み忌まなければならないものとされた。穢れを取り去るのが禊で、平安時代以降、禊ぎと祓えが混同されるようになると、祓えも同様に行われた。

▼**宮中では死ねない**　『源氏物語』桐壺巻では、桐壺帝が重態の桐壺更衣を宮中にとどめようとするが許されない、というくだりがある。宮中で死ぬことが許されるのは天皇だけであり、また、帝は死の穢れに触れることも許されず弔問もできない。宮中は、特に穢れを厳しく排除した場だったのである。

また、物詣では、古代の女性たちの楽しみの一つであったが、月経の間は許されなかった。『落窪物語』では参詣しない口実に用いられ、『堤中納言物語』の「花桜折る少将」には、月経中で参拝の許されない女童の嘆きが描かれている。〈奥村英司〉

げ-き【外記】 名❶太政官の書記官。少納言の下にあって、奏文の作成、儀式の執行などにあたる。大外記・少外記各二人。❷①の勤務する役所。外記の庁。外記局。❸「外記節」の略。江戸浄瑠璃の一派。

げき-しゅ【鷁首】 名「げきす」とも。水難を防ぐという、想像上の水鳥「鷁」の姿を船首に彫刻した船。「龍頭」と対となることが多い。⇩りょうどうげきしゅ。例龍頭に惟季笛を吹く。**鷁首**には笛吹きなくて〈十訓抄・一〇・五八〉

け-ぎやう【加行】 名動(サ変)『仏教語』受戒・灌頂などの前に、その効力を高めるために行う修行。例灌頂行ふべき用意にて、百日の**加行**同じく始む〈沙石集・二・五〉

げ-ぎやう【夏行】 名『仏教語』⇩あんご

げ-ぎやう【下行】 名動(サ変)物を授け与えること。また、その物。下され物。例人夫五、六百人に兵粮を持たせて諸軍勢に**下行し**〈太平記・一七〉

げ-ぎやう【顕形・現形】 名動(サ変)〔「げんぎやう」の撥音の表記されない形〕神仏などがその姿を現すこと。例おほん神、**現形し**たまひて〈伊勢・一一七〉

け-ぎよ・し【気清し】 形(ク)〔「け」は接頭語〕さっぱりしている。例(覚エテイル和歌ナノニ)**けぎよう**〈音便形〉申しいでられぬはいかなるぞ(＝どうしたことか)〈枕・清涼殿の丑寅のすみの〉

げき-りょ【逆旅】 名❶〔「逆」は迎える意〕宿屋。旅館。例天地は万物の**逆旅**、光陰(＝年月)は百代の過客(＝旅人)〈西鶴・日本永代蔵・一・一〉❷旅。例ことさら長途の**逆旅**叶ふまじとて〈太平記・九〉

げき-りん【逆鱗】 名天子の怒り。龍のあごの下に逆さに生えている鱗があり、人がこれに触れると龍は怒ってその人を殺す、という『韓非子』の故事に

の形で、悪くはない、の意に用いることが多い。例（琴ヲ）うるはしく掻きあはせたりしほど、**けしう**（音便形）はあらずかし（＝きちんと合奏していた様子は、悪くはないよ）〈源氏・帚木〉
❹（「けしう」の形で副詞的に用いて）**ひどく。格別に。** 例**けしう**（音便形）つつましきことなれど（＝ひどくぶしつけなことであるけれど）〈蜻蛉・下〉

語誌 ②例のように、上代の用例は「けしき」という連体形で「心」を修飾するものが多い。平安時代以降は連用形のウ音便形「けしう」の形で用いるのが普通で、「けしうはあらず」など否定の形で用いることも多い。⇩けしからず 〈鈴木宏子〉

げ-し【下司】 名 身分の低い役人。多く、荘園の実務を担当する下級職員をさす。例福井の庄の**下司**、二郎大夫友方といふ者〈平家・五・奈良炎上〉

げじ『下知』⇩げぢ

けしう【怪しう・異しう】ケシユウ 副〔形容詞「けし」の連用形「けしく」のウ音便形の副詞化〕❶**非常に。はなはだ。** 例**けしう**つつましきことなれど〈蜻蛉・下〉❷（打消の語を伴って）**それほど（〜ない）。たいして（〜ない）。** 例さる交じらひせむにも、**けしう**は人に劣らじ〈宇津保・嵯峨の院〉

［異しうはあらず］ そう悪くはない。かなりのものだ。例若き男、**けしうはあらぬ**女を思ひけり〈伊勢・四〇〉

けしから-ず

形容詞「けし」の未然形＋打消の助動詞「ず」。「けし」を打ち消すことによって、「けし」どころではないと強調したもの。普通でないどころではない、はなはだ異常だ、の意。

❶**常軌を逸している。異常だ。** 例御本性の**けしからぬ**さまに見えさせたまへば（＝生まれつきの御性質が常軌を逸している様子にお見えになるので）〈大鏡・伊尹〉
❷**感心できない。非難すべきだ。不都合だ。** 例和泉式部は**けしからぬ**かたこそあれ…歌はいとをかしきこと（＝和泉式部は非難すべき点があるけれど…歌はたいへんすばらしいことだ）〈紫式部日記〉
❸**怪しい。異様だ。** 例木霊など、**けしからぬ**物ども（＝木霊など、怪しい物たち）〈源氏・蓬生〉
❹**程度がはなはだしい。並々でない。** 例**けしからず**物騒に候ふはなにごとにて候ふぞ（＝ひどくもの騒がしうございますのは何事でございますか）〈謡曲・隅田川〉 〈鈴木宏子〉

けしかる【怪しかる・異しかる】〔形容詞「けし」の連体形〕えたいの知れない。いっぷう変わった。例**怪しかる**物など住みつきて〈増鏡・むら時雨〉

け-しき

【気色】 名 自然や人間から目に見えて受ける感じや様子。

❶**人の様子。態度。そぶり。顔つき。** 例（カグヤ姫ハ）七月十五日の月にいでゐて、せちにもの思へる**気色**なり（＝七月十五日の月に、縁に出て座って、ひどくもの思いに沈んでいる様子である）〈竹取〉
❷**自然のありさま。物事の様子。** 例今日、風雲の**気色**はなはだ悪し（＝今日、風や雲の様子は非常に悪い）〈土佐〉
❸**兆し。** 例にはかに（出産ノ）御**気色**ありて〈源氏・葵〉
❹**機嫌。** 例「よき御男ぞいで来む」とあはするに、この女、**けしき**いとよし（＝「すぐれたお方が現れるでしょう」と夢占いをするので、この女は、機嫌がたいへんよい）〈伊勢・六三〉
❺**意向。意中。** 例春宮よりも（娘ヲ入内サセヨトイウ）御**気色**あるを〈源氏・桐壺〉
❻**愛情。寵愛。覚え。** 例親の御**けしき**得たまふ人の御ありさま（＝親の御愛情を得ていらっしゃる人の御様子）〈落窪・四〉

語誌 ▼漢語「気色」の呉音読みによる語。漢音読みの「きしょく」「きそく」は人の様子についてのみ用いる。「景色」をあてるのは、人に対する意味が失われた後世になってからである。
▼「けしき」が主に視覚を通した個別的な感覚であるのに対して、「けはひ」は聴覚を中心とした感覚全体で捉えた総体的な雰囲気をいう。〈高田祐彦〉

けしき-あり【気色有り】 ❶意中をそれとなく示す。例**気色ある**言葉は時々まぜたまへど〈源氏・胡蝶〉❷いっぷう変わっている。怪しい。例これは盗人の家なり。あるじの女、**けしきある**ことをしてなむありける〈更級〉

けしき-おぼゆ【気色覚ゆ】 ❶趣が感じられる。例ことばの外に、あはれに、**けしき覚ゆる**は〈徒然・一四〉❷不気味に感じる。例かく人がちなるだに（＝人が大勢いてさえ）、**けしき覚ゆ**〈大鏡・道長上〉

けしき-だ・つ【気色だつ】 動（タ四）〔「だつ」は接尾語〕❶自然や心の動きが表に出る。例（筆跡ガ）うち見るにかどかどしく（＝才気ばしって）**気色だち**たれど〈源氏・帚木〉❷気どる。例扇をさしかくして、**けしきだち**笑ふほども、さすがにをかし〈大鏡・序〉

けしき-たまはる【気色賜る】ータマワル ❶御意向をうかがう。例まづ内々にも**気色たまはり**たまへ〈源氏・橋姫〉❷御機嫌をとる。例御**気色たまはり**つつ追従し仕うまつる〈源氏・蓬生〉

けしき-づ・く【気色付く】 動（カ四）❶それらしい様子が見える。例風などは、吹くも**気色づき**てこそあれ〈源氏・須磨〉❷いっぷう変わっている。例いとおほどかに女しきものから（＝おっとりとして女らしいけれど）、**気色づき**てぞおはするや〈源氏・野分〉

けしき-とる【気色取る】 ❶様子をうかがう。事情を察する。例人々は、かうなりけりと**けしきとり**て〈源氏・総角〉❷機嫌をとる。例時に従ふ世人の…**気色とり**つつ従ふほどは〈源氏・少女〉

けしき-ばかり【気色ばかり】 ほんの形だけ。少しだけ。例朝餉の（＝簡略な食事に）**けしきばかり**ふれさせたまひて〈源氏・桐壺〉

けしき-ば・む

【気色ばむ】 動（マ四）「ばむ」は接尾語。「けしき」が現れることを、行為や動きとしていう語。

❶それらしい様子が現れる。兆す。例(a)御子二ところおはするを、またも気色ばみたまひて(=御子がお二人おいでになるが、また懐妊の様子が現れなさって)〈源氏・若菜下〉例(b)けしきばめる枝に(=花が咲きそうになっている枝に)〈源氏・葵〉❷思いが顔に表れる。意中をほのめかす。例事にふれて気色ばみ寄るも、知らず顔なるさまにのみもてなしたまへば(=何かにつけて意中をほのめかして近づくが、姫君はもっぱら気がつかない様子でお相手なさるので)〈源氏・椎本〉❸意味ありげなふりをする。わざとらしくふるまう。気どる。風流ぶる。例(a)(童ガ)かくれのかたにけしきばみけるけはひを、御覧じつけて(=物陰で意味ありげなふりをした様子を、見つけなさって)〈和泉式部日記〉読解使者の童が帰ってきたところ。帰ってきたという合図にせきばらいなどをしているのだろう。例(b)手を書きたるにも…そこはかとなくけしきばめるは(=文字を書いたにしても…どことなく気どっているのは)〈源氏・帚木〉

語誌▼現代語ではもっぱら怒りを表す意だけに用いるが、古語では、怒りとか恋心の訴えなどを具体的に表現する代わりに「けしきばむ」を用いた。一種の婉曲的な表現である。

▼類義語「けしきだつ」は、「けしき」としての現れ方がよりくっきりとしていることをいう。〈高田祐彦〉

けしく-は-あら-ず【異しくはあらず】 ⇩けしうはあらず

けじめ ⇩けぢめ

け-しゃう【化粧・仮粧】 名❶「けさう(化粧)」に同じ。例女人の、いみじく化粧してうつくしきが〈宇治拾遺・一七五〉❷うわべの飾り。例差いた刀は化粧か伊達か〈近松・碁盤太平記〉

け-しゃう【化生】 名動(サ変)《仏教語》❶四生の一つ。母胎や卵から生まれるのでなく、突然この世に生まれること。また、そのようにして現れたもの。天人・地獄のものなど。例たちまちに弥勒菩薩の像化生したまふ〈霊異記・下・八〉❷神仏が衆生を救済するために、姿を変えてこの世に現れること。化身。例義淵僧正といふ人ましましけり…これ化生の人なり〈今昔・一一・三八〉❸化けること。化け物。変化。例一念化生の鬼女とや〈近松・嫗山姥・四〉

け-しゃう【懸想】 名動(サ変)「けさう(懸想)」に同じ。例大弐のむすめののぼりたるを、(中納言ガ)けしゃうする〈浜松中納言・三〉

げ-しゃう【下姓】 名 生まれつきの身分が低いこと。また、その人。例これ下姓の人にあらず〈今昔・一二・三六〉

げ-しゃう【下生】 名動(サ変)《仏教語》❶衆生を救うために仏がこの世に現れること。例釈迦の出世の時、天より下生せむと〈今昔・二・一七〉❷極楽浄土の九品(九つの段階)のうち、上品・中品・下品のそれぞれの下位。⇩くほん

げ-じゃう【解状】 名❶「げ(解)②」に同じ。❷鎌倉・室町時代、原告から幕府に差し出す訴状。また、被告の陳状。❸罪人逮捕を命じる公文書。逮捕状。例京のお役所からここの代官所へ解状が着いて〈近松・大経師昔暦・下〉

けし-やき【芥子焼き】 名 密教の修法で、護摩をたいて祈禱すること。芥子の実を用いるのでいう。例芥子焼きのやうなるわざすれど〈蜻蛉・中〉

げ-しゃく【外戚】 名「げさく(外戚)」に同じ。

け-しゅ【化主】 名《仏教語》教えの指導者。仏、あるいは高僧などをさす。例(ソノ尼ヲ)道俗帰敬して(=僧も俗人も敬って)化主としき〈霊異記・下・一九〉

げ-じゅつ【外術・下術】 名 仏教が邪法・異端として排斥する宗教の幻術・魔法。例外術は七日には過ぎず(=七日以上は続かない)〈今昔・二〇・三〉

げしゅ-にん【下手人】 名「げしにん」とも。直接手を下して人を殺傷した人。例下手人など召し出ださんずるにて〈著聞集・一六・五七五〉

け-しょう【顕証】 名形動(ナリ)〔「けんしょう」の撥音の表記されない形〕「けそう(顕証)」に同じ。

げ-じょう【下乗】 名動(サ変) 城内や寺社の境内などで馬や車を下りること。また、それを命じる立て札。例退凡(=凡夫を入れない)・下乗の卒都婆(=石塔)〈徒然・二〇一〉

け-しん【化身】 名動(サ変)❶《仏教語》神仏が衆生を救うために、姿を変えて人間としてこの世に現れたもの。例行基菩薩は、早く(=なんとまあ)、文殊の化身なり〈今昔・一一・七〉読解「行基」は僧の名、「文殊」は文殊菩薩。❷獣や鬼など異類が人間に姿を変えて現れたもの。例たとひ虎狼の化身にてもあれ〈御伽草子・熊野の御本地〉

け・す【化す】 動(サ変)❶姿・形を変える。変化する。例その女は、文殊(=文殊菩薩)の化して、なんぢが心を見たまふにこそあるなれ〈宇治拾遺・一七五〉❷教化する。教え導く。例法蔵(=僧の名)よみがへりて、寺にありてもろもろの人を化し〈今昔・七・九〉

け・す【消す】 動(サ四)❶燃えている火をとめる。例その火けして〈西鶴・好色一代男・一・一〉❷取り除く。消滅させる。例その禍を消すには真言秘密の効験に如くは無し(=及ぶものはない)〈太平記・一三〉❸(「肝を消す」などの形で)驚く。冷静さを失う。例竹のあみ戸をほとほととうちたたくもの出で来たり。その時尼ども肝を消し〈平家・一・祇王〉❹けなす。悪く言う。例「京に来てよい事を見た目でおほかたの事は(=並の事では満足しない)」とけされて〈西鶴・好色一代男・四・六〉語誌 平安時代、和文では「消つ」が用いられ、「消す」は漢文訓読体の文で用いられた。鎌倉時代以降は「消す」が一般的となった。

け・す【着す・著す】 動(サ四)《上代語》〔動詞「きる」の未然形＋上代の尊敬の助動詞「す」〕お召しになる。例我が背子がけせる衣の針目落ちず(=縫い目ごとに)〈万葉・四・五一四〉

げ-す

【下種・下衆】 1名❶身分の低い人。素性の卑しい人。例いとあやしげなる下衆の小家なむある(=たいそうみすぼらしい身分の低い人の小さな家がある)〈更級〉❷召使。使用人。しもべ。例法師ばら、尼君の下衆どもの料にとて、布などいふ物をさへ召して賜ぶ(=法

師たちや、尼君の召使たちが使用するための物として、布などという物までもお取り寄せになってお与えになる)〈源氏・宿木〉読解「布」は植物の繊維で織った織物。身分の低い人が着用する。

❷名形動（口語）心が卑しいこと。下品なこと。例みんな根が**下主で**〈滑稽本・八笑人・四下〉

対義▶一①じゃうず（上種・上衆）

語誌▶**身分の意識**　『枕草子』には「にげなきもの　下衆の家に雪の降りたる」〈にげなきもの〉「をかしと思ふ歌を草子などに書きて置きたるに、いふかひなき下衆のうち謡ひたるこそ、いと心憂けれ(=とてもいやだ)」〈をかしと思ふ歌を〉など、「げす」に対する差別的な言葉が多い。平安時代の貴族たちの、身分や教養のない人への強烈な嫌悪感の現れであるが、逆にいえば、自分たちの高貴な身分、洗練された文化に対していだいている誇りの表現でもある。〈池田尚隆〉

げ・す【解す】 動（サ変）❶理解する。例去来曰はく「正秀が評、いまだ**解し**がたし」〈俳諧・去来抄・先師評〉❷毒などを消す。除く。語誌　のち、四段にも活用する。

げすーげす・し【下種下種し・下衆下衆し】 形（シク）いかにも身分が低い人のようだ。品がない。例いとむくつけく(=気味が悪く)**下衆下衆しき**女と思して〈源氏・東屋〉

けーすさま・じ【気凄じ】 形（シク）〔「け」は接頭語〕おもしろみがない。興ざめだ。例異人(=ほかの人)のやうに歌うたひ興じなどもせず、**けすさまじ**〈枕・職の御曹司の西面の〉

げすーほふし【下種法師・下衆法師】 名 身分の低い僧。下級の僧。例京に外術(=幻術)といふ事を好みて役とする**下衆法師**ありけり〈今昔・二〇・九〉

けずる『削る』⇩けづる

げすーをとこ【下種男・下衆男】 名 身分の低い男性。下男。例寒がりわななきをりける**下衆男**、いとものうげにあゆみくるを〈枕・すさまじきもの〉

げすーをのこ【下種男・下衆男】 名「げすをとこ」に同じ。

げすーをんな【下種女・下衆女】 名 身分の低い女性。下女。例**下衆女**のなり(=身なり)悪しきが子負ひたる〈枕・わびしげに見ゆるもの〉

けーせう【顕証】 名形動（ナリ）〔「けしょう」の慣用表記〕「けそう（顕証）」に同じ。

げーせん【下賤】 名形動（ナリ）身分が低いこと。また、そのような人。例王宮の内に一人の婢あり、身貧しくして**下賤なり**〈今昔・二・一四〉

けそう『化粧・懸想』⇩けさう

けーそう

【顕証】 名形動（ナリ）あらわなこと。人目につくこと。際立っていること。例あなたはいと**顕証なれ**ば、この奥にやをらすべりとどまりてゐたり(=あちらはたいそう人目につきやすいので、こちらの奥にそっと入りこんでじっと座っている)〈紫式部日記〉

語誌　本来の仮名表記は「けんしょう」だが、「けん」の撥音が表記されないのと「しょう」の直音化のため、「けそう」と表記される。このほか「けしょう」「けんそう」とも表記される。〈川崎剛志〉

げーそう【下僧】 名 身分の高い僧が召し使う下級の僧。例**下僧**を遣はしてこれを受くるに〈今昔・一三・三三〉

けーそく【華足・花足】 名❶机・台・盤などの脚が外に反っていて、雲形・花形などの模様が彫ってあるもの。また、その机など。例**華足**いときよらにして、餅のさまもことさらび(=格別で)〈源氏・葵〉❷『仏教語』仏への供物を盛る器。また、盛られた供物。

けーそん【家損】 名 家の恥。家名に傷をつけること。例かやうのことこそ、人のため、おのづから**家損**なるわざにはべりけれ〈源氏・常夏〉

けた【桁】 名 家や橋などの柱に渡す横木。例板田の橋の壊れなば**桁**より行かむ〈万葉・一一・二六四四〉

けーたい【卦体】 名 占いをして現れた卦の形。また転じて、縁起。例まづ今日の**卦体**がとうど(=ちょうど)これに当てをりまする〈虎寛本狂言・居杭〉

けたい 形動（口語）『近世語』❶いまいましい。しゃくにさわる。例腹を立て、「あた、**けたいな**、いまいましい」〈談義本・根南志具佐・三〉❷奇妙な。気味が悪い。例「さいろく」を「ぜえろく」と、**けたいな**詞つきぢゃなあ〈滑稽本・浮世風呂・二上〉

けーだい【懈怠】 名動（サ変）〔のちは「けたい」とも〕❶『仏教語』修行に力を尽くさないこと。❷なまけること。おこたること。怠惰。例**懈怠**の心、みづから知らずといへども、師これを知る〈徒然・九二〉

げーだい【外題】 名 書物の表紙に記した題名。題簽。例その**外題**に「一称南無仏、皆已成仏道」と書かれたり〈宇治拾遺・六四〉

けーだう【化導】 名動（サ変）『仏教語』衆生を教化して導くこと。例衆生は、ことごとく地蔵**化導し**たまへ〈撰集抄・七・一三〉

げーだう【外道】 名❶『仏教語』仏教の側から見て、仏教以外の教え。また、それを信奉する人。異端。例破戒のもろもろの比丘(=僧)は、なほしもろもろの**外道**に勝る〈霊異記・下・三三〉❷邪説。また、それを説く人。例悪心**外道**の変化となって仏法・王法の障りとならん〈謡曲・鵜〉❸災いをもたらすもの。悪鬼。悪神。例悪魔・**外道**・死霊・生霊〈歌舞伎・勧進帳〉

けーたか・し【気高し】 形（ク）「けだかし」とも。気品がある。高貴だ。気位が高い。例（葵ノ上ノ様子ハ）けざやかに(=はっきりと)**気高く**、乱れたるところまじらず〈源氏・帚木〉

けだし

【蓋し】 副❶（推量や疑問の語を伴って）おそらく（〜だろう）。たぶん（〜だろう）。もしかすると。例古に恋ふらむ鳥はほととぎす**けだし**や鳴きし我が恋ふるごと(=昔を慕うという鳥はほととぎすだ。おそらく鳴いたことだろう、私が慕うように)〈万葉・二・一一二〉

❷（仮定表現に用いて）もし（〜なら）。仮に。例我が背子し**けだし**罷らば白たへの(枕詞)袖を振らさね見つつ偲はむ(=あなたがもし都を出て行くのなら袖を振ってください。それを見ながらあなたを恋しく思おう)〈万葉・一五・三七二五〉

❸おおかた。だいたい。例勧進修行の趣、**けだし**もってかくのごとし(=勧進修行を行う趣旨は、おおかた以

上のとおりである)〈平家・五・勧進帳〉 読解 勧進帳の末尾の文。
❹(発語に用いて)およそ。例**けだし**聞く、四生の起滅は夢の皆空しきがごとく(=およそ聞くところによると、あらゆる生物の生死は夢がすべてはかないのと同じであり)〈万葉・五・七九四・序〉

語誌 上代は『万葉集』などに例が見られるが、平安時代以降は、漢文脈で用いた。 〈森山由紀子〉

けだしく-も【蓋しくも】 副 〔副詞「けだし」+接尾語「く」+係助詞「も」〕万が一の場合を仮定する。もしかして。ひょっとして。例**けだしくも**人の中言聞かせかも(=ひょっとして人の中傷をお聞きになったのか)〈万葉・四・六八〇〉

けたたま・し 形(シク) 慌ただしい。騒々しい。また、おおげさだ。仰々しい。例(今スグノ出発トハ)あまりといへば**けたたまし**。今宵一夜は苦しかるまい〈近松・山崎与次兵衛寿の門松・一〉

け-た・つ【蹴立つ】 動(タ下二) ❶蹴って埃などを立たせる。例武士ども五、六騎…黒煙**けたてて**はせ参る〈平家・九・河原合戦〉 ❷荒々しく席を立つ。例ことばにもかけず、座敷を**けたて**られぬ〈曾我・四〉 ❸荒々しく追い立てる。例大僧正ほどの人を、追っ立ての鬱使(=追い立てる役人)が先に**けたて**させ〈平家・二・座主流〉

げ-だつ【解脱】 名動(サ変)《仏教語》現世の煩悩や迷いから解放されて、真に自由の悟りの境地に達すること。例観音品(=観音経)の初段を誦しをはれば、すなはち**解脱する**こと得たり〈霊異記・上・一五〉

けち【結】 名 ❶賭弓で勝負を決めること。例右大殿の弓の**結**に、上達部・親王たち多く集へたまひて〈源氏・花宴〉 ❷囲碁で、終局になってもどちらのものと決まらない目。駄目。「闕」とも書く。例碁打ちはてて**結**さすわたり〈源氏・空蟬〉 読解「結さす」は、駄目に碁石を詰めていくこと。

けち【闕】 名 ❶「けっくゎん[1]」に同じ。例大弐(=大宰府の次官)の**闕**出できて、人々望みののしりしに〈大鏡・道隆〉 ❷「けち(結)②」に同じ。

げ-ぢ【下知】 名動(サ変)「げち」とも。❶指図すること。命令。例いかなる不思議(=常識はずれなこと)を**下知し**たまふとも〈平家・一・殿下乗合〉 ❷「下知状」の略。鎌倉・室町時代、将軍・幕府からの命令書。例鎌倉殿御**下知**を添へて遣はさる〈義経記・八〉

けち-えん【結縁】 名《仏教語》仏道に縁を結ぶこと。今すぐに仏道に入ることはできなくても、未来に成仏するという縁を結ぶこと。例(a)うれしき**結縁**をもしつるかなとて、感涙を拭のはれける(=ありがたい仏縁を結んだことだと言って、感動の涙をおぬぐいになった)〈徒然・一四四〉 例(b)御**結縁**のために法皇も御幸なる(=仏道にご縁を結びなさることのために法皇もお出ましになる)〈平家・六・横田河原合戦〉 読解 日吉神社で法華経一万部を写経し略式に読むことがあったときのこと。

語誌 結縁のためにすることに、経文を写して供養する結縁経や、僧を迎えて営まれる結縁八講などの法会がある。 〈中本大〉

けち-えん【掲焉】 形動(ナリ) はっきり際立っている。ぱっと目立つ。顕著だ。例人のやうだい・色あひ(=容姿や肌の色合い)などさへ**けちえんに**あらはれたるを見わたすに〈紫式部日記〉

けちえん-ぎゃう【結縁経】 名《仏教語》仏道と縁を結ぶために書写する経文。また、その経文を供養すること。経文は法華経が多い。例忌みのほどに**結縁経**供養しけるに〈散木奇歌集・六・詞書〉

けちえん-の-はっかう【結縁の八講】 名《仏教語》仏道に縁を結ぶために、僧を招いて行う法華八講。⇨ほっけはっかう。例菩提といふ寺に、**結縁の八講**せしに詣でたるに〈枕・菩提といふ寺に〉

け-ぢか・し【気近し】 形(ク)「け」は接頭語。物理的・心情的な距離の近さを、感覚的にとらえる語。

❶**距離が近く感じられる**。**近くにいる様子**だ。例つつましき人の**けぢかく**おぼゆれば(=こちらが気後れするような人が近くにいるように感じられるので)〈蜻蛉・下〉

❷**親しみを覚える**。**身近だ**。例宮のさまぞ、**けぢかう**(音便形)をかしげなる(=御殿の様子は、親しみがあって風流だ)〈枕・関白殿、二月二十一日に〉 〈上野辰義〉

げ-ぢき【下直】 名形動(ナリ) ❶値段が安いこと。安価。廉価。例糸・綿**下直に**なりて〈西鶴・日本永代蔵・六・三〉 ❷価値がないこと。安っぽいこと。例はてさて親の恩は**下直な**物〈談義本・当世下手談義・二〉

けち-ぐゎん【結願】 名動(サ変)《仏教語》日数を定めて行う願立て・修法・法会などの最終日。また、その日の儀式や作法。例明日、御読経の**結願**にて〈枕・里にまかでたるに〉

けち-みゃく【血脈】 名 師から弟子へ、戒律や教義が代々伝えられること。また、それを記した系譜・系図。蹴鞠や楽器などの芸道の書名に多く用いられる。例さやうに先達(=先人の句風)を捨てんには、連歌の**血脈**不審の事なり〈十問最秘抄〉

けぢめ 名 ❶区別。差別。例この人は、思ふをも(=自分が恋しく思う人でも)、思はぬをも、**けぢめ**見せぬ心なんありける〈伊勢・六三〉 ❷移り変わり。例春の**けぢめ**も思ひたまへ分かれぬ〈源氏・少女〉 読解「たまへ」は謙譲の用法。❸その場に応じた行動。礼儀正しさ。例小袿引き落として(=衣紋掛けから外して身に着けて)**けぢめ**見せたる、いといたし(=たいそうすばらしい)〈源氏・野分〉

け-ちゃく【家嫡】 名 本家の嫡子。跡継ぎ。例中にも徳大寺殿は一の大納言にて、花族栄耀、才学雄長、**家嫡**にてましましけるが〈平家・一・鹿谷〉

げ-ちゃく【下着・下著】 名動(サ変) 都から地方へ下って到着すること。例伊豆に**下着し**ても、物を物ともせず、人を人ともせず〈保元・下〉

げ-ぢょ【下女】 名 ❶召使の女性。下働きの女性。例庭を清むる一人の**下女**あり〈今昔・一・二五〉 ❷身分の卑しい女性。

げ-ぢん【外陣】 名 寺社の本堂で、内陣の外側。一般の参詣者が拝礼する場所。例内陣・**外陣**の貴賤

なかなか(=とても)数知らず〈義経記・五〉

げ-ぢん【解陣】 名 宮中で、臨時に配置されていた警備の体制を解散すること。例二十日ぞ**解陣**とかいひて、よろづ例ざまにて〈今鏡・一・星合ひ〉

け・つ

【消つ】 動(タ四) 上代語の「く(消)」、「きゆ(消ゆ)」の他動詞形。物の形や活動をなくさせる意。

❶火・明かりや雪・霜などを消す。例燃ゆる火を 雪もて**消ち** 降る雪を 火もて**消ちつつ**〈万葉・三・三一九〉 ❷事柄をないものとする。除き去る。取り除く。例(光源氏ノ)世をたもちたまふべき御宿世は**消たれ**ぬものにこそ(=天下をお治めになるはずのご宿運は、除き去ることができないものである)〈源氏・少女〉 ❸他を圧倒する。例いかばかりならん人か、宮をば**消ち**たてまつらむ(=どれほどである人が、宮を圧倒し申し上げるだろうか)〈源氏・東屋〉 ❹他人をないがしろにする。傷つける。例心うつくしう、人をも**消たず**(=心がやさしくて、他人をないがしろにすることもなく)〈源氏・若菜上〉

語誌 平安時代は「けつ」が一般的であった。鎌倉時代以降は「けす」が取って替わり、「けつ」は特殊な文脈でのみ用いられた。〈余田弘実〉

けつ-えき【闕腋】 名 ⇩けってき

けっ-かい【結界】 名『仏教語』修行の障害にならないように、一定の区域に制限を設けること。また、その場所。女人結界など。例この地をわれに得させよ。仏法**結界**の地となすべし〈曾我・六〉

けっか-ふざ【結跏趺坐】 名動(サ変)『仏教語』(「跏」は足を組んで座ること。「趺」は足の甲)左右の足の甲をそれぞれ反対側のももにのせる座り方。諸仏の座り方で、円満安坐を意味する。左を上にするものと右を上にするものの二種があり、左右の一足だけをするのは半跏坐という。例仏起きたまひて…**結跏趺坐**したまへり〈今昔・三・二八〉

けつか・る 『近世語』[1] 動(ラ四)「居る」「あり」を卑しめていう語。いやがる。例ここに**けつかる**と引き出だせば〈近松・ひぢりめん卯月紅葉・上〉 [2] 補動(ラ四)(動詞の連用形、またはそれに接続助詞「て」のついた形について)その動作を卑しめていう。〜しやがる。〜いやがる。例覚えて**けつかれ**〈近松・丹波与作待夜の小室節・中〉

けっ-き【血気】 名 ❶体内の活力。また、それによって生じる高ぶる気持ち。例若き時は、**血気**うちに余り〈徒然・一七二〉 ❷①が満ちあふれていること。例**血気**の勇士といひながら、心に欲あり〈曾我・五〉

げっ-きゅう【月宮】 名「月宮殿」の略。

げっきゅう-でん【月宮殿】 名 中国の伝説で、月の中にあるといわれる宮殿。例**月宮殿**の白衣の袖も〈謡曲・融〉

けっ-く【結句】 [1] 名 詩文の最後の句。[2] 副 ❶とうとう。結局。例**けっく**左府(=左大臣)流れ矢に中りたまひ〈保元・下〉 ❷かえって。むしろ。例(山賊ガ)人の物をばえ取らずして、**けっく**路次どし(=道連れどうし)口論し〈狂言・文山立〉

げっくゎ-もん【月華門】 名 内裏の門の一つ。紫宸殿南庭の西、校書殿と安福殿の間にあり、東側の「日華門」と相対する。「右近の陣」がある。⇩口絵

けっ-くゎん【闕官・欠官】 [1] 名 現任者がなく、欠員となっている官職。[2] 名動(サ変)(「解官」と混同して)官職を取り上げること。免職。例死罪・流刑・**闕官**・停任常におこなはれて〈平家・一・二代后〉

げっ-けい【月卿】 名(宮中を天、天子を日、臣下を月にたとえていう語)「くぎやう(公卿)①」の別称。ふつう、殿上人をいう「雲客」と対にして用いる。例今日は**月卿**・雲客一人もしたがはず〈平家・二・一門大路渡〉

けっ-こう【結構】 [1] 名動(サ変) ❶組み立てること。また、そうして出来上がったもの。例いたづらに殿堂・精藍(=寺院)を**結構する**〈正法眼蔵・行持下〉 ❷計画。例この一門亡すべき由よ、法皇の御**結構**こそ遺恨の次第なれ〈平家・二・教訓状〉 ❸準備。例御馳走の品々を、いかにも**結構**めされつつ〈御伽草子・猿源氏草紙〉 [2] 形動(ナリ) ❶すぐれている。りっぱだ。美しい。例さてもさても**結構な**普請かな(=建物の造りだなあ)〈虎寛本狂言・子盗人〉 ❷丁重だ。行き届いている。例「(茶ヲ)一つ汲んで下され」と、下々にも**結構に**詞遣ひて〈浮世草子・傾城禁短気・二・三〉 ❸気立てがよい。お人好しだ。例**結構な**ばかり見目(=手柄)ではない〈近松・心中天の網島・中〉

けっこう-しゃ【結構者】 名「けっこうじん」に同じ。

けっこう-じん【結構人】 名 礼儀正しい人。また、ばか正直な人。お人よし。例隠居、**結構人**と見えて、かくべつ腹もたてず〈滑稽本・膝栗毛・六上〉

けっ-こく【闕国】 名 国司・領主が欠けたままになっている国。国司不在の国。例勧賞には**闕国**を給ふべき由仰せ下されける〈平家・一・殿上闇討〉

けっ-さい【潔斎】 名動(サ変) 神事や仏事の前、日数を決め、その間飲食を控え、沐浴などで身を清めること。例宮も沐浴**潔斎して**〈今昔・一九・一八〉

けっ-して【決して】 副 ❶きっと。例**決して**聟や娘に追ひまはされて〈鳩翁道話・三上〉 ❷(打消の語を伴って)決して(〜ない)。例**決して**ならぬ〈歌舞伎・鞘当〉

けっ-しょ【闕所】 [1] 名 領主がいない土地。戦乱での敗北や罪によって没収され、新領主の決定していない土地など。例軍勢に行はるべき(=恩賞として与えるべき)**闕所**は無かりけり〈太平記・一三〉 [2] 名動(サ変) 近世、追放の刑などに付加される刑罰。地所・財産を没収すること。例家財を**闕所して**当地をお払ひ(=追放)〈浄瑠璃・夏祭浪花鑑・三〉

けつだん-しょ【決断所】 名「雑訴決断所」の略。後醍醐天皇の建武の新政に際して設けられた役所の一つ。元弘三年(一三三三)に開設、所領などの訴訟の裁判を行う。

けつ-ぢゃう【決定】 [1] 名動(サ変) 決まっていること。疑いのないこと。例死亡**決定**なり〈源平盛衰記・二六〉 [2] 副 必ず。きっと。例御方**決定**打ち負け

候ひぬと〈太平記・一六〉

けっ-てき【闕腋】 名〔「けつえき」の変化した形。「闕」は「欠」の意〕❶衣服の両腋を縫わないで開けておくこと。❷「闕腋の袍」の略。

けってき-の-はう【闕腋の袍】 ホウ 名 主に四位以上の武官が、束帯の上衣として着用する袍。活動に便利なように、両腋を縫わないで開けておくことからの称。「脇明け」「脇明けの衣」とも。

けつ-ばん【結番】 名動(サ変) 組や順番を決めて勤めること。例日夜に**結番して**、禁中(=内裏)を守りたまふ〈保元・上〉

けつ-みゃく【血脈】 名❶体内の血液の流れる管。血管。❷「けちみゃく」に同じ。

けづり-かけ【削り掛け】 ケズリ 名 ヤナギ・ニワトコ・ヒノキなどの枝を薄く削り、彩色したもの。正月十五日に家の門口や戸に掛け、邪気を払い福を招くまじないとする。

けづり-ぐし【梳り櫛】 ケズリ 名 髪を櫛でとかすこと。また、そのための櫛。例御**けづり髪**、御手水などまゐりて〈枕・うへにさぶらふ御猫は〉

けづり-ばな【削り花】 ケズリ 名❶木を薄く削ってちぢらせ、花のように作ったもの。多く御仏名に用いる。❷「けづりかけ」に同じ。

けづり-ひ【削り氷】 ケズリ 名 氷を削ったもの。例**削り氷**にあまづら(=甘味料)入れて、あたらしき金鋺に入れたる〈枕・あてなるもの〉

けづり-もの【削り物】 ケズリ 名 魚肉などを干し固め、削って食べる物。鰹節など。例折櫃どもには…えび・丁子(=香の名)を鰹つきの**削り物**のやうにて入れたり〈宇津保・蔵開上〉

けづ・る【削る】 ケズル 動(ラ四)❶薄くそぎ取る。例斧を揮りて材を**けづる**〈紀・雄略〉❷取り除く。例つひに御簡**削られ**、官も取られて〈源氏・須磨〉

読解「御簡」は殿上に出仕する人の官職・姓名を記した札。❸近世の用法。(酒は身代・命を削る意から)酒を飲む。例「茶づらせろ(=茶漬け飯を食わせろ)」「何、**けづらせろ**とかえ」〈洒落本・遊子方言〉❹【梳る】髪を櫛でとかす。くしけずる。例**梳る**ことをうるさがりたまへど、をかしの(=みごとな)御髪や〈源氏・若紫〉

け-てう【化鳥・怪鳥】 チョウ 名 姿や鳴き声が不気味で異様な鳥。怪異や凶事を表すものとされた。例冥途にしては**化鳥**となり〈謡曲・善知鳥〉

け-でん【怪顛・化転】 名動(サ変) ひどく驚くこと。肝をつぶすこと。例殿様の御威勢に恐れて、**けでん**仕って〈狂言・今参〉

げ-てん【外典】 名『仏教語』「げでん」とも。仏教の側から見て、仏教典籍以外の書籍。外書。例内典・**外典**にも、深くいましめたる〈曾我・六〉

け-ど【化度】 名動(サ変)『仏教語』「教化済度」の略。衆生を教え導き、迷いから救うこと。例広く一切衆生を**化度し**たまふ〈今昔・一七・一五〉

け-どき【食時】 名 食事の時間。例**食時**にわいたるに(=おいでになったのに)〈平家・八・猫間〉

け-とば【言葉】 名『上代語』「ことば」の東国方言。例父母が頭かきなで幸くあれて言ひし**けとば**ぜ忘れかねつる〈万葉・二〇・四三四六〉➡名歌225

け-どほ・し【気遠し】

ドオシ 形(ク)「け」は接頭語。物理的・心情的な距離の遠さを、感覚的にとらえる語。

❶**距離が遠く感じられる**。**遠い感じだ**。例年ごろの積もりには、過ぎにし方いとど**け遠く**のみなんはべるを(=年月が積み重なるにつけて、過ぎ去った昔がますます遠く感じられるばかりでございますが)〈源氏・手習〉

❷**疎遠だ**。**なじみがない**。**よそよそしい**。例白樫といふものは、まいて深山木のなかにもいと**けどほく**て(=白樫というものは、なおさら奥深い山の木の中でもたいへんなじみがなくて)〈枕・花の木ならぬは〉

❸**もの寂しい**。**不気味だ**。例(荒レタ邸内ハ)疎ましう**け遠き**木立に、梟の声を朝夕に耳ならしつつ(=気味悪くもの寂しい木立に、梟の声を朝に夕に聞きなれていて)〈源氏・蓬生〉

〈上野辰義〉

け-ど・る

【気取る】動(ラ四)〔古くは「けとる」か〕❶**物の怪などが正気を奪う**。**美しさなどが心を奪う**。**魅了する**。多く受身の助動詞を伴って用いる。例(a)いといたく若びたる人にて、物に**けどられ**ぬるなめり(=ほんとうにひどく子どもじみている人だから、物の怪に正気を奪われてしまったようだ)〈源氏・夕顔〉例(b)などこの名だたるかたちのみこ、大将に**けどられ**たる(=どうしてこの名高い美貌の皇女が、大将に魅了されたのか)〈宇津保・蔵開下〉

❷**察知する**。**感づく**。例**気取られ**まいと空惚け〈近松・心中宵庚申・下〉

〈小島孝之〉

げ-な

助動(特殊型)〔接尾語「げ」＋断定の助動詞「なり」＝「げなり」の変化した形〕❶推定の意を表す。〜らしい。〜ようだ。例今のは夢であった**げな**(終止形)〈近松・薩摩歌・下〉❷伝聞の意を表す。〜そうだ。〜ということだ。例わしが客様の話ぢゃが、踏まれて死なんした**げな**(終止形)と言ふもあり〈近松・曾根崎心中〉

接続 活用語の連体形につく。

活用 ○／げに／げな／げな／○／○

語誌 中世以降の、主に会話文に用いる。

け-なが・し【日長し】 形(ク) 日数が多くかかる。日数が長くて待ち遠しい。例相見ずて(=会わないで)**け長く**なりぬ〈万葉・四・六四八〉

けな-げ【健気】 形動(ナリ)❶勇ましい。例武士の女房たる者は、**けなげなる**心を一つ持ちてこそ、その家をも継ぎ〈太平記・一〇〉❷殊勝だ。例**健気な**一言〈歌舞伎・青砥稿花紅彩画・四〉

けなげ-もの【健気者】 名 けなげな人。勇ましい人。殊勝な人。例あはれ彼奴(=あいつ)は**けなげ者**かな〈義経記・三〉

け-なつか・し【気懐かし】 形(シク)〔「け」は接頭語〕なんとなくやさしい感じだ。例**気なつかしう**(音便形)、心ばへをかしう(=性格も優美で)〈源氏・柏木〉

け-なら・ぶ【日並ぶ】 動(バ下二) 何日も経過する。日数を重ねる。「日並ぶ」とも。例(逢ウコトガ)日

並べば人知りぬべし〈万葉・一一・二三八七〉

けなり・い 形(口語)〔形容動詞「け(異)」の形容詞化〕うらやましい。例いづかたも賑やかなるが**けなりう**(音便形)て〈狂言・鉢叩〉

け-に

【異に】副 いっそう。はるかに。例(a)いとどかなしきこと数まさりて、ありしより**けに**恋しくのみおぼえければ(=ますます悲しいことが増えて、以前よりいっそう恋しくばかり思われたので)〈伊勢・六五〉例(b)内裏より御使ひ雨の脚よりも**けに**しげし(=内裏からの御使いは雨脚よりもはるかに度重なる)〈源氏・夕顔〉

語誌 多く「〜よりけに」の形で用いられる。もともとは形容動詞「け」の連用形とみられるが、比較によって程度のはなはだしさを表す用法として定着したため、一般に副詞と認められている。〈高田祐彦〉

げ-に

【実に】副 相手の言ったことや世に言われていることなどがそのとおり間違いないと、話し手が改めて納得する意を表す。

❶(前に示された内容を受けて)なるほど。そのとおり。例この歌、よしとにはあらねど、「**げに**」と思ひて、人々忘れず(=この歌は、よいというわけではないが、「そのとおりだ」と思って、人々は忘れない)〈土佐〉

読解 和歌のできばえはともかく、その思いが人々の共感を呼んだ、ということ。

❷(強い共感の気持ちを表して)いかにも。まったく。例人の御心をつくしたまふも、**げに**ことわりと見えたり(=方々が気をおもみになるのも、いかにももっともだと思われた)〈源氏・桐壺〉〈井上博嗣〉

け-にく・し【気憎し】 形(ク)〔「け」は接頭語〕なんとなく憎らしい感じだ。無愛想だ。例**けにくく**はあらで、御頭もたげ、御答へなど聞こえたまふ(=申し上げなさる)〈源氏・総角〉

げに-げに【実に実に】 副〔副詞「げに」を重ねて強調した語〕なるほどなるほど。まことにまことに。例言ひ続け泣きたる声ども、**げにげに**と聞こえて〈栄花・楚王の夢〉

げにげに・し【実に実にし】 形(シク)〔副詞「げにげに」の形容詞化〕❶もっともらしい。納得がいくことだ。例いと**げにげにしく**もおぼえずして〈宇治拾遺・一八・一〉❷まじめだ。例**げにげにしく**よき人かなとぞ覚ゆる〈徒然・三七〉

けにご-し【牽牛子】 名〔「けんごし」の変化した形〕植物の名。朝顔の別称。種子は利尿・下剤など薬用に用いる。例酸き酒の濁りたるに、**牽牛子**を濃く摺り入れて呑ませてば〈今昔・二八・五〉

げに-は【実には】 副〔副詞「げに」+係助詞「は」〕本当のところは。じつは。例**げには**、心の色なく、情けおくれ(=心のやさしさがなく、人情味が乏しく)〈徒然・一四一〉

け-にん【化人】 名 仏・菩薩や神などが、衆生を救うため人の姿となってこの世に現れたもの。例前にこの仏を造りたてまつれりし者は**化人**なり〈今昔・一一・一六〉類義 ごんげ・ごんじゃ

け-にん【家人】 名❶令制で、奴婢と良民の中間的身分の人。❷平安時代以降、貴族や武家の棟梁に属する武士。家来。例己らは相伝の(=代々仕える)**家人**なれば〈保元・中〉

げ-にん【下人】 名 身分の低い人。また、平安中期以降、使用人。主家の雑役に使われ、財産として相続・売買された。江戸中期からは、年季奉公人をいう。例この辺の**下人**、うけたまはれ〈宇治拾遺・一・八〉

け-ぬき【毛抜き】 名 毛髪・ひげ・眉などを挟んで抜くための金属製の道具。例毛のよく抜くる銀の**毛抜き**〈枕・ありがたきもの〉読解 毛抜きはふつう鉄製。銀製はぜいたくで外見こそよいが、柔らかすぎて毛が抜きにくい。

け-の-あらもの【毛の荒物・毛の麁物】 名 毛の荒い大きな獣。「けのにこもの」と対で用いて獣を総称する。例山に住む物は毛の和物・**毛の荒物**〈祝詞・龍田風神祭〉

け-のこ・る【消残る】 動(ラ四)〔「け」は動詞「く(消)」の連用形〕消えないで残る。例この雪の**消残る**ときにいざ行かな山橘の実の照る(=赤く輝いている)も見む〈万葉・一九・四二二六〉

け-の-にこもの【毛の柔物・毛の和物】 名 毛のやわらかい小さな獣。⇩けのあらもの

け-のぼ・る【気上る】「けあがる」に同じ。例人おほき所、或は道の長手をあゆみては、必ず**気のぼりて**くるしき病あれば〈読本・雨月・蛇性の婬〉

げ-ば【下馬】 名・動(サ変) 貴人や寺社に敬意を表して、馬から下りること。例僧の来たるを見ては、遠くより**下馬**して礼しけり〈今昔・一七・二一〉

けは・し【険し】 形(シク)❶山や道などが険しい。例遠きをわけ、**けはしき**をしのぎつつ、駒に鞭うつつ人もあり〈平家・七・福原落〉❷激しい。荒々しい。例冬深くなりたれば、川風**けはしく**吹き上げつつ〈更級〉❸慌ただしい。せわしい。例文**けはしく**鼻の先へさしいだす〈狂言・八尾〉

け-はづ・す【蹴外す】 動(サ四) 蹴り損なう。例**蹴外して**、足の高く上がりて〈宇治拾遺・三・一〉

け-はひ

名 漠然と感じられる雰囲気や様子。

❶雰囲気。風情。例(牛車ヲ)門引き入るるより**けはひ**あはれなり(=門の内に引き入れるやいなや風情はしみじみと趣深い)〈源氏・桐壺〉

❷声・音・匂いなどから感じられる様子。また、その声・音・匂い。例(a)ものへだてて聞くに…うちそよめきてまゐる**けはひ**(=物を隔てて聞くと…衣ずれの音を立てて参上する様子)〈枕・心にくきもの〉例(b)御座のあたりもの清げに、**けはひ**香ばしう(=ご寝所のあたりはきれいに片づいて、薫き物のにおいが香ばしく薫り)〈源氏・柏木〉

❸人などがそこに存在する感じ。気配。例近き透垣のもとに人の**けはひ**すれば、誰ならむと思ふほどに(=近くの垣根のあたりに人がいる感じがするので、だれだろうかと思うと)〈和泉式部日記〉

❹人柄。気品。例人の**けはひ**も、けざやかに気高く、乱れたるところまじらず(=その人の人柄も、すっ

きりと気品があって、くだけたところがなく)〈源氏・帚木〉 ❺面影。なごり。例過ぎにし親の御**けはひ**とまれる古里ながら(=亡くなった親の御面影の残っている実家にいるままで)〈源氏・帚木〉 ❻【化粧】(雰囲気を作る意から)化粧。例ことに女は**けはひ**といふて、顔に白粉をぬり、紅といふ物をぬり〈狂言・鏡男〉

語誌▼**「けしき」と「けはひ」**　「けしき」が主に視覚を通した個別的な感覚であるのに対して、「けはひ」は情感や雰囲気をいう全体的な感覚であり、視覚以外の感覚によっている。そのため、「けしき」は静止的で「けはひ」は動的である。「けしき」には動詞を作る「だつ」「ばむ」などの語がつくが「けはひ」にはつかない。▼近世以降「気配」の字があてられてから「けはい」と読まれるようになった。〈高田祐彦〉

け-はれ【褻晴れ】 名(「褻」と「晴れ」の意)日常のときと公式のとき。公私。普段とよそゆき。例ことにうち解けぬべき折節ぞ、**褻晴れ**なくひきつくろはまほしき(=身なりを整えたいものだ)〈徒然・一九一〉

けびいし〘検非違使〙⇩けびゐし

けびゐ-し【検非違使】ケビイ― 名(「けんびゐし」の撥音の表記されない形)平安初期に設置された、京中の非法・違法を取り締まる職。のちには訴訟や裁判もつかさどり、強大な権勢をふるった。令外の官の一つ。例世の中にある**検非違使**のかぎり、この殿の四方にうち囲みたり〈栄花・浦々の別れ〉

けびゐし-ちゃう【検非違使庁】ケビイシチョウ 名 検非違使の事務を扱う役所。衛門府に置かれた。

けびゐし-どころ【検非違使所】ケビイシ― 名 中央にならい、地方や神社に置かれた検非違使の役所。

けびゐし-の-べったう【検非違使の別当】ケビイシノベットウ 名 検非違使の長官。公卿のうち、衛門督・兵衛督である人が兼任する。「非違の別当」とも。例この御時にこそは殿上し(=昇殿し)、**検非違使の別当**などになりて〈大鏡・兼家〉

けふ【今日】キョウ 名 ❶本日。きょう。例さらば、**今日こ**そは限りなめれ〈源氏・帚木〉 ❷当日。その日。例(正月)十五日…内裏わたりなどのやんごとなきも、**けふ**はみな乱れてかしこまりなし〈枕・正月一日は〉

【今日は人の上、明日は身の上】 今日他人事と考えていた不幸や災難が、明日には自分にふりかかってくるかもしれない、ということ。例弓矢取る身の習ひ(=武士の身の常で)、**今日は人の上、明日は御身の上**、皆かくこそ候はん〈義経記・五〉

けふ-あす【今日明日】キョウ― ❶今日と明日。❷ごく近い将来。さし迫っているさま。例おのがかく**今日明日**におぼゆる命をば何とも思したらで〈源氏・若紫〉

毛吹草〘作品名〙江戸時代の俳論。七巻五冊。重頼著。正保二年(一六四五)刊。作法書と撰集を兼ねる。俳諧に用いる語の資料として諸国名産・俚諺なども収録。

けふ-さん【夾算・夾竿】キョウ― 名 書物に挟んで、目印・しおりとするもの。木や竹を三寸(約九センチ)の長さに薄く削り、挟むための裂け目が入れてある。例御草子に**夾算**さして大殿籠りぬるも(=お休みになったのも)〈枕・清涼殿の丑寅のすみの〉

けふ-じ【脇士・脇侍】キョウ― 名〘仏教語〙本尊の左右に立つ仏像。「脇立ち」とも。⇩けふじぼさつ。例阿弥陀仏、**脇士**の菩薩、おのおの白檀して造りたてまつりたる〈源氏・鈴虫〉

けふじ-ぼさつ【脇士菩薩・脇侍菩薩】キョウジ― 名〘仏教語〙本尊の如来の左右に立つ仏像。釈迦如来には普賢・文殊、阿弥陀如来には観音・勢至、薬師如来には日光・月光の両菩薩が配される。

けふ-そく【脇息】キョウ― 名 座るかたわらに置くひじかけ。例前栽(=庭先の草木)見たまふとて、**脇息**によりゐたまへるを〈源氏・御法〉

脇息〔春日権現験記絵〕

けぶ-た・し【煙たし・烟たし】 形(ク) ❶けむたい。❷気詰まりだ。例いと苦しき判者にも当たりてはべるかな(=たいそうつらい判者役にあたってしまったものですよ)。いと**けぶたし**や〈源氏・梅枝〉

け-ぶつ【化仏】 名〘仏教語〙❶衆生を救済するために種々のものに姿を変えてこの世に現れた仏。例**化仏**、道喩(=僧の名)が所に来たり臨みたまふ〈今昔・六・一七〉 ❷本地仏(もとの仏)を表すため、菩薩などの頭部や手などに置く小仏像。光背や天蓋の小仏像をもいう。

けふ-の-つき【今日の月】キョウ― 今宵の月。特に、陰暦八月十五夜の名月をいう。例三井寺の門たたかばや**けふの月**〈俳諧・雑談集・上〉

けふ-の-ひ【今日の日】キョウ― 今日のこの日。「今日」を強調し、特別の日であることをいう。例**今日の日**は楽しく遊べ言ひ継ぎにせむ〈万葉・一八・四〇四七〉

けふ-の-ほそぬの【狭布の細布】キョウ― (「けふ」は「けふふ」の変化した形)陸奥(東北地方)産の幅の狭い布。和歌では、同音の「今日」と掛けたり、幅の狭さから「合はず」「逢はず」を導く序詞を構成したりする。例**けふの細布**胸あはじとや〈後拾遺・恋一〉

けぶり

【煙・烟】 名(「けむり」の古形) ❶けむり。例(a)志賀の海人の塩焼く**煙**風を疾み立ちはのぼらず山にたなびく(=志賀の漁師が塩をとるために海藻を焼く煙は風が強いので上に立ちのぼらずに山にたなびいている)〈万葉・七・一二四六〉例(b)今は、富士の山も**煙**立たずなり(=今では、富士山も煙が立ちのぼらなくなり)〈古今・仮名序〉 読解 これは噴煙。

❷特に、**炊煙**。かまどから立つ煙。転じて、生計。例国中に**烟**発たず。国みな貧窮し〈記・下・仁徳〉 読解 仁徳天皇が、国じゅうに炊煙の立たないのを見て民の貧窮を知り、三年間課役を免じたという話。❸特に、**火葬の煙**。例母北の方、同じ**煙**にのぼりなむと泣きこがれたまひて(=母である北の方は、同じ火

葬の煙となって空へのぼってしまいたいと泣き慕いなさって)〈源氏・桐壺〉[読解]娘に先立たれて嘆き悲しむ。❹**煙状のもの。煙のように立ちのぼったり、かすんだりするもの。**水蒸気・霧・もや・波しぶきなど。[例]霜いと白うおける朝、遣り水より烟の立つこそをかしけれ(=霜がたいそう白く置いている朝に、庭に引き入れた水の流れから水蒸気が立っているのは風情がある)〈徒然・一九〉❺**身を焼く地獄の業火。胸の思いを燃やす妄執。**[例]いかなる**煙**の中にまどひたまふらん(=どんな地獄の業火の中をさまよっておられるのだろう)〈源氏・鈴虫〉[読解]六条御息所が成仏できず、あの世で苦しんでいるのはどんな様子か、どんなに地獄の業火に身を焼かれているだろうか、という想像を述べる箇所。

[語誌]▼**霊性の発現**　煙には炊煙のように人為的なものもあるが、そこにも古くは霊性の存在が感じ取られていた。「天の香具山　登り立ち　国見をすれば(=国土を望見すると)　国原は　煙立ち立つ」〈万葉・一・二〉(➡名歌386)とある煙も炊煙だが、ここには国土繁栄の息吹、充実した生命力のみなぎりが感得されていた。〈多田一臣〉

けぶり-の-なみ【煙の波】はるか遠くに煙のようにかすんで見える波。また、波のように重なった煙。[例]海漫々として(=広々と果てしなくて)雲の波**煙の**波ふかく〈平家・二・康頼祝言〉

けぶ・る【煙る・烟る】[動](ラ四)〔「けむる」の古形〕❶煙が立つ。[例]蚊遣り火さへ**けぶりて**〈狭衣・一〉❷火葬の煙となる。[例]むかひゐて見るにも悲し**けぶりにし人を思ひの灰によそへて**〈夫木・三六〉❸景色などがぼんやりとかすんで見える。[例](a)つらつきいとらうたげにて(=まことにいじらしくて)、眉のわたりうち**けぶり**〈源氏・若紫〉[読解]十歳くらいの少女の顔つき。眉墨でくっきり引いた眉でなく、まだ生えたままの眉の輪郭が産毛と区別できずぼんやりしている。[例](b)御前の木立いたう**けぶりて**〈源氏・柏木〉[読解]木々が一面に芽吹いたさま。

げ-べん【外弁】[名]朝廷の重要な儀式のとき、承明門の外で諸事をつかさどる役。首位の大臣が門内をつかさどる内弁となり、次位の大臣が外弁となるのが通例。

げ-ほくめん【下北面】[名]北面の武士のうち、衛門尉・兵衛尉など位階の低いもの。[例]**下北面**より上北面にあがり、上北面より殿上のまじはりをゆるさるる者もあり〈平家・一・俊寛沙汰鵜川軍〉

げ-ほふ【外法】[名]❶《仏教語》仏教の側から見て、仏教以外の教え。外道。[例]**外法**は益なしとて、羅漢の所におはして出家したまひて〈今昔・四・二四〉❷邪道の法。妖術。また、それを行う人。特に、人の髑髏を用いて行う法。[例]かの**外法**行ひける聖を追出せむとしければ〈平家・一・鹿谷〉

げ-ぼん【下品】[名]❶《仏教語》極楽浄土の九品(九つの段階)のうち、下位の三つの総称。下品上生・下品中生・下品下生。⇩くほん。[例]九品蓮台の間には**下品**といふとも足んぬべし(=不足はないだろう)〈和漢朗詠集・下・仏事〉❷(①から転じて)下等。最下位。[例]**下品**の人にはとつがじ(=結婚するまい)。上品の人にとつがむ〈今昔・三・一五〉

げぼん-げしやう【下品下生】[名]《仏教語》極楽往生の九品(九つの段階)の中の最下位。資質の最も劣った人が極楽浄土に生まれる場合の生まれ方。⇩くほん

けまく〔推量の助動詞「けむ」のク語法〕〜たであろうこと。〜たということ。[例]朝夕に　笑み笑まずも(=ほほえんだりほほえまなかったりして)うち嘆き　語り**けまく**は〈万葉・一八・四一〇六〉

け-まと・ふ【蹴纏ふ】[動](ハ四)衣の裾などを足にひっかける。[例]袴の裾をふなばた(=船のへり)に射つけられ、**けまとひて**倒れたまひたりけるを〈平家・一一・能登殿最期〉

け-まはし【蹴回し】[名]袴や衣服の裾口。裾まわし。[例]直垂の衣紋かかり、袴の**けまはし**、烏帽子の着際は〈御伽草子・物くさ太郎〉

け-まり【蹴鞠】[名]⇩まり

け-まん【華鬘】[名]《仏教語》❶頭上や首などにかけて身体を飾る生花の装飾。もとインドの風習。[例]天人の頭の上の**華鬘**は萎む事なきに萎みぬ〈今昔・一・一〉❷梁や長押にかけて、仏堂内を飾る道具。①から転じたもので、うちわ形で金銅あるいは皮製。花鳥や天女などを透かし彫りにし、中央に組み紐を結ぶ。

華鬘②

け-み【検見・毛見】[名]〔「けんみ」の撥音の表記されない形か〕❶調べること。[例]「大嘗会の**毛見や**」とし騒ぎ〈蜻蛉・上〉❷室町時代以降、稲の刈り入れ前に作柄を調べ、年貢高を決定すること。[例]**毛見**の衆の舟さし下せ最上川〈俳諧・蕪村句集・下〉

けみ・す【閲す】[動](サ変)書物を読む。調べる。よく見る。[例]眼前に古人の心を**閲す**〈芭蕉・奥の細道〉

け-みやう【仮名】[名]通称。俗称。[例](名ノル声ハ)海上はるかに隔たって、その**仮名**・実名分明ならず〈平家・一一・嗣信最期〉

げ-みやうぶ【外命婦】[名]令制で、五位以上の官人の妻。⇩みやうぶ(命婦)。[例]安倍朝臣虫麻呂の母安曇**外命婦**〈万葉・四・六六七・左注〉

けむ

[助動](四段型)「けん」とも。過去の事柄について想像・推量する意を表す。

❶**過去の事柄を単純に推量する意を表す。たぶん〜しただろう。きっと〜しただろう。**[例](a)古もかく聞きつつか偲ひ**けむ**(連体形)この古川の清き瀬の音を(=昔もこうして聞いてめでたのだろうか。この古川の澄んだ瀬の音を)〈万葉・七・一一一二〉[例](b)(娘ノコトヲ)「玉ならずもあり**けむ**(連体形)を」と人言はむや(=「玉というほどかわいらしくもなかっただろうに」と人は言うだろうか)〈土佐〉[読解]娘は土佐で死んでしまった。❷**過去に起こった事柄の原因・理由を推量する意を表す。〜のために〜したのだろう。どうして〜したのだ**

ろう（か）。例ⓐ（女ハ）京の人はめづらかにや覚え**けむ**（連体形）、せちに思へる心なんありける（＝都の人は目新しく思われたのだろうか、いちずに愛している心があった）〈伊勢・一四〉読解「陸奥の国」で出会った女性の話。例ⓑ見渡せば山もと霞む水無瀬川夕べは秋となに思ひ**けむ**（終止形）〈新古今・春上〉➡名歌357

❸**過去に起こった事柄について、人づてに聞いたことを表したり、言い方を柔らげたりする。～という。**例行平の中納言の、関吹き越ゆると言ひ**けむ**（連体形）浦波、夜々はげに近く聞こえて（＝行平中納言が、「関吹き越ゆる」と歌に詠んだという海岸にうち寄せる波の音が、夜ごと実に近くに聞こえて）〈源氏・須磨〉

接続 活用語の連用形につく。

活用 四段型

未然形	連用形	終止形	連体形	已然形	命令形
○	○	けむ（けん）	けむ（けん）	けめ	○

語誌 ▼語源 諸説あるが、接続（連用形接続）・意味（過去の事態に対する推量）から考えると、過去の助動詞「き」に推量の助動詞「む」がついたとする説が穏当であろう。

▼主に和文で用いられる。また、助詞「か」「や」や疑問語とともに用いられる例が多く、疑問語を補って解釈できる場合も少なくない。

▼中世に入ると、口頭語の世界では「つらむ」の変化した「つらう」と交替し、もっぱら文章語の世界で用いられるようになる。

▼「らむ」と「けむ」 原因推量の用法をもつこと、伝聞を表す用法をもつこと（連体法の場合）など現在推量の「らむ」と共通する点が多く、「らむ」の各用法と、それぞれ対応していると考えてよい。

▼話し手自身が過去に体験したことであっても、記憶が不確かな場合や事態に関する情報が不足している場合には用いられることがある。例君や来し我や行き**けむ**（連体形）思ほえず（＝あなたが来たのか、私が行ったのだろうか、はっきりしない）夢かうつつか寝てかさめてか〈古今・恋三〉➡名歌142 また、『竹取物語』では、かぐや姫が自分自身のことについて、「変化の者にてはべり**けむ**（連体形）身とも知らず、（竹取ノ翁ヲ）親とこそ思ひたてまつれ」と述べている。

▼識別 形容詞の古い未然形「～け」に助動詞「む」がついて、見かけ上「～けむ」の形となる場合があるので識別に注意する。例わが世をば今日か明日かと待つかひのなみだの滝と（コノ布引ノ滝ト）いづれ高けむ〈伊勢・八七〉読解「高し」の未然形＋「む」の例。〈高山善行〉

け-むつか・し【気難し】 形（シク）〔「け」は接頭語〕薄気味悪い。例蛇はたちまちに人をころさねども…**けむつかしく**疎ましき事は〈今昔・二八・三二〉

けむり【煙】 名「けぶり」の変化した形。例月はほどなく入り潮の、**煙**満ち来る小松原〈謡曲・道成寺〉読解ここは潮煙。

けめ 推量の助動詞「けむ」の已然形。

けもなし【気も無し】 ⇩「け」の子項目

げ-もん【解文】 名「げぶみ」とも。❶「げ（解）②」に同じ。例添へたる立て文には、**解文**のやうにて〈枕・頭の弁の御もとより〉❷推薦状。例阿闍梨の**解文**を放たせたまふ（＝出させなさる）〈栄花・疑ひ〉

けもん-りょう【花文綾】 名花模様を織り出した綾織物。例御直衣の**花文綾**を、このごろ摘み出だしたる花して、はかなく染め出でたまへる〈源氏・野分〉

けやけ・し

形（ク）形容動詞「け（異）」に接尾語「や」「か」がついた「けやか」の形容詞化。著しく他と異なっているさまを表す。

❶**態度や様子がはなはだ悪い。憎らしい。なまいきだ。こしゃくだ。**例ⓐ（婿君ハ他ノ女ノ所へ行ッタノダロウト察シテ）后の宮も、いといみじく**けやけく**、つらしとおぼし（＝后の宮も、ほんとうにひどく憎らしく、情けないとお思いになり）〈夜の寝覚・四〉例ⓑ逃ぐるを、「**けやけき**やつかな」と言ひて走りかかりてくるもの（＝逃げるのを、「こしゃくなやつだなあ」と言って走りかかってくる者）〈宇治拾遺・一三三〉

❷**際立ってすばらしい。**例貫之召し出でて、歌つかうまつらしめたまへりし…それをだに**けやけき**ことに思ひたまへしに（＝貫之を呼び出しなさって、歌をお詠ませになった…それでさえ際立ってすばらしいことと存じましたのに）〈大鏡・道長下〉

❸（「けやけく」の形で副詞的に用いて）**きっぱりと。ぴしゃりと。**例心柔らかに、情けあるゆゑに、人の言ふほどの事、**けやけく**否びがたくて（＝心が柔和で、情があるために、人が言うような事を、きっぱりとは断りにくくて）〈徒然・一四一〉

語誌 「はるか―はるけし」「しづか―しづけし」「あきらか―あきらけし」などと同様の成り立ちであろう。〈小島孝之〉

け-やす・し【消やすし】 形（ク）〔「け」は動詞「く（消）」の連用形〕消えやすい。はかない。頼りない。例朝霜の**消やすき**命誰がために千歳もがもと我が思はなくに〈万葉・七・一三七五〉

げ-ゆ【解由】 名令制で、国司などの交替のとき、新任者が前任者に交付する、事務引き継ぎを証明する公文書。解由状。例県の四年五年はてて、例のことどもみなし終へて、**解由**など取りて〈土佐〉

げゆ-じゃう【解由状】 ジヨウ 名「げゆ」に同じ。

けら 助動詞「けり」の未然形。

け-らい【家礼・家来】 名❶親や目上の人に礼を尽くすこと。例**家礼**のためにかく参りたるに〈今昔・二二・八〉❷武家や公家などの家臣。例本間孫四郎は、元より将軍**家来**の者なりしが〈太平記・一七〉

げ-らう【下郎】 ロウ 名〔「げらふ（下臈）」の変化した形〕身分の低い人。下人。例こりゃ**下郎**め、見苦しい〈近松・心中宵庚申・上〉

け-らく【快楽】 名〔仏教語〕気持ちよく楽しむこと。楽しみ。例忉利天女の、**快楽**を受けて、歓喜苑の内に遊戯するに劣らず〈栄花・本の雫〉

けらく 〔助動詞「けり」のク語法〕～たこと。例そ（＝それ）が言ひ**けらく**「…」と言ひて〈土佐〉

げ-らく【下洛】 名動（サ変）比叡山などから京の都

へ下りること。例山門の大衆おびたたしう（＝比叡山延暦寺の僧兵たちが非常にたくさん）下洛すときこえしかば〈平家・一・清水寺炎上〉

けらし

助動（特殊型）〔助動詞「けり」の連体形＋推定の助動詞「らし」＝「けるらし」の変化した形〕❶根拠に基づいて推定する意を表す。〜たらしい。〜たにちがいない。例(a)桜田へ鶴鳴き渡る年魚市潟潮干にけらし（終止形）鶴鳴き渡る〈万葉・三・二七一〉➡名歌172 例(b)万代に語り継げとしこの岳に領巾振りけらし（終止形）松浦佐用姫（＝永遠に語り継げということでこの山の上で領布を振ったにちがいない、松浦佐用姫は）〈万葉・五・八七三〉読解「領巾」は装飾用の薄布で、佐用姫が朝鮮半島に遣わされた恋人との別れを悲しんだという佐用姫伝説に基づく歌。

❷「けり」の婉曲的表現として用いる。〜たのだ。〜たことよ。例(a)郭公鳴きつつ出づるあしひきの（枕詞）大和撫子咲きにけらし（終止形）も（＝ほととぎすが鳴きながら出てくる山ではないが大和撫子が咲いたことよ）〈新古今・夏〉例(b)かの国にかよふ人は、必ず幣をささげて斎ひまつるべき御神なりけらし（終止形）（＝その国に行く人は、必ず幣帛を捧げてあがめ祭らなければならない御神であったのだ）〈読本・雨月・白峯〉

接続 活用語の連用形につく。

活用 特殊型

未然形	連用形	終止形	連体形	已然形	命令形
○	○	けらし	（けらし）（けらしき）	（けらし）	○

語誌 ▼②は平安末期ごろから見られ、近世によく用いられた。

▼一説に、「けり」に対応する形容詞形とも。〈野村剛史〉

けら-ず-や 〔助動詞「けり」の未然形＋打消の助動詞「ず」の終止形＋係助詞「や」〕反語的に問いかける言い方。上代のみの表現。〜たではないか。例梅の花咲きたる園の青柳は縵にすべくなりにけらずや（＝髪飾りにできるほどになっているではないか）〈万葉・五・八一七〉

げ-らふ

【下﨟】名 ❶《仏教語》出家後の年数が少なく、修行が十分でない僧や尼。例下﨟法師に灯ともさせて〈源氏・手習〉

❷（①から転じて）その職務や分野で年功を積むことが浅い人。地位の低い人。例同じほど、それより下﨟の更衣たちは、ましてやすからず（＝同じ身分、またはそれより低い地位の更衣たちは、なおさら心が穏やかではない）〈源氏・桐壺〉読解「更衣」は天皇の夫人の一つ。その中にも上下がある。

❸「下﨟女房」の略。女房を上﨟・中﨟・下﨟に分けたときの最下位。例皇后宮の女房、中﨟・下﨟のきたなげなきどもを出ださせたまふ（＝皇后宮の女房で、中﨟女房や下﨟女房で見苦しくない者たちを差し出させなさる）〈栄花・根合はせ〉読解五節の舞姫選出の話。

❹卑しい身分の人。下人。例あやしの下﨟なれども、聖人の戒めにかなへり（＝卑しい身分の者であるけれども、聖人の訓戒に合っている）〈徒然・一〇九〉読解木登りの名人の言葉に対する作者兼好の評言。

語誌 ▼「﨟」は本来は「臘」で、僧の出家後の年数を数える語。

▼関連語　対義語は「じゃうらふ」。②の類義語に「げす」「げらう」がある。〈池田尚隆〉

け・り【着り・著り】動（ラ変）〔「きあり（着有り）」の変化した形〕着ている。着た。例我が旅は久しくあらしこの我が**ける**妹が衣の垢つく見れば〈万葉・一五・三六六七〉

けり

助動（ラ変型）事柄が今はっきりしたという認識を表す。また、説話や物語などの中で、出来事が過去のことであることを表す。

❶事実に今はじめて気づいたことを表す。その気づきの意から、詠嘆の意を表すともいわれる。〜たことだなあ。〜ことなのだなあ。例(a)石走る垂水の上のさわらびの萌え出づる春になりに**ける**かも〈万葉・八・一四一八〉➡名歌68 例(b)山里は冬ぞさびしさまさり**ける**人目も草もかれぬと思へば〈古今・冬〉➡名歌384 例(c)今宵は十五夜なり**けり**と思し出でて（＝今夜は十五夜だったのだなあと思い出しなさって）〈源氏・須磨〉

❷（説話や物語の中で）過去の意を表す。自分の経験にはつながらないので、伝聞的過去ともいわれる。〜た。〜たそうだ。〜ということだ。例(a)古にありけるわざの くすばしき 事と言ひ継ぐ（＝昔あったという事で不思議な事と言い伝える）〈万葉・一九・四二一一〉読解菟原処女の伝説の長歌の冒頭である。例(b)いまは昔、竹取の翁といふものあり**けり**（＝今となっては昔のこと、竹取の翁という者がいたということだ）〈竹取〉

接続 活用語の連用形につく。

活用 ラ変型　表内の（　）は使用例の限られたもの。

未然形	連用形	終止形	連体形	已然形	命令形
（けら）	○	けり	ける	けれ	○

語誌 ▼語の成り立ち　カ変動詞「来」の連用形「き」＋「あり」＝「きあり」が助動詞化したものとみる説や、過去の助動詞「き」と関連づける説がある。

▼未然形「けら」　未然形「けら」は、上代だけに見られる。⇩けらずや・けらく。例梅の花咲きたる園の青柳は縵にすべくなりにけらずや（＝梅の花が咲いている庭園の青々とした柳は髪飾りにできるほどに芽吹いたではないか）〈万葉・五・八一七〉

▼①か②かの判別　①気づきの「けり」と②過去の「けり」の意味・用法はかなり違っている。その判別に注意が必要だが、時には明瞭な区別が行えない場合もある。「にけり」「なりけり」の「けり」はだいたい①であり、はっきり過去とわかるものは②と考えられる。⇩なりけり

▼「けり②」と「き」の違い　「けり②」は、もともと過去からの伝承を語るために用いられて、物語や説話の地の文章に広く用いられる。そこから間接経験・伝聞などの意味の広がりをもつ。一方「き」は、話し手が

直接経験したことやそれに準じる確実な過去を表す。次の例では「けり」と「き」の区別がはっきりしている。例水なしの池こそ、あやしう、などて付けけるならんとて問ひしかば(=水なしの池こそ、不思議で、どうしてこのような名をつけたのだろうと思って尋ねたところ)〈枕・池は〉 しかし平安後期以降、両者は必ずしも明確に使い分けられなくなっていった。

▼「にけり」と「てけり」 助動詞「ぬ」は自然推移的動きの完了を表し、「けり①」はそのことに気づくのであるから、互いに意味が関連し、「にけり」として用いられることが多い。

一方、助動詞「つ」は経験的完了で、いまさら気づく必要がないため、「てけり」となる例は上代ではほとんど見られない。しかし平安時代以降、「ぬ」と「つ」の意味の区別があいまいになってゆき、「てけり」がしだいに現れるようになる。〈野村剛史〉

け・り【来り】《上代語》〔カ変動詞「く」の連用形＋ラ変動詞「あり」〕＝「きあり」の変化した形〕来た。来ている。ずっと〜してきた。例(a)筑波嶺をよそのみ見つつありかねて雪消の道をなづみけるかも(=筑波山を遠くからばかり見続けてはいられず雪解けの道を悩みながら来たことだ)〈万葉・三・三八三〉例(b)鶏が鳴く(枕詞) 東の国に 古に ありけることと 今までに 絶えず言ひける 勝鹿の 真間の手児奈が〈万葉・九・一八〇七〉➡名歌250 語誌 助動詞「けり」の原形は、一説に、「来あり」だろうといわれている。

け-りやう【仮令】リヨウ 〔「仮令」を呉音で音読した語〕❶名 かりそめであること。例身をすて世をそむく由をもてなすは、外相(=表面上の姿)ばかりの仮令なり〈随聞記・三〉 ❷副 ❶たとえば。かりに。例仮令、木樵り・草刈り・炭焼き・汐汲みなどの、風情にもなるべき態(=姿態)をば〈風姿花伝・二〉 ❷たいがい。おおよそ。例参加者、仮令五万騎に及ぶべし〈吾妻鏡・治承四年九月〉 ❸(多く「〜ばこそ」を伴って)偶然。都合よく。例けりやうわしがここに居たればこそ〈歌舞伎・韓人漢文手管始・二〉

ける【蹴る】動(カ下一) 足の先でものを勢いよく飛ばす。蹴る。例蹴られたりしを病にて死にけり〈落窪・四〉 語誌 文語の下一段活用の動詞は、この「蹴る」の一語だけである。

ける 助動詞「けり」の連体形。

ける-ほど-に【ける程に】〔「ける」は助動詞「けり」の連体形〕そうしているうちに。多く、浄瑠璃や歌舞伎で、「(〜する)程にける程に」の形で、念を押して強調するのに用いる。例それから通ふ程にける程に〈歌舞伎・幼稚子敵討・口明〉

けれ 助動詞「けり」の已然形。

[識別のポイント] **けれ**

(1)助動詞「けり」の已然形 活用語の連用形につく。例食ひに食ふ音のしければ(=食べに食べる音がしたので)〈宇治拾遺・一二〉

(2)カ行四段動詞の已然形(命令形)の活用語尾＋完了の助動詞「り」の已然形・命令形 「〜け」までが一語。例咲かざりし 花も咲けれど(=咲いていなかった花も咲いているけれど)〈万葉・一・一六〉

(3)形容詞の已然形の一部 「〜けれ」全体で一語。例海荒ければ、船出ださず(=海が荒れているので、船を出さない)〈土佐〉

(4)形容詞型活用の助動詞の已然形の一部 助動詞「まほし」「たし」「べし」「まじ」の已然形の一部。例冬枯れの気色こそ秋にはをさをさおとるまじけれ(=冬枯れのありさまこそ秋には少しも劣るはずがない)〈徒然・一九〉

げろう《下臈》⇩げらふ

けわい ⇩けはひ

け-ゐ【褻居】イ― 名〔「褻」は普段の意〕居間。常の居所。例高野聖と聞きて、なつかしく思はれけるにや…褻居に呼び入れて〈沙石集・一・三〉

げ-ゐ【外位】イ― 名 令制で、外官(地方官)に与えられる位階。のち、家柄の低い中央貴族にも授けられるようになった。例狛(=人名)は下姓によりて外位に叙す〈著聞集・六・二七二〉

け-をさめ【褻納め】オサメ― 名 通常の普段着と公用の晴れ着。例褻納めの装束どもあまたくだり(=そろったものを多く)〈宇治拾遺・一八〉

-けん【軒】接尾 ❶戸数を数える。例五月雨や大河を前に家二軒〈俳諧・蕪村句集・上〉➡名句65 ❷文士や学者が雅号・屋号などに添える。「一時軒」「志道軒」など。

-けん【間】接尾 ❶建物の柱と柱の間。例十余間の檜皮屋ひとつ〈堤中納言・よしなしごと〉 ❷長さの単位。一間は六尺(約一・八メートル)。例一間ばかり退きてゐたまひて〈宇治拾遺・六九〉 ❸将棋・碁盤の目。

けん【券】名 邸宅・田地・荘園などの所有権を証明する文書。例右大将…(父ガ)のたまひし(=お頼みになった)家の券奉りたまへり〈宇津保・蔵開下〉

けん【剣】名 両刃の太刀。つるぎ。例官、大相国に至り、剣を帯し沓をはきながら殿上にのぼる事をゆるされしかども〈平家・二・烽火之沙汰〉

けん【拳】名 ❶にぎりこぶし。げんこつ。例右の手を拳にして〈浄瑠璃・伽羅先代萩・五〉 ❷遊戯の名。中国から江戸初期に伝わった。二人が対座し、互いに手の指や手のひらで種々の形や数を示し、その組み合わせで優劣を競う。本拳・藤八拳・狐拳・虎拳・じゃん拳などがある。例お客待つ間の酒事、拳をしてござんする〈近松・冥途の飛脚・中〉

けん【乾】名 易の八卦の一つ。陽の三つ重なった象。純粋な陽。天・父などを象徴し、方角では北西を表す。

けん【権】❶名 権力。例これより清盛天下の権をほしきままにして〈神皇正統記・下〉 ❷名 形動(ナリ) 高慢なこと。おごること。例ただささへもけんな娘にかね(=持参金)をつけ〈柳多留・一〇〉

けん【賢】名 形動(ナリ) すぐれた学識があること。賢いこと。また、そのような人。例いたりて(=きわめて)愚かなる人は、たまたま賢なる人を見て、これを憎む〈徒然・八五〉

けん 助動詞「けむ」の「む」が平安中期ごろから「ん」と発音されるようになって、「けん」と書かれるようになったもの。

げん【現】 名 ❶現在。現実。例**現**にあり。これを見よ〈宇治拾遺・三三〉❷「現世」の略。例**現**には千幸万福に楽しみて〈源平盛衰記・三九〉

げん【監】 名 ❶奈良時代、離宮を置くために設置された特別区。和泉監と吉野監がある。❷大宰府の三等官。大監・小監がある。

げん【験】 名 ❶『仏教語』**仏道修行によって現れた具体的なしるし。**効験。加持祈禱などの効き目。例まだ**験**つくばかりの行ひにもあらねば(=まだ霊験がつくほどの修行でもないので)〈源氏・柏木〉❷広く、物事の効き目。証拠。しるし。例(眼病ヲ)高田・馬島が懸かりけれども、さらに**験**こそ無かりけれ(=高田や馬島の医者が治療したけれども、まったく効き目がなかった)〈仮名草子・竹斎・下〉読解「高田」「馬島」は眼科の流派。❸吉凶の兆し。縁起。例**げん**が悪いによって(=縁起が悪いので)〈歌舞伎・傾城青陽鶏・発端〉〈剱持雄二〉

けん-えい【巻纓】 名「まきえい」とも。冠の纓を内側に巻き、黒い夾木ではさんでおくこと。また、その纓。ふつう、武官が用いる。⇩かうぶり(図)。例衣冠に**巻纓**して深沓をぞはきたりける〈著聞集・三・四三七〉

兼好 ケンコウ『人名』生年は一二八三年(弘安六)ごろ、没年は一三五二年(観応三)以後。鎌倉末期から南北朝時代の歌人・随筆作者。『徒然草』の作者。俗名は卜部兼好。法名兼好。一般に吉田兼好と呼ばれたりもするが、吉田家とかかわりはあるものの、兼好の時代にはそのように呼ばれる可能性はまったくなく、後世の誤解に基づく呼称である。

●**略歴** 卜部家は代々神祇官の家柄で、父は治部少輔の兼顕。神祇少副の神祇官の職にもついていたらしい(『勘仲記』弘安七年六月二三日)。祖父の兼名は仁治・寛元のころ(一二四〇〜四七)に関東に奉公したといわれ、子孫が土着したと伝えられるので、鎌倉には同族の人が住んでいたと考えられる。兼好も鎌倉や金沢(神奈川県横浜市金沢区)のあたりに住んだ家もあり、何度か京都と鎌倉を往復したらしい。

はじめ朝廷に仕え、蔵人、左兵衛佐に至った。一方で、堀川家の家司であったともいわれる。三十歳以前には出家をしていたと見られるが、出家の原因は不明。仕えていた後二条天皇の崩御によるかという推測などが行われている。

●**業績** 二条為世に和歌を学び、頓阿などとともに二条派の四天王の一人ともいわれる。三十五歳ごろには自撰家集である『兼好法師家集』を編んだ。『続千載和歌集』以下の勅撰和歌集に入集した。そのほか、邦良親王家の歌合わせに和歌を詠進したり、内裏千首和歌を詠進するなどの詠歌活動を続け、康永三年(一三四四)には高野山金剛三昧院の宝積経要品短冊和歌を詠進したり、観応三年(一三五二)に後普光園院殿御百首に合点を付したりしている。鎌倉幕府滅亡後は、高師直の使者として洞院公賢を訪問するなど、室町幕府と貴族との仲介などをしている。

『徒然草』をいつ執筆したかという点については諸説があり、いまだ定説がない。仁和寺に近い双丘に墓所があったらしいが、そこに住んでいたかどうかは定かでない。隠者文学の代表的作家として、後世に大きな影響を与えた。〈小島孝之〉

元亨釈書 ゲンコウシャクショ『作品名』鎌倉末期の仏教史書。三〇巻。虎関師錬著。元亨二年(一三二二)成立。作者は五山の僧。伝来から元亨二年までの日本仏教の沿革を、僧や信者の伝記を中心に漢文体で記す。

けん-がく【兼学】 名動(サ変)二つ以上の学問や宗教を併せ修めること。例諸道を**兼学して**諸事にくらからず(=通じている)〈平治・上〉

げん-がた【験方】 名 加持祈禱など効験を目的とする方面。また、その方面の修行。例今はこの世のことを思ひたまへねば(=思案いたしませんので)、**験方**の行ひも棄て忘れてはべるを〈源氏・若紫〉

けん-き【軒騎】 名 車と馬。また、車に乗ることと馬に乗ること。例**軒騎**群集して、門前市をなす〈平家・一・吾身栄花〉

けん-ぎ【嫌疑】 名 疑わしいこと。例さやうに**嫌疑**離れても、またかの遺言は違へじと〈源氏・夕霧〉

げん-き【験気・減気】 名 病勢が衰えること。治療の効果が現れること。例日ごろ(=数日)を経てこの病少し**減気**あり〈今昔・一三・三一〉

げんき-もん【玄輝門・玄暉門・玄亀門】 名 内裏の内郭門の一つ。北面中央にある。外郭の朔平門と相対する。門の東西に左右兵衛佐の宿所などがあった。⇩口絵

げん-ぎん【現銀】 ❶名 現金。上方では銀本位の貨幣制度であったことからいう。例よろづ**現銀**売りに、かけねなしと相定め〈西鶴・日本永代蔵・一・四〉❷形動(ナリ)目先の利益によって態度を変えること。また、そのさま。

げん-くらべ【験競べ】 名 修行によって得た加持祈禱などの効力を競べ合うこと。例中堂にのぼらせたまへる夜、**験くらべ**しけるを〈大鏡・伊尹〉

けん-くゎ【喧嘩・諠譁】 カ｜名動(サ変)❶やかましいこと。騒がしいこと。例方人(=味方)と称して蜂起し、いよいよ**喧嘩**を増さんと欲す〈吾妻鏡・建長二年十一月〉❷争うこと。けんか。例古より今に至るまで、**喧嘩**不慮に(=不意に)出で来ること多しといへども〈太平記・二〉

けん-くゎん【兼官】 カン｜名 本官のほかに、他の官を兼ねること。また、その兼任した官。例**兼官**・兼職思ひのごとく心のごとし〈平家・二・平大納言被流〉

げん-け【幻化】 名『仏教語』幻と変化。仏の真理が唯一絶対の存在なので、それ以外はすべて幻や変化のものにすぎないとする説。「空」のたとえの一つ。例無常の道、**幻化**の世、何事かまことある〈沙石集・三・三〉

けん-けい【券契】 名「けん(券)」に同じ。例**券契**を書きて、九条殿に奉りにけり〈十訓抄・一〇・七八〉

けん-げう【検校・撿校】 ギョウ｜名 ❶物事を検査・監督すること。例殿、右の馬寮の**検校**したまふ〈宇津保・祭の使〉❷社寺の事務を監督する職。例宮寺

にかかる不思議(=変事)なしとて、時の検校、匡清法印奏聞す〈平家・一・鹿谷〉❸荘園の総務を監督する荘官。❹室町時代以降、幕府公認の盲人職能団体であった当道座の職官の最高位の官。盲人の官位の授与、官金分配、犯人処分などを行う。

けん-げう【顕教】ギョウ 名《仏教語》密教以外の一般仏教。「密教」に対し、言語や文字によって明らかに示された教えの意。例自宗他宗の**顕教**を習ひ、真言の密教を受くるに〈今昔・一二・三三〉

けん-けん 副❶雉子・犬・狐などの鳴き声を表す。例**けんけん**といはで近付け雉子の声〈俳諧・崑山集・三〉❷無愛想に言うさま。つっけんどんなさま。例向かひ同士の**けんけん**ともならず(=無愛想にもできない)〈近松・女殺油地獄・上〉

けん-ご【堅固】❶名形動(ナリ)❶堅くて確かであること。例心中の道心(=悟りを求める心)は、いよいよ**堅固**に行ひけり〈宇治拾遺・一・四〉❷健康なこと。達者。例釆女殿には御**堅固**の体(=様子)〈役者論語・芸鑑〉❷副❶まったく。まるで。例いまだ**堅固**かたほなるより(=まるで未熟なときから)、上手の中に交はりて〈徒然・一五〇〉❷必ず。きっと。例君に**堅固**使はれまゐらせ候ふまじきものをや〈義経記・六〉

けんこう『兼好』⇩けんかう

けん-こん【乾坤】名天と地。天地。また、天地にはさまれた全世界。天下。易の八卦で、純粋な陽を「乾」、純粋な陰を「坤」とすることによる。例雲をわけ地を割き、**乾坤**の中はさがし出し〈西鶴・万の文反古・二・二〉

げん-ざ【験者】名加持祈禱を行う密教の僧。修験者。物の怪を退散させたり病気を治したりする。例**げんざ**など召し、御修法はいつとなく不断にせらるれば〈源氏・柏木〉

げん-ざい【現在】❶名❶《仏教語》三世の一つ。この世。現世。例過去・**現在**・未来の諸仏の行持によりて(=修行によって)〈正法眼蔵・行持上〉❷明白。真実。例彼らは**現在**の孫なり。しかも嫡孫なり〈曾我・三〉❷名動(サ変)姿を現すこと。現に存在すること。例日域(=日本)に機縁ありて、今**現在す**〈風姿花伝・四〉

げん-ざう【見参】ゾウ 名動(サ変)「げんざん」の変化した形。

けん-ざを【間棹・間竿】ザオ 名❶土地の測量に用いる一間の長さの竹棹。❷大工が用いる一間の棹。一尺ごとに目盛りがついている。例**間棹**杖につくもあり〈西鶴・日本永代蔵・三・一〉

けん-ざん【兼参】名動(サ変)一人で二つの所に仕えること。例八条女院に**兼参**の者にて候ふ間〈平家・一〇・内裏女房〉

げん-ざん

【見参】名動(サ変)「げざん」「げんざう」とも。❶上位の人のもとに参上すること。お目にかかること。例いかに大宮司ならんからに…**見参**にも参らぬぞ(=どうして神官の長だからといって…参上してもこないのか)〈宇治拾遺・四・六〉読解国司の言葉。大宮司が挨拶に来ないことに腹をたてる。

❷参会者の名前を名簿に記入すること。また、その名簿。例内の大殿の頭中将、弁少将なども、**見参**ばかりにてまかづるを(=参上の記帳だけして退出するのを)〈源氏・梅枝〉

❸対面すること。例聞きぬる鎮西八郎懸け出でよや、**見参せん**(=勇名を聞き及んでいる鎮西八郎為朝出て来い、お相手いたそう)〈保元・中〉読解合戦の場での名のり。

語誌 謙譲の意を含む①②が本来の用法。鎌倉初頭ころからしだいに謙譲の意があいまいになり、③のように、対等の人が対面する場合や上位者が下位者に対面する場合にも用いられるようになった。〈川崎剛志〉

【見参に入る】❶(「入る」は四段活用)お目にかかる。貴人に面会する。例御**見参にいり**たがり候ふ〈宇治拾遺・七・七〉❷(「入る」は下二段活用)貴人に対面させる。御覧に入れる。例兼平討って**見参にいれよ**〈平家・九・木曾最期〉

げんざん-の-いた【見参の板】名「なるいた」に同じ。

けん-じ【剣璽】名三種の神器のうち、草薙の剣(天の叢雲の剣)と八尺瓊の曲玉。例いそぎ御前(=天皇の前)にまゐりて「御**剣璽**の箱は候ふやらん」と、たづねまゐらせければ〈著聞集・三・八三〉

げん-じ

【源氏】名❶源姓をもつ一族。また、皇族。例(a)中宮大夫には、帝の御はらからの高明の親王と聞こえさせし、今は**源氏**にて、例人になりておはするぞ、なりたまひにける(=中宮大夫の職には、帝の御兄君の高明親王と申し上げなさった方で、今は源氏で、臣下になっていらっしゃる方がおなりになった)〈栄花・月の宴〉例(b)**源氏**のうちしきり后にゐたまはんこと、世の人ゆるしきこえず(=皇族が引き続いて后におつきになるようなことは、世間の人も納得し申し上げなくて)〈源氏・少女〉読解桐壺帝の藤壺に続いて、皇族出身者が中宮になることを世間が承知しないということ。

❷『源氏物語』の略。また、その主人公光源氏の略。例**源氏**の五十余巻、櫃に入りながら(=大型の木箱に入ったまま)〈更級〉

語誌▼**賜姓源氏** 皇族が源姓を与えられて臣籍に下ることを賜姓源氏という。嵯峨天皇が弘仁五年(八一四)に皇子・皇女八人を臣籍に下したのがその始まりである。皇子・皇女をすべて皇族にとどめておくことが皇室財政を圧迫したため、皇子・皇女の経済的自立を図って行われた。

もとは皇族であるため、源氏は太政官の高官を占め、政治的にも一大勢力となった。そのため、専制政治を強めつつあった藤原氏(なかでも北家)との政治的な摩擦を生み、源高明が失脚する安和の変(九六九年)などが起きた。一方では、藤原北家は積極的に高貴な血筋である源氏と姻戚関係を結び、家格を高めることに努めた。

十世紀の醍醐源氏を最後に一世源氏はとだえる。『源氏物語』は一世源氏を主人公にした物語であるが、作品が成立した一条天皇の時代より数代古い時代に物語の時代を設定したことになる。〈福長進〉

げんじ-ぐも【源氏雲】名大和絵の模様の一つ。画面に、州浜形の雲を金箔や刺繡で形どったもの。場面の区切りや、遠景の空間の表現に用いた。「源氏絵①」などに用いられたことによる称。

けん-じつ【兼日】 名〔「兼ねての日」の漢字表記を音読してできた語〕❶期日より前の日。例兼日の約束を引き違へ〈太平記・三六〉❷歌会・句会などの行われる前に、あらかじめ題が知らされ、それに従って歌・句を用意しておくこと。また、その歌会・句会。⇩けんだい(兼題)・たうざ。例兼日の会には、皆歌を懐中して(=懐に入れて)〈無名抄・範兼家会優事〉

げんじ-な【源氏名】 名『源氏物語』の巻名、またはそれに類した優雅な名をつけて、女官・奥女中を呼ぶ呼び名。遊女にもつけた。

源氏物語 《作品名》平安中期、十一世紀初頭の物語。紫式部作。五四巻。

●**成立** 正確な完成年は不明。作者が夫の藤原宣孝に死別した長保三年(一〇〇一)から中宮彰子のもとに女房として出仕した寛弘二年(一〇〇五)の間に執筆が開始されたらしく、全編が完成したのは寛弘七年(一〇一〇)以後ではないかとみられている。『紫式部日記』寛弘五年(一〇〇八)十一月の条によれば、中宮彰子のもとでこの物語の浄書が行われ、それが世間に流布することにもなったというが、五四巻全部の物語とは考えにくい。物語の新しい部分が書き継がれる一方では、すでに書かれた部分の修正なども行われ、それぞれ別途に世間に流布したものらしい。

また、執筆順序に関して、必ずしも現行の巻序どおりに書かれたのではないのではないかと疑う説も提出されてきた。たとえば二番目の帚木巻から執筆されたかとする説や、いわゆる第一部の物語の帚木・空蟬・夕顔・末摘花・蓬生・玉鬘～真木柱(玉鬘十帖)の一六巻が後から挿入されたという説などである。しかし現在のところ、確実な結論は得られていない。

●**物語の構成と内容** 五四巻は、光源氏の生涯を語る前編と、その子薫の半生を語る後編からなる。しかし、物語の主題の展開や創作方法などから、前編を二分し、全体を三部構成とみるのが、今日の一般的な読み方である。

第一部は、桐壺・帚木・空蟬・夕顔・若紫・末摘花・紅葉賀・花宴・葵・賢木・花散里・須磨・明石・澪標・蓬生・関屋・絵合・松風・薄雲・朝顔・少女・玉鬘・初音・胡蝶・蛍・常夏・篝火・野分・行幸・藤袴・真木柱・梅枝・藤裏葉の三三巻。

第二部は、若菜上・若菜下・柏木・横笛・鈴虫・夕霧・御法・幻の八巻。

第三部は、匂宮・紅梅・竹河・橋姫・椎本・総角・早蕨・宿木・東屋・浮舟・蜻蛉・手習・夢浮橋の一三巻。

【第一部】後見のない一介の更衣が桐壺帝の狂熱的な寵愛を得て第二皇子を生んだ。この第二皇子が物語の主人公で、のちに光源氏と呼ばれる。母の更衣はやがて、周囲の嫉妬と迫害に耐えられず病死した。帝はこの美しくすぐれた皇子を皇太子に立てようと切望するが、周囲の同意を得られず、右大臣家出身の弘徽殿女御の生んだ第一皇子(朱雀院)を皇統の後継者とせざるをえなかった。帝は第二皇子を朝廷の補佐役とすべく源姓を与えて、臣籍に降下させる。その光り輝くばかりの美しさから、人々はこの皇子を光源氏と呼ぶようになった。卓越した資質と多感な性格をもつ彼は、年月とともに世人の魂を奪う絶対的な魅力の持ち主として成長する。この超人的な理想性は、人々の共感と支持を呼び、さらに多様な女性関係を織りなしていく。

左大臣家の葵の上と結婚した源氏は、しかし桐壺帝最愛の后藤壺の宮への慕情を秘めながら魂の彷徨を経験していくようになる。それというのも、母の温もりを知らずに生い育った源氏は、母更衣の死後、その面影の似通うところから強引に帝のもとに入内させられた、この先帝の皇女の藤壺の宮を、子ども心から母として慕ってきたからである。しかし成人後は藤壺の宮のもとに自由に出入りすることもできない。彼の心のうちにはいつのまにか、彼女を永遠の恋人として慕わしく思う気持ちが切実にうずくようになっていた。

藤壺の宮への禁断の恋から反転するかのような魂の彷徨とは、老受領の後妻空蟬や陋屋に住む夕顔とのはかない恋、醜女末摘花や老女源典侍との愚かしい体験、藤壺に似る少女紫の上の北山での発見とその強引な引き取り、前東宮妃の六条御息所との愛執、敵対する右大臣家の朧月夜の君との交渉…などというふうである。わけても、気品があって自尊心の高い六条御息所は、源氏とのこじれた関係からもの思いが募り、ついにそのさまよい出た生霊が源氏の正妻の葵の上をとり殺すという事件にまで至る。源氏は人の心の奥にひそむ執念の恐ろしさに身ぶるいする思いであった。

一方、源氏は藤壺とついに密通して、二人の間には不義の皇子までもが誕生する。源氏は、藤壺とともに己れの罪に恐懼したが、それとも知らぬ桐壺帝は、源氏に酷似するこの皇子を皇太子に立て、源氏をその後見役につけた。桐壺帝崩御後は右大臣専制の世となり、源氏は須磨に流離したが、やがて故桐壺院の霊力や明石の入道の信仰などに助けられて明石の地に移り、さらに都に返り咲く。明石の地では入道の娘明石の君と結婚して姫君をもうけるが、彼女は身分違いの苦悩を余儀なくされる。不義の子冷泉帝の即位後の源氏は、帝王の隠れた父という秘密の関係に保証されて無類の栄達を遂げるが、その繁栄は四季の町からなる六条院の経営に象徴される。彼は四季の町にそれぞれ女性たちを配し、人間と自然との調和的秩序、華麗なみやびの世界に君臨する存在となった。玉鬘という夕顔の君の遺児が養女として迎えられるのも、この六条院創設の間もないころであった。

【第二部】しかし晩年の六条院の物語は、しだいに悲劇的様相を呈してくる。朱雀院の愛姫の女三の宮が源氏の正妻として降嫁したのを機に、源氏最愛の紫の上が自らの苛酷な運命への痛恨をかかえこみ、従前の信頼関係を保持しえなくなる。また明石の姫君の皇太子のもとへの入内と皇子出産は、六条院の繁栄を末長く約束する喜ぶべき出来事ではあるが、その光明のかげに紫の上の孤愁があった。折しも青年柏木が女三の宮と密通する。これに憤る源氏の胸底には過去の藤壺との罪がよみがえり、人間の恐るべき情念を厭うほかない。惑乱の柏木は、宮への恋に殉ずる気持ちで死んだ。心労の紫の上は発病したが、六条御息所の死霊がまたもやとり憑いていた。源氏への愛執から今なお成仏できない霊魂の出現に、彼は人間の業の深さを思う。しかしそれは、紫の上の出家の願いをも許すことのできない源氏の執着と等価でもあり、彼は自ら出家を決意しながらも実現しかねる迷妄に屈するほかなかった。理想の主人公によって豊かに紡がれてきた多様な人間模様が、ここでは救いのない人間の絶望を強いるものとなっている。

【第三部】光源氏晩年の子、実は柏木と女三の宮との間に生まれた不義の子である青年薫を中心とする物語である。薫は、生来の道心から現世に懐疑的であるが、同時に世俗の繁栄に浴して独自な恋の成就をも願望する人物として設定されている。いわば道心と俗心という対極を調和的に生きようとする人物である。薫は宇治の大君に親愛の情を深めるが、大君は薫に好意をいだきつつも結婚拒否の態度を貫いて短い生涯を閉じた。妹中の君に対する匂宮の不誠実を思う屈辱感が、わが運命の苛酷さを痛感させたからであった。大君の死後、その異母妹浮舟が形代として薫の庇護を受けるが、彼女は匂宮の強引な求愛にも応じ、二人の板挟みに苦悶のすえ宇治川への投身を決意した。しかし救助され、のちには仏道修行と手習いに明け暮れる出家生活を送り迎えることになる。

●**物語虚構論と光源氏**　蛍巻に、光源氏が玉鬘を相手に物語談義をする一節がある。これは、作者紫式部が源氏の口を借りて、物語とは何かを語っているとみられる。それによれば、物語とは、人間の生きる姿への深い感動を後世にまで伝えようとするもの、そして物語の作り話(虚構)は、単なる事実の羅列などよりも、かえって人間や人間世界の深い真実をさぐりあてることもできる、というのである。この考え方は、物語を女性や子どもの慰みものぐらいにしか考えない当時の常識をはるかに超えている。この物語では、世の中の深い真実をはらんだ作り話という物語の虚構の仕組みが考えられている。作者紫式部は、この虚構の原理に立って、自身の生きる現実とは別個の、物語という架空の世界を作り出していく。そのことによって、かえって作者身辺の事実などよりも人間や人間世界の深い真実がさぐり出されてくるのである。

作者は、光源氏という主人公を、すべてに卓越した資質と多感な性格によって造型した。それ自体は現実にありえない絵空事のように見えながらも、実際の物語の場面では人間世界の深い真実を帯びて迫ってくる。たとえば孤児同然の皇子が政敵ににらまれながら無事に成長することができたのは、この世のものとも思えぬ美しさが周囲に同情と共感を呼びおこしたからであり、そのことを通して宮廷社会の厳しい現実も雄弁に語られている。そして抜群の資質と多感ぶりが光源氏の絶対的な魅力となって、しばしば人々の魂を奪うかのように他者の共感を呼び、さまざまな女性関係を吸引していく。光源氏の設定は物語の世界がゆたかに形づくられるための虚構のかなめになっている。このような光源氏は作者の創造になる無類の理想像であるといえる。

光源氏像のところどころには歴史上の特定人物や伝承や物語中の人物が部分的に影を落としている。たとえば、醍醐天皇を父とする一世の源氏の源高明(右大臣となるが、安和の変で流罪)もその一人だが、モデルというほどには類似していない。光源氏を造型するのに、さまざまな人物のイメージを明滅させながら、しかも光源氏独自の理想像が創造されているのである。平安時代の物語のなかで、『伊勢物語』の主人公とみなされた在原業平と光源氏が二大英雄とみられるのも、物語の虚構のかなめとして理想化されているからである。

●**紫式部の物語制作**　紫式部は結婚後わずか三年目で夫と死別する。それが彼女を創作活動に導いた一つの契機であった。『紫式部集』に残るその当時の和歌には、亡夫への哀惜の情や幼くして父を亡くした娘への慈愛が切実に歌われているが、同時にこの体験は、あやにくな人生や人間世界に対する新たな目と心とを培ったらしい。すなわち、夫の死という不幸な体験を一つの踏み台として、式部は新しい精神の領域に進み出ようとする。彼女は早くから和歌を詠んでいたが、もはや和歌には託しきれない内容を物語の世界の創作によって確証する道を開いたとみられる。

『紫式部日記』には、夫との死別から宮仕えに出るまでの四、五年間を回想した一節があるが、そのころの自分は物語を書いて親しい人々に読んでもらって親密な連帯感を持ちえたし、それが生きがたい憂愁から自分を救ってくれたとある。この物語が現在の『源氏物語』五四巻全部であるとは思われないが、部分的に世間に広まった物語が、紫式部の才女としてのうわさを世間に広め、中宮彰子の女房にと望まれもしたらしい。また『紫式部日記』などによると、式部は卓抜した才能や資質を自分ながらもてあまし、日常生活では自己の個性を押し殺すしかなかった。しかし日常とは異なる物語の虚構の世界をくりひろげる場面では、作者の独自な思考と感覚、卓抜した才能、父から譲り受けた深い教養が、何のためらいもなく生かされてくる。そこでは日常生活を生きるための世俗的な知恵や態度から解放されて、作者の想像力は大きくはばたく。紫式部は『源氏物語』を第二の現実世界として、物語創作にうちこんだとみられる。

十世紀までの物語は、男子文人たちによって制作され、しかもその作品は基本的に人生の断面をのぞき見るような短編の物語であった。しかしこの十一世紀初頭の『源氏物語』は、はじめて女性の手になった長編の物語である。前記の虚構の原理によって、光源氏の人生の変化してやまない歴史が、固有の世界として自立している。この作品の出現で、物語の歴史も大きく変わることになった。〈鈴木日出男〉

源氏物語湖月抄 《作品名》⇩湖月抄

源氏物語玉の小櫛 《作品名》江戸時代の『源氏物語』の注釈書。九巻九冊。本居宣長著。寛政八年(一七九六)成立、同一一年刊。『源氏物語』の本質は「もののあはれ」を知る人間を描くところにあると主張、仏教や儒教の教えに基づく従来の読み方からこの物語を解放した。

源氏物語絵巻 《作品名》平安末期、十二世紀前半の絵巻物。『源氏物語』を絵画化した「源氏絵」のなかで現存最古の作品。『源氏物語』の各帖から一〜三場面を選んで絵画化し、対応する本文を各絵の前に置いたもの。もとは大規模な作品であったが、現存するのは二〇図ほど。下描きの墨の線の上から、絵の具を塗り重ねて彩色を施し、最後に人物の顔や輪郭線などを描き起こすという作り絵の技法を用い、緻密に計算された画面構成や引目鉤鼻と呼ばれる面貌表現によって、登場人物の心情を象徴的に表現する。

げん‐じゃ【験者】 名 ⇩げんざ

げん‐じゃう【勧賞】 ―ジョウ 名「けんしゃう」「けじゃう」とも。功労を賞して官位・物品などを与えること。例勧賞には闕国(=国守のいない国)を給ふべきよし仰せ下されける〈平家・一・殿上闇討〉

けん‐じゃう【賢聖】 ―ジョウ 名《仏教語》「げんじゃう」とも。真理を得て聖者となった人(聖)と、真理は得ていないが悪はすでに離れた人(賢)。例地蔵菩薩さては…諸々の賢聖にすぐれたまへり〈沙石集・二・五〉

玄奘 《人名》六〇〇?〜六六四。中国、唐初の僧。六二九(または六二七)年長安を出てインドに行き、仏舎利や多くの経典を持って六四五年帰国。帰国後は経典の漢訳に従事。その訳した経典は新訳と称される。また、法相宗・倶舎宗の開祖となる。著書に『大唐西域記』があり、『西遊記』のモデルとなった。経・律・論の三蔵に通じた高僧ということで、「玄奘三蔵」「三蔵法師」とも。

けんしゃう‐じゃうぶつ【見性成仏】 ケンショウジョウブツ 《仏教語》自身の身に元来存在する仏性を見極めることで悟りを得ること。禅宗の始祖の達磨の『悟性論』にあり、禅宗の根本教義とされる。日本でも中世以降、広く言われた。

けんじゃう‐の‐さうじ【賢聖の障子】 ケンジョウ―ソウジ 名 紫宸殿の母屋の北のほう、玉座の後ろにある襖障子。三十二人の中国の賢人・聖人が描かれていた。例かの紫宸殿の皇居には、賢聖の障子をたてられたり〈平家・一・二代后〉

げんじゃう‐らく【還城楽】 ゲンジョウ― 名〈「けんじゃらく(見蛇楽)」の変化した形とも〉舞楽の曲名。唐楽。一人舞。西域の人(赤顔・深目の面で表す)が蛇を見つけて捕らえ喜ぶさまを写したもの。

還城楽
〔醍醐寺舞楽図屏風〕

けん‐じゃく【剣尺】 名 ものさしの一種。曲尺の一尺二寸を八等分したもので、刀剣・仏像・門戸などの長さを測る。各区分に八卦の文字を記し、吉凶を占うのにも用いた。例不吉の脇差し、寸は一尺四寸五分、剣尺は災難〈近松・長町女腹切・上〉

けんしゅん‐もん【建春門】 名 内裏の外郭門の一つ。東面中央にある。内郭の宣陽門と相対する。門の南北に左衛門府の官人の詰め所があったところから「左衛門の陣」とも称した。⇩口絵

建春門院中納言日記 ケンシュンモンインチュウナゴンニッキ 《作品名》鎌倉前期の日記文学。一冊。建春門院中納言作。建保七年(一二一九)成立。女房生活の回想録で、平家全盛期の宮中のありさまがうかがえる。作者は藤原俊成の娘で、定家の姉。『たまきはる』とも。

けん‐じょ【見所】 名《能楽用語》❶舞台で演じる能楽を見る人。観客。また、観客席。❷見どころ。見るべきところ。例目ききの見出だす見所にあるべし〈花鏡・妙所〉

けん‐じょ【見証】 名 動(サ変)「けんぞ」に同じ。

けん‐しょう【顕証】 名 形動(ナリ)「けそう(顕証)」に同じ。

げん‐じょらう【現所労】 ―ジョロウ 名〈「所労」は病気の意〉「げんしょらう」とも。病気中。例子息讃岐中将時実も同車にてわたさるべかりしが、現所労とてわたされず〈平家・一一・一門大路渡〉

げんじ‐ゑ【源氏絵】 ―エ 名 ❶源氏物語の各場面を絵画化したものの総称。古くは平安末期の『源氏物語絵巻』が現存するが、特に室町時代から江戸時代にかけて、屏風・扇面・色紙・画帖など、本文から独立した絵画作品が、土佐派・狩野派などの絵師たちによって盛んに製作され、『源氏物語』の簡便な享受に大きく寄与した。染織・漆工・陶芸など工芸品の装飾や文様にも利用された。❷平安時代の風俗を物語風に描いた絵。

けん‐じん【賢人】 名 ❶かしこい人。聖人に次ぐ徳のある人。例小野宮の右大臣とて、世には賢人の右府と申す〈十訓抄・六・三四〉❷(清酒を「聖人」というのに対して)濁酒の別称。

源信 《人名》九四二〜一〇一七(天慶五〜寛仁元)。平安中期の僧。比叡山の横川にあった恵心院で修行したことから、横川僧都・恵心僧都とも呼ばれる。『往生要集』を著し、慶滋保胤とともに念仏結社二十五三昧会を主導するなど、浄土教の基礎を築いた。その高徳は多くの説話に語られ、『源氏物語』の横川僧都のモデルともいわれる。

けん・ず【献ず】 動(サ変) 献上する。差し上げる。例お土産にけんじませう〈滑稽本・八笑人・三上〉

げん・ず【現ず・験ず】 動(サ変) ❶現れる。特に、神仏や霊魂が現れる。例物の霊などは、夜などぞ現ずる事にてあれ〈今昔・二七・二八〉❷神仏が霊験を現す。ご利益がある。例神の(=神で)めでたく現ずるは〈梁塵秘抄・四句神歌〉

げん-ぜ【現世】 名《仏教語》「げんせ」とも。いま生きている、この世。前世・来世(後世)とともに三世の一つ。例現世の御栄華をととのへさせたまはぬか〈大鏡・師輔〉

阮籍《人名》二一〇～二六三。中国の三国時代の詩人。魏の人。竹林の七賢の一人。五言詩の連作「詠懐」の作者として名高い。俗人を憎み白眼で迎えたという逸話は有名。

けん-ぞ【見証】 名動(サ変)「けんそ」とも。かたわらで客観的に見ること。特に、碁・双六・蹴鞠などの勝負を判定するため、第三者がかたわらで見届けること。また、その人。審判。例けんその人など、いと多く居並みて〈枕・殿などのおはしまさで後〉

けん-そう【顕証】 名形動(ナリ)「けそう(顕証)」に同じ。

けん-ぞく【眷属・眷族】 名❶親族。一族。例昼夜に妻子眷属を養ふ計を巧む〈今昔・二・二九〉❷仏・菩薩に従うもの。例観音の眷属となりて、菩薩の位に昇らむ〈今昔・一三・三四〉❸従者。家来。配下。例四、五百人の所従(=召使)・眷属に囲繞せられてこそおはせしが〈平家・三・有王〉

げん-ぞく【還俗】 名動(サ変)《仏教語》一度僧になった人が俗人に戻ること。例僧尼をとらへて失ひ(=殺し)、あるいは還俗せしめたまふ〈宇治拾遺・一七〇〉

けん-だい【見台】 名「書見台」の略。座って書物を見るときに、その書物を載せる台。例入りてみれば、見台に書物、ゆかしさに(=なんの本か知りたくて)のぞけば〈西鶴・好色五人女・五・三〉

けん-だい【兼題】 名《歌学・俳諧用語》「兼日の題」の略。歌会・句会の前に、あらかじめ題を出しておくこと、また、その題。

げん-たう【現当】 名《仏教語》現在世と当来世。この世とあの世。現世と来世。例いづれも信心ふかくは、現当の望みむなしからじ〈沙石集・二・三〉

けんたう-し【遣唐使】 名 七世紀から九世紀にかけて、唐に派遣された朝廷の使節。唐の学問や制度・文化を学び、経典・書籍・文物を持ち帰った。数百名がふつう四隻の帆船に分乗し、難波津(今の大阪市)から船出する。十数回派遣されたが、宇多天皇の寛平六年(八九四)菅原道真の建議(唐の衰亡と経費難が理由)により廃止された。例今は昔、遣唐使にて唐に渡りける人の〈宇治拾遺・一五五〉

けんだつば-じゃう【乾闥婆城】 名《仏教語》仏法の守護神である八部衆の一神、乾闥婆が幻術によって空中に出現させた城。蜃気楼のこと。転じて、実体のないもののたとえ。例蜃気ここに乾闥婆城を吐き出せるかと怪しまる〈太平記・三九〉

けん-だん【検断】 名❶罪人の検挙、事件の審理・判決をすること。例守護かつて検断のほかにいろはず(=関与しない)〈太平記・三五〉❷「検断職」の略。①を行う職。例検断に仰せて、すでに嗷問(=拷問)の沙汰に及ばんとす〈太平記・二〉

建長寺 名 相模国、今の神奈川県鎌倉市の寺。臨済宗建長寺派総本山。建長五年(一二五三)北条時頼が創建。開山は蘭渓道隆。鎌倉五山の第一位。

けん-ちゅう【検注】 名動(サ変)(検田し注記する意)荘園で行う土地調査。土地の所在・面積・耕作状況などを調べ、検注帳を作成する。例所領の中の神田を検注して〈沙石集・一・一〇〉

幻住庵記《作品名》江戸時代の俳文。芭蕉作。元禄四年(一六九一)刊の『猿蓑』巻六に収録。元禄三年四月六日から七月二十三日まで滞在した近江国(滋賀県)石山寺近くの幻住庵についての記。山中の草庵での簡素な生活や俳諧に生きようとする心境などを記す。『池亭記』や『方丈記』などの記述法を参考にしつつ推敲を重ねたもので、質量ともに芭蕉俳文中最高のものとされる。

けん-づもり【間積もり】 名 土地の間数を測量すること。例間積もり・知行高、刹那に相済み申すべし〈近松・傾城反魂香・下〉

けん-でん【検田】 名動(サ変)田の面積・質などを検査すること。また、その役にあたる人。例検田の使ひとして先に(地方へ)下し遣る〈今昔・一七・五〉

けん-とく【見徳・見得】 ❶名動(サ変)理解すること。会得すること。例返す返す、有主・無主の変はり目を見得すべし〈至花道・無主風事〉読解「有主」は芸が我がものとなる境地、「無主」は模倣にすぎない段階。❷名 江戸時代に行われた富くじ。また、その当たり外れの予想。転じて、物事の前兆。例これはなんでもいい見得だ〈噺本・鯛の味噌津〉

げん-とく【験得・験徳】 名 加持祈禱などで霊験を得ること。また、そうして得られた不思議な力。例たとひ験徳のほどは無くとも、我らが祈り候はん景気(=様子)の恐ろしさに〈義経記・七〉

けん-どん【慳貪】 名形動(ナリ)❶《仏教語》欲が深いこと。例我に憑きて、物惜しまする慳貪の神祭らん〈宇治拾遺・八五〉❷愛想のないこと。人情のないこと。つっけんどん。例詞ではけんけんと慳貪に言うたれど〈近松・女殺油地獄・下〉❸うどん・そば・酒・飯などで、一杯盛り切りで売るもの。

建仁寺 名 山城国、今の京都市東山区の寺。臨済宗建仁寺派。建仁二年(一二〇二)源頼家が造営。開山は栄西。京都五山の一つで、五山文学の中心。

げん-ば【玄蕃】 名❶「玄蕃寮」の略。❷玄蕃寮の官人。

けん-ぱい【献杯】 名 酒宴のときに人に杯をすすめること。相手に敬意を表すもので、節会などでは儀式化されていた。例献盃の次第、上下をいはず、男は烏帽子を脱いで髻を放ち〈太平記・一〉

けん-ぱふ【憲法】 ❶名 決まり。おきて。例聖徳太子十七ケ条の御憲法に〈平家・二・教訓状〉❷名形動(ナリ)公正なこと。例国司の憲法、たとへをしらず〈十訓抄・一〇・七四〉

げんば-れう【玄蕃寮】 名 令制で、治部省に属する役所。僧尼の名籍や外国使節の接待などをつかさどる。

けん-びき【痃癖】 名❶「けんべき①」に同じ。例このごろけんびき痛きに〈近松・出世景清・四〉❷「けんべき②」に同じ。例けんびきの声もおさまりて〈俳諧・鶉衣・旅賦〉

けんびゐ-し【検非違使】 名「けびゐし」に同じ。

げん-ぶ【玄武】 名「げんむ」に同じ。

げん-ぶく

【元服】 名「げんぷく」とも。**男子の成人儀式**。例(帝ハ)この君の御童姿、いと変へまうく思せど(=この若君の御子ども姿を変えるのが、たいそうつらくお思いになるが)、十二にて御**元服**したまふ〈源氏・桐壺〉読解 光源氏の元服。

語誌▼**冠をかぶる** 「元」はかしら(頭)、すなわち冠の意で、「服」は身に着ける意。成人の際には、幼児の髪型である「みづら」を解いて元結で髻を結び、それまであらわにしていた頭に冠をかぶる。そこで、「初冠」「初元結」などともいう。元服の年齢は特に決まりはなく、平安時代には、六～二十歳くらいの間で、十四歳前後が最も多かった。なお、女子は「裳着」が成人儀式にあたる。

中世武家社会では、元服はさらに広く行われ、冠に代わり烏帽子が用いられ、また、幼名を元服名に変えることも行われた。江戸時代には庶民にも広がり、女子の成人にもいうようになった。〈奥村英司〉

げん-ぶつ【見仏】 名動(サ変)『仏教語』目の当たりに仏を見ること。例なほ執心の**見仏**の縁、うれしかりける時節かな〈謡曲・舎利〉

げんぶつ-しゃ【験仏者】 名 霊験の著しい神仏。例出雲路の夜叉神は**験仏者**にてあるほどに〈狂言・石神〉

けん-ぶん【見分・検分】 ❶名動(サ変) 役人などが立ち合って調べること。例「下人なりとも介太刀すな。脇より少しもかまふな」と眼もふらず(=よそ見もせず)**見分す**〈近松・平家女護島・三〉❷名 見かけ。外見。例世間を思ひますに、**見分**よりない物は金銀なり〈西鶴・本朝二十不孝・二・四〉

けん-ぺい【権柄】 ❶名❶支配する力。権力。権勢。例天下の**権柄**を捨てたまへる事年久しければ(=長年にわたったので)〈太平記・九〉❷横暴なふるまい。例北条一家の**権柄**わがまま〈浄瑠璃・近江源氏先陣館・三〉❷形動(ナリ) 高飛車だ。横柄だ。例**権柄**に投げ出して行く質の足し〈柳多留・初〉

源平盛衰記 『作品名』「げんぺいせいすいき」とも。軍記。四八巻。作者未詳。鎌倉末期の成立か。『平家物語』の異本の一つ。古くは独立した作品とみなされ、特に江戸時代の武家社会では史書としても重視された。『平家物語』に比べて源頼朝挙兵の記事などに詳しい。独自の話題も豊富で、浄瑠璃や歌舞伎の題材となった話も多い。

げん-ぺい-とう-きつ【源平藤橘】 源・平・藤原・橘の四氏の称。史上、この四氏が最も繁栄したことから並び称される。例武略の誉れの道、**源平藤橘**四家にもとりわき〈謡曲・鞍馬天狗〉

けん-べき【痃癖】 名「けんびき」「けんぺき」とも。❶病気の名。首筋から肩にかけての筋肉が痛むもの。例さらば**痃癖**を揉みほぐし〈読本・弓張月・前・一〉❷按摩の術。例もぐさも**痃癖**も大づかみにやってくれ〈浄瑠璃・新版歌祭文・上〉

けん-み【検見】 名動(サ変)❶検査すること。また、その職。例早く**検見**をたまはりて、季春が首を切りて奉るべき旨申しける〈十訓抄・一〇・七四〉❷「けみ②」に同じ。例(知行地ヲ)**検見**に罷り下るべきよし仰せ出ださるる〈義経記・八〉

けん-みつ【顕密】 名『仏教語』❶顕教と密教。また、真言宗とその他の宗派。例和尚**顕密**の法を学び終はりて〈今昔・二・三〉❷仏教の別称。

げん-む【玄武】 名「げんぶ」とも。四神の一つ。北方の守護神。亀、または亀に蛇のまつわった姿をする。⇩しじん(図)。例それ亀は**玄武**の霊、水を司る神なり〈本朝文粋・一三〉

けん-めい【懸命】 名「一所懸命」の略。

元明天皇 『人名』六六一～七二一(斉明七～養老五)。奈良前期の天皇。女帝。天智天皇の第四皇女。草壁皇子の妃。元正・文武天皇の母。子の文武が若くして死去したため、中継ぎとして皇位につく。『古事記』『風土記』の編纂を命じ、平城遷都、和同開珎鋳造を行う。

けんめい-の-ち【懸命の地】 主君から与えられた、生活の基礎となる大切な領地。例勅免あって**懸命の地**をぞ安堵せられける〈太平記・二一〉

けん-もつ【監物】 名 令制で、中務省に属する官職。大蔵省・内蔵寮などの出納を監察し、蔵の鍵を管理する。大・中・少とあったが、中監物は平安時代に廃された。

けん-もん【権門】 名 官位が高く、権勢のある家。例おのれが身数ならずして(=取るに足りないさまで)、**権門**のかたはらに居る者は〈方丈記〉

けん-もん【見聞】 名動(サ変)「けんぶん」とも。見聞きすること。例**見聞**の人々みな耳目を驚かす〈平家・一・祇王〉

けんもん-しゃ【顕紋紗】 名 種々の紋様を織り出した薄い絹織物。例肌には薄花桜の単に、**顕紋紗**の直垂の〈謡曲・鞍馬天狗〉

けんらう-ぢじん【堅牢地神】 名『仏教語』大地をつかさどる神。例**堅牢地神**も驚くらむとぞおぼえける〈平家・一・御輿振〉

けんれい-もん【建礼門】 名 内裏の外郭門の一つ。南面中央にある。内郭の承明門と相対する。門前で白馬の節会が行われ、「白馬の陣」とも呼ばれた。⇩口絵

建礼門院 『人名』⇩平徳子

建礼門院右京大夫 『人名』生没年未詳。平安末期・鎌倉前期の歌人。藤原伊行の娘。高倉天皇の中宮徳子(建礼門院)に仕え、平資盛・藤原隆信らに愛された。平家滅亡後、後鳥羽天皇にも出仕。家集に『建礼門院右京大夫集』。

建礼門院右京大夫集 『作品名』平安後期・鎌倉前期の家集。二巻。建礼門院右京大夫作。成立は貞永元年(一二三二)ごろか。約三六〇首の歌が、ほぼ年代順に収められている。平資盛との恋と死別を中心とする多くの思い出が長文の詞書とともに記されている点に特色があり、日記文学的な性格をもつ。歌は平明で真情あふれるものが多い。

こ

こ-【小】 接頭 ❶名詞について、小さい、の意を添える。「小鳥」「小家」など。❷名詞について、年齢の幼さや経験の浅い意を添える。「小君」「小先達」など。❸副詞・用言について、少し、やや、なんとなく、の意を添える。「小高し」など。❹名詞・用言について、軽んじる意を添える。「小法師」「小賢し」など。❺体の部位を表す名詞について、その部位の動作を示す動詞を修飾し、少し、ちょっとの意を添える。「小首をかたぶく」「小耳にはさむ」など。❻数量を表す名詞について、およそ、の意を添える。「小半時」など。

こ-【故】 接頭 官位や姓名を表す語について、その人物がすでに亡くなっていることを示す。「故大納言」「故殿」など。

こ-【濃】 接頭 名詞について、色や濃度が濃いさまを表す。「濃染め」など。

こ【木】 名〔「き(木)」の交替形〕木。「木立ち」「木隠れ」「木の葉」など複合語で用いられる。

こ【胡】 名 古代中国で、北方の異民族。漢代以前は主に匈奴をさす。例**胡**国といふは、唐よりもはるかに北と聞くを〈宇治拾遺・一八七〉

こ【蚕】 名 虫の名。蚕。カイコガの幼虫。その繭から絹糸をとる。「桑子」とも。例たらちねの(枕詞)母が飼ふこの繭隠りいぶせくもあるか妹に逢はずして〈万葉・一二・二九九一〉➡名歌219

こ【粉】 名 こな。例干飯の**粉**らを優婆塞に与へ〈霊異記・下・一〉

こ【籠】 名 ❶かご。例いと幼ければ**籠**に入れて養ふ〈竹取〉❷「ふせご」に同じ。例萎えたる衣どもの、厚肥えたる、大いなる**籠**にうちかけて〈源氏・帚木〉

こ【子・児】 1名 ❶(親に対する)子。子ども。例銀も金も玉も何せむにまされる宝子にしかめやも〈万葉・五・八〇三〉➡名歌193 ❷親愛の情をこめる語。男性から愛する女性を呼ぶときに用いることが多い。例梅の花折りて送らむ愛しき**児**もがも(＝かわいい娘がいたらなあ)〈万葉・一八・四一三四〉❸鳥の卵。⇩とりのこ。 2接尾 ❶人を表す語について、親愛の情を添える。「吾妹こ」「兄こ」など。❷その仕事に従事する人の意を表す。「水こ」「船こ」「田ご」など。❸親しみをこめて、女性の名前につける。古くは男性の名にもつけた(「蘇我馬子」など)が、平安時代以降は女性だけにつける。

[子故の闇] 子への愛情のために、親が道理をわきまえられなくなること「人の親の心は闇にあらねども子を思ふ道に惑ひぬるかな」〈後撰・雑一・藤原兼輔〉(➡名歌306)から出た言葉。例生死二つの門口を、明けて出て行く先も闇、後も**子故の闇**の夜に〈近松・心中万年草・中〉

[子を思ふ心の闇] 「こゆゑのやみ」に同じ。

こ【此・是】 代 指示代名詞。話し手に身近な、または、話し手の領域に属すると意識された事物や場所をさす。

❶場所をさす。ここ。例ほととぎす**こ**よ(＝ここを通って)鳴き渡れ〈万葉・一八・四〇五四〉

❷事態・事物・発言内容をさす。**これ**。**このこと**。例(a)**こ**しもあやにかしこし(＝これこそがまことにめでたい)〈記・下・雄略・歌謡〉例(b)(カグヤ姫ガ)いみじく泣くを、翁、「**こ**は、なでふ事のたまふぞ(＝これは、なんということをおっしゃるのですか)」〈竹取〉

語誌 古くは、「は」「を」「の」「ゆ」などの助詞を伴って用いられたが、「こは」のほかは、しだいに連体詞的な「この」、および、「ここ」「これ」などに取って替わられた。〈上野辰義〉

こ【来】 カ変動詞「く」の未然形・命令形。

ご 名 枯れ落ちた松葉。集めて燃料にする。例**ご**を焼いて手拭ひあぶる寒さかな〈俳諧・笈日記・中〉

ご【期】 名 ❶時。機会。時期。例などてかくあふごかたみになりにけむ水もらさじと結びしものを〈伊勢・二八〉読解「あふごかたみ」は「逢ふ期難み」と「朸・筐」を掛ける。❷期限。限度。際限。例申すべきことは**期**もなくはべるを〈大鏡・道長下〉❸最期。死ぬ時。例かかる山の末にこもりはべりて、死なむを**期**にて〈大和・一六八〉

ご

【碁・棋】 名 遊戯の名。二人がそれぞれ黒と白の碁石を交互に碁盤の上に置いてゆき、地と石を多く取ったほうを勝ちとする。囲碁。例(a)つれづれなぐさむもの(＝退屈が紛れるもの)**碁**、双六、物語〈枕・つれづれなぐさむもの〉例(b)筆とる道と**碁**打つこととぞ、あやしう魂のほど見ゆるを(＝書画と碁を打つことほど、不思議と天分のほどが現れるもので)〈源氏・絵合〉

語誌 碁は中国から伝来した遊戯だが、物語には、男性どうしのみならず、女性どうしの対局もしばしば描かれる。『源氏物語』では空蟬・竹河・手習巻に描かれ、女性たちの楽器演奏場面などとは趣の変わった雰囲気がかもし出されている。何かを賭けて勝負を競うことも多い。また、俗世を捨てた僧たちが碁に興じる説話も多く残っており、超俗的な遊戯と受けとめられてもいたらしい。〈福長進〉

ご【御】 1名〔「御前」の略か〕女性の敬称。例淡路の**御**の歌〈土佐〉 2接頭 漢語について、尊敬の意を添える。「御座」「御覧」など。 3接尾 人を表す語について、敬意を添える。「母御」「嫁御」など。

ご-あく【五悪】 名〘仏教語〙仏の教えに反する五つの悪事。殺生・偸盗・邪婬・妄語・飲酒。

こあ-どの【小安殿】 名「せうあんでん」とも。大極殿の背後(北側)にある建物。天皇が儀式などで大極殿に行幸した際、休憩所として用いる。

ごあ・る【御有る】 〔「ござる」の変化した形〕 1動(ラ四)「あり」の丁寧語。あります。ございます。例精進する気、微塵も**ごあら**ぬ〈浄瑠璃・仮名手本忠臣蔵・七〉 ❷補動（ラ四）（形容詞・形容動詞型活用語の連用形、接続助詞「て」、連語「にて」が変化した「で」について）～であります。～でございます。例所望にごあらぬ〈近松・淀鯉出世滝徳・上〉

こい【恋】 ⇩こひ

こ-いたじき【小板敷】名 清涼殿の殿上の間の南側にある板敷き。蔵人らが伺候する。⇩口絵。例小蔀・**小板敷**・高遣り戸なども、めでたくこそ聞こゆれ〈徒然・二三〉

こい-ちゃ【濃い茶】名 抹茶の一種。日除けをした茶の古木の若芽から作る。たてるときは、湯に対して抹茶の量を多くして濃くたてる。また、そのようにしてたてた茶。例さて大酒の上では**濃い茶**がよい物ではないか〈虎寛本狂言・鱸庖丁〉

こい-ふ・す【臥い伏す】動（サ四）倒れ伏す。寝ころぶ。例うちなびき 床に**臥い伏し**〈万葉・一七・三九六九〉

こ-いへ【小家】名 小さな家。みすぼらしい家。例あやしき**小家**に生ひ出でけること〈源氏・常夏〉

こいへ-がち【小家がち】名形動（ナリ）〔「がち」は接尾語〕小さな家が多く並んでいるさま。例げにいと**小家がち**に、むつかしげなるわたりの（＝むさ苦しいあたりで）〈源氏・夕顔〉

こい-まろ・ぶ【臥い転ぶ】動（バ四）ころげまわる。例立ち走り 叫び袖振り **こいまろび** 足ずりしつつ〈万葉・九・一七四〇〉

ご-いん【五音】名 ❶東洋音楽の五つの基本音階。宮・商・角・徴・羽。❷管弦の調べの総称。例長ずる（＝成長する）に及びて…**五音**を嗜好し〈著聞集・八・三〇八〉 ❸音声の調子。音色。声音。

コウ【亢・号・巧・交・向・好・江・行・告・更・幸・庚・香・剛・降・高・皎・皓・綱・講・纐】⇩かう

コウ【甲・合・閤】⇩かふ

コウ【広・光・荒・皇・黄・曠】⇩くわう

こう【乞う・恋う・請う】⇩こふ

コウ【劫】⇩こふ

こう【功】名 ❶手柄。働き。例重き**功**に、御心の中に思し出づ〈源氏・末摘花〉 ❷経験を積むこと。年の功。例法華読誦の**功積もりて**〈徒然・六九〉 ❸成果。例「敏き時はすなはち**功あり**」とぞ、論語といふ文（＝書物）にも侍るなる〈徒然・一八八〉

こう【公】❶名 ❶朝廷。おおやけ。❷大臣の敬称。❷代 対称の人称代名詞。貴公。きみ。もとは目上に用いたが、のちは同輩間で親しさを表すようになった。例**公**が所に孔方は少々なしか（＝銭が少々ないか）〈洒落本・通言総籬〉 ❸接尾 ❶貴人や目上の人の名につけて、敬意を表す。「昭宣公（藤原基経）」「平朝臣清盛公」など。❷人の名につけて、親愛や軽侮の意を表す。「熊公」など。

ゴウ【江・拷・剛・降・強・郷・嗷・豪】⇩がう

ゴウ【合】⇩がふ

ゴウ【劫・業】⇩ごふ

こう-あん【公案】❶名《仏教語》禅宗で、修行者を悟りに導くために課される問題。転じて、難問。例語録・**公案**等を見て、古人の行履（＝行い）をも知り〈随聞記・三〉 ❷名動（サ変）工夫・思案すること。例**公案**して思ふべし〈風姿花伝・一〉

こうい【更衣】⇩かうい

こう-いん【後胤】名 子孫。後裔。例大和守頼信よりが四代の**後胤**〈古活字本保元・上〉

こう-えい【後栄】名 将来の栄え。子孫の繁栄。例先途（＝将来の出世）**後栄**を存じて、当家に奉公いたさんとや思ふ〈平家・四・競〉

こう-か【後架】名 禅寺で、僧堂の後ろに架け渡した洗面所。転じて、便所。例雲堂の洗面所は**後架**なり〈正法眼蔵・洗面〉

こうがい【笄】⇩かうがい

こう-がい【後害】名 後に生じる害。後の災い。例**後害**をかへりみざるゆゑなり〈十訓抄・六・一〉

ごうが-しゃ【恒河沙】名〔「恒河（ガンジス川）」の砂の意〕数量が数限りないことのたとえ。「ごうしゃ」とも。例三十六天の神祇、十億**恒河沙**の鬼神護るものなり〈栄花・疑ひ〉

こう-かん【後勘】名 ❶後に受けるとがめ。例**後勘**恐ろしく候ふ〈保元・下〉 ❷後々のことまで考慮すること。

こう-がん【紅顔】名 若々しく血色のいい、美しい顔。例朝に**紅顔**あって、世路（＝世の中）にほこれども〈曽我・一二〉

こう-き【後記】名 のちの世の記録。例紛れもなく討ち死にして、**後記**に留めよや〈太平記・三〉

こう-ぎ【公儀】名 ❶表向き。公。例これは心中の憤りにて、**公儀**に出だすべき咎にもあらず〈太平記・三九〉 ❷朝廷・幕府など為政者。役所。お上。例**公儀**の御掟なり〈仮名草子・浮世物語・一・四〉

こう-ぎ【公議】名 ❶朝廷の評議。例出雲国へ流さるべしと、**公議**すでに定まりにけり〈太平記・二三〉 ❷公平な議論。例この事**公議**に出づるに似たれど、実にはしかはあらず（＝実際にはそうではない）〈折たく柴の記・中〉 読解入札の制度についての考え。

こうき-でん【弘徽殿】名「こきでん」に同じ。

こうぎ-ぶり【公儀振り】名 人づきあい。社交ぶり。例一座の**公儀ぶり**よき人と人の誉むれば〈西鶴・日本永代蔵・一・五〉

こう-ぎゃう【興行】名動（サ変）❶何か物事を催すこと。儀式や法会などのほか、詩歌の会や芸能にもいう。例大元の法、灌頂、**興行せらる**べき由仰せ下さる〈平家・三・大塔建立〉 ❷初めて物事を起こすこと。創建。例橘道成**興行**の寺なればとて〈謡曲・道成寺〉

こう-きゅう【后宮】名「こうぐう」に同じ。

こうきゅう【後宮】

名 ❶**皇后（中宮）・女御・更衣などの住む殿舎の総称。** 例三十六の**後宮**には、三千の淑女、装ひを飾り〈太平記・一三〉 読解「三十六」は、中国の前漢時代の王城内に三十六の宮殿があったことをふまえ、数の多いことを表す。「三千」も多数の意。
❷（①から転じて）天皇の妻。また、その総称。例（即位トイウ）天が下の事を**後宮**にかたらひたまふは父帝の罪なり（＝天下の大事を皇后にご相談なさるのは父帝の罪であった）〈読本・雨月・白峯〉

一語誌▼**七殿五舎** 本来は、中国の宮廷で天子の住む宮殿の後方に位置した宮殿群で、后妃の住まいをいう。平安京の内裏では、天皇の御座所の仁寿殿よりも後方にある殿舎群をさす。すなわち承香殿・常寧殿・貞観殿・麗景殿・宣耀殿・弘徽殿・登華殿の七殿と、昭陽舎・淑景舎・飛香舎・凝華舎・襲芳舎の五舎である。五舎にはそれぞれに、梨壺・桐壺・藤壺・梅壺・雷の壺という別称がある。これらの中で重要視されたのは、天皇の常の御座所となった清涼殿に近い弘徽殿と飛香舎で、有力な後ろ楯をもつ、帝寵厚い女性が住まうことが多い。

▼**『源氏物語』では**　『源氏物語』を例に見よう。右大臣の娘で第一皇子の母として権勢を誇っている女御が弘徽殿に住んでいたが、帝は清涼殿から最も遠い淑景舎(桐壺)に住む後ろ楯のない更衣を寵愛していた。更衣の死後、容貌の似た先帝の皇女が入内し、飛香舎(藤壺)に住むことにより、弘徽殿女御の勢力に対抗し得る新たなヒロインとなる。〈藤本宗利〉

こう-きょ【薨去】 名動(サ変) 皇族や三位以上の人が死ぬこと。薨逝。例入道(=平清盛)すでに悶絶躃地して**薨去し**畢んぬ〈源平盛衰記・三〇〉

こう-ぎょ【薨御】 名動(サ変) 親王・女院・摂政・関白・大臣などが死ぬこと。例兵部卿宮**薨御**の事〈太平記・一三〉

こう-ぎょく【紅玉】 名 赤色の美しい玉。また、そのように美しいこと。例**紅玉**の膚消えて(=肌のつやもあせて)〈太平記・六〉

こう-ぐう【后宮】 名 皇后の住む御殿。後宮。

こう-けい【紅閨】 名 女性の寝室の美称。例翠帳**紅閨**にかはれるは、土生の小屋(=粗末な家)のあしすだれ〈平家・八・太宰府落〉

こう-けん【後見】 名動(サ変)〔「うしろみ」の漢字表記を音読してできた語〕❶年少者などの後ろ盾になって、これを補佐すること。また、その人。後ろ見。例祐親かくて候へば、**後見し**たてまつるべし〈曾我・一〉❷政治の補佐役。天皇を補佐する摂政・関白、鎌倉幕府の執権、室町時代の管領など。❸権力。威光。例親の**後見**是非なうて(=しかたなくて)〈近松・心中万年草・中〉❹能・歌舞伎などで、演技者の後ろに控えて世話をする人。

こうざま『斯う様』⇩かうざま

こうし『格子』⇩かうし

孔子 こうし〔人名〕前五五二〜四七九。中国の春秋時代の思想家。魯の昌平郷の人。名は丘、字は仲尼。儒学の開祖。人間の根本的な道徳を仁とし、仁による政治(徳治主義)を説き、その思想を現実の政治に生かそうとしたが、志を得られず、晩年は経典の編纂と弟子たちの教育にうちこんだ。その言行は、没後『論語』にまとめられ、後世に多大な影響を及ぼす。

こうじ『好事・柑子・勘事・講師』⇩かうじ

こう-しつ【後室】 名 身分の高い人の未亡人。例楠が**後室**・子息正行、これを見て〈太平記・一六〉

こう-しゃ【功者】 名 物事に精通・熟達していること。また、精通・熟達している人。例何もに**功者**な御方がござるほどに〈狂言記・吟聟〉

ごう-しゃ【恒沙】 名「ごうがしゃ」に同じ。

こう-じゃう【口上・口状】〔ジョウ〕名 ❶口で述べること。また、その言葉。例武辺(=武術)・**口上**以下さらに(=まったく)自慢はならぬものを〈仮名草子・浮世物語・三・一二〉❷もの言い。口のききかた。例朝にするをば「あさり」と名づけ、夕にするをば「いさり」といへる、これあづまの海士の**口状**なり〈無名抄・あさりいさり差別事〉❸芝居小屋などで、番組の内容や芸の説明を知らせ言うこと。❹歌舞伎で、舞台の上から観客に向かって述べる挨拶。また、それをする人。例三番つづきの(=狂言ノ)**口上**に松本文左衛門まかり出で〈西鶴・男色大鑑・六・三〉

こう-じゅ【口入】 名動(サ変)〔「くちいれ」の漢字表記を音読してできた語〕「くにふ」とも。口出しすること。また、とりなし。口添え。例入道が**口入**をもって人となったるものぞかし〈平家・三・赦文〉

こうしょく『好色』⇩かうしょく

こうしん『庚申』⇩かうしん

こう-しん【後身】 名 生まれ変わり。例我はこれ提婆達多が**後身**たり〈近松・用明天王職人鑑・五〉

こうず『好事・拷ず・勘ず・講ず』⇩かうず

こう・ず

【困ず】 動(サ変) ❶**身体が疲れる**。弱る。例海に入り、渚に上り、いたく**困じ**にたれど(=ひどく疲れてしまっているけれど)〈源氏・明石〉❷**困る。精神的に苦しむ**。例大将殿の強ひたまひて琴つかうまつらせたまへるに、**こうじ**にたり(=大将殿が無理におすすめになって琴を弾かせなさったので、困ってしまっている)〈宇津保・俊蔭〉

語誌 「困」の字音に基づく語とするのが一般的だが、「極」の呉音「ごく」に基づくという説もある。類義語「つかる(疲る)」は漢文訓読語であり、和文脈で用いられる「こうず」とは位相が異なる。〈高田祐彦〉

こう・ず【候ず】 動(サ変) 伺候する。仕える。例判官以下の輩も大略御供に**候じ**けり〈保元・中〉

こう・ず【薨ず】 動(サ変)「死す」の尊敬語。お亡くなりになる。皇族および三位以上の人にいう。例入道相国(=平清盛)**薨ぜ**られぬ〈平家・六・築島〉

こうずけ『上野』⇩かうづけ

こう-せん【口銭・貢銭】 名 江戸時代、問屋・仲買が生産者らから徴収する手数料。

こ-うた【小歌・小唄】 名 ❶平安時代、宮廷の儀式歌謡の大歌に対し、民間で歌われた歌謡。❷室町時代、民間に流行した短い形式の娯楽的な歌謡。『閑吟集』などに収められている。例篠塚すこしも騒がず、**小歌**にて(=小歌まじりに)しづしづと落ち行きけるを〈太平記・二二〉❸江戸時代、三味線を伴奏に用いた短い形式の俗曲。例みな人は、酒を飲み、**小歌**をうたひ〈仮名草子・今長者物語〉

こう-たう【勾当】〔—トウ〕名〔もっぱらその事にかかわり、処理する意〕❶摂関家の侍所や寺院などで、事務をつかさどる職員。❷「勾当の内侍」の略。❸盲人の官職の一つ。検校・別当の下位、座頭の上位。

こうたう-の-ないし【勾当の内侍】〔コウトウ—〕名 掌侍

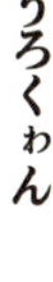

う四人のうちの首位の人。天皇への奏上や天皇の命令の伝達をつかさどる。局（居室）が長橋にあったので、「長橋の局」「長橋殿」とも呼ぶ。

こ-うたひ【小謡】ウタイ 名『能楽用語』❶能の演奏形式の一つ。上歌などの一節を抜き出して歌謡としたもの。❷能の一節を囃子なしに謡うもの。

ごうだんしょう『江談抄』⇩がうだんせう

こうぢ【小路】ヂ ― 名〔「こみち」の変化した形〕幅の狭い道路。例京のやうに小路あるぞ見えし〈今昔・二六・九〉

こ-うちき【小袿】名 女性の日常の装束の中で、最も改まった衣服。単、重ね袿、打ち衣（略す場合もある）、表着の順に重ねていった上に着用する。袿と同型だが、袖や幅や身丈をやや短く仕立て、下に重ねた袿が見えるようにする。例黄朽ち葉の織物、薄物などの小袿着て（=薄い絹織物などの小袿を着て）〈枕・野分のまたの日こそ〉

小袿〔春日権現験記絵〕

語誌 小袿には材質や色などに凝ったものがあった。例は薄い絹織物仕立てで、下の織物の表着の色柄を透かしたもの。ただし、小袿の本質はあくまでも日常着で、礼装である唐衣や裳と同格ではない。
小袿を着ていられるのはその場の女主人の特権で、女房たちは必ず表着の上に裳・唐衣を着用しなければならない。小袿姿は、上位者の立場にある女性の高貴な雰囲気を漂わすと考えてよい。〈藤本宗利〉

こうぢ-ぎり【小路切り】コウヂ ― 名 小路が大路にぶつかる所。一説に、小路を横切って行くことの意、また、裏小路の意とも。例あまた火ともさせて（ヤッテ来ル一行ニ）、小路ぎりに辻にさしあひぬ〈落窪・一〉

こう-てう【後朝】チョウ ― 名「ごてう」とも。❶翌朝。あくる朝。例除目の後朝蒼天眼にあり〈今昔・二四・三〇〉読解 青空を仰ぎ見るということ。❷「きぬぎぬ①」に同じ。

こう-でん【公田】名「くでん」とも。公有田。国家が人民に貸し与えて、収穫した稲を納めさせた。律令制では国家が直営する田をいうが、平安時代には国家から支給される口分田・職田などもいうようになった。さらに、鎌倉時代には国衙の管理する田や荘園内の領主の直轄田などもいう。

こう-でん【功田】名 令制で、国家に功績がある人に与えられた田。功績の大きさによって大・上・中・下の四等級に分かれ、それぞれ永世・三世（曾孫まで）・二世・子まで伝えることができる。

こう-なん【後難】名❶後日の災難。将来の災い。例一人背きても後難あり〈源平盛衰記・四三〉❷後日の非難。例ここにて一軍もせざらんは後難遁れがたくして〈太平記・一九〉

こう-にん【候人】名❶蔵人所に勤める下級官人。❷門跡に仕える妻帯の僧。例一乗院の候人按察法眼好専〈太平記・五〉

こう-ばい【紅梅】名❶植物の名。紅色の花の梅。古く「梅」は白梅をさしたので、区別して「紅梅」という。例木の花は濃きも薄きも紅梅〈枕・木の花は〉❷色の名。古くは濃い桃色、のちは紫がかった紅色。織り色の場合、縦糸が紫、横糸が紅、または縦糸が紅、横糸が白。例（袖口カラ）御手のはつかに見ゆるが（=ちらっと見えるのが）、いみじうにほひたる薄紅梅なるは〈枕・宮にはじめてまゐりたるころ〉❸襲の色目の名。表は紅、裏は紫。一説に、表は紅梅、裏は蘇芳とも。陰暦十一月から二月に、また祝いに着用。⇩口絵

こうばい-がさね【紅梅襲】名「こうばい③」に同じ。

こうばし【香ばし・馥し】⇩かうばし

ごうぶく【降伏】⇩がうぶく

興福寺（こうふくじ）名 大和国、今の奈良市の寺。法相宗総本山。天智八年（六六九）藤原鎌足の妻鏡女王が山城国（京都府）宇治に創建した山階寺が起源。平城京遷都に伴って現在地に移り、興福寺と改称する。藤原氏の氏寺として盛え、氏神の春日神社を支配下に置いて広大な荘園を領有した。南都七大寺の一つ。衆徒は延暦寺の山法師に対して奈良法師と呼ばれ、春日の神木を持って京都へ強訴に押し寄せたりした。

こうぶり【冠】⇩かうぶり

こうぶる【被る・蒙る】⇩かうぶる

こう-ふん【紅粉】名 紅とおしろい。化粧。例桃顔露にほころび、紅粉眼に媚をなし、柳髪風に乱るるよそほひ〈平家・七・維盛都落〉

こうべ【頭・首】⇩かうべ

弘法大師（こうぼうだいし）コウボウダイシ《人名》⇩空海

こう-みゃう【功名】ミョウ ― 名 手柄を立て、名をあげること。例義臣すぐって（=よりすぐって）この城に籠り、功名一時の叢となる〈芭蕉・奥の細道〉

こう-や【紺屋】名「こんや」の変化した形。例安土町のこうやへ寄って〈近松・曾根崎心中〉

空也（こうや）《人名》⇩空也（くうや）

こうやさん【高野山】⇩かうやさん

こうよう【斯う様】⇩かうやう

こうらう-でん【後涼殿】コウロウ ― 名「こうりゃうでん」とも。内裏の殿舎の一つ。清涼殿の西隣にあり、別殿ともいう。女御たちが住む。⇩口絵。例後涼殿にもとよりさぶらひたまふ更衣の〈源氏・桐壺〉

こうらん【高欄】⇩かうらん

こうりゃう-でん【後涼殿】コウリョウ ― 名「こうらうでん」に同じ。

こうろ-くゎん【鴻臚館】カン ― 名〔「鴻臚」は中国で外国人の接待にあたる官名〕外国人の接待のために設けられた館。平安時代、京都・大宰府などに置かれた。例この皇子を鴻臚館に遣はしたり〈源氏・桐壺〉

ごーうん【五雲】 名 ❶五色(青・赤・黄・白・黒)の雲。仙人や天女などのいる所にかかるとされる。例歌詠を五雲の間に騰げ〈太平記・四〇〉 ❷「五雲の車」の略。

ごーうん【五蘊】 名〘仏教語〙〔「蘊」は集まりの意〕人間の心身を形成する五つの要素・作用。色(存在一般)・受(感受作用)・想(概念作用)・行(構想作用)・識(識別作用)。「五陰」とも。

ごうんーのーくるま【五雲の車】 名 五色の雲を描いた車。帝王の乗り物。例玄宗皇帝と楊貴妃と、同じく五雲の車に召されて(＝お乗りになって)都を落ちたまへば〈太平記・三七〉

こゑ〘声〙 ⇩こゑ

ごーえふ【五葉】 名 ❶五葉松。例御前近き前栽、五葉・紅梅・桜・藤〈源氏・少女〉 ❷五枚の葉。転じて、五つの流派。例時澆薄に及んで五葉叢林となる〈太平記・二四〉 読解 ここは禅宗の五流派。末世の時代に至って禅宗が盛んになった、の意。

ごーえん【後宴】 名 大きな宴や催しの後、日や場所を改めて行われる小宴会。例その日は後宴の事ありて〈源氏・花宴〉

五街道 江戸時代の主要な街道で、東海道・中山道・日光街道・奥州街道・甲州街道の五つをいい、ともに江戸の日本橋を起点とする。東海道・中山道は江戸と京都とを結ぶ道で、前者は海沿いの、後者は山間のルート。東海道には京都・大坂間の道を含めることもある。日光街道は江戸と日光東照宮を結ぶ道。奥州街道は宇都宮で日光街道から分かれて白河までが正規だが、一般には陸奥の三廏までをさした。甲州街道は江戸と甲府とを結ぶ道で、さらに上諏訪を経て、下諏訪で中山道に連絡する。

これらの街道が整備されたのは、江戸幕府の行政上の目的からだった。管理には道中奉行があたり、土地の領主や代官は運営にほとんど口出しができなかった。各街道に設置された宿には、駕籠や駄馬・飛脚など、旅客・貨物・通信のための人員や手段を備えたが、すべて公用を優先した。

道に沿って並木を植え、また一里塚を設けて旅行者の便宜をはかった。運送に車を用いることは原則として禁止され、そのため道路は舗装されず、道幅もふつう四間前後、広い所でも六、七間(一間は約一・八メートル)ほどだった。「馬でも越すが」と歌われた箱根峠の区間では、大部分が二間の幅だったという。江戸時代に廻船が発達したのは、大規模な陸上輸送が困難だったからでもある。

なお、当時は「街道」を「海道」と表記するのが普通であった。日光街道・奥州街道・甲州街道は、公式には日光道中・奥州道中・甲州道中と称したが、これは、海沿いの国を通らないのに「〜海道」ではおかしいとの理由による。

〈品田悦一〉

こおり〘氷・郡〙 ⇩こほり

ごーかい【五戒】 名〘仏教語〙在俗信者が保つべき五つの戒め。不殺生・不偸盗・不邪婬・不妄語・不飲酒。出家するときの受戒も、この五戒から受け直す。例御頂しるしばかりはさみて(＝御髪の頂を形だけそいで)、五戒ばかり受けさせたてまつりたまふ〈源氏・若菜下〉

ごーかう【五更】 名 ❶時刻の呼び方の一つ。日没から日の出までを、初更・二更・三更・四更・五更と五等分したもの。例睡らずして 騰々として(＝心が高ぶって)五更を送る〈菅家文草・四〉 ❷①の五つ目。明け方に近い時刻・時間帯。例五更の天も明け行けば〈謡曲・張良〉

ごーかう【御幸】 名 上皇などのお出かけ。⇩ぎゃうがう(行幸)。例法皇夜をこめて(＝夜の明けないうちに)大原の奥へぞ御幸なる〈平家・灌頂・大原御幸〉

こーがく【古学】 名 ❶江戸時代の儒学の一派。観念的な朱子学を排し、直接儒教の古典に触れることで孔子本来の説に戻ろうとした。山鹿素行に始まり、伊藤仁斎の古義学派、荻生徂徠の古文辞学派などを含めていう。❷国学の別称。

こーがく・る【木隠る】 動(ラ下二) 木の陰に隠れる。また、人に知られずにいる。例君が世に逢坂山の岩清水(ここまで序詞)こがくれたりと思ひけるかな〈古今・雑体〉 読解「逢坂山」に「逢ふ」を掛ける。

こーがくれ【木隠れ】 名 木の陰に隠れること。また、木陰。例杉の下に車どもかきおろし(＝牛をはずしてとめて)、木陰れにゐかしこまりて〈源氏・関屋〉

こがし【焦がし】 名「かうせん」に同じ。例咽がかはけば、白湯に焦穀〈西鶴・日本永代蔵・二・二〉

-ごかし 接尾(サ四型) 名詞について、それを口実として自分の利益や便宜をはかる、の意を表す。「おためごかし」「粋ごかし」など。

こか・す【倒す】 動(サ四) ❶たおす。転がす。例あの姿をそのまま横にこかして〈西鶴・好色一代男・六・三〉 ❷こっそりと位置を変える。隠す。例どっちへこかしおった〈浄瑠璃・神霊矢口渡・四〉 ❸だます。陥れる。例ここが女郎の男を倒す肝心の一句の所ぢゃ〈浮世草子・傾城禁短気・五・四〉

こが・す【焦がす】 動(サ四)〔「こがる」の他動詞形〕❶熱で物の表面を黒く焦げた状態にする。例暑き日に面をこがし〈芭蕉・幻住庵記〉 ❷薫き物をして煙をくゆらせて香りをつける。例白き扇のいたうこがしたるを〈源氏・夕顔〉 ❸胸を焦がす。悩み苦しむ。多く恋にいう。例涙にも思ひの消ゆるものならばいとかく胸はこがさざらまし〈後撰・恋三〉

こーかた【子方】 名 ❶親方に従属する人。子分。手下。例子方の者詮議して(＝探し出して)討たせ〈西鶴・武道伝来記・四・三〉 ❷能楽で、子どもが演じる役。

こーがたな【小刀】 名 ❶雑用に用いる小さな刀。例すすけたる明り障子の破ればかりを、禅尼手づから(＝自らの手で)、小刀して切り回しつつ張られければ〈徒然・一八四〉 ❷「こづか」に同じ。

こーがね【黄金・金】 名〔上代は「くがね」〕金。黄金。例白銀を根とし、黄金を茎とし、白き玉を実として立てる木あり〈竹取〉

こがねーづくり【黄金作り】 名 金で作ったもの。また、金または金めっきの金具で装飾したもの。牛車や刀などにいう。例**金作り**の太刀をはき(=腰に着け)〈平家・七・実盛〉

こがね-の-もじ【黄金の文字】 金泥で書いた文字。写経などに用いる。例**こがねのもじ**の御経、帝御手づから書かせたまひて〈今鏡・一・金のみのり〉

こ-かはらけ【小土器】 名 素焼きの小皿。例台所の棚に、**小土器**に味噌の少しつきたるを見出でて(=見つけて)〈徒然・二一五〉

こ-がひ【子養ひ・子飼ひ】 名 ❶動物を子のときから飼い育てること。例心ときめきするもの 雀の**子飼ひ**〈枕・こころときめきするもの〉 ❷幼いときから引き取って育てること。また、その育てられた人。商家の奉公人などにいう。例十の年から**子飼ひ**にて〈近松・心中重井筒・中〉

こ-がひ【蚕飼ひ】 名 蚕を飼うこと。養蚕。また、その人。例それ(=妻)に**蚕飼ひ**をせさせて、糸多くまうけける(=作り出した)〈今昔・二六・二〉

こ-がひな【小腕】 名 腕の、ひじから手に至る部分。一説に、ひじから肩までとも。例(矢ガ)悪源太の**小腕**にしたたかに(=たくさん)立つ〈平治・下〉

こ-がらし【木枯し・凩】 名 ❶秋から冬、木の葉を散らして吹く風。例**凩**の果てはありけり海の音〈俳諧・新撰都曲・下〉➡名句53 ❷すりこぎの女房詞。

こが・る【焦がる】 動(ラ下二)〔「こがす」の自動詞形〕❶火で焼けて黒くなる。例地の**焦がれ**たる灰を得て塔を起てて〈今昔・三・三五〉 ❷日光に当たって色が変わる。また、火で焦げたような色に変わる。例丁字染めの**焦がる**るまで染める〈源氏・藤裏葉〉 ❸香を強くたきしめてある。例紅葉重ねの薄様の、取る手もくゆるばかりに**こがれ**たるに〈太平記・二一〉 ❹胸が焼かれるように思い焦がれる。例独りゐて**こがるる**胸の苦しきに〈源氏・真木柱〉

こがれ【焦がれ】 名 火で焦げること。転じて、恋い焦がれること。例胸の**こがれ**のみする〈後撰・雑四〉

こがれ-じに【焦がれ死に】 名 ❶焼け焦げて死ぬこと。例火に入る夏の虫のごとくにて、**燋がれ死に**こそ死ににけれ〈太平記・二五〉 ❷恋い焦がれるあまりに病気になって死ぬこと。例我が君の御こと恋ひ慕ひ、**焦がれ死に**と〈近松・百合若大臣野守鏡・三〉

こ-き【国忌】 名〔「こくき」の促音便形「こっき」の変化した形〕先皇・皇祖・母后などの命日。仏事を行い、政務を休む。例深草帝の御**国忌**の日よめる〈古今・哀傷・詞書〉

ご-き【御器】 名 ふたつきの食器。特に、椀。例御召し物(=お召し上がり物)は、うるはしく**御器**などにもまゐりするゑで〈大鏡・時平〉

【御器の実】〔「御器」の中に入れる物の意〕飯。転じて、生活の手段。例海道筋の**御器の実**をぶちあげ(=奪い)〈近松・丹波与作待夜の小室節・中〉

こぎ-い・づ【漕ぎ出づ】 動(ダ下二) 舟を漕いで沖へ出る。例わたの原八十島かけて**漕ぎ出で**ぬと人には告げよ海人の釣り舟〈古今・羇旅〉➡名歌438

こき-い・る【扱き入る】 動(ラ下二) しごき取って入れる。特に、花や葉を枝からしごき取り、袖などに入れる例が多い。例もみぢ葉は袖に**こきいれ**てもて出でなん〈古今・秋下〉

こき-いろ【濃き色】 名 染め色の名。紫または紅の濃い色。例**濃き色**の二つ衣〈著聞集・一一・四〇九〉

こぎ-かく・る【漕ぎ隠る】 動(ラ四) 舟を漕いで行って、物陰に見えなくなる。例天の海に雲の波立ち月の舟星の林に**漕ぎ隠る**見ゆ〈万葉・七・一〇六八〉➡名歌48

ごき-しちだう【五畿七道】 律令国家体制における地方行政区画。畿内の五か国(山城・大和・河内・和泉・摂津)と、東海・東山・北陸・山陰・山陽・南海・西海の七道。転じて、日本全国。⇩しちだう。例**五畿七道**に行き至らざる所なく、六十余国に見ざる国なし〈今昔・一三・二四〉

こぎ-そ・く【漕ぎ退く】 動(カ下二) 舟を漕いで、障害物を分けて進む。例難波潟葦**漕ぎ退け**て御舟来にけり〈土佐〉

こきだ-く 副〔「く」は接尾語〕ひどく。はなはだしく。例三笠山野辺ゆ行く道(=野辺を通って行く道)**こきだく**も荒れにけるかも久にあらなくに〈万葉・二・二三四〉

こぎ-た・む【漕ぎ回む】 動(マ上二) 舟を漕いで海岸線に沿ってまわる。例いづくにか舟泊てすらむ安礼の崎**漕ぎたみ**行きし棚なし小舟〈万葉・一・五八〉➡名歌63

こき-た・る【扱き垂る】 動(ラ下二) しごいたようにこぼれ落ちる。涙を流すさまにもいう。例明けぬとて(=夜が明けたというので)帰る道には**こきたれ**て雨も涙も降りそぼちつつ〈古今・恋三〉

こき-ちら・す【扱き散らす】 動(サ四) しごき落として散らす。例**こきちらす**滝の白玉拾ひおきて世の憂きときの涙にぞ借る〈古今・雑上〉

こぎ・づ【漕ぎ出】 動(ダ下二)〔「こぎいづ」の変化した形〕舟を漕いで沖へ出る。例防人の堀江**漕ぎづる**伊豆手舟〈万葉・二〇・四三三六〉

こき-でん【弘徽殿】 名「こうきでん」とも。内裏の後宮七殿の一つ。清涼殿の北にある。皇后・中宮、上位の女御などの居所にあてられ、その女性たちをさして用いることもある。⇩口絵

弘徽殿大后 《人名》『源氏物語』の作中人物。右大臣の娘。桐壺帝に早くから女御として入内、第一皇子らを出産する。桐壺更衣を激しく嫉妬し・迫害し、藤壺女御をも憎む。妹朧月夜との密会を重ねる光源氏については、父右大臣とともにその追放を計る。嫉妬と憎悪の生涯であるが、右大臣家の興亡を一身に担っている趣がある。

ご-きない【五畿内】 名「きない」に同じ。例はじめは木曾(=木曾義仲)にしたがうたりける**五畿内**の兵ども、皆そむいて〈平家・八・鼓判官〉

こぎ-の-こ【胡鬼の子】 名 羽根つきに用いる羽根。また、羽根つきをして遊ぶこと。

ごきのみ【御器の実】 ⇩「ごき」の子項目

こき-ま・ず【扱き混ず】 動(ザ下二)〔「こき」は接頭語〕いろいろなものを混ぜる。例見渡せば柳桜を**こきまぜ**て都ぞ春の錦なりける〈古今・春上〉➡名歌356

こ-ぎみ【故君】 名 死んだ貴人の敬称。例**故君**ものし

たまはましかば(=今でも生きておいでだったら)、明石の御方ばかりのおぼえ(=寵愛)には劣りたまはざらまし〈源氏・玉鬘〉 読解「〜ましかば〜まし」は反実仮想の意を表す。

こぎ-みる【漕ぎ回る・漕ぎ廻る】 動(マ上一)漕いでめぐる。漕いでまわる。例島伝ひ敏馬の崎を**漕ぎ廻れ**ば〈万葉・三・三八九〉

こ-きゃう【故郷・古郷】 名 ふるさと。生まれ育った土地。例秋十とせかへって江戸を指す**故郷**〈芭蕉・野ざらし紀行〉➡名句3

ご-きゃう【五経】 名 儒教で、四書とともに根幹となる五つの書物。『易経』『書経』『詩経』『礼記』『春秋』。

ご-ぎゃう【五行】 名 ❶中国で、天地を運行し、万物を構成すると考えられた五つの元素。木・火・土・金・水。この五つを季節・方角・色彩などさまざまにあてはめ、天地万象を説明し、運勢を判断する。例五大**五行**により相剋・相生を知りさとり〈神皇正統記・中〉
❷『仏教語』菩薩の修める五つの行法。涅槃経では、聖行(戒定慧の三学を修める)、天行(天の理に従って修める)、梵行(清浄な心で人々の苦を除き楽を与える)、嬰児行(慈悲をもって小善を示現する)、病行(悩む人々と同じく病苦を示現する)をいう。
❸陣立ての名。地形に応じて敷かれる、方・円・曲・直・鋭の五つの隊列。例**五行**の陣勢がありありと(=はっきりと)〈近松・傾城島原蛙合戦・三〉
語誌 ①では、その順序が決まっている。木から火が、火から土が、土から金が、金から水が、水から木が生じるとされ、それを相生という。また、木が土に、土が水に、水が火に、火が金に、金が木に剋つことを相剋という。〈大井田晴彦〉

ご-ぎやう【御形】 名 植物の名。ハハコグサの別称。春の七草の一つ。

ご-ぎゃく【五逆】 名『仏教語』「五逆罪」の略。例**五逆**の悪人をも助けん〈発心集・八・七〉

ごぎゃく-ざい【五逆罪】 名『仏教語』仏道や人の道に逆らう五種の大罪。殺母・殺父・殺阿羅漢(聖者を殺す)・出仏身血(仏身を傷つけ出血させる)・破和合僧(教団を破壊させる)など。犯せば無間地獄に落ちるとされる。例いまだ死期(=死ぬべき時期)も来たらぬ親に、身を投げさせん事、**五逆罪**にやあらんずらん〈平家・一・祇王〉

こ-きゅう【胡弓・鼓弓】 名 弦楽器の名。中国から渡来したともいわれる。形は三味線に似ているが、やや小さく、弦は三本または四本で、馬の尾の毛を張った弓で弾く。悲しげな音色を出すのが特色。

胡弓〔吉原美人合〕

こ-きりこ【小切り子】 名 放下僧などが用いる竹製の楽器。小豆などが入れてあり、揺すったり打ち合わせたりして音を出す。例**こきりこ**は放下に揉まるる〈謡曲・放下僧〉

こき-る【扱きる】 動(ラ下二)〔「こきいる」の変化した形〕しごき取って入れる。例咲きにほふあしびの花を袖に**こきれ**な〈万葉・二〇・四五一二〉

こぎ-る【漕ぎる】 動(ラ四)〔「こぎいる(漕ぎ入る)」の変化した形〕船を漕いで入る。例沖つ波 凌ぎ(=押し分け)**漕ぎり**来海人の釣舟〈万葉・一三・三二二五〉

こきん-でんじゅ【古今伝授】 名『古今和歌集』の歌意や語意などの解釈を秘説として師から弟子へ伝えること。本来は『古今集』全体にわたっての注解だったが、藤原定家の子孫たちが分かれた鎌倉・室町時代以降、歌道の流派の対立の中で秘説として権威化され、それのみが切紙に記されて伝えられることもあった。二条家流の東常縁から宗祇に伝授されたものが有名。

古今和歌集 《作品名》平安前期、十世紀はじめに編まれた最初の勅撰和歌集。二〇巻。

●**撰者・成立** 醍醐天皇の勅命によって、紀貫之・紀友則・凡河内躬恒・壬生忠岑が撰者として編集にあたった。成立は延喜五年(九〇五)、その後も多少の補訂が施された。ただし、この延喜五年を天皇の編集の命令の下った年とみる説もある。

●**構成・部立** 約一一〇〇首の和歌を、次のような部立(和歌の内容上の部類)に配する。歌体は、長歌五首、旋頭歌四首、ほかはすべて短歌。

巻一〜六　春上・春下・夏・秋上・秋下・冬
巻七　賀(老齢をたたえ祝う歌など)
巻八　離別(官人の地方赴任時の送別の歌など)
巻九　羇旅(官人の旅中の歌など)
巻一〇　物名(事物の名称を隠し題として詠み込んだ歌)
巻一一〜一五　恋一〜恋五
巻一六　哀傷(人の死を悲しむ歌)
巻一七・一八　雑上・雑下(老齢や無常を嘆く歌など)
巻一九　雑体(長歌・旋頭歌・誹諧歌など)
巻二〇　大歌所御歌ほかの儀式歌

分量からいっても、四季の自然の歌と、恋の歌が中心を占めている。それぞれの部立内では、時間的な進行と多様な照応関係に秩序だてられながら歌々が整然と配されている。その歌集としての構成法も、後世の歌集の規範とされた。

●**時代区分と歌人** 所収の和歌を時代別に見ると、次の三期に分けられる。

[読人知らずの時代] 奈良末期から平安初期。歌集中で読人知らずとされる歌のほとんどがこの時期にあたる。『万葉集』の歌風の影響を感じさせる作が多い。また恋歌が多く、前代以来の枕詞・序詞を用いた歌が少なくない。

[六歌仙時代] 清和朝から光孝朝(天安二〜仁和三年。八五八〜八八七)ごろの時代。六歌仙と呼ばれる僧正遍昭・在原業平・小野小町・大伴黒主・僧喜撰・文屋康秀の活躍した時期であるが、実際に多くのすぐれた歌を残したのは、遍昭・業平・小町の三人である。ほかに、小野篁・在原行平(業

平の兄）・源融、やや遅れて大江千里・藤原敏行・菅原道真らがいた。古今集時代の本格的に開始する時期にあたり、歌合わせがおこるのもこのころであった。表現にも縁語・掛詞や見立ての技法が駆使され、斬新な歌風が示された。

【撰者時代】宇多・醍醐朝（仁和三年〜。八八七〜）の時代。四人の撰者たちのほかにも、伊勢・素性法師・清原深養父・坂上是則・藤原兼輔らが活躍した。歌合わせのみならず屏風歌も盛んとなり、宮廷社会における和歌の重要性も一段と高まった。古今集歌風の完成の時期にあたる。

●**『古今集』時代の和歌**　前代の『万葉集』の時代が過ぎると、和歌を詠むという営みは、晴れがましい公的な場では衰退していた。ところが九世紀半ばに至ると、貴族社会では、それまで特に男子官人たちの間で盛んだった漢詩文が衰え、和歌が再興する機運をみせ始める。それが六歌仙時代の到来であり、藤原氏の摂関勢力がおこる時期とほぼ対応している。その初期の担い手となった藤原良房や基経らは自家の女子を次々と天皇の后として送り込み、そのために、后たちの集団である後宮が政治的にも文化的にも重要な場となったのである。皇族や貴族たちも交流しあうその場では、和歌が社交的な性格を帯びながら活発に詠まれるようになる。漢詩が男子官人に限られるのに対して、和歌は男女の区別なく作れる詩形である。和歌のこの社交的な性格から、人々の交際においても和歌が挨拶・文通の役割を果たし、左右に分かれて歌の優劣を競う歌合わせや、宮廷や貴族の家を飾る屏風歌も行われるようになった。

しかし、この時代の和歌もまた、抒情詩本来の性格として自分自身の感情を表そうとするのは当然である。したがってこの時代の和歌は、一面では貴族的に洗練された美の世界にふけることを通して他者と交流しながら、一面では他者と相いれない自己の孤心を見つめるという、二重性をもっていた。たとえば、「ひさかたの（枕詞）光のどけき春の日に静心なく花の散るらむ」〈春下・紀友則〉（➡名歌302）のように、春爛漫のなかにえたいの知れぬかげりを感取した表現。このように、協調と孤心の二重性を統一づけようとする緊張的な詩性こそ、『古今集』最大の特徴である。

●**歌風と表現**　『古今集』の和歌の表現の特徴は、物事を事実どおりに詠むのではなく、この時代共通の典型的美意識の枠組みの中に再構成する点にある。その作用は理知的であり、できあがった世界は観念的である。これが、感動を直接的に表現しようとする『万葉集』と根本的に異なる点でもある。こうした表現を確保するために、前代以来の枕詞・序詞のほかに、新たに掛詞・縁語・見立て・擬人法・歌枕などの表現技法も生み出された。これらによって、複雑な文脈を構成しながら、しかも鮮明なイメージを作り出している。

たとえば、「花の色はうつりにけりないたづらにわが身世にふるながめせしまに」〈春下・小野小町〉（➡名歌288）の歌は、二組の掛詞を契機に、長雨が降り続いて桜の花が色あせてしまう景を描きながら、そこに女盛りがむなしく過ぎてしまう自分の心の憂愁を言いこめている。また、「さくら花散りぬる風のなごりには水なき空に波ぞ立ちける」〈春下・紀貫之〉（➡名歌173）は、風の吹き散らした後も花びらがちらちら空中を舞うさまを、「水なき空に波」が立つと見立てた。これによって、華麗な時の過ぎ去った後の空虚さがよく表されている。

さらに重要な点として、『古今集』では時間の推移を取り込む表現が多いということがある。『万葉集』の歌がおおむね人間の感情を瞬間的にとらえているのに対して、ここには人生の歴史への回顧という方法がみられる。それはしばしば物語的な関心をさえ呼び覚ますことになる。たとえば、「有り明けのつれなく見えし別れより暁ばかり憂きものはなし」〈恋三・壬生忠岑〉（➡名歌53）など、恋の別れの過去が今現在の自分の心をも規制しているような表現になっている。

●**仮名序・真名序**　『古今集』には、紀貫之によって仮名文で書かれた仮名序と、紀淑望によって漢文で書かれた真名序が付されている。仮名序が先に書かれたとする見方が有力だが、両序の内容はほぼ一致しており、和歌の本質・起源・六義（詠法の分類）・六歌仙評・撰集経緯などに触れている。これは、歌論としても後世に大きな影響を与えた。

この仮名序の和歌本質論に「やまとうたは、人の心を種として、よろづの言の葉とぞなれりける」とある。和歌表現を「心」と「詞」の二要素に分析して、二つは別次元のものとした。心詞二元論と呼ばれる考え方で、「心」は表現上の工夫を凝らしてはじめて「詞」になるというのである。〈鈴木日出男〉

古今和歌六帖（作品名）平安中期の私撰類題和歌集。六巻。編者未詳。十世紀後半の成立。『万葉集』『古今和歌集』『後撰和歌集』などの歌約四四〇〇首を、歳時天象・地儀・人事・草虫木鳥に大きく分け、さらに五〇〇余りの題に分類して編集したもの。作歌の手引き書として用いられた。平安初期の和歌の資料としても貴重。『古今六帖』とも。

こく【石・斛】 名 ❶容積の単位。升の百倍。一石は約一八〇リットル。❷和船の積載量の単位。一石は一〇立方尺、約〇・二七八立方メートル。❸大名・武家の知行高（所領高）。

こく【刻・剋】 名 ❶一日を十二等分し、それぞれに十二支を割り当てた時刻の単位。「子の刻」「丑の刻」という順に続く。一刻は今の約二時間。例ころは二月十八日の酉の剋ばかりの事なるに〈平家・一一・那須与一〉❷①の一刻を四等分した時刻の単位。「子の一刻（子一つ）」「丑の三刻（丑三つ）」などのようにいう。一刻は今の約三十分。例申の二剋、諸卿召しによりて参上す〈袋草紙・上〉❸昼・夜をそれぞれ六等分したものに十二支を割り当てた時刻の単位。日の出・日の入りを基準とした不定時法によるので、季節によって一刻の長さに変動がある。例火の付け所を手わけして、すでに申の刻にきはめける〈西鶴・西鶴諸国ばなし・四・三〉❹①の一刻を三等分した時刻の呼び方。それぞれ「上刻」「中刻」「下刻」という。③が使われるようになってからは、③の一刻を三等分した時刻を表す。語誌 ①〜③については「とき(時)」の図参照。

こ・く【扱く・放く】 動(カ四) ❶しごく。むしる。しごき落とす。例秋風の吹き**扱き**敷ける花の庭〈万葉・二〇・四四五三〉 ❷体外に出す。放言する。例自慢**こく**〈近松・孕常盤・三〉

こ・ぐ【漕ぐ】 動(ガ四) ❶櫓や櫂などを使って舟を進める。例海に**漕ぎ**ただよひ歩きて〈竹取〉 ❷深い雪やぬかるみなどをかき分けて進む。例雪をば深く**こぎ**たり〈義経記・五〉

ごく【曲】 名「きょく」とも。楽器のみで歌のつかない楽曲。特に、琴で演奏するもの。例煩はしき**曲**多かるを〈源氏・若菜下〉

ごくい【極意】 名 ❶学問・芸事・武術などで、最も大切なところ。奥義。例よくなるもあしくなるも、**極意**のところは人力の及ぶことにあらず〈玉くしげ〉 ❷真実。本心。例いまだ**極意**のまぶ(=愛人)とはせざるものか〈人情本・春色梅児誉美・後・二〉

こくいん【極印・刻印】 名「ごくいん」とも。❶金銀や器物などに、偽造・盗難防止・品質証明のため打つ印。例数をよませ(=数えさせ)、**こくいん**をうたせ〈西鶴・世間胸算用・三・二〉 ❷証拠。例首筋に歯形ぞ恋の**極印**なる〈近松・嫗山姥・二〉

こくう【虚空】 ■1名 ❶空間。空。大空。例釈迦如来**虚空**より飛び来りたまひて〈今昔・六・一〉 ❷『仏教語』無形・無色で実体がないこと。例**虚空**よく物を容る(=おさめる)〈徒然・二三五〉 ■2形動(ナリ) 思慮分別のないさま。むやみやたらなさま。無鉄砲。例気も魂も失せ果てて、も斬らるる斬らるると思うて**虚空**に逃げたが〈謡曲・夜討曾我〉

ごくう【御供】 名(「ごく」の変化した形)神仏への供え物。また、供えること。例**御供**の(米ガ)三杵つきて黒きも〈沙石集・一・一〉

こくうざう【虚空蔵】 ゾウ 名「虚空蔵菩薩」の略。例比叡の山の僧、**虚空蔵**の助けによりて智を得たること〈今昔・一七・三三〉

こくうざうぼさつ【虚空蔵菩薩】 コクゾウ 名『仏教語』菩薩の一つ。虚空のように無限の知恵と功徳を備え、衆生にそれを与えて救済するという。

こくえ【黒衣】 名 黒色の衣服。僧の着る黒い衣服。墨染めの衣。例**黒衣**きたる僧一人〈沙石集・二・四〉

こくが【国衙】 名 ❶令制で、国司の役所。「国府」「国庁」とも。❷平安後期以降、国司が治める土地。例**国衙**・庄園も本所の知行ならず〈太平記・三四〉

こくき【国忌】 コッ 名「こき」に同じ。

こくげ【国解】 名 地方から太政官または担当の官庁に提出する文書。中央への報告あるいは判断を求めるときに書かれた。例**国解**を奉りて、首を斬れる者ならびに降せる(=降伏した)者申し上ぐ〈今昔・二五・一三〉

ごくげつ【極月】 名(年の極まる月の意)陰暦十二月の別称。例来年中の台所物、前年の**極月**に調へ置き〈西鶴・日本永代蔵・二・五〉

こくげん【刻限】 名 決められた時刻。また、時刻。例さて自害の**刻限**になりたるやらん〈義経記・八〉

こくさうゐん【穀倉院】 コクソウイン 名 平安時代の朝廷の倉庫。大学寮の西にあった。畿内諸国から納められた銭や稲などを保管する。例所どころの饗(=祝宴)など、内蔵寮・**穀倉院**など、公事に(=役目上の仕事として)仕うまつれる〈源氏・桐壺〉

こくし【国司】 名 ❶令制で、中央から派遣された地方官。守・介・掾・目などの官がある。「国の司」とも。❷特に、①の長官。国の守。国守。例尾張の国の代々の**国司**に亡ぼされて〈今昔・二六・四〉

こくし【国師】 名『仏教語』❶奈良時代の僧の職名。諸国に配置され、国内の寺や僧尼の監督、仏教の布教にあたる。平安時代に「講師」と改称された。❷天皇に仏教を伝える高僧。例五代聖主(=五代の天皇)の**国師**として〈太平記・二〉 ❸朝廷が禅宗の高僧に与える称号。例この僧を智者なりとて、あがめて**国師**とすと言へり〈沙石集・五本・五〉

こくしつ【黒漆】 名 黒い漆。また、それを塗ったもの。例四尺二寸ありける**黒漆**の太刀を〈義経記・五〉

ごくしゃ【獄舎】 名 牢。例**獄舎**の前なる苔の下にうづもれて〈平家・五・福原院宣〉

こくしゅ【国主】 名 ❶一国の元首。天皇。例朝家を蔑にし、一門国務を執り行ひ、**国主**を蔑如す

国学(こくがく) 江戸時代、日本の古典の研究を通して、日本固有の古代の精神・文化を明らかにしようとする学問。元禄期(一六八八〜一七〇四)以降に盛んになる。

●**展開** 契沖は『万葉代匠記』を著し、古典を研究するのに、それ以前の文献に照らして解釈するという文献学的方法を確立。ついで荷田春満は、古語を明らかにして古義を知り、古義を明らかにして古学を興して神皇の教えに至るという体系を掲げた。その門人の賀茂真淵は、漢心を排して古典・和歌を学び実作することを通して、古意(神皇の道)を明らかにしようとした。その著に『万葉考』などがある。本居宣長は真淵門で、和歌や『源氏物語』の研究から、物事の本質を理解し共感する心である「もののあはれ」の理念を見いだし、また、三十余年をかけて執筆した注釈書『古事記伝』において、国学の体系を完成させた。春満・真淵・宣長と宣長の没後の弟子を自称する平田篤胤を国学の四大人と呼ぶ。

●**意義** 国学は古典研究の分野で、文献批判や実証的研究を確立した。特に、儒教や仏教の価値観を切り離し、作品それ自体を評価しようとした功績は大きい。『伊勢物語』『源氏物語』などの研究が国学者たちによって格段に進められることとなった。一方、思想的には、外国の思想を排して日本本来の精神を絶対視するものであったため、国粋主義を生み、幕末の尊皇攘夷思想や明治の国家神道を導き出すこととなった。〈大谷俊太〉

〈源平盛衰記・三〉❷戦国時代から江戸時代、一国以上を領有する大名。例手づからつくれる八木(=米)はその国主にささげ〈西鶴・新可笑記・四・一〉

こく-しゅ【国守】 名 ❶令制で、国司の長官。任期は通常四年。「国の守」とも。例国守の御子の太郎君の〈宇治拾遺・一六五〉❷「こくしゅ(国主)②」に同じ。例今も年々十苻の菅菰を調へて国守に献ずといへり〈芭蕉・奥の細道〉

ごく-しん【極信・極心】 名 形動(ナリ) ❶きわめて忠実なこと。非常に誠実なこと。例天性極信の者なり〈古活字本平治・下〉❷きわめて信仰心の深いこと。例ことに(法華経ノ)提婆品をば極信に読まれけり〈源平盛衰記・四三〉

こく・す【剋す・克す】 動(サ変) (五行の運行で、木火土金水それぞれがほかの一つを抑えて勝つことから)勝つ。しのぐ。⇩さうこく。例下の上を剋するは極めたる非道なり〈神皇正統記・下〉

こく・す【哭す】 動(サ変) 大声を上げて泣き叫ぶ。例村南村北に哭する声たえず〈平家・二・剣〉

ごく-すい【曲水】 名「きょくすい」とも。「曲水の宴」の略。⇩きょくすいのえん

ごくすい-の-えん【曲水の宴】 名「きょくすいのえん」に同じ。

こく-せん【国宣】 名 国司が下す命令。また、それを記した文書。例いかでか国宣をば背きまうさむ〈今昔・一六・一八〉

国性爺合戦 《作品名》浄瑠璃。時代物。五段。近松門左衛門作。正徳五年(一七一五)竹本座初演。中国人の父と日本人女性との間に生まれた和藤内こと国性爺鄭成功は、明の国を建て直すために中国に渡る。その奮戦で南京城を攻略し、天下は治まる。構成が整っていること、外国を舞台としたこと、虎退治などの見せ場を設けたこと、さらに時代物の中に世話物の要素を入れたことなどが評判を呼んで、一七か月の長期興行となった。

こ-ぐそく【小具足】 名 鎧・甲に付属する防具の総称。籠手・臑当てなど。例木蘭地の直垂に小具足ばかりして〈平家・一〇・内裏女房〉

ごく-そつ【獄卒】 名 ❶《仏教語》地獄で亡者を責め苦しめる鬼。例閻王(=閻魔大王)あはれみたまひて、獄卒をあひ添へて焦熱地獄へつかはさる〈平家・六・入道死去〉❷義理・人情を解さない人をののしって言う。例ええ、獄卒め魔王め〈浄瑠璃・仮名手本忠臣蔵・七〉

ごく-だう【獄道・極道】 ―ドウ 名 形動(ナリ)《近世語》❶悪事を行うこと。道楽にふけること。また、その人。例極道の与兵衛めも参り合はせ〈近松・女殺油地獄・中〉❷他人をののしって言う。例ろくな盗人にはようなるまい。極道めら〈浄瑠璃・鎌倉三代記・五〉

こく-だち【穀断ち】 名 修行や祈願を成就させるため、穀物を食べないで過ごすこと。例いざ行きて、かの穀断ちの聖人見む〈今昔・二八・二四〉

こく-たん【黒檀】 名 植物の名。熱帯地方産の常緑高木。材は黒く、質が緻密で磨くと光沢が出るので高級な楽器・調度品などに用いた。例接竿(=組み立て式の三味線)のこくたん六すぢ懸けを取り出だし〈西鶴・好色一代男・四・六〉

こ-ぐち【小口】 名 ❶切り口。断面。❷手始め。一端。例身動きならぬこの一通(ノ手紙)、ちょっと小口がこんな物さ〈浄瑠璃・伽羅先代萩・八〉❸ちょっとした弁才。例雲雀、小口利いて鵯に向かひていはく〈自然真営道〉❹書物の背部分以外の三方。❺「小口袴」の略。例上は御直衣・小口奉り(=お召しになり)〈紫式部日記〉

こぐち-ばかま【小口袴】 名 裾にくくりのある大口袴。天皇が着用する。

ごく-ぢゃう【獄定】 ―ジョウ 名 動(サ変) 牢獄に入れると決めること。例「この法師奇怪なり」とて、やがて(=そのまま)獄定せられけり〈平家・五・文覚被流〉

ごく-ぢゅう【極重】 ―ジュウ 名 形動(ナリ) 罪や欠点などがきわめてはなはだしいこと。例ひとへに無智愚鈍の極重の輩のためなり〈ささめごと・下〉

こく-ど【国土】 名 大地。土地。また、領土。例降る雨の国土をうるほすに同じ〈平家・一・禿髪〉

ごく-ねち【極熱】 名 形動(ナリ)「ごくねつ」とも。❶気温の非常に高いこと。酷暑。例ごくねちのころは誰も誰もをささ(=ほとんど)内裏へも参りたまはず〈宇津保・沖つ白波〉❷熱の非常に高いこと。高熱。例極熱の草薬を服して〈源氏・帚木〉

ごく-の-おび【玉の帯】 名「せきたい(石帯)」に同じ。例玉の帯を借りはべりけるを〈拾遺・雑上・詞書〉

こくは コクワ 名 猿梨の古称。マタタビ科のつる性植物。実は食用になる。例青磁の皿に、こくはを盛りてささげたり〈宇治拾遺・一二四〉

こくば-く 副「ここばく」に同じ。

こ-くび【小首・小頸・小領】 名〔「こ」は接頭語〕❶【小首・小頸】首。例畠山が小首を強く打ちて〈著聞集・一〇・三八〇〉❷【小領】衣服の襟。例着よく肩よく小領安らに汝着せめかも〈催馬楽・夏引〉

こく-ふ【国府】 名「こくぶ」「こふ」とも。令制で、国司の官庁。また、その所在地。「府中」「国の府」などとも。例その日、国府を出でて、京に上りて〈宇治拾遺・五九〉

こく-ふう【国風】 名 ❶諸国の詩歌や歌謡。また、折々に流行している歌謡。❷その国に特有の風俗・習慣。国ぶり。例我が娘に不義あれば、相手を糺し、同罪に行ふ越後の国風〈近松・信州川中島合戦・一〉

こくぶん-じ【国分寺】 名 天平一三年(七四一)、聖武天皇が国家安泰を祈願して、全国の国府所在地に建てた寺。国分寺と国分尼寺とがあった。正式名称は、国分寺は金光明四天王護国之寺、国分尼寺は法華滅罪之寺。

こく-も【国母】 名 ❶天皇の母。皇太后。例この人女御・后ともてなされ、国母・仙院(=天皇の母や女院)とも仰がれなんず〈平家・六・葵前〉❷(国民全体の母の意から)天皇の妻。皇后。

ごく-もり【獄守】 名 牢獄の番人。牢屋の見張り番。例存ずる旨あって、獄守に(ドクロヲ)乞うて、この十余年首にかけ〈平家・五・福原院宣〉

ごく-もん【獄門】 名 ❶牢獄の門。例首を獄門の木に曝らし〈太平記・二八〉❷地獄への出入り口の門。例

(閻魔大王ノ使者ガ)獄門の外にして、音を挙げて喚ばふに〈今昔・七・四六〉❸刑罰の一つ。斬首した人の首を仕置場近くの木に懸けたり、台に載せたりしてさらす。さらし首。例首をはねて獄門にかけ〈平治・上〉❹他人をののしって言う。例や、強盗め、や、獄門め〈近松・心中天の網島・上〉

-こくら 接尾「こぐら」とも。動詞の連用形について、遊戯などで競争する意を添える。〜くらべ。「飛びこくら」「走りこくら」など。

ごく-らく

【極楽】 名《仏教語》❶「極楽浄土」の略。「地獄」の対。例仏の御飾り、花机の覆ひなどまで、まことの**極楽**思ひやらる(=仏像の御装飾や花机の上に掛ける敷物などまで、真実の極楽浄土がおのずと思い浮かべられる)〈源氏・賢木〉読解 極楽が思い浮かべられるというのは、最上級のすばらしさ。❷「**極楽往生**」の略。例**極楽**ねがはん人はみな、弥陀の名号唱ふべし(=極楽往生を願う人は皆、阿弥陀仏の名を唱えなさい)〈平家・一〇・千手前〉❸極めて安楽なこと。また、その場所や状態。例寝酒の一盃づつも呑んで、快く寝るのが**極楽**よ〈滑稽本・浮世風呂・二上〉

語誌 極楽浄土の様子は阿弥陀経などの経典に詳しいものの、日本でそのイメージが一般化したのは、生前の平安以上に死後に極楽へ迎えられること(極楽往生)を希求する、平安中期以降の浄土思想の広がりによるところが大きい。特に、源信著の『往生要集』の影響は絶大で、『源氏物語』や『栄花物語』などにもその影響は顕著である。〈中本大〉

ごくらく-かい【極楽界】 名《仏教語》「ごくらく①」に同じ。例須臾刹那(=ごくわずかな時間)も経ぬほどに、**極楽界**にいき着きぬ〈栄花・玉の台〉

極楽寺 名❶山城国、今の京都府八幡市の男山のふもとにあった、石清水八幡宮付属の寺。例**極楽寺**・高良などを拝みて〈徒然・五二〉❷相模国、今の神奈川県鎌倉市の寺。真言律宗。北条重時の建立。鎌倉市坂ノ下から同寺に通じる極楽寺坂切通しは、西から鎌倉の中心部に入る要路であった。

ごくらく-じゃうど【極楽浄土】 名《仏教語》阿弥陀仏の住む浄土。⇩ごくらく。例必ず**極楽浄土**に生まれしならむ〈霊異記・上・三一〉

ごくらく-わうじゃう【極楽往生】 名《仏教語》死後、極楽浄土に迎えられること。正しくは「往生極楽」。⇩ごくらく

こ-ぐら・し【小暗し】 形(ク)〔「こ」は接頭語〕薄暗い。ほの暗い。例**こぐらく**なりぬれば、鵜舟どもかがり火さしともしつつ〈蜻蛉・中〉

こ-ぐら・し【木暗し】 形(ク)木立が茂りあって暗い。例いとど木高き影ども**木暗く**見えわたりて〈源氏・花散里〉

こく・る ❶動(ラ四)強くこする。こそげ取る。例むくつて(=剝いで)**こくつ**(音便形)て切りまくって〈近松・用明天王職人鑑・四〉❷補動(ラ四)(動詞の連用形について)激しく動作する意を表す。〜とばす。〜ちらす。例幼なじみの女房まで去り**こくつ**(音便形)てしまうたれば〈浄瑠璃・鎌倉三代記・九〉

こ-くわじゃ【小冠者】 名⇩こくわんじゃ

ご-ぐわん【御願】 名「願」の尊敬語。御祈願。御誓願。例その(=八幡大菩薩の)**御願**を助けたてまつらせたまふ〈今昔・一二・一〇〉

ごぐわん-じ【御願寺】 名天皇・皇后などの願によって建てた寺。勅願寺。例当麻寺は…**御願寺**になずらへられにけり(=準じるものとされたのだった)〈著聞集・二・三六〉

こ-くわんじゃ【小冠者】 名〔「こ」は接頭語〕元服したての男子。若者。例年ごろ十七、八かと覚え候ふ**小冠者**一人〈義経記・二〉

こけ【苔】 名蘚類・苔類・地衣類および一部のシダ植物などの称。例青き**苔**をきざみて〈伊勢・七八〉

こ-け【虚仮】 名・形動(ナリ)❶《仏教語》真実でないこと。実体のないこと。例世間**虚仮**にして、ただ仏のみこれ真なり〈上宮聖徳法王帝説〉❷意味などが浅いこと。愚かなこと。あさはかなこと。例「泣かれぬる」と言ふ詞こそ、あまり**こけ**過ぎて〈無名抄・静縁こけ歌事〉

ご-け【後家】 名❶夫と死別した女性。例法橋死してのち、**後家**の尼公に訴訟のために京へのぼりたりけるに〈平家・九・重衡生捕〉❷対になっているもの、片方がなくなって残った他の一方。「後家鞘」「後家盃」などと用いる。

ご-けい【五刑】 名律に定める五つの刑罰。笞(鞭で打つ)・杖(杖で打つ)・徒(懲役)・流(流刑)・死(死刑)。

ご-けい【御禊】 名天皇が即位後、大嘗会の前月(十月)に賀茂川の川原に行幸して行う禊の儀式。伊勢の斎宮や賀茂の斎院が占いで決まった時や、祭りの前に行う禊についてもいう。例その年は諒闇なりければ(=天皇の服喪中だったので)、**御禊**・大嘗会もおこなはれず〈平家・一・東宮立〉

こけ-しみづ【苔清水】 名苔の間を伝わり流れる清水。例岩根漏りくる**苔清水**そを命にて(=それを命をつなぐものとして)〈良寛自筆歌〉

ごけ-だふし【後家倒し】 名稲こき機。横木の上に竹の歯を植えたもので、稲・麦を脱穀する。従来後家が手でこく賃仕事であった稲こき・麦こきを奪った意からいう。例麦こく手業さへもとげしなかりしに(=もどかしかったが)、鉾竹をならべ、これを**後家倒し**と名付く〈西鶴・日本永代蔵・五・三〉

後家倒し

湖月抄 《作品名》江戸時代の『源氏物語』の注釈書。六〇巻。北村季吟著。延宝元年(一六七三)成立。幅広い読者が読みやすいように、本文・頭注・傍注が一覧できる新形式を採用し、諸注を適宜整理して載せ、系図や年立(年表)をつける。至便で広く流布した。

ご-けにん【御家人】 名〔「ご」は接頭語〕❶鎌倉時代、将軍直属の家臣。❷江戸時代、将軍の直参で、御目見以下の武士。例**御家人**の息男召し出ださる

る御事は〈折たく柴の記・中〉

こけ-の-いほり【苔の庵】―イオリ 「こけのいほ」とも。苔むした庵。山で暮らす人や世捨て人などが住む小家をさしていう。例まれに来て聞くだにかなし山がつ(=山に住む人)の苔の庵の庭の松風〈金槐集・下〉

苔の衣（こけのころも）《作品名》鎌倉時代の物語。四巻。作者・成立年未詳。三代にわたる一族の、破れた恋や肉親との死別による出家遁世を描く。平安時代の物語の影響も強いが、無常観が色濃い。

こけ-の-ころも【苔の衣】僧や隠遁者の着る粗末な衣服。例世をそむく苔の衣はただ一重貸さねばうとし(=よそよそしい)いざ二人寝む〈後撰・雑三〉

こけ-の-した【苔の下】墓の中。草葉の陰。例もろともに苔の下にも朽ちもせで埋もれぬ名を見るぞ悲しき〈金葉・雑下〉

こけ-の-たもと【苔の袂】「こけのころも」に同じ。例みな人は花の衣になりぬなり苔の袂よかわきだにせよ〈古今・哀傷〉➡名歌346

こけ-の-むしろ【苔の筵】一面に生えた苔をむしろに見立てていう語。例草枕こけのむしろに片敷きて都恋しみ(=寂しくひとり寝をして都が恋しいので)明かす夜半かな〈玉葉集・旅〉

ごけ-ぶん【後家分】名❶中世の武家などで、未亡人となった女性の生活を保証する手当て。所領の一部を分け与えられることもあった。例今も後家分を得て、乏しからであんなるぞ〈古活字本平治・下〉❷未亡人のような状態になること。例生き別れの後家分にならせたまふ〈西鶴・好色一代女・三・三〉

こけ-むしろ【苔筵】❶名「こけのむしろ」に同じ。❷《枕詞》苔が青いことから「青」に、また、むしろを敷くことから「敷く」にかかる。

こけ-む・す【苔産す・苔生す】動(サ四)苔が生える。苔が生えるほど古くなる。例妹が名は千代に流れむ姫島の小松が末に苔生すまでに〈万葉・二・二二八〉

こけら【柿】名❶材木を削るときにできるくず。例番匠(=大工)暗くは柿を点いて〈田植草紙・晩歌四番〉❷屋根を葺くのに用いる、材木を薄くそいだ板。例花鳥とこけら葺きゐる尾上かな〈俳諧・曠野・一〉

こけら-ぶき【柿葺き】名「こけら②」で屋根を葺くこと。また、その屋根。例もと柿葺きにてありけるが、年久しくなりて(=年月が長くたって)、みな朽ちくさりてはべりけるを〈著聞集・二〇・六九五〉

こ・ける【転ける・倒ける】動(カ下一)たおれる。ころぶ。ずれる。例河原を走れば、おのづから石車に乗りてこけたるは〈御伽草子・弁慶物語・下〉

こ-けん【沽券】名❶土地や家屋などの売り渡し証文。例沽券はそれがし(=私が)預かるなり〈読本・八犬伝・三・二二〉❷値打ち。売値。例はあ、そんなら惣地代で沽券はいくら〈滑稽本・膝栗毛・二上〉

こ-げん【固関】名勅命により諸国の関所を閉ざし警護させること。特に、内乱、天皇の譲位・崩御など国家の大事に際し、固関使を派遣して鈴鹿・不破・愛発の三関を固く警護させること。平安中期には儀式化した。

こ-こ

【此処】代話し手のいる場所や話し手に近い場所、また、すでに述べられた事柄をさす。

❶指示代名詞。㋐場所・事柄などをさす。この場所。ここ。例心のみ妹がり遣りて我はここにして(=心だけをあの娘のもとに行かせて、私の身はここにいるままで)〈万葉・一四・三五三八〉

㋑話し手の生活する地域を、他の場所と区別していう。地方に対して京、外国に対して日本、来世に対して現世など。例その山は、ここにたとへば、比叡の山を二十ばかり重ねあげたらんほどして(=その山は、京でたとえると、比叡山を二十個ほど重ねあげたような高さで)〈伊勢・九〉読解「その山」は富士山。

㋒発言内容中の事柄・事態をさす。このこと。この点。例撫でたまひ治めたまへばここをしもあやに貴み嬉しけくいよよ思ひて(=天皇がいたわってお治めになるので、このことがなんともありがたいので、ますますうれしく思って)〈万葉・一八・四〇九四〉

㋓長所や短所など特に取り立ててこれは、と注目すべき点。これ。この点。例ささやかにあてにしめやかにて、ここはと見ゆるところなくおはすれば(=小柄で気品が高くしとやかで落ち着いていて、これが欠点だと思われるところもなくていらっしゃるので)〈源氏・宿木〉

㋔今の場合。この場合。例ここは主と家来の事でござるによって、いくへにも私の不調法でござる(=かえすがえすも私の行き届かないことでございます)〈虎寛本狂言・鐘の音〉読解聞き間違いをおこした家来の言葉。この場合は家来である自分のほうに非がある、とする。

❷人称代名詞。㋐自称。自分。わたし。例ここにもさ思ふに、人の心ざしの同じやうなるになむ思ひわづらひぬる(=わたしもそのように思うのだが、あのお二人の愛情がどちらも同じようであるので思い悩んでしまう)〈大和・一四七〉

㋑対称。こちら。あなた。この人。例ここにしぶしぶなる御けはひあらば、外ざまにも思しなりなん(=こちらでぐずぐずなさるなら、ほかの方でもときっとお思いになるであろう)〈源氏・東屋〉読解ほかの方と結婚しようとお思いなさるでしょう、の意。

語誌 ②は、話し手の近くにいる人を、そのいる場所によって婉曲にさす用法から派生したもの。〈上野辰義〉

ご-こ【五鈷】名《仏教語》密教の法具の名。金剛杵の一つで、両端が五股に分かれたもの。大日如来の五智の象徴とされる。

ご-ご【御後】名「うしろ」の尊敬語。天皇や神、またはその御殿や寝殿の後ろ。特に、紫宸殿の賢聖の北側の広廂をいう。例刀をば、紫宸殿の御後にして(=置いて)〈平家・一・殿上闇討〉

こ-こう【虎口】名虎の口。危険な場所や事柄のたとえ。虎穴。例虎口をのがれて御方の陣に入りにけり〈保元・中〉

【虎口の難】虎に今にも食われるような危険な災難。非常に危険な難事のたとえ。例主上(=天皇)は虎口の難の御遁れあって〈太平記・七〉

こ-こう【股肱】 名〔股と肱で、手足の意〕自分の手足のように頼りにする家臣。腹心。例朕(=私)汝をもって股肱とす〈太平記・二六〉

ごこう『五更・御幸』⇩ごかう

ここ-かしこ【此処彼処】 代 あちらこちら。あちこち。例打ち橋・渡殿のここかしこの道にあやしきわざ(=けしからぬこと)をしつつ〈源氏・桐壺〉

こ-こく【胡国】 名 古代中国で、北方の辺境の国々の総称。例胡国といふは唐よりもはるかに北と聞くを〈宇治拾遺・一八七〉

ご-こく【五穀】 名 ❶主要な五種類の穀物。諸説あるが、上代では稲・麦・粟・稗・豆(『日本書紀』)や稲・麦・粟・大豆・小豆(『古事記』)があてられた。室町末期の『日葡辞書』では米・麦・粟・黍・稗。❷穀物の総称。例五穀を断ちて年ごろ(=長い年月)になりぬ〈宇治拾遺・一四五〉

ここ・し【子子し】 形(シク) 子どもっぽい。おっとりしている。例あてに(=上品で)ここしき人の、日ごろものを思ひければ〈堤中納言・はいずみ〉

こ-ごし【小腰】 名〔「こ」は接頭語〕腰。例小腰にだきついて〈西鶴・凱陣八島・四〉

【小腰を屈む】 腰をちょっと曲げる。例かの袖乞ふ人にことばをかけ、少し小腰をかがめ言ふやうは〈噺本・軽口露がはなし・四・六〉

こご・し 形(シク) 岩がごつごつとして険しい。例神さぶる岩根こごしきみ吉野の水分山を見れば悲しも〈万葉・七・一一三〇〉

古語拾遺 《作品名》平安初期の歴史書。一巻。斎部広成の著。大同二年(八〇七)成立。神代から奈良時代までの歴史をふまえて、斎部氏の不遇を平城天皇に上奏したもの。記紀にない伝承を多く含む点で貴重な資料。

こ-ごしょ【小御所】 名 ❶鎌倉・室町時代、将軍家の若君の住居。また、その若君。❷室町時代、将軍が宮中に参上したときの休息所。❸江戸時代、清涼殿の北東にあって、天皇が幕府の使者などとの対面に用いた建物。

ここ-だ

副《上代語》「だ」は接尾語。数量の多さ、程度のはなはだしさを、こんなにも、と指示するように示す。

❶こんなにも多く。たくさん。例み吉野の象山のまの木末にはここだも騒く鳥の声かも〈万葉・六・九二四〉➡名歌350

❷こんなにもひどく。たいそう。例多摩川にさらす手作りさらさらになにそこの児のここだかなしき〈万葉・一四・三三七三〉➡名歌214

語誌 上代に用いられた同類の語に「こきだ」「こきだく」「ここだく」「ここばく」などがある。さらに、「そ」で始まる「そこだ」「そこば」「そきだく」「そこだく」「そこばく」なども同類。〈野村剛史〉

ここだ-く 副〔「く」は接尾語〕こんなにも多く。こんなにもひどく。例(a)誰が園の梅にかありけむここだくも咲きてあるかも見が欲しまでに(=だれの庭園の梅であったのだろうか。こんなにも多く咲いていることよ。見たくなるほどに)〈万葉・一〇・二三二七〉例(b)相見ては(=互いに逢って)幾日も経ぬをここだくも狂ひに狂ひ思ほゆるかも〈万葉・四・七五一〉

ここ-ち【心地】

名 ❶気持ち。気分。例恋しきここちしばし休めて(=慕わしい気持ちをしばらく休ませて)〈土佐〉

❷物事から受ける感じ。様子。気配。例人がらのたをやぎたるに…なよ竹の心地して(=人柄はものやわらかだが…細くしなやかな竹のような様子がして)〈源氏・帚木〉

❸心構え。思慮。例幼き心地に、いかならん折と待ちわたるに(=子ども心に、どのような機会にお連れしようかと待ち続けるところに)〈源氏・空蝉〉

❹気分のすぐれないこと。病気。例御息所はかなき心地にわづらひて(=御息所はちょっとした病気になって)〈源氏・桐壺〉

語誌 「こころ」が、精神と心情にわたる広い意味をもつのに対して、主に物事から受ける感じや、なんらかの形で物事を受け止めているその時々の心の状態をいう。〈高田祐彦〉

ここち-たがふ【心地違ふ】 気分がすぐれない。気持ちが乱れる。例心地違ひ頭痛けれども〈今昔・一六・三二〉

ここち-なし【心地無し】 思慮分別が足りない。思いやりがない。例いと心地なしと思はれぬべけれど〈源氏・浮舟〉

ここち-まどふ【心地惑ふ】 理性や落ち着きを失う。思い乱れる。うろたえる。例思ほえず、ふる里にいとはしたなくてありければ(=意外にも、古い都にたいそう不似合いな様子でいたので)、心地まどひにけり〈伊勢・一〉

ここち-ゆく【心地行く】 気持ちが晴れ晴れする。例心地ゆき、めでたき朝ぼらけなり〈源氏・絵合〉

ここ-な【此処な】〔「ここなる」の変化した形〕[1]連体 ❶ここにある。ここにいる。例ここな人が無理につれてまゐられて〈狂言・連歌盗人〉❷人をののしるとき、その人物をさす。この。例やい、ここなうろたへ者〈虎寛本狂言・武悪〉[2]感 意外なことに出合って驚いて発する語。これはまあ。おやまあ。例えいここな、(鬼ノ面ガ)脱げたは〈狂言記・抜殻〉

ここ-ながら【此処ながら】 ここにいるままで。このままで。例「ここながら命たへずなりぬること」と、うしろめたがる(=心配する)〈源氏・玉鬘〉

ここ-なる【此処なる】〔「なる」は存在を表す断定の助動詞「なり」の連体形〕ここにある。ここにいる。例ここなる物取りはべらん〈枕・正月一日は〉

ここ-に【此に・茲に】 [1]副 この時に。この場合に。例いらなけく(=心が痛むほど)そこに思ひ出かなしけくここに思ひ出〈記・中・応神・歌謡〉[2]接 ❶前の話を受けて、次の話を言い起こすのに用いる。そこで。それゆえ。例中の庭には梅の花咲けり。ここに、人々のいはく、「これ、昔、名高く聞こえたる所なり」〈土佐〉❷前の話から話題を転換するのに用いる。さて。ところで。例ここに本朝人皇の始め、神武天皇より九十五代の帝、後醍醐天皇の御

宇(=御治世)にあたって〈太平記・一〉

ここぬ-か【九日】 名 ❶月の九番目の日。特には、重陽の節句の陰暦九月九日をいう。例長月の**九日**ごとに摘む菊の〈拾遺・秋〉❷ある日から数えて九番目の日。例(生マレテカラ)**九日**の夜は、右の大将の御産養ひ〈宇津保・国譲上〉❸九日間。例船に乗りし日より数ふれば、三十日あまり**九日**になりにけり〈土佐〉 語誌 仮名書きで「ここのか」の例が見えるのは、中世末期以降。

ここぬか-の-せっく【九日の節句】 名 陰暦九月九日の重陽の節句。

ここの【九】 名 ここのつ。九。名詞・助数詞の上に直接つけて用いる。例かがなべて 夜には**九**夜 日には十日を〈記・中・景行・歌謡〉➡名歌277

ここの-かさね【九重】 名〔「九重」の訓読〕「ここのへ」に同じ。例**九重**の なかにては 嵐の風も 聞かざりき〈古今・雑体〉

ここの-しな【九品】 名〔「九品」の訓読〕「くほん①」に同じ。例さてこそ(=そうしてこそ)**ここのしな**の上にも障りなく生まれたまはめ〈源氏・夕顔〉

ここの-そ-ぢ【九十】 名〔「ぢ」は接尾語「ち(個)」の連濁形〕❶数の名。九十。❷九十歳。九十年。例**ここのそぢ**あまり悲しき別れかな長きよはひと何たのみけん〈続後撰・雑下〉

ここの-つ【九つ】 名 ❶数の名。九。❷九歳。例小姫君は**九つ**十ばかりにて〈栄花・初花〉❸時刻の名。九つ時。正午、または午前零時ごろ。例今鳴る鐘は**九つ**なれば、夜も深し〈西鶴・西鶴諸国ばなし・三・四〉

ここの-へ【九重】 名 ❶九つ重なっていること。**幾重にも重なること**。また、その**重なり**。例朝まだき八重咲く菊の**九重**に見ゆるは霜のおけばなりけり(=朝早く八重咲く菊の**九**重が九重に見えるのは霜が降りたからなのであった)〈後拾遺・秋下〉読解 霜を花の一重に見立てる。❷**内裏**。**宮中**。例(a)(鶯ハ)さばかりあてにうつくしきほどよりは、**九重**のうちに鳴かぬぞいとわろき(=そのように上品で愛らしいわりには、宮中の内では鳴かないのがたいそうよくない)〈枕・鳥は〉例(b)いにしへの奈良の都の八重桜けふ**九重**ににほひぬるかな〈詞花・春〉➡名歌65 ❸(②から転じて)**内裏のある場所**。**都**。例雲かと見えて八重一重、咲く**九重**の花盛り(=雲のようであるが、八重桜や一重桜が咲いて都は花盛り)〈謡曲・熊野〉

語誌 ▼九重の門 古く中国の王城は、門を九重に築いたところから九重といったと伝えられている。②③は、その訓読による。

▼八重・九重 和歌や和歌的なしゃれた言い回しの中で①②を掛けて「ここのへ」を用いることが多く、数の連鎖から「八重」などと対句的に組み合わせて表現することも多い。②の例(b)は、その典型。〈藤本宗利〉

ここ-ば 副〔「ば」は接尾語〕これほどはなはだしく。例秋の夜を長みにかあらむなぞ(=なぜ)**ここば**眠の寝らえぬも一人寝ればか〈万葉・一五・三六八四〉

ここば-く 副〔「く」は接尾語〕これほどはなはだしく。例木末花咲き **ここばく**も 見のさやけきか〈万葉・一七・三九九一〉

ご-ごひゃくさい【後五百歳】 名《仏教語》釈迦の死後の二千五百年を五百年ごとに区切ったうちの、最後の五百年。仏法は衰えて邪見がはびこる時期とされる。例ともに**後五百歳**まで仏法をひろむべし〈曾我・六〉

ここめ 名 妖怪。鬼女。例鬼・**ここめ**をも物ならず思へる武士は、おそろしきものぞ〈著聞集・一六・五七五〉

ここ-もと【此処許】 代 ❶この場所。まさにここ。例(襖障子ノ穴カラ内ヲノゾイテミルト)**ここもと**に几帳を添へ立てたる、あな口惜しと思ひて〈源氏・椎本〉❷ここの場所にいる自分をさす。こちら。わたし。当方。例「ただ**ここもと**に、人づてならで(=人づてではなくて)申すべき事」など言へば〈枕・頭の中将の、すずろなるそら言を〉

ここ-ら 副「ら」は接尾語。数量の多さ、程度のはなはだしさを、こんなにも、と指示するように示す。転じて、単に数量の多さ、程度のはなはだしさを表す。上代の「ここだ」に替わって平安時代以降用いられた。

❶**たくさん**。**数多く**。例(a)**ここら**の日ごろ思ひわびはべりつる心は(=長い間思い悩んでおりました心は)〈竹取〉例(b)かの桟敷の前を**ここら**行き交ふ人の、見知れるがあまたあるにて知りぬ(=その見物席の前をたくさん行ったり来たりする人の中に、見知っている人が大勢いるのでわかった)〈徒然・一三七〉

❷**たいそう**。**ひどく**。例**ここら**多くおはする宮たちの御なかに(=たいそう大勢いらっしゃる宮様がたの御中に)〈栄花・日蔭の鬘〉

類義 そこら 〈野村剛史〉

こご・る【凝る・凍る】 動(ラ四) ❶凍る。例石床と川の氷**凝り** 寒き夜を〈万葉・一・七九〉❷寒さで手足が凍える。例兵の手**凍っ**(音便形)て弓をひくに叶はず(=弓を引くことができない)〈太平記・四〉

こころ

【心・意・情】 名 人間の理知的な、または感情的な精神作用のありかや、精神作用そのものをいう。

❶**心臓**。例大猪子が 腹にある 肝向かふ(枕詞) **心**をだにか(=大きな猪の腹にある心、せめてその心のうちだけでも)〈記・下・仁徳・歌謡〉読解 枕詞「肝向かふ」は、肝が心臓に向きあっている意で「心」にかかる。

❷**意志的・知的な働き**。㋐**意志**。**意向**。**意図**。**志**。**望み**。例ますらをの聡き**心**も今はなし恋のやつこに我は死ぬべし(=りっぱな男子のしっかりした志も今はない。恋のやつのために私は死ぬにちがいない)〈万葉・一二・二九〇七〉

㋑**思慮分別**。**判断**。**配慮**。**心得**。**機転**。**用心**。例(a)天気のこと、楫取りの**心**に任せつ(=天気のことは、楫取りの判断に任せてしまった)〈土佐〉例(b)昔より御後ろ見仕うまつるべきことを、**心**のいたる限りおろかならず思ひたまふるに(=昔から御後見申し上げなければならないことを、配慮の及ぶ限り並ひととおりでな

く存じておりますが〉〈源氏・薄雲〉

❸**感情的・気分的な働き。**㋐**感情。内心。気分。**例(a)やまと歌は、人の心を種として、よろづの言の葉とぞなれりける(=和歌は、人の感情をもととして、いろいろな表現となった)〈古今・仮名序〉例(b)心にうつりゆくよしなし事を、そこはかとなく書きつくれば(=心に浮かんでは消えてゆくとりとめのない事を、なんとなく書きつけると)〈徒然・序〉

㋑**誠意。愛情。思いやり。**例堀江越え遠き里まで送り来る君が心は忘らゆましじ(=堀江を越えて遠い里まで送って来たあなたの愛情は忘れられないだろう)〈万葉・二〇・四四八二〉

㋒**魂の動き。感動。**例身を捨てて行きやしにけん思ふよりほかなるものは心なりけり(=体を捨てて行ってしまったのだろうか。思うにまかせないものは心であったなあ)〈古今・雑下〉読解「身─心」の対応で、肉体に対する魂の動きを詠む。

❹**先天的・習慣的に備わっているもの。本性。性質。気立て。**例(a)その人、容貌よりは心なむまさりたりける(=その人は、容貌よりは気立てがすぐれていた)〈伊勢・二〉例(b)改まらざるものはこころなり(=直らないものは性質である)〈枕・職の御曹司の西面の〉

❺**特定の精神作用。**㋐**相手に逆らったり、隔てを置いたりする心。二心。あだし心。隔意。**例参りにくく思しけれど…かく親しき御仲らひにて、心あるやうならむも便なくて(=参上しにくくお思いになったけれど…このように親しい御間柄であって、隔意があるようなのも不都合で)〈源氏・若菜上〉

㋑**道心。信仰心。**例さばかり道心なき者の、はじめて心起こること(=あれほど信仰心のない者が、はじめて信仰心が起こること)〈大鏡・道長下〉

❻**事情。内情。意味。**例門うち叩かせたまへば、心も知らぬ者の開けたるに(=門を叩かせなさると、事情も知らない者が開けたので)〈源氏・若紫〉

❼**情趣。趣向。趣味。**例ただ秋の月の心を見はべるなり(=ただ秋の月の情趣を考えているのです)〈枕・職におはしますころ、八月十よ日の〉

❽〔歌論・連歌論用語〕**表現しようとする内容・情趣・趣向など。**例およそ歌は心深く姿きよげに、心にをかしき所あるを、すぐれたりといふべし(=一般に歌は情趣が深く格調が純粋で、趣向にすばらしい部分があるのを、すぐれているというにちがいない)〈新撰髄脳〉

語誌 ▼「思ひ」と「心」　類義語「思ひ」は、胸の内にとどめている気持ち。これに対して「心」は、外部の物事に向かっての活動的な気持ちをいう。

▼「身」と「心」　古代以来、人間という存在を「身(身体・肉体)」と「心(精神・魂)」の二元によって成り立っているとする発想がある。二者の対応による表現が多い。また、しばしば心が身におさまりきらずに、さまよい出ることもあるとして、そうした魂を物の怪と呼んだ。

▼心と言葉　③㋐の例(a)に示したように、和歌はさまざまな人間感情を素材として、言葉としての多様な表現になるとする。これを心詞二元論とも呼んでいる。以後、歌論をはじめとする重要な文芸理念となった。

▼「心」と「情」　本居宣長は『源氏物語玉の小櫛』で、『源氏物語』の本質である「もののあはれ」を説くのに、「こころ」を「心」と「情」に二分している。「心」は儒教や仏教などの思想とも連なる理知的なるもの、「情」は人間の根源にある感性的なるもの、と区別し、「もののあはれ」とは後者の「情」に発するもので、理屈では容易に制御することのできない、やむにやまれない魂の感動であるとした。　〈鈴木日出男〉

【心に入る】❶〔「いる」は四段活用〕㋐気にいる。気乗りがする。例心に入らで、あしくなむ詠みたまひける〈大和・一九〉㋑よくわかる。理解する。例西へ行く月をやよそに(=無関係なものに)思ふらむ心に入らぬ人のためには〈山家集・中〉読解「心に入らぬ人」は、仏の教えを理解しない人。そのような人は、極楽浄土のある西方に向かう月を自分に無関係なものに思うだろう、の意。❷〔「いる」は下二段活用〕心にとどめる。関心をもつ。例仏の御名を御心に入れて、御声はいと尊くて申したまふを〈伊勢・六五〉

【心に懸かる】気になる。念頭から離れない。例〈帝ハ〉かぐや姫のみ御心にかかりて、ただ独り住みしたまふ〈竹取〉

【心に掛く】気にかける。念頭に置く。例夜も目の覚めたるかぎりは、これをのみ心にかけたるに〈更級〉読解「これ」は『源氏物語』をさす。

【心に適ふ】❶思いどおりになる。例命だに心にかなふものならば何か別れの悲しからまし〈古今・離別〉➡名歌66　❷気にいる。満足に思う。例心にかなふやうにもやと〈妻トシテ〉選りそめつる人の、定まりがたきなるべし〈源氏・帚木〉

【心に従ふ】❶自分の思いどおりにする。例俊蔭、心にしたがひて答ふるに〈宇津保・俊蔭〉❷相手の意志に従う。例御心に従へる者の、今宵しも(=今夜に限って)さぶらはで〈源氏・夕顔〉

【心に染む】❶〔「しむ」は四段活用〕心に深くしみ通る。心に刻みこまれる。例心に染みて思ほゆるかも〈万葉・四・五六九〉❷〔「しむ」は下二段活用〕心に深くとどめる。心に刻みこむ。例物語のことをのみ心にしめて〈更級〉

【心に付く】❶〔「つく」は四段活用〕心にぴったりとして好ましく思う。気にいる。例御心につきて思す人あらば、ここに参らせて〈源氏・総角〉❷〔「つく」は下二段活用〕心にかける。関心をいだく。例この宮の木立を心につけて〈源氏・蓬生〉

【心に乗る】❶心の上にある。心を占める。例心に乗りて思ほゆる妹〈万葉・四・六九一〉❷気にいる。満足する。例好いた人も心に乗らぬ人も〈西鶴・好色一代女・五・二〉

【心にもあらず】❶無意識に。思わず。例心にもあらず御覧じやられけるに〈大鏡・時平〉❷不本意だ。意外だ。例心にもあらぬまじらひ、いと思ひのほかなるものにこそ〈源氏・宿木〉

【心も言葉も及ばれず】想像することも、言い表すこともできない。例平朝臣清盛公と申しし人のありさま、伝へ承るこそ、心も言葉も及ばれね〈平家・一・祇園精舎〉

【心を致す】心をこめる。真心を尽くす。例汝

いよいよ心を致して、懈怠する(=怠ける)事なかれ〈今昔・一四・二四〉

[心を入る] 心をこめる。熱心にする。例いはけなきほどより(=幼いころから)、学問に**心を入れて**はべりしに〈源氏・絵合〉

[心を起こす] ❶道心を起こす。信仰心を起こす。例この盗人**心を起こして**法師になりて〈宇治拾遺・五八〉 ❷心を奮い立たせる。例しひて御**心を起こして**、心のうちに仏を念じたまひて〈源氏・夕顔〉

[心を掛く] 心をとどめる。思いをかける。信仰する。例たゆみなく(=怠ることなく)**心をかくる**弥陀仏〈金葉・雑下〉

[心を砕く] 気をもむ。苦心する。例人知れぬ**心をくだき**たまふ人ぞ多かりける〈源氏・須磨〉

[心を染む] 心を奪われる。深く思いつめる。例あぢきなきことに**心をしめて**〈源氏・若紫〉

[心を立つ] 意志を通す。我を張る。例おのれ一人しも**心をたてて**もいかがは〈源氏・夕霧〉

[心を付く] ❶思いをかける。執心する。例年ごろ、よからぬ人の(=身分の低い男が)**心をつけ**たりけるが〈源氏・橋姫〉 ❷もの思う気持ちを起こさせる。例おしなべて(=すべて一様に)ものを思はぬ人にさへ**心をつくる**秋の初風〈新古今・秋上〉

[心を尽くす] ❶**心をうちこむ。真心を尽くす。**例(姫君ノ養育ニ)いみじき**心を尽くす**とも、かかる深山隠れにては、何のはえかあらむ(=どんなに真心を尽くしても、このような深い山里住まいでは、なんの栄えがあるだろうか)〈源氏・薄雲〉読解「はえかあらむ」の「か」は反語の意を表す。 ❷**限りなくもの思いをする。あれこれと気をもむ。**例人の御**心を尽くし**たまふも、げにことわりと見えたり(=ほかの女御・更衣たちがあれこれ気をもみなさるのも、なるほど無理もないことと思われた)〈源氏・桐壺〉読解桐壺更衣だけが帝から寵遇されることについて。〈鈴木日出男〉

[心を取る] 機嫌をとる。取り入る。例大和撫子をばさし置きて…親の**心を取る**〈源氏・帚木〉読解「撫子」は幼い娘をさす。

[心を遣る] ❶**憂さを晴らす。心を慰める。**例夜光る玉といふとも酒飲みて**心を遣る**にあにしかめやも(=夜光る玉といっても、酒を飲んで憂さを晴らすのにどうしてまさることがあろう)〈万葉・三・三四六〉読解「あにしかめやも」は反語表現。 ❷**自分のしたいようにする。得意になる。**例わが心得たる事ばかりを、おのがじし**心をやりて**、人をばおとしめなど(=自分が知っていることばかりを、各自が得意になって、人をけなすなど)〈源氏・帚木〉 ❸**思いをはせる。思いやる。**例行く道に**心をやりて**、いと心地よげなり(=これから行く道に思いをはせて、たいそう気分よさそうである)〈源氏・蓬生〉読解夫が大宰府の次官となった人の様子。

語誌 何かによって心中のもやもやわだかまりを晴らす意が基本。心が満足するという意の類義語に「心ゆく」があるが、そちらはより積極的・行動的である。〈鈴木日出男〉

こころ-あがり【心上がり】 名 思い上がること。高慢なこと。例沢瀉は名のをかしきなり。**心上がり**したらんと思ふに〈枕・草は〉読解「沢瀉」は水草の名。その音が「面高」と通じるおもしろさをいう。

こころ-あさ・し【心浅し】 形(ク) 思慮が浅い。薄情だ。例年ごろ侮り聞こえける**心あさき**人々、めづらかなる客人と思ひ驚きたり〈源氏・総角〉

こころ-あ・し【心悪し】 形(シク) ❶性格がよくない。意地が悪い。例かたちにくさげに、**心悪しき**人〈枕・とり所なきもの〉 ❷気分が悪い。病気である。例**心あしう**(音便形)もおはするにや〈独寝・下〉

こころ-あて【心当て】 名 ❶あて推量。例**心あて**に折らばや折らむ初霜の置きまどはせる白菊の花〈古今・秋下〉↓名歌153 ❷心づもり。例兼ねての算用(=目算)には十五両の**心当て**〈西鶴・世間胸算用・三・一〉

こころ-あやまり【心誤り】 名 ❶**心得違い。過失。**例おほけなく**心あやまり**して、いみじきことどもを書きつづけておこせたまへり(=身のほどを知らずに心得違いをして、たいそうな言葉を書き連ねてお寄せになった)〈源氏・若菜下〉 ❷**気持ちが乱れること。心が正常さを失うこと。**例本性はいと静かに心よく、児めきたまへる人の、時々**心あやまり**して(=本来の性質はたいそうしとやかで気立てがよく、おっとりしている人だが、時折心が正常さを失うことがあって)〈源氏・真木柱〉 ❸**気分がすぐれないこと。**例**心あやまり**して、わづらはしくおぼゆれば…対面したまはず(=気分がすぐれなくて、めんどうくさく思われるので…お会いにならない)〈源氏・総角〉〈鈴木日出男〉

こころ-あり【心有り】 ❶**思いやりがある。誠意がある。**例この来たる人々ぞ、**心ある**やうには、言はれほのめく(=このやって来た人々こそ、誠意あるように、言われもし、そうも見える)〈土佐〉読解任地を去る前国司を見送りにやって来た人たちへの評。 ❷**物事の情趣や道理がわかる。**例**心あらむ**人に見せばや津の国の難波わたりの春のけしきを〈後拾遺・春上〉↓名歌154 ❸**ひそかに思うところがある。下心がある。**浮気心や裏切りの心にもいう。例絶えず行く飛鳥の川の淀みなば**心ある**とや人の思はん(=とぎれることなく流れて行く飛鳥川が淀んでしまったら、二心があるとあなたは思うだろうか)〈古今・恋四〉読解川が淀んで流れない意に、自分の通いがとだえる意を掛ける。 ❹**情趣がある。**また、**いわくがある。**例木立ものふりて、わざとならぬ庭の草も**心ある**さまに(=木立がなんとなく古びて、特に手入れをしたというのでもない庭の草も情趣がある様子で)〈徒然・一〇〉 ❺《歌論・連歌論用語》**洗練された詩心がある。**⇩うしん。例常に**心ある**体の歌を御心にかけて(=いつも洗練された詩心がある風体の歌をお心にかけて)〈毎月抄〉

語誌 人間的な感情や精神をもつ、が原義。人の心はさまざまに働くところから語義も広がりをもつ。〈鈴木日出男〉

こころ-あわたた・し【心慌し】 形(シク) 気持ちが落ち着かない。例大嘗会の事ども急ぎたちて、いと世の中心あわたたしう(音便形)〈栄花・さまざまの喜び〉

こころ-いき【心意気】 名〘近世語〙❶性質。気立て。例流涕こがるる(=激しく泣き悲しむ)心意気、理せめてあはれなれ〈近松・曾根崎心中〉❷意気地。例へん、畜生め。心意気だい。すっぱりやってくりゃ〈滑稽本・浮世風呂・前上〉

こころ-いきほひ【心勢ひ】 ―キオイ 名 心の張り。気力。例人の子なれば(=親がかりの子どもなので)、まだ心いきほひなかりければ〈伊勢・四〇〉

こころ-いられ【心苛られ・心焦られ】 名 動(サ変) 思いどおりにならずいらいらすること。焦慮。例心焦られして、な恨みきこえたまひそ〈源氏・総角〉

こころ-いる【心入る】 ❶(「いる」は四段活用)心が深くとまる。心がひかれる。例そのうつくしみ(=養育)に心入りたまひて〈源氏・末摘花〉❷(「いる」は下二段活用)心を傾ける。熱心にする。例学問に心入れて〈宇津保・藤原の君〉

こころ-いれ【心入れ】 名❶心をうちこむこと。執着すること。例「我一代今一たびは長者になしたまへ…たすけたまへ」と心入れ〈西鶴・日本永代蔵・三・五〉❷気遣い。好意。例このたび妹の心入れ、女ながら道理につまりける(=正当な論理を述べている)〈西鶴・武家義理物語・一・二〉

こころ-う【心得】 動(ア下二)❶わかる。気づく。理解する。例ⓐ気色をつぶつぶと(=事情を一つ一つはっきりと)心得たまへど〈源氏・少女〉例ⓑかばかりと(=これだけであると)心得て帰りにけり〈徒然・五二〉❷用心する。例(火種ガ)ころび落ちぬやうに、心得て炭を積むべきなり〈徒然・二一三〉❸心得がある。精通する。例御琴召して…この方(=この方面)に心得たる人々に弾かせたまふ〈源氏・末摘花〉❹引き受ける。承知する。例「よう煽いでくれさしめ」「心得た、心得た」〈虎寛本狂言・附子〉

こころ-うが・る【心憂がる】 動(ラ四)(「がる」は接尾語)いやになる。つらく思う。例(女ノ不作法ヲ)心うがりて行かずなりにけり〈伊勢・二三〉

こころ-うごく【心動く】 気持ちが落ち着かなくなる。冷静でいられなくなる。例この本どもなん、ゆかし(=見たい)と心動きたまふ若人世に多かりける〈源氏・梅枝〉

こころ-う・し

【心憂し】 形(ク)❶(自分自身について)つらい。情けない。例ⓐ命長くもと思ほすは心憂けれど(=寿命が長くとお思いになるのはつらいけれど)〈源氏・紅葉賀〉読解光源氏との不義の子を出産した直後の、藤壺の心境。これから先長生きしなければと考えると、それもつらい運命だとする。例ⓑ仁和寺にある法師、年寄るまで石清水を拝まざりければ、心うく覚えて(=仁和寺にいる僧が、年をとるまで石清水八幡宮を参拝しなかったので、情けなく思われて)〈徒然・五二〉

❷(他者への批評的な気持ちで)いやだ。好ましくない。遺憾である。例ⓐ(生キ物ヲ飼ウノハ)罪得ることぞと常に聞こゆるを、心憂く(=仏罰があたることだといつも申し上げているのに、好ましくなく)〈源氏・若紫〉読解「罪得る」とは、生き物を捕らえて仏罰を被ること。例ⓑ遅き梅は…枝にしぼみつきたる、心うし(=遅咲きの梅は…枝にしなびてついている、好ましくない)〈徒然・一三九〉

語誌「うし(憂し)」は、自分自身のせいでつらいと思う気持ちをいう。対して「心うし」は、つらく思う自分が情けないという気持ちを表す。この、自分をやや突き放す見方が、他人などを批評的に見ることにもなる。(鈴木日出男)

こころ-うす【心失す】 驚いて気が遠くなる。気が転倒する。例心も失せて、我にもあらで(=我を忘れて)〈宇治拾遺・二・八〉

こころ-え【心得】 名❶理解しておくべきこと。たしなみ。例(奉公ノ)心得を言うて聞かされける〈西鶴・好色一代女・四・四〉❷取り計らい。判断。例こなたの御心得をもって(=お取り計らいで)見せて下されい〈虎寛本狂言・花折〉

こころえ-がた・し【心得難し】 形(ク) 理解しにくい。例いかなりけることならむとは、今に(=いまだに)心得がたく思ひける〈源氏・真木柱〉

こころえ-がほ【心得顔】 ―ガオ 名 形動(ナリ) いかにもわかっているという表情。わかったかのような顔つき。例御返り事(=ご返事)を心得顔に聞こえむもいとつつまし(=気がひける)〈源氏・浮舟〉

こころえ-ず【心得ず】 思いがけなくて理解できない。わけがわからない。例世には心得ぬことの多きなり〈徒然・一七五〉

こころ-おきて【心掟】 名❶心に決めたこと。心づもり。意向。例親のもてかしづきたまひし(=大切にお育てになった)御心おきてのままに〈源氏・蓬生〉❷心構え。心得。例世の重し(=国家の重鎮)となるべき心おきてを習ひなば〈源氏・少女〉❸気質。性格。例久しくのどけき御心おきてにこそありしか〈源氏・匂宮〉❹趣向。工夫。配慮。例なまめかしさを取り集めたる心おきてすぐれたり〈源氏・梅枝〉

こころ-おく【心置く】 ❶気がねする。隔意をもつ。例(恋人ガ自分ニ)心置くべきこともおぼえぬを(=思い当たらないのに)〈伊勢・二一〉❷思いをとどめる。執着する。例とまる身も消えしも(=この世に残る人も去る人も)同じ露の世に心置くらむほどぞはかなき〈源氏・葵〉❸気を遣う。用心する。例(高貴ナ人ハ)さぶらふ人に心置きたまふこともなくて〈源氏・若菜下〉

こころ-おく・る【心後る】 動(ラ下二)❶気が利かない。例(和歌ヲ)おしはからず(=相手の事情も考えず)詠み出でたる、なかなか心おくれて見ゆ〈源氏・帚木〉❷気後れする。おじけづく。例(狭衣ノ大将ノ声ガスバラシイノデ、殿上人タチノ)うちうめかるる声ぞ、心後れたるやうなる〈狭衣・三〉

こころ-おくれ【心後れ】 名❶心の働きが劣っていること。愚かなこと。例容貌醜く、心おくれにして出で仕へ(=宮仕えに出仕し)〈徒然・一三四〉❷気後れ。臆病。例ゆゆしき(=たいへんな)心おくれの

人なり…帝の御前と思ふに臆して〈十訓抄・一・三八〉

こころ-おごり【心驕り】 名動(サ変) おごり高ぶること。思い上がること。得意になること。例わが方猛う(=偉いと)思ひ顔に**心おごりして**〈源氏・藤裏葉〉

こころ-おそ・し【心鈍し】 形(ク) 心の働きがにぶい。気が利かない。例(客ノ来訪ヲ)驚かざりける(=気がつかなかった)**心おそさ**よと、心もまどひて〈源氏・橋姫〉 読解「心おそさ」は、語幹＋接尾語「さ」。

こころ-おとり

【心劣り】 名動(サ変) ❶予想より劣って感じられること。期待以下のこと。見劣り。例めでたしと見る人の、**心劣りせらるる**本性見えんこそ口惜しかるべけれ(=りっぱだと思う人で、見劣りする本来の性質が見えるのは、実に残念にちがいない)〈徒然・一〉

❷気持ちがくじけて元気がなくなること。気落ちすること。気後れすること。例(自分ノ素姓ノ低サヲ知ラサレテ)いといとほしく**心劣りし**たまふらむ(=ほんとうにかわいそうに気落ちしていらっしゃるだろう)〈源氏・若菜上〉

対義▶①②こころまさり

一語誌 推測や想像よりも実際のほうが劣っている感じを表す語。他者に対しては軽蔑したくなる気持ち、自分自身に対しては劣等感になる。〈鈴木日出男〉

こころ-がかり【心懸かり・心掛かり】 名 心にかかること。気がかり。例それは**心がかり**にござるが、いかやうの事でござるぞ〈虎寛本狂言・墨塗〉

こころ-かく【心懸く・心掛く】 心にかける。思いをかける。例**心かけ**てはべりけれど…つれなきさまの(=冷たい様子が)見えければ〈後撰・恋二・詞書〉

こころ-がさ【心嵩】 名 思慮の深さ。度量の大きさ。例家富み一族広うして(=栄えていて)、**心がさ**ある者にて候へ〈太平記・七〉

こころ-がはり【心変はり】 名 ❶男女関係や主従・友情関係などで、気持ちがほかへ移ること。例夜の間の**心変はり**こそ、のたまふにつけて推しはかられはべりぬれ〈源氏・宿木〉 ❷心に異常をきたすこと。例かく**心変はり**したまへるやうに〈源氏・幻〉 読解 光源氏が生涯の伴侶であった紫の上と死別した後、それまでとは異なる心理状態だとする。

こころ-がへ【心替へ】 名 他と心を取り替えること。例**心がへ**するものにもが(=心が入れ替えられるものであってほしい)片恋は苦しきものと人に知らせむ〈古今・恋一〉

こころ-がまへ【心構へ】 名 心の準備。気構え。例残りの齢ゆたかに経べき**心がまへ**も、二なく(=またとなく)したりけり〈源氏・若紫〉

こころ-かよふ【心通ふ】 こちらの思いが相手に通じる。例逢ふことは雲居はるかに隔つとも**心通は**ぬほどはあらじを(=ないだろうに)〈後拾遺・別〉

こころ-から【心から】 自分の心から。自分から求めて。例情けの心なき者は、**心から**かくなむありける(=不幸な目にあうのだ)〈今昔・二四・五〇〉

こころ-がら【心柄】 名 ❶気質。性格。例聡くらうらうじく(=利発で)、**心がら**もいとかしこければ〈落窪・四〉 ❷心がけのせい。自業自得。例「これにて堪忍したまへ…」と、丸裸になるは**心がら**なり〈浮世草子・新色五巻書・五・四〉

こころ-かる・し【心軽し】 形(ク)「こころかろし」とも。軽薄だ。気が変わりやすい。例出でて去なば**心軽し**と言ひやせん世の(=夫婦仲の)ありさまを人は知らねば〈伊勢・二一〉 読解 夫のもとから去ろうとする妻が詠んだ歌。

こころ-きたな・し【心汚し】 形(ク)「こころぎたなし」とも。心が卑しい。心根がよくない。思い切りが悪い。例**心汚き**上達部も侍るものを〈宇津保・蔵開下〉

こころ-ぎは【心際】 名 心の様子。心根。思慮の浅さを前提にいう場合が多い。例けしからぬ主の**心ぎは**かな〈宇治拾遺・一七六〉

こころ-ぎも【心肝】 名〔心臓と肝臓の意から転じて、精神の働きをいう〕❶気力。心。魂。例**心肝**を惑はして〈大和・一五三〉 ❷考え。思慮。例ひき隠してあべかりけることを、**心肝**なく申すかな〈大鏡・道長下〉

こころ-きよ・し【心清し】 形(ク)「こころぎよし」とも。心に執着や邪念がない。潔白だ。例かの大臣に、いかで、かく**心清き**さまを知らせたてまつらむ〈源氏・藤袴〉

こころ-ぐ・し【心ぐし】 形(ク) 心が晴れない。例**心ぐき**ものにそありける春霞〈万葉・八・一四五〇〉

こころ-ぐせ【心癖】 名 生まれながらの性分。性癖。例いと色なる(=好色な)御**心癖**にて〈大鏡・師輔〉

こころ-くらべ【心競べ・心較べ・心比べ】 名 意地の張りあい。根くらべ。例**心くらべ**に負けんこそ人わろけれ(=みっともない)〈源氏・明石〉

こころ-ぐる・し

【心苦し】 形(シク) 心に苦痛を感じる気持ち。他人の不幸や苦痛を思いやって自分の心が痛む意にも用いられる。

❶自分のことについて、胸が痛む気持ち。せつない。苦痛だ。つらい。例あしひきの(枕詞)荒山中に送り置きて帰らふ見れば**心苦しも**(=荒れた山の中に葬送して、置いて帰っていくのを見るとつらいなあ)〈万葉・九・一八〇六〉 読解 弟の死を嘆く歌。葬送の人々が帰るのを見ると、せつなくつらい。

❷他人のことについて、自分の心も痛む気持ち。気の毒だ。痛ましい。ふびんだ。例(a)思はん子を法師になしたらんこそ**心ぐるしけれ**(=愛する子を法師にしたようなのは、実に気の毒だ)〈枕・思はん子を〉例(b)(姫君ガ)いといたう痩せ青みて、ほれぼれしきまでものを思ひたれば、**心苦し**と見たまひて(=ほんとうにひどく痩せ青ざめて、放心したようにもの思いに沈んでいるので、痛ましいとご覧になって)〈源氏・総角〉

一語誌▼「いとほし」と「心苦し」 他者についていう②の用法は、類義語の「いとほし」と対照的である。「いとほし」がその対象に即した語であるのに対して、この「心苦し」はそれを受けとめる主体側に即した語である。〈鈴木日出男〉

こころ-げさう【心化粧】ゲソウ 名動(サ変) 相手を意識して気を配ること。緊張した気構え。例(受領ノ娘タチガ)さまことさらび(=わざとらしく気どって)、**心化粧**したるなむ、をかしきやうやうの見物なりける〈源氏・葵〉

こころ-ごころ【心心】 ❶名 人それぞれの心。例人の**心々**おのがじしの(=思い思いの)立てたるおもむきも見えて〈源氏・帚木〉 ❷形動(ナリ) 人の心がさまざまであるさま。思い思いであるさま。例御使ひの禄**心々**なるに〈源氏・玉鬘〉

こころ-こと【心殊・心異】 形動(ナリ) ❶考え方や心情が普通と違う。例衣(=天人の羽衣)着せつる人は、**心異に**なるなりといふ〈竹取〉 ❷気遣いや趣向が格別である。際立ってすぐれている。例この皇子生まれたまひてのちは、(母ノ更衣ヲ)いと**心ことに**思ほしおきてたれば〈源氏・桐壺〉

こころ-ごは・し【心強し】ゴワシ 形(ク) 強情である。例故宮にも、しか(=このように)**心ごはき**ものに思はれたてまつりて〈源氏・少女〉

こころ-ざし【志】 名〈動詞「こころざす」の名詞形〉 ❶心の向かうところ。㋐意向。意志。前々から思っていること。例もし我に後れて、その**こころざし**遂げず、この思ひおきつる宿世違はば(=もし私に先立たれて、その意向がかなえられず、この思い定めておいた宿命から外れたら)〈源氏・若紫〉 読解 ここは、娘を高貴な男性と結婚させたいという意向。
㋑注意。配慮。例**こころざし**はいたしけれど…うへのきぬの肩を張り破りてけり(=注意はしたのだが…袍の肩の部分を洗い張りで破いてしまった)〈伊勢・四一〉 ❷誠意。好意。愛情。例深き**こころざし**を知らでは、あひがたしとなむ思ふ(=深い愛情を知らないでは、結婚しにくいと思う)〈竹取〉 ❸感謝の意を表す贈り物。例いとはつらく見ゆれど、**こころざし**はせむとす(=ずいぶんひどいと思うが、贈り物はしようとする)〈土佐〉 読解 紀貫之が土佐から我が家へ帰ってきた場面。隣人は留守中の管理を自分から申し出ていたのに、家はひどく荒れ果てていた。 ❹追善供養。例九日は母人の十三年(=十三回忌)にあたり、千日寺へ石塔を立て、**こころざし**仕まつりまうし候ふ〈西鶴・好色一代男・七・五〉 〈高田祐彦〉

こころ-ざ・す【志す】 動(サ四)「心指す」の意か。心がある対象や方向に向かう意。

❶心に決めておく。思い立つ。めざす。例(長谷寺ニ)三日籠らむと**こころざし**たまへり〈源氏・玉鬘〉 ❷好意などを表す贈り物を贈る。例あふげども尽きせぬ風は君がためわが**こころざす**扇なりけり(=どんなにあおいでも尽きない風は、あなたのために私が贈る扇の風であることよ)〈貫之集・七〉 ❸追善供養をする。例今日は**志す**日にて候ふほどに、墓所へ参り候ふ〈謡曲・定家〉 〈高田祐彦〉

こころ-ざま【心様】 名 気質。性格。心情。例対の君などは、御**心ざま**などもあはれに見えたまふ人なめり〈宇津保・楼上上〉

こころ-さわぎ【心騒ぎ】 名動(サ変) 気持ちが乱れること。胸騒ぎ。例この人いかになりぬるぞと思ほす**心騒ぎ**に〈源氏・夕顔〉

こころ-さわ・ぐ【心騒ぐ】 心が落ち着かない。胸騒ぎがする。例(手紙ヲ探シテ懐ヲ)掻い探るに、なし。**心騒ぎ**て〈落窪・一〉

こころ-しらひ【心しらひ】シライ 名 心遣い。心配り。心用意。例**心しらひ**の用意過ぎて、いとさかしらなり〈落窪・一〉 読解 心遣いが過ぎて、出すぎたおせっかいだ、ということ。

こころ-しら・ふ【心しらふ】シラウ・シロウ 動(ハ四) ❶心遣いする。気を利かす。例よろづこまかにあはれに**心しらひ**まゐらせたまふも〈栄花・玉の飾り〉 ❷精通する。例兵事に**心しらへ**るは〈紀・継体〉

こころ-しり【心知り】 名形動(ナリ) 気心がよくわかっていること。立場や事情をよく知っていること。また、その人。例忍びやかに門たたく音のすれば、例の**心知り**の人来て〈枕・南ならずは東の〉 読解 忍ぶ恋の事情を知る人が逢瀬の手引きをする。

こころ-し・る【心知る】 ❶事情を知る。例この辺の**心知れ**らん者を召して問へ〈源氏・夕顔〉 読解「心知れらん」の「らん」は、完了の助動詞「り」の未然形+推量の助動詞「む(ん)」。 ❷物事の情趣や道理を理解する。例荒涼して(=うっかりして)**心知ら**ざらむ人の前に夢語りな(=夢の話をするな)〈大鏡・師輔〉

こころ・す【心す】 動(サ変) 気をつける。注意する。例(a)よき草子などは、いみじう**心し**て書けど、必ずこそ汚げになるめれ〈枕・ありがたきもの〉 例(b)過ちすな。**心し**て(木カラ)降りよ〈徒然・一〇九〉

こころ-すご・し【心凄し】 形(ク) 気味悪く恐ろしい感じがする。もの寂しい。例深き里は人離れ**心すごく**〈源氏・若紫〉

こころ-ぜいもん【心誓文】 名 心の中で立てる誓い。決意。決心。例この家へ重ねて商ひいたさじと、**心誓文**立てても〈西鶴・日本永代蔵・五・三〉

こころ-そらなり【心空なり】 心が体から離れて別のところにある状態である。うわの空である。「心も空なり」のように助詞をはさんで用いることも多い。例行箕の里に妹を置きて**心空なり**土は踏めども〈万葉・一二・二五四一〉

こころ-たか・し【心高し】 形(ク) ❶理想や志が高い。例はかなき夢に頼みをかけて、**心高く**ものしたまふなりけり〈源氏・若菜上〉 ❷思い上がっている。気位が高い。例身のほども知らず、**心高く**おごり〈無名抄・千載集事〉

こころ-たがひ【心違ひ】タガイ 名 心が平常の状態でないこと。乱心。例例の御**心違ひ**にや、苦しきことも出で来む〈源氏・真木柱〉

こころ-だくみ【心工み】 名 心の中での工夫。心づもり。例となん造るべき、かうなん建つべきといふ御**心だくみ**いみじ(=すばらしい)〈栄花・疑ひ〉

こころ-たしか【心確か】 心がしっかりしている。

例仕うまつる人の中に、**心確かなる**を選びて〈竹取〉

こころ-だ・つ【心立つ】 動(タ四) その気になる。乗り気になる。例いよいよ御**心だた**せたまひて、まづかの弁してぞ、かつがつ(=とりあえず)案内伝へきこえさせたまひける〈源氏・若菜上〉

こころ-だて【心立て】 名 心がけ。心の持ちよう。例かくいみじき(=りっぱな)**心だて**によりて…后となりにけり〈十訓抄・五・一三〉

こころ-だましひ【心魂】 名「こころたましひ」とも。❶心。魂。精神。例炎燃えあがりて、廊は焼けぬ。**心魂**なくて、ある限り惑ふ(=全員が心を惑わす)〈源氏・須磨〉❷思慮。才覚。例容貌とても人にも似ず、**心魂**もあるにもあらで〈蜻蛉・上〉

こころ-だらひ【心足らひ】 名 形動(ナリ) 心が満足すること。例老人も 女童も しが(=おのおのが)願ふ **心足らひに**〈万葉・一八・四〇九四〉

こころ-づかひ【心遣ひ】 名 動(サ変) 細かく気を配ること。用意。用心。心がけ。例(a)あるまじき恥もこそと**心づかひして**〈源氏・桐壺〉読解 宮中でとんでもない恥をかいては大変だと精神を緊張させて気を配る。例(b)(宮仕エノ)あるべきやう、御**心づかひ**を教へきこえたまふ〈源氏・真木柱〉

こころ-づから【心づから】 副〔「づから」は接尾語〕自分の心から。自発的に。例なぞや、**心づから**、今も昔もすずろなることにて身をはふらかすらむ(=捨てるのだろう)〈源氏・明石〉読解 この「すずろなること」は色恋沙汰。

こころ-づき【心付き】 名 形動(ナリ) 思いにかなうこと。好ましく思われること。例**心付きに**見えむ人に見合はば、それに引き移りなむ〈今昔・二六・一〉

こころづき-な・し

【心付き無し】 形(ク) ❶**気にくわない。不愉快だ。** 例かしこく人になびかぬ、いと**心づきなき**わざなり(=小利口で人に従わないのは、実に気にくわないものだ)〈源氏・夕顔〉❷**心にぴったりこない。心がひかれない。好感がもてない。** 例少し黒みやつれたる旅姿、いとふつつかに**心づきなし**(=少し日に焼けてやつれている旅姿は、ほんとうに武骨で好感がもてない)〈源氏・夕顔〉

語誌 気にいる、心にかなう、の意の「心付く」に「無し」がついた語。嫌悪感を感情的・感覚的に表し、対象が自分の趣味や好みに合わないというときなどにも用いる。〈鈴木日出男〉

こころ-つ・く【心付く】「こころづく」とも。❶〔「つく」は四段活用〕㋐気にいる。心がひかれる。例客人たちは、(コノ家ノ)御娘たちの住まひたまふらん御ありさま思ひやりつつ**心つく**人もあるべし〈源氏・椎本〉㋑男女の情がわかるようになる。例昔、**心つきて**色好みなる男〈伊勢・五八〉㋒分別がつく。例かの者**心つきて**、父はいづくにやらん(=どこにいるのだろう)と尋ね候ふべきなれば〈義経記・五〉❷〔「つく」は下二段活用〕㋐気づかせる。例物は破れたる所ばかりを修理して用ゐることぞと、若き人に見ならはせて**心つけん**ためなり〈徒然・一八四〉㋑気にいる。執心する。「心を付く」とも。例母なむ貴なる人に**心つけたりける**〈伊勢・一〇〉読解 娘を高貴な人と結婚させようと思う。

こころ-づくし

【心尽くし】 名 **もの思いに心をすり減らすこと。あれこれと心をくだくこと。** 例(a)木の間より漏りくる月の影(=月光)見れば**心づくし**の秋は来にけり〈古今・秋上〉→名歌163 例(b)暁の別れは、かうのみや**心づくし**なる(=未明の別れは、これほどまでもの思いに心をすり減らすものなのか)〈源氏・須磨〉読解「暁の別れ」は、夜明け直前、男性が女性のもとを立ち去る別れのこと。〈鈴木日出男〉

こころ-づけ【心付け】 名 ❶心遣い。配慮。例幼き心にてかやうの**心づけ**、古今まれなり〈御伽草子・二十四孝〉❷芸人などに与える金品。祝儀。例囃子方の若い者どもに、少しの御**心付け**ありて〈西鶴・好色一代女・一・二〉❸連歌・連句の付け方の一種。言葉そのものの縁ではなく、前句全体の意味や心情に応じて付けること。例昔は付け物を専らとす。中ごろは**心付け**を専らとす〈俳諧・去来抄・修行〉読解「付け物」は物や言葉に応じて付けること。

こころ-づよ・し【心強し】 形(ク) ❶意志が強い。気丈だ。例堪へがたきを、**心づよく**念じ返させたまふ(=我慢していらっしゃる)〈源氏・桐壺〉❷情にほだされない。つれない。強情だ。例**心強く**承らずなりにしこと〈竹取〉読解 かぐや姫が最後まで、天皇の要望を聞き入れず宮仕えしなかったことをいう。

こころ-と【心と】 自分の心から。自ら求めて。例つくづくと思へばやすき(=安らかな)世の中を**心と**嘆くわが身なりけり〈新古今・雑下〉

こころ-ど【心ど】 名 しっかりした心。心の張り。気力。例遠長く(=末長く)仕へむものと思へりし君しまさねば**心ど**もなし〈万葉・三・四五七〉読解 主人の死を詠んだ挽歌。

こころ-ときめき【心ときめき】 名 動(サ変) 期待や予想などで胸がどきどきすること。例宮は…(姫君ノ居場所ガ)すこしけ近きけはひするに、御**心ときめき**せられたまひて〈源氏・蛍〉

こころ-と・く【心解く】 動(カ下二) 気持ちがなごむ。安心する。例父母、これを見て、たちまちに財に耽る心出で来て、**心解けぬ**〈今昔・二〇・三七〉

こころ-と・し【心疾し】 形(ク)「こころどし」とも。❶察しがよい。敏感だ。例(従者ノ惟光ハ)**心とき**者にて、ふと思ひよりぬ〈源氏・葵〉❷気が早い。せっかちだ。例(梅ハ)一重なるが、まづ(=はじめに)咲きて散りたるは、**心疾く**をかし〈徒然・一三九〉

こころ-とど・む【心留む】 ❶気をつける。念入りにする。例着るべき物、常よりも**心とどめ**たる色あひ、しざま(=仕立て方)いとあらまほしくて〈源氏・帚木〉❷気にいる。執着する。例しばし(=少しの間も)世の中に**心とどめ**じと思うたまふる〈源氏・橋姫〉

こころ-とま・る【心留まる】 ❶関心が向く。気にいる。例時々隠ろへ見はべりしほどは(ソノ女性ニ)こよなく**心とまり**はべりき〈源氏・帚木〉❷心が残る。例山水に**心とまり**はべりぬれど〈源氏・若紫〉

こころ-とり【心取り】 名 機嫌をとること。例(道

中ノ雑草ヲ)すこしうち払はせはべらんかし」と心とりに聞こえたまへば〈源氏・宿木〉

こころ‐なが・し【心長し】 形(ク) ❶気持ちが長く変わらない。辛抱強い。例さりとも(=相手がたとえつまらない女だとしても)**心長く**見果ててむ〈源氏・末摘花〉❷のんびりした気持ちだ。安心だ。例**心ながう**(音便形)養生をして〈虎寛本狂言・武悪〉

こころ‐ながら【心ながら】 ❶以前からの気持ちのままに。例貧しく経ても、なほ(=やはり)昔よかりし時の**心ながら**、世の常のこと(=世間並みのこと)も知らず〈伊勢・一六〉❷自分の心ながらも。我ながら。例わが**心ながら**、いとかく人に染む(=執着する)ことはなきを〈源氏・夕顔〉

こころ‐なぐ【心和ぐ】 心がやわらぐ。心が慰められる。例見むごとに(=見るたびに) **心和ぎむ**と…山吹を 宿に引き植ゑて〈万葉・一九・四一八五〉

こころ‐なぐさ【心慰】 名 心の慰め。気晴らし。例いぶせみと(=気がむしゃくしゃするので) **心なぐさ**に 撫子を 宿に蒔き生ほし〈万葉・一八・四一一三〉

こころ‐なぐさめ【心慰め】 名 心を慰めること。例つれづれなる**心慰め**に思ひ出でつるを〈源氏・手習〉

こころ‐な・し

【心無し】 ❶ 形(ク) ❶**感情がない。思いやりがない。**無情だ。例しばしばも 見放けむ山を **心なく** 雲の 隠さふべしや(=何度もはるかに眺めたい山なのに無情にも雲が隠してよいものか)〈万葉・一・一七〉読解 雲を擬人化した表現。末尾の「や」は反語の意を表す。

❷**分別がない。思慮が足りない。**不注意だ。例いと**心なき**人のしわざにもはべるかな。いまつくろはせはべらむ(=ほんとうに不注意な人の行為ですね。すぐに直させましょう)〈源氏・紅葉賀〉読解 不注意者の童女が、姫君の人形遊びの品を壊してしまった。

❸**情趣を解さない。**風流心がない。例名所には住めども**心なくて**(=名所には住んでいるけれども、風流心がなくて)〈謡曲・隅田川〉

❹**もの心がつかない。**例母には二つにて後れにしかども、**心なき**昔は覚えずして過ぎぬ(=母には二歳で死別してしまったが、もの心がつかない昔は何もわからずに過ぎた)〈とはずがたり・一〉

❷ 名(1の名詞化) ❶**思慮がないこと。**不注意なこと。また、**その人。**例例の、**心なし**の、かかるわざをしてさいなまるるこそいと心づきなけれ(=いつものように、不注意者が、こんなことをしておしかりを受けるのはほんとうに気にいりません)〈源氏・若紫〉

❷**情趣を解さないこと。**風流心がないこと。また、その人。例**心なし**とは それ候ふよ 冴えた月夜に 黒小袖(=風流心がないとはそのことよ、月光の澄んで美しい月夜に黒染めの小袖を着るなんて)〈隆達小歌〉

語誌 ▼人間らしい心や感情をもっていない意が原義。俗世を捨てた出家者などにもいい、西行の「心なき身にもあはれは知られけり鴫立つ沢の秋の夕暮れ」〈新古今・秋上〉(➡名歌155)も、それを前提に詠んでいる。

▼類義語「なさけなし」が情趣的なものに否定的であるさまをいうのに対して、「こころなし」は思慮や分別など知的なものに否定的であるさまをいう場合が多い。〈鈴木日出男〉

こころ‐ならず【心ならず】 ❶本心と違って。不本意に。例おのが**心ならず**、まかりなむ(=おいとましよう)とする〈竹取〉❷無意識に。うっかりして。例**心ならず**蛙の首を打ち切りてき〈宝物集・五〉読解 末尾の「てき」は、完了の助動詞「つ」の連用形＋過去の助動詞「き」。「〜てしまった」の意。❸(「心も心ならず」の意)不安で気が気でない。例もしや悴がそのやうな目に逢ひはせぬかと**心ならず**〈歌舞伎・東海道四谷怪談・初日三幕目〉

こころ‐ならひ【心習ひ・心慣らひ】 名 心の習慣。心の癖。例みづから(=自分が)はかばかしくすくよかならぬ**心ならひ**に〈源氏・夕顔〉

こころに〜【心に〜】 ⇒「こころ」の子項目

こころ‐にく・し

【心憎し】 形(ク) はっきりしないもの・底知れないものに対して関心をもち、あこがれたり賞賛したり、あるいは不安・不審などをいだく気持ちを表す。

❶**しゃくにさわるほどすばらしい。上品で奥ゆかしい。**心ひかれる感じだ。例木立・前栽などなべての所に似ず、いとのどかに**心にくく**住みなしたまへり(=木立や植込みなどがありふれた所とは違い、実にゆったりと上品で奥ゆかしく住まっていらっしゃった)〈源氏・夕顔〉

❷**物事がはっきりしない。相手の気持ちがつかみがたい。**例今少し光見せむや。あまり**心にくし**(=もう少し明かりを見せてほしいことよ。あまりにはっきり見えない)〈源氏・玉鬘〉

❸**なんとなく恐ろしい。不安だ。怪しい。**例(a)さだめて討手向けられ候はんずらん。**心にくう**(音便形)も候はず(=きっと討手をお差し向けになることでしょう。恐ろしくもございません)〈平家・四・競〉例(b)**心にくし**。重き物を軽う見せたるは隠し銀に極まるところ(=怪しい。重い物を軽く見せているのは隠し金に決まっていること)〈西鶴・世間胸算用・四・二〉

語誌 「にくし」が含まれるが、憎悪の感情はない。相手(対象)の上品さや教養深さに、羨望など格別の関心をいだく気持ちをいうのが原義。②③はそこからの派生とみられ、特に③は中世以降の用法。〈鈴木日出男〉

こころ‐ね【心根】 名 心の奥。内心。例**心ね**のほどを見するぞあやめ草〈和泉式部集〉

こころ‐の‐あき【心の秋】 愛情などが失われていくこと。和歌で、多く「秋」に「飽き」を掛けて用いる。例しぐれつつもみづる(=紅葉する)よりも言の葉の**心のあき**に逢ふぞわびしき〈古今・恋五〉

こころ‐の‐いたり【心の至り】 思慮が行き届いていること。例**心のいたり**少なからん絵師は描き及ぶまじ〈源氏・明石〉

こころ‐の‐いとま【心の暇】 ❶もの思いの絶え間。心ののどかな時。「心の暇」とも。例**心の暇**なく思し乱るる人の御あたりに心をかけて〈源氏・若紫〉❷

内心ひそかにする、いとまごい。例よそながら心の御暇申せしが〈近松・曾我扇八景・上〉

こころ-の-いろ【心の色】 ❶気持ちの表れ。心の状態。例ときはなる日かげのかづら今日しこそ心の色に深く見えけれ〈後撰・恋三〉読解ヒカゲノカズラの常緑であることを、心変わりしないことにたとえる。❷心のやさしさ。心の美しさ。例(東国ノ人ハ)心の色なく、情けおくれ(=足りなく)〈徒然・一四一〉

こころ-の-うら【心の占】 心の中でする占い。予想。予感。例かく恋ひんものとは我も思ひにき心の占ぞまさしかりける(=本当だった)〈古今・恋四〉

こころ-の-おきて【心の掟】 心構え。また、気質。例道理をもて、身の飾りとし、心の掟とするものなり〈宇治拾遺・一九七〉

こころ-の-おに【心の鬼】 自分の心をおびやかしたりとがめだてたりするもの。不安。疑心暗鬼。良心の呵責。例宮の(=藤壺は)、御心の鬼にいと苦しくて〈源氏・紅葉賀〉読解光源氏との不義の子を産んだ後、その子が源氏とうり二つであるところから、藤壺は良心の呵責に堪えがたい。語誌主に平安時代の物語に見られる語で、特に、人目を忍ぶ恋などで、自分の秘事を危ぶむ気持ちの表現として多く用いられている。

こころ-の-かぎり【心の限り】 心の全部。気持ちのおよぶ限り。思う存分。例よくも音弾きとどめぬ琴を、よくも調べで(=調律しないで)、心の限り弾きたてたる〈枕・かたはらいたきもの〉

こころ-の-くま【心の隈】 心に秘めた思いや考え。心の奥底。例つつみたまふ御心の隈〈源氏・総角〉

こころ-の-すさび【心のすさび】 気の向くままの行動。また、気まぐれ。例心のすさびにまかせてかくすきわざするは(=好色がましい行動をするのは)〈源氏・葵〉

こころ-の-たけ【心の丈】 心の深さ。思いのほど。例もの思ふ心のたけぞ知られぬる夜な夜な月をながめあかして〈山家集・中〉

こころ-の-ちり【心の塵】 ❶心の穢れ。煩悩。邪念。例濁りなき亀井の水をむすびあげて(=すくいあげて)心の塵をすすぎつるかな〈新古今・釈教〉❷千々に砕けた心。例わが砕く心の塵は雲となり〈宇津保・菊の宴〉

こころ-の-つき【心の月】 悟りに至った心を月にたとえた語。例いかで(=なんとかして)我心の月をあらはして闇にまどへる人を照らさむ〈詞花・雑下〉

こころ-のどか【心長閑】 形動(ナリ)心が落ち着いている。心がゆったりしている。例さるべからん折に、心のどかに対面して〈枕・大進生昌が家に〉

こころ-の-とも【心の友】 ❶互いの心を知りあっている友達。例まめやかの心の友には、はるかに隔たるところのありぬべきぞ、わびしきや〈徒然・一二〉❷心を慰めてくれるもの。例春をしたふ心の友ぞあはれなる弥生の暮れの鶯の声〈玉葉集・春下〉

こころ-の-なし【心のなし】 (「なし」は動詞「なす」の名詞形)気のせい。思いなし。例心のなし、目のうちつけに、例の猫にはあらず(=一見したところ、普通の猫とは思えない)〈更級〉

こころ-の-はな【心の花】 ❶変わりやすい心。移ろいやすく散りやすい花にたとえていう。例色見えでうつろふものは世の中の人の心の花にぞありける〈古今・恋五〉➡名歌78 ❷美しい心。特に、風雅を愛する心。きれいな花にたとえていう。例そぞろに浮き立つ心の花の、我を導く枝折り(=道しるべ)となりて、吉野の花に思ひ立たんとするに〈芭蕉・笈の小文〉

こころ-の-ひま【心の暇】 気持ちが休まるとき。例いと御心の隙あらじ〈源氏・夕霧〉

こころ-の-ほか【心の外】 ❶自分の思いどおりでないこと。思いのほか。意外。不本意。例長らへば心の外にかくあるまじきこと(=とんでもないこと)も見るべきわざにこそは〈源氏・総角〉❷気にかけないこと。問題にしないこと。無関心。よそごと。例今はただ心のほかに聞くものを知らず顔なる荻の上風〈新古今・恋四〉

こころ-の-やみ【心の闇】 ❶分別を失った心。転じて、煩悩に迷う心。例かきくらす心の闇にまどひにき夢うつつとは今宵さだめよ〈伊勢・六九〉➡名歌112 ❷親が子に執するあまり迷う心。親心。例くれまどふ心の闇も堪へがたき片はしをだに、はるくばかりに(=晴らすことができるくらいに)聞こえまほしうはべるを〈源氏・桐壺〉読解桐壺更衣の母が、娘を喪った悲しみを帝の使者に訴える言葉。語誌②は「人の親の心は闇にあらねども子を思ふ道に惑ひぬるかな」〈後撰・雑一〉(➡名歌306)が原拠。

こころ-の-を-ろ【心の緒ろ】 〔「ろ」は接尾語〕思い続ける心を緒(紐)にたとえた語。例まかなしみ寝れば言(=うわさ)に出さ寝なへば心の緒ろに乗りてかなしも〈万葉・一四・三四六六〉

こころ-ば【心葉】 名❶香壺や贈り物の箱などを覆う綾絹の中央や四隅につける飾り。金・銀や飾り糸で松や梅などの形を作る。例筥には一具に薫き物入れて、心葉、梅の枝をして〈紫式部日記〉❷心。心ばえ。心を葉にたとえていう。例人知れぬわが心葉にあらねどもかき集めてものをこそ思へ〈和泉式部続集〉

心葉①

こころ-はしり【心走り】 名「こころばしり」とも。胸がどきどきすること。胸騒ぎ。例あやしく心走りのするかな〈源氏・浮舟〉

こころ-ばせ

【心ばせ】 名❶気立て。人柄。例さまかたちなどのめでたかりしこと、心ばせのなだらかにめやすく憎みがたかりしことなど(=容姿などのすばらしかったことや、気立てが穏やかで難がなく憎めなかったことなどを)〈源氏・桐壺〉

❷機転。思慮。たしなみ。例心ばせある人だにも、物につまづき倒るる事は常の事なり(=思慮深い人でさえ、物につまずいて倒れることは普通のことである)〈宇治拾遺・一六三〉

❸情趣を解する心。風流心。例はかなき木草、空のけしきにつけてもとりなしなどして、心ばせおしはから

るる折々あらむこそあはれなるべけれ(=ちょっとした木や草、空の様子につけても風流に扱って、情趣を解する心が自然と推察される時々があるようなのがいとしいにちがいない)〈源氏・末摘花〉〈鈴木日出男〉

こころ-はづか・し【心恥づかし】—ハズカシ 形(シク) きまりが悪い。❶すぐれた相手に対して気後れする。例衛門督心とどめてほほ笑まるる、いと**心恥づかし**や〈源氏・若菜下〉❷こちらが気後れするほど相手がすぐれている。りっぱな感じがする。例**心恥づかしき**人住むなる所にこそあなれ〈源氏・若紫〉

こころ-ばへ【心ばへ】バエ 名「ばへ」は、動詞「はふ(延ふ)」であろう。外に現れ出た様子から察せられる心のさまをいう。

❶**性格。性分。**例**心ばへ**などあてやかにうつくしかりつることを見慣らひて(=性格なども気品があってかわいらしかったことを見慣れているので)〈竹取〉

❷**気遣い。思いやり。心構え。**例八月つごもりに、とかうものしつ。そのほどの**心ばへ**はしも、ねんごろなるやうなりけり(=八月の末に、なんとか無事に出産した。そのころの気遣いは、心がこもっている様子ではあった)〈蜻蛉・上〉読解 夫の態度についていう。

❸**情趣。趣向。**例水の**心ばへ**など、さる方にをかしくしなしたり(=遣り水の趣向など、それ向きに趣があるようにこしらえてある)〈源氏・帚木〉

❹**趣旨。事情。**例「陸奥のしのぶもぢずり誰ゆゑに乱れそめにしわれならなくに」といふ歌の**心ばへ**なり(=歌の趣旨である)〈伊勢・一〉読解「陸奥の」の歌は『古今和歌集』に載る。↓名歌340

語誌 「心ばせ」と「心ばへ」 類義語「心ばせ」は、その人の心の活動のしかたによる気立て・心意気などを意味し、ほめる気持ちをこめて用いられることが多い。これに対して「心ばへ」は、雰囲気から察せられる、その人の本性や物事の趣を表す。前者がほとんど人間にだけ用いられるのに対して、「心ばへ」は、③④のように事物についてもいう。〈鈴木日出男〉

こころ-ば・む【心ばむ】動(マ四)〔「ばむ」は接尾語〕❶気どった様子をする。例(女君ハ)ただいとらうたく(=かわいらしく)見ゆ。**心ばみ**たる方を少し添へたらば〈源氏・夕顔〉❷気を遣う。心配する。例昨日の返り事(=手紙の返事)、あやしく**心ばみ**過ぐさるる〈源氏・末摘花〉

こころ-ふか・し【心深し】形(ク)❶思慮が深い。思いやりが深い。例**心深しや**、などほめたてられて〈源氏・帚木〉❷深い趣がある。例およそ(=総じて)歌は、**心ふかく**姿きよげに、心にをかしき所あるを、すぐれたりといふべし〈新撰髄脳〉

こころ-ぼそ・し【心細し】形(ク)❶不安だ。もの寂しい。例今年こそ…田舎の通ひも思ひかけねば(=田舎への行商も期待できないので)、いと**心細けれ**〈源氏・夕顔〉❷もの寂しくて趣がある。例見る人もなき月の、寒けく澄める二十日あまりの空こそ、**心ぼそき**ものなれ〈徒然・一九〉読解 十二月の情趣を記す一節。

こころ-まうけ【心設け】—モウケ 名 心にあらかじめ用意すること。心の準備。例御供に参るべき**心まうけ**して〈源氏・須磨〉

こころ-まさり【心勝り】名 動(サ変)❶予想よりもすぐれていること。例**心まさりし**ぬべき事にも侍るなるかな〈宇津保・内侍のかみ〉❷心が特にしっかりしていること。例継信は**心勝り**の剛の人にて〈謡曲・摂待〉対義①②こころおとり

こころ-まどひ【心惑ひ】—マドイ 名 気持ちが混乱すること。例さきざきも(=前々から)申さむと思ひしかども、かならず**心惑ひ**したまはんものぞと思ひて〈竹取〉

こころ-み【試み】名❶ためしてみること。例**こころみ**に物語を取りて見れども、見しやうにもおぼえず〈紫式部日記〉❷試験。例式部の省の**試み**の題をなずらへて〈源氏・少女〉❸「しがく(試楽)」に同じ。例**試み**の日かく尽くしつれば〈源氏・紅葉賀〉❹試食。試飲。例(酒ガ)ようできたか悪しうできたか、**試み**をいたさう〈狂言・河原太郎〉

こころ-みえ【心見え】名 形動(ナリ)❶心を見られること。心を見せること。例うちつけの**心みえに**(=現金な心を見せるように)参り帰る〈源氏・蓬生〉読解 主人が再び豊かになると、以前仕えていた女房たちも戻ってくる。❷見栄を張ること。例「思ふほどよりはわろし。**心みえなり**」とそしられめ(=非難されるだろう)〈枕・この草子、目に見え心に思ふ事を〉

こころ-みじか・し【心短し】形(ク)❶気が短い。例(春ノ花ハ)**心短く**うち捨てて散りぬるが恨めしうおぼゆる〈源氏・藤裏葉〉❷飽きっぽい。移り気だ。例たのもしげなきもの **心短く**、人忘れがちなる(=妻のことを忘れてしまいがちな)婿の、つねに夜離れする〈枕・たのもしげなきもの〉

こころ・みる【試みる】動(マ上一)〔「心見る」の意〕❶ためしにしてみる。ためして調べる。例(人カ妖怪カヲ)**こころみる**に〈源氏・手習〉❷様子を見る。例(病気ガチナコトニ)御目馴れて、「なほ、しばし**こころみよ**」とのみのたまはするに〈源氏・桐壺〉

こころ・む【試む】動(マ上二)「こころみる」を上二段化させた語。例この馬に乗り**試むる**に〈今昔・二六・二〉

こころ-むけ【心向け】名 意向。心遣い。例大臣の御**心むけ**も心苦しう〈源氏・柏木〉

こころもことばもおよばれず【心も言葉も及ばれず】⇩「こころ」の子項目

こころ-も-しのに【心もしのに】心もうちしおれて。しんみりとして。例近江の海夕波千鳥汝が鳴けば**心もしのに**古思ほゆ〈万葉・三・二六六〉↓名歌42

こころ-もちゐ【心用ゐ】—モチイ 名 心の遣い方。心がけ。性格。例(内大臣ハ)人柄いとすくよかにきらきらしくて(=とてもきまじめで威儀も正しくて)、**心用ゐ**なども賢くものしたまふ〈源氏・少女〉

こころ-もて【心もて】副 自分の意志で。自分から。例**心もて**宮仕ひ思ひたらむこそ〈源氏・行幸〉

こころもとな-が・る【心許ながる】動(ラ四)〔「がる」は接尾語〕待ち遠しく思う。じれったく思う。不

安がる。例天人、遅しと**心もとながり**たまひ〈竹取〉

こころ-もとな・し

【心許なし】形(ク) 気持ちばかりが先走って制御できず落ち着かない、が原義。

❶**心が落ち着かない。気がかりだ。** 例いと**心もとなければ**、明日明後日のほどばかりには参りなむ（＝たいそう気がかりなので、明日か明後日のうちにはきっと伺おう）〈蜻蛉・上〉

❷**待ち遠しい。じれったい。** 例十二月も過ぎにしが、**心もとなき**に（＝十二月も過ぎてしまったのが、じれったいので）〈源氏・紅葉賀〉 読解出産が、予定日を過ぎてもその兆候の現れないのを、じれったく思う。

❸**はっきりしない。ぼんやりしている。不十分だ。** 例梨の花…花びらのはしに、をかしき匂ひこそ**心もとなう**（音便形）つきためれ（＝梨の花は…花びらの端に、美しい色つやがうっすらとついているようだ）〈枕・木の花は〉 読解「つきためれ」の「ためれ」は、完了の助動詞「たり」＋推定の助動詞「めり」。⇩ためり

語誌▼「心」に、むやみやたらに〜、の意の副詞「もとな」がついてできた語であろう。願望や期待が容易に実現しない焦燥感や不安感を表す用法が多い。

▼「こころもとなし」は自分の気持ちが先行するために落ち着かなくなる感情である。類義語「**おぼつかなし**」は、はっきり知覚できない対象にいだく不安・不満をいう。〈鈴木日出男〉

こころ-やす・し

【心安し】形(ク) ❶**安心だ。気楽だ。** 例昔こそ恥づかしう思うたまへしか、今は**心安かり**けり（＝昔は気詰まりな感じがいたしましたが、今は気楽になりましたなあ）〈宇津保・内侍のかみ〉

❷**親しい。気さくだ。懇意だ。** 例遊び・戯れをも人よりは**心やすく**馴れ馴れしくふるまひたり（＝遊びや冗談においても他の人よりは気さくで親しくふるまっている）〈源氏・帚木〉

❸**たやすい。容易だ。気軽だ。** 例（絵ヲ）**心やすくも**取り出でたまはず、いといたく秘めて（＝容易にはお取り出しにならず、ほんとうにひどく秘密にしていて）〈源氏・絵合〉

語誌悩みや憂いや心配事がない、心の安らかな状態をいう。また、それが他に作用する感じとしての、親しさ・懇意さを表し、さらに、他を受け入れる側のこだわりのなさ・気軽さなども表す。〈鈴木日出男〉

こころ-やま・し

【心疚し・心疾し】形(シク)〔動詞「こころやむ」に対応する形容詞〕❶**不満だ。おもしろくない。いまいましい。** 例君のうちねぶりて言葉まぜたまはぬを、さうざうしく**心やまし**と思ふ（＝源氏の君が居眠りをして言葉をおはさみにならないのを、もの足りなくいまいましいと思う）〈源氏・帚木〉

❷**いらいらする思いだ。引け目を感じる思いだ。** 例（衣ノ色ノ）浅葱の**心やましければ**、内裏へ参ることもせず（＝浅葱色が引け目を感じるので、宮中に参上することもしないで）〈源氏・少女〉 読解まだ位が低く、六位相当の浅葱色の衣を着なければならないことについていう。

語誌自分の思いどおりにならない相手に対する、不快や不満の感情を表す語。そのような相手は自分よりすぐれていたり身分が高かったりすることが多いので、敗北感や劣等感がにじむ例が多い。〈鈴木日出男〉

こころ-やり【心遣り】名思いを外に吐き出すこと。気晴らし。慰み。例男どちは、**心やり**にやあらん、漢詩など言ふべし〈土佐〉

こころやり-どころ【心遣り所】名気を晴らす所。心を慰める所。例今もなつかしくめでたき御ありさまを、**心やりどころ**に参り仕うまつりたまふ〈源氏・若菜上〉

こころ-や・る【心遣る】動(ラ四)「こころをやる」に同じ。例忘るやと物語りして**心遣り**過ぐせど過ぎずなほ恋ひにけり〈万葉・一二・二八四五〉

こころ-ゆか・し【心ゆかし】形(シク) 心がひかれる。奥ゆかしい。例いかなる人やらん（＝どういう人なのだろう）、**心ゆかし**〈近松・信州川中島合戦・四〉

こころ-ゆく

【心行く】❶**満足する。晴れ晴れする。気分が晴れる。気がすむ。** 例(a)（御子息ガ）しきりに参りたまふ時は、大宮もいと御**心ゆき**、うれしきものに思いたり（＝たびたび参上なさるときは、大宮もたいそうご満足して、うれしいこととお思いになっている）〈源氏・少女〉 例(b)遣り水の水草も掻きあらためて、いと**心ゆき**たるけしきなり（＝遣り水の水草も掻き払い清めて、たいそう満足した様子である）〈源氏・藤裏葉〉 読解遣り水が満足げに流れるさま。擬人法的表現。

❷**気にいる。乗り気になる。** 例母御息所はをさをさ**心ゆき**たまはざりしを（＝母の御息所はほとんど乗り気でいらっしゃらなかったのだが）〈源氏・柏木〉

語誌自ら積極的に出ることで心が満ち足りた状態になることをいう。対して、類義語の「**心をやる**」は、何かによって心を慰める意。〈鈴木日出男〉

こころ-ゆるび【心弛び】名❶**気のゆるみ。油断。** 例**心ゆるび**なく（＝油断のならない）恐ろしき世なれば〈宇津保・国譲下〉 ❷**心がくつろぐこと。気が休まること。** 例世に（＝少しも）**心ゆるび**なきなむ、わびしかりける〈蜻蛉・上〉

こころ-よ・し【快し・心良し】形(ク) ❶**気持ちがいい。愉快だ。楽しい。** 例**心よく**数献に及びて（＝杯を重ねて）〈徒然・二一五〉 ❷**病気が治ったりして、気分がいい。** 例それがしが一加持したならば、そのまま**快う**（音便形）なるであらう〈虎寛本狂言・梟〉 ❸**気立てがよい。お人よしだ。** 例(a)本の妻いと**心よき**人なれば〈大和・一四一〉 例(b)あまり**心よし**と人に知られぬる人〈枕・人にあなづらるるもの〉 読解皮肉をこめて、お人よしだ、の意で用いられた例。

こころ-よ・す【心寄す】動(サ下二) 思いを寄せる。ひいきにする。例こよなう（＝格別に）**心寄せ**きこえたまへれば〈源氏・桐壺〉

こころ-よせ【心寄せ】名❶**好意を寄せること。とりわけ好むこと。ひいきすること。** 例紫の上の御**心寄せ**ことにはぐくみきこえたまひしゆゑ（＝お育て申し上げなさったので）〈源氏・匂宮〉 ❷**期待すること。**

例「いざ、かいもちひせん(＝ぼたもちを作ろう)」と(僧タチガ)言ひけるを、この児、**心よせ**に聞きけり〈宇治拾遺・一二〉

こころ-より【心より】 自分の心がもとになって。自分の心から。例秋はただ**心より**置く夕露を〈新古今・秋上〉読解「夕露」は涙。

こころ-より-ほか【心より外】 ❶思いもよらないこと。意外。例この草子…よう隠し置きたりと思ひしを、**心よりほか**にこそ漏り出でにけれ〈枕・この草子、目に見え心に思ふ事を〉❷思いのままにならないこと。心ならずのこと。不本意。例あさましく**心よりほか**におぼつかなくなりぬるを(＝ごぶさたしてしまったけれど)〈和泉式部日記〉

こころ-よわ・し【心弱し】 形(ク) 気が弱い。情にもろい。例(a)つれなきを今は恋ひじと思へども**心弱く**も落つる涙か〈古今・恋五〉例(b)けやけく否びがたくて(＝きっぱりと断りにくくて)、よろづえ言い放たず、**心弱く**こと受けしつ〈徒然・一四一〉

こころ-わか・し【心若し】 形(ク) 心が若々しい。純情だ。また、幼稚だ。例山鳥、友を恋ひて、鏡を見すれば慰むらん、**心若う**(音便形)いとあはれなり〈枕・鳥は〉

こころを〜【心を〜】 ⇩「こころ」の子項目

こころ-をさな・し【心幼し】 ——オサナシ 形(ク) 子どもっぽく幼稚だ。思慮が浅い。軽はずみだ。例書き交はしたまへる文どもの、**心幼く**ておのづから(＝つい、うっかり)落ち散る折あるを〈源氏・少女〉

ここ-を-さいご【此処を最後】 勝敗や運命を決する瀬戸際。例おもても振らず(＝わき目もふらず)、命も惜しまず、**ここを最後**と攻め戦ふ〈平家・八・室山〉

ここ-を-せんど【此処を先途】 「ここをさいご」に同じ。例**ここを先途**と命を捨てて戦ふ〈太平記・二九〉

ここ-を-もて【此処を以て】 〔「ここをもちて」の変化した形〕「ここをもって」とも。このゆえに。したがって。例**ここをもって**たとひ人怒るといふとも、かへって我が咎をおそれよ〈平家・二・教訓状〉

古今夷曲集 《作品名》江戸時代の狂歌集。一〇巻四冊。生白堂行風編。寛文六年(一六六六)刊。『古今和歌集』にならって編まれた、最初の狂歌撰集。近世初頭の作品を中心に一〇六〇首を収める。

古今著聞集 《作品名》鎌倉中期の説話集。二〇巻。橘成季編。建長六年(一二五四)成立。約七〇〇余の話を神祇・釈教・和歌・管弦歌舞など三〇編に分類し、時代順に配列する。組織性・体系性が際立ち、説話の百科事典的様相を示す。約三分の二が平安時代までの話で、懐古的色彩が強い。

ご-ざ【五座】 名 能のシテ方五流派。南北朝のころからできた猿楽の大和四座に、江戸時代に起こった喜多流を加えていう。江戸幕府の保護を受けた。

ご-ざ【御座】 名 ❶座の敬称。貴人の席。例親王たちの**御座**の末に源氏着きたまへり〈源氏・桐壺〉❷貴人がその座にあること。いらっしゃること。例これに(＝ここに)**御座**のことは、いかなる人も知り候はじ〈太平記・一一〉

ござ-あ・り【御座あり】 〔「おはします」にあてた「御座」を音読し、ラ変動詞「あり」を添えた語〕1 動(ラ変) ❶「あり」「居り」などの尊敬語。いらっしゃる。おありになる。例梁の上に**御座ありける**〈著聞集・二・六四〉❷「行く」「来」の尊敬語。いらっしゃる。おいでになる。例御身(＝あなた)はいづくへ**御座ある**人ぞ〈太平記・二七〉2 補動(ラ変) 形容詞・形容動詞型活用語の連用形、接続助詞「て」、連語「にて」が変化した「で」につく。❶補助動詞「あり」の尊敬語。〜でいらっしゃる。例新帝、幼主にて**御座あるう**へ〈太平記・二一〉❷補助動詞「あり」の丁寧語。〜(で)ございます。例洛中に住居いたす者で**ござある**〈狂言・煎じ物〉

こ-さい【巨細】 名 形動(ナリ) 詳しいこと。細大もらさぬこと。例内裏へ**巨細**を申さでは叶ふまじ〈義経記・六〉

こ-さいばり【小前張】 名 ⇩さいばり

ご-さいゑ【御斎会】 ——サイエ 名 陰暦一月八日から七日間、大極殿(後世は清涼殿)に諸宗の僧を召し、金光明最勝王経を講じて、国家安寧・五穀豊穣を祈願する法会。例正月の**御斎会**の講師仕うまつるとて〈栄花・疑ひ〉

ご-さう【五相】 ——ソウ 名《仏教語》❶天人が死ぬときに現す五衰の相。❷真言宗で、発心してから成仏するまでに行う五種の修行。例**五相**心身を調へて祈念加持したまひければ〈源平盛衰記・二九〉

ご-ざう【五臓・五蔵】 ——ゾウ 名 ❶漢方医学の用語。心臓・肝臓・肺臓・脾臓・腎臓の五つの内臓。❷内心。心中。例三首の鄙歌をもちて、**五蔵**の鬱結(＝わだかまり)を写かむ〈万葉・五・八六八・題詞〉❸体。全身。例鹿毛なる馬の、**五臓**ふとくたくましきに〈曾我・四〉

こ-さうじ【小障子】 ——ソウジ 名「こしやうじ」とも。小型の襖張りのついたて。例東の渡殿の**小障子**の上より、妻戸の開きたる隙を何心もなく(＝何気なく)見入れたまへるに〈源氏・野分〉

ござう-ろっぷ【五臓六腑】 ——ゾウ—— 名 ❶漢方医学の用語。「ござう①」と、大腸・小腸・胆嚢・胃・三焦・膀胱の六つの内臓。人間の体内の内臓の総称。例およそ人の身中に**五臓六腑**あり〈史記抄・一三〉❷全身。例鬼どもにくだんの酒を盛りたまへば、**五臓六腑**にしみわたり〈御伽草子・酒呑童子〉

こ-ざか・し【小賢し】 形(シク) 〔「こ」は接頭語〕❶利口ぶっている。小生意気だ。例**小賢しき**者ども、朝顔の茶の湯をのぞみしに〈西鶴・西鶴諸国ばなし・五・一〉❷油断できない。抜け目がない。例さても**小賢しき**浮き世や〈西鶴・好色五人女・三・三〉

こ-さき【小前駆】 名 先払いの声が短いこと。上達部の先払いが声が大きく長く引くのに対して、殿上人のものをいう。例殿上人のはみじかければ、**大前駆**・**小前駆**とつけて〈枕・職の御曹司におはします頃、木立などの〉

こ-ざくら【小桜】 名 ❶植物の名。山桜の一種。花が小さく色が薄い。❷模様の名。小さな桜花を染め出したもの。例**小桜**を黄にかへいたる(＝染めかえした)鎧着て〈平家・一・御輿振〉

こざくら-をどし【小桜縅】 [名] 鎧の縅の一種。鎧の札を小桜模様の皮で綴ったもの。

ござ-さうら・ふ【御座候ふ】 [1] [動]（ハ四）〔「ござあり」をさらに丁寧にした語〕「あり」「居り」などの尊敬・丁寧語。いらっしゃいます。[例]大殿ばかりこそいまだ葛西谷に御座候へ〈太平記・一〇〉 [2] [補動]（ハ四）〔形容詞・形容動詞型活用語の連用形、接続助詞「て」、連語「にて」が変化した「で」について〕「あり」の尊敬・丁寧語。〜でいらっしゃる。〜（で）ございます。[例]かく仰せられ候ふは誰にて御座候ふぞ〈著聞集・一・七〉

ご-さた【御沙汰】 [名]〔「ご」は接頭語〕「沙汰」の敬称。御命令。御指示。[例]後鳥羽院はじめて歌の道御沙汰ありけるころ〈著聞集・五・二二〉

こ-ざつき【小五月】 [名]「こさつき」とも。「小五月会」の略。陰暦五月九日に行われる、近江国（滋賀県）日吉神社の祭礼。

ござ-な・し【御座無し】 [形]（ク）〔「ござあり」の打消〕❶「なし」の尊敬語。いらっしゃらない。[例]内裏へ参って見たてまつるに、主上（＝天皇）は御座なくて〈太平記・三〉 ❷「なし」の丁寧語。ございません。[例]勧進帳の御座なき事は候ふまじ〈謡曲・安宅〉

ござ-ぶね【御座船】 [名] ❶貴人の乗る船。[例]追手の船一艘、御座船に追っついて〈太平記・七〉 ❷川遊びなどに用いる屋形船。[例]天下の町人の思ひ出に、御座船のうちには…など取り乗せて行く〈西鶴・好色一代男・五・七〉

ござ-めれ「ごさんめれ」の撥音の表記されない形。

ござ・る【御座る】〔ラ変動詞「ござある」の変化した形〕[1] [動]（ラ四）❶「ござあり」の連体形「ござある」の変化した形〕 [1] [動]（ラ四）

❶「あり」「居り」の尊敬語。いらっしゃる。[例]方々に旦那衆がござるによって（＝方々にごひいきの皆様がいらっしゃるので）〈狂言・靫猿〉 ❷「行く」「来」の尊敬語。おいでになる。いらっしゃる。[例]さらばかうござれ（＝それならば、こちらへおいでなさい）〈狂言・餅酒〉 ❸「あり」の丁寧語。あります。おります。[例]あれとは申し合はせた事がござるほどに（＝あの人とは話し合って約束した事がありますから）〈狂言・武悪〉 ❹（②から転じて）「来」の意のしゃれた言い方。ある状態になる。[例]この魚はちとござつ（音便形）た目もとだ（＝ちょっと腐った目もとだ）〈滑稽本・膝栗毛・初〉 [2] [補動]（ラ四）形容詞・形容動詞型活用語の連用形、接続助詞「て」、連語「にて」が変化した「で」につく。❶補助動詞「あり」の尊敬語。〜いらっしゃる。[例]婿殿でござるか〈狂言・鶏聟〉 ❷補助動詞「あり」の丁寧語。〜います。〜ございます。[例]さやうに仰せられたによって開けてござれども〈虎寛本狂言・節分〉 〈片岡玲子〉

ご-さん【五山】 [名] 禅宗の臨済宗の寺格。中国南宋の制度にならったもの。鎌倉五山は建長寺・円覚寺・寿福寺・浄智寺・浄妙寺。京都五山は天龍寺・相国寺・建仁寺・東福寺・万寿寺。相国寺が加わるまで京都五山の一つだった南禅寺は、至徳三年（一三八六）五山の上と定められた。京都五山の僧は時に政治・外交にもかかわり、また五山文学と呼ばれる漢詩文の作品を残した。

ごさん-なれ〔「にこそあるなれ」の変化した形。「なれ」は推定・伝聞の助動詞「なり」の已然形〕〜であるようだな。〜であるらしい。[例]平家の方に聞こゆる（＝平家方で評判の）唐皮といふ鎧ごさんなれ〈平治・中〉

五山文学 [名] 主に中世、臨済宗五山派の禅僧によって営まれた文学。鎌倉末期から江戸初期まで、五山の寺では、幕府の庇護のもとで大陸文学の紹介・享受、詩文の制作に親しんだが、その文芸活動を総称していう。特に漢詩文にすぐれた業績をあげる。広く五山以外の臨済宗の学問をさしていうこともある。主な僧に、虎関師錬・義堂周信・絶海中津などがいる。

ご-さんまい【五三昧】 [名]《仏教語》〔「三昧」は「三昧場」の略で墓地・火葬場の意〕畿内にあった五か所の火葬場。奈良時代に行基が定めたという。また、単に火葬場。[例]くだんの墓所は…般若野の五三昧なり〈平家・三・赦文〉

ごさん-めれ〔「にこそあるめれ」の変化した形。「めれ」は推定の助動詞「めり」の已然形〕〜であるようだ。[例]あっぱれ、これは斎藤別当であるごさんめれ〈平家・七・実盛〉

こし【越】 [名] 北陸地方の古称。古くは北陸道から羽前・羽後・津軽、今の北海道まで含めた地域をいった。七世紀後半以降は、越前・越中・越後に分かれた地域。今の福井・石川・富山・新潟の各県にあたる。[例]しなざかる（枕詞）越の君らとかくしこそ柳かづら（＝髪飾り）にして）楽しく遊ばめ〈万葉・一八・四〇七一〉

こし【層】 [名] 塔などの一つ一つの層。[例]八角の塔を四角になし、七層を五層に減しき〈霊異記・下・三六〉

こし

【輿】 [名] ❶乗り物の名。二本の轅で屋形を支え、人を運ぶ。[例]（平生昌ノ）東の門は四つ足になして、それより御輿は入らせたまふ（＝東の門は四本柱の門に改造して、そこから御輿はお入りになる）〈枕・大進生昌が家に〉 [読解]ここは中宮が乗っている例。

❷神輿。みこし。[例]十禅師の御輿にも、矢どもあまた射立てたり（＝十禅師の御輿にも、矢を数多く突き立てた）〈平家・一・御輿振〉 [読解]「十禅師」は神の名。

[語誌] ▼輿には、大きく分けて、肩に担ぐ鳳輦・葱花輦と、腰のあたりに担ぐ手輿の三種類があり、手輿は前二者に比べるとかなり簡略な作りとなっている。⇩次ページ（図）

▼本来は天皇の乗り物で、皇后・斎王など、限られた人には特に許される場合もあった。後世には制が乱れて、臣下・僧も乗るようになる。 〈藤本宗利〉

こし

【腰】 [1] [名] ❶人間の腰。[例]腰をかがめて院宣（＝上皇の命令）をうけとる〈平家・八・征夷将軍院宣〉

❷衣服の腰にあたる部分。また、腰帯や腰紐。[例](a)剣大刀腰に取り佩き（＝腰の部分に帯びて）〈万葉・五・八〇四〉[例](b)（手紙ヲ）はかまの腰にはさみつつ〈平家・九・小宰相身投〉

❸短歌の第三句。⇩こしのく

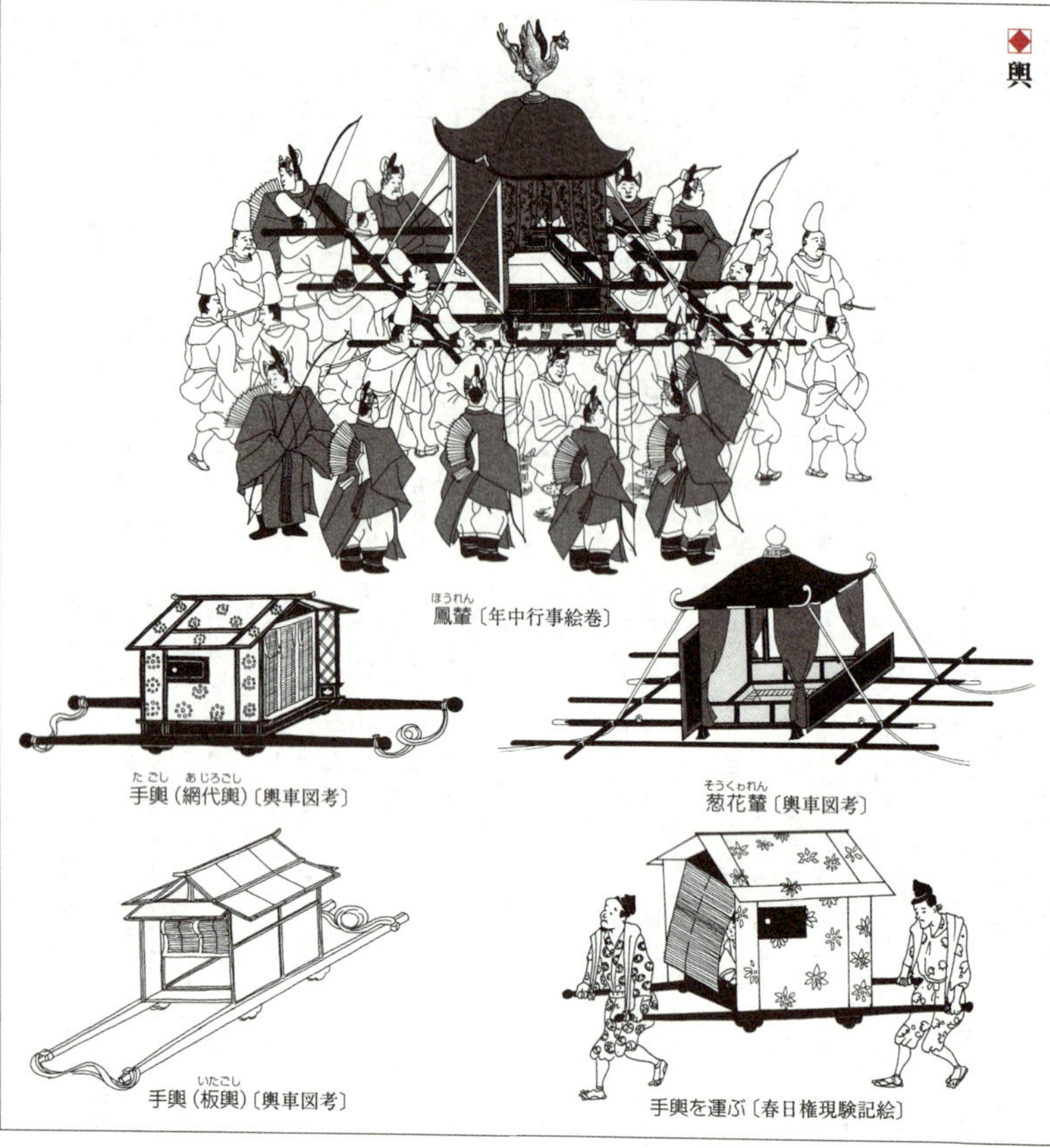
◆輿
鳳輦〔年中行事絵巻〕
手輿（網代輿）〔輿車図考〕
葱花輦〔輿車図考〕
手輿（板輿）〔輿車図考〕
手輿を運ぶ〔春日権現験記絵〕

❹**高くそびえるもののふもと**。特に、**山裾**。例この山の**腰**を南に下りてはるかに見くだせば（＝遠くまで見渡すと）〈海道記〉 **2** 接尾 袴・太刀・箙など、腰に帯びるものを数える。例紅の生絹の袴一腰〈今昔・二六・七〉

こ・し【濃し】

形（ク）❶**色が深い**。例薄く**濃き**野辺の緑の若草に跡まで見ゆる雪のむら消え〈新古今・春上〉〈新野直哉〉➡名歌81 ❷**特に、紫または紅の色が深い**。例唐めいたる白き小袿に、**濃き**が艶やかなる重ねて（＝異国風でしゃれている白い小袿に、濃い紫の艶のある衣を重ねて）〈源氏・玉鬘〉 ❸**味やにおいが強い**。例蟬の羽の夜の衣は薄けれど移り香**こく**も匂ひぬるかな（＝蟬の羽のように夜の衣服は薄いけれど、移り香は強くにおっていたなあ）〈古今・雑上〉 ❹**液体の濃度が高い**。例沈・丁子を、**こく**煎じて入れたり（＝煮て入れてあった）〈宇治拾遺・五〇〉 読解「沈」「丁子」は香料の名。〈馬場光子〉

こ-じ【巾子】 名 冠の部分の名。頂上後部に高く突き出た部分で、髻を納め、根元にかんざしを挿して固定する。⇩かうぶり

こ-じ【小師】 名《仏教語》受戒はしたが、まだ師のもとを離れずにいる僧。例**小師**でおはせし大納言法印行慶と申せしは〈平家・七・経正都落〉

こ-じ【居士】 名《仏教語》❶出家せず、家にいて仏門に入っている男性。例浄名**居士**と申す翁在ましましけり〈今昔・三・一〉 ❷称号として、男性の戒名の下につける語。例国者に聞けば四五人**居士**になり〈柳多留・三〉 読解 国もとから来た人に尋ねると、知人が何人も故人になっていた、の意。

こ-じ【故事】 名 古くから伝えられている、いわれのある事柄。由緒あること。例この**故事**をもって、今の御夢を料簡するに（＝考えるに）〈太平記・二〇〉

こし-あて【腰当て】 名 ❶鎧の上から刀を腰に差すための革帯。❷旅や狩りに用いる毛皮の敷物。背部の腰から下に当て、紐で腰に結びつける。例その輩

(=つき従う人々)ことごとく…猿の皮の腰当てをして〈太平記・三〉❸箙の上帯。

腰当て②

こし-いれ【輿入れ】 名 嫁の乗った輿を婿の家に担ぎ入れること。転じて、嫁入り。例明衡(=人名)方へそちが**輿入れ**〈浄瑠璃・伽羅先代萩・八〉

こし-かけ【腰掛け】 名 ❶腰を掛ける小さな台。例裏の垣根に**腰掛け**をならべ〈西鶴・好色五人女・二・三〉❷評定所や奉行所などで、出廷を待つための控えの場所。また、公家の家で、訴状の受け取りなどをする所。例公儀の**腰かけ**に町衆を退屈させ〈浮世草子・好色万金丹・三・一〉❸茶会のとき、茶室の露地にあって、参会者が休憩や待機をする場所。例蒔き石(=飛び石)は人もくずさず、ここが**腰かけ**の跡〈西鶴・諸艶大鑑・四・五〉

こ-し-かた【来し方】 名〔カ変動詞「く(来)」の未然形+過去の助動詞「き」の連体形+名詞「かた」〕❶過去。例**来し方**をさながら夢になしつれば〈新古今・雑下〉❷通過して来た方角。例**来し方**の山は霞みかにて〈源氏・須磨〉 語誌 「く」の連用形につく「来し方」の形もある。平安時代、特に②の意では、「来し方」が多く用いられたが、鎌倉時代以降は衰え、もっぱら「来し方」が用いられるようになる。

こし-がたな【腰刀】 名 腰に差す鐔のない短刀。「腰差し」とも。例たのむところは**腰刀**、ひとへに死なんとぞ狂ひける〈平家・四・橋合戦〉

腰刀〔箱根神社蔵〕

こしかた-ゆくすゑ【来し方行く末】 過去と未来。過去に起こった事と未来に起こる事。「来し方行く先」とも。例**こし方行く末**の事ども思ひつづけたまふに〈平家・一〇・海道下〉

こじ-がみ【巾子紙】 名 冠の纓を前方に折り曲げ、巾子に挟むために用いる紙。中央部を切り裂いた長方形の檀紙の両面に金箔を押したもの。天皇が用いる。例小袖に白袴きて、冠に**巾子紙**入れ、天子出御の振る舞ひをし〈平治・上〉

こし-から・む【腰絡む】 動(マ四) 衣服を腰にからげる。例二所ながら(=お二人とも)裸に**腰絡ませ**たまひて〈大鏡・道隆〉

こしき【甑】 名 米・豆などを蒸すのに用いる道具。底に湯気を通す小さな穴があけてあり、湯釜にのせて加熱する。古くは鉢形の土器。例かまどには火気吹き立てず**甑**には蜘蛛の巣かきて〈万葉・五・八九二〉↓名歌122

甑

【甑を落とす】 安産のまじないとして、出産の際に産殿の屋根から甑を転がして落とす。中世、宮中で行われた。例御産のとき**甑落とす**事は、定まれる事にはあらず〈徒然・六一〉

こしき【轂・轂】 名 牛車の車輪の中心の、輻が集まる丸い部分。その中央を車軸が貫く。「筒」とも。⇩くるま(図)

古事記 《作品名》現存最古の歴史書。神代から推古天皇の時代までの古事を記す。序文および上・中・下巻からなる。太安万侶撰録。和銅五年(七一二)成立。

●**成立** 序文によると、天武天皇が、国家組織の根本原理と天皇政治の根本を確立するために、諸家に伝わる「帝紀」「旧辞」を比較検討して誤りを正し、真実を定めて後世に伝えようと、稗田阿礼に命じて「誦習」させた。のちにその遺志を継いだ元明天皇が太安万侶に命じて稗田阿礼の「誦習」するところを筆録させ、和銅五年(七一二)に成立させた。「帝紀」とは皇位継承の次第や皇室の系譜のこと。「旧辞」は古伝の神話や伝承のことで、その数々の話が帝紀の縦糸によってつなぎあわされている。稗田阿礼の「誦習」とは、古記録を訓み習う意とも、暗誦する意とも解されるが、よくはわからない。稗田阿礼は伝未詳。また、太安万侶は文武・元明・元正の三代の朝廷に仕えた官人。なお、「帝紀」は六世紀ごろ原型ができて、七世紀の推古朝ごろにほぼ完成したとみられる。したがって、『古事記』の記述も史実としては五世紀以前にはさかのぼれないといわれる。

●**内容** **上巻**の神代は、天地のはじまりや天皇支配の起源などを語る神話。高天原を主宰する天照大御神のもとに赴いた須佐之男命が、強暴な破壊を繰り返したために追放され、出雲国(島根県)に降臨する。そこでの須佐之男命は八俣遠呂知を退治するなどして建設的な英雄となる。その血統を引く大国主命の愛と成功の物語の後に、高天原と出雲の対立が大国主命の国譲りで高天原に統一される話があり、さらにその統一は邇邇芸命の日向の高千穂への降臨によって強化される。その子の海幸彦・山幸彦の物語もあり、その子孫が初代天皇の神武天皇であるとされている。出雲・筑紫地方の神話などが皇室系譜としての天孫に結びついている。

中巻は、初代の神武天皇の東征と大和王権建設にはじまり、景行天皇の子倭建命の東西征討とその悲劇や、神功皇后の新羅遠征などを経て応神天皇にいたるまでの話。ここは、いわば神と人間の未分化の世界である。

下巻は、仁徳天皇から推古天皇の時代までの、純粋に人間の時代の話。仁徳の仁政とその天皇をめぐる恋の物語、允恭天皇時代の軽太子と軽大郎女の禁忌の恋の悲劇、雄略天皇の強暴な話など、よく知られた物語が含まれている。

●**特性** 『古事記』作成の目的は、天皇の権威をいっそう高めて天皇支配による政治の正当性を歴史的に証明しようとする点にあった。しかし、たとえば、出雲系の須佐之男命や大国主命の愛の物語が精細すぎるほどであったり、倭建命の英雄の物語も秩序からはみ出した人間の孤独な魂の漂泊者として語られたりしている。また仁徳天皇の場合も、その仁政とは裏腹なように、愛欲の物語として興味深く語られている。このような人間的なるものや民俗的なるものの要素を含んでいる点が、『日本書紀』とは異なる『古事記』特有の性格となっている。

●**表記**　筆録はすべて漢字によるが、序文は純粋な漢文体、本文は変体漢文とも呼ばれる独自な表記をとる。これは万葉仮名と漢文の折衷で、さらに日本語固有の言葉の表記には特別な注意が払われている。これも『日本書紀』の純粋な漢文と異なる点である。また、歌謡は万葉仮名による一字一音式の表記で記され、国語資料としても貴重。〈鈴木日出男〉

ご-しき【五色】 名 ❶青・黄・赤・白・黒の五種類の色。中国の五行説に由来する色。「五彩」とも。例黒崎の松原を経てゆく。所の名は黒く、松の色は青く、磯の波は雪のごとくに、貝の色は蘇芳に(=暗紅色で)、**五色**にいま一色ぞ足らぬ〈土佐〉❷いろいろの種類の色。また、多種多様。例薬師如来に**五色**の雲に打ち乗り〈浄瑠璃・一心二河白道・三〉

古事記伝《作品名》江戸時代の『古事記』注釈書。四四巻。本居宣長著。明和年間(一七六四〜七二)の初期に執筆に着手、寛政一〇年(一七九八)完成。寛政二年(一七九〇)以降、順次刊行。巻一は総論、巻二は序文の注釈と神々から天皇に至る系図、巻三以降は全巻の注釈。『古事記』を、古語を主として古実を伝えようとした書とし、そこに記された古代の事実を客観的・実証的に明らかにしようとした。宣長の学問の集大成で、今でも影響は大きい。

小式部内侍《人名》?〜一〇二五(万寿二)。平安中期の歌人。橘道貞の娘。母の和泉式部とともに一条天皇の中宮上東門院彰子に仕えた。多くの貴公子に愛されたが、二十六、七歳の若さで没したとみられる。『小倉百人一首』に採られた「大江山」の歌(➡名歌103)にまつわる逸話は古くから有名。

こし-ぐるま【腰車】 名「てぐるま」に同じ。

ごじ-けう【五時教】 ―キョウ 名《仏教語》釈迦一代の説法を五期に分け、経典を各々に分類した称。天台大師智顗による分類は、華厳時・阿含時・方等時・般若時・法華涅槃時の五つで、法華経を最高のものとする。

こ-しげ・し【木繁し・木茂し】 形(ク)木々の枝葉が茂っているさま。例いと**木繁き**中より、篝火どもの影の、遣り水の蛍に見えまがふも〈源氏・薄雲〉

こし-ざし【腰差し】 名 ❶褒美としてもらった巻き絹。腰に差して退出することからいう。例白き細長(=衣服の一種)一襲、**腰差し**などまで次々に賜ふ〈源氏・若菜上〉❷「こしがたな」に同じ。

こし-しゃうじ【腰障子】 ―ショウジ 名 高さ一尺(約三〇センチ)ぐらいの所を板張りにした紙障子。例御**腰障子**にも、女院の御手(=御筆跡)とおぼしくて〈源平盛衰記・四八〉

小侍従《人名》生没年未詳。平安末期の歌人。石清水八幡宮別当紀光清の娘。高倉天皇などに出仕したが、晩年出家。華やかな歌風で、当時の歌合わせの多くに出詠。家集に『小侍従集』。出自から八幡の小侍従、また『平家物語』に逸話の載る詠(➡名歌330)から待宵の小侍従とも呼ばれた。

こし-だか【腰高】 名 ❶人間の姿勢で、腰が高い位置にあること。例(十七、八歳ニナルト)体も**腰高**になれば〈風姿花伝・二〉❷足が長い道具・調度。例**腰高**のたらひへ湯をくみ〈滑稽本・浮世床・初上〉❸障子の板張りの部分(腰板)が高いこと。例間口二間に建てつらなる**腰高**の油障子〈滑稽本・浮世床・初上〉

古事談《作品名》鎌倉初期の説話集。六巻。源顕兼編。建暦二年〜建保三年(一二一二〜一二一五)の間に成立。約四六〇の話を王道后宮・臣節など六編に分類・配列する。宮中の秘話をもはばからず収録するのが特色。各文献からの抜粋・抄録という性格が強いが、後続の説話集の出典とされた。

こし-ぢ【越路】 ―ジ 名 ❶越の国へ行く道。また、越の国。例しなざかる(枕詞)**越路**をさして(=めざして)〈万葉・一九・四二二〇〉

ご-しちにち【後七日】 名《仏教語》正月八日から十四日まで、宮中大内裏の真言院で法会の行われる七日間。神事の行われる「前七日」に対する称。「後七日の御修法」。例**後七日**の阿闍梨、(警護ノ)武者を集むる事〈徒然・六三〉

ごしちにち-の-みしほ【後七日の御修法】 名《仏教語》「ごしちにちのみずほふ」とも。毎年正月八日から十四日まで、宮中の真言院で行われる真言宗の法会。神事の行われる正月一日から七日までに対して「後七日」という。天皇の健康・国家の繁栄・五穀豊穣などを祈る。例**後七日の御修法**・大元の法・灌頂、興行せらるべき由〈平家・三・大塔建立〉

こ-じつ【故実】 名(古くは「こしつ」とも)儀式・法令・作法などで、模範とすべきやり方。先例。また、それに通じた人。例左大臣殿うせたまひてのちは、職事・弁官も**故実**をうしなひ〈古活字本保元・中〉

ご-じつ【期日】 名「きじつ」とも。約束の日。予定の日。例作事(=家の普請)遅くして**期日**わづかに過ぎければ〈太平記・三九〉

こ-じとみ【小蔀】 名 ❶格子造りの戸をつけた小形の窓。明かり取りなどに設ける。例上の**小蔀**上げたれば、風いみじう吹き入れて〈能因本枕・うち局は〉❷清涼殿の昼の御座と殿上の間との間にある格子つきの小窓。そこから天皇が殿上の間を見る。例帝**小蔀**より御覧じて、御気色(=ご機嫌)いと悪しくならせたまひて〈大鏡・時平〉

こし-ぬけ【腰抜け】 名 度胸がなく役に立たないこと。また、その人。臆病者。例**腰ぬけ**とて役に立たねど〈西鶴・西鶴名残の友・三・五〉

こし-の-く【腰の句】 名 短歌の第三句。一首を人体に見立てて、第一句を頭、第二句を胸、第四・五句を尾という。例**腰の句**の末に、て文字据ゑたるに、はかばかしき事なし〈無名抄・腰句手文字事〉

こし-の-もの【腰の物】 名 腰に差す刀剣。また、印籠・巾着など腰につける物の総称。例人の身持ち(=身分)は…**腰の物**のこしらへ、手足にてあらまし見ゆる事ぞ〈西鶴・好色一代男・五・六〉

こ-しば【小柴】 名❶小さな柴。例庭中の足羽の神に小柴さし〈万葉・二〇・四三五〇〉❷「小柴垣」の略。例同じ小柴なれど、うるはしうしわたして(=きちんとめぐらせて)〈源氏・若紫〉

こしば-がき【小柴垣】 名 小柴で作った簡素な垣。柴垣より丈が低い。例(光源氏ハ)かの小柴垣のもとに立ち出でたまふ〈源氏・若紫〉

小柴垣〔扇面古写経〕

ご-じふ【五十】 ジュウ 名❶数の名。五十。❷五十歳。

ごじふさん-つぎ【五十三次】 ゴジュウサン 名 江戸時代、江戸日本橋から京都三条大橋までの東海道に置かれた、品川から大津までの五十三の宿駅。また、東海道。例これこそ五十三次を、居ながら歩むひざ、膝栗毛(=歩いて旅をする)〈近松・丹波与作待夜の小室節・上〉

ごじふ-てんでん【五十展転】 ゴジュウ 名《仏教語》法華経は、次から次へと語り伝えて、五十人目の人でも大きな功徳があること。例五十展転の功力だに、成仏まさに疑ひなし〈謡曲・頼政〉

ごじふに-るい【五十二類】 ゴジュウニ 名《仏教語》釈迦入滅のとき、集まって嘆き悲しんだという多くの生き物。菩薩以下、鳥や虫や魚に至る五十二種の生き物をいう。転じて、一切衆生。例釈尊入滅の時、十六羅漢・五百人の御弟子・五十二類に至るまで悲しみたてまつりしも〈義経記・六〉

ごじふ-の-が【五十の賀】 ゴジュウ 五十歳になったときに行う長寿の祝い。例七条の后の宮の五十の賀の屏風に〈新古今・賀・詞書〉

こし-ぶみ【腰文】 名 手紙の封じ方の一種。上包みの端を細く中ほどまで切り、それを帯のようにして上包みを巻き、余りを挟んでとめるもの。例上書き、腰文なり〈申楽談儀〉

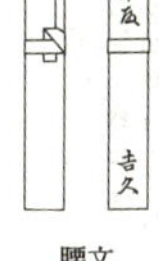

腰文

後拾遺和歌集 ゴシュウイワカシュウ《作品名》平安末期の勅撰和歌集(四番目)。二〇巻。下命者は白河天皇。藤原通俊撰。応徳三年(一〇八六)成立。総歌数一二二〇首(流布本)。勅撰集としては初めて神祇・釈教の部立が加えられている点、当代に近い歌人の歌が選ばれ、和泉式部など女性歌人の歌も多い点などが注目される。

ごじふ-ゐん【五十韻】 ゴジュウイン 名 連歌・俳諧の形式の一つ。一巻の句数が五十句のもの。また、その五十句を記す懐紙の使い方。例懐紙の事は百韻本式なり。五十韻・歌仙みな略の物なり〈俳諧・三冊子・白冊子〉

こし-まき【腰巻】 名❶女性の衣服の一種。宮中の下級女官が、夏に小袖の上から巻きつけたもの。室町時代以降、身分の高い女性の礼装となる。例腰巻したる女〈西鶴・諸艶大鑑・四・三〉❷土蔵の外壁の下部の、土を特に厚くした部分。例御土蔵が立派にようできました。時に(=ところで)、この腰巻はとほうもない高さ〈噺本・一のもり〉

小島法師 コジマホウシ《人名》?〜一三七四(応安七)。南北朝時代の僧。経歴未詳。南北朝の内乱を描いた『太平記』の作者であると伝えられる。

こし-もと【腰元】 名❶腰のあたりの様子。腰つき。例腰元たをやかにして〈仮名草子・浮世物語・一・六〉❷江戸時代、武家や裕福な商家で、家人の身の回りの世話などをする女性。例同じ屋敷にめしつかはれて、腰元の久米といふ女〈西鶴・武道伝来記・四・三〉

ご-しゃ【五舎】 名 平安朝の内裏で、女御・更衣などが住む後宮の五つの殿舎。飛香舎・凝華舎・襲芳舎・昭陽舎・淑景舎。

こ-しゃう【小姓・小性】 ショウ 名❶子ども。少年。例小姓一人を…いかで洩らすべき(=どうして討ちもらすことがあろうか)〈謡曲・橋弁慶〉❷貴人のそばに近く仕えて雑用をする少年。例小姓・若党・道具持ち、そのほか家来の者までも〈御伽草子・猿源氏草紙〉

ご-しゃう【五障】 ショウ 名《仏教語》❶仏教を修めるうえで、女性に備わるとされた五つの障害。梵天・帝釈天・魔王・転輪聖王・仏身の五つになることができないのをいう。例(延暦寺ハ)五障の女人跡たえて、三千の浄侶居をしめたり〈平家・二・座主流〉❷仏道修行上の五つの妨げ。煩悩・業・生・法・所知、または、悪道・貧窮・女身・形残・喜忘。例五障の霞の晴れがたき〈謡曲・舟橋〉

ご-しゃう【後生】 ショウ 名《仏教語》❶死後生まれ変わること。その世界。来世。「前生」「今生」に対していう。例現世は御寿命延び、後生は極楽の上品上生に上らせたまふべきなり(=この世では御寿命が延びて、死後に生まれ変わるときは極楽の最上の所にお上りになるはずである)〈栄花・疑ひ〉❷極楽に生まれること。また、極楽に生まれる安楽。極楽往生。例まことに汝心ざしあらば、善根をして、敦盛が後生に得さすべし(=ほんとうにおまえに供養の気持ちがあるならば、よい行いをして、敦盛に極楽往生をさせるがよい)〈御伽草子・小敦盛〉❸極楽往生のための善行。例ひとへに後生の勤めなり(=ひたすら極楽往生のための勤行をしているのだ)〈仮名草子・恨の介・上〉❹人に物事を哀願するときに用いる。お願い。例大坂へ連れて行ぃて下され、後生でござる(=お願いでございます)〈近松・女殺油地獄・上〉〈劔持雄二〉

ご-じゃう【五常】 ジョウ 名 儒教で、人が常に守るべき五つの徳。仁・義・礼・智・信。例常に行うて捨てざるべきがゆゑに、五常とは名付くるものなり〈仮名草子・浮世物語・四・六〉

ごしゃう-だいじ【後生大事】 ゴショウ ❶《仏教語》来世の安楽が最も大切であるということ。例人間は…後生大事にて候ふ〈御伽草子・聖徳太子の本地〉❷懸命に努めること。物事を大切に保持すること。例後生大事に馬の鞍に取りつきても〈滑稽本・膝栗毛・五下〉

ごしゃう-ぼだい【後生菩提】 ゴショウ 名《仏教語》来世は極楽往生し、悟りを得ること。また、そのために祈ること。例後生菩提のためには、よろこびとおぼえ

さぶらふなり〈平家・灌頂・六道之沙汰〉

ごしゃう-らく【後生楽】 ❶名形動（ナリ）来世が安楽であること。例重衡がためには後生楽とこそ観ずべけれ〈平家・一〇・千手前〉 ❷形動（口語）のんきなこと。例あの地震を知らねえといふは後生楽だの〈滑稽本・浮世床・初下〉

ごじゃう-らく【五常楽】 名 雅楽の舞楽曲。平調で演奏され、四人で舞う。唐の太宗が仁・義・礼・智・信の五常を宮・商・角・徴・羽の五声に配して作曲したと伝える。

こ-じゃうらふ【小上﨟】 名 公卿の娘で宮仕えしている人。例小上﨟とかいふものになされて〈折たく柴の記・上〉

こ-じゃうるり【古浄瑠璃】 名 竹本義太夫によって義太夫節が成立する以前の浄瑠璃の総称。近松門左衛門の『出世景清』以降の作品を「当流（新浄瑠璃）」と呼ぶのに対して、文弥節・播磨節・金平節などをさす。

こ-しゃく【小癪】 名形動（口語）こざかしくて生意気であるさま。こましゃくれ。例六歳ばかりなる娘の子…こしゃくなことをしゃべりながら、おとなりごと（＝ままごと）をしてゐる〈滑稽本・浮世風呂・二上〉

ご-しゃく【五尺】 名 ❶一尺の五倍。約一・五メートル。例五尺は「五尺屏風」の略。高さが五尺の屏風。例五尺は本文（＝典拠のある詩句）をかかせたまへり〈栄花・御裳着〉

ごしゃく-の-み【五尺の身】 人間一人の体。体一つ。例三界（＝この世）広しといへども、五尺の身置き所なし〈平家・三・大臣流罪〉

ご-しゅいん【御朱印】 名 室町時代から江戸時代にかけて、将軍・大名が許可のしるしとして文書などに押した朱肉の印。また、その印を押した文書・巻札類。朱印状。例天下より預かりたてまつる廻船往来の御朱印〈歌舞伎・三十石艠始・五〉

こ-しゅう【故主・古主】 名 昔仕えた主人。旧主。例父の古主は鎌倉殿〈浄瑠璃・ひらかな盛衰記・四〉

ごしゅういわかしゅう『後拾遺和歌集』⇩ごしふゐわかしふ

こし-ゆひ【腰結ひ】 名 袴着や裳着の式のとき、袴や裳の腰帯を結ぶ役。重大な役目で、多くは尊貴で徳望のある縁者をあてる。男子の元服における「引き入れ」に対する。例この（裳着ノ）御腰結ひには、かの大臣をなむ〈源氏・行幸〉

ご-しょ【御所】 名 ❶天皇の御座所。内裏。皇居。また、天皇の敬称。例御所も二位殿いだきまゐらせて〈弁内侍日記〉 ❷上皇・三宮・親王・将軍などの住居。また、それらの人の敬称。例小松の帝の親王におはしましし時の御所は〈大鏡・道長下〉

ご-しょ【御書】 名（「ご」は接頭語）貴人の書状。お手紙。例主上（＝天皇）へ御書を参らせたまへども〈平治・中〉

こ-しょう【扈従】 名動（サ変）（「扈」も、つき従う意）「こじゅう」とも。貴人の供をすること。また、その人。例当家の公卿十二人扈従せらる〈平家・六・横田河原合戦〉

ごしょう『五障・後生』⇩ごしゃう

ごしょ-がた【御所方】 名 ❶天皇側。天皇の味方。例楠兵衛正成といふ者、御所方になって旗を挙ぐる間〈太平記・三〉 ❷天皇に仕える高貴な人。また、その屋敷。例年久しく御所方に宮仕ひせしが〈西鶴・好色五人女・三・四〉

こ-じょく【小職・小童】 ❶名 ❶娼家などで雑用をする少女。例小職の内はあの子たちに可愛がられるが徳だよ〈歌舞伎・戻橋背御摂・二・序幕〉 ❷子どもを卑しめていう語。例ここな（＝この）小じょくめを知ったか〈近松・孕常盤・三〉 ❷形動（ナリ）ちっぽけなさま。ささいなさま。例小職なる金銀に目を懸け〈仮名草子・浮世物語・一・四〉

ごしょ-ぐるま【御所車】 名 ❶牛車の俗称。例わたくしも内裏様の娘に生まれましたれば、御所車にも乗ります〈西鶴・西鶴織留・四・一〉 ❷紋所の名。①の車輪を図案化したもの。例地紅に御所車の縫ひある振袖〈西鶴・好色一代女・六・一〉

ごしょ-づくり【御所造り・御所作り】 名 ❶中子に菊の花の形を銘として刻みつけた刀。菊作り。例いつも帯き添へにしたまひける御所作り〈太平記・一七〉 ❷御所風の家の造り。例引き回したる御所造り〈近松・浦島年代記・一〉

ごしょ-どころ【御書所】 名 平安時代、宮中の書物を保管する役所。別当・預かり・覆勘・開闔などの職員を置く。例忠岑や躬恒などは、御書所に召されてさぶらひけるほどに〈大鏡・道長下〉 読解『古今和歌集』編集時の話。

ごしょどころ-の-あづかり【御書所の預かり】 名 御書所の職員の一つ。別当のもとで、事務を担当する。例御書所の預かり紀貫之〈古今・仮名序〉

こしらう『誘う・拵う』⇩こしらふ

後白河院（ごしらかはゐん）《人名》一一二七〜一一九二（天治二〜建久三）。平安末期の天皇。鳥羽天皇の第四皇子。母は待賢門院藤原璋子。

●**生涯**　久寿二年（一一五五）即位。在位三年で退位。以後、五代の天皇にわたる三十五年間院政を執った。保元の乱、平治の乱、平清盛や寺院勢力との確執、源平の合戦、源頼朝との抗争など、政治的動乱の渦中に生涯を送る。「日本第一の大天狗」〈吾妻鏡〉とは、権謀術数を駆使する晩年の後白河院への、頼朝の憤慨の言葉である。

●**文化面での功績**　笛・声明・催馬楽に長じ、楽器の名器や楽譜の類を収集、特に今様に執して『梁塵秘抄』二〇巻を編纂する。また、『年中行事絵巻』六〇巻を描かせたり、藤原俊成に『千載和歌集』の編纂を命じたりした。

嘉応元年（一一六九）に出家。東大寺・延暦寺で受戒し、法然にも戒を受ける。度重なる熊野詣でのほか、今熊野・今日吉を京都へ勧請し、蓮華王院（三十三間堂）を創設する。〈馬場光子〉

こしら・ふ

【誘ふ・拵ふ】 動（ハ下二）あれこれと言葉を尽くして、相手を自分の思う方向へもってゆく、が原義。
❶言葉をもってさそう。いざなう。教化する。例仏は衆生の心のさまざまなるを鑒みたまひて、因縁・譬喩をもってこしらへ教へたまふ(=仏はすべての人々の心のさまざまなことを考慮なさって、因果応報を示す説話やわかりやすい例話を用いて仏の道へいざないお教えになる)〈発心集・序〉
❷言い繕ってなだめる。機嫌をとる。例僧、さまざまの言をもって女を誘へていはく(=言うことには)〈今昔・一四・三〉
❸あらかじめ策を講じる。あれこれ準備する。例〈食料ダケデナク〉馬の草までこしらへ持ちてきたり(=馬用の草まで準備し持ってきた)〈宇治拾遺・一〇八〉
❹工夫して作りあげる。手をかけて作り出す。例五条の橋をこぼちよせて、垣楯にこしらへて(=五条の橋を解体して寄せ集め、楯を垣のように並べたものを作りあげて)〈平治・中〉
❺化粧する。身支度をする。例かきの衣・袴に笈などこしらへ(=柿渋で染めた衣や袴に笈などの身支度をして)〈平家・三・六代被斬〉読解「笈」は、山伏などが仏具や衣類を入れて背負って歩く道具。
語誌 ▼①②は、うそをつくというニュアンスが多少なりとも入るので、方便で、とか、だます、言いくるめる、という訳語が適当な場合もある。
▼④⑤は中世以降の用法。〈安達敬子〉

こしらへ【拵へ】(コシラエ) 名 ❶計画。工夫。やり方。例龍女が仏になることは 文殊(=文殊菩薩)のこしらへとここそ聞け〈梁塵秘抄・四句神歌〉❷準備。用意。支度。例あすはこしらへをして、因幡堂へ〈山本東本狂言・六地蔵〉❸身支度。扮装。例医者の拵へにて出で来たり〈歌舞伎・勧善懲悪覗機関・序幕〉❹刀などの作り。

こ-じり【鐺・木尻】 名 ❶垂木の端。また、そこにつけた金属の飾り。例七宝の宮殿あり、金の木尻・銀の壁〈今昔・三・一〉❷刀の鞘の端。また、そこにつけた金具。⇨たち(図)

【鐺が詰まる】 金銭面などで、どうしようもない窮地に陥る。例方々の届け金が不埒になり…いかう(=ひどく)鐺が詰まっ(音便形)てきた〈近松・冥途の飛脚・中〉

こし-をれ【腰折れ】(オレ) 名 ❶老齢などで、腰が折れ曲がっていること。また、その人。例奈良坂のさかしき道をいかにして腰折れどもの越えて来つらん〈著聞集・一六・五三一〉❷「腰折れ歌」「腰折れ文」の略。例あやしの腰折れ一つ詠みて〈無名草子〉

こしをれ-うた【腰折れ歌】(コシオレ) 名 和歌の第三句(腰の句)と第四句がうまく続かない歌。下手な歌。自作の和歌を卑下していうのにも用いる。例腰折れ歌好ましげに(=詠ミ)若やぐ気色ども〈源氏・手習〉

こしをれ-ぶみ【腰折れ文】(コシオレ) 名 下手な詩文。自作の詩文を卑下していうのにも用いる。例わづかなる(=下手な)腰折れ文作ることなど習ひはべりしかば〈源氏・帚木〉

こ-じん【古人】 名 ❶昔の人。例古人も多く旅に死せるあり〈芭蕉・奥の細道〉❷老人。例古人眠りはやく目覚めて〈謡曲・養老〉

こ-じん【故人】 名 ❶昔からの友。例もし夜しづかなれば、窓の月に故人をしのび〈方丈記〉❷死んだ人。例名字すでに故人に通ひ〈源平盛衰記・一六〉

こ-じん【胡人】 名 「こひと」とも。胡国の人。古代中国で、北方の異民族。例胡人とて、絵にかきたる姿したる者の〈宇治拾遺・一八七〉

ご-しん【御身】 名 身体の敬称。おん身。おからだ。例(盧遮那仏ノ)御身は鎔きあひて(=すっかり溶けて)山のごとし〈平家・五・奈良炎上〉

ご-しん【護身】 名 ❶身を護ること。❷〔仏教語〕「護身法」の略。密教で、修行の妨げとなるものをすべて除き、身心を守るために行う法。例山ごもりしたる禅師呼びて、護身せさす〈蜻蛉・中〉

ご-しんざう【御新造】(シンゾウ) 名 「ごしんぞ」とも。江戸時代、町家の妻の敬称。「奥様」に次ぐ敬意を表す。若妻をさす場合が多い。例「御しんざう様からお使ひ」と、つぼ口して(=おちょぼ口で)長文箱をさし出す手元も〈西鶴・諸艶大鑑・一・五〉

ごしん-とうじん【御身等身】〔仏教語〕供養する人と等身大の仏像。例御身等身の七仏薬師、ならびに五大尊の像をつくり始めらる〈平家・三・御産〉

ごしん-ぼふ【護身法】(ボウ) 名 〔仏教語〕「ごしんほふ」とも。密教で、修法などに際し身心を守るために行う行法。印を結び陀羅尼を唱える。

こ・す【越す】 動(サ四) ❶障害物や境界を越えて、もっと先へ進む。また、追い越す。例磯越す波に濡れにけるかも〈万葉・一三・三二六四〉❷遠方まで行く。遠方まで来る。例御身たち(=あなた方)は鎌倉へこすべきなり〈御伽草子・唐糸草紙〉❸ある基準を上回る。❹〔「こゆ」の他動詞形〕越えさせる。渡す。例広橋を馬越しがねて(=乗った馬を渡らせられなくて)〈万葉・一四・三五三八〉語誌 ①の用法は、古くは無生物が主語である場合に限られていた。人間や動物が主語となる場合は「こゆ」を用いた。

こす 助動(下二段型)〔上代語〕終助詞「ね」「な」を伴ったり、命令形にしたりして、他に対して実現を希望する意を表す。～してほしい。～してくれ。例竹敷の浦廻の黄葉我行きて帰り来るまで散りこすなゆめ(=散ってくれるな、決して)〈万葉・一五・三七〇二〉
接続 動詞の連用形につく。
活用 こせ／○／こす／○／○／こせ

ご・す【期す】 動(サ変) ❶待ち望む。期待する。例我が身は老いの末なれば…いかばかりの栄花をか期すべき〈保元・中〉❷予測する。覚悟する。例敵の矢にあたって死なん事、もとより期するところで候ふなり〈平家・二・嗣信最期〉

ご-すい【五衰】 名 〔仏教語〕天人が死ぬとき、その身に現れるという五種の衰相(死相)。経説によって違いがあるが、頭上の花がしぼむ、天衣が垢でけがされる、わきの下から汗が出る、しばしばめまいを起こす、天界の生活を楽しまない、など。例天上の楽しみも五衰早く来たり〈栄花・鶴の林〉

こ-ずゑ【梢】(ズエ) 名 木の枝の先。⇨こぬれ。例音羽山

峰のこずゑも色づきにけり〈古今・秋下〉

こせ 上代の希望の助動詞「こす」の未然形・命令形。

ご-せ【後世】 名『仏教語』死後に生まれ変わる世界。多く、極楽に生まれ変わることをいう。「後生」とも。例二人の娘もろともに、一向専修に念仏して、ひとへに**後世**をぞねがひける〈平家・一・祇王〉

ご-ぜ【御前】〔「ごぜん」の変化した形〕1名❶貴人のおんまえ。また、貴人。例えびすの**御前**の腰掛けの石〈狂言・石神〉❷「瞽女」とも書く。「盲瞽女」の略。盲目の女芸人。例**ごぜ**は鼓をたたいて歌を歌ふ〈狂言・瞽女座頭〉2代 対称の人称代名詞。女性に対して用いる。あなた。例「や、**御前**、や、**御前**」と言ひけれども〈義経記・七〉3接尾 人を表す名詞について、尊敬の意を表す。「尼御前」「姫御前」など。

こせ-ごと【こせ言】 名 気の利いたしゃれ。巧みな言い掛け。例あれは秀句・**こせ言**と申して、おのおののお慰みに仰せらるる事でござる〈狂言・秀句傘〉

ご-せち【五節】 名❶新嘗会・大嘗会のとき、朝廷で行われる行事。十一月の中の丑の日から辰の日にかけて、四日間行われる。舞姫が演じる「五節の舞」で有名。例**五節**過ぎぬと思ふ内裏わたりのけはひ、うちつけにさうざうしきを(=五節も終わったと思う宮中の様子は、急にさびしくなるが)〈紫式部日記〉

❷「五節の舞」の略。例今年は**五節**のみこそは、ありさまけざやかに御前にも御覧じ(=今年は五節の舞だけは、その様子をはっきりと帝も御覧になって)〈栄花・さまざまの喜び〉

❸「五節の舞姫」の略。例**五節**は二十日にまゐる(=五節の舞姫は二十日に参内する)〈紫式部日記〉

語誌▼**五節の日程** 丑の日に舞姫参内。舞姫は、大嘗会の折には五人で、上達部から二人、受領などから三人を奉り、新嘗会の折には各々二人ずつの計四名を差し出すのが例である。同日の夜は常寧殿で天皇が舞の下見をする帳台の試みがある。寅の日は御前の試みで、清涼殿で帝や中宮の下見が行われる。同日は殿上で淵酔と称する宴が催される。卯の日(新嘗会当日)は清涼殿での童女御覧。姫君の世話役の童女たちを、天皇の御前に召して見る儀式である。辰の日には豊の明かりの節会が催され、諸臣の前で本式に披露される。

▼「**少女の姿**」 五節の儀式はどことなく心の浮き立つようなものであったらしく、ことに五節の舞姫は殿上の注目を集めていたようである。『百人一首』でも有名な「天つ風雲の通ひ路吹き閉ぢよをとめの姿しばしとどめむ」〈古今・雑上〉(➡名歌44)以来、「少女」と言えば五節の舞姫をさすほどとなった。『源氏物語』の巻名の「少女」もその例である。〈藤本宗利〉

ごせち-どころ【五節所】 名 宮中で、五節の舞姫に与えられた控え室。常寧殿に設けられる。「五節の局」とも。例このころの君達は、ただ**五節所**のをかしきことを語る〈紫式部日記〉

ごせち-の-こころみ【五節の試み】 名 天皇が五節の舞の試演を見る儀式。陰暦十一月、中の丑の日に常寧殿で行われるものを「帳台の試み」、中の寅の日に清涼殿で行われるものを「御前の試み」という。

ごせち-の-つぼね【五節の局】 名「ごせちどころ」に同じ。例**五節の局**を、日も暮れぬほどに、みなこぼちすかして〈枕・宮の五節いださせ給ふに〉

ごせち-の-まひ【五節の舞】 マイ 名 五節の豊の明かりの節会で少女たちによって舞われる女舞。

ごせち-の-まひひめ【五節の舞姫】 マイヒメ 名 五節で舞う少女たちの称。例**五節の舞姫**を見て詠める〈古今・雑上・詞書〉

ごせち-の-わらは【五節の童】 ワラワ 名 五節の舞姫につき従う童女。例**五節の童**に出ださむと思ふ〈今鏡・一〇・敷島の打聞〉

ご-せっく【五節句】 名 年間五度ある節句。人日(一月七日)・上巳(三月三日)・端午(五月五日)・七夕(七月七日)・重陽(九月九日)の総称。

ご-せっけ【五摂家】 名 藤原道長の嫡流の忠通から分かれた近衛・鷹司・九条・二条・一条の五つの家。鎌倉時代以降、摂政・関白に任命されるのは、この五家の出身者に限られた。

こせ-ぬ-かも『上代語』〔希望の助動詞「こす」の未然形＋打消の助動詞「ず」の連体形＋終助詞「かも」〕(動詞の連用形について)あつらえ望む意を表す。～してくれないかなあ。～であってくれないかなあ。例梅の花の今咲けるごと散り過ぎず我が家への園にありこせ**ぬかも**〈万葉・五・八一六〉

巨勢金岡 コセノカナオカ《人名》生没年未詳。平安前期の絵師。藤原基経の五十賀の屏風など、多くの屏風絵・障子絵を手がけた。大和絵の祖とされる。彼の描いた馬が毎晩、絵から抜け出て付近の田を荒らしたため、馬の目をくり抜いたところ、被害が止んだ(『古今著聞集』巻一一第三八五段)という逸話が有名。

ごせ-ぼだい【後世菩提】『仏教語』「ごしゃうぼだい」に同じ。例一向(=ひたすら)、**後世菩提**のつとめ(=修行)をいとなみ候はむ〈平家・二・小教訓〉

ご-ぜん【御前】 1名❶神仏や貴人の前の敬称。おんまえ。おまえ。例浜の宮(=浜の宮王子神社)の**御前**にて〈平家・一二・六代被斬〉

❷貴人やその妻に対する敬称。例**御前**御寝なりて(=天皇はお休みになられて)〈今昔・二四・三〇〉

❸「御前駆」の略。⇩せんぐ。例陣(=東宮警備の人々の詰め所)に左大臣殿の御車や**御前**どものあるを〈大鏡・師尹〉

2代 対称の人称代名詞。女性に対して用いる。あなた。例**御ぜん**たち…いたく笑ひたまひて、わびたまふなよ(=あなた方…ひどくお笑いになって、お苦しみになるなよ)〈宇治拾遺・一八五〉

語誌▼**関連語** 平安時代に用いられた「おまへ」が、漢字で「御前」と書かれ、それが音読され「ごぜん」となった。中世には「おまへ」「**おんまへ**」とともに盛んに用いられた。中世には「ごぜん」の変化した形「ごぜ」もあり、平曲などには「ごんぜん」の形もある。

▼「父御前」「母御前」「静御前」「尼御前」などと接尾語の用法も盛んに用いられた。〈泉基博〉

こ-ぜんし【濃染紙】 名 濃紫色に染めた紙。例いた

うかすめたる(=ぼかした)**濃染紙**に〈紫式部日記〉

後撰和歌集(ごせんわかしふ) ゴセンワカシユウ《作品名》平安中期の勅撰和歌集(二番目)。二〇巻。下命者は村上天皇。完成年未詳。天暦五年(九五一)、後宮の梨壺(昭陽舎)に撰和歌所が設置され、藤原伊尹を別当に、梨壺の五人(清原元輔・紀時文・坂上望城・大中臣能宣・源順)が撰進。一四〇〇首余りを収める。贈答歌が多く、四季の歌などでも人間関係に焦点をあてた歌が目立つ。撰者たちの歌はない。

こそ

1 係助 ❶**文中に用いて、その事物を他から区別して強調して示す。** 実に。まことに。特に。文末の活用語は、係り結びによって已然形で結ばれる。例(a)色よりも香**こそ**あはれと思ほゆれ誰が袖ふれし宿の梅ぞも(=色よりも香りがしみじみと風情があると思われる。だれの袖が触れたこの家の梅なのか)〈古今・春上〉読解 梅の香りを、人の袖からの移り香とみなした。例(b)折節の移りかはる**こそ**、ものごとにあはれなれ(=季節が移り変わるのは、それぞれの風物につけてしみじみと情趣深い)〈徒然・一九〉例(c)同じ心ならん人としめやかに物語して…うらなく言ひ慰まん**こそ**うれしかるべきに、さる人あるまじければ(=同じ心であるような人としんみりと話をして…隔てなく話して心が晴れるようなことがあったら、それこそうれしいにちがいないだろうが、そんな人はいないだろうから)〈徒然・一二〉読解「べきに」の部分が結びとなるべきところ。例(d)この殿の御心、さばかりに**こそ**(=この大臣殿の御心は、その程度でいらっしゃったのだ)〈徒然・一〇〉

❷**結びの已然形で文が終わらず、下の事柄へ逆接的に続いていくことを表す。** ～は～だが。⇩こそあらめ・こそあれ。例(a)中垣**こそ**あれ、一つ家のやうなれば(=隔ての垣こそあるが、一軒の家のようなので)〈土佐〉読解 自分の家と隣家の様子。例(b)品・かたち**こそ**生まれつきたらめ、心はなどか賢きより賢きにも移さば移らざらん(=家柄や容貌は生まれついているだろうが、心はどうして、賢い上にさらに賢いほうに移すなら、移らないことがあろうか)〈徒然・一〉読解「などか」は反語の意を表す。その気になれば心はいくらでも賢くなる、ということ。

❸(「未然形＋ば＋こそ」の形で)**仮定条件を強めて反実的な意味を表す。また、文末に用いて反語的に強く打ち消す意を表す。** ⇩ばこそ

❹(係助詞「も」を伴う「もこそ」の形で)**将来のことについて危惧する意を表す。** ～したら大変だ。～したら困る。⇩もこそ。例あまりやつしけるかな。聞きも**こそ**すれ(=あまりにもみすぼらしい身なりをしたものだ。私のことを聞いたら困る)〈源氏・若紫〉

2 終助 ❶**人の呼称について、相手に呼びかける意を表す。** ～よ。～さん。例右近の君**こそ**、まづ物見たまへ(=右近の君よ、ともかくご覧なさいませ)〈源氏・夕顔〉

❷上代の用法。**動詞の連用形を受けて他に対する希望の意を表す。** ～してほしい。例現には逢ふよしもなしぬばたまの(枕詞)夜の夢にを継ぎて見え**こそ**(=現実には逢う方法もない。夜の夢にどうかずっと見えてほしい)〈万葉・五・八〇七〉

接続 1 2ともに種々の語につく。

語誌 ▼「こそ」の係り結びの起源 「こそ」の係り結びの起源については、以下のような説が有力である。古くは、已然形に接続助詞「ば」や「ど」がつかなくても確定条件を表すことができた。たとえば「大舟を荒海に漕ぎ出で八舟たけ我が見し児らがまみは著しも(=大船を荒波の立つ海に漕ぎ出して、漕ぎに漕ぐけれども、私が見たあの子の目もとははっきりと見えているよ)」〈万葉・七・一二六六〉では、四段動詞「たく」の已然形「たけ」で、「たけども」と同じように下の事柄の逆接条件になる意味が表された。そこから②のように「こそ」がその条件句の内部に投入されて、下の事柄との逆接的な関係を強調するようになった。その後、条件句内部に投入された「こそ」と已然形との結びつきが一つの決まりになり、①のような係り結びが成立したとする。

▼**結びの省略と流れ** ①で係り結びをする際、例(d)のように結びが省略されることがある。省略されるのは「あり」「はべり」「言ふ」「思ふ」などの已然形であることが多い。

また、例(c)のように、結びとなるべき部分が、そこで終止せずに、接続助詞を伴ってあとに続くことがある。これを結びの流れ(消滅)とか、係り捨てという。

▼**用法の展開** ②は、比較的後の時代までも保存され、特に逆接条件のものは、江戸時代にも用いられた。現代でも古めかしい表現の中には「君の幸福を喜びこそすれ、恨むはずはないじゃないか」のように用いられる。なお、現代語の「こそ」の大部分は係り結びは行わず副助詞として用いられている。

▼**異説** 2①には、接尾語とする説もある。2②の他に対する希望を表す文末の「こそ」には、動詞「こす」の命令形であるとする説もある。〈近藤要司〉

こぞ

【去年・昨夜】名 ❶去年。昨年。例またの年の正月に、梅の花ざかりに、去年を恋ひて行きて(=翌年の正月に、梅の花ざかりのころに、去年のことを恋しく思ってそこに行って)〈伊勢・四〉

❷上代の用法。昨夜。一説に、今夜。例下泣きにわが泣く妻を**こぞ**こそは安く肌触れ(=人目を偲んで私が慕い泣く妻に、昨夜こそ心安らかに肌に触れたことだ)〈記・下・允恭・歌謡〉読解 ひそかに心を寄せあっていた二人が、昨夜共寝をしたという歌。

こそ-あら-め 〔係助詞「こそ」＋ラ変動詞「あり」の未然形＋推量の助動詞「む」の已然形〕文脈や場面を譲歩的に受けつつ、後に逆接的に続く。～はいいだろうが。例(死者ヲ)思ひ出でてしのぶ人あらんほど**こそあらめ**、そも(=その人も)またほどなく亡せて〈徒然・三〇〉

語誌 ②は①とは別語とする説もある。〈山口慎一〉

こそ-あれ ❶㋐「あれ」が文脈や場面を受けてさまざまな意味を含んで逆接的に下に続く。「こそ」と「あれ」の間に「かく」「多い」「よく」などを補う。～はそうなのだが。～は多いのだが。～はいいけれど。例今**こそあれ**(=今はこのように年老いているが)我も昔は男山(枕詞)さかゆく時もありこしものを〈古今・

雑上〉読解「さかゆく」は「坂行く」と「栄ゆく」を掛ける。㋑単に逆接的に下に続く。〜こそはあるけれども。例中垣(=隔ての垣)**こそあれ**、一つ家のやうなれば〈土佐〉❷強調表現に用いる。〜がある意、あるいは形容詞の連用形＋「あり」などの強調。〜があるのだ。まさに〜だ。例もの恐ろしく**こそあれ**〈源氏・夕顔〉

こ-そで【小袖】 名❶袖口を狭くした衣服。平安時代は大袖の下着または肌着として、貴賤男女を問わず着用した。鎌倉時代に入ると表着とするようになり、室町時代の末には、男性は小袖と袴、女性は着流しで小袖を帯で締めて打ち掛けを着た。のち、洗練されて晴れ着となった。今の和服はこれに連なるものである。例青き色の**小袖**を着せり〈今昔・二・二五〉読解 表着の例。❷絹の綿入れ。木綿の綿入れの布子より上等。例この**小袖**と脱ぎ替へて、その布子を逢ふまでの形見に着ん〈近松・五十年忌歌念仏・中〉

小袖①(平安時代)〔信貴山縁起絵巻〕

小袖①(江戸時代)〔小袖ひいな形〕

〈中村隆嗣〉

こそで-まく【小袖幕】 名「いしゃうまく」に同じ。例これなる**小袖幕**の内ゆかしく(=見たがって)〈西鶴・好色五人女・一・三〉

こぞ・る【挙る】 動(ラ四)皆が集まる。我も我もと連れ立つ。例舟(=舟じゅう)**こぞりて**泣きにけり〈伊勢・九〉

こ-たい【古体】 名形動(ナリ)❶古い様式。昔風の形式。古色蒼然とした物。例**こたい**のゆゑづきたる御装束なれど〈源氏・末摘花〉❷昔風の考え方。昔かたぎ。例(大臣八)かやうにあまり**こたい**にぞおはしますべき〈大鏡・公季〉語誌 平安時代の仮名文では、「古代」と用法にほとんど区別がない。

こ-だい【古代】 「古体」とも書く。❶名 過去の古い時代。昔。例**古代**の御絵どものはべる、まゐらせむ(=昔の御絵たちがございます、それを差し上げましょう)〈源氏・絵合〉❷名形動(ナリ)❶昔風だ。古風だ。例木の道の匠の作れるうつくしき器物も、**古代**の姿こそをかしと見ゆれ(=木工職人が作ったみごとな器物も、古風な形のものこそがすぐれていると思われる)〈徒然・二二〉❷昔かたぎだ。考え方・言動などが古めかしい。例**古代**の祖母君の御なごりにて、歯黒めもまだしかりけるを(=昔かたぎの祖母君の御影響で、お歯黒などの化粧もまだしていなかったのを)〈源氏・末摘花〉❸年寄りじみている。例もの老い老いしく、いかにぞやおはして、少し**古体なる**けはひありさましまして(=なんとなくふけていて、どうかという御様子でいらっしゃって、やや年寄りじみた感じの状態で)〈栄花・月の宴〉語誌 文脈によって、肯定的に用いられるときには、品格がある、おおらかである、などの意をもつが、否定的に用いられるときには、時代遅れ、古ぼけている、の意が強くなる。その点、対義的な「今めかし」と共通する。『徒然草』などは尚古思想が顕著なので、前者の用例が一般的。〈安達敬子〉

ご-たい【五体】 名 頭・両手・両足の総称。からだ全体。例身心を苦しめ、**五体**に汗をながいて(=流して)〈平家・二・一行阿闍梨之沙汰〉

ご-だい【五大】 名《仏教語》万有を生成する五つの要素。地大・水大・火大・風大・空大。例この(琴ノ)調子は**五大**の中の水大なれば〈源平盛衰記・一七〉

後醍醐天皇 《人名》一二八八〜一三三九(正応元〜延元四)。鎌倉末期・南北朝時代の天皇。後宇多天皇の第二皇子。鎌倉幕府を倒し建武の新政を行うが失敗、吉野で死去。著書に有職故実書『建武年中行事』『建武日中行事』など。二条派の歌人でもあり、『続後拾遺和歌集』を撰進させた。

ご-だい-そん【五大尊】 名《仏教語》「五大尊明王」の略。例**五大尊**の、四面の仏前(=四方の仏壇の前)に現はれたまひて〈謡曲・調伏曽我〉

ごだいそん-みゃうわう【五大尊明王】 名《仏教語》密教で信奉する五尊。ふつう、東方の降三世夜叉明王、南方の軍荼利夜叉明王、西方の大威徳夜叉明王、北方の金剛夜叉明王、中央の不動明王をいう。「五大尊」「五大明王」とも。

ごだい-だう【五大堂】 名 五大尊明王を安置する堂。「五大尊堂」とも。例法成寺の**五大堂**供養は、十二月には侍らずやな〈大鏡・道長下〉

ご-たいふ【五大夫】 名 松の別称。中国の秦の始皇帝が泰山で暴風雨に遭い、松の下で雨をやり過ごしたとき、その松に五大夫の位を授けたという故事による。例このゆゑにかの松に位を授けて**五大夫**といへり〈十訓抄・一・九〉

ごだい-みゃうわう【五大明王】 名《仏教語》「ごだいそんみゃうわう」に同じ。例ともに**五大明王**の随一〈源平盛衰記・三三〉

ご-だいりき【五大力】 名❶《仏教語》「五大力菩薩」の略。❷手紙・荷などが無事届くというまじないとして、封じ目などに書いた語。①を旅の安全を守る道祖神のもとの仏とすることから。例文(=手紙)の封じ目に、開かせまいとて認める**五大力**〈歌舞伎・五大力恋緘・中幕〉❸(②から転じて)誓いのしるしや魔除けのまじないとして、小物類などに書きつけた語。

ごだいりき-ぼさつ【五大力菩薩】 名《仏教語》❶国を守護する密教の五菩薩の称。ふつう、金剛吼・龍王吼・無畏十力吼・雷電吼・無量力吼をいう。例あるところを見れば、**五大力菩薩**懸けたてまつりて〈栄花・玉の台〉❷「ごだいりき②」に同じ。

こた・ふ【答ふ・応ふ】 ⇨こたふ

ご-だう【五道】 名《仏教語》人が死後に赴くとさ

れる五種の世界。地獄・餓鬼・畜生・人間・天上。『倶舎論』の説くもので、ほかではこれに修羅を加えて「六道」とする。例五道の罪も消えぬべき、法の(=仏法)の力ぞありがたき〈謡曲・舟橋〉

こ-たか【小鷹】 名 ❶小形の鷹の総称。ハヤブサなど。❷「小鷹狩り」の略。例小鷹の人もあれば、鷹ども外にたち出でて遊ぶ〈蜻蛉・下〉

こたか-がり【小鷹狩り】 名 秋に「こたか①」を使って野の小鳥を捕獲する鷹狩り。例八月十余日のほどに、**小鷹狩り**のついでにおはしたり〈源氏・手習〉

こ-だか・し【木高し】 形(ク) 木の梢が高く伸びているさま。例妹として二人作りし我が山斎(=庭園)は**木高く**繁くなりにけるかも〈万葉・三・四五二〉

ご-たく【御託】 名 「御託宣」の略。勝手なことを言い立てること。例それだから栄耀にほげて(=ふけって)、さまざまの**御託**をつくすだ〈滑稽本・浮世風呂・四下〉

ご-たくせん【御託宣】 名〔「ご」は接頭語〕❶神のお告げ。例世間手の裏を返すごとくなるべしと**御託宣**あり〈保元・上〉❷(からかって用いて)ありがたいお言葉。例借屋の内の神様達、**御託宣**もとりどりに〈浄瑠璃・妹背山婦女庭訓・四〉

こ-だくみ【木工・木匠】 名 木で家屋などを造る人。大工。例天皇**木工**闘鶏御田に命せて、始めて楼閣を起りたまふ〈紀・雄略〉

こ-だち【木立】 名 木々が並んで生えている様子。また、その木。例(六条御息所ノ邸デハ)**木立**、前栽などなべての所(=普通の所)に似ず〈源氏・夕顔〉

ご-たち【御達】 名〔「ご」は女性の敬称。「たち」は接尾語〕ご婦人がた。特に、上級の女官・女房を敬っていう。単数にも用いる。例男、宮仕へしける女の方に、**御達**なりける人をあひ知りたりける(=交際していた)〈伊勢・一九〉

こ-だて【小楯・木楯】 名 仮の楯。楯の代わりにする樹木。臨時に身を覆い隠すもの。例後ろには大木を**木楯**にして敵を待つところに〈源平盛衰記・三三〉

こだは・る 動(ラ四) ❶差し障る。妨げとなる。例脇差しの鍔がよこっぱらへ**こだはっ**(音便形)て痛えのだ〈滑稽本・膝栗毛・六下〉❷難癖をつける。邪魔をする。例郡司師高(=人名)**こだはっ**(音便形)て、らち明けず〈近松・娥歌加留多・二〉

こ-たび【此度】 名 このたび。今回。例果てのことす(=一周忌の法事をする)とて、**こたび**ばかりは、かのありし山寺にてぞする〈蜻蛉・上〉

こた・ふ【答ふ・応ふ】 動(ハ四)〔「ことあふ(言合ふ)」の変化した形であろう〕答える。言語で応じる。応答する。返答する。例(a)天の宇受売の命、海鼠にいひていひしく、「この口や、**答へ**ぬ口」といひて〈記・上・神代〉

読解 ナマコの口が裂けていることの起源神話。例(b)翁**答ふ**、「さだかに作らせたる物と聞きつれば、返さむこといとやすし」とうなづきをり(=翁は答える、「確かに作らせた物と聞いたので、返すことは非常に簡単だ」とうなずいて座っている)〈竹取〉

語誌 ▼「ことあふ」の「あふ」は、交える、合わせる意。「こととふ(言問ふ)」と対になる語である。▼平安時代に入って和文では一般に「いらふ」が多用されるが、『竹取物語』など「こたふ」がよく出てくる文献もある。⇩いらふ 〈藤井貞和〉

こたへ【答へ・応へ】 名 ❶返答。反応。例道守(=道の番人)の問はむ**答へ**を〈万葉・四・五四三〉❷応報。報い。例我この国の守になりて、この**答へ**をせん〈宇治拾遺・四六〉

こ-たま【木霊】 名〔近世以降「こだま」〕樹木に宿る精霊。例**木霊**など、けしからぬ物ども所を得て(=幅をきかせて)、やうやう形をあらはし〈源氏・蓬生〉

こ-だま【小玉】 名 「小玉銀」の略。豆板銀の別称。例こりゃ**小玉**が五十匁ばかり。もうほかに銀はないか〈浄瑠璃・傾城阿波の鳴門・八〉

こ-たみ【此度】 名 「こたび」に同じ。例**こたみ**ばかり、言ふこと聞くと思ひて、止まれ(=思いとどまってくれ)〈蜻蛉・中〉

こだ・る 動(ラ下二) ❶傾く。しなだれる。例蓮華の花よ 咲いて**こだれ**撓うだ〈田植草紙・晩歌四番〉❷体をくねらせる。大げさな所作をする。例みさご浜千鳥舞ひ**こだれ**て遊ぶべし〈梁塵秘抄・四句神歌〉❸勢いが弱まる。ひるむ。例修羅が戦は**こだれ**かかって〈幸若・大織冠〉

こ-だ・る【木足る・木垂る】 動(ラ四) 木がこんもりと茂る。また、葉が茂り、枝が垂れ下がる。例東の市の植木の**木足る**まで〈万葉・三・三一〇〉

ご-だん【五壇】 名『仏教語』❶真言密教の修法で五大尊明王を安置する五つの壇。例大聖不動明王…**五壇**の上に現れたまへば〈謡曲・調伏曾我〉❷「五壇の御修法」の略。

ごだん-の-みずほふ【五壇の御修法】 名『仏教語』五大尊明王を安置して、天皇または国家にかかわる重大事のときに行う真言密教の祈禱。平安時代に日本で生まれ、主に宮中で行われた。例**五壇の御修法**のはじめにて、(天皇ガ)つつしみおはします隙をうかがひて〈源氏・賢木〉

こち【東風】 名 東から吹いてくる風。東の風。例**東風**吹かばにほひおこせよ梅の花あるじなしとて春を忘るな〈拾遺・雑春〉↓名歌157

こ-ち【此方】 代〔代名詞「こ」+方向を示す接尾語「ち」〕❶話し手のいる場所、またはその近くに移動する方向を示す。こっち。こちらのほう。例せうと、**こち**来(=兄弟よ、こちらのほうへ来い)。これ聞け〈枕・頭の中将の、すずろなるそら言を〉❷現在に至る時間的な方向を表す。現在のほう。最近。例**こち**よりては、大納言のむすめの、后に立つ例なかりければ(=近ごろでは、大納言の娘で、后の地位につく例がなかったので)〈大鏡・師尹〉❸話し手に属する物をさすことで、結果的に話し手自身をさす。当方。わたし。例今宵一夜は(コチラノ旅人ヲ)**こち**の内に留めて上げて下さんせ〈浄瑠璃・伊賀越道中双六・八〉〈上野辰義〉

ご-ち【五智】 名『仏教語』密教で、大日如来が備えもつ五種類の知恵。大円鏡智・平等性智・妙観察智・成所作智・法界体性智。例**五智**の光輝けり〈栄花・玉の台〉

ごーぢ【護持】 ジ― 名動(サ変) 守ること。例仏法を**護持**することは〈続紀・天平宝字元年閏八月〉

こーちく【胡竹】 名 横笛を作る竹。また、その竹で作った横笛。和歌で、「こち来」を掛けて用いることが多い。例笛竹の**こちく**の声も聞こえ来なくに〈大和・一三〉

こーちご【小稚児】 名 子ども。少年。また、寺に仕える年少の稚児。例年十五、六ばかりなる**小稚児**の、髪唐輪に上げたるが〈太平記・二〉

こちーごち【此方此方】 名《上代語》あちこち。ほうぼう。例**こちごち**の国のみ中ゆ(=国の真ん中から)出で立てる富士の高嶺は〈万葉・三・三一九〉

こちーごち・し【骨骨し】 形(シク) 無骨だ。無作法だ。例田舎び(=田舎じみて)**こちごちしう**(音便形)おはせましかば〈源氏・玉鬘〉

ごぢーそう【護持僧・御持僧】 ゴジ― 名 天皇の身を護るため、清涼殿の二間に仕えて祈禱する僧。例**護持僧**にて候ひける山の座主明快〈栄花・根合はせ〉

こちた・し

【言痛し・事痛し】形(ク)「こといたし」の変化した形。人の口数や物事が多く、煩わしくめんどうな感じをいうのが原義。

❶うわさなどがうるさい。煩わしい。例おほろかのわざとは思はじ我がゆゑに人に**言痛く**言はれしものを(=いいかげんな気持ちとは思うまい。私のせいで人からうるさく言われたのだから)〈万葉・一一・二五三五〉

❷**物事が煩わしいほど多い**。**繁雑だ**。例車かきおろして、**こちたく**とかくするほどに(=牛車から牛をはずし、轅をおろして、せわしなくあれこれするうちに)〈蜻蛉・上〉読解 川を渡るための準備の様子。

❸**分量がはなはだ多い**。例いと暑さのたへがたき日なれば、**こちたき**御髪の苦しう思さるるにやあらむ(=ほんとうに暑さが耐えることができない日なので、分量が多い御髪が苦しくお思いになるのであろうか)〈源氏・蜻蛉〉

❹(多く連用形で用いて)**程度がはなはだしい**。例**こちたう**(音便形)赤き薄様を、唐撫子のいみじう咲きたるに結びつけて(=ひどく赤い薄くすいた紙の手紙を、唐撫子でみごとに咲いているものに結びつけて)〈枕・いみじう暑き昼中に〉

❺**仰々しい**。**大げさだ**。例行く先の御頼めいと**こちたし**〈源氏・夕顔〉読解 はるか未来までの愛を約束する光源氏の言葉を、あまりに大げさだと語り手が評している。「頼め」は下二段動詞が名詞化した語。頼りにさせること、の意。

語誌 「いたし」を「甚し」とする説がある。「甚し」と「痛し」はもともと同一の語であるが、人のうわさや物事が単にはなはだしいだけでなく、それが刺激として感じられるという点では、「痛し」と解しておくほうがわかりやすい。類義語「**ことしげし**」「**うるさし**」などと比べても、自分の身への刺激が強い、という語感がある。〈高田祐彦〉

こちーと【此方人】 代《近世語》〔「こちひと」の変化した形〕自称の人称代名詞。自分。わたし。我々。男女・単複ともに用いる。例**こちと**夫婦は何にも知らぬと思うてか〈近松・心中宵庚申・下〉

こちとーら【此方人等】 代《近世語》「こちと」に同じ。例**こちとら**にはわからぬことだが〈滑稽本・浮世床・二下〉

こちーな・し

【骨無し】形(ク)「こつなし」とも。

❶**無作法だ**。**気が利かない**。例日高く待たれたてまつりて参りたまひければ、少し**骨なく**思し召さるれど(=日が高くなるまでお待たせ申して参上なさったので、少し無作法にお思いになったが)〈大鏡・実頼〉読解 関白以下、身分の高い人々をさんざん待たせてから参上した人物の話。自分でも少しは不作法だと思った。

❷**無風流だ**。**不粋だ**。例**こちなく**も聞こえおとしてけるかな(=不粋にも悪く申してしまったなあ)〈源氏・蛍〉

語誌 礼儀作法とか物事を習得する能力などを表す「骨」が無いという意の合成語であろう。「なし」を形容詞を作る接尾語とする説があるが、それを裏づける用例は見当たらない。〈小島孝之〉

ごちーのーにょらい【五智の如来】 《仏教語》五智のそれぞれを体現した五如来。法界体性智の大日如来、大円鏡智の阿閦如来、平等性智の宝生如来、妙観察智の無量寿如来、成所作智の不空成就如来。五智如来。

こちーのーひと【此方の人】 代 ❶他称の人称代名詞。他人に対して、妻が夫をさしていう語。私の夫。うちの人。例**こちの人**尋ねて(=捜して)来て酒にせう〈近松・心中天の網島・上〉❷対称の人称代名詞。妻が夫に呼びかける語。おまえさん。例「**こちの人こちの人**」と呼び起こしければ〈西鶴・世間胸算用・三・三〉

こーぢもく【小除目】 ジモク― 名「りんじのぢもく」に同じ。例まづ**小除目**行はる。平頼盛朝臣、従四位上に叙す〈源平盛衰記・二〉

ごーぢやう【御諚・御定】 ジョウ― 名〔「ご」は接頭語〕貴人の命令。お言葉。例入道殿の**御定**には、いくさをば忠清に任せさせたまへと〈平家・五・富士川〉

ごぢゅうーのーたふ【五重塔】 ゴジュウ―トウ 名 地・水・火・風・空の五大にかたどった五層に建てられた塔。各階に屋根があり、頂上に相輪をのせる。

ごーぢょく【五濁】 ジョク― 名《仏教語》末法の世に現れる五つの汚濁。劫濁(天変地異)・見濁(悪い見解)・命濁(短命)・煩悩濁(煩悩に悩まされる)・衆生濁(衆生の果報がなくなる)の五つ。

ごぢょくーあくせ【五濁悪世】 ゴジョク―― 名《仏教語》五濁に満ちた悪い世の中。仏法が廃れ、道徳の乱れた時代。末世。例**五濁悪世**の衆生の、子の思ひに迷はむは〈今昔・三・三〇〉

こちーら【此方】 代 ❶近称の指示代名詞。こっち。こちら。例おのれ**こちら**向くな〈狂言記・伯母ケ酒〉❷自称の人称代名詞。単数にも複数にも用いる。わたし。わたしたち。例**こちら**は五十年の月日を百年にせんならん〈滑稽本・浮世風呂・四・中〉

ごーぢん【後陣】 ジン― 名 本陣の後ろの陣。例先陣が「…」とどよみけれども(=大声で騒いだが)、**後陣**はこれを聞きつけず〈平家・四・橋合戦〉

こつ【骨】 名 ❶火葬にした骨。遺骨。例御**骨**をとりたてまつり、高野の御山におさめたてまつり〈平家・一二・六代〉❷芸事などの奥義。真髄。また、それを身につけること。素質。能力。例天性その骨なけれども、道になづまず、みだりにせずして(＝その道で滞らず、勝手気ままにしないで)年を送れば…つひに上手の位にいたり〈徒然・一五〇〉

こ・つ 動(夕下二)〔名詞「こと(言)」の動詞化〕言う。例帝の御口づからこてたまへるなり〈源氏・東屋〉

-ご・つ 接尾(夕四型)名詞、動詞の連用形などについて、〜を言う、〜をする、の意の動詞を作る。「独りごつ」「政りごつ」「謀りごつ」など。

ご-づ【牛頭】 名《仏教語》頭は牛で身体は人間の姿をした地獄の獄卒。例炎魔法皇の庁庭に、牛頭・馬頭づらにひはられて(＝引っ張られて)こそ、おはしまし候らめ〈著聞集・一六・五五七〉

こ-づか【小柄】 名脇差しの鞘の鯉口に差しておく小刀の柄。また、その小刀。

こつ-がい【乞丐】 名物乞いをすること。また、その人。例寄りつく(＝頼りにする)方なくてかかる乞丐をばするなり〈今昔・二・二四〉

こつがい-にん【乞丐人】 名「こつがい」に同じ。

こつ-がら【骨柄】 名❶体つき。外見。容姿。例平家の大将知盛とはその骨柄に顕れし〈浄瑠璃・義経千本桜・二〉❷人柄。人格。例河津三郎は、余の人にもまがはず、器量骨柄すぐれたり〈曾我・一〉

こ-づくり【木作り・木造り】 名「きづくり」とも。木材を用途に応じた形に整えること。木造りはすでになりぬ(＝まさに完成した)〈今昔・一七・二五〉

(Note: 例仏師どもを養ひて日ごろを経たるほどに、木造りはすでになりぬ)

こ-づけ【小付け】 名動(サ変)❶すでにある荷物に追加する小さい荷物。例重荷にはいとど小付けを樵りも添へなむ〈後撰・賀〉❷負担の上にさらに負担の加わること。例恋の重荷に小付けして、親子の哀れうち乗せて〈近松・山崎与次兵衛寿の門松・中〉

こつ-じき【乞食】 名動(サ変)❶《仏教語》修行僧が在家を回って物品を乞うこと。托鉢。また、その修行僧。例僧都は乞食とどめたまひてき〈大鏡・頼忠〉❷物もらいをすること。また、その人。例北陸道にさまよひ、乞食して、泣く泣く京へのぼりたりし者か〈平家・二・嗣信最期〉

こつじき-ほふし【乞食法師】 名物もらいの坊主。托鉢する僧を卑しんでいう。例乞食法師とて言ひかひなく思はん事を悲しみて〈沙石集・一〇末・三〉

こっ-しゃ【乞者】 名「こつじき」に同じ。例一人の乞者の僧値へり(＝出会った)〈今昔・一三・二五〉

こつ-ずい【骨髄】 名❶骨の髄。骨の中心部。例火を出だして自ら身を焼きて骨髄を地に落とす〈今昔・四・二九〉❷心の奥深い部分。心底。例骨髄の丹誠(＝まごころ)聞き入れ、納受せしめたまへや〈謡曲・小鍛冶〉❸物事の真髄。例今の歌こそおのづから骨髄にいたりたまへ〈戴恩記・下〉

[骨髄に徹る] 骨の中にまで染み入る。例夜昼これを思ふに、骨髄に徹っ〔音便形〕て忍びがたし〈平家・五・咸陽宮〉

[骨髄を砕く] 非常に苦心する。心をくだく。例御身をせめて一両年世にあらせたてまつらばやと骨髄を砕きたまひしに〈義経記・六〉

こつ-ぜん【忽然】 副「こつねん」とも。たちまち。急に。例一人は居りと見るに、忽然として失せぬ〈宇治拾遺・一三七〉

ごづ-せんだん【牛頭栴檀】 名香木の名。インドの牛頭山に産する栴檀。麝香の香りがして万病に効くという。例(法華経ノ)薬王品などにとりわきて(＝特別に)のたまへる牛頭栴檀とかや〈源氏・東屋〉

こ-づた・ふ【木伝ふ】 動(八四)木の枝から枝に移る。例鶯の昔を恋ひてさへづるは木伝ふ花の色やあせたる〈源氏・少女〉

こっ-ちゃう【骨張・骨頂】 ❶名動(サ変)強く言い張ること。意地を張ること。❷名❶おもだった人物。首謀者。張本人。例中宮の大衆の中に…骨張の輩六人〈源平盛衰記・四〉❷第一。究極。例仏門においては、祝ひの骨頂なるべけれ〈俳諧・おらが春〉

こ-づつ【小筒】 名❶水や酒を入れる、竹製の小さい筒。例刳形打ちたる(＝えぐって穴を開けた)小筒に酒を入れて持ちたりけり〈義経記・五〉❷小銃。

こ-つづみ【小鼓】 名小さい鼓。右肩に担ぎ、左手で調緒を締めたり緩めたりして革面を調節しながら右手で打つ。

ごづ-てんわう【牛頭天王】 名《仏教語》もとインドの祇園精舎の守護神。日本では、京都祇園社(八坂神社)の祭神の祇園天神をいう。また、薬師如来の化身とも。

こつ-な・し【骨なし】 形(ク)「こちなし」に同じ。

こつ-にく【骨肉】 名❶骨と肉。例その中に仏の骨肉・舎利一升を安置したてまつれり〈今昔・三・七〉❷血を分けた親族。肉親。例骨肉同胞の義すでにたえ〈平家・二・腰越〉

こっ-ぱ【木端】 名❶材木の削りくず。木の切れ端。

滑稽本 江戸時代の小説の一種。洒落本のあとを受ける形で登場し、より大衆的な笑いを目的とする。

ふつう、享和二年(一八〇二)に十返舎一九作『東海道中膝栗毛』(このときは『浮世道中膝栗毛』の題)が刊行されたのをもって始まりとする。この作品は、東海道を旅する自称江戸っ子の二人の愚かで滑稽な失敗談を連鎖的に描く。洒落本以来の平易な会話中心の文体で、笑いの要素も取り入れて、その無責任な旅の解放感とともに歓迎された。

一九に刺激され、落語などにも学んで活躍したのが式亭三馬である。代表作は『浮世風呂』『浮世床』で、江戸の庶民の社交場でもあった銭湯や髪結床を舞台に、そこに集まる人の姿を笑いによって生き生きと描いた。

なお、十八世紀中ごろの談義本系統の作品を前期滑稽本と考え、滑稽本を広くとらえる立場もある。

〈松原秀江〉

また、石を削るときに出るかけら。例鉋屑・木屑をかづかせけるに〈西鶴・日本永代蔵・三・一〉❷取るに足りないもの。価値のないもの。接頭語的に用いることもある。例お前方の邪魔になるこっぱを捨ててあげました〈浄瑠璃・一谷嫩軍記・三〉

こつ-ばこ【骨箱】 名❶骨を納める箱。❷〔「骨」は歯の意〕口。

【骨箱を叩く】 大きなことを言う。人が発言することをののしって用いる。例今の若者どもが達入れ（＝意地を通すこと）だの犬の糞だのと**骨箱をたたく**が〈滑稽本・浮世風呂・四下〉

こっ-ぱひ【骨灰・粉灰】バイ 名 形動（ナリ）《近世語》〔「こはひ」の変化した形〕❶こなごなになること。例やいやい、樽肴が**骨灰に**なるわい〈歌舞伎・けいせい青陽鶏・五〉❷さんざんな目にあうこと。例こりゃ家主は**こっぱひ**だわえ〈歌舞伎・夢結蝶鳥追・四〉❸大変なこと。例得心（＝納得）させるのが**こっぱひ**仕事だ〈歌舞伎・金看板侠客本店・二〉

こっ-ぱふ【骨法】ポウ 名❶作法。型。例礼儀**骨法**弁へたる者一人もなし〈平家・一・殿下乗合〉❷芸事などの奥義。例この体（＝歌の様式）を心得る事は、**骨法**ある人の、境（＝熟練の境地）に入り、峠を越えてのちあるべき事なり〈無名抄・近代歌体事〉

こ-つぶ【小粒】 名❶粒が小さいこと。例十団子も**小粒**になりぬ秋の風〈俳諧・続猿蓑・下〉➡名句95 ❷体や形が小さいこと。例**小粒**な男も〈近松・雪女五枚羽子板・中〉❸江戸で、一分金のこと。例**小粒**と二朱銀を医者の薬を盛るやうに配剤して居る（＝配分している）〈歌舞伎・お染久松色読販・序幕〉❹「小粒銀」の略。上方で、豆板銀のこと。

こ-つみ【木積み・木屑】 名 海や川などの岸に流れついた木の屑。「こつ」とも。例堀江より朝潮満ち（＝朝の満ち潮）に寄る**こつみ**貝にありせばつと（＝土産）にせましを〈万葉・二〇・四三九六〉

ご-づめ【後詰め・後攻め】 名❶敵を背後から攻めること。また、その軍勢。例豪誉（＝人名）**後攻め**つかまつりて主上をば捕りたてまつるべし〈太平記・二〉❷味方の応援のため後ろに控えていること。また、その軍勢。例金崎の**後攻め**をせよとのためなり〈太平記・一七〉

こ-て【小手・籠手】 名❶【小手】手首からひじまでの間。例**小手**の縄を許し、高手ばかりにて（＝二の腕だけを縛って）〈狂言記・生捕鈴木〉❷【小手・籠手】㋐鎧を着用するとき、腕を守るために肩から手の甲まで覆う武具。袋状の布に鉄の板や革をつける。例黒糸をどしの腹巻に左右の**籠手**をさし〈平治・中〉㋑弓を射るとき、袖が弓の弦に当たらないように左腕につける武具。弓籠手。

小手〔有職故実〕

ご-て【後手】 名❶たち遅れること。他人に先んじられること。例（申シ込ンダノハ）これは先、忠兵衛様は**後手**と言ひ〈近松・冥途の飛脚・中〉❷戦場で、後方に控える兵。例鑓は先手なり、長刀は**後手**なり〈五輪書・地の巻〉

ご-て【碁手】 名 囲碁や双六の勝負に賭ける金銭・物品。例**碁手**の銭・椀飯などは世の常のやうにて〈源氏・宿木〉

こ-でい【健児】 名〔「こんでい」の変化した形〕役所で下働きをする人。また、武家や公家に仕えて下働きをする人。例やれ、**こでい**、**こでい**と候へば〈源平盛衰記・三〉

ご-てい【御亭】 名「御亭主」の略。一家の主人の敬称。「ごて」とも。例**御亭**、内にござるか〈狂言記・萩大名〉

ご-てう【後朝】チョウ 名「こうてう」とも。❶翌朝。明くる朝。例除目の**後朝**には、この大君のもとに行きて〈今昔・三一・二五〉❷「きぬぎぬ①」に同じ。

五条ゴジョウ《地名》平安京のほぼ中心、五条大路を中心とする一帯。『伊勢物語』では二条の后高子が入内前に「東の五条」に住んでいた。『源氏物語』で光源氏と夕顔が出会うのも五条で、場末近い庶民的なところと描かれる。五条大路が清水寺への参道だったことなどもあって、中世以降はにぎわう。また、五条の天神はさまざまな説話を生み、『義経記』では源義経と弁慶が出会う舞台ともなっている。なお、五条大路は今の松原通りにあたり、今の五条と範囲は違う。例**五条**の天神のあたりに、大きなる柿の木の、実ならぬあり〈宇治拾遺・三〉

ごてう-の-つかひ【後朝の使ひ】ゴチョウ―ツカイ 「きぬぎぬのつかひ」に同じ。例その**後朝の使ひ**、敦忠の中納言〈大鏡・時平〉

こ-でうはい【小朝拝】―ジョウハイ 名「こてうはい」とも。略式の朝拝。元日に、親王及び関白以下六位以上が清涼殿の東庭に並び、天皇に拝賀する儀式。平安中期、一条天皇のころから正式の儀式となった。例院の拝礼なかりければ、内裏の**小朝拝**もおこなはれず〈平家・九・生ずきの沙汰〉

こ-てふ【胡蝶】チョウ 名❶蝶の美称。和歌では、しばしば「来てふ（来いと言う）」に掛けて用いる。例**こてふ**にも誘はれなまし（＝誘われてしまったろうに）心ありて八重山吹を隔てざりせば〈源氏・胡蝶〉❷「胡蝶楽」の略。❸紋所の名。蝶が羽を広げた姿を図案化したもの。

胡蝶③

【胡蝶の夢】 この世のはかなさや、夢と現実が区別できないほど楽しい境地のたとえ。『荘子』斉物論の、荘周（＝荘子）が、夢で胡蝶になり花に戯れて遊んでいるうちに、目覚めても、自分が夢で蝶になったのか、蝶の夢として自分になったのかがわからなくなったという寓話による。

こ-てふ【来てふ】チョウ 〔「来と言ふ」の変化した形〕来いと言う。例月夜よし夜よしと人に告げやらば**来てふ**に似たり待たずしもあらず〈古今・恋四〉➡名歌233

こてふ-らく【胡蝶楽】コチョウ― 名 雅楽の曲名。高麗楽の曲。四人の童が背に造りものの蝶の羽をつけ、天冠に山吹の花をさし、手に山吹の枝を持って舞う。鳥の楽（迦陵頻）と対になって法会の供花に用いられた。

ご-てん【呉天】名〔「呉」は中国南部にあった国の名〕遠く離れた異郷の空。例呉天に白髪の恨みを重ぬといへども(=遠い旅先で苦労のために白髪になるような嘆きを重ねるとしても)〈芭蕉・奥の細道〉

胡蝶楽〔法華経見返絵〕

ご-てん【御殿】名 貴人の邸宅の敬称。特に、清涼殿の称。例かの別当殿の殿、上の**御殿**(=清涼殿)に劣らず〈宇津保・祭の使〉

ごてん-ぢょちゅう【御殿女中】名 江戸時代、宮中や大名家・将軍家などに仕えた女中。例**御殿女**中ぢゃあねえが感心だ〈人情本・春色辰巳園・後・七下〉

こと【言・語・辞】名 言語行為として発せられる音声をいう。

言葉。言語。例酒の名を聖と負ほせし古の大き聖の言のよろしさ(=酒の名前を聖と名づけた昔の偉大な聖人の言葉のみごとさよ)〈万葉・三・三三九〉

語誌▼言語表現として成り立ったすべての意味ある表現、および表現行為をさす。うわさ・評判や、和歌をさすことがあり、物語をするというときのお話(説話)のたぐいも「こと」で、『今昔物語集』の各説話を「語」というのもその意味である。

▼**形式名詞の「こと」** 種々の連体修飾を受ける「こと」は形式名詞とされるが、言語性を感じさせることが多く、「言」か「事」かがはっきりしないことがしばしばある。そのことから「事」の意とされる「こと」も、本来は「言(こと)」と同じ語であったかと推定される。〈藤井貞和〉

[言しもあれ]〔「しも」は副助詞。「あれ」はラ変動詞「あり」の已然形〕ほかに言葉もあるだろうに。よりにもよって。例**言しもあれ**うたての(=いやな)心ばへや、と笑まれながら〈源氏・紅葉賀〉

[言しもこそあれ]「言しもあれ」を強調した語。例**言しもこそあれ**、心憂くも(=いやなことを)と思さるるにつけても〈源氏・幻〉

[言に出づ] 言葉に出す。口外する。例(重病ノタメ)いたう面やせて、いとあはれとものを思ひしみながら、**言に出でても**聞こえやらず(=申し上げきれず)〈源氏・桐壺〉

[言にしあり]〔「し」は副助詞〕言葉の上だけである。名前だけで実質が伴わない。例名草山**言にしありけり**我が恋ふる千重の一重(=千分の一)も慰めなくに〈万葉・七・一二一三〉

[言もおろか] 言うまでもない。例**こともおろか**や…九郎大夫判官殿ぞかし(=源義経殿であるぞ)〈平家・一一・嗣信最期〉

こと【事】名 事柄・仕事・仕業を広くさす。また形式名詞として連体修飾を受ける。

❶**行為。任務。仕事。事業。儀式。**例(a)**事**終はり帰らむ日には(=使命を果たして帰還するであろう日には)〈万葉・五・八九四〉読解 遣唐使を送る歌の一節。例(b)野山にまじりて竹を取りつつ、よろづの**こと**に使ひけり(=野山に分け入って竹を取っては、いろいろなことに使っていた)〈竹取〉例(c)御袴着の**こと**、一の宮の奉りしに劣らず…いみじうせさせたまふ(=御袴着の儀式を、一の宮がお召しになったものにひけをとらず…盛大に執り行わせなさる)〈源氏・桐壺〉

❷**事件。出来事。**例唐土にも、かかる**事**の起こりにこそ、世も乱れあしかりけれ(=中国でも、このような出来事が発端で、世の中が乱れ悪くなった)〈源氏・桐壺〉

❸**事柄。事の次第。事情。言語表現の内容。**例あだくらべかたみにしける男女の、忍びありきしける**こと**なるべし(=浮気比べをお互いにした男女が、忍んで出歩いたという話の内容であるようだ)〈伊勢・五〇〉読解「こと」は言語という意味を元々もっていて、このような未分化の用例は多い。

❹**形式名詞として用いる。****〜こと。〜ということ。**例うつくしき**こと**かぎりなし(=かわいいことはこの上ない)〈竹取〉

❺**〜ことよ。〜ことだなあ。**会話などの文末で、言いさす感じの用法。例「頭いと痛くて苦しくはべれば、いと無礼にて聞こゆる**こと**」などのたまふ(=「頭がひどく痛くてつろうございますので、たいそう失礼な様子で申し上げることで」などとおっしゃる)〈源氏・夕顔〉読解 会話らしく言いさして余情を表す。

語誌▼**「言」と「事」** 言語という意味の「こと」ともともと同一の語で、未分化な場合が、ずっとのちの時代の用例にまでしばしば見られる。しかし一方、言語と事象とは、その概念の分離につれて早く別々の語として意識され、『古事記』に見ると「言」と「事」とは、多少の混同があるものの、だいたい書き分けられている。〈藤井貞和〉

[事こそあれ]〔「こそ」は係助詞。「あれ」はラ変動詞「あり」の已然形〕こともあろうに。よりによって。例**事こそあれ**、あやしくも言ひつるかな〈源氏・東屋〉

[事しもあれ]〔「しも」は副助詞。「あれ」はラ変動詞「あり」の已然形〕「ことこそあれ」に同じ。例**事しもあれ**、威儀(=儀式に威容を添える役)の親王をさへせさせたまへりしよ〈大鏡・師輔〉

[事しもこそあれ]「事こそあれ」「事しもあれ」を強調した語。例**事しもこそあれ**、かくけしからぬことにつけてかくおぼされぬる〈和泉式部日記〉

[事ぞともなし] 格別どうということもない。あっけない。例秋の夜も名のみなりけり逢ふといへば(=恋人と逢っていると)**事ぞともなく**明けぬるものを〈古今・恋三〉

[事と言へば] とりたてていうと。何かというと。例**事と言へば**もて離れたる気色かなうらかなれや人の心の〈山家集・下〉

[事とす] 特別にその事ばかりをする。当面の仕事にする。例宴飲声色(=酒宴や美声・女色)を事とせず、居所を飾らず〈徒然・二一七〉

[事ともせず] 取り上げもしない。例家の人にものをだに言はむとて、言ひかくれども(=話しかけるが)、**こともせず**〈竹取〉

[事にす] 幸いに思う。よいこととする。例ただ逃げ出でたるを**事にして**〈宇治拾遺・三八〉

[事にもあらず] たいしたことではない。例まことならねば、**事にもあらず**思へど〈徒然・一三九〉

[事もおろか] おろそかにするさま。なおざり。いかげん。例秋の田に紅葉散りける山里を**こともおろか**に思ひけるかな〈千載・秋下〉

[事も無し] ❶何事もない。無事だ。例**事もなく**生き来しものを〈万葉・四・五五九〉 ❷無難だ。非難する点もない。例**こともなき**女どもの、田舎なりければ、田刈らむとて〈伊勢・五八〉 ❸簡単だ。容易だ。例また、**こともなく**我は害せられなまし(=殺されただろう)〈竹取〉

[事を欠く] 「ことかく」に同じ。例太鼓をかさずして**ことを欠きける**〈西鶴・西鶴諸国ばなし・一・一〉

[事を好む] ❶物好きである。例九条院は**ことを好ませ**たまひければ、洛中より容顔美麗なる女を千人召されて〈義経記・一〉 ❷事を荒立てたがる。例太平の君が世に**事を好む**は痴れ者なり(=愚か者である)〈近松・蟬丸・二〉

こと

【琴】名 ❶**和琴**・**琴**・**箏**・**琵琶**など、**弦楽器の総称**。または、**琵琶を除いた**、**和琴・琴・箏の総称**。例(a)その焼け遺りし木を取りて琴に作りしに、その音七つの里に響みき(=その焼け残った木を用いて琴を作ったところ、その音は七村に響き渡った)〈記・下・仁徳〉 読解 仁徳天皇の時代のめでたい話。巨木から、速く走れる船ができ、廃材を燃料として塩を採り、さらにその焼け残りから妙音を奏でる琴ができたという。例(b)秘したまふ御琴ども、うるはしき紺地の袋どもに入れたる取り出でて(=秘蔵なさっている数々の御琴で、りっぱな紺色の布地の袋などに収めてあるものを取り出して)〈源氏・若菜下〉

❷特に、箏。平安時代後半になると和琴や琴が弾かれなくなって、琴といえば箏だけをさすようになる。例この月の明かさに…琴弾きたまはぬ事はよもあらじ(=この月の明るさに…箏をお弾きにならない事はまさかあるまい)〈平家・六・小督〉

琴

和琴

箏

琴

語誌▼**琴の種類と演奏** 和琴は倭琴ともいい、日本古来の琴で五弦。一方、その時期は不明だが、古くから、中国・朝鮮半島からさまざまな弦楽器が伝来し、朝廷の儀礼のための舞楽の演奏用として発達した。その代表的なものが、琴(七弦)・箏(一三弦)・琵琶である。しかし、平安時代の半ば、十一世紀初めごろには琴と和琴はほとんど弾かれなくなってしまった。のちに「琴」といえば箏だけをさすようになったのもそのためである。なお、琵琶は後世まで演奏された。平安時代では、これら弦楽器の演奏は、管楽器に比べると、メロディーよりもリズムの表現に主眼が置かれていたらしい。『源氏物語』によれば、特に和琴と琴は調子を整えにくく、演奏が難しいという。⇩きん(琴) 〈鈴木日出男〉

こと

【異・殊】❶形動(ナリ) ❶**他と同じでないさま**。**別だ**。**違っている**。例波の音の今朝から**ことに**きこゆるは春のしらべや改まるらん(=波の音が今朝から違って聞こえるのは春の調べに改まったからなのだろうか)〈古今・物名〉 読解「けさからことに」に「唐琴」を読み込んである。

❷**他と比べて際立っているさま**。**格別だ**。善悪どちらにも用いる。例(a)雨ふれば常より**ことに**まさるわが恋心だ(=雨が降るといつもと違っていっそう募ってくる私の恋心だ)〈古今・恋三〉例(b)昔、**ことなる**事なくて尼になれる人ありけり(=昔、特別の事情がなくて尼になった人がいた)〈伊勢・一〇四〉例(c)容貌のいとさよらなるに添へて、心さへこそ人には**ことに**生ひ出でたまへれ(=顔だちがなんとも美しいのに加えて、気立てまでもが人とは違ってすばらしく成長なさった)〈源氏・少女〉

❷接頭 名詞について、**別の**、**ほかの**、**などの意を添える**。「こと心」「こと人」など。〈森山由紀子〉

こと

【同・如】副〔「如」と同源〕(仮定表現に用いて)同じ〜なら。どうせ〜なら。⇩ことならば・ことは。例**こと**降らば袖さへ濡れて通るべく〈万葉・一〇・二三一七〉

-ごと

【毎】接尾 名詞、動詞の連体形などについて、〜はみな、〜すればいつも、などの意を添える。「人ごと」「折節ごと」「降るごと」など。

ごと

【如】名 **具体的な連体修飾語を受けて副詞的な修飾語として用いられる**。〜と同様に。〜のように。例(a)花の**ごと**世のつねならば過ぐしてし昔はまたもかへり来なまし(=毎年咲く花のようにこの世が不変であるならば、私が過ごしてしまった昔はきっと再び帰ってくるだろうに)〈古今・春下〉例(b)呉竹、前栽の露は、なほかかる所も同じ**ごと**きらめきたり(=呉竹や、植え込みの葉の露は、やはりこのような所でも同じように光り輝いている)〈源氏・夕顔〉

語誌 「ごと」は、同じ、の意の名詞「こと」に由来するといわれ、「ため」「から」「ゆゑ」などと同じく意味の具体性に欠けた抽象的関係概念を表す語であった。これらの語は、多く副詞的修飾語(連用修飾語)になる。中でも「ごと」は、形容詞性の語尾を伴って、形容詞型活用の助動詞「ごとし」に発達した。そこで逆に、「ごと」は「ごとし」の語幹用法と呼ばれることもある。〈野村剛史〉

ご-ど

【後度】名 のち。後日。例これを隠いて**後度**に

使ふ〈狂言・鈍根草〉

こと-あげ【言挙げ】 名動(サ変) 口に出してことさらに言うこと。揚言。例我が欲りし雨は降り来ぬかくしあらば**言挙げせ**ずとも稔は栄えむ〈万葉・一八・四一二四〉 語誌 古くは、口に出して言う「こと」がそのまま実現すると考えられていた。そのため「ことあげ」は、通常は忌むべきことであったが、非常の際にはその霊力を借りるため、「ことあげ」が行われた。

こと-あたら・し【事新し】 形(シク) あらたまった様子だ。わざとらしい。例**事あたらしう**(音便形)初めて申すべきにあらず〈平家・一〇・千手前〉

こと-あ・ふ【事合ふ】 動(ハ四) うまく事が運ぶ。思いどおりになる。例**事あひ**たる心地して、大臣ももうれしういみじ(=すばらしい)と思ひきこえたまへるに〈源氏・葵〉

こと-あやまり【言誤り・事誤り】 名 ❶【言誤り】言葉の間違い。言い間違い。例**言あやまり**しつべきも、言ひまぎらはして〈源氏・夕顔〉 ❷【事誤り】間違い。過失。例内々の**事あやまり**も、世に漏りにたるべし〈源氏・藤裏葉〉

ことあり-がほ【事有り顔】 名形動(ナリ) わけありげな様子。例あまり長居も**事あり顔**ならむによりて〈源氏・宿木〉

こと-い・づ【言出づ】 動(ダ下二) 言葉に出して言う。例たはやすく(=簡単には)**言出づ**べきことにもあらねば〈源氏・宿木〉

こと-いみ【言忌み・事忌み】 名動(サ変) ❶【言忌み】不吉な言葉を口にするのを慎むこと。例今年だにいかで**言忌み**などして、世の中こころみむ〈蜻蛉・中〉 ❷【事忌み】不吉な行動を慎むこと。例今日は**事忌み**して、な泣いたまひそ〈源氏・紅葉賀〉

こと-うけ【言承け・事請け】 名 返事。承諾。口約束。例都の人は、**ことうけ**のみよくて、実なし〈徒然・一四一〉

こと-うるは・し【事美はし・言美はし】 形(シク) ❶【事美はし】端正だ。きちんとしている。例召し出されて、**事うるはしく**、扇を笏に取りて(=扇を笏の代わりに構えて)うづくまり居たり〈宇治拾遺・七七〉 ❷【言美はし】言葉遣いが端正だ。例ことに若くかたちよき人の**言うるはしき**は、忘れがたく思ひつかるるものなり〈徒然・二三三〉

こと-えり【言選り】 名 言葉を選ぶこと。例文を書けど、おほどかに**言選り**をし〈源氏・帚木〉

こと-がき【言書き・事書き】 名 ❶和歌の前に、その歌が詠まれた事情などを記した文。詞書。例その**事書き**に私の家にてと書かれたれば〈謡曲・定家〉 ❷箇条書き。また、文書の初めに「～の事」とその内容を要約して示した部分。例委細の**事書き**十七箇条の恩裁(=恩賞の取り決め)を〈太平記・六〉

こと-か・く【事欠く】 動(カ四・カ下二) 不足する。不自由する。例平茸は食はざらんに(=食べなくても)**事欠く**まじきものとぞ〈宇治拾遺・二〉

こと-かた【異方・他方】 名 別の方角。違った所。例しばし**他方**にやすらひて参り来む〈源氏・葵〉

こと-がま・し【言がまし・事がまし】 形(シク) ❶口やかましい。口うるさい。例さがなく、**ことがましき**も〈源氏・夕霧〉 ❷大げさだ。仰々しい。例ことにその体**事がましく**出で立ちたり〈曾我・九〉

こと-がら【言柄・事柄】 名 ❶【言柄】言葉つき。言葉遣い。多く和歌についていう。例今の世の人の詠みぬべき**ことがら**とは見えず〈徒然・一四〉 ❷【事柄】㋐事の筋道。事の様子。例弟子を中将のもとへやりて、もしやとて**事がら**を見せけるに〈著聞集・一五・四九四〉 ㋑「こつがら」に同じ。例みめ**ことがら**姿、ありさまことにいみじかりけるが〈宇治拾遺・一〇六〉

こと-き【異木】 名 今問題にしている木とは別の木。それ以外の木。例(桐ノ木ハ)**こと木**どもとひとしう言ふべきにもあらず〈枕・木の花は〉

ごとき【如き】 比況の助動詞「ごとし」の連体形。

こと-き・る【事切る】 ❶動(ラ四) 決着をつける。例今夜**ことき**らむ…劣り勝り定めむ〈十訓抄・七・一五〉 ❷動(ラ下二) ❶決着がつく。例この歌ふたつ互ひにあらそひて、今に**事きれ**ず〈俊頼髄脳〉 ❷死ぬ。息が絶える。例わづか息の通ひけるも、**事切れ**はてにければ〈保元・下〉

ご-とく【五徳】 名 ❶人が守るべき五つの徳目。儒教では、温・良・恭・倹・譲をいう。❷あるものの、五つの利点。五つの楽しみ。例(ソノ甲ノ)**五徳**といふは、一には熱き時これを着れば善く涼しき事を得〈今昔・一・三三〉 ❸火鉢などの中に置く、鉄瓶ややかんをかけるための円形の道具。

ごとく【如く】 比況の助動詞「ごとし」の連用形。

こと-ぐさ【言種・言草】 名 ❶決まり文句。口癖。例「我は忘れず」など、世とともの**言ぐさ**になりて〈源氏・玉鬘〉 ❷話題。話のたね。例若き人々の**言ぐさ**には、な笑はせさせたまひそ〈源氏・常夏〉 読解「な～そ」は柔らかい禁止の意を表す。

ごとく-なり 〔比況の助動詞「ごとし」の連用形＋断定の助動詞「なり」〕～のようである。⇨ごとし。例この歌も、かくの**ごとくなる**べし〈古今・仮名序〉

こと-くに【異国】 名 ❶日本の中の他国。よその地方。例**こと国**の人の、いかでかこの国の土をばをかすべき〈大和・一四七〉 読解「異国」は和泉、「この国」は摂津。❷日本以外の国。外国。例広く、**異国**の事を知らぬ女のためとなむ思ゆる〈源氏・常夏〉

こと-くは・ふ【言加ふ】 動(ハ下二) 言葉をさし挟む。声を加える。例御返り(=御返事)も聞こえさせやらせたまはねば、大将ぞ**言加へ**聞こえたまひける〈源氏・賢木〉

ことく-らく【胡徳楽】 名 雅楽の曲名。高麗楽で、壱越調の曲。赤色の面をつけた四人の舞人、勧盃一人、瓶子取り一人の計六人が、酒に酔った姿で演じる滑稽な楽。例酒盛りの**胡徳楽**とも見ゆるかな〈散木奇歌集・一〇〉

こと-ごころ【異心・他心】 名 ❶ほかの人にひかれる心。浮気心。例昔、男・女、いとかしこく(=並々でなく)思ひ交はして、**異心**なかりけり〈伊勢・二一〉 ❷ほかのことを思う心。謀反などを思う悪心。例**異心**なくて…急ぎ参うで来し〈宇津保・吹上上〉

ことこそあれ【事こそあれ】 ⇨「こと」の子項目

こと-ごと【異事】 名 当面問題になっている事以外の

事。ほかの事。例ありしにまさるもの思ひに、**ことごと**なくて過ぎゆく〈源氏・若紫〉

こと-ごと【事事・尽・悉】 ❶名 さまざまな事。多くの事。万事。例**ことごと**なす事なくして、身は老いぬ〈徒然・一八八〉 ❷副 残らず。すっかり。まったく。例**ことごと**には、みづからさぶらひて(=参上して)申しはべらむ〈源氏・夢浮橋〉

こと-ごと【異異】 形動(ナリ) 別々だ。めいめいだ。まちまちだ。例人はみな御宿世(=宿命)といふものの**ことごとなれば**〈源氏・椎本〉

ことごと-く【尽く・悉く】 副〔「く」は接尾語〕すべて。全部。残らず。例この村の在家、**ことごとく**疫をして(=疫病にかかって)〈宇治拾遺・六七〉

こと-こと・し

【事事し】 形(シク)〔名詞「こと(事)」を重ねて形容詞化した語〕おおげさだ。仰々しい。いかにもおおごとだ。例光る源氏、名のみ**ことことしう**(音便形)、言ひ消たれたまふ咎が多かなるに(=光源氏という、名ばかりがおおげさで、非難されなさる過ちが多いというのに)〈源氏・帚木〉

語誌▼現代語では「ことごとしい」と濁音化するが、室町末期までは清音で、『日葡辞書』には「コトコトシイ」とある。

▼すっかりという意の「ことごと」「ことごとく」や、あれこれこまごまとしたことをさす「ことごと」「ことごとに」とは別語。〈藤井貞和〉

こと-こと-は【如事は】〔副詞「こと」+名詞「こと(事)」+係助詞「は」〕同じことならば。いっそのこと。例**こと ことは** 死なな(=死にたいと)思へど〈万葉・五・八九七〉

こと-ごのみ【事好み】 名 物好きなこと。風流を好むこと。例事好みしたるほどよりは(=風流げにふるまっているにしては)、あやしう(=不思議と)荒らかに田舎びたる心ぞつきたりける〈源氏・東屋〉

こと-この・む【事好む】 動(マ四)「ことをこのむ①」に同じ。例いたく**事好む**よしを、時の人(=そのころの人)言ふと聞きて〈後撰・雑二・詞書〉

こと-こ・む【言籠む】 動(マ下二) 口ごもる。言いしぶる。例「これはいと聞こえさせにくくなむ」と、いたう(=ひどく)**言籠めたれば**〈源氏・末摘花〉

ことさへく【言さへく】《枕詞》〔なにやらぺちゃくちゃしゃべる意〕外国人の言葉がわかりにくいことから「韓」「百済」などにかかる。

こと-ざま【事様】 名 様子。風情。また、心のほど。例なほ**事ざま**の優におぼえて〈徒然・三二〉

こと-ざま【異様】 名 ❶普通とは違った様子。変わっていること。例かたちの**異ざま**にてうたてげに(=いやな感じに)変はりてはべらば〈源氏・賢木〉 ❷ほかのほう。別の方面。例乳母などにも**異ざまに**(=実際とは違うように)言ひなして〈源氏・夕顔〉 ❸(「ことざまになる」の形で)ほかの異性に心を移すこと。心変わり。例ねむごろに(=いちずに)いひちぎりける女の、**ことざま**になりにければ〈伊勢・一二三〉

こと-ざまし【事醒まし】 名 興をそがれること。興ざめ。例異事に目も移らず、かへりては(=かえって)**事ざまし**にやありけむ〈源氏・紅葉賀〉

こと-さ・む【事醒む】 動(マ下二) 興ざめする。しらける。例(山里ノ風流ナ庵ノ庭ニ)柑子の木の、枝もたわわになりたるが、まはりをきびしく囲ひたりしこそ、少し**ことさめ**て〈徒然・一一〉

こと-さら【殊更】 ❶形動(ナリ) ❶わざとするさま。あらたまってするさま。例(結婚ヲ)ゆるすとも**ことさらなるやうに**もてなしてこそあらめ(=取り計らうとしよう)〈源氏・少女〉 ❷格別なさま。特別なさま。例小さきかぎり(=小さい者だけ)、**ことさらに**参れ〈源氏・若紫〉 ❷副 ❶別に。あらためて。わざわざ。例**ことさら**幼く書きなしたまへるも、いみじうをかしげなれば〈源氏・若紫〉 ❷とりわけ。格別。例**ことさら**思しめさるるやうあり(=心配なさっていることがある)〈宇治拾遺・二〇〉

ことさら・ぶ【殊更ぶ】 動(バ上二)〔「ぶ」は接尾語〕❶わざとらしく見える。例いと軽々しく**ことさらびたる**事なり〈源氏・帚木〉 ❷格別にする。目立つようにする。例さま**ことさらび**、心化粧したる(=心構えをしている)〈源氏・葵〉

ことさら-め・く【殊更めく】 動(カ四)〔「めく」は接尾語〕わざとらしく見える。例いと**ことさらめき**て、御装束をもやつれたる狩の御衣を奉り(=狩衣をお召しになり)〈源氏・夕顔〉

こと-さ・る【事去る】 動(ラ四)(多く「時移り事去る」の形で)物事が移り変わる。過去の事になる。例飛鳥川の淵瀬常ならぬ世にしあれば、時移り、事さり、楽しび・悲しび行きかひて〈徒然・二五〉

ごとし

【如し】 助動(ク型) ある物事が、異なった別の物事と同様であることを表す。物事のたとえに用いられ、比況の助動詞ともいわれる。

❶**同じである意を表す。～のとおりだ。～と同じだ。** 例(a)その本意の**ごとく**もものしはらべで過ぎはべりにしかば(=その望みのとおりには進みませんで亡くなってしまいましたので)〈源氏・若紫〉例(b)すべて世の中のありにくく、我が身と栖との、はかなくあだなるさま、またかくの**ごとし**(=総じて世の中が生きていきにくく、自分自身と住まいとが、もろく頼りにならないありさまは、またこのとおりだ)〈方丈記〉

❷**類似している意を表す。～のようだ。～みたいだ。** 例行く水の 帰らぬ**ごとく** 吹く風の 見えぬが**ごとく** 跡も無き 世の人にして 別れにし 妹が着せてし なれ衣(=流れて行く水が帰らないように、吹く風が見えないように、はかないこの世の人として死に別れてしまった妻が着せてくれた着古した着物)〈万葉・一五・三六二五〉

❸**例示する意を表す。(たとえば)～のようだ。** 例和歌・管絃・往生要集**ごとき**の抄物を入れたり(=和歌の本や管弦の本や『往生要集』のような、抜き書きした物を入れてある)〈方丈記〉

接続▼直接、また助詞「が」を介して活用語の連体形に、助詞「が」「の」を介して体言・副詞につく。

活用▼ク型　表内の〔　〕は異説のあるもの。

未然形	連用形	終止形	連体形	已然形	命令形
〔ごとく〕	ごとく	ごとし	ごとき	○	○

そのためである。

語誌▼接続について　「ごとし」は、同じ、の意の形式名詞「ごと」に形容詞性の語尾がついて成立したものである(⇩ごと)。通常の助動詞とは異なり、体言類が助詞の「が」や「の」を介して「ごとし」へ続くのはそのためである。

▼「ごとし」と「やうなり」　「ごとし」は平安時代は主に漢文訓読系の文章に用いられた。仮名文では「ごとし」に替わって「やうなり」が用いられた。

▼「ごとくなり」　「ごとし」は形容詞型の活用をするので、その下に直接に助動詞などを続けることができない。そこで、それらに続く場合は、「ごとくなりき」のように連用形に断定の助動詞「なり」の接した「ごとくなり」が用いられることがある。

▼異説　仮定を表す「ごとく」などから、未然形「ごとく」を認める説もある。〈野村剛史〉

こと-しげ・し【言繁し・事繁し】 形(ク)❶【言繁し】人のうわさがうるさい。例**言繁き**里に住まずは(=住むよりは)〈万葉・八・一五一五〉❷【事繁し】多忙だ。大げさだ。仰々しい。例心細く**事しげく**も思されて、嘆きおはす〈源氏・薄雲〉

こと-しも【事しも】 副(「しも」は副助詞)ちょうど。まるで。あたかも。例聖人、**事しも**我が(=自分の)父母などの病まむを嘆かむがごとく嘆き悲しみて〈今昔・一三・三五〉

ことしも〜【言しも〜】 ⇩「こと」の子項目

ことしも〜【事しも〜】 ⇩「こと」の子項目

こと-ずくな【言少な】 形動(ナリ)口数が少ない。例「さぶらふ人々も思ひ乱れて」と**言少な**に言ひて〈源氏・若紫〉

こと-そ・ぐ【事削ぐ・言削ぐ】 動(ガ四)簡単にする。省略する。例**事そが**ず、装束より始めてさるべき物どもこまかに(用意スル)〈源氏・夕顔〉

ことぞともなし【事ぞともなし】 ⇩「こと」の子項目

こと-だ・つ【言立つ】 動(タ下二)口に出して誓う。言挙げする。例顧みは　せじ(=我が身を気にかけることはしない)と**言立て**〈万葉・一八・四〇九四〉

こと-だ・つ【事立つ】 動(タ下二)特別の事をする。例**ことだつ**とて、大御酒たまひけり〈伊勢・八五〉

こと-だて【言立て】 名　はっきりと言葉に出して言うこと。誓いをはっきりと口にすること。また、その言葉。例人の祖の　立つる**言立て**　人の子は　祖の名絶たず〈万葉・一八・四〇九四〉

こと-たま

【言霊】 名「ことだま」とも。**言葉に宿ると考えられた霊的な力。言葉の霊。** 例(a)神代より　言ひ伝って来らく　そらみつ(枕詞)　大和の国は　皇神の　厳しき国　**言霊**の　幸はふ国と　語り継ぎ　言ひ継がひけり(=神の時代から言い伝えて来たことだが、大和の国は神の威徳が盛んな国で、言葉の霊力が栄える国だと語り伝え、言い伝えてきたのだ)〈万葉・五・八九四〉 読解 伝承の中で「大和という国は言霊の盛んな国だ」と言い伝えられて来た、といっている。例(b)**言霊**の八十の衢に夕占問ふ占正に告る妹は相寄らむ(=言霊の働く、数多く道の分かれた所で夕占に問う。占いがまさに告げる、愛しい人がなびき寄るだろう)〈万葉・一一・二五〇六〉 読解「夕占」は、夕方の街角で道行く人の言葉を聞いて吉凶を占うこと。

語誌▼奈良・平安時代において七、八例見られる語。例(a)のように、「ことたま」がそのまま信じられているというのではなく、「ことたま」が盛んな国だという言い伝えの用例として出てくることが多い。また、例(b)は民間信仰において「ことたま」をめぐる習俗が行われていたことを示す。言葉を発すると、それがよきにつけ悪しきにつけ、実現させる力をその言語自体がもっているとする信仰をいう。

▼江戸時代、国学の一部に、この「ことたま」を国粋的に拡大解釈して、世界に例のない言霊信仰とでもいうべきものが日本の古代にはあったかのように言う理論(言霊説)が流行したが、文献の実態に即していない勝手な考えである。〈藤井貞和〉

【言霊の幸はふ国】 言霊の力により幸福がもたらされる国。日本をさす。例そらみつ(枕詞)　大和の国は　皇神の　厳しき(=威厳がある)国　**言霊の　幸はふ国**と〈万葉・五・八九四〉

こと-た・る【事足る】 動(ラ四)物事が十分である。不自由しない。例心は心として**事足らず**(=気位は高くもっても、物質的に不足で)〈源氏・帚木〉

こと-ぢ【琴柱】 名　琴の胴の上に立てて弦を支える器具。位置を移動させて音の高低を調節する。例箏の御琴は…**琴柱**の立処(=立てる位置)乱るるものなり〈源氏・若菜下〉

【琴柱に膠さす】(琴柱を膠で固定すると、音の調子を変えられないことから)融通が利かないことのたとえ。例昔はよき若人、今は**琴柱に膠さす**やうにてこそ里居してはべるなれ〈紫式部日記〉

琴柱

こと・づ【言出】 動(ダ下二)(「こといづ」の変化した形)言葉に出して言う。例**言出**では誰が言なるか〈万葉・四・七七六〉

こと-づ・く【言付く・託く】 動(カ下二)「ことつく」とも。❶口実にする。かこつける。例その夜のことに**ことつけ**てこそまかり絶えにしか(=通うのをやめてしまった)〈源氏・帚木〉❷依託する。預ける。伝言する。例(妻ニ対シテ)「のちの世にはかならず生まれ逢ひたてまつらん」と泣く泣く**ことづけ**たまへば〈平家・一〇・内裏女房〉

こと-づけ【言付け・託け】 名❶口実。例つきづきしき(=もっともらしい)**ことづけ**ども作り出でて〈源氏・真木柱〉❷伝言。例職へなむ参る。**ことづけ**やある〈枕・かへる年の二月二十日よ日〉

こと-つ・つ【言伝つ】 動(タ下二)伝言する。人に託して伝える。例やよや待て山ほととぎす**言づて**む我世の中にすみわびぬとよ〈古今・夏〉

こと-つて【言伝て】 名「ことづて」とも。伝言。伝聞。例人はくれども**言づて**もなし〈古今・恋四〉

こと-と【事と】 副　一つの事柄を取り立てて示す。と

りわけ。格別。はっきりと。歴然と。例ことと馴れ馴れしきにこそあめれ〈源氏・野分〉

ことと〜【事と〜】 ⇩「こと」の子項目

ことーとがめ【言咎め】 名 言葉で問いただすこと。詰問。例人の見て言咎めせぬ夢にだに止まず見えこそ(=夢ぐらいには続けて見えておくれ)我が恋止まむ〈万葉・一二・二九五八〉

ことーとき【異時】 名 ほかの時。別の機会。例異時は知らず、今宵は詠め〈枕・五月の御精進のほど〉

ことーどころ【異所・異処】 名 ほかの場所。別の場所。また、異国。例こと所のものなれど、鸚鵡いとあはれなり〈枕・鳥は〉

ことーどひ【言問ひ】 ドイ 名 話しかけること。ものを言い交わすこと。例おほほしく(=心が晴れず)今日や過ぎなむ言問ひもなく〈万葉・五・八八四〉

ことーと・ふ

【言問ふ】トウ 動(ハ四) 言語をもって質問する、が原義。

❶質問する。言語を発する。例(a)語問ひし磐根樹立ち、草の片葉をも語止めて(=言語を発した木の根も木立も、草の片葉までも言語をやめさせて)〈祝詞・六月晦大祓〉読解この世の秩序が失われるときには草や木や岩石が言語を発するという、神話の説明の中での古い用例である。例(b)名にし負はばいざ言問はむ都鳥わが思ふ人はありやなしやと〈伊勢・九〉➡名歌269

❷訪れる。例山がつのいほりに焚ける(ここまで序詞)しばしばもこと問ひ来なん恋ふる里人(=山里に住む人の小屋で焚いている柴ではないが、しばしば便りを寄せてほしい。恋しい故郷の人よ)〈源氏・須磨〉読解「しばしば」は「柴々」と「屡々」を、「里人」は山里の人の意と故郷の人の意を掛ける。

語誌▼具体的には、言葉を交わす、求婚する、手紙をやる、見舞う、などをいうこともある。

▼「こととふ」に対する語は「こたふ」で、「こと・あふ」と分解してみるとよくわかる。〈藤井貞和〉

ことーどもり【言吃り】 名 言いよどむこと。例少し言吃りする人の〈枕・宮の五節いださせ給ふに〉

ことーな・し【事無し】 形(ク) ❶何事もない。平穏だ。用事がない。例公私に事なしや〈源氏・若菜上〉❷容易だ。なんでもない。例わづらはしかりつる事はことなくて、やすかるべき事はいと心ぐるし〈徒然・一八九〉❸非難するところがない。例ありつつ見れど事なき我妹〈万葉・一一・二七五七〉

ことーな・し【殊なし】 形(ク)〔「なし」は接尾語〕この上ない。格別だ。たいそうだ。例この畠主は殊ない(音便形)細工利き(=上手)と見えて、(案山子ハ)そのままの人ぢゃ〈虎寛本狂言・瓜盗人〉

ことなしーぐさ【事なし草】 名 草の名。未詳。例ことなし草は、思ふ事をなすにやと思ふもをかし〈枕・草は〉読解「事成し草」と考えた。

ことーなしび【事無しび】 名(多く「ことなしびに」の形で副詞的に用いて)なにげないそぶり。知らぬふり。いいかげん。例宰相の御いらへを、いかでかことなしびにいひ出でん〈枕・二月つごもり頃に〉

ことーなし・ぶ【事無しぶ】 動(バ上二)〔「ぶ」は接尾語〕何事もなかったようにふるまう。知らぬふりをする。例立ちにし我が名今さらに事なしぶともしるしあらめや(=どうしようもない)〈古今・恋三〉

ことーな・す【言成す】 動(サ四) 言葉に出して、あれこれと取りざたする。例(世間ノウワサニ)争ひかねて我を言なすな〈万葉・一四・三四五六〉

ことーならば【同ならば・如ならば】〔副詞「こと」+断定の助動詞「なり」の未然形+接続助詞「ば」〕同じことなら。どうせ〜なら。例ことならば咲かずやはあらぬ(=どうせ散るなら咲かないでおけばどうか)桜花見る我さへにしづ心なし〈古今・春下〉

ことーな・る【事成る】 動(ラ四) ❶物事が成功する。成就する。例相とぶらひ(=求婚して)こと成りしかば〈万葉・九・一七四〇〉❷事が始まる。事が始まる時になる。祭りの行列にいうことが多い。例「いかにぞ。事なりぬや(=行列は始まったか)」といへば〈枕・祭のかへさ〉

ことーに【異に・殊に】 副〔形容動詞「こと」の連用形から〕❶ほかのものとは違った様子で。普通と違って。例橡の解き洗ひ衣のあやしくも(=不思議にも)ことに着欲しきこの夕へかも〈万葉・七・一三一四〉❷特別に。とりわけて。例宮をばことに思ひ出できこえたまはず〈源氏・若紫〉❸そのうえ。加えて。しかも。例世間ともに銀づまり…ことに兄御は病中なり〈近松・心中重井筒・上〉

ことに〜【言に〜】 ⇩「こと」の子項目

ことに〜【事に〜】 ⇩「こと」の子項目

こーどねり【小舎人】 名 ❶平安時代、蔵人所に属し、殿上の雑事にあたる官人。例内裏より、忠君召しに蔵人所の小舎人来たり〈宇津保・忠こそ〉❷「こどねりわらは」に同じ。例御供の侍・雑色・小舎人・御馬副ひまで〈栄花・初花〉

こどねりーわらは【小舎人童】 ワラワ 名 公卿や、近衛の中・少将が召し使う少年。貴人が雑用に召し使う少年にもいう。例(私ハ)故太政大臣貞信公の、蔵人の少将と申しし折(=お呼びしたころ)の小舎人童、大犬丸ぞかし〈大鏡・序〉

こーとの【故殿】 名 亡くなった殿。妻から夫、従者から主君をさしていうことが多い。例あはれ、故殿の御けはひとこそ、(亡クナッタノヲ)うち忘れては思ひつれ〈源氏・柏木〉

ことーのーかず【事の数】 数えあげるに足る物事。ものの数。打消の語とともに用いる場合が多い。例恋ひ死なむ命は事のかずならで〈後拾遺・恋一〉

ことーのーこころ【事の心】 ❶物事の意味。趣旨。趣意。例延喜(=醍醐天皇)の御手づから、事の心書かせたまへるに〈源氏・絵合〉❷事情。例対面して事の心とり申さん(=申し上げたい)〈源氏・明石〉

ことーのーたより【事の便り】 物事のついで。何かの機会。例事の便りに都(ノ様子)を聞けば〈方丈記〉

ことーのーは

【言の葉】名「は」は、本来「端」。それを同音の植物の「葉」に見立てていう語。

❶言葉。例いつはりのなき世なりせばいかばかり人の言の葉うれしからまし(＝うそがない世の中であったとしたら、どれほどあなたの言葉がうれしいだろうに)〈古今・恋四〉読解「～せば～まし」は反実仮想の意を表す。

❷(普通の口頭の言語に対して)和歌。手紙。きちんとした表現。巧みな表現。例(a)やまと歌は、人の心を種として、よろづの言の葉とぞなれりける(＝和歌は、人の感情をもととして、いろいろな表現となった)〈古今・仮名序〉例(b)(願文八)仏・神も聞き入れたまふべき言の葉(＝仏や神もお聞き入れくださるにちがいない表現)〈源氏・若菜下〉

❸特に、和歌で用いる。㋐男女間の約束の言葉。例今はとてわが身時雨にふりぬれば言の葉さへにうつろひにけり(＝今はもう、時雨が降って木の葉が色変わりするように私が年老いてしまったので、木の葉だけでなくあなたの約束の言葉までも変わってしまったなあ)〈古今・恋五〉読解相手の心変わりを嘆く歌。「ふり」は「降り」と「古り」を掛ける。

㋑世間のうわさ。例世にふれば言の葉しげきくれ竹のうきふしごとに鶯ぞ鳴く(＝この世で暮らしていると世間のうわさが多く、葉の繁った呉竹の節から出る枝ごとに鶯が鳴いているように、私もつらいことがあるたびに泣いていることだ)〈古今・雑下〉

語誌「ことば」が日常的な言語としての口頭語などをさすのに対し、「ことのは」は和歌などで用いる雅語をさすことが多い。③の例のように、和歌では、多くこの語を草木の「葉」に言い掛けて用いる。〈鈴木日出男〉

ことのは-ぐさ【言の葉種】 名 和歌。和歌の草稿。例げに世に遊ぶ歌人の、言の葉草の捨て所〈浄瑠璃・妹背山婦女庭訓・三〉

こと-の-ほか【事の外・殊の外】 形動(ナリ) ❶思いのほか。意外だ。意に反する不快なことについて用いることが多い。例ことのほかにのみもてなしたまふが人目も悪ければ〈夜の寝覚・五〉❷格別だ。例鳥の声などもことの外に春めきて〈徒然・一九〉

こと-の-よし【事の由】 事情。理由。例かの乳母の、事の由聞こえつるなり〈宇津保・藤原の君〉

こと-は 副(副詞「こと」＋係助詞「は」)同じことなら。例かきくらしことは降らなん(＝降ってほしい)〈古今・離別〉

こと-ば【言葉・詞】

名「言端」の意で、言語表現の一端をいうのが原義。

❶言葉。言語。例世の中の人の言葉と思ほすな〈万葉・一二・二八八八〉読解私の言葉を世間にありふれた口先だけのものとお思いにならないでください、の意。

❷話し言葉。口頭の言語。口上。発言。例文はよに見たまはじ。ただ言葉にて申せよ(＝手紙は決してご覧にならないだろう。ただ口頭で申し上げよ)〈大和・一五七〉

❸決まった型などのある言葉。決まり文句。文言。挨拶。例(a)言葉など教へて書かせたてまつりたまふ(＝文言などを教えてお書かせ申し上げなさる)〈源氏・若菜下〉例(b)本歌の詞をあまりに多く取る事はあるまじきにて候ふ(＝本歌の文言をあまりに多く採用することはしてはならないことでございます)〈毎月抄〉例(c)まづ詞をかけけり(＝まず挨拶の言葉をかけた)〈平家・九・生ずきの沙汰〉

❹(「心」に対して)言語表現。例在原業平は、その心あまりて、詞足らず(＝その感情がありすぎて、表現が不十分だ)〈古今・仮名序〉読解六歌仙についての評の一節。

❺和歌や絵巻などにつけた文章。詞書の類。例絵など取り出でさせて、右近に詞読ませて見たまふに(＝絵などを取り出させて、右近に詞書を読ませてご覧になると)〈源氏・東屋〉

❻語り物や謡曲などで、音楽的な節をもたない部分。

❼物語などで、地の文に対して、作中人物の会話部分。

語誌▼「ことば」は、もともと言語表現の一端をいった語らしいが、やがて言語・言語活動一般を表すようになり、平安時代以後「詞」「辞」「句」などの漢字もあてられ、広い範囲に用いられた。

▼平安時代は、「ことのは」が和歌などに用いられる上品な雅語を意味したのに対して、「ことば」は日常的な言語として、口頭語・口上などの意に用いられることが多かった。

▼また平安時代以降は「心」の対としても意識され、「ことば」は「こころ」の表現形式としての言語であるという認識をも生み出した。特に歌論などでは「心と詞」の対立概念が問題視されてきた。〈鈴木日出男〉

【言葉に掛く】 口に出して言う。例月日重なり、年経にしのちは、言葉にかけて言ひ出づる人だになし〈方丈記〉

ことば-がき【詞書】 名 和歌の前書きで、その歌の成立事情などを記したもの。例歌の詞書にも、「花見にまかれりけるに(＝出かけたところ)、早く散り過ぎにければ」とも〈徒然・一三七〉

こと-はかり【事計り】 名 処置。はからい。例外に(＝遠い所)に居て恋ふれば苦し我妹子を継ぎて相見む事計りせよ〈万葉・四・七五六〉

こと-はじめ【事始め】 名 ❶物事を始めること。例六月九日新都の事はじめ、八月十日上棟〈平家・五・月見〉❷江戸時代、正月の準備を始めること。また、その日。上方では陰暦十二月十三日をその日とし、神棚を整え、正月用品を買い、すす払いなどをする。「おことはじめ」とも。例万事の入用を、はや極月十三日に事はじめとてつかはしける〈西鶴・世間胸算用・二・三〉

ことば-だたかひ【言葉戦ひ】 ーダタカイ 名 ❶実際の戦いの前に、互いに相手の悪口などを言いあうこと。例そののちは互ひに言葉だたかひとまりにけり〈平家・一一・嗣信最期〉❷口論。

後鳥羽天皇 ごとばてんわう ゴトバテンノウ〘人名〙一一八〇～一二三九(治承四～延応元)。平安末期・鎌倉前期の天皇。高倉天皇の第四皇子。元暦元年(一一八四)即位。承久三年(一二二一)討幕を企てたが失敗(承久の乱)、隠岐に配流。同島で死去。歌人としてすぐれ、『新古今和歌集』撰集を命令、『千五百番歌合』など多くの歌合わせも主催した。家集に『後鳥羽院御集』、歌論に『後鳥羽院御口伝』。

ことば-の-つゆ【言葉の露】 美しい言葉。詩歌や文章の美しさを露にたとえていう。例**言葉の露**の玉章(=恋文)の、心の花も色添ひて〈謡曲・井筒〉

ことば-の-はづれ【言葉の外れ・詞の外れ】ハズレ 言葉じり。言葉のはしばし。「言葉の端」とも。

ことば-の-はな【言葉の花・詞の花】 ❶巧みな表現。例ちり残る法の林の梢には**言葉の花**の色ぞ少なき〈続千載・釈教〉❷和歌。例手跡(=筆跡)もなだらかに、**詞の花**も尋常なり〈保元・下〉

ことば-の-はやし【詞の林】〔「詞林」の訓読〕和歌や詩文などの文学。詩歌などが数多く豊かなことを林にたとえていう。例**詞の林**も老い木になりて、花の思ひも忘れにけり〈栄花・駒競べの行幸〉

こと-はら【異腹】 名 父が同じで母が違うこと。腹違い。例大蔵卿・修理大夫などいふは、女御にも**異腹**なりける〈源氏・宿木〉

後鳥羽院御口伝 《作品名》鎌倉前期の歌論。一巻。後鳥羽院著。成立年未詳。まず初心者のための心得七か条を説き、次に当時の歌人一五名についての評を列記する。中では藤原俊成・西行の評価が高く、藤原定家への批判には辛辣なものがある。

ことひ【特負・特牛】コトイ 名〔「ことおひ(殊負ひ)」の変化した形〕物をよく運ぶことができる強健な牛。また、雄牛。「ことひのうし」「ことひうし」とも。例淡路島の門渡る**特牛**こそ 角を並べて渡るなれ〈梁塵秘抄・四句神歌〉

こと-ひき【琴弾き】 名 琴を弾くこと。また、その人。例笛吹きと 我を召すらめや **琴弾き**と 我を召すらめや〈万葉・一六・三八八六〉

こと-ひと【異人】 名 違う人。今問題になっている人とは別の人。ほかの人。例(a)さらに**こと人**とも思ひわきがたきを〈源氏・賢木〉読解 藤壺の宮と紫の上がうり二つであることをいう一節。例(b)**こと人**の目にはおほかたえ見ず(=全く見えない)。ただ聖一人とのみ見けるに〈宇治拾遺・一・九〉

金刀比羅宮 名 讃岐国、今の香川県琴平町琴平山(象頭山)の神社。祭神は、大物主神・崇徳天皇。古くから海上守護の神として信仰され、各地に分社がある。金毘羅様。金毘羅宮。旧称金毘羅大権現。⇨こんぴら

こと-ぶき【寿】 名 ❶言葉によって祝うこと。また、その言葉。祝詞。賀詞。例**ことぶき**の乱りがはしき、をこめきたる言ども(=祝いの言葉の騒々しさ、道化めいた言葉も)〈源氏・初音〉❷長命。寿命。例戒をば保たずして、**寿**を保てるさまども〈加茂保憲女集・序〉

こと-ぶ-く【寿く】 動(カ四) 祝う。例国安全と**こと**ぶくも大日本の君が代の〈近松・国性爺合戦・五〉

こと-ふ-る【事旧る・言旧る】 動(ラ上二) 古くなる。言い古される。例世に**ことふり**たるまで知らぬ人は、心にくし(=奥ゆかしい)〈徒然・七八〉

こと-ぶれ【事触れ】 名 ❶物事を広く言いふらして知らせること。また、その人。例証拠を取って我らにも知らせ、国中に沙汰をした(=うわさを広めた)**事触れ**は〈近松・鑓の権三重帷子・下〉❷「鹿島の事触れ」の略。例稼ぐに追ひつく貧乏なしと、**事触れ**が言うてまはりしに〈西鶴・日本永代蔵・五・四〉

こと-ほ-く

【言寿く・寿く】 動(カ四) **言葉で祝福する。** 例しかして、言禱きて白ましく、「恐し。命のまにまに易へまつらむ」(=そこで、言葉で祝福して申し上げることには、「恐れ多いことだ。ご命令に従ってかえ申し上げよう」)〈記・中・仲哀〉読解 気比の大神が太子(のちの応神天皇)と名をかえるという話。

語誌 「ほく」は、神に向かって、祝いあるいは呪い唱える意。「ことほぐ」と濁音化し、「ことぶく」とも変化する。〈藤井貞和〉

こと-む-く【言向く】 動(カ下二) 言葉で説得して服従させる。例踏み通り 国求ぎしつつ ちはやぶる(=狂暴な) 神を**言向け** まつろはぬ(=服従しない) 人をも和し〈万葉・二〇・四四六五〉

こ-ども

【子供・子等・児等】 名〔「ども」は接尾語〕❶**子どもたち。子ども。** 血を分けた子でなくても用いる。例瓜食めば **子ども**思ほゆ〈万葉・五・八〇二〉➡名歌93 ❷**若い人々。従者。目下の人たちなどを、親愛の情をこめて呼ぶ語。** 例いざ**子ども**早く日本へ 大伴の三津の浜松 待ち恋ひぬらむ〈万葉・一・六三〉➡名歌61 ❸**幼いもの。小さい子。児童。** 例走り来たる女子あまた見えつる**子ども**に似るべうもあらず(=走ってやって来た女の子は、大勢見えていた子どもたちに似ているはずもない)〈源氏・若紫〉読解 抜きんでて美しいということ。

語誌 接尾語「ども」は複数を表すが、「こども」は単数にも用いられる。〈米山敬子〉

こども〜【事も〜】 ⇨「こと」の子項目

こども-あつかひ【子供扱ひ】ツカイ 名 子どもの世話をすること。育児。例あまたの**子どもあつかひ**に、おのづから忘れ草摘みてん(=自然と私のことは忘れてしまうだろう)〈源氏・浮舟〉

こともおろか【言もおろか】 ⇨「こと」の子項目

こと-もの【異物】 名 ほかのもの。別のもの。例あづま(=和琴)の調べを爪さはやかに調ぶ。みな**異もの**は(=ほかの楽器は)声やめつるを〈源氏・手習〉

こと-やう【異様】ヨウ 名 形動(ナリ) ❶普通でない。風変わりだ。例忠恒といふ随身、**ことやうに**てねり通りけるを(=練り歩いて行ったのを)見て〈宇治拾遺・六・三〉❷道理に合わない。理屈が通らず、変だ。心外だ。例(大臣ヲ罰スルヨウナ)大事になさせたまふ事、いと**ことやう**の事なり〈宇治拾遺・一二・四〉

こと-や-む【言止む】 動(マ下二) 黙らせる。ものを言うのをやめさせる。例草の片葉をも**言止めて**〈祝詞・六月晦大祓〉

こと-ゆ-く【事行く】 動(カ四) ❶物事がはかどる。らちがあく。例筆のゆく限りありて(=筆の及ぶ限度があって)、心よりは**事ゆか**ずなむ思うたまへられしを〈源氏・絵合〉❷納得がゆく。例「かくつきなきこと(=どうしようもないこと)を仰せたまふこと」と事

ゆかぬものゆゑ〈竹取〉 [語誌] ①②ともに、打消の語を伴って、はかどらない、納得がゆかない、の意に用いられることが多い。

こと-ゆゑ【事故】―ユエ [名] 差し障り。事故。[例]あひ構へて(=十分注意して)事ゆゑなく返し入れたてまつれ〈平家・九・三草勢揃〉

こと-よう【異用】[名] ほかの用事。それ以外の用途。[例]三万疋を芋頭の銭とさだめて…異用に用ゐることなくて〈徒然・六〇〉

こと-よさ・す【言寄さす・事寄さす】[動]（サ四）《上代語》〔「よさ」は四段動詞「よす」の未然形。「す」は尊敬の助動詞〕お命じになる。ご委任なさる。[例]「高天の原を知らせ(=支配しなさい)」と、事寄さして賜ひき〈記・上・神代〉

こと-よ・す【言寄す・事寄す】[動]（サ下二）❶言葉を寄せて、助力する。[例]天地の　神言寄せて〈万葉・四・五四六〉❷うわさを立てる。[例]君が手取らば言寄せむかも〈万葉・七・一一〇九〉❸かこつける。言い訳をする。[例]豪家(=権勢)にこと寄せて、人の愁へとあることなどもおのづからうちまじるを〈源氏・薄雲〉❹ことづける。託す。[例]忍びあまり(=心にしまいきれずに)天の川瀬にことよせん〈新古今・恋三〉

こと-よろ・し【事宜し】[形]（シク）❶たいした事情ではない。差し支えない。[例]事よろしくば乞ひ許さん〈宇治拾遺・一五七〉❷かなりよい。ふさわしい。[例]年のはじめなれども、元日元三の儀式事よろしからず〈平家・九・生ずきの沙汰〉

ことり【部領】[名]〔「事執り」の意か〕❶集団の長。部隊の責任者。❷春宮坊の帯刀の陣の事務をつかさどる職。衛門尉が兼任した。

こ-とりそ【古鳥蘇】[名] 雅楽の曲名。高麗壱越調の曲で、六人舞。[例]伶人本幄に帰って舞あり。左に蘇合、右に古鳥蘇〈太平記・二四〉

ことり-づかひ【部領使ひ】―ツカイ [名] ❶「さきもりことりづかひ」に同じ。❷相撲の節があるとき、力士を召集するために朝廷から諸国に派遣される使者。近衛府の官人があたる。「相撲部領使ひ」。

こと-わざ【言業・事業・諺】[名] ❶言ったりしたりすること。[例](a)人の見咎むべき事わざなせそ(=人が見て非難するような言行をしないでくれ)〈続紀・天平宝字元年七月・宣命一六〉[読解]「な～そ」は柔らかい禁止の意を表す。[例](b)世の中にある人、ことわざしげきものなれば、心に思ふことを、見るもの聞くものにつけて、言ひ出だせるなり(=この世に生きている人は、かかわりあう出来事が多いので、心に感じることを、見るものや聞くものに託して、言い表したのである)〈古今・仮名序〉❷諺。成句。[例]今に、諺に「雉の頓使ひ」といふ本これぞ〈記・上・神代〉[読解]天の若日子に殺されたために天に還らなかった雉の話から「行ったきりの使い」と言う意のことわざができたという起源説話。

[語誌] 「こと」は「事」であるとともに「言」であり、「わざ」は行為や技芸をいう。言語行為とその結果としての出来事・事業をともに「ことわざ」と称した。さらに、言い回しとして伝えられる成句をも「ことわざ」といい、物事や地名その他の文化的起源を語る説話に付属して行われたり、教訓のようにして行われたりする。〈藤井貞和〉

こと-わざ【異業】[名] ほかのこと。別のこと。[例]時々は異わざしたまへ〈源氏・少女〉

ことわり

【理・断り】[1][名]〔「事割り」の意〕❶物事の筋道。条理。道理。理屈。[例](a)父母を　見れば尊し　妻子見れば　めぐし愛し　世の中は　かくぞことわり(=父母を見れば尊く思い、妻子を見ればかわいい、いとおしい、世の中はこのようなことこそ道理)〈万葉・五・八〇〇〉[例](b)盛者必衰のことわりをあらはす(=勢いが盛んな人も必ず衰えるという道理を示す)〈平家・一・祇園精舎〉❷判断。判定。判別。[例]会の座に連なりて歌うち詠じ、よきあしき理などせられたる気色も(=歌会の座に連なって歌を詠み、よしあしの判定などをなさっている態度も)〈無名抄・頼政歌数寄事〉❸説明。言い訳。弁明。また、理由。わけ。[例]ことわりは、かへすがへす聞こえさせてもあまりあらば、抓みも捻らせたまへ(=おわびを何度申し上げても足りないならば、つねるなりひねるなりしてください)〈源氏・総角〉❹あらかじめ了解を得ておくこと。通告。届け出。[例](奉行所へ)明後日お願ひ申すと断りに越したれば(=明後日訴え出るとあらかじめ通告をよこしたところ)〈近松・生玉心中・中〉❺辞退。拒絶。また、その言葉。[例]よきやうに断りを仰せられて下されい(=うまいぐあいに辞退の旨をおっしゃってくださいませ)〈虎寛本狂言・老武者〉[2][名][形動]（ナリ）道理にかなっている。もっともだ。当然だ。[例]宮の泣きまどひたまふこと、いとことわりなりかし(=宮が泣いて取り乱していらっしゃることは、まことにもっともなことであるよ)〈源氏・夕霧〉[読解]宮の母親が息絶えてしまった場面。〈黒木祥子〉

ことわり-すぐ【理過ぐ】もっともすぎる。ふさわしすぎる。[例]住吉の松の梢のうは霞ことわり過ぐる春の色かな〈拾玉集・二〉

ことわ・る

【理る・断る】[動]（ラ四）〔筋道に従って事を割る意〕❶道理を明らかにする。理非を判断する。優劣を判定する。裁決する。[例](a)いたく患へて、大神に訴へければ、判りてのりたまひしく(=ひどく嘆いて、大神に訴えたので、道理に合うように裁定してお告げになるには)〈播磨風土記〉[例](b)こはあるまじきことと心ながらことわられ、心一つに忍びすぐしたまふ(=これはあってはならないことと自身でも判断され、自分の心一つに隠してお過ごしになる)〈狭衣・二〉[例](c)当世囲碁の上手どもに、ことわらせける(=今の世の囲碁の名人たちに、勝負を判定させた)〈著聞集・一二・四二六〉❷物事の筋道を説明する。原因・理由を説明する。弁明する。[例]「賑はひ豊かなれば、人には頼まるるぞかし」とことわられはべりしこそ(=「富み栄え裕福なので、人から頼りにされるのだ」と解説なさいましたのは)〈徒然・一四一〉❸近世の用法。前もって知らせる。役所などに届け出る。許可を得る。[例]一夜の他出も留守居へ断り(=

一晩の外出も蔵屋敷の支配人へ届け出て〉〈近松・心中天の網島・上〉　〈黒木祥子〉

ことを〜【事を〜】 ⇩「こと」の子項目

こと-をは・る【事終はる】（ーオワル）動（ラ四）❶決着がつく。例言葉戦ひ**事終はり**〈謡曲・八島〉❷死ぬ。息を引き取る。例念仏四、五へん唱へ、つひに**事終はっ**〈音便形〉て候ふ〈謡曲・隅田川〉

こと-をり【異折】（ーオリ）名 ほかの時。別の機会。例あやめも**異をり**に似ずをかしう気高し〈栄花・初花〉

こ-な【子な】 名『上代語』「こら」の東国方言。男性が妻や親しい女性をさして用いる。例我ぬ取り付きて（ツライト）言ひし**子な**はも〈万葉・二〇・四三五八〉

ご-なう【御悩】（ーノウ）名〔「ご」は接頭語〕天皇など貴人の病気の敬称。御病気。例**御悩**まことにいみじければ（＝ひどく悪いので）〈栄花・月の宴〉

こ-なかぐろ【小中黒】 名 矢羽の一種。上下が白く真ん中に小さな斑のあるもの。例**小中黒**の征矢に、金作りの太刀を帯び〈源平盛衰記・四二〉

こ-なから【小半ら・二合半】 名 一升の四分の一。二合五勺（約〇・四五リットル）。転じて、少量。特に酒にいう。例この酒の高（＝飲んだ酒の量）、毎日**小半ら**づつにして〈西鶴・世間胸算用・五・一〉

こ-なぎ【小水葱】 名 植物の名。ミズアオイ科の一年草。水葱に似ているが全体に小さい。例春霞（枕詞）春日の里の植ゑ**小水葱**〈万葉・三・四〇七〉

こな-さま【此方様】 代〔「こなたさま」の変化した形〕対称の人称代名詞。あなたさま。主に近世上方で、女性が目上の人に用いる。例まことに今年は**こな様**も二十五歳の厄の年〈近松・曾根崎心中〉

こな-さん【此方様】 代〔「こなさま」の変化した形〕対称の人称代名詞。目上に対して用いる。あなたさま。例もしもし、**こなさん**誰ぢゃいな〈滑稽本・膝栗毛・七上〉

こな・す【熟す】 動（サ四）❶砕いて細かくする。例そだ（＝薪）をあつめ、鉈にて**こなして**ゐる〈歌舞伎・隅田川花御所染・二・中幕〉❷脱穀する。例麦**こなした**るわらを〈西鶴・諸艶大鑑・四・四〉❸思うままに取り扱う。例素人師（＝素人なのに通人ぶる人）はおそれて**こなす**事ならず〈西鶴・好色一代女・一・四〉❹軽蔑する。ばかにする。例勤めの位賤しきとて**こなした**る仕方〈浮世草子・傾城禁短気・三・四〉　〈上野辰義〉

こ-な-た【此方】

代 話し手が、物理的・心理的に近い方向・方面や、すでに述べられた事柄をさす。

❶指示代名詞。方向・場所・時・人・事柄などをさす。

㋐こちら側。**こちらのほう**。例御几帳の**こなた**に出でさせたまへり（＝御几帳のこちら側にお出ましになった）〈枕・関白殿、二月二十一日に〉

㋑ある時点から見た現在に近い側の期間。**以後**。以前。例(a)（アナタガ）孕まれたまひにし**こなた**（＝母親の胎内に宿られた以後）〈源氏・若菜上〉例(b)祝ふことありとなるべし今日なれど年の**こなた**に春も来にけり（＝祝うことがあるということであるにちがいない。まだ十二月の今日であるが、年が明ける前に春が来てしまったよ）〈後撰・慶賀〉読解 十二月に元服をしたことを詠んだ歌。新年を迎える前に、元服というめでたい春がやってきたと詠む。

㋒**こちらの方**。**こちらの人**。例いづかたも、みな**こなた**の御けはひにはかたさり憚るさまにて（＝どちらの方も、皆こちらの方のご威勢には遠慮して慎む様子で）〈源氏・若菜上〉

㋓**このこと**。こちら。例客人も**こなた**にすみたる御心にて、あはれ忍ばれたまはず（＝客人もこのことに傾いているお心持ちなので、感にたえないお気持ちでいらっしゃる）〈源氏・総角〉読解 ここは仏道をさす。

❷人称代名詞。㋐自称。**当方**。**わたし**。例**こなた**をもそなたをも、さまざまの人の聞こえなやまさむ（＝わたしをもあなたをも、あれこれ人が取り沙汰をし悩ますこと）〈源氏・行幸〉

㋑対称。**あなた**。**そなた**。例それは、**こなた**の御大切に思はせらるる者に渡いてござる（＝それは、あなたが御大切に思っていらっしゃる人に渡してあります）〈エソポ〉

語誌 ②は、話し手や、話し手の近くにいる人物を、そのいる方角によって婉曲にさす用法から派生したもの。〈上野辰義〉

こなた-かなた【此方彼方】 代 ❶こちらとあちら。例**こなたかなた**の目には、杏を二つつけたるやうなり〈竹取〉❷あちこち。ほうぼう。例白栲の衣うつ砧の音も、かすかに、**こなたかなた**聞きわたされ〈源氏・夕顔〉

こなた-ざま【此方ざま】 代〔「ざま」は接尾語〕こちらのほう。例うち誦じて、**こなたざま**には来るものか（＝来るではないか）〈源氏・花宴〉

こなみ【前妻・嫡妻】 名 先に結婚したほうの妻。本妻、または、死別した先妻をいう。例**前妻**が肴乞はさば（＝獲物を欲しがりなさったら）〈紀・神武即位前紀〉

こ-なら【小楢】 名 植物の名。ブナ科の落葉高木。あるいは、小さい「楢」の木とも。例下野三毳の山の**こ楢**のす（＝小楢のように）〈万葉・一四・三四二四〉

小西来山（こにしらいざん）《人名》⇩来山

ご-にち【後日】 名 のちの日。ある時より後の日。のちのち。例勢（＝軍勢）をもよほし、**後日**に寄せさせたまふべうや候らん〈平家・四・永僉議〉

こ-には【小庭】（ーニワ）名 ❶小さい庭。寝殿と対の屋の間の庭。壺庭。例侍（＝侍の詰め所）の立て蔀の内の**小庭**に立ちけるを〈宇治拾遺・五〉❷清涼殿の南庭。紫宸殿の南庭を「大庭」というのに対していう。例殿上の**小庭**に畏まってぞ候ひける〈平家・一・殿上闇討〉

ごにん-ぐみ【五人組】 名 江戸時代、庶民の連帯責任制度。隣近所の五戸を一組にして、法令の遵守や犯罪の予防などを担当させた。例年寄り・**五人組**の連判にて〈西鶴・西鶴織留・二・三〉

ごにん-ばり【五人張り】 名 五人がかりで弦を張る強弓。四人で弓を押し曲げ、一人が弦をかける。例**五人張り**に十五束を射たまひ〈義経記・四〉読解「束」は矢の長さの単位。普通の矢は十二束。

こ-ぬれ【木末】 名『上代語』〔「このうれ(木の末)」の変化した形〕木の枝の先。こずえ。例み吉野の象山のまの**木末**にはここだも騒く鳥の声かも〈万葉・六・九二四〉➡名歌350

こ-の【此の】〔代名詞「こ」+格助詞「の」〕❶話し手の近くにあるものをさす。ここの。この。例**この**岡に 菜摘ます児 家聞かな〈万葉・一・一〉➡名歌168 ❷前後の文脈中にある事物や人をさす。前述の。この。例竹取の翁、竹を取るに、**この**子を見つけてのちに竹取るに〈竹取〉❸現在に近い時間をさす。今日の。今月の。今年の。最近の。このかた。例(a)我がやどのいささ群竹吹く風の音のかそけき**この**夕かも〈万葉・一九・四二九一〉➡名歌429 例(b)(娘ガ)亡せて**この**十余年にやなりはべりぬらん〈源氏・若紫〉❹よく知られたものをさす。例の。あの。⇩これやこの

こ-の-あひだ【此の間】 ❶この間。こうしている間。例かくて、**この間**にこと多かり〈土佐〉❷名❶近ごろ。最近。例**この間**は別行の子細あってい づかたへもまかり出でず〈謡曲・葵上〉❷先ごろ。せんだって。例わしゃ**このあひだ**ひとりの息子を失うたが〈滑稽本・膝栗毛・六上〉❸そのうち。近日中。例**この間**に参りやせう〈洒落本・辰巳之園〉

こ-の-かた【此の方】 名❶こちらのほう。例見渡しに(=向こう側に)妹らは立たし **この方**に我は立ちて〈万葉・一三・三二九九〉❷それ以後。以来。例かの御時より**この方**、年は百歳余り〈古今・仮名序〉

こ-の-かみ【兄】 名〔「子の上」の意〕❶兄弟姉妹のうちの年上の人。兄または姉。例この男の**このかみ**も衛府の督なりけり〈伊勢・八七〉❷年上の人。年長者。例かの君は、五、六年のほどの**このかみ**なりしかど〈源氏・柏木〉❸人の上に立つ人。かしら。長。例その(=その道の)**兄**と思へる上手ども〈源氏・若菜下〉

このかみ-ごころ【兄心】 名 兄・姉などの、年長者らしい心遣い。例**このかみ心**にや…人のためあはれに情け情けしくぞおはしける〈源氏・総角〉

この-きみ【此の君】 名 竹の別称。晋の王子猷が竹を愛し、「この君」と呼んだという『晋書』の故事からいう。例そよろとさし入るる、呉竹なりけり。「おい、**この君**にこそ」といひわたるを聞きて〈枕・五月ばかり、月もなういとくらきに〉

こ-の-くれ【木の暗れ・木の暮れ】 名 葉が茂って木の下が暗くなること。また、その時・場所。例**木の暗れ**になりぬるものをほととぎすなにか(=どうして)来鳴かぬ〈万葉・一八・四〇五三〉

こ-の-ごろ【此の頃】 名〔上代は「このころ」〕❶近ごろ。例**このころ**は君を思ふとすべもなき〈万葉・一五・三七六八〉❷近い将来。近日中。例今**このごろ**のほどに参らせむ〈源氏・野分〉❸今ごろ。今時分。例昔、大将の御母上亡せたまへりしも**この頃**のことぞかし〈源氏・御法〉読解同じ秋であることをいう。

このごろ-やう【此の頃様】 名 当世風。今様。例これ(=この結び方)は、**このごろやう**の事なり。いと憎し〈徒然・二〇八〉

こ-の-した【木の下】 名 樹木の下。暗いこと、花・紅葉が散ることなどとともに和歌に詠む。例東路の**木のした**くらくなりゆかば〈拾遺・別〉

このした-がく・る【木の下隠る】 ❶動(ラ四) 木の陰に隠れる。例秋山の**木の下隠り**行く水の〈万葉・二・九二〉❷動(ラ下二) ❶に同じ。例宮城野の**木の下がく**れ鹿や鳴くらむ〈続後拾遺・秋上〉

このした-かげ【木の下陰】 名 木陰。木の下。例行く末はまだ遠けれど夏山の**木の下蔭**ぞ立ちうかりける(=立ち去るのがつらいことだ)〈拾遺・夏〉

このした-かぜ【木の下風】 名 木の下を吹く風。例桜散る**木の下風**は寒からで(=寒くはないが)空に知られぬ雪ぞ降りける〈拾遺・春〉

このした-つゆ【木の下露】 名 木から下に落ちる露。例あふさかの**木の下露**に濡れしより我が衣手は今もかわかず〈後撰・恋三〉

このした-みち【木の下道】 名 木の下を通っている道。木陰道。例やま人の**木の下道**はたえぬらむ〈秋篠月清集〉

このした-みづ【木の下水】 名 木の下を流れる水。また、木の下にたまった水。多く和歌で、秘めた恋心のたとえに用いる。例汲みて知る人もあらなん夏山の**木の下水**は草隠れつつ〈後拾遺・恋二〉

このした-やみ【木の下闇】 名 夏、葉が茂って木の下が暗いこと。木陰の暗闇。例五月山**木の下闇**にともす火は鹿の立ちど(=立っている場所)のしるべなりけり〈拾遺・夏〉

このしろ【鰶】 名 魚の名。コノシロ科の海水魚。幼魚は「つなし」、中程度の大きさのものは「こはだ」と呼ぶ。焼くと死臭がするとされ、また「子この代」のあて字でさまざまな俗信も生じた。例(コノ土地デハ)**このしろ**といふ魚を禁ず〈芭蕉・奥の細道〉

こ-の-ぢゅう【此の中】 名❶近ごろ。例**この中**は御無沙汰〈近松・鑓の権三重帷子・上〉❷せんだって。先ごろ。例**この中**の古歌を大納言殿におたづねまうしたが〈西鶴・好色一代女・一・四〉

このて-かしは【児の手柏】 名「このてがしは」とも。植物の名。カシワ・ナラなどを広くさすとも考えられるが未詳。例奈良山の**児の手柏**の(ここまで序詞)両面に〈万葉・一六・三八三六〉読解葉の表裏の区別がないとされたことから「両面」を導く。

こ-の-は【木の葉】 名 樹木の葉。特に、紅葉や落葉。例おなじ枝を分きて(=とりわけ)**木の葉**のうつろふは西こそ秋のはじめなりけれ〈古今・秋下〉読解ある梅の木の西のほうに張り出した枝が色づきはじめたのを見て詠んだ歌。「うつろふ」は色づく意。

このは-がくれ【木の葉隠れ】 名 木の葉に隠れて見えないこと。例数ならぬわが身山べの郭公**木の葉がくれ**の声は聞こゆや〈後撰・夏〉

こ-の-はな【木の花】 名 木に咲く花。特に、桜・梅。例**木の花**の栄ゆるがごと栄え坐さむ〈記・上・神代〉

こ-の-ほど【此の程】 名❶現在を含むある期間。今の時期。例**このほど**過ぐして(都ニ)迎へてん〈源氏・澪標〉❷近い過去・将来。せんだって。近いうち。例**この程**、さりぬべからん(=適当な)日暮れに渡しはんべらん〈あさぢが露〉❸話題中の目下の時期。この期間。例**この程**三日うちあげ遊ぶ〈竹取〉❹この

あたり。この付近。例かうばしき香、このほどに匂ひて〈浜松中納言・四〉

こ-の-ま【木の間】名 木の間。月の光や雪などが、漏れてくる。例木の間より漏りくる月の影見れば心づくしの秋は来にけり〈古今・秋上〉↓名歌163

このま・し【好まし】形（シク）〔動詞「このむ」の形容詞化〕❶望ましい。気にいっている。例内裏住みのみ好ましう（音便形）おぼえたまふ〈源氏・桐壺〉❷感じがいい。洗練されている。例藤・山吹など色々好ましう（音便形）て〈枕・清涼殿の丑寅のすみの〉❸色好みだ。風流好みだ。例殿上人どもの好ましきなどは、朝夕の露分け歩く〈源氏・葵〉

このみ【好み】名❶好むこと。嗜好。例さま異なる、大臣の御好みどもなめり〈源氏・行幸〉❷希望。注文。例人のありさまをあまた見合はせむの好みならねど〈源氏・帚木〉

このみ-ごころ【好み心】名 好色心。例尽きせぬ好み心も見まほしうなりにければ〈源氏・紅葉賀〉

この・む

【好む】動（マ四）複数のものの中から自分に合ったものを選び取る意。

❶気にいる。好く。例人がらは、心うつくしく、あてはかなることを好みて（＝人柄は、素直で親しみがあり、優雅なことを好いて）〈伊勢・一六〉

❷嗜好に合うようにする。風流にする。趣向を凝らす。例(a)常よりも好みととのへたる車どもの（＝いつもよりも趣向を凝らして用意した数々の牛車が）〈源氏・葵〉例(b)まばゆく見苦しく、遊びがちに好めるを（＝まともに見ていられないほどみっともなく、遊びごとに熱中して風流ぶっているのを）〈源氏・東屋〉読解 軽薄な若い女房たちの様子。

語誌 ▼文脈によって、所望する、注文をつける、などの訳語が適切な場合もある。芸道や学問、服装・調度・住居などについていうことが多く、人、特に恋の相手に対しては用いられない。

▼「すく」は、心が引きつけられる、執着する意で、心の働きをいうが、「このむ」は、味わう、楽しむなどの行為まで含めた意味になることが多い。〈高田祐彦〉

こ-の-め【木の芽】名 春、木に萌え出す芽。例霞たち木の芽もはるの雪ふれば花なき里も花ぞ散りける〈古今・春上〉読解「はる」は「張る」と「春」を掛ける。

こ-の-も【此の面】名〔「このおも」の変化した形〕こちら側。例足柄のをても（＝向こう側）このもにさす罠の〈万葉・一四・三三六一〉

このも-かのも【此の面彼の面】❶こちら側とあちら側。例筑波嶺のこのもかのもに影はあれど〈古今・東歌〉❷あちらこちら。ほうぼう。例この面かの面あやしくうちよろぼひて〈源氏・夕顔〉

このも・し【好もし】形（シク）「このまし」に同じ。例今めかしく好もしき事もほしからず〈落窪・二〉

こ-の-もと【木の下】名 木の下。また、身を寄せ、頼りにする所。例木のもとに汁も鱠も桜かな〈俳諧・ひさご〉↓名句58

こ-の-よ

【此の世】名❶現世。人の生きている世。例(a)この世には人言繁し来む世にも逢はむわが背子今ならずとも（＝現世では人の口がうるさい。来世ででも逢いましょう、あなたよ。今でなくても）〈万葉・四・五四一〉例(b)いでや、この世に生まれては、願はしかるべき事こそ多かめれ（＝さて、現世に生まれたからには、実現してほしいはずのことが多いもののようだ）〈徒然・一〉

❷今の世の中。現代。当代。例この世に名を得たる舞の男ども（＝当代に名声を博している舞人の男たち）〈源氏・紅葉賀〉

❸世間。世の中。例この世の人は、男は女に逢ふことをす（＝世の中の人は、男は女と結婚する。女は男と結婚する）〈竹取〉

語誌 仏教的な三世の考え方から出た語。三世の「前世」「現世」「来世」がそれぞれ、「前の世」「この世」「来む世」と対応する。〈鈴木日出男〉

このよ-の-ほか【此の世の外】あの世。死後の世界。来世。また、別世界。極楽。例あらざらむこの世のほかの思ひ出に今ひとたびの逢ふこともがな〈後拾遺・恋三〉↓名歌49

この-ゑ【近衛】コノエ 名〔「こんゑ」の変化した形〕❶「近衛府」の略。例近衛の大将、ものより（＝何より）ことにめでたし〈枕・行幸にならぶものは〉❷近衛府の官人。例馬場殿に左右の寮の御馬ひき並べて、左右の近衛立ち添ひたる作法〈源氏・藤裏葉〉

このゑ-の-みかど【近衛の御門】コノエ 名 陽明門の別称。門内の北に左近の衛府があったことによる称。例近衛の御門より、左衛門の陣に参りたまふ〈枕・職の御曹司におはします頃、木立などの〉

このゑ-ふ【近衛府】コノエ 名 皇居を警護し、行幸に供奉する役所。左右に分かれ、おのおの大将、中将、少将、将監、将曹などの職員を置く。令外の官で、左近衛府・右近衛府はそれぞれ六衛府の一つ。

こ-は【此は】〔代名詞「こ」＋係助詞「は」〕これはまあ。いったいぜんたい。驚きや感動の意をこめていう。例こは、なでふ事をのたまふぞ（＝これはまあ、なんということをおっしゃるのか）〈竹取〉

【此は如何に】これはどうしたことだ。これはまあ。例「こは如何に」とて、川の中より（法師ヲ）抱き起こしたれば〈徒然・八九〉

こは-いひ【強飯】コワイイ 名 米を甑に入れて蒸したもの。例御粥、強飯召して〈源氏・末摘花〉

ごばう【御坊・御房】ボウ 名❶僧の住む部屋・建物の敬称。例僧正泣く泣く御坊を出でて〈平家・二・座主流〉❷僧の敬称。例御仏供のおろし賜べむ（＝お供え物のおさがりをいただきたい）と申すを、この御坊たちの惜しみたまふ〈枕・職の御曹司におはします頃、西の廂にて〉

こ-ばかま【小袴】名❶平安時代、指貫の別称。❷中世、武士が素襖・直垂・水干などの下に着用する、指貫に似た袴。例柿（＝柿色）の衣に小袴、頭巾をぞ着たまひける〈義経記・七〉

こ-はぎ【小萩】名〔「こ」は接頭語〕萩の愛称・美称。和歌で、女性や幼い子どもをたとえていうことが多い。例宮城野のもとあらの（＝根本の葉がまばら

な)小萩露重み風を待つごと(＝待つように)君をこそ待て〈古今・恋四〉

こ-はぎ【小脛】 名 形動(ナリ)〔「こ」は接頭語〕袴の裾をまくり上げて、脛が少し見えているさま。例小脛にて半靴はきたるなど〈枕・正月十よ日のほど〉

こは-げ【恐気・怖気】 コワ｜名 形動(ナリ) おそろしさ。こわい感じ。ぞっとする感覚。例ぞっと**こはげ**も立ち〈近松・傾城反魂香・中〉

こ-ばこ【籠箱】 名 底板以外の面を絽・紗などで張った箱。虫籠などに用いた。例(虫タチヲ)さまざまなる**籠箱**どもに入れさせたまふ〈堤中納言・虫めづる姫君〉

こは-ごは・し【強強し】 コワゴワシ 形(シク)〔「こはし」の語幹を重ねた語〕❶硬そうだ。例白き色紙の**こはごはしき**にてあり〈源氏・宿木〉❷ぎこちない。無骨な感じだ。例あはつけき(＝落ち着きのない)声ざまにのたまひ出づる言葉**こはごはしく**〈源氏・常夏〉❸強情そうだ。頑固そうだ。例情けなく(＝薄情で)**こはごはしう**(音便形)は見えじ〈源氏・花宴〉

こは・し

【強し・剛し】 コワシ 形(ク) 強い抵抗の感じられるさまを表すのが原義。

❶容易に変形しない。硬い。例いと**こはく**すくよかなる紙に書きたまふ(＝たいそう硬くごわごわした紙にお書きになる)〈堤中納言・虫めづる姫君〉❷堅苦しい。ぎこちない。例この文の言葉、いとうたて**強く**憎げなるさまを(＝この手紙の言葉は、たいそうひどく堅苦しく無愛想な様子だが)〈源氏・若菜上〉❸強情だ。頑固だ。例この幼きものは、**こはく**はべるものにて、対面すまじき(＝この小さい娘は、強情でございます者で、お会いしないでしょう)〈竹取〉❹克服するのが困難だ。手ごわい。険しい。例(a)**こはき**物の怪にあづかりたる験者(＝手ごわい物の怪の調伏を引き受けた修験者)〈枕・くるしげなるもの〉例(b)坂の**こはき**を登りはべりしかば(＝険しい坂を登りましたので)〈大鏡・道長下〉❺(④から転じて)恐ろしい。例これは蓬萊の島の鬼といふもので、**こはう**(音便形)は無いよなう(＝私は蓬萊の島の鬼というもので、恐ろしくはないぞ、なあ)〈狂言・節分〉

語誌 ▼③は、平安・鎌倉時代には「心こはし」、室町時代以降には「情がこはい」の形で用いられることが多い。なお、⑤の意の漢字表記に「怖」「恐」が用いられるのは、江戸中期以降。
▼「つよし」「かたし」と類義であるが、「こはし」は受け手の感じ方や印象を反映する面が強く、より主観的な語と言える。〈橋本行洋〉

こ-はじ【木端】 名「こはし」とも。簾を巻き上げるときの心棒とする細長い薄板。一説に、巻き上げた簾を掛けるための鉤とも。例帽額の簾は、まして、**こはじ**のうち置かるる音いとしるし(＝耳につく)〈枕・にくきもの〉

こ-はじとみ【小半蔀】 名 小型に作られた半蔀。例あまた**小半蔀**の御簾よりも(衣ノ袖口ヲ)おし出でたるほど〈枕・清涼殿の丑寅のすみの〉

こはちえふ-の-くるま【小八葉の車】 コハチヨウー 名 紋様の小さい「八葉の車」。例**小八葉の車**に先後の簾をあげ〈平家・一〇・内裏女房〉

こは-ば・る【強張る】 コワ 動(ラ四)❶硬直する。例舌頬も**こはう**こはばるぞ〈四河入海・九・三〉❷強情を張る。例志を遂げうとて**こはばる**は、女の道ではわるいぞ〈周易抄・四〉

こ-はひ【粉灰】 ハイ｜名 形動(ナリ) こなごなであること。こっぱみじん。例修羅の大敵を**粉灰**にうちくだき〈曾我・二〉

こは-もの【強者・怖物】 コワ｜名❶強情なもの。例勲功を捨てられて、首を召さるべしと申す奇異の**強者**〈蒙古襲来絵詞〉❷手ごわいもの。例何たる**こは者**になるべきをも知らず〈応永本論語抄・九〉❸恐ろしいもの。例あら**こはもの**、あのやうなおそろしい顔な女房には、一日もそはれまい〈狂言六義・角水〉

こ-ばや【小早】 名「こはや」とも。「小早舟」の略。船足の速い小舟。櫓はなく、物見・使い舟・飛脚に用いる。例**小早**作り出して、舟問屋に名をとる(＝評判をとる)もあり〈西鶴・日本永代蔵・六・五〉

こ-ばら【小腹】 名〔「こ」は接頭語〕腹。例(刀ヲ)**小腹**につき立て〈甲乱記〉

小林一茶 こばやしいっさ《人名》⇩一茶

こは-らか【強らか】 コワ｜形動(ナリ)〔「らか」は接尾語〕❶布地や紙などが、固くごわごわしている。例練り色の衣の**強らかなる**を着て〈今昔・三一・七〉❷無骨で荒々しい。野卑である。例片田舎の侍どもの、**強らかにて**〈平家・一・殿下乗合〉

こ-はる【小春】 名 初冬の、晴れて春のように暖かい気候。また、陰暦十月の別称。例十月は**小春**の天気、草も青くなり、梅もつぼみぬ〈徒然・一五五〉

こ-ばん【小判】 名 江戸時代の金貨の一種。薄く平たい楕円形。一枚一両。例**小判**見しらぬ里もあるよ〈西鶴・好色五人女・三・四〉

こひ【恋】 コイ 名 目の前にない人や事物に強く心が引かれ、慕わしく思うこと。それを自分のそばにおきたいと思うこと。恋慕。思慕。例(a)桜花時は過ぎねど見る人の**恋**の盛りと今し散るらむ〈万葉・一〇・一八五五〉例(b)相見ては**恋**慰むと人は言へど見てのちにぞも**恋**増さりける〈万葉・一一・二五六七〉

こひ【尰】 コイ 名 足が腫れる病気。今の脚気か。例片足に**尰**つきたるに担はせて〈蜻蛉・上〉

こひ-あま・る【恋ひ余る】 コイ｜動(ラ四) 恋心が抑えられずに外へ現れる。例隠り沼の(枕詞)下ゆ**恋ひ余り**白波の(枕詞)いちしろく出でぬ〈万葉・一七・三九三五〉

こひ-かぜ【恋風】 コイ｜名 恋心を起こさせる風。思いがけず恋心が募ることを風が我が身に吹いてくるのにたとえた語。例**恋風**が来ては袂にかい縺れて(＝まとわりついて)なう〈閑吟集・七三〉

恋川春町 こひかはるまち コイカワハルマチ《人名》一七四四～一七八九(延享元～寛政元)。江戸時代の黄表紙作者・狂歌師・浮世絵師。駿河の小島藩士で、江戸の藩邸に勤める。洒落本の挿絵を描いて戯作壇に登場、自画自作の『金々先生栄花夢』によって黄表紙の創始者となる。寛政の改革のとき当局から召喚されるが応じず、急死した。

こひ-ぐさ【恋草】（コイ）― 名「こひくさ」とも。恋心の募るのを、草が生い茂るのにたとえていう語。例**恋草**を力車(ちからぐるま)（＝荷車）に七車(ななくるま)積みて恋ふらく我が心から〈万葉・四・六九四〉

こひ-ごろも【恋衣】（コイ）― 名 ❶いつも心から離れない恋心を、常に身に着けている衣服にたとえていう。例**恋衣**いかにそめける色なれば思へばやがてうつる心ぞ〈続拾遺・恋一〉 ❷恋をする人が着ている衣服。例さても恨めしの（涙デヌレタ）**恋衣**〈仮名草子・恨の介・下〉

こひ・し

【恋し】（コイシ）形（シク）動詞「こふ（恋ふ）」の形容詞化。主に目の前にいない人や事物に慕情・愛情をいだくさまを表す。

❶**慕わしい。心ひかれる。**例(a)間(ま)なくそ奈良は**恋しかりける**（＝絶え間なく奈良は慕わしいことだ）〈万葉・二〇・四四六一〉例(b)梅の匂(にほ)ひにぞ、いにしへの事も立ちかへり**恋しう**思ひ出でらるる（＝梅の香りにこそ、昔の事もたち返って慕わしく思い出されてくる）〈徒然・一九〉

❷**男女間で思い焦がれる。恋しい。**例うたた寝に**恋しき**人を見てしより夢てふものはたのみそめてき〈古今・恋二〉➡名歌82

語誌 古くは「こほし」といい、『万葉集』にも例が見えるが、奈良時代には「こひし」が優勢になったようである。〈高田祐彦〉

こひ-し・ぬ【恋ひ死ぬ】（コイ）― 動（ナ変）恋い焦がれて死ぬ。恋の思いの強さを強調していう。例我(あ)が**恋ひ死な**ば誰(た)が名ならむも〈万葉・一二・三一〇五〉

こひ-そ・む【恋ひ初む】（コイ）― 動（マ下二）恋心をいだきはじめる。恋しはじめる。例**恋ひそめし**人はかくこそつれなけれ我が涙しも色変はるらん〈千載・恋三〉

こ-ひぢ【泥】（ヒジ）― 名〔「こ」は接頭語〕どろ。和歌では、「恋路」と掛けて用いることが多い。例袖(そで)ぬるる**こひぢ**とかつは（＝一方では）知りながら〈源氏・葵〉

こひ-ぢ【恋路】（コイジ）名 恋のなりゆきを道にたとえた語。恋。恋の道。例袖(そで)濡(ぬ)るる**恋路**とかつは知りながら〈源氏・葵〉読解「恋路」に「泥(こひぢ)」を掛ける。

こひ-ぢから【恋力】（コイ）― 名 恋に傾ける力。恋に費やす労力。例このころの我(あ)が**恋力**記し集め功に（＝功績として）申さば五位の冠(かがふり)〈万葉・一六・三八五八〉

こひ-づか【恋塚】（コイ）― 名 恋のために死んだ人を葬った塚。『源平盛衰記(じやうすいき)』の袈裟御前(けさごぜん)の話が有名で、山城国下鳥羽(しもとば)（京都市）に墓と伝える跡がある。例鳥羽の**恋塚**秋の山〈謡曲・卒都婆小町〉

こひ-づま【恋妻】（コイ）― 名 恋しい妻。恋しい女性。例いちしろく人皆知りぬ我(あ)が**恋妻**は〈万葉・一一・二四八〇〉

こひねがはく-は【冀はくは・庶幾はくは・乞ひ願はくは】（コイネガワク―）〔動詞「こひねがふ」のク語法＋係助詞「は」〕強く願うことには。なにとぞ。漢文訓読体の文章に多く用いる。例**乞ひ願はくは**三千の衆徒…源氏に同心して凶徒を誅(ちゆう)し（＝征伐し）〈平家・七・木曾山門牒状〉

こひ-ねが・ふ【冀ふ・請ひ願ふ・乞ひ願ふ】（コイネガウ）動（ハ四）願い求める。切望する。例行く末長きことを**請ひ願ふ**も〈源氏・幻〉

こひ-の-つま【恋の端】（コイ）― 恋のきっかけ。恋心を起こさせるもの。また、恋の相手。例今は何につけてか心をも乱らまし、似げなき（＝似合わない）**恋のつま**なりや〈源氏・真木柱〉

こひ-の・む【乞ひ祈む・請ひ禱む】（コイ）― 動（マ四）神仏に祈願する。例天地(あめつち)の神を**乞ひ祈み**長く（＝生キヨウ）とぞ思ふ〈万葉・二〇・四四九九〉

こひ-の-やっこ【恋の奴】（コイ）― 恋情の抑えきれないことを憎んでいう語。恋のやつ。一説に、恋のとりこの意とも。例ますらをの聡(さと)き心も今はなし**恋の奴**に我(あれ)は死ぬべし〈万葉・一二・二九〇七〉

こひ-むすび【恋結び】（コイ）― 名 恋愛関係の永続を願って、紐(ひも)・草木などを結んでまじないとすること。例**恋結び**せむ逢はむ日までに〈万葉・一二・二八五四〉

こ-ひめ【小姫】名 少女をいとしんでいう語。例ひとりは小姫にて、名をかさねといふ〈芭蕉・奥の細道〉

こ-ひゃう【小兵】（ヒョウ）― 名 ❶体が小さいこと。小柄なこと。また、その人。例**小兵**で候へども手ききで候へ（＝腕ききでございます）〈平家・一一・那須与一〉 ❷弓を引く力が弱いこと。また、その人。例**小兵**の射る矢は筈(はず)を返して（＝跳ね返って）立たざりけり〈義経記・六〉

ごひゃく-しゃう【五百生】（ショウ）― 名『仏教語』五百回生まれ変わること。転じて、幾度も生まれ変わる、その間の非常に長い時間。五百世。例なかにも夫婦は、一夜の枕をならぶるも、**五百生**の宿縁と申し候へば〈平家・一〇・維盛入水〉

ごひゃく-らかん【五百羅漢】名『仏教語』釈迦(しやか)の弟子の五百人の聖者。釈迦入滅後、仏典の最初、また四回目の整理・編集に参会した。さらに、その像、像を祭ってある場所。例仏哀れみて、**五百羅漢**を師として〈沙石集・二・一〉

こひ-や・む【恋ひ止む】（コイ）― 動（マ四）恋心がなくなる。恋しい気持ちがやむ。例いかにして**恋ひ止む**ものぞ〈万葉・一三・三三〇六〉

こひわすれ-ぐさ【恋忘れ草】（コイワスレ―）名 摘むと恋しい思いを忘れさせてくれるという草。和歌で、忘れられないことを強調するときに詠まれることが多い。例**恋忘れ草**見るに（＝見ても）いまだ生(お)ひず〈万葉・一一・二四七五〉

こひ-わた・る【恋ひ渡る】（コイ）― 動（ラ四）長い間恋い慕い続ける。ずっと恋い続ける。例命死ぬべく**恋ひ渡る**かも〈万葉・四・五九九〉

こひ-わ・ぶ【恋ひ侘ぶ】（コイ）― 動（バ上二）恋に思い悩んで元気をなくす。例里遠み**恋ひわび**にけりまそ鏡（枕詞）面影去らず夢(いめ)に見えこそ〈万葉・一一・二六三四〉

こひをしへ-どり【恋教へ鳥】（コイオシエ―）名 鳥の名。セキレイの別称。伊邪那岐(いざなき)・伊邪那美(いざなみ)の二神が、この鳥から男女の交わりを学んだという話からいう。「恋知(し)り鳥」とも。例鶺鴒(せきれい)を、庭来鳴(にはくなき)・庭叩(にはただき)・**恋教へ鳥**ともいふぞとよ〈近松・日本振袖始・四〉

こ-びん【小鬢】名〔「こ」は接頭語〕頭の左右の髪。鬢(びん)。例十郎におったてられ（＝追い立てられ）、**小鬢**

きられて、ひきしりぞく〈曾我・九〉

こふ【劫】 コウ 名 ❶《仏教語》〘梵語の音写「劫波」の略〙極めて長い時間。例**劫**のかはるまで訪れたまはぬを〈宇津保・俊蔭〉 ❷囲碁の用語。一目を敵味方が交互に取り得る形のとき、他の急所に石を打って、相手がこれに応じている間にもとの一目を取り返す争い。例このわたりの**劫**をこそ〈源氏・空蟬〉

こふ【国府】 名「こくふ」の変化した形。例(アナタガ)武生のこふに移ろひたまふとも、(私ハ)忍びては参り来なむを〈源氏・浮舟〉

こ・ふ【乞ふ・請ふ】 コウ 動(ハ四) ❶**ものを欲しがる。願い求める。** 例(a)乳母の、車**こひ**て、常陸殿へ去ぬ(=乳母は、牛車を願い求めて、常陸殿へ行く)〈源氏・東屋〉例(b)弟子一人、近辺の在家にて(=民家で)、魚を**こひ**て〈宇治拾遺・六七〉 ❷**神仏に祈願する。祈る。** 例「小賽、小賽」と**こふ**声ぞ、いと舌疾きや(=「小賽、小賽」と祈る声が、まことに早口なのだ)〈源氏・常夏〉 読解 双六を打っている場面。小さい賽の目が出るように祈っている。〈林田孝和〉

こ・ふ【恋ふ】

コウ 動(ハ上二) 時間的・空間的に隔たった事物や人に心ひかれ、慕わしく思う。

❶**思い慕う。切に思う。慕わしい。** 例(a)古に**恋ふる**鳥かもゆづるはの御井の上より鳴き渡り行く(=昔を切に思う鳥だろうか、ゆずり葉の泉の上を通って鳴いて渡って行く)〈万葉・二・一一二〉 読解「古にこふる鳥」はホトトギス。例(b)京へ帰るに、女子のなきのみぞ悲しび**こふる**(=京へ帰るのに、女の子がいないことばかりを悲しみ、恋しがる)〈土佐〉 読解 都で生まれた娘が土佐で亡くなった。

❷**異性を慕う。恋しく思う。** 例夕暮れは雲のはたてにものぞ思ふ天つ空なる人を**こふ**とて〈古今・恋一〉➡名歌396

語誌 ▼上代では「〜に恋ふ」の形をとるのがふつう。対象を能動的に思うのではなく、我知らず心が吸い寄せられるという、むしろ受動的な感じであり、いかにも恋の不可思議さにかなっている。『万葉集』には、全歌数の約十分の一にあたる四〇〇余りの用例が見られ、『万葉集』を代表する語とさえいえる。

▼平安時代に入ると「〜を恋ふ」という形になり、心情を表す形容詞の発達に伴って、やや古めかしい語となった。そのため、「こひし」のほうがよく用いられるようになり、恋を表す代表的な動詞は「**おもふ**」に取って替わられた。〈高田祐彦〉

こ・ぶ 動(バ上二) ❶**古びる。年を経ている。** ❷**教養を積む。経験豊かである。** 例折々は**こび**たる者の泊まり合はせて(作法ヲ)習はしけるか〈西鶴・好色一代男・四・一〉 ❸**老成している。気が利いている。** また、こましゃくれている。例十歳から**こび**て家の事を治めたが〈蒙求抄・四〉

こ・ぶ【媚ぶ】 動(バ上二) 相手に気にいられるような態度をとる。へつらう。例人に恐れ、人に**媚ぶる**は、人の与ふる恥にあらず〈徒然・一三四〉

ごふ

【業】ゴウ 名《仏教語》❶**人間の行為のすべて。** 身・口・意の三業の働きの総称で、善悪の結果を引き起こす原因となる行為。例我が前世に造れるところの善悪の業を語りていはく(=自分が前世で作った善悪の行為を語っていうことには)〈今昔・三・三一〉

❷①**の行為が原因となり、結果をもたらすこと。** 特に、**前世の行為の善悪によって、現世で報いを受けること。** また、その内容。例(a)業にさまざまあり(=前世の行為によって現世で受ける報いにはいろいろなものがある)。順現・順生・順後業と言へり〈平家・三・有王〉 読解 現世のうちに結果を受けるのが順現業、次生で受けるのが順生業、それ以後に受けるのが順後業。例(b)法の妙なるは、耳にふれ、口に唱へ…皆浄土の業となれり(=仏教の霊妙であるところは、耳で聞いても、口で唱えても…すべて極楽浄土に往生するための要因となっている)〈発心集・七・四〉例(c)死したる人の、業により、かく苦しみの憂きわざを、今見る事の不思議さよ(=死んでしまった人が、生前の悪業によって、このように苦しくつらい行いをしているのを、今見る事のなんと不思議なことか)〈謡曲・鵜飼〉〈中本大〉

【業が煮ゆ】 たいそう腹が立つ。例あんまり**業が**にえかへる〈滑稽本・膝栗毛・五上〉

【業に沈む】 悪業によって苦しみを受けて浮かばれない。例つひにここにて討たれつつ、そのまま修羅の**業に沈む**を〈謡曲・知章〉

ごふ-いん【業因】 ゴウ 名《仏教語》未来や来世に善悪の果報をもたらす原因となる行為。業縁。例善悪の果報、皆前世の**業因**によりてなり〈今昔・一・二七〉

ご-ふう【護符・御符】 名〘「ごふ」の変化した形〙守り札。例お守りよ、**御符**よと、御恩うけた祐弁様〈近松・心中万年草・中〉

こ-ぶか・し【木深し】 形(ク) 木々がうっそうと生い茂っているさま。例月も雲隠れて、森の木立**木深く**心すごし(=気味が悪い)〈源氏・須磨〉

ご-ふく【御福】 名〘「ご」は接頭語〙「おふく①」に同じ。例多聞天より**御福**を下されてござる〈狂言記・連歌毘沙門〉

ごふ-く【業苦】 ゴウ 名《仏教語》前世での悪行の結果、現世で苦しみを受けること。また、その苦しみ。例いづれの**業苦**に沈めりとも〈歎異抄〉

ごふ-くゎ【劫火】 ゴウカ 名《仏教語》「こふくゎ」とも。世界が滅びるときに起こり、すべてを焼き尽くすという大火災。例**劫火**に焼かれて灰滅し〈三教指帰・下〉

ごふ-くゎ【業火】 ゴウカ 名《仏教語》悪業の報いとして悪人が責められる地獄の猛火。また、そのような激しい炎。例**業火**盛んに燃えて修羅の闘諍(=争い)四方に聞こゆ〈太平記・一五〉

ごふ-くゎ【業果】 ゴウカ 名《仏教語》過去や前世の善悪の行為が原因となり、苦楽の果報を受けること。業報。例**業果**法然の理とはいひながら(=果報は真理に基づいておのずとそうなるものだとはいうものの)〈太平記・三五〉

こふ・し【恋し】 コウシ 形(シク)《上代語》「こひし」の東国方言。例家ろには葦火焚けども住み良けを筑

紫に至りてこふしけ思もはも〈万葉・二〇・四四一九〉

ごふ-しゃう【業障】 名『仏教語』「ごっしょう」とも。三障の一つ。悪業によって生じた障害。罪のために正しい仏道に向かうことが妨げられること。例汝が母は**業障**深重にして仏法に帰せず〈三国伝記・四・一三〉

ご-ぶつ【後仏】 名『仏教語』（釈迦を「前仏」というのに対して）弥勒菩薩のこと。例前仏はすでに去り、**後仏**はいまだ世に出でず〈謡曲・卒都婆小町〉

ごふ-びゃう【業病】 名過去や前世の悪業の報いによって引き起こされると考えられた、治癒しにくい病気。例あに（＝どのようにして）先世の**業病**を治せむや〈平家・三・医師問答〉読解「あに〜や」は反語の意を表す。

ごふ-ふう【業風】 名『仏教語』悪業の報いとして、地獄で吹くという暴風。例かの地獄の**業風**なりとも、これには過ぎじとぞみえし〈平家・三・飈〉読解治承四年（一一八〇）の辻風の描写。

ごふ-ほう【業報】 名『仏教語』「ごっぽう」とも。「ごふくゎ（業果）」に同じ。例慈悲を先とし**業報**を恐るべし〈太平記・三〇〉

こふらく【恋ふらく】 〔「こふ」のク語法〕恋しく思うこと。例我妹子に 我が**恋ふらく**は 止む時もなし〈万葉・一三・三二六〇〉

ご-ふん【胡粉】 名古くは鉛を焼いた粉、のちには貝殻を焼いて作る白い粉。顔料・絵の具に用いた。例**胡粉**・朱砂など色どりたる（＝色をつけた）絵どもかきたる〈枕・いやしげなるもの〉

こぶん-しんぽう【古文真宝】 名形動（ナリ）（『古文真宝』には堅苦しい文辞が多いことから）堅苦しくまじめくさっていること。また、そのような人。『古文真宝』は中国宋代の詩文集。日本でも室町時代以降広く読まれた。例**古文真宝なる**顔つきせずとも〈西鶴・諸艶大鑑・八・五〉

こ-へい【古弊】 名古くて傷んでいること。例累代の公物（＝代々の朝廷の器物）、**古弊**をもちて規模とす（＝模範とする）〈徒然・九九〉

ご-へい【御幣】 名〔「ご」は接頭語〕幣束や幣帛の敬称。裂いた麻や畳んで切った紙を、細長い木や竹に挟んで垂らしたもの。神前に供えたり、祓いに用いたりする。例この銀七日のうちに出ますれば、壇の上なる**御幣**が動き〈西鶴・世間胸算用・一・四〉

ご-へん【御辺】 代対称の人称代名詞。対等の男性どうしで用いる。あなた。貴殿。例**御辺**の心にも推察したまへ〈平家・三・法印問答〉

こ-ほう【戸部】 名「こぶ」とも。民部省の唐名。

ごぼう『御坊・御房』 ⇩ごばう

ごほ-ごほ 副「こほこほ」「こぼこぼ」とも。物が鳴り響く音を表す。がたがた。ごろごろ。建具を動かす音、板をたたく音、せきをする音、雷が鳴る音、腹が鳴る音、臼を引く音など、さまざまに用いる。例板の冷えのぼりて、腹**こぼこぼ**と鳴れば〈落窪・二〉

こほ・し【恋し】 形（シク）『上代語』「こひし」の古形。例行く舟を振り留みかねいかばかり**こほしく**ありけむ松浦佐用姫〈万葉・五・八七五〉

こぼ・す【零す・溢す】 動（サ四）〔「こぼる」の他動詞形〕❶流出させる。あふれ出させる。例涙をさへ**こぼし**て臥したり〈源氏・空蟬〉❷はみ出させる。例色々の衣ども**こぼし**出でたる人の〈枕・内裏の局、細殿いみじうをかし〉❸表情や態度にあふれ出させる。例出でて見やれや愛敬**こぼす**姿を〈田植草紙・晩歌二番〉

こほ・つ【毀つ】 動（タ四）〔「こほる」の他動詞形。中世以降「こぼつ」〕❶**壊す**。**崩す**。例(a)儺やらふとて、犬君がこれを**こぼち**はべりにければ、つくろひはべるぞ（＝追儺をするといって、犬君がこれを壊してしまいましたので、直しているのですよ）〈源氏・紅葉賀〉読解人形遊びの御殿を、犬君という童女が追儺（大みそかに鬼を追い払う行事）だといって壊したため、紫の上が修繕している。例(b)この雪の山いみじう守りて、童などに踏み散らさせず、**こぼたせ**で（＝この雪の山を厳重に守って、子どもなどに踏み荒らさせず、崩させないで）〈枕・職の御曹司におはします頃、西の廂にて〉

❷取り去る。取り払う。例修法の壇**こぼち**て、（僧タチガ）ほろほろと（＝ばらばらと）出づるに〈源氏・夕霧〉読解「壇」には本尊とする仏を置き、供物などを供える。

語誌 ①例(a)は破壊する場合、例(b)は庭の雪の山を崩す例。壊してばらばらにする目的が、その建造物撤去そのものにあると②の意となる。〈松井健児〉

ご-ほふ【護法】 名『仏教語』❶仏法を守護すること。また、それを目的とする善神（護法神）や童子（護法童子）。例僧正参られざる先に、**護法**さきだちて参りて〈宇治拾遺・九〉❷修験道で、物の怪などを調伏する法力。また、験者の使いとなる鬼神。例（物ノ怪ハ）いささか（＝少しも）去りげもなく、**護法**もつかねば〈枕・すさまじきもの〉

ごほ-め・く 動（カ四）〔「めく」は接尾語〕「こほめく」とも。ごろごろと音を立てる。⇩ごほごほ。例いみじう寒き夜中ばかりなど、（沓ノ音ヲ）ごほごほと**ごほめき**、沓すり来て〈枕・時奏する、いみじうをかし〉

こほり【氷】 名❶凍ること。また、凍ったもの。例春立てば（＝春になると）消ゆる**氷**の残りなく〈古今・恋二〉❷寒々とした感じのもの、冷たい感じのもののたとえ。例口には**氷**の利剣（＝鋭い剣）をふくみ〈近松・用明天王職人鑑・三〉

こほり【郡】 名古い行政区画で、国と郷（八世紀初頭には里）の中間の単位。七世紀前半まで国造が統括していた「くに」をもとにして編成された。また、郡の役所（郡家）。例住む所なむ入間の**郡**、みよし野の里なりける〈伊勢・一〇〉語誌藤原宮の跡地から出土した木簡（文字を書いた木札）などによって、七世紀後半ごろには「評」と表記したことが判明している。

こほり-の-つかさ【郡の司】 名「ぐんじ」に同じ。例**郡の司**待ち受けて〈今昔・二〇・一〇〉

こほ・る【氷る・凍る】 動（ラ四）水・雪・霜などが、氷になる。例袖ひちてむすびし水の**こほれる**を春立つ今日の風やとくらむ〈古今・春上〉➡名歌201

こほ・る【毀る】 動（ラ下二）〔「こほつ」の自動詞形。

のちは「こぼる」とも」崩れる。壊れる。破れる。例勢多の橋こほれて、え行きやらず〈更級〉

こぼ・る【零る・溢る】 動(ラ下二)〔「こぼす」の自動詞形〕❶流れ出る。こぼれる。例忍ぶれど涙ほろほろとこぼれたまひぬ〈源氏・賢木〉❷はみ出す。あふれ出る。例几帳押し出でたる下より、いろいろの衣こぼれ出で〈更級〉❸性格・表情が鮮やかに現れる。例愛敬こぼるるやうにて〈源氏・紅葉賀〉❹落ちる。例梅の花折ればこぼれぬ我が袖に〈後撰・春上〉

こほろぎ【蟋蟀】 名虫の名。今のコオロギ。コオロギ科の昆虫の総称。雄は秋に鳴く。上代は、秋に鳴く虫の総称であったともいう。⇩きりぎりす。例こほろぎの鳴く声聞けば秋づきにけり(=秋らしくなってきたなあ)〈万葉・一〇・二一六〇〉

古本説話集 《作品名》平安末期から鎌倉初期の説話集。二巻。作者・成立年未詳。上巻は和歌説話を中心に四六話を、下巻は仏教説話二四話を収める。『今昔物語集』『宇治拾遺物語』と同話が多く、説話の流布・生成を知る上で貴重。

こ-ま【駒】 名〔「こうま(子馬)」の変化した形〕❶子馬。転じて、馬。例主従駒をはやめて寄りあうたり〈平家・九・木曾最期〉❷双六・将棋などの駒。❸三味線の胴と弦の間にはさみ、弦を支えるもの。

語誌 ①は「うま」に対して雅語的に用いられ、平安時代には歌語として用いられることが多い。

こ-ま【木間】 名「このま」に同じ。例住吉の松の木まより見渡せば〈頼政集〉

高麗 名❶「かうらい」とも。古代、朝鮮にあった国の名。高句麗。四世紀の広開土王のころ全盛を誇り、七世紀後半唐と新羅の連合軍によって滅亡。日本では朝鮮半島全体の呼称にも用いる。十世紀に新羅を倒した王朝は高句麗の後継者であるのを示すため、国号を「高麗」とした。例高麗に渡るばかりほどの遠さはあるにやあらむ〈今昔・三一・三一〉❷(接頭語的に用いて)名詞について、朝鮮半島から渡来の、朝鮮半島風の、の意を表す。「高麗楽」など。

ごま【護摩】 名《仏教語》〔梵語の音写〕密教の修法の一つ。知恵の火で煩悩の薪を焼くことを意味する。不動明王や愛染明王などを本尊とし、護摩壇を設けて護摩木(ヌルデの木など)をたき、火中に穀物などを投じて供養しながら、息災・増益・降伏などを祈願する。例滅罪生善のためにとて、護摩をぞ行はせたまふ〈栄花・鳥辺野〉

ごまい-かぶと【五枚兜】 名錏の板が五段ある兜。例黒皮威の鎧きて、五枚かぶとの緒をしめ〈平家・四・橋合戦〉

こま-いぬ【狛犬・高麗犬】 名古代朝鮮の高麗から伝来したという、木彫りまたは石彫りの獣の像。寺社の前などに、口を開けた形と結んだ形(阿吽の相)の二像を向かい合わせて置いて、威儀を整えるとともに魔除けとした。口を開けたほうを獅子、他方を狛犬といい、二像合わせて狛犬ということもあった。例御前なる獅子・狛犬、背きて後ろさまに立ちたりければ〈徒然・二三六〉

こ-まう【虚妄】 名《仏教語》「きょまう」「きょばう」とも。うそ。偽り。真実でないこと。例諸仏菩薩の誓願は本より虚妄無し〈今昔・一七・一七〉

こま-うど【高麗人】 名〔「こまびと」のウ音便形〕朝鮮半島の人。朝鮮半島から渡来した人。例高麗人のもとに二人つれて(=二人でいっしょに)まかりたりしかば〈大鏡・道長下〉

こま-か

【細か】 形動(ナリ)「か」は接尾語。物の全体が小さな部分でぎっしり詰まっているさまを表す。

❶**こまごましている。微細だ。** 例こまかなる灰の、目鼻にも入りて(=微細な灰が、目にも鼻にも入って)〈源氏・真木柱〉

❷**細部にまで行き届いている。綿密だ。詳細だ。** 念入りだ。例道のほども危ふければ、こまかには聞こえたまはず(=手紙を送る途中も危険なので、詳しくは申し上げなさらない)〈源氏・須磨〉

❸**心が行き届いている。親切だ。** 例「乳母のことはいかに」など、こまかにとぶらはせたまへるもかたじけなく(=「乳母はどうしているか」などと、心をこめてお尋ねくださることももったいなくて)〈源氏・澪標〉

❹**きめ細やかで美しい。** 例顔いとこまかに、にほひをかしげなり(=顔はたいそうきめ細やかで美しく、色つやもいい感じである)〈紫式部日記〉

語誌▼「こまか」と「こまやか」 「こまやか」とかなり意味が近い。「こまか」は動作の内容や物の状態それ自体をいい、「こまやか」はそうした動作や状態から感じ取られる心持ちをいう点が主な相違である。ただし「こまか」にも③のような心についての意味もある。用例が『源氏物語』と『紫式部日記』に偏っており、紫式部好みの語だったかと思われる。〈高田祐彦〉

こま-がく【高麗楽】 名雅楽の曲種の一つ。❶飛鳥時代推古天皇朝期に日本に伝来した高句麗楽。❷平安初期に整備された高句麗楽・百済楽・新羅楽・渤海楽などを母体とする朝鮮系舞曲。この楽を右楽、舞を右舞と総称して、中国系唐楽の左楽・左舞に対する。使用楽器は高麗笛・篳篥・太鼓・鉦鼓・笙など。

こま-がた【駒形】 名❶馬の頭、あるいは頭と尾などをかたどった作り物。舞を舞うときや神社の祭礼に参加するときに身に着ける。また、それを着けた人。例駒形さきに立てて〈宇津保・吹上上〉❷雅楽の曲名。「狛龍」の通称。例次に羅陵王・駒形を奏す〈著聞集・一〇・三七一〉

こま-がね【細金・細銀】 名江戸時代の小粒の貨幣。豆板銀など。例銭二貫三百、細金五十目ばかり〈西鶴・本朝二十不孝・五・一〉

こま-がへ・る【こま返る】 動(ラ四)若返る。例まめ人の、ひきたがへ(=実直な人が、すっかり変わって)、こまがへるやうもありかし〈源氏・玉鬘〉

こ-まくら【木枕】 名木製の枕。例家に来て我が屋を見れば玉床の外に向きけり妹が木枕〈万葉・二・二一六〉読解妻の死を悼んで作った挽歌の反歌。あらぬほうを向いた木枕に妻の不在を象徴させる。

こま-け【細け】[名]細かく分けること。また、細かなもの。[例]女房の曹司町ども、あてあての**こまけ**ぞ(=おのおのに細かく割り当ててあったのが)…めでたかりける〈源氏・少女〉

こま-ごま-と【細細と】[副]❶非常に細かく。[例]藁を細々と切りて〈宇治拾遺・三七〉❷詳しく。[例]かぐや姫を、え戦ひとめずなりぬること、**こまごまと**奏す〈竹取〉❸繊細で美しく。[例]髪、いろに、**こまごまと**うるはしう〈枕・野分のまたの日こそ〉

こま・す《近世語》〔上方で、相手を卑しめていう〕❶[動](サ四)くれてやる。[例]そりゃ、餓鬼め(=子ども)を**こます**〈浄瑠璃・祇園女御九重錦・三〉❷[補動](サ四)(動詞の連用形+接続助詞「て」の形について)～てやる。[例]おれがこの嗅(=におい)をかがして**こま**すをありがたいと思ひけつかれ〈浄瑠璃・新版歌祭文・下〉

こ-また【小股】[名]〔「こ」は接頭語〕股。[例]**小股**を取り、打ち倒いて〈狂言・鼻取相撲〉

[小股の切りあがる]足が長く魅力的な女性の形容。[例]**小股の切りあがっ**(音便形)た、水気たっぷりといふ銘婦人を〈歌舞伎・小袖曾我薊色縫・三〉

ごま-だん【護摩壇】[名]護摩をたくときに用いる火炉を据える方形の壇。本尊の前に設ける。

こ-まつ【小松】[名]小さい松。若い松。正月最初の子の日には、不老長寿を願って小松を引く。[例]君のみや野辺に**小松**を引きにゆく〈後撰・春上〉

こま-つぶり【独楽】[名]玩具の名。コマの古称。[例]鉢、**こまつぶり**のやうにくるめきて(=回って)〈宇治拾遺・一七三〉

こま-つるぎ【高麗剣】❶[名]古く、高麗から伝来した刀剣。柄に環状の飾りがある。❷《枕詞》❶の柄に環があることから「わ」にかかる。[例]**高麗剣**我が心から〈万葉・一二・二九八三〉

こま-どり【小間取り・駒取り】[名]人を左右に分けて勝負事をするときに、一番は左、二番は右というように、交互に分けること。[例]左右に**こまどり**に方分かせたまへり〈源氏・賢木〉

こま-にしき【高麗錦】[名]高麗で作られた錦。また、高麗風の錦。[例]**高麗錦**紐の結びも解き放けず〈万葉・一二・二九七五〉[語誌]『万葉集』ではすべて「紐」に続くので、「紐」にかかる枕詞とする説もある。

こ-まひ【小舞】[名]中・近世に行われた舞踊で、小歌に合わせて舞う舞。狂言に取り入れられ、酒宴などの場面に挿入された。

こ-まひ【木舞】[名]❶軒の垂木に渡す細長い木材。[例]はてには、垂木・**木舞**を、割り焚きつ〈宇治拾遺・一八九〉❷壁の下地に組む竹の骨。

こま-ひき【駒牽き・駒引き】[名]❶陰暦八月中旬、諸国から献上した馬を紫宸殿(または仁寿殿)で天皇が見る儀式。後世は信濃の望月の牧の馬のみとなった。⇩もちづきのこま。[例]今日は**駒引き**とて…国々の御牧の駒を奉る〈保元・上〉❷陰暦四月二十八日(または二十七日)に、天皇が武徳殿において馬寮の馬を見る儀式。

こま-ぶえ【高麗笛】[名]雅楽の高麗楽などに用いる横笛。指穴は六つ。唐楽に用いる龍笛より細く短い。⇩ふえ(図)。[例]大臣…**高麗笛**とり出でたまへり〈源氏・末摘花〉

こ-まへ【小前】[名][形動](ナリ)商売・家業の規模が小さいこと。また、体つきが小柄なこと。[例]取りひろげたる棚も仕舞ひがたく(=店も閉めにくく)、自づから、**小前**になりぬ〈西鶴・日本永代蔵・一・四〉

こま-むかへ【駒迎へ】[名]平安時代、陰暦八月の「駒牽き」の儀式に先立ち、東国から献上される馬を近衛の将が近江国(滋賀県)の逢坂の関まで出迎える行事。[例]武蔵野の**駒迎へ**にや関山の峡より越えて今朝は来つらん〈順集〉

こまやか

【細やか・濃やか】[形動](ナリ)「やか」は接尾語。きめ細かな様子に心遣いが感じられるさまを表す。

❶きめが細かい。こまごまとしている。[例]**こまやかなる**御調度は、いとしもとのへたまはぬを(=こまごまとした身の回りのお道具は、十分にはそろえていらっしゃらないものの)〈源氏・初音〉

❷**細かい所まで行き届いている。詳細だ。ていねいだ。**[例]奥に人や添ひゐたらんとうしろめたくて、え**こまやかにも**語らひたまはず(=部屋の奥に女房がいっしょに座っているのだろうかと気がかりで、細かいところまでお話しになることができない)〈源氏・夕霧〉

❸**心がこもっている。思いやりが深い。親切だ。**[例]「今はなほ昔の形見になずらへてものしたまへ」など、**こまやかに**書かせたまへり(=「今はやはり私を亡き人の思い出にみなして宮中においでください」などと、心をこめてお書きになっている)〈源氏・桐壺〉[読解]桐壺帝から亡き更衣の母君への手紙の一節。

❹**親しみをこめて笑うさま。にこやかだ。**[例]「衣被けられたりしも、辛くなりにき」とて、**こまやかに**笑ふ(=「褒美の衣服を頂戴したのも、つらくなってしまった」と言って、にこやかに笑う)〈大鏡・道長下〉

❺**色が濃くて美しい。**[例]廊を繞れる藤の色も、**こまやかに**ひらけゆきにけり(=渡り廊下を取りまいている藤の色も、色濃くて美しく咲いていったことだ)〈源氏・胡蝶〉

[語誌]▼「こまやか」と「こまか」　「こまか」が動作や状態を主として視覚的に把握するのに対して、「こまやか」は動作や状態を支える心情を感覚的に把握していう語である。④⑤の用法は「こまか」にはない。〈高田祐彦〉

ご-み【五味】[名]❶甘(あまい)・酸(すっぱい)・苦(にがい)・辛(からい)・鹹(塩からい)の五種の味の総称。[例]点心百種、**五味**の魚鳥、甘酸苦辛の菓子ども、色々さまざまする並べたり〈太平記・三三〉❷《仏教語》牛乳を精製する過程で順に生じる乳味・酪味・生酥味・熟酥味・醍醐味の五段階の味の総称。天台宗で、釈迦の教えを五つの時期に区分した五時教をたとえていう。[例]我が宗には四教・**五味**を立て、一切の聖教を教ふ〈平家・一〇・高野御幸〉

こ-みかど【小御門】[名]小門(正門である大門以外の門)の敬称。[例]**小御門**より出でん〈宇治拾遺・三七〉

こ-みじか・し【小短し】形(ク)〔「こ」は接頭語〕❶簡単だ。手短だ。例小みじかく訳も聞こえる、道も立つ〈近松・傾城反魂香・下〉❷少し短い。

後水尾天皇（ごみづのをてんわう）ゴミズノオテンノウ《人名》一五九六〜一六八〇（文禄五〜延宝八）。江戸時代の天皇。後陽成天皇の第三皇子。二代将軍徳川秀忠の娘和子を中宮としたが、幕府と対立して譲位、以後上皇として四代の天皇にわたって院政をしき、王朝文化の再現を期した。洛北に修学院離宮を造営。家集『鷗巣集』がある。

こ-みみ【小耳】名〔「こ」は接頭語〕❶耳。例左の小耳の根へ、篦中ばかり(=矢竹の中ほどまで)射こまれたれば〈古活字本保元・中〉❷少しだけ聞くこと。漏れ聞くこと。例小耳にもおもしろき時は〈西鶴・好色一代男・二・三〉

こ・む【込む・籠む】■1動(マ四)❶群れ集まる。混雑する。例人げ多くこみては、いとど御心地も苦しうおはしますらむとて〈紫式部日記〉❷中に詰め入れる。押しこむ。例人参りつどひて、筍をこみ〈平家・三・公卿揃〉読解大勢の人を筍が密生したさまにたとえる。❸細部までゆきとどく。例手のこう(音便形)だよい普請ぢゃ(=建物だ)〈虎寛本狂言・子盗人〉❹近世の用法。承知する。理解する。例皆まで言はんすな、込ん(音便形)でゐる〈滑稽本・浮世風呂・四・中〉■2動(マ下二)❶霧・霞・煙などが、あたり一面に広がる。たちこめる。例空のけしきもうらうらと、めづらしうかすみこめたるに〈枕・正月一日は〉❷中に入れる。閉じこめる。例雀の子を犬君(=童女の名)が逃がしつる、伏籠の中に籠めたりつるものを(=閉じこめておいたのに)〈源氏・若紫〉❸秘密にする。包み隠す。例(光源氏ガ)かく御心に籠めたまふことありけるを、(紫ノ上ハ)恨みきこえたまふ〈源氏・玉鬘〉

こむ-そう【虚無僧】名「こもそう」に同じ。

こむ-よ【来む世】名〔「来世」の訓読〕死後に生まれ変わる世界。例この世にし楽しくあらば来む世には虫に鳥にも我はなりなむ〈万葉・三・三四八〉

こむら【腓】名「こぶら」とも。すねの後ろのふくらんだ部分。ふくらはぎ。例腨爛れて骨あらはなる見ゆ〈今昔・二〇・三〇〉

こ-むら【木叢】名木が群がっている所。また、その枝が重なり合った下陰。例水をかしく流れたる野のはるばるとあるに、木むらのある〈更級〉

こむろ-ぶし【小室節】名江戸初期に流行した馬子歌の一種。遊里の吉原に通うときや、諸大名が江戸に入るときなどにも歌われた。

こ-め【小目】名つらいめ。苦しい思い。多く「小目を見す」の形で、苦しい思いをさせる意に用いる。例明け暮れ小目をみせたまひつる事は〈保元・中〉

-ごめ【籠め・込め】接尾〔動詞「こむ」の連用形から〕名詞について、〜ごと、〜ぐるみで、の意を添える。「車ごめ」「根ごめ」など。

こ-めか・し【子めかし】形(シク)〔動詞「こめく」の形容詞化〕子どもっぽい。おっとりしている。例いと子めかしう(音便形)、おほどかならむこそ、らうたくはあるべけれ(=たいそう子どもっぽく、おおらかなようなのが、かわいいにちがいない)〈源氏・末摘花〉

こ-め・く【子めく】動(カ四)〔「めく」は接尾語〕子どもっぽく見える。例ただひたぶるに(=ひたすら)子めきて柔らかならむ人を〈源氏・帚木〉

こめ-さし【米刺し】名米の質を調べるために、米俵に刺して中の米を抜き出すのに用いる竹筒。例お中を呼んでくれと米さしを抜き〈柳多留・一九〉

こめ-す・う【籠め据う】動(ワ下二)押しこめる。閉じこめておく。例籠め据ゑたてまつりたまひて、使ひたてまつりたまはむ御心のいと深くて〈落窪・一〉

ご-めん【御免】名〔「ご」は接頭語〕❶御許可。例この由(=趣旨)法皇へ伺ひまうして、御免ありけり〈平家・二・大納言死去〉❷御容赦。お許し。例しきりに笑はせおはしまして(=笑っておいでになって)、御免ありけり〈著聞集・一六・五三七〉

こも【菰・薦】名❶草の名。水辺に生えるイネ科の多年草。真菰。若芽は食用にし、葉・茎はむしろを編んだり粽を巻いたりするのに用いる。例三島江の入り江の薦を刈りにこそ〈万葉・一一・二七六六〉❷粗く編んだむしろ。もと①で編んだことからいう。

こも-そう【虚無僧・薦僧】名「こもぞう」「こむそう」とも。普化宗(禅宗の一派)の有髪の僧。深編み笠をかぶり、小袖に袈裟をかけ、尺八を吹いて布施を請い、諸国を行脚した。江戸時代、罪を犯した武士が普化宗の僧になると刑を免れることができた。⇨ぼろんじ。例あれを聞きや、表に虚無僧の尺八〈浄瑠璃・仮名手本忠臣蔵・九〉

こ-もち【子持ち】名❶子どものいる女性。また、妊婦。例子持ちの君も、月ごろものをのみ思ひ沈みて〈源氏・澪標〉❷自分の妻。例これをとて子持ちに食はせよ〈噺本・昨日は今日の物語・上〉

こ-もの【小者】名❶年若い人。年少者。また、小柄な人。例己ほどの(=おまえぐらいの)小者と組んで勝負はすまじきぞ(=するものか)〈太平記・九〉❷武家や寺で雑用を務める身分の低い奉公人。下男。例若党・小者あまた連れ〈近松・出世景清・四〉❸町家の身分の低い奉公人。丁稚の類。

こ-もの【籠物】名果物などを籠に入れたもの。木の枝につけて、儀式に用いたり献上品としたりする。例折り櫃物・籠物どもなど〈紫式部日記〉

こも-の-こ【菰の子・薦の子】名春、真菰の根もとに生える若芽。食用にする。「菰角」とも。例たたみめ(=海藻を干した物)に菰の子を肴にしたりけるを見て〈著聞集・一八・六三一〉

こも-まくら【薦枕】■1名真菰を束ねて作った枕。和歌では、水辺での旅寝の情景として詠まれることが多い。例磯馴れで(=磯に慣れず)心もとけぬこもまくら荒くなかけそ(=かけるな)水の白波〈新古今・羇旅〉■2(枕詞)薦枕が通常より高い枕であることから、地名「高橋」などの「たか」にかかる。

こ-もり【木守】名庭の樹木の手入れや番をすること。また、その番人。例木守に雑色(=雑役をする者)一人をなむ置きたる〈今昔・二七・三三〉

こもり【籠り・隠り】名❶かくれること。閉じこもること。例**隠り**には伏して死ぬとも汝が名は告らじ〈万葉・一一・二七〇〇〉❷寺社に一定期間泊まって祈ること。参籠。例正月のほどは長谷寺に御**こもり**と聞こえ候ひしが〈平家・一二・泊瀬六代〉

こもり-え【隠り江】 名 こもっていて人目につきにくい入江。かくれて見えにくい入江。例**隠り江**に思ふ心をいかでかは舟さすさをのさして知るべき〈伊勢・三三〉 読解「舟さすさをの」は序詞。「さして」は、棹をさす意と、それとさし示す意を掛ける。

こもりくの【隠り口の】《枕詞》「こもりく」は山に囲まれてかくれている場所を示す。大和国初瀬(奈良県桜井市初瀬)がそうした地勢であることから、地名「初瀬(泊瀬)」にかかる。

こもり-そう【籠り僧】 名 ❶人の死後四十九日の間、喪屋にこもって読経など仏事を営む僧。例着られたりし衣、袈裟などとりいでて、**こもり僧**にとらせ〈右京大夫集・詞書〉❷寺の本堂や籠り堂にひきこもって一定期間修行をする僧。

こもり-づま【隠り妻】 名 人目を憚りかくれている妻。例我が恋ひ渡る**隠り妻**はも〈万葉・一〇・二二八五〉

こもり-ぬ【隠り沼】 名 草木などに覆いかくされて水の見えない沼。一説に、堤などで囲まれて水が流れ出ない沼とも。例埴安の池の堤の**隠り沼**の行くへを知らに舎人は惑ふ〈万葉・二・二〇一〉

こもりぬの【隠り沼の】《枕詞》「隠り沼」が草木などの生い茂っている下にかくれていることから「下」にかかる。

こも・る【籠る・隠る】 動(ラ四) 下二段動詞「こむ」の自動詞形。何かに包まれて、見えなくなる状態にある意。

❶**包まれている。囲まれている。**例倭は 国のまほろば たたなづく 青垣 山**隠れる** 倭しうるはし〈記・中・景行・歌謡〉→名歌387

❷**かくれる。ひそむ。**例武蔵野は今日はな焼きそ若草の(枕詞)つまも**こもれり**我も**こもれり**(=武蔵野は、今日は焼いてくださるな、夫もかくれている、私もかくれている)〈伊勢・一二〉

❸**閉じこもる。引きこもる。**例女をばまかでさせて、蔵にこめてしをりたまうければ、蔵に**こもりて**泣く(=女を退出させて、蔵におしこめて折檻なさったので、蔵に閉じこもって泣く)〈伊勢・六五〉

❹**霊山・寺社などにこもって、ひたすら祈願する。**参籠する。例三七日那智に千日**こもり**(=二十一日間の大願つひにとげにければ、那智に千日参籠し)〈平家・五・文覚荒行〉

読解「那智」は熊野三山の一つ。修験道の霊地。

❺**城や要害などにたてこもる。防ぎ守る。**例その勢二千余人、備前国へおしわたり、今木の城にぞ**籠り**ける(=その軍勢二千人余りが、備前国に渡り、今木の城にたてこもった)〈平家・九・六ケ度軍〉

語誌▼「こもる」と「かくる」 「こもる」はものの中に入って外界との接触を断つことをいい、「かくる」は視界から去って見えなくなることをいう。ただ、平安末期の辞書『類聚名義抄』では「仄」「蟄」に「かくる」「こもる」の読みを挙げており、二つの語の語義の近さがうかがえる。

▼『万葉集』の挽歌などで、「殿隠る」の形で死の比喩表現として用いることもある。〈林田孝和〉

こ-もん【小紋】 名 ❶織物の地一面に細かい模様のあるもの。例白き羅に唐の**小紋**の紅梅の御衣の裾〈源氏・横笛〉❷小紋染め。精巧な型紙を使い、地一面に小花などの細かい模様を染め出したもの。江戸時代、広く用いられた。例男女の衣類品々の美をつくし…浮世**小紋**の模様〈西鶴・日本永代蔵・一・四〉

こ-や【蚕屋】 名 養蚕のための建物。例吾妹子が蚕屋の篠屋の五月雨にいかで干すらん夏引きの糸〈詞花・夏〉

ご-や【五夜】 名 ❶時刻の呼び方の一つ。日没から日の出までを、甲・乙・丙・丁・戊に五等分したもの。❷①の五つ目。戊夜。例抜苦の音声 **五夜**の鐘〈菅家文草・四〉❸子どもの誕生から五日目の祝い。例若宮生まれさせたまひにしかば…三夜・**五夜**・七夜・九夜など、いかめしききこえて〈増鏡・草枕〉

ご-や【後夜】 名 ❶《仏教語》六時の一つ。夜を三分したその最後の時間。夜半から夜明けごろまで。例例の**後夜**よりも深う(=早く)起きて、鼻すすりうちして行ひいましたり〈源氏・松風〉❷《仏教語》①の時に行う勤行。例**後夜**など果てて、少しうち休みたる寝耳に〈枕・正月に寺にこもりたるは〉❸「後夜の鐘」の略。②を行うときに鳴らす鐘。例居風呂に**後夜**聞く花のもどりかな〈俳諧・蕪村句集・下〉

ごや-おき【後夜起き】 名 後夜の勤行のために夜明けごろに起きること。例有り明けの月のいと明かきに…**後夜起き**して行ひたまふ折は〈浜松中納言・二〉

こ-やく【巨益】 名 大きな利益。例称名を追福に修して(=阿弥陀仏の御名を死者の弔いのために唱えて)巨益あるべしと〈徒然・二二二〉

こ-やす【子安】 名 ❶子どもを無事に生むこと。安産。例この地蔵菩薩に**子やす**平産の願をかくるには〈御伽草子・子易物語〉❷「子安地蔵」「子安観音」などの略。安産して子どもが無事に成育するよう守護する仏。

こや・す【肥やす】 動(サ四) ❶太らせる。土地を肥沃にする。❷耳目を喜ばせる。満足させる。例一時が目を**こやし**て、なににかはせむ〈更級〉

こや・す【臥やす】 動(サ四)《上代語》〔動詞「こゆ」に上代の尊敬の助動詞「す」がついた語〕「臥ゆ」の尊敬語。横になられる。例我が大君の 立たせば 玉藻のもころ **臥やせ**ば 川藻のごとく〈万葉・二・一九六〉

こやす-がひ【子安貝】 名 「子安の貝」とも。タカラガイ科の貝。安産のお守りとして妊婦が持った。例**子安貝**をふと握りもたれば、うれしくおぼゆるなり〈竹取〉

こ-やつ【此奴】 代 他称または対称の人称代名詞。人を卑しんで呼ぶ語。こいつ。例**こやつ**は必ず冥加(=神仏の加護)あるべき者なり〈十訓抄・一〇・七七〉

こや・る【臥やる】 動(ラ四)《上代語》横になる。例槻弓の(枕詞) **臥やる臥やり**も〈記・下・允恭・歌謡〉

こ・ゆ【肥ゆ】 動(ヤ下二) ❶太る。土地が肥沃になる。例いみじうしろく肥えたるちご〈枕・うつくしきもの〉❷経験が豊かになる。「目が肥ゆ」「耳が肥ゆ」などと用いる。

こ・ゆ【臥ゆ】 動(ヤ上二) 寝転ぶ。横になる。「臥い伏す」「臥い転ぶ」など複合動詞として用いる。

こ・ゆ【越ゆ・超ゆ】 動(ヤ下二) ❶**山などを越える。** 例あをによし(枕詞) 奈良山を越え〈万葉・一・二九〉↓名歌216

❷**障害を越える。** 例(a)過所なしに関飛び越ゆるほととぎす(=手形なしに関所を飛んで越えるほととぎす)〈万葉・一五・三七五四〉例(b)(馬ガ)足をそろへて閾をゆらりとこゆるを(=足をそろえて敷居をひらりと越えるのを)〈徒然・一八五〉

❸**年が過ぎる。次の年になる。** 例返しをもせで年こえにけり(=返事もしないで年が改まった)〈大和・三〉

❹**位などを飛び越える。** 例大臣越えられたることだに、いとほしくはべりしに(=大臣の位を追い越されたことでさえ、気の毒でございましたのに)〈大鏡・道長上〉

語誌▼**境界を越える** 基本は境界を越える意である。山も川も越えるというが、それらは異郷との境界に存在する。関所も境界に作られる。時間も、年と年の間に境界があると考えられたから、それを越えることを「年越し」という。「春を越す」などともいう。また、鳥は空を飛ぶから簡単に境界を越えると考えられた。死者の世界との境界も飛び越えてしまう。そのような越し方が、④のような、階級などをいくつか飛ばしてしまう意になった。〈古橋信孝〉

こ-ゆき【粉雪】 名 こなゆき。例「ふれふれこゆき、たんばのこゆき」といふ事、米舂きふるひたるに似たれば、こゆきといふ〈徒然・一八一〉

こ-ゆみ【小弓】 名 遊戯用の小さい弓。また、それを使ってする遊戯。座って左膝を立て、左肘を乗せ、口のあたりから射る。例あそびわざは 小弓。碁。〈枕・あそびわざは〉

こゆるぎの【小余綾の】《枕詞》歌枕「こゆるぎの磯」(今の神奈川県大磯付近一帯の海岸)から、「磯」と同音を含む「急ぎ」「五十」などにかかる。

こゆゑのやみ【子故の闇】 ⇩「こ」の子項目

ご-よう【御用】 名 ❶用事・入用の敬称。例似合うた(=私に務まる)御用なら聞きまらせう〈狂言・二人大名〉❷朝廷・幕府・奉行所などの用事。例禁中の御用もたんとつとめて〈胆大小心録〉❸「御用聞き」の略。商家の丁稚・小僧。例一升の酒で御用を供につれ〈柳多留・三〉

ご-よく【五欲】 名《仏教語》人間の五官の機能・対象である五塵(色・声・香・味・触)に執着して起こす情欲。または、財欲・色欲・飲食欲・名欲・睡眠欲の五つ。例五欲の法を知らば〈霊異記・下・一八〉

こよ-な・し 形(ク) 他と比べて格段に差があるさまを表す。善悪どちらにもいう。

❶**違いがはなはだしい。段違いだ。** 例(a)髪のうつくしげにそがれたる末も、なかなか長きよりもこよなう(音便形)今めかしきものかな(=髪の、見るからに美しく切りそろえてある端も、かえって長いものよりも格別当世風であることよ)〈源氏・若紫〉例(b)つくづくと一年を暮らすほどだにも、こよなう(音便形)のどけしや(=じっくりと一年を暮らす間でさえも、この上もなくゆったりしているよ)〈徒然・七〉読解命のあるものを見ると、人間ほど命の長いものはない、と語る一節。

❷**格段にすぐれている。** 例やむごとなき人のしたまへる事はこよなかりけり(=高貴な人がなさった事は格段にすぐれていたなあ)〈落窪・四〉

❸**格段に劣っている。** 例限りなくめでたく見えし君たち、この今見ゆるに合はすれば、こよなく見ゆ(=この上もなくすばらしく見えた姫君たちも、今見ているこの人に比べると、格段に劣って見える)〈宇津保・嵯峨の院〉

語誌 連用形「こよなく」を副詞的に用いることが多い。〈小島孝之〉

こ-よひ【今宵】 ヨイ 名 ❶今晩。今夜。例わたつみの豊旗雲に入り日さし今夜の月夜さやけかりこそ〈万葉・一・一五〉↓名歌436 ❷(日没から一日が始まるという考え方から)昨夜。ゆうべ。例いたう降り明かしたるつとめて(=翌朝)、「今宵の雨の音は、おどろおどろしかりつるを」など〈和泉式部日記〉

こ-よみ【暦】 名(「かよみ(日読み)」の変化した形。「よみ」は数える意)時間を年・月・日に区切った体系。また、それを記したもの。古くは朝廷で漢文形式の具注暦を作り、官庁に配布した。平安末期には民間で仮名のものも作られるようになり、鎌倉時代には印刷された暦も現れる。江戸時代には各地でも作られ、大の月・小の月の組み合わせを文字絵などにした暦が流行した。例(a)御暦御覧ずるに、今日あしき日にもあらざりけり〈大鏡・師尹〉例(b)年号がかはったから、暦はもらはずはなるまい〈噺本・聞上手〉

こよみ-の-はかせ【暦の博士】 名「れきはかせ」に同じ。例「今日はよき日ならむかし」とて、暦の博士召して時問はせなどしたまふほどに〈源氏・葵〉

こ-ら【子等・児等】 名(「ら」は接尾語)人を親しんで呼ぶ語。単数・複数どちらにも用いる。特に、いとしい女性を呼ぶことが多い。例(a)みつみつし(枕詞)久米の子らが(=久米部の者たちが)〈記・中・神武・歌謡〉読解兵士らに呼びかける歌謡の一節。例(b)おほほしく相見し児ら(=おぼろげに愛情を交わした娘)をのち恋ひむかも〈万葉・一一・二四四九〉

ご-らいかう【御来迎】 ライコウ 名「ごらいがう」とも。❶《仏教語》「来迎」の尊敬語。例三尊ここに御来迎〈仮名草子・恨の介・下〉❷高い山で拝む日の出。❸江戸時代の玩具の名。小さな仏像を竹筒の中に入れて糸でつるし、筒を下げると紙製の畳まれた後光が広がり出て来ると同時に、仏像が現れる仕掛けになっている。

古来風体抄 コライフウテイショウ《作品名》鎌倉前期の歌論。二巻。藤原俊成著。式子内親王の求めに応じて執筆したもの。初撰本は建久八年(一一九七)、再撰本は建仁元年(一二〇一)の成立。和歌の本質と理想を説き、和歌史を概観、さらに『万葉集』および勅撰集から秀歌を抄出する。俊成の和歌観がまとまった形で知られ

る唯一の書。

ごらう・ず【御覧ず】 動（サ変）「ごらんず」の変化した形。例六道の地蔵が酔ひ泣きしたを**ごらうぜ**〈狂言・地蔵舞〉

ごらん・ず【御覧ず】 動（サ変）「見る」の尊敬語。御覧になる。例このごろ、明け暮れ**御覧ずる**（＝毎日御覧になる）長恨歌の御絵〈源氏・桐壺〉

語誌 ▼平安時代から用いられ、室町時代にウ音便形の「ごらうず」に取って替わられた。平安時代には、天皇・皇后などに用いられ、「見たまふ」より敬意が高い。

▼他の動詞と複合して「ごらんじ〜」の形で、尊敬の意を表すことも多い。「御覧じ入る」「御覧じ知る」「御覧じ付く」「御覧じ許す」など。〈泉基博〉

ごらんぜ-さす【御覧ぜさす】〔動詞「ごらんず」の未然形＋使役の助動詞「さす」〕御覧に入れる。お目にかける。例かかるついでにだに（＝このような折にだけでも）**御覧ぜさせ**むとて〈源氏・若菜上〉

ごらんぜ-らる【御覧ぜらる】〔動詞「ごらんず」の未然形＋助動詞「らる」〕❶〔「らる」は受身〕お目にかける。例げに下臈なりとも（＝地位の低い者であっても）、同じごと深きところはべらむ、その心**御覧ぜられよ**〈源氏・若菜下〉❷〔「らる」は尊敬〕御覧になる。例主上（＝天皇）は御涙にくもりつつ、月の光もおぼろにぞ**御覧ぜられける**〈平家・六・小督〉

こり【香】 名『上代語』香。

こり【垢離】 名 神仏に祈願するとき、冷水を浴びて体を清めること。水垢離。例諸人が**こり**の水をひとりと（＝一人で）汲みければ〈著聞集・一・一九〉

【垢離を搔く】 垢離の行をする。「垢離に搔く」とも。例すでに千日に満じける夜、また**垢離をかか**んとて〈太平記・二五〉

こりず-ま【懲りずま】 形動（ナリ）〔動詞「こる」の打消「こりず」の連用形＋接尾語「ま」〕前の失敗に懲りずに、再び同様のことをするさま。性懲りもないさま。「こりずまに」の形で副詞的に用いられることが多い。例**こりずまに**またもなき名は立ちぬべし人にくからぬ世にし住まへば（＝性懲りもなくまたあらぬ恋のうわさが立ってしまうにちがいない。人を憎くは思えないこの世の中に住んでいるので）〈古今・恋三〉 読解 四句目を、あなたを憎くは思えない、とする説もある。

語誌 もっぱら恋についていう。和歌では、地名「須磨」を掛けて「こりずまの浦」とも詠まれる。〈鈴木宏子〉

ごりやう-ゑ【御霊会】 名 現世に恨みをいだいて死んだ人の亡霊（御霊）を鎮め、祟りを避けるために行われる祭り。『三代実録』に記される貞観五年（八六三）五月二十日の例が文献上の最古。京都八坂神社の祇園会（祇園祭り）は有名。例心地よげなるもの…**御霊会**の馬の長〈枕・心地よげなるもの〉

ご-りん【五倫】 名 儒教で、人が守るべき五つの道徳。君臣の義、父子の親、夫婦の別、長幼の序、朋友の信。例孔孟（＝孔子と孟子）教へをたれたまひ、五常**五倫**の道今にさかんなり〈近松・国性爺合戦・一〉

ご-りん【五輪】 名『仏教語』❶宇宙を構成する五つの要素、地・水・火・風・空。「五大」とも。例五大**五輪**は人の体、なにしに隔てあるべきぞ〈謡曲・卒都婆小町〉❷「五輪の塔」の略。

ごりん-の-たふ【五輪の塔】 名『仏教語』五輪をかたどった塔。下から方形（地輪）・円形（水輪）・三角形（火輪）・半月形（風輪）・如意宝珠の形（空輪）の五つの部分から成り、表面に梵字を刻む。多く、墓標や供養塔として建てられる。

こ・る【伐る・樵る】 動（ラ四）斧で木を切り倒す。和歌では、「懲る」と掛けて用いることもある。例み山木の**こり**やしぬらんと思ふまに〈後拾遺・恋四〉

こ・る【凝る】 動（ラ四）❶凝結する。寄り集まる。例その矛の鋒よりしただる潮、**凝りて**一つの島になれり（＝その矛の先から滴った潮が、固まって一つの島になった）〈紀・神代上〉 読解 国生みの神話の一節。❷水が凍る。例捧げたる鋺の水、溢れて腕に**凝れ**り（＝両手で捧げ持っていた器の水が、溢れて腕に凍りついた）〈紀・允恭〉❸一つのことに熱中する。例百度参りとはきつい（＝激しい）**凝りやう**〈浄瑠璃・新版歌祭文・上〉〈森山由紀子〉

こ・る【懲る】 動（ラ上二）懲りる。失敗したり痛手をこうむったりして、そのことを二度と繰り返すまいと思う意。例(a)面忘れだにもえすやと手握りて打てども**懲りず**恋といふ奴（＝せめて顔を忘れることだけでもできようかと手を握ってこぶしでたたいても懲りない、恋というやつは）〈万葉・一一・二五七四〉 読解 自分でもどうにもならない恋心を擬人化して奴隷にたとえる。例(b)いかで**こる**ばかりのわざして、おどして（＝なんとかして、相手が懲りるくらいのことをして、脅して）〈源氏・帚木〉

語誌 ▼「こりぬ心」 恋の歌にはしばしば「こりぬ心」という表現が見られる。性懲りもない気持ちの意で、恋する相手が冷淡であったり、さまざまに障害があったりしても、断念しがたい恋の思いをいう言葉である。〈鈴木宏子〉

これ【此・是・之】 代名詞「こ」とほぼ同義。話し手が自分に身近な物事をさす。

❶代 ❶指示代名詞。㋐事物・人・場所・時などをさす。**この物**。**この事**。**ここ**。**この時**。**今**。例(a)草枕（枕詞）旅の丸寝の紐絶えば我が手と付けろ**これ**の針持し（＝旅のごろ寝で衣服の紐が切れたら、私の手だと思ってつけてください。この針を持って）〈万葉・二〇・四四二〇〉例(b)今度の事は、是よりのちもたぐひあるべしともおぼえず（＝このたびの事は、これから先も同じような事があるとも思われない）〈平家・一二・大地震〉 読解 元暦二年（一一八五）大地震があったときの話。㋑直前の話題をさす。**このこと**。例やうやう雷鳴りやみぬ。少し光りて、風はなほ疾く吹く。…「**これ**は龍のしわざにこそありけれ」（＝やっと雷が鳴りやんだ。まだ少し光って、風は依然としてはやく吹いている。…「これは龍のしわざであったのだなあ」）〈竹取〉

❷人称代名詞。㋐自称。**わたし**。**自分**。例**これ**は御館へ参るなり(＝わたしは国司のお役所に参るのです)〈宇治拾遺・一七〉
㋑対称。**あなた**。**おまえ**。例**これ**は庁の下部をあざむくにこそ(＝おまえは検非違使庁の役人をばかにしているのだな)〈平家・五・文覚被流〉
❸漢文訓読体の文章で、直前の語を改めて指示し、強調する。これ。例この大臣は、**これ**九条殿の御九郎君〈大鏡・為光〉読解「九郎」は九男の意。
2感 呼びかけて相手の注意を促す語。おい。もし。例なうなう、最前の人(＝先ほどの人よ)、**これこれ**〈狂言・末広がり〉

語誌▼**指示領域**　話し手が自分に身近な事物をその場でさし示す指示語。話し手が、すでに話題になった物事や聞き手の領域にある事物をさす「そ」「それ」、また、話し手から遠い事物をさす「あ」「あれ」「か」「かれ」と対応する。
▼③は漢文の助字「是」「之」を「これ」と訓読したことから生じた用法。〈安隨直子〉

ご-れう【御料】リヨウ　名〔「ご」は接頭語〕❶貴人の用いる物、特に、衣服・飲食物・器物などの敬称。例御調度ども、皆この姫君の**御料**に〈栄花・後くいの大将〉
❷(形式名詞的に用いて)御ため。例(法華八講ハ)はじめの日は先帝の**御料**、次の日は母后の御ため〈源氏・賢木〉

ご-れう【御寮・御料】リヨウ　名〔「ご」は接頭語。「寮」はあて字〕❶貴人、またはその子女の敬称。例人重くもてなし(＝扱い)、少輔の**御寮**とぞ申しける〈義経記・八〉❷(人名や身分を表す語について)敬愛の意を表す。「万寿御料」「嫁御れう」などと用いる。

ごれう-にん【御寮人・御料人】ゴリヨウ—　名❶貴人の娘・妻の敬称。例神主殿、**御寮人**を御持ちなされ候ふが〈謡曲・初雪〉❷江戸時代、他人の娘・若妻の敬称。例**御れうにん**さまの不断着〈西鶴・好色一代男・一・三〉

これ-かれ【此彼】代❶だれかれ。あの人この人。例**これかれ**、かしこく(＝ひどく)嘆く〈土佐〉❷あれこれ。なにやかやや。例朝顔の**これかれ**に這ひまつはれて〈源氏・朝顔〉

これ-ざた【此沙汰・是沙汰】名もっぱらのうわさ。例人は知らぬやうなれど家中一ぱい(＝藩内みんな)**是沙汰**で〈近松・堀川波鼓・中〉

これ-しき【是式・此式】名副❶これくらい。これほど。例男の身ならば**是式**に親たちに苦はかけまいで、それとなくぼかしていう。❷わいろ。明言しにくいので、それとなくぼかしていう。例**是式**をさいさい(＝たびたび)つかはしける間〈仮名草子・可笑記・四〉

これ-ぞ-この【此ぞこの】これがあの。これこそ例の。例おほかたは月をもめでじ**これぞこの**つもれば人の老いとなるもの〈伊勢・八八〉➡名歌104

惟喬親王《人名》八四四〜八九七(承和一一〜寛平九)。文徳天皇の第一皇子。母が紀氏出身のため、藤原氏を外戚とする惟仁親王(清和天皇)に圧倒されて皇太子となれず、失意の生涯を送る。在原業平との交流が『伊勢物語』八二・八三段に描かれている。

これ-てい【此体・是体】名❶これくらい。このようなもの。例人魚といふなるは、**これてい**の物なるにや〈著聞集・二〇・七二三〉❷これしきの人。この程度のこと。人や物をさげすんでいう。例**これてい**に御太刀を合はされんはもったいなし〈近松・孕常盤・一〉

これ-の【此の】1この。例草枕(枕詞)旅の丸寝の紐絶えば我が手と(思ッテ)つけろ**これの**針持し(＝持って)〈万葉・二〇・四四二〇〉**2**代「これの人」の略。夫婦が互いに相手を呼ぶ語。我が妻。我が夫。例**これ**のは内におりゃるか〈狂言・花子〉

これ-は-したり【此はしたり】〔「したり」は感動詞〕驚いたり、失敗に気づいたりしたときに発する語。これは驚いた。しまった。例**これはしたり**、大事の用をとんと忘れた〈浄瑠璃・伊賀越道中双六・六〉

これ-は-はや【此ははや】失望または失敗したときなどに発する語。いやはや。例**これははや**、烏帽子が遅う来るな〈狂言記・烏帽子折〉

これ-や-この【此やこの】これがあの。これこそ例の。例**これやこの**行くも帰るも別れつつ知るも知らぬも逢坂の関〈後撰・雑一〉➡名歌169

これ-ら代〔「ら」は接尾語〕❶このことども。これらのこと。例**これら**におもしろさの尽きにければ〈源氏・紅葉賀〉❷この人たち。例**これら**うち笑ひ、見かはして〈大鏡・序〉❸このあたり。例山ならねども、**これら**にも〈徒然・八九〉

ご-れんし【御連枝】名〔「ご」は接頭語〕貴人の兄弟の敬称。例これ皆、後伏見院の御子、今上皇帝(＝今の天皇)の**御連枝**なり〈太平記・五〉

ころ【頃・比】名❶およその時間・年代。ころ。時分。形式名詞の用法が一般的で、年・月・日の下についたり、「そのころ」「このころ」の形で用いられたりすることも多い。例その**ころ**、高麗人の参れる中に、かしこき相人(＝人相から将来を占う人)ありけるを〈源氏・桐壺〉❷季節。時節。例**ころ**は、正月・三月〈枕・頃は〉❸適当な大きさ。適当な程度。例まだ、ころの御徳(＝御収入)なきやうなれど〈源氏・東屋〉

こ-ろ【子ろ・児ろ】名『上代語』「こら」の東国方言。例筑波嶺に雪かも降らるいなをかもかなしき**児ろ**が布乾さるかも〈万葉・一四・三三五一〉➡名歌234

ころおい〖頃おい・比おい〗⇩ころほひ

ころく副烏の鳴き声を表す語。多く、あなたが来る意の「子ろ来」に掛けて用いる。例烏とふ大をそ鳥のまさでにも来まさぬ君を**ころく**とぞ鳴く〈万葉・一四・三五二一〉➡名歌130

ご-ろく【語録】名儒者や僧などの言行を記録・編集した書物。例禅院にして古人の**語録**を見しとき〈随聞記・三〉

こ-ろくぐゎつ【小六月】—ロクガツ　名陰暦十月の別称。小春。例秋も過ぎ行く十月の、**小六月**とてあたたかや〈近松・国性爺合戦・二〉

ころ-ころ副❶転がるさま。また、その音。例ひとたまりもたまらず、**ころころ**と転び落ち〈義経記・三〉❷笑い転げるさま。例女中がたを**ころころ**と、おもしろがらせることが得手物でござりやす〈滑稽本・膝栗毛・八下〉❸水の流れる音や鈴の鳴る音、また、カジカガエルの鳴き声などを表す。例八少女の振る

てふ鈴の**ころころ**に〈夫木・三四〉

ころ-しも【頃しも】〔「しも」は副助詞〕ちょうどそのころ。例心すべきことにこそと思ひける**ころしも**〈徒然・八九〉

ころ・ふ【嘖ふ】コロウ 動(ハ四)『上代語』しかりつける。叱責する。例母に**ころはえ**もの思ふ我を〈万葉・一四・三五二七〉読解「ころはえ」の「え」は上代の受身の助動詞「ゆ」の連用形。

ころ・ぶ【転ぶ】動(バ四)❶転がる。例硯もたてさまに置きたる、筆**ころばず**、よし〈徒然・二三七〉❷転倒する。例馬をひきたふして、乗る人泥土の中に**ころび**入る〈徒然・一二八〉❸キリシタンが、弾圧を受け、信仰を捨てて改宗する。

ころ-ほひ【頃ほひ・比ほひ】オイ 名❶ちょうどそのころ。時分。時節。例いと暑き**ころほひ**に、宵は遊びをりて〈伊勢・四五〉❷今の時世。当節。例中の品のけしうはあらぬ(=中流の家柄でも悪くはない人)選り出でつべき**ころほひ**なり〈源氏・帚木〉

ころも【衣】名❶衣服。着物。例春過ぎて夏来るらし白妙の**衣**ほしたり天の香具山〈万葉・一・二八〉↓名歌292 ❷僧の着る法衣。例僧都の君、赤色の薄物の御**衣**〈枕・関白殿、二月二十一日に〉語誌 平安時代以降、①の用例は主に和歌に限定され、散文では「きぬ」が用いられる。

【衣片敷く】衣服の片袖を敷いて寝る。独り寝をする。例さむしろ(=筵)に**衣かたしき**今宵もや我を待つらん宇治の橋姫〈古今・恋四〉

【衣を返す】寝るときに、着物を裏返しにして着る。こうすると夢の中で恋しい人に会えるという俗信があった。例いとせめて恋しきときはむばたまの(枕詞)夜の**衣を返し**てぞ着る〈古今・恋二〉

ころも-うつ【衣打つ】布に光沢を出したり、布を柔かくしたりするために、衣服を砧に敷いて木槌で打つ。⇩きぬた・たうい。例白栲の**衣うつ**砧の音も、かすかに、こなたかなた聞きわたされ〈源氏・夕顔〉

衣が関 名 陸奥国の関所。岩手県平泉町の近く。源義経の最期の地として有名。「衣川の関」「衣の関」とも。例**衣が関**を隔てて南部口をさし堅め〈芭蕉・奥の細道〉

ころも-がへ

【衣更へ】ガエ 名❶衣服を着がえること。例鈍色の直衣・指貫、うすらかに**衣がへ**して(=鈍色の直衣や指貫を、薄い色に着がえて)〈源氏・葵〉読解 兄が、妹の四十九日の法事をすませて、薄い鈍色に着がえた場面。

❷季節に応じて衣服をかえること。陰暦四月・十月の一日に行い、古くは衣服のみではなく几帳や畳など調度類まで改めた。のちは、特に夏着にかえることをいう。例(a)四月になりぬ。**衣がへ**の御装束、御帳の帷子など、よしあるさまにしいづ(=四月になった。衣がえのための御衣装や御帳の垂れ絹などを、趣のある様子に調える)〈源氏・明石〉例(b)御手討ちの夫婦なりしを**更衣**〈俳諧・蕪村句集・上〉↓名句36

〈藤本宗利〉

ころ-もで【衣手】❶名 袖。着物の手にあたる部分。転じて、衣服。例君がため春の野に出でて若菜つむわが**衣手**に雪は降りつつ〈古今・春上〉↓名歌136 ❷《枕詞》❶着物の袖を水に浸すことから、同音を含む地名「常陸」にかかる。❷「葦毛」にかかる。かかり方未詳。

ころもで-の【衣手の】《枕詞》❶たもとを分かって離れ去ることから「別る」「別く」にかかる。❷袖が風に翻ることから「返る」に、また、同音の「帰る」にかかる。❸「手」の縁で、同音を語頭にもつ地名「田上山」「高屋」にかかる。かかり方未詳。❹地名「名木の川」「真若の浦」にかかる。

ころも-ばこ【衣箱】名 衣類を入れる箱。衣装箱。例**衣箱**の重りかに古代なる(=重そうで古風なもの)、うち置きておし出でたり〈源氏・末摘花〉

ご-わう【牛王】オウ 名 神社や寺で出す厄除けの守り札。「牛王宝印」などと記してあり、裏に起請文を書く。熊野神社のものが有名。例よくよく起請を書けとて、熊野の**牛王**に書かせ〈義経記・四〉

こ-わき【小脇】名〔「こ」は接頭語〕❶腋。例**小脇**に手飼ひのちんをいだき〈西鶴・男色大鑑・二・四〉❷脇の横のほう。例**小脇**は張り物の壁〈歌舞伎・お染久松色読販・中幕〉

【小脇に搔い挟む】わきの下に物を挟む。例弓をば**小脇にかいはさみ**〈古活字本平治・中〉

こわ-ざし【声差し】名〔「ざし」は接尾語〕声の調子。声の感じ。例姿・**声ざし**少しもたがはず〈沙石集・一〇本・一〇〉

こわ-ざま【声様】名 声の様子。口調。例あはつけき(=軽々しい)**声ざま**にのたまひ出づる〈源氏・常夏〉

こわ・し『強し・剛し』⇩こはし

こわ-だえ【声絶え】名 声がとぎれること。例千手陀羅尼を…**声絶え**もせず誦したてまつりて〈宇治拾遺・一・一九〉

こわ-だか【声高】名 形動(ナリ) 声を大きく張り上げるさま。大声。例「かかること」と、**声高**にものも言はせず〈土佐〉

こわ-づかひ【声遣ひ】ヅカイ 名 声の調子。ものの言い方。口調。例御声の、いと若うあてなるに(=上品であるので)、うち出でむ**声づかひ**も、恥づかしけれど〈源氏・若紫〉

こわ-づく・る【声作る】動(ラ四)❶あらたまった声で言う。作り声をする。例「宿直奏しさぶらふ」と**声づくる**なり〈源氏・賢木〉❷魔除けなどのために、声をあげ続ける。例随身も弦打ちして、絶えず**声づくれ**〈源氏・夕顔〉読解「弦打ち」は弓の弦をはじき鳴らすこと。これも魔除けの一種。❸自分の存在を知らせるために、せきばらいをする。例**声づくり**たまへば…殿のおはしたるにや、と思ひて起きて出でたり〈源氏・浮舟〉

こわ-づくろひ【声繕ひ】ヅクロイ 名❶あらたまった声で言うこと。例**声づくろひ**して事々しく(=仰々しく)申しけるは〈源平盛衰記・三六〉❷自分の存在を知らせるために、せきばらいをすること。例すこし**声づくろひ**したりければ、殿下、御覧じやりければ〈十訓抄・一・三三〉

こ-わっぱ【小童】 名(「こわらは」の変化した形)子どもや年少者を軽くみていう語。例あれほどの**こわっぱ**一人従へざる口惜しさよ〈御伽草子・橋弁慶〉

こ-わらは【小童】 ワラワ 名子ども。例かしこに**小童**あり。ときどき来りてあひとぶらふ〈方丈記〉

こ-ゐ【木居】 イ 名鷹狩りの鷹が木にとまっていること。また、鷹のとまり木。例しらふ(=白いまだら)の鷹の**木居**をなみ〈後拾遺・冬〉

ご-ゐ【五位】 イ 名位階の第五。また、その位にある人。正五位上・下、従五位上・下の四階に分かれる。五位以上には殿上人となる資格があり、六位以下とは格段の差があった。五位に叙されることを叙爵といい、五位の人を「大夫」と呼ぶ。例見も知らぬ四位・**五位**こきまぜに(=かき混ぜたように)、隙なう出で入りつつ〈源氏・若紫〉

ご-ゐ-の-くらうど【五位の蔵人】 ゴイノクロウド 名蔵人所の次官。定員三人。五位の殿上人の中から出自・能力のすぐれた人が選ばれた。例おぼえ(=世評)高くやむごとなき殿上人・蔵人頭・**五位の蔵人**・近衛の中少将・弁官など〈源氏・行幸〉語誌「くらうどのごゐ(蔵人の五位)」とは別語。

こ-ゐん【故院】 イン 名亡くなった上皇や法皇。例**故院**ただおはしましさまながら(=ご生前そのままのお姿で)立ちたまひて〈源氏・明石〉

ご-ゐん【後院】 イン 名天皇の譲位後の御所。太皇太后・皇太后の御所をいうこともある。

こゑ【声】 コエ 名❶㋐人の声。また、獣・鳥・虫などの鳴き声。例(a)しもと(=鞭)取る 里長が**声**は 寝屋処まで 来立ち呼ばひぬ〈万葉・五・八九二〉↓名歌122 例(b)花に鳴く鶯、水に住む蛙の**声**を聞けば(=花にとまって鳴く鶯や、清流に住む河鹿蛙の鳴き声を聞くと)〈古今・仮名序〉
㋑特に、よい声。美声。例御供に**声**ある人してうたはせたまふ(=お供の中のよい声の人に命じて歌わせなさる)〈源氏・若紫〉
❷楽器の音。例琴の**声**、風につきて遥かに聞こゆるに(=琴の琴の音が、風に乗って遠く聞こえてくるので)〈源氏・須磨〉
❸遠くから響いてくる音。例おはします寺の鐘の**声**かすかに聞こえて(=おいでになる寺の鐘の音がかすかに聞こえて)〈源氏・橋姫〉
❹発音。音声やアクセントなどの特徴。なまり。例**声**などほとほとうちゆがみぬべく(=声などはほとんどなまっているようで)〈源氏・東屋〉読解長く東国に住んでいたのでなまりがひどく、あらかた聞き取れない、というのである。
❺漢字音。字音。例一度は訓に、一度は**こゑ**に読ませたまひて(=一度は訓読で、もう一度は音読でお読ませになって)〈宇津保・蔵開中〉
語誌▼基本的には意志あるものの発する音声を意味する。人の声だけでなく、動物の鳴き声が声と呼ばれるのは、意志の表れを感じているからである。鶯の鳴き声を「ひとく(人来)」と擬声的に認識できるのも、意志の発動が受感されているからである。
▼笑い声・泣き声・叫び声など、意味を直接的には表さないような音声も声とされる。これらの声には、もともと異界(神の世界や死者の世界など)に働きかける呪的な作用が強く感じ取られていた。日常の音声とは異なる、極端な高低をもつ声やささやき声などにも呪的な働きが意識されていた。楽器の音や遠くに響く鐘の音などが声と呼ばれるのも、単なる物理的な音としてではなく、ある種の呪力をもつ響きとして受け止められていたからである。⇩おと・ね〈多田一臣〉

【声を帆に挙ぐ】 声を高く張り上げる。例秋風に**声を帆にあげて**来る舟は天の門(=空)わたる雁にぞありける〈古今・秋上〉

こゑ-あり【声あり】 コエ 声がよい。美声である。例御供に**声ある**人してうたはせたまふ〈源氏・若紫〉

こ-ゑつ【胡越】 エツ 名(古代中国で、「胡」は北方の、「越」は南方の異民族)遠く離れていること、疎遠なことのたとえ。例志かなふ時は、**胡越**も昆弟(=兄弟)たり〈十訓抄・六・一五〉

ごゑもん-ぶろ【五右衛門風呂】 ゴエモン 名据え風呂の一種。かまどの上に平釜を据え、桶を取りつけたもの。入浴時は浮き蓋を踏み沈めて底板とする。釜ゆでにされたという石川五右衛門の名からの称。例上方にはやる**五右衛門風呂**といふ風呂なり〈滑稽本・膝栗毛・初〉

五右衛門風呂
〔東海道中膝栗毛〕

こをおもふこころのやみ【子を思ふ心の闇】 ⇩「こ」の子項目

こ-をとこ【小男】 オトコ 名❶若い男性。少年。また、若輩。例いまだ**小男**に侍りけるとき〈千載・雑中・詞書〉❷小柄な男。❸(「こ」は接頭語)つまらない男。例「佐渡やの源げといふ**小男**」と(名前ヲ)あらはして〈西鶴・諸艶大鑑・一・四〉

-こん【献】 接尾❶宴会で客をもてなすときに、酒料理を出す回数をいう。料理一品につき杯を三度飲むのを一献とする。三献がふつう。例一**献**に打ち鮑、二**献**に海老、三**献**に掻い餅にてやみぬ〈徒然・二一六〉❷酒の杯を重ねる回数を数える。例心よく数**献**に及びて、興にいられはべりき〈徒然・二一五〉

こん【坤】 名易の八卦の一つ。陰が三つ重なった象。純粋な陰。地・母などを象徴し、方角では南西を表す。

こん【魂】 名たましい。霊魂。例**魂**は冥途にありながら、魄はこの世にとどまりて〈謡曲・実盛〉語誌精神をつかさどる陽のたましい。対して、「魄」は肉体を支配する陰のたましいとされる。

ごん【権】 名❶『仏教語』(「実」に対して)仮のもの。❷仮に任じた官。権官。官名の上につけて接頭語のように用いることが多い。「権の亮」「権大納言」など。❸(❷から転じて)本物に準じる立場。「権の北の方」など。

こん-がう【金剛】 ゴウ 名『仏教語』(梵語の漢訳。金属の中で最も堅いもの、の意)❶きわめて堅固なもの。また、そのたとえ。例**金剛**の身なれば、五盛陰の苦(=心身の苦しみ)なし〈栄花・玉の台〉❷「金剛界」の略。❸「金剛杵」の略。

こんがう-かい【金剛界】 名《仏教語》密教で、大日如来の強力堅固な智恵を現す世界。⇩たいざうかい

こんがう-きゃう【金剛経】 名《仏教語》「金剛般若波羅蜜経」の略。大乗経典の一つ。空の理を説き、一切の執着を離れ、私の観念を捨てることで悟りが得られることを示す。「金剛般若」とも。

こんがう-さった【金剛薩埵】 名《仏教語》真言密教で、第一の祖である大日如来に次ぎ、第二の祖とされる菩薩。「金剛菩薩」とも。

こんがう-じ【金剛子】 名 インド原産の落葉高木、欒樹の実。黒色で丸く六つの角がある。非常にかたく美しいため、数珠玉や装飾品の材料として用いる。例聖徳太子の百済より得たまへりける**金剛子**の数珠の玉の装束したる〈源氏・若紫〉

こんがう-しょ【金剛杵】 名《仏教語》〔梵語の漢訳〕密教の法具の名。煩悩を破る堅固強力な菩提心の象徴。金属製で、きねの形、両端に利刃がつけられている。その刃の形により、独鈷・三鈷・五鈷などに分けられる。元来は古代インドの武器。例手に**金剛杵**を取り〈今昔・一・六〉

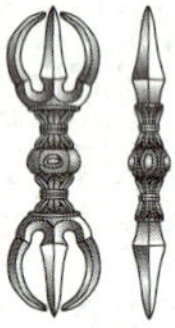

金剛杵
（三鈷・独鈷）

こんがう-じん【金剛神】 名《仏教語》「こんがうりきし」に同じ。例鬼神も**金剛神**も…ただ法師の言はむをさとりて〈三宝絵・下・二〇〉

こんがう-せき【金剛石】 名 宝石の名。ダイヤモンド。例石は補陀落山にしては宝石と名づく。あるいは**金剛石**といふ〈源平盛衰記・三九〉

こんがう-づゑ【金剛杖】 名《仏教語》修験道の行者が持つ、八角または四角の白木の杖。長さは等身大。法具の独鈷(金剛杵の一つ)にならったものとされる。例**金剛杖**にすがり、足痛げなる強力にて(=山伏の従者で)〈謡曲・安宅〉

こんがう-どうじ【金剛童子】 名《仏教語》密教で、仏法の守護神の一つ。童子形で憤怒の相を表し、左手に金剛杵を持つ。

金剛峯寺 名 紀伊国、今の和歌山県伊都郡高野町の寺。真言宗。空海が弘仁八年(八一七)、嵯峨天皇から地を与えられたことから始まり、のち、真言宗の最大の道場として発展する。⇩高野山

こんがう-やしゃ-みゃうわう【金剛夜叉明王】 名《仏教語》五大明王の一つ。北方を守護し、一切の悪魔や怨敵を調伏する。その姿は三つの顔・六本の腕で五つの眼、憤怒の相を表し、光背として火炎を背にする。

こんがう-りう【金剛流】 名 能楽のシテ方の流派の一つ。金春流から出て金剛善覚を祖とする。

こんがう-りき【金剛力】 名 金剛力士のような強力堅固な力。例**金剛力**を出し、えいやっと身ぶるひすれば〈近松・出世景清・四〉

こんがう-りきし【金剛力士】 名《仏教語》手に金剛杵を持ち、仏法を守護する神。仁王のこと。例一の**金剛力士**、杵をもってこの山を微塵のごとく打ち砕く〈太平記・二四〉

こんがう-れい【金剛鈴】 名《仏教語》金剛杵の一端に鈴がついているもの。例**金剛鈴**を打ち振り打ち振り、時々は舞ふ折もありけり〈平家・八・鼓判官〉

金剛鈴

こん-かき【紺搔き】 名「こうかき」とも。藍で布を染めること。また、それを職業とする人。例義朝のふびんにして(=目をかけて)召し使はれける**紺かき**の男〈平家・一二・紺搔之沙汰〉

こんがら【矜羯羅・金伽羅】 名《仏教語》〔梵語の音写。随順の意〕不動明王の眷属の一つ。制吒迦とともに脇士を務める童子。その姿は合掌して金剛杵を挟み持ち、明王の左側に立つ。例われはこれ大聖不動明王の御使ひに、**矜羯羅**・制吒迦といふ二童子なり〈平家・五・文覚荒行〉

こん-き【根機・根器】 名《仏教語》仏の教えに導かれて悟ることのできる素質。「機根」とも。例人々の**根機**に随って…身心の煩悩を責め尽くす〈反故集・下〉

ごん-ぎゃう【勤行】 名動(サ変)《仏教語》毎日、時を定めて仏前で読経・礼拝・焼香などの勤めをすること。例説法・読経、丁寧に**勤行**をいたされ候ふ〈平家・六・慈心房〉

こん-く【金口】 名〔呉音〕《仏教語》釈迦の口を尊んでいう語。転じて、釈迦の説法。例釈迦如来、**金口**に正しく説きたまはく〈万葉・五・八〇一・序〉

こん-く【金鼓】 名《仏教語》「こんぐ」とも。❶仏具の名。銅製で、丸く平たく、中空。寺院の本堂の前などにかけ、僧が衆人を召集するときや参詣の人が打ち鳴らす。後世「鰐口」とも。例侍めきてほそやかなる者など具して(=引き連れて)、**金鼓**打つこそをかしけれ〈枕・正月に寺にこもりたるは〉❷打楽器の名。銅製で、丸く平たく、中空。胸にかけたり台座につるしたりして、ばちで打ち鳴らす。阿弥陀聖や鉢叩きなどが、念仏を唱えながら歩くときに用いた。例**金鼓**をたたきて、よろづの所に阿弥陀仏を勧め行きけるに〈今昔・二九・九〉

ごんぐ-じゃうど【欣求浄土】 名《仏教語》極楽浄土に往生することを心から喜び願い求めること。「厭離穢土」と対。例この形見を見たまひてこそ「さすが**欣求浄土**の望みもおはしけり」と…いささかたのもしげには宣ひけれ〈平家・三・少将都帰〉

こん-くゎい 副 狐の鳴き声。こんこん。「後悔」を掛けて用いることがある。例別れの後に鳴く狐、**こんくゎい**の涙なるらん〈狂言・釣狐〉

こんくゎうみゃうさいしょうわう-ぎゃう【金光明最勝王経】 名《仏教語》金光明経の中で、中国唐代の義浄によって訳されたもの。一〇巻。四天王や天神地祇の加護を説いたもので、日本でも法華経・仁王経と並び、鎮護国家の三部経の一つとして尊ばれた。

ごん-くゎん【権官】カン 名 正官以外に仮に任じる官。本来は職務の繁忙を緩和するための臨時の措置だったが、やがて正官と併置されるようになる。

ごん-げ【権化】 名《仏教語》仏や菩薩が衆生を救うため、仮に人や動物などになってこの世に現れること。また、その現れたもの。例時の横災をば(=災難は)権化の人ものがれたまはざるやらん〈平家・三・一行阿闍梨之沙汰〉

こん-げん【根元・根源】 名❶物事のおおもと。根本。ねもと。例この身、罪の根元として、心のためには仇敵なれども〈発心集・七・一三〉❷物事の起こり。物事の始まり。原因。理由。例我、このついでに事の根元を申して〈今昔・五・一三〉

ごん-げん【権現】 名❶《仏教語》仏や菩薩が衆生を救うため、仮の姿で現れること。また、その現れたもの。例かつは権現御覧ぜよ〈梁塵秘抄・四句神歌〉❷本地垂迹説から、仏や菩薩になぞらえて、日本の諸神につけた尊号。日光権現、熊野権現など。

ごんげん-づくり【権現造り】 名 神社の建築様式の一つ。一棟に連なって拝殿・中殿・本殿があるもの。北野神社や日光東照宮の社殿がこの造りで、東照宮に祭られた大権現の名による称。

ごん-ご【言語】 名 言葉。例一日のうちに、飲食・便利(=便通)・睡眠・言語・行歩、止む事を得ずして、多くの時を失ふ〈徒然・一〇八〉

ごんご-だうだん【言語道断】ドウダン 言葉で言い表せないほどであること。すぐれていることにも悪いことにも用いる。感動詞的に用いられることもある。例法施(=読経)、祈念、言語道断の事どもなり〈平家・一・願立〉

ごん-ざ【権者】 名《仏教語》「ごんじゃ」に同じ。

こん-じ【金字】 名「きんじ」とも。金粉を膠でといた金泥で書いた文字。写経などに用いる。例天皇みづから金字の心経(=般若心経)を書かせたまひて〈著聞集・二・三八〉

こん-じき【金色】 名 黄金色。きんいろ。例六観音、金色の相好円満し〈栄花・鳥の舞〉

こんじき-だう【金色堂】コンジキドウ 名❶極楽浄土の象徴として、金箔などで内部を飾った阿弥陀堂。❷特に、岩手県西磐井郡平泉町の中尊寺金堂の俗称。奥州藤原氏三代(清衡・基衡・秀衡)の廟所。天治元年(一一二四)の創建。芭蕉も『奥の細道』の旅で訪れた。

こんし-こんでい【紺紙金泥】 名 紺色の紙に、金粉を膠でといた金泥で経文などを書いたもの。例一字三礼の紺紙金泥の法華経〈太平記・三九〉読解「一字三礼」は一字書くごとに三度礼拝すること。

ごん-じつ【権実】 名《仏教語》仮の教えと真実の教え。権教と実教。例宗の権実を諍ひ、教の浅深を判ず〈沙石集・一〇末・三〉

こんじ-てう【金翅鳥】チョウ 名《仏教語》「かるら」に同じ。例馬の駿きこと金翅鳥のごとし〈今昔・一・四〉

ごん-じゃ【権者】 名《仏教語》(「権」は仮の意)仏が衆生を救済するために、仮に人の姿となってこの世に現れたもの。また、高僧。特に、弘法大師をいう。権化。権現。例春朝聖人にはあらず(=普通の人ではない)、権者なりとぞ、ただ人の時(=その当時)の人言ひけり〈今昔・一三・一〇〉

こん-じゃう【今生】ジョウ 名 この世。いま生きている世界。例残る一つが今生の鐘のひびきの聞きをさめ〈近松・曾根崎心中〉

こん-じゃう【紺青・金青】ジョウ 名 鮮やかな藍色の顔料。また、そのような色。例皮衣を見れば、金青の色なり〈竹取〉

ごん-じゃう【言上】ジョウ 名動(サ変) 目上の人に述べること。申し上げること。例官に言上す〈将門記〉

今昔物語集 こんじゃくものがたりしゅう コンジャクモノガタリシュウ《作品名》平安後期の説話集。三一巻(うち現存本は、第八・一八・二一巻を欠く)。古来、編纂者は宇治大納言源隆国といわれるが、未詳。十二世紀初めの成立と見られる。

●**書名** 書名は、各話が「今は昔」で語り出されていることによる。古く『今昔物語』と表記され、現在も通称として、そのように表記されることがある。

●**内容・構成** 全体は巻一～五の天竺(インド)、巻六～一〇の震旦(中国)、巻一一～三一の本朝(日本)の三部に分かれる。収録話数は一〇〇〇話を超え、構成にも細かな目配りがなされるなど、日本の説話集でも最大のものと評される。

冒頭が釈迦の生誕で始まるように、仏教的な世界観で統一されているが、本朝の、ことに世俗の説話には、時代の変動期の様相が精彩ある筆遣いで活写されている。王朝文学ではとらえられなかった新興の武士階級や庶民の日常生活の一端も見られ、中世への過渡期の精神がうかがえる。

各話の多くは、先行の作品にみられるものを受容している鎌倉初期成立の説話集『宇治拾遺物語』とも共通話が多いが、ことに表現に精彩をもつのは本集独自の説話である。

●**影響** これだけの大きな構成と、個性的な表現をもちながら、本集は近世にいたるまで世に流布せず、一般に広く知られるのは、近代の芥川龍之介による翻案を待たねばならなかった。〈劔持雄二〉

こん-じゅ【胡飲酒】 名(「こおんじゅ」の変化した形)「こんず」「こいんじゅ」とも。雅楽の曲名。壱越調の小曲。唐楽に属する一人舞で、胡人(=中国北方の民族)が酒に酔うさまを模したもの。

ごん-しゅ【勤修】 名動(サ変)《仏教語》「ごんじゅ」とも。仏道を修行すること。例曠劫(=長い時間)の勤修を、一日七日の行につづめ(=短縮し)〈発心集・六・一三〉

こん-じん【金神】 名 陰陽道で祭る神。方位の神で、この神のいる方位に向かって工事や転居などをすると七人の死者が出るとして恐れられた。神のいる方位は年によって異なる。例「ことさら当年の金神にあたる」といへば〈西鶴・西鶴織留・四・一〉

ごん-す ❶動(サ変)❶「行く」「来く」「居る」の尊敬語。おいでになる。いらっしゃる。例夜更けて何しにごんした〈近松・長町女腹切・中〉❷「あり」の丁寧語。あります。おります。例変はった咄がごんする〈近松・山崎与次兵衛寿の門松・上〉❷補動(サ変)

《形容詞・形容動詞型活用語の連用形、接続助詞「て」、連語「にて」が変化した「で」について》〜でございます。丁寧の意を表す。例つらいものでごんす〈近松・大経師昔暦・下〉 語誌 ▼「ござる」の連用形＋助動詞「ます」＝「ござります」が「ござんす」を経て「ごんす」と変化した形。▼もとは上方の遊里で用いられ、しだいに力士や職人などに広まった。

言水《人名》一六五〇〜一七二二(慶安三〜享保七)。江戸時代の俳人。本姓池西氏。貞門から談林、さらに新風へという俳諧の変革期に、江戸で芭蕉とともに活躍。のち、京に住む。妖艶・幻想的な作風で、俳諧集『東日記』『都曲』がある。

ごん-だいなごん【権大納言】 名令の定員外に任命された大納言。高貴な家の子弟が若くして任じられる場合、大臣に昇進する前段階の官とされることもあった。例もとの御位あらたまりて、数よりほか(＝定員外)の権大納言になりたまふ〈源氏・明石〉

こんたい-りゃうぶ【金胎両部】 ―リョウブ 名《仏教語》真言密教で、本尊の大日如来の智徳を表す金剛界と、理徳を表す胎蔵界。

こん-だう【金堂】 ―ドウ 名寺で本尊を安置する建物。本堂。例丈六の銅の像(＝仏像)を元興寺の**金堂**に坐せしむ〈紀・推古〉

こん-ぢ【紺地】 ―ジ 名藍色の布地。例**紺地**の錦の直垂に〈平家・九・忠度最期〉

こん-づ【濃漿・漿】 ―ズ 名《「こみづ(濃水)」の変化した形》❶米を煮た汁。重湯。例**漿**を盛りて密かに大王に奉る〈今昔・三・二七〉❷酒の別称。例そも天の**濃漿**とは、これ仙家の酒の名なり〈謡曲・邯鄲〉

こん-でい【金泥】 名金粉をにかわの液に溶かしたもの。書画を書くのに用いる。例鳳輦の中に、**金泥**の経一巻おはしましたり〈宇治拾遺・六・四〉

こん-でい【健児】 名「こでい」とも。❶奈良時代、令制の軍団兵士から選ばれた三百人の衛士。特定の団に置かれた。❷平安初期、それまでの軍団に代わって諸国に配置された兵士。郡司など地方の有力者の子弟から選ばれた。❸「こんでいわらは」に同じ。

こんでい-わらは【健児童】 ―ワラワ 名鎌倉時代以降、武家の下級の使用人。中間・足軽など。例成景は…下﨟なり。**健児童**もしは格勤者なんどにて召しつかはれけるが〈平家・一・俊寛沙汰鵜川軍〉

こん-どう【金銅】 名銅・青銅に金めっきしたり、金箔を押したもの。仏像などに用いる。例**金銅**十六丈の盧遮那仏〈平家・六・入道死去〉

こんにっ-た【今日た】《「こんにちは」の連声》今日は。本日は。⇩は(助詞)。例**今日**はどれへぞ(＝どこか)珍しい所へお供申したうござる〈虎寛本狂言・萩大名〉

ごん-の-かみ【権頭・権守】 名❶【権頭】正官のほかに臨時に任命された諸寮の長官。正官の「頭」に次ぐ地位。❷【権守】正官のほかに臨時に任命された国守。正官の「守」に次ぐ地位。実際には任地に赴任しない遥任も多かった。例また何の**権守**とかいひてもあり(＝いう人もいる)〈栄花・松の下枝〉

ごん-の-そち【権帥】 名「ごんのそつ」とも。⇩だざいのごんのそち

金春禅竹《人名》一四〇五〜一四七〇?(応永一二〜文明二?)。室町中期の能役者・能作者。本名は氏信。金春流の大夫の家に生まれ、世阿弥の娘婿となる。世阿弥の理論に仏教や和歌の理論を導入し、幽玄味のある芸風を示した。金春流中興の祖と称される。能の作品に『芭蕉』『定家』など、能楽論に『六輪一露之記』などがある。

こんぱる-りう【金春流】 ―リュウ 名能楽のシテ方の流派の一つ。能楽五流(観世・宝生・金春・金剛・喜多)中最古の流派。世阿弥の女婿の禅竹が新生面を開き、桃山時代に全盛を極める。

こんぴら【金毘羅】 名《仏教語》《梵語の音写。「鰐」の意》鰐を神格化した仏法の守護神。魚身で蛇の形をし、尾に宝玉を持つ。十二神将の宮毘羅にあたる。海上守護の神として広く信仰され、讃岐国(香川県)金刀比羅宮がその中心。金毘羅大将。

こんぴら-だいしゃう【金毘羅大将】 ―ダイショウ 名《仏教語》「くびらだいしゃう」とも。薬師如来十二神将の筆頭。多くの夜叉を率い、仏法を守護する。例**金毘羅大将**の左の御足の下に踏ませたてまつり〈平家・二・座主流〉

こん-ぼん【根本】「こんぽん」とも。❶名物事の根源。起こり。また、元祖。本家。例世の乱れそめける**根本**は〈平家・一・殿下乗合〉❷副もともと。元来。例業平も**根本**美少人(＝美少年)を好けるに〈西鶴・男色大鑑・一・一〉

こんぽん-か【混本歌】 名和歌の歌体の一つ。『古今和歌集』「真名序」に長歌・短歌・旋頭歌と並んで名が出るが、未詳。旋頭歌と同じ五・七・七・五・七・七の六句体とする説、短歌形式より一句少ない四句体とする説などがある。例詩やら歌やら旋頭・**混本歌**やら知れぬ事をいへり〈俳諧・去来抄・修行〉

根本中堂 コンポンチュウドウ 名延暦寺の東塔の一乗止観院のこと。延暦七年(七八八)最澄が建立。不滅の法灯を安置し、日本の天台宗の中心とされたことによる称。

こん-みゃう【今明】 ―ミョウ 名《今日と明日の意》きょうあす。例(遷都ガ)たちまちに**今明**のほどとは思はざりつるに〈平家・五・都遷〉

こん-むらご【紺村濃】 名「こむらご」とも。染め色の名。地色は薄い紺色で、ところどころを濃い紺色に染め出したもの。例**紺村濃**の直垂に、月数といふ鎧の〈古活字本保元・中〉

昆明池の障子〔伴大納言絵巻〕

こんめいち-の-しゃうじ【昆明池の障子】 ―ショウジ 名「こんめいちのさうじ」とも。清涼殿の

孫廂の北側に置かれていた衝立障子。表に昆明池、裏に嵯峨野の小鷹狩りの図が描かれている。昆明池は漢の武帝が長安城の南西に掘らせた池の名。⇨口絵。例台盤所・**昆明池の御障子**、今見れば、見し人(=顔見知りの人)にあひたる心地す〈讃岐典侍日記・下〉

こん-や【紺屋】 名 藍染めを職業とする人。また、その家。広く染め物屋をいうこともある。例**こん屋**の徳兵衛、ふさ(=人名)にもとよりこひそめこみの〈近松・心中天の網島・上〉読解「こひそめこみ」は、「恋ひ初め込み」に「濃い染め込み」を掛ける。

こん-らう【軒廊】ロウ 名 紫宸殿の南廂の東端から宜陽殿に至る渡り廊下。「軒廊の御卜」と称される卜占が行われる。例**軒廊**にして国郡を卜定す〈太平記・二〉

こん-りふ【建立】リュウ 名動(サ変) 寺院・堂塔などを建てること。例高雄山の霊地に一院を**建立し**〈平家・五・勧進帳〉

こん-りん【金輪】 名《仏教語》❶世界を成り立たせているとされる四輪の一つ。金輪の下に水輪・風輪・空輪があるという。例天は三十三天、地は**金輪**ならくの底〈歌舞伎・鳴神〉❷「金輪王」の略。

こんりん-ざい【金輪際】 名❶《仏教語》金輪の下部で水輪と接している所。大地の最下底。例**金輪際**より生ひ出でたる水精輪の山あり〈平家・七・竹生島詣〉❷事物の極限。究極。例逢ひ初めし時の誓文を、**金輪際**と思ひつめ〈近松・薩摩歌・中〉❸(副詞的に用いて)とことんまで。断じて。絶対に。例**金輪際**捨てぬ気〈浮世草子・風流曲三味線・六・五〉

こんりん-わう【金輪王】オウ 名《仏教語》転輪聖王の一つ。金の輪宝で須弥山の四州を統治する帝王。

こん-る【近流】 名「きんる」とも。近国へ流罪にすること。例行平中納言**近流**せられて、藻塩たれつつとながめけん所にこそ〈古活字本保元・下〉

こん-るり【紺瑠璃】 名 紺色の瑠璃。また、その色。例**紺瑠璃**の壺どもに御薬ども入れて〈源氏・若紫〉

さ- 接頭 名詞・動詞・形容詞について、**語調・句調を整えたり、意味を強めたりする**。「さ枝」「さ夜」「さ走る」「さ遠し」など。例石走る垂水の上の**さ**わらびの萌え出づる春になりにけるかも〈万葉・八・一四一八〉➡名歌68

語誌▼「さ」のついた語は、多く和歌に用いられる。▼「さ月」「さ乙女」「さ苗」などの例から、時期的に早い、若々しい、元気である、などの意味をもつともいわれる。また、「さ来年」「さ来月」などの、先の、の意を表すものが変化したとする説もある。〈吉田比呂子〉

-さ 接尾 ❶形容詞・形容動詞の語幹について、**性質・状態・様子を表す名詞を作る**。「清けさ」「覚束なさ」「静かさ」など。❷名詞について、**方向を示す**。〜**のほう**。「縦さ」「横さ」など。❸移動を意味する動詞について、**移動の途中である意を表す**。〜**するとき**。〜**する場合**。「行くさ」「来さ」「帰るさ」「入るさ」など。

語誌 ①は、古くは和歌などの末尾に置かれて体言止めの表現を作ることが多い。例遠き山関も越え来ぬ今更に逢ふべきよしのなきがさぶし**さ**(=今はもはや逢うことができるきっかけのない寂しさよ)〈万葉・一五・三七三四〉〈吉田比呂子〉

さ【矢・箭】 名《上代語》矢。例その襟を取りて引き堕として、射て一**箭**を中つ(=当てる)。因りて刀を抜きて斬りて殺しつ〈紀・天武〉

さ 代 他称の人称代名詞。それ。そいつ。例**さ**が髪をとりて、かなぐり落とさむ(=そいつの髪をつかんで、空から引きずり落としてやろう)〈竹取〉

さ【然】 副 話し手が、すでに述べられた物事をさしていう語。**そのように。そう**。例(a)われ率ていきて見せよ。**さ**言ふやうあり(=私を連れて行って見せなさい。そう頼むにはわけがあるのだ)〈更級〉読解「さ」は「われ率ていきて見せよ」の文をさす。例(b)まことに**さ**にこそ候ひけれ(=ほんとうにそのとおりでございましたね)〈徒然・四一〉

語誌▼基本的に聞き手側の物事をさし、話し手側のそれをさす副詞「**かく**」と使い分けられる。▼類義語「**しか**」が、上代から存在し、漢文訓読系の文章や改まった調子の言い方などに用いられるのに対して、「さ」は平安時代以降の仮名文で広く用いられる。▼**派生語**「さ」から派生した語は非常に多い。ラ変動詞「あり」がついてできた、動詞「**さり**」、連体詞「**さる**」。接続助詞「て」がついてできた副詞「**さて**」。係助詞「も」がついてできた連語「**さも**」など。また、それらにさらに助詞類がついてできた「**さらば**」「**さりとて**」「**さるは**」「**さても**」など、多くの副詞・接続詞が派生するが、これらの語も、基本的には「さ」の指示語としての性格を引き継いでいる。〈安隨直子〉

さ 感❶人を促すときに発する語。さあ。例**さ**、これへ寄らせませ〈狂言記・文山立〉❷驚いたりはっと気づいたりしたときに発する語。あっ。あれっ。例**さ**、(狐が罠に)かかったは〈狂言記・こんくわい〉

さ 1格助 方向を表す。〜へ。〜に。例国**さ**居たとき〈滑稽本・浮世風呂・前上〉2終助(述語になる体言、活用語、助詞について)感動をこめて確認する意を表す。〜だよ。例あんまり馬鹿らしい男**さ**〈滑稽本・浮世風呂・二下〉3間助(文節の切れ目について)軽く念を押す意を表す。例なに**さ**、さうでもねえよ〈滑稽本・浮世風呂・二下〉語誌 ①は室町時代以降、主に東国で用いられる。②③は江戸時代に用いられる。

さ 上代の尊敬の助動詞「す」の未然形。

ざ【座】名❶すわる場所。座席。また、その場所に敷く敷物。「円座」など。例ほど狭しといへども、夜臥す床あり、昼ゐる座あり(=広さは狭いとはいえ、夜横になる床はあり、昼間すわっている場所もある)〈方丈記〉読解自分の住む方丈の庵りについての記述。

❷人の集まりの席。会席。連歌・俳諧の会を興行する席や、仏教や神道の教義を講じる席など。例連歌は座になき時こそ連歌にて侍れ(=連歌は、会席に臨まないときこそ連歌でございます)〈ささめごと・上〉読解日常の修行こそが重要であるということ。

❸鎌倉・室町時代、社寺や幕府などの支配の下で特権を与えられた同業者の集まり。大山崎の油座など商品の生産・販売にかかわるものや、猿楽の大和四座など芸能の興行にかかわるものなど、多方面の職人の座が形成された。

語誌▼座の文化　たとえば茶の湯は、茶会における人と人との交わりのうちに行われる。茶会に同席することは一期一会(一生に一度)の大切な機会であり、同じ一服の茶をともに飲みあうことで一味同心の間柄になるとする茶道の理念は、茶室という限られた空間の中に一座することによって生じる。同じように、連歌や俳諧は、通常複数の人間が句を付け合って一つの作品を作り出すものであり、やはり共同作業の場としての座が重要な意味をもつ。人との関係性の中で物事が進められるという座の文化は日本文化の特徴の一つである。〈大谷俊太〉

さ-あら-ば【然あらば】〔副詞「さ」+ラ変動詞「あり」の未然形+接続助詞「ば」〕それなら。それでは。例さあらば当山の衆徒ことごとく参洛し(=京に上り)〈謡曲・吉野静〉

さい【才】名容積の単位。「勺」の十分の一。約一・八ミリリットル。

さい【斎】名『仏教語』❶心身を清めること。動作や飲食の定めを守ること。❷特に、正午を過ぎてから食事をとらないこと。持斎。❸(②から転じて)僧に供する食事。仏事での食事。「斎」とも。例朝一度の斎と名づけけり〈雑談集・九・七〉

さい【賽・釆】名❶〔古くは「さえ」とも〕さいころ。例賀茂河の水・双六の賽・山法師。これぞわが心にかなはぬもの〈平家・一・願立〉読解「山法師」は比叡山延暦寺の僧。❷「ざい」とも。「釆配」の略。

さい

助動 軽い尊敬や親しみの意を含んだ命令の意を表す。〜なさい。例あの山見さい、この山見さい〈虎寛本狂言・素袍落〉

接続 一段・二段活用の動詞の未然形につく。

語誌 室町時代以降に用いられる。語源は未詳。「さい」の形の例しか見られない。四段活用の動詞には「い」がつく。

ざい【在】1名「ざいがう」「ざいしょ」に同じ。例順礼でも幽霊でも、在の中に寝さす事はならぬ〈浄瑠璃・伊賀越道中双六・八〉2接頭 地名などについて、そこにいることを表す。「在国」「在京」「在鎌倉」など。

さいいん『斎院』⇩さいゐん

さ-いう-さ【左右左】(ーユウー) 名❶拝賀・任官・賜禄などのときの拝舞のしかた。腰から上を左・右・左の順に向けて行う拝礼。例天子の舞踏は多く右左右なり。しかれども左右左の例あり〈花園天皇宸記・正和二年十二月〉❷能の舞の型の一つ。左手を上げながら身を左方に向け、次に手をかえて右へ、次にまた左へと順に身をひねる所作。

さいおう-が-うま【塞翁が馬】人の幸・不幸の到来は予測しがたいことのたとえ。国境のとりで(塞)に住む老人(翁)の馬が逃げ出したが、やがてその馬は駿馬を連れて戻って来た、また、翁の息子がその馬から落ちて足を折るが、そのために戦争に行かずに生き残った、という『淮南子』の故事による。

さい-かい【西海】名❶西国地方の海。瀬戸内や九州の海をいう。例今は西海の波の底に沈まば沈め〈平家・七・忠度都落〉❷「西海道」の略。例西は西海の博多の津、北は北山、佐渡の島〈義経記・五〉

さい-かい【斎戒】名『仏教語』飲食・動作を慎んで心身を清め、戒律を守ること。例王はとぢこめられて、日々に斎戒を受け〈沙石集・一〇本・二〉

さいかい-だう【西海道】(ドウ) 名 七道の一つ。今の九州地方と、そこに設置された駅路。古くは筑前・筑後・豊前・豊後・肥前・肥後・日向の七国と壱岐・対馬の二島であったが、その後、薩摩・大隅が分離して九国二島となる。江戸時代は、これに琉球を加えることがある。

ざい-がう【在郷】(ゴウ) 名 都会から離れた地方。在所。例大坂の者は、在郷の親類に田畠を買はせおきぬ〈西鶴・日本永代蔵・三・四〉

さい-かく【犀角】名 サイの角。飾りなどのほか、粉末にして解熱剤にも用いられた。例犀角をして疱瘡の山を上げ(=重い時期を通り越す)〈柳多留・七六〉

さい-かく【才覚】1名動(サ変)❶才知と学識。例江帥(=大江匡房)はいかなる才覚にてか申されけん〈徒然・一七九〉❷機転。工夫。算段。例又五郎男を師とするよりほかの才覚候はじ〈徒然・一〇二〉2形動(ナリ) 機知や機転にすぐれていること。例その身才覚にしてかせぎ出し〈西鶴・日本永代蔵・一・二〉

西鶴『人名』⇩井原西鶴

西鶴置土産『作品名』江戸時代の浮世草子。五巻五冊。井原西鶴作。北条団水編。元禄六年(一六九三)刊。第一遺稿集。西鶴病中の遺稿を、門人北条団水が追善の意をこめて刊行した。巻頭に肖像と辞世句、及び追善の発句をかかげる。一五の短編からなり、自序には、遊女遊びのあげくの果てに身を滅ぼした男たちのなれの果てを、もれなく集めて書いたとある。落ちぶれてもプライドを失わない男女の姿や、零落の人生をあるがままに生きる人の姿などが、人間をいとおしむ西鶴晩年の目を通して描かれている。

西鶴大矢数(サイカクオオヤカズ)『作品名』江戸時代の俳諧集。五冊。井原西鶴作。延宝九年(一六八一)刊。前年五月七日、大坂生玉社南坊で興行した一夜一日四千句独吟を収めたもの。従来の句数を更新し、得意の絶頂にいる俳諧師西鶴の姿を見ることができる。

西鶴織留『作品名』江戸時代の浮世草子。六巻六

冊。井原西鶴作。北条団水編。元禄七年（一六九四）刊。第二遺稿集。未完のままだった『本朝町人鑑』『世の人心』を合わせて一書としたもの。二三話からなる。『日本永代蔵』『世間胸算用』とともに、町人物の三部作といわれる。

西鶴諸国ばなし（さいかくしょこくばなし）《作品名》江戸時代の浮世草子。五巻五冊。井原西鶴作。貞享二年（一六八五）刊。三五話からなる短編集。畿内と江戸を中心に諸国の奇談を集めたもの。先行作品を下敷きにした話が多い。

さい-かん【才幹】 名 才能。技量。手腕。例天下の**才幹**穎敏（＝頭のよさ）を極む〈童子問・下〉

西行（さいぎょう）《人名》一一一八〜一一九〇（元永元〜文治六）。平安末期の歌人。父は佐藤康清。母は源清経の娘。俗名は義清。法名は円位。

●**生涯と詠歌** 鳥羽院の下北面武士であったが、保延六年（一一四〇）二十三歳で出家した。高野山を中心に修行生活を送り、奥州・中国・四国地方を旅した。修行・隠遁の生活や、旅の中で詠まれた歌が特徴的である。一方、都の歌人たちとも交流があり、題詠の歌も少なくない。晩年近く伊勢に移住。その後再び奥州へ旅立ち、このとき詠んだ「年たけてまた越ゆべしと思ひきや命なりけり佐夜の中山」（↓名歌246）「風になびく富士の煙の空に消えてゆくへも知らぬ我が思ひかな」などは彼の代表作。

旅の後、自歌合わせ（自分の歌のみで構成した歌合わせ）の『御裳濯河歌合』（俊成判）『宮河歌合』（定家判）を伊勢神宮に奉納した。かねて「願はくは花のしたにて春死なむそのきさらぎの望月のころ」〈山家集・上〉（↓名歌280）と詠んだ、その願いのとおり、文治六年二月十六日、満月の日に没した。

花（桜）と月をこよなく愛し、これらを詠んだ歌を数多く残した。また、意外にも恋の歌も少なくなく、百人一首にとられた「嘆けとて月やはものを思はするかこち顔なるわが涙かな」（↓名歌257）もその一つである。

勅撰集には『詞花和歌集』に「読み人しらず」として入ったのが最初。『新古今和歌集』の下命者後鳥羽院に「生得の歌人」「不可説の上手」〈後鳥羽院御口伝〉と賞賛され、同集には集中最多の九四首が入集。家集に『山家集』『聞書集』『残集』『西行法師家集』『山家心中集』がある。

●**伝説化** 西行に関する説話は、はやく鴨長明が編んだ『発心集』に現れる。鎌倉時代には彼の一生を描いた『西行物語』が作られた。そこには、出家を決意した際、情に流されないように我が娘を縁側から蹴落とした話などの虚構が交えられ、伝説化した西行の姿がある。また、説話集『撰集抄』は西行が述作した体裁をとっている（実際の作者は不明）。西行の伝説化は感動的な死の直後に始まったとみてよいだろう。〈佐藤明浩〉

さい-く【細工】 名 ❶手のこんだ飾り物や道具類を作る職人。また、その作られた物。例よき**細工**は、少しにぶき刀をつかふといふ〈徒然・二二九〉 ❷たくらみ。工夫。例この為盛の朝臣は、極めたる**細工**の風流ある者の（＝奇抜なたくらみを考え出す人で）〈今昔・二八・五〉

さい-ぐう【斎宮】 名 伊勢神宮に仕える未婚の皇族女性。また、その御所。伊勢下向に先立って、嵯峨の野の宮で潔斎する。例**斎宮**に立たせたまひし人の、仮に移ります野の宮なり（＝斎宮にお就きになった方が、一時的にお移りになる野の宮である）〈謡曲・野宮〉

語誌 ▼**斎宮の制度** 斎宮は古く崇神天皇の時代に始まると伝えられ、十四世紀の後醍醐天皇の時代まで続いた。天皇の即位ごとに交替するのが原則。のちに女御となって斎宮女御と呼ばれた徽子女王は三十六歌仙の一人。斎宮となった娘の内親王とともに伊勢に下り、『源氏物語』の六条御息所母娘のモデルとも目された。

▼**禁じられた愛ゆえの情熱** 物語に登場する斎宮として有名なのが、『伊勢物語』六九段の恬子内親王である。彼女は、「狩りの使ひ」として伊勢にやってきた都人と恋に落ちる。斎宮にとって男性との恋愛は、神を冒瀆する行為だが、この二人の愛情はそれを乗り越えるほど純粋で激しかった。

▼**野の宮** 『源氏物語』賢木巻では、娘の斎宮とともに野の宮に籠もっている六条御息所を、光源氏が訪問する。この巻のしめやかで崇高な趣きは、斎宮という神聖な存在がかもし出してもいるのである。

『徒然草』二四段は、「斎宮の、野の宮におはしますありさまこそ、やさしく面白き事のかぎりとは覚えしか（＝優雅で趣深いことのきわみと感じられた）」と述べて、その優美さを称賛する。〈島内景二〉

斎宮女御（さいぐうのにょうご）《人名》九二九〜九八五（延長七〜寛和元）。平安中期の歌人。醍醐天皇の孫。名は徽子。八年間伊勢の斎宮に在任、のち村上天皇の女御となる。和歌・音楽に長じ、当時の有力な文学サロンを形成した。家集に『斎宮女御集』。娘の規子内親王が斎宮に選ばれたときに伊勢に同行したことなどから、古来『源氏物語』の六条御息所のモデルともいわれる。

さいぐう-れう【斎宮寮】 ―リョウ 名 斎宮に関する事務をつかさどる役所。大宝元年（七〇一）に斎宮司を改めたもの。伊勢国（三重県）多気郡に置かれた。

ざい-くゎ【罪科】 ―カ 名 犯した罪・科。また、それに伴う処罰。例**罪科**もっとも（＝少しも）のがれがたし〈平家・一・殿上闇討〉

ざい-け【在家】 名 ❶《仏教語》僧にならず、普通の生活をしながら仏道修行を行うこと。また、その人や家。（僧を「出家」というのに対して）僧ではない一般の人。例この人**在家**なりし時も、衣食に乏しくして〈今昔・一二・三九〉 ❷（①から転じて）一般の民家。例白河の**在家**に火をかけて〈平家・四・永僉議〉

さい-ご【最後】 名 ❶物事の終わり。一番あと。例木曾殿の**最後**のいくさに〈平家・九・木曾最期〉 ❷「最期」とも書く。命の終わり。臨終。末期。例**最後**の時に臨みて…告げていはく「今生（＝この世）の対面、ただ今ばかりなり」〈今昔・一三・三〉 ❸（接続詞的に用いて）いったん〜したら、そのまま。〜したら最後。例西口の質屋へ持たしてやるが、置くと**最後**

に流れ（＝質流れ）の身〈浮世草子・好色万金丹・三・一〉

さい-こく【西国】 名「さいごく」とも。❶日本から見て西のほうの国。天竺（インド）をさしていうことが多い。例西国の聖釈迦牟尼仏の像なり〈三宝絵・中・一〉❷京都から見て西のほうの国々。中国・四国・九州地方。例平家みな滅びはてて、西国もしづまりぬ〈平家・一二・大地震〉❸特に、九州地方。例いかでこの西国・中国に下りてしがな（＝下りたいものだなあ）〈仮名草子・仁勢物語・下〉

ざい-こく【在国】 名 地方官や大名が、自分の任国・領国にいること。また、その国。例源経兼、下野守にて在国のとき〈十訓抄・一・四六〉

さいこく-さんじふさんしょ【西国三十三所】 名 畿内を中心に散在する三十三か所の観音の霊場。⇩さんじふさんしょ

さいこく-じゅんれい【西国巡礼】 名 西国三十三所を巡り、礼拝すること。また、その人。例一様に姿をかへて、西国順礼〈西鶴・武道伝来記・六・二〉

在五中将 《人名》⇩在原業平

ざい-ごふ【罪業】 名《仏教語》罪の行い。現世で苦しみを受ける原因となる行為。例前世の罪業を滅する事は、金剛般若経に過ぎたるはなし（＝まさるものはない）〈今昔・一四・三三〉

さい-さい【再再・細細】 副❶たびたび。再三。例さいさい違ひまするの〈虎寛本狂言・萩大名〉❷こまごま。詳しく。例正理を正しく申せば、細々に聞こしめされ〈保元・上〉

ざいざい-しょしょ【在在所所】 名 ここかしこ。あちこち。例都のほとりには、在々所々、同舎塔廟、一つとして全からず（＝無事ではない）〈方丈記〉

さいさう-らう【採桑老】 名 舞楽の曲名。盤渉調の曲で、桑に見立てた笹の葉をつけた帽子をかぶる老人が、鳩杖をついて歩行に苦しむさまをして舞う。

さい-し【妻子】 名 妻と子。家族。例老いたる親、小さき妻子の泣き悲しぶを〈宇津保・沖つ白波〉

さい-し【釵子】 名 平安時代、女房が礼装のときに用いた金属製のかんざし。⇩かみあげ（図）。例装束鮮やかなる下仕へ、釵子・元結ひして二十人出できて御前にまゐる〈宇津保・祭の使〉

さい-じ【歳次】 名〔歳星（木星）の次りの意。上代は「さいし」〕年回り。年の巡り。木星が十二年で天を一周すると考えられたことから、十二支で年数を記すときに添えて用いる。例霊亀元年、歳次乙卯の秋九月〈万葉・二・二三〇・題詞〉

さいじ-き【歳時記】 名❶一年の祭事や行事を記したもの。❷連歌や俳諧の季語を分類し、解説や例句を加えたもの。

さいし-く【彩色く】 動（カ四）〔名詞「さいしき（彩色）」の動詞化〕「さいすく」とも。いろどる。色をつける。例御顔は色々に彩色きたまて〈栄花・本の雫〉

読解「たまて」は「たまひて」に同じ。

さい-しゃう【宰相】 名❶古代の中国で、天子を補佐して政治を行う最高の官職。❷参議の唐名。例源氏の君、宰相になりたまひぬ〈源氏・紅葉賀〉

ざい-しゃう【罪障】 名《仏教語》成仏の障害となる悪い行い。例もろもろの事、みな罪障ならずといふ事なし〈今昔・一五・二八〉

ざい-しょ【在所】 名❶住んでいる所。居所。例在所を定めずして所々に修行しき〈今昔・一三・一〉❷国元。郷里。故郷。例これよりすぐに在所へ引きこみける〈黄表紙・金々先生栄花夢・下〉❸地方。田舎。例この在所の主にてござ候ふ〈謡曲・藍染川〉

さい-しょう【最勝】 名《仏教語》❶最もすぐれていること。例丈六の弥陀如来、光明最勝にして〈栄花・玉の台〉❷「金光明最勝王経」の略。

さいしょう-かう【最勝講】 名 陰暦五月に清涼殿で行われる法会。吉日の五日間の朝夕、東大寺・興福寺・延暦寺・園城寺などの高僧を召し、金光明最勝王経全十巻を一巻ずつ講じさせ、国家の平穏を祈願する。

さいしょうわう-ぎゃう【最勝王経】 名《仏教語》「金光明最勝王経」の略。

さいしょう-ゑ【最勝会】 名《仏教語》陰暦三月七日から七日間、薬師寺で金光明最勝王経を講じて国家平安を祈願する法会。

さい-じん【才人】 名 学才豊かな人。特に、漢詩文に巧みな人。例殿にも文（＝漢詩）作りしげく、博士・才人どもところえたり〈源氏・少女〉

さい-そ【最初】 名 一番初め。さいしょ。例したり顔なるもの 正月一日にさいそに鼻ひたる（＝くしゃみをした）人〈枕・したり顔なるもの〉

ざい-ぞく【在俗】 名《仏教語》「ざいけ①」に同じ。例若くして在俗なりける時〈今昔・二六・一八〉

西大寺 名 大和国、今の奈良市の寺。真言律宗の総本山。称徳天皇の勅願で天平神護元年（七六五）創建。奈良時代には東大寺と並ぶ大寺だったが、火災などで衰えた。南都七大寺の一つ。

さい-たん【歳旦】 名❶元日。正月一日。❷正月に、新年を祝って連歌・俳諧の発句などを詠むこと。また、その作品。例この梅は二月の気色（＝情趣）なり。去来（＝人名）いかに思ひ誤りて、歳旦の脇（＝二番目の句）には用ひける〈俳諧・去来抄・先師評〉

ざい-ち【在地】 名 住んでいる場所。現地。例在地の土民ら、昨日判官を舟に乗せて〈保元・中〉

ざい-ちゃう【在庁】 名「ざいちゃうくゎんにん」に同じ。

ざいちゃう-くゎんにん【在庁官人】 名 平安中期から鎌倉時代、諸国の国府で実務を担当した目代以下の役人。しだいに武士化した。

最澄 《人名》七六七～八二二（神護景雲元～弘仁一三）。平安初期の僧。日本天台宗の開祖。近江国（滋賀県）の人。諡号は伝教大師。比叡山で修行の後、空海らと遣唐使に随行し、翌年帰国して天台宗を広めた。延暦七年（七八八）比叡山寺（延暦寺）を建立。『山家学生式』を奏進して大乗戒壇設立を懇願したが、旧仏教の反対が強く、死の七日後に勅許が下りた。主著に『顕戒論』がある。

さい-つ-ころ【先つ頃】 名〔「さきつころ」のイ音便形。「つ」は「の」の意の上代の格助詞〕先日。せんだって。例先つころ、（明石二）まかり下りてはべり

しついでに（＝下向しましたときに）〈源氏・若紫〉

さい-で【裂帛】 名〔「さきで（裂出）」のイ音便形〕布の切れ端。例さいでの、押しへされて草子の中などにありける〈枕・すぎにしかた恋しきもの〉

さい-てん【西天】 名❶西の空。例それ仏日西天の雲に隠れ〈謡曲・弱法師〉❷日本から見て西のほうの地。特に、仏教発祥の地としての天竺。西天竺。例当時西天に生身の如来出世したまひて〈平家・一〇・高野御幸〉

さい-てん【采椽】 名山から切り取った木をそのまま使った垂木。例茅茨切らず（＝屋根を葺いた茅を切りそろえず）、采椽けづらず〈平家・五・都遷〉

さい-ど【済度】 名動（サ変）『仏教語』〔「済」は救済、「度」は彼岸へ渡す意〕迷いの世界にいる人間を救い、彼岸に渡すこと。例三界六道の衆生をあまねく（＝残らず）済度したまへ〈平家・三・灯炉之沙汰〉

さい-とう【柴灯・斎灯】 名神仏の前で柴をたくこと。また、そのかがり火。例斎灯の火に、御正体の鏡十二所各光を輝きて〈梁塵秘抄口伝集・一〇〉

さいな・む【嘖む・苛む】 動（マ四）〔「さきなむ」のイ音便形〕しかる。責める。とがめる。例馬の命婦をもさいなみて「乳母かへてん。いとうしろめたし」と仰せらるれば〈枕・うへにさぶらふ御猫は〉

さい-にち【斎日】 名『仏教語』在家の信者が心身を清める日。毎月、八・十四・十五・二十三・二十九・三十日で、これを「六斎日」という。例母、斎日に当たりて飯を炊かず〈霊異記・上・二四〉

さい-の-かはら【賽の河原】カワラ 名『仏教語』冥途にあるとされる河原。子どもの亡者が父母供養のため小石を積んで塔を作ろうとすると、鬼が来て壊すが、地蔵菩薩が現れて救うという。

さい-の-かみ【塞の神・道祖神】 名「さへのかみ」の変化した形。

さい-はい【采配】 名❶戦場で、大将が兵士を指揮するためにうち振るもの。厚紙を細く切って房を作り、柄をつける。例さすが以前は御家中の物頭、采配まで御許され〈近松・丹波与作待夜の小室節・下〉❷指図。指揮。例我が采配に付き随ひ、未練の働きいたすな〈浄瑠璃・近江源氏先陣館・七〉

さい-はう【西方】ホウ 名❶西のほう。例（藤ノ花房ガ）紫雲のごとくして西方に匂ふ〈方丈記〉❷『仏教語』「西方浄土」の略。例かならずまさに同じく西方に往生せむ〈霊異記・中・三〉語誌 ①の場合にも、②の意が含まれていることが多い。

さいはう-じゃうど【西方浄土】サイホウジョウド 名『仏教語』この娑婆世界の西方、十万億土のかなたにあるとされる極楽浄土。阿弥陀如来の住む世界。例日の入りたまふところは西方浄土にてあんなり（＝あると聞く）〈平家・一・祇王〉

さい-はて【最果て】 名「さいはち」とも。最もあと。最終。例最はての門には、金の女、金の床に座して〈今昔・三・二四〉

さいはひ

【幸ひ】サイワイ 1名形動（ナリ）〔「さきはひ」のイ音便形〕❶幸運。よい運勢。例身さいはひあらば、この雨は降らじ（＝我が身に幸運があるならば、この雨は降らないだろう）〈伊勢・一〇七〉❷幸福。幸せ。例御幸ひ同じはらからと見えたまはず（＝御幸福は同じ姉妹とはお見えにならない）〈栄花・初花〉読解 東宮妃となった姉と、夫に顧みられない妹の対比。2副運よく。折よく。例（イタダイタ菊ノ花ハ）幸ひ、客がござって馳走に生けましてござる（＝折よく、お客がございましてもてなしに生けましてございます）〈虎寛本狂言・布施無経〉

〈鈴木宏子〉

さいはひ-びと【幸ひ人】サイワイー 名幸運な人。幸せな人。特に、高貴な人の寵愛を一身に受けている女性。例生けるかひありつる幸ひ人の光うしなふ日にて、雨はそぼ降るなりけり〈源氏・若菜下〉

さい-ばり【前張】 名神楽歌の曲種の一つ。宮廷の御神楽の祭りの三部構成、神降ろし・神遊び・神送りの真ん中にあたる。民謡風の恋歌や笑いを伴う歌を含み、繰り返し・掛けあいを多用。短歌形式を基調とした大前張と不定形の小前張とがあり、後者は民謡的な傾向がより強い。

ざい-はん【在判】 1名古文書の写しなどで、原本に花押や捺印があることを示す語。2名動（サ変）花押を書くこと。また、捺印すること。例俊寛が許し文（＝罪を許す旨を記した文書）能登守教経と、在判して渡さるる〈近松・平家女護島・二〉

さい-まく・る 動（ラ四）〔「さきまくる」のイ音便形〕「さいまぐる」とも。でしゃばる。先走りする。例物語するに（＝話をすると）、さし出でして我ひとりさいまくる者〈枕・にくきもの〉

さい-まつ【割松】 名〔「さきまつ」のイ音便形〕「たいまつ」に同じ。例昼間に見えて、御さいまつといふほどにぞ帰る〈蜻蛉・下〉

在民部卿家歌合ザイミンブキョウケノウタアワセ『作品名』平安前期の歌合わせ。一巻。元慶八年（八八四）から仁和三年（八八七）の間に成立。判者・詠者は不詳。主催者は民部卿だった在原行平。郭公題一〇番・恋題二番の二四首からなる。現存最古の歌合わせ。

さい-めん【西面】 名❶西に面していること。西向き。❷「西面の武士」の略。例西音法師は、昔後鳥羽院の西面に、平時実とて、幼くより候ひ

催馬楽さいばら 歌謡の一つ。風俗歌（地方の民謡）などを唐楽風旋律の雅楽の曲調にあてはめたもの。笏で拍子をとり、伴奏に箏・琵琶・笙・篳篥などを用いる。平安初期から歌われた。

九世紀初頭の嵯峨天皇のころから多くの民謡などが催馬楽として集められ、醍醐朝（八九七～九三〇）ごろに大成したらしい。宮廷貴族社会の音楽歌謡として、母屋の大饗・廂の大饗・臨時客などの饗宴のほか、貴族邸の宴席、寺の法会でも歌われた。『源氏物語』では物語場面で歌われるほか、「梅枝」「竹河」「総角」「東屋」などの曲が巻名にもなっている。

〈馬場光子〉

し者なり(＝お仕えした者である)〈著聞集・五・二三〉

さいめん-の-ぶし【西面の武士】 名 院の御所の西面に詰めて、警護にあたる武士。後鳥羽上皇のときに、「北面の武士」に加えて新設された。承久の乱ののち廃止。

さい-もん【祭文】 名 ❶祭りのとき、神仏に告げる言葉。例ことばなめげなるもの(＝無礼なもの)、宮のべの(＝宮咩の祭りの)祭文を読む人〈枕・ことばなめげなるもの〉 ❷①が信仰を離れて芸能となった語り物。江戸時代には、世俗のあれこれを三味線にのせておもしろく語る歌祭文が流行した。

さい-りゃう【宰領】 名 ❶荷物の運送のときに、人馬の指揮・監督にあたること。また、その人。例大坂辺りのなにがしが手代にて、商ひ物の宰領となり〈仮名草子・東海道名所記・一〉 ❷多人数で旅をしたりするとき、その世話や監督をすること。また、その人。例この宰領に頼まれて、よろづの世話をなしけるが〈人情本・春色辰巳園・四・一三〉

さいわい『幸い』 ⇨さいはひ

さい-わう【斎王】 名 伊勢の斎宮と賀茂の斎院の称。例伊勢に斎王おはしまさで、年経にけり〈山家集・下・詞書〉

さい-ゐん【斎院】 名 賀茂神社に仕える未婚の皇族女性。また、その御所。例斎院もおりゐたまひて、后腹の女三の宮ゐたまひぬ(＝斎院も職を退きなさって、皇太后から生まれた女三の宮がお就きになった)〈源氏・葵〉

読解 桐壺帝の退位に伴って、斎院が交替した。

語誌 ▼斎院の制度　斎院は九世紀嵯峨天皇の時代に始まり、十三世紀初頭の後鳥羽天皇の時代まで続く。天皇の即位ごとに交替するのが原則だが、十世紀後半から五代五十余年にわたって斎院を務め、大斎院と呼ばれた選子内親王のような例もある。『百人一首』で有名な式子内親王も斎院を務めている。

▼高貴で優雅な雰囲気　斎院に仕える女性たちは教養のある人が選ばれた。また、その御所が都の中に置かれたこともあって、官人などが出入りすることも比較的多かったらしい。こうした環境から、斎院の周辺には独特の文化的サロンが形成されることが多かった。『紫式部日記』に、斎院のあまりにも優雅な様子を批判する箇所があるが、その前提には、斎院＝雅びの中心、という固定観念がある。この批判は先にあげた選子周辺へのものだが、世俗の権力・愛憎が集中する中宮と、文化サロンを特色とする斎院との違いを鮮明に示してもいる。

▼朝顔の斎院　物語に登場する斎院の代表が、『源氏物語』の朝顔の斎院である。在位中には、神に禁じられた光源氏の恋の対象であり、退位後には結婚可能でありながら自分の意志で光源氏を拒否し続ける。男性主人公の手の届かない高貴で神聖な女性として、斎院のイメージが活用されている。〈島内景二〉

さう【姓】 名「しゃう(姓)」に同じ。例三春といふさうを給はりて〈宇津保・藤原の君〉

さう【相】 名 ❶姿。様子。例降魔の相を出だして、つと見たてまつりたれば(＝じっとにらみ申し上げたところ)〈源氏・東屋〉 読解「降魔の相」は不動明王などが悪魔を降伏させるときに見せる恐ろしい顔つき。 ❷外面に現れた運命。人相・家相など。例国の親となりて、帝王の上なき位にのぼるべき相おはします人の(＝天皇となって、帝王という最高の位にのぼるにちがいない人相がおありになる方で)〈源氏・桐壺〉

語誌 ①には死相を意味する用例もあるので、本来は非日常的な姿・様子をいうと考えられる。〈高田祐彦〉

さう【草】 名 ❶「草仮名」の略。例(唐ノ紙ニ)草書きたまへる、すぐれてめでたしと〈源氏・梅枝〉 ❷草書。例草の手(＝文字)に、仮名の所々に書きまぜて〈源氏・絵合〉 ❸下書き。草案。例常在光院のつき鐘の銘は、在兼卿の草なり〈徒然・二三八〉

さう【荘・庄】 名「しゃう(荘・庄)」に同じ。例さうの人召して、あるべからむやうにものしたまへ(＝適当にお言いつけください)〈源氏・宿木〉

さう【笙】 名「しゃう(笙)」に同じ。

さう【箏】 名 弦楽器の一つ。十三弦の琴で、柱を立てて調弦し、爪をはめて演奏する。奈良時代に中国から渡来した。箏の琴。⇨こと(図)。例かの人々の箏・琵琶の音も合はせて、女楽試みさせむ〈源氏・若菜下〉

さ-う【左右】 名 ❶左と右。左右。転じて、そば。例山の左右より、月日の光さやかにさし出でて(＝山の左右から、月と太陽の光がはっきりとさし出て)〈源氏・若菜上〉 ❷あれこれ言うこと。とやかく言うこと。例人がらも左右に及ばぬ上、和漢ともにほかの人よりまさり(＝和学・漢学ともにほかの人にすぐれ)〈古活字本保元・上〉 読解「人がらも左右に及ばず」は、人格的にあれこれ言われるような難点がない意。 ❸あれこれの指図。指示。例刀の実否について、咎の左右あるべきか(＝本物の刀かどうかによって、罪状についての指図があるところではないか)〈平家・一・殿上闇討〉 ❹様子。なりゆき。決着。例軍の左右をまつ(＝戦いのなりゆきをうかがう)〈平治・中〉 ❺知らせ。便り。例その左右を今や今やと待ちけるところに(＝その知らせを今か今かと待っていたところに)〈太平記・八〉

語誌 ▼「さう」と「さいう」　「左右」は元来呉音の「さう」であったが、①の意ではのちに漢音の「さいう」が用いられるようになった。〈玉村禎郎〉

さう【候】 【「さうらふ」の変化した形】 1 動(特殊型)「あり」の丁寧語。あります。ございます。例おぼしめさるる事のさうは(＝ございましたら)〈幸若・しづか〉 2 補動(特殊型)(活用語の連用形、またはそれに接続助詞「て」のついた形について)丁寧の意を表す。～ます。～(で)ございます。例(馬ノ)腹帯ののびて見えさうぞ(＝腹帯がゆるんで見えます)〈平家・九・宇治川先陣〉 語誌 ▼中世に用いられた。2の用法が多い。▼活用形は、さう／さう／さう／さう／さうへ／さうへ、とされる。

ざう【候】 【「ざうらふ」の変化した形】 ～です。例人買ひと申しつるは、その舟漕ぐ櫂の事候よ〈謡

曲・自然居士〉

さう‐あん【草庵】｜名 草葺きの家。粗末な家。中世は、隠者の住まいの意に用いることが多い。例今**草庵**を愛するも、閑寂に著するも(＝静かな生活に愛着するのも)〈方丈記〉

草庵集《作品名》南北朝時代の家集。正編一〇巻・続編五巻。頓阿作。正編は延文四年(一三五九)ごろ、続編は貞治五年(一三六六)ごろの成立。正編は約一四五〇首、続編は約六五〇首を収める。二条派の典型として尊重された。

さう‐か【早歌】｜名 鎌倉中期ごろから歌い出された、中世歌謡の一種。先行歌謡に比べてやや早いテンポで、一字一音を基本として歌われた七五調の長編歌謡。鎌倉在住の僧明空が大部分を創作。南北朝時代から室町時代には上流武士を中心に歌われ、大道芸人の早歌うたいも現れたが、やがて衰微する。「宴曲」とも。

さう‐が【唱歌】｜名動(サ変)「しゃうが(唱歌)」に同じ。

さう‐かい【草鞋】｜名❶「さふかい」に同じ。例(天皇ハ)はじめは御**草鞋**を奉りけれど(＝お履きだったが)〈増鏡・老のなみ〉❷わらじ。「さうあい」とも。例沓片足、**草鞋**片足、踵(＝かかと)をば端に履きて〈宇津保・あて宮〉

さう‐かう【糟糠】｜名❶酒糟と糠。粗末な食べ物や貧しい生活のたとえ。例**糟糠**も腹にみつれば、八珍(＝種々の珍味)をかへり見ず〈談義本・根無草後編・三〉❷価値のないもの。取るに足りないつまらないもの。例そもそも清盛入道は平氏の**糟糠**、武家の塵芥なり〈平家・四・南都牒状〉

【糟糠の妻】 貧しい生活をともに過ごし、苦労を分かちあってきた妻。例貧賤の知人を忘るべからず、**糟糠の妻**を堂より下すべからず〈沙石集・三・二〉

さう‐がう【相好】｜名❶《仏教語》(仏身の「三十二相八十種好」から)仏身の各部に備わっているすぐれた特質。例慈悲の**相好**は眼にあり〈栄花・玉の台〉❷顔つき。容貌。表情。例暗がりといひ(＝暗がりのうえ)**相好**は変はれども〈歌舞伎・幼稚子敵討・四〉

さう‐かく【騒客】｜名(「騒」は漢詩の一体)詩人。風流人。例明月に乗じ山野吟歩しはべるに(＝句を作りながら歩いていますと)、岩頭また一人の**騒客**を見付けたる〈俳諧・去来抄・先師評〉

さう‐がち【草勝ち】｜名形動(ナリ)平仮名の中にまぜて草仮名が多く交じっていること。例**草がち**にうちまぜ乱れたるも、人のほどにつけては(＝その人の身分にしては)をかし〈源氏・少女〉

さう‐がな【草仮名】｜名 仮名字体の一種。万葉仮名の草書体をさらにくずした字体。例人の**草仮名**書きたる草子など取り出でて御覧ず〈枕・宮にはじめてまゐりたるころ〉

ざう‐がん【象眼・象嵌】｜名❶衣類などの模様を、金銀泥や色糸などで細く縁取って際立たせる技法。例地摺りの唐の薄物に、**象眼**重ねたる御裳も〈枕・関白殿、二月二十一日に〉読解「地摺り」は白地に藍で模様を摺り出すこと。その模様に金銀泥の縁取りが施されている。❷金属や木などの面に、模様を刻んではめこむ工芸の技法。

ざう‐くゎ【造化】｜名❶万物を創造し、育てる神。造物主。例**造化**の天工(＝偉大な仕事)、いづれの人か筆をふるひ、詞を尽くさむ〈芭蕉・奥の細道〉❷天地。自然。宇宙。例**造化**にしたがひて四時(＝四季)を友とす〈芭蕉・笈の小文〉

さう‐くゎん【佐官・主典】｜名「さくわん」に同じ。

ざう‐げん【讒言】｜名動(サ変)「ざんげん」の変化した形。例かの御ことに違ふ者をばつめたて(＝退けて)、**ざうげんし**〈枕・かしこきものは〉

さう‐こく【相剋】｜名 五行説で、五行相互の関係を示す原理の一つ。木は土に、土は水に、水は火に、火は金に、金は木にうち剋つという関係。「相生」と対になる原理。⇨ごぎゃう(五行)

草根集《作品名》室町時代の家集。一五巻。正徹作。門人の正広が編集。室町中期の成立。正徹後半生の歌が中心。二系統の本が伝わるが、歌数はともに約一一〇〇〇首。

ざう‐さ【造作】｜「雑作」とも書く。❶名動(サ変)《仏教語》意識して作り出すこと。❷名❶めんどう。やっかい。例この文を人雇ひしてやるも**造作**のかかる事〈浮世草子・好色万金丹・三・一〉❷もてなし。ごちそう。例当正月には**造作**の上、貴殿が世話に〈近松・山崎与次兵衛寿の門松・下〉

さうざう・し 形(シク)(「さくさくし」の変化した形で、「さくさく」は「索々」あるいは「寂々」か)**あるはずの物事がなくて、もの足りない感じがする。満たされない。心を楽しませるものがなくて寂しい。**例ⓐ神事なども止まりて**さうざうしき**に(＝神事なども中止になってもの足りないので)〈源氏・朝顔〉例ⓑよろづにいみじくとも、色好まざらん男は、いと**さうざうしく**(＝すべてのことにすぐれていても、恋愛の情趣がわからないような男は、たいそうもの足りなく)〈徒然・三〉

語誌▼類義語「さびし」が環境の状態のほうに重きが置かれるのに対して、「さうざうし」は、満たされない心の状態をいう。また「つれづれ」も主観的な語だが、そちらは、することがなくて暇で孤独な感じがすることを表す。〈池田節子〉

ざう‐さく【造作】｜名動(サ変)❶建築すること。家のつくり。例**造作**は、用なき所をつくりたる、見るもおもしろく〈徒然・五五〉❷家の中に建て具や調度品などを取り付けること。また、その取り付けた物の総称。例**造作**とか戸棚とかを買ってしまひますよ〈人情本・春色梅児誉美・後・七〉

さう‐し【冊子・草子・草紙・双紙】｜名(「さくし(冊子)」のウ音便形か)❶**紙を糸でとじ合わせた本。**例御前には御**冊子**作りいとなませたまふとて(＝中宮様においては御本をお作りになるというので)〈紫式部日記〉❷**仮名文で書かれた書物。**物語・日記・歌書など。例仮名のよろづの**草子**の学問心に入れたまはん人は(＝仮名で書かれたさまざまな書物の学問に熱心でいらっしゃる人は)〈源氏・初音〉❸**草稿。書き散らした文章。**例この**草子**を、人の見るべきものと思はざりしかば(＝この草稿を、人が見るはずのものだと思わなかったので)〈枕・とり所なきもの〉❹絵入りの読み物・小説類の総称。御伽草子・草双紙など。例関の小まんも、草紙にある絵で見たよりはよい女房(＝読み物に載っている絵で見たのより美しい女房)〈近松・丹波与作待夜の小室節・下〉

語誌 ①が本来の意で、文章が記してあるものにもないものにもいう。ついで仮名で記された書物全般をさすようになった。これは、漢字で記す公的な書物が、通常、巻子本(「巻き物」)の体裁をとったことに対応している。平安時代には、料紙・とじ糸・書体などに多く意匠が凝らされ、草子合わせ(左右に分かれて草子の美しさの優劣を競う遊戯)なども行われた。〈渡部泰明〉

荘子 ソウシ 名 ❶《人名》生没年未詳。中国の戦国時代の思想家。宋の人。名は周。道家に属し、老子の思想を継承・発展させ、「老荘」と並び称される。❷《作品名》荘周の著とされる書物。教訓的な話を寓話的手法で語る。現存本は三三編、内・外・雑の三部に分かれる。語誌 儒家の曾子との混同を避け、①②とも「そうじ」と読むことが多い。

さう-じ【障子】 ソウ― 名「しゃうじ(障子)」に同じ。

さう-じ【精進】 ソウ― 名動(サ変)〔「さうじん」の撥音の表記されない形〕「しゃうじん(精進)」に同じ。例さうじにて日を経るけにや〈源氏・葵〉

ざうし【曹司】 ゾウ― 名 ❶宮中や役所に置かれた官人の宿所。例大将は衛府の御曹司にぞおはしける(＝大将は近衛府の宿泊所にいらっしゃった)〈源氏・真木柱〉❷大学寮などの学問所。❸貴族の邸内に設置された個人用の部屋。例この御方のつづきなる廂二間曹司には得たりければ(＝このお部屋の続きの廂の間の二間を自分の部屋としてもらっていたので)〈落窪・一〉読解 姫君の侍女の私室。❹貴族や武家の子弟で、まだ独立せずに部屋住みしている人。⇒おんざうし〈藤本勝義〉

さうし-あはせ【草紙合はせ】 ソウシアワセ 名 物合わせの一つ。草紙の装丁などの優劣を競う遊戯。例従二位藤原親子の家の草紙合はせに〈金葉・冬・詞書〉

さうじ-ぐち【障子口】 ソウジ― 名 障子の立ててある出入り口。例この障子口にまろは寝たらむ。風吹き通せ〈源氏・空蝉〉

ざうし-ずみ【曹司住み】 ゾウシ― 名 貴族の邸内で独立せず一部屋もらって住むこと。また、部屋住みの人。例四郎君といひて、曹司住みにてぞありける時に〈今昔・二八・三四〉

さうじみ【正身】 ソウ― 名〔「しゃうじん(正身)」の変化した形〕当人。本人。例父大将に請ひ、正身に請ふに、女も大将も今にうけひかず(＝父親の大将に願い、本人に願うが、女君も大将も今に至るまで結婚を承知せず)〈宇津保・藤原の君〉読解 この「正身」は「女」をさす。

語誌 まさしくその人、と本人をとりたててさし示す語。したがって、ある人物の、他人や周囲とは異なる内面を強調する働きもある。〈白石佳和〉

さう-じゃ【相者】 ソウ― 名「さうにん」に同じ。例明雲座主(＝人名)、相者に逢ひたまひて〈徒然・一四六〉

さう-じゃう【相生】 ソウジョウ 名動(サ変) 五行説で、五つの相互関係を示す原理の一つ。五つは相互に運行し、一つが他の一つを生じるという関係。木は火を、火は土を、土は金を、金は水を、水は木を生じるとされる。⇒さうこく

さう-じょう【相承】 ソウ― 名動(サ変)「さうしょう」とも。次々と受け継いでいくこと。例琉球二顆の珠は、天孫氏より相承して〈読本・弓張月・続・三七〉

さう-じん【精進】 ソウ― 名動(サ変)「しゃうじん(精進)」に同じ。例御さうじんにて、明け暮れ行ひておはす〈源氏・須磨〉

さう・す【相す】 ソウス 動(サ変) 人相・家相・手相などを占う。例頼朝を相したまひしやうに(コノ子ノ人相ヲ)見たまふところありて〈源平盛衰記・四七〉

さう・す【草す】 ソウス 動(サ変) 草稿を作る。下書きする。例法皇御宸筆(＝御直筆)の告文あり。参議式部大輔俊綱卿ぞ草しける〈源平盛衰記・四一〉

さう・す【左右す】 ソウス 動(サ変)〔名詞「さう」の動詞化〕あれこれ手配する。とやかく指図する。例髪上げなどさうして、髪上げさせ、裳着す〈竹取〉

さう・ず【請ず】 ソウズ 動(サ変)「しゃうず」に同じ。

さう-ず【候ず】 ソウ― 〔動詞「さう(候)」の未然形＋打消の助動詞「ず」〕ございません。ありません。例いやいや、これまでは思ひもよりさうず(＝そこまでは思いもよりません)〈平家・二・烽火之沙汰〉

さう-ず【候ず】 ソウ― 〔動詞「さう(候)」の未然形＋推量の助動詞「うず」＝「さううず」の変化した形〕ございましょう。ありましょう。例ほう、さもさうず、さもあらん〈浄瑠璃・義経千本桜・三〉

ざう-す【蔵主】 ゾウ― 名《仏教語》❶禅寺で、経蔵を管理する僧。❷僧の位の一つ。沙弥の上位、首座の次位。また転じて、出家者一般。例自休蔵主とかいふ僧、江島にて作りし詩〈折たく柴の記・上〉

ざうず-め・く【上衆めく】 ゾウズ― 動(カ四)「じゃうずめく」に同じ。例上臈・中臈のほどぞ、あまりひき入りざうずめきてのみ侍るめる〈紫式部日記〉

さう-せい【蒼生】 ソウ― 名 人民。人々。万民。⇒あをひとくさ。例蒼生を利せむがために〈平家・七・願書〉

さう-ぜん【生前】 ソウ― 名「しゃうぜん」に同じ。

さう-そう【葬送】 ソウ― 名 死者を墓所まで送ること。また、その儀式。例御葬送の事は、殿に事のよしも申させたまひて、日定められ〈源氏・蜻蛉〉

さうぞき-た・つ【装束きたつ】 ソウゾキ― ❶動(タ四) 装い飾る。美しく装う。例装束きたちてあるに、明けはて、日もさし出でぬ〈枕・関白殿、二月二十一日に〉❷動(タ下二) 装い飾らせる。例殿上童の、さうぞきたてられてありく〈枕・うつくしきもの〉

さうぞき-わ・く【装束き分く】 ソウゾキ― 動(カ下二) それぞれを区別するため、色や模様の異なる衣服を着ける。例みなつくりあはせて(＝同じに仕立てて)、様変へて装束きわけたり〈源氏・澪標〉

さうぞく【装束】 ソウ― 名動(サ変)「しゃうぞく」とも。❶衣装。また、衣裳を身に着けること。身なりを整えること。例

さしつどひて、かの日の**装束**・扇などのことをいひあへるもあり(＝寄り集まって、その日の衣装や扇などのことを相談している人もいる)〈枕・関白殿、二月二十一日に〉

❷**準備すること。飾り立てること。**調度類・乗り物・楽器などにいう。例明日の御遊びのうち馴らしに、御琴どもの**装束**などして(＝明日の管弦の御遊びの試演に、御琴などの準備などをして)〈源氏・梅枝〉

語誌▼**装束の描写**　平安時代の作品の装束描写は、女性についてては公的場面・私的場面とも描写が多いのに比べ、男性についてては公的な束帯や衣冠姿などへの言及は少なく、私的な直衣指貫姿の描写のほうが多い。女性の場合も、『源氏物語』のような虚構の作品では私的服装の描写に見るべきものが多く、『枕草子』『紫式部日記』のような宮廷日記の類では公的服装に多く関心が寄せられている。

▼**『源氏物語』の装束描写**　特に『源氏物語』では、装束はそれを着る人の容貌や雰囲気、さらには美的センスなどとも密接に関連するものとされている。たとえば玉鬘巻に光源氏が女性たちに正月の装束を贈る場面がある。紫の上は「着たまはん人の御容貌に思ひよそへつつ奉れたまへかし(＝考え合わせて差し上げなさいませ)」と言いながら、他の女性たちにどんな装束が贈られようとするのかを真剣に見つめる。ライバルともいうべき女性たちがどんな人か、また彼女たちを源氏がどう見ているかをつきとめようとするのである。〈藤本宗利〉

さうぞ・く【装束く】動(カ四) ❶**衣服を身に着ける。装う。**例(ソノ侍女ハ)いと清げに**さうぞきて**(＝たいそうすっきりと美しく装って)〈落窪・一〉

❷**支度する。装備する。**例唐めいたる舟造らせたまひける、急ぎ**さうぞかせ**たまひて(＝中国風の船をお造らせになったのを、急いで整備させなさって)〈源氏・胡蝶〉

語誌　名詞「さうぞく(装束)」を四段活用の終止形とみなし、動詞化した語。〈藤本宗利〉

さう-そつ【倉卒・早卒】形動(ナリ) にわかなさま。急で落ち着かないさま。例今日は越前の国へと、心早卒にして堂下に下るを〈芭蕉・奥の細道〉

さう-だう【草堂】名 草葺きの家。粗末な家。小寺にもいう。例すなはち**草堂**を芭蕉庵と名づけ〈芭蕉庵再興記〉

さう-てう【双調】名 ❶雅楽の十二律の第六音。❷雅楽の六調子の一つ。①を基本とする調子。

さう-でん【相伝】名動(サ変) 大事な物事を次々に受け継ぎ伝えること。例御**相伝**、浮ける(＝いいかげんな)事には侍らじなれども〈徒然・八八〉

さうでん-ふだい【相伝譜代】名 先祖代々その主家に仕えること。また、その家臣。例**相伝譜代**のよしみ、年ごろ日ごろ、重恩いかでか忘るべきなれば(＝どうしても忘れられないので)〈平家・七・福原落〉

さうとう-しゅう【曹洞宗】名 禅宗の宗派の一つ。中国宋代の禅僧、洞山良价とその弟子曹山本寂を始祖とし、日本では、鎌倉時代に宋に渡った道元が、安貞元年(一二二七)帰国後、曹洞禅を広めたことに始まる。福井県の永平寺、神奈川県の総持寺が総本山。

さうど・く【騒動く】動(カ四)〔名詞「さうどう」の動詞化〕騒ぎ立てる。陽気にはしゃぐ。例水飯などとりどりに**さうどき**つつ食ふ〈源氏・常夏〉

さうな 助動(特殊型) 推定・伝聞の意を表す。～らしい。～そうだ。例翁は二度見たが、三度は見る事のならぬ事ぢゃ**さうな**〈胆大小心録〉

接続▶活用語の連体形につく。

活用▶○／さうに／さうな／さうな／さうなれ／○

さう-な・し【双無し】形(ク) ⇩さうなし(左右無し)

さう-な・し【左右無し】形(ク)〔名詞「さう」＋形容詞「なし」〕❶**いずれとも決まらない。決着しない。**例この事左右なくてやまむ、いとわろかるべし(＝この事が決着しないで終わるのは、たいそうよくないにちがいない)〈能因本枕・清涼殿の丑寅の隅の〉

❷**あれこれ言うまでもない。**例今は**さうなし**。これへ参るべきなり(＝私のところに参上するのがよいのだ)〈宇治拾遺・七七〉

❸**並ぶものがない。この上なくすぐれている。**例園の別当入道は、**さうなき**庖丁者なり(＝園の別当入道は、並ぶものがない料理の名人である)〈徒然・二三一〉

❹**あれこれ考えない。ためらいがない。**例まことによき大刀にてありければ…**左右無く差し替へてけり**(＝ほんとうによい大刀であったので…ためらわずに交換してしまった)〈今昔・二九・二三〉〈玉村禎郎〉

さう-にん【相人】名 人相などを占う人。例高麗人の参れる中に、かしこき(＝すぐれた)**相人**ありけるを聞こしめして〈源氏・桐壺〉

さう-の-こと【箏の琴】名「さう(箏)」に同じ。

さう-の-ふえ【笙の笛】名「しゃう(笙)」に同じ。

さう-び【薔薇】名 ❶植物の名。バラ属の植物の総称。例昔覚ゆる花橘・撫子・**薔薇**・くたになどやうの花のくさぐさを〈源氏・少女〉❷襲の色目の名。表は紅、裏は紫。夏に着用。

さう-ぶ【菖蒲】名「しゃうぶ」に同じ。例**さうぶ**・蓬などのかをりあひたる、いみじうをかし〈枕・節は五月にしく月はなし〉

さうぶ-の-こし【菖蒲の輿】陰暦五月五日の端午の節句に用いる菖蒲を宮中に運ぶ輿。例**さうぶの輿**など持てまゐり、薬玉まゐらせなどす(＝献上したりする)〈枕・三条の宮におはしますころ〉

さうぶ-の-さしぐし【菖蒲の挿し櫛】菖蒲で飾った櫛。陰暦五月五日の端午の節句に挿す。例御節供まゐり(＝差し上げ)、若き人々**さうぶのさしぐし**さし〈枕・節は五月にしく月はなし〉

さうふれん【相府蓮・想夫恋】名「さうぶれん」とも。雅楽の曲名。平調の唐楽。中国の晋の王倹が蓮を植えて楽しんだという曲だが、日本では夫を想う恋の曲と解された。例楽はなんぞとききければ、夫を想うて恋ふとよむ**想夫恋**といふ楽なり〈平家・六・小督〉

ざう-ほふ【像法】名『仏教語』釈迦の入滅後の

仏教の変遷するさまを、正法・像法・末法の三つの時期に分けたものの一つ。正法の次の千年間(一説に五百年間とも)をさし、教法は存在し、修行も行われるが、悟り(証)がなく、信仰が形式化し、内容が失われつつあるとされる期間。例涅槃に入りたまひてのち、像法の中に王ありき〈今昔・三・一九〉

さう-まき【鞘巻・左右巻】 ― 名「さやまき」に同じ。

さう-もん【相聞】 ― 名〔消息を尋ねあう意が原義〕雑歌・挽歌と並ぶ、『万葉集』の三大部立の一つ。男女の恋の思いを表現したものが主。相聞歌。

さう-もん【桑門】 ― 名《仏教語》僧。世捨て人。例すみやかに桑門の姿とならん〈太平記・二三〉

さうらは-んずらん【候はんずらん】 ―〔動詞「さうらふ」の未然形＋推量の助動詞「んず(むず)」＋推量の助動詞「らん(らむ)」〕ございましょう。～でしょう。例その時定めて行幸(＝天皇のお出まし)他所へなり候はんずらん〈保元・上〉

さうら・ふ

【候ふ】〔「さぶらふ」の変化した形〕[1]動(八四)❶「あり」「居り」などの謙譲語。おそばにお控えする。伺候する。例御前に人一人も候はざらんが、無下にうたてしう覚え候ふ(＝御前に主だった家来が一人も伺候しておりませんことが、非常に残念に思われます)〈平家・四・信連〉

❷「あり」「居り」などの丁寧語。あります。ございます。例(私ノ)命にかはらんと契りたる侍ども少々候ふらん(＝身代わりになろうと約束した侍たちが少しございます)〈平家・二・烽火之沙汰〉

[2]補動(八四)(活用語の連用形、またはそれに接続助詞「て」のついた形について)丁寧の意を表す。～ます。～(で)ございます。例かひなき命を生きて何にかはし候ふべき(＝生きてもしかたがない命を生きてどういたしましょうか)〈平家・二・少将乞請〉 読解「何にかは」の「かは」は反語の意を表す。

語誌▼平安末期か鎌倉初期ごろに成立し、一般化した。平曲では、男性は「さうらふ」を、女性は「さぶらふ」をもっぱら用いている。

▼「さうらふ」のくずれた語形 断定の助動詞「なり」の連用形「に」の下についた「にさうらふ」の形から「ざうらふ」→「ざう」と変化して、室町時代には「ざう」が用いられた。また、同じころ「さうらふ」から変化して、丁寧語に「さう」「す」ができたほか、「そろ」の形も成立した。「さう」「す」は話し言葉としての性格が強く、「そろ」は書き言葉としての性格が強い。〈泉基博〉

ざうら・ふ【候ふ・侍ふ】〔断定の助動詞「なり」の連用形＋補助動詞「さうらふ」＝「にさうらふ」の変化した形〕丁寧な断定の意を表す。～です。～でございます。例「それは誰が御馬ぞ」「佐々木殿の御馬候ふ」〈平家・九・生ずきの沙汰〉

ざうり-とり【草履取り】 ― 名武家で、主人の草履を持って供をする下男。草履もち。例御草履取りただ一人召し連れられて〈仮名草子・竹斎・上〉

さう-りん【双林】 ― 名《仏教語》沙羅双樹の林。例釈迦能仁(＝釈迦の漢訳名)は双林にいまして〈万葉・五・七九四・序〉

さう-りん【相輪】 ― 名《仏教語》塔の最上部に置かれる金属で作られた飾り。露盤・伏鉢・請花・九輪・水煙・龍舎(龍車)・宝珠からなる。一般に「九輪」とも。

宝珠
龍舎
水煙
相輪
九輪
請花
伏鉢
露盤

相輪

さえ ⇩さへ

さえ【賽・采】 名「さい(賽・采)」に同じ。例五六三四さへありけり双六のさえ〈万葉・一六・三八二七〉

ざえ

【才】名〔呉音「ざい」の変化した形〕❶漢詩文を作ったり読んだりする能力。転じて、学問・教養。例(a)なほ、才をもととしてこそ、大和魂の世に用ゐらるる方も強うはべらめ(＝やはり、学問を基本としてこそ、政治家としての実務能力が世の中に重用されることも確かなものとなりましょう)〈源氏・少女〉 読解光源氏が我が子夕霧の教育について考えを述べているところ。例(b)この殿も御才日本には余らせたまへりしかば、かかることもおはしますにこそはべりしか(＝この殿も御教養が日本には発揮する場がなくていらっしゃったので、このようなこともおありになるのでございました)〈大鏡・道隆〉 読解藤原伊周の左遷は彼のもっているあり余る才が災いしたと述べている。

❷書・歌・音楽などの芸能。また、その技術・能力。例琴弾かせたまふことなん一の才にて、次には横笛、琵琶、箏の琴をなむ次々に習ひたまへる(＝琴をお弾きになることを第一の才芸として、次には横笛、琵琶、箏の琴を次々とお習いになった)〈源氏・絵合〉 読解光源氏の多彩な才芸を称賛する一節。

語誌▼「才」と「魂」 「才」が学び鍛えることによって身につく能力であるのに対して、「魂」は先天的能力をさしていう。『大鏡』では「魂」を重視し、「魂」を身につけている人物が栄華を獲得したとみられている。『源氏物語』絵合巻に「才学といふもの…いたう進みぬる人の、命幸ひと並びぬるは、いと難きものになん」とあるように、才に秀でた人間は長寿と幸福に恵まれないと考えられることもあった。

また、上層貴族の子弟は元服と同時に五位に叙せられて昇進していくが、『源氏物語』では、光源氏は夕霧を大学に入れ学業を課す。学問(才)を身につけてはじめて、政治家としての臨機応変の処理能力(魂)が発揮されるとの考えである(①例(a))。〈福長進〉

さえ-かへ・る【冴え返る】 ― 動(ラ四)❶ひどく冷える。例しぐれつる(＝時雨が降る)宵の村雲さえかへり更け行く風にあられ降るなり〈新後拾遺・冬〉❷寒さがぶり返す。例なほ冴えかへる春の日に〈謡曲・竹生島〉❸澄みきる。例月も今宵に冴えかへり〈謡曲・八島〉

ざえ-が・る【才がる】 動(ラ四)〔「がる」は接尾語〕学識のある様子をする。知識をひけらかす。例才がりぬる人は…はなやかならずのみ侍るめるよ(＝とりわけ栄えることはないようですよ)〈紫式部日記〉

さえ-こほ・る【冴え凍る】 ― 動(ラ四) 冷えこごえ

る。寒くて凍りつくようである。例寒く**冴えこほり**て、打ちたる衣も冷たう〈枕・なほめでたきこと〉

ざえ-ざえ・し【才才し】形(シク)〔名詞「ざえ」を重ねて形容詞化した語〕学問がありそうな様子だ。才気が感じられる。例ただ走り書きたるおもむきの、**才々しく**はかばかしく(＝明確で)〈源氏・若菜下〉

さえずる〖囀る〗⇩さへづる

さ-えだ【小枝】名〔「さ」は接頭語〕木の枝。また、小枝。例八千種の花はうつろふ常盤なる松の**さ枝**を我は結ばな(＝結ぼう)〈万葉・二〇・四五〇一〉

ざえ-の-をのこ【才の男】―オノコ 名 宮中の内侍所の神楽などで歌を歌う人。例**才の男**召して、声ひきたる人長(＝神楽の舞人の長)の心地よげさこそいみじけれ〈枕・なほめでたきこと〉

さえ-まさ・る【冴え勝る】動(ラ四)❶ますます冷える。例笹の葉に置く霜よりもひとり寝る我が衣手ぞ**冴えまさりける**〈古今・恋二〉❷一段と澄みきる。例月の光の**冴えまさる**かな〈千載・秋上〉

さえ-わた・る【冴え渡る】動(ラ四)❶一面に冷え冷えする。例我が衣手に 置く霜も 氷に**さえ渡り**〈万葉・一三・三二八一〉❷くまなく澄む。例星の光に…**冴えわたりたる**夜のかぎり(＝一晩じゅう)〈更級〉

さお〖佐保〗⇩さほ

さおしか〖小牡鹿〗⇩さをしか

さおとめ〖早乙女・早少女〗⇩さをとめ

さ-おり【狭織り】名 幅を狭く織った布。例古の**狭織り**の帯を結び垂れ〈万葉・一一・二六三八・一書歌〉

さか【尺】名 長さの単位。「しゃく(尺)」に同じ。例八尺の嘆き(＝とても長いため息)嘆けども〈万葉・一三・三三四四〉

さか

【坂・逆】名❶傾斜のある道。坂。峠道。例(a)足柄の御**坂**に立たして袖振らば家なる妹はさやに見もかも(＝足柄の峠道に立って袖を振ったら、家にいる妻ははっきり見るだろうか)〈万葉・二〇・四四二三〉読解 防人の歌。例(b)猪鼻といふ**坂**の、えも言はずわびしきをのぼりぬれば(＝猪鼻という坂で、なんとも言えず心細く難儀な坂を登りきってしまうと)〈更級〉

❷通路。境界。異界への通路。異界との境界。⇩よもつひらさか・うなさか

語誌 ▼異界への通路　「さか」の本来の意味は②にある。「さか」は、異界との接触の場、異界の霊威にあずかることのできる場と考えられていた。峠は、人が山という異界と触れあう場であり、そこは峠の神の支配する領域と考えられていた。そのため、峠越えの旅人は、捧げ物を神に手向けて通行の無事を祈願した。①の例(a)で、足柄の坂を「御坂」と呼んでいるのも、神への敬意の現れを示す。坂が異界と触れあう場であることは、坂が祭祀の場であり、神の声を聞く場であることにもかかわる。⇩たむけ

「さか」は、異界と接するところであるから、いわば日常の秩序を転倒・逆転させる場であり、「逆」にも通じる。また、境界の意味の「さかひ」は、二つの世界の接する場という意味である。⇩さかひ　〈多田一臣〉

さか【斛・積】名〖上代語〗「こく(石)」に同じ。例麦種一千**斛**をもって〈紀・欽明〉

釈迦《人名》⇩釈迦

さが

【性】名 人間や事物にもともと備わっていたり身についていたりして、変えがたい性質。

❶**生まれつきの性質。持ちまえ。**例いと限なき御心の**性**にて(＝たいそう抜け目ないお心の性質で)〈源氏・椎本〉

❷**習わし。習慣。**例後れ先立つほどの定めなさは世の**性**と見たまへ知りながら(＝人の死の後先の不確かさは世の習わしと見て知り申し上げているのだが)〈源氏・葵〉

語誌 平安時代の用例のほとんどが『源氏物語』に集中している。どちらかというとよくない意味で用いられることが多い。〈高田祐彦〉

さが【祥】名 しるし。兆し。前兆。例剣太刀身に取り副ふと夢に見つ何の**さが**そも君に逢はむため〈万葉・四・六〇四〉

嵯峨《地名》歌枕 山城国、今の京都市右京区の西部。東は太秦、西は小倉山、北は北嵯峨の山、南は大堰川に接する一帯。一帯の野を嵯峨野と呼ぶ。

語誌 ▼都の西郊の遊猟・遊覧の地　大堰川を隔てて嵐山に対し、古くは皇室の遊猟地で、嵯峨天皇の嵯峨院(今の大覚寺)、後嵯峨院の亀山殿(今の天龍寺)、さらに藤原定家の時雨亭など、貴紳の屋敷や寺が造られた。また清涼寺は「嵯峨の御寺」と呼ばれ、その本尊の釈迦如来像は人々の信仰を集めた。

▼秋の嵯峨野　『源氏物語』賢木巻で、伊勢下向を決意した六条御息所を光源氏が訪ねた野の宮や、『平家物語』で、平清盛の寵愛を受け、のち捨てられた白拍子の祇王や仏御前が隠れ住んだ跡と伝える祇王寺などがある。春は桜、秋は紅葉・秋草・虫の名所として知られ、和歌では、秋のもの悲しい情景が詠まれることが多い。例かなしさは秋の嵯峨野のきりぎりすなほ故郷に音をやなくらん(＝悲しいのは秋の習わしで、嵯峨野のきりぎりすはやはり故郷で声を上げて鳴いているのだろう)〈新古今・哀傷〉読解「嵯峨野」の「さが」に「性」の意を掛ける。〈大谷俊太〉

さかい〖堺・境〗⇩さかひ

さか-うち【逆討ち】名 敵を討とうとして、逆に討たれること。返り討ち。例還って**逆討ち**に討たれぬと覚え候ふ〈源平盛衰記・四六〉

さかえ【栄え】名 勢いが盛んなこと。繁栄。例この世の**栄え**、末の世に過ぎて(＝過分で)〈源氏・若菜上〉

さかえ-をとめ【栄え少女】―オトメ 名 美しい盛りの少女。例つつじ花(ノヨウニ)にほえ娘子(＝美しい少女)桜花**栄え娘子**〈万葉・一三・三三〇五〉

さか-がみ【逆髪】名❶逆立った頭髪。例白髪は乱れ、**逆髪**の雪を散らせるごとくにて〈謡曲・歌占〉❷髪の毛の逆立った化け物。例**さか髪**と見ゆるは風の柳かな〈俳諧・毛吹草・五〉

さか‐き【榊・賢木】 名 植物の名。ツバキ科の常緑樹。神域に植えたり、神前に供えたりする。神域の常緑樹を総称していうこともある。例神垣の御室の山の榊葉は〈古今・神遊びの歌〉

さか‐さか・し【賢賢し】 形(シク)〔形容詞「さかし」の語幹を重ねて強調した語〕とてもかしこい。しっかりしている。機転がきく。例下臈(=身分の低い人)なれども、さかさかしき者にて〈沙石集・七・三〉

さか‐さま【逆様・逆】 名 形動(ナリ) ❶逆の方向。逆の状態。例さかさまに行かぬ年月よ〈源氏・若菜下〉 ❷道理に反すること。例いみじからむさかさまの罪ありとも〈大鏡・師輔〉

さか・し

【賢し】 形(シク) ❶賢明だ。かしこい。理知的だ。例昔さかしき帝の御政の折は(=昔、賢明な天皇の御政治のときには)〈大鏡・序〉

❷気がしっかりしている。判断力がある。精神的に自分を失わない強さがある。例(a)心さかしき者、念じて射むとすれども(=心のしっかりしている者は、心が萎えるのをこらえて弓を射ようとするけれど)〈竹取〉例(b)皆人酒のけありて、さかしき人もなかりしかば(=全員酒を飲んだ様子で、気がしっかりしている人もいなかったので)〈宇津保・俊蔭〉

❸上手だ。気が利いている。例(詠ンダ和歌ハ)さかしきもなかるべし(=上手なものはなさそうだ)〈土佐〉

❹丈夫だ。健康だ。例おのがさかしからむ時こそ、いかでもいかでもものしたまはめ(=私が健康なときには、どうなりと私を頼りになさるがよい)〈蜻蛉・上〉

❺こざかしい。利口ぶっている。例痴れたる者、それしもさかしう(音便形)て、まことにさかしき人を教へなどすかし(=無知な者は、そういう人に限って、こざかしくて、本当に賢い人を教えたりするものだよ)〈枕・さかしきもの〉 読解「まことにさかしき人」の「さかし」は①の意。

語誌▼「かしこい」と「利口ぶる」 上代では①の意で用いられている。しかし、それも度が過ぎると「賢しみと(=利口ぶって)もの言ふよりは酒飲みて酔ひ泣きするしまさりたるらし」〈万葉・三・三四一〉(↓名歌170)のように⑤の意に転じる要素をも合わせもっていた。「さかし」から派生した「さかしら」「さかしがる」「さかしだつ」などは、いずれも利口ぶったものを軽蔑する意をこめて用いられる。〈米山敬子〉

さ‐かし【然かし】 〔副詞「さ」+終助詞「かし」〕(相手の発言を受けて)そのとおりだ。そうだった。例「今宵、中神、(コチラノ方角ハ)内裏よりは塞がりてはべりけり」と聞こゆ。「さかし、例は忌みたまふ方なりけり」〈源氏・帚木〉

さが・し【険し・嶮し】 形(シク) 山などがけわしい。危ない。例ふもとより峯へのぼるほど、さがしく、はげしく、道遠かりけるを〈宇治拾遺・三〇〉

さかし‐が・る【賢しがる】 動(ラ四)〔「がる」は接尾語〕かしこそうにふるまう。利口ぶる。例まめ人の名をとりて(=実直な人だとの評判をとって)さかしがりたまふ大将〈源氏・夕霧〉

さかし‐だ・つ【賢しだつ】 動(タ四)〔「だつ」は接尾語〕かしこそうにふるまう。利口そうなふりをする。例さばかり(=あれほど)賢しだち、真名(=漢字)書きちらしてはべるほども〈紫式部日記〉 読解 清少納言評の一節。

さか‐しま【逆しま・倒しま】 名 形動(ナリ)〔「さかさま」の変化した形〕❶逆。さかさま。例十握の剣を抜きて、倒しまに地につきたてて〈紀・神代下〉 ❷道理に反すること。例太子、暴くさかしまなるわざして〈紀・安康即位前紀〉

さかし‐ら【賢しら】 〔「ら」は接尾語〕 1 名 形動(ナリ) ❶利口ぶってふるまうこと。かしこいふりをすること。例あな醜賢しらをすと酒飲まぬ人をよく見ば猿にかも似る〈万葉・三・三四四〉↓名歌30 ❷差し出たふるまい。お節介。例隣(=隣家の人)さかしらするまでふすべかはして(=お互いにすねて)〈蜻蛉・上〉 2 名 動(サ変) 告げ口。讒言。例人のさかしらにあひて、領る所をも失ひ〈読本・雨月・吉備津の釜〉

さかしら‐が・る【賢しらがる】 動(ラ四)〔「がる」は接尾語〕差し出たふるまいをする。利口ぶって差し出口をきく。例「かくてや(=このままではよくない)」などさかしらがる人のありて〈蜻蛉・下〉

さかしら‐ごころ【賢しら心】 名 差し出た、でしゃばりたがる心。例なかなかの(=中途半端な)さかしら心なく〈源氏・若紫〉

さか・す【栄す・盛す】 動(サ四) ❶興味を起こす。例さかすにこそはあらめ、立ちておはするを〈枕・宮にはじめてまゐりたるころ〉 ❷発揮する。ひけらかす。例さる所にて才(=学識)さかしいではべらむよ〈紫式部日記〉

坂田藤十郎 《人名》一六四七〜一七〇九(正保四〜宝永六)。江戸時代の歌舞伎役者。京都で活躍し、和事を創始した。江戸の初世市川団十郎と並んで元禄歌舞伎を代表する役者。近松門左衛門の歌舞伎作品はほとんど藤十郎のために書かれたという。聞き書きとして数多くの芸談が残る。

さか‐づき【杯・盃】 ―ズキ 名〔「さか」は「さけ(酒)」の交替形、「つき」は器〕❶酒を入れて飲むための器。例盃の底を捨つる事は、いかが心得たる〈徒然・一五八〉 ❷酒を飲むこと。酒宴。例盃など常の作法よりもさし分かせたまひて(=格別になさって)〈源氏・幻〉

さかつら‐えびら【逆頬箙】 名 箙の一種。方立て(矢をさす箱)に、猪や熊の皮を毛並みが逆立つように張ったもの。⇩えびら(図)。例逆頬箙、矢配り(=箙の部分の名)尋常なるに〈義経記・五〉

さか‐て【逆手】 名 ❶「あまのさかて」に同じ。❷刀を、普通とは逆に、切っ先が後方や下方に向くように持つこと。例大きなる刀の怖ろしげなるを、逆手に取りて〈今昔・二三・二四〉

さか‐て【酒手】 名「さかで」とも。酒の代金。馬や駕籠などに乗ったとき、料金以外に与える心付けにもいう。例別に酒手なぞといふ事は決してならん事ぢや〈滑稽本・膝栗毛・四上〉

嵯峨天皇 《人名》七八六〜八四二(延暦五〜承和九)。平安初期の天皇。桓武天皇の第二皇子。律令政治の改革に努めるとともに、勅撰漢詩集『凌雲集』『文華秀麗集』などを撰進させるなど、宮廷を中心に唐風の文化を隆盛させた。上記の漢詩集のほか『経国集』にも多くの作品を残す。書にもすぐれ、空海・橘逸勢とともに三筆に数えられる。

さか-な【肴】 [名] ❶酒を飲むときのおかず。[例]かはらけ取りて出だしたりけるに、さかななりける橘をとりて〈伊勢・六〇〉 ❷酒宴に興を添える歌や踊りなど。[例]御さかな申さん〈御伽草子・鉢かづき〉 ❸食用になる魚類。[例]今日のゑびす講は、万人肴を買ひはやらかし(=買いあさり)〈西鶴・日本永代蔵・六・二〉 ③は主に近世になってからの用法。

[語誌]「酒」+「菜」で、「菜」は副食物の意。

さが-な・し

[形](ク)〔「なし」は形容詞を作る接尾語〕❶性格が悪い。意地悪だ。[例]さがなき継母に〈源氏・東屋〉 ❷口が悪い。ずけずけものを言う。[例]人のかたちを語りきこえさせば、ものいひさがなくやはべるべき(=ほかの人の容姿をお話し申し上げたなら、おしゃべりが過ぎるだろうか)〈紫式部日記〉 [読解]同僚の女房を論評する条。❸迷惑だ。やんちゃだ。いたずらだ。[例]三の宮こそいとさがなくおはすれ。常に兄に競ひまうしたまふ(=三の宮様こそとてもやんちゃでいらっしゃいます。いつも兄君と張りあい申し上げなさる)〈源氏・横笛〉

[語誌] 山や坂が険しい意の「さがし」と同根の語。「性」+形容詞「無し」と考える説もある。①が中心の意味であり、②は多く「ものいひさがなし」の形で用いられる。〈高田祐彦〉

さがな-め【さがな目】 [名]〔「さがな」は形容詞「さがなし」の語幹〕意地悪な目。粗探しをする目。[例]翁らがさがな目にも、ただ人(=並の人)とは見えさせたまはざめり〈大鏡・道長上〉

さがな-もの【さがな者】 [名]〔「さがな」は形容詞「さがなし」の語幹〕性悪な人。手におえない人間。[例]かのさがな者も、思ひ出である方に(=思い出があるという点で)忘れがたけれど〈源氏・帚木〉

さが-にく・し【さが憎し】 [形](ク) 意地が悪い。たちが悪い。[例]人の物言ひさが憎き世に〈拾遺・雑秋〉

嵯峨日記 《作品名》江戸時代の俳諧日記。一巻(版本は一冊)。芭蕉作。元禄四年(一六九一)成立。宝暦三年(一七五三)刊。芭蕉の唯一の日記。元禄四年四月十八日から五月四日まで京都嵯峨にある門人去来の別荘落柿舎に滞在した折のもの。発句や連句・漢詩を交える。

嵯峨野 《地名》嵯峨一帯の野。⇩嵯峨

坂上郎女 《人名》⇩大伴坂上郎女

坂上是則 《人名》生没年未詳。平安前期の歌人。『古今和歌集』の成立するころ、歌合わせなどで活躍。家集に『是則集』。

さか-ばしら【逆柱】 [名]材木の本末を逆に用いた柱。家鳴りや凶事があるとして嫌われた。[例]この家、昔から逆ばしらのわざと言ひて、夜々虹梁(=梁の一種)の崩るるごとく寝耳にひびきて〈西鶴・西鶴織留・四・一〉

さか-ばやし【酒林】 [名]造り酒屋の看板。杉の葉を束ねて毬状か箒状にして軒先につるす。転じて、酒屋。[例]藤絡げの(=藤のつるで縛り束ねた)酒林を思ひて詠める〈仮名草子・仁勢物語・下〉

酒林〔近代艶隠者〕

さかひ

【境】[名] 二つの世界(土地・物事・事態など)の隔てとなるところ。

❶㋐土地の境界。境目。[例]雨かきくらし降るに、境を出でて下総の国のいかだといふ所にとまりぬ(=雨が空も暗くなるほどにひどく降る中を、国境を出て下総の国のいかだという所に泊まった)〈更級〉 ㋑境界によって遠く隔てられた、土地・場所。[例]年月過ぎ、境も隔たりぬれば、言ひたきままに語りなして(=年月も経過し、場所も遠く隔たってしまうと、言いたいほうだいに作り話をして)〈徒然・七三〉 ❷物事・事態などの分かれ目。[例]このころ、一期の境なり(=このころは、一生の芸が確立する初期の段階である。したがって、稽古の転換期である)〈風姿花伝・一〉 ❸㋐境遇。境涯。[例]もとより賢愚・得失のさかひにをらざればなり〈徒然・三八〉 [読解]「まことの人」が智も徳も功績も名声もなくだれにも知られないというのは、もともと賢愚や損得を問題にするところにはいないからだ、という。㋑(多く「境に入る」の形で)名人・上手の境地。佳境。[例]二つのわざ、やうやう境に入りければ(=二つの技能が、ようやく上手の境地に入ったので)〈徒然・一八八〉 [読解]「二つのわざ」は、馬に乗ることと、歌謡の一種である早歌を習うこと。

[語誌]▼**接点と隔て** 「さか」には異界との接点という意味がある。そこは異なる世界が互いに触れあう場でもある。「さかひ」は「さかあひ(坂合ひ)」の変化した形で、二つの世界の接するところを意味する。もちろん、接する世界との断絶が意識されれば、「さかひ」には隔て(境界)の意味が強く現れることになる。物事・事態・心境などについても、基本的にはこうした隔ての意識をみることができる。⇩さか(坂)〈多田一臣〉

堺 《地名》和泉国、今の大阪府堺市。摂津・河内・和泉の国境にあったことによる称。室町末期から江戸初期にかけて対明・対南蛮貿易港として栄え、自治都市を形成し、町民の財力を背景にして独自の文化を誇った。[例]堺といふ所はにはか分限者(=にわか成金)まれなり〈西鶴・日本永代蔵・四・五〉

さかひ

[接助] 原因・理由を示す。〜だから。〜ので。「さかひに」「さかひで」の形でも用いる。[例]乗るならはやう乗らんせ。いっきに出すさかひ〈滑稽本・膝栗毛・六上〉

[接続]▶活用語の連体形につく。

[語誌] 主に江戸時代上方で用いる。

さか-びん【逆鬢】 [名]江戸時代の男性の髪型の一つ。

髻を高く結び、鬢の毛並みが頭の頂のほうへ逆さに向き、油気がなくなってそそけたもの。例逆鬢にしてあたまつきをかしく〈西鶴・日本永代蔵・三・一〉

さか・ふ【境ふ】 動（ハ四）境を区切る。区画をつける。例山河を隔ひて、国県を分かち〈紀・成務〉

さか・ふ【逆ふ】 ❶動（ハ四）さからう。抵抗する。背く。従わない。例ついで悪しき事は、人の耳にもさかひ〈徒然・一五五〉読解時機に合わない事は、それを聞く者の耳にも抵抗感をいだかせる、の意。❷動（ハ下二）❶に同じ。例下として上にさかふる事、あに人臣の礼たらんや〈平家・三・法印問答〉読解「あに〜や」は反語の意を表す。

さか-ぶね【酒槽・酒船】 名 酒を入れておく大きな木製の器。例さずき（＝仮に設けた棚）ごとに酒船を置きて〈記・上・神代〉

さか-ほかひ【酒祝ひ・酒寿ひ】 名 酒宴をして祝うこと。例觴を挙げて太子に寿したまふ〈紀・神功〉

さか-ま・く【逆巻く】 動（カ四）波が流れに逆らうように巻いて立つ。例瀬枕おほきに滝鳴って、さかまく水もはやかりけり〈平家・九・宇治川先陣〉

相模 《地名》〔古くは「さがむ」とも〕旧国名。今の神奈川県の、東北部を除いた部分。東海道十五か国の一つ。相州。延喜式で上国・遠国。

相模 《人名》生没年未詳。平安中期の歌人。夫が相模守だったことからの名。多くの歌合わせに参加、能因などとも交流があった。家集に『相模集』。

さか-むかへ【坂迎へ・境迎へ・酒迎へ】 名 ❶平安時代、新任の国司を任国の役人が国境まで出迎え饗応する儀式。例始めてその国に下りけるに、坂むかへの饗をしたりければ〈今昔・二八・三九〉❷旅から帰った人を国境まで出迎えて饗応すること。例伊勢参宮の坂迎へ〈噺本・軽口露がはなし・一・二〇〉

さか-もぎ【逆茂木】 名 敵の侵入を防ぐために、とげのある木の枝を外に向けて立て並べた柵。例生田の森のさかも木をのぼり越え、城のうちへぞ入りたりける〈平家・九・二度之懸〉

さか-や【酒屋】 名 ❶酒をつくるための建物・場所。例梯立の（枕詞）熊来酒屋に まぬらる奴 わし〈万葉・一六・三八七九〉❷酒を醸造する業者。また、酒を売る店。例以前のごとく、酒屋は杉をしるしの門はかはらず〈西鶴・日本永代蔵・四・三〉

さか-やき【月代・月額】 名 ❶冠・烏帽子の下の髪を半月形に剃り上げた部分。例月額のあとあって、目も鼻もなくて、髪長々と生ひたる、生しき入道の首一つ〈太平記・三九〉❷江戸時代、男性が額から頭頂まで髪を剃り落とした部分。例万人ともに、月額剃って髪結うて〈西鶴・世間胸算用・二・二〉

さか・ゆ【栄ゆ】 動（ヤ下二）勢いがよくなる。繁栄する。繁茂する。例国も狭に（＝国じゅうに）生ひ立ち栄え〈万葉・一八・四一一一〉

さか-ゆ・く【栄行く】 動（カ四）栄えてゆく。ますます隆盛に向かう。例子孫を愛して、さかゆく末を見んまでの命をあらまし（＝寿命を期待し）〈徒然・七〉

さか-ゆめ【逆夢】 名 現実に起きることと逆の内容の夢。悪い夢はかえって吉事のしるしであるとして、悪夢を祝うのにいう。例人に斬らるる夢は逆夢というて〈黄表紙・廬生夢魂其前日・中〉

さか-よせ【逆寄せ】 名 攻めて来た敵に対し、逆に攻め返すこと。逆襲。例今夜逆寄せにして、打ち散らして捨て候はばや〈太平記・六〉

さかり【盛り】 名 形動（ナリ）❶勢いの盛んなこと。また、その時期。例花はさかりに、月はくまなきをのみ見るものかは〈徒然・一三七〉❷若々しく元気のあること。また、その時期。例さかりにならば、かたち（＝顔だち）も限りなくよく〈更級〉

さがり【下がり】 名 ❶低くなること。また、垂れ下がること。例岸絶え地さがりにして〈太平記・一七〉❷定刻を過ぎること。また、そのころ。例日すでに酉のさがり（＝午後六時過ぎごろ）になって〈太平記・三一〉

さがり-ごけ【下がり苔】 名 植物の名。サルオガセの別称。木の枝から垂れ下がる地衣類。例下がり苔といふは、巻きて糸が下がる物なり〈正徹物語・下〉

さがり-ば【下がり端】 名 髪の垂れぐあい。特に平安時代、肩のあたりで切りそろえた女性の額髪の垂れる様子。また、額髪の端。例髪いと長くうるはしく、さがりばなどめでたき人〈枕・うらやましげなるもの〉

さか・る【逆る】 動（ラ四）さからう。背く。例日に向かひて虜を征つは（＝敵を討つのは）、これ天の道に逆れり〈紀・神武即位前紀〉

さか・る【離る】 動（ラ四）遠ざかる。はなれる。例いや遠に 里はさかりぬ いや高に 山も越え来ぬ〈万葉・二・一三一〉➡名歌69

さが・る【下がる】 動（ラ四）〔「さぐ」の自動詞形〕❶真下に向かって垂れる。例綿もなき 布肩衣の 海松のごと わわけさがれる かかふのみ（＝破れ垂れ下がったぼろだけ） 肩にうち掛け〈万葉・五・八九二〉➡名歌122 ❷低いほうへ移動する。また、低くなっている。例あがる矢をばついくぐり、さがる矢をばをどり越え（＝あがってくる矢はさっとくぐり、さがってくる矢は飛び越え）〈平家・四・橋合戦〉❸目上にあたる位置から離れる。例御師匠様から下がると（＝帰ってくると）、毎日（芝居見物に）行きまあす〈滑稽本・浮世風呂・前下〉❹後ろのほうに遅れる。例さがらう者をば、弓の筈に取りつかせよ（＝遅れるような者は、弓の筈にすがりつかせろ）〈平家・四・橋合戦〉読解ここは、川に流されていく人のこと。❺時刻がのちになる。過ぎる。例七つさがれば鬼が出て人を取る（＝七つ時を過ぎると鬼が出て来て人をつかまえる）〈狂言記・鬼の養子〉読解「七つ」は今の午後四時前後。❻身分・能力・値段などが低くなる。例少し身分は下がつ（音便形）たが〈歌舞伎・与話情浮名横櫛・九〉❼京都で、南北に通じる道を南に行く。例京極を下りに三条までさがりて（＝京極を南に行くのに三条まで行って）〈保元・中〉

語誌 ▼類義語 「くだる」が目標をめざす移動を表

すのに対して、起点・基準などにかかわる相対的な位置のありようをさすことが多い。また、「おる（降る・下る）」には動作の意味が目立つが、「さがる」には、より下のほうに位置するという状態的意味も強い。〈山口堯二〉

さか‐ろ【逆櫓】 名 舟を前後両方に進められるように舳に取り付けた櫓。『平家物語』で有名。例舟に逆櫓をたて候はばや〈平家・一一・逆櫓〉

さかん『主典』 ⇩さくゎん

さき【先・前】 名 基準から見て離れている端の意で、空間的には物の端を、時間的には現在よりも前を表すのが原義。「あと」「しり」の対。

❶**空間的に前の意。** ㋐**先端。突端。末端。** 例その矛の末より垂り落つる塩（＝その矛の先端から滴り落ちる潮）〈記・上・神代〉 ㋑**先頭。前方。行く手。** 例宮を**先**に立てたてまつりたまひて（＝宮を先頭にお立て申し上げなさって）〈源氏・浮舟〉 ㋒**「先払ひ」「先追ひ」の略。**「前駆」とも書く。⇩さきおふ。例遠くなるまで聞こゆる**さき**の声々（＝遠くなるまで聞こえる先払いの声々）〈源氏・総角〉 ㋓**「さきがけ①」に同じ。** 例内々は**先**に心をかけたりければ（＝心のうちでは一番乗りに心がはやっていたので）〈平家・九・宇治川先陣〉

❷**時間的に現在よりも前の意。** ㋐**以前。過去。** 例**さき**の春も、花見に尋ね参り来しこれかれ（＝去年の春も、花見に参上しただれそれ）〈源氏・総角〉 ㋑**前任。**また、**前任者。先代。**「先の太上天皇」「前の太政大臣平朝臣清盛公」などと用いる。 ㋒形式名詞として用いる。**～うち。**打消の語について、～しないうち、～ならないうち、の意に用いられる。例門など鎖さぬ**さき**に（＝門などに錠を掛けないうちに）〈源氏・空蟬〉

❸**時間の進んで行くさき。将来。前途。** 例よろづの事、**先**のつまりたるは破れに近き道なり（＝何事でも、将来が行き詰まっているのは破綻に近い道理だ）〈徒然・八三〉

語誌 ③は、平安時代になって「生ひさき」「行くさき」などの形で用いられはじめた用法。〈鈴木日出男〉

【先を追ふ】 ⇩さきおふ

【先を駆く】 合戦で、先陣を務める。先駆けをする。例次男平次景高、余りに**先を駆け**んと進みければ〈平家・九・二度之懸〉

さき【幸】 名 さいわい。幸福。例大君の命（＝お言葉）の**さき**を聞けば貴み〈万葉・一八・四〇九五〉

さき【崎・岬】 名 丘陵状の陸地が海や湖などの水中に突き出ている部分。特に、その先端。みさき。例磯の**崎**漕ぎたみ行けば（＝漕ぎ巡って行くと）近江の海〈万葉・三・二七三〉 読解「近江の海」は琵琶湖。 語誌 古くは、山の先端が平地に突き出た部分をいうこともある。⇩さき（先・前）

さき‐あ・ふ【咲き合ふ】 アウ・オウ 動（ハ四）同時に花が咲く。他の事柄と時を同じくして花が咲く。開花の時期がある機会と重なる。例ⓐ遅き梅は、桜に**咲き合ひ**て、覚えおとり、けおされて（＝桜より評判が劣り、圧倒されて）〈徒然・一三九〉 例ⓑあやなしな月のさかりに**咲きあへ**る花も都のよその夕暮れ〈心敬集〉

さき‐おひ【先追ひ・前追ひ】 オイ 名「さきばらひ」に同じ。

さき‐お・ふ【先追ふ・前追ふ】 オウ 動（ハ四）貴人の通行の際に、前方の通行人や物などを追い払う。先払いをする。例**さきおふ**声々などして、上達部など皆出でたまひぬ（＝先払いをする声などがいくつもして、上達部などが皆お出ましになってしまう）〈枕・すさまじきもの〉〈鈴木日出男〉

さき‐がけ【先駆け・魁】 名 ❶真っ先に敵陣に攻め入ること。また、その人。例**先駆け**の寄せ手五百余人〈太平記・一〉 ❷ほかより先んじること。また、その人や物。

さき‐く【幸く】 副〔「く」は接尾語〕無事に。さいわいに。例楽浪の志賀の唐崎**幸く**あれど大宮人の舟待ちかねつ〈万葉・一・三〇〉➡名歌175

さき‐くさ【先草・三枝】 名 植物の名。枝が三つに分かれている植物といわれるが実態は未詳。例御歯は、**三枝**のごとき押歯に坐しき（＝八重歯でいらっしゃった）〈記・下・顕宗〉

さきくさの【先草の・三枝の】 《枕詞》「さきくさ」は枝が三つに分かれている植物とされ、「三つ」「中」にかかる。

さき‐ざき【先先】 名 ❶**以前。前々。** 例**さきざき**も申さむと思ひしかど（＝以前も申し上げようと思ったけれど）〈竹取〉 読解 かぐや姫が昇天を前に自分の素姓を告白する場面。

❷**将来。のちのち。** 例（天皇ノ位ヲ）儲けの君にゆづりたてまつり、麻姑射の山のうちもしづかになんどおぼしめす**さきざき**だにも（＝皇太子にお譲り申し上げて、上皇の御所のうちも静かに、などとお思いになる将来でさえも）〈平家・四・厳島御幸〉

語誌 ②は中世以降の用法とみられるが、平安時代の『和泉式部日記』に「よも（＝まさか）、さきざき見たまふらむ人のやうにはあらじ」とある用例について、「さきざき」が①の過去の意とすれば現在推量の助動詞「らむ」がつくのは不自然であるとして、②の意とみる説がある。〈鈴木日出男〉

さき‐すさ・ぶ【咲きすさぶ】 動（バ上二）「さきすさむ」とも。咲き乱れる。咲き誇る。例朝露に**咲きすさび**たる月草の〈万葉・一〇・二二八一〉

さき‐だ・つ【先立つ】 ❶動（タ四）❶先に立つ。先に行く。先にする。例姉の**さきだち**て（尼ニ）なりたる所へゆくを〈伊勢・一〇六〉 ❷先に死ぬ。例「限りあらむ道（＝死出の道）にも後れ**先立たじ**」と契らせたまひけるを〈源氏・桐壺〉 ❷動（タ下二）❶先に行かせる。〈源氏・浮舟〉 ❷先に死なせる。例二十一にて兄にわかれ、二十三にて弟を**先立て**てしかば〈十訓抄・一二・四〉

さ‐ぎちゃう【左義長・三毬杖】 ーギチヨウ 名〔もと毬杖を三本立てたことからという〕正月十四日の夜から

十五日にかけてと十八日に行われる火祭りの行事。清涼殿の庭に青竹を束ねて立て、それに天皇の書き初めや短冊・扇子などを結びつけ、陰陽師らが歌いはやして焼く。民間では門松やしめ縄などを集めて焼く。その火であぶった餅を食べると病気にかからないという。「どんど」とも。例**さぎちやう**は、正月に打ちたる毬杖を、真言院より神泉苑へ出して焼き上ぐるなり〈徒然・一八〇〉

左義長

さき-つ-とし【先つ年】 名〔「つ」は「の」の意の上代の格助詞〕前の年。また、過ぎ去った年。先年。例一昨年の**先つ年**より今年まで〈万葉・四・七八三〉

さき-て【先手】 名 ❶先陣。❷行列の先頭に立つ供人。例お先手の若党「はいはい」といふに恐れ、皆々逃げ去りぬ〈浮世草子・新色五巻書・二・一〉

さき-にほ・ふ【咲き匂ふ】 ―ニオウ 動(ハ四)〔「にほふ」は色美しく映える意〕花が美しく咲く。例**咲きにほふ**花のけしきを見るからに〈新古今・神祇〉

さき-の-よ【先の世・前の世】

仏教で、この世に生まれる前にいたと考えられる世。前世。例**さきの世**にも御契りや深かりけん、世になく清らなる玉の男御子さへ生まれたまひぬ(=前世でも御宿縁が深かったのだろうか、世にまたとなく清らかに美しい玉のような皇子までもお生まれになった)〈源氏・桐壺〉読解この「男御子」が光源氏である。〈鈴木日出男〉

さき-ばしり【先走り】 名 ❶主人の先を走る従者。例こなた(=あなた)は御**先走り**でござらう〈虎寛本狂言・鶏聟〉❷早合点。例きつい(=ひどい)**先走り**だよ〈人情本・春色辰巳園・後・一〇〉

さき-はひ【幸】 ―ワイ 名 さいわい。幸福。幸運。例**幸**の厚き輩〈仏足石歌〉

さき-は・ふ【幸ふ】 ―ワウ・―オウ〔「はふ」は接尾語〕❶動(ハ四)栄える。幸運にめぐりあう。例言霊の**幸はふ**国と語り継ぎ言ひ継がひけり〈万葉・五・八九四〉❷動(ハ下二)さいわいを与える。栄えさせる。例いかしの御世(=勢い盛んな御治世)に**幸はへ**まつれ〈祝詞・出雲国造神賀詞〉

さき-ばらひ【先払ひ】 ―バライ 名 貴人の外出のとき、道の前方の人々を追い払って貴人を警護すること。また、その人。「さき(前駆・先)」「先追ひ」とも。例**先駆**の者還りて白さく〈紀・神代下〉

さき-みたま【幸御魂】 名 幸を与える神霊。「御魂」を賛美していう語。例吾はこれ汝が(=おまえの)**幸魂**・奇魂なり〈紀・神代上〉

さき-むり【防人】 名〔上代語〕「さきもり」の東国方言。例**さきむり**に立たむ騒きに〈万葉・二〇・四三六四〉

さき-もり【防人】

名〔「崎守」の意〕上代、九州北辺の防衛のために置かれた兵士。東国方言では「さきむり」とも。例**防人**の堀江漕ぎ出るいづて舟梶取る間なく恋は繁けむ(=防人が堀江を漕ぎ出るいづて舟の櫂を操るのが絶え間ないように、防人たちの故郷を恋うる気持ちは絶え間ないだろう)〈万葉・二〇・四三三六〉読解「いづて舟」は伊豆国で作られる船のこと。

語誌▼防人制の沿革　天智天皇二年(六六三)の白村江の敗戦をうけて、翌三年、対馬・壱岐・筑紫に防人が置かれた。これは諸国から派遣されたものであったが、天平二年(七三〇)以降、当時文化的に後進的な被支配地域だった東国の兵士を防人にあてた。しかし東国からの派遣は兵士やその家族のみならず、通過する国々の負担も大きいことから、天平九年(七三七)いったん廃止された後、天平勝宝七年(七五五)に派遣されたものの、天平宝字元年(七五七)には西海道の兵士と交替することとなった。平安初期まで制度としては続くが、しだいに縮小・消滅に向かった。

▼『万葉集』の防人歌　『万葉集』の防人歌は、巻二〇に載せる、天平勝宝七年の防人派遣に際して、兵部少輔だった大伴家持が収集した八四首に代表される。家持は引率の部領使から歌を記したものを受け取り、拙劣なものを除いて収録した。その配列には東国の軍団の組織が反映しているといわれる。⇩さきもりうた〈鉄野昌弘〉

さきもり-うた【防人歌】 名 奈良時代、九州の防衛にあたった東国の防人やその家族の作った歌。『万葉集』巻十三・十四・二十に計九八首が収められる。特に、巻二十に載る、天平勝宝七年(七五五)に大伴家持の集めた八四首が有名。内容的には、天皇に対する忠誠を誓うものよりも、家や故郷を恋うるものが多い。上代の東国方言の資料としても重要。

さきもり-ことりづかひ【防人部領使】 ―コトリヅカイ 名 防人として徴発された諸国の兵士たちを難波津まで送る役。国司があたる。

さ-きやう【左京】 ―キョウ 名 ❶平安京など、都城制の敷かれた都で、朱雀大路を境として東西に分けた東半分の地域。天子は南面するという思想により、内裏から南に向かって左側にあたることからいう。東の京。例今は昔、奈良の**左京**、九条二つの坊に一人の貧しき女ありけり〈今昔・一六・一〇〉❷「左京職」の略。例夜をあかして、つとめて(=翌朝)思へば、我は**左京**の官人なり〈宇治拾遺・一六三〉

さきやう-しき【左京職】 サキョウ― 名 令制で、左京の行政・司法・警察をつかさどる役所。

さきやう-の-だいぶ【左京の大夫】 サキョウ―ウ― 名 左京職の長官。正五位上相当。「さきやうのかみ」とも。

さき-ら【先ら】 名〔「ら」は接尾語〕弁舌・筆勢に現れた鋭い才気。例ただ今の世に才もすぐれ、ゆたけき(=豊かな)**さきら**を〈源氏・鈴虫〉

さ-ぎり【狭霧】 名〔「さ」は接頭語〕霧。例吹き棄つる気吹の**狭霧**に〈記・上・神代〉

さきわう【幸う】 ⇩さきはふ

さき-わた・る【咲き渡る】 動(ラ四)咲き続ける。一面に咲く。例梅の花絶ゆることなく**咲き渡る**べし〈万葉・五・八三〇〉

さきを〜【先を〜】 ⇨「さき」の子項目

さく【作】 [名] ❶作ること。また、作ったもの。製作。作品。[例]高野大師(=弘法大師)の御作の目録に入れり〈徒然・一七三〉 ❷農作物。また、その作柄。[例]少しも隙がござらぬによって、作も見舞うた(=見回った)ことがござない〈狂言・水掛聟〉 ❸作為。趣向。[例]この句は作はあれども、すみへゆかず(=細部への心遣いが不十分だ)〈戴恩記・下〉

さく【朔】 [名] 陰暦の月の第一日。ついたち。

さく【笏】 [名]「しゃく(笏)」に同じ。

さ・く【咲く】 [動](カ四) ❶花が開く。[例]その沢にかきつばたいとおもしろく咲きたり〈伊勢・九〉 ❷波頭が白く立つ。白い波頭を花に見立てていう。[例]今替はる新防人が船出する海原の上に波な咲きそね(=白い波頭など立たないでおくれ)〈万葉・二〇・四三三五〉

さ・く【避く】 [動](カ下二) 物事に触れないよう、そこから離れる。よける。遠ざかる。[例]いまだ聞かず、車を避くる城をば〈今昔・一〇・九〉

さ・く【放く・離く・避く】 [1] [動](カ下二)〔「さかる」の他動詞形〕 ❶はなれさせる。引きはなす。[例]汝をと我を人ぞ放くなるいで我が君人の中言聞きこすなゆめ(=あなたと私を人が引きはなそうとしているようだ。どうかあなた、人の中傷をお聞きにならないで、決して)〈万葉・四・六六〇〉 ❷遠ざける。よける。[例](a)いさなとり(枕詞) 近江の海を 沖離けて 漕ぎ来る舟 辺へつきて 漕ぎ来る舟(=近江の海を、沖を遠ざけて漕いで来る船よ、岸辺に近く寄せて漕いで来る船よ)〈万葉・二・一五三〉 [読解]「近江の海」は琵琶湖のこと。[例](b)しばらくその難を避けて(=一時的にその災いをよけて)〈太平記・二〉 ❸(「見る」「語る」「問ふ」などについて)その動作を遠くへ及ぼす意を表す。はるかに〜する。[例]しばしばも 見放けむ山を 心なく 雲の 隠さふべしや(=何度もはるかに眺めたい山なのに無情にも雲が隠してよいものか)〈万葉・一・一七〉 [読解]末尾の「や」は反語の意を表す。 [2] [動](カ四) [一]③に同じ。[例]行くさには二人我が見しこの崎をひとり過ぐれば見もさかず来ぬ(=行くときには二人で我々が見たこの崎を、一人で通り過ぎるので、はるかに見ることもせず来た)〈万葉・三・四五〇・一六〉

[語誌] [一]①②は、紐を「解きさく」、人々を「追ひさく」などのように、他の動詞の連用形について、その動作によって物や人を引き離したり遠ざけたりする意を表すことも多い。③も動詞の連用形につくが、この場合はその動作そのものを遠くへ及ぼす点が異なる。〈山口堯二〉

さ・く【裂く・割く】 [1] [動](カ四) ❶物を、真ん中に力を加えて二つに引き離す。切り裂く。[例]「しゃつが(=そいつの)口をさけ」とて、口をさかれ〈平家・二・西光被斬〉 ❷分割する。取り分にあてる。[例]その時十二郡をさき分かって出羽の国とはたてられたり〈平家・二・阿古屋之松〉 [2] [動](カ下二) ほかから力を加えられて二つに割れる。裂ける。[例]土裂けて水涌き出で〈方丈記〉 [読解]大地震のさま。

さく【幸く】 [副]『上代語』「さきく」の東国方言。無事に。さいわいに。[例]父母が頭かきなでさくあれて言ひし言葉ぜ忘れかねつる〈万葉・二〇・四三四六〉➡名歌

225

さ・ぐ【下ぐ】 [動](ガ下二)〔「さがる」の他動詞形〕 ❶垂らす。ぶらさげる。手につるす。[例]赤紐をかしう結び下げて(=赤い紐をきれいに結んで垂らして)〈枕・宮の五節いださせ給ふに〉 [読解]五節の舞姫の装束。 ❷低くする。低いほうへ移す。[例]頭をさげ、難儀なるさまなりしかば(=頭を低くし、苦しんでいる様子だったので)〈醒睡笑・二〉 ❸主人や客のそばなどから遠ざける。[例]飯もすみ(=食事も終わり)、膳さげる〈洒落本・甲駅新話〉 ❹見くだす。あなどる。[例]わどのをさぐるにはあらず、存ずる旨があれば名のるまじいぞ(=あなたを見くだすのではなく、考えるところがあるので名のらないつもりだ)〈平家・七・実盛〉 [読解]相当の武士が戦場で敵に対したときは、互いに名を言いあうのが礼儀。 ❺価値を低くする。[例]上げうと下げうと(=高くしようと低くしようと)(値段ノ)高下は自由〈近松・女殺油地獄・中〉 ❻持つ、伴う、などの意を卑しめていう。[例]人間の根性なぜ下げぬ(=人間の根性をなぜもてない)〈近松・女殺油地獄・中〉

[語誌]▼「さぐ」と「おろす」「くだす」 類義語「おろす」は、一定の目標に到達させることに重点が置かれ、「くだす」は、目標に向かって一気に移動させる意をもつ点が異なる。〈山口堯二〉

さく-い【作意】 [名] ❶作者の意図。趣向。[例]所々の風景過ぐさず(句ヲ)思ひつづけて、折節あはれなる作意など聞こゆ〈芭蕉・奥の細道〉 ❷工夫。たくらみ。[例]さても作意の竹斎(=人名)かなと、ほめぬ人こそ無かりけれ〈仮名草子・竹斎・下〉

さく・い [形](口語) ❶あっさりしている。気さくな。[例]どうもさくくていい〈滑稽本・浮世床・初上〉 ❷もろい。こわれやすい。

さぐく・む [動](マ四) 間を縫うようにして進む。押し分けて進む。[例](船ハ)波の上を い行きさぐくみ 岩の間を い行きもとほり(=巡り)〈万葉・四・五〇九〉

さく-さく【索索】 [形動](タリ) 音が響くさま。梢に吹く風の音や琴の音などに用いる。[例]北には青山峨々として(=険しくそびえ立って)松吹く風索々たり〈平家・一〇・海道下〉

さく-じ【作事】 [名][動](サ変) 家屋などの建築・修繕。普請。[例]「これは思ひのほか狭き住居」とて、早速作事の指図をして〈浮世草子・好色禁短気・六・三〉

さく-しゃ【作者】 [名] ❶詩歌や文章などを作る人。❷特に、勅撰集などに歌が選ばれたすぐれた歌人。[例]隆経朝臣は後拾遺の作者なり〈袋草紙・上〉

さくじ・る [動](ラ四) こざかしくふるまう。差し出たことをする。[例]耳敏川、またもなにごとをさくじり聞きけんとをかし〈枕・河は〉 [読解]「耳とし(耳ざとい意)」という名のおかしみ。

さくたん-とうじ【朔旦冬至】 [名] 陰暦十一月一日が冬至にあたること。二十年に一度あり、平安時代以降、めでたいしるしとして宮中では祝宴が行われた。

その儀式を「朔旦の旬」という。

さく-ぢゃう【錫杖】 ―ジョウ 名「しゃくぢゃう」に同じ。

さく-と 副 動きの素早いさま。さっと。例湯ぶねにさくとのけざまに(=あおむけに)臥す事をぞしたまひける〈宇治拾遺・三七〉

さく-はうし【笏拍子】 ―ホウシ 名「しゃくびゃうし」に同じ。

さく-はち【尺八】 名「しゃくはち」に同じ。例大篳篥・さくはちの笛などの大声を吹きあげつつ〈源氏・末摘花〉

さく-びゃう【作病】 ―ビョウ 名動(サ変) 仮病。また、仮病を使うこと。例作病して引っ込みければ〈仮名草子・浮世物語・三・一〇〉

さく-べい【索餅】 名 小麦粉と米の粉を練り、縄状に細長くねじって油で揚げた菓子。節会などで供される。また宮中で、陰暦七月七日、おこり(熱病)除けのまじないとして、内膳司から御前に奉る。

さく・む 動(マ四) 踏み分ける。踏み分けて進む。例旅行く君は 五百重山 い行きさくみ 賊守る(=敵を見張る) 筑紫に至り〈万葉・六・九七一〉

さく-もん

【作文】名 漢詩を作ること。また、漢詩。例入道殿の、大井河に逍遥せさせたまひしに、作文の船・管弦の船・和歌の船と分かたせたまひて、その道に堪へたる人々を乗せさせたまひしに(=入道殿が、大井河に行楽なさったときに、漢詩を作る船、音楽を演奏する船、和歌を作る船と分けさせなさって、それぞれの道にすぐれている人々をお乗せになったときに)〈大鏡・頼忠〉

読解 藤原公任が、漢詩・管弦・和歌といった、当時の貴族たちにとって必須の教養をいずれも身につけていたことを語る話の一節。

語誌 平安時代の初め、律令体制の再建にあたって唐風文化国家が理想とされ、政治に携わる者の必須の能力として漢詩文を作ることが求められた。そのため、大学における学問の中心が四書五経を学ぶ明経道から漢詩文や歴史を学ぶ紀伝道(文章道とも)に移っていった。〈福長進〉

さくら

【桜】名 ❶植物の名。バラ科の落葉高木。春に淡紅色・白色の花を咲かせ、古来、その美しさが賞される。品種としてはヤマザクラが主。花は和歌では「桜花」の形でも詠まれる。例(a)世の中にたえて桜のなかりせば春の心はのどけからまし〈古今・春上〉↓名歌406 例(b)さくら花散りぬる風のなごりには水なき空に波ぞ立ちける〈古今・春下〉↓名歌173 例(c)おもしろく咲きたる桜を長く折りて、おほきなる瓶にさしたるこそをかしけれ(=美しく咲いている桜を長く折って、大きな花瓶にさしてあるのは趣がある)〈枕・三月三日は〉例(d)木のもとに汁も鱠も桜かな〈俳諧・ひさご〉↓名句58

❷「桜襲」の略。例桜の御直衣にえならぬ御衣ひき重ねて(=桜襲の御直衣になんとも言えないほどすばらしいお召し物を着重ねて)〈源氏・薄雲〉

❸①の花を図案化した模様。また、その紋所の名。

語誌 ▼日本の代表的な花　日本では古くから桜に高い関心が寄せられ、『古事記』に登場する「木の花の咲くや姫」の名も桜の花による。奈良時代には唐風趣味から外来の梅がもてはやされ、『万葉集』では梅の花も多く詠まれたが、平安時代になると桜は格別の愛着をもって迎えられ、普通に「花」といえば桜をさすようになる。小野小町の「花の色はうつりにけりないたづらにわが身世にふるながめせしまに」(↓名歌288)もそうした一首である。『古今和歌集』をはじめとする勅撰和歌集において、桜は量的にも質的にも春の他の景物を圧倒しており、ことさらに賞美されていたことがわかる。邸宅の庭にも桜が植えられ、また、宮廷人は美しく咲いた桜を求めてこぞって山野に出かけるようになった。いわゆる「桜がり」である。桜の名所としては大和国(奈良県)の吉野山が最も有名。

いっせいに開いた花が長くは残らずあわただしく散ってしまうことから、和歌では、花の美しさをたたえるよりも、むしろ花が散ることへの不安や、散る花への愛惜を詠むものが多い。それは桜の花への愛着がいかに深いものであったかを表してもいる。

▼桜の見立て　桜を遠くから眺めると咲いている一帯が白く見えることから、「桜花咲きにけらしなあしひきの(枕詞)山の峡より見ゆる白雲」〈古今・春上〉のように白雲に見立てたり、「み吉野の山辺に咲ける桜花雪かとのみぞあやまたれける」〈古今・春上〉のように積雪に見立てたりすることが、常套的な和歌表現として定着した。また、「桜散る木の下風は寒からで空に知られぬ雪ぞ降りける」〈拾遺・春〉など、散る花を降る雪に見立てた歌も多い。〈佐藤明浩〉

さくら-がさね【桜襲】 名 襲の色目の名。表は白、裏は赤花・葡萄染め・二藍・濃い紫など諸説ある。冬から春に着用。若者が着る。例童六人、赤色に桜襲の汗衫〈源氏・絵合〉

さくら-がり【桜狩り】 名 桜の花をたずねて山野に出歩くこと。例またや見む交野のみ野の桜がり花の雪散る春のあけぼの〈新古今・春下〉↓名歌329

さくら-ゑ【桜会】 ―エ 名 京都の賀茂神社や醍醐寺などで、毎年桜の満開のころに開かれる法会。終了後に観桜の宴が行われる。例醍醐の桜会に、童舞おもしろき年ありけり〈十訓抄・一〇・七三〉

さくり【決り・剔り】 名 ❶掘ること。特に、鍬で土をうち返すこと。また、その溝。畝。❷流鏑馬や笠懸などのとき、馬を走らせるために馬場に掘った溝。馬などが通った後に地面にできるくぼみや足跡にもいう。例所しも悪所なれば、馬のさくりをたどるほどに〈曾我・一〉

さくり【噦り・吃逆】 名 ❶しゃっくり。❷しゃくり上げて泣くこと。

さくり-あ・ぐ【噦り上ぐ】 動(ガ下二) しゃくり上げて泣く。例さくりあげて、よよと泣きければ、うたてしやな(=いやになることだ)〈宇治拾遺・一三〉

さぐり-あし【探り足】 名 夜道や不案内な道などを、足で地面を探りながら進むこと。例この道(=俳諧の道)に探り足して、新古ふた道に踏み迷ふといへども〈芭蕉・奥の細道〉

さぐり-だい【探り題】 名「たんだい①」に同じ。例蟬の歌や木の下闇はさぐり題〈俳諧・犬子集・三〉

さくり-も-よよと【噦りもよよと】 しゃくり上げ

て激しく泣くさま。例「かく待たれたてまつるほどまで、参り来ざりけること」とて、**さくりもよよと**泣きたまふ〈源氏・総角〉

さぐ・る【探る】 動(ラ四) ❶手足の感触でさがす。例燕の巣に手をさし入れさせて**さぐる**に〈竹取〉 ❷例真相・真実を尋ねる。例人情をいふとても、今日のさかしきくまぐままで**探り**求め〈俳諧・去来抄・故実〉

ざくろ【石榴・柘榴】 名 植物の名。ザクロ科の落葉高木。梅雨期に花が咲き、実は秋に熟す。実は食用・薬用となる。例水かね(＝水銀)や**柘榴**の澄ます影なれや鏡と見ゆる月のおもては〈七十一番職人歌合〉
読解 柘榴の酸を鏡を研ぐのに用いたことによる歌。

さ-くわん【主典】—カン 名〔「佐官」の字音。「佐」はたすける意〕令制で、四等官の最下位の官。上に長官・次官・判官がある。公文書の文案を作成し、文書の管理にあたる。役所によってあてる字が異なり、太政官と神祇官では「史」、省では「録」、職・坊・寮では「属」などと書く。

さけ【酒】 名 米などを発酵させて作るアルコール性の飲料。酒。例験なきものを思はずは一坏の濁れる**酒**を飲むべくあるらし〈万葉・三・三三八〉➡名歌192

語誌 ▼酒の古称　酒は、古くは「くし」とも呼ばれた。「くし」は形容詞「奇し」に基づくとされ、酒をたたえていう語である。また、「帰り来む日に 相飲まむ酒そ この豊御酒は」〈万葉・六・九七三〉などの例に見られる「き」も「さけ」の古称である。⇩みき
▼清酒と濁酒　酒の醸造を「かむ」といい、米を口の中でかんで発酵させるのが原始的な酒の作り方であったといわれている。現代では清酒が主であるが、古くは前掲の例にもあるように濁り酒が主であった。清酒が一般に作られるようになったのは室町時代ごろからである。〈余田弘実〉

ざ-け【邪気】 名「じゃき(邪気)②」に同じ。例**ざけ**などの、人の心たぶろかして(＝だましで)〈源氏・柏木〉

さげ-あま【下げ尼・垂げ尼】 名 在家のまま仏門に入った女性の髪型。肩先で髪を切りそろえる。また、その女性。例黒髪の色は変はらぬ**さげあま**の〈新撰六帖・二〉

さげ-がみ【下げ髪】 名 江戸時代、女性の髪型の一つ。髻を束ねて背後に垂らしたもの。晴れの場で用いた。「垂髪」「垂れ髪」「垂髪」とも。

下げ髪
〔女用訓蒙図彙〕

さけ-く【幸く】 副《上代語》「さきく」の東国方言。例久慈川は**さけく**あり待て〈万葉・二〇・四三六八〉

さげ-ざや【提げ鞘】 名 僧や茶人の携える小刀。腰に提げかけることからの称。柄も鞘も木で作る。例出家して…裳もなし衣に**提げ鞘**さげて〈太平記・二九〉

さげ-を【下げ緒】—オ 名 刀の鞘の栗形の穴に通す紐。多くは組み紐で、刀を帯にしっかり結びつけるために用いる。例後先丸き瓢箪を、刺刀(＝腰に差す小刀)の**下げ緒**に括り付け〈仮名草子・竹斎・下〉

さ-こそ【然こそ】 〔副詞「さ」＋係助詞「こそ」〕❶「さ」を強調する。そのように。そんなに。例**さこそ**強がりたまへど、若き御心にて〈源氏・夕顔〉 ❷(逆接の表現を伴って)どんなに(〜ても)。いくら(〜でも)。例山深く**さこそ**心は通ふとも住までもあはれを知らんものかは〈新古今・雑中〉 ❸(推量表現を伴って副詞的に用いて)さぞ。さだめし。例(鼎ヲ頭ニカブッテ)向かひゐたりけんありさま、**さこそ**異様なりけめ(＝普通と違っていただろう)〈徒然・五三〉

さ-こそ-いへ【然こそ言へ】—イエ 〔「いへ」は動詞「いふ」の已然形〕そうは言っても。例ほかへ追ひやらむとす。**さこそいへ**、まだ追ひやらず〈伊勢・四〇〉

さ-ごろも【狭衣】 名〔「さ」は接頭語〕衣服。例秋風は身にしむばかり吹きにけり今や打つらん妹が**さ衣**〈新古今・秋下〉
読解「打つ」は、つやを出すために砧で衣を打つこと。

さごろもの【狭衣の】 《枕詞》衣の「緒」から、「を」と同音を含む地名「小筑波」にかかる。例**狭衣の**小筑波嶺ろの山の岬〈万葉・一四・三三九四〉

狭衣物語 《作品名》平安後期の物語。四巻。作者は源頼国の娘で禖子内親王の女房宣旨か。十一世紀後半の成立。主人公狭衣大将は、従妹の源氏の宮へのひそかな想いを満たされぬまま他の女君たちと関係を結び、いずれも不幸な結末を迎える。狭衣は宮によく似た姫君を妻とし帝位に昇るが、それでも宮への断ちがたい愛執に苦悩しつづける。引歌や漢詩をちりばめた洗練された文章が特色で、人物造型や場面設定などに『源氏物語』の影響が強い。鎌倉初期の物語評論『無名草子』では、『源氏物語』に次ぐ作品とされている。

さ-こん【左近】 名「左近衛府」の略。

さこん-の-さくら【左近の桜】 名 紫宸殿の正面の階下の東側に植えてある桜。儀式のとき、左近衛府がこの木の南に陣を立てることからいう。⇩口絵。例**左近の桜**の木の下に東向きに引っ立てたり〈平治・上〉

さこん-の-じょう【左近の将監】 名「さこんゑのしゃうげん」に同じ。

さこん-の-せうしゃう【左近の少将】—ショウショウ 名 ⇩さこんゑのせうしゃう

さこん-の-だいしゃう【左近の大将】—ダイショウ 名「さこんゑのだいしゃう」に同じ。

さこん-の-たいふ【左近の大夫】 名 左近の将監(従六位上相当)で五位に進んだ人。例**左近の大夫**致行を召して(＝お呼びになって)〈栄花・本の雫〉

さこん-の-ちゅうじゃう【左近の中将】—チュウジョウ 名 ⇩さこんゑのちゅうじゃう

さこん-の-ぢん【左近の陣】—ジン 名「左近衛の陣」の略。左近衛府の武官の詰め所。紫宸殿の前庭東側の日華門内にあった。

さこん-の-つかさ【左近の司】 名「さこんゑふ」に同じ。例**左近の司**の南の築土(＝土塀)などに、(雪ヲ)みな捨ててけり〈枕・職の御曹司におはします頃、西の廂にて〉

さこん-の-ばば【左近の馬場】 名「さこんのうまば」とも。左近衛府に属する馬場。一条西洞院

の東にあり、毎年陰暦五月に左近衛府の騎射の行事が行われた。[例]左近の馬場にあつまりて奏状(=天皇への意見書)を奉りにけり〈著聞集・一・八〉

さこんゑ-の-しゃうげん【左近衛の将監】(サコンエーショウゲン) [名]左近衛府の判官。従六位上相当。定員四人。「さこんのじょう」とも。

さこんゑ-の-せうしゃう【左近衛の少将】(サコンエーショウショウ) [名]左近衛府の次官。同じ次官である中将の下位。正五位下相当。定員二人、のち四人。

さこんゑ-の-だいしゃう【左近衛の大将】(サコンエーダイショウ) [名]左近衛府の長官。従三位相当。多くは大臣や大納言が兼任する。「左近の大将」「左大将」。

さこんゑ-の-ちゅうじゃう【左近衛の中将】(サコンエーチュウジョウ) [名]左近衛府の次官。同じ次官である少将の上位。従四位下相当。定員一人、のち四人。「左近の中将」「左中将」。

さこんゑ-ふ【左近衛府】(サコンエー) [名]六衛府の一つ。「左近」「左近の司」とも。⇩このゑふ

ささ-【細・小】[接頭]〔のちは「さざ」とも〕名詞などについて、細かく小さい、の意を添える。「さざ波」「さざ竹」「さざやか」など。

ささ【酒】[名]酒。もとは女房詞。[例]**ささ**もよきほどに飲みなし〈西鶴・好色一代男・六・四〉

ささ【笹・小竹】[名]群生して低く生える竹。神楽の「採り物」にも用いられる。[例]秋の野に**笹**わけし朝の袖よりも逢はで来し夜ぞひぢまさりける(=涙でぐっしょりぬれているよ)〈古今・恋三〉

さ-さ [副]〔副詞「さ」を重ねた語〕そうそう。しかじか。具体的に述べることを省略して言うときに用いる。[例]**ささ**のところよりなりけり、と聞きたまひて〈蜻蛉・中〉

ささ【然然】[副]〔副詞「さ」を重ねた語〕具体的な内容を細かに述べる代わりに用いる。これこれ。しかじか。[例]**ささ**の所よりなりけり、と聞きたまひて〈蜻蛉・中〉

ささ-え【小竹筒】[名]酒を入れて携帯する竹筒。[例]花見におぢゃるほどに(=おいでになるので)、**ささえ**を持たせて先へやれ〈狂言・猿座頭〉

ささ-がに【細蟹】[名]『上代語』虫の名。蜘蛛の別称。[例]白露を玉に貫くとや**ささがに**の花にも葉にも糸を皆へし(=皆掛けたのか)〈古今・物名〉

ささがに-の【細蟹の】《枕詞》「ささがに」が蜘蛛の別称であることから、「蜘蛛」や同音の「雲」にかかる。また、蜘蛛の糸から「糸」や「い」で始まる語にかかる。

さざき【鷦鷯】[名]鳥の名。ミソサザイの古称。[例]隼は天に上り飛び翔り斎が上の**鷦鷯**取らさね〈紀・仁徳・歌謡〉[読解]「隼」は隼別皇子、「鷦鷯」は仁徳天皇をたとえ、皇子が反乱を起こし、帝位をうかがっていることを暗示する。

ささ・ぐ

【捧ぐ】[動](ガ下二)〔「さしあぐ(差し上ぐ)」の変化した形〕❶**両手で高く差し上げる。手で上げる。**[例]我が背子が**捧げ**て持てるほほがしはあたかも似るか青き蓋(=私のいとしい人が高く差し上げて持っている朴の木の葉はちょうど似ているよ、青い蓋に)〈万葉・一九・四二〇四〉[読解]「ほほがしは」の大きな葉が、貴人にさしかける蓋に似ているという。

❷**高く上げる。掲げる。**[例]燕子うまむとする時は、尾を**ささげ**て七度めぐりてなむうみ落とすめる(=燕が卵を産もうとする時は、尾を高く上げて七度回転して産み落とすということだ)〈竹取〉

❸**献上する。供える。**[例]いろいろの幣帛を**捧げ**させたまひて(=色とりどりの幣帛をお供えさせなさって)〈源氏・明石〉[読解]住吉大明神に願を立てる場面。「幣帛」は神への供物。

❹**高い大きな声を出す。**[例]御声を**ささげ**て泣きののしりたまへど(=泣き騒ぎなさるけれど)〈栄花・本の雫〉

[語誌]高く差し上げる動作を比喩的に解して、大事に扱う意に用いることもある。[例]この子を捧げて養ふ〈宇津保・俊蔭〉 〈鈴木幸夫〉

ささげ-もの【捧げ物】[名]❶神仏に供える物。また、貴人への献上物。[例]そこばくの(=多くの)**ささげ物**を木の枝につけて、堂の前に立てたれば〈伊勢・七七〉❷大切に扱うもの。[例]えもいはずうつくしき姫君、**捧げ物**にしてかしづきたまふ〈栄花・月の宴〉

ささ-なみ【細波・小波・楽浪】[名]❶細かく小さな波。さざれなみ。[例]汀涼しき**ささなみ**に、水鳥あまた遊びけり〈御伽草子・浦島太郎〉「さざなみ」とも。❷《地名》琵琶湖西南沿岸地方、また、近江国(滋賀県)の古称。『万葉集』では、「ささなみの」の形で枕詞的に他の地名につけて用いることが多い。⇩ささなみの①。[例]いはばしる(枕詞)近江の国の**楽浪**の大津の宮に〈万葉・一・二九〉➡名歌216

ささなみ-の【細波の・小波の】《枕詞》「さざなみの」とも。❶「ささなみ」は琵琶湖南西沿岸の古い地名。そこから、琵琶湖沿岸の地名「大津」「志賀」「比良」「長等」などにかかる。[例]**さざなみの**長等の山のながらへて楽しかるべき君が御世かな〈拾遺・神楽歌〉❷波が寄ることから同音の「夜」「寄る」に、また波に「文(模様)」があることから「あやし」などにかかる。[例](a)志賀の浦月すみわたる**さざなみの**夜はすがらに(=ずっと一晩じゅう)千鳥鳴くなり〈新葉・冬〉[例](b)水鳥の羽風に騒ぐ**さざなみの**あやしきまでも濡るる袖かな〈金葉・恋上〉

[語誌]①は、上代、地名「ささなみ」が琵琶湖沿岸の地名を限定するために枕詞として固定したもの。「ささなみの〜」の形で用いられていたものが、後代に枕詞として固定したもの。

さざなみ-や【細波や・小波や】《枕詞》「ささなみや」とも。「ささなみの」に同じ。[例]**さざなみや**志賀の都はあれにしを昔ながらの山桜かな〈千載・春上〉➡名歌176

ささ-にごり【小濁り・細濁り】[名]〔「ささ」は接頭語〕水などが少し濁ること。[例]ほととぎす鳴くや湖水の**ささにごり**〈俳諧・続猿蓑・下〉➡名句133

ささ-の-いほ【笹の庵】(イオ) 「ささのいほり」とも。笹の葉で屋根を葺いた庵。[例]逢ふことはかたののの里の**笹の庵**〈新古今・恋三〉[読解]「かたの」は地名「交野」と「難し」の「かた」を掛ける。

ささ・ふ【支ふ・障ふ】(ササウ・サソウ) [動](八下二)❶持ちこたえる。支える。[例]金をして北斗(=北斗星)を**ささ**

ふとも〈徒然・三八〉❷防ぐ。防ぎ止める。例二百騎ばかりでささへたる川原坂(かはらざか)の勢(=軍勢)の中へ〈平家・八・法住寺合戦〉❸中傷する。人の悪口を言う。例君へささへて殺さんためな〈近松・根元曾我・一〉

ささへ【支へ】(ササエ) 名 支えること。倒れないよう持ちこたえること。また、そのもの。例敵の大勢なるを聞きて、一**支へ**もせず京都まで遠引きしたらんは(=遠くに引きあげたようなことは)〈太平記・二六〉

さざ-めか・す 動(サ四)〔「めかす」は接尾語〕ざわざわと音を立てる。騒ぎ立てる。例(船ハ)風につきて**さざめかし**走りけるが〈義経記・四〉

ささめき-ごと【私語】 名 ひそひそ話。例内々にのたまはする御**ささめきごと**どもの、おのづから広ごりて〈源氏・若菜上〉

ささ-め・く 動(カ四)〔「めく」は接尾語〕小声で話す。ひそひそ話をする。例言ふべきやう**ささめき**教へたまふ〈源氏・夕霧〉

ざざ-め・く 動(カ四)〔「めく」は接尾語〕「さざめく」とも。ざわざわと音を立てる。わいわい騒ぐ。例**ざざめき**つれて、皆小松殿へぞ馳(は)せたりける〈平家・二・烽火之沙汰〉

ささめ-ごと【私語】 名「さざめごと」とも。ひそひそ話。特に、男女の恋のささやき。例行く春や同車の君の**さざめごと**〈俳諧・落日庵句集〉

ささめごと《作品名》室町中期の連歌論。二巻。心敬(しんけい)著。寛正四年(一四六三)ごろ成立。和歌と連歌は同一の道であるとし、さらに連歌における仏教的修業心の必要性を説く。連歌論の代表的著作。

ささ-やか【細やか】 形動(ナリ)〔「やか」は接尾語〕小さい。小ぶりである。例ただ独りいと**ささやかに**て臥(ふ)したり〈源氏・帚木〉

ささやけ-びと【細やけ人】 名 小柄な人。例宣旨の君(=女房の名)は、**ささやけ人**の、いと細やかにそびえて(=すらりとして)〈紫式部日記〉

ささ-ら【細ら】 ❶ 接頭 名詞について、細かく小さい、の意を添える。「細ら形(がた)」「細ら荻(をぎ)」など。❷ 名 細かな文様。また、その織り物。例我が大君(おほきみ)の帯ばせる(=身に着けていらっしゃる)**細紋**(ささら)の御帯(みおび)の〈紀・継体・歌謡〉

ささら【簓・編竹・編木】 名 ❶田楽(でんがく)などで用いる楽器。竹を一尺(約三〇センチ)くらいの長さに細かく割って束ねたもの。刻み目のついた細い棒とすり合わせて音を出す。例田楽といひて…**ささら**といふ物突き、さまざまの舞して〈栄花・御裳着〉❷「編木子(びんざさら)」の略。田楽などに用いる打楽器。長さ五寸(約一五センチ)、幅二寸(約六センチ)ほどの薄い板を数十枚重ねて一端を紐(ひも)を通してとじ、両手で持って打ち合わせて鳴らすもの。また、それを持って行う踊り。

簓①〔融通念仏縁起〕　簓②〔浦島明神縁起〕

ささら・ぐ【細らぐ】 動(ガ四) さらさらと音を立てて流れる。一説に、さざ波を立てる意とも。例ここちよげに**ささらぎ**流れし水も〈更級〉

さざら-なみ【細ら波・泊泊】 名 こまかく小さな波。さざなみ。例かき曇り雨降る川の**さざら波**〈拾遺・恋五〉

ささ-りんだう【笹竜胆】(ササリンドウ) 名 ❶植物の名。竜胆・唐橘(からたちばな)などの別称。❷紋所の名。竜胆の葉を五枚、笹の葉のように下向きに並べ、上に花を三つ並べたもの。源氏の紋所とされる。

笹龍胆②

さざ-れ-【細れ】 接頭 名詞について、小さい、の意を添える。「細れ石(いし)」「細れ波(なみ)」など。

さざれ-いし【細れ石】 名 小さい石。細かい石。小石。例わが君は千代に八千代に**細れ石**のいはほとなりて苔(こけ)のむすまで〈古今・賀〉

さざれ-し【細れ石】 名「さざれいし」の変化した形。例信濃(しなの)なる千曲(ちくま)の川の**さざれし**も君し踏みてば玉と拾はむ〈万葉・一四・三四〇〇〉➡名歌186

さざれ-なみ【細れ波】 ❶ 名 細かく小さな波。さざなみ。例**さざれなみ**寄する文(あや)(=模様)をば〈土佐〉❷《枕詞》さざなみが立つことから「立つ」にかかる。

さざれ-みづ【細れ水】(ミズ) 名 さらさらと音を立てて流れる浅い水。和歌では、「あなかま」「あさ(浅)」「下にかよふ」「あらはる」などを導く序詞を構成することが多い。例かしかまし(=やかましい)山の下ゆく**さざれ水**あなかま我も思ふ心あり〈金葉・恋下〉

さし-

【差し】〔動詞「さす」の連用形から〕❶ 接頭 動詞について、**意味を強めたり、語調を整えたりする**。「差し過(す)ぐ」「差し付(つ)く」など。

❷ 名 ❶さし通すもの。特に、「銭差し(銭緡)」の略称として用い、転じて銭百文(もん)の別称とする。また、「米刺し」の略称にも用いる。例**さし**なる銭に秋風ぞ吹く〈俳諧・犬筑波集〉読解 銭が残り少なくなったことをいう。「なる」は断定の助動詞「なり」の連体形。❷長短を測る道具。ものさし。❸二人で事をすること。特に、二人だけで向かいあいになること。差し向かい。例お袋さまと**さし**でこれにはいかがなり(=お袋さまと差し向かいでここにいるのはどんなものであろう)〈近松・堀川波鼓・上〉❹「差し合(あ)ひ①」の略。例お百さんは**さし**で居なさりやせん(=お百さんは不都合があっていらっしゃいません)〈洒落本・辰巳之園〉

❸ 接尾 相撲や舞の回数を数える。例ひと**さし**舞うて(=一回舞って)〈謡曲・自然居士〉 〈奥村悦三〉

さし【城】 名〔古代朝鮮語か〕城(しろ)。城郭。例**城**を子呑(しとん)・帯沙(たさ)(=ともに地名)に築(つ)きて〈紀・継体〉

さ・し【狭し】 形(ク)〔「せし」の古形か〕狭(せま)い。小さい。例天地(あめつち)は 広しといへど 我(あ)がためは 狭くやなりぬる〈万葉・五・八九二〉➡名歌122

-ざし【差し】 接尾〔動詞「さす」の連用形から〕名詞について、その物の姿・状態・様子、の意を表す。「面(おも)差し」「眼(ま)な差し」など。

さし-あし【差し足】 名 音を立てないように、つま先立って歩くこと。例母親差し足をして表に立ち聞き〈浮世草子・新色五巻書・四・五〉

さしあたり-て【差し当たりて】 副 現在のところ。当面。例親うち具し、さしあたりて世のおぼえはなやかなる御方々(かたがた)にもいたう劣らず〈源氏・桐壺〉

さし-あた・る【差し当たる】 動(ラ四)❶〔「さし」は接頭語〕眼前にする。その事に出会う。例大臣(おとど)も、(女一ノ宮ノ)さしあたりたる御心地(=今現在の御様子)を見たてまつり〈夜の寝覚・四〉❷光が直接当たる。例日のさしあたりたるに、うちねぶりてゐたるを〈能因本枕・うへに候ふ御猫は〉

さし-あ・つ【差し当つ】 動(タ下二)〔「さし」は接頭語〕❶㋐直接につける。押し当てる。例(口ヲ)御耳にさし当てて物を多く聞こえたまへば〈源氏・総角〉㋑ねらいをつける。例矢をつがひて強く引きて、持経者の腹に差しあてて射るに〈今昔・一七・四〇〉❷役職・任務につかせる。例領じたまふ所々の人…宿直(とのゐ)にさし当てなどしつつ〈源氏・浮舟〉

さし-あひ【差し合ひ】(アイ) 名❶差し支えること。不都合。例差し合ひありて、今急に請け出すことも叶(かな)はず〈近松・心中天の網島・上〉❷連歌や連句で、類似の語・事例が近くにあるのを嫌うこと。❸禁忌とされる言葉や物。例悪口も差し合ひあれば喧嘩(けんくわ)の種なり〈仮名草子・浮世物語・一・九〉

さし-あ・ふ【差し合ふ】(アウ・オウ) 動(ハ四)❶〔「さし」は接頭語〕㋐出あう。行きあう。例人々多くさしあひたり〈蜻蛉・上〉㋑事・物が重なる。また、そのために差し支えがある。例院の御忌みさしあひて、いと折あしくて〈夜の寝覚・五〉❷〔「あふ」は、互いに〜する意〕互いにさす。指をさしあう。酒をつぎあう。非難しあう。例(a)男(をのこ)どももいみじう笑ひつつ、「ここまだし、ここまだし」とさしあへり〈枕・五月の御精進のほど〉例(b)世に似ず美(う)まき酒にてありければ、三人さし合ひて〈今昔・一九・二二〉

さし-あふぎ【差し扇】(オウギ) 名❶扇をさしかざして顔を隠すこと。また、その扇。例差し扇して立ちたまひたりし御事柄〈弁内侍日記〉❷儀式のときに女官がかざす檜扇(ひあふぎ)。例面影を半ば隠せる差し扇さても光ぞ添ふ心地する〈新撰六帖・五〉

さし-あふ・ぐ【差し仰ぐ】(アオグ) 動(ガ四)〔「さし」は接頭語〕上を向く。例(カグヤ姫ヲ)えとどむまじければ(=引き止めることができそうにないので)、ただ さし仰ぎて泣きをり〈竹取〉

さし-あぶら【差し油】 名 灯火に油をつぎ足すこと。また、その油。例除目(ぢもく)(=官職任命の儀式)の中の夜、さし油するに〈枕・方弘は、いみじう人に〉

さし-い・づ

【差し出づ】 動(ダ下二)❶日・月が輝き出る。照り出す。例月のいとおもしろくさしいでたりけるを見て(=月がたいそう趣深く照り出していたのを見て)〈古今・羇旅・左注〉❷現れ出る。外に出る。例河の中より翁(おきな)(=老人)差し出でて〈今昔・六・六〉❸人前に出る。人の所に行く。出仕する。例こなたへもさし出でたまはぬもくるしうおぼえたまふらん(=こちらへおいでにならないのもつらく感じていらっしゃるだろう)〈和泉式部日記〉❹生まれ出る。生まれる。例かうやむごとなき御腹に、同じ光にてさし出でたまへれば(=このような高貴な母君から、同じく光り輝くありさまでお生まれになったので)〈源氏・紅葉賀〉❺分を越えて進み出る。出しゃばる。例さし出でてこそ打たざらめ、御碁には負けじかし(=出しゃばっては打つつもりはないが、あなたの御碁には負けないだろうよ)〈源氏・手習〉❻前や上に出す。差し出す。例手ごとにくだものなどさし出でつつ(=手に手に果物などを差し出しては)〈蜻蛉・下〉

〈奥村悦三〉

さし-いで【差し出で】 名❶差し出たことをすること。でしゃばること。例すべてさしいでは、童(わらは)も大人もいと憎し〈枕・にくきもの〉❷出仕すること。例さしいでもはかばかしくもしたまはで…つくづくとながめ臥(ふ)したまふ〈苔の衣〉

さし-いらへ

【差し答へ】(イラエ) 名〔動詞「さしいらふ」の名詞形〕❶受け答え。返事。また、その言葉。例さもあるまじき人の、さしいらへをもうしろやすくしたるは、うれしきわざなり(=そんなはずもなさそうな人が、受け答えを気安くしてくれたのは、うれしいことである)〈枕・よろづのことよりも情あるこそ〉❷演奏・唱歌に加わること。例ひとりごとはさうざうしきに、さしいらへしたまへかし(=一人で弾くのはもの足りないから、演奏に加わってくださいよ)〈源氏・宿木〉

〈奥村悦三〉

さし-い・る【差し入る】 1動(ラ四)❶日・月などの光が差し込む。例月影ばかりぞ(=月の光だけが)、八重葎(やへむぐら)にもさはらずさし入りたる〈源氏・桐壺〉❷〔「さし」は接頭語〕中へ入(はい)る。入り込む。例門の内へさし入りて見たまへば〈平家・二・教訓状〉2動(ラ下二)〔「さし」は接頭語〕中に入れる。入れ込む。例御硯(すずり)の箱を御帳(みちやう)の内にさし入れて〈源氏・葵〉

さし-う・く【差し受く】 動(カ下二)〔「さし」は接頭語〕受ける。特に、杯を受ける。例酒を出したれば、さしうけさしうけ、よよと飲みぬ〈徒然・八七〉

さし-お・く【差し置く・差し措く】 動(カ四)〔「さし」は接頭語〕❶置く。例御琵琶(びは)をさしおかせたまひて〈平家・七・青山之沙汰〉❷後回しにする。ほうっておく。例あはれに悲しき御事をさしおきて、いかなる昔語りをか聞こえむ〈源氏・若菜上〉

さし-かか・る【差し掛かる】 動(ラ四)〔「さし」は接頭語〕❶上から覆いかぶさる。例四阿屋(あづまや)の棟にさし懸かり、亭(ちん)の遠眼鏡(とほめがね)を取り持ちて〈西鶴・好色一代男・一・三〉❷その場を通りかかる。臨む。例三条大橋うち渡りて、祇園林(ぎをんばやし)に差し掛かり〈仮名草子・

竹斎・上〉❸間際になる。せっぱ詰まる。

さし-か・く【差し掛く】 動（カ下二）❶杯をさし向ける。例かはらけ（＝酒杯）さしかけられなどする〈蜻蛉・下〉❷傘などを上からかざす。例傘をさしかけゆくに〈西鶴・好色一代男・一・四〉

さし-かく・す【差し隠す】 動（サ四）扇や袖などで顔を隠す。例「まろ（＝私）顔は隠さむ…」とて、御袖してさし隠したまへば〈源氏・横笛〉

さし-かた・む【鎖し固む・差し固む】 動（マ下二）❶門や戸などを固く閉じる。例こは、など（＝これはどうしたことだ）。かく（格子ヲ）鎖し固めたる〈源氏・横笛〉❷〔「さし」は接頭語〕㋐厳重に警備する。例衣が関を隔て南部口をさし固め、夷をふせぐとみえたり〈芭蕉・奥の細道〉㋑厳重に身支度する。例腹巻に小具足さし固めて〈古活字本平治・中〉

さし-がね【差し金】 名❶大工などが使う金属製の物差し。直角に折れ曲がっている。例道具箱には、錐・鉋・墨壺・さしがね〈西鶴・西鶴諸国ばなし・一・二〉❷操り人形の手や指を動かすための棒。❸歌舞伎の小道具の一つ。作り物の鳥や蝶などをつける、先に針金のついた黒塗りの細い竹ざお。❹背後で人を指図して操ること。例さしがねで寝たり起きたり転んだり〈柳多留・三〇〉

さ-じき【桟敷】 名「さんじき」とも。❶祭礼などの見物のために一段高く作られた観覧席。例御桟敷せさせたまひて（＝お作りになって）、宮たちも御覧ず〈栄花・さまざまの喜び〉❷芝居小屋で、土間のまわりに一段高く作った観客席。

ざ-しき【座敷】 名❶しとね・円座・畳などを敷いて座れるようにした所。また、客間。例はるかにさがりたる所に座敷しつらうておかれたり〈平家・一・祇王〉❷宴席。会席。例座敷をつとめて下さんせえ〈歌舞伎・助六由縁江戸桜〉

ざしき-のう【座敷能】 名座敷で演じる略式の能。例笛・鼓・太鼓をならべて、朝暮座敷能を〈西鶴・本朝二十不孝・二・四〉

ざしき-らう【座敷牢】 ロウ 名座敷に格子などを入れて牢のようにした所。家人の私的なこらしめや精神に異常をきたした人の保護・監視などに用いた。例またひとりは…座敷牢〈西鶴・世間胸算用・三・一〉

さし-ぐし【挿し櫛】 名女性が正装のとき、髪に挿す櫛。右のほうに挿すのが普通とされる。例さし櫛を左にさされたりければ、「あこよ（＝ねえ、おまえ）、など櫛はあしくさしたるぞ」と〈大鏡・三条院〉

さしぐみ-に 副「さしくみに」とも。いきなり。さっそく。不意に。例さしぐみに袖ぬらしける山水に〈源氏・若紫〉

さし-く・む【差し汲む】 動（マ四）手を伸ばして水をくむ。例さしくむばかり見ゆる月影〈蜻蛉・中〉

さし-ぐ・む【差し含む】 動（マ四）〔古くは「さしくむ」〕涙がわいてくる。涙ぐむ。例（アナタノ手紙ヲ）見るからに（＝見るやいなや）さしぐむものは涙なりけり〈後撰・恋四〉

さし-くも・る【差し曇る】 動（ラ四）〔「さし」は接頭語〕空が曇る。例さし曇り雨も降らぬか君を留めむ〈万葉・一一・二五一三〉

さし-こ【刺し子】 名厚織りの綿布を重ね合わせて、一面に細かく刺し縫いをしたもの。丈夫なことから、江戸時代は火消しの法被などに用いた。例銭一貫ばかり、刺し子の古き風呂敷に包み〈滑稽本・膝栗毛・五下〉

さし-こみ【差し込み】 名❶飾りを差し込むようにした簪。例このごろは括り猿の指し込みが流行るさうだなう〈滑稽本・浮世風呂・三下〉❷入れ知恵。例皆おかさま（＝奥様）の差し込みと思ふも〈近松・心中重井筒・中〉

さし-こ・む【鎖し籠む】 動（マ下二）戸や門を閉ざして、中から出られないようにする。例かく鎖し籠めてありとも、かの国の人来ば、みな開きなむとす（＝開いてしまうことでしょう）〈竹取〉

さし-こ・む【差し込む】 ■1 動（マ四）❶〔「さし」は接頭語〕こみあう。例女房もさしこみて臥したる、人げにぎはしきに〈源氏・横笛〉❷水が満ちてくる。例東西の山の根に水さしこう（音便形）で〈平家・七・火打合戦〉❸物の中やすきまに押し込む。差し入れる。例文一つ懐にさし込み〈西鶴・好色一代男・七・三〉❹入れ知恵する。例時景もとより身がち者（＝身勝手者）、北の方にさしこまれ〈近松・天鼓・一〉❺胸や胃が、物が差し込むように痛む。癪を起こす。■2 動（マ下二）□1③に同じ。例お首筋から手をさしこめ〈西鶴・西鶴織留・六・二〉

さし-こも・る【鎖し籠る】 動（ラ四）門や戸を閉ざして中にこもる。例塗籠にさしこもりたまふ〈宇津保・国譲下〉読解「塗籠」は周囲を壁で塗りこめた部屋。

さし-さば【刺し鯖】 名鯖を、背を開いて塩漬けにし、二枚を重ねて一つに刺した乾物。江戸時代、中元の贈り物とした。例心中は刺し鯖からの思ひつき〈柳多留拾遺・一七〉

さし-す・ぐ【差し過ぐ】 動（ガ上二）〔「さし」は接頭語〕❶でしゃばる。出過ぎる。例足らず、また、さし過ぎたることなくものしたまひけるかな〈源氏・帚木〉❷通り過ぎる。例佐野の松原さしすぎて、那智の御山に参りたまふ〈平家・一〇・熊野参詣〉

さし-すぐ・す【差し過ぐす】 動（サ四）〔「さし」は接頭語〕「さしすぐ①」に同じ。例御対面のほど、さし過ぐしたることもあらむかし〈源氏・常夏〉

さし-ぞへ【差し添へ】 ゾエ 名太刀に添えて腰に差す短刀。脇差し。例武部は戸浪に差し添へ渡し〈浄瑠璃・菅原伝授手習鑑・初〉

さ-し-たる

連体 副詞「さ」＋サ変動詞「す」の連用形＋完了の助動詞「たり」の連体形。ほかと比べて、それが目立つような状態を示す。

❶とりわけ。特別の。例さしたる事なん言はんと思ふ（＝特別の事を話したいと思う）〈宇治拾遺・一八〇〉

❷（打消の語を伴って）さほどの（〜でない）。たいした（〜でない）。例さしたる事なくて人のがり行くは、よからぬ事なり（＝たいした事がないのに人のもとへ行く

のは、よくない事である)〈徒然・一七〇〉

語誌 ▼中世以降に多く用いられた。類義語に「させる」がある。▼「さし」を、動詞「さす(指す)」の連用形とする説もある。〈安隨直子〉

さし‐ちが・ふ【刺し違ふ】 動(ハ下二) 互いに刀で刺しあって死ぬ。例ここで佐々木に引っ組み**さしちがへ**〈平家・九・生ずきの沙汰〉

さし‐ちが・ふ【差し違ふ】 動(ハ下二) 〔「さし」は接頭語〕交互にする。入れ違いにする。例三尺の御几帳一よろひ(＝一式)を**さしちがへ**て〈枕・関白殿、二月二十一日に〉

さし‐づ【指図】 名 ❶図面。家の設計図・見取り図など。転じて、家の構え。例**差図**をかきて、家作るべきあらまし(＝計画)をす〈発心集・五・一三〉 ❷見積もり。推測。例七千貫目持ちと世間の**さしづ**に違ひなし〈西鶴・西鶴織留・二・四〉 ❸指示。命令。

さし‐つぎ【差し次ぎ】 名 ❶そのすぐ次に続くもの。その次に位置するもの。すぐ次。例容貌も、「**さしつぎ**には、いとよし」と言はれたまひし人なりしかば〈源氏・若菜上〉 ❷六位の蔵人で次席の人。

さし‐つ・く【差し付く】 動(カ下二) 〔「さし」は接頭語〕押し付ける。押し当てる。目の前に差し出す。例紙燭**さしつけ**焼き〈枕・方弘は、いみじう人に〉

さし‐つ・く【差し着く】 1 動(カ四) 船が岸などに着く。到着する。例かの岸に**さし着き**て下りたまふに〈源氏・浮舟〉 2 動(カ下二) 船を岸などに着ける。例岸に**さし着くる**ほど見れば〈源氏・澪標〉

さし‐つ・ぐ【差し次ぐ】 動(ガ四) 〔「さし」は接頭語〕すぐ後に続く。例この院、大殿に**さしつぎ**たてまつりては、人も参り仕うまつり〈源氏・若菜下〉

さし‐つど・ふ【差し集ふ】 動(ハ四) 〔「さし」は接頭語〕多くの人が寄り集まる。例御乳母どもさし集ひて、のたまひ嘆く〈源氏・真木柱〉

さし‐つ・む【差し詰む】 動(マ下二) 〔「さし」は接頭語〕❶思いつめる。例**さしつめ**て仰せられたりけるたび〈愚管抄・四〉 ❷矢を次々につがえる。例**さしつめ**て思ふさまに射けるに〈太平記・一〉 ❸追いつめる。例組まんとのみにて、**さしつめ**結べば(＝組み合うと)〈曾我・一〉

さし‐づめ【差し詰め】 1 名 ❶どうにもならない状態。例その方様は…**さしづめ**になりけれど〈噺本・軽口御前男・五〉 ❷直接に迫ること。例**さしづめ**に問ひよれば〈西鶴・好色盛衰記・三・三〉 2 副 ❶さしあたり。当座のところ。例表から通れと言へば、**さしづめ**内へ通らにゃあならない〈歌舞伎・五大力恋緘・中幕〉 ❷つまるところ。結局。例**さしづめ**我らに言ひかかるは(＝頼んでくるのは)知れてあること〈浮世草子・傾城禁短気・五・四〉

さしつめ‐ひきつめ【差し詰め引き詰め】 矢を次次と弓につがえて、手早く射るさま。例**さしつめひきつめ**さんざんに射る〈平家・四・橋合戦〉

さし‐て

副 動詞「さす(指す)」の連用形＋接続助詞「て」。取り立ててそれとさし示したり、限定したりする意を表す。

❶とりわけ。ことさらに。例鎌倉殿に**さして**申すべき大事ども候ふ(＝鎌倉殿にことさらに申し上げたい大事がいくつかございます)〈平家・一二・泊瀬六代〉 読解「鎌倉殿」は源頼朝のこと。

❷(打消の語を伴って)さほど(〜ない)。たいして(〜ない)。例**さして**重き罪には当たるべきならねど(＝たいして重い罪にあたるはずではないが)〈源氏・若菜下〉

語誌 連体詞「さしたる」「させる」と意味的に関連する。そのため、副詞「さ」＋サ変動詞「す」の連用形＋接続助詞「て」と意識されることもある。〈安隨直子〉

さし‐で【差し出】 名 でしゃばり。余計な口出し。例雇ひ人のそなたがいらざる**差し出**、ひかへて居や〈浄瑠璃・新版歌祭文・下〉

さ‐し‐ながら【然しながら】 副〔副詞「さ」＋サ変動詞「す」の連用形＋接続助詞「ながら」〕「さながら」に同じ。例**さしながら**昔を今に伝ふれば玉の小櫛ぞ神さびにける〈源氏・若菜上〉 読解「さしながら」の「さし」に「(櫛を)挿し」を掛ける。

さし‐なは【緡縄】 名 穴あき銭をさし通してまとめるための細い縄。ぜにさし。例**緡縄**をなうてくれい〈狂言記・緡縄〉

さし‐なは【差し縄】 名 ❶馬の口につけて、引いたりつないだりする縄。例鞍も下ろし、轡も放ちたれば、**指し縄**ばかりを付けて飼ふ〈今昔・二五・五〉 ❷罪人を捕らえて縛る縄。

さし‐なべ【さし鍋】 名「さすなべ」とも。鉉や柄のついた、注ぎ口のある鍋。例**さし鍋**に湯沸かせ子ども〈万葉・一六・三八二四〉

さし‐なら・ぶ【差し並ぶ】 〔「さし」は接頭語〕1 動(バ四) 並んでいる。連続する。例**さし並び**目離れず見たてまつりたまへる年ごろ(＝数年間)よりも〈源氏・若菜上〉 2 動(バ下二) 並べる。例(夫トシテ)皇女たちの御傍らに**さし並べ**たらむにさらに咎(＝欠点)あるまじきを〈源氏・若菜下〉

さし‐になひ【差し担ひ・差し荷ひ】 名 荷物に棒を通して前後二人でかつぐこと。例大年(＝大みそか)や親子俵の**指し荷ひ**〈俳諧・続猿蓑・下〉

さし‐ぬき

【指貫】 名 袴の一種。平安時代の男性が衣冠・直衣・狩衣などの装束のときに着用する。例御直衣のいと白う見ゆるに、**指貫**を長う踏みしだきて(＝御直衣がたいへん白く見えるが、指貫の長い裾を踏みつけて歩いて)〈枕・大納言殿まゐり給ひて〉

語誌 正装の表袴に対して、略装の袴。もともとは麻などで製したが、平安時代には絹製となり、綾織物も用いられておしゃれ着の要素が強まり、夏には薄絹製も用いられた。幅も広く丈も長く、裾口に括り紐があり、履くときには足首でくくる。直衣とともに最も王朝風な男性装束の一つであり、蕪村の「さしぬきを足でぬぐ夜や朧月」(➡名句63)は、春夜のけだるげな王朝の貴公子像を、指貫という一語でみごとに表現している。〈藤本宗利〉

さし‐の・く【差し退く・差し除く】 〔「さし」は接頭語〕1 動(カ四) しりぞく。遠ざかる。疎遠になる。

例さしのきてそばみて居ぬ(=横向きに座った)〈今昔・一四・四〉 ❷動(カ下二) しりぞかせる。行かせる。例(牛車ヲ)みなさし退けさする中に〈源氏・葵〉

さし-のぞ・く【差し覗く】 動(カ四) 〔「さし」は接頭語〕 ❶ちょっと覗く。例すこしさしのぞきたまへれば〈源氏・夕顔〉 ❷立ち寄る。ちょっと顔を出す。例台盤所にさしのぞきたまひて〈源氏・末摘花〉

さし-のぼ・る【差し昇る】 動(ラ四) 〔「さし」は接頭語〕 ❶太陽・月などが高く昇る。例さしのぼる朝日に君を思ひ出でむ〈金葉・別〉 ❷川をさかのぼる。例さしのぼるに、東の方に山の横ほれるを(=横たわっているのを)見て〈土佐〉

さし-は【翳】 名 「さしば」とも。長い柄のついたうちわ形の道具。鷹の羽や薄絹で作り、即位式などで、女の童が左右からかざして天皇の顔を隠す。

さし-はさ・む【差し挟む・差し挿む】 動(マ四) ❶物と物との間に入れる。例(手紙ヲ)御褥の下にさしはさみたまひつ〈源氏・若菜上〉 ❷心にいだく。心中にもつ。例内々には悪心をさしはさみ〈義経記・一〉

さし-はな・つ【差し放つ】 動(タ四) 〔「さし」は接頭語〕 遠ざける。ほうっておく。例(私ヲ)さし放ちがたきものに思し知りたるぞ、ありがたくあはれなりける〈源氏・蜻蛉〉

さし-は・ふ【指し延ふ】 —ハウ・ホウ— 動(ハ下二) わざわざする。特にそれをめざしてする。例さしはへたる御文にはあらで〈源氏・空蟬〉

さしぶ【烏草樹】 名 植物の名。ツツジ科の常緑低木。夏に花が咲き、晩秋に黒紫色の実が熟す。今のシャシャンボ。例川の辺に 生ひ立てる 烏草樹を 烏草樹の木〈記・下・仁徳・歌謡〉

さします 助動(四段型) 尊敬の意を表す。～なさる。例物言はずとも見さしませ(命令形)〈仮名草子・浮世物語・一・一〇〉

接続 四段・ナ変活用以外の動詞の未然形につく。

活用 さしまさ／さしまし／さします／さします／さしませ／さしませ

さし-まは・す【差し回す】 —マワス 動(サ四) 〔「さし」は接頭語〕 回す。例車さしまはして、簾巻き上げて見れば〈蜻蛉・上〉

さし-まへ【差し前】 —マエ 名 腰に差す刀。「差し料」とも。例みどもが(=私の)差し前は覚えがござらぬ〈狂言記・武悪〉

さし-むか・ふ【差し向かふ】 —ムカウ・ムコウ 動(ハ四) 〔「さし」は接頭語〕 ❶顔と顔を合わせる。対座する。例二人さし向かひて泣きけり〈源氏・玉鬘〉 ❷当面する。例ただ さしむかひたる事ばかりをのみ沙汰(=処置)する人の〈愚管抄・五〉

さし-む・く【差し向く】 〔「さし」は接頭語〕 ❶動(カ下二) その方向に向かせる。行かせる。例七郎殿と九郎をば信濃の人々に副へて、北陸道にさしむけて〈保元・中〉 ❷動(カ四) その方向に向く。向き合う。例なつかしかりし人々の、さしむきて〈俳諧・続猿蓑・上〉

さ-しも 副〔副詞「さ」+副助詞「しも」。副詞「さ」を強調した語〕 ❶(多く打消・反語の表現を伴って)そのようにも(～ない)。それほど(～ない)。例筑紫人は、三日籠らむと心ざしたまへり。右近はさしも思はざりけれど(=筑紫から来た人々は、三日間寺にこもろうと決めていらっしゃっていた。右近はそれほど思わなかったけれど)〈源氏・玉鬘〉 ❷あんなにも。これほどにも。例当時さしもめでたう栄えさせたまふ平家太政の入道殿(=現在あんなにもすばらしく栄えていらっしゃる平家太政の入道殿)〈平家・一・祇王〉 読解 「平家太政の入道」は平清盛のこと。

さしも 助動(特殊型) 〔「させたまふ」が「さしたまふ」「さしまふ」「さしもう」を経て変化した形〕 尊敬の意を表す。～なさる。例妄りに人に泄らしたりなんどさしも(終止形)な〈史記抄・一三〉〈安隨直子〉

接続 四段・ナ変活用以外の語の未然形につく。漢語には直接つく。

活用 さしも／さしも／さしも／さしも／○／さしめ

語誌 「しも」と補いあう関係にある。

さし-もぐさ【さしも草】 名 「させもぐさ」とも。植物の名。蓬の別称。産地としては伊吹山が有名。例かくとだにえやはいぶきのさしも草さしも知らじな燃ゆる思ひを〈後拾遺・恋一〉➡名歌114

さし-もの【差し物・指し物】 名 ❶室町時代以降、戦場で武将が目印として持つ旗・飾り物。❷木を組み合わせて作った家具や器具。箱やたんすなど。例この所は桑の木のさし物・竹細工名人あり〈西鶴・日本永代蔵・三・五〉

差し物①
〔川中島合戦図〕

さし-や【差し矢】 名 ❶矢の一種。通し矢をする矢で、軽い。❷矢つぎばやに多くの矢を射ること。例あるはさし矢に射る船もあり〈平家・一一・嗣信最期〉

さ-しゃうこく【左相国】 —ショウコク 名 左大臣の唐名。

さし-や・る【差し遣る】 動(ラ四) ❶差し出す。押しやる。例三の宮、(琴ヲ)取りたまひて、中納言にさしやりたまひつれば〈宇津保・蔵開上〉 ❷棹をさして船を進める。例君達誘ひて、さしやりたまふほど〈源氏・椎本〉

さしや・る 動(ラ下二・ラ四) 「為す」の尊敬語。なさる。おやりになる。例夜番さしやりますか〈西鶴・好色一代女・二・二〉 注意 本来は下二段活用で、しだいに四段活用に移行した。

さしゃる 助動(特殊型) 〔尊敬の助動詞「さす」の未然形+尊敬の助動詞「らる」=「させらる」の変化した形〕 尊敬の意を表す。～なさる。例これ見さしゃれ(命令形)〈近松・女殺油地獄・下〉

接続 四段・ナ変活用以外の動詞の未然形につく。

活用 さしゃら・さしゃれ／さしゃり・さしゃれ／さしゃる／さしゃる／さしゃれ／さしゃれ・さしゃれい

さしゃんす 助動(特殊型)《近世語》〔尊敬の助動詞「さしゃる」の連用形+丁寧の助動詞「ま

す」＝「さしゃります」または「さしゃれます」の変化した形〕尊敬・丁寧の意を表す。お〜になります。例どこに何してゐさしゃんした〈近松・女殺油地獄・上〉
接続▶四段・ナ変活用以外の動詞の未然形につく。
活用▶さしゃんせ／さしゃんし／さしゃんす／さしゃんす／さしゃんすれ／さしゃんせ

さし-よ・す【差し寄す】 動(サ下二)〔「さし」は接頭語〕寄せる。近づける。例車**さし寄せ**て乗らむとて〈蜻蛉・上〉

さし-よ・る【差し寄る】 動(ラ四)〔「さし」は接頭語〕近寄る。近づく。例舟艫(＝船尾)にみ立たしまして**さし寄らむ**磯の崎々〈万葉・一九・四二四五〉

さし-わ・く【差し分く】〔「さし」は接頭語〕❶動(カ四)分ける。特別に扱う。例ことに**さし分き**たるさまにも何事をかはとて〈源氏・賢木〉❷動(カ下二)❶に同じ。例多かりし豊の宮人**さしわけ**てしるき日蔭をあはれとぞ見し〈後拾遺・雑五〉

さし-わた・す【差し渡す】 動(サ四)❶対岸へ船を渡す。例楫機を**さし渡し**、(国ツ神ヲ)その御船に引き入れ〈記・中・神武〉❷一方から他方に向けて架け渡す。また、張りめぐらす。例下つ瀬に小網**さし渡す**〈万葉・一・三八〉❸直接に会う。面と向かいあう。例ある時**さし渡して**…恥ぢしむる〈西鶴・好色一代男・二・三〉❹直接につながっている。血縁である。例わぬしが(＝おまえの)母は渡辺がためには**さし渡し**た伯母〈近松・関八州繋馬・二〉❺直接に行動する。例**さし渡して**弟を連れて〈西鶴・世間胸算用・四・三〉

さし-わた・る【差し渡る】 動(ラ四)棹をさして舟で渡る。例人々は舟に乗りて**さし渡りけり**〈紫式部日記〉

-さ・す 接尾(サ四型)動詞の連用形について、動作が途中で中断したことを表す。〜しかける。〜しかかる。〜し残す。例文(＝手紙)書き**さして**、頰杖つきて〈蜻蛉・下〉

さ-す【扠首】 名 切り妻造りの屋根の両端にある、横木を架けるために先が二股になっている材木。例神祭る榊は**扠首**になりにけり〈曾丹集〉

さ・す

【射す・差す・指す・刺す・挿す・注す・点す・鎖す】 動(サ四)❶【射す・差す】㋐光が照る。例入り日**さす**峰にたなびく薄雲は(＝夕日が照る峰に横に長く漂う薄雲は)〈源氏・薄雲〉㋑雲がわき立つ。例やくも**さす**(枕詞)出雲の児らが黒髪は〈万葉・三・四三〇〉㋒芽などが生える。草木が伸びる。例若葉**さす**野辺の小松を〈源氏・若菜上〉㋓潮が満ちてくる。例和歌の浦に月の出潮の**さす**ままに(＝和歌の浦に月の出とともに潮が満ちてくるにつれて)〈新古今・雑上〉
❷【指す・差す】㋐めざす。その方向へ向かう。例小さき舟に乗りて、西の方を**さし**て漕ぎゆく(＝西の方角をめざして漕いでゆく)〈源氏・若菜下〉㋑指名する。任命する。派遣する。例(勅使トシテ)中将高野のおほくにといふ人を**指して**…竹取が家につかはす(＝中将の高野のおおくにという人を指名して…竹取の翁の家に派遣なさる)〈竹取〉㋒指定する。定める。例日を**ささ**ぬ事なれば、西山の事は、帰りてまたこそ思ひ立ため(＝日を指定しない事なので、西山のことは、帰ってまた決めよう)〈徒然・一八八〉㋓帯や紐を締める。例(直衣ノ)御紐**さし**たまふ(＝御紐をお締めになる)〈源氏・浮舟〉㋔差し出す。勧める。例大将、盃**さし**たまへば(＝大将が、杯を差し出しなさるので)〈源氏・少女〉㋕琵琶や琴の柱(弦を支える具)を押さえる。例(琴ヲ弾クノハ久シブリデ)柱**さす**こともとうひうひしくなりにけりや(＝柱を押さえることもきまりが悪くなってしまったことだ)〈源氏・少女〉㋖かざす。さしかける。例一条殿よりかさ持て来きたるを**ささ**せて(＝一条殿から傘を持って来ているものをさしかけさせて)〈枕・五月の御精進のほど〉
❸【刺す・挿す】㋐突き刺す。挿し入れる。挿し挟む。例(a)櫛しおしたれて**さし**たる額つき(＝櫛を前下がりに挿し入れている額の様子)〈源氏・末摘花〉例(b)銀の花瓶に桜を**さし**〈源氏・胡蝶〉㋑縫う。例高麗の青地の錦の端**さし**たる褥に(＝高麗伝来の青い生地の絹織物で縁どりしてある敷き物に)〈源氏・若菜下〉㋒棹で水底を突いて船を進める。例川の瀬ごとに棹**さし**のぼれ(＝川の浅瀬のたびに棹で水底を突いてさかのぼれ)〈万葉・一八・四〇六二〉㋓虫が刺す。蛇がかむ。例くちばみに**ささ**れたる人(＝蝮にかまれた人)〈徒然・九六〉
❹【注す・点す】㋐そそぎ入れる。つぐ。例紫は灰**さす**ものぞ〈万葉・一二・三一〇一〉読解 紫染めには、媒染剤として椿の灰を加えることを詠んだもの。㋑火をともす。例紙燭**さし**て参れ〈源氏・夕顔〉読解「紙燭」は松の木を棒状に削って作った照明器具。
❺【鎖す】門や戸などを閉ざす。鍵をかける。例戸口も**鎖し**てければ(＝戸口も鍵をかけてあったので)〈源氏・花宴〉

〈松井健児〉

さ・す ❶動(サ下二)〔サ変動詞「す」の未然形＋使役の助動詞「さす」＝「せさす」の変化した形〕させる。例物縫はせごと(＝裁縫)**さす**と聞くが〈宇治拾遺・九三〉❷動(サ四)〔❶の四段化〕❶に同じ。例そんな事なら人をびくびく**させ**さんがよい(＝させないほうがよい)〈浄瑠璃・奥州安達原・四〉

さす

助動(下二段型)❶使役の意を表す。〜させる。例(a)(中納言ハ)荒籠に人をのぼせて、吊り上げ**させ**(連用形)て(＝粗く編んだ籠に人をのぼらせて、吊り上げさせて)〈竹取〉例(b)(天皇ハ)宿曜のかしこき道の人に勘へ**させ**(連用形)たまふにも(＝宿曜道のすぐれた専門家に判断させなさっても)〈源氏・桐壺〉読解「宿曜」は占星術の一種。
❷(尊敬の補助動詞「たまふ」「おはします」などの上について)高い尊敬の意を表す。お〜になる。お〜なさる。〜て(で)いらっしゃる。例(a)(天皇ハ)類なくめでたくおぼえ**させ**(連用形)たまひて(＝並ぶものがないほどすばらしいと思われなさって)〈竹取〉例(b)夕つ方出で**させ**(連用形)おはしまして(＝夕方ご出発なさって)〈源氏・浮舟〉

❸（謙譲語「きこゆ」について）**動作の受け手を敬う謙譲の意を強める。～し申し上げる。** ⇩きこえさす。例みづから聞こえさすべきことも多かれど（＝私自身が申し上げなければならないことも多いけれど）〈源氏・夢浮橋〉 ❹**軍記などで、ふつう受身で表現すべきところを使役で表現する。～させる。** 例つねに錣をかたぶけよ。いたうかたむけて手へんいさすな（＝いつも錣を傾けろ。しかし傾け過ぎて兜のてっぺんを射させるな）〈平家・四・橋合戦〉 読解「錣」は兜の鉢の左右と後ろに垂らしているもの。

接続▶上一段・下一段・上二段・下二段・カ変・サ変活用の動詞の未然形につく。

活用▶下二段型

未然形	連用形	終止形	連体形	已然形	命令形
させ	させ	さす	さする	さすれ	させよ

語誌▼「す」と「さす」　同じ意味を表す助動詞に「す」（下二段型）がある。「さす」は接続の上で助動詞「す」と補いあう関係にあり、「さす」が接続する動詞以外の動詞には「す」が接続する。「さす」は室町時代以降、下一段化して「させる」となる。

▼**用法の特徴**　「す」（下二段型）「さす」は、平安時代に成立した。①の使役の用法が基本。この意では、上代には助動詞「しむ」が用いられた。平安時代には、和文では「す」「さす」が、漢文訓読系の文では「しむ」が用いられた。

②の尊敬は①から出たもので、貴人が自分ではせず仕える人などにさせることが多いことから、使役を尊敬とみるようになったもの。常に尊敬語とともに用い、「さす」単独で尊敬を表すことはない。

③の謙譲は「きこえさす」の形で用いられるもので、「きこえさす」は、ふつう、一語化した動詞とされる。

④は受身を忌み、積極的にということで、相手にさせてやったと使役にしたもの。〈泉基博〉

ざ-す【座主】 名《仏教語》❶一座の主。❷僧職の一つ。一山の寺務を統轄する首席の僧。延暦寺や金剛峯寺などに置かれ、その就任は官命によった。特に、延暦寺の座主は「天台座主」「山の座主」と呼ばれる。

ざ・す【座す・坐す】 動（サ変）❶すわる。例さまざまの物語しつつ**坐せ**られけり〈著聞集・二・六四〉 ❷仲間に加わる。連座する。

さす-が【刺刀】 名 腰に差す小刀。例後先丸き瓢簞を**刺刀**の下げ緒にくくり付け〈仮名草子・竹斎・下〉（図）。

さす-が【刺鉄】 名 鐙をつけるための金具。例武蔵鐙**さすが**にかけて頼むには〈伊勢・一三〉 読解そうはいうもののやはり、の意を掛ける。⇩くら

さすが

前に述べたことと相反する事態が後に続く場合に用いる。

❶形動（ナリ）**それに反して～だ。そうはいっても～だ。やはり、そうもいかない。** 例(a)人のほどの心苦しきに、名の朽ちなむは**さすがなり**（＝高い身分を考えると気の毒で、その名に傷がついてしまうのは、いくらなんでもいたわしい）〈源氏・末摘花〉 例(b)世の中なべていとはしう思しならるるに、**さすがなる**こと多かり（＝世の中のすべてを厭わしくお思いになられるが、やはり、そうもいかないことが多い）〈源氏・花散里〉 読解出家をしようと考えるが、そうはできない、ということ。

❷副 ❶**それでもやはり。** 例いみじくそしりつぶやき申したまひけれど、**さすが**ゆかしかりければ（＝ひどく非難してぶつぶつ申し上げなさるが、それでもやはりその様子が見たかったので）〈源氏・宿木〉 ❷**やはり。なんといっても。いかにも。** 例(a)（福原へ）程も**さすが**遠ければ（＝道のりもやはり遠いので）〈平家・五・都帰〉 読解「福原」は今の神戸市の一部。例(b)**さすが**都でござるぞ〈狂言・末広がり〉

語誌▼**語の成り立ち**　上代の「しかすがに」の「しか」が「さ」に変わった副詞「さすがに」を活用させて形容動詞「さすがなり」ができるとともに、一方では、「に」を脱落し、「さすが」の形で副詞として用いられる。

▼②②は、中世以後によく見られるようになる。〈井上博嗣〉

さすが-に 副 ❶そうはいうものの。例をかしきものの、**さすがに**あはれと聞きたまふ節もあり〈源氏・明石〉 ❷ほかのものとは違ってやはり。例**さすがに**武略の（＝武術にすぐれた）武蔵坊〈謡曲・正尊〉 ❸なんといってもやはり。例遊びなどもすさまじく（＝興ざめで）、**さすがに**暮らしがたきこそ苦しけれ〈源氏・常夏〉 読解夏の盛りなので、ということ。

さずく【授く】⇩さづく

さすたけの【刺す竹の】《枕詞》〔「さす」は生えて伸びる意〕「さすだけの」とも。竹が勢いよく生長することから、繁栄を祝いほめたたえて「君」「大宮」「皇子」「舎人」など宮廷関係の語にかかる。また、竹の節を「節」ということから、「よ」と同音を含む「よごもる」にかかるとも。

さす-の-みこ【指すの神子】 名 陰陽師や占い師で、掌をさすようによく言い当てる人。例**指すの神子**なる朦雲がひとしほ（＝いっそう）慥かにまうせしは、故こそあらめ〈読本・弓張月・続・四一〉

さす-また【刺股】 名 江戸時代、罪人などを捕らえるのに用いた道具の名。木の柄の先に二股に分かれた鉄製の金具がついていて、これで相手ののどをおさえつける。例突く棒よ**刺股**よと騒ぎにつれて〈浄瑠璃・夏祭浪花鑑・八〉

刺股

さすら・ふ

【流離ふ】❶動（ハ四）**さまよい歩く。** 流浪する。また、**落ちぶれてさまよう。落ちぶれた暮らしをする。** 例思ふ人に後れたまひぬる人は、高きも下れるも、心の外に、あるまじきさまに**さすらふ**たぐひだにこそ多くはべるめれ（＝親に先立たれておしまいになった人は、身分の高い人も低いままでいる人も、不本意に、みじめな姿で流浪する例さえ多いようでございます）〈源氏・総角〉

❷動(ハ下二) ①に同じ。例(a)(自分ガ死ンダラ、我ガ子ハ)いかなる心地して**さすらへ**むずらむ、と思ふに、なほいと死にがたし(=どのような気持ちで落ちぶれた暮らしをするのだろう、と思うと、やはりたいそう死ぬのが難しい)〈蜻蛉・中〉例(b)予ょもいづれの年よりか、片雲の風にさそはれて、漂泊の思ひやまず、海浜に**さすらへ**(=私もいつの年からか、ちぎれ雲を飛ばす風に誘われて、流浪の思いがやまず、海辺をさまよい歩き)〈芭蕉・奥の細道〉

語誌▼四段活用から下二段活用が派生したが、平安時代は下二段の使用度が圧倒的に高い。なお、中世は「さずらふ」の形も認められる。

▼「さすらふ」主人公たちの物語を貴種流離譚(きしゅりゅうりたん)という。⇩貴種流離(きしゅりゅうり)の話(はなし) 〈林田孝和〉

さする 使役・尊敬の助動詞「さす」の連体形。

さすれ 使役・尊敬の助動詞「さす」の已然形。

させ 使役・尊敬の助動詞「さす」の未然形・連用形。

さ-せうしゃう【左少将】(―ショウショウ) 名 ⇩さこんゑのせうしゃう

さ-せうべん【左少弁】(―ショウベン) 名 太政官左弁官局に属する職員。左大弁・左中弁に次ぐ。正五位下相当。定員一人。⇩べん

させ-おはします【させ御座します】(―オワシマス)〔尊敬の助動詞「さす」の連用形＋補助動詞「おはします」〕強い尊敬の意を表す。お〜になる。お〜あそばす。〜て(で)いらっしゃる。例上もきこしめして、興ぜ**させおはしましつ**(=天皇もお聞きになって、おもしろがっていらっしゃった)〈枕・五月ばかり、月もなういとくらきに〉語誌▼尊敬語＋尊敬語の二重敬語で、いわゆる最高敬語の一つ。▼四段・ナ変・ラ変活用以外の動詞の未然形につく。

させ-たまふ【させ給ふ】(―タマウ・―タモウ)〔助動詞「さす」の連用形＋補助動詞「たまふ」〕❶〔「さす」は使役〕〜させなさる。例(天皇ガ)宿曜(すくえう)(=人の運勢を占う星占い)のかしこき道の人に勘(かむが)へ**させたまふ**にも(=判断させなさっても)〈源氏・桐壺〉❷〔「さす」は尊敬〕お〜になる。お〜なさる。〜て(で)いらっしゃる。例(天皇ハ)類(たぐ)ひなくめでたくおぼえ**させたまひ**て〈竹取〉語誌▼四段・ナ変・ラ変活用以外の動詞の未然形につく。▼②はいわゆる最高敬語。平安時代は、地の文に用いられるときは天皇・皇后などに用いることが多い。⇩せたまふ

させ-たまへ【させ給へ】(―タマエ) ⇩いざさせたまへ

させも 名「させも草(ぐさ)」の略。例契りおきし**させも**が露を命にてあはれ今年の秋もいぬめり〈千載・雑上〉⬇名歌222

させ-もぐさ【させも草】 名「さしもぐさ」に同じ。後世、例の歌から人間・衆生(しゅじゃう)をさすようになった。例なほ頼め(=頼りにせよ)標茅(しめぢ)が原の**させも草**わが世の中にあらん限りは〈新古今・釈教〉読解 清水(きよ)寺の十一面観音の作った歌という。

させよ 使役・尊敬の助動詞「さす」の命令形。

さ-せる 連体 副詞「さ」＋サ変動詞「す」の未然形＋完了の助動詞「り」の連体形。ほかと比べて、それがと目立つような状態を示す。

(打消の語を伴って)さほどの(〜でない)。たいした(〜でない)。例**させる**者にも侍らず(=たいした者でもございません)〈宇治拾遺・九〇〉

語誌▼漢文訓読調の文章に多く用いられた。類義語に「さしたる」がある。

▼「させ」を、動詞「さす(指す)」の命令形とする説もある。 〈安隨直子〉

さ-せん【左遷】 名(中国で、下位者を名前を書いた札の左に記したことから)官職を下位に落とすこと。例**左遷**の愁へをやすめて、帰洛(きらく)の本懐(ほんぐわい)を遂げしめたまへ〈平家・二・康頼祝言〉

さ-ぜん【作善】 名《仏教語》善根を積むこと。仏像を作ったり、堂塔を造営したり、仏事供養・写経・読経(どきやう)などを行うこと。例**作善**など行はせはべれど、(病気ノ回復ガ)なほ心もとなきを(=不十分なので)〈宇津保・国譲中〉

ざ-ぜん【座禅・坐禅】 名《仏教語》両足を組んで静座(結跏趺坐(けっかふざ))して精神を統一し、瞑想(めいさう)することによって悟りを求めようとする修行。禅宗で重んじる。⇩ぜん(禅)①。

ざぜん-まめ【座禅豆】 名 黒大豆を甘く煮たもの。僧が座禅のときに小用を少なくするために食べたという。例御見舞ひに**坐禅豆**(ざぜんまめ)をもって御越しある〈噺本・昨日は今日の物語・下〉

さ-ぞ【然ぞ】 ❶〔副詞「さ」＋係助詞「ぞ」〕❶「さ」を強調する。そのように。例げに(=まさしく)**さぞ**思さるらむと〈源氏・須磨〉❷そうだ。そのとおりだ。例「さるから、**さぞ**(=そうだから、そうなのだ)」ともうち語らはば〈徒然・一三〉❷副〔推量の表現を伴って〕さだめし。さぞかし。例奥(おき)は(=沖は)**さぞ**(風ガ)吹いて候ふらん〈平家・二・逆櫓〉

さぞ-な【然ぞな】〔「な」は終助詞〕❶「さ」を強調する。そんなにも。❷いかにも。まったく。例**さぞな**昔の名残もさすがゆかしくて〈平家・六・小督〉❸さだめし。さぞかし。例袖(そで)に吹け**さぞな**旅寝の夢も見じ思ふ方(かた)より通ふ浦風〈新古今・羇旅〉

さそ-ふ【誘ふ】(サソウ) 動(ハ四)❶いっしょに行くよう勧める。連れていく。連れ去る。例我をあはれと思さば、おはすらむ所に**誘ひ**たまへ〈源氏・玉鬘〉❷促す。そそのかす。例鶯(うぐひす)の鳴きつる声に**誘は**れて花のもとにぞ我は来(き)にける〈後撰・春上〉

さ-た

【沙汰】 名動(サ変)「沙」は砂、「汰」は選び分ける意。水の中で砂をゆすって砂金などを選び分けることから、是非・善悪を選別したり、裁定したり、物事を処理したりすることをいう。

❶**処置。始末。取り裁き。**例(a)若狭(わかさ)の国に**沙汰す**べき事ありて(=若狭の国に処置しなければならない事があって)〈今昔・二六・七〉例(b)この小藤太は殿の**沙汰**をしければ(=この小藤太は主人の家政の取り裁きをしていたので)〈宇治拾遺・一四〉

❷**訴訟。裁判。判決。**例九軒町の喧嘩(けんくわ)…代官所の**沙汰**と成り(=九軒町でのけんかは…代官所での訴訟

となり)〈近松・山崎与次兵衛寿の門松・中〉
❸問題として論議すること。議論して決定すること。検討。相談。評議。評定 例 ⓐ定家は題の沙汰いたくせぬ者なり(＝定家は歌題の論議をあまりしない人である)〈後鳥羽院御口伝〉例 ⓑさる不思議ありしかど、世に沙汰もなし(＝そのような思いがけないことがあったけれど、世間で問題とはならなかった)〈愚管抄・五〉例 ⓒいかがせんと沙汰ありけるに(＝どうしようかと評議があったときに)〈徒然・一七七〉
❹命令。指図。例 世しづまり候ひなば、勅撰の御沙汰候はんずらん(＝世の中がおさまりましたならば、勅撰集を選べという御命令がございましょう)〈平家・七・忠度都落〉
❺評判。うわさ。例 都のさたになりしに〈西鶴・日本永代蔵・二・一〉 (黒木祥子)

さだ【名】時。時期。「さだ過ぐ」の形で用いる。

さ-だ【蹉跎】【形動】(タリ)「さた」とも。つまずき、よろけるさま。転じて、思うにまかせないさま。不遇のうちに時を過ごすさま。例 日暮れ、塗遠し。わが生すでに蹉跎たり〈徒然・一一二〉

さ-だいしゃう【左大将】【名】「左近衛の大将」の略。

さ-だいじん【左大臣】【名】太政官で、太政大臣の次に位し、政務を統轄する職。右大臣の上位。太政大臣は職掌がなく常置でもないため、実際には太政官の政務のすべてを統轄する。「左丞相」「左相府」「左相国」「左府」「ひだりのおとど」「ひだりのおほいまうちぎみ」などとも。

さ-だいべん【左大弁】【名】太政官左弁官局の長。従四位上相当。定員一人。⇩べん。例 左大弁、すこし大人びて(＝年配で)、故院の御時にもむつましう仕うまつり馴れし人なりけり〈源氏・松風〉

さだ-か【定か】【形動】(ナリ)「か」は接尾語。事実として、動かしようもなくはっきりしているさまを表す。
確かだ。明確だ。はっきりしている。例 (姫君ノ醜イ容貌ヲ)さだかに見たまひてのちは、なかなかあはれにいみじくて(＝はっきりとご覧になったのちは、かえってひどくかわいそうに思われて)〈源氏・末摘花〉 (安隨直子)

さだ-すぐ【さだ過ぐ】❶時節が過ぎる。好機を失う。例 このさだ過ぎてのち恋ひむかも(＝後で恋しく思うだろうか)〈万葉・一一・二七三二〉❷盛りの年齢が過ぎる。老ける。例 かくさだすぎ、何事も見苦しきありさまにて〈栄花・殿上の花見〉

さた-な・し【沙汰無し】1【形】(ク) 問題として取り上げない。例 赤舌日といふ事、陰陽道には沙汰なき事なり〈徒然・九一〉読解「赤舌日」は、万事に凶であるとされる日。2【名】❶内緒。例 沙汰なしにそっと逢はせましょ〈近松・山崎与次兵衛寿の門松・中〉❷取りやめ。中止。例 夜ぬけ(＝夜逃げ)の事は沙汰なしにして〈西鶴・西鶴織留・三・一〉

さ-だに【然だに】(副詞「さ」＋副助詞「だに」)❶そんなに。そのように。例 さだに思ひよらず〈源氏・篝火〉❷せめてそのようにでも。希望や推量の表現を伴うことが多い。例 さだに思し許いて〈源氏・若菜上〉❸(仮定条件を伴って)そのようにさえなったら。例 さだにも候はば、官加階は肩をならぶる人もあるまじきぞ〈平家・三・大塔建立〉

さた-の-かぎり【沙汰の限り】もってのほか。言語道断。例 地獄を逐電(＝逃亡)したまふさへ、沙汰の限りの事なるに〈談義本・根無草後編・三〉

さた-の-ほか【沙汰の外】もってのほか。論外。例 我が身一人の置き所なし。家人の恩(＝俸禄)までは沙汰の外なり〈源平盛衰記・三〇〉

さだま・る【定まる】【動】(ラ四)(「さだむ」の自動詞形)❶決まる。決着する。例 明くる年の春、坊定まりたまふにも(＝翌年の春、皇太子がお決まりになるときにも)〈源氏・桐壺〉
❷安定する。落ち着く。静まる。例 事移り、世の中定まらぬをりは(＝変事があり、世の中が落ち着かないときは)〈源氏・澪標〉
❸慣例となる。定例となる。例 定まりたる念仏をばさるものにて、法華経など誦ぜさせたまふ、かたがたいとあはれなり(＝慣例となっている念仏はいうまでもなく、法華経などを読誦させなさるのは、あれこれ実に心にしみて悲しい)〈源氏・御法〉 (安隨直子)

さだ・む【定む】【動】(マ下二)「さだか(定か)」と同根。物事をはっきりさせる、はっきりさせるために議論する意。
❶決める。決定する。例 十一月十三日遷幸とさだめらる〈平家・五・月見〉読解 福原遷都に関する話。「遷幸」は天皇が新皇居に移ること。
❷相談する。議論する。例 (求婚者カラノ和歌ニ)「いかに。返りごとすべくやある」などさだむるほどに(＝「どうでしょう。返事をしたほうがいいかしら」などと相談しているときに)〈蜻蛉・上〉
❸判定する。裁定する。例 身の才は、人聞く所にて上手と定めらるるなむよき(＝身に備わっている才能は、ほかの人が聞くところで上手だと判定されるのがよい)〈宇津保・吹上下〉
❹平定する。治める。例 天の下 治めたまひ 食す国を 定めたまふと(＝天下をお治めになり、統治なさるこの国を平定なさるといって)〈万葉・二・一九九〉
❺一定させる。安定させる。例 山寺・里に往返して(＝山寺と里の間を行ったり来たりして)、住みかを定めず〈今昔・一三・一四〉 (安隨直子)

さだめ【定め】【名】❶決定。取り決め。例 (御指示ガナケレバ)えなむ仕うまつらぬ。さだめうけたまはらむ(＝してさしあげることができません。決定を承りましょう)〈大和・一五九〉
❷議論。相談。例 弓箭・兵杖を帯したる者どもあまた立ちて、事の定めをするを(＝弓矢や武器を持っている者たちが大勢立って、何かの相談をするのを)〈今昔・二七・四〇〉
❸優劣の判定。裁定。例 昔より、春秋のさだめは、え

しはべらざなるを(＝昔から、春と秋の優劣の判定は、することができないそうですが)〈更級〉読解「ざなる」の「ざ」は、打消の助動詞「ず」。⇩ざなり

❹不動の決まり。不変の原則。例老少不定の境、げに定めはなかりけり(＝老いも若きも寿命が決まっていない無常なこの世では、ほんとうに不動の決まりがないのだ)〈義経記・六〉

〈安隨直子〉

さだめ-て【定めて】 副きっと。必ず。例この御社の獅子の立てられやう、定めてならひ(＝言い伝え)あることに侍らん〈徒然・二三六〉

さだめ-な・し【定め無し】 形(ク)❶変わりやすい。例神無月降りみ降らずみ(＝降ったり降らなかったり)定めなき時雨ぞ冬の始めなりける〈後撰・冬〉❷不安定だ。無常ではかない。例なほ(＝やはり)すべて定めなき世なり〈源氏・朝顔〉

さち【幸】 名❶獲物を捕るための霊力をもつ道具。弓矢・釣針など。例今は、おのもおのも(＝お互いに)さち返さむと思ふ〈記・上・神代〉❷狩りや猟で獲物の多いこと。また、その獲物。例ともに幸を争へり〈常陸風土記〉❸幸福。幸せ。

さ-ちゅう【左注】 名和歌などの後(縦書きで左側)につけられた注。和歌の歌句の異同や、成立事情・作者についての補足説明などが多い。

さ-ちゅうじゃう【左中将】 名「左近衛の中将」の略。例左中将、まだ伊勢の守ときこえし時〈枕・この草子、目に見え心に思ふ事を〉

さ-ちゅうべん【左中弁】 名太政官左弁官局に属する職員。左大弁に次ぐ。正五位上相当。定員一人。⇩べん

さ-つき【皐月・五月・早月】 名陰暦の五月のこと。民俗学によれば「さ」は、稲・稲作と密接に関連する語であるから、苗を田に植える月、の意という。例笠島はいづこさつきのぬかり道〈芭蕉・奥の細道〉読解笠島にある歌人藤原実方の墓を、五月雨のぬかるみで捜しあぐねたという句。

語誌▼「五月待つ花橘」『伊勢物語』では、富士山の雪が真夏でも消えないことを強調して「五月のつごもり」という時間が設定されたり(九段)、「五月待つ花橘の香をかげば昔の人の袖の香ぞする」(↓名歌178)の和歌が詠まれたりしている(六〇段)。『源氏物語』では、「五月の節会(端午の節句)」に関連して菖蒲をめぐる歌の贈答があったり、馬場での競べ馬が語られたりする。『徒然草』では、早苗、水鶏の鳴き声なども、五月の風情として称揚する。

▼雨の月 『源氏物語』帚木巻の「雨夜の品定め」は、五月ごろの長雨に降りこめられた光源氏たちが所在なさを紛らすために語り明かしたことを語る。

〈島内景二〉

ざ-つき【座付き】 名❶用意された席に着くこと。また、その席順。例様つけし人(＝何々様と呼んでくれた人)も殿になり、座付きも上へはあげず〈西鶴・好色一代女・三・一〉❷宴席などでの座の取り持ち。また、座の雰囲気。例言葉もせせまり(＝詰まり)汗をかきて、座付きむつかしくなって〈西鶴・好色一代男・六・五〉❸能楽・歌舞伎・浄瑠璃で、役者や作者などが、ある座に専属すること。また、その人。

さつき-あめ【五月雨】 名「さみだれ」に同じ。例縫ひ物や着もせでよごす五月雨〈俳諧・猿蓑・二〉

さつき-の-せち【五月の節】 名陰暦五月五日の端午の節句。⇩たんご。例なまめかしきもの(＝優美なもの)…五月の節の菖蒲の蔵人〈枕・なまめかしきもの〉

さつき-の-みさうじ【五月の御精進】 名陰暦五月・九月に行う精進潔斎。年三回、斎月にあたる正月・五月・九月に行うものの一つ。例五月の御精進のほど〈枕・五月の御精進のほど〉

さつき-ばれ【五月晴れ】 名降り続く五月雨の合間の晴れ間。五月ごろの快晴というのは近代の誤用。例蟬はただ五月晴れに聞きそめたるほどがよきなり〈俳諧・鶉衣・百虫譜〉

さつき-やみ【五月闇】 ❶名五月雨のころの夜のひときわ暗い闇。❷《枕詞》暗いことから「くら」にかかる。例五月闇倉橋山の郭公〈拾遺・夏〉

さづ・く【授く】 動(カ下二)上位者が下位者に与える、が原義。受ける側からは「さづかる」という。

❶下の地位の人に与える。例玉守に玉は授けて〈万葉・四・六五二〉読解自分の娘を玉に、娘の夫をその番人(玉守)にたとえたもの。❷師が弟子に教え伝える。伝授する。例御忌むことはいとやすく授けたてまつるべきを(＝御受戒のことはたいそう簡単に伝授申し上げることもできるが)〈源氏・手習〉読解出家を願う女性に僧が語る言葉。

〈桑名靖治〉

さっ-さつ【颯颯】 形動(タリ)❶風がさわやかに吹くさま。さあっと。例涼風颯々たりし夜なかばに〈平家・七・青山之沙汰〉❷さらりとしたさま。気品のあるさま。例家隆は詞ききて(＝詞の使い方が適切で)颯々としたる風骨を詠まれしなり〈正徹物語・上〉

ざっ-しき【雑色】 名「ざふしき」に同じ。

ざっ-しゃう【雑掌】 名❶平安時代以降、貴族や寺社の荘園で、年貢の取り立てなどの雑務にあたる役人。例雑掌が不当、不日に(＝近いうちに)沙汰し直さすべく候ふ〈著聞集・一六・五二〇〉❷鎌倉・室町時代、武家で、日常の雑務や寺社の修理造営、将軍が出かけるときなどの費用を担当する役人。例高野の大塔を修理せよとて、渡辺の遠藤六郎頼方を雑掌に付けられ〈平家・三・大塔建立〉

ざっ-しゃう【雑餉・雑掌】 名饗応のための飲食物。ごちそう。例初番(＝最初)の雑掌には…中に甘露の酒を入れ〈御伽草子・浜出草紙〉

さっしゃる

助動(特殊型)(「さしゃる」の変化した形)尊敬の意を表す。〜なさる。例胴欲な(＝非道な)母様、覚えてゐさっしゃれ(命令形)〈近松・丹波与作待夜の小室節・上〉

接続四段・ナ変活用以外の語の未然形につく。

活用▶さっしゃら・さっしゃれ／さっしゃり・さっしゃ

れ／さっしゃる／さっしゃる／さっしゃれ／さっしゃれ・さっしゃい
語誌「しゃる」と補いあう関係にある。

ざっ-しょ【雑書】 名 江戸時代、相性や開運、暦日など種々の俗説を記した書。例 雑書にも年代記にも見あたらねえ〈滑稽本・浮世風呂・前上〉

ざっ-そ【雑訴】 名 いろいろな訴訟。例 御前の評定や、雑訴の御沙汰までも、准后の御口入（＝おとりなし）とだに言ひてんげれば〈太平記・一〉

さった【薩埵】 名〘仏教語〙〔梵語の音写〕❶生命あるもの。衆生。❷「菩提薩埵」の略。菩薩。例 金峰山に一千日籠もって生身の薩埵を祈りたまひしに〈太平記・二六〉

ざっ-てい【雑体】 名「ざったい」とも。長歌・旋頭歌・俳諧歌など、特殊な歌体の和歌・連歌の総称。

ざっ-と 副 ❶勢いよく。急に。さっと。例 気色をかへてざっと立たれたが〈天草本平家・一〉❷おおよそ。だいたい。例 ざっと積もって（＝見積もって）二百両〈近松・淀鯉出世滝徳・上〉

ざっ-ぱい【雑俳】 名 雑体の俳諧。形式の整った発句・俳諧に対し、前句付け・冠付け・沓付け・笠付け・折り句・五文字などの総称。遊戯的な面が庶民に喜ばれ、特に江戸中期以降に流行する。川柳はその代表。

ざっ-ぽう【雑袍】 ザフ 名 直衣のこと。⇩なほし（直衣）。例 禁色雑袍をゆり（＝許され）〈平家・一・吾身栄花〉

さっぱり 副 ❶いさぎよいさま。あっさりしているさま。例 今この庭でさっぱりと死にたいわの〈近松・薩摩歌・中〉❷後に何も残らないさま。すっかり。例 さあさっぱりとらち明いた（＝話がついた）〈浄瑠璃・神霊矢口渡・三〉❸（打消の語を伴って）まったく（〜ない）。少しも（〜ない）。例 楽屋落ちにてさっぱり落ちず（＝わからない）〈滑稽本・浮世床・二上〉

さつひとの【猟人の】〘枕詞〙〔「さつひと」は猟師の意〕猟師が弓を持つことから、「弓」と同音を含む地名「弓月が岳」にかかる。

薩摩 〘地名〙旧国名。今の鹿児島県西部。西海道十一か国の一つ。薩州。延喜式で中国・遠国。

薩摩浄雲 サツマジヤウウン〘人名〙一五九五〜一六七二（文禄四〜寛文一二）。江戸時代の浄瑠璃太夫。元和二年（一六一六）江戸で操り芝居を興行、薩摩節と呼ばれる語りを創始して、江戸浄瑠璃の祖となった。

さつ-や【猟矢】 名〔「さつ」は「さち（幸）」の交替形〕狩りに用いる矢。例 天地の神を祈りてさつ矢貫き（＝靫に差して）筑紫の島をさして行く我は〈万葉・二〇・四三七四〉

さつ-ゆみ【猟弓】 名 狩猟に使う弓。例 剣大刀腰に取り佩きさつ弓を手握り持ちて〈万葉・五・八〇四〉語誌「さつ」は「さち（幸）」の交替形で、本来は豊猟をもたらす霊力をもつ弓の意と考えられる。

さつ-を【猟夫】 オ 名〔「さつ」は「さち（幸）」の交替形〕猟師。例 むささびは木末求むと（＝梢を求めようとして）あしひきの（枕詞）山のさつをにあひにけるかも〈万葉・三・二六七〉

さ-て

副詞「さ」＋接続助詞「て」。「さ」で指示された事態を受けて次の文脈につなぐ。

❶副 **そのような状態で。そのままで。** 例 し残したるを、さてうち置きたるは、面白く（＝やり残してあることを、そのままにしておいてあるのは、興趣があって）〈徒然・八二〉読解 何事も完全なのはよくないという考えから述べる一節。

❷接 ❶**前の文脈を受けて、次の話題に続ける。** ㋐**そうして。そこで。** 例 行けどもえ逢はで帰りけり。さてよめる（＝行っても逢うことができず帰った。そこで詠んだ歌）〈伊勢・五〉
㋑**それから。その後。** 例 魚、深き河の底より下りざまにはるかに走り下りぬ。さて隣国の境の内に入りぬ（＝魚は、深い川底から下るときにはるかに下流へ下っていった。その後、隣国の国境の内に入った）〈今昔・二・二六〉
❷**話題を転換する。ところで。** 例 いとはつらく見ゆれど、志はせむとす。さて、池めいてくぼまり、水つける所あり（＝実に薄情だと思われるけれど、謝礼はしようと思う。ところで、池みたいにくぼんで、水のたまっている所がある）〈土佐〉

❸感 ❶（文頭に用いて）はてさて。いやもう。例 さて、何と思はしますぞ（＝はてさて、なんとお思いなさるか）〈山本東本狂言・三本の柱〉
❷（文末に用いて）強調の気持ちを表す。もう。まあ。例 離れたものではないはさて（＝縁がないものではないが、まあ）〈噺本・軽口御前男・一〉

〈安随直子〉

さ-で【叉手・小網】 名 漁具の名。箕の形に似たすくい網。例 下つ瀬に小網さし渡す〈万葉・一・三八〉

叉手

さて-あり-ぬ-べし〔副詞「さて」＋ラ変動詞「あり」の連用形＋完了の助動詞「ぬ」＋推量の助動詞「べし」〕そのままでよいだろう。そのままでよさそうな。例 すこしも（＝少しでも）さてありぬべき人々は、おのづから参りつきてありしを〈源氏・蓬生〉

さて-おく〔「さて」は副詞〕その状態のままにしておく。放置する。例 さばかりあはれなる人（＝あんなにもかわいい人）をさておきて、心のどかに月日を待ちわびさすらむよ〈源氏・浮舟〉

さて-こそ〔副詞「さて」＋係助詞「こそ」〕❶そうしてこそ。例 そこらの燕、子うまざらむやは（＝子を生まないことがありましょうか）。さてこそ取らしめたまはめ〈竹取〉読解「うまざらむやは」の「やは」は反語の意を表す。❷だからこそ。例 さてこそ使ひにははからひつれ（＝使者としては決めたのだ）〈十訓抄・一・八〉❸（感動詞的に用いて）思ったとおり。やっぱり。例 物語せし末を聞くに、さてこそ我が事申し出し〈西鶴・好色五人女・三・五〉

さて-さて ❶副 相手の話を促す。そうしてそれから。例 さてさて、俊寛と康頼法師が事はいかに〈平家・三・赦文〉❷感 なんとまあ。例 さてさてをかし

かりける女かな〈源氏・帚木〉

さて-の〔副詞「さて」＋格助詞「の」〕それ以外の。そのほかの。例**さての**人々は、みな臆しがちに〈源氏・花宴〉

さて-のみ〔副詞「さて」＋副助詞「のみ」〕❶そうしてばかり。その状態のまま。例聞こえでもやみなむ(=申し上げずにもすましてしまおう)と思へど、**さてのみ**はえあるまじく思ほゆれば〈宇津保・藤原の君〉❷そうしてだけ。その状態でのみ。例尼になしたまひてよ。**さてのみ**なん生くやうもあるべき(=生きることもできよう)〈源氏・手習〉

さて-は 副詞「さて」＋係助詞「は」。「さ」で指示された事態を受けて、それを強調しながら次の文脈へつなぐ。

1そうしては。**そのままでは**。例この燕の子安貝は悪しくたばかりて取らせたまふなり。**さてはえ**取らせたまはじ(=今の燕の子安貝はまずい計画でお取りになっている。そのままではお取りになれまい)〈竹取〉

2接 ❶**それでは**。**それならば**。例「御子はおはすや」と問ひしに、「一人も持ちはべらず」と答へしかば、「**さては**、もののあはれは知りたまはじ」(=「お子さまはおいでか」と尋ねたところ、「一人ももちません」と答えたので、「それでは、ものの情味はおわかりでないだろう」)〈徒然・一四二〉

❷**そうして**。**それから**。例**さては**夜になりぬ〈蜻蛉・中〉

❸**そのほかには**。**その上**。例**さては**古今の歌二十巻を、みなうかべさせたまふを御学問にはせさせたまへ(=そのほかには『古今和歌集』の歌二十巻を全部暗記なさるのを御学問になさいませ)〈枕・清涼殿の丑寅のすみの〉読解貴族の姫君の教育について。最初に習字、次に琴の琴の練習を挙げる。

3副 **さては**。**そうかそれでは**。例**さては**こなたにも(=あなた様も)末広がりを御存じないとみえました〈山本東本狂言・末広がり〉

語誌 ③は②①から派生した用法。〈安随直子〉

さて-も 副詞「さて」＋係助詞「も」。「さ」で指示された事態を受けて、次の文脈に続ける働きをする。逆接的な意味合いを帯びることが多い。

1それでも。**そのままでも**。例思ひわび**さても**命はあるものを憂きにたへぬは涙なりけり〈千載・恋三〉➡名歌

2接 **それにしても**。**それはそうと**。例**さても**、かばかりの家に車入らぬ門やはある(=それにしても、これほどの家に牛車の入らない門があるのか)〈枕・大進生昌が家に〉読解「やは」は反語の意を表す。

111

3副 **それにしてもまあ**。**さてさて**。例**さても**不思議の事を申し出だしたるものかな(=それにしても意外な事を申し出したものだなあ)〈平家・一・清水寺炎上〉

語誌 ③は②から派生した用法。「や」「かな」などの詠嘆を表す語を伴うことが多い。〈安随直子〉

さても-あり-ぬ-べし【さても有りぬべし】〔連語「さても」＋ラ変動詞「あり」＋完了の助動詞「ぬ」＋推量の助動詞「べし」〕それもよいだろう。それも当然だ。例大将にえなりたまはざりしぞ(=おなりになれなかったのは)…**さてもありぬべき**ことなり〈大鏡・兼通〉

さても-さても〔「さても」を重ねて強調した語〕なんとまあ。それにしても。例**さてもさても**、うれしう対面したるかな〈大鏡・道長上〉

さても-そのち【さてもその後】 そしてそののち。浄瑠璃、特に古浄瑠璃で、新たな段の始まりに用いる慣用句。

さて-も-やは〔「やは」は反語の係助詞〕そうであっても～か、いや、そうではあるまい。そのような状態でも～だろうか、いや、そうではあるまい。例前栽の草木まで心のままならず作りなせるは、見る目も苦しく、いとわびし。**さてもやは**、ながらへ(=ずっと続けて)住むべき〈徒然・一〇〉

さと【里】名 人が住まいを構え、集まった場所。自然の野山や働き先などに対しては、生活の本拠地をいう。

❶**人家がある所**。**人里**。例ま遠くの野にも逢はなむ心なく里のみ中に逢へる背なかも(=遠く離れた野ででも逢ってほしい。思いやりのないことに人里の真ん中で逢っているあなたよ)〈万葉・一四・三四六三〉読解人目の多い里で逢う恋人に対して恨み言を言う歌。

❷(宮仕え先・奉公先・嫁ぎ先などに対して)**自宅**。**実家**。例里にては、いまは寝なましものを(=実家では、今ごろはもう寝てしまっているだろうに)〈紫式部日記〉読解年末の宮中のにぎやかさを、実家と比較している。

❸(寺に対して)**在家**。**俗世間**。例里につねにありなんとし候はば、こころも不用になり、学問をも怠りなんず(=俗世間にいつもいたいと思いましたら、心も怠惰になり、学問もきっと怠けてしまうでしょう)〈義経記・一〉

❹「り(里)①」に同じ。例橘を(枕詞)守部の**さと**の門田早稲(=家の門前にある田の早稲)〈万葉・一〇・二二五一〉

❺近世の用法。遊里。例色の訳知り(=色事の道に通じ)里知りて〈近松・冥途の飛脚・上〉

語誌 王朝文学では②の意で「宮」と対になることが多い。后や女御などの実家をもいい、出産や病気のときなどは里へ退出した。〈高田祐彦〉

さ-と 副 瞬時に、あるいはいっせいに物事が起こるさま。さっと。わっと。どっと。例松の木のおのれ起きかへりて**さと**こぼるる雪も〈源氏・末摘花〉

佐渡《地名》旧国名。今の新潟県佐渡が島。北陸道七か国の一つ。佐州。延喜式で中国・遠国。遠流の地で、順徳上皇・日蓮・日野資朝・世阿弥などが配流された。また、金の産地として有名。

さ-とう【沙頭】名 砂浜。砂の上。例**沙頭**に印を刻む鷗の遊ぶ所〈和漢朗詠集・下・水〉

ざ-とう【座頭】 名 ❶琵琶を弾いて『平家物語』を語り、あるいは三味線で歌を歌うのを生業とした僧形の盲人の通称。あんま・はりを生業とする者もいた。❷室町時代以降、幕府公認の盲人職能団体であった当道座の職官の最下位の官。❸盲人。例都に**座頭**の寄り合ひ(＝集まり)があると申すほどに、参らうと存ずる〈狂言・どぶかっちり〉

さとおさ『里長』⇩さとをさ

さと-がち【里がち】 形動(ナリ)〔「がち」は接尾語〕宮仕えの人・奉公人などが実家に帰っていることが多いさま。例いとあつしくなりゆき(＝病気がちになり)、もの心細げに**里がちなる**を〈源氏・桐壺〉

さと-ことば【里言葉】 名 ❶江戸吉原の遊女が用いた特殊な言葉。「ありんす(あります)」「なんす(なさいます・～なさいます)」などの類。廓言葉。❷地方なまり。田舎言葉。

さとし【諭し】 名 教えわからせること。言い聞かせる言葉。神仏のお告げ。前兆。例立たむ月(＝来月)に死ぬべしといふ**さとし**もしたれば〈蜻蛉・下〉

さと・し

【聡し】 形(ク) 聡明だ。**判断がすばやく理解力がすぐれている。理性的でしっかりしている。** 例(a)ますらをの**聡き**心も今はなし恋の奴に我は死ぬべし(＝りっぱな男の理性的な心も今やない。恋の奴めのせいで私は死にそうだ)〈万葉・一二・二九〇七〉例(b)世に知らず**聡う**(音便形)賢くおはすれば、あまり恐ろしきまで御覧ず(＝世にたぐいないほど聡明で賢くいらっしゃるので、ひどく恐ろしいとまでお思いになる)〈源氏・桐壺〉読解当時、あまりに美しいもの・秀でたものは鬼神に連れ去られる、早死にするという俗信があった。

語誌▼語源 接頭語「さ」に「とし(鋭し・利し)」のついたものとする説と、「さとる(悟る)」「さとす(諭す)」の語幹「さと」と関係があるとする説がある。▼「さとし」と「かしこし」 類義語に「かしこし」があるが、例(b)のように二つの語を並べた例があるところを見ると、意味に微妙な差があったのであろう。幼年での習熟の早さ、機敏さ、聡明さを「さとし」といい、幼い年齢にもかかわらず計り知れない力量をもつことへの畏敬の念をこめて「かしこし」といったとみられる。〈米山敬子〉

さと・す【諭す】 動(サ四) ❶神や仏がお告げで知らせる。前兆を示す。例天変しきりに**さとし**、世の中静かならぬは(＝穏やかでないのは)〈源氏・薄雲〉❷教えわからせる。例弟磯城(＝人名)を遣はして**喩**さしめ〈紀・神武即位前紀〉

さと-すずめ【里雀】 名 遊里に足しげく通う人。例籠の鳥なる梅川(＝遊女の名)に焦がれて通ふ**里雀**〈近松・冥途の飛脚・上〉

さと-ずみ【里住み】 名 ❶(「内裏住み」に対して)宮仕えする人が宮中から退出して自宅に住むこと。例上の(＝天皇が)常に召しまつはせば、心やすく**里住み**もえしたまはず(＝おできにならない)〈源氏・桐壺〉❷宮仕えせず家で暮らすこと。例定まりたらむ**里住み**よりは〈更級〉❸(「寺住み」「山住み」に対して)人里に住むこと。例いままでかかる**里住み**をして、またかかる目を見つるかな〈蜻蛉・中〉

さと-だいり【里内裏】 名 内裏のほかに仮に設けられた皇居。火災や方違えなどの場合に臨時に造られるもので、摂政・関白の私邸があてられることが多い。「今内裏」「里内」とも。例**里内裏**つくるべきよし議定あって〈平家・五・都遷〉語誌 本来は一時的なものだったが、内裏がしばしば火災にあったこともあり、十世紀末ごろからは内裏と併存する場合が多かった。特に一条天皇は里内裏の一条院に移ることがしばしばあり、その時期の『枕草子』や『紫式部日記』の内裏はこの一条院とみられる。鎌倉初期の焼亡以来内裏は再建されず、今の京都御所も、南北朝時代の里内裏が後世固定したものである。

さと-どなり【里隣】 名 隣近所。近隣の家々。例このいさかひを見るとて、**里隣**の人、市をなして(＝大勢集まって)聞きければ〈宇治拾遺・一二四〉

さと-な・る【里馴る】 動(ラ下二) 鳥や獣が人里になれる。例山ほととぎすも**里馴れ**て語らふに〈堤中納言・逢坂越えぬ権中納言〉

さと-ばう【里坊】 名 山寺の僧が人里に構えた僧坊。例**里坊**に碓きくや梅の花〈俳諧・続猿蓑・下〉

さと-ばな・る【里離る】 動(ラ下二) 人里から離れる。例かの須磨は、昔こそ人の住み処などもありけれ、今はいと**里ばなれ**〈源氏・須磨〉

さと-びと【里人】 名 ❶宮仕えをしていない人。民間人。自宅にいる人。例宮人とよむ(＝騒ぐ)**里人**もゆめ(＝里人は決して騒ぐな)〈記・下・允恭・歌謡〉❷その土地の人。また、同じ土地に住んでいる人。例宇治の**里人**を召して〈徒然・五一〉❸実家・里方の人。例御方々の**里人**はべりつる中に〈源氏・花宴〉

さと・ぶ【里ぶ・俚ぶ】 動(バ上二)〔「ぶ」は接尾語〕❶田舎じみる。例**里びたる**声したる犬どもの出で来てののしるも(＝大声で吠えるのも)、いと恐ろしく〈源氏・浮舟〉❷家庭に閉じこもるなどして世慣れない。所帯じみる。例**里びたる**心地には…(宮仕エノホウガ)心も慰みやせむと思ふ折々ありしを〈更級〉

さ-どほ・し【さ遠し】 形(ク)〔「さ」は接頭語〕遠い。例会津嶺の国を**さ遠み**(＝遠いので)〈万葉・一四・三四二六〉読解「さ遠み」は、語幹＋接尾語「み」。

類義▶①ひなぶ

さと-み【里回・里廻】 名〔「み」は接尾語〕人里のあたり。例見渡せば近き**里廻**をたもとほり(＝遠回りして)〈万葉・七・一二四三〉

さとり【悟り・覚り】 名 ❶はっきりと知ること。真に理解すること。また、その知識。例春宮、**悟り**あるみこなり〈宇津保・俊蔭〉❷『仏教語』迷い・煩悩を脱して、真理を体得すること。例(仏ノ教エモ)**悟り**なき者は、ここかしこ違ふ疑ひをおきつべくなん(＝もつにちがいない)〈源氏・蛍〉

【悟りを開く】 迷いを去って真理を体得する。例成仏得脱して(＝成仏して煩悩・生死の苦悩から解放されて)**悟りを開き**たまひなば〈平家・一〇・維盛入水〉

さと・る

【悟る・覚る】 動(ラ四) ❶**物事の道理や本質を明らかに知る。すみずみまで理解する。** 例すべて男も女も…みちみちしき方を明らかに**悟り**明かさむこそ愛敬なからめ(=総じて、男も女も…本格的な学問をはっきりと理解しつくすようなことはかわいげがないだろう)〈源氏・帚木〉

❷**感づく。察知する。** 例天下の乱れむ事を**さとら**ずして(=天下が乱れるような事を察知せずに)〈平家・一・祇園精舎〉

❸《仏教語》**迷いを去り、真理を会得する。** 例過去未来の因果を**さとら**せたまひなば(=過去と未来の原因と結果に示された道理を真にお知りになったなら)〈平家・灌頂・大原御幸〉

語誌 表面に現れていない、物事の本質・真理、ことのなりゆき、人間の感情などを正しくとらえる意味で用いられる。ほかに働きかける「さとす」に対して、自分の内面での認知の働きをいう。〈桑名靖治〉

さと-ゐ【里居】 イ 名「さとずみ①」に同じ。例この草子…つれづれなる**里居**のほどに書き集めたるを〈枕・この草子、目に見え心に思ふ事を〉

さと-をさ【里長】 オサ 名 令制で、里の長。租税や労役の督促、戸口の管理などにあたる。例**里長**が声は 寝屋処まで 来立ち呼ばひぬ〈万葉・五・八九二〉➡名歌122

さなえ【早苗】⇩さなへ

さ-ながら

副詞「さ」＋接続助詞「ながら」。「さ」で指示された事態がそのまま継続している様子を表すのが基本。

1 副 ❶**そのまま。** 例李将軍が姿を**さながら**うつせる障子もあり(=李将軍の姿をそのまま写した障子もある)〈平家・一・二代后〉 読解「李将軍」は中国漢の武帝に仕えた将軍。

❷**すべて。全部。** 例政よくしたまふとて、筑紫人**さながら**従ひ申したりければ(=政治をよくなさるといって、筑紫国の人々すべてが従い申し上げたので)〈大鏡・道隆〉

❸**まるで。ちょうど。** 例**さながら**仙家の薬の水もかくやと思ひ知られつつ(=まるで仙人の薬の水もこのようなものなのかと思い知られて)〈謡曲・養老〉

2 接 近世の用法。そうはいっても。そうではあっても。例我が家ながら売るに買ひ手なく、**さながら**四間口人に無直もやられず(=そうはいっても、間口四間の家をただでやることもできず)〈西鶴・本朝二十不孝・一・二〉

語誌 「ながら」の意味によって、1・2の用法に分かれる。1③は、中世以降に現れ、現代語につながる用法。〈安隆直子〉

さ-なき-だに【然なきだに】〔副詞「さ」＋形容詞「なし」の連体形＋副助詞「だに」〕そうでなくてさえ。ただでさえ。例**さなきだに**ものの淋しき秋の夜の、人目稀なる古寺の〈謡曲・井筒〉

さ-なく-は【然なくは】〔副詞「さ」＋形容詞「なし」の連用形＋係助詞「は」〕「さなくば」とも。そうでないなら。さもなければ。例(橋ヲ)渡らばとく(=早く)渡れかし。**さなくは**後に渡れかし〈太平記・三九〉

さ-な-なり【然ななり】〔副詞「さ」＋断定の助動詞「なり」の連体形＋推定・伝聞の助動詞「なり」〕＝「さなるなり」の撥音便形「さなんなり」の撥音の表記されない形〕そうであるようだ。例かならず来べき人のもとに車をやりて待つに、いり来る音すれば、**さななり**と人々出でて見るに〈枕・すさまじきもの〉

さ-なへ【早苗】 ナエ 名 初夏、苗代から取り、田に植える稲の苗。例昨日こそ**早苗**とりしかいつのまに稲葉そよぎて秋風の吹く〈古今・秋上〉

さなへ-づき【早苗月】 サナエ 名〔田に早苗を植える月の意〕陰暦五月の別称。例**早苗月**さみだれそむる(=五月雨が降りはじめる)初めとや〈千五百番歌合〉

さ-なら-ず【然ならず】〔副詞「さ」＋断定の助動詞「なり」の未然形＋打消の助動詞「ず」〕❶そうでない。それほどでない。例**さならぬ**ことだに、人の御ためには、よさまのことをしも(=よい点のことというものは)言ひ出でぬ世なれば〈源氏・葵〉❷そうあるべきでない。例宮仕へ人、**さならぬ**人の娘なども謀らるるあり〈堤中納言・はなだの女御〉

さ-なり【然なり】〔副詞「さ」＋断定の助動詞「なり」〕そうだ。そうである。例さは、**さなり**けりと思ほしていみじう泣きたまふ〈宇津保・蔵開上〉

ざ-なり〔打消の助動詞「ず」の連体形＋推定・伝聞の助動詞「なり」＝「ざるなり」〕の撥音便形「ざんなり」の撥音の表記されない形〕～ないようだ。～ないそうだ。例この人、国に(=国司の役所で)必ずしも言ひ使ふ者にもあら**ざなり**〈土佐〉

さ-に【さ丹】 名〔「さ」は接頭語〕赤土から採った朱色。丹に。例**さ丹**塗りの 小舟もがも(=小舟があればなあ) 玉巻きの ま櫂もがも〈万葉・八・一五二〇〉

さにつらふ【さ丹つらふ】 サニツラウ・サニツロウ《枕詞》〔赤い頬をした、の意〕赤いものや美しいものを形容する語として「色」「もみち」「紐」「君」「妹」などにかかる。

さ-にぬり【さ丹塗り】 名〔「さ」は接頭語〕赤色に塗ること。また、塗ったもの。例**さ丹塗り**の 小舟もがも(=小さな舟があればいいのに)〈万葉・八・一五二〇〉

さ-には【さ庭】 ニワ 名 ❶神を請じ降ろしてそのお告げを聞く場所。例**さ庭**に居て、神の命(=お告げ)を請ひき〈記・中・仲哀〉❷神のお告げを聞いて、その意味を解き伝える人。

さ・ぬ【さ寝】 動(ナ下二)〔「さ」は接頭語〕❶寝る。例印南野の浅茅押し並べ**さ寝る**夜の〈万葉・六・九四〇〉❷男女が共寝をする。例**さ寝**むとは 我は思へど〈記・中・景行・歌謡〉

讃岐 《地名》旧国名。今の香川県。南海道六か国の一つ。讃州。延喜式で上国・中国。

讃岐典侍日記 《作品名》平安後期の日記。二巻。讃岐典侍(藤原長子)作。天仁二年(一一〇九)ごろ成立か。上巻は自分が仕える堀河天皇の発病から崩御までを、下巻は鳥羽天皇に再出仕以後の先帝追慕を記す。異様なまでの克明さで天皇の死を描く上巻に特色がある。本来は三巻とする説があり、それによれば現存の作品には一部脱落があることになる。

さ-ぬらく【さ寝らく】〔「さ」は接頭語。「ぬらく」は動詞「ぬ」のク語法〕寝ること。特に、男女が共寝をすること。例玉かづら(枕詞)絶えぬものから**さ寝らく**は年の渡りにただ一夜のみ〈万葉・一〇・二〇七八〉

さね【札】 名 鉄または革で作った細長い板。うろこの

ように並べ重ねて革や糸で綴り合わせ、鎧を作る。例ずいぶん**札**よき鎧をきせて〈保元・中〉

さね【核・実】 名 ❶果実の種子。果実の芯にある核。例(橘ノ)**さね**一つに木一木なり〈宇津保・藤原の君〉 ❷根本。本体。例文やうやくに(=少し)異なりといへども、その実一つなり〈紀・仁賢〉

さ-ね【さ寝】 名〔動詞「さぬ」の名詞形〕寝ること。特に、男女が共寝をすること。例まかなしみ(=いとしいので)**さ寝**に我は行く〈万葉・一四・三三六六〉

さね 副 ❶(打消の語と呼応して)決して(〜ない)。少しも(〜ない)。例常は**さね**思はぬものを〈万葉・七・一〇六九〉 ❷必ず。間違いなく。例行きてみて明日も**さね**来む〈源氏・薄雲〉

さ-ね 《上代語》〔上代の尊敬の助動詞「す」の未然形＋終助詞「ね」〕〜してください。例この岡に 菜摘ます児 家聞かな 名告らさね〈万葉・一・一〉↓名歌168

-ざね 接尾 名詞につく。❶根本のもの、まさしくそのもの、などの意を添える。「神ざね」「物ざね」など。❷主だったものである、の意を添える。「使ひざね」「客人ざね」など。

さね-がしら【札頭】 名 鎧の札の上端。例鎧の**札**頭・冑の鉢付けの板に〈太平記・二八〉

さね-かづら【真葛】 **1** 名「さなかづら」とも。植物の名。ビナンカズラの古称。モクレン科の常緑つる性の低木。晩秋に赤い小さな実をつける。例名にし負はば逢坂山の**さねかづら**人にしられでくるよしもがな〈後撰・恋三〉↓名歌268 **2**《枕詞》さねかづらのつるが別々に延びて分かれてもまたのちにからみあうことから「逢ふ」「後も逢ふ」にかかる。例**さねかづら** のちも逢はむと 大舟の(枕詞) 思ひ頼みて〈万葉・二・二〇七〉↓名歌45

さ-ねかや【さ根萱】 名〔「さ」は接頭語〕根がついたまま刈り取った萱。例岡に寄せ我が刈る萱の**さね萱**の〈万葉・一四・三四九九〉

さねさし 《枕詞》〔「ね」は「嶺」で、山がそばだつ意〕山がそばだって険しい意から、「嶮し」と類音の地名「相模」にかかる。例**さねさし** 相模の小野に 燃ゆる火の 火中に立ちて 問ひし君はも〈記・中・景行・歌謡〉↓名歌179

さ-ねど【さ寝処】 名〔「さ」は接頭語〕寝る場所。特に、男女が共寝をする場所。例妹ろを立てて**さ寝処**払ふも(=いとしいあの娘を待たせて共寝をする所を準備することだ)〈万葉・一四・三四八九〉

さ-ねどこ【さ寝床】 名〔「さ」は接頭語〕寝床。例(妻ハ)**さ寝床**も 与はぬかもよ(=与えてくれないことだ)〈紀・神代下・歌謡〉

佐野 《地名》歌枕 ❶上野国、今の群馬県高崎市下佐野、烏川の沿岸。和歌では、「佐野の舟橋」が詠まれる。❷紀伊国、今の和歌山県新宮市佐野。和歌では、「佐野の渡り」の形で「雨」「雪」や地名「三輪の崎」などとともに詠まれることが多い。例駒とめて袖うちはらふかげもなし**佐野**のわたりの雪の夕暮れ〈新古今・冬〉↓名歌166

さ-のつとり【さ野つ鳥】 **1** 名〔「さ」は接頭語。「つ」は「の」の意の上代の格助詞〕野の鳥。例我を思へか **さ野つ鳥** 来鳴き翔らふ〈万葉・一六・三七九一〉 **2**《枕詞》雉が代表的な野鳥であることから「雉」にかかる。例**さ野つ鳥** 雉は響む〈記・上・神代・歌謡〉

狭野弟上娘子 《人名》生没年未詳。「弟上」は「茅上」とも。奈良後期の女性歌人。斎宮寮の女官で、禁制を破って結ばれた中臣宅守との間に情熱的な歌を詠む。『万葉集』に短歌二三首を残す。

さ-のはり【さ野榛】 名〔「さ」は接頭語〕野に生えている榛の木。一説に、萩とも。例綜麻かた(=地名)の林の前の**さ野榛**の〈万葉・一・一九〉

さ-のみ【然のみ】 〔副詞「さ」＋副助詞「のみ」〕❶そのようにばかり。そうむやみに。例限りあれば、**さのみ**もえとどめさせたまはず(=お引き止めになれないで)〈源氏・桐壺〉 ❷(否定的表現を伴って)それほど(〜ない)。たいして(〜ない)。例つぎざまの人どもは**さのみ**ひきしろふに及ばねば(=連れて行くこともできないので)〈平家・七・福原落〉

さは【沢】 名 ❶水がたまり、草が生えている湿地。例君がため山田の**沢**にゑぐ摘むと雪消の水に裳の裾濡れぬ〈万葉・一〇・一八三九〉 ❷山あいの小さな流れ。渓流。例もの思へば**沢**の蛍もわが身よりあくがれ出づる魂かとぞ見る〈後拾遺・雑六〉↓名歌367

さは【多】 副(多く「さはに」の形で)たくさん。数多く。例国はしも **さは**にあれども〈万葉・一・三六〉

さ-は【然は】 副詞「さ」＋係助詞「は」。「さ」で指示された事態を強調したり、その事態を条件としたりする。

1そんなには。そうは。例例のうるさき御心とは思へども、**さは**申さで(=いつもの煩わしい御心とは思うけれど、そうは申し上げないで)〈源氏・夕顔〉

2 接 それでは。それなら。例(翁丸ノウワサヲスルト)ゐたる犬の、ふるひわななきて涙をただ落としに落とすに、いとあさまし。**さは**翁丸にこそありけれ(=うずくまっている犬が、ぶるぶる震えて涙をひたすらに落とすので、とても意外だ。それではこの犬が翁丸であったのだなあ)〈枕・うへにさぶらふ御猫は〉

語誌 **2**は「さば」と読む説もある。〈安隨直子〉

さ-ば【生飯・散飯】 名〔「生飯」の唐音「さんばん」の変化した形〕《仏教語》食事のとき、少量の飯を取り分けて、鬼神に供えたり鳥獣に与えたりするもの。例板屋の上にて、烏の斎(=僧の午前中の食事)のさば食ふ〈枕・さわがしきもの〉

さ-ば【娑婆】 名《仏教語》「しゃば」に同じ。例**さば**の外の岸に至りて〈源氏・若菜上〉 読解 「さばの外の岸」とは彼岸。極楽浄土のこと。

さ-ば【然ば】 接〔「さは」の変化した形。一説に、「さらば」の変化した形とも〕「さは(然は)**2**」に同じ。例**さば**、このいと荒まし(=荒々しい)と思ふ川に流れ亡せたまひにけり〈源氏・蜻蛉〉

さ-はい【差配・作配】 名《近世語》❶処置。取りさばき。例見事な**さはい**し〈西鶴・西鶴置土産・一・二〉 ❷指図。また、指示する人。例**差配**らしげに、もったい顔〈近松・博多小女郎波枕・上〉

さは-いへ【然は言へ】 そうはいうものの。しかし。例さはいへ秋の夜長となりて、また朝起き(=早起き)の面白き時は〈俳諧・鶉衣・朝寝辞〉

さ-はう【左方】 名❶左のほう。❷左方の楽。雅楽で、唐楽・天竺楽の称。

さば-え【然ばえ】 感《近世語》〔「さば」は「さらば(然らば)」の変化した形〕「さばへ」とも。さようなら。遊女などが別れの挨拶に言う語。例不動は目黒へお帰りさばへ〈松の葉・四・寛濶一休〉

さ-ばかり【然ばかり】 副〔副詞「さ」＋副助詞「ばかり」〕❶それほど。その程度。例この殿の御心、さばかりにこそ(=その程度でいらしたのだ)〈徒然・一〇〉❷あんなにも。例竹取の翁、さばかり語らひつるが〈竹取〉❸(②から転じて)たいそう。非常に。例さばかり深き谷一つを〈平家・七・倶梨迦羅落〉

さばき【捌き・裁き】 名❶取り扱い。処置。例法師の捌き、あっぱれ至極〈浮世草子・傾城禁短気・一・四〉❷善悪や是非を判定すること。例かかる捌きは理非(=正邪)の二つは明白にして〈西鶴・新可笑記・三・二〉

さばき-がみ【捌き髪】 名 解き散らした髪。ざんばら髪。例大肌脱ぎに捌き髪〈仮名草子・竹斎・上〉

さば・く【捌く】 1動(カ四)❶乱れそうなものを乱れないように扱う。複雑な物事を巧みに処理する。例篝火の早瀬にくだす鵜飼ひ舟さばく手縄の影ぞ乱るる(=篝火をともして早瀬を漕ぎ下す鵜飼い舟は、鵜飼いのさばく手縄は乱れないのに、篝火に映る手縄の影は乱れることだ)〈壬二集〉❷善悪・理非を明らかにする。裁判する。例おらもぎっとして代官所の格で捌く(=私も改まって代官所の裁判の格式で裁く)〈浄瑠璃・菅原伝授手習鑑・三〉❸ふるまう。例日ごろの大臣よろしくさばき置かるるとみえて(=いつもの金持ちの客がはでにふるまっていらっしゃると見えて)〈西鶴・好色一代男・三・二〉2動(カ下二)❶ばらばらになる。割れる。例(髪ノ毛ガ)たちまち四方にさばけ〈西鶴・好色一代男・六・三〉❷物事の筋道が通っている。例弁舌さばけし長口上(=ものの言い方の筋道が通った長い話しぶり)〈近松・井筒業平河内通・二〉❸世慣れてものわかりがいい。例さばけぬ人の長座敷(=ものわかりのよくない人の長い時間の座敷)、あくびも思はず出〈西鶴・好色一代女・五・一〉〈桑名靖治〉

さばく・る【捌くる】 動(ラ四)取り扱う。めんどうを見る。例家に帰りて魚さばくりけるところに(=調理していたところに)〈沙石集・七・五〉

さ-は-さうず【然は候ず】 そうであろう。そのとおりだろう。例およそ武士は二心あるを恥とす。そのことに源氏の習ひはさはさうず〈古活字本平治・中〉

さはさは-と【爽爽と】 副❶さっぱりと。例御心地さはさはとなりて〈宇治拾遺・一〇二〉❷すらすらと。例一首さはさはと理の聞こゆるやうに(=筋道のわかるように)詠むべきなり〈正徹物語・上〉

さ-ばし・る【さ走る】 動(ラ四)〔「さ」は接頭語〕はしる。例川瀬には鮎子さ走り〈万葉・三・四七五〉

さは-だ【多だ】 副〔「だ」は接尾語〕たくさん。多く。例小筑波の嶺ろに月立たし間夜(=前に逢ってからの夜々)はさはだなりぬをまた寝てむかも〈万葉・一四・三三九五〉

さ-ばへ【五月蠅】 名❶陰暦五月ごろに群がり騒ぐ蠅。夏の蠅。小さな蠅。❷蠅のように騒ぐこと。

さばへ-なす【五月蠅なす】 1副〔「なす」は接尾語〕夏の蠅のように騒がしいさま。数の多いさま。2《枕詞》夏の蠅のようなさまから「騒ぐ」「荒ぶ」などにかかる。

さは-やか【爽やか】 形動(ナリ)〔「やか」は接尾語〕❶気分がすっきりと快い。例ぬるみなどしたまへることはさめたまひて(=熱がおありになったのはお下がりになって)、さはやかに見えたまへば〈源氏・手習〉❷明快だ。はっきりしている。例さはやかに承りにしがな(=お聞き申し上げたい)〈源氏・総角〉❸思いきりがよい。例定めなき世といひながらも…さはやかに背き離るるもありがたう(=出家するのもめったになく)〈源氏・鈴虫〉

さは-や・ぐ【爽やぐ】 1動(ガ四)気分がさわやかになる。病気が治る。例世の中少し涼しくなりては、御心地もいささかさはやぐやうなれど〈源氏・御法〉2動(ガ下二)さわやかにする。例今しばし爽やげて、わたしたてまつれ〈夜の寝覚・二〉

さは-らか【爽らか】 形動(ナリ)〔「らか」は接尾語〕髪の毛や部屋などがさっぱりしている。例髪さはらかなるほどに落ちたるなるべし〈源氏・椎本〉

さはり【触り】 名❶さわること。手をふれること。また、そのときの感触。❷義太夫節で、義太夫節以外の音曲の節を取り入れた箇所。転じて、一曲中の最も情緒的な部分。聞かせ所。

さはり

【障り】 名〔動詞「さはる」の名詞形〕❶差し支え。妨げ。障害。例(a)潮干のほどなれば、障りなく干潟を行く(=干潮時なので、妨げなく干潟を進む)〈十六夜〉例(b)命長くて、なほ高くなども見なしたまへ。さてこそ九品の上にもさはりなく生まれたまはめ(=長生きをして、やはり私の位が高くなるのなどを見届けてください。そうしてこそ最上位の浄土にも障害なく生まれ変わりなさるがよい)〈源氏・夕顔〉読解光源氏が病気の乳母を見舞う言葉。この世に執着があると往生の妨げになるというが、私の立身を見届けて心残りもなくなれば、最上の浄土に生まれ変わるだろう、と励ます。❷月経。生理。例立ちぬる月よりは、さはりものしたまはず、悩みたまふなり(=先月からは、月経がおありでなく、ご気分が悪くていらっしゃるそうだ)〈宇津保・国譲中〉読解東宮妃の懐妊を語る場面。

語誌 何かを行おうとするにあたって邪魔になったり、妨げになったりするものをいうが、②のように月経をさすこともある。これは、特に神事にあって血の穢れを忌み嫌う風習によるものとされるが、血はむしろ神聖視されるべき性質のものであると考えられることから、そもそもは、神聖なるがゆえに忌むという宗教理念から発したものであろう。〈林田孝和〉

さはり-どころ【障り所】 名 妨げになるもの。邪魔もの。例かくほどもなき(=たいしたことのない)物の隔てばかりを障り所にて〈源氏・総角〉

さは・る【障る】 動(ラ四) ❶妨げられる。例月影(=月光)ばかりぞ、八重葎(=生い茂った雑草)にも**さはらずさし入りたる**〈源氏・桐壺〉 ❷差し支える。「さはる事」の形で、さまざまな支障を婉曲にいうことも多い。例同じ院にありける女、**さはる**ことありとて逢はざりければ〈大和・五三〉

さはれ【然はれ】 感〔副詞「さ」+係助詞「は」+ラ変動詞「あり」の命令形=「さはあれ」の変化した形か〕成り行きにまかせて放任する気持ちを表す。ままよ。どうにでもなれ。例**さはれ**思ひやみなん(=あきらめてしまおう)と思へど〈源氏・少女〉

さひ【鉏】 名 ❶鋭利な剣。例馬ならば日向の駒太刀ならば呉の真**鉏**〈紀・推古・歌謡〉 ❷鋤の一種。例出雲の国人ら、**さひ**を作りて、この岡に祭るに〈播磨風土記〉

さび【寂】 名『俳諧用語』特に蕉風俳諧で重視する美的理念。もの静かで奥ゆかしい心情がおのずから表面ににじみ出たような閑寂な情調をいう。本来は歌論用語で、中世の歌を貫く「幽玄」に根ざす。平安末期から鎌倉初期にかけての歌人藤原俊成が「(歌ノ)姿さびたり」「さびたる姿」などと用いたのに始まり、連歌では心敬が「冷えさび」を唱えた。蕉風ではさらに俳諧的なユーモアやペーソスの要素が加わっている。なお、芭蕉自身が「さび」について記したものはなく、その門人たちの間でも見解は分かれていた。「さび」を重視する去来は「さびは句の色(=情調)なり。閑寂なる句をいふにあらず。たとへば、老人の甲冑を帯し戦場に働き、(マタアル時ハ)錦繡をかむり御宴に侍りても、老いの姿あるがごとし。賑やかなる句にも、静かなる句にもあるものなり」〈去来抄〉などと記している。

さび-あゆ【錆鮎】 名 秋、錆のような色になった鮎。落ち鮎。例相模川の**錆鮎**取りて(酒ヲ)一献くまん〈近松・大磯虎稚物語・五〉

さび・し【寂し・淋し】 形(シク) 動詞「さぶ(荒ぶ)」の形容詞化。上代は「さぶし」。本来あるべきものの欠除や本来あるべき活力や生気の衰えからくるもの足りなさ、もの悲しさを表す。

❶**活気がなくなって荒涼とした感じがする。静かで心細い。**例年ごろよりもこよなう荒れまさり、広うもの古りたる所の、いとど人少なに**さびしければ**(=ここ数年よりもひどく荒れまさり、広々として古びている所が、ますます人が少なくなって荒涼とした感じがするので)〈源氏・若紫〉

❷**相手がいなくてせつない。**さびしい。あるべき人がいない、という索漠とした気持ちを表す。例独り寝常よりも**さびしかりつる**夜のさまかな〈源氏・幻〉 読解 紫の上死後の光源氏の孤独感。

❸**経済的に貧しい。**例(匂宮ガ)世の中うちあはず**さびしき**こと、いかなるものとも知りたまはぬ、ことわりなり(=世の中の思うにまかせず貧しいことが、どのようなものであるかをお知りにならないのは、当然である)〈源氏・宿木〉

語誌 ▼強い寂寥感 類義語「さうざうし」「こころほそし」よりも、「さびし」は、寂寥感を感じさせる状態を表す点に重きが置かれている。〈池田節子〉

さび-つきげ【宿月毛】 名 馬の毛色の名。赤褐色の月毛。例宿月毛の馬の五臓(=全身)大なるが、尾髪あくまで(=思う存分)ちぢみたるに〈曾我・一〉

さひ-づゑ【鏄】 名 鍬の一種。草刈りに用いる。例足駄はきて、**鏄**つきて〈宇津保・藤原の君〉

さ-ひゃうゑ【左兵衛】 名「左兵衛府」の略。

さひゃうゑ-の-かみ【左兵衛の督】 名 左兵衛府の長官。従五位上相当。

さひゃうゑ-の-じょう【左兵衛の尉】 名 左兵衛府の判官。大・少があり、おのおの正七位下・従七位上相当。定員各一人。

さひゃうゑ-の-すけ【左兵衛の佐】 名 左兵衛府の次官。正六位下相当。定員一人。

さ-ひゃうゑふ【左兵衛府】 名 六衛府の一つ。⇩ひゃうゑふ

さ-ふ【左府】 名 左大臣の唐名。

さ・ふ【障ふ】 動(ハ下二) ❶引っかかる。つっかえる。例刺櫛すりて磨くほどに、物につき**さへて**折りたる心地〈枕・あさましきもの〉 ❷妨げる。邪魔する。例波立ち**障へ**て(月ヲ)入れずもあらなむ(=入れないでほしい)〈土佐〉

-さ・ぶ 接尾(バ上二型) 名詞について、そのものらしくふるまう、そのものらしい様子や行為を行う、の意の動詞を作る。～らしくする。～らしい様子だ。「少女さぶ」「翁さぶ」「山さぶ」など。例神**さび**て高く貴き駿河なる富士の高嶺を(=神らしい様子で高く貴い、駿河の国にある富士の高い峰を)〈万葉・三・三一七〉

語誌 「荒ぶ」などの接尾語「ぶ」も、この「さぶ」とほぼ同じ意を表す。〈吉田比呂子〉

さ・ぶ【荒ぶ・寂ぶ・錆ぶ】 動(バ上二) ❶古くなる。古びて錆がつく。例(a)我が門の板井の清水里遠み(=里から遠いので)人し汲まねば水**さび**にけり〈神楽歌・杓〉 例(b)鎖のいといたく(=ひどく)**錆び**にければ、開かず〈源氏・朝顔〉 ❷心が荒れすさむ。さびしく思う。例朝へ夕へに**さびつつ**居らむ〈万葉・四・五七二〉 ❸古びて趣がある。例岩に苔むして**さびたる**所なりければ〈平家・灌頂・大原入〉 ❹衰える。さびれる。例夕づく日色**さび**まさる草の下にあるとしもなく弱る虫の音〈玉葉集・秋下〉 ❺しなやかで美しくふるまう。例その妻紅の襴染めの裳を着て**さび**〈霊異記・上・二〉 ❻歌論で、閑寂でものさびた境地、渋い味わいがある。藤原俊成によって唱え出された美意識で、連歌や俳諧にも受け継がれた。例左歌その姿詞言ひ知りて、**さび**てこそ見えはべれど〈八雲御抄・四〉

ざふ【雑】 名 和歌・連歌・俳諧の内容上の分類の一つ。和歌では四季・恋・賀・旅・哀傷などに属さない歌。連歌・俳諧では季語のない句。⇩ざふか。例恋の歌ならざらむ**雑**・季などに詠むべし〈毎月抄〉

ざふ-か【雑歌】 名 和歌の内容上の分類の一つ。『万葉集』では相聞・挽歌と並ぶ三大部立の一つで、宮廷関係の歌や儀礼歌、旅の歌などを集める。

『古今和歌集』以降は四季・恋・賀・旅・哀傷などに属さない歌。

さふ-かい【挿鞋】 ソウ 名 沓の一種。木製の浅い沓で、綾や錦を張り、底に皮をつける。主に天皇や高僧が用いる。⇩くつ〈図〉

ざふ-げい【雑芸】 ゾウ 名 ❶種々雑多な芸能・技芸の総称。当壺・打毬・蹴鞠・競馬・囲碁・相撲などのほか、中国伝来の散楽の流れを伝える曲芸・奇術・滑稽芸も含む。❷平安末期に民間に流行した歌謡の総称。今様・田歌・神歌・朗詠など。

ざふ-ごん【雑言】 ゾウ 名「ざふげん」とも。あれこれ悪口を言い立てること。また、その悪口。例われも人も虚言いひつけて**雑言**せんには、誰かは劣るべき〈平家・二・嗣信最期〉

ざふざふ-の-ひと【雑雑の人】 ゾウゾウ 身分の低い人々。例よき女房車多くて、(牛車ニ従ウ)**雑雑の人**なき隙を思ひ定めて〈源氏・葵〉

さぶ-し【寂し・淋し】 形(シク)『上代語』「さびし」の古形。例桜花今そ盛りと人は言へど我は**さぶし**も君としあらねば〈万葉・一八・四〇七四〉

ざふ-し【雑仕】 ゾウ 名 宮中や貴族の家で雑役に使われる身分の低い女性。「雑仕女」とも。例**雑仕**なども皆、車に乗りてなむ侍りし〈今鏡・四・宇治の川瀬〉

ざふ-じ【雑事】 ゾウ 名 ❶さまざまな事柄。こまごました事。例一生は**雑事**の小節にさへられて(=小さな義理に邪魔されて)、空しく暮れなむ〈徒然・一一二〉❷荘園で課せられた、野菜・塩などの雑税。例公事・**雑事**にかりたてられて〈平家・四・源氏揃〉

ざふ-しき【雑色】 ゾウ 名 ❶蔵人所の下級官人。良家の子弟が任じられ、蔵人に昇進することができる。例**雑色**の蔵人になりたる、めでたし〈枕・身をかへて、天人などは〉❷平安時代以降、院の御所・諸役所や貴族の家で雑役に従事する人。例**雑色**・牛飼ひなどをば…返し遣りつ〈今昔・二七・三一〉❸鎌倉・室町時代、幕府の雑役を務める下級役人。

ざふし-め【雑仕女】 ゾウシ 名「ざふし」に同じ。例御厨子所の**雑仕女**の〈宇津保・吹上上〉

ざふ-たん【雑談】 ゾウ 名 とりとめのない話。雑談。例近習の公卿両三人、女房少々候ひて**雑談**ありける時〈著聞集・八・三二三〉

雑談集 ゾウタンシュウ 《作品名》鎌倉後期の仏教説話集。一〇巻。無住作。嘉元三年(一三〇五)成立。作者は僧。説話を通じて仏教の教理を説くが、僧を対象とするため、同人の作の『沙石集』よりも難解で硬いとされる。自分の生涯を回顧するまとまった記述を載せる点が、作者の人物像を知る上で貴重。

ざふ-にん【雑人】 ゾウ 名 身分の低い人。身分の低い従者・兵士。鎌倉時代以降、武家以外の庶民の意にも用いる。例**雑人**の中にひとりふたりひそかにこれを飲むに、害なし〈今昔・二五・一三〉

ざふ-ひゃう【雑兵】 ゾウヒョウ 名 身分の低い兵士。歩卒。例**雑兵**三千余人までも、軍せんとてひしめきけり〈曾我・一〉

ざふ-もつ【雑物】 ゾウ 名 雑多な物。身近な粗末な物。例資財・**雑物**東西に運び隠し〈源平盛衰記・二六〉

ざふ-やく【雑役】 ゾウ 名 ❶種々の雑用。また、雑用に使われる人。例何の数なるべき身には侍らねど、**雑役**をももろともにと思ひたまへて〈宇津保・蔵開上〉❷「雑役馬」の略。雑用に用いられる馬。

ざふやく-ぐるま【雑役車】 ゾウヤクグ 名 雑用に使う車。身分の低い人の乗用にもなる。例**雑役車**に、この僧は紙の衣・袈裟など着て乗りたり〈宇治拾遺・一三三〉

さぶらう【候う・侍う】 ⇩さぶらふ

さぶ-らう【三郎】 ロウ 名 三番目に生まれた男子。三男。例左大臣殿の**三郎**にあたりたまふ、実忠といふ〈宇津保・藤原の君〉

さぶらひ

【侍】 サブライ 名〔動詞「さぶらふ」の名詞化〕❶**身分の高い人の身近で仕えること。** 例内裏にのみ**さぶらひ**ようしたまひて、大殿には絶え絶えまかでたまふ(=宮中でばかりよくお勤めをなされて、大臣家にはとぎれとぎれに退出なさる)〈源氏・帚木〉❷**貴人や目上の人の身近で仕えて、雑用や警護をする人。** 従者。例ⓐ御**さぶらひ**御笠と申せ(=お供の方よ「御傘をどうぞ」と申し上げなさい)〈古今・東歌〉例ⓑ殿の御かたより、**侍**の者ども、下衆など、あまた来て(=殿の御もとから、従者たちや、下仕えの者などが大勢やって来て)〈枕・関白殿、二月二十一日に〉❸**武家に仕える人。武士。** 例総じて、弓もち馬にのる**侍**、三百万騎もあるらんと見えし(=全部で、弓を持ち馬に乗る武士は、三百万騎もいるであろうと見えた)〈曾我・八〉❹供の人の控えている部屋。例客人の御出居、**さぶらひ**としつらひ騒げば(=客人の御部屋、お供部屋と大騒ぎで準備して)〈源氏・東屋〉❺「侍所①」の略。例東の対の北の端…などは**侍**にせさせたまへり(=侍所になさっている)〈栄花・本の雫〉❻「しもさぶらひ」に同じ。例**さぶらひ**にまかでたまひて、人々大御酒などまゐるほど(=下侍に退出なさって、人々がお酒などを召し上がるとき)〈源氏・桐壺〉読解「まゐる」は飲む意の尊敬語。〈黒木祥子〉

さぶらひ-だいしゃう【侍大将】 サブライダイショウ 名「さむらひだいしゃう」とも。大将軍の下で一軍を率いる武士。例大将軍権亮少将維盛、**侍大将**上総守忠清を召して〈平家・五・富士川〉

さぶらひ-どころ【侍所】 サブライ 名 ❶平安時代、院・親王・摂関家などに置かれた侍の詰め所。家の事務をつかさどる。❷鎌倉・室町幕府の政務機関。御家人の統制や軍務にあたる。

さぶら・ふ

【候ふ・侍ふ】 サブラウ・サブロウ〔「さもらふ」の変化した形〕1動(ハ四)❶「あり」「居り」「仕ふ」の謙譲語。**おそばにお控えする。** 伺候する。**お仕えする。** 物が主格になることもある。例ⓐ(天皇ニ)近う**さぶらふ**かぎりは、男も女も、いとわりなきわざかな、と言ひあはせつつ嘆く(=おそば近くお控えする者は皆、男も女も、まったく困ったことだなあ、と言いあってはため息をつく)〈源氏・桐壺〉例ⓑ(アノ絵日記ハ)中宮に**さぶらは**せたまへ(=中宮のもとにお納めください)〈源氏・絵合〉❷「**行く**」「**来**」の謙譲語。うかがう。例今日明日過ぐして**さぶらふ**べし(=今日明日を過ごしてから、おう

かがいしましょう)〈源氏・夢浮橋〉
❸「あり」の丁寧語。**あります。ございます。** 例朝夕のつとめ怠る事**さぶらはず**(=朝夕の仏道修行をなまけることはございません)〈平家・灌頂・六道之沙汰〉
[二]補動(ハ四)❶補助動詞「あり」の丁寧語。(さまざまな語について)**〜あります。〜ございます。** 例ことにほど遠くは**さぶらはず**なむ(=特に道のりが遠いということではございません)〈源氏・浮舟〉
❷(活用語の連用形、またはそれに接続助詞「て」のついた形について)**丁寧の意を表す。〜ます。〜です。〜(で)ございます。** 例げにもと思ひ**さぶらひ**しぞや(=なるほどそのとおりだと思ったことでございますよ)〈平家・一・祇王〉
語誌▼[一]①が原義。[一]②は[一]①の意味が変化したもの。[一]③・[二]は[一]①から派生したもの。
▼「**さぶらふ**」と「**はべり**」 平安時代では、丁寧語は一般には「はべり」が用いられた。しかし平安時代も時代が下るにつれて、「はべり」より敬意の高い「さぶらふ」がしだいに勢力を増してくる。平安後期ごろには「はべり」を圧倒し、中世になると「はべり」に取って替わった。
▼「**さぶらふ**」と「**さうらふ**」 「さぶらふ」から「さうらふ」「さむらふ」が成立するが、平曲では女性は「さぶらふ」を、男性は「さうらふ」をもっぱら用いる。謡曲では女性の発話部に「さむらふ」が多く用いられている。〈泉基博〉

さへ

サエ 副助 ❶**添加する意を表す。〜までも。** 例(a)手に取れば袖**さへ**にほふ女郎花(=手に取ると、袖までも美しく染まる女郎花よ)〈万葉・一〇・二一一五〉例(b)前の世にも御契りや深かりけん、世になく清らなる玉の男御子**さへ**生まれたまひぬ(=前世でもご宿縁が深かったのだろうか、この世にまたとなく清らかで美しい玉のような皇子までもお生まれになった)〈源氏・桐壺〉
❷(「〜さへあらば」などの形で)**最低条件を挙げる。〜だけでも。** 例命**さへ**あらば見つべき身の果てを忍ばむ人のなきぞかなしき(=命だけでもあったらきっと見届けられるはずの私の最期を、思い出して懐かしんでくれる人がいないのが悲しい)〈新古今・雑下〉
❸**極端な事物を挙げて他の場合を類推させる意を表す。〜さえ。〜さえも。** 例まさしき兄弟**さへ**似たるはすくなし。まして、従兄弟に似たるものはなし(=本当の兄弟さえ似ているものは少ない。まして、従兄弟には似ているものはいない)〈曾我・四〉
接続▼体言、連用修飾語、活用語の連体形、格助詞などにつく。
語誌▼**用法の変遷** 動詞「添ふ」の連用形から転じたものであろう。ある事物を他の事物に添加する意を表す①が本来の用法であるが、②や③のように、しだいに「**だに**」や「**すら**」に通じる用法が出て来た。中世に入ると、③の類推を表す用法の「さへ」が「だに」「すら」に替わって用いられるようになり、添加の用法には「**まで**」が多く用いられるようになった。したがって、「さへ」の意味を考えるときには、その文がいつの時代のものかに注意する必要がある。たとえば、平安時代の例はおおむね①の用法である。〈近藤要司〉

さへ-き【禁樹】 サエ 名 通行を妨げる木。例真木立つ荒き山道を 岩が根 **禁樹**押しなべ(=押しなびかせ)〈万葉・一・四五〉

さ-べき 「さんべき」の撥音の表記されない形。⇩さるべき。例**さべき**宵など、物越しにてぞ語らひはべる〈源氏・末摘花〉

さへづ・る

【囀る】 サエズル 動(ラ四)❶**鳥がしきりに鳴く。** 例百千鳥**さへづる**春はものごとにあらたまれども我ぞふりゆく(=多くの鳥がしきりに鳴く春はあらゆるものが新たに若返るけれども、私だけが年老いていく)〈古今・春上〉
❷**意味のわからない言葉でしゃべりちらす。** 例あやしきしづのをの**さへづり**歩くけしきどもまで(=身分の低い男たちが意味のわからない言葉でしゃべりちらして歩き回る様子などまで)〈紫式部日記〉
語誌「あやしき海人どもなどの…聞きも知りたまはぬことどもをさへづりあへる」〈源氏・明石〉の例などのように、鳥の声・外国語・地方の言葉など、都の貴族らにとって意味が理解できないものを表す。〈松井健児〉

さへ-に

サエ 副助〔副助詞「さへ」+格助詞「に」。「に」は接尾語とも〕添加の意を強める。〜までも。例ことならば(=どうせ散るのならば)咲かずやはあらぬ桜花見る我**さへに**しづ心なし〈古今・春下〉
接続▼種々の語につく。

さへ-の-かみ【塞の神・道祖神】 サエ 名 村境や峠・辻などに祭られ、疫病や悪霊の入り込むのを防いだり、通行人を守ったりする神。⇩だうそじん。例五条の**道祖神**のまします所に、大きなるならぬ(=実のならない)柿の木ありけり〈今昔・二〇・三〉

佐保 サオ《地名》大和国、今の奈良市北郊の地名。平城京の北東にあたり、奈良時代は朝廷の高官の邸宅が多くあった。特に、佐保山や佐保川は平安時代以降もよく和歌に詠まれた。

さほ-かぜ【佐保風】 サオ 名 佐保のあたりを吹く風。例**佐保風**はいたくな吹きそ(=ひどくは吹いてくれるな)家に至るまで〈万葉・六・九七九〉

佐保川 サオガワ 名 春日山を水源とし、佐保地方から平城京を通って南流する川。初瀬川・飛鳥川と合流し、大和川となる。和歌では、千鳥や川霧が詠み込まれることが多い。例**佐保川**の清き川原に鳴く千鳥〈万葉・七・一一二三〉

佐保姫 サオヒメ 名 春をつかさどる女神。平城京の東の佐保山にちなむ称で、東は五行説で春にあたることからいう。秋をつかさどる女神は龍田姫。例**佐保姫**の糸そめかくる青柳を吹きな乱りそ(=吹き乱すな)春の山風〈詞花・春〉

さ-ほふ【作法】 ホウ 名 ❶事を行う決まったやり方。儀式。慣例。特に、葬礼・授戒など仏事の決まったやり方。例(a)例の**作法**にをさめたてまつるを(=葬り申し上げるが)〈源氏・桐壺〉例(b)勅勘の所に靫かくる**作法**(=天皇のおとがめを受けた家に靫をかけるやり方)、今はたえて知れる人なし〈徒然・二〇三〉読解「靫」は矢を入れて背負う武具。❷立ち居振る舞いの正しいやり方。例座につき並びたる**作法**よりはじめ〈源氏・少女〉❸ありさま。状況。例世の**作法**を見て、吉

凶を相するに〈今昔・一三・二七〉

佐保山 《地名》歌枕 大和国、今の奈良市の北郊、法蓮町・法華寺町の北方に広がる丘陵。紅葉の名所。ふもとを佐保川が流れる。例**佐保山**のははそ(=ナラなどの落葉高木)の色は薄けれど秋は深くもなりにけるかな〈古今・秋下〉

さま

【様】**1**名 **物事のおおよそのありようを表す。** ❶**様子。ありさま。姿。** 例(a)寺の**さま**もいとあはれなり(=寺の様子もたいそうしみじみとした趣がある)〈源氏・若紫〉例(b)大伴黒主は、その(和歌ノ)**さま**いやし〈古今・仮名序〉

❷**趣。事情。** 例言の心を、男文字に**様**を書き出だして(=和歌の意味を、漢字でその趣を書き出して)〈土佐〉

❸**方法。手段。** 例いと鄙び、あやしき下人の中に生ひ出でたまへれば、もの言ふ**さま**も知らず(=まったく田舎めいて、身分の卑しい人たちの中で成長なさったので、ものの言い方も知らない)〈源氏・常夏〉

2代 《近世語》対称および他称の人称代名詞。親愛感をこめて用いる。**あなたさま。あの方。** 例賤が思ひを、夢ほど**さま**に知らせたや(=私の気持ちを、少しでもあの方に知らせたい)〈滑稽本・膝栗毛・四上〉

3接尾 ❶「ざま」とも。㋐場所や方向を表す体言について、**方向を表す。〜のほう。** 例紫野**様**に遣らせて行くほどに(=紫野のほうに牛車を進ませて行くうちに)〈今昔・二八・二〉

㋑種々の語について、**そのような様子・仕方、などの意を添える。〜のよう。** 例人のかく侮り**ざま**にのみ思ひきこえたるを(=世間の人がこうも見下すようにばかり思い申し上げているので)〈源氏・東屋〉

㋒動詞の連用形などについて、**ちょうどそのとき、の意を添える。〜のとき。〜やいなや。** 例去き**様**に金尾丸を強く突けば(=退いた瞬間に金尾丸を強く突き飛ばしたので)〈今昔・一六・二〇〉

❷人をさす語について、**敬意を添える。**「殿」より敬意が高い。「若君様」「尼君様」など。〈渡部泰明〉

［様変はる］ ❶普通と様子が違う。例ものうち言ひたるけはひなども、ほかには**さま変はり**て見ゆ〈源氏・賢木〉❷髪を剃って出家姿になる。例今はとて**さま変はる**は悲しげなるわざなれば〈源氏・若菜上〉

［様を変ふ］ ❶普通と違っている様子にする。例これは**様変へ**たる(=風変わりな)春の夕暮れなり〈源氏・玉鬘〉❷姿を変える。元服・出家などをする。例かやうに**様をかへ**て参りたれば(=このように尼になって参上いたしましたので)〈平家・一・祇王〉

ざま【様・態】名〔「さま」の変化した形〕様子。侮蔑をこめて用いる。例あの**ざま**を見ねえな(=見てみろよ)〈滑稽本・浮世床・初上〉

さま‐あ・し【様悪し】形(シク) みっともない。見苦しい。例遊びわざは 小弓。碁。**さまあしけれ**ど、鞠もをかし〈枕・あそびわざは〉

さま‐かたち【様貌・様形】名 姿と顔かたち。例**さまかたち**も清げなりければ、あはれがりたまうて、上(=殿上)に召しあげたまふ〈大和・一四六〉

さま‐こと【様異】形動(ナリ) ❶異様だ。例おどろおどろしう**さま異**なる夢を見たまひて〈源氏・若紫〉❷格別にすぐれている。例人柄もおぼえ(=人望)も**さま異に**ものしたまへば〈源氏・浮舟〉❸姿を変えたさま。出家姿などにいう。例**さま異に**心ざしたりし身の〈源氏・蜻蛉〉

さま・す【覚ます・醒ます・冷ます】動(サ 四)〔「さむ」の他動詞形〕❶【覚ます・醒ます】㋐眠りや夢から目覚めさせる。例二声と聞くとはなしに郭公夜深く目をも**さまし**つるかな〈後撰・夏〉㋑迷いを解く。もの思いを晴らす。例しひて心強う**さまし**はべるを〈源氏・柏木〉㋒酔いをさます。❷【冷ます】㋐熱を取り去る。冷たくする。例かの炎をも**冷まし**はべりにしがな(=地獄の業火をもさましてさしあげたいものだ)〈源氏・鈴虫〉㋑高まった気持ちをしずめる。興味をそぐ。例御前に列して御遊なれば、**さまし**まいらせむも無骨なるべし〈平治・上〉

さまた・る 動(ラ下二) 乱れる。だらしなくなる。例一人うるはしき者もなく(=一人としてきちんとした人もなく)、酔ひ**さまたれ**て〈今昔・二八・四〉

さ‐まで【然まで】副〔副詞「さ」＋副助詞「まで」〕そんなにまで。そうまで。例**さまで**心とどむべき事のさまにもあらず(=事情でもない)〈源氏・夕顔〉

さ‐まね・し 形(ク)〔「さ」は接頭語〕「まねし」に同じ。例見ぬ日**さまねく**月ぞ経にける〈万葉・四・六五三〉

さま‐の‐かみ【左馬の頭】名 左馬寮の長官。従五位上相当。「ひだりのうまのかみ」とも。

さま‐よ・し【様良し】形(ク) 姿・形が美しい。体裁がよい。例常にあひ見ぬ恋の苦しさを、**さまよき**ほどにうちのたまへる〈源氏・浮舟〉

さまよ・ふ【吟ふ・呻ふ】動(ハ四) うめき声をあげる。ため息をつく。例妻子どもは 足の方に囲み居て 憂へ**吟ひ**〈万葉・五・八九二〉➡名歌122

さまよ・ふ

【彷徨ふ】動(ハ四) ❶**目的も定めず行ったり来たりする。うろうろする。ぶらつく。** 例(a)宿直人が寒げにて**さまよひ**しなどあはれに思しやりて(=宿直をする人が寒そうにしてうろうろしていたことなどを気の毒に思いやりなさって)〈源氏・橋姫〉例(b)人遠く、水草清き所に**さまよひ**ありきたるばかり、心なぐさむ事はあらじ(=人里離れ、水や草が美しい所をぶらつくことほど、心が晴れることはあるまい)〈徒然・二一〉

❷**さすらう。流浪する。** 例からき命生きて北陸道に**さまよひ**(=やっと生きのびて北陸道を流浪し)〈平家・一一・嗣信最期〉

❸**雲や霧などが漂う。** 例遠つ川吉野の滝をわけくれば氷ぞ泡と浮きて**さまよふ**(=遠つ川は吉野の滝を進みくるので氷も泡となって浮いて漂う)〈曾丹集〉

❹**気持ちが浮つく。決心が定まらない。** 例色めかしう**さまよふ**心さへ添ひて(=好色めいて浮ついた気持ちまで加わって)〈源氏・真木柱〉〈大井田晴彦〉

さま‐れう【左馬寮】名「さめれう」とも。左・右ある馬寮のうち、左の馬寮。

さ‐み【さ身】名〔「さ」は接頭語〕中身。一説に、刀身の意とも。例出雲建が 佩ける刀 黒葛多巻き **さ身**なしにあはれ〈記・中・景行・歌謡〉

さ‐み【沙弥】名《仏教語》「しゃみ(沙弥)」に同じ。

さみ・す【褊す】 動(サ変)〔「狭さみす」で、相手を狭いものとする意〕侮る。軽んじる。ばかにする。例近辺の郷民どもも次第に帰伏(=降伏)したる由にて、かへって武家をばさみしけり〈太平記・五〉

さ-みだ・る【さ乱る】 動(ラ下二)〔「さ」は接頭語〕乱れる。和歌では、多く「五月雨る」と掛けて用いる。例折過ぎてさてもこそやめさみだれて今宵あやめの根をやかけまし〈和泉式部日記〉

さみだ・る【五月雨る】 動(ラ下二)〔名詞「さみだれ」の動詞化〕五月雨が降る。和歌では、多く「さ乱る」に掛けて用いる。例さみだれてもの思ふときはわがやどの鳴く蟬さへに心ぼそしや〈曾丹集〉

さみだれ【五月雨】 名 五月に降る長雨。梅雨。和歌では、ほととぎすとともに詠まれることが多い。例五月雨の降りのこしてや光堂〈芭蕉・奥の細道〉↓名句64

さ・む

【覚む・醒む・冷む・褪む】 動(マ下二)❶**【覚む・醒む】**㋐**眠りや夢から目覚める。** 例思ひつつ寝ればや人の見えつらむ夢と知りせば**覚め**ざらましを〈古今・恋二〉↓名歌110

㋑**迷いがなくなる。もの思いが晴れる。** 例夢の心地しつる嘆きも**さめ**にけり(=夢のような気持ちがした嘆きも晴れてしまった)〈源氏・澪標〉

㋒**気絶した状態から正気に戻る。意識がはっきりする。** 例(一度死ンダガ)逕ふること三日、すなはち**さめ**甦きたり(=経つこと三日、たちまち意識がはっきりして生き返った)〈霊異記・上・五〉

㋓**酔いからさめる。** 例文をやらむと、酔ひ**さめ**て思ひけるに(=手紙を送ろうと、酔いからさめて思ったときに)〈大和・一〇三〉

❷**【冷む】**㋐**熱が引く。冷える。** 例ぬるみなどしたまへることは**さめ**たまひて(=高熱でいらしたのは熱がお引きになって)〈源氏・手習〉

㋑**高まった気持ちが薄れる。興味がなくなる。** 例よろづのあはれも**さめ**ぬべけれど(=すべての愛情もきっと薄れてしまいそうであるけれど)〈源氏・若菜下〉

❸**【褪む】色があせる。** 例風わたる田の面の早苗色**さめ**て入り日残れる岡の松原(=風が通り過ぎる田の表面の早苗の色があせて夕日が消えないでいる岡の松原であることよ)〈風雅・夏〉

語誌 「さむし(寒し)」と同根とされる。熱や気持ちの高揚がさめる意から転じて、眠り・迷い・酔いなどからさめて正気を取り戻す意になる。〈鈴木宏子〉

さむけ・く【寒けく】〔形容詞「さむし」のク語法〕寒いこと。寒いとき。例み吉野の山のあらしの**寒けく**にはたや(=もしや)今夜も我がひとり寝む〈万葉・一・七四〉

さむけ・し【寒けし】 形(ク)寒そうだ。寒々としている。例見る人もなき月の、**寒けく**澄める二十日あまりの空こそ、心ぼそきものなれ〈徒然・一九〉

さむ・し【寒し】 形(ク)❶寒い。冷たい。例天井の高きは、冬**寒く**、灯暗し〈徒然・五五〉❷寒々としている。貧しい。みすぼらしい。例酒は呑みたし身は**さむし**〈西鶴・世間胸算用・五・三〉

さ-むしろ【狭筵】 名〔「さ」は接頭語〕敷き物。むしろ。例**さむしろ**に衣かたしき(=衣服の片袖を敷いて寝て)今宵もや我を待つらん宇治の橋姫〈古今・恋四〉

さむらひ【侍】 サムライ 名「さぶらひ」の変化した形。「さぶらひ③」に同じ。例人にこびへつらふは**侍**でない。武士でない〈浄瑠璃・仮名手本忠臣蔵・四〉語誌 室町時代ごろから、「ぶ(ふ)」と書いてあっても「む」と読むのが普通となる。

さむらひ-えぼし【侍烏帽子】 サムライ― 名 烏帽子の一種。武士が直垂や素襖を着用するときにかぶったところからいう。厚紙を平たく折ったもので、黒漆塗りで頂部に三角状の部分がある。

さむらひ-だいしゃう【侍大将・士大将】 サムライダイショウ 名「さぶらひだいしゃう」に同じ。

さむらひ-どころ【侍所】 サムライ― 名「さぶらひどころ」に同じ。

さむら・ふ【侍ふ・候ふ】 サムロウ・サムラウ〔「さぶらふ」の変化した形〕❶動(ハ四)「さうらふ①」に同じ。例科(=罪)も**さむらは**ず〈謡曲・鳥追舟〉❷補動(ハ四)「さうらふ②」に同じ。例これ(=私)は…小野の小町がなれる果てにて**さむらふ**なり〈謡曲・卒都婆小町〉語誌 謡曲では女性の役の詞章に用いられる。

さめ・く 動(カ四)騒がしくする。例烏の集まりて飛びちがひ、**さめき**鳴きたる〈枕・にくきもの〉

さめ-ざめ 副 涙を流して静かに泣くさま。例**さめざめ**と泣きたまふを見れば〈更級〉

ざ-めり〔打消の助動詞「ず」の連体形+推定の助動詞「めり」=「ざるめり」の撥音便形「ざんめり」の撥音の表記されない形〕〜ないようだ。例藤大納言の手のさまにはあら**ざめり**(=書風ではないようだ)〈枕・円融院の御はての年〉

さ-も

副詞「さ」+係助詞「も」。「さ」で指示された事態を強調する。

❶**そのようにも。** 例隙なくをりつる者ども、一人二人すべりいでて往ぬ。古き者どもの、**さも**え行き離るまじきは(=すきまなく控えていた者たちが、一人二人とこっそりと抜け出て去っていく。古くから仕えている者たちで、そのようにもあっさり離れていくことのできない者たちは)〈枕・すさまじきもの〉

❷副❶**いかにも。まったく。** 例**さも**めでたき君かな(=まったくりっぱなお方だなあ)〈宇津保・俊蔭〉

❷(打消の表現を伴って)**それほど(〜ない)。たいして(〜ない)。** 例あさはかなりと御覧ぜられぬべきついでなれど、心には**さも**おぼえはべらねば(=軽薄だときっとご覧になるにちがいない場合だけれど、私の気持ちではそんなにも軽々しく思われませんので)〈源氏・若紫〉〈安陪直子〉

さも-あら-ず そんなことはない。例「大伴の大納言は龍の首の玉や取りておはしたる」「いな(=いや)、**さもあらず**」〈竹取〉

さも-あら-ば-あれ〔「あれ」はラ変動詞「あり」の命令形で、放任の用法〕どうとでもなれ。ままよ。例ひたぶるに死なば何かは**さもあらばあ**

れ生きてかひなきもの思ふ身は(=もしいちずに死ぬのならば、何も構うことはない。どうとでもなれ。生きていてもなんのかいのない、恋のもの思いで悩み苦しんでいる身は)〈拾遺・恋五〉

[語誌] 不本意な事態などを受け入れる気持ちを表す。自棄的な気分がこめられることが多い。〈安隆直子〉

さも-あり ❶そのようである。そうである。[例]「娘ども、これにや似たる」とのたまへば、「**さもあらず**。皆をかしげになむおはしあふめる」〈落窪・一〉 ❷そのとおりだ。もっともだ。[例]「今宵(こよひ)はなほ静かに加持(かぢ)などまゐりて(=なさって)、出でさせたまへ」と申す。「**さもあること**」と皆人申す〈源氏・若紫〉

さも-あれ 〔「あれ」はラ変動詞「あり」の命令形。放任の用法〕迷いを振り切って決意する気持ちを表す。ままよ。[例]「**さもあれや**」と心強く(帰国ヲ)思ひ立ちて〈浜松中納言・一〉

さも-いはれ-たり【さも言はれたり】 〔—イワ レ—〕 〔「れ」は尊敬の助動詞「る」の連用形〕おっしゃるとおりだ。もっともだ。[例]「これを焼きてこころみむ」といふ。翁(おきな)、「それ、**さも言はれたり**」といひて〈竹取〉

さも-こそ 〔「こそ」は係助詞〕そのようにこそ。いかにもそのとおり。[例]うつつには(=現実では)**さもこそ**あらめ夢にさへ人目をもる(=避ける)と見るがわびしさ〈古今・恋三〉

さも-さう-ず 〔—ッ ウ—〕 ❶〔「さもさうらはず」の変化した形〕とんでもございません。[例]**さもさうず**。入道殿こそ過分の事(=身分不相応なこと)をばのたまへ〈平家・二・西光被斬〉 ❷〔「さもさうらはむとす」の変化した形〕それもそうでしょう。そのとおりでしょう。[例]「今度の下りに(帯ナドヲ)持ちて下り、喜ばせんがためにて候ふぞ」と言ひければ、「それは**さもさうず**」と申す〈義経記・七〉

さも・し [形](シク) ❶みすぼらしい。見苦しい。[例]そのような**さもしい**(音便形)物は持たぬ〈山本東本狂言・業平餅〉 ❷卑劣だ。卑しい。[例]「**さもしき**御こころざし」と恥ぢしむる〈西鶴・好色一代男・二・三〉

ざ-もと【座元・座本】 [名] 劇場の興行をとりしきる人。[例]顔見世(かほみせ)芝居の時分は、同じ人(=同じ役者)また珍しく、見る人もまた浮き立ち、今日はその**座本**、明日はこの太夫本(たいふもと)〈西鶴・世間胸算用・三・一〉

さも-や 〔「や」は係助詞〕そのようにも〜だろうか。そんなふうに〜かもしれない。[例]もの思ひにあくがるなる魂(=もの思いのせいで肉体を離れるという魂)は、**さもや**あらむと思し知らるることもあり〈源氏・葵〉

さ-もら・ふ【候ふ・侍ふ】 〔—モラウ・—モロウ〕 [動](八四) 〔「さ」は接頭語。「もらふ」は、動詞「もる(守る)」の未然形+上代の反復・継続の助動詞「ふ」〕 ❶様子をうかがいながら時の至るのを待つ。[例]妹に逢ふ 時**さもらふ**と 立ち待つに〈万葉・一〇・二〇九三〉 ❷貴人のそばにお仕えする。[例]東(ひむがし)の多芸(たぎ)の御門(みかど)に**さもらへ**ど〈万葉・二・一八四〉 [語誌] 平安時代に入ると「**さぶらふ**」と変化した。

さ-や【鞘】 [名] ❶刀剣の刃や槍(やり)の穂を納める筒。ふつう木製で、漆を塗る。装飾として、鮫皮(さめがわ)を巻いたり螺鈿(らでん)を施したりすることもある。⇨たち(図)。 ❷本心を包み隠して違うように言うこと。隔て心。[例]お師匠の言葉に**鞘**があらうかと存じられ〈浄瑠璃・伊賀越道中双六・八〉

さ-や【紗綾】 [名] 稲妻・菱垣(ひしがき)・卍(まんじ)などの模様を浮き織りにした光沢のある絹織物。[例]洗ひはげたる黄むくの下着、黒**紗綾**の帯に〈洒落本・辰巳之園〉

さや

【清】 [副] 光や音、動きなどが明瞭(めいりょう)に感じ取られるさまを表す。擬声語を語源とし、物の振動が感覚的にはっきりと伝わってくることが原義と考えられる。「さやに」の形で用いられることが多い。

❶**物が擦れあって立てる音。さやさや。ざわざわ。** [例]菅畳(すがたたみ) いや**さや**敷きて わが二人寝し(=菅の畳をいっそう高くさやさやと鳴らしながら敷いて私たち二人は寝た)〈記・中・神武・歌謡〉

❷**はっきりと。明らかに。** [例](a)水底(みなそこ)の玉さへ**さやに**見つべくも照る月夜(つくよ)かも夜の更けゆけば(=水の底の玉までもはっきりと見ることができるまでに照る月であることよ、夜が更けてゆくと)〈万葉・七・一〇八二〉 [例](b)日の暮(ぐ)れに(枕詞)碓氷(うすひ)の山を越ゆる日は背なのが袖(そで)も**さや**に振らしつ(=碓氷の山を越える日は、いとしい夫が袖をはっきりとお振りになった)〈万葉・一四・三四〇二〉

〈鉄野昌弘〉

さ-や【然や】 〔副詞「さ」+係助詞「や」〕そのように〜か。[例]来(こ)むとありしを、**さや**あると(=来ようと言っていたけれど、そうなるだろうかと)、目をかけて待ちわたるに〈更級〉

さや-あて【鞘当て】 [名]《近世語》 ❶路上ですれ違ったとき、刀の鞘や鐺(こじり)が触れあうこと。武士にとって、見過ごすのは恥とされた。[例]往来に**鞘当て**をして、さはぎ来たる〈西鶴・武道伝来記・八・一〉 ❷歌舞伎(かぶき)の趣向の一つ。多くは、遊里で遊女をめぐっての争い。①がもとで武士が争いになるというもの。

さ-やう【然様・左様】 〔—ヨウ〕 [名][形動](ナリ) そのような。そのとおり。[例]**さやう**ならむ人をこそ見め(=妻としたい)〈源氏・桐壺〉

さや-か

【清か】 [形動](ナリ) 副詞「さや」に形容動詞を作る接尾語「か」のついたもの。物の発する光や音がはっきりと感じ取れることを表すのが原義。

はっきりとしているさま。明瞭(めいりょう)なさま。 [例](a)我が背子がかざしの萩(はぎ)に置く露を**さやかに**見よと月は照るらし(=あなたが髪に挿している萩に置く露をはっきりと見ろと月が照るらしい)〈万葉・一〇・二二二五〉 [例](b)その音(ね)**鏗鏘(さやか)に**して遠く聆(き)こゆ(=その音ははっきりとしていて遠くまで聞こえる)〈紀・応神〉

[語誌] ▼「さや」と「さやか」 [例](a)のように視覚的に用いられる場合と、[例](b)のように聴覚的に用いられる場合がある。「さや」に比べて静的な対象の光や音に対していうことが多い。

[例](a)のように主体の感覚について用いる場合と、[例](b)のように、対象の性質について用いる場合があるの

は副詞「さや」と同様で、この語が「さや」に由来する語であり、さらにそれが擬声語から転じたものであることを暗示する。〈鉄野昌弘〉

さや・ぐ 動(ガ四)〔副詞「さや」の動詞化〕ものが擦れあってさやさやという音を立てる。例葦原(あしはら)の中つ国は、いたく**さやぎ**てありなり〈記・中・神武〉

さや-け・し【清けし】形(ク)

物事の様子をはっきりと見たり聞いたりできる、というのが原義。

❶**はっきりとしている。明らかだ。**例春日(かす)が山おして照らせるこの月は妹が庭にも**さやけかり**けり(=春日山をあまねく照らしているこの月は、妻の家の庭でもはっきりとしていたのだった)〈万葉・七・一〇七四〉

❷**さっぱりとしている。**例島廻(しま)には 木末(こぬれ)花咲き ここばくも 見の**さやけき**か(=島のまわりには、木の枝先に花が咲き、こんなにも見てさっぱりとしているものか)〈万葉・一七・三九九一〉読解末尾の「か」は詠嘆の意を表す。

語誌▼**「さや」「さやか」との関連** 「さやか」と同じように、副詞「さや」に形容詞の語幹を作る接尾語「け」がついてできたものと考えられる。視覚的にも聴覚的にも用いられる点や、対象に即しても主体に即しても用いられる点など、「さやか」と同様である。ただし景色全体の透明感のある印象をいう例など、「さやか」にはない用法もある。

▼**類義語「きよし」** 「きよし」は本来汚れや混じりけのないことを意味し、「さやけし」も物事が邪魔されずはっきりと感じ取られることを意味するので、重なる部分が大きい。「川見れば さやけくきよし」〈万葉・一三・三二三四〉のように重ねて用いられることもあった。〈鉄野昌弘〉

さや-さや 副 物が触れあって鳴るさま。また、物がゆらゆらと揺れるさま。例由良(ゆら)の門(と)の 門中(となか)の 海石(いくり)に 振れ立つ 漬(なづ)の木の(=海藻のように) **さやさや**〈記・下・仁徳・歌謡〉読解琴の音の形容。

さや-とがめ【鞘咎め】 名「さやあて①」に同じ。例互ひに**鞘咎め**して(刀ヲ)抜き合はせ〈西鶴・武家義理物語・二・四〉

小夜の中山(さやのなかやま)《地名》歌枕「さよのなかやま」とも。遠江(とおとうみ)国の歌枕。今の静岡県南西部、掛川市日坂から金谷町菊川に至る山道で、東海道の難所の一つ。例年たけてまた越ゆべしと思ひきや命なりけり**さやの中山**〈新古今・羇旅〉➡名歌246

さ-やは【然やは】〔副詞「さ」+係助詞「やは」〕そのように〜か。反語の意を表すことが多い。例我は**さやは**思ふなど争ひ憎み〈徒然・一二〉

さや-ばし・る【鞘走る】 動(ラ四)❶**刀身が自然と鞘から抜け出る。**例ふと**鞘走っ**(音便形)て怪我(けが)でもして血を見れば〈近松・女殺油地獄・上〉❷**出しゃばる。血気にはやる。**例夕立ちは**さやばしり**たる朝(あした)かな〈俳諧・犬子集・三〉

さや-まき【鞘巻】 名 鍔(つば)のない短刀。腰に差す。例腹を切らんと腰をさぐれば、**鞘巻**落ちてなかりけり〈平家・四・信連〉

ざや-め・く 動(カ四)「さやめく」とも。衣服などが擦れあって、ざわざわ、さらさらと音を立てる。例大文(だいもん)の指貫(さしぬき)そばとって(=端を手に取って)、**ざやめき**入りたまへば〈平家・二・教訓状〉

さや・る【障る】 動(ラ四)触れる。引っかかる。支障となる。例すべもなく苦しくあれば出で走り去(い)ななと思へどこらに**さやり**ぬ(=この子どもたちのことが心に引っかかってしまう)〈万葉・五・八九九〉

さ・ゆ【冴ゆ】動(ヤ下二)

❶**冷える。凍りつく。**例(a)霜置かぬ袖だに**さゆる**冬の夜に鴨(かも)の上毛(うはげ)を思ひこそやれ(=霜が降りていない袖でさえ冷える冬の夜に鴨の上毛のことが思いやられることだよ)〈拾遺・冬〉読解霜の降りている鴨の上毛はどれほど冷え込んでいることか、と思いやる。例(b)月清み瀬々の網代(あじろ)に寄る氷魚(ひを)は玉藻に**さゆる**氷なりけり(=月の光が冷たく澄んでいるので、川の瀬の網代に寄って来る氷魚はまさしく美しい藻に凍りついた氷だったよ)〈金葉・冬〉読解「網代」は川をせき止めて魚を捕る仕掛け。「氷魚」は鮎(あゆ)の稚魚。

❷**澄みきる。**例(a)更けにけり山の端(は)近く月**冴え**てとをちの里に衣打つ声(=夜もすっかり更けたなあ。西の山の端近くに月は澄みきって、はるか遠くの十市(とおち)の里で砧(きぬた)で衣を打っている音がするよ)〈新古今・秋下〉読解「とをち」は地名「十市(とをち)」と「遠(とほ)」を掛ける。例(b)松の梢(こずゑ)に風**さえ**て、入り江に騒ぐ波の音(=松の梢に風の音が澄みきって、入り江で騒がしく立てる波の音)〈平家・一〇・海道下〉

語誌▼**冷たさ・寒さの美** 本来凍りつくほど寒く冷たいという意味で、「霜(しも)」や「氷(こほり)」とともに用いられることが多かった。また、身にしみるような寒さを表すことから、袖(そで)・衣・枕・床など、身に直接触れるものの冷え冷えとしたさまを示すようにもなった。

平安後期以降、②にみられるように、特に和歌を中心として、月の光などが冷たく澄んでいる様子や、音が澄んで聞こえる様子を表すようになる。〈渡部泰明〉

さ-ゆり【小百合】 名〔「さ」は接頭語〕百合(ゆり)。例夏の野の **さ百合**引き植ゑて 咲く花を 出で見るごとに〈万葉・一八・四一一三〉

さ-よ【小夜】 名〔「さ」は接頭語〕夜(よる)。例我が背子を大和へ遣(や)ると**さ夜**ふけて暁露(あかときつゆ)に我が立ち濡(ぬ)れし〈万葉・二・一〇五〉➡名歌423

さよ-ごろも【小夜衣】 名 夜着(よぎ)。例移り香に何染(し)みにけん**さ夜衣**忘れぬつまとなりけるものを〈千載・恋四〉読解「つま」は端緒の意の「端(つま)」と「褄(つま)」を掛ける。

さよ-しぐれ【小夜時雨】 名 夜中に降る時雨。例聞きわぶる寝覚めの床(とこ)の**さ夜時雨**ふるほどよりも濡(ぬ)るる袖(そで)かな〈新続古今・冬〉

さよ-ちどり【小夜千鳥】 名 夜中に鳴く千鳥。例**さ夜千鳥**声こそ近くなるみ潟(がた)かたぶく月に潮や満つらん〈新古今・冬〉読解「鳴海潟(なるみがた)」は尾張(おわり)国の歌枕。「近くなる」の「なる」と「鳴」を掛ける。

さ-よなか【小夜中】 名〔「さ」は接頭語〕夜中。例**さ夜中**と夜は更けぬらし雁(かり)が音(ね)の聞こゆる空に月わたる見ゆ〈古今・秋上〉

小夜の中山《地名》歌枕 ⇩小夜の中山

さよ-の-ねざめ【小夜の寝覚め】 夜中に目が覚めること。例昔思ふさ夜の寝覚めの床冴えて(=冷えて)涙も凍る袖の上かな〈新古今・冬〉

さ-よばひ【さ婚ひ】 ヨバイ 名〔「さ」は接頭語〕「よばひ」に同じ。例八千矛の 神の命は…さ婚ひに あり立たし 婚ひに あり通はせ〈記・上・神代・歌謡〉

読解「あり立たし」の「し」、「あり通はせ」の「せ」は、上代の尊敬の助動詞「す」の、連用形と已然形。

さ-よみ【貲布・細布】 名「さいみ」「さよみのぬの」とも。麻布の名。細い麻糸で織ったもの。上代には調として諸国から徴収された。後世は、太い麻糸で織った目の粗い布をさす。例褐(=濃い紺色)の水干に、さよみの袴きて〈十訓抄・九・八〉

さら【沙羅・娑羅】 名〔梵語の音写〕「しゃら」とも。植物の名。インド原産で、高さ三〇メートルにもなる常緑高木。葉は長い卵形で、淡黄色の小さな花が咲く。沙羅樹。⇩さらさうじゅ。

さら 【更】 形動(ナリ)〔副詞「さらに」+ラ変動詞「あり」〕=「さらにあり」の変化した形〕当然だ。**言うまでもない。** 例(趣深イノハ)夏はよる。月のころは**さらなり**(=夏は夜である。月のあるころは言うまでもない)〈枕・春はあけぼの〉

語誌 本来、今さらという感じがする、の意。「言へばさらなり」「言ふもさらなり」という形で、当然だ、言うまでもない、の意に用いられ、そこから、「言へば」「言ふも」を略した「さらなり」だけでも同様の意をもつようになった。〈森山由紀子〉

ざら 打消の助動詞「ず」の未然形。

さら-がへ・る【更返る】 ガエル 動(ラ四)昔に返る。もとの状態に戻る。例(アキラメキレナイノデ)**さらがへり**てまめやかに聞こえたまふ(=真剣に申し上げなさる)〈源氏・朝顔〉

さらさ【更紗】 名〔ポルトガル語から〕草花・鳥獣・人物などの図案化された模様を、綿布に手描きや型で染め出したもの。室町末期、インド・ジャワ・シャムなどから南蛮船で伝えられた。

さら-さうじゅ【沙羅双樹・娑羅双樹】 ソウジュ 名「しゃらさうじゅ」とも。釈迦がインドのクシナガラ城外で涅槃に入ったとき、床の四辺に一双ずつ生えていた沙羅樹。釈迦の入滅を嘆いて、時ならぬ花を咲かせた後、枯れたという。

さら-さら 副「さらさらと」の形でも用いる。❶物が軽く触れあって立てる音や、水・波の音などを表す。さらさら。例伊予簾(=伊予国産の簾)は**さらさら**と鳴るも〈源氏・浮舟〉❷物事が滞りなく進行するさま。あっさり。すらすら。例経の文を**さらさら**とよみて〈貞享版沙石集・九・九〉

さら-さら【更更】 副❶今あらためて。今になって。例神さびにし(=年老いた)我や**さらさら**恋にあひにける〈万葉・一〇・一九二七〉❷ますます。いっそう。例多摩川にさらす手作り(ここまで序詞)**さらさら**になにそこの児のここだかなしき〈万葉・一四・三三七三〉↓名歌214 ❸(打消の語を伴って)絶対に(〜ない)。決して(〜ない)。例竹の葉にあられふるなり**さらさら**にひとりは寝べき心地こそせね〈詞花・恋下〉

語誌 和歌では、「さらさらに」の形で、擬声語と掛けて用いることも多い。

さらし【晒し・曝し】 名❶水で洗ったり日光に当てたりして白くすること。また、さらして白くした木綿や麻布。例**晒し**の手拭ひを頬かぶりして〈歌舞伎・傾城吾嬬鑑・二・序幕〉❷江戸時代の刑罰の一つ。罪人を市中に出して世人の目にさらして、見せしめとした。獄門・磔・火刑などの付加刑とされることが多い。例日本橋詰めにおいて相対死に(=心中)三日**さらし**に仰せつけられ候ふこと〈摂陽奇観・五三〉

更科・更級 さらしな《地名》歌枕 信濃国、今の長野県更級郡から千曲市あたりにかけての一帯。月の名所で、階段状の棚田に月が映る「田毎の月」が名高い。また、棄老にまつわる姨捨山伝説も有名。例我が心慰めかねつ**更級**や姨捨山に照る月を見て〈古今・雑上〉↓名歌420

更科紀行 さらしなきかう サラシナキコウ《作品名》江戸時代の俳諧紀行。一冊。芭蕉作。貞享五年(一六八八。九月に元禄に改元)から元禄二年にかけての成立か。『笈の小文』の旅の帰路、貞享五年八月名古屋から木曽路へ向かい、信州更科で中秋の名月を眺めた折の紀行。小品だが珠玉の俳文とされる。また、六十余里の険しい山道を四泊五日で踏破したこの旅は、翌年の『奥の細道』への足ならしであり、予備的なものだったともいわれている。

更級日記 さらしなにっき《作品名》平安中期の女流日記。菅原孝標女作。作者の晩年にあたる康平年間(一〇五八〜六五)ごろの成立。夫の死後、手もとに残っていた和歌の控えなどをもとに、自叙伝として執筆したらしい。

●**内容・構成** 少女期を上総国で過ごした後、京に戻るために旅立つところから始まり、物語へのあこがれ、宮仕え、結婚、仏道に傾倒して阿弥陀仏の来迎の夢を頼みとする晩年までが記される。

日記の中では、少女時代の物語へのあこがれが繰り返し語られる。特に『源氏物語』の浮舟という女性は作者の将来の夢の姿であった。しかし現実がこれらのあこがれや夢をうち砕いていった。もう一つの特徴は夢の記事が多いことである。これらの夢は作者の将来を啓示するものとして位置づけられている。〈吉野瑞恵〉

さらし-もの【晒し者】 名「さらし②」に処せられた罪人。例盗人の科といまだ分明ならぬゆゑ(=はっきりしないため)、**さらしもの**となして成敗の日を延ばし〈近松・五十年忌歌念仏・下〉

さら・す【晒す・曝す】 動(サ四)❶布などを、水洗いしたり日光に当てたりして白くする。例多摩川に**さらす**手作り(ここまで序詞)さらさらになにそこの児のここだかなしき〈万葉・一四・三三七三〉↓名歌214 ❷日光や風雨の当たるままにしておく。例山野に屍を**さらさばさらせ**、浮き世に思ひおく事候はず〈平家・七・忠度都落〉❸多くの人の目に触れさせる。例射殺して、外に**さらさ**むと思ひはべる〈竹取〉❹江戸時代、重罪人に付加された刑の一つ。罪人を市中に出しておいて、人の目に触れさせる。

さら-ず【然らず】ラ変動詞「さり」の未然形＋打消の助動詞「ず」。「さり」で指示された事態を打ち消す。

そうではない。例(入内ノ)儀式ありさま、いみじくめでたし。大い殿の上もそひたてまつらせたまへり。さらざらむにてだに残る人なく参りこみ(=儀式、ありさまはたいそうすばらしい。左大臣の奥方もお付き添い申し上げなさった。それ以外の人でさえ残る人なく参上し)〈栄花・松の下枝〉

語誌「さらぬ」の形で連体詞のように用いたり、「さらずは」「さらずとも」などの形で接続詞として用いたりすることが多い。〈安隨直子〉

さら-ず【避らず・去らず】〔「ず」は打消の助動詞〕❶避けることができないで。やむをえず。例迎へに人々まうで来むず(=参上するだろう)。さらずまかりぬべければ〈竹取〉❷去らせないで。離さないで。例あながちに(=むりやり)御前去らずもてなさせたまひしほどに〈源氏・桐壺〉

さらず-とも【然らずとも】〔「とも」は接続助詞〕そうでなくても。例さらずとも、かくめづらかなることは世語りにこそはなりはべりぬべかめれ(=世間の語り草になってしまうでしょう)〈源氏・蛍〉

さらず-は【然らずは】〔「は」は係助詞〕そうでないなら。そうでなければ。例女あるじに土器とらせよ。さらずは飲まじ〈伊勢・六〇〉

さら-で【然らで】ラ変動詞「さり」の未然形＋接続助詞「で」。「さり」で指示された事態を打ち消して次の文脈へつなぐ。

そうではなくて。例(光源氏ハ)うしろやすき方は並びなくものせらるる人なり。さらで、よろしかるべき人、誰ばかりかはあらむ(=将来が安心できるという点では最高でいらっしゃる人だ。そうではなくて、まあまあだといえる人はだれほどの人がいるだろうか)〈源氏・若菜上〉読解「誰ばかりかは」の「かは」は反語の意を表す。〈安隨直子〉

さらで-だに【然らでだに】〔「だに」は副助詞〕そうでなくてさえ。例さらでだに見るかひある御ありさまを、いよいよあはれにいみじと〈源氏・浮舟〉

さらで-は【然らでは】〔「は」は係助詞〕そうでないなら。そうでなくては。例山陰やさらでは庭に跡もなし春ぞ来にける雪のむら消え〈新古今・雑上〉

さらで-も【然らでも】〔「も」は係助詞〕そうでなくても。例霜のいと白きも、またさらでも、いと寒きに〈枕・春はあけぼの〉

さら-に【更に】副❶ある事態がもう一度繰り返して起こるさま。ある事態の程度がいっそう進行するさま。ふたたび。ますます。例朝鳥の(枕詞)音のみし泣かむ我妹子に今また更に逢ふよしをなみ(=声を上げて泣こう、妻に今はもう二度と再び逢うすべがないので)〈万葉・三・四八三〉読解妻の死を悲しむ歌。❷重ねて同種の事態が起こるさま。なおそのうえ。重ねて。ことさらに。例百隈の道は来にしをまた更に八十島過ぎて別れか行かむ(=多くの曲がりくねった道は来てしまったが、またそのうえ多くの島々を過ぎて別れて行くのだろうか)〈万葉・二〇・四三四九〉❸(打消の語を伴って)まったく(〜ない)。さらさら(〜ない)。例ⓐこの川、飛鳥川にあらねば、淵瀬さらに変はらざりけり(=この川は飛鳥川ではないので、淵も瀬もまったく変わらなかったよ)〈土佐〉読解飛鳥川は、流れの道筋がたびたび変わることから、人の世の変化の激しさ、世の無常の象徴。例ⓑ身ののちの名、残りてさらに益なし(=死後の名声は、残ってもまったく利益がない)〈徒然・三八〉❹完全に。すっかり。例御返りごとかきてまゐらせんとするに、この歌の本、さらにわすれたり(=御返事を書いて差し上げようとするけれど、この歌の上の句を、完全に忘れている)〈枕・殿などのおはしまさで後〉

語誌 形容動詞「さらなり」は、この語に「あり」のついた形から出たもの。〈森山由紀子〉

さらに-も-あら-ず【更にもあらず】〔繰り返すほどのことはない、の意〕言うまでもない。もちろんだ。例さらにもあらず。(私ノ年齢ハ)一百九十歳にぞ、今年はなりはべりぬる〈大鏡・序〉

さらに-も-いは-ず【更にも言はず】ワーイ〔繰り返しては言わない、の意〕言うまでもない。もちろんだ。例御殿(=御屋敷)の造りざま、しつらひざま、さらにもいはず〈源氏・若紫〉

さら-ぬ【然らぬ】〔ラ変動詞「さり」の未然形＋打消の助動詞「ず」の連体形〕❶そうではない。それ以外の。例宮の大夫・春宮の大夫など、さらぬ上達部も〈紫式部日記〉❷さほどでもない。なんでもない。例さらぬはかなきことをだに疵を求むる世に(=あらを探す世の中に)〈源氏・紅葉賀〉

さらぬ-がほ【然らぬ顔】ガオ 名 さりげない様子。そしらぬ顔。例さらぬ顔なれど、ほほ笑みつつ後目にとどめたまふもあり〈源氏・葵〉

さら-ぬ-だに【然らぬだに】〔「だに」は副助詞〕そうでなくてさえ。ただでさえ。例さらぬだに心細きを山里の鐘さへ秋のくれをつぐなり〈千載・秋下〉読解「つぐ」は「告ぐ」と「(鐘を)つく」を掛ける。

さらぬ-わかれ【避らぬ別れ】〔「さらぬ」は動詞「さる」の未然形＋打消の助動詞「ず」の連体形〕避けられない別れ。死別。例世の中にさらぬ別れのなくもがな(=なければよいのに)千代もと祈る人の子のため〈伊勢・八四〉読解母の長寿を祈る歌。➡名歌405〈木村博〉

さら-ば【然らば】ラ変動詞「さり」の未然形＋接続助詞「ば」。「さり」で指示される事態を仮定条件として下の事態を導くのが基本。

❶接❶それなら。それでは。例さらば、かく申しはべらむ(=それでは、こう申し上げましょう)〈竹取〉❷それなのに。ところが。例(文覚ハ)勧進帳をささげてすすめけるが、さらばただもなくして…おそろしき事をのみ申しありくあひだ(=勧進帳を奉って

寄付を勧めたが、ところがただ寄付を求めるだけではなくて…恐ろしい事ばかり申してまわるので〈平家・五・文覚被流〉

❷感 別れの挨拶に言う語。それでは。さようなら。例**さらば**よといひし人ぞ恋しき(=「さようなら」と言った人が恋しい)〈重之集〉

語誌 ▼[1]①の用法が基本。[1]②は中世の軍記などに見られる特殊な用法で、先行する事態から当然予想されるのとは異なる結果となったときに、それなら当然～のはずだ、それなのに、という気持ちで用いられ、打消の表現を伴うことが多い。

▼[2]の用法は[1]①から派生したもので、別の事態を導く接続詞から転じて、それまでの事態との決別を意味するようになったもの。〈安随直子〉

さら-ぼ・ふ 動(ハ四) やせ細る。やせこける。例いとほしげに(=気の毒なほどに)**さらぼひて**〈源氏・末摘花〉

ざら-まし〔打消の助動詞「ず」の未然形＋反実仮想の助動詞「まし」〕～ないだろうに。～なかっただろうに。例鏡に色・形あらましかば(=もしあったら)うつら**ざらまし**〈徒然・二三五〉

ざら-む〔打消の助動詞「ず」の未然形＋推量の助動詞「む」〕～ないだろう。例玉の緒の(枕詞)現し心(=正気)や年月の行きかはるまで妹に逢は**ざらむ**〈万葉・一一・二七九二〉 読解「現し心や」の「や」は反語の意を表す。

さら-む-に-は【然らむには】〔ラ変動詞「さり」の未然形＋推量の助動詞「む」の連体形＋格助詞「に」＋係助詞「は」〕そういうことなら。それなら。例「(ゴ所望ノ馬ハ)田舎へつかはして候ふ」「**さらむには**力なし(=しかたがない)」〈平家・四・競〉

さら-めか・す 動(サ四)〔「めかす」は接尾語〕さらさら音を立てる。例それをまたおなじ湯に入れて、**さらめかし**わかすに〈宇治拾遺・二五〉

さら-め・く 動(カ四)〔「めく」は接尾語〕❶騒がしい音がする。例世界**さらめき**ののしりあひたり〈今昔・一〇・三六〉 ❷「さらめかす」に同じ。

さらり 副「さらりと」の形でも用いる。❶さらさら音がするさま。例(数珠ヲ)**さらりさらり**と押し揉んで〈謡曲・葵上〉 ❷物事が滞りなく進行するさま。あっさり。すらすら。例押っ取って**さらり**と読み〈近松・博多小女郎波枕・上〉 ❸残らず。さっぱり。例盃取り上げて、これも**さらり**とほされけり(=飲み干しなさった)〈御伽草子・酒呑童子〉

さら-りん【沙羅林・娑羅林】 名「しゃらりん」とも。❶沙羅樹の林。特に、釈迦の入滅した沙羅樹林をさす。⇩さら・さらさうじゅ。❷今様歌の一種。法文歌の歌いかたを代表するものという。

さり【舎利】 名《仏教語》「しゃり」に同じ。例東は難波の天王寺に **さり**まだおはします〈梁塵秘抄・四句神歌〉

さ・り【然り】 動(ラ変) 副詞「さ」＋ラ変動詞「あり」＝「さあり」の変化した形。「さ」で指示される事態が存在することを示す。

そうである。そのようである。例あまり年積もりなば、その御心ばへもつひに衰へなん、**さらむ**世を見果てぬ先に、心と背きにしがな(=あまりにも年を重ねてしまったら、その御愛情もついには衰えてしまうだろう、そのような仲を最後まで見ないうちに、自分から出家したい)〈源氏・若菜下〉 読解 光源氏との将来を不安に思う紫の上の心情。

語誌 ▼相手の発言を受けて、応答の言葉となることもある。例「おい、さりさり(=おう、そうかそうか)」とうなづきて〈源氏・玉鬘〉

▼「さり」と「しかり」 「さり」は一般的な和文に多く用いられる。対して、類義語の「**しかり**」は男性の言葉や改まった口調の文章・漢文訓読系の文章に用いられることが多い。

▼関連語 単独で用いられることは少なく、派生語や複合語に重要な語が多い。連体詞「**さる**」、複合語「**さらず**」「**さらで**」「**さりぬべし**」、先行する文脈を受けて次に続ける接続詞類「**さらば**」「**されば**」「**さりとて**」「**さりとも**」など。〈安随直子〉

ざり〔係助詞「ぞ」＋補助動詞「あり」＝「ぞあり」の変化した形〕～である。例照る月の流るる見れば天の川出づる港は海に**ざり**ける〈土佐〉

ざり 打消の助動詞「ず」の連用形。

さり-あへ-ず【避り敢へず】 避けきれない。避けられない。例御前(=御先導)の人々、道も**避りあへ**ず来こみぬれば〈源氏・関屋〉

さり-がた・し【去り難し・避り難し】 形(ク) ❶離れがたい。捨て去りにくい。例つかのまも**さりがた**う(音便形)思はれける北の方、をさなき人々にも別れはてて〈平家・二・大納言流罪〉 ❷避けにくい。断りにくい。例あるは**さりがたき**餞(=餞別)などしたるは〈芭蕉・奥の細道〉

ざり-き〔打消の助動詞「ず」の連用形＋過去の助動詞「き」〕～なかった。例君が来ぬ夜の月は見**ざりき**〈新古今・雑上〉

さり-きらひ【去り嫌ひ】 名 ❶連歌・俳諧で、一巻の変化を重んじるため、同字・同類・同季の語が近接するのを避ける規定。❷選り好み。例所も時節もなんのその、**去り嫌ひ**が入るものか(=必要なものか)〈近松・釈迦如来誕生会・二〉

さりげ-な・し【然りげ無し】 形(ク)〔そのような様子がない、の意〕なにげない。これといって変わった様子がない。例**さりげなく**紛らはして立ちとまりたまへる戸口に〈源氏・松風〉

ざり-けむ〔打消の助動詞「ず」の連用形＋推量の助動詞「けむ」〕～なかっただろう。～なかったのだろう。例などか(=どうして)習は**ざりけん**〈徒然・一六七〉

ざり-けり〔打消の助動詞「ず」の連用形＋助動詞「けり」〕～なかった。～なかったのだ。例思ふ事ありとはなしに(=あるのではないが)ひさかたの(枕詞)月夜となれば寝られ**ざりけり**〈拾遺・雑上〉

さり-じゃう【去り状】 名 庶民の間で、夫から妻、または妻の父・兄にあてた離縁状。江戸時代は、これがないと、離婚した女性は再婚できなかった。多く三行半に書いたことから「三行半」とも。例**去り状**を取るうち年が三つふけ〈柳多留・四〉

ざり‐つ〔打消の助動詞「ず」の連用形＋完了の助動詞「つ」〕～なかった。例この二十余年見え**ざりつる**白旗の、今日はじめて都へ入る〈平家・八・山門御幸〉

さりどころ‐な・し【避り所無し】形(ク) 逃れようがない。弁解の余地がない。例あまりもの言ひさがなき(＝口が悪い)罪**避り所なく**〈源氏・夕顔〉

さり‐と‐て【然りとて】接 ラ変動詞「さり」の終止形＋格助詞「と」＋接続助詞「て」。「さり」で指示される事態を受けて、後続する事態がそれと対立することを示す。

そうかといって。**そうではあっても**。例さらにたち帰るべくも思されざりけれど、**さりとて**、夜を明かしたまふべきにあらねば、帰らせたまひぬ(＝帰ろうとはまったくお思いになることができなかったが、そうかといって、夜をお明かしになることもできることでもないので、お帰りになった)〈竹取〉〈安隨直子〉

さりとて‐は【然りとては】❶そうだとしても。だからといって。例**さりとては**行幸ばかりなりとも(＝行幸だけでも)なしまゐらせよ〈平家・七・主上都落〉❷(感動詞的に用いて)これはまた。さてもさても。例今日までそれを買はずに置く事、**さりとては**気のつかぬ者どもよ〈西鶴・世間胸算用・一・三〉

さりとて‐も【然りとても】そうだといっても。だからとしても。例おのづから疎きさま(＝よそよそしい様子)になりゆくを、**さりとても**絶えず同じ心の変はりたまはぬなりけり〈源氏・浮舟〉

さり‐と‐は【然りとは】接〔ラ変動詞「さり」＋格助詞「と」＋係助詞「は」〕❶そうだとは。そうとは。例銀取る騙しの空誓文か。**さりとは**悪い合点(＝考え)〈近松・心中刃は氷の朔日・上〉❷(感動詞的に用いて)それはまあ。さてさて。例**さりとは**やさしく情けの深き御方〈西鶴・好色五人女・四・一〉

さり‐とも【然りとも】副 ラ変動詞「さり」の終止形＋接続助詞「とも」。「さり」で指示される事態を受けて、それに相反する事態を想定したり、困難な事態の実現を願ったりする。

❶**そうではあっても**。**そうであるとしても**。例「さらにさるものなし」といはすれば、「**さりとも**見つくるをりも侍らん…」といふ(＝「決してそんなものはいない」と返事をさせると、「そうではあっても、見つける時もございますでしょう…」と言う)〈枕・うへにさぶらふ御猫は〉

❷**いくらなんでも**。**それにしても**。例年ごろ、仏・神にいみじうつかうまつりつれば、何事も**さりとも**とこそは頼みはべりつれど(＝長年、仏や神に熱心にお仕え申し上げたので、何事もいくらなんでもとあてにしていましたが)〈大鏡・道隆〉

語誌 ②は、推量・願望や、反語の表現を伴うのがふつう。例のように、後続する事態を省略して、希望の強さを印象づける用法も多い。〈安隨直子〉

さり‐ながら【然りながら】接 ラ変動詞「さり」の連用形＋接続助詞「ながら」。「さり」の指示する事態と下の事態が対立することを示す。

そうではあるが。**それはともかく**。例この学者は…執心ありて、異趣にとどこほりけるにや。**さりながら**、出離は近くこそ覚ゆれ(＝この学者は…執着心があって、悪道でぐずぐずしたのであろうか。そうではあるが、悟りの境地は近いと思われる)〈沙石集・五本・二〉〈安隨直子〉

さり‐ぬ‐べし【然りぬべし】ラ変動詞「さり」の連用形＋完了の助動詞「ぬ」の終止形＋推量の助動詞「べし」。「さり」で指示される事態を受けて、そうであって当然だ、それで適当だ、の意を表すのが原義。

❶**適当だ**。**差し支えない**。例帯刀どもは、君たち・御婿たちの中に、**さりぬべき**一人づつ出だして、なしたまふ(＝帯刀などは、ご子息や婿君たちの中から、適当な人物を一人ずつ挙げて任命なさる)〈宇津保・国譲下〉読解「帯刀」は、皇太子を護衛する役人。

❷**それ相当だ**。**りっぱだ**。例御くだもの、御酒など、**さりぬべく**参らせよ(＝お菓子やお酒などをそれ相当にして差し上げよ)〈源氏・行幸〉〈安隨直子〉

さり‐や【然りや】〔ラ変動詞「さり」＋間投助詞「や」〕本当にそうだなあ。そのとおりだよ。例**さりや**、(ホカノ例ヲ)聞こしめし集めよ。(藤原道長殿ハ)日本国には唯一無二におはします〈大鏡・道長上〉

さる【猿】名 ❶動物の名。ヒト科を除く哺乳類霊長目のものの総称。例あな醜賢しらをすと酒飲まぬ人をよく見ば猿にかも似る〈万葉・三・三四四〉➡名歌30

❷(猿の特徴から)賢い人。まねの上手な人。卑しめていう場合にも用いる。例**猿**の人真似でどこにか毛の三本不足な所があって(＝どこか足りないところがあって)〈滑稽本・浮世床・初下〉

❸【申】㋐十二支の第九番目。⇩十二支(図)㋑㋐にあてた年・月・日の呼称。㋒方角の呼称。西南西。㋓時刻の呼称。今の午後四時ごろ、およびその前後約二時間。(一説に、その後約二時間)。例まだ**さる**の刻ばかりに、かの浦に着きたまひぬ(＝お着きになった)〈源氏・須磨〉

語誌 猿は、人間に最も近い動物として、人間に類似していること、およびその類似が完璧でないこと(②例の「毛の三本不足…」はその象徴的な表現)が取り上げられることが多い。『さるかに合戦』『桃太郎』などの昔話や中世以降本格的となった猿回しの芸能を通しても親しまれた。その愛らしさが扱われた代表的な作品が狂言『靫猿』である。
日吉山王権現の使いとしても知られる。〈池山晃〉

さ・る【去る・避る】動(ラ四) ❶**時間や季節が来る**。**～になる**。例春**されば**(＝春になると)春霞立ち〈万葉・一〇・一八四四〉

❷**立ち退く**。**離れる**。例はや舟出して、この浦を**去り**ね(=急いで船を出して、この浦を離れてしまえ)〈源氏・明石〉
❸**なくなる**。例うき世の嘆きみな**さり**ぬる心地なむ(=苦しみに満ちたこの世の悲しみもすべてなくなった気持ちがする)〈源氏・朝顔〉
❹(「世をさる」などの形で)**出家する**。例今はと世を**去り**たまふべきほど近く思しまうくるに(=もはやこれまでと出家なさってもよい時期が近いと覚悟なさるにつけても)〈源氏・幻〉読解紫の上の一周忌も終えた光源氏の出家への思い。
❺(「この世をさる」の意で)**あの世へ行く**。**死ぬ**。例はからざるに病を受けて、たちまちにこの世を**去ら**んとする時に(=予期しない病気にかかって、突然に死んでしまうようなときに)〈徒然・四九〉
❻**地位や職務を離れる**。**退く**。例位をも**去り**なんとやうやう思しなる(=位も退いてしまおうとしだいにお思いになる)〈源氏・賢木〉
❼**断る**。**避ける**。**よける**。⇩さらず・さらぬわかれ。例迎へに人々まうで来こんず。**さら**ずまかりぬべければ(=迎えに人々が参上しようとする。避けられずに行かなくてはならないので)〈竹取〉
❽**遠ざける**。**取り除く**。例何ともこのにほひを**さる**べきやうはなし(=なんとしてもこのにおいを取り除くことができる方法はない)〈噺本・昨日は今日の物語・下〉
❾**離婚する**。**離縁する**。例男、遠き国へ下りなむとするに、この妻を**去り**て(=男は、遠い国へ行ってしまおうとするときに、この妻を離縁して)〈今昔・二七・二四〉
語誌 もとは、移動や状況の変化を表し、やって来ることにも、離れていくことにも用いたが、しだいに、離れていなくなる、遠ざける、などの意にのみ用いるようになる。①～③を中心とする自動詞的用法と、⑦～⑨を中心とする他動詞的用法がある。〈山口堯二〉

さ・る【戯る】動(ラ下二)〔のちは「ざる」とも〕❶**たわむれる**。**ふざける**。**はしゃぐ**。例(a)かたはらいたきもの…旅だちたる所にて、下衆どもざれゐたる(=いたたまれない感じのもの…外泊した所で、使用人たちがふざけあっていること)〈枕・かたはらいたきもの〉例(b)若君はいとうつくしうて、**され**走りおはしたり(=若君はとてもかわいらしい様子で、はしゃいで走っていらっしゃる)〈源氏・須磨〉
❷**風流な趣がある**。例(粗末ナ家ダガ)さすがに**され**たる遣り戸口に、黄なる生絹の単袴長く着なしたる童の、をかしげなる出で来て(=そうはいってもやはり風流な趣がある遣り戸口に、黄色の生絹でできた単袴を長めにはいた召使の子どもで、かわいらしい子どもが出て来て)〈源氏・夕顔〉
❸**気が利いている**。**機転が利く**。例親のおはしける時より使ひつけたる童の、**され**たる女ぞ、後ろ見とつけて使ひたまひけり(=親がいらっしゃったときから使いつけている召使の子どもで、機転が利く女を、後見と名づけてお使いになっていた)〈落窪・一〉〈福田安典〉

さ・る【曝る・晒る】❶動(ラ四)長い間日光や風雨に当たって色あせる。また、形が崩れる。骨だけになる。例身を投げ骨を**曝り**て〈霊異記・下・一〉❷動(ラ下二)①に同じ。例みちのくの蓼生に骨の**され**むとすらむ〈散木奇歌集・九〉

さる【然る】連体〔ラ変動詞「さり」の連体形から〕❶(前に述べた事態を受けて)**そんな**。**そのような**。例かの都の人はいとけうらに、老いをせずなん…**さる**所へまからむずるも、いみじくも侍らず(=あの月の都の人はたいへん美しく、年も取らないのです…そのような所へ参りますのも、うれしくはございません)〈竹取〉
❷**しかるべき**。**相当な**。**りっぱな**。例頼政卿**さる**人にて、馬よりおり、甲をぬいで神輿を拝したてまつる(=頼政卿はりっぱな人で、馬から降りて、兜を脱いでみこしを拝み申し上げる)〈平家・一・御輿振〉
❸物事を漠然と示す。**ある**。例(私ハ)都、**さる**御方に仕へまうす者にて候ふ(=都の、あるお方にお仕え申し上げている者でございます)〈謡曲・蘆刈〉
語誌 ③の用法は、述べられていない事態を抽象的に指示する用法から派生したもの。〈安隨直子〉

ざる 打消の助動詞「ず」の連体形。

さる-あひだ【然る間】 そのうち。その間。例昔、若き男、けしうはあらぬ(=容姿などが悪くはない)女を思ひけり…**さる間**に、思ひはいやまさりにまさる〈伊勢・四〇〉

さる-がう【散楽】名〔「さるがく」の変化した形〕❶「さるがく①」に同じ。例(宴席デ)歌うたひ、**さるがう**せぬはなし〈宇津保・国譲下〉❷滑稽な言動をすること。おどけること。戯れ。例**さるがう**しかくるに(=しかけると)〈枕・殿などのおはしまさで後〉

さるがう-ごと【散楽言】名 滑稽な言葉。おどけ戯れた言葉。例道の程(=道中)も、殿の御**さるがうごと**にいみじう笑ひて〈枕・淑景舎、東宮にまゐり給ふほどのことなど〉

さる-がく【猿楽・申楽・散楽】名〔「さんがく(散楽)」の変化した形か〕「さるがう」とも。❶即興的に行う滑稽な戯れの芸。余興。また、その芸の達者な人。例者ども参って**猿楽**仕れ(=者ども参上して余興をいたせ)〈平家・一・鹿谷〉読解酒宴での後白河法皇の言葉。
❷平安時代から中世にかけて、職業芸能人によって演じられた滑稽なものまね芸や曲芸の芸能。また、それを演じる芸能者。中国から伝来した散楽の流れを引くもので、寺の祭礼の庭などで興行された。
❸猿楽の能。能楽。⇩能。例能。脇の**中楽**(=一番目の能)〈風姿花伝・一〉〈馬場光子〉

猿楽③〔鶴岡放生会職人歌合〕

申楽談儀《作品名》室町中期の能楽書。一巻(ほかに「聞書」一巻)。永享二年(一四三〇)成立。世阿弥の芸談を次男の元能が筆録したもの。能の歴史、役者の芸風の違い、面や装束など、内容は多岐にわたり、当時の能の実態を伝える貴重な資料。正式名称は『世子六十以後申楽談儀』。

さる-かた【然る方】 そのような方面。そういう向き。それなり。例いかでさる方をもて離れて見たてまつらむ〈源氏・澪標〉読解ここは男女関係をいう。

さる-かた-に【然る方に】 ❶しかるべき方面に。その向きに。例後ろ見などある(皇女)は、さる方にも思ひゆづりはべり〈源氏・若菜上〉❷それ相応に。それなりに。例にほひ(=つややかな美しさ)多く見えて、**さる方に**いとをかしき人ざまなり〈源氏・空蟬〉

さる-が・ふ【散楽ふ】 動(ハ四)〔名詞「さるがう」の動詞化〕滑稽なことをする。おどける。ふざける。例男などのうち**さるがひ**、ものよくいふが来たるを〈枕・つれづれなぐさむもの〉

さる-から【然るから】 接〔ラ変動詞「さり」の連体形＋接続助詞「から」〕それゆえに。だから。例「**さるから**、さぞ(=そうなのだ)」ともうち語らはば〈徒然・一三〉

さる-こと【然る事】 ❶そのようなこと。例なんでう(=どうして)、**さること**かしはべらむ〈竹取〉❷もっともなこと。例しか(=そのとおり)、それ**さること**にはべり〈大鏡・道長上〉❸もちろんのこと。例裳・唐衣の縫ひ物をば**さること**にて、袖口に置き口をし(=飾りをつけ)〈紫式部日記〉

さる-こと-あり【然る事有り】 相手に言われてそれと思い出したときに発する語。ああそうだった。そうそう。例「あれこそ聞こえ候ふ(=有名でありま す)竹生島にて候へ」と申す。「げに**さる事あり**。いざや参らむ」〈平家・七・竹生島詣〉

猿沢の池 《地名》大和国、今の奈良市奈良公園内、興福寺近くの池。『大和物語』の平城天皇に仕えた采女が寵愛の衰えたことを嘆いて入水自殺したという話で有名で、和歌にも詠まれた。

さる-ど【猿戸】 名 両開きの粗末な戸。庭園の入り口などに用いる。例露路の**猿戸**を錠おろして(=錠をかけて)、雨戸も内よりかため〈西鶴・男色大鑑・三・二〉

さる-に【然るに】 接〔ラ変動詞「さり」の連体形＋接続助詞「に」〕❶そのうちに。すると。例参づとしければど、しばしばえ参でず…**さるに**、十二月ばかりに、(相手カラ)とみのこととて(=急ぎの用事だということで)御文あり〈伊勢・八四〉❷逆接を表す。ところが。例土石草木も霊なきはあらずと聞く。**さる**に玉川の流れには毒あり〈読本・雨月・仏法僧〉

さる-に-て-も【然るにても】 接〔ラ変動詞「さり」の連体形＋断定の助動詞「なり」の連用形＋接続助詞「て」＋係助詞「も」〕それにしても。そうであっても。例この事習ひえがたし(=習得しがたい)。**さるにても**、今一度試みむ〈今昔・二〇・一〇〉

さる-に-より【然るにより】 そうしたわけで。そのような理由で。例御心の賢く…**さるにより**なむ、朝廷も捨てたまはざりける〈宇津保・藤原の君〉

さる-は

【然るは】 接 ラ変動詞「さり」の連体形＋係助詞「は」。「さり」で指示される事態を受けて、それに説明を加えたり、それと矛盾する事態が後続することを補足的に説明したりする。

❶**それというのも。実は。** 例(a)ねびゆかむさまゆかしき人かな、と目とまりたまふ。**さるは**、限りなう心を尽くしきこゆる人にいとよう似たてまつれるがまもらるるなりけり(=成長してゆくさまを知りたいような人だなあと、目が引きつけられなさる。それというのも、この上なく深くお慕い申し上げている方にほんとうによく似申し上げているのが、自然に目を引きつけられるのだなあ)〈源氏・若紫〉例(b)**さるは**、かの知りたまふべき人をなむ…不意に尋ね取りてはべるを(=実は、あちらがお世話なさるはずの人を…偶然引き取っていますが)〈源氏・行幸〉

❷**とはいうものの。実は。** 例拘曇比丘といふ者の、人の家ごとに行きて、物を乞ひ、食らふ事あり…**さるは**、もとやむことなかるべかりし者なり(=とはいうものの、もとは高貴な身分にちがいなかった人である)〈今昔・一・一二〉

語誌 「さり」は、明示されていない事態を漠然とさす場合がある。①例(b)のように、話を切り出すときにも用いられるのは、この用法から派生したものである。訳としては、実は、でよい。

〈安隨直子〉

さる-ひき【猿引き】 名 猿に色々の芸を教え、見物人に見せて金銭をもらう人。猿回し。例このあたりの在所に住まひいたす**猿引き**でござる〈狂言・靫猿〉

さる-べき

【然るべき】 ラ変動詞「さり」の連体形＋推量の助動詞「べし」の連体形。「さり」の指示する事態が当然だ、ふさわしい、の意を表す。

❶**そうであるのが当然の。そうなる運命の。** 例**さるべき**契りこそはおはしましけめ(=そうであるのが当然の前世からの因縁がおありだったのだろう)〈源氏・桐壺〉読解桐壺帝が更衣と死別しなければならなかったのは運命だったのだ、ということ。

❷**しかるべき。適当な。** 例娘をば**さるべき**人に預けて(=娘を適当な人に預けて)〈源氏・夕顔〉読解娘を結婚させて、ということ。

❸**それ相当の。りっぱな。** 例(婿君ヲ)**さるべき**人の宮仕へするがりやりて(=りっぱな身分の人で、宮仕えをする人のもとに行かせて)〈枕・すさまじきもの〉

〈安隨直子〉

ざる-べし 〔打消の助動詞「ず」の連体形＋推量の助動詞「べし」〕〜ないだろう。〜ないにちがいない。例「今しばし、今日は心しづかに」など言はんは、この限りにはあら**ざるべし**〈徒然・一七〇〉読解訪問先で長居をするべきではないが、親しい人が「今日は落ち着いて語りあおう」という場合は例外だという。

さる-ほど-に

【然る程に】 接 ラ変動詞「さり」の連体形＋名詞「ほど」＋格助詞「に」。「さり」で指示される事態が進行してゆく間に、次の事態が起こってくることを示すのが原義。

❶**そうこうしているうちに。その間に。** 例舟をはやはやとさし下す(=舟を急いで川下へ漕ぎ出す)。**さるほどに**海上を経て、尾張国知多郡内海へぞ着きたまふ〈平治・下〉

❷新たな話題を始める。さて。ところで。例さるほどに、その年は諒闇なりければ、御禊・大嘗会も行はれず（＝さて、その年は諒闇だったので、御禊も大嘗会も行われない）〈平家・一・東宮立〉読解「諒闇」は天皇の喪の期間。

語誌 ②は、「さり」が、明示されていない事態を漠然と指示する用法をもつところから派生してきたもので、中世以降によく見られる。章段のはじめに置かれて、語り出しの表現となることも多い。〈安隨直子〉

さる-まじ【然るまじ】〔ラ変動詞「さり」の連体形＋打消推量の助動詞「まじ」〕❶不都合だ。ふさわしくない。そうであるはずがない。例**さるまじき**事に心をつけて（＝執着して）、人の名をも立て、みづからも恨みを負ふなむ〈源氏・梅枝〉❷つまらない。取るに足りない。例**さるまじき**人のもとに、あまりかしこまりたるも〈枕・文ことばなめき人こそ〉

さる-まつ【猿松】名 わんぱくな子どもや、こざかしく口うるさい人をののしっていう語。例いらざるお世話の**猿松**だ〈人情本・春色辰巳園・四・七〉

猿丸大夫《人名》生没年未詳。平安前期の伝説的歌人。『古今和歌集』真名序に名が見える。

さる-まろ【猿丸】名〔「まろ」は人名につける接尾語〕猿を人名に擬した愛称。例これは**猿丸**と言ひて、人の家にもつなぎて飼へば〈今昔・二六・八〉

猿蓑《作品名》江戸時代の俳諧集。六巻二冊。去来・凡兆編。元禄四年（一六九一）刊。俳諧七部集の第五集。芭蕉とその門人の発句三八二句・歌仙四巻などを収めたもの。巻頭に芭蕉の「初時雨猿も小蓑をほしげなり」（➡名句111）の句が置かれ、巻六には『幻住庵記』を収める。「さび」の詩境とユーモアが融合し、蕉風の円熟期を代表する集とされる。「俳諧の古今集」と仰がれた。

さる-もの

【然るもの】「さり」で指示される事態を受けて、そのようであるもの、そうであって当然なもの、の意を表す。

❶そのようなもの。例さらに**さるもの**なし（＝決してそのようなものはいない）〈枕・うへにさぶらふ御猫は〉❷「さるべきもの」の意。**そうであって当然なもの。**もっともなこと。**言うまでもないこと。**例「（初夏トイウ季節ハ）世のあはれも人の恋しさもまされ」と人の仰せられしこそ、げに**さるもの**なれ（＝「この世のしみじみとした趣も人への恋しさもいつもより深く感じられる」とある人がおっしゃったのは、本当にもっともなことである）〈徒然・一九〉〈安隨直子〉

さるもの-に-て【然るものにて】〔「にて」は、断定の助動詞「なり」の連用形＋接続助詞「て」〕❶（〜は）もちろん。言うまでもなく。例（畑ノ野菜ヲ）人の取らぬをば**さるものにて**、馬・牛だにぞ食まぬ〈大鏡・道長上〉❷それはそれとして。それはともかく。例もののあはれは秋こそまされと、人ごとに言ふめれど、それも**さるものにて**、今ひときは心も浮きたつものは、春の気色にこそあめれ〈徒然・一九〉

さる-やう【然る様】ヨウ しかるべき理由。それ相当の事情。例おのづから**さるやう**ありて聞こゆるならん（＝申し上げるのだろう）〈源氏・若紫〉

さる-わか【猿若】名 ❶初期歌舞伎の役柄の一つ。かぶき者に付き従う滑稽な道化。のちの道化方にあたる。❷①をまねて、滑稽な一人狂言をして回る大道芸人。

さる-を【然るを】接〔ラ変動詞「さり」の連体形＋接続助詞「を」〕❶逆接の意を表す。それなのに。ところが。例昔、男女、いとかしこく（＝たいそう深く）思ひかはして異心なかりけり。**さるを**…（女ハ）世の中を憂しと思ひて、出でて去なんと思ひて〈伊勢・二一〉❷話題を転換する。さて。ところで。例**さるを**、筑紫高良山の僧正は、加茂の甲斐なにがしが厳子にて（＝御子息で）〈芭蕉・幻住庵記〉

ざれ 打消の助動詞「ず」の已然形・命令形。

ざれ-うた【戯れ歌】名 滑稽な和歌。正当な和歌に対していう。狂歌・俳諧歌の類。例詞花集は、ことざま（＝歌のありさま）はよく見えはべるを、あまりにをかしきさまのふりにて、**ざれ歌**ざまの多くはべるなり〈古来風体抄・下〉

され-くつがへ・る【戯れくつがへる】―クツガエル 動〔ラ四〕「ざれくつがへる」とも。ひどくしゃれる。むやみに風流を気どる。例**されくつがへる**今様のよしばみ（＝近ごろの気どり屋）よりは、こよなう奥ゆかし〈源氏・末摘花〉

され-ごころ【戯れ心】名 たわむれの心。しゃれっけ。風流心。例いかにうつくしき（＝なんとかわいらしい）君の御**され心**なり〈源氏・少女〉

ざれ-こと【戯れ事・戯れ言】名 ふざけてすること。ふざけて言うこと。また、その言葉。冗談。例汝は路次で雨に会うたと見えた。**ざれ事**をせずと末広がりを見せい〈虎寛本狂言・末広がり〉

ざれごと-うた【戯れ言歌】名 滑稽を主とした歌。例述懐の歌どももあまた詠みはべりし中に、**ざれこと歌**に〈無名抄・非歌仙難歌事〉

され-ど

【然れど】接 ラ変動詞「さり」の已然形＋接続助詞「ど」。「さり」で指示される事態を受けて、それに対立する事態が後続することを示す。逆接の接続詞。

しかし。**けれども。**例（月ノ都へ帰ルコトハ）いみじからむ心地もせず。悲しくのみある。**されど**おのが心ならずまかりなむとする（＝うれしい気持ちもしません。悲しいだけです。しかし不本意ながらおいとましようとしているのです）〈竹取〉〈安隨直子〉

され-ども【然れども】接〔ラ変動詞「さり」の已然形＋接続助詞「ども」〕「されど」に同じ。例「珠ならずもありけむを」と人言はむや。**されども**、「死し子、顔よかりき」と言ふやうもあり〈土佐〉

され-ば

【然れば】ラ変動詞「さり」の已然形＋接続助詞「ば」。「さり」によって指示される事態を確定条件として、後続の結果が起こってくることを示す。

❶接❶だから。そこで。すると。例一銭軽しといへども、これを重ぬれば貧しき人を富める人となす。されば、商人の一銭を惜しむ心切なり(＝一銭はわずかだといっても、これを積み重ねると貧しい人を裕福な人にする。だから、商人が一銭を惜しむ気持ちは切実である)〈徒然・一〇八〉❷意外な事に驚く気持ちを表す。それでは。いったい。例こはされば何事さぶらふぞや(＝これはいったいどうした事ですか)〈平家・一・祇王〉

❷感(相手の発言を受けて)そうだね。さよう。例「御存じないか」「されば、存じたとも申されず(＝さよう、存じているとも申し上げられず)、存ぜぬとも申されぬ」〈近松・鑓の権三重帷子・上〉

されば-いな【然ればいな】相手の言葉を受けて答える言葉。多く女性が用いる。そのことですよ。例「憚りながら御物語」と尋ぬれば「さればいな…」と語れば〈近松・平家女護島・四〉

されば-いの【然ればいの】「さればいな」に同じ。例「はあ、そりゃ、めでたうござりまする」「さればいの」〈狂言記・伯母が酒〉

されば-こそ【然ればこそ】〔「こそ」は係助詞〕❶だからこそ。例さればこそ、汝をば遣はしつれ〈平家・五・月見〉❷案の定。思ったとおり。例さればこそ、異物の(＝別の物)の皮なりけり〈竹取〉

され-ば・む【戯ればむ】動(マ四)〔「ばむ」は接尾語〕気の利いたふうをする。もの慣れたふうをする。例世の中(＝男女の仲)をまだ思ひ知らぬほどよりは、さればみたる方にて〈源氏・空蟬〉

されば-よ【然ればよ】〔「よ」は間投助詞〕案の定だ。やっぱりね。例(夫ノ車ハ)「町の小路なるそこそこになむ、とまりたまひぬる」とて来たり。さればよと、いみじう心憂しと思へども〈蜻蛉・上〉

ざれ-ゑ【戯れ絵】名滑稽を主とした絵。たわむれに描いた絵。また、簡略に描いた絵。例ざれ絵をざっと描いて進じたれば〈狂言記・金岡〉

さわ〖多・沢〗⇩さは

ざ-わう【蔵王】名修験道で本尊とする神。役小角が金峯山上で岩中から出現させたとされる。平安中期以降、広く信仰される。「蔵王権現」とも。

さわが・し【騒がし】形(シク)〔動詞「さわぐ」の形容詞形〕❶物音が騒がしい。騒々しい。例まだかく騒がしき野分にこそあはざりつれ〈源氏・野分〉❷世情や気持ちが穏やかでない。落ち着かない。例世の中に事出で来、さわがしう(音便形)なりて〈枕・殿などのおはしまさで後〉❸とりこんでいる。忙しい。例日ごろさわがしくてなむえまゐらぬ〈大和・一三六〉

さわぎ

【騒ぎ】名〔動詞「さわぐ」の名詞形。上代は「さわき」〕❶騒ぐこと。騒々しいこと。例(a)天の川川の音清し彦星の秋漕ぐ舟の波の騒きか(＝天の川の川音がさわやかである。彦星が秋の七月七日に漕ぐ船の波の騒ぐ音なのか)〈万葉・一〇・二〇四七〉例(b)神鳴るさわぎに、え聞かざりけり(＝雷が鳴っている騒々しさのために、聞くことができなかった)〈伊勢・六〉❷混雑。とりこみ。例親たちの亡くなりにけるさわぎに(＝親たちが亡くなってしまったときのとりこみで)〈宇津保・俊蔭〉❸戦乱。騒乱。例純友がさわぎの時、討手の使ひにさされて(＝純友の騒乱のとき、追討使に任命されて)〈大和・四〉読解「純友がさわぎ」は、藤原純友の起こした天慶の乱。❹遊興。遊芸。例さわぎは両色里の太鼓に本粋になされ(＝遊芸は両方の遊里の太鼓持ちによって本物の粋にされ)〈西鶴・日本永代蔵・二・三〉

語誌 ①は事実として、やかましく騒々しいこと。それに対し、②は心の平安をかき乱し、心配な様子を伴った心理的なさまをもいう。〈松井健児〉

さわ・ぐ

【騒ぐ】動(ガ四)〔擬声語「さわ」の動詞化。上代は「さわく」〕❶騒がしくする。うるさく音や声を立てる。例み吉野の象山のまの木末にはここだも騒く鳥の声かも〈万葉・六・九二四〉↓名歌350 ❷騒々しく動き回る。乱れ動く。例風さわぎむら雲まがふ夕べにも(＝風が吹き荒れ、むらがっている雲が入り乱れる宵にも)〈源氏・野分〉❸慌ただしく立ち働く。例(夫ノ来訪ノ知ラセニ)これかれ騒ぎて日ごろみだれがはしかりつる所どころをさへ、ごほごほとつくる(＝あれこれ慌ただしく立ち働いて、普段散らかしてあった所々までも、ばたばたと片づける)〈蜻蛉・中〉❹気持ちが動揺する。落ち着かない。例(殿上人ガ、女官ノ)局どもの前わたる、いみじう立ち馴れたらん心地もさわぎぬべし。しかし(＝部屋の前を通るのは、非常に慣れた人の心も落ち着かないにちがいないよ)〈枕・内裏は、五節の頃こそ〉❺あれこれうわさする。例「小野の宮の大臣かくれたまひぬ」とて世は騒ぐ(＝「小野の宮の大臣がお亡くなりになった」と言って世間があれこれうわさする)〈蜻蛉・中〉

語誌▼「さわ」は多くのものが乱れ動き、音を立てるさまを表す擬声語。

▼『万葉集』では鳥の声や波の音、あるいはその動きなどを表す場合が多い。また、古くは多くの人や動物・自然物が乱れ騒ぐ様子を表したが、平安時代には個人の場合にも用いられ、心が激しく乱れ、動転する場合にも転用されるようになる。〈松井健児〉

さわやか〖爽やか〗⇩さはやか

さ-わらび【早蕨】名〔「さ」は接頭語〕芽が出たばかりの蕨。若芽の蕨。例石走る垂水の上のさわらびの萌え出づる春になりにけるかも〈万葉・八・一四一八〉↓名歌68

さわり〖触り・障り〗⇩さはり

さゐさゐ・し 形(シク)さわさわ、ざわざわと音を立てるさま。例光もなく黒き掻い練り(＝練り絹)の、さゐさゐしく張りたる一襲〈源氏・初音〉

さ-ゐもん【左衛門】名「左衛門府」の略。

さゐもん-の-かみ【左衛門の督】名左衛門府の長官。正五位上相当。例左衛門の督、「あなかしこ。このわたりに、わかむらさきやさぶらふ」とうかがひたまふ〈紫式部日記〉読解藤原公任が『源氏物語』の作者紫式部に声をかけたという記事。

さゑもん-の-ぢん【左衛門の陣】 名 左衛門府の武官の詰め所。内裏の建春門にあった。またそこから、建春門の別称。例左衛門の陣のもとに、殿上人などあまた立ちて〈枕・正月一日は〉

さゑもん-ふ【左衛門府】 名 六衛府の一つ。右衛門府とともに、宮中の諸門を警備する役所。⇩ゑもんふ

さ-を【さ麻】 名〔「さ」は接頭語〕麻。例ひたさ麻を裳には織り着て〈万葉・九・一八〇七〉➡名歌250

さを【棹・竿】 1名 ❶船を進めるために、水底を突く棒状の木や竹。例遊ぶ舟には梶棹もなくてさぶしも(=寂しいことだ)漕ぐ人なしに〈万葉・三・三五七〉❷竹や木でできた、衣や帯を掛ける細長い棒。例御棹にかかりたる御衣を召して〈今昔・一四・三五〉❸三味線で、糸を張る長い柄の部分。❹雁などが一列になって飛んでいるさま。2接尾 ❶三味線を数える。❷たんすや長持などを数える。❸ようかんなどの細長い菓子を数える。

さ-を【さ青】 名形動(ナリ)〔「さあを」の変化した形。「さ」は接頭語〕青いこと。例人魂の(=人魂のような)さ青なる君が〈万葉・一六・三八八九〉

さを-さす【棹さす】 棹を水底に突き立てて舟を進める。例船に乗り川の瀬ごとに棹さし上れ〈万葉・一八・四〇六二〉

さ-をしか【小牡鹿】 名〔「さ」は接頭語〕雄の鹿。牡鹿。例秋萩の咲きたる野辺はさ雄鹿そ露を別けつつ妻問ひしける〈万葉・一〇・二一五三〉

さをしかの【小牡鹿の】 《枕詞》牡鹿が分け入る野の意から、「入る」と同音を含む地名「入野」にかかる。

さ-をととし【一昨昨年】 名 一昨年の前年。三年前にあたる年。例一昨々年の二月の十日ころに、難波より船に乗りて、海の中に出でて〈竹取〉

さ-をとめ【早乙女・早少女】 名 ❶田植えをする女性。例早乙女の山田の代に下り立ちて〈栄花・根合はせ〉❷〔「さ」は接頭語〕少女。例磯菜摘む海人のさ乙女心せよ〈山家集・下〉

さ-をばし【さ小橋】 名〔「さ」は接頭語〕小さな橋。また、小さな階段。例朝霜の《枕詞》御木のさ小橋 群臣い渡らすも(=お渡りになるよ)御木のさ小橋〈紀・景行・歌謡〉

さ-をぶね【さ小舟】 名〔「さ」は接頭語〕小さな舟。小舟。例彦星の川瀬を渡るさ小舟のえ行きて泊てむ川津し思ほゆ〈万葉・一〇・二〇九一〉

さ-をを【さ小峰】 名〔「さ」は接頭語〕小さな峰。小さな尾根。例こもりくの《枕詞》泊瀬の山の大峰には幡張り立てさ小峰には幡張り立て〈記・下・允恭・歌謡〉

さん【産】 名 ❶子を産むこと。出産。例空よりおろせし縄に取り付きたるは産をするありさま〈西鶴・武道伝来記・七・三〉❷出生地。その土地の生まれ。例我も同じく日本の産〈近松・国性爺合戦・五〉❸資産。財産。例人、恒の産なき時は、恒の心なし〈徒然・一四二〉

さん【算・筭】 名 ❶「さんぎ(算木)①」に同じ。例(墜落シタ体ガ)くだけ損ふこと、算の嚢に入れるがごとし〈霊異記・下・一四〉読解「算の嚢に入れるがごとし」とは、ばらばらになった状態。❷「さんぎ(算木)②」に同じ。例算取り出だしていとたやすく打ち置きて〈今昔・二八・二七〉❸計算。算術。勘定。例算を心に入れて教へけるに〈今昔・二四・二二〉❹数。年齢。

[算を散らす] 算木を散らしたようにばらばらになる。例楯は算を散らしたるやうにさんざんに蹴ちらさる〈平家・二・弓流〉

[算を乱す] 「さんをちらす」に同じ。例手負ひ(=負傷者)、死人の伏したるは、算を乱したごとくなり〈幸若・八島〉

さん【賛・讃】 名 ❶漢文の文体の一つ。人や事物をほめたたえる文章。❷絵のかたわらに、その絵にちなんで書かれた詩文。画賛。例あの絵のうへにある賛は、なんでござります〈滑稽本・膝栗毛・五下〉❸仏の徳をたたえた言葉。例諸僧…讃を誦じて(=唱えて)〈栄花・鳥の舞〉

さん-あく【三悪】 名 《仏教語》「三悪道」の略。例修羅の三悪四趣は深山大海のほとりにありと仏の説き置きたまひたれば〈平家・三・有王〉

さん-あくだう【三悪道】 名 《仏教語》この世の悪業によって来世で落ちる三つの世界。地獄道・餓鬼道・畜生道の三道。三悪趣。例死ぬれば皆天に生まれて、三悪道に入る者なかりき〈三宝絵・上・一三〉

さんいん-だう【山陰道】 名「せんおんだう」とも。七道の一つ。今の近畿・中国地方の日本海側の地方と、そこに設置された駅路。丹波・丹後・但馬・因幡・伯耆・出雲・石見・隠岐の八か国からなる。例警固の武士、山陽道を経ず、播磨の今宿より山陰道にかかり〈太平記・四〉

さん-え【三衣】 名 《仏教語》「さんね」とも。僧の着る三種の袈裟。大衣・中衣・下衣。転じて、僧服。僧のもつべき衣服としてはそれだけですべてとされた。例三衣よりほかにまた着る物なし〈今昔・一三・五〉

さんえ-いっぱつ【三衣一鉢】 名 《仏教語》「さんねいっぱつ」とも。僧が携帯することを許された持ち物で、三衣と一個の食器用の鉢。転じて、僧のささやかな持ち物。例出家(=僧)は三衣一鉢を持ちて〈沙石集・六・九〉

さんえ-ばこ【三衣匣・三衣箱】 名 《仏教語》三衣を入れる携帯用の箱。例三衣箱の底に烏帽子をだにも用意して〈沙石集・八・二三〉

さん-おき【算置き】 名 算木で占うこと。また、易者。例安部の外記といへる世界見通しの算置きが申せしは〈西鶴・好色一代男・四・一〉

さん-がい【三界】 1名 《仏教語》❶すべての衆生が生死を繰り返すとされる三つの迷いの世界。欲界・色界・無色界。苦に満ちた安らぎのない世界という。例三界の漂流は環の息まらぬがごとし(=腕輪がつながっていて終わりのないのと同じだ)〈万葉・五・七九四・序詩〉❷(①から転じて)人の生きるこの世界。また、全世界。否定的に用いることが多い。例三界広しといへども五尺の身(=一身)置き所なし

さん-し【三史】 名 中国古代の三つの重要な歴史書。六朝では『史記』『漢書』『東観漢書』、唐以後は『史記』『漢書』『後漢書』をいう。例三史・五経道々しき方を明らかに悟り明かさむこそ〈源氏・帚木〉

さん-した【三下】 名 形動(ナリ) ばくち打ちの中で下っ端の人。取るに足りない人をあざけるときにも用いる。例あほらしうて対手になられんわいなんぞと三下に見てゐるわな〈滑稽本・浮世風呂・三上〉

さんしち-にち【三七日】 名〔三と七の積から〕❶二十一日間。また、二十一日目。多く、社寺に籠もったり修法などを行ったりする期間にいう。例三七日はてて(=終わって)、明けんとする夜の夢に〈宇治拾遺・九六〉 ❷人の死後二十一日目。また、その日に行う法事。「みなぬか」とも。

さんじっ-かう【三十講】 名《仏教語》法華三十講のこと。法華経二十八品に無量義経と普賢観経を加えた三十品を三十日間に一日一品ずつ講じること。二品ずつ十五日間、三品ずつ十日間講じる場合もあった。例五月にもなりぬれば、例の殿の三十講とて、いそがせたまふ〈栄花・鳥の舞〉

さんじふいち-じ【三十一字】 名 和歌のこと。⇩みそひともじ

三十三間堂 名 山城国、今の京都市東山区の蓮花王院の本堂の俗称。柱と柱の間(間)が三十三あることからの称で、三十三は観音菩薩の三十三身に由来するという。長寛二年(一一六四)後白河法皇の発願で平清盛が建立。焼失ののち、再建された。丈六の千手観音を本尊とし、ほかに千体の千手観音像を安置する。江戸時代にはこの三十三間を射通す通し矢が盛んに行われた。

さんじふさん-しょ【三十三所】 名 観音を安置した三十三か所の霊場。三十三の数は観世音菩薩の化身の数による。はじめ京周辺に限定されていたものが、畿内に広がり、しだいに各地に生じ、多く地方名を冠して呼ばれるようになった。三十三番。例三十三所の観音拝みたてまつらんとて所々にまゐりはべりける時〈千載・釈教・詞書〉

さんじふさん-じん【三十三身】 名《仏教語》観世音菩薩が、衆生を救うために現すという三十三種の化身。仏・帝釈・毘沙門・婆羅門・阿修羅・比丘・比丘尼など。例ありがたや、観音の三十三身に身を変じ〈幸若・景清〉

さんじふさん-てん【三十三天】 名《仏教語》「たうりてん」に同じ。例三十三天の微妙の天女にひとしう思さるる御身どもの〈栄花・本の雫〉

さんじふさん-ばん【三十三番】 名「さんじふさんしょ」に同じ。例三十三番連れ立ちませう〈近松・ひぢりめん卯月紅葉・中〉

さんじふに-さう【三十二相】 名 ❶《仏教語》仏の身体に備わっているとされる三十二の理想的な美質。例三十二相もよくそなはりたまひて、仏の御身をば得たまへる〈狭衣・四〉 ❷(①から転じて)女性の理想的な容貌の形容。例三十二相足らひたる、いつくしき姫にてありける〈御伽草子・文正草子〉

さんじふろく-かせん【三十六歌仙】 名 平安中期、藤原公任が編んだとされる『三十六人撰』に選ばれた三十六人のすぐれた歌人。柿本人麻呂・紀貫之・凡河内躬恒・伊勢・大伴家持・山部赤人・在原業平・僧正遍昭・素性法師・紀友則・猿丸大夫・小野小町・藤原兼輔・藤原朝忠・藤原敦忠・藤原高光・源公忠・壬生忠岑・斎宮女御・大中臣頼基・藤原敏行・源重之・源宗于・源信明・藤原仲文・大中臣能宣・壬生忠見・平兼盛・藤原清正・源順・藤原興風・清原元輔・坂上是則・藤原元真・小大君・中務。

さん-しゃ【三社】 名「さんじゃ」とも。重要な三つの神社。特に、平安時代、朝廷があつく崇拝した伊勢神宮・石清水八幡宮・賀茂神社(あるいは春日神社)の総称。

さん-じゃ【算者】 名「さんしゃ」とも。算術の名人。例さてもさても、こなた(=あなた)はことのほかの算者でござる〈虎寛本狂言・賽の目〉

さん-しゃう【三生】 名《仏教語》「さんぜ①」に同じ。例かれが三生の前に義長法師といひし時〈太平記・三六〉

さん-しゃう【三障】 名《仏教語》仏道修行や善根の妨げとなる、煩悩障・業障・報障の三つの障害。また、皮煩悩障・肉煩悩障・心煩悩障の三つともいう。例南浮(=人間世界)の衆生は三障重きゆゑに〈沙石集・二・七〉

さん-じゃう【山上】 名 ❶山の上。❷山に登ること。例ただ今山上する者にて候へ〈謡曲・女郎花〉 ❸〔「山」は比叡山のこと〕延暦寺。例山上・洛中の騒動なのめならず(=ひととおりではない)〈平家・六・横田河原合戦〉 ❹「山上参り」の略。

さんじゃう-まゐり【山上参り】 名 大和国(奈良県)の金峯山にある蔵王権現に参詣すること。例山上参りの、行者講のと、今年もみどもが手から四貫六百…銭に取って〈近松・女殺油地獄・中〉

さんしゅ-の-じんぎ【三種の神器】 皇位を象徴するものとして歴代天皇が継承する三つの宝物。八咫の鏡・八尺瓊の曲玉・天の叢雲の剣(草薙の剣)。例十善帝王(=天皇)、三種の神器を帯して渡らせたまへば〈平家・七・福原落〉

さん-しゅん【三春】 名 ❶春の三か月。一月(孟春)・二月(仲春)・三月(季春)。例書を三春の暮れの雁につけがたし(=託すこともできない)〈太平記・六〉 ❷三回の春。また、三か年。例巌窟の洞にこめられて、三春の愁嘆を送り〈平家・二・蘇武〉

さんじょう【三条】 ⇩さんでう

さんじょ-ごんげん【三所権現】 名 ⇩熊野

さん-じん【三身】 名《仏教語》三種の仏身。法身・報身・応身、または、法身・応身・化身の総称。例我が身の内に在します仏の三身ぞ、功徳の相を心に懸けて忘るる時無く〈今昔・四・一〇〉

さん-じん【三神】 名 ❶造化の三神。神話で、天地を創造したとされる三柱の神。天御中主神・高御産巣日神・神産巣日神。例乾坤(=天地)初めて分かれて、三神造化の首となり〈記・上・神代〉 ❷和歌の三神。和歌の守護神とされる住

吉明神・玉津島明神・柿本人麻呂。一説に、柿本人麻呂・山部赤人・衣通姫とも。例さらば俳諧の第一の奉公となりて、三神の冥慮(=思し召し)に叶ひ〈俳諧・鶉衣・与号説〉

さん-じん【散人】 名(「散」は役に立たない意)❶官職に就かない人。世俗を離れて暮らす人。例世の**散人**となりたれども〈近松・鑓の権三重帷子・下〉❷文人などの雅号に添えて用いる語。散士。芭蕉の「蕉散人桃青」など。

さんす 助動(特殊型)《近世語》(「さしゃんす」の変化した形)尊敬・丁寧の意を表す。〜なさいます。例やはり着てゐ**さんせ**(命令形)〈近松・曾根崎心中〉

接続 四段・ナ変活用以外の動詞の未然形、カ変動詞の連用形につく。

活用 さんせ/さんし/さんす/さんす/さんすれ/さんせ

さん-ず【参ず】 動(サ変)「行く」の謙譲語。参上する。参る。例藤氏(=藤原氏)の公卿一人も**参ぜ**られず〈平家・六・新院崩御〉

さん-ず【散ず】 動(サ変)散らばる。なくなる。退散する。気が晴れる。また、散らばらせる。なくならせる。例逃げて車に乗りて**散じて**〈今昔・二四・六〉

ざんす 助動(特殊型)《近世語》丁寧な断定の意を表す。〜です。〜でございます。遊里で用いる。例その人さんはなん**ざんす**(終止形)え(=どういう人ですか)〈人情本・春色梅児誉美・三・一四〉

接続 体言につく。

活用 ざんせ/ざんし/ざんす/ざんす/ざんすれ/○

さん-すい【山水】 名❶山と水。山と川。また、山や川など自然の美しい風景。例駕を命せて(=乗り物の用意をお命じになって)**山水**に遊び〈懐風藻〉❷❶を描いた絵。山水画。

さん-すけ【三助・三介】 名下男の通称。特に、風呂屋の奉公人の通称。例まだあつゐから(水ヲ)うめや。おいねえ(=手に負えない)**三助**だのう〈滑稽本・浮世風呂・二上〉

さん-ずん【三寸】 名一寸の三倍。約九センチ。長さや厚さを比喩的に示す語としても用いる。例わが家彼が三寸の舌に亡ぼさるべし〈読本・弓張月・前・二〉

さん-ぜ【三世】 名❶《仏教語》前世・現世・来世の三つの世。過去・現在・未来。例(a)たとひ三世に恨みを結べりといふとも、恩を報いつればあへて讎の心を思ふ者なし(=たとえ前世、現世、来世に恨みを作ったといっても、恩を返してしまうと決して恨みをいだく者はない)〈今昔・一・二九〉

❷本人の代を一世、子の代を二世というのに対し、孫の代。また、その三代。本人から子へ、子から孫へ、孫から曾孫へと、三回の相続にいうこともある。

❸(親子の縁は一世、夫婦の縁は二世、主従の縁は三世というところから)主従。また、主従の契り。⇩さんぜのえん。例これまた**三世**の機縁の始め、今よりのちは主従ぞ(=これはまた主従の縁の始め、今からあとは主従だぞ)〈謡曲・橋弁慶〉〈中本大〉

さん-せい【三聖】 名❶儒教・仏教・道教の祖としての孔子・釈迦・老子。❷道教・儒教の聖人としての老子・孔子・顔回。❸歌道の聖人としての柿本人麻呂・山部赤人・衣通姫。❹書道の名人としての空海・菅原道真・小野道風。

山椒太夫・三荘太夫 名❶《人名》説経浄瑠璃『さんせう太夫』などの登場人物で、丹後国(京都府)由良湊の長者。❷《作品名》江戸初期の説経浄瑠璃。三巻。寛永一六年(一六三九)ごろの刊。さんしょう太夫のもとへ売られた安寿と厨子王の姉弟の物語。説経浄瑠璃の代表作の一つ。

さん-せき【三夕】 名『新古今和歌集』秋歌上の中にある、いずれも第五句が「秋の夕暮れ」である三首の有名な和歌。寂蓮の「さびしさはその色としもなかりけり真木立つ山の秋の夕暮れ」(➡名歌182)、西行の「心なき身にもあはれは知られけり鴫立つ沢の秋の夕暮れ」(➡名歌155)、藤原定家の「見渡せば花も紅葉もなかりけり浦の苫屋の秋の夕暮れ」(➡名歌355)のこと。三夕の歌。

さん-せき【三蹟・三跡】 名平安中期、和風の書を大成させた三人の能書家。小野道風・藤原佐理・藤原行成。

さんぜ-さう【三世相】ソウ 名仏教の因縁説に五行説などを交えて、生年月日や人相で三世の吉凶・因果・善悪などを判断すること。また、それを記した書物。例子の数を先へ案じる**三世相**〈柳多留・四〉

さんぜ-じっぱう【三世十方】ツポウ 名《仏教語》三世(前世・現世・来世)のあらゆる時間と、八方および上下のあらゆる空間。無限の時間と空間。全宇宙。例**三世十方**の仏陀の聖衆(=菩薩)もあはれみたまひ〈平家・三・少将都帰〉

さんぜ-の-えん【三世の縁】 主従の縁。前世・現世・来世の三世にわたる結びつき。例しくんは**三世の縁**あり。来世にてこの恩をば報ずべし〈曾我・九〉

読解「しくん」は、「主君」または「師君」。

さんぜ-の-ちぎり【三世の契り】 「さんぜのえん」に同じ。例今、君を見参らせ、御目にかかりまうす事**三世の契り**と存じながら〈義経記・二〉

さん-せん【散銭】 名神仏に供える銭。賽銭。例**散銭**も用意がほなりはなの森〈俳諧・去来抄・先師評〉

さんぜん-せかい【三千世界】 名《仏教語》「三千大千世界」の略。

さんぜん-だいせんせかい【三千大千世界】 名《仏教語》ありとあらゆる世界。広大な全宇宙。須弥山を中心とした日・月・四天下などを総括したものを一小世界といい、それを千倍したものを小千世界、さらに千倍したものを中千世界、これをさらに千倍したものを大千世界という。この大千世界は、小・中・大の三種の千世界からなるので三千大千世界という。「三千世界」とも。例君の御笙は、**三千大千世界**にかたきはあらじかしな(=相手になる人はいないことだなあ)〈宇津保・菊の宴〉

さん-ぞく【三族】 名三種類の親族。具体的には、父・子・孫、父母・兄弟・妻子、父・母・妻の一族などの説がある。例その罪を論ずるに、**三族**に行うても(=

連座させても)なほ足らず〈太平記・三〉

さん-ぞん【三尊】 名《仏教語》❶仏と、仏の教えを記した法と、法を広める僧。三宝。❷本尊の仏と、その左右に配された脇士のこと。阿弥陀三尊・薬師三尊・釈迦三尊など。

さんぞん-らいかう【三尊来迎】《仏教語》「さんぞんらいがう」とも。念仏を唱える人の臨終のとき、紫雲に乗った阿弥陀三尊(阿弥陀・観音・勢至)が極楽往生の迎えに来ること。例**三尊来迎**便りあり。九品往生疑ひ無し〈平家・三・少将都帰〉

さん-たい【三台】 名「さんこう(三公)」に同じ。古代中国の天文の「三台星(北極星を守る三つの星)」からの称。例重盛いやしくも(=不相応にも)九卿に列して三台に昇る〈平家・三・医師問答〉

さん-たい【三体】 名(三つの風体の意)❶書で、真・行・草の三書体。❷歌学で、「ふとくおほきに」「ほそくからび」「艶にやさしく」という新古今歌風を代表する三つの風体。❸能楽で、ものまねの基本となる、老体・女体・軍体の総称。

さん-だい【三代】 名親・子・孫の三世代。例**三代**の栄耀一睡のうちにして〈芭蕉・奥の細道〉

さん-だい【参内】 名動(サ変)内裏へ参上すること。宮中にお仕えすること。例いそぎ**参内して**この由奏聞せられければ〈平家・三・城南之離宮〉

三代実録《作品名》⇩日本三代実録

さんだいしふ【三代集】 名平安時代に編まれた三つの勅撰和歌集『古今和歌集』『後撰和歌集』『拾遺和歌集』のこと。古くは、『万葉集』『古今集』『後撰集』をさしたこともある。

さん-だはら【桟俵】 名米俵の両端につける円い藁の蓋。例もらさぬ底の心までとんと明けたる**桟俵**〈近松・松風村雨束帯鑑・三〉

さん-たふ【三塔】 名比叡山延暦寺の東塔・西塔・横川の総称。転じて、延暦寺。例**三塔**一の僉議者(=延暦寺随一の弁舌家)〈平家・一・御輿振〉

さんたふ-じゅんれい【三塔順礼】 名比叡山延暦寺の三塔を順に巡って礼拝すること。また、その人。例人あまた伴ひて**三塔順礼**の事侍りしに〈徒然・二三八〉

さん-だん【賛嘆・讃歎・賛談・讃談】 名動(サ変)❶【賛嘆・讃歎】《仏教語》仏の功徳をほめたたえること。また、仏をたたえる歌謡。例**讃嘆**の声も…おどろおどろしきを(=ものすごいのを)〈源氏・御法〉❷【賛談・讃談】㋐仏の功徳をほめたたえる話。法話。例鎌田村のお道場(=お寺)へ京のお寺の(講師ノ)お下り、毎日のお**讃談**〈近松・冥途の飛脚・下〉㋑事の是非を論じること。あれこれ言うこと。例是をのみ御覧じはやされて、非をば御**讃談**もなかりしなり〈至花道・体用の事〉

さん-ちゃ【散茶】 名❶茶の葉をひいて粉にしたもの。ひき茶。例侘びにたえて一炉の**散茶**気味ふかし〈俳諧・田舎之句合〉❷「散茶女郎」の略。

さんちゃ-ぢょらう【散茶女郎】 名江戸吉原の遊女の位の一つ。太夫・格子女郎の下、埋茶女郎の上の位。

さん-づ【三途】 名《仏教語》(「途」は道の意)❶地獄道・畜生道・餓鬼道の三道。現世の悪業の報いとして死後に落ちる場所。例永く現欲に沈んで定めて**三途**に没しなむ〈三教指帰・下〉❷「三途の川」の略。

さん-づ【三頭・三途・三図】 名馬の尻のほうの、骨の盛り上がって高くなっている所。例馬の**三頭**を二太刀切られて〈太平記・二五〉

さんづ-の-かは【三途の川】 名《仏教語》冥途に行く途中にあるとされる川。死んだ人が死後七日目に渡る。生前の業によって、緩急三種類の瀬の内の一つを渡る。川のほとりには奪衣婆・懸衣翁の二鬼がいる。例**三途の川**にて追っ付きて、御目にかかり申さんと〈仮名草子・竹斎・上〉

さんづ-の-やみ【三途の闇】《仏教語》冥途。死後の不安な世界。例たちまちに**三途の闇**に向かはんとす〈方丈記〉

さん-てう【三鳥】 名古今伝授にいう三種の鳥。「よぶこどり」「いなおほせどり」「ももちどり」(または、みやこどり)。

三条《地名》❶平城京の三条大路。西に向かえば暗峠越えの奈良街道で、江戸時代は、大坂と奈良を結ぶ主街道となっていた。今の奈良市の三条通り。例初瀬に詣でて、**三条**より帰りけるに〈大和・付載二〉❷平安京の三条大路。東は三条河原・粟田口を経由し、逢坂の関を越え東国と結ばれ、西は太秦・嵐山へ通じる。平安後期以降商工業の中心地で、江戸時代は、東海道五十三次の終着地として三条大橋が架けられるなど、重要な地域となった。今の京都市の三条通り。例足早に立ち退き、**三条**の旗籠屋に宿借りて〈西鶴・好色五人女・三・五〉

三条西実隆《人名》一四五五〜一五三七(康正元〜天文六)。室町後期の歌人・古典学者。内大臣公保の子。正二位内大臣に至る。宗祇・肖柏と親しく、宗祇から古今伝授を受ける。当代一流の歌人・文化人で、教えを請う人も多かった。また、古典の書写・本文校訂も行い、すぐれた注釈も著す。日記に『実隆公記』、家集に『雪玉集』、『源氏物語』の注釈に『細流抄』など。

さん-ど【三度】 名❶三回。みたび。❷「三度飛脚」の略。例来月二日出の**三度**に金子三百両差し上ませうずべく候ふ〈近松・冥途の飛脚・上〉

さんど-いり【三度入り】 名ふつうの大きさの素焼きの杯。例**三度入り**にて十四杯〈狂言・地蔵舞〉

山東京伝《人名》一七六一〜一八一六(宝暦一一〜文化一三)。江戸時代の戯作者。黄表紙作者として登場、『江戸生艶気樺焼』で地位を確立。洗練された感覚の洒落本を発表する。寛政の改革で手鎖の刑に処せられ、以後は読本・合巻・考証随筆を執筆。

さんど-がさ【三度笠】 名深く顔を覆うように作った菅笠の一種。旅人が用いる。三度飛脚がかぶったことからの称。例**三度笠**犬にあづけて拝んでる〈柳多留・一八〉

さん-どく【三毒】 名《仏教語》人間の善心の害とな

る三つの煩悩。貪欲(むさぼり)・瞋恚(怒り)・愚痴(愚かさ)のこと。例身は五濁の塵に交はるといへども、心は三毒の霧に侵されず〈太平記・二〉

さんど-びきゃく【三度飛脚】 名 江戸時代、江戸と上方の間を毎月三度、八日間で往復した飛脚。例一度は思案、二度は不思案(=分別を失うこと)、三度飛脚、戻れば合はせて六道の冥途の飛脚と〈近松・冥途の飛脚・上〉

さんとめ【桟留】 名〔ポルトガル語から〕江戸時代、インドのサントメから渡来した縞織りの綿布。紺地に赤・空色などの縦縞や算崩し模様がある。のちには日本国内でも作られた。例桟留の綿入れ着て、尻はせ折りたる〈談義本・風流志道軒伝・三〉

ざん-なり〔打消の助動詞「ず」の連体形＋推定・伝聞の助動詞「なり」＝「ざるなり」の撥音便形〕⇩ざなり。例この金取れば、神鳴り・地震・雨降りなどして、少しもえ取らざんなるに〈宇治拾遺・三〉

三人吉三廓初買 〘作品名〙歌舞伎。世話物。八幕。二世河竹新七(河竹黙阿弥)作。安政七年(一八六〇)初演。和尚吉三・お坊吉三・お嬢吉三と名のる三人の盗賊を描く。通称『三人吉三』。

さんにん-ばり【三人張り】 名 三人がかりで弦を張る強弓。二人で弓を押し曲げ、一人が弦をかける。例三人張りに、十三束の大の鏑矢つがひ(=つがえて)〈曽我・一〉

さん-ぬる【去んぬる】 連体〔動詞「去る」の連用形＋完了の助動詞「ぬ」の連体形＝「さりぬる」の撥音便形〕過ぎ去った。前の。例去んぬる寛治のころほひ(=過ぎ去った寛治年間のころ)、堀河天皇御在位の時〈平家・四・鵼〉

読解「寛治」は平安後期の年号。

語誌 軍記や漢文訓読体の文章によく用いられる。『源氏物語』などの和文では、「いぬる」をほぼ同じ意味・用法で用いている。〈井上博嗣〉

さん-ねつ【三熱】 名〘仏教語〙畜生道で、龍・蛇が受けるという三つの苦しみ。熱風・熱砂で身を焼かれること、悪風で住居や衣服を失うこと、金翅鳥(伝説上の怪鳥)に食われること。例汝、(死後ニ)蛇身を受けて三熱の苦にあづかりて(=苦しみを受けて)〈今昔・四・三〉

さんねん-だけ【三年竹】 名 生えてから三年目の竹。堅いので、矢や桶を作るのによい。例三年竹の節近なるを少し押し磨きて〈古活字本保元・中〉

さん-の-いた【三の板】 名 兜の錏や鎧の袖の三枚目の板。中板。例義興、冑の錣・袖の三の板切り落とされて〈太平記・三三〉

さん-ぱい【三拝】 名 ❶〘仏教語〙仏家で、身・口・意の三業に敬意を表し、三度ひざまずいて礼拝すること。❷何度も礼拝して敬意を示すこと。例真砂に額をすり入れすり入れ三拝なして嬉し泣き〈近松・平家女護島・二〉

さん-ばう【三方】 ボウ 名 ❶三方向。三者。例城に押し寄せて見れば、三方は沼、一方は堀なり〈平家・一一・勝浦付大坂越〉❷檜の白木で作った四角形の折敷に、三方に穴のある台をつけたもの。神仏への供物などをのせる。例新しい三方かはらけ、誰が持って来ましたぞ〈浄瑠璃・菅原伝授手習鑑・三〉

さん-はかせ【算博士】 名「さんばかせ」とも。令制で、大学寮の職名。算術を教授する。定員二人。当初は有能なものを採用したが、のち三善・小槻二氏の世襲となる。

さんば-そう【三番叟】 名 ❶能楽「翁」(「式三番」)の中で、千歳の舞、翁の舞に続いて、三番目に行われる舞。足拍子を多用し、五穀豊穣を祈願するとされる。❷浄瑠璃や歌舞伎で、序幕の前に行う祝儀の舞。

さんばら-がみ【散ばら髪】 名 ふり乱した髪。例さんばら髪で居る者を、嫁に取ろとは言はぬはやい〈浄瑠璃・仮名手本忠臣蔵・一〇〉

さんばんめ-もの【三番目物】 名〘能楽用語〙能の分類名。五番仕立ての演能で三番目に演じられる能。幽玄味の濃い曲で、女性の主人公が多いことから「鬘物」とも。

さん-ぴつ【三筆】 名 平安初期、特に中国風の書に秀でた三人の能書家。空海・嵯峨天皇・橘逸勢。

杉風 〘人名〙一六四七〜一七三二(正保四〜享保一七)。江戸時代の俳人。本姓杉山氏。芭蕉の最も初期の門人で終生その経済的援助に努めた。編著に俳諧発句合『常磐屋之句合』がある。

さんぶ-きゃう【三部経】 キョウ 名〘仏教語〙三部の主要な経典。法華三部経(無量義経・法華経・観普賢経)、浄土三部経(無量寿経・観無量寿経・阿弥陀経)、大日三部経(大日経・金剛頂経・蘇悉地経)など。

さん-ぷく【三伏】 名「さんぶく」とも。陰陽道で、夏の極暑のころをさす語。夏至後の第三の庚の日を初伏、第四の庚の日を中伏、立秋後の初の庚の日を末伏といい、三つを合わせて三伏という。例池冷やかにして水に三伏の夏なし〈和漢朗詠集・上・納涼〉

さん-ぶつじょう【賛仏乗・讃仏乗】 名〘仏教語〙〔「仏乗」はすべての衆生を悟りに導く仏の教えを乗り物にたとえた表現〕仏法を誉めたたえること。例狂言綺語もをのづから讃仏乗の因とならば〈俳諧・鶉衣・与時節庵文〉読解「狂言綺語」は道理に合わない飾った言葉。ここでは詩歌小説の類。

さん-べき【然んべき】「さるべき」の撥音便形。例さんべき人と物語などして〈更級〉

さん-ぼう【三宝】 名〘仏教語〙❶仏・法・僧の三つの宝。仏と、仏の教えを記した経と、その教えを広める僧。例仏を造り経を写し、三宝を供養して(=仏像を作り写経をし、仏・法・僧を供養して)〈霊異記・上・三〇〉❷仏の別称。例ⓐ(出家スルコトハ)三宝のいとかしこくほめたまふことなり(=仏がとてもはなはだしくおほめになることである)〈源氏・手習〉例ⓑ本山の三宝、年来所持の本尊達、責めふせ責めふせ揉まれけり(=本山の仏、長年持仏としてきた本尊の仏たちに、強くせまって熱心にお祈りになった)〈平家・三・御産〉〈中本大〉

さんぼう-くゎうじん【三宝荒神】 コウジン 名 ❶〘仏教語〙仏・法・僧の三宝を守護する神。不浄を忌み、火を好む。かまどの神として信仰された。「荒神」とも。例これは夢かうつつか、三宝荒神の御利生か〈近松・心中二枚絵草紙・中〉❷馬の背の中央・左右に枠をつけ、三人が乗れるようにした鞍。また、それをつけた馬。例三宝荒神といふ物にしがみ付きて、しばらく足を休めれど〈俳諧・風俗文選・旅賦〉

三宝荒神②〔好色五人女〕

三宝絵 《作品名》平安中期の仏教説話集。三巻。源為憲撰。永観二年(九八四)成立。冷泉天皇皇女の尊子内親王のために記された仏教入門書。仏法僧の三宝を説いて仏教への帰依をすすめる。『今昔物語集』の有力出典であるほか、多くの作品の出典として広く用いられた。本来は絵を伴ったらしいが、現存しない。『三宝絵詞』とも。

さん-ぼく【三木】 名 古今伝授で伝えられた三種の木。ふつう「をがたまのき」「めどにけづりばな」「かはなぐさ」をいうが、諸説ある。

散木奇歌集 《作品名》平安末期の家集。一〇巻。源俊頼作。自撰。成立は大治二年(一一二七)から翌年の間。歌数約一六二〇首。部立は整然としていて勅撰集的形態をとる。俊頼の革新的・個性的な詠風がうかがえる。

さん-まい【散米】 名 神事のとき、不浄を清めるため、神前に米をまき散らすこと。また、その米。例真砂を取りて散米に、白木綿花の禊して〈謡曲・俊寛〉 読解 島流しにあい、代用物で神事を行う。

さん-まい【三昧】 [1] 名〔梵語の音写〕❶《仏教語》精神を集中してほかに何も考えないこと。仏道修行に専念すること。例阿弥陀・釈迦の念仏の三昧をばさるものにて(=当然のこととして)〈源氏・松風〉❷ある物事に熱中すること。また心のままにすること。例紙子着て川へはまらうが、油塗って火にくばらうが(=くべようが)、うぬが(=おまえの)三昧〈近松・女殺油地獄・下〉 [2] 接尾 (多く「ざんまい」の形で)名詞について、[一]②の意を添える。「念仏三昧」など。

さんまい-かぶと【三枚兜】 名 錏の板が三段ある兜。五枚兜より簡略。

さんまい-そう【三昧僧】 名 三昧堂に籠もって法華三昧・念仏三昧を修める僧。例高倉院の法華堂の三昧僧〈徒然・一三四〉

さんまい-だう【三昧堂】 名「さんまい(三昧)[一]①」の行をする堂。ふつう、法華三昧を修する法華三昧堂をいう。例三昧堂近くて、鐘の声松風に響きあひてもの悲しう〈源氏・明石〉

さんまや【三摩耶・三昧耶】 名《仏教語》〔梵語の音写〕「さまや」とも。❶衆生が修行を積んで仏と平等一体になること。また、その境地に至ること。密教では、平等・本誓(衆生を救済しようとする仏の願い)・除障(障害を取り除く)・驚覚(衆生の迷いを覚ます)などの意。例大悲大日如来独り三昧耶の妙趣を鑑みて〈性霊集・九〉❷「三摩耶形」の略。

さんまや-ぎやう【三摩耶形・三昧耶形】 名《仏教語》仏や菩薩の本誓を具象化したもの。大日如来の卒塔婆、不動明王の剣、観音の蓮華など。

さん-み【三位】 名〔「さんゐ」の連声〕位階の第三。また、その位にある人。正三位と従三位に分かれる。三位は公卿(殿上人)の一員で、四位以下とは大きな差がある。「みつのくらゐ」とも。例無位より一度に三位に叙して、やがて(=すぐに)中将になしまゐらさせたまひけり〈平家・四・通乗之沙汰〉

さん-みつ【三密】 名《仏教語》密教で、手に印を結び威儀をただす身密、真言を唱える口密、心に本尊を観じる意密の三つの総称。例大納言は三密を唱へて居たり〈今昔・二四・一三〉

さんみ-の-ちゅうじゃう【三位の中将】 名 近衛の中将で、位階が三位である人。中将は四位相当なので、特に三位の人を区別していう。摂関家や大臣家の子・孫が任じられることが多く、若い公達にとっては将来の出世が約束された華やかな職。

さんみゃく-さんぼだい【三藐三菩提】 《仏教語》真理を正しく悟ること。仏の悟り。⇩あのくたらさんみゃくさんぼだい

ざん-めり 〔打消の助動詞「ず」の連体形+推定の助動詞「めり」=「ざるめり」の撥音便形〕⇩ざめり

さん-もん【三文】 名 一文銭三枚分。価値がわずかであることのたとえ。例木綿物を着ておいてみや、三文の沙汰(=値打ち)もない〈西鶴・浮世栄花一代男・三・二〉

さん-もん【山門】 名 ❶《仏教語》寺の正門。例橋をわたって山門に入る〈芭蕉・奥の細道〉❷比叡山延暦寺のこと。園城寺(三井寺)を「寺門」というのに対していう。例山門のことを、ことにゆゆしく(=すばらしく)書けり〈徒然・二二六〉

さんやう-だう【山陽道】 名「せんやうだう」とも。七道の一つ。今の近畿・中国地方の瀬戸内海側の地方と、そこに設置された駅路。播磨・美作・備前・備中・備後・安芸・周防・長門の八か国からなる。例今は昔、山陽道美作国に、中山・高野と申す神おはします〈宇治拾遺・一一九〉

さん-よう【算用】 名 動(サ変) 計算すること。見積もりを立てること。勘定。目算。例(利子ヲ)一年一倍の算用につもり〈西鶴・日本永代蔵・一・一〉

さんよう-あひ【算用合ひ】 名 計算して数を合わせること。決算。例互ひの算用合ひはきっと(=きちんと)したがよい〈西鶴・世間胸算用・一・三〉

さん-り【三里】 名 膝の外側やや下のくぼんだ所。ここに灸をすえると健脚になるとされる。例四十以後の人、身に灸を加へて三里を焼かざれば、上気の事あり(=のぼせることがある)〈徒然・一四八〉

さん-ろう【参籠】 名 動(サ変) 神社・仏閣に一定の期間籠もって祈願すること。例われ当社に百日参籠の大願あり〈平家・一・鹿谷〉

さん-ろん【三論】 名《仏教語》❶インドの龍樹の「中論」「十二門論」、その弟子提婆の「百論」の総

称。三論宗の聖典。例道慈をば大安寺に住せしめて三論を学し〈今昔・一一・五〉❷「三論宗」の略。

さんろん-しゅう【三論宗】 名 南都六宗の一つ。『中論』『十二門論』『百論』の三論により、大乗の教えを説く。日本には推古天皇三三年(六二五)に伝えられた。教団として発展したものではなく、平安時代以降は衰えた。

さん-わう【山王】 サンノウ 名「山王権現」の略。

山王権現 サンノウゴンゲン 名 近江国、今の滋賀県大津市坂本の日吉神社の別称。⇩延暦寺

さんわう-しちしゃ【山王七社】 サンノウ― 名 山王権現の二十一社を七社ずつ上中下に分けた呼称。特に、上七社(大宮・二の宮・聖真子・八王子・客人・十禅寺・三の宮)をさすことが多い。例仰ぎ願はくは、**山王七社**王子眷属〈平家・七・平家山門連署〉

さんわう-まつり【山王祭り】 サンノウ― 名 ❶山王権現の例祭。陰暦四月の中の申の日に行われる。日吉祭り。例年々卯月中の申、**山王の祭り**とて、坂本の御城に御神事を移され〈浄瑠璃・鎌倉三代記・三〉❷山王権現を勧請して創建された、江戸赤坂の日枝神社の例祭。陰暦六月十五日に行われる。神田明神(神田神社)の神田祭りと隔年に行われ、江戸の二大祭礼とされた。徳川将軍の産土神だったことから「天下祭り」とも呼ばれる。

さん-ゐ【三位】 ―イ 名「さんみ」に同じ。

さん-ゐ【散位】 ―イ 名「さんに」とも。位だけあって、官職のない人。例御位署に**散位**従一位藤原朝臣某と書かせたまひたりける〈著聞集・五・一四九〉

さんを〜【算を〜】 ⇩「さん」の子項目

し【士】 名 ❶官吏。❷主だった兵士。士官。また、武士。❸学問・道徳を備えたりっぱな人。賢人。例(人ノ臨終ハ)博学の士もはかるべからず(=推測することはできない)〈徒然・一四三〉❹男子。例士は己を知る(=理解する)者のために死ぬ〈枕・職の御曹司の西面の〉

し【史】 名 ❶令制で、神祇官の主典(四等官)。文書をつかさどる書記官。定員は大史・少史各一人。❷令制で、太政官弁官局の主典。文書をつかさどる。定員は左右の大史各二人、左右の少史各二人。

し【司】 名 令制で、省に属し、寮の次に位する役所。規模は小さく、次官を欠いた、正・佑・令使からなる。主水司・主膳司などがある。

し【詩】 名 漢詩。ふつう一句は五字または七字であり、特定句の末尾に韻をふむ。日本でも男性官人の正式な教養として重視された。和歌を「大和歌」というのに対し「唐歌」ともいう。例心にあるを志とす。言にあらはすを**詩**とす〈著聞集・四・一〇七〉

し【師】 ❶名 ❶先生。師匠。例**師**の言はく「初心の人、二つの矢を持つことなかれ」〈徒然・九二〉❷法師。僧。例御祈禱の**師**にてさぶらひける僧都〈源氏・薄雲〉❸(接尾語的に用いて)ある技術の専門家。また、それを職業とする人。「経師」「絵師」など。❷代 学者や僧に対して、敬意をこめて呼びかけるときに用いる。例**師**を労らしむるは、身にあまりたる御恩にこそ〈読本・雨月・菊花の約〉

し【其】 代 格助詞「が」を伴って「しが」の形で用いられる。❶他称の指示代名詞。それ。例秋の花 **し**が色々に 見したまひ〈万葉・一九・四二五四〉❷対称の人称代名詞。おまえ。例老人も 女童も **し**が願ふ心足らひに〈万葉・一八・四〇九四〉❸反射指示代名詞。自分自身。例**し**が足は十文字に踏みてぞ遊ぶ〈土佐〉

し【子】 ❶代 学問にすぐれ徳の高い人に対する敬称。特に、孔子の敬称。❷接尾 名につけて親しみを表す。例や、点兵衛子、どうなすった〈滑稽本・浮世風呂・四上〉

し

❶副助 **上の語を強調する意を表す。** 例(a)倭は 国のまほろば たたなづく 青垣 山隠れる 倭**し**うるはし〈記・中・景行・歌謡〉➡名歌387 例(b)ほのぼのと(枕詞)明石の浦の朝霧に島がくれ行く船を**し**ぞ思ふ〈古今・羇旅〉➡名歌323 例(c)とりたててはかばかしき後ろ見**し**なければ(=特にしっかりとした後ろ盾がないので)〈源氏・桐壺〉

❷接助 **並列の意を表す。** 文脈によっては、前後が順接・逆接の関係になることもある。例(a)梅は酸いし歯がい**し**(=梅は酸っぱいし、歯がむずむずするし)〈田植草子・晩歌一番〉例(b)娘はそれぞれにかたづく**し**(=嫁に行くし)、もう孫も五、六人ある〈滑稽本・浮世風呂・前下〉

接続 ❶は体言、連用修飾語、活用語の連用形・連体形、副詞、助詞などにつく。❷は活用語の終止形などにつく。

語誌 ▼❶は指示語の「し」からできたと考えられている。上代でもかなり用法は固定されており、平安時代になると、「しも」「しぞ」「しこそ」「しか」「しは」のように係助詞と複合した形で用いられる(例(b))か、「〜し〜ば」と接続助詞「ば」による条件句の中で用いられる(例(c))かにほぼ限られてくる。中世以降は、「ただし」などの語の中に残るのみとなる。
なお、この❶には、係助詞とする説、間投助詞とする説もある。
▼❷は形容詞の終止形の語尾の「し」が遊離して接続助詞になったものと考えられている。室町時代ごろからしだいに用いられるようになった。〈近藤要司〉

し 過去の助動詞「き」の連体形。

し 上代の尊敬の助動詞「す」の連用形。

し サ変動詞「す」の連用形。

【識別のポイント】**し**

(1)**サ変動詞「す」の連用形**
例食ひに食ふ音の**し**ければ(=食べに食べる音がしたので)〈宇治拾遺・一二〉

(2)**過去の助動詞「き」の連体形**　活用語の連用形につく。ただし、カ変動詞は未然形・連用形、サ変動詞は未然形につく。多くは準体言、連体修飾語、係助詞「ぞ」「なむ」「や」「か」の結び、になる。
例京より下り**し**時に(=京から下ったときに)〈土佐〉

(3)**上代の尊敬の助動詞「す」の連用形**　四段・サ変動詞の未然形につく。
例大君は　そこを聞か**し**て(=大君はそれをお聞きになって)〈紀・雄略・歌謡〉

(4)**副助詞**　「し」を取り除いても文意が通じる。
例わが父母　ありと**し**思へば(=私の父母がいると思ったら)〈土佐〉

ジ『地・治・持』⇩ぢ

じ【字】 名❶文字。特に、漢字。例都傾くと書きたる字の声を傾城といふなり〈仮名草子・浮世物語・一・五〉❷一文銭。また、一文銭の表面には文字が四つあり、その四分の一という意味で、二分五厘。例いかやうとも仕送って、一銭一**字**損かけまじ〈近松・冥途の飛脚・上〉❸楊弓や双六などに賭ける銭。紅白の紙に一銭ずつ包む。例「これは楊弓・双六の勝負に賭くるお銭ならん」…「いやいや字にてさぶらはず」〈近松・松風村雨束帯鑑・四〉

じ【時】 名❶時刻。例**時**のかはるまで誦みこうじて時刻の勤行。⇩ろくじ(六時)。❷勤行の時刻。また、その時刻の勤行。例初夜の**時**はてんほどに、かのゐたる方にものせむ〈源氏・夕霧〉
〈枕・すさまじきもの〉

じ【璽】 名❶三種の神器の一つである八尺瓊の曲玉。神璽。例御国譲り(=御譲位)の節会おこなはれて、剣・**璽**・内侍所(=八咫の鏡)渡したてまつるほどこそ〈徒然・二七〉❷天子の印章。

や、主語が一人称の場合の打消の意志のほか、打消の勧誘を表すとみてよい例もある。

じ

助動(特殊型) 推量の助動詞「む」の打消に相当する意味を表す。打消の推量

❶**打消の推量の意を表す。～ないだろう。～まい。**
例(a)若ければ道行き知ら**じ**(終止形)賂はせむしたへの使ひ負ひて通らせ(=まだ若いので、道の行き方も知るまい。贈り物はしよう。あの世の使いよ、我が子を背負って行っておくれ)〈万葉・五・九〇五〉読解亡くした愛児を思いやった山上憶良の歌。例(b)道心あらば、住む所にしもよら**じ**(終止形)(=悟りを求める心があるならば、どこに住むかにはよるまい)〈徒然・五八〉

❷**打消の意志を表す。～ないつもりだ。～まい。**例君が名もわが名も立て**じ**(終止形)難波なる(枕詞)みつとも言ふな逢ひきとも言は**じ**(終止形)(=あなたの名も私の名もうわさに立てないつもりだ。私を見たとも言うな、私もあなたに逢ったとも言うまい)〈古今・恋三〉
読解お互いに恋の秘密を守りましょうと訴えた歌。

❸**打消の勧誘の意を表す。～ないほうがよい。**例みな源氏物語・枕草子などにことふりにたれど、同じ事また今さらに言は**じ**(終止形)とにもあらず(=すべて『源氏物語』や『枕草子』などに言いふるされてしまっているけれど、同じ事をまた改めて言わないほうがよいというわけでもない)〈徒然・一九〉

接続▶活用語の未然形につく。

活用▶特殊型　表内の(　)は使用例の限られたもの。

未然形	連用形	終止形	連体形	已然形	命令形
○	○	じ	(じ)	(じ)	○

語誌▼「む」「じ」「べし」「まじ」の関係　「じ」は「む」の打消にあたる(ただし、その意味する範囲は「む」に比べて狭い)。打消の推量を表す助動詞には、もう一つ「まじ」があり、「まじ」は、「べし」の打消にあたるという違いがあったから、それらの関係は、およそ下の図のようである。なお、「む」「じ」は未然形接続、「べし」「まじ」は終止形接続(ラ変型活用語には連体形接続)という違いもある。

中世になると、「じ」はしだいに古語となり、口語では、「まじ」から変化した「まい」がその代わりをするようになる。

▼**連体形・已然形の用法**　連体形の用法は、係助詞「か」、接続助詞「を」「ものを」などが下に続くのが主であり、次のような連体修飾語になる用法は限られている。例いくばくも生けらじ命を恋ひつつそ我は息づく人に知らえず(=何ほども生きていそうにない命なのに、恋し続け私はため息をつく。人に知られずに)〈万葉・一二・二九〇五〉

已然形の「じ」は、係助詞「こそ」の結びに現れる例がまれにあるだけである。〈山口堯二〉

し-あ・ぐ【仕上ぐ】 動(ガ下二)❶なし遂げる。完成させる。例丹誠に**仕あげ**し芸の間ほどよく〈人情本・春色梅児誉美・後・一三〉❷いっそうよくする。前より上になる。例御身もすんど女房を**仕上げ**たり(=いっそう女っぷりが上がった)〈近松・出世景清・三〉❸財産や地位を高める。立身出世する。例あの御親父は、伊勢から出て来て一代に**仕上げ**た人さ〈滑稽本・浮世風呂・前上〉❹金を使い果たす。例与作といふばくち打ちの盗人めに、ありたけこたけ(=ありったけ)**仕上げ**て〈近松・丹波与作待夜の小室節・中〉

し-あくしゅ【四悪趣】 名《仏教語》悪人が死後に行くという六道のうち、地獄・餓鬼・畜生・修羅の四つの苦の世界。四悪道。四趣。例**四悪趣**に堕ちてそこばくの(=さまざまな)苦患を受けむ〈今昔・一・二六〉

し-あげ【仕上げ】 名❶物事を終えること。締めくくり。例生涯の**仕上げ**なれば〈俳諧・鶉衣・剃髪弁〉❷葬儀の締めくくりとして、死後三日目・七日目などに営む法事。例七日の**仕あげ**〈西鶴・日本永代蔵・一・三〉

し-あつか・ふ【為扱ふ】 ―ア・―ア ツカウ・ツコウ 動(ハ四) 処置に迷う。もてあます。例(罪人ヲ)切らんとする者ども、

しあつかひて〈宇治拾遺・五八〉

し-あはせ【仕合はせ】 [名] ❶めぐりあわせ。運。[例]**しあはせ**も良うて（京二）のぼった〈狂言・鈍太郎〉 ❷幸運。幸福。[例]果報なる耳付き、**仕合はせ**のそなはりし目の中〈西鶴・西鶴織留・六・三〉 ❸事のなりゆき。次第。[例]その科のがれず、つひには捕らえられてこの**仕合はせ**〈西鶴・好色一代男・四・一〉

し-あ・ふ【為敢ふ】 [動]（ハ下二） なし遂げる。きちんと仕上げる。[例]片の身を縫ひつるが、そむきざまなるを（＝裏表だったのを）見つけで、とぢめも**しあへ**ず〈枕・ねたきもの〉

じ-あまり【字余り】 [名] 和歌・俳諧などで、五音が六音、七音が八音になるなど、一句が定まった音数以上になること。

し-あり・く【為歩く】 [動]（カ四） 何かをしながら日を過ごす。何かをしながら歩きまわる。[例]宮仕へ**しあり**く程に…いときよげに顔かたちもなりにけり〈大和・一四八〉

し-あん【思案】 [名][動]（サ変） 考え。分別。あれこれと考えること。[例]こなたは若いが**思案**は一越し（＝一段とまさっていて）〈西鶴・世間胸算用・三・四〉

しい【椎】 ⇩しひ

しい [感] ❶あざ笑ったり苦笑したりするときに発する語。ふん。[例]**しい**、と笑ひけるなり〈古活字本平治・下〉 ❷動物などを追うときのかけ声。しっ。[例]**しい**と言ふ馬追ひ声も聞かぬわいの〈近松・丹波与作待夜の小室節・中〉 ❸騒がしい状態や人の言葉を制止するとき発する語。しいっ。[例]「（庭木ヲ）ひっ切りて、茶臼の挽き木にしたいな」「**しいしい**」〈狂言・萩大名〉 ❹人に呼びかけるときに発する語。もし。[例]言葉をかけう。**しい、しい**、申し〈狂言・秀句傘〉

じ-いう【自由】 ❶[名][形動]（ナリ） 気まま。思いのまま。勝手。束縛されないこと。[例]よろづ**自由**にして、おほかた（＝少しも）人に従ふといふ事なし〈徒然・六〇〉 ❷[名] 需要。[例]（ソノ商人ハ）大分仕込みして、世の**自由**をたしぬ（＝ずいぶん多く商品を仕入れて、世間の需要を満たした）〈西鶴・日本永代蔵・四・一〉

しい-か【詩歌】 [名]〔「しか」の慣用読み〕漢詩と和歌。[例]**詩歌**に巧みに、糸竹（＝音楽）に妙なるは〈徒然・一二二〉

しいか-あはせ【詩歌合はせ】 [名] 左右二組に分かれ、同じ題で一方が漢詩を、一方が和歌を作り、その優劣を競う遊戯。

しい-じ【四時】 [名]〔「しじ」の変化した形〕四季。[例]風雅におけるもの（＝俳諧というものは）、造化（＝天地自然）に従ひて**四時**を友とす〈芭蕉・笈の小文〉

しい-しゅ【旨趣】 [名]「ししゅ」の変化した形。心の底に**旨趣**を残すべき。[例]恐れある申し事にて候へども、心の底に**旨趣**を残すべきにあらず〈平家・三・教訓状〉

し-いだ・す【為出だす】 [動]（サ四）「しいづ」に同じ。[例]（餅ヲ）**しいださ**んを待ちて寝ざらんもわろかりなんと思ひて〈宇治拾遺・一二〉

し-い・づ【為出づ】 [動]（ダ下二） 作り出す。やってのける。しでかす。[例]はかばかしき事**しいで**ずと言ひしかど、我は隣の女にはまさりなん〈宇治拾遺・四八〉

しいて【強いて】 ⇩しひて

しう【強う・誣う・癈う】 ⇩しふ

しう【主・宗・衆】 ⇩しゅう

しう-いつ【秀逸】 [名][形動]（ナリ） 文学・芸能で、抜群にすぐれていること。[例]やすやすとして詠み出だしたる中に、いかにも**秀逸**は侍るべし〈毎月抄〉

しう-か【秀歌】 [名] すぐれた和歌。[例]今に人の口にのりたる（＝今でも人の口にのぼる）**秀歌**にてはべめり〈大鏡・師輔〉

しう-き【周忌】 [名] 人の死後、年ごとに巡ってくるその人の命日。回忌。[例]覚快法親王かくれはべりて（＝亡くなりまして）、**周忌**のはてに墓所にまかりて〈新古今・哀傷・詞書〉

しう-ぎ【祝儀】 [名] ❶祝いの儀式。また、祝いの挨拶。[例]今日は**祝儀**の事でござるによって、ささえ（＝酒器）を持って参る〈虎寛本狂言・船渡聟〉 ❷祝いの気持ちを示すために贈る金品。引出物。[例]疱瘡（＝病気の名）あそばさぬ守り札、御**祝儀**にさしあげける〈西鶴・好色盛衰記・一・一〉 ❸芸人や職人などに与える心づけ。[例]「御**祝儀**が、ござりましたぞえ」「ははは、おありがたうござりんす」〈洒落本・遊子方言〉

しう-きく【蹴鞠】 [名] 蹴鞠。⇩まり。[例]歌舞・**蹴鞠**の隙には、弓馬の達者を召され〈太平記・一三〉

しう-く【秀句】 [名]「すく」とも。❶詩歌の、すぐれた句。[例]多く**秀句**を作り、いみじき名文どもを書きとめたまへるに〈発心集・七・五〉 ❷気の利いた言い回し。[例]**秀句**よくいへる女あり〈西鶴・好色一代男・一・六〉 ❸和歌・連歌などで、縁語・掛詞などを使って技巧を凝らした句。

しう-げん【祝言】 [名] ❶祝いの言葉。賀詞。[例]箱王は、あらたま年（＝新年）の**祝言**をもわすれ〈曾我・四〉 ❷祝うこと。祝い。特に、婚礼。[例]その夜は心よく**祝言**の盃取りかはし〈西鶴・好色五人女・三・四〉 ❸祝意を表す謡い物や語り物。祝言能など。

しうげん-のう【祝言能】 [名]『能楽用語』五番仕立ての能のあと演じられるめでたい内容の能。省略して脇能の曲の後半だけを用いることもある。

しう-さい【秀才】 [名]「すさい」とも。❶令制で、官吏登用のための国家試験の科目の一つ。主に方略策（国家の根幹の問題）が課された。また、それに及第した人。文章得業生。[例]その時に紀長谷雄の中納言、**秀才**にてありけるに、清行の宰相といささかに口論ありけり〈今昔・二四・二五〉 ❷すぐれた学才。また、その持ち主。[例]あっぱれ**秀才**出世する人なれども〈浮世草子・諸道聞耳世間猿・三・二〉

しう-そ【愁訴】 [名][動]（サ変） 嘆き訴えること。困っている事情を打ち明けて嘆願すること。[例]仏神の御助けにあらずよりほかは、いかでか**愁訴**を達せん〈平家・二・腰越〉[読解]「いかでか」は反語の意を表す。

しう-たん【愁嘆・愁歎】 [名][動]（サ変） 愁い嘆くこと。嘆き悲しむこと。[例]河の岸・海の中に至り住して苦悩し**愁歎す**〈今昔・二・三六〉

しう-ちゃく【祝着・祝著】 [名][動]（サ変）「しうぢゃく」とも。うれしく思うこと。喜ばしく思うこと。[例]遠路の御光駕**祝着**これに過ぎず（＝これにまさ

るものはない)〈近松・信州川中島合戦・三〉

しうと【舅・姑】 名 ❶夫または妻の父。配偶者の父親。例ありがたき(=めったにない)もの **舅**にほめらるる婿〈枕・ありがたきもの〉 ❷「しうとめ」に同じ。例娵が**姑**になったり〈滑稽本・浮世風呂・三下〉

しう-とく【宿徳】 名 形動(ナリ) (「しう」は「しゆく」の慣用音「しく」のウ音便形) ❶修行を積んで、徳の高いこと。また、その人。高僧。例**宿徳**にてましましける大徳(=僧)の〈大和・二五〉 ❷重々しいこと。威厳のあること。例見しよりも、いと**しうとく**に清げにもなりにたるかな〈宇津保・国譲中〉

しうと-め【姑】 名 夫または妻の母。配偶者の母親。例ありがたき(=めったにない)もの…**姑**に思はるる嫁の君〈枕・ありがたきもの〉

しうふう-らく【秋風楽】 名 雅楽の曲名。唐楽。四人舞。唐から伝わり、嵯峨天皇の弘仁年間(八一〇~二四)に改曲したという。七夕の夕べに長生殿で演奏したところ涼風が吹いたので、玄宗皇帝が喜んで名付けた曲名と伝える。

し-うん【紫雲】 名 紫色の雲。臨終のときに仏が乗って来迎するとされる、めでたいしるしの雲。例**紫雲**あつくたなびき、聖、這ひ寄りて、蓮台にのりぬ〈宇治拾遺・一六九〉

しお〘汐・塩・潮〙 ⇩しほ

し-おき【仕置き】 名 ❶準備。処置。また、その方法。例鍋蓋・火打ち箱の**仕置き**(=作り方)、これより外を知らず〈西鶴・日本永代蔵・一・三〉 ❷戒め。取り締まり。例理をまげて天下の**仕置き**立つべきか〈近松・平家女護島・一〉 ❸処罰。成敗。例きっと**仕置き**に行ふべきが…慈悲をもって助けおく〈近松・五十年忌歌念仏・下〉

しおり〘栞・枝折り〙 ⇩しをり

しおる〘萎る〙 ⇩しをる

し-おん【四恩】 名〘仏教語〙衆生がこの世で受ける四種の恩。内容は経典によって異なるが、ふつう、父母・衆生・国王・三宝の恩をいう。例法華経を…**四恩**法界のために供養しつ〈今昔・一五・二一〉

しか【鹿】 名 ❶動物の名。シカ。雄には角があり、冬に抜け落ちて、初夏に新しく生える。古くから食用とされ、狩猟の対象となった。奈良の春日神社や安芸の宮島では神の使いとされる。例秋の夜の長きに、目をさまして聞けば、**鹿**なむ鳴きける〈大和・一五八〉 ❷「かこひ③」に同じ。

語誌 ▼**鹿の呼称** 古くは鹿を雌雄の別なく総称していうときは「か」が用いられ、雌鹿を「めか」、雄鹿を「しか」と言ったと考えられる。『万葉集』では「奥山に住むといふしかの夕去らず妻問ふ萩の散らまく惜しも」〈一〇・二〇九八〉の「しか」は原文「男鹿」で、「しか」を「雄鹿」と表記した歌もある。一方、同集では雄鹿をいうのに「をしか」「さをしか」の語も用いられている。「しか」がすでに本来の用法から転じて、雌雄を問わずこの動物をいう雅語として意識されるようになってきたことの表れであろう。このように、「しか」は鹿をさす一般的呼称となっていった。

▼**秋の景物** 秋になると雄鹿は雌を求めて盛んに鳴く。その声が哀切なものととらえられ、「山里は秋こそことにわびしけれ鹿の鳴くねに目をさましつつ」〈古今・秋上〉のように好んで和歌に詠まれた。萩とともに合わされることが多く、先の万葉歌では萩が鹿の妻として描かれている。〈佐藤明浩〉

しか【然】 副 話し手が、目の前の様子や、すでに述べられた物事の様子をさしていう語。

そのように。そう。そのとおりだ。例(a)三輪山を**しか**も隠すか雲だにも心あらなも隠さふべしや〈万葉・一・一八〉➡名歌358 例(b)年経ればよはひは老いぬ**しか**はあれど花をし見ればもの思ひもなし〈古今・春上〉➡名歌248

語誌 ▼基本的に聞き手側の物事をさし、話し手側のそれをさす副詞「**かく**」と使い分けられる。

▼相手の言葉を受けて、応答詞的に用いられる場合もある。例「中納言のいまして、しかじかのことのたまへるはまことか。いかなるぞ」と申したまへば、「**しか**、まことにはべり」〈落窪・三〉

▼「しか」が上代から存在し、漢文訓読系の文章や、改まった調子の言い方に用いられるのに対して、類義の「さ」は平安時代以降の和文で用いられた。

▼**派生語** ラ変動詞「あり」がついた動詞「**しかり**」、それらに助詞類がついた接続詞「**しかして**」「**しからば**」「**しかも**」など、多くの語を派生する。これらの語も、基本的には「しか」の指示語としての性格を引き継いでいる。〈安隨直子〉

しか 終助 自己の動作に関する願望の意を表す。~たいものだ。~できたらいいなあ。例まそ鏡(枕詞)見**しか**と思ふ妹も逢はぬかも(=見たいと思うあの娘は逢ってくれないかな)〈万葉・一一・二三六六〉

接続▶動詞型活用の語の連用形につく。特に、完了の助動詞「つ」の連用形「て」、完了の助動詞「ぬ」の連用形「に」について用いることが多い。⇩てしか・にしか

語誌 「しが」と濁っても読まれる。

し-か 〔副助詞「し」+係助詞「か」〕(疑問を表す語について)疑問・反語の意を強める。⇩いつしか・なにしか。例何**しか**人を思ひそめけん〈古今・恋二〉

しか 過去の助動詞「き」の已然形。

[識別のポイント] **しか**

(1) **過去の助動詞「き」の已然形** 活用語の連用形につく。ただし、カ変動詞は未然形・連用形、サ変動詞は未然形につく。係助詞「こそ」の結びになったり、下に接続助詞「ば」「ど」「ども」がついたりする。例その世にはかくこそはべり**しか**(=その時代はこんなふうでございました)〈徒然・二二五〉

(2) **過去の助動詞「き」の連体形+終助詞「か」** 活用語の連用形につく。係助詞「こそ」の結びではない。文末にあって詠嘆の意を表す。例かかる事のいつぞやあり**しか**(=こんなことがいつだったかあったなあ)〈徒然・七一〉

(3) **副助詞「し」+係助詞「か」** 「し」を取り除いても文意が通じる。疑問語について、疑問・反語の意を強め

る。文末が連体形で結ばれる。例いつしかと待ち居たるほどに(＝いつになったらと待っているうちに)〈宇治拾遺・二〇〉

⑷終助詞または終助詞「てしか」「にしか」の一部　動詞型活用語の連用形につく。文末にあって希望の意を表す。例まそ鏡(枕詞)見しかと思ふ妹も逢はぬかも(＝見たいと思う娘に逢わないかなあ)〈万葉・一一・二三六六〉

志賀《地名》近江国(滋賀県)の、琵琶湖岸南西部一帯。

しが 終助「しか」(終助詞)に同じ。例甲斐が嶺をさやにも(＝はっきりと)見しが〈古今・東歌〉

しか-あら-じ【然あらじ】〔副詞「しか」＋ラ変動詞「あり」の未然形＋打消推量の助動詞「じ」〕そうではあるまい。そんなことはないだろう。例それ(＝その話)しかあらじ〈源氏・帚木〉

しか-あれ-ど【然あれど】〔副詞「しか」＋ラ変動詞「あり」の已然形＋接続助詞「ど」〕そうではあるけれども。しかしながら。例古のことをも歌の心をも知れる人、わづかに一人二人なりき。しかあれど、これかれ得たるところ得ぬところ(＝それぞれ理解している点、理解していない点)、互ひになむある〈古今・仮名序〉

し-かい【四海】名〔本来は、仏教で須弥山のまわりの四方の海のこと〕四方の海。転じて、天下。全世界。例一天四海みな掌のままなり(＝思いのままである)〈平家・灌頂・六道之沙汰〉

【四海波静か】天下が治まって平穏であること。天下泰平を祝う表現。例四海波閑かにして　九州(＝日本全土)風おさまり〈宴曲・祝言〉

し-がい【糸鞋】名糸を編んで作った履物。幼少の天皇や、楽人・舞人などが用いる。⇩くつ(図)。例兵部卿隆親は、糸鞋をはきて〈増鏡・あすか川〉

じ-がい【自害】名動(サ変)自殺。自刃。例あの松の中で御自害候へ〈平家・九・木曾最期〉

支考《人名》一六六五〜一七三一(寛文五〜享保一六)。江戸時代の俳人。美濃(岐阜県)の人。各務氏。蕉門随一の理論家で、『俳論十論』ほか多数の俳論を著した。平俗な俳風で地方を中心に一大勢力を築き、その一派は美濃派と呼ばれる。仮名詩・真名詩(漢字書きの詩)の創始者。俳諧俳文集『本朝文鑑』など編著は多い。

じ-かう【侍講】ヂコウ 名主君に学問を講義すること。また、その職。例侍講の者二人に日講(＝日々の講義)の事を仰せ下されて〈折たく柴の記・上〉

じ-がう【寺号】ヂゴウ 名寺の称号。例我が家を堂とし、我が名を寺号につけつつ(仏像ヲ)安置したてまつりて〈源平盛衰記・九〉

しかう-して【而して・然して】シコウ 接〔「しかくして」のウ音便形〕そうして。それから。例しかうしてのち、悪事いよいよつもれども…あへていさむる臣下もなし〈曾我・五〉

し-か-く【仕掛く・仕懸く】動(カ下二)❶ある動作を仕向ける。例さるがう(＝おどけたしぐさ)しかくるに〈枕・殿などのおはしまさで後〉❷物をひっつける。汚す。例袴にいと多く(糞ヲ)しかけてければ〈落窪・三〉❸動作を途中までする。中途でやめる。例自害を半ばにしかけて、路の傍らに伏したりけるを〈太平記・二九〉❹装置などを取りつけて使える状態にする。例乗り物二挺ならべて、中のへだてを取りはなち…火鉢を仕懸け〈西鶴・好色一代男・五・三〉❺計画する。たくらむ。例(別レルキッカケヲ)色々仕懸けたまへども〈西鶴・好色一代男・六・六〉

し-がく【仕覚】名《近世語》❶工夫。やりくり。例今宵のやうなしがくは、いかう(＝とても)私めが気骨が折れます〈浮世草子・傾城禁短気・二・三〉❷用意。蓄え。例私、類火のみぎりには…始末仕覚もない時節〈浄瑠璃・八百屋お七・中〉

し-がく【試楽】名平安時代、公式儀礼に行う歌舞の予行演奏。特に、石清水の臨時の祭りの二日前、また賀茂の臨時の祭りの三日前の清涼殿前庭での試楽は、天皇・殿上人以下、外出の機会が少なくて当日も見ることができない女房たちも見物する盛事として有名。

し-かけ【仕掛け・仕懸け】名《近世語》❶働きかけること。例(弁慶ガ)しかけを待てば、牛若丸通りさまに長刀の柄元をはっしと蹴上げたり〈近松・孕常盤・一〉❷装置。例乱火(＝乱れ飛ぶ火)のしかけ、げにもかうとぞ見えにける〈近松・国性爺合戦・五〉❸製法。作り方。また、やり口。取り扱い方。例南京より渡せし菓子、金餅糖の仕掛け、いろいろせんさくすれども〈西鶴・日本永代蔵・五・一〉❹代金や給金などを、払い手に有利なように金・銀・銭の相場を決めて払うこと。例銭の仕かけ、銀の軽目(＝重さが減っていること)もかまはず〈西鶴・日本永代蔵・五・三〉❺炊事や食事の支度。例女房おふつ、流元に明日のしかけしてゐると〈滑稽本・膝栗毛・発端〉❻家や店などの構え。例この宿の仕掛け、表住まゐなれ〈西鶴・好色一代女・六・一〉

しかけ-もの【仕掛け者】名《近世語》人をだます者。くわせ者。例格別の仕掛け者あり〈西鶴・西鶴織留・六・三〉

しか-しか【確確】副〔副詞「しかと」の「しか」を重ねた語〕確かなさま。はっきりと。しっかりと。多く打消の語を伴って用いる。例汝はしかしかと見知るまいが〈狂言・察化〉

しか-しか【然然】〔「しか」を重ねた語〕「しかじか」とも。❶副具体的な内容を述べる代わりに用いる。これこれ。このように。例昨夜はしかじかして〈源氏・須磨〉❷感相手に同意したり、あいづちを打ったりするときに用いる語。そうそう。そのとおり。例しかしか、さ侍りしことなり〈大鏡・序〉

しか-し-て【而して・然して】接「しかうして」に同じ。

しか-し-ながら

【然しながら】副〔副詞「しか」＋サ変動詞「す」の連用形＋接続助詞「ながら」。「しか」の指示する事態が継続していることを示すのが基本。

❶副 そのまま。すべて。例(私ガ)今、大臣の大将にいたるまで、**しかしながら**君の御恩ならずといふ事なし(=今、大臣兼大将になるまで、すべて君のご恩でないという事はない)〈平家・二・烽火之沙汰〉読解「君」は後白河院のこと。
❷接 しかし。けれども。例我らもさやうに存じ候ふ。**しかしながら**小ちごの間は、いまだ里心ござ候ふゆゑ(=私どももそのように存じます。しかし小さい子どもの間は、まだ家にいたときの気持ちがございますので)〈噺本・昨日は今日の物語・上〉

語誌▼漢文訓読系の文章や、和漢混交文に多く用いられる。対応する和語は「**さながら**」。▼②は、室町末期以降に現れ、接続詞「しかし」を派生して現代に至る。〈安陪直子〉

しか-しふ【私家集】シユウ 名 個人の作品を集めた歌集。作者自らが編纂した自撰のものと、他人が編纂した他撰のものとがある。「家集」「家の集」とも。

しか-ず【如かず・若かず・及かず】〔漢文訓読語。「ず」は打消の助動詞〕❶～に及ばない。～にかなわない。例世の人の心まどはす事、色欲には**しかず**〈徒然・八〉 ❷～が一番である。～にこしたことはない。例我が身をのちにして、人を先にするには**及かず**〈徒然・一三〇〉

しか-す-がに【然すがに】副《上代語》〔副詞「しか」＋サ変動詞「す」＋接続助詞「がに」〕そうはいっても。そうであるのに。例三島野に霞たなびき**しかすがに**昨日も今日も雪は降りつつ〈万葉・一八・四〇七九〉

志賀須賀の渡しかすがのわたり 名 歌枕 三河国、今の愛知県宝飯郡豊川(吉田川)河口の渡し場。和歌では、副詞「しかすがに」と掛けて用いることが多い。例**しかすがの渡**、げに(=なるほど)思ひわづらひぬべくをかし〈更級〉

し-かた【仕方】名 ❶方法。やり方。例五月乙女に**しかた**望まんしのぶ摺り〈俳諧・雪まろげ・下〉 ❷ことさらの行為・動作。仕打ち。例さりとは(=それにしても)むごき**仕方**なり〈西鶴・武道伝来記・四・二〉 ❸身ぶり。まね。しぐさ。例**仕方**交じりの高話(=大声での話)〈近松・博多小女郎波枕・上〉

しかた-ばなし【仕方話・仕形咄】名 身ぶり手まねを交えて話をすること。また、その話。例いかに**仕方咄**なればとて、主の首を討つ真似をするといふ事があるものか〈和泉流狂言・空腕〉

しか-と【確と】副 ❶はっきりと。ちゃんと。例**しかと**あらぬ ひげ掻き撫でて〈万葉・五・八九二〉➡名歌122 ❷たしかに。必ず。例このおん腰の物を**しかと**見知りまうされて候ふか〈謡曲・烏帽子折〉 ❸すきまなく。びっしりと。例(警護ノ武士タチガ)回廊に**しかと**並み居たり〈太平記・三〉

しか-な ⇩てしかな・にしかな

しが-な ⇩てしかな・にしかな

しが-の-みやこ【志賀の都】名 歌枕 近江国、今の滋賀県大津市にあった、天智天皇の大津の宮。例さざなみや(枕詞)**志賀の都**はあれにしを昔ながらの山桜かな〈千載・春上〉➡名歌176

しか-は-あれ-ど【然はあれど】〔副詞「しか」＋係助詞「は」＋ラ変動詞「あり」の已然形＋接続助詞「ど」〕そうではあるが。例年経ればよはひは老いぬ**しかはあれど**花をし見ればもの思ひもなし〈古今・春上〉➡名歌248

しか-ばかり【然ばかり】副〔副詞「しか」＋副助詞「ばかり」〕そんなに。それほどまで。例**しかばかり**契りしものを(=約束したのに)渡り川帰るほどには忘るべしやは〈義孝集〉

し-かばね【屍】名〔「しにかばね」の変化した形〕死体。遺体。なきがら。例犬の**しかばね**の水に流れてくだる〈宇治拾遺・九〇〉

しか-も【然も】〔副詞「しか」＋係助詞「も」〕❶そんなにも。そのようにも。例三輪山を**しかも**隠すか雲だにも心あらなも隠さふべしや〈万葉・一・一八〉➡名歌358 ❷接 ❶それでいて。そのくせ。例ゆく河の流れは絶えずして、**しかも**もとの水にあらず〈方丈記〉 ❷その上。例(ソノ歌ハ)うるはしくして、**しかも**心たくみに見ゆ〈後鳥羽院御口伝〉

信楽しがらき《地名》近江国、今の滋賀県甲賀郡信楽町。聖武天皇の紫香楽の宮があった。陶器(信楽焼)の産地としても有名。

しから-ず-は【然らずは】〔ラ変動詞「しかり」の未然形＋打消の助動詞「ず」の連用形＋係助詞「は」〕そうでないなら。そうでなければ。例(仏法ハ)太子の御世よりひろめたまへるなり。**しからずは**、誰かは仏法の名字(=名)をも聞かむ〈今昔・一一・一〉

しから-ば【然らば】接〔ラ変動詞「しかり」の未然形＋接続助詞「ば」〕順接の仮定条件を表す。そうであるならば。それならば。例三種の神器を都へ返し入れたてまつれ。**しからば**(捕虜ヲ)八島へかへさるべし〈平家・一〇・内裏女房〉

しがらみ

【柵】名〔動詞「しがらむ」の名詞化〕❶水流や、**流れてくる物をせき止める装置**。川の中に杭を打ち並べ、柴や竹などを横にからませたもの。例山川に風のかけたる**しがらみ**は流れもあへぬ紅葉なりけり〈古今・秋下〉➡名歌382 ❷(比喩的に)**物事をせき止めるもの**。特に、あふれ出ようとする感情や涙を遮るものをいうことが多い。例涙川落つる水上はやければ塞きぞかねつる袖の**しがらみ**(=涙川が落ちる上流からの流れが速いので、せき止めることができないでいる袖の柵よ)〈拾遺・恋四〉 読解「涙川」は流れ出る涙を川に見立てたもの。〈鈴木宏子〉

しがら・む【柵む】動(マ四)❶からみつける。例萩の枝を **しがらみ**散らし さ雄鹿は 妻呼びとよむ〈万葉・六・一〇四七〉 ❷「しがらみ①」を作る。例涙川流るる跡はそれながら(=そのままであるのに)**しがらみ**とむる面影ぞなき〈狭衣・二〉 ❸からみつく。まといつく。例人目の**しがらみ**て〈近松・十二段・三〉

しか・り

【然り】動(ラ変) 副詞「しか」＋ラ変動詞「あり」=「しかあり」の変化した形。
「しか」で指示される事態が存在することを示す。

そうである。そのようである。例この人のみかく病をばするか、また、ほかの人も皆しかるか(=この人だけがこのように病気になるのか、また、ほかの人も皆そうであるのか)〈今昔・一・三〉

語誌▼「しかり」は男性の言葉や改まった口調の文章・漢文訓読系の文章に用いられることが多い。対して、類義語「さり」は一般的な和文に用いられることが多い。

▼関連語　連語「しかるべし」や接続詞「しかるに」「しかるを」「しかれば」「しかれども」など重要な関連語が多い。〈安随直子〉

しかる-あひだ【然る間】━アイダ ❶そのうちに。やがて。例**しかる間**、太子の御父用明天皇、位に即きたまひぬ〈今昔・一一・一〉❷それゆえ。そこで。例非常の赦(=恩赦)おこなはる。**しかる間**鬼界の島の流人…赦免〈平家・三・足摺〉

しかる-に【然るに】 接〔ラ変動詞「しかり」の連体形＋接続助詞「に」〕❶逆接の意を表す。それなのに。ところが。例力をつくしたること少なからず。**しかるに**、禄いまだ賜らず〈竹取〉❷話題を転換するときに用いる。さて。ところで。例**しかるに**、この三人の俗(=世俗の人)、心を合はせて〈今昔・四・二四〉

しかる-べし【然るべし】〔ラ変動詞「しかり」の連体形＋推量の助動詞「べし」〕❶そうなるのが当然である。それにふさわしい。適当な。例**しかるべからむ**所に局して下ろしたまへ〈今昔・二四・八〉❷そうなる因縁がある。そうなる運命である。例**しかるべくて**出でたる水なり〈今昔・三・二一〉❸(多く「しかるべき」の形で)相当な。りっぱな。例さも**しかるべき**人々は必ず相人としもにあらねども(=必ずしも人相を見る人ではないけれども)〈平家・四・通乗之沙汰〉

しかる-を【然るを】 接〔ラ変動詞「しかり」の連体形＋接続助詞「を」〕「しかるに①」に同じ。例心を修めて道を行はむとなり。**しかるを**、汝、姿は聖人にて、心は濁りに染しめり〈方丈記〉

しかれ-ども【然れども】 接〔ラ変動詞「しかり」の已然形＋接続助詞「ども」〕逆接の意を表す。そうではあるが。しかしながら。例船出ださずなりぬ。**しかれども**、ひねもすに(=一日じゅう)波風立たず〈土佐〉

しかれ-ば【然れば】 接〔ラ変動詞「しかり」の已然形＋接続助詞「ば」。漢文訓読語〕❶順接の意を表す。それだから。例宇治は都の南にはあらず…**しかれば**何のはばかりか(=差し障りが)あらむ〈十訓抄・一・二四〉❷話題を転換する。さて。ところで。例**しかれば**胡国の軍強うして(=強くて)〈謡曲・昭君〉

しかわかしゅう〖詞花和歌集〗⇩しくゎわかしふ

し-かん【支干】 名 十干と十二支。⇩干支

しき-【頻】 接頭〔動詞「しく(頻く)」の連用形から〕名詞・動詞について、絶え間のない、しきりに、繰り返し、などの意を表す。「頻浪」「頻鳴く」など。

しき【式】 名 ❶決まったやり方。標準。規則。例何事の式といふ事は、後嵯峨の御代までは言はざりけるを〈徒然・一六九〉❷律令の施行細則。❸ありさま。次第。例強ひて逃れつるかひなくなりぬる身の**式**も〈とはずがたり・一〉❹「式神」の略。

しき【色】 名〖仏教語〗❶〔梵語の漢訳〕五蘊の一つ。世の中の物質的存在のすべて。❷「色境」の略。視覚でとらえられる対象。例見つべきものは**色**なり〈性霊集・一〇〉❸色欲。

しき【職】 名 令制の役所の一種。多く省の下、寮の上に位置する。中宮職・東宮職・大膳職・左右京職・修理職など。例**職**へなむ参る。ことづけやある〈枕・かへる年の二月二十日よ日〉読解ここは中宮職。

しき【敷き】 名 ❶物の底や下などに敷くもの。例鏡の**敷き**をおしかへして〈落窪・三〉❷屋外で用いるござなどの敷物。例岸づらにもの立て、**敷き**など取り持ていきて〈蜻蛉・中〉

史記〖作品名〗中国の歴史書。一三〇巻。司馬遷著。紀元前九一年成立。中国正史の第一で、上古の黄帝から前漢の武帝に至る三〇〇〇年の通史を記す。帝王の事蹟「本紀」、諸侯の列国史「世家」、個人の伝記等の「列伝」などからなり、紀伝体と呼ばれる。日本には大和王権の時代に伝来し、『日本書紀』以下の歴史書編修を促すなど、大きな影響を与えた。歴史物語『大鏡』の紀伝体も『史記』にならったもの。

しぎ【鴫・鷸】 名 シギ科の鳥の総称。大部分は渡り鳥で春・秋に日本に立ち寄り、水辺にすむ。繁殖期には上空を羽音を立てて飛び回る。例心なき身にもあはれは知られけり**鴫**立つ沢の秋の夕暮れ〈新古今・秋上〉➡名歌155

【鴫の羽掻き】 鴫がくちばしで羽をしごくこと。回数の多いことのたとえ。例暁の**鴫の羽がき**百羽がき君が来ぬ夜は我ぞ数かく〈古今・恋五〉

し-ぎ【仕儀】 名 ❶事の成り行き。事の次第。例まづおん舞を見て、その時の**仕儀**によって参らせ候ふべし〈謡曲・自然居士〉❷態度。ふるまい。例兼平が最期の**仕儀**、目を驚かすありさまなり〈謡曲・兼平〉

ジキ〖直〗⇩ぢき

じき【食】 名 食べ物。例**食**は人の天なり。よく味はひを調へ知れる人、大きなる徳とすべし〈徒然・一二三〉

じ-ぎ【時宜】 名 ❶ちょうどよい時機。ほどよいころあい。例主上(=天皇)なほ**時宜**定め難く思し召されければ〈太平記・二〉❷時候にかなった挨拶を述べること。また、その挨拶。例聟入りには、事のほか時宜・仕付け(=作法)があるが〈狂言・鶏聟〉

じ-ぎ【辞儀・辞宜】 名 ❶遠慮。辞退。例くれる物なら**辞儀**もせまい、なんぼなりとももらはう〈近松・用明天王職人鑑・四〉❷「時宜」とも書く。挨拶。おじぎ。例笠の**じぎ**互ひに縁をなでて行き〈柳多留・六〉

しき-かい【色界】 名〖仏教語〗三界の一つ。欲界と無色界の中間にある世界。欲界の諸欲からは離れているが、色(肉体や物質)にとらわれる世界。

しき-がね【敷き銀・敷き金】 名「しききん」「しきぎん」とも。❶売買や貸借のときの保証金。手付け金。例**敷き銀**にして物を売るとも、前より残銀かさむ時は〈西鶴・日本永代蔵・五・二〉❷嫁入りや養子縁組のときの持参金。例顔かたちより**敷き銀**に惚れる男が多いぞや〈浄瑠璃・傾城三度笠・上〉

しき-がは【敷き皮】━ガワ 名 毛皮の敷物。例車をやり

とどめて敷き皮しき〈平家・二・副将被斬〉

しき-がはら【敷き瓦】ガワラ ― 名 ❶土間などに石畳のように敷き並べる瓦。中国から伝来し、禅寺などで用いられた。❷①のような模様。市松模様。例帯は敷き瓦の折びろうど〈西鶴・好色五人女・三・一〉

しき-がみ【式神・識神】名 陰陽道で、陰陽師が操る鬼神。変幻自在な術を使い、どんな主命も果たし、常人には見えないとされる。「しき」「しきじん」「しきのかみ」とも。例二人の童は識神に(=識神として)仕へて来たるなり〈今昔・二四・一六〉

しき-ぎん【敷き銀】名「しきがね」に同じ。例嫁の敷き銀を望み、商ひの手だてにする事〈西鶴・日本永代蔵・一・五〉

しき-げ【式外】名「式外の社」の略。延喜式の神名帳に登載されていない神社。

信貴山《地名》大和国、今の奈良県生駒郡の山。山頂近くに聖徳太子創建と伝える朝護孫子寺(信貴山寺)がある。

信貴山縁起絵巻シギサンエンギエマキ《作品名》平安末期、十二世紀の絵巻物。三巻。信貴山に籠もって修行した僧命蓮にまつわる三つの奇跡譚を、線描を主体とした表現と緩急自在な場面展開によって描く。絵巻物の代表作の一つ。

しき-さんばん【式三番】名 ❶「しきさんば」とも。能楽で、「父尉」「翁」「三番猿楽(三番叟)」の三番一組の祝言・祝舞の儀式的古態の曲の総称。例御前などにては**式三番**ことごとくはなし〈申楽談儀〉❷歌舞伎舞踊の一種。①を取り入れ、顔見世や正月興行の開演に祝儀用に演じられる。

しき-し【色紙】名 ❶色のついた紙。例(a)檜皮色の**色紙**に〈宇津保・蔵開中〉例(b)**色紙**の御経、下絵かかせたまへり(=色紙に書写した法華経には、下絵をおかきになってあった)〈栄花・駒競べの行幸〉❷和歌や俳句などを書くための、四角い厚手の紙。金銀の砂子(金箔銀箔の粉)や五色の模様を施したものが多い。形は正方形に近い長方形で、初期には大きさもまちまちであったが、中世になって大小二種類に定まった。❸「色紙形」の略。例御屏風を新しくせさせたまひて、**色紙**に書かむ料に、歌よみどもに仰せたまひて(=御屏風を新調なさって、色紙形に和歌を書くために、歌人たちにご命令なさって)〈今昔・二四・三三〉〈渡部泰明〉

しき-じ【職事】名 ❶令制で、一定の職務をもつ官。職事官。❷蔵人の別称。例この御方へ**職事**召してぞ、まゐるべきよしの宣旨下させたまひける〈大鏡・師輔〉❸貴族の家の職員。家司の下にある人。例衛門督の殿の家司、**職事**どもなり〈落窪・三〉

しきし-がた【色紙形】名 詩や歌を書くために、屏風などに色紙の形を描いて彩色したり、色紙を貼ったりしたもの。例紀時文、件の**色紙形**を書く時、筆をおさへていはく〈著聞集・五・一八八〉

式子内親王シキシナイシンノウ《人名》「しょくしないしんわう」とも。?～一二〇一(建仁元)。鎌倉前期の歌人。後白河院の皇女。賀茂の斎院となるが病のため退く。生涯独身で、後年には出家した。藤原俊成に和歌を学び、しみじみとした哀感を洗練された技巧で詠む。『新古今和歌集』には女性歌人として最多の入集。家集に『式子内親王集』。

しき-しま【敷島・磯城島】名 ❶《地名》大和国磯城郡(今の奈良県桜井市)にあって、崇神天皇・欽明天皇が都を置いた地。❷(「しきしまの」が「大和」にかかる枕詞であることから転じて)大和国(奈良県)の別称。例**磯城島**の人は我じく斎ひて待たむ〈万葉・一九・四二八〇〉❸日本の別称。例**敷島**やここの事とは見えず、高麗・唐土などにやとまでぞ見えける〈栄花・御賀〉❹「敷島の道」の略。

しきしまの【敷島の・磯城島の】《枕詞》❶敷島の宮のある大和の意から「大和」にかかる。例**磯城島の**大和の国に人二人〈万葉・一三・三二四九〉❷和歌の道を「敷島の道」ということから「道」にかかる。例**敷島**の道の奥なるあさか山〈新千載・雑中〉

しきしま-の-みち【敷島の道】〔「敷島の大和歌の道」の意〕和歌の道。例**敷島の道**もさかりに(=盛んに)おこりて〈千載・序〉

しき-しゃう【職掌】シヨウ ― 名 ❶令制で、職の名のつく役所で雑務をつかさどる下級役人。❷中世、社寺に所属し、神楽や雑事に従事する人。

しき-じん【式神・識神】名「しきがみ」に同じ。

し-きせ【仕着せ・為着せ】名 季節に応じて、主人が奉公人へ衣類を与えること。また、その衣類。例下女・でっちの**仕着せ**に、買縞の綿入れに白裏付けてとらせし〈西鶴・日本永代蔵・四・五〉

しき-そく-ぜ-くう【色即是空】《仏教語》般若心経の句。すべてこの世に存在するものは現象であって、その実体は空しいものであるということ。⇩くうそくぜしき。

しき-だい【色代・色体・式体】名「しきたい」とも。❶挨拶。会釈。例御前に**色代**し、過ぎし昔を語りける(=御前に挨拶をし、過ぎ去った昔の話を語った)〈近松・出世景清・五〉❷お世辞。追従。例諸卿**色代**して、「ゆゆしう候ひなん」と申されけり(=諸卿は追従して、「それはごりっぱでございましょう」と申し上げなさった)〈平家・六・入道死去〉❸他の品物をもって代わりにすること。中世には、米の代わりにその土地の特産物を租税として納めることをいう。例**色代**を止め現物を済すべきの由、これを仰せ出ださる(=特産品をやめ、米を納めなくてはならない旨、これをご命令になる)〈吾妻鏡・建長六年十一月〉〈渡部泰明〉

しき-だい【敷き台・式台】名 江戸時代、客を送り迎えする玄関先の板敷き。例**式台**の段箱に身を投げ伏して嘆きしが〈近松・丹波与作待夜の小室節・上〉

じき-だう【食堂】ドウ ― 名 寺で、僧たちが食事をする堂。例薬師寺の**食堂**に火出できぬ〈今昔・一三・二〇〉

しき-たへ【敷き妙・敷き栲】タエ ― 名 寝所に敷く布。例我が**しきたへ**の塵もつもらめ〈大和・一四〇〉

しきたへ-の【敷き妙の・敷き栲の】シキタエノ《枕詞》「し

きたへ」が寝所に敷く布であることから「床」「枕」「袖」「衣」「黒髪」などにかかる。例(a)**しきたへの**衣の袖は〈万葉・二・一三五〉例(b)**しきたへの**枕のみこそ知らば知るらめ〈古今・恋一〉

式亭三馬【しきていさんば】《人名》一七七六〜一八二二（安永五〜文政五）。江戸時代の戯作者。黄表紙作者として登場し、合巻流行のきっかけとなった『雷太郎強悪物語』を発表。『浮世風呂』『浮世床』などの滑稽本のほか、洒落本・読本なども執筆した。

しき-でん【職田】 名「しょくでん」とも。令制で、官人に与えられた田地。官職に応じて広さに等級があり、最高は太政大臣の四〇町から、最低は国・大宰府の史生の六段までであった。

しき-ない【式内】 名「式内の社」の略。延喜式の神名帳に登載されている神社。「式社」とも。

しき-な・ぶ【敷き並ぶ】 動(バ下二)一面に統治する。広く領有する。例おしなべて我こそ居れ **しきなべて**我こそいませ〈万葉・一・一〉➡名歌168

しき-なみ【頻浪・重波】 名次々と起こり寄せてくる波。絶え間なく寄せる波。例宇治川の瀬々の**しき波**(ここまで序詞)しくしくに(=しきりに)妹は心に乗りにけるかも〈万葉・一一・二四二七〉

しき-なみ【頻なみ・敷きなみ】 形動(ナリ)次から次へと続くさま。後から後から続くさま。例**しきなみに**つどひたる車なれば〈枕・小白河といふ所は〉

しき-に【頻に】 副しきりに。たびたび。例一日には千重波(ノヨウニ)**しきに**思へども〈万葉・三・四〇九〉

しき-の-かみ【式の神】 名「しきがみ」に同じ。

しぎのはねがき【鴫の羽掻き】 ⇨「しぎ」の子項目

志貴皇子【しきのみこ】《人名》?〜七一六(霊亀二)。飛鳥時代、『万葉集』第二期の歌人。天智天皇の第七皇子。『万葉集』に短歌六首を残す。

しき-の-みざうし【職の御曹司】 名中宮職の曹司。内裏の北東、外記庁の北、左近衛府の西、梨本の南に位置する。大臣・公卿の控え所として用いられるが、しばしば皇后・中宮の臨時の御座所ともなった。

しき-ぶ【式部】 名❶「式部省」の略。❷女官の呼び名。近親者が式部省の官人であることによる。「和泉式部」「紫式部」など。

じき-ふ【食封】 名令制で、皇族・官人に対する封禄制度。ある戸数を指定して封戸を与え、そこから徴収される調・庸のすべてと租の半分を給付する。

しきぶ-きやう【式部卿】 名令制で、式部省の長官。平安時代以降は、四品以上の親王が任命される。

しきぶ-しやう【式部省】 名令制で、太政官の八省の一つ。国家の儀礼や文官の人事を管轄する役所。「のりのつかさ」とも。

しきぶ-の-じょう【式部の丞】 名「しきぶのぞう」とも。令制で、式部省の三等官。大丞と小丞各二人からなる。大丞は正六位下、小丞は従六位上相当。

しきぶ-の-たいふ【式部の大夫】 名式部の丞で五位に叙せられた人。

しきぶ-の-たいふ【式部の大輔】 名式部省の次官。同じ次官である少輔の上位。儒家で、天皇の侍読(学問の教授役)を経た人が任じられる。

しき-まつば【敷き松葉】 名❶霜除けのため、また趣を添えるため、庭に松の枯れ葉を敷くこと。また、その松葉。例**敷き松葉**、路地にこれを用ふ〈俳諧・毛吹草・四〉❷公家風の邸宅などで、音がしないよう、小便壺に敷いた松葉。例**敷き松葉**に御尿もれ行きて〈西鶴・好色一代男・一・一〉

しきみ【樒】 名植物の名。モクレン科の常緑灌木。山野に自生し、香気があるので仏前に供え、葉や樹皮から抹香を作る。例**樒**摘む山路の露に濡れにけり暁起きの墨染めの袖〈新古今・雑中〉

しきみ【閾・闘】 名門の内外や室内を区切るために下に敷き渡した横木。今の敷居。例(馬ガ)足をそろへて**闘**をゆらりと越ゆるを見ては〈徒然・一八五〉

しき-め【敷目】 名❶鎧の縅し方の一つ。普通の札より縅し糸を通す穴が多いもので、重ねが厚く堅固。「大荒目」に対する称。例**敷目**に巻きたる赤糸縅の究竟の(=非常に頑丈な)鎧を取り出だし〈義経記・八〉❷「敷目縅」の略。鎧の縅の色目の名。二色の糸で袖・草摺りに筋違いに仕切り目を立てて色を変えて縅したもの。例火威の鎧の、**敷目**に拵へたるを〈太平記・三〉

しき-もく【式目】 名❶中世、武家の法令・規則を箇条書きにしたもの。鎌倉幕府の「御成敗式目」、室町幕府を開いた足利尊氏の「建武式目」など。❷連歌・俳諧を詠むための規則。また、その書。

じき-もつ【食物】 名❶食べ物。例沙門のもとに**食物**を膳へてこの女に持たせて送りし〈今昔・一・一六〉❷食事。例**食物**ののち、人来たりて〈今昔・二・一〉

四鏡【しきやう】名歴史物語で、『大鏡』『今鏡』『水鏡』『増鏡』の四つをまとめていう。「鏡物」とも。

詩経【しきやう】《作品名》中国最古の詩歌集。儒教の五経の一つ。諸国の民謡を集めた「風」、宮廷の音楽「雅」、祭祀の楽歌「頌」からなる三一一編(現存三〇五編)を収録し、ふつう「三百編」といえば『詩経』をさす。また、漢代の毛氏の解釈が尊重され、これを『毛詩』という。日本にも早く伝来し、『古今和歌集』の序にもその影響が見られるとされている。以後、室町時代の『閑吟集』が三一一首の歌謡を収めるなど、近世に至るまで広く影響を与えた。

しき-よく【色欲】 名《仏教語》五欲の一つ。感覚的な欲望。男女間の性的な欲望。色情。例世の人の心まどはす事、**色欲**にしかず〈徒然・八〉

しきり-に【頻りに】 副❶たびたび。頻繁に。例上(=天皇)より**しきりに**召せば〈宇津保・蔵開中〉❷たいそう。ひどく。しつこく。例「その御薬、まづ一度の芸、一つ勤むるほどたまはりてよ…」と、**しきりに**わぶる(=嘆願する)〈御伽草子・福富長者物語〉

しきり-の-とし【頻りの年】 名近年。この年ごろ。例**頻りの年**よりこのかた、平氏、王皇蔑如して(=皇室をないがしろにして)〈平家・五・福原院宣〉

しき・る

【頻る】 動(ラ四)〔「しく(頻く)」と同根〕❶たびたび繰り返される。度重なる。例(a)名寸隅(=地名)の舟瀬の浜に**しき**

る白波(＝何度も寄せる白波)〈万葉・六・九三七〉例(b)(宮中二)とく参りたまふべき御使ひ**しきれ**ど、思しも立たず(＝早く参内なさるようにとの帝のお使者がたびたび来るが、ご決心がつかない)〈源氏・若紫〉❷特に、**陣痛が起こる**。例中宮はひまなく**しきら**せたまふばかりにて、御産もとみに成りやらず(＝中宮は休みなく陣痛が起こりなさるだけで、ご出産もすぐにはなさらない)〈平家・三・御産〉

語誌「うちしきり」などの形で副詞的にも用いられる。また、連用形から形容動詞「**しきりなり**」や副詞「**しきりと**」が派生した。〈森山由紀子〉

し-き・る【仕切る】 動(ラ四) ❶区画する。さえぎる。例小座敷にゆけば、六畳敷きに幾間も**しきり**〈西鶴・好色一代男・二・四〉❷取り引きの決算をする。また、取り引きの契約を成立させる。例算用は今日残らず仕切っ(音便形)て〈近松・心中刃は氷の朔日・上〉

し-きれ【尻切れ】 名「しりきれ」に同じ。例(包ミカラ出テキタノハ)平足駄、古**尻切れ**、古藁沓〈宇治拾遺・二三〉

しき-ゐ【敷居】 イ― 名 ❶ござやむしろなど、座るために敷く物。例官の罷皮七十枚を借りて、賓(＝客)の**席**にす〈紀・斉明〉❷「しきみ(閾)」に同じ。

し-く【四苦】 名《仏教語》人生における四つの大きな苦悩。生・老・病・死。例天子といふも、**四苦**の身なり〈曾我・二〉

し・く

【及く・若く・如く】 動(カ四) ❶追いつく。とどく。例(使者ヨ)吾が愛はし妻にい**及き**遇はむかも(＝私のいとおしい妻に、追いついて出会ってくれ)〈記・下・仁徳・歌謡〉❷およぶ。**肩を並べる**。**匹敵する**。例(a)銀も金も玉も何せむにまされる宝子に**しか**めやも〈万葉・五・八〇三〉➡名歌193 例(b)照りもせず曇りも果てぬ春の夜の朧月夜に**しく**ものぞなき〈新古今・春上〉➡名歌241

語誌▼主に上代の文献や漢文訓読体の文献に見受けられる。

▼打消の助動詞「ず」を伴って「**しかず**」の形で用いることも多い。「しくは無し」「しくもの無し」は、及ぶものはない、の意。〈高木和子〉

し・く

【敷く・領く】 動(カ四) ❶**一面に広げる**。**敷物にする**。例直土に 藁解き**敷き**て〈万葉・五・八九二〉➡名歌122

❷**広く行きわたらせる**。例師を班して、徳を**敷く**には及しかざりき(＝兵を引き返して、徳政を広く行きわたらせることには及ばなかった)〈徒然・一七一〉

❸(多く尊敬語の動詞「ます」を伴って)**一帯を治める**。**領有する**。**統治する**。例天皇の **敷き**ます国の〈万葉・一八・四一二二〉

❹**一面に広がる**。**広く行きわたる**。例霞**しく**春の潮路を見渡せば(＝霞が一面に広がる春の潮の流れ道を見渡すと)〈千載・春上〉

語誌 一面に物や力を広げていっぱいにする意。限界まで及ぶ意では「及しく」とも関係があるか。④は自動詞的な用法。〈高木和子〉

し・く

【頻く】 動(カ四) 動作が何度も繰り返される意。「しきる(頻る)」と同根。

❶**度重なる**。例新たしき年の始めの初春の今日降る雪のいや**しけ**吉事〈万葉・二〇・四五一六〉➡名歌51

❷(補助動詞的に用いて)**しきりに〜する**。**一面に〜する**。例大野らに小雨降り**しく**木の下によりより寄り来我が思ふ人(＝広い野原に小雨がしきりに降っている。木の下に時々寄って来てくれ、私の恋人よ)〈万葉・一一・二四五七〉

語誌▼波があとからあとから寄せてくる様子を、「住吉の岸の浦廻にしく波の」〈万葉・一一・二七三五〉などと歌う例も多い。また②の用法では、頻度の多さだけでなく空間的な広がりをも表す。

▼連用形「しき」は、「しき波」「しき鳴く」などと接頭語としても用いる。また、「しく」を重ねた「しくしく」「しくしくに」は、しきりに・絶え間なく、の意の副詞。〈高木和子〉

しく〔過去の助動詞「き」のク語法〕〜したこと。例そがひに(＝背中合わせに)寝**しく**今し悔しも〈万葉・七・一四一二〉

ジク【軸】 ⇩ぢく

しく-しく【頻く頻く】 副〔動詞「しく」を重ねて副詞化した語〕絶え間なく起こるさま。しきりに。例竹島の磯越す波の**しくしく**思ほゆ〈万葉・七・一二三六〉

しく-はっく【四苦八苦】 名 ❶《仏教語》生・老・病・死の四苦に、愛別離苦・怨憎会苦・求不得苦・五陰盛苦の四つを加えたもの。⇩はっく。例人間の事は愛別離苦、怨憎会苦、ともに我が身にしられてさぶらふ。**四苦八苦**一つとして残る所さぶらはず〈平家・灌頂・六道之沙汰〉❷非常な苦しみ。あらゆる苦しみ。例断末魔の**四苦八苦**、あはれと言ふもあまりあり〈近松・曾根崎心中〉

し-くは・ふ【為加ふ】 クワウ・クオウ 動(ハ下二) 手を加える。つけ加える。例大御灯明(＝仏前に供える灯明)のことなど、ここにて**し加へ**などするほどに日暮れぬ〈源氏・玉鬘〉

しぐら・む 動(マ四) 密集している。例ここに**しぐら**う(音便形)で見ゆるはたが手やらん(＝だれの軍勢であろうか)〈平家・九・木曾最期〉

しぐ・る【時雨る】 動(ラ下二) ❶時雨が降る。例神無月**しぐるる**時ぞみ吉野の山のみ雪も降り始めける〈後撰・冬〉❷涙がこぼれる。涙にぬれる。和歌では、①と掛けて用いることが多い。例目も見えず涙の雨の**しぐるれ**ば〈後撰・恋五〉

しぐれ

【時雨】 名 **晩秋から初冬にかけての軽い通り雨**。京都地方の季節の風物として知られる。「しぐれのあめ」とも。例(a)神無月降りみ降らずみさだめなき**時雨**ぞ冬のはじめなりける(＝十月、降ったり降らなかったり定めのない時雨こそが、冬の始まりであったなあ)〈後撰・冬〉読解「〜み〜み」は「〜したり〜したり」の意。時雨の本質を詠んだものとして知られる歌。例(b)あひ見ずてしのぶるころの涙をもなべての空の**時雨**とや見る(＝お逢いできずに恋しさをこらえている今日このごろの私の涙を、あなたはただ一通りの時雨のように思うのか)〈源氏・賢木〉例(c)初**時雨**猿も小蓑をほしげなり〈俳諧・猿蓑・一〉➡

名句111

[語誌]▼**季節の固定** 『万葉集』では、陰暦九月(晩秋)と十月(初冬)の景物として詠まれるが、平安時代になると、十月の景物としてほぼ固定した。俳諧では冬の季語。

▼**和歌の「時雨」** 時雨は、木の葉を紅葉させ散らすものとして詠まれることが多いが、平安時代以降は、[例](b)のように、時雨を涙に、あるいは涙を時雨にたとえることも多い。『千載和歌集』『新古今和歌集』の時代になると、音によって時雨の降ることを知り悲哀感をいだくという歌も現れる。〈鈴木宏子〉

しぐれ-ごこち【時雨心地】[名](時雨の降り出しそうな空模様の意から)涙を催す心持ち。[例]かき曇る**時雨心地**はいつもせしかど〈和泉式部続集〉

至花道(しかどう)《作品名》室町中期の能楽論書。一巻。世阿弥著。応永二七年(一四二〇)成立。能楽の基本を舞・歌二曲と老・女・軍の三体として稽古の大切さを説く「二曲三体の事」など、能の本質・構造を説く。

詞花和歌集(しかわかしゅう)《作品名》平安後期の勅撰和歌集(六番目)。一〇巻。下命者は崇徳上皇。藤原顕輔撰。仁平元年(一一五一)ごろ成立。歌数は四〇九首(精撰本)で、勅撰集中最も少ない。多様な歌風の歌を収め、曾禰好忠の歌が最多である点などに新風が見える。

し-くゎん【止観】カン[名]《仏教語》❶雑念や煩悩を排除し、一つの対象に心を集中させ(止)、正しい智恵を起こして、対象を観る(観)こと。天台宗で最も重んじる修行の実践法。❷「摩訶止観」の略。中国隋代の仏教書。天台大師智顗の教えを筆録したもので、天台宗の観法について説く。❸天台宗の別称。[例]真言・**止観**の両宗をこそ讃仰もせられ〈正徹物語・下〉

し-くゎん【仕官】カン[名][動](サ変)官職につくこと。役人になること。また、その人。役人。[例]**仕官**に心ざすもあり〈神皇正統記・中〉

しくゎん-けんめい-の-ち【仕官懸命の地】シカン 官職につき、俸給をもらえる身分。[例]つたなき身の科をおもふに、ある時は**仕官懸命の地**をうらやみ〈芭蕉・幻住庵記〉

し-け【四華】[名]《仏教語》めでたい兆しとして天から降るといわれる四種の花。法華経序品によれば、曼陀羅華・摩訶曼陀羅華・曼珠沙華・摩訶曼珠沙華。[例]この経を説きたまふに、天より**四華**下り〈謡曲・愛宕空也〉

しげ【繁】[名](形容詞「しげし」の語幹から)草木の茂っている所。茂み。[例]夏山の木末の**しげ**にほととぎす鳴きとよむなる声の遥けさ〈万葉・八・一四九四〉

しげい-さ【淑景舎】[名]「きりつぼ」に同じ。

しけ-いと【絓糸】[名]繭の上皮からとった粗末な絹糸。[例]わが恋は賤の**絓糸**すぢ弱み(=弱いので)〈金葉・恋下〉

しげ・し

【繁し・茂し】[形](ク)〔「しげる(繁る)」と同根〕❶**草木や葉が茂っている。**[例]春草の **しげく**生ひたる〈万葉・一・二九〉↓名歌216

❷**物がすきまもなくたくさんある。密集している。**[例](a)御帳のめぐりにも、人々**しげく**並みゐたれば(=御寝所の周囲にも、人々が大勢並んで座っているので)〈源氏・賢木〉[例](b)荒れたる庭の露**しげき**に(=荒れている庭で露がたくさん降りている庭に)〈徒然・三二〉

❸**回数が絶え間もなくしきりにある。度重なる。**[例]内裏より御使ひ雨の脚よりもけに**しげし**(=内裏からの御使いは雨脚よりもはるかに度重なる)〈源氏・夕顔〉[読解]「雨の脚」は頻繁なさまのたとえ。

❹**人のうわさなどがうるさい。煩わしい。**[例]人言の**繁き**このころ(=うわさがうるさい近ごろ)〈万葉・三・四三六〉

[語誌] 空間的にも時間的にも、密集していてすきまがないさまを表す。④は「人言」「人目」「言」などを受けて、恋の障害となる周囲の視線などの煩わしさをいう。〈高木和子〉

しげ-どう【重籐・滋籐・繁籐】[名]弓の幹を黒漆で塗り、折れないようにその上から籐をぎっしりと巻いたもの。[例]白羽の矢負ひ、**しげどう**の弓脇にはさみ〈平家・一・御輿振〉

しげ-の【繁野】[名]草木の茂った野原。[例]馬並めてみ狩そ立たす春の**繁野**に〈万葉・六・九二六〉

しげめ-ゆひ【滋目結ひ・重目結ひ】ユイ[名]糸のくくり目を細かくした絞り染め。鹿の子絞り。[例]**滋目結ひ**の直垂に緋をどしの鎧着て〈平家・九・一二之懸〉

しげ-やま【繁山】[名]草木の生い茂った山。[例]**繁山**の谷辺に生ふる山吹を〈万葉・一九・四一八五〉

重頼(しげより)《人名》一六〇二〜一六八〇(慶長七〜延宝八)。江戸時代の俳人。本姓松江氏。貞門派の俳人である一方、宗因とも親しく、談林俳諧の形成に影響を与えた。俳諧集『犬子集』、俳論『毛吹草』など。

しげ・る【繁る・茂る】[動](ラ四)❶草や木の枝などが伸びて重なりあう。しげる。[例]荒れたる門の忍ぶ草**茂り**て見上げられたる、たとしへなく木暗し〈源氏・夕顔〉❷量が多くなる。増える。[例]つらき節(=事)**しげり**ぬべき心地したまへば〈狭衣・三〉

じ-げん【慈眼】[名]《仏教語》仏や菩薩の慈愛の眼。[例]**慈眼**等しく見れば、怨憎会(=怨み憎む人と会うこと)の苦もなし〈栄花・玉の台〉

じ-げん【示現】[名][動](サ変)《仏教語》❶神仏が夢の中などに現れ、霊験を示すこと。[例]我、観音の**示現**によりて、藁の筋一つを取りて柑子三つに成りぬ〈今昔・一六・二八〉❷仏や菩薩が衆生を救済するため、姿を変えてこの世に現れること。[例]いかなる仏の濁世塵土に**示現し**て〈芭蕉・奥の細道〉

しこ

【醜】[名]ごつごつして、いかついこと。転じて、醜悪・凶悪の意ともなる。

❶**頑強なこと。**[例]今日よりは顧みなくて大君の**醜**のみ楯と出で立つ我は(=今日からは自分のことは気にかけることなく天皇の頑強な楯として出発するのだ、私は)〈万葉・二〇・四三七三〉[読解]防人の歌。

❷**頑固・頑迷な相手をののしったり、自分を卑下した**

りしていう語。例ますらをや片恋せむと嘆けども醜のますらをなほ恋ひにけり(=武人たる者は、片思いなどするものかと嘆くけれども、ばかな武人はやはり恋するのだったなあ)〈万葉・二・一一七〉❸みにくいこと。例うれたきや醜ほととぎす 暁のうら悲しきに 追へど追へど なほし来鳴きて(=腹の立つことよ、みにくいほととぎすめ、未明のもの悲しいときに追い払っても追い払ってもやはりやって来て鳴いて)〈万葉・八・一五〇七〉

語誌▼単独で用いることはなく、①②例のように格助詞「の」や「つ」を伴って他の名詞を修飾する連体修飾語として用いたり、③例のように他の名詞の上に直接ついて接頭語的に用いたりする。

▼異界から来た勇者 「しこ」は②③のように悪い語感をもつとみなされてきたが、葦原色許男の命(大国主の神)の根の国(死者の国)訪問説話(『古事記』上巻・神代)を見ると、大国主を「いと麗しき神」とも「醜男の命」ともいっている。「しこ」には異郷・異界から来た勇猛な者という意があったようである。これが原義で①の意が生まれ、その常人とは異なるあらぶる霊力と様相から「醜」の字をあてるようになる。〈林田孝和〉

しーこ【尻籠・矢籠・矢壺】名 矢を入れて背負う武具。例人の解き捨てたる箙・竹尻籠・胡簶を掻き抱くばかり取り集めて〈太平記・三六〉

しーご【死期】名 死ぬ時期。臨終。例思ひかけぬは死期なり〈徒然・一三七〉

しーこう【伺候・祗候】名動(サ変)❶貴人のそばに仕えること。例南殿の大床に祗候す〈平家・四・鵼〉❷御機嫌伺いに参上すること。例かくとは知らず四郎二郎桜の間に伺候し〈近松・傾城反魂香・上〉

しーごく【至極】[1]名動(サ変)❶極まるところ。奥義。例浄土宗の至極、おのおの略を存じて(=簡略を旨として)、大略これを肝心とす〈平家・一〇・戒文〉❷もっともだと思うこと。例弥三衛門うなづきて、(話ノ)段々至極仕った〈浄瑠璃・八百屋お七・中〉[2]形動(ナリ)もっともだ。例名月に明の字書くは未練(=未熟)、といへり。この論至極なり〈俳諧・去来抄・故実〉[3]副この上なく。例食後の菓子まで、至極せめ食ひて(=十分に食べて)〈沙石集・三・八〉

しこくーはちじふはっーかしょ【四国八十八箇所】(—ハチジュウハッ—)名 四国にある弘法大師ゆかりの八十八か所の霊場。単に「八十八箇所」とも。諸国でこれをまねたものが作られたので、特にそれと区別して「四国」の名をつける。

しこ・づ【譖づ・讒づ】(シコ・ズ)動(ダ上二) そしる。告げ口する。讒言する。例栲幡皇女と湯人の廬城部連武彦とを譖ぢていはく〈紀・雄略〉

しこーな【醜名】名❶つまらない名。自分の名を謙遜していう。例明理の濫行(=不都合な行為)に行成が醜名呼ぶべきにあらず〈大鏡・伊尹〉❷あだ名。❸力士の呼び名。

しーこなし名『近世語』❶うまく処置すること。例よろしく御しこなしなされ、ただいまで三十四人ゆるゆると暮らし〈西鶴・万の文反古・一・三〉❷立ち居ふるまい。身のこなし。例座なれたる客のしこなし〈西鶴・西鶴諸国ばなし・一・三〉

しーこ・む【仕込む・為籠む】[1]動(マ四)❶教えこむ。しつける。鍛える。例この年まで仕込ん(音便形)だ根性〈浄瑠璃・神霊矢口渡・四〉❷手段を考えておく。計画を練る。例これまで仕込みしところに、謀顕れ〈浮世草子・風流西海硯・三・一〉❸品物を仕入れておく。また、調理の下ごしらえをしておく。例染め木綿を仕込みて、奥筋(=奥州)へ下りまうし候ふが〈西鶴・武道伝来記・一・三〉❹物を内部にとりつける。仕掛けをする。例小筒(=小銃)に鎖玉を仕込み〈西鶴・武道伝来記・一・三〉[2]動(マ下二) まわりを取り囲むものを配する。垣などを設ける。例竈を三重にしこめて〈竹取〉

しこーめ【醜女】名『上代語』醜い女性。特に、「黄泉つ醜女」の形で、黄泉の国にいるという醜い女の鬼をいう。例すなはち黄泉つ醜女を遣はして追はしめき〈記・上・神代〉

しこめ・し【醜めし】形(ク) 疎ましい。醜い。例あは(=私は)、いなしこめ(=見る目も醜悪な)しこめき穢き国に到りてありけり〈記・上・神代〉

しこ・る【凝る・痼る】動(ラ四)❶熱中する。例いづれもわれいちと(=自分がいちばん熱心だと)しこりかかって〈噺本・軽口露がはなし・四・三〉❷(動詞の連用形について)盛んに〜する。例なほも飲みしこり、踊るやら歌ふやら〈近松・生玉心中・上〉❸意地を張る。例手代がこまる、こっちはしこる〈浄瑠璃・夏祭浪花鑑・一〉

しころ【錏・錣・鞍】名 兜の鉢から左右後方に垂れて首を覆うもの。皮または鉄板を糸で三段あるいは五段綴り合わせて作る。⇒よろひ(図)。例三穂の屋の十郎が甲のしころをつかまんとす〈平家・一一・弓流〉

じーこん【自今】名 今から。今後。例自今以後も、汝らよくよく心得べし〈平家・一・殿下乗合〉

しーざ【四座】名 南北朝・室町時代、興福寺に所属した大和の四つの猿楽の座で、円満井(金春)・結崎(観世)・外山(宝生)・坂戸(金剛)の総称。能楽の隆盛の中心的役割を果たした。

しーさい

【子細・仔細】名❶詳しい事情。いわれ。例堅固の田舎人にて、子細を知らず、無礼を現じ候ひつらん(=まったくの田舎者で、詳しい事情がわからず、無礼をいたしたことだろう)〈宇治拾遺・一三五〉❷差し支え。不都合。異議。例還俗の宮、子細あるまじ(=還俗した宮でも、差し支えはあるまい)〈平家・八・名虎〉読解「還俗」は一度出家した人がもとの世俗の人に戻ること。そのような宮でも天皇の位につけるという。

語誌 漢語。「子細」「仔細」の表記はともに中国に典拠がある。中国では主に①の意。日本では、一方から大まかに見ただけでは気づかない、あるいは理解できない事情や問題点を、広く意味した。〈川崎剛志〉

[子細に及ばず] あれこれと言い立てる余地はない。例一天四海を(=天下のすべてを)掌の内ににぎられしうへは、(平清盛ガ太政大臣ニナルノモ)子

細に及ばず〈平家・一・鱸〉

しーざい【死罪】名❶死刑。また、死刑に相当する罪。律では、最も重い刑。例**死罪**を止めらるる由伝へ聞いて〈保元・中〉❷江戸時代の死刑の一つ。斬死刑。

しーざい【資財】名資産。財産。例**資財**を奪ひ取ってことごとく郎従に与へ〈平家・七・木曾山門牒状〉

じーざい【自在】❶名形動(ナリ)束縛がなく、思いのままであること。自由。例虚空に飛び昇る事**自在**なり〈今昔・六・四〉❷名「自在鉤」の略。例折節初紅葉の陰に**自在**をおろし〈西鶴・好色一代男・八・四〉

じざいーかぎ【自在鉤】名鍋や鉄瓶を炉に掛けるための道具。天井から炉の上につるした鉤を自由に上下させるようにしたもの。例世に**自在鍵**と呼ぶ物あり〈俳諧・鶉衣・自在鍵頌〉

自在鉤

しざいーちゃう【資財帳】―チョウ 名 奈良・平安時代、寺が太政官に提出する財産目録。寺の財産の流出を防ぐのが本来の目的だったが、のちは、単なる寺の私的な目録となった。

しさいーな・し【子細無し】形(ク)❶わけはない。難しいことはない。例男もしなむ、**仔細なき**ものははべめる(＝たわいもないもののようです)〈源氏・帚木〉❷変わった事情はない。例当時まで都に別の**子細なく**候ふ事〈平家・三・土佐房被斬〉

しさいーらし【子細らし】形(シク)わけがありそうな様子だ。もったいぶっている。例物ごと自慢くさく、**子細らしく**眼に角を立て(＝目をつりあげて怒って)〈仮名草子・浮世物語・三・五〉

しーさう【四相】ソウ 名《仏教語》変化する無常の姿を四種に整理したもの。迷いの根本で、これを悟れば仏になれるという。人間の生涯の四相(生・老・病・死)、物事の変化の四相(生・住・異・滅)など。

しーさ・す【為止す】動(サ四)〔「さす」は接尾語〕していることを中途でやめる。例陰陽師、心得ず仰天して、祓ひを**しさして**「これはいかに」といふ〈宇治拾遺・一四〇〉

しーざま【為様】名❶ふるまい方。行動のありよう。例よろづのわざはただ**しざま**のうるはしくてよし(＝きちんとしているのがよい)と申す事にて〈毎月抄〉❷衣類や調度の仕立て方。例(少将ノ衣服ハ)物の色・**しざま**など、なべての(＝並の)物のやうにもあらず〈宇津保・俊蔭〉

しさ・る【退る】動(ラ四)「しざる」とも。しりぞく。後ろへ下がる。例橋を馬の渡らずして**しさり**けるを〈沙石集・八・七〉

じーさん【自賛・自讃】名動(サ変)自分の絵に自分で賛を書くこと。転じて、自分で自分をほめること。例昔の人はいささかの事(＝わずかな事)をもいみじく**自讃**したるなり〈徒然・二三八〉

じさんーか【自賛歌・自讃歌】名自作の中で特にすぐれていると自分で認めた歌。例事柄やさしく(＝優美で)面白くもあるやうなる歌をば、必ず**自讃歌**とす〈後鳥羽院御口伝〉

しし【父】名《上代語》東国方言。父。対応する母の意の語は「あも」。例旅行きに行くと知らずて母**しし**に言申さずて今ぞ悔しけ〈万葉・二〇・四三七六〉

しし【尿】名小便。例お子を清十郎にいだかせ、膝に**しし**かけさせ〈西鶴・好色五人女・一・二〉

しし

【獣・肉】名❶食用とする獣の総称。特に、猪や鹿をさし、これらをさらに区別する場合、前者を「ゐのしし」、後者を「かのしし」という。例ありとあるもの(＝そこにいた者は皆)、**しし**・鳥を殺し〈宇治拾遺・一九七〉

❷【肉】獣などの体を構成する肉の部分。肉。例我が**肉**はみ膾はやし(＝私の肉はお膾の材料に)〈万葉・一六・三八八五〉読解鹿の身になって詠んでいる。

❸「しし狩り」の略。猪や鹿などを山野で狩ること。例ことに**しし**の上手にて(＝特にしし狩りの達人で)〈曾我・四〉

〈池山晃〉

しし【獅子・師子】名❶動物の名。ライオン。唐獅子。例**師子**はもろもろの獣の王にまします〈今昔・五・一四〉❷神社の狛犬のうち、口を開けたほう。⇩こまいぬ。❸「獅子頭」「獅子舞」の略。

【獅子身中の虫】内部から起こる災いや、味方でありながら害をなすもののたとえ。例仏弟子ら、必ず仏法を破るべし。**師子身中の虫**の師子を食む〈佐渡御書〉

しじ【榻】⇩しぢ

じーし【慈氏】名《仏教語》弥勒菩薩の別称。慈愛に満ちたもの、の意。例**慈氏**の下生(＝この世に現れること)を待つ〈平家・一〇・高野巻〉

ししいーでん【紫宸殿】名「ししんでん」に同じ。

ししーがき【鹿垣】名竹や木の枝で粗く編んだ垣。鹿や猪などの獣、あるいは敵軍の侵入を防ぐためのもの。例**鹿垣**もゆるぐばかりに押しあへば〈近松・用明天王職人鑑・三〉

ししーがしら【獅子頭】名獅子舞のときにかぶる、獅子の頭をかたどった物。また、獅子舞。例舞楽・田楽・**獅子がしら**・流鏑馬など、さまざま所につけたる事どももおもしろし〈増鏡・さしぐし〉

鹿が谷《地名》山城国、今の京都市左京区鹿ケ谷。東如意ケ岳のふもと。ここの山荘で、俊寛が藤原成親・西光法師らと平家を滅ぼす密談をしたことで有名。「鹿の谷」とも。

しじか・む【蹙む】動(マ四)縮む。縮こまる。ちぢかむ。例(筆跡ハ)いとわりなう(＝たいそうひどく)**しじかみ**〈源氏・行幸〉

しーしき【四職】名⇩ししょく

しーしく【獅子吼】名《仏教語》釈迦の説法。すべてのものを承伏させる様子を、獅子が吼えるとすべての動物が恐れ伏すさまにたとえた語。例**獅子吼**の金言あやまたず〈近松・用明天王職人鑑・五〉

しーしこらか・す動(サ四)病気をこじらせる。例**ししこらかしつる**時はうたてはべるを(＝困ったことになりますので)〈源氏・若紫〉

しーしさうしょう【師資相承】―ソウ ショウ「ししさうじょう」とも。師から弟子へと次々に法や道を受け継いでいくこと。例**師資相承**して外道(＝仏教以外の教

え)の法を信じてその法を習へり〈今昔・一・一六〉

しし-じもの【鹿じもの・猪じもの】《枕詞》【「しし」は獣の意。「じもの」は接尾語】鹿・猪その他の獣のように、の意から「水漬く」「い這ひ」「膝折り」「弓矢囲み」などにかかる。

しし-しんちゅうのむし【獅子身中の虫】 ⇩「しし」の子項目

しし-だ【鹿猪田・鹿田・猪田】 [名] 鹿や猪などの獣が出て荒らす田。[例]小山田の**鹿猪田**守るごと(=見張るように)母し守らすも〈万葉・一二・三〇〇〇〉

しし-と [副] しくしくと泣くさま。[例]「いみじくもののおぼえはべること…」とて、**ししと**泣く〈蜻蛉・中〉

しじ-に【繁に】 [副] すきまがないほどたくさんあるさま。ぎっしり。いっぱいに。どっさり。[例]山はしもしじにあれども 川はしも さはに行けども(=たくさん流れているが)〈万葉・一七・四〇〇〇〉

しじ-ぬ・く【繁貫く】 [動](カ四) たくさん貫く。舟の楫や櫂などを数多く取り付ける。[例]大舟にま梶**しじ貫き**〈万葉・一五・三六一一〉

しし-の-ざ【獅子の座】 [名]《仏教語》(仏を百獣の王の獅子にたとえることから)仏の座席。また、高僧の座席。[例]清涼殿に**獅子の座**を敷いて、問者・講師東西に相対す〈太平記・二四〉

しし-びしほ【肉醤・醢】 [名] ❶刻んだ魚や鳥の肉を塩漬けにしたもの。しおからの類。[例]たたき**醢**は、なめて口中を潤し〈俳諧・風俗文選・嘲仏骨表〉❷古代中国の刑罰の一つ。死罪にした人の体を塩漬けにする。[例]身は**醢**になるとても、汝がごとき不忠不義恩を忘るる六郎ならず〈浄瑠璃・神霊矢口渡・三〉

し-じふ【四十】 [名] ❶数の名。四十。❷四十歳。

しじふく-にち【四十九日】 [名]《仏教語》❶人の死後四十九日間。この期間を中陰といい、現世での死と来世での生まれ変わりの間で、中有の闇といわれる暗黒世界をさまようとされ、死者追福のための供養が行われる。[例]**四十九日**の中に生き返りなまほしうぞ思しならるる〈狭衣・三〉❷人の死後四十九日目。中陰の満ちる日。この日に死者の行き先が決まるとされる。最も重要な法要が行われる日で、その法要もいう。「七七日」とも。[例]御息所のこの**四十九日**のわざ〈源氏・夕霧〉

しじふ-に【四十二】 [名] 四十二歳。「四十二」が「死に」に通じるとされ、陰陽道で男性の大厄の年とされた。[例]二十五と**四十二**で込む渡し舟〈柳多留・三〉[読解]二十五歳も男性の厄年。川崎大師へ厄除けに参る人のための渡し舟がこむ。

【四十二の二つ子】 父親が四十二歳のとき二歳になる子。男児は親を食い殺すといわれ、二歳のとき仮に捨てて人に拾わせる風習があった。四十二に二を加えた四十四が「死死」に通じるからという。女児は吉とされた。[例]この子は父御の**四十二の二つ子**にて、ばばがお捨と付けたが〈近松・鑓の権三重帷子・下〉

しじふ-の-いん【四十の陰】 四十歳。この年齢から初老となり、陽気が衰えて陰に入るとされた。[例]**四十の陰**まで、うかうか(=ぼんやり)暮らされし事よ〈西鶴・日本永代蔵・三・一〉

しじふ-の-が【四十の賀】 四十歳になったときに行う長寿の祝い。四十歳になることは初老を迎えたことを意味していた。最初の長寿の祝い。[例]**四十の賀**といふことは…残りの齢久しき(=長く続く)例なむ少なかりける〈源氏・若菜上〉

しじふはち-ぐゎん【四十八願】 [名]《仏教語》阿弥陀仏が法蔵比丘と称していた修行時代に、一切の衆生を救うために立てた四十八の誓願。選択本願。

しじふはち-て【四十八手】 [名] 相撲の技の総称。[例]総じて相撲の手は**四十八手**とはいへども〈狂言・鼻取相撲〉

しじふはち-や【四十八夜】 [名]《仏教語》浄土宗で、阿弥陀仏の四十八願にちなみ、四十八夜の間、念仏供養をすること。また、その念仏。[例](遺産ノ)金銀御寺へのあがり物(=寄進物)、**四十八夜**を申してから役に立たぬ事なり〈西鶴・日本永代蔵・三・四〉

しし-ふんじん【獅子奮迅】 獅子が暴れ回るように激しく突き進むこと。[例]えいやっとう上段下段の太刀さばき…**獅子奮迅**〈近松・国性爺合戦・四〉

しじま【無言】 [名] 黙っていること。沈黙。[例]例の**しじま**もこころみむ(=いつも黙っているが、たまには何か言わないか試してみよう)と、とかう聞こえたまふに〈源氏・末摘花〉

しし-まうし【しし申し】 [感] 人に呼びかける語。もしもし。[例]ちと当たってみやう(=探りを入れてみよう)と存ずる。「なうなう、**しし申し**」〈虎寛本狂言・末広がり〉

しし-まひ【獅子舞】 [名] 獅子頭をかぶって演じる舞。中国の唐から伝来し舞楽に用いられたが、のちには田楽・太神楽などで、五穀豊穣の祈願、悪魔払いに行われ、しだいに大道芸へと転じた。

しじま・る【蹙る】 [動](ラ四) 縮まる。[例]長さ三丈ばかり、しばらくありて**しじまり**入りぬ〈三宝絵・中・一〉

しじ・む【縮む・蹙む】 ❶[動](マ四) ちぢむ。小さくなる。❷[動](マ下二) ❶ちぢめる。小さくする。[例]人の袴の丈・狩衣の裾まで伸べ**縮め**たまひけるを〈栄花・見果てぬ夢〉❷減らす。弱める。控えめにする。[例]まづ朝夕の御飯を、ひごろよりは少し**しじめ**られ候ひて〈著聞集・一八・六四四〉

しし-むら【肉・肉叢】 [名] 人間や動物の肉のかたまり。肉塊。[例]自らが**ししむら**を食ひて〈今昔・一・二六〉

しじ-め・く [動](カ四)【「めく」は接尾語】「じじめく」とも。雀や鼠などがやかましく声を立てる。騒ぎ立てる。[例]畑生に黍食む雀**しじめき**て〈散木奇歌集・九〉

しし-や【猟矢・鹿矢】 [名] 狩猟に用いる矢。[例]**猟箭**中へる(=射られた)雀鳥のごとし〈紀・敏達〉

じ-しゃ【侍者】 [名] ❶貴人のそばで雑用を務める人。おそば。おつき。[例]王、一人の**侍者**ばかりを具して(=連れて)〈今昔・一・二三〉❷禅寺で、師僧や長老に仕えて、雑用を務める人。

し-しゃう【四生】 [名]《仏教語》生物の生まれ方を四つに分けたもの。母胎から生まれる胎生(人・獣)・卵から生まれる卵生(鳥類)・湿気で生まれる湿生(蛙・昆虫など)・業の力による化生(天人・地獄のものなど)。

じ-しゃう【自性】 名『仏教語』そのものが本来もっている真の性質。本性。例自づから**自性**の仏なるべし〈沙石集・五末・二〉

じ-しゃう【時正】 名昼夜の長さが等しい日。春分・秋分の日のころをいう。中世ではこの日から七日間が彼岸にあたるので、彼岸をいうこともある。例花のさかりは、冬至より百五十日とも、**時正**ののち七日ともいへど〈徒然・一六一〉

じしゃ-ぶぎゃう【寺社奉行】 名鎌倉時代以後の、幕府の職名。寺社の祭祀・訴訟などの事務一般をつかさどる。特に江戸時代には、町奉行・勘定奉行とともに三奉行の一つに数えられた。

し-しゅ【四衆】 名『仏教語』「しぶ(四部)」に同じ。例**四衆**の仏弟子驚き見て、これを留めんとしたまひけるに〈太平記・八〉

し-しゅ【旨趣】 名「しいしゅ」とも。❶心中で思っていること。例心の底に**旨趣**を残すべきにあらず〈平家・二・教訓状〉❷趣旨。事の内容。

じ-しゅ【寺主】 名❶寺の三綱の一つ。寺の代表者として寺内行政をつかさどる職。❷寺のあるじ。寺の住持。例羅漢、**寺主**をあはれびて〈今昔・二・三六〉

し-じゅう【始終】 1名❶始めと終わり。また、始めから終わりまですべて。例いかに申すとも、**始終の事は**(=最後まですべては)かなふまじ〈平家・一・願立〉❷最後。終わり。結末。例**始終**の**落居**(=決着)は天命の帰するところにて候へば〈太平記・一〇〉2副❶始めから終わりまで。ずっと。絶えず。❷最後には。ついには。結局は。例当家のために、**始終**仇となるべきは兵部卿親王なり〈太平記・一三〉

じ-しゅう【時宗】 名「六時往生宗」の略。鎌倉時代に一遍によって開かれた浄土宗の一派。もともとは昼夜六時に念仏して浄土を願う同行衆の意。特に阿弥陀経を重視し、教えの根本は平生を臨終と心得て念仏を唱えることにある。一遍をはじめ時宗の僧は遊行(諸国を回って修行すること)したので遊行宗ともいう。

じ-じゅう【侍従】 名❶令制で、中務省に属し、天皇に近侍する官人。例少将・**侍従**など率ゐて参うで来たり〈源氏・常夏〉❷薫き物の名。例**侍従**は…すぐれてなまめかしうなつかしき香なり〈源氏・梅枝〉

じじゅう-でん【仁寿殿】 名「じんじゅでん」とも。内裏の殿舎の一つ。内裏の中央、紫宸殿のすぐ北にある。古くは天皇の日常の居所であったが、清涼殿に取って替わられ、相撲・内宴などが行われる所となった。⇩口絵

し-しょ【四書】 名儒教で、最も基本となる四つの書物。『大学』『論語』『孟子』『中庸』。南宋の儒学者朱熹が、初学者が第一に読む書物として定めた。

じじょう〖治定〗 ⇩ぢぢゃう

し-しょく【四職】 名❶「ししき」とも。令制で、左京職・右京職・修理職・大膳職の総称。❷室町時代、侍所の所司に任じられる山名・一色・赤松・京極の四家の総称。

し-しょく【紙燭・脂燭】 名「しそく」に同じ。

しじ-ら【縬・縮羅】 名絹織物の織り方の一つ。織り上げた後に、縦糸を縮ませて表面にしわをつけたもの。例**しじら**の薄色の指貫〈増鏡・あすか川〉

しじら-ふぢ【しじら藤】 名葛藤の別称。つる性の落葉高木。例**しじら藤**のわらぬにて(=つるを裂いていないもので)〈徒然・六六〉

し-し・る【為知る】 動(ラ四)やり方を知っている。体験する。し慣れている。例道の中国つみ神は(=越中の国の神よ)旅行きも**し知ら**ぬ君を恵みたまはな(=慈しんでやってください)〈万葉・一七・三九三〇〉

し-しん【紫宸】 名(「紫」は天帝の居所とされる星座紫微垣、「宸」は天子の居所の意)天皇の御殿。禁中。特に、紫宸殿をさしていう。例(元明天皇ハ)**紫宸**に御して〈記・序〉

し-じん【四神】 名中国から伝えられた、天の四方をつかさどる神。東の青龍・西の白虎・南の朱雀・北の玄武。また転じて、四方。

し-じん【資人】 名令制で、五位以上の人および大

◆ **四神**

玄武〔高松塚古墳壁画〕

北
西
東
南

白虎〔高松塚古墳壁画〕

青龍〔高松塚古墳壁画〕

朱雀〔十二支八卦背円鏡〕

臣・納言などに朝廷から支給され、身辺の警備や雑用にあたる下級官人。舎人の類。親王に支給される者を「帳内の資人」、位階によるものを「位分の資人」、官職によるものを「職分の資人」という。

しじん-さうおう【四神相応】 名 四神にかなった最良の地相。東に青龍の地として流水、西に白虎の地として大道、南に朱雀の地として湿地、北に玄武の地として丘陵を有する地。運勢・縁起が非常によい地相とされ、都を置くべき地と考えられた。たとえば、平安京の地勢はこれに合致する。例この地の体を見るに…**四神相応**の地なり。もっとも帝都を定むるに足れり〈平家・五・都遷〉

ししん-でん【紫宸殿】 名「ししいでん」とも。内裏の正殿。即位・朝賀など重要な儀式を行う。南に面し、中央に十八段の階段があり、前庭の左右に桜・橘が植えられている。国の大礼が行われた大極殿が治承元年(一一七七)に焼失してのちは、それに取って替わった。「南殿」とも。⇩口絵。例大極殿なからんうへは(=ないという以上は)、**紫宸殿**にてこそ御即位はあるべけれ〈平家・四・還御〉

じしん-ばん【自身番】 名 江戸で、町内の警備などのために常置された詰め所。火災の消火活動にもかかわったため、隣接して火の見櫓のあることが多い。京・大坂などでも年末などに臨時に設けられることがあった。

し・す【殺す】 動(サ下二) 殺す。例己が命を 盗み**殺せ**むと〈記・中・崇神・歌謡〉

しず〖賤・倭文・垂ず〗 ⇩しづ

じす〖治す〗 ⇩ぢす

じ・す【辞す】 動(サ変) ❶退出する。また、その挨拶をする。例「いま静かに御局にさぶらはん」と**辞**して往ぬれば〈春曙抄本枕・大進生昌が家に〉❷辞任する。辞職する。例そのころの右大将病して**辞**したまひけるを〈源氏・若菜上〉❸辞退する。例偽りて小利をも**辞す**べからず(=辞退することができない)。仮にも賢をも学ぶべからず〈徒然・八五〉

し-す・う【為据う】 動(ワ下二) しっかり据える。立場や境遇などにおいておく。例絵に描きたるものの姫君のやうに**しすゑ**られて、うちみじろきたまふ事もかたく〈源氏・若紫〉

しずえ〖下枝〗 ⇩しづえ

しずか〖静か・閑か〗 ⇩しづか

し-すま・す【為済ます】 動(サ四) みごとになし終える。うまくやってのける。例源氏の門出**しすましたり**とぞ舌を巻いて怖ぢあひける〈義経記・二〉

しずむ〖沈む・静む・鎮む〗 ⇩しづむ

じ-せい【辞世】 名 ❶死ぬこと。❷臨終の際に詠み残す詩歌。例少しも臆したる気色もなく、敷皮の上に居直って、**辞世**の頌を書きたまふ〈太平記・二〉

し-せき【咫尺】 名動(サ変)〔「咫」「尺」は古代中国の長さの単位。「咫」は八寸、「尺」は十寸〕距離が近いこと。貴人に接近すること。例龍顔(=天皇のお顔)に**咫尺する**事ありけり〈平家・六・葵前〉

じ-せつ【時節】 名 ❶時候。季節。例**時節**のほかなる朝の嵐〈西鶴・好色一代女・一・一〉❷時期。折。また、よい時期。絶好の機会。例我らが生ける今日の日、なんぞその(=死ぬと告げられた)**時節**に異ならん〈徒然・一〇八〉❸時世。時勢。例かかる**時節**に忠義を尽くさずんば〈談義本・根南志具佐・三〉

し-ぜん

【自然】 人為とかかわりなく存在する、あるいは起こる、物事や状態をいう。

1 名 形動(ナリ) ❶**人為の加わらないこと**。**本性**。**天性**。例(春ノ鶯モ秋ノ蟬モ)おのおの歌謡を発す。物皆これあり、**自然**の理なり(=それぞれ歌をうたっている。万物みな歌をもつ、それは天性の道理である)〈古今・真名序〉

❷**万一のこと**。例**自然**の事のあらん時、物の具して頼朝が乗るべき馬なり(=万一のことがあるときには、武装して頼朝が乗るはずの馬である)〈平家・九・生ずきの沙汰〉

2 副「しぜんに」の形でも用いる。❶**おのずから**。例**自然**知る人になるままに(=おのずから親しい仲になるにつれ)〈義経記・二〉

❷**万一**。**もしも**。例**自然**味方亡び候はば…御身は念仏申させたまひて腹を切らせたまへ(=もしも味方が敗北いたしましたら…あなた様は念仏をお唱えになって腹をお切りください)〈義経記・六〉

語誌▼「しぜん」と「じねん」 「しぜん」は漢音。仏教関係では多く呉音の「じねん」が用いられた。また副詞については、中世以前、両語の用法に区別があったようで、おおよそ2①の意には「じねん」が、2②の意には「しぜん」が用いられた。〈川崎剛志〉

し-ぞう【祇承】 名 勅使が下向するときに、途中の饗応や雑事を奉仕すること。また、その役人。例(家出シタ妻ガ)**祇承**の官人の妻にてなむあると聞きて〈伊勢・六〇〉

し-そく【紙燭・脂燭】 名 照明器具の名。松の木を、長さ約四五センチ、直径約一センチの棒状に削り、先のほうを焦がして油を塗り、火をつける。下を紙屋紙で左巻きにした。例**しそく**さして参れ〈源氏・夕顔〉

し-ぞく【親族・親属】 名〔「しんぞく」の撥音の表記されない形〕親類。縁者。血縁の人。例(男ハ、女ト)もと**しぞく**なりければ詠みてやりける〈伊勢・一〇一〉

し-ぞ・く【退く】 動(カ四) 後ろに下がる。しりぞく。例げに老いも**しぞき**ぬべき心地するに〈紫式部日記〉

し-そ・す【為そす・為過す】 動(サ四)〔「そす」は接尾語〕❶うまく成し遂げる。十分にしおおせる。例老い人どもは、**しそし**つと思ひて〈源氏・総角〉❷やり過ぎる。度を越す。例人々心げさう**しそし**て(=十分すぎるほど心遣いをして)〈源氏・真木柱〉

し-そ・む【為初む】 動(マ下二) 行いはじめる。しはじめる。例むつかしき事をも**しそめ**てけるかな(=やっかいなことをもしはじめてしまったものだなあ)〈源氏・手習〉

じ-そん【慈尊】 名〖仏教語〗〔「慈氏尊者」の意〕弥勒菩薩の敬称。例**慈尊**の出世まだ遙か〈謡曲・弱法師〉

した【舌】 名 ❶人間や動物の舌。転じて、しゃべること。弁舌。例利き(=鋭い)刀を取りて自ら舌を切らむとす〈今昔・四・二六〉 ❷(①に形が似ていることから)小判。例舌三枚〈滑稽本・浮世床・初上〉

した【下】■1 名 ❶**物に覆われて隠れた位置**。物の裏面。衣服の肌に近い位置などについてもいう。例(蚤ハ)衣のしたにをどりありきても たぐるやうにする(=衣服の下で踊りまわって持ち上げるようにする)〈枕・にくきもの〉

❷**特に、人の心**。外から見えないものとしていう。例下には思ひくだくべかめれど、誇りかにもてなして(=心の中では苦にしているにちがいないようだけれど、意気盛んなように装って)〈源氏・須磨〉

❸**縦の方向における低い位置**。例大きなる柿の木のしたに庵を作りたれば(=仮小屋を作ったので)〈更級〉

❹**地位・身分・年齢・力量・値段などの低いありよう**。例早我は下になるごさんなれ(=もう自分が負けているようだ)〈義経記・三〉

❺**恩恵・庇護などを受けている状態**。例長女・御厠人まで、ありがたき御かへりみの下なりつるを(=下女や清掃係まで、めったにない御庇護を受けている状態であったので)〈源氏・須磨〉

❻飲食物の残り物。お下がり。例(鴨ノ)骨と皮はお下に出て〈歌舞伎・小袖曾我薊色縫・一・五〉

❼物を買うとき、古い物を引き取って代金の一部にあてること。また、その品。下取り。例あれを下に遣って…簪と取っ替えたがの〈滑稽本・浮世風呂・三上〉

❽(「～の下より」などの形で)直後。直ちに。例「出でよ」といふ、言葉の下より出でにけり(=「現れよ」という、その言葉の直後に出て来たのだった)〈曾我・一〉

■2 接頭 ❶動詞や形容詞について、心の中でひそかに、の意を表す。例金かも たしけくあらむと 思ほして下悩ますに(=黄金が十分あろうかとお思いになって心ひそかにお悩みになっていると)〈万葉・一八・四〇九四〉

❷動詞の名詞形や漢語について、本番の前の練習である意を表す。「下書き」「下稽古」など。

語誌 ▼もと、外側から見えない物の内側・裏面を表し、転じて、垂直方向におけるより低い位置や、地位・身分などの序列的に低いほうを表すようにもなった。古くは■1②のように人の心をさす用法も目立つほか、「苔のした」で、墓の下や死後を表したり、「息のしたに」で苦しさに聞き取りがたい声で言うさまを表したりする、やや比喩的な用法もある。

▼類義語「しも」は「かみ」の対で、高所から低所に連続する位置の、相対的な下位・下部をさす。〈山口堯二〉

しだ 名『上代語』とき。ころ。「行きしな」「帰りしな」などの「しな」の古形。例我が面の忘れむしだは(=忘れるときは)〈万葉・一四・三五一五〉

し-たい【四諦】名『仏教語』〔「諦」は梵語の漢訳。真理の意〕仏教の根本教義で、実践的原理を示す四つの真理。苦諦・集諦・滅諦・道諦。苦諦は、この世はすべて苦であるという真理。集諦は、この苦の原因は過去の執着・煩悩にあるという真理。滅諦は、その苦や煩悩を滅したことが悟りであるという真理。道諦は、滅諦に至るまでの修行方法である八正道を説く真理。例如来、五人のために苦集滅道の四諦を説きたまふ〈今昔・一・八〉

し-だい【四大】名『仏教語』❶万物のもとになる四大元素。地・水・火・風。地は堅く物を支え、水は湿って物を収め、火は熱く物を成熟させ、風は動いて物を生長させるという。四大種。❷(①によって人間も構成されると考えることから)人間の肉体。例四大に病なくして〈三宝絵・下・四〉

し-だい【次第】■1 名 ❶順序。序列。例(a)人々の御車次第のままに引きなほし(=人々の御車を序列に従って並べ直し)〈源氏・鈴虫〉例(b)我兄弟の上下の次第無くして理を失へりしがゆゑに、犬となりて(=私は兄弟の年齢の上下の序列を無視し道理に背いたために、犬に生まれ変わって)〈今昔・二〇・一六〉

❷一部始終。事情。いきさつ。例日ごろの御結構の次第、直に承らん(=日ごろのご計画の一部始終を、直接お聞きしよう)〈平家・二・小教訓〉

❸『能楽用語』㋐謡曲の小段の一つ。七五・七五・七四の三句からなる。その役の感慨を表したり、その曲の内容を暗示したりすることが多い。㋑㋐を謡う役者の登場を囃す囃子。

■2 接尾 名詞または動詞の連用形につく。❶その事柄の事情に任せる意を表す。～任せ。～いかん。例今まではくづれ次第の柴の戸を(=今までは崩れるに任せていた柴の戸を)〈西鶴・西鶴諸国ばなし・一・三〉

❷そのことが終わるとすぐに、の意を表す。～するやいなや。例見合ひ次第に御恨みまうすべし(=出会うやいなや御恨み申し上げるつもりだ)〈西鶴・男色大鑑・一・四〉〈渡部泰明〉

じ-だい【時代】■1 名 ❶年代。年代の順序。例四条大納言撰ばれたる物を、道風書かん事、時代や違ひはべらん〈徒然・八八〉 読解 四条大納言(藤原公任)は小野道風の没年に生まれた。❷歴史上、年号・為政者などで区切られるひとまとまりの期間。例信長時代の仕立て着物〈西鶴・日本永代蔵・一・一〉

■2 名 形動(ナリ)古びている。年代物だ。古風だ。例時代の金襴〈近松・丹波与作待夜の小室節・上〉

じだい-がみ【時代紙】名 時代を経て古びた紙。例見るほど時代紙、正筆に疑ひなし〈西鶴・日本永代蔵・四・二〉

じだい-ぎぬ【時代絹】名 時代を経て値打ちが出た絹。江戸時代には、室町時代以前に中国から伝来した絹をいう。古代切れ。例品々の時代絹、中将姫の手織りの蚊屋〈西鶴・日本永代蔵・一・四〉

じだい-きゃうげん【時代狂言】―キョウゲン 名「じだいもの②」の狂言。

しだい-し【次第司】名 平安時代、祭りや儀式・行幸のときに、行列の順序を指図する役。例賀茂の祭りの次第司に出で立ちてなむ〈新古今・恋五・詞書〉

しだい-しゅ【四大種】名『仏教語』「しだい①」に同じ。例四大種のなかに、水・火・風はつねに害をなせど、大地にいたりては異なる変をなさず〈方丈記〉

じだい-もの【時代物】名 ❶長い年月を経た物。古めかしい物。❷浄瑠璃や歌舞伎で、江戸時代以前に題材をとった演目。主に当時の武家社会の事件をもとにするが、幕府をはばかって古い時代の設定とする。平安時代までの貴族に題材をとったものを大時代物と呼ぶこともある。

じだい-わたり【時代渡り】 名 古い時代、特に室町時代以前に外国から渡来した品物。例**時代渡り**の柿地の小釣(=柿色の地に小さいつる草の模様)〈西鶴・日本永代蔵・三・三〉

したう『慕う』⇩したふ

し-だう【四道】ドウ 名 ❶平安時代、大学寮に設けられた四つの学科。紀伝道・明経道・明法道・算道。❷『仏教語』煩悩を断ち切って悟りに至る四つの段階。加行道・無間道・解脱道・勝進道。

した-うづ【下沓・襪】シタウズ・シトウズ 名〔「したぐつ」のウ音便形〕束帯のとき沓の中に履くもの。白絹製で、今の靴下にあたる。例御**襪**をひき抜きたてまつらせたまへりければ〈大鏡・兼家〉

した-おび【下帯】 名 ❶束帯の下、小袖の上に締める帯。下紐。「下の帯」とも。例何入れて侍りける箱にかありけん、**下帯**して結ひて〈後撰・雑一・詞書〉❷ふんどし。例**下帯**のあらざらん事を不思議なる顔つき、またをかし〈西鶴・好色五人女・五・四〉

した-おもひ【下思ひ】オモイ 名「したもひ」とも。心中に隠して顔に出さない思い。恋の思いにいうことが多い。例人皆知りぬ我が**下思ひ**は〈万葉・一一・二四六八〉

した-がさね【下襲】 名 束帯のとき袍の下に着る衣服。背後の裾(「しり」とも)を袍の下から出して引く。身分が高いほど長く、裾を長く引く姿は高貴な男性の象徴とされた。後世は裾の部分を別に仕立てる。地質や色目にも、身分・季節などによる決まりがあった。例**下襲**の裾短くて、随身(=護衛の官人)のなきぞいとわろきや〈枕・をのこは〉

した-かぜ【下風】 名 地をはうように吹く風。物の下を吹く風。例秋のくるけしきの森の**した風**にたちそふものはあはれなりけり〈千載・秋上〉

した-かた【下形】 名 ❶模型。ひな型。形木。例物の**下形**・絵様などをも御覧じ入れつつ〈源氏・梅枝〉❷下地。素質。例大将も、さる世の重し(=重鎮)となりたまふべき**下形**なれば〈源氏・若菜下〉❸かねてからの用意。心構え。例宮にも、ものの心知りたまふべき**下形**を聞こえ知らせたまふ〈源氏・鈴虫〉

した-がひ【下交ひ】ガイ 名 衣服の前を合わせるとき、内側になる部分。下前。下交いの褄を結ぶと、さまよい出た魂を肉体に戻せるという俗信があったらしい。例嘆きわび空に乱るるわが魂を結びとどめよし**たがひ**のつま〈源氏・葵〉

したが・ふ

【従ふ・随ふ】シタガウ・シタゴウ 1 動(ハ四)❶**人の言うとおりにする。** 例(船頭ガ)「幣を奉りたまへ」と言ふ。言ふに従ひて幣たいまつる(=「幣を差し上げなさい」と言う。言うとおりに幣を差し上げる)〈土佐〉読解「幣」は神への捧げ物。「たいまつる」は「たてまつる」のイ音便形。

❷**服従する。屈服する。** 例(物ノ怪ハ)いみじき験者どもにも**従は**ず(=すぐれた修験者たちの調伏にも屈服せず)〈源氏・葵〉

❸**ついてゆく。供をする。** 例馬を馳せて、鹿を追ふ…鹿に**したがひ**て、走らせてゆく道に(=馬を走らせて、鹿を追う…鹿についていって走らせていく道に)〈宇治拾遺・四四〉

❹**順応する。応じる。** 例時に**したがひ**見ることには、春霞おもしろく(=季節に応じて見ることとしては、春霞が風情があり)〈更級〉読解 春秋の風情の優劣を語り合う一節。

2 動(ハ下二)❶**意のままにする。服従させる。** 例我こそ人をば**従へ**しか、人に従ふ身となりたるが悲しき(=昔は私が人を意のままにしていたのに、今は人の意のままになる身となっているのが悲しい)〈落窪・四〉

❷**伴う。引き連れる。** 例三千余騎を**従へ**て〈太平記・五〉

〈高山善行〉

した-ぎえ【下消え】 名 積もった雪の下のほうが溶けて消えること。例かきくらし(=空を一面に曇らして)降る白雪の**したぎえ**に〈古今・恋二〉

した-ぎ・ゆ【下消ゆ】 動(ヤ下二) 積もった雪の下のほうが溶けてなくなる。例**下消ゆる**雪間の草のめづらしくわが思ふ人に逢ひ見てしがな〈後拾遺・恋二〉

し-たく【支度・仕度】 名動(サ変)❶用意。準備。例石つくりの皇子は、心の**したく**ある人にて〈竹取〉❷腹ごしらえ。食事。例平でも壺でも(=平皿でも深皿でも)この方**支度**ようござる(=結構です)〈近松・夕霧阿波鳴渡・上〉

しだ・く 動(カ四)〔古くは「したく」〕❶荒れる。乱れ散る。例その原や野風に**しだく**刈萱の〈堀河百首〉❷(他の動詞の連用形について)荒らす。押しつぶす。例わが宿の花踏み**しだく**鳥打たん〈古今・物名〉

した-くさ【下草】 名「したぐさ」とも。木の陰などに生える草。転じて、目立たないもの。例(a)春の野の**下草**なびき〈万葉・一六・三八〇三〉例(b)かかる**下草**頼もしくぞ思しなりぬる〈源氏・玉鬘〉

した-くづ・る【下崩る】クズル 動(ラ下二)〔「した」は心の意〕心折れて従う。心がなびく。一説に、心が動揺する、不安になる、の意とも。例人に「**下崩れ**たる」と言ひたるに〈和泉式部集・詞書〉

した-ぐみ【下組み】 名 計画。準備。例さし籠めて、守り戦ふべき**下組み**をしたりとも〈竹取〉

した-ぐら【下鞍・韉】 名 馬具の名。鞍の下に敷き、馬の背と両脇に当てるもの。藁や毛氈で作り、表面を皮で覆う。例実方朝臣陸奥国へ下りはべりけるに、**下鞍**遣はすとて〈拾遺・別・詞書〉

した-こがれ【下焦がれ】 名〔「した」は心の中の意〕心の中で恋い焦がれること。例**下こがれ**のみ我が恋ひ居らく(=恋していることだ)〈万葉・一一・二六四九〉

した-ごころ【下心】 名 ❶心の底の思い。内心。例思ひぞ焼くる我が**下心**〈万葉・一・五〉❷内心のひそかなたくらみ。例**下心**ある浮世渡平(=人名)〈浄瑠璃・伽羅先代萩・五〉❸隠された意味。含み。寓意。例誠に**下心**がおもしろうござる〈虎寛本狂言・今参〉

した-ごひ【下恋ひ】ゴイ 名〔「した」は心の中の意〕心の中で恋しく思うこと。例ぬえ鳥の(枕詞)うら嘆けしつつ**下恋ひ**に思ひうらぶれ〈万葉・一七・三九七八〉

した-ごろも【下衣】 名 下に着る衣。下着。例さら

さず(＝洗わずに)縫ひし我が下衣〈万葉・七・一三一五〉

した・し【親し】形(シク) ❶親密な関係にある。仲がよい。身近だ。例親しかりしも疎くなり(＝親密だった人も疎遠になり)〈古今・仮名序〉

❷血縁が近い。例親しきほどにかかるは、人の聞き思ふところも、あはつけきやうになむ(＝近親者どうしでこんなことになるのは、世間の人が聞いて思うところも、軽率なことのように)〈源氏・少女〉読解いとこどうしの結婚についての意見。

語誌 確例が認められるのは平安時代以降。平安時代は『源氏物語』以外の和文には用例が少なく、類義の「むつまし」を用いることが多い。対義語は「うとし」。〈橋本行洋〉

し-だし【仕出し】名 ❶工夫して新しく作り出すこと。また、そのもの。新案。新趣向。例才覚して刻み昆布に取りつき…よき仕出しとはやりて〈西鶴・万の文反古・五・一〉 ❷はやりの服装。おしゃれ。例呉服棚の奥さまと言はるるほどの人、皆遊女に取り違へる仕出しなり〈西鶴・世間胸算用・二・三〉 ❸やり口。やり方。例無理言はず、物事おほやうなる(＝おおらかな)仕出し〈浮世草子・傾城禁短気・六・四〉 ❹財産を増やすこと。儲けること。例近代の出来商人(＝近ごろのにわか成金)、三十年この方の仕出しなり〈西鶴・日本永代蔵・六・五〉 ❺料理などを注文に応じて作って、配達すること。また、その料理。例仕出しに仕れとて、献立を出ださるる〈噺本・昨日は今日の物語・上〉 ❻歌舞伎で、話の本筋に関係ない端役。通行人役など。

したしく【親しく】副〔形容詞「したし」の連用形から〕直接に。実地に。身をもって。例児よりのとき(＝子どものときから)小松の帝をば親しく見たてまつらせたまひけるに〈大鏡・基経〉

した-じた【下下】名「しもじも」とも。❶身分の卑しい人。庶民。例めでたいをりからなれば、したじたまで遊山いたす〈狂言・かずまふ〉 ❷家来。召使。例下々天目呑みに思ひ出申して(＝茶碗酒

を飲んで後々の思い出となるほど楽しんで)〈西鶴・好色五人女・一・三〉

し-だ・す【仕出す】動(サ四) ❶用意する。準備する。例水汲み入れ、かたのごとく御湯仕出い(音便形)て〈平家・三・法皇被流〉 ❷やり始める。しかける。例長崎にて女の手業に仕出し、今は上方にも、これをならひてひろまりける〈西鶴・日本永代蔵・五・一〉 ❸工夫して新しく作り出す。考案する。例はじめて懐炉といふ物を仕出し〈西鶴・西鶴織留・一・二〉 ❹着飾る。おしゃれをする。例二十七、八の女、さりとは花車に(＝優雅に)仕出し〈西鶴・好色五人女・三・一〉 ❺財産を増やす。売り上げを伸ばす。例次第に仕出し、ほどなく二千貫目と〈西鶴・世間胸算用・二・三〉

した-すだれ【下簾】名 牛車の簾の内側に掛け、内部が見えないようにする帳。細長い布で先端を牛車の外に垂らす。女性や貴人が乗るときに掛ける。例下簾のはざまのあきたるより、この男まもれば(＝中を見ると)、わが妻に似たり〈大和・一四八〉

した-ぞめ【下染め】名 色鮮やかに仕上げるため、本染めの前に別の色で染めておくこと。転じて、前もっての準備。例おもひの色の下染めにせん〈古今・雑体〉

したた-か

1 形動(ナリ)〔「か」は接尾語〕❶しっかりしている。きちんとしている。例(a)帯いとしたたかに結ひはてて(＝帯をとてもしっかりと結び終えて)〈枕・あかつきに帰らん人は〉例(b)女方も、いとしたたかなるわたりにて(＝女君のお里もたいへんしっかりとしたところで)〈源氏・宿木〉

❷程度がはなはだしい。大げさだ。例いとしたたかなるみづからの祝言どもかな(＝まったく大げさな私への祝いの言葉だね)〈源氏・初音〉

❸分量が多い。おびただしい。たくさん。例とどむるも知らず国の事などしたたかに申しゐたるさま見るに(＝とめどもなく任国の事などをたくさん申し上げている様子を見ると)〈夜の寝覚・一〉

❹体ががっしりしている。頑丈だ。非常に強い。例西をさして走り出でむとしければ、したたかなる者ども六人してとりとどめけるに(＝西をめざして走り出そうとしたので、頑丈な者たち六人でおさえとどめたが)〈著聞集・六・二六五〉

2 副 ひどく。たいへん。たくさん。例(a)したたか悪く言ふに〈独寝・下〉例(b)蕎麦をしたたかしてやったりや(＝食ったよ)〈浄瑠璃・ひらかな盛衰記・三〉〈森山由紀子〉

したたか-もの【したたか者】名 気丈な人。しっかり者。剛の者。例さばかりのしたたか者と聞こえし高間の三郎も〈保元・中〉

したたま・る【認まる】動(ラ四)〔「したたむ」の自動詞形〕すっかり治まる。すっかり仕上がる。よく整う。例この殿御後ろ見もしたまはば、天下のまつりごと(＝政治)はしたたまりなん〈大鏡・道隆〉

したたみ【小螺・細螺】名 海岸にいる小さな丸い巻貝。キサゴなど。例神風の(枕詞)伊勢の海の大石に這ひ廻ろふ細螺の〈記・中・神武・歌謡〉

したた・む【認む】動(マ下二) ❶始末をつける。整理する。処理する。例そのこともいま詳しくしたためむ(＝そのことも近いうちに細かく始末をつけよう)〈源氏・松風〉読解「そのこと」は財産関係のことをさす。

❷特に、政務を処理する。治める。管理する。例大隅の守なる人、国の政をしたためおこなひたまふあひだ(＝大隅国の国守である人が、国の政治を執り行いなさるとき)〈宇治拾遺・一二〉

❸準備する。心構えをする。例暮るれば、よくよくしたためて入らんとするに(＝日が暮れると、十分に準備して盗みに入ろうとすると)〈宇治拾遺・三三〉

❹手紙などを書く。例あすは古郷にかへす文したためて〈芭蕉・奥の細道〉読解明日故郷に帰る人に預ける手紙を書いたということ。

❺食事をする。例酒も飯もしたためずして、今日三日になりければ(＝酒も食事も食べないで、今日で三日になったので)〈義経記・五〉〈森山由紀子〉

した-だ・む【舌訛む】動(マ四) 発音がなまる。例あ

づまにて養はれたる人の子はしただみてこそ物は言ひけれ〈拾遺・物名〉

したため【認め】 名 ❶整理。処理。始末。例のちのちの(=死後の)御したため、院にせさせたまふ〈栄花・本の雫〉 ❷準備。例今宵しもあらじ(=まさか今夜ではあるまい)と思ひつる事どものしたため〈源氏・夕霧〉 ❸食事。

したため-まう・く【認め設く】 動(カ下二) 準備する。前もって処置しておく。例行く末難なく(=非難のないように)したためまうけて〈徒然・五九〉

した-だ・る【滴る】 動(ラ四) 滴となって落ちる。垂れる。例その矛の先より滴瀝る潮、凝りて(=固まって)一つの島になれり〈紀・神代上〉

した-たる・し【舌たるし】 形(ク)『近世語』 ❶しぐさ・態度などが甘ったるい。べたべたしている。例したたるき物…相惚れの目元〈仮名草子・犬枕〉 ❷しつこい。煩わしい。例大抵(=並たいていの)舌たるい(音便形)お人ぢゃない〈歌舞伎・幼稚子敵討・二〉 ❸使い古してみすぼらしい。例ほつれたる去年の寝莫蓙のしたたるく〈俳諧・猿蓑・五〉

した-ぢ【下地】 名 ❶生まれつきの性質。素質。例賢き下地無くして、にはかに菩薩になり難かるべし〈沙石集・三・六〉 ❷物事の基礎。また、準備。例これら(=日常の事)を下地として仏法に入るべし〈雑談集・五・三〉 ❸本当の気持ち。心底。例下地よりなじみたる男に添はせよ(=結婚させなさい)〈滑稽本・膝栗毛・発端〉 ❹(吸い物のもとになることから)醤油。例したぢが少しあらば、どうぞ貸しておくんなせえ〈滑稽本・膝栗毛・発端〉

し-た・つ【仕立つ・為立つ】 ■1動(タ四) 衣服などをきちんと着け終わる。例みな装束したちて、暗うなりたるほどに、持て来て着す〈枕・宮の五節いださせ給ふに〉 ■2動(タ下二) ❶子女などを世話して一人前にする。例(娘ノウチ)一所(=一人)はめやすくなしつ。いま一所だにしたててば〈落窪・四〉 読解よい結婚をさせること。❷教え込む。仕込む。例舞ならはしなどは、里(=実家)にていとようしたてて〈源氏・少女〉 ❸飾りたてる。ちゃんと化粧などをする。着飾る。例心ことに(=格別に)したて、ひきつくろひたてまつりたまへる御さま、いとをかし〈源氏・竹河〉 ❹作り上げる。特に、衣服を仕立て上げる。例正月の御装束など…いときよらにしたてたまへるを〈源氏・少女〉 ❺準備する。支度する。用意する。例御帳・御屏風など、あたりあたり(=あちらこちら)したてさせたまふ〈源氏・若紫〉

した-づくえ【下机】 名 箱や小机などを載せる台にする机。例沈の箱に浅香の下机〈源氏・絵合〉

した-つゆ【下露】 名 草木から滴り落ちる露。また、草木の下葉に宿る露。例秋はなほゆふまぐれ(=夕方)こそただならね荻の上風萩の下露〈義孝集〉

した-て【下手】 名「したで」とも。❶下のほう。特に、風下・川下など。例つよき馬をば上手に立てよ、よわき馬をば下手になせ〈平家・四・橋合戦〉 ❷他より劣ること。また、その人。例人の下風に立たん事を思はざりければ〈太平記・六〉

した-で・る【下照る】 動(ラ四) 花の色などが下のほうに照り映える。例春の園紅にほふ桃の花下照る道に出で立つ娘子〈万葉・一九・四一三九〉→名歌293

した-ど【舌疾】 形動(ナリ)〔形容詞「したどし」の語幹の形容動詞化〕早口だ。例のたまふけはひの舌疾にあはつけきを(=軽薄な様子なのを)〈源氏・賢木〉

した-ど・し【舌疾し】 形(ク) 早口だ。物の言い方が速い。不作法とされる。例「小賽、小賽」と祈ふ声ぞ、いと舌疾きや〈源氏・常夏〉

した-なが【舌長】 形動(ナリ) 大きなことを言うさま。言葉が過ぎる。例舌長な梅王、今一言言うてみい〈浄瑠璃・菅原伝授手習鑑・三〉

した-なき【下泣き】 名 忍び泣き。人知れず、心の中で泣くこと。例下泣きに 我が泣く妻を 今夜こそは 安く(=安らかに)肌触れ〈記・下・允恭・歌謡〉

した-の-おび【下の帯】 装束の下着の上に締める帯。「上の帯(石帯)」に対する称。例したのおびの道はかたがた別るともゆきめぐりても逢はんとぞ思ふ〈古今・離別〉 読解帯の両端が左右に分かれて、再び合わされるところからの連想。

した-ば【下葉】 名 草木の下のほうにある葉。例下葉残らず色づきにけり〈古今・秋下〉

したは・し【慕はし】 形(シク)〔動詞「したふ」の形容詞化〕心がひかれて、懐かしい。恋しい。例何事も古き世のみぞ慕はしき〈徒然・二二〉

した-ば・ふ【下延ふ】 動(ハ下二)『上代語』〔「した」は心の奥の意〕心の内に広がる。人知れず思う。内心ひそかに思う。例さ百合花(枕詞)ゆり(=後)も逢はむと下延ふる〈万葉・一八・四一一五〉

したひ 名 木の葉が赤く色づくこと。紅葉。例秋山のしたひが下に鳴く鳥の〈万葉・一〇・二二三九〉

した-び【下樋】 名 水を通すために地中に設けた樋。例あしひきの(枕詞) 山田を作り 山高み(=山が高いので) 下樋を走せ〈記・下・允恭・歌謡〉

した-ひも【下紐】 名 下袴・下裳の紐。下紐が自然に解けるのは、恋人と会える前兆と信じられ、男女が互いに下紐を結びあい、貞操を守る誓いとする風習もあった。例めづらしき人を見んとやしかもせぬ(=そのようにもしていない)我がしたひもの解けわたるらん〈古今・恋四〉

した・ふ 動(ハ四) 紅葉する。葉が赤く色づく。例秋山の(枕詞) したへる妹 なよ竹の(枕詞) とをよる児らは(=しなやかなあの人は)〈万葉・二・二一七〉 読解ここは美しい女性の形容。

した・ふ

【慕ふ】 動(ハ四) ❶愛情や関心をいだいてあとを追う。例(a)(妻モ子ドモモ)別れかてにと 引き留め 慕ひしものを(=別れがたさに引き止めあとを追ったのだが)〈万葉・二〇・四四〇八〉例(b)若君手をさし出でて、立ちたまへるを慕ひたまへば(=若君が手をさし出して、お立ちになっている父君のあとを追いなさるので)〈源氏・松風〉 ❷あとを追いたいほど離れがたく思う。恋しく思う。愛惜する。例花の散り、月の傾くを慕ふならひはさる事なれど(=花が散り、月が傾くのを愛惜する習慣はもっともなことだが)〈徒然・一三七〉 ❸習う。師事する。例良き道に入りて行ふ人には、親しみても親しみてその行跡を**慕ふ**べく(=正しい道に入って努力する人には、どんなに親しくしてでもその行いを習うのがよく)〈仮名草子・浮世物語・四・一〉❹逃げるものを追う。追撃する。[例]わがあとを**したひ**て討たんと思はれば(=私のあとを追って討とうとお思いならば)〈戴恩記・上〉

[語誌] あとを追う意が原義で、平安時代ぐらいまでの例では、実際に具体的な行動を伴うものが多い。『源氏物語』ではほとんど①の意である。あとを追うのは、多くの場合対象に愛着を覚えるからで、そこから②の意が生まれた。〈池田節子〉

した-ぶし【下臥し】 [名] 物の下に横になること。[例]**下臥し**につかみ分けばや糸桜〈俳諧・去来抄・先師評〉[読解]「糸桜」は枝垂れ桜のこと。

した-ぶり【舌ぶり】 [名] ❶物の言い方。話しぶり。[例]**舌ぶり**いとものさはやかなり〈源氏・行幸〉❷恐れや驚きで舌を震わせること。[例]東国の兵これを見て舌**振り**して進まざりければ〈源平盛衰記・三五〉

した-へ【下方】 [名]〔「下のほう、の意〕死者の行く世界。黄泉の国。死後の世界は地下にあると考えられていた。[例]若ければ道行き知らじ賂はせむ**したへ**の使ひ負ひて通らせ〈万葉・五・九〇五〉

した-ま・つ【下待つ】 [動](タ四)〔「した」は心の意〕心待ちにする。心ひそかに待つ。[例]またの日待てど文もおこせず(=手紙もよこさない)。その夜**した待**ちけれど〈大和・一〇三〉

したみ【籭・湑み】 [名] ❶【籭】底が四角で上が円形の竹製のざる・籠。汁や酒をこすのに用いる。[例]女の持たる**籭**には何の入りたるぞ〈今昔・三一・三一〉❷【湑み】「湑み酒」の略。枡から滴り落ちてたまった酒。安く売られ、貧しい人が飲んだり、調味料に用いたりする。[例]仲直りに**したみ**もらうて〈浄瑠璃・夏祭浪花鑑・一〉

した-みづ【下水】 [名] 物の下を流れて表に見えない水。[例]春立てば雪の**下水**うち解けて谷の鶯いまぞ鳴くなる〈千載・春上〉

した・む【湑む・漉む・釃む】 [動](マ四) 水を滴らせる。酒をこす。また、水などを布に染み込ませる。[例]見るも憂きは鵜縄に逃ぐる魚類を遁がらかさでも(=逃がさないで)**したむ**持ち網〈山家集・下〉

した-も【下裳】 [名] 上裳の下につける裳。[例]〔露二〕上裳の裾濡れ**下裳**の裾濡れ〈催馬楽・我が門に〉

した-もえ【下萌え】 [名] 早春、地中から草の芽が生え出てくること。[例]**下もえ**やまづいそぐらん白雪の浅沢小野の若菜摘むなり〈続千載・春上〉

した-もえ【下燃え】 [名] 心の中でひそかに恋い焦がれること。[例]夏なれば宿にふすぶる(=くすぶる)蚊遣り火の(ここまで序詞)いつまでわが身**したもえ**をせん〈古今・恋一〉

した-もひ【下思ひ】 [名]〔「したおもひ」の変化した形〕心の中でひそかにいだく恋心。[例]**下思ひ**に我れぞもの思ふこのころの間〈万葉・一二・三〇二三〉

した-もみぢ【下紅葉】 [名] ❶下葉が紅葉すること。また、その葉。[例]嵯峨野の花も**下紅葉**して〈伊勢集〉❷高い木などの下にある紅葉。[例]松の**下紅葉**など、音にのみ秋を聞かぬ顔なり〈源氏・若菜下〉

した-も・ゆ【下萌ゆ】 [動](ヤ下二) 早春に草の芽が地中から生え出る。[例]春日野の**下萌え**わたる草の上につれなく見ゆる春の淡雪〈新古今・春上〉

した-も・ゆ【下燃ゆ】 [動](ヤ下二) ❶火がくすぶる。[例]小野の山は焼く炭がまの**下もえ**て煙のうへに積もる白雪〈風雅・冬〉❷心の中でひそかに恋い焦がれる。[例]**下もゆる**嘆きをだにも知らせばや(=嘆きだけでも知らせたいものだ)〈栄花・根合はせ〉

した-やみ【下闇】 [名]「このしたやみ」に同じ。[例]**下闇**や地虫ながらの蟬の声〈俳諧・猿蓑・二〉

した-ゆく-みづ【下行く水】 [名] 物陰を隠れるように流れる水。表面に出せない恋の思いのたとえ。[例]**下行く水**の 上に出でず 我が思ふ心〈万葉・九・一七九二〉

じ-だらく【自堕落】 [名][形動](ナリ) ❶身持ちのだらしないこと。志が堅固でないこと。ふしだら。[例]出家に似あはぬ**じだらく**坊主め〈歌舞伎・鳴神〉❷服装や態度が雑然としていること。[例]着物も**自堕落**に帯ゆるく〈西鶴・好色一代男・五・二〉

し-たり [感]〔サ変動詞「す」の連用形＋完了の助動詞「たり」〕❶うまくやった。でかした。[例]馬ははるかに逃げのび、「やあ**したり**や」と嘲っていった〈エソポ〉❷(多く「これはしたり」の形で)驚いた。しまった。まずい。[例]これは**したり**、また跡扁(=手遅れか)〈近松・女殺油地獄・下〉

したり-がほ【したり顔】 [名][形動](ナリ) うまくやったという表情。得意顔。[例]清少納言こそ、**したり**顔にいみじうはべりける人〈紫式部日記〉

しだり-やなぎ【し垂り柳】 [名] 植物の名。ヤナギ科の落葉高木。多く水辺に植えられ、細い枝が垂れる。「青柳」として賞される。

しだり-を【し垂り尾】 [名] 山鳥などの、垂れ下がった長い尾。[例]あしびきの(枕詞)山鳥の尾の**しだり**尾の(ここまで序詞)ながながし夜をひとりかも寝む〈拾遺・恋三〉→名歌24

しだ・る【垂る】 ❶[動](ラ四) 長くたれ下がる。[例]垂氷(=つらら)いみじう**しだり**〈枕・十二月二十四日、宮の御仏名の〉❷[動](ラ下二) ❶に同じ。[例]山ふかみ岩に**垂るる**水溜めむ〈山家集・下〉

したる・し [形](ク) ❶湿っている。じめじめしている。[例]**したるき**物は子持ちの(家ノ)古筵〈仮名草子・犬枕〉❷なまめかしい。[例]すこし**したるき**野郎をまねき〈西鶴・西鶴置土産・五・三〉

した-わらび【下蕨】 [名] 春、草の陰から生え出した蕨。[例]深山木(=奥山の木)のかげ野の下の**下蕨**もえいづれども知る人もなし〈千載・春上〉

した-ゑ【下絵】 [名] 紙・絹・綾などに描かれた絵。前もって描いておき、その上に歌や詩文を書く。[例]唐の綾の薄緂に、**下絵**のさまなど〈源氏・若菜上〉

した-ゑま・し【下笑まし】 [形](シク)〔「した」は心の中の意〕心の中でひそかにうれしく思うさま。[例]明日よりは**下笑ましけ**む家近付けば〈万葉・六・九四一〉[読解]「下笑ましけ」は古い未然形。

した-をぎ【下荻】 [名] 物の下陰に生えている荻。一説に、荻の下葉とも。和歌では、「下招ぎ(心の中で人を待つこと)」を掛けることがある。[例]ほのめかす風につけても**下荻**のなかばは霜に結ぼほれつつ〈源氏・夕顔〉読解思いしおれる我が身を重ねる。

した-を・る【下折る】 動(ラ下二) 植物の枝や茎が、風や雪などで折れて垂れ下がる。例おしなべて草葉のうへを吹く風にまづ**した折るる**野辺のかるかや(=草の名)〈千載・秋上〉

した-をれ【下折れ】 名 植物の枝や茎が、風や雪などで折れて垂れ下がること。また、そうなった枝や茎。例呉竹のふしみの里の雪の**下折れ**〈新古今・冬〉

し-たん【紫檀】 名 植物の名。インド・スリランカ原産のマメ科の常緑高木。材は暗赤色で堅く重く、調度や器具に珍重された。例経函は**紫檀**の函に、色々の玉を綾の文に入れて〈栄花・本の雫〉

し-だん【師檀】 名『仏教語』〔「師僧」と「檀那」の意〕仏法の師としての僧と、施主・信徒としての檀家。また、その関係。広く師弟関係をいうのにも用いる。例我、君と年来の**師檀**なり〈今昔・一・一五〉

しぢ【榻】 名 牛車の牛をはずしたとき、轅の軛を載せる台。乗降のときの踏み台にも用いる。⇩くるま(図)。例川のかたに車むかへ、**榻**立てさせて〈蜻蛉・上〉

じち【実】 名「じつ」とも。❶事実。真実。本物。例実の母君よりも、この御方をば睦ましきものに頼みきこえたまへり(=実の母上よりも、この御方を睦まじい人としてお頼り申し上げていらっしゃっている)〈源氏・若菜上〉読解明石の女御が、実母である明石の君よりも、養母である紫の上のほうになじみ、また頼りにしている様子。
❷実直。誠実。例されど、実の御心ばへは、いとあはれにうしろやすくぞ、思ひきこえたまひける(=そうはいっても、実直なお心からは、実にうれしく安心なことだと、思い申し上げなさった)〈源氏・早蕨〉
対義①きょ(虚) 〈渡部泰明〉

し-ちく【糸竹】 名〔「糸」は弦楽器、「竹」は管楽器〕楽器の総称。また、音楽。例詩歌に巧みに、**糸竹**に妙なるは(=上手なのは)、幽玄の道〈徒然・一二二〉

し-ちく【紫竹】 名 竹の一種。生えたときは緑色だが、二年目から黒紫色になる。古代中国の皇帝舜が死んだとき、二人の妃の悲しみの涙で竹が紫色に染まったという。例二人の弟子もとも涙、ささら(=楽器の名)の竹もいにしへの**紫竹**に染むるばかりなり〈近松・傾城反魂香・中〉

しち-くゎんおん【七観音】 名『仏教語』❶衆生を救うために、七種に姿を変える観音。千手・馬頭・十一面・聖・如意輪・准胝・不空羂索。このうち、不空羂索観音を除いたものを六観音ともいう。❷京都の七所観音。革堂行願寺・河崎清和院・吉田寺・清水寺・六波羅蜜寺・六角堂・蓮華王院の七つの寺に祭られている観音。

しち-ご-さん【七五三】 名〔めでたい陽の数である奇数のうち、最初の一と、陰にもどる最後の九を除いたもの〕❶七五三の祝い。男子は髪置の三歳と袴着の五歳、女子は髪置の三歳と帯解の七歳。江戸時代は、陰暦十一月十五日に行う。例練りの帽子をかむり、右の手に**七五三**の鈴〈歌舞伎・八重霞曾我組糸・一・大詰〉❷婚礼後、三・五・七日目に行う祝い。例今日の**七五三**、嫁入りごとせし戯れも今は真事とうれしげに〈近松・傾城反魂香・中〉❸七五三の膳。本膳に七菜、二の膳に五菜、三の膳に三菜を出す祝儀の馳走。例朝夕の膳**七五三**、昼の膳は五五三〈折たく柴の記・中〉

しちしち-にち【七七日】 名「しじふくにち②」に同じ。例**七七日**に至るまで滅後の事(=死後の供養)を営みて〈今昔・一三・二三〉

しちじふご-にち【七十五日】 名❶俗に、初物を食べるとそれだけ長生きするという日数。例茄子の初生りを目籠に入れて売り来たるを、**七十五日**の齢は、これ楽しみの〈西鶴・日本永代蔵・二・一〉❷人のうわさが消えないといわれる日数。例**七十五日**が間の勘当にて〈黄表紙・江戸生艶気樺焼・中〉

しち-しゃ【七社】 名「さんわうしちしゃ」に同じ。例**七社**の神人袖をつらぬ〈平家・一・願立〉

しち-しゃう【七生】 名❶『仏教語』この世に七度生まれ変わること。また、生まれ変わることのできる限度。例**七生**までただ同じ人間に生まれて、朝敵を滅ぼさばや〈太平記・一六〉❷(①から転じて)未来永劫。永遠。例我が詞を用いずば(=聞かなければ)**七生**までの勘当ぞ〈浄瑠璃・菅原伝授手習鑑・初〉

しち-そう【七僧】 名『仏教語』平安時代、法会で重要な役を務める僧の総称。ふつう、講師・読師・呪願師・三礼師・唄師・散華師・堂達。例**七僧**の法服など…みな紫の上せさせたまへり(=調えなさった)〈源氏・鈴虫〉

しち-だいじ【七大寺】 名⇩なんとしちだいじ

しち-だう【七道】 名 律令国家体制における地方行政区画。畿内を除いた諸国と駅路を、東海道・東山道・北陸道・山陰道・山陽道・南海道・西海道の七つに分割したものの総称。⇩ごきしちだう。例新羅の調(=貢ぎもの)を伊勢神宮と**七道**の諸社に奉る〈続紀・慶雲三年閏正月〉

しちだう-がらん【七堂伽藍】 名『仏教語』寺として備えるべき七つの建物。また、それを備えた寺。ふつう、金堂・講堂・塔・鐘楼・経蔵・僧坊・食堂をいう。

しちぢゅう-ほうじゅ【七重宝樹】 名『仏教語』極楽浄土にあるという宝の木。黄金の根・紫金の茎・白銀の枝・瑪瑙の条(長い枝)・珊瑚の葉・白玉の花・真珠の実でできている。一説に、金樹・銀樹・瑠璃樹・玻璃樹・珊瑚樹・瑪瑙樹・硨磲樹の七種の木とも。七重に並んで生えているという。

資治通鑑 《作品名》中国の歴史書。二九四巻。北宋の司馬光編。一〇八四年成立。戦国時代から五代の宋に至る、編年体の通史。日本には南北朝時代に伝来し、特に江戸時代には『本朝通鑑』などの歴史書に影響を与えた。

しちでう-の-けさ【七条の袈裟】 名『仏教語』三衣の一つ。七幅(約二・一メートル)の布を横に綴った袈裟。例懐より**七条の袈裟**を取り出だして〈太平記・三四〉

しち-とく【七徳】 名❶武力の七つの徳。『春秋左氏伝』は、暴を禁ずる・兵を戢める・大を保つ・功を定む・民を安んず・衆を和らぐ・財を豊かにす、を掲げる。❷七徳の舞。唐の太宗が①に基づいて作った舞曲。正式には『秦王破陣楽』という。

しち-なん【七難】 名 ❶《仏教語》七つの災難。経典によってその内容は異なり、法華経普門品では、火難・水難・羅刹難・刀杖難・鬼難・枷鎖難・怨賊難。例親に従はぬ人、この世にては禍を受け、七難過ちにあひて〈御伽草子・蛤の草紙〉❷種々の難点や欠点。例色白だから七難も隠すけれど〈滑稽本・浮世風呂・三下〉

しち-ふくじん【七福神】 名 福徳の神として信仰された七柱の神の総称。恵比須・大黒天・毘沙門天・弁財天・福禄寿・寿老人(または猩々)・布袋。

しちぶつ-やくし【七仏薬師】 名《仏教語》❶衆生を救い仏法に導くために、薬師如来が変化・分身して現れるという七体の仏。例西向きに子午の堂(=薬師堂)を造りて、七仏薬師を安置したまひて〈今昔・一三・二三〉❷京都の七か所の寺で祭る薬師如来。観慶寺・護国寺・広隆寺・法雲寺・延暦寺・珍皇寺・平等寺の薬師。❸「七仏薬師法」の略。七仏薬師を本尊とし、安産や息災を祈る修法。

しち-べん【七弁】 名 令制の太政官の弁官の総称。左右の大弁・中弁・少弁と、中・少弁のうち権官に任じられた者一人の、計七人をいう。

しち-ほう【七宝】 名「しっぽう」に同じ。

しち-や【七夜】 名 子どもが生まれてから七日目の夜の祝い。「なぬか」とも。例七夜は、内裏より、それも公ざまなり(=公式なものである)〈源氏・柏木〉

し-ちゃう【使庁】 名「検非違使庁」の略。

し-ちゃう【紙帳】 名 紙で作った蚊帳。安価だった。例米櫃はもの淋しく、紙帳もやぶれに近き身代(=暮らし向き)〈西鶴・好色一代男・三・五〉

じ-ちゃう【仕丁】 名 ❶令制で、諸国から徴発されて、中央官庁の雑役に従事する人。❷平安時代以降、貴族の家で雑役に従事する人。下男。例仕丁やある(=仕丁はいるか)、ひとり〈徒然・三六〉

し-ぢゅう【四重】 名《仏教語》「四重罪」の略。四つの大罪。殺生・偸盗・邪淫・妄語。例囲碁・双六好みて明かし暮らす人は、四重・五逆にもまされる悪事とぞ思ふ〈徒然・一一一〉

じち-よう【実用】 名 形動(ナリ) まじめ。誠実。律儀。例いとまめに(=実直で)実用にて、あだなる心(=浮気な心)なかりけり〈伊勢・一〇三〉

しち-らい【失礼】 名 礼儀を欠くこと。例きはまりなき(=この上ない)失礼なれども〈徒然・一〇一〉

じち-ゐき【日域】 名(日の出る国の意)「にちゐき」とも。日本国の別称。例それ、日域秋津島は、これ、国常立尊より事おこり〈曾我・一〉

しつ【失】 名 ❶誤ち。過失。例巧みにしてほしきままなるは、失の本なり〈徒然・一八七〉❷きず。欠点。例いかにもして失を見出ださんと思ひたまふところに〈著聞集・一一・三九六〉❸弊害。例これみな、争ひを好む失なり〈徒然・一三〇〉❹損失。例世間の浮説、人の是非、自他のために失多く、得少なし〈徒然・一六四〉

しつ【瑟】 名 奈良時代に唐から伝来した弦楽器。箏に似るが、それよりやや大きい。弦の数は一定していない。琴の伴奏に用いられるが、日本ではあまり流行しなかった。例かの所におはして、瑟をひいてなぐさみたまへり〈平家・六・祇園女御〉

しつ【倭文】 名〔平安時代以降「しづ」〕日本古来の、乱れ縞模様に織った織り物。例神の社に照る鏡倭文に取り添へ〈万葉・一七・四〇一一〉

しづ

【賤】 名 身分が低いこと。身分が低い人。例あやしのしづ・山がつのしわざも、いひ出でつればおもしろく(=卑しい身分の低い者や山の木こりがすることも、和歌に詠んでしまうと趣があり)〈徒然・一四〉

語誌「賤の男」「賤の女」「賤の家」などの形で用いられることも多い。〈吉野瑞恵〉

しづ【倭文】 名「しつ(倭文)」に同じ。

し・づ【垂づ】 動(ダ下二) たれ下げる。特に、神事で木綿をたれ下げる。例斎瓮に 木綿取り垂でて〈万葉・九・一七九〇〉

じつ【実】 [1] 名 ❶「じち①」に同じ。例富貴の名のみありて、富貴の実なし〈雑談集・三・五〉❷「じち②」に同じ。例てめえも実のねえもんだ。なぜおいらも連れていかねえ〈滑稽本・膝栗毛・二下〉❸「実事②」「実事師」の略。[2] 副 本当に。じつに。例実気がかりにはございましたれども〈歌舞伎・勧善懲悪覗機関・八〉

じつ-う【実有】 名《仏教語》実体として存在すること。例誰か実有の相に著せざる〈徒然・一二九〉 読解「誰か」は反語の意を表す。皆執着してしまう、の意。

しづ-え【下枝】 名 下のほうの枝。「下つ枝」とも。例春されば木末隠りてうぐひすそ鳴きて去ぬなる梅が下枝に〈万葉・五・八二七〉

しつ-おり【倭文織】 名「しつ(倭文)」に同じ。

しづ-か

【静か・閑か】 形動(ナリ)〔「か」は接尾語〕❶とどまって、動かないさま。例幽宮を淡路の洲に構りて、寂然に長く隠れましき(=お隠れになった)〈紀・神代上〉 読解 神としての務めを終え衰弱した伊奘諾尊が、地上に永眠の地を構えたことを伝える一節。❷落ち着いているさま。慌てず、ゆっくりしている。例いみじくしづかに朝廷に御文奉りたまふ(=非常にゆっくりと帝にお手紙をお書き申し上げなさる)〈竹取〉❸騒がしくないさま。ひっそりしている。例しづかなる山の奥、無常のかたき競ひ来らざらんや(=ひっそりとした山の奥にも、死という敵が競いこんでやって来ないだろうか)〈徒然・一三七〉 読解 末尾の「や」は反語の意を表す。❹無事で、平穏なさま。例保元以後は世も静かに治まりて(=保元の乱以後は世の中も平穏にしずまって)〈平治・上〉〈浅見和彦〉

しっ-かい【悉皆】 副 ❶ことごとく。すっかり。まったく。例悉皆頼みまうしたく候ふ〈謡曲・烏帽子折〉❷まるで。そっくり。例見限りはてた旦那殿、悉皆盗人の行儀(=しわざ)か〈近松・大経師昔暦・上〉❸(打消の語を伴って)まったく(〜ない)。全然(〜な

い）。例**しっかい**、あの坊主は、夜の目が寝られぬ（＝夜も寝られない）と見えた〈狂言記・宗論〉

じっ-かい【十戒】 名『仏教語』仏が教えた守るべき十の戒律。出家するときに受ける。多少の異同はあるが、不殺生・不偸盗・不婬佚・不妄語・不飲酒の五戒に、不塗飾香鬘・不歌舞観聴・不坐高広牀・不非時食・不蓄金銀宝を加えたものをいう。例額に剃刀をあてて、剃るまねをして、**十戒**を授けられければ〈平家・一〇・戒文〉

じっ-かい【十界】 名『仏教語』迷いの世界と悟りの世界の十種の総称。凡夫の迷いの世界としての地獄界・餓鬼界・畜生界・阿修羅界・人間界・天上界、聖者の悟りの世界としての声聞界・縁覚界・菩薩界・仏界。例釈迦如来の御法は多かれど **十界**十如（ノ教エ）ぞすぐれたる〈梁塵秘抄・法文歌〉

しっ-かう【膝行】 名 貴人の前に出るときの礼法。ひざまずいて膝頭で進んで礼をし、また膝頭で退くこと。例重代の家君（＝代々続く家の主人）、かへって**膝行**の礼をいたす〈平家・四・南都牒状〉

し-つ・く【為付く・仕付く】 ❶動（カ四）し慣れる。例宮仕へ**しつき**ぬるものなり〈落窪・三〉 ❷動（カ下二）❶しはじめる。例今少し珍しからん事**しつけ**て、同じくは例にせん（＝先例にしよう）〈宇津保・内侍のかみ〉 ❷し慣れる。例四方とよく合戦を**しつけ**た武者〈史記抄・二〉 ❸仕掛けをする。例蛇の形をいみじく似せて、動くべきさまなど**しつけ**て〈堤中納言・虫めづる姫君〉 ❹礼儀作法を身につけさせる。しつける。例礼儀をよく習ひて**しつけ**て〈史記抄・一五〉 ❺嫁入りさせる。奉公させる。例衣類・諸道具、美を尽くして**仕付けける**〈西鶴・好色一代女・四・一〉 ❻やっつける。負かす。例千代歳様に**しつけ**られて無念な〈近松・冥途の飛脚・中〉

しづ・く【沈く】 動（カ四）❶石や宝玉が水の底に沈んでいる。例水底に**沈く**白玉〈万葉・七・一三二〇〉 ❷水面に影が映る。例水の面に**沈く**花の色（ここまで序詞）さやかにも（＝はっきりと）〈古今・哀傷〉

十訓抄 《作品名》「じっきんせう」とも。鎌倉中期の説話集。三巻。作者は六波羅二臈左衛門入道とする説が有力だが、未詳。建長四年（一二五二）成立。年少者の啓蒙を意図し、二八二の話を一〇の徳目に分類して収める。他の説話集に比べて、中国の故事を多く載せる。

し-つけ【仕付け】 名❶作ること。こしらえること。また、そのもの。例笠に**仕付け**の髭くひそらし（＝上へ反らし）〈近松・大職冠・三〉 ❷礼儀作法を教えること。また、その礼儀作法。例上方の**しつけ**など習うて参らう〈狂言・秀句傘〉 ❸着物の仕立てが狂わないように、仮に縫いつけておくこと。また、その糸。仕付け糸。

じっ-けう【実教】 名『仏教語』（「方便」の教えに対して）真実の教え。大乗の教法。例天台・法相互ひに権教・**実教**の奥旨を究む〈太平記・一七〉

しづ-け・し【静けし】 形（ク）静かだ。落ち着いている。例いざ子どもあへて漕ぎ出む にはも（＝海面も）**静けし**〈万葉・三・三八八〉

じつ-げつ【日月】 名 太陽と月。また、月日。歳月。例それ**日月**は一物のためにその明らかなることを暗うせず〈平家・一〇・請文〉

十干 古代中国で、十日ごとに循環する日を表す数詞として用いられたもの。甲・乙・丙・丁・戊・己・庚・辛・壬・癸。五行説では、これを、五行の木火土金水をそれぞれ兄（陽）と弟（陰）に分けたものに配当し、甲（木の兄）・乙（木の弟）・丙（火の兄）・丁（火の弟）・戊（土の兄）・己（土の弟）・庚（金の兄）・辛（金の弟）・壬（水の兄）・癸（水の弟）とする。これに、十二支を組み合わせて干支とし、年や日を表すのに用いた。早く平安時代の曾禰好忠や恵慶の歌集に十干を題とした和歌が見られる。⇩干支（図）
〈高田祐彦〉

しっ-けん【執権】 名❶政権を握ること。例故少納言入道信西が**執権**の時にあひあたって〈平家・二・小教訓〉 ❷院の庁の別当。❸鎌倉幕府で、政所の長官。最高職で北条氏が世襲した。❹室町幕府で、管領の別称。❺大名の家臣で事務を総轄する職。

じっ-けん【実検】 名 物事の実否を調べ、確かめること。例明日は（討チ取ッタ敵ノ）疵の**実検**、軍の評定あらんずるに〈保元・中〉

しづ-ごころ【静心】 名 静かな心。落ち着いた気持ち。打消の語を伴って用いることが多い。例ひさかたの（枕詞）光のどけき春の日に**静心**なく花の散るらむ〈古今・春下〉➡名歌302

じつ-ごと【実事】 名❶まじめなこと。真剣なこと。❷歌舞伎で、分別や常識のある人物の行動を写実的に演じる役。また、その演技や演出。

じつごと-し【実事師】 名「じつごと②」を演じる役者。例敵役も**実事師**も出たところではわからぬわさ〈滑稽本・浮世風呂・四下〉

じっ-さう【実相】 名『仏教語』生滅・無常を離れた万物の真実の姿。例み法もおのづから**実相**の色を現はし〈謡曲・調伏曾我〉

しつ-じ【執事】 名「しっし」とも。❶平安時代、院の庁の長官。❷平安時代、摂政・関白・大臣家で家政を取りしきる家司の長官。❸鎌倉幕府の政所の次官。また、問注所の長官。❹鎌倉幕府の執権の別称。❺室町幕府の管領の旧称。また、関東管領の次官。❻武家の政務を取りしきる役職。家老。❼江戸幕府の若年寄の別称。

じっ-しゃう【実正】 ❶名 真実。正直。確かなこと。例実正に任せて、十六歳とぞ名乗りける〈源平盛衰記・三七〉 ❷副 ほんとうに。まことに。例**実正**それがしとの縁組はいやの〈西鶴・凱陣八島・一〉

しっ・す【執す】 動（サ変）「しふす」とも。執着する。深く心にかける。例先祖の御門のさしも**執し**思しめされたる都を〈平家・五・都遷〉 語誌 漢字表記の場合、「しっす」か「しふす」か判断しにくい。

しっ-せい【執政】 名❶政務を執ること。また、その職。特に、摂政・関白。❷江戸時代、幕府の老中や諸藩の家老。

しっ-そう【執奏】 名動(サ変) 下からの意見を取り次いで天皇に奏上すること。例二人もっぱら諸事を**執奏せらる**〈太平記・二一〉

しっ-たつ【執達】 名動(サ変) 上意を受けて下位の人に伝達すること。平安後期から鎌倉時代にかけて、「執達件の如し」という慣用語として公文書の末尾に用いられた。例もし勝軍の利を得ば(=勝つことができたなら)、重ねて恩賞を申し行ふべし。よって**執達**件のごとし〈太平記・三〇〉

しっ-たん【悉曇】 名〔梵語の音写〕❶梵字の字母。❷梵字。梵語。❸❷についての研究。

しっ-ち【悉地】 名〔仏教語〕〔梵語の音写〕密教で、悟りを成就すること。例二世(=現世と来世)の**悉地**を成就し〈太平記・六〉

しっ-ちん【七珍】 名「しっぽう」に同じ。

しっちん-まんぽう【七珍万宝】 名 あらゆる種類の宝物。例(猛火デ)**七珍万宝**さながら(=そっくりそのまま)灰燼となりにき〈方丈記〉

しっ-つい【失墜】 名動(サ変) ❶落としたり失ったりすること。例地下の文書の事、あるいは紛失、あるいは**失墜**錯乱の由〈庭訓往来・三月〉❷浪費すること。無駄に費やすこと。例人目ばかり思ひて、手前の**失墜**をかまはず〈西鶴・万の文反古・二・一〉❸間違い。不足。例これ、観音の銭なれば、いづれも**失墜**なく返納したてまつる〈西鶴・日本永代蔵・一・一〉

じっ-て【十手】 名 江戸時代、与力・同心などの役人が罪人を捕らえるときに使う道具。長さ四五寸ぐらいの鉄の棒で、刀を防ぐために手元に鉤がついているものがある。属する役所により柄の房紐の色が異なる。例**十手**提げくるくると追っ取り巻き〈近松・博多小女郎波枕・下〉

じっ-てい【実体】 名形動(ナリ) 実直。律儀。地道。例(客商売ハ)**実体なる**所帯になせば、必ず衰微して、家久しからず〈西鶴・日本永代蔵・二・五〉

じっ-とく【十徳】 名 脇を縫いつけた衣服。鎌倉末期に始まり、室町時代には主に武士が着用し、江戸時代には儒者・医師などが外出に用いた。

しっと-と 副〔「しとと」の変化した形〕❶物をしっかりと押しつけるさま。ぴしっと。例(板ヲ)すっぱと切って**しっとと**打ち付け〈狂言・鱸包丁〉❷情がこまやかなさま。しっぽりと。しめやかに。例**しっとと**逢ふ瀬の波枕〈近松・女殺油地獄・上〉❸すきまのないさま。ぴったりと。例貫の木(=かんぬき)**しっと**とおろし〈近松・嫗山姥・一〉

しづ-の-め【賤の女】 シヅ― 身分の低い女性。例言ひ知らずあやしからん**賤の女**の腹にても〈狭衣・二〉

しづ-の-や【賤の家】 シヅ― 身分の低い人の住居。みすぼらしい家。例板間あらみ(=粗いので)霰もりくる**賤の家**はすがきの床に玉ぞしきける〈月詣集・一〇〉

しづ-の-を【賤の男】 シヅ―オ 身分の低い男性。例あやしき**賤の男**の声々、目覚まして「…」など言ひかはすも聞こゆ〈源氏・夕顔〉

しづ-の-をだまき【倭文の苧環】 シヅ―オダマキ 倭文を織るための糸を巻いたもの。和歌では、「繰る」「賤し」などを導く序詞を構成する。例いにしへの**しづのをだまき**(ここまで序詞)繰り返し昔を今になすよしもがな(=手立てがあったらなあ)〈伊勢・三二〉

じっ-ぱう【十方】 ―ポウ 名 十の方向。東・西・南・北の四方に、艮(北東)・巽(南東)・坤(南西)・乾(北西)と上・下を加える。転じて、あらゆる方向。あらゆる所。例御身より光明を放ちて**十方**を照らしたまふ〈今昔・一・四〉

じっぱう-ぐれ【十方暮れ】 ジッポウ― 名 陰陽道で、甲申から癸巳までの十日間。十方の気がふさがり、万事に凶とされる。

じっぱう-せかい【十方世界】 ジッポウ― 名〔仏教語〕十方に無限に広がる衆生の世界。全世界。例天上天下に仏のごとくはなし。**十方世界**にもまた比ひなし〈三宝絵・上・序〉

じっぱう-だんな【十方旦那・十方檀那】 ジッポウ― 名 ❶方々にいる施主・寄付者。例勧進帳をささげて**十方檀那**を勧めありきけるほどに〈平家・五・勧進帳〉❷方々にいる顧客・得意先など。例養子になって十六年このかた、**十方旦那**の機嫌を取り〈近松・心中宵庚申・下〉

しつ-はた【倭文機】 名 倭文を織る機。また、それで織った布。例古の**倭文機**帯を結び垂れ〈万葉・一一・二六二八〉

じっ-ぷ【実否】 名 本当かうそか。真偽。例仏の御許に詣でたりて、この**実否**を問ひたてまつる〈今昔・一・一五〉

しっ-ぺい【竹篦】 名 ❶禅宗で、指導者(師家)が参禅者の眠りをさますために用いる法具。竹を割って合わせ、籐を巻いて漆を塗ったもの。のちに一般化して、寺子屋などで師匠が生徒をしつけるのに用いた。❷人さし指と中指をそろえて、相手の手首などをはじき打つこと。しっぺ。例今**しっぺい**をあててやらう〈虎寛本狂言・真奪〉

しっ-ぺい【執柄】 名 ❶政治上の権力を握ること。また、その人。例摂政・関白のほかに、**執柄**の臣あひ並びたまふ事、希代の例とぞ申しあへる〈保元・上〉❷摂政・関白の別称。例ただとうとう**執柄**に言ひ合はせて(=相談して)〈平家・三・城南之離宮〉

十返舎一九 じっぺんしゃいっく〔人名〕一七六五～一八三一(明和二～天保二)。江戸時代の戯作者。江戸・上方を旅し、洒落本・黄表紙・合巻・滑稽本などを多作。滑稽本『東海道中膝栗毛』で地位を確立した。

しっ-ぽう【七宝】 名〔仏教語〕「しちほう」とも。七種の貴重な宝物。無量寿経では、金・銀・瑠璃・玻璃・硨磲・珊瑚・瑪瑙。例御前の物調じて、もてあそび物**七宝**を尽くして〈宇津保・国譲上〉

じっ-ぽふ【実法】 ―ポウ 名形動(ナリ)「じほふ」に同じ。

しっぽり 副 ❶静かに落ち着いたさま。しんみり。例一精出してあとでの煙草、**しっぽり**とまづやりませうぞ〈浄瑠璃・ひらかな盛衰記・三〉❷しっとりぬれるさま。例萱葺きに**しっぽり**とふる秋の雨〈俳諧・桃舐集〉❸男女間の情のこまやかなさま。例ほんに一夜も**しっぽり**と〈近松・釈迦如来誕生会・二〉

しつ-まき【倭文纏き】 名 倭文を巻きつけること。また、その巻いたもの。例**倭文纏き**の胡床(=座

席）に立たし〈紀・雄略・歌謡〉

しづま・る【鎮まる・静まる】シズマル 動（ラ四）〔「しづむ」の自動詞形〕❶神や霊魂などが鎮座する。例城上の宮を常宮と高くしたてて神ながらしづまりましぬ〈万葉・二・一九九〉❷おさまる。静かになる。落ち着く。例平家みなほろびはてて、西国もしづまりぬ〈平家・一二・大地震〉❸寝入る。例人静まりてのち、長き夜のすさびに〈徒然・二九〉❹性質や態度などが落ち着いている。例童なれど、物の心ばへ、人の気色見つべくしづまれるを〈源氏・空蟬〉❺衰える。弱くなる。例世に用ゐられて、心地よげにものしたまひしを、こよなうしづまりて〈源氏・賢木〉

じつ-みゃう【実名】ミョウ 名 本当の名。例実名は知らず、字（=通称）をば藤二とぞ言ひける〈今昔・一七・五〉

し-つ・む【為集む】 動（マ下二）取り集める。あれやこれや行う。例絵物語など、皆焼けにしのち、去年今年のほどにしつめさせたまへるもいみじう多かりし〈栄花・衣の珠〉

しづ・む

【鎮む・静む】シズム 動（マ下二）〔「しづまる」の他動詞形〕❶神霊などを落ち着かせる。鎮座させる。例（住吉大神ノ荒御魂ヲ）国守らす神として祭り鎮めて（=国をお守りになる神として祭って鎮座させて）〈記・中・仲哀〉❷戦乱や騒動をおさめる。しずめる。鎮定する。例山門の騒動をしづめられんがために（=山門の騒動をおしずめになるために）〈平家・二・山門滅亡堂衆合戦〉 読解「山門」は比叡山延暦寺のこと。しばしば、武装した僧兵たちが朝廷に押し寄せた。❸声などを小さくする。低くする。例声しづめて法華経を読みたる、いみじう尊し（=声を小さくして法華経を唱えている姿は、たいへんありがたい）〈源氏・葵〉❹心を落ち着かせる。例御心を 鎮めたまふと〈万葉・五・八一三〉❺静かになるのを待つ。寝静まらせる。例女、人をしづめて、子一つばかりに男のもとに来たりけり（=女は、家人を寝静まらせて、子一つごろに男の所に来たのだった）〈伊勢・六九〉 読解「子一つ」は今の午後十一時～十一時半ごろ。

〈余田弘実〉

しづ・む

【沈む】シズム ❶ 動（マ四）ある一定の基準より下に向かう意。❶水中に没する。例つゆ悪しうもせば沈みやせんと思ふを（=ほんの少しでも下手をすれば、舟が沈むのではないかと思うのに）〈枕・日のいとうららかなるに〉❷落ちぶれる。例この国のことに沈みはべりて〈源氏・若菜上〉 読解この国の勤めをする身に落ちぶれまして、ということ。都を離れて、地方の国守となったことをさす。❸罪や地獄に落ちる。例この度泥犁に沈みなば…浮かびあがらん事かたし（=今度地獄に落ちたら…浮かび上がることは困難だ）〈平家・一・祇王〉❹落ちこむ。気分がふさぎこむ。例不幸に（=不幸に出会って）愁へに沈める人の〈徒然・五〉❺（「病にしづむ」の形で）重い病気にかかる。例秋のくれに病にしづみて〈新古今・雑上・詞書〉 ❷ 動（マ下二）❶水中に沈める。例その身を搦めて（=捕らえて）湖に沈めよ〈平家・一・内裏炎上〉❷落ちぶれさせる。例かかる御さまを、ほとほとあやしき所に沈めたてまつりぬべかりしに（=あやうく、へんぴな土地で落ちぶれさせ申してしまうところでしたが）〈源氏・玉鬘〉 読解「かかる御さま」は美しく成長した姫君の容貌をさす。❸地獄や苦界などに陥らせる。

語誌 もともとは水面より下に向かうことをいったが、意味が拡大されて、ある一定の基準の状態から下に向かうことにいうようになった。「鎮む」とは別語である。

〈余田弘実〉

しづめ【鎮め】シズメ 名 乱れを治めて安定させること。また、そのための神など。例日本の 大和の国の鎮めとも います神かも〈万葉・三・三一九〉

しづ-やか【静やか】シズ 形動（ナリ）〔「やか」は接尾語〕❶もの静かなさま。例ただかう静やかなる御住まひなどの心にかなひたまへりしを〈源氏・椎本〉❷穏やかで落ち着いたさま。例さま容貌はめでたくをかしげにて、静やかになまめいたまへれば（=優雅でいらっしゃるので）〈源氏・少女〉

しつらひシツライ 名 設備。部屋などの調度。装飾。例わが方のしつらひまばゆくして〈源氏・帚木〉

しつら・ふ

シツラウ・シツロウ 動（ハ四）ある目的のために、ある場所を準備し、整える意。

部屋などを飾りつける。設備を整える。例西面をことにしつらはせたまひて、小さき御調度ども、うつくしげにととのへさせたまへり（=西側の部屋を特別に飾りつけさせなさって、小さいお道具などを、いかにもかわいらしくそろえさせなさっている）〈源氏・薄雲〉

〈安隨直子〉

しづり【垂り】シズリ 名 滴り落ちること。また、そのもの。例何となく暮るるしづりの音までも雪あはれなる深草の里〈山家集・上〉

しづれ【垂れ】シズレ 名「しづり」に同じ。例雪を重み（=雪が重いので）しだれるみさの枝なればさはる小笠にしづれ落つなり〈散木奇歌集・四〉

しづ-わ【後輪】シズ― 名〔「しりつわ（後つ輪）」の変化した形〕馬具の名。鞍橋の後ろの高くなった部分。⇩くら（図）。例矢の、鞍のしづわの上より腰に立ちたりけるを〈愚管抄・五〉

しづ-を【賤男】シズオ 名 身分の卑しい男性。例み舟さす賤男の伴は川の瀬申せ〈万葉・一八・四〇六一〉

し-て【仕手・為手】 名❶行う人。する人。❷〘能楽用語〙能・狂言の主役。はじめは演技する人全般をさしたが、のちに主役の呼称に固定した。ふつう「シテ」と書く。前場・後場のある曲では「前ジテ」「後ジテ」と区別する。

して 接（主に疑問文の初めに用いて）それで。そうして。例して、その末広がりをお主は見た事があるか〈狂言・末広がり〉

して

❶ 格助 ❶手段・方法を表す。～で。～でもって。例弓矢して射られじ（=弓矢で射ることはできないだろう）〈竹取〉

❷動作の共同者を表す。〜と。〜とともに。例もとより友とする人ひとりふたりしていきけり（＝古くからの友人一人二人といっしょに行った）〈伊勢・九〉❸使役の相手を表す。〜に。〜に命じて。例かぢとりして幣たいまつらするに（＝楫取りに命じて幣を差し上げさせると）〈土佐〉

❷接助 ❶単純な接続を表す。前の事柄と後の事柄を並列して結びつける。〜て。〜で。例ゆく河の流れは絶えずして、しかも、もとの水にあらず（＝過ぎ行く川の流れはとぎれることなくて、しかもはじめのままの水ではない）〈方丈記〉❷順接を表す。前の事柄から後の事柄が順当に導かれる。〜て。〜ので。〜から。例この歌は、都近くなりぬる喜びに堪へずして、言へるなるべし（＝この歌は、都が近くなった喜びにこらえきれなくて、言ったのであるにちがいない）〈土佐〉❸逆接を表す。前の事柄と対立的な後の事柄を結びつける。〜のに。〜けれども。例格子どもも、人はなくして開きぬ（＝格子の多くも、開ける人もいないのに自然に開いた）〈竹取〉

接続▶[1]は体言につく。[2]は形容詞・形容詞型活用語の連用形、形容動詞・形容動詞型活用語の連用形、助動詞「ず」の連用形につく。

語誌▶[1][2]ともに、サ変動詞「す」の連用形「し」に接続助詞「て」がついたものが一語化したもの。▼[2]は、平安時代以降は、漢文訓読体や和漢混交体の文章によく用いられる。なお、格助詞「に」「を」「より」などにつく例には、その「し」に他の動詞を代用する働きも認められるが、それを含めて広義に格助詞とみられるなど、一義的な処理が難しい。〈佐藤一恵〉

識別のポイント　して

(1)サ変動詞「す」の連用形＋接続助詞「て」　例眠らんとして寝ねられず（＝眠ろうとして寝つかれない）〈芭蕉・奥の細道〉

(2)上代の尊敬の助動詞「す」の連用形＋接続助詞「て」　四段・サ変動詞の未然形につく。例二柱の神、天の浮橋に立たして（＝二体の神は天の浮橋にお立ちになって）〈記・上・神代〉

(3)格助詞　体言につく。例扇してこなたかなたあふぎ散らして（＝扇であちらこちらあおぎ散らして）〈枕・にくきもの〉

(4)接続助詞　活用語の連用形につく。例ゆるくしてやはらかなる時は、一毛も損ぜず（＝心が寛容で柔軟なときは、ほんのわずかも損なうことがない）〈徒然・二一一〉

して【垂・四手】 名（動詞「しづ（垂づ）」の名詞化。「四手」はあて字）標縄や玉串などにつけてたらす紙。例引かせたる馬にも尾髪に四手をつけさせて、神馬と名づけて引かせけり〈義経記・四〉

し-で【死出】 名「死出の旅」「死出の山」の略。死ぬことの意に用いる。

してう-の-わかれ【四鳥の別れ】 シチョウ　別離の悲哀をいう語。中国の桓山の鳥が、四羽の子どもの巣立ちのとき、子どもたちが再び戻らないことを悲しんだという『孔子家語』顔回編の故事から。

して-して 接（接続詞「して」を重ねて強調した語）そしてそして。それでそれで。性急に次を問いただすときに用いる。例してして、言い付けた末広がりを求めて来たか（＝扇を買い求めてきたか）〈虎寛本狂言・末広がり〉

しで-の-たび【死出の旅】「死出の山」へ行くこと。死ぬこと。例この身はひとり生まれ来て、ひとりぞ帰る死出の旅〈読本・八犬伝・二・一三〉

しで-の-たをさ【死出の田長】 タオサ　名 ホトトギスの別称。冥途の鳥と考えられたことによる称。例忍び音や君もなくらむかひもなき死出の田長に心かよはば〈源氏・蜻蛉〉

しで-の-やま【死出の山】 この世と死後の世界との境にあるという山。例死出の山越えにし人をしたふとて（＝越えて行ってしまった人のあとを追うといって）跡を見つつもなほまどふかな〈源氏・幻〉読解光源氏が故人となった紫の上の手紙を焼く折に詠んだ歌。「あと」は筆跡の意と足跡の意を掛ける。

語誌 古代は、死後の世界へ旅立つことが、すなわち人の死であるとみた。その旅の途中、この世とあの世との境にある「死出の山」を越えて死後の世界に行くと考えられた。〈松井健児〉

しで-の-やまぢ【死出の山路】 ヤマジ　死出の山の険しい道。例昨日まで千代と契りし君を我が死出の山路にたづぬべきかな〈後撰・哀傷〉

し-てん【四天】 名 ❶「四天下」の略。例四天の表（＝外側）を帯びて〈三教指帰・下〉❷「四天王」の略。例甲には四天を書いて押したりけり〈平家・八・鼓判官〉❸四時（四季）の天。蒼天（春）・昊天（夏）・旻天（秋）・上天（冬）の総称。また、四季。例四本柱は四天を表し〈歌舞伎・名歌徳三升玉垣・三〉

してん-げ【四天下】 名《仏教語》須弥山の四方にあるという四大州。東の弗婆提、西の瞿耶尼、南の閻浮提、北の鬱単越。四天。例金輪王となりて、四天下に王とあらむ〈三宝絵・下・九〉

してん-わう【四天王】 ノウ　名《仏教語》❶「四大天王」の略。帝釈天の臣で、須弥山の中腹に住み、仏法を守るため、四方を鎮護する。東の持国天、南の増長天、西の広目天、北の多聞天をいう。例四天王は各々懺悔を至して天上に還りたまひぬ（＝四天王はそれぞれ罪を告白して許しを求め天上にお帰りになった）〈今昔・三・三四〉❷臣下や門弟、またはある分野などの中で、特に能力の傑出した四人の称。二条派の和歌四天王（頓阿・兼好・浄弁・慶運）など。例木曾殿の御内に四天王と聞こゆる今井・樋口・楯・祢井にくんで死ぬるか（＝木曾殿のご家来で四天王と名高い今井、樋口、楯、祢井と組み討ちして死ぬか）〈平家・九・生ずきの沙汰〉〈中本大〉

四天王寺（してんわうじ） シテンノウジ　名 摂津国、今の大阪市天王寺区の寺。聖徳太子が物部守屋との戦いの勝利を祈願して建立したと伝える。平安後期以降、西門は極楽浄土の東門につながるとする信仰や、聖徳太子に対する太子信仰が生まれた。「天王寺」とも。

しと【尿】 名 小便。尿(ばり)。例この宮の御**しと**に濡(ぬ)るるは、うれしきわざかな〈紫式部日記〉

じとう〖地頭〗 ⇩ぢとう

しとう-くわん【四等官】(カン) 名 令制で、各役所を構成する四等級の官。各役所の職員の等級を四つに分けた称。すなわち長官(かみ)・次官(すけ)・判官(じょう)・主典(さかん)。それぞれ、役所によってあてる文字が異なる。

しとぎ【粢】 名 神前に供える餅(もち)。例人の祭り置きたる**粢**・炊交(かしきがて)・鮑(あはび)・鰹(かつを)〈今昔・五・一三〉

じ-どく【侍読】 名 天皇や皇太子に漢籍を講義し、学問を教授する役職。のち、将軍や諸大名に仕えて学問を教授する職にもいう。類義 じかう

しどけ-な・し 形(ク)〔「なし」は接尾語〕❶**乱れている。だらしない。しまりがない。** 例ただ覚ゆることにしたがひて、**しどけなく**申さむ(＝ただ覚えていることにまかせて、順序はばらばらにお話し申し上げよう)〈大鏡・道長下〉

❷**うちとけた感じだ。取り繕わず、適度に乱れている。** 服装や髪などが端正でないのを美的なものと見ていう。例**しどけなき**おほきみ姿、いよいよたとへんものなし(＝うちとけた皇子風の姿は、ほんとうにたとえるものがない)〈源氏・行幸〉読解 略装の光源氏の様子が賛美される部分。当時は身分が高いほど略装が許された。

語誌▼**崩れた感じの美しさ** 「しどけな」いさまは、基本的にはほめられたことではない。しかし平安時代においては、まったく端正なものよりも、少し崩れたところがあるほうを、かえってよしとする美意識があり、②の用例も多い。整った感じの美しさをいう「うるはし」とは対照的である。〈池田節子〉

しと-と 副 ❶物が勢いよく打ち当たるさま。はっしと。ぴしりと。例**しとと**打ちたまへば〈落窪・一〉❷密着するさま。ぴったりと。例**しとと**寄れば〈近松・出世景清・二〉

しとど-に 副 雨や露、汗や涙でぐっしょりぬれるさま。例汗も**しとどに**なりて、我かの(＝正気のうせた)気色(けしき)なり〈源氏・夕顔〉

しど-な・し 形(ク) 無秩序であったり崩れていたりするさま。だらしなくゆるんださま。しどけない。例よろづ**しどなく**、商売そこそこになしてしかも色好み〈西鶴・懐硯・二・一〉

しとね【茵・褥】 名 薄畳などをしんにした正方形の敷き物。表地には別布で縁(へり)をとり、それによって「紫端の茵」「黄端の茵」などと呼ぶ。今の座布団にあたる。例唐(から)の綺(き)のことごとしき縁(はし)さしたる(＝りっぱな縁取(ふちど)りを縫いつけた)**褥**〈源氏・初音〉読解「綺」は織物の一種。

しとみ【蔀】 名 光を遮り風雨を防ぐ建て具。格子組みの裏に板を張ったもの。多くは格子と同様上下二枚からなり、上部を釣り上げる。例(a)上(かみ)の**蔀**上げたれば、風いみじう吹き入りて、夏もいみじう涼し(＝上部の蔀を上げてあるので、風がたいそう吹きこんで、夏もたいそう涼しい)〈枕・内裏の局、細殿いみじうをかし〉読解 宮中の登花殿(とうかでん)西廂(にしびさし)の細殿(ほそどの)にあるもの。簀(す)の子がないため、上部の開閉が主で、下部はほとんど閉じたまま、あるいは固定してあると考えられる。例(b)はかなきさまなる**蔀**などはひしひしと(＝粗末な造りの蔀などはぎしぎしと)〈源氏・総角〉読解 立て付けが悪く、風が吹くとぎしぎし音を立てる。〈藤本勝義〉

しと・む 動(マ四) 水に浸る。水が染みこむ。例水**しと**まばさんづ(＝馬の尻(しり)のほうの高くなっている所)の上に乗りかかれ〈平家・四・橋合戦〉

しど-も-な・し 形(ク)「しどなし」に同じ。

しどろ 形動(ナリ) 秩序なく乱れているさま。例騎馬の客三十騎ばかり、馬の足(＝足音)**しどろに**聞こえて〈太平記・二〉

しどろ-もどろ 形動(ナリ)〔「しどろ」を強調した語〕秩序がなく、たいそう乱れているさま。例まめなれどよき名もたたず刈萱(かるかや)の(枕詞)いざ乱れなん**しどろもどろに**〈古今六帖・六〉

しな【品・級・科】

名 高低の差や序列のあるものについていう。

❶**等級。種類。** 例弓といへば…梓弓(あづさゆみ) 真(ま)弓槻(つき)弓 **品**もとめず(＝種類も選ばない)〈神楽歌・弓〉

❷**身分。家柄。地位。** 例**品**にもよらじ、容貌(かたち)をばさらにも言はじ(＝家柄にも頼るまい、顔立ちについては決して言うまい)〈源氏・帚木〉読解 女性について論じあう場面の一節。

❸**品位。品格。** 例心やすくうち棄(す)てざまにもてなしたる、**品**なきことなり(＝気ままでだらしなくふるまっている、それは品位を落とすことだ)〈源氏・常夏〉読解 うたた寝をしていた娘をしかる父内大臣の言葉。

❹**階段。段。** 例御階(みはし)の中の**階**(しな)のほどにゐたまひぬ(＝階段の真ん中の段のあたりに座っていらっしゃった)〈源氏・若菜上〉

❺**近世の用法。立場。状態。** 例(男ト)添ふに添はれぬ**品**になり(＝夫婦になろうとしてもなれない状態になり)〈浄瑠璃・新版歌祭文・上〉

語誌 古くは、坂や階段をいう語であったらしい。やがて、漢字の「品・級・科」などの和訓にあてられるようになり、①〜③のような抽象的な意味が生まれたと考えられる。③は「しな無(な)し」「しな後(おく)る」のように否定的に用いられることが多い。〈高田祐彦〉

しな-かたち【品形・品貌】 名 家柄と容姿。品位と顔形。例**しなかたち**こそ生まれつきたらめ、心はなどか賢きより賢きにも、移さば移らざらん〈徒然・一〉

しなが-どり【息長鳥】 ❶名 鳥の名。水鳥、または水鳥の一種カイツブリの古称か。平安後期には実態がわからなくなっていた。❷《枕詞》地名「猪名(ゐな)」「安房(あは)」にかかる。かかり方未詳。例**しなが鳥**猪名野を来(く)れば〈万葉・七・一一四〇〉

品川(しながは)(シナガワ)《地名》武蔵(むさし)国、今の東京都品川区。目黒川の河口の品川宿を中心に発達。遊女が多いことで知られた。東海道五十三次第一の宿駅。

しなざかる 《枕詞》地名「越(こし)」にかかる。「しな」は

坂、「さかる」は離れる意で、いくつもの山を越えて遠くにある意からか。例年の緒長く(=長い年月)しなざかる 越にし住めば〈万葉・一九・四一五四〉

しな-さだめ【品定め】 名 優劣を判定すること。例ありし(=先日の)雨夜の品定めののち〈源氏・夕顔〉 読解 帚木巻で、光源氏は頭中将らから中流の女性との交渉を体験談として聞いた。いわゆる「雨夜の品定め」である。

し-なし【為成し・為做し】 名 やり方。例数々かたじけなき(=ありがたい)御しなし、いやといはれず〈西鶴・好色一代男・六・六〉

しな-じな【品品】 1 名 ❶人それぞれの、身分・階級・家柄。例その品々やいかに。いづれを(上・中・下ノ)三つの品におきてか分くべき〈源氏・帚木〉 ❷さまざまな種類。例三尺の御厨子一具に品々しつらひすゑて(=さまざまな道具を飾り並べて)〈源氏・紅葉賀〉 2 副 さまざま。いろいろ。差をつけて。例禄(=祝儀)品々賜る〈源氏・蛍〉

しな-じな・し【品品し】 形(シク) 上品だ。品格がある。例人のかたちを、品々しくも下りても(=下品にも)、もてなすところなんめる〈紫式部日記〉

し-な・す【為成す】 動(サ四) 仕立てる。取り計らう。しでかす。例わが君をいかにしなしたてまつりて、かくはするぞや〈落窪・一〉

しな-だ・る【撓垂る】 動(ラ下二) ❶しなって垂れる。例軒のつまにしなだれかかる柳かな〈俳諧・毛吹草・五〉 読解「つま」は、「端」と「妻」を掛ける。❷媚びたり甘えたりして人に寄り添う。例門番に取り入り、横目(=監視の役人)にしなだれ〈西鶴・好色一代男・二・六〉

しなてる【級照る】《枕詞》「片岡山」「片足羽川」にかかる。語義・かかり方未詳。

しなてるや【級照るや】《枕詞》❶「しなてる」に同じ。例しなてるや片岡山に飯に餓ゑて臥せる旅人あはれ親なし〈拾遺・哀傷〉 ❷「鳰の水海」にかかる。語義・かかり方未詳。

しなと-の-かぜ【科戸の風】〔「しなと」は風の吹き起こる所の意。『日本書紀』神代に見える級長戸辺命という風神の名によるか〕風の別称。例その世の罪はみな科戸の風にたぐへてき〈源氏・朝顔〉

信濃 《地名》旧国名。今の長野県。東山道八か国の一つ。信州。延喜式で上国・中国。

しなひ【撓ひ】 名 しなやかにたわみ曲がっていること。藤の花、柳の枝などにいうことが多い。例藤の花は、しなひ長く、色こく咲きたる、いとめでたし〈枕・木の花は〉

しな・ふ【撓ふ】

動(ハ四) ❶草木が茂りたわむ。しなやかにたわみ曲がる。例春山の しなひ栄えて 秋山の 色なつかしき(=春山のようにしなやかにたわみ生気にあふれ、秋山のように色美しい)〈万葉・一三・三二三四〉 ❷逆らわず従う。順応する。例水にしなう(音便形)て渡せや渡せ(=水の流れに従って渡れ渡れ)〈平家・四・橋合戦〉

語誌 ①から、人の様子や姿態のなよやかな美しさをたとえる表現も生まれた。例立ちしなふ君が姿を忘れずは(=たおやかなあなたの美しい姿を忘れられないうちは)〈万葉・二〇・四四四一〉〈吉田比呂子〉

しな・ゆ【撓ゆ・萎ゆ】 動(ヤ下二) しおれる。力なくしぼむ。例夏草の(枕詞) 思ひしなえて 偲ふらむ 妹が門見む なびけこの山〈万葉・二・一三一〉➡名歌69

し-なん【指南】 名動(サ変) 教え導くこと。指南車の故事からいう。例誰が指南するとはなくに、自然とよろづの道を覚えぬ〈西鶴・西鶴織留・六・四〉

しなん-しゃ【指南車】 名 古代中国の車の一種。車の上に仙人の像があり、その指が常に南を向くように作られている。

しに【死に】 1 名 死。死ぬこと。例すずろなる死にをすべかんめるかな(=思いもよらない死を迎えるのだなあ)〈竹取〉 2 接頭 名詞につく。❶無用な、役に立たない、などの意を添える。「死に金」「死に帳」など。❷ののしる意を添える。「死に戯け」など。

しに-いちばい【死に一倍】 名《近世語》財産家の息子などが、親が死んで遺産を相続したら二倍にして返す約束で遊びの金などを借りること。例はや死に一倍三百目の借り手形〈西鶴・好色一代男・一・三〉

しに-い・る【死に入る】 動(ラ四) ❶死んだようになる。気絶する。例ものいたく病みて、死に入りたりければ、おもて(=顔)に水そそきなどして〈伊勢・五九〉 ❷死ぬ。例死に入る魂の、やがて(=そのまま)この御骸にとまらなむ〈源氏・御法〉 読解「末尾」の「なむ」は他に対する希望を表す終助詞。

しに-かへ・る【死に返る】 動(ラ四) ❶繰り返し死ぬ。幾度も死ぬ。例恋するに死にするものにあらませば我が身は千度死にかへらまし〈万葉・一一・二三九〇〉 読解「〜ませば〜まし」は反実仮想の意を表す。❷今にも死にそうになる。例親の死にかへるをばさしおきて〈源氏・夢浮橋〉 ❸(「しにかへり」の形で副詞的に用いて)程度のはなはだしさを表す。死ぬほど強く〜する。例あさはかなる若人どもは(絵合ワセノ催シヲ)死にかへりゆかしがれど〈源氏・絵合〉

しに-ぐるひ【死に狂ひ】 名 ❶死にものぐるい。決死の戦い。例腰刀を抜き持ちて、はねてかかりて戦ひけり。死に狂ひとぞ見えたりける〈源平盛衰記・一五〉 ❷死に際して悟りが開けず心乱れること。例それは必定(=きっと)御身が死に狂ひといふものなり〈浄瑠璃・大原御幸・五〉

しに-しゃうぞく【死に装束】 名 死ぬときの装束・身なり。ふつう、無地または無紋の白地。例大紋の上下死に装束〈浄瑠璃・仮名手本忠臣蔵・四〉

しに・す【死にす】 動(サ変)〔動詞「しぬ」の連用形のサ変動詞化〕死ぬ。例恋にもそ人は死にする〈万葉・四・五九八〉

し-に・す【為似す・仕似す】 動(サ下二) ❶うまくまねる。例かやうの万物の品々をよくし似せたらんは〈風姿花伝・六〉 ❷家業を継ぐ。また、長く商売を続け、信用を得て繁盛する。例親の仕似せたる事を替へて利を得たるは稀なり〈西鶴・世間胸算用・一・三〉

しにせ【老舗・為似せ】 名 ❶代々の家業を守り、継ぐこと。また、その店。例親よりしにせの商ひ〈西鶴・

西鶴置土産・四・三〉❷代々の商売・経営により得た信用。例商人はただ**しにせ**が大事ぞかし〈西鶴・日本永代蔵・五・二〉❸本領。持ち前。例頼むとあるを一寸でもあとへ寄らぬが夫の**しにせ**〈浄瑠璃・夏祭浪花鑑・六〉

しに‐ちゃう【死に帳】 名 回収の見込みのない売り掛け金を記す帳簿。例親方の確かに知らぬ売り掛けは**死に帳**に付け捨て〈西鶴・世間胸算用・三・二〉

しに‐てんがう【死にてんがう】 名 いたずらで死ぬまねをすること。狂言自殺。例この忙しき中に、無用の**死にてんがう**〈西鶴・世間胸算用・二・四〉

しに‐びかり【死に光】 名 死に際のりっぱなこと。また、死後の栄光。例この人**死に光**、さながら、仏にもならるる心地せり〈西鶴・日本永代蔵・三・一〉

しに‐まうけ【死に設け】 名 死ぬ準備。死に支度。例「ただ**死に設け**をせよ」と夢に見たまひければ〈栄花・玉の飾り〉

し・ぬ【死ぬ】 動(ナ変) **命を失う。息が絶える。** 例もし**死に**たる人を捨てたりけるが、蘇りたるか(=もしかしたら息絶えた人を捨てていったのが、生き返ったのか)〈源氏・手習〉

語誌 ▼**死を表す表現**　「死ぬ」の語は、「死ぬべく思さる(=死んでしまいそうに思われる)」〈源氏・賢木〉のように、現実の死を意味しない強調的な表現としてもよく用いられるが、実際の人の死を語る場合には、比喩的・間接的な別の語で表される例が多い。人の死を不吉なものとして感じ、またその人の死を悲しむ思いから、直接的な表現を忌むからである。

人の死を表す場合、多くは「うす(亡す)」の語で語られ、ほかには、「かくる」「なくなる」「みまかる」「むなしくなる」「はかなくなる」「いたづらになる」「はつ」「きゆ」などが用いられる。死んだ人の身分や、その死者への思いによってさまざまに表現が変わる。

▼**「死ぬ」と「いぬ(往ぬ・去ぬ)」**　古代の人々は、肉体とは魂の入れ物であると感じていた。魂が肉体から遊離して戻って来ない状態、魂が別の世界へ去ってしまって戻らない状態が、すなわち死ということとなる。ナ行変格活用の動詞は「死ぬ」と「いぬ」の二語だけであることからも、本来「死ぬ」と「いぬ」とが深い関係にあることがうかがえる。〈松井健児〉

じ‐ねん【自然】 ❶名 おのずからそうであること。例わがはからはざるを(=考えをめぐらさないのを)**自然**とまうすなり〈歎異抄〉❷副「じねんに」に同じ。

語誌「じねん」は呉音。⇩しぜん

じねん‐に【自然に】 副 おのずから。例品(=身分)たかく生まれぬれば…**自然に**そのけはひこよなかるべし(=格別であろう)〈源氏・帚木〉

しの【篠】 名 群がって生える小さくて細い竹の総称。例旗薄**篠**を押しなべ(=押し伏せ) 草枕(枕詞) 旅宿りせす〈万葉・一・四五〉

[篠を突く] 雨が激しく降るさまの形容。例降る雨さらに**篠を衝く**がごとし〈太平記・三〉

しのぎ【鎬】 名 刀剣の刃と峰との中間に、高く稜立っている所。例備前長刀の**しのぎ**さがりに菖蒲形なるを〈太平記・一五〉

[鎬を削る] 激しく斬りあう。激しく争う。例たがひに**鎬をけづり**あひ、時をうつして(=長い時間)戦ひけるに〈曾我・九〉

しの・ぐ【凌ぐ】 動(ガ四) 踏みつける、押さえる、が原義。

❶**押さえつける。覆いかぶさる。** 例奥山の菅の葉**しのぎ**降る雪の(=奥深い山の菅の葉に覆いかぶさって降る雪が)〈万葉・三・二九九〉❷**障害や困難を押し分けて進む。乗り切る。** 例(a)宇陀の野の秋萩**しのぎ**鳴く鹿も(=宇陀の野の秋萩を押し分けて進みながら鳴く鹿も)〈万葉・八・一六〇九〉例(b)かの島は、都を出でてはるばると波路を**しのい**(音便形)で行く所なり(=あの島は、都を出発してはるか遠く海路を乗り切って行く所である)〈平家・二・大納言死去〉❸**防ぐ。耐える。** 例甍を覆ひて風雨を**凌ぎ**(=瓦葺きの屋根で覆って風雨を防ぎ)〈芭蕉・奥の細道〉❹**あなどる。見下す。** 例**凌ぎ**蔑りていはく(=見下し軽んじて言うことには)〈霊異記・上・九〉❺**努力する。苦労する。** 例いかに詠まむと案ずれども、有心体の歌出で来たらず。それを詠まむ詠まむと**しのぎ**はべれば(=どのように詠もうかと思案しても、最高の和歌は出て来なかった。それを詠もう詠もうと努力をしますと)〈毎月抄〉〈小島孝之〉

しの‐すすき【篠薄】 名 ❶篠や薄。例妹らがり(=妻のもとへ)我が行く道の**篠薄**我し通はばなびけ篠原〈万葉・七・一一二一〉❷まだ穂の出ていない薄。例穂にいでぬもの思ふらし**しのすすき**〈源氏・宿木〉

しの‐に 副 ❶草木のしおれしなうさま。転じて、心がしんみりとするさま。⇩こころもしのに。例秋の穂を**しのに**押しなべ置く露の〈万葉・一〇・二二五六〉❷しきりに。数多く。例**しのに**露散る夜半の床かな〈新古今・恋三〉

しのの‐に 副 びっしょりと。しっとりと。例朝霧に**しののに**濡れて呼子鳥三船の山ゆ(=三船の山から)鳴き渡る見ゆ〈万葉・一〇・一八三一〉

しののめ【東雲】 名 **空がほのかに白むころ。夜明け方。** 例**しののめ**の別れを惜しみ我ぞまづ鳥より先に泣きはじめつる(=夜明け方の別れが惜しいので、まず私のほうが、鳥が鳴くのより先に泣き出してしまった)〈古今・恋三〉読解この「鳥」は鶏。夜明けを知らせる鶏の鳴き声は、一夜をともに過ごした男性が女性のもとから帰る時が来たのを告げるものでもあった。

語誌 ▼「あけぼの」とほとんど同義。「しののめの別れ」「しののめの道(恋人の家から帰る道)」などと、恋の情趣にかかわって和歌に用いられることが多い。

▼もともと、古代の原始的な住居で明かり取りに篠竹を粗く編んだ、その編み目(篠の目)をさした。明け方ここから日がさしこむことから夜明けの意に転じたのであろう。「東雲」の漢字があてられるようになると、「さるほどに、しののめやうやう明けゆけば」〈平家・九・一二之懸〉のように明け方の東の空の意に用いることもある。〈木村博〉

しのば・し【偲ばし】 形(シク) 〔動詞「しのぶ」の形容

詞形」偲ばれてならない。慕わしい。例いまさら昔も恋しく、その跡も**しのばしく**〈撰集抄・八・二八〉

しのは・ゆ【偲はゆ】 動（ヤ下二）〔動詞「しのふ」の未然形＋上代の自発の助動詞「ゆ」〕自然と思い出される。例印南野の浅茅押し並べさ寝る夜の日長くしあれば家し**偲はゆ**〈万葉・六・九四〇〉

しの-はら【篠原】 名 篠の生い茂っている原。例浅茅生の小野の**篠原**（ここまで序詞）しのぶれどあまりてなどか人の恋しき〈後撰・恋一〉➡名歌18

しのび【忍び】 名 ❶こっそり隠すこと。隠れること。秘密にすること。例**忍び**の旅寝もしたまはず〈源氏・明石〉❷「しのびありき」に同じ。例御**忍び**の御ともはたれも行きたがり〈柳多留・三一〉❸「忍びの者」の略。ひそかに敵地に忍び込み、相手の様子を探る人。例逸物の（＝すぐれた）**忍び**を八幡山へ入れて〈太平記・三〇〉

しのび-ありき【忍び歩き】 名 人目を避けて出かけること。人目につかないように女性のもとなどに通うこと。例六条わたりの（＝六条のあたりへの）御**忍び歩き**のころ〈源氏・夕顔〉

しのび-がへし【忍び返し】ーガエシ 名 敵や盗賊の侵入を防ぐため、門や塀の上に釘やとがった竹・木をとりつけたもの。例塀に**しのびがへし**はありながら、土戸のかけがねはひづみて（＝ゆがんで）かからず〈俳諧・鶉衣・旅賦〉

しのび-ぐるま【忍び車】 名 人目をしのんで車に乗ること。また、その車。例あら恥づかしや、今とても（＝今もまた）、**忍び車**のわが姿〈謡曲・葵上〉

しのひ-こと【誄】シノイー 名〔「偲ひ言」の意〕死者の冥福を祈るために述べる言葉。例馬子宿禰大臣、刀を佩きて**誄**たてまつる〈紀・敏達〉

しのび-ごと【忍び事・忍び言】 名 ❶【忍び事】こっそり行う事。隠し事。秘密。例かかる御**忍び事**により、山里の御歩きもゆくりかに（＝急に）思したつなりけり〈源氏・総角〉❷【忍び言】ひそひそとする話。ないしょ話。例ありつる（＝先ほどの）**忍び言**どもの、御耳とどまることやまじりたりつらむ〈狭衣・四〉

しのびしのび-に【忍び忍びに】 副 ひどく人目を避けるさま。こっそりと隠れて。例わがひかばすゑさへ（＝私が誘ったら、将来までも）寄り来**しのびしのびに**〈古今・神遊び歌〉

しのび-ぢゃうちん【忍び提灯】ーヂョウチン 名「がんだうぢゃうちん」に同じ。

しのび-づま【忍び夫・忍び妻】 名 ❶【忍び夫】隠し男。情夫。例**しのびづま**起きゆく空にほととぎす名残おほくも鳴きわたるかな〈長秋詠藻・中〉❷【忍び妻】隠し妻。情婦。例**忍び妻**にあこがれ…この舟橋を道として夜な夜な通ひけるに〈謡曲・舟橋〉

しのび-どころ【忍び所】 名 人目をしのんで通う所。特に、ひそかに通う女性の家。例いといたう色めきたまうて、通ひたまふ**忍び所**多く〈源氏・紅梅〉

しのび-ね【忍び音】 名 ❶声をひそめて泣くこと。また、その泣き声。例**忍び音**にのみ泣くと思ふを〈後拾遺・恋四〉❷ほととぎすが本格的な季節前に鳴く声。例四月二日なりしかば、まだ**忍び音**のころにて〈大鏡・道長下〉

しのび-やか【忍びやか】 形動（ナリ）〔「やか」は接尾語〕人目を避けるさま。こっそりとするさま。例**忍びやかにて**、さるべき（＝しかるべき）四位六人ばかり、五位十人ばかりして〈宇津保・楼上上〉

しのび-やつ・す【忍び窶す】 動（サ四）人目につかないように粗末な身なりをする。みすぼらしい衣装を着て素姓を知られないようにする。例いみじく**忍びやつし**たれど、きよげなる（＝身なりのこぎれいな）男どもなどあり〈源氏・玉鬘〉

しの・ぶ

【忍ぶ】 心情などを人目につかないよう隠す意。⇩しのぶ（偲ぶ）

❶動（バ上二）❶**じっとこらえる。気持ちを抑える。**例(a)人目多み目こそ**忍ぶれ**（＝人々の目がうるさいので逢うことだけはじっとこらえているが）〈万葉・一二・二九一一〉例(b)**忍ぶれ**ど涙こぼれそめぬれば（＝こらえていても涙がこぼれはじめてしまうので）〈源氏・帚木〉

❷**隠す。秘密にする。**例いたう**忍ぶれ**ば、源氏の君はえ知りたまはず（＝ひどく隠しているので、源氏の君はお知りになることができない）〈源氏・紅葉賀〉

❷動（バ四）❶❶①**に同じ。**例人いとあまた見ゆるを、え**忍ば**で言ひやる（＝女性がたいそう大勢見えるので、こらえることができなくて歌を詠んで送る）〈平中・七〉

❷❶②**に同じ。**例平家の子孫京中に多く**しのん**（音便形）でありときく（＝平家の子孫が京都中に大勢隠れていると聞く）〈平家・一二・六代〉

語誌▼**活用の種類**　上代は上二段活用。平安時代には四段活用も現れ、中世以降は四段活用が一般的になった。〈今井久代〉

［忍ぶの乱れ］ 人目を忍ぶ恋。また、人目を避ける恋ゆえの惑乱。『伊勢物語』初段の「春日野の若紫のすりごろも忍ぶの乱れかぎり知られず」の和歌による語。例**忍ぶの乱れ**やと疑ひきこゆる（＝お疑い申し上げる）こともありしかど〈源氏・帚木〉

しの・ぶ

【偲ぶ・慕ぶ・賞ぶ】 上代は「しのふ」。心に思い浮かべて懐かしむ意。⇩しのぶ（忍ぶ）

❶動（バ四）❶**心にひそかに思い慕う。懐かしく思う。**例(a)あが思ふ妻　ありと言はばこそよ　家にも行かめ　国をも**偲はめ**（＝私が愛する妻が、いるというならば、家にも行くだろうし、故郷も懐かしく思うだろうが）〈記・下・允恭・歌謡〉例(b)昔を**しのぶ**とおぼしくて、老木の桜ぞ咲きける（＝昔を思い慕うと見受けられて、老木の桜が咲いていたのであった）〈平家・一〇・熊野参詣〉

❷**めでる。賞美する。**例秋山の　木の葉を見ては　黄葉をば　取りてそ**しのふ**〈万葉・一・一六〉➡名歌314

❷動（バ上二）❶①に同じ。例亡き人を**しのぶる**宵のむら雨にぬれてや来つる（＝ぬれながらやってきたのか）山ほととぎす〈源氏・幻〉読解 ほととぎすは冥途と現世とを往き来する鳥とされる。

語誌▼「**偲ぶ**」と「**忍ぶ**」　「偲ぶ」は上代では四段

に活用し、「しのふ」と清音であった。一方、「忍ぶ」は上代は上二段活用で、この二語ははっきり区別があった。しかし、上代末期に「偲ふ」が「しのぶ」と濁音化すると、元来、ひそかに思う、秘密にするという意味上の類似もあるので混同されるようになり、活用の種類にも混乱をきたした。平安時代以降、二語はともに四段・上二段活用を併用し、やがて四段活用が中心となり、現代に至る。〈今井久代〉

しのぶ-ぐさ【忍草】 名 ❶植物の名。ノキシノブの別称。ウラボシ科のシダ類。荒れ果てた家に生える。和歌では、「偲ぶ」に掛けて用いることが多い。例住みわびて我さへのきの**忍草**しのぶかたがたしげき(=思い出すあれこれも多い)宿かな〈金葉・雑上〉読解「のき」は「退き」と「軒」を掛ける。❷思い出すよすがとなるもの。例**忍草**摘みおきたりけるなるべし〈源氏・宿木〉読解かつて愛した人が、その思い出のよすがとなる子を生んでいたのだろう、の意。

しのぶ-ずり【忍摺り・信夫摺り】 名 摺り衣の一種。陸奥国の信夫郡(今の福島市南部)から産したとも、忍草の葉や茎で摺ったともいわれるが未詳。その模様は「しのぶの乱れ」と称され、秘めた恋心の乱れにたとえられることが多い。例その男、しのぶずりの狩衣をなむ着たりける〈伊勢・一〉

しのぶ-もぢずり【忍綟摺り・信夫綟摺り】―モジズリ 名「しのぶずり」に同じ。例陸奥の**しのぶもぢずり**(ここまで序詞)誰ゆゑに乱れそめにしわれならなくに〈伊勢・一〉➡名歌340

しのをつく【篠を突く】 ⇩「しの」の子項目

しば【柴】 名 山野に生えている雑木。刈り取って薪にする。仮小屋や戸、垣を作るのにも用い、粗末なものであったが、山家の風情の象徴でもあった。例外山には**柴**の下葉もちりはてて〈千載・冬〉

しば【屢】 副 たびたび。何度も。「しば鳴く」「しば立つ」など、動詞について接頭語的に用いる。

しば【暫】 副 しばし。しばらく。例**暫**させたまへ(=しばらくお待ちください)〈謡曲・山姥〉

し-はう【四方】―ホウ 名 ❶東西南北の四つの方角。あらゆる方向。周囲。転じて、諸国。天下。例**四方**へ皆逃げさりぬ〈平家・二・一行阿闍梨之沙汰〉❷物を載せて供するための台。作りは「三方」とほぼ同じ。

しはう-がみ【四方髪】シホウ― 名「そうはつ」に同じ。例**四方髪**の男、苦々しき顔さし出して〈西鶴・西鶴織留・五・三〉

しはう-ごし【四方輿】シホウ― 名 輿の一種。屋形の四方に簾が垂らしてあるもの。上皇・摂関・大臣以下の公卿や高僧が遠出のときに用いる。例**四方輿**に乗りたる者、虚空より来集ひて〈太平記・二五〉

しはう-しゃ【襲芳舎】シホウ― 名「しふはうしゃ」に同じ。

しはう-じろ【四方白】シホウ― 名 兜の装飾の一種。鉢の前後左右に、銀または白鑞(錫・銅・鉛の合金)を張ったもの。例小桜威の鎧・**四方白**の兜、山鳥の羽の矢十六差して〈義経記・六〉

しばうち-なが【芝打ち長】 名 形動(ナリ) 物の端が地面に触れるほど長く垂れ下がっていること。例熊の皮の行縢(=腰から下の覆い)、**芝打ち長に**召し〈曾我・八〉

しはう-はい【四方拝】シホウ― 名 元日の早朝、天皇が束帯をつけて清涼殿東庭に出て、天地四方や父祖の山陵などを拝し、天下太平・五穀豊穣などを祈願する儀式。例(大晦日ノ夜ノ)追儺より**四方拝**に続くこそ、面白けれ〈徒然・一九〉

しば-がき【柴垣】 名 柴で作った垣。例田舎家だつ(=田舎の家ふうの)**柴垣**して〈源氏・帚木〉

しば-くさ【莱草・柴草】 名 雑草。例道の**柴草**生ひざらましを(=生えないだろうに)〈万葉・一一・二七七七〉

しば-ざかな【芝魚・芝肴】 名 江戸の芝浦や品川沖でとれた小魚の類。芝浦一帯は江戸前の漁場で、その小魚は新鮮で美味とされた。例朝の買ひ物、**芝肴**をかごに入れ〈西鶴・好色一代女・四・三〉

しはし【吝し】 ⇩しわし

しば-し【暫し】 副〔古くは「しまし」〕しばらく。少しの間。例天つ風雲の通ひ路吹き閉ぢよをとめの姿**しばし**とどめむ〈古今・雑上〉➡名歌44

しば-しば 副〔「しば(屢)」を重ねた語〕幾度も。たびたび。何回も何回も。例**しばしば**君を思ふこのころ〈万葉・一〇・一九一九〉

しはす

【師走・十二月】シワス 名 陰暦の十二月のこと。歳末。語源は未詳。師僧が忙しく走り回る月という説明は俗説。「極月」とも。例何に(=なぜ)この**師走**の市にゆく烏〈俳諧・花摘・上〉

語誌 ▼**師走の「月」の美意識** 鎌倉時代の『源氏物語』注釈書『紫明抄』に、「清少納言枕草子言はく、すさまじきもの(=荒涼として興ざめなもの)、師走の月夜、老女の化粧」とあり、師走の月が殺風景なものと理解されていたことがわかる(現存の『枕草子』には、これと対応する表現は見当たらない)。

『源氏物語』では、師走の月夜を積極的に評価しようとする傾向がみられる。朝顔巻に、「(師走ノ)月さし出でて、薄らかに積もれる雪の光りあひて、なかなか(=かえって)いとおもしろき夜のさまなり」「(師走ノ月ヲ)すさまじき例に言ひおきけむ人の心浅さよ(=言い残したという人の、考えの浅いことよ)」とあり、総角巻にも同様の表現がある。

▼**金銭を調達する月** 新年の準備をする月でもある。江戸時代、井原西鶴『世間胸算用』には、年内の借金を払ったり年越しの資金を工面したりする町民や一般庶民たちの「大晦日」の悲喜劇が、多少の誇張を交えながらリアルに描き出される。〈島内景二〉

しはす-ばうず【師走坊主】シワスボウズ 名(師走は世の中が忙しく、施しをする人もいないことから)みすぼらしくなった僧。また、みすぼらしい身なりの人。例ことに**極月坊主**とて、この月は忙しきに取りまぎれ〈西鶴・世間胸算用・一・三〉

しば-たた・く【屢叩く】 動(カ四) しきりにまばたきをする。目をぱちぱちさせる。例顔を赤めて目を**しばたたき**て〈今昔・二六・七〉

し-は・つ【為果つ】 動(タ下二) し終える。し終わる。例とかうものすること(=母の葬儀のこと)など、いたつく人多くて、みな**しはてつ**〈蜻蛉・上〉

しばつみ-ぶね【柴積み舟】 名「しばぶね」に同じ。例柴積み舟の所どころに行きちがひたるなど〈源氏・浮舟〉

しば-でんがく【芝田楽】 名 神社の前庭などの芝の上で演じる田楽。例あらはれての（＝形に表しての）御祈りには、百番の**芝田楽**〈平家・一・願立〉

しば-な・く【屢鳴く】 動(カ四) しきりに鳴く。例ぬばたまの（枕詞）夜のふけゆけば久木(ひさぎ)生(お)ふる清き川原に千鳥**しば鳴く**〈万葉・六・九二五〉➡名歌279

しば-の-あみど【柴の編み戸】「しばのと」に同じ。例ながめわびぬ**柴の編み戸**のあけがたに山の端(は)近く残る月影〈新古今・雑上〉読解 初句切れ。

しば-の-いほり【柴の庵】(イオリ) 名 柴で壁や屋根・戸などを作った粗末な家。例まばらなる**柴の庵**に旅寝して〈新古今・冬〉

しば-の-と【柴の戸】 柴を編んで作った粗末な戸。また、その戸のある家。例夕づく日さすや庵(いほ)の**柴の戸**に寂しくもあるかひぐらしの声〈新古今・夏〉

しば-の-とぼそ【柴の枢】「しばのと」に同じ。

しはぶか・ふ【咳かふ】(シワブカウ・シワブコウ)〖上代語〗（動詞「しはぶく」の未然形＋上代の反復・継続の助動詞「ふ」）しきりにせきをする。例糟湯酒(かすゆざけ)うちすすろひて**しはぶかひ**鼻びしびしに〈万葉・五・八九二〉➡名歌122

しはぶき【咳き】(シワブキ) 名 ❶せき。例日ごろなやましうて（＝最近気分がすぐれなくて）、**咳き**などいたうせらるるを〈蜻蛉・上〉❷合図のせきばらい。例あてなる（＝高貴な人の）**咳き**と聞き知りて…起きて出でたり〈源氏・浮舟〉

しはぶき-やみ【咳き病み】(シワブキ—) 名 せきの出る病気。風邪(かぜ)など。例**咳き病み**にやはべらん、頭(かしら)いと痛くて苦しくはべれば〈源氏・夕顔〉

しはぶ・く【咳く】(シワ—) 動(カ四)〔中世は「すはぶく」とも〕❶**せきをする。** 例尼君**しはぶき**おぼほれて起きにたり（＝尼君はせきをし寝ぼけて起き出してしまった）〈源氏・手習〉❷**せきばらいして合図する。** 例(a)妻戸を鳴らして**しはぶけ**ば、少納言聞き知りて、出で来たり（＝扉をたたいてせきばらいをして合図すると、侍女の少納言がそれと聞き知って、出て来た）〈源氏・若紫〉例(b)（夜ガ）明けはてぬさきにと、人々**しはぶき**おどろかしきこゆ（＝明けきってしまわないうちにと、人々はせきばらいして催促申し上げる）〈源氏・浮舟〉読解 供人たちが、暗いうちに帰宅するよう促している。

語誌 ▼②は、人の行動をそれとなく促したり、制止したりする場面に広く用いられる。特に、例(a)のように、来訪を知らせる場合が多い。
▼俳諧(はいかい)では冬の季語。〈品田悦一〉

しば-ぶね【柴舟】 名 柴を積んで運ぶ小舟。例の歌から宇治の柴舟が有名。例暮れてゆく春のみなとは知らねども霞(かすみ)に落つる宇治の**柴舟**〈新古今・春下〉➡名歌151

しはぶ・る(シワブル) 動(ラ四) しゃぶる。例魚(うを)の骨**しはぶる**までの老いを見て〈俳諧・猿蓑・五〉

しはぶ・る【咳る】(シワブル) ❶動(ラ四)「すはぶる」とも。しゃぶる。例魚(うを)の骨**しはぶる**までの老いを見て〈俳諧・猿蓑・五〉❷動(ラ下二) 語義未詳。せきこむ意か。歯の抜けた口でもごもご言う意とも。例狂(たぶ)れたる醜(しこ)つ翁(おきな)の…（鷹(たか)ニ逃ゲラレタコトヲ）**しはぶれ**告ぐれ〈万葉・一七・四〇一一〉

しば-やま【柴山】 名 柴の生えている山。雑木のある山。例富士の**柴山**木(こ)の暗(くれ)の〈万葉・一四・三三五五〉

しばら-く【暫く】 副〔古くは「しまらく」〕❶しばらく。少しの間。例草木の食(じき)すべきもなし。**しばらく**こそ念じても居たれ〈今昔・一六・四〉❷一時的に。仮に。仮定を強調する。例**暫く**もこれなき時は、死人に同じ〈徒然・一〇八〉語誌 平安時代では漢文訓読体の文章に用いられた。和文では「しばし」が用いられる。

しば-ゐ【芝居】(イ—) 名 ❶芝生に座ること。また、その場所。例**芝居**の長酒盛りにて〈太平記・九〉❷屋外の猿楽・曲舞(くせまい)・田楽などで、舞台と桟敷(さじき)席の間の芝生に設けた庶民の見物席。例勧進能に隅田川（＝作品名）をして、**芝居**中を泣かせた〈噺本・昨日は今日の物語・上〉❸劇場。❹歌舞伎(かぶき)などの演劇。

しばゐ-こ【芝居子】(シバイ—) 名 歌舞伎(かぶき)の役者。特に、少年をいう。若衆。例里の小娘をそそのかし、**芝居子**に気をとられ〈西鶴・好色一代男・五・六〉

しひ【椎】(シイ) 名 植物の名。ブナ科の常緑高木。ツブラジイ・スダジイの総称。温暖な地域に自生し、巨樹となる。葉は革質で楕円(だえん)形。実はどんぐり状で食用となる。例家にあれば笥(け)に盛る飯(いひ)を草枕（枕詞）旅にしあれば**椎**の葉に盛る〈万葉・二・一四二〉➡名歌71

しび【鮪】 名 シビ科の魚の名。マグロの大きなもの。古くは、サバ・カジキなども含めていう。例あそびくる**鮪**が端手(はたて)に妻立てり見ゆ（＝そばに妻が立っているのが見える）〈記・下・清寧・歌謡〉

し-び【鴟尾】 名 宮殿や仏殿などの棟の両端につける飾り。魚の尾の形をしている。しゃちほこの類。

鴟尾
〔平治物語絵巻〕

じ-ひ【慈悲】 名 ❶〖仏教語〗（「慈」は楽しみを与える意。「悲」は苦しみを除く意）仏や菩薩(ぼさつ)が衆生(しゅじゃう)をいつくしみあわれむ心。例人の心を起こさせむとて、仏のしたまふ方便は、**慈悲**をも隠して〈源氏・蜻蛉〉❷思いやり。あわれみ。例恩愛の道ならでは、かかる者の心に**慈悲**ありなんや〈徒然・一四二〉

しひ-がたり【強ひ語り】(シイ—) 名 聞きたくない相手に無理に話を聞かせること。また、その話。例否(いな)と言へど強(し)ふる志斐(しひ)（＝人名）のが**強ひ語り**このころ聞かずて（＝聞かないので）朕(あれ)恋ひにけり〈万葉・三・二三六〉

しひ-しば【椎柴】(シイ—) 名 ❶椎(しひ)の木。また、その小枝。燃料にしたり、野宿のとき折り敷いて寝たりする。例わが折りしける峰の**椎柴**〈新古今・羇旅〉❷（椎が喪服の染料に用いられることから）喪服の色。例都には葉がへやしつる（＝脱ぎ替えてしまったのだろうか）**椎柴**の袖(そで)〈枕・円融院の御はての年〉

しひ-そ・す【強ひそす】(シイ—) 動(サ四)〔「そす」は接尾

語〕無理じいする。むやみに勧める。例人々に酒強ひそしなどして〈源氏・明石〉

しひ-て【強ひて】 副 ❶相手の意向にさからって。相手の気持ちに反して。例なでふ(=どうして)、男の否と思ふことを強ひてするやうかはある〈落窪・二〉 ❷(心情を表す語を修飾して)自然の道理とはうらはらに。むやみに。むしょうに。例散りぬる花のしひて恋ひしき〈後撰・春下〉

しひゃくし-びゃう【四百四病】 名《仏教語》人間のかかる病気の総称。人間の体を構成する四大の不調により、おのおのに百一の病が生じ、合わせて四百四になるという。

しびら【褶】 名 女性が腰に巻きつける小型で略式の裳。平安時代には、地位の低い女房が裳の代用として着ける。例きたなげなる褶ひき結ひつけたる腰つき〈源氏・末摘花〉

しふ

【執】 名 ある物に深く心がとらわれて、思いをとどめること。執着心。「執心」とも。例すべていかなる方にも、この世に執とまるべき事なくと心づかひをせしに(=すべてどのような方面にも、この世俗に執着する心が残ることのないようにと気を配ってきたが)〈源氏・幻〉

語誌▼「執」を捨て去ること　仏教では、物事にとらわれることは修行を行い悟りを得る上での妨げになるものと考えられている。文学作品では、「執」を振り捨てることが重要なテーマの一つとして描かれることが多い。鴨長明は『方丈記』に「仏の教へたまふおもむきは、事にふれて執心なかれとなり」と述べ、それを修行の第一義と考え、自らの方丈の草庵への愛着も捨て去るべきものとした。

　振り捨てることの困難な「執」の恐ろしさやすさまじさがいわれることも多く、『源氏物語』若菜下巻には、死んだ六条御息所の霊が「なほ(=やはり)みづからつらしと思ひきこえし心の執なむとまるものなりける」と語る場面もある。中世には、「執心の鬼」という定型句も用いられた。〈近本謙介〉

しふ【集】 名 詩・歌・文章などを集めた書物。例物語・集など書き写すに〈枕・ありがたきもの〉

し・ふ【強ふ】 動(ハ上二) 無理にさせる。強制する。例御使ひにも…(酒ヲ)強ひさせたまふ〈源氏・若菜上〉

し・ふ【癈ふ】 動(ハ四・ハ上二) 感覚がまひする。器官の機能が失われる。例松反り(枕詞)しひてあれやは(=ぼけてしまったのか)〈万葉・九・一七八三〉 語誌 連用形の用例がほとんど。

し・ふ【誣ふ】 動(ハ上二)〔「強ふ」と同源〕強いて事実を曲げて言う。こじつける。例誣ひ欺ける網穽に陥ち罹りて〈紀・欽明〉

しぶ【渋】 名 ❶(多く「水渋」の形で)垢。汚れ。例衣手に水渋付くまで植ゑし田を〈万葉・八・一六三四〉 ❷渋柿の実から絞った汁。木や麻・紙などに塗り、防腐剤・補強剤とする。柿渋。

し-ぶ【四部】 名《仏教語》仏の四種の弟子。比丘・比丘尼・優婆塞・優婆夷。例四部の弟子はよな、比丘よりは比丘尼は劣り〈徒然・一〇六〉

じふ-あく【十悪】 名 ❶《仏教語》人間の行為や心に関して、仏教が禁止した十種類の悪。殺生・偸盗・邪婬・妄語・綺語・悪口・両舌・貪欲・瞋恚・愚癡。例十悪といへども引摂す(=極楽へ導く)〈平家・一〇・千手前〉 ❷上代の十種の重罪。

じふいちめん-くゎんおん【十一面観音】 名《仏教語》七観音または六観音の一つ。さまざまな表情の十一の小面をもち、その救済が多方面にわたることを象徴する。本面とあわせて十一面とするものと、本面以外に十一面とするものとがある。

しぶき【蕺】 名 植物の名。タデ科の多年草。葉や地下茎は食用になる。しぶくさ。ぎしぎし。一説に、ドクダミの古称とも。例後への方なる池に、しぶきといふ物生ひたる〈蜻蛉・中〉

しぶ・く【渋く】 動(カ四) 進まない。渋滞する。例高瀬舟しぶくばかりに紅葉葉の流れてくだる大井川かな〈新古今・冬〉

し-ぶ・く【繁吹く】 動(カ四) 雨や風が激しく吹きつける。例身にしみし荻の音にはかはれどもしぶく風こそげにはもの憂き〈山家集・中〉

じふく-どよう【十九土用】 名 十九日ある土用。土用はふつう十八日間だが、その間に没日(陰陽道で万事が凶となる日)があると十九日になる。この夏は特に暑いという。例十九土用とて皆(暑サヲ)しのぎかね〈西鶴・好色一代女・三・一〉

じふご-や

【十五夜】 名 ❶陰暦で、毎月十五日の夜。例十五夜、二条京極より参りて〈とはずがたり・五〉 ❷特に、陰暦で八月十五日の夜。月見によいとされ、古くから観月の宴が催された。例月のいとはなやかにさし出でたるに、今宵は十五夜なりけりと思し出でて、殿上の御遊び恋しく(=月が実に明るくさし昇ってきたので、今夜は十五夜だったのだなあと思い出しなさって、宮中での詩歌管弦の遊びが恋しく)〈源氏・須磨〉

語誌▼観月の宴　月をめでる習慣は、日本でも古来から存在したはずであるが、宮中の観月の宴は、中国の風習の影響によるもの。十世紀初頭には盛んになっていたらしい。平安中期には、池に舟を浮かべて詩歌管弦を楽しむ、庭に秋虫を放つ、前栽合わせを行うなど多様な企画がなされた。民間では、月見団子や神酒、その年の収穫物を供え、薄などの秋草を飾った。なお『竹取物語』のかぐや姫の昇天も、八月十五日の夜に設定される。⇨もちづき〈鈴木宏子〉

じふさ-にち【十三日】 名「じふさんにち」とも。陰暦十二月十三日。江戸ですす払いを行う日。例年も暮れて、十三日はすす払ひ〈西鶴・男色大鑑・二・二〉

じふさんぞく-みつぶせ【十三束三伏せ】 名〔「束」は親指を除いた指四本の幅、「伏せ」は指一本の幅〕矢の長さをいう語。通常の矢は十二束で、それより長く、引くのに力のいる矢。例三人張りに十三束三伏せ取って矧げ(=つがえ)〈義経記・五〉

じふさんだい-しふ【十三代集】 名 二十一の勅撰和歌集のうち、はじめの八代集を除いた十三の歌集の総称。『新勅撰和歌集』から『新続古今和歌集』まで。

じふ-さん-や【十三夜】 名 陰暦で、毎月十三日の夜。特に、九月十三日の夜。八月十五日に次いで月の美しい夜とされ、月見の宴などが催された。八月十五夜に対して「後の月」「月の名残り」ともいう。例(a)十三夜の月待つ暮れに〈西鶴・諸艶大鑑・二・四〉例(b)泊まる気でひとり来ませり(=おいでになった)十三夜〈俳諧・蕪村句集・下〉

じふしち-や【十七夜・十七屋】 名 ❶【十七夜】陰暦八月十七日の夜の月。立ち待ち月。❷【十七屋】飛脚屋の別称。①の「立ち待ち月」を「忽ち着き」に掛けていう。例はやり風十七屋からひきはじめ〈柳多留・初〉〈鈴木宏子〉

しぶ-しぶ【渋渋】 形動(ナリ) 気の進まないさま。いやいやながら。例(宮仕エヲ勧メル)人々ありて、(父ハ私ヲ)しぶしぶに出だしたてらる〈更級〉

じふじょう-の-ゆか【十乗の床】 『仏教語』悟りの境地に入るための十種の方法。心が安住できるものとして床にたとえたもの。例十乗の床の前に観月を照らし(=満月を見て俗念を払い)〈太平記・三〉

しふ-しん【執心】 名『仏教語』物事に執着する心。固く思い込むこと。例仏の教へたまふおもむきは、事に触れて執心なかれとなり〈方丈記〉

しふ・す【執す】 動(サ変) ⇩しっす。例これを思ふに、慈恵僧正の強く執せられたりける事にこそありぬれ〈今昔・三一・二四〉

じふ-ぜん【十善】 名『仏教語』快い安楽を応報としてもたらす十種類の善業。十悪を犯さないこと。大乗仏教の戒律はこの十善を基本とする。例吾れ、十善の戒功(=戒を守った功徳)によって、万乗の宝位(=天皇の位)をたもつ〈平家・一・二代后〉

じふぜん-の-きみ【十善の君】 名 天皇。前世で十善を守った功徳によって、現世で帝位につくという思想による。例十善の君の泣く泣く惜しみ悲しみたまへば〈狭衣・一〉

じふぜん-の-くらゐ【十善の位】 名 天子の位。天皇の位。⇩じふぜんのきみ。例十善の位を滑るとも、何かは苦しかるべき〈幸若・烏帽子折〉

じふ-ぢ【十地】 名『仏教語』菩薩の修行の段階を五十二に分けたうち、第四十一位から五十位までの十段階。仏となる前段階。また、この境地に達した菩薩。例大僧たち、徳は十地にひとしく〈霊異記・上・序〉

しふ-ぢゃく【執着・執著】 名 動(サ変)『仏教語』物事に強く心をとらわれ、そこから離れないこと。煩悩の現れで、悟りを開くためには障害となる。例その幽魂・亡霊、なほもこの地に留まって夫婦執着の妄念を遺しけるにや〈太平記・一一〉

じぶつ『持仏』⇩ぢぶつ

じふに-いんねん【十二因縁】 名『仏教語』「じふにいんえん」とも。人間の苦悩の原因を追求し、これを滅するための条件を十二に系列化したもの。また、人間が前世から現世に生まれ、死んでまた来世に生まれるという三世輪廻を十二の因果関係で説明するもの。無明・行・識・名色・六処(六入)・触・受・愛・取・有・生・老死。

じふに-じんしゃう【十二神将】 名『仏教語』薬師如来の眷属あるいは分身で、衆生を守るという十二の神。薬師如来の十二の大願に対応する宮毘羅・伐折羅・迷企羅など。十二支をこれらに配することもある。

じふに-とう【十二灯】 名(一年に灯明を十二本供えることから)灯明料として紙に包んで神仏に捧げた十二文の賽銭。例十二灯を包みて…と祈りける〈西鶴・好色五人女・三・五〉

十二支

年で天を一周することから、天を十二分した場合のそれぞれの呼び名。子・丑・寅・卯・辰・巳・午・未・申・酉・戌・亥。これらに、十二の動物が配当され、次のようになる。子(鼠)・丑(牛)・寅(虎)・卯(兎)・辰(龍)・巳(蛇)・午(馬)・未(羊)・申(猿)・酉(鶏)・戌(犬)・亥(猪)。古代中国の天文学で、木星が十二この一回りを年や日を表すのに用いる。今日でも年には普通に用いられ、日のほうは土用の丑の日など特別なものが名残をとどめている。

時刻・時間帯を表すのにも用いて、夜中の十一時から一時(一説に十二時から二時とも)を子の刻として、以下、二時間ずつあてて一日の時間を示した。また、方角にも用いられ、北を子として、時計回りに三〇度ずつ順にあてた。東は卯、南は午、西は酉。北東は丑と寅の間で丑寅、南東は辰巳、南西は未申、北西は戌亥となる。

動物をあてたことで親しみやすく、日本人の時空意識に大きな影響をもった。「えと」は、本来は十干と十二支の組み合わせを呼ぶものであったが、今日では主として十二支をさす。⇩干支(図)〈高田祐彦〉

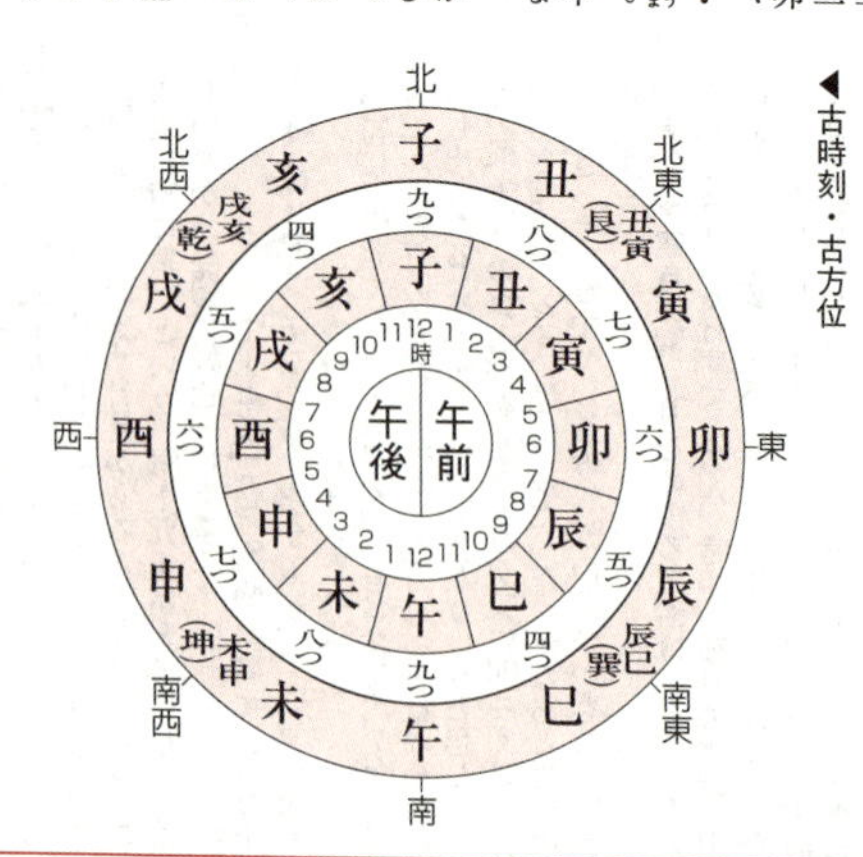

◀古時刻・古方位

じふに-ひとへ【十二単】 名 ❶単の上に袿を十二枚重ねて着ること。例弥生の末の事なれば、藤重ねの十二単の御衣を召されたり〈源平盛衰記・四三〉 ❷平安朝の女性の正装に対する後世の俗称。⇩からぎぬ。語誌 ①の「十二」は袿の数としてはかなり豪華。例は建礼門院が入水したときの装束で、死を前にした装いである。

じふに-りつ【十二律】 名「じふじりつ」とも。雅楽に用いられた十二の音律。八度音程を十二の半音に分けて作ったもの。壱越・断金・平調・勝絶・下無・双調・鳧鐘・黄鐘・鸞鏡・盤渉・神仙・上無。

しふね・し【執念し】 形(ク)〔名詞「しふねん」の形容詞化〕❶執念深い。しつこい。例執念きけしき、おぼろけの(=並たいていの)ものにあらずと見えたり〈源氏・葵〉読解物の怪が取りついて離れない様子。❷強情だ。がんこだ。例かく執念き人はありがたきものを、と思すにしも〈源氏・空蟬〉

じふ-ねん【十念】 名『仏教語』❶仏と結縁するために、「南無阿弥陀仏」を十回唱えること。例「しばし退のけ、十念となへん」とて〈平家・九・忠度最期〉 ❷浄土宗などで、僧が信者のために①をして仏と結縁させること。例かくて老人、上人の御十念を賜はり〈謡曲・遊行柳〉

しぶ-の-でし【四部の弟子】「しぶ(四部)」に同じ。例この世の人、皆、釈迦の四部の御弟子なり〈今昔・一三・六〉

しふはう-しゃ【襲芳舎】 名「しはうしゃ」とも。内裏の後宮五舎の一つ。内裏の北西隅、凝華舎の北にあり、主に後宮の局に用いる。⇩かみなりのつぼ

じふまんおく-ど【十万億土】 名『仏教語』娑婆世界から西方極楽浄土に至るまでに存在するという無数の仏の世界。転じて、極楽浄土。例あなたは(=かなたは)十万億土と思へども〈海道記〉

じふ-もつ【什物】 名 ❶日常用いる道具。例釈子(=僧尼)の什物懐かしくはべるままに〈雑談集・三・一〉 ❷伝来の宝物。例ここに義経の太刀、弁慶が笈をとどめて(=保持して)什物とす〈芭蕉・奥の細道〉

じふ-もんじ【十文字】 名 ❶数字の「十」という文字。また、「十」の字の形。例一文字をだに知らぬ者しが、(千鳥足デ)足は十文字に踏みてぞ遊ぶ〈土佐〉 ❷前後左右にすばやく動くこと。縦横無尽に武器をふるうこと。合戦の場面の描写に用いられる。例六千余騎が中を、縦さま・横さま・蜘手(=四方八方)・十文字にかけわって〈平家・九・木曾最期〉 ❸「十文字槍」の略。穂先が十字形の槍。⇩やり(図)。例心のごとく(=願いどおりに)、乗り馬に十文字をもたせ〈西鶴・日本永代蔵・五・四〉

じふ-や【十夜】 名 浄土宗の寺で、陰暦十月六日から十五日までの十昼夜念仏を唱える法要。十夜念仏。「お十夜」とも。例方々に十夜の内の鐘の音〈俳諧・炭俵・上〉

しふ-らい【習礼】 名 朝廷で儀式を行う前に、その礼式を予行すること。例白馬の節会の習礼ありけり〈著聞集・三・一〇四〉

しぶり-かは【渋り皮】 名「しぶかは」とも。❶木や果実の甘皮。❷あかぬけない姿。やぼったい容姿。「渋り皮が取れる」「渋り皮が剝ける」の形で、洗練される意に用いることが多い。例しぶりかはのむけたる女は、心のまま昼寝して手足もあれず〈西鶴・好色一代男・三・七〉

しぶ・る【渋る】 動(ラ四) ❶滑らかに進行せず滞る。例好句あらんとすれば(=よい句を作ろうとすると)、かへって句しぶり〈俳諧・去来抄・修行〉 ❷ぐずぐずする。ためらう。いやがる。例(結婚ヲ)いたく渋りしを、制しのたまひなどして(=とどめて、言って聞かせなどなさって)〈宇津保・蔵開上〉

じふ-ろく【十六】 名 ❶十六歳。女子が一人前になる年齢とされた。❷能面の一つ。平敦盛や平経政など美貌の若武者の面。敦盛が十六歳で戦死したことからいう。❸「十六豇豆」の略。ささげの一種。さやが長く、中に豆が十六粒ほどもあることからいう。例唐茄子・十六大角豆…たんと(=たくさん)買ってくんなせえ〈滑稽本・浮世風呂・四中〉

じふろく-らかん【十六羅漢】 名『仏教語』仏の命令により、この世にとどまって仏法を守護することを誓ったという十六人の羅漢。

じふ-わう【十王】 名『仏教語』冥途で死者の罪を裁くという閻魔王ら十人の王。例娑婆世界(=人間界)の罪人を、七日七日に十王の手にわたさるらんも〈平家・一〇・千手前〉

拾遺愚草 《作品名》鎌倉前期の家集。正編三巻・員外(続集)一巻。藤原定家作。自撰。正編は建保四年(一二一六)成立。以後改訂増補され、最晩年に員外一巻が編まれて最終的に成立。歌数は約三八〇〇首。書名は、定家が拾遺(侍従の唐名)の職にあったことによる。

拾遺和歌集 《作品名》平安中期の勅撰和歌集(三番目)。二〇巻。下命者は花山院で、院自身の撰か。寛弘二年(一〇〇五)から同四年までに成立。先に成立していた私撰集『拾遺抄』(藤原公任撰)とかかわりが深い。歌数は約一三五〇首。春・恋・賀のほかに雑春・雑恋・雑賀を設けるなど、特異な部立が見られる。歌人では紀貫之と柿本人麻呂が特に重視されている。

しふ-ゑ【集会】 名 集まり。会合。特に、僧などの集会。例天帝釈・冥官(=地獄の役人)の集会したまひて〈今昔・一四・七〉

じ-ぶん【時分】 名 ❶時。時機。時節。例時分悪しかりなん、しばらくそのほどを過ごさむと〈保元・下〉 ❷ちょうどよいとき。よいころあい。例時分でござるほどに、ござってくだされい〈狂言・煎じ物〉

じぶん-がら【時分柄】 副 その時節にふさわしいこと。時節柄。例正月の入用(=費用)御無心の書簡拝しまゐらせ(=拝見いたしまして)、時分柄かたじけなく存じ候ふ〈西鶴・好色一代男・七・三〉

じぶん-の-はな【時分の花】 『能楽用語』演者の年齢の若さによる、一時の、観客の心を引きつける魅力・おもしろさ。⇩まことのはな

しべ【稭】 名「すべ」とも。稲の穂の芯。例小指をか

のしべにて結ひければ〈大黒舞〉

しへ‐た・ぐ【虐ぐ】シエタグ 動(ガ下二) ❶虐待する。しいたげる。例人を苦しめ、物を**虐ぐる**事〈徒然・一二九〉❷敵を制する。打ち負かす。例御方追い落とされて、敵を**寃ぐる**に及ばず〈平家・一二・六代被斬〉

し‐へん【詩編・詩篇】名 漢詩。漢詩の編章。また、漢詩を集めた書物。例秋思の**詩篇**〈菅家後集〉

‐しほ【入】シオ 接尾 染色のとき、布を染料に浸す回数を表す。「一入」「八入」など。

しほ【塩】シオ 名(「潮」と同源)❶食塩。⇩もしほ。例この船破壊れて**塩**に焼き〈記・下・仁徳〉読解 船の廃材を燃料として塩を焼いた、ということ。❷塩味。塩気。

しほ【潮・汐】シオ 名(「塩」と同源)❶**海水。海水の干満。海水の流れ。**例(a)若の浦に**潮**満ちくれば潟を無み(=干潟がないので)葦辺をさして鶴鳴きわたる〈万葉・六・九一九〉↓名歌428 例(b)熟田津に舟乗りせむと月待てば**潮**もかなひぬ今は漕ぎ出でな〈万葉・一・八〉↓名歌275
❷(潮の干満をはかることから)**よい機会。よいころあい。**例水の海と落つる涙はなりにけり逢ふべき**しほ**もなきと聞くより(=私の目から落ちる涙はたくさんたまって水の海のようになってしまったなあ、あなたと逢える機会もないと聞いてから)〈散木奇歌集・六〉
❸**愛嬌。愛想。情趣。**例なぜにそなたは**しほ**がない(=どうしてあなたは愛想がないのか)〈近松・五十年忌歌念仏・下〉

類義 ①うしほ

語誌 ▼**海の霊威** 海水の干満は、海の霊威の現れとして感じ取られていた。『古事記』の、火遠理命が海神から海水の干満を自在に操る「潮盈珠」「潮乾珠」を手に入れたという話は、そのことをよく示している。古くは、満ち来る潮に身や着衣をぬらすことが、海の霊威を直接に身に受ける呪的な行為として考えられていた。〈多田一臣〉

しぼ【皺】名 布や紙の皺。例紙絹に**しぼ**を付くる事〈西鶴・西鶴俗つれづれ・四・一〉

しほ‐あひ【潮合ひ】シオアイ 名 潮流が出会うこと。その場所。また、船出によい潮時。例わたつ海の沖つ**潮あひ**に浮かぶ泡の〈古今・雑上〉

しほう【四方】⇩しはう

しほ‐うみ【塩海・潮海】シオ― 名 海。淡水の「淡海」「湖」に対していう。例**潮海**のほとりにて、あざれあへり(=ふざけあっている)〈土佐〉

しほ‐がひ【潮貝】シオガイ 名 海にすむ貝。例伊勢の海の浦の**潮貝**〈古今・雑体〉

しほ‐がま【塩釜・塩竈】シオ― 名❶塩を作るとき、海水を煮詰めるのに用いるかまど。例君まさで煙絶えにし**塩竈**のうらさびしくも見えわたるかな〈古今・哀傷〉❷「塩釜桜」の略。例盛りに近き**塩竈**の一枝を初太夫持ちて帰り〈西鶴・男色大鑑・五・二〉

塩釜シオガマ《地名》歌枕 陸奥国、今の宮城県塩釜市。松島湾に面する。塩の産地であったことが地名の由来。和歌では、「塩釜の浦」が多く詠まれ、左大臣源融が河原院の庭にその景を写してから特に有名となる。例陸奥はいづくはあれど**塩釜**の浦漕ぐ舟の綱手かなしも〈古今・東歌〉↓名歌341

しほがま‐ざくら【塩釜桜】シオガマ― 名 八重咲きの桜の一種。塩釜は海辺にあるので、葉まで(浜で)美しい、のしゃれによる称という。例憂き身を焦がす**塩釜桜**〈松の葉・三・桜尽くし〉

しほ‐がれ【潮涸れ】シオ― 名 潮が引くこと。潮干。例**しほがれ**の難波の浦のちどりあしふみ違へたる跡もはづかし〈新撰六帖・五〉

しほ‐ぎ【塩木】シオ― 名「しほき」とも。製塩するとき、塩釜をたくために用いる薪。例暇あらずも**塩木**とる浦〈御伽草子・猿源氏草紙〉

しほ‐くみ【潮汲み・汐汲み・塩汲み】シオ― 名 製塩のために海水をくむこと。また、それを仕事とする人。例ここは海辺にてもなきに(=海辺でもないのに)、**潮汲み**とは誤りたるか〈謡曲・融〉

しほくみ‐ぐるま【潮汲み車】シオクミ― 名 海水をくんだ桶を乗せて運ぶ車。例**潮汲み車**、わづかなる、憂き世に巡るはかなさよ〈謡曲・松風〉

しほ‐ぐもり【潮曇り】シオ― 名 潮が満ちてくるときの水気で、海上が曇ること。また、そのために見通しが悪くなること。例**潮曇り**にかき紛れて、跡も見えずなりにけり〈謡曲・融〉

しほ‐け【潮気】シオ― 名 塩分を含んだ海の湿り気。潮の香り。例**塩気**立つ荒磯にはあれど(=荒れた磯ではあるけれど)〈万葉・九・一七九七〉

しほ‐けぶり【塩煙・潮煙】シオ― 名❶【塩煙】海水を煮詰めて製塩するときに、塩釜から立ちのぼる煙。例浦風に焼く**しほ煙**吹きまどひたなびく山の冬ぞさびしき〈拾遺愚草・上〉❷【潮煙】岩などに波が当たって飛び散るしぶき。例蹄に蹴立つる**潮煙**、隔ての霧と立ちふさがって〈近松・最明寺殿百人上臈・上〉

しほ‐ごし【潮越し】シオ― 名❶海水を引き導くこと。潮水をくみ送ること。例**潮越し**のかけ樋もうつす雪間より〈為忠家後度百首〉❷潮が越えること。波がかかること。また、その場所。転じて地名となったものが多い。例海、北にかまへて(=海を北に置いて)波打ち入る所を**潮越し**といふ〈芭蕉・奥の細道〉

しほ‐ごろも【潮衣】シオ― 名 潮水をくむときに着る衣服。また、海水にぬれた衣服。例汀に満干の**潮衣**の、袖を結んで肩にかけ〈謡曲・松風〉

しほ‐ざかひ【潮境】シオザカイ 名❶潮流が分かれる境。例唐と日本の**潮界**に磁石山といふ山がある〈虎寛本狂言・磁石〉❷川水と海水の境。例**しほざかひ**より小早(=舟足の速い小舟)に乗りうつりて風うれしく〈西鶴・好色一代男・三・二〉

しほ‐さゐ【潮騒】シオサイ 名 潮流が激しくぶつかりあって波立つこと。また、その音。例**潮さゐ**に伊良虞の島辺漕ぐ舟に〈万葉・一・四二〉

しほ‐しほシオシオ 副❶涙や雨にぬれるさま。例飽かず悲しくて、(涙ヲ)とどめがたく、**しほしほ**と泣きたまふ〈源氏・行幸〉❷元気のないさま。しょんぼり。例(生マレタ子ガ)女にておはしまさましかば、いかに**しほしほ**と口惜しからまし〈増鏡・内野の雪〉読解「〜ましかば〜まし」は反実仮想の意を表す。

しほ‐じ・む【潮染む】シオ― 動(マ四)❶塩けが身に染み

込む。海辺の生活に慣れる。例しほじみぬる人こそ、もののをりふしは(＝何かの折には)頼もしかりけれ〈源氏・夕顔〉 ❷(①から転じて)世慣れする。

しほ-じり【塩尻】 名 古代の製塩法で、塩田で砂を円錐形に積み上げたもの。これに海水をかけて日光にさらして塩分を固着させる。例(富士山ノ)なりは塩尻のやうになむありける〈伊勢・九〉

しほ-せ【潮瀬】 名 潮が流れ走る早瀬。潮路。例潮瀬こぐかたかけ小舟流るとも〈古今六帖・三〉

しほ-た・る【潮垂る・塩垂る】 動(ラ下二) ❶海水に漬かって滴が垂れる。塩を焼く海人の衣服にいうことが多い。例しほたるる身は我とのみ思へどもよそなる鶴も音をぞ鳴くなる(＝海水に漬かって滴が垂れている身は私だけかと思ったが、遠く隔たった鶴も声を立てて鳴いている)〈拾遺・雑恋〉 ❷涙を流す。例昔の御事を思し出でつつ、しほたれさせたまふ(＝昔の御事を思い出しなさっては、涙をお流しになる)〈栄花・布引の滝〉 読解 死んだ姉の喪に籠もっている。 ❸雨・露などにぬれる。例心から夜のまの露にしほたれてあさじめりする女郎花かな(＝自分の心ゆえに夜の間の露にぬれて朝しっとりぬれている女郎花だなあ)〈太皇太后宮亮平経盛朝臣家歌合〉 ❹みすぼらしくなる。例形から品からしほたれて(＝身なりから容姿からみすぼらしくなって)〈浮世草子・元禄太平記・二・三〉

語誌 用例が現れる平安初期から中期にかけて、すでに①②両方の意味で用いられている。特に和歌では、①と②の掛詞であることが多い。〈田島智子〉

しほ-ぢ【潮路】 名 潮の流れる道筋。海路。例追ひ風に八重の潮路をゆく舟の〈新古今・恋二〉

し-ぼち【新発意】 名「しんぼち」の撥音の表記されない形。

しほ-で【鞖・四方手】 名 馬具の名。鞍の前輪・後輪の左右四か所につける紐。胸繫・鞦をとめるのに用いる。⇩くら(図)。例前の鞖の根に(矢ヲ)射立てたり〈曾我・一〉

しほ-ど・く【潮解く】 動(カ下二) 涙や雨にぐっしょりぬれる。例雨少しうち降りて、田子(＝農夫)の袂もしほどけたり〈栄花・御裳着〉

しほ-どけ・し【潮解けし】 形(ク) 〔動詞「しほどく」の形容詞化〕涙でぐっしょりぬれているさま。例寄る波に立ちかさねたる旅衣しほどけしとや人のいとはむ(＝嫌うだろうか)〈源氏・明石〉

しほ-ならぬ-うみ【塩ならぬ海】 湖。琵琶湖をいうことが多い。例塩ならぬ海に焦がれ行く、身を浮舟の浮き沈み〈太平記・二〉

しほ-な・る【潮馴る】 動(ラ下二) 衣服が潮気を含んでよれよれになる。また転じて、衣服が汗や垢で汚れる。例形見に添へたまふべき身馴れ衣(＝着なれた衣)もしほなれたれば〈源氏・蓬生〉

しほ-の-やほあひ【潮の八百会ひ】 潮流が四方八方から集まって深くなった所。例海にます(＝海にいらっしゃる)神の助けにかからずは潮の八百会ひにさすらへなまし〈源氏・明石〉

しほ-の-やほへ【潮の八百重】 潮流が幾重にも重なる所。大海原。例月読尊は、もって滄海原の潮の八百重を治すべし〈紀・神代上〉

しほ-ひ【潮干・汐干】 名 潮が引くこと。また、その後に現れる海岸。干潟。例わが袖は潮干に見えぬ沖の石の(ここまで序詞)人こそ知らねかわく間ぞなき〈千載・恋二〉➡名歌424

しほひ-がた【潮干潟】 名 潮が引いて現れた干潟。例我ながらつらくなる身のしほひがた恨みし末ぞ遠ざかりぬる〈新後撰・恋六〉

しほひる-たま【潮乾る珠・潮干る珠】 名 ⇩しほふるたま

じ-ほふ【実法】 名 形動(ナリ) 〔「じっぽふ」の促音の表記されない形〕まじめ一方なこと。例まろがやうに実法なる痴者の物語はありや〈源氏・蛍〉

しほふる-たま【潮乾る珠・潮干る珠】 名 神話で、潮を引かせる力をもつ玉。例潮乾る珠を出でて救ひ〈記・上・神代〉

しほ-ほ-に 副 ぬれたさま。ぐっしょりと。例袖もしほほに泣きしそ思もはゆ〈万葉・二〇・四三五七〉

しほ-ま【潮間】 名 潮の引いている間。例和歌の浦の潮間にあそぶ浜千鳥〈赤染衛門集〉

しほみつ-たま【潮満つ珠】 名 神話で、潮を満ちさせる力のある玉。例攻めむとするときは、潮満つ珠を出でて溺らし〈記・上・神代〉

しぼ・む【萎む・凋む】 動(マ四) ❶草花などがしおれる。しなびる。例しぼめる花の色なくて匂ひ残れるがごとし(＝しおれた花で色はなくて匂いが残っているもののようである)〈古今・仮名序〉 読解 在原業平の歌に対する評価の一部。 ❷生気が抜けて縮む。衰える。例(a)姿体痩せ萎みて(＝体は痩せ衰えて)〈記・下・雄略〉例(b)鼻いと小さく萎みしじまりて、例の人の小さき鼻になりぬ(＝鼻はたいへん小さくしぼみ縮まって、普通の人のような小さい鼻になった)〈今昔・二六・二〇〉〈小島孝之〉

しほ-や【塩屋】 名 塩を作るための小屋。塩焼き小屋。例海士の塩屋に立ち寄り〈謡曲・松風〉

しほ-やき【塩焼き】 名 海水を煮詰めて塩を作ること。また、それをする人。例蘆の屋の灘の塩焼きいとまなみ(＝暇がないので)黄楊の小櫛もささず来にけり〈伊勢・八七〉

しほやき-ぎぬ【塩焼き衣】 名「しほやきごろも」に同じ。例須磨の海人の塩焼き衣のなれなばか(＝着慣れたなら)〈万葉・六・九四七〉

しほやき-ごろも【塩焼き衣】 名 塩焼きをする人が着る粗末な衣。和歌では、衣を着古す意の「萎る」と同音であることから、慣れ親しむ意の「馴る」を導く序詞を構成することが多い。例志賀の海人の塩焼き衣なれぬれど恋といふものは忘れかねつも〈万葉・一一・二六二二〉

しほり 名 『俳諧用語』蕉風俳諧の美的理念の一つ。しみじみとした哀感が、余情として句の姿にほのかにしみじみと現れること。「しほる(湿る)」から出た語とする説や、「しをる(萎る・撓る)」から出た語で表記は「しをり」であるとする説もある。

しぼり‐ぞめ【絞り染め】 名 染色法の一種。模様の部分を糸などでくくって染めるもの。後で糸を取ると、染まらずに残った部分が模様となる。しぼり。くくり染め。

しほ・る 動(ラ下二)〔「しほしほ」「しほほに」などと同根〕「しをる」とも。ぐっしょりぬれる。例幾夜われ波に**しをれ**て〈新古今・恋三〉

しぼ・る【絞る・搾る】 動(ラ四) ❶力をかけて水分を取り出す。また、声や詩歌を苦労してひねり出す。例契りきなかたみに袖を**しぼり**つつ末の松山波越さじとは〈後拾遺・恋四〉➡名歌224 ❷弓を強く引く。引きしぼる。例矢をつがひ、**しぼり**返して〈曾我・一〉

し‐ほん【四品】 名 ❶令制で、一品から四品に至る親王の位階の第四位。❷四位の別称。

しま【島】 名 ❶㋐海中の島など、水に囲まれた土地。例韓人、船を破りて、漂へる物、この島に漂ひ就きき(=新羅国の人が、船を壊されて、海に漂っている荷物が、この島に流れ着いた)〈播磨風土記〉

㋑水面を隔てて見る、川や海など水に臨んだ地。例(吉野川ノ)磯廻漕ぎ廻みつつ **島**伝ひ 見れども飽かず み吉野の 滝もとどろに(=磯を漕ぎめぐりながら島のように見える山の間を移動して、いくら見ても飽きない、吉野の激しい流れもとどろき)〈万葉・一三・三二三三〉

❷「山斎」とも書く。**池・木立ちや築山のある庭園。**池中の築山を①の「島」に見立てていう。例み立たしの**島**を見る時にはたづみ(枕詞)流るる涙止めそかねつる(=皇子の立っておられた庭園の築山を見ると、流れ出る涙をとどめることができないものだ)〈万葉・二・一七八〉 読解 草壁皇子の挽歌の一首。かつて蘇我馬子は邸宅に池や築山のあるりっぱな庭園を築き、「嶋の大臣」と呼ばれた。その邸宅を草壁皇子が受け継ぎ、宮殿(「嶋の宮」)とした。

❸**境界によって周囲から区別される特定の地域。**遊郭・色町など。例久はひさといふ字、そこでこちの**島**では久様といふわいの(=久はひさと読む字、そこでここの区域では久様と呼ぶのよね)〈浄瑠璃・新版歌祭文・下〉

❹海中で船を寄せる島のように、寄りすがる頼りとなるもの。例外に頼む**島**もなく(=ほかに頼りにする人もなく)〈西鶴・日本永代蔵・二・二〉

語誌 もともとは水によって周囲と区別される土地を「しま」と呼んだが、のちには遊郭のような境界によって区切られる特定の土地や地域についてもいうようになった。『枕草子』「うへにさぶらふ御猫は」の段に、翁丸という犬が、天皇の寵愛する猫に襲いかかったため「犬島」に流された、という話があるが、これも野犬などを収容する特定の場所を意味したらしい。この用法は、現在でも縄張りを意味する「やくざのシマ」という言葉の中に残る。〈多田一臣〉

し‐ま【四魔】 名《仏教語》心を悩ませ、修行の妨げをする四種の魔。煩悩魔・陰魔・死魔・他化自在天魔。例(釈迦ハ)**四魔**を随へて仏になりたまへり〈三宝絵・上・序〉

志摩 《地名》旧国名。今の三重県の志摩半島の部分。東海道十五か国の一つ。志州。延喜式で下国・近国。

し‐まう・く【為設く】 動(カ下二) 準備する。用意する。例果物・食ひ物**しまうけ**て〈宇治拾遺・一八〉

しまうた‐や【仕舞うた屋】 名《近世語》❶もとは商家だが、今はやめて金利で豊かに生活する家。また、その人。例表面は格子作りに、**仕舞うた屋**と見せて〈西鶴・世間胸算用・三・四〉❷一般の住宅。しもたや。例見ればりっぱな**仕舞うた屋**、言はずとしれた囲ひ者〈歌舞伎・与話情浮名横櫛・四〉

しま‐がく・る【島隠る】 ■1 動(ラ四) 島の陰に隠れる。島陰に隠れて見えなくなる。例**島隠り**我が漕ぎ来ればともかしも(=懐かしい)大和へ上るま熊野の舟〈万葉・六・九四四〉 ■2 動(ラ下二) ❶■1に同じ。例ほのぼのと(枕詞)明石の浦の朝霧に**島がくれ**行く船をしぞ思ふ〈古今・羇旅〉➡名歌323 ❷人の死をたとえていう。死ぬ。例**島がくれ**にし人を尋ねん〈蜻蛉・上〉

し‐ま・く【風巻く】 動(カ四)〔「し」は風の意〕風などが、激しく吹く。吹きまくる。例伊吹の嶽に雪**風巻くめり**〈山家集・中〉

しま‐ごん【紫磨金】 名 紫色をおびた純金。最高級の金とされる。「紫磨黄金」「紫金」とも。例紫磨金の柔らかなる膚へ透きたり〈栄花・玉の台〉

しま‐し【暫し】 副《上代語》〔「しばし」の古形〕しばらく。例奈呉の海に舟**しまし**貸せ沖に出でて波立ち来やと見て帰り来む〈万葉・一八・四〇三二〉

しまし‐く【暫しく】 副《上代語》「しまし」に同じ。多く「しましくも」の形で用いる。例**しましく**も見ねば恋しき妹を置きて来ぬ〈万葉・一五・三六三四〉

します 助動(四段型) 尊敬の意を表す。～なさる。例無理な事を言は**します**(終止形)〈狂言・止動方角〉

接続 四段・ナ変活用の動詞の未然形につく。

活用 しまさ／しまし／します／します／しませ／しませ

しま‐だ【島田】 名「島田髷」の略。例**島田**乱れてははらはらはら〈近松・大経師昔暦・下〉

しまだ‐まげ【島田髷】 名 江戸時代、女性の髪型の一つ。頭頂に水平に大きく髷を結ったもの。未婚の女性のあいだで広く見られた。「しまだわげ」とも。⇩髪型(図)

し‐まつ【始末】 名 ❶事の次第。首尾。また、しめくくり。例始末よろしからざれば、無念にや思ひけん〈仮名草子・お伽物語・一・三〉❷節約。倹約。例堺は**始末**で立つ、大坂はばっとして世を送り、所々の人の風俗をかし〈西鶴・日本永代蔵・四・五〉

しま‐づた・ふ【島伝ふ】 動(ハ四) 船などが島から島へと伝って行く。例海原の 恐き道を **島伝ひ** い漕ぎ渡りて〈万葉・二〇・四四〇八〉

しま‐つ‐とり【島つ鳥】 〔「つ」は「の」の意の上代の格助詞〕■1《枕詞》島に住む鳥の意から「鵜」にかかる。のちには、「う」と同音を含む「浮く」や地名「宇治」などにもかかる。例**島つ鳥** 鵜養が伴〈記・中・神武・歌謡〉 ■2 名 鳥の名。鵜の別称。■1に基づく。

しま-と【島門】 名 島と島、島と陸地とが迫り、狭くなっている水路。例あり通ふ(=通い続ける)島門を見れば神代かみし思ほゆ〈万葉・三・三〇四〉

しま-ね【島根】 名❶島。例荒き島根に 宿りする君〈万葉・一五・三六八八〉❷島国。国土。例沖つ波千重へに隠りぬ大和島根は〈万葉・三・三〇三〉

島原しまばら《地名》❶肥前国、今の長崎県島原市。寛永一四年(一六三七)、キリシタン弾圧と城主松倉氏の圧政に抵抗して、天草四郎時貞を大将として農民が決起した島原の乱で知られる。❷江戸時代、京都の遊里。今の京都市下京しもぎょう区。元禄ごろに最も栄えた。

しま-ひ【仕舞ひ】一マイ 名❶終わること。終わり。例酒がしまひでおもしろうない〈虎寛本狂言・猿座頭〉❷物事の決着をつけること。身の処置を決めること。例遊興もよいほどにやむべし。仕舞ひの見事なるはまれなり〈西鶴・世間胸算用・二・三〉❸商家などの決算。特に、年末の総決算。また、年末の総決算を済ませて正月の支度をすること。例毎年の仕舞ひには少しづつ足らず〈西鶴・世間胸算用・四・三〉❹暮らしむき。経済状態。例おかげで我らも仕舞ひはゆるりと〈近松・山崎与次兵衛寿門松・上〉❺化粧。身繕い。例湯ざめのしないうち仕舞ひをして〈人情本・春色梅児誉美・四・二三上〉❻能楽で、演舞や演技。

しま-ふ【仕舞ふ】マウ・モウ 動(ハ四)❶なし遂げる。済ます。例この普請さへしまう(音便形)たらば〈狂言・三本の柱〉❷始末する。片をつける。特に、年末の清算をする。例年とり物(=正月用の品々)をも、師走しはすのはじめごろより調へ…万事を仕舞ひけるに〈西鶴・日本永代蔵・二・三〉❸殺して始末をつける。例これへ呼び出せ。仕舞う(音便形)てくれん〈浄瑠璃・仮名手本忠臣蔵・三〉

しま-べ【島辺】 名「しまへ」とも。島のあたり。島のまわり。例伊良虞いらごの島辺漕こぐ舟に〈万葉・一・四二〉

しま-み【島回・島廻・島曲】〔「み」は接尾語〕❶名 島のまわり。島の周辺。例百伝ももづたふ(枕詞)八十やその島廻を漕こぐ舟に〈万葉・七・一三九九〉❷名動(サ変)島のまわりをめぐること。島めぐり。例玉藻刈る辛荷からにの島に島廻する鵜うにしもあれや家思はざらむ〈万葉・六・九四三〉

しま-もり【島守】 名 島を守る人。島の番人。例わが髪の雪と磯辺の白波といづれまされり沖つ島守〈土佐〉読解「島守」に問いかける歌。「雪」は白髪のたとえ。

しま-やま【島山】 名❶島と山。例島山の 宜よろしき国と〈万葉・三・三二二〉❷島の中にある山。全体が山になっている島。例白妙しろたへの波もて結へる淡路あはぢ島山〈古今・雑上〉❸庭園の池の中に作った山。例島山に照れる橘たちばなうずに刺さし(=髪飾りにして)仕へまつるは卿大夫まへつきみたち〈万葉・一九・四二七六〉

しまら-く【暫らく】 副《上代語》〔「しばらく」の古形〕少しの間。しばらく。例しまらくは寝つつもあらむを〈万葉・一四・三四七一〉

しま・る【締まる】 動(ラ四)❶きつく結ぶ。強く縛る。例御子の柴垣しばがき八節やふじまり しまりもとほし(=結びめぐらしてあるが)〈記・下・清寧・歌謡〉❷固く結ばれる。締めつけられる。例首が締まる。許せ許せ(=ゆるめろゆるめろ)〈狂言記・暇の袋〉❸気持ちが引き締まる。例しまらぬ飛び上がりどもぢゃ(=おっちょこちょいどもだ)〈浮世草子・風流曲三味線・四・五〉

しま-わうごん【紫磨黄金】一ウゴン 名「しまごん」に同じ。例仏、紫磨黄金の御手をもってこれを受けて〈今昔・二・三〉

しみ【紙魚・衣魚】 名 虫の名。約一センチほどの銀白色の虫で、書物や衣服の糊のりを食べる。例(手紙ハ)紙魚といふ虫のすみかになりて〈源氏・橋姫〉

しみ-かへ・る【染み返る】一カエル 動(ラ四)色や香りなどが深くしみこむ。例御衣ぞなどもただ芥子けしの香にしみかへりたり〈源氏・葵〉

しみ-こほ・る【凍み凍る】一コオル 動(ラ四)❶固く凍りつく。例しみこほりたる(寒イ日)にも、また暑く苦しき夏も〈宇治拾遺・三〇〉❷恐怖や悲しみなどで、身や心が凍りつく。例身も切るるやうに心もしみこほりて〈宇治拾遺・一〇三〉❸心を澄まして一つ事に熱中する。特に中世の芸術論で、心を澄ましてその極致に到達する。例凍みこほりて、静かに美しく出で来きたるままに能をすれば〈花鏡・比判之事〉

しみ-さ・ぶ【茂みさぶ・繁みさぶ】 動(バ上二)〔「さぶ」は接尾語〕木が繁茂する。こんもりとしげる。例青香具山あをかぐやまは 日の経たての(=東の) 大き御門みかどに 春山と しみさび立てり〈万葉・一・五二〉

しみ-じみ【染み染み】 副「しみじみと」の形でも用いる。深く心にしみ通るさま。しんみり。つくづく。例さし入りたる月の色も、ひときはしみじみと見ゆるぞかし〈徒然・一〇〉

し-みづ【清水】一ミズ 名 清らかな湧わき水。例道の辺べに清水流るる柳かげしばしとてこそ立ちどまりつれ〈新古今・夏〉→名歌342

しみ-に【茂みに】 副「しみみに」に同じ。例梅の花み山としみにありともや〈万葉・一七・三九〇二〉

しみみ-に【茂みみに】 副 おびただしく。ぎっしりと。いっぱいに。例秋萩あきはぎは枝もしみみに花咲きにけり〈万葉・一〇・二二二四〉

しみら-に 副 すきまなくぎっしりと。ひっきりなしに。例あかねさす(枕詞) 昼はしみらに ぬばたまの(枕詞) 夜はすがらに(=一晩じゅう) 眠いも寝ずに 妹に恋ふるに〈万葉・一三・三二九七〉

し-みん【四民】 名❶一般の人民。すべての民。例工巧くげのわざ(=手工業)を好むもあり、仕官(=官職)に心ざすもあり、これを四民といふ〈神皇正統記・中〉❷江戸時代、士・農・工・商の四つの身分。

し・む

【占む・標む】 動(マ下二) 目印を立て、占有の場所であることを示すのが原義。

❶目印をつけ、自分のものにする。自分の場所であることを示す。例明日よりは春菜摘まむと標めし野に昨日も今日も雪は降りつつ〈万葉・八・一四二七〉→名歌26

❷㋐ある場所を占有する。また、ある場所に住む。居る。例(a)物見たまふとて、この戸口は占めたまふなるべし(=ご見物になるということで、この戸口に座席を

設けていらっしゃるにちがいない)〈源氏・花宴〉例(b)古くよりこの地を**占め**たるものならば(=昔からこの土地に住んでいるものであるならば)〈徒然・二〇七〉
㋑**ある地位に就く。** 例やがて方人に取られて、左の頭に**しめ**られたり(=そのまま味方に選ばれて、左方の頭領の地位にお就きになった)〈有明の別・二〉
❸**ある性質を身につける。備える。** 例いとあはれと人の思ひぬべきさまを**しめ**たまへる人柄なり(=まったく感に堪えないと人が思うにちがいない風格を備えていらっしゃる人柄である)〈源氏・浮舟〉

語誌 『万葉集』では印をつけて場所を示す意味が主であるが、しだいに自分の所有・占拠を広く表すようになった。⇩しめ(標・注連)
〈鉄野昌弘〉

し・む【凍む】 動(マ上二) 固く凍りつく。例身も**凍むる**心地して〈源氏・若菜下〉

し・む【締む】 動(マ下二) ❶きつく結ぶ。強く縛る。例星白の甲の緒を**しめ**〈平家・四・競〉 ❷戸やふたなどを閉ざす。例門**しめ**て黙って寝たる面白さ〈俳諧・炭俵・上〉 ❸心を引き締める。例座敷も**しめ**てみても(=心を引き締めお座敷を勤めようとしても)脇からくずされ〈西鶴・好色一代女・二・一〉 ❹取り決める。決着をつける。例胸中残さず打ち明けて、評議を**しめ**ん〈浄瑠璃・仮名手本忠臣蔵・四〉 ❺合計する。例**しめ**て三百ぐらゐ〈歌舞伎・助六所縁江戸桜〉 ❻物事の落着を祝って皆で手を打つ。手打ち式をする。例めでたく一つ、**しめ**べいか〈歌舞伎・暫〉

し・む

【染む・沁む・浸む】 **1** 動(マ四) ❶**しみこむ。ひたる。** 例なかなかに人とあらずは酒壺になりにてしかも酒に**染み**なむ(=なまじっか人としていないですむのなら酒壺になってしまいたい。そして酒にひたってしまおう)〈万葉・三・三四三〉
❷**色にそまる。香りがしみつく。** 例梅の花立ちよるばかりありしより人のとがむる香にぞ**しみ**ぬる(=梅の花に少し立ち寄る程度にいたときから人が怪しむ香りにそまってしまった)〈古今・春上〉
❸**心に深く感じる。身に強く刻みこまれる。** 例深き秋のあはれにまさりゆく風の音、身に**しみ**けるかな(=晩秋の悲哀が募っていく風の音は、心に深く感じるものだなあ)〈源氏・葵〉
❹**しんみりする。しみじみとする。** 例その曲めでたく妙にして**しみ**たり(=その曲はみごとですばらしくてしんみりした)〈著聞集・六・二五一〉

2 動(マ下二) ❶**色にそまるようにする。香りをしませる。** 例香の紙のいみじう**しめ**たる、にほひいとをかし(=香色の紙でひどく香りをしませた、そのにおいがたいそうすばらしい)〈枕・七月ばかりいみじうあつければ〉 読解 香色は黄色みをおびた薄い赤色。
❷**深く心に感じさせる。深く心に刻む。** 例君の、春の曙に心**しめ**たまへるも理にこそあれ(=あなたが、春の曙に心ひかれていらっしゃるのももっともなことだ)〈源氏・薄雲〉
❸**しみじみとさせる。** 例春雨は降り**しむれ**ども鶯の声はしをれぬ物にぞありける(=春雨はしみじみとしっとり降るけれど鶯の声は湿らないものだったなあ)〈金葉・春〉

語誌 ▼**1**②は「色にしむ」「香にしむ」などの形となり、③は「心にしむ」「身にしむ」などと受け手の側に「に」がつく。
▼「嵐のさと顔にしみたるこそ、いみじくをかしけれ」〈枕・八九月ばかりに雨にまじりて〉のように、刺激で痛みを覚える場合にも用いる。さらには、ある感情が深く心や身に刻みこまれる様子を表し、なじみになること、惚れることをも表した。
〈高木和子〉

しむ

助動(下二段型) ❶**使役の意を表す。～させる。** 例(a)木高くはかつて木植ゑじほととぎす来鳴きとよめて恋増さら**し**む(=木を植えるときは、こんもりとは決して植えまい。ほととぎすが飛んで来て鳴き声を響かせて、恋心を増さらせるから)〈万葉・一〇・一九四六〉例(b)古の世々の帝…さぶらふ人を召して、事につけつつ歌を奉ら**しめ**(連用形)たまふ(=昔の代々の帝は…お仕えする人をお呼びになって、何事かにつけて歌をご提出させなさる)〈古今・仮名序〉
❷(尊敬の補助動詞「たまふ」などの上について)高い尊敬の意を表す。**お～になる。お～なさる。～(で)いらっしゃる。** 例またの年五月二十四日こそは、冷泉院は誕生せ**しめ**(連用形)たまへりしか(=翌年五月二十四日に、冷泉院はご誕生なさった)〈大鏡・道長上〉
❸(謙譲語「たてまつる」「まうす」などについて)**受け手を敬う謙譲の意を強める。～し申し上げる。** 例御寺に申し文を奉ら**しめ**(未然形)む(=御寺に請願書を差し上げよう)〈大鏡・道長上〉
❹(丁寧語とともに用いて)**へりくだる気持ちを表す。～いたす。** 例(私ハ)武蔵の長井に居住せ**しめ**(連用形)候ひき(=武蔵国の長井という地に居住いたしておりました)〈平家・七・実盛〉

接続 活用語の未然形につく。
活用 下二段型

未然形	連用形	終止形	連体形	已然形	命令形
しめ	しめ	しむ	しむる	しむれ	しめよ

語誌 ▼**用法の特徴** ①は上代で盛んに用いられた。平安時代になると①は主として漢文訓読文や男性の文章(『大鏡』など)などに用いられ、和文では「す」「さす」が主に用いられた。しかし、鎌倉時代以降、①は軍記や説話などに盛んに用いられ、文章語・書簡語として生き残った。
②は平安時代に、③は平安末期に成立したが、物語では②③ともに男性の会話などに限定されている。
④は話し手を主語として、へりくだる言い方で、書簡に多いが、会話文の例は珍しいとされる。
▼「しむ」が単独で②の尊敬の意となることは少なく、もっぱら「たまふ」とともに用いる。ただし、「しめたまふ」となれば、すべて②の用法になるのではない。「しめ」は使役の意を表すこともあるので、文脈に注意する必要がある。
〈泉基博〉

じむ-しょく【寺務職】 名「じむしき」とも。寺の雑務をとりしきる職。例昔は法勝寺の**寺務職**にて〈平家・三・有王〉

しむる 使役・尊敬の助動詞「しむ」の連体形。

しむれ 使役・尊敬の助動詞「しむ」の已然形。

しめ【標・注連】名 動詞「しむ」の名詞形。領有・立ち入り禁止などの目印となるものをいう。
❶**区域の標識。目印。** 例ささなみの（枕詞）大山守は誰がためか山に**標**結ふ君もあらなくに（＝天皇が領有する山の番人は、だれのために山に目印の標縄を張るのか、主人である天皇もいらっしゃらないのに）〈万葉・二・一五四〉
❷**ある区域。領地。敷地。** 例身こそかく**しめ**の他なれ（＝私はこのように宮中の外にいるけれども）〈源氏・絵合〉
語誌 目印として、草を結んだり縄を結んで張ったりするので、「しめ結ふ」ということが多い。「しめ立つ」「しめ刺す」ということもある。〈鉄野昌弘〉

しめ 使役・尊敬の助動詞「しむ」の未然形・連用形。

しめ-ぎ【搾め木・締め木】名 油をしぼり取ったり、物を圧搾したりする道具。木材の間に物をはさみ、くさびを槌で打ち込んで締める。例**しめ木**にあらそひ（＝しめ木を打つ槌の音に交じって）、衣うつ槌の音ものかしましう〈西鶴・好色一代男・一・三〉

しめし【示し】名 教え。訓戒。例この**しめし**は聞きどころでござんす〈西鶴・諸艶大鑑・一・三〉

しめし【湿し】名 おしめ。おむつ。例かかあどのは…**しめし**を一つ洗ふではなし〈滑稽本・浮世風呂・二上〉

しめ-じめ 副「しめじめと」の形でも用いる。❶**雨などが絶え間なく降るさま。** しとしとと。例露**しめじめ**とうち置きて、いとものあはれに〈御伽草子・木幡狐〉❷**心が静かに沈んでいるさま。** しんみり。例**しめじめ**と人目少なき宮のうちのありさまも〈源氏・若菜上〉❸**深く心をうちこむさま。** 心から。ひたすら。例この侍従を年ごろ（＝長年）**しめじめ**と懸想しけれども〈十訓抄・一・二九〉

しめ・す【示す】動（サ四）❶**あらわして見せる。** 例形見のものを人に**示す**な〈万葉・一五・三七六五〉❷**指示する。** 告げ教える。例（夢ノオ告ゲガ）かねて**示す**ことのはべりしかば〈源氏・明石〉❸**諭し戒める。** 例末に名の立つを（＝将来評判が立つことを）ひそかに**しめし**〈西鶴・好色一代男・六・一〉

しめ・す【湿す】動（サ四）❶**ぬらす。** 湿らせる。❷**水で火を消す。** また、灯火などを消す。例釣り行灯の光をわざと**湿し**て〈西鶴・好色一代男・七・六〉❸（筆をぬらす意から）**手紙などを書く。** 例奉書二枚に長々と**湿し**まゐらせ〈浮世草子・好色万金丹・一・三〉

しめ-たまふ【しめ給ふ】タマウ・タモウ（助動詞「しむ」の連用形＋補助動詞「たまふ」）❶（「しむ」は使役）〜させなさる。例貫之召し出でて、歌つかうまつら**しめたまへ**り〈大鏡・道長下〉❷（「しむ」は尊敬）お〜になる。お〜なる。例五月二十四日こそは、冷泉院は誕生せ**しめたまへ**りしか〈大鏡・道長上〉

しめ-なは【標縄・注連縄】ナワ 名 神聖な場所の目印に、または立ち入りを禁じるために渡した縄。例祝部らが斎ふ社のもみち葉も**標縄**越えて散るといふものを〈万葉・一〇・二三〇九〉

しめ-の【標野】名 標を張って、出入りを禁じた野。皇室の猟場などにいう。例あかねさす（枕詞）紫野行き**標野**行き野守は見ずや君が袖振る〈万葉・一・二〇〉
➡名歌1

しめ-の-うち【標の内】標によって示された区域の内側。神社の境内、宮中など。例**標の内**は昔にあらぬ心地して〈源氏・絵合〉読解 ここは宮中の意。

しめ-の-ほか【標の外】標によって示された区域の外側。神社の境内や宮中の外。転じて、男女の仲が遮られている状態にもいう。例**標の外**にはもてなしたまはで（＝応対なさらずに）〈源氏・賢木〉

しめ-やか 形動（ナリ）（「やか」は接尾語）❶**ひっそりとして静かだ。** しっとりとしている。例対の上（＝紫の上）などの渡りたまひぬる夕つ方、**しめやかなる**に〈源氏・若菜上〉❷**しんみりとしている。** 例同じ心ならん人と、**しめやかに**物語して〈徒然・一二〉

しめ-ゆ・ふ【標結ふ】ユウ 動（ハ四）標識を結んで、出入りを禁じる。例かからむとかねて知りせば大御舟泊てし泊まりに**標結は**ましを〈万葉・二・一五一〉

しめよ 使役・尊敬の助動詞「しむ」の命令形。

しめら-に 副「しみらに」に同じ。例今日も**しめらに**恋ひつつそ居る〈万葉・一七・三九六九〉

しめり【湿り】名 ❶**水気を含んでいること。** 湿気。例この夕暮れの**湿り**に（薫キ物ヲ）試みん〈源氏・梅枝〉❷**雨が降ること。** おしめり。

しめ・る【湿る】動（ラ四）❶**水分を吸ってぬれる。** 例霧にいたう（＝ひどく）**しめり**たるを脱ぎ〈枕・七月ばかりいみじうあつければ〉❷**火が消える。** 例火**しめり**ぬめりとて〈蜻蛉・下〉❸**雨や風などがおさまる。** あたりの気配が静まる。例暁方に風すこし**しめり**て〈源氏・野分〉❹**人柄が落ち着いている。** 例人ざまもいたう**しめり**〈源氏・絵合〉❺**もの思いに沈む。** 例いといたく恥ぢらひ**しめり**て〈源氏・若菜下〉

し-めん【四面】名 ❶**四方の面。** ❷**四つの方角。** 四方。周囲。例軍兵**四面**を打ちかこむ〈平家・三・法皇被流〉❸**間口と奥行きが同じ長さであること。** 例一間**四面**の堂をなむ起てたる〈今昔・二四・五〉

【**四面楚歌**】周囲が敵ばかりであること。孤立無援。楚の項羽が垓下の地で漢軍に包囲されたとき、四方の漢軍が楚の歌を歌うのを耳にし、すでに楚の人々が漢に征服されたのかと驚いたという『史記』項羽本紀の故事から。

しも【下】名 ❶**空間的に、より低い所。** また、**より手前にある所。** 下手。例（寺ノ）堂は高くて、**しも**は谷と見えたり（＝堂は高い所にあって、下手は谷と見えた）〈蜻蛉・中〉❷**地位・身分などから見た下位。** また、**その人物の居所・座席など。** 例枝を折りてかざしにさして、上中下、みな歌よみけり（＝枝を折って髪に飾って、身分の上位の人も中位の人も下位の人も、全員歌を詠んだ）〈伊勢・八二〉❸**為政者に対する人民。** 例**しも**として上に逆ふる事、あに人臣の礼たらんや（＝人民として為政者に逆らうことは、どうして人臣の礼であろうか）〈平家・三・法印問答〉読解「あに〜や」は反語の意を表す。❹**年齢・技量・品質などの下位。** 例（歌人トシテ）赤人とは人麻呂が**しも**に立たむ事かたくなむありける(=赤人が人麻呂の下位に立つことは難しいのであった)〈古今・仮名序〉

❺**皇居から遠い所。** 京都の街で、御所のある北のほうを「かみ」というのに対して、南の一帯をいう。また、京都から大坂をさしたり、京地方をいう「かみ」に対して、西国地方をさしたりもする。例(a)年ひさしく烏丸の下に借宅して住みぬ(=長年烏丸の南に家を借りて住んでいた)〈西鶴・本朝桜陰比事・二・三〉例(b)俺と連れ立って下へ行きゃらぬか(=西国へ行かないか)〈浄瑠璃・夏祭浪花鑑・八〉

❻**時期的に終わりのほう。** また、**ある範囲の中の終わりのほう。** 例かみ正暦のころほひより、**しも**文治の今にいたるまでの大和歌を(=始まりは正暦のころから、終わりは文治の現在に至るまでの和歌を)〈千載・序〉

読解「正暦」は十世紀末の、「文治」は十二世紀末の年号。

❼**文章や歌句における終わりのほう。** 例我や行きけんにて切れて、**下**の句へ続くともいふべし〈勢語臆断・下〉読解「我や行きけん」は、『伊勢物語』の和歌(↓名歌142)の一節。

❽**身体の下半身をさすことから、その部分に関連するものとして、**袴、また、大小便などをさす。

語誌▼**関連語** 高低があって連続する位置における相対的な下位・下部をさす語で、「かみ」の対。全体を三分するときは、「なか」の対にもなる。類義語「した」は「うへ」の対で、外からは見えない隠れた部分をさす点が、これとは異なる。〈山口堯二〉

しも

【霜】名❶**霜。** 氷点以下の気温のとき、空気中の水蒸気が物体の表面に凝結したもの。例かささぎの渡せる橋におく**霜**の白きをみれば夜ぞふけにける〈新古今・冬〉↓名歌115

❷(霜の白さから)**白髪。** 例蜷の腸(枕詞) か黒き髪に 何時の間か **霜**の降りけむ(=黒々とした髪はいつの間に霜が置いたような白髪となったのだろう)〈万葉・五・八〇四〉

語誌▼霜は天から降るものと考えられた。それゆえに霜には不思議な力が宿っていると信じられた。晩秋から初冬にかけて、木の葉や草を枯らせたり散らせたりするのも、霜の働きとして感じ取られていた。黄葉を促進させる霜の作用をうたった歌もある。

▼和歌では、「朝霜の消易き命」〈万葉・七・一三七五〉のように、霜を消えやすいもののたとえに用いた例も見られる。冬、上毛に置く霜を水鳥が羽ばたき払う様子をうたった歌もある。〈多田一臣〉

しも

助動(特殊型) 尊敬の意を表す。〜なさる。例(a)かう問は**しも**(連体形)心は〈史記抄・一六〉例(b)まづこち へ寄ら**しめ**〈狂言・毘沙門〉

接続▶四段・ナ変活用の語の未然形につく。

活用▶しも/しも/しも/しも/○/しめ

語誌「せたまふ」が「したまふ」「しまふ」「しもう」を経て変化した形。室町時代に用いられた。四段・ナ変活用の語以外には「さしも」がつく。

し-も

副助(副助詞「し」+係助詞「も」)❶**上の語を強調する意を表す。** また、**特に取り立てて示す。まさに。** 特に。〜に限って。**よりによって。** 例(a)遠き代に ありけることを 昨日**しも** 見けむがごとも 思ほゆるかも〈万葉・九・一八〇七〉↓名歌250 例(b)今日**しも**端におはしましけるかな(=今日に限って外に近い所にいらっしゃったことだよ)〈源氏・若紫〉

❷打消の語とともに用いる。㋐**打消を強調して、全面的な否定の意を表す。** 〜も〜ない。例限りなき君がためにと折る花は時**しも**分かぬものにぞありける(=限りない寿命を保っているあなたのためにと思って折る花は、季節の区別もなくいつも咲いている花であったなあ)〈古今・雑上〉

㋑**上の語句とともに、部分否定の意を表す。** 〜は〜ない。例(a)京に思ふ人なきに**しも**あらず(=京に恋しく思う人がいないというわけではない)〈伊勢・九〉例(b)限りあれば、朝夕に**しも**え見たてまつらず(=身分による制限があるから、毎日はお会いすることができない)〈源氏・夕顔〉

接続▶体言、連用修飾語、活用語の連用形・連体形、助詞などにつく。

語誌▼上代は「し」と並んで用いられたが、平安時代に入って「し」の用法が限られてしまうと、替わって広く用いられるようになった。

▼①を用いた慣用的表現に「時しもあれ」「折しもあれ」などがある。②は「さしも」「かくしも」「いとしも」「かならずしも」など副詞の下につくことが多い。

▼時代が下るにつれて、用法が固定して、「いましも」「まだしも」「かならずしも」などの複合語の中に残るのみとなる。〈近藤要司〉

しもうさ『下総』⇩しもふさ

しも-うど【下人】名(「しもびと」のウ音便形)下級役人。召使。例諸司の**下人**どもの、したり顔(=得意顔)に、なれたるもをかし〈徒然・二三〉

下河辺長流(しもかうべちやうりう)《人名》一六二四?〜一六八六(寛永元?〜貞享三)。江戸時代の歌人・国学者。本姓は小崎。母の姓下河辺を名のる。木下長嘯子に和歌を学び、宗因に連歌を学ぶ。特に『万葉集』の研究は契沖の『万葉代匠記』に受け継がれ、国学成立の基礎となる。注釈書に『万葉集管見』、家集に『晩花集』など。

しも-が-しも【下が下】名 身分が最低の人。下の下。例**下が下**と人の思ひ捨てし住まひなれど〈源氏・夕顔〉

しも-がち【下勝ち】形動(ナリ) 上よりも下のほうが長く大きくなっているさま。例**下がちなる**面やう(=顔だち)は〈源氏・末摘花〉

しも-が・る【霜枯る】動(ラ下二) 霜にあって草木が枯れる。例頼めしをなほや待つべき**霜枯れ**し梅をも春は忘れざりけり〈更級〉↓名歌211

しも-がれ【霜枯れ】名 霜にあって草木が枯れること。また、その季節。例**霜枯れ**の前栽、絵にかけるやうにおもしろくて〈源氏・若紫〉

下京(しもぎやう)《地名》京都の街を南北二つに分けたときの南半分の称。上京(北半分)・下京の称は室町時代ごろから用いられ、当時はほぼ二条通りを境とした。応仁の乱(一四六七〜七七)によって京都が焦土と化

した後は三条通り以南をいう。商工業者などが住んだ。例下京や雪つむ上の夜の雨〈俳諧・猿蓑・一〉

じもく【除目】⇩ぢもく

しも-ぐち【下口】名建物の後方にある出入り口。裏口。例局の**下口**へんにたたずんで聞けば〈平家・一〇・内裏女房〉

しも-ぐもり【霜曇り】名霜が降りるような夜に空が曇ることをいうか。ただし、実際には起こりえない。例**霜曇り**すとにかあるらむ〈万葉・七・一〇八三〉

しも-げいし【下家司】名家司の中で下級の人。六位以下の家司をいう。例ことなるおぼえなき**下家司**の、ことに仕へまほしき〈源氏・蓬生〉

しも-さき【霜先】名『近世語』霜が置きはじめるころ。寒さに向かう陰暦十月ごろ。例**霜先**の金銀あだに(=無駄に)つかふ事なかれ〈西鶴・世間胸算用・三・一〉

しも-さぶらひ【下侍】ーサブライ 名天皇の侍臣の詰め所。清涼殿の殿上の間の南にあり、遊宴も行われた。⇩口絵。例**下侍**にて次第の事(=儀式の手順に従った事)どもおこなひけり〈著聞集・一八・六三五〉

しも-ざま【下様】名❶下の部分。例軒の端の草は高う生ひ戯れて、**下様**に生ひ凝りて(=生え固まって)〈宇津保・楼上上〉❷身分の低い人。例**下ざま**の人の物語は、耳驚く事のみあり〈徒然・七三〉❸京都で、下京の方面。例**下ざま**に行きとまりて家あり〈宇治拾遺・五七〉❹のちの時代。後世。例この例は**下様**までも多かり〈愚管抄・一〉

しも-だいどころ【下台所】名貴人や富豪の屋敷で、家臣や使用人のための炊事をする台所。例刑部殿の**下台所**にも、自由にまゐり〈西鶴・武道伝来記・一・三〉

しも-つ-え【下つ枝】名〔「つ」は「の」の意の上代格助詞〕下のほうの枝。「下枝」とも。例中つ枝の枝の末葉は**下つ枝**に落ちふらばへ〈記・下・雄略・歌謡〉

しも-つ-かた【下つ方】名〔「つ」は「の」の意の上代の格助詞〕「しもづかた」とも。❶下の方。しもの方。例立ちさまよふらむ**下つ方**(=下半身)思ひやるに〈源氏・夕顔〉❷身分・官位などの低い人。例それより**下つかた**は、ほどにつけつつ、時にあひ(=身分相応に出世して)〈徒然・一〉❸年齢の低いこと。また、その人。例それより**下づ方**の子どもにも、さだめて五合づつ〈西鶴・好色一代女・三・三〉❹京都で、下京。例**下つ方**の京極わたりなれば〈源氏・澪標〉

しも-づかへ【下仕へ】ーツカエ 名貴人の家で、雑用にあたる下級の女官。例**下仕へ**どもの、ある所に立ちよりて〈枕・雨のうちはへ降るころ〉

しも-つき

【霜月・十一月】名**陰暦の十一月のこと。**例**霜月**や鸛のつくづくならびゐて〈俳諧・冬の日〉読解霜が降り、凍りつくような田んぼに、コウノトリが所在なげに立ち並んでいる。

語誌▼**雪と祭りの月** 『竹取物語』に、求婚者がかぐや姫の家を、「霜月・師走の降り凍り」るのをものともせず訪問したとある。真冬なので、雪が降り、氷が張るのである。

中の卯の日には、天皇が新穀を神々に献じる「新嘗祭り」が行われる。〈島内景二〉

しもつけ【下野・繡線菊】名植物の名。バラ科の落葉灌木。山地に自生し、夏、茎の先端に淡紅色の小さな花をつける。下野国(栃木県)に多く産することからの称。例草の花は…**しもつけ**の花。葦の花〈枕・草の花は〉

下野《地名》旧国名。今の栃木県。東山道八か国の一つ。野州。延喜式で上国・遠国。古く「毛野」と呼ばれ、のち上下に分けられて「下毛野」、さらに「下野」となった。

しも-つ-やみ【下つ闇】名〔「つ」は「の」の意の上代の格助詞〕陰暦で、月の下旬の夜の闇。例五月**下つ闇**に、五月雨も過ぎて、いとおどろおどろしくかきたれ(=激しく)雨の降る夜〈大鏡・道長上〉

しも-て【下手】名❶下のほう。特に、川下。❷歌舞伎の舞台などで、客席から見て左のほう。

しもと【細枝・楉・笞】名❶【細枝・楉】木の細い枝。例生ふ**楉**この本山の真柴にも〈万葉・一四・三四八八〉❷【笞】細い枝で作ったむち。刑罰に用いる。例**しもと**取る 里長が声は 寝屋処まで 来立ち呼ばひぬ〈万葉・五・八九二〉➡名歌122

しもと-がち【細枝がち】形動(ナリ)〔「がち」は接尾語〕細い枝が多くさし出ているさま。例桃の木の若だちて(=若々しくて)、いと**細枝がち**にさし出でたる〈枕・正月十よ日のほど〉

-じもの 接尾『上代語』名詞について、〜ではないのにまるで〜のように、の意を添える。例犬**じもの** 道に伏してや〈万葉・五・八八六〉

しも-の-とをか【下の十日】ートオカ 月末の十日間。下旬。例**下の十日**余りには競べ馬せさせむとて〈栄花・初花〉

しも-の-や【下の屋】名寝殿造りで、おもだった建物の後ろに位置する雑舎。召使などのいる建物。例**下の屋**どもの、はかなき(=簡単な)板葺きなりしなどは骨のみわづかに残りて〈源氏・蓬生〉

しも-びと【下人】名❶身分の低い召使。下男。下女。例この隣の郡まで知りたる**下人**はあまた侍り〈今昔・二九・一七〉❷身分の卑しい人。例あやしき**下人**の中に生ひ出でたまへれば(=お生まれなさったので)、もの言ふさまも知らず〈源氏・常夏〉

下総シモウサ《地名》旧国名。「しもつふさ」とも。今の千葉県北部・茨城県南部と埼玉県東部・東京都東部のごく一部。東海道十五か国の一つ。総州。古代の「総」の国が上下に分かれて下総となった。延喜式で大国・遠国。

しも-べ【下部】名❶身分の低い人。例一芸あるものをば**下部**までも召しおきて〈徒然・三六〉❷雑役に使われる人。召使。下男・下女。例受領などの家に、さるべき所(=高貴な家)の**下部**などの来て〈枕・ねたきもの〉❸検非違使庁の下級役人。盗賊の逮捕や罪人の護送などにあたる。多くは元囚人で、「放免」と称された。例ただひとり心細くて行きけるに、庁の**下部**といふ放免どもに会ひぬ〈今昔・一六・二九〉❹武家で、雑役を務める下級役人。

しも-ぼふし【下法師】ーボウシ 名雑役などに使われる

身分の低い僧。例弟子の**下法師**を呼びて、ささめきて(=そっと耳打ちして)物へ遣はしつ〈今昔・二八・一七〉

しも-む【下無】 名 雅楽の十二律の第五音。

しも-や【下屋】 名「しものや」に同じ。

しも-よ【霜夜】 名 霜の降る寒い夜。例きりぎりす鳴くや霜夜のさむしろに衣かたしきひとりかも寝む〈新古今・秋下〉➡名歌143

しも-をんな【下女】 名 ❶身分の低い女官・女房。例**下女**の際は(=身分としては)、さばかりうらやましきものはなし〈枕・主殿司こそ〉読解 後宮の主殿司の女官についての話。❷「げぢょ①」に同じ。例その畑の主、青菜を引き取らむがために、**下女**どもあまた具し〈今昔・二六・二〉

しゃ 1 代 対称の人称代名詞。おまえ。例**しゃ**が父なれど〈宴曲集・一・郭公〉 2 感 あざけりや憎悪、期待はずれ、驚きなどの感情をこめて発する語。例「しゃ、ほになま見られぬ(=ほんとに、見ていられない)」と振り切って立つを〈近松・世継曾我・二〉 3 接頭 名詞などについて、あざけりや憎悪などの気持ちをこめる。「しゃっ面」「しゃ頭」など。

じゃ【蛇】 名 ❶大きな蛇。うわばみ。おろち。例「その**蛇**の上な踏みそ」と仰せられければ〈古本説話集・下・五五〉 ❷(蛇が獲物を丸飲みするところから)大酒飲み。酒豪。例並びもない飲みぬけ…(親ノ)どちらへ似ても**蛇**の子孫〈近松・淀鯉出世滝徳・上〉

じゃ-いん【邪淫・邪婬】 名《仏教語》現世・来世に悪報を招くようなよこしまな性行為。夫や妻以外の異性との関係。例互ひの苦しみ離れやらず、ともに**邪婬**の妄執を〈謡曲・定家〉

じゃいん-かい【邪淫戒】 名《仏教語》夫や妻以外の異性と通じる邪淫を禁じる戒律。例今人間と生まるる事も戒力によってなり…**邪淫戒**を保って脾の臓となる〈幸若・大織冠〉

しゃう【生】 名 ❶生き物。**生きているもの**。命あるもの。例**生**を苦しめて目を喜ばしむるは、桀・紂が心なり(=生きているものを苦しめて目を楽しませるのは桀や紂のような心である)〈徒然・一二八〉読解「桀」「紂」はそれぞれ中国古代の王で、暴君の象徴。❷**生きていること**。例**生**を貪り、利を求めて止む時なし(=むやみに長寿を求め、利益を求めて止まる時はない)〈徒然・七四〉 ❸命。**生命**。例一切世間に**生**ある物は皆滅す(=すべてのこの世に命あるものは皆滅びる)〈栄花・疑ひ〉

〈近本謙介〉

[生あれば食あり] 生きていれば食を得る道はある。生きてさえいれば、なんとか食べていける。例**生あれば食あり**、世に住むからは何事も案じたるが(=心配するのは)損なり〈西鶴・日本永代蔵・四・五〉

[生を変ふ] 生まれ変わる。例この身は昔遥かなる世々に**生をかへ**つつ、空しくして死にしかども〈三宝絵・上・一一〉

[生を隔つ] この世とあの世とに離れ離れになる。例**生を隔て**、かたちをかへたまひつれど、あはれになつかしく〈浜松中納言・一〉

しゃう【姓】 名「さう」とも。❶⇩かばね。❷氏。家の名。姓。例一人はその国にすむ男、**姓**はむばらになむありける〈大和・一四七〉

しゃう【性】 名 ❶そのものが本来もっている性質。生まれつき。性分。例女の**性**は皆ひがめり(=ねじけている)〈徒然・一〇七〉 ❷魂。精神。例歌はただ案ずべき事とのみ思ひて間断なく案じ候へば、**性**も惚れ(=精神もぼんやりとして)〈毎月抄〉

しゃう【省】 名 令制で、太政官に属する中央官庁。中務・式部・治部・民部・兵部・刑部・大蔵・宮内の八省がある。職員として卿・輔・丞・録などを置く。

しゃう【荘・庄】 名「さう」とも。荘園。例国には(=国では)国司にしたがひ、**庄**には預かり所につかはれ〈平家・四・源氏揃〉読解「預かり所」は荘園領主の代理。

語誌 古くは田地経営や物資の運搬・管理のための施設(庄家)をいい、やがてそれと墾田とを合わせて成立した荘園をいうようになった。荘園廃止後もその名が村の名として残り、「～の荘」などと呼ばれる例があった。

〈高田祐彦〉

しゃう【笙】 名「さう」とも。管楽器の一つ。匏という壺状のものの上に長短十七本の竹管を環状に立て、管ごとに簧をつける。匏の側面に吹き口があり、吹いたり吸ったりして音を出す。笙の笛。⇩ふえ(図)

しゃう【箏】 名「さう(箏)」に同じ。

しゃう【正】 1 名 令制の諸役所の長官。2 接頭 ❶「じゃう」とも。令制の位階で、同じ位階を二等級に分けたとき、上位であることを表す。「正三位」など。下位は「従」。❷名詞について、本物の、の意を添える。「正八幡宮」など。❸数詞について、きっかり、ちょうど、の意を添える。「正七つ」など。

じゃう【状】 名 手紙。書状。例かの女房、義貞の**状**に我が文を書き副へて〈太平記・一〇〉

じゃう【情】 名 ❶心の動き。感情。人情。また、情愛。愛情。例現在親の別れに、哀しみの**情**が見えぬ奴だから〈滑稽本・浮世風呂・前上〉 ❷風情。詩情。例蕉門の付け句は、前句の**情**を引きさたるを嫌ふ〈俳諧・去来抄・修行〉

じゃう【鎖】 名 戸締まりのための金具。錠。例**鎖**のいといたく錆びにければ開かず〈源氏・朝顔〉

じゃう-い【上意】 名 主君の意見や命令。江戸時代は、将軍の意見や命令をいうことが多い。例三浦の介を助けいと時政様の御**上意**ぢゃ〈浄瑠璃・鎌倉三代記・九〉

じゃうい-うち【上意討ち】 名 主君の命令で、罪科のある家臣を討つこと。例**上意討ち**とはいひながら〈西鶴・武道伝来記・六・四〉

じゃう-え【浄衣】 名 ❶神事や祭礼のときに用いる白色の潔斎の装束。例たちかふべき(=着がえることのできる)**浄衣**もなければ〈平家・二・康頼祝言〉 ❷修行僧の着る白色の衣。例**浄衣**着て、弓うちきり杖につき〈平家・四・橋合戦〉

しゃう-が【生薑・生姜】 名 ❶植物の名。ショウガ科の多年草。根は食用・薬用、香辛料にも用いる。

❷(①の根の形が、金を握った手に似ているところから)けちな人。例お小遣ひがやうやう(＝だいたい)三十二銭ぐらいで済みます。店の衆が生姜だ、生姜だと申しますが〈滑稽本・浮世風呂・三下〉

しゃう-が【唱歌】ショウ 名動(サ変)「さうが」とも。❶琴・琵琶・笛・鼓など楽器の旋律の譜を口で歌うこと。例**唱歌する**声も人には勝れて〈宇津保・俊蔭〉❷楽に合わせて歌うこと。また、その歌。

しゃう-がい【生害】ショウ 名動(サ変)❶殺すこと。殺生すること。例まづ犬どもを**生害して**、そののち羊をくらひ果たいた〈エソポ〉❷自殺。自害。自刃。

じゃう-かう【上綱】ジョウコウ 名《仏教語》「じゃうがう」とも。上位の僧綱。また、その地位にある僧。例山門(＝延暦寺)の**上綱**ら、子細を奏聞のために下洛す〈平家・一・願立〉

じゃう-かう【常香】ジョウコウ 名 仏前に絶やさずたいておく香。不断香。例**常香**に地蔵の顔はふすぼりて(＝すすけて黒くなって)〈俳諧・犬子集・一七〉

じゃうかう-ばん【常香盤】ジョウコウバン 名 常香をたくための香炉盤。香が燃え尽きると鈴をつけた糸が焼き切れて、時報の役目も果たした。例**常香盤**の鈴落ちてひびきわたる〈西鶴・好色五人女・四・二〉

しゃう-がく【正覚】ショウ 名《仏教語》仏の悟り。この上ない正しい悟り。例釈迦の**正覚**成ることは このたび初めと思ひしに〈梁塵秘抄・今様〉

しゃう-ぎ【床机・床几・将机・牀机】ショウ 名 野外で用いる腰かけ。折り畳んで持ち運べるようになっている。例**床机**に腰をかけさせ〈狂言・福の神〉

床机

じゃう-き【上機】ジョウ 名《仏教語》「上機根」の略。悟りを開きうる資質を上中下の三段階に分けたうちの最上のもの。最高の信心。「上根」とも。例**上機**は人我無相なれば心に懸かる事なし(＝自他の差別がないと悟るので気にかかる事はない)〈太平記・二四〉

じゃう-ぎゃう【常行】ジョウギョウ 名《仏教語》「じゃうぎゃうざんまい」に同じ。

じゃうぎゃう-ざんまい【常行三昧】ジョウギョウザンマイ 名《仏教語》天台宗で、九十日または七日の間、堂内を常に歩いて阿弥陀仏の名を唱え、心に弥陀を念じる修行。例ただ耳にとどまる事とては、**常行三昧**の念仏の音〈太平記・三四〉

じゃうぎゃう-だう【常行堂】ジョウギョウドウ 名 常行三昧を行う堂。修行のために阿弥陀仏を安置した阿弥陀堂で、延暦寺で最初に建立された。例**常行堂**を起てて、不断の念仏を修する事七日七夜なり〈今昔・二・二七〉

じゃう-ぎん【上銀】ジョウ 名 上質の銀や銀貨。例奥の戸棚に**上銀**が五百匁余り〈近松・女殺油地獄・下〉

じゃうぐ-ぼだい【上求菩提】ジョウグボダイ 名《仏教語》菩薩が修行し、自分の向上のために菩提(悟りの智恵)を求めること。

じゃう-ぐゎい【城外】ジョウガイ ❶名 城下町の外。都の外。例大聖寺の**城外**、全昌寺といふ寺にとまる〈芭蕉・奥の細道〉❷名動(サ変) 城外に出ること。都を出ること。例基俊(＝人名)**城外しける**事ありけり〈著聞集・五・一五三〉

じゃう-くゎう【上皇】ジョウコウ 名〔古くは「しゃうくゎう」〕譲位した天皇の敬称。太上天皇。例**上皇**をば一院とぞ申しける〈保元・上〉語誌 出家した場合には「法皇」という。

じゃう-くゎく【城郭】ジョウカク 名❶城。とりで。例この御所を**城郭**として〈保元・上〉❷地形を利用した要塞。例もとより究竟の(＝絶好の)**城郭**なり。磐石峙ちめぐって(＝周囲にそびえ立って)四方に峰をつらねたり〈平家・七・火打合戦〉

しゃう-くゎつ【生活】ショウカツ 名❶生計。生活。例**生活**・人事・伎能・学問等の諸縁(＝いろいろなかかわり)を止めよ〈徒然・七五〉❷生き返ること。例たちどころに**生活す**〈私聚百因縁集・五・一六〉

しゃう-ぐゎつ【正月】ショウガツ 名❶「しゃうぐゎち」とも。一年の最初の月。正月。❷喜ばしく楽しいときのたとえ。例米のある時が**正月**よ〈西鶴・日本永代蔵・五・二〉

しゃうぐゎつ-ことば【正月詞・正月言葉】ショウガツコトバ 名❶新年の挨拶に述べる、格式ばった祝いの言葉。例折り目正しき**正月詞**さぞ御窮屈〈近松・雪女五枚羽子板・上〉❷(①から転じて)お世辞。

しゃうぐゎつ-もの【正月物】ショウガツモノ 名 正月支度のための物品。衣服や食物など。例はや八月より**正月物**をこしらへし〈西鶴・西鶴織留・一・四〉

しゃう-くゎん【賞翫】ショウカン 名動(サ変)❶尊重すること。重んじること。例翁面の箱持つこと、**賞翫**の職なり(＝役である)〈申楽談儀〉❷ほめたたえること。珍重すること。賞味すること。例関東にて**賞翫せられ**たまひける事〈源平盛衰記・四一〉

しゃう-くゎんおん【聖観音】ショウカンノン 名《仏教語》「しゃうくゎんぜおん」に同じ。

しゃう-くゎんぜおん【聖観世音】ショウカンゼオン 名《仏教語》七観音または六観音の一つ。すべての衆生を救う本来の観音。像はふつう、蓮華を持つ。聖観音。聖観自在菩薩。

しゃう-ぐん【将軍】ショウ 名❶一軍を統率・指揮する職。❷天皇の命令で一軍を率いて出征するときの臨時の職名。出征する方面によって、鎮東将軍・征西将軍などと呼ばれる。❸「征夷大将軍」の略。源頼朝より以来、幕府の最高位者をさす。

しゃうぐん-け【将軍家】ショウグンケ 名❶将軍の家柄。代々将軍に任命される家。❷「征夷大将軍」のこと。

しゃう-げ【障礙・障碍】ショウ 名 妨げること。邪魔すること。障害。例天魔・外道(＝悪魔)、それによりて**障碍**をなすべし〈今昔・四・一〉

じゃう-げ【上下】ジョウ 名❶位置的な高低。上と下。かみとしも。例**上下**四方種々光明照らし耀けり〈栄花・音楽〉❷地位・身分の高低。身分の高い人と低い人。また広く、世間の人々。例**上下**おそれをののいて、やすい(＝安らかな)心もなし〈平家・一・二代后〉 ❸街道の上り下り。また、街道を上り下りする飛脚・旅人。例この街道では上下のものや供のものへは、飯を山もりにして出すといふことだ〈滑稽本・膝栗毛・五上〉 ❹裃。肩衣と袴。例太刀・かたな・小袖・上下をも返さうか〈虎寛本狂言・二人大名〉 ❺京都で、上京と下京。例霊験殊勝の寺々は、上下に甍をならべたまひ〈平家・五・都遷〉

しやう-けい【上卿】―シヨウ 名 ❶朝廷の儀式や政務を指揮する公卿。ふつう、中納言以上が任じられる。例中納言にならせたまひて…春の春日の祭りの上卿せさせたまふ〈栄花・紫野〉 ❷公卿の別称。

しやう-げう【聖教】―シヨウギヨウ 名《仏教語》釈迦の教え。また、それを記した仏典・経典。例聖教のこまやかなる理(＝道理)いとわきまへずもや〈徒然・一四一〉

しやう-げん【将監】―シヨウ 名 近衛府の判官。

じやう-けん【常見】―ジヨウ 名《仏教語》人間の自我や森羅万象は常住不変で滅びないとする考え。誤った見解とされる。例昔天竺に外道ありけり。常見をおこして石になりけるを〈沙石集・七・二〉

しやう-こ【鉦鼓】―シヨウ 名「しやうご」とも。打楽器の一つ。雅楽や念仏に用いる。皿形の金属製で、つるして撞木でたたく。

鉦鼓

じやう-ご【上戸】―ジヨウ 名 たくさん酒を飲む人。例近づかまほしき人の、上戸にてひしひしと(＝すっかり)馴れぬる、またうれし〈徒然・一七五〉 語誌 本来、令制で、六、七人の正丁(課税の対象となる男性)のいる家を意味した語。婚礼のときに上戸は酒を多く用意したので、飲酒量の多いことについていうようになったという。「下戸」は、正丁二、三人の家。

しやう-こう【相公】―シヨウ 名〔中国で「宰相」の敬称であったことから〕参議の唐名。

じやう-こう【成功】―ジヨウ 名 平安時代、資財を朝廷に献上して造営や大礼の費用を援助した人が、その功によって任官・叙位されること。例成功成功となほ求むるに、なさんと言ふ人なし〈愚管抄・七〉

しやう-こく【相国】―シヨウ 名〔国政を相ける人の意〕太政大臣・左大臣・右大臣の唐名。

じやう-こく【上刻】―ジヨウ 名 一刻を上中下に三分した、その最初の時刻。例刻限は巳の上刻との定めにて〈近松・丹波与作待夜の小室節・上〉

じやう-こく【上国】―ジヨウ 名 ❶令制で、諸国を大国・上国・中国・下国の四つに分けたときの第二位の格式の国。延喜式では山城・摂津・越後など三十五か国。❷都へ上ること。

しやう-ご-ぐわつ【正五九月】―シヨウゴクガツ 名 陰暦の正月・五月・九月。これらの月を忌月とし、祝事を避けて神仏に参詣するなどの風習があった。例正五九月とて、二十四日に思ひ立ち愛宕参詣〈西鶴・西鶴置土産・三・一〉

相国寺しやうこくじ―シヨウコクジ 名 山城国、今の京都市上京区の寺。臨済宗相国寺派の大本山。京都五山の一つ。永徳二年(一三八二)室町幕府三代将軍足利義満の創建。開山は夢窓疎石。義満は相国寺を京都五山に加えるため、南禅寺を五山の上へ昇格させた。五山の中心的位置を占め、五山文学の拠点ともなる。

しやう-こつ【性骨】―シヨウ 名「せいこつ」とも。生まれつき身につけている素質。例口伝(＝口伝えの奥義)の上に性骨を加へて〈徒然・二二九〉

じやう-ごは【情強】―ジヨウゴワ 名 形動(ナリ) 頑固。強情。例まだ情強なことをいひをる〈狂言・鈍根草〉

じやう-ごふ【成劫】―ジヨウゴウ 名《仏教語》世界の成立から破滅までの変遷をいう四劫で、第一の劫。世界が成立し、生物が誕生する時期。例さて世の始まる時をば成劫と申して〈水鏡・序〉

しやう-ごん【荘厳】―シヨウ 名 動(サ変) ❶《仏教語》仏像・仏殿などを美しくおごそかに飾りつけること。また、その物。例かの石淵寺にて来たれりし女霊により、身を微妙に荘厳して、光を放ち〈今昔・一四・四〉 ❷飾ること。飾りつけ。例商賈(＝商店)甍をならべ、おのおの質素の(＝質素ながら)荘厳こまやかにして〈滑稽本・膝栗毛・五追加〉 ❸おごそかなこと。重々しさ。荘厳。

じやう-こん【上根】―ジヨウ 名 ❶《仏教語》仏の教えを聞いて修行する上での、すぐれた素質や能力。また、それをもつ人。例上根は、妻子を帯し家にありながら…往生す〈一遍上人語録・下〉 ❷(①から転じて)根気のよいこと。例上根なくては、この道の出世はなりがたし〈西鶴・西鶴織留・四・三〉

じやう-ざ【上座】―ジヨウ 1 名《仏教語》❶長老で高徳の僧。例上座の僧、手書き(＝達筆)の僧どもを引き具して(＝引き連れて)〈今昔・一四・一一〉 ❷寺の三綱の一つ。僧尼の指導にあたる職。例我はこれ、三井寺の前の上座の僧の妻の尼の造れりし地蔵なり〈今昔・一七・一三〉 2 名 動(サ変)「しやうざ」とも。身分の上の人が着く席。上座。また、そこに座ること。例内侍には一門の源氏上座して〈平家・八・征夷将軍院宣〉

じやう-さい【上裁】―ジヨウ 名 ❶上位の人の行う裁決。例憤りを含み恨みを残すといへども、上裁なれば力及ばず〈太平記・三六〉 ❷天皇の裁可。勅裁。

しやう-ざう【正像】―シヨウゾウ 名《仏教語》正法と像法。例正像すでに過ぎぬれば、行ずる人も難く(＝修行する人もめったになく)〈源平盛衰記・九〉

常山紀談じやうざんきだん―ジヨウザンキダン《作品名》江戸時代の歴史書。正編二五巻・拾遺四巻・付録一巻。湯浅常山著。明和七年(一七七〇)ごろ成立。戦国時代を中心に、武士の逸話を七〇〇余り収録。通俗的な歴史読物として広く読まれた。

しやう-じ【生死】―シヨウ 名 ❶《仏教語》生・老・病・死の四苦の初めから終わりまで。生まれては死ぬことを繰り返す、絶えることのない苦と迷いの世界。例我、汝が説くところの生死の根本を知りぬ〈今昔・一・五〉 ❷生きることと死ぬこと。例今日の命の生死、ただ汝をたのむところなり〈今昔・五・二〉 ❸特に、死。例我らが生死の到来、ただ今にもやあらむ〈徒然・四一〉

しやう-じ【床子】―シヨウ 名 平安時代、主に宮中で用いた腰掛けの一種。机のような形で背もたれがない。敷物や茵を敷いて使用する。例一つの床子を立

て、太子、それに尻をかけて坐しぬ〈今昔・一〇・三二〉

床子〔年中行事絵巻〕

しゃうーじ【尚侍】 名「ないしのかみ」に同じ。

しゃうーじ【荘司・庄司】 名 荘園領主から命令を受け、荘園を管理する人。例畠山の**庄司**重能〈平家・五・早馬〉

しゃうーじ【掌侍】 名「ないしのじょう」に同じ。

しゃうーじ【障子】 名「さうじ」とも。襖障子・衝立障子・明かり障子などの総称。ただし平安時代は障子といえば、大半が襖障子。多くは母屋と廂との間などに隔てとして用いた。例御庵室に入らせたまひて(=お入りになって)、**障子**を引きあけて御覧ずれば〈平家・灌頂・大原御幸〉

しゃうーじ【精進】 名動(サ変)「しゃうじん(精進)」に同じ。例百日ばかりの**しゃうじ**の懈怠(=怠慢)とや言ふべからむ〈能因本枕・すさまじきもの〉

じゃうーし【上巳】 名 五節句の一つ。陰暦**三月の最初の巳の日**。古くは暦しだいだったが、中国では魏の時代に三月三日に固定された。奈良時代以降、宮中や貴族邸では三日に曲水の宴を開く。また、川辺で禊をする「上巳の祓へ」も行われた。江戸時代には、民間では女子の祝いとして雛祭りを行う。桃の節句。慣用的に「じょうみ」と発音することもある。「重三」とも。

じゃうーし【上使】 名 主君からの使者。特に、江戸幕府から諸大名に派遣される使者。例**上使**を切ったる咎によって〈近松・平家女護島・二〉

じゃうーしき【情識】 名 強情で頑固なこと。わがまま。例稽古は強かれ、**情識**はなかれ、となり〈風姿花伝・序〉

しゃうじーぢゃうや【生死長夜】 《仏教語》衆生が生死を繰り返し、迷って悟りを得られないことを、長い夜にたとえた語。例**生死長夜**の闇深し〈宝物集・六〉

じゃうじつーしゅう【成実宗】 名 南都六宗の一つ。『成実論』に示された、万物はすべて空であることを悟ることにより解脱することを教義とする。日本へは三論宗とともに伝わり、東大寺などで研究されたものの、教学の一つとして留まる。

しゃうじーのーうみ【生死の海】 《仏教語》生死を繰り返す苦悩の深いことを海にたとえた語。例法華の御法ぞ頼もしき **生死の海**は深けれど…つひにわれらも浮かびなん〈梁塵秘抄・法文歌〉

じゃうしーのーはらへ【上巳の祓へ】 名 上巳の日に、水辺で行う祓え。形代(人形)で体をなでて身の穢れを移し、川に流す。例弥生の十余日ばかりに、初めの巳の日出で来たれば、大将殿には、**上巳の祓へ**しに難波へ〈宇津保・菊の宴〉

しゃうーじゃ【生者】 名《仏教語》生命あるもの。例**生者**必ず滅あり〈正法眼蔵・行持下〉

しゃうーじゃ【聖者】 名《仏教語》煩悩を離れ、真理を悟った人。聖人。例大権の**聖者**の末代をかがみて記し置きたまひし事なれども〈太平記・六〉

しゃうーじゃ【精舎】 名《仏教語》〔梵語の漢訳。智恵を精錬する場所の意〕僧が仏道修行する場所。寺。例**精舎**荒涼して、空しく坐禅の跡を余す〈続紀・宝亀四年十一月〉

じゃうーしゃ【盛者】 名「しゃうじゃ」「しゃうしゃ」とも。勢いが盛んで栄えている人。

しゃうーじゃう【猩猩】 名 中国の想像上の動物。顔は人間、体は犬に似て、髪は赤く、声は子どもの泣き声に似て、人間の言葉を解する。酒好きである。転じて、酒豪。例酒を好む**猩々**は檣のほとりに繋がれ〈義経記・二〉

しゃうーじゃう【清浄】 名形動(ナリ) ❶清らかで穢れのないこと。例庭の前を見るに、**清浄なる**池あり〈今昔・六・一三〉 ❷《仏教語》煩悩から離れ、心身が清らかなこと。また、そのあり方。例菩薩は**清浄**にして比ぶ者なし〈今昔・一・六〉

じゃうーしゃう【上生】 名《仏教語》❶極楽浄土の九品(九つの段階)のうち、上品・中品・下品のそれぞれの上位。⇩くほん。❷(①から転じて)上等。最上位。

じゃうじゃうーきち【上上吉】 名❶最上の吉であること。このうえなくよいこと。例我が春も上々吉よけさの空〈俳諧・七番日記〉❷歌舞伎役者などの格付けで、最上位。

しゃうじゃうーせせ【生生世世】 名《仏教語》幾度も生まれ変わる多くの世。永遠。多く副詞的に用いて、永遠に、の意を表す。例日本の衆生、この因縁に(=因縁によって)**生々世々**に仏に会ひたてまつり〈宇津保・俊蔭〉

じゃうしゃーひっすい【盛者必衰】 《仏教語》この世は無常であるから、勢いの盛んな人も必ず衰えるということ。例娑羅双樹の花の色、**盛者必衰**のことわりをあらはす〈平家・一・祇園精舎〉

しゃうじゃーひつめつ【生者必滅】 《仏教語》生命あるものは必ず死ぬということ。例**生者必滅**のことわりを示さんと〈保元・上〉

しゃうーじゅ【聖衆】 名《仏教語》❶仏の弟子。例かの霊山の法会に、菩薩・**聖衆**の参り集まりたまひけんも〈栄花・音楽〉❷極楽浄土で、阿弥陀仏につき従う聖者。

じゃうーじゅ【成就】 名動(サ変) 完遂すること。願いや希望が現実になること。例「我が出家は**成就**するなりけり」とおぼされて〈大鏡・花山院〉

しゃうーしょ【尚書】 名「じゃうしょ」「じゃうじょ」とも。❶弁官の唐名。例**尚書**はまた天下の望みなり〈保元・上〉❷(作品名)『書経』の別称。

しゃうーじょ【生所】 名❶生まれた土地。出生地。例山姥は**生所**も知らず宿もなし〈謡曲・山姥〉❷《仏教語》来世で生まれ変わる所。例白河院、善と御罪と等しくおはしますあひだ、御**生所**さだまらせたまはぬよし〈著聞集・一三・四五八〉

じゃうーじょう【上乗】 名《仏教語》「だいじょ

う」に同じ。例東寺・天台秘密の上乗たり〈源平盛衰記・三〉

しやうしょ-しやう【尚書省】ショウシヨショウ 名 太政官だいじょうかんの唐名。

しやう-じん【生身・正身】シヨウ― 名 ❶《仏教語》仏や菩薩ぼさつが衆生しゅじょう救済のため、仮の姿をとって現れた姿。また、釈迦しゃかの人間としての身体。例**生身**の普賢ふげん(=普賢菩薩)を見たてまつらんと欲せば〈古事談・三〉❷現世に生きている肉体。なまみ。例まづ**生身**を助けてこそ、仏身を願ねがふ便り(=手立て)もあれ〈謡曲・安達原〉語誌「正身」を「さうじみ」と読む場合は、本人・当人の意。

しやう-じん【正真】シヨウ― 名「しやうしん」とも。真実。偽りのないこと。本物。例邪見の咎とがをのがれて、**正真**の道に入るべき〈沙石集・一・一〇〉

しやう-じん【精進】

シヨウ― 名動(サ変)《仏教語》六波羅蜜ろくはらみつの一つで、悪を断つための努力を惜しまないこと。「さうじ」「さうじん」「しやうじ」とも。

❶**ひたすら仏道の修行に励むこと。**例一生**精進**にて、読経どきやううちして(=生涯仏道修行に励んで、経文を読誦どくじゆして)〈徒然・八六〉❷**一心に努力すること。ひたすら励むこと。**❸**在俗の人が、喪中や寺社への参詣さんけいのために身を浄きよめること。**出家者が酒肉を断つ仏教的戒律が、禁忌を避ける神道的な日本の風俗と習合したもの。例夜昼**精進**潔斎いもひして世間の仏神に願をたてまどへど(=夜も昼も身を浄めて斎戒してこの世の仏や神に祈願してうろたえるが)〈大和・一六八〉❹**特に、魚肉などの生臭ものを断つこと。**例某それがしは**精進**の料理は、かたのごとく仕つかまつれども、魚物の料理は不案内にござる(=私は精進料理は、だいたい普通にお作りいたしますが、魚料理はよくわからないのでございます)〈狂言・惣八〉〈中本大〉

成尋阿闍梨母集じやうじんあじやりのははのしふ ジョウジンアジャリノハハノシユウ《作品名》平安中期の日記的家集。二巻。成尋阿闍梨母作。延久五年(一〇七三)五月までの記事を有する。短歌一七四首、長歌一首を収める。仏跡巡礼のため中国の宋に旅立つ我が子を見送る母の心情が長文の詞書ことばがきにも吐露されていて、日記的な性格が強い。

しやうじん-けっさい【精進潔斎】シヨウジン― 名動(サ変)精進し、潔斎すること。心身を清め、行いを慎むこと。例この男にも**精進潔斎せさす**〈今昔・二六・八〉

しやうじん-もの【精進物】シヨウジン― 名 魚肉類の入っていない、野菜類や穀類・海藻類だけの食物。例よろづの**精進物**を覚え、むかしの鰒汁ふくじるも忘れ果て〈西鶴・本朝二十不孝・一・四〉

しやう-す【賞す】ショウス 動(サ変)ほめたたえる。ほめて褒美をとらせる。例剱つるぎを打ち、つひに月山ぐわつさんと銘を切って、世に**賞せらる**〈芭蕉・奥の細道〉

しやう-ず【請ず】ショウズ 動(サ変)「さうず」とも。請い招く。招待する。例竹取りの家に、かしこまりて(帝ノ使者ヲ)**請じ**入れて会へり〈竹取〉

じやう-ず

【上種・上衆】ジョウ― 名 **身分の高い人。貴人。**例中の上はいみじき心**上衆**とこそものすめれ〈無名草子〉読解『夜の寝覚ねざめ』の女主人公「中の上」に対する評。何事にも穏便に対処する思慮深さを、貴人のようだと称賛する。

対義げす(下種・下衆)

語誌「じやうずめかし」「じやうずめく」などの形で用いられることが多い。〈池田尚隆〉

じやう-ず

【上手】ジョウ― 名形動(ナリ)❶**物事に巧みなこと。手際のよいこと。**また、**その人。名人。**例(a)定家は生得の**上手**にてこそ…殊勝の者にてあれ(=定家いえは生まれつきの歌の名人だから…格別の者である)〈後鳥羽院御口伝〉例(b)究竟くっきやうの弓の**上手**どもが矢先をそろへて…さんざんに射る(=すぐれた弓の名手たちが矢の先をそろえて…激しく射る)〈平家・四・橋合戦〉❷**相手を喜ばせるような言動。お世辞。**例(遊里ノ)限りの太鼓に起き別るる時も、それなりけりに**上手**もいはず(=門限の太鼓の音で起きて別れる時も、そのままでお世辞も言わない)〈浮世草子・傾城禁短気・五・二〉❸江戸時代、将棋・囲碁の七段の称号。〈黒木祥子〉

じやう-ず【成ず】ジョウズ 動(サ変)成就する。し遂げる。例そもそも人は、所願を**成ぜ**んがために、財を求む〈徒然・二一七〉

じやうず-めか・し【上衆めかし】ジョウズ― 形(シク)〔動詞「じやうずめく」の形容詞化〕貴人らしい様子だ。例おぼえ(=世間の評判)いとやむごとなく、**上衆めかしけれ**ど〈源氏・桐壺〉

じやうず-め・く【上衆めく】ジョウズ― 動(カ四)〔「めく」は接尾語〕貴人らしくふるまう。貴人らしく見える。例手のさま(=筆跡)書きたるさまなど、やむごとなき人にいたう劣るまじう**上衆めき**たり〈源氏・明石〉

しやう-ぜい【正税】ショウ― 名 令制で、租として徴収され、国・郡の官庫(正倉)に貯蔵された稲。

しやうぜい-ちやう【正税帳】ショウゼイチョウ 名 正税の出納を記録する帳簿。毎年、国司が中央に報告する。例守かみ大伴宿禰家持おほとものすくねやかもち、**正税帳**をもちて、京師みやこに入らむとす〈万葉・一七・三九九〇・左注〉

じやう-せつ【上刹・浄刹】ジョウ― 名《仏教語》❶浄土。仏の国。例九品くほんの**浄刹**(ヘノ往生ノタメノ修行)を行はせたまひけん御庵室ごあんじつ〈平家・一〇・熊野参詣〉❷清浄な寺。

しやう-ぜん【生前】ショウ― 名 生きている間。例甘泉殿かんせんでんの**生前**の恩も、終はりなきにしもあらず(=終わりがないわけではない)〈平家・一〇・維盛入水〉

しやう-そう【請僧】ショウ― 名 法会ほふゑなどに僧を招くこと。また、招かれた僧。例**請僧**どもにも、皆宮々よりかづけ物あべければ〈栄花・本の雫〉

しやう-ぞく【装束】ショウ― 名「さうぞく(装束)」に同じ。

しやうぞ・く【装束く】ショウゾク 動(カ四)「さうぞく(装束く)」に同じ。

しやう-だい【正体】ショウ― 名「しやうたい」とも。❶本来の姿。真実のありさま。実体。例まづわが声の**正体**を分別して〈申楽談儀〉❷(多く「御正体」の形で)

神体。例若王子の御正体を舟に乗せまゐらせ〈平家・二・鶏合壇浦合戦〉❸正気。例正体もなく酔ひ伏し〈御伽草子・猿源氏草紙〉

じゃう-だい【城代】 ― 名 ❶城主に代わって、その城を守る職。❷江戸幕府の職名。大坂・二条・駿府・伏見の四つの城を将軍に代わって守る。

しゃう-だう【唱導】 名動(サ変)《仏教語》❶仏法を説いて、人を仏道に導き入れること。説教・法談などを行うこと。例いかなる賤が家にも行きて唱導しければ〈沙石集・六・四〉❷「唱導師」の略。法会の首席の僧。導師。また、説教をする人。例この澄憲(=人名)を唱導に請じたる〈源平盛衰記・三〉

じゃう-だう【成道】 名動(サ変)《仏教語》「成仏得道」の略。悟りを開き仏となること。例星の出づる時に成道したまふ〈今昔・三・三五〉

じゃう-ち【上知・上智】 ― 名 すぐれた知恵。また、その持ち主。例上智は少なく下愚は多ければ〈太平記・三九〉

しゃう-ぢき【正直】 名形動(ナリ) うそがないこと。心が正しく素直なこと。例おのづから正直の人、などかなからん〈徒然・八五〉

浄智寺 名 相模国、今の神奈川県鎌倉市の寺。臨済宗円覚寺派。弘安年間(一二七八〜八八)北条宗政・師時父子の創建。開山は兀菴普寧。鎌倉五山の一つ。

じゃう-ぢゅう【常住】 「じゃうぢう」とも。⇩むじゃう。**1**名《仏教語》常に存在し、不変であること。例菩薩の御身は常住にして、滅する事なし〈今昔・一六・二一〉**2**名動(サ変) 常に同じ場所に住むこと。僧が一寺にとどまること。例諾楽の京の馬庭の山寺に、一の僧常住しき〈霊異記・中・三八〉**3**副 いつも。常日ごろ。例大きなる鐘にて、常住あそんである(=ほったらかしてある)〈噺本・軽口露がはなし・二・一三〉

しゃう-ぢゅう-い-めつ【生住異滅】 ― 《仏教語》すべての物が生じ、とどまり、変化し、なくなってしまうという四つの現象。例生住異滅の移りかはる実の大事は〈徒然・一五五〉

しゃう-つき【祥月】 ― 名 故人の一周忌以後の、命日の月。また、「祥月命日」の略。例去年の今日ぞ親仁の祥月とて、旦那寺に参りて〈西鶴・日本永代蔵・一・二〉

しゃうつき-めいにち【祥月命日】 ― 名 一周忌以後の、故人の死んだ月日と同じ月日。例この三月二十七日、祥月命日に相当たれば、ぜひに念願晴らさん〈西鶴・武道伝来記・三・一〉

正徹 《人名》一三八一〜一四五九(永徳元〜長禄三)。室町前期の歌人・僧。冷泉為尹・今川了俊に師事。藤原定家の歌風を理想とし、妖艶な歌を詠む。心敬・宗砌ら連歌作者たちにも影響を与えた。家集に『草根集』、歌論に『正徹物語』。

正徹物語 《作品名》室町前期の歌論。二巻。正徹著。文安五年(一四四八)以降、宝徳二年(一四五〇)ごろに成立。上巻は『徹書記物語』、下巻は『清巌茶話』という別称がある。上巻は正徹の執筆、下巻は弟子の聞き書きか。箇条書きの形で、歌論、歌人の逸話、作歌の心得、歌の解釈などが随筆風にまとめられている。藤原定家への傾倒と独特の幽玄美の主張が特色。

しゃう-でん【聖天】 ― 名《仏教語》「大聖歓喜自在天」の略。頭が象、体が人の形をした仏法の守護神。夫婦を和合させ子宝を授けるとされる。

じゃう-でん【上田】 ― 名 地味が肥え生産量の多い田。例上田の、水損なし〈近松・傾城反魂香・上〉

じゃう-ど【浄土】 ― 名《仏教語》❶仏・菩薩の悟りによって作られた清浄な国土。仏・菩薩が住む清浄な世界。特に、阿弥陀仏の住む西方極楽浄土。例(a)父母に孝養すれば浄土に往生せむ(=父母に孝養を尽くせば必ず極楽浄土に往生するだろう)〈霊異記・上・二三〉例(b)穢土を厭ひ浄土を願はんと深く思ひ入れたまふこそ、まことの大道心とはおぼえたれ(=穢れた現世を嫌い極楽浄土に生まれることを願おうと強く思いつめていらっしゃることこそ、本当の真実の悟りを求めようとする心と思われた)〈平家・一・祇王〉❷「浄土宗」の略。

類義 ①ごくらく

対義 ①ゑど

語誌 **さまざまの浄土** 仏の数は無数であり、それに応じて浄土も無数に存在することになる。悟りを開けば娑婆世界(現実世界)がそのまま浄土になるとする考えもあったが、一般には浄土はこの世界からは離れてあるとされ、釈迦仏の西方無勝世界、薬師仏の東方浄瑠璃世界などの浄土の存在が信じられた。弥勒菩薩の兜率天、観世音菩薩の補陀落山なども浄土と考えてよい。浄土教では特に阿弥陀仏の西方極楽浄土を重視し、一切の煩悩を超越した理想の世界と見てそこへの往生を説き勧めた。中世には補陀落浄土への信仰も高まり、その地をめざして紀伊国の熊野から渡海しようとする人々も現れた。〈多田一臣〉

じゃう-とう【上棟】 ― 名 家を建てるとき、柱や梁を組んだ上に棟木を上げること。また、その儀式。棟上げ。例六月九日新都の事はじめ、八月十日上棟、十一月十三日遷幸と〈平家・五・月見〉

じゃう-とう【常灯】 ― 名 ❶神前・仏前に常にともしておく灯火。みあかし。例比叡の中堂に、常灯を奉りたまへ(=奉納なさいませ)〈宇津保・藤原の君〉❷江戸時代、千貫目以上の資産家が、その金蔵に常にともしておく灯火。例この商人、内蔵には常灯のひかり〈西鶴・日本永代蔵・一・一〉

じゃう-とうしゃうがく【成等正覚】 《仏教語》悟りを得て仏になること。成仏。例難行苦行の功によって、つひに成等正覚したまひき〈平家・灌頂・大原御幸〉

上東門院 《人名》⇩藤原彰子

しゃう-とく【生得】 ― 名 生まれつき。天性。例(西行ハ)生得の歌人とおぼゆ〈後鳥羽院御口伝〉

聖徳太子 《人名》五七四〜六二二(敏達三〜推古三〇)。飛鳥時代の政治家。名は廏戸豊聡耳

皇子。聖徳太子は諡号。用明天皇の第二皇子で、推古天皇の皇太子・摂政。憲法十七条・冠位十二階を定め、仏教を政治の根本に据えた天皇中心の国家体制の確立をめざす。また遣隋使を派遣して大陸文化の摂取に努め、飛鳥文化を開花させた。死後、その生涯は多くの神秘的伝説を生じ、太子信仰も生まれた。

じゃうど-しゅう【浄土宗】 名 平安末期に法然が始めた浄土教系の宗派。阿弥陀仏の名号を唱えることで極楽往生できると説き、造寺造仏や戒律の不要を訴えた。法然の著書『撰択本願念仏集』に詳しい開宗の意図が記される。

じゃうど-しんしゅう【浄土真宗】 名 浄土教系の一宗派で、法然の弟子親鸞が開祖。法然の教えをさらに発展させ、念仏を唱えずとも、阿弥陀仏の他力本願の回向によって、信心だけで往生できるという教え。また、悪人こそが阿弥陀仏の救済の対象であるとする悪人正機説を説く。僧は肉食妻帯が認められた。室町中期に蓮如が出て飛躍的に発展し、戦国時代には一向一揆を戦う。真宗。一向宗。

じゃうど-すごろく【浄土双六】 名 絵双六の一種。南閻浮州(人間世界)を振り出しに、極楽浄土を上がりとする。極楽・地獄の道程が描かれ、悪い目を振ると地獄に落ちる。賽には「南無分身諸仏」の六字が記されている。

しゃう-にち【正日】 名 ❶死後四十九日目。例御法事など過ぎぬれど、**正日**まではなほ籠りおはす〈源氏・葵〉❷一周忌の当日。例御**正日**には、上下の人々みな斎ひして(=身を清めて)〈源氏・幻〉

じゃう-にち【上日】 名「じゃうじつ」とも。出仕する日。当番の日。例五位以上の朝参と**上日**とを録して〈続紀・慶雲四年五月〉

しゃう-にん【上人・聖人】 名《仏教語》❶【聖人】聖者。仏や菩薩の化身。例凡夫の肉眼にはこれ油の色なれども、聖人の明眼には見に宍の血なりと視たまふ(=仏教の道理のわからない人の目にはこれが油の色としか見えないけれども、聖者の神通力をもつ目にははっきりと獣の血であるとご覧になる)〈霊異記・中・二九〉❷知徳にすぐれ、かたく戒を保持する高僧への敬称。例ところどころ行ひ歩きて(=あちらこちらを修行してまわって)、貴き上人にてぞおはしける〈古本説話集・下・六〇〉❸僧に対する敬称。多く、浄土宗・日蓮宗・時宗などで用いる。例これは都四条あたりの**上人**でござある(=私は都の四条あたりに住む上人でございます)〈狂言・若市〉

語誌 ▼**語義の変遷** 本来は①のように神通力ある仏や菩薩の化身を意味する言葉であったが、しだいに②③の意になった。中世以降、朝廷が高僧に対し上人位・上人号を勅許する例も現れた。〈多田一臣〉

しゃう-ね【性根】 名 正気。根性。根底。例この傘に**性根**入り(=神霊が宿って)〈西鶴・西鶴諸国ばなし・一・四〉

じゃうねい-でん【常寧殿】 名 内裏の後宮七殿の一つ。承香殿の北、貞観殿の南にある。五節の帳台の試みが行われる。古くは皇后などの居所だったことから「后町」とも。⇩口絵

しゃう-ねん【生年】 名 年齢。例**生年**十九歳、軍にあふことこれをはじめなり〈保元・中〉

しゃう-ねん【正念】 名 ❶《仏教語》仏の教えを信じて往生を疑わない境地。例臨終(=臨終に際しては)**正念**ならん事を祈りはべる〈発心集・八・六〉❷正気。しっかりした気持ち。例(酒ヲ)飲みて**正念**を失はしむるゆゑなり〈醒睡笑・五〉

しゃう-の-ふえ【笙の笛】 名「しゃう(笙)」に同じ。例**笙の笛**は、月の明かきに(=明るいときに)、車などにて聞きえたる、いとをかし〈枕・笛は〉

しゃう-ばい【商売】 名動(サ変)❶売り買い。商い。例これは若狭の小浜の昆布売りでござる。いつも都へ**商売**に参る〈狂言・昆布売〉❷職業。特に、遊女などの職業。例**商売**をほんとにほれてやかましい〈柳多留・一七〉

尚白《人名》一六五〇〜一七二二(慶安三〜享保七)。江戸時代の俳人。本姓江左氏。芭蕉に入門して俳諧集『孤松』を編むが、元禄期(一六八八〜一七〇四)の芭蕉の「かるみ」を理解できず、蕉門から離脱した。

しゃう-はちまんぐう【正八幡宮】 名 八幡宮の敬称。例天照大神・**正八幡宮**の神慮にも背き候ひなんず(=背くことになるでしょう)〈平家・二・教訓状〉

じゃう-はり【浄玻璃】 名 ❶曇りのない透き通った玻璃。例石の面、**浄頗璃**のごとくになりて〈三国伝記・二・九〉❷「浄玻璃の鏡」の略。例罪を現はす**浄玻璃**は、それも隠れはよもあらじ〈謡曲・昭君〉

じゃうはり-の-かがみ【浄玻璃の鏡】 名 地獄の閻魔の庁にあって、亡者の生前の善悪一切の行為をことごとく映すという鏡。

しゃう-ばん【相伴】 名動(サ変)饗応の席などで、正客の相手としていっしょにごちそうになること。また、その人。例和子達の**相伴**にゐて、空腹に酒を飲みて〈仮名草子・仁勢物語・下〉

じゃう-び【状日】 名 手紙の来る決まった日。飛脚が手紙を配達する決まった日。例江戸店の**状日**を見合はせ、毎日万事を記し置けば〈西鶴・日本永代蔵・二・一〉

しゃう-ぶ【菖蒲】 名「さうぶ」とも。植物の名。サトイモ科の多年草。水辺に群生する。邪気を払うものとして、陰暦五月五日の端午の節句に軒に挿したり薬玉に作ったりした。古くは「あやめぐさ」「あやめ」とも。例屋根葺きと並んでふける**菖蒲**かな〈俳諧・猿蓑・二〉

しゃう-ふう【正風】 名 ❶和歌・連歌・俳諧などで、伝統があり、規範となる風体。❷芭蕉の俳風。また、その門人の俳風。蕉風。

しゃうぶ-がたな【菖蒲刀】 名 陰暦五月五日の端午の節句に、男の子が刀の代わりに腰に差して遊んだ菖蒲。江戸時代には、柳の木で作って金銀箔を

を施した飾り刀をいう。例幟を出だして菖蒲刀をささせまして〈西鶴・好色一代女・五・四〉

しやうぶ-がは【菖蒲革】 名 ❶藍地に菖蒲の花や葉の模様を白く染め出した、鹿のなめし革。音が「勝負」「尚武」に通じることから縁起がよいとされ、多く武具に用いた。❷①の模様を染めた布地。江戸時代、足軽の袴などに用いた。例箱提灯をさげたる中間(=奉公人)と**菖蒲革**の羽織着たる足軽の二人連れ〈洒落本・卯地臭意〉

しやうぶ-かぶと【菖蒲兜】 名 陰暦五月五日の端午の節句の祝いに、菖蒲で兜の形に作ったもの。飾ったり男児の玩具としたりする。例女房たちに**菖蒲兜**せさせ(=かぶらせ)〈弁内侍日記〉

じやう-ふきやう【常不軽】 名《仏教語》法華経常不軽菩薩品の中の二四字の偈(仏法をたたえる詩句)を唱えながら諸方を回ること。また、その僧。例**常不軽**をなむつかせはべる(=常不軽菩薩の礼拝をさせております)〈源氏・総角〉

じやう-ぶつ【成仏】 名動(サ変)《仏教語》❶悟りを開いて仏になること。例皆**成仏**の旨を悟らしめて〈今昔・二・一〇〉❷死んで仏になること。死ぬこと。例袈裟切りに(=袈裟懸けに斬られて)**成仏せよ**〈太平記・一四〉

じやう-ぶん【上聞】 名「しやうぶん」とも。天皇の耳に入ること。のちは、将軍・主君にもいう。例大勢にて(京へ)まかり上らん事、**上聞**穏便ならず〈古活字本保元・上〉

じやう-ほくめん【上北面】 名 北面の武士のうち、院の昇殿を許された四位・五位の人。「下北面」に対していう。例下北面より**上北面**にあがり〈平家・一・俊寛沙汰鵜川軍〉

しやう-ぼふ【正法】 名《仏教語》❶正しい道理。正しい教え。仏の教法。例**正法**をもて国を治め〈栄花・疑ひ〉❷釈迦入滅後の仏教の変遷するさまを、正法・像法・末法の三つの時期に分けたものの一つ。釈迦の死後千年間または五百年間をさし、教(仏の教え)・行(教えの実践。修行)・証(悟り)の三つが正しく存在しているとされる期間。⇩まっぽふ。例一つには**正法**の五百年なり。二つには像法の千年なり。三つには末法の万年なり〈霊異記・下・序〉

正法眼蔵 《作品名》鎌倉中期の仏教書。現行は九六巻。道元著。曹洞宗の開祖道元の寛喜三年(一二三一)から建長五年(一二五三)の間の法語をまとめたもの。日本曹洞宗の根本聖典で、全文が和文でわかりやすく記されている。

正法眼蔵随聞記 《作品名》鎌倉中期の仏教書。六巻。嘉禎年間(一二三五~三八)の成立。道元の興聖寺在住時代の法語を弟子の懐奘が集録したもの。『正法眼蔵』理解に欠かせないとされる。

しやう-ほん【正本】 名 ❶根拠となる原本。例その**正本**は、伝はりて、侍従俊貞といひし人のもとにぞありける〈宇治拾遺・序〉❷浄瑠璃で、詞章や節つけ・仮名遣いまですべて太夫の本と同じにして刊行した本。❸歌舞伎で、せりふだけでなく、舞台装置・衣装・道具・鳴り物などすべてを細かく記した台本。

じやう-ぼん【上品】 名 ❶《仏教語》極楽浄土の九品(九つの段階)の中の、上位三つの総称。上品上生・上品中生・上品下生。⇩くほん。例**上品**に保つ者は、法王の位を得て衆生を導く〈三宝絵・下・一九〉❷(①から転じて)最高。最上位。例**上品**の紙の神妙なるを尋ね出だして〈源平盛衰記・一八〉

じやうぼん-じやうしやう【上品上生】 名《仏教語》極楽往生の九品(九つの段階)の中の最上位。往生してすぐに仏に会い、真理を悟った安らぎを得るとされる。転じて、世俗的な等級の最高であることにもいう。例御位**上品上生**にのぼらせたまはむは知らず〈栄花・花山尋ぬる中納言〉

じやうぼん-れんだい【上品蓮台】 名《仏教語》極楽浄土の九品(九つの段階)の中、上品往生のものが座るとされる蓮の台。七宝池の中にあり、七宝でできているという。例**上品蓮台**に歩みをはこび〈平家・五・勧進帳〉

しやう-み【正味】 名 本物。現物。正真正銘。例**正味**はこちらにある〈浮世草子・好色万金丹・三・二〉

しやう-みやう【声明】 名《仏教語》神聖な祈願の句や経文などに節をつけて唱える儀礼音楽。唄・散華・梵音・錫杖・讃・伽陀など。また、漢讃・和讃・経釈・講式・表白などをいうときもある。「梵唄」とも。

しやう-みやう【唱名】 名動(サ変)《仏教語》「しようみやう」に同じ。例はるか滝壺のもとにて**唱名**の声するは〈歌舞伎・鳴神〉

聖武天皇 《人名》七〇一~七五六(大宝元~天平勝宝八)。奈良時代の天皇。文武天皇の第一皇子。仏教を深く信仰し、奈良に東大寺、全国に国分寺・国分尼寺を建立。天平文化を生む。

じやう-め【上馬】 名 すぐれた馬。駿馬。例世になき(=またとない)**上馬**どもをととのへ立てさせたまへり〈源氏・少女〉

浄妙寺 名 相模国、今の神奈川県鎌倉市の寺。臨済宗建仁寺派。文治四年(一一八八)真言宗の寺として開創。のち禅寺となり、元亨二年(一三二二)足利尊氏が浄妙寺と改称した。鎌倉五山の一つ。

しやうめつ-めつい【生滅滅已】 名《仏教語》生死を超越して、悟りの世界に入ること。例**生滅滅已**は剣の山を越ゆる宝庫なり〈栄花・鶴の林〉

しやうめん-こんがう【青面金剛】 名《仏教語》帝釈天の使者。病魔の難を除くとされる。体が青く、六本の腕に弓矢・宝剣を持つ。頭髪は逆立ち三つの目は赤く、怒りの相を表す。江戸時代には、「庚申待ち」の神となる。

しやう-もん【声聞】 名《仏教語》釈迦の説法を直接聞いて悟りを得た弟子。菩薩・縁覚とともに三乗の一つ。自己の解脱のみを目的とするので、大乗仏教の側からは小乗の徒とされた。例僧とは、菩薩・**声聞**等の別なることあり〈性霊集・八〉

将門記 《作品名》「まさかどき」とも。平安中期の軍記。一巻。作者・成立年未詳。平将門が謀反し、戦死するまでを和風の漢文体で記す。記録性が強く、一方、末尾に将門の霊が供養を頼むという記事を置き、怨霊の鎮魂という目的が現れている。軍記の先駆的作品として貴重。

しゃう‐や【庄屋・荘屋】 ― 名 江戸時代、村の納税その他の事務をするため、その土地で信用のある人を選んで任命した役。主に関西での呼び方。

じゃうやう‐じん【上陽人】 ― 名 寵愛を受けない宮女。楊貴妃が玄宗皇帝の寵愛を一身に受けたので、ほかの宮女はみな上陽宮でむなしく暮らしたという故事による。例 **上陽人**になりたる心地して、泣く泣く故郷をも恋しう思ひ〈為兼卿和歌抄〉

しゃう‐らう‐びゃう‐し【生老病死】 ― 《仏教語》生まれる・老いる・病む・死ぬという、人間として避けられない四つの苦しみ。四苦。例 **生老病死**の移り来たる事〈徒然・一五五〉

しゃう‐らく【上洛】 ― 名 動（サ変）「じゃうらく」とも。京へ上ること。例 内裏へこころざして（＝めざして）**上落する**由を〈保元・上〉

じゃう‐らく【常楽】 ― 名 《仏教語》常に苦がなく楽であること。例 いまだ**常楽**の門（＝領域）に到らず〈和漢朗詠集・下・帝王〉

じゃう‐らく‐が‐じゃう【常楽我浄】 《仏教語》涅槃の四つの徳。悟りは、常住不変であり（常）、安楽で苦を離れ（楽）、自由自在であり（我）、無垢清浄である（浄）ことをいう。例 何ぞの海 **常楽我浄**の風吹けば〈梁塵秘抄・四句神歌〉

じゃう‐らく‐ゑ【常楽会】 名 《仏教語》釈迦入滅の陰暦二月十五日に興福寺・四天王寺・金剛峯寺などで行う法会。涅槃会。

じゃう‐らふ

【上臈】 名 ❶《仏教語》年功を積んだ高僧。例 この僧たち、さるべき**上臈**僧綱などのは（＝この僧たちの中で、しかるべき上臈僧綱などのは）〈栄花・音楽〉
❷（①から転じて）年功を積んだ身分。地位の高い人。例 **上臈**の親王たち大臣などの賜はりたまふだにめでたきことなるを（＝地位の高い親王たちや大臣などが帝から杯をいただきなさることさえすばらしいことなのに）〈源氏・宿木〉 読解 親王の地位にも上下がある。
❸「上臈女房」の略。例 **上臈**どももみな参上りて、我も我もと装束き化粧じたるを（＝上臈女房たちが全員参上して、我先に衣装を身に着け化粧をしているのを）〈源氏・葵〉
❹江戸幕府大奥の職名。御殿女中の上級者。
❺遊女。女郎。

語誌 ▼「臈」は本来は「臘」で、僧の出家後の年数を数える語。
▼①〜③の対義語は「げらふ」。〈池田尚隆〉

じゃうらふ‐にょうばう【上臈女房】 名 身分の高い女房。尚侍や典侍、位階が三位以上、あるいは大臣や大納言・中納言の娘など。例 **上臈女房**達あまたえらばれて参られけり〈平家・六・廻文〉

じゃう‐らん【上覧】 ― 名「しゃうらん」とも。天皇がご覧になること。将軍にいうこともある。例 貞敏（＝人名）、遣唐使として、牒状を賜はり、観察府に参じ、**上覧**に達して〈源平盛衰記・一三〉

しゃう‐りゃう【精霊・聖霊】 名 《仏教語》❶仏や菩薩。例 **聖霊**の示したまへらくのみ。さらに疑ふべからず〈霊異記・中・二六〉 ❷死者の霊魂。例 **聖霊**たちにも回向せんとて〈古活字本保元・下〉

性霊集 《作品名》平安前期の漢詩文集。一〇巻。真済編。承和二年（八三五）ごろ成立。空海の詩文を弟子の真済が選集したもので、一一八編を収める。長編の詩にすぐれる。正式名称は『遍照発揮性霊集』。

しゃうりゃう‐ゑ【精霊会・聖霊会】 名 《仏教語》陰暦二月二十二日、聖徳太子の忌日に行われる法会。法隆寺・四天王寺のものが有名。

じゃうるり‐しばゐ【浄瑠璃芝居】 名 浄瑠璃節の語りに合わせて人形を操る芝居。人形浄瑠璃。また、その劇場。

しゃう‐れん【青蓮】 ― 名 《仏教語》「青蓮華」の略。蓮の一種。葉が長広く、青白色。仏の眼にたとえられる。例（阿弥陀仏ノ）**青蓮**の御眼は四大海を湛へ〈栄花・玉の台〉

しゃう‐ろ【正路】 ― 名 形動（ナリ）人の踏み行うべき正しい道。正道。また、正直なさま。例 その家の事を知る（＝つかさどる）人**正路ならず**〈醒睡笑・八〉

しゃう‐ゑん【荘園・庄園】 名「さうゑん」とも。奈良時代から室町時代にかけて、貴族・社寺などが私的に領有した土地。例 御堂殿の作りみがかせたまひ

浄瑠璃 中世に発生し、江戸時代に完成された語り物。

●**成立期** 浄瑠璃の歴史は、牛若丸と浄瑠璃御前との恋物語『浄瑠璃御前物語』に始まる。室町時代、この作品が座頭らによって語られて人気を博したため、「浄瑠璃」が同様の語り物の称となったとされる。やがて、琉球から渡来した三線（蛇皮線）をもとに作られた三味線を伴奏楽器に採用し、また人形劇・操と提携を行い、慶長年間（一五九六〜一六一五）には人形浄瑠璃が成立する。

●**義太夫と近松** 江戸時代に入ると、京・大坂・江戸の三都以下各地に劇場が設けられ、おのおの特色のある浄瑠璃が行われた。そうしたなか、語り手竹本義太夫と作家近松門左衛門が登場する。貞享元年（一六八四）に義太夫が大坂道頓堀に竹本座を開くと、近松は翌年『出世景清』を書きおろして提供、以後二人は緊密に提携して竹本座で興行を行った。元禄一六年（一七〇三）『曾根崎心中』が大当たりすると、歴史・伝承上の人物たちのドラマ（時代物）と並行して、心中など現実社会の無名の人々のドラマ（世話物）も流行を呼んで人気を博し、以後、浄瑠璃界では義太夫節が大きな位置を占める。その後竹田出雲・並木宗輔らの作家が出て、『菅原伝授手習鑑』などの名作も生まれ、全盛を極めるが、明和年間（一七六四〜七二）ごろには衰えた。

〈川崎剛志〉

て、庄園多く寄せられ〈徒然・二五〉

しゃうを～【生を～】 ⇩「しゃう」の子項目

釈迦（しゃか）《人名》「さか」とも。前五六六～前四八六（一説には、前四六三～前三八三）。仏教の開祖。「釈迦如来」「釈迦牟尼」「釈迦牟尼仏」「釈尊」などとも。今のネパールのカピラ城浄飯王の長子として誕生。幼名ゴータマ・シッダールタ。二十九歳で出家、三十五歳で悟りを開いたとされ、以後四十五年インド各地で布教を続け、八十歳で入滅した。

じゃ-かう【麝香】 名 麝香鹿の分泌腺を乾燥して作った香料。香気が強く、薬としても用いる。例**麝香**の香に染み返りたり〈今昔・二七・三〉

しゃかつら-りゅうわう【沙羯羅龍王】 名《仏教語》八大龍王の一つ。海に住み、水をつかさどる。「沙迦羅龍王」とも。

じゃ-き【邪気】 名「ざけ」「じゃけ」とも。❶病気などを起こす悪い気。また、それによる病気。例この天皇**邪気**おはしければ〈神皇正統記・中〉❷物の怪。例歩み来たりつるものは**邪気**なり〈著聞集・一・三〉

じゃ-き【邪鬼】 名 邪悪な鬼。祟りをする神。例国土の悪鬼、天の**邪鬼**〈近松・天神記・四〉

しゃ-ぎり 名 ❶狂言で、笛だけの演奏。めでたくにぎやかな雰囲気を出す。❷民俗芸能・祭礼などの行列で、笛に太鼓・鉦を交じえて奏する囃子。例寄せくる遊山船がさわぎ集まりて **しゃぎり**の音のおひゃりこひゃり〈松の葉・三・富士詣〉❸歌舞伎で、太鼓・大太鼓・能管（横笛）で一幕の終わるごとに奏する囃子。最終幕の終わりには奏さない。

しゃく【勺・夕】 名「せき」とも。容積の単位。一勺は約〇・〇一八リットル。「升」の百分の一。「合」の十分の一。例去々年の大飢饉で、米が百に四合五**夕**（＝百文で四合五夕しか買えない）〈浄瑠璃・伽羅先代萩・五〉

しゃく【尺】 名 ❶長さの単位。「寸」の十倍。曲尺では約三〇・三センチ、鯨尺では、約三七・九センチ。❷長さ。丈。例**尺**に足らいでも（＝長さが短くても）用にたつもの〈西鶴・好色盛衰記・三・一〉❸ものさし。

しゃく【笏】 名「さく」とも。束帯のとき右手に持つ細長い板。長さ約一尺三寸（約三六センチ）で、ふつうイチイの木で作り、先が円く、下は方形で細くなっている。元来、備忘のために必要事項を書くもので、のちに威儀を整えるために持つようになっても、メモを貼る習慣が残った。⇩そくたい（図）。例いやしげなるもの 式部の丞の**笏**〈枕・いやしげなるもの〉

読解 激職である式部丞の笏は紙の貼り跡が多くて汚かったから。

じゃく【寂】 名 形動（タリ）❶人の声や物音がせず、ひっそりと静かなこと。❷《仏教語》仏道修行により、煩悩から離脱して悟りの境地に至ること。また、悟りの世界。転じて、死後の世界。例大日の（＝大日如来の）**寂**をたたいて（＝尋ねて）〈性霊集・序〉

しゃく-あく【積悪】 名「せきあく」とも。悪行を重ねること。例**積悪**の余殃（＝災い）身に及ぶゆゑに〈平家・七・福原落〉

しゃく-ぎん【借銀】 名 金銭を借りること。また、その金銭。借金。例その見立ては格別、八百五十貫目の**借銀**〈西鶴・世間胸算用・三・一〉

じゃく-くわう【寂光】 名《仏教語》❶寂静（煩悩を解脱した境地）と智恵の光。また、寂静の働きを光にたとえたもの。例かの法性の雲の上に**寂光**の月老いたりといへども〈海道記〉❷「寂光浄土」の略。

じゃくくわう-じゃうど【寂光浄土】 名《仏教語》煩悩を解脱し、悟りを得た仏の住む世界。例法性不二の色身（＝不変の真理を体現した姿）は、**寂光浄土**に居すれども〈源平盛衰記・一三〉

寂光院（じゃくくわうゐん） 名 山城国、今の京都市左京区大原の天台宗の尼寺。平家滅亡後、安徳天皇の母建礼門院が入り、高倉天皇・安徳天皇の冥福を祈ったことで有名。

しゃく-けう【釈教】 名《仏教語》❶釈迦の教え。仏教。例専らに**釈教**を崇み〈懐風藻・序〉❷「釈教歌」の略。内容による和歌の分類の一つ。仏教に関連して詠まれた作品。勅撰集の部立としては『後拾遺和歌集』が最初。❸連歌や俳諧で、仏教に関連して詠まれた句。また、句中の語。

しゃく-し【杓子】 名 ❶飯や汁などをすくう道具。しゃもじ。円形の頭部と柄からなり、木製のほか、頭部に貝や金属を用いたものもある。古くは「匙」とも。❷実のない栗。

しゃく-し【釈氏】 名 釈迦。また、釈迦の弟子。転じて、僧。例（比叡山ハ）**釈氏**化導の正宗〈太平記・二四〉

しゃくし-ぐゎほう【杓子果報】 名 形動（口語）汁物を杓子で盛り分けるとき、思いがけずうまいものが入っていたり量が多かったりする幸運。転じて、よい物や境遇などを思いがけず手に入れる幸運に恵まれること。例かかに若菜をそろへさせ、**杓子果報**の我が身〈西鶴・西鶴織留・六・一〉

しゃく-す【釈す】 動（サ変）説明する。解釈する。例歌の心を**釈しけれ**ば、師直大きに悦んで〈太平記・二一〉

しゃく-ぜつ-にち【赤舌日】 名 陰陽道で、すべてに凶である日。赤舌神の部下六鬼のうち、三番目の最も極悪な羅刹が当番をする日で、六日ごとにこの日が巡ってくる。例**赤舌日**といふ事、陰陽道には沙汰なき（＝問題にしない）事なり〈徒然・九一〉

しゃく-せん【借銭】 名 借金。借財。例**借銭**の山高うして〈西鶴・世間胸算用・一・一〉

しゃく-ぜん【積善】 名「せきぜん」とも。善行を重ねること。例**積善**の余慶（＝善行を重ねた報いである幸福）家門に及び〈平家・一・腰越〉

しゃく-せんだん【赤栴檀】 名 インド産の香木の名。赤く、麝香の匂いをもち、万病を除くという。「牛頭栴檀」とも。例仏を恋ひたてまつり…**赤栴檀**をもって刻みあらはしたまへり〈保元・中〉

釈尊（しゃくそん）《人名》⇩釈迦

じゃく-だう【若道】 名「にゃくだう」とも。「しゅだう」に同じ。例明け暮れ**若道**に身をなし（＝夢中になり）〈西鶴・好色五人女・五・一〉

しゃく-たふ【積塔・石塔】 名「せきたふ」とも。

供養のために石を積んで作った塔。例あれなる木蔭に石を畳める岸蔭に積塔の見え候ふ〈謡曲・江口〉

しゃく-ぢゃう【錫杖】 ─ジョウ 名「さくぢゃう」とも。僧や修験者の持つ杖。頭部を金属製で塔婆の形に作って数個の環をかけ、振ると音が出る。例法螺貝腰につけ、錫杖つきなどしたる山臥の〈宇治拾遺・五〉

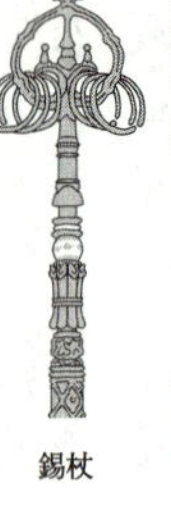
錫杖

しゃく-てん【釈奠】 名「せきてん」とも。陰暦二月と八月の上旬の丁の日に、大学寮で孔子やその弟子十人の肖像を掲げて祭る儀式。八世紀ごろに始まり、室町時代には中絶したが、江戸時代には幕府の昌平坂をはじめ各藩の学問所で行われた。

しゃく-はち【尺八】 名❶中国伝来の竹製の縦笛。唐尺で一尺八寸(約五五センチ)の長さで、雅楽に用いられたが、平安中期に絶えた。⇨ふえ(図)。❷鎌倉中期に宋から伝来した一尺八寸の竹製の縦笛。虚無僧が用いた。

しゃ-くび【しゃ頸・しゃ首】 名〔「しゃ」は接頭語〕首をののしって言う語。例その奴のしゃ頸打ち落とさむ〈今昔・二六・四三〉

しゃく-びゃうし【笏拍子】 ─ビョウシ 名「さくはうし」とも。神楽や催馬楽などで、笏形の二つの板を打ち合わせて拍子を取る打楽器。例手の舞ひ、笏拍子、打つ音は〈謡曲・歌占〉

笏拍子〔春日権現験記絵〕

じゃく-まく【寂寞】 名形動(タリ)「せきばく」とも。ひっそりとしてもの寂しいさま。例佳景(=すばらしい景色)寂寞として心すみゆくのみおぼゆ〈芭蕉・奥の細道〉

じゃく-めつ【寂滅】 名❶〔仏教語〕煩悩の境地を離れ、悟りの境地に至ること。❷消え失せること。死ぬこと。例仏像・神体・経論・聖教(=経文)、たちまちに寂滅の煙と立ちのぼる〈太平記・八〉

じゃくめつ-ゐらく【寂滅為楽】 ─イラク 〔仏教語〕悟りの境地に至って、初めて真の安楽に入れるということ。例寂滅為楽は浄土に参る八相成道の義果(=正しい悟り)なり〈栄花・鶴の林〉

しゃく-もん【釈門】 名〔仏教語〕釈迦の門弟。仏門。僧。例(出家シタ人デモ)釈門の風儀(=作法)を存するもまれなれば〈沙石集・九・一三〉

しゃく・る 動(ラ四)❶すくうように力を加減して、上下・左右・前後に揺する。例こまかなる数珠の玉を解きて、かの糸へ一つ一つ通しかけて、その後糸を締めて、静かにしゃくりけるほどに〈西鶴・西鶴織留・三・四〉❷戸を少し持ち上げて、すくうようにして開ける。例しゃくる潜り戸の音に驚き〈浄瑠璃・夏祭浪花鑑・九〉❸そそのかす。おだてる。例文使ひあるいはいさめまたしゃくり〈柳多留・五〉

寂蓮 じゃくれん〔人名〕?〜一二〇二(建仁二)。平安末期・鎌倉初期の歌人。醍醐寺阿闍梨俊海の子。父の兄弟藤原俊成の養子となるがのちに出家。多くの歌合わせに参加、歌人たちとの交流も広かった。『新古今和歌集』の撰者にも選ばれたが、完成前に没。家集に『寂蓮法師集』。

しゃ-け【社家】 名神官。神職の家柄。例この由を社家より内裏へ奏聞しければ〈平家・一・鹿谷〉

じゃ-け【邪気】 名「じゃき(邪気)」に同じ。例御じゃけの久しくおこらせたまはざりつるを、恐ろしきわざなりや〈源氏・浮舟〉

しゃ-けい【舎兄】 名「しゃきゃう」とも。実の兄。また、広く兄をいう。例基実公は御舎兄ながら、日野の養子となりたまへば〈戴恩記・上〉

じゃ-けん【邪見】 ■1名〔仏教語〕善悪の果報、因果の道理や仏陀の存在を認めない誤った邪悪な見解。例(仏ヘノ供エ物ヲ)邪見深きがゆゑに人にも与へずして〈今昔・一九・二一〉■2名形動(ナリ)「邪慳」「邪険」とも書く。無慈悲で思いやりのないこと。よこしまであること。例昔、慳貪(=欲が深く)邪見なる国王ありて〈宇津保・俊蔭〉

しゃ-こ【硨磲】 名貝の名。シャコ貝。シャコガイ科の大きな二枚貝。南の海に生息し貝殻は扇形で表面は波状にうねっている。磨くと乳白色に光り、七宝の一つに数えられる。例いかなる金銀・瑠璃・硨磲・碼碯をもってつくりたる家なりとも〈御伽草子・蛤の草紙〉

しゃ-さん【社参】 名神社への参詣。神参り。宮参り。例最明寺入道、鶴岡(=鶴岡八幡宮)の社参のついでに〈徒然・二一六〉

しゃ-し【社司】 名神官。神主。神職。例日吉の社司・延暦寺の寺官、都合三十余人〈平家・一・願立〉

じゃ-しゃう【邪正】 ─ショウ 名よこしまなことと正しいこと。例邪正のことわり・善悪の道理をわきまへて〈愚管抄・六〉

しゃ-しょく【社稷】 名〔「社」は土地の神、「稷」は五穀の神〕❶古代中国で、建国のときに国家の守護神として祭る神。日本では、朝廷の崇拝のあつい神社をいう。❷(①から転じて)国家。朝廷。例良臣これにのっとって社稷を守る〈太平記・一〉

しゃ-しん【捨身】 名❶〔仏教語〕仏に供養するために身を捨てること。俗身を捨てて仏道に入ること。出家。例それ捨身抖擻(=行脚)の行体は、山伏修行の便り(=方法)なり〈謡曲・安達が原〉❷自ら命を絶つこと。例最期は同じ時ながら、捨身の品(=手段)も所も変へて〈近松・心中天の網島・下〉

しゃしん-の-ぎゃう【捨身の行】 ─ギョウ 身命を捨てて仏道を求める厳しい修行。例捨身の行に、なじかは御身を惜しませたまふべき〈平家・灌頂・大原御幸〉

読解 「なじかは」は反語の意を表す。

沙石集 しゃせきしふ シャセキシュウ 〔作品名〕鎌倉後期の仏教説話集。一〇巻。無住作。弘安六年(一二八三)成立。作者は僧。在家の信者に向けた仏教入門のための作品。巻八の滑稽譚などは、その内容が仏教の枠組みにとどまらないことを示す。

しゃ-だん【社壇】 名神を祭ってあるところ。社殿。神殿。例本宮の社壇修復のため、神体をかりに宮遷

しいたすところ〈近松・平家女護島・三〉

しゃ-ぢく【車軸】名 ❶車の軸。心棒。❷（車軸のように太い雨の意で）大雨。太い雨足。例**車軸**平地に川を流し〈西鶴・日本永代蔵・四・四〉

しゃぢく-の-ごとし【車軸の如し】大雨の形容。例**車軸のごとく**なる雨ふりて、天下たちまちにうるほひ〈宇治拾遺・二〇〉

しゃち-ほこ【鯱】名 想像上の海獣。形は魚に似て、頭は虎、背中にハリネズミのような針があるという。防火の効果があるとして、これをかたどったものを城の天守・櫓や門の屋根の両端につける。

しゃ-ちゅう【社中】名 結社などの仲間。また、邦楽や詩歌などで同じ師匠に師事する人たち。同門。例近所の**社中**どもへもおひき合はせまうしたい〈滑稽本・膝栗毛・五下〉

しゃちら-さんぼう【しゃちら三宝】副『近世語』めちゃくちゃに。手当たりしだい。例**しゃちら**三宝近付き中（＝知り合いの連中）に痛手を負ほせ〈近松・心中刃は氷の朔日・上〉

しゃつ【奴】代 他称の人称代名詞。第三者をののしっていう。やつ。例「**しゃつ**が口をさけ」とて口をさかれ〈平家・二・西光被斬〉

しゃっきり 副 しっかりして動かないさま。ぴんと突っ張っているさま。例蜻蛉が羽根をひろげたやうに**しゃっきり**して〈滑稽本・浮世風呂・三下〉

しゃっつら【しゃっ面】名「しゃつら」に同じ。例物はきながら（＝履いたままで）**しゃっつら**をむずむずとぞふまれける〈平家・二・西光被斬〉

しゃつら【しゃ面】名〔「しゃ」は接頭語〕顔をののしって言う語。例兜は真っ向はたと打ち割り、**しゃ面**を半ならばかりぞ切りつけける〈義経記・五〉

しゃ-てい【舎弟】名 実の弟。また、広く弟をいう。例兼実公は**舎弟**なれども、そのまま当家におはせしかば（＝いらっしゃったのだから）〈戴恩記・上〉

しゃ-とう【社頭】名 神社のあたり。社前。神前。例御賀茂詣での日は、**社頭**にて三度の御かはらけ定まりてまゐらするわざなるを（＝三度酒杯を差し上げることが定例でありますのに）〈大鏡・道隆〉

しゃ-な【遮那・舎那】名『仏教語』「毘盧遮那」の略。⇩びるしゃなぶつ。例**遮那**の大戒（＝教え）をその内に伝へてよりこのかた〈平家・七・平家山門連署〉

語誌 密教では「遮那」、顕教では「舎那」と書く。

しゃ-にん【社人】名 下級の神官。例出家・**社人**のあつかひ（＝仲裁）も聞かざる者ども〈西鶴・好色一代男・五・一〉

じゃ-の-め【蛇の目】名 ❶蛇の目。また、蛇の目のように冷酷で意地悪そうな目。例洗ひ物師の**蛇の目**後家〈近松・傾城島原蛙合戦・二〉❷紋所の名。太い輪の形。また、そのような模様。❸②の模様の雨傘。蛇の目傘。

しゃば

しゃば【娑婆】名〔梵語の音写〕❶『仏教語』人間界。**現世**。**俗世間**。「娑婆世界」とも。例(a)（地獄カラ）いとまを給はりて、**娑婆**にまかりかへりて（＝お暇をいただいて、人間界に退去して）〈宇治拾遺・八・三〉例(b)つくづく物を案ずるに、**娑婆**の栄花は夢の夢、楽しみ栄えて何かせむ（＝よくよく物事を考えてみると、現世の栄華は夢の中で見た夢のようにはかなく、裕福になり栄えてもなんにもならない）〈平家・一・祇王〉読解「何か」の「か」は反語の意を表す。例(c)片時も**娑婆**に居るうちは、見るも聞くも皆罪障（＝しばらくの間でも現世にいるうちは、見るものも聞くものもすべて成仏の妨げとなるもの）〈近松・心中万年草・下〉❷牢獄・遊里など、自由を束縛された世界から見た世間。例**娑婆**に居るうち一日でも、うめへ物でもたんと（＝たくさん）食ひ〈歌舞伎・小袖曾我薊色縫・二・序〉

語誌 娑婆の衆生はさまざまな煩悩を耐え忍んで受け止めなければならないとされる。それゆえに娑婆を忍界・忍土などと称することもある。釈迦による教化の対象となるべき世界である。

しゃば-いらい【娑婆以来】久しく会っていなかったときの挨拶の言葉。特に、遊里で知人に会ったときに言う。例**娑婆以来**これはこれはと反りかへり〈柳多留・三〉〈多田一臣〉

しゃば-せかい【娑婆世界】名『仏教語』「しゃば①」に同じ。例**娑婆世界**の思ひ出にとて、高野の金堂に曼陀羅を書かれけるが〈平家・三・大塔建立〉

しゃば-ふさぎ【娑婆塞ぎ】名 役に立たないのに、いつまでも生きていること。人の邪魔になる存在。ごくつぶし。例嫁御にあかる（＝邪魔にされる）身となり、一日も**娑婆塞ぎ**〈西鶴・西鶴織留・一・一〉

写本と異本

室町時代まで、一般の書物は一冊一冊人の手によって書き写されるのが普通であった。このような書物を写本という。平安時代以前は紙や墨もたいへん貴重であったから、書物を書き写し、それを楽しむことができたのは、貴族を中心とするごく一部の人々であった。

同じ作品であっても、長い年月の間に多くの人の手を経て書き写されていくうちに、本文にさまざまな違いが生じてくる。それは単なる誤写の場合もあるし、作者や編纂者が書き直す場合もあれば、本を写した人が本文を追加したり書き換えたりした場合もあった。また、本来「語り」（物語などを節をつけて朗読し、人に聞かせること）によって成立してきた『平家物語』のような作品は、書き写されたものよりさらに自由度が高かったためか、実際にさまざまな違いをもつ『平家物語』が多数存在する。このように、もとは同一の作品であるが、本文に違いがあるものをそれぞれ異本と呼ぶ。

たとえば『枕草子』には、今日最も一般的に読まれている「三巻本」のほかに、「能因本」（この系統に属する写本をさかのぼってゆくと、平安中期の歌人能因が書いたと伝えられる本にゆきつくことからの称）「堺本」「前田本」などといった系統があることが知られている。名称の由来はさまざまだが、これらは互いに異本関係にある。

しゃ-べつ【差別】 名 区別。例死せむ事、疾とし(=早い)遅しのしゃべつなりといへども、逃るべき事にあらず〈今昔・三・二五〉

じゃ-ま【邪魔】 名 ❶《仏教語》修行を妨げる悪魔。例邪魔自在を得、十八界に飛行して〈万民徳用〉 ❷妨げること。支障。

しゃ-み【三味】 名 三味線。例我が恋路は糸なき三味よ。何のねもせで待ち明かす〈近松・心中宵庚申・下〉

読解「ねもせで」は「音もせで」と「寝もせで」を掛ける。

しゃみ【沙弥】 名《仏教語》〔梵語の音写〕「さみ」とも。十戒を受けてはいるが、まだ具足戒を受けていない、出家したばかりの僧。見習い中の僧。例諸国の沙弥らまでことごとく参り集まりて、受戒すべきよし思ひゐたるところに〈宇治拾遺・一三九〉

しゃ-めん【赦免】 名動(サ変) 罪・過失を許すこと。例すでに赦免候はんずるぞ〈平家・三・赦文〉

しゃ-もん【沙門】 名《仏教語》出家して仏道修行する人。僧。例沙門、なんぞ世財をあらそはん〈沙石集・九・二〉

しゃら【洒落】 形動(ナリ)《近世語》なまいきなさま。しゃらくさいさま。また、しゃれているさま。例しゃらな丁稚あがりめ〈近松・曾根崎心中〉

じゃ-らい【射礼】 名「しゃれい」とも。平安時代の宮廷行事の一つ。陰暦一月十七日に、建礼門の前で親王以下五位以上および六衛府の官人などが競射を行うもの。

しゃ-らく【洒落・灑落】 名形動(ナリ) 物事に執着せず、さっぱりとしていること。例ただ世を例の洒落に見破りて〈俳諧・鶉衣・方笠庵記〉

しゃら-さうじゅ【沙羅双樹】 ─ソウジュ 名「さらさうじゅ」に同じ。例娑羅双樹の花の色、盛者必衰の理(=道理)を顕す〈平家・一・祇園精舎〉

しゃり【舎利】 名〔梵語の音写〕❶《仏教語》「さり」とも。火葬された遺骨。特に、釈迦の遺骨。仏舎利。例舎利一粒を得、すなはち瑠璃の壺に入れて、塔に安置して、をがみたてまつる〈今昔・一一・一〉 ❷〔形が①に似ていることから〕米粒。米飯。

しゃり-かう【舎利講】 ─コウ 名《仏教語》仏舎利(釈迦の遺骨)を供養する法会。

しゃり-ゑ【舎利会】 ─エ 名《仏教語》「しゃりかう」に同じ。例貞観二年といふ年、惣持院を建てて舎利会をはじめて行ひて〈今昔・一一・二七〉

しゃ-りん【車輪】 ❶名 車の輪。例大きなる車輪のごとくなる炎が〈平家・一・内裏炎上〉 ❷名形動(口語) ❶物事を懸命に行うこと。例目をねぶって(=つむって)車輪でやってる内に〈滑稽本・浮世床・初上〉 ❷目を大きく見開くこと。例車輪とにらむ怒りの大音〈浄瑠璃・彦山権現誓助剣・三〉

し-や・る【為遣る】 動(ラ四) やり遂げる。処置する。例はかなきことなどえしやるまじく(=ちょっとした準備など、やり遂げることはできなさそうで)〈源氏・浮舟〉

しゃる

助動(特殊型)〔尊敬の助動詞「す」の未然形+尊敬の助動詞「らる」=「せらる」の変化した形〕尊敬の意を表す。〜なさる。例末々(=行く末)は何にならうとも、かまはしゃる(終止形)な〈西鶴・好色五人女・三・四〉

接続 四段・ナ変活用の語の未然形につく。

活用 しゃら・しゃれ／しゃり・しゃれ／しゃる／しゃる／しゃれ／しゃれ・しゃい

語誌 四段・ナ変活用の語以外には「さっしゃる」がつく。

しゃ-れ【洒落】 名〔「洒落」はあて字〕❶あかぬけした言動。風流な趣があること。例風雅でもなく、洒落でなく、風流でもなく、せう事なしの…がなしの…ひっそりした生活)〈浄瑠璃・仮名手本忠臣侘び住居(=風雅でもなく、風流でもなく、しかた蔵・九〉 ❷ある文句をもじって言う冗談。地口。例「どこでも吉野木吉野木。これ色男、こっちへ来のめ田楽」としゃれをいふ〈洒落本・遊子方言〉

読解「どこでも来のめ田楽」場所はどこでもよい、こっちへ来て酒を飲め、ほどの意。「吉野」に「良し」を、「来のめ」に「来飲め」と「木の芽田楽」をそれぞれ掛けたしゃれで、通人ぶる。

語誌 さっぱりとした洗練された美意識のもと、趣味や服装、物腰に用いる。特に、色の道に通じて女性や遊女相手に巧みに遊ぶ場合にいう。〈福田安典〉

しゃれ-いた【曝れ板】 名 風雨にさらされて木目の出た板。また、風流な額や看板に作るため、わざと風雨にさらした板。例寝間と思ふ長押の上に曝れ板の額掛けて〈西鶴・好色一代女・一・一〉

しゃれ-かうべ【髑髏・曝れ頭】 ─コウベ 名「されかうべ」とも。風雨にさらされた頭骸骨。どくろ。例しゃれかうべに玄房といふ銘をかいて、興福寺の庭におとし〈平家・七・還亡〉

しゃれ-もの【洒落者】 名 ❶服装・言動などが洗練されている人。気の利いた人。粋な人。例京の三木といへる男…何が都のしゃれもの〈西鶴・西鶴置土

洒落本 江戸時代の小説の一種。主に遊里に取材してその風俗や人情を描く。

享保年間(一七一六〜三六)に始まり、明和七年(一七七〇)刊の田舎老人多田爺作『遊子方言』で定型ができる。この作品は、男たちが吉原へ出かけて翌朝帰るまでを会話を中心に生き生きと描いて評判となった。

山東京伝の『通言総籬』(天明七年・一七八七刊)『傾城買四十八手』(寛政二年・一七九〇刊)などが生まれるころが絶頂期である。その後は梅暮里谷峨などが活躍するが、寛政の改革で京伝が処罰されたことや作品全体が固定化するようになったことから、しだいに衰える。

洒落本は滑稽の要素が強いが、遊女と客とのやりとりや遊里の事情に明るい通とその反対の野暮などを描くことによって、人情の機微や普通には気づきにくい世俗の本質を指摘する「うがち」が大きな特色である。〈福田安典〉

産・四・三〉❷滑稽なことを言う人。だじゃれなどがうまい人。例太鼓(=太鼓持ち)といふ**洒落者**を召し連れありくなり〈噺本・軽口露がはなし・一・七〉

しゃん-しゃん 副『近世語』❶馬の鈴などの鳴る音。❷湯が盛んにわき立つさま。例据え風呂も**しゃんしゃん**〈近松・丹波与作待夜の小室節・中〉❸手を打つ音。事が決着したときに手を打つことから、事が決着したことにもいう。例**しゃんしゃん**、さあこれからが本酒〈近松・今宮の心中・上〉

しゃんす 助動〈特殊型〉〔尊敬の助動詞「しゃる」の連用形＋助動詞「ます」＝「しゃります」の変化した形〕丁寧の意をこめた尊敬の意を表す。〜なさいます。例(双六ヲ)打た**しゃんせ**〈命令形〉〈近松・丹波与作待夜の小室節・上〉

接続 四段・ナ変活用の語の未然形につく。「見る」「寝ぬ」などには「や」を介してつくことがある。

活用 しゃんせ／しゃんし／しゃんす／しゃんす／しゃんすれ／しゃんせ

語誌 江戸時代、主に上方の遊里の遊女たちが用いた。のちは一般にも広まる。

-しゅ【首】 接尾 漢詩や和歌の作品を数える。例袖と袂と、一首の中に(詠ミ込ムト)悪しかりなんや〈徒然・一三八〉

しゅ【守】 名 令制で、官職が相当位階より高い場合に、位階と官職の間に書き加える語。

しゅ【朱・銖】 名❶令制で、重さの単位。「両」の二十四分の一。❷江戸時代の貨幣の単位。「両」の十六分の一。「歩(分)」の四分の一。

じゅ-【従】 接頭 令制の位階で、同じ位階を二等級に分けたとき、下位であることを表す。「従三位」など。上位は「正」。

じゅ【呪・咒】 名「しゅ」とも。古代中国で行われた呪術のまじないの文句。また、陀羅尼の文句。例乞食わびて(=困りきって)、たもつところの**呪**を誦して、「本尊助けたまへ」と念ず〈今昔・二〇・二五〉

じゅ【頌】 名『仏教語』「げ(偈)」に同じ。

じゅ-いん【手印】 名❶『仏教語』両手の指で形づくるいろいろな印。仏や菩薩の悟りや誓願を象徴的に表す。また、密教でその印を結んで呪文を唱える行法。例九百九十三仏の威儀・**手印**を知らず〈今昔・六・二六〉❷墨や朱肉を塗って手の形を押した印。「押し手」「手形」とも。❸自分の署名、捺印。

しゅ-いん【朱印】 名❶朱肉で押した印。❷「ごしゅいん」に同じ。

シュウ【秀・周・祝・秋・愁・蹴】 ⇩しう

シュウ【拾・執・習・集・襲】 ⇩しふ

しゅう【主】 名〔「しゅ」の変化した形〕自分が仕えている人。主人。主君。例ありがたきもの(=めったにないもの)…**主**そしらぬ従者〈枕・ありがたきもの〉

しゅう【宗】 名❶各流派における中心的な教義。宗旨。宗要。❷教義を同じくする仏教集団。宗門。宗派。例我が**宗**には五教を立て、一切聖教(=すべての釈迦の教え)を判ず〈平家・一〇・高野御幸〉

しゅう【衆】「しゅ」とも。1 名❶多くの人。大勢の人。人々。**ある集団に属する人々**。例(a)人に愛楽せられずして**衆**にまじはるは恥なり(=人に愛されもしないで人々と交際するのは恥ずかしいことである)〈徒然・一三四〉例(b)お江戸に産まれた**衆**は〈滑稽本・浮世風呂・四下〉❷「所の衆」の略。蔵人所で雑用などにあたる下級の職員。例文覚と申すは、もとは…上西門院の**衆**なり〈平家・五・文覚荒行〉
2 接尾 人や集団を表す名詞について、軽い敬意を表す。「旦那衆」「上臈衆」など。〈近本謙介〉

ジュウ【十・什】 ⇩じふ

ジュウ【住・重】 ⇩ぢゅう

しゅう-い【拾遺】 ⇩しふゐ

しゅう-えん【終焉】 名 死ぬとき。臨終。例人の**終焉**のありさまのいみじかりし事など(=りっぱであったことなど)、人の語るを聞くに〈徒然・一四三〉

しゅう-し【宗旨】 名『仏教語』❶宗門の趣旨。教義。例その**宗旨**を説く時は、超仏・越祖の手段あり(=仏や創始者の教えを越える手段となる)といへども〈太平記・二四〉❷宗門。宗派。例珍しき**宗旨**かな。いづれの経より出たる教へぞ〈仮名草子・浮世物語・三・一〉

しゅう-じゅう【主従】 名「しゅじゅう」とも。主人と従者。主君と家来。例これら**主従**三人が首をば〈平家・八・妹尾最期〉

しゅう-てい【宗体】 名「しゅうたい」とも。仏教の宗派の根本的教義。例面々の**宗体**が承りたく候ふ〈謡曲・放下僧〉

しゅう-と【衆徒】 名「しゅと」に同じ。

じゅう-まん【充満】 名 動〈サ変〉❶すきまなくいっぱいになること。例綺羅(=美しい衣服)**充満して**、堂上花のごとし〈平家・一・吾身栄花〉❷満腹になること。例種々の馳走で**充満**致し、御酒をも過ごいてござる〈虎寛本狂言・若市〉

しゅう-もち【主持ち】 名 主人に仕えている人。あるいはその身分。例そなた(=あなた)も**主持ち**と見えたが〈狂言・末広がり〉

しゅう-もん【宗門】 名❶宗旨。宗派。例**宗門**を御たづねあそばされしに、この家代々日蓮宗にて〈西鶴・本朝桜陰比事・一・六〉❷僧。例**宗門**の姿で、喧嘩口論ならぬはず〈浄瑠璃・彦山権現誓助剣・九〉

しゅうもん-あらため【宗門改め】 名 江戸時代、キリスト教禁止のために幕府が設けた制度。毎年、家ごとの宗旨をその檀那寺に証明させて、キリスト教徒でないことを確かめた。

じゅう-るい【従類】 名 一族と家来たち。例公家・武家の**従類**、上下(=身分の高い人や低い人)二十万人に余りたる人数を〈太平記・一七〉

しゅう-ろん【宗論】 名『仏教語』宗派間の教義上の論議・論争。例夜もすがら(=夜通し)**宗論**をして〈虎寛本狂言・宗論〉

じゅう-わう【縦横】 ―オウ 1 名 縦と横。また、南北と東西。例江の**縦横**一里ばかり〈芭蕉・奥の細道〉
2 形動〈ナリ〉❶混乱しているさま。統一がないさま。例采女(=侍女たち)の身体・服飾を**縦横に**なして〈今昔・一・四〉❷思いのまま。勝手気まま。例路**縦横に**踏んで〈芭蕉・奥の細道〉

じゅうわう-むげ【縦横無礙】 ジュウオウ― 名 形動〈ナリ〉

妨げになるものがなく、自由自在であること。例縦横無碍に切って回りける間〈太平記・三三〉

じゅ-かい【受戒】 名〘仏教語〙仏門に入る人が戒を受けること。また、その儀式。特に、出家した人が教団の中で守るべき戒律としての具足戒を受けて正式な僧となることにいう。例花山院は御受戒、この冬とぞ思しめしける〈栄花・花山尋ぬる中納言〉

じゅ-かい【授戒】 名〘仏教語〙仏門に入る人に戒を授けること。受戒させること。一般信者に五戒などを授けることにもいうが、正式には、戒壇で作法にのっとって具足戒を授け、教団内の出家修行者とすることをいう。

しゅ-かう【趣向】 ―コウ 名工夫。発想。仕組み。特に、俳諧などで句作のもとになるもの。例苦案するものは、まず趣向を案ず〈俳諧問答・答許子問難弁〉

じゅ-がん【入眼】 名動(サ変)「じゅげん」とも。物事が完成すること。絵師・仏師が最後に目を入れて作品を完成させることからいう。例女人この国(ノ統治)をば入眼すと申し伝へたる〈愚管抄・三〉

じゅ-き【授記】 名動(サ変)〘仏教語〙仏が弟子に対して、成仏など未来世の予言を与えること。例(龍神ハ)仏の授記を得たる者にて候へば〈太平記・一八〉

しゅ-ぎ-はん【衆議判】 名「しゅうぎはん」とも。歌合わせで、判者を置かず左右の参加者の合議で歌の優劣の判定を決めること。例されどこの歌も、衆議判の時、よろしきよし沙汰ありて〈徒然・一四〉

しゅ-ぎゃう【修行】 ―ギョウ 名動(サ変)「すぎゃう」とも。❶〘仏教語〙身体的な実践を通して仏道を修めること。例いまだ修行得道の聖を験さず(=いまだに仏道修行を成就しえた聖者としての証拠を現していない)〈万葉・五・八〇〇・序〉❷〘仏教語〙仏道を修めるため、巡礼・托鉢・行脚などを行うこと。例いぬる七月よりす行にまかりありくに、供養絶えて(=去る七月より仏教修行のために歩き回っているが、食べ物がなくなって)〈宇津保・忠こそ〉❸芸道・学問などの修得のため鍛磨・鍛練に励むこと。例徳をつかんと思はば、すべからくまづその心づかひを修行すべし(=富を得ようと思うなら、当然まずその心構えを鍛練しなければならない)〈徒然・二一七〉

語誌▼身体的な実践行為　仏の教えを身に保ち習って実践につとめるというのが本来の意味。発心して悟りを得るのが仏道の目的だが、そのための身体的な実践行為を修行と称した。同じ意味ではむしろ和語の「おこなひ」の使用例が多い。のちに仏道修得以外にも用法が拡大された。〈多田一臣〉

しゅ-ぎゃう【執行】 ―ギョウ 名「しぎゃう」とも。❶名動(サ変)事務を執り行うこと。例帥殿(=藤原伊周)に天下執行の宣旨(=天皇の命令)くだしたてまつりに〈大鏡・道隆〉❷名〘仏教語〙寺のさまざまな実務を総轄する僧職。

しゅぎゃう-じゃ【修行者】 シュギョウ― 名〘仏教語〙「すぎやうざ」とも。仏道を修行する人。仏道修行のため諸国を行脚する僧。修験道系の僧をさすことが多い。例旅の修行者でござる。一夜の宿を貸して下されい〈虎寛本狂言・宗論〉

じゅ-ぎょ【入御】 名「にふぎょ」とも。天皇や皇后が内裏に入ること。のちには親王・摂政などにも用いる。例(摂政ハ)今度は待賢門より入御あるべきにて〈平家・一・殿下乗合〉

じゅ-きょう【入興】 名動(サ変)興に入ること。おもしろがること。例かの卿聞かれて、入興せられけるとなむ〈著聞集・一六・五六二〉

しゅ-ぎょく【珠玉】 名海でとれる真珠と、山でとれる宝石。りっぱなもの・美麗なもののたとえ。例春の日に雪仏を作りて、そのために金銀珠玉のかざりを営み〈徒然・一六六〉

しゅ-きん【手巾】 名❶僧や尼などが手ぬぐいとして用いる長い布。例手巾を携えて洗面架におもむく〈正法眼蔵・洗面〉❷「手巾帯」の略。①を帯にしたもの。僧や尼などが、衣服の上から巻いて前で結ぶ。

しゅく【宿】 名「すく」とも。❶旅先で泊まること。また、その宿。例十郎蔵人の宿は二所ありて(=二か所ある)〈平家・一二・泊瀬六代〉❷宿場。宿駅。平安時代以降、交通の要所にひらけた集落。旅行者の宿泊に利用され、また通信・輸送の中継地となった。例その日やうやう草加といふ宿にたどり着きにけり(=その日やっと草加という宿場に到着した)〈芭蕉・奥の細道〉❸星座。星宿。古代の中国で、天球を二十八に分割したもの。月がその星座に位置する日をもいう。例八月十五日・九月十三日は、婁宿なり。この宿、清明なるゆゑに、月をもてあそぶに良夜とす(=八月十五日と九月十三日は、婁宿の日である。この星座は、清く澄んでいるので、月をめでるのによい夜とする)〈徒然・二三九〉読解「婁宿」は二十八宿の一つ。

語誌▼宿と遊女　初期の宿駅(②)は、平安中期に、吉野・熊野・高野山など、当時広く信仰を集めていた寺社へ向かう道筋に出現し、ついで、交通量の多い河川のほとりに発達した。そこはまた、旅行者をあてこんだ遊女たちが、舟に乗って群集する場所でもあった。摂津国(今の大阪府・兵庫県の一部)の神崎・江口は特に有名。〈品田悦一〉

しゅく-い【宿意】 名❶年来の考えや望み。例山門の騒動によって、私の宿意をばしばらく抑へられけり〈平家・二・西光被斬〉❷年来の恨み。例その時の宿意相残って、高野・根来の両寺、ややもすれば確執の心をさしはさめり〈太平記・一八〉

しゅく-いん【宿因】 名〘仏教語〙「すくいん」とも。前世からの因縁。宿縁。例「これ前生の宿因なりけり」と知りて〈今昔・二四・九〉

しゅく-うん【宿運】 名〘仏教語〙前世から定まっている運命。宿世。例宿運たちまちに尽きたまへば〈平家・六・入道死去〉

しゅく-えん【宿縁】 名〘仏教語〙「しゅくいん」に同じ。例夫妻は、一夜の枕をならぶるも五百生の宿縁と申し候へば〈平家・一〇・維盛入水〉

しゅく-ぐゎん【宿願】 ―ガン 名かねてからの願い。例いささか宿願によって、熊野参詣のためにまかり上って候ふ〈平家・一二・土佐房被斬〉

しゅく-ごふ【宿業】 名《仏教語》現世での果を招く原因となった前世での行為。例この児の…財の主となる身の**宿業**を知らむと思ひて〈今昔・二・三三〉

しゅく-し【宿紙】 名「すくし」とも。一度使った紙をすき返して再生した薄墨色の紙。例伊豆守…**宿紙**をにはかに染め出だし〈太平記・一四〉

しゅく-しふ【宿執】 名《仏教語》前世からの執着。執念。また、前世からの因縁。例父を切る子、子に切らるる父、切るも切らるるも**宿執**の拙き事、恥づべし恥づべし〈保元・中〉

しゅく-しふ【宿習】 名《仏教語》「しゅくじふ」とも。前世で身につけた慣習。例南海渺茫たる(＝はるかな)旅泊にただよはせたまひける**宿習**の程こそあさましけれ〈保元・下〉

しゅくしふ-かいほつ【宿執開発】《仏教語》前世での善根功徳のおかげで、現世で幸福を得ること。例あな尊や。**宿執開発**の人かな〈徒然・一四四〉

しゅく-しょ【宿所】 名住まい。自宅。例さて車に乗って**宿所**に帰り〈平家・一・祇王〉

しゅく-せ【宿世】 名《仏教語》❶「すくせ①」に同じ。❷「すくせ②」に同じ。例男女の縁**宿世**、今にはじめぬ事ぞかし〈平家・一・祇王〉

しゅく-ぜん【宿善】 名《仏教語》「すくぜん」とも。前世で積んだよい行い。例我、**宿善**厚くして地蔵菩薩に値ひたてまつれり〈今昔・一七・二〉

しゅく-ば【宿場】 名江戸時代、街道の要所にあって、旅人が宿泊したり、荷物の運搬に必要な人馬を替えたりできる設備などを整えた所。

しゅく-ばう【宿坊】 名❶参詣した人が宿泊する僧房。例いかにも御寺も**宿坊**も、難なく(＝戦の難にあわず)おはしませかし〈謡曲・吉野静〉❷僧自身の宿舎。僧房。例夜、道照(＝僧の名)の**宿坊**に行きて、ひそかに伺ひ見るに〈今昔・一一・四〉

しゅく-ほう【宿報】 名《仏教語》「すくほう」とも。前世で行った善業・悪業によって生じる、現世での報い。例これも前生の**宿報**にこそはありけめ〈今昔・二六・一〉

しゅく-まう【宿望】 名「しゅくばう」とも。「しゅくぐわん」に同じ。例往生の**宿望**を遂げん〈宝物集・七〉

しゅく-らう【宿老】 名❶年老いて経験を積んだ人。例座上にけだかげなる**宿老**のましましけるが(＝いらっしゃったが)〈平家・五・物怪之沙汰〉❷鎌倉・室町幕府の評定衆。また、江戸幕府の老中や諸藩の家老など。❸江戸時代、町内の「名主」や「年寄り」。例町の**宿老**出で来たりて戒め諫めらるるやう〈仮名草子・浮世物語・一・四〉

じゅ-ぐゎん【呪願・咒願】 名動(サ変)《仏教語》法会で、導師が施主の幸福を祈願すること。また、その祈願文。例鉢を捧げて**呪願し**てのたまはく〈今昔・一・一〉

しゅけい-れう【主計寮】 名⇩かずへれう

しゅ-げん【修験】

名《仏教語》(「修」は修得する・身につける意。「験」は仏道修行のしるし・加持祈禱のききめの意)

❶山野で難行苦行を積むことで、法力を身につけること。例天性として(＝生まれつき)**修験**を好みて、もろもろの山を廻り海を渡りて難行苦行す〈今昔・一七・一八〉

❷「修験道」の略。例**修験**の行者加持すれども(＝修験道の修行者が祈禱するけれども)〈太平記・三二〉

❸「修験者」の略。例**修験**はきのふ筑石を出でて(＝修験者は昨日筑紫の国を出発して)〈読本・春雨・目ひとつの神〉

語誌▼**修験のイメージ** 古来の山岳信仰に基づくものといわれ、特に密教と結びついて、すでに平安時代には盛んに行われていた。物語などでは「験者」「験方」などの語で現れることが多い。

山野における難行を事とするため、修験者の姿はしばしば、荒々しく神秘的な力をもつ存在として描かれる。中世以降は、有髪に兜巾をかぶり、篠懸の衣に笈を背負って金剛杖を携え、法螺を吹きつつ山野を行くという山伏装束が定着する。〈藤本宗利〉

じゅ-げん【入眼】 名「じゅがん」に同じ。

しゅげん-じゃ【修験者】 名修験道の修行をする人。「験者」「山伏」とも。例**修験者**たる者来たりなば(＝来たならば)〈歌舞伎・勧進帳〉

しゅげん-だう【修験道】 名仏教の宗派の一つ。役小角を開祖とし、山野での難行によって法力を修得する。

しゅ-ご【守護】 ❶名動(サ変)まもること。警護。例法住寺殿を**守護し**まゐらせ候はば〈平家・二・烽火之沙汰〉❷名鎌倉・室町幕府の職名。文治元年(一一八五)源頼朝が地頭とともに設置。大番(朝廷・幕府の警備役)の催促、謀反人や殺害人の取り締まりなどにあたる。やがて強大化し、室町時代には守護大名へ成長する。例今は大小の事、ともにただ**守護**のはからひにて〈太平記・三三〉

しゅご-じん【守護神】 名「しゅごしん」とも。国家・個人などの守り神。例末代にこの都を他国へうつす事あらば、**守護神**となるべし〈平家・五・都遷〉

しゅご-だい【守護代】 名鎌倉・室町時代、守護が任国にいないとき現地に赴いて職務を代行する人。例もとより雲州(＝出雲国)は佐々木の持ち国にて、塩冶は**守護代**なれば〈読本・雨月・菊花の約〉

しゅご-ふにふ【守護不入】 名「しゅご2」がその地域内に立ち入って、罪人を逮捕したり租税を徴収したりすることができないこと。社寺領などの特権。転じて、だれにも立ち入りを許さないこと。例そもこの寺は田村将軍このかた**守護不入**の霊地なるに(＝神聖な土地であるのに)〈近松・出世景清・二〉

しゅ-ざ【朱座】 名江戸時代、幕府の認可を受けて朱・朱墨の製造・販売を独占した特権商人。また、その組織。江戸・京都・大坂・堺に置かれた。

しゅ-ざう【修造】 名動(サ変)修理・修復すること。例関寺に住む聖人の、関寺を**修造する**間に〈今昔・一二・二四〉

しゅ-さん【朱三】 名「ぢゅうさん」に同じ。

じゅ-し【豎子・竪子・孺子】 名❶子ども。また、宮中に奉仕する少年。例**豎子**阿倍朝臣虫麻呂、これを伝誦す〈万葉・八・一六五〇・左注〉❷人を軽蔑して呼ぶ語。青二才。例ああ、豎子ともに謀るに足らず〈太平記・二八〉読解『史記』中の言葉。

しゅし-がく【朱子学】 名 南宋の朱熹(朱子)によって確立された儒学の学説。理気二元論・性即理説・大義名分論などによる実践道徳を唱え、個人の道徳が国の平安につながると説く。日本では、江戸時代、幕府や諸藩に保護されて儒学の主流を占める。

じゅ-しゃ【儒者】 名 ❶儒学を修めた人。例学生・儒者などの書きたるにこそ〈十訓抄・一〇・三三〉❷江戸幕府の官職の一つ。儒学を教授し、文教をつかさどる。林羅山の子孫が代々務めた。

しゅ-しゃう【主上】 名〔のちは「しゅじゃう」〕天皇に対する敬称。例主上、御不予(=ご病気)の御事と聞こえさせたまひし〈平家・一・額打論〉

しゅ-じゃう【衆生】 名『仏教語』〔梵語の漢訳〕生命を有する一切のもの。生類。生きとし生けるもの。迷いの世界にあって、仏の救済の対象となるべき生類。特に人間に限定し、あらゆる人々の意に用いることもある。「有情」「含識」などとも。例(a)衆生を等しく思ふこと羅睺羅のごとし〈万葉・五・八〇二・序〉読解「子等を思ふ歌」の序。釈迦があらゆる人々を平等に思うことは、我が子の羅睺羅を思うのと同じだ、の意。例(b)仏は衆生の父にいます(=仏は生きとし生けるものの父でいらっしゃる)〈三宝絵・序〉例(c)三分の木の下の品は日本の衆生俊蔭に施す(=霊木を三等分したものの下段の部分は日本の人俊蔭に与える)〈宇津保・俊蔭〉

語誌 迷いの世界にあるすべての生類を意味する言葉だが、広く仏や菩薩も含めていうこともある。「一切衆生」の形で用いることも多い。〈多田一臣〉

しゅじゃう-さいど【衆生済度】『仏教語』迷いの世界にある衆生を悟りの境地に導くこと。例もとより衆生済度の誓ひさまざまなれば〈謡曲・竹生島〉読解衆生を救う仏の誓願はさまざまな形で現れるのだから、の意。

しゅ-じゃく【朱雀】 名「すざく」に同じ。

しゅじゃく-もん【朱雀門】 名「すざくもん」に同じ。

しゅ-じゅ【侏儒】 名 背の低い人。例侏儒ときどき出でく。食をこひて京都をありく〈病草紙・詞書〉

しゅ-しょう【殊勝】 名 形動(ナリ) ❶特にすぐれていること。すばらしいこと。ありがたいこと。例(a)白檀の観自在菩薩の像まします。霊験殊勝にして、常に人詣づること数十人絶えず(=白檀の木でできた観世音菩薩の像がいらっしゃる。霊妙な効験がすぐれていて、いつも人が参詣している数は数十人は下らない)〈今昔・四・二八〉例(b)ありがたき御発心にて候ふ。ことさら殊勝におぼえ候ふ(=またとなく尊い御出家でございます。非常にすばらしく思われます)〈御伽草子・三人法師・下〉❷けなげなこと。感心なこと。神妙なこと。例(奥浄瑠璃ハ)さすがに辺土の遺風忘れざるものから、殊勝に覚えらる(=やはり片田舎の古い文化を伝えているので、感心なことに思われる)〈芭蕉・奥の細道〉読解この「ものから」は順接。

語誌 ①が原義で、本来、神や仏・経典・僧などを賞賛する場合に用いられた。①例(b)のように神仏を尊ぶ人を賞賛する場合にも用いられるようになり、やがて②のように賞賛の対象が広く一般に及ぶようになった。〈川崎剛志〉

しゅ・す【修す】 動(サ変) ある目的を達するために特定の行為を実践する。修める。身につける。行う。例(a)ために福を修す〈霊異記・上・九〉読解鷲にさらわれた我が子のため仏事を営み冥福を祈った。例(b)かさねてねんごろに修せんことを期す〈徒然・九二〉読解道を修行する人は、まだ時間があることを頼みにしてもう一度念入りに勉強しようと将来をあてにしている、ということ。

じゅ・す【誦す】 動(サ変) 詩歌や経文を声に出して唱える。「ずす」「ずんず」とも。例経を誦したまひてのち〈宇治拾遺・一九三〉

じゅ-ず【数珠・珠数】 名「ずず」に同じ。

じゅ-すい【入水】 名 動(サ変) 水中に身投げして自殺すること。例那智の奥(=沖)にて入水す〈平家・一〇・維盛入水〉

しゅぜい-れう【主税寮】 名 ⇒ちかられう

じゅ-ぜん【受禅】 名〔「禅」は天皇が位を譲る意〕先の天皇の譲位を受けて、天皇の位に就くこと。例やがてその夜、受禅ありしかば〈平家・一・額打論〉

しゅ-そ【首座】 名『仏教語』禅宗で、修行僧のうち首位にあり、導師となる僧。

しゅ-そ【呪詛・咒咀】 名 動(サ変)「じゅそ」「ずそ」とも。神仏に祈願し、特定の相手に呪いをかけること。例新院・重仁親王の御しゅそ深きゆゑに、近衛院かくれさせたまひぬ〈保元・上〉

しゅだ【首陀・須陀】 名〔梵語の音写〕古代インドの四種姓の制度で、最下級。奴隷階級をいう。例刹利(=王族・戦士階級)も須陀も変はらぬは、冥途の習ひなり〈妻鏡〉

じゅ-だい【入内】 名 動(サ変)〔「内」は内裏。内裏に入ること、の意〕皇后(中宮)・女御に決まった女性が、正式な儀式にのっとって初めて内裏に入ること。例御入内ののちは、麗景殿にぞましましける(=麗景殿にいらっしゃった)〈平家・一・二代后〉

語誌▼摂関政治と入内 平安時代、摂政・関白として天皇を後見し、政治の実権を掌握していたのは、ほとんどの場合、天皇の外祖父(母方の祖父)であった。摂関家の後継者たちは、こぞって自分の娘を女御として入内させ、さらに皇后(中宮)にさせたいと願った。皇后の産んだ男皇子こそが、次の天皇になる可能性を最も多くもつからである。▼物語などでは、漢語である「入内」よりも、「まゐる」が多く用いられる。〈藤本宗利〉

しゅ-だう【衆道】 名「若衆道」の略。「わかしゅ②」を性愛の対象とすること。例伊勢守殿、観世太夫と衆道の知音なるゆゑ〈わらんべ草・一〉

しゅ-ぢゃう【手杖・拄杖】 名 杖。特に、禅僧の用いる杖。例ここに拄杖をあつらへておいてござ

る〈狂言・拄杖〉

しゅちゃう-づきん【首丁頭巾・出張頭巾】 名 僧など剃髪した人が出陣のときにかぶる頭巾。黒い布でくくり、後方を広くして垂らす。例**出張頭巾**ひっこみ(=かぶり)、鬼のごとくに見えける〈義経記・三〉

しゅつ-ぎょ【出御】 名動(サ変) 天皇や皇后の外出。お出まし。臣下の前に出ることにもいう。例主上(=天皇)、南殿に**出御**ありしかども〈平家・六・祇園女御〉

しゅっ-くゎい【述懐】 名動(サ変) 〔近世以降「じゅっくゎい」〕❶心中の思いを述べること。例**述懐**の心もやさしく見えし上、事柄も希代の勝事にてありき(=きわめてすばらしい事であった)〈後鳥羽院御口伝〉 ❷愚痴や不平不満をもらすこと。例桃井兄弟はよろづ世の中を**述懐して**〈太平記・一九〉

しゅっ-け

【出家】 名動(サ変)『仏教語』「すけ」とも。❶**仏道修行のため家を出ること。俗世間を捨てて仏門に入ること。**例(a)つひに**出家**を楽ひ、頭髪を剃除り袈裟を著て善を修し人を化す(=仏法を修めて人を教化する)〈霊異記・下・一九〉例(b)**出家**の心ざしはもとよりものしたまへるを(=仏門に入ることの本願は以前からおありだったが)〈源氏・橋姫〉

❷**僧尼の総称。僧侶。**例歌道の家にあらざれば歌をも習はず、**出家**にあらねば仏法をも学せず(=和歌の家ではないので和歌を習うこともなく、僧侶ではないので仏法を学ぶこともない)〈わらんべ草・一〉

対義 ①②ざいけ

語誌 ▼**世俗を捨てること**　生業をもち結婚して家庭を営む俗世間的なありかたを捨てて仏門に入ること、すなわち家庭的な束縛、世俗的な執着を捨てて仏道を求めようとすることが出家である。世俗の塵を離れることでもあるから出塵ともいった。出家をすると鬚髪を剃り墨染めの衣をまとったので、出家することを剃髪染衣とも称した。特に貴人の出家を落飾という。〈多田一臣〉

しゅっ-し【出仕】 名動(サ変) ❶官職に就くこと。仕官。例十四、五までは**出仕**もしたまはず〈平家・二・西光被斬〉 ❷勤めなどに出ること。出勤。出席。例官加階したる者の(=官位が昇進した者が)、直垂で**出仕せん**事〈平家・八・猫間〉

しゅっ・す【卒す】 動(サ変) 死ぬ。四位・五位の人の場合に用いる。⇩そつ(卒)。例正五位上忌部宿禰色布知**卒しぬ**〈続紀・大宝元年六月〉

しゅっ-せ【出世】 名動(サ変) ❶世に現れ出ること。❷『仏教語』衆生を救うために、仏がこの世に現れること。例仏の**出世**には値ひがたし、経法は聞きがたし〈今昔・二・一三〉 ❸『仏教語』仏道に入ること。出家すること。例**出世**の師弟は世間の父子なれば〈愚管抄・七〉 ❹『仏教語』「しゅっせしゃ②」に同じ。❺地位や名声などを得て世間で認められること。また、地位が上がること。

出世景清 『作品名』浄瑠璃。時代物。五段。近松門左衛門作。貞享二年(一六八五)竹本座初演か。竹本義太夫のために書きおろした最初の作で、「出世」の二字は義太夫の前途を祝福したもの。悪七兵衛景清(平景清)は源頼朝を討とうとねらっていたが、捕らえられ斬首される。しかし信仰していた観音の身代わりによって命は助かり、頼朝からも許されて領地を与えられる。

しゅっせ-しゃ【出世者】 名『仏教語』❶俗世を離れ、仏道に入った人。僧。出家。例仏法を学ぶ者につきて、世間者・**出世者**を分かつべし〈沙石集・五本・一三〉 ❷妻帯せずに寺務に携わる僧。妻帯の坊官に対する称号。例数輩の(=多くの)童形・**出世者**・坊官・侍僧に至るまで〈平家・七・経正都落〉

しゅっ-たい【出来】 名動(サ変) 〔「しゅつらい」の変化した形〕❶物事が出てくること。起こること。例さても不思議なることの**出来して**あるよな〈謡曲・親任〉 ❷物事が出来上がること。完成。例位々の烏帽子・冠いひつくれば、すなはち**出来**致せしと西八条に持参する〈近松・源氏烏帽子折・三〉

しゅっ-とう【出頭】 ❶名 主君のそばにあって重要な仕事に参与する人。例**出頭**のもとへ宝は集まりてこと。また、主君の寵愛を受けること。〈俳諧・犬子集・一四〉 ❷名動(サ変) ❶高い地位に就くこと。出世。例奥州福島にて**出頭**〈西鶴・武道伝来記・一・二〉 ❷仕官。出仕。例これは、かの**出頭**に暇なき、大壁源五左衛門といふ新参者〈西鶴・武道伝来記・四・三〉

じゅつ-な・し【術無し】 形(ク) 「ずちなし」に同じ。例飢渇の苦しみに責められて、**術なく**候ふに〈沙石集・二・六〉

しゅつ-なふ【出納】 名 ❶蔵人所で雑務や文書・物品の出し入れに従事する人。❷大臣家や寺で①と同様の役につく人。例伴大納言の**出納**の家の幼き子〈宇治拾遺・一二四〉

しゅつ-り【出離】 名動(サ変)『仏教語』迷いの世界を離れて悟りの境地に至ること。また、そのために仏門に入ること。出世。出家。例**出離**の道まちまちなりといへども〈平家・一〇・戒文〉

しゅつり-しゃうじ【出離生死】 『仏教語』迷いに満ちた俗世を離れ、仏道の修行をして生死の苦を越えた悟りを開くこと。例ただ願はくは我を哀愍して**出離生死**の方法を教へ〈平家・六・慈心坊〉

しゅ-でん【主殿】 名 屋敷の中心となる建物。例兼房は楯を後ろにあてて、**主殿**の垂木に取りつきて〈義経記・八〉

酒呑童子 『作品名』「しゅてん」は「酒顚」なども書く。御伽草子。一冊。作者未詳。原型は南北朝時代に絵巻の形で成立(『大江山絵詞』)。大江山に住む鬼神酒呑童子退治の勅命を受けた源頼光が、渡辺綱・坂田公時らと山伏に化けて童子に接近し、酒を飲ませ眠らせて討ち、誘拐されていた姫君たちを救出する。

しゅ-と【衆徒】 名『仏教語』「しゅうと」とも。大寺院に住んでいた下級の僧。衆僧。僧徒。大衆。有事の場合、合議のうえ武装化し、強訴や戦闘に及ぶこともあった。延暦寺の山法師、三井寺の寺法師、興福寺の奈良法師が有名。例南都北嶺の**衆徒**逆悪に帰し、武勇をたしなむは〈保元・中〉

しゅ-び【首尾】❶名 始めと終わり。例声をあはせて阿弥陀経をよむに、首尾あひかなひて果てけり〈著聞集・二〇・七〇一〉❷名動(サ変)事のなりゆき。結果。また、物事が都合よくいくこと。例何としてそのやうな首尾になりました〈噺本・軽口御前男・五〉

しゅ-ひつ【執筆】名❶記録すること。また、その役の人。叙位・除目で大臣が担当する記録役や、幕府で公的行事・裁判の文書作成や戦功を記録する役など。例執筆十二人、夜昼三日が間、筆をも置かずに記せり〈太平記・七〉❷連歌・俳諧の会席で、参会者の句を読み上げて懐紙に記録する役。

寿福寺 名 相模国、今の神奈川県鎌倉市の寺。臨済宗。正治二年(一二〇〇)北条政子が栄西を開山として創建。鎌倉五山の一つ。

しゅ-ほふ【修法】ホウ 名『仏教語』「すほふ」に同じ。例少将の妻め、子産むべきほど近くなりぬとて、修法・読経など隙なく騒げば〈源氏・浮舟〉

じゅ-ほふ【受法】ホウ 名動(サ変)『仏教語』弟子の僧が師匠から教えを受けること。例受法相承の弟子は〈平家・四・三井寺炎上〉

しゅ-み【須弥】名『仏教語』(梵語の音写)「須弥山」の略。例罪業は須弥よりも高く〈平家・一〇・戒文〉

しゅみ-せん【須弥山】名『仏教語』世界の中心にそびえるという高山。仏典の宇宙観では、三千大千世界の中心にあり、水中水上各々八万由旬(一由旬は四〇里)、四方異なる色の宝玉からなる。周囲を太陽と月が回転し、八大山・八大海が囲む。頂上に忉利天があり、帝釈天が住み、中腹には四天王が住む。高いものの象徴にもいう。例(a)みづから(=私自身が)須弥の山を右の手に捧げたり、山の左右より、月日の光さやかにさし出でて世を照らす〈源氏・若菜上〉読解 明石の入道が見た不思議な夢。例(b)この御心ざし須弥山よりも高く、四大海よりも深し〈栄花・本の雫〉

須弥山
〔東大寺大仏台座蓮弁〕

しゅみ-だん【須弥壇】名『仏教語』仏像を安置する台。須弥山をかたどることによる。例羅生門の東西に七重の須弥壇を構へ〈近松・以呂波物語・五〉

しゅ-む 動(マ四)『近世語』(「しむ(染む)」の変化した形)❶寒さや痛みなどがしみる。例ああ厳うこの目が痛むはず、しゅむか〈浄瑠璃・伊賀越道中双六・九〉❷酔いが回る。例二階の酒のしゅん(音便形)だところ〈近松・心中万年草・中〉❸場が盛り上がる。おもしろくなる。例みさき踊りがしゅん(音便形)だるほどに〈浄瑠璃・仮名手本忠臣蔵・六〉❹みすぼらしくなる。不景気な感じになる。例そないに(=そんなに)しゅん(音便形)だなりして〈滑稽本・膝栗毛・八中〉

しゅめ-しょ【主馬署】名 令制で、春宮坊に属し、皇太子の乗馬・馬具をつかさどる役所。

しゅ-もく【撞木・鐘木】名「しもく」とも。仏具の名。鐘や鉦(丸いふたの形をしたかね)などを打ち鳴らす棒。ふつうTの字のような形をしている。例撞木を取りて振りまはして〈宇治拾遺・一二〉

じゅ-もん【呪文】名 陰陽道・修験道などで、まじないに唱える文句。くしゃみをしたときに、「休息万命急急如律令」と唱える類。例「明日は元日ぢゃ…」とて、いろいろ呪文ども教へける〈噺本・昨日は今日の物語・上〉

しゅ-ゆ【須臾】名 しばらくの間。すこしの暇。例須臾に生滅し、刹那(=ごく短い時間)に離散す。恨めしきかなや〈謡曲・歌占〉

しゅら【修羅】名『仏教語』❶「阿修羅」の略。例修羅の三悪四趣は深山大海のほとりにありと、仏の解きおきたまひたれば(=阿修羅のいる三悪道四悪道は深い山や大きな海のほとりにあると、仏陀が説きおかれていらっしゃるので)〈平家・三・有王〉❷「修羅道」の略。例修羅の戦ひ始まれば(=修羅道さながらの戦いが始まると)〈謡曲・碇潜〉❸室町時代以後、石材や木材などの重い荷を運ぶ道具の称。阿修羅が帝釈天と闘っていることから、「大石」を動かす、の意でいうとされる。❹「修羅能」の略。⇒しゅらもの

じゅ-らうじん【寿老人】ジュロウジン 名 七福神の一つ。寿星の化身とされ、頭が長く、先に巻き物をつけた杖とうちわを持って、鹿を連れている。長寿を授けるとされる。

じゅ-らく【入洛】名動(サ変)都に入ること。例保安四年七月に神輿入洛の時は〈平家・一・内裏炎上〉

しゅら-だう【修羅道】ドウ 名『仏教語』六道の一つで、阿修羅の住む世界。仏法の滅亡を期す阿修羅と仏法守護の梵天・帝釈天との絶え間ない戦闘の続く世界。現世で嫉妬や猜疑などから戦いを起こしていた人が落ちるという。例目の前の修羅道の戦ひ、あら恐しや〈謡曲・大原御幸〉

しゅら-ば【修羅場】名 阿修羅が梵天や帝釈天と戦闘する場所。転じて、戦乱が激しい場所。戦場。例修羅場の下に死したまひき〈太平記・二〇〉

しゅら-もの【修羅物】名『能楽用語』能の分類名。源平の武将など、戦いへの執心から死後修羅道に落ちた武士を主人公とする。二番目物。

しゅ-り【修理】名動(サ変)「すり」に同じ。

しゅり-しき【修理職】名「すりしき」とも。木工寮とともに、宮中の修理営繕をつかさどる役所。令外の官の一つ。

じゅ-りゃう【受領】リョウ 名「ずりゃう」に同じ。

じゅりゃう-がみ【受領神】ジュリョウ 名 受領に任じられ、神が取りついたかのように傲慢な態度をとること。また、その傲慢な心。例鎌倉殿に受領神つきたまはずは、よも忘れたまはじ〈平家・一二・六代〉

しゅ-れう【衆寮】リョウ 名 禅宗で、修行僧の寮舎。例我も秋風を聞きて衆寮に臥せば〈芭蕉・奥の細道〉

しゅ-ろう【鐘楼】名 寺で、鐘をつるしておく高い建物。鐘つき堂。例仁王門・鐘楼のあとは枯れたる草のそこにかくれて〈芭蕉・伊賀新大仏之記〉

しゅ-ゑ【衆会・集会】 名動（サ変）大人数が集会すること。また、衆徒などの会合。例その集会の所をば、かねてより定めたりければ〈今昔・二八・三五〉

しゅんあうでん【春鶯囀】 名 雅楽の曲名。管弦、舞楽曲。唐楽。唐の高宗の命令で楽工の白明達が鶯の声を聞いて作曲したものという。女舞では十人、男舞では四人が舞う。例**春鶯囀**舞ふほどに、昔の花の宴のほど思し出でて〈源氏・少女〉

じゅん-えん【順縁】 名『仏教語』❶善事が仏道に入る機縁となること。例**順縁**によって今生に命を助かり〈太平記・二四〉❷年長者から順に死ぬこと。

じゅん-ぎ【順義】 名 道義や義理にかなっていること。また、その道義や義理。例政道**順義**にして、まつりごと専ならば、末代までも、いかでか絶え候ふべき〈曾我・三〉読解「いかでか」は反語の意を表す。

しゅんきょう-でん【春興殿】 名「しゅんこうでん」とも。内裏の殿舎の一つ。紫宸殿の東南、宜陽殿の南にある。武具を置く。⇩口絵

しゅんくゎ-もん【春華門・春和門】 名 内裏の外郭門の一つ。南面の東端にある。⇩口絵

じゅんげん-ごふ【順現業】 名『仏教語』現世で行った善悪の行為の報いが、現世に現れること。

じゅんご-ごふ【順後業】 名『仏教語』現世で行った善悪の行為の報いが、次の次の世以降に現れること。

じゅんさつ-し【巡察使】 名 令制で、太政官に属した臨時の視察官。諸国をめぐり、国司・郡司の行政を調査し、人々の生活を視察する。平安初期に廃止。

しゅん-じう【春秋】 名❶春と秋。❷一年。また、年月。歳月。例五かへり（＝五年）の**春秋**をなん経にける〈方丈記〉

春秋 『作品名』中国の歴史書。孔子が魯国の歴史記録に添削を施して成立したとされ、紀元前七二二年からの約四四〇年間を編年体で記す。五経の一つ。本文解釈の書として『左氏伝』『公羊伝』『穀梁伝』が現在に伝わる。

じゅんしゃう-ごふ【順生業】 名『仏教語』現世で行った善悪の行為の報いが、次の世に現れること。

じゅん-しゅ【巡酒】 名 順番に仲間を招待して酒宴をして慰みけること。例日ごとに寄り合ひ寄り合ひ、**巡酒**を開くこと。〈平家・七・篠原合戦〉

春色梅児誉美 『作品名』江戸時代の人情本。四編一二冊。為永春水作。天保三～四年（一八三二～三三）刊。わび住まいをしている遊女屋の跡取り丹次郎をめぐる恋や友情を、下町を舞台に人情味豊かに描く。好評を博し続編が次々と作られた。

春曙抄 『作品名』⇩枕草子春曙抄

俊成 『人名』⇩藤原俊成

俊成女 『人名』⇩藤原俊成女

春泥句集 『作品名』江戸時代の俳諧集。二冊。召波作。安永六年（一七七七）刊。召波没後、その子が遺句を整理したもの。師蕪村の序文は自身の俳諧観を述べ、「離俗論」として有名。書名はその別号春泥舎による。

順徳天皇 『人名』一一九七～一二四二（建久八～仁治三）。鎌倉前期の天皇。後鳥羽天皇の第三（第二とも）皇子。承久の乱後佐渡へ配流され、同地で死去。『新古今』後の歌壇の中心で、歌合わせなども多く主宰した。家集に『順徳院御集』、歌論に『八雲御抄』。

春風馬堤曲 『作品名』江戸時代の俳諧詩。蕪村作。安永六年（一七七七）の作で、同年刊の『夜半楽』所収。浪花に奉公する娘が藪入りで生家に戻るまでの道行きを、発句・漢詩などさまざまな詩型で描いたもの。

しゅん-め【駿馬】 名 たいへんすぐれた馬。足の速い馬。例駿馬に鞭うって〈平家・二・腰越〉

じゅん-れい【巡礼・順礼】 名動（サ変）寺社・霊場を巡り、礼拝して歩くこと。また、その人。例竹生島へまゐりたりけり。**巡礼**はてて（＝終わって）、今はかへりなんとしける時〈著聞集・一六・五四五〉

俊恵 『人名』一一一三（永久元）～？。平安末期の歌人。源俊頼の子。出家して東大寺の僧となる。自邸を歌林苑と称し、幅広い層の歌人を集めて活発に活動した。家集に『林葉和歌集』。

しょ【書】 名❶文字を書くこと。また、その書いた文字。書道。例王羲之は古今第一の書なり〈わらんべ草・二〉❷書状。手紙。例内裏よりひそかに鳥羽殿へ御書あり〈平家・三・城南之離宮〉❸書物。文書。例安禄山を絵にかかせて、大きなる三巻の書を作って参らせたり〈平治・上〉

じ-よ【自余・爾余】 名 それ以外。そのほか。例いはむや自余のことをば申すべきならず〈大鏡・師輔〉

ジョ『女』⇩ぢょ

じょ【序】 名❶序文。はしがき。例願文・表（＝上表文）・ものの**序**など作りいだして〈枕・めでたきもの〉❷和歌で、ある語を導き出すために用いる七音以上の言葉。序詞。❸雅楽・能楽などで、曲を構成する三要素序破急の最初の部分。調子は静かでゆるやか。⇩じょはきふ

しょいん『書院』⇩しょゐん

ショウ『上・正・生・庄・声・床・姓・尚・性・牀・青・荘・相・省・将・祥・唱・商・清・菖・笙・猩・掌・装・傷・鉦・聖・障・箏・精・請・賞』⇩しやう

ショウ『小・少・召・抄・肖・招・昭・消・笑・逍・焦・焼・詔・照・蕉・樵・簫』⇩せう

しょう【頌】 名『詩経』の六義の一つ。天子や諸侯が祖先の徳をたたえる歌。日本では和歌などでもいわれ、『古今和歌集』仮名序では、「いはひ歌」をあてる。転じて、人の徳や物の美をほめたたえる言葉。

ジョウ『上・成・状・城・浄・常・情・盛』⇩じゃう

ジョウ『紹』⇩ぜう

ジョウ『丈・仗・杖・定・貞・諚』⇩ぢゃう

ジョウ『条』⇩でう

ジョウ『帖・畳』⇩でふ

じょう【判官】 名 令制で、四等官の第三位の官。長官・次官の下、主典の上の官。主典が作成する文案の審査、役所内の取り締まり、宿直の割り当てなどにあたる。役所によってあてる字が異なる。

語誌▼「判官」の表記　神祇官では「佑」、八省では「丞」、弾正台では「忠」、職や坊では「進」、寮では「允」、近衛府では「将監」、兵衛府・衛門府では「尉」、内侍司では「掌侍」、大宰府では「監」、国では「掾」、郡では「主政」など。▼太政官の場合は必ずしも明確な四等官制ではないが、一応、少納言と弁が判官とされる。〈池田尚隆〉

しょう-いん【承引】 名「じょういん」とも。承知すること。例**承引**せずして返りぬ〈今昔・一四・三四〉

しょう-か【証歌】 名『歌学用語』ある表現の典拠となる歌。例三位あざわらひて、「**証歌**を奉れ」と申されけるに〈無名抄・鳩巣事〉

しょう-き【鍾馗】 名中国で、疫病神・悪魔を追い払うと信じられた神。唐の玄宗皇帝の夢に現れ、小鬼を追い払って病気を治したという故事からいう。日本では、端午の節句の幟に描いたり、五月人形に作ったりする。目が大きく、ひげを生やし、黒冠・長靴で、剣を抜いて小鬼をつかんでいる。例父様がおっしゃらうが、**しょうき**大臣が言はれうが、私が御夫婦にしてあげませう〈歌舞伎・毛抜〉

じょうきゃう-でん【承香殿】 名「しょうきゃうでん」「そきゃうでん」とも。内裏の後宮七殿の一つ。仁寿殿のすぐ北にある。女御の居所にあてられ、その女御をさして用いることもある。⇩口絵。例**承香殿**の東面に御局したり〈源氏・真木柱〉

しょうぐん-ぢざう【勝軍地蔵】 名『仏教語』地蔵菩薩の一つ。像は、鎧・兜を身に着け、右手に錫杖、左手に如意宝珠を持ち、軍馬にまたがる。これを拝むと戦いに勝つということから、武家に信仰された。

しょう-し【勝事】 名「しょうじ」とも。人の耳目を引くような出来事。普通でないこと。⇩せうし。例今度の御産に**勝事**あまたあり〈平家・三・公卿揃〉

じょうし『上巳・上使』⇩じゃうし

じょう-じ【承仕】 名「しょうじ」とも。❶『仏教語』堂舎・仏具の管理、法事の雑用などを行う僧の役名。禅寺では鐘をつく役をいう。例**承仕**・堂童子など行きつつそのかしまうす〈栄花・玉の台〉❷上皇の御所・摂家などで雑役を務める僧形の人。

じょうじ-ほふし【承仕法師】 名『仏教語』「じょうじ」に同じ。例遍照寺の**承仕法師**、池の鳥を日ごろ飼ひつけて〈徒然・一六二〉

しょう-じゃう【丞相】 名〔「丞」も「相」もたすける意〕「じょうしゃう」とも。❶中国で、天子をたすけて国政をつかさどる大臣。❷大臣の唐名。例あまつさへ(=そのうえ)**丞相**の位にいたり〈平家・一・鱸〉

じょう-しゃう【縄床】 名縄を張って作った腰掛け。主に禅僧が用いる。例**縄床**に居て、口に法華経を誦し〈今昔・一三・三三〉

しょうじん『生身・正身・正真・精進』⇩しゃうじん

しょう・す【頌す】 動(サ変)人の徳や物の美をほめたたえる。例帝徳を**頌し**たてまつる声、洋々として耳に満てり〈太平記・一二〉

じょうず『上手・上衆・上種・成ず』⇩じゃうず

じょう・ず【乗ず】 動(サ変)乗る。また、ある状況をうまく利用する。つけいる。例運に**乗じ**て敵を砕く時〈徒然・八〇〉

しょう-ぜつ【勝絶】 名雅楽の十二律の第四音。

しょうそく『消息』⇩せうそこ

しょう-たう【松濤】 名松に吹く風の音を波にたとえていう語。例また**松濤**ありて客心(=旅人の心)を驚かす〈太神宮参詣記〉

しょうてつ『正徹』⇩しゃうてつ

しょう-でん【昇殿】 名動(サ変)五位以上の官人や六位の蔵人が、許されて清涼殿の殿上の間へ昇ること。例忠盛三十六にて始めて**昇殿す**〈平家・一・殿上闇討〉語誌昇殿を許された人を殿上人と、許されない人を地下という。

しょうと『兄人』⇩せうと

じょうど『浄土』⇩じゃうど

しょうにん『上人・聖人』⇩しゃうにん

しょう-はく【松柏】 名松と児手柏。常緑樹の代表としてもいう。例南山雪晴れて**松柏**緑なり〈新撰万葉集・下〉

しょう-ばん【鐘板】 名寺で、食事の時刻を知らせるために打ち鳴らす板。青銅または鉄製で雲形をしている。例**鐘板**鳴って食堂に入る〈芭蕉・奥の細道〉

しょう-ぶ【勝負】 名動(サ変)勝負を決めること。勝負事。勝ち負け。例夜を日につぎて(=夜も昼も休まず行って)**勝負**を決すべし〈平家・一一・逆櫓〉

しょう-ぶく【承服・承伏】 名動(サ変)「じょうふく」とも。納得して従うこと。例しばしは**承伏せ**ざりけれども、責めて問ひければ〈今昔・二九・一四〉

しょうぼうげんぞう『正法眼蔵』⇩しゃうぼふげんざう

しょう-まん【勝鬘】 名❶『仏教語』「勝鬘経」の略。❷「勝鬘院」の略。

しょうまん-ぎゃう【勝鬘経】 名『仏教語』経典の名。一巻。劉宋の求那跋陀羅の訳。大小二乗の合一を説いたもので、釈迦の威神力によった勝鬘夫人の説法とされる。聖徳太子が著した『勝鬘経義疏』は代表的な注釈書。

しょうまん-まゐり【勝鬘参り】 名大坂で、陰暦六月一日に勝鬘院の本尊愛染明王の開帳を行う法会に参詣すること。特に、役者や遊女などが参詣した。例あれあれ**勝鬘参り**の女郎様達〈近松・心中刃は氷の朔日・中〉

勝鬘院 名大坂の四天王寺の別院。愛染明王を本尊とし、天正年間(一五七三～九二)に織田信長によって創建された。陰暦六月一日に本尊が開帳され、その日に参拝することを「勝鬘参り」という。

しょう-みゃう【称名】 名動(サ変)『仏教語』仏の名号を唱えること。特に、南無阿弥陀仏の六字の名号を唱えること。念仏。「唱名」とも。例末法濁乱の機には、**称名**をもって勝れたりとす〈平家・一〇・戒文〉

しょうめい-もん【承明門】 名内裏の内郭門の一つ。南面中央の正門。建礼門の内にある。⇩口絵

しょうもんき『将門記』⇩しゃうもんき

しょう‐り【勝利】 名 ❶《仏教語》すぐれた利益。例亡者の追善(=供養)には、何事か勝利多き〈徒然・二二二〉 ❷戦いに勝つこと。

じょうるり【浄瑠璃】 ⇩じゃうるり

じょうろう【上臈】 ⇩じゃうらふ

しょ‐えん【所縁】 名 ゆかり。たより。しるべ。縁者。例所縁に従って近国の兵馳せ集まる事、雲霞のごとく(=雲や霞のように多く)〈太平記・八〉

しょ‐えん【諸縁】 名《仏教語》もろもろの因縁。ゆかり。例吾が生すでに蹉跎たり(=思うようにいかない)。諸縁を放下すべき時なり(=捨て去らなければならない時である)〈徒然・一一二〉

しょ‐がく【所学】 名動(サ変) 学問をすること。例玄慧法印が許に所学して〈太平記・二六〉

書経 《作品名》中国最古の歴史書。儒教の五経の一つ。現存五八編。孔子の編とする説もある。伝説時代の堯・舜から秦の穆公に至る王の事跡を記す。『書』『尚書』とも。

しょ‐ぎゃう【所行】 ― 名 行い。ふるまい。例聖人の所行を見むと思ひて〈今昔・一三・九〉

しょ‐ぎゃう【諸行】 ― 名《仏教語》❶因縁の和合によって造られたすべてのもの。すべての存在や現象。❷悟りに至るためのあらゆる善行。特に浄土系の宗派では、念仏以外のすべての修行。

しょぎゃう‐むじゃう【諸行無常】 《仏教語》世のすべての存在や現象は常に変化・生滅して、永久不変なものはないということ。仏教の根本認識。例祇園精舎の鐘の声、諸行無常の響きあり〈平家・一・祇園精舎〉

ジョク【濁】 ⇩ぢょく

続古今和歌集 《作品名》鎌倉時代の勅撰和歌集(一一番目)。二〇巻。下命者は後嵯峨上皇。藤原基家・藤原為家・藤原行家・藤原光俊らの撰。文永二年(一二六五)成立。歌数は約一九〇〇首。形式・内容ともに『新古今和歌集』を強く意識。

続後拾遺和歌集 《作品名》鎌倉末期の勅撰和歌集(一六番目)。二〇巻。下命者は後醍醐天皇。二条為藤・二条為定撰。嘉暦元年(一三二六)成立。歌数約一三五〇首。二条派が中心で、平明な歌が多い。

続後撰和歌集 《作品名》鎌倉時代の勅撰和歌集(一〇番目)。二〇巻。下命者は後嵯峨上皇。藤原為家撰。建長三年(一二五一)成立。歌数は約一三七〇首。為家の父定家撰の『新勅撰和歌集』の歌風を継承する。哀傷部を立てず、哀傷・無常の歌は雑下に収める。

蜀山人 《人名》⇩大田南畝

続詞花和歌集 《作品名》平安末期の私撰集。二〇巻。藤原清輔撰。永万元年(一一六五)ごろの成立。勅撰集となるはずのところ、二条天皇の死去によって果たされなかった。歌数約一〇〇〇首。『千載和歌集』などの選歌の資料ともなった。

式子内親王 《人名》⇩式子内親王

続拾遺和歌集 《作品名》鎌倉時代の勅撰和歌集(一二番目)。二〇巻。下命者は亀山上皇。藤原為氏撰。弘安元年(一二七八)成立。歌数約一四六〇首。武士歌人の歌の多いのが特色。

続千載和歌集 《作品名》鎌倉末期の勅撰和歌集(一五番目)。二〇巻。下命者は後宇多院。二条為世撰。元応二年(一三二〇)ごろの成立。歌数約二一五〇首。

しょく‐だい【燭台】 名 照明器具の名。ろうそくを立てて灯をともすもの。

しょく‐ぢょ【織女】 ― 名「たなばたつめ」に同じ。例牽牛・織女の二星、烏鵲(=鳥の名。カササギ)の橋を渡して〈太平記・一〉

続日本紀 《作品名》平安初期の歴史書。四〇巻。光仁天皇の勅命で藤原継縄らが編纂。延暦一六年(七九七)成立。六国史の第二。『日本書紀』を受け、それに続く文武元年(六九七)から延暦一〇年(七九一)までを漢文編年体で記す。宣命を原文で載せ、歌謡や説話も収める。

続日本後紀 《作品名》平安前期の歴史書。二〇巻。文徳天皇の勅命で藤原良房・春澄善縄らが編纂。貞観一一年(八六九)成立。六国史の第四。『日本後紀』を受け、それに続く仁明天皇の一代、天長一〇年(八三三)から嘉祥三年(八五〇)までを漢文編年体で記す。

しょ‐くゎ【所課】 ― 名 課せられること。課せられたもの。割り当て。例大納言入道、負けになりて、所課いかめしくせられたりけるとぞ〈徒然・一三五〉

読解 盛大にごちそうなさった、ということ。

しょ‐くゎん【諸官】 ― 名 多くの官人や官職。例たやすく改められがたき由、故実の(=故実に通じている)諸官ら申しければ〈徒然・九九〉

しょ‐ぐゎん【所願】 ― 名 願いごと。例人の世にある、自他につけて所願無量なり〈徒然・二一七〉

しょく‐ゑ【触穢】 ― 名「そくゑ」とも。死亡・病気・出産・月経など穢れに触れること。その場合、一定期間、神事や宮中への参内を慎む。例よし、な渡りたまひそ。触穢の事ありて〈宇津保・国譲上〉

しょ‐け【所化】 名 ❶《仏教語》仏や菩薩などに教化されること。また、その人。転じて、僧。例「これや覚えたまふ(=これを覚えておいでか)」と言ひしを、所化皆覚えざりしに〈徒然・二三八〉 ❷化けること。化け物。例有常(=人名)も疑はしく、狐や狸の所化かと〈近松・井筒業平河内通・一〉

じょ‐ことば【序詞】 名 和歌の表現技法の一つ。⇩『名歌・名句辞典』「和歌の表現技法」

しょ‐さ【所作】 名動(サ変) ❶《仏教語》(身・口・意の三業が発動して起こすところの意から)人の言動。特に、仏道の勤行。例化人(=神仏の化した人)の所作と知りて、寺の人皆貴びけり〈今昔・一五・一八〉 ❷仕事。職業。例これ日ごとの所作として怠ることなし〈今昔・一七・一七〉 ❸身のこなし。演技。例早苗取る手の所作らしく〈松の葉・四・五人曾我〉 ❹「所作事」の略。

しょ‐ざい【所在】 名 ❶居所。すみか。例恵珉法師の所在を問ふ〈今昔・七・四二〉 ❷身分。境遇。仕事。例所在こそ出女なれ(=今の境遇こそ宿場の女郎だが)〈近松・丹波与作待夜の小室節・中〉 ❸行為。しわざ。「所在なし」の形で、退屈だ、やるせない、の意にも用いる。例博奕仲間へ入ったり、このやうなしょざいをするも〈歌舞伎・韓人漢文手管始・三〉

じょ‐さい【如在・如才】 ❶名動(サ変) いいかげんに取り扱うこと。粗略。例徳三郎、奈良にて(＝奈良での)親達への如在、身に応へてかなし〈西鶴・本朝二十不孝・五・四〉 ❷名 手ぬかり。油断。例何がさて如在はござらぬと〈西鶴・世間胸算用・四・三〉

しょさ‐ごと【所作事】 名 歌舞伎で、舞踊的演技。舞踊。また、舞踊劇全般。例所作事も歌も覚えてをるぞ〈歌舞伎・幼稚子敵討・三〉

しょ‐さつ【書札】 名 書状。手紙。例頭の亮の書札とて、紙屋紙に立て文たる文を〈著聞集・五・一六一〉

しょ‐し【所司】 名 ❶官庁の役人。例衛府・所司の允多く候ひて〈愚管抄・三〉 ❷鎌倉幕府の職名。侍所・小侍所の次官。❸室町幕府の職名。侍所の長官。❹僧の職名。別当の下位の役僧。例座主いよいよいかりて、山の所司を呼び下ろして〈今昔・三一・二四〉 ❺貴族の家で雑務をする人。例車を車宿りに立ててけり。所司見つけて〈著聞集・一六・五三六〉

しょ‐し【諸司】 名 多くの役所。また、そこに属する官人。例諸司の下人どもの、したり顔に馴れたるも(＝得意顔でもの馴れてふるまうのも)をかし〈徒然・二三〉

しょ‐しき【諸式・諸色】 名 ❶いろいろな品物。例財宝諸色かけて(＝ひっくるめて)七百貫目の身代(＝財産)〈西鶴・世間胸算用・二・一〉 ❷さまざまな様相。男女の関係などにいう。例いまだ諸色の限り(＝極み)をわきまへがたし〈西鶴・好色一代女・一・一〉

しょし‐だい【所司代】 名 ❶室町幕府の職名。侍所の長官(所司)の代理の官。例所司代の勢(＝軍勢)…四方より押し寄せて〈太平記・二四〉 ❷「京都所司代」の略。江戸幕府の職名。京都の治安、朝廷や公家の監視、西国大名の監督などをつかさどる。

じょ‐しゃく【叙爵】 名動(サ変) 爵位を授けられること。特に、初めて従五位下に叙せられること。例叙爵してのちにぞ下りけるに〈今昔・三一・二八〉

しょ‐じゅう【所従】 名 家来。従者。例官(＝官職)大納言にあがり、大国あまた給はって、子息・所従朝恩にほこれり〈平家・一・鹿谷〉

しょ‐しょく【所職】 名「しょしき」とも。任じられた職務。例所職を辞しまうして都を出でしより〈著聞集・六・二五五〉

しょ‐しん【初心】 ❶名 ❶《仏教語》「初発心」の略。初めて悟りを求める心を発すこと。また、仏道修行を始めたばかりの人。例(経典ニハ)初心・後心をわかたず、斉しく如来の福分を与へんとは見えたり(＝初心者も先輩も区別せず、同時に釈迦如来の福分を与えようと見えている)〈随聞記・二〉 ❷学問・和歌・芸能などの道で、学び始めたばかりであること。初学。また、その人。例(a)初心のほどはあながちに案ずまじきにて候ふ(＝学び始めたばかりのころはむやみに思案するべきではありません)〈毎月抄〉 読解 和歌を作るときの心得。例(b)初心の人、二つの矢を持つ事なかれ(＝学び始めたばかりの人は、二本の矢を持ってはならない)〈徒然・九二〉 ❷形動(ナリ) 不慣れなさま。うぶ。例粋らしき男ははらませ、初心なる人には涙こぼさせて喜ばし(＝粋人ぶる男はうまく丸め込み、うぶな人には涙をこぼさせて喜ばせ)〈西鶴・好色一代男・六・五〉 ❸初めに心に決めたこと。

語誌 ▼世阿弥の「初心」 世阿弥の能楽論書『花鏡』「奥の段」に「初心忘るべからず」という発言がある。現代でもよく用いられるが、世阿弥の発言内容は現代の理解・用法とはまったく異なるものであった。世阿弥は、年相応の芸を獲得し実践してゆく中での時々の初体験を「初心」といい、初心期の芸の未熟な点を自覚し記憶に止めておくべきこと、各時期に獲得した芸を保持すべきこと、老後をも初心と心得べきこと、の三点を説いた。〈川崎剛志〉

しょ‐せん【所詮】 ❶名 結果として行き着くところ。究極。例南無阿弥陀仏ばかり所詮たるべし〈一遍上人語録・上〉 ❷副 結局。例所詮宣旨によって御上洛候ふか〈保元・上〉

しょ‐ぞん【所存】 名 心中に思うこと。考え。思惑。例楚忽の(＝軽はずみな)自害、所存のほかなり〈曾我・一〇〉

しょ‐たい【所帯】 名 ❶身に帯びるもの。所有しているもの。官職・地位・財産・領土など。例官加階にのぞみをかけ、所帯・所職を帯する(＝もっている)ほどの人の〈平家・三・御産〉 ❷一家を構えて生活すること。暮らし。世帯。例伊勢の国にて所帯してあらむ〈仮名草子・仁勢物語・下〉

じょ‐だい【序代・序題】 名 和歌や漢詩などの序文。端書き。例その日の序代は、やがて貫之のぬしこそはつかうまつりたまひしか〈大鏡・道長下〉

しょ‐だいぶ【諸大夫】 名 ❶平安時代、四位・五位の位階を授けられた人。❷親王家・摂関家・大臣家などに家司として仕え、四位・五位まで昇進した地下人。例殿上人・諸大夫・院司・下人までの設け(＝席の用意)、いかめしくせさせたまへり〈源氏・若菜上〉 ❸武家で、五位の侍。

しょ‐たう【所当】 トウ 名 ❶割り当てられて、官・領主に物品などを納めること。また、その物。年貢や公事・雑役。例庄には、年貢・所当をわきまへず〈源平盛衰記・三三〉 ❷相当すること。当を得たこと。適当。例所当の罪科行はれん上は、退いて事の由を陳じまうさせたまひて〈平家・二・教訓状〉

諸道聴耳世間猿 《作品名》江戸時代の浮世草子。五巻五冊。和訳太郎(上田秋成)作。明和三年(一七六六)刊。兵法家・神道者・相撲取り・能楽師など、諸芸にまつわる人物の逸話一五話を収める短編集。主人公たちにモデルのいる点や、世俗への鋭い風刺を含む点などが異色。

しょ‐ち【所知】 名 領有し、支配している土地。領地。例いつか所知しりて(＝領有して)汝に預けん〈保元・下〉

しょ‐てい【所体・処体】 名 体裁。なりふり。身なり。例歩みならはず行きならはねば、所体くづほれ(＝なりふり乱れて)〈近松・曾根崎心中〉

しょ-てん【諸天】 名《仏教語》天上界。また、そこに住んで仏法を守護するという諸種の神々。例**諸天**も擁護したまはず〈平家・六・入道死去〉

じょ-は-きふ【序破急】 名 雅楽の舞楽や能楽などで、曲の構成上の形式の一つ。最初は静かな「序」に始まり、途中の「破」で変化し、最後は激しい調子の「急」という三展開。世阿弥はこれを能楽一曲の構成や番組編成上の演劇理論として完成させた。

しょ-ほふ【諸法】 名《仏教語》宇宙間に存在する一切の物。万物。例**諸法**の無常を観じて〈今昔・一・三六〉

しょほふ-じっさう【諸法実相】 《仏教語》この世の一切の存在が、ありのままの真実の姿であること。

しょ-まう【所望】 名動(サ変) 望み願うこと。ほしがること。例(大将ノ職ヲ)花山院の中納言兼雅卿も**所望**あり〈平家・一・鹿谷〉

しょ-や【初夜】 名「そや」とも。❶《仏教語》六時の一つ。夜を三分したその最初の時間。今の午後七時ごろから九時ごろまで。例**初夜**のほどに、にはかに微風吹きて〈今昔・一三・一〉 ❷《仏教語》①の時に行う勤行。例**初夜**いまだ勤めはべらず〈源氏・若紫〉 ❸「初夜の鐘」の略。②を行うときに鳴らす鐘。江戸時代は、戌の刻(午後八時ごろ)に鳴らす鐘。例遠寺の**初夜**を聞くにつけても〈浮世草子・傾城禁短気・四・四〉

しょ-らう【所労】 名 病気。患い。例**所労**いよいよ大事なる(=重態である)由〈平家・三・医師問答〉

しょ-りゃう【所領】 名 領地。例(全国ノ)国郡半ばは過ぎて一門の**所領**となり〈平家・二・教訓状〉

しょ-ゐ【所為】 名 しわざ。所作。例これひとへに天魔の**所為**とぞみえし〈平家・一・鹿谷〉

じょ-ゐ【叙位】 名 ❶位を授けること。例**叙位**除目と申すもひとへにこの時忠卿のままなり(=心のままである)〈平家・一・東宮立〉 ❷五位以上の位を授ける宮中の行事。本来は正月七日、平安中期以降は正月五日または六日に行われた。例正月**叙位**のころ、ある所に人々まかり会ひて〈拾遺・雑春・詞書〉

しょ-ゐん【書院】 名 ❶寺や武家・公家の邸宅で、学問をする場所。書斎。居間を兼ねることも多い。例**書院**の榻障子より遥かに見出だしたるに(=書斎の杉戸から遠くの外を見たところ)〈御伽草子・秋夜長物語〉 ❷「書院棚」の略。床の間のわきから縁側に張り出して造った棚。前に明かり障子を立てる。机の代用ともなり、書物などを置く。例**書院**の上に「いにしへは」といふ五文字を女筆にて(=女性の筆跡で)書きたる額あり〈浮世草子・好色万金丹・五・四〉 ❸書院造りの客間。座敷。例帰国を祝してもろともに**書院**に至れば〈読本・弓張月・前・七〉 〈藤本勝義〉

しょゐん-づくり【書院造り】 名 武家住宅の建築様式。玄関を設け、室内に畳を敷き、障子・襖などを用いる。書院棚をもつのが特徴。室町時代に起こり桃山時代に完成。今日の和風の住宅様式の基礎となった。

しょ-ゑ【諸衛】 名「しょゑい」とも。六衛府のこと。例**諸衛**の官人、六府の判官、おのおの兵杖を帯して候ひじけり〈古活字本保元・上〉

しら【白】 名形動(口語) ❶作り飾ったり、装ったりしていないこと。例三文の工面もむづかしうござりやすと、**しら**で言ふはうがいい〈洒落本・傾城買二筋道〉 ❷まじめなこと。例こっちは、**しら**の職人だ〈歌舞伎・独道中五十三駅・五幕〉

しら-あしげ【白葦毛】 名「しろあしげ」とも。馬の毛色の名。白みがかった葦毛。例**白葦毛**なる馬の、煖延(=馬の名。良質の美しい銀、の意)とて秘蔵せられたりけるに〈平家・四・競〉

しら-あわ【白泡】 名 白い泡。例秋山に惑ふ心を宮滝の滝の**白泡**に消ちや果ててむ〈後撰・羇旅〉

【白泡嚙ます】 馬の口から白い泡を吹かせる。馬が勇みたっているさまにいう。例**白泡かませ**、舎人あまたついたりけれども、なほひきもためず(=おとなしくさせられない)〈平家・九・生ずきの沙汰〉

しら-がさね【白重ね・白襲】 名「しろがさね」とも。襲の色目の名。表裏ともに白。例あてなるもの 薄色に**白襲**の汗衫(=上品なもの、淡紫色の袙の上に白襲の表着)〈枕・あてなるもの〉

しら-か・す【白かす】 動(サ四) 〔「かす」は接尾語〕しらけさせる。例人を**しらかし**、その座の興をさますなり〈十訓抄・二・序〉

白川 《地名》歌枕 山城国の川、また、その流域一帯の地名。川は比叡山と如意ヶ岳の間の山中に発して東山のふもとを南に流れ、祇園のあたりで鴨川に合流する。この川に沿って、京都と大津を結ぶ志賀越え(志賀の山越え)の道があった。一帯は平安時代には別荘地となり、法勝寺以下の六勝寺などが建てられた。桜の名所。

白河天皇 《人名》一〇五三～一一二九(天喜元～大治四)。平安後期の天皇。後三条天皇の第一皇子。応徳三年(一〇八六)堀河天皇に譲位後、その父として院政を創始、終生、政治の実権を握り続ける。造寺・造仏を盛んに行い、四・五番目の勅撰集『後拾遺和歌集』『金葉和歌集』を撰進させた。

白河の関 名 歌枕 蝦夷に備えるために、陸奥と下野国(栃木県)との境、今の福島県白河市に設けられた関。勿来の関・念珠の関とともに奥羽三関の一つ。平安後期には有名無実化する。和歌では、陸奥への入り口である白河の関を越える感懐が歌われた。例たよりあらばいかで都へ告げやらむ今日**白河の関**は越えぬと(=よいつてがあったらなんとかして都にいる人に伝えたいものだ。今日白河の関を越えたということを)〈拾遺・別〉

語誌 **歌人のあこがれの地** 能因の「都をば霞とともに立ちしかど秋風ぞ吹く白河の関」〈後拾遺・羇旅〉(→名歌348)は、実際には当地に下向しての歌と考えられるが、説話では、都で詠まれた歌でありながら、現地での作にみせかけるため、家に籠もってひそかに顔を日焼けして、さも陸奥を旅して戻ったかのようにして披露した、という話で有名(『袋草紙』『古今著聞集』など)。能因の歌道への没頭ぶりがうかがえる話であるが、都を遠く離れた異郷陸奥への入り口である白河の関は、歌人たちにとって、それほどにこだわりをもつ聖地であった。芭蕉の『奥の細道』にも、この関を越える感慨が記されている。〈大谷俊太〉

しらが・ふ【シラガウ・シラゴウ】補動（ハ四）動詞の連用形につく。❶わざわざそのようにふるまう。例つねに見え**しらがひ**ありく（＝わざと人目につくように歩きまわる）〈枕・職の御曹司におはします頃、西の廂にて〉❷先を争って行う。例奪ひ**しらがひ**て（＝奪い争って）、これを破り食ひけり〈宇治拾遺・九二〉

しら・く【白く】動（カ下二）❶白くなる。白む。例海のまた恐ろしければ、頭もみな**白け**ぬ〈土佐〉❷興がさめる。気まずくなる。例両方軍は**しらけ**たるところに〈義経記・四〉❸白状する。はっきり打ち明ける。例よろづ**しらけ**て物を語りけるに〈西鶴・好色一代女・二・四〉

しら・ぐ 動（ガ下二）打つ。たたく。例白杖をもって、かの聖がうなじを**しらげ**〈平家・一・鹿谷〉

しら・ぐ【精ぐ】動（ガ下二）❶玄米をついて、糠を除いて白くする。精米する。例臼一つに女ども八人立てり。米**しらげ**たり〈宇津保・吹上上〉❷仕上げる。白くきれいにする。例天の川原の橋柱**白げ**立つるや突き鉋〈近松・出世景清・一〉

しらくもの【白雲の】《枕詞》❶白雲が立つことから「立つ」に、また、その同音を含む地名「龍田」にかかる。例**白雲の**たつたの山の八重桜〈新古今・春上〉❷白雲が途切れることから「絶ゆ」にかかる。例**白雲の**絶えずたなびく峰にだに〈古今・雑下〉❸白雲が山にかかることから、「かかる」と同音の「斯かる」にかかる。例**白雲の**かかる旅寝もならはぬに（＝慣れていないのに）〈新古今・羇旅〉

しら-こゑ【白声・素声】ゴエ 一 名「しらごゑ」とも。❶うわずった声。かん高い声。例黄色な声や**白声**で、湯の中を五色にするだらう〈滑稽本・浮世風呂・二下〉❷平曲や謡曲で、節をつけないで語る部分。

しら-しめ・す【知らしめす】動（サ四）〔動詞「しる」の未然形＋上代の尊敬の助動詞「す」の連用形＋補助動詞「めす」〕「しろしめす」とも。お治めになる。例楽浪の 大津の宮に 天の下 **知らしめし**けむ 天皇の 神の尊の〈万葉・一・二九〉↓名歌216

しら-しら【白白】副 多く「しらしらと」の形で用いる。❶白く明るいさま。夜が明けていくさま。例夜**白々**となりぬ〈今昔・三一・一四〉❷はっきりとしたさま。明らかなさま。例面影ばかり残して東の方へ下りし人の名は**白々**と言ふまじ〈閑吟集・三五〉

しら-じら・し【白白し】形（シク）❶白く見える。空が明るい。明らかだ。例白雪の**しらじらしく**もおもほゆるかな〈重之集〉❷あじけない。興ざめだ。例をかしき（＝魅力的な）君たちも、随身なきはいと**しらじらし**〈枕・をのこは〉❸そらぞらしい。しらじらしい。例下されものが遅いと、**白々しい**（音便形）壁訴訟（＝遠回しの催促）〈浮世草子・傾城禁短気・六・三〉

しら-す【白州・白洲・白砂】名❶白い砂の洲。例かもめゐる沖の**しらす**にふる雪の〈金槐集・上〉❷庭や玄関先の白い砂の敷いてある所。転じて、玄関先。例**白洲**の上に物の具（＝武具）脱ぎ捨て〈太平記・一〇〉❸奉行所の法廷の一部で白い砂を敷いてある所。転じて、法廷。奉行所。例**白洲**に引っ据ゑ右の次第を訴ふる〈近松・三世相・四〉

しら-す【知らす】《上代語》〔動詞「しる」の未然形＋上代の尊敬の助動詞「す」〕お治めになる。例万代に国**知らさ**むと〈万葉・一九・四二六六〉

しら-ず【知らず】〔「ず」は打消の助動詞〕❶知ることができない。わからない。例秋山の黄葉をしげみ惑ひぬる妹を求めむ山道**知らず**も〈万葉・二・二〇八〉↓名歌13 ❷（下にくる疑問の助詞「か」と呼応して）疑いの意を表す。かもしれない。例**知らず**、われ餓鬼道に尋ね来たるか〈平家・三・有王〉❸（「〜はしらず」の形で）〜はいざしらず。〜は別として。例他人の前は**知らず**〈平家・二・西光被斬〉

しらず-がほ【知らず顔】ガオ 名形動（ナリ）少しも気づかない様子。知らんぷり。「知らぬ顔」とも。例左の中将の、いとつれなく（＝平然として）**知らず顔**にてゐたまへりしを〈枕・里にまかでたるに〉

しら-だいしゅ【白大衆】名「しらだいす」とも。官位をもたない僧たち。例**白大衆**・神人・宮仕・専当みちみちて〈平家・一・御輿振〉

しら-たま【白玉・白珠】名白いきれいな玉。特に、真珠。愛人・愛児などのたとえにも用いる。例**白玉**かなにぞと人の問ひしとき露と答へて消えなましものを〈伊勢・六〉↓名歌189

しらたま-つばき【白玉椿】名花の白い椿。めでたいしるしとして喜ばれた。例君が代は**白玉椿**八千代ともなにか数へむかぎりなければ〈後拾遺・賀〉読解「白」に「知ら」を掛ける。

しら-つきげ【白月毛】名馬の毛色の名。月毛の白みが強いもの。例西楼といふ**白月毛**なる馬に乗ったりけり〈平家・九・一二之懸〉

しら-つゆ【白露】名露。白く光って見える露。例**白露**に風の吹きしく秋の野はつらぬきとめぬ玉ぞ散りける〈後撰・秋中〉↓名歌191

しらつゆの【白露の】《枕詞》❶露が置くことから、同音の「起く」「奥」などにかかる。例**白露の**おきてあひ見ぬ事よりは〈後撰・恋四〉❷露の消えやすいことから「消ゆ」にかかる。例**しらつゆの**消えかへりつつ〈元良親王集〉❸白露が玉のようであることから「玉」に、また、それと同音を含む語にかかる。例**しらつゆの**たまくらの野の女郎花〈続古今・秋上〉

しら-なみ【白波・白浪】名❶風に立ち騒いだり磯に砕けたりして、白く見える波。例ゆくさきに立つ**しらなみ**の声よりも〈土佐〉❷盗賊の別称。例所、河原近ければ、水の難も深く（＝水害の危険もあり）、**白波**のおそれもさわがし〈方丈記〉

しらなみの【白波の】《枕詞》波が立って打ち寄せることから「たつ」「よる」「かへる」などにかかる。

しら-に【知らに】《上代語》〔「に」は打消の助動詞「ず」の古い連用形〕知らないで。知らないので。例するすべのたどき（＝方法）を**知らに**音のみしそ泣く（＝声を上げて泣く）〈万葉・一五・三七七七〉

しら-にきて【白和幣・白幣】名〔のちは「しらにぎ

て」「しらにきで」とも〕楮などの繊維で織った白布で作った幣帛。麻布で作った「青和幣」に対していう。例下枝に白和幣・青和幣を取り垂でて(=かけ垂らして)〈記・上・神代〉

しらぬ-がほ【知らぬ顔】—ガオ 名 形動(ナリ)「しらずがほ」に同じ。例むげに見知りたまはぬにはあらねど、**知らぬ顔に**のみもてなしたまへるを(=応対なさっていたのを)〈源氏・夕霧〉

しらぬ-ひ【不知火】—イ 名 肥後国(熊本県)の八代湾や有明海に朔日の夜中になると出現する無数の怪しい火。陰暦八月朔日に最もよく見えるという。例しらぬひの、筑紫の海の朝ぼらけ〈謡曲・白楽天〉

語誌 正体については夜光虫や燐など諸説あるが不明。後世、『万葉集』以来の「筑紫」の枕詞「しらぬひ」はこのことと解釈された。

しらぬひ【不知火・白縫】シラヌイ《枕詞》地名「筑紫」にかかる。語義・かかり方未詳。

しら-ぬり【白塗り】名 銀めっきをすること。また、そのもの。一説に、白土・白粉を塗ることとも。例矢形尾の我が大黒(=鷹の名)に白塗りの鈴取り付けて〈万葉・一七・四〇一一〉

しら-の【白箆】名 焦がしたり塗ったりせず、もとの色をそのまま残した矢竹。例**白箆**に白鳥の羽にてはげたる(=作ってある)矢負ひ〈平治・上〉

しら-は【白羽】名 斑点のない真っ白な矢羽。例黒羽・白羽・染め羽、いろいろの矢ども〈義経記・八〉

しら-は【白歯】名(結婚すると歯を黒く染めたことから)未婚の女性。例未だ**白歯**の女、涙を流し、いやがるを聞けば〈西鶴・西鶴諸国ばなし・一・四〉

しら-ばけ【白化け】名 形動(ナリ)〔「しら」はありのままの意〕❶わざとありのままにふるまって信用させること。例ただ**白化けに**、放下師(=手品師)までも品玉とる(=手品する)種の行きどころを先へ見せ〈西鶴・西鶴織留・一・三〉❷あけすけに言うこと。ざっくばらん。例**白化けに**がふてき(=偉そうなこと)を言ふな〈洒落本・通言総籬〉

しら-はた【白旗】名 ❶白い旗。降伏のしるしに用いられることが多い。例源氏の**白旗**二十余流れ(=二十数本)、風になびきて見えければ〈平治・中〉❷源氏の旗。平家の赤旗に対する。

しら-はり【白張り】名 ❶糊を強くつけた白地の狩衣。例**白張り**に香の衣重ねたる童一人〈太平記・一三〉❷傘・提灯などで、模様がなく無地のもの。例**白張り**の大黒傘を持って出できたり〈歌舞伎・勧善懲悪覗機関・序幕〉

しら-びゃうし【白拍子・素拍子】—ビョウシ 名 平安末期から鎌倉時代にかけて、都を中心に流行した歌舞。また、その歌舞を専門に行う女性の芸能者。例そのころ都に聞こえたる**白拍子**の上手、祇王・祇女とておととい(=姉妹)あり(=その当時都で評判になっている白拍子の名人で、祇王・祇女といって姉妹がいる)〈平家・一・祇王〉

白拍子
〔鶴岡放生会職人歌合〕

語誌▼歌謡と舞 座って歌謡を歌う遊女・傀儡子などに対して、立って舞を舞う。古くは、水干に立烏帽子、白鞘巻の刀を差して舞ったので男舞いとも呼ばれた。のちには水干のみ。囃子には、笛・鼓・銅鈸子などが用いられ、神仏の縁起の謡い物・今様などを歌いながら舞った。〈馬場光子〉

-しら・ふシラウ・シロウ 接尾(ハ四型)「しろふ」に同じ。

しら-ふ【白斑】名 ほかの色の下地に白く出ているまだら。ふつう、鷹にいう。例我が飼ふ 真**白斑**の鷹〈万葉・一九・四一五四〉

しら-ふ【素面・白面】名 酒を飲んでいない状態。また、そのような顔。例暮に紅顔の酔客も、朝湯に**しらふ**となるがごとく〈滑稽本・浮世風呂・前上〉

しら・ぶ【調ぶ】動(バ下二)❶**楽器の音律を合わせ整える。調律する。**例和琴を引き寄せたまへれば、律に**調べ**られて(=和琴を引き寄せになったところ、律の調子に調律されていて)〈源氏・横笛〉❷**楽器を演奏する。**例忍びやかに**調べ**たるほどいと上衆めきたり(=ひそやかに楽器を演奏している様子はたいそう貴人めいて見える)〈源氏・明石〉❸**調子に乗る。図に乗る。**例わづかに聞きえたる事をば、我もとより知りたる事のやうに、こと人にも語り**しらぶる**もいとにくし(=ほんの少し聞きかじった事を、自分がもともと知っている事のように、他の人に話して調子に乗るのも、とてもしゃくにさわる)〈枕・にくきもの〉❹問いただす。例それは誰も知った事、今さら**調べる**事かいの〈近松・心中宵庚申・下〉〈馬場光子〉

しらべ【調べ】名 ❶楽器や演奏の調子。音律。また、音律を整えること。例御琴どもの**調べ**どもととのひはてて〈源氏・若菜下〉❷演奏。また、演奏する曲。❸「調べの緒」の略。小鼓・大鼓・太鼓の皮を締める紐。

しら-ぼし【白星】名 兜の星で銀色のもの。りりしく美しい若武者の兜であることが多い。例**白星**の甲の緒をしめて〈平治・上〉

しら-ぼし【素干し・白乾し】名 魚・野菜などを塩を使わずにそのまま干したもの。すぼし。例鮭の**白乾し**(ヲ献上シテモ)、なでふ事かあらん〈徒然・一八二〉

しらま-か・す【白まかす】動(サ四)〔「かす」は接尾語〕「しらます」とも。❶敵の勢いをくじく。例寄せ手少し射**しらまかされて**〈太平記・八〉❷しらけさせる。興をさまさせる。例山里の心の夢にまどひをれば吹き**白まかす**風の音かな〈山家集・下〉

しらま・す【白ます】動(サ四)「しらまかす」に同じ。例楯も鎧もこらへずして(=防ぎきれないで)、さんざんに射**しらまさる**〈平家・一一・鶏合壇浦合戦〉

しら-まなご【白砂・白真砂】1名 白い砂。例**白砂**清き浜辺は 行き帰り 見れども飽かず〈万葉・六・一〇六五〉2《枕詞》白い砂浜の意から摂津国(大阪府)の港「三津」にかかる。

しら-まゆみ【白真弓・白檀弓】1名 漆などを塗ら

ずに、白木の檀で作った弓。その形から、三日月をいうこともある。例 白真弓 靫(=矢を入れて背に負う器)取り負ひて〈万葉・九・一八〇九〉 **2**《枕詞》弓を射る・引く・張ることから、「いる」「ひく」「はる」「い」「ひ」などにかかる。

しら・む【白む】 動(マ四) ❶白くなる。白っぽくなる。しらじらと明るくなる。例 庭には雪降りて**しら**みわたりたるに〈著聞集・一七・六〇七〉 ❷衰える。勢いがくじける。例 老い**白み**たる老僧来たりぬ〈宇治拾遺・一二六〉

しら・む【調む】 動(マ下二)「しらぶ」に同じ。例 琵琶を**しらめ**て夜もすがら(=一晩じゅう)心をすましまひしに〈平家・五・月見〉

しら-め【白目】 名 白目。失神したりして瞳が上がった状態をいう。例 御目は**白目**にて臥したまへり〈竹取〉

白山《地名》歌枕 白山の別称。和歌では、越前の歌枕と意識され、雪を頂いた山として詠まれる。例 消えはつる時しなければ越路なる**白山**の名は雪にぞありける〈古今・羇旅〉

しら-ゆふ【白木綿】 名 白色の木綿。幣帛などに用いる。例 くれなゐに見えし梢も雪降れば**白木綿**かくる(=かける)神無備の森〈詞花・冬〉

しらゆふ-はな【白木綿花】 名 白い木綿を花に見立てた語。例 **白木綿花**に(=白木綿花のように)落ち激つ滝の河内は〈万葉・六・九〇九〉

白雄《人名》一七三八〜一七九一(元文三〜寛政三)。江戸時代の俳人。本姓加舎氏。作風は繊細で格調高く、中興俳諧を代表する一人。著書に無技巧を説く俳論『かざりなし』など。

しら-ん【知らん】《近世語》〔「ん」は打消の助動詞「ず」の連体形「ぬ」の変化した形〕(終助詞のように文末に用いて)疑問の意を表す。〜かもしれない。〜かしら。〜かなあ。終助詞「か」について「かしらん」となるほか、上に疑問語があれば、「しらん」だけでも用いる。例(a)どうするのだ**しらん**と〈滑稽本・膝栗毛・六下〉例(b)あれでも済む事か**しらん**〈滑稽本・浮世床・初下〉

しり【尻・臀・後】 名 ❶**人間や動物の臀部**。例 さが**尻**をかき出でて…恥を見せむ(=そいつの尻をまくり出して…恥をかかせてやろう)〈竹取〉 ❷**後部。後方**。例 小君、御車の**しり**にて、二条院におはしましぬ(=小君が、御車の後部に乗って、二条院にお着きになった)〈源氏・空蟬〉読解 光源氏が自邸に戻った場面。牛車の後部は下位者が乗る。 ❸**細長い物の先端・末**。例(a)大刀の**後**〈万葉・七・一二七二〉例(b)かしこう縫ひつと思ふに、針をひき抜きつれば、はやく**しり**を結ばざりけり(=うまく縫ったと思うのに、針を引き抜いたところ、なんと糸の端を結んでいなかった)〈枕・ねたきもの〉 ❹「裾」とも書く。**衣服の裾**。特に束帯のときの、下襲の長く引きずった部分。例(a)下襲の**しり**長く引き、所せくてさぶらひたまふ(=りっぱな様子で伺候なさる)〈枕・関白殿、黒戸より出でさせ給ふ〉例(b)**尻**をはしょっていって来い〈滑稽本・浮世床・二下〉 ❺**物の底部**。例 御障子の**尻**は固めたれば(=御障子の下部は掛けがねで止めていたので)〈源氏・若菜上〉 ❻**水の流れの末**。例 滝の**尻**にて、水浴み、尻よく洗ひて〈宇治拾遺・一九三〉 ❼事件の責任。また、その追及。後始末。例 どのような**尻**が来ようが受け合って〈人情本・春色梅児誉美・初・四〉

〔尻に立つ〕 あとに続く。つき従う、後塵を拝す、などのニュアンスを含むこともある。例 **しりにたち**たる者どもに(飯ヲ)食はすれば〈宇治拾遺・一九〉

じ-り【事理】 名 ❶《仏教語》現象と真理。例 **事理**もとより二つならず〈徒然・一五七〉 ❷事の筋道。事の道理。例 **事理**の信、知るべし〈本朝文粋・一〉

しり-あし【後足・尻足】 名 うしろ足。あと足。例 鹿の**尻足**を取りて肩に引きかけて〈今昔・二三・二三〉

しりう-ご・つ【後う言つ】 動(タ四)〔名詞「しりうごと」の動詞化〕陰口をきく。例「見どころ少なうやならまし」など、**しりうごち**て〈源氏・紅梅〉

しりう-ごと【後う言】 名〔「しりへごと」の変化した形〕本人のいないところであれこれ言うこと。陰口。多くは悪口。例 いとなめげなる(=失礼な)**後う言**なりかし〈源氏・若菜下〉

しり-うた・ぐ【踞ぐ】 動(ガ下二)〔「しりうちあぐ(尻打ち上ぐ)」の変化した形か〕腰をかける。例 寺にいたりて、胡床に**踞げ**をり〈紀・敏達〉

しり-うと【知人】 名〔「しりひと」の変化した形〕知り合い。知人。例 遠国へ流されたまふに、**しりうと**は持ちたまはぬか〈平家・五・文覚被流〉

しり-うま【尻馬】 名 ❶人の乗った馬の、後ろに乗ること。また、前を行く馬の後ろを行くこと。例 わが子を**尻馬**に乗せりけり〈仮名草子・伊曾保物語・下〉 ❷他人に便乗すること。

しりえ『後・後方』⇩しりへ

しり-がい【鞦】 名〔「しりかき(尻繫き)」のイ音便形〕 ❶牛の尻にかけ、牛車の轅を固定させる緒。例 牛の**鞦**の香の、なほあやしう〈枕・いみじう暑きころ〉 ❷馬具の名。馬の頭・胸・尾にかける緒の総称。例 小総の**鞦**かけ〈平家・九・生ずきの沙汰〉

しり-がほ【知り顔】 名 形動(ナリ) 知っているような顔。知っている様子。例 **知り顔ならじ**とて、御送りにとも声づくらず〈源氏・末摘花〉

じ-りき【自力】 名 ❶自分の力。自分一人の力。独力。 ❷《仏教語》自己の能力や修行によって、悟りや極楽往生を得ようとすること。例 **自力**作善の人は、ひとへに他力をたのむ心欠けたるあひだ〈歎異抄・三〉

しり-きれ【尻切れ】 名「しきれ」とも。かかとの部分がない藁草履。速く歩くのによい。例 **尻切れ**も履きあへず、逃げて車に乗りて〈今昔・二四・六〉

しり-くさ【知り草・尻草】 名 湿地に生える草の名。灯心草の別称とも、三角藺の別称とも。例 湊葦に交じれる草の**しり草**の〈万葉・一一・二四六八〉

しり-くち【尻口・後口】 名 牛車の後方の出入り口。一説に車の後(しり)と前(くち)とも。例 尼の車、**後口**より水晶の数珠、薄墨の裳・袈裟・衣いといみじくて〈枕・関白殿、二月二十一日に〉

しりくめ-なは【尻久米縄・注連】 名 出入りを禁

じるために結ぶ縄。しめなわ。例**尻くめ縄**もちてその御後方(みしりへ)に控(ひ)き渡して白言(まを)ししく、「これより内に、え還(かへ)り入りまさじ」〈記・上・神代〉

しり-こた・ふ【後答ふ】コタウ・コトウ 動(八下二) 矢が命中したという手ごたえがある。例弓の音すなり。**しり答へ**ぬと聞くに合はせて〈今昔・二五・一二〉

しり-ごゑ【尻声】ゴエ 名 ❶声の終わりの部分。声を長く引いた後ろのほう。例物売りの**尻声**高く名乗り捨て〈俳諧・猿蓑・五〉 ❷名前などの下につける言葉。「〜様」など。例様といふ**尻声**もなく〈西鶴・好色一代男・二・二〉

しり-さき【尻先・後前】 名 前後。あとさき。例にはとりのひなの…人の**しりさき**に立ちてありくも(=歩き回るのも)をかし〈枕・うつくしきもの〉

しり-ざし【尻刺し・尻差し】 名 戸締まりのため、戸障子・遣(や)り戸などの後部にさすつっかい棒。例雨戸に**尻さし**をして〈西鶴・好色一代男・二・五〉

しり-ざや【尻鞘】 名「しんざや」とも。太刀の鞘を雨露から保護するための毛皮の袋。例斑(まだら)なる猪(ゐ)の**尻鞘**したる大刀(たち)を帯(は)きて〈今昔・一九・八〉

尻鞘〔伴大納言絵巻〕

しり-ぞ・く【退く】〔後ろの意の「しり」に、遠ざかる意の「そく」がついた語〕 1 動(カ四) ❶**引き下がる。後退する。**例人みな**退きて**(=人々は全員引き下がって)帰る。〈竹取〉 ❷**官職を辞す。身を引く。隠退する。**例つたなきを知らば、何ぞ、やがて**退かざる**(=劣っていることを知ったら、どうしてすぐ身を引かないのだ)〈徒然・一三四〉 ❸(人を先にする意から)**へりくだる。**例「**退きて**咎(とが)なし」とこそ、昔の賢(かし)き人も言ひおきけれ〈源氏・明石〉 読解 へりくだって人に従っていれば非難を受けることはない、という意のことわざ。

2 動(カ下二) ❶**引き下がらせる。遠ざける。追い払う。**例奢(おご)りを**退けて**、財(たから)を持たず、世を貪(むさぼ)らざらんぞ、いみじかるべき(=ぜいたくを遠ざけて、財産を持たず、俗世間の名誉や利益に執着しないのは、りっぱであるにちがいない)〈徒然・一八〉 ❷**地位を落とす。**例陽成(やうぜい)**しりぞけ**られたまひし時(=陽成天皇が退位させられなさったとき)〈神皇正統記・中〉

類義 1①しぞく(退く)

語誌 1は自動詞、2は他動詞。1から2が分化した。〈小島孝之〉

しりに-たつ【尻に立つ】 ⇩「しり」の子項目

しり-ぶり【後振り】 名 うしろ姿。例里人(さとびと)の見る目恥づかし左夫流児(さぶるこ)にさどはす君が(=遊女に迷ったあなたの)宮出(みやで)**後振り**〈万葉・一八・四一〇八〉

しり-へ【後方】エ 名〔「へ」は方向の意〕❶後ろのほう。例湖を前に見、志賀の山を**しりへ**に見たるところの〈蜻蛉・下〉 ❷左右の二組に分かれて対戦する形式の競技で、右方の組。例上の女房、前・**後**(しりへ)と、装束(さうぞく)き分けたり〈源氏・絵合〉 読解 帝の御前で絵合わせが行われようとする場面。

しりへ-ざま【後ざま】シリエ 名 うしろのほう。また、うしろむき。例**後ざま**にゐざり退(しぞ)きて〈源氏・行幸〉

しり-め【尻目・後目】 名 目だけで横を見ること。横目。流し目。例長やかに独(ひと)りごちたまふを、女君、**後目**に見おこせて〈源氏・澪標〉 語誌 嫉妬(しっと)・不満・軽蔑・無視など、さまざまな感情をこめることが多い。媚(こび)を含んだ目つきにもいう。

【尻目に懸(か)く】 横目で見る。さげすんだりこびたりするのにもいう。例かほる(=遊女の名)が**尻目に懸けられ**〈西鶴・好色一代男・七・七〉

し-りゃう【死霊】リョウ 名 祟(たた)りをする死者の霊(れい)。怨霊(おんりやう)。例新大納言成親卿(なりちかのきやう)の**死霊**〈平家・三・赦文〉

し-りゃう【私領】リョウ 名 個人の領有する土地。私有地。例庄園**私領**一所も相違あるべからず〈平家・一〇・三日平氏〉

じ-りゃう【寺領】リョウ 名 寺の領地。例住僧も安堵(あんど)し、**寺領**も豊饒(ぶねう)なり〈著聞集・七・二九一〉

しり-ゐ【尻居】イ 名 尻餅(しりもち)をつく形。例**尻居**にどうど(=どすんと)打ち倒されて〈太平記・三三〉

し-りん【四輪】 名〔仏教語〕仏教の世界観で、須弥山(しゅみせん)の下にあって大地を支えるとされる四つの要素。金輪(こんりん)・水輪・風輪・空輪の四種。

しる【汁】 名 ❶物からしみ出る、または絞り取る液体。例染め木が**汁**に染(し)め衣を〈記・上・神代・歌謡〉 ❷吸い物。例これが**汁**すすれ〈宇治拾遺・一六八〉

し・る

【痴る】 動(ラ下二) **判断ができなくなる。愚かになる。ぼける。**例心地、ただ**痴れ**に**痴れ**て、まもりあへり(=気持ちは、ただひたすらぼけっとして、じっと顔を見合わせている)〈竹取〉

語誌 ▼中世以降、「しれたる」の形で、ふざけた、いたずら好きな、風変わりな、などの意に用いられることがある。〈浅見和彦〉

し・る

【知る・領る】 1 動(ラ四) ❶㋐**物事や事態を、隅々まで知る。わかる。悟る。理解する。**例(a)世の中は空(むな)しきものと**知る**時しいよよますます悲しかりけり〈万葉・五・七九三〉➡名歌409 (b)もとより深き道は**知り**はべらず(=もともと深い方面のことは理解しておりません)〈徒然・一三五〉 読解 ここは、学問について。

㋑**体験する。経験する。**例みづからかかること**知り**たまはず(=ご自身はこのようなことを経験なさっていらっしゃらず)〈源氏・若菜上〉 読解 紫の上に出産の経験がないことをいう。

㋒**親しむ。つきあう。交際する。男女が関係をもつ。**⇩あひしる。例かれこれ、**知る知ら**ぬ、送りす(=あの人この人、親しくつきあった人もそうでない人も、見送りをする)〈土佐〉

㋓**あれこれ考える。熟慮する。考慮する。**例世のそしり、人の恨みをも**知らず**、心寄せたてまつるを(=世間の非難や、人の恨みも無視して、思いをかけ申し上げているのを)〈源氏・若菜下〉

㋔(打消の語を伴って)**〜できない。**手段・方法が知れない意からいう。例五月蠅(さばへ)なす騒く子どもを打棄

つては 死には**知らず**(＝五月の蠅のようにうるさく騒ぐ子どもたちを見捨てては死ぬこともできず)〈万葉・五・八九七〉

❷㋐**土地などを領有する。占有する。**例奈良の京、春日の里に**しる**よしして、狩りに往にけり(＝奈良の旧都、春日の里に所領の縁があって狩りに出かけた)〈伊勢・一〉

㋑**支配する。統治する。**例世の中を**知り**たまふべき右大臣の御勢ひは、ものにもあらずおされたまへり(＝世の中を統治なさるはずの右大臣の御勢力は、ものの数でもなく圧倒されていらっしゃる)〈源氏・桐壺〉

㋒**妻や愛人などとして世話をする。めんどうをみる。**例(娘ノ女三ノ宮ガ)**知る**人もなくて漂はむことのあはれに(＝後見もないまま途方に暮れるのではないかと心配で)〈源氏・柏木〉読解朱雀院の言葉。

2動(ラ下二) 1に対する受身または使役の意。**知られる。知らせる。**例春の野にあさる雉の妻恋ひに己があたりを人に**知れ**つつ(＝春の野でえさを探しまわる雉が妻を呼び求めて鳴くので、その所在を人に知られることだ)〈万葉・八・一四四六〉

語誌▼**神意を知る** 呪的な手続きによって神意を明らかにするというのが原意。神意は「しるし(徴表)」として表面に現れるから、そのしるしを判別・判断することが知ることでもある。そこから転じて、対象世界をくまなく知ることをも意味するようになった。それはその世界を把握することとも同義であるから、知ることが対象への支配・統治の意味をもつことにもなる。⇩しるす・しるし・しらしめす　〈多田一臣〉

しるし

【徴・験・標・印・証・璽】名 動詞「しるす」の名詞形。物事の特徴的な事柄や目印。

❶【徴】**兆し。前ぶれ。前兆。**例かの鬼の虚言は、この**しるし**を示すなりけり(＝あの鬼のうそは、この前兆を示すのであったなあ)〈徒然・五〇〉読解鬼がいるというわさに人々が右往左往することがあったが、その鬼とは結局病気がはやる前ぶれだったという話。

❷【験】㋐**神仏の利益。効き目。**例「さりともおぼしなむ。かならず仏の御**しるし**を見む」と思ひ立ちて、その暁に京を出づるに(＝「いくらなんでもきっと殊勝とお思いになるだろう。必ず仏の御利益を見たい」と思い立って、その未明に京を出発すると)〈更級〉読解大嘗会の御禊見物をさしおいてまでお参りすることには、仏様も心を動かされ、きっとご利益が現れると期待する。

㋑**価値。**例散りぬれば恋ふれど**しるし**なきものを今日こそ桜折らば折りてめ(＝散ってしまうと、恋い焦がれても価値がないからなあ。今日という今日は、桜を折るなら折ってしまおう)〈古今・春上〉

❸【標・印】**目印。**例人突く牛をば角を切り、人食ふ馬をば耳を切りて、その**標**とす(＝人を突き刺す牛は角を切り、人に食いつく馬は耳を切って、その目印とする)〈徒然・一八三〉

❹【証】**証拠。**例亡き人の住み処尋ね出でたりけん**しるし**の釵ならましかば(＝亡くなった人の住んでいる所を捜し出したという証拠の釵であるのならば)〈源氏・桐壺〉

❺【璽】三種の神器の一つ。皇位継承のしるしとしての神璽。例内侍所・**璽**の御箱、鳥羽に着かせたまふ(＝神鏡と神璽の御箱は、鳥羽にお着きになる)〈平家・二・内侍所都入〉読解平家一族が滅び、神器が帰京する場面。　〈林田孝和〉

しる・し

【著し】形(ク) 「しろし(白し)」と同根か。顕著に際立っているさまを表す。「いちしるし」もほぼ同義。

❶**はっきりしている。明白だ。**例我が夫子が 来べき夕なり ささがねの(枕詞) 蜘蛛の行ひ 今宵**著し**も(＝私のいとしい人がきっと来るはずの夕べである。蜘蛛が巣を張るのが今夜はっきりしていることよ)〈紀・允恭・歌謡〉読解蜘蛛が動き回るのは待ち人が来る前兆という俗信に基づく。

❷(多く「〜もしるく」の形で)**予想どおりだ。そのとおりだ。**例のたまひしも**しるく**、十六夜の月をかしきほどにおはしたり(＝おっしゃったそのとおり、十六夜の月のみごとなころにいらっしゃった)〈源氏・末摘花〉

❸**効果がはっきり現れている。かいがある。**例秋の野の尾花が末を押しなべて来しくも**著く**逢へる君かも(＝秋の野の尾花の先を押し倒して来たかいがあって逢えたあなただなあ)〈万葉・八・一五七七〉　〈小島孝之〉

しるし-の-おび【標の帯】名 懐妊を祝い、五か月目から結ぶ帯。例かの恥ぢたまふ**しるしの帯**のひき結はれたるほどなど〈源氏・宿木〉

しるし-の-すぎ【験の杉】名 霊験のある杉。特に、山城国、今の京都市伏見区の稲荷神社の神木の杉。参詣者が折り取り持ち帰った杉の枝が枯れなければ、祈願のしるしがあると信じられた。例御堂の方より「すは(＝さあ)、稲荷より賜はる**しるしの杉**よ」とて、物を投げ出づるやうにするに〈更級〉読解長谷寺の御堂に籠もったときに見た夢の内容。

しる-しる【知る知る】 知りながら。わかってはいるのに。例またの日は例の方塞がると**知る知る**、昼間に見えて(＝やって来て)〈蜻蛉・下〉

しる・す【徴す・記す・標す】動(サ四) ❶**前兆を示す。**兆しを表す。例新しき年のはじめに豊の年**しるす**とならし(＝兆しを表すらしい)雪の降れるは〈万葉・一七・三九二五〉❷**書きつける。記録する。**例時に建暦の二年弥生の晦ごろ…外山の庵にしてこれを**記す**〈方丈記〉読解『方丈記』末尾の跋文。❸**目印をつける。**例その辺の在家(＝民家)を**しるし**けるに〈宇治拾遺・六・七〉

しる-へ【後方】エ 一 名《上代語》「しりへ」の東国方言。例行こ先に波なとゑらひ(＝波ようねり立つな)**しるへ**には子をと妻をと置きてとも来ぬ〈万葉・二〇・四三八五〉

しる-べ【導・知る辺】名 ❶**道案内。手引き。導き。**例極楽へ参るには**しるべ**いらず〈発心集・四・七〉❷**知人。縁者。知り合い。**例忍びて**しるべ**にはしたまひなんや〈宇津保・国譲中〉

しるまし【怪・徴・相・恠】名前兆。予兆。特に、不吉なことの前兆。例ここに相の不祥(=不吉なこと)を知りて、ともに盟ひて止む〈紀・斉明〉

しれ-がま・し【痴れがまし】形(シク)〔「がまし」は接尾語〕ばかげている。例世の中の**痴れがましき**名(=評判)を取りしかど〈源氏・夕霧〉

しれ-ごと【痴れ言・痴れ事】名❶ばかげた言葉。たわごと。例**しれごと**な言ひそ(=言うな)〈宇治拾遺・一六三〉❷ばかげたこと。愚かなこと。例かかる**しれ事**をもして、病みまどひて〈今昔・二八・三三〉

しれ-じれ・し【痴れ痴れし】形(シク)ばかげている。愚かしい。また、そらぞらしい。例思ひよらざりけることよと、**しれじれしき**心地す〈源氏・行幸〉

しれ-もの【痴れ者】名❶ばか者。愚か者。例まことかとて、**しれもの**は走りかかりたれば〈枕・うへにさぶらふ御猫は〉❷ただものではない人。したたかな人。その道に通じた人。例風流の**しれもの**、ここに至りてその実をあらはす〈芭蕉・奥の細道〉

しれもの-ぐるひ【痴れ者狂ひ】(ーグルイ)名ばかげたこと。気違いじみていること。また、その人。例この男をば、かくえもいはぬ**痴れ者狂ひ**とは知りたりつれども〈宇治拾遺・二・三〉

しろ【代】名❶**代わりのもの。**それとは別のものだが、同じ働きをするもの。例たな霧らひ雪も降らぬか梅の花咲かぬが**代**にそへてだに見む(=霧が立ち込めて雪が降りでもしないかなあ。そうしたら、梅の花は咲いていないが、せめて雪をその代わりとしてなぞらえてでも見たいものだ)〈万葉・八・一六四二〉

❷**代価。**それと交換する金銭や物品。例硫黄を取りて、商人の舟の着きたるに取らせて、形のごとく**代**を得て日を送り(=硫黄を取って、商人の船で到着したものに与えて、わずかに代価を得て日々を暮らし)〈源平盛衰記・二〉

類義❷あたひ(価・値)・だい(代)

語誌 〜としてのもの・〜のためのもの、の意が原義であろう。「あじろ(網代)」「やしろ(社=屋代)」「なはしろ(苗代)」「なしろ(名代)」などの複合語に、この意味が認められる。〈品田悦一〉

しろ【白】名色の名。雪のような色。「白髪」「白妙」など、多く複合語で用いられる。例田子の浦ゆうち出でて見ればま**白**にそ富士の高嶺に雪は降りける〈万葉・三・三一八〉➡名歌206

語誌▼古くは、幅広く漠とした色彩に用いられた「あを(青)」に対して「しろ」には顕・著などの意があり、はっきり目立っている状態をいった。光と密接に関係する色の名といわれている。
▼交替形は「しら」で、「白鳥」などと用いる。
▼五行説では金に配し、西・秋に通じる。

しろい-もの【白い物】名〔「しろきもの」のイ音便形〕おしろい。例裳・唐衣に**しろいもの**うつりて、まだらならんかし〈枕・宮にはじめてまゐりたるころ〉 語誌 室町時代以降、「お」をつけ「もの」を略した「おしろい」の形が一般化する。〈吉田比呂子〉

しろ-うすやう【白薄様】(ースヨウ)名❶薄手の鳥の子紙の白いもの。❷今様歌の一種。五節の舞の宴で歌う。例人々酔ひてのち、**白薄様**うたひて〈著聞集・一八・六二五〉

しろ-うと【素人】名〔「しろひと」の変化した形〕❶ある物事を専門・職業にしていない人。例**素人**の老人が風流延年(=舞の名)なんどに身を飾りて〈風姿花伝・七〉❷普通の女性。芸者や遊女などに対していう。例**素人**を女房に持つと、こんな時に亭主の難儀だ〈歌舞伎・東海道四谷怪談・初日中幕〉

しろ-がなもの【白金物】名「しらがなもの」とも。銀の金具。飾りとして武具などにつける。例黒糸縅の腹巻(=鎧の一種)の、**白金物**うったる胸板せめて(=ぴったり身に着けて)〈平家・二・教訓状〉

しろ-かね【銀】名〔近世以降「しろがね」とも〕❶銀。例毛のよく抜くる**しろかね**の毛抜き〈枕・ありがたきもの〉❷銀泥。銀粉を膠で溶いたもの。絵や文字をかくのに用いる。例**銀**の御宮に入れさせたまひて〈栄花・衣の珠〉❸銀貨。例銭は水のごとく流れ、**銀**は雪のごとし〈西鶴・世間胸算用・五・四〉

しろ-かみ【白髪】名しらが。例黒髪に**白髪**交じり老ゆるまで〈万葉・四・五六三〉

しろ-き【白酒】名〔「き」は酒の意〕白い濁酒。黒酒とともに新嘗祭・大嘗祭などで神前に供える。例天地と久しきまでに(=遠い未来まで)万代に仕へまつらむ黒酒**白酒**を〈万葉・一九・四二七五〉

しろき-もの【白き物】名「しろいもの」に同じ。例**しろき物**いきつかぬ所は、雪のむらむら消え残りたる心地して、いとみぐるしく〈枕・正月一日は〉

しろ-ぐつわ【白轡】名白く光るように磨いた轡。塗った轡に対していう。例白葦毛なる老馬にかがみ鞍おき、**白轡**はげ(=かませ)〈平家・九・老馬〉

しろ-くら【白鞍】名鞍の前輪・後輪に銀を張ったもの。白覆輪の鞍。例今まで秘蔵して乗られたる白瓦毛の馬**白鞍**置きて〈太平記・三二〉

しろ・し【白し・著し】形(ク)〔「しるし(著し)」と同根か〕❶色が白い。例黒鳥のもとに、**白き**波を寄すとぞいふ〈土佐〉❷着色せず、生地のままだ。例**白き**御厨子一よろひ(=一対)に〈紫式部日記〉❸明るく際立っている。例庭火**しろく**たきたるに〈宇治拾遺・七四〉❹あからさまだ。はっきりしている。例**しろく**院がたへ参るよしを言ひて〈保元・上〉❺やぼだ。しろうとくさい。例田舎の**しろい**(音便形)客が〈浮世草子・傾城禁短気・二・一〉

しろしめ・す【知ろしめす】動(サ四)〔「しらしめす」の変化した形〕「しる(知る・領る)」の尊敬語。❶**お治めになる。**例天の下**しろしめす**こと、四つのとき、九このかへりになんなりぬる(=天下をお治めになること、四季のめぐりは、九度となった)〈古今・仮名序〉

❷**知っていらっしゃる。ご存じである。**「知りたまふ」より敬意が高い。例なにがしこの寺に籠りはべりとは**しろしめし**ながら(=私がこの寺にこもっておりますとは知っていらっしゃるのに)〈源氏・若紫〉

❸**識別なさる。**例(天皇八)賢し愚かなりと**しろしめ**しけむ(=すぐれている、通り一遍だと識別なさったの

だろう〉〈古今・仮名序〉 ❹お気になさる。例(天皇八〉人のそしりも**知ろしめさ**れず(=世間の人の非難もお気になさらず)〈源氏・須磨〉〈泉基博〉

しろ-しゃうぞく【白装束】 名「しらしゃうぞく」とも。神事や仏事のときに着用する白い衣服。また、その服を着ること。例その勢わづかに十六騎、みな**白装束**にて馳せむかふ〈平家・一一・志度合戦〉

しろ-だち【白太刀】 名 柄や鞘を銀の細工で飾った太刀。例四尺五尺の**白太刀**に、虎の皮の尻鞘引き籠め(=尻鞘に納め)〈太平記・三四〉

しろ-たへ【白栲・白妙】 名 ❶楮などの木の皮の繊維で織った白い布。雲・雪・霞などの白いものをたとえていうこともある。例織る**白たへ**は織りてけむかも〈万葉・一〇・二〇二七〉 ❷色の白いこと。また、白い色。純白。例軍の男どもの鎧みな**白妙**になりにけり〈著聞集・九・三三六〉

しろたへ-ごろも【白栲衣・白妙衣】 名「しろたへ①」で作った衣服。例君に逢はず久しき時ゆ織る服の**白栲衣**垢付くまでに〈万葉・一〇・二〇二八〉

しろたへ-の【白栲の・白妙の】 《枕詞》 ❶白栲で衣服を作ることから、衣服に関する「衣」「袖」「袂」「帯」「紐」「襷」などにかかる。例**白たへ**の衣は脱かじ直に逢ふまでに〈万葉・一二・二八四六〉 ❷白栲が白い色であることから、白いものを表す「波」「雪」「雲」「月」「富士」などにかかる。例**白たへ**の雲か隠せる天つ霧かも〈万葉・七・一〇七九〉 ❸白栲の材料である藤から同音を含む地名「藤江」に、白栲の「木綿」から同音を含む「夕波」「ゆふつけ鳥」にかかる。例白たへの藤江の浦に〈万葉・一五・三六〇七〉

しろと-すい【素人粋】 名《近世語》遊び慣れていないのに粋人ぶる人。例まだしき(=未熟な)**素人帥**は恐れて〈西鶴・好色一代女・一・四〉

しろ-な・す【代為す】 動(サ四)〔「売り代為す」の意〕物品を売って金に換える。例五百八十が物(=五八〇文ほどの物)**代なし**て〈西鶴・日本永代蔵・二・三〉

しろ-ねずみ【白鼠】 名 ❶毛色の白い鼠。福の神の大黒天の使い、また福の神そのものとされ、その住む家は繁盛するという俗信があった。❷(主人を大黒天に見立てて)主人に忠実に仕え、福をもたらす番頭や奉公人。例京の旦那のために**白鼠**と言はれて〈西鶴・好色一代女・四・二〉

-しろ・ふ 接尾(ハ四型) 動詞の連用形について、お互いに～しあう、の意を添える。「言ひしろふ」「突っきしろふ」「引きしろふ」など。

しろ-ぶくりん【白覆輪】 名 銀でふちどった鞍・鞘・鎧など。銀覆輪。例**白幅輪**の鎧十領、金作りの太刀一つそへて引かれたりけり(=引出物とされた)〈太平記・九〉

しろ・む【白む】 **1**動(マ四) ❶白くなる。白みを帯びる。例牛は額はいとちひさく、**しろみ**たるが〈枕・牛は〉 ❷ひるむ。しらける。例兵ども進みかねて、少し**白う**(音便形)てぞ見えたりける〈太平記・三三〉 ❸汚れなどが落ちてきれいになる。**2**動(マ下二) 白くする。清めてきれいにする。例衣も**しろめ**ず、おなじ煤けにてあれば〈枕・職の御曹司におはします頃、西の廂にて〉

しろ-むく【白無垢】 名 表裏とも白の絹または羽二重で作られた小袖。特別な儀式の礼服や死に装束に用いる。江戸時代は、僧と女性のみが日常の着用を許された。例初(=人名)は**白無垢**死に出立ち(=死に装束)〈近松・曾根崎心中〉

しろ-もの【代物】 名《近世語》〔あるものの代わりとなる物の意〕❶商品や質草。また、代金。例**代物**をば取りまうすまじ〈仮名草子・浮世物語・三・一三〉 ❷人をあざけっていう語。やつ。例ああいふ**しろもの**だはな〈滑稽本・浮世風呂・三下〉

しわ【皺】 名 皮膚・布・紙などの表面がたるんでできた筋。例紅の 面の上に いづくゆか(=どこから)皺が来りし〈万葉・五・八〇四〉

しわう-てん【四王天】 名《仏教語》須弥山の中腹の四方にある天。また、その四方のそれぞれの天に配された持国天・広目天・増長天・多聞天の四天王。例須弥の半ば**四王天**へ逃げ上る〈太平記・八〉

し-わざ【仕業・為業】 名 ❶行い。所業。仕事。例こまごまと吹き入れたるこそ、荒かりつる風の**しわざ**とはおぼえね〈枕・野分のまたの日こそ〉 ❷その行いの結果。せい。例舟路の**しわざ**とて、少し黒みやつれたる旅姿〈源氏・夕顔〉

しわ・し【吝し】 形(ク)〔仮名遣いは「しはし」とも〕けちである。しみったれである。例**しわい**(音便形)人で、孫どもに少しも物をくれられぬ〈狂言・財宝〉

しわす『師走・十二月』⇩しはす

し-わた・す【為渡す】 動(サ四) 垣などを作りめぐらす。例同じ小柴なれど、うるはしう(=きちんと)しわたして〈源氏・若紫〉

し-わ・ぶ【為侘ぶ】 動(バ上二) 処置に困る。もてあます。例よろづに心ざしを見えければ(=想いの深さを訴えるので)、**しわびぬ**〈大和・一四七〉

しわぶく『咳く』⇩しはぶく

しわ・む【皺む】 動(マ四) 皺が寄る。例若かりし肌も皺みぬ〈万葉・九・一七四〇〉

し-ゐ【四維】 名 艮(北東)・巽(南東)・坤(南西)・乾(北西)の四つの方位。例(軍勢ガ)東西南北・**四維**・上下に充満して〈太平記・六〉

し-ゐん【四韻】 名 漢詩で用いる韻字。平・上・去・入の四声。また、脚韻が四つあることから、律詩。例博士の人々は**四韻**、ただの人は大臣を始めたてまつりて絶句作りたまふ〈源氏・少女〉

しゑや 感 断念したり嘆息したり決意したりするときに発する語。ええい。ままよ。例あらかじめ人言繁しかくしあらば**しゑや**我が背子奥もいかにあらめ(=将来はどうなるのだろう)〈万葉・四・六五九〉

慈円 《人名》一一五五～一二二五(久寿二～嘉禄元)。平安末期・鎌倉前期の歌人・僧。父は関白藤原忠通。兄は兼実。諡号は慈鎮。大僧正となり、天台座主を四度務めた。政界・宗教界で活躍する一方、後鳥羽院時代の歌壇の中心として、『新古今和歌集』には西行に次ぐ歌数が入集。家集に『拾玉集』、史論に『愚管抄』。

しーをに【紫苑】 名「しをん」の撥音を「に」と表記したもの。

しをら・し 形(シク) ❶奥ゆかしい。慎み深い。例この娘**しをらしく**かしこまり〈西鶴・日本永代蔵・二・一〉❷風情がある。優美だ。例書物棚**しをらしく**、ここは不断の学問所とて〈西鶴・好色五人女・五・三〉❸かわいい。愛らしい。例**しをらしき**名や小松吹く萩すすき〈芭蕉・奥の細道〉❹けなげだ。殊勝だ。また、こざかしい。例腕ねぢあげ、「はあ、**しをらしき**御手向かひ」〈浄瑠璃・仮名手本忠臣蔵・二〉

しをり 名 ⇩しほり

しーをり【栞・枝折り】 名 山道などで、木の枝を折って道しるべとすること。また、その道しるべ。例吉野山去年の**しをり**の道かへて〈新古今・春上〉

しをりーど【枝折り戸】 名 木の枝や竹などで作った簡素な開き戸。例竹の**枝折り戸**やすらかに、葭垣厚くしわたして〈芭蕉・芭蕉を移す詞〉

しを・る【萎る】 ❶動(ラ下二) ❶**草木などがしおれる。**例吹くからに秋の草木の**しをるれ**ばむべ山風を嵐といふらむ〈古今・秋下〉→名歌312

❷**しょんぼりする。気持ちが沈む。**例女君、あやしう悩ましげにのみもてないたまひて、すくよかなる折もなく**しをれ**たまへるを(=女君は、ひどく気分が悪そうにばかりしていらっしゃって、元気な時もなく気持ちが沈んでいらっしゃったが)〈源氏・真木柱〉

❷動(ラ四) ❶**しおれさせる。たわませる。**例木枯らしの隠岐のそま山吹き**しをり**(=木枯らしが隠岐島の杣山の木を吹きたわませ)〈増鏡・新島守〉

❷**折檻する。**例(女ヲ)蔵に籠めて**しをり**たまうければ(=蔵に閉じこめて折檻なさったので)〈伊勢・六五〉

❸【枝折る・栞る】㋐**木の枝などを折って道しるべにする。**例世の憂さに**しをら**で入りし奥山に(=世の中に対するつらさに道しるべも残さず入った奥深い山に)〈浜松中納言・一〉

㋑**道案内する。**例咲きぬやと知らぬ山路にたづねいる我をば花の**しをる**なりけり(=咲いたかと、見知らぬ山道を尋ねて行く私を花が道案内をするようであったなあ)〈千載・春上〉

語誌 ②③の漢字表記は、意味からの類推によるあて字。〈小島孝之〉

しーをん【紫苑】 名 ❶植物の名。キク科の多年草。茎は高く伸びて、秋、その頂に淡紫色の花が群がって咲く。❷色の名。①の花のような淡い紫色。❸襲の色目の名。表は薄色、裏は青。一説に、表は紫、裏は蘇芳とも。秋に着用。例薄色(=薄紫色)の裳に、**紫苑**・萩などをかしうて〈枕・殿などのおはしまさで後〉

しをんーいろ【紫苑色】 名 ❶「しをん②」に同じ。❷「しをん③」に同じ。

しん【信】 名 ❶儒教の五常の一つ。偽りのないこと。信義。例**信**をも守らじ〈徒然・一三〉❷信じること。信用。信頼。例あまりに深く**信**をおこして〈徒然・一九四〉❸信仰。信心。例おのおの拝みて、ゆゆしく(=非常に)**信**おこしたり〈徒然・二三六〉

【信あれば徳あり】 信心すれば福徳に恵まれるということわざ。

【信を致す】 信心を篤くする。心を尽くして信仰する。例深く**信を致し**ぬれば、かかる徳もありけるにこそ〈徒然・六八〉

【信を成す】 信じる。例二なく(=ただひたすらに)**信をなし**、たのみまうさん〈宇治拾遺・一五四〉

しん【神】 名 ❶神。鬼神。例**神**も神徳を耀かし、花も心ありければ〈平家・一・吾身栄花〉❷精神。心。例暑湿の労に**神**をなやまし、病おこりて〈芭蕉・奥の細道〉❸霊妙なところ。例猿に小蓑を着せて、誹諧の**神**を入れたまひければ〈俳諧・猿蓑・序〉

しん【真】 名 ❶真実。真理。正式。例(肖像画トシテ)**真**を写してもよしなし(=かいがない)〈海道記〉❷漢字の書体の一つ。楷書。例楽府(=漢詩の一種)をうるはしく**真**に書き〈大鏡・伊尹〉

しん【親】 名 ❶親しいこと。親しみ。❷両親。父母。❸親族。身寄り。例その僧の三等以上の**親**に〈続紀・養老五年六月〉

ジン『沈・陣・塵』⇩ぢん

じん【仁】 名 ❶儒教の五常の一つ。すべての徳の根元となるもの。博愛の心。転じて、広く、慈愛。慈しみ。思いやり。例**仁**は百禍(=すべての災禍)を除くなどいへり〈十訓抄・六・二八〉❷人。人物。例(扇ヲ)射つべき**仁**はみかたに誰かある(=射ることのできる人物は、味方にだれかいるか)〈平家・一一・那須与一〉

しんーい【瞋恚・嗔恚】 名《仏教語》「しんに」とも。十悪の一つ。自分の意図と違うものに対して怒り恨むこと。例貪欲・**瞋恚**等のもろもろの煩悩を生ず〈今昔・一・五〉

しんいーのーほのほ【瞋恚の炎・嗔恚の炎】 炎のように燃え立つ激しい怒り。例我ひとり尽きせぬ**瞋恚の炎**にもえこがれて〈宇治拾遺・一三四〉

新葉和歌集 《作品名》南北朝時代の準勅撰和歌集。二〇巻。宗良親王撰。弘和元年(一三八一)成立。歌数約一四二〇首。『新千載和歌集』『新拾遺和歌集』では入集を見なかった南朝関係者の歌を集成する。

しんーえん【宸宴】 名 天皇が主催する酒宴。例**宸宴**あり、御遊あり、大極殿にて大礼あり〈平家・五・五節之沙汰〉

しんーかう【神幸】 名 神が神輿や御船代に乗ってお出ましになること。例**神幸**に恐れをなしたてまつるゆゑなり〈太平記・三九〉

しんーかう【深更】 名 夜ふけ。夜中。深夜。例やや**深更**に及んで「人やある(=だれかいないか)人やある」と召されけれども〈平家・六・小督〉

しんーがう【信仰】 名動(サ変)〔近世以降「しんかう」〕❶神仏に従うこと。例この示現聞きて、いかばかりいよいよ**信仰**の心も深かりけん〈著聞集・一・三三〉❷徳のある人や学説を信じ、尊敬すること。例「あな尊の気色や」とて、**信仰**の気色(=面持ち)ありければ〈徒然・一五三〉

しんーがく【心学】 名 江戸中期、享保(一七一六〜三六)ごろに京都の石田梅巌が、儒学・神道・仏教に基づいて庶民の日常道徳を説いたもの。手島堵庵・中沢道二・柴田鳩翁らによって継承され広められた。

しんがり【殿】 [名]〔「しりかり（後駆）」の撥音便形〕軍の退却のとき、最後尾で敵の追撃を防ぐこと。また、その部隊。しんがりを務めることは名誉とされた。[例]さらば殿を仰せつけられ候へ〈甲陽軍鑑・三〉

しん-き【心気・辛気】《近世語》❶[名]心。気持ち。[例]五年七年心気を砕くも、大事を思ひ立ったるゆゑ〈近松・薩摩歌・上〉❷[名][形動]（口語）いらいらすること。心が晴れないこと。[例]足さすらせ、心気をとらせ（＝憂さを晴らし）〈西鶴・好色一代男・一・六〉

しん-ぎ【宸儀】 [名]天皇の体。また、天皇。[例]宸儀南殿（＝紫宸殿）に出御し〈平家・五・富士川〉

じん-ぎ【仁義】 [名]仁と義。特に孟子が強調する儒教の徳目。転じて、人の行うべき道徳。[例]君子に仁義あり〈徒然・九七〉

じん-ぎ【神祇】 [名]天神と地祇。天つ神と国つ神。天・地の神々。[例]神祇を侮り、なきがしろにせし漢家の国王、帝運久しからず〈十訓抄・三・一六〉

じん-ぎ【辞宜・辞義】 [名]〔「じぎ」の変化した形〕挨拶。会釈。[例]申し上ぐるところの辞儀、余儀なし（＝やむをえない）〈曾我・二〉

じんぎ-くゎん【神祇官】―カン [名]令制で、祭礼・占いなどを統括する役所。職員令では太政官の上位。[例]なほ新嘗の祭りをば、旧都の神祇官にしてとげられけり〈平家・五・五節之沙汰〉

しん-きゃう【神鏡】―キヨウ [名]三種の神器の一つ。八咫の鏡。[例]天徳の内裏の焼亡に、神鏡みづから飛び出でたまひて〈著聞集・一・二〉

しん-きゃう【親兄】―キヨウ [名]自分の兄。[例]この度のことは親兄の礼を重んじ〈仮名草子・根の介・上〉

しん-きん【宸襟】 [名]天皇の心。[例]平氏宸襟を悩まし、仏法を滅す間〈平家・七・木曾山門牒状〉

しん-く【親句】 [名]和歌で、第一句から第五句までの続きぐあいが密接でわかりやすいもの。また連歌で、前句への付け方が密接なもの。[例]歌には親句・疎句とて二つの体あり〈ささめごと・上〉

じん-く【甚句・甚九】 [名]江戸時代の末ごろから流行した民謡の一種。普通は七・七・七・五の四句から成る。越後甚句・名古屋甚句・佐渡甚句など全国各地に存在し、地方によって旋律が異なる。

じん-く【神供】 [名]「じんぐ」とも。神への供え物。[例]神供の参るほどに（糊ガ）よく干て（＝よく乾いて）、事故（＝支障）なかりけり〈徒然・七〇〉

じんぐう-じ【神宮寺】 [名]神社に付属する寺。神は仏を擁護するという神仏習合思想に基づいて神社に建立された。[例]神宮寺に参籠して（＝籠もって）、薬師如来に祈念す〈沙石集・二・二〉

じん-ぐゎん【神官】―ガン [名]「しんくゎん」とも。神職。神主。[例]おとなしく（＝年配で）物知りぬべき顔したる神官を呼びて〈徒然・二三六〉

心敬《人名》一四〇六～一四七五（応永一三～文明七）。室町中期の連歌作者・歌人。正徹に和歌を学ぶ。和歌・連歌は同一であるとし、歌は『新古今和歌集』と正徹に、連歌は救済に学べと説いた。家集に『心敬集』、連歌論に『ささめごと』、句集に『心玉集』など。

しん-げつ【新月】 [名]❶陰暦で月の第一日。朔。❷三日月。特に、八月三日の月。[例]かの新月をみれば、微かなるその状あり〈本朝文粋・一〉❸十五夜の夜、昇り始めた月。[例]三五夜中の新月白くさえ、涼風颯々たりし夜なかばに〈平家・七・青山の沙汰〉

しん-けん【神剣】 [名]❶神から授かった剣。[例]定めてこれ神剣ならん〈源平盛衰記・四四〉❷三種の神器の一つ。天の叢雲の剣。草薙の剣。

じん-こう【人口】 [名]世間のうわさ。人の口。[例]天下の人口ただこの一挙にあるべし〈太平記・一九〉

新古今和歌集 シンコキンワカシユウ《作品名》鎌倉初期、十三世紀はじめに編まれた第八番目の勅撰和歌集。二〇巻。

●**撰者** 後鳥羽院の下命による。撰者は源通具・藤原有家・藤原定家・藤原家隆・藤原雅経。当初は寂蓮も撰者であったが、撰進前に没した。

●**成立** 建仁元年（一二〇一）、後鳥羽院より下命があって撰歌が開始された。撰者たちが提出した候補作を後鳥羽院が精選し、それを撰者たちが分類・配列して、元久二年（一二〇五）三月に一応の完成をみた。ただし、その直後から後鳥羽院の主導のもとに改訂作業（切り継ぎ）が行われ、数年にわたって続いた。この歌集は、通常の勅撰集と違って、下命者の院みずからが撰歌・編纂したという性格が強い。さらに、承久の乱に敗れて隠岐に移された後鳥羽院は、切り継ぎ完了後の歌集から四〇〇首ほどを除いて精選を加えた。これは隠岐本と呼ばれ、写本も現存する。

●**構成** 約二〇〇〇首を全二〇巻に収める。歌体はすべて短歌。
部立は、順に、春上・春下・夏・秋上・秋下・冬・賀・哀傷・離別・羇旅・恋一～五・雑上・雑中・雑下・神祇・釈教。

●**歌風・表現** 『万葉集』時代の歌から当時最新の歌までを含むが、中心は当時の新風和歌の傾向である。古典主義的な傾向が著しく、中でも、古典の歌の表現を摂取して古典の世界を重層・交錯させる本歌取りが有効な表現方法として用いられている。感覚でとらえたものや心理的内容を象徴的に形象化した表現も特徴的である。また、初句切れ・三句切れ・体言止めの歌が多く、これらは言外の意味をにおわせる余情表現となっていて、前記の表現方法とも関連して、一首の中に複雑な情調がかもし出されている。

●**主要歌人** 西行・慈円・藤原良経・藤原俊成・式子内親王・定家・家隆・寂連・後鳥羽院など。俊成の築いた基盤を継承しつつ、定家・家隆・寂蓮などが新風を展開した。良経は彼らの庇護者であり、自らも新風を推進した。一方、最多の九四首が入集した西行は、編纂時には故人であったが、修行生活や旅の体験に根ざした歌や自己の心を凝視するところから生まれた歌を残した。当時としては特異でありながら魅力的であったらしい。慈円は新風の担い手の一人であるが、西行的な表現への志向も目立つ。後鳥羽院は、西行に惹かれる一方、新風の和歌にも魅せられ、定家たちに多く活躍の場を用意した。式子内親王・藤原俊成女・宮内卿など女性歌

人の活躍も注目される。〈佐藤明浩〉

しん-こく【神国】 名 神々によって開かれ、その子孫によって統治されている国。日本国のこと。例日本はこれ**神国**なり〈平家・二・教訓状〉

神護寺 名 山城国、今の京都市右京区高雄の寺。真言宗。延暦年間(七八二〜八〇六)和気清麻呂創建の神願寺を、天長元年(八二四)現在地に移したもの。平安末期には荒廃していたが、文覚が再興した。

新後拾遺和歌集 《作品名》南北朝時代の勅撰和歌集(二〇番目)。二〇巻。下命者は後円融天皇。将軍足利義満の執奏で二条為遠撰。為遠没後、子の為重が継いだ。至徳元年(一三八四)成立。歌数は約一五五〇首。比較的身分の低い武士や、僧の入集が目立つ。

新後撰和歌集 《作品名》鎌倉時代の勅撰和歌集(一三番目)。二〇巻。下命者は後宇多院。二条為世撰。嘉元元年(一三〇三)成立。歌数約一六〇〇首。二条派の歌人が中心。

しん-ごふ【身業】ゴウ 名《仏教語》三業の一つ。体によるすべての行為。

しん-ごん【真言】 名《仏教語》❶真実の言葉。仏や菩薩の意味深い言葉。例仏のいさめ守りたまふ真言の深き道をだに、隠しとどむることなく、ひろめ仕うまつりはべり〈源氏・薄雲〉❷①を梵語で表した呪文。例心にさるべき**真言**を読み、印を作りて〈源氏・手習〉❸「真言宗」の略。

じん-こん-じき【神今食】 名「じんごんじき」とも。平安時代の宮中行事の一つ。陰暦六月・十二月の十一日の月次の祭りの夜に行われる[illegible]で、火を改めて炊いた飯を天[illegible]大御神に供え、神とともに食す[illegible]

しんごん-しゅう【[illegible]**】** 名 仏教の一宗派。大同元年(八〇六)、[illegible]教を空海が伝えて開いた。大日[illegible]とし、即身成仏を本旨とする。高野山金剛峯寺、京都の東寺を根本道場とする。

しんごん-ゐん【真言院】イン 名 天皇・国家のために真言の修法を行う、朝廷の祈禱所。平安時代、大内裏の内、中和院の西側にあった。

しん-ざ【新座】 名 ❶新しく組織した芸能や商工業などの座。例**新座**・本座の田楽を合はせ〈太平記・二七〉❷「しんざん」に同じ。例**新座**の者をあまた(=数多く)置いて使はうと存ずる〈狂言・鼻取相撲〉

しん-ざう【新造・新艘】ソウ 名 ❶新しく造ること。特に、船や建物についていう。例**新造**の皇居、よく思慮あるべきか〈平治・中〉❷若い妻。新妻。転じて、若い娘。例巫子の**新造**めが、いっち(=一番)こちらの端に寝た様子だ〈滑稽本・膝栗毛・三上〉❸上方の遊里で、新しく勤めに出た遊女。例(太夫ハ)すぐれて美しく、**新艘**引きて千里を行くも遠からず〈西鶴・好色一代男・七・七〉

しん-ざん【新参】 名 新しく召しかかえられて参上すること。また、その人。例重恩(=代々の主君に仕えている家来)・**新参**の郎従ども、ここかしこより馳せ参って〈太平記・三六〉

しん-し【神璽】 名「しんじ」とも。❶三種の神器の一つである八尺瓊の曲玉。例内侍所(=八咫の鏡)・**神璽**・宝剣わたしたてまつる〈平家・七・主上都落〉❷天皇のしるしとしての宝物。三種の神器の総称。❸天皇の印。御璽。

しん-じ【進士】 名「しんし」とも。❶令制で、式部省が実施する官吏登用試験。また、その合格者。❷「もんじゃうしゃう」に同じ。例かくて大学の君…**進士**になりたまひぬ〈源氏・少女〉

じん-じ【神事】 名 神を祭ること。祭り。例**神事**をその前に行ふ〈著聞集・四・一二〇〉

しん-じち【真実】 名「しんじつ」とも。例**しんじち**に絶え入りにければ〈伊勢・四〇〉

しん-じつ【真実】 名 真実。本当。例もし**真実**の言を致さば我が身は本のごとく平復すべし〈今昔・五・七〉

じん-じつ【人日】 名 五節句の一つ。陰暦一月七日の節句の称。七種の粥を食して祝う。中国では古く一月一日から六日までは鳥獣を占い、七日に人を占ったことからの称という。「人の日」とも。

新拾遺和歌集 《作品名》南北朝時代の勅撰和歌集(一九番目)。下命者は後光厳天皇。将軍足利義詮の執奏で二条為明撰。為明没後、頓阿が引き継いだ。貞治三年(一三六四)成立。歌数は約一九〇〇首。二条派の平明な歌が多い。

しん-しゃ【辰砂】 名 鉱物の名。水銀・赤色絵具の原材料。薬料にも用いる。例風を治する薬には、牛黄金虎丹・**辰沙**天麻円を合はせて御療治候ふべし〈太平記・三五〉

しん-しゃう【身上】シヨウ 名 ❶身の上。例あら、定めなの(=定まらず頼りない)**身上**やな〈謡曲・箙〉❷財産。暮らしむき。例つひに**身上**おとろへて住み所を去り〈噺本・昨日は今日の物語・下〉❸身分。家柄。例**身上**が釣り合はぬとな〈浄瑠璃・仮名手本忠臣蔵・九〉類義②しんだい

しん-じゃう【進上】ジヨウ 名動(サ変) ❶差し上げること。進呈。例「**進上**、餅餤一包。例によって**進上**件のごとし。別当少納言殿」とて〈枕・頭の弁の御もとより〉❷目上の人に出す書状の宛名の上に書いて、敬意を表す語。謹上。

神婚の話

神と人間の交流を、あたかも男女の結婚であるかのようになぞらえて語る話。聖婚ともいう。神への信仰から発想された話であり、古来の神話や昔話などに多くみられる。たとえば、『古事記』中巻の崇神記などにみられる三輪山型の伝承。素姓を明かさぬまま毎夜通って来る男を不審に思う女が、糸を通した針を男の衣の裾に刺してその行方を探ったところ、じつは蛇神の化身だったと知る。『古事記』では、蛇が三輪山の神であったとして、その神の威力を語るとともに、のちにそれが朝廷を支える力になったとも主張している。ほかに、神が丹塗り矢に姿を変えて川を流れ下り、川べりにいた女と結婚する、丹塗り矢型の伝承などがある。〈鈴木日出男〉

じん-じゃう【尋常】 形動(ナリ) ❶普通だ。並だ。まともだ。例一人として尋常なる者なし(=一人としてまともな者はいない)〈今昔・二八・四〉❷すぐれている。りっぱだ。例尋常に飾ったる小舟一艘、みぎはへ(=水際へ)向いてこぎ寄せけり〈平家・一一・那須与一〉❸上品だ。優美だ。例いつしか詩歌管絃に長じ…詞の花も尋常なり(=早くも漢詩や和歌や音楽に秀で…和歌も優美である)〈保元・下〉❹けなげだ。潔い。例など尋常の勝負もなく、子供童べの切り合ひ同然、卑怯至極の左衛門殿(=なぜ潔い勝負もなく、子どもどうしの切り合いと同じような、卑怯極まる左衛門殿)〈浄瑠璃・本朝二十四孝・一〉

語誌▼長さを表す「尋」「常」 「尋」は八尺、「常」は一丈六尺で、わずかな距離や広さを表すのが原義。中国ではこの意と①の意で用いられた。

▼よい意味への転化 ②～④は①と反対に、普通以上、並外れてすぐれた、の意。これらの意に用いる例が多い。〈川崎剛志〉

しんじゃう-さい【新嘗祭】 名 ⇩にひなめのまつり

しんじゃう-ゑ【新嘗会】 名「にひなめのまつり」に同じ。例今年はただ新嘗会・五節ばかりあるべきよし〈平家・五・五節之沙汰〉

しん-しゃく【斟酌】 名動(サ変) ❶事情をくみとり、ほどよく処理すること。例優の詞も事によりて斟酌すべきにや〈十訓抄・一・五七〉❷遠慮すること。例初心の人、斟酌すべし〈風姿花伝・三〉

じん-じょう【晨鐘】 名「しんしょう」とも。夜明けに鳴らす鐘。例晨鐘夕梵(=夕方に鳴らす鐘)の響き絶ゆることなし〈謡曲・老松〉

じん-じょう【尋承】 名動(サ変) 案内すること。また、案内人。例屋島の尋承せよ〈源平盛衰記・四二〉

しん-しょく【神職】 名 神社で神に仕える人。神主・神官など。例賀茂の社の神主職は、神職の中の重職として〈太平記・一五〉

新続古今和歌集 《作品名》室町時代の勅撰和歌集(二一番目)。二〇巻。下命者は後花園天皇。将軍足利義教の執奏により飛鳥井雅世撰。永享一一年(一四三九)成立。歌数は約二一四〇首。最後の勅撰歌集。

じん-しん【人臣】 名 家来。臣下。例王氏(=皇族)を出でて人臣に連なる〈平家・一・祇園精舎〉

じん-じん【甚深】 名形動(ナリ) 非常に奥深いこと。深遠なこと。神秘。例師の、法華を誦ずる功徳甚深なるによりて〈今昔・一三・二一〉

しん・ず【進ず】 ❶動(サ変)「与ふ」の謙譲語。差し上げる。例海賊の張本(=首謀者)三十余人からめ(=捕らえ)、進ぜられし賞に〈平家・二・西光被斬〉❷補動(サ変)(動詞の連用形、またはそれに接続助詞「て」のついた形について)謙譲の意を表す。お～申し上げる。例起請文を書き進ずべき由申せば〈平家・三・土佐房被斬〉

しん-すい【薪水】 名 薪と水。例予が薪水の労(=炊事)をたすく〈芭蕉・奥の細道〉

じん-ずい【神水】 名「じんすい」とも。神前に供える水。誓約のしるしに飲んだりする。例三日といふに神水をうちこぼしたりければ〈著聞集・五・一七七〉

しん-ぜ【信施】 名《仏教語》信者からの布施。例いたづらに信施を受けて、償ふ方なかりしによりて、この苦しびを受くるなり〈今昔・一九・一九〉

しんぜ-むざん【信施無慚】 僧が信者から布施を受けながら、これに報いる功徳を積まず、心に恥じないこと。例かの信施無慚の罪によって、今生にはや感ぜられけり(=結果が現れたのだ)〈平家・三・有王〉

しん-せん【神仙】 名 ❶不老不死で神通力をもつ人。仙人。例只人にあらず。これ、神仙なめり〈今昔〉神。❷雅楽の十二律の第十一音。

しん-せん【新銭】 [illegible]く鋳造・発行した銭。❷室町末期以降、中国の[illegible]日本で鋳造した悪質の貨幣。❸特に、寛永通宝[illegible]二百貫調へ〈西鶴・日本永代蔵・四・三〉

新撰犬筑波集 《作品名》⇩犬[illegible]

新千載和歌集 《作品名》南北朝時代の勅撰和歌集(一八番目)。二〇巻。下命者は後光厳天皇。将軍足利尊氏の執奏で二条為定撰。延文四年(一三五九)成立。歌数は二三六五首。

新撰字鏡 《作品名》平安前期の辞書。一二巻。昌住編。昌泰年間(八九八～九〇一)に成立。漢字約二一〇〇〇字を偏や旁などによって分類し、音訓・意味を記す。漢和辞典的なものとしては最古。

新撰髄脳 《作品名》平安中期の歌論。一巻。藤原公任著。成立年未詳。秀歌論・秀歌例・歌病(修辞上の欠陥)論・用詞論・本歌取り・歌体・歌枕論などを展開する。心姿相備を歌の理想とする。まとまった歌論としては最も初期のもので、のちの歌論に影響を与えた。

新撰菟玖波集 《作品名》室町時代の連歌集。準勅撰。二〇巻。一条冬良・宗祇撰。兼載・三条西実隆らが協力した。明応四年(一四九五)成立。心敬・宗砌ら七賢と称された地下連歌師を中心に、幽玄有心の優美な句を収めた正風連歌の代表作。書名は二条良基撰の連歌集『菟玖波集』による。

新撰万葉集 《作品名》平安前期の私撰和歌漢詩集。二巻。菅原道真の撰とされるが未詳。『菅家万葉集』とも。上巻は寛平五年(八九三)、下巻は延喜一三年(九一三)成立。『寛平御時后宮歌合』などから選ばれた約二三〇の歌一首ごとに対応する七言絶句を配する。

しんせん-ゑん【神泉苑】 名「しんぜんゑん」とも。平安京造営のときに造られた庭園。大内裏のすぐ南にある。平安初期しばしば天皇の遊覧があった。また、ここで初めて御霊会(今の祇園祭りの原型)が行われ、雨乞いの道場ともなる。

しん-ぞ【神ぞ・真ぞ】 副《近世語》「神ぞ照覧あれ」の略。神にかけて、の意の誓いの言葉。本当に。真に。必ず。例(a)「神ぞ情け知りさま(=情のある方)」と、もたれかかれば〈西鶴・好色一代女・四・三〉例

(b)朝晩に心をつけ、**しんぞ**思ひを尽くせども〈近松・五十年忌歌念仏・中〉

しん-ぞく【真俗】 名『仏教語』❶真諦と俗諦。不変の真理と諸現象を支配する法則。❷出世間の法と世間の法。仏法と王法。例**真俗**につけて必ず果たし遂げんと思はんことは、機嫌をいふべからず(=時機のよしあしをいってはいけない)〈徒然・一五五〉❸僧と俗人。僧俗。例人法繁昌して僧法あひ対せば、**真俗**道備はってもっとももしかるべし〈太平記・二四〉

しん-たい【神体】 名 神の本体。神の御霊として祭られるもの。例件の大蛇は日向国に崇められたまへる高知尾の明神の**神体**なり〈平家・八・緒環〉

しん-たい【真諦】 名『仏教語』絶対的な真理。例定に入りて**真諦**を思惟したまふ〈今昔・一・七〉

しん-だい

【進退・身代】 **1** 名 動(サ変)【進退】❶**進むことと退くこと。進めることと退けること。** 例(岩ニ乗リカケタ馬ヲ)下ろすべきやうもなく、また上すべき所もなく、**進退**ここにきはまれり(=下ろすことができる方法もなく、また上らせることができる場所もなく、進むことも退くこともできなくなった)〈曾我・八〉❷**立ち居ふるまい。身の処し方。対応。** 例公家の御たたずまひ、武家の御**進退**は……十分ならん事難し(=公卿の御様子や、上流武士の御立ち居ふるまいは…十分に似せることは困難だ)〈風姿花伝・二〉 読解 演技の指導。❸**自分の思うままに取り扱うこと。支配すること。** 例九州を統領し、百司を**進退**して(=日本全国をまとめ治めて、もろもろの役人を支配して)〈平家・四・南都牒状〉

2 名【身代】❶**財産。資産。** 例利発で器用で身を持って、**身代**もしあげた(=利口で器用で品行がよくて、財産も築いた)〈近松・冥途の飛脚・下〉❷**生計。暮らしむき。** 例家質置くほどの**身代**にならば、外聞かまはず売り捨つべし(=家屋敷を質に置くほどの暮らしむきになったらば、世間の評判など構わず売り払うのがよい)〈西鶴・日本永代蔵・四・五〉

類義▶②しんしゃう

語誌▶「進退」と「身代」 1③の意から2の意が派生し、やがて「進退」とは別の語と認識されるようになり、2の意に対して新たに「身代」の漢字があてられた、と考えられている。〈川崎剛志〉

じん-たい【人体・仁体】 名❶身分。家柄。例よき仁体にて息子二人つれ〈嘶本・軽口御前男・三〉❷身分のある人。例**人体**と見えてござる〈狂言・入間川〉❸人柄。人格。例まづは御**人体**を見立て、ぜひに頼みたてまつり候ふ〈西鶴・好色一代男・四・四〉

じん-だい【神代】 名 神の活躍した時代。神代。例さても三種の神器を本朝の宝として、**神代**より伝ふる璽〈太平記・二七〉

しん-たう【神道】 名❶自然物などを神として祭り、祖先崇拝を中心とする日本固有の信仰。例(和歌ハ)ただ治世の基(=基礎)、**神道**の妙に叶ふのみにあらず〈源平盛衰記・七〉❷神。例**神道**・王法ともになき代なれば、上廃れ下驕って〈太平記・二七〉

しん-だん【震旦・振旦・真丹】 名〔梵語の音写〕「しんたん」とも。中国のこと。古代インドで中国をさした「チーナ・スターナ」の音を漢字表記したもの。例**震旦**の白居易は、四十六の形(=四十六歳の姿)を鏡に移して〈宝物集・一〉

しん-ち【新地】 名❶新しい領地。新たに受けた知行。例**新地**を過分に(=身に余るほど多く)拝領致し〈虎寛本狂言・入間川〉❷新しく開拓した土地。新開地。例越前殿上り屋敷の跡**新地**、江戸はづれながら〈芭蕉書簡・元禄五年五月七日去来宛〉❸(新開地に作られたことから)遊里。例今**新地**へ行って居る欲次さんを見な〈人情本・春色辰巳園・後・九〉

しん-ぢつ【親昵】 名〔「昵」も慣れ親しむ意〕親しみなじむこと。また、親しい人。例(世ノ人ノスミカハ)あるいは**親昵**・朋友のために作る〈方丈記〉

しん-ぢゅう【心中】 **1** 名❶「しんちゅう」とも。胸のうち。心の中。例衆徒らが**心中**、ただ賢察を垂れよ(=お察しください)〈平家・七・返牒〉❷相手に対して信義を守ったり義理を立てたりすること。例(許嫁ニ)逢ふと思はれては**心中**が立たぬと思ひ〈近松・五十年忌歌念仏・中〉❸恋愛で、相手に対して真に思う気持ちを具体的な方法で示すこと。例女郎の**心中**に、髪を切り爪を放ち、先(=相手)へ遣らせらるるに〈西鶴・好色一代男・四・二〉 **2** 名 動(サ変) 相愛の男女がいっしょに自殺すること。情死。例こなたとここで刺し違へ、上方にはやる**心中**と国中に沙汰(=評判)をさせ〈近松・堀川波鼓・上〉

しんぢゅう-だて【心中立て】 名 相手への信義を守り通すこと。特に、契りを交わした男女にいう。例夫よ妻よなんどとて**心中立て**はしけれども〈近松・出世景清・二〉

心中天の網島 《作品名》浄瑠璃。世話物。三段。近松門左衛門作。享保五年(一七二〇)竹本座初演。大坂天満の紙屋の主人治兵衛は曾根崎の遊女小春と深い仲にあったが、突然小春に愛想づかしをされ、小春と手を切ると兄に誓った。治兵衛の妻おさんは、小春の愛想づかしは自分が手紙で依頼したと夫に明かし、小春が自害するに違いないと感じる。おさんは小春の命を救おうとするが、父によって無理に離別させられる。治兵衛と小春は進退きわまり、おさんへの義理から互いの髪を切って尼と法師姿になったうえで網島の大長寺で心中する。近松世話物中の最高傑作。

新勅撰和歌集 《作品名》鎌倉時代の勅撰和歌集(九番目)。二〇巻。下命者は後堀河天皇。藤原定家撰。文暦二年(一二三五)成立。歌数は一三七〇首余。八番目の勅撰集『新古今和歌集』に比して平明な歌が多い。二条派で重んじられ、同派が中心となった勅撰集では規範とされた。

じん-づう【神通】 名『仏教語』人知を越えた、不思議な自由自在の能力。例魔王のいはく、我**神通**をもって仏像を現ずべし〈宝物集・五〉

じんづう-りき【神通力】 名『仏教語』「じんづう」に同じ。例おのづから示現**神通力**の身となりて〈御伽草子・蛤の草紙〉

しん-てい【心底】 名 心の奥底。しんそこ。例御**心底**

次第の御返事御聞かせあそばされくださるべく候ふ〈西鶴・万の文反古・一・二〉

じん‐てう【晨朝】—ジョウ 名 ❶《仏教語》「しんてう」とも。六時の一つ。昼を三分したその最初の時間。今の午前六時ごろから午前十時ごろまで。特に、夜明け方をいう。例**晨朝**にもなりければ、夜もすでに明けぬ。朱の瑞籬を立ち出でて〈太平記・三五〉 ❷《仏教語》①の時に行う勤行。例毎日の**晨朝**に地蔵菩薩の宝号一百八反唱ふ〈今昔・一七・一七〉 ❸「晨朝の鐘」の略。②を行うときに鳴らす鐘。夜明けの鐘。例**晨朝**の響きは、生滅滅已(ト響ク)〈謡曲・三井寺〉

読解「生滅滅已」は死を超越して悟りの世界に入ること。

しん‐でん【新田】 名 新しく開墾した田。新開の土地。例**新田**に申し請けて〈西鶴・日本永代蔵・三・二〉

しん‐でん【寝殿】 名〔「寝」は居室の意〕皇族・貴族の邸宅の正殿。邸の主人の居間、さらに客間としても用いられた。平安時代以後の寝殿造りでは、一般に、七間四面の規模。⇩寝殿造り。例後徳大寺大臣の、**寝殿**に鳶居させじとて縄をはられたりけるを〈徒然・一〇〉

しんど・い 形(口語)《近世語》〔「しんらう(辛労)」の変化した形「しんど」の形容詞化〕疲れている。おっくうだ。例**しんどい**時はこの橋木や紅葉を見てくたびれを休みゃいの〈浄瑠璃・源平布引滝・四〉

しん‐とう【心頭】 名 心の中。例今の俳諧は日ごろに工夫を経て、席に臨んで気先をもって吐くべし。**心頭**に落とすべからず〈俳諧・去来抄・修行〉

読解「心頭に落とす」は心中で思案にふける意。

じん‐どう【神頭】 名 鏃の一種。鏑矢に似て、先が平らになっている。多くは木製。例**神頭**をはげて(=弓につがえて)射落として〈十訓抄・七・三〇〉

しん‐どく【真読・信読】 名《仏教語》経典を初めから最後まで省略することなく読誦すること。特に、大般若経六百巻を通して読むこと。例にはかに僧衆を請じて(=招いて)、**真読**の大般若を日夜六部までぞ読うだりける〈太平記・二三〉

しんない‐ぶし【新内節】 名 豊後節から派生した江戸浄瑠璃の流派の一つ。宝暦から安永(一七五一～八一)ごろに、鶴賀若狭掾と鶴賀新内が、話題の心中事件に取材し、哀愁あふれる曲節で語って流行した。座敷で語るほか、街中での流しも行われた。

寝殿造り 平安時代から室町時代ごろまでの、貴族の住宅様式。一町(約一二〇メートル四方)が敷地の基準。

中央に南向きの寝殿(正殿)があり、その東・西・北に、対・対の屋と呼ばれる別棟の建物を配する。寝殿の南に池があり、その池に面して、東西に納涼用の釣殿が設けられた。各殿舎の間には、渡殿・細殿と呼ばれる屋根のある渡り廊下がめぐらされている。また、東西の対からは南に向けて中門廊が伸びていて、その中途に中門が設けられてある。中門からは、寝殿の南庭に入ることができる。敷地は、築地(土塀)によって取り囲まれている。

寝殿も対も、屋根が檜皮葺きで、入母屋造りの構造になっていて、床は板敷き。内部は、母屋を中心に、その周囲に、廂・簀の子(縁)が設けられた。母屋・廂・簀の子には明確な間仕切りがなく、全体が一続きの空間になっている。これを日常の居住にするために、几帳・簾・屏風・衝立などの調度によって小さな空間が画された。

●**内裏を模した構造** 寝殿造りが貴族の邸宅様式として一般化するようになったのは、十世紀半ばごろとみられる。邸内が南庭を取り囲むように構成されている点で、紫宸殿を中心とする内裏の構成を模したものともいえる。十世紀後半から、こうした貴族の邸宅を、しばしば里内裏(内裏の外に設ける仮の皇居)として用いるようになる点からも、寝殿造りの構造が内裏に近似することがうかがわれる。⇩口絵

〈鈴木日出男〉

しん‐に【心耳】 名「しんじ」とも。心の中にあるとされる耳。心の耳。また、心で聞くこと。例松風は琴を調め(=琴を奏でるようで)、**心耳**を澄ます折からに〈謡曲・白髭〉

しん‐にょ【真如】 名《仏教語》永久に変わることのない絶対的な真理。例それおもんみれば(=そもそも思いめぐらすと)**真如**広大なり〈平家・五・勧進帳〉

じん‐にん【神人】 名 神社で、祭儀や警備にあたる下級の神職。また中世以降、神社に属して座を組織し、商工業や芸能に従事する人。例神輿にたつところの箭をば(=みこしに刺さった矢を)、**神人**してこれをぬかせらる〈平家・一・内裏炎上〉

じんのうしょうとうき『神皇正統記』⇩じんわうしやうとうき

しん‐の‐はしら【心の柱】 名 仏塔の中心に立てる太い柱。例観世音寺といふ寺の塔の**心の柱**の中に…七巻の書を納めたり〈今昔・一一・五〉

しん‐ぱい【神拝】 名 動(サ変)「じんぱい」「じんばい」とも。新任の国司が、国内の主要な神社に参拝すること。転じて、神社への参拝一般にもいう。例**神拝**といふわざして国のうち歩きしに〈更級〉

しん‐はちまん【神八幡】 副〔神八幡も照覧あれ、の意〕神かけて。真実に。神八幡にかけて決してうそ偽りがないことを誓う言葉。元来は武士が用いた。例**神八幡**侍冥利(=誓って)他言せまじ〈近松・心中天の網島・上〉

新花摘 《作品名》江戸時代の俳諧俳文集。一冊。蕪村作。安永六年(一七七七)成立、寛政九年(一七九七)刊。亡母追善のための一日十句の夏行の成果と、その中絶後に記された俳文からなる。

新版歌祭文 《作品名》浄瑠璃。世話物。二巻。近松半二作。安永九年(一七八〇)初演。お染・久松の心中事件に取材した作。久松の婚約者お光が二人のために結婚をあきらめて尼になる「野崎村の段」が有名。

しん‐ぴつ【宸筆】 名 天皇の直筆。例**宸筆**の御願書を座主の宮へ奉らせたまひければ〈保元・中〉

しん-べう【神妙】 名 形動（ナリ）「しんめう」とも。❶神秘的で不可思議なこと。例まことに**神妙な**りけり。我が朝に比類なき笛なり〈著聞集・六・二四〉❷殊勝。けなげ。りっぱ。称賛に価すること。例用意のほどこそ**神妙なれ**〈平家・一・殿上闇討〉❸思慮深いこと。慎重。例なう騒々しい、**神妙に**もなることを〈近松・心中天の網島・中〉

じん-べん【神変】 名「じんぺん」「しんぺん」とも。仏や菩薩が衆生の教化のため、種々の不可思議な姿・動作を示し現すこと。また、神の不思議な力。例飛びて虚空に昇りて**神変**を現ず〈今昔・三・三〉

じん-ぽう【神宝】 名「じんぼう」とも。神社に奉納された宝物。例種々の**神宝**をささげていのり申されけれども〈平家・二・剣〉

しん-ぼく【神木】 名 神社の境内にあり、神として祭られている木。例当国三輪の明神の**神木**は杉なり〈謡曲・龍田〉

しん-ぼち【新発意】 名《仏教語》「しぼち」とも。新たに発心した人。出家したばかりの人。例**新発**きはめて喜びて返り入りぬ〈今昔・一九・四〉

しん-み【親身】 名❶肉親。身内。近親者。例今日は**親身**の女夫が合ひ（=身内としての夫婦の仲）〈近松・冥途の飛脚・下〉❷肉親のように親切であること。例涙ぐみたる**親身**の詞〈近松・生玉心中・上〉

しん-みゃう【身命】 名「しんめい」とも。生命。例我もし法（=仏の教え）を聞く事あらば**身命**を惜しむべからず〈今昔・五・一〇〉

じんみゃう-ちゃう【神名帳】 名「しんめいちゃう」とも。朝廷の敬う全国の神社名とその祭神を記載した帳簿。特に、『延喜式』の「延喜式神名帳」をさすことが多い。そこに記載された神社を「式内」、されない神社を「式外」という。これにならって諸国で作った一国内のものもある。

じん-みらい【尽未来】 名 副《仏教語》「尽未来際」の略。例**尽未来**まで、女夫が女夫（=夫婦だ夫婦だ）〈近松・心中宵庚申・中〉

じんみらい-ざい【尽未来際】 名 副《仏教語》「じんみらいさい」とも。未来の果てまで。永遠に。例**尽未来際**に至るまで、天照大神の苗裔（=子孫）たらん人をもってこの国の主とすべし〈太平記・一六〉

神武天皇 《人名》『古事記』『日本書紀』で第一代の天皇とする人物。それによれば、日向（宮崎県）から東上して大和（奈良県）に入り、紀元前六六〇年に橿原の宮で即位。

じん-め【神馬】 名 神社に奉納する馬。例白山の社へ**神馬**に立てられけり〈平家・七・俱利迦羅落〉

しん-めい【神明】 名❶神。例**神明**の加護にあづかり、仏陀の冥慮（=おぼしめし）にそむくべからず〈平家・二・教訓状〉❷天照大御神。また、それを祭る神社。

しん-めう【針妙】 名〔「妙」は「少女」の合字という〕❶宮中などで、主に裁縫に従事する女性。例なま（=新米の）**針妙**の、衣盗みて〈無名抄・故実の体といふ事〉❷寺や町家で裁縫のために雇う女性。例**針妙**のすわったなりに灯がともり〈柳多留・初〉

しん-めう【神妙】 名 形動（ナリ）「しんべう」に同じ。

しんもつ-どころ【進物所】 名 内裏で、食事を天皇に出すとき、温め直したり簡単な調理をしたりする所。のちに貴族の邸にも見られた。⇩口絵。例**進物所**に…「ただとくとく（湯ヲ）わかさせて参らせよ」と女房いひたれば〈栄花・玉の飾り〉

しん-もん【神文】 名 神に誓約する文。誓文。例亡君の敵、高師直を討ち取らんと**神文**を取り交はし〈浄瑠璃・仮名手本忠臣蔵・六〉

しん-よ【神輿】 名 神霊を乗せる輿。みこし。例**神輿**をその内にやすめて、神事をその前に行ふ〈著聞集・四・一二〇〉

親鸞 《人名》一一七三〜一二六二（承安三〜弘長二）。浄土真宗の開祖。諡号見真大師。治承五年（一一八一）青蓮院の慈円の元で出家、比叡山で二十年学んだ後、法然に帰依。専修念仏にいそしむ。旧仏教側の攻撃によって承元元年（一二〇七）念仏が停止されるとき、越後に流された。その後、諸国で教化し、教団を確立する。主著は『教行信証』六巻で、絶対他力や悪人正機などの説が記される。その言説を記した『歎異抄』は弟子の唯円の編とされる。

しん-りょ【神慮】 名 神の心。神意。例山王大師の**神慮**にもはばからず〈平家・三・西光被斬〉

じん-りん【人倫】 名❶人間。例恩を知るをもて**人倫**とす〈宇治拾遺・九三〉❷人としての道。また、人と人との関係・秩序。例文章は、王者の風俗を観み、**人倫**を厚くし〈本朝文粋・三〉

しん-るい【親類】 名❶親族。親戚。身内。血縁・婚

神話

信仰的であることを前提として、一個の神格を中心に語られる話。宇宙の起源、自然のなりたち、人間社会の慣習や制度、文物の起源や由来などを、神々の行為に帰して説明しようとする点に、神の存在を信じる信仰的な要素がある。人間にとって驚異的で不可思議に思われるような事象を、神のしわざとして理解し説明するのが、神話の根本的な発想である。

日本の神話といえば、通常、『古事記』『日本書紀』『風土記』などにみられる神々の物語をさすが、ここには国家的・政治的な意図という一面もある。特に記紀の神代の物語は、天地開闢・国土生成・日月生成などの話が、天皇統治の由来や建国の起源の話と時間的にも直結しすぎていたり、あるいは各氏族の祖先神の話が、各氏族の皇室への服属という現実の体制の反映であるかのように語られたりする点からも、政治性が明白である。しかし、個々の話自体は、たとえば天孫降臨の話がもともと農耕の祭儀にその起源があったり、国譲りの話が出雲大社の由来であったりなどを考えれば、神話本来の信仰性から出ていることも明らかである。

〈鈴木日出男〉

姻などによって関係づけられる人々。例親類つきあひ、かれこれ隙なく〈西鶴・好色一代女・四・一〉❷父方の血縁者。母方の血縁者を「縁者」「縁家」と呼ぶのに対していう。例門葉(=同族)の輩も多く朝敵となりて、親類みな梟せられ(=さらし首にされて)〈古活字本平治・上〉

しん‐れい【神霊】 名 ❶神。神のみたま。例病を神霊に訴ふるは、愚かなる人なり〈徒然・一七一〉❷神の霊妙な徳。例神霊あらたに(=あらたかに)まします〈芭蕉・奥の細道〉

神霊矢口渡 しんれいやぐちのわたし《作品名》浄瑠璃。時代物。五段。福内鬼外(平賀源内)作。明和七年(一七七〇)初演。武蔵国矢口の渡しで討たれた新田義興の弟義岑らが家を再興するまでを描く。

しん‐わう【親王】 ―ノウ 名 令制で、天皇の兄弟・皇子。奈良末期以降は、親王宣下のあった皇族。一品から四品までの品位があり、それに応じて朝廷から支給がある。平安時代には、名誉職的に中務省・式部省・兵部省の卿(長官)などを務めることが多い。品位をもたない場合は無品親王という。女子は「内親王」。⇩みこ(御子・親王)。例にはかに親王の宣旨下されて〈平家・一・額打論〉

神皇正統記 じんのうしょうとうき《作品名》南北朝時代の史書・史論。三巻(または二巻)。北畠親房著。延元四年(一三三九)成立、興国四年(一三四三)修訂。神代から後村上天皇に至るまでを紀伝体で記し、南朝の立場から、君徳ある天皇を理想と仰ぐ政治思想を述べる。東国武士を啓蒙するために著されたと考えられる。

しん‐ゐん【新院】 ―イン 名 上皇が同時に二人以上いるとき、新しくなったほうの上皇。例新院も内々おほせ(=ご命令)のありけるは〈保元・上〉

しんを～【信を～】 ⇩「しん」の子項目

す

す【州・洲】 名 土砂が堆積して、水面に現れたところ。例みさご居る渚に居る(=乗りあげた)舟の夕潮を待つらむよりは我こそまされ〈万葉・一一・二八三一〉

す【酢・醋・酸】 名 酸味を出すのに用いる液体の調味料。酢。

す【簀】 名 竹・葦を並べて粗く編んだむしろ。例女どもは簀の上に集まりて〈大和・附載三〉

す【簾】 名「すだれ」に同じ。例すの内に人々あまたありてものなど言ふに〈枕・懸想人にて来たるは〉

す【素】 ❶名 それだけ。例素で(=抵当もなしで)貸しては〈歌舞伎・三千世界商往来・口幕〉❷接頭 ❶名詞について、ほかのものを付け加えない、ありのままの、などの意を添える。「素手」「素肌」など。❷人を表す語について、まったくの、平凡な、など軽蔑の意を添える。「素浪人」など。

す

【為】 動(サ変) 動作のほか、存在・状態を広く表す。

❶**ある動作をする。なんらかの行為をする。** 例(a)月読みの光を清み神島の磯間の浦ゆ舟出**す**我は(=月の光が清らかなので神島の磯のあたりの入り江から船出をする、私は)〈万葉・一五・三五九九〉例(b)辛き恋をも我は**する**かも(=つらい恋をも私はすることだなあ)〈万葉・一七・三九三二〉

❷**ある作用が生じる。ある状態になる。** 例黄葉**する**時になるらし月人の楓の枝の色付く見れば(=木の葉が色づく時期になるらしい、月の桂の枝が色づくのを見ると)〈万葉・一〇・二二〇二〉読解 月の光が冴えまさることを、月に生えているという桂の枝が色づくと表現している。

❸**ある物・状態にならせる。そうみなす。** 例(a)梅の花咲きたる園の青柳は縵に**す**べくなりにけらずや(=梅の花が咲いている庭園の青々とした柳は髪飾りにすることができるほど美しく枝を伸ばしたではないか)〈万葉・五・八一七〉例(b)逢はむ日の形見に**せよ**とたわやめの思ひ乱れて縫へる衣ぞ(=今度逢う日までの形見にしてほしいと、かよわい女性の私が思い乱れて縫った衣ですよ)〈万葉・一五・三七五三〉

❹**感覚・感じなどが生じる。そう思う。** 例(a)五月待つ花橘の香をかげば昔の人の袖の香ぞ**する**〈古今・夏〉➡名歌178 例(b)我はもや安見児得たり皆人の得かてに**す**といふ安見児得たり(=私は、まあ、安見児を妻にしたのだ。すべての人が妻にしがたいと思っている という安見児を妻にしたのだ)〈万葉・二・九五〉

❺(「むとす」の形で)**～ようとする。** 例あしひきの(枕詞)山路越えむと**する**君を心に持ちて安けくもなし(=山路を越えようとするあなたを心にいだいて心安らかではありません)〈万葉・一五・三七二三〉

❻**他の動詞の代わりに用いて、さまざまな意を表す。** 例(a)男も**す**なる日記といふものを(=男も書くという日記というものを)〈土佐〉例(b)時雨いたく**し**て(=時雨がひどく降って)〈源氏・総角〉

語誌 ▼「す」は広く動作・作用・状態を表す語であり、他の動詞の代わりに用いられるほか、名詞などについて、多くのサ変複合動詞を作る。
▼連用形に接続助詞「て」がついて一語化した次のような「して」は、ふつう助詞として扱われる。例(a)(光源氏ハ返歌ヲ)ありつる御随身して遣はす(=先ほどの御従者を使っておやりになる)〈源氏・夕顔〉例(b)秋されば置く露霜にあへずして都の山は色付きぬらむ(=秋になると降りる露に耐えられないで都の山は色づいてしまうのだろう)〈万葉・一五・三六九九〉
▼「～せば～まし」の形で反実仮想の条件句を作る「せ」は、一説には助動詞「き」の未然形と、一説にはサ変動詞「す」の未然形といわれている。しかし助動詞

「き」のサ行の活用形がもともと存在・完了を表していたのなら、右の二つの説は、本来対立する説とはいえなくなる。⇩き 〈野村剛史〉

す 助動（下二段型）❶**使役の意を表す。～させる。** 例(a)人に紙を持た**せ**（連用形）て、苦しき心地にからうじて書きたまふ（＝苦しい気分の中でようやくお書きになる）〈竹取〉例(b)女房にも歌詠ま**せ**（連用形）たまふ（＝女房にも歌をお詠ませなさる）〈枕・五月の御精進のほど〉

❷（尊敬の動詞「賜(たま)ふ」「のたまふ」などについて）**尊敬の意を高める。お～になる。お～なさる。～て（で）いらっしゃる。** 例(a)朝廷(おほやけ)よりも多くの物賜は**す**（＝多くの物をお与えになる）〈源氏・桐壺〉例(b)この玉取り得では、家に帰り来(く)なとのたまは**せ**（連用形）けり（＝この玉を取ることができなければ、家に帰って来るなとおっしゃった）〈竹取〉

❸（尊敬の補助動詞「たまふ」「おはします」などの上について）**高い尊敬の意を表す。お～になる。お～なさる。～て（で）いらっしゃる。** 例(a)（天皇ハ）そこらの人のそしり、恨みをも憚(はばか)ら**せ**（連用形）たまはず（＝多くの人の非難や、恨みをも気がねなさらず）〈源氏・桐壺〉例(b)夜更けぬさきに帰ら**せ**（連用形）おはしませ（＝夜が更ける前にお帰りなさいませ）〈源氏・夕顔〉

❹（謙譲語「たてまつる」「まゐる」「まうす」などについて）**動作の受け手を敬う謙譲の意を強める。～申し上げる。** ⇩たてまつらす・まゐらす・まうさす。例薬の壺(つぼ)に御文(ふみ)そへて参ら**す**（＝薬の入った壺にお手紙をつけ加えて差し上げ申し上げる）〈竹取〉

❺**軍記などで、ふつう受身に表現すべきところを使役で表現する。～させる。** 例（実盛(さねもり)ハ）手塚が郎等おくればせに出できたるに首とら**せ**（連用形）（＝手塚の家来で遅れて出て来た者に首をとらせ）〈平家・七・実盛〉

接続▶四段・ナ変・ラ変活用の動詞の未然形につく。

活用▶下二段型

未然形	連用形	終止形	連体形	已然形	命令形
せ	せ	す	する	すれ	せよ

語誌▼「す」と「さす」 同じ意味を表す助動詞に「さす」がある。「す」は接続の上で助動詞「さす」と補いあう関係にあり、「す」が接続する動詞以外の動詞には「さす」が接続する。

▼**用法の特徴** この「す」と「さす」は、平安時代に成立した。①の用法が基本。この意では、上代には助動詞「しむ」が用いられた。平安時代には、和文では「す」「さす」が、漢文訓読系の文では「しむ」が用いられた。

②③の尊敬は①から出たもので、貴人が自分ではせず仕える人などにさせることが多いことから、使役を尊敬とみるようになったもの。常に尊敬語とともに用い、「す」単独で尊敬を表すことはない。

⑤は受身を忌み、積極的にということで使役にしたもの。

②の「たまはす」「のたまはす」はふつう、それぞれ一語化した動詞とされる。④の「たてまつらす」「まゐらす」「まうさす」も同様である。〈泉基博〉

す 助動（四段型）《上代語》**親しみを伴った尊敬の意を表す。～なさる。お～になる。** 例この岡に 菜摘ま**す**（連体形）児(こ) 家聞かな 名告(の)らさね〈万葉・一・一〉➡名歌168

接続▶四段・サ変動詞の未然形につく。

活用▶四段型

未然形	連用形	終止形	連体形	已然形	命令形
さ	し	す	す	せ	せ

語誌▼四段動詞の「思ふ」「聞く」などにつくときは音変化が起きることがある。「思ふ」＋「す」→「思はす」→「思ほす」、「聞く」＋「す」→「聞かす」→「聞こす」などで、これらはふつう一語の敬語動詞とみなされている。

▼四段・サ変以外の動詞では、「寝(ぬ)」「着る」「見る」「臥(こ)ゆ」につくが、この場合も音変化が起きて、「寝(な)す」「着(け)す」「見(め)す」「臥(こ)やす」となる。これらも一語のサ行四段活用の敬語動詞とみなされている。

▼平安時代以降は、「あそばす」などの語の一部に残存するだけになっていった。〈野村剛史〉

［識別のポイント］ **す**

(1)**サ変動詞「す」の終止形** 例人の歌の返しとく**す**べきを（＝人からもらった歌の返歌を早くしなければならないのに）〈枕・心もとなきもの〉

(2)**サ行四段・下二段動詞の終止形の活用語尾** 例おぼ**す**らむこと、何事ぞ（＝お思いになっていることは、どんなことですか）〈竹取〉

(3)**使役・尊敬の助動詞「す」の終止形** 四段・ナ変・ラ変動詞の未然形につく。例妻(め)の嫗(おうな)に預けて養は**す**（＝妻である老女に預けて育てさせる）〈竹取〉

(4)**上代の尊敬の助動詞「す」の終止形・連体形** 四段・サ変動詞の未然形につく。例朝狩りに 今立た**す**らし（＝朝の狩りに今お立ちになるらしい）〈万葉・一・三〉

ズ〖図・豆・頭〗⇩づ

ず 助動（特殊型）**打消の意を表す。ある動作をしないとか、ある状態でないとかいうように、意味を否定する。～ない。** 例(a)京には見え**ぬ**鳥なればみな人見知ら**ず**（終止形）（＝京都では見かけない鳥なので全員見てわからない）〈伊勢・九〉例(b)秋来(き)**ぬ**と目にはさやかに見え**ね**ども風の音にぞおどろかれぬる〈古今・秋上〉➡名歌7

接続▶活用語の未然形につく。

活用▶特殊型 表内の（ ）は使用例の限られたもの。〔 〕は異説のあるもの。

未然形	連用形	終止形	連体形	已然形	命令形
（な）	（に）		ぬ	ね	
〔ず〕	ず	ず			
ざら	ざり		ざる	ざれ	ざれ

語誌▼**活用の系列** 打消の助動詞「ず」の活用には、「ず」の系列、「ぬ」の系列、補助活用「ざり」の系列

の三系列が混在している。
補助活用「ざり」の系列は、助動詞に接続するために、連用形「ず」に「あり」のついた「ずあり」の形から発達したものである。ただし上代には、過去の助動詞「き」「けり」、過去推量の助動詞「けむ」は、「ざり」でなく、「ず」に接続することもあった。例直にあらねば恋止まず(連用形)けり(＝じかに会うわけではないから恋い慕うことがやまないなあ)〈万葉・一七・三九八〇〉
▼未然形の「ず」　「花し散らずは千世も経ぬべし(＝花が散らなかったら、このまま千年も過ぎてしまうにちがいない)」〈古今・春下〉のように仮定を表す「ずは」には、近世になって、「ずば」という読み方が生じた。未然形の「ず」を認める説もあるのはそのためであるが、「ずば」の形は中世以前にはないとみてよい。
▼音便形　連体形「ざる」が助動詞「なり(推定・伝聞)」「めり(推量)」に続く場合には、「ざん」と撥音便になる。中古にはその撥音「ん」が表記されなかったから、その場合の表記は「ざなり」「ざめり」となるが、読むときにはふつう「ん」を入れて発音する。
▼注意が必要な形と用法
(1)上代の「な」「に」　未然形「な」、連用形「に」は主に上代語の活用形である。「な」は「〜なく」「〜なくに」の形でのみ用いられ、「〜なくに」は平安時代以降の和歌にも用いられた。⇩なく・なくに
「に」は「知らに」の形で用いることが多い。平安時代には、「言へば得えに」など、慣用句の中にわずかに残るだけとなった。⇩しらに・いへばえに
(2)「ねば」　已然形「ね」に接続助詞「ば」がつく場合には、普通の順接条件と違って、意味上、逆接条件になることがある。例天の河浅瀬しらなみたどりつつ渡り果てねば明けぞしにける〈古今・秋上〉読解天の川の浅瀬を知らないので、白波の立つ所を探しながら来て、まだ織女のもとまで渡りきらないのに夜が明けてしまったなあ、の意。七夕の彦星の嘆きを想像した歌。「しらなみ」は「白波」と「知らな」を掛ける。
(3)上代の特殊な「ずは」　連用形「ず」に係助詞「は」がつく上代和歌の「ずは」には、可能の意を補って初めて仮定に訳せるものがある。例なかなかに人とあらずは酒壺になりにてしかも酒に染みなむ〈万葉・三・三四三〉読解なまじっか人間でなくていられるのなら、いっそのこと酒壺になってしまいたい、そうしたら酒びたりになっていられよう、の意。
(4)「ぬか」　連体形「ぬ」が終助詞「か」に続く場合は、「ぬか」の形で願望を表す。〜しないかなあ。〜してほしい、の意。例我が命も常にあらぬか(＝私の命がいつまでも続いてくれないかなあ)昔見し象の小川を行きて見むため〈万葉・三・三三二〉
▼連体形「ぬ」と完了の助動詞「ぬ」の終止形の識別
活用語の何形につくかがポイント。
○「未然形＋ぬ」――打消の「ず」の連体形
例かかる別れの悲しからぬは(＝悲しくないことは)なきわざなるを〈源氏・桐壺〉
○「連用形＋ぬ」――完了の「ぬ」の終止形
例このかぐや姫、きと影になりぬ(＝さっと影になってしまった)〈竹取〉
ただし、冒頭の例(a)で示した「京には見えぬ鳥なれば」のように、上の語が未然・連用同形の語である場合には、前後の意味関係(表現内容)や、後への続き方で識別する。「見えぬ鳥」は下が名詞「鳥」なので「ぬ」は連体形。したがって、これは打消の「ず」。
例(b)「秋来ぬと」は下が引用を表す格助詞「と」なので「ぬ」は終止形。したがって、こちらは完了の「ぬ」。
また、打消の「ず」の連体形は、多くは、準体言、連体修飾語、係助詞「ぞ」「なむ」「や」「か」の結びになる。〈山口堯二〉

す-あう【素襖】｜オウ 名「すあを」に同じ。

す-あき【素秋】 名 連歌や連句で、秋の句が三句から五句続くなかに、月の句が出ないこと。原則として嫌われた。

す-あを【素襖】｜オウ 名 室町時代、直垂の変形から生じた男性用上半身衣。布地は麻で、紋をつけ、胸紐には革緒を用いる。また直垂が無地であったのに対し、小紋染を多く用いた。儀礼用には同色同地質の長袴をはき「素襖上下」と称し、色柄の異なる略式の場合を「素襖袴」と称した。通常用には着丈の小袴を合わせた。もともとは下層の武士や庶民の着用だったが、江戸時代には上層の武士まで礼服として着るようになった。「素袍」とも。

素襖〔毛利元就像〕

すい【水】 名❶〘仏教語〙四大の一つ。湿って物を収めるものとされる。例四大種(＝四大)の中に水・火・風は常に害をなせど〈方丈記〉❷五行の一つ。季節では冬、方位では北、色では黒、天体の五星では水星にあてる。

すい【推】 名 おしはかること。推量。例遅い推かな〈狂言・夷毘沙門〉

すい【粋・粹】 名 形動(ナリ) 物事、特に遊里の人情や風俗などによく通じ、洗練されていること。また、その人。例情の色香、粋なほど察し〈人情本・春色梅児誉美・三・一六〉語誌 江戸前期、上方の町人が理想とした美的理念をいう語で、特に、遊里での理想的境地・理想的人物像を表す。浮世草子などの重要な理念の一つ。⇩いき(粋)

ずい-いち【随一】 名 多くの中の第一。例これまた赤松(＝人名)が恨みを含む随一なり〈太平記・三九〉

すい-えき【水駅】 名❶船の停泊する所。船着き場。例水駅の路は児店(＝中国の地名)の月を穿つ〈和漢朗詠集・下・水〉❷「みづうまや②」に同じ。❸「みづうまや①」に同じ。

すい-えん【水煙】 名❶〘仏教語〙塔の九輪の頂上にある火炎状の装飾。火災に通じる「火」の字を嫌い、「火」を調伏する意味で「水」の字を用いたという。⇩さうりん(図)。❷水けむり。また、もや。例旌旗(＝軍旗)水煙に翻って〈太平記・三一〉

ずい-えん【随縁】 名動(サ変)『仏教語』❶縁に応じて物事が起こること。縁に従って行動すること。例諸法の善悪随縁のこと、かくのごとし〈十訓抄・五・一八〉❷仏縁につながること。また、仏縁にあやかるべく、死者を供養すること。例かの菩提をとぶらひたまへ。誰も随縁したてまつらん〈読本・雨月・青頭巾〉

ずいえん-しんにょ【随縁真如】『仏教語』真如(=絶対的真理)は不変であるが、縁に応じてさまざまな形に変化して現れるということ。

すい-がい【透垣】 名(「すきがき」のイ音便形)「すいがき」とも。板や竹で、すきまを少しあけて作った垣。例透垣のただ少し折れ残りたる隠れの方に、立ち寄りたまふに〈源氏・末摘花〉

透垣〔源氏物語絵巻〕
羅文のついた透垣から姫君を垣間見する薫。垣間見の場面は、恋の発端として物語に多く描かれる。

すい-がき【透垣】 名「すいがい」に同じ。

すい-かん【水干】 名❶糊を用いず水張りにした絹。また、それで作った衣類。例水干といふ袴を着せて〈枕・あはれなるもの〉❷「水干狩衣」の略。狩衣と似ているが、胸や袖つけの部分に菊綴じという飾り(本来は縫い目の補強用)がある。もとは仕事着だったが、しだいに少年の晴れ着となり、白麻のほかに染絹や綾などで作られるようになった。例白き水干に鞘巻(=刀の一種)を差させ〈徒然・二三五〉

水干②
〔伴大納言絵巻〕

瑞巌寺 名陸奥国、今の宮城県松島町の寺。「松島寺」とも。九世紀初め、天台宗の円仁が開いたと伝える。鎌倉時代に臨済宗に改宗。伊達氏の菩提寺。奥州の旅の途次、芭蕉も訪れた。

ずい-き【随喜】 名動(サ変)『仏教語』他人の善事を見て、これに従い喜びの心を生じること。また、喜んで仏道に帰依すること。転じて、心からありがたいと思って喜ぶこと。例この翁の、法師になるを随喜して〈宇治拾遺・一三六〉

ずいき-の-なみだ【随喜の涙】 心からありがたいと思って流す涙。例みな掌を合はせて随喜の涙をぞもよほしける〈平家・二・一行阿闍梨之沙汰〉

すい-きゃう【酔狂】―キョウ ❶名動(サ変)酒に酔って正気を失うこと。例酔狂のあまりに、上臈女房たち呼び寄せ〈平治・上〉❷名形動(ナリ)物好き。例酔狂なる者なれば〈浮世草子・好色江戸紫・四〉

すい-こ【出挙】 名動(サ変)律令制以前からの利息付きの貸し付け制度。稲や金銭などを貸し付け、公の出挙で年五割、私の出挙で年十割の利息を取る。例春の出挙によりて、諸郡を巡行し〈万葉・一七・四〇二九・左注〉

推古天皇 スイコテンノウ『人名』五五四〜六二八(欽明一五〜推古三六)。飛鳥時代の天皇。欽明天皇の第三皇女で、最初の女帝。聖徳太子を摂政として天皇中心の国家体制の確立をめざすとともに、飛鳥文化を開花させた。

すい-さう【水晶】―ソウ 名「すいしゃう」に同じ。例月のいとあかきに、川を渡れば、牛のあゆむままに、すいさうなどのわれたるやうに、水の散りたるこそをかしけれ〈枕・月のいとあかきに〉

ずい-さう【瑞相】―ソウ 名❶めでたい顔つき。めでたいしるし。例愚老も(天皇ノ)外祖とあふがるべき瑞相にてもや候らむ〈平家・一・二代后〉❷前兆。兆し。例世の乱るる瑞相とか聞けるもしるく〈方丈記〉

すい-さん【推参】 ❶名動(サ変)自分から一方的に相手を訪問すること。例あそびものの推参は常の習ひでこそさぶらへ(=遊女が一方的に訪問することはあたりまえの習慣でございます)〈平家・一・祇王〉読解芸能者は相手の屋敷に自由に訪れることを許されていたという。❷名形動(ナリ)さしでがましいこと。無礼なこと。例いかなる推参の馬鹿者にてかありけん(=どのような無礼な馬鹿者であったのだろうか)〈太平記・一六〉

すい-しゃう【水晶】―ショウ 名「すいさう」とも。宝石の名。六角柱状に結晶した石英。無色透明。例たぎりて流れゆく水、すいしゃうを散らすやうにわきかへるなど〈更級〉

〈馬場光子〉

すい-しゃく【垂迹】 名『仏教語』「すいじゃく」とも。仏や菩薩が衆生を救うために、仮に神などに姿を変えて現れること。⇩ほんぢすいしゃく。例これはよな、娑竭羅龍王の第三の姫君、胎蔵界の垂迹なり〈平家・二・卒都婆流〉読解厳島神社の神は大日如来の垂迹であると語る。

すい-しゅ【水手・水主】 名水夫。船頭。例水手・梶取申しけるは〈平家・一一・逆櫓〉

ずい-じん【随身】

❶名❶貴人の警護を務める武官。近衛の下級官人・舎人をあてる。「兵仗」とも。例雑色・随身はすこし痩せてほそやかなるぞよき〈枕・雑色・随身は〉読解「雑色」は雑役に従事する無位の役人。❷供をする人。従者。例ただ一人召し使はれける右衛門府生秦武文と申す随身を(=たった一人そばでお使いになっていた右衛門府の下役人秦武文と申します従者を)〈太平記・一八〉❷名動(サ変)物を携帯すること。引き連れること。例早朝、修理大夫、重義の献ずる馬を随身して来く〈御堂関白記・寛弘元年十月〉

語誌▼**随身の人数** ①は、平安前期に制度として発展した。時期によって変動はあるが、上皇に十四人、摂政・関白に十人、大臣を兼任する近衛大将に八人、納言・参議を兼ねる近衛大将に六人、近衛中将に四人、少将に二人というように、身分や官職によって人数が定まっていた。もとは中務省の内舎人をあてることもあった。〈池田尚隆〉

▼その貴人を敬って「御随身」の形で用いることも多い。

すい・す【推す】 動(サ変) 推量する。思いはかる。例それにて**推し**思ふに…今十余年が弟(=年下)にこそあむめれば〈大鏡・道長下〉

すい‐せき【水石】 名 水と石。泉水と庭石。例世を背ける草の庵には、閑かに**水石**をもてあそびて〈徒然・一三七〉

すい‐たい【翠黛】 名 ❶眉墨で描いた美しい眉。例**翠黛**・紅顔の色やうやうおとろへ〈平家・八・太宰府落〉 ❷①のように見える美しい山。例**翠黛**の山、絵にかくとも筆もおよびがたし〈平家・灌頂・大原御幸〉

すいちゃう‐こうけい【翠帳紅閨】 スイチョウ‐ 名 緑色の垂れ幕があり、紅色に飾ったりっぱな寝室。貴婦人の寝室をいう語。例**翠帳紅閨**に代はれるは、土生の小屋の葦すだれ〈平家・八・太宰府落〉

ずい‐なう【髄脳】 ‐ノウ 名 ❶神髄。奥義。❷特に、和歌の奥義などを記した書物。歌学書。歌論書。『新撰髄脳』(藤原公任著)『俊頼髄脳』(藤原俊頼著)など書名にも用いられた。例**髄脳**・歌枕などいひて…疑はしきを明かしなどしたるものは〈古来風体抄・上〉

すい‐にち【衰日】 名 陰陽道で、万事を忌み慎まなくてはならないとされる日。その人の生年の干支によって決まる。例関白殿御**衰日**なれど、それは忌ませたまふまじ〈栄花・玉の飾り〉

すい‐はう【粋方】 ‐ホウ 名〘近世語〙 ❶物事によく通じ、洗練された人。特に、遊里に通じている人。例侍の中でも**粋方**ぢゃ**粋方**ぢゃと申しまする〈歌舞伎・幼稚子敵討・六〉 ❷侠客。博徒。例おりゃ博多の又治というて、隠れのない**粋方**〈歌舞伎・韓人漢文手管始・三〉

すい‐ばら【杉原】 名〘「すぎはら」のイ音便形〙「すぎはらがみ」に同じ。例**すいばら**を三帖短冊の広さに切らせて〈太平記・一六〉

すい‐はん【水飯】 名 乾飯や飯を冷たい水に漬けたもの。例**水飯**を役と食すとも(=水飯だけをもっぱら召し上がっても)、この定にだに食さば、さらに御太りとどまるべきにあらず〈今昔・二八・二三〉

すい‐び【翠微】 名 ❶山の中腹。山頂に近い所。例**翠微**に登ること三曲(=三回曲がって)二百歩にして、八幡宮たたせたまふ〈芭蕉・幻住庵記〉 ❷薄緑色にかすんで見える遠方の山。例蚊屋つりて**翠微**つくらむ家の内〈俳諧・蕪村句集・上〉

ずい‐ひゃう【随兵】 ‐ヒョウ 名「ずいびゃう」とも。❶供に連れる兵士。例員の(=多くの)**随兵**を率して、すでに戦ふ間〈今昔・一七・三〉 ❷鎌倉・室町時代、貴人や将軍などの外出のとき、武装して騎馬で警護にあたる武士。例**随兵**の武士甲冑を帯して非常をいましむ(=警戒する)〈太平記・三〉

すい‐ふろ【水風呂】 名 風呂桶の下に焚き口を設け、湯を沸かせるようにした風呂。例**水風呂**に入りても首出して覗き〈西鶴・好色五人女・二・三〉

ずい‐ぶん

【随分】 ❶名 形動(ナリ) ❶分に応じていること。身分相応なこと。例ありふしの答へ心得てうちしなどばかりは、**随分**によろしきも多かり(=折々の応答をうまくするくらいのは、身分相応に悪くはないものも多い)〈源氏・帚木〉 読解「雨夜の品定め」の女性論の一節。 ❷持っているすべて。ありったけ。例**随分**の貯へを投げすてて(=すべての財産を投げ捨てて)〈今昔・一三・四四〉 ❸かなりの程度であること。相当にすぐれていること。例**随分**の勇士どもも、わろびれて進みえず(=かなりのつわものたちも、気後れして進むことができない)〈古活字本保元・下〉

❷副 ❶分に応じて。身分相応に。例万乗の主となり、**随分**一つとして心にかなはずといふ事なし(=天皇となり、身分相応に、一つとして思いどおりにならないという事はない)〈平家・灌頂・六道之沙汰〉 ❷限度いっぱいに。できる限り。精一杯。例**随分**悲涙をおさへてこそまかり過ぎ候へ(=精一杯悲しみの涙をこらえて暮らしております)〈平家・三・法印問答〉 ❸かなり。はなはだ。とても。例**随分**血気の勇者にて(=とても意気盛んな勇者であって)〈古活字本平治・

随筆

文学のジャンルの一つ。作者の感想・思念・見聞・体験・回想などを自由な形式で書き記したもの。テーマごとの分類・類聚を行わず、多種多様な内容が自由に綴られることが多い。西欧文芸でいうエッセイと類似性が大きい。

●**主な作品** 平安中期、清少納言の『枕草子』は、作者の宮仕え生活の体験や見聞に基づいて、人事や自然などのさまざまを鋭い感覚でとらえた。

鎌倉時代初めの鴨長明の『方丈記』は、平安末から中世初頭の激動の時代をリアルに描き、方丈の草庵での自由な閑居生活を、均整のとれた美しい和漢混交文で綴った。鎌倉末期から南北朝時代にかけてなった兼好の『徒然草』は、隠者という立場から、人間・社会・文化の諸方面について、自らの独自な感想・意見を、自然に、かつ柔軟に述べたもので、作者の豊かな批評精神をうかがうことができる。『枕草子』『方丈記』『徒然草』を三大随筆と呼ぶことがある。

江戸時代に入ると、佐野紹益『にぎはひ草』、松平定信『花月草紙』、新井白石『折たく柴の記』、室鳩巣『駿台雑話』、本居宣長『玉勝間』など、作者の人生観・社会観・学問観などをうかがわせるものもあるほか、研究的・地誌的なものも多くあり、滝沢馬琴『燕石雑誌』、鈴木牧之『北越雪譜』などが注目される。

〈浅見和彦〉

下〉
❹(打消の表現を伴って)めったに(〜ない)。例随分とりまらすまい(=決してめったに(〜ない)。決しておとり申し上げません)〈狂言・花子〉

語誌 本来は字義どおり、分に随うの意であった。しかし、室町時代の禅の注釈書『人天眼目抄』に「随分と言ふは今の世間で用いられる俗語とは違っていた)」とあるように、当時すでに語義の変化が意識されていた。原義から、①②③や②②〜④のような派生的な意味が生まれていたのである。〈玉村禎郎〉

すい-めん【睡眠】 名 眠ること。睡眠。例飲食・便利(=用便)・睡眠・言語・行歩、止むことを得ずして、多くの時を失ふ〈徒然・一〇八〉

すい-らう【透廊】 名(「すきらう」のイ音便形)寝殿造りの渡り廊下。両側に壁がなく、欄干をつけている。例西の泉の透廊南へ長くさし出でたる中のほど〈十訓抄・一・三三〉

すい-れん【水練】 名 水泳の技術。また、水泳の名人。例妹尾(=人名)はすぐれたる水練なりければ〈平家・八・妹尾最期〉

す・う

【据う】 動(ワ下二)「植う」と同源で、物や人間をしっかりとその場所に置く、が原義。鎌倉時代ごろヤ行下二段活用の自動詞形は「すわる」。の「すゆ」の形が現れる。

❶しっかりと置く。きちんと置く。安置する。供える。例この西面にしも、持仏すゑたてまつりて行ふ(=このちょうど西側の部屋に、所持する仏像を安置し申し上げて仏道修行をする)〈源氏・若紫〉
❷じっと動かないようにする。例大男の眼をすゑ、面魂まことにあらけなかるが(=大男で一点をじっと見つめて眼を動かさず、精悍な顔つきでほんとうに荒々しい者が)〈保元・上〉
❸建物を設置する。構える。例御桟敷の前に陣屋据ゑさせたまへる(=御桟敷の前に陣屋を設置なさってある)〈枕・関白殿、二月二十一日に〉読解「陣屋」は、近衛の役人の詰め所。
❹ほこりや塵をたまったままにする。例塵をだにすゑじとぞ思ふ咲きしより妹と我が寝るとこなつの花(=塵一つさえたまったままにするまいと思うことだ、咲いたときから妻と私が共寝をする床の名をもつとこなつの花は)〈古今・夏〉読解「とこなつ」は撫子。
❺人を一定の場所に置く。座らせる。住まわせる。例(a)夜ごとに人をすゑて守らせければ(=番をさせたので)〈伊勢・五〉例(b)かかる所に思ふやうならむ人をすゑて住まばや(=このような所に理想どおりのような女性を置いて住みたいものだ)〈源氏・桐壺〉
❻人をある地位につける。つかせる。例若宮をこそ東宮には据ゑめ(=若宮を皇太子の地位につかせたい)〈栄花・花山尋ぬる中納言〉
❼鷹などをとまらせる。例手に据ゑたる鷹をそらいたらむやうにて(=手にとまらせていた鷹を逃がしてしまったような様子で)〈大鏡・道隆〉
❽気持ちや心を落ち着かせる。しずめる。例胸をすゑ…夜まで相待つに〈西鶴・武道伝来記・一・三〉
❾印を押す。判を書く。例しっかり血判を据ゑて〈近松・心中天の網島・中〉
❿灸をすえる。例三里に灸すうるより〈芭蕉・奥の細道〉読解「三里」は灸のつぼの一つ。膝頭の下の外側。〈浅見和彦〉

すう-き【枢機】 名(「枢」は戸の開閉の軸、「機」は石弓の引き金。ともに最も大切であることから)物事の肝要なところ。かなめ。例(年中行事八)世を鎮め国を治めたまふ枢機なれば〈太平記・二四〉

ずう・ず【誦ず】 動(サ変)「じゅす」に同じ。例詩をいとをかしうずうじはべるものを〈枕・故殿の御服のころ〉

すう-ぜう【芻蕘・蒭蕘】 名 草刈りと木こり。また、身分の卑しい人。例仲達(=人名)、蜀の芻蕘どもをとりこにして〈太平記・二〇〉

すえ〘末・陶・据え〙 ⇩すゑ

すおう〘素襖〙 ⇩すあを

すおう〘周防・素袍・蘇芳・蘇枋〙 ⇩すはう

すが-がき【清搔き・菅搔き】 名 ❶和琴の奏法の一つ。本式でない弾き方か。例ただはかなき同じすが搔きの音に〈源氏・常夏〉❷歌詞のない楽曲。

すが・く【清搔く・菅搔く】 動(カ四)「すがき①」の奏法で和琴を弾く。例あづま(=和琴)の調べをすが搔きて〈源氏・真木柱〉

すが-がさ【菅笠】 名「すげがさ」とも。菅の葉で編んだ笠。

す-がき【簀垣】 名 竹で作られた透垣。竹垣。例心あひの風ほのめかせ八重すがき〈散木奇歌集・八〉

す-がく・る【巣隠る】 動(ラ下二)巣の中に隠れる。巣ごもる。例巣がくれて数にもあらぬ雁の子をいづ方にかはとりかへすべき〈源氏・真木柱〉

すが-ごも【菅薦・菅菰】 名 菅で編んだむしろ。古くは陸奥の各地で作られたが、のち陸前(宮城県)の利府の名産となる。例今も年々十符の(=編み目が十筋の)菅菰を調へて〈芭蕉・奥の細道〉

すかし-あふぎ【透かし扇】 名 扇の一種。檜扇の杉の薄板を透かし彫りにして、生絹を張ったもの。例透かし扇に唐扇〈近松・百日曾我・四〉

すか・す

【賺す】 動(サ四) 相手の気持ちを傾けさせ、そのような気にさせる意。

❶おだててその気にさせる。調子にのせる。例残りを言はせむとて…すかい(音便形)たまふを(=続きを言わせようとして…おだててその気にさせなさるのを)〈源氏・帚木〉
❷なだめる。いいなぐさめる。機嫌をとる。例さまざまに語らひたまふ御さまのをかしきに、すかされたてまつりて(=いろいろとお話しなさる御様子の好ましさに、なぐさめられ申し上げて)〈源氏・早蕨〉
❸巧みに言いくるめる。だます。あざむく。例京より浮かれて、人にすかされて来たりける女房のありけるを(=京から放浪して、人にだまされて来た女性がいたのを)〈宇治拾遺・九三〉〈浅見和彦〉

すか・す【透かす】 動(サ四) ❶透けて見えるようにする。例二藍の指貫、直衣、浅葱の帷子どもぞすかしたまへる〈枕・小白河といふ所は〉 ❷すきまを作る。まばらにする。例五節の局を、日も暮れぬほどに皆こぼちすかして〈枕・宮の五節いださせ給ふに〉 ❸減らす。例京中の勢をば(=軍勢を)さのみすかすまじかりしものを〈太平記・九〉

すが-すが・し【清清し】 形(シク) [「すがやか」などの「すが」を重ねて形容詞化した語] ❶気分がさわやかだ。例「吾ここに来て、我が御心すがすがし」とのらして(=「私はここに来て、私の御心はさわやかである」とおっしゃって)〈記・上・神代〉 ❷物事の進行がすらすらと滞りがない。例(種々ノ試験ヲ)すがすがしう(音便形)果てたまへれば(=滞りなく合格なさったので)〈源氏・少女〉 ❸いかにもあっさりしている。思い切りがよい。例(入内ヲ)すがすがしう(音便形)も思し立たざりけるほどに(=思い切りよくはご決心なさらなかったうちに)〈源氏・桐壺〉 〈小島孝之〉

すが-すが-と【清清と】 副 ❶すらすらと。例ぬまじりといふ所もすがすがと過ぎて〈更級〉 ❷思いきりよく。あっさりと。例すがすがともえ思ほし立たず(=決心なさることができず)〈源氏・絵合〉

すがた【姿】 名 ❶人の外見。体つき。身なり。風采。例天つ風雲の通ひ路吹き閉ぢよをとめの姿しばしとどめむ〈古今・雑上〉↓名歌44
❷事物の外形やありさま。例同じき花の姿も、木草のなびきざまもことに見なされて(=同じ花のありさまも、木や草が風に流れる様子も格別に見受けられて)〈源氏・総角〉
❸『歌論用語』作品の全体的な印象。様式。例(a)人の心も、歌の姿も、折につけつつ移り変はるものなれど(=人の心も、歌の様式も、時代に応じながら移り変わるものだけれど)〈古来風体抄・上〉例(b)先師曰はく、「汝、いまだ句の姿を知らずや。同じこともかくいへば姿あり」とて、今の句に直したまひけり(=亡くなった師匠が言うには、「おまえは、まだ句の姿というものを知らないのか。同じこともこのように言うと姿が整う」と言って、今の句にお直しになった)〈俳諧・去来抄・修行〉 読解 作者(去来)の句に対する先師(芭蕉)の評。

語誌 ▼体や衣服の印象など、人間の外見の印象をさすのが原義。そこから事物全般の外形やありさまを表すようになった。
▼歌論では、一首全体の統一的な印象をいい、ひいては歌体・様式・スタイルの意を表すようになり、それが他の芸術論の分野にも広まっていった。 〈渡部泰明〉

すがた-かたち【姿形】 名 容姿。例世にありとある人は皆、姿形心異にとにつくろひ〈枕・正月一日は〉

すが-だたみ【菅畳】 名 菅で編んだござ。例菅畳八重・皮畳八重・絁畳八重もちて波の上に敷きて〈記・中・景行〉

すか-たん 名『近世語』あての外れること。見当違い。また、まぬけ。とんちんかん。主に上方で用いる。例儒者の方がすかたんが多い〈胆大小心録〉

すが-どり【菅鳥】 名 鳥の名。オシドリか。例白真弓(枕詞)斐太の細江の菅鳥の〈万葉・一二・三〇九二〉

すが-ぬき【菅抜き・菅貫き】 名「ちのわ」に同じ。例水無月の今日ぞ夏越しの祓へしてすがぬき捨てつ佐保の川原に〈夫木・九〉

すがのねの【菅の根の】 『枕詞』菅の根が、長く、乱れることから「根」「長し」「乱る」にかかる。また、「ね」の同音反復で「ねもころ」などにかかる。

すが-はら【菅原】 名「すげはら」とも。菅の生えている野原。例人の刈らまく(=刈るのが)惜しき菅原〈万葉・七・一三四一〉 読解「菅原」に女性の意をこめる。

菅原伝授手習鑑 『作品名』浄瑠璃。時代物。五段。初世竹田出雲・並木千柳(宗輔)・三好松洛らの合作。延享三年(一七四六)初演。菅原道真の大宰府配流を軸に、梅王・松王・桜丸の三つ子の兄弟の活躍を描く。白太夫と桜丸、松王と小太郎、道真と刈屋姫の三組の親子別れが趣向となり、道真の子の身代わりに我が子を死なせた松王の悲しみを描く「寺子屋」は特に有名。

菅原孝標女 『人名』一〇〇八(寛弘五)～?。『更級日記』の作者。父菅原孝標は右大臣菅原道真の五世の嫡孫だが、平凡な受領でしかなかった。母は藤原倫寧の娘で、『蜻蛉日記』の作者道綱母の異母妹にあたる。『更級日記』にうかがわれる物語へのあこがれと現実生活のやるせなさは、このような家庭環境に由来するものだろう。
彼女は受領階級の娘として出生、受領階級の妻として生涯を閉じた。上総国での少女時代・上京(十三歳)・橘俊通との結婚(三十三歳)・祐子内親王家への出仕(三十四歳)・夫との死別(五十一歳)など、平穏な人生であった。 〈吉野瑞恵〉

菅原道真 『人名』八四五～九〇三(承和一二～延喜三)。平安前期の漢学者・漢詩人・歌人。
●生涯　祖父清公、父是善と、二代にわたって文章博士を務めた家柄に生まれ、自身も文章博士となる。その見識と詩文の才を高く評価した宇多天皇(在位八八七～九七)に抜擢され、次の醍醐天皇の代の昌泰二年(八九九)には右大臣にまで至ったが、藤原時平をはじめ、その栄達を快く思わぬ者が多く、同四年、天皇の廃立を企てたという罪を着せられて大宰府に左遷され、その地で没した。
漢詩文集として、左遷の前年に自身の手で編まれて醍醐天皇に献上された『菅家文草』一二巻と、それ以後の詩文を集めた『菅家後集』一巻が現存し、『古今和歌集』には和歌二首が入集する。
●詩風　道真の漢詩文は、承和年間(八三四～四八)に日本に渡来した『白氏文集』の影響を徹底的に深く受けている。その詩は人生と生活に即して細やかに歌われたものが多いが、見立てを用いた理知的な詩風を特色とし、『古今集』歌風に通じるような表現も少なくない。また讃岐守時代には、目の当たりにした農村の現実や民衆の生活苦をも詩に歌った。最晩年の詩には、諦観の明るさの中に、無限の悲しみをたたえているような趣がある。

●**飛梅伝説**　死後天神として祭られた道真の悲劇的生涯は数々の逸話・伝説を生んだ。大宰府に流されるとき、自宅の梅の花をながめて「東風吹かばにほひおこせよ梅の花あるじなしとて春を忘るな」〈拾遺・雑春〉(➡名歌157)と詠んだところ、のちにその梅の片枝が配所にまで飛んで行って根づいたという、いわゆる飛梅伝説もその一つ。⇩てんじん〈藤原克己〉

すが・ふ【次ふ】 動(ハ四)❶あとに続く。匹敵する。例中の君も、(姉二)うち**すがひ**て、あてに(=気品があって)なまめかしう〈源氏・紅梅〉❷行き違いになる。例**すがひ**て逢はず〈散木奇歌集・八・詞書〉

すが-まくら【菅枕】 名 菅を束ねて作った枕。例足柄のまま(=がけ)の小菅の**菅枕**〈万葉・一四・三三六九〉

すが-みの【菅蓑】 名 菅の葉で編んだ蓑。

すが・む【眇む】 ❶動(マ四) 片方の目が細くなる。斜視になる。例元帝の一の目**眇めり**〈今昔・九・四〇〉❷動(マ下二) 片目を細めて見る。注意深く見るときのしぐさ。例松明すこし脇へまはし、眼をすこし**すがめ**て〈曾我・九〉

すが-め【眇】 名❶横目で見ること。流し目。例卒塔婆の方を**すがめ**に見やりつつ〈今昔・一九・三〉❷片方の目が細くなっていること。片方の目がよく見えないこと。斜視。例「伊勢平氏は**すがめ**なりけり」とぞはやされける〈平家・一・殿上闇討〉

すが-やか【清やか】 形動(ナリ)〔「やか」は接尾語〕❶思いきりがよい。さっぱりとしている。例おどろおどろしき御悩みにもあらで(=御病気でもないのに)、(出家ヲ)**すがやかに**思したちけるほどよ〈源氏・柏木〉❷滞りがない。例大臣までかく**すがやかに**なりたまへりしを〈大鏡・道長上〉

すがら ❶副 その間ずっと。例むばたまの(枕詞)夜は**すがらに**夢に見えつつ〈古今・恋二〉❷接尾 名詞につく。❶初めから終わりまで続く意を添える。「夜すがら」など。❷物事の途中、の意を添える。「道すがら」など。❸それだけ、そのまま、の意を添える。「身すがら」など。

すがる【蜾蠃】 名❶虫の名。ジガバチの古称。腰の部分が細くくびれているところから美女のたとえにもいう。例飛び翔る **すがる**のごとき 腰細に〈万葉・一六・三七九一〉❷鹿の別称。例**すがる**臥す木ぐれが下の葛まきを〈山家集・中〉

す-が・る【酸がる】 動(ラ四)〔形容詞「すし」の語幹＋接尾語「がる」〕すっぱそうにする。例歯もなき女の、梅くひて**酸がり**たる〈枕・にげなきもの〉

すがる-をとめ【蜾蠃乙女】 名 腰の細い美しい少女。例胸別の 広き我妹 腰細の **すがるをとめ**の〈万葉・九・一七三八〉

すがわら『菅原』 ⇩すがはら

すき【主基】 名 大嘗祭の新穀を奉るために、占いで定められた国の一つ。斎忌の国に次ぐ二番目の国の意とされる。京都の西方の国から選ばれる。例(和歌ノ詠進ハ)**主基**の方は、前加賀守源兼澄なり〈栄花・日蔭の鬘〉読解 斎忌とともに国内の名所を詠み込んだ和歌を詠進することになっている。

すき

【好き・数寄】 名〔動詞「すく」の名詞形〕❶**異性に心を寄せること。** 特に、男性が女性に執着すること。恋の道。例いにしへの**すき**は、思ひやり少なきほどの過ちに、仏神もゆるしたまひけん(=昔の恋の道は、思慮が足りなかった若い時の過失として、仏や神もお許しになっただろう)〈源氏・薄雲〉読解 光源氏が若い時に藤壺に激しい恋心をいだいたことをさす。

❷**和歌や芸能にうちこむこと。** 風流の道に徹すること。また、その**風流の道**。例(a)(歌合ワセガ中止ニナッテ)**数寄**の人も空しく帰りにけり(=和歌にうちこんでいる人もかいがなく帰ってしまった)〈太平記・三六〉例(b)(能ノ師ニ必要ナノハ)心に**好き**ありて、この道に一行三昧になるべき心(=心に芸にうちこむ気持ちがあって、芸の道に一心不乱に没入できる心)〈花鏡・知習道事〉

❸特に、茶の湯。例下京茶湯とて(=下京で行われる草庵の茶の湯といって)、このごろ**数寄**などいひて〈宗長手記・下〉

語誌 ▼**語義の変遷**　『伊勢物語』や『源氏物語』などでは、異性に対する愛着の意味で用いられている。また、恋の表現でもある和歌に愛着することも「すき」といった。平安末期以降には、もっぱら和歌や芸能の道にうちこむことをさし、室町時代以降には茶の湯の隆盛を背景として、特に茶の湯をさすようになった。

▼**「すき」の歌人**　平安中期の歌人能因は、和歌への関心の強さ、特に歌枕への偏執的なまでの関心の強さから、しばしば「すき」の歌人と呼ばれる。〈吉野瑞恵〉

すき【透き・隙】 名❶間と間が開いていること。すきま。例(髪ノ)一筋を陸奥国紙に置きたるに、いかにも**すき**見えず〈大鏡・師尹〉読解 髪が長くて、その一本で陸奥国紙の白いすきまが無くなってしまうほどだった、ということ。❷ゆとり。ひま。例**隙**なあらせそ(=ゆとりを与えるな)、ただ追ひ掛けよや〈義経記・五〉❸心のすき。油断。

すき-あり・く【好き歩く】 動(カ四)❶色恋を求めてあちこち歩き回る。例なほ同じごと**すき歩き**ければ〈源氏・夕顔〉❷風雅を求めてあちこち出歩く。例花の下、月の前と**好き歩き**けり〈宇治拾遺・一九〇〉

すき-かげ【透き影】 名 物のすきまや物を通して見える光。また、見える姿・形。例灯ともしたる**透影**、障子の上より漏りたるに〈源氏・帚木〉

すぎ-がてに【過ぎがてに】 〔動詞「すぐ」の連用形＋連語「がてに」〕通り過ぎられなくて。行き過ぎかねて。例夜や暗き道やまどへるほととぎすわが宿をしも**過ぎがてに**鳴く〈古今・夏〉

すき-がま・し【好きがまし】 形(シク)〔「がまし」は接尾語〕好色めいている。浮気っぽい。例この君も…**すきがましき**あだ人なり(=色好みである)〈源氏・帚木〉

すき-ぎり【透き切り・剥き切り】 名 薄切りにすること。例この芋をむきつつ、**透き切り**に切れば〈宇治拾遺・一八〉

すき-ごこち【好き心地】 名 好色な気持ち。浮気心。例若きほどの**すき心地**には、この人をとまり(=終生

の妻)にとも思ひとどめはべらず〈源氏・帚木〉

すきーごころ【好き心】 名 異性への関心。恋の情趣を解する心。例限(かぎ)りなき**すき心**にて、いみじくたばかり(=あれこれ考えて)まどひ歩(あり)きつつ〈源氏・夕顔〉

すきーごと【好き事・好き言】 名 好色な行為や言葉。例かかる**すき事**どもを末の世にも聞きつたへて、軽(かろ)びたる(=軽薄だという)名をや流さむと〈源氏・帚木〉

すきーしゃ【好き者・数寄者】 名 ❶色好みの人。❷ある事を好み、それにうちこむ人。また、風流人。特に、茶人。例さすが**数寄者**の庭の面(おも)、若葉の木立ものふりて〈近松・鑓の権三重帷子・上〉

すぎーすぎ【次次】 副 つぎつぎ。順ぐりに。次から次へ。例紅梅(こうばい)(=紅梅襲(がさね))にやあらむ、濃き薄き**すぎすぎ**にあまた重なりたるけぢめ〈源氏・若菜上〉

すきーずき・し

【好き好きし】 形(シク) ❶恋愛に関心が深い。好色めいている。例**すきずきしき**方(かた)にはあらで、まめやかに聞こゆるなり(=好色めいた方面ではなくて、まじめに申し上げるのだ)〈源氏・若紫〉

❷風流だ。風雅だ。物好きだ。例(a)**すきずきしう**(音便形)あはれなることなり(=風流で趣深いことだ)〈枕・清涼殿の丑寅のすみの〉読解 天皇や女御(にょうご)も含め、人々が『古今和歌集』に深い関心を寄せていた時代に対する中宮定子の感想。例(b)かう**すきずきしき**やうなる、のちの聞こえやあらむ(=このように物好きなようなのは、後々評判になるだろうか)〈源氏・絵合〉読解 自分が描いた絵を見せたことが、後々、物好きなことだと評判になってしまうのではないかと心配する言葉。

語誌 「好(す)く」ことの程度が外にも現れるほど顕著で、恋愛や風流事に、はなはだしく熱中する感じをいう。度が過ぎると、浮ついている、物好きだ、といった語感にもなる。〈鈴木宏子〉

すきーたわ・む【好き撓む】 動(マ四) 浮気で、別の人にすぐなびく。例**すきたわめ**らむ女に心おかせたまへ(=御注意なさいませ)〈源氏・帚木〉

すきーと 副 ❶きれいさっぱりと。すっきり。例**すきと**合点致しましてござる〈虎寛本狂言・布施無経〉❷(打消の語を伴って)全然(〜ない)。まったく(〜ない)。例毎年の事でもこち(=私)は**すきと**覚えぬ〈近松・大経師昔暦・下〉

すぎーはひ【生業】ワイ 名 生活していくための手段。生計を立てるための仕事。職業。例産業(すぎはひ)の道、稼ぐに追ひ付く貧乏なし〈西鶴・日本永代蔵・五・四〉

すぎーはら【杉原】 名 ❶杉が生えている原。例み幣(ぬさ)取り三輪(みわ)の祝(はふり)(=神職)が斎(いは)ふ**杉原**〈万葉・七・一四〇三〉❷「杉原紙(すぎはらがみ)」の略。例親しみてから**杉原**に便り書きつづけ〈西鶴・好色一代男・三・三〉

すぎはらーがみ【杉原紙】 名 和紙の一種。楮(こうぞ)を原料とし、奉書紙に似て薄く柔らかい。鎌倉時代に播磨(はりま)国(兵庫県)杉原から産したという。

すきーびたひ【透き額】ビタイ 名 冠の一種。「額」と呼ばれる部分を黒の羅(うすもの)で張り、漆をかける。若年男子の着用。⇨かうぶり

透き額〔源氏物語絵巻〕

すきーま【透き間・隙間】 名 ❶物と物との間で、少し開いているところ。例几帳(きちやう)の**隙間**に〈源氏・空蝉〉❷心のゆるみ。すき。例かく**隙間**なくて二(ふた)ところ(=お二人)さぶらひたまへば〈源氏・絵合〉

すきーもの【好き者】 名 ❶好色な人。色恋の情趣を解する人。色好み。例いかなる**すき者**ならむと思されて〈源氏・葵〉❷風流人。物好き。特に、和歌・音楽など風雅の道に熱中する人。例檜垣(ひがき)の御(ご)(=人名)、歌なむよむといひて、**すきもの**どもあつまりて〈大和・一二六〉

すぎーもの【過ぎ者・過ぎ物】 名 身分不相応にりっぱなこと。また、その人や物。例私の婿には**過ぎ者**なり〈西鶴・武家義理物語・五・三〉

すきーや【数寄屋】 名 茶の湯を行うための小さな建物。茶室。例九献(くこん)(=酒)に酔うて裏の**数寄屋**に寝てゐられます〈近松・大経師昔暦・上〉

すーぎゃう【修行】ギョウ 名動(サ変)「しゅぎゃう(修行)」に同じ。例尼となり…**すぎゃう**まめやかなり(=いかにも真剣だ)〈読本・春雨・捨石丸〉

ずーきゃう

【誦経】キョウ 名動(サ変)『仏教語』❶声を出して経を読むこと。また、経を僧に読ませること。例御**誦経**など所どころにせさせたまふ(=御経を読ませることなどを方々の寺におさせなさる)〈源氏・紅葉賀〉❷①の謝礼として僧に贈る布施の品物。装束や布類が多い。例さるべき物どもこまかに、**誦経**などさせたまふ(=しかるべき物など心をこめて、謝礼などおさせになる)〈源氏・夕顔〉

語誌 「誦」は暗誦する意。経典を見ながら読みあげる「読経(どきやう)」に対して、経を暗記しそらんじることをいうが、区別なしに用いることも多い。悪霊退散や物の怪(け)の調伏(ちょうぶく)、死者の供養などの目的で行うが、自分が誦経するという例よりも、貴族たちが僧や寺に依頼して経を読ませる場合が多い。〈藤本宗利〉

すぎゃうーざ【修行者】スギョウ 名「しゅぎゃうじゃ」に同じ。例**すぎゃうざ**逢ひたり〈伊勢・九〉読解 主人公が東下(あづまくだ)りの途次、宇津(うつ)の山で旧知の修行僧に出会う場面。出会いの対象の「修行者」を主語にするのは偶然の出会いであったことを表すため。

杉山杉風(すぎやまさんぷう)《人名》⇨杉風(さんぷう)

すきーわざ【好き業】 名 好色な行為。例心のすさび(=気まぐれ)にまかせてかく**すきわざ**するは、いと世のもどき(=非難)負ひぬべきことなり〈源氏・葵〉

すーく【秀句】 名「しうく」に同じ。

す・く

【好く】 動(カ四) ある対象に異常なほどに熱中する意。❶恋に熱中する。好色だ。浮気だ。例昔の若人は、さる**すける**もの思ひをなんしける(=昔の若者は、こんな熱烈な恋のもの思いをした)〈伊勢・四〇〉❷風流の道に熱心だ。芸道などに身をうちこむ。例

(a)そのころいたうすい(音便形)たるものにいはれ(=そのころたいそうな風流の道に熱心な人と評され)〈枕・ある所になにの君とかや〉例(b)よき人は、ひとへに好けるさまにも見えず(=情趣を解する人は、むやみに風流ぶる様子にも見えず)〈徒然・一三七〉
❸趣向を凝らす。例大きなる屋のすきたるうちに、我ゐたり(=大きな屋敷で趣向を凝らしている中に、自分が座っている)〈著聞集・三・八六〉
❹好む。気にいる。例(甘イ酒ヲ)すく衆へはあまいを進じゃうず(=好む人々へは甘いものを差し上げましょう)〈虎寛本狂言・伯母が酒〉〈鈴木宏子〉

す・く【食く・飲く】 動(カ四) 物を食べたり飲み込んだりする。のどを通す。例さるべきもの作りて、すかせたてまつり〈源氏・若紫〉

す・く【透く・空く】 動(カ四) ❶すきまができる。まばらになる。例歯うちすきて、愛敬なげに言ひなす女あり(=歯がまばらで、無愛想に言い立てる女がいる)〈源氏・総角〉
❷物の間を通して見える。透き通って見える。透き通る。例(板ノ間カラ)御灯明の影ほのかに透きて見ゆ(=御灯火の光がかすかに間を通って見える)〈源氏・夕顔〉
❸風などが通り抜ける。例風すくまじく、引き渡しなどしたるに(=すきま風が入りこまないように、幕を張り渡すなどしているが)〈更級〉
❹心にすきができる。油断する。例さてもまあ(=ほんとにまあ)すかぬ男〈西鶴・日本永代蔵・三・三〉〈浅見和彦〉

す・く【漉く・抄く】 動(カ四) 紙をすく。原料を水に溶かして簀の上に薄く広げて作る。例紙屋の人を召して…心ことに(=格別に)清らに漉かせたまへるに〈源氏・鈴虫〉

す・く【鋤く・犂く】 動(カ四) 鋤などで土を掘り耕す。例古き墳はすかれて田となりぬ〈徒然・三〇〉

す・ぐ【挿ぐ】 動(ガ下二) ❶穴に、紐・糸などを通して取り付ける。すげる。例とみの物(=急ぎの仕立て物)縫ふに、なま暗うて針に糸すぐる〈枕・心もとなきもの〉 ❷差し込んで据え付ける。はめ込む。例矢に、錐のやうなるやじりをすげて〈宇治拾遺・一五五〉

す・ぐ【過ぐ】 動(ガ上二) 一点をはさんで、一方から他方へ移動する、が原義。
❶通り過ぎる。あとにする。例玉藻刈る(枕詞)敏馬を過ぎて夏草の野島の崎に舟近づきぬ(=敏馬の地を通り過ぎて夏草の茂る野島の崎に舟は近づいた)〈万葉・三・二五〇〉読解瀬戸内海を旅したときの歌。
❷時間が過ぎる。年月がたつ。例春過ぎて夏来たるらし白妙の衣ほしたり天の香具山〈万葉・一・二八〉→名歌292
❸衰え、消えうせる。人が死ぬ。花や葉が散る。例もみち葉の(枕詞)過ぎにし児らと携はり遊びし磯を見れば悲しも(=はかなく死んでしまったあの人と手を取りあって遊んだ磯を見ると悲しいことだ)〈万葉・九・一七九六〉
❹生活する。日々を過ごす。例伊勢の鈴鹿山にて山だちして、妻子をもやしなひ、わが身も過ぐる(=伊勢国の鈴鹿山で山賊をして、妻子をも養い、自分自身も生活する)〈平家・二・嗣信最期〉
❺程度を越える。㋐他と比較して、それ以上である。特定の基準を超過する。例桐壺に過ぎたる巻やは侍るべき(=桐壺にまさる巻はあるでしょうか)〈無名草子〉読解『源氏物語』の中でどの巻が特にすばらしいかが話題になっている。「やは」は反語の意を表す。
㋑度を越す。極端に～する。動詞の連用形や、形容詞・形容動詞の語幹につけて用いることもある。例(a)あまり有心すぎて、しそこなふな(=あまり考慮が度を越して、やり損なうな)〈枕・小白河といふ所は〉例(b)若き者ども酔ひすぎ(=若い者たちが泥酔して)〈源氏・葵〉
語誌▼③は、盛りの時期を過ぎる意から派生した用法。死ぬ意の用例は『万葉集』に多い。▼④は、室町末期の『日葡辞書』に「身をスグル」「命をスグル」とあり、他動詞的な意識で用いられていた形跡がある。〈品田悦一〉

すぐ【直】 形動(ナリ) 物・心・状態・態度などが、まっすぐで曲がっていないさまを表す。
❶直線的に進むさま。まっすぐだ。例(海ヲ)すぐに渡らば、その日のうちに攻めつべければ(=まっすぐに渡ったら、その日のうちにきっと攻められるので)〈宇治拾遺・一二八〉
❷心がまっすぐで正しい。素直だ。正直だ。例直なる人は苦しみて、讒臣はいや増しに世にありて(=心がまっすぐで正しい人は苦しんで、悪い家臣はますます栄えて)〈謡曲・安宅〉
❸世の中などが公平で正しい。正常だ。例直に治まる時世かな(=公平で正しく治められている時代だなあ)〈謡曲・住吉詣〉
❹やり方がまっすぐで、自然で素直だ。ありのままだ。例(姿ノ似テイル者ハ)道をも直にやらず(=道をそのまま通さず)〈義経記・七〉読解源頼朝が弟の義経を捕まえるため、関所の番を厳しくした。〈岩坪健〉

すく-えう【宿曜】 ―ヨウ 名 占星術の一種。二十八宿と九曜の運行によって物事の吉凶や人の運勢を占う。例宿曜のかしこき道の人に勘へさせたまふ(=占わせ調べさせなさる)〈源氏・桐壺〉

すく-じん【守宮神】 名 ❶宮殿・官庁の守護神。内裏では外記庁に祭られた。例中納言は守宮神・賢所の御前にて伏しまろびたまひて〈栄花・花山尋ぬる中納言〉 ❷芸道の守護神。例昔は諸道にかく守宮神たち添ひければ〈続古事談・五〉

すぐ・す【過ぐす】 動(サ四) 〔「すぐ」の他動詞形〕 ❶年月・日時をすごす。生活する。例いといみじうわびしくおそろしうて、夜を明かすほど、千年を過ぐす心地す〈更級〉 ❷通り過ぎるのを待つ。やりすごす。例(ソノ車ヲ)かたはらに引きやりて、御車を過ぐせ〈落窪・二〉 ❸終わるまで待つ。また、終わらせる。例(読経ヲ)いまだ勤めはべらず。過ぐしてさぶらはむ〈源氏・若紫〉 ❹ほうっておく。見すごす。例たびたびある仰せ言(=お言いつけ)をも過ぐして、げに久しくなりにけるを〈枕・殿などのおはしまさで後〉❺度合いが、ほかよりまさる。また、度をすごす。例女君は、(年ガ)すこし過ぐしたまへるほどに、(夫ガ)いと若うおはすれば、似げなく恥づかしと思いたり〈源氏・桐壺〉❻過失を犯す。例すぐしたる事もなきに、かかる横ざまの罪(=無実の罪)に当たるを思し嘆きて〈宇治拾遺・一二四〉

すく-すく・し 形(シク) 人や物の性質がまっすぐで堅く、柔らかさ・柔軟性に欠けるさまを表す。好感をいだく場合もあれば、非難する場合もある。「すぐすぐし」「すくずくし」とも。

❶**堅苦しい感じだ。飾りがない。** 例**すくすくしき**立て文とりそへて(=飾りがない立て文にした手紙を添えて)〈源氏・浮舟〉読解事務的な手紙は「立て文」にする。

❷**率直なさま。浮ついたところがないさま。きまじめだ。実直だ。** 例御消息**すくすくしく**聞こえおきて、出でたまひぬ(=ご伝言をきまじめに申し上げておいて、お帰りになった)〈源氏・総角〉読解好色めいた話はせず、まじめに用件だけ言って、ということ。

❸**融通がきかないさま。無愛想だ。愛敬がない。そっけない。** 例(コノ結婚話ヲ)え**すくすくしく**も返さひ申さでなむ(=そっけなくご辞退申し上げることができなくて)〈源氏・若菜上〉

❹**優美さ・優しさに欠けるさま。無骨だ。無風流だ。** 例(空蟬ハ)常はいと**すくすくしく**心づきなしと思ひあなづる伊予の方のみ思ひやられて(=普段はひどく無風流で気にいらないと軽蔑する伊予の方ばかり思いやられて)〈源氏・帚木〉読解空蟬の夫は伊予の国の介。

類義①〜④すくよか 〈岩坪健〉

すく-せ【宿世】 名《仏教語》(「宿」は、前からの、の意)❶**前世。** 例(仏ハ)扇陀羅が**宿世**の罪報を説きたまふ(=扇陀羅の前世の罪の報いをお説きになる)〈今昔・一・一七〉

❷**前世からの因縁。宿縁。宿命。** 現世の状態は前世での行いの結果であり、人間の力では変えられないとする考えによる。例(a)「かかる君に仕うまつらで、**宿世**つたなく、悲しきこと、この男にほだされて」とて泣きける(=「このような帝にお仕え申し上げないで、宿縁が悪く、悲しいことよ、この男の情にひかれて」と言って泣いた)〈伊勢・六五〉読解高貴な「君」ではなく、身分の低い「男」との恋に落ちたことを、宿世によるもの、と嘆く。例(b)高き**宿世**、世の栄えも並ぶ人なく、心のうちに飽かず思ふことも人にまさりける身、と思し知らる(=すぐれた宿縁で、この世の栄華も匹敵する人もなく、しかし一方では心の中で心残りに思うことも人よりまさっていた身である、と身にしみておわかりになる)〈源氏・薄雲〉読解死の直前に生涯を振り返る藤壺の心内。「高き宿世」とは、天皇の娘に生まれ、天皇の母となり、女院にまでなった宿縁。

語誌▼仏教には、生あるものは永久に三界・六道に生まれ変わり続けるという輪廻思想がある。今生きている現世はその前の生である前世の結果で、次に生まれ変わる来世の原因と考えられた。▼文学では、平安時代の物語などへの影響が大きく、『源氏物語』には百余もの「宿世」の語が見える。和歌では類義の「契り」が用いられ、散文でも、「前の世の契り」「昔の契り」などの表現は宿世と同義で用いられている。〈大井田晴彦〉

す-ぐち【素口・虚口】 名 何も口にしていないこと。空腹。例**虚口**にては福楽なし〈源平盛衰記・一八〉

すくなく-も【少なくも】 副(打消・反語を伴って)非常に(〜だ)。例言に言へば耳にたやすし**すくなくも**心のうちに我が思はなくに〈万葉・一一・二五八一〉読解少しだけ思っているのではない、激しく思っている、という意。

すぐな-もじ【直な文字】 名(形が縦にまっすぐなことから)平仮名の「し」の字。⇩ふたつもじ

すくね【宿禰】 名(「すくなえ(少兄)」の変化した形か)天武天皇一三年(六八四)に定められた八色の姓の第三位。

すく・ふ【掬ふ・救ふ】 動(ハ四) 1【掬ふ】❶**上へ取り出す。くみ上げる。持ち上げる。** 例(主君ノ口ニ)水を**すくひ**入れたてまつる(=水をくみ上げて入れ申し上げる)〈竹取〉

❷**たぐる。操る。** 例手綱を**すくう**(音便形)て歩ませよ(=手綱をたぐって歩かせろ)〈源平盛衰記・一五〉

2【救ふ】**助ける。仏などが救済する。** 例身に代へて、この御身ひとつを**救ひ**たてまつらむ(=我が身に代えても、主君の御身一つだけはお助け申し上げよう)〈源氏・明石〉

語誌 12は掛詞として用いられることも多い。例昔より阿弥陀仏のちかひにて煮ゆるものをばすくふとぞ知る〈宇治拾遺・四三〉読解鍋の中から盗み食いするところを見つけられた男が詠んだ歌。昔から阿弥陀如来の誓いがあって、地獄の釜で煮られている罪人を救い上げると知っています。だから、私も鍋の中から煮えている物をさじですくい上げてごちそうになりました、の意。「誓ひ」の「かひ」と「匙(さじ)」も掛詞。〈浅見和彦〉

すぐ-みち【直道・直路】 名 まっすぐな道。また、近道。例これより野越えにかかりて**直道**をゆかんとす〈芭蕉・奥の細道〉

すく・む【竦む】 1動(マ四)❶**体が硬直して動かなくなる。こわばる。ちぢこまる。** 例足手など、ただ**すくみ**に**すくみ**て(=足や手が、ひたすらこわばりにこわばって)〈蜻蛉・上〉

❷**紙や布がごわごわしている。こわばっている。** 例唐の紙のいと**すくみ**たるに(=中国渡来の紙でごわごわしているものに)〈源氏・梅枝〉

❸**心が柔軟でない。かたくなだ。** 例大臣の御おきてのあまり**すくみ**て(=大臣のなさりかたがあまりにかたくなで)〈源氏・藤裏葉〉

2動(マ下二)**こわばらせる。ちぢこまらせる。すぼめる。** 例口**すくめ**て…つぶやけり〈亭子院歌合・判詞〉

語誌「すく」はかたく、まっすぐで、硬直した状態をいう語で、「すくむ」はその動詞形。「すくよか」「すくすくし」などと同根であろう。〈浅見和彦〉

すく-も 名 枯れた葦・茅など、燃料となるもの。一説に、籾殻・藻屑とも。例 **すくも**焼く火の下に焦がるれ〈後撰・恋三〉

すく-やか【健やか】 形動(ナリ)「すくよか」に同じ。

すくやか-もの【健やか者】 名 丈夫な人。しっかりした人。例 **健やか者**を先に立てて、悪所(＝険しい所)に向かひて〈義経記・五〉

すく-よか

形動(ナリ)「すくむ(竦む)」と同根。「よか」は接尾語。硬くまっすぐなさまを表す。

❶**体がしっかりしている。元気だ。しゃんとしている。** 例(赤ン坊ハ)いと大きにて、首も**すくよかなり**(＝たいそう大きくて、首もしゃんとしている)〈宇津保・蔵開上〉

❷**人柄や性格がしっかりしている。まじめだ。気丈だ。** 例(第二皇子ハ)いと覚えことに重々しう、人柄も**すくよかに**なんものしたまひける(＝世間の信望も特に重々しく、人柄もまじめでいらっしゃった)〈源氏・匂宮〉

❸**きまじめで融通に欠けている。** 例 東人は…心の色なく、情けおくれ、ひとへに**すくよかなる**ものなれば(＝東国の人は…情愛がなく、人情味が乏しく、ひたすらきまじめで融通に欠けているものなので)〈徒然・一四一〉

❹**そっけない。無骨だ。** 例(a)いとこはく**すくよかなる**紙に書きたまふ(＝ひどくごわごわして無骨な紙にお書きになる)〈堤中納言・虫めづる姫君〉例(b)(女君ハ返事ヲ)**すくよかに**言はせたまふ。いみじう言ふかひなき御心なりけりと嘆きつつ帰りたまふ(＝そっけなく答えさせなさる。あまりにつれない御心であったなあとため息をつきつき男君はお帰りになる)〈源氏・夕霧〉

読解「言はせたまふ」の「せ」は使役。侍女に返答をさせたのである。

❺**衣服などがきちんとしている。** 例(帝ハ)御装束**すくよかに**、いとうるはしくて渡らせたまひぬ(＝御衣装をきちんとして、たいそう整然としてお移りになった)〈栄花・根合はせ〉

❻**山などが険しい。** 例 **すくよかなら**ぬ山の気色、木深く世離れて畳みなし(＝険しくない山の様子は、木々が奥のほうまで茂って人里から遠く幾重にも重なって)〈源氏・帚木〉

語誌 ▼人の内面や言動については、生一本でまじめだと好意的にも、融通が利かなくて無愛想だと否定的にも用いる。変化がなくておもしろみに欠けるという点から、そっけないという意にもなる。

▼「直」との類似から、後世には、「すぐよか」と濁音化する場合が現れ、また、「よか」の交替形である「やか」がついた「すくやか」の形も生じた。現代語「すこやか」につながる語。〈小島孝之〉

すぐ・る【選る】 動(ラ四) えらび出す。例 世の中におしなべたらぬ(＝並々ならぬ女房たち)を選りととのへ**すぐりて**〈源氏・桐壺〉

すぐ・る【過ぐる】 動(ラ四)《上代語》過ぎる。例(背丈ガ)橘のほつ枝(＝上のほうの枝)を**過ぐり**〈万葉・一三・三三〇九〉

すぐ・る

【勝る・優る・選る】❶ 動(ラ下二)【勝る・優る】**他よりまさる。抜きん出ている。** 例 先帝の四の宮の、御容貌**すぐれ**たまへる聞こえ高くおはします(＝先帝の四の宮で、御容貌が抜きん出ていらっしゃるという評判が広く知られていらっしゃる)〈源氏・桐壺〉

❷ 動(ラ四)【選る】**よいものを選び出す。えりぬく。** 例 百騎ばかりが中より、三十騎ばかり**すぐり**いだいて(＝百騎ほどの中から、三十騎ほどすぐれたものを選び出して)〈平家・一一・勝浦付大坂越〉〈浅見和彦〉

すぐれ-て 副 きわだって。他にまさって。例 いとやむごとなき際にはあらぬが、**すぐれて**時めきたまふありけり〈源氏・桐壺〉

す-ぐろ【末黒】 名 野焼きの後、草木が黒焦げていること。また、その草木。例 粟津野の**すぐろ**のすすきつのぐめば(＝芽が出始めると)〈後拾遺・春上〉

すぐ-ろく【双六】 名「すごろく」に同じ。例 五節の君とて、されたる若人(＝はしゃぎ好きの若女房)のあると、**すぐろく**をぞ打ちたまふ〈源氏・常夏〉

すけ【助】 名 ❶手だすけ。援助。例 今**助け**に来こね(＝来てくれ)〈記・中・神武・歌謡〉❷他人の酒杯の酒を手伝って飲むこと。例 お**助**を仕まつれと仰せ付けられ〈浮世草子・傾城禁短気・六・三〉

すけ

【次官】名(「助け」の意から)**令制で、四等官の第二位の官。** 長官の下、判官・主典の上の官。長官を補佐し、長官に事故のあるときは代理となる。役所によってあてる字が異なる。例「三位の亮、かはらけとれ」などあるに(＝「三位の亮、杯を受けよ」などと言うので)〈紫式部日記〉読解 ここは中宮職の次官。

語誌 ▼「次官」の表記　神祇官では「副」、八省では「輔」、弾正台では「弼」、職や坊では「亮」、寮では「助」、近衛府では「中将・少将」、兵衛府・衛門府では「佐」、内侍司では「典侍」、大宰府では「弐」、国では「介」、郡では「少領」など。

▼太政官の場合は必ずしも明確な四等官制ではないが、一応、大納言が次官とされる。〈池田尚隆〉

す-け【出家】 名・動(サ変)《仏教語》「しゅっけ」に同じ。例 高光の少将と申したる人、**すけ**したまひたりければ〈古本説話集・上・三〇〉

すげ【菅】 名 カヤツリグサ科の多年草の総称。種類が多く、湿地や山野に自生する。葉を乾かして、笠や蓑などを作る。例 かきつはた(枕詞)佐紀沼の**菅**を笠に縫ひ〈万葉・一一・二八一八〉

すけき【隙】 名(「すきあき(透き明き)」の変化した形か)すきま。例 玉垂れの　小簾の**すけき**に　入り通ひ来ね〈万葉・一一・二三六四〉

すげ-な・し

形(ク) 助けあったり、情をかけたりするのが当然の間柄であるのに、それをしない冷淡なさまを表す。

❶**そっけない。愛想がない。同情心がない。** 例 この君たちさへみな**すげなく**したまふに(＝この方々までもが

皆そっけなくなさるのに)〈源氏・行幸〉
❷頼りない。心細い。例才のほどよりは用ゐられず、すげなくて身貧しくなむありけるを(=学才があるわりには世間に登用されず、頼りなくて貧乏であったのを)〈源氏・少女〉
類義▶①つれなし
語誌 ②は、①のごとく他人に扱われてしまうような暮らしむきや経済的条件についていう。〈安達敬子〉

すげ・む【皺む】動(マ四) 歯が抜けたりして、口の回りにしわがよる。例いたう**すげみ**にたる口つき思ひやらるる声づかひ〈源氏・朝顔〉

助六《人名》歌舞伎『助六所縁江戸桜』などの主人公の名。江戸花川戸の侠客で、吉原の遊女揚巻の恋人という設定で、当時の通人の姿を写した二世市川団十郎の舞台によって江戸庶民の理想像となった。

すご-げ【凄げ】形動(ナリ)〔「げ」は接尾語〕寒々としてもの寂しい。背筋が寒くなるほど不気味だ。例「心細く」とて、もの恐ろしう**すごげ**に思ひたれば〈源氏・夕顔〉

すこし【少し】副 ちょっと。わずかに。例なごりの雨**すこし**そそきて(=降って)〈源氏・蓬生〉

すご・し

【凄し】形(ク) 息をのむほど、あるいは背筋が寒くなるほどの、ぞっとするような強烈な感じを表す。

❶**ぞっとするほどすばらしい。**例(琴ノ)声いと誇りかに賑はしきものから、またあはれに**すごし**(=音色がとても得意げで明るいが、その一方でしんみりとしていてすばらしい)〈宇津保・蔵開上〉

❷**ぞっとするほど寂しい。寒々として身にしみる。心細い。**例(a)冬になりて雪降り荒れたるころ、空のけしきもことに**すごく**(=冬になって雪が降り荒れているころ、空の様子も格別に寒々として身にしみて)〈源氏・須磨〉例(b)古畑のそばの立つ木にゐる鳩の友呼ぶ声の**すごき**夕暮れ〈新古今・雑中〉➡名歌318

❸**ぞっとするほど冷たい。ひややかだ。**例言はむ方なく**すごき**言の葉、あはれなる歌を詠み置き(=言いようもなくぞっとする手紙や、悲しい歌を詠み残し)〈源氏・帚木〉読解 思い余って家を出る女性の話。

❹**ぞっとするほど恐ろしい。気味が悪い。**例**凄き**山伏の好むものは 味気な凍てたる山の芋(=恐ろしい山伏が好むものは、わびしいなあ、凍りついた山の芋なんて)〈梁塵秘抄・四句神歌〉

類義▶②〜④すさまじ

語誌▼季節の中では秋・冬に、一日のうちでは暁と夕暮れに多く用いられる。たとえば秋の夕暮れのような寂しい時間に、寂しい場所で受ける気持ちを表す。▼現代語の「すごい」のように、程度がはなはだしい状態を表すのは、近世になってからである。〈岩坪健〉

すこしき【少しき】❶形動(ナリ) 少ない。小さい。いささか。例奉加**すこしきなり**〈平家・五・勧進帳〉❷副 わずか。例剣の刃**少しき**欠けぬ〈紀・神代上〉

すこし-も【少しも】副 ❶少しでも。ちょっとでも。例**すこしも**かたちよしと聞きては〈竹取〉❷(打消の語を伴って)ちっとも(〜ない)。まったく(〜ない)。例**すこしも**臆せず〈源氏・少女〉

すご・す【過ごす】動(サ四) ❶「すぐす①〜⑤」に同じ。❷養う。生活させる。例母を**過ごさん**ために、天に仰ぎ地にふして営めども〈御伽草子・蛤の草紙〉

すこ-ぶる【頗る】副 ❶かなりひどく。ずいぶん。例落葉**すこぶる**狼藉なり(=乱雑である)〈平家・六・紅葉〉❷少しばかり。例**すこぶる**事も乱れけるとか〈大鏡・時平〉❸(打消の語を伴って)少しも(〜ない)。まったく(〜ない)。例汝が愁へ**すこぶる**当たらず〈今昔・二七・三一〉

す-ごも・る【巣籠る】動(ラ四) 鳥や虫が巣の中にこもる。人が家に閉じこもる。例秋を経て今宵の琴は(=琴の音には)松が枝に**巣ごもる**蟬もしらべてぞなく〈宇津保・吹上下〉

すご-ろく【双六】名〔「すぐろく」の変化した形〕❶古く中国から伝来した室内遊戯。二人の打ち手が木製の盤を隔てて対座し、それぞれ十二個の黒白の駒(「馬」とも)を自分の陣地に並べる。そして二個の賽を交互に振って、出た目の数だけ駒を進ませ、早く相手方の陣地に進め終わったほうを勝ちとする。例小野宮は昔、惟喬親王の、**双六**の質に取りたまへる所なり(=小野宮という所は昔、惟喬親王が、双六の抵当にお取りになった所である)〈著聞集・一二・四一八〉
❷①に似た室内遊戯の総称。江戸時代に盛んに作られ、特に正月の子どもの遊戯として今に至る。例絵を取り出だし、**双六**を皆打ち交じり遊ばるる(=絵を取り出し、双六を皆と交じってお遊びになる)〈近松・丹波与作待夜の小室節・上〉

語誌▼『枕草子』に「つれづれ慰むもの(=所在なさが紛れるもの)碁。双六」とされているように、盤上の遊戯としては碁とともに古くから好まれた。▼①例にあるように、平安時代の作品に現れる双六は賭け事の性格をもつ遊戯で、碁よりもいっそう打ち手を熱中させるものだった。〈藤本宗利〉

す-さ【朱砂】名「しんしゃ」に同じ。例胡粉・**すさ**など色どりたる絵どもかきたる〈枕・いやしげなるもの〉

ず-さ【従者】名「ずんざ」とも。供の人。つき従う人。例乳母の使ひける**ずさ**の、下屋に曹司してありけるをぞ(=召使たちのいる建物に住んでいたのを)呼び使ひける〈宇津保・俊蔭〉

す-さい【秀才】名「しうさい」に同じ。例人に書読ませなどするほどに、**すさい**四人参れり〈宇津保・沖つ白波〉

す-さき【州崎・洲崎】名 土砂が崎のように突き出て堆積しているところ。例寒き**洲崎**に立てる鵲の姿も〈源氏・浮舟〉

すさき-み【州崎回・州崎廻】名〔「み」は接尾語〕州崎のあたり。例心なくこの**州崎廻**に鶴鳴くべしや大和恋ひ寝の寝らえぬに(=眠ることができないのに)〈万葉・一・七一〉

す-ざく【朱雀】名「すさく」「しゅじゃく」とも。四神の一つ。南方の守護神。鳳凰に似た鳥の姿 ❶

をする。⇩しじん(図)。例左青龍・右白虎・前朱雀・後玄武、四神相応の地なり〈平家・五・都遷〉❷「朱雀大路」「朱雀門」の略。

すざく-おほち【朱雀大路】—オオチ 名「しゅじゃくおほち」とも。大内裏の中央南の朱雀門から羅城門まで、都を南北に貫く大路。これより東を左京、西を右京とする。平安京では今の千本通りがこれにあたる。

すざく-もん【朱雀門】 名「しゅじゃくもん」とも。平安京の大内裏の正門。中央の南側にあり朱雀大路の北端にあたる。⇩付録。例朱雀門の前に、左右の足を、西・東の大宮に差し遣りて(=広げて踏んばって)、北向きにて内裏を抱きて立てり〈大鏡・師輔〉

すざく-ゐん【朱雀院】—イン 名 後院の一つ。嵯峨天皇以後、歴代天皇が退位後住む隠居所。朱雀大路に面した三条の南にあった。

須佐之男命・素戔嗚尊 スサノオノミコト 名 神名。速須佐之男命・建速須佐之男命・神素戔嗚尊などとも呼ばれる。「すさ」は動詞「すさぶ(荒ぶ)」や「すすむ(進む)」とかかわりある語で、「すさのを」とは勇猛な激しい勢いのままに進む男、の意。

記紀の伝承では、黄泉国から伊邪那岐が帰還したとき、天照大御神・月読命とともにその禊の場に化成した神とされる。海原を統治すべく定められたが、高天原に赴き、暴虐の限りを尽くして、姉天照大御神の岩戸籠もりの因を作り、罪を負わされて地上世界に追放され、出雲に下った。出雲では、八俣遠呂知を退治し、櫛名田比売と結婚して須賀の地に宮を営む。のち根の国の主となり、大穴牟遅(大国主)に試練を課し、娘の須勢理毘売を与えて、地上の支配神とさせた。暴風雨神的な性格が顕著だが、一方で農業神の面影も残す。もともと出雲の地方神であったらしく、その事跡は『出雲国風土記』にも見える。国家神話に取り込まれた段階で、王権の秩序の正当性に対する反逆者、罪の化身として造形されたらしい。

すさび【荒び・進び・遊び】 名❶一つの方向に心がひかれるままになること。なりゆきのままになること。⇩ありのすさび・こころのすさび

❷**心のおもむくままに軽く心を楽しませること。もてあそび。なぐさみごと。**例(a)御方々、絵、物語などのすさびにて明かし暮らしたまふ(=御方々は、絵や物語などのなぐさみごとで日々を暮らしていらっしゃる)〈源氏・蛍〉例(b)人しづまりて後、長き夜のすさびに、なにとなき具足とりしたため(=人が寝静まってのち、長い夜のなぐさみごとに、どうということもない道具類をとり片づけ)〈徒然・二九〉

〈馬場光子〉

すさ・ぶ【進ぶ・荒ぶ・遊ぶ】 自然のなりゆきでどんどん物事が進んだり、ひたすら物事を進めたりする意。他の動詞につけて用いられることも多い。

1動(バ上二)❶**気晴らしに物事をする。おもしろ半分にする。もてあそぶ。気の向くまま～する。～して心を慰める。**例絵はなほ筆のついでにすさびさせたまふあだ事とこそ思ひたまへしか(=絵はやはり筆のついでにもてあそびなさる戯れごとと存じておりましたが)〈源氏・絵合〉

❷**盛んに～する。どんどん～する。**例「心づからの」とのたまひすさぶるを(=「私の心から始まったこと」と盛んに言い募りなさるのを)〈源氏・朝顔〉読解 光源氏が女君に恨みごとを言う場面。

2動(バ四)❶**1**①**に同じ。**例(a)箏の御琴引き寄せて、かき合はせ、すさびたまひて(=箏の御琴を手もとに寄せて、調子合わせに軽くお弾きになって)〈源氏・澪標〉例(b)「さらば袖ふれてみたまへ」など言ひすさぶに(=「それならば袖を触れてごらんなさい」などとふざけて言うと)〈源氏・竹河〉

❷**1**②**に同じ。**例庭も狭に咲きすさびたる月草の(=庭が狭く感じられるくらいいっぱいに盛んに咲いている月草の)〈散木奇歌集・三〉

❸**勢いがなくなる。だんだん衰える。**例降りすさび春雨かすむ夕暮れの(=小降りになって春雨が霞がかかったようにぼんやり見える夕暮れの)〈夫木・三〉

語誌 ▼**活用について** 上代は上二段活用だけで、平安時代になって四段にも活用するようになったとみられる。類義の「すさむ」は四段・下二段に活用する。▼風雨など自然現象の進行について用いられる場合、文脈によって、勢いが盛んになることにも、衰えることにもいう。

〈岩坪健〉

すさま・じ【凄まじ】 形(シク) 動詞「すさむ」の形容詞形。不調和・違和感のため期待や熱意が冷める不快感、冷え冷えとして冷たいさまなどを表す。

❶**がっかりする。興ざめだ。つまらない。殺風景だ。**例すさまじきもの 昼ほゆる犬。春の網代。三、四月の紅梅の衣。牛死にたる(=牛が死んでしまっている)牛飼ひ。ちご亡くなりたる産屋〈枕・すさまじきもの〉読解「犬」は番犬として夜ほえてほしい。「網代」は冬のもの、「紅梅の衣」は十一月～二月ごろに着るもので、いずれも場違い。「牛飼ひ」「産屋」は期待はずれな感じである。

❷**風などが寒く冷たい。寒々としている。**例山里の風すさまじき夕暮れに木の葉乱れてものぞ悲しき(=山里の風が冷たい夕暮れに木の葉が散り乱れてもの悲しいことだ)〈新古今・冬〉

❸**冷淡だ。冷ややかだ。思いやりがない。**例(自分ヲ陥レヨウトシタ人ニ対シテ)少しすさまじくももてなさせたまふべけれど(=少しは冷淡にお扱いになっても当然なのに)〈大鏡・道隆〉

❹**ぞっとする。恐ろしい。ものすごい。激しい。**例天狗の住むよし里人言ひければ、すさまじく覚えて(=天狗が住むと里の人が言ったので、恐ろしく思われて)〈沙石集・八・一二〉

類義 ②～④すごし／①あぢきなし・あさまし

語誌 平安時代の用例は①が最も多く、④はあまり

見られない。〈岩坪健〉

すさまじ-げ【凄じげ】 形動(ナリ)〔「げ」は接尾語〕殺風景だ。つまらなそうだ。興味がなさそうだ。例古言どもの(=古歌などの)目馴れたるなどはいと**すさまじげなる**を〈源氏・蓬生〉

すさみ【荒み・進み・遊み】 名「すさび」とも。心のままにすること。気晴らし。もて遊び。例うなゐこ(=うない髪の子ども)が**すさみ**にならす麦笛の声に驚く夏の昼臥しかな〈聞書集〉

すさ・む【進む・荒む・遊む】

❶動(マ四)❶勢いのままにふるまう。勢いが募る。例風**すさむ**小野の篠原〈新後撰・秋上〉❷勢いが衰える。弱る。やむ。例篝火次第に数消えて、所々に焼き**すさめり**(=篝火はだんだんその数を減らして、所々で燃え尽きようとしている)〈太平記・八〉❸気晴らしにする。慰む。例筆さし濡らして書き**すさみ**たまふほどに(=筆を湿らせて慰み書きをなさるうちに)〈源氏・初音〉❹興ざめに思う。嫌う。いやがる。例世の中をも**すさみ**、宮仕へをも忘れて〈広島大学蔵住吉物語・上〉❺心を留める。愛する。例花にスサム…花を愛する〈日葡〉❻放置される。例すでに荒れ廃**みて**人も住まひはべらず(=すでに荒廃し放置されて人も住んでおりません)〈読本・雨月・浅茅が宿〉

❷動(マ下二)❶もてはやす。愛する。多く打消の語を伴って用いる。例山高み人も**すさめぬ**桜花(=山が高いので人ももてはやさない桜の花よ)〈古今・春上〉❷興ざめに思う。嫌う。いやがる。例「むべ、我をば**すさめたり**」と気色とり、怨じたまへりしこそをかしかりしか(=「道理で、私をいやがっていたのだ」と様子を察し、恨み言をおっしゃっていたのはおもしろかった)〈源氏・紅梅〉

語誌▼「すさぶ」と「すさむ」　「すさぶ」と同源の語で、バ行音とマ行音が交替する一例である。「すさぶ」には下二段がなく、「すさむ」には上二段がないという活用の違いはあるが、両語とも風や雨といった自然現象の進行に任せる意味で、文脈上、勢いが盛んになることにも、逆に衰えることにも用いられる。ただし、「すさぶ」にない下二段の「すさむ」では、意志的に、もてはやすとか、逆に、気が進まないで避けるという、好悪の感情に基づく他動詞的なふるまいを表す傾向も目立ち、四段の「すさむ」にもやや遅れてそれと同様の④⑤の意味の例が出てくるから、他動詞的にも用いられる点は、「すさぶ」との相違点といえよう。〈山口堯二〉

すさ・る【退る】 動(ラ四)「しさる」に同じ。

すし【鮨・鮓】 名〔「酸し」の意から〕魚肉を酢や塩に漬け込んだ食品。のちは、飯と塩で漬けて飯の発酵によって酸味を生じさせるようになった。例魚の鮨五六桶ばかり、鯉・鳥・酢・塩に至るまで多く荷ひ次けて持て来たれり〈今昔・二五・五〉

すし 名形動(ナリ)❶なれなれしいこと。なれ過ぎていやみな感じ。例すこし**すし**に見えて〈西鶴・好色一代男・六・一〉❷粋なこと。例夏の虫、おのが妻恋ひやさしや**すし**や〈近松・曾根崎心中〉

すじ【筋】 ⇨すぢ

すし-あはび【鮨鮑】 ーアワビ 名 鮨にした鮑。例老海鼠のつまの貽鮨、**鮨鮑**〈土佐〉

すし-あゆ【鮨鮎】 名 鮨にした鮎。例**鮨鮎**を二切ればかりに食ひ切りて〈今昔・二六・一三〉

ず-して 〔打消の助動詞「ず」の連用形＋接続助詞「して」〕前の事柄を打ち消して、後の事柄に続ける。順接的にも逆接的にも用いる。〜ないで。〜ないのに。例(a)逢は**ずして**恋ひ渡るとも忘れめや〈万葉・一二・二八八三〉例(b)飽か**ずして**(=満足しないのに)月の隠るる山もとはあなたおもてぞ(=向こう側が)恋しかりける〈古今・雑上〉

す-じゃう【素姓・素生・種姓】 ージョウ 名「しゅしゃう」「すさう」とも。家柄。生まれ。育ち。例**種姓**は高けれども身貧しくして〈今昔・四・三八〉

す・す【煤す】 動(サ四)〔上代語〕すすける。古びる。例難波人葦火焚く屋の(ここまで序詞)**すし**てあれど己が妻こそ常めづらしき〈万葉・一一・二六五一〉

すず【鈴】 名 鳴り物の名。形は丸く中空で、中に珠が入っている。振って鳴らす。古くは神事・鷹狩り・装身具などに用いた。例我が大黒(=鷹の名)に白塗りの**鈴**取り付けて〈万葉・一七・四〇一一〉

すず【篠・篶】 名 竹の一種。すず竹。細くて背丈が低い。例今宵たれ**すず**吹く風を身にしめて(=深く感じさせて)吉野の嶽の月を見るらん〈新古今・秋上〉

ず・す【誦す】 動(サ変)「じゅす」に同じ。例同じことをかへすがへす(=繰り返し繰り返し)**ずし**たまひて〈枕・五月ばかり、月もなういとくらきに〉

ず-ず【数珠・珠数】 名「じゅず」とも。仏具の名。称名・念仏などを行うとき、爪で珠を繰って、その回数を数える道具。珠を糸で貫いて輪にし、手や首にかけて用いる。珠は木の実・水晶・珊瑚などで作られ、その数は、百八の煩悩を除くということで百八個がふつう。例「阿弥陀仏、阿弥陀仏」とひきたまふ**数珠**の数に紛らはしてぞ〈源氏・御法〉

すず-かけ【篠懸け】 名 修験者が衣の上に着る麻の衣服。山道の篠竹の露を防ぐためのものという。篠懸け衣。例旅の衣は**篠懸け**の、露けき(=露を含んだ)袖やしをるらん〈謡曲・安宅〉

鈴鹿の関 すずかのせき 名歌枕 伊勢国(今の三重県鈴鹿郡関町)と近江国(今の滋賀県甲賀郡土山町)の境の鈴鹿峠に置かれた関。交通の要所で、美濃の不破の関、越前の愛発の関とともに三関の一つ。例関は逢坂・須磨の関。**鈴鹿の関**〈枕・関は〉

鈴鹿山 すずかやま〔地名〕歌枕 伊勢国の山。今の三重・岐阜・滋賀の県境を南北に走る山の総称。和歌では、「鈴」の縁で「なる」「ふる」などとともに詠まれる。例世にふればまたも越えけり**鈴鹿山**昔の今になるにやあるらん〈拾遺・雑上〉

すすき【薄・芒】

名 植物の名。イネ科の多年草。ススキ。高さは二メートルに達し、葉は細長い。秋に花穂を出す。秋の七草の一つ。例秋の野のおしなべたるをかしさは**薄**こそあれ(=秋の野の総括的な趣深さは、まさに薄にある)〈枕・草の花は〉

語誌▼「尾花」「花薄」 秋に出る薄の花穂は「をばな」「はなすすき」と呼ばれ、和歌ではこれらの語のほうが、「すすき」よりも多く用いられた。なお、古くはスス キ・アシ・オギなどを総称して「すすき」ということもあった。
▼「ほに出づ」と「招く袖」 薄は、主に花穂の出る秋の景物として取り上げられる。和歌では、「秋の野の草のたもとか花すすきほに出でて招く袖と見ゆらん」〈古今・秋上〉のように、花穂が出る意と表面に現れる意を掛けた「ほに出づ」とともに詠まれることが多い。「招く袖」とあるのは、薄が風に吹かれて揺れる様子を、袖で人を招き寄せるさまに見立てた擬人的な表現である。薄と「招く」や「袖」を関連させた歌も多く見られる。〈佐藤明浩〉

鈴木正三《人名》一五七九〜一六五五(天正七〜明暦元)。江戸時代の仮名草子作者。徳川家に仕える武士だったが、出家して諸国を遍歴。実践的・現実肯定的な仁王禅を唱えた。『二人比丘尼』『因果物語』などの仮名草子を著す。

すす・く【煤く】動(カ下二) すすける。古びて黒くなる。例火桶のすすけたるに火わづかにおこしたるに〈宇津保・蔵開下〉

すす・ぐ【濯ぐ・滌ぐ・漱ぐ】動(ガ四) ❶**洗い清める。洗い流す。口をゆすぐ。**例口をすすぎ、手を洗ひて〈霊異記・中・三四〉
❷**罪や穢れなどを清める。**例この一つ事にてぞ、この世の濁りをすすい(音便形)たまはざらむ(=この一事によって、現世の穢れをお清めになっておられないだろう)〈源氏・朝顔〉読解「この一つ事」は、光源氏と藤壺の密通をさす。
❸**汚名を晴らす。名誉を回復する。**例資盛が恥すすげ(=資盛の恥を晴らせ)〈平家・一・殿下乗合〉
語誌 「すす」は擬音語であろう。①が原義で、そこから転じて、抽象的なことに対しても比喩的に用いられるようになり、②や③の用法が生じた。〈小島孝之〉

すずし【生絹】名 練らない生糸で織った薄絹。ごわごわして肌に密着しないので、夏に着た。例痩せ、色黒き人の、生絹の単へ着たる〈枕・見ぐるしきもの〉
読解 生絹の単は、肌も体型も透けて見える。

すず・し【涼し】形(シク) 空気が快くさわやかな感じや、言葉や態度がきっぱりとしてさわやかな感じをいう。俳諧では夏の季語。
❶**ひんやりして、気分がよい。**例(a)初秋風涼しき夕へ〈万葉・二〇・四三〇六〉例(b)泉の水の清くすずしき事を〈今昔・一・三〉
❷**清く澄んでいる。さわやかだ。**例秋の夜の月影涼しきほど(=秋の夜の月の光が清く澄んでいるころ)〈源氏・常夏〉
❸**はっきりしている。くっきりしている。**例眉いと黒く、はなばなとあざやかに涼しげに見えたり(=眉はたいそう黒く、はでで鮮やかでいかにもはっきりと見えている)〈堤中納言・虫めづる姫君〉
❹**潔い。きっぱりとしている。心がすがすがしい。**例行方においては存ぜぬと、言葉涼しく申さるる(=行方については存じ上げないと、きっぱりと申し上げなさる)〈近松・出世景清・三〉
❺**潔白だ。**例涼しい(音便形)この新七に、ない難つけて(=潔白であるこの新七に、ありもしないけちをつけて)〈近松・淀鯉出世滝徳・上〉
語誌 語源については、「澄む」の「す」と関連があるとする説がある。肌に触れた空気や水の冷たさを快く感じる意が原義で、態度や言葉をさわやかに感じる場合をもいうようになった。〈小島孝之〉

すすし-きほ・ふ【すすし競ふ】動(ハ四) 先を争ってせりあう。勢いこんできそう。例千沼壮士菟原壮士の 伏せ屋焼き すすし競ひ 相よばひしける時には(=ともに求婚したときには)〈万葉・九・一八〇九〉

すずしき-みち【涼しき道】 極楽浄土に通じる道。極楽を清涼の境地と考えたことからいう。例涼しき道にもおもむきたまひぬべきを〈源氏・椎本〉

すず-しろ【清白・蘿蔔】名 植物の名。大根の別称。春の七草の一つとして正月の七種粥に用いるときなどにいう称。例すずしろといふ草を打ちて〈御伽草子・七草草紙〉

すす-たけ【煤竹】名 ❶すすけて赤黒くなった竹。装飾のための建材などに用いる。❷「煤竹色」の略。赤黒い鼠色の下地を桃の皮の煎じ汁で染めた、赤黒い色。❸「すすだけ」とも。天井などのすす払いに用いる、枝葉のついたままの竹。例生け垣のそばに煤竹小半年〈柳多留・三〉

すす-ど・し【鋭し】形(ク) ❶行動的だ。機敏だ。例九郎はすすどき男にてさぶらふなれば〈平家・一一・勝浦付大坂越〉❷抜け目がない。例若年の時よりすすどく、(子ドモニハ)無用の(=必要のない)欲心なり〈西鶴・世間胸算用・五・二〉

すず-の-そう【鈴の奏】名 行幸の先払いに振る鈴を、出かける前に受け取ったり帰ってきたときに返したりするときの奏上。少納言または少将の役目。例讃岐の院におはしましける折の御幸の鈴の奏を聞きて詠みける〈山家集・下・詞書〉

鈴屋集《作品名》江戸時代の歌文集。九巻。本居宣長著。巻七までは宣長自撰、寛政一〇年(一七九八)から同一二年にかけて刊行。巻八・九は宣長没後の補遺で、養子本居大平が享和三年(一八〇三)に刊行。短歌約二五〇〇、長歌約五〇、旋頭歌五、今様三、文詞六六編を収める。

すす-はき【煤掃き】名 歳末の年中行事。室内にたまった煤を払う大掃除。江戸時代は、上方では十三日以降二十日ごろまでに、江戸では十三日に行った。例おれが憂き苦労、盆と正月その上に、十夜・お祓ひ・煤掃きを一度にするともかうはあるまい〈近松・曾根崎心中〉

すす-ばな【洟】名 鼻水。また、鼻水をすすること。例洟をいとも巾のはぬなめり〈今昔・二六・一七〉

すす-はらひ【煤払ひ】名「すすはき」に同じ。

すすま・し【進まし】形(シク) 〔動詞「すすむ」の形容詞化〕気が進むさま。乗り気だ。例心には面白く進ましく覚すとも〈無名抄・不可立歌仙教訓事〉

すす・む【進む・勧む・薦む】**1** 動（マ四）【進む】❶**前進する。前を行く。** 例(a)われ先にと**進む**ほどに、先陣二百余騎押し落とされ（＝先を争って前進するうちに、先陣二百余騎が押し落とされ）〈平家・四・橋合戦〉例(b)年、我より少し**進み**たるをば兄のごとくにし（＝年が、自分より少し上の人を兄のようにして）〈今昔・五・三〉
❷**涙などがあふれ出てくる。** 例とにかくにかこつかたなき御涙のみぞ**進み**ける（＝なにかにつけ愚痴のこぼしようのない御涙だけがあふれ出てきた）〈平家・六・小督〉
❸**自発的にする。進んでする。** 例なめげなる姿を、**すすみ**御覧ぜられはべるなり（＝失礼な略装の姿を、進んでお目にかけるのでございます）〈源氏・梅枝〉
❹**上達する。進歩する。すぐれる。** 例（学才ガ）いたう**進み**ぬる人の、命・幸ひと並びぬるは、いと難きものになん（＝たいそうすぐれている人で、寿命と幸福とが兼ね備わっている人は、めったにいないものである）〈源氏・絵合〉
❺**勇む。はやる。思いが募る。** 例それよりしてこそ熊谷が発心の思ひは**すすみ**けれ（＝その事によって、熊谷の仏道へ入る気持ちは募った）〈平家・九・敦盛最期〉読解「それ」は平敦盛を殺したことをさす。
2 動（マ下二）【勧む・薦む】❶**飲食物などをとるように促す。献じる。** 例人に酒**すすむる**とて〈徒然・一二五〉
❷**勧誘する。誘う。** 例一見すべきよし、人々の**すすむる**によりて（＝一度は見たほうがよいと、人々が誘うので）〈芭蕉・奥の細道〉
❸**奨励する。** 例上の奢り費やすところをやめ、民を撫で、農を**勧めば**（＝上に立つ者が、ぜいたくをしたり浪費したりするのをやめ、人民を慈しみ、農業を奨励するならば）〈徒然・一四二〉〈小島孝之〉

すず-むし【鈴虫】名 虫の名。スズムシ科の昆虫。秋に雄はりーんりーんと鳴く。古来その鳴き声が賞美された。なお、今のマツムシにあたるとする説がある。例**鈴虫**は心やすく、いまめいたるこそらうたけれ（＝鈴虫は気安く、華やかに鳴くのがいじらしい）〈源氏・鈴虫〉
語誌▼**古典作品の鈴虫は今のマツムシか** 中古・中世の作品に見える「すずむし」は今のマツムシであるとする説が広く用いられているが、確証を得るのは難しい。文学作品では、虫の実態にかかわる描写がきわめて少なく、「すずむし」の「鈴」からの連想を伴って用いられる場合がほとんどだからである。
和歌などでは、「鈴」の縁語である「振る」を伴うことが多く、その「振る」に「古る」「経る」「降る」などを掛けることが普通であった。「鈴虫の声の限りを尽くしても長き夜あかずふる涙かな」〈源氏・桐壺〉は「振る」に「降る」を掛けた例。「ふるさとにかはらざりけり鈴虫の鳴海の野べのゆふぐれの声」〈詞花・秋〉では、「ふるさと」に「振る」、地名「鳴海」に「鳴る」を掛け、「振る」「鳴る」が「鈴」の縁語となっている。古典文学のなかでは、虫の実態よりも言葉の響きのほうが深く表現の形成にかかわってきたと言えるのである。〈佐藤明浩〉
⇩まつむし

すずめ【雀】名❶鳥の名。ハタオリドリ科の小鳥。例**すずめ**の子を犬君が逃がしつる、伏せ籠の中に籠めたりつるものを（＝雀の子を犬君が逃がしてしまったの。伏せ籠の中に閉じこめておいたのに）〈源氏・若紫〉読解 幼い紫の上の言葉。「犬君」は召使の童女の名。
❷ある土地・場所に関して事情通である人。「江戸雀」「里雀（遊里に通い慣れた人）」などと用いる。
語誌▼雀は、古くから非常に身近で、親しまれた鳥である。米作農家にとっては害鳥であるが、一方で、愛玩動物としてかわいがられていた。「雀の子」は、『枕草子』「うつくしきもの」にも登場し、小さな雀に対する愛着心は、江戸時代の一茶の「雀の子そこのけそこのけ御馬が通る」〈俳諧・おらが春〉（↓名句79）などまで一貫している。
▼②は、事情通が雄弁なさまを雀のにぎやかな鳴き声にたとえて表現したものであろう。〈池山晃〉

すずめいろ-どき【雀色時】名〔空が雀の羽のような色になる時分の意〕夕暮れ時。たそがれ。例春の日の長旅も、馬士唄の竹に**雀色時**の泊まりには〈滑稽本・膝栗毛・発端〉

すずめ-がくれ【雀隠れ】名 春に草木の葉が茂り、雀が隠れるほどになること。例浅茅生も**すずめがくれ**になりにけり〈曾丹集〉

すずめ-こゆみ【雀小弓】名 遊びに用いる小さい弓。また、それを用いる遊戯。例春の初めにもてあそぶ**雀小弓**を〈読本・弓張月・残・五九〉

すずり【硯】名〔「すみすり（墨磨り）」の変化した形〕墨をする道具。すずり。古くは陶器、室町時代以降は石で作られたものが多い。また、すずり箱。例日暮らし（＝一日じゅう）**硯**にむかひて〈徒然・序〉

すずり-がめ【硯瓶】名 硯に注ぐ水を入れておく器。例宮の御前の御**硯瓶**に（花ヲ）ささせたまへるを〈栄花・岩蔭〉

すずり-の-ふた【硯の蓋】硯箱の蓋。古くは菓子や花・贈り物などを載せるのに用いた。例紙一巻、御**硯の蓋**に取りおろして奉れば〈源氏・野分〉

すずり-ぶた【硯蓋】名❶「すずりのふた」に同じ。❷（①と形が似ていることから）酒の席などで、口取り肴などを盛る器。また、その料理。例一通り座頭に噺す**硯蓋**〈柳多留・三〉

すす・る【啜る】動（ラ四）❶飲食物を口に吸い込む。例芋粥**すすり**て、舌打ちをして〈宇治拾遺・一・一八〉❷鼻水をすする。すすり泣く。例御前なる人々もさまざまに悲しく…鼻**すすり**あへり〈源氏・真木柱〉

すずろ【漫ろ】形動（ナリ）これという確かなわけもなく、とらえどころのないさま、また、そのような状態で物事をしたり、物事が進行したりするさまを表す。「そぞろ」「すぞろ」とも。
❶**あてもないさま。漠然としているさま。なんとなく。** 例昔、男、**すずろに**陸奥の国までまどひいにけり（＝昔、男が、あてもなく陸奥の国までさまよい行った）〈伊勢・一一六〉
❷**これといった理由や根拠がなく、とりとめのないさま。つまらない。** 例などてか、仲忠は、人の**すずろ**

なりと思はむことはきこゆべき(=どうして、仲忠が、ほかの人がつまらないと思うようなことを申し上げようか)〈宇津保・内侍のかみ〉 読解「などてか」は反語の意を表す。

❸**なんの関係もないさま。かかわりがない。** 例ぬしある家には、**すずろなる**人、心のままに入りくる事なし(=主人のいる家には、関係のない人が、思いのままに入って来ることはない)〈徒然・二三五〉

❹**思いがけない。意外だ。** 例わが入らむとする道は、いと暗う細きに、蔦・かへでは茂り、もの心細く、**すずろなる**めを見ることと思ふに(=自分が入ろうとする道は、たいそう暗く細い上に、蔦や楓が茂り、なんとなく不安で、思いがけない目をみることだと思っているところに)〈伊勢・九〉

❺**興趣がない。情趣を解さない。** 例これをただに奉らば**すずろなる**べしとて、人々に歌よませたまふ(=これをそのままで献上したならば興趣がないにちがいないといって、人々に和歌をお詠ませになる)〈伊勢・七八〉 読解「これ」は、庭石によいみごとな石をさす。

❻**きまりが悪い。軽々しい。** 例忍びてあて宮に聞こえたまはむも**すずろなる**べければ(=こっそりとあて宮に恋文を差し上げなさるようなことも軽々しいにちがいないので)〈宇津保・藤原の君〉

❼**あるべき程度を越えているさま。むやみ。やたら。** 例**すずろ**に飲ませつれば、うるはしき人も、たちまちに狂人となりて(=むやみに酒を飲ませてしまうと、きちんとした人も、すぐさま狂人のようになって)〈徒然・一七五〉

語誌▼関連語　「すずろ」は平安時代に多く用いられたが、鎌倉・室町時代になると「そぞろ」が優勢となる。「すぞろ」は両者の過渡的な語。〈大井田晴彦〉

すずろ・く【漫ろく】 動(カ四)〔形容動詞「すずろ」の動詞化〕落ち着かない。そわそわする。例この男いたく**すずろき**て〈源氏・帚木〉

すずろ-ごころ【漫ろ心】 名 そわそわして浮ついた心。例(私ノ)いとよしなかりける(=たわいない)**すずろ心**にても〈更級〉

すずろ-ごと【漫ろ事・漫ろ言】 名 あてもないこと。くだらないこと。とりとめもない言葉。「そぞろごと」とも。例などかう(=どうしてこう)**すずろごと**を思ひ言ふらん〈源氏・竹河〉

すずろは・し【漫ろはし】 形(シク)〔動詞「すずろふ」の形容詞形〕期待や不安でなんとなく心が落ち着かないさま。浮き浮きする。なんとなく不快だ。例(a)いみじく**すずろはしく**面白くおぼえけるに〈今昔・二八・二七〉例(b)いと世の中をむすぼほれ(=気がふさいで)**すずろはしく**思さるべし〈栄花・花山尋ぬる中納言〉

すすろ・ふ【啜ろふ】 動(ハ四)〔動詞「すする」の未然形＋上代の反復・継続の助動詞「ふ」＝「すすらふ」の変化した形〕すすり続ける。例堅塩を取りつづしろひ　糟湯酒　うち**すすろひ**て〈万葉・五・八九二〉➡名歌122

すずろ・ぶ【漫ろぶ】 動(バ上二)落ち着かない様子を見せる。そわそわする。例うち笑みたまへる気色、はしたなう(=ちぐはぐで)**すずろび**たり〈源氏・末摘花〉

すそ

【裾】 名 ❶**衣服の下の端の部分。** 例わがせこが衣の**すそ**を吹き返し(=私の夫の着物の裾を風が裏返して吹くが)〈古今・秋上〉

❷**ものの末端の部分。** 例御簾の下より、箏の御琴の裾少しさし出でて(=御簾の下から、箏の御琴の端の部分が少し出て)〈源氏・若菜下〉

❸**髪の先のほう。** 例御髪の裾までけざやかに見ゆるは(=御髪の先のほうまではっきりと見えるのは)〈源氏・若菜上〉

❹**山のふもと。** 例入りかかる遠の夕日は影消えて**すそ**より暮るる薄霧の山(=今にも没しようとする空のかなたの夕日は光も消えて、ふもとのほうから暗くなる薄い霧のかかっている山よ)〈風雅・秋下〉

❺**足。足もと。特に、馬の足。** 例みな馬ども鞍おろし、**すそ**洗ひなどしける(=すべて馬たちは鞍をおろし、足を洗うなどした)〈義経記・四〉

語誌 平安時代の女性の装束では、衣や袴・裳などの裾を引く優美さが人目を集めた。一方、長く引かれた裾に行動が規制される場合もあったようである。〈藤本宗利〉

ず-そ【呪詛】 名動(サ変)「しゅそ(呪詛)」に同じ。

ず-そう【従僧】 名 供をする僧。例ある所に説経しはべりける法師の**従僧**ばら(=従僧たち)〈拾遺・雑下・詞書〉

すそ-がち【裾勝ち】 形動(ナリ)〔「がち」は接尾語〕体が小柄なため、着物の裾を長く引くさま。また、裾が長く余っているさま。例御衣の**裾がちに**、いと細くささやかにて〈源氏・若菜上〉

すそ-がなもの【裾金物】 名 鎧の袖や草摺りなどの裾に打った装飾の金物。例火威の鎧の**裾金物**に、牡丹の陰に獅子の戯れて〈太平記・一三〉

すそ-ご【裾濃・末濃】 名 染め色の名。単色で上のほうを薄く、下のほうを濃く染めたもの。衣類のほかに扇や鎧の縅などにも用いる。例青色の無紋の唐衣、**裾濃**の裳〈紫式部日記〉

すそ-み【裾回・裾廻】 名〔「み」は接尾語〕山の麓のまわり。山裾のあたり。例筑波嶺の**裾廻**の田居に〈万葉・九・一七五八〉

すぞろ【漫ろ】 形動(ナリ)「すずろ」に同じ。

すそ-わ【裾回・裾廻】 名「すそみ」に同じ。例**すそわ**の田居にいたりて、落ち穂を拾ひて〈方丈記〉

ずだ【頭陀】⇩づだ

すだ・く

【集く】 動(カ四)❶**鳥・蛙・虫などの鳴くものが、集まって騒ぐ。** 例(a)沖つ渚に鳥は**すだけ**ど君は音もせず(=沖の洲に鳥は集まり騒ぐけれどあなたは私を訪れてもくれない)〈万葉・七・一一七六〉例(b)幼き君たちなど、**すだき**あわてたまふにならひたまひて(=幼い若君たちなどが、大勢集まって騒々しくしていらっしゃるのに慣れていらっしゃるので)〈源氏・横笛〉 読解 子どもの多い家の騒々しさ。

❷**蛍・魚などの声を立てないものが、集まる。** 例あしの葉に**すだく**蛍の(=あしの葉に集まる蛍のように)〈長明集〉

語誌▼用法の広がり　『万葉集』ではすべて鳥について用いられている。平安時代になると、虫・蛙などに用いることが多くなり、鬼・人についてもいうようになる。さらに、平安末期には、②のように、声を立てないものにもいうようになった。『万葉集』に「すだく」の表記に「多集」の字をあてている歌があり、それを学んだ歌人たちによって鳴かないものまでいわれるようになったものらしい。〈田島智子〉

す-だ・つ【巣立つ】 ❶動(タ四) 鳥の雛が成長して巣から飛び立つ。例ひきわかれ年は経れども鶯の巣だちし松の根をわすれめや〈源氏・初音〉 ❷動(タ下二) 親鳥が雛を育てて巣から飛び立たせる。例巣立てらるべき鶴の雛かな〈拾遺・雑賀〉

す-だま【魑魅】 名「すたま」とも。山林・木石の精気から生じるといわれる人面鬼身の怪物。魑魅。

すた・る【廃る】〔「すつ(捨つ)」の自動詞形〕❶動(ラ下二) ❶衰えて世に行われなくなる。見向きもされなくなる。例仁義の廃れたる道を興し〈平家・六・新院崩御〉 ❷だめになる。役に立たなくなる。例一たび道(＝仏の道)を聞きて、これに志さん人、(仏道修行以外ノ)いづれのわざか廃れざらん〈徒然・一七四〉 ❷動(ラ四) ❶①に同じ。例(極楽モ)仏の数ほどは物が廃らねえとよのう〈滑稽本・浮世床・二上〉

す-だれ【簾】 名〔「簾垂れ」の意〕竹を細くさいて編み、日除け、部屋の仕切りや、外から内部を見通せないように隔てとして垂らすもの。例月をかしきほどに霧りわたれるをながめて、簾を短く巻き上げて人々ゐたり〈源氏・橋姫〉

すぢ

【筋】 ❶名 ❶筋肉。例血は体をうるほし、筋、つぎ目をひかへたり(＝血は体に水気を与え、筋肉は関節を押さえている)〈発心集・四・六〉 ❷線状に細長いもの。糸・髪の毛など。例(髪ノ)筋さはらかに(＝毛筋がすっきりとして)〈枕・小舎人童〉 ❸血筋。家柄。身分。例項羽といふ人あり。これ(＝この人は)国王の筋なり〈今昔・一〇・三〉 ❹素質。性分。例(私ニハ)ふさはしからぬ御心の筋とは年ごろ見知りたれど(＝似合わないご性分とはずっと前からわかっていたけれど)〈源氏・夕霧〉 ❺道理。例源氏の公事知りたまふ筋ならねば(＝皇族が政治をなさる道理ではないので)〈源氏・紅葉賀〉 ❻流儀。芸風。作風。例今の世に聞こえぬ筋弾きつけて(＝現代では聞かれない奏法を弾き慣れていて)〈源氏・明石〉 ❼趣。趣向。例はかなき戯れごとの中にも、うつくしき筋をし出でたまへば(＝たわいない遊戯の中にも、かわいらしい趣向をお見せになるので)〈源氏・葵〉 ❽それに関係する事柄。方面。例まめまめしき筋に思し寄らぬことなし(＝日常生活にかかわる事柄についてもお心配りに遺漏がない)〈源氏・須磨〉 ❾道の方角。道筋。方向。例二条院にも同じ筋にて(＝二条院にも同じ方角で)〈源氏・帚木〉 ❷接尾 細長いものを数える語。例長さ五尺の芋、おのおの一筋づつもて参れ(＝持って参上しろ)〈宇治拾遺・一八〉 読解「五尺」は約一・五メートル。〈渡部泰明〉

すぢ-かひ【筋違ひ・筋交ひ】 名「すぢかへ」とも。交差していること。斜めになっていること。例ほととぎす平安城を筋違ひに〈俳諧・蕪村句集・上〉➡名句134

すぢ-か・ふ【筋違ふ・筋交ふ】 動(ハ四) 交差する。斜めにずれる。例女君はただこの障子口筋違ひたるほどにぞ臥したるべき〈源氏・帚木〉

すぢ-かへ【筋違へ・筋交へ】 名「すぢかひ」に同じ。例大きなる車輪のごとくなる焰が、三町五町をへだてて戌亥のかたへ(＝北西のほうへ)すぢかへに〈平家・一・内裏炎上〉

すぢ-な・し【筋無し】 形(ク) ❶道理が通らない。例その程すぎて、筋なき悋気(＝やきもち)あそばし〈西鶴・好色一代女・三・四〉 ❷血統が正しくない。例いやいや下臈は筋なき者にて〈謡曲・藤戸〉

ずち-な・し【術無し】 形(ク) 方法がない。手のうちようがない。困る。例「いもうとのあり所(＝居場所)申せ、申せ」とせめらるるに、ずちなし〈枕・里にまかでたるに〉

すぢ-め【筋目】 名 ❶道理。筋道。例筋目なき御謀叛思しめしたち〈信長公記・首〉 ❷血筋。例筋目も卑しからぬ人なれども〈西鶴・世間胸算用・四・三〉

すぢり-もぢ・る 動(ラ四) ❶身をくねらせる。例すぢりもぢり、えい声を出だして(＝えいとかけ声を張り上げて)、一庭を走りまはり舞ふ〈宇治拾遺・三〉 ❷あっちこっち曲がりくねる。例里の裏道、畦道をすぢりもぢりて〈近松・冥途の飛脚・下〉

すぢ・る 動(ラ四) 身をくねらせる。例黒くきたなき身を肩脱ぎて、目もあてられずすぢりたるを〈徒然・一七五〉 読解 舞を舞う様子である。

す・つ

【捨つ・棄つ】 動(タ下二) ❶無用のものとして手元から放す。捨てる。放棄する。例(a)なにもあれ、手にあたらん物をとりて、捨てずしてもちたれ(＝何にもせよ、手に触れる物を取って手放さないで持っていろ)〈宇治拾遺・九六〉例(b)金は山にすて、玉は淵に投ぐべし(＝黄金は山に捨て、宝玉は淵に投げ入れてしまうのがよい)〈徒然・三八〉 ❷愛情や興味を失って顧みない。見捨てる。見放す。無視する。例男をすててはいづちかいかむ(＝夫のあなたを見捨ててどこへ行きましょうか)〈大和・一四八〉 読解「いづちか」の「か」は反語の意を表す。 ❸俗世間を逃れる。出家する。「世をすつ」の形で用いることも多い。例捨てはてむと思ふさへこそかなしけれ君になれにし我が身と思へば(＝出家をしようと思うことまでもが悲しい。あなたになれ親しんでしまった我が身だと思うと)〈後拾遺・哀傷〉 読解 恋人に死に別れた和泉式部の和歌。詞書に「尼にならむと思ひてよみはべる」とある。 ❹命を投げ出す。死ぬ。また、その覚悟で事を行う。「命をすつ」「身をすつ」の形で用いられることが多い。例さまざま悲しきことのみ多くはべれば、今はこの渚に身をや棄てはべりなまし(＝いろいろと悲しいことばかり多くございますので、今はこの渚で死んでしまいましょうか)〈源氏・明石〉〈安達敬子〉

すっかり 副 ❶滞りがないさま。さっぱり。例すっかりと寝てゐる男のわきへ〈独寝・上〉 ❷すらりとして

見栄えのするさま。すっきり。きりり。例手足もすっかりと軽げに〈エソポ〉

ずっかり 副《近世語》❶思い切った言動をするさま。遠慮なく言うさま。ずけずけ。例**ずっかり**と、膝付き合はして腹立ち声〈人情本・春色辰巳園・三・七〉❷鮮やかに切り放すさま。すっぱり。ざっくり。例思はず舅が耳の根**ずっかり**〈浄瑠璃・夏祭浪花鑑・七〉❸量が多いさま。どっさり。例お金を**ずっかり**下さりませ〈浄瑠璃・本朝二十四孝・二〉

すっきり 副❶残らずすべて。すっかり全部。また、未練なくさっぱり。例身代(=財産)を**すっきり**助六(=人名)に入り揚げる〈歌舞伎・助六所縁江戸桜〉❷(打消の語を伴って)まったく(〜ない)。少しも(〜ない)。例年季(=年季奉公人)の三太**すっきり**と合点せず〈近松・心中重井筒・上〉

すって-の-こと 《近世語》〔「すって」は「すで(既)」の変化した形〕もう少しで。すんでのところで。例この金を、那智若衆めに**すってのこと**ひじり取らりょと致した〈浄瑠璃・義経千本桜・三〉

ずつ-な・し【術無し】❶形(ク)「ずちなし」に同じ。❷名無能な人。生活が苦しい人。例栄花の人も**ずつなし**も同じやうに死して〈四海入海・二四・三〉

すっ-ぱ【素波・素破・透波】名❶戦国時代の間者(スパイ)。忍者。❷詐欺師。ぺてん師。「素破の皮」とも。例それがしは(=私は)京田舎走り回って、かくれもない**すっぱ**ぢゃ〈狂言・禁野〉

すっぺり 副❶すっかり。きれいさっぱり。残らず。例そなたの顔御覧なされたら、いよいよ父様の病は**すっぺり**なほらう〈近松・心中宵庚申・中〉❷つるつる。すべすべ。

ず-て 〔打消の助動詞「ず」の連用形＋接続助詞「て」〕〜ないで。例立ちて居てすべのたどき(=方法)も今はなし妹に逢は**ずて**月の経ぬれば〈万葉・一二・二八八一〉

すて-か・く【捨て書く】動(カ四)無造作に書く。書き捨てる。例白き紙に**捨て書い**(音便形)たまへるしもぞ、なかなかをかしげなる〈源氏・末摘花〉

すて-がね【捨て鐘】名時の鐘をつくとき、注意を引くために最初に余分につく鐘。江戸では三つ、上方では一つついた。例嫁の年**捨て鐘**ほどはうそをつき〈柳多留拾遺・初〉

すて-ぜりふ【捨て台詞】名❶歌舞伎で、役者が舞台への出入りのときに言う、脚本に書かれていない台詞。❷人前を立ち去るときに言い捨てて行く言葉。「すてことば」とも。例「はいさやうなら」と**捨てぜりふ**にて風呂へいる〈滑稽本・浮世風呂・二上〉

すで-に【已に・既に】副❶動作・作用が全体にわたっているさま。まったく。すっかり。例天の下**すでに**覆ひて降る雪の(=天の下をすっかり覆って降る雪の)〈万葉・一七・三九二三〉❷物事がその時点より以前に成立・完了しているさま。もう。もはや。とっくに。例(火ガ)**すでに**我が家にうつりて(=もはや自分の家に燃え移って)〈宇治拾遺・三八〉❸(多く推量の表現を伴って)今まさにその事が成立しようとするさま。今まさに。もう少しで。例たちまちに病になりて、**すでに**死なんとするあひだ(=わずかの間に病気になって、今まさに死のうとするその時)〈宇治拾遺・六〇〉❹その事の成立することが確実であるさま。確かに。間違いなく。例これ**すでに**養由がごとし(=この人は間違いなく養由のようだ)〈宇治拾遺・九八〉読解「養由」は古代中国の弓の名手の名。

語誌 平安時代は、漢文訓読系の文章に用い、和文では「はやう」が用いられた。〈井上博嗣〉

すて-ばうず【捨て坊主】名❶道心からではなく、生活に困ってやむなく出家した僧。例その身は恋より**捨て坊主**になりけるとなり〈西鶴・好色五人女・五・五〉❷僧を侮蔑していう語。例何を**捨て坊主**めが〈仮名草子・浮世物語・三・二〉

すて-ぶね【捨て舟】名「すてをぶね」に同じ。

すて-むち【捨て鞭】名馬を速く走らせるために、むやみにその尻を鞭打つこと。例東の河原をまっ下りに**捨て鞭**打ってぞ逃げける〈保元・中〉

すて-をぶね【捨て小舟】名乗り捨てられ、置き去りにされた舟。よるべない身の上のたとえにもいう。例引く人もなき**捨て小舟**〈太平記・三〉

崇徳天皇《人名》一一一九〜一一六四(元永二〜長寛二)。平安末期の天皇。鳥羽天皇の第一皇子。鎌倉初期の説話集『古事談』は実父を曾祖父白河院と伝える。保元の乱に敗れて讃岐(香川県)に流され、同地で死去。和歌に長じ、『詞花和歌集』の撰集を命じた。怨みを残して死に、怨霊となったとする話もある。

ず-と-も 〔打消の助動詞「ず」の終止形＋格助詞「と」＋係助詞「も」〕〜ないで。〜ずに。例ものを思は**せずとも**はやう斬れ〈狂言・武悪〉

ず-とも 〔打消の助動詞「ず」の連用形＋接続助詞「とも」〕打消の逆接仮定条件を表す。たとえ〜ないとしても。〜なくても。例白珠は 人に知らえず 知ら**ずとも**よし 知ら**ずとも** 我し知れらば 知ら**ずとも**よし〈万葉・六・一〇一八〉➡名歌190

すな【砂・沙】名岩石が砕けた細粒。例梅に椿・篠の・つつじ植ゑそへ、**すな**入れさせて〈宗長手記・下〉

すない-【少】接頭〔「すなき」のイ音便形〕同じ官職や位階で低いほうを表す語。「すないおほともひ(少弁)」「すないものまうし(少納言)」など。

すな-ご【砂子・沙子】名❶砂。例庭の**砂子**も玉を重ねたらむやうに見えて〈源氏・若紫〉❷金銀箔の粉を蒔絵や紙などに吹きつけて装飾としたもの。また、その粉末。例大座敷のふすまにも、**砂粉**はひかりを嫌ひ〈西鶴・世間胸算用・五・一〉

すな-どり【漁り】❶名動(サ変)魚や貝をとること。漁をすること。例しほがまの浦にはあまや絶えにけんなど(=どうして)**すなどり**の見ゆる時なき〈大和・五八〉❷名漁夫。漁師。

すな-ど・る【漁る】動(ラ四)魚や貝をとる。漁をする。例沖辺行き辺に行き今や妹がため我が**漁れ**る藻伏束鮒(=魚の名)〈万葉・四・六二五〉

すなはち

【即ち・乃ち・則ち】❶名そのとき。当時。**その当座**。例(a)綱絶ゆる**すなはち**に、八島の鼎の上にのけざまに落ちたまへり(=綱が切れたとたん、八島の鼎の上にあおむけにお落ちになった)〈竹取〉 読解「鼎」は食物を煮たりする金属性の容器。例(b)**すなはち**は人みなあぢきなき事を述べて(=当座は人々は皆この世のむなしいことを述べて)〈方丈記〉 読解 大地震があったときの話。

2 副 **すぐに。ただちに。** 例(カグヤ姫ヲ)立て籠めたる所の戸、**すなはち**、ただあきにあきぬ(=閉じこめておいた所の戸が、すぐに、ただもうすっかり開いてしまった)〈竹取〉

3 接 ❶**そこで。そうなって。そうして。** 例おのづから短き運を悟りぬ。**すなはち**、五十の春を迎へて、家を出で(=自然につたない運命を悟った。そこで、五十歳の春を迎えたときに出家して)〈方丈記〉

❷**つまり。言い換えると。とりもなおさず。** 例刑人に近づくは**すなはち**死をかろんずる道なり(=刑罰を受けた人に近づくのは、言い換えると、死を軽くみることである)〈平家・五・咸陽宮〉 読解 刑罰を受けた人のような危険な人物に近づくのは、死を軽くみるのと同じだ、ということ。

語誌 ▼**用法の広がり** ①は、例(a)のように主語・述語から成る連体修飾語を受けることが多い。①の修飾語を省略して、文脈に託するところから②の副詞の用法が出てきたといえよう。③は、①が「即時」の訓に用いられるところから、「則」「乃」などの訓にも用いられるようになり、接続詞的用法をもつようになったもの。したがって、漢文訓読系の文章に用いられることが多い。①〜③は連続する面があり、品詞が区別しにくい場合も多い。 〈井上博嗣〉

す-なほ【素直】 形動(ナリ) ❶ありのままで飾らない。素朴だ。例神代には、歌の文字も定まらず、素直にして〈古今・仮名序〉 ❷心がまっすぐだ。正直だ。純粋だ。例人の心**すなほ**ならねば〈徒然・八五〉 ❸穏やかだ。順調だ。従順だ。例どうですぐ**すなほ**にやあいくめえ〈滑稽本・浮世床・初下〉

すね-あて【臑当て】 名 鎧を着用するとき、すねを保護するために鉄や革で作った防具。⇩よろひ(図)。例小手のはづれ・**臑当て**の余り…一分も あきたる所をはづさず〈太平記・三五〉

す-の-こ【簀の子】 名 ❶竹や葦などを編んで作った敷物や床。例南、竹の**簀の子**を敷き、その西に閼伽棚をつくり〈方丈記〉 ❷寝殿造りで、廂の外側にめぐらしてある板敷きの縁側。雨水がたまらないように、板と板の間を少しあけてある。例酔ひすすみて、みな人々**簀の子**に臥しつつ〈源氏・帚木〉

簀の子②〔紫式部日記絵巻〕
天皇の行幸を迎える朝、新造の船を検分するため、池に臨む釣殿の簀の子に立つ藤原道長。寝殿などでは高欄を巡らすことが多い。

すは 感 相手の注意を促したり、驚いたりしたときに発する語。そら。ややっ。例京中・六波羅、「**すは**、しつる事を(=悪業の報いだ)」とぞささやきける〈平家・六・入道死去〉

ず-は 〔打消の助動詞「ず」の連用形＋係助詞「は」〕❶打消の順接仮定条件を表す。〜ないなら。もし〜なかったら。例今日来**ずは**明日は雪とぞ降りなまし消え**ずは**ありとも花と見ましや〈古今・春上〉 ❷上代の特殊語法。よりつらい事柄を避けたいばかりに、もし〜しないで済むなら、という仮定条件を表し、その下に、いっそ〜したい、〜しようと、より辛抱できることのほうを選び取る意志などを導く。例かくばかり恋ひつつあら**ずは**高山の岩根しまきて(=岩を枕にして)死なましものを〈万葉・二・八六〉 語誌 ①は近世以降「ずば」とも読まれる。その場合の「ば」は接続助詞である。

す-はう【素袍】 名「すあを」に同じ。

す-はう【蘇芳・蘇枋】 名 ❶植物の名。インド・マレー原産のマメ科の落葉低木。材質は黒みのある褐色で家具材として用いた。また、樹幹の削りくずや莢を煎じて染料とする。❷染め色の名。①で染めた紫赤色や暗紅色。例秋の野のおしなべたるをかしさは薄こそあれ。穂先の**蘇枋**にいと濃きが〈枕・草の花は〉 ❸襲の色目の名。表は蘇芳、裏は濃い蘇芳。例紅梅・梅・柳・桜・山吹・薄色・**蘇芳**・紅などをうちまぜて〈夜の寝覚・一〉

周防 《地名》旧国名。今の山口県東部。山陽道八か国の一つ。防州。延喜式で上国・遠国。

すはう-がさね【蘇芳襲】 名「すはう(蘇芳)③」に同じ。例大臣いときよらに**蘇芳襲**など着たまうて〈大和・九八〉

す-はえ【楚・楉】 名「ずはえ」とも。❶若枝の細くまっすぐに伸びたもの。例(蛇ノ)尾のかたにほそき**すはえ**をしてさし寄せんに〈枕・蟻通の明神〉 ❷刑罰の道具に使うむち。例細き**すはえ**・太き**すはえ**を決めむ〈紀・孝徳〉

す-ばく【寸白】 名 寄生虫の一種。回虫・条虫(サナダムシ)の類。また、寄生虫によって起きる病気。婦人病をいう場合が多い。例「**寸白**におはしますなり」とて〈栄花・鳥辺野〉

すは-すは 副 物が軽く何かに当たるさま。例松茸の大きやかなる物の、ふらふらと出で来て、腹に**すはすは**とうちつけたり〈宇治拾遺・六〉

すば-すば 副 水などを飲んだり吸ったりするときの音を表す。例**すばすば**とみな飲みてけり〈著聞集・一七・五九六〉

す-はだ【素肌・素膚】 名 衣類などを身に着けていないこと。また、甲冑を着けていないこと。例**すは**だなる身に少しも(矢ガ)立たずして〈太平記・三〉

す-はま【州浜・洲浜】 名 ❶州が海に出入りしている

海岸。また、それを模して造った庭園。泉水。例その水のさま洲浜のやうにて、御前の南には中島あり〈宇津保・楼上上〉❷歌合わせなどに飾るため、水辺や草木の風景を趣向を凝らしてこしらえた作り物。例山のかたを洲浜につくり〈民部卿家歌合・題詞〉

すは-や スワ― 感〔感動詞「すは」＋間投助詞「や」〕「すは」に同じ。例**すはや**まことの敵と思ひて〈御伽草子・あきみち〉

す-ばら【素腹】 名 子どもを産まないこと。また、そのような女性。例御妹の**素腹**の后は、いづくにかおはする〈大鏡・師尹〉

すばる【昴】 名 星の名。牡牛座にある星団で、肉眼では六個の星が見える。中国では二十八宿の一つとして昴宿といった。六連星。例星は **すばる**。ひこぼし。夕づつ(＝宵の明星)〈枕・星は〉

す-びき【素引き・白引き】 名 矢をつがえずに弓の弦を引くこと。弓の強さを確かめるためなどに行う。例百矢一腰取り寄せて、張りがへの弓の**素引**きして〈太平記・一七〉

す-びつ【炭櫃】 名 いろり。また、部屋に据えつけた角火鉢。例火桶の火・**炭櫃**などに、手の裏うち返しうち返し、おしのべなどして(＝押し延ばしなどして)あぶりをる者〈枕・にくきもの〉

すひ-づつ【吸ひ筒】 スイ― 名 酒や水を入れて持ち運ぶ筒形の容器。水筒。例日ざかりは孫に**吸ひ筒**提げさせて〈俳諧・鄙懐紙〉

す・ぶ【統ぶ・総ぶ】 動(バ下二) ❶**ばらばらなものを一つにまとめる。寄せ集める**。例海神ここに海の魚どもを**総べ**集へて、その鉤を覓め問ふ(＝海神は、そこで海の魚たちを寄せ集めて、その釣り針のことを尋ねる)〈紀・神代下〉読解綿津見神が、火遠理命のなくした釣り針を捜すため、魚たちを寄せ集めた、という話。❷**ばらばらなものをまとめて、支配する**。**統轄する**。**統治する**。例(天皇ハ)乾符を握りて六合を捴べ、天統を得て八荒を包ねたまひき(＝天子のしるしをおとりになって全世界を支配なさり、皇位について天下をくまなく統合なさった)〈記・上・序〉読解天武天皇が史書を選録しようとしたことをたたえる序文の一節。

語誌 「すめろき(天皇)」「すめかみ(皇神)」などの「すめ」と同根とする意見もあるが、上代特殊仮名遣いからは母音が違い、本来異なる語であると考えられる。が、時代が下ると、「すべろき(天皇)」「すべがみ(皇神)」という言い方も現れる。「め」が「べ」に音韻変化した結果ではあろうが、この場合には、支配・統治の意の「すぶ」がどこかに意識されているともみられる。〈多田一臣〉

すべ【術】 名 **方法**。**手段**。**仕方**。**手立て**。打消の語を伴って用いられることが多い。⇩すべなし。例(a)言はむ**すべ**せむ**すべ**知らずきはまりて貴きものは酒にしあるらし(＝言おうとする手立てもしようとする手立てもわからないほどに、この上なく貴いものは酒であるらしい)〈万葉・三・三四二〉例(b)花に鳥付くる**すべ**知りさうらはず(＝花の咲いている枝に鳥をつける方法は知りません)〈徒然・六六〉〈浅見和彦〉

すべ-がみ【皇神】 名「すめかみ」に同じ。例幣にならましものを **すべ神**の 御手に取られて なづさはましを なづさはましを〈神楽歌・幣〉

すべから-く【須く】 副〔サ変動詞「す」＋推量の助動詞「べし」の連用形の補助活用「べかり」＝「すべかり」のク語法。漢文訓読語〕当然すべきこととして。当然。多く助動詞「べし」と呼応して用いる。例徳をつかんと思はば(＝富を得ようと思うなら)、**すべからく**まづその心づかひを修行すべし〈徒然・二一七〉

すべ・す【滑す】 動(サ四)〔「すべる」の他動詞形〕滑らせる。滑らせるように着物を脱ぐ。例かの脱ぎ**すべしたる**と見ゆる薄衣をとりて〈源氏・空蟬〉

すべ-て【総て】 副〔動詞「すぶ」の連用形＋接続助詞「て」〕❶全部合わせて。例**すべて**千歌二十巻、名づけて古今和歌集といふ〈古今・仮名序〉❷総じて。おおよそ。例**すべて**さし出で(＝でしゃばり)は、童も大人もいとにくし〈枕・にくきもの〉❸(打消の語を伴って)全然(～ない)。まったく(～ない)。例魚なきかぎりは、時・非常(＝午前・午後の食事)も**すべて**食はざりける〈宇治拾遺・六七〉

すべ-な・し【術無し】 形(ク) どうしようもなくて苦しい。困る。例かくばかり**すべなき**ものか 世の中の道〈万葉・五・八九二〉➡名歌122 語誌 平安中期ごろからは、同義の「ずちなし」が多く用いられる。

すべ-の-たづき【術の方便】 ―タヅキ〔「すべ」も「たづき」も手段・方法の意。重ねて強調した語〕「すべのたどき」とも。手段。方法。例思ひ遣る(＝気分を晴らす)**すべのたづき**も今はなし〈万葉・一三・三二六一〉

すべ-も-すべ-なさ【術も術なさ】 どうにもしようがないことだ。例さどはせる(＝血迷った) 君が心の**すべもすべなさ**〈万葉・一八・四一〇六〉

すべ-ら【皇】 名「すめら」に同じ。

すべら-かし【垂髪】 名 女性の髪型の一つ。髪を肩のあたりで束ね、後ろに長く垂らす。江戸初期までは成人女性一般の髪型。のちは高貴な身分の女性の正式な髪型となった。⇩髪型(図)。例平髻ふとく**すべらかし**に結びさげ〈西鶴・好色一代男・三・二〉

すべら-か・す【滑らかす】 動(サ四)〔「かす」は接尾語〕滑らせる。例強盗を**すべらかさ**ん料に(＝ために)〈著聞集・一六・五六一〉

すべら-がみ【皇神】 名「すめかみ」に同じ。例内侍所ないし**すべら神**となむおはします〈更級〉

すべら-ぎ【天皇・皇】 名「すべらき」とも。天皇。例ここらの(＝数多くの)**すべらぎ**の御ありさまをだに〈大鏡・後一条院〉

すべり-い・づ【滑り出づ】 ―イズ 動(ダ下二) 滑るようにして、そっと出る。例生絹なる単衣をひとつ着て**すべり出で**にけり〈源氏・空蟬〉

すべり-い・る【滑り入る】 動(ラ四) 滑るようにして、そっと入る。例強ひて引き入りたまふにつきて**すべり入り**て〈源氏・若紫〉

すべ・る【滑る・辷る】 動(ラ四) ❶なめらかに移動する。例堤のほどにて馬より**すべり**下りて〈源氏・夕顔〉❷そっと移動する。座ったまま、いざって移動する。例女も、夜更くるほどに**すべり**つつ、鏡取りて、顔などつくろひて出づるこそをかしけれ〈徒然・一九一〉❸位を退く。例二月十九日、東宮践祚ありしかば、位をすべらせたまひて〈平家・一・東宮立〉

すぼ・し【窄し】形(ク) みすぼらしい。貧弱だ。みっともない。例貧しくして、富める家のとなりに居るものは、朝夕すぼき姿を恥ぢて〈方丈記〉

すーほふ【修法】ホウ ―名『仏教語』「しゅほふ」とも。密教で、本尊仏に対して定められた作法で加持祈禱を行い、種々の祈願の成就を得ようとする修行。壇に本尊を安置し、真言を唱えて印を結びながら心に本尊を観想する。祈願の内容によってやり方が異なる。例伴僧(=導師に従う僧)あまたして**修法**したる〈枕・たのもしきもの〉

すぼ・る【窄る】動(ラ四)❶すぼむ。せばまる。ちぢむ。例一門の付き合ひにも肩身**すぼり**て〈西鶴・西鶴織留・五・一〉❷景気が悪くなる。不景気になる。例「この金銀はどこへ行きたる事ぞ」…と、世の**すぼり**たる物語して〈西鶴・世間胸算用・四・一〉

須磨《地名》歌枕 摂津国、今の神戸市須磨区。摂津と播磨の境として、古く須磨の関があった。明石海峡を隔てて淡路島を対岸にした、白砂青松の風光の地。

語誌▼**藻塩焼くわびしい心象の地** 和歌では、「須磨の浦」の形でも詠まれ、「海人」「塩焼き衣」などが詠まれた。在原行平が須磨に流されて詠んだという「わくらばに問ふ人あらば須磨の浦に藻塩たれつつわぶと答へよ」〈古今・雑下〉(➡名歌430)は有名で、『源氏物語』須磨・明石巻で光源氏が当地に下った話は行平の話もふまえられている。「千鳥」を詠んだ「淡路島かよふ千鳥の鳴く声に幾夜寝覚めぬ須磨の関守」〈金葉・冬〉(➡名歌31)も有名。〈大谷俊太〉

すまう『争う・拒う・住まう』⇩すまふ

すまう【相撲】スモウ 名「すまひ」のウ音便形。

すまし【澄まし・清まし・洗まし】名❶洗い清めること。例御**すまし**の事などせさせたてまつりたまへ〈宇津保・国譲中〉❷洗濯や湯殿の始末をする下級の女官。例**すまし**・長女(=下級女官の長)などして、たえずいましめにやる(=注意に行かせる)〈枕・職の御曹司におはします頃、西の廂にて〉

すま・す【済ます】動(サ四) 借金などを返済する。借りを返す。例酒の値(=代金)取りに来たりければ、皆**済まし**けり〈仮名草子・仁勢物語・上〉

すま・す【澄ます・清ます・洗ます】動(サ四) [「すむ」の他動詞形]❶洗い清める。例盥して御手**すます**ことなかりき(=盥で御手を洗い清めることはなかった)〈大鏡・時平〉
❷水や楽器の音などが澄むようにする。濁りがないようにする。例(琴ノ琴ヲ)いとおもしろく**すまし**て弾きたまふ(=たいそう興趣あるさまに澄んだ音色にお弾きになる)〈源氏・若菜下〉
❸人けがなくなるようにする。例大路を**澄まし**て、歩より行くべきなり(=大通りに人けがなくなるのを待って、徒歩で行くのがよいのだ)〈今昔・二八・二〉
❹世の乱れを鎮める。例一天をしづめ、四海を**すます**〈平家・三・土佐房被斬〉読解「一天」「四海」ともに天下の意。
❺思いを清らかにする。分別する。例秋の名残を惜しみ、琵琶を調べて、夜もすがら心を**すまし**たまひしに(=去って行く秋の気配を惜しんで、琵琶を弾いて、一晩じゅう心を清らかになさったときに)〈平家・五・月見〉
❻(「目をすます」「耳をすます」の形で)注意を集中する。目を見張る。聞き耳をたてる。例人々も耳を**すまし**てこそ候ひつれ(=人々も聞き耳をたてておりました)〈著聞集・一六・五三九〉
❼他の動詞の連用形について、補助動詞的に用いる。㋐心を集中して〜する。例広陵といふ手をあるかぎり弾き**澄まし**たまへるに(=広陵という曲を精一杯心を集中してお弾きになっていると)〈源氏・明石〉㋑完全に〜する。うまく〜する。例さしも御秘蔵候ふいけずきを盗み**すまい**(音便形)て(=あんなにも御秘蔵なさっておいでのいけずきをうまく盗んで)〈平家・九・生ずきの沙汰〉読解「いけずき」は馬の名。〈小島孝之〉

すまーに 副 語義未詳。(「手もすまに」の形で)手を休めずに忙しく動かすさまか。例我が手も**すまに**春の野に抜ける茅花ぞ〈万葉・八・一四六〇〉

すまひ【相撲】スマイ 名❶力くらべ。すもう。例当麻蹶速と野見宿禰と**すまひ**とらしむ〈紀・垂仁〉❷「相撲人」の略。❸「相撲の節」の略。

すまひ-の-せち【相撲の節】スマイ ―名 平安時代、宮中の年中行事の一つ。陰暦七月に全国から招集された相撲人たちを左右に分けて相撲を取らせ、それを天皇が見る。

すまひ-びと【相撲人】スマイ ―名 相撲をする人。相撲取り。例この中納言、いよいよ太りて、**相撲人**のやうにてぞありける〈今昔・二八・二三〉

すま・ふ【争ふ・拒ふ】スマ ウ・スモ 動(ハ四) 相手の力に負けまいと抵抗する意。
❶抵抗する。逆らう。例(光源氏ガ)中将の帯を引き解きて脱がせたまへば、(中将ハ)脱がじと**すまふ**を(=脱ぐまいと抵抗するので)〈源氏・紅葉賀〉
❷辞退する。いやがって断る。例歌のことは知らざりければ、**すまひ**けれど、強ひて詠ませければ(=歌のことは知らなかったので、辞退したけれど、無理やり詠ませたので)〈伊勢・一〇一〉

語誌▼**類義語** 「あらがふ」は相手の主張を否定・非難する意、「あらそふ」は相手を押しのけて何かを得ようとする意、「きほふ」は相手よりも先んじようとする意が強い。これらに対して「すまふ」は相手から受ける力に対して張り合うことを表し、受動的な意味合いをもつ。
▼**名詞形「すまひ」** 「すまふ」は上代には確かな例が見えない。しかし名詞形「すまひ」は、「大隅隼人と阿多隼人と朝庭に相撲とる」〈紀・天武〉などの「相撲」を、平安中期の辞書『和名類聚抄』の訓によって、その例とすることができる。〈鉄野昌弘〉

すまーふ【住まふ】スマウ・スモウ 1『上代語』[動詞「すむ」の未然形＋上代の反復・継続の助動詞「ふ」]ずっと住む。住み続ける。例天ざかる(枕詞)鄙(=地方)に五年**住まひ**つつ〈万葉・五・八八〇〉2動(ハ四)❶暮らす。

住む。例御しつらひなどえならずして(=お部屋のしつらえなど言いようもなくすばらしくして)住まひけるさま〈源氏・明石〉❷夫婦として生活する。例年月をあだにちぎりて我や住まひし(=いいかげんな気持ちで契りを結んで私は暮らしたのだろうか)〈伊勢・二一〉読解「我や」の「や」は反語の意を表す。❸芝居の舞台で、役者が座につく。

すみ【炭】 名❶木が燃えて残った黒い塊。例続松(=たいまつ)の炭して、歌の末を書き継ぐ〈伊勢・六九〉❷木を蒸し焼きにして作った燃料。例阿闍梨の室より、炭などやうの物奉るとて〈源氏・椎本〉

すみ-あか・る【住み離る・住み散る】 動(ラ下二) いっしょにいた人々が、別々に離れて住む。例人々はみなほかに住みあかれて、古里に一人、いみじう心細く悲しくて〈更級〉

すみ-うか・る【住み浮かる】 動(ラ下二) 一所に住み着くことができず、よそにさすらい出て行く。例たれゆゑ君が住み浮かれけん〈新古今・恋四〉

すみ-う・し【住み憂し】 形(ク) 住むのがつらい。住みにくい。例京や住み憂かりけむ、東の方に行きて住み所求むとて〈伊勢・八〉

すみ-がき【墨書き】 名日本画を描くときに最も基本になる、墨による線描。また、墨書きをする主任格の画工。例また絵所(=宮中の絵画をつかさどる役所)に上手多かれど、(ソノ人タチガ)墨書きに選ばれて〈源氏・帚木〉語誌 平安時代の絵画は、まず主任画家が墨で下絵を描き、その上に助手たちが彩色を施し、最後に再び主任画家が墨で線を描く、という工程によって描かれた。

すみ-かね【墨金】 名「すみがね」とも。大工の工具の名。金属製で、直角に折れ曲がった物差し。例墨かねの直きを正す身なれども〈東北院職人歌合〉

すみ-ぞめ【墨染め】 名❶墨で染めたような黒い色。僧衣や喪服の黒い色。例深草の野辺の桜し心あらば今年ばかりは墨染めに咲け〈古今・哀傷〉➡名歌310 ❷黒く染めた僧衣や喪服。例容貌よき尼君たちの墨染めにやつれたるぞ〈源氏・野分〉

すみぞめ-ごろも【墨染め衣】 名黒く染めた僧衣や喪服。例憂きたびにあまり涙をしぼるとて墨染め衣袖ぞはつるる(=ほつれる)〈新撰六帖・五〉

すみぞめ-ざくら【墨染め桜】 名❶墨染め色に咲いたという伝説上の桜。藤原基経の死を悼んだ上野岑雄の和歌「深草の野辺の桜し心あらば今年ばかりは墨染めに咲け」〈古今・哀傷〉(➡名歌310)に感じてのことという。❷桜の一種。小さな白い花が咲き、葉が同時に出る。葉や茎が青味がかっていて薄墨のように見えることからいう。

すみぞめ-の-そで【墨染めの袖】 僧衣や喪服の袖。例おほけなくうき世の民におほふかなわがたつ杣に墨染めの袖〈千載・雑中〉➡名歌105

隅田川(スミダガワ) 《地名》名「墨田川」「角田川」とも書く。❶利根川の下流で、武蔵国と下総国の境とされた。古くは『伊勢物語』東下りの章段などで有名。例なほ行き行きて、武蔵の国と下総の国との中にいと大きなる河あり。それをすみだ河といふ(=さらに行き進んで、武蔵の国と下総の国との間にたいそう大きな河がある。それを隅田川という)〈伊勢・九〉

❷《作品名》観世十郎元雅作の謡曲。四番目物。現在能。人商人にさらわれた愛児梅若丸を尋ねて、都から隅田川までやってきた女物狂は、向こう岸へ渡る船中、船頭の話から、ちょうど一年前我が子が死んでいたことを知る。夜、塚の前で行われる大念仏に加わった母の声に亡き子の念仏が応え、その声の中から亡霊がたち現れる。一晩じゅうその姿を抱こうと追う母であったが、朝になればそれは塚の上の柳であった。能の狂女物はふつう、シテの遊び狂うのを見せ場とし、子との再会の喜びで終わるが、この一曲は例外的に悲劇となっている。浄瑠璃や歌舞伎に大きな影響を及ぼした。

語誌▼文学作品に登場するのは『伊勢物語』九段の「東下り」が最初で、以後この川は、渡れば見も知らぬ異界とみられ、都文化との境界となっていた。謡曲『隅田川』の設定も、日常世界との境界というイメージによってであった。

▼江戸時代は、江戸の経済・文化の中心地の一つとなり、沿岸はおおいににぎわう。明暦三年(一六五七)の大火以後四つの橋が架けられた。のちは、吾妻橋から下流を大川と呼び、花見・船遊び・川開きの花火など、行楽地ともなる。〈馬場光子〉

炭俵(スミダワラ) 《作品名》江戸時代の俳諧集。二巻二冊。野坡・弧屋・利牛編。元禄七年(一六九四)刊。俳諧七部集の第六集。江戸蕉門の中の其角を中心にした門人の発句・歌仙などを収めたもの。「軽み」の代表的選集。擬態語や擬声語を生かした平易な表現で日常に触れる句が多い。

すみ-つき【墨付き】 名❶墨のつきぐあい。主に筆跡を評するのにいう。例紙の色、墨つき、(紙ニ)しめたる匂ひもさまざまなるを〈源氏・藤袴〉❷写本などで、実際に文章の書かれている枚数。❸「おすみつき」に同じ。「墨付き～丁」などと用いる。

すみ-つぎ【墨継ぎ】 名筆につけた墨汁がなくなったとき、改めて墨汁を含ませて書き継ぐこと。手紙や文章では敬うべき字句の前、和歌では一・三・五句、俳句では一・三句の初めに墨を含ませるなどの決まりがある。

すみ-づきん【角頭巾】(ズキン) 名後ろに錣のような垂れがある頭巾。江戸初期に流行し、医者・老人・僧などが用いた。⇩づきん(図)

すみ-つ・く【住み着く】 動(カ四)❶落ち着いて長く住む。定住する。例よき女のあまた住みたまひし所に住みつきて〈源氏・手習〉❷夫婦の関係が定着する。夫婦として配偶者の家にいっしょに住む。例(娘婿トシテ)太政大臣のわたり(=ところ)に、今は住み着かれにたりとな〈源氏・若菜上〉

すみ-つぼ【墨壺】 名❶大工・石工などが直線を引くために用いる道具。木をえぐったくぼみに墨汁を浸ませた綿を入れ、そこから墨糸をつけた針を繰り出す。例祝ひこめたる墨壺の、糸の直なる国なれば〈近松・出

墨壺①
〔正倉院御物〕

世景清・一〉❷墨汁を入れて持ち運ぶ道具。例この紙の裏に墨壺の墨して書きてやるは〈読本・春雨・天津処女〉

すみ-な・す【住み為す】動(サ四)〜のようにして住む。自分の思うようにして住む。例遥かなる苔の細道をふみわけて、心細く**住みなし**たる庵あり〈徒然・一一〉

すみ-なは【墨縄】名 墨壺の糸巻き車に備えられた糸。木材に直線を引くために用いる。和歌では、相手を一筋に思うことのたとえに用いることが多い。例かにかくに物は思はじ飛騨人の打つ**墨縄**の(ヨウニ)ただ一道に〈万葉・一一・二六四八〉

住江・住吉《地名》摂津国の地名住吉の古称。例**住江**の岸による波(ここまで序詞)よるさへや夢の通ひ路人めよくらむ〈古今・恋二〉➡名歌197

すみ-のぼ・る【澄み昇る】動(ラ四)❶月が、雲などに隠されず明るく輝いて昇る。例月**澄みのぼり**て、夜更くるるままによろづ思ひ乱れたまふ〈源氏・宿木〉❷音楽の音色・声調が響きわたる。例(笛ノ音ハ)**澄みのぼり**て、ことごとしき(=ものものしい)気のそひたる〈源氏・椎本〉

すみ-は・つ【住み果つ】動(タ下二)❶最後まで住む。一生住み通す。例この山里に**住みはて**なむと思いたり〈源氏・夕霧〉❷夫婦としていっしょに住み通す。夫婦の仲が安定する。例年月に添へて、かく世に**住みはて**たまふにつけても〈源氏・若菜上〉

すみ-はな・る【住み離る】動(ラ下二)❶別々に住む。例同じ家の内なれど、方異に**住み離れ**てあり〈更級〉❷本来住むべき所から離れる。世間から隠れ住む。例思ひ捨てたまへる世なれども、今はと住み離れなんを〈源氏・橋姫〉❸男女が、愛情がさめて、互いに寄りつかない。例さばかり**住み離れ**たるところある御心に〈とりかへばや・一〉

すみ-まへがみ【角前髪】名 江戸時代、元服前の少年の髪型の一つ。額の生え際を剃って、額を角ばらせる。また、そのような髪型をした少年。上方では「すんま」とも。例万太郎も十六になりて、**角前**髪の采体(=姿)も〈西鶴・本朝二十不孝・四・三〉

すみ-やか

【速やか】形動(ナリ)〘「やか」は接尾語〙速度が速い。時期が早い。例**速やかに**広継を罰ちて奉れ(=すぐに広継を討伐して差し出せ)〈今昔・一一・六〉

語誌 もとは漢文訓読語。平安時代の和文では「とし(疾し)」「はやし」を用いることが多く、「すみやか」が用いられることはまれである。〈吉野瑞恵〉

すみ-やぐら【隅櫓・角櫓】名 城の隅に建てた櫓。戦時には物見や武器庫として用いる。例蜀魂なくや木の間の**角櫓**〈俳諧・猿蓑・三〉

住吉《地名》歌枕 摂津国、今の大阪市住吉区の一帯。住吉神社がある。大阪湾に面した海上交通の要地。『万葉集』以来「松」「忘れ貝」「忘れ草」などとともに多くの和歌に詠まれる。例**住吉**の岸の姫松人ならば幾世か経しと問はましものを(=住吉の岸に生えている姫松が人であるならば、いったい何年ぐらい過ごしてきたのかと尋ねてみただろうけれども)〈古今・雑上〉

語誌 ▼「すみのえ」と「すみよし」 『万葉集』では「墨江」などとも記され、古くは「すみのえ」と称した。平安時代以降、「すみのえ」は「江」を意識して用いられ、神社や里・郡の名の場合には「すみよし」が主に用いられた。〈大谷俊太〉

住吉神社名 摂津国、今の大阪市住吉区の神社。もと海上安全の神で、平安時代以降は和歌の神としても信仰を集める。

住吉物語《作品名》平安時代の物語。二巻。作者未詳。十世紀後半に成立。現存本はのちに改作されたもの。継子いじめの物語の一つ。皇女腹の姫君と四位の少将の恋を描く。

すみれ【菫】名 ❶植物の名。スミレ科の多年草。山野に自生し、早春に紫色の小さな花を咲かせる。例山路来て何やらゆかし**菫草**〈芭蕉・野ざらし紀行〉➡名句147 ❷襲の色目の名。表は紫、裏は薄紫。春に着用。❸紋所の名。①の花や葉を図案化したもの。

菫③

すみ-わた・る【住み渡る】動(ラ四)❶住み続ける。例ひねもすに(=一日じゅう)鳴けど聞きよし…我がやどの 花橘に **住み渡れ**鳥〈万葉・九・一七五五〉❷女性のところに通い続ける。例式部卿のみこ、閑院の五のみこに**住み渡り**けるを〈古今・哀傷・詞書〉

すみ-わた・る【澄み渡る】動(ラ四)空や月光などが、一面澄む。例月隈なう**澄みわたり**て、霧にも紛れずさし入りたり〈源氏・夕霧〉

すみ-わ・ぶ【住み侘ぶ】動(バ上二)世に住むことをつらいと思う。住みにくく思う。例**住みわび**たまひて、山里に移ろひなんと思したりしを〈源氏・夕顔〉

すみ-ゑ【墨絵】名 ❶墨だけで描いた絵。平安時代は、彩色を施す前の墨による線描画のこと。例(女房タチノ姿ハ)よき**墨絵**に髪どもをおほいたるやうに見ゆ〈紫式部日記〉❷水墨画。

す・む

【住む・棲む】動(マ四)❶**居所を定めて居つく**。居住する。例(a)**住む**館より出でて、船に乗るべき所へわたる(=居住する官舎から出て、船に乗ることになっている所へ移る)〈土佐〉例(b)花に鳴く鶯、水に**住む**蛙の声を聞けば(=花に鳴く鶯、水に居住する蛙の声を聞くと)〈古今・仮名序〉❷**夫として女性のもとに通う**。**結婚生活を営む**。例(阿倍ノ右大臣ハ)かぐや姫に**住み**たまふとな(=かぐや姫と結婚なさるということだな)〈竹取〉

語誌 男女が夫婦として安定した関係をもつ意の②は、文学作品では、男性が妻である女性のもとに通う場合が多い。例もそうで、妻問い婚という結婚形態によるものである。〈桑名靖治〉

墨壺①〔春日権現験記絵〕

す・む

【澄む・清む】動（マ四）余分な雑物が除かれて、濁りのない状態になる意。

❶空気や液体が、濁りがなく清らかになる。曇りがなくきれいになる。例(a)雲の上も涙にくるる秋の月いかですむらん浅茅生の宿（＝雲の上という この宮中でさえ、涙に曇ってよく見えない秋の月は、どうして澄んでいるだろうか、どのように暮らしているのだろうか、あの荒れた宿で）〈源氏・桐壺〉読解「澄む」と「住む」を掛ける。例(b)水の面もさやかに澄みたるを（＝水面も清らかに澄んでいるので）〈源氏・椎本〉

❷音が冴える。響き通る。例声すべて似るものなく、空にすみのぼりて、めでたく歌をうたふ（＝声はまったく同じようなものがないほど美しく、空に冴え登るように、すばらしく歌をうたう）〈更級〉

❸人けがなくなって静まる。例人澄みてのち（＝人けがなくなって静まったのち）〈今昔・二八・二〉

❹落ち着いた品格をもつ。あかぬける。例いといたう筆澄みたるけしきありて（＝大変すばらしく筆跡はあかぬけた趣があって）〈源氏・梅枝〉

❺雑念が消えて、心に迷いがなくなる。例夜やうやうふけて、よろづ心の澄むままに（＝夜もだんだん更けて、すべて心の迷いがなくなるにつれて）〈平家・一〇・千手前〉

❻清音で発音する。例「行法」も、「法」の字を澄みて言ふ、わろし。濁りて言ふ（＝「行法」も、「法」の字を清音で言うのは、よくない。濁音で言う）〈徒然・一六〇〉

語誌 和歌では、①例(a)のように「住む」と掛けて用いることが多い。〈小島孝之〉

す-むつかり【酢憤り】名 料理の名。煎りたての大豆に酢をかけたもの。さらに、しぼった大根おろしと酒糟を加えて煮、醤油で味をつけたりもする。例（豆ガ）あたたかなる時、酢をかけつれば、すむつかりとて、にがみてよくはさまるるなり（＝皺が寄って箸ではさみやすくなるのだ）〈宇治拾遺・六九〉

すむや-け・し【速やけし】形（ク）すみやかだ。例すむやけくはや帰りませ〈万葉・一五・三七四八〉

すめ-【皇】接頭〔平安時代以降「すべ」とも〕神・天皇に関する語について、尊敬の意を表す。「皇神」「皇御孫」など。

すめ-かみ【皇神】名〔「すめ」は接頭語〕❶皇室の祖先神。例我が大君ものな思ほし皇神の継ぎて賜へる我がなけなくに（＝我が大君よ、心配なさいますな、皇室の祖先神から後継ぎを賜った私がいるのですから）〈万葉・一・七七〉❷一定の地域を支配する神。例山科の 石田の社の 皇神に 幣取り向けて〈万葉・一三・三二三六〉

すめ-みま【皇御孫・皇孫】名〔「すめ」は接頭語〕❶天照大御神の孫である瓊瓊杵尊。❷天照大御神の子孫である歴代の天皇。

すめ-ら

【皇】名〔「ら」は接尾語〕「すべら」とも。

天皇を尊敬・賛美していう語。ほかの語と複合して接頭語的に用いられることが多い。例すめら朕 珍の御手もち かき撫でぞ ねぎたまふ（＝天皇である私が高貴な御手でもって髪を撫でてねぎらいなさる）〈万葉・六・九七三〉読解「珍の」「御手」「ねぎたまふ」は自敬的表現である。

語誌▼「すめら」と「すめ」　「すめら」の基になっているのは「すめ」。名詞の上について、それが神もしくは天皇に関することであることを示し、敬意を表す。ただし、「すめら」が「皇尊（天皇）」「皇御軍（天皇の軍隊）」「皇御国（天皇の統治する国）」など、ほとんど天皇に関して用いられるのに対して、「すめ」は天皇にかかわらない諸神に対して用いられることも多い。〈藤本宗利〉

すめら-ぎ【天皇】名「すめろき」に同じ。

すめら-へ【皇辺】名「すめらべ」とも。天皇のおそば。例隠さはぬ 明き心を 皇辺に 極め尽くして〈万葉・二〇・四四六五〉（＝偽りのない心）

すめら-みくさ【皇御軍】名〔「すめらみいくさ」の変化した形〕天皇の率いる軍隊の敬称。例鹿島の神を祈りつつ皇御軍に我は来にしを〈万葉・二〇・四三七〇〉

すめら-みこと【天皇・皇尊】名 天皇の敬称。

すめろ-き【天皇・皇祖】名 天皇。例高千穂の 岳に天降りし すめろきの〈万葉・二〇・四四六五〉

す-もじ【す文字】名『女房詞』❶鮨。例かどのすもじがおいしいぢゃないかいな〈滑稽本・膝栗毛・六下〉❷推量・推察。例御心の内すもじ参らせ候ふ〈独寝・下〉

す-もり【巣守り】名❶孵化せずに巣に残っている卵。例おのがちりぢり 巣離れて わづかにとまる（＝あとに残る） 巣守りにも〈蜻蛉・中〉❷（①から転じて）あとにとり残された人。また、いつまでもとどまっている人。留守番。例すもりにと思ふ心はとどむれど〈大和・九四〉

ず-もん【誦文】名・動（サ変）「じゅもん」とも。経文や呪文を暗唱すること。例にくきもの…はなひて（＝くしゃみをして）誦文する〈枕・にくきもの〉

す-やつ【其奴】代「そやつ」に同じ。例さりとも、すやつばらを等しなみにはしはべりなむや（＝同等には扱うでしょうか）〈源氏・玉鬘〉読解末尾の「や」は反語の意を表す。

す・ゆ【据ゆ】動（ヤ下二）〔ワ行下二段動詞「すう」をヤ行に活用させた語〕据える。例高く大きに盛りたる物ども、持て来つつ据ゆめり〈宇治拾遺・一一〇〉

すら

副助 ❶極端な事柄を挙げて強調し、他を類推・想像させる意を表す。〜でさえも。例(a)夢のみに見てすらここだ恋ふる我は現に見てばましていかにあらむ（＝ただ夢に見てさえもこんなにあなたを恋い慕う私は、実際に逢ってしまったらましてどんなであろうか）〈万葉・一一・二五五三〉例(b)賤しき田夫すら仏の御法を信じて一子の死を悲しまず（＝身分の卑しい農夫でさえも仏の教えを信じてただ一人の子の死を悲しまない）〈今昔・四・三五〉

❷特別なこととして事柄を取り立て、強調する意を表す。〜でさえ。例大空ゆ通ふ我すら汝がゆゑに天の川道をなづみてぞ来し（＝大空を自由に通う私でさえ、あなたのために天の川の道を苦労してやって来た）〈万葉・一〇・二〇〇一〉

接続▶体言、活用語の連体形、助詞などにつく。

語誌▼「すら」と「だに」 上代は、「すら」はすでに実現した事柄の表現の中で極端な事柄から他を類推・想像させる意味で用いられたが、「だに」は未定や仮定の表現の中で最小限の希望を表現するのに用いられて、両者の意味用法ははっきりと異なっていた。ところが、平安時代になると、「だに」が「すら」の意味用法を兼ねるようになってきたため、「すら」はほとんど用いられなくなる。『今昔物語集』には多く用いられるが、ここでは「すら」の形よりも「そら」の形のほうが優勢になっている。〈近藤要司〉

ず-らう【受領】ロウ 名 ⇩ずりゃう

すら-だに 〔「すら」「だに」は副助詞〕「すら」を強調した語。例もの言はぬ四方のけだもの**すらだにも**哀れなるかな親の子を思ふ〈金槐集・下〉➡名歌366

すら-に ～でさえ。～だって。例軽の池の浦廻行き廻る鴨**すらに**玉藻の上にひとり寝なくに（＝独り寝はしないのに）〈万葉・三・三九〇〉

すら-を ❶あることを特に取り上げて、予想に反することを逆接的に下に続ける。～をさえ。例夫の命のたたなづく（枕詞）柔膚**すらを**剣大刀（枕詞）身に副へ寝ねば〈万葉・二・一九四〉❷希望表現の中で、希望される最小限を表す。せめて～をだけでも。例はしきやし君が目**すらを**（＝いとおしいあの人をせめて見るだけでも）欲りし嘆かふ〈万葉・一一・二三六九〉

す-り【修理】❶名動（サ変）壊れたところを直すこと。修繕。例土御門殿いみじう払ひ、いとど**すり**し加へみがかせたまふ〈栄花・輝く藤壺〉❷名「修理職」の略。⇩しゅりしき

すり-がらし【摩り枯らし・擦り枯らし】名「すりからし」とも。❶世間ずれして性質が悪くなった人。例いたづら奉公人の**擦り枯らし**にて〈浮世草子・傾城禁短気・三・三〉❷素行が悪くて落ちぶれること。また、その人。例巾着や三とせはここに（＝三年の間に）**すりからし**〈俳諧・談林十百韻〉

すり-かりぎぬ【摺り狩衣】名 山藍・露草などの汁で種々の文様を摺り染めにした狩衣。例**摺り狩衣**のたもとに書きつける〈伊勢・一一四〉

すり-ぎぬ【摺り衣】名「すりごろも」に同じ。

すり-き・る【摩り切る】動（ラ四）❶こすって切る。例仏前にむかって鉦をたたき立て、数珠を**摺り切ら**うが〈滑稽本・浮世風呂・四上〉❷財産を使い果たす。例その向かひ隣に、いかにも**すりきり**たる連歌の上手あり〈噺本・昨日は今日の物語・上〉

すり-こ【磨り粉】名 細かくすり砕いた米の粉。湯で溶いて甘味をつけ、乳幼児に母乳の代わりに飲ませる。例**すり粉**などを濃くて流したらむやうに白き水、はやく流れたり〈更級〉

すり-ごろも【摺り衣】名 山藍・露草などの汁で種々の文様を摺りつけた衣服。例春日野の若紫の**すり衣**しのぶの乱れ限り知られず〈伊勢・一〉 語誌 「すりぎぬ」に対し、和歌で用いる。平安時代の用例はほとんど狩衣の場合に限られ、「乱る」と形容されている。⇩しのぶずり

すり-しき【修理職】名「しゅりしき」に同じ。

すり-つ・く【摺り付く】動（カ下二）布や衣服に、植物などをこすりつけて色や模様をつける。例かきつはた衣に**摺り付け**〈万葉・一七・三九二一〉

すり-の-かみ【修理大夫】名 ⇩すりのだいぶ

すり-の-だいぶ【修理の大夫】名「しゅりのだいぶ」とも。修理職の長官。従四位下相当。「すりのかみ」とも。

すり-ほん【刷り本・摺り本】名 版木で印刷した本。版本。

すり-も【摺り裳】名 染め草の汁でさまざまな模様を摺りつけて染め出した裳。例大海の（模様ノ）**摺り裳**の、水の色はなやかに〈紫式部日記〉

すり-もどろか・す【摺りもどろかす】動（サ四）複雑にからみあった模様を、山藍などの汁で摺り染めにすること。例**すりもどろかし**たる水干といふ袴を着せて〈枕・あはれなるもの〉

ず-りゃう【受領】リョウ 名「じゅりょう」「ずろう」とも。❶任国に赴いて国務を執る、国司の最上位者。任国に赴かない遥任と区別していう。したがって、通常は守が受領にあたるが、不在の場合は権守や介が受領となる。例**受領**といひて、他の国のことにかかづらひ営みて（＝受領といって、地方のことにかかわりいそしんで）〈源氏・帚木〉❷上皇や女院などに与えられる、国守を推挙する権利。国守としての収入が得られる破格の待遇である。例御気色に**受領**を給はるべきの心あり（＝ご表情に受領を拝領したいという気持ちが表れている）〈御堂関白記・寛仁元年八月〉

語誌▼受領と国司 本来は、国司の交代に際し、新任の国司が前任者から事務の引き継ぎを受けることをいう。令制の地方官は実際任地に赴くのが原則だが、九世紀前半には、親王任国・公卿兼国など赴任を免じる遥任が制度化され、そのため実際に任国に赴くものを特に受領と呼ぶようになった。

▼受領の蓄財 受領になるのは中流の貴族であって、上流貴族からは軽視されていた。しかし、任国においてうまく財産を築くものも多く、『源氏物語』帚木巻の雨夜の品定めにも、豊かな受領の家に魅力的な女性がいるとある。「受領は倒るる所に土をつかめ」〈今昔・二八・三八〉は、受領の強欲を伝える話として有名。『枕草子』「すさまじきもの」段には受領になりそこねた家の落胆のさまが描かれている。〈池田尚隆〉

ずりょう〖受領〗 ⇩ずりゃう

す・る

【磨る・擦る・刷る・摺る】動（ラ四）❶【磨る・擦る】㋐**物と物を触れあわせてこする。**例伏し拝み、手を**すり**のたまへど（＝うつぶして拝み、手をこすっておっしゃるが）〈竹取〉㋑**とぐ。すり減らす。**例御硯の墨**すれ**〈枕・清涼殿の丑寅のすみの〉㋒**磨き出す。**例螺**すり**たる櫛（＝青貝をすり入れ磨き出した櫛）〈落窪・四〉㋓**すりつぶす。細かく砕く。**例何薬にてかあらむ、**摺り入れ**ぬる物を（＝何の薬であろうか、すりつぶして入れた物を）〈今昔・二四・八〉㋔**費やす。使い果たす。**例（金ヲ）みんな**すっ**（音便形）

てしまひました〈歌舞伎・三人吉三郭初買・一・序幕〉❷【刷る・摺る】㋐布地に模様を染め出す。例月草に衣色どり摺らめども(=露草で衣に色をつけ染め出したいけれど)〈万葉・七・一三三九〉㋑版木で印刷する。例絵草紙の版摺る紙の(=瓦版の版木を印刷する紙の)〈近松・心中天の網島・下〉

語誌 ②㋐は、染料のついた型木に布地をすりつける方法と、型木にあてた布地に染料をすりつける方法がある。布地に直接草木や岩石などをこすりつけて着色したのが古い方法と思われる。〈桑名靖治〉

する 使役・尊敬の助動詞「す」の連体形。

駿河 《地名》旧国名。今の静岡県中央部。東海道十五か国の一つ。駿州。延喜式で上国・中国。

するが-まひ【駿河舞】 名 東遊びの中で、駿河国の風俗歌に合わせて舞うもの。駿河の有度浜に天女が降り遊んだのを写した舞という。

する-すみ【摺る墨・磨る墨】 名 書画に用いるためにすった墨。または、その色。「炭」などと区別していう。

するす-み【匹如身】 名 形動(ナリ) 財産も親族・縁者もなく、ただ一人であること。無一物。例世を捨てたる人の、よろづにするすみなるが〈徒然・一四二〉

すれ 使役・尊敬の助動詞「す」の已然形。

すれ-ば 接〔サ変動詞「す」の已然形＋接続助詞「ば」〕そうすると。そうだとすると。それでは。例すれば私の仕合はせでござる〈虎寛本狂言・隠れ笠〉

すれ-もの【擦れ者・摩れ者】 名《近世語》物事の道理をわきまえ、世情に通じた人。また、世間にもまれ、悪賢くなった人。例かかる所にもすれものありやと〈西鶴・好色一代男・二・四〉

す-ろ【棕櫚・椶櫚】 名 植物の名。シュロ。ヤシ科の常緑高木。鑑賞用。例前栽の中に棕櫚の木生ひてはべりと聞きて〈後撰・雑三・詞書〉

す-わう【素襖】 名「すあを」に同じ。

すわ・る【座る・坐る・据わる】 動(ラ四)〔「すう」の自動詞形〕❶膝を折り曲げて席に着く。例膝をとんと払ひながら四角に座る〈滑稽本・浮世床・二下〉❷じっとして少しも動かない。静止する。例目の玉すわり、鼻息おのづとあらく〈西鶴・好色一代男・四・四〉❸どっしりと落ち着く。じっくりと腰を落ち着ける。例翌までもいつまでも、かうきっとすわって〈浄瑠璃・伽羅先代萩・六〉❹食膳が据えられる。例塩鯛なしに雑煮すわる〈西鶴・西鶴織留・一・三〉

すゑ

すゑ【末】 名 ❶物の先端。例(a)髪のうつくしげにそがれたる末も(=髪の、見るからにかわいらしく切りそろえられてある毛先も)〈源氏・若紫〉例(b)うぐひすの若やかに、近き紅梅の末にうち鳴きたるを(=うぐいすが若々しく、近くの紅梅の枝先で鳴いているのを)〈源氏・若菜上〉❷山の奥。道の果て。例かかる山の末にこもりはべりて(=このような山の奥に隠れひそみまして)〈大和・一六八〉❸詩の終わりのほう。和歌の下の句。例続松の炭して歌の末を書きつぐ(=たいまつの燃え残りの炭で歌の下の句を続けて書く)〈伊勢・六九〉❹順序や序列の最後。末席。下位。例親王たちの御座の末に源氏着きたまへり(=親王たちの御席の末席に光源氏はお着きになっている)〈源氏・桐壺〉❺将来。未来。例初草の生ひゆく末も知らぬ間にいかでか露の消えんとすらむ(=若草の成長していく将来もわからないうちにどうして露が消えようとするのだろうか)〈源氏・若紫〉読解 この「初草」は、幼い紫の上を、「露」はその祖母である尼君をいう。❻末代。子孫。例この大臣の御末はおはせぬなり(=この大臣の御子孫はいらっしゃらないのである)〈大鏡・時平〉❼人生の終わりのころ。晩年。例故常陸の親王の、末にまうけていみじうかなしうかしづきたまひし御むすめ(=亡き常陸の親王が晩年に授かってたいそうかわいがり大事にお育てになった御娘)〈源氏・末摘花〉❽季節や月の終わりのころ。例弥生も末の七日、明けぼのの空朧々として(=三月二十七日、夜明け方の空はおぼろにかすんで)〈芭蕉・奥の細道〉

語誌 ▼物や場所の先端・終わりのほうをいうのが本来の用法。そこから、時間の経過する先のほうの意にも用いるようになった。▼その語義によって、「もと」をはじめ「かみ(上)」「なか(中)」などと対義として用いられることも多い。〈吉野瑞恵〉

すゑ【陶】 名 上代の焼き物。釉薬を用いないで高温で焼いたので、硬質で黒みをおびている。須恵器。「すゑもの」とも。

すゑ-ざま【末様】 名 末のほう。終わりのころ。例やうやう末ざまになりて〈宇治拾遺・七・六〉

すゑ-ずゑ【末末】 名 ❶先のほう。先端。端。例心もとなき花の末々手折りて〈源氏・蜻蛉〉❷行く末。将来。のちのち。例かかる人々の末々いかなりけむ〈源氏・末摘花〉❸兄弟・一族・一党などのうちで年下の人。末席の人。例兄弟の君たちも、まだ末々の若きは、親とのみ(=親のように)頼みきこえまへるに〈源氏・柏木〉❹子孫。後裔。末裔。例その末々より多くの帝・后・大臣・公卿さまざまになりいでたまへり〈大鏡・道長上〉❺身分の低い人。しもじも。下人。例若く末々なるは、宮仕へに立ち居、人の後ろにさぶらふは〈徒然・一三七〉

すゑ-つ-かた【末つ方】 名〔「つ」は「の」の意の上代の格助詞〕❶月や季節などの終わりのころ。末のころ。例秋の末つ方、いともの心細くて嘆きたまふ〈源氏・若紫〉❷人生の終わりのころ。晩年。例第一の名ありし御琴を、故院の末つ方、一品の宮の好みたまふことにて、賜はりたまへりけるを〈源氏・若菜上〉❸位置や順序の終わりのほう。末席。端。例末つ方より鬼いできて、「質の瘤返したぶぞ」とて(瘤ヲ顔ニツケタ)〈宇治拾遺・三〉

すゑつむ-はな【末摘花】 名 植物の名。紅花の別称。茎の末から咲き始める花を順に摘み取ることからの称。例紅の末摘花の色に出でずとも〈万葉・一〇・一九九三〉

末摘花 《人名》『源氏物語』の作中人物。故常陸の宮の娘。頭中将と好色心を競う光源氏と逢う。源氏はその醜貌に驚くが、ふびんに思って世話しようと思う。源氏の須磨退去中は交渉も絶えて生活は困窮するが、源氏を信じて耐え、やがて源氏の二条東院に迎えられる。末摘花像は、その結婚相手に長寿をもたらすという神話の醜女石長比売に通じるとする見方がある。

末の松山【すゑのまつやま】《地名》歌枕 陸奥国、今の宮城県多賀城市の、海辺近くにある丘。一説に、岩手県一戸町とも。

語誌 ▼心変わりのキーワード 『古今和歌集』に「君をおきてあだし心をわが持たば末の松山波も越えなん」〈東歌〉とある。もしも、あなたを差し置いて浮気心をもったら、「末の松山」を波が越してしまうような、ありえないことが起こるだろうとして、相手に誠実を契った歌である。この歌以来、「末の松山」を波が越すといえば、男女関係での心変わりとか浮気とかを連想させる言葉となった。例契りきなかたみに袖をしぼりつつ末の松山波越さじとは〈後拾遺・恋四〉➡名歌224 〈鈴木日出男〉

すゑ-の-よ【末の世】 名 ❶将来。のちの世。例かかるすきごとどもを末の世にも聞き伝へて(=このような恋愛ざたの数々をのちの世にも聞き伝えて)〈源氏・帚木〉 ❷晩年。例残り少なくなりゆく末の世に思ひ捨てたまへるも、恨みきこゆべくなん(=残り少なくなっていく晩年にお見捨てになったのも、お恨み申したくなりますよ)〈源氏・藤裏葉〉 ❸道徳・風俗などが軽薄になった世の中。末世。例(後三条天皇ハ)末の世のみかどには余りてめでたくおはします(=末世の天皇としては非常にごりっぱでいらっしゃる)〈栄花・松の下枝〉

語誌 ③は仏教の末法思想による用法。「末世」のほか「末代」なども同様の意に用いる。⇩まっぽふ 〈吉野瑞恵〉

すゑ-ば【末葉】 名 「すゑは」とも。❶草木の枝や茎の先端にある葉。こずえの葉。例下荻の末葉の露に秋風ぞ吹く〈新古今・秋上〉 ❷子孫。末孫。末裔。例竹の園生の末葉まで、人間の種ならぬぞやんごとなき〈徒然・一〉 類義 ①うらば・うれは

すゑ-ひと【陶人】 名 陶器を作る人。陶工。例陶人の 作れる瓶を 今日行きて 明日取り持ち来〈万葉・一六・三八八六〉

すゑ-ひろ【末広】 名 ❶末のほうがしだいに広がっていくこと。例(火事ハ)吹き迷ふ風に、とかく移りゆくほどに、扇をひろげたるがごとく末広になりぬ〈方丈記〉 ❷(開くと末のほうが広がるところから)扇の別称。例末広とは扇の事〈狂言記・末広がり〉 ❸(閉じても先端が半開きになっているところから)中啓(扇子の一種)の別称。例平家一句(=『平家物語』の一節)をかたり、すゑひろの扇をたまはりて〈仮名草子・東海道名所記・三〉

すゑ-ひろがり【末広がり】 名 「すゑひろ」に同じ。

すゑ-ふろ【据ゑ風呂・居風呂】 名 「すいふろ」に同じ。例居風呂の中の長物語〈西鶴・世間胸算用・一・四・目録〉

すゑ-へ【末辺・末方】 名 《上代語》❶末のほう。先端のほう。末端。例(竹ノ)末辺をば笛に作り〈紀・継体・歌謡〉 ❷山の頂のほう。山の頂上のあたり。例本辺には あしび花咲き 末辺には 椿花咲く〈万葉・一三・三二二二〉

すゑ-もの【据ゑ物】 名 ❶置いておくもの。飾りもの。例据ゑ物は、政所より飯四石ばかり入る檽の木の櫃十〈宇津保・あて宮〉 ❷土壇に置かれた罪人の死体で刀の試し斬りをすること。また、その死体。

すん【寸】 名 ❶長さの単位。約三・〇三センチ。例障子を五寸ばかりあけていふなりけり〈枕・大進生昌が家に〉 ❷寸法。例十郎が太刀はすこし寸のびければ〈曾我・九〉 ❸わずかなこと。短いこと。例寸の油断も候はず〈御伽草子・猫の草紙〉

ずん【順】 名 宴席で、杯・詩歌・舞などの回ってくる順番。例さかづきのずんのくるを、大将はおぢたまへど〈紫式部日記〉

すん-いん【寸陰】 名 ほんのわずかな時間。例寸陰惜しむ人なし〈徒然・一〇八〉

ずん-ぎり【寸切り】 名 まっすぐ横に断ち切ること。輪切り。筒切り。例ずん切りの竹にとまりし燕め〈俳諧・去来抄・同門評〉

ずん-ざ【従者】 名 「ずさ」の変化した形。例ずんさども呼びにやりてこそ、出でてもゆかめ〈宇治拾遺・二七〉

ずん・ず【誦ず】 動(サ変) 〔「ずす」の変化した形〕「じゅす」に同じ。例(漢詩ノ一節ヲ)いと忍びやかにずんじつつゐたまへり〈源氏・蜻蛉〉

すんずん-に【寸寸に】 副 ずたずたに。ばらばらに。例ああ恨めしや無念やと、文寸々に引き裂きて〈近松・出世景清・三〉

駿台雑話【すんだいざつわ】《作品名》江戸時代の随筆。五巻。室鳩巣著。寛延三年(一七五〇)刊。儒教の徳目の仁・義・礼・智・信を各巻に配し、学問や道徳を平明に論じる。書名は、作者の住んだ江戸駿河台にちなむ。

ずん-なが・る【順流る】 動(ラ下二) 次々と順番が回っていく。宴席・歌合わせで、酒杯・詠歌の番が順に出席者に回ることをいう。例大御酒あまたたびずんながれて〈源氏・松風〉

ずん-ば 〔中世以降「ずは」の変化した形〕もし〜ないなら。例君、君たらずと言ふとも、臣もって臣たらずんばあるべからず〈平家・二・烽火之沙汰〉

すん-ぱふ【寸法】 名 ❶たけ。長さ。例ありのままの寸法にかきて候はば〈著聞集・一一・三九六〉 ❷ありさま。形勢。また、物事の是非などの判断。例佐殿のその当時の寸法をもて、平家の世を取らんとしたまはん事は〈源平盛衰記・二〇〉 読解「佐殿」は源頼朝のこと。❸手順。段取り。例南京(=奈良)方には恵信法務ながされてのちは、たれこそなど申すべき。寸法にも及ばず(=段取りをつけることもできない)〈愚管抄・七〉

せ

せ【兄・夫・背】 名 姉妹から見た兄弟を意味するとともに、夫や、女性から見た恋人を表す語。「いも(妹)」の対。

❶**姉妹から見た兄弟**。年齢の上下を問わない。例妹も兄も 若き子どもは をちこちに 騒き泣くらむ(=兄妹も、幼い子たちは、あちこちで泣き騒いでいるだろう)〈万葉・一七・三九六二〉

❷**夫**。**女性から見た恋人**。例防人に行くは誰が背と問ふ人を見るがともしさ(=見るとうらやましいことだ)もの思ひもせず〈万葉・二〇・四四二五〉➡名歌171

語誌 ▼「せ」は、本来、姉妹から見た兄弟を意味する語だが、別に女の側からの夫や恋人の呼称とされた。神話の世界では兄妹婚を理想婚とする例が多いが、妻を「いも」と呼び夫を「せ」と呼ぶのは、男女の結びつきがそうした神話の世界と重ね合わされてとらえられているからである。

▼和歌では、男性が男性に対して呼びかける言葉として用いられることがある。その場合、詠み手は基本的に女性の立場に身をとりなしているとみられる。例隠り恋ひ 息づき渡り 下思ひに 嘆かふ我が背(=閉じこもって恋い慕い、ため息をつきつつひっそりと嘆き思うあなたよ)〈万葉・一七・三九七三〉 読解 大伴池主が大伴家持に贈った歌の一節。

▼**関連語** 「我が背」「我が背子」の形で用いられることが多い。「せこ」「せな」の「こ」「な」は、いずれも親愛の意を示す接尾語。「いろせ」は同母の兄弟。

〈多田一臣〉

せ【施】 名《仏教語》ものを施し与えること。また、その施しもの。布施。例貧窮の所に行きてその施を受けむ〈今昔・二・六〉

せ【背】 名 ❶背中。例蛇の背につきたてし刀〈宇治拾遺・八七〉 ❷衣服の、背中の部分。例(縫ッタ衣服ノ)御背合はすれば、はやくたがひたりけり(=なんと間違っていたのだった)〈枕・ねたきもの〉 ❸身長。例背高く痩せおとろへたるが〈読本・雨月・白峰〉

せ【畝】 名 土地の面積の単位。段の十分の一。一畝は三十歩(約一アール)。太閤検地以前は三十六歩。

せ【瀬】 名 ❶川の浅くて水の流れが早いところ。例早き瀬にみるめ(=海藻の名)生ひせば〈古今・恋一〉 ❷節。点。例うれしき瀬もまじりて、大臣は御涙の暇なし〈源氏・葵〉 ❸機会。折。例この瀬にももれさせたまひて、(京へ)御のぼりも候はず〈平家・三・有王〉 ❹物事に出会う場所。例聞かずともここをせにせん(=待ち場所と定めよう)郭公〈新古今・夏〉

せ【諾】 感 承諾の意を表す語。はい。うん。例否とも諾とも言ひ放ちて〈後撰・恋五・詞書〉

せ 過去の助動詞「き」の未然形。

せ サ変動詞「す」の未然形。

せ 上代の尊敬の助動詞「す」の已然形・命令形。

せ 使役・尊敬の助動詞「す」の未然形・連用形。

[識別のポイント] **せ**

(1)**サ変動詞「す」の未然形**
例志はせむとす(=お礼はしようとする)〈土佐〉

(2)**使役・尊敬の助動詞「す」の未然形・連用形** 四段・ナ変・ラ変動詞の未然形につく。
例声高にものも言はせず(=声高にものも言わせない)〈土佐〉

(3)**過去の助動詞「き」の未然形** 活用語の連用形につく。「～せば～まし」の形で用いられ、反実仮想の意を表す。
例一つ松 人にありせば 太刀佩けましを(=この一本松が人であったなら太刀を身に着けさせるのになあ)〈記・中・景行・歌謡〉

(4)**上代の尊敬の助動詞「す」の已然形・命令形** 四段・サ変動詞の未然形につく。
例我が形見見つつ偲はせ(=私の形見を見ては思い出してください)〈万葉・四・五八七〉

世阿弥 ぜあみ《人名》一三六三～一四四三(貞治二～嘉吉三)か。室町時代の能役者・能作者。観阿弥の子。実名元清。中年以降の法名を擬した芸名が世阿弥陀仏で、世阿弥はその略称。

十二歳で京都今熊野社の猿楽に出演したのを室町幕府三代将軍足利義満が寵愛するようになる。至徳元年(一三八四)、父の死を機に大和猿楽結崎座に属する観世座の棟梁を引き継ぎ、ものまね主体の演技から歌舞中心の幽玄美を求める芸風へと方向転換を遂げて、観阿弥以来の能の芸術性を高め大成させた。しかし応永一五年(一四〇八)、義満の急逝によって最大の後援者を失う。四代将軍義持は芸能では田楽を重んじ、六代将軍義教は世阿弥の甥元重を後援して世阿弥父子を疎んじた。また後を託していた子元雅の死によって後継者を失い、永享六年(一四三四)には佐渡に流されるなど不遇な中で能楽論を書き残した。

作品として「高砂」「敦盛」「実盛」「井筒」「西行桜」「融」「鵺」「蟻通」「砧」「班女」「花筐」「芦刈」など五十曲近くの能が確認されている。『風姿花伝』『至花道』『三道』『花鏡』『申楽談儀』など二十一種の能楽論もある。『申楽談儀』は息子元能の筆録。

〈馬場光子〉

せい【制】 名 ❶制度。禁制。例この殿、制を破りたる御装束の、ことのほかにめでたきをして〈大鏡・時平〉 ❷天皇や支配者の命令。例制に応ずる歌〈とはずがたり・三〉 ❸制止。戒め。例まろが制に従ふべくもあらねばなむ〈宇津保・忠こそ〉

せい【姓】 名 ❶「しやう」「さう」とも。氏。名字。例醍醐の帝の御子におはして、姓得てただ人にて(=臣下で)おはしつるなり〈栄花・月の宴〉 ❷⇩かばね(姓)

せい【勢】 名❶勢い。力。勢力。例かの忠恒は**勢**ある者なり〈今昔・二五・九〉❷軍勢。兵力。例重盛公、その**勢**三千余騎にて…三つの門をかためたまふ〈平家・一・御輿振〉❸形。かっこう。体つき。例身の**勢**、極めて大きなり〈今昔・三・一〇〉

せい【精】 名❶魂。精霊。例某(=私)は松脂の**せい**にてあるが〈狂言・松脂〉❷気力。精力。心身の力。

ぜい【贅】 名〘近世語〙❶ぜいたくをすること。おごり。例世間の**盛**をやめさせ〈西鶴・好色一代男・六・七〉❷見栄を張ること。例何の役にも立たぬ**ぜい**に、鼻紙入れより女郎の文出して〈西鶴・好色一代女・五・二〉❸言いたいほうだいのことを言うこと。大言。「ぜいを言ふ」「ぜいをこく」などと用いる。

井蛙抄 〘作品名〙鎌倉末期の歌論。六巻。頓阿著。貞治三年(一三六四)以前の成立。巻一から巻五までは歌学知識が項目別にまとめられ、巻六では歌人の挿話が収録されている。従来の説を多数引用し、当代の有力歌人からの聞き書きも多い。

せい-い【征夷】 名 夷を征伐すること。特に古く、蝦夷を征伐すること。

せいい-たいしゃうぐん【征夷大将軍】 ―タイシヨウグン 名❶奈良時代から平安時代にかけて、蝦夷進攻の総大将として臨時に任命された官名。❷鎌倉時代以降、幕府の最高責任者の職。

せい-うん【青雲】 名❶青空。例名は留まって**青雲**九天(=高い空)の上に高し〈太平記・六〉❷(①から転じて)高位。高官。例忠盛**青雲**の翅を刷ふといへども(=高位に上り宮中に参上する用意をしたが)〈平家・四・南都牒状〉

せい-が【笙歌】 名「しょうが」とも。笙に合わせてうたう歌。例**笙歌**はるかに聞こゆ孤雲の上〈平家・灌頂・大原御幸〉

せいがいは【青海波】 名❶雅楽の曲名。管弦・舞楽曲。唐楽。中央アジアの国「青海」から中国を経て、仁明天皇の代に日本に伝わった曲という。二人の舞人が、波に千鳥の模様の衣装をつけて舞う。例源氏の中将(=光源氏)は、**青海波**をぞ舞ひたまひける〈源氏・紅葉賀〉❷①の衣服に用いる、波形の染め模様。渦を四分したような形を並べ重ねたもの。

せい-がう【精好】 ―ゴウ 名「精好織り」の略。絹織物の一種。縦糸を練り糸、横糸を生糸で、または縦横とも練り糸で織る。高級で美しく、多く袴地に用いる。例**精好**の大口(=大口袴)を張らせ〈太平記・六〉

せい-かん【清閑】 名 形動(ナリ) 清らかでもの静かなさま。例(立石寺)慈覚大師の開基にして、ことに**清閑**の地なり〈芭蕉・奥の細道〉

清閑寺 名 山城国、今の京都市東山区の寺。延暦二一年(八〇二)紹継の創建。謡曲『融』の「歌の中山」の地。

せい-ぐゎ【清華】 ―ガ 名❶高貴な家柄。❷中世以降の貴族の家格の一つ。摂家に次ぐ高い家柄。大臣・大将を兼ね、太政大臣にまでいたるが、摂政・関白にはなれない。「華族」「英雄」とも。例高貴・**清華**も、君主一の人も、共に力を得ず〈太平記・二七〉

せい-ぐゎん【誓願】 ―ガン 名 動(サ変)❶神や仏に誓いを立てて祈願すること。願をかけること。例大臣、これを見て**誓願して**いはく〈今昔・二・二五〉❷〘仏教語〙仏や菩薩が衆生を救うために、誓いとして立てた願。そのすべての誓願を「四弘誓願」といい、弥陀の四十八願、薬師の十二願など、一仏のみの誓願を「別の誓願」という。例仏の**誓願**空しからずば、この人を活しめたまへ〈今昔・六・二一〉

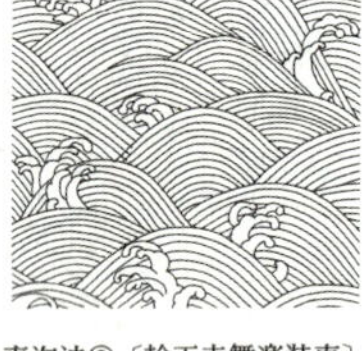

青海波②〔輪王寺舞楽装束〕

青海波①〔舞楽図〕

せい-けん【聖賢】 名❶聖人と賢人。知徳のきわめてすぐれた人。例閑かなる亭に酒の甕を開く　始めて覚ゆ**聖賢**の心〈菅家文草・五〉❷酒の別称。清酒と濁酒。

せい-こつ【性骨】 名⇩しゃうこつ

せい-こん【精魂】 名 霊魂。精霊。例葛城山に年を経る土蜘蛛の**精魂**なり〈謡曲・土蜘蛛〉

せい-ごん【誓言】 名 誓いの言葉。例僧うれしきままにもろもろの**誓言**を立て〈今昔・三一・一三〉

せい-ざう【星霜】 ―ソウ 名「せいさう」とも。歳月。年月。例**星霜**すでに五百八十余歳〈平家・二・善光寺炎上〉

せい-さつ【制札】 名「かうさつ」に同じ。例軍功は望み次第との御**制札**を立てられたり〈近松・出世景清・三〉

せい-し【青侍】 名〘「青侍」の音読〙「あをさぶらひ」に同じ。例源中納言雅頼卿のもとに候ひける**青侍**が見たりける夢〈平家・五・物怪之沙汰〉

せい-し【勢至】 名〘仏教語〙「勢至菩薩」の略。例観音・**勢至**、蓮台を捧げて〈栄花・玉の台〉

せい-し【誓紙】 名 誓いの言葉を記した紙。誓文。特に、男女の心が変わらないことを誓う証文。例かための**誓紙**うるし判の朽ちぬまでとぞ祈りける〈西鶴・好色一代男・二・四〉

せい-じ【青磁・青瓷】 名 鉄分を含んだ青緑色や淡黄色の釉薬をかけた磁器。中国の漢代に始まり、唐・宋代に完成する。日本には平安時代に伝来し、「秘色」と呼んで珍重した。例道具好きの茶人とても南京**青磁**のしゅ瓶(=小便をする容器)は尋ねず〈俳諧・鶉衣・徳弁〉

せいし-ぼさつ【勢至菩薩】 名〘仏教語〙阿弥陀仏の右脇士の菩薩。知恵を表す。左脇士の観世音菩薩とともに現れることが多い。

せい-じゃう【誓状】 ―ジョウ 名「せいし(誓紙)」に同じ。例故尼御前の御恩をば大納言殿に報じたてまつらんとたびたび**誓状**をもって申されければ〈平家・一〇・三日平氏〉

せい‐しょく【声色】 名 音楽と色事。美しい音楽を聞き、女色を楽しむこと。例宴飲・**声色**を事とせず（＝熱中せず）、居所を飾らず〈徒然・二一七〉

せいしょ‐だう【清暑堂】 ドウ 名「せいそだう」とも。大内裏の豊楽院九堂の一つ。大嘗会の後で神楽を行う。

せい‐じん【聖人】 名 ❶知徳が最もすぐれ、万人の手本と仰がれる人。特に、儒家が理想とする堯・舜・禹・孔子などの称。例あやしの下臈なれども、聖人の戒めにかなへり〈徒然・一〇九〉 ❷（濁酒を「賢人」というのに対して）清酒の別称。

せい・す【制す】 動（サ変）❶制止する。とどめる。例ある人の、月の顔見るは忌むことと（＝不吉なことと）制しけれども〈竹取〉 ❷制定する。決める。

醒睡笑（せいすいしょう）セイスイショウ《作品名》江戸時代の仮名草子・噺本。八巻。安楽庵策伝作。元和九年（一六二三）成立。一〇〇〇余の短編笑話を四二項目に分類して収める。唱導僧だった策伝が説経の例話として書きためていた笑話を、交流のあった京都所司代板倉重宗の求めに応じてまとめたもので、寛永五年（一六二八）重宗に献呈。収録話数の膨大さと分類の巧みさの点で、笑話の集大成と評価できる。

清少納言（せいしょうなごん）セイショウナゴン《人名》平安中期の人で、『枕草子』の作者。康保三年（九六六）ごろ出生、万寿二年（一〇二五）ごろ没か。

●**略歴**　『後撰和歌集』時代の代表的な歌人、清原元輔の晩年の娘として誕生。曾祖父の清原深養父も『古今和歌集』時代の代表的な歌人。清少納言は女房としての呼び名で、本名は不明。父の元輔は地方官を歴任する受領層の人で、清少納言も幼少時、父の赴任に従って周防国（山口県）に下ったらしい。天元四年（九八一）ごろ橘則光と結婚、翌年則長を出産。永祚二年（九九〇）から翌年にかけて、老齢の父の任国肥後国（熊本県）での死や夫との離婚などがあり、正暦四年（九九三）一条天皇の中宮定子のもとに女房として出仕。

●**『枕草子』の執筆**　『枕草子』は、その宮仕えの体験をもとに執筆された。中宮定子の一族は中関白家と呼ばれたが、その繁栄は長続きせず、定子の父の道隆の病死、兄弟の伊周・隆家の失脚という不運が重なる。清少納言はそうした状況にありながらも、『枕草子』には中関白家の明るく華麗な宮廷生活を描き続ける。しかし長保二年（一〇〇〇）の定子の死で清少納言も宮仕えを辞したらしく、『枕草子』も定子の死以前までがその主要な記事になっている。

〈鈴木日出男〉

せいそ‐だう【清暑堂】 ドウ 名「せいしょだう」に同じ。

せい‐ぞろへ【勢揃へ】 ゾロエ 名 ❶軍勢を集めそろえること。例浮島が原にて**勢ぞろへ**あり〈平家・五・富士川〉 ❷大勢の人が一か所に寄り集まること。例娘の勢揃へして遊ぶ〈浮世草子・新色五巻書・一・一〉

せい‐たい【青黛】 名 ❶濃い青色の眉墨。女性の眉の美しさをいう。例**青黛**のまゆずみは、はなやかにして〈御伽草子・物くさ太郎〉 ❷役者などが月代を青く見せるために塗る顔料。例頸へ**青黛**を泥って、ちと否身たっぷりの拵へ（＝装い）〈滑稽本・浮世風呂・四上〉

せい‐たい【聖代】 名「せいだい」とも。すぐれた帝の統治する世。例延喜の**聖代**に仕へてより〈平治・上〉 語誌 聖代として特に後世追慕されたのは、延喜・天暦時代で、それぞれ醍醐・村上天皇の代。

せい‐たう【政道】 トウ [1]名 政治。まつりごとの道。例平氏、王皇蔑如して（＝あなどって）、**政道**にはばかる事なし〈平家・五・福原院宣〉 [2]名動（サ変）取り締まること。禁止。制止。例十一、二より外へ出さず**政道して**〈浮世草子・傾城禁短気・三・一〉

せいたか【制吒迦・勢多迦】 名《仏教語》〔梵語の音写〕不動明王の眷属の一つ。矜羯羅とともに脇士を務める童子。その姿は左に三鈷を、右に金剛棒を持ち、ふつう、怒相である。明王の右側に立つ。例われはこれ大聖不動明王の御使ひに、矜羯羅・**制吒迦**という二童子なり〈平家・五・文覚荒行〉

せい‐てい【正丁】 名 令制で、二十一歳から六十歳までの男性で、身体に障害がない人。租税や兵役の負担の基準とされた。

せい‐とく【勢徳】 名 権勢と財産。また、それらがもたらす恩恵。例国々の司として**勢徳**も並びなき者にてぞありける〈今昔・一九・四〉

せいなん‐の‐りきゅう【城南の離宮】 名 鳥羽殿のこと。平安京の南の離宮の意で、『文選』の詩句に由来する言い方。

せい‐ばい【成敗】 名動（サ変）❶政治をすること。例いかなる賢王賢主の御政も、摂政関白の御**成敗**も〈平家・一・禿髪〉 ❷取り計らうこと。計画。例南都炎上の事、故入道の**成敗**にもあらず〈平家・一〇・千手前〉 ❸裁くこと。裁決。例当座にて喧嘩に及びしを、御寮（＝将軍）の御**成敗**によりしづまりぬ〈曾我・八〉 ❹懲らしめること。処罰。例かんにんならぬ。**成敗**いたす〈虎寛本狂言・入間川〉

せい‐びゃう【精兵】 ビョウ 名 ❶弓を引く力の強いこと。また、その人。例阿佐里の与一はもとより**勢兵**の手ききなり（＝名手である）〈平家・一一・遠矢〉 ❷「せいへい」とも。より抜きの兵。例三千余の**精兵**を率ゐて…戦ひを挑みぬ〈将門記〉

せい‐めい【清明】 名形動（ナリ）❶清く明らかなこと。例この宿（＝星座）、**清明なる**ゆゑに、月を翫ぶに（＝観賞するのに）良夜とす〈徒然・二三九〉 ❷二十四気の一つ。万物が新鮮で百花の咲く時節。陰暦三月の節で、今の四月五日ごろをいう。例毎年**清明**の節には雨が降るなり〈中華若木詩抄〉

せい‐もく【聖目・星目・井目】 名 碁盤の目の上に記した九つの点。また、対局者の力の差が大きいとき、弱いほうがあらかじめその九点に石を置くこと。例「まろが石はまづここに置きたまへ」と言ひて、中（＝中央）の**聖目**をさす〈今昔・二四・六〉

せい‐もん【誓文】 [1]名 ❶神仏に誓う文言。起請文。例弟子ども、**誓文**をなむ書きてぞ送りたりける〈発心集・三・七〉 ❷誓いの気持ちを表すこと。誓いを立てること。例**誓文**のためただいま御前で金打たう〈近松・曾我会稽山・三〉 読解「金打つ」は、誓いを立てるとき金属と金属を打ち合わせること。❷副 神かけて。誓って。絶対。例「わしが心は誓文かうぢゃ」とひったり抱き寄せ〈近松・女殺油地獄・上〉

せい-やう【青陽】 名（五行説で「青」は春にあたることから）春の別称。多く初春にいう。また、春の光。春の景色。例青陽の春も来たり、浦吹く風もやはらかに〈平家・九・生ずきの沙汰〉

せいらう-でん【清涼殿】 名「せいりゃうでん」に同じ。

せい-らん【晴嵐・青嵐】 名 青々とした山気。また、青葉を吹きわたる風。例青嵐夢を破って、その面影も見えざりけり〈平家・三・有王〉

せい-りき【精力】 名 ❶「せいりょく」とも。体力。ちから。例精力を尽くし候へども〈謡曲・恋重荷〉❷努力。骨折り。例宿のせい力一つにて…約束の日限切れるもいひ延ばし〈近松・冥途の飛脚・中〉

清涼寺 名 山城国、今の京都市右京区嵯峨の寺。源融の山荘を寺としたもので、通称は嵯峨の釈迦堂。宋から伝来した釈迦像が信仰を集め、平安末期以降多くの参詣者でにぎわう。室町時代には融通念仏の道場として栄えた。

せいりゃう-でん【清涼殿】 名「せいらうでん」とも。内裏の殿舎の一つ。紫宸殿の西にあり、天皇の日常の居所。中心は昼の御座で、中央に御帳台・大床子がある。四方拝・叙位などの儀式も行われた。⇩口絵。例清涼殿の丑寅（＝北東）のすみの、北のへだてなる御障子は、荒海の絵〈枕・清涼殿の丑寅のすみの〉

せい-りゅう【青龍】 名「せいりょう」に同じ。

せい-りょう【青龍】 名「しゃうりゅう」「せいりゅう」とも。❶青色の龍。古来、めでたい兆しとされた。例次に外道（＝異教の者）の方より青龍を現ぜり〈今昔・一・九〉❷四神の一つ。東方の守護神。龍の姿をする。⇩しじん（図）

せいわうぼ【西王母】 《人名》中国の伝説上の仙女。西方の崑崙山に住み、不死の薬を持つとされる。また、長寿を願う漢の武帝に、三千年に一度実のなる桃の実を与えたという。⇩もも（桃）。例三千年に花咲き実なる西王母の園の桃〈曾我・九〉

せう【小】 名 ❶小さいこと。細いこと。少ないこと。狭いこと。軽いこと。劣っていること。また、そのもの。例小を捨て大につくがごとし〈徒然・一八八〉❷陰暦で、一か月の日数が二十九日の月。小の月。

せう【抄・鈔】 名 仏典・漢籍・古典などで、難解な部分、または問題となる語や句を抜き出して注解を加えた書物。注釈書。抜き書き。例この拾遺集を抄して拾遺抄と名付けてありける〈古来風体抄・上〉

せう【詔】 名「せうしょ」に同じ。「みことのり」とも。例始皇帝かくのごとく執し覚して、さまざまの詔を残さるる神陵なれば〈太平記・二六〉

せう【簫】 名 管楽器の一つ。長短の竹管を鳳凰の翼の形などに編み並べた笛。例楽の声、簫・笛・琴…を調べ合はせたり〈栄花・鳥の舞〉

せう【少輔】 名（「せうふ」の変化した形）「せふ」「せういう」とも。令制で、八省の次官。同じ次官である大輔の次位。例殿の御随身、かの少輔が家にて時々見る男なれば〈源氏・浮舟〉

せう【兄鷹】 名 小さい鷹。また、雄の鷹。例鳥のせうやうの物のやうなるは〈源氏・夕霧〉

せ-う 〔サ変動詞「す」の未然形＋推量の助動詞「む」＝「せむ」の変化した形〕〜しよう。例討ち死にせうど思ひきって候ふぞ〈平家・七・篠原合戦〉

せう-えう【逍遥】 名動（サ変）気ままにあちこち歩き遊ぶこと。例（筑紫カラ京へ）浦づたひに逍遥しつつ来るに〈源氏・須磨〉

せう-こん【招魂】 名 死者の霊魂を招き寄せること。例喚子鳥鳴く時、招魂の法をばおこなふ次第あり〈徒然・二一〇〉

せう-さい【小賽】 名 双六で、振り出した賽の目の数が少ないこと。例手をいと切におしもみて「小賽、小賽」と祈ふ声ぞ〈源氏・常夏〉

せう-し【笑止】 名 形動（ナリ）❶気の毒なさま。かわいそう。例わが恋は 水に燃えたつ蛍々 もの言はで笑止の蛍〈閑吟集・五九〉❷困ったこと。例あら笑止や、にはかに日暮れ大雨降りて〈謡曲・蟻通〉❸笑うべきさま。おかしいこと。⇩しょうし。例ああ笑止なる事を承るものかな〈談義本・風来六部集・里のをだ巻評〉

せう-しゃう【少将】 名 奈良時代の中衛府・近衛府・外衛府、またその後身である平安時代の左右近衛府の次官。同じ次官である中将の下位。正五位下相当。例司召（＝官吏の任命式で）少将にならせたまひて〈栄花・初花〉

せう-しょ【詔書】 名 天皇の詔の文書。改元や大赦など臨時の大事に関して発せられる。例（勅使ガ）詔書を読みあげける時〈太平記・一三〉

せう-じょう【小乗】 名《仏教語》（「乗」は乗り物の意）自己の解脱だけを主な目的とする教え。人間全体を救おうとする利他的な菩薩思想を説く新興派が自らを大乗と称し、ほかを真理への小さな乗り物（小乗）とけなしたことに始まる。

せう-しん【小身】 名 身分が低く、禄高の少ないこと。また、その人。例ある大身の人、世に落ちぶれて小身の体になりたる〈反故集〉

せう-しん【少進】 名 令制で、大膳職・左右京職・中宮職・修理職・春宮坊などの判官（三等官）。同じ判官である大進の次位。

せう-じん【小人・少人】 名 ❶子ども。少年。稚児。例山伏の同道には、小人のやうにこそ作りなしまゐらせ候はんずれ〈義経記・七〉❷狭量で品のない人。小人物。例無理の邪をもって貪り取る癖ある者は、これ道（＝道理）に叶はぬ小人なり〈仮名草子・浮世物語・二・一〇〉❸身分の低い人。例小人の家の女、慎みて身をもて軽々しくゆるすことなかれ〈十訓抄・五・八〉

せう-すい【少水】 名 少量の水。例車の輪跡のくぼみたる所にたまりたる少水に〈宇治拾遺・一九六〉

【少水の魚】《仏教語》もうなくなりそうな少ない水の中にいる魚。生命が尽きようとするさまのたとえ。例日を経つつきはまりゆく（＝困窮してゆく）さま、少水の魚のたとへにかなへり〈方丈記〉

せう-せう【少少・小小】(シヨウシヨウ) 副 ❶少しばかり。例さりとも、翁こそ少々のことは覚えはべらめ〈大鏡・序〉 ❷ふつう。ありきたり。例少々の殿上人に劣るまじ〈源氏・蛍〉

せう-せつ【小節】(シヨウ) 名 取るに足りない節操・道義・義理。例一生は、雑事の小節にさへられて(=邪魔されて)、空しく暮れなん〈徒然・一一二〉

せう-そく【消息】(シヨウ) 名動(サ変)「せうそこ」に同じ。例使ひを遣はして入唐の第一船を尋ね訪はしむ。その消息にいはく〈続紀・天平勝宝六年三月〉

せうそく-が・る【消息がる】(シヨウソク) 動(ラ四)〔「がる」は接尾語〕手紙のやりとりをしたいと思う。例すいたる(=風流めいた)田舎人ども、心かけ消息がるいと多かり〈源氏・玉鬘〉

せう-そこ【消息】(シヨウ) 名動(サ変)〔「せうそく」の変化した形〕❶手紙を書くこと。また、その手紙。伝言。例さるべきをりうかがひつけて消息しおこせたり(=適当な機会をやっと見つけ出して手紙を書いてよこした)〈源氏・若菜下〉
❷訪問して来意を告げること。案内を請うこと。例御消息聞こえたまふに、遊びはみなやめて(=来意をお告げ申し上げなさると、音楽はすっかりやめて)〈源氏・賢木〉
❸その時その時のありさま。動静。例(大事ニ思ウ人ノ病気ガ)おこたりたる由、消息聞くも、いとうれし(=快方に向かっているとのこと、そのありさまを聞くのも、たいそううれしい)〈枕・うれしきもの〉

類義▶①ふみ

語誌▼手紙の意　「消」は陰気の死する意、「息」は陽気の生じる意で、消えたり生じたりすることが本来の意味。消長変化する意から、その時々の具体的状況(③)をいうようになった。その状況を他者に手紙や口頭で伝えるということから①②の意となる。平安時代以降、手紙の意で広く用いられるようになる。〈鈴木宏子〉

せうそこ-ぶみ【消息文】(シヨウソコ) 名「せうそこ①」に同じ。

せう-だい【招提】(シヨウ) 名《仏教語》寺。寺院。例この寺は…五山第二の招提なれば〈太平記・四〇〉

せう-てん【少典】(シヨウ) 名 令制で、大宰府の主典(四等官)。同じ主典である大典の次位。書記官。

せ-うと【兄人】(ショウト) 名〔「せひと」のウ音便形〕❶女性から見た男の兄弟。年齢の上下にかかわりなく用いる。「いもうと(妹)」の対。例(a)故母御息所の御せうとの律師の(=亡き母である御息所の御兄の律師が)〈源氏・賢木〉例(b)かのせうとの童なる率ておはす(=あの女性の弟で召使の童である人を連れていらっしゃる)〈源氏・手習〉
❷男の兄弟、特に、兄。例公世の二位のせうとに、良覚僧正と聞こえしは(=従二位の藤原公世の兄で、良覚僧正と申し上げた方は)〈徒然・四五〉

語誌　一般的には、女性の側から男の兄弟をさしていった語で、男性が同性の兄をいう語には「あに」や「このかみ」がある。〈米山敬子〉

せう-とく【所得】(シヨウ) 名動(サ変) 得をすること。もうけ。例あはれ、しつるせうとくかな(=ああ、たいへんなもうけものよ)〈宇治拾遺・三八〉

せう-なごん【少納言】(シヨウ) 名 令制で、太政官の職員。小事の奏上や官印の管理などをつかさどり、侍従を兼ねる。

せう-に【少弐】(シヨウ) 名 大宰府の次官。同じ次官である大弐の下位。庶務をつかさどる。従五位下相当。例少弐、任はてて上りなむ(=任期が終わって京へ上ろう)とするに〈源氏・玉鬘〉

せう-ねつ【焦熱・燋熱】(シヨウ) 名《仏教語》「焦熱地獄」の略。例焦熱・大焦熱・無間阿鼻の炎の底の罪人も〈平家・五・奈良炎上〉

せうねつ-ぢごく【焦熱地獄・燋熱地獄】(シヨウネツジゴク) 名《仏教語》八熱地獄(八大地獄)の第六。ここに落ちると、猛火・炎熱のため苦しむという。「炎熱地獄」とも。例獄卒をあひそへて(=地獄の鬼を添えて)焦熱地獄へつかはさる〈平家・六・入道死去〉

せう-の-ふえ【簫の笛】(シヨウ) 名「せう(簫)」に同じ。

召波(せうは)(ショウハ)《人名》一七二七〜一七七一(享保一二〜明和八)。江戸時代の俳人・漢詩人。本姓黒柳氏。別号春泥舎。漢詩を服部南郭に、俳諧を蕪村に学び、漢詩的世界を取り入れた俳風を示す。没後刊行の句集『春泥句集』がある。

紹巴(ぜうは)(ジョウハ)《人名》一五二四?〜一六〇二(大永四?〜慶長七)。室町・安土桃山時代の連歌師。里村昌休の門人で昌休没後里村氏を称したという。連歌界の第一人者として活躍し、織田信長・明智光秀・豊臣秀吉ら武将との交流もあった。著作に連歌論『連歌至宝抄』など。

肖柏(せうはく)(ショウハク)《人名》一四四三〜一五二七(嘉吉三〜大永七)。室町時代の和歌・連歌作者。公家の中院家の出身。別号に夢庵・牡丹花。宗祇に学び、『水無瀬三吟百韻』などの連歌に参加した。宗祇らの連歌集『新撰菟玖波集』の撰集も助けた。家集に『春夢草』。

せう-ひつ【少弼】(シヨウ) 名 令制で、弾正台の次官。同じ次官である大弼の次位。

せう-ふう【蕉風】(シヨウ) 名 俳諧で、芭蕉とその一門の作風。⇩芭蕉

せう-ぶん【少分・小分】(シヨウ) 名 少しばかり。わずか。例その値、少分をもとらせたまはずなりぬ〈宇治拾遺・九六〉

せう-べん【少弁】(シヨウ) 名 令制で、太政官の判官(三等官)。同じ判官である中弁の次位で、右少弁・左少弁がある。

ぜう-まう【焼亡】(ジヨウモウ) 名動(サ変) 焼けてなくなること。火事。例内裏ににはかに焼亡出で来たり〈平家・六・祇園女御〉

せう-みやう【小名】(シヨウミヨウ) 名 ❶平安中期から室町時代にかけて、名田を所有する豪族のうち、大名よりも領地の少ない人。❷江戸時代、一万石以上の大名のうち、領地の少ない人。

せう-もくだい【小目代】(シヨウ) 名 目代の下役。例道誉が小目代にて、吉田肥前が出雲の国にありけるを追い出だし〈太平記・三三〉

せうもち【抄物】 名「せうもつ」に同じ。

せうもつ【抄物】 名 古典などを抜き書きしたり書き写したりしたもの。また、注釈書。講義の聞き書き。例(籠ニ)和歌・管絃・往生要集ごときの**抄物**を入れたり〈方丈記〉

せうもん【蕉門】 名 俳諧で、芭蕉の一門。特に、そのうちの十人を蕉門の十哲と呼ぶことがある。ふつう、去来・其角・支考・許六・嵐雪・丈草・杉風・野坡・越人・北枝の十人。

せうやうしゃ【昭陽舎】 名「なしつぼ」に同じ。

せうらん【照覧・昭覧】 名動(サ変) 神仏がお見通しになること。例大菩薩、真実の志二つなきを、はるかに**照覧**したまひけん〈平家・七・願書〉

せおはします【せ御座します】〔尊敬の助動詞「す」の連用形＋尊敬の補助動詞「おはします」〕強い尊敬の意を表す。お～になる。お～あそばす。～て(で)いらっしゃる。例夜更けぬさきに(＝夜が更けない前に)帰ら**せおはしませ**〈源氏・夕顔〉 語誌 ▼尊敬語＋尊敬語の二重敬語で、いわゆる最高敬語の一つ。▼四段・ナ変・ラ変動詞の未然形につく。それ以外には「させおはします」がつく。

せかい【世界】 名 ❶地上界。人間界。例おのが身はこの国の人にもあらず。月の都の人なり。それをなむ、昔の契りありけるによりてなむ、この**世界**にはまうで来たりける(＝前世の宿縁があったことによって、この地上界に参上したのですよ)〈竹取〉 読解 かぐや姫の言葉。

❷世間。世の中。例**世界**の男、あてなるも賤しきも(＝世間の男は、身分の高い人も低い人も)〈竹取〉

❸あたり一帯。例疾き風吹きて、**世界**暗がりて〈竹取〉

❹未知の土地。地方。田舎。例**世界**にものしたまふとも、忘れで消息したまへ(＝遠い土地においでになっても、忘れずにお便りをください)〈大和・六四〉

❺地球上の諸国・諸地域。例**世界**の図(＝世界地図)にある裸島とて〈西鶴・好色五人女・一・一〉

❻歌舞伎や浄瑠璃で、作品の背景となる時代や場所・人物などの類型。例ありきたりの**世界**にては狂言に働きなし(＝脚本におもしろさがない)〈戯財録〉

❼近世の用法。自分の思いどおりにすることができる場。例これからはおいらが**世界**だ〈黄表紙・心学早染草・下〉

語誌 本来は仏教語で、「世」は前世・現世・来世の三世の時間、「界」は東西南北・上下の空間の意。「世界」で仏や人間などが住む時間・空間の全体をいう。〈中村隆嗣〉

せがい【船枻】 名 船の両舷に渡した板。例(扇ヲ)舟の**せがい**にはさみたてて〈平家・一一・那須与一〉

せがき【施餓鬼】 名〔仏教語〕「施餓鬼会」の略。餓鬼道に落ちた無縁の亡者のために飲食物を施す法会。例**施餓鬼**の勧進、御坊(＝墓守り)のよろこび〈西鶴・諸艶大鑑・六・五〉

せがむ 動(マ四) ❶責め立てる。例「湯と言うたに水をくれた」…などと申して**せがみ**まするに〈狂言・縄綯〉

❷ねだる。例女どもが花見に参りたいと言うて、毎年**せがめ**ども〈狂言記・猿替勾当〉

せき【関】 名〔動詞「せく(塞く)」の名詞形〕❶せき止めるもの。隔て。例彦星に恋はまさりぬ天の河へだつる**関**をいまはやめてよ(＝私は彦星よりずっと激しい恋をしてしまっている。天の河のように私とあなたを隔てているものを今はやめてしまってください)〈伊勢・九五〉 読解 末尾の「てよ」は完了の助動詞「つ」の命令形。

❷主要な街道の要所や国境に設けた関門。関所。例卯の花をかざしに**関**の晴れ着かな〈芭蕉・奥の細道〉➡名句27

語誌 ▼**交通の管理統制機関** 関は律令制下において整備された。最も重要視されたのは鈴鹿・不破・愛発の三関である。軍事的・警察的目的のほか、中世には使用料の徴収を目的として乱設された。織田信長・豊臣秀吉の時代に各所の関は廃止されたが、近世になると幕府が新たに関を設けることもあった。▼**歌枕として** 『万葉集』では主に自由な通行を妨げるものとして詠まれた。平安時代以降の和歌では、特に恋路を妨げるものとして詠まれ、逢坂・勿来・白河などの関は歌枕として定着する。『枕草子』「関は」の段には十三の関が挙げられ、近世、芭蕉の『奥の細道』の旅も「春立てる霞の空に白川の関(＝白河の関)こえん」を目的の一つとした。〈吉田比呂子〉

せきあく【積悪】 名「しゃくあく」に同じ。

せきあぐ【咳き上ぐ】 動(ガ下二) ❶胸をつかえさせる。また、胸がつかえる。むせかえる。例御胸**せき上ぐる**心地したまふ〈源氏・夕顔〉 ❷気持ちが高ぶる。逆上する。例短気の団七ぐっと**せき上げ**〈浄瑠璃・夏祭浪花鑑・三〉

せきあぐ【塞き上ぐ・堰き上ぐ】 動(ガ下二) 流れをせき止めて、水を満たす。例かの湖は…いったん山河を**せきあげ**てさぶらふ〈平家・七・火打合戦〉

せきあふ【塞き合ふ】 動(ハ四) 混みあう。大勢やって来て押しあう。例馬・車の立ち所もなく**せきあひ**たるに〈古活字本平治・上〉

せきあふ【塞き敢ふ】 動(ハ下二) 涙などを無理に抑える。強いてせき止める。多く打消の語を伴って用いる。例姫宮の、まいて(涙ヲ)**せき敢へ**させたまはぬほど〈栄花・嶺の月〉

せきおくり【関送り】 名 ❶京都から旅に出る人を逢坂の関まで送って行くこと。特に、伊勢参りの人を送ることにいう。「関迎へ」に対していう。例**関送り**してあとの留主事 逢坂の山は東に西の家〈西鶴・俳諧大句数・九〉 ❷旅立つ人を見送ること。例其角亭において**関送り**せんともてなす〈芭蕉・笈の小文〉

せきがく【碩学】 名〔「碩」は大の意〕学問を広く深く極めた人。博学の人。大学者。例南都の**碩学**どもをさし置きて〈著聞集・一三・四三二〉

せきかぜ【関風】 名 関所のあたりを吹く風。関路の風。例逢坂の関の**関風**吹く声は昔聞きしに変はらざりけり〈更級〉

せきかぬ【塞きかぬ】 動(ナ下二) せき止められない。こらえられない。多く涙にいう。例おほかた(＝まったく)涙**せきかね**て〈讃岐典侍日記・下〉

せき-くゎ【石火】 名 火打ち石を打ったときに出る火花。転じて、きわめて短い時間のたとえ。例衆生誰れか石火に非ざらむや〈菅家文草・一二〉

【石火の光】 ほんの短い瞬間のこと。つかの間。例出づる息入る息をまたず。石火の光の内にいくばく楽しみかあらむ〈宝物集・三〉

せきしょ-てがた【関所手形】 名 江戸時代、関所通行のときに必要な身分証明書。町奉行・代官・名主・大家などが発行した。「関手形」「関所札」「関札」なども。例大屋へ古借をすましたかはり、御関所の手形をうけとり〈滑稽本・膝栗毛・初〉

せきしょ-やぶり【関所破り】 名 関所手形を持たずに関所を越すこと。また、その人。重罪とされた。

せき-ぜん【積善】 名「しゃくぜん」に同じ。

せき-ぞろ【節季候】 名〔「節季に候ふ」の意〕江戸時代、年末に来る門付けや物もらいの一種。シダの葉をさした笠をかぶり、赤い布で顔を隠して両眼だけ出し、二～四人が組みになって家々を回り、庭で踊って米銭を請う。例（長崎ハ）上方のごとく節季候も来ねば、ただ伊勢暦を見て春の近づくをわきまへ〈西鶴・世間胸算用・四・四〉

せき-たい【石帯】 名 束帯のとき、袍の腰部に巻く革の帯。種々の玉石を装飾として縫いつけた。「石の帯」「玉の帯」とも。

せき-ぢ【関路】 名 関所に通じる道。関所のある道。「せきみち」とも。例今はとて立ち帰りゆくふるさとの不破の関路に都わするな〈後撰・離別〉

せき-づる【関弦】 名 弓の弦の一種。弦に絹糸を巻き、その上に漆を塗って丈夫にしたもの。例五人張り（＝五人がかりで弦を張るほどの強い弓）に関弦懸けて〈太平記・一五〉

せき-て【関手】 名〔「て」は代金の意〕関所を通るときに払う通行料。関銭。例関手なして（＝払って）通りたまへ〈義経記・七〉

せき-てん【釈奠】 名「しゃくてん」に同じ。

せき-ど【関戸】 名 関所の門。「せきのと」とも。例世の中は関戸にふせぐさかもぎの〈長秋詠藻・上〉

せき-とく【尺牘】 名〔「牘」は文字を書く木札〕文書。手紙。例尺牘の書疏は千里の面目なりといへり〈著聞集・七・二八五〉読解 書状の筆跡が美しい人は千里の遠くまで面目を施す、の意。

せき-とく【碩徳】 名〔「碩」は大きい意〕大きな徳。また、徳の高い人。高徳の僧にいうことが多い。例清涼殿にして四家（＝四宗派）の大乗宗の碩徳を集められて〈平家・一〇・高野御幸〉

せき-とど・む【塞き止む・堰き止む】 動（マ下二）遮りとめる。抑える。例岩間をも分けくる滝の水をいかで散りつむ花のせきとどむらん〈拾遺・春〉

せき-と・む【塞き止む・堰き止む】 動（マ下二）「せきとどむ」に同じ。例(a)もみぢばを水の心にまかすれば大井川をやせきとめて見ん〈小大君集〉例(b)めでたく思しめさるる事せきとめがたし〈竹取〉

せき-とり【関取】 名 相撲の最高位の称。大関。また、上位の力士の敬称。例関取の乳のあたりに人だかり〈柳多留・初〉

せき-の-と【関の戸】「せきど」に同じ。例関の戸さきで（＝閉じないで）通はん〈謡曲・老松〉

せき-の-ひがし【関の東】 逢坂の関より東。今の中部地方以東。例平家は時を巡らさず、数万騎の兵を関の東に遣はすと〈謡曲・頼政〉

せき-ばく【寂寞・寂漠】 名 形動（タリ）「じゃくまく」に同じ。例故亭（＝古びた御殿）幽閑寂寞の御すまひ〈平家・四・厳島御幸〉

せき-むかへ【関迎へ】 名 入京する人を逢坂の関まで迎えに行くこと。やって来る人を関所まで迎えに出ること。「関送り」に対していう。例今日の御関迎へは、え思ひ捨てたまはじ〈源氏・関屋〉

せき-もり【関守】 名 関所の番人。男女の逢瀬を妨げるもののたとえにいうことが多い。例人知れぬわが通ひ路の関守は宵々ごとにうちも寝ななん（＝居眠りでもしてほしい）〈古今・恋三〉

せき-や【関屋】 名 関守の住んでいる家。関所の番小屋。例人住まぬ不破の関屋の板びさし荒れにしのちはただ秋の風〈新古今・雑中〉➡名歌304

せ-ぎゃう【施行】 名 動（サ変）❶〔仏教語〕功徳を積むため、僧や貧しい人などに物を施すこと。また、その施す物。例天王寺の西門石の鳥居にて大施行を引かれ（＝行いなさり）〈謡曲・弱法師〉❷命令を広く伝えること。また、その命令。例国々の源氏等に施行せらる〈源平盛衰記・一三〉

せき-やぶり【関破り】 名「せきしょやぶり」に同じ。例ことごとく引っ捕へ、関破りと言ふべきか〈浄瑠璃・伊賀越道中双六・八〉

せき-やま【関山】 名 関所のある山。また、その山道。逢坂山をさすことが多い。例関山をもうち越えて、大津の浦になりにけり〈平家・一二・六代〉

せき-わ・ぶ【塞き侘ぶ・堰き侘ぶ】 動（バ上二）せきとめかねる。例岩間ゆく山の下水堰きわびて〈千載・恋二〉

せく【節供】 名〔「せっく」の促音の表記されない形〕⇨せちく。例せくまゐりなどすめる〈蜻蛉・上〉

せ・く【急く】 動（カ四）いらだつ。あせる。せかす。せきたてる。例清十郎様せきたまふな〈西鶴・好色五人女・一・二〉

せ・く

【塞く・堰く】 動（カ四）「せし（狭し）」と同根。狭くして、物事の進行や人などの行動をさえぎり妨げる意。関所の意の「せき（関）」は、この語の名詞形。

❶**水の流れをせき止める。** 例（アノ姫君トノ結婚ハ）吉野の滝を堰かむよりも難きことなれば（＝吉野の滝をせき止めようとするよりも困難なことなので）〈源氏・藤袴〉

❷**涙が出るのを抑える。涙をこらえる。** 例悲しみの涙せきあへず（＝悲しみの涙をこらえることができない）〈平家・九・三草勢揃〉

❸**感情や思いを抑える。** 例（恋心ヲ）せかれず、今の間も恋しきぞわりなかりける（＝抑えることができず、今の間の瞬間も恋しいのはどうしようもなかった）〈源氏・宿木〉

❹妨げる。邪魔する。例思ひ交はしたる若き人の中の、**せく方**ありて心にもまかせぬ(=愛しあっている若い人の仲が、邪魔するものがあって思うようにならないもの)〈枕・あはれなるもの〉 〈岩坪健〉

ぜ-く【絶句】名「ぜっく」の促音の表記されない形。

せ-くぐま・る【跼まる】動(ラ四)〔「背屈まる」の意〕「せくまる」とも。背を丸くして前かがみになる。恐れ慎しむ態度を表すことが多い。例天に**跼まり**地に蹐して(=そっと歩いて)〈太平記・一九〉

せ-けん

【世間】名❶《仏教語》命あるものが住んでいる世界。例たちまちに生死の無常を観じ、**世間**の受楽を厭ひて出家したまふなり(=すぐに生ある者は必ず死に、常住不変のものはないという道理を悟り、この世の安楽に浸ることを嫌って出家なさるという)〈今昔・五・二〉
❷**世の中。現実世界。**また、**現実の世の中の人。**例(a)(月ヲ)見れば、**世間**心細くあはれにはべる(=見ると、この世界がたよりなくしみじみとしたものに思えます)〈竹取〉例(b)身過ぎに賢く、**世間**にうとからず(=商売上手で、世の中の事に通じている)〈西鶴・日本永代蔵・一・五〉
❸**あたり一面。身の回り。**例(a)**世間**すさまじく風吹き、沼荒れたる時(=あたり一面荒々しく風が吹き、沼が荒れている時)〈沙石集・七・二〉例(b)**世間**が冷える。子どもに風ひかしゃんな(=あたりが冷える。子どもに風邪をひかせるな)〈近松・心中天の網島・中〉
❹**この世の生活。生計。財産。**例**世間**豊かなりければ、いみじく建立して(=生活が豊かだったので、りっぱに堂を建てて)〈沙石集・二・六〉

語誌▼仏教語の「世間」　仏教語では、過去・現在・未来の時間、無限に移り変わってとどまらないことの意。移り流れてとどまることのない、衆生の生きる世界をいうのが原義。空虚なもの、否定・破壊すべき迷いの世界という認識で用いられる。
▼関連語　「**世の中**」はこの「世間」と対応する語と考えられ、古く『**万葉集**』などにも「世間」を「よのなか」と訓んでいる例がある。類義語に「**せかい**(世界)」がある。

【世間が立つ】世間への申し訳が立つ。義理が立つ。多く打消の形で用いる。例ちょっと顔でも見たいが、いやいやそれでは**世間が立た**ぬ〈近松・冥途の飛脚・下〉読解罪を犯して逃げている息子への思い。

【世間が詰まる】世の中が不景気になる。例毎年**世間がつまり**、我人(=自分も他人も)迷惑するといへど〈西鶴・日本永代蔵・四・五〉

せけん-ぎ【世間気】名外聞を気にして見栄を張る気持ち。虚栄心。例両替屋のあるを近き一門に申しなして(=親しい一門だとうそをついて)色宿に来ての**世間気**〈浮世草子・傾城禁短気・六・四〉

せけん-だましひ【世間魂】―ダマシイ名世俗のことに対して働く知恵。世渡りの才覚。例**世間だましひ**はしも、いとかしこくはべるを取り所にて(=長所だとして)〈大鏡・道長下〉

世間子息気質《作品名》江戸時代の浮世草子。五巻五冊。江島其磧作。正徳五年(一七一五)刊。特定の身分や職業の人物を主人公とする気質物の最初の作。色遊び・学問好き・相撲好き・けちなど、一つの性癖や志向に凝り固まった息子たちの巻き起こす笑話一五話を収める。たいへん好評で多くの追随作を生み、其磧自身『世間娘気質』『浮世親仁気質』などを著した。

世間胸算用《作品名》江戸時代の浮世草子。五巻五冊。井原西鶴作。元禄五年(一六九二)刊。二〇話の短編からなる。副題は「大晦日は一日千金」。一年の総決算日である大晦日を舞台に、借金に追われてあくせくする人間の悲喜劇を、その生き方とともにユーモアとペーソスをまじえて描く。西鶴の生前に刊行された最後の作品で、町人物の最高傑作とされる。

せ-こ【兄子・夫子・背子】名〔「こ」は親愛の意を添える接尾語〕❶姉妹から見た兄弟。例我が**背子**を大和へ遣るとさ夜ふけて暁露に我が立ち濡れし〈万葉・二・一〇五〉↓名歌423 ❷夫。女性から見た恋人。例我が**背子**が帰り来まさむ(=帰っていらっしゃる)時のため命残さむ忘れたまふな〈万葉・一五・三七七四〉

語誌「せ」と同じように、男性が男性に呼びかけるときに用いられることがある。

せ-こ【勢子・列卒】名狩り場で鳥獣を追い出し、また、逃げるのを防ぐ人夫。狩り子。例狩りしてあそばんとて、射手をそろへ、**勢子**をもよほし〈曾我・一〉

せ-ごし【瀬越し】名(早瀬を越すことから転じて)困難や危険に直面した時期。また、それを乗り越えること。例借銭の淵を渡りつけて、幾度か年の**瀬越し**をしたる人〈西鶴・日本永代蔵・五・二〉

せ-ざい【前栽】名「せんざい」の撥音の表記されない形。例**せざい**の花いろいろに咲き乱れたるを見やりて〈蜻蛉・上〉

せ-さす【為さす】〔サ変動詞「す」の未然形＋助動詞「さす」〕❶〔「さす」は使役〕～させる。例なじかは**せさせ**候ふべき〈平家・二・少将乞請〉読解「なじかは」は反語の意を表す。❷〔「さす」は尊敬〕～なさる。「せさせたまふ」の形で、いわゆる最高敬語として用いることが多い。例ものの怖ぢをなんわりなく(=むやみに)**せさせ**たまふ本性にて〈源氏・夕顔〉

せ-させ-たまふ【せさせ給ふ】―タマウ・―タモウ〔使役の助動詞「す」の未然形＋尊敬の助動詞「さす」の連用形＋尊敬の補助動詞「たまふ」〕お～せなされる。～させなさる。例(私ニ)御鏡を持た**せさせたまひ**て御覧ずれば(=御鏡をお持たせなさって御覧になるので)〈枕・うへにさぶらふ御猫は〉

せ-させ-たまふ【為させ給ふ】―タマウ・―タモウ〔サ変動詞「す」の未然形＋助動詞「さす」の連用形＋尊敬の補助動詞「たまふ」〕❶〔「さす」は使役〕させなさる。例御誦経などあまた**せさせたまひ**て〈枕・清涼殿の丑寅のすみの〉読解娘の女御を心配して、父の大臣が多くの寺に読経をたくさんさせなさった、ということ。❷〔「さす」は尊敬〕なさる。あそばす。例古今の歌二十巻をみなうかべさせたまふを御学問には**せさせたまへ**(=『古今和歌集』二十巻の歌をすべて暗記なさるのを御学問になさいませ)〈枕・清涼殿の丑寅のすみの〉読解父の大臣が娘の女御に語った言葉。

せ・し【狭し】形(ク)空間や精神・心理面において、狭く窮屈で、ゆとりがないさま。単独の用例は見当たらず、「所狭し」「〜も狭に」の形で用いられる。⇩せに〈岩坪健〉

せ-じ【世事・世辞】名❶世間のこと。俗事。例内に思慮(=雑念)なく、外に**世事**なくして〈徒然・一〇八〉❷愛想のよい言葉。おせじ。追従。

せ-じゃう【世上】名❶世の中。世間。俗世間。例**世上**を見限り尼寺に懸けこみ〈西鶴・好色一代男・六・三〉❷四方。あたり。近辺。例**世上**もしづまりて門に立ちよれば〈西鶴・好色一代男・三・三〉

ぜ-じゃう【軟障】名〔「ぜんじゃう」の撥音の表記されない形〕「ぜざう」とも。室内の隔てにするための引き幕。ただし、外で用いることもあった。例渡殿には錦を敷き、あらはなるべき所には**軟障**をひき〈源氏・藤裏葉〉

軟障〔年中行事絵巻〕

ぜ-しゃうめっぽふ【是生滅法】《仏教語》万物はすべて生滅し変転するものであるということ。

せ-しゅ【施主】名《仏教語》❶寺や僧に物を施す人。壇那。例**施主**の深き願ひの足れる事を皆人貴びけり〈今昔・三一・一〉❷葬儀・法事・供養などを営む当主。

せ・す【為す】動(サ四)《上代語》〔サ変動詞「す」の未然形＋尊敬の助動詞「す」〕なさる。あそばす。例草枕旅宿り**せす**古思ひて〈万葉・一・四五〉

せ・す【施す】動(サ変)ほどこす。与える。例かひなき(=生きるかいのない)身をば、熊・狼にも**施し**はべりなむ〈源氏・若菜上〉

せ-ぜ【瀬瀬】名あちこちの瀬。例朝ぼらけ宇治の川霧たえだえにあらはれわたる**瀬々**の網代木〈千載・冬〉➡名歌20

せせく・る動(ラ四)❶せかせかする。「せせくり歩く」「せせくり廻る」などと用いる。❷迫る。体を押しつけあう。また、男女がいちゃつく。例三人**せせくり**合ひ、続き狂言見るうち〈浮世草子・新色五巻書・四・五〉

せせら-か・す動(サ四)〔「かす」は接尾語〕もてあそぶ。かまう。あやす。例母が幼き子を**せせらかす**やうに〈今昔・二九・二七〉

せせらぎ【細流】名浅く細い流れ。また、ひそやかな水音。例あだねする(=独り寝をする)よかはの船の**せせらぎ**を秋の雨とぞおどろかれぬる〈教長集〉

せせ・る【挵る】動(ラ四)❶つつく。こづく。いじくりまわす。例さいさい(=何度も)穴を**せせり**こそすれつきせぬや双六打ちの耳のあか〈俳諧・鷹筑波集・三〉❷なぶる。もてあそぶ。責める。例この寺の習ひに、下戸(=酒が飲めない人)をば、すばりというて**せせる**〈醒睡笑・六〉❸鳥がつつく。虫が刺す。例蚤・蚊に**せせられ**て眠らず〈芭蕉・奥の細道〉

せ-そう【施僧】名《仏教語》僧に物を施すこと。例供仏・**施僧**の営みもあるべかりしかども〈平家・九・三草勢揃〉

せ-ぞく【世俗】名❶世の中の習わし。風俗。例仏法については慈悲なり。**世俗**につけては情けなり〈保元・中〉❷世の中。世間。例**世俗**の事に携はりて生涯を暮らすは下愚の人なり(=非常に愚かな人である)〈徒然・一五一〉❸世間の人。俗人。例**世俗**眠りをさます鶯〈俳諧・談林十百韻〉

せ-そん【世尊】名《仏教語》〔世の中で最も尊い人の意〕仏・釈迦を敬っていう語。例これ花の時に**世尊**に供せんがためなり〈和漢朗詠集・上・前栽〉

世尊寺 名 山城国、今の京都市上京区にあった寺。長保三年(一〇〇一)藤原行成の創建。もとは清和天皇皇子桃園親王の御所で桃園宮と称した。この寺の名にちなんで、行成を祖とする和様書体の一派を世尊寺流という。

瀬田《地名》近江国、今の滋賀県大津市の地名。琵琶湖南岸の瀬田川が流れ出るあたり。近江国国府が置かれた。交通の要衝の地で、東海・東山道の宿駅。瀬田の橋が架けられていた。「瀬田の夕照」は近江八景の一つ。

せ-たい【世帯】名❶財産。身代。例**世帯**のことと申せば、夜を日に継いで(=昼夜の区別なく)油断なうかせぎまする〈山本東本狂言・石神〉❷一家を構えて独立の生計を営むこと。例この内から**世帯**持って出やうと思はしゃれ〈西鶴・好色一代女・四・四〉

【**世帯仏法腹念仏**】仏法も念仏も結局は生活のためであるということ。例**世帯仏法腹念仏**、口に食うが一大事〈近松・今宮の心中・上〉

せた・ぐ【虐ぐ】動(ガ下二)❶いじめる。さいなむ。例年貢は一粒も残さず**せたげ**取り〈近松・唐船噺今国性爺・上〉❷催促する。急がせる。例稿本たびたび虐ぐれど〈滑稽本・浮世風呂・四序〉

せた-の-はし【瀬田の橋】名歌枕瀬田川が琵琶湖から流れ出るあたりに架けられた橋。古く『日本書紀』にも記事がある。平安時代以降は都への出入り口として特に重視され、戦のときには橋桁を外して敵の侵入を防いだ。「瀬田の唐橋」「瀬田の長橋」とも。例湖のおもて(=琵琶湖の湖面)はるばるとして…**瀬田の橋**みな崩れて渡りわづらふ〈更級〉

せ-たま・ふ【せ給ふ】〔助動詞「す」の連用形＋補助動詞「たまふ」〕❶〔「す」は使役〕〜させなさる。例はしたなめわづらは**せたまふ**時も多かり〈源氏・桐壺〉読解ほかの女御・更衣たちが、桐壺更衣にきまりの悪い思いをさせ、困らせなさるときも多い、の意。「たまふ」はほかの女御・更衣たちへの敬意を表す。❷〔「す」は尊敬〕お〜になる。〜て(で)いらっしゃる。例(天皇ハ)そこらの人(=多くの人)のそしり、恨みをも憚ら**せたまは**ず〈源氏・桐壺〉語誌▼四段・ナ変・ラ変活用の動詞の未然形につく。それ以外の動詞には「させたまふ」がつく。▼②はいわゆる最高敬語。平安時代は、地の文に用いられるときは天皇・皇后などに用いることが多い。

せた・む【責む】 動(マ下二) 責めさいなむ。苦しい目にあわせる。例帯刀(=人名)に問ひ責めたまひければ〈落窪・一〉

せち【節】 名❶「せつ」とも。季節の変わり目。季節。時節。❷「せつ」とも。節句。節会。例節は五月にしく(=匹敵する)月はなし〈枕・節は五月にしく月はなし〉❸「節振る舞ひ」の略。

せ-ち【世知・世智】 ❶名《仏教語》世俗の凡人の智恵。世俗のことに関する智恵。例学解の多聞(=学問上の博識)は、世智なれば、いよいよその益少なし〈沙石集・五本・四〉❷名形動(ナリ) 世渡りの知恵。世渡りの上手なこと。また、勘定高いこと。例親の世智なることを見習ひ、八才より、墨に袂をよごさず〈西鶴・日本永代蔵・三・一〉

せち【切】 形動(ナリ) 感情や欲求の度の強いさま。また、物事の程度などがはなはだしいさま。「せつ」とも。

❶**心にぐっと迫るさま。すばらしい。痛切だ。** 例ものの興切なるほどに、御前にみな御琴どもまゐれり(=音楽の興趣がぐっと高まっているころに、皆様の御前にそれぞれ御琴を差し上げた)〈源氏・藤裏葉〉読解 管弦の遊びが行われているところ。

❷**心をこめてするさま。熱心だ。** 例せちなりし宣旨のおそろしさに(=熱心な天皇のお言葉の恐れ多さに)〈宇津保・俊蔭〉

❸(「せちに」の形で)**しきりに。ひたすら。ひどく。** 例(カグヤ姫ハ)七月十五日の月に出でゐて、切にもの思へる気色なり(=七月十五日の月に縁に出て座り、ひどくもの思いにふけっている様子である)〈竹取〉

❹**重大だ。大切だ。** 例忍びてものしたまへ。せちなること聞こえん(=こっそりとおいでください。重大なことを申し上げましょう)〈宇津保・国譲下〉

語誌▼**「せち」と「せつ」** 「切」には呉音の「せち」のほかに漢音の「せつ」もあるが、平安時代の仮名文学では「せち」が普通であった。〈玉村禎郎〉

せち-え【節会】 ⇩せちゑ

せち-が・ふ —ガウ・—ゴウ 動(ハ四) 責める。いじめる。例「どこの女とたはけ尽くしたるぞ」と、供に行きたる丁稚をせちがひ〈浮世草子・好色万金丹・三・四〉

せち-く【節供・節句】 名「せく」「せっく」とも。節日。また、その日に供える膳。一月十五日(上元)の粥・三月三日(上巳)の草餅・五月五日(端午)の粽・七月七日(七夕)の索餅・十月初亥の日の亥の子餅などの類。

せち-にち【節日】 名「せつじつ」とも。季節の変わり目などの祝いをする日。元旦・上巳・端午・七夕・重陽など。

せち-ぶ【節分】 名「せちぶん」の撥音を表記しない形。例明日こそせちぶと聞きしか〈源氏・東屋〉

せち-ぶるまひ【節振る舞ひ】 —ルマイ 名 節日に催す饗応。特に、正月に親類や知人を招いて新年を祝う宴会。例節ぶるまひに来き鳴け鶯〈俳諧・大坂独吟集・下〉

せち-ぶん【節分】 名「せちぶ」「せつぶん」とも。❶**季節の移り変わる時。** 立春・立夏・立秋・立冬の前日の夜をいう。例四月の朔日ごろ、せちぶんとかいふことまだしき前に、渡したてまつりたまふ(=四月の一日ごろ、夏の節分が来る前に、お移し申し上げなさる)〈源氏・宿木〉

❷**特に、立春の前日。** 例明年よりは三年北塞がりなり。節分以前に洛中の朝敵を攻め落として(=来年からは三年間北が凶方向である。立春の前日以前に京都の中の朝敵を倒して)〈太平記・三七〉

語誌▼**節分と方違え** 陰陽道では、季節によって特定の方角が凶になる(塞がる)ことがあり、平安時代にはその季節が始まる前夜に方違えをする「節分違へ」の風習もあった。物語などの節分は、方違え・方塞がりの風習を伴って描かれる場合が多い。

①の例は内親王が降嫁する場面。夏になったら男君の家の方角が宮にとって凶となるので、節分前に結婚させてしまうというのである。②の例から、武家の戦の作法にもこうした禁忌が影響していたことがうかがえる。

▼**節分と追儺** 四つの節分のうち、特に立春の前日が意識されるのは、季節の変わり目と一年の変わり目とがほぼ重なるからであろう。後世はもっぱら冬の節分を節分といい、追儺(鬼やらい)の思想と結びついて、豆をまいて鬼を追い払う風習が生じた。⇩ついな〈藤本宗利〉

せちぶん-たがへ【節分違へ】 —タガエ 名 平安時代、節分に行う方違え。例節分違へなどして夜ふかく帰る〈枕・節分違へなどして〉

せち-べん【世知弁・世智弁】 名形動(ナリ) ❶《仏教語》「世智弁聡」の略。❷勘定高いさま。けちくさいさま。例人の女房家主の(=世間の主婦が)、せちべんなる事をおもへば〈西鶴・諸艶大鑑・一・五〉

せち-べんそう【世知弁聡・世智弁聡】 名形動(ナリ)《仏教語》利口で世慣れていること。かえって仏道の妨げになるとされる。例なかなか(=なまじっか)世智弁聡なるよりも、鈍根なるやうにて切なる志を出だす人、すみやかに悟りを得るなり〈随聞記・三〉

せち-み【節忌】 名「せちいみ」の変化した形。斎日に精進潔斎すること。例今日、せちみすれば、魚不用〈土佐〉

せち-れう【節料】 —リョウ 名「せつれう」とも。節会に必要な飲食物や品物。例ここかしこに節料いと多くたてまつる〈宇津保・蔵開下〉

せち-ゑ【節会】 —エ 名 宮中で、節日その他の重要な公事の日に催す儀式、およびそれに付随する宴会。狭義には宴会のみをさす。例さるべき節会どもにも、この御時よりと、末の人の言ひ伝ふべき例を添へむと思し(=重要な数々の節会でも、この帝の御時代からと、後世の人々が言い伝えるにちがいない新例を加えようとお思いになり)〈源氏・絵合〉

語誌▼**節会の種類** 大宝令によって節日と定められた日に行われる恒例のもの(正月一日の元日節会、七日の白馬の節会、十六日の踏歌節会、三月三日の曲水の宴、五月五日の端午節会、七月七日の相撲の節会、十一月の新嘗祭など)と、臨時に行われるもの(大嘗祭、立后、立太子、任大臣など)とがあった。〈福長進〉

せつ【節】 名 ❶「せち(節)①」に同じ。❷「せち(節)②」に同じ。❸時。折。ころ。例江戸より下着(=到着)の**節**〈近松・鑓の権三重帷子・下〉❹考え方や行動などを変えないこと。節操。志操。例家の子・郎従(=一門の家臣と家来)、**節**に死ぬるたぐひもあれば〈神皇正統記・下〉

せつ【説】 名 ❶説明。意見。解釈。例この相国(=太政大臣)、北山抄を見て、西宮の**説**をこそ知られざりけれ〈徒然・一九六〉読解「北山抄」「西宮」は宮中の儀式に関する書。❷うわさ。風評。例よろづの神たち太神宮へ集まりたまふなどいふ**説**あれども〈徒然・二〇二〉

せつ【切】 形動(ナリ)「せち(切)」に同じ。例「ありのままに細かにのたまへ」と、**せつに**問へば〈宇治拾遺・四八〉

せつ・い【切い】 形(口語)せつない。つらい。例**切い**お前のお心入れ〈近松・山崎与次兵衛寿の門松・上〉

せつ-いん【雪隠】 名 便所。厠。例紙燭に灯させ、**雪隠**の入り口に付け置きて〈西鶴・好色一代男・七・三〉

せつ-がい【殺害】 名動(サ変)「せちがい」とも。殺すこと。例これ、ひとへに人を**殺害せ**る過なり〈今昔・九・三五〉

せっ-かい【説戒】 名動(サ変)《仏教語》戒律を説き聞かせること。例説法**説戒**まことに尊かりければ〈沙石集・六・九〉

せっ-かく【折角】 ❶名形動(ナリ)力を尽くすこと。骨を折ること。また、努力を要すること。例**折角**の合戦二十余か度なり〈古活字本保元・上〉❷副 わざわざ。骨を折って。例**折角**これまで妾を連れて来て、打擲召さるか(=お殴りになるのか)〈狂言記・泣尼〉

せっ-かん【折檻】 名動(サ変)厳しく意見すること。強くしかること。転じて、責め懲らしめること。例遊んで居るならば、さんざんに**折檻**いたさうずる〈狂言・文荷〉

せっ-き【殺鬼・刹鬼】 名《仏教語》「ぜっき」とも。人を殺したり物を滅したりする恐ろしいもの。多く「無常の殺鬼」の形で諸行無常の理のたとえにいう。例目にも見えず、力にもかかはらぬ無常の**殺鬼**をば、暫時も戦ひかへさず〈平家・六・入道死去〉

せっ-き【節季】 名 ❶陰暦十二月の終わり。年末。例**節季**師走にこの在所は傾城ごとで煮え返る(=ごった返す)〈近松・冥途の飛脚・下〉❷盆や暮れ、また、各節句前などの決算期。例「**節季**に(掛ケ取リノ)帳かたげた男の顔を見ぬを嬉しや」とて、万事を仕舞ひけるに〈西鶴・日本永代蔵・二・二〉

せっ-きゃう【説経】

―キョウ 名動(サ変)《仏教語》「せきゃう」とも。❶**仏教の経典の内容を解説し、衆生を仏道に導くこと。** 例尊きこと、道心多かりとて、**説経す**といふ所ごとに最初にいきゐる(=尊いことだ、求道心が強いと言って、僧が説経をするという所にはいつも最初に行って座る)〈枕・説経の講師は〉❷「説経節」「説経浄瑠璃」の略。

語誌 ①は、宗派によって説法・唱導・談義などと称されている。表白といわれる文に飾りの多い漢文体のものや、談話風の平易なものなど、表現方法は多彩で、多くの流派を生み出している。平安後期の院政期以降、室町時代にかけての文学には大きな影響を与えており、『平家物語』や『沙石集』などに顕著に現れている。〈中本大〉

せっきゃう-し【説経師】 セッキョウ― 名「せっきゃうじ」とも。❶経文の意味や内容を説き聞かせる人。説経者。例**説経師**が見るには、みな説経書なり〈沙石集・五本・一〇〉❷説経節を語る人。説経語り。

せっきゃう-じゃうるり【説経浄瑠璃】 セッキョウジョウルリ 名 仏教の説経に発し、和讃・平曲・謡曲などを取り入れて江戸初期に流行した歌謡。ささら・胡弓・三味線などを伴奏にした大道芸から、操り人形と結びついて劇場で興行され、万治から寛文(一六五八～七三)ごろ全盛となるが、「義太夫節」の人気に押されて衰退した。単純で哀調のある曲節が特色で、「さんせう太夫」「しんとく丸」「小栗判官」などの作がある。

せっきゃう-ぶし【説経節】 セッキョウ― 名 説経浄瑠璃の曲節。⇨せっきゃうじゃうるり「説経節」とも。

せつ・く【責付く】 動(カ四)催促する。せっつく。例もの思ふ身にもの食へと**せつかれ**て〈俳諧・ひさご〉

せっ-く【節供・節句】 名「せちく」に同じ。例所々に**節供**参れり〈今昔・一九・三三〉

ぜっ-く【絶句】 ❶名 漢詩の詩型の一つ。起・承・転・結の四句の構成からなり、一句の字数が五字のものを五言絶句、七字のものを七言絶句という。律詩とともに、唐代初期に近体詩として成立した。例(コノ)暮春の詩も、その十首の**絶句**の内なるべし〈太平記・一三〉❷動(サ変)話の途中で言葉が詰まって続かなくなる。例なまるに**絶句する**に、本があっても読めねえから無本同然〈滑稽本・浮世風呂・三・下〉

せっく-じまひ【節句仕舞ひ】 ―ジマイ 名 遊里で、大紋日に、遊女が客に負担してもらって節句までの諸支払いを済ませ、節句の準備が終わったことを祝ってにぎやかに過ごすこと。例菊の**節句仕舞ひ**にとて、一歩三百送られしも〈西鶴・日本永代蔵・一・三〉読解「菊の節句」は重陽の節句のこと。

せつ-げ【節下】 名(「節」は旗の意)❶「せちげ」とも。御禊・即位などの儀式のとき、宮城内に立てるしるしの旗。また、その旗の下。❷「節下の大臣」の略。①の儀式で事を執り行う大臣。例**節下**は徳大寺左大将実定公〈平家・一〇・藤戸〉

せっ-け【摂家】 名 摂政・関白に任じられる家柄。藤原北家の嫡流に限られ、鎌倉時代には、そこから近衛・九条・二条・一条・鷹司の五摂家が分立した。例**摂家**といひ高貴といひ、かたがた(=いずれも)我に等しき人あらじ〈太平記・一三〉

せつげつ-くゎ【雪月花】 ―カ 名 雪と月と花。風趣に富んだ四季の景物の総称。季節の自然美を冬の

雪・秋の月・春の花で代表させたもの。例雪月花の時最も君を憶ふ〈和漢朗詠集・下・交友〉

ぜっ-こん【舌根】 名《仏教語》六根の一つ。舌。例かたはらに舌根をやとひて(=借りて働かせて)、不請の阿弥陀仏、両三遍申してやみぬ〈方丈記〉

雪舟 《人名》一四二〇〜一五〇六(応永二七〜永正三)。室町後期の画僧。名は等楊。若くして京都相国寺に入って修行し、かたわら画を周文に学ぶ。のち山口へ移住、大内氏の庇護を受けて作画に励む。応仁元年〜文明元年(一四六七〜六九)の間、明の中国に滞在。中国・日本の各地を旅して自然風物を観察・スケッチし、宋・元の古典に学んで独自の水墨画を確立する。「秋冬山水図」「天橋立図」などがある。

せっ-しゃ【拙者】 代自称の人称代名詞。男性が自分を卑下・謙遜していう。わたくし。主に江戸時代、武士が用いた。例絵筆を取って誰人か、拙者が上(=上位)につきまうさん〈近松・傾城反魂香・上〉

せっ-しゃう【摂政】 名(「摂」は代行する意)❶君主に代わって政務を行うこと。❷天皇が幼少のとき、代わって政治を行う職。天皇が成人すると、補佐役の関白となることが多い。例摂政・関白すべきものならば、この矢あたれ〈大鏡・道長上〉

せっ-しゃう【殺生】 名動(サ変)❶《仏教語》生き物の生命を奪うこと。五悪・十悪の第一として最も戒められる。例心極めて猛くして殺生をもって業とす〈今昔・一九・一四〉❷気の毒でむごいこと。かわいそうなこと。例そのまた罪になる殺生をする奴は伝の野良だ…今朝よく置き逃げをしやあがったな〈滑稽本・浮世床・初上〉

せっしゃう-かい【殺生戒】 名《仏教語》生き物を殺してはならないという戒律。最も重い戒律で、五戒・八斎戒・十戒の第一に挙げられる。例将軍、殺生戒をたもてるがゆゑに異国の軍をしたがふ〈宝物集・五〉

せっしゃう-きんだん【殺生禁断】 《仏教語》慈悲の精神から、寺の境内など一定の場所での狩猟・捕獲を禁じること。例あの放生川は殺生禁断の所ぢやによって〈虎寛本狂言・八幡の前〉

せっしゃう-せき【殺生石】 名下野国(栃木県)那須野の伝説の石。飛ぶ鳥がその石の上に落ちるという。鳥羽天皇に寵愛された玉藻前は狐の正体を現して那須野に逃げ、そこで殺される。その怨霊が石となって害を与えるが、玄翁道人の杖に打たれて成仏した、という伝説があり、能の『殺生石』などを生んだ。火山から出る有毒ガスで小動物が死んだことから生まれた話。

せっ-しゅ【摂取】 名動(サ変)❶《仏教語》仏が慈悲によって衆生を迎え入れて救うこと。例南無阿弥陀仏と唱ふれば摂取の光に照らされて〈一遍上人語録・上〉❷会得すること。例汝を成仏せしめ、仏体真如(=仏法の不変の真理)の善心となさん。摂取せよ〈謡曲・殺生石〉

せっしゅ-ふしゃ【摂取不捨】 《仏教語》阿弥陀仏が衆生を極楽浄土に迎えて一人も見捨てないこと。例摂取不捨の本願あやまたず、浄土へみちびきたまへ〈平家・一〇・熊野参詣〉

せっ-しょ【切所・節所・殺所】 名峠など、道の険しい場所。難所。例この楠(=人名)ばかりこそ、都近き切所に威をたくましくして〈太平記・三六〉

せつ-せつ【節節・折折・切切】 副しばしば。何度も。例この長老連歌ずきにて、せつせつ御会にまかりいでらるるゆゑ〈噺本・昨日は今日の物語・上〉

雪山 《地名》ヒマラヤ山脈の別称。釈迦が前生で修行した山と伝える。また、寒苦鳥が住む山とされる。⇨かんくてう

せっ-たい【接待・摂待】 名❶客をもてなすこと。例佐藤の館において山伏摂待と候ふ〈謡曲・摂待〉❷仏教で、功徳のために人々に湯茶や宿を供すること。特に陰暦七月初旬から下旬まで、寺の門前で茶を往来の人に施すこと。「門茶」とも。

せっ-たう【節刀】 名奈良時代、遣唐使や出征する将軍などに、天皇が任命のしるしとして与えた刀。例昔は朝敵をたいらげに外土へむかふ将軍は、まづ参内して節刀を給はる〈平家・五・富士川〉

せっ-ちん【雪隠】 名「せついん」の変化した形。例雪隠へ先を越されて月をほめ〈柳多留・初〉

摂津 《地名》旧国名。今の大阪市を含む大阪府北西部と兵庫県東南部。畿内五か国の一つ。摂州。延喜式で上国。「摂津」の「津」は難波津の意。

せっ-ど【節度】 名❶天皇が将軍に出征を命じたとき、そのしるしとして与える太刀・旗・鈴など。例大将軍の宣旨を下され、せつどを賜るべしとて〈御伽草子・俵藤太物語・下〉❷指図。指揮。指令。例征東将軍忠文朝臣が副将として彼が節度を受く〈神皇正統記・下〉

せつど-し【節度使】 名❶中国で唐・宋代に、辺境の防備や行政を担当した軍職。❷奈良時代、地方の軍政や防備を管轄する臨時の職。❸鎌倉・室町時代、天皇から節度を与えられて、朝敵征討の任にあたる将。例(西国へ)差し下されたる節度使、いまだ戦ひをなさざる先に帝都を捨てて〈太平記・一六〉

せつ-な【刹那】 名《仏教語》(梵語の音写)非常に短い時間。瞬間。一刹那の中にも生滅・無常があるとされる。例刹那覚えずといへども、これを運びて止まざれば、命を終ふる期、たちまちに至る〈徒然・一〇八〉

せつ-な・し【切なし】 形(ク)(「なし」は接尾語)つらい。切実だ。例吉三郎せつなく、「私は十六になります」といへば〈西鶴・好色五人女・四・三〉

せっ-ぱ【切羽】 名❶刀の鍔の鞘と柄に接する両面につける、孔のある薄い楕円形の金具。例胸押し開けば…切羽まで刺し通してぞゐたりける〈近松・堀川波鼓・中〉❷物事が差し迫ること。切迫した状態。例仕上げを見よと、言葉の切羽詮議の鍔際(=瀬戸際)〈浄瑠璃・伽羅先代萩・八〉

せっ-ぷく【切腹】 名動(サ変)❶腹を切って自殺すること。割腹。例今日黒谷において切腹仕る〈仮名草子・竹斎・下〉❷江戸時代、武士に科せられた死刑。検死役の前で自ら腹を切ると同時に介錯人が首を打ち落とす。例一人を切腹さすべし〈仮名草子・浮世物語・三・九〉

せつ-ぶん【節分】 名「せちぶん」に同じ。

せっ-ぽふ【説法】 名動(サ変)《仏教語》教法を説き聞かせること。説教。例けふの講師の**説法**は、菩提のためとおぼし〈大鏡・後一条院〉

節用集 《作品名》室町・江戸時代の辞書。多くの諸本があり、その総称にも用いる。原型は室町時代に『下学集』などの影響を受けて成立。編者未詳。漢字を読み仮名の語頭音でイロハ順に配列、さらにその中を意味別に配列する形が基本。江戸時代には、さまざまな形に改編・増補されて流布した。

せつ-り【刹利】 名〔梵語の音写〕古代インドの四種姓の制度で、四階級の第二位。王族や武士階級をいう。クシャトリヤ。例無常のさかひ、**刹利**も首陀も嫌はず(=区別しない)〈保元・上〉 読解「首陀」は最下位。

せつ-ろく【摂籙】 名〔天子に代わって籙(予言を書いたもの)を摂る意〕摂政・関白の別称。例その時の御**摂籙**は松殿にてましましけるが(=いらっしゃったが)〈平家・一・殿下乗合〉 読解「松殿」は藤原基房。

せ-と【瀬戸・迫門】 名〔「せ」は「せし(狭し)」と同根〕海や川で、陸が両側から迫り、狭くなっている所。海峡。例鹿の声さへ**瀬戸**わたるなり〈千載・秋下〉

せ-ど【背戸】 名「せと」とも。❶裏口。裏門。例**背戸**のかたに、米の散りたるを食ふとて、すずめの躍りありくを〈宇治拾遺・四八〉 ❷屋敷の裏側の地。例林の六郎光明が**背戸**を通りたまひて〈義経記・七〉

せどう-か【旋頭歌】 名 和歌の歌体の一つ。五・七・七・五・七・七の六句からなる。本来は片歌(五・七・七)による問答や唱和から生まれた形式で、対人性・集団性が強いが、個人の感懐を歌ったものもある。「旋頭歌」は「頭を旋らす歌」の意で、頭の三句を繰り返す、ということからの称という。『万葉集』に六〇首余りあるが、平安時代以降はほとんど見られない。

せ-な【夫な・背な・兄な】 名〔「な」は接尾語〕女性が夫や兄弟を親しんで呼ぶ語。例我が**夫な**を筑紫は(=筑紫へ)遣りて〈万葉・二〇・四四二八〉

せな-な【夫なな・背なな・兄なな】 名〔「な」は接尾語〕「せな」に同じ。例明日香川下濁れるを知らずして**背なな**と二人さ寝て悔しも〈万葉・一四・三五四四〉

せな-の【夫なの・背なの・兄なの】 名〔「の」は接尾語〕「せな」に同じ。

せ-に【狭に】 〔形容詞「せし」の語幹＋格助詞「に」〕(「〜も狭に」の形で)〜も狭いくらいに。〜一面に。〜いっぱいに。例かしかまし(=うるさいことだ)野も**せに**すだく(=集まって鳴く)虫の音や〈今物語・三〉

ぜに【銭】 名〔「せん」の変化した形〕金属製の通貨。多くは、中央に穴がある。例わたくしにも**銭**十貫を持ちてはべりけるに〈大鏡・序〉

［銭を買ふ］ 金貨・銀貨を銭に交換する。小銭に両替する。例**銭をかふ**には金銀を手ばなし〈仮名草子・東海道名所記・一〉

ぜに-うり【銭売り】 名 江戸時代、金貨・銀貨を銭に両替し、手数料を稼ぐ行商人。例**銭売り**、(屋敷ノ)御門は入りしが、その後出でざれば〈西鶴・武家義理物語・四・三〉

ぜに-さし【銭差し・銭緡】 名 穴あき銭を通して一束とするための細縄。例小口俵のすたるを拾ひ集めて、**銭差し**をなはせて〈西鶴・日本永代蔵・一・三〉

せ-にふ【施入】 名動(サ変) 寺社などに施しをすること。寄進すること。また、その物。例(琴ヤ琵琶ヲ)御堂に**施入し**たまひし〈源氏・若菜上〉

ぜに-みせ【銭店・銭見世】 名 金貨や銀貨を、手数料を取って銭に両替する店。「銭屋」とも。例今橋の片陰に**銭見世**出しけるに〈西鶴・日本永代蔵・一・三〉

せ-ば 〔過去の助動詞「き」の未然形＋接続助詞「ば」〕(「〜せば〜まし」、時に「〜せば〜む」の形で)反実的な仮定条件を表す。もし〜だったならば。例世の中にたえて桜のなかり**せば**春の心はのどけからまし〈古今・春上〉➡名歌406

説話 文学のジャンルの一つ。口承または書承によって語り伝えられる話、あるいは物語。比較的短編のものが多く、作者はほとんどが未詳。神話・伝説・昔話・民話・世間話などと重なりあう面も多くあって、明確に区別することは難しい。

● **種類** 内容・素材・目的などによって、説話はいくつかの種類に分けられる。貴族・庶民社会・地方社会にかかわるものを世俗説話と呼ぶことが多く、神仏の霊験、仏教の教化・説法をねらいとしたものを仏教説話と呼び、区別する。教訓を本体としたものを教訓説話、また和歌や歌人にまつわる説話を和歌説話、音楽・芸能に中心的にかかわる説話を音楽説話などと呼ぶこともある。近年注目されるものに、『日本書紀』『古今和歌集』『伊勢物語』『源氏物語』などの作品中の和歌・歌人や事項を解説した説話があって、注釈説話として区別することも行われている。

● **主な説話集** 上代の『古事記』『日本書紀』『風土記』や『万葉集』の中には多くの神話や伝説が見られる。また、平安時代の『竹取物語』『伊勢物語』『大和物語』などにも多量の伝奇的な物語や和歌説話が取り入れられ、あるいは集められている。平安初期成立の景戒『日本霊異記』、永観二年(九八四)成立の源為憲『三宝絵』は仏教説話集として編まれたものの最初期の作品で、平安後期に成立した『今昔物語集』へとつながっていく。『今昔物語集』は全三一巻、一〇〇〇余話を集めた最大の説話集である。

鎌倉初期成立の『宇治拾遺物語』は『今昔物語集』とともに説話文学の代表的作品として知られる。鎌倉時代には『古事談』『古今著聞集』『十訓抄』、仏教説話集には『宝物集』『閑居友』『撰集抄』などがある。これらに収載された説話は歴史物語や軍記へと流れ込み、また謡曲や幸若舞などの芸能の素材ともなっていった。特に注釈説話と呼ばれるものは室町時代の説話集『三国伝記』『神道集』などと関連が深いものがあり、中世芸能とのかかわりがとりわけ注目されている。

〈浅見和彦〉

せばーが・る【狭がる】 動(ラ四)〔形容詞「せばし」の語幹＋接尾語「がる」〕せまいと思う。せまそうにする。例しきなみに(＝後から後から)つどひたる車なれば、出づべきかたもなし…しひて**狭がり**出づれば〈枕・小白河といふ所は〉

せは・し【忙し】〔セワシ〕形(シク)❶暇がなく、いそがしい。余裕がない。例畦の通ひ路**せはしかるらむ**〈長秋詠藻・上〉❷水の流れなどが急だ。激しい。例山里の筧の水の**せはしき**に〈堀河百首〉

せば・し【狭し】 形(ク)せまい。窮屈だ。例便あしく(＝不便で)**狭き**所にあまたあひゐて〈徒然・三〇〉

語誌 和歌などで、シク活用に用いられることがある。例みさごゐる磯まにおふる松の根のせばしくみゆる世にもあるかな〈堀河百首〉

せはしーな・し【忙しなし】〔セワシ〕形(ク)〔「なし」は接尾語〕せっかちだ。気が短い。せかせかして落ち着きがない。例ああ**せわしない**(音便形)。今山へ行くと言ふに〈山本東本狂言・鎌腹〉

ぜーひ【是非】 ❶名 **是と非。よいことと悪いこと。善悪。** 例**是非**いかにもわきまへがたし(＝善悪をどうしても判断しにくい)〈平家・二・烽火之沙汰〉

❷名動(サ変) **善悪を判断すること。批評すること。** 例(a)世間の浮説、人の**是非**、自他のために失多く、得少なし(＝世間のいいかげんなうわさ話や、他人の善悪の批評は、自分にとっても相手にとっても損失が多く、得るところは少ない)〈徒然・一六四〉例(b)己が境界にあらざるものをば、争ふべからず、**是非すべからず**(＝自分の能力が及ぶ範囲にない物事を、争ってはいけないし、批評してはいけない)〈徒然・一九三〉

❸副 **どうあっても。なんとしても。必ず。** 例**ぜひ**飲まう〈狂言・米市〉

語誌 ③の用法は副詞句「是非につけて(是であっても非であっても、の意)」から生まれたもの。「つけて」が省略され「是非に」という形ができ、さらに「に」が落ちて、副詞「是非」が生まれた。〈玉村禎郎〉

ぜひーな・し【是非無し】 形(ク)❶是非を問わない。ひたすらだ。例**是非なく**御坪(＝御中庭)のうちへやぶりいり(＝押し入り)、大音声をあげて申しけるは〈平家・五・勧進帳〉❷どうしようもない。やむをえない。例それより**是非も無く**御池通りに牢人して〈西鶴・好色一代女・五・三〉❸言うまでもない。当然だ。例物狂ひの出で立ち(＝装い)、似合ひたるやうに出で立つべき事、**是非なし**〈風姿花伝・二〉

ぜひーに・およばーず【是非に及ばず】 しかたがない。やむを得ない。例**是非に及ばぬ**。さほどに思し召さば、帰らう〈噺本・昨日は今日の物語・下〉

ぜひーも・しらーず【是非も知らず】 何もわきまえず。我を忘れて。夢中になって。例尼、見るままに、**是非も知らず**ふしまろびて(＝転げ回って)拝み入りて〈宇治拾遺・一六〉

ぜひーも・な・し【是非も無し】「ぜひなし」に同じ。

せびらーか・す 動(サ四)〔「かす」は接尾語〕無理強いする。せがむ。ねだる。また、いじめる。例かの田舎のうてず(＝無粋者)に**せびらかされ**て、頭が痛い〈近松・冥途の飛脚・中〉

せふ【少輔】〔ショウ〕名「せう」とも。令制で、太政官の八省の次官。同じ次官である大輔の下位。

せーぶし【瀬伏し】 名魚などが川の瀬に身を潜めること。例飼ひのぼる鵜舟の縄のしげければ(＝多いので)**瀬伏し**の鮎の行く方なき〈永久百首〉

せーぶみ【瀬踏み】 名渡ることのできる浅瀬であるかどうか、足を踏み入れて試すこと。例重忠**瀬ぶみ**仕らん〈平家・九・宇治川先陣〉

せーまい【施米】 名平安時代、宮中の行事の一つ。陰暦六月、京都周辺の貧しい僧に米・塩を施す。

せーまくら【瀬枕】 名浅瀬で、波が石などに当たって盛り上がり、枕のように見えるところ。例白波おびただしうみなぎりおち、**瀬枕**大きに滝鳴って(＝滝のように鳴って)〈平家・九・宇治川先陣〉

せま・る【迫る】 動(ラ四)「せむ(迫む・攻む)」の自動詞形。空間的・時間的に切迫する、また、心理面や経済面などで追いつめられる意。

❶**近づく。近寄る。接近する。** 例今、火急の事ありて、すでに朝夕に**迫れり**(＝今、至急の事があって、もう目の前に近づいている)〈徒然・四九〉

❷**行きづまる。窮地に立つ。** 例攤に負け**迫りて**(＝攤に負け行きづまって)〈宇津保・蔵開下〉読解「攤」は遊戯の名。

❸**貧しくて生活に困る。貧困になる。** 例身を捨てて学問をしつつ、はかりなく**迫りて**(＝すべてを捨ててうちこんで勉強をし続けて、非常に貧困になって)〈宇津保・祭の使〉

❹**やせる。貧弱になる。** 例板屋形の車の輪欠けたるに、**迫りたる**牝牛を掛けて(＝板屋形の車で輪が欠けているものに、やせた牝牛をつけて)〈宇津保・藤原の君〉

❺**狭くなる。不足する。** 例借り蔵**せまりて**置くべきかたもなく(＝借りる蔵も不足して置くことができる所もなく)〈西鶴・日本永代蔵・一・三〉

❻**胸がしめつけられて苦しくなる。息が詰まる。** 例胸**せまり**堪へがたげに(＝胸がしめつけられて苦しくなり我慢できないようで)〈読本・雨月・吉備津の釜〉〈岩坪健〉

せみ【蟬】 名❶セミ科の昆虫の総称。多くは夏に成虫となり、樹上で生活し、雄は大きな声で鳴く。例(a)あらし吹くこずゑはるかになく**せみ**の秋をちかしと空につぐなる(＝激しい風が吹く遠くの枝先で鳴く蟬の、秋の訪れが近いと空に告げる声が聞こえる)〈六百番歌合〉例(b)閑かさや岩にしみ入る**蟬**の声〈芭蕉・奥の細道〉→名句69

❷(形が木にとまった蟬に似ていることから)船の帆柱や旗竿につけられた滑車。例あの帆柱に上りて、薙鎌にて**蟬**の綱を切れ(＝薙ぎ鎌で滑車の綱を切れ)〈義経記・四〉

語誌▼季節 蟬は晩夏から初秋にかけての景物である。和歌では、夏の歌にも秋の歌にも詠まれるが、歌題としては夏のものとして定着した。俳諧では夏の季語。

▼**鳴き声とイメージ**　複数の蟬がいっせいに鳴く声は「蟬のもろ声」と表現され、和歌などに詠まれた。その声は暑さをいっそうかき立てるものとされるのが普通だが、秋の近さや到来を感じさせる、また、清涼感を伴うとされた例もある。『蜻蛉日記』下巻の「しかしかと鳴きみちたるに」は蟬の声の描写で、「しかしか」は擬声表現。「然か然か(そうそう)」の意を含ませてあり、クマゼミかアブラゼミの鳴き声を写していると思われる。「女郎花なまめきたてる姿をやうつくしよしと蟬のなくらん」〈散木奇歌集・三〉の「うつくしよし(美し良し、の意)」も蟬の鳴き声を聞きなした表現だが、これはツクツクボウシであろう。〈佐藤明浩〉

せみ-ごゑ【せみ声】ゴエ 名 しぼり出すような声。蟬が鳴くような声の意とも、「責め声」の変化した形とも。例**せみ声**にのたまふ声の、いみじうをかしければ〈堤中納言・虫めづる姫君〉

せ-みど【清水】 名〘上代語〙「しみづ」の東国方言。例青柳の萌らろ川門に(=芽ぶく川の渡し場)に汝を待つと**せみど**は汲まず立ち処平らすも〈万葉・一四・三五四六〉

せみ-の-は【蟬の羽】 蟬の翅。多く薄い衣服の形容にいう。例鳴く声はまだ聞かねども**蟬の羽**の薄き衣はたちぞ(=裁ち縫って)着てける〈拾遺・夏〉

せみ-の-はごろも【蟬の羽衣】 蟬の羽のように薄い夏の衣服。例ひとへなる**蟬の羽衣**夏はなほうすしといへどあつくぞありける〈後拾遺・夏〉読解「あつく」は「厚く」と「暑く」を掛ける。

蟬丸〘人名〙生没年未詳。平安前期の歌人。伝説的人物。『今昔物語集』によると、盲目の琵琶の名手で逢坂山に住んでいたとされる。

せみ-もと【蟬本】 名「せみ②」に同じ。また、それがついている部分。例帆を下ろさんとすれども、雨に濡れて**蟬本**つまりて下がらず〈義経記・四〉

せ・む【迫む・攻む】 動(マ下二)「せし(狭し)」「せばし(狭し)」の語幹と同根。空間的・物理的に、間隔を狭め、窮屈にさせるのが原義の他動詞。

❶**追いつめる。窮地に追いこむ。** 例(a)ますらをの高円山に**迫めたれ**ば里に下り来るむざさびぞこれ(=勇士が高円山に追いつめたので、里に下りて来たムササビである、これは)〈万葉・六・一〇二八〉例(b)家の隣より火出できて、風押しおほひて**せめけれ**ば、逃げ出でて(=家の隣より火事がおこって、風が押しかぶせるように吹いて火が迫ってきたので、逃げ出して)〈宇治拾遺・三〉

❷**きつく締めつける。ぴったり身に着ける。** 例御襪のいたう**せめ**させたまひけるに、心地もたがひて(=御靴下がたいそうきつく締めつけなさったので、気分が悪くなって)〈大鏡・兼家〉

❸**中に入りこむ。突き刺さる。** 例(矢ガ)筬中の**せめ**てぞ立ったりける(=矢柄の真ん中まで突き刺さって立っていた)〈古活字本保元・中〉

〈岩坪健〉

せ・む【責む】 動(マ下二)❶**悩ませる。苦しめる。** 例病に**せめられ**〈平家・六・入道死去〉

❷**過失や罪を咎める。しかる。なじる。** 例わが常に**責め**られたてまつる罪避りごとに(=自分がいつもお咎めをお受けするおわびに)〈源氏・末摘花〉

❸**せきたてる。催促する。せがむ。** 例「少しづつ語り申せ」と**責めらる**(=「少しずつ語って申し上げよ」と催促なさる)〈源氏・帚木〉読解末尾の「らる」は尊敬の意。

❹**一所懸命にする。集中する。** 例一時ばかり**せめて**後、大息つきて(=二時間ほど一所懸命に祈った後、大きく息をついて)〈沙石集・二・七〉

❺**拷問にかける。** 例しばしは落ちざりけれども、**責めて**問ひければ、つひにありのままに言ひけり(=しばらくは白状しなかったが、拷問にかけて尋問したら、ついに事実のままに言った)〈今昔・一六・二〇〉

❻**馬を乗りならす。調教する。**

語誌「せむ(迫む・攻む)」と同源であるが、心理的・精神的に苦しめる働きかけを中心として別語の意識が生じたもの。他動詞として用いられ、現代語の「責める」に相当する。〈岩坪健〉

せ-む-かた【為む方】〔サ変動詞「す」の未然形＋推量の助動詞「む」の連体形＋名詞「かた」〕なすべき方法。手段。多く否定的文脈で用いる。例**せむ方**もなくて、ただ泣きに泣きけり〈伊勢・四〉

せむかた-な・し【為む方無し】 形(ク)❶**なすべき方法がない。どうしようもない。どうしてよいかわからない。** 例(a)いみじう心あくがれ、**せんかたなし**〈枕・鳥は〉例(b)物にけどられぬるなめり(=物の怪に生気を奪われてしまったのだろう)と、**せむかたなき**心地したまふ〈源氏・夕顔〉❷**はなはだしい。** 例(木ガ)**せんかたなく**多かり〈宇治拾遺・四八〉

せ-む-すべ【為む術】「せむかた」に同じ。例言はむすべ　**せむすべ**知らに(=わからずに)〈万葉・二・二〇七〉

せめ【責め】 名❶**罪過を責めること。とがめ。罰。** 例これ、天の**責め**を蒙れるなり〈今昔・三〇・三〉❷**厳しい督促・催促。** 例優婆塞(=男性の在家の仏教信者)の**責め**、のがれがたきによりて〈今昔・二・三〉❸**拷問。** 例井に蓋をし、火に水かけ、水火の**せめ**に及ぶ〈平家・二・座主流〉読解水と火を使えなくした。❹**責任。** 例**責め**一人に帰すとかや(=責任は最上位の人が負うとか)〈平家・一〇・戒文〉

せめ・ぐ【鬩ぐ】 動(ガ四)〔古くは「せめく」〕❶**恨む。責めたてる。** 例老いぬとてなどかわが身を**せめぎ**けん〈古今・雑上〉❷**争う。言い争う。** 例兄弟内に**鬩ぐ**とも、外の侮りを防げよ〈読本・雨月・白峯〉

せめ-つづみ【攻め鼓】 名 攻撃の合図に打ち鳴らす太鼓。味方の士気を高める意味もある。例范蠡(=人名)自ら**攻め鼓**を打って兵を進め〈太平記・四〉

せめ-て 副 動詞「せむ(迫む)」の連用形＋接続助詞「て」。対象にせまって、というのが原義。

❶**強いて。無理に。つとめて。** 例「いくばくもはべるまじき老いの末にうち捨てられたるがつらうもはべるかな」と、**せめて**思ひ静めてのたまふ気色いとわり

なし(＝「さほど長くも生きられますまい晩年に置き去りにされたのがつろうございますなあ」と、強いて気持ちを静めておっしゃる様子は、たいそうつらそうである)〈源氏・葵〉読解娘の葵の上に先立たれた左大臣の嘆きぶり。

❷しきりに。熱心に。例人やあるともおぼしたらで、せめてひきたまふを(＝そばに人がいるかともお思いにならないで熱心にお弾きになるのを)〈大鏡・道長下〉

❸非常に。あまりに。はなはだしく。例せめておそろしきもの 夜鳴る神(＝雷)〈枕・せめておそろしきもの〉

❹強いて言えば。例せめてこれがおりやる(＝強いて言えば、これがあります)〈狂言・箕被〉

❺(希望・願望の表現に用いて)少なくとも。～だけでも。例都にては粟田口までと思ひ、粟田口にてはせめて関山・大津までと思ひ、うち送り申しけるが〈平治・下〉読解流罪になって伊豆に向かう源頼朝を見送るところ。〈玉村禎郎〉

せめ-ふ・す【責め伏す】動(サ下二)❶責めて屈伏させる。説きふせる。例(平頼盛ノ言ヲ)内大臣宗盛用ひざるなり。(頼盛ハ)責め伏せられければ〈愚管抄・五〉❷問い詰める。例責め伏せて問はんずるものを〈義経記・六〉❸疲れさせる。例馬も人も責め伏せて候ふ〈平家・五・富士川合戦〉❹急調子で笛などを吹く。また、舞を急調子で舞う。例万秋楽(＝曲名)は…責め伏せて吹くべきなり〈著聞集・六・二七七〉

せめ-まどは・す【責め惑はす】―マドワス 動(サ四)責めたてて困らせる。せきたてて慌てさせる。例思ひまはすほどもなく、責めまどはせば〈枕・頭中将の、すずろなるそら言を聞きて〉

せ-もつ【施物】名僧や貧しい人に施しとして与える物。例天皇叡感ありて(＝感心なさって)、勅を下して施物ありけり〈著聞集・五・一四三〉

せよ サ変動詞「す」の命令形。

せよ 使役・尊敬の助動詞「す」の命令形。

せり【芹】名植物の名。セリ科の多年草。冬から春にかけて伸びた茎・葉を食用にする。春の七草の一つ。例春ごとに沢辺におふる(＝生える)せりの葉を年とともにぞ我はつみつる〈曾丹集〉読解「つみ」は「摘み」と「積み」を掛ける。

せり-だし【迫り出し】名歌舞伎で、俳優や大道具を、舞台下の奈落から舞台へ押し上げて出すこと。また、その装置。

迫り出し
〔楽屋十二支之内 子〕

せりふ【台詞】名❶役者が演技で言う言葉。❷決まり文句。言いぐさ。例紺屋の明後日作者の明晩、久しい台詞と合点して〈滑稽本・浮世風呂・四序〉❸言い分。また、苦情や文句を言うこと。理屈を言うこと。例義理に詰まった女房のせりふ、もっともと胸にこたへしより〈近松・心中重井筒・上〉

せ-ろ【夫ろ・背ろ・兄ろ】名『上代語』(「ろ」は接尾語)「せな」の東国方言。例去にし夕より背ろに逢はなふよ(＝逢っていないことだ)〈万葉・一四・三三七五〉

せ-ろ『上代語』サ変動詞「す」の命令形「せよ」の東国方言。しろ。せよ。例白雲の(枕詞)絶えにし妹をあぜせろと(＝どうしろというのか)心に乗りてここばかなしけ〈万葉・一四・三五一七〉

せ-わ【世話】❶名❶世間で用いる言葉。口語や俗語、また、ことわざなどの類。慣用の言葉。例(a)世話に和らげたる平家の物語〈天草本平家・扉紙〉例(b)せわに、鬼にかなさい棒(＝鬼に金棒)といふごとくなり〈わらんべ草・三〉❷人のめんどうをみること。仲介や斡旋をすること。例親に世話をやかする〈虎寛本狂言・以呂波〉❸「世話物」の略。❷形動(口語)めんどうだ。やっかいだ。例酒が過ぎるとたわいない。ほんに世話でござらうの〈浄瑠璃・仮名手本忠臣蔵・九〉

せわ-きゃうげん【世話狂言】―キョウゲン 名世話物の歌舞伎狂言。例二人が噂、世話狂言の仕組み(＝趣向)の種となるならば〈近松・心中重井筒・下〉

せわし【忙し】⇩せはし

せわ-じゃうるり【世話浄瑠璃】―ジョウルリ 名世話物の浄瑠璃。

せわ-ば【世話場】名歌舞伎で、町家・農家などの日常生活を描く場面。困窮した生活に苦しむ場面が多い。

せわ-もの【世話物】名浄瑠璃・歌舞伎で、江戸時代の町人社会に取材し、その風俗や人情を描いた作品。例世話物でも跡へ付けるか〈滑稽本・浮世風呂・三下〉

せん【先】名❶以前。前。「先年」「先師」などと接頭語的に用いる。❷他にさきんじて物事を行うこと。さきがけ。例また神敵の先たり〈太平記・九〉❸碁や将棋などの先手。例盤取りにやりて…先せさせたてまつりたるに〈源氏・手習〉

【先を越す】相手より先に物事を行う。機先を制する。例北八(＝人名)が先を越したとはつゆ(＝まったく)知らず〈滑稽本・膝栗毛・三上〉

せん

【詮】名❶つきつめたところ。結局。例申しうくるところの詮は、ただ重盛が首を召され候へ(＝お願いする結局のところは、ただ重盛の首をお取りなされませ)〈平家・二・烽火之沙汰〉

❷最上のもの。最も重要なところ。眼目。例このたびの撰集の我が歌にはこれ詮なり(＝今回編まれた歌集に選ばれた自分の歌ではこれが最上のものである)〈後鳥羽院御口伝〉読解歌人藤原良経の言葉。この「撰集」は『新古今和歌集』のこと。

❸効果。かい。値打ち。例討たれたらんは、なんの詮かあらんずるぞ(＝敵に討たれたとしたら、どのようなかいがあろうか)〈平家・九・一二之懸〉

❹手段。方法。例社司ども、せんつきて眠りゐたりけるほどに(＝神官たちが、手段が尽きてぐっすり眠っていたときに)〈著聞集・一・一六〉読解神社の神殿の扉が、どうやっても開かなかったときの話。

語誌 ③④については形容詞「せんなし」から派生したと考えられる。「せんなし」の語義から「なし」の意味を差し引いた結果、あたかも漢字「詮」に元からこれ

らの意があったように錯覚されて用いられるようになったものであろう。〈玉村禎郎〉

せん【銭】 名❶ぜに。かね。❷貨幣の単位。「貫」の千分の一で、「文」に同じ。例一銭一字損かけまじ〈近松・冥途の飛脚・上〉

せん【餞】 名餞別。また、別れの宴。例遠くまかりける人に餞しはべりける所にて〈後撰・離別・詞書〉

ぜん【善】 名❶よいこと。正しいこと。道理や仏の教えなどにかなっていること。例善も悪も空なりと観ずるが〈平家・二・大臣殿被斬〉❷好ましいこと。すぐれていること。例堂舎の構へ、善尽くせり〈太平記・二〉

ぜん【禅】 名❶《仏教語》〔梵語の音写「禅那」の略〕心を静め、対象に集中し、真理を悟るための修行。「禅定」とも。例禅を学びて東土(=日本)に流伝せしめむ〈続紀・文武四年三月〉❷「禅宗」の略。❸天子が位を後継者に譲ること。禅譲。

ぜん-あく【善悪】 「ぜんなく」とも。❶名 善と悪。善人と悪人。例善悪をわきまへおはしませばこそ〈大鏡・伊尹〉❷副(善であろうと悪であろうと、の意から)いずれにせよ。転じて、なんとしても。例善悪舞はせまゐらせ候はんずる〈義経記・六〉

せん-いち【専一】 名❶一つの事にうちこんでほかを顧みないこと。例高僧両三人流罪に処せらるる事も、武臣悪行の専一と言ひつべし〈太平記・三〉❷第一であること。主要。例弥平兵衛宗清といふ侍あり。相伝(=先祖から仕えている)専一の者なりけるが〈平家・一〇・三日平氏〉

せんえう-でん【宣耀殿】 名「せんにょうでん」とも。内裏の後宮七殿の一つ。麗景殿の北にある。女御の居所にあてられ、その女御をさして用いることもある。⇩口絵

せん-か【仙家】 名「せんけ」とも。仙人の住まい。仙人の世界。例仙家より帰って七世の孫にあひけんも〈平家・灌頂・女院出家〉

せん-か【泉下】 名〔「黄泉」の下、の意〕あの世。死後の世界。例逆臣のために亡ぼされ、恨みを泉下に報ぜんために〈太平記・七〉

せんか-あはせ【選歌合はせ・撰歌合はせ】 名 歌合わせの一種。古今の秀歌を時代にかかわらず選び出し、左右二組に分けて各歌の優劣を競う。後鳥羽院撰『時代不同歌合』など。

せん-がい【線鞋】 名 履物の名。粗い絹布で作り、紐で足首に結びつけて履く。平安時代、男女ともに用いた。例沓買はば 線鞋の 細底を買へ〈催馬楽・貫河〉

せん-かう【先考】 名〔「考」は父の意〕亡くなった父。例まことの道(=仏道)に入って、先考の御菩提をも弔ひたてまつらん〈古活字本保元・下〉

せん-かう【浅香】 名 香木の名。沈香と同種で、質が粗く、水に浮かびも沈みもしないもの。例右は沈の箱に浅香の下机〈源氏・絵合〉

せん-かう【潜幸】 名動(サ変) 天皇がひそかに行幸すること。例潜幸の儀式を引きつくろひ(=ととのえ)〈太平記・三〉

せん-かう【遷幸】 名動(サ変)❶遷都すること。また、天皇が新しい御所にお移りになること。例六月九日新都の事はじめ、八月十日上棟、十一月十三日遷幸とさだめらる〈平家・五・月見〉❷天皇・上皇がほかの場所へお出かけになること。遷御。例昨日は主上(=天皇)御遷幸の由を承り〈太平記・四〉

仙覚 《人名》一二〇三(建仁三)～?。鎌倉時代の万葉学者。天台宗の僧。『万葉集』本文の校訂・新訓に努め、万葉研究の基礎を築く。著書に『万葉集註釈』がある。

せん-かた【為ん方】 名「せむかた」に同じ。

ぜん-かふ【禅閤】 名「禅定太閤」の略。太閤が出家してからの称。例知足院の禅閤殿下忠実公の三男にて〈古活字本保元・上〉

せん-き【疝気】 名 漢方で、腰や腸のあたりが痛くなる病気。例夕涼み疝気おこしてかへりけり〈俳諧・去来抄・先師評〉

せん-ぎ【先規】 名「せんき」とも。以前からの規則。先例。例これは異朝の先規たるうへ、別段の事なり(=特別の例である)〈平家・一・二代后〉

せん-ぎ【僉議】 名動(サ変)〔「僉」は皆の意〕皆で相談すること。評議。衆議。例南都の大衆、とやせまし、かうやせましと(=ああしよう、こうしようと)僉議するところに〈平家・一・額打論〉

せん-ぎ【詮議】 名動(サ変)❶罪人を取り調べること。例この詮議の済むまではここを通さじ〈西鶴・好色一代男・四・一〉❷「せんぎ(僉議)」に同じ。

ぜん-きく【禅鞠】 名《仏教語》座禅のとき頭上に載せる、毛で作った毬。眠りを防ぐために用いる。例眠れば頂上より落つ。落つれば音あり。音あれば眠りさむ(=覚める)。これを禅鞠といふ〈平治・上〉

せん-きやう【仙境・仙郷】 名 仙人の住む土地。世俗を離れた清浄閑寂な場所。例仙郷に入って年久しき(=長い年月を過ごしている)東方朔とはわが事なり〈謡曲・東方朔〉

せん-く【千句】 名 連歌・俳諧で、一巻が百句の百韻を十巻続けたもの。

せん-ぐ【先駆・前駆】 名動(サ変)「せんく」「ぜんく」「ぜんぐ」「せんくう」とも。馬に乗って先導すること。また、その人。例蔵人頭以下の殿上人十六人前駆す〈平家・六・横田河原合戦〉

せん-ぐう【遷宮】 名 神社で、社殿を新造・改修するとき、御神体を移すこと。旧社殿から仮殿に移すのを仮遷宮、仮殿から本殿に移すのを正遷宮という。例伊勢の遷宮拝まん〈芭蕉・奥の細道〉

せん-ぐり【先繰り】 副(多く「せんぐりに」の形で)順繰りに。次々に。例(銭ガ)先繰りに毎年集まりて〈西鶴・日本永代蔵・一・一〉

せん-くゎう【先皇】 名 先代の天皇。先帝。例旧主・先皇の政にも従はず〈平家・一・祇園精舎〉

せんぐゎん-まつ【千貫松】 名〔千貫の価値のある松の意〕枝ぶりのよい老松。京都北野にあった松や、伊勢国(三重県)豊国野の松が有名。例枝ものふりたる松あり。北野の千貫松・淡路の万貫松にも劣らず〈西鶴・西鶴織留・一・四〉

せん-げ【宣下】 名動(サ変) 天皇の命令を宣べ下す

こと。宣旨がくだること。例僧都に任ずべき由宣下せらるれども〈宇治拾遺・一九三〉

せん-げ【遷化】 名動(サ変)『仏教語』高僧の死。この世での教化を終え、次の世に教化をうつす意。例入唐してかしこにて**遷化し**たまふ〈愚管抄・二〉

せん-けん【嬋娟】 名 形動(タリ)「せんげん」とも。容姿などがあでやかで美しいこと。例容色世にすぐれ、**嬋娟**たぐひ無かりしかば〈太平記・四〉

ぜん-ご【前後】 名動(サ変)「せんご」とも。前と後ろ。あとさき。例六人の子ども**前後**に立て(=立たせて)、矢種のあらん限り射尽くして〈保元・中〉

【前後を忘ず】 どうしてよいかわからなくなる。方角がわからなくなる。例心も乱れて**前後を忘ずる**ばかりなり〈謡曲・舟弁慶〉

せんごく-ぶね【千石船】 名 江戸時代、大型の輸送船。元来は米を千石積む船の意。のちに、数百石積みの船から二千石積みの船までの呼び名となった。千石積みの船は、全長は約二六メートル、帆柱を建てる所の幅約八メートル、帆柱の長さは約二九メートル。乗員は一五〜六人。基本は帆走で、入港時に使用する櫓を一二挺備える。上方と江戸の間は一〇日ほどであった。例書きも書いたり痴話文(=恋文)は…舟に積んだら**千石船**〈近松・嫗山姥・二〉

千石船

千五百番歌合 せんごひやくばんうたあはせ 《作品名》鎌倉前期の歌合わせ。二〇巻。後鳥羽院主催。建仁二年(一二〇二)から同三年の成立。三〇人の作者に一〇〇首ずつ詠進させ、結番したもの。和歌史上最大規模の歌合わせで、『新古今和歌集』の撰集資料にもなった。

ぜん-ごふ【前業】 名『仏教語』前世での善悪の業因。例これまた**前業**のはたすところなり〈保元・中〉

ぜん-ごふ【善業】 名『仏教語』よい報いを招くもととなる行為。例仏前にありて、数珠を取り、経を取らば、怠るうちにも**善業**おのづから修せられ(=自然と修められ)〈徒然・一五七〉

せん-ごり【川垢離】 名 神仏祈願のため、川につかって身を清めること。例湯の中は、花火と**川垢離**がねえばっかりだ〈滑稽本・浮世風呂・四下〉

ぜん-ごん【善根】 名『仏教語』「ぜんこん」とも。来世でよい果報を受けるもとになる行い。写経・供養・造仏など。例前世にいかなる**善根**を植ゑて、かくのごとき果報を得たるぞ〈今昔・二・三三〉

せん-ざ【遷座】 名動(サ変) 神仏や天皇の御座所をほかに移すこと。例これは、善光寺如来の洛陽(=京都)真如堂に**遷座**ありし日の吟にて〈俳諧・去来抄・先師評〉

せん-ざい【千載・千歳】 名 千年。また、長い年月。例疑ひなき**千歳**の記念、今眼前に古人の心をけみする(=改めて見る)〈芭蕉・奥の細道〉

せん-ざい

【前栽】 名 ❶貴族の邸宅の庭に植えた草木。また、その植え込み。観賞用に、主に建物の近くに植え込む。例(a)嵯峨野に、所の衆ども**前栽**ほりに(=嵯峨野へ、蔵人所の下級官人たちが草木を掘りに)〈落窪・三〉例(b)風すごく吹き出でたる夕暮れに、**前栽**見たまふとて、脇息によりゐたまへるを(=風がひどく寂しく吹きはじめた夕暮れに、庭の草木をご覧になるといって、ひじかけにもたれて座っていらっしゃるのを)〈源氏・御法〉 読解 紫の上が死の直前に、庭の前栽(ここは萩)を見る。

❷「前栽物」の略。野菜。青物。例**前栽**をわづか荷なうて商ひの(=野菜を少し担いで商売に)〈歌舞伎・お染久松色読販・中幕〉

語誌 ▼前栽には女郎花・菊・藤袴・吾亦紅などの草花だけでなく、梅や桃などの木も植えられた。四季に応じた庭前の美しさは、古典作品にしばしば描写されているところである。

『源氏物語絵巻』御法巻に描かれた前栽

▼①例(b)の場面は『源氏物語絵巻』に描かれていてよく知られているが、悲しみの心情が風に吹き乱れる前栽と露によっても象徴されている。

ぜん-ざい【善哉】 感 ほめたたえるときに発する語。よきかな。例明神も御声をあげて**善哉善哉**と感じたまへば〈謡曲・白髭〉

せんざい-あはせ【前栽合はせ】 名 平安時代の遊戯の名。左右二組に分かれて前栽を作り、その優劣を競う。作った前栽にふさわしい和歌を詠じて、その優劣も含めて勝負を決めることが多い。例右大臣源のひかるの家に、**前栽あはせ**しはべりけるまけわざ(=負けた側の饗応)を〈拾遺・賀・詞書〉

せんざい-いちぐう【千載一遇】 めったにないよいこと。千年の間に一度しかあわないようなよい機会。例君臣体を合はせたる(=心を合わせた)、誠に千載一遇の忠貞〈太平記・二〉

せんざい-らく【千歳楽】 名「せんしうらく」に同じ。

千載和歌集 《作品名》平安後期の勅撰和歌集(七番目)。二〇巻。下命者は後白河院。藤原俊成撰。文治四年(一一八八)成立。歌数は約一二九〇首。俊成の傾向を反映し、優美で余情あふれる歌が多い。また、当代歌人重視の傾向がうかがえる。

せん-さく【穿鑿】 名動(サ変)「せんざく」とも。❶さがし求めること。あれこれと究明・調査すること。例**穿鑿**に及びしに、盗人あらはれて打ち殺されぬ〈仮名草子・浮世物語・三・六〉❷事柄。問題。事の次第。例けたひの悪ひ(=しゃくにさわる)**せんさく**だ〈黄表紙・御存商売物・中〉

せん-し【先師】 名「せんじ」とも。亡くなった師・先生。例**先師**予に語りて曰はく「句はおちつかざれば、真の発句にあらず」〈俳諧・去来抄・先師評〉
読解 この「先師」は芭蕉。

せん-じ【宣旨】 名❶天皇の命令を述べ伝えること。また、その公文書。例(蔵人ハ)**宣旨**など持て参り〈枕・めでたきもの〉❷天皇の言葉を蔵人などに伝える役の女官。またそこから、上席の女官(上臈女房)の称。例**宣旨**、対面して、御消息は聞こゆ〈源氏・朝顔〉
語誌 ①と同じく天皇の言葉を伝えるものに、詔書や勅書があるが、これらは宣旨に比べて発布にきわめて複雑な手続きを要したという。

ぜん-じ【前司】 名「せんじ」とも。前任の国司。例いらへ(=返事)には、「なにの**前司**にこそは」などぞ必ずいらふる〈枕・すさまじきもの〉

ぜん-じ【禅師】 名《仏教語》❶禅定を修した僧。高僧。転じて、一般の僧の敬称にも用いる。例俗なる、**禅師**なる、あまた参り集まりて〈伊勢・八五〉❷禅宗の僧が朝廷から与えられる諡号。

せんしう-ばんぜい【千秋万歳】 名❶千年万年。長い年月。例**千秋万歳**の栄華も 破竹のうち(=わずかな時)の楽しみぞ〈閑吟集・二五〇〉❷(①から転じて)人の長寿を祝ったり、天皇の代が永く続くのを祝ったりする言葉。例この君**千秋万歳**の宝算(=御寿命)をぞ祈りたてまつる〈平家・六・紅葉〉

せんしう-らく【千秋楽】 名❶雅楽の曲名。管弦曲。唐楽。❷謡曲『高砂』の終わりの部分(キリ)に謡う文句。祝言用の小謡としても謡われた。例盃も数かさなりて、「よい年忘れ、ことに長座(=このほか長居)」と、**千秋楽**をうたひ出し〈西鶴・西鶴諸国ばなし・一・三〉❸物事の終わり。また、興行の最終日。

せん-じふ【撰集】 名すぐれた和歌などを選んで編集すること。また、その集。例**撰集**のあるべき由承り候ひしかば〈平家・七・忠度都落〉

撰集抄 《作品名》鎌倉後期の仏教説話集。九巻。作者・成立年未詳。仏教説話を中心に一二一話を収める。近代に至るまで西行の作だと考えられていたため、西行伝承の形成に大きく影響し、文人たちに多大な影響を及ぼした。さまざまな遁世者の事跡が憧憬の念をもって語られている。

せん-しやう【僭上】 名動(サ変)「せんじやう」とも。❶身のほどを越えておごりたかぶること。僭越。また、分を過ぎたぜいたく。例**僭上**無礼は国の凶賊なり〈太平記・一三〉❷大言壮語。例色里で**僭上**いふことは治兵衛めにはかなはねども〈近松・心中天の網島・上〉

せん-じやう【先生】 名❶《仏教語》「ぜんしやう」に同じ。例汝、**先生**に人と生まれたりしに〈今昔・二・五〉❷師の敬称。先生。例かの田光**先生**は、燕丹に語らはれし時〈太平記・一〇〉❸「帯刀先生」の略。帯刀の長官。

ぜん-しやう【前生】 名《仏教語》「ぜんじやう」とも。この世に生まれる前の世での生涯。前世での生。例この女、**前生**に人の従者としてありしときに〈今昔・一・二六〉

ぜん-じやう【軟障】 名「ぜじやう」に同じ。

ぜん-しゅう【禅宗】 名 仏教の宗派の一つ。基本経典は定めず、教外別伝・不立文字をうたい、座禅によって心身を統一し、悟りを得ることを目的とする。六世紀の初め、達磨によって中国に伝えられ、日本では鎌倉時代に栄西が臨済宗を、道元が曹洞宗を伝える。武家社会を中心に浸透し、特に南北朝以降の文化全般に深く影響を与えた。文学では、京・鎌倉の五山の禅僧たちを中心に行われた漢詩文が五山文学として花開いた。江戸時代には明の隠元が黄檗宗を伝えた。

せんじゅ-くゎんおん【千手観音】 名《仏教語》千手と手のひらについた千眼をもち、広大無辺な救済と無量の慈悲で衆生を救うという観音。像は、ふつう、中央の二手と左右各二十手の計四十二手をもつ。「千手千眼観音」とも。

せんじゅ-だらに【千手陀羅尼】 名《仏教語》千手観音の功徳を説いた陀羅尼。唱えればすべての悪業が消滅するとされる。例**千手陀羅尼**の霊験蒙りたまへる人なり〈今昔・三・五〉

せん-しょう【先蹤】 名「せんじょう」とも。先例。前例。例都うつり(=遷都)はこれ**先蹤**なきにあらず〈平家・五・都遷〉

ぜんじょう『禅杖・禅定』⇩ぜんぢゃう

せん・ず【先ず】 動(サ変)先手を取る。さきんじる。例大臣に**先ぜ**られて、ねたくおぼえはべる(=ね

たましく思っています〉〈源氏・若菜上〉

せんず-まんざい【千秋万歳・千寿万歳】 名 年頭に家々を回り、末永い繁栄や長寿を祝う言葉を述べ、歌舞を演じて、米や銭などを請う門付け芸。江戸時代には、滑稽な掛け合い演芸となった。折烏帽子に素袍で、のちは風折り烏帽子に、大紋のついた直垂を着て、腰鼓を打つ。主に上方には大和万歳、江戸には三河万歳が回ったという。例千秋万歳したまへ、見ん〈発心集・五・一〉

千秋万歳〔絵本満都鑑〕

せんずる-ところ【詮ずる所】 要するに。つまり。結局。例詮ずるところ学問は、ただ年月長く倦まずおこたらずして、はげみつとむるぞ肝要にて(=重要であって)〈うひ山ぶみ〉

ぜん-ぜ【前世】 名《仏教語》「ぜんせ」とも。三世の一つ。この世に生まれる前の世。例幸ひはただ前世の生まれつきでこそあんなれ〈平家・一・祇王〉

ぜん-せい【全盛】 ❶名 盛んなこと。栄えていること。例仏の御国喜見城の全盛もここには勝らじ〈浮世草子・好色万金丹・五・一〉 ❷名動(サ変) ❶遊里などで豪勢に遊ぶこと。また、遊女などが大いにはやること。例かの島原(=遊里の名)の御全盛、昔になるや〈仮名草子・浮世物語・一・一〇〉 ❷見栄を張ること。自慢すること。例我が女の手前のぜんせいこそ愚かなれ〈西鶴・好色一代女・四・一〉

せん-せき【仙籍】 名(「仙」は殿上、「籍」は簡の意) ❶殿上に出仕する人の名札。「殿上の簡」「日給の簡」とも。例殿上の仙籍をばいまだゆるされず〈平家・一・祇園精舎〉 ❷蔵人の頭の唐名。

［仙籍を許す］ 昇殿を許す。例殿上の仙籍をばいまだ許されず〈平家・一・祇園精舎〉

せん-そ【践祚】 名動(サ変)(「践」は踏む、「祚」は位の意)先帝の跡を継いで、皇位を継承すること。特に、皇位の象徴の神器を新帝に奉る儀式をいう。例近衛院三歳にて践祚あり〈平家・一・額打論〉

せんぞう-くやう【千僧供養】 名《仏教語》千人の僧を招いて供養を営むこと。非常に大きな功徳があるとされる。例法勝寺千僧供養に、鳥羽院御幸ありけるに〈宇治拾遺・九・九〉

せん-ぞく【氈褥】 名 毛皮や毛織物の敷物。例など。せんぞく料にこそはならめ〈枕・雨のうちはへ降るころ〉 読解 足が汚れているからと敷物を遠慮した人に対して、「氈褥」と「洗足」を掛けて答えた言葉。

せん-だい【先帝】 名「せんてい」とも。先代の天皇。例先帝の四の宮の、御容貌すぐれたまへる聞こえ(=評判)高くおはします〈源氏・桐壺〉

ぜん-だい【前代】 名 ❶現在より前の時代。❷「前代未聞」の略。例けらが(=おれの)宿を忘れて、囃子物をして来る。前代の曲事(=とんでもないこと)〈狂言・麻生〉

ぜんだい-みもん【前代未聞】 今までに聞いたことのない出来事。例いまだかくのごときの先蹤(=前例)をきかず。前代未聞の不思議かな〈古活字本平治・上〉

せん-だう【山道】 名 ❶山中を通る道。山国を結ぶ街道。❷東山道・中山道。例甲斐の人々をさしそへて、山道をさしふさぎ〈保元・中〉

せん-だち【先達】 名「せんだつ」に同じ。

せん-だつ【先達】 名「せんだち」とも。❶自分より先に道に達すること。また、その先輩。例先達、後生を畏る(=後進を畏敬する)といふこと〈徒然・一二九〉 ❷案内者。指導者。例少しのことにも、先達はあらまほしきことなり(=いてほしいものである)〈徒然・五二〉 ❸修行の先導となる修験者。

ぜん-だな【膳棚】 名 食器棚。配膳のために食器や食物を入れておく棚にもいう。例椀家具…手ごとにふきて膳棚にかさねける〈西鶴・好色五人女・二・五〉

せん-だん【栴檀】 名(梵語の音写) ❶「白檀」の別称。例徳を見てこれを崇むれば、栴檀のごとく妙なり〈沙石集・六・八〉 ❷「栴檀香」の略。①の木や根を粉末にして作った香料。例栴檀・沈水(=沈香)満ち匂ひ〈梁塵秘抄・法文歌〉 ❸「栴檀の板」の略。

［栴檀は二葉より芳し］(栴檀は芽生えたときから芳香を放つということから)大成する人物は幼時からすぐれていることのたとえ。例栴檀は二葉より芳しとこそ見えたれ〈平家・一・殿下乗合〉

せんだん-の-いた【栴檀の板】 名 大鎧の付属具の一種。鎧の右肩から胸に垂らす板。胴のつり糸を切られるのを防ぐ。⇒よろひ(図)。例鎧の栴檀の板を、右の小脇まで篦深に(=矢竹の部分まで深く)ぐさと射込む〈太平記・三〉

ぜん-ちしき【善知識】 名《仏教語》「ぜんぢしき」とも。❶仏道に教え導いてくれる人。仏道へ導く機縁を作ってくれたよい友。転じて、高僧。名僧。例仇敵とともなり、また、善知識ともなるべし〈発心集・七・一三〉 ❷人を仏道に導くよい機縁となるもの。仏縁を結ぶきっかけとなるもの。例あるいは貧しく、あるいは世をうらみ、あるいは憂き事にあふ、みな善知識の因縁なり〈宝物集・七〉

ぜん-ぢゃう【禅杖】 名《仏教語》座禅のとき、居眠りする人を戒めるための竹の杖。例修禅定せられし時、御身苦しき事あり。これをもって押す。押さふれば止む。これを禅杖といふ〈平治・上〉

ぜん-ぢゃう【禅定】 名《仏教語》❶心を静め対象に集中し、絶対の境地に達し、真理を悟るための修行。禅。例閑かならむ所に居て、禅定を修して行ふ〈今昔・一・五〉 ❷富士山や白山などの霊山に登って行う修行。転じて、その霊山の頂上。例山は書写の山なれども…黒雲にはかに禅定へ切れて〈義経記・四〉

せん-ぢん【先陣】 名 ❶一番先に進む部隊。先鋒。例先陣は蒲原・富士河にすすみ〈平家・五・富士川〉 ❷敵陣に一番乗りすること。また、その人。例宇治河の先陣、佐々木四郎高綱〈平家・九・河原合戦〉

せん-て【先手】 名 ❶機先を制すること。相手に対して主導権を握ること。例何事も先手先手と心懸くる事なり〈五輪書・風の巻〉❷戦場で、先頭に立って攻め込むこと。また、その部隊。例これによりて二十人衆を先手とす〈内外両宮兵乱記〉❸囲碁や将棋で、最初に石や駒を動かすこと。また、その人。

せん-てう【先朝】 名❶先帝の朝廷。例歴代の先朝、皆弟・甥をいやしとおぼしめせども〈古活字本保元・上〉❷前の天皇。先帝。例先朝船上(=山の名)に御坐あって〈太平記・九〉

せん-と【遷都】 名動(サ変) 都をほかの地へ移すこと。みやこうつり。例かかる世の乱れに、遷都・造内裏、少しも相応せず〈平家・五・遷都〉

せん-ど

【先途・前途】 名❶行く先。目標。終局。最期。例先途いづくを期せず(=行く先がどこかもわからない)〈平家・一二・平大納言被流〉❷物事の成否・勝敗などを決定づける重大な局面。瀬戸際。例今一度京都に寄せて、先途の合戦あるべし(=もう一度京都に攻め寄せて、勝敗を決する大事な合戦をするべきだ)〈太平記・一七〉❸その家柄で達することのできる最高の官職。例神恩をかぶりて先途を達してける(=神の恩恵を受けて最高の官職に達してしまった)〈著聞集・一・二九〉

語誌 漢語。中国では「前途」が、行く先、今後、の意で用いられたが、日本では、「前途」が「せんと」「せんど」と読まれたため、音や字義の類推から、「先途」とも表記されるようになったとされる。〈川崎剛志〉

せん-とう【仙洞】 名❶仙人の住むほこら。仙人の住居。❷(①にたとえて)上皇の御所。仙洞御所。例法皇は仙洞をいでて天台山に〈平家・八・山門御幸〉❸上皇の敬称。

剪燈新話 《作品名》中国の伝奇小説。四巻。明の瞿祐作。現存本は一四二一年成立。恋愛の話に怪談をからませた短編小説集。上田秋成の『雨月物語』をはじめ、日本の近世小説にも多大の影響を与えた。特に「牡丹灯記」は、『怪談牡丹灯籠』にも翻案されて有名。

せん-な・し

【詮無し】 形(ク) 仕方がない。かいがない。無益だ。例平家の侍どもといくさして死なんとこそ思ひつれども、この御気色ではそれもせんなし(=平家の侍どもと戦って死のうと思っていたが、こういう殿のお気持ちでは、そのようなことをしてもしかたがない)〈平家・九・生ずきの沙汰〉

語誌 「せん」は本来、サ変動詞「す」の未然形＋推量の助動詞「む」の連体形と考えられる。「詮」はあて字であろう。〈玉村禎郎〉

ぜん-に【禅尼】 名《仏教語》仏門に帰依した女性。例相模守時頼の母は、松下の禅尼とぞ申しける〈徒然・一八四〉

せん-にち【千日】 名❶一千日。また、多くの日数。例千日言うても尽きぬこと〈近松・冥途の飛脚・中〉❷一千日の精進。例千日果てて、御岳にまゐらせたまひて〈山家集・下・詞書〉

せんにち-かう【千日講】 名千日の間、法華経を読誦し講義する法会。例千日講を行ふ聖人ありけり〈今昔・一五・二四〉

せんにち-まうで【千日詣で】 名❶千日続けて寺社に参詣すること。例清水へ人まねして千日詣でを二度したりけり〈宇治拾遺・八六〉❷一日参詣すると千日参詣したのと同じ功徳があるという日。寺社によって特定の日がある。

せん-にん【仙人】 名俗世間を離れて深山に住み、不老不死で、飛行術など不思議な術を会得したという人。「山人」とも。例僧、仙人の洞のほとりに詣づ〈今昔・一三・二〉

せんにん-ぎり【千人斬り】 名腕試しに、また願を立てて千人斬り殺すこと。また、多くの人をなで斬りにすること。例素人絵を頼み、千人斬りの所を書きけるに〈西鶴・好色一代女・六・一〉

ぜん-の-つな【善の綱】 《仏教語》(善処に導く綱の意)仏像の手に掛けた五色の綱。万日供養や開帳などのとき、仏との結縁のため参詣者に引かせる。臨終の人が引くと浄土に導かれるとされた。例仏のお前に善の綱引く〈狂言・狐塚〉

千利休 《人名》一五二二～一五九一(大永二～天正一九)。安土桃山時代の茶人。茶の湯の大成者。幼名与四郎、のち宗易。堺の有力商人の子として生まれ、十七歳の時、能阿弥流の書院の茶、続いて村田珠光流のわび茶を通して学び、しだいに茶人としての名声を高める。やがて織田信長に召し抱えられ、豊臣秀吉が天下人となってからは、天正一三年(一五八五)秀吉主催の大徳寺の大茶会を主宰するなど天下一の茶匠の地位を確立する。その後たびたび秀吉の戦の旅に随伴もした。しかし、天正一九年(一五九一)二月一三日に秀吉から謹慎が申し渡され、二八日に切腹した。

せん-ばう【先坊・前坊】 名「ぜんばう」とも。前の皇太子。皇太子の地位のまま即位せずに亡くなった人、または退位した人をさす。例かの六条御息所の御腹の前坊の姫宮〈源氏・葵〉

せん-ぱう【仙方】 名仙人の用いる不思議な術。仙術。例昔の華陀(=中国古代の名医)が仙方を伝へ〈近松・薩摩歌・下〉

ぜん-ばう【禅房・禅坊】 名禅宗で、寺内にある僧の住む建物。また、禅宗の寺。例願はくは禅房に居宿して〈源平盛衰記・二八〉

せん-ばん【千万】 1名「せんまん」とも。❶数量が非常に多いこと。例千万立ちかこうだる(=立ち囲んでいる)人の中をかきわけかきわけ〈平家・一一・重衡被斬〉❷程度のはなはだしいこと。例後悔千万、悲しんでもあまりあり〈平家・一一・重衡被斬〉2副❶さまざま。いろいろ。❷万一。もしも。例これは千万かけあひの軍(=両軍の主力戦)に打ち負くる事あらば、たてこもらんための用意なり〈太平記・一八〉

ぜん-ぶ【膳部】 名❶令制で、天皇や饗宴の食事をつかさどる官。❷膳にのせる食物・料理。例神事の膳分は、つまみ大根の汁・黒米飯・瓜なます〈噺本・軽口露がはなし・四・一〉❸食膳を調える人。料理人。「かしはで」とも。例膳部に尋ねられ、人々に問はせたまひて〈徒然・六六〉

せん-ぷく【先腹】 名「さきばら」「せんばら」とも。先妻の子。例**先腹**の兄二人を世にあらせて見ん(=出世させよう)とも思はざりければ〈太平記・三七〉

せんぷく-りん【千輻輪】 名《仏教語》仏の三十二相の一つ。仏の足の裏にある千の輻のついた車輪の紋様。例(花山院ノ)御足の裏には**千輻輪**の文もおはしまして〈栄花・花山尋ぬる中納言〉

ぜん-ぶつ【前仏】 名《仏教語》❶(弥勒菩薩を「後仏」というのに対して)釈迦。例それ**前仏**はすでに去り、後仏はいまだ世に出でず〈謡曲・卒都婆小町〉❷釈迦より前に世に現れた仏。

せん-ぺう【先表】 名(「表」はしるしの意)「せんべう」とも。さきぶれ。前兆。例平家の世末になりぬる**先表**やらん〈平家・四・三井寺炎上〉

ぜん-べう【前表】 名「せんぺう」に同じ。例かかる不思議出で来たるべき**前表**なりと、今こそ思ひしられたれ〈太平記・一四〉

せん-ぼふ【懺法】 名《仏教語》経を唱えて罪障を懺悔する修法。経によって法華懺法・阿弥陀懺法などがある。例不断の読経・**懺法**など、たゆみなく尊きことどもをせさせたまふ〈源氏・御法〉

せん-みゃう【宣命】 名(「命(御言)」を「宣る」の意)天皇の命令を伝えること。また、その文書。漢文体の詔勅に対して、「宣命書き」と呼ばれる和文体で書かれたもの。上代は即位・改元などの国家的儀式に用いたが、平安時代以降は主に神社・陵墓への奉告や、任大臣・贈位などに用いる。例**宣命**といふもの読むなりけり〈栄花・浦々の別れ〉

【宣命を含む】 物事のわけをよく言い聞かせる。因果を含める。例**宣命を含むれ**ば、(病気ハ)直りまらするよ〈狂言・しびり〉

せんみゃう-れき【宣明暦】 名 暦の名。中国で、唐代に作られた太陰暦。日本では貞観三年(八六一)に導入され、貞享元年(一六八四)に貞享暦に改められるまで用いられた。

せん-もん【占文】 名 占いで現れた言葉。また、それを記した文書。例今度の地震、**占文**のさすところ〈平家・三・法印問答〉

ぜん-もん【禅門】 名《仏教語》❶禅の実践を説く宗派。禅宗。❷仏門に入った男性。在家のままで僧姿となった居士。例この**禅門**世ざかりのほど(=全盛の間)〈平家・一・禿髪〉読解平清盛のこと。

せんやう-もん【宣陽門】 名 内裏の内郭門の一つ。東面中央の門で、建春門の内にある。「東の陣」「東閤門」とも。⇩口絵

せん-やく【仙薬】 名 飲むと仙人になれるという不老不死の薬。例**仙薬**を食して、かく仙(=仙人)となりけり〈今昔・二〇・四二〉

せん-り【千里】 名 遠い所。遠方。例驥(=駿馬)につく蠅は**千里**に翔けるがごとし〈海道記〉

川柳 《人名》一七一八〜一七九〇(享保三〜寛政二)。江戸時代の前句付け点者。本姓柄井氏。選句眼にすぐれ人気を博し、江戸第一の点者となる。川柳評の万句合わせ興行から秀句を選んだ『柳多留』は、軽妙に人情を詠む新しい文芸の川柳誕生の契機となった。

川柳 江戸時代の雑俳の一種。五・七・五の短詩で、滑稽・機知・風刺などを特色とする。

江戸時代、俳諧が広まると、庶民の間により遊戯的で簡単・卑俗な雑俳(雑体の俳諧)が流行するようになった。その一つの前句付けから独立したのが川柳である。前句付けの点者(評点をつける人)柄井川柳が編んだ『川柳評万句合』をもとに明和二年(一七六五)『誹風柳多留』初編が刊行され、様式として完成する。

俳諧の発句のような切れ字や季語などの制約がなく、口語も多い自由で平俗な様式として流行した。作者の名はほとんど不明だが、大名から庶民まで広範な人々が参加して多様な句を作った。

ジャンル名は柄井川柳の名にちなむが、当時は「川柳点」「狂句」と呼ばれた。〈福田安典〉

ぜん-りつ【禅律】 名 禅宗と律宗。例寺社・**禅律**の繁盛、ここに時を得〈太平記・一〉

せん-りゃう【千両】 名 一両の千倍。また、大変な値打ちのあること。例**千両**取る役者〈浄瑠璃・傾城三度笠・上〉

せんりゃう-ばこ【千両箱】 名 江戸時代、金貨を保管するのに用いる箱。五百両用のものなどにもいう。ふつう、材質は檜や松で、角などを金属で補強してある。例数も限らぬ**千両箱**、積み上げ積み上げ〈浄瑠璃・伽羅先代萩・一〉

せんりゃう-やくしゃ【千両役者】 名 一年間の給金が千両の役者。のちは、実力や人気のある役者をいう。例江戸の繁盛に合はせては**千両役者**幾人もあるべき事にこそ〈劇場新話・下〉

ぜん-りょ【禅侶】 名 禅定を修める僧。転じて、僧。出家。例**禅侶**を置きて、不退の勤め(=熱心に仏道に励むこと)をいたさる〈著聞集・一・六〉

ぜん-りん【禅林】 名《仏教語》❶僧が修行する場所。寺。❷禅宗の寺。また、禅宗。例大宋国にして**禅林**の風規を見聞し〈正法眼蔵・弁道話〉

せん-ゐん【仙院】 名❶「せんとう②」に同じ。例にはかに六波羅の北の方をあけて、**仙院**・皇居となす〈太平記・八〉❷「せんとう③」に同じ。例**仙院**晏駕(=崩御)ののち〈古活字本保元・上〉❸「にょうゐん」に同じ。例女御・后ともてなされ、国母**仙院**ともあふがれなんず〈平家・六・葵前〉

せん-ゐん【先院】 名 前の上皇・法皇。前院。例**先院**御在世の間なりしかば〈古活字本保元・下〉

せんをこす【先を越す】 ⇩「せん」の子項目

そ【十】 名(接尾語的に用いて)十の倍数や十の位を表す。「八十娘子」「三十一文字」など。

そ【衣】 名きぬ。衣服。ふつう、接頭語「おほん」「み」をつけて用いる。

そ【租】 名令制の税の一つ。田一段につき稲二束二把(のちは一束五把)を徴収する。これは当時の収穫の三～五パーセントに相当するという。

そ【麻】 名『上代語』麻。「打ち麻」「夏麻」など、複合語で用いられる。例娘子らが績み麻のたたり(=糸を繰る道具)打ち麻掛け〈万葉・一三・二九九〇〉

そ【磯】 名(「いそ」の変化した形)磯。「荒り磯」「離り磯」「磯慣れ松」など、複合語で用いられる。

そ

【夫・其】 代 指示代名詞。話し手が、聞き手の領域にある事物や、すでに述べられたことがある事物をさす。

それ。例龍殺して、そが首の玉とれる(=龍を殺して、それの首の玉を取った)〈竹取〉

語誌▼文中に明示されていないものを漠然とさし示す用法がある。例その月、何のをり、その人のよみたる歌はいかに(=どうか)〈枕・清涼殿の丑寅のすみの〉

▼古くは助詞「の」「が」「は」などを伴って用いられることが多い。「そこ」「そなた」「それ」などが指示語として成立するのに伴って、「その」以外はあまり用いられなくなった。〈安隨直子〉

そ 副(「さ(然)」が「さう」を経て変化した形)そう。そのよう。例そでない物をそぢゃと言うて〈狂言・張蛸〉

そ

終助 ❶(副詞「な」と呼応して「な～そ」の形で用いて)禁止の意を表す。柔らかく、哀願・懇請する気持ちでいう。(どうか)～しないでくれ。(どうか)～してくれるな。例(a)武蔵野は今日はな焼きそ若草の(枕詞)つまもこもれり我もこもれり(=武蔵野は今日は焼いてくれるな。夫も隠れているし、私も隠れている)〈伊勢・一二〉例(b)な疎みたまひそ(=どうかよそよそしくなさらないでください)〈源氏・桐壺〉

❷(単独で用いて)禁止の意を表す。～するな。例かく濫りがはしくておはしそ(=そんなに乱暴になさるな)〈今昔・一九・三〉

接続 活用語の連用形につく。ただし、①はカ変・サ変活用の動詞には未然形につき、それぞれ「(な)こそ」「(な)せそ」となる。

語誌▼禁止の表現　代表的な禁止の表現には①の「な～そ」と、終助詞「な」を用いる「～な」がある。⇩な(副詞)・な(禁止の終助詞)〈近藤要司〉

ぞ

係助 古くは「そ」。事物を強く指示する意を表す。文中に用いられる場合、係り結びによって文末の活用語は連体形で結ばれる。

❶文中に用いて、上の語を強く指示する。例(a)梅の花枝にか散ると見るまでに風に乱れて雪ぞ降り来る(=梅の花が枝のあたりに散るのかと見るほどに、風に吹き乱れて雪が降ってくる)〈万葉・八・一六四七〉例(b)よろづの遊びをぞしける(=いろいろな音楽の遊びをした)〈竹取〉例(c)桐の木の花…葉のひろごりざまぞ、うてこちたけれど、こと木どもとひとしう言ふべきにもあらず(=桐の木の花は…葉の広がり方が、いやな感じで仰々しいけれど、ほかの木と同列に並べて論じてよい木でもない)〈枕・木の花は〉例(d)飼ひける犬の、暗けれど主を知りて、飛びつきたりけるとぞ(=飼っていた犬が、暗いけれど飼い主を知って、飛びついたということだ)〈徒然・八九〉

❷(係助詞「も」を伴う「もぞ」の形で)将来のことについて危惧する意を表す。～したら大変だ。～したら困る。例雨もぞ降る。御車は門の下に(=雨が降ると困る。お車は門の下に入れておけ)〈徒然・一〇四〉

❸文末に用いて、断定する意を表す。～だ。～である。例それは老いてはべれば醜きぞ(=それは年老いていますから醜いのです)〈源氏・賢木〉

❹「たれ」「いつ」「なに」などの疑問語の下に用いて、疑問の意を表す。～か。例これは誰の人の、かくは仰せらるるぞ(=これはどなたが、このようにおっしゃるのか)〈宇治拾遺・四四〉

❺疑問語の下について、不定の意を表す。だれか。なにか。なんとか。どうにか。例何ぞもらうて食べたいが(=何かもらって食べたいが)〈狂言記・節分〉

接続 体言、連用修飾語、活用語の連体形、格助詞などにつく。

語誌▼古くは「そ」と澄んで読まれたが、その後濁音化した。ただし、疑問語「た(誰)」につけて疑問の意を表す「たそ」はのちまで用いられる。

▼「ぞ」に補助動詞「あり」が続く場合には「ぞあり」が熟して「ざり」の形になることがある。⇩ざり

▼係り結びの衰退に伴って、「ぞ」はしだいに文末にのみ用いられるようになった。文末に用いられる③は終助詞とする説もある。

▼⑤の用法は中世からのもので、この中から「どうぞ」などの副詞ができて現代にも用いられている。

▼結びの省略と流れ　係り結びをする際、①例(d)のように結びが省略されることがある。省略されるのは「あり」「はべり」「言ふ」「思ふ」などの連体形であることが多い。

また、①例(c)のように、結びとなるべき部分が、そこで終止せずに、接続助詞を伴って後に続くことがある。これを結びの流れ(消滅)とか、係り捨てという。〈近藤要司〉

そ-い【素意】 名 かねてからの願い。本心。例鎌倉中(=鎌倉の中)へ入れられざる間、素意を述ぶるにあたはず(=述べることができない)〈平家・一一・腰越〉

そう『姓・候・左右』⇩さう

ソウ【双・庄・早・草・荘・相・倉・桑・曹・笙・葬・装・蒼・想・箏・薔・鞘・糟・騒】⇩さう

そう【障う】⇩さふ

ソウ【挿】⇩さふ

そう【添う・副う】⇩そふ

そう【叟】图老人。翁。例舟に乗りたる**叟**の、帽子したるが、船を蘆につなぎて〈宇治拾遺・九〇〉

そう【証】图証拠。あかし。しるし。例ただにて(=手ぶらで)帰りまゐりてはべらむは、**証**さぶらふまじきにより〈大鏡・道長上〉

そう【僧】图《仏教語》《梵語の音写「僧伽」の略》**仏法に帰依して出家し、仏道を修行する人。法師。出家。沙門**。三宝(仏・法・僧)の一つ。「僧侶」とも。例念仏する**僧**の暁にぬかづく音の尊く聞こゆれば(=勤行する僧が未明に額を床に打ちつけて礼拝する音が尊く聞こえるので)〈更級〉

対義 ぞく

語誌 本来、仏法を信じて仏道を修行する人々の集団をいう。出家の比丘・比丘尼(出家して具足戒を受けた男性が比丘、女性が比丘尼)・沙弥・沙弥尼(剃髪得度したばかりの男性が沙弥、女性が沙弥尼)の四衆の集団を意味するが、中国や日本では特に比丘を僧と称し、比丘尼を尼と呼ぶのが普通である。実際の用例では、「僧」「尼」は一人一人の出家者を意味することが多く、集団として意識されることはほとんどない。〈多田一臣〉

ゾウ【造・曹・象・像・蔵】⇩ざう

ゾウ【雑】⇩ざふ

ぞう-【贈】接頭 死後に贈られた官位につける語。「贈太政大臣」など。

ぞう【族】图《「ぞく」のウ音便形》**一族**。**一門**。**子孫**。祖先を同じくする、血統による集団の単位。例ただ今の世に、この御**族**ぞめでられたまふなる(=現在の世の中で、この御一族こそがもてはやされていらっしゃるそうだ)〈源氏・手習〉読解 光源氏の子孫・一族の繁栄の様子。

語誌 ▼関連語 同義語に「しぞく(親族)」「ぞうるい(族類)」「ひとぞう(一族)」。ほかに、一族・一門を表す語に「やから」、親族を表す語に「うから」がある。〈松井健児〉

宗因《人名》一六〇五〜一六八二(慶長一〇〜天和二)。江戸時代の連歌師・俳人。本姓西山氏。連歌を里村昌琢に学び、大坂天満宮の連歌所宗匠となる。また重頼と親しく俳諧にも興味をいだき、連歌の余技として軽妙自由な軽口俳諧を得意とした。この新風が貞門に不満だった俳人の全国的支持を得、宗因流(談林流)俳諧が一世を風靡する。俳諧の門人に井原西鶴らがいる。代表的な作品に連歌集『宗因連歌千句』、俳諧連歌『蚊柱百句』。

そう-が【奏賀】图元旦の朝賀の儀で祝賀の言葉を天皇に申し上げること。また、その人。四位以上の人の中から選ばれる。例元良親王、元日の**奏賀**の声、はなはだ殊勝にして〈徒然・一三二〉

そう-がう【僧綱】ゴウ 图《仏教語》令制で、僧尼の統率にあたり、法務をつかさどる僧官。僧正・僧都・律師の三僧官で構成する。**貞観六年**(八六四)には、この三僧官の位階として法印・法眼・法橋がそれぞれ設けられた。

そうかく【騒客】⇩さうかく

増賀聖《人名》九一七〜一〇〇三(延喜一七〜長保五)。平安中期の天台宗の僧。高徳の僧として尊敬されるが、徹底して名利を嫌い、多武峰に隠遁。奇行で知られ、多くの逸話を残す。後世、理想の隠遁者の一人として慕われた。

宗鑑《人名》?〜一五三九(天文八)、または一五四〇か。室町後期の連歌師・俳人。京都の山崎に庵住したことから山崎宗鑑と通称される。俳諧集『犬筑波集』の編者で、守武とともに俳諧の祖とされる。風狂の人としてさまざまな伝説が残る。

宗祇《人名》一四二一〜一五〇二(応永二八〜文亀二)。室町中期の連歌師。生国・出自不明。飯尾氏というが確かではない。三十歳を過ぎてから連歌に志し、宗砌・心敬らに学んだ。また和歌を飛鳥井雅親、古典・有職を一条兼良に学び、東常縁から古今伝授を受ける。門人肖柏・宗長との『水無瀬三吟百韻』は正風連歌の傑作。和歌・古典研究の権威でもあり、各地に招かれてその指導にあたった。編著に準勅撰連歌集『新撰菟玖波集』、連歌論『吾妻問答』ほか多数。

そう-ぎやう【僧形】ギョウ 图僧の姿。髪を剃り、法衣をまとった姿。例**僧形**にして日輪を戴き〈古事談・五〉

そう-ぐ【僧供】图《仏教語》僧への供え物。布施として贈る銭や米。例舅の僧の後世をとぶらはむがために**僧供**をまうけて〈今昔・一四・三八〉

そう-くわ【葱花】カ 图❶「ぎぼうしゅ」に同じ。❷「葱花輦」の略。例駕輿丁(=輿を担ぐ人)もなければ、**葱花**・鳳輦はただ名のみ聞きて〈平家・八・太宰府落〉

そう-くわ-れん【葱花輦】ソウカ 图天皇の乗り物の一つ。屋根の上に金色の擬宝珠を据えた輿。中宮・東宮も利用することがある。⇩こし(図)

そう-げき【怱劇】图《「怱」も「劇」も慌ただしい意》忙しく慌ただしいこと。また、騒動。例世の中の**怱劇**いよいよやむ時無し〈太平記・二八〉

そう-し【双紙・冊子・草子・草紙・荘子】⇩さうし

曾子《人名》前五〇五〜?。中国の周代の儒者。名は参。字は子輿。孔子の門人で、孝に基づく道徳を説く『孝経』の著者とされる。

ぞうし【曹司】⇩ざうし

そうじ-て【総じて・惣じて】副❶すべて。全部で。例**総じて**四人、一つ車に取り乗って〈平家・一・祇王〉❷一般に。ふつう。例**総じて**聟入りには、人が見たがるものぢやほどに〈狂言・二人袴〉

そうじみ【正身】⇩さうじみ

そう-しゃ【奏者】图天皇・院に事を奏上する人。また、奏上の取り次ぎを行う人。のちは将軍や大名などの取り次ぎ役にもいう。「奏者役」とも。例**奏者**この由を申し入れず〈源平盛衰記・一八〉

そう-しゃう【宗匠】ショウ 图和歌・連歌・俳諧・茶道・花道などの師匠。例(恋ノ句ノコトハ)分けて(=特

に)その座の宗匠に任すべし〈俳諧・三冊子・白冊子〉

そう-じゃう【奏状】 名 天皇に奏上する文書。令制では事件の大小によって論奏・奏事・便奏の区別があり、太政官が奏する。例 一紙の**奏状**を捧げられたり〈太平記・一四〉

そう-じゃう【僧正】 名《仏教語》僧綱の一つで、僧官の最上位。推古三二年(六二四)に設けられ、のちに大僧正や権僧正も加わる。初めは従四位相当官であったが、しだいに高位となって従二位相当となり、定員も各一名から十余名にまで増員された。

僧正遍昭 《人名》⇩遍昭

ぞうじゃう-まん【増上慢】 名《仏教語》まだ悟りを得ないのに得たと思い込んでおごり高ぶること。例 **増上慢**にして、いまだ証せざるを(=まだ悟りを得ないのに)証せりと思ひ〈十訓抄・二・五〉

そう・す

【奏す】 動(サ変)〔申し上げる意の漢語「奏」にサ変動詞「す」のついたもの〕❶「言ふ」の**謙譲語**。**申し上げる**。**奏上する**。天皇・上皇・法皇に対して用いる。例 あはれなりつること忍びやかに**奏す**(=しみじみと心に感じたことをひそやかに天皇に申し上げる)〈源氏・桐壺〉❷**演奏する**。**かなでる**。例 賀皇恩といふものを**奏する**ほどに(=賀皇恩という曲をかなでるうちに)〈源氏・藤裏葉〉

語誌 ▼①の類には、皇后・中宮・皇太子などに対して用いる「啓す」がある。なお、上皇に対して「啓す」が用いられることもある。
▼②は本来神や天皇・貴人などの前で雅楽などを演奏することをいうのが主で、単に演奏する意になるのは室町時代の謡曲あたりからである。〈泉基博〉

そうず【僧都】 ⇩そうづ

宗砌 《人名》?～一四五五(享徳四)。室町中期の連歌師。一条兼良とともに連歌式目『応安新式』を改訂増補した『連歌新式』を完成させた。

そう-ぜん【僧膳】 名 僧をもてなす食膳。例 **僧膳**を設けて経を講じたまひけるに〈宇治拾遺・一七三〉

そう-そう【怱怱・忩忩】 形動(ナリ・タリ)❶慌ただしいさま。例 人間**怱々と**して冥途の近付く事をも知らず〈沙石集・五末・二〉❷忙しいために疎そかにするさま。事を簡略にするさま。例 公事**怱々に**して、しばしばとり申さねば〈宇津保・沖つ白波〉

そうぞうし 【装束】 ⇩さうざうし

そうぞく ⇩さうぞく

そう-ぞく【僧俗】 名 僧と俗人。例 **僧俗**…なにくれまで(=だれそれまでもが)持てつづきたる、いみじう尊し〈枕・関白殿、二月二十一日に〉

そう-だいしゃう【総大将】 名 全軍を指揮する大将。例 官軍の**総大将**新田義貞に〈太平記・一四〉

そう-ぢ【総持】 名《仏教語》〔梵語の音写「陀羅尼」の漢訳〕「だらに」に同じ。例 山門(=延暦寺)に仰せて、**総持**の法験をいたさるべし〈太平記・一三〉

宗長 《人名》一四四八～一五三二(文安五～享禄五)。室町後期の連歌師。一休宗純に参禅、連歌を宗祇に学び、『水無瀬三吟百韻』などに参加した。著作に連歌紀行・日記『宗長手記』『宗長日記』など。

ぞう-ぢゃう【増長】 《仏教語》❶名動(サ変)増大すること。例 才能は煩悩の**増長せる**なり〈徒然・三八〉❷名「増長天」の略。

ぞうぢゃう-てん【増長天】 名《仏教語》帝釈天に仕える四天王の一つ。須弥山の南の半腹に住み、鳩槃茶などの鬼を従えて南方を守護する。その姿は赤肉色で怒相、甲冑の上から天衣をまとい、右手に剣または矛を持つ。

そう-づ【僧都】 名《仏教語》僧綱の一つで、僧正に次ぐ官。初め大僧都・少僧都各一名であったのが、のちに権大僧都・権少僧都を加えて四階級になり、定員も数十人に増えた。僧都は従五位相当官であったが、大僧都はのちに正三位相当まで昇った。

そう-ついぶし【総追捕使】 名❶平安時代、諸国の警察や治安維持をつかさどる職。令外の官の一つ。❷①にならって、荘園に置かれた職。❸鎌倉幕府の創始期、全国に置かれた職。のち守護と改称。

そう-と【僧徒】 名〔「徒」は仲間の意〕僧たち。例 そののち、この伽藍(=寺)に**僧徒**数百住して仏法を弘むる〈今昔・一一・一五〉

そう-どしより【総年寄・惣年寄】 名 江戸時代、上方で、最上位の町役人。町奉行の指揮で町政にあたる。江戸では町年寄が相当する。

そう-なみ【総並み・惣並み】 名 すべて。全部。また、一般的傾向。世間並み。例 軽薄らしき事、ここの**惣並み**なれば〈西鶴・世間胸算用・四・四〉

そう-ばう【僧坊・僧房】 名 僧・尼の住む建物。例 僧坊どもあらはに見おろさるる〈源氏・若紫〉

そう-はつ【総髪】 名 江戸時代、男性の髪型の一つ。月代を剃らずに全体の髪を伸ばし、頭頂で束ねたもの。医師・神官・山伏・儒者などが結った。

そう-ぶん【処分】 名動(サ変)「そぶん」とも。遺産の配分。また、分配された遺産。例 (姫君に)とらせたまへりける**処分**の領所(=荘園)、近江にありけるを〈大鏡・師尹〉

そう-べう【宗廟】 名❶祖先の霊を祭るところ。❷皇室の祖霊を祭る霊廟。伊勢神宮をさす。石清水八幡宮もそれに準じていうことがある。例 **宗廟**・八幡(=石清水八幡宮)・賀茂なんどをさし置いて〈平家・四・厳島御幸〉❸国家。皇室。例 天下一度乱れて**宗廟**全からじ(=安全ではないだろう)〈太平記・一三〉

そう-べつ【総別・惣別】 ❶名 あらゆること。例 世間も落居せぬさまに(=落ち着かない様子に)なり行く事、**総別**につけて嘆きおぼしめせども〈平家・三・法印問答〉❷副 すべて。概して。例 **総別**、この間(妻ガ)口ごはにござるによって〈虎寛本狂言・髭櫓〉

そうぼう【僧坊・僧房】 ⇩そうばう

そう-めい【聡明】 〔「聡」は耳がよく聞こえる意、「明」は目がよく見える意〕❶名形動(ナリ)物事に聡く道理に通じているさま。例 御幼稚の時より利根・**聡明**におはせしかば〈太平記・一〉❷名「そうめ」とも。釈奠(孔子とその弟子を祭る儀式)のときに供える鹿や猪の干し肉・米・餅など。例 **そうめ**とて、上(=天皇)にも宮にも、あやしきもののかたな

ど、かはらけに盛りてまゐらす〈枕・二月、官の司に〉

そう-もん【総門・惣門】 名 外構えの正門。大門。例笛を吹き止みて、山のきは(=ほとり)に**惣門**のあるうちに入りぬ〈徒然・四四〉

そう-もん【奏聞】 名動(サ変) 天皇に申し上げること。例この由**奏聞しければ**、主上聞こしめして(=天皇はお聞きになって)〈平家・六・紅葉〉

そう-らん【奏覧】 名動(サ変) 天皇にお見せすること。例重盛卿、**奏覧**ののち退出せられければ〈源平盛衰記・三〉

そう-りゃう【総領・惣領】 ソウリョウ 名 ❶財産・権限などのすべてを領有すること。❷令制以前に、筑紫・坂東・周防・伊予などに置かれた地方行政官。❸鎌倉・室町時代、武士の一族の責任者。総領地頭。総地頭。❹嗣子。嫡子。例六角入道は当家の**総領**なれば〈太平記・三九〉❺長男または長女。例御**総領**のお姉さんは〈滑稽本・浮世風呂・二上〉

そうろう【候う】 ⇒さうらふ

そう-ゐ【僧位】 ソウイ 名 朝廷から有徳の僧に与えた位。奈良時代には大法師位の下に八階(伝灯位・修行位各四階)が設けられたが、平安時代に入ると法印大和尚位(法印)・法眼和尚位(法眼)・法橋上人位(法橋)の僧綱位三階を大法師位の上に設けた。

そが-ぎく【そが菊】 名 植物の名。黄菊の別称か。例かの見ゆる池辺に立てる**そが菊**の〈拾遺・雑秋〉

曾我兄弟 そがきょうだい ソガキョウダイ 《人名》兄十郎祐成は一一七二〜一一九三(承安二〜建久四)。弟五郎時致は二歳年少。鎌倉初期の武士。伊豆の豪族河津祐泰の子。領地の相続争いが原因で父を一族の工藤祐経に暗殺され、のち母が曾我祐信と再婚したため曾我氏を名のる。建久四年五月二十八日、源頼朝が催した富士の狩場で祐経を討つが、兄は討たれ、弟は死罪となる。

●**御霊信仰と説話化** 困難な状況のもとで、幼い時から父の敵討ちをめざした執念が武士の理想とされた。また、兄弟の死が若く悲劇的であったこと、敵討ちが農耕に重要な時期であったことから、怨みを残して死んだ人の霊に対する**御霊信仰**と結びつき、特に関東地方に多くの伝説や神社が残っている。兄弟の怨霊をなだめるための語り物が鎌倉時代に関東で成立し、僧の手により『曾我物語』になった。のちに、謡曲・幸若・浄瑠璃の題材となり、特に江戸の歌舞伎では毎年正月には曾我狂言を演じる習慣が続いた。〈黒木祥子〉

ぞ-かし 〔係助詞「ぞ」+終助詞「かし」〕(文末に用いて)強く指示し、念を押す意を表す。〜なのだよ。〜であるよ。例この住吉の明神は、例の神**ぞかし**〈土佐〉

そ-がひ【背向】 ソガイ 名《上代語》後ろのほう。背後。また、後ろ向きの姿勢。例三島野を**そがひ**に見つつ二上の山飛び越えて〈万葉・一七・四〇一一〉

そがふ-かう【蘇合香】 ソゴウコウ 名「そかう(蘇香)」「そかふ(蘇合)」「そがふ(蘇合)」とも。❶香の名。外国産で、種々の香草を煎じた汁で作るという。薬用。❷雅楽の曲名。盤渉調。六人舞。インドから中国を経て伝来した。①の効用で、インドの阿育王の病気が治った喜びを表したものという。

曾我物語 そがものがたり 《作品名》中世中期の軍記。一二巻(または一〇巻)。作者未詳。室町初期までに成立。曾我祐成・時致兄弟が父の仇工藤祐経を討ったという鎌倉初期の事件に取材する。謡曲『小袖曾我』や浄瑠璃『世継曾我』など、これをもとにした曾我物といわれる作品が数多く生まれた。

そき【退き】 名 遠く離れること。また、遠く離れた場所。辺境。果て。例賊守る(=敵を防ぐ)筑紫に至り 山の**そき** 野の**そき**見よと 伴の部を 班ち遣はし〈万葉・六・九七一〉

そきだ-く 副〔「く」は接尾語〕はなはだしく。たいそう。例**そきだくも**おぎろなきかも(=広々としていることよ)〈万葉・二〇・四三六〇〉

そき-た・つ【退き立つ】 動(タ四) 遠く離れて立つ。例天の壁立つ極み、国の**退き立つ**限り〈祝詞・祈年祭〉読解「天の壁立つ」は地平線をさす。

そき-へ【退き方】 ソキエ 名〔「へ」はあたりの意〕遠ざかって行くほう。遠く隔たった所。例天雲の**そきへ**の極み(=果て)〈万葉・一九・四二四七〉

そきゃう-でん【承香殿】 ソキョウデン 名「じょうきゃうでん」に同じ。

-そく【束】 接尾 ❶稲や紙など、たばねたものを数える。❷矢の長さを計る単位。手を握った長さ(親指以外の指四本の幅)をいう。一束は約七・五センチ。矢の長さは、十二束が標準。

そく【職】 名 官職。職務。例さやうの事しげき(=多忙な)**そく**にはたへずなむ〈源氏・澪標〉

そ-く【疎句】 名 和歌の上の句と下の句、また連歌の前句と付け句との間で、論理的な意味のつながりはほとんどないが、それぞれの情趣が響きあい、つながっていること。例歌には親句・**疎句**とて二つの体(=様式)あり〈ささめごと・上〉

そ・く【退く】《上代語》■1動(カ四) 離れる。逃れる。遠ざかる。例**退き**居りとも 我忘れめや〈記・下・仁徳・歌謡〉■2動(カ下二) 離す。除く。遠ざける。例赤見山草根刈り**そけ**〈万葉・一四・三四七九〉

そ・ぐ

【削ぐ・殺ぐ】 ■1動(ガ四) ❶**薄くけずり落とす。けずり取る。切り落とす**。例髪のうつくしげに**そがれ**たる末も、なかなか長きよりもこよなう今めかしきものかな(=髪がかわいらしく切りそろえられている先端も、かえって長いものよりも格別に当世風なものだなあ)〈源氏・若紫〉❷(「事と削ぐ」などの形で)**事を簡略にする。省く**。例事どももば**そが**せたまひて(=万事簡略になさって)〈源氏・若菜下〉■2動(ガ下二) ❶剝落する。切れ落ちる。例鼻さへ**削げ**め目さへ**爛れ**め(=鼻さえ切れ落ちるだろう、目さえただれるだろう)〈仮名草子・仁勢物語・下〉❷風変わりな態度や行動をとる。例**そげ**たる事のみをよせて(=風変わりな事だけに心を傾けて)〈仮名草子・杉楊枝・序〉〈黒木祥子〉

ぞく

【俗】 ■1名 ❶**風俗習慣。世間のならわし。その土地の習慣。時代の風潮**。例すべて、我が俗にあらずして人に交はれる、見ぐるし(=総じて、自分の風俗習慣の中にいないでその外部の人と交際しているのは、見苦しい)〈徒然・一六五〉❷**世間一般**。例**俗**の諺に、「会稽の恥をきよむ」とは、この事をいふなるべし(=この事をいうにちがいない)〈曾我・五〉読解⇩くわいけいのはぢ ❸(僧に対して)**世間一般の人**。**俗人**。また、**一般社会**。例(a)**俗**なる、禅師なる、あまた参り集まりて(=俗人である人、法師である人、数多く参上し集まって)〈伊勢・八五〉例(b)**俗**の方の書を見はべりしにも、また内教の心を尋ぬる中にも(=俗世間の書物を見ました中にも、仏書の内容を検討しても)〈源氏・若菜上〉読解出家者の手紙の一節。この「俗の方の書」は漢学の書。

❷名形動(ナリ) **卑しく下品なこと**。**平凡で日常的なこと**。「雅」に対していうことが多い。例(a)(文屋康秀ハ)巧みに物を詠ず。しかれどもその体**俗**に近し(=上手に歌を詠む。しかしその歌の形式は低俗に近い)〈古今・真名序〉例(b)新しく仕出だしたらんも、また**俗なる**詞も、連歌には苦しみあるべからず(=新しく作り出した表現も、また日常的な言葉も、連歌には不都合があるはずがない)〈連理秘抄〉例(c)高く心を悟りて**俗**に帰るべしとの教へなり(=しっかり詩の精神を理解して日常卑近な世界に帰りなさいとの教えである)〈俳諧・三冊子・赤冊子〉〈黒木祥子〉

ぞく-かう【辱号】 ―コウ 名「ぞくがう」とも。汚名。不名誉な評判。恥さらし。例今生(=生涯)の**辱号**は、これやはべりけむ〈大鏡・道長下〉

ぞく-ぎゃう【俗形】 ―ギョウ 名 僧ではない、一般の人の姿。例その御体を見たてまつれば、高年白髪の**俗形**にまします〈著聞集・一・二四〉

そくけつ-の-くゎん【則闕の官】 ソッケツ―カン 名 太政大臣の別称。職員令に「その人無ければ則ち闕く」とあり、適任者がいなければ欠員とすることからいう。

そく-さい【息災】 名形動(ナリ)〔「息」は止める意〕❶《仏教語》仏の力で災難をなくすこと。例いみじうやすき**息災**の祈りなり〈枕・御前にて人々とも〉❷健康な様子。無事。例**息災なる**人も、目の前に(=見るまに)大事の病者となりて〈徒然・一七五〉

続猿蓑 ぞくさるみの《作品名》江戸時代の俳諧集。二冊。編者未詳。元禄一一年(一六九八)刊か。俳諧七部集の第七集。上巻に連句、下巻に発句を収めたもの。『炭俵』とともに、芭蕉晩年の俳風を示す。『後の猿蓑』『猿蓑後集』とも。

そくさん-へんぢ【粟散辺地】 ―ヘンジ 名《仏教語》須弥山をとりまく海上に、粟粒のように散らばっているとされる辺境の小国。日本もその一つ。「粟散辺土」とも。例さすが我が朝は**粟散辺地**の境〈平家・二・座主流〉

ぞく-しゃう【俗姓】 ―ショウ 名❶僧が俗人であったときの姓。例悲田院の堯蓮上人は、**俗姓**は三浦の某とかや〈徒然・一四一〉❷氏姓。家柄。例**俗姓**もよきうへ、弓矢とってもよかりけり〈平家・九・三草合戦〉

ぞく-じん【俗人】 名 出家していない、世俗の人。例法師のかたちにはべれど(=姿ではありますが)、**俗人**のごとくなれば〈宇治拾遺・一四〇〉

そくしん-じゃうぶつ【即身成仏】 ―ジョウブツ《仏教語》人間が現世で受けた肉体のままで仏となること。例**即身成仏**の義を疑ひて論を致す時に〈今昔・一一・九〉

そくしん-そくぶつ【即心即仏】《仏教語》衆生の心こそ仏にほかならないということ。例**即心即仏**といふほどに、心こそ仏ぞ〈湯山聯句鈔〉

そく-たい

【束帯】 名 平安時代以降、天皇以下文武百官が朝廷の儀式・行事のときに着用する正装。やや略式の衣冠を「宿直装束」というのに対し、「昼の装束」とも。

語誌▼**束帯姿** まず紅の平絹や生絹で作られた大口袴を履き、紅もしくは白の単を着て、その上に表袴を履く。これはふつう白色固紋の表地で、裏は紅である。次いで下襲を着て、最も上に袍を着る。袍は「上の衣」とも呼ばれ、位階によって色が定められている。

下襲は裾(裾・尻と称される)を長く引くところに特徴があり、束帯の中で最も人目を引く衣服であった。また袍には石帯を締める。これは黒漆塗の革で金属の留め具のついた、今日のベルトに似たもの。さらに儀式などにはその右腰に魚袋という飾りを下げる。これは細長い箱型で魚の形の金・銀の飾りが施されているところからの名称。これで冠をかぶり沓を履けば束帯姿の完成。〈藤本宗利〉

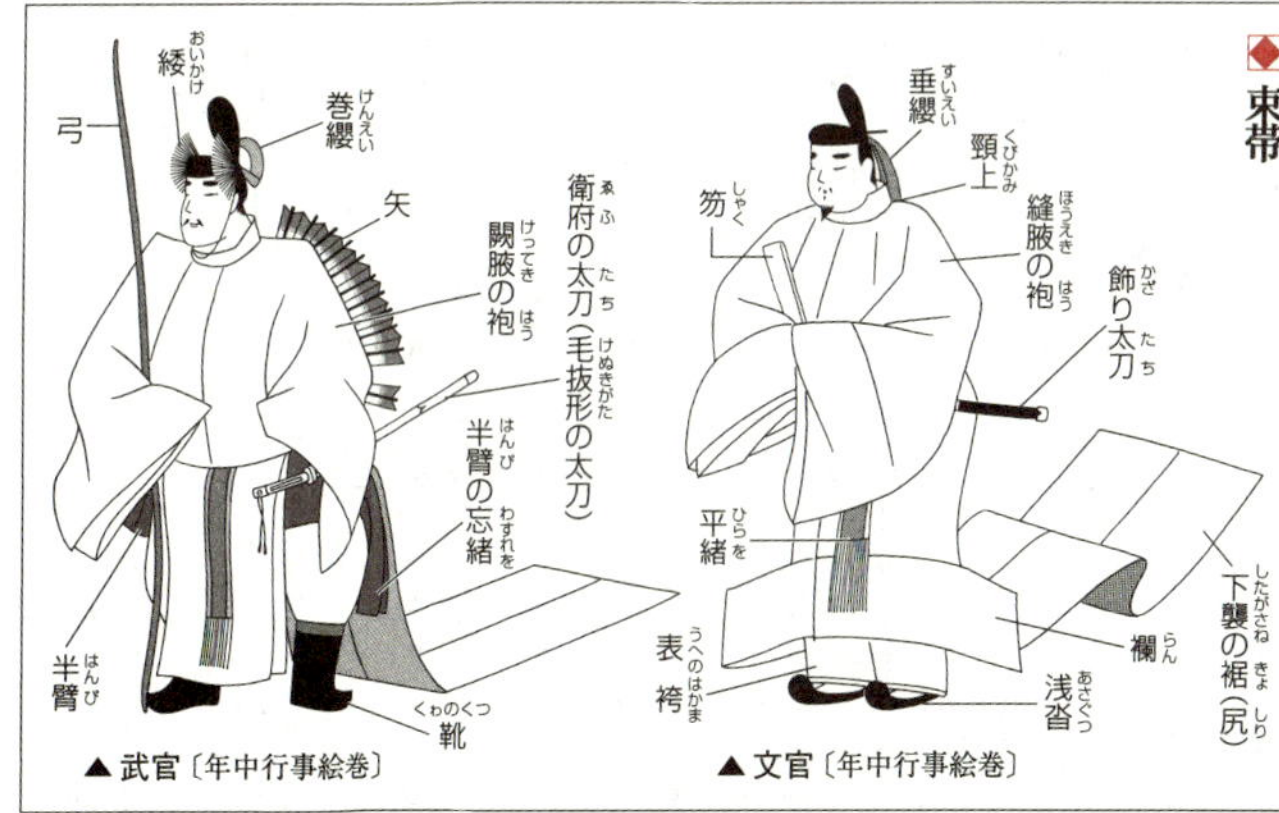

▲文官〔年中行事絵巻〕
▲武官〔年中行事絵巻〕

ぞく-たい【俗諦】 名《仏教語》（仏教における真理を「真諦」というのに対して）世間一般の真理。わかりやすい道理。例真諦・**俗諦**・善願（＝善良な請願）の望みを達せん〈太平記・二〇〉

ぞく-ぢん【俗塵】 ジン 名 俗世間の煩わしさ。例**俗塵**をうち払って法衣をかざる（＝身に着ける）〈平家・五・勧進帳〉

そくばく【許多・若干】 副「そこばく」に同じ。例寄せ手**そくばく**討たれにければ〈太平記・八〉

そく-ひ【続飯】 イ 名（「そくいひ」の変化した形）飯粒をつぶして練って作った糊。例遠き所より思ふ人の文を得て、かたく封じたる**続飯**などあくるほど、いと心もとなし〈枕・心もとなきもの〉

そく-び【素首】 名（「そ」は接頭語）「そっくび」とも。首をののしって言う語。例何者ぞ。**そくび**突け〈平家・五・文覚被流〉

ぞく-ひじり【俗聖】 名 剃髪せず、俗人の姿のまま仏道の修行をする人。例**俗聖**とか、この若き人々のつけたなる、あはれなることなり〈源氏・橋姫〉

そく-へ【退く方】 エ 名「そきへ」に同じ。

ぞく-べったう【俗別当】 ーベツトウ 名 官命を受けて、俗人で寺社の事務を統括する人。例御嶽左衛門と申し候ふ者、**俗別当**にて候ふ〈義経記・五〉

ぞく-みゃう【俗名】 ーミョウ 名 ❶（「法名」に対して）出家する前の名。例還俗せさせたてまつり…**俗名**をぞつけられける〈平家・二・座主流〉❷（「戒名」に対して）生前の名。生きているときの名。例仏壇より取り出だす位牌は、**俗名**高尾と印せしは〈浄瑠璃・伽羅先代萩・四〉❸通称。

ぞく-らう【続労・贖労】 ーロウ 名「しょくらう」とも。❶【続労】奈良時代、財物を政府に納めて、官職を離れた後も勤務継続中として勤務成績を認めてもらうこと。また、その財物。❷【贖労】平安時代、財物を政府に納めて官職を買うこと。また、その財物。例大臣にならむ**贖労**を取らん〈源氏・東屋〉

そ-くわい【素懐】 カイ 名 かねてからの望み。例命のあらんかぎり念仏して、往生の**素懐**をとげんと思ふなり〈平家・一・祇王〉

そげ【削げ】 名 ❶竹や木が細くけずれたもの。また、それが皮膚に突き刺さったもの。とげ。例割り木の**そげ**もいたいたし〈浄瑠璃・伽羅先代萩・一〉❷「削げ者」の略。例**そげ**めが頬らは見たうもない〈浄瑠璃・夏祭浪花鑑・八〉

そげ-もの【削げ者】 名《近世語》変わり者。偏屈者。例京中の**そげもの**寄り合ひ、さもあるべし〈西鶴・好色一代男・七・三〉

そ-けん【素絹】 名 ❶織り紋のない生絹。粗末な絹。❷「素絹の衣」の略。

そけん-の-ころも【素絹の衣】 名「そけん①」で作った僧衣。略服とされる。例**素絹の衣**に袈裟うちかけて〈平家・三・烽火之沙汰〉

そこ【底】 名 ❶**海・池・川・容器などの、最も下の部分。** 例色好まざらん男は、いとさうざうしく、玉の杯の**底**なき心地ぞすべき（＝恋愛の情趣を好まないような男は、たいそうもの足りなく、玉の杯の底がないような気持ちがするにちがいない）〈徒然・三〉読解 宝石で作った杯も底がなければ使いものにならない。重大な欠点である。❷**地底。** 例根の国・**底**の国に坐す（＝いらっしゃる）速さすらひめといふ神〈祝詞・六月晦大祓〉❸**果て。極まるところ。** 限界。例老いの**そこ**より年はかへらず〈夫木・一八〉❹**奥深いところ。** 物事の奥底。心の奥。例(a)**底**に心清う思すとも（＝心の奥で邪念なくお思いになるとしても）〈源氏・夕霧〉例(b)何事をも始むとならば、**底**を極めて（＝何事も始めようとするならば、奥底まで極めて）〈十訓抄・一〇・六九〉❺**真の実力。底力。** 例（コノ馬ハ）鎌倉殿の賜びたる薄墨にも、**底**はまさりて（＝鎌倉殿がお与えになった薄墨にも、実力はすぐれていて）〈源平盛衰記・三六〉読解「薄墨」は馬の名。

語誌 物事のいちばん奥深い部分をさす。②の用法は上代のもので、天上の国に対して、地底の国の意である。〈高木和子〉

そ-こ【其処・其所】 代 話し手が、聞き手の領域にある場所・事物や、すでに述べられたことがある場所・事物をさす。

❶指示代名詞。㋐**そこ。そちら。** 例三河の国八橋といふ所にいたりぬ。**そこ**を八橋と言ひけるは（＝三河の国の八橋という所に着いた。そこを八橋と言ったのは）〈伊勢・九〉㋑**その点。その事。** 例黄葉をば 取りてそしのふ 青きをば 置きてそ嘆く **そこ**し恨めし 秋山そ我は〈万葉・一・一六〉→名歌314 ❷対称の人称代名詞。**おまえ。きみ。** 例隆家は不運なることこそあれ、**そこ**たちにかやうにせらるべき身にもあらず（＝この隆家は不運な境遇にあるとはいえ、おまえたちにこのようにされなくてはならない身ではない）〈大鏡・道隆〉

語誌 ▼②は、①㋐の、聞き手側の領域にあるものをさし示す用法から派生した。比較的親しい間柄で、同等の人や目下に対して用いるのがふつう。▼文中に明示されていない場所を漠然とさし示す場合がある。例今日は院へ参るべし。ただ今は**そこそこ**に（＝どこそこに）〈徒然・五〇〉〈安随直子〉

そこ-そこ【其処其処】 1代（代名詞「そこ」を重ねた語）❶指示代名詞。**どこそこ。** 具体的な場所を明示しないでいう。例九の巻の**そこそこ**のほど（＝あたり）に侍る〈徒然・二三八〉❷**あちこち。ここもかしこも。** 例**そこそこ**気のつく職人の〈近松・心中刃は氷の朔日・上〉2副（多く「そこそこに」の形で）**いいかげんに。そそくさと。** 例**そこそこ**に催促せず〈西鶴・世間胸算用・三・二〉

そ-こつ【粗忽】 名・形動（ナリ）❶**軽率。軽はずみなこと。そそっかしいこと。** 例事を尋ねんために召しつるに、**そこつ**の自害〈曾我・一〇〉❷**過ち。粗相。** 例鉄砲はなすな**そこつ**すな〈近松・国性爺合戦・三〉❸**失礼。無礼。** 例**そこつ**ながらその挑灯の紋を見せて下さりませ〈歌舞伎・助六所縁江戸桜〉

そこ-どころ【其処所】 代 その所。そこの所。一つの所を取り立ててさす。打消の語を伴って、特定できない所の意や、特定の場所をぼかしてさすのに用いる。例（病気デ）**そこ所**ともなく、いみじく苦しくしたまひて〈源氏・若菜下〉

そこ-とも-しら-ず【其処とも知らず】 どことい うあてもない。どこかもわからない。例名月に鞭をあげ、**そこともしらず**あこがれ行く〈平家・六・小督〉

そこ-とも-わか-ず【其処ともわかず】 どこであるかわからない。例雉兎蒭蕘（＝猟師や木こり）の往きかふ道、**そこともわかず**、つひに路ふみたがへて〈芭蕉・奥の細道〉

そこ-な【其処な】 連体〔「そこなる」の変化した形〕そこにいる。そこの。多く軽蔑の意をこめて用いる。例やいやい、**そこな**者〈狂言・空腕〉

そこな・ふ【損なふ・害ふ】 ソコナウ・ソコノウ 動（ハ四）❶破損する。壊す。例二十日、三十日と数ふれば、指も**そこなはれ**ぬべし〈土佐〉❷人を傷つける。また、人を殺す。例河原のわたり（＝あたり）は盗人多くて、人損ふなり〈宇津保・俊蔭〉❸（「心地そこなふ」などの形で）病気になる。例心地**そこなひ**て患ひける時に〈古今・春下・詞書〉❹（他の動詞の連用形について）〜しそこなう。〜しそんじる。例「書き**そこなひ**つ」と恥ぢて隠したまふを〈源氏・若紫〉

そこ-の-こころ【底の心】 本当の気持ち。心の奥。例かしこ淵は、いかなる**底の心**をみて、さる名を付けけんとをかし〈枕・淵は〉

そこ-ば 副〔「ば」は接尾語〕はなはだしく。たいそう。例はねかづら今する妹はなかりしを（＝いなかったのに）いづれの妹**そこば**恋ひたる〈万葉・四・七〇六〉

そこはか-と 副 ❶どこそこと。はっきりと。確かに。下に打消の表現がくることが多い。例**そこはかと**思ひわくことはなきものから（＝はっきりと思い当たることはないけれども）〈源氏・橋姫〉❷なんとなく。**とりとめもなく**。例**そこはかと**思ひつづけて来てみれば今年の今日も袖はぬれけり（＝とりとめもなく思い続けて墓に来てみると、今年の今日も袖は涙でぬれたなあ）〈新古今・哀傷〉読解 ある人の一周忌に詠んだ歌。去年の今日と同じように今年の今日も、ということ。「そこはかと」の「はか」に「墓」を掛ける。〈黒木祥子〉

そこはかと-なし 場所・原因・理由などを、はっきりとさし示すことができないさま。なんとなく。どことなく。例神無月風に紅葉の散る時は**そこはかとなく**ものぞかなしき〈新古今・冬〉

そこば-く【若干】 副〔「く」は接尾語〕❶それほど多く。例心に主あらましかば、胸のうちに若干のことは入りきたらざらまし（＝もし心に主人がいるのならば、胸の中に多くのことは入ってくることはないだろう）〈徒然・二三五〉読解「〜ましかば〜まし」は反実仮想の意を表す。❷そんなにもひどく。例（斎院ノ行列ガ）渡らせたまふほどに、**そこばく**広き大路ゆすり満ちて（＝見物人のどよめきで満ちて）〈狭衣・三〉

そこ-ひ【底ひ】 ソコイ 名 果て。極み。きわめて深い底。例天地の**底ひ**の裏に我がごとく（＝私のように）君に恋ふらむ人はさねあらじ（＝決していないだろう）〈万葉・一五・三七五〇〉

【底ひも知らず】 限りが知れない。果てしない。例棹させど**底ひも知らぬ**わたつみの（＝海のように）深き心を君に見るかな〈土佐〉

そこひ-なし【底ひ無し】 ソコイ 果てがない。限りなく深い。例池の内**底ひなく**深ければ〈今昔・二〇・一一〉

そこ-ほど【其処程】 代 そのあたり。その辺。例昔物語を聞きても、このごろの人の家の、**そこほど**にてぞありけんと覚え〈徒然・七一〉

そこ-もと【其処許】 代 ❶指示代名詞。そこ。そのあたり。例**そこもと**に寄りて（手紙ヲ）奉りつ〈源氏・夢浮橋〉❷対称の人称代名詞。同等もしくは目下に用いる。そなた。例して、**そこもと**は（出身ハ）いづく、いづかた（＝どこ、どちら）〈近松・博多小女郎波枕・上〉

そこ-ら 副「ら」は接尾語。数量の多さ、程度のはなはだしさを、そんなにも、と指示するように示す。転じて、単に数量の多さ、程度のはなはだしさを表す。

❶たくさん。数多く。例それが玉を取らむとて、**そこら**の人々の害せられなむとしけり（＝その玉を取ろうといって、大勢の人々が殺されそうになった）〈竹取〉❷たいそう。非常に。例（邸宅ヲ）**そこら**遥かにいかめしうしめて造れるさま（＝非常に遠くまで広大に厳重に造っている様子）〈源氏・若紫〉

類義▶ここら 〈野村剛史〉

そこらく-に 副〔「く」は接尾語〕じゅうぶんに。はなはだしく。たくさん。例このくしげ開くなゆめと**そこらくに**堅めしことを（＝この櫛箱を決して開くなと、あれほどかたく約束したのに）〈万葉・九・一七四〇〉

そ-さう【粗相・麁相】 ソウ 名 形動（ナリ）❶粗末なこと。粗略なこと。例扇なども、賜はせたらんは**粗相**にぞあらむかし（＝粗末なものであろうよ）〈栄花・若ばえ〉❷軽率なこと。そそっかしい失敗。例やい、そりゃ**粗相**すな〈近松・国性爺合戦・二〉❸ぶしつけなこと。失礼。例内の首尾（＝都合）を聞き合はせず案内するも**麁相なり**〈近松・大経師昔暦・中〉

そ-さま【其様】 代『近世語』「其方様」の略。対称の人称代名詞。親愛・尊敬の意をこめて用いる。あなた。おまえさま。例骨になっても直らぬは、わしが**そさま**を恋ひ病〈近松・傾城反魂香・中〉

そ-し【祖師】 名 ❶学派や流派を開いた人。例今に至りて、詩人の**祖師**といはるる人なり〈御伽草子・二十四孝〉❷仏教で、一派を開いた人。開祖。例きかずや、**祖師**のいはく〈正法眼蔵・弁道話〉❸物の初め。元祖。例昔は万事の**祖師**だから、いい事はいいのさ〈滑稽本・浮世床・初下〉

そ-しし【膂宍】 名〔「背肉」の意〕背中の肉に。例**そしし**のはづれ・肝のたばね・舌の根、鹿の身にはよきところぞ〈源平盛衰記・三六〉

そ-しょう【訴訟】 名 ❶裁判を申し立てること。訴え。例後日の**訴訟**を存知して、木刀を帯しける用意のほどこそ神妙なれ〈平家・一・殿上闇討〉❷希望や不満を申し立てること。請願。嘆願。例養子の御訴訟叶ひてのち〈西鶴・武道伝来記・三・一〉

そしら-は・し【謗らはし】ワシ 形(シク) 非難したくなるような様子だ。例痩せ痩せに御髪少ななるなどが、かく**そしらはしき**なりけり〈源氏・少女〉

そしり【謗り・譏り・誹り】名 非難。批判。例人の**譏り**をもえ憚らせたまはず〈源氏・桐壺〉

そし・る

【謗る・譏る・誹る】動(ラ四) **悪口を言う。非難する。けなす。**例(a)ありがたきもの…主**そしらぬ**従者(=めったにないもの…主人をけなさない従者)〈枕・ありがたきもの〉 例(b)余行を**謗り**、余の仏菩薩・神明を軽しむることあるべからず(=ほかの修行をけなし、ほかの仏菩薩や神を軽んじることをしてはいけない)〈沙石集・一・一〇〉 〈小島孝之〉

-そ・す【過す】接尾(サ四型) 動詞の連用形について、~しすぎる、しきりに~する、の意を添える。例人々に、酒強ひ**そし**などして〈源氏・明石〉

素性《人名》生没年未詳。平安前期の歌人。遍昭の子。『古今和歌集』以下の勅撰集に六一首入集。

そ-そ 感〔代名詞「そ」を重ねた語〕物事をさし示して注意を促す。それそれ。そらそら。例あなたに人の声すれば、「**そそ**」などのたまふに〈蜻蛉・上〉

そそか・し 形(シク)〔動詞「そそく」の形容詞形〕落ち着きがないさま。例(ソノ幼児ハ)いと**そそかしう**〈音便形〉這ひ下り騒ぎたまふ〈源氏・横笛〉

ぞぞがみ-た・つ【ぞぞ髪立つ】『近世語』❶動(タ四) 恐怖や歓喜などのために身の毛がよだつ。例ほめそやせば、いつとなく**ぞぞ髪立ちて**〈仮名草子・東海道名所記・六〉❷動(タ下二) 恐怖などのために身の毛をよだたせる。例唐人組と聞くと、**ぞぞ髪立てて**相手にならぬ〈歌舞伎・韓人漢文手管始・一〉

そそき【注き】名 水などが飛び散りかかること。また、その水など。しぶき。例赤駒の足の**そそき**に濡れにけるかな〈古今六帖・三〉

そそ・く 動(カ四) せわしく物事をする。そそくさとする。例西面の格子**そそき**上げて〈源氏・帚木〉

そそ・く

【注く・灌く】動(カ四)〔近世は「そそぐ」〕❶**ふりかける。注ぎかける。**例いとのきて痛き傷には辛塩を**注く**ちふがごとく(=とりわけ痛い傷に、塩水を注ぎかけるというように)〈万葉・五・八九七〉

❷**降り注ぐ。**例日ごろ降りつる名残の雨すこし**そそき**て(=数日来降っていた名残の雨が少し降り注いで)〈源氏・蓬生〉

❸**流れ落ちる。**例「涙**そそく**春の盃のうち」ともろ声に誦じたまふ(=声を合わせて朗吟なさる)〈源氏・須磨〉読解『白氏文集』の詩の一節をいっしょに朗吟するという場面。

❹**洗い清める。**例清き流れに心を**洗く**大法師〈三国伝記・四・三〉

語誌「そそ」は擬音語であろう。④は、「すすぐ」との混同によって生じた用法。 〈小島孝之〉

そそ・く ❶動(カ下二) 髪・織り物などがほつれ乱れる。けば立つ。例鯉の羹(=熱い汁物)食ひたる日は、鬢**そそけ**ず〈徒然・一一八〉❷動(カ四) 結んだり縫ったりしたものをほつれさせる。ほぐす。例(着物ノ綿ヲ)これかれ**そそき**はべらむもうるさきに(=めんどうなので)〈大鏡・道長上〉

そそく・る 動(ラ四) ❶手先を忙しく動かす。もてあそぶ。例天児(=人形)など御手づから作り**そそく**りおはするもいと若々し〈源氏・若菜上〉❷せわしなく物事をする。例若宮の御湯殿果てて、御前に**そそくり**臥せたてまつりたるを〈栄花・楚王の夢〉

そそのか・す

【唆かす】動(サ四)〔近世は「そそなかす」とも〕❶**その気になるように勧める。誘う。**例「なほ聞こえさせたまへ」と**そそのかし**あへれど(=「やはりご返事を差し上げなさいませ」と皆でお勧めするけれど)〈源氏・末摘花〉

❷**せきたてる。**促す。例(供ノ者ガ)「日暮れぬ」など**そそのかす**(=「日が暮れてしまう」などとせきたてる)〈蜻蛉・中〉

❸**おだてて悪いほうへ誘う。誘惑する。**例人の小息子**そそのかし**、悪道に引き入れるの〈近松・生玉心中・上〉

語誌 現代語の用法につながる③の用法は近世以降に生じたもので、古くは、よい意味でも悪い意味でも用いられた。 〈小島孝之〉

そそ-め・く 動(カ四)〔「めく」は接尾語〕❶様子が落ち着かない。忙しくてそわそわする。例心のどかにゐられたらず、**そそめき歩く**に〈源氏・東屋〉❷ざわめく。ざわざわする。例(滝口ノ武士ガ)弓鳴らし、沓の音し、**そそめき出づる**と〈枕・殿上の名対面こそ〉

そそ-や 感〔感動詞「そそ」+間投助詞「や」〕「そそ」に同じ。例「**そそや**」など言ひて、灯とりなほし、格子放ちて入れたてまつる〈源氏・末摘花〉

そそ・る 動(ラ四) ❶高くそびえ立つ。例白雲の 千重を押し別け 天(=天に)**そそり** 高き立山〈万葉・一七・四〇〇三〉❷心が浮き立つ。そわそわする。浮かれ騒ぐ。例まだ肌寒き川風を、酒に(=酒で)しのぎて**そそり行く**〈近松・女殺油地獄・上〉❸揺り動かす。揺すり動かす。例ゆすり上げよ **そそり上げ**〈神楽歌・早歌〉❹おだてる。あおり立てる。例さあお急ぎと**そそれば**〈近松・傾城島原蛙合戦・一〉

そぞろ

【漫ろ】「すずろ」の変化した形か。これという確かなわけもなく、とらえどころのないさま。また、そのような状態で物事をしたり、物事が進行したりするさま。「すぞろ」とも。

❶形動(ナリ) ❶**あてもないさま。なんとなく。不意に。**例障子の、**そぞろに**倒れかかりたりけるなり(=障子が、どうしたわけか不意に倒れかかったのである)〈今昔・二六・四二〉

❷**あるべき程度を越えているさま。むやみ。やたら。**例道々の物の上手のいみじきことなど、かたくななる人のその道知らぬは、**そぞろに**神のごとくに言へども(=それぞれの専門の達人がすぐれていることなどを、

無教養な人でその道を知らない人は、むやみに神のように言うけれども)〈徒然・七三〉 ❸なんの関係もないさま。かかわりがない。つまらない。例(a)何とて頼朝がそぞろなる侍どもをば多くきりけるぞ(=なんだといって頼朝の無関係な家来たちを大勢切ったのだ)〈曾我・一〇〉例(b)そぞろなる党の奴ばら(=つまらない党のやつら)四、五百人切り落として〈太平記・一〇〉 ❹心が落ち着かないさま。うわのそら。例一目見しより恋となり、明け暮れ思ひわづらひて心もそぞろになりはてて(=一目見たときから恋となり、明けても暮れても思い悩んで心も落ち着かない状態になってしまって)〈御伽草子・猿源氏草紙〉 **2** 副 なんとなく。むやみに。例そぞろいとほしうて何とせうぞなう(=無性に恋しくて、どうしたらよいのか)〈閑吟集・二八二〉

語誌 「すずろ」もおおむね同じ意。中世以降は「そぞろ」が優勢となる。〈黒木祥子〉

そそろ-か 形動(ナリ)〔「か」は接尾語〕背丈がそびえるように高いさま。例丈だちそそろかにものしたまふに(=いらっしゃって)〈源氏・行幸〉

そぞろ-がみ【そぞろ神】 名 なんとなく人を誘う神。例そぞろ神のものにつきて(=とりついて)心をくるはせ〈芭蕉・奥の細道〉

そぞろ・く【漫ろく】 動(カ四)「すずろく」に同じ。

そぞろ-ごころ【漫ろ心】 名「すずろごころ」に同じ。例昔、あやしきそぞろ心のつきて、あくがれ初めにしを〈宇津保・国譲中〉

そぞろ-ごと【漫ろ事・漫ろ言】 名「すずろごと」に同じ。

そぞろ-さむ・し【漫ろ寒し】 形(ク) ❶なんとなく寒い。うすら寒い。例雪やや散りてそぞろ寒きに〈源氏・初音〉 ❷ぞくぞくするさま。恐れ・神秘さ・すばらしさなどを表す。例今日はまたなき(=この上ない)手を尽くしたる入り綾の(舞ノ)ほど、そぞろ寒く〈源氏・紅葉賀〉

そぞろ-は・し【漫ろはし】 形(シク)「すずろはし」に同じ。

素堂 ソドウ《人名》一六四二〜一七一六(寛永一九〜享保元)。江戸時代の歌人・俳人・漢詩人。本姓山口氏。江戸・京都で諸学を学ぶが三十八歳で上野不忍池畔に隠栖、芭蕉と親交を結び、蕉風成立期に大きな影響を与えた。葛飾蕉門の祖。

そだ・つ【育つ】 **1** 動(タ四) 大きくなる。成長する。例事ゆゑなく(=無事に)育ちけるよと〈平家・三・少将都帰〉 **2** 動(タ下二) 育てる。例これいかにもして育てて、人になして(=一人前にして)見せたまへ〈平家・六・廻文〉

曾丹 そたん《人名》⇩曾禰好忠

曾丹集 そたんしふ ソタンシュウ《作品名》平安中期の家集。一巻。曾禰好忠作。現存の形態になったのは平安末期か。歌数は五八六首(伝為氏筆本)。一日一首の割で配列した「毎月集」、百首歌の創始となった「好忠百首」、しりとり形式の「つらね歌」など、斬新な内容。書名は好忠が丹後国の掾(国庁の三等官)だったことによるもので、『好忠集』とも。

そち【帥】 名「そつ(帥)」に同じ。

そ-ち【其方】 代 ❶指示代名詞。方向を指示する。そちら。例そち参りたまはむことは、なほ(=やはり)あやしくなむある〈落窪・四〉 ❷対称の人称代名詞。目下に用いる。おまえ。例(印判ヲ)そちが拾うて、手形を書いて〈近松・曾根崎心中〉

そ-ちん【訴陳】 名・動(サ変)「そぢん」とも。訴人(原告)の訴状と、論人(被告)の陳状。両者が互いに申し立てること。例訴人、日々に減じて、訴陳いたづらにさしおけり(=放置している)〈太平記・一三〉

そつ【卒】 名 四位・五位の人、および天皇の親族の死のこと。例人麻呂卒といはずして、死と記したれば、六位以下なることは明らかなり〈国歌八論〉

そつ【帥】 名「そち」とも。令制で、大宰府の長官。従三位相当。平安時代以降、親王が任じられることが多く、実務は権帥や大弐がとった。例この女君は、帥の中納言といふ人の女なりけり〈狭衣・一〉

そっくり 副 ❶そのまま。そっと。例洗濯をいたしたままでそっくりと積んでございますのさ〈滑稽本・浮世床・二下〉 ❷残らず。すべて。例(セッカクタメタ金ヲ)他人にそっくり遣るのだが〈滑稽本・浮世床・初下〉 ❸がっくり。例(馬ガ)がくりそっくりと歩みなづむ(=歩き苦しむ)がごとくなり〈近松・日本武尊吾妻鑑・三〉

そつ-じ【卒爾・率爾】 名・形動(ナリ) ❶にわかなこと。突然。例卒爾にして多年の非(=長年の誤り)をあらたむる事もあり〈徒然・一五七〉 ❷軽々しいこと。軽率。例卒爾の夜討ちを止めて、よくよく謀を横竪に(=自由自在に)めぐらし〈源平盛衰記・一四〉 ❸失礼。無礼。例仁木・石堂殿へ何の遺恨も候はねば、卒爾致さんやうもなし〈浄瑠璃・仮名手本忠臣蔵・二〉

そつじ-ながら【卒爾乍ら】 突然で失礼ですが。例卒爾ながら、傾城町(=遊里)の人ではござらぬか〈西鶴・西鶴織留・四・三〉

そっ・す【率す】 動(サ変) ひきいる。引き連れる。例あまたの人を率してかの銅溪山に至る〈今昔・六・二〇〉

そっ-ど【率土】 名〔「率」は長く続く意〕「そつど」とも。国土の果て。辺土。例わが国なれば、率土の内、いづくに鬼神のすむべきぞ〈御伽草子・酒呑童子〉

そっ-とも 副 少しも。例いやいや、それはそっとも気づかひすな〈虎寛本狂言・花子〉

そで

【袖】 名 ❶衣服の、両腕を通す部分。例袖ひちてむすびし水のこほれるを春立つ今日の風やとくらむ〈古今・春上〉➡名歌201 ❷鎧の、肩からひじにかけてを覆う部分。敵の刀や矢を防ぐ。例人々皆、鎧の袖をぞ濡らされける(=人々は皆、鎧の袖の部分をお濡らしになった)〈平家・七・維盛都落〉 ❸牛車や輿などの出入り口の左右にあって、外側に張り出した部分。例袖には置き口にて蒔絵をしたり(=牛車の左右の袖口には金銀で縁取りして蒔絵が施してある)〈栄花・日蔭の鬘〉 ❹門・戸・垣・舞台などの両端。

❺文書の初めの余白の部分。

語誌▼**袖の変遷**　上代の筒袖がしだいに広くなり、平安時代には広袖になった。その袋状に垂れ下がった部分を特に袂というが、多くの場合袖と袂は同じ意味として用いた。平安末期ごろから、袂の部分の袖口を縫った小袖が生じ、近世には袂を長く垂らした振袖なども生じた。⇨こそで

袖・袂はまた、比喩的に「衣」を表す場合もあり、衣服全体のイメージの中に占める位置の重要さがうかがえる。

▼**和歌の「袖」**　「袖(を)振る」は、別れを惜しむ心や愛情を示す行為。「あかねさす(枕詞)紫野行き標野行き野守は見ずや君が袖振る」〈万葉・一・二〇〉(➡名歌1)で有名。また「袖の香」は、「五月待つ花橘の香をかげば昔の人の袖の香ぞする」〈古今・夏〉(➡名歌178)のように恋の思い出のよすがとなる。

特に、恋とそれゆえの涙は多く詠まれた。「袖の別れ」は後朝の別れ。「袖の時雨」「袖の露」「袖の雫」などは恋の悩ましさに流す涙である。さらに独り寝の床は冷えて「袖の氷」「袖の霜」となる。　〈藤本宗利〉

【袖うち合はす】左右の袖をかき合わせる。敬意やかしこまった気持ちを表すしぐさ。例塀のかたにうしろおして(=背中を押しつけて)、**袖うちあはせて**立ちたるこそをかしけれ〈枕・内裏の局、細殿いみじうをかし〉読解宮中で、女房の部屋の前に立つ若者たちの様子。

【袖を絞る】涙にぬれた袖をしぼる。転じて、涙を流す。例契りきなかたみに**袖をしぼりつつ**末の松山波越さじとは〈後拾遺・恋四〉➡名歌224

【袖を連ぬ】袖と袖を並べる。連れ立つ。例たちまじり**袖つらね**しも昔かな豊の明かりの雲の上人〈玉葉集・冬〉

【袖を引く】❶袖を引いて人を誘う。例衣の**袖を引きて**、拝殿へぞ具しておはしける〈沙石集・一・四〉❷そっと注意を喚起する。例大井・宇都宮は**袖を引き**、膝をさして(=つついて)〈義経記・六〉読解「大井」「宇都宮」はともに人名。

そで-がき【袖垣】名建物のわきに添えて造った低い垣根。庭に趣を添えたりする。例**袖垣**のまばらなるかたより女をよび掛け〈西鶴・好色一代男・一・三〉

そで-がさ【袖笠】名袖をかざして笠の代わりにすること。また、その袖。例晴れ曇り定めなければ初時雨妹が**袖笠**借りて来にけり〈堀河百首〉

そで-かへす【袖返す】—カエス ❶袖の一部を折り返して裏を出す。こうして寝ると夢で恋しい人と逢えるとされた。例我妹子に恋ひてすべなみ(=どうしようもないので)白たへの(枕詞)**袖返し**しは夢に見えきや〈万葉・一一・二八一二〉❷袖を翻す。例のどかに、**袖かへす**ところを、一をれ気色ばかり(=ほんの一部分)舞ひたまへる〈源氏・花宴〉

そで-ぐくみ【袖包み】名袖につつむようにすること。例あやしきもの(=変な入れ物)に火をただほのかに入れて**袖ぐくみ**に持たり〈源氏・末摘花〉

そで-ぐち【袖口】名袖の端で、手を出す部分。平安時代には、簾の下からのぞく女房装束の色とりどりの袖の重なりをさすことが多い。例戸に近き人々、色々の**袖口**して御簾ひき上げたる〈枕・関白殿、黒戸より出でさせ給ふ〉

そで-ごひ【袖乞ひ】—ゴイ 名袖を広げて人に物を乞うこと。例往き来の人に**袖乞ひ**して〈西鶴・好色一代男・一・五〉

そで-じるし【袖印・袖標】名戦場で敵味方を区別するため、鎧の両袖につける布きれ。例(鎧二)曚雲(=人名)が**袖じるし**をつけたりければ〈読本・弓張月・残・六四〉

そでつけ-ごろも【袖付け衣】名❶長い袖のついた衣服。袖のない「肩衣」に対していう。例結ひ幡の(=しぼり染めの)**袖付け衣**着し我を〈万葉・一六・三七九一〉❷袖の先にさらに短い端袖をつけた衣服。袍・直衣・狩衣など、官人や貴族の服装に用いる。例宮人の**袖付け衣**秋萩ににほひよろしき(=色合いが美しい)高円の宮〈万葉・二〇・四三一五〉

そで-つま【袖褄】名袖と褄。転じて、服装。身なり。例うち解くる世なく(=気を許すときもなく)、**袖褄**うち乱れず〈たまきはる〉

そで-とめ【袖止め・袖留め】名❶江戸時代、女子が成人したしるしに、振り袖を普通の袖の長さに縮めること。また、その儀式。❷江戸吉原の遊里で、見習い格の遊女が、袖を短くして一人前になること。例**袖留め**が済むと明き部屋授けられ〈柳多留拾遺・七〉

そで-の-きちゃう【袖の几帳】—キチョウ 袖で顔を隠すこと。袖を几帳に見立てていう。例**袖の几帳**などとり捨て〈枕・頭中将の、すずろなるそら言を〉

そで-の-しがらみ【袖の柵】袖で涙をおさえること。袖を川をせきとめる柵に見立てていう。例**袖のしがらみ**せきあへぬまで、あはれに〈源氏・幻〉

そで-の-した【袖の下】❶人目につかないように金品などの受け渡しをすること。例鏡袋より一包み取り出だして**袖の下**よりおくりて〈西鶴・好色一代男・四・四〉❷(①から転じて)わいろ。心付け。例**袖の下**やらぬとばばあ長座する〈柳多留・二〉

そで-の-しづく【袖の雫】—シズク 袖にかかる涙を雫に見立てた語。例**袖のしづく**さへあはれにめづらかなり〈和泉式部日記〉

そで-の-つゆ【袖の露】袖をぬらす涙を露に見立てた語。

そで-の-わかれ【袖の別れ】恋する男女が、重ねあった袖を離して別れること。後朝の別れ。例白妙の(枕詞)**袖の別れ**に露おちて身にしむ色の秋風ぞ吹く〈新古今・恋五〉➡名歌194

そで-ふる【袖振る】❶袖を振って愛情を示す。また、別れを惜しむ。本来は魂を招き寄せる行為とされる。例あかねさす(枕詞)紫野行き標野行き野守は見ずや君が**袖振る**〈万葉・一・二〇〉➡名歌1 ❷袖を翻して舞う。例唐人の**袖ふる**ことは遠けれど立ちゐにつけてあはれとは見き〈源氏・紅葉賀〉

そでを〜【袖を〜】⇨「そで」の子項目

そと【外】名❶外側。また、戸外。❷家族や仲間以外の人。他人。例**外**へする奉公とはさらさらもって思はれず〈近松・冥途の飛脚・下〉❸(仏教を「内」というのに対して)儒教。

そ-と 副 ❶そっと。例顔を**そとそと**なでけり〈宇治拾遺・一五八〉 ❷ちょっと。例はるばるこれまで参りて候ふ。(桜ヲ)**そと**御見せ候へ〈謡曲・西行桜〉

そとば【卒塔婆・卒都婆】 名〘仏教語〙〔梵語の音写〕❶仏舎利を納めた塔。❷死者を供養するために墓の上に立てる塔。また、その代わりの細長い板。例せめてのはかりことに(=せめてもの思いつきで)、千本の**卒都婆**を作り〈平家・二・卒都婆流〉

そと-も【背面・外面】 名〔「そつおも(背つ面)」の変化した形〕❶光の当たる面・南側の面の反対側の面。後ろ側。北側。山陰。例青菅山は**背面**の 大き御門に よろしなへ 神さび立てり(=姿よく神々しく立っている)〈万葉・一・五二〉 ❷外側。家の外。例わが宿の**外面**に立てる楢の葉の茂みに涼む夏は来にけり〈新古今・夏〉

そ-な-た【其方】 代 話し手が、聞き手のいる方角をさしたり、すでに述べられたことがある方角や方面をさしたりする。

❶指示代名詞。㋐**そちら。そこ。** 例思ひあまり**そなた**の空をながむれば霞を分けて春雨ぞ降る〈新古今・恋二〉➡名歌109

㋑**そちらの方面。その点。** 例いみじうあだめいたる心ざまにて、**そなた**には重からぬあるを(=ひどく浮気っぽくふるまう性格で、そちらの方面では軽々しい人がいるのを)〈源氏・紅葉賀〉

❷対称の人称代名詞。**あなた。おまえ。** 例**そなた**ゆゑにぞ 身をこがす さらば煙と 消えもせで〈隆達小歌〉 読解あなたのせいで、恋の炎に身を焦がして苦しんでいる。それなのに煙となって消えるようには死にもしないで、という意。

語誌 ②は、①㋐の聞き手のいる方角をさす用法から派生したもの。中世以降用いられ、室町時代ごろまでは軽い敬意をこめて用いられたが、江戸中期以降は目下の人に用いるようになった。 〈安随直子〉

そなた-ざま【其方ざま】 代〔「ざま」は接尾語〕そちらのほう。例今日はなほ桂殿にとて、**そなたざま**におはしましぬ(=おいでになった)〈源氏・松風〉

そなは・る【備はる・具はる】 動(ラ四)❶十分にそろう。具備する。例三十二相もよく**具はり**たまひて、仏の御身をば得たまへる〈狭衣・四〉 ❷(多く「～にそなはる」の形で)その地位につく。位に列する。例万乗(=天子)の位に**そなはり**たまへり〈平家・九・三草勢揃〉

そな・ふ【備ふ・具ふ】 動(ハ下二)❶十分にそろえる。そろえ調える。準備する。例その兄の兵を**備ふる**ことを聞かして(=その兄が兵を準備していることをお聞きになって)〈記・中・応神〉

❷**そろえ持つ。身につける。具備する。** 例三十あまり二つの姿**そなへ**たる昔の人の踏める跡ぞこれ〈拾遺・哀傷〉 読解「三十あまり二つの姿」は、仏の三十二のすぐれた外見上の特徴、三十二相のこと。それを具備した「昔の人」とは釈迦のことをさす。

❸**物を調えて、神仏や貴人などに差し上げる。**「供ふ」とも書く。例朝夕、仏前に花香を**そなへ**〈平家・一・祇王〉

❹**料理を調えて、食膳に差し上げる。**「供ふ」とも書く。例(羊ノ肉ヲ)客人の飲食に**備へ**むと(=客の食事に差し上げようと)〈今昔・九・一八〉

❺(多く「～にそなふ」の形で)その地位につける。例御むすめを后に**そなへ**(=御むすめを后の地位につけ)〈御伽草子・二十四孝〉

語誌 ▼『平家物語』や『今昔物語集』などの漢文訓読調の文章に用いられることが多い。

▼古くは四段活用だったとする説がある。 〈藤本宗利〉

そなへ【備へ・具へ】 名 ❶用意。準備。例一炉の**備へ**いと軽し〈芭蕉・幻住庵記〉 読解炉一つのほかは何も持っていない、ということ。❷特に、防備。軍備。❸神仏・貴人などに供えるもの。「供へ」とも書く。例朝暮の**備へ**に笋(=たけのこ)を構へ求めて〈今昔・九・一二〉

そ-な・る【磯馴る】 動(ラ下二)〔「いそなる」の変化した形〕海岸の木の枝や幹が強い潮風のために地面に低くなびいて、傾いてのびる。例荒磯の波に**磯馴れ**て這ふ松は〈山家集・中〉

そなれ-まつ【磯馴れ松】 名 海の強い潮風のために枝や幹が低くなびき傾いて生えている松。例石ばしる(枕詞)滝のそともの**そなれ松**〈散木奇歌集・五〉

そ-にん【訴人】 1名 ❶訴えた人。訴訟の原告。例内奏より**訴人**勅許を蒙れば(=天皇の許可を得れば)〈太平記・一三〉 ❷戦国時代、武士の職名の一つ。目付け役の類。2名動(サ変) 人を訴えること。例きっと**訴人**致す気〈西鶴・凱陣八島・四〉

そ-ね 終助〔終助詞「そ」+終助詞「ね」〕(上代、「な～そね」の形で)柔らかい禁止の意を表す。～しないでくれ。⇩な(副詞)。例高円の野辺の秋萩な散り**そね**君が形見に見つつ偲はむ〈万葉・二・二三三〉

曾根崎心中 《作品名》浄瑠璃。世話物。一段。近松門左衛門作。元禄一六年(一七〇三)竹本座初演。近松の世話物の最初の作品。大坂曾根崎の天神の森で起こった心中事件に取材。天満屋の遊女お初と深い仲にあった醬油屋平野屋の手代徳兵衛が、金をだまし取られたうえに人々の前で面目を傷つけられる。死んで身の潔白を明らかにしようとする徳兵衛の気持ちを知ったお初は、自分の覚悟を徳兵衛に伝える。二人は手に手を取って曾根崎の天神の森へと向かい、そこで心中を遂げる。実際の事件から一か月もたたないうちに舞台にかけ、不振続きの竹本座を立ち直らせるほどの大当たりをとった。天神の森への道行き文も有名。

曾禰好忠 《人名》生没年未詳。平安中期の歌人。丹後国(京都府)の掾(国庁の三等官)に任じられたところから、曾丹後・曾丹とも称された。新奇な用語や語法を用いた作品が多く見られる。偏屈な性格を伝える逸話も多い。家集に『曾丹集』。

そねま・し【嫉まし・妬まし】 形(シク)〔動詞「そねむ」の形容詞形〕ねたましい。例我をばかやうに供養せずして、他国の僧を重くすること、本意なく(=不

満で〉そねましく思ひて〈沙石集・三・三〉

そね・む【嫉む・妬む】動（マ四）自分よりすぐれているものをうらやみ憎む。嫉妬する。例御方々めざましきものに（＝目に余るものと）おとしめそねみたまふ〈源氏・桐壺〉

その【園・苑】名❶草花や果樹を植えた一区画。「園生」とも。例我が園に梅の花散るひさかたの（枕詞）天より雪の流れ来るかも〈万葉・五・八二二〉➡名歌425 ❷あることが行われる場所。例聖徳太子の御墓の前を軍のそのにして〈増鏡・久米のさら山〉

そ-の

【其の】代名詞「そ」＋格助詞「の」。話し手が、すでに述べた事物や、聞き手の領域にある事物をさす。

❶その。例野山にまじりて竹を取りつつ、よろづの事に使ひけり…その竹の中に、もと光る竹なむ一筋ありける（＝野山に分け入って竹を取っては、さまざまな事に使った…その竹の中に、根もとが光る竹が一本あった）〈竹取〉❷なになにの。ある。例その物につきて、その物を費やし損なふ物、数を知らずあり。身に虱あり、家に鼠あり（＝ある物にくっついて、ある物を弱らせ傷めるものは無数にある。体には虱がいて、家には鼠がいる）〈徒然・九七〉

語誌「そ」には、文中に明示されていなくても、話し手と聞き手の間で共通の理解が得られている事物や事態を、漠然とさし示す用法がある。②は、そこから派生した。〈安隨直子〉

そ-の-かたさま【其の方様】名「そのかたざま」とも。その縁者。関係のある人。例その方ざまかと覚えたる男女、街に立ち並んで〈太平記・三〉

そ-の-かみ【其の上】名❶ある出来事のあったその時。例かくてすなはち（＝ただちに）来にけり。そのかみ女は塗籠に入りにけり〈大和・一〇三〉❷その当時。そのころ。例今、当時を思ひやりて、ある人の詠める歌〈土佐〉

そ-の-ぎ【其の儀】そのこと。そのような事情。例その儀ならば、神輿を振りくだしたてまつりて、御幸をとどめたてまつれ〈平家・四・厳島御幸〉

そのこと-と-なし【其の事と無し】❶これといったわけや用事などない。なんということもない。例暮れがたき夏の日ぐらしながむればそのこととなくものぞ悲しき〈伊勢・四五〉❷（「そのこととなく」の形で副詞的に用いて）何につけても。例堀川の相国は…そのこととなく過差（＝ぜいたく）を好みたまひけり〈徒然・九九〉

そのこと-に-さうらふ【其の事に候ふ】―ソウラウ・―ソウロウ その事でございます。相手の質問や呼びかけに対する応答の言葉。例その事に候ふ。さがなき（＝いたずらな）童べどもの仕りける、奇怪に候ふことなり〈徒然・二三六〉

そ-の-はう【其の方】―ホウ 代対称の人称代名詞。武士や僧などが、目下の人を呼ぶのに用いる。おまえ。例その方によく似たる者ありて、（人違イヲシテ）ただいま面目うしなうた〈噺本・軽口御前男・一〉

そのひ-すぎ【其の日過ぎ】名その日暮らし。一日をその日に稼いだわずかな収入によって暮らすこと。例妻子も持たず口ひとつ（＝自分一人）をその日過ぎにして〈西鶴・日本永代蔵・四・四〉

そ-の-ひと【其の人】❶その人。すでに話題になった人物をさす。❷だれだれ。名前を伏せたり、漠然とある人物をさしていったりするときに用いる。例車の内に「その人」とは答へずして〈今昔・二四・八〉❸それにふさわしい人。例「その人の候ふ」など言ひゆづれど〈能因本枕・職の御曹司の立蔀のもとにて〉

その-ふ【園生】―ウ 名「その（園・苑）①」に同じ。例み園生の梅の花にもならましものを（＝なれたらよいのになあ）〈万葉・五・八六四〉

そ-の-ほど【其の程】❶時間的範囲を示す。㋐そのころ。例そのほどのありさまはしも、いとあはれに心ざしあるやうに見えけり〈蜻蛉・上〉㋑そのあいだ。期間。例幾年そのほどと限りある道にもあらず（＝期限のある旅でもない）〈源氏・須磨〉❷場所を示す。そのあたり。例そのほど近く、おもしろき琵琶の声聞こゆ〈浜松中納言・一〉

園女《人名》「そのじょ」とも。一六六四～一七二六（寛文四～享保一一）。江戸時代の女性俳人。芭蕉の門人。大坂で雑俳点者として活躍し、夫の没後は其角を頼って江戸へ移住した。俳諧集『菊のちり』がある。

そ-の-もと【其の許】代対称の人称代名詞。同等以下に用いる。そなた。おまえ。例そもそも我等がそのもとを恋したうて〈浮世草子・けいせい歌三味線・一・三〉

そのもの-と-も-なし【其の物とも無し】❶なんということもない。例その物ともなけれど、宿り木といふ名、いとあはれなり〈能因本枕・木は〉❷なんともえたいが知れない。例宴の松原のほどに、そのものともなき声どもの聞こゆるに〈大鏡・道長上〉

そは【岨】ソワ 名〔近世以降「そば」とも〕がけ。山の側面の切り立った所。例山の岨に舟をさしつけて〈御伽草子・あきみち〉

そば【側・傍】名❶物のわきのほう。側面。はずれ。❷すぐ近く。かたわら。❸二の次。なおざり。例釣りする心もそばになりて〈御伽草子・蛤の草紙〉

そば

【稜】名❶物の角のとがったところ。例石のそばの、折敷の広さにてさし出でたるかたそばに尻をかけて（＝岩の角で、角盆ほどの大きさで出ている端っこに尻を乗せて）〈宇治拾遺・八・七〉❷衣の端。袴や指貫の左右、上部のももだちの部分。また、衣の折り目。しばしば「そばを取る」という用法が見える。例ⓐ練り袴のそば高くはさみ（＝練り絹の袴のももだちの部分を高く帯にはさみ）〈平家・一一・先帝身投〉例ⓑそばを取りてぞ走りさりぬる（＝ももだちを取って走り去った）〈著聞集・一二・四四四〉

語誌▼①の用例は少ない。

稜②

▼ものの斜め、はずれ、隅、が原義。「岨」「側」の二語も同源とする説もある。〈安達敬子〉

そはか【蘇婆訶】 [名]《仏教語》〔梵語の音写〕密教で、呪文の最後に唱え、願いの成就を祈る秘語。

そば-ざま【側方・側様】 [1][名]横の方向。側面。横向き。[例]そばざまに向きて鼻をひるほどに(=くしゃみをすると)〈宇治拾遺・二五〉 [2][形動](ナリ)物事が正しい方向からそれている状態。[例]されば、そばざまなるわろき心得なり〈御文〉

そば-そば【側側・端端】 [名]物事の一端。部分部分。はしばし。[例]そのころほひ聞きし事の、そばそば思ひ出でらるるは〈源氏・行幸〉

そば-そば・し【稜稜し】 [形](シク)名詞「そば」を重ねて形容詞化した語。角ばっているさまをいうのが原義か。主に人間関係や人の性格に用いる。

❶ごつごつと角張っている。[例]優婆塞が行ふ山の椎がもとあなそばそばしとこにしあらねば(=優婆塞が修行をして寝起きする山の椎の根元は、ああごつごつしている。普通の床ではないから)〈宇津保・菊の宴〉 [読解]土の上に伏して修行する山伏の苦難を詠んだ歌。❷よそよそしい。仲がよくない。[例](左右ノ)大臣の御仲も、もとよりそばそばしう(音便形)おはするに(=大臣どうしの御仲も、もともと仲がよくなくていらっしゃるので)〈源氏・賢木〉〈安達敬子〉

そば-だ・つ【峙つ・欹つ】 〔「稜立つ」の意〕「そばたつ」とも。[1][動](タ四)❶角ばってそそり立つ。[例]盤石峙ち巡って四方に峰をつらねたり〈平家・七・火打合戦〉 ❷ななめに立つ。不安定なさまで立つ。❸言葉にかどが立つ。[例]詞峙つ親と親〈浄瑠璃・妹背山婦女庭訓・三〉 ❹髪などが逆立つ。[例]髪も生毛もことごとくそばだちて〈読本・雨月・吉備津の釜〉 [2][動](タ下二)❶高くそびえ立たせる。[例]東南には函谷・二崤の嶮しき(山)をそばだて〈太平記・二六〉 ❷ななめにして立てる。[例](病床ニ臥ス人ガ)枕をそばだててものなど聞こえたまふけはひ、いと弱げに〈源氏・柏木〉 ❸注意を集中して耳を澄ます。聞き耳をたてる。[例]人々耳をそばだてて、いかなる句をか詠ぜんずらんと待つほどに〈著聞集・四・一四〇〉

そば-つき【側付き】 [名]横から見た様子。外見。[例]そばつきされればみたるも(=しゃれているのも)〈源氏・帚木〉

そは-づたひ【岨伝ひ】 [名]「そばづたひ」とも。険しい山道・がけ・急斜面に沿って行くこと。また、その道。[例]峨々たる(=険しい)山の岨伝ひ〈幸若・夜討曾我〉

そば-の-き【柧棱の木】 [名]カナメモチ(木の名)の別称。一説に、ブナあるいはニシキギのことども。[例]そばの木、品なき心地すれど(=気品がない感じがするけれど)〈枕・花の木ならぬは〉

そば-はら【側腹・傍腹】 [名]❶横腹。わき腹。[例]左の脇より右の側腹まで、一文字に掻き切って〈太平記・七〉 ❷「そばばら」とも。側室の腹から生まれること。また、その子。妾腹。[例]側腹の子といふこともきっかと(=確かに)ないに〈四河入海・一五・四〉

そば-ひら【側平・傍平】 [名]かたわら。周辺。わきのほう。[例]我、この思ひを発して西に向かひて行くに、そばひらを見ず〈今昔・一九・一四〉

そば・ふ【戯ふ】 [動](ハ下二)❶ふざける。甘える。じゃれる。[例]そばへたる小舎人童などにひきはられて(=引っ張られて)泣くもをかし〈枕・節は五月にしく月はなし〉 ❷風がやわらかに吹く。[例]初花のひらけはじむる梢よりそばへて風の渡るなりけり〈山家集・上〉

そは-みち【岨道】 [名]〔江戸時代は「そばみち」とも〕険しい道。[例]岸の上なる岨道を二手に分けて押し寄する〈太平記・三〉

そば・む【側む】 〔「む」は接尾語〕[1][動](マ四)❶横を向く。少し身体を離す。しばしば、遠慮や恥じらいの動作を表す。[例]わりなく恥づかしければ、側みておはする様体など(=たまらなく恥ずかしいので、横を向いていらっしゃる容姿など)〈源氏・玉鬘〉 ❷すねる。ひがむ。[例]今めかしう心にくきさまにそばみ恨みたまふべきならねば(=当世風に思わせぶりをして、すねたり恨んだりなさるわけではないので)〈源氏・澪標〉 ❸片寄っている。一癖ある。[例]歌もことさらめき、側みたる古言どもを選りて(=歌もわざとらしくして、一癖ある古歌などを選んで)〈源氏・梅枝〉 [2][動](マ下二)❶横に向ける。少し離れさせる。よそにやる。[例]冠もうちそばめてさし入れ(=冠もねじったように横向きにしてかぶって)〈宇津保・蔵開上〉 ❷(「目をそばむ」などの形で)疎んじて目を背ける。白い目で見る。[例]上達部・上人などもあいなく目をそばめつつ、いとまばゆき人の御おぼえなり(=上達部や殿上人も関係がないのに目を背け背けして、まったく見ていられないほどのご寵愛ぶりである)〈源氏・桐壺〉

[語誌]直接的に動作を表す場合も、すねる、疎んじる、はじらう、などの気持ちによることがほとんどである。逆に、すねる、ひがむ、などの態度を横を向く動作で示すことも多い。〈安達敬子〉

そば-め【側目・傍目】 [名]❶横目を使うこと。横からちらっと盗み見ること。[例](光源氏ガ)この文をひろげながら端に手習ひすさびたまふを、(侍女ガ)側目に見れば〈源氏・末摘花〉 ❷横から見える姿。横顔。[例]姿つき、髪のかかりたまへるそばめ、いひ知らずあてに(=上品で)らうたげなり〈源氏・若菜上〉

【側目に掛く】 ❶横目に見る。[例]月を少し側目にかけつつ〈平家・四・鵼〉 ❷冷たい目で見る。[例]傍輩(=同僚)も側目に掛けければ〈曾我・一〉

そば-ようにん【側用人】 [名]江戸幕府の職名。老中に準じる格で、将軍のそばに仕え、老中と将軍の間に立って命令や意見を伝える。

そば-よ・す【側寄す】 [動](サ下二)身を寄せる。[例]遣り戸のもとなどに、側寄せてはえ立たで(=立つことができなくて)〈枕・内裏の局、細殿いみじうをかし〉

そは・る【添はる】 [動](ラ四)自然に加わる。増え

る。例なかなか(＝かえって)もの思ひ**そはり**て〈源氏・澪標〉

そび・く【聳く】 1動(カ四) ❶高く立つ。そびえる。例火の光赤く**聳けり**〈三宝絵・下・一〇〉 ❷雲・霞などがたなびく。例五色の雲、空より**聳き**下りて〈今昔・一五・四三〉 2動(カ下二) ❶高く上げる。例簾を**聳けて**〈霊異記・下・九〉 ❷1①に同じ。例富士の山を見れば…人跡歩み絶えて、独り**聳け**上がる〈海道記〉 ❸1②に同じ。例雲の、風にふきなびかされて、**聳け**わたりたる姿にして〈作庭記〉

そひ-ぶし【添ひ臥し】 ソイ— 名 ❶かたわらに寄り添って寝ること。添い寝。例世づかぬ(＝男女の関係にない)御**そひぶし**ならむ〈源氏・紅葉賀〉 ❷東宮や親王などが元服した夜、公卿の娘などが添い寝をすること。また、その人。この女性が正室となる場合も多い。例(東宮ガ)御元服せさせたまふ夜の御**添ひ臥し**にまゐらせたまひて〈大鏡・兼家〉

そひ-ふ・す【添ひ臥す】 ソイ— 動(サ四) 物や人に寄り添って横になる。添い寝する。例(a)几帳のかたに**そひふし**て、うちかたぶきたる頭つきの〈枕・心にくきもの〉 例(b)をかしげなる男女もろともに**そひふし**たる絵を〈源氏・浮舟〉

そび-やか【聳やか】 形動(ナリ)〔「やか」は接尾語〕背がすらりと高いさま。例源式部は、丈(＝背丈)よきほどに、**そびやかなる**ほどにて〈紫式部日記〉

そび-や・ぐ【聳やぐ】 動(ガ四)〔「やぐ」は接尾語〕背丈などが高くほっそりとしている。すらりとしている。例(光源氏ハ)いたう(＝すばらしく)**そびやぎ**たまへりしが〈源氏・松風〉

そび・ゆ【聳ゆ】 動(ヤ下二) ❶高く立つ。そびえる。例巌松(＝岩に生えた松)たかく**そびえ**て〈平家・一〇・熊野参詣〉 ❷背がすらりと高い。例人ざまいとあてに(＝人柄はとても上品で)**そびえ**て、心恥づかしきけはひぞしたる〈源氏・明石〉

そ-びら【背】 名〔「背平」の意〕背中。例その**背**の皮を取りて、釼を尻より刺し通したまひき〈記・中・景行〉

そ・ふ

【添ふ・副ふ】 ソウ 1動(ハ四) ❶そばについている。寄り添う。つき従う。例(a)身に**添へ**我妹(＝私のそばに寄りなさい、いとしいおまえ)〈万葉・一一・二六八三〉 例(b)下ろいたる簾に**そひ**て臥したるもあり(＝下ろしてある簾に寄り添って横になっている人もいる)〈枕・南ならずは東の〉 ❷つけ加わる。増す。例あさましううつくしげさ**添ひ**たまへり(＝驚きあきれるほど愛らしさが加わりなさった)〈源氏・桐壺〉 読解 元服した光源氏の様子。 ❸男女がいっしょになる。夫婦になる。例あからめもせで**そひゐ**にける(＝ほかの女性に心を移さないでずっと連れ添った)〈大和・一五七〉 2動(ハ下二) ❶つき従わせる。そばにつける。例いみじき源氏の武者達をこそ、御送りに**そへ**られたりけれ(＝有名な源氏の武者たちを、お見送りのためにつき従わせなされたという)〈大鏡・花山院〉 ❷つけ加える。例(手紙ニ)壺の薬**そへ**て〈竹取〉 ❸なぞらえる。ある物をほかの物とみなす。例たな霧らひ雪も降らぬか梅の花咲かぬが代に**そへ**てだに見む(＝空が一面に曇って雪でも降らないものか。梅の花が咲かない代わりにせめて梅になぞらえて見たい)〈万葉・八・一六四二〉 ❹(「年月に添へて」などの形で)〜につれて。〜にしたがってますます。例年月に**そへ**て、御息所の御事を思し忘るるをりなし(＝年月につれて、御息所の御事をお忘れになるときはない)〈源氏・桐壺〉 〈鈴木宏子〉

そ-ふく【素服】 名 ❶〔「素」は白色の意〕染色しない麻布で作られた喪服。天皇崩御のときなどに用いる。 ❷(①から転じて)喪服。例院の上、御**素服**たてまつる(＝お召しになる)〈増鏡・さしぐし〉

そ-ぶん【処分】 名動(サ変)「そうぶん」に同じ。

そへ【添へ】 ソエ 名 ❶つけ加えること。また、つけ加えたもの。例さまざまの芸を**添へ**にして薬を売るに〈浮世草子・傾城禁短気・三・三〉 ❷「添へ髪」の略。例髪はわづかなるを、いくつか**添へ**入れて〈西鶴・好色一代女・六・三〉

そへ-うた【諷歌】 ソエ— 名『古今和歌集』仮名序で、和歌の六義の一つ。思いを直接表現せず、物事によそえてそれとなくほのめかした歌。

そへ-がみ【添へ髪】 ソエ— 名 髪の少ない人が足し添える髪。入れ毛。入れ髪。例白髪に**添へ髪**して、後家らしく作りなして〈西鶴・好色一代女・六・三〉

そへ-ごと【諷言・添へ言】 ソエ— 名「そへこと」とも。はっきりと言いにくいことを、ほかのものにことよせて言うこと。機知に富む軽口。諷刺のきいた冗談。例をかしき言ども、**そへ言**などをすれば〈枕・職の御曹司におはします頃、西の廂にて〉

そへ-に ソエ— 副助〔「そへ」は副助詞「さへ」と同じ意〕添加の意を強める。〜までも。例今日**そへに**暮れざらめやと思へども耐へぬは人の心なりけり〈後撰・恋四〉
接続▶体言、活用語の連体形につく。

そほ【赭・朱】 ソオ 名 赤色の土。また、その色。上代、顔料・塗料に用いた。接頭語「ま」をつけて用いることが多い。「赭土」とも。

そほづ【案山子】 ソオズ 〔「そほど」の変化した形〕かかし。例あしひきの(枕詞)山田の**そほづ**おのれさへ我を欲しといふ憂はしきこと〈古今・雑体〉

そぼ・つ

【濡つ】 動(タ四・タ上二) ❶涙や雨・露にぬれる。表面だけでなく、内部まで染みとおってぬれるのをいう。例限りなく思ふ涙に**そぼち**ぬる袖はかはかじ逢はむ日までに(＝とどまるところなく恋い慕う私の涙にぬれてしまった袖は乾くまい。あなたに逢う日までには)〈古今・離別〉 ❷雨がしとしとと降る。例初時雨 曇りもあへず 降り**そぼち** 心細くは ありしかど(＝初時雨が曇るまもなくしとしとと降り心細くはあったけれど)〈蜻蛉・上〉

類義 ①ぬる(濡る)・ひつ(漬つ)

語誌 ▼音の清濁 古くは「そほつ」か「そほづ」であったと推定されているが、確証はない。▼活用の種類 平安中期ごろにすでに四段活用の例と上二段活用の例が見受けられ、両方の活用があったらしい。しかし、例の多くは連用形であるので、どちらか判別できない。 〈田島智子〉

そほど【案山子】 名「そほづ」に同じ。

そぼ-ぬ・る【そぼ濡る】 動(ラ下二) しっとり濡れる。例たもとは露にそぼぬれて〈散木奇歌集・七〉

そほ-ぶね【赭船】 名 上代、赭で赤く塗った舟。赤く塗るのは腐食防止や魔除けのためとも、官船の目印とも。例そほ船の艫にも舳にも(=船尾にも船首にも) 舟装ひ〈万葉・一〇・二〇八九〉

そほ-ふ・る【そほ降る】 動(ラ四) 〔のちは「そぼふる」とも〕雨がしとしと降る。例時は三月のついたち、雨そほふるに(歌ヲ)やりける〈伊勢・二〉

そぼ・る【戯る】 動(ラ下二) ❶たわむれる。ふざける。例(菓子ナドヲ)若き人々**そぼれ**取り食ふ〈源氏・若菜上〉 ❷しゃれる。気どる。例今の世の上手におはすれど、あまり**そぼれ**て、癖ぞ添ひためる(=気どりすぎて、筆跡に癖があるようだ)〈源氏・梅枝〉

そま【杣】 名 ❶材木になる木。例**杣**くだす伊吹が奥の川上に〈西行法師集〉 ❷「杣山」「杣人」の略。例おほけなくうき世の民におほふかなわがたつ**杣**の墨染めの袖〈千載・雑中〉→名歌105

そま-がは【杣川】 名 杣木を流し下す川。例**杣川**の筏の床のうき枕夏は涼しきふしど(=寝床)なりけり〈詞花・夏〉 読解「うき枕」の「うき」は「浮き」と「憂き」を掛ける。

そま-ぎ【杣木】 名 杣山に植えられた木。また、それを切り出して材木としたもの。例峰の上に**杣木**切り積む斧の音の〈千穎集〉

そまくしゃ【蘇莫者】 名「そまくさ」とも。舞楽の曲名。唐楽。盤渉調。金色の猿面をかぶり、蓑をつけて舞う一人舞。例後冷泉院の御時、**蘇莫者**を召して御覧じけり〈続古事談・五〉

そま-びと【杣人】 名 きこり。例**杣人**は宮木引くらしあしひきの(枕詞)山の山彦声とよむなり(=響くのが聞こえる)〈拾遺・物名〉

そま-やま【杣山】 名 材木を切り出すために植林した山。例都だに雪ふりぬれば信楽の槙の**杣山**あとたえぬらん(=人の訪れは絶えてしまっているだろう)〈金葉・冬〉

そみかくだ【曾美加久堂・蘇民書札】 名 山伏・修験者などの別称。例おのづから都にうとき**曾美加久堂**〈菟玖波集・一三〉

そみん-しょうらい【蘇民将来】 名 疫病除けの護符の文句。また、その護符・守り札。「蘇民将来」「蘇民将来之子孫」と書いた札を門戸に貼ったり身に着けたりする。例小さき弓矢に**蘇民将来**の守りをとのへて〈西鶴・好色一代男・八・二〉 語誌 本来は『備後国風土記』に見える人名。貧しかった兄の蘇民将来は武塔の神に宿を貸したので、茅の輪を腰につけて疫病から逃れる方法を教えてもらい、娘が助かった。一方、富裕な弟は宿を貸さなかったので疫病で一族が滅びたという。

-そ・む【初む】 接尾(マ下二型)〔「染む」と同源か〕動詞の連用形について、〜しはじめる、の意を添える。例ほととぎす今来鳴き**そむ**〈万葉・一九・四一七五〉

そ・む

【染む】 [1]動(マ四) ❶**色づくようにしみこむ。** 例もみぢ葉の色 神無月 時雨の雨の**染める**なりけり(=紅葉の葉の色は、十月の時雨がしみこんでいるのであったなあ)〈古今・雑体〉 ❷**感化される。心にしみこむ。** 例(a)(リッパナ法師デモ)この世に**染み**たるほどの濁り深きにやあらむ(=俗世に感化されている間の煩悩が深いのであろうか)〈源氏・若菜上〉 例(b)紅の薄花桜心にぞ**染む**〈詞花・春〉

[2]動(マ下二) ❶**染料などに浸して色をつける。染める。** 例(袙ヲ)人よりは黒う**染め**て〈源氏・葵〉 ❷**心を深く寄せる。深く思いこむ。** 例(コノ姫君ニ)心を**染め**けむだに悔しく(=心を深く寄せたことさえ悔しく)〈源氏・総角〉

語誌 ▼「しむ」と「そむ」 「しむ(染む)」と同根か。「しむ」が対象の内側まで入りこむように変化するのに比べて、「そむ」は表面的・外面的な変化を表すことも多い。「初む」も同源かと思われるが、未詳。▼感情の場合は、物事に深く引きつけられること、ひいては、惚れる・なじむの意となる。[2]②は「心をそむ」「身をそむ」の形で用いることが多い。〈高木和子〉

そ-むき【背き】 名 ❶背くこと。特に、俗世に背いて出家すること。例思ひなりたまひにし御世の**背き**なれば〈源氏・鈴虫〉 ❷背後。背面。例**そむき**に霞むあはの島山〈夫木・二三〉

そむき-ざま【背き様・背き状】 形動(ナリ) 反対になっているさま。裏返しである。例ゆだけ(=着物の裄)の片の身を縫ひつるが、**そむきざまなる**を見つけで〈枕・ねたきもの〉

そ-む・く

【背く】 〔名詞「せ(背)」の交替形「そ」+動詞「むく」。背中を向ける意〕 [1]動(カ四) ❶**背を向ける。後ろ向きになる。** 例答へもせで**背き**ゐたまへるさま(=返事もしないで背を向けて座っていらっしゃる姿)〈源氏・手習〉 ❷**従わない。さからう。** 例国王の仰せごとを**そむか**ば、はや、殺したまひてよかし(=私が国王のご命令にさからうというならば、早くお殺しになってください)〈竹取〉 ❸**別れる。離れる。** 例朝宮を 忘れたまふや 夕宮を **背き**たまふや(=朝の宮殿をお忘れになるのか。夕方の宮殿をお離れになるのか)〈万葉・二・一九六〉 読解「朝宮」「夕宮」の対で、朝夕慣れ親しんだ宮殿をいう。 ❹**出家する。** 例皆人の**背き**ゆく世を厭はしう思ひなることもはべりながら(=すべての人が出家をしていく俗世を、煩わしく思うようになることもございますが)〈源氏・鈴虫〉

[2]動(カ下二) ❶**後ろや横を向かせる。** 例灯ほのかに壁に**背け**(=灯台は薄暗くして壁のほうに向かせ)〈源氏・帚木〉 ❷**離反する。** 例日にそへて人にも**そむけ**られゆくに(=日に日に人々にも離反されていくうちに)〈増鏡・新島守〉

語誌 [1]は、身体的に背中を向ける意の①から抽象的な②③に意味が広がったと思われる。ただし①も、単に背中を向けているのではなく、抵抗や反抗の姿勢も示している。〈高田祐彦〉

そめいろ【蘇迷盧】 名『仏教語』〔梵語の音写〕「しゅみせん」に同じ。例落日の紅は、**蘇迷盧**の山をうつ

して〈謡曲・羽衣〉

そめ-がみ【染め紙】 名 斎宮の忌み詞で、仏教の経典。黄色や紺色に染めた紙を使うことからいう。例「経」「仏」など忌みて、「なかご」「**染め紙**」など言ふなるもをかし〈徒然・二四〉

そめ-き【染め木】 名 ❶染料にする草木。例**染め木**が汁に 染め衣を まつぶさに(=十分に)〈記・上・神代・歌謡〉 ❷「にしきぎ」に同じ。例恋の**染め木**ともこの錦木を詠みしなり〈謡曲・錦木〉

ぞめき【騒き】 名 ❶さわがしいこと。例夏植うる営みありて、秋刈り冬収むる**ぞめき**はなし〈方丈記〉 ❷遊里をひやかし歩くこと。また、その人。

ぞめ・く【騒く】 動(カ四) ざわざわとさわぐ。浮かれさわぐ。例桜橋から中町くだり**ぞめい**(音便形)たら〈近松・心中天の網島・上〉

そめ-つけ【染め付け】 名 ❶藍色の模様を染め出した布や衣服。例**染め付け**の湯巻きして〈平家・一〇・千手前〉 ❷顔料の呉須で藍色の模様を描き、無色の釉薬をかけて焼きつける陶磁器。青絵。

そめ-どの【染め殿】 名 ❶宮中や貴族・豪族の邸で、染め物を行う所。例**染め殿**・打ち殿につかはし(=人をおやりになって)おぼし営ませたまふ〈栄花・殿上の花見〉 ❷藤原良房の邸宅。また、良房の通称。

そ-も【其も・抑】〔代名詞「そ」+係助詞「も」〕❶【其も】それも。例宮仕へする人を、あはあはしう悪きことに言ひ思ひたる男などこそいと憎けれ。げに、**そも**またさることぞかし(=宮仕えをする人を、軽率で悪いことと言ったり思ったりしている男などはまったく気にいらない。しかし、なるほど、それもまたもっともであるよ)〈枕・おひさきなく〉

❷接【抑】❶**それにしても。それはそうと。** 例聞きしにも過ぎて尊くこそおはしけれ。**そも**、参りたる人ごとに山へ登りしは何事かありけん(=聞いていた以上に尊くていらっしゃったなあ。それにしても、参詣している人がそれぞれに山へ登っていたのは何事があったのだろうか)〈徒然・五二〉 読解 石清水八幡宮の本社が山の上にあることを知らずに、ふもとの寺や神社を本社だと早合点した僧の言葉。 ❷**発語のように用いる。そもそも。** 例**そも**この歌と申すは〈謡曲・熊野〉 〈安隆直子〉

ぞ-も〔係助詞「ぞ」+係助詞「も」〕❶詠嘆をこめて強調する意を表す。上代は「そも」とも。〜がなあ。〜こそはまあ。例相見ては恋慰むと人は言へど見てのちに**ぞも**恋まさりける〈万葉・一一・二五六七〉 ❷(疑問語を伴って)疑問を含む詠嘆の意を表す。〜であるのかなあ。例そのそこに 白く咲けるは 何の花**ぞも**〈古今・雑体〉

そも-さん【作麼生・怎麼生】 副〔中国宋代の俗語〕いかに。さあどうだ。禅問答で用いる。例「**作麼生**何の所為ぞ」と一喝して〈読本・雨月・青頭巾〉

そ-もじ【其文字】 代 対称の人称代名詞。あなた。もとは女性が用いたが、のちには男性から女性に対しても用いるようになった。例**そもじ**に聞かせまゐらせて〈御伽草子・清水物語〉

そも-そも【抑】「そも」を重ねた語。漢文訓読調の文章などで、新たな話題を説き起こすときに用いる。

❶接 **そもそも。さて。いったい。** 例**そもそも**いかやうなる心ざしあらん人にか、逢はむと思す(=いったいどのような愛情がある人と、結婚しようとお思いか)〈竹取〉

❷名 **はじめ。もともと。** 例太夫にあひて、**そもそも**より横をゆけども(=太夫に会って、はじめから横車を押すが)〈西鶴・好色一代男・六・六〉 読解 無理難題を言ってなじみの遊女と別れようとする。〈安隆直子〉

そも-や 副〔接続詞「そも」+間投助詞「や」〕それにしてもまあ。いったいぜんたい。例**そもや**下馬とは(=馬を下りるとは)心得ず〈謡曲・蟻通〉

そ-や【初夜】 名「しょや」に同じ。例**そや**行ふほどにぞ(本堂に)上りたまへる〈源氏・玉鬘〉

そ-や【征矢・征箭】 名 実戦に用いる矢。⇩や(図)。例三十六差いたる(=差している)山鳥の引き尾の**征矢**〈太平記・一七〉

ぞ-や ❶〔係助詞「ぞ」+係助詞「や」〕疑問の意を表す。〜であろうか。例いかなる行き触れ(=行きずりの穢れ)にかからせたまふ**ぞや**〈源氏・夕顔〉 ❷〔係助詞「ぞ」+間投助詞「や」〕詠嘆の意を表す。〜だなあ。例惜しうあたらしかりし(=もったいない)人の御ありさま**ぞや**〈源氏・絵合〉

そや・す 動(サ四)〘近世語〙言いはやす。また、おだてる。そそのかす。例御機嫌取りの男ども取り廻して**そやし**まうせば〈浮世草子・傾城禁短気・一・三〉

そ-やつ【其奴】 代 他称の人称代名詞。第三者をののしっていう。そいつ。その者。

そよ 副 物が軽く触れあって立てる音を表す。例はろばろに(=はるか遠くに) 家を思ひ出 負ひ征矢の **そよ**と鳴るまで 嘆きつるかも〈万葉・二〇・四三九八〉

そ-よ ❶〔代名詞「そ」+間投助詞「よ」〕それだよ。そうだよ。例荻の葉の**そよ**と告げずは秋風を今日から吹くと誰か知らまし〈躬恒集〉 読解「そよ」は風の吹く音を掛ける。 ❷感 ふと思い出したりあいづちを打ったりするときに発する語。それそれ。それよ。例**そよ**、誰がならはしにかあらむ(=だれが身につけさせたのでしょう)〈源氏・澪標〉

ぞ-よ〔係助詞「ぞ」+間投助詞「よ」〕断定を強調する意を表す。〜であるよ。例これはいとゆゆしき(=縁起の悪い)わざ**ぞよ**〈源氏・葵〉

そよ・ぐ【戦ぐ】 動(ガ四)〔副詞「そよ」の動詞化〕細いものが風に吹かれて音を立てる。例荻の葉の**そよぐ**音こそ秋風の人に知らるるはじめなりけれ〈拾遺・秋〉 読解 荻の葉音で秋風を感じ取る。

そよ-そよ 副 物が軽く触れあってかすかな音を立てるさま。例草の中に、**そよそよ**白みたるもの(=白っぽいもの)、あやしき声するを〈蜻蛉・中〉

そよ-め・く 動(カ四)〔「めく」は接尾語〕ざわざわとした音を立てる。例人の**そよめき**て参る気色(=気配)のありければ〈今昔・二七・二〉

そよ-や 感〔感動詞「そよ」+間投助詞「や」〕「そよ❷」に同じ。例**そよや**。そもあまりにおぼめかしう(=は

つきりせず)、言ふかひなき御心なり〈源氏・夕霧〉

そより 副「そよろ」に同じ。例**そより**ともせいで秋立つことかいの〈俳諧・鬼貫句選・三〉

そよろ 副 物に触れて立てる音を表す。例(長烏帽子ガ)物につき障りて、**そよろ**といはせたる〈枕・にくきもの〉

そら

【空】天地間に広がる空間のこと。実体として何もないところから、あてのなさ、よりどころのなさの比喩にも用いられる。

1 名 ❶**空。天。天空。空中。** 例さ夜中と夜はふけぬらし雁が音の聞こゆる**空**を月渡る見ゆ(=夜が更けて真夜中となったらしい。雁の鳴き声の聞こえる空に月が渡り傾くのが見える)〈万葉・九・一七〇一〉 ❷**空模様。** 転じて、**あたり一面に漂う雰囲気。** 例(a)頭さし出づべくもあらぬ**空**の乱れに、出で立ち参る人もなし(=頭をさし出すこともできない荒れた空模様なので、都を出立して参上する人もいない)〈源氏・明石〉 例(b)春の暮れつかた、のどかに艶なる**空**に(=晩春のころ、穏やかで風情のあるあたりの様子に)〈徒然・四三〉 ❸**あるものの上部・上方。 天井・木の上など。** 例屋の**空**ところどころ朽ちあきたりしから、月の光に染みて居たまへりしほどを(=寝殿の天井がところどころ腐って穴があいた所から、漏れてくる月光に照らされて座っていらしたお方を)〈宇津保・楼上上〉 ❹**本来生活している空間とは異なる空間。 場所。** 不安な感じを伴って用いられることが多い。⇩たびのそら。 例旅の**空**に、助けたまふべき人もなきところに(=旅の途中で、助けてくださる人もいない所に)〈竹取〉 ❺**気持ち。 心境。** 多く打消の表現を伴って、不安な、頼りない気持ちを示す。 例官位をとられ、家を離れ、境を去りて、明け暮れやすき**空**なく嘆きたまふに(=官位を奪われ、家を離れ、故郷の地を去って、明けても暮れても安らぐ気持ちにならずお嘆きでいらっしゃるのに)〈源氏・明石〉 ❻(多く「そらに」の形で)**書かれたものなどを記憶し、暗誦すること。 そらんじること。** 例わが思ふままに**そら**にいかでかおぼえ語らむ(=どうして私の満足のいくよう物語を暗記して語ることができようか)〈更級〉 読解「いかでか」は反語の意を表す。

2 形動(ナリ) 空が実体のない空間であるところから、あてのなさ、よりどころのなさを表す。 ❶**うわのそらだ。 心がうつろだ。** 例たもとほり(枕詞)行箕の里に妹を置きて心**空なり**土は踏めども(=行箕の里にいとしい妻を残して私の心はうわのそらだ、地面を踏んではいても)〈万葉・一一・二五四一〉 読解 妻を恋するあまり、心(魂)があてどもなくさまよい出てしまい、一種の虚脱状態にあることをうたったもの。 ❷**根拠がない。 いいかげんだ。** 例それしかあらじと、**そらに**いかがは推しはかり思ひくたさむ(=それはそうではあるまいと、根拠もなくどうして当て推量でけちをつけられようか)〈源氏・帚木〉 読解「いかがは」は反語の意を表す。

3 接頭 あてのなさ、よりどころのなさ、いいかげんさなどの意を添える。 ❶**かいのない。 無駄な。**「空頼め」など。 ❷**うその。 偽りの。**「空言」など。 ❸**なんとなく。**「空恐ろし」など。

語誌▼類義語「あめ(天)」が異界としての天上世界を意味したのに対し、「そら」は天と地の間に広がる空漠とした空間を意味した。
▼恋のような状態には、心(魂)が身体から遊離して天空をあてどもなくさまようとする気持ちをこめていう場合がある。〈多田一臣〉

曾良《人名》一六四九〜一七一〇(慶安二〜宝永七)。江戸時代の俳人・神道家。河合氏を名のり、のち岩波氏を嗣ぐ。芭蕉の門人で、『鹿島紀行』『奥の細道』の旅に同行した。著書に『曾良旅日記』。

そら 副助〔副助詞「すら」の変化した形〕〜でさえも。 例蜂**そら**物の恩は知りけり〈今昔・二九・三六〉

接続▶体言、活用語の連体形、助詞などにつく。

語誌 平安末期から鎌倉時代にかけて、『今昔物語集』など和漢混交文に多く用いられた。

そら-おそろ・し【空恐ろし】 形(シク)〔「そら」は接頭語〕なんとなく恐ろしい。 内心の罪や怠惰の報いを恐れる気持ち。 例夢にや見ゆらむと**そら恐ろしく**つつまし(=身が縮む思いだ)〈源氏・帚木〉

そら-おぼめき 名〔「そら」は接頭語〕わからないふりをすること。 知らないふりをすること。 そしらぬ顔。 例御心のやうにつれなく、**そらおぼめき**したるは世にあらじな(=ほかにいるまい)〈源氏・蛍〉

そら-おぼれ 名〔「そら」は接頭語〕わざととぼけたふりをすること。 そらとぼけ。 例**そらおぼれ**してなむ隠れまかり歩く〈源氏・夕顔〉

そら-ぎしゃう【空起請】 名〔「そら」は接頭語〕偽って誓いを立てること。 また、その文書。 例**空起請**の罰をたちまち与ふべし〈謡曲・正尊〉

そら-ごと【空言・虚言】 名 **作りごと。 うそ。** 例(a)あさましと思ひて、「**そらごと**」とて笑ひたまふ(=驚きあきれたと思って、「作り話だ」と言ってお笑いになる)〈源氏・帚木〉 読解 ひどく滑稽な女性の話を聞いた光源氏たちの反応ぶりである。 例(b)世に語り伝ふる事、まことはあいなきにや、多くは皆**虚言**なり(=世間で語り伝えている事は、本当の話はつまらないのであろうか、多くはみなうそである)〈徒然・七三〉 読解「まことはあいなきにや」は挿入句。〈木村博〉

そら-さま【空様・空方】 名 ❶空のほう。 上のほう。 例髪は**空さま**へ生ひ上がり〈平家・三・有王〉 ❷あおむけ。 例**空様**に倒れて〈源平盛衰記・三四〉

そら-しら-ず【空知らず】 ❶空から降ったと思われない。 例**空知らぬ**雨にも濡るるわが身かな〈後撰・恋三〉 読解 この「空知らぬ雨」は涙。 ❷〔「そら」は接頭語〕そしらぬふりをする。 そらとぼける。 例御随身の、**空知らず**して荒らかにいたく払ひ出せば(=ひどく追い払うので)〈大鏡・道隆〉

そら・す【逸らす】 動(サ四) ❶逃がす。 特に、鷹狩りの鷹にいう。 例いかがしたまひけむ(=どうなさったのだろう)、(鷹ヲ)**そらし**たまひてけり〈大和・一五二〉

❷〈打消の語を伴って〉そ知らぬさまをする。例胸は騒げどそらさぬ顔〈近松・曾我会稽山・三〉

そら-せうそこ【空消息】ーショウソコ 名〈「そら」は接頭語〉その人からのもののように見せかけた、偽りの手紙や伝言。例空消息をつきづきしく〈=もっともらしく〉取り続けて〈源氏・藤袴〉

そら-だき【空薫き】 名〈「そら」は接頭語〉❶室内にどこからともなく香りが漂うように香をたくこと。「そらだきもの」とも。例空薫きなどするさまもなべてならず〈=並々ではない〉〈とはずがたり・一〉❷どこからともなく漂ってくる香り。例匂ひくる花橘のそらだきは〈夫木・七〉

そらだき-もの【空薫き物】 名「そらだき①」に同じ。例そらだきもの心にくく〈=上品で奥ゆかしく〉かをり出で、名香〈=仏に奉る香〉の香など匂ひ満ちたるに〈源氏・若紫〉

そら-だのみ【空頼み】 名〈「そら」は接頭語〉あてにならないことを頼みにすること。例そら頼みこそあやうけれ〈近松・日本武尊吾妻鑑・三〉

そら-だのめ【空頼め】 名〈「そら」は接頭語〉あてにならない期待をさせること。例さだめなく消えかへりつる露よりもそらだのめする我はなになり〈蜻蛉・上〉読解早朝自邸に帰って行った夫への返歌。あなたをむなしく頼りにさせられている私は、いったいなんなのだ、の意。

そら-で【空手】 名なんとなく手が痛むこと。神経痛・リューマチの類。例「左は空手が痛む」とて、外科の玄庵に持たせて〈西鶴・武道伝来記・三・三〉

そら-なき【空泣き】 名〈「そら」は接頭語〉泣くふりをすること。うそ泣き。例「をのづから障りも出でまうできなん」とそら泣きしたまひけるは〈大鏡・花山院〉

そらにみつ【天に満つ・空に満つ】《枕詞》「そらみつ」に同じ。例天にみつ 大和を置きて あをによし〈枕詞〉奈良山を越え〈万葉・一・二九〉➡名歌216

そら-ね【空音】 名〈「そら」は接頭語〉鳥などの鳴きまね。例夜をこめて鳥のそらねははかるともよに逢坂の関はゆるさじ〈後拾遺・雑三〉➡名歌417

そら-ね【空寝】 名〈「そら」は接頭語〉寝たふりをすること。例会はでありなむ〈=会いたくない〉と思ふ人来たるに、そら寝をしたるを〈枕・にくきもの〉

そら-ひじり【空聖】 名〈「そら」は接頭語〉名ばかりのえせ聖人。例仁俊は女心ある者〈=好色な者〉の空聖立つる〈十訓抄・四・六〉

そらみつ《枕詞》「大和」にかかる。語義・かかり方未詳。「そらにみつ」とも。例そらみつ 大和の国は おしなべて 我こそ居れ しきなべて 我こそいませ〈万葉・一・一〉➡名歌168

そら-みみ【空耳】 名〈「そら」は接頭語〉❶音がしないのに、音がしたように感じること。幻聴。例空耳をこそ聞きおはさうじて〈=聞いていらっしゃって〉〈和泉式部日記〉❷〈「空耳つぶす」の形で〉聞こえないふりをすること。例人にたづねても、空耳つぶして天に指さし〈西鶴・好色一代男・跋〉

そら-め【空目】 名〈「そら」は接頭語〉❶見間違い。例光ありと見し夕顔の上露はたそかれ時のそらめなりけり〈源氏・夕顔〉❷見て見ぬふり。知らないふり。例空目して死なせてたも〈=死なせてください〉、刃物たもれ〈近松・曾我会稽山・四〉

そら-ものがたり【空物語】 名〈「そら」は接頭語〉とりとめもない話。でたらめな作り話。例世の中に空物語多かれば〈堤中納言・はなだの女御〉

そら-ゑひ【空酔ひ】ーエイ 名〈「そら」は接頭語〉酔ったふりをすること。例空酔ひをしつつかくのたまふ〈=このようにおっしゃる〉〈源氏・若菜下〉

そらん・ず【諳んず】 動〈サ変〉〈「そらにす」の変化した形〉暗記する。暗唱する。例万巻の書を諳んじたまひしかば〈太平記・一三〉

そり【反り】 名❶反ること。弓なりになること。また、その度合い。例腰の刀を抜かんと、一反り反りけるが〈太平記・二六〉❷刀の峰の反っている部分。また、その度合い。

【反りを打つ】❶太刀をすぐに抜けるように、刃を下に向け、鞘尻を上げて身構えること。この時、刀の「反り」は上向きになる。例反りを打つ〈音便形〉ておどしても〈近松・博多小女郎波枕・中〉❷反り返らせる。例口べにの時くちびるにそりをうち〈柳多留拾遺・三〉

【反りを返す】「そりをうつ①」に同じ。例朱鞘の反りをかへして…米屋の若い者をにらみつけて〈西鶴・西鶴諸国ばなし・一・三〉

そり-くつがへ・る【反り覆る】ークツガエル 動〈ラ四〉そっくりかえる。後ろのほうへそり曲がる。例物もまだいはぬちごの〈=幼児が〉、そりくつがへり、人にもいだかれず泣きたる〈枕・おぼつかなきもの〉

そり-さげ【剃り下げ】 名江戸時代、男性の髪型の一つ。頭髪を頂から広く剃り下げて、両方の鬢を糸のように細く残したもの。「糸鬢」とも。例十ばかりの〈=十歳くらいの〉剃り下げの、ちっぽけな馬方が〈近松・丹波与作待夜の小室節・上〉

そり-はし【反り橋】 名中央が高く、全体が丸く反っている橋。例宣耀殿の反り橋に…出でゐたるも〈=並んで座っているのも〉、さまざまにつけてをかしうのみぞある〈枕・内裏は、五節の頃こそ〉

そ-りゃく【疎略・粗略】 名形動〈ナリ〉「そらく」とも。物事をおろそかに扱うこと。ぞんざい。例御祈りの高僧たち、いづれか粗略あらむや〈平家・八・名虎〉

そ・る

【反る・逸る】 曲線を描いてあるべき方向から外れていく意。

1動〈ラ四〉❶物の形が弓なりになる。弧を描く。例茅の葉のやうに反っ〈音便形〉たる白柄の大長刀〈=茅萱の葉のように刃が弓なりになっている白い柄の大長刀〉〈平家・五・奈良炎上〉❷背中を後ろに曲げる。のけぞる。例物もまだいはぬちごの、そりくつがへり、人にも抱かれず泣きたる〈=まだしゃべれない赤ん坊が、そっくりかえって、人に抱かれず泣いているさま〉〈枕・おぼつかなきもの〉❸思いがけない方向に飛んで行く。それる。例あらそへば思ひにわぶるあまぐもにまづそる鷹ぞ悲しかりける〈蜻蛉・中〉[読解]「天雲」の「天」と「尼」、「逸る」と「剃る」を掛ける。夫婦仲に悩む作者が出家しようと言ったところ、子の道綱が自分も出家すると言って、飼っている鷹を逃がしてしまった。夫との確執に我が子を巻き込んだせつなさを詠んだ歌。
❹物事が思いがけない方向に進む。正常な状態からずれる。[例]このごろ御心そり出でて、化粧ばやりたりとは見ゆ(=近ごろ御心がふまじめになりだして、化粧に熱中していると見える)〈落窪・一〉
[2][動]（ラ下二）❶[1]③に同じ。[例]さしば(=鷹の一種)もそれぬれば〈夫木・一四〉
❷[1]④に同じ。[例]管弦の調子もそれにけり(=音楽の調子も外れてしまった)〈義経記・七〉

それ

【其・夫】話し手が、聞き手の領域にある物事や、すでに述べられたことがある物事をさす。〈鈴木宏子〉

[1][代]❶指示代名詞。㋐事物・人・場所・時などをさす。**それ。そこ。**[例](a)その沢にかきつばたいとおもしろく(=たいそうきれいに)咲きたり。**それ**を見て〈伊勢・九〉[例](b)**それ**に、まめならむ男ども率てまかりて(=そこに、忠実な家来たちを連れてまいりまして)〈竹取〉
㋑漠然とある事物をさす。**なにない。これこれ。しかじか。**[例]**それ**の年の十二月の二十日あまり一日の日(=なになにの年の十二月二十一日の日)〈土佐〉
❷対称の人称代名詞。**あなた。おまえ。**[例]**それ**にもうちとけたまふまじ(=あなたも心をお許しになってはいけない)〈平家・一・清水寺炎上〉
[2][接]文のはじめに置き、次の事柄を説き起こす。**そもそも。**[例]**それ**、人の友とある者は、富めるを尊み、懇ろなるを先とす(=そもそも、人の友である者は、裕福な人を重んじ、愛想のいい人とまず親しくなろうとする)〈方丈記〉〈安随直子〉

それ-か-あら-ぬ-か【其かあらぬか】それか、そうでないのか。[例]去年の夏鳴きふるしてし郭公**それかあらぬか**声のかはらぬ〈古今・夏〉

それ-がし【某】[代]〔「がし」は接尾語〕❶不定称の人称代名詞。名前の不明な人物や、名前を明示せずに人物をさすときに用いる。だれそれ。[例]帯刀の長**それがし**などいふ人、使ひにて〈蜻蛉・下〉❷自称の人称代名詞。主に男性が用いる。わたくし。[例]**それがし**、おほくの丈六(=一丈六尺の仏像)を作りたてまつれり〈宇治拾遺・六三〉

それがし-かれがし【某彼某】「それかれ」に同じ。[例]「庁にはまた何者か候ふ」といへば、「**それがし、かれがし**」といふ〈宇治拾遺・一八一〉

それ-かれ【其彼】[代]不定称の人称代名詞(複数)。特定の名前を言わずに人々をさす語。だれそれ。だれだれ。[例]「院の殿上には誰々かありつる」と人の問へば、「**それかれ**」など、四、五人ばかり言ふに〈枕・方弘は、いみじう人に〉

それ-さま【其様】[代]対称または他称の人称代名詞。相手への敬意をこめて用いる。あなたさま。あの方。主に女性が用いる。[例]それにつきては**それさま**の御身の事を思ふなり〈仮名草子・竹斎・上〉

それ-しゃ【其者】[名]『近世語』❶その道に通じた人。専門家。玄人。粋人。[例]これを浮き世と名づくるなりと言へるを、**それ者**は聞きて、まことにそれと感じけり〈仮名草子・浮世物語・一・一〉❷遊女。色道の玄人であることからいう。[例]いづれ**それ者**と見えにけり〈近松・嫗山姥・二〉

それ-それ【其其】〔代名詞「それ」を重ねた語〕[1][代]他称の代名詞。複数の事物や人を漠然と指示する。どれこれ。だれそれ。[例](物語デ)今めかしきは**それそれ**と選りとのへさせたまふ〈源氏・絵合〉[2][感]❶相手の発言に同意したり、何かを思い出したりしたときにいう語。そうそう。そのとおり。[例]**それそれ**、いと興にはべりしことなり(=おもしろいことでした)〈大鏡・道長下〉❷相手を促したり、相手に呼びかけたりするときにいう語。さあさあ。やれやれ。[例]ただ、さすれ。**それそれ**〈宇治拾遺・六〉

それ-てい【其体】[名]それくらいのこと。その程度のこと。[例]児どもは**それ体**におめぬ(=しりごみしないもの)がよきぞ〈沙石集・三・五〉

それ-と-は-なし【其とはなし】特にそれということもなく。なんとなく。[例]ながめわび**それとはなし**にものぞ思ふ雲のはたての夕暮れの空〈新古今・恋三〉

それ-ながら【其ながら】〔「ながら」は接続助詞〕そのままなのに。以前と変わらないのに。[例]人恋ふる心ばかりは**それながら**我は我にもあらぬなりけり(=私は自分を見失っていることだ)〈後撰・恋一〉

それ-に【其に】[接]〔代名詞「それ」＋格助詞「に」〕❶それなのに。[例]やむごとなき高相の夢(=すぐれた相の夢)見てけり。**それに**、よしなき人に語りてけり〈宇治拾遺・四〉❷そのために。それによって。[例]**それに**(寿命ガ)延ぶるやうもやあらまし〈源氏・早蕨〉[読解]その人を出家させていたら、その功徳で生き延びていたかもしれないという後悔。❸さらに。その上に。[例]我が家に入らむずる盗人にてあり。**それに**我がもとに心安く思ひて仕ふ侍の仲する(=手引きする)事ぞ〈今昔・二九・一三〉

それ-のみ[副]〔代名詞「それ」＋副助詞「のみ」〕そればかりではなく。[例]竹の小笠を盗み、**それのみ**手拭ひ一つ取りて〈西鶴・万の文反古・一・三〉[語誌]井原西鶴の浮世草子に特有の用語。

それ-や【其屋】[名]『近世語』❶「それしゃ①」に同じ。❷水商売の店。また、水商売をしている人。特に、遊女屋・茶屋・揚げ屋。[例]さすが**それ屋**の女房とて、世間話に気をゆるませ〈近松・心中重井筒・中〉

そろ【候】[補動]（特殊型）〔「さうらふ」の変化した形〕〔活用語の連用形、またはそれに接続助詞「て」のついた形について〕丁寧の意を添える。〜ます。〜(で)ございます。[例]あのかなぼうし(=坊や)は、あのように成人しても今にかなぼうしと言ひ**そろ**(連体形)か〈虎寛本狂言・比丘貞〉

そゑ-に【其故に】[接]〔「そゆゑに」の変化した形〕順接の意を表す。それゆえに。それだから。[例]**そゑ**にとてとすればかかり(=ああすればこうなる)〈古今・雑体〉

そん【孫】[名]❶孫。❷子孫。末裔。後胤。[例]それより僧迦羅が**孫**、今にその国にあり〈今昔・五・一〉

❸血統。血筋。血縁。遺伝。例姉は父御の孫をつぎ(=血筋を引き)〈近松・堀川波鼓・中〉

そん-がう【尊号】 名 尊称。特に、天皇・上皇・皇后などを尊んでいう称号。例始皇とぞ**尊号**を奉りける〈太平記・二六〉

ぞん-ざい 形動(ナリ)《近世語》❶勝手気ままにふるまうさま。自堕落なさま。例身を**ぞんざいに**持ちなし〈西鶴・好色一代女・五・三〉❷乱暴なさま。不作法なさま。例**ぞんざいなる**小丁稚め、傍輩をなぜ投げた〈近松・心中宵庚申・上〉

ぞんじ【存じ】 名 知っていること。思っていること。例御**存じ**のごとく、悪い心も持ちまらせなんだが(=もっていませんでしたが)〈狂言・抜殻〉

ぞんじ-の-ほか【存じの外】「ぞんのほか」に同じ。

そん-じゃ【尊者】 名 ❶高貴な人。目上の人。例賢しくは聞こえしかども、**尊者**の前にては、さらずとも(=そうしなくてもよい)と覚えしなり〈徒然・二三二〉❷大臣などの大饗で主賓として上座に着く客人。例雉の足は必ず大饗に盛るものにてはべるを、いかがしけむ、**尊者**の御前にとり落としてけり〈大鏡・基経〉❸裳着のときの腰結い役。②に準じていう。例**尊者**の大臣の御引き出で物など〈源氏・若菜上〉❹《仏教語》知徳の備わった人。例**尊者**、女人の中に入りて法を説かむ事許さず〈今昔・一・三〉

ぞん-じゃう【存生】 名 生き長らえること。生存。存命。例我が母**存生**の時、もし我がために遺し置きたまへる財あるか〈今昔・九・六〉

そんしょう-だらに【尊勝陀羅尼】 名《仏教語》「仏頂尊勝陀羅尼」の略。仏の三十二相のうちの、頭頂の肉髻を仏格化した仏頂尊勝をたたえる陀羅尼。滅罪・延命・厄除けに効験があるとされる。

ぞんじ-より【存じ寄り】 名 思いつき。考え。例**存じ寄り**もあらば言うてみよ〈虎寛本狂言・籤罪人〉

そん・ず【損ず】 1 動(サ変)❶傷む。そこなわれる。例舟はみな**損じ**たれば、帰るべきやうなし〈宇治拾遺・九一〉❷そこなう。悪くする。減らす。例隣の人ども、みな心地を**損じ**て〈宇治拾遺・四八〉2 補動(サ変)(動詞の連用形について)～しそこなう。例早まった、仕**損じ**た〈近松・大経師昔暦・下〉

ぞん・ず【存ず】 動(サ変)❶「そんす」とも。生存する。生き長らえる。存在する。例薬の方(=処方)により て命を**存する**事を得て〈今昔・二四・九〉❷「思ふ」の謙譲語。例この儀しかるべしとも**存ぜ**ず〈保元・中〉❸「知る」「心得」の謙譲語。例それを**存じ**たらば、これを買はうと申さうが〈狂言・末広がり〉

ぞん-ち【存知】 名動(サ変)「ぞんぢ」とも。知っていること。心得。例花に鳥付くる術知り候はず。一枝に二つ付くる事も**存知し**候はず〈徒然・六六〉

そん-ぢゃう 連体「それ」「そこ」「その」「たれ」などの上につけて、具体的な名を表さないで示す語。どこそこの。なにがしの。例その外は**そんぢゃう**その首、その御首〈平家・一〇・首渡〉

ぞん-ねん【存念】 名 いつも考えていること。所存。特に、執念。恨み。例いかにしても、この金子をひろうてはゐられじ。この(持チ主ノ)**存念**もおそろし〈西鶴・日本永代蔵・一・三〉

ぞん-の-ほか【存の外】 思いのほか。例合戦の庭に出でて…生きるは**存の外**のことなり〈保元・上〉

ぞん-ぶん【存分】 名 ❶考え。意見。心の内。また、恨み。例御坊**存分**(=御住職の考え)、ねんごろに聞きて〈噺本・昨日は今日の物語・下〉❷思うまま。思いどおり。例そなたの**存分**にさしめ(=なさいませ)〈山本東本狂言・石神〉

そん-まう【損亡】 名動(サ変)「そんばう」とも。財産などを失うこと。損害を受けること。例家の**損亡せ**るのみにあらず〈方丈記〉

ぞん-めい【存命】 名動(サ変) 生き長らえること。例もし、かの医術によって**存命せ**ば〈平家・三・医師問答〉

そん-りゃう【尊霊】 名 霊魂や亡霊を敬っていう語。御霊。例祇王・祇女・仏・刀自らが**尊霊**と〈平家・一・祇王〉

た- 接頭 名詞・副詞・形容詞・動詞について、語調を整える。「た易し」「た走る」「たぢから」「たなごころ」「たをる」など複合語で用いられる。

た【手】 名 手。

た【他】 名 ほか。別。他人。例**他**に勝ることのある(ト思ウコト)は、大きなる失(=欠点)なり〈徒然・一六七〉

た【田】 名 耕して稲を植える土地。例秋の**田**の穂の上に霧らふ朝霞いつへの方に我が恋やまむ〈万葉・二・八八〉➡名歌9

た【為】 名《上代語》ため。例あをによし(枕詞)奈良の都に来む人の**た**に〈万葉・五・八〇八〉

た【誰】 代 不定称の人称代名詞。だれ。「誰が」「誰そ」の形で用いられることが多い。例仮の宿り、**誰**がためにか心を悩まし、何によりてか目を喜ばしむる〈方丈記〉

た 〔係助詞「は」が漢字音の「ち」「つ」などについて連声で「た」と発音されるもの〕～は。例こんに**た**(=今日は)初寅でござるによって〈山本東本狂言・毘沙門〉 語誌 能・狂言に多く見られる。ただし、表記には反映されないことが多い。

だ【攤】 名 遊戯の名。賽の目で勝敗を争う。例宮にも、殿上人集まりて**攤**打ち〈宇津保・あて宮〉

だ【駄】 1 名 ❶馬が荷を負うこと。また、その馬。❷運送用の馬。駄馬。乗用より劣るとされた。多く牝馬が使われたことから牝馬をいうこともある。例**駄**一疋をたまはせよ〈大鏡・道長下〉❸馬に負わせる荷。また、馬一頭分を単位とする荷の量。公用の馬には規定がある。例鮭を馬に負ほせて二十**駄**ばかり〈宇治拾遺・一五〉2 接頭 名詞について、つまらな

いもの、取るに足りないもの、の意を添える。「駄蠟燭」「駄酒」など。

たい

【対】名「対の屋」の略。寝殿造りで、寝殿に対して東西や北に別棟として建てた建物。寝殿とは渡殿・廊で連結されている。寝殿が主人の住まいであるのに対して、夫人や子女などが居住する。「東の対」「西の対」の例が多い。また、対に住む夫人をさすこともある。例(a)大君、中の君には婿どりして、西の対、東の対に、花々として住ませたてまつりたまふに(=華やかに扱って住ませ申し上げなさる上に)〈落窪・一〉読解長女・次女の婿をそれぞれ西の対と東の対に居住させている。例(b)対に聞きおきて常にゆかしがるを〈源氏・薄雲〉読解「対」が西の対に住む紫の上その人をさす例。若宮のことを耳に入れていて、いつも会いたがっているので、の意。

〈藤本勝義〉

たい

【体】1名❶身体。からだ。例それ臣は君をもって心とし、君は臣をもって体とす(=そもそも臣下は主君をもって自分の心とし、主君は臣下をもって自分の身体とする)〈平家・一〇・請文〉❷ありさま。姿。状態。「てい」とも。例いづれの体にも、実は心なき歌はわろきにて候ふ(=どの歌体にしても、ほんとうは心のない歌がよくないのでございます)〈毎月抄〉❸本質。本体。例(能楽デハ)音曲は体なり。風情は用なり(=音曲は本質である。所作は作用である)〈風姿花伝・六〉❹連歌・俳諧で、詠まれる題材の本体。

2接尾 神仏の像の数などを数える。例丈六(=一丈六尺)の仏九体〈徒然・二五〉

語誌▼1③はもともと仏教語で、ものの本体の意。その作用や働きを「用」という。転じて、諸芸や儒教の用語としても用いる。さらに語の分類で、用言に対して体言のことも意味した。

▼1④は、作用的・属性的なもの(用)に対して、本来的なもの(体)を区別するのに用いる。たとえば「引く」「張る」に対する「弓」、「咲く」「匂ふ」に対する「花」などである。

〈高木和子〉

だい【大】名❶大きいこと。太いこと。多いこと。広いこと。重いこと。すぐれていること。例大に付き小を捨つる理、誠にしかなり(=そのとおりである)〈徒然・一七四〉❷陰暦で、一か月の日数が三十日の月。大の月。

だい【台】名❶高く造った建物。高殿。高楼。うてな。例楚王の台の上の夜の琴の声(=楚の王が高楼の上で夜に弾く琴の音)〈源氏・東屋〉❷物をのせるものの総称。例その桶すゑたる台など、みな白き覆ひしたり〈紫式部日記〉❸食物をのせる台。転じて、食物・食事。例台などまゐりたれば、すこし食ひなどして〈蜻蛉・下〉❹建物と建物の間にある屋根のない板敷きの所。露台。例台の前に植ゑられたりける牡丹などの〈枕・殿などのおはしまさで後〉

だい

【題】名❶詩歌・文章・絵画などを作るときの趣旨。モチーフ。主題。題材。例(a)その花の中にあやしき藤の花ありけり…それを題にて詠む(=その花の中に不思議な藤の花があった…それを題材にして歌を詠む)〈伊勢・一〇一〉例(b)すべて、ただ題がらなん、文も歌もかしこき(=総じて、ただ題しだいで、漢詩も和歌もよくできるのだ)〈枕・雨のうちはへ降るころ〉❷書物の名。題名。

語誌▼和歌における「題」 ①の意味の場合、作品の表現をふまえて後から表題としてつけることもなくはないが、創作に先立って示されることが圧倒的に多い。このような創作の傾向は、漢詩に学びつつ、特に和歌文学において発達した。あらかじめ与えられた題(歌題)をもとに和歌を詠むことを題詠といい、平安時代の屏風歌・歌合わせ・歌会・百首歌などの流行に伴って盛んになり、中世以降、連歌・俳諧にも受け継がれていった。

〈渡部泰明〉

だい

【代】1名❶王位・家督などを継承し、その地位にある期間。例(a)この天皇を太子として譲りましましより、代と世とかはれる初めなり(=この天皇を皇太子として位をお譲りになったときからが、皇位にある期間と位を継ぐ順序が異なった最初である)〈神皇正統記・上〉例(b)親仁の代から(=父親が店の主人であったときから)〈近松・冥途の飛脚・上〉❷代わり。代償。代理。代金。例われ買はん、代はいかほど(=私が買おう、代金はおいくらで)〈御伽草子・蛤の草紙〉

2接尾 王位・家督などを継承した順序を表す。例三十七代にあたりたまふ孝徳天皇〈大鏡・道長上〉

語誌▼「代」と「世」 「世」が、親が一世、子が二世、孫が三世と、親から子への継承を数える単位であるのに対して、「代」はあらゆる関係の継承を単純に数えあげてゆく単位である。

〈川崎剛志〉

大安寺 名 大和国、今の奈良市の寺。真言宗。南都七大寺の一つ。聖徳太子の創建と伝え、以後移建して百済大寺などと称し、平城京に移って大安寺と称した。中世以降は衰微。

だい-いち【第一】名❶最初。例その教へはじめ候ひける第一の仏は、いかなる仏にか候ひける〈徒然・二四三〉❷一番大切であること。例和琴は、かの大臣の第一に秘したまひける御琴なり〈源氏・若菜上〉❸最高。最もすぐれていること。例文覚は天性不敵第一の荒聖なり〈平家・五・勧進帳〉

たいいん-れき【太陰暦】名 月の運行を基準にして定めた暦。日本では明治五年(一八七二)に太陽暦が施行されるまで太陰暦(太陰太陽暦)を用いた。陰暦。

だい-え【大衣】名《仏教語》袈裟の一つ。三衣のうち最も主要な正式の衣。授戒・説経・托鉢や宮中に入るときなどに着用する。例大衣を脱いで山徒(=延暦寺の僧兵)のかたちに変へ〈太平記・一七〉

戴恩記《作品名》江戸時代の歌論・随筆。二巻二冊。貞徳著。正保元年(一六四四)ごろ成立。細川幽斎・紹巴などの師伝のほか、歌道一般を論じる。

だいおん-けうしゅ【大恩教主】—キョウシュ 名《仏教語》釈迦の尊称。すべての衆生に恩徳が及ぶ教法の主、の意。例南無帰命頂礼大恩教主釈迦如来と唱へて〈十訓抄・一・七〉

だい-おんじゃう【大音声】 名 大きな声。例大音声をあげて名のりけるは〈平家・四・橋合戦〉

だい-かい【大海】 名 ❶大きな海。例ある時は漫々たる大海に風波の難をしのぎ〈平家・二・腰越〉 ❷口が丸く、大きく平たい茶入れ。

たい-かう【大行】 名 ❶大きな仕事。大事業。例大行は細謹(=ささいなこと)を顧みずとこそ申し候へ〈太平記・九〉 ❷「大行天皇」の略。崩御後、まだ諡のない天皇の敬称。転じて、先帝。

だい-かう【大剛】 名 非常に強いこと。また、その人。例もとよりすぐれたる**大剛**の者なりければ、ちっとも色(=顔色)を変ぜず〈平家・二・西光被斬〉

だい-かうじ【大柑子】 名 大きな柑子。今の夏みかん。例大柑子を、「これ、喉のかわくらん、食べよ」とて…とらせたりければ〈宇治拾遺・九六〉

だい-かく【大覚】 名《仏教語》❶大いなる悟り。また、それを得ること。例空の**大覚**の中に処する(=身を置く)事〈滋雲短篇法語〉 ❷大いなる悟りを得た人。仏をいう。

だい-がく【大学】 名 ❶「大学寮」の略。❷《作品名》⇩大学

大学 《作品名》中国の儒教の経書。一巻。著者・成立年未詳。本来は五経の一つ『礼記』中の一編。四書の一つとして、特に朱子学で重要視された。学問の目的と理念を、三綱領・八条目に分けて説く。

大覚寺 名 山城国、今の京都市右京区嵯峨の真言宗の寺。もと嵯峨天皇の離宮。例造らせたまふ御堂は、**大覚寺**の南に当たりて〈源氏・松風〉

だいがく-の-かみ【大学の頭】 名 ❶令制で、大学寮の長官。従五位上相当。例今は昔、**大学の頭**藤原明衡といふ博士ありき〈今昔・二六・四〉 ❷江戸時代、昌平坂学問所を統轄する職。

だいがく-の-しゅう【大学の衆】 名 大学寮の学生。例せまりたる(=貧乏な)**大学の衆**とて笑ひ侮る人もよも(=決して)はべらじ〈源氏・少女〉

だい-かぐら【太神楽・代神楽】 名 ❶伊勢神宮へ奉納する神楽。太々神楽。❷江戸時代の大道芸の一つ。獅子舞や皿回しなどの曲芸を演じる。例人群立ちて、曲太鼓・**大神楽**の来たり〈西鶴・好色五人女・一・三〉

だいがく-れう【大学寮】 名 令制の教育機関。式部省に属し、官吏養成を目的とする。平安時代に、明経・明法・紀伝・算の四道が確立。例朱雀門・大極殿・**大学寮**・民部省などまで(火ガ)移りて〈方丈記〉

太神楽② 〔守貞漫稿〕

たい-かふ【太閤】 名 ❶平安時代、摂政または太政大臣の敬称。関白を辞してのち内覧の宣旨を受けた人などにもいう。❷特に、豊臣秀吉の称。

たい-かん【対捍】 名動(サ変) 命令に反抗すること。年貢や課役などの義務を拒むこと。例詔命(=ご命令)を**対捍**せんも恐れあり〈源平盛衰記・五〉

だいかん【代官】 ⇩だいくゎん

たい-き【大気】 名形動(ナリ) 度量のあること。気前のよいこと。また、その性格。例情けあって、**大気**に生まれつき〈西鶴・好色一代男・六・一〉

たい-ぎ【大儀】 ❶名 最も重大な朝廷儀式。大典。大礼。即位・朝賀など。❷名形動(ナリ) ❶重大なこと。❷経費や手数のかかること。やっかいでめんどうなこと。例**大儀なれ**ど百の餅舟は阿爺(=父)がするぞ〈西鶴・好色一代男・一・七〉 ❸他人の苦労をいたわる語。主に目下に対して用いる。ご苦労。例**大儀**ながら今から都へ登って、末広がり(=扇)を求めて来い〈虎寛本狂言・末広がり〉

太祇 《人名》一七〇九〜一七七一(宝永六〜明和八)。江戸時代の俳人。江戸の人。炭氏。初め江戸で点者を務めるが、京に上って島原遊郭内に不夜庵を結ぶ。蕪村と親しく交わり、中興期俳諧開花の下地を作った。没後刊の句集に『太祇句選』。

だい-きゃう【大経】 名《仏教語》諸宗派で最も中心となる経典。天台宗での涅槃経、浄土宗での無量寿経など。

だい-きゃう【大饗】 名「たいきゃう」とも。盛大な宴会。特に、宮中で行われる大宴会。二宮(=中宮と東宮)と大臣が陰暦一月に行うものと、任大臣のときの臨時のものとがある。例昔は親王たち、必ず大饗(ノ宴席)につかせたまふことにて〈大鏡・基経〉

だい-きゃうじ【大経師】 名 朝廷の御用で、仏経や仏画を表具した職人の長。のちは、一般に経師屋・表具師をいう。

だい-ぐうじ【大宮司】 名 伊勢・熱田・香取・鹿島・宇佐・宗像・香椎・気比・阿蘇などの大社の神職の長。例大宮司の威勢、国司にもまさりて〈宇治拾遺・四六〉

たい-くつ【退屈】 名動(サ変) ❶退き屈すること。恐れて退くこと。例官軍御方を顧みて、**退屈して**ぞ覚えける〈太平記・一六〉 ❷うんざりしていやになること。疲れてやる気をなくすこと。例(金ヲネダルノガ)年々(=毎年)の事にて、姨も**たいくつ**いたされて〈西鶴・世間胸算用・四・三〉

だい-ぐれん【大紅蓮】 名《仏教語》「大紅蓮地獄」の略。八寒地獄の第八。ここに落ちると、厳しい寒さのために体が裂けて赤い蓮の花のようになるという。例紅蓮・**大紅蓮**の氷は解くることあるべからず〈一遍上人語録・上〉

たい-くゎうたいこう【太皇太后】 名 先々代の天皇の皇后。「太皇太后宮」とも。

だい-くゎん【代官】 名 ❶ある官職の代理を務める人。例義経、鎌倉殿の御**代官**として院宣を承って平家を追討すべし〈平家・一一・逆櫓〉 ❷中世、守護代・地頭代の称。❸江戸時代、幕府の直轄地を支配し、年貢・訴訟などをつかさどる役人。

だい-ぐゎん【大願】 名「たいぐゎん」とも。❶大

きな願望。神仏への大きな祈願。例「まことに迹を垂れたまふ神ならば助けたまへ」と、(住吉ノ神ニ)多くの大願を立てたまふ〈源氏・明石〉❷仏や菩薩が衆生を救おうと誓った本願。

だい-けうくゎん【大叫喚】(—キョウカン) 名《仏教語》「大叫喚地獄」の略。八熱地獄(八大地獄)の第五。ここに落ちると、湯の煮えたぎる大釜や火の燃える鉄室に入れられて大声で叫びわめくという。叫喚地獄までの四地獄の十倍の苦しみを受ける。例京白河の貴賤・男女、喚き叫ぶ声、叫喚・大叫喚の苦しみのごとし〈太平記・三〉

だい-げん【大元帥】 名〔ふつう「帥」の字は発音しない〕「たいげん」とも。❶「大元帥明王」の略。国家を守護し、諸難を除くとされる。❷「大元帥の法」の略。

たい-げん-どめ【体言止め】 名 和歌の表現技法の一つ。⇩『名歌・名句辞典』「和歌の表現技法」

だい-げん-の-ほふ【大元帥の法】(—ホウ) 名 国家鎮護のため、宮中の治部省で陰暦一月八日から二十四日まで、大元帥明王を本尊として行う修法。例公よりほかの人いまだ行はざる大元帥の法を私に(=私事として)隠して行はせたまへる罪により〈栄花・浦々の別れ〉

たい-けん-もん【待賢門】 名 大内裏の外郭門の一つ。東に面し、郁芳門の北、陽明門の南に位置するので、「中御門」とも呼ばれる。⇩付録

たい-こ【太鼓】 名❶打楽器の一つ。木や金属製の胴の両側、または片側に皮を張って打ち鳴らす。演奏のほか、合図にも使う。例神楽の太鼓を打たせ〈近松・用明天王職人鑑・四〉❷「太鼓持ち」の略。例貧なる太鼓が付きて〈西鶴・西鶴織留・三・三〉

だい-ご【醍醐】 名《仏教語》牛乳を精製して作った濃厚で甘い液体。妙薬とされる。また、純粋で最上のもの、仏の最上の教えにたとえる。⇩ごみ②。例醍醐の妙薬は、重病を治するがごとく〈沙石集・二・八〉

たい-こう【太閤】 ⇩たいかふ

たい-こう【太后】 名「おほきさき」に同じ。例太后の奉る御歌一首〈万葉・二・一四七・題詞〉

たい-こう【退紅・褪紅】 名 染め色の名。薄桃色。また、その色に染めた狩衣。例前の方は退紅の狩衣をぞ着たりける〈著聞集・九・三四六〉

たい-こく【大国】 名「だいこく」とも。❶令制で、諸国を大国・上国・中国・下国の四つに分けたときの最上位の格式の国。延喜式では大和・河内・伊勢・武蔵・上総・下総・常陸・近江・上野・陸奥・越前・播磨・肥後の十三か国。❷大きな国。人口・生産力など、国力の豊かな国。例位正二位、官大納言にあがり、大国あまた給はって〈平家・一・鹿谷〉❸(日本を「小国」とするのに対して)中国。例大国・我が朝かくのごとし〈宝物集・一〉

だい-こく【大黒】 名❶「大黒天」の略。❷僧の隠し妻の俗称。寺の台所の神として大黒天を祭ったからという。

だい-こく-てん【大黒天】 名 古代インドで、戦闘をつかさどり、三宝を守護する神。飲食を豊かにする神ともされる。日本に渡来後はもっぱら福神として祭られ、七福神の一つに数えられた。その像は、色黒で背が低く、狩衣のような衣を着て頭巾をかぶり、左肩に大きな袋を背負い、右手に小槌を持ち、俵の上にいる。大国主命と同一の神とも信じられた。

だい-ごく-でん【大極殿】 名「だいこくでん」とも。大内裏の中心の八省院(朝堂院)の正殿。天皇が政務を執り、新年・即位などの儀式を行ったが、治承元年(一一七七)に焼失、再建されず、以後、儀式には紫宸殿を代用した。⇩付録。例御即位に大極殿にみかど出でさせたまへるに〈栄花・玉の村菊〉

だい-こく-まひ【大黒舞】(—マイ) 名 正月、大黒の面と頭巾をつけ、小槌を持って舞い歌う門付け芸。例元日より大黒舞に商売を替へければ〈西鶴・世間胸算用・一・三〉

醍醐天皇(ダイゴテンノウ)《人名》八八五〜九三〇(元慶九〜延長八)。平安前期の天皇。宇多天皇の第一皇子。右大臣菅原道真の失脚・左大臣藤原時平の死後親政を実現、後世「延喜の治」として仰がれた。その治世は文化事業が活発で、『古今和歌集』『延喜格』『延喜式』などが編集された。

だい-ご-み【醍醐味】 名《仏教語》醍醐の味。⇩だいご。例(a)仏法に最上醍醐味といへる、いかにも練れる心をいふなるべし〈ささめごと・上〉例(b)粟の飯ひとは日本一の醍醐味、御馳走にあづかりたし〈近松・最明寺殿百人上臈・下〉

たいこ-もち【太鼓持ち】 名 遊里で、客に従って場を盛り上げ、遊女と客の仲や座を取り持つのを仕事とする人。例各々は太鼓持ちならば、ここの女郎の様子も知られう事ぢゃ〈西鶴・好色一代男・七・一〉

たい-こんりゃうぶ-の-みね【胎金両部の峰】(タイコンリョウブ—) 《仏教語》吉野大峰山と葛城山。胎蔵界・金剛界の両部を信仰する修験道の行者が本山としたことからいう。一説に、大峰山。

だい-ざ【台座】 名❶物を載せておく台。特に、仏像を安置しておく蓮台。例台座を改めさせ御覧ありしに、一つの折り紙あって〈西鶴・本朝桜陰比事・一・一〉❷(胴体を載せておく台の意)尻。例脳頭から台座まで、唐竹割りぢゃ〈歌舞伎・幼稚子敵討・六〉

たい-さい【大才】 名 すぐれた才能・器量。また、その持ち主。例無智にして大才に交はり〈徒然・一三四〉

たい-ざう【胎蔵】(—ゾウ) 名《仏教語》「胎蔵界」の略。

たい-ざう-かい【胎蔵界】(タイゾウ—) 名《仏教語》密教で、大日如来の慈悲を表す世界。⇩こんがうかい

だい-ざう-きゃう【大蔵経】(ダイゾウキョウ) 名《仏教語》仏教の典籍を集成したものの総称。仏の教えを説く「経」、戒律を定めた「律」、教義の研究である「論」の三種の経典(「三蔵」)を中心に編まれた叢書。中国では隋・唐のころからたびたび集成され、それらが日本にも伝わった。その時代の一切の経典を集めたということから「一切経」とも。

たいさん-ぶくん【泰山府君・太山府君】 名「たいざんふくん」とも。中国の泰山に住み、人間の生死をつかさどるという神。日本では須佐之男命と同一視された。例たとひ太山府君に祈請すといふと

も叶ひ難かりなむ〈今昔・一九・二四〉

たい-し【太子】 名 ❶皇位を継承するべき皇子。皇太子。東宮。例太子にも立ち、位にもつかせたまふべきに〈平家・四・源氏揃〉 ❷古代中国で、天子または諸侯の嫡男。例白虹日を貫けり。(燕ノ国ノ)太子畏ぢたり〈源氏・賢木〉 ❸聖徳太子のこと。例太子の御時の図、今に侍るを〈徒然・二三〇〉 ❹「悉達太子」の略。出家以前の釈迦のこと。例阿私仙(=仙人の名)に仕へけむ太子の御心よりも〈無名草子〉

だい-し【大師】 名『仏教語』❶偉大な師。教師。仏や菩薩、さらに高徳の僧にいう。例大師釈尊来りたまひて食を乞ひたまふ〈今昔・一・三一〉 ❷朝廷から高僧に与えられる号。大師号。貞観八年(八六六)最澄に伝教大師の号が贈られたのが最初。例大師の住所はどこどこぞ　伝教慈覚は比叡の山　横河の御廟とか〈梁塵秘抄・四句神歌〉 ❸特に、弘法大師空海の称。また、弘法大師を本尊とする寺・堂。例高野に参らせたまひては、大師の御入定のさまを覗き見たてまつらせたまへば〈栄花・疑ひ〉

だい-じ【大慈】 名『仏教語』仏や菩薩が衆生をいつくしんで安楽を与える、その慈悲。例大慈の恵みを垂れて、結縁せさせたまへ〈芭蕉・奥の細道〉

だい-じ【大事】 ■1名 ❶重要な事柄。重大な事件。例第一に食ふ物、第二に着る物、第三に居る所なり。人間の大事、この三つには過ぎず(=第一に食物、第二に衣服、第三に住居である。人間の重要な事柄は、この三つを超えない)〈徒然・一二三〉 ❷特に、仏道に入って悟りを開くこと。出家遁世。例大事を思ひたたん人は、去りがたく、心にかからん事の本意を遂げずして、さながら捨つべきなり(=捨てにくく、気にかかる事の目的を遂げないで、そのまま捨てねばならないのである)〈徒然・五九〉 ■2名 形動(ナリ) ❶困難なこと。支障。例修行といふはいかほどの大事やらん(=修行というのはどれほどたいへんなことなのだろうか)〈平家・五・文覚荒行〉 ❷負傷や病気などが重いこと。例御悩大事にはおはします(=御病苦は重くていらっしゃいます)〈宇治拾遺・一〇二〉 ❸大切であること。例大事のお銀預れば、気遣ひで夜も寝られず(=大切なお金を預ったので、心配で夜も寝られない)〈近松・冥途の飛脚・上〉

[大事の前の小事] ❶大事をなそうとするときはそれに専心すべきで、ほかの小事にかかわってはならないということ。例義朝討たばやと思はれけれども、大事の前の小事、敵に利を作るはしなれば(=有利な状況を与える端緒となるので)、思ひとどまりたまひけり〈古活字本平治・上〉 ❷大事をなす計画も小事から破綻する場合があるので、どんな小事にも慎重に対処しなければならないということ。

語誌 ①と同義の格言に「大事の中に小事なし」があり、また②に関連する格言に「大事は小事より起こる」「大事は小事よりあらはる」がある。(川崎剛志)

だいし-かう【大師講】 名 ❶仏教の各宗派で、大師と呼ぶ僧に関連して行う法会。特に、真言宗で弘法大師空海の報恩のために行う法会。また、天台宗で伝教大師最澄の忌日の陰暦六月四日に行う法会。❷中国天台宗の開祖智者大師智顗の忌日の陰暦十一月二十四日に行う仏事。例何のあれかのあれ今日は大師講〈俳諧・続猿蓑・下〉

だいじ-だいひ【大慈大悲】 仏の広大無辺の慈悲。特に、観世音菩薩の慈悲。例大慈大悲の観世音、願はくは…我を導きたまへ〈幸若・満仲〉

だいじ-な・い【大事無い】 形(口語) たいしたことのない。かまわない。心配ない。例打ち殺しても大事ない〈近松・堀川波鼓・中〉

たい-しゃ【大社】 名 古く、神社の格を大・小、または大・中・小に分けたときの、第一等の格の神社。また一般に、由緒が古く規模も大きい神社。

たい-しゃ【大赦】 名「だいしゃ」とも。恩赦の一つ。国に吉事・凶事があったとき、天皇が罪人を釈放・減刑すること。例朝廷の大きなる賀なりとて、天下に大赦を行はる〈今昔・三・一六〉

たい-じゃう【怠状】 名 動(サ変) 謝罪状。詫びゆりにける(=許された)〈著聞集・一・八〉

状。また、それを送って謝罪すること。例怠状して

だい-しゃう【大将】 名 ❶令制で、近衛府の長官。左近衛府・右近衛府となってからは各一人。多く大臣や大納言が兼任する要職。従三位相当。例大将の君によろづ聞こえつけたまふも、かたはらいたきものから(=お頼みになるのも、気が引けるものの)うれしと思す〈源氏・葵〉 ❷軍隊の指揮官。例打手の大将ときこえしかども〈平家・五・五節之沙汰〉

だいじゃう-くゎん【太政官】 名「だじゃうくゎん」とも。令制で、国政の最高機関。八省および諸国を統轄する。政務を審議する公卿に加え、事務局として少納言局・左右弁官局の三局が置かれた。

だいじゃうくゎん-ぷ【太政官符】 名 太政官から中央の八省・諸司などの役所や諸国に下す公文書。「官符」とも。

たい-しゃうぐん【大将軍】 名「だいしゃうぐん」とも。❶朝廷から派遣される征討軍の指揮官。例大将軍承り、海賊の張本三十余人からめ進ぜられし賞に(=捕らえて差し出した褒美に)〈平家・一・西光被斬〉 ❷全軍の指揮官。総大将。例大将軍かと見候へば続く勢も候はず〈平家・七・実盛〉 ❸かしら。首領。例昔、袴垂とて、いみじき盗人の大将軍ありけり〈宇治拾遺・二八〉 ❹陰陽道で、八将神の一つ。この神のいる方角は三年ごとに変わり、その間は塞がるといって、その方角へ行くのを忌む。

だい-しゃうこく【大相国】 名「たいしゃうこく」とも。太政大臣の唐名。例平大相国、まことに白河院の御子にておはしければにや〈平家・六・祇園女御〉 読解「平大相国」は平清盛のこと。清盛は武士として初めて太政大臣となった。

だいじゃう-さい【大嘗祭】 名 天皇が即位したのち最初に行われる新嘗祭。正式には「践祚(天皇の位に即く意)大嘗祭」と呼ばれる。「大嘗の祭り」「大嘗の祭り」「大嘗」などとも。即位が七月以前ならばその年の、八月以後ならば翌

年の十一月、下（または中）の卯の日から午の日にかけて行われる。祭場として大嘗宮を設営し、卜占によって決定された悠紀・主基両国から献上された新穀を、天皇が皇祖神に供え、また自らもこれと共食する。その行為を通じて、天皇は皇祖神の威霊を受け継ぐことができると考えられた。
　大嘗祭の確実な初見例は持統朝だが、天武朝（天武天皇の即位は六七三年）に開始されたとみる説が有力である。その原型は、穀霊としての天皇の復活を意図する祭りにある。大嘗祭の時期が十一月に固定されるのも、太陽の威力が最も衰える冬至の時期にあたっているからで、死の季節（冬）からよみがえりの季節（春）への転換を象徴する祭りであるともみられる。天皇一代に一度限りの盛儀で、さまざまな芸能も奏上された。十六世紀初頭の後柏原天皇以後中絶したが、江戸中期の桜町天皇の即位に際して再興され、現在に及んでいる。⇨にひなめのまつり　〈多田一臣〉

だい-しゃうじ【大床子】（ーシヨウジ）名 天皇が腰をかける四脚の台。ふつう清涼殿の昼の御座にあり、長方形で背もたれなどはない。例帝のおはしますべき大床子、寝殿の南面に立てて〈栄花・駒競べの行幸〉

だいしゃうじ-の-おもの【大床子の御膳】（ダイシヨウジー）名 天皇が大床子に着座してとる天皇の正式の食事。例大床子の御膳などは、いとはるかに（＝とても召し上がる気になれないと）思しめしたれば〈源氏・桐壺〉

だいじゃう-だいじん【太政大臣】（ダイジヨウー）名 令制で、太政官の最高位にある官。職掌はなく、一種の名誉職。適任者がいないときには欠員としたので、「則闕の官」ともいう。「おほきおとど」「おほきおほいどの」「おほきおほいまうちぎみ」などとも。

だいじゃう-てんわう【太上天皇】（ダイジヨウテンノウ）名「だじやうてんわう」とも。譲位した天皇の敬称。上皇。例（光源氏ハ）太上天皇に准ふ（＝準じる）御位得たまうて〈源氏・藤裏葉〉

だいじゃう-ゑ【大嘗会】（ダイジヨウエ）名「だいじゃうさい」に同じ。例十月二十五日、大嘗会の御禊とののしるに（＝騒ぎ立てるころに）〈更級〉読解「御禊」は大嘗会に先立って十月の中・下旬に天皇が賀茂川で行う禊。

たい-しゃく【帝釈】名『仏教語』「帝釈天」の略。例人のいみじく惜しむ人をば、帝釈も返したまふなり（＝生き返らせなさるそうだ）〈源氏・蜻蛉〉

たいしゃく-てん【帝釈天】名『仏教語』梵天と並ぶ仏法の守護神。天界の主で、阿修羅を征服する。須弥山の頂上、忉利天の中央にある喜見城に住む。その像は、密教の影響を受け、金剛杵を持ち、白象に座す姿が一般的。

たいしゃ-づくり【大社造り】名 神社の建築様式の一つ。切り妻造りで屋根に千木・鰹木をつける。入り口は向かって右寄りにあり、右奥に神座がある。出雲大社の本殿はその典型。

たい-しゅ【太守】名❶親王の任国であった、上総（千葉県）・常陸（茨城県）・上野（群馬県）の三国の守の称。親王は実際には赴任せず、介が実務をとる。❷鎌倉時代以降、特に近世、一国またはそれ以上を治める国持ち大名の称。

だい-しゅ【大衆】名『仏教語』多数の僧。衆徒。貴族出身の僧に対し、雑務に従事する僧をいう。平安中期ごろから僧兵の中心となる。例延暦・興福両寺の大衆…互ひに狼藉に及ぶ〈平家・一・額打論〉

たい-しょう【太衝】名 陰陽道で、陰暦九月の別称。例太衝の太の字、点打つ、打たずといふ事、陰陽の友がら、相論の事ありけり〈徒然・一六三〉

だい-しょう『大将』⇨だいしゃう

だい-じょう【大乗】名『仏教語』（大きなすぐれた乗り物の意。自らの流派の優位性を主張した表現）自己の解脱だけを主な目的とする小乗に対し、利他行を唱え、広く人間全体の成仏・救済を説く教え。

だいじょう-かん『太政官』⇨だいじゃうくゎん

だいじょう-きょう【大乗経】（ーキヨウ）名『仏教語』大乗の教えを説いた経典。法華経・薬師経・金剛般若経・涅槃経など。

だいじょう-さい『大嘗祭』⇨だいじゃうさい

たいしょく-くゎん【大織冠】（ーカン）名 上代、孝徳天皇の時に定められた冠位の最高位。藤原鎌足だけが授けられたことから、鎌足の称ともなる。例大織冠、いまだ内大臣にも成りたまはずして〈今昔・二二・一四〉

たい-しん【大身】名 形動（ナリ）公家や武家で、身分が高く、禄高の高いこと。また、その人。例大身な加古川殿の御息女、（浪人ノ私ト結婚スルナド）世話に申す（＝世間でいう）挑灯に釣り鐘〈浄瑠璃・仮名手本忠臣蔵・九〉

だい-じん【大尽・大臣】名❶大金持ち。財産家。例さる田舎の大尽ぢゃが金はいかいこと（＝たいそう）あるさうな〈近松・傾城仏の原・三〉❷遊里で、豪遊する客。例（世之介ガ）十蔵をよろしき大臣と申し、紫様（＝遊女の名）を頼むのよし申せば〈西鶴・好色一代男・八・三〉

だい-じん【大臣】名 令制で、太政官の上官。太政大臣・左大臣・右大臣・内大臣がある。「おとど」「おほいまうちぎみ」などとも。例御封なども例の大臣の定（＝規定どおり）に得させたまへど〈栄花・初花〉

だい-じん【大進】名「たいしん」「だいしん」とも。令制で、大膳職・修理職・京職・中宮職・春宮坊などの判官（三等官）。少進の上位。

だいじん-ぐう【大神宮・太神宮】名 天照大御神を祭る神社。伊勢神宮の内宮。また、天照大御神。内宮と外宮を総称して、伊勢神宮をさすのにもいう。例鏡三つあり。一つは大神宮におはします〈水鏡・神武〉

だいじん-け【大臣家】名❶大臣である人の家。例中宮・春宮・大臣家の大饗に准へて（＝準じて）、尚侍の家に大饗ゆるされん〈宇津保・楼上下〉❷鎌倉中期以降に固定する公家の家格の一つ。摂家・清華に次ぎ、羽林家の上。

だいじん-の-だいきゃう【大臣の大饗】（ーダイキヨウ）名 大臣が、ほかの大臣以下殿上人などを招いて催す大宴会。陰暦一月に行う恒例のものと、新たに大臣に任じられたときの臨時のもの（「廂の大饗」）とがある。⇨だいきゃう（大饗）。例大臣の大饗は、さるべき所を申しうけて行ふ、常の事なり〈徒然・一五六〉

だいじん-ばしら【大臣柱】 名 ❶能舞台で、正面観客席から向かって右側にある太い柱。この柱近くにワキ(主役の相手役)の大臣が座ることからいう。「脇柱」とも。❷歌舞伎の舞台で、左右両側にある柱。❸頼りになるひいき客。後援者。例後ろに根強き大臣柱のすはってあるからなり〈浮世草子・傾城禁短気・一・二〉

たい・す【帯す】 動(サ変) 武器などを身に着ける。携える。持つ。例守る人々も弓矢を**帯して**〈竹取〉

だい-ず【大呪】 名《仏教語》「だいじゅ」とも。呪語の多い陀羅尼。長い呪文。例うち誦じたまふ阿弥陀の**大呪**いと尊く〈源氏・鈴虫〉

だいせいし-ぼさつ【大勢至菩薩】 名《仏教語》「せいしぼさつ」に同じ。

だい-せうねつ【大焦熱】 ーショウネツ 名《仏教語》「大焦熱地獄」の略。八熱地獄(八大地獄)の第七。ここに落ちると、無量億千歳にわたって炎熱で焼かれるという。焦熱地獄までの六地獄の十倍の苦しみを受ける。例焦熱・大焦熱の炎は湿ることなかるべし〈一遍上人語録・上〉

たい-せち【大切】 名 形動(ナリ)「たいせつ」に同じ。例ただいま**たいせちに**聞こゆべき事のあるを〈浜松中納言・五〉

たい-せつ【大切】 名 形動(ナリ)「たいせち」とも。重要なこと。大事なこと。例命は**大切**の事なれば〈平家・三・足摺〉

だい-せんかい【大千界】 名《仏教語》「大千世界」の略。⇩さんぜんだいせんせかい。例電光**大千界**に満ち、車軸のごとくなる雨降りて〈宇治拾遺・二〇〉

だいぜん-しき【大膳職】 名 令制で、宮内省に属する役所。宮中の会食の料理を担当する。「おほかしはでのつかさ」とも。

だい-せんせかい【大千世界】 名《仏教語》「さんぜんだいせんせかい」に同じ。「大千」「大千界」とも。

だいぜん-の-だいぶ【大膳の大夫】 名 大膳職の長官。正五位上相当。「だいぜんのかみ」とも。

だい-ぞう【大乗】 名《仏教語》「だいじょう」に同じ。

だい-そうじゃう【大僧正】 ーソウジョウ 名 僧官の最高位。例天平十七年(七四五)行基が任じられたのが最初。例観勒僧をもちて**大僧正**とし〈霊異記・上・五〉

たいだい・し

形(シク) 不都合だ。困ったことだ。もってのほかだ。例(a)(帝ハ、私ヲ)**たいだいし**とおぼしたるなりけり(=もってのほかだとお思いになっているのであった)〈大和・一五二〉 読解 帝が大事にしていた鷹を逃がしてしまった男の心中。例(b)(帝ガ)かく世の中のことをも思ほし棄てたるやうになりゆくは、いと**たいだいしき**わざなり(=このように政務をお見放しなさったようになっていくのは、まことに不都合なことだ)〈源氏・桐壺〉

語誌 道がでこぼこして歩きにくい、の意の「たぎたぎし」の変化した語であろう。「怠々し」「退々し」は後世のあて字。〈浅見和彦〉

だい-だいり【大内裏】 名 皇居(内裏)ならびに諸官庁の所在する区域の総称。ふつう、平城京・平安京にいう。⇩付録。例年ごろ**大内裏**をあづかりてまもりはべりけるに〈続詞花・雑下・詞書〉

だい-だう【大道】 ードウ 名 ❶幅の広い道路。大通り。例山の麓を巡りて**大道**ありて、山の道はなし〈沙石集・一・三〉 ❷人のとるべき正しい道。例**大道**を心に修して妄念なく〈沙石集・一〇本・一〉

たい-ぢ【退治・対治】 ージ 名 動(サ変) ❶《仏教語》煩悩を断ち切ること。例悪しき事と知りなば、漸々に(=徐々に)**退治すべき**なり〈随聞記・三〉 ❷(①から転じて)討ち平らげること。攻め滅ぼすこと。例朝敵残るところ無く**退治**候ひぬ〈太平記・一一〉

だい-ぢから【大力】 名 非常に強い力。怪力。また、その持ち主。例三十人が力もったる**大ぢから**の剛の者あり〈平家・一一・能登殿最期〉

たい-てい【大抵・大体・大底】 1 名 普通。一般。例衣裳よく着こなし、道中**たいてい**に替はり(=普通とは異なり)〈西鶴・好色一代男・六・一〉 2 副 ❶おおかた。あらまし。普通。例**大抵**みづから思ひよれる方にまかすべきなり〈うひ山ぶみ〉 ❷(打消の語を伴って)並み一通りに(〜ない)。ありきたりに(〜ない)。例そうして**大抵**舌たるいお人ぢゃない(=並み一通りのしつこい人ではない)〈歌舞伎・幼稚子敵討・三〉 ❸(②の打消の語が省略されて)並みでなく。ひどく。例**たいてい**心遣ひをしたわいなあ〈歌舞伎・助六〉

たい-てん【退転】 名 動(サ変)《仏教語》❶修行によって到達した境地を失い、堕落すること。例我らはこの施(=施しもの)を受けては苦行**退転し**なむ〈今昔・一・五〉 ❷衰退すること。中絶すること。例矢さけびの声の**退転**もなく、鏑の鳴りやむひまもなく〈平家・四・源氏揃〉 ❸(②から転じて)破産や処罰によって家が断絶すること。また、そのためにほかへ立ち退くこと。例その誤りで主人丈太夫、家**退転**〈浄瑠璃・新版歌祭文・下〉

だい-てんもく【台天目】 名 台に載せた天目茶碗。また、貴人に茶を出すときの作法として、茶碗を台に載せて出すこと。例せんじ茶を**台天目**にてはこばせ〈西鶴・西鶴織留・一・三〉

だい-とく【大徳】 名「だいとこ」に同じ。

大徳寺 名 山城国、今の京都市北区紫野の寺。臨済宗大徳寺派の大本山。鎌倉末期の正中元年(一三二四)に大灯国師妙超が創建。応仁の乱で荒廃したときは一休宗純が復興に努めた。

だいとく-じん【大徳人】 名 富裕な人。大金持ち。例長田は**大徳人**にて世をうかがふ者(=出世をねらっている者)なれば〈古活字本平治・中〉

だい-とこ【大徳】 名 徳の高い僧。高僧。また、僧の敬称。例いとたふとき**大徳**なりけり〈源氏・若紫〉

だい-なごん

【大納言】 名 令制で、**太政官**の次官。右大臣の下位、中納言の上位。国政を合議し、大臣の代行をすることもある。また、天皇のそば近くにあって政務の奏上や勅令の宣下の役をつかさどった。正三位相当の官で、定員は本来は四人。唐名は「亜相」「亜槐」。例(a)あなめでた、**大納言**ばかりに沓取らせたてまつりたまふよ(=まあすばらしい、大納言ほどのお方に沓をお取らせ申し上げなさるよ)〈枕・関白殿、黒戸より出でさせ給ふ〉例(b)父の**大納言**は亡くなりて…とりたててはかばかしき後ろ見しなければ(=父親の大納言は亡くなって…特にしっかりした後ろ盾がないので)〈源氏・桐壺〉

語誌 ▼**大納言の高貴さ** 大納言は大臣に次ぐ重職で、高貴なイメージでとらえられることが多い。例(a)は関白藤原道隆の退出に際し、当時権大納言の嫡男伊周(定子の兄)が沓を履かせたという場面。父子とはいいながら、大納言という高貴の人に履物をそろえさせたことで、関白の威光が「あなめでた」と賛嘆される。

▼**大納言の限界** 一方、大納言の地位に永く留まる場合や、家柄として到達しうる最高の官職(極官)が大納言という場合は、大臣になることができないという評価にもなる。『源氏物語』では、光源氏の母の桐壺更衣や紫の上の母が、ともに大納言を父とし、かつその父がいずれも故人であるという点にも注目される。もとは高貴ながら、零落した家のわびしさが印象づけられるのである。例(b)は、その桐壺更衣の実家についての記述。〈藤本宗利〉

だい-に【大弐】 名 令制で、大宰府の次官。同じ次官である少弐の上位。正五位上相当、のちに従四位下相当。例大弐、辞書(=辞表)といふ物、公に奉りたりければ〈栄花・玉の村菊〉

だい-にち【大日】 名《仏教語》「大日如来」の略。

だいにち-にょらい【大日如来】 名《仏教語》真言密教で本尊とする仏。宇宙の実相を示すとされ、理を示す胎蔵界大日如来と知を示す金剛界大日如来の二身で表す。「摩訶毘盧遮那仏」とも。例大日如来虚言したまはずは〈源氏・夕霧〉

大弐三位《人名》生没年未詳。生年は長保二年(一〇〇〇)ごろか。平安中期の歌人。藤原宣孝の娘。母は紫式部。大宰大弐を務めた高階成章の妻となる。別称は藤三位・越後弁。家集に『大弐三位集』。

大日本史《作品名》江戸・明治時代の歴史書。三九七巻。徳川光圀の命を受け、彰考館が編纂。明暦三〜明治三九年(一六五七〜一九〇六)成立。神武天皇から南北両朝が合一する後小松天皇までを漢文の紀伝体で記す。南朝を正統とするなどの特色をもち、大義名分論は水戸学の発展やその尊皇思想に影響を与えた。

だい-ねんぶつ【大念仏】 名《仏教語》❶大勢が集まって大声で「南無阿弥陀仏」と念仏を唱えること。例十五日の日中を結願として**大念仏**ありし〈平家・三・灯籠之沙汰〉❷特に、山城国(京都府)嵯峨の清涼寺釈迦堂で、陰暦三月六日から十五日まで行われる大念仏の法会。例このごろは嵯峨の**大念仏**にて候ふほどに〈謡曲・百万〉

たい-の-や【対の屋】 名「たい(対)」に同じ。

たい-はい【帯佩】 名❶太刀を身に着けること。また、その姿。例容儀**帯佩**人に勝れ〈平家・二・烽火之沙汰〉読解「容儀」は礼にかなった態度・姿。❷芸能・武芸などの型。作法。例**帯佩**・身遣ひと申すもこれなり〈風姿花伝・三〉

たいはう-りつりゃう【大宝律令】 名 古代の法典。刑部親王・藤原不比等らの撰。唐律・唐令を手本に大宝元年(七〇一)完成。律(刑法)六巻、令(一般行政の法令)一一巻。律令体制の基本法典として天平宝字元年(七五七)まで施行された。

たい-はく【太白】 名「太白星」の略。金星のこと。例二月二十一日、**太白**昴星(=スバル星座)を侵す〈平家・六・横田河原合戦〉

たいはく-せい【太白星】 名 金星の別称。

だい-ばん【台盤】 名 食器や食物をのせた脚付きの台。食卓。例**台盤**なども片方は塵ばみて、畳ところどころひき返したり(=裏返してある)〈源氏・須磨〉

だいばん-どころ【台盤所】 名❶宮中や貴族の邸で台盤を整えて置く所。宮中では清涼殿にあり、女房の詰め所。⇩口絵。例御膳参らする(=お食事を差し上げる)折は、**台盤所**におはしまして〈大鏡・師尹〉❷貴人の妻の敬称。例花山院の左大臣殿の御**台盤**所にならせたまひて〈平家・一・吾身栄花〉

だい-はんにゃ【大般若】 名《仏教語》「大般若経」の略。

だいはんにゃ-きゃう【大般若経】 名《仏教語》経典の名。唐の玄奘訳。六〇〇巻。大乗仏教の種々の般若経典を集大成したもの。一切にとらわれない空観の境地と、そこに至るべき実践を説く。

だい-ひ【大悲】 名《仏教語》❶すべての衆生を苦しみから救済する仏や菩薩の広大な慈悲。例その時に(仏ハ)大悲の力をもって心胸の中に火を出だしたまひて〈今昔・三・三四〉❷観音の別称。大悲菩薩。大悲観音。例ただ願はくは、**大悲**、この中志に導かんことを〈本朝文粋・一四〉

だいひ-さ【大悲者】 名《仏教語》大悲の心をもつもの。仏や菩薩。特に、観音菩薩。例初瀬の**大悲**者、人の願ひ満ててたまふ〈宇津保・藤原の君〉読解長谷寺の十一面観音をさす。

だい-ひつ【大弼】 名❶令制で、弾正台の次官。同じ次官である小弼の上位。従四位下相当。❷奈良時代、孝謙天皇のときに置かれた紫微中台(皇后宮職)の次官。

たい-ふ【大夫・太夫】 名❶【大夫】令制で、**一位から五位までの人の敬称・総称。特に、五位の通称。** 例かうぶり得て、何の権の守、**大夫**などいふ人の、板屋などの狭き家持たりて(=従五位下に叙されて、どこどこの国の権の守、大夫などという人が、板葺きなどの狭い家を持っていて)〈枕・六位の蔵人などは〉❷【大夫】松の別称。秦の始皇帝が、松に五位の位を与えたという『史記』の故事による。❸**神主・禰宜などの神職。また、神社の御師の称。** 例いづれの**太夫**殿にても定まりのもてなし(=どこの御師でも決まった食事)〈西鶴・西鶴織留・四・三〉読解ここは伊勢神宮の御師。❹**芸能者の長。また、特にすぐれた芸能者に与えられた称。** 例御み遊び絶ゆる事なく(=管弦の御催し事が絶えることがなく)、伊賀**大夫**、六条**大夫**などいふ優れたる人どももあり〈今鏡・八・花のあるじ〉❺**最上位の遊女。** 例これよりうつくしきはこの里にま

たなきといふ大夫はこの遊里に二人といないという大夫)〈西鶴・好色一代女・三・一〉

語誌 ▼もとは中国の官名。卿の下、士の上位で、日本でも三位以上を卿と称するのに対して四位・五位の総称にも用いた。特に五位をいうのはこれらの最下位にあることから。五位以上には殿上人となる資格があり、六位以下とは格段の差があったので、五位になることは特別に意味のあることとされた。▼中宮職・東宮坊などの長官も「大夫」と書くが、それらは「だいぶ」と読む。なお、④⑤は「たゆう」と読むことが多い。〈池田尚隆〉

たい-ふ【大副・大輔】 名 令制の官職の一つ。「大副」は神祇官の、「大輔」は八省の次官の上位者。

だい-ふ【内府】 名「ないふ」とも。内大臣の唐名。

だい-ぶ【大夫】 名 令制で、職および坊の長官。大膳の大夫・中宮の大夫・春宮の大夫の類。例 大皇太后宮・中宮などの、おのおの大夫たち行事して(=執り行って)〈栄花・音楽〉

だい-ぶく【大服】 名 ⇩おほぶく

だい-ふく-ちゃう【大福帳】 名 商家で、日々の売買を記録する台帳。例 大福帳の上紙に引く糊を摺らした〈西鶴・日本永代蔵・二・一〉

だい-ふく-ちゃうじゃ【大福長者】 名 たいへん裕福な人。大金持ち。例 そのころ三条に大福長者あり。名をば吉次信高とぞ申しける〈義経記・一〉

たい-ふ-の-げん【大夫の監】 名 大宰府の三等官の一つの大監(正六位下相当)で、五位に叙された人。例 大夫の監とて、肥後国に族ひろくて、かしこにつけてはおぼえあり(=一族が多くて、かの地では信望もあり)〈源氏・玉鬘〉

たい-ふ-もと【太夫元・太夫本】 名 歌舞伎や演芸などの興行責任者。例 顔見世芝居の時分は…見る人もまた浮き立ち、今日はその座本、明日はこの太夫本〈西鶴・世間胸算用・三・一〉

たい-へい【太平・泰平】 名 ❶世の中がよくおさまって穏やかなこと。例 弓を袋に入れ、剣を箱に納むるこそ、泰平の御代のしるしなれ〈謡曲・弓八幡〉❷「太平楽②」の略。例 あいつが太平をぬかすから合点しねえ(=承知しない)〈噺本・無事志有意〉

太平記 《作品名》室町時代の軍記。四〇巻。本来の巻二二は欠巻。作者・成立年代未詳。

● 内容 全体は三部に分かれる。

[第一部] 巻一～巻一一。後醍醐天皇の倒幕計画に始まる。足利尊氏が天皇方について六波羅が滅び、新田義貞が鎌倉を攻めて幕府が崩壊する。

[第二部] 巻一二～巻二一。建武新政が始まるが、武士の不満が起こる。尊氏と義貞の争いから南北朝対立となり、楠木正成・義貞が敗死、後醍醐天皇も崩御、南朝方の劣勢が明らかになる。

[第三部] 巻二三～巻四〇。尊氏の弟直義と高師直との争いなど幕府内の権力争いが激しく、南朝方の反撃も続く。義詮の死後、義満が将軍職につき、細川頼之が管領となり平和が訪れる。

● 作者・成立年代 南北朝・室町時代の公卿洞院公定の日記の応安七年(一三七四)五月三日の条に、小嶋法師の死を記し、世間ではやる『太平記』の作者と注している。この小嶋法師がどのような人物かは不明。現在の形になるまでに数次の改訂がなされたと思われる。

● 特色 随所に儒教的政道批判が見られ、詠嘆的な『平家物語』と異なり、道理によって世相を批判するという姿勢がみられる。文体も、道行き文のような美文もあるが、語り物の『平家物語』よりは漢文脈の強い和漢混交文で、中国故事・仏典の引用が多く、落首も多く利用されている。

● 影響 『平家物語』ほど多くはないが、江戸時代の浄瑠璃・草双紙にはよく取り上げられた。江戸時代には「太平記読み」が講釈し、歴史書・兵法書として思想的な影響も強い。〈黒木祥子〉

たい-へい-らく【太平楽】 名 ❶雅楽の曲名。管弦・舞楽曲。唐楽。四人舞。天下太平を祝い、即位の大礼などで、武装した舞人が抜刀して舞う。例 太平楽、太刀などぞうたてあれど(=いやだが)、いとおもしろし〈枕・舞は〉❷勝手気ままな言動をすること。でたらめなこと。例 貴様はどこの者で、そういふ太平楽は言ふのぢゃ〈歌舞伎・韓人漢文手管始・二〉❸のんびりと平穏なこと。

太平楽① 〔舞楽図〕

だい-べん【大弁】 名 令制で、太政官の事務局にある左右弁官局の長官。左大弁・右大弁がある。従四位上相当。

だい-ほふ【大法】 名〘仏教語〙❶仏の教えを敬っていう語。❷密教の修法のうち、最も重んじられる大がかりなもの。寺によって異なる。例 大法など尽くしてうけたりければ〈宇津保・春日詣〉

だい-ぼん【大犯】 名「たいぼん」とも。鎌倉時代、守護が処理する対象となった重い犯罪。主に放火・殺人・窃盗の三つ。例 重衡卿は大犯の悪人たる上〈平家・一一・重衡被斬〉

たいぼん-げじょう【退凡下乗】 名〘仏教語〙釈迦が霊鷲山で説法したとき、摩訶陀国の王がこれを聞くために通路を開き、その中間に建てたという二つの卒塔婆。一つは「下乗」といい、王はここから歩いて行き、一つは「退凡」といい、凡人をここから内に入れなかったという。例 退凡下乗の卒都婆も、苔のみむして傾きぬ〈平家・二・山門滅亡〉

たい-まつ【松明】 名(「たきまつ」のイ音便形)松・竹・葦などを束ねたものに火をつけ、照明にしたもの。例 手々に松明もって如意が峰へぞむかひける〈平家・四・大衆揃〉

たい-まつ・る【奉る】(「たてまつる」の変化した形)

❶動（ラ四）おくり与える意の謙譲語。差し上げる。例幣**たいまつる**〈土佐〉❷補動（ラ四）（動詞の連用形について）謙譲の意を表す。〜申し上げる。例宰相をば見**たいまつり**しかど〈大鏡・道長下〉

当麻寺（たいまでら）名 大和国、今の奈良県北葛城郡、二上山東麓の寺。奈良時代の創建で、真言・浄土二宗兼宗。蓮糸で一夜にして曼陀羅を織ったという中将姫の伝説がある。

だい-みゃう【大名】ミョウ 名 ❶平安時代の末、多くの名田を所有する人。大名主。❷中世、多くの領地を所有し、家の子郎党を多くかかえた有力な武士。戦国大名はその完成した形。例**大名**は…家人の高名（＝家来の手柄）をもって名誉す〈平家・九・二度之懸〉❸江戸時代、将軍に直属する一万石以上の武家。例づぶ濡れの**大名**を見る炬燵かな〈俳諧・八番日記〉→名句89

だい-みゃうじん【大明神】ミョウジン 名 ❶神の敬称。「明神」をさらに敬ったもの。例人の夢に、**大明神**、「また実重来たり」とて、歎かせおはします由よ見けり〈宇治拾遺・六四〉❷状態や物の名につけて、それを願ったり敬ったりする意を表す。①になぞらえた用法。例始末（＝倹約）**大明神**の御託宣にまかせ〈西鶴・日本永代蔵・一・一〉

たい-め【対面】名動（サ変）「たいめん」の撥音の表記されない形。

たい-めん

【対面】名動（サ変）「たいめ」とも。**顔を合わせること。面会して話をすること。**例(a)まめやかに、いかで**対面**もがな（＝心から、なんとかしてお目にかかりたい）〈落窪・一〉例(b)いかで物越しに**対面**して、おぼつかなく思ひつめたること、すこしはるかさん（＝なんとかして物越しにでもお目にかかり、気が気でなく思いつめていることを、少し晴らしたい）〈伊勢・九五〉読解「物越し」は、几帳や戸などを隔てて会うこと。

語誌 例(b)のように「物越し」に行われる場合もあり、必ずしも直接に顔を見ることを意味しない。〈安達敬子〉

だい-もく【題目】名 ❶書物の表題。外題。❷名目。名称。例門徒宗とは身がってな**題目**ぢゃ〈胆大小心録〉❸条件。項目。箇条。例款状（＝嘆願書）にも、ことなることなき**題目**をも書きのせて〈徒然・二三八〉❹《仏教語》日蓮宗で唱える「南無妙法蓮華経」の七字。

だい-もつ【大物】名「だいぶつ」「だいもち」とも。木材・石材などの大きなもの。例そこばくの**大物**ども落ち重なりける間〈太平記・二七〉

だい-もつ【代物】名 ❶代金。代価。例**代物**はいかほどでおぢゃるぞ〈狂言・末広がり〉❷金銭。例**代物**十疋ばかり持て来たり〈甲陽軍鑑・六〉

だい-もん【大門】名 家や寺の全体の正門。寺の総門。例**大門**・金堂など近くまで（＝近ごろまで）ありしかど、正和のころ、南門は焼けぬ〈徒然・二五〉

だい-もん【大紋・大文】名 ❶大型の紋所。例**大文**を三つづつ書きたる直垂に〈源平盛衰記・三五〉❷大型の模様のついた柄。例**大文**の指貫の〈平家・二・教訓状〉❸大型の紋五つをつけた直垂。紋を背中中央、左右の胸・袖につける。江戸時代、五位以上の武家の礼服となる。例**大紋**の袖にも余るありがた涙〈浄瑠璃・源平布引滝・一〉

だい-もんじ【大文字】名 ❶大きな文字。❷「大」という字。例**大文字**を知らで、「またふりのやうなる文字は何ぞ」と問へる僧ありけり〈貞享版沙石集・七・三〉❸「大文字の火」の略。

だいもんじ-の-ひ【大文字の火】陰暦七月十六日の夜、京都東山如意ケ岳（大文字山）の中腹に、「大」の字形に焚く精霊の送り火。

たい-や【逮夜】名《仏教語》茶毘（＝火葬）の前夜。また、命日の前夜。例来月はお**逮夜**から参らふ〈噺本・昨日は今日の物語・下〉

たい-やう【対揚】ヨウ 名動（サ変）❶力・地位などがつりあうこと。対等。匹敵。また、そのような人。例御辺（＝あなた）の道におきてはまた**対揚**なし〈著聞集・七・二九一〉❷敵対すること。対抗すること。例取り集め勢を**対揚**して合戦をせば〈太平記・三〉

たい-やく【大厄】名「だいやく」とも。❶大きな災難。大難。❷陰陽道で、最も忌み嫌う厄年。江戸時代は、男性は四十二歳、女性は三十三歳。⇩やくどし。例姉小路の姉が、今年は三十三、**大厄**祟りとぞ見えし〈浮世草子・好色産毛・五・三〉

たい-よく【大欲】名 大きな欲望。遠大な望み。

【大欲は無欲に似たり】❶遠大な望みをもつ人は小さな利益には目もくれないから、一見無欲のように見える。❷欲の深い人は利に惑わされて損を招きやすく、かえって無欲と同じ結果になる。

たいら『平ら』⇩たひら

たい-らう【大老】ロウ 名 ❶豊臣秀吉が置いた、執権者の最上補佐職。特に、徳川家康・宇喜多秀家・前田利家・毛利輝元・上杉景勝の五人を五大老という。❷江戸幕府の職名。老中の上に位置する最高官。臨時に置かれる。

たい-らう【大粮】ロウ 名「たいりょう」とも。令制で、下級官人の給与とされた米・塩・布・綿などの総称。

だい-り【大理】名「たいり」とも。検非違使の別当の唐名。例御子基俊卿を**大理**になして、庁務行はれけるに〈徒然・九九〉

だい-り【内裏】名 ❶天皇の住む御殿。皇居。禁中。⇩口絵。例**内裏**より仲国が御使ひに参って候ふ〈平家・六・小督〉❷天皇。例**内裏**に奏す（＝申し上げる）べきことあるによりなむ急ぎ上りぬる〈源氏・明石〉

だいり-びな【内裏雛】名 天皇・皇后の姿をかたどった男女一対の雛人形。例**内裏雛**を立てて娘友達集まり、弥生の節句遊び〈西鶴・本朝二十不孝・三・一〉

たい-りゃう【大領】リョウ 名「だいりゃう」とも。令制で郡の長官。多くは在地の豪族。例射水の郡の**大領**安努君〈万葉・一九・四二五一・題詞〉

だい-ゐとく【大威徳】イトク 名《仏教語》「大威徳明王」の略。

だいゐとく-みゃうわう【大威徳明王】ダイイトクミョウオウ 名《仏教語》五大明王の一つ。西方を守護して、衆生を害するあらゆる敵を征服するという。その像は、頭・腕・足が六つずつあり、憤怒の相を表し、水牛に乗る。例東寺に炉壇を構へ、**大威徳明王**の法を修

したまふ(=行いなさる)〈太平記・二〉

だい-ゑ【大会】 名『仏教語』大規模の法会。大法会。例宮に大会を設けて〈今昔・一・三〉

たう〔堪う・耐う〕 ⇩たふ

たう【唐】 名❶中国の王朝名。六一八年〜九〇七年。当時世界最大の文明国で、日本も遣唐使を派遣するなど、政治・文化に大きな影響を受けた。都は長安。❷(①から転じて)中国のこと。「から」「もろこし」とも。❸(接頭語的に用いて)中国や西洋・南洋の国々から渡来したこと、普通とは違う形をしていることを表す。「唐茶」「唐犬」「唐鍬」など。

たう【党】 名徒党。集団。特に、平安後期から鎌倉時代にかけて血縁によって結成した武士団。九州の松浦党、摂津の渡辺党、武蔵七党などが有名。例党には猪俣・児玉・野井与・横山・西党・都筑党・私の党の兵ども〈平家・九・坂落〉

たう【当】 ❶名『仏教語』「当来」の略。来世。未来。例仏菩薩の境界、いづれも信心深くは、現当の望み空しからじ(=仏や菩薩の世界は、だれでも信心深ければ、現世と来世の望みは空しくはあるまい)〈沙石集・二・三〉
❷接頭 名詞について、この、その、今の、の意を添える。例(a)当任の受領(=現職の地方官)〈今昔・三・五〉例(b)当今の外祖(=当代の天皇の母方の祖父)〈平家・五・奈良炎上〉

語誌 ②は、「当家」「当時」「当日」「当番」など漢語本来の熟語も多いが、「当腹」など和語と結びついた独自の熟語もある。〈川崎剛志〉

だう【堂】 名❶表御殿。正殿。❷神仏を祭る建物。例板屋のかたはらに堂建てて行へる(=仏道修行している)尼の住まひ、いとあはれなり〈源氏・夕顔〉

たう-い【擣衣】 名光沢を出し、しなやかにするために砧で衣を打つこと。詩歌の題に採られる。⇩きぬた。例ねざめの擣衣〈右京大夫集・詞書〉

たう-か【堂下】 名「だうか」とも。❶建物の外。御殿のもと。例堂上・堂下、門外・門内、ひまはざまもなうぞ(=すきまもなく)満ち満ちたる〈平家・八・山門御幸〉❷清涼殿への昇殿を許されない身分の低い人。「地下」とも。例堂上・堂下一同にあっと悦びあへる声〈平家・三・御産〉

たう-か【蹈歌】 名⇩たふか

たう-ぎん【当今】 名現在の天皇。今上。例当今の御代に、王法(=天皇の政治)の尽きむことの口惜しさよ〈保元・上〉

だう-ぐ【道具】 名❶仏具。例貧にして道具調へがたし〈随聞記・六〉❷日常全般に使う器物。家具・食器など。例茶の湯は道具にたよれば(=器物を重んじるので)〈西鶴・西鶴織留・三・二〉❸武具。例人の大事の道具を、何とて投げて損なひけるぞ〈西鶴・世間胸算用・一・三〉❹そのものに備わっているはずのもの。例顔の道具、手足まで、母はかうは(=このようには)生み付けぬ〈近松・丹波与作待夜の小室節・上〉❺材料。手段。方法。例お袋をおどす道具は遠い国〈柳多留・初〉読解 遠い国へ行ってしまうということ。

たう-げ【峠】 名〔「たむけ(手向け)」の変化した形〕❶山道を登りつめた所。例足柄の山のたうげに今日来てぞ富士の高嶺のほどは知らるる〈堀河百首〉❷物事の絶頂。頂点。例雲の峰これぞ暑さの峠なり〈柳多留・九一〉

道元 『人名』一二〇〇〜一二五三(正治二〜建長五)。鎌倉初期、初めて日本に曹洞禅を伝えた禅僧。大臣家に生まれたが幼くして両親を失い出家、比叡山で天台宗を学び、のち、栄西のもとで臨済禅を学ぶ。二十四歳で宋に渡り、長翁如浄に参禅し、その法を嗣いで帰国。只管打坐の座禅を重んじ、比叡山からは破門されるものの、越前国に永平寺を開山し、曹洞宗を確立した。主著は『正法眼蔵』。

たう-ざ【当座】 名❶その場。その席。例当座の恥辱をのがれむがために〈平家・一・殿上闇討〉❷すぐ。即刻。例還任を下さるるの上、当座に刑部卿になされ〈源平盛衰記・一〉❸その場限り。さしあたり。例当座の笑ひ草でござるぞや〈虎寛本狂言・連歌盗人〉❹和歌・俳諧などを、その場で作ること。また、その作品。あらかじめ題を設定する兼題に対していう。

たうざ-がひ【当座買ひ】 名さしあたり必要なだけを現金で買うこと。例たばね木の当座買ひ〈西鶴・好色一代男・三・六〉

たうざ-さばき【当座捌き】 名その場しのぎの処置。例当座捌きに今日を暮らして〈西鶴・西鶴織留・五・一〉

たうざ-ばらひ【当座払ひ】 名現金払い。例大かたの買ひ物は当座ばらひにして〈西鶴・世間胸算用・四・四〉

たう-さん【当参】 名将軍・大将などのもとへ参集したばかりであること。また、その人。例当参の一族、ならびに相従へる兵ども〈太平記・三〉

たう-ざん【当山】 名この山。この寺。当寺。例当山開闢よりこのかた、つひに一貫の銭貸したるためしなし〈西鶴・日本永代蔵・一・一〉

たう-じ【当時】 名❶現在。ただ今。例当時の帝・后の、さばかり(=あれほどに)かしづきたてまつりたまふ親王こ〈源氏・蜻蛉〉❷その時。その時分。例あしき事をのみ事とするは、当時は心にかなふやうなれども〈宇治拾遺・一九七〉

だう-し【道士】 名❶道教の修行者。また、不老不死などの神仙の術や幻術・道術に通じた人。例道士と法師とを召し合はせて、その威徳の勝劣を御覧ぜらるべし〈太平記・二四〉❷仏教の修行者。僧。例我らは盧岳の道士として時々参りて〈三宝絵・中・一〉

だう-し【道志】 名大学の明法道を卒業して、衛門府と検非違使の志(四等官)を兼任している人。例老いたる道志どもの、今日も語りはべるなり〈徒然・二二一〉

だう-し【導師】 名『仏教語』❶仏法を説いて、衆生を悟りの道に導くもの。仏や菩薩。❷法会や供養などの儀式で、中心となる役を務める僧。例導師のまかづるを(=退出するのを)御前に召して〈源氏・幻〉

たう-じき【当色】 名❶令制で、位階に応じて定められた服の色。一位深紫、二・三位浅紫、四位深緋、五位浅緋、六位深緑、七位浅緑、八位深縹、初位浅縹。後世、多少変化した。❷宮中で儀式のあるとき、その役を務める人に与える装束。例宮のしもべ(＝中宮職の職員)、緑の衣の上に白き当色着て御湯まゐる〈紫式部日記〉読解皇子に産湯を使わせる儀式。

だう-しゃ【堂舎】ドウ―名「だうじゃ」とも。寺の建物。例堂舎塔廟(＝塔)、一つとして全からず(＝無事なものはない)〈方丈記〉

だう-しゃ【道者】ドウ―名❶仏教の修行者。僧。また、仏道を極めた人。例道者の用心、常の人に異なる事あり〈随聞記・一〉❷集団で神社・仏閣に参詣する人々。巡礼。例道者百人付けたてまつりて〈義経記・三〉❸道教の修行者。道士。

たう-しゃう【堂上】トウショウ「たうじゃう」「だうじゃう」とも。❶名❶建物の中。御殿の床の上。例数万の軍旅(＝軍勢)は堂上・堂下になみゐたれども〈平家・六・入道死去〉❷清涼殿への昇殿を許された人。殿上人以上の身分の官人。例堂上・堂下一同にあっと悦びあへる声、門外までどよみて〈平家・三・御産〉❸(❷から転じて)公卿以上に至る家柄。❷名動(サ変)昇殿する。また、宮中の御殿に上がる。例内記の持ちたる宣命(＝勅命を伝える文書)を取らずして、堂上せられにけり〈徒然・一〇一〉

道成寺 ドウジョウジ 名 紀伊国、今の和歌山県日高郡の天台宗の寺。大宝年間に紀道成が創建。開山は義淵。熊野詣での僧に恋した女性が蛇になって、寺の鐘に隠れた僧を焼き殺すという安珍・清姫の伝説で有名。この伝説による能の『道成寺』は、白拍子の舞と鐘入りが人気を博し、後世の芸能に大きな影響を与えた。

だう-しゅ【堂衆】ドウ―名《仏教語》寺の諸堂に属して雑用に従事する下級の僧。平安後期ごろから武装し、僧兵的な性格をもつようになる。例堂衆と申すは、学生の所従(＝家来)なりける童部が法師になったるや〈平家・二・山門滅亡堂衆合戦〉

たう-じん【唐人】トウ―名❶中国人。また、外国人。❷話の通じない人。物の道理がわからない人。例ええ、この唐人めらあ、また下りろとぬかしゃあがるか(＝言いやがるか)〈滑稽本・膝栗毛・五下〉

だう-しん

【道心】ドウ―名《仏教語》❶仏道に深く帰依しようとする心。仏道修行によって悟りを得ようとする心。菩提心。例(a)道心あらば、住む所にしもよらじ(＝仏道の悟りを得ようとする心があるならば、住む所には関係ないだろう)〈徒然・五八〉例(b)ぬかづき虫、またあはれなり。さる心地に道心おこしてつきありくらんよ(＝米つき虫は、またしみじみとした趣がある。そんな虫の心にも信心を起こして額をつけて拝みまわっているのだろうよ)〈枕・虫は〉読解米つき虫のぬかずきまわる様子を、信心を起こした人の修行の姿に見立てたもの。❷慈悲心。道徳心。例(ヒドク震エテイル盗人ヲ見テ)たちまちに道心発りて(＝わきおこって)〈今昔・二六・一八〉❸仏門に入った人。仏道に帰依して出家した人。例まことの髪そりて…道心とぞなれる(＝心から発心して髪を剃って…出家者となった)〈西鶴・好色一代男・二・五〉

語誌 修行して悟りを得ようとする心が「道心」だが、そこから、正邪を正しく判断する心や慈悲心も生じることになる。〈多田一臣〉

だう-じん【道人】ドウ―名❶道教を修め、神仙の術を会得した人。❷《仏教語》「だうにん」に同じ。❸諸道で、道に徹した人。達人。書家などの号にも用いられる。

だうしん-じゃ【道心者】ドウシン―名《仏教語》仏道に帰依した人。仏教を信仰する人。例年ごろ(＝長年)、きはめたる道心者にぞおはしける〈大鏡・伊尹〉

たう-せい【当世】トウ―名❶今の世。現代。例これは当家の棟梁(＝統率者)、当世の賢人にておはしければ〈平家・三・医師問答〉❷「当世風」の略。例人のなりふりを見習ひ、当世の下げ島田・総鉤り(＝髪型の名)といふ事を結ひ出だし〈西鶴・好色一代女・三・四〉

たうせい-ふう【当世風】トウセイ―名 現在はやっている風俗・習慣。例帯も目にたつ(＝目につく)当世風〈人情本・春色梅児誉美・初・六〉

唐招提寺 トウショウダイジ 名 大和国、今の奈良市五条町の寺。天平宝字三年(七五九)聖武天皇の勅願によって、唐の僧鑑真が創建した律宗の総本山。平安時代に衰退したものの、鎌倉時代の貞慶らによって再度、活況を呈した。

たう-せん【唐船】トウ―名 中国から渡航する船。中国風の船。「からふね」「もろこしぶね」とも。例平家の舟は千余艘、唐船少々あひまじれり〈平家・一一・鶏合壇浦合戦〉

たう-ぜん【当千】トウ―名 一人で千人に匹敵するほど強いこと。⇨いちにんたうぜん

だう-ぞく【道俗】ドウ―名 僧と俗人。出家者と俗世間の人。例(コノ仏像ハ)願ふところよく与へたまふ。故に、道俗帰敬しまつる〈霊異記・中・三九〉

だうそ-じん

【道祖神】ドウ―名 道あるいは境界を守る神。峠や辻や道端、村境などに祀られた。「塞の神」とも。例(餅ヲ)一つをば菩提の仏に奉る。一つをば道祖神に奉る(＝一つを金峯山の仏に差し上げる。一つを道祖神に差し上げる)〈義経記・五〉

語誌 古くは、道は異界に通じる通路であり、道には祟りをもたらす悪霊、行疫神(疫病をもたらす神)などが徘徊していると信じられた。そうした悪霊たちのもたらす危険から旅人を守り、またそれらが村の内部に侵入することを防ぐのが、道祖神の働きであると考えられていた。

現在残る道祖神には、しばしば兄妹の近親相姦の伝承と結びつくものがあり、実際にも男女双体の神像や、男女の性器をかたどった陰陽石を祀っている例が少なくない。そのため道祖神を男女和合の神として祀ることも多い。「道」にかかる枕詞「玉桙の」の「玉桙」の原義は、陽石を用いた道祖神のことという。また夕占の神ともされる。⇨ゆふけ 〈多田一臣〉

た-うた【田歌】名 田植え歌。また、田植え歌を儀式歌謡として神事で歌うもの。例腰折れ(＝下手な歌)

は植うる田歌のすがたかな〈俳諧・犬子集・三〉

たう-だい【当代】 名 ❶今の世。当世。例なからん例を当代に行なはせたまひ、謗りを後代まで残させたまはん御事〈平治・上〉 ❷現在の天皇。今上。天皇。当帝。例神武天皇をはじめたてまつりて、当代まで六十八代にぞ〈大鏡・序〉

だう-ぢゃう【道場】 名 ❶《仏教語》〔釈迦が悟りを開いた(成道した)場所、の意〕仏道を修行する場所。寺。また、法会や説教の場。例それ当山は…鎮護国家の道場山王の御威光盛んにして〈平家・二・一行阿闍梨之沙汰〉 ❷武道の稽古場。

だう-ちゅう【道中】 名 ❶旅の途中。旅の道すがら。例道中の遣ひ銭も取らし〈西鶴・西鶴諸国ばなし・五・七〉 ❷旅すること。旅。例長の道中下々が退屈いたすべい〈近松・丹波与作待夜の小室節・上〉 ❸太夫など位の高い遊女が、遊女屋から揚げ屋(客が遊女を呼んで遊ぶ家)へ行き来すること。また、その時の容姿。太夫の道中では、盛装をして大勢の伴を連れ、「内八文字」や「外八文字」という独特の歩き方をする。例情けこぼるる道中は、往き来の人も立ち留まり〈近松・山崎与次兵衛寿の門松・上〉

だうちゅう-すごろく【道中双六】 名 絵双六の一種。東海道五十三次の絵図を一枚の紙に描き、品川を振り出しに京都を上がりとして、賽の目だけ宿駅を進む。例道中双六があるげな。腰元衆も打ってみや〈近松・丹波与作待夜の小室節・上〉

道中膝栗毛 《作品名》⇩東海道中膝栗毛

たう-ど【唐土】 名 中国。「もろこし」とも。例わが朝は申すに及ばず(=我が国は申し上げるまでもなく)、唐土・天竺・太元・南蛮も〈太平記・六〉

だう-どうじ【堂童子】 名 ❶寺で雑役を務める俗形の少年。例堂童子など呼ぶ声、山彦響きあひて〈枕・正月に寺にこもりたるは〉 ❷宮中の法会などで、花筥を配る役を務める殿上人・蔵人・内舎人など。

だう-にん【道人】 名 《仏教語》「だうじん」とも。仏法に帰依する人。俗世から離れて仏道修行をしている人。例道人は、遠く日月(=遠い先の月日)を惜しむべからず〈徒然・一〇八〉

だう-ねん【道念】 名 《仏教語》仏道を求める心。例底に善心もあり道念もあらんは〈沙石集・一・一〇〉

たうばり【賜り】 名 たまわるもの。いただきもの。多く、位階や俸禄をもらうことにいう。例この大嘗会に院の御たうばり申さむ。幼き人に冠(=元服)せさせてむ〈蜻蛉・中〉

たうば・る【賜る】 動(ラ四)〔「たまはる」の変化した形〕たまわる。いただく。例(オ返事ヲ)たうばりてまうで来む〈宇津保・藤原の君〉

たう-ばん【当番】 名 役職や仕事の番にあたること。また、その人。特に、宿直にいう。例非番・当番して(主君ノ)目にかからん〈源平盛衰記・七〉

たう・ぶ【食ぶ】 敬語 動(バ下二)〔下二段動詞「たまふ」の変化した形〕「飲む」「食ふ」の謙譲語。いただく。例夕さり(=夕方)の乾飯たうべけるに〈古今・羇旅・詞書〉

たう・ぶ【賜ぶ・給ぶ】〔「たまふ」の変化した形。「たぶ(賜ぶ)」の変化した形とも〕

❶動(バ四)「与ふ」の尊敬語。お与えになる。例それは隆円にたうべ(=それは隆円にお与えください)〈能因本枕・無名といふ琵琶の御琴を〉

❷補動(バ四)(動詞の連用形について)尊敬の意を表す。お～になる。～なさる。例国王の一の妻になりたうべらむにも劣らじをや(=国王の第一の后におなりになっているようなのにも劣らないだろうよ)〈宇津保・藤原の君〉 読解「なりたうべらむ」の「らむ」は、完了の助動詞「り」の未然形＋推量の助動詞「む」。

語誌 主に平安時代に用いられた。意味は四段活用の「たまふ」に近いが、会話文に多く用いられた。〈泉基博〉

たう-ふく【当腹】 名 「たうぶく」とも。今の正妻から生まれること。また、その子。例これ当腹御寵愛によりてなり〈保元・上〉

だう-ぶく【道服】 名 「だうふく」とも。❶袈裟の別称。❷室町時代、公卿・大納言以上の貴族が日常着用した上衣。袖が広く、裾にひだがある。①から生まれた。例「義貞と死をともにすべし」とて、たちまちに道服を脱ぎたまひて〈太平記・一四〉

たう-ぶつ【唐物】 名 「からもの(唐物)」に同じ。

たうま-ちくゐ【稲麻竹葦】 名 稲・麻・竹・葦のこと。法華経方便品による語。転じて、人々が密集していること。例多く人集まりて稲麻竹葦のやうにぞ侍るめる〈宝物集・一〉

たう-まる【唐丸・鶤鶏】 名 鶏の一種。黒色で大きく、長鳴きする。闘鶏・愛玩用。例包丁取りまはすところへ唐丸嘴ならして来たる〈西鶴・世間胸算用・二・四〉

道明寺 名 河内国、今の大阪府藤井寺市の寺。真言宗の尼寺。聖徳太子の開基とされる。菅原道真が左遷されるとき立ち寄った。

だうみゃうじ-ほしいひ【道明寺乾し飯】 名 もち米を蒸して干したもの。主に夏、冷水に浸して食べる。もと道明寺で作られたものが世に広まった。保存食として軍用・旅行用に重宝がられた。

だう-むかへ【道迎へ】 名 参詣など、旅から帰って来た人を途中まで出迎えること。例道迎へのそのために一酒を持ちて参りたり〈謡曲・俊寛〉

たう-め【専女】 名 ❶老女。老婦人。例翁人一人、専女一人、あるが中に(=とりわけ)心地悪しみして〈土佐〉 ❷老いたキツネの別称。

たう-やく【当薬】 名 センブリの別称。干した茎や根を煎じて胃薬にする。例僕もろとも、苦参を引いて(=引き抜いて)「これを陰干しにして、腹薬なるぞ」〈西鶴・日本永代蔵・三・一〉

たう-らい【当来】 名 《仏教語》まさにこれから来ようとしている時。未来。また、来世。例聖人は必ず当来に成仏したまはむとす〈今昔・四・二八〉

たうらい-の-だうし【当来の導師】 名 《仏教語》未来の世に出現する仏。弥勒菩薩のこと。例南無当来導師とぞ拝むなる〈源氏・夕顔〉

たうらい-の-ちぐ【当来の値遇】 《仏教語》未

来の世で弥勒菩薩に出会うこと。例今生の逆罪を翻して当来の値遇とやならん〈太平記・三〉

たう-らう【蟷螂】 名 虫の名。カマキリ。「たうらぎ」とも。例**蟷螂**車に対ひ、蚊虻嶽を負はむがごとし〈性霊集・九〉読解 身のほど知らずのたとえ。

たう-り【桃李】 ― 名 桃と李の花。中国で春を代表する花。例**桃李**の御粧なほこまやかに(=桃・李のようなお姿は今も美しく)〈平家・灌頂・女院出家〉

たう-りう【当流】 名 ❶自分が所属している流派。例定輔卿の琵琶は…みな**当流**にて候ひしを〈著聞集・一五・四九六〉❷現在流行しているやり方。当世風。例連俳(=連歌・俳諧)も**当流**の行きかたを覚え〈西鶴・日本永代蔵・六・三〉

たうり-てん【忉利天】 ― 名〘仏教語〙(「忉利」は梵語の音写。三十三の意)須弥山の頂上にある帝釈天の居所。帝釈天の住む喜見城の周囲四方には各々八天があり、合わせて三十三天という。

たう-わ【当話】 ― 名 即座に気転の利いた受け答えをすること。また、その受け答え。例蒲殿も**当話**の返答猶予して見えけるを〈近松・曾我会稽山・一〉

だう-わ【道話】 ― 名 人の道や道徳を説く話。特に、江戸中期以降、庶民に実践的な日常道徳を説く心学の教訓話。

たえ〘妙・栲〙⇩たへ

たえ-い・る【絶え入る】 動(ラ四)息が絶える。死ぬ。気を失う。例内裏に御消息聞こえたまふほどもなく**絶え入り**たまひぬ〈源氏・葵〉

たえ-こも・る【絶え籠る】 動(ラ四)世間との関係を絶って山中などに引きこもる。例山里に、今はと(=もうこれまでと)思ひ**絶え籠る**は〈源氏・手習〉

たえ・す【絶えす】 [1]動(サ変)絶える。尽きる。例常陸なる(=常陸国にある)浪逆の海の玉藻こそ引けば**絶えすれ**〈万葉・一四・三三九七〉[2]動(サ四)絶えるようにする。絶やす。例紙入れに金銀を**絶えさず**〈西鶴・西鶴織留・六・四〉

たえ-ず【絶えず】 副 ひっきりなしに。例「海賊追ひ来」といふこと、**絶えず**聞こゆ〈土佐〉

たえ-だえ【絶え絶え】 副 とぎれとぎれに。例山深み春とも知らぬ松の戸に**たえだえ**かかる雪の玉水〈新古今・春上〉➡名歌388

たえ-て

【絶えて】 副(動詞「絶ゆ」の連用形＋接続助詞「て」)❶(打消の表現を伴って)まったく(〜ない)。いっこうに(〜ない)。

例世の中に**たえて**桜のなかりせば春の心はのどけからまし〈古今・春上〉➡名歌406

❷すっかり。まことに。例過ぎにし方のことは、**絶えて**忘れはべりにしを(=過ぎてしまった昔のことは、すっかり忘れてしまいましたが)〈源氏・手習〉

〈田島智子〉

たえ-は・つ【絶え果つ】 動(タ下二)❶すっかりなくなる。まったく絶える。例人の**絶えはて**んさまを見はてて〈源氏・真木柱〉読解 ここは夫が自分のもとに来なくなることをいう。❷息がすっかり絶える。死ぬ。例夜半うち過ぐるほどになむ、**絶えはて**たまひぬる〈源氏・桐壺〉

たえ-ま【絶え間】 名 ❶物の切れ間。例秋風にたなびく雲の**絶え間**よりもれ出づる月の影のさやけさ〈新古今・秋上〉➡名歌3 ❷人の行き来や連絡がとだえた間。無沙汰。例御文なども**絶え間**なく遣はす〈源氏・薄雲〉

たおやか〘嫋やか〙⇩たをやか

たおやめ〘手弱女〙⇩たをやめ

たおる〘倒る〙⇩たふる

たか

【鷹】 名 ❶鳥の名。ワシタカ目に属する鳥のうち、小型種の鳥の総称。昼行性の猛禽で、生きた鳥獣を捕食する。飼い慣らして鷹狩りに使う。尾の羽は矢羽に用いる。例矢形尾の真白の**鷹**をやどにする掻き撫で見つつ飼はくし良しも(=矢形尾の真っ白い鷹を家に置いてなでて見ながら飼うのはよいものだ)〈万葉・一九・四一五五〉読解「矢形尾」は尾羽の模様の名。

❷「鷹狩り」の略。例御**鷹**ども試みたまうて(=獲物ヲ)人々に奉りたまはんと思して(=人々に差し上げなさろうとお思いになって)〈宇津保・吹上上〉

語誌▼鷹狩り 古来鷹は鳥の王者、また王者にふさわしい鳥とみなされ、鷹狩りも王者にふさわしいものとされた。鷹狩りは仁徳天皇の時代に始まるとされ、令制では兵部省に主鷹司が置かれて、朝廷が管理した。平安時代には貴族の遊猟として盛んになり、鎌倉時代には鷹飼いの道が確立して、武家では軍事訓練の目的でも行われた。

〈馬場光子〉

鷹〔春日権現験記絵〕
韝を着けた左手に、自慢の鷹を据えた水干姿の若者。貴族の間では、鷹は邸宅内の鳥屋で大切に飼育された。

たか【高】 [1]〔形容詞「たかし」の語幹〕名詞・動詞について、高い、りっぱ、の意を表す。「高照らす」「高坏」「高御座」など。[2]名 ❶田畑の収穫量。租税・知行・扶持などの額。石高。禄高。例この子が上がりましたお屋敷さまは、お**高**がよいせえか〈滑稽本・浮世風呂・二上〉❷総額。合計。転じて、あらまし。要点。例未進(=年貢の未納)の**高**のはてぬ算用〈俳諧・炭俵・上〉❸行き着くところ。あげくの果て。例**高**は死ぬると覚悟しや〈近松・冥途の飛脚・中〉❹程度。せいぜい。例死ぬるを**高**の死出の山〈近松・曾根崎心中〉読解 来世で結ばれればよいと、死を恐れない気持ち。

た-が【誰が】〔代名詞「た」＋格助詞「が」〕❶(連体修飾語として)だれの。例見渡せば向かつ峰の上の花にほひ照りて立てるは愛しき**誰が**妻〈万葉・二〇・四三

九七〉❷(主語として)だれが。例恋しとは**誰が**名づけけん言ならん〈古今・恋四〉

たか-あし【高足】 名 ❶歯の高い下駄。❷田楽の道具の一つ。竹馬に似た十字架状のもの。また、それを用いて跳ねる技。例**高足**を踏みそこなへる面目を〈醒睡抄・一〉

たか-あふぎ【高扇】 ―オウギ 名 ❶扇を高く上げ、ゆったりとあおぐこと。得意なさまを表す動作。例上下を見上げ見下ろして**高扇**を使ひて〈今昔・三一・六〉❷田楽の道具の一つ。竿の先に大きな扇をつけたもの。

た-かい【他界】 ❶名 ほかの国。ほかの世界。例もしこの龍王**他界**に移らば〈太平記・一三〉❷名動(サ変)(ほかの世界に行くことから)死ぬこと。例故守の殿御**他界**の間〈平家・二・腰越〉

たがい-め〖違い目〗⇩たがひめ

たがう〖違う〗⇩たがふ

たか-うすべう【鷹護田鳥尾】 ―ウスビョウ 名「たかうすべを」とも。矢羽の一種。上下と真ん中に薄黒い斑のある鷲の羽。

たかうな【筍・笋】 タコウナ 名「たかむな」の変化した形。例(若君ハ)御歯の生ひ出づるに食ひ当てむとて、**たかうな**をつと握り持ちて〈源氏・横笛〉

たか-がひ【鷹飼ひ】 ―ガイ 名 鷹を飼育・訓練して狩りに従事すること。また、その役人。蔵人所や六衛府に属す。例禁野の**鷹飼ひ**敦友が 野鳥合はせしこそ見まほしき〈梁塵秘抄・四句神歌〉

たか-がや【高萱・高草・高茅】 名 ススキなど、細く丈が高い草。例川上の根白**高萱**〈万葉・一四・三四九七〉

たか-がり【鷹狩り】 名 飼い慣らした鷹を使って、鳥や小動物を捕らえる狩猟。秋に行うものを小鷹狩り、冬に行うものを大鷹狩りという。⇩たか(鷹)。例**鷹狩り**に、式部卿の宮より出でおはしまし御ともに(=お出かけになった御供に)〈大鏡・道長下〉

高桑闌更 たかくわらんこう《人名》⇩闌更

高砂 たかさご《地名》歌枕 播磨国、今の兵庫県南部。加古川河口に位置し、古来、港町として知られる。高砂神社境内には高砂の松(相生の松)があり、不変・長寿を連想させるものとして歌に詠まれた。世阿弥作の能『高砂』も有名。例誰をかも知る人にせむ**高砂**の松も昔の友ならなくに〈古今・雑上〉➡名歌221

たか・し

【高し】 形(ク)「たけ(丈・長)」と同根で、地面からの距離が長い意が原義。

❶**地面などからの距離が長い。上のほうにある。高い。** 例(a)天そそり **高き**立山(=天高くそびえ立つ高い立山)〈万葉・一七・四〇〇三〉例(b)日**高う**(音便形)なるまで大殿籠れり(=日が高く昇るまでお眠りになっている)〈源氏・若菜下〉

❷**音や声が大きい。強い。** 例風**高く**辺には吹けども(=風は強く海辺に吹くけれども)〈万葉・四・七八二〉

❸**名声や評判が広く知られている。有名だ。名高い。** 例御容貌すぐれたまへる聞こえ**高く**おはします(=御容貌が抜きん出ていらっしゃるという評判が広く知られていらっしゃる)〈源氏・桐壺〉

❹**身分や地位が上位にある。高貴だ。** 例**高き**賤しき人の住まひは(=身分の高い人低い人の家は)〈方丈記〉

❺**容姿や心がすぐれている。りっぱだ。** 例男は、口惜しき際の人だに、心を**高う**(音便形)こそつかふなれ(=男というのは、取るに足りない低い身分の人でさえ、自尊心を高くもつのだそうだ)〈源氏・少女〉読解 末尾の「なれ」は伝聞の意を表す助動詞で、「こそ」の結び。

❻**時間が離れている。年月がたっている。年老いている。** 例年**たかく**なりて、西の京に住みけり(=年老いて、西の京に住んでいた)〈宇治拾遺・一二四〉

❼高価だ。

語誌▼対義語 対義語は「ひきし(低し)」。ただし、平安時代までは「ひきし」の語がなく、「みじかし(短し)」などを対義語として用いた。〈浅見和彦〉

たか-し・く【高敷く】 動(カ四)〔「たか」は形容詞「たかし」の語幹。「しく」は「しる(知る・領る)」と同根〕❶りっぱに造る。例真木柱 太**高敷き**て〈万葉・六・九二八〉❷りっぱに治める。例やすみしし(枕詞) 我が大君の **高敷かす** 大和の国は〈万葉・六・一〇四七〉類義①②たかしる

高師の浜 たかしのはま《地名》歌枕 ❶和泉国、今の大阪府高石市の海岸。和歌では、波が高いことから「高し」に掛けることが多い。例音に聞く**高師の浜**のあだ波はかけじや袖のぬれもこそすれ〈金葉・恋下〉➡名歌99 ❷三河国、今の愛知県豊橋市高師の渥美湾に面した海岸。例三河の国の**高師の浜**といふ〈更級〉

たか-しまだ【高島田】 名 江戸時代の女性の髪型の一つ。島田髷の根を高く上げて結ったもの。

高島田〔円窓美人図〕

たか-じゃう【鷹匠】 ―ジョウ 名「たかがひ」に同じ。

多賀城 たがじょう タガジョウ《地名》古代、陸奥国、今の宮城県多賀城市にあった城柵。奈良時代には陸奥国府とともに鎮守府が置かれた。例(碑ハ)市川村**多賀城**にあり〈芭蕉・奥の細道〉

たか-し・る【高知る】 動(ラ四)〔「たか」は形容詞「たかし」の語幹〕❶りっぱに造る。りっぱに造り構える。例やすみしし(枕詞) 我が大君の…高殿を**高知りまして**〈万葉・一・三八〉❷りっぱに治める。りっぱに統治する。例やすみしし(枕詞) 我が大君の 神ながら **高知らせる**〈万葉・六・九三六〉類義①②たかしく

たかしるや【高知るや】《枕詞》高くそびえる宮殿が太陽を遮って日陰を作ることから「天の御かげ」にかかる。例**高知るや** 天の御陰〈万葉・一・五二〉

たか-すなご【高砂子】 名 小高く盛り上がった砂地。砂丘など。例須磨明石浦の見渡し近けれど歩み苦しき**たかすなご**かな〈新撰六帖・三〉

たか-せ【高瀬】 名 ❶浅瀬。例鵜飼ひ舟**高瀬**さし越すほどなれや〈新古今・夏〉❷「高瀬舟」の略。

たかせ-ぶね【高瀬舟】 名 川舟の一種。浅瀬(高瀬)の運行ができるよう、舟底は平らで浅い。例**高瀬舟**はやこぎ出でよ〈和泉式部日記〉

たが-そで【誰が袖】 名 江戸時代に流行した匂い袋。袖の形をした袋を紐で結び、着物の両袖に入れて用いる。『古今和歌集』春上の「色よりも香こそあはれと思ほゆれ誰が袖ふれし宿の梅ぞも」の和歌から。例**誰が袖**の匂ひあさく〈西鶴・諸艶大鑑・八・四〉

たか-だか【高高】 副 ❶目立って高いさま。例その塚一つぞ、**たかだか**としてありける〈宇治拾遺・四七〉 ❷声や音の高いさま。例**たかだか**とさうなく称唯して(=はいと返事して)〈愚管抄・四〉 ❸せいぜい。例**高々**で銀一両〈浮世草子・傾城禁短気・六・三〉

たかたか-に【高高に】 副『上代語』(高く仰ぎ見ることから、または、つま先立ちして待っている意から)待ち望むさま。例白雲のたなびく山の(ここまで序詞)**高々に**我が思ふ妹を見むよしもがも〈万葉・四・七五八〉

たか-たま【竹玉】 名 竹を一～二センチの輪切りにして紐に通したもの。神事に用いる。例斎瓮を 斎ひほりすゑ 竹玉を 繁に貫き垂れ〈万葉・三・三七九〉

高千穂《地名》神話で、天孫降臨の舞台とされる地。日向国、今の宮崎県高千穂町の山とする説と、大隅国、今の鹿児島県と宮崎県の境界にそびえる霧島山の中の高千穂の峰とする説がある。

たか-ぢゃうちん【高提灯】 名「たかはりぢゃうちん」に同じ。例(城ノ周囲ニ)百千の**高提灯**一度にぱっと立てたるは〈近松・国性爺合戦・四〉

たか-つき【高坏】 名 食物を盛る、高い一本脚のついた器。古くは土製で、平安時代以降は木製。さかさにして台底に灯明皿を置き、灯台にも用いた。普通の灯台より背が低いので、手もとが明るい。

高坏〔春日権現験記絵〕

例辛塩に こごと(=ごしごしと)揉み **高坏**に盛り〈万葉・一六・三八八〇〉

たか-づの【高角】 名 兜の前立て(前面につけた装飾)の一つ。鹿の角を高く立てたもの。金属の前立てを高くとがらせたものにもいう。例**高角**のかぶとの緒をしめ〈平治・上〉

たか-て【高手】 名 肩からひじにかけての部分。二の腕。かいな。また、罪人の腕を後ろに回させて背中で縛ること。例**高手**を許し羽交ひ締め〈近松・五十年忌歌念仏・下〉

たか-で【高で】 副『近世語』❶せいぜい。たかだか。例利合ひは**高で**二十四、五貫目〈近松・五十年忌歌念仏・中〉 ❷しょせん。もともと。例命惜しいほどなら、**高で**身をうつ(=身を滅ぼす)こともない〈近松・生玉心中・下〉

たかて-こて【高手小手】 名 両手を後ろに回させて、首から手首・ひじに縄をかけて厳重に縛り上げること。例**高手小手**にいましめて〈太平記・六〉

たかてらす【高照らす】《枕詞》〔「す」は尊敬の助動詞〕空高く照り輝いていらっしゃる、の意から「日」にかかる。

たか-どの【高殿】 名 高く造った御殿。高楼。例**高殿**を 高知りまして(=高々とお建てになって) 登り立ち 国見をせせば(=なさると)〈万葉・一・三八〉

たか-と・ぶ【高飛ぶ】 動(バ四) 空高く飛ぶ。例み空行く 雲にもがも(=雲だったらいいのになあ) **高飛ぶ** 鳥にもがも〈万葉・四・五三四〉

たか-とり【竹取り】 名〔「たけとり」の変化した形〕「竹取の翁」のこと。例**たか取り**がよよに泣きつつとどめけむ君は君にと今宵しもゆく〈大和・七七〉

たか-に【高荷】 名 ❶高く積み上げた荷物。例**高荷**どもを集め、東へ下らうずるにて候ふ〈謡曲・烏帽子折〉 ❷江戸時代、木綿反物などを一丈(約三メートル)ほどの高さに積み重ねて背負い、売り歩く行商人。また、その荷物。

たか-ね【高嶺・高根】 名 高い嶺。高い山。例田子の浦ゆうち出でてみれば真白にそ富士の**高嶺**に雪は降りける〈万葉・三・三一八〉➡名歌206

たかね-おろし【高嶺颪・高根颪】 名 高い峰から吹きおろす冷たい風。例比叡の山**高嶺颪**のうき雲に雪吹き渡す滋賀の浦波〈夫木・一九〉

たか-の【鷹野】 名「たかがり」に同じ。例太閤秀吉公**鷹野**に出でたまひ〈仮名草子・浮世物語・三・九〉

たか-はし【高橋】 名 橋脚を高く架け渡した橋。例石上布留の**高橋**(ここまで序詞)高々に(=背伸びをして)妹が待つらむ夜そ更けにける〈万葉・一二・二九九七〉

高橋虫麻呂《人名》生没年未詳。奈良前期、『万葉集』第三期の歌人。宮廷に仕えた下級官人。官人としての旅で接した土地土地の伝説を題材とした歌を多く詠む。浦島伝説や、真間の手児奈・菟原処女の伝説を詠んだ歌がよく知られる。『万葉集』に長歌一五首・短歌二〇首・旋頭歌一首が残る。『常陸国風土記』の編纂にかかわったとの推測もある。

たかはり-ぢゃうちん【高張り提灯】 名 長い竿の先に二本の横木をつけ、高く掲げるようにした大型の提灯。「高提灯」とも。例所々に桜の立ち木、**高張り提灯**〈歌舞伎・青砥稿花彩画・四〉

高張り提灯〔摂津名所図会〕

たかひかる【高光る】《枕詞》空高く光り輝く意から「日」にかかる。

たか-ひざまづき【高跪き】 名 両膝を地面につけ、腰・上半身を伸ばしている姿勢。貴人に対する敬礼の一種。例丑寅のすみの高欄に**たかひざまづき**といふ居ずまひに〈枕・殿上の名対面こそ〉

たがひ-に【互ひに】 副 ❶それぞれ。例この男女、**たがひに**七、八十になるまで栄えて〈宇治拾遺・一〇八〉 ❷かわるがわる。例これかれ**互ひに**「国の境のうちは」とて、見送りに来る人あまたが(=大勢の)中に〈土佐〉 語誌 主に漢文訓読体の文章に用いられた。⇩かたみに

たがひ-め【違ひ目】—タガイ 名 **事態が予想や意図を裏切り、意に反してしまうこと。行きちがい。食いちがい。** 例事の違ひ目ありて、大臣横さまの罪に当たりたまひしとき（＝事の行き違いがあって、大臣がいわれなき罪にお当たりになったとき）〈源氏・薄雲〉〈岩坪健〉

たか-ひも【高紐】名 **鎧の後胴と前胴の上部をつなぐ紐。** 例甲をば脱ぎ、**たかひも**にかけ、判官（＝源義経）の前にかしこまる〈平家・一一・那須与一〉

たが・ふ【違ふ】タガ・ウ・タゴ ❶動（ハ四）❶**内容が食いちがう。一致しない。** 例山路になりて、京に**たがひ**たるさまを見るにも（＝山路になって、都とはちがった景色を見るにつけても）〈蜻蛉・中〉

❷**意向や予想に背く。逆らう。反する。** 例思ふに**たがふ**は、憎きものぞ（＝好意に背くのは、不快なものだ）〈枕・宮にはじめてまゐりたるころ〉

❸**まちがえる。見誤る。** 例（合奏ノ）調子も**違ひ**、拍子もみな乱れにけり（＝調子もはずれ、拍子もすっかり狂ってしまった）〈平家・五・文覚被流〉

❹**いつもとちがう。変わる。おかしくなる。** 例御心地も**たがひ**て（＝ご気分も悪くなって）〈竹取〉

❺**仲が悪くなる。仲たがいをする。** 例仲**たがひ**て、目も見合はせずして過ぐるほどに（＝仲たがいをして、目も合わせないで日がたつうちに）〈宇治拾遺・七四〉

❷動（ハ下二）❶**ちがうようにする。食いちがわせる。はずす。** 例問ひはべりつれば、言**違へ**つつ、そらごとのやうに申しはべりつるを（＝尋ねましたところ、つじつまの合わないことを言っては、うそっぽく申しましたので）〈源氏・浮舟〉

❷**背いて従わない。約束などを裏切る。** 例帝は、院の御遺言**たがへ**ず（＝帝は、院の御遺言に背かず）〈源氏・賢木〉

❸**取りちがえる。まちがえる。** 例すこしも**たがへ**ず、一々にもとのぬしにぞくばりける（＝少しもまちがえることなく、一つ一つ元の持ち主に配ったのだった）〈平家・一一・一行阿闍梨之沙汰〉

❹**方違えをする。** 例**違ふ**とて、あやしき所にものしたまひしを（＝方違えをするといって、粗末な家においでだったのを）〈源氏・夕顔〉

語誌 ▼①は自動詞、②は他動詞。②の下二段活用の「たがふ」は、「取りたがふ」「引きたがふ」のように複合語を作ることもある。
▼中世末期ごろから「**ちがふ**」が「たがふ」の意味で用いられるようになり、「たがふ」は近世になると用いられなくなる。〈岩坪健〉

たか-ふだ【高札】名「かうさつ」に同じ。

たか-ぶ・る【高ぶる】動（ラ四）❶**高まる。** 例脈がことのほか**高ぶり**ますが〈狂言記・針立雷〉❷**心がおごる。誇る。** 例人臣にほこるに能をもってし、天下に**たかぶる**に声をもってせしかば〈太平記・三〇〉

た-がへ・す【耕す】—ガエス 動（サ四）（「田返す」の意。古くは「たかへす」）**田畑を掘り起こす。たがやす。** 例父とともに**田耕しつる**が〈今昔・四・三五〉

たかま-が-はら【高天原】名「たかまのはら」に同じ。

たかま-の-はら【高天原】名「たかま」は「たかあま」の変化した形。「たか」は美称。「はら」は広がりをもつ空間。日本の神話で、神々が住む天上の世界。「たかまがはら」とも。

❶**天上界。** 例天地初めて発りし時に、**高天原**に成りませる神の名は、天之御中主の神（＝天と地とが初めて生じたときに、高天原におできになった神の名は、天之御中主の神）〈記・上・神代〉

❷（①から転じて）**大空。天空。** 例くもりなく**たかまのはら**に出でし月八百万代の鏡なりけり（＝少しの曇りもなく大空に出た月は、限りなく続く御代を映す鏡であったのだなあ）〈風雅・賀〉

語誌 ▼**天上の聖なる世界** 記紀の神話では、皇祖神である天照大御神が支配する天上の聖なる世界とされる。主宰神として天照大御神とともに高御産巣日の神の名を挙げる伝承もある。地上世界である葦原の中つ国、もう一つの異界である根の国に対する世界。

天には太陽や月や星があり、また、そこから雨や雪が降ってくる。天上に、この世界に根源的な力をもたらす別の世界の存在をみることは、無理のない想像といえる。その世界を、皇祖神が支配する世界としたところに、記紀のような国家神話の問題が現れる。『伊予国風土記』逸文の天山のように、山が天から地上世界に降ったという伝承もある。国土の祖型そのものが、天上に存在していたとする古い考え方がみえている。〈多田一臣〉

た-かみ【手柄・手上】名《上代語》**剣の柄。** 例わが夫子が、取り佩ける、大刀の**手上**に、丹画き著け〈記・下・清寧〉

たか-みくら【高御座】名❶**即位や朝賀など最も重大な朝廷儀式（大儀）に天皇の着く座。玉座。** 大極殿または紫宸殿中央に据える。例（大極殿ニ行ッタ証拠ニ）**高御座**の南面の柱のもとを削りて〈大鏡・道長上〉❷**天皇の位。** 例**高御座** 天の日継と 天の下 知らしめしける〈万葉・一八・四〇九八〉

高御座①

たか-むしろ【竹席・簟】名 **削った竹を編んだむしろ。** 例窓なりに昼寝の台や**簟**〈俳諧・続猿蓑・下〉

たか-むな【筍・笋】名「たかうな」「たかんな」とも。**たけのこ。** 食用としてのものをさすという。

たか-むら【竹叢・篁】名 **竹が群生しているところ。竹やぶ。** 例翁、また竹を取らむがために**篁**に行きぬ〈今昔・三一・三三〉

篁物語《作品名》物語。一巻。作者未詳。平安末期の成立か。小野篁をモデルとする人物を主人公にした短編物語。篁と異母妹との悲恋物語と、篁の結婚至福物語の二話から成る。

たか‐やか【高やか】 形動(ナリ)〔「やか」は接尾語〕❶いかにも高いと感じられるさま。例匙に飯をすくひつつ高やかに盛り上げて〈今昔・二六・二三〉❷音や声が大きいさま。例「あな(=ああ)」と高やかにうちいひ〈枕・懸想人にて来たるは〉

たか‐やぐら【高櫓・高矢倉】 名 敵状を見たり矢を射たりするための、高く築いたやぐら。例城の面の高矢倉には一人当千ときこゆる四国・鎮西の兵物どもも〈平家・九・樋口被討罰〉

高山宗砌 《人名》⇩宗砌

たか‐やりど【高遣り戸】 名 丈を高く造った引き戸。特に、清涼殿の南西の渡殿の南側にあるもの。例小蔀・小板敷き・高遣り戸なども、めでたくこそ聞こゆれ〈徒然・二三〉

たかゆくや【高行くや】 《枕詞》空高く飛ぶ意から「はやぶさ」に、また、「はやぶさ」と同音を含む人名「速総別」にかかる。

たから【宝】 名❶貴重なもの。大切なもの。例銀も金も玉も何せむにまされる宝子にしかめやも〈万葉・五・八〇三〉➡名歌193 ❷金銭。財貨。財産。例財豊かに家広き人にておはしけり〈竹取〉

たから 希望の助動詞「たし」の未然形。

たか‐らか【高らか】 形動(ナリ)〔「らか」は接尾語〕❶いかにも高いさま。例衣高らかに引き上げて〈落窪・一〉❷音や声が大きいさま。高々と。例(詩ヲ)たからかに口ずさみたまへば〈平家・七・忠度都落〉

たから‐ぶね【宝船】 名 七福神と宝物とを乗せた帆掛け船。これに「ながきよのとをのねぶりのみなめざめなみのりぶねのおとのよきかな」という回文歌(上から読んでも下から読んでも同じ文句になる歌)を付け加えた絵を、節分や除夜(江戸中期以降は正月二日の夜)に枕の下に敷いて寝るとよい夢を見るとされた。例宝船を敷き寝にして〈西鶴・日本永代蔵・四・一〉

宝井其角 《人名》⇩其角

たかり 希望の助動詞「たし」の連用形。

たか・る 1動(ラ下二)集まる。群がる。例蛆たかれ、ころろきて(=ごろごろ音を立て)〈記・上・神代〉
2動(ラ四)1に同じ。例皆、子たかりてののしる(=騒ぎたてる)〈土佐〉

たかる 希望の助動詞「たし」の連体形。

たき

【滝】 名〔上代は「たぎ」とも〕❶激流。早瀬。例石走る滝もとどろに鳴く蟬の声をし聞けば都し思ほゆ(=岩を流れくだる激流もとどろくほどに鳴く蟬の声を聞くと都が偲ばれる)〈万葉・一五・三六一七〉
❷滝。水が崖などの高みから垂直に落下するところ。例(a)その山科の宮に、滝落とし、水走らせなどして、おもしろく造られたるに(=その山科の御殿に、滝を落としたり、水を流したりして、趣深くお造りになっているが)〈伊勢・七八〉読解御殿の庭のさま。例(b)ほろほろと山吹ちるか滝の音〈芭蕉・笈の小文〉➡名句135

語誌▼**水の霊力の発現** 上代では「たぎ」ともいい、動詞「たぎつ」「たぎる」と語根を共通にする。川の瀬などで、水が沸き返るように激しく流れる所である。水が垂直に流れ落ちるところも滝だが、本質的な差異はない。ただし、後者を積極的に区別する場合には、上代では「たるみ(垂水)」と呼んだ。
滝は、水の霊力の最も強く現れる場である。「滝つ瀬」で祭祀が行われたり、滝を御神体とする神社が存在したりすることは、水の呪力の発現の場としての滝の意義をよく示している。〈多田一臣〉

たき 希望の助動詞「たし」の連体形。

た‐ぎ【弾碁】 名〔「たんぎ」の撥音の表記されない形〕中国伝来の遊戯の名。二人が対座し、盤上の自分の石を弾いて、相手の石に当てることを競う。平安時代によく行われた。例碁・双六の盤、調度、弾碁の具など〈源氏・須磨〉

だ‐きう【打毬】 名 遊戯の名。徒歩もしくは騎馬で、木製の杖で毬を打って勝負を競う。平安末期に絶えたが、江戸時代に復活する。「まりうち」とも。

たき‐がは【滝川】 名 滝のように流れ落ちる川。例瀬をはやみ岩にせかるる滝川の(ここまで序詞)われても末にあはむとぞ思ふ〈詞花・恋上〉➡名歌200

たき‐ぎ【薪】 名 燃料にする木。例はては、嵐にむせびし松も千年を待たで薪にくだかれ〈徒然・三〇〉

【薪樵る】 1❶仏の教えに心を寄せる。例薪こる思ひは今日をはじめにてこの世にねがふ法ぞはるけき〈源氏・御法〉❷「薪の行道」をする。例薪こることは昨日に尽きにしを〈枕・小原の殿の御母上とこそは〉2《枕詞》薪を切る鎌から、地名「鎌倉山」にかかる。

語誌 1は、釈迦が前世で、法華経の教えを受けるため阿私仙という仙人に奉仕したという法華経の故事による。それを奈良時代の僧行基が詠んだと伝えるのが「法華経を我が得し事はたきぎこり菜摘み水汲み仕へてぞ得し」〈拾遺・哀傷〉の和歌。②は、僧たちがこの歌を唱えながら、薪を背負い、水桶を持って行道するもの。

【薪尽く】 薪が燃えてなくなる。釈迦の死(入滅)をたとえていう。転じて、人が死ぬことにもいう。法華経に、釈迦の死が「薪尽きて火の滅するがごとし」とあるのによる。例惜しからぬこの身ながらもかぎりとて薪尽きなんことの悲しさ〈源氏・御法〉読解重病の紫の上が詠んだ歌。

たきぎ‐のう【薪能】 名 陰暦二月七日から七日間、奈良興福寺の修二会で、夜、諸神を勧請するためにたく薪の明かりで演じる神事能。大和の猿楽四座が参勤した。また、陰暦十一月十七・十八日の春日若宮の祭りに行われたものもいう。

たき‐ぐち

【滝口】 名❶滝の水の落ちる所。例み吉野にありと聞きこし(=吉野にあると聞いてきた)滝口が〈吉野拾遺・下〉
❷清涼殿の北東方にある御溝水の落ちる所。例滝口の方より御馬を引く〈御堂関白記・寛弘六年八月〉❸蔵人所に属し、宮中の警護や雑役にあたる武士。滝口の武士。宇多天皇の寛平年間(八八九〜九八)に創設。定員は最初十人だったが、のちには一時三十人にまで増えた。②にその詰め所「滝口の陣」があったことによる称。例滝口の弓鳴らし、沓の音し〈枕・殿上の名対面こそ〉読解弓の弦を鳴らすのは魔除けのた

め。〈池田尚隆〉

たきぐち-の-ぢん【滝口の陣】ヂン 名「たきぐち③」の詰め所。「滝口所」とも。例**滝口の陣**の方より、御前へまゐらせたまひて〈大鏡・兼通〉

滝沢馬琴たきざはばきん《人名》⇩曲亭馬琴

たき-し・む【焚き染む・薫き染む】動(マ下二)香をたいて、匂いを衣服などにしみこませる。例御衣どもを、いよいよ**たきしめ**たまひて〈源氏・朝顔〉

たぎたぎ・し 形(シク)❶道にでこぼこがあり歩きにくいさま。例地**たぎたぎしかり**き〈常陸風土記〉❷疲れて足もとがふらつくさま。例今吾が足え歩まず、**たぎたぎしく**なりぬ〈記・中・景行〉

たぎち【滾ち・激ち】名はげしい水の流れ。また、その水しぶき。例その山の水の**激ち**そ〈万葉・三・三二九〉

たぎ・つ【激つ・滾つ】動(タ四)〔「たき(滝)」「たぎる(滾る)」と同根〕❶**水がさかまいて流れる**。例岩走り**激ち**流るる泊瀬川(=岩にぶつかりさかまいて流れる泊瀬川)〈万葉・六・九九一〉

❷(①を比喩的に用いて)**心がたかぶり、思いがほとばしり出ようとする**。例**激つ**心を塞かへたりけり(=思いがほとばしる心をせきとめているのだった)〈万葉・一一・二四三二〉

語誌 平安時代以降はもっぱら和歌で用いられ、鎌倉時代には一般になじみのない古い言葉になっていた。〈田島智子〉

たき-つ-せ【滝つ瀬】名勢いよく流れる浅瀬。例**滝つ瀬**に浮かべる泡の〈宇津保・藤原の君〉 語誌 動詞「たぎつ」に「瀬」のついた「たぎつ瀬」が「滝つ瀬」と解されるようになったとする説がある。

たきつせの【滝つ瀬の】《枕詞》「たぎつせの」とも。水が速く流れるさまから、「はやし」にかかる。

たき-どの【滝殿】名滝に臨んだ殿舎。また寝殿造りの邸宅で、庭園の泉水のほとりにあるあずまや。例造らせたまふ御堂は…**滝殿**の心ばへ(=趣)など劣らずおもしろき寺なり〈源氏・松風〉

たき-なみ【滝波】名滝から落下して波立っている水。例この**滝波**の雲より落ちて〈謡曲・石橋〉

だきに-てん【荼枳尼天・吒祇尼天】名《仏教語》〔「荼枳尼」は梵語の音写〕インドの鬼神の名。自在の神通力をもち、人の死を六か月以前に知り、その心臓を取って食うという。日本では稲荷権現などと同一視される。

たき-の-しらいと【滝の白糸】滝から落ちる水を、多くの白い糸の筋に見立てた語。例いく代か経たる滝の白糸〈後拾遺・雑四〉

たき-もの【薫き物】名沈・白檀・麝香・丁字などの香を混ぜ、蜜や甘葛(つる草の一種で作った甘味料)で練り合わせて作った練り香。例(a)こころときめきするもの(=胸がどきどきするもの)…よき**たき物**たきて一人臥したる〈枕・こころときめきするもの〉例(b)くさぐさの御**薫き物**ども、薫衣香、またなきさまに(=さまざまの種類の御薫き物、特に薫衣香を、ほかに例がないほどに)〈源氏・絵合〉

語誌 ▼香のうち、衣服にしみこませるために用いるのを薫衣香という。火取りという香炉を伏籠で覆い、その上に衣をかぶせて香りをしみこませた。また、香は扇にもしみこませた。

▼薫き物にかかわる語としては、「空薫き」「追ひ風」などがある。〈木村博〉

たぎ・る【滾る】動(ラ四)〔「たぎつ(激つ・滾つ)」と同根〕❶**水がわき立つ。水がさかまいて流れる**。例**たぎり**て流れゆく水、水晶をちらすやうにわきかへるなど、いづれにもすぐれたり(=さかまいて流れていく水が、水晶をまき散らすようにわきあがる様子など、どこよりもまさっている)〈更級〉

❷**湯が煮えたぎる**。例この水、熱湯に**たぎり**ぬれば(=この水は、熱湯のように煮えたぎってしまったので)〈大和・一四九〉

❸**心が激しくわき立つ**。例ふしまろび唐紅に泣き流す涙の川に**たぎる**胸の火(=嘆きもだえて泣き流す真っ赤な血の涙が川となり、わき立つ胸の恋の火で煮えたぎっている)〈宇津保・あて宮〉 読解 ②の意も掛ける。〈田島智子〉

たく【栲】名植物の名。楮(クワ科の落葉低木。樹皮は和紙の原料)の古称。

たく【鐸】名❶銅または青銅製の大型の鈴。❷風鈴。

た・く【長く・闌く】動(カ下二)〔形容詞「たかし」の語幹の動詞化〕❶**日が高く昇る**。例日**たくる**ほどに起きたまひて、格子手づから上げたまふ(=日が高くなるころにお起きになって、格子を自らお上げになる)〈源氏・夕顔〉

❷**季節や年齢などが盛りを過ぎる。終わりに近づく。老齢になる**。例(a)かくて春過ぎ、夏**闌け**ぬ(=こうして春が経過し、夏が終わりに近づいた)〈平家・一・祇王〉例(b)年もやうやう**たけ**、病にもまつはれ(=年齢もしだいに盛りを過ぎ、病気にもとりつかれ)〈徒然・一一三〉

❸**ある方面に長じる。熟達する**。例上手の位に至り、徳**たけ**、人に許されて(=名人の域に達し、人徳が長じ、世間の人に認められて)〈徒然・一五〇〉〈浅見和彦〉

た・く【焚く】動(カ四)❶**火を燃やす。火で何かを燃やす**。例(a)百済の加巴利浜に泊まりて(=停泊して)、火を**燃く**〈紀・天智即位前紀〉例(b)磯の上に爪木折り**焚き**(=磯の上で木片を折って燃やし)〈万葉・七・一二〇三〉

❷**火にくべて香をくゆらす**。例いみじき香の香こそすれ。尼君の**たき**たまふにやあらむ(=すばらしい香の香りがする。尼君がたいていらっしゃるのだろうか)〈源氏・宿木〉

語誌 ▼「やく」も火を使うことをいうが、「やく」は焼かれるものに熱の影響が及び、そのものが変化することに主眼がある。一方、「たく」は何かの目的のために火を使うことについていう。

▼飯を「たく」 米を加熱して料理する方法の一つを「たく」と呼ぶようになったのは江戸時代以降であろう。これは米の調理法の変化と関係があると思われる。〈余田弘実〉

た・く【綰く】動(カ四)〔「た」は「手」か。両手で動作をする意〕❶**髪をかき上げる。束ね上げる。結う**。

例人皆は今は長しとたけと言へど〈万葉・二・一二四〉❷舟を漕ぐ。例大舟を荒海に漕ぎ出で八舟たけ（＝おおいに漕いだが）〈万葉・七・一二六六〉❸綱や馬の手綱を操る。例萩咲きにほふ 石瀬野に 馬だき行きて〈万葉・一九・四一五四〉読解連濁の例。

たく 希望の助動詞「たし」の連用形。

た・ぐ【食ぐ】 動（ガ下二）『上代語』食べる。飲む。例妻もあらば摘みて食げまし〈万葉・二・二二一〉

たぐう『比う・類う・副う』⇩たぐふ

たく‐せん【託宣】 名動（サ変）神のお告げ。神託。例御託宣によりて所を撰びて〈今昔・一三・一〇〉

たく‐づの【栲綱】 名 楮などの木の皮の繊維で作った綱。

たくづのの【栲綱の】《枕詞》「栲綱」は色が白いことから「白」に、また、同音を含む「新羅」にかかる。

たく‐なは【栲縄】 名 楮（植物の名）などの繊維で作った白い縄。海人の命綱とされ、長いもののたとえにもいう。例栲縄の、千尋縄打ち延へ（＝のばし）、釣りせし海人の〈記・上・神代〉

たくなはの【栲縄の】《枕詞》栲縄が長いことから「長き」「千尋」「繰る」にかかる。

たく‐ぬの【栲布】 名 楮などの繊維で織った白い布。例いかなれば恋にむさるる栲布の〈夫木・三三〉

たく‐はつ【托鉢】 名動（サ変）《仏教語》僧尼が鉄の鉢を持って経を唱えながら家々を回り、米や銭などの施しを受けること。例托鉢の道心者…門に立つ〈近松・堀川波鼓・下〉

たくは・ふ【貯ふ・蓄ふ】 ❶動（ハ四）たくわえる。後の用のために取っておく。例海神の 神の命の 御櫛笥に 貯ひ置きて〈万葉・一九・四二二〇〉❷動（ハ下二）❶❶に同じ。例銭をたくはへて、妻子を養ふ〈三宝絵・中・一五〉❷扶養する。養う。例営農をし、妻子を蓄へ養ふ〈霊異記・下・三〇〉

たぐひ【比・類】 名❶並ぶもの。匹敵するもの。同等なもの。例たわやめの（＝か弱い女の私が）恋ふる心にたぐひあらめやも〈万葉・四・五八二〉❷いっしょにいる人。仲間・夫婦など。例同じさまにものしたまふなるを（＝私と同じ境遇でいらっしゃるようですから）、たぐひになさせたまへ〈源氏・若紫〉❸種類。例さらに米の類を食はざりければ〈徒然・四〇〉

たぐひ‐な・し【類無し】 形（ク）並ぶものがない。例かたじけなき（帝ノ）御心ばへのたぐひなきを頼みにてまじらひたまふ〈源氏・桐壺〉

たく‐ひれ【栲領巾】 名 楮などの木の皮の繊維で織った肩にかける飾り布。例緑の空にたなびく白雲は、天つ乙女の天つ栲領巾〈謡曲・梅〉

たくひれの【栲領巾の】《枕詞》❶栲領巾が白いことから「白浜」「鷺」にかかる。❷栲領巾を首や肩にかけることから「懸く」にかかる。

たぐ・ふ

【比ふ・類ふ・副ふ】❶動（ハ四）❶並ぶ。寄り添う。連れ立っている。例雪・霰などの、風にたぐひて降り入りたるも、いとをかし（＝雪や霰などが、風に連れ立って降りこんでくるのも、たいそう趣がある）〈枕・内裏の局、細殿いみじうをかし〉

❷似合う。相当する。例（女三ノ宮ト光源氏ガ結婚スレバ）いかにたぐひたる御あはひならむ（＝どれほどに似合っている御夫婦であろう）〈源氏・若菜上〉

❷動（ハ下二）❶並べる。添わせる。連れ立たせる。例思へども身をしわけねば目に見えぬ心を君にたぐへてぞやる（＝別れがたく思うけれど、この身を分けることはできないので、目には見えない私の心をあなたに連れ添わせて行かせよう）〈古今・離別〉読解東国へ旅立つ人に詠んだ歌。

❷まねる。似せる。例鳥類畜類の、人に類へて歌を詠む（＝鳥や獣が、人にまねて歌を詠む）〈謡曲・白楽天〉

語誌 ❶①の、似ているもの・似つかわしいものが二つ並んでいるというのが、もともとの意味。類義語「ならぶ」「くらぶ」と比較すると、従属的な位置にあるものを主語にできることから、意味の中心は❶②や❷①へと移った。〈高田祐彦〉

たく‐ぶすま【栲衾】 ❶名 栲（楮の古称）で作った夜具。例栲衾 さやぐが下に〈記・上・神代・歌謡〉❷《枕詞》❶が白いことから、「しろ（しら）」と同音を含む地名「白山」「新羅」にかかる。

た‐くぶら【手腓】 名「たこむら」の変化した形。例たくぶらに 虻かきつきつ（＝食いついた）〈紀・雄略・歌謡〉

たく‐ぼく【啄木】 名❶キツツキ科の鳥の総称。❷紐の組み方の一つ。キツツキが木をついばんだ跡に似ることからいう。白・紫・萌葱などの糸をまだらに組んだもの。刀の下げ緒などに用いる。例左の紐には天の啄木をもって〈御伽草子・浄瑠璃十二段草紙〉❸琵琶の曲名。平安時代に唐からもたらされた。秘曲とされる。

たくまし・う・す【逞しうす】 動（サ変）〔「たくましくす」のウ音便形〕威勢や経済力などを盛んにする。思いのままにふるまう。例かたはらに武具を集めて士卒をたくましうす〈太平記・一三〉

たくみ

【工・匠・巧み】❶【工・匠】名❶専門的に物を作る職人。技術者。「木工」「鍛冶工」「画工」などのようにも用いる。例多くの工の心を尽くして磨きたて（＝多くの職人が全力を傾けて作りたてて）〈徒然・一〇〉

❷くふう。計画。たくらみ。例ただたくみによりてよき能にはなるものなり（＝ただくふうによってよい能はできるものである）〈風姿花伝・六〉

❸仕事。もっぱら行うこと。例明け暮れはもの思ふことをたくみにて（＝朝夕は思い悩むことをもっぱら行うこととして）〈散木奇歌集・七〉

❷【巧み】形動（ナリ）手際がよいさま。上手なさま。例文屋康秀は、詞はたくみにて、そのさま身におはず（＝文屋康秀は、言葉遣いは上手だが、その様子が内容にそぐわない）〈古今・仮名序〉

語誌 本来は、何か特定のことを手際よく上手にすることの意。『古事記』『日本書紀』には「匠者」「巧者」「工人」などの表記が見え、これらはすべて職人、特に木工や大工の技にたけた人をさす。〈藤本宗利〉

たくみ‐づかさ【内匠寮】 名「たくみれう」に同じ。

たくみ‐どり【巧み鳥】 名 鳥の名。ミソサザイの別称。一説に、テラツッキの別称とも。巣を作るのが

たくみなことからいう。例鳥は…かしらあかき雀。斑鳩(=鳥の名)の雄鳥。たくみ鳥〈枕・鳥は〉

たくみ-の-かみ【内匠の頭】 名 内匠寮の長官。従五位下相当。

たくみ-れう【内匠寮】 名 中務省に属する役所。宮中の調度の制作や殿舎の装飾をつかさどる。令外の官の一つ。

たく・む【工む・巧む】 動(マ四) ❶たくらむ。計画する。例夜は謀叛を**たくみ**〈保元・上〉 ❷工夫する。趣向を凝らす。例(コノ草庵ハ)**たくみ**置ける物ずきもなし〈芭蕉・幻住庵記〉

た-くら・ぶ【た比ぶ・た較ぶ】 動(バ下二) 〔「た」は接頭語〕くらべる。比較する。例百にしてその一、二をも**たくらぶ**べしとは見えねども〈太平記・八〉

たぐ・る【吐る】 動(ラ四) ❶はく。嘔吐する。例口より吐れる物をもちて〈紀・神代上〉 ❷激しくせきをする。とめどなく涙が流れる。例(夜回リガ)来る**たぐる**風の夜は〈近松・心中天の網島・下〉 ❸思いがこみ上げる。例言ひたうて言ひたうて胸の**たぐる**折しも〈近松・嫗山姥・二〉

た-ぐ・る【手繰る】 動(ラ四) 細長いものを手で繰って引き寄せる。例さし縄にすがりて**たぐり**よりて(暴レ馬ニ)乗りてけり〈著聞集・一〇・三六四〉

たけ 【丈・長】 名 ❶身長。例筒井筒の井筒にかけしまろが**たけ**過ぎにけらしな妹見ざるまに〈伊勢・二三〉➡名歌237

❷物の高さ。物の長さ。例すこし**たけ**ぞ劣りもて行く〈枕・職の御曹司におはします頃、西の廂にて〉読解庭に作った雪の山が、雨が降って少し低くなった。

❸程度。深さ。また、ある限り。ありったけ。例古き小袖を奉りたまひける心の**たけ**こそ、なほありがたくはべれ(=古い小袖を差し上げなさった心の深さこそ、やはりめったになくすばらしくございます)〈発心集・七・二〉

❹《歌論用語》格調。風格。崇高・壮大な美。例(a)(『詞花和歌集』ハ)後拾遺の歌よりも**たけ**ある歌どもの入りて(=『後拾遺和歌集』の歌よりも格調のある歌が入っていて)〈古来風体抄・上〉例(b)生得の位とは、長なり(=生まれつき身についている芸力の程度とは、風格である)〈風姿花伝・三〉

❺馬の蹄から肩までの高さ。四尺(約一二〇チセン)を基準にして、それ以上を寸で表す。例腹葦毛なる馬の、長七寸ばかりにて(=腹部が葦毛である馬で、蹄から肩までの高さが四尺七寸ほどで)〈今昔・二五・五〉

語誌▼本来人間の背丈を表す語で、それがさまざまな物の高さや長さを表すようにもなった。

▼平安時代歌論用語に転用された「たけ」は、俗っぽさを脱した揺るぎのない高雅さを表し、中世になって連歌論や能楽論にも用いられた。〈渡部泰明〉

たけ 【竹】 名 ❶イネ科の多年生常緑の植物。タケ。茎は弾力性があって割きやすいことからさまざまな工芸品や笛の材料とされる。また、若芽の竹の子(筍)は食用となる。種類が多い。例梅の花散らまく惜しみ我が園の**竹**の林にうぐひす鳴くも(=梅の花が散るのを惜しんで私の庭園の竹の林に鶯が鳴くよ)〈万葉・五・八二四〉

❷竹で作った管楽器。笙・笛など。例**竹**を鳴らすがおもしろきに(=笛を鳴らすのがおもしろいので)〈御伽草子・御曹子島渡〉

語誌▼竹は、その生長の速さや繁殖力の強さによって、古くから霊威を感じさせる植物とみられていた。『竹取物語』のかぐや姫が竹の中に発見され三か月ほどで成人するという話も、その霊威によっていよう。

▼また、古くから庭に植えられて観賞の対象となった。その風にそよぐさまは叙景の対象となり、緑のみずみずしさやしなやかな弾力性は人柄の比喩にも用いる。例(a)我がやどのいささ(=わずかな)群竹吹く風の音のかそけきこの夕かも〈万葉・一九・四二九一〉➡名歌429 例(b)(玉鬘ノ)御前近き呉竹の、いと若やかに生ひたちて、(風ニ)うちなびくさまのなつかしきに〈源氏・胡蝶〉読解呉竹の風にそよぐすがすがしさが、玉鬘という姫君の若々しい魅力を象徴する。

▼和歌では、竹の「節」は「節・よ」に、折・時の意の「節」や「世」を掛けることが多い。〈鈴木日出男〉

たけ【岳・嶽】 名 高く険しい山。例「富士の山、なにがしの岳」など語りきこゆるもあり〈源氏・若紫〉

たけ【茸】 名 きのこ。「くさびら」とも。例茸のありつるを見付けて、物の欲しきままに〈今昔・二八・二八〉

だけ 副助 《近世語》〔名詞「たけ(丈)」から派生した語〕❶限度を表す。〜限り。例生きらるる**だけ**、添はるる**だけ**、たかは(=結局は)死ぬると覚悟しや〈近松・冥途の飛脚・中〉 ❷(「これ」「それ」「あれ」などについて)程度を表す。〜ほど。〜ぐらい。❸事情や身分にふさわしい意を表す。〜だけあって。例おきくはさすが姉**だけ**の〈近松・鑓の権三重帷子・上〉

接続▶体言、活用語の連体形につく。

たけ-うま【竹馬】 名 ❶子どもの遊び道具の名。枝葉のついた竹にまたがり、それに結びつけた綱を手綱にして遊ぶ。竹竿の先端に馬の頭の形をしたものをつけたりもする。例女子十八、九までも**竹馬**に乗りて門に遊び〈西鶴・好色一代女・一・一〉 ❷古着行商人が商品をつるして歩いた竹製の籠や箱。また、その行商人。例**竹馬**と下女わけのあるていたらく(=様子だ)〈柳多留・六〉

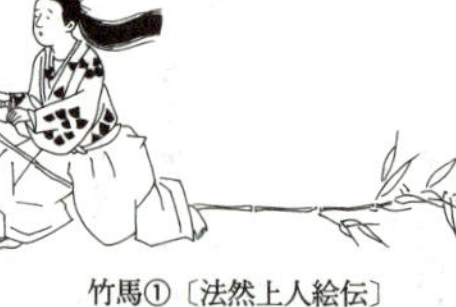
竹馬① 〔法然上人絵伝〕

武隈の松 名 歌枕 陸奥国、今の宮城県岩沼市にあったといわれる松。枯れた松を植え継いだという伝説がある。根本から二本に分かれていたとされることから、和歌では、「二木」などとともに詠まれた。例栽ゑし時契りやしけん**武隈の松**をふたたび逢ひ見つるかな〈後撰・雑三〉

たけ・し 【猛し】 形(ク) ❶勢いが盛んだ。勇猛だ。荒々しい。例(a)**たけき**武士の心をもなぐさむるは歌なり(=荒々しい武士の心をも慰めるものは歌である)〈古今・仮名序〉例(b)**たけき**者もつひには滅びぬ(=勢いが盛んな者も結局は

滅びてしまう〈平家・一・祇園精舎〉
❷強気だ。負けまいとする。気丈だ。例さこそ猛う(音便形)のたまひしか、いみじう思しわぶれど(=あのように強気におっしゃったものの、実はひどく困っていらっしゃるけれど)〈源氏・真木柱〉読解この「こそ〜しか」の係り結びは、逆接的に下に続く。
❸たいしたものだ。面目が立つ。例わが宿世はいとたけくぞ覚えたまひける(=自分の運勢は実にたいしたものだとお感じになった)〈源氏・若菜上〉
❹精一杯だ。多く「たけきこととは」の形で、できる最大限のこととしては、せいぜい〜することぐらいが精一杯だ、の意を表す。例たけきこととは音を泣きたまふ(=せいぜい声を上げてお泣きになることぐらいが精一杯だ)〈源氏・夕霧〉
語誌「たけぶ(猛ぶ)」「たける(猛る)」などと同根。事物の高さや長さを表す「たけ」が形容詞化した語である。ほかよりも長い・高いという視覚的印象から転じて、物事の程度が進んでいる様子、具体的には、勢いのあるさま・力強さ・感情の激しさなどを表すようになった。〈松岡智之〉

たけじざい-てん【他化自在天】 名『仏教語』欲界に属する六天の最上位。ここに生まれたものは、ほかの天の楽しい事を自由に自分のものとして楽しむことができるという。魔王の住む天ともされる。「自在天」とも。例その天の命尽きて、かく次第に生じ上りて**他化自在天**まで生まれぬ〈今昔・三・三〉

竹田出雲(たけだいずも)『人名』江戸時代の浄瑠璃作者。大坂竹本座の座元。三世まで。【初世】?〜一七四七(延享四)。初世竹本義太夫を助けて座元として経営に携わる一方、『ひらがな盛衰記』『菅原伝授手習鑑』など合作の作者としても活躍。【二世】一六九一〜一七五六(元禄四〜宝暦六)。初世の子。『義経千本桜』『仮名手本忠臣蔵』などの作に加わり、竹本座の全盛を築いた。

たけ-たか・し【丈高し】 形(ク)『歌論用語』崇高感がある。格調が高い。例姿うるはしく清げにいひ下して、**長高く**とほしろきなり(=雄大である)〈無名抄・俊恵歌体定事〉

たけ-だち【丈立ち】 名背丈。身長。例けしうはあらぬ(=みごとな)おもとの**丈だち**かな〈源氏・空蟬〉

高市黒人(たけちのくろひと)『人名』生没年未詳。『万葉集』第二期の歌人。『万葉集』に短歌一八首が残る。すべて旅の歌で、憂愁をにじませた自然描写が特徴。

竹取物語(たけとりものがたり)『作品名』平安前期の物語。作者・成立年代ともに未詳。
●**成立・作者** 成立は九世紀の末から十世紀初めであるらしい。『源氏物語』絵合巻では、この作品を「物語の出で来はじめの祖」と呼んでいる。平安時代になって登場する物語文学のうち、最も早く成立したものの一つである。作者は、教養と諧謔精神に富んだ男性文人らしいということ以外、不明である。
●**内容** 竹取の翁は光る竹の根元で三寸(約九センチ)ほどの女の子を発見した。たちまち大きくなり、かぐや姫と命名された。多くの求婚者のうち最後まで残った五人に姫は難題の品物の獲得を求めるが、みな失敗する。さらに帝の求婚も退け、八月十五夜の晩に月の世界へと帰ってゆく。
【理想郷と地上】この物語の月の世界は、不老不死の理想郷として存在するが、それは地上とは断絶した世界であり、あこがれは描かれない。代わりに、地上におけるかぐや姫と人々との別れの悲哀が切実に語られ、人間の心こそが物語の焦点になっている。
【話の型】この物語には、古伝承の継承としていくつかの話の型が見いだされる。別の世界からやってきたものがしばし地上にとどまり、やがて本来の世界へ帰って行く羽衣説話。小さな子がごく短期間で大人になる小さ子譚。よい行いをした人が裕福になる致富長者譚。求婚者に難題が与えられる難題婿譚では五人の求婚者の性格や行動が生き生きと描き分けられている。複数の話の型が組み合わされて、既存の伝承とは異なる世界が形成される。〈高田祐彦〉

たけ-なは【酣・闌】ナワ 名形動(ナリ)〔「たけ」は動詞「たく(長く・闌く)」と同根か〕❶物事の最も盛んなさま。最中。特に、酒宴についていう。例その**酣なる**時に臨み〈記・中・景行〉❷物事の最も盛んな時期が過ぎようとするさま。例夜深け酒(=酒宴)**酣にして**〈紀・顕宗〉

たけ-の-その【竹の園】「たけのそのふ」に同じ。例年をへて生ひそふ**竹の園**のうちに尽きせざるべき君の千代かな〈夫木・三五〉

たけ-の-そのふ【竹の園生】ソノウ ❶竹の生えている園。例日暮るれば**竹の園生**に寝る鳥の〈散木奇歌集・九〉❷皇族。中国の漢代、梁の孝王が庭園に竹を植えて「修竹苑」と名づけたところからの称。例御門の御位はいともかしこし(=たいそう恐れ多い)。**竹の園生**の末葉まで人間の種ならぬぞやんごとなき〈徒然・一〉読解皇族は神の子孫だとする。

たけ-の-は【竹の葉】〔「竹葉」の訓読〕酒の別称。例**竹の葉**の露ばかりだに受けじとは思ひしかども、盃に向かへば〈謡曲・紅葉狩〉

多気の宮(たけのみや) 名伊勢神宮内の斎宮の宮殿。斎宮寮。伊勢国(三重県)多気郡にあった。「多気の都」とも。例かの斎宮のおはします所は**たけのみや**となむいひける〈大和・三六〉

たけ・ぶ【猛ぶ・建ぶ】 動(バ上二)勇ましくふるまう。例地を踏み きかみ(=歯ぎしりをして)**たけび**て〈万葉・九・一八〇九〉

建部綾足(たけべあやたり)『人名』一七一九〜一七七四(享保四〜安永三)。江戸時代の俳人・国学者・読本作家・絵師。国学では賀茂真淵に入門。読本に『西山物語』のほか、中国小説『水滸伝』を典拠とする長編『本朝水滸伝』がある。

竹本義太夫(たけもとぎだゆう)『人名』一六五一〜一七一四(慶安四〜正徳四)。江戸時代の浄瑠璃太夫。義太夫節の祖。清水理兵衛のもとで播磨節を学び、その後、京都で宇治加賀掾のワキとして活躍。貞享元年(一六八四)、大坂道頓堀に竹本座を興して竹本義太夫の名で人気を獲得。

たける【梟帥・建】 名『上代語』勇猛な男。特に、地方に武威を誇っていた異種族の首領。例やつめさす(枕

詞〉出雲建が 佩ける刀〈記・中・景行・歌謡〉

たけ・る【猛る・哮る】 動（ラ四）❶勇ましくふるまう。暴れる。❷声高く叫ぶ。ほえる。例瀬戸口に**たける**うしほの大淀み〈山家集・中〉

たけれ 希望の助動詞「たし」の已然形。

た-ご【田子】 名 田を耕す人。例いかばかり**田子**の裳裾もそぼつらむ（＝ぬれているだろうか）雲間も見えぬころの五月雨〈新古今・夏〉

た-こく【他国】 ❶名 自分の生国ではない国。よその国。例**他国**の聖なり。すみやかに追ひ放つべし〈宇治拾遺・一七〇〉 ❷名動（サ変）よその国に行くこと。特に、逃亡や出稼ぎにいう。例その家たたむときは**他国して**〈西鶴・西鶴織留・二・一〉

た-ごし【手輿】 名「てごし」とも。輿の一種。前後二人で腰のあたりまで持ち上げて運ぶもの。「腰輿」とも。⇩こし（図）。例**手輿**に乗りて白蓋（＝白い絹傘）ささせてのぼられけるこそ〈大鏡・道長上〉

た-ごし【手越し】 名 手から手へ伝え渡すこと。例石群を **たごし**に越さば（＝渡したら）〈紀・崇神・歌謡〉

田子の浦 《地名》歌枕 駿河国、今の静岡県富士市の海岸。富士山を見晴らす景勝地で、『万葉集』や『更級日記』などにも見られる。例**田子の浦**にうち出でてみれば白妙の富士の高嶺に雪は降りつつ〈新古今・冬〉➡名歌206

た-こむら【手腓】 名 上腕部の内側の筋肉が膨らんだ部分。例**たこむら**に 虻かきつき（＝食いつき）〈記・下・雄略・歌謡〉

だ-ざい【大宰】 名「ださい」とも。「だざいふ」に同じ。また、その役人。例田部忌寸櫟子、**大宰**に任ずる時の歌四首〈万葉・四・四九二・詞書〉

太宰春台 《人名》一六八〇～一七四七（延宝八～延享四）。江戸時代の儒者。荻生徂徠に学び、政治思想面にすぐれた。経世済民を説く『経済録』などがある。

だざい-の-ごんのそち【大宰権帥】 名「だざいのごんのそつ」とも。大宰帥に準じる官。平安時代には大宰帥に任地に赴かない遥任の親王を任じたので、赴任して実務を執る長官が必要となったことから置かれたもの。菅原道真や源高明のように左遷のために任じられることもあった。その場合、実務は次官の大弐が執る。

だざい-の-そち【大宰帥】 名「だざいのそつ」とも。大宰府の長官。従三位相当。平安時代以降は、多く親王が任命された。

だざい-ふ

【大宰府】 名 令制で、筑前国、今の福岡県太宰府市に置かれた役所。西海道（九州全域）を総管し、対中国・朝鮮半島の外交・防衛もつかさどる。長官の帥、次官の大弐・少弐などの官を置く。例大宰帥大伴卿の妻大伴郎女、病に遇ひて長逝す（＝逝去する）。ここに勅使…を大宰府に遣はして喪を弔ひ〈万葉・八・一四七二・左注〉 読解「大伴卿」は大伴旅人のこと。

語誌 大宰府は、役所の機構も、条坊制を敷いた都城の規模も、他の国府とは比較にならないほど大きかった。帥は従三位相当の官で、奈良時代には有力な高官が任じられた。

平安時代になると、帥には多く親王が任じられるようになる。このいわゆる「帥の宮」は、帥としての給与を受けるだけで赴任はしなかったので、権帥もしくは大弐が実質上の長官となった（⇩だざいのごんのそち）。したがって、大弐を帥と呼び、また権帥を大弐と称した例もある。大宰府は日唐（宋）貿易も管轄していたので、権帥や大弐は、巨富を築きうる官職となった。

〈藤原克己〉

たし

助動（ク型） 自分の動作の実現を希望する意を表すほか、他に対して望む意の希望にも用いられる。

❶**自分の動作の実現を希望する意を表す。**～たい。例舞も見**たけれ**ども、今日はまぎるる事いできたり（＝舞も見たいけれども、今日は用事ができた）〈平家・一・祇王〉

❷**他に対する希望の意を表す。**～てほしい。例家にありたき木は（＝家にあってほしい木は）、松・さくら〈徒然・一三九〉

接続 動詞型活用語の連用形につく。

活用 ク型 表内の〔 〕は異説のあるもの。

未然形	連用形	終止形	連体形	已然形	命令形
〔たく〕 たから	たく たかり	たし	たき たかる	たけれ	○

語誌 平安時代の末に現れた語。はじめのうちは俗語とみられ、和歌などには用いられなかったが、しだいに一般化して、より古い「まほし」と交替していった。連用形「たく」には「たう」というウ音便形がある。現代語の「たい」は、この語の連体形「たき」のイ音便形が終止形になったものである。

▼異説 仮定を表す「たく」などから、未然形「たく」を認める説もある。

〈山口堯二〉

たし【立し】 《上代語》「たつ（立つ）」の連用形「たち」の東国方言。例足柄のみ坂に**立して**袖振らば〈万葉・二〇・四四二三〉

たし-か【確か】 〔「か」は接尾語〕❶形動（ナリ）❶間違いないさま。しっかりしたさま。確実。確固。例仕うまつる人の中に、心**確かなる**を選びて〈竹取〉❷はっきりしているさま。明確。正確。例宇治山の僧喜撰は、詞かすかにして、始め終はり**たしかなら**ず〈古今・仮名序〉 ❷副 たしかに。きっと。例**たし**かこめこめとやら仰せられた〈虎寛本狂言・目近〉

たしな・し 形（ク） 生活に困窮している。欠乏している。例困しく**たしなき**を振ふ〈紀・仁徳〉

たじ-なし【他事無し】 ❶ほかの事を顧みない。専念する。例ただ囲碁を打つほかは**他事なし**〈宇治拾遺・一三七〉 ❷よそよそしくない。親しい。例「その駕籠これへ」と**他事なき**風情〈近松・夕霧阿波鳴渡・中〉

たしな・む

【嗜む】 動（マ四）❶好む。好んで打ち込む。例（酒ト早歌ヲ）**嗜み**けるほどに、説経習ふべき隙なくて、年よりにけり（＝好んで打ち込んでいたうちに、説経を習

うはずの時間がないまま、年を取ってしまった〈徒然・一八八〉
❷用意する。心がける。気を配る。例この若君の御機嫌よきやうにとたしなみ(=この若君の御機嫌がよいようにと心がけ)〈御伽草子・木幡狐〉
❸慎む。我慢する。例たしなむ涙堪(こら)へかね(=我慢していた涙を耐えかね)〈近松・女殺油地獄・中〉
語誌 上代語の「たしなむ」は別語。〈川崎剛志〉

たしな・む【窘む・困む】《上代語》❶動(マ四) 苦しむ。例風雨はなはだふきふるといへども、留(と)まり休むこと得ずして(=できなくて)辛苦(たし)なみつつ降(くだ)りき〈紀・神代上〉❷動(マ下二) 苦しめる。例皆迫(せ)め窘めらえて(=攻め苦しめられて)〈記・中・崇神〉

たし-に【確に・慥に】副〔「たしか(確か)」と同根〕十分に。確かに。ていねいに。例この国はたしに造れる国なり〈出雲風土記〉

だし-ぬ・く【出し抜く】動(カ四) 他人のすきをうかがったりだましたりして、自分が先に事を行う。例義朝(よしとも)はだしぬきけるよな〈保元・中〉

たじま【但馬】⇩たぢま

た-しゃう【他生】シヤウ 名《仏教語》現世から見た、過去世と未来世。例他生にも、さだめて花を愛する人たらん〈発心集・一・八〉
【他生の縁(えん)】〔「多生(たしやう)の縁」の誤用〕「たしゃうのえん(多生の縁)」に同じ。

た-しゃう【多生】シヤウ 名《仏教語》何度も生死を繰り返して輪廻(りんね)すること。何度もこの世に生まれ変わること。例多生にまれに値(あ)へる仏法をあがめずして〈沙石集・六・一〇〉
【多生の縁(えん)】《仏教語》何度もこの世に生まれる間に結ばれる因縁。例同じ流れ(ノ水)をむすぶも(=すくうのも)、多生の縁なほ深し〈平家・七・福原落〉

たしゃう-くゎうごふ【多生曠劫】タシヤウコウゴウ 名《仏教語》何度も生死を繰り返し、輪廻(りんね)すること。また、そのきわめて長い時間。例多生曠劫、いたづらにこそ(=むなしく)過ぎしか〈沙石集・一〇本・八〉

だじゃう-くゎん【太政官】ダジヤウカン 名「だいじゃうくゎん」に同じ。

だじゃう-だいじん【太政大臣】ダジヤウ― 名「だいじゃうだいじん」に同じ。

だじゃう-てんわう【太上天皇】ダジヤウテンノウ 名「だいじゃうてんわう」に同じ。

だじゃう-ほふわう【太上法皇】ダジヤウホウオウ 名出家した太上(だいじやう)天皇の敬称。法皇。例これ、亭子(てい)の太上法皇(=宇多(うだ)法皇)の第一の皇子(みこ)におはします〈大鏡・醍醐天皇〉

た-しょ【他所】❶名ほかの場所。よそ。例他所へ行幸(ぎやうがう)ありけり〈徒然・一五六〉❷動(サ変) ほかの場所へ移る。例それ(=その人)さへ他所せられなば〈栄花・衣の珠〉

たしょう【他生・多生】⇩たしゃう

たじろく ⇩たぢろく

たず【鶴・田鶴】⇩たづ

た-すき【手繦・襷】名❶古く、神を祭るときに物忌みのしるしとして肩にかける紐(ひも)状のもの。例天(あめ)の日影をたすきにかけて〈記・上・神代〉❷袖(そで)をからげて手の動きを自由にするための紐。例姫君の襷ひき結ひたまへる〈源氏・薄雲〉❸紐などを交差させること。例紐を結ふに、上下(かみしも)よりたすきにちがへて〈徒然・二〇八〉❹襷文(たすきもん)。線を斜めに交差させた模様。

手繦④(三重手繦)〔高田装束研究所〕

たずき【方便】⇩たづき

たす・く

【助く・輔く・扶く】動(カ下二)〔「た」は手、「すく」は「助(す)く」で助ける・手伝う意〕❶支える。力を添える。例(供人二)助けられつつ入りたまふ(=支えられながらお入りになる)〈源氏・浮舟〉
❷補佐する。後見する。助力する。例文をもっては万機(ばんき)の政(まつりごと)を助け、武をもっては四夷(しい)の乱を定む(=文才によって帝王の政務を補佐し、武勇によって四方の蛮族の反乱を平定する)〈平治・上〉
❸病気・苦難・危機などから救う。例(地蔵ガ)地獄へ入りて、(罪人ヲ)助けて帰りたまへるなり(=救ってお帰りになったのである)〈宇治拾遺・八・二〉
❹病気などを我慢する。無理する。例病(やまひ)をたすけて起き上がりて(=病気を我慢して起き上がって)〈著聞集・一五・四八九〉
語誌 特に④の用法に注意。④例を、病を助長す る、などと誤解しないこと。〈川崎剛志〉

たずさう【携う】⇩たづさふ

たずぬ【尋ぬ・訊ぬ・訪ぬ】⇩たづぬ

た-ぜり【田芹】名植物の名。芹(せり)の別称。多く田に生えることからいう。例幾千度(いくちたび)水の田芹を摘みしかは〈更級〉

た-そ【誰そ】〔代名詞「た」+係助詞「ぞ」の古形「そ」〕だれだ。だれか。例誰そこの鬼をおひ出だいて下されいの〈虎寛本狂言・節分〉

たそ-かれ

【黄昏・誰そ彼】名〔近世以降「たそがれ」〕「たそかれ時(どき)」の略。人の姿が見分けにくい時刻。夕暮れ。⇩かはたれどき。例寄りてこそそれかとも見めたそかれにほのぼの見つる花の夕顔(=近寄って、だれそれとはっきり見ようと思う。夕暮れ時にかすかに見た花のように美しい夕方の顔を)〈源氏・夕顔〉読解夕顔の花にたとえて女性に贈った歌。次はもっとよく見たい、ということ。〈木村博〉

たそかれ-どき【黄昏時・誰そ彼時】名「たそかれ」に同じ。例光ありと見し夕顔の上露(うはつゆ)はたそかれ時の空目(そらめ)(=見間違い)なりけり〈源氏・夕顔〉

ただ

【只・唯】副❶物事を限定するさま。ただそれだけ。もっぱら。例(和歌デモ中国ノ詩デモ)ただその筋をぞ、枕言(まくらごと)にせさせたまふ(=ただそのような題材だけを、口癖になさいます)〈源氏・桐壺〉読解「その筋」は愛する人との死別を題材にした詩歌。
❷数量・程度がごくわずかなさま。たった。ほんの。例(ソノ人二八)むすめ、ただ一人はべりし(=娘がたっ

た一人おりました〉〈源氏・若紫〉

❸よく似ているさま。そっくりなさま。まったく。まるで。「やうなり」「ごとし」などを伴って用いることが多い。例おごれる人も久しからず、ただ春の夜の夢のごとし(=高ぶり得意になっている人も長くは続かず、まるで春の夜の夢のようだ)〈平家・一・祇園精舎〉読解「春の夜の夢」は短くはかないもののたとえ。

❹ひたすら。ただただ。例(体ハ)ただ冷えに冷え入りて、息はとく絶えはてにけり(=ただただどんどん冷えていって、息ははやくも絶え果ててしまっていた)〈源氏・夕顔〉

❺命令の意を強める。ともかく。例答へきこえで、ただ聞けとあらば(=お返事申し上げずに、ともかく聞いていろ、というのならば)〈源氏・末摘花〉

❻特別なことがないさま。普通に。単に。例只ある蛇なめり(=普通にいる蛇であるようだ)〈今昔・一三・四三〉

語誌 副詞・形容動詞の「ただ」から分化した語。両者を一語として扱う説もある。〈井上博嗣〉

ただ【直・徒・只】1副 ❶まっすぐに。一直線に。直接に。例志雄道からただ越え来れば(=志雄路を通ってまっすぐに山を越えて来てみると)〈万葉・一七・四〇二五〉読解「志雄道」は、今の富山県氷見市から石川県羽咋市の方面へ出る山道。

❷すぐ近くであるさま。もうすぐ。ついさっき。すぐそばに。時間的にも空間的にもいう。例そのわたりには、ただ近きころほひまで、人多う住みはべりけるを(=そのあたりには、つい近ごろまで、人が多く住んでおりましたが)〈源氏・夢浮橋〉

❸率直に。ありのままに。例(私ハ)明日とも知らぬ身にてはべれば、ただ申してむ(=明日にも死ぬかもしれない命でございますので、率直に申し上げてしまいましょう)〈大鏡・道長上〉

2形動(ナリ) ❶まっすぐだ。じかだ。直接だ。例み熊野の浦の浜木綿百重なす心は思へどただに逢はぬかも〈万葉・四・四九六〉↓名歌336

❷ことに手を加えていないさま。特別なところがないさま。㋐何も飾りがない。加工されていない。例ただなる絹・綾など取り具したまふ(=染めていない絹や綾などをとりそろえなさる)〈源氏・宿木〉

㋑平凡だ。普通だ。いつもどおりだ。例后のただにおはしける時とや(=后が普通の身分でいらっしゃったときとかいうことだ)〈伊勢・六〉読解后になる前、ということ。

㋒何もしない。何も起こらない。例思ふこと言はでぞただにやみぬべき我とひとしき人しなければ(=心に思うことは、きっと言わずにそのままにしてしまうのがよいのだ。私と同じ心の人はいないのだから)〈伊勢・一二四〉読解どうせわかってはもらえまい、という気持ちである。〈井上博嗣〉

ただ-あり 形動(ナリ) ❶平凡なさま。例ただありのあはつけ人だに(=ありふれたあさはかな人でさえ)寝ざめしぬべき空のけしきを〈源氏・夕霧〉読解語幹の用法。❷ことに飾り立てないさま。ありのまま。例ただありにおほどかなる(=おおらかな)方にのみは見えたまひけれ〈源氏・胡蝶〉

ただ-いま【只今】名副 ❶今現在。現に。目下。例ただ今は幼き御ほどに〈源氏・桐壺〉❷過ぎ去ったばかりの過去をさす。たった今。今しがた。例源氏の中将の、瘧病まじなひにものしたまひけるを、ただ今なむ聞きつけはべる〈源氏・若紫〉❸ごく近い未来をさす。今すぐ。今にも。例ただ今おのれ(=私)見棄てたてまつらば、(アナタハ)いかで世におはせむとすらむ〈源氏・若紫〉

たたう-がみ【畳紙】〔タトウ〕名〔「たたみがみ」のウ音便形〕折りたたんで懐に入れておく紙。鼻紙としての用途のほかに、歌などを書くのに用いる。「懐紙」とも。例畳紙に書きておこせたる(=送ってきたもの)を見れば〈枕・故殿の御服のころ〉

ただ-うど【直人・徒人】名「ただびと」のウ音便形。

ただ-か【直処・直香】名 その人自身。その人の様子。例聞かずして黙もあらましを何しかも君がただかを人の告げつる(=聞かないでおけばよかった。どうしてあなたのことを人が告げたのだろう)〈万葉・一三・三三〇四〉読解恋しい人に関する悲しい知らせを聞いてしまったのだろう。

たたか-ふ【戦ふ】〔タタカウ・タタコウ〕動(ハ四)〔動詞「たたく」の未然形+上代の反復・継続の助動詞「ふ」〕❶たたき続ける。例斧を執りて父を殴ふ〈霊異記・上・五〉❷争い、打ち負かそうとする。戦う。例あの国の人を、え戦はぬなり〈竹取〉

ただ-がほ【只顔・唯顔】〔ガオ〕名 化粧をしていない顔。素顔。例この女房の湯より上がって、ただ顔ならんを見せて〈太平記・二〉

たた・く【叩く・敲く】動(カ四) 打撃を加える意。何度か続けざまに繰り返される打撃をいう場合が多い。

❶続けて打つ。例奥には平家、ふなばたをたたい(音便形)て感じたり。陸には源氏、箙をたたい(音便形)てどよめきけり(=沖では平家が船ばたを打って感嘆した。陸では源氏が箙を打って大声で騒いだ)〈平家・一一・那須与一〉読解弓の腕をたたえる身体表現。

❷強く打つ。殴る。例たたかれたる腰の骨も、すりむけし膝の頭も、たへがたければ(=殴られた腰の骨も、すりむけた膝頭も、こらえきれないので)〈御伽草子・福富長者物語〉

❸(鳴き声が門などをたたく音に似ていることから)水鶏が鳴く。⇩くひな。例叩くとて宿の妻戸を開けたれば人もこずゑの水鶏なりけり(=戸をたたく音がすると思って家の妻戸を開けたところ、待つ人が訪ねて来たのではなくて、梢の水鶏が鳴く声であったなあ)〈拾遺・恋三〉読解「人もこずゑ」に「人も来ず」と「梢」を掛ける。〈川崎剛志〉

ただ-こえ【直越え】名 迂回せず、まっすぐ越えること。例日下の直越えの道より〈記・下・雄略〉

ただ-こと【直言・徒言】名「ただごと」とも。❶日常的な普通の言葉。修辞を用いない表現や、洗練されていない言葉・表現。例(ソノ和歌ヲ)聞く人の思へるやう、「なぞ、ただごとなる」と、ひそかにいふべし〈土佐〉❷口頭で述べる言葉。例文を奉らむをば、さらに世にも(=決して)見たまはじ。ただことにかく申せ〈今昔・三〇・一〇〉読解「さらに」「世にも」は、ほぼ同じ意。重ねて強調した言い方。

ただ-こと【徒事】名普通の事。常の事。例これはただ事にあらず〈宇治拾遺・三〉

ただこと-うた【直言歌・徒言歌】名『古今和歌集』仮名序で、和歌の六義の一つ。比喩を用いず、思いを直接に表現した歌。

たた-さ【縦さ】名〔「さ」は接尾語〕縦。例縦さにもかにも横さも(=縦横どちらから見ても)奴とぞ我はありける主の殿戸に〈万葉・一八・四一三二〉

たた-さま【縦様】名形動(ナリ)縦の方向。立てたさま。例琵琶の御琴をたたさまに持たせたまへり〈枕・上の御局の御簾の前にて〉

ただ・し【正し】形(シク)❶まっすぐだ。よこしまでない。例清き明き正しき直き心をもちて〈続紀・神亀元年二月・宣命五〉❷道徳や規則など、規範とするものに合っている。また、事実に合っている。例恵みを施し、道を正しくせば〈徒然・一七一〉読解世を治めるやり方について述べる一節。❸きちんとしている。また、正統だ。例束帯ただしき老者が、髻はなって(=あらわにして)〈平家・三・公卿揃〉

ただ-し【但し・唯し】〔副詞「ただ」+副助詞「し」〕❶副「ただ」の強め。ただ～だけ。❷接❶前の事柄を受けて、例外や留保の条件を付け加えるときに用いる。もっとも。とはいうものの。例仰せの事はいともたふとし。ただし、この玉たはやすくえ取らじを(=容易に取ることができないのですが)〈竹取〉❷前の事柄に対して、疑問や推量を加えるときに用いる。あるいは。もしかすると。例十月を神無月と言ひて、神事にはばかるべきよしは、記したる物なし。本文も見えず。但し、当月、諸社の祭りなきゆゑに、この名あるか〈徒然・二〇二〉

ただし-は【但しは】接あるいは。ひょっとすると。例(父親ガ)言ひつけて盗ましたか、ただしは人に頼まれたか〈近松・丹波与作待夜の小室節・中〉

たた-す【立たす】〔上代語〕〔四段動詞「たつ」の未然形+上代の尊敬の助動詞「す」〕お立ちになる。例二柱の神、天の浮き橋に立たして〈記・上・神代〉

ただ・す

【正す・糺す】動(サ四)規範や道義に照らして、まっすぐにする意。「ただ(直)」「ただし(正し)」と同根。

❶よくない点を改める。正しくする。例陛下、失を挙げ枉れるを正して、氏姓を定めたまはば(=天皇は、間違いを示し道理に外れたことを正しくして、氏と姓をお決めになるならば)〈紀・允恭〉

❷事実を明らかにするために、尋ねたり調べたりする。例(a)国つ神空にことわるなかならばなほざりごとをまづやたださむ(=国つ神が空から裁く二人の仲ならば、あなたの実のないお言葉の是非をはじめに問われるだろう)〈源氏・賢木〉読解伊勢下向のための儀式をする日、別れを惜しむ和歌を寄せた光源氏に対する斎宮の返歌。例(b)讒者の実否をただされず(=讒言した者の言うことが事実か否かを明らかになさらず)〈平家・一一・腰越〉

❸特に、罪の有無を取り調べる。例かかる事は返す返すよくただして、まこと・空事顕はして行はせたまふべきなり(=このような事は繰り返し念を入れて取り調べて、真実と偽りをはっきりさせて処置なさらねばならない)〈宇治拾遺・一二四〉読解応天門が放火された事件の犯人を取り調べようとする場面。

語誌 和歌では、京都の下鴨神社の「糺の森」の神を掛けて用いることが多い。例いかにしていかに知らましいつはりを空にただすの神なかりせば〈枕・宮にはじめてまゐりたるころ〉（林田孝和）

糺の森《地名》歌枕 山城国、今の京都市左京区の下鴨神社の境内の森。和歌では、「質す」と掛けて詠まれる。「糺の神」「糺の宮」の形でも詠まれる。例いかにしていかに知らましいつはりを空にただすの神なかりせば〈枕・宮にはじめてまゐりたるころ〉

たたずまひ【佇まひ】名ものが静止しているありさま。例はかなき石のたたずまひも〈源氏・胡蝶〉

たたずま・ふ【佇まふ】動(ハ四)〔動詞「たたずむ」の未然形+接尾語「ふ」〕立ち止まっている。立ち続ける。例我はと思ひたる女房の、のぞきけしきばみ、奥のかたにたたずまふを〈枕・正月一日は〉読解新婚の姫君を粥杖で打とうとして女房がねらっている場面。

たたずみ【佇み・イみ】名自分の身の置きどころ。立場。生活。多く「たたずみがない」「たたずみがかなはぬ」の形で用いる。例木曾街道・中山道の佇みが叶はぬ〈近松・丹波与作待夜の小室節・中〉

たたずみ-あり・く【佇み歩く】動(カ四)あちらこちらで立ち止まっては、歩いてゆく。うろつきまわる。さまよい歩く。例例ならず(=いつになく)こなたかなたたたずみ歩きたまひて〈源氏・椎本〉

たたず・む

【佇む・イむ】動(マ四)❶同じ場所を行きつ戻りつする。ぶらぶら歩き回る。例門のわたりをたたずめば、昨日の子しも走る(=門のあたりをぶらぶらすると、昨日見かけた少女が走って来る)〈堤中納言・貝合〉❷そこにじっと立ちどまる。しばらく立ちどまる。立ちつくす。例その荒れたる簀の子にたたずままほしきなり(=その荒れている簀の子に立ちつくしたいのである)〈源氏・末摘花〉❸身を寄せる。例追ひ出しければ、ほかにたたずむかたもなく〈西鶴・懐硯・二・一〉

語誌 立って動き回っていたものが、やがて立ち止まる意。一時的にじっとする場合から長時間にわたる場合とさまざまで、中世以降は、③のように、長い期間を表す用法も出てきた。（高木和子）

ただ-ぢ【直路】名「ただち」とも。まっすぐな道。近道。例行き通ふ夢のただぢはうつつならなむ(=現実であってほしいことよ)〈古今・恋三〉

ただち-に【直ちに】副❶すぐに。例直ちにする事のはなはだ難き〈徒然・九三〉❷じかに。直接に。例土器より、ただちにうつすべし〈徒然・二一三〉

ただ-なか【只中・直中】名❶中央。真ん中。例南海より北海にいたるまでまた九万里。天竺は正中によれり〈神皇正統記・上〉❷多くの中の代表。典型。また、随一。例そのなりふり…殿中風のただなかなり〈仮名草子・浮世物語・一・六〉❸真っ最中。真っ盛り。例心ざしもやさしく、恋の只中、見し人思ひ掛けざるはなし〈西鶴・好色五人女・五・三〉

たたな-づ・く【畳なづく】〔ズク〕動(カ四)《上代語》❶畳み重ねたように連なる。重なり続く。例**たたなづく**青垣山の隔なりなば〈万葉・一二・三一八七〉❷重なりあう。まつわりつく。例**たたなづく**柔肌すらを剣大刀身に副へ寝ねば〈万葉・二・一九四〉語誌 ①は「青垣」「青垣山」にかかる枕詞とする説もある。

たたな-は・る【畳なはる】〔ワル〕動(ラ四)❶山などが幾重にも重なりあって連なる。重なり続く。例登り立ち国見をせせば**たたなはる**青垣山〈万葉・一・三八〉❷長いものが一か所に畳み重なる。長いものが曲がり重なる。例紅梅の織物の御衣に、**たたなはり**たる御髪の〈堤中納言・このついで〉

ただなら-ず【徒ならず】〔形容動詞「ただ」の未然形＋打消の助動詞「ず」〕❶普通でない。おだやかでない。例春宮の女御、(光源氏ガ)かくめでたきにつけても(=このようにりっぱなのにつけても)、**ただならず**思して〈源氏・紅葉賀〉読解この女御は光源氏を敵視している。❷普通でなくすぐれている。例ねびたれど(=年寄っているが)、清げにて**ただならず**〈源氏・夕顔〉❸妊娠している。例夜な夜な通ふほどに、年月も重なるほどに、身も**ただならず**なりぬ〈平家・八・緒環〉

ただ-に【直に】副❶まっすぐに。例春霞井の上ゆ**直に**道はあれど〈万葉・七・一二五六〉❷じかに。直接に。例国遠み**直に**は逢はず〈万葉・一二・三一四二〉

たた・ぬ【畳ぬ】動(ナ下二)折り返して重ねる。畳む。例君が行く道の長手を繰り**畳ね**焼き滅ぼさむ天の火もがも〈万葉・一五・三七二四〉→名歌138

たたは・し〔タタワシ〕形(シク)〔動詞「たたふ(湛ふ)」の形容詞形〕❶満ち満ちている。欠けているところがない。例いつしかも日足らしまして望月の**たたはしけ**むと〈万葉・一三・三三二四〉❷威厳があってりっぱだ。いかめしい。例**たたはしき**やうにて、馬のはなむけしたる〈土佐〉

ただ-びと

【直人・徒人】名 特別な人ではない普通の人、の意。何に対して普通というのかによって語義が分かれる。「ただひと」「ただうど」とも。

❶(神や仏に対して)**普通の人**。**常人**。例かぐや姫、きと影になりぬ…げに**ただ人**にはあらざりけりと思して(=かぐや姫は、さっと影になってしまった…ほんとうに普通の人ではなかったのだなあとお思いになって)〈竹取〉

❷(天皇・后・皇族に対して)**臣下**。例二条の后の…**ただ人**にておはしましける時のことなり(=二条の后が…臣下でいらっしゃったときのことである)〈伊勢・三〉読解「二条の后」は藤原氏出身。

❸(特に高貴な人に対して)**普通の身分の人**。**一般の貴族**。例いとなやましげに読みゐたる尼君、**ただ人**と見えず(=とても苦しそうに経を唱えて座っている尼君は、普通の身分の人とは見えない)〈源氏・若紫〉

❹(僧や、道を極めた人に対して)**俗人**。**凡夫**。**凡人**。例我は迦葉仏なり…(自分ヲ)**ただ人**はいかでか使ふべき(=どうして使ってよいものか)〈栄花・嶺の月〉

読解「いかでか」は反語の意を表す。

〈池田尚隆〉

たた・ふ【称ふ】〔タタウ・タトウ〕動(ハ下二)ほめる。ほめたたえる。例その名を**称へ**て、上宮廏戸豊聡耳太子と謂す〈紀・推古〉

たた・ふ【湛ふ】〔タタウ・タトウ〕1動(ハ四)充満する。いっぱいになる。例五月雨のころにしなれば荒小田に人もまかせぬ水**たたひ**けり〈山家集・上〉2動(ハ下二)充満させる。いっぱいにする。例信心の水をすまして、利生の池を**湛へ**たり〈平家・二・康頼祝言〉

た-だま【手玉】名 玉で作った、手に巻き付ける装飾品。例足玉も**手玉**もゆらに(=ゆらゆら鳴らして)織る服を〈万葉・一〇・二〇六五〉

たたみ【畳】名 むしろ・ござ・こもなど敷物の総称。平安時代には、主に薄縁(縁をつけたござ)の類をさす。例「この障子口にまろは寝たらむ。風吹き通せ」とて、**畳**ひろげて臥す〈源氏・空蟬〉読解たたんであった薄縁を運んできて広げて敷いた。

ただ-み【正身・直身】名 ほかでもない本人。当の本人。例**正身**かも過ちしけむ(=本人の過ちからか)…遠の国いまだも着かず〈万葉・一五・三六八八〉

たたみ-けめ【畳薦】《枕詞》《上代語》「たたみこも」の東国方言。地名「むらじが磯」にかかる。かかり方未詳。例**たたみけめ**むらじが磯の離り磯(=陸から離れた海上の磯)の〈万葉・二〇・四三三八〉

たたみ-こも【畳薦】《枕詞》薦を幾重にも重ねる意から、「重」と同音を含む地名「平群」にかかる。

たたみ-な・す【畳なす】動(サ四)畳んで作り上げる。畳んで幾重にも重ねる。例懐紙を高く**たたみなし**て、笏になして〈今鏡・四・白河のわたり〉

たた・む

【畳む】動(マ四)❶**折りたたむ**。例(a)ただ衣服をのみ**畳みて**〈紀・推古〉例(b)屏風の一枚**畳まれ**たる〈源氏・東屋〉例(c)傘を**たたま**で蛍みる夜かな〈俳諧・春の日〉

❷**積み重ねる**。例(a)角ある巌石を立て並べて、山を**畳み**〈栄花・駒競べの行幸〉読解庭に築山を造った、ということ。例(b)月日の数を**畳み**て見て〈地蔵菩薩霊験記・一三・一〉

❸**重なる**。**積み重なる**。例(a)月冴ゆるあかしの瀬戸に風吹けばこほりの上に**たたむ**白波〈山家集・上〉読解波が連なり重なる意。「あかし」は地名の「明石」と月光が「明し」の意を掛ける。例(b)頭は雪のごとくして膚くろく、皺は**たたみ**(=頭の毛は雪のようで肌の色は黒く、皺が積み重なり)〈発心集・五・一二〉

❹分解して片づける。取り払う。また、財産をとりつぶす。例(遊女遊ビノセイデ)ほどなく身体**畳む**人、三ケの津になにほどか多し(=間もなく財産をとりつぶす人が、京・大坂・江戸の三都市にどれほど多いことか)〈浮世草子・傾城禁短気・一・四〉

❺人をいためつける。へたばらせる。例この男、しだ

いにたたまれて〈西鶴・好色一代女・二・四〉

語誌 ③は自動詞的な用法。⑤は主に近世の用法。〈高木和子〉

ただむき【腕・臂】 名 腕。特に、ひじから先をさすこともある。例たくづのの(枕詞)白き**ただむき**あわゆきの若やる胸を〈記・上・神代・歌謡〉

たた-む-つき【立たむ月】 二ッ(「む」は推量の助動詞)来月。もうすぐ来る月の意。例例の、**たたむ月**の法事の料に〈源氏・宿木〉

ただ-め【直目】 名 直接見ること。例**直目**に君を見てばこそ命に向かふ(=命がけの)我が恋止まめ〈万葉・一二・二九七九〉

ただよは・し【漂はし】(タダヨワシ) 形(シク)(動詞「ただよふ」の形容詞形)不安定だ。落ち着かない。例(女君タチノ境遇ハ)みな思ふさまに定まり、**ただよはしから**で〈源氏・蛍〉

ただよは・す【漂はす】(タダヨワス) 動(サ四)❶浮かんで揺れ動くのに任せる。ただよわせる。例秋風の吹き**漂はす**白雲は〈万葉・一〇・二〇四一〉❷不安な境遇におく。例(光源氏ヲ)無品の親王の、外戚の寄せ(=後見)なきにては**漂はさ**じ〈源氏・桐壺〉読解「無品」は位階のないこと、「外戚」は母方の親戚。

ただよ・ふ

【漂ふ】(タダヨウ) 動(ハ四)❶**水面や空中に浮かんで揺れ動く。** 例国稚く、浮ける脂のごとくして、くらげなす**ただよへ**る時に(=土地が整っておらず、浮いた油脂のようであって、クラゲのように浮かんで揺れ動いていたときに)〈記・上・神代〉

❷**あてもなくさまよう。** 流浪する。例横さまの罪に当たりて、思ひかけぬ世界に**ただよふ**も(=いわれのない罪を負って、予想もしなかった土地にさまようのも)〈源氏・明石〉

❸**たよりない生活を送る。** 例(娘ガ)**ただよひ**さすらへむこと、いとうしろめたく(=たよりなく落ちぶれるようなことが、非常に心配で)〈源氏・若菜上〉

❹**不安定だ。落ち着かない。** 例その筋とも見えず**ただよひ**たる書きざま(=だれの書風ともわからず不安定な書きぶり)〈源氏・常夏〉

❺**ひるむ。たじろぐ。** 例少しも**漂ふ**気色無くして、大音声をあげて(=少しもたじろぐ気配無く、大きな声を上げて)〈太平記・二六〉〈大井田晴彦〉

たたら【踏鞴・鑪】 名 足で踏んで空気を送る大きなふいご。鋳物作りに用いる。例男どもも集まり、**たたら**踏み、物のこかた鋳などす〈宇津保・吹上上〉

たたり【祟り】 名 神や仏、怨霊および物の怪などがもたらす災難。例(蛇ヲイジメテ)その**祟り**により頭にものはれて(=腫れ物ができて)、うせたまひにき〈大鏡・道兼〉

たたり【絡垜】 名 糸を繰る道具。二つの台に三本の柱を立てて糸を掛ける。例(名香ノ糸ヲ)結びあげたる**たたり**の、簾のつまより(=端から)几帳のほころびに透きて見えければ〈源氏・総角〉

たたん-がみ【畳紙】 名(「たたうがみ」の撥音便形)「たたうがみ」に同じ。

-たち【達】 接尾 神・人を表す名詞・代名詞につく。❶複数を表す。「神達」「男達」など。「だち」とも。❷軽い敬意を表す。「公達」「殿達」など。

たち

【館】 名 ❶官吏などの宿泊する地方在庁の官舎。また、貴族の邸宅。例守の**館**より、呼びに文持て来たなり(=国守の官舎から、招待のために手紙を持って来たようだ)〈土佐〉読解「たなり」は、完了の助動詞「たり」の連体形＋推定・伝聞の助動詞「なり」。⇩たなり

❷「たて」とも。小規模の城。とりで。例貞任が**館**厨川の城焼けぬ(=貞任のとりでである厨川の城が焼けてしまった)〈平家・七・願書〉〈藤本勝義〉

たち

【太刀・大刀】 名 **長大な刀剣の総称。** 例(a)その**大刀**・弓を持ちて、その八十神を追ひ避くる時に(=その大刀・弓を持って、多くの神々を追い退けるときに)〈記・上・神代〉例(b)筒井の浄妙明秀は…黒漆の**太刀**をはき(=黒い漆塗りの太刀を腰につけ)〈平家・四・橋合戦〉

語誌▼「たち」細説 太刀・刀・剣の違いは、平安時代の辞書『和名類聚抄』によれば、剣は両刃、太刀と刀は片刃で、長いのが太刀、短いのが刀。しかし、奈良時代の剣と太刀の差は明らかではない。青銅製から鉄製へ、両刃から片刃へ、直刀から反りのあるものへ変化した。平安時代以降、儀礼用と実戦用とに分化した。中世は反りのある片刃で、刃を下に向けて鞘の帯取りという部分で腰につり下げた。長さは、古くは一メートル前後だが一定せず、大太刀には一・八メートル以上のものがある。鞘など拵えの細工によ

◆太刀

兜金　目貫　緒　帯取り・兵庫鎖　責金　石突き（鐺）　柄　切羽　足金　鞘

▲兵庫鎖の太刀〔春日大社蔵〕

帯取り・七金　手貫緒　山形金

▲飾り太刀〔東京国立博物館蔵〕

毛抜形

▲毛抜形の太刀〔春日大社蔵〕

▲黒漆の太刀〔平治物語絵巻〕

り、多くの呼び方がある。

　今日では、奈良時代以前の反りのないものを「大刀」、平安以降の反りのあるものを「太刀」と表記している。〈黒木祥子〉

たち【立ち】 [1]名 出発すること。例水鳥の(枕詞)**発ち**の急ぎに父母に物言はず来にて今ぞ悔しき〈万葉・二〇・四三三七〉 [2]接頭 動詞について、下の動詞の意味を強める。「立ち越ゆ」「立ち交じる」など。

-だち【立ち】 接尾 地名について、そこの出身や生い立ちであることを表す。「熊野立ち」など。

たち-あかし【立ち明かし】 名「たてあかし」とも。松明の類。地上に立てて照明にする。例**立ち明かし**の光の心もとなければ〈紫式部日記〉

たち-あか・す【立ち明かす】 動(サ四) 立ったままの姿勢で夜通し過ごす。例ゐるべきやうもなくて(=座っているわけにもいかないで)**立ちあかす**も〈枕・内裏の局、細殿いみじうをかし〉

たち-あ・ふ【立ち合ふ・立ち会ふ】 動(ハ四)〔「たち」は接頭語〕❶互いに寄りあう。互いに出会う。また、その場に居あわせる。例川なみの **立ち合ふ**里と〈万葉・六・一〇五〇〉 ❷勝負する。例その国の兵ども**立ちあふ**べからずと思ひて〈水鏡・神功〉

たち-い・づ【立ち出づ】 動(ダ下二) ❶立ち去る。立って出て行く。例ただ、「うけたまはりぬ」とて、**立ち出で**はべるに〈源氏・帚木〉 ❷立って来る。その場所に出る。例**立ち出でて**、「いみじく名残なくも(=非常に余すところなく)見つるかな」とのたまへば〈枕・職の御曹司の西面の〉 ❸表面に現れる。例もとよりの憎さも**立ち出でて**〈源氏・桐壺〉

たち-い・る【立ち入る】 動(ラ四)〔「たち」は接頭語〕❶中に入る。深くまで入り込む。例**立ち入らで**雲間を分けし月影は〈新古今・釈教〉 ❷関係する。かかわる。例大事の女郎に**立ち入りし**御物語〈近松・傾城酒呑童子・三〉

たち-え【立ち枝】 名 高く伸びた枝。和歌では、梅にいうことが多い。例なほ頼め梅の**立ち枝**はちぎりおかぬ思ひのほかの人もとふなり〈更級〉➡名歌273

たち-おく・る【立ち後る】 動(ラ下二)〔「たち」は接頭語〕❶あとになる。遅くなる。例**立ちおくれて**この君の立ち出でたまへる〈源氏・竹河〉 ❷先立たれる。死に後れる。例むつましかるべき人にも**立ちおくれ**はべりにければ〈源氏・若紫〉 ❸劣る。例心にくく奥まりたるけはひ(=奥ゆかしい様子)は**立ちおくれ**〈源氏・花宴〉

たち-かか・る【立ち掛かる】 動(ラ四) ❶物に寄りかかる。例**立ちかかり**屏風を倒す女子ども〈俳諧・猿蓑・五〉 ❷立ち上がって襲いかかる。例**立ちかかりて**、(相手ヲ)起こし立てず、頭をまた打ち破りてけり〈宇治拾遺・一三二〉

たち-かく・す【立ち隠す】 動(サ四) 霧・霞・雲などが立って、遮り隠す。例山桜わが見に来れば春霞峰にも尾にも**立ち隠し**つつ〈古今・春上〉

たち-かく・る【立ち隠る】〔「たち」は接頭語〕[1]動(ラ四) 隠れる。例佐保川の 岸のつかさの 柴な刈りそね ありつつも 春し来たらば **立ち隠るがね**(=その陰に隠れられるように)〈万葉・四・五二九〉 [2]動(ラ下二) [1]に同じ。例思ふてふ(=私を愛しているという)人の心の隈ごとに**立ちかくれ**つつ見るよしもがな〈古今・雑体〉 語誌 上代は主に[1]の四段活用。

たち-かさ・ぬ【立ち重ぬ】 動(ナ下二) 幾重にも重ねる。波・雲・霞などにいう。

たち-かさ・ぬ【裁ち重ぬ】 動(ナ下二) 衣を裁断し重ねて仕立てること。例寄る波に**たちかさね**たる旅衣〈源氏・明石〉 読解「立ち重ぬ」の意を掛ける。

たち-かは・る【立ち代はる】 動(ラ四)〔「たち」は接頭語〕❶変化する。移る。流転する。例**たちかはり**古き都となりぬれば道の芝草長く生ひにけり〈万葉・六・一〇四八〉 ❷交替する。例上(=母君)おはせぬほどは、**立ちかはりて**参り来べきを〈源氏・紅梅〉

たち-か・ふ【裁ち替ふ】 動(ハ下二) 衣服を作りかえる。別の衣服に仕立てる。また、そうして作った衣服に着がえる。例夏衣**たちかへ**てける今日ばかり〈源氏・幻〉 読解 ここは衣更えの例。

たち-かへり

【立ち返り】〔動詞「たちかへる」の連用形から〕副 ❶**折り返し。折り返してすぐに。**例「**たち返り**参り来なむ」とて出でたまへば(=「きっと折り返しすぐに参上しましょう」と言って、お出かけになるので)〈源氏・若紫〉

❷**繰り返し。幾度も。**例蜩**立ち返り**鳴く〈宇津保・祭の使〉

❸**再び。あらためて。**例摂政殿にも、大殿**たちかへり**なりたまひぬ(=摂政殿にも、大殿が再びおなりになった)〈増鏡・藤衣〉

❹**それまでとは逆に。反対に。**例(博打デ運ガ変ワッテ)**立ち返り**、続けて勝つべき時の至れると知るべし(=それまでとは逆に、連続して勝つはずの時が来ていると知らねばならない)〈徒然・一二六〉〈井上博嗣〉

たち-かへ・る【立ち返る】 動(ラ四)〔「たち」は接頭語〕❶もとに戻る。引き返す。例なほ梅の匂ひにぞ、いにしへの事も**立ち返り**恋しう思ひ出でらるる〈徒然・一九〉 ❷繰り返す。例**たちかへり**つつ見しあづま路よりは近きやうに聞こゆれば〈更級〉

た-ぢから【手力】 名 手の力。腕力。例春の花今は盛りに匂ふらむ折りてかざさむ**手力**もがも(=手の力があったらなあ)〈万葉・一七・三九六五〉

た-ぢから【田力・租】 名「たちから」とも。田地に課される租税。田租。例今年の**田租**免し賜はく〈続紀・天平宝字二年八月・宣命二四〉

たち-き・く【立ち聞く】 動(カ四) ❶立ったまま聞く。例軽の市に 我が**立ち聞けば**〈万葉・二・二〇七〉➡名歌45 ❷物陰から人の話を盗み聞く。例女房などに時々読ますするを**立ち聞けば**〈源氏・蛍〉

たち・く【立ち来】 動(カ変) ❶雲・霧・風・波などが発生して来る。例わたつみの沖つ白波**立ち来らし**〈万葉・一五・三五九七〉 ❷やって来る。例島守に 我が**立ち来れば**〈万葉・二〇・四四〇八〉

たち-く・く【立ち潜く】 動(カ四)〔「たち」は接頭語〕鳥などが、飛びつつ木の間などをかいくぐる。例ほととぎす木の間**立ち潜き**鳴か

ぬ日はなし〈万葉・一七・三九一一〉

たち‐くだ・る【立ち下る】動(ラ四)〔「たち」は接頭語〕ほかと比較して劣っている。例名も立ち下りたるやうなれど〈源氏・常夏〉

たち‐こ・む【立ち込む・立ち籠む】1動(マ四)人・馬・車などがたてこみ、混雑する。例御とぶらひの使ひなど立ちこみたれど〈源氏・葵〉2動(マ下二)❶霧・煙などが一面に満ちる。例川霧のたちこめつれば〈三奏本金葉・秋〉❷取り囲む。例忠明をたちこめて、殺さんとしければ〈宇治拾遺・九五〉

たち‐こ・ゆ【立ち越ゆ】動(ヤ下二)〔「たち」は接頭語〕❶ほかよりもすぐれている。まさる。例昔にもなほたち越ゆる貢ぎ物〈増鏡・老のなみ〉❷出かける。また、やって来る。例嵯峨野の方ゆかしく候ふ間(=心ひかれますので)、立ち越え一見せばや〈謡曲・野宮〉

たち‐さか・ゆ【立ち栄ゆ】動(ヤ下二)〔「たち」は接頭語〕繁栄する。草や木が生い茂る。例我が時と立ち栄ゆとも草な手折りそ〈万葉・七・一二八六〉

たち‐さ・ふ【立ち障ふ・立ち塞ふ】サウ・ソウ 動(ハ下二)立ちふさぐ。行く手を遮る。例波立ちさへて入れずもあらなむ〈土佐〉 語誌『万葉集』のある本に「立ち塞ふ道を」という例があり、それによれば四段にも活用したか。

たち‐さわ・ぐ【立ち騒ぐ】動(ガ四)❶〔「たち」は接頭語〕騒ぐ。大騒ぎをする。騒ぎ立てる。例年ごろあそび馴れつる所を、あらはにこほち散らして、たちさわぎて〈更級〉❷風・波などが立って音を立てる。例とりもあへず立ち騒がれしあだ波にあやなく(=理由もなく)何に袖の濡れけむ〈後撰・雑三〉

たち‐し・く【立ち頻く】動(カ四)波などがしきりに立つ。例寄する白波いや増しに立ちしき寄せ来くあゆ(=東風)をいたみかも〈万葉・一八・四〇九三〉

たち‐しな・ふ【立ち撓ふ】シナウ・シノウ 動(ハ四)植物などがしなやかになびく。人がしなやかに立つ。例立ちしなふ君が姿を忘れずは〈万葉・二〇・四四四一〉

たち‐しゅう【立ち衆】名能・狂言の助演の役者の一種。同じ役割の人々が数人並んで登場するもの。謡曲『安宅』における従者九人などの類。

たち‐すくみ【立ち竦み】名❶体を固くして立つこと。身体の自由がきかず、身動きのできないまま立つこと。例立ちすくみにこそ死にたまひけれ〈太平記・二八〉❷斎宮の忌み詞で、仏。

たち‐すく・む【立ち竦む】動(マ四)❶じっと立ち続ける。例腰痛きまで立ちすくみたまへど〈源氏・宿木〉❷神仏の罰や恐怖などで、身動きができなくなる。例おのおの立ちすくみて、さらにすることなし〈宇治拾遺・二七〉

たち‐そ・ふ【立ち添ふ】ソウ 動(ハ四)❶寄り添って立つ。例少女らに男たちそひ〈続紀・宝亀元年三月〉❷加わる。さらに加わって生じる。例おもしろさもあはれさもたちそひたり〈源氏・若菜下〉❸他人のあとを追って死ぬ。例ほどもなく、また(自分モ、死ンダ恋人ニ)たちそひぬべきが〈源氏・夕顔〉

たち‐つけ【裁ち著け・裁ち着け】名「たっつけ」とも。袴の一種。裾をひざのところでくくり、下を脚絆のように仕立てた旅行用の半袴。例繻珍(=織物の名)の裁ち着けりりしげに〈近松・丹波与作待夜の小室節・上〉

裁ち著け
〔月次風俗図屏風〕

たち‐ど【立ち所・立ち処】名❶立つ所。立っている場所。例二もとの杉のたちどを尋ねずは〈源氏・玉鬘〉❷筆や足の先などを下ろし立てる所。例筆のたちども見えずきりふたがりて(=涙で目がかすみ)〈讃岐典侍日記・上〉

たちどころ‐に【立ち所に】副その場ですぐに。即座に。例宿病(=長年の持病)たちどころにいえて、天命を全うす〈平家・一・禿髪〉

たち‐とり【太刀取り】名「たちどり」とも。刑場などで罪人の首を打ち落とす役人。また、切腹の介錯をする人。例正清が太刀取りにて〈保元・下〉

たち‐な・む【立ち並む】動(マ四)立ちならぶ。例薬玉、親王たち・上達部の立ち並みたまへるに奉れる〈枕・なまめかしきもの〉

たち‐なら・す【立ち均す】動(サ四)足元の土が平らになるほど、その場所に頻繁に通う。例勝鹿の真間の井見れば立ち平し水汲ましけむ手児名(=人名)し思ほゆ〈万葉・九・一八〇八〉

たち‐なら・す【立ち馴らす】動(サ四)なれ親しむようにする。例(萩ハ)さ牡鹿のわきて(=とりわけ)立ち馴らすらんも、心ことなり〈枕・草の花は〉

たち‐なら・ぶ【立ち並ぶ】1動(バ四)❶立って並ぶ。並んで立つ。例上達部・みこたちまで連ねて、もてまゐりてたちならべり〈宇津保・吹上下〉❷背丈が同じくらいである。例わが丈たち並ぶまで養ひたてまつりたる我が子を〈竹取〉❸比べる。比較する。匹敵する。例(光源氏ニ)立ち並びては、なほ花のかたはら(=そば)の深山木なり〈源氏・紅葉賀〉2動(バ下二)同じくらいにする。同等に扱う。例さりとも明石(=明石の君)の列には立ち並べたまはざらまし〈源氏・玉鬘〉

たち‐な・る【立ち馴る】動(ラ下二)なれ親しむ。例局どもの前渡る、いみじう立ち馴れたらん心地もさわぎぬべしかし〈枕・内裏は、五節の頃こそ〉

たち‐ぬ・ふ【裁ち縫ふ】ヌウ 動(ハ四)布を裁断して衣服などを縫い作る。裁縫する。例布どもをば、直垂・かたびらに裁ち縫はせて〈平家・三・西光被斬〉

たち‐ぬ・る【立ち濡る】動(ラ下二)立ったままでいて露や雨にぬれる。ぬれたまま立つ。例東屋の真屋のあまりの その雨そそき 我立ち濡れぬ 殿戸開かせ〈催馬楽・東屋〉↓名歌28

たち‐はき【帯刀】名「たてはき」とも。❶「帯刀舎人」の略。春宮坊の舎人監の役人で、皇太子の護衛にあたる人。武芸にすぐれた人が選ばれ、特に刀を持つ。例宮司・帯刀などは、我も我もと望みまうせど〈栄花・ゆふしで〉❷鎌倉・室町時代、将軍の参内や社参のときに、太刀を帯びて警護する役。

たちはき‐せんじゃう【帯刀先生】―セン ジョウ 名「たちは

き①」の長官。

たちはき-の-ぢん【帯刀の陣】 ―ジン 名「たちはき①」の詰め所。例春宮(=皇太子の御所)の帯刀の陣にて桜の花の散るをよめる〈古今・春下・詞書〉

たち-はし・る【立ち走る】 動(ラ四) 立ち上がって走る。また、こまめに動く。小走りに走る。例立ち走り叫び袖振り〈万葉・九・一七四〇〉

たちばな【橘】 名 ❶植物の名。ミカン科の常緑樹、ミカン・コウジの類。夏に芳香を放つ白い花が咲く。実は貫いて薬玉とし、食用にもする。⇩口絵。例ほととぎす来鳴きとよもす橘の花散る庭を見む人や誰(=ほととぎすが来て鳴きたてる橘の花が散る庭を見る人はだれなのか)〈万葉・一〇・一九六八〉 ❷紋所の名。①の花や実などを図案化したもの。

語誌 ▼「時じくのかくの木の実」 『古事記』『日本書紀』には、垂仁天皇に命じられた田道間守が常世の国から「時じくのかくの木の実」を持ち帰った、それが橘であるという話が載せられている。

▼右近の橘 内裏の紫宸殿の前には、左近の桜と並んで右近の橘が植えられた。古代から重んじられた植物であることがわかる。

▼橘の花 橘の花は、『万葉集』の時代から同じく夏の景物であるホトトギスととり合わされることが多く、その香りが賞美された。特に『古今和歌集』の「五月待つ花橘の香をかげば昔の人の袖の香ぞする」(➡名歌178)は有名で、この歌によって、橘の花の香りが懐旧の情を催させるものととらえられるようにもなった。〈佐藤明浩〉

橘曙覧 《人名》一八一二〜一八六八(文化九〜慶応四)。江戸時代の歌人。号は志濃夫廼舎。本居宣長門下の田中大秀に国学を学ぶ。生涯のほとんどを越前(福井県)で送り、貧しい生活を飾らずに詠んだ。「楽しみは」で始まる独楽吟五二首が有名。家集に『志濃夫廼舎歌集』『藁屋詠草』。

橘の小島 《地名》歌枕 山城国、今の京都府宇治市を流れる宇治川下流にあったという島。例の歌が有名となり、和歌では、「山吹」とともに詠まれる。『源氏物語』浮舟巻で、匂宮が浮舟を連れ出し宇治川を渡るときに、この歌枕をめぐって歌を詠み交わす場面は有名。例いまもかも咲きにほふらむ橘の小島の崎の山吹の花〈古今・春下〉

橘成季 タチバナノナリスエ《人名》生没年未詳。鎌倉中期の下級貴族。『古今著聞集』の編者。その生涯は、『古今著聞集』の序文・跋文、藤原定家の日記『明月記』などから明らかになる程度で多くは不明だが、絵画・管弦に巧みで、漢詩文・和歌の素養もある教養人の面影をうかがわせる。

橘諸兄 《人名》六八四〜七五七(天武一三〜天平勝宝九)。奈良前期の政治家。皇族出身で、はじめ葛城王といったが、臣籍に下って橘の姓を名のる。藤原不比等の四人の子の死後、聖武天皇期の政治の実権を握る。大伴家持らとも交流があり、『万葉集』の編纂にかかわったとする説がある。『万葉集』に短歌八首を残す。

たち-はな・る【立ち離る】 動(ラ下二) 離れていく。例いと立ち離れにくき草のもとなり〈源氏・桐壺〉

たち-ばら【立ち腹】 名 すぐ腹を立てること。短気。例おのが心本性立ち腹にはべりて〈落窪・三〉

たち-ふるまひ【立ち振る舞ひ】 ―フルマイ 名 立ち居振る舞い。日常の動作。例敵の国へ入る時はたちふるまひにも気を付け〈近松・信州川中島合戦・三〉

但馬 タジマ《地名》旧国名。今の兵庫県北部。山陰道八か国の一つ。但州。延喜式で上国・近国。

たち-まさ・る【立ち勝る】 動(ラ四)〔「たち」は接頭語〕人物・心・程度などが、まさる。すぐれている。例(a)そこはかとなく霞みあひて、秋の夜のあはれに多くたちまされり〈源氏・須磨〉例(b)人(=人柄)もたちまさり、心ばせまことにゆゑあり〈源氏・帚木〉

たち-まさ・る【立ち増さる】 動(ラ四) 量や回数が多くなる。いっそう立つ。例山桜咲きぬるときは常よりも峰の白雲立ちまさりけり〈後撰・春下〉

たち-まじ・る【立ち交じる】 動(ラ四)〔「たち」は接頭語〕集団などに加わる。仲間に入る。例立ちまじり、数ならぬ身のいささかの事せむに(=多少の事をしたとしても)〈源氏・澪標〉

たち-まち【立ち待ち】 名「立ち待ちの月」の略。

たち-まち【忽ち】 副 ❶わずかの間に。例車軸のごとくなる雨ふりて、天下たちまちに潤ひ〈宇治拾遺・二〇〉 読解「車軸のごとし」は、大雨の降る形容。❷突然に。急に。例たちまちに心がはりして〈平家・一一・遠矢〉 ❸今。現に。例たちまちなむ見まじき(=今は会うまい)〈今昔・一九・九〉

たちまち-づき【立ち待ち月】 名「たちまちのつき」に同じ。

たちまち-の-つき【立ち待ちの月】 陰暦十七日ごろの月。立って待っていると出てくる月と称した。

たち-ま・ふ【立ち舞ふ】 ―マウ・モウ 動(ハ四) ❶立って舞う。例もの思ふに立ち舞ふべくもあらぬ身の(=もの思いのために立って舞うことのできそうにない私が)袖うちふりし心知りきや〈源氏・紅葉賀〉 ❷雲や霧などが立ち乱れる。例きのふけふ雲のたちまひ(山ガ)かくろふは〈伊勢・六七〉 ❸〔「たち」は接頭語〕世間に交わる。立ち交じる。例世の中にたちまふべき心地もせず〈宇津保・嵯峨院〉

たち-むか・ふ【立ち向かふ】 ―ムカウ・ムコウ 動(ハ四) 向きあって立つ。対抗する。例舎人二人居て、「人な入れそと候ふ(=人を入れるなとの仰せです)」とて、立ち向かひたりければ〈宇治拾遺・七三〉

たち-めぐ・る【立ち巡る】 動(ラ四) あちこちめぐり歩く。世を経めぐる。人にまじって生きていく。例このたびばかりこそ見め(=今度限りで見納めだ)、と思して、(寝殿ヲ)立ちめぐりつつ見たまへば〈源氏・宿木〉

たち-もとほ・る【立ち徘徊る】 ―モトオル 動(ラ四) あちこちをうろうろ歩き回る。例木の間より移ろふ月の影(=光)を惜しみ立ちもとほるにさ夜ふけにけり〈万葉・一一・二八二一〉

たち-やく【立ち役】 名《演劇用語》❶能楽などで、立って演技する役。座っている囃子方・地方に対していう。❷歌舞伎で、成人の男性の役。例女形にて居ながら、**立ち役**になったらばよからうといはるるは、恥の恥なり〈役者論語・あやめぐさ〉❸歌舞伎で、善人の役。例**立ち役**の家老職は本(=実物)の家老に似せ、大名は大名に似るをもって第一とす〈難波土産・発端〉

たち-やすら・ふ【立ち休らふ】 動(ハ四) 歩みを止めてしばらくたたずむ。立ち止まる。例雪降りたりし暁に**立ちやすらひ**て、わが身も冷え入るやうにおぼえて〈源氏・幻〉

たち-ゆ・く【立ち行く】 動(カ四)❶旅立つ。旅に出る。例**立ち行かむ**君に後れて現しけめやも(=生きた気がしましょうか)〈万葉・一三・三二一〇〉❷時が過ぎてゆく。時間が経過する。例**立ち行く**年も長月や、閏加はる祝ひ月〈近松・曾我五人兄弟・二〉

たち-よそ・ふ【立ち装ふ】 動(ハ四)〔「たち」は接頭語〕飾る。よそおう。例山吹の**立ちよそひ**たる山清水〈万葉・二・一五八〉

たち-よ・る【立ち寄る】 動(ラ四)❶そばに近づく。例花の本には、ねぢ寄り**立ち寄り**〈徒然・一三七〉❷訪れる。例雨間侍らば、**たち寄らせ**たまへ〈蜻蛉・下〉

たぢろき 名 心の動揺。ためらい。例さやうならむ**たぢろき**に、(夫婦ノ仲ガ)絶えぬべきわざなり〈源氏・帚木〉

たぢろ・く 動(カ四)〔近世以降「たぢろぐ」〕❶動揺する。特に、気持ちが動揺する。ひるむ。例御信心**たぢろが**せたまはずして〈末灯鈔〉❷劣る。ひけをとる。例ふみ(=学問)の道は少し**たぢろく**とも〈宇津保・俊蔭〉❸少し動く。ぐらつく。多く打消の形で用いられる。例引き抜かんと身を動かしけれども、**たぢろか**ざりければ〈著聞集・一〇・三八三〉

たち-わか・る【立ち別る】 動(ラ下二) 別れる。別れ去っていく。例(召シ使ワレテイタ人々モ)**立ち別れ**なむことを…同じ心に嘆かしがりけり〈竹取〉

たち-わた・る【立ち渡る】 動(ラ四)❶雲や霧などが、一面に立つ。一帯を覆う。例宇治の川に寄るほど、霧は来しかた見えず**たちわたり**て〈蜻蛉・上〉❷人や車などが、ずらりと並ぶ。例弦うち二十人、五位十人・六位十人、二列に**立ちわたれり**〈紫式部日記〉❸わたる。移動する。例雁が音の聞こゆる空ゆ(=空を)月**立ち渡る**〈万葉・一〇・二二二四〉

たち-わづら・ふ【立ち煩ふ】 動(ハ四)❶立っていてつらい目にあう。立ちくたびれる。例門を鎖させたまうければ、夜ひと夜**立ちわづらひ**て〈大和・七六〉❷車などの置き場所がなくて困る。例(牛車ガ)隙もなう立ちわたりたるに…**立ちわづらふ**〈源氏・葵〉❸立ち去りにくく思う。例とかく**立ちわづらふ**なる庭のたたずまひも、げに艶なるかたに(=まことに優美な点で)〈源氏・賢木〉

たち-ゐ【立ち居・起ち居】 名❶立つことと座ること。日常的な動作。例**起ち居**のけはひ堪へがたげに行ふ〈源氏・夕顔〉❷雲などが現れて浮かんでいること。例秋霧の晴るる時なき心には**立ち居**のそらも思ほえなくに〈古今・恋二〉

たち-ゐる【立ち居る】 動(ワ上一)❶立ったり座ったりする。こまめに立ち動く。例**立ち居**、泣く泣くよばひたまふこと(=呼びかけ続けなさること)、千度ばかり申したまふ〈竹取〉❷雲や波が浮かんでいる。立っている。例中空に**立ち居る**雲のあともなく身のはかなくもなりにけるかな〈伊勢・二一〉

たつ

【龍】 名❶「りゅう」とも。想像上の動物。大蛇に似た体をしているが、四本の足や二本の角をもつとされる。例風吹き、波激しけれども、雷さへ頂に落ちかかるやうなるは、**たつ**を殺さんと求めたまへばあるなり。疾風も龍の吹かするなり(=風が吹き、波も激しいが、雷までも頭の上に落ちてくるようであるのは、龍を殺そうと捜していらっしゃるからである。疾風も龍が吹かせるのである)〈竹取〉

❷【辰】㋐十二支の第五番目。⇩十二支(図)

㋑㋐にあてた年・月・日の呼称。

㋒方角の呼称。東南東。

㋓時刻の呼称。今の午前八時ごろ、およびその前後約二時間。(一説に、その後約二時間)。例**たつ**の刻に舟出したまふ〈源氏・松風〉

語誌 龍に関する伝説・俗信は洋の東西を問わず存在し、あるいは太古の爬虫類が投影されているかとも思われるが、たとえば仏教では難陀・沙羯羅などの八大龍王として位置づけられている。龍は水中に生息し、雨・風・雲・雷などを操るものとされ、雨乞いの祈願の対象ともなった。また五色に光る宝珠をもつとされ、「たつのくびの玉」〈竹取〉をめぐる争いは、多くの文学・芸能の題材ともなっている。〈池山晃〉

た・つ

【断つ・絶つ・裁つ】 動(タ四) 連続するものについて、ある所から以下を切り捨てるのが原義。「たゆ(絶ゆ)」はその自動詞形。

❶**物を切り離す。**切断する。例廏なる縄**絶つ**駒の(=馬屋にいる、縄を切って飛び出る馬のように)〈万葉・二〇・四四二九〉

❷**関係をなくする。**縁を切る。例今日見えたりし人、そのままに、二十余日あとを**たち**たり(=今日姿を見せていた夫は、そのまま、二十日あまり訪れることがなかった)〈蜻蛉・中〉

❸**行為や習慣を取りやめる。**中断する。例五穀**断ち**て、千余日に力を尽くしたること少なからず(=すべての穀物を食べるのをやめて、千日あまりの間努力したこと、並たいていではない)〈竹取〉

❹**布などを裁断する。**例うれしきを何に包まん唐衣袂ゆたかに**たて**と言はましを(=うれしいことを何に包もうか、唐衣の袂をゆったりと裁断せよと言っておくのだったなあ)〈古今・雑上〉読解 うれしいことを袂で包めるようにしたかった、という。〈上野辰義〉

た・つ

【立つ】 垂直方向に上昇する動きを表すのが原義。四段活用と下二段活用とがある。前者は基本的に自動詞、後者は他動詞である。

❶動(タ四)❶**自然に現れたり、移動したりする。**㋐雲・霧・霞・虹・煙・波などが生じる。例さくら花散りぬる風のなごりには水なき空に波ぞ**立ちける**〈古今・春下〉➡名歌173

㋑月が昇る。例うまさけの(枕詞)三諸の山に立つ月の(=三諸の山に昇る月の)〈万葉・一一・二五一二〉 ❷人や動物が立ち上がったり、出発したりする。㋐直立する。例立ちて見、ゐて見、見れど、去年に似るべくもあらず(=立って見たり、座って見たり、見るけれど、去年とは似ても似つかない)〈伊勢・四〉 ㋑鳥などが空中に飛び上がる。例心なき身にもあはれは知られけり鴫立つ沢の秋の夕暮れ〈新古今・秋上〉↓名歌155 ㋒出発する。例明けば、尾張国へ立ちなむとすれば(=夜が明けると、尾張国へ出発しようとするので)〈伊勢・六九〉 ❸地位や任務につく。例后にたちたまふ日になりにければ(=后におなりになる日になったので)〈大和・五〉 ❹目立つ位置を占める。㋐直立している。そびえている。例大君は神にしませば真木の立つ荒山中に海をなすかも(=我が大君は神でいらっしゃるので、杉や檜の茂り立つ荒れた山中にも大きな池をお作りになることだ)〈万葉・三・二四一〉 ㋑位置を占める。例(干シタ樹皮ヲ)庭に立つ 手臼に搗き(=庭に置いてある手臼でついて)〈万葉・一六・三八八六〉 ㋒路上などに車を止める。例高欄に御車ひき懸けて立ちたまへり(=高欄にお車の轅を引っかけてお止めになっている)〈源氏・夕顔〉 ㋓設営される。例いにしへは、そこになむ、市の立ちけるにはべる(=昔は、そこに、市場が設営されたのでございます)〈閑居友・上・四〉 ❺風・音・うわさなどが発生する。㋐風が起こる。例秋風の立ち来る時にもの思ふものそ(=秋風が起こりくる時にもの思いをするものだ)〈万葉・一一・二六二六〉 ㋑物音が発生する。例沖つ潮騒高く立ち来ぬ(=沖の潮鳴りも音高くなってきた)〈万葉・一五・三七一〇〉 ㋒評判になる。例恋すてふわが名はまだき立ちにけり人知れずこそ思ひそめしか〈拾遺・恋一〉↓名歌165 ㋓個々の能力が機能する。例妙観が刀はいたくたたず(=あまりよく切れない)〈徒然・二二九〉 ❻他動詞的に用いる。㋐立てる。設ける。例上つ瀬に 鵜川を立ち 下つ瀬に 小網さし渡す(=川の上流に鵜を使って魚をとる設備を設け、下流にすくい網をめぐらす)〈万葉・一・三八〉 ㋑評判を立てる。例いとあるまじき名を立ちて、身のあはあはしくなりぬる嘆きを(=まったくとんでもない評判を立てて、身をもちくずしてしまったという嘆きを)〈源氏・若菜下〉 ㋒(「腹を立つ」の形で)怒る。例いとどことをつけて、腹を立ちて(=ますますそれにかこつけて、怒って)〈落窪・二〉 ❼暦の月や季節が新たになる。始まる。例袖ひちてむすびし水のこほれるを春立つ今日の風やとくらむ〈古今・春上〉↓名歌201 ❽時間が経過する。例たちぬる月の(=先月の)二十日のほどになむ〈源氏・若紫〉

2 動(タ下二) ❶波や煙などを発生させる。例明日香川七瀬の淀に住む鳥も心あれこそ波立てざらめ(=明日香川の七瀬の淀に住む鳥も深い心があるからこそ波を立てないのだろう)〈万葉・七・一三六六〉 ❷高い位置をとらせたり、出発させたりする。㋐直立させる。例ますらをの鞆の音すなりもののふの大臣楯立つらしも(=勇壮な武士の鞆の音がする、官人たる大臣たちが楯を立てているらしい)〈万葉・一・七六〉 ㋑鳥などを空中に飛び上がらせる。例朝狩りに 五百つ鳥立て(=早朝の狩りにたくさんの鳥を飛び上がらせて)〈万葉・一七・四〇一一〉 ㋒出発させる。例公家、男・女使ひ立てさせたまひ(=朝廷は、男と女それぞれの勅使をお遣わしになり)〈大鏡・道長上〉 ❸地位や任務につける。例(ソノ姫君ヲ)后に立てたてまつらむと思しける(=后におつけ申し上げようとお思いになった)〈大鏡・師尹〉 ❹目立つ位置をとらせる。㋐とどまらせる。例住吉の名児の浜辺に馬立てて(=馬をとどまらせて)〈万葉・七・一一五三〉 ㋑門や戸を閉じる。閉める。例門立てて戸もさしたるを(=戸も鍵をかけておいたのに)〈万葉・一二・三一一七〉 ㋒建てる。構える。例橘の下照る庭に殿建てて(=橘が美しく照り映える庭に御殿を建てて)〈万葉・一八・四〇五九〉 ❺声や物音を発生させる。例ものにおそはるる心地して、「や」とおびゆれど、顔に衣のさはりて、音にも立てず(=何かに襲われる気持ちがして、「あっ」とおびえるが、顔に衣がかぶさって、声にもならない)〈源氏・帚木〉 ❻用を果たす。機能させる。金品を工面する。例駄賃の算用も立てぬげな(=荷物の運賃の支払いもできないそうだ)〈近松・丹波与作待夜の小室節・中〉 ❼大事とする。むねとする。例(故柏木ハ)あやしう情けをたてたる人にぞものしたまひければ(=不思議なほど情け深い方でいらっしゃったので)〈源氏・柏木〉 ❽月日を経過させる。例言ひわたりける男に、この月をたててと言ひつかはすとて(=ずっと言い寄っていた男に、この月が過ぎてからと言って遣わすということで)〈万代集・一〇・詞書〉 〈上野辰義〉

たづ【鶴・田鶴】 タズ 名 鳥の名。鶴の別称。和歌に用いる。例桜田へ鶴鳴き渡る年魚市潟潮干にけらし鶴鳴き渡る〈万葉・三・二七一〉↓名歌172

-だ・つ 接尾(タ四型)〔動詞「たつ(立つ)」の連濁形〕名詞・形容詞や形容動詞の語幹などについて、その状態が発現したり、目立ったりする意を表す。〜のようにみえる。〜の様子である。〜めく。「人だつ」「田舎だつ」「麗しだつ」など。例紫だちたる雲の(=紫がかっている雲が)〈枕・春はあけぼの〉 〈上野辰義〉

た-つか【手束】 名 手で握り持つこと。また、弓などの手で握る部分。

たつ-がしら【龍頭】 名 兜の前立ての一種。龍の頭の形をしたもの。

たづか-な・し タズカ 形(ク)「たづきなし」に同じ。和歌では、「鶴が鳴く」と掛けて用いる。例たづかなき雲居にひとり音をぞ泣く(=声を出して鳴く)つばさ並べし友を恋ひつつ〈源氏・須磨〉

たつぎ【鐇】 名 木こりが用いる幅の広い斧。例まがきする飛驒のたくみのたつぎ音の〈大和・四三〉

たーづき

【方便】 名〔「手付き」の意から。古くは「たどき」とも。中世以降「たつぎ」「たつき」とも〕❶手がかり。手段。方法。例(a)嘆けども 験をなみ 思へども たづきを知らに（＝嘆くけれどそのかいもなく、思うけれど方法を知らないので）〈万葉・四・六一九〉例(b)もとはやむごとなき筋なれど、世に経るたづき少なく、時世にうつろひておぼえ衰へぬれば（＝もとは高貴な家柄であっても、生活する手段が少なく、時勢に流されて世間の信望が衰えてしまうと）〈源氏・帚木〉

❷様子。状態。見当。例行く道の たづきを知らに（＝行く道の様子もわからず）〈万葉・一三・三三二四〉

語誌▼上代では「たづき知らず」や「たづき無し」という否定語を伴った例しか見えない。▼平安時代以降は、「世を経るたづき」「世渡るたづき」などの表現で、生計・生活の手段の意や、職業・生業の意に用いられるようになる。〈吉田比呂子〉

たづきーな・し【方便無し】 形（ク） 頼りがない。よるべがない。どうしようもない。例ならはぬありさまのたづきなきを思ふに〈源氏・玉鬘〉

たーづくり【田作り】 名「たつくり」とも。❶田を耕作すること。農業。また、農夫。例田作り・畠作り、木など伐るなどやうの事〈今昔・三〇・五〉❷（田にまく肥料としたことから）素干しにしたカタクチイワシ。ひしこ。ごまめ。

たーづく・る【手作る】 動（ラ四） 身に着ける。装う。例若草の（枕詞） 足結ひたづくり 群鳥の（枕詞） 朝立ち去なば〈万葉・一七・四〇〇八〉

たづさは・る【携はる】 動（ラ四）❶互いに手を取る。連れ立つ。例過ぎにし児ら（＝死んでしまった妻）と携はり遊びし磯を見れば悲しも〈万葉・九・一七九六〉❷かかわる。関係する。例世俗のことに携はりて生涯を暮らすは、下愚の人なり（＝最も愚かな人である）〈徒然・一五一〉❸物に引っかかる。例難波潟みぎはの葦にたづさはる舟とはなしにある我が身かな〈和泉式部集〉読解私は葦に引っかかる舟ではないが、その舟のように、ということ。

たづさ・ふ

【携ふ】 1 動（ハ四）❶手を取りあう。連れ立つ。例人もなき国もあらぬか我妹子と携ひ行きてたぐひて居らむ（＝だれもいない国があったらなあ。あなたと連れ立って行き、寄り添っていたい）〈万葉・四・七二八〉読解「〜も〜ぬか」は願望の意を表す。

❷関係する。かかわる。例和歌の浦の道（＝和歌の道）にたづさひては〈新葉・序〉

2 動（ハ下二）❶手を取る。連れて行く。例その童女の容姿に感でて、すなはち手を携へて席を同にして（＝その若い女性が美しいのに心がひかれて、そこで手を取って敷物にいっしょに座って）〈紀・景行〉

❷手に持つ。携帯する。例樫の杖を携へて〈芭蕉・奥の細道〉

語誌 1は自動詞、2は他動詞。現代語ではそれぞれ「携わる」「携える」となる。〈鈴木幸夫〉

たっーしゃ【達者】 名 形動（ナリ）❶学術・技芸などの奥義を極めること。また、その人。例末代には諸道に達者は少なきなり〈今昔・二四・二三〉❷体の丈夫なこと。特に、足が丈夫なこと。例かねて達者な者でござったによって〈虎寛本狂言・塗師〉

たつーじん【達人】 名 広く道理に通じた人。また、学問や技芸などの奥義に達した人。例達人の、人を見る眼は、少しも誤るところあるべからず（＝あるはずがない）〈徒然・一九四〉

龍田 《地名》歌枕「立田」とも書く。大和国、今の奈良県生駒郡斑鳩町。奈良県北西部、生駒山地の東南の一帯。古来河内国と大和国とを結ぶ交通の要路にあたる。紅葉の名所で、秋をつかさどる神である龍田姫を祭る龍田神社がある。和歌では、「龍田（の）山」「龍田（の）川」の形で詠まれることが多い。

語誌▼龍田の紅葉 『万葉集』では龍田山は詠まれるが龍田川は見えず、龍田山も必ずしも紅葉が詠まれるとは限らない。それが『古今和歌集』になると、仮名序に「秋の夕べ、龍田川に流るる紅葉をば、帝の御目には錦と見たまひ、春の朝、吉野の山の桜は、人麻呂（＝柿本人麻呂）が心には雲かとのみなむ覚えける」とあるように、桜の吉野と対照される有名な紅葉の名所とされた。特に、龍田川に紅葉が流れる情景を詠んだ歌が多い。〈大谷俊太〉

龍田川 《地名》歌枕「立田川」とも書く。❶大和国から河内国へ流れる大和川の、平群川合流点より下方の、龍田明神付近の川の称。紅葉の名所。例ちはやぶる（枕詞）神代も聞かず龍田川からくれなゐに水くくるとは〈古今・秋下〉➡名歌226 ❷江戸時代以降、生駒山の東を南北に流れる、大和川の支流。

たづたづ・し 形（シク）《上代語》「たどたどし」に同じ。例夕闇は道たづたづし〈万葉・四・七〇九〉

龍田姫 名「立田姫」とも書く。秋をつかさどる女神。龍田神社の祭神。龍田山は平城京の西にあたり、西は五行説で秋にあたることからいう。この女神が紅葉を織りなすと信じられた。春をつかさどる女神は佐保姫。例見るごとに秋にもなるかな龍田姫紅葉染むとや山もきるらん（＝龍田姫が紅葉を染めると思うからこそ山もその紅葉の錦を着るのだろう）〈後撰・秋下〉

龍田山 《地名》歌枕「立田山」とも書く。大和国と河内国の境、生駒山地の南端の山。大和と河内を結ぶ龍田道が通る。例風吹けば沖つ白波たつた山夜半にや君がひとり越ゆらむ〈古今・雑下〉➡名歌120

たっーちゅう【塔頭】 名《仏教語》禅宗で、祖師・各派の開祖などの塔のある所。のちは、一般に、大寺の中にある小寺をいう。例老病に久しく犯され…塔頭にして療養す〈沙石集・一〇末・三〉

たーづな【手綱】 名❶馬具の名。轡の左右に結びつけて馬を操る綱。⇩くら（図）。例左右の鐙をふみすかし、手綱を馬のゆがみ（＝たてがみ）に捨て〈平家・九・宇治川先陣〉❷ふんどし。例白きたづな二筋よりあはせ、かたくをさめて〈曾我・一〉❸鎧を着用するとき、烏帽子の上に巻く鉢巻き。例烏帽子に手綱

た

うたせて鬢もかかずして〈源平盛衰記・三四〉

たづ・ぬ【尋ぬ・訊ぬ・訪ぬ】 動(ナ下二)「たづたづし」と同根。筋道にしたがって追求して行く意。

❶ありかを探し求める。探し出す。例月夜にはそれとも見えず梅の花香を**たづね**てぞ知るべかりける(=月夜では見分けがつかない。梅の花は香りを探し求めて知ることができるのだった)〈古今・春上〉

❷わけを究明する。詮索する。例この扇の**尋ぬ**べきゆゑありて見ゆるを(=この扇のわけを追求しなければならない事情がありそうに思われるので)〈源氏・夕顔〉

❸問いただす。質問する。例「いかなる人の御馬ぞ、あまりに尊く覚ゆるは」と**尋ね**たまひければ(=「どのような人の御馬か、ひどく尊く思えることよ」と質問なさったので)〈徒然・一四四〉

❹訪問する。手紙をやる。安否を問う。例忍びて**尋ね**おはしたるに(=こっそりと訪問なさったところ)〈徒然・一〇四〉

語誌 語義によって、「探る」「求む」「問ふ」などとの類義語として用いられる。〈小島孝之〉

たづね-い・る【尋ね入る】 動(ラ四) さがし求めて入り込む。例人の教へのままに、にはかに(山中に)**尋ね入り**はべりつれど〈源氏・若紫〉

たづね-と・る【尋ね取る】 動(ラ四) さがし求めて手に入れる。例(身ヲ隠シタ妻ヲ)尼にもなさで**尋ね取り**たらむも〈源氏・帚木〉

たつ-の-ま【龍の馬】 名(「龍馬」の訓読)すぐれた馬。駿馬。例**龍の馬**も今も得てしか(=手に入れたい)〈万葉・五・八〇六〉

たっ-ぱい【答拝】 名(「たふはい」の促音便形)❶大饗のときなど、上座に座る高貴な客が来たときに、主人が座を降りて迎え、客の礼に答えてうやうやしく礼をすること。転じて、丁寧な挨拶。❷手厚いもてなし。丁重な扱い。

だつ-ま【達摩】 名 数珠の玉のうち、とめにする一番大きな玉。例**だつま**には大甘子をしたる(=用いている)御数珠〈大鏡・伊尹〉

たつ-み【辰巳・巽】 名❶方角の呼称。辰と巳の中間で、南東にあたる。⇒十二支(図)。例わが庵は都の**たつみ**しかぞすむ世をうぢ山と人はいふなり〈古今・雑下〉➡名歌418 ❷(江戸の南東にあたることから)深川の岡場所(非公認の遊里)。

た-づら【田面】 名 田。田のあたり。例うちわびて(=落ちぶれて)落ち穂ひろふと聞かませば我も**田面**にゆかましものを〈伊勢・五八〉

たて【経・縦・竪】 名 織り物の縦糸。横糸は「緯」。例霜の**たて**露のぬきこそ弱からし山の錦の織ればかつ散る〈古今・秋下〉読解 紅葉が盛んに散るのを織物の糸が切れてほつれるのにたとえて詠んだ歌。

たて【楯】 名❶矢・弾丸などを防ぐための武具。古くは儀式にも用いた。クス・エノキなどの厚板で作ったものが多い。例もののふの大臣**楯**立つらしも〈万葉・一・七六〉❷防ぎ守ること。また、そのもの。例今日よりは顧みなくて大君の醜の御**楯**と(=つたない守りとして)出で立つ我は〈万葉・二〇・四三七三〉

楯①〔春日権現験記絵〕

たて【館】 名「たち(館)②」に同じ。例城郭を構へず、堀一重の館にござ候ふ〈甲陽軍鑑・三九〉

たて【殺陣】 名 歌舞伎で、格闘やせり合いなどの場面。また、その型。例「うぬ、たった一打ちにするぞ」と**たて**あり〈歌舞伎・幼稚子敵討・口明〉

たて【立て】 1名❶遊興。散財。例こりゃ**立て**に行く大尽衣装ぢゃ〈浄瑠璃・新版歌祭文・下〉❷遊興費・飲食費などを一人で負担すること。おごり。例わたしが**立て**でござります〈歌舞伎・韓人漢文手管始・三〉❸方針。筋道。例そりゃあ軍書の講釈だ。あっちのは**立て**が違はあ〈滑稽本・浮世床・初上〉2接尾❶動詞の連用形について、動作が終わったばかり、の意を添える。「飴のねりたて」「炭火のおこりたて」など。❷勝負の回数を表す。例博奕をして遊びけるに、一**立て**に五貫十貫〈太平記・三三〉

たで【蓼】 名 タデ類の植物の総称。葉は香辛料になる。例我がやどの穂**蓼**古幹(=古株)摘み生ほし実になるまでに君をし待たむ〈万葉・一一・二七五九〉

-だて【立て】 接尾 名詞、動詞の連用形、形容詞の語幹などについて、ある様子を実際以上に誇張する意や、わざとそのようなふりをする意を添える。「賢人立て」「訳知り立て」など。

だて【伊達】 名・形動(ナリ)❶人目を引くような言動や服装をすること。外見だけを飾ること。また、そのさま。例身の**伊達**に下女が髪まで結ってやり〈柳多留・初〉❷粋に見せること。また、そのさま。例さすが茶人の妻、物好き(=趣味)もよく気も**伊達**に〈近松・鑓の権三重帷子・上〉

たて-あかし【立て明かし】 名「たちあかし」に同じ。

たて-あつ・む【立て集む】 動(マ下二) 集めて立てる。並べ立てる。例屏風どもも持て来ていぶせきまで(=うっとうしいほど)**立てあつめ**て〈源氏・東屋〉

たて-あ・ふ【立て合ふ】 動(ハ四) 張りあう。抵抗する。戦う。例**たてあふ**者をば射ふせ、きりふせ〈平家・六・飛脚到来〉

たて-いし【立て石】 名 庭石。また、そのうちで直立させて据えた石。例**立て石**どもはさまざまにて、反り橋のこなたかなたにあり〈宇津保・楼上上〉

たて-いた【立て板】 名❶牛車の車箱の両わきの板。例あるいは**立て板**に頭を打ち〈今昔・二八・二〉❷縦に木目が通っている板。❸立ててある板。

たて-えぼし【立て烏帽子】 名 頂辺部が立っている烏帽子。折り烏帽子など変形したものに対して、本来の烏帽子。⇒えぼし。例冠とやらん着たる人と、**立て烏帽子**着たる人と〈太平記・七〉

たて-くび【項】 名「たちくび」とも。うなじ。えりくび。例童の**項**を取りて〈宇治拾遺・一五〉

たて-こ-む【閉て込む】❶動(マ四)❶しめきった所へ入れる。とじこめる。例一間なる所へたて込み、夜明けて見るに〈西鶴・西鶴諸国ばなし・三・二〉❷こみあう。❷動(マ下二)❶戸・障子などをしめる。例たてこめたる所の戸、すなはち、ただ開きに開きぬ〈竹取〉❷取り囲む。とじこめる。例刀を抜きて忠明をたてこめて殺さむとしければ〈今昔・一九・四〇〉

たて-さま【縦様】名「たたさま」に同じ。例巻物などはたてさまに置きて〈徒然・二三七〉

たて-じとみ【立て蔀】名庭などに立て、目隠しとする板塀。蔀のように細い木を組んで格子とし、裏に板を張る。例月の少し隈ある(=かげっている)立て蔀の下に立てりけるを知らで〈源氏・賢木〉

立て蔀〔春日権現験記絵〕

たて-たて・し【立て立てし】形(シク)「たてだてし」とも。気性が激しい。かどかどしく、人と衝突しやすい。例腹あしく(=短気で)たてたてしかりけるが〈沙石集・九・七〉

たて-ちが・ふ【立て違ふ】チガウ・チゴウ 動(ハ下二)互い違いに交差させて立てる。例几帳どもの立てちがへたるあはひより(=間から)〈源氏・蜻蛉〉

たて-つき【楯突き】名「たてづき」とも。❶戦場で、敵の矢などを防ぐ楯を立てること。また、その役の兵。例健やかならむ楯突きを一人たび候へ(=お与えください)〈源平盛衰記・二〇〉❷手向かうこと。反抗すること。例かなはぬまでも楯づきなどしたまへかし〈宇治拾遺・一八九〉

たて-て【立てて】副特に。とりたてて。例学問をたててしたまひければ〈源氏・少女〉

たて-ど【立て所・立て処】名❶「たてどころ」とも。物を立てる所。刀を突き刺す所、馬を留める所などにいうことが多い。例刀のたてどもおぼえずして〈平治・中〉❷特に、筆の先をおろす所。筆の運びや筆跡にもいう。例筆のたてどもよの常ならず(=並ではない)〈平家・九・小宰相身投〉

たて-ぬき【経緯】名機織りの縦糸(経)と横糸(緯)。例龍田川錦織りかく神無月時雨の雨をたてぬきにして〈古今・冬〉

たて-はき【帯刀】名「たちはき」に同じ。

たて-ひ・く【立て引く・達引く】動(カ四)〘近世語〙❶意地を張りあう。また、交渉や談判をする。例立て引くどころか俺もともどもお世話さして下され〈浄瑠璃・夏祭浪花鑑・三〉❷(意地を見せるところから)知人のために費用を立て替える。特に、遊女が客の遊興費を支払う。例梅田屋の女がいつでも達引くよ。どうも色男はしかたがないの〈洒落本・角鶏卵〉

たて-ぶみ【立て文】名書状の包み方の形式の一つ。書状を白い包み紙で包み、余った上下をひねったり折ったりしてこよりで結ぶ。正式な書状の形式。のちには、書状を白紙で巻き、それをさらに白紙で包んで上下を折ることもある。「捻り文」とも。例いと若くをかしげなる僧の…立て文を持て参りて〈栄花・鶴の林〉

立て文

たて-まだ・す【立て遣す・奉出す】❶動(サ四)使いを遣わす。例使ひを日本にたてまださむ〈紀・欽明〉❷動(サ下二)使いを遣わして物を献上する。例御使ひ朝にたうびつるは、御まぼり物(=お食事)たてまだせむ〈宇津保・藤原の君〉

たてまつら・す【奉らす】動(サ下二)〔謙譲の動詞「たてまつる」の未然形+使役の助動詞「す」〕贈る・与える、の意の謙譲語。差し上げる。例白き木に立て文をつけて、「これ、たてまつらせん」といひければ〈枕・円融院の御はての年〉

語誌▼高貴な人に対して、取り次ぎを通じて献上させる、という意が原義。仲介者に対する使役の意が薄れて一語化し、謙譲の動詞となった。「たてまつる」よりも謙譲の意が強い。

▼「惟光朝臣出で来たるして〈夕顔ノ花ヲ光源氏ニ〉奉らす」〈源氏・夕顔〉のように、仲介者の存在がはっきりしている場合は、動詞「たてまつる」+使役の助動詞の二語と解釈される。

たてまつら-せ-たま・ふ【奉らせ給ふ】タマウ・タモウ〔「たてまつる」の未然形+尊敬の助動詞「す」の連用形+尊敬の補助動詞「たまふ」〕❶〔「たてまつる」は謙譲の動詞〕献上なさる。差し上げなさる。例院にもかかること聞かせたまひて、梅壺に御絵ども奉らせたまへり〈源氏・絵合〉読解院もこのようなことをお聞きあそばして、梅壺女御に、いくつかの御絵を差し上げなさった、の意。「たてまつる」は梅壺女御への、「す」「たまふ」は院への敬意を表す。❷〔「たてまつる」は謙譲の補助動詞〕お〜申し上げなさる。例昨夜も御遊びに、(帝ガアナタヲ)かしこく求めたてまつらせたまひて〈源氏・夕顔〉読解昨夜も管弦の御遊びの折に、帝があなたをたいそうお捜し申し上げなさって、の意。「たてまつる」はこの話の相手への、「す」「たまふ」は帝への敬意を表す。

語誌▼二方面への敬語　謙譲の意を表す「たてまつる」によって動作を受ける人物への敬意を、尊敬の意を表す「す」「たまふ」によって動作をする人物への敬意を表す。いわゆる二方面への敬語表現。

たてまつり-もの【奉り物】名❶献上する物。❷貴人の衣服。お召し物。例おほやけ(=天皇)の奉り物は、おろそかなるをもてよしとす〈徒然・二〉

語誌②は「たてまつる」の尊敬語の用法から出た。

たてまつ・る

【奉る】❶動(ラ四)❶物や使者をおくり与える意の謙譲語。差し上げる。参上させる。例ⓐ唐国に行き足らはして帰り来むますら健男に御酒奉る(=唐の国に行って十分にその任務を果たして帰って来るであろうますらおに、尊い酒を差し上げる)〈万葉・一九・四二六二〉読解遣唐使の送別会での歌。例ⓑ(使者トシテ)四位少将を奉りたまふ(=四位少将を参上させなさる)〈源氏・花宴〉❷尊敬語。㋐「着る」の尊敬語。お召しになる。例御袴着のこと、一の宮の奉りしに劣らず(=御袴着の儀

式を、第一皇子がお召しになったものに劣らないほどに)〈源氏・桐壺〉
㋑「飲む」「食ふ」の尊敬語。召し上がる。お飲みになる。例豊御酒たてまつらせ(=お召し上がりください)〈記・上・神代・歌謡〉読解「せ」は上代の尊敬の助動詞「す」の命令形。
㋒「乗る」の尊敬語。お乗りになる。例(帝ハ)御輿にたてまつりて〈竹取〉
❷動(ラ下二) おくり与える意の謙譲語。差し上げる。例御文はたびたび奉れたまふ(=御手紙は何度も差し上げなさる)〈源氏・若紫〉
❸補動(ラ四)(動詞・助動詞「る」「らる」「す」「さす」「しむ」の連用形について)謙譲の意を表す。お〜する。〜申し上げる。例(宮中ニ)皇子をばとどめたてまつりて(=皇子をお残し申し上げて)〈源氏・桐壺〉
語誌▼「まつる」を威儀を正して目立つようにする意の「立て」で強めた言い方。
▼尊敬語の用法 〔一〕②は、〔一〕①にあたる下位者の動作の表し方が、それを受けて行われる貴人の動作に転用されたもの。
▼補助動詞の用法 平安時代の和文で、謙譲の意を添えるには、この語と「きこゆ」がよく用いられた。「たてまつる」は動作を表す場合に、「きこゆ」は心の働きを表す場合に、という使い分けの傾向がある。「見る」などによる複合動詞には、「見たてまつり付く」などと、複合したものの間に割り込むこともある。
▼下二段の形 『源氏物語』などに、多く「たてまつれたまふ」の形で見える。この形については、⑴「たてまつりいれ(奉り入れ)」の変化した形、⑵使役形「たてまつらせ(奉らせ)」の変化した形、⑶下二段化で使役の意をもたせたもの、などの説がある。〈山口堯二〉

-だてら 接尾 身分・階層・性別などを表す語について、〜らしくなく、〜に似合わず、の意を添える。「法師だてら」「女だてら」など。

たてり-あきなひ【たてり商ひ】 名 米市で、現物を受け渡しせずに売買の契約を交わし、契約期間内の相場の上下で生じる差額による利益を目的とする取り引き。例北浜の米市は、日本第一の津(=港)なればこそ、一刻の間に、五万貫目のたてり商ひもあることなり〈西鶴・日本永代蔵・一・三〉

たて-わた・す【立て渡す】 動(サ四) 一面に立て並べる。例外に立て渡したる屏風の中を少しひき開けて〈源氏・若紫〉

たとうがみ【畳紙】 ⇩たたうがみ

たどき【方便】 名(「たづき」の変化した形)手がかり。方法。手段。頼り。例するすべのたどきを知らに(=知らずに)音のみしそ泣く〈万葉・一五・三七七七〉

たとしへ-な・し

【譬へ無し】 形(ク) ❶たとえようがない。比べようがない。例たとしへなく静かなる夕べの空をながめたまひて(=たとえようがなく静かな夕暮れの空をご覧になって)〈源氏・夕顔〉
❷あまりに違っている。まるで正反対だ。例たとしへなきもの 夏と冬と。夜と昼と〈枕・たとしへなきもの〉
語誌「たとへなし」に強意の副助詞「し」が挿入された「たとへしなし」が変化してできた語と考えられる。したがって①が本来の意だが、②の意に用いられることも多い。〈鈴木宏子〉

たどたど・し

形(シク) はっきり知覚できないさまや、未熟さのために危なっかしいさまをいう。上代の「たづたづし」の変化した形。
❶はっきりしない。ぼんやりしている。要領を得ない。例手探りのたどたどしきに…見てしがな、と思ほせど(=手探りではっきりしないので…はっきりと見たい、とお思いになるけれども)〈源氏・末摘花〉
❷人柄・学問・技芸などが未熟で心もとない。危なげだ。例すべて何事につけても、もどかしくたどたどしきことまじらず(=すべて何事につけても、非難されるような危なっかしいところがなくて)〈源氏・若菜下〉
❸地理的に不案内だ。例我もさすがにまだ見ぬ御住まひなれば、たどたどしけれど(=自分もそうはいってもまだ見たことがないお住まいなので、不案内であるけれども)〈源氏・浮舟〉〈田島智子〉

たとひ【譬ひ・喩ひ】 名「たとへ」に同じ。

たとひ【縦ひ・仮令】 副 ❶(仮定条件を示す「ば」を伴って)もし(〜ならば)。例たとひ、汝この国を治らば(=治めるならば)〈紀・神代上〉 ❷(仮定条件を示す「とも」や逆接の「ども」を伴って)たとえ(〜でも)。例たとひ耳鼻こそ切れ失すとも〈徒然・五三〉

たと・ふ

【譬ふ・喩ふ】 動(ハ下二) ある物事の性質・状態などを、共通性をもつほかの物事を提示することによってはっきり知らせる意。
なぞらえる。たとえる。例(a)世の中を何にたとへむ朝開き漕ぎ去にし舟の跡なきごとし〈万葉・三・三五一〉↓名歌413 例(b)その山は、ここにたとへば、比叡の山を二十ばかり重ねあげたらむほどして(=その山は、ここにたとえれば、比叡山を二十ばかり重ね上げてあるような程度で)〈伊勢・九〉読解富士山についての記述。例(c)にほはしさはたとへむ方なく、うつくしげなるを、世の人光る君と聞こゆ(=つややかな美しさはたとえようもなく、かわいらしいので、世間の人は光る君と申し上げる)〈源氏・桐壺〉
語誌 例(c)の「たとへむ方なし」のように、たとえるものがない、たとえようもないほど〜だ、の意に用いることも多い。〈鈴木宏子〉

たとへ【譬へ・喩へ】 名 ほかのものにたとえること。たとえ話。例として引く話。例いにしへの世のたとへにも〈源氏・若菜上〉

たとへ-うた【譬へ歌】 名 『古今和歌集』仮名序で、和歌を六つに分類した六義の一つ。比喩の歌。景物に託して心情を詠んだ歌。

たとへ-ば【例へば】 副 ❶比喩の意を表す。物にたとえて言えば。例を挙げれば。例例へば、碁を打つ人、一手も徒らにせず、人に先だちて、小を捨てて大につくがごとし〈徒然・一八八〉 ❷仮定の意を表す。たとえ。仮に。もし。例ただ頼めたとへば人のいつはりを重ねてこそはまたも恨みめ〈新古今・恋三〉❸

説明の意を表す。具体的に言えば。端的に言えば。つまり。例**たとへば**、いづくとも知らぬ浜路を行きたまふほどに〈平家・三・無文〉

たどり【辿り】 名 ❶手探りするように進むこと。❷あれこれ推量すること。また、そのようにして得た知識。例その**たどり**深き人の(=そうした知識を深く習得した人は)、今の世にをさをさなければ〈源氏・若菜下〉

たど・る

【辿る】 動(ラ四) 迷いながら進んで行く意。思考の進行などにもいう。

❶**探し求めて迷いながら進む。**また、**行き悩む。**例(a)宮は…ゐざり出でさせたまふを、いとよう**たどり**て、ひきとどめたてまつりつ(=宮が…膝で進んで外にお出になるのを、とても上手に探しあてて、お引き止め申し上げた)〈源氏・夕霧〉例(b)十三日の月のいとはなやかにさし出でぬれば、小倉の山も**たどる**まじうおはするに(=十三日の月がたいそうはっきりと出ていたので、暗いという名をもつ小倉の山でも、迷うはずもなくお帰りになると)〈源氏・夕霧〉

❷**あれこれと考える。考えをめぐらす。思い迷う。**例幼心地に深くしも**たどら**ず(=子ども心に深くは考えをめぐらさず)〈源氏・帚木〉

❸**学問や技芸を探りながら身につける。**例(琵琶ノ名手ハ)いにしへも難うはべりしを…いかで**たどる**にかはべらん(=昔もめったにおりませんでしたが…どうやって身につけるのでございましょう)〈源氏・明石〉

〈田島智子〉

たな- 接頭 動詞について、十分に、まったく、などの意を添える。「たな曇る」「たな知る」など。

たな【棚】 名 ❶物を載せたりするためにさし渡した板。例閼伽(=仏に供える水や花)の**棚**などして〈源氏・鈴虫〉❷船の左右の船べりに取りつけた板。船棚。例船にことごとなる(=それぞれ異なった)**棚**といふ物をかしく造りて〈栄花・殿上の花見〉

たな【棚・店】 名〔物を載せる板の「棚」から〕❶「みせだな」の略。例(a)魚・塩積みてもて来たり…**たな**に据ゑて売る〈宇津保・藤原の君〉例(b)江戸大伝馬町三丁目に絹綿の**店**ありける〈西鶴・好色一代男・二・五〉❷借家・貸家。例品川の藤茶屋のあたりに**棚**借りて、朝の薪にことを欠き(=薪も不足し)〈西鶴・西鶴諸国ばなし・一・三〉❸自分が恩を受けている店。奉公人の勤め先の店や職人の得意先の店。御店。例父っつぁんが仕事をしかけて、今っから**店**へ行きなさるって〈滑稽本・浮世風呂・前下〉

たな-あきなひ【店商ひ・棚商ひ】 名 店を構えて商売すること。例**棚商ひ**に掛け(=掛け売り)はかたくせぬ事なれども〈西鶴・好色一代女・四・三〉

た-な-うら【掌】 名〔「手な裏」の意。「な」は「の」の意の上代の格助詞〕手のひら。たなごころ。例「**掌**のうちに黄金の大殿を造らん」と言ふとも〈宇津保・忠こそ〉

たな-おろし【店卸し・棚卸し】 名 ❶商家で、決算期に、在庫商品の種類・数量・品質などの状態を調査し、その価格を評価すること。年の始めと七月に行う。例帳綴ぢ・**棚おろし**・納め銀の蔵びらき〈西鶴・世間胸算用・序〉読解 すべて商家の正月の行事。❷他人の欠点などを逐一数えあげて調べること。例祇園町の入り込み(=混雑)、客の**棚おろし**〈浮世草子・新色五巻書・一・四・目録〉

たな-がり【店借り・棚借り】 名 家賃を支払って家や店を借りること。また、その人。例二間口の**棚借り**にて(財産ヲ)千貫目持ち〈西鶴・日本永代蔵・三・一〉

たなぎら・ふ【棚霧らふ】 動(ハ四)『上代語』〔動詞「たなぎる」の未然形＋上代の反復・継続の助動詞「ふ」〕一面に霧がたちこめる。例**たな霧らひ**雪も降らぬか〈万葉・八・一六四二〉

たな-ぐも・る【棚曇る】 動(ラ四)〔「たな」は一面に、の意〕空一面に曇る。すっかり曇る。例**たな曇り** 雪は降り来〈万葉・一三・三三一〇〉類義▶とのぐもる

た-な-ごころ【掌】 名〔「手な心」の意。「な」は「の」の意の上代の格助詞〕手のひら。例**たなごころ**を合はせて随喜の涙をぞもよほしける〈平家・二・一行阿闍梨之沙汰〉

〔掌の中〕 手の中にあるように、自分の力でどうにでもできる状態にあること。例一天四海(=天下全体)を**掌の内**に握られしうへは〈平家・一・鱸〉

〔掌を返す〕 物事が非常に容易であることのたとえ。例この天皇の御代に**掌をかへす**よりもやすく一統したまひぬること〈神皇正統記・下〉

〔掌を指す〕 判断が的確で、その実行もたやすいことのたとえ。例足羽の城をとりひしがん事(=攻めつぶすこと)隻手(=片手)の中にありと、皆**掌をさす**思ひをなせり〈太平記・二〇〉

たな-し・る【たな知る】 動(ラ四)〔「たな」は接頭語〕『上代語』深く知る。十分わきまえる。例身を**たな知り**て…(自ラ死ヲ選ビ)奥つ城(=墓所)に妹が臥やせる〈万葉・九・一八〇七〉➡名歌250

た-な-すゑ【手な末】 名〔「な」は「の」の意の上代の格助詞〕手の先端。指先。例千引きの(=千人がかりで引くほどの)石を**手末**にささげて来き〈記・上・神代〉

たな-つ-もの【穀】 名〔「たね(種)」の交替形。「つ」は「の」の意の上代の格助詞〕❶稲。畑で作られる「はたつもの」に対していう。例すなはち粟・稗・麦・豆をもっては陸田種子とす。稲をもっては**水田種子**とす〈紀・神代上〉❷穀物の総称。

たなし-をぶね【棚無し小舟】 名 舟棚のない小舟。例いづくにか舟泊てすらむ安礼の崎漕ぎたみ(=めぐって)行きし**棚なし小舟**〈万葉・一・五八〉➡名歌63

たな-はし【棚橋】 名 板を棚のように渡しただけの橋。例旧りたる(=古くなった)**棚橋**を紅葉の埋みたりける〈山家集・下・詞書〉

たな-ばた

【棚機・織女・七夕】 名 ❶**機織りの装置。**例**棚機**の五百機立てて(=たくさんの織り機を立てて)織る布の〈万葉・一〇・二〇三四〉読解 第一句の「の」は同格の用法。❷「**棚機つ女**」の略。例**たなばた**の今夜逢ひなば常のごと明日を隔てて年は長けむ(=織女星が今夜牽牛

と逢ってしまったら、いつもどおり明日を境としてまた一年は長いのだろう)〈万葉・一〇・二〇八〇〉
❸七夕。中国の伝説で、天の川の両岸に位置する牽牛・織女の二星が、一年に一度だけ会うことを許されるという陰暦七月七日の晩。また、その晩の祭り(⇩ほしあひ)。例(a)七夕は明日ばかりと思ふ(=明日あたりだと思う)〈蜻蛉・上〉例(b)七夕祭るこそなまめかしけれ(=優雅だ)〈徒然・一九〉

語誌 ▼**機織り機**　「たな」は横板、「はた」は織り機の意で、板で組んだ機織り装置をいう。「鶴の恩返し」の話で鶴が使うような、腰掛けて操る装置である。在来の織り機が、座って用いる単純な道具だったのと区別して、大陸から新しく伝わった仕掛けをいった。

▼**七夕伝説の受容**　中国では古くから、七月七日の晩に宴会を開いて、牽牛・織女の伝説を漢詩に作る風習があった。この風習は七世紀後半に日本に伝わり、奈良時代には宮廷でも行われた。

この晩織女星に供物をささげ、竹に五色の糸を結んで技芸の上達を祈る行事を、乞巧奠という。この風習も中国から伝わり、九世紀までには宮廷の年中行事となっていた。現在の七夕祭りは、これが民間の盆行事と交じりあって広く定着したもの。

▼**「七夕」と「たなばた」**　現代は「七夕」と書いて「たなばた」と読むのが普通だが、古くは「なぬかのよ(七日の夜)」と訓読した。『万葉集』の標題に見られる「七夕」は、おそらく「しちせき」と音読されたものであろう。織女星を祭ることから「たなばたまつり」という名称が生まれ、それを単に「たなばた」とも称するようになったらしい。〈品田悦一〉

たなばた-つ-め【棚機つ女・織女】 名〔「つ」は「の」の意の上代の格助詞。「め」は女の意〕機織りをする女性。特に、七夕伝説の織女星。例天の川楫の音聞こゆ彦星と**織女**と今夜逢ふらしも(=逢うらしいよ)〈万葉・一〇・二〇二九〉

たなばた-まつり【棚機祭り・七夕祭り】 名 ⇩たなばた③。例**七夕祭り**したりけるかた(=しつらえ)あり〈著聞集・五・一四七〉

たな-び・く【棚引く】 動(カ四)❶雲・霞・煙などが、薄く層をなしてなびいている。例冬ごもり(枕詞)春さり来れば朝には白露置き夕へには霞**たなびく**〈万葉・一三・三三二一〉❷長く連ねる。なびかせる。例数千騎の軍兵を**たなびい**(音便形)て、都へ入りたまふよし〈平家・三・法印問答〉

た-な-また【手俣】 名〔「手な股」の意。「な」は「の」の意の上代の格助詞〕手の股。指と指の間。例御刀の手上(=柄)に集まれる血、**手俣**より漏き出でて〈記・上・神代〉

た-なり〔完了の助動詞「たり」の連体形＋推定・伝聞の助動詞「なり」＝「たるなり」の撥音便形「たんなり」の撥音の表記されない形〕～ているらしい。～たようだ。～たそうだ。例守の館より、呼びに文持て来**たなり**〈土佐〉

た-なれ【手慣れ・手馴れ】 名「てなれ」とも。手に扱い慣れていること。また、動物をよく飼い慣らしていること。例(a)我が背子が**手馴れ**のみ琴〈万葉・五・八一三〉例(b)君し来ば**手なれ**の駒に刈り飼はむ(=草を刈って与えましょう)〈源氏・紅葉賀〉

たな-ゐ【種井】 名 苗代を作るとき、稲の種を浸すために掘る井戸。また、その目的で水をためた所。一説に、「田な井」で、田の中の井戸とも。例五月雨は**たな井**にもりしささ水の〈続古今・夏〉

たに

【谷】名 山あいや丘陵と丘陵の間の帯状に低くくぼんだ所。その底部を川が流れることが多い。例(a)嶺高み**谷**を深みと落ち激つ清き河内に(=峰が高く谷が深いというので川が激しく流れ下る清らかな谷あいの地に)〈万葉・一七・四〇〇三〉例(b)**谷**の方なる木の上に、ほととぎす、かしかましく鳴いたり(=谷のほうの木の上で、ほととぎすが、やかましく鳴いている)〈更級〉

語誌 ▼**隔絶された異空間**　山奥深くの谷は、険阻で通行の困難な、めったに人の訪れない所というイメージがある。表に現れない隠れた場所、静寂境ととらえる感じ方もある。役に立たなくなった老人を谷に捨てるという伝承が残るのは、谷が人間世界とは隔絶された異空間として意識されていたからである。

谷の下部はしだいに広がっていくが、そこは水に恵まれた場であるため、しばしば切り開かれて水田とされた。関東地方の「やつ」「やと」と呼ばれる谷にはこうしたところが多い。そこに谷の神として水神を祀る例も少なくない。〈多田一臣〉

だに

副助 ❶**最小限の希望の意を表す。せめて～だけでも。** 命令・希望・仮定などの表現を伴って用いることが多い。例(a)あしひきの(枕詞)山桜花一目**だに**君とし見てば我恋ひめやも(=山の桜花をせめて一目だけでもあなたといっしょに見たなら、私は桜花をこんなにも恋い慕うだろうか)〈万葉・一七・三九七〇〉読解「めやも」は詠嘆をこめた反語を表す。例(b)いまひとたび声を**だに**聞かせたまへ(=もう一度せめて声だけでもお聞かせください)〈源氏・夕顔〉読解 光源氏が、死んだ夕顔に語りかける言葉。

❷**程度の軽いものを挙げて、他を類推させる意を表す。～さえも。** 下に「まして」を伴い、「まして」以下を類推することが多い。例(a)命**だに**心にかなふものならば何か別れの悲しからまし〈古今・離別〉➡名歌66 例(b)光やあると見るに、蛍ばかりの光**だに**なし(=光があるか、と見ると、蛍ほどの光さえもない)〈竹取〉

接続 体言、副詞、格助詞、活用語の連体形、助詞につく。

語誌 ▼**「だに」と「すら」「さへ」**　副助詞「だに」「すら」「さへ」は、もとはそれぞれ意味の違った助詞であったが、しだいに同じように用いられるようになるので注意が必要である。

上代、「だに」は、願望・意志推量・打消など、未定のことや仮定の事柄について用いられ、「すら」は既に実現した事柄について用いられた。「だに」と「すら」の意味ははっきりと異なっていた。

平安時代になると、「だに」は実現した事柄にも用いられるようになり、「だに」と「すら」の意味合いが似てきた。この結果、「すら」は、物語や日記などの作品の中ではあまり用いられなくなる。

中世になると、今度は「だに」「すら」が表していた

意味合いを「さへ」が表す傾向が強まり、「だに」「すら」に取って替わるようになる。
▼異説　上代の「だに」については、願望・意志・命令など特殊な表現と呼応するので、係助詞とする説もある。〈近藤要司〉

だに-あり　～さえ～なのだ。例言の葉のうつろふだにもあるものをいとど時雨のふりまさるらん（＝あなたが約束の言葉に違えることさえ悲しいことなのに、なぜにいっそう時雨が降りまさるのだろう）〈新古今・恋四〉語誌「だに」の下の「あり」は、さまざまな述語の代わりに用いられることがある。解釈の際には、「だに」と「あり」の間に適当な形容詞や形容動詞を補うとよい。

たに-ぐく【谷蟇】名動物の名。ヒキガエル。例たにぐくのさ渡る極み（＝這い回る地の果てまで）〈万葉・五・八〇〇〉

だに-も〔副助詞「だに」＋係助詞「も」〕❶最小限の希望の意を表す。せめて～だけでも。例三輪山をしかも隠すか雲だにも心あらなも隠さふべしや〈万葉・一・一八〉➡名歌358 ❷程度の軽いものを挙げて他を類推させる意を表す。～さえも。例春やとき（＝早いのか）花やおそきと聞きわかむ（＝聞いて判断しようとする）鶯だにも鳴かずもあるかな〈古今・春上〉

た-にん【他人】名自分以外の人。また、肉親以外の人。例他人の口よりもれぬ先に〈平家・三・西光被斬〉

たぬき【狸】名❶動物の名。タヌキ。古来、人を化かすとされる。❷人をだますこと。うそをつくこと。また、その人。例やいやい、そこな狸め〈近松・国性爺後日合戦・三〉❸眠ったふりをすること。狸寝入り。例もう、たぬきでお逃げなさるね〈人情本・仮名文章娘節用・前・三〉

たね【種・胤】名❶植物の種子。例上田に種蒔き〈万葉・一二・二九九九〉❷血統。子孫。例竹の園生の末葉まで（＝天皇の子孫は末流にいたるまで）、人間の種ならぬぞやむごとなき〈徒然・一〉❸原因。根源。根拠。例やまと歌は、人の心をたねとして、よろづの言の葉とぞなれりける〈古今・仮名序〉

たねがしま【種子島】名鉄砲。火縄銃。天文一二年（一五四三）、大隅国、今の鹿児島県南方の種子島に鉄砲が伝来したことから。例この山中の鹿・猿を打って商ふ種が島も〈浄瑠璃・仮名手本忠臣蔵・五〉読解「商ふ種」を言い掛ける。

た-ねん【他念】名ほかのことを考える心。例他念なく経をたもちたてまつりて〈宇治拾遺・一〇四〉

たのう-だ-ひと【頼うだ人】自分が頼みにしている人。主人。狂言で用いられることが多い。例某がたのうだ人は、うとくな人でござるが（＝裕福な人でいらっしゃるが）〈狂言・末広がり〉

た-のごひ【手拭ひ・手巾・巾】ノゴイ 名「たなごひ」「てのごひ」とも。てぬぐい。例銭・米などを巾の上に置く〈今昔・一六・三三〉

たの・し

【楽し】形（シク）欲望が満たされて充足しているさまを表す。

❶肉体的・精神的に満たされて快い。愉快だ。例山がたに蒔ける菘菜も吉備人と共にし摘めば楽しくもあるか（＝山畑に種をまいておいた青菜も、吉備人といっしょに摘むと愉快なことだ）〈記・下・仁徳・歌謡〉読解「吉備人」は愛する女性をさす。

❷物質的に満たされている。豊富だ。裕福だ。例毎月に百石に百貫を送られければ、家内富貴してたのしい（音便形）事なのめならず（＝毎月に米百石と銭百貫をお送りになったので、一家は富み栄え裕福なこと一通りではない）〈平家・一・祇王〉

語誌▼上代では肉体的な充足感をいうことが多く、満腹感を表す例などもある。
▼②は主に中世以降の用法。〈馬場光子〉

たのしび【楽しび】名楽しみ。例たとひ時移り、事去り（＝物事が移り変わり）、楽しび悲しび行き交ふとも〈古今・仮名序〉

たのし・ぶ【楽しぶ】動（バ四）楽しむ。例おもしろくらうある（＝風情のある）所にたのしび遊ぶ〈宇津保・吹上下〉

たのし・む【楽しむ】動（マ四）❶楽しく思う。満足に思う。例深くよろこぶ事あれども、大きに楽しむにあたはず〈方丈記〉❷裕福になる。富み栄える。例仏御前が所縁の者どもぞ、始めて（＝やっと）楽しみ栄えける〈平家・一・祇王〉

たのし-や【楽し屋】名裕福な家。生活が豊かな家。例ひそかにしての（＝世間に知られていないが）たのし屋なり〈西鶴・西鶴織留・一・三〉

たのみ【頼み】名❶信頼。期待。例「さりとも、つひに男あはせざらむやは（＝結婚させないことがあろうか）」と思ひて、頼みをかけたり〈竹取〉読解「やは」は反語の意を表す。❷婚約の結納。例それゆゑ結納も受納いたせし所に〈滑稽本・膝栗毛・発端〉

た-の-み【田の実】名稲の実。和歌では、「頼み」と掛けて用いることが多い。例秋風にあふたのみこそ悲しけれわが身むなしくなりぬとおもへば〈古今・恋五〉読解「秋」に「飽き」を掛け、恋人に捨てられた悲しみを詠む。

たのみ-だる【頼み樽】名結婚の結納に贈る酒の角樽。例媒（＝仲人）を入れて、頼み樽をしかけておくられける〈西鶴・好色一代女・五・三〉

たのみ-どころ【頼み所】名頼りに思うところ。頼りどころ。人にもいう。例天の下の頼みどころに仰ぎきこえさするを〈源氏・若菜上〉

た-の-む【田の面】名「たのも」の変化した形。

たの・む

【頼む】❶動（マ四）❶信頼する。頼りにする。例頼む人のよろこびのほどを、心もとなく待ち嘆かるるに（＝頼りにする人の任官の祝い事のときを、じれったく待ちわびるうちに）〈更級〉読解この「頼む人」は作者の夫をさす。

❷あてにする。例のちの世も思ふに叶はずぞあらむかしとぞうしろめたきに、頼むこと一つぞありける（＝死んだ後の世も思うようにはならないだろうよと気がかりだが、あてにすることが一つあったなあ）〈更級〉読解阿弥陀仏来迎の夢を見たことを、極楽往生の象徴としてあてにしている。

❸仕える。主人として頼る。例頼朝をたのまばたす

けて使はんは、いかに(=頼朝に仕えるならば、命を助けて家来として使ってやるが、どうか)〈平家・一二・六代被斬〉

❷動(マ下二) **頼みに思わせる**。**あてにさせる**。例この世のみならぬ契りなどまで**頼め**たまふに(=この世だけでない約束などまで頼みに思わせなさると)〈源氏・夕顔〉読解光源氏は、来世でも変わらない仲だとの約束を、夕顔に頼みに思わせる。

語誌 ②は①の使役の形として発生した。相手に信頼をいだかせる意で、平安時代では特に、恋人どうしで相手に約束をして期待させる、というのに用いられる例が多い。〈吉野瑞恵〉

たのめ【頼め】 名 頼りに思わせること。あてにさせること。例行く先の御**頼め**いとこちたし(=大げさである)〈源氏・夕顔〉

た-の-も【田の面】 名〔「たのおも」の変化した形〕田の表面。例坂越えて阿倍(あべ)の**田の面**に居る鶴(たづ)の〈万葉・一四・三五二三〉

たのもし【頼母子】 名「たのもしかう」に同じ。例頼母子を致してくれまして、ここに三十両ござりますれば〈浄瑠璃・夏祭浪花鑑・七〉

たのも・し【頼もし】

形(シク) ❶**頼りになる**。**心強い**。例わが**たのもしき**人、陸奥国(みちのくに)へ出で立ちぬ(=私の頼りになる人は、陸奥国へ出発した)〈蜻蛉・上〉読解この「たのもしき人」は作者の父親をさす。

❷**期待がもてる**。**楽しみだ**。例今は**頼もしき**御生(おひ)先と祝ひきこえさするを(=今は楽しみなご将来とお祝い申し上げるが)〈源氏・松風〉読解光源氏と明石(あかし)の君との間に生まれた姫君についての話。都に引き取られた今は、今後の幸福が楽しみだ、ということ。

❸**裕福だ**。例天竺(てんぢく)に留志(るし)長者とて、世に**たのもし**き長者ありける(=インドに留志長者といって、非常に裕福な長者がいた)〈宇治拾遺・八五〉〈吉野瑞恵〉

たのもし-かう【頼母子講】(コウ) 名 金銭を融通しあう講の一つ。数人以上が定期的に金を積み立て、くじなどによって順番に一定の金額の金を収得するもの。江戸時代、上方(かみがた)での称で、江戸では「無尽(むじん)講」という。例十両取りの**頼母子講**、月々掛けるももう何年〈歌舞伎・三人吉三廓初買・一・三〉

たのもし-げ【頼もしげ】 形動(ナリ)〔「げ」は接尾語〕頼りになりそうだ。例人の心もいと**たのもしげ**には見えずなむありける〈蜻蛉・上〉

たのもしげ-な・し【頼もしげ無し】 形(ク) 頼りない。例などかく**たのもしげなく**申すぞ〈竹取〉

たのもし-びと【頼もし人】 名 頼りにする人。例いまはひとりを頼む**たのもし人**は、この十余年のほど、あがたありき(=地方回り)にのみあり〈蜻蛉・上〉読解この「たのもし人」は父親。

た-ばかり【謀り】 名❶工夫。算段。計画。例鍵なければ、開くべき**謀り**をしつつ、蔵を開けさせたまふ〈宇津保・蔵開上〉❷謀略。計略。策略。例くらもちの皇子(みこ)は、心**たばかり**ある人にて〈竹取〉

た-ばか・る【謀る】

動(ラ四)〔接頭語「た」+動詞「はかる(計る)」〕❶**計画を立てる**。**工夫する**。例子安貝(こやすがひ)取らんと思しめさば、**たばかり**まうさん(=子安貝を取ろうとお思いならば、計画を立て申そう)〈竹取〉

❷**相談する**。例「かかる事なむあるを、いかがすべき」と、**たばかり**たまひけり(=「このような事があるが、どうしたらよいか」と相談なさった)〈大和・一七一〉

❸**だます**。**欺く**。**ごまかす**。例成田五郎に**たばかられ**て、今まで遅々したるなり(=成田五郎にだまされて、今までぐずぐずしていたのだ)〈平家・九・一二之懸〉〈岩坪健〉

たは・く【戯く】(タワク) 動(カ下二)❶みだらな行為をする。不倫をする。例軽の太子(ひつぎのみこ)…そのいろ妹(も)(=同母の妹)軽の大郎女(おほいらつめ)に**たはけ**て〈記・下・允恭〉❷ふざける。愚かなことをする。例**たはけ**たことぬかすまい〈近松・傾城反魂香・中〉

たはけ【戯け】(タワケ) 名❶常識からはずれたみだらな行為。特に、性的な事にいう。❷ふざけたふるまい。また、ふざけたこと。例まだ**たはけ**を尽くす。主の顔を知らぬ家老があるか〈近松・けいせい仏の原・一〉❸愚か者。例売り買ひ高い(=物価が高い)世の中でも、銀(かね)と**戯け**は沢山な〈近松・心中天の網島・中〉

たはけ-もの【戯け者】(タワケ) 名 ばか者。愚か者。例「孫右衛門は**戯け者**、あはう者」と言はれても、そのうれしさはどうあらう〈近松・冥途の飛脚・下〉

たは-こと【戯言】(タワ) 名 正気を失って言う言葉。でたらめな言葉。うわごと。ふざけた言葉。例また、誣妄(たはこと)・妖偽(およづれこと)を禁(いさ)ひ断(や)む(=人を惑わす言葉を禁じる)〈紀・天智〉

た-ばさ・む【手挟む】 動(マ四) 矢などを指の間やわきに挟んで持つ。例梓弓(あづさゆみ)八つ**手挟み**〈万葉・一六・三八八五〉

たは・し【戯し】(タワシ) 形(シク) みだらだ。好色だ。例六十ばかりなる、さすがに(=年に似ないで)**たはしき**に〈落窪・一〉

た-ばし・る【た走る】 動(ラ四)〔「た」は接頭語〕激しい勢いで飛び散る。ほとばしる。例霜の上に霰(あられ)**たばしり**〈万葉・二〇・四二九八〉

たば・す【賜ばす】 動(サ下二)〔動詞「たぶ」の未然形+尊敬の助動詞「す」〕❶お与えになる。❷(補助動詞的に用いて)〜してくださる。例願はくはあの扇の真ん中射させて**たばせ**たまへ〈平家・一一・那須与一〉

た-ばなれ【手放れ】 名 手(て)から離れていくこと。別れること。例防人(さきもり)に立ちし朝明(あさけ)の金門出(かなとで)に**手離れ**惜しみ泣きし児(こ)らはも〈万葉・一四・三五六九〉

たば・ふ【庇ふ・貯ふ】(タバウ) 動(ハ四)❶身を守る。かばう。助ける。例身を**たばひ**、命をまったくして(=安全にして)〈曾我・五〉❷大切にとっておく。ためこむ。貯える。例ただ一つある装束(しやうぞく)とて**たばう**(音便形)て常は着たまはぬか〈近松・大磯虎稚物語・四〉

たはぶ・る【戯る】

(タワブル) 動(ラ下二)「たはむる」とも。❶**ふざける**。**たわむれる**。**冗談を言う**。例(世間ニ順応シ、人ト交ワルト)人に**戯れ**、ものに争ひ、一度(ひとたび)は恨み、一度は喜ぶ(=人にふざけかかり、他人と争い、ある時は恨み、ある時は喜ぶ)〈徒然・七五〉読解ただ一人でいるのこそよい、とする段の一節。

❷遊ぶ。興じる。例明星の（枕詞）明くる朝は しきたへの（枕詞）床の辺去らず 立てれども 居れども ともに戯れ（＝夜が明けた朝には寝床のあたりを離れず、立っていても座っていてもいっしょに遊び）〈万葉・五・九〇四〉読解 幼くして死んだ我が子を思う長歌の一節。

語誌▼「たはく（戯く）」「たはる（戯る・狂る）」などと同根で、本来は、正常でないことや常軌を逸したことをする意。みだらなふるまいをする、異性の気を引く行為・発言をする意に解すとよい場合もある。▼江戸時代に隆盛をきわめた戯作も、戯れに筆をとった作品という意味で名づけられたもの。〈福田安典〉

たはぶれ【戯れ】 名 ❶ふざけること。冗談。例かくのたまふ、**たはぶれ**のやうなれど、いとど胸つぶれて〈源氏・若菜下〉 ❷遊びごと。例右の宰相の中将は、権中納言と**たはぶれ**して、対の（＝対の屋の）簀の子にゐたまへり〈紫式部日記〉

たはぶれ-ごと【戯れ言・戯れ事】 名 ふざけて言うこと。冗談。ふざけてすること。遊び。いたずら。例**戯れ言**などのたまひつつ、暑さに乱れたまへる御ありさま〈源氏・帚木〉

たはぶれ-にく・し【戯れにくし】 形(ク) 簡単に冗談として片付けられない。軽く考えられない。例ありぬやと（＝我慢できるかと）こころみがてら逢ひ見ねば**戯れにくき**までぞ恋しき〈古今・雑体〉

たはむ・る【戯る】 動(ラ下二)「たはぶる」に同じ。

たはむれ【戯れ】 名「たはぶれ」に同じ。

たは-やす・し【容易し】 形(ク) 多く連用修飾語として、打消の語を伴って用いる。❶容易だ。たやすい。例**たはやすく**人寄り来まじき家を作りて〈竹取〉 ❷軽々しい。考えが浅い。例並々の**たはやすき**御ふるまひならねば、心苦しきを〈源氏・末摘花〉

たはら-むかへ【俵迎へ】 名 江戸時代の奈良で、年の始めの三日間に吉野の村人が売り歩く福神の札。また、それを買って祝う風習。例元日に「**俵迎へ**、**俵迎へ**」と売りけるは、板に押したる大黒殿なり〈西鶴・世間胸算用・四・三〉

俵屋宗達《人名》?～一六四〇（寛永一七）ごろ。桃山時代から江戸初期の画家。琳派の祖に位置づけられる。京都の上層町衆出身。工房「俵屋」を主宰し、俵屋絵を売り出して好評を得る。本阿弥光悦ら当時一流の文化人と交流があり、光悦の書の下絵として描かれた金銀泥絵（膠で練った金や銀を用いて描いた絵）や、「蓮池水禽図」などの水墨画に傑作を残す。後年は宮廷の絵の御用をもつとめるようになり、障屏画に主力を注いで「舞楽図屏風」「風神雷神図屏風」などの名作を次々と世に送った。

たは・る【戯る・狂る】 動(ラ下二) ❶たわむれる。ふざける。例秋くれば野辺に**たはるる**女郎花いづれの人か摘まで見るべき〈古今・雑体〉 ❷みだらな行いをする。例遊女に**たはれ**て金銀を盗まるるな〈仮名草子・東海道名所記・一〉

たば・る

【賜ばる・給ばる】 動(ラ四)〔「たまはる」の変化した形〕「もらふ」「受く」の謙譲語。いただく。例寺々の女餓鬼申さく大神の男餓鬼**賜りて**その子産まはむ（＝寺々の女の餓鬼が申すことには、大神の男の餓鬼をいただいてその子どもを産もう）〈万葉・一六・三八四〇〉

語誌 主に上代に用いられた。なお、謙譲語から転じて「与ふ」の尊敬語に用いた例もある。例いで子賜りに（＝どうだい、その子をくだされ）〈万葉・一四・三四四〇〉

たはれ-め【戯れ女・遊女】 名 歌舞を興行したり、宴席にはべったり、売春したりする女性。遊び女。浮かれ女。遊女。〈泉基博〉

たは-わざ【戯業】 名 たわむれごと。たわけたこと。例いざ子ども**たはわざ**なせそ（＝たわけたことをしてはいけない）天地の（＝天地の神々が）堅めし国そ大和島根は〈万葉・二〇・四四八七〉

たび【度】 名 ❶時。折。状況。例（返事ヲ）持て来たりし**度**は、いかならんと胸つぶれて〈枕・頭の中将の、すずろなるそら言を〉 ❷度数。回数。例この道を行きかふ**度**重なるを思ふに〈源氏・東屋〉

たび

【旅】 名 自宅などの生活の本拠地を離れて、それ以外の場所に一時的に滞在すること。また、その移動の途中のこと。移動した距離の遠近には関係しない。例(a)**旅**にしてもの恋しきに山下の赤のそほ舟沖を漕ぐ見ゆ〈万葉・三・二七〇〉➡名歌212 例(b)あるやうありて（＝事情があって）、しばし**旅**なる所にあるに〈蜻蛉・上〉読解 ここはいわゆる旅行ではなく、自邸以外の場所に出向いたことをいう。平安時代では、これが一般的な用い方である。

語誌▼**旅と旅行** 古典文学の世界には、今日の物見遊山の旅行がなかった。奈良時代以後、和歌では旅の歌が盛んに詠まれたが、それは中央政庁と地方庁との間を往来する官人たちの旅である。また、平安時代ではせいぜい物詣での旅、近世では伊勢参りなどの信仰の旅ぐらいであった。旅が庶民的な娯楽となるのは、この近世の信仰の旅が名目化する江戸中期以後のことである。

▼**旅の習慣** 旅立ちには、吉日を選び、夜の暗いうちに出立する。目的地の方角がよくない場合は、「方違へ」といって、前日に別の場所へ移動して方角を変えた。見送る人は旅立つ人に贈り物をする。これを「手向け」「馬のはなむけ」という。都に戻るときには、暗くなってから入る。

「草枕」は旅にかかる枕詞だが、霊力のある草を結んで枕として寝ることで、旅の道中の無事を祈った習慣にちなんでいる。

▼**文学での旅** 勅撰和歌集には、羇旅歌がある。物語では、『伊勢物語』九段などの東下りと、『源氏物語』須磨・明石巻の光源氏の須磨流離が有名。昔話では空の旅や地底の旅などが語られることもある。『更級日記』『東関紀行』『十六夜日記』などの紀行は、日記文学と融合している点に特色がある。死を覚悟しての悲しい旅は、道行き文という七五調の美文に結晶し、『太平記』を経て、近松門左衛門の浄瑠璃で完成した。〈島内景二〉

だび【荼毘】 名〔仏教語〕（梵語の音写）火葬。例**荼毘**の時、御平生の間解かせたまはざりける御帯、棺の

中にて焼けざりけり〈著聞集・一二・五〇〉

たび-ごろも【旅衣】 名 旅をするときに着る衣服。例旅衣八重着かさねて寝ぬれども〈万葉・二〇・四三五一〉

たびし-かはら【礫瓦】 ─カワラ 名〔小石と瓦の意〕取るに足りない卑しい人。例たびしかはらなどまでよろこび思ふなる御位改まりなど〈源氏・蓬生〉

たび-ずみ【旅住み】 名 旅先での住まい。また、仮の住まい。例年ごろならひたまはぬ(=長年慣れていらっしゃらない)旅住みに〈源氏・真木柱〉

たび-だ・つ【旅立つ】 動(タ四)❶自宅ではない場所に泊まる。例しばし旅だちたるこそ、目さむる心地すれ〈徒然・一五〉❷旅に出発する。例都をばまだ夜深きに旅立ちて〈謡曲・江口〉❸〔「だつ」は接尾語〕いかにも旅先という感じがする。例かかる旅だちたるわざどもをしたりしこそ〈蜻蛉・上〉

たび-たま・ふ【賜び給ふ】 ─クマウ・─タモウ〔「たぶ」の連用形＋尊敬の補助動詞「たまふ」〕1〔「たぶ」は動詞〕お与えくださる。例わらはにたびたまへ〈曾我・一〉2〔「たぶ」は補助動詞〕(動詞の連用形、またはそれに接続助詞「て」のついた形について)〜してくださる。例その船これへ寄せてたびたまへ〈太平記・三〉

たび-と【旅人】 名〔「たびびと」の変化した形〕旅人。例旅に臥やせるこのたびとあはれ〈万葉・三・四一五〉

たび-どころ【旅所】 名 旅先で宿泊する所。仮の住まい。例旅所にて寝られねば〈今昔・一六・八〉

たび-ね【旅寝】 名 旅先に宿ること。自宅以外の所に泊まること。例(a)神風の(枕詞)伊勢の浜荻折り伏せて旅寝やすらむ荒き浜辺に〈万葉・四・五〇〇〉例(b)内裏わたりの旅寝すさまじかるべく〈源氏・帚木〉

旅寝論 《作品名》江戸時代の俳論。一冊。去来著。元禄一二年(一六九九)成立。許六編『篇突』を問答体で批判した書。師の芭蕉の説が論拠となっていて、蕉門俳論として重要。

たび-の-ころも【旅の衣】「たびごろも」に同じ。

たび-の-そら【旅の空】 ❶旅の途上で眺めやる空。異郷の空。例旅の空とぶ声の悲しき〈源氏・須磨〉❷旅先の心もとない不安な境遇。例かかる旅の空にていかなるべきにか〈今昔・一六・二〇〉

語誌 古くは、それぞれの地域はそれぞれの異なる空間として考えられていた。旅に出れば、故郷とは違った空間に身を委ねることになる。したがって、そこには空間を異にする不安がやどされているとみてよい。

たび-まくら【旅枕】 名「たびね」に同じ。例時鳥その神山の旅枕〈新古今・雑上〉

たび-やどり【旅宿り】 名 旅先で宿泊すること。例小竹を押しなべ 草枕(枕詞) 旅宿りせす 古思ひて〈万葉・一・四五〉

たびゆき-ごろも【旅行き衣】 名「たびごろも」に同じ。例泉川渡り瀬深み(=深いので)我が背子が旅行き衣濡れひたむかも〈万葉・一三・三三一五〉

たひら

たひら【平ら】 タイラ 名 形動(ナリ)❶起伏のないさま。平たいさま。平坦な場所。例(a)うきじまりたひらにたたし(=浮島があって、その平坦な所にお立ちになって)〈紀・神代下・訓註〉例(b)おしなべて峰もたひらになりななむ山の端なくは月も入らじを(=すべて峰も平たくなってしまってほしい。山のはしがなかったら、月も山に入らないだろうから)〈伊勢・八三〉❷膝をくずして楽に座るさま。あぐらをかくさま。例ささ、盛遠どの、うちくつろいで(=ゆっくりとして)、まあまあ、おたひらにおたひらに〈歌舞伎・貞操花鳥羽恋塚・六〉〈上野辰義〉

たひら-か【平らか】 ─タイラ 形動(ナリ)〔「か」は接尾語〕❶平坦だ。例王、平らかなる道を示して〈今昔・一四・三〇〉❷無事だ。平穏だ。例(a)昨日なむ、たひらかにものせらるめる(=御出産なさったようだ)〈蜻蛉・上〉例(b)年ごろ、世の中平らかに、国栄えてあり〈宇津保・春日詣〉❸心が穏やかだ。心が安らかだ。例昔は人の心たひらかにて〈源氏・若菜上〉

たひら・ぐ【平らぐ】 タイラグ〔「ぐ」は接尾語〕1動(ガ四)❶平坦になる。例山の頂のすこし平らぎたるより、煙は立ちのぼる〈更級〉❷平穏になる。静まる。例(左大臣ガ)「勘当の重ければ(=帝の強いおとがめを受けているから)」とて、(客ニ)会はせたまはざりしにこそ、世の過差(=ぜいたく)はたひらぎたりしか〈大鏡・時平〉2動(ガ下二)❶平坦にする。例この山の頂を平らげさせたまひて〈栄花・疑ひ〉❷平定する。静める。例陳(=国名)を平らげたる功をもって〈今昔・九・三九〉

たひら-け・し【平らけし】 ─タイラ 形(ク) 無事だ。平穏だ。例平らけく舟出はしぬと親に申さね(=申し上げてくれ)〈万葉・二〇・四四〇九〉

平敦盛 たひらのあつもり タイラノアツモリ《人名》一一六九〜一一八四(嘉応元〜寿永三)。平安末期の武将。平清盛の甥。一の谷合戦で源氏方の熊谷直実に討たれる。優美な若武者で戦場にも笛を携えていたと伝える。その最期は謡曲『敦盛』などの題材となった。

平兼盛 たひらのかねもり タイラノカネモリ《人名》?〜九九〇(正暦元)。平安中期の歌人。光孝天皇の曾孫平篤行の子。多くの歌合わせに参加、特に『天徳四年内裏歌合』での壬生忠見との勝負にまつわる逸話は有名で、兼盛の「しのぶれど」の歌(↓名歌187)、忠見の「恋すてふ」の歌(↓名歌165)は、ともに『小倉百人一首』にも載る。家集に『兼盛集』。

平清盛 たひらのきよもり タイラノキヨモリ《人名》一一一八〜一一八一(元永一〜治承五)。平安末期の武将。桓武平氏で、忠盛の長男。太政大臣。平大相国とも。法名浄海。

●**生涯** 平氏は、父忠盛以来中央に進出した。父没後、一門の棟梁として保元・平治の乱に勝ち、対抗勢力を一掃する。仁安二年(一一六七)太政大臣となり、知行国・荘園・官位を一門で独占して旧貴族の反発を買った。翌年病気のため出家するが、娘徳子を高倉天皇の中宮として入内させて全盛期を迎える。治承三年(一一七九)、後白河院を幽閉し、安徳天皇を即位させてからは、以仁王の殺害・福原遷都・南都焼き討ちと、特に悪行とされる事件を起こす。旧貴族・寺社勢力との対立のみならず、地方武士の離反により各地で反乱が起こり、その最中に熱病で死亡。

●**物語での人物像** 『保元物語』『平治物語』では

ほとんど活躍せず、嫡子の重盛と比べても臆病な役割を演じている。『平家物語』では賢人の重盛に「悪逆無道」(巻三「医師問答」)と見放される横暴な人物である一方、福原の建設では「ただ人ともおぼえぬ事」(巻六「築島」)と評されたり、慈恵僧正の再誕という説話や、白河法皇の落胤で母は祇園女御という説が見える。のちの物語や芸能の中では、悪逆非道の人物として扱われている。〈黒木祥子〉

平貞文 タイラノサダフン《人名》?～九二三(延長元)。名は「定文」とも書く。平安前期の歌人。「平中(平仲)」と通称された。色好みとして名高く、伝説化されて『平中物語』などを生んだ。

平忠度 タイラノタダノリ《人名》一一四四～一一八四(天養元～寿永三)。平安末期の武将・歌人。忠盛の子。清盛の弟。一の谷の合戦で戦死。歌は藤原俊成に師事し、『千載和歌集』のよみ人知らずの一首(↓名歌176)の逸話は『平家物語』で有名。家集に『忠度集』。

平徳子 タイラノトクコ《人名》一一五七?～一二一三?(保元二?～建保元?)。平安末期、高倉天皇の中宮。平清盛の娘。安徳天皇の母。のちには建礼門院と称す。壇の浦合戦で入水するが、源氏方に救出され、帰京後は出家して大原の寂光院で一族の菩提を弔った。後白河法皇がこれを訪ねた話が『平家物語』に見え、謡曲『大原御幸』の題材にもなる。

平将門 タイラノマサカド《人名》?～九四〇(天慶三)。平安中期の武将。桓武平氏の平良将の子。所領争いから始まって朝廷に謀反を起こし、新皇(新しい天皇)と称するが、平貞盛・藤原秀郷らの官軍に討たれて敗死。この乱が承平・天慶の乱で、『将門記』に詳しい。将門の関東支配は短かったが、中央に反発する姿勢は関東を中心に共感を呼び、御霊信仰の対象ともなった。御伽草子や近世の浄瑠璃・読本などにも取り上げられた。

たび-ゐ【旅居】イ 名 自宅以外の場所で過ごすこと。旅先の住まい。例 限れる(=期限を定めた)こともなかりし御旅居なれど〈源氏・関屋〉

たふ【塔】トウ 名『仏教語』「塔婆」の略。仏舎利を安置するため、供養のため、霊地のしるしとするためなどの目的で建てられた高層の建築物。三重・五重・七重・十三重など多層の建物や多宝塔・五輪塔など、種類は多い。例 この東山なる寺の**塔**の会(=法会)したまふべし〈宇津保・藤原の君〉

たふ【答】トウ 名 ❶返礼。例 (庭ニ)下りて**答**の拝したまふ〈源氏・宿木〉 ❷仕返し。例 (ダマサレタ人ハ)これが答は必ずせんと思ふらん〈枕・うれしきもの〉

た・ふ【堪ふ・耐ふ】タウ 動(ハ下二) 自分に加えられる圧力に対し、負けないように対抗する意。

❶**我慢する。耐えきる。** 例 (a)都近くなりぬる喜びに**たへ**ずして(=都が近くなったうれしさに我慢できないで)〈土佐〉 読解 国司の任期を終えて四、五年ぶりに帰京する様子。例 (b)さびしさに**たへ**たる人のまたもあれな庵ならべむ冬の山里〈新古今・冬〉↓名歌180

❷**持続する。持ちこたえる。** 生命についていうことが多い。例 (出世デキナカッタウエニ)命さへ**たへ**たまはずなりにしのち(=命までも持ちこたえなさることができなくなってしまったのち)〈源氏・夕顔〉

❸**対抗できる能力がある。成し得る能力がある。負担できる。すぐれている。** 例 (a)後ろ見と頼みきこえんに、**たへ**たまへる御おぼえを選び申して(=世話役としてお頼り申し上げるのに、不足がなくていらっしゃるという御評判の方をお選び申し上げて)〈源氏・東屋〉 例 (b)(学問デ)**堪へ**たることなき人だに、身の沈むをば憂へとする事を(=すぐれたところがない人でさえ、不遇であることを悲しみとするものなのに)〈宇津保・祭の使〉

語誌 「たへず」などと、打消の形で用いられることが多い。〈今井久代〉

た・ぶ【食ぶ】 動(バ下二)〔四段動詞「たぶ(賜ぶ・給ぶ)」の謙譲語形から〕❶「飲む」「食ふ」の謙譲語。**飲食物をいただく。** 例 などか、こと物も**食べ**ざらん(=どうしてほかの物もいただかないことがありましょうか)〈枕・職の御曹司におはします頃、西の廂にて〉 読解 「などか」は反語の意を表す。「こと物」は具体的には仏のお下がり以外をさす。
❷「飲む」「食ふ」の上品な言い方。聞き手の動作にも用いる。例 少しささ(=酒)などこれより**食べ**まして〈西鶴・好色一代男・一・七〉

語誌 ▼**用法の変遷** 下二段活用の「たまふ」と同様、もともとはいただくの意で用いられたのが、特に飲食物に限って用いられるようになったもの。上位者から給与や賞与として飲食物を頂戴して口にすることから、さらに、一般に飲食物を口にすることをいうようになった。江戸前期ごろまでは、自分の側の動作の謙譲表現に用いられたが、後期には、「たぶ」が下一段化した「たべる」が相手の動作についても用いられるようになる。〈余田弘実〉

た・ぶ【賜ぶ・給ぶ】〔「たまふ」の変化した形〕❶ 動(バ四)「与ふ」の尊敬語。**お与えになる。くださる。** 例 すずろなる者に、なにか物おほく**た**ばむ(=かかわりのない者に、どうして物をたくさんお与えになるのだろうか)〈大和・一四八〉

❷ 補動(バ四)〔動詞の連用形、またはそれに接続助詞「て」のついた形について〕**尊敬の意を表す。お～になる。お～なさる。～てくださる。** 例 (法皇ガ)なさるまじき官職をなし**たび**(=任じられるはずのない官職をお与えになり)〈平家・二・西光被斬〉

類義 ①②たうぶ

語誌 ▼「たまふ」のほうが「たぶ」から変化してできたという説もある。
▼「**たぶ**」と「**たまふ**」 上代からずっと用いられているが、「たまふ」より用例は少ない。敬意も「たまふ」より低く、口語的色彩が強い。②の用法からは、その敬意の低下に伴い、「たまふ」「せたまふ」を下につけた「～てたびたまふ」などの形も現れた。〈泉基博〉

たふ-か【踏歌】トウ 名 足で地を踏み鳴らして歌う集団舞踏。もとは隋・唐の民間行事。平安時代に宮廷の年中行事となり、男踏歌が陰暦一月十四日に、女踏歌が十六日に行われた。例 内裏わたりはなやか

に、内宴・踏歌など聞きたまふも〈源氏・賢木〉

たーぶさ【髻】 名「髻」のこと。髪を頭頂部で束ねた所。例首を取って見れば、**たぶさ**に物を結ひつけたり〈源平盛衰記・三八〉

たーぶさ【手房・腕】 名手首。また、手首のあたり。古くは手首から先、のちには肩にかけての部分をも表す。例折りつれば**たぶさ**にけがる(=手で花が穢れるだろう)〈大和・一六八〉

たーふさぎ【犢鼻褌】 名肌につけて陰部を覆い隠す下着。ふんどしの類。例(鬼ハ)裸にして赤き**たふさぎ**をかきたり(=締めている)〈今昔・一四・四三〉

たーぶせ【田伏せ】 名田の中に作る粗末な仮小屋。稲田を雀や獣から守るために寝泊まりする。例田廬に居れば都し思ほゆ〈万葉・八・一五九二〉

たぶて【礫・飛礫】 名「つぶて」に同じ。例**たぶて**にも投げ越しつべき天の川〈万葉・八・一五二二〉

たふと・し

【尊し・貴し】 形(ク) ❶**崇高だ。神々しく盛んだ。** 例神さびて 高く**貴き** 駿河なる 富士の高嶺を(=神々しく、高く崇高な、駿河にある富士の高い嶺を)〈万葉・三・三一七〉

❷**尊敬すべきだ。敬うべきだ。** 例父母を 見れば**尊し**〈万葉・五・八〇〇〉

❸**価値がある。貴重だ。** 例極まりて**貴き**ものは酒にしあるらし(=この上なく価値があるものは酒であるらしい)〈万葉・三・三四二〉

❹**かたじけない。ありがたい。** 例加持の僧ども声静めて法華経を誦みたる、いみじう**尊し**(=加持祈禱の僧たちが声を小さくして法華経を唱えているのは、たいへんありがたい)〈源氏・葵〉

語誌 上代には、広く自然物・人間に用いられる。平安時代になると用例は仏教関係に集中し、「たふときこと」は仏事、「たふとき人」は仏道の徳を積んだ人を意味するようになる。〈鈴木宏子〉

たふと・ぶ【尊ぶ・貴ぶ】 動(バ四・バ上二)「たふとむ」に同じ。

たふと・む【尊む・貴む】 ❶動(マ四) 敬って大切にする。あがめる。例得がたき貨を**貴まず**〈徒然・一三〇〉 ❷動(マ上二) ❶に同じ。例法(=仏法)をひろめて世に**たふとみらるる**を〈三宝絵・中・三〉

多武の峰 《地名》大和国、今の奈良県桜井市の山。古称は倉橋山。中大兄皇子と中臣鎌足が蘇我追討の相談をしたと伝えられ、談山ともいう。山上に鎌足を祭った談山神社がある。『多武峯少将物語』をはじめ、説話・物語の舞台となり、能などの芸能ともつながりが深い。

多武峯少将物語 《作品名》平安中期の物語。一巻。作者・成立年未詳。藤原師輔の八男で将来を期待されていた高光が若くして突然出家し、翌年多武峰に移る前までを、残された人々の悲嘆を軸に描く。高光と妻の和歌・手紙を主素材としており、妻のそば近くに仕えた女性の作ともされる。『高光日記』とも。

たふ-の-や【答の矢】 ― 射かけられた矢に対して返報として射る矢。例右の目を射させて(=射られて)、答の矢を射、その敵を射取って〈源平盛衰記・二〇〉

たふ-ば【塔婆】 名《仏教語》「卒塔婆」の略。

たぶ-やか 形動(ナリ)[「やか」は接尾語]たっぷりとしている。ゆったりしている。例秋毛の行縢**たぶやかに**はきくだし〈曽我・八〉

たぶら-か・す【誑かす】 動(サ四)[「かす」は接尾語]「たぶろかす」とも。人を欺く。人を惑わす。例これは世を**誑かす**あしきものなり〈三宝絵・中・二〉

たふ・る

【倒る】 動(ラ下二) ❶**たおれる。横になる。転ぶ。** 例「早う」とのたまへば、立つに、ただよろぼひ**たふれぬ**(=「早く」とおっしゃるので、立つが、ただもうよろけて倒れてしまった)〈宇津保・楼上上〉

❷**病気などで伏す。患う。また、死ぬ。** 例牛馬ちまたに**斃れ**(=牛馬は道に死んで)〈立正安国論〉

❸**気がくじける。気持ちが屈する。折れる。** 例(姫君トノ結婚ヲ)あながちになどかかづらひ惑はば、**たふる**方に許したまひもしつべかめれど(=無理やりになどもし夢中になってつきまとったならば、気持ちが屈する形できっとお許しになるにちがいないようだけれど)〈源氏・蛍〉

❹**滅びる。破産する。** 例大分かりこみこしらへて**たふれければ**(=多額の借金を作って破産したので)〈西鶴・世間胸算用・二・一〉

語誌 ▼「たふる」と「ころぶ」 「たふる」はまっすぐ立っているものが急に横になる意。類義語「ころぶ」は物がころころ転がっていく意が原義。〈浅見和彦〉

たぶ・る【狂る】 動(ラ下二) 気がふれる。正気を失う。例よからぬ狐などいふなるものの**たぶれたる**が〈源氏・若菜下〉

たぶろ-か・す【誑かす】 動(サ四)「たぶらかす」に同じ。例邪気などの(=物の怪などが)人の心**たぶろかし**て〈源氏・柏木〉

たーぶん【多分】 ❶名 大部分。多数。例奥州五十四郡の勢ども、**多分**馳せつきて〈太平記・一九〉 ❷副 おおかた。おそらく。例**多分**、朝夕雑炊をたべておぢやった〈おあん物語〉

たへ【栲】 名 楮(木の名)の樹皮の繊維を織った白い布。また、布類の総称。例**栲**の袴を七重をし(=幾重にも召し)〈紀・雄略即位前紀〉

たへ

【妙】 形動(ナリ) 超自然的な力の存在を背後に感じさせるほどの不思議ですぐれた様子を表すのが原義。

❶**霊妙だ。不思議なほどにすばらしい。** 例(ソノ魚ハ)百味をそなへたる飲食になりぬ。あやしう**妙なる**事多かり(=百味を備えた食物となった。このように不思議ですばらしい事が多かった)〈宇津保・俊蔭〉

❷**上手だ。巧みだ。** 例(仮名ノ筆跡ガ)**妙に**をかしき事は、外よりてこそ書き出づる人々ありけれど(=上手で風情がある事は、近年になってはじめて書きあらわす人々が出てきたが)〈源氏・梅枝〉

❸**きゃしゃだ。繊細だ。** 例能雄の少将とて、せい小さう**妙に**して(=能雄の少将といって、背丈が小さくきゃしゃで)〈平家・八・名虎〉 〈上野辰義〉

たへ-がた・し【堪へ難し】 形(ク) 我慢できにくい。こらえがたい。苦しい。例悲しく**たへがたく**はべるなり〈竹取〉

たへ-の-ほ【栲の穂】 〔「ほ」は秀でて目立つものの意〕栲のように真っ白なこと。純白。例朝月夜さやかに見れば**栲の穂**に 夜の霜降り〈万葉・一・七九〉

たほう-たふ【多宝塔】 名《仏教語》多宝如来を安置する塔。釈迦如来と二仏並坐するという話に基づいて建てられる。ふつう二層で、上層の軸部が円筒形、上下の連続部が饅頭形をしているのが特徴。例三年が中に**多宝塔**一基を建てて〈著聞集・一・六〉

たほう-にょらい【多宝如来】 名《仏教語》東方の宝浄世界にいるという仏。釈迦が法華経を説いたとき、地中から宝塔をわき出させて説法の正しいことを証明し、塔中の自分の座の半分に釈迦を座らせたという。「多宝仏」とも。例ここにただ今**多宝如来**出現したまふらむかし〈栄花・玉の台〉

たま【玉・珠・魂・霊】 名 神々、霊魂、また、それが乗り移る依代となる丸い石などの物体をさすのが原義。

❶**神のこと。**例倉稲魂、これを、うかのみ**たま**といふ〈紀・神代上・訓注〉読解この神は穀物の神。穀霊。

❷**霊魂。たましい。**例(a)天地の 神あひうづなひ 皇祖の 御霊助けて(=天地の神々も尊くお思いになり、皇祖の神々の御霊もお助けくださって)〈万葉・一八・四〇九四〉読解おかげで金を産出したという。例(b)もの思へば沢の蛍もわが身よりあくがれ出づる**たま**かとぞ見る〈後拾遺・雑六〉➡名歌367

❸**心。**例我が主のみ霊賜ひて春さらば奈良の都に召上げたまはね(=あなた様のご厚情を賜わって、春になったら奈良の都にきっとお呼び寄せください)〈万葉・五・八八二〉読解九州の筑前国司当時の山上憶良が、奈良に帰る大伴旅人に献じた歌。

❹**呪的な力をもった玉。**例塩盈**珠**を出でて溺らし(=潮を満ちさせる力をもった玉を出して溺れさせ)〈記・上・神代〉

❺**宝石。**特に、**真珠。**例銀も金も**玉**も何せむにまされる宝子にしかめやも〈万葉・五・八〇三〉➡名歌193

❻**丸い物の形容。**涙や露など。例涙の玉〈源氏・御法〉

❼**魂を奪われるほどの美しさの形容。**例真玉手の 玉手さし交へ あまた夜も 寝ねてしかも(=ほんとうに美しい手、その美しい手をさし交わし、幾晩も共寝したいものだ)〈万葉・八・一五二〇〉

語誌▼**美しさのたとえ** 宝石も「玉」というが、首飾りや腕輪などを着ける者は神女であり、依代である玉によって神を憑依させるのである。最高に美しく装い、気に入ってもらいたい相手は神にほかならない。そこから、しだいにいわゆる装飾的な色彩を濃くしていった。それゆえ、霊的な、呪的な、つまり魅せられるような美しさを玉にたとえた。その際、「玉手」「玉床」「玉梓」「玉櫛」など、直接「玉」をかぶせていう場合、また「玉の台」「玉の露」「玉の輿」「玉の顔」など、「の」によってつなぐ場合がある。〈古橋信孝〉

[玉に貫く] 玉のようにして緒を通す。首飾りのように緒を通す。花・実・露などを玉に見立てていう。例我がやどの尾花が上の白露を消たずて(=消さないで)**玉に貫く**ものにもが〈万葉・八・一五七二〉

たま-あふ【魂合ふ】 互いの魂が一つになる。互いの心が一つになる。例**魂合へ**ば相寝るものを〈万葉・一三・三〇〇〇〉

たまう【賜う・給う】 ⇩たまふ

たまか 形動(ナリ)《近世語》❶誠実だ。実直だ。例博奕…もせず、**たまかならば**〈西鶴・好色五人女・二・二〉❷倹約するさま。質素だ。つましい。例源氏火にて文を読むなど、**たまかな事なり**〈西鶴・諸艶大鑑・六・三〉読解「源氏火」は、少ない油で明るく見せる仕掛けが施されているとされる。❸細かく心を配るさま。また、こまごましているさま。例**たまかな**細工などして〈浮世草子・風流曲三味線・二・一〉

たま-がき【玉垣】 名〔古くは「たまかき」〕神社や皇居の周囲にめぐらした垣。「斎垣」「瑞垣」とも。例みもろ(=神が宿る場所)に 築くや**玉垣**〈記・下・雄略・歌謡〉

たまかぎる【玉かぎる】 《枕詞》❶〔「かぎる」は輝く意〕「たまかきる」とも。玉がほのかな光を放つことから「ほのか」「夕」「日」「はるか」「ただ一目」などにかかる。例朝影に我が身はなりぬ**玉かきる**ほのかに見えて去にし児ゆゑに〈万葉・一一・二三九四〉➡名歌16 ❷「磐垣淵」にかかる。かかり方未詳。例大舟の(枕詞)思ひ頼みて**玉かぎる**磐垣淵の 隠りのみ恋ひつつあるに〈万葉・二・二〇七〉➡名歌45

たま-がしは【玉堅磐】 名〔「たま」は接頭語〕堅い岩の美称。特に、水中の岩についていう。例難波江の藻にうづもるる**玉かしは**〈千載・恋一〉

玉勝間 《作品名》江戸時代の随筆。一四巻・目録一巻。本居宣長著。寛政五年(一七九三)に筆を起こし、没年の享和元年(一八〇一)まで書き継がれる。学問的な論考や折にふれての随想一〇〇五段からなり、特に、師と学問に対する態度を記す「師の説になづまざること」などは有名。書名は、多くの言葉を入れる美しい竹かごの意。

たま-かづら【玉葛・玉蔓】 1名 ツタなど、つる性の植物の美称。例谷狭み(=谷が狭いので)峰辺に延へる**玉かづら**〈万葉・一四・三五〇七〉 2《枕詞》❶蔓が長く延びていくことから「長し」「いや遠長し」「絶ゆ」「絶えず」などに、また、「延ふ」と同音の「這ふ」にかかる。❷蔓の花・実の意から「花」「実」にかかる。

たま-かづら【玉鬘】 1名 多くの玉を紐で貫いて作り、頭にかけ垂らして用いる髪飾り。例押木の玉縵を持たしめて〈記・下・安康〉 2《枕詞》[1]が頭にかけて用いるものであることから「懸け」に、また、その類音の「影」にかかる。

玉鬘 《人名》『源氏物語』の作中人物。頭中将の娘。母は夕顔。母の死後九州で美しく成長する。二十一歳で上京し、夕顔を今も忘れない光源氏に引き取られ、養女として六条院の夏の町の西の対に住む。快活・聡明で、六条院の花形として多くの求婚者が集まり、源氏からも恋情を訴えられる。有名な蛍巻の物語論は、このころ玉鬘相手に源氏が語ったものである。意外にも鬚黒(ひげくろ)という人物の妻となる。

玉川(たまがは)《地名》歌枕 川の名。各地にある。歌に詠まれて有名なものに、井出(ゐで)(山城国)、野路(のぢ)(近江(あふみ)国)、野田(のだ)(陸前国)、玉川の里(摂津国)、調布(たづくり)(武蔵(むさし)国)、高野(かうや)(紀伊(きい)国)があり、それをあわせて六玉川(むたまがは)という。井出の玉川は、今の京都府綴喜(つづき)郡井手町を通って、木津(きづ)川に注ぐ川(⇩井手(ゐで))。調布の玉川は、東京都西多摩(にしたま)郡から東京湾に流れ込む今の多摩川。和歌では、例のように、「布」「さらす」「たづくり(てづくり)」とともに詠むことが多い。例**多摩川**(たまがは)にさらす手作(てづく)り(ここまで序詞)さらさらになにそこの児(こ)のここだかなしき〈万葉・一四・三三七三〉➡名歌214

たーまき【手纏・環】 名(手に巻くものの意)❶古代の装身具の一つ。玉や鈴などを糸に通して作った腕輪。例投げ棄(う)つる左の御手の**手纏**に〈記・上・神代〉❷弓を射るとき、左ひじを覆う防具。のちの「弓籠手(ゆごて)」。

たまきはる タマキワル《枕詞》(「たま」は霊魂。「きはる」は極まる、の意か)霊魂がこもり、充実した状態をいうか。「命」「うち」「世」などにかかる。例**たまきはる**命惜しけど〈万葉・五・八〇四〉

たまーぎ・る【魂消る】 動(ラ四)驚く。仰天する。肝をつぶす。例主上、夜な夜なおびえ**たまぎら**せたまふ事ありけり〈平家・四・鵼〉

たまーぐし【玉串】 名 榊(さかき)の枝に木綿(ゆふ)や紙・絹などをつけ、神前に供えるもの。また、榊。例神風や玉串の葉を取りかざし内外(うちと)の宮に君をこそ祈れ〈新古今・神祇〉

たまーくしげ【玉櫛笥・玉匣】 ❶名 櫛笥の美称。櫛などを入れるりっぱな箱。例**玉くしげ**開き明けつと夢(いめ)にし見ゆる〈万葉・四・五九一〉❷《枕詞》「くしげ」に関係のある「ひらく」「あく」「覆(おほ)ふ」「ふた」「身」「箱」「奥」などにかかる。例**玉くしげ**二上(ふたがみ)山に鳴く鳥の〈万葉・一七・三九八七〉

たまーくしろ【玉釧】 ❶名 古代の装身具。玉石や金属などで作った美しい腕輪。例その女鳥王(めどりのおほきみ)の御手に纏(ま)かせる**玉釧**を取りて〈記・下・仁徳〉❷《枕詞》「釧」が手に巻きつけるものであることから「巻く」「手に取り持つ」にかかる。例**玉釧**まき寝(ぬ)る妹も〈万葉・一二・二八六五〉

たーまくら【手枕】 名 腕を枕とすること。腕枕。また、男女が共寝すること。例春の夜の夢ばかりなる**手枕**にかひなく立たむ名こそ惜しけれ〈千載・雑上〉➡名歌298

たまーさか【偶】

形動(ナリ)❶思いがけないさま。偶然だ。例**たまさかに**我が見し人をいかにあらむよしをもちてかまた一目見む(=思いがけず私が見た人を、どのようなきっかけによってまた一目見ることができるだろうか)〈万葉・一一・二三九六〉

❷まれなさま。ときたまだ。例**たまさかに**通ひける御文(ふみ)の返り事、五つ六つぞある(=まれに取り交わした御手紙の返事五、六通がある)〈源氏・橋姫〉

❸(仮定条件を伴って)万一。ひょっとして。例(火鼠(ひねずみ)ノ皮衣ヲ)もし天竺(てんぢく)に**たまさかに**持て渡りなば(=もし天竺に万一にも持って行っていたら)〈竹取〉

語誌 上代は①の意に用いることが多い。平安時代の仮名文では②の意が多く、以後、②の用法が一般的になる。〈井上博嗣〉

たまーざさ【玉笹・玉篠】 名 笹の美称。例冬きては一よ二よを**玉笹**の葉分けの(=一枚一枚の葉ごとの)霜のところせきかな〈千載・冬〉

たまーしき【玉敷き】 名 玉を敷きつめたように美しいこと。また、そのような場所。特に、宮中の庭にいう。例**たましき**の都のうちに棟(むね)を並べ〈方丈記〉

たましづめーのーまつり【鎮魂祭】 タマシズメノ— 名 新嘗(にひなめ)の祭りの前日、陰暦十一月の中(なか)の寅(とら)の日に、宮中で天皇・皇后・皇太子などの魂を鎮め、長寿を祈るために行われる神祭。身体から遊離しようとする魂を鎮め、活力を与えることを目的とする。「ちんこんさい」「たまふりのまつり」とも。

たましひ

【魂】タマシイ 名 肉体とは別に存在して、生命活動をつかさどると考えられるもの。

❶霊魂。例もの思ふ人の**魂**はげにあくがるるものになむありける(=思い悩む人の霊魂はほんとうに身を離れてさまよい出るものであったのだ)〈源氏・葵〉読解 六条御息所(みやすどころ)の生き霊の言葉。

❷精神。気力。思慮分別。例(息子ハ)われに後れていかがせむとする。**魂**あればさりともとは思へども(=私に先立たれてどうするつもりなのか。気力があるからいくらなんでもと思うけれども)〈栄花・初花〉

❸才気。天分。素質。例かやうの**たましひ**ある事は、すぐれたる御房ぞかし(=このような才気があるということは、すぐれているお坊さんであるよ)〈大鏡・道長下〉読解 説法の名人についての感想。

語誌▼遊離する「魂」 「魂」は、①例のように、体内から抜け出ることができると考えられた。その点、「心」が常に肉体の内部にあるとみられていたのと異なるが、のちにその区別はあいまいになる。

▼「魂」と「才(ざえ)」 ②③は、後天的に習得される学問の意の「才」としばしば対の関係になった。〈高田祐彦〉

たまーすだれ【玉簾】 名(「たま」は接頭語)簾の美称。また、珠玉を紐(ひも)で貫いて垂らした飾り。例**玉簾**ひま求めつつ(=すきまを捜し求めて)入るべきものを〈伊勢・六四〉

たまーだすき【玉襷】 ❶名 襷(たすき)の美称。例**玉襷**して、桂河にて、取りも習はぬ魚を取らんとするに〈沙石集・九・八〉❷《枕詞》襷をうなじにかけることから「懸(か)く」に、また、「うなじ」と類音の地名「畝火(うねび)」にかかる。例**玉だすき**畝傍(うねび)の山の橿原(かしはら)のひじりの御代(みよ)ゆ〈万葉・一・二九〉➡名歌216

たまーだな【霊棚・魂棚】 名 盂蘭盆会(うらぼんゑ)のとき、精霊(しやうりやう)を迎えるための供物を置く棚。精霊棚。例**霊棚**をはだかで拝みしかられる〈柳多留・八〉

たまーたま【偶・適】 副❶まれに。例今は絶えて…参る人もなし。**たまたま**に参るといへども〈今昔・一九・一七〉❷偶然に。例貴下(=あなた)**たまたま**累代武備(=武士)の家に生まれて〈平家・七・返牒〉

たまーだれ【玉垂れ】 名「たますだれ」に同じ。例**玉垂れ**のあみ目の間より吹く風の〈後撰・雑二〉

たまだれの【玉垂れの】《枕詞》❶珠玉を緒(紐)で貫いて垂らして飾りとしたことから、「緒」と同音を含む「小簾」や地名「越智」などにかかる。❷珠玉で飾った簾の意から「御簾」に、また、「御簾」と同音の「見ず」にかかる。

たまーづさ【玉梓・玉章】 ― 名〔「たまあづさ」の変化した形〕❶(便りを運ぶ使者が梓の杖を持つことから)使い。使者。例**玉梓**の言だに告げず去にし君かも〈万葉・三・四四五〉❷手紙。消息。便り。例秋風に初雁が音ぞ聞こゆなる誰が**たまづさ**をかけて来つらむ〈古今・秋上〉➡名歌4

たまづさの【玉梓の・玉章の】《枕詞》便りを運ぶ使者が、そのしるしに梓の杖を持つことから「使ひ」に、また、恋の使者をよくよこすということから「妹」にかかる。例沖つ藻の(枕詞)なびきし妹は黄葉の(枕詞)過ぎて去にきと**玉梓の**使ひの言へば〈万葉・二・二〇七〉➡名歌45

玉津島《地名》歌枕 紀伊国、今の和歌山市和歌浦の島。古来から和歌の神として信仰を集める玉津島神社がある。和歌浦を眺望できる地として、和歌に多く詠まれる。

たまーどの【霊殿・魂殿】 名本葬の前に遺体を安置しておく場所。「霊屋」とも。例昔物語に、**魂殿**に置きたりけん人のたとひを思ひ出でて〈源氏・夢浮橋〉

たまにぬく【玉に貫く】 ⇩「たま」の子項目

たまーのーうてな【玉の台】 名美しい宮殿。宝玉のように飾り磨いた建物。例むぐらはふ下にも年は経ぬる身のなにかは**玉のうてな**をも見む〈竹取〉

たまーのーこし【玉の輿】 名❶貴人の乗るりっぱで高価な輿。❷(①から転じて)特に女性が、結婚などによって得る富貴な身分。例**玉の輿**捨てて貧苦をいとはじと〈人情本・春色梅児誉美・初・二〉

たまーのーを

【玉の緒】 ― 名❶**玉を貫き通す紐**。例初春の初子の今日の玉箒手に取るからに揺らく**玉の緒**(=正月の最初の子の日である今日の玉箒は、手に取るとすぐにゆらゆら揺れる玉を貫き通す紐よ)〈万葉・二〇・四四九三〉読解「玉箒」は玉で飾った箒。正月の初子の日に蚕室を掃く。

❷**短いことのたとえ**。例逢ふことは**玉の緒**ばかり(=逢うことはほんの短い間)〈古今・恋三〉

❸**命**。例**玉の緒**よ絶えなば絶えねながらへば忍ぶることの弱りもぞする〈新古今・恋一〉➡名歌217

語誌 ①が本来の意味だが、「玉」を「緒」が貫いている様子を述べた例は少ない。玉と玉をつなぐ緒が短いことから②の用法が生まれる。しかも、玉の緒が絶えやすく弱いものであることから、「弱し」「絶ゆ」などとともに用いられ、多く恋歌に詠み込まれた。さらに、緒はその両端が結ばれるので、「逢ふ」などともともに詠まれた。③は「魂」をつなぐことから命の意になったといわれるが、確かではない。〈高田祐彦〉

たまのをの【玉の緒の】《枕詞》❶玉を貫き通す「緒(紐)」に関連して、「絶ゆ」「乱る」「長し」「継ぐ」に、また、「緒」と同音を含む「惜し」にかかる。例**玉の緒の**長き春日を〈万葉・一〇・一九三六〉❷「玉(魂)」を生命と関連させて、「現し心」にかかる。例**玉の緒の**現し心や〈万葉・一二・三二一一〉

たまは・す【賜はす】 動(サ下二)〔尊敬の動詞「たまふ」の未然形＋尊敬の助動詞「す」〕お与えになる。下さる。例かの奉る不死の薬に、また、壺具して(=そろえて)、御使ひに**賜はす**〈竹取〉

たまーばはき【玉箒】 名「たまははき」とも。❶植物の名。高野箒の古称。キク科の小低木。また、この植物で作った箒。例**玉箒**刈り来鎌麻呂〈万葉・一六・三八三〇〉❷朝廷で、正月の初子の日に蚕室を掃くために玉で飾った箒。中国にならい、辛鋤・玉箒を飾り、天皇が農耕に、皇后が養蚕に親しむことを表すためのもの。例初春の初子の今日の**玉箒**手に取るからに(=手に取るだけで)揺らく玉の緒〈万葉・二〇・四四九三〉❸(憂いを掃き払うとされたことから)酒の別称。宋の詩人蘇軾の詩による。

たまは・る

【賜る・給る】 1動(ラ四)❶「受く」「貰ふ」の**謙譲語**。**いただく**。例親王たち上達部つらねて、禄どもも品々に**賜りたまふ**(=親王たちや上達部たちが立ち並んで、褒美を身分に応じていただきなさる)〈源氏・桐壺〉

❷「与ふ」「呉る」などの**尊敬語**。**お与えになる**。**くださる**。例備前の児島を佐々木に**給りける**(=備前の国の児島を佐々木にお与えになった)〈平家・一〇・藤戸〉

2補動(ラ四)動詞の連用形、またはそれに接続助詞「て」のついた形につく。❶**謙譲の意を表す**。**〜ていただく**。例まげて許し**たまはらん**(=ぜひとも許していただきたい)〈徒然・八七〉

❷**尊敬の意を表す**。**〜てくださる**。例自らにはとどめをさして**たまはれ**(=私にとどめをさしてくださいませ)〈御伽草子・酒呑童子〉

語誌 本来、上位者から下位者が「たまはる」の意であったが、中世以後、1②のように、上位者の動作にも転じて用いられるようになった。室町時代以降、さらに語形を転じて、「たもる」ともなる。〈山口堯二〉

たーまひ【田舞・田儛】 ― 名朝廷で正月・大嘗祭などの儀式に踊られる舞踊。「でんぶ」とも。

たま・ふ

【賜ふ・給ふ】 1動(八四)❶「与ふ」「授く」などの**尊敬語**。**お与えになる**。**くださる**。例とくいなんと思ふに、大御酒**たまひ**、禄**たまは**むとて、つかはさざりけり(=早く立ち去ろうと思うが、御酒をくださり、褒美をくださろうとして、お帰しにならなかった)〈伊勢・八三〉

❷(命令形「たまへ」の形で)他の動作の意を含み、**いらっしゃい**、**静かにしなさい**、**などの意を表す**。⇩いざたまへ・あなかまたまへ。例いざ**たまへ**。宮の御使ひにて参り来つるぞ(=さあ、いらっしゃい。宮の御使者として参上したのですよ)〈源氏・若紫〉

2動(ハ下二)「受く」「貰ふ」の謙譲語。いただく。例堤井の水をたまへな妹が直手よ(=井戸の水をいただきたい、あなたの手からじかに)〈万葉・一四・三四三九〉読解「たまへな」の「な」は未然形につく終助詞で、希望などを表すもの。

3補動(ハ四)〔1の補助動詞化〕動詞・助動詞「る」「らる」「す」「さす」「しむ」の連用形につく。❶尊敬の意を表す。お〜になる。お〜なさる。〜してくださる。例玉の男御子さへ生まれたまひぬ(=玉のような皇子までもお生まれになってしまった)〈源氏・桐壺〉❷(特に、尊敬の助動詞「す」「さす」「しむ」についた「せたまふ」「させたまふ」「しめたまふ」の形で用いて)最高の尊敬を表す。お〜あそばす。お〜なさる。例いま一階の位をだにと、贈らせたまふなりけり(=せめてもう一段上の位をだけでもと、お贈りあそばすのであった)〈源氏・桐壺〉読解主語は帝。最愛の更衣の死後、せめてはと三位の位を追贈する。

4補動(ハ下二)〔2の補助動詞化〕(動詞の連用形について)謙譲の意を表す。自分または、自分の側の人物の動作をへりくだっていう。〜させていただきます。存じます。例うちうちに思ひたまふるさまを奏したまへ(=ひそかに考えさせていただいているさまを帝に申し上げなさってください)〈源氏・桐壺〉

語誌▼尊敬語と謙譲語　四段活用の1・3は尊敬語、下二段活用の2・4は謙譲語で、働きは対照的だから、その活用に注意して、混同しないようにする。終止形は四段と下二段とで同じ形になるが、謙譲語の「たまふ」には、ふつう終止形は用いられない。

▼使役か尊敬か　3の場合、①も、動詞のほか、受身・使役の助動詞につくことがある。つまり、「〜せたまふ」「〜させたまふ」「〜しめたまふ」などの形の「せ」「させ」「しめ」には、①の例として使役を表す場合と②にあたる尊敬の場合とがあり、区別する必要がある。「女房にも歌よませたまふ」〈枕・五月の御精進のほど〉などは使役の場合。⇩せたまふ・させたまふ・しめたまふ

▼謙譲語の用法　4の例は、平安時代の会話文や手紙の文に多い。「思ふ」「見る」「聞く」「知る」などの動詞につくが、「思ふ」「見る」などによる複合動詞に対しては、「命長さのいとつらう思ひたまへ知らるるに」〈源氏・桐壺〉のように、複合したもの(「思ひ知る」)の間に割り込む形になる。いわゆる謙譲語の多くは、その動作の受け手に敬意を表すものであるが、これは話し手または話し手側の人物の動作を卑下し、へりくだる言い方としての謙譲語である点が注意される。

▼「たまふ」から変化した語に「たぶ」がある。〈山口堯二〉

たま-ほこ【玉桙・玉鉾】名「たまぼこ」とも。❶玉で飾った鉾。また、りっぱな鉾。❷(枕詞「たまほこの」が「道」にかかることから)道。道中。例**たまほこ**のゆき交ふ袖は花の香ぞする〈新古今・春下〉

たまほこの【玉桙の・玉鉾の】《枕詞》「たまぼこの」とも。「道」「里」などにかかる。かかり方未詳。例**玉桙の**　道行き人も　ひとりだに　似てし行かねば〈万葉・二・二〇七〉➡名歌45

たま-まつり【魂祭り・霊祭り】名祖先などの死者の霊を祭ること。平安時代には十二月晦日に行われていたが、のち七月の盂蘭盆に行うようになる。精霊会。例数ならぬ身とな思ひそ**玉祭り**〈俳諧・有磯海〉➡名句41

たま-みづ【玉水】ミズ 名清らかな水。また、玉のように滴る水。例山城の井手の**玉水**手にむすび(=汲んで)〈伊勢・一二二〉

たま-むすび【魂結び】名肉体から抜け出ていく魂を鎮めとどめること。古くは、人の肉体と魂は別のもので、強く願ったり恨んだりすると魂がそのほうに行くと考えられていた。それを防ぐまじない。例思ひあまり出でにし魂のあるならむ夜深く見えば**魂結び**せよ〈伊勢・一一〇〉

たま-も【玉裳】名裳の美称。例娘子らが**玉裳**の裾に潮満つらむか〈万葉・一・四〇〉

たま-も【玉藻】名〔「たま」は接頭語〕藻の美称。海や川の景物として和歌に詠まれる。また、女性の髪の形容にも用いる。例住吉の浅香の浦に**玉藻**刈りてな(=刈ろう)〈万葉・二・一二一〉

たまもかる【玉藻刈る】《枕詞》❶玉藻を刈るということから、海辺の地名「敏馬」「辛荷」「平等女」などにかかる。例**玉藻刈る**敏馬を過ぎて〈万葉・三・二五〇〉❷海や水に関係深い「沖」「井堤」「舟」「池」などにかかる。例**玉藻刈る**沖辺は漕がじ〈万葉・一・七二〉

たまもなす【玉藻なす】《枕詞》〔「なす」は接尾語〕玉藻がただよいなびき寄ることから「浮かぶ」「なびく」「寄る」などにかかる。例波のむた(=波といっしょに)か寄りかく寄る　**玉藻なす**　寄り寝し妹を〈万葉・二・一三一〉➡名歌69

たま-もひ【玉盌】モイ 名〔「たま」は接頭語〕盌の美称。美しい椀。例**玉器**を持ちて水を酌まむとする時〈記・上・神代〉

たまもよし【玉藻よし】《枕詞》〔「よ」「し」は詠嘆の助詞〕藻が取れることから地名「讃岐」にかかる。

たま-ゆら【玉響】副ほんの少しの間。しばし。例(a)**玉ゆら**の露も涙もとどまらずなき人恋ふる宿の秋風〈新古今・哀傷〉➡名歌218 例(b)いづれの所を占めて、いかなるわざをしてか、しばしもこの身を宿し、**たまゆら**も心を休むべき〈方丈記〉語誌『万葉集』の「玉響」〈一一・二三九一〉を、旧来「たまゆら」と訓んだことから出た語(今は「たまかぎる」とするのがふつう)。平安後期以降の和歌で、しばし、の意に用いられて定着した。

たま・る【溜まる】動(ラ四)❶たまる。寄り集まる。例水**溜まる**依網の池の〈記・中・応神・歌謡〉❷とどまる。静止する。例(兜ヲツカマレテ)しばしぞ**たまっ**(音便形)て見えし〈平家・一一・弓流〉❸こらえる。耐えしのぶ。例面々に(悪馬ニ)乗せられけれども、一人も**たまる**者なかりけり〈著聞集・一〇・三六四〉

たまわる〖賜る・給る〗⇩たまはる

たみ【民】名人民。例時によりすぐれば**民**のなげきなり八大龍王雨やめたまへ〈金槐集・下〉➡名歌243

【民の竈】人民が飯を炊くかまど。人々の暮らしのありさま。例高き屋に登りて見れば煙立つ**民のかまど**はにぎはひにけり〈新古今・賀〉語誌例の和歌を詠んで民の豊かな暮らしぶりを喜んだという仁

徳天皇の伝承による。

た・む【回む・廻む】 動（マ上二）ぐるっと回る。めぐり行く。例いづくにか舟泊てすらむ安礼の崎漕ぎたみ行きし棚なし小舟〈万葉・一・五八〉➡名歌63

た・む【訛む】 動（マ四）〔のちは「だむ」〕❶物の言い方がもたもたする。文章などが洗練されていない。例右歌、詞たみたるやうなり〈天徳四年内裏歌合・判詞〉❷発音がなまる。また、声が濁る。例さる東国の方の遥かなる世界に埋もれて、年経ければにや…ものうち言ふ、少したみたるやうにて〈源氏・東屋〉

た・む【溜む】 動（マ下二）❶ためる。寄せ集める。例摘みたむることの難きは鶯の声する野辺の若菜なりけり〈拾遺・春〉❷とどめる。とめる。例水脈速み生しため難き石枕〈万葉・一三・三二二七〉

た・む

【矯む・揉む】 動（マ下二）❶枝などを曲げたりのばしたりして形を整える。例松の緑こまやかに、枝葉汐風に吹きたわめて、屈曲おのづから矯めたるがごとし（＝松の緑も色濃く、枝葉は潮風に吹き曲げられて、折れ曲がったさまは自然に形を整えたようである）〈芭蕉・奥の細道〉❷弓や鉄砲でねらいをつける。例みちのくの安達の真弓君にこそ思ひためたる事も語らめ（＝陸奥の安達の地で作られた真弓でねらいをつけるようにあなたにこそたまっている私の思いを語りたいものだ）〈後拾遺・雑五〉読解「たむ」は「矯む」と「溜む（ためる）」を掛ける。

語誌 ②の用法は、矢をつがえた弓を曲げたままにしておくことから生じた。いろいろの角度からよく見ようとするさまを表す「ためつすがめつ」は、この語による成句。〈森山由紀子〉

た-む・く【手向く】 動（カ下二）❶神仏に幣帛・花・香などの供え物をする。主に旅の安全を祈願して行う。例萩の花散らむ時にし行きて手向けむ〈万葉・六・九七〇〉❷旅立つ人に餞別を贈る。例老いぬともまたも逢はんとゆく年に涙の玉を手向けつるかな〈新古今・雑上〉

た-むけ

【手向け】 名❶神仏に幣帛・花・香などの供え物をすること。また、その供え物。多くの場合、道中において旅人が旅の安全を祈って行った。例舟を出だして漕ぎくる道に、たむけするところあり（＝船を出して漕いで来る途中に、神仏に供え物をする場所がある）〈土佐〉読解航海の安全を祈願して、海の神に捧げ物をする。❷旅立つ人への餞別。はなむけ。例あだ人のたむけに折れる桜花相坂までは散らずもあらなん（＝浮気なあなたへのはなむけにと折った桜の花だ。逢坂の関までは散らないでほしい）〈後撰・離別〉❸峠。越えていく山道の登りつめた所。「たうげ（峠）」は、この「たむけ」の変化したもの。例み越路の手向けに立ちて妹が名告りつ（＝み越路の峠に立ってあなたの名を言ってしまった）〈万葉・一五・三七三〇〉❹「手向けの神」の略。例逢坂山にいたりて、たむけを祈り（＝逢坂山に着いて、手向けの神に祈り）〈古今・仮名序〉

語誌 山は神の支配する領域だから、山道を行く旅人は神に幣物を捧げて通行の無事を祈願した。その行為が手向けで、それを行う場所も手向けと呼ばれた。山道を登りつめた所、山の鞍部や肩にあたる場所には神が祭られたが、その場所が手向けと呼ばれた。そこでは、故郷に向かって袖を振ったり、妻の名を呼んだり、旅の無事を祈るためのさまざまな呪術も行われた。その手向けを含めて、広く「さか（坂）」と呼ぶこともある。〈鈴木健一〉〈多田一臣〉

たむけ-ぐさ【手向け草】 名〔「草」は材料の意〕神に供える品。例娘子らに（枕詞）逢坂山に手向けくさ幣取り置きて〈万葉・一三・三二三七〉

たむけ-の-かみ【手向けの神】 名峠の神。道祖神。例礪波山手向けの神に幣奉り〈万葉・一七・四〇〇八〉

たむけ-やま【手向け山】 名手向けの神を祭った場所。例このたびはぬさもとりあへず手向け山紅葉の錦神のまにまに〈古今・羇旅〉➡名歌160 語誌 本来は普通名詞だが、奈良市若草山の南麓にある手向山神社のあたりや、奈良山（平城山）、逢坂山などが有名。

た-むだ・く【拱く・手抱く】 動（カ四）「たうだく」とも。両手を組む。手を出さず腕組みをしている。何もしないでいる。例平らけく我は遊ばむ手抱きて我はいまさむ〈万葉・六・九七三〉語誌 天子に徳があれば、直接政治に手を出さなくても天下は自然に泰平となるという古代中国の考え方から出た語。例は聖武天皇の歌。

ため【為】 名形式名詞として用いる。❶目的とする意を表す。〜という目的で。例我妹子に見せむがために黄葉取りてむ〈万葉・一九・四二二二〉❷原因・理由を表す。〜のせいで。〜によって。例かくあやしき身のために、あたら身をいたづらになさんやは〈徒然・二四〇〉❸利益になる意を表す。〜の利益となるように。例ゆくする の人のためにこそ、実なる庭木は植ゑたまひけれ〈蜻蛉・中〉❹かかわりをもつことを表す。〜にとっては。〜に関しては。例光頼卿は信頼卿のために母方の伯父にておはします〈平治・上〉❺（受身表現を伴って）動作の主体を表す。〜によって。例すでに敵のために討たれにけりと思ひて〈今昔・二五・一三〉語誌 単独で用いられることはほとんどない。格助詞「の」「が」を伴って「〜のため」「〜がため」の形で用いられることが多い。

為兼卿和歌抄 《作品名》鎌倉時代の歌論。一巻。京極為兼著。弘安八年（一二八五）から同一〇年の間の成立か。京極派の指導者的立場にあった為兼の、詞よりも心を重視する創作理論が展開されている。

ためし

【例し・試し】 名「た」は「手」、または接頭語の「た」。「めし」は見せること。手本として見せるものの意。

❶模範。規範。例常の例しによりて二十年に一遍大宮新たに仕へまつりて（＝通例の規範によって二十年に一回大宮を新たにお造り申し上げて）〈祝詞・遷奉太神宮祝詞〉

❷例。先例。例(a)古にありきあらずは知らねども千歳のためし君に始めむ（＝昔にいたかいないかは知らないけれども、千歳の寿命を保つ人の例はあなたを最初にしよう）〈古今・賀〉例(b)淀みに浮かぶうたかたは、かつ消えかつ結びて、久しくとどまりたる例しなし（＝川の淀んだ所に浮かぶ水の泡は、一方では消え、一方ではできて、長い間変わらずにある例はない）〈方丈記〉

❸（「世のためし」の形で）**話の種**。**語りぐさ**。例世の例しにもなりぬべき御もてなしなり（＝世間の語りぐさにもきっとなるにちがいない御待遇である）〈源氏・桐壺〉

❹**証拠**。例一日悪口したりし、**ためし**立てんずるぞかし（＝先日悪口を言った、その証拠立てをしようぞ）〈沙石集・五本・五〉

語誌 平安時代から「ためし」の例が急増するのは、有職故実が重んじられるなど、先例を規範として成り立つ社会になるからである。平安時代以降は新興の貴族や武士が登場するため、それまでの社会を維持するには「ためし」を持ち出す必要があった、と考えると分かりやすい。〈古橋信孝〉

為永春水《人名》一七九〇～一八四三（寛政二～天保一四）。江戸時代の戯作者。貸本屋・講釈師を経て人情本『明烏後正夢』（滝亭鯉丈と合作）を発表。人情本・合巻を多作し、『春色梅児誉美』に始まる梅暦もので知られる。天保の改革で手鎖の刑に処せられる。

ためら・ふ【躊躇ふ】タメラフ・タメロウ 動（ハ四）不都合な状態にある自分を静め、落ち着かせる意。

❶**心を落ち着かせる**。**涙を抑える**。例かきくらす乱り心地**ためらひ**はべるほどに（＝悲しみにくれる動揺した気持ちを落ち着かせておりますうちに）〈源氏・須磨〉

❷**病勢を落ち着かせる**。**療養する**。例苦しくてえ聞こえず。すこし**ためらは**むほどに（＝苦しくて何も申し上げることができない。少し落ち着いてから）〈源氏・総角〉読解「え〜ず」は不可能の意を表す。

❸**ちゅうちょする**。例たやすくうち出でんもいかがと**ためらひ**けるを（＝簡単に言い出すのもどうかとちゅうちょしていたのを）〈徒然・二三一〉

語誌 ③は主に中世以降の用法で、平安時代では「やすらふ」が用いられる。動揺する心や、不調な肉体などを平常な状態に整えようとする意から、行動に踏み出そうとする心を抑えてぐずぐずする意に転じたのであろう。〈池田節子〉

た-めり〔完了の助動詞「たり」の連体形＋推定の助動詞「めり」＝「たるめり」の撥音便形「たんめり」の撥音の表記されない形〕〜ているようだ。〜たようだ。例花びらのはしに、をかしき匂ひこそ、心もとなう（＝ほのかに）つき**ためれ**〈枕・木の花は〉

たも【給】〔動詞「たもる」の命令形「たもれ」の変化した形〕〜てください。例心鎮めて聞いて**たも**〈近松・心中重井筒・中〉

だも 副助〔副助詞「だに」＋係助詞「も」＝「だにも」の撥音便形「だんも」の撥音の表記されない形〕最小限度の事柄を示し、重いものを類推させる意を表す。〜さえも。せめて〜だけでも。例手負ひをもいはず（＝負傷をも顧みず）、死ぬる**だも**顧みず〈御伽草子・秋夜長物語〉

接続 種々の語につく。

た-も-つ【保つ】動（タ四）〔「た」は、接頭語とも、「手」の意とも〕❶**自分のものとして持つ**。**所有する**。例世を**たもた**せたまふこと二年〈大鏡・冷泉院〉❷**持ちこたえさせる**。**維持する**。**支配する**。**治める**。例（命ガ）たとひ万年を**たもつ**とも、つひには終はりのなかるべきか〈平家・一〇・維盛出家〉❸**教えや戒めを守り続ける**。例三井寺の人々は千手経を**たもち**たれば〈讃岐典侍日記・上〉

た-もと【袂】名❶《上代語》〔「手本」の意〕ひじから手首にかけての部分。一説に、ひじから肩の間とも。例夢にだに妹が手本をまき寝とし見ば（＝ドンナニスバラシイダロウ）〈万葉・四・七八四〉❷**袖の垂れた部分**。また、**袖**。例秋の野の草の**たもと**か花すすき穂に出でて招く袖と見ゆらん〈古今・秋上〉読解 風になびく薄を、人を招く袂と見立てた歌。

た-もとほ・る【た廻る】タモトオル 動（ラ四）〔「た」は接頭語〕**うろうろ歩き回る**。**めぐり行く**。例雲の上に鳴くなる雁の（ここまで序詞）遠けども君に逢はむと**たもとほり**来つ〈万葉・八・一五七四〉

たも・る【賜る・給る】〔「たまはる」のウ音便形「たまうる」の変化した形〕❶動（ラ四）与えるの意の尊敬語。**くださる**。**お与えになる**。例方々からささ（＝酒）をたくさんに**たもる**に〈狂言・比丘貞〉❷補動（ラ四）（動詞の連用形＋接続助詞「て」の形について）尊敬を表す。〜してくださる。例許して**たもれ**、と手を合はせ〈近松・心中天の網島・中〉

たもん-てん【多聞天】名《仏教語》四天王の一つ。「毘沙門天」のこと。仏の道場を守護して常にその説法を聞くところから「多聞」と呼ばれる。例やれやれかたじけない、**多聞天**の福ありの実（＝梨）を下された〈狂言・連歌毘沙門〉

た-やす・し【容易し】形（ク）〔「た」は接頭語〕❶**簡単だ**。**容易だ**。例言に言へば（＝言葉にして言えば）耳に**たやすし**〈万葉・一一・二五八一〉❷**軽率だ**。**軽はずみだ**。例官位高き人をば、**たやすき**やうなれば（数二）入れず〈古今・仮名序〉

田安宗武《人名》一七一五～一七七一（正徳五～明和八）。江戸中期の歌人・国学者。八代将軍吉宗の二男で田安家の祖。はじめ荷田在満、のちに賀茂真淵について国学・和歌を修める。歌論に『国歌八論余言』、家集に『天降言』など。

た・ゆ【絶ゆ】動（ヤ下二）❶**中途で切れる**。**やむ**。例岩走り激ち流るる泊瀬川**絶ゆる**ことなくまたも来て見む（＝岩の上をしぶきを上げ激しく流れていく泊瀬川を、その流れが切れることのないように切れることなく再び来て見よう）〈万葉・六・九九一〉

❷**関係が切れる**。例かくおぼし出でんほどは、**たえ**であらん（＝このように思い出してくださるうちは、関係

は切れていないだろう)〈和泉式部日記〉

❸尽きる。**死ぬ**。例たまきはる(枕詞) 命**絶え**ぬれ(=命は尽きた)〈万葉・五・九〇四〉

語誌▼「**玉の緒の絶え**」 平安時代以降、「玉の緒の絶え」という定型的な言い方が多く見られる。玉をつないでいる糸が切れて玉が散り乱れることから、「乱る」とつながり、また「玉の緒」を命と解すれば死ぬことにつながる。ともに枕詞といっていいほど、表現として定着した。また、平安時代は、恋が男から言い寄ることによって始まる様式をもつため、女は男を待つ場合が多く、男が来なくなることを②の例のように「絶ゆ」と認識した。「玉の緒の絶え」の定型的な言い方も含めて、「絶ゆ」は平安文学を象徴する言葉の一つである。

▼『万葉集』では、「絶ゆることなくまた返り見む」という旅先の土地をほめる定型が目立つ。繰り返し見たいほどすばらしい土地だ、という意である。〈古橋信孝〉

たゆう【大夫・太夫】⇩たいふ

たゆ-げ【弛げ・懈げ】形動(ナリ)〔「げ」は接尾語〕だるそうだ。見るからに力なく弱々しい様子だ。例息も絶えつつ、聞こえまほしげなる事はありげなれど、いと苦しげに**たゆげなれ**ば〈源氏・桐壺〉

たゆ・し【弛し・懈し】形(ク)〔「たゆむ(弛む)」と同根〕❶だるい。**疲れて力が出ない**。例(a)都辺に君は去にしを誰が解けか我が紐の緒の結ふ手**たゆき**も(=都へあなたは行ってしまったのに、だれが解くのか、私の下紐が解けて、結ぶ手がだるくなるほどだ)〈万葉・一二・三一八三〉例(b)舞など日ぐらし見るに、目も**たゆく**くるし(=舞などを一日じゅう見ると、目も疲れてつらい)〈枕・関白殿、二月二十一日に〉

❷**しまりがない**。**ぼんやりしている**。例わが**たゆく**世づかぬ心のみ悔しく(=自分のぼんやりしていて世間知らずの心ばかりが悔やまれて)〈源氏・蜻蛉〉〈森山由紀子〉

たゆた・ふ【揺蕩ふ】動(ハ四) ❶ゆれ動く。漂う。例海原の**たゆたふ**波に立てる白雲〈万葉・七・一〇八九〉❷心が動揺する。ためらう。例ことなる勢ひなき人(=格別の勢力のない人)は**たゆたひ**つつ〈源氏・玉鬘〉

たゆみ-な・し【弛み無し】形(ク) 緊張がゆるむことがない。油断しない。途中で怠らない。例御行ひ(=仏道修行)**たゆみなく**勤めさせたまふ〈源氏・賢木〉

たゆ・む【弛む】❶動(マ四) ❶**気がゆるむ**。油断する。怠る。例御行ひを時の間も**たゆま**せたまはずせさせたまふ(=勤行をしばらくの間も怠りなさらずとり行いなさる)〈源氏・薄雲〉

❷**疲労する**。例足**たゆめ**ば、この児を肩に乗せ、背に負うて(=足が疲れると、この子どもを肩に乗せたり、背中に背負ったりして)〈太平記・二〉

❷動(マ下二) **油断させる**。例命婦(=侍女の名)、あなうたて、**たゆめたまへる**、と(姫君ノコトガ)いとほしければ〈源氏・末摘花〉読解侍女は襖を隔てて姫君と会わせるつもりで光源氏を手引きした。それなのに源氏は襖を押し開けて入ってしまったので、まあひどい、油断させなさった、と姫君を気の毒に思う。

語誌 本来精神的に弛緩する意で、「**たゆし**(弛し)」と同根。〈森山由紀子〉

たよ-たよ 副❶しなやかでなよなよとしたさま。例たはぶれしめやかに情け深く、**たよたよ**として弱からず〈西鶴・男色大鑑・七・一〉❷弱々しいさま。例通力自在の勢ひ絶えて、力も**たよたよ**と〈謡曲・鉄輪〉

たより【頼り・便り】名 動詞「たよる」の名詞形。何かをするときによりどころとなるもの、好都合な時などをいう。

❶**頼みとなるところ**。**よりどころとなるもの**。例この人に男を合はせて、子を生ましめて、末の**便り**ともせばや(=この人に夫を持たせて、子どもを産ませて、将来の頼みとなるところとさせたい)〈今昔・一六・二三〉読解将来は子どもを頼りに、ということ。

❷**生活のあて**。**資力**。例極めて窮しくして食なく、子を養ふに**便り**なし(=非常に貧しくて食べ物もなく、子どもを養うのに資力がない)〈霊異記・上・一三〉

❸**縁故**。**手づる**。**つて**。例知りたる**便り**ありて…「かうかうなむ思ふ」と言はせたまへれば(=知っているつてがあって…「このように思っています」と言わせなさったので)〈落窪・二〉

❹**よい機会**。**ついで**。例いづくにものしたまへる**便り**にかあらむ(=どこにおいでになったついでであろうか)〈大和・一三五〉

❺**方便**。**便宜**。**手立て**。例げに古言ぞ人の心をのぶる**たより**なりける(=いかにも、古歌は人の心をのびのびとさせてくれる手立てであったなあ)〈源氏・総角〉読解昔の歌を思い出し口ずさんだりすることで、自分のもの思いも晴れた、ということ。

❻**音信**。**うわさ**。**使い**。伝達の手段や内容をいう。例花の香を風の**たより**にたぐへてぞ鶯さそふしるべには遣る(=花の香りを風の手紙に添えて、山の鶯を誘う道案内として送ることだ)〈古今・春上〉読解「花」は梅。〈鈴木宏子〉

たより-な・し【頼り無し】❶形(ク) 頼りとするものがない。例少将の心のうち、さこそは(=さぞかし)**たよりなかり**けめ〈平家・二・少将乞請〉❷名 貧乏人。例徳人(=金持ち)・**たよりなし**の家のうちの作法など〈大鏡・伊尹〉

た-よわ・し【手弱し】形(ク)〔「た」は接頭語〕か弱い。例岩戸割る手力もがも(=腕力があればなあ)手弱き女にしあればすべの知らなく〈万葉・三・四一九〉

たら 完了の助動詞「たり」の未然形。

たら 断定の助動詞「たり」の未然形。

たらう【足らう】⇩たらふ

た-らう【太郎】名❶長男。例大君(=長女)・太郎・二郎・三郎・四郎、取り続き生みたまふ〈宇津保・藤原の君〉❷最初のもの・最大のもの・最優秀のものをいう。「堀河太郎百首」「板東太郎(利根川)」など。

たらう-くゎじゃ【太郎冠者】名 狂言で、大名などの家来の通称。また、そのうちの先輩格の者の通称。例**太郎冠者**あるか(=いるか)〈狂言・入間川〉

たらし【誑し】 名 だますこと。また、だます人。詐欺師。例今のやつめは**たらし**めにてありけるぞや〈狂言・粟田口〉

たら・す【誑す】 動〔サ四〕❶甘い言葉などでだます。たぶらかす。例**たらさ**れたは憎けれど〈狂言・末広がり〉❷子どもなどをなだめすかす。機嫌をとる。例お袋様も殿様も**たらし**つ叱しつつ遊ばせども〈近松・丹波与作待夜の小室節・上〉

たら-ず 〔完了の助動詞「たり」の未然形＋打消の助動詞「ず」〕〜ていない。例疎く恥づかしとも思ひ**たらず**〈源氏・若紫〉

たら-ず 〔断定の助動詞「たり」の未然形＋打消の助動詞「ず」〕〜でない。例父、父**たらず**といふとも、子、もって子**たらず**んばあるべからず〈平家・二・烽火之沙汰〉読解父が父らしくなくても、子は子として父に仕えなければならない、の意。

たらちし 《枕詞》「母」、地名「吉備」にかかる。語義・かかり方未詳。「たらちしの」「たらちしや」の形でも用いる。

たらち-ね【垂乳根】 名〔枕詞「たらちねの」が「母」「親」にかかることから〕❶母。母親。例**たらちね**の消えやらで待つ露の身を風よりさきにいかでとはまし(=なんとかして訪ねたい)〈増鏡・新島守〉❷親。両親。父母。例昔だに昔と思ひし**たらちね**のなほ恋しきぞはかなかりける〈新古今・雑下〉❸父。父親。例忘るなと契りおきけん**たらちね**も笑みて見るらん雲のうへにて〈宇津保・国譲中〉

たらちねの【垂乳根の】 《枕詞》❶「母」にかかる。語義・かかり方未詳。例**たらちねの**母が呼ぶ名を申さめど〈万葉・一二・三一〇二〉❷平安時代以降の用法。〔①から転じて〕「親」にかかる。例**たらちねの**親の守りとあひそふる心ばかりはせきなとどめそ(=関所よ、引き止めないでくれ)〈古今・離別〉

たらち-め【垂乳女】 名〔「たらちね」からの類推で生じた語〕母。生みの母。例**たらちめ**の諫めも理にこそはんべるめれ〈太平記・一五〉

たらち-を【垂乳男】 名〔「たらちめ」に対する語として生じた語〕父。例夢になりとも**たらちを**の、その面影を見せたまへ〈謡曲・生田敦盛〉

だらに【陀羅尼】 名《仏経語》〔梵語の音写。「総持」と漢訳〕梵語で唱える長文の呪文の一種。本来は心を集中させ仏法を記憶保持するための呪文で、密教で神通を発して災厄を除く功徳があるとされた。例聞きにくきもの…ねぶりて**陀羅尼**読みたる〈枕・聞きにくきもの〉

たらは・す【足らはす】 動〔サ四〕「足らふ」の尊敬語。❶欠ける所なく整っていらっしゃる。例もののふの(枕詞)八十の心を天地に思ひ**足らはし**〈万葉・一三・三二七六〉❷〔複合動詞の一部として用いて〕十分〜なさる。例唐国に行き**足らはし**て(=行って十分に務めをお果たしになって)帰り来む益荒猛男に御酒奉る〈万葉・一九・四二六二〉

たらひ【盥】 名〔「たあらひ(手洗ひ)」の変化した形〕手や顔を洗う水や湯を入れる平らな器。ふつう左右に二本ずつの取っ手があるので「角盥」ともいう。例**盥**のかげに見えけるを〈伊勢・二七〉読解盥の水に自分の顔が映った。

たら・ふ【足らふ】 動〔ハ四〕〔動詞「たる」の未然形＋接尾語「ふ」〕❶十分だ。欠けたところがない。例心用ゐる男々をしく、すくよかに(=しっかりしていて)、**足らひ**たり〈源氏・藤裏葉〉❷その資格がある。ふさわしい。例宮仕へにもいとよく**足らひ**たらんかし〈源氏・藤袴〉

たら-まし 〔完了の助動詞「たり」の未然形＋反実仮想の助動詞「まし」〕〔「〜たらましかば〜まし」の形で〕〜していたなら〜ただろう。例稲荷に詣で**たらまし**かば、かからずやあらまし(=このようではなかったであろうか)〈更級〉

たら-む 〔完了の助動詞「たり」の未然形＋推量の助動詞「む」〕❶完了や存続を推量する意を表す。〜ただろう。〜ているだろう。例さ言ふとも(=そうは言っても)田舎び**たらむ**〈源氏・若紫〉❷完了や存続を仮定する意を表す。〜たならば。〜たような。例(歌ヲ)よくよみ**たらむ**人に見せん〈金葉・雑上・詞書〉

-たり【人】 接尾 数詞について、人を数える。「三人」「幾人」など。

たり

助動〔ラ変型〕ものが、あるありさまで存在していること、動作が完了した状態にあることなど、存続・完了を表す。

❶**ものが、あるありさまで存在し継続している意を表す。**変化した結果としての状態についても、単に存在しているありさまについてもいう。**〜ている。〜てある。**例(a)月見れば国は同じぞ山隔り愛しし妹は隔り**たる**かも(=月を見れば同じ国なのだ。山が隔てとなって、いとしい妻は遠く離れていることだなあ)〈万葉・一一・二四二〇〉例(b)田舎だち**たる**所に住む者どもなど、みな集まりきて(=田舎めいている所に住んでいる者たちなどが、皆集まってきて)〈枕・すさまじきもの〉例(c)(火ハ)とかく移りゆくほどに、扇を広げ**たる**がごとく末広になりぬ(=あちらこちらと燃え移ってゆくうちに、扇を広げているように末広がりの形になった)〈方丈記〉

❷**動作の完了の意を表す。〜た。**例(a)玉に貫く棟を家に植ゑ**たら**ば山ほととぎす離れず来むかも(=玉として緒に貫く棟を家に植えたならば、山ほととぎすは絶えず来るだろうか)〈万葉・一七・三九一〇〉例(b)その渡りして浜名の橋に着い**たり**(終止形)(=その渡し場から川を渡って浜名の橋に着いた)〈更級〉

❸**動作の継続の意を表す。〜ている。**例人遠く、水草清き所にさまよひありき**たる**ばかり、心なぐさむ事はあらじ(=人里から遠く離れ、水も草も清らかな所をさまよいまわっていることほど、心が慰められることはあるまい)〈徒然・二一〉

❹**中世以降の用法。**〔「〜たり〜たり」の形で〕**動作の反復・並列の意を表す。**例掃い**たり**(終止形)拭う**たり**(終止形)、塵拾い手づから掃除せられけり(=掃いたりふいたり、塵を拾い自分の手で掃除なさった)〈平家・一・先帝身投〉

接続 活用語の連用形につく。

活用▶ラ変型　表内の（　）は使用例の限られたもの。

未然形	連用形	終止形	連体形	已然形	命令形
たら	たり	たり	たる	たれ	（たれ）

語誌▶**語の成り立ち**　上代では「花ぞ咲きたる」〈万葉・三・四六六〉などの「たり」による表現以外に「萩の花咲きてありや」〈万葉・三・四五五〉のような「てあり」が認められ、「たり」の前身と考えられる。「あり」は現代語の「いる」「ある」にあたるから、「たり」は現代語の「〜ている」「〜てある」になぞらえて考えるとよい。

▶**「たり」と「り」**　「たり」と「り」の間に意味の差はほとんど認められない。だが「り」の接続が四段・サ変動詞に限られるのに対し、「たり」はあらゆる活用の動詞に接続することができて便利である。そこで平安後期以降、「たり」の使用は「り」の使用を圧倒していった。さらに「たり」は、「つ」「ぬ」などの完了、「き」「けり」などの過去の意味をも吸収し、時を表す助動詞はしだいに「たり」に一本化されていった。

▶**「たり」から「た」へ**　現代語の過去・完了の助動詞「た」は、「たり」の連体形「たる」の「る」が落ちたものである。平安末期から少しずつ用いられるようになり、やがて口頭語では「たり」を圧倒するに至った。例「橋を引いたぞ、あやまちすな…」とどよみけれども（＝「橋をはずしたぞ、しくじるな…」と大声で騒いだけれども）〈平家・四・橋合戦〉　現代語の「曲がりくねった道」「とがった山頂」などに見られる「た」が「〜ている」のような状態の意を表しているのは、「たり」の用法からきている。〈野村剛史〉

たり 助動（タリ型）〔格助詞「と」＋ラ変動詞「あり」＝「とあり」の変化した形〕**断定する意を表す。〜である。〜だ。** 例(a)清盛嫡男**たる**によってその跡をつぐ（＝清盛は長男であるから父の跡を継ぐ）〈平家・一・鱸〉例(b)下として上に逆ふる事、あに人臣の礼**たら**んや（＝臣下として主君に逆らうことは、どうして臣下の礼であろうか）〈平家・三・法印問答〉読解「あに〜や」は反語の意を表す。

接続▶体言につく。

活用▶タリ型

未然形	連用形	終止形	連体形	已然形	命令形
たら	たり と	たり	たる	たれ	たれ

語誌▶平安時代以降に用いられる語。平安時代には『今昔物語集』など漢文的な表現の多い作品に例が見られ、和文の文学作品にはほとんど例を見ない。

▶**「たり」と「なり」**　断定の助動詞にはほかに「なり」がある。「なり」は格助詞「に」＋「あり」＝「にあり」が変化して成立した語で、両者とも「格助詞＋あり」の融合した形である。

「たり」と「なり」とで性格を異にする点もある。

(1)**接続**。「たり」が体言だけにつくのに対して、「なり」は体言のほかに準体句（体言的な性質の句）・助詞・助動詞など、さまざまなものにつく。

(2)**使用範囲**。「たり」が多くの場合、漢文的表現で用いられるのに対して、「なり」は漢文的表現でも和文的表現でも用いられる。また、「たり」は人や物の資格などについていうことが多い。

(3)**下につく助動詞**。「たり」の下につくのは「き」ぐらいだが（「〜たりき（し）」）、「なり」には「けり」「めり」「べし」など多様な助動詞がつく。〈高山善行〉

［識別のポイント］ **たり**

(1)**タリ活用形容動詞の連用形・終止形の活用語尾**　直前の部分は形容動詞の語幹で、「たり」から切り離して主語にできない。「〜たり」の上に副詞「いと」を添えられる。例松吹く風索々**たり**（＝松を吹く風の音が響いている）〈平家・一〇・海道下〉

(2)**完了の助動詞「たり」の連用形・終止形**　活用語の連用形につく。例各拝みて、ゆゆしく信起こし**たり**（＝それぞれに拝んで、たいそう信仰心を起こした）〈徒然・二三六〉

(3)**断定の助動詞「たり」の連用形・終止形**　体言、特に漢語につく。直前の部分を「たり」から切り離して主語にできる。例忠盛備前守**たり**し時（＝忠盛が備前守であったとき）〈平家・一・殿上闇討〉

たーりき【他力】 名 ❶他人の力。ほかからの助力。❷《仏教語》自分の力以外、仏や菩薩の力を頼むこと。特に、阿弥陀仏の本願そのもの。例自力の心をひるがへして、他力をたのみたてまつれば、真実報土（＝浄土）の往生をとぐるなり〈歎異抄〉

たりーき〔完了の助動詞「たり」の連用形＋過去の助動詞「き」〕〜ていた。〜た。例（帝ハ猫ヲ）尋ねんと思し**たりき**〈源氏・若菜下〉語誌 活用語の連用形につく。

たりーき〔断定の助動詞「たり」の連用形＋過去の助動詞「き」〕〜であった。例国香より正盛にいたるまで六代は、諸国の受領**たりし**かども〈平家・一・祇園精舎〉語誌 体言につく。

たりきーほんぐわん【他力本願】―ホンガン 名《仏教語》阿弥陀仏の、衆生を救済しようとする本願。また、その本願によって極楽往生することを願うこと。例他力本願といふは、我が心のよしあしの、我が善根のありなしをいはず〈沙石集・一〇本・一〉

たりーけむ〔完了の助動詞「たり」の連用形＋推量の助動詞「けむ」〕〜ただろう。〜ているだろう。例かの御世や、歌の心をしろしめし**たりけむ**（＝和歌の本質を理解なさっていただろう）〈古今・仮名序〉

たりーけり〔完了の助動詞「たり」の連用形＋助動詞「けり」〕過去の出来事の完了や存続を回想する意を表す。〜た。〜ていた。例人の家に植ゑ**たりける**桜の花、咲き初め**たりける**を見て〈古今・春上・詞書〉語誌 活用語の連用形につく。

たりーけり〔断定の助動詞「たり」の連用形＋助動詞「けり」〕〜であった。例具平親王家の作文の序者**たりける**に〈著聞集・四・一三九〉語誌 体言につく。

たりーし〔完了の助動詞「たり」の連用形＋過去の助動詞「き」の連体形〕〜ていた。〜た。⇨たりき。例絶えたりし昔だに見し宇治橋を今は渡ると音にのみ聞く〈後撰・恋六〉 語誌 活用語の連用形につく。

たり-し〔断定の助動詞「たり」の連用形＋過去の助動詞「き」の連体形〕～であった。⇩たりき。例古清盛公いまだ安芸守たりし時〈平家・一・鱸〉 語誌 体言につく。

たり-つ〔完了の助動詞「たり」の連用形＋完了の助動詞「つ」〕～ていた。～てあった。例少納言よ。直衣着たりつらむ(人)は、いづら(=どこにいるの)〈源氏・若紫〉

たり-ふし【垂り伏し】 副（頭を低く垂れ伏して、の意から）せつに。ねんごろに。例宗盛卿、法皇の御事をたりふし申されければ〈平家・四・鼬之沙汰〉

た・る【足る】 動(ラ四) ❶**満ち足りている。十分である。不足がない。** 例北へ行く雁ぞ鳴くなる連れて来し数は足らでぞ帰るべらなる〈古今・羇旅〉➡名歌133

❷**満足する。** 例梅の花手折りかざして遊べども飽き足らぬ日は今日にしありけり(=梅の花を手で折って髪に挿して遊んでも満足しない日は今日であったなあ)〈万葉・五・八三六〉

❸**ふさわしい。資格がある。** 例たをやぎたるけはひ、皇女たちと言はむにも足りぬべし(=しなやかな様子は、皇女たちと言ってもふさわしいにちがいない)〈源氏・松風〉

❹**ふさわしい価値がある。** 例万事は皆非なり。言ふにたらず、願ふにたらず(=すべての事は皆間違っている。言う価値もなく、願う価値もない)〈徒然・三八〉

語誌 ▼**霊威のあふれ出ている状態**　『古事記』に「千葉の　葛野を見れば　百千足る　家庭も見ゆ　国の秀も見ゆ」〈中・応神・歌謡〉という国見の歌の型の歌謡がある。「国の秀」は、「ほ」が穂のように霊威の現れ出たものを表すから、国の霊威が現れ出ていることを意味する。したがって、それと対の「百千足る家庭」も霊威の現れとみるべきだろう。「家庭」は、家々が立ち並ぶ場所、つまり人が生活するにふさわしい、すばらしい場所を意味する。「百千足る家庭」はまさにそのすばらしさを表している。そのように、「足る」とは霊威のあふれ出ている状態をいい、霊威が現れ出ることを「垂る」という。本来、「たる」には、活動から状態までを含むが、それを場合場合において「垂る」「足る」と使い分けていると考えればよい。〈古橋信孝〉

た・る【垂る】 ❶動(ラ四) **垂れ下がる。滴る。** 例白髭の上ゆ　涙垂り　嘆きのたばく(=白い髭の上をつたって涙がしたたりながら嘆きおっしゃることには)〈万葉・二〇・四四〇八〉

❷動(ラ下二) ❶**垂れ下がる。垂れる。** 例眉画き　こに画き垂れ(=眉を描き、こんなふうに垂れて描いて)〈記・中・応神・歌謡〉

❷**恩恵などを施す。** 例仏、慈悲を垂れたまへ(=仏よ、慈悲を施しなさってください)〈今昔・一二・一九〉

語誌 ▼**活用の種類について**　四段活用は下二段活用の古形とされる。『万葉集』では、四段の確実な例は用例に引いたものだけで、他の例はどちらに訓んでいいかわからない。平安時代には両方の例が見られる。『源氏物語』末摘花巻の「(鼻ガ)先の方少し垂りて」とある四段の例、『古今和歌集』雑下の「わくらばに問ふ人あらば須磨の浦に藻塩たれつつわぶと答へよ」(➡名歌430)の下二段の例など。ただし、前者の例は自動詞、後者の例は他動詞である。鎌倉時代以降、他動詞の「垂らす」が使われ始め、下二段の形が自動詞としても用いられるようになった。

▼『万葉集』では、祭祀の場面で「竹玉を繁に貫き垂り(垂れ)」という定型句が用いられることがある。「垂る」は、2②の恩恵を施す意と関係して、霊威が現れ出る状態をいったという可能性が高い。同じ音の「足る」が霊威のあふれ出ている状態をいうのと関係していよう。〈古橋信孝〉

たる 完了の助動詞「たり」の連体形。

たる 断定の助動詞「たり」の連体形。

たる-き【垂木・椽】 名 家の棟から軒に渡して、屋根を支える木。例十余間の瓦葺きの御堂あり。たるきの端々は黄金の色なり〈栄花・玉の台〉

たる-ひ【垂氷】 名 つらら。例日さし出でて、軒の垂氷の光りあひたるに〈源氏・浮舟〉

達磨《人名》〔梵語の音写。法・真理の意〕禅宗の始祖。南インド出身。六世紀初めに中国に渡り、崇山の少林寺で九年間の面壁座禅を行い、悟りを得たという。

だるま-うた【達磨歌】 名 和歌で、『新古今和歌集』撰集のころに興った新しい歌風の和歌をいう語。作者のみが歌意を悟り、他者には難解であるという意か。当時、藤原定家らの歌風を非難して用いることが多かった。

だるま-き【達磨忌】 名《仏教語》禅宗で、陰暦十月五日に行う達磨大師忌日の法会。

たる-み【垂水】 名 垂直に落ちる水。滝。例石走る垂水の上のさわらびの萌え出づる春になりにけるかも〈万葉・八・一四一八〉➡名歌68

たれ【誰】 代 不定称の人称代名詞。**だれ。どんな人。** 例誰をかも知る人にせむ高砂の松も昔の友ならなくに〈古今・雑上〉➡名歌221

語誌 ▼「た(誰)」が多く「たが」などの形で用いられるのに対し、より広く、単独で、また種々の助詞を伴って用いられる。

▼「だれ」への変化は中世末期から江戸初期にかけてのころとされる。〈片岡玲子〉

たれ 完了の助動詞「たり」の已然形・命令形。

たれ 断定の助動詞「たり」の已然形・命令形。

たれ-がし【誰某】 代〔「がし」は接尾語〕不定称の人称代名詞。はっきり名を示さずに人をさしていう。だれだれ。例誰がしが婿になりぬ〈徒然・一九〇〉

たれ-こ・む【垂れ籠む】 動(マ下二) 簾・帳などを垂らして室内に身を閉じこめる。例たれこめて春のゆくへも知らぬ間に待ちし桜もうつろひにけり〈古今・春下〉➡名歌220

たわ【撓】 ❶名 ❶山の尾根のくぼんで低くなった所。鞍部。例山のたわより御船を引き越して〈記・中・垂仁〉 ❷枕に押されてついた毛髪のくせ。例ただ大殿籠りなば(=すぐにお休みになったら)、御髪にたわつきなんず〈宇津保・蔵開中〉 ❷形動(ナリ)

「たわわ」に同じ。例網代もたわに紅葉つもれり〈詞花・冬〉

たわけ【戯け】⇩たはけ

たわぶる【戯る】⇩たはぶる

たわ・む

【撓む】**1**動（マ四）❶枝などが曲がる。例（梅ノ花ハ）枝も**たわむ**ばかり咲き乱れたり（＝枝も曲がるほど咲き乱れている）〈源氏・若菜下〉

❷心がゆるむ。心が弱くなる。例(a)いもうとの御心は**撓む**ところなくまめだちたれば（＝姉君のお心はゆるむところがなくまじめに構えているから）〈源氏・空蟬〉

読解 この「いもうと」は姉をさす。例(b)すこし**たわみ**たまへる御気色を（＝少し弱気になっていらっしゃるご様子を）〈源氏・梅枝〉

2動（マ下二）枝などを曲げる。例藤の先は…牛の角のやうに**撓む**べし（＝藤の先端は…牛の角のように曲げるのがよい）〈徒然・六六〉〈森山由紀子〉

たわやめ【手弱女】名「たをやめ」に同じ。

たわらは【手童】ワラワ 名〔「た」は接頭語〕幼い子ども。童。例古りにし（＝年老いた）嫗にしてやかくばかり恋に沈まむ**手童**のごと〈万葉・二・一二九〉

たわる【戯る・狂る】⇩たはる

たわわ【撓】形動（ナリ）〔「たわたわ」の変化した形〕木の枝などがたわみしなうさま。例大きなる柑子の木の、枝も**たわわ**になりたるが〈徒然・一一〉

たゐ【田居】イ 名❶田。例筑波嶺の裾廻の（＝ふもと）の**田居**に秋田刈る〈万葉・九・一七五八〉❷田舎。例大君は神にしませば赤駒のはらばふ**田居**を都となしつ〈万葉・一九・四二六〇〉

たゐにのうた【太為爾の歌】タイニ 名 文字を習い覚えるために仮名四十七文字を漏れなく繰り返さずに使って作った歌。ふつう、「田居に出で 菜摘む我をぞ 君召すと あさり追ひ行く 山城の うち酔へる子ら 藻葉干せよ え舟繋けぬ」と解される。「天地の詞」が四十八字だったのに対してア行とヤ行の「え」の区別がなくなっている。「いろは歌」より古く、天禄元年（九七〇）の源為憲著『口遊』に載る。

たをさ【田長】オサ 名❶農夫たちの長。例**田長**して酔ひにけらしな〈安法法師集〉❷「死出の田長」の略。ホトトギスの別称。

たをたを タオタオ 副 柔らかくしなうさま。しなやかに。例児めきおほどかに（＝子どもっぽくおっとりと）、**たをたを**と見ゆれど〈源氏・浮舟〉

たをやか

【嫋やか】タオ 形動（ナリ）〔「やか」は接尾語〕❶姿や形が、しなやかだ。柔らかだ。例萩、いと色ふかう（＝たいへん色が濃く）、枝**たをやか**に咲きたるが〈枕・草の花は〉

❷性質や態度・動作が、しとやかだ。穏やかだ。優美だ。例（琵琶ノ）**たをやか**につかひなしたる撥のもてなし、音を聞くよりも、またありがたくなつかしくて（＝優美に使いこなしている撥の扱い方は、奏でる音を聞くよりも、またとめったにないほどすばらしく心がひかれて）〈源氏・若菜下〉〈木村博〉

たをやぐ【嫋ぐ】タオ 動（ガ四）柔らかくなる。しなやかになる。例ただいと若やかにおほどかにて（＝若々しくおっとりしていて）、やはやはとぞ**たをやぎ**たまへりし〈源氏・玉鬘〉

たをやめ【手弱女】タオヤ 名「たわやめ」とも。たおやかな女性。しなやかでやさしい女性。例**たをやめ**の袖にまがへる（＝見紛う）藤の花〈源氏・藤裏葉〉

たをやめぶり【手弱女振り】タオヤメ 名 優しくなよなよとした歌風。江戸時代の国学者賀茂真淵が、『万葉集』の素直で力強い「ますらをぶり」に対して、『古今和歌集』の歌風を評した語。

たをり【撓り】タオリ 名「たわ1①」に同じ。例あしひきの（枕詞）山の**たをり**に この見ゆる 天の白雲〈万葉・一八・四一二二〉

たをる【手折る】オル 動（ラ四）手で折り取る。例梅の花**手折り**かざして遊べども飽き足らぬ日は今日にしありけり〈万葉・五・八三六〉

たん【丹】名❶赤色。また、赤色の顔料。❷不老不死の薬。転じて、薬。鉱物原料を練り丸めたものをさし、「万金丹」などと練り薬の名にもつけて用いる。

たん【段・反】名❶長さの単位。一段は六間（約一一メートル）。例なほ扇のあはひ（＝扇との間）七**段**ばかりはあるらんとこそ見えたりけれ〈平家・一一・那須与一〉❷面積の単位。中世までは一段は三六〇歩（坪）、近世初期の太閤検地以後、三〇〇歩（約一〇〇〇平方メートル）となる。❸布の大きさの単位。時代によって変化があるが、衣服一着分とされる。例奈良の京の七大寺に、御誦経、布四千**反**〈源氏・若菜上〉

だん【段】名❶階段・梯子など。また、その一つ一つ。❷等級。位。例役者も**段**がしれぬ〈黄表紙・見徳一炊夢・上〉❸局面。場合。例（品物ヲ）渡す**段**に変改して（＝約束を破って）〈近松・心中刃は氷の朔日・上〉❹条項。件。手紙や口上などで「～の段」の形で用いる。❺段階。程度。打消や反語の語を伴って、～の段階ではないはずだ、～どころではないはずだ、の意に用いる。例軽口の**段**かいの〈近松・曾根崎心中〉❻文章や語り物の一区切り。章段。

だん【緂】名 色糸を交互に組み合わせた横縞模様。だんだら染め。組紐や手綱、織物に見られる。例**緂**の唐組の紐などなまめかしうて〈源氏・梅枝〉

だん【壇】名 土を盛り上げて周囲より高く平らにした祭場。例修法せむに（費用ノ米ガ）五石いるべし。**壇**塗るに（＝作るのに）土いるべし〈宇津保・藤原の君〉

歎異抄 タンニショウ《作品名》⇩歎異抄

たんか【短歌】名 和歌の歌体の一つ。五・七・五・七・七の、五句三十一音を基本とする。「短歌」は「長歌」に対する名称で、「みじかうた」「みそひともじ」などともいう。前半の五・七・五を「上の句」、後半の七・七を「下の句」、また「本」「末」などとも呼ぶ。記紀歌謡の時代に、すでに歌体として成立していたらしい。平安時代以降、他の歌体の和歌がほとんど作られなくなると、歌・和歌といえば短歌をさすようになり、日本の代表的な短詩型文学として長く重んじられてきた。

だんか【檀家】名「だんけ」とも。ある寺に帰依し、布施などでその寺を援助する家。例わるがたい後家で**檀家**へぱっと知れ〈柳多留・三〉

だん-かふ【談合】 名動（サ変）話しあうこと。相談。例世間の事のどのどと（＝のんびりと）御談合あり〈保元・中〉

たん-ぎ【弾碁】 名「たぎ」に同じ。

だん-ぎ【談義・談議】 名❶相談すること。例日ごろ談議申しはべりつる事〈源平盛衰記・四〉❷講義すること。例昌黎文集の談義をぞ行はせける〈太平記・一〉読解「昌黎文集」は唐の韓愈の詩文集。❸《仏教語》説法をすること。例聖教の談議する僧宝もなかりしかば〈源平盛衰記・八〉語誌 本来「談義」「談議」は別語だが、混同して用いられた。

たん-ぎん【断金・断吟】 名雅楽の十二律の第二音。

たん-ご【端午】 名五節句の一つ。陰暦五月五日。語源は、「端（初めて）」の「午（午の日）」とされることが多いが、「午」は「五」という数字のことトも。「重五」とも。

語誌▼端午の景物　軒には呪力のあるショウブやヨモギを挿して邪気を払い、部屋の簾や柱には薬玉を飾る。臣下は薬玉を肘につけて参内し、宮中では節会が行われ、騎射（競射）や競馬も行われた。『枕草子』「節は五月にしく月はなし」の段にもその一端が記されている。

▼男児の節句　三月三日がしだいに女児の節句とみなされるようになるのに対して、騎射などの武術の行われる端午の節句は、のちには男児を祝うものとなる。

丹後《地名》旧国名。今の京都府北部。山陰道八か国の一つで、古くは丹波の一部。丹州。延喜式で中国・近国。

たんご-ぶし【丹後節】 名古浄瑠璃の一派。江戸初期、杉山丹後掾が江戸で語り始めた節。

たん-ざく【短冊・短尺】 名「たんじゃく」とも。❶品名・数量などを書いて物品の印につけた細長い紙。例これは何の御短冊にか侍らん〈枕・僧都の御乳母のままなど〉❷和歌などを書くための細長い料紙。鎌倉末期ごろからおこり、普通は長さ一尺一寸五分（約三六センチ）、幅一寸八分（約六センチ）ほど。❸②のような形。短冊形。

だん-し【檀紙】 名白色で厚みのある最上質の紙。古くは檀の樹皮から作られたが、平安中期以降は楮を原料とする。陸奥国の特産で、「陸奥紙」「陸奥国紙」とも。例よろしき人には檀紙・薄様、侍の輩には装束を給ふ〈著聞集・一一・四一〇〉

だん-じゃう【弾正】 名「だんじゃうだい」に同じ。また、その職員。

だんじゃう-だい【弾正台】 名令制の警察機関。全国の非法を糾弾し、官人の不正も摘発する。検非違使が設置されると、権限はそちらに移った。

たん-じゃく【短冊・短尺】 名「たんざく」に同じ。

だん-じり【檀尻・楽車・山車】 名祭礼の曳物の名。車上に飾りをつけ、太鼓・笛・鉦などで囃子物を行い、引いたり、担いだりして練って歩く。特に大坂での称。京都では「山」「鉾」、江戸では「山車」などという。例さては留守の間へだんじりでも持って来たな〈浄瑠璃・夏祭浪花鑑・六〉

檀尻〔河内名所図会〕

たん・ず【弾ず】 動（サ変）「だんず」とも。弦楽器をひく。例牧馬（＝琵琶の名）を弾じたまひけるに〈徒然・七〇〉

たん-せい【丹青】 名（「丹」は赤い色）絵の具。また、彩色した絵画。例狩野四郎次郎元信、丹青の器量（＝絵の才能）古今に長じ〈近松・傾城反魂香・上〉

たん-せい【丹精・丹誠】 名動（サ変）「たんぜい」とも。真心。また、真心をこめて物事を行うこと。例無二の丹誠を照らして〈平家・七・平家山門連署〉

たんだ【只・唯】 副（「ただ」を強調した語）ひたすら。例たんだ弱りに弱り〈謡曲・隅田川〉

たん-だい【探題】 名❶歌会や句会で、いくつかの題を出し、各人がくじで取った題を詠むこと。「探り題」とも。❷法会のとき、経典の論議の題を選び、問答を判定する僧。❸鎌倉・室町時代の幕府の職名。遠隔地に置かれ、その土地の政務・訴訟・軍務などをつかさどる要職。「六波羅探題」など。

胆大小心録《作品名》江戸時代の随筆。三巻一冊。上田秋成著。文化五年（一八〇八）成立。半生の回顧、交遊のあった人々に対する評、学問上の考証、見聞した奇事・怪事、未完の創作の断片など、雑多な内容。口語調の一六三章の短文からなる。秋成最晩年の心境がうかがえる。

だん-だん【段段】 ❶名❶一つ一つ。次第。例段々、親仁しかた悪し〈西鶴・本朝二十不孝・三・四〉❷いろいろ。数々。例これには言ひ訳段々あり〈近松・堀川波鼓・中〉❷副❶きれぎれ。ばらばら。例取り落としたる太刀を見れば、二つに折れて段々となる〈謡曲・盛久〉❷しだいに。例これは段々おもしろうござる〈虎寛本狂言・萩大名〉

だんな【檀那・旦那】 名〔梵語の音写〕❶《仏教語》僧や寺に金品の施しを与え、その活動を経済面で支える信者。施主。例仏師ども檀那を失ひて、空を仰ぎて、手を徒らにして居たり（＝仏師たちは施主を失って、空を仰いで、何もできないでいる）〈宇治拾遺・四五〉❷商人が客を、芸人などがひいき筋を敬っていう語。一般にへりくだって人に呼びかけるときにもいう。例方々に旦那衆がござるによって（＝あちらこちらにひいき筋の方たちがいらっしゃるので）〈狂言・靫猿〉読解猿回しの言葉。❸使用人や下僕などが、主人を敬っていう語。例おれが**旦那**は主ながら、現在の叔父・甥なれば、ねんごろにもあづかる(=おれの主人は主人ではあるが、本当の叔父と甥の関係なので、大事にもされている)〈近松・曾根崎心中〉❹妻が夫を敬っていう語。他人の夫をいうこともある。例おさん様の**旦那**殿〈西鶴・好色五人女・三・五〉

語誌▼①の意では、類義語に「**だんをち**」「**だんか**」がある。▼②〜④は、①から派生し、広く商家・芸能者・家庭などを支える人の意で用いられたもの。〈川崎剛志〉

だんな-でら【檀那寺・旦那寺】 名 その家が帰依し、墓や過去帳のある寺。菩提寺。例**旦那寺**の花が盛りぢゃと申しまする〈虎寛本狂言・花折〉

たん-なり ⇩たなり

歎異抄《作品名》鎌倉中期の仏教書。一巻。成立年未詳。著者は唯円とする説が有力。浄土真宗の開祖親鸞の教えを示し、親鸞没後の異説を批判し、その正統性を主張した書。悪人正機も説かれる。真宗の経典の中で、最もよく知られ重要。

壇の浦《地名》長門国赤間関、関門海峡の北岸の古戦場。今の山口県下関市壇之浦。元暦二年(一一八五)三月二十四日、源平最後の合戦が行われた。

丹波《地名》旧国名。今の京都府中央部と兵庫県東北部。山陰道八か国の一つ。丹州。延喜式で上国・近国。

丹波口《地名》京都から丹波方面へと至る街道の起点。江戸時代は島原遊郭への道でもあった。例**丹波口**の茶屋がそこに居あはせ〈西鶴・好色一代女・二・二〉

丹波与作待夜の小室節《作品名》浄瑠璃。世話物。三段。近松門左衛門作。宝永四年(一七〇七)末から翌年初ごろ初演か。丹波城主の姫君の乳母滋野井は、馬子となっている我が子の三吉と再会するが、母親の名のりをしない。滋野井の夫である伊達の与作は関宿の小万の父のための金策に失敗し、我が子と知らずに三吉に盗みをさせようとする。事実を知った与作と小万は心中を図るが、滋野井の計らいで父子は帰参が叶う。実説は不明。与作を中心として、妻子などの行動をしみじみと描き出す。我が子に会いながらも母と名のれない滋野井の悲しみを語る「子別れの段」が特に有名。

だん-まつま【断末魔】 名《仏教語》(「末魔」は梵語の音写で、体内にある特殊な部分。何かがこれに触れると激痛を起こして死ぬという)臨終。また、その時の苦しみ。例臨終喪命のとき、**断末魔**の苦に責められて〈妻鏡〉

たん-めり ⇩ためり

たん-りつ【単律】 名 音楽の調子を定める律と呂のうち、律の音階だけであること。例和国(=日本)は単律の国にて呂の音なし〈徒然・一九九〉

だん-りん【檀林・談林】 名 ❶《仏教語》「栴檀林」の略。僧が修行・学問をする所。また、寺。例しもつふさの**檀林**弘経寺といへるに、狸の書写したる木の葉の経あり〈木の葉経句文〉❷宗因を中心とする俳諧の一流派。貞門から蕉風への過渡的な俳風で、延宝年間(一六七三〜八一)を中心に流行する。自由で新奇な発想が特徴。

談林十百韻《作品名》江戸時代の俳諧集。二冊。松意編。延宝三年(一六七五)刊。宗因の発句を得て興行した百韻一〇巻からなる。趣向の新しさが大反響を呼び、江戸談林派を一躍有名にした。

たん-れんが【短連歌】 名 長句(五・七・五)と短句(七・七)の二句一組で終わる連歌。

たん-ゐん【探韻】 名 漢詩の会で、同席の人々が、韻字を一字ずつ探り取って詩を作ること。また、その韻字。例みな**探韻**賜はりて文(=漢詩)作りたまふ〈源氏・花宴〉

だん-をち【檀越】 名「だんをつ」とも。寺や僧に金品などを施す信者。施主。「檀那」とも。例(コノ寺ヲ)建立せる**壇越**の子孫あり〈著聞集・二・四〇〉

ち

-ち 接尾 指示代名詞について、方向や場所を表す。「こち」「をち」「いづち」など。

-ち【個・箇】 接尾(「つ」の変化した形)数字について物の個数を表す。「五百ち」など。

ち【千】 名 千。また、数のきわめて多いこと。例百に千に人は言ふとも(=人々の中傷がどんなに多くても)〈万葉・一二・三〇五九〉

ち【父】 名 男親や祖先などに対する敬称。例横臼に醸みし大御酒うまらに(=おいしく)聞こしもち飲をせ まろが**父**〈記・中・応神・歌謡〉

ち【血】 名 ❶血液。例**血**の流るるまで〈竹取〉❷血筋。

ち【乳】 名 ❶乳汁。ちち。例**乳**飲めや君が乳母求むらむ〈万葉・一二・二九二五〉❷乳首。乳房。例母の命尽きたるを知らずして、いとけなき子のなほ**ち**を吸ひつつ臥せるなどもありけり〈方丈記〉❸(形が乳首に似ているところから)旗・幕・蚊帳・羽織などの縁に、紐や竿などを通すためにつけた輪。例(蚊帳ノ)**乳**ごとに五色の房を付け〈西鶴・西鶴織留・一・四〉

ち【茅】 名 植物の名。チガヤ。イネ科の多年草。野原に群生する。例焼けたる**茅**の葉に文をさしてつかはせりける〈古今・恋五・詞書〉

ち【智】 名 ❶儒教の五常の一つ。物事を正しく理解し判断する心の働き。知恵。例ほかにはまた仁義礼智信の法にもそむき候ひなんず〈平家・二・教訓状〉❷知識。知能。賢さ。例我が**智**をとり出でて(=持ち出して)人に争ふは〈徒然・一六七〉

ち【鉤・鈎】 名 釣り針。例この**鉤**もちてその兄に給はむ時〈記・上・神代〉

ち【徴】 名 中国から伝来した音階の五音の一つ。第四音で、宮とともに中心になる音。

-ぢ【路】ヂ 接尾〔「ち(路・道)」の連濁形。古くは清音〕❶地名などについて、そこへ至る道、そこを通る道、また、その地方、の意を添える。「信濃路」「東路」など。❷日数について、それだけの日数がかかる道程である意を添える。「三日路」など。

ぢ

【地】ヂ 名 ❶土地。また、ある限られた区域。㋐(「天」に対して)地。大地。陸地。例(琴ノ音ハ)雲の上より響き、地の下よりとよみ(=雲の上から鳴り渡り、大地の下から響き渡り)〈宇津保・吹上下〉
㋑当人の住んでいる地方。地元。郷土。例長十郎初めて地の舞台へ出られし時にて(=長十郎が初めて地元の舞台にお出になったときで)〈役者論語・あやめぐさ〉
㋒囲碁で、石で囲んで勢力範囲にした区域。
❷人や物の基本的なもの。㋐生まれつきもっている性格・体質。例地に歌のさまを知りて讃め譏りする人なし(=根本的に歌の形式を知ってほめたりけなしたりする人はいない)〈無名抄・近年会狼藉事〉
㋑布・紙などの生地。また、扇などに張る地紙。例黄なる地の袈裟着たるが来て(=黄色い生地の袈裟を着ている僧が来て)〈更級〉
㋒文章中で、会話・歌など以外の部分。地の文。
❸ありのままのもの。素朴なもの。㋐現実の世界。実際。例狂言と地の差別が肝心だ(=芝居と実際との区別が大切だ)〈滑稽本・浮世風呂・四下〉
㋑素人。特に、遊女に対して一般の女性。〈桑名靖治〉

ぢ【持】ヂ 名 歌合わせや囲碁などの勝負事で、引き分けになること。例合はせもて行くほどに、持にやならむと見ゆるを〈堤中納言・逢坂越えぬ権中納言〉

ちいさし【小さし】⇩ちひさし

ちいほ-あき【千五百秋】チイオ 名 限りなく長い年月。永遠。例葦原の千五百秋の瑞穂の国は、これが我が子孫の王たるべき地なり〈紀・神代下〉

ち-いん【知音】名 ❶親友。心の友。例高倉宰相茂通卿と栄性法眼とは、昔よりの知音にてありけるに〈著聞集・一六・五七六〉❷知り合い。友人。例知音たれたれ(=知り合いのだれやだれが)この度の難にまぬかれずや〈芭蕉書簡・元禄三年四月二十四日北枝宛〉❸恋人。愛人。例しをらしき女はおほかた知音ありて〈西鶴・好色一代男・三・七〉 語誌 琴の名手伯牙は、自分の琴の音をよく聞き分けてくれた友人の鍾子期が死ぬと、琴の弦を切って二度と弾こうとしなかった、という故事(『列子』など)による。

ちう【宙】チュウ 名 ❶空中。虚空。例馬より(敵ヲ)取って引き落とし、宙にくくって西八条へさげて参る〈平家・二・西光被斬〉❷そら覚え。暗記。例四書五経を宙で読む女子でも〈近松・堀川波鼓・中〉

ぢう【柱】ヂュ 名 琵琶の音の高さを調節する具。胴の上に立てて、弦を支える。例柱さすほど(=柱を押さえるとき)、撥音のさま変はりて〈源氏・紅梅〉

ぢ-うた【地歌】ヂ 名 趣向を凝らさない、ごく平凡な和歌。秀歌を引き立たせるじみな歌。例百首などのあまりに地歌もなく見えしこそ、かへりては難(=欠点)ともいひつべかりしか〈後鳥羽院御口伝〉

ちえ【千重】⇩ちへ

ち-え【千枝】名 多くの枝。茂った枝。例和泉なる信太の森の千枝の秋風〈新古今・秋上〉

ぢ-かい【持戒】ヂ 名〔仏教語〕戒律を守ること。例妻のことたちまちに忘れて、持戒の者となりてここ(=天上界)に生まれむ〈今昔・一・一八〉

ちかう【誓う・盟う】⇩ちかふ

ちか-おとり【近劣り】名動(サ変) 近寄って見ると、遠くで見て予期していたよりも劣って見えること。例心ばせの(=気だてが)近劣りするやうもや、などぞあやふく思ひわたりしを〈源氏・総角〉

ちかき-まもり【近衛】名 ⇩このゑふ。例ちかきまもりの 身なりしを〈古今・雑体〉

ちかきまもり-の-つかさ【近衛府】名 ⇩このゑふ

ちか-ごと【誓言】名 誓いの言葉。神仏に誓う言葉。誓言。例仏の御前にて誓言も立てはべらむ〈源氏・総角〉

ちか-ごろ【近頃】1名 このごろ。最近。例ちかごろは源氏の運かたぶき〈平家・四・永僉議〉2副(最近になく、の意から)はなはだ。たいそう。例ちかごろ押し付けたる(=厚かましい)所望なれども〈西鶴・世間胸算用・三・一〉3形動(ナリ) 程度のはなはだしいさま。たいへんすばらしい。たいへん悪い。例(祖父ノ長寿ヲ)それほどに思やれば近比ぢや〈狂言・薬水〉 読解 語幹の用法。

ちか・し

【近し】1形(ク) ❶空間の隔たりが短い。㋐距離が短い。例もし狭き地にをれば、近く炎上ある時、その災を逃るる事なし(=もし家が建てこんだ土地に住んでいると、近くで火事が起きたとき、その災難を避けることができない)〈方丈記〉
㋑身近だ。手近だ。例ただいと近う(音便形)仕うまつり馴れたるかぎり七、八人ばかり(=ただごくおそば近くでお仕えし馴れている者だけ七、八人ほど)〈源氏・須磨〉
❷時間の隔たりが短い。過去にも未来にも用いる。㋐最近だ。近ごろだ。例(ソノ話ハ)いと近き世のことなれば(=非常に最近のことなので)〈源氏・柏木〉
㋑もうすぐだ。近いうちだ。例明け方も近う(音便形)なりにけり(=夜明けも近くなってしまった)〈源氏・夕顔〉
❸親しい。親密だ。例いと近くて見えむまでは思しよらず(=よりいっそう親しくなって会おうとまではお思いにならない)〈源氏・葵〉
❹血縁関係が深い。血のつながりが濃い。例六条院の御けはひ近う(音便形)と思ひなすが(=六条院のご親族と思いこんでいることで)〈源氏・竹河〉 読解 薫は世間では光源氏の実子と思われている。
❺似ている。ほとんど同じだ。例(武道ハ)人倫に遠く、禽獣に近きふるまひ(=人の道にはずれ、鳥や獣に似た行為)〈徒然・八〇〉
2形(シク) 親しい。親密だ。例近しき中に礼儀あり(=親しい間柄でも礼儀はある)〈俚言集覧〉
類義 1③④2したし 〈岩坪健〉

ちか-ぢか【近近】副 ❶距離が非常に近いさま。ごく

近くに。例わが身が候ひし所(=私がおりました所)、ちかぢかとさし寄らせたまひて〈御伽草子・三人法師・上〉❷時間的にさほど遠くないさま。近いうち。例またちかぢかにあふ事も稀なり〈西鶴・好色一代男・七・四〉❸しばしば。例ちかぢかに小童部あそびともなひて〈著聞集・一七・六〇五〉

近つ淡海 《地名》〔「つ」は「の」の意の上代の格助詞〕近江国の古称。浜名湖のある「遠つ淡海」に対していう。⇩近江

ちか-づ・く【近づく】 1動(カ四)❶近くに行く。近寄る。時間が迫る。例悪を見ては遠く去り、善を見ては近づく〈今昔・一七・四〇〉❷親しくなる。例これは、我が后とならむとて、人には近づかざりけるなめり〈今昔・三一・三三〉2動(カ下二)近づける。身近にする。例これをにくみて、見む(=世話をしよう)と思はず、遠くやりて近づけず〈今昔・二・三六〉

ちかひ【誓ひ】 名❶神仏にかけた約束。誓い。例今年ばかりの(=今年いっぱいは、という)誓ひ深うはべりて〈源氏・若紫〉読解ここは千日籠もりの修行を誓っていること。❷衆生を救おうとする神仏の誓願。例不動尊の御本の誓ひあり〈源氏・若菜下〉

ちかひ-の-あみ【誓ひの網】 ―《仏教語》衆生を救おうとする仏の誓願の広大なことを網にたとえた語。例ひとり誓ひの網に漏れて〈謡曲・俊寛〉

ちかひ-の-うみ【誓ひの海】 ―《仏教語》衆生を救おうとする仏の誓願の広く深いことを海にたとえた語。「弘誓の海」とも。例誓ひの海に波立つなゆめ(=決して)〈兼好法師集〉

ちかひ-の-ふね【誓ひの船】 ―《仏教語》衆生を極楽の彼岸に渡そうという仏の誓願を船にたとえた語。「弘誓の船」とも。例誓ひの船に乗れや諸人〈一遍聖絵・四〉

ちか・ふ【誓ふ・盟ふ】 動(ハ四)❶神仏にかけて、ある事を約束する。誓約する。例玉かづら絶えてもやまじ行く道のたむけの神もかけてちかはむ(=玉かずらが絶えるようにお別れしても決して見捨てないと道中の道祖神にもかけて誓おう)〈源氏・蓬生〉読解長く仕えていた女房が、姫君のもとを去るときの惜別の歌。「玉かづら」「絶え」「かけ」は縁語。❷神仏が、国家を守り衆生を救うことを誓願する。例北野の天神一日に三度かけってまぼらんとちかはせたまふなり(=北野の天神が、一日に三度天空を飛び回って守ろうと誓願なさっているそうだ)〈平家・一〇・千手前〉読解「北野の天神」は菅原道真の神霊のこと。❸人に対して堅く約束する。例かへすがへすも散らさぬよしをちかひつる(=繰り返し他言しないということを堅く約束した)〈源氏・橋姫〉〈林田孝和〉

ちが・ふ【違ふ・交ふ】 1動(ハ四)❶すれ違う。交差する。例(使イニ)やりつる人は違ひぬらむ〈蜻蛉・中〉❷会わないようにする。例僧正、小門より帰る音しければ、違ひて、大門へ出で〈宇治拾遺・三七〉❸一致しない。食い違う。また、逆らう。例さだめて母の心には違ひたまふべし〈曾我・四〉2動(ハ下二)❶違うようにする。変える。特に、悪夢を見たとき、正夢にならないように夢違えをする。例見し夢を違へわびぬる(=夢違えできずに困った)秋の夜ぞ寝がたきものと思ひ知りぬる〈蜻蛉・上〉❷交差させる。互い違いにする。例几帳どもの立て違へたるあはひより(=間から)見通されて〈源氏・蜻蛉〉

ちか-まさり【近勝り】 名動(サ変)近寄って見ると、遠くで見て予期していたよりもまさって見えること。例いとどしき(=いっそうの)近まさりを、うつくしきものに思して〈源氏・藤裏葉〉

近松半二 《人名》一七二五〜一七八三(享保一〇〜天明三)。江戸時代の浄瑠璃作者。儒学者穂積以貫の子。竹本座の作者として雄大な構想の大作を残す。『妹背山婦女庭訓』『伊賀越道中双六』などの合作、『新版歌祭文』などの単独作がある。

近松門左衛門 《人名》一六五三〜一七二四(承応二〜享保九)。江戸時代の浄瑠璃作者・歌舞伎作者。本名杉森信盛。平安堂・巣林子・不移山人などの号がある。

●**生涯** 父は越前藩士で母は藩医の娘。福井で生まれ、その後吉江(今の鯖江市)に住む。十代後半、父の浪人によって京都に移住。京では後水尾天皇の弟らに仕え、そこで中国・日本の古典に触れる。また当時の公家に浄瑠璃を愛好する人が少なかったことが、その世界に足を踏み入れるきっかけとなったらしい。

近松の最初の作品は、天和三年(一六八三)三十一歳のときの『世継曾我』とされる。この作品は当時の浄瑠璃界の大物宇治加賀掾のために書かれたが、翌貞享元年(一六八四)に加賀掾門の竹本義太夫が大坂に竹本座を開くと、その最初の出し物となった。貞享二年(三年説も)には義太夫のために『出世景清』を書くなど、以後、義太夫との提携を強める。またこのころは、役者の坂田藤十郎の協力のもとに歌舞伎作者としても活躍した。

元禄一六年(一七〇三)に義太夫のために書いた最初の世話物『曾根崎心中』が大当たりを得てからは、浄瑠璃の執筆に専念するようになる。竹本座の専属作者となって大坂に転居し、作品制作に没頭した。正徳四年(一七一四)の義太夫の死後も竹田出雲とともに後継者の竹本政太夫をもり立て、翌年十一月には時代物の傑作『国性爺合戦』で空前の大当たりをとる。七十歳ごろから病気がちになり、享保九年(一七二四)十一月二十二日に七十二歳で死去。

●**作風** 今日伝わる近松の作品は、浄瑠璃が九〇余編、歌舞伎が約三〇編である。ほかにも、あるいは近松作かと思われる作品もある。歌舞伎作品は坂田藤十郎ら役者の魅力を十分に発揮させるように書かれていて、お家騒動を骨組みに忠義ゆえの悲劇を描き、そこにいわゆる和事をからませる作品が多い。

[世話物] 浄瑠璃での本領は、元禄一六年(一七〇三)初演の世話物『曾根崎心中』を出発点として発揮された。世話物とは町人社会の実際の事件などを作品化したものである。当時の上方の歌舞伎では、その日の

最後に、殺人や心中などの事件を素材とした作品が演じられていたが、近松はこれを浄瑠璃に取り入れ、主人公の立場に立って再構成して人間的な生き方の本質を描こうとした。『心中天の網島』などでは、複雑な設定で人間の葛藤を浮き彫りにし、苦悩する人々の努力が空しさをもたらすことさえあるとした。『曾根崎心中』『心中天の網島』のほかに、『丹波与作待夜の小室節』『冥途の飛脚』『夕霧阿波鳴渡』『女殺油地獄』など。

[時代物]時代物は歴史上の事件や伝説に取材した作品である。近松の時代物は、歴史的事実を背後に保ちながらも、虚構をふくらませたスケールの大きさがある。現実ではありえない設定や人々の駆け引きが展開され、忠義のために自己犠牲をいとわない主人公の姿が観客を引き込んだ。『世継曾我』『出世景清』『国性爺合戦』のほかに、『平家女護島』など。

●**演劇観**　近松の作品は「義理」と「人情」とで成り立っている。町人には町人の、武家には武家の掟があるが、そうした社会的重圧としての「義理」のなかで、人間本来の「人情」はどのように保てるか。この葛藤のなかに人間の本性をとらえようとした。近松の言葉を書き留めた『難波土産』に「それがし憂ひはみな義理を専らとす。芸の六義(＝さまざまの道理)が義理につまりてあはれなれば、節も文句もきっとしたるほどいよいよあはれなるものなり」とあり、「義理」を積み重ねることによって「人情」を描く方法を意識的にとったことがうかがえる。

『難波土産』には、いわゆる虚実皮膜論も説かれている。近松は、事実のままでは芸にはならないとし、現実を引き写せばよいとする考えを退ける。そして「芸といふものは、実と虚との皮膜の間にあるものなり…虚にして虚にあらず、実にして実にあらず、この間に慰み(＝感動)があったものなり」と語る。事実と作りごとの境界にこそ真実が秘められているとする主張である。この論は、広く芸術一般における虚構論にも通じるものとして注目される。

〈中村隆嗣〉

ぢ-がみ【地紙】ヂ ― 名 扇や傘などに貼る紙。例**地紙**をまくられて野ざらしとなる扇にはまさりなむ〈俳諧・鶉衣・奈良団賛〉

ち-がや【茅・白茅・茅萱】名「ち(茅)」に同じ。

ちか-やか【近やか】形動(ナリ)〔「やか」は接尾語〕❶近くだ。ちかぢかだ。例**近やかに**臥したまへば〈源氏・胡蝶〉❷親しい。親密だ。例今はあながちに(＝強いて)**近やかなる**御ありさまももてなしきこえたまはざりけり〈源氏・初音〉

ちから

【力】名 肉体や精神を働かせるもの、また、その働きの強さをいう。

❶**体力**。**気力**。**根気**。例出で立たむ**力**をなみと隠り居て(＝出かけようとする元気がないので家に閉じこもっていて)〈万葉・一七・三九七二〉

❷**頼りがい**。**よりどころ**。例おほかたのもてなしは、また並ぶ人なかりしかば、こなたに**力**ある心地して(＝表向きの待遇は、そのほかに比べる人がなかったので、こちらでは頼りがいがある気持ちがして)〈源氏・夕霧〉

❸**ききめ**。**効力**。例(雷ガヤンダノハ)多く立てつる願の**力**なるべし(＝たくさん立てた神仏への祈願の効力であるにちがいない)〈源氏・須磨〉

❹**能力**。例国の**力**も衰へたれば、(大極殿ハ)そののちはつひにつくられず〈平家・一・内裏炎上〉

[力を立つ] 力を入れる。例ただ**力を立てて**引きたまへ〈徒然・五三〉

〈高田祐彦〉

ちから-あし【力足】名 ❶力をこめて地を踏みしめる、その足。例**力足**をふんでつい立ちあがり〈平家・九・越中前司最期〉❷相撲の四股。例真ん中へ出で、**力足**を踏みて〈狂言記・料理聟〉

ちから-いり【力入り】名 力を入れること。尽力。例我が**力入り**をし、直しひきつくろふべきところなく、心にかなふやうにもや〈源氏・帚木〉

ちから-ぐるま【力車】名 荷物を運搬するための車。例恋草を**力車**に七車〈万葉・四・六九四〉

ちから-ぜめ【力攻め・力責め】名 戦場で、特に策略を用いず、ただひたすらに軍勢を前面に押し出して攻めること。例**力攻め**にし候はば、左右無く(＝たやすくは)落つべからず候ふ〈太平記・六〉

ちから-ぢから・し【力力し】形(シク) いかにも力がこめられている様子だ。力強い。例爪弾きをいと**力々しう**(音便形)したまひて〈落窪・一〉

ちから-な・し【力無し】形(ク) しかたがない。やむをえない。例**力なう**(音便形)涙をおさへて帰りけり〈平家・一〇・横笛〉

ちから-れう【主税寮】リョウ ― 名 令制で、民部省に属する役所。諸国の田租、米倉の出納などをつかさどる。「ちからのつかさ」「しゅぜいりょう」などとも。

ち-ぎ【千木】名 屋根の材が、左右に交差し屋上に高く突き出した部分。古代の建築に見られ、今も神社建築などに形式が残る。例高天の原に**千木**高知りて(＝高くりっぱにかかげて)〈祝詞・祈年祭〉

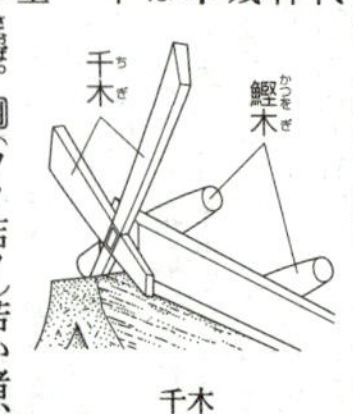

千木

ちぎ【杠秤・扛秤】名 重量のあるものを計る棹秤。例(ソノ店ノ)若い者、杜斤の目りんと(＝きちんと)請け取って〈西鶴・日本永代蔵・二・一〉

ぢき【直】ジキ 名 形動(ナリ)❶直接。じか。例**直**の御返事を承はらで〈平家・六・小督〉❷すぐ。即座。例たまたまの(＝ときたまの)湯へ来ても**直に**お迎ひだ〈滑稽本・浮世風呂・二上〉

ぢき-さん【直参】ジキ ― 名 ❶直接にその主君に仕えること。例勝家へ背き、信長公**直参**となり〈太閤記・六〉❷特に江戸時代、将軍直属の一万石以下の武士。旗本・御家人。

ぢき-だう【直道】ジキドウ 名《仏教語》❶悟りに直行する道。悟りに達する近道。例証大菩提の**直道**を示したまへ〈平家・六・慈心房〉❷(ほかに頼らず自分で直接悟りに達することのできるものの意から)人間。

例生ある直道の弔ひ〈謡曲・巴〉

ぢき-とつ【直綴・直裰】ジキ 名 僧衣の一つ。上衣の偏衫と下衣の裙子を直接縫い合わせた衣。腰から下にひだがあり、上着として用いる。

ちぎ-の-かたそぎ【千木の片削ぎ】名 千木の片端をそぐこと。また、そのそいだ千木。和歌で、住吉神社のものが詠まれることが多い。例住吉のまつとせしまに年も経ぬ**千木の片削ぎ**行きあはずして〈金槐集・中〉読解「まつ」は「待つ」と「松」を掛ける。

ち-ぎやう【知行】ギヤウ 名動(サ変) ❶ある地域を支配すること。また、その地域。例太政入道、源太夫判官季貞をもって、**知行し**たまふべき荘園状どもあまた遣はす〈平家・三・行隆之沙汰〉❷特に江戸時代、一万石以下の武士が幕府・藩から与えられた領地。転じて、扶持米などをもいう。

ぢ-きやう【持経】ジキヤウ 名動(サ変)『仏教語』深く信仰し、身近な所に置いてある経典。また、経文を常に唱えて修得すること。例本尊に向かひ**持経**を披く〈とはずがたり・三〉

ちぎやう『知行』⇩ちぎやう

ちぎり【契り】名〈動詞「ちぎる」の名詞形〉❶約束。契約。例日来の**契り**を変ぜず、一所にて死ににけるこそむざんなれ(＝普段の約束を変えることなく、同じ場所で死んでしまったのは実にいたわしいことだ)〈平家・四・宮御最期〉読解源頼政とその養子の話。

❷前世からの因縁。宿縁。仏教思想に基づいていう。例(a)おのが身は、この国の人にもあらず、月の都の人なり。それを、昔の**契り**ありけるによりてなむ、この世界にはまうで来たりける(＝私の身は、この国の人ではなく、月の都の人である。それなのに、前世からの因縁があったことによって、この世界に伺ったのだ)〈竹取〉読解かぐや姫の言葉。例(b)前の世の**契り**知らるる身のうさに行く末かねて頼みがたさよ(＝前世からの因縁が思い知られる身のつらさを思うと、将来のことを考えても頼みにしがたいことだよ)〈源氏・夕顔〉読解前世の因縁によって現世のあり方が定まり、また現世の行いによって後世のあり方が決まる、という因果応報の思想による。

❸縁。因縁。特に、夫婦の縁。例(a)見そめつる**契り**ばかりを棄てがたく思ひとまる人は(＝夫婦になった縁だけを捨てがたく思って別れずにいる男は)〈源氏・帚木〉例(b)親子の御**契り**絶ゆべきやうなし(＝親子の御縁は切れるはずもない)〈源氏・行幸〉

❹男女の交わり。夫婦の交わり。例月に二度ばかりの御**契り**なめり(＝月に二度ほどの御交わりであるようだ)〈源氏・松風〉〈鈴木宏子〉

ちぎり-き【乳切り木】名 武具の名。両端がやや太い棒。もとは物を担ぐためのものだが、武具としては、中央に相手の刀をもぎ取るための鉤、端に鎖をつけたものもある。例長刀・**乳切り木**・材棒、手々に持ちて〈義経記・三〉

ちぎ・る【契る】動(ラ四) ❶約束する。例(a)妻子…**期りし**日を待つ(＝妻子は…約束した日を待つ)〈霊異記・中・五〉例(b)重盛が身にかはり、命にかはらんと**契り**たる侍ども(＝私こと重盛の身に代わり、命に代わろうと約束した家臣たち)〈平家・三・烽火之沙汰〉

❷特に、男女が将来を誓う。愛を誓う。例(a)**契り**けん心ぞつらきたなばたの年にひとたび逢ふは逢ふかは(＝愛を誓ったという心は無情なことだ。牽牛と織女が一年に一度逢うのは逢うことになるのか)〈古今・秋上〉読解末尾の「かは」は反語の意を表す。例(b)(匂宮ハ)行く先長きことを**契り**きこえたまふ(＝末長く変わらぬ仲であることを誓い申し上げなさる)〈源氏・総角〉

❸男女の交わりをする。夫婦になる。例それより五百八十年(＝末長く)**契り**ける〈噺本・昨日は今日の物語・下〉〈鈴木宏子〉

ち-ぎ・る【挘る・千切る】❶動(ラ四) ❶ねじ切る。切り離す。例(カブッタ鼎ヲ)首も**ちぎる**ばかり引きたるに〈徒然・五三〉❷(動詞の連用形について)盛んに～する。例歯をくひあはせて(＝食いしばって)、念珠をもみ**ちぎる**〈宇治拾遺・三六〉❷動(ラ下二) ねじ切れる。切り離れる。例**千切れ**たりともこの具足、取って投げかけ〈謡曲・鉢木〉

ち-ぐ【値遇】名動(サ変)「ちぐう」とも。❶『仏教語』前世の縁によって仏にめぐりあうこと。例来世に諸仏に**値遇し**たてまつりて〈今昔・一四・一六〉❷人と人が出会って親交を結ぶこと。例すべからく平家**値遇**の儀を翻して〈平家・七・返牒〉

ぢく【軸】ヂク 名 ❶巻物などの心棒。例螺鈿の**軸**は、貝落ちてのちこそいみじけれ(＝すばらしいのだ)〈徒然・八二〉❷巻物。掛け軸。

ちく-えふ【竹葉】ヨウ 名 ❶竹の葉。❷酒の別称。醸造するとき竹の葉を入れることから、など諸説ある。例**竹葉**は春を経て熟す〈和漢朗詠集・上・首夏〉❸酒・水などを入れる携帯用の竹筒。転じて、竹筒製の弁当箱。例**竹葉**取り出だして、心しづかに兵粮つかひ(＝食事をし)〈太平記・二六〉

筑後『地名』旧国名。今の福岡県南部。西海道十一か国の一つ。古くは「筑前」と合わせて「筑紫」といった。筑州。延喜式で上国・遠国。

ち-くさ【千種・千草】「ちぐさ」とも。❶名形動(ナリ) 種類が多いさま。いろいろ。例秋の野に乱れて咲ける花の色の(ここまで序詞)**千種**にものを思ふころかな〈古今・恋二〉❷名❶いろいろな草。例庭の**千草**露重く、籬に倒れかかりつつ〈平家・灌頂・大原御幸〉❷「千草色」の略。空色。例浅黄の上を**千種**に色あげて(＝染め直して)〈西鶴・日本永代蔵・五・二〉

竹斎『作品名』江戸時代の仮名草子。二巻二冊。富山道冶作。元和七～九年(一六二一～二三)ごろの刊。京の藪医者竹斎が下僕と諸国行脚を思い立つ。見納めに京の名所を見物して東海道を下り、途中名古屋で医業を始めるものの失敗、さらに下って江戸に着く。滑稽な遍歴譚の典型的作品。

ちく-しやう【畜生】シヤウ 名 ❶『仏教語』鳥獣虫魚の総称。人に養われるものの意で、人としての倫理・道徳をわきまえない存在とされる。例汝は**畜生**なれども、慈悲をもて人を助く〈宇治拾遺・九二〉❷『仏教語』「畜生道」の略。❸人をののしっていう。感動詞的

に用いたり、他の語につけて「～ぢくしゃう」の形で用いたりすることもある。例ここな男ぢくしゃうめが〈虎寛本狂言・右近左近〉

ちくしゃう-ざんがい【畜生残害】 鳥獣虫魚が互いに争い殺傷しあうこと。例生けるものを殺し、痛め、闘はしめて遊び楽しまん人は、**畜生残害**の類なり〈徒然・一二八〉

ちくしゃう-だう【畜生道】 名《仏教語》六道の一つ。生前の業により、死者が畜生に生まれ変わり責め苦を受けるという世界。例修羅にもなりぬと見れば**畜生道**に堕ちて走る〈今昔・四・九〉

ぢく-すだれ【軸簾】 名 細い篠竹などの軸で作った簾。「管簾」とも。例**軸簾**のうちには人も大勢あると見へしが〈西鶴・諸艶大鑑・三・一〉

筑前 《地名》旧国名。今の福岡県北部。西海道十一か国の一つ。古くは「筑後」と合わせて「筑紫」といった。筑州。古代から大陸との交通・軍事上の要地で、大宰府が置かれた。延喜式で上国・遠国。

ちく-だい【竹台】 名 清涼殿の東庭にある呉竹・河竹を植えた台。例人長(=宮中の舞人の長)召したてんとき、**竹台**のもとに寄りて〈宇治拾遺・七・四〉

ぢ-ぐち【地口】 名 江戸で、だじゃれやごろ合わせの類の称。裏口の戸を閉めるとき、「浦島太郎」をもじって「うらしめ太郎」と言ったりする類。上方では「口合ひ」とも。

ちく-ちく 副 少しずつ。だんだん。例天瑞(=人名)**ちくちく**合点し〈醒睡笑・三〉

ちく-てん【逐電】 名動(サ変)〔のちは「ちくでん」とも〕❶急ぐこと。例**逐電**退出の後〈小右記・長和元年六月〉❷逃亡すること。例借金につまりまうして**逐電**をしまうされたか〈談義本・根無草後編・一〉

ちく-と 副〔「ちと」のくだけた言い方〕ちょっと。少し。例よい酒があらば、**ちくと**出しなさろ(=お出しなさい)〈滑稽本・膝栗毛・二上〉

竹生島 名❶《地名》近江国(滋賀県)、琵琶湖中の北部にある島。霊地として信仰を集め、弁才天は日本三弁天の一つとされる。景勝の地としても有名。❷《作品名》能の曲名。脇能物。禅竹作か。醍醐天皇の臣下が、竹生島で弁才天の奇特を見る。

ちく-へう【竹豹・筑豹】 名 黒い斑点が大きい豹。また、その毛皮。外国渡来の高級品。例「**竹豹**ぞ、**竹豹**ぞ」といひて〈宇治拾遺・七・四〉

ちくりん-の-しち-けん【竹林の七賢】 ⇨ななのさかしきひと

ぢ-くゎろ【地火炉】 名 地面の上で火をおこすための器。いろり。例すさまじきもの…火おこさぬ炭櫃、**地火炉**〈枕・すさまじきもの〉

ぢ-げ【地下】

名❶**清涼殿の殿上の間に昇ることを許されない人。**蔵人を除く六位以下の人、また、四位・五位でも殿上人の資格を与えられていない人。例院の御迎へに、殿をはじめたてまつりて殿上人・**地下**なども皆まゐりぬ(=女院のお迎えには、関白をはじめとし申し上げて殿上人や地下の者なども全員参上した)〈枕・関白殿、二月二十一日に〉

❷**宮中に仕える人以外の人。一般人。**庶民。例**地下**にも、花の下月の前の遊客上手多く聞こゆ〈連理秘抄〉読解 一般の人にも、桜や月をめでながらの連歌の会での風流人や名人は多いと聞く、の意。

語誌 殿上人であっても、失態や怠慢があったときには、資格を奪われて地下となる場合がある。時には公卿でも昇殿を許されないものがあり、「地下の上達部」「地下の公卿」と呼ばれた。また、鎌倉時代以降、家格が固定すると、地下の家格の人間はたとえ三位になっても昇殿は許されなかった。〈池田尚隆〉

ち-けい【致景】 名 非常に美しい景色。すばらしい風情。例難波の浦の**致景**の数々〈謡曲・弱法師〉

ち-けん【知見】 名動(サ変)《仏教語》仏などが衆生の様子や願いを見て知ること。また、智恵・見識。例冥(=神仏)の**知見**も恐ろしう候ふ〈幸若・信田〉

ち-ご【児・稚児】

名〔「乳子」の意〕❶**赤ん坊。**乳飲み子。例**稚児**を懐に入れながら琴を取り出でたまひて(=赤ん坊を懐に抱いたまま琴をお取り出しになって)〈宇津保・蔵開上〉

❷**おさなご。子ども。**例さても、いとうつくしかりつる**児**かな(=それにしても、ほんとうにかわいらしかった子だなあ)〈源氏・若紫〉読解 北山で紫の上を見かけた後の光源氏の感想。紫の上はこのころ十歳ぐらい。

❸**寺で、学問をしたり雑事に召し使われたりする少年。**例田舎の**児**の比叡の山へ登りたりけるが(=田舎出身の子どもで比叡山の延暦寺に入っていた子が)〈宇治拾遺・一・一三〉

❹神社の祭礼・寺院の法会などのとき、美しく着飾って行列に立ったり舞ったりする子ども。例いつくしき**稚児**たちが花折りかざいて(=美しい稚児たちが花を折り取って髪に挿して)花折りかざいて参らう御所の御堂へ〈田植草紙・昼歌二番〉

語誌 中世には、③の、寺の稚児を主人公にした話が多数生まれる。それらは稚児物語と総称される。また、並はずれた学才をもつ稚児が凡俗の親を論す話(御伽草子『磯崎』)や、菩薩や羅刹(仏教の守護神)が稚児の姿に化現する話(『宇治拾遺物語』一二三話)など、幼い者の中に聖なる力をみる思想もあった。〈米山敬子〉

ちご-おひ【児生ひ・稚児生ひ】 名 幼いときの成長の様子。また、幼いときの姿。例大将などの**児生ひ**ほのかに思し出づるには〈源氏・柏木〉

ぢ-ごく【地獄】

名❶《仏教語》**生きているとき悪業を行った人が死後に落ちるとされる地下世界。**奈落。三悪趣・五趣・六道・十界などの一つ。例(a)来む世には**地獄**の底に沈みて浮かむ世あらじ(=来世では地獄の底に沈んで成仏することはないだろう)〈宇津保・吹上下〉読解 かつて継子を追い出し、今はひどく落ちぶれた老女への言葉。例(b)母の生所を尋ねしに、閻王あはれみたまひて、獄卒をあひそへて焦熱**地獄**へつかはさる(=母が生まれ変わっている所を尋ねたところ、閻王は気の毒にお思いになって、地獄の鬼をいっしょに付き添わせて焦熱地獄へおやりになる)〈平家・六・入道死去〉読解「閻王」は、死者の生前の罪を審判する地獄の王、閻魔大王。

❷（地獄のように）苦しみを極めた場所。

語誌 ▼**地獄の種類** 地獄は経典によってさまざまに説かれ八熱（八大）・八寒地獄などが特に知られる。▼**極楽の対照世界** 平安中期の僧源信の『往生要集』には地獄が詳述されている。以後、地獄変・地獄変相などの絵画、また地獄草紙などの絵巻物にも描かれ、地獄は極楽の対照世界として、世界観に深い影響を与えることになった。〈馬場光子〉

ぢごく-だう【地獄道】 名《仏教語》「ぢごく」に同じ。

ぢこく-てん【持国天】 名《仏教語》帝釈天に仕える四天王の一つ。須弥山の東の半腹に住み、東方を守護する。その姿は赤肉色で怒相、右手に宝珠、左手に刀剣などを持つ。

ぢごく-へん【地獄変】 名《仏教語》「地獄変相」の略。地獄のさまざまな責め苦の様相。また、それを描いた絵。例弘高、**地獄変**の屏風を書きけるに〈著聞集・一一・三八七〉

ぢごく-ゑ【地獄絵】 名 地獄に落ちた人が受ける責め苦のさまを描き、人々への戒めとした絵画。例**地獄絵**の屏風とりわたして〈枕・御仏名のまたの日〉

ち-さ【知者・智者】 名「ちしゃ」に同じ。例名ある**ちさ**どもなど召して、論議などせさせたまふ〈宇津保・国譲下〉

ちさ【萵苣】 名 植物の名。エゴノキの別称。山野に自生するエゴノキ科の落葉高木。初夏、小枝の先に純白の小花を一～六個つける。樹皮は濃紫褐色。一説に、野菜の「ちしゃ」とも。例**萵苣**の花 咲ける盛りに〈万葉・一八・四一〇六〉

ぢ-さい【持斎】 名動（サ変）《仏教語》午後に食事をとらないという戒律を守ること。また、精進・潔斎して心身を清めること。例寺々も**持斎**にてありけるに〈沙石集・六・九〉

ぢ-ざう【地蔵】 名《仏教語》「地蔵菩薩」の略。釈迦如来の入滅後、弥勒菩薩の出現するまでの仏のいない世で、六道（迷いの世界）で衆生の苦を除き、その救済をはかるとされる菩薩。例(a)我この身ながら生身の**地蔵**に値遇したてまつりて、必ず引接を蒙らむ（＝私は今のこの身のまま生き身の地蔵様にお会い申し上げて、必ず浄土にお導きをいただきたい）〈今昔・一七・一〉例(b)お**地蔵**の古酒に酔はせられたと見えて、いねぶりが出ました（＝お地蔵様が古酒にお酔いになったらしく、居眠りを始めました）〈虎寛本狂言・金津〉読解 地蔵に仕立てられた子どもが、古酒に酔って居眠りを始めた場面のせりふ。

語誌 ▼**地蔵信仰** 地蔵は、とりわけ地獄に落ちた衆生を教化する働きが信仰の対象となった。地獄の閻魔王の本地（本来の姿）が地蔵であるとする考えもある。平安時代以降、末法思想の盛行と浄土教の普及は来世に対する不安を呼び起こし、地蔵への信仰は一段と強められた。特に子どもの成長を見守る存在とされ、夭死した子どもを賽の河原で救済する役目をもつとされた。現在も各地に残る地蔵盆や地蔵講の起源もこうしたところにある。境の神でもある道祖神とも習合し、峠や路傍・関・河原などの境界領域にその像が建てられることもあった。地蔵の像は一般に頭をまるめ、手に宝珠や錫杖を持つ姿である。
　時代が下ると現世利益的な霊験が強調されるようになり、身代わり地蔵・縛られ地蔵など除災招福に威力を発揮するさまざまな地蔵が現れるようになる。
　文学の世界では説話や狂言に地蔵を題材とするものが多い。〈多田一臣〉

ぢざう-ぼさつ【地蔵菩薩】 名《仏教語》「ぢざう」に同じ。例早う（＝さては）この**地蔵菩薩**の我を助けむとて変化したまひけるなりけり〈今昔・一七・三〉

ち-さと【千里】 名❶多くの村里。例**千里**の秋をうづむ白雪〈拾遺愚草・上〉❷（「千里」の訓読）長い道のり。はるかかなた。例望月のくまなき（＝影がないもの）を**千里**の外まで眺めたる〈徒然・一三七〉

ち-さん【遅参】 名動（サ変）遅刻して参上すること。定刻になっても参上しないこと。例存の外（＝思いの外）の**遅参**〈平家・七・維盛都落〉

ぢ-ざん【地算】 名 初心者が学習する算術の基本。足し算と引き算。例**地算**も子守の片手（＝片手間）に置き習ひ〈西鶴・日本永代蔵・一・三〉

ち-じ【知事】 名 事をつかさどること。また、その役職。主に禅宗の寺で、事務をとる僧のことをいう。

ち-じ【致仕】 名（「致」は返上する、「仕」は官職の意）「ちし」とも。❶官職を辞すること。例太政大臣、**致仕**の表（＝文書）奉りて、籠もりゐたまひぬ〈源氏・若菜下〉❷（中国で、七十歳になると官職を辞したことから）七十歳の別称。

ぢ-し【地子】 名 令制で、公田の賃貸料。のちには、田畑・家地などから徴収される年貢・小作料。例その**地子**をもってこの八講の料にあつれば（＝この八講の法会の費用にあてたので）〈今昔・一四・一〉

ち-しき【知識・智識】 名《仏教語》❶人を導き仏縁を結ばせる人。転じて、高僧。例**智識**とは…諸有所得の心（＝もろもろの執着分別の心）を離れて清浄を修すべきに〈太平記・二四〉❷仏に結縁するための寄付。寄進。例**知識**といふ事をもってその橋を渡しけり〈今昔・三・二〉❸知人。善友。例貧は今生の**知識**なり〈海道記〉

ぢ-しき【地敷き】 名 床の上に敷いて人が座る席としたり、物を置いたりするための布・薄縁。例御**地敷**四十枚・御褥・脇息など、すべてその御具ども、いときよらにせさせたまへり〈源氏・若菜上〉

ち-しほ【千入】 名（「しほ」は接尾語）幾度も染料につけて染めること。例紅の**ちしほ**もあかず三室山いろに出づべき言の葉もがな〈新勅撰・恋一〉

ち-しゃ【知者・智者】 名❶《仏教語》「ちさ」とも。智恵や知識にすぐれた僧。例仕僧にはやむごとなき（＝尊い）智者、あるいは持経者・真言師どもなり〈大鏡・実頼〉❷賢い人。例身死して財残る事は、**智者**のせざるところなり〈徒然・一四〇〉

ぢ-しゃ【持者】 名「持経者」の略。信仰者。また、常に経典（多く法華経）を手もとに置き、読誦する僧。例後白河の法皇は、千手（＝千手経）の**持者**にて〈沙石集・六・一五〉

ぢ-しゅ【地主】ヂ― 名 土地の守護神。鎮守。特に比叡山の日吉神社のように、寺の建立以前からあって、守護神として取り入れられた神。例この山の**地**主の神、我と深き契りあり〈今昔・三・一〉

ぢ-じん【地神】ヂ― 名 ❶大地を支配し、堅固にする神。例体をば**地神**などの取りて浄き所に置きてけるなめり〈今昔・一五・二〇〉 ❷(多く「地神五代」の形で)「天神七代」に続くという、天照大御神・天忍穂耳尊・瓊々杵尊・彦火々出見尊・鸕鷀草葺不合尊の五代の神々の称。

ぢ・す【治す】ジス 動(サ変) ❶病気をなおす。治療する。また、病気がなおる。例腹のうちなる蛇ありきて肝を食む、これを**治せ**むやうは〈蜻蛉・中〉 ❷おさめる。統治する。例やうやうに(=やっと)敵を滅して、天下を**治する**事を得たりき〈平家・九・樋口被討罰〉 ❸物事を取り決める。例出家の暇を免さん事、**治し**難きのよし〈源平盛衰記・三九〉

ち-すい-くゎ-ふう【地水火風】―カ― 名《仏教語》すべての物質を構成する四元素。⇩しだい(四大)。例よしもなく**地水火風**をかり集め〈雑談集・四・二〉

ぢ-ずり【地摺り】ヂ― 名 織地に模様をすり出した織物。例**地摺り**の唐の薄物に、象眼重ねたる御裳などたてまつりて(=お召しになって)〈枕・関白殿、二月二十一日に〉

ち-そう【馳走】名・動(サ変) ❶走り回ること。奔走すること。例(餓鬼ガ)東西に**馳走す**〈今昔・二・三七〉 ❷(用意のために走り回る意から)もてなし。ごちそう。接待。世話をすること。

ぢ-たい【地体・自体】ヂ― ■1 名 物事の根源。本質。例きざし出づる物(=芽生えてくる物)はさながらその物の**地体**なりとぞさとるべらなる〈拾玉集・三〉 ■2 副 もともと。本来。例末ひろがりといふは、**ぢたい**扇の事ぢゃいやい〈虎寛本狂言・末広がり〉

ち-たび【千度・千遍】名 千回。また、何度となく度数が多いこと。例**千たび**心は(都ノホウニ)すすめども〈平家・一〇・横笛〉

ち-た・る【千足る】動(ラ四)「ちだる」とも。十分満足する。例日本は浦安の国(=心安らかで平和な国)、細戈の**千足る**国〈紀・神武〉 類義▶ももだる

ちち【父】名 男親。父親。例(a)母**父**に 妻に子どもに 語らひて(=母や父に妻に子どもたちに繰り返し話して)〈万葉・三・四四三〉例(b)**父**の大納言は亡くなりて、母北の方なむいにしへの人のよしあるにて(=父親の大納言は亡くなって、母親である奥方は旧家の出身で教養が深くて)〈源氏・桐壺〉

語誌▼上代では母をいう語に「おも」と「はは」とがあり、それぞれ「ちち」と熟合する場合、「おもちち」「ちちはは」と、語順が逆になる。

▼類義語「ち」は上代語で、やや意味が広く男親やそれに類するものを含む。「てて」は「ちち」の変化した形で、平安時代以降の散文に多く現れる。〈米山敬子〉

ち-ぢ【千ぢ・千千】(「ぢ」は接尾語「ち(個)」の連濁形) ■1 名 千。また、数多くあること。たくさん。例千々の秋一つの春にむかはめや〈伊勢・九四〉 ■2 形動(ナリ)(多く「ちぢに」の形で副詞的に用いて)いろいろ。さまざま。例月見れば**ちぢに**ものこそ悲しけれわが身一つの秋にはあらねど〈古今・秋上〉➡名歌229

ちち-ぬし【父主】名 父に対する軽い敬称。父上。例父主ふと寄り来たり〈源氏・少女〉

父の終焉日記ちちのしゅうえんにっき《作品名》江戸時代の俳諧日記。一冊。一茶作。享和元年(一八〇一)以降成立。父の発病から、臨終、初七日に至るまでの看病日記。継母らとの対立葛藤が生々しく描かれる。

ちちのみ-の【ちちの実の】《枕詞》(「ちち」は植物の名か)同音の繰り返しで「父」にかかる。

ちち-みこ【父御子・父親王・父皇子】名 父である親王。父である皇子。例**父親王**の、さやうの方にいとよしづきて(=造詣が深くて)ものしたまうければ〈源氏・末摘花〉

ぢ-ぢゃう【治定】ジジヤウ ■1 名・動(サ変) ❶定まること。落着すること。例罪科**治定**のほどは〈源平盛衰記・六〉 ❷連歌・俳諧で、一句が定まること。切れ字を示すのにもいう。 ■2 名・形動(ナリ) 決定していること。確実なこと。例御方の**治定**の勝ち軍とこそ存じ候へ〈太平記・一五〉 ■3 副 必ず。きっと。例今日の軍には、**治定**勝つべきいはれ(=理由)候ふ〈太平記・一〇〉

ちちよ-ちちよ 副 蓑虫の鳴き声とされた語。「父よ」、また「乳よ」とかけて解され、哀感あるものとされた。例八月ばかりになれば「**ちちよ、ちちよ**」とはかなげに鳴く〈枕・虫は〉

ちちわく-に 副 いろいろ。さまざまに。例**ちちわくに**人はいふとも織りて着む我が機物に白き麻衣〈拾遺・雑上〉 語誌『万葉集』の「千各」を「千分」と誤写したものから出た語という。

ちつ【帙】名「ぢつ」とも。数冊で一部となる書物をまとめ、保護するための覆い。厚紙に布を張ったものを書物の寸法に合わせて折って作る。

ち-づか【千束】名 千束。また、多くの束。恋文の多さにいうことが多い。例錦木の**千つか**に余る人のつらさに〈新後撰・恋三〉

ちっ-きょ【蟄居】名・動(サ変) ❶虫が地中に籠もっていること。❷家にひき籠もって外出しないこと。例我久しく尾州に**蟄居して**観音参詣怠れり〈近松・出世景清・三〉 ❸江戸時代、武士に科した刑罰の一つ。門を閉じさせ、一室に謹慎させる。

ち-つけ【乳付け】名 生まれた子に初めて乳を飲ませること。また、それをする女性。例御**乳つけ**は橘の三位〈紫式部日記〉

ち-と 副 少し。ちょっと。例三日といふ昼つかた、**ちと**まどろませたまふともなきに〈宇治拾遺・一〇二〉

ぢ-とう【地頭】ヂ― 名 ❶鎌倉・室町幕府の職名。文治元年(一一八五)源頼朝が勅許を得て諸国の荘園・公領に置いたのに始まる。御家人の中から任じられ、土地の管理、租税徴収、警察・裁判などをつかさどる。例国衙が庄園ごとに守護・**地頭**を補せらる(=任命なさる)〈吾妻鏡・文治元年十一月〉 ❷江戸時代、幕府あるいは各藩から知行地を与えられた小領主。

持統天皇ぢとうてんわう ジトウテンノウ《人名》六四五〜七〇二(大化元〜大宝二)。飛鳥時代の天皇。女帝。天智天皇の第二皇女。天武天皇の皇后で、草壁皇子の母。藤原京に遷都し律令体制の基礎を整えた。この時代は

『万葉集』第二期にあたり、柿本人麻呂(かきのもとのひとまろ)らが活躍、自身も長歌二首・短歌四首を残す。

ちーとせ【千歳・千年】 名 千年。また、限りなく長い年月。例 五年(いつとせ)六年(むとせ)のうちに、**千とせ**や過ぎにけむ〈土佐〉

ちとせーのーこゑ【千歳の声】(コエ) 天皇の治世や人の寿命の久しいことを願い祈る声。千秋楽(せんしゅうらく)・万歳楽(まんざいらく)を唱える声。例 **千年の声**を君に聞かせん〈続後拾遺・賀〉

ちとせーやま【千歳山・千年山】 名(千年もの久しい間、緑を保つということから)松の生い茂っている山。例 真砂(まさご)より岩根になれる**千年山**こや(=これこそ)君が代の例(ためし)なるらむ〈続後拾遺・賀〉

ちーどり【千鳥・鵆】 名 ❶(「ち(千)」は数の多い意)多数の鳥。また、多種の鳥。例 朝猟(あさかり)に 五百(いほ)つ鳥立て 夕猟(ゆふかり)に **千鳥**踏み立て〈万葉・一七・四〇一一〉 読解 「五百つ鳥立て」「千鳥踏み立て」の対句は多くの鳥を追い立てることを歌う。
❷鳥の名。チドリ科の鳥の総称。ちどり。小形で、水辺に群れ住む。⇩口絵。例 ぬばたまの(枕詞)夜のふけゆけば久木(ひさぎ)生(お)ふる清き川原に**千鳥**しば(=しきりに)鳴く〈万葉・六・九二五〉➡名歌279

語誌 ②は、夜、視界が遮られた中での鳴き声を捉(とら)えて歌うことが多い。平安時代には、「淡路(あはぢ)島かよふ千鳥の鳴く声に幾夜寝覚めぬ須磨(すま)の関守(せきもり)」〈金葉・冬〉(➡名歌31)に代表されるように、冬の寒々とした浜辺の景物として歌われた。〈大浦誠士〉

ちーな【千名】 名 さまざまな評判。いろいろなうわさ。例 我が名はも**千名**の五百名(いほな)に立ちぬとも君が名立たば惜しみこそ泣け〈万葉・四・七三一〉

ちなみ【因み】 名 ❶ゆかり。因縁。関連。例 丸岡天龍寺の長老、古き**因み**あれば尋ぬ〈芭蕉・奥の細道〉 ❷結婚の約束。縁談。契り。例 脇(わき)(=私以外)に若衆の**ちなみ**は思ひもよらず〈西鶴・好色五人女・五・四〉

ちなーむ【因む】 動(マ四) なんらかの関連に基づいて物事を行う。因縁づける。例 君が家に**因み**たまふははた吉祥(よきさが)なるべし〈読本・雨月・吉備津の釜〉

ちーぬし【乳主】 名 乳母(めのと)の子である「めのとご」の中で、主(あるじ)の若君とともに同じ乳で育てられた子ども。例 この小侍従といふ御**乳主**をも言ひはげまして〈源氏・若菜上〉

ちーのーなみだ【血の涙】 深く悲しんで流す涙。例 男、**血の涙**を流せども、(女ヲ)とどむるよしなし(=手段がない)〈伊勢・四〇〉

ちーのーわ【茅の輪】 名 茅(ちがや)を束ねて輪にしたもの。古くは、小さな輪を腰などにつけて病気や災厄を払うまじないとした。平安時代以降は、陰暦六月三十日の「水無月祓(みなづきばらへ)」に大きな輪が作られ、その輪をくぐると災いを払うとされた。「すがぬき」とも。

茅の輪〔年中行事絵巻〕

ちーばな【茅花】 名「つばな」に同じ。

ちーはーふ【幸ふ】(ワウ・オウ) 動(ハ四)(「ち」は霊力の意。「はふ」は接尾語)神の力で救う。守り、助力する。例 女神(ひめかみ)も **ちはひ**たまひて〈万葉・九・一七五三〉

ちはや【襷・襅・襷襅・千早】 名 神事・葬礼・出産などに奉仕する人が着用する斎服(さいふく)の一種。古くは襷を「たすき」、襅を「ちはや」と呼んで一対で用いたらしい。「ちはや」は白布製の粗いもので、袖(そで)がないものや袖を縫わずにこよりで結びつけたものがあった。中世に巫女(みこ)が着用したのは後者で、白地に山藍(やまあい)で水草・蝶(てふ)・鳥などを染めつけたもの。例 宮々の御方(かた)の女官どもの、唐衣(からぎぬ)・**襷襅**着て〈今昔・二八・四〉

ちはやーぶる【千早ぶる】 ❶霊力の盛んな。狂暴な。例 **ちはやぶる** 人を和(やは)せと まつろはぬ 国を治めと(=狂暴な人々を穏やかにさせよと、従わない国を統治せよと)〈万葉・二・一九九〉
❷(枕詞)❶「神(かみ)」または神に関する語などにかかる。例 **ちはやぶる**神の斎垣(いがき)にはふ葛(くず)も(=神社の垣根にはびこる葛も)〈古今・秋下〉 ❷地名「宇治(うぢ)」にかかる。例 **ちはやぶる**宇治の橋守〈古今・雑上〉

語誌 神威・霊力を表す「ち」に「はや(速・疾)」がつき、接尾語「ぶ」で動詞化した語とみるのが妥当か。①は動詞とみることもできるが、連体形の用法ばかりなので連体詞ともみられ、品詞を決めがたい。また、②で「宇治」にかかる理由についても諸説あり、はっきりしない。平安時代以降、「ちはやふる」とも用いられるのは「千早振る」というあて字によるものであろう。〈高田祐彦〉

ちひさ・し【小さし】(チイサシ)

形(ク) ❶小さい。小形だ。例(人形遊ビノ)**小さき**屋ども作り集めて〈源氏・紅葉賀〉
❷年齢が低い。幼い。例(御子ノウチデ)まだ**小さき**、七つより上(かみ)のはみな殿上(てんじやう)せさせたまふ(=まだ小さいが、七歳より年長の子どもたちは全員童殿上(わらわてんじょう)をおさせになる)〈源氏・若菜上〉
❸気持ちが小さい。心が狭い。例(貧乏人ノ)**小さい**(音便形)気からいへば…身の置き所なし(=小さい根性からいうと…身動きもできない)〈西鶴・西鶴織留・一・四〉〈浅見和彦〉

ちひさーやか【小さやか】(チイサ) 形動(ナリ) 見るからに小さい。いかにも小さい。例 十五六のほどにて、いと**小さやか**にふくらかなる人の〈源氏・東屋〉

ちーひろ【千尋】 名(「ひろ」は長さの単位。平安時代以降「ちいろ」とも)非常に長いこと。非常に広いこと。非常に深いこと。例 もろき命も栲縄(たくなは)の(枕詞)**千尋**にもがと願ひ暮らしつ〈万葉・五・九〇二〉

ちーふ【茅生】 名 茅(ちがや)が一面に生えた野。例 浅茅原(あさぢはら)**茅生**に足踏み(ここまで序詞)心ぐみ(=心苦しいので)我(あ)が思ふ児(こ)らが家のあたり見つ〈万葉・一二・三〇五七〉

ちふ(チュウ)(「といふ」の変化した形)〜と言う。例 うけ沓(ぐつ)(=穴のあいた靴)を 脱き棄(つ)るごとく 踏み脱きて 行く**ちふ**人は〈万葉・五・八〇〇〉

ぢーぶ【治部】(ジ) 名「治部省(しやう)」の略。また、その役人。

ぢぶ-きゃう【治部卿】 名 令制で、治部省の長官。正四位下相当。参議・中納言・大納言などの公卿が兼任することが多い。

ぢぶ-しゃう【治部省】 名 令制で、太政官の八省の一つ。五位以上の姓氏・継嗣・婚姻など身分にかかわる事務を行う役所。祥瑞の調査・報告、さらに、下部組織の雅楽寮や玄蕃寮などを指揮して、喪葬・外交などにもあたった。

ぢ-ぶつ【持仏】 名 ❶居室に置いたり身に着けたりして、常に信仰する仏像。例ただこの西面にしも、**持仏**すゑたてまつりて行ふ尼なりけり(＝仏道修行をしているのは、尼なのであった)〈源氏・若紫〉❷「持仏堂」の略。例**持仏**一間を隔て、夜の物納むべきところなど、いささかしつらへり〈芭蕉・幻住庵記〉

ぢぶつ-だう【持仏堂】 名 持仏を安置・供養する堂や部屋。例いやしげなるもの…**持仏堂**に仏の多き〈徒然・七三〉

ち-ぶり-の-かみ【地触りの神・道触りの神】 名 旅人の安全を守る神。例わたつみ(＝大海)の**道触りの神**に手向けする幣の追ひ風やまず吹かなむ〈土佐〉

ち-へ【千重】 名 幾重にも重なりあっていること。例白波の**千重**に来寄する住吉の〈万葉・六・九三二〉

ち-へ-なみ【千重波】 名 幾重にも重なって間断なく浜に打ち寄せる波。例朝なぎに**千重波**寄せ夕なぎに五百重波寄す〈万葉・六・九三一〉

ち-へ-の-ひとへ【千重の一重】 非常に多くの中のほんのわずかな部分。千分の一。例我が恋ふる**千重の一重**も慰もる心もありやと〈万葉・二・二〇七〉→名歌45

ち-まき【粽・茅巻】 名 もち米や米などの粉を水や湯でこねて、笹や真菰などで巻き、細長い形や三角形にして蒸した食品。古くは茅の葉で巻いたのでこの名がある。例五月五日、人々に**ちまき**をくばりけるに〈著聞集・一八・六一八〉

語誌 ▼**端午の節句と粽** 汨羅に入水して死んだ楚の屈原を哀れんで、命日の五月五日に竹筒に米を入れて川に投げ入れて霊を弔ったことから、中国では五月五日に粽を贈る習慣が生まれた。平安時代の初めにはすでにこの習慣は日本にも伝わっており、端午の節句に粽を食べたり贈ったりする習慣が広まった。ただし、粽自体は室町末期までは、端午の節句に限らず、一年じゅう間食として食べられていた。〈余田弘実〉

ち-また【巷・岐・衢】 名〔「道股」の意〕❶道が分かれる所。辻。例海石榴市(＝地名)の八十の**衢**に立ち平らし〈万葉・一二・二九五一〉❷街路。また、人の集まるにぎやかな所。まちなか。例見れば、門の内の南北に大きなる一の**街**あり〈今昔・七・四三〉❸ある物事の行われる所。場所。例古にこの所は源平の合戦の**巷**と承りて候ふ〈謡曲・八島〉

ちまた-の-かみ【巷の神】 ❶道の分かれ目を守って邪神の侵入を防ぐ神。道祖神。⇒さへのかみ。例投げ棄つる御はかまになりませる(＝御袴からお生まれになった)神の名は**道俣の神**〈記・上・神代〉❷猿田彦神のこと。天孫降臨のとき、天の八衢という道の分岐点で先導したという。

ち-まつり【血祭り】 名 戦闘の前、あるいはその開始早々に敵を討ち取って、軍神に必勝を祈願すること。例小二郎が細首うちおとし、九万九千の軍神の**血祭り**にせん〈曾我・四〉

ぢ-もく【除目】 名〔旧官を除き、新官を任じて目録に記す意〕**大臣以外の諸官職の任命を行う儀式。** 春・秋の二度あり、ほかに臨時の除目も行われた。例**除目**のころなど、内裏わたりいとをかし(＝除目のころなど、宮中のあたりはたいそう趣がある)〈枕・正月一日は〉

語誌 ▼**県召しと司召し** 一般に春の除目を県召し、秋のを司召しというが、これは春には主に国司などの地方官を任じ、秋には中央官の任命を主としていたことからの呼称である。

▼**除目の哀感** 『枕草子』「すさまじきもの(＝興ざめでがっかりするもの)」の段は、「除目に司得ぬ人の家」を取りあげ、任官がかなえられなかったときの失望感を生き生きと描いている。今年は必ず任官できるというわさを聞きつけて集まって来た人々が、今年もまたあてがはずれたことを聞かされると、一人二人とこそこそ帰っていく。あとに残ったのは、今さらどこにも移りようのない昔からの使用人ばかり。彼らは、来年任期の切れる国司を数えあげて、わずかに望みをつなぐのである。〈藤本宗利〉

ちゃ【茶】 名 ❶植物の名。ツバキ科の常緑灌木。また、その葉で作った飲み物。例寺に入りて**茶**を乞へば〈芭蕉・奥の細道〉❷茶をたてること。また、茶会。❸人をからかったりちゃかしたりする言葉。例**ちゃ**ばかり言ふが癖でならぬ〈滑稽本・膝栗毛・三下〉

【茶にする】 人のことをばかにして軽く見る。からかう。はぐらかす。例人を**茶にし**やがったうぬがやうなべらぼうやらうは〈浄瑠璃・神霊矢口渡・一〉

ぢゃ 助動(特殊型)〔「である」が「であ」を経て変化した形〕❶(体言について)断定の意を表す。～だ。例誠に不審な事**ぢゃ**(終止形)〈狂言・麻生〉❷(活用語の連体形について)断定の意を表す。～のだ。例ここで晩まで日暮らしに酒にする**ぢゃ**(終止形)〈近松・曾根崎心中〉❸(体言について)資格を示す。～にあたる。～である。例あの親**ぢゃ**(連体形)者に会うた〈狂言・武悪〉❹(疑問語を受けて)反語の意を表す。～であるか(いや、そうではない)。～であるものか。例何と御秘蔵の掛け物が破らるるもの**ぢゃ**(連体形)〈鷺流狂言・附子〉❺(「ぢゃ知らぬ」の形で、疑問語を受けて)なんであるかわからない意を示す。～であるか。例その深い男は誰**ぢゃ**(連体形)知らぬが〈近松・生玉心中・上〉❻(助詞「て」「に」を受けて)軽い敬意を表す。～しておいでだ。例親仁様はいとしや、早う脱かして(＝逃がしてやって)くれよとて狂乱になって**ぢゃ**(終止形)〈近松・冥途の飛脚・下〉

活用 ぢゃら／ぢゃっ／ぢゃ／ぢゃ／○／○

-ちゃう【丁・挺】 接尾 ❶槍・銃・鍬・鋤・ろうそく・墨・三味線など、細長い物を数える。「十露盤一ちゃう」など。❷輿・駕籠などの乗り物を数える。「塵取り(簡略な輿)一ちゃう」など。

-ちゃう【張】 接尾 数字につけて用いる。❶弓や琴・琵琶など、弦を張ったものを数える。例琴・琵琶おのおの一張〈方丈記〉❷幕・蚊帳など、張りめぐらして使うものを数える。例舟に帆一ちやうかけ〈玉塵抄・三〉❸紙・皮など、製作の過程で枠に張ることがあるものを数える。例一張の文書〈今昔・六・四一〉

ちやう【丁】 名❶二、および二の倍数。偶数。また双六などで二つの賽の目の和が偶数となること。例海人の子どもの打ち群れて、はじき・石など丁か半〈近松・国性爺合戦・四〉❷「丁銀」の略。

ちやう【庁】 名❶役所。官庁。❷「検非違使庁」の略。例庁の御使ひを欺くべき事やはある〈源平盛衰記・一八〉

ちやう【町・丁】 名❶面積の単位。一町は一〇段。❷長さの単位。一町は六〇間(約一一〇メートル)。❸市街地。また転じて、都会風。例正しく町の髪結ひらしく思はれける〈西鶴・好色一代女・三・三〉❹官許の遊郭。特に、江戸吉原の称。

ちやう【帳】 名❶室内の区切りや目隠しとして垂れ下げる布。とばり。几帳など。例(カグヤ姫ヲ)帳の内よりもいださず〈竹取〉❷「ちやうだい」に同じ。例帳の内に入りたまひぬれば〈源氏・東屋〉❸帳面。帳簿。例我、死にて閻魔王の所に至る。王、帳を曳き(=私は、死んで閻魔王の所に着く。王は、帳面を繰って調べ)〈今昔・一三・六〉読解いわゆる閻魔帳。死者の生前の罪状が記されている。〈藤本勝義〉

ぢやう【定】 名❶きまり。定め。真理。例神明の御はからひの定に相叶ひて…世を治めらるべきにて(=神のお取りはからいの定めに合って…国をお治めになるべきであって)〈愚管抄・七〉❷《仏教語》「ぜんぢやう(禅定)①」に同じ。例定に入りて龍宮(=龍王の宮殿)に行きて〈今昔・一一・一七〉読解「定に入る」は心をしずめて真理を観想する意。❸程度。限度。範囲。分。例この定では、八島の大臣殿の見参にも入りぬと覚え候ふ(=この分では、八島の大臣殿にお目にかかってしまうと思われます)〈平家・一〇・千手前〉❹〜のとおり。例(鬼ドモガ)酒まゐらせ遊ぶありさま、この世の人のする定なり(=酒を差し上げ遊ぶ様子は、この世の人がするとおりである)〈宇治拾遺・三〉❺(接続助詞的に用いて)〜といっても。〜ものの。例さがるといふ定、午未の時には渡らんずらんものを(=遅れるといっても、十二時から午後の二時には通るであろうに)〈宇治拾遺・一三九〉

語誌 ③④の形式名詞としての用法、原義から離れた⑤の逆接の接続助詞的な用法に注意。〈川崎剛志〉

ぢやう【諚】 名 命令。仰せごと。多く「御諚」の形で用いられる。

ぢやう【丈】 ■1名 長さの単位。尺の十倍。長さは時代により変化がある。例一丈掘れる穴あり〈宇津保・俊蔭〉■2接尾 男性の名前につけて、敬意を表す。例これ新兵衛丈〈浄瑠璃・いろは蔵三組盃・七〉

ちやう-あひ【帳合ひ】 名❶金銭や商品の勘定と帳簿とを照合し、計算の正否を確かめること。例ゐさいかまわず帳合ひしてゐれば〈噺本・聞上手〉❷損得の計算。収支決算。例勘定の帳合ひは一厘もちがひなくてこそ〈俳諧・類船集・六〉

長安 《地名》中国の隋・唐などの都。今の陝西省西安市。特に唐代には国際都市として栄え、都城の制は平城京・平安京の手本ともなった。平安京の右京の別称にも用いる。⇩らくやう

ちやう-か【長歌】 名 和歌の歌体の一つ。五・七の句を交互に数回繰り返し、五・七・七で終わる形式を基本とするが、各句の音数が不ぞろいなものもある。句数は七句以上で、制限はない。「長歌」は「短歌」に対する称で「ながうた」ともいう。『万葉集』に二六〇首余りが収められており、柿本人麻呂によって形式的にも文学的にも完成された。後に、短歌形式の反歌を伴う場合が多い。平安時代以降、ほとんど作られなくなり、歌体としては衰退した。

ぢやう-がく【定額】 名 一定の数。定員数。官人や勅願寺の僧の定員。例定額の女孺(=後宮の下級女官)といふ事、延喜式に見えたり〈徒然・一九七〉

ぢやう-ぎ【仗議】 名(「仗」は仗座の意で、「陣の座」に同じ)朝廷の評議。例この二人、仗儀のありけるを立ち聞きて〈愚管抄・四〉

ちやう-ぎやう【張行】 名動(サ変)❶物事を強行すること。例非法非例を張行し〈平家・一・俊寛沙汰鵜川軍〉❷催しを行うこと。興行すること。例一座(=連歌の会)を張行せんと思はば〈連理秘抄〉

ちやう-ぎん【丁銀・挺銀】 名 江戸時代の銀貨の一種。なまこ形の長円形で、「宝」「常是」などの極印がある。一枚一六〇グラム前後で、豆板銀とともに重さを量って用いられた。「なまこ」とも。例丁銀・こま銀替へ、小判を大豆板に替へ、秤にひまなくかけ出し〈西鶴・日本永代蔵・一・三〉

ぢやうぐわん-でん【貞観殿】 名 内裏の後宮七殿の一つ。内裏中央の北端にある。殿内には中宮庁がおかれ、装束関係をつかさどる御匣殿があったことから、その名称でも呼ばれた。⇩口絵

ちやう-けん【長絹】 名❶絹布の一種。直衣・狩衣・直垂などを仕立てるのに用いる。例源三位入道は、長絹の鎧直垂に〈平家・四・橋合戦〉❷①で作った衣服。直垂に似て、垂領(今の着物のような襟)で菊綴じのある衣服とされるが、未詳。

ぢやう-ごふ【定業】 名《仏教語》受けるべき報いが定まっている行為。転じて、宿命・運命。例定業の命にても(=定まっている寿命であっても)、給へ〈落窪・四〉

長恨歌 《作品名》中国の詩。中唐の白居易の作。玄宗皇帝と楊貴妃をモデルとし、一二〇句からなる七言古詩。『源氏物語』をはじめ日本の文学に大きな影響を与えた。

ぢやう-ざい【杖罪】 名 律で、五刑の一つ。笞罪より重く、徒罪・流罪・死罪より軽い。衆人環視の中、太い竹の杖で背と尻を打つもので、その回数は罪の重さにより六十から百まで十回きざみの五段階。金納でこれにかえる規定もあった。

丈草 《人名》一六六二〜一七〇四(寛文二〜元禄一七)。江戸時代の俳人。本姓内藤氏。芭蕉の

門に入り、俳諧集『猿蓑』に跋文を記す。芭蕉没後三年間の心喪に服し、随筆『寝ころび草』を著す。閑雅な身辺詠にすぐれた。

ちゃう-じ【丁子・丁香】 名 ❶植物の名。フトモモ科の常緑高木。熱帯の原産。高さ約一〇メートルで淡紅色の花が群生し、香気を放つ。つぼみを乾燥させて香料・薬剤・染料とし、油を取る。葉・枝・実からも香料を取る。❷「丁子香」の略。例見れば、沈・丁子を、こく煎じていれたり〈宇治拾遺・五〇〉 ❸「丁子色」の略。①で染めた黄色がかった赤色のこと。例丁子に深く染めたる薄物の単衣〈源氏・蜻蛉〉

長秋詠藻 《作品名》平安末期の家集。三巻。藤原俊成作。治承二年(一一七八)成立。歌数は四八〇首。晩年の自撰で、俊成の秀歌はおおむね収められている。書名は俊成が皇太后宮(唐名長秋宮)大夫であったことによる。

ちゃうじ-かう【丁子香】 名 香の名。丁子のつぼみから作る。例栴檀・鶏舌・沈水香・丁子香・安息香、五つの香り交はって〈近松・釈迦如来誕生会・一〉

ちゃうじ-ぞめ【丁子染め】 名 丁子を煮出した汁で染めること。また、それで染めた布や、その色。「香染め」のやや色が濃いもの。例丁子染めの扇のもてならしたまへる(=お持ち慣れになった)移り香などさへ〈源氏・宿木〉

ちゃう-じゃ【長者】 名 ❶氏族の長。一族の長。例罪なき長者を配流せらる〈平家・四・南都牒状〉 ❷金持ち。富豪。例銀五百貫目よりして、これを分限といへり。千貫目のうへを長者といふなり〈西鶴・日本永代蔵・一・二〉 ❸団体・村落・芸能などの長。最高位。例亀山の皇帝の御前にて申楽をせし時、長者になさる〈申楽談儀〉 ❹年長者。すぐれた人格者。目上の人。例同官も肥馬の塵を望み(=同僚もへつらい)、長者も残盃の冷に従ふ〈太平記・一〉 ❺京都の東寺の長。初めは一人だったが、のちに四人となり、「一の長者」「二の長者」などと呼ばれた。例東寺の一の長者、安井の宮の僧正道尊と申ししは〈平家・四・若宮出家〉 ❻宿駅の長。❼(女主人が宿泊人の世話をしたり歌舞・管弦で旅人を慰めたりしたことから)宿駅の女主人。また、遊女の頭。例かの宿の長者熊野(=遊女の名)が娘、侍従がもとにその夜は宿せられけり〈平家・一〇・海道下〉

【長者の万灯より貧者の一灯】 富裕な人がおごった心で行う莫大な寄進より、たとえわずかでも貧しい人が心をこめて献じた物のほうが尊いということ。

ぢゃう-じゃ【定者】 名《仏教語》「ぢゃうざ」とも。大法会の行道のときに、柄香炉を持って先頭に立つ役の僧。例二百余人の請僧(=法会に招き請じられた僧)…定者二人を先として二行に列せり〈今昔・三・九〉

ちゃう-しゅ【町衆】 名「まちしゅ」に同じ。

ちゃう-じゅ【聴衆】 名《仏教語》❶説法を聴聞する人々。例中将も聴衆も、皆随喜の涙を流しけり〈源平盛衰記・三九〉 ❷法華八講などの法会で、講義をする僧を除いた聴聞の僧衆。例聴衆二十人、講師三十人召し集めて〈栄花・疑ひ〉

ちゃ-うす【茶臼】 名 葉茶をひいて抹茶を作るための石臼。例波とともに船の回る事、茶臼を押すよりもなほ速やかなり〈太平記・一八〉

ちゃう・ず【打ず】 動(サ変) 打ち懲らしめる。例ちゃうぜんこといとほしく(=かわいそうに)覚えければ、何事につけてか、これを許さんと思ふに〈宇治拾遺・一二〉

ちゃう・ず【長ず】 動(サ変) ❶成長する。例雛にしては(=雛であるときは)継母に養はれ、長じてはかへりて継母を食す〈今昔・九・二〇〉 ❷年長である。例その中に年長ぜるを先達(=先導者)に作りたて〈太平記・五〉 ❸他にまさる。すぐれている。例道に長じぬる一言、神のごとし〈徒然・一四五〉 ❹好ましからぬことに熱中する。ふける。例勅命をも恐れずこれに長ず〈仮名草子・伊曾保物語・中〉 ❺しだいに程度がひどくなる。例種々のおごり、日々に長じ〈談義本・風流志道軒伝・一〉

ちゃうせい-でん【長生殿】 名 中国の唐代、長安東郊の驪山にあった離宮。玄宗皇帝が華清宮と名を改め、楊貴妃を伴って滞在したといわれる。白居易の『長恨歌』で有名。例長生殿の裏には春秋富めり(=前途が豊かである)〈和漢朗詠集・下・祝〉

ちゃう-せん【庁宣】 名 ❶平安時代、国司が下級官人などに下す公文書。例「国の内にして法花経一万部を読みたてまつらむ」という庁宣を下しつ〈今昔・一七・三三〉 ❷検非違使庁の長官が下す公文書。「別当宣」とも。❸院の庁から下す公文書。

ちゃう-だい【帳台】 名 ❶寝殿造りで、母屋に一段高い床を作り、その四方に帳を垂れ天井を張った居所・寝所。例仏の御同じ帳台の上に飾られたまへり〈源氏・鈴虫〉 ❷「帳台の試み」に同じ。例帳台の夜、行事の蔵人のいときびしうもてなして(=応対して)〈枕・内裏は、五節の頃こそ〉 ❸町家で、主人の居間や寝室。

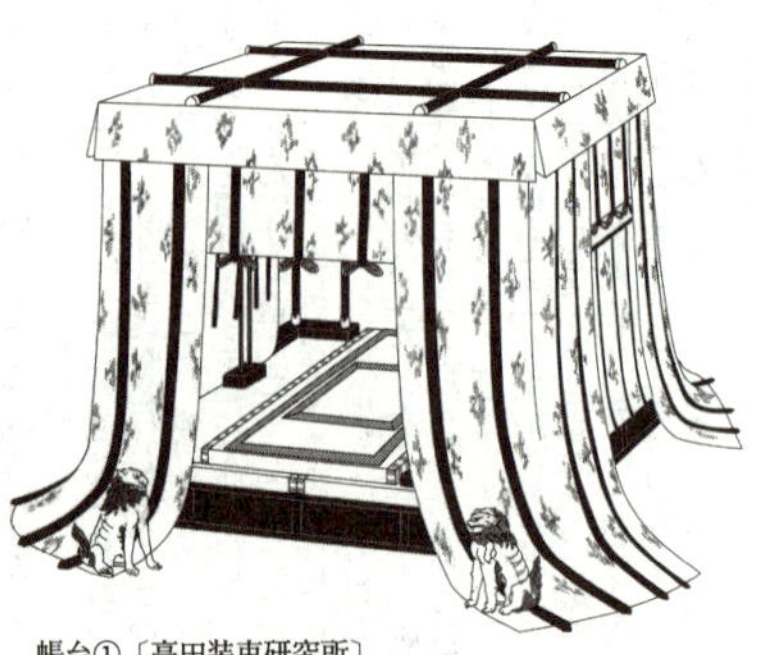

帳台①〔高田装束研究所〕
台の上に畳を敷き、地敷きや茵を置く。四隅に柱を立て、明かり障子を載せ、帳を垂らす。獅子と狛犬を置くのは天皇・皇后が用いる御帳台の例。

ちゃうだい-の-こころみ【帳台の試み】 名

五節の第一日目にあたる陰暦十一月の中の丑の日に、常寧殿に設けられた舞台で舞姫が五節の舞の練習をすること。また、それを天皇が帳台から見ること。例その夜、**帳台の試み**などに夜ふけにしかば〈讃岐内侍日記・下〉

ちゃうちゃう-と【丁丁と】 チヨウチヨウ— 副 「ちゃうちゃうど」とも。音が高く響くさま。例鐘をつくやうに、弦打ちちゃうちゃうどして〈義経記・四〉

ちゃう-ちゃく【打擲】 —チヨウ 名 動(サ変) 打ちたたくこと。例金剛杖を押っ取って(義経ヲ)さんざんに**打擲す**〈謡曲・安宅〉

ちゃう-ちん【提灯・挑灯】 —チヨウ 名 照明具の一種。細い割竹の輪をいくつも重ね、外側に紙を張ったもの。中にろうそくをともして持ち歩く。箱提灯・高張り提灯など、用途によって多くの種類がある。

ちゃう-と【長途】 —チヨウ 名 長い道のり。遠い旅路。例御歩行の**長途**は定めて叶はせたまはじ〈太平記・五〉

ちゃう-ど【丁ど】 —チヨウ 副 〔「ど」は格助詞「と」の変化した形〕❶物と物とが衝突する音を表す。がつんと。はっしと。例貫の木(=かんぬき)**ちゃうど**おろす音〈近松・国性爺合戦・三〉❷動作をすばやく、きちんとするさまや、するどく視線を送るさま。ぴしりと。きりっと。はったと。例入道相国をちゃうどにらまへて(=にらんで)〈平家・五・物怪之沙汰〉

ちゃう-ど【丁度】 —チヨウ 副 過不足がないさま。ぴったり。例(酒ガ)**ちゃうど**ある〈虎寛本狂言・福の神〉

ちゃう-とぢ【帳綴ぢ】 チヨウトジ 名 陰暦一月十一日に、商家でその年に使う新しい帳簿を綴じて祝う行事。「帳祝ひ」とも。例**帳綴ぢ**の酒に前後をわすれ〈西鶴・日本永代蔵・二・四〉

ちゃう-にん【町人】 —チヨウ 名 町に住んでいる人。都市の商工業者。特に、土地や家屋を所有する人をさす。江戸時代の身分制度では士・農と区別された。例**町人**の女房の分として〈西鶴・世間胸算用・一・二〉

ちゃう-にん【停任】 —チヨウ 名 動(サ変) 犯罪や過失などによって、官職を一時やめさせられること。例死罪・流刑・闕官(=免官)・**停任**、常に行はれて〈平家・一・二代后〉

ちゃう-ば【町場・丁場】 —チヨウ 名 《近世語》❶仕事の受け持ち区域。例宿場人足、その**町場**を争はず〈滑稽本・膝栗毛・三上〉❷宿場間の距離。例これから二里半の長**丁場**ぢゃ〈滑稽本・膝栗毛・五上〉❸馬子や駕籠かきなどのたまり場。例(馬ヲ)**丁場**の背戸につないでおいたら〈滑稽本・膝栗毛・二下〉

ちゃう-はい【停廃】 —チヨウ 名 動(サ変) とりやめること。中止。廃止。例御願(=朝廷の願による祈禱)を**停廃し**〈太平記・二〉

ちゃう-はん【丁半】 —チヨウ 名 賽の目の偶数(丁)と奇数(半)。また、二個の賽の目の合計が偶数か奇数かを賭けて勝負する賭博。例**丁半**なんどさまざまの博奕を〈神田本太平記・三三〉

ちゃう-ぶそうし【長奉送使】 —チヨウ 名 斎宮が伊勢に向かうとき、嵯峨の野の宮から伊勢の斎宮御所まで送る勅使。中納言または参議から選ばれた。例**長奉送使**など、さらぬ上達部も〈源氏・賢木〉

ちゃう-ぼん【張本】 —チヨウ 名 ❶のちのための素地や根拠になる事柄。例今日の善根をもって、まさに来世の**張本**とせんとす〈本朝文粋・一三〉❷悪事を企てた首謀者。張本人。例両僧都、蜂起の**張本**なりとて〈著聞集・一・八〉

ちゃうぼん-にん【張本人】 チヨウボン—— 名 「ちゃうぼん②」に同じ。例(他力本願ノ浄土宗ノ人タチカラ見レバ)自力の**張本人**たるべく候ふ〈俳諧・おらが春〉

ちゃう-まつ【長松】 —チヨウ 名 江戸時代、商家の子どもや丁稚の通称。例**長松**が親の名で来る御慶(=年始の挨拶)かな〈俳諧・炭俵・上〉

ぢゃう-みゃう【定命】 ジヨウミヨウ 名 《仏教語》一定の年限が定まっている人間の寿命。例人間の寿命をかぞふれば、今の時の**定命**は五十六歳なり〈御文〉

ちゃう-もん【聴聞】 —チヨウ 名 動(サ変) ❶《仏教語》説法・法話をきくこと。例講師も…いかで語り伝ふばかりと説き出でたなり。**聴聞す**などたふれさわぎ(=大騒ぎして)〈枕・説教の講師は〉❷話をきくこと。例夕霧(=人名)にいふことあり。それにて**聴聞**いたされよ〈近松・夕霧阿波鳴渡・中〉

ぢゃう-もん【定紋】 —ジヨウ 名 家々で代々定まっている紋所。例死出の山路は暗けれども**定紋**の提灯もあらず〈浮世草子・好色万金丹・一・三〉

ぢゃう-や【長夜】 —ジヨウ 名 ❶《仏教語》「ちゃうや」とも。悟りを得ず、長く煩悩に迷い続けるのを、長く続く夜にたとえていう語。例そのほど**長夜**の暗きをば 法華経のみこそ照らいたまへ〈梁塵秘抄・法文歌〉❷長い夜。

【長夜の闇】 《仏教語》長く煩悩に迷い続けて、いつまでも悟りを得られずにいること。長い夜の闇にたとえていう。「長き夜の闇」とも。例女人のあしき身を受け、**長夜の闇**にまどふは〈源氏・夕霧〉

ちゃう-らい【頂礼】 —チヨウ 名 動(サ変) 《仏教語》「頂戴礼拝」の略。仏・尊者などに対する最敬礼。その足もとにひれ伏し、頭を地につけて拝する。例二つの猿、掌を合はせて僧を**頂礼しけり**〈著聞集・二〇・六八〇〉

ちゃう-らう【長老】 チヨウロウ 名 《仏教語》❶学徳にすぐれた年長の僧。❷特に禅宗で、一寺の住職または先輩の僧を呼ぶ語。例**長老**巡り行いて、睡眠する僧をば、あるいは拳をもって打ち〈随聞記・三〉

ちゃう-り【長吏】 —チヨウ 名 ❶地方官吏の長。例京師(=京都)の**長吏**、これがために目を側む〈平家・一・禿髪〉❷《仏教語》園城寺・勧修寺や延暦寺の横川の楞厳院などの寺務を総括する僧。例寺(=園城寺)の**長吏**円慶法親王も、御所に参り籠らせたまひたりけるが〈平家・八・鼓判官〉

ちゃう-れんが【長連歌】 —チヨウ 名 長句(五・七・五)と短句(七・七)を、交互に三句以上詠み続けた連歌。類義くさりれんが

ぢゃう-ろく【丈六】 —ジヨウ 名 ❶一丈六尺(約四・八五メートル)。仏がこの世に現れるときの身長といい、仏像の標準的な大きさにもされる。例釈迦如来、紫磨黄金の光を放ち、虚空より飛び来りたまひて〈今昔・六・一〉❷「丈六の仏」の略。例仏を見たてまつれば、**丈六**の弥陀如来〈栄花・玉の台〉

ぢゃうろく-の-ほとけ【丈六の仏】― 立つと身長が一丈六尺(約四・八五メートル)となる仏像。多くは座高が八尺(約二・四メートル)ほどの座像。例**丈六の仏**の、いまだ荒造りにおはするが〈更級〉

ちゃ-か・す 動(サ四)《近世語》❶ごまかす。ちょろまかす。例十貫目といふ敷き銀をあの女めに**ちやかさりょか**〈近松・ひぢりめん卯月紅葉・上〉❷はぐらかす。ばかにする。

ちゃく-し【嫡子】名 正妻の子で、家督を相続する男子。跡取り。例入道相国の**嫡子**・次男、左右の大将にてあり〈平家・二・徳大寺之沙汰〉

ちゃく・す【着す・著す】動(サ変)❶着く。到着する。届く。例天童十人出現して、舟をになひて(=担いで)岸に**着しけり**〈著聞集・二・四九〉❷着る。着用する。例一人の人、青衣を**着し**〈今昔・七・九〉

ぢゃく・す【着す・著す】動(サ変) 執着する。執心する。例その愛欲に**着して**仏法をも信ぜず〈今昔・一・八〉

ちゃく-そん【嫡孫】名 嫡子の嫡子。一族の後継者となる孫。例やがて三男知盛、**嫡孫**維盛もあるぞかし〈平家・二・徳大寺之沙汰〉読解 平家の話。清盛の嫡子は長男の重盛で、維盛はその子。

ちゃく-たい【着帯・著帯】名 妊娠して五か月目に腹帯(岩田帯)を締めること。また、その儀式。例六月一日、中宮御**着帯**ありけり〈平家・三・赦文〉

ちゃく-たう【着到・著到】― 名❶役所の出勤簿。その日出勤した役人の姓名を記入する。例弁、**着到**をとりよせて〈著聞集・一六・五三〇〉❷出陣のとき、参集した武将の名を記した文書。着到状。例正月八日より、日々に**着到**を付けられけり〈太平記・二九〉❸「着到和歌」の略。数人の歌人が、百日間、一日ごとに題を変えて歌を詠むこと。また、その歌。

ちゃく-ちゃく【嫡嫡】名❶嫡子から嫡子へと家系を伝えること。正統の血筋。嫡流。例重仁親王**嫡嫡**正統なり〈保元・上〉❷正真正銘。生粋。ちゃきちゃき。例一銭持たねど、侍の**ちゃくちゃく**〈近松・薩摩歌・下〉

ちゃく-ぢん【着陣】― 名動(サ変)❶公卿が宮廷の「陣の座」につくこと。例近衛殿**着陣し**たまひける時、軾(=敷物の名)を忘れて〈徒然・一〇二〉❷武士が戦の陣営に到着すること。

ちゃく-と 副 すぐに。すばやく。例旅人も**ちゃくと**身構へし〈浄瑠璃・仮名手本忠臣蔵・五〉

ちゃく-なん【嫡男】名「ちゃくし」に同じ。

ちゃ-しゃく【茶杓】名「さしゃく」とも。茶道具の名。抹茶をすくう小さなさじ。竹や象牙で作り、珠光型・利休型などの形がある。例**茶杓**をけづりては相応に名づけ〈黄表紙・高漫斉行脚日記・上〉

ちゃ-じん【茶人】名❶茶の湯を好む人。茶道に通じた人。例さすが**茶人**の妻、物好き(=趣味)もよく〈近松・鑓の権三重帷子・上〉❷変わったことを好む人。物好き。例おらが若旦那にほれるとは…とんだ**茶人**だ〈黄表紙・江戸生艶気樺焼・上〉

ちゃ-せん【茶筅・茶筌】名❶茶道具の名。抹茶をたてるときに、かき回して泡立てるもの。長さ一〇センチぐらいの竹筒の半分以上を細く割って内側に曲げてある。例常は杖のさきに**茶筌**をさし〈俳諧・風俗文選・鉢叩辞〉❷「茶筅髪」の略。近世の髪型の一つで、髪を元結いや紐で結んで先を茶筅のようにする。例髪を**茶筅**にほどき、帯を仕直し〈西鶴・好色一代女・一・四〉

ちゃ-ちゃ【茶茶】名《近世語》❶茶。上方で女性が用いる。例なぜ、熱い**茶々**あげんぞい(=差し上げないのだ)〈滑稽本・膝栗毛・七上〉❷妨害。言いがかり。「ちゃちゃを入る」「ちゃちゃを付く」の形で用いる。例横合ひから敵討ちの**ちゃちゃ**入れる者があると〈歌舞伎・幼稚子敵討・六〉

ちゃっ-と 副❶さっと。すばやく。例**ちゃっと**換へて来い〈狂言記・富士松〉❷ほんのちょっと。簡単に。例まあこれ**ちゃっと**拝まっしゃれ〈浄瑠璃・夏祭浪花鑑・四〉

ちゃ-にする【茶にする】⇨「ちゃ」の子項目

ちゃ-の-こ【茶の子】1名❶茶を飲むときに添える菓子や果物。例**茶の子**など出だしてすすめらる〈竹むきが記〉❷仏事の供え物や配り物。例本の母御の十三年忌、**茶の子**一つ配ることか〈近松・薩摩歌・中〉2名形動(口語) 容易にできること。たやすいこと。例これほどの喧嘩は、お茶このお茶この**茶の子**ぞや〈近松・傾城反魂香・中〉

ちゃ-のみ【茶飲み】名❶茶を多量に飲むこと。また、その人。転じて、何かといえば茶を飲むことから、老人。例あのお婆は…いかい(=たいした)**茶飲み**ぢゃがの〈近松・冥途の飛脚・下〉❷茶道のたしなみがある人。茶の宗匠。茶人。例**茶飲み**・連歌師を集めて〈太平記・三〇〉

ちゃ-の-ゆ【茶の湯】名❶作法にしたがって抹茶や煎茶をたてること。例**茶の湯**などと申す物はつっと(=ひどく)むつかしいもので〈虎寛本狂言・飛越〉❷「ちゃのゑ」に同じ。例明日はおのおのを、お**茶の湯**に呼びまらするほどに〈狂言・清水〉❸茶をたてるために沸かす湯。

ちゃ-の-ゑ【茶の会】― 名 客を招いての茶会。抹茶を立て、会席料理をふるまう。例**茶の会**・酒宴にそこばくの(=多くの)費えを入れ〈太平記・二四〉

ちゃ-ばうず【茶坊主】― 名 武家に仕えて茶事をつかさどる役の人。頭を剃って僧衣姿だったことからの称。主人のそばで雑事も務めた。例宗可と今は言ふ茶坊主、まだ俗の時に〈胆大小心録〉

ちゃ-ばん【茶番】名 客に出すための、茶の用意や給仕をする役。また、その人。

ちゃ-ぶね【茶船】名❶運送用の川船。十石積み。例上荷・**茶船**、かぎりもなく川波に浮かびしは、秋の柳にことならず〈西鶴・日本永代蔵・一・三〉❷舟に飲食物を売る川船。例夜船に**茶船**とうふとうふ〈さいこく船〉❸川遊びに用いる小舟。

ちゃ-や【茶屋】名❶茶の葉を売る店。葉茶屋。葉所。❷街道筋・寺社の境内などで旅人や客を休息させ、茶を飲ませる店。茶店。水茶屋。例**茶屋**のない事はあるまいほどに〈狂言・薩摩守〉❸遊里で、客が遊女を招いて遊ぶ所。揚げ屋より格下。例揚げ屋の町は思ひもよらず、**茶屋**にとひ寄り〈西鶴・日本永代蔵・一・三〉❹遊里外で、遊女や芸者と遊興させる家。色茶屋。遊山茶屋。例かかり（＝関係）のない茶屋に行きて〈西鶴・世間胸算用・二・三〉❺江戸後期、吉原で客を遊女屋に案内することを業とする家。引き手茶屋。例とある茶屋をたのみて、三浦屋の怪野といふ女郎をあげて〈黄表紙・心学早染草・中〉❻「茶屋女」の略。色茶屋などで、客の酌や給仕をする女性。売春することもあった。例茶屋にもあらず傾城（＝遊女）にでもなし〈西鶴・好色一代男・四・五〉❼芝居小屋などで、見物客の案内や食事の世話をする店。芝居茶屋。例芝居の内より茶屋の門々、それぞれのひいきの定紋付けたる挑灯（＝提灯）は〈談義本・根南志具佐・三〉

ちゃら-くら 名『近世語』口からのでまかせ。また、それを言うこと・言う人。例あのお方は大の**ちゃらくら**ぢゃよって油断はならぬぞ〈洒落本・南遊記・三〉

ちゃり 名『近世語』❶滑稽な文句や動作。例愛想にやるのぢゃによって、**ちゃり**な奴がよいぢゃわい〈歌舞伎・けいせい廓源氏・四〉❷浄瑠璃や歌舞伎で、滑稽な段・場面。また、滑稽な語り方・演技。

ちゃるめら【哨吶】 名〔ポルトガル語から〕管楽器の名。管は木製で、銅製の先端がラッパ状に開いている。十六世紀にポルトガルやスペインから日本に渡来した。例らっぱ・**ちゃるめら**、よろづのものの音までもゆたかに〈西鶴・諸艶大鑑・八・三〉

ちゃん【銭】 名『近世語』〔「銭」の唐音「ちぇん」の変化した形か〕金銭の別称。例**ちゃん**が一文もなくて〈西鶴・日本永代蔵・五・五〉

チュウ【宙】 ⇩ちう

ちゅう【中】 名❶内部。内側。❷大小・優劣などの程度が中くらい。❸思想や行動が偏らないこと。中庸。例われ聞く、**中**とは堯舜以来相伝ふるの心法〈童子問・中〉読解「堯舜」は古代中国の伝説的な聖王堯と舜の二人。❹中間。中途。例かの君を**中**にて奪ひ取りまうさん〈仮名草子・恨の介・下〉❺「ちう」に同じ。❻間に立って仲立ちや調整をすること。また、それによって利益を得ること。また、その人。例私が**中**でも取ったかと毎日毎夜の使ひ立て（＝使いを送ること）〈近松・心中二枚絵草子・中〉

ちゅう【誅】 名罪を犯したものを死刑にすること。⇩ちゅうす。例君の寵をも頼むべからず。**誅**を受くる事速やかなり〈徒然・一一一〉

ちゅう【忠】 名形動（ナリ）❶真心を尽くすこと。忠実。例兄のため**忠**あるよしにて〈曾我・一〉❷臣下として主君に真心を尽くして仕えること。忠義。例奉公の**忠**を致さんとすれば〈平家・二・烽火之沙汰〉

ぢゅう【柱】 名⇩ぢう

ぢゅう【重】 1名❶段階。程度。例同じ上手なりとも、そのうちにて**重々**あるべし〈風姿花伝・三〉❷重箱。例さる方より**重**の内（＝重箱に入れた食べ物）を貰うてござる〈虎寛本狂言・栗焼〉2接尾 重なったものを数える。かさね。例〈大地震デ〉九**重**の塔も上へ六**重**ふり落とす〈平家・一二・大地震〉

ちゅう-いん【中陰】 名『仏教語』「ちゅうう」に同じ。例**中陰**のほど、山里などにうつろひて…後のわざども（＝死者の追福のためのいろいろな仏事を）営みあへる〈徒然・三〇〉

ちゅう-う【中有】 名『仏教語』人が死んで次の生を受けるまでの、霊魂がさまよっている期間。四十九日間とされる。中陰。例**中有**といひて生いまだ定まらぬほどは〈今昔・三一・二八〉

ちゅう-ぎ【中儀】 名朝廷の儀式で、小儀よりも重く、大儀より軽いもの。元日・白馬・端午・豊の明かりの節会など。例伊勢大神宮より宝剣をまゐらせらるべしとて、**中儀**の節会を行はれ候ふなり〈太平記・二五〉

ちゅう-きん【忠勤】 名主君・主家のために忠義を尽くして働き励むこと。例君の御ためには、いよいよ奉公の**忠勤**をつくし〈平家・二・教訓状〉

ちゅう-ぐう【中宮】 名❶皇居。内裏。例天皇**中宮**に御しまして（＝いらっしゃって）〈続紀・神亀五年一月〉❷令制で、太皇太后・皇太后・皇后の総称。奈良時代から平安前期にかけては、特に皇太夫人（天皇の母）の別称。❸皇后の別称。例九条殿女御、后に立たせたまふ。藤原安子と申して、今は**中宮**と聞こえさす（＝九条殿の女御が、后の位にお就きになる。藤原安子と申し上げて、今は中宮と申し上げる）〈栄花・月の宴〉❹平安中期以降、皇后と並ぶ天皇の后の称。例三月に、藤壺后に立たせたまふべき宣旨下りぬ。**中宮**と聞こえさす（＝三月に、藤壺女御が后の位にお就きになる宣旨が下りた。中宮と申し上げる。これまでお仕え申し上げなさった方は皇后宮と申し上げる）〈栄花・輝く藤壺〉❺中宮の御所。②～④の人の御所。例内に参るは少なうて、東宮・**中宮**…にぞ、皆分かれ分かれ参りける（＝内裏に参上する人は少なくて、東宮の御所や中宮の御所…に、皆分かれ分かれに参上した）〈栄花・岩蔭〉

語誌 ④は一条天皇の時代に藤原道長の娘彰子が中宮となったのが始まり。一条天皇の后としてはすでに定子がいたが、皇后の別称であった中宮を分離して、定子を皇后、彰子を中宮とすることで、初めて一人の天皇に二人の后が立つことになった。彰子の父藤原道長の意向が大きく働いたもの。例はそのときの話の一節である。⇩きさき（后）

（池田尚隆）

ちゅうぐう-しき【中宮職】 名令制で、中務省に属する役所。中宮に関する事務をつかさどる。

中宮定子《人名》⇩藤原定子

ぢゅう-くわ【重科】 名重い罪。重罪。例遠流の**重科**をかうぶれば〈平家・二・一行阿闍梨之沙汰〉

ちゅう-げん【中間】 1名❶（時間的・空間的に）間にあること。途中。例二月涅槃会より聖霊会までの**中間**を指南とす〈徒然・二二〇〉❷公家・武家・寺などに仕える奉公人。例和田が**中間**走り寄って〈太平記・二六〉2名形動（ナリ）中途半端。例**中間**にあやしの食ひものやと〈枕・里にまかでたるに〉

ちゅうげん-をとこ【中間男・仲間男】 名武家や公家などで雑役にあたる人。武家では侍の下、小者の下人の上に位置する。中間。例中太の冠

者といふ年ごろの**中間男**に〈著聞集・一六・五三五〉

ちゅう-こく【中刻】 名 一刻を上中下に三分した、その中間の時刻。

ちゅう-ごく【中国】 名 ❶令制で、諸国を大国・上国・中国・下国の四つに分けたときの第三位の格式の国。延喜式では安房・佐渡・能登・若狭・丹後・石見・長門・土佐・日向・大隅・薩摩の十一か国。❷令制で、都からの距離によって諸国を近国・中国・遠国に分けたときの中位の国。延喜式では遠江・駿河・伊豆・甲斐・飛驒・信濃・越中・越前・加賀・能登・伯耆・出雲・備中・備後・阿波・讃岐の十六か国。❸山陽道のこと。のちは山陰道も含める。例四国西国の軍兵を一つになし、**中国**畿内の者どもを召して〈義経記・六〉❹中ぐらいの国力の国。例十六の大国、五百の**中国**、無量の粟散国(=小国)までの代々の帝の〈義経記・五〉

ちゅうごく-たんだい【中国探題】 名 鎌倉・室町時代、幕府の官職の一つ。山陽道・山陰道を管轄し、九州探題をたすけて外敵にあたる。蒙古の襲来に備えて重視されるようになった長門国(山口県西北部)守護が発展したもので、長門探題とも。

ぢゅう-さん【重三】 名「ちょうさん」とも。❶陰暦三月三日。また、その節句。⇩じゃうし(上巳)。❷双六で、二個の賽の目が三でそろうこと。「朱三」とも。例皇帝**重三**の目が御用にて〈平治・上〉

ちゅう-しう【中秋・仲秋】 名 ❶(秋三か月の中の月の意)陰暦八月の別称。例虎魄葉(=琥珀で作った葉)は**仲秋黄葉**のごとし〈栄花・音楽〉❷陰暦八月十五日。例**仲秋**月を翫ぶ(=観賞する)遊び 家の忌みを避けて長く廃せり〈菅家文草・二〉

ちゅう-しゃう【中生】 名『仏教語』極楽浄土の九品(九つの段階)のうち、上品・中品・下品のそれぞれの中位。⇩くほん

ちゅう-じゃう【中将】 名 令制で、近衛府の次官。同じ次官の少将よりも上位。左右に分かれ、正と権とがある。従四位相当の官で、当初の定員は左右各一人。のちしだいに増員された。「次将」とも書く。例内裏より、「少将・**中将**、これかれ、さぶらへ」とて(=宮中から、「少将や中将など、だれそれ、お供をせよ」と言って)〈大和・二〉

語誌 ▼**若きエリートの出世コース** 近衛府は天皇側近の武官。特に摂関政治の時期には、権門の子弟にとって少将・中将を経ることが典型的な出世コースとなった。中でも注目されるのが、頭中将・宰相中将・三位中将である。

頭中将は蔵人頭を兼ねる職。『源氏物語』では光源氏の好敵手の左大臣家の嫡男が代表的で、この人物は三位中将・宰相中将などを経て、最終的には太政大臣となる。宰相中将は参議(宰相)を兼ねる職。参議は国政に加わる重職。『源氏物語』では光源氏の嫡男夕霧は十六歳のときにはその地位にあった。三位中将は、北畠親房の有職故実書『職原抄』(室町初期の成立)には、大臣の子・孫でなければなれないとある。『枕草子』では中宮定子の父道隆が「三位の中将」と呼ばれた時期がある。彼はその後参議を経ずに権中納言に任じられ、間もなく父兼家の跡をうけて関白職につく。摂関家の嫡男ならではの異例の昇進ぶりである。

▼**恋物語の主人公** 中将は恋物語の男主人公としても登場する。光源氏の恋の多くは十代の中将時代のものであり、ほかの物語でも男主人公は中将・少将が多い。これは権門の子弟がつく官という現実の反映でもあり、武官として行幸や祭礼に仕える凛々しく華やかな姿が衆目を集めたことなどにもよるのだろう。

さらに文学的伝統としては、『伊勢物語』の主人公が在五中将とみなされたことの影響が大きい。在五中将とは在原氏の五男で中将だった人の意で、在原業平のこと。恋の話がほとんどの『伊勢物語』の主人公と重ね合わされることによって、中将は恋物語の男主人公の代名詞ともなったのである。〈藤本宗利〉

ちゅう-しょ【中書】 名 中務省の唐名。

ちゅうしょ-わう【中書王】 名 中務卿に任じられた親王の称。平安時代の兼明親王・具平親王が有名で、前中書王・後中書王と並称された。例**前中書王**・九条太政大臣・花園左大臣、みな御族絶えん事を願ひたまへり〈徒然・六〉

ちゅう-しん【注進】 名 動(サ変) 事変の状況を書き記して急いで上申すること。事件を急いで報告すること。例平氏調伏のよし**注進**したりけるぞ恐ろしき〈平家・六・横田河原合戦〉

ちゅう-す【誅す】 動(サ変) 罪のある者を殺す。成敗する。例ここは故左馬頭義朝が**誅せ**られし所なれば〈平家・二・大臣殿被斬〉

ぢゅう-す【住す】 動(サ変) ❶住む。例将門、常陸・下総の国に**住し**て〈今昔・二五・一〉❷停滞する。例能も、**住する**所なきを、まづ花と知るべし〈風姿花伝・七〉❸定める。落ち着く。例源氏合力(=源氏に味方すること)の心に**住す**べきよし〈平家・七・返牒〉

ぢゅう-そう【住僧】 名 その寺に住んでいる僧。住侶。例**住僧**には、やむごとなき智者、あるいは持経者・真言師どもなり〈大鏡・実頼〉

ちゅう-そん【中尊】 名『仏教語』中央の尊像。左右に脇士を従えた中央の像。また、曼陀羅の中央に位置する仏。例阿弥陀堂の**中尊**の御前につい居させたまひて〈大鏡・道長上〉

中尊寺 名 陸奥国、今の岩手県西磐井郡平泉町の寺。天台宗。長治二年(一一〇五)藤原清衡が建立したのが始まり。以後三代にわたり造営は続くが、奥州藤原氏の滅亡とともに衰え、南北朝期に焼失、のち伊達氏により再建される。金色堂が有名。

ぢゅう-だい【重代】 名 ❶代を重ねること。代々。例かの公長は、平家**重代**の家人に〈平家・一一・大臣殿被斬〉❷先祖代々伝わること。また、その物。伝来の宝物。例これは**重代**なれども、そち(=おまえ)に取らするぞ〈虎寛本狂言・二千石〉

ちゅう-たう【偸盗】 名 ❶『仏経語』盗み。五悪・十悪の一つ。例殺生・**偸盗**・邪婬は身において作る罪なり〈謡曲・東岸居士〉❷(①から転じて)盗賊。例ある所に**偸盗**入りたりけり〈著聞集・一二・四四〇〉

ちゅう-だう【中堂】 名 (中心の建物の意)寺で、

本尊を安置する堂。本堂。特に、比叡山延暦寺の根本中堂をさす。例**中堂**に参りて、終夜法花経を誦じして〈今昔・一三・三〇〉

ぢゅう-ぢ【住持】 名動(サ変)《仏教語》〔世に安住して仏法を保持する意〕❶寺を管理すること。また、その僧。例その寺に一人の**住持**の僧あり〈今昔・一三・一八〉❷保持すること。例仏法を**住持し**、王法を祈誓し、衆生を利益せん〈源平盛衰記・一八〉

ちゅう-どうじ【中童子】 名 寺で、法会に旗をささげ持ったり、高僧の外出の供をするなどの雑役に奉仕する十二、三歳ぐらいの童形の少年。例鮮やかなる**中童子**・大童子〈義経記・六〉

ちゅう-なごん【中納言】 名 太政官の次官。令外の官で、同じ次官である大納言の下位。従三位相当。職掌は大納言とほぼ同じ。

ちゅう-にち【中日】 名《仏教語》彼岸七日間の真ん中の日。期間中最も大切で、法要や参拝の中心となる日。彼岸の中日。春分・秋分の日。

ちゅう-ばつ【誅罰】 名動(サ変) 罪を犯した人を討つこと。成敗。例朝敵の謀臣を**誅罰して**〈平家・一〇・請文〉

ぢゅう-ぶく【重服】 名 重い喪。特に、父母の死に対する喪。例父景賢失せにければ、景基**重服**にて侍りけるに〈著聞集・一五・四九九〉

ちゅう-ぶん【中分】 名❶両者の中間をとること。半分に分けること。転じて、平等。同等。例今日よりのちは天下を**中分**して〈太平記・二八〉❷中流。中位。例**中分**より下の渡世(=世渡り)をするものなり〈西鶴・世間胸算用・五・二〉

ちゅう-べん【中弁】 名 令制で、太政官の官名の一つ。庶務や諸官庁間の連絡をつかさどる弁官の中で、大弁の下、少弁の上にあたる。左右ある。

ちゅう-ぼん【中品】 名《仏教語》❶極楽浄土の九品(九つの段階)のうち、中位三つの総称。中品上生・中品中生・中品下生。⇩くほん。例**中品**の三生には〈往生要集・大文十〉❷(①から転じて)中等。中位。

ちゅう-もん【中門】 名❶寝殿造りで、表門と寝殿の間にある門。東西の長廊下の中ほどを切り通して作り、屋根はあるが、車の通行ができるように、冠木などはない。例御車寄せたる**中門**の、いといたうゆがみよろぼひて〈源氏・末摘花〉❷寺社で、楼門と拝殿の間にある門。例上の御堂の隔ての**中門**までぞ焼けたりけれど〈栄花・後くいの大将〉

ちゅう-もん【注文・註文】 名❶文書。書きつけ。注進状。例聞き書きの**注文**に仔細を載せられたり〈源平盛衰記・二七〉❷物などをあつらえるときの要望・条件。また、その書きつけ。例器量は望まぬといふ**注文**にて〈黄表紙・江戸生艶気樺焼・中〉

ちゅうもん-の-らう【中門の廊】 名 寝殿造りで、東西の対の屋から南の釣殿へ続く長廊下。中ほどに中門が設けられていることからいう。例入道みづから**中門の廊**へ出でられたり〈平家・二・西光被斬〉

ちゅう-や【中夜】 名《仏教語》六時の一つ。夜を三分したその真ん中の時間。今の午後九時ごろから午前三時ごろまで。夜半。例夜更けて**中夜**に至るほど洲鶴眠りて春の水〈梁塵秘抄・法文歌〉

中庸 《作品名》中国の儒教の経書。一巻。孔子の孫の子思の著ともいうが未詳。成立も未詳。本来は五経の一つ『礼記』中の一編。四書の一つとして、特に朱子学で重視された。過不及のない中庸の道とともに誠の哲学を説く。

ちゅう-らふ【中臈】 名❶《仏教語》出家後の修行の多少によって上・中・下に分けたときの中位。また、その僧。❷官位の中位の人。❸後宮などの女官を上臈・中臈・下臈に分けたときの中位の女官。中臈女房。例かたちよき名とりたる(=顔立ちが美しいと評判の)、所どころの**中臈**の人々なり〈栄花・布引の滝〉❹江戸時代、幕府の大奥または大名家の女中の一つ。上臈・年寄りの下位。

ぢゅう-りょ【住侶】 名 その寺に住んでいる僧。住僧。例今は**住侶**なきさまに荒れはてて〈平家・二・山門滅亡〉

ちゅう-る【中流】 名 流罪の一つ。遠流より軽く、近流より重い。延喜式によれば、信濃(長野県)・伊予(愛媛県)などの諸国への流罪。

ち-よ【千代・千世】 名 千年。また、非常に長い年月。例我が御門**千代**とことばに(=永久に)栄えむと〈万葉・二〇・四二七三〉

ち-よ【千夜】 名 千の夜。また、数多くの夜。例**千夜**を過ぐさむ心地したまふ〈源氏・夕顔〉

千代 《人名》一七〇三〜一七七五(元禄一六〜安永四)。江戸時代の女性俳人。加賀(石川県)松任の人。「千代女」「千代尼」とも。支考に名人と称され全国に名を知られた。繊細な感覚の句が多く、句集『千代尼句集』がある。

チョウ〖丁・庁・打・町・長・停・挺・帳・張・頂・提・聴〗⇩ちゃう

チョウ〖鳥・朝・銚・調〗⇩てう

チョウ〖牒・蝶〗⇩てふ

ちょう【寵】 名動(サ変) 特別にかわいがること。寵愛。例これもまた**寵**ありて、千手(=少年の名)が綺羅(=威光)少し劣りにければ〈著聞集・八・三二三〉

ちょうず〖調ず〗⇩てうず

ちょう・ず【懲ず】 動(サ変) こらしめる。こりごりさせる。⇩てうず。例これが事につけて、我が妻を**懲ぜしぞかし**(=こらしめたのであるよ)〈落窪・二〉

ちょう-そ【重祚】 名〔「祚」は位の意〕退位した天皇が再び位に就くこと。例皇極の**重祚**を斉明と号し〈神皇正統記・上〉

ちょう-でふ【重畳】 1名動(サ変) 幾重にも重なること。例富貴の家には禄位**重畳せり**〈平家・二・烽火之沙汰〉2名形動(タリ)❶幾重にも重なるさま。例外郭**重畳たる**大極殿〈古活字本平治・上〉❷満足すること。結構なこと。感動詞的にも用いる。例それは**重畳**。何人のお世話で〈浄瑠璃・仮名手本忠臣蔵・七〉

ちょうど〖調度〗⇩てうど

ちょう-ほう【重宝】 1名「ぢゅうほう」とも。大切な宝。貴重な宝。例種々の**重宝**どもの中に、方一尺の箱あり〈平家・二・座主流〉2名動(サ変) 大切にすること。珍重すること。例義綱これを重宝せよ〈歌舞伎・景政雷問答・一〉❸名形動(ナリ) 珍重に値すること。便利なこと。「調法」とも書く。例この新注釈といふものが万葉には重宝なり〈正徹物語・上〉読解『万葉集』の注釈書についての一節。

ちょう-やう【重陽】 名 五節句の一つ。陰暦九月九日。語源は、陰陽思想で陽を意味する奇数の一桁の最大数である「九」が二つ重なることからとされる。菊の節句。「重九」とも。例ころは長月(=九月)、時は重陽、所は山路〈謡曲・俊寛〉

語誌▼**菊と不老不死** 古代中国では、この日に高い丘に登って菊の酒を飲むと邪気を払うとされた。これが日本に取り入れられ、平安時代には宮廷の年中行事となった。宮中では重陽の宴の節会が行われ、詩を作ったり、臣下に菊酒を与えたりする。

『枕草子』や『紫式部日記』には、九月九日に菊の花にかぶせて香りを移した綿で体をぬぐえば、老いをまぬかれるという風習が書かれている。和歌にも多く詠まれた。ただし、他の五節句と比べると、民間・庶民にはあまり浸透しなかったとされる。〈島内景二〉

ちょうやう-の-えん【重陽の宴】 名 陰暦九月九日に行われる観菊の宴。「菊の宴」とも。例曲水・重陽の宴も絶えはて、白馬・踏歌の節会も行はれず〈太平記・二一〉

ぢょ-がく【女楽】 名 女性が奏する舞楽。特に、宮中の内教坊の舞姫の楽。また、それを演じる女性。例女楽を舞台になさしめ、内教坊の踏歌を庭に奏らしむ〈続紀・天平宝字三年一月〉

ちょく【勅・敕】 名 天皇の言葉。天皇の命令。詔。例勅なればいともかしこし鶯の宿はと問はばいかが答へむ〈拾遺・雑下〉➡名歌227

ぢょく-あく【濁悪】 名《仏教語》人間の欲望による穢れや悪に満ちていること。この世におけるありとあらゆる穢れと悪。例濁悪の末世といひながら、不思議なる事どもなり〈太平記・三三〉

ちょく-かん【勅勘】 名 天皇から受けるとがめ。勅命によって処罰されること。例あへて(=まったく)勅勘なかりけり〈平家・六・紅葉〉

ちょく-ぐゎん【勅願】 名 天皇の祈願。勅命による祈願。

ちょくぐゎん-じ【勅願寺】 名 勅願によって建立された寺。「御願寺」とも。例(天龍寺ハ)総じては公家の勅願寺〈太平記・二四〉

ちょく-し【勅使】 名 天皇の命令を伝えるために派遣される使者。例勅使来て、その宣命(=天皇の命令書)読むなん、悲しきことなりける〈源氏・桐壺〉

ぢょく-せ【濁世】 名《仏教語》「五濁悪世」の略。例濁世の行者(=修行者)は、みづから徳をかくし〈発心集・八・一〉

ちょく-せん【勅宣】 名 勅命の宣旨。天皇の仰せ言。例おほやけの勅宣うけたまはりて〈大鏡・忠平〉

ちょく-せん【勅撰】 名 天皇・上皇が詩歌・文章を撰び一巻の書物とすること。また、天皇・上皇の命令によって臣下が撰集すること。例かくて、元応二年四月十九日、勅撰は奏せられけり。続千載といふなり〈増鏡・秋のみ山〉

ちょく-だい【勅題】 名 詩歌などの会で、天皇が出した題。例鳥羽院より春は青花の中に生ずといふ勅題を賜はって〈古活字本平治・上〉

ちょく-たふ【勅答】 名動(サ変) ❶天皇が臣下の問いに答えること。例「御剣璽の箱は候ふやらん」とたづねまゐらせければ、「みづから持ちたるぞ」と勅答ありけり〈著聞集・三・八三〉❷(①が誤用されて)天皇の問いに対して臣下が答えること。例つひに勅答をだに申さず〈古活字本平治・上〉

ちょく-ぢゃう【勅諚・勅定】 名 天皇が定めたこと。勅命。例勅定なれば召しに応じて参内す(=内裏に参上する)〈平家・四・鵼〉

ちょく-もん【勅問】 名 天皇からの質問。例「いかがあるべき」と勅問ありけるに〈徒然・二〇七〉

ちょく-ろ【直廬】 名 宮中の、皇族・摂政・関白・大臣などの休息所。例御直廬にしばらく御座あるべきにて(=いらっしゃるはずで)〈平家・一・殿下乗合〉

ぢょ-ちゅう【女中】 名 ❶女性に対する敬称。御婦人。御女中。例なまめいた女中の、「鈍太郎留まれ」とおっしゃるが〈虎寛本狂言・鈍太郎〉❷宮仕えをしている女性。殿中に仕えている女性。❸下女。召使。

ちょっ-と 副 ❶ほんのしばらく。例ちょっとござれ〈狂言記・墨塗女〉❷ほんの少し。例柚味噌をちょっと舐るも〈浮世草子・好色万金丹・五・三〉

ちよに-やちよに【千代に八千代に】〔「千代に」を強調した語〕千年も、またさらに幾千年も。永く繁栄を祈る語。例わが君は千代に八千代に〈古今・賀〉

樗良(ちょら)《人名》一七二九〜一七八〇(享保一四〜安永九)。江戸時代の俳人。本姓三浦氏。蕪村と親しく、平雅な俳風で、蕉風復古を唱え、中興期の俳壇で活躍した。俳諧集『白頭鴉』ほかの編著がある。

ぢょ-らう【女郎】 ❶名〔「じゃうらふ(上臈)」の変化した形〕❶女性に対する敬称。例さる御所方の御女郎様たち〈西鶴・好色一代男・四・六〉❷遊女。例いっさいの女郎の威は、客からの付けしだいにして〈西鶴・好色一代女・一・四〉❷接尾 女性の名前につけて、親愛の気持ちや軽い敬意を表す。例これ、申し、お藤女郎。迎ひに来ました〈近松・堀川波鼓・上〉

ち-よろづ【千万】 名 一千万。数えきれないくらい多いこと。例千万の軍(=軍勢)なりとも〈万葉・六・九七二〉

ちら・す【散らす】 動(サ四) ❶ばらばらにする。まき散らす。例花散らす風の宿りは誰か知る〈古今・春下〉❷落とす。紛失する。例かかる物を散らしたまひて、我ならぬ人も見つけたらましかば(=大変ナコトニナル)〈源氏・若菜下〉❸言いふらす。例ゆめゆめ心より外には人に散らすべからず〈今昔・三〇・六〉❹(他の動詞の連用形について)やたらに〜する。思うぞんぶん〜する。例手のわろき人の(=字の下手な人が)、はばからず文書きちらすは、よし〈徒然・三五〉

ちら・ふ【散らふ】 動(ハ四)〔動詞「ちる」の未然形＋上代の反復・継続の助動詞「ふ」〕散り続ける。

例秋萩の**散らへ**る野辺の〈万葉・一五・三六九一〉

ちり【塵】名❶**ほこり。ごみ。砂煙。**例たけき者もつひには滅びぬ。ひとへに風の前の**塵**に同じ(=勢いが盛んな者も結局は滅びてしまった。まったく風の前の塵と同じだ)〈平家・一・祇園精舎〉
❷**ごくわずかな事物。ほんの少し。**例人の上言ひ、露**塵**のこともゆかしがり、聞かまほしうして(=他人の身の上を言い、ほんの少しのことも知りたがり、聞きたがって)〈枕・にくきもの〉
❸**少しばかりの汚れ・欠点。**打消の語を伴って用いることが多い。例おのがじしは**塵**もつかじと身をもてなし(=自分としては少しばかりの汚点もつくまいとふるまい)〈源氏・帚木〉
❹**汚れた世。俗世間。**また、**価値のない物事。世俗的なこと。**仏教の立場からいう。例世に従へば、心、外の**塵**に奪はれてまどひやすく(=俗世に従うと、心は外界の世俗の汚れにとらわれて迷いやすく)〈徒然・七五〉〈桑名靖治〉

ちり【散り】名散ること。散っているもの。散ってしまったもの。例はや漕ぐ船の櫂の**散り**かも(=滴だろうか)〈万葉・一〇・二〇五二〉

ちり-あか・る【散り別る】動(ラ下二)ちりぢりになる。離れ離れになる。例さまざまに競ひ**散りあかれ**し上下の人々〈源氏・蓬生〉

ちり-がた【散り方】名花などが散るころ。また、散りはじめるころ。例なでしこの花**散り方**になりにけり〈後撰・夏〉

ちりかひ-くも・る【散り交ひ曇る】動(ラ四)花などが散り乱れ、あたりが曇ったようになる。例さくら花**散りかひくもれ**老いらくの来むといふなる道まがふがに(=老いがやってくるといわれる道がわからなくなるように)〈古今・賀〉

ちり-か・ふ【散り交ふ】動(ハ四)散り乱れる。例春の野に若菜摘まんと来しものを**散りかふ**花に道はまどひぬ〈古今・春下〉

ちり-し・く【散り敷く】動(カ四)花や紅葉が散って、一面に敷きつめる。例みやこにはまだ青葉にて見しかども紅葉**散りしく**白河の関〈千載・秋下〉

ちり-しを・る【散り萎る】動(ラ下二)花が散って生気をなくす。例庭に**散りしをれ**たる花、見過ぐしがたきを〈徒然・四三〉

ちり-す・ぐ【散り過ぐ】動(ガ上二)すっかり散ってしまう。例久しくもなりにけるかな秋萩の古枝の花も**散り過ぐる**まで〈玉葉集・恋四〉

ちり-ちり 副❶縮んでしわがよるさま。例明石縮みの**ちりちり**と〈近松・松風村雨束帯鑑・四〉❷日光の薄れるさま。例日の**ちりちり**に野に米を刈る〈俳諧・冬の日〉❸千鳥や雲雀など小鳥の鳴き声を表す。例浜千鳥の友呼ぶ声は、**ちりちり**や〈狂言・千鳥〉

ちり-づか【塵塚】名塵・ごみの捨て場。ごみため。例多くて見苦しからぬは文車(=本を運ぶ車)の文(=書物)、**塵塚**の塵〈徒然・七二〉

ちり-とり【塵取り】名❶掃き集めたごみを取り入れる道具。❷「塵取り輿」の略。屋形のない手すりだけの輿。例馬には乗りえずして、**塵取り**にかかれて(=乗せられて)〈太平記・二九〉

ちり-の-よ【塵の世】人間の悪や偽りで汚れたこの世。俗世間。濁世。例神も交はる**塵の世**の、花や心に任すらん〈謡曲・小塩〉

ちり-ば・む【塵ばむ】動(マ四)〔「ばむ」は接尾語〕塵にまみれる。塵・ほこりをかぶって古ぼける。例台盤(=食卓)などもかたへは**塵ばみ**て〈源氏・須磨〉

ちり-ひぢ【塵泥】名塵と泥。取るに足りないもののたとえ。例**塵泥**の数にもあらぬ我ゆゑに〈万葉・一五・三七二七〉

ちり-ぼ・ふ【散りぼふ】動(ハ四)❶散らばる。散り乱れる。例陸奥紙の畳紙の…几帳のもとに**ちりぼひ**たり〈枕・七月ばかりいみじうあつければ〉❷離散する。落ちぶれてさまよう。例(娘ノ私タチガ)かたみに(=互いに)**散りぼは**んも、亡き人の御ために見苦しかるべきわざを〈源氏・東屋〉

ちり-まが・ふ【散り紛ふ】動(ハ四)見分けられないほど散り乱れる。例**散りまがふ**花のよそめは吉野山嵐にさわぐ峰の白雲〈新古今・春下〉

ぢ-りん【地輪】名〘仏教語〙五輪の塔の最下層の部分。**大地をかたどった正方形の基盤。**例首をば古き石の卒塔婆の**地輪**に据ゑて〈源平盛衰記・四七〉

ち・る

【散る】動(ラ四)❶**ちらばる。ばらばらになる。特に、花や葉が散る。**例(a)この幣の**散る**方に、御船すみやかに漕がしめたまへ(=この幣がちらばる方向に、船をすぐさま漕がさせて下さい)〈土佐〉読解 道中の安全を祈って、幣を神前にまき散らした船頭のばか丁寧な言葉。例(b)空蟬の世にも似たるか花ざくら咲くと見しまにかつ**散り**にけり(=はかないこの世に似ているなあ。桜の花は咲くと見た瞬間に、すぐに散ってしまったなあ)〈古今・春下〉
❷**うわさなどが世間に広まる。**例見ぐるしきこと**散る**がわびしければ(=見苦しいことが世間に広まるのが困ったことなので)〈枕・頭の弁の、職にまゐり給ひて〉
❸**心が乱れる。落ち着きを失う。**例いろいろ目移ろひ、心**散り**て(=あれこれ目移りがして、心が落ち着きを失って)〈源氏・若菜下〉〈田島智子〉

ぢ-るい【地類】名「ちるい」とも。地上の、神々をはじめとするすべての存在。天界の仏神をいう「天衆」と並称される。例年老いて今日明日とも知らぬ翁の出家するをだに、かく天衆・**地類**喜びたまひけり〈今昔・一九・一二〉

ちろ-り【銚釐】名酒を温めるのに用いる金属製の容器。例とかくこの**ちろり**と盃が目にかかるゆゑに〈浮世草子・好色万金丹・三・四〉

ぢわう-せん【地黄煎】名❶地黄(植物の名)の根を煎じた薬。増血・強壮に効くとされた。❷米の胚芽の粉末などに①の汁を加えて作った飴。例**地黄煎**を箸に付けて銭箱の銀を盗みしは〈浮世草子・好色万金丹・四・一〉

ち-わ・く【道別く】動(カ四)〔「ち」は道の意〕道を切り開いて進む。行く手を遮っているものを押し分けて進む。例天の八重棚雲を押し分けて、いつの(=威勢よく)**ちわきちわき**て〈記・上・神代〉

ち-ゑ【知恵・智恵・智慧】名❶〘仏教語〙迷いを絶ち、悟りを開く力。例西天竺に龍樹菩薩と申す上人(しやうにん)まします。**知恵**甚深(じんじん)なり〈宇治拾遺・一三八〉 ❷道理を理解し、善悪を判断する力。[例]国の長者として**知恵**明了なること限りなし〈今昔・二・二八〉

ちん【亭】 [名]庭園の中に、休息や眺望のために設けた風雅な造りの小さな建築。あずまや。[例](コノ地ハ)心すごく(=寂しくて)時雨ものあはれなればとて、この**亭**を建て置き〈謡曲・定家〉

ちん【朕】 [代]天皇の自称の代名詞。われ。中国では一般的に自称として用いたが、秦(しん)の始皇帝が天子の自称として特定した。[例]**朕**不徳あらば、天予(われ)一人を罪すべし〈太平記・一〉

ぢん【沈】(ジン) [名]「ぢんかう」に同じ。

ぢん【陣】(ジン) [名]❶兵士の隊列を作ること。また、その隊列。[例]近衛(こんゑ)階下に**陣**をひき〈平家・五・富士川〉 ❷軍勢が集まっている所。陣営。[例]平家の方(かた)より源氏の**陣**を見わたせば〈平家・五・富士川〉 ❸平安時代、宮中などで警護の者が詰める所。また、警護の役人。[例]**陣**のゐねば、入りなんと思ひて〈枕・大進生昌が家に〉 ❹僧たちの出入り口。[例]**陣**の外まで僧都(そうづ)見えず〈徒然・二三八〉 ❺合戦。❻「ぢんのざ」に同じ。

ぢん-かう【沈香】(ジンコウ) [名]植物の名。ジンチョウゲ科の常緑高木。熱帯の原産。高さ約一〇メートルで、白い花が咲く。材質は固く、香料になる。黒色の優良品を「伽羅(きやら)」という。[例]**沈香**をもて巌石(いはほ)をつくりてたてたり〈著聞集・一九・六五五〉

ぢん-がさ【陣笠】(ジン) ― [名]室町後期以降、陣中で、足軽(あしがる)・雑兵(ざうひやう)が兜(かぶと)の代わりにかぶる笠。薄い鉄や皮などで作り、漆(うるし)を塗った。江戸時代は、大名行列に従うときや火事などの非常時にも用いた。[例]**陣笠**の浅きをかぶり〈西鶴・新可笑記・二・三〉

ちんこん-の-まつり【鎮魂の祭り】 [名]⇩たましづめのまつり

ちん-じ【珍事・椿事】 [名]珍しい事。また、思いがけず起きた一大事。[例]先陣をあらそひて、すでに**珍事**に及ばんとす〈古活字本保元・中〉 [読解]ここは合戦が始まろうとしていることをいう。

ちん-じゃう【陳状】(ジョウ) ― [名]❶鎌倉・室町時代の訴訟で、訴状に対して被告が自分の主張を述べた書状。❷歌合わせの判定に対する不満を申し立てた書状。

ちん-じゅ【鎮守】 [名]❶兵をとどめて、その地を鎮圧して守ること。❷国や土地を鎮め守る神。また、その神を祭る神社。[例]我はこの国の**鎮守**として一千余年の星霜(せいざう)(=年月)ふりたり〈保元・上〉 ❸寺の境内に安置した守護神。また、その守護神を祭る社。[例]鎮守の前にて一礼をいたし〈太平記・三〉

ちんじゅ-ふ【鎮守府】 [名]奈良・平安時代、北方を守るために今の東北地方に置かれた最高軍政府。神亀元年(七二四)多賀城(今の宮城県)に設けられ、坂上田村麻呂(さかのうえのたむらまろ)が征夷(せいい)大将軍だった延暦二一年(八〇二)、胆沢(いさわ)城(今の岩手県)に北進した。長官を将軍という。[例]**鎮守府**をたちて秋田の城(じやう)にうつりけるに〈著聞集・九・三三六〉

ちん-ず【陳ず】 [動](サ変) ❶言いたてる。言い訳する。[例]「いつかはさは(=そのようにも)申したる」と**ちんぜ**しも、をかしかりき〈右京大夫集・詞書〉 ❷ごまかしを言う。うそを言う。[例]まっすぐに申せ。少しも**陳ぜ**ば拷問(がうもん)せん〈近松・出世景清・三〉

ぢん-すい【沈水】(ジン) ― [名]「ぢんかう」に同じ。比重が大きく水に沈むことによる称。[例]院の内、梅檀(せんだん)・**沈**水の香満ち薫り〈栄花・音楽〉

ちん-ぜい【鎮西】 [名](奈良時代の一時、大宰府(だざいふ)を「鎮西府」と呼んだことから)九州の別称。[例]**鎮西**はわづかに平らげども、東国・北国のいくさいかにもしづまらず〈平家・七・主上都落〉

椿説弓張月(ちんせつゆみはりづき)《作品名》江戸時代の読本(よみほん)。二八巻。曲亭馬琴(ばきん)作。文化四〜八年(一八〇七〜一一)刊。保元の乱に破れた源為朝(ためとも)が大島から琉球(りゆうきゆう)へ漂着し、琉球王朝を助け平和をもたらす。馬琴最初の長編読本で、代表作の一つ。

ぢん-ぢ【沈地】(ジンジ) [名]沈香(じんかう)の木の木材。[例]**沈地**の机に時の物どもいろいろ〈宇治拾遺・七一〉

ちん-ちょう【珍重】 **1** [名][動](サ変) 貴重なものとして大切にすること。珍しがってもてはやすこと。[例]流俗(りうぞく)の(=俗っぽい)色にはあらず梅の花 **珍重すべ**き物とこそ見れ〈拾遺・雑賀〉 **2** [名][形動](タリ) ❶めでたいこと。祝うべきこと。手紙などの挨拶(あいさつ)の語として、相手に自愛を勧める意にも用いる。[例]まづは御無事で**珍重**〈浄瑠璃・心中二つ腹帯・一〉 ❷すぐれていること。連歌・俳諧(はいかい)で用いる評語。

ぢん-ど【塵土】(ジン) ― [名]❶塵(ちり)や土ぼこり。❷汚れた俗世間。欲望にけがされた地上の世界。[例]いかなる仏の濁世(ぢよくせ)**塵土**に示現して〈芭蕉・奥の細道〉

ぢん-とう【陣頭】(ジン) ― [名]❶宮中や院の御所の、衛士(ゑじ)の詰め所の前。[例]軍兵内裏(だいり)に参じて、四方の**陣頭**を警固す〈平家・一・清水寺炎上〉 ❷「ぢんのざ」に同じ。[例]また禁中・**陣頭**にて、公事(くじ)を行はせたまふとき〈古活字本保元・上〉 ❸軍勢の先頭。

ちん-どく【鴆毒】 [名]鴆(鳥の名)の羽にあるという毒。人を殺すときは、羽を浸した酒を飲ませるという。[例]まことには**鴆毒**のゆゑに、逝去したまひけるとぞ(=お亡くなりになったと)〈太平記・三〇〉

ぢん-の-ざ【陣の座】(ジン) ― [名]宮中で節会(せちゑ)などの公事(くじ)や酒宴のとき、公卿(くぎやう)が列座する席。[例]大臣、内(=内裏(だいり))に参りて、**陣の座**に居たまふに〈今昔・二〇・四五〉

ぢん-ばおり【陣羽織】(ジン) ― [名]陣中で、鎧(よろい)や具足の上に着る袖(そで)のない羽織。

ぢん-や【陣屋】(ジン) ― [名]❶宮中の警護の衛士の詰め所。[例]御桟敷(さじき)の前に**陣屋**据ゑさせたまへる〈枕・関白殿、二月二十一日に〉 ❷軍勢が集まっている所。陣営。[例]**陣屋**を並べて〈太平記・一七〉

ちん-りん【沈淪】 [名][動](サ変) ❶深く沈むこと。[例]魔道へ**沈淪**仕(つかまつ)りて候ふ〈平家・七・青山之沙汰〉 ❷落ちぶれること。[例]父子ともに**沈淪**の憂へを抱けり〈保元・上〉

陣羽織〔中津城蔵〕

-つ【個・箇】 接尾 数詞について、物を数える。「一つ」「二つ」など。

つ【津】 名 船着き場。渡し場。港。例松里の渡りの**津**にとまりて、夜ひとよ、舟にてかつがつ(=少しずつ)物などわたす〈更級〉

つ【唾】 名 つば。唾液。例白太夫は**唾**を呑んで奥へ行く〈浄瑠璃・菅原伝授手習鑑・三〉

つ

助動(下二段型) 主に意志的・主体的動作を表す動詞について、その動作や作用の完了を表す。

❶**動作・作用が終結・完了した意を表す**。〜た。〜てしまう。**〜てしまった**。例(a)音に聞き目にはいまだ見ぬ吉野川六田の淀を今日見**つる**かも(=うわさに聞き目にはまだ見たことのない吉野川の六田の淀を今日見たことだ)〈万葉・七・一一〇五〉例(b)早うありし者どものほかほかなり**つる**、田舎だちたる所に住む者どもなど、みな集まりきて(=以前奉公していた者たちで、その後散り散りになってしまった者たちや、田舎めいている所に住んでいる者たちなどが、皆集まってきて)〈枕・すさまじきもの〉

❷**動作・作用が間違いなく終結・完了する意を表す**。完了の意が薄らぐ場合もあるので、**強意・確述の用法とも呼ばれる**。きっと〜。確かに〜。**必ず〜**。㋐**推量の助動詞「む」「べし」などを伴って用いる**。⇩てむ・つべし。例(a)春日野の飛ぶ火の野守出でて見よいまいく日ありて若菜摘みて(未然形)ん(=春日野の飛火野の番人よ、野に出て様子を見てこい。あと何日たったら必ず若菜を摘むことができるだろうかと)〈古今・春上〉例(b)牛ながら引き入れ**つ**べからむ所を(=牛車のまま邸内に引き入れられそうな所を)〈源氏・帚木〉

㋑**命令形「てよ」の形で用いる**。例門よくさし**てよ**(=門を念を入れて確かに鍵をかけろ)〈徒然・一〇四〉

㋒**終止形を単独で用いる**。例風のふきまどひたるさま、恐ろしげなること、命かぎり**つ**と思ひまどはる(=風が吹き乱れている様子、恐ろしそうなこと、きっと命もおしまいだと途方にくれる)〈更級〉

❸(中世以降、「〜つ〜つ」の形で)**動作の反復・並列の意を表す**。**〜したり〜したりする**。例僧都乗っては降り**つ**降りては乗っ**つ**、あらまし事をぞしたまひける(=僧都は乗っては降り、降りては乗ったりして、船に乗りたいという願いを動作にして表していらっしゃった)〈平家・三・足摺〉

接続 活用語の連用形につく。

活用 下二段型

未然形	連用形	終止形	連体形	已然形	命令形
て	て	つ	つる	つれ	てよ

語誌 ▼「**ありつ**」 ラ変型の活用語には、すでにその意味が実現している場合、「ありつ」「ありつらむ」のように「つ」がつくのが普通である。そのとき、「つ」本来の現在完了の意から、「ありつ」は、過去の助動詞「き」のついた「ありき」よりも近い過去のことに用いられる(①例(b)参照)。⇩ありつる・ありし

▼**識別** 接続助詞の「て」は、「つ」の連用形と混乱しやすいから注意を要する。「つ」の連用形「て」には、ふつう他の助動詞が後続している。

▼同じ完了の助動詞「ぬ」との違いについては「ぬ」を参照。

〈野村剛史〉

つ

格助 『上代語』**連体修飾格を表す**。〜の。例沖辺なる玉寄せ持ち来沖**つ**白波(=沖にある真珠を持って来ておくれ、沖の白波よ)〈万葉・九・一六六五〉

接続 体言につく。

語誌 上代でも、すでに、格助詞「の」「が」よりも用法は限られ、体言と体言とをつなぐ働きしかもたない。平安時代以降は慣用的にしか用いられず、「天つ風」「昼つ方」など、一語化して複合語の構成要素となる。

〈佐藤一恵〉

づ【図】 名 ❶絵画。地図。例国郡の**図**を造りて〈続紀・天平十年八月〉❷様子。光景。例島原の門口につひに見ぬ(=かつて見たこともない)**図**なる事あり〈西鶴・好色一代女・二・一〉❸計画。計りごと。思うつぼ。例などか思ふ**図**に(=計画どおりに)合戦一度せでは候ふべき〈太平記・二九〉❹音律の標準となる各音階の正しい調子を書き表したもの。例当寺の楽は、よく**図**を調べ合はせて〈徒然・二二〇〉

づ【出】 動(ダ下二)〔「いづ」の変化した形〕出る。例うけらが花の色に**づ**なゆめ(=出るな、決して)〈万葉・一四・三三七六〉 語誌 上代では「漕ぎづ」「思ひづ」「言にづ」など上にイ段音がある場合に用いられる。

つい【終】 ⇩つひ

つい- 接頭〔動詞「つく(突く)」の連用形「つき」のイ音便形〕動詞について、意味を強める。また、ちょっと、ふと、の意を添える。「つい立つ」「つい乗る」「つい挟む」など。

ついゐる【突い居る】 ⇩ついゐる

ついえ【費え・弊え・潰え】 ⇩つひえ

つい-がう【追号】 名 天皇などの死後に名号を定めて贈ること。また、その名。「諡号」「おくりな」とも。例追号の定め、御わざ(=御葬儀)の事など沙汰ありけれ〈増鏡・三神山〉

つい-がき【築垣・築墻】 名〔「つきかき」のイ音便形〕「ついかき」とも。「ついぢ①」に同じ。

つい-がさね【衝重ね】 名〔「つきがさね」のイ音便形〕食物や食器をのせる台付きの膳。檜の白木でできた四角形の折敷に台をつけたもの。例食ひ散らしたる**衝重ね**を御簾の内へさし入れて〈徒然・四八〉

つい-く【対句】 名 表現技法の一つ。形式が同じで、意義内容が相対する二つ以上の句を並べて、対照させる技法。また、その句。たとえば「黄葉をば 取

りてそしのふ 青きをば 置きてそ嘆く」〈万葉・一・一六〉（↓名歌314）などの類。元来は漢詩文の技法であるが、日本でも祝詞や記紀歌謡、『万葉集』の長歌などに古くから多用された。中世に入ると和漢混交文の発達とともにますます広く用いられるようになる。

つい-くぐ・る【突い潜る】 動（ラ四）〔「つい」は接頭語〕さっとくぐる。ひょいとくぐる。例少しも騒がず、あがる矢をば**ついくぐり**、さがる矢をばをどり越え〈平家・四・橋合戦〉

つい-さ・す【突い挿す】 動（サ四）〔「つい」は接頭語〕軽く挿し込む。ちょっとはさむ。例（手紙ヲ長押ノ）上に**ついさし**て置きたるを〈枕・円融院の御はての年〉

つい-しょう【追従】 名動（サ変）❶人の後につき従うこと。追従。例女は、さるべき人の**追従する**につけてこそ、やむごとなくも〈宇津保・蔵開下〉❷こびへつらうこと。おもねること。例時に従ふ世人の、下には鼻まじろきをしつつ（＝内心ではせせら笑いながら）、（表面デハ）**追従し**〈源氏・少女〉

つい-ぜん【追善】 名《仏教語》死者の冥福を祈って、法会・布施などの善事を修めること。追福。例汝らが**追善**の力によりて、我、堪へ難き苦を免るる事を得たれども〈今昔・七・三一〉

つい-そう【追従】 名動（サ変）「ついしょう」に同じ。

つい-たう【追討】 名動（サ変）賊を追いかけて討ち取ること。討手を差し向けて征伐すること。追伐。例去年の正月、木曾義仲を**追討せ**しよりこのかた〈平家・一一・腰越〉

ついたち

【朔・朔日・一日】名❶月の第一日。例弥生の**朔日**に出で来たる巳の日（＝三月の一日にめぐってきた巳の日）〈源氏・須磨〉❷月の上旬。初旬。「ついたちごろ」の形で用いられることが多い。例伊予介、神無月の**朔日**ごろに下る（＝十月の初旬に任国に下る）〈源氏・夕顔〉

語誌 ▼語源　新しい月に入る意の「月立ち」のイ音便形といわれるが、「つきたち」の形自体は文献に見えない。「朔」は月が蘇る意で、月の第一日目の意。

▼一月一日　一年の最初の「ついたち」である元日は、特に重要である。宮中では、早朝、清涼殿の東庭で天皇が四方拝を行い、その後、大極殿で群臣から祝賀を受ける朝賀・朝拝（のち小朝拝）がある。〈島内景二〉

つい-た・つ【突い立つ】 ❶動（タ四）〔「つい」は接頭語〕すっくと立ち上がる。さっと立つ。例やがて（＝さっさと）一人うち食ひて、帰りたければ、一人**つい立ち**て行きけり〈徒然・六〇〉❷動（タ下二）〔「つきたつ」のイ音便形〕突き差す。突き立てる。例火箸をしのびやかに**つい立つる**〈枕・心にくきもの〉

ついたて-しゃうじ【衝立障子】 名「ついたてさうじ」とも。室内の仕切りに使う調度。襖障子の下に台をつけたような形をしている。例人の家につきづきしきもの（＝ふさわしいもの）臂折りたる廊（＝回り廊下）。円座。三尺の几帳…**衝立障子**〈枕・人の家につきづきしきもの〉

つい-ぢ【築地】 名〔「つきひぢ（築泥）」のイ音便形「ついひぢ」の変化した形〕❶土で築いた塀。古くは、泥土をつき固めただけのものであったが、のちには、柱を立てて板を芯とし、屋根をつけるようになる。屋根は、塀の上部に板を並べて、その上におもしとして土を置くものが多い。瓦で葺いたものもある。例人にあなづらるる（＝ばかにされる）もの　**ついぢ**の崩れ〈枕・人にあなづらるるもの〉❷（①はもと公卿などの邸宅に用いたことから）公卿・公家。

築地①〔春日権現験記絵〕

つい・づ【序づ・叙づ】 動（ダ下二）順序立てて並べる。また、順序立てて述べる。例これ（＝藤原良経）を定家卿の左（＝下位）に**ついづ**〈国歌八論〉

ついで

【序】名❶順序。順番。例四季はなほ定まれる**ついで**あり（＝四季はやはり決まった順序がある）〈徒然・一五五〉❷時。折。場合。機会。時機。例年ごろ、うれしく面だたしき**ついで**にて、立ち寄りたまひしものを（＝数年来、うれしく面目を施す名誉な機会で、お立ち寄りなさったのに）〈源氏・桐壺〉読解 帝の勅使として訪れた人に対する言葉。❸（多く「〜（の）ついでに」の形で）**〜をきっかけに。〜の機会を利用して。**例尼君のとぶらひにものせんついでに、垣間見させよ（＝尼君の見舞いに行く機会を利用して、のぞき見させてくれ）〈源氏・夕顔〉〈五十嵐康夫〉

ついで-なし【序無し】 きっかけがない。よい機会がない。唐突だ。例また、**ついでなき**ことにはべれど、怪と人の申すことどもの、させること（＝たいしたこと）はなくてやみにしは〈大鏡・道長下〉

ついで-に【序に】 副❶あることの機会に乗じて。ちょうどよいその折に。例**ついでに**しばし里（＝実家）におはします〈栄花・煙の後〉❷すぐに続けて。引き続いて。例「など久しくは見えざりつるぞ」など言ひければ、**次でに**「これは…と思ひて来りたるなり」と思ひければ〈今昔・二五・一二〉

つい-な

【追儺】名**大みそかの夜に行われる、悪鬼を追い払うための儀式。**朝廷の年中行事の一つで、しだいに寺社や民間に伝わった。「鬼やらひ」とも。例つごもりの夜、**追儺**はいと疾く果てぬれば（＝大みそかの夜、追儺はたいそうすみやかに終了したので）〈紫式部日記〉

語誌 ▼追儺の様子　単に「儺」ともいい、また「儺やらふ」のようにも用いられる。疫病神を追い払う儀式で、古く中国に起こったものが伝えられた。『蜻蛉日記』上巻康保四年（九六七）の記事に、作者の家でも「儺などいふもの試みる」とあり、当時すでに貴族の私邸でも行われていたことがわかる。

宮中のものは、鬼に扮した人を方相氏に扮した人が追い払い、殿上人が桃の弓・葦の矢で逃げていく鬼を射る。方相氏は奇怪な仮面をかぶり、手に矛・楯を持って足駄を履くといういでたちで、こうした異形は邪霊を払う魔力をもつと考えられた。後世は節分の思想と結びつき、民間では立春前夜の豆まきの行事として広く行われるに至る。〈藤本宗利〉

ついーはう【追放】ホウ ―名動（サ変）❶追い払うこと。追い出すこと。例速やかに追放せられよ〈今昔・二九・一〇〉❷鎌倉時代以降、幕府や諸家で定めた刑罰の一つ。罪人を一定の地域から追い払う。例罪の軽重にしたがひ、或は死罪、或は追放〈折たく柴の記・中〉

ついーひぢ【築泥・築地】ヒジ ―名〔「つきひぢ」のイ音便形〕「ついぢ①」に同じ。

ついーひらが・る【突い平がる】動（ラ四）〔「つい」は接頭語〕地面に低く伏す。例虎、人の香をかぎてついひらがりて〈宇治拾遺・一五五〉

ついーぶ【追捕】名動（サ変）「ついほ」「ついふく」とも。❶官庁から役人を派遣し、悪人を追って捕らえること。逮捕。例良兼らを追捕すべき官符（＝命令書）を下さるる事〈将門記〉❷奪い取ること。没収すること。例太上皇（＝後白河院）のすみかを追捕し〈平家・四・南都牒状〉

ついーふく【追捕】名動（サ変）「ついぶ」に同じ。

ついーぶーし【追捕使】名賊徒の逮捕や鎮圧のために任命された官人。令外の官の一つ。

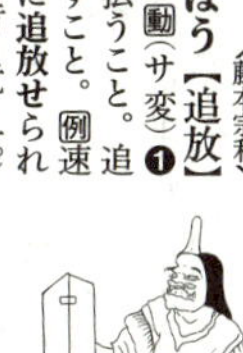
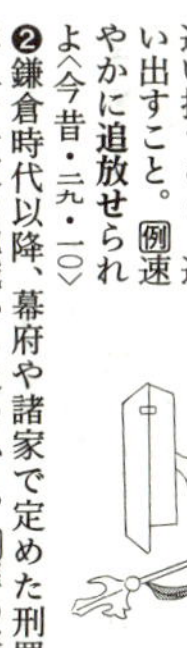

追儺〔政事要略〕

ついーまつ【続松】名〔「つぎまつ」のイ音便形〕❶松明。例続松の炭して、歌の末を書きつぐ〈伊勢・六九〉❷歌がるたの別称。在原業平が松明の炭で歌の下の句を書いたという『伊勢物語』の話（①例）からいう。例ついまつ取り、これに勝ち負けの定め（＝勝ち負けを決め）〈西鶴・諸艶大鑑・八・三〉

つい・ゐる

【突い居る】ツイイル 動（ワ上一）〔「つきゐる」のイ音便形〕❶㋐膝をついて座る。例「こちや」と言へばついゐたり（＝「こちらへおいでなさい」と言うと膝をついて座った）〈源氏・若紫〉㋑ちょっと膝をつく。ひざまずく。貴人に応答するときなどのしぐさ。例（従僕ナドニ）「たがぞ」と問へば、ついゐて「なにがし殿の」とて行く者はよし（＝「だれのものか」と尋ねると、ひざまずいて「何々殿のもの」と答えて行く者はよい）〈枕・細殿に人あまたゐて〉❷少しの間座る。また、ちょこんと座る。例向かひなる棟の木に、法師の、登りて木の股についゐて物見るあり（＝向かいにある棟の木に、法師で、登って木の枝の分かれ目に座って見物する者がいる）〈徒然・四一〉

語誌 古くは、あぐらのように膝を開いて腰を落として座るのが普通で、特に膝をついて座るのにいう。①㋑のように、目上の人に対してものを言うときの礼儀として、かしこまって膝をつく場合の用例が多い。〈安達敬子〉

つう【通】名形動（ナリ）❶何事も自由自在になしうる力。通力。神通力。例久米の仙人の、物あらふ女の脛の白きを見て、通を失ひけんは〈徒然・八〉❷世事や人情に通じていること。特に、遊里の事情に精通し、態度などが洗練されていること。また、その人。例通だの通り者だのと言はれて身体（＝財産）をつぶすより〈滑稽本・浮世床・初下〉読解「通り者」は通な人。通人。語誌 ②は江戸後期の江戸の遊里で特に重んじられた理念。通人のさまは洒落本などにしばしば描かれた。⇩いき（粋）・すい（粋）

通言総籬《作品名》江戸時代の洒落本。一冊。山東京伝作。天明七年（一七八七）刊。黄表紙『江戸生艶気樺焼』の登場人物が遊里の吉原で遊ぶ様子を描く。作中に実在の店や遊女などを出し、当時の吉原の風俗を細かく描く。

つうーじ【通事・通辞・通詞】名動（サ変）「つうず」とも。❶通訳すること。また、その人。例高麗人などこそ、御通辞はありと言ふなれ〈宇津保・内侍のかみ〉❷間に入って取り次ぐこと。仲立ち。例女房そばから通主して〈近松・傾城反魂香・上〉

つうーほう【通宝】名❶銭貨面に鋳付けた語。世間に広く通用する宝の意。「永楽通宝」「寛永通宝」など。❷金銭。貨幣。例この遊びつのりて、通宝の才覚（＝工面）に困り〈浮世草子・好色敗毒散・四・三〉

つうーりき【通力】名「つう①」に同じ。

つうーろ【通路】❶名通り道。❷名動（サ変）❶通ること。通行。例首にかけたる通路の割り符〈近松・曾我会稽山・四〉❷連絡すること。交際すること。手紙のやりとりをすること。例向後（＝今からのち）房（＝遊女の名）とは通路せぬ〈近松・心中重井筒・上〉

つか【束】名❶長さの単位。握った手の指四本分の長さ。また、比喩的に、短いこと。例その尺わづかに十束なれば〈太平記・二五〉❷たばねたものを数える単位。特に、稲についていう。例稲二束二把〈紀・孝徳〉

つか【柄】名❶刀剣・弓などの手で握る部分。⇩たち（図）。例馬の尾でつか巻いたる刀の、こほりのやうなるを〈平家・五・文覚被流〉❷筆の握る部分。軸。管。例柄短き筆など…奉れり〈源氏・澪標〉

つか【塚】名❶土を盛り上げて小高くなったもの。また、土を盛り上げた所。例大きなる蛇、数も知らず凝り集まりたる塚あり〈徒然・二〇七〉❷墓。墓所。例塚も動け我が泣く声は秋の風〈芭蕉・奥の細道〉

つかう【仕う・使う・遣う】⇩つかふ

つがう【番う】⇩つがふ

つかうーまつ・る

【仕う奉る】ツコウ ―〔「つかへまつる」のウ音便形〕❶動（ラ四）❶「仕ふ」の謙譲語。

お仕え申し上げる。例深草の帝になむ仕うまつりける〈大和・一〇三〉

❷「為す」「作る」「行ふ」などの謙譲語。奉仕する。させていただく。〜してさしあげる。〜申し上げる。例(a)入道、今日の御設け、いといかめしう仕うまつれり(=入道は、今日の御準備を、たいそうりっぱにととのえてさしあげた)〈源氏・明石〉例(b)田蓑の島に禊仕うまつる(=田蓑の島で禊をし申し上げる)〈源氏・澪標〉例(c)(中納言ガ)笛仕うまつりたまふ、いとおもしろし(=笛をお勤め申し上げなさるのが、たいそう興趣がある)〈源氏・藤裏葉〉

❸「為す」「行ふ」の丁寧語。致します。例狐の仕うまつるなり〈源氏・手習〉

❷補動(ラ四)動詞の連用形につく。❶謙譲の意を表す。〜申し上げる。例(天皇ニ)うち添ひつかうまつらせたまへる殿の御ありさま(=お付き添い申し上げなさっている殿のお姿)〈大鏡・道長上〉

❷丁寧の意を表す。〜ます。例片目もあきつかうまつらでは(=片目もあきませんでは)〈枕・僧都の御乳母のままなど〉

語誌 主に平安時代に用いられた語。Ⅰ③はⅠ②から派生したもの。中世になると「つかまつる」が多く用いられた。〈泉基博〉

つか-がしら【柄頭】 名 刀剣の柄の先端部分。また、それを包む金具。

つかさ【官・司・寮】 名 ❶職務。特に、令制の官職。例すさまじきもの…除目に司得ぬ人の家(=殺風景なもの…官吏の任命式で官職を得られない人の家)〈枕・すさまじきもの〉読解ここは地方官のポストをいう。

❷役所。特に、令制の官庁。例日暮れぬれば、かの寮におはして見たまふに、まことに燕巣つくれり(=日が暮れたので、その役所にいらっしゃってご覧になると、ほんとうに燕が巣を作っている)〈竹取〉読解ここは大蔵省に付属する大炊寮という役所。

❸役人。特に、令制の官人。例(a)国の司まうでとぶらふにも、え起きあがりたまはで、船底に臥したまへり(=国司が参上してお見舞いするのに対しても、起き上がることもおできになれずに、船底で横になっていらっしゃった)〈竹取〉例(b)近き所どころの御庄の司召して(=近いあちらこちらの荘園の長をお呼びになって)〈源氏・須磨〉読解ここは私領を管理する人。

語誌 ▼原義 主要なもの、が原義であろう。盛り上がった土地をいう「阜」や、首長の意の「首」も同源か。

▼官人の身分 律令制度では、官人の身分は位階(ランク)と官職(ポスト)の二本立てになっていた。一定の官職に就くためには一定以上の位階が必要とされ、中納言なら従三位以上、大国の守(長官)なら従五位以上というように、両者の対応が厳格に定められていた。これを官位相当制という。⇩くらゐ 〈品田悦一〉

つかさ-かうぶり【官冠・官爵】 ─コウブリ 名 ❶官職と位階。官位。官爵。例高き家の子として、官爵心にかなひ〈源氏・少女〉❷年官と年爵。平安時代中ごろから、皇族や公卿に与えられた一種の年給。例太上天皇に准ふ(=準じる)御位得たまうて、御封加はり、つかさかうぶりなどみな添ひたまふ(=お増えになる)〈源氏・藤裏葉〉

つかさ-くらゐ【官位】 ─クライ 名 官職と位階。例ひとへに高き官位を望むも次に愚かなり〈徒然・三八〉

つかさ-ど・る【司る】 動(ラ四)とりしきる。職務として担当する。例八十余か所の庄務(=荘園管理の事務)をつかさどられしかば〈平家・三・有王〉

つかさ-びと【官人】 名 官職に就いている人。役人。例親王たち・王たち・臣たち・百の官人たち、天の下の公民に至るまでに〈祝詞・道饗祭〉

つかさ-めし【司召し】 名 ❶官吏の任命式。除目。例(a)なんぞ。司召しなども聞こえぬを、何になりたまへるぞ(=なんですか。除目などがあったとも耳にしていないのに、何におなりになるのか)〈枕・頭の中将の、すずろなるそら言を〉例(b)むつきの司召しに、親の喜びすべきこととありしに(=一月の除目で、親が祝い事をするはずのことがあったのだが)〈更級〉読解ここは春の地方官の任命式。

❷特に、中央官(大臣を除く)の任命式。地方官の任命式を「県召し」というのに対していう。もとは春に行われたが、平安時代中ごろから、多く秋に行われるようになった。司召しの除目。秋の除目。例(a)秋の司召しあるべき定めにて、大殿も参りたまへば(=秋の除目が行われるはずの評定があって、大臣も宮中に参上なさるので)〈源氏・葵〉例(b)月待ちて仮の内裏の司召し〈俳諧・ひさご〉読解中世の内乱時の宮所を想像した、秋の月の句。

語誌「つかさ」は官職、「めし」は敬語動詞「召す」の名詞形で、天皇が登用すること。広義には官吏の任命式(除目)の総称であり、春の地方官の除目や臨時の小規模な除目をも含むが(①)、狭義には中央官の除目のみをさす(②)。平安時代までは広義の用法がふつう。⇩ぢもく・あがためし 〈品田悦一〉

つかさめし-の-ぢもく【司召しの除目】 ─ジモク 名 ⇩つかさめし

都賀庭鐘 《人名》一七一八(享保三)〜?。八十歳前後で没か。江戸時代の読本作者。近路行者とも号す。医業のかたわら書や漢学に通じ、中国趣味に徹した文人。中国明代などの白話小説(口語で書かれた小説)を翻案して『英草紙』『繁野話』『莠句冊』を著し、読本という新ジャンルを開いた。上田秋成など後続への影響も大きい。

つか・ぬ【束ぬ】 動(ナ下二)❶たばねる。集めて一つにまとめる。例か黒し髪を…取り束ね〈万葉・一六・三七九一〉❷両手を合わせる。恭順のしぐさ。例首を地に着け手をつかね、畳より下に蹲踞せり(=うずくまった)〈太平記・五〉

つかね-を【束ね緒】 ─オ 名 結び紐。たばねるための紐。例あはれてふ(=「あはれ」という)言だになくは何をかは恋の乱れのつかねをにせん〈古今・恋一〉

つか-の-あひだ【束の間】 ─アイダ 名「つかのま」に同じ。例束の間も我忘れめや〈万葉・二・一一〇〉読解末尾の「や」は反語の意を表す。

つがのきの【栂の木の・樛の木の】 《枕詞》〔「つが」

はマツ科の常緑高木」同音または類似音の繰り返しによって「つぎつぎ」にかかる。一説に、つがの木につる草がからみつくさまからとも。

つか-の-ま【束の間】 名 ごくわずかな時間。短い時間。例夏野行く牡鹿の角の（ここまで序詞）**束の間**も妹が心を忘れて思へや〈万葉・四・五〇二〉➡名歌261

つかはし-め【使はしめ】ツカワシ— 名 ❶召し使われる人。例国王・大臣の**使はしめ**として〈十二巻本正法眼蔵・出家功徳〉 ❷神仏の使い。動物が多く、狐（稲荷）・鹿（春日）・鳩（八幡）・烏（熊野）・猿（日吉）・蛇（弁天）などがある。例これは伊勢大神宮のおん**使はしめ**、天津太玉の神なり〈謡曲・金札〉

つかは・す

【遣はす・使はす】ツカワス 動（サ四）〔動詞「つかふ」の未然形＋上代の尊敬の助動詞「す」からとも、接尾語「す」による「使ふ」のサ行四段化とも〕❶「遣る」の尊敬語。**お遣わしになる**。例（天皇ハ）親しき女房、御乳母などを**遣はし**つつ、ありさまを聞こしめす（＝親しく召し使う女房や、御乳母などをお遣わしなさっては、様子をお聞きになる）〈源氏・桐壺〉 ❷「贈る」「与ふ」の尊敬語。**お贈りになる**。例（天皇ハ）御歌をよみて**つかはす**〈竹取〉 ❸**行かせる。派遣する**。例やがて打手を**つかはし**、頼朝が首をはねて（＝すぐに軍勢を派遣し、頼朝の首をはねて）〈平家・六・入道死去〉 ❹**贈る。やる。よこす**。例京なる人のもとに**つかはし**ける（＝都にいる人のところに贈った歌）〈古今・羇旅・詞書〉

語誌 ①②の敬意が薄れて、③④が成立した。③④は平安時代には歌の詞書や手紙文などに限って用いられたが、鎌倉時代以降は広く用いられる。〈泉基博〉

つかひ【使ひ・遣ひ】ツカイ 名 ❶使者。例沖つ藻の（枕詞）なびきし妹は 黄葉の（枕詞）過ぎて去にきと 玉梓の（枕詞）**使ひ**の言へば〈万葉・二・二〇七〉➡名歌45 ❷召使。側室。例御**使ひ**とおはしますべきかぐや姫の〈竹取〉 ❸「つかはしめ②」に同じ。❹旅費。費用。例これを道の**使ひ**にして〈西鶴・男色大鑑・二・一〉

つがひ【番ひ】ツガイ 名 ❶一対。一組。組み合わせ。動物の雌雄の一組。例**番ひ**の相手に立ち合ひて（＝勝負を争って）〈太平記・一三〉 ❷つなぎ目。関節。例（太刀二）腰の**番ひ**を切って落とされぬはなかりけり〈太平記・三二〉 ❸時分。折。例（髪ヲ）剃りはてんとする**つがひ**に、ふと立ち〈醒睡笑・一〉

つかひ-ざね【使ひ実】ツカイ— 名〔「ざね」は接尾語〕使者の中の主となる人。正使。例**使ひざね**とある人なれば、遠くも（＝離れた場所にも）宿さず〈伊勢・六九〉

つかひ-びと【使ひ人】ツカイ— 名 ❶召使。使用人。例一人の**使ひ人**も残らず、日にしたがひて失せ滅びて〈宇津保・俊蔭〉 ❷使者。例**つかひびと**とめて返事〈相模集・詞書〉 ❸「しじん（資人）」に同じ。

つか・ふ

【仕ふ】ツカウ・ツコウ 動（ハ下二）❶**目上の人のそばにいて、その用をする。仕える**。例遠長く**仕へ**むものと思へりし君しまさねば心どもなし（＝永遠にお仕えするものと思っていた御主君がおいでないので、気力もない）〈万葉・三・四五七〉 読解 大伴旅人が没したとき、仕えていた舎人が詠んだ挽歌。 ❷**官職につく。仕官する**。例世に**仕ふる**ほどの人、たれか一人ふるさとに残りをらむ（＝朝廷に仕官するほどの人は、だれか一人でも旧都に残っているだろうか）〈方丈記〉 読解 福原遷都についての記述。この「ふるさと」は旧都の京都。「たれか」の「か」は反語の意を表す。〈木村博〉

つか・ふ

【使ふ・遣ふ】ツカウ・ツコウ 動（ハ四）❶**使用する。役立てる**。例野山にまじりて竹を取りつつ、よろづのことに**つかひ**けり（＝野山に分け入って竹を取っては、いろいろなことに使っていた）〈竹取〉 ❷**身辺の世話をさせる。働かせる**。例はかなき人の言にさきて、人の国なりける人に**つかはれ**て（＝頼みにならない人の口車に乗って、地方に住んでいた人に働かされて）〈伊勢・六二〉 ❸（「心」とともに用いて）**心を働かせる。心を保つ**。例女は心高く**つかふ**べきものなり（＝女は気位を高く保たなければならないものである）〈源氏・須磨〉 ❹**操る。自由にする**。常に受身の助動詞「る」を伴って用いる。例名利に**使はれ**て、しづかなる暇なく、一生を苦しむるこそ、愚かなれ（＝名誉や利欲に操られて、心に静かなゆとりがなく、自分の一生を苦しめるのは愚かである）〈徒然・三八〉〈木村博〉

つ-がふ【都合】ゴウ 名副 合計。全部で。例**都合**その勢（＝軍勢）十万余騎〈平家・七・北国下向〉

つが・ふ

【番ふ】ツガウ・ツゴウ 動（ハ四）〔「つぎあふ（継ぎ合ふ）」の変化した形〕❶**二つのものが一組になる。対になる**。また、**組み合わせる。対にする**。**二方に分かれて争う**。例(a)「なるさの入道、名なしの大将」と**番ひ**て人に笑はれたまひしかば（＝「なるさの入道、名なしの大将」と対になって人に笑われなさったので）〈無名抄・無名大将事〉例(b)弓馬の達者を召され、競馬を**番はせ**（＝弓術と馬術の達人をお呼びになって、二頭ずつで競争させ）〈太平記・一三〉 ❷**矢を弓の弦にあてがう**。例矢取って**番ひ**…よっぴいてひゃうど射る（＝矢を取って弓の弦にあてがい…弓を十分にひきしぼってひゅうっと射る）〈平家・四・鵼〉 ❸**約束する**。例今日暮れてから渡さうと詞**つがう**（音便形）た（＝今日夕方になってから渡そうと約束した）〈近松・女殺油地獄・下〉〈黒木祥子〉

つか-ぶくろ【柄袋】 名 刀や脇差しの柄を覆う皮袋。鍔までかけ、雨・雪のときや旅行のときに用いる。例中脇指しに**柄袋**をはめて〈西鶴・日本永代蔵・一・一〉

つかへ-まつ・る【仕へ奉る】ツカエ— 動（ラ四）〔動詞「つかふ」の連用形＋補助動詞「まつる」〕「仕ふ」「為す」「行ふ」「作る」の謙譲語。お仕え申し上げる。〜し申し上げる。お作り申し上げる。例(a)大君に**仕へ奉れ**ば貴くもあるか〈万葉・一七・三九二二〉例(b)城上の宮に 大殿を **仕へ奉り**て〈万葉・一三・三三二六〉 語誌 平安時代はウ音便形の「**つかうまつる**」が、また、中世になるとその変化した形「**つかまつる**」が多く用いられた。

つか-まつ・る【仕る】動(ラ四)〔「つかうまつる」の変化した形〕❶「仕ふ」の謙譲語。**お仕え申し上げる。**例堀河の左大臣殿は、御社まで(中宮ニ)**つかまつらせたまひて**(=お仕え申し上げなさって)〈大鏡・道長下〉読解中宮が大原野神社に行啓したときの話。「せたまふ」は左大臣への敬意を表す。❷「為す」「作る」「行ふ」などの謙譲語。**～申し上げる。致す。**例(a)御供をも**仕る**べからず(=お供もし申し上げることができない)〈平家・二・烽火之沙汰〉例(b)「弓はり月のいるにまかせて」と**仕り**(=お詠み申し上げ)〈平家・四・鵼〉読解「弓はり月の…」は和歌の下の句。❸「為す」「行ふ」の丁寧語。**致します。～ます。**例(a)困じて、えその日のうちに還向**つかまつら**ざりしかば(=疲れて、その日のうちに帰りますことができませんでしたので)〈大鏡・道長下〉読解「え～ざり(ず)」は、～できない、の意を表す。例(b)あやまちは、やすき所になりて、必ず**仕る**事に候ふ(=けがは、簡単な所になって、必ず致しますものでございます)〈徒然・一〇九〉

語誌 この語が多く用いられるようになるのは中世になってからである。しかし①の用法は中世でも多くない。③の用法は例(a)のように漢語につくことが多い。

つが-も-ない 形(口語)『近世語』❶不都合だ。とんでもない。ばかばかしい。例**つがもない**事ばかり…おまへが貰うて何さしゃる〈浄瑠璃・八百屋お七・上〉❷たわいもない。とりとめもない。例**つがもない**、また甘口な(=手ぬるい)ことはいやです〈噺本・鹿の子餅〉語誌 感動詞的に用いられることもある。〈泉基博〉

-づから 接尾〔上代の格助詞「つ」+名詞「から(柄)」=「つから」の連濁形〕❶身体の部分を表す語について、～をもって、～のまま、などの意を添える。「手づから」など。❷人との関係を表す語について、～の関係にある、などの意を添える。「傍輩づから」など。

つから-か・す【疲らかす】動(サ四)〔「かす」は接尾語〕❶疲れさせる。例野軍に敵を**疲らかして**〈太平記・三四〉❷欠乏させる。例兵粮(=軍隊の食料)を**疲らかし**候ふほどならば〈太平記・一六〉

つか・る【疲る】動(ラ下二)❶体が疲労する。ぐったりとする。例春日すら 田に立ち**疲る** 君は哀しも〈万葉・七・一二八五〉❷腹が減る。飢える。例すでに峰にいたりて、**飢れ**たまふ〈紀・景行〉

つかわす『遣わす・使わす』⇩つかはす

つき【月】名❶**天体の月。**また、**月の光。**例(a)熟田津に舟乗りせむと**月**待てば潮もかなひぬ今は漕ぎ出でな〈万葉・一・八〉⬇名歌275 例(b)ある人の、**月**の顔見るは忌むこと、と制しけれども(=そばにいる人が、月の顔を見るのは不吉なことですよ、と止めたけれども)〈竹取〉❷**暦の月。**陰暦で新月から新月までの期間の称。二十九日または三十日で一か月、十二か月または十三か月で一年となる。例この**月**の十五日に、かのもとの国より、迎へに人々まうで来こむず(=今月の十五日に、あの以前いた国から、迎えに人々が参上するだろう)〈竹取〉読解「もとの国」とは月の世界。❸**月経。**月の障り。例なが着けせる おすひの裾に **月**立ちにけり(=あなたの着ていらっしゃる衣の裾に月経の血が丸くついている)〈記・中・景行・歌謡〉

語誌 ▼**呪力をもつ「月」** 月の光は不思議な力をもち、人の心を異界にさらう働きをもっていた。月の「つき」は「憑き(霊的なものが依り憑く意)」に通じる。そのため、月の光を身に浴びることを禁忌とする例が多い。月の呪力は満月に最も強まる。月の光のもたらす狂気性への信仰は、世界的な広がりをもっている。古代の恋愛生活において、男性の通いがもっぱら月夜に限られたのは、反対に月の光の呪力を身に受けるためだった。女性の月経も、月の運行に関連づけて考えられたが、それも古くは霊的なものが依り憑いたしるしとしての意味がある。月の満ち欠けする神秘は、月に再生の呪力をもつ水(変若水)があるとする信仰を生み出している。
▼時代が下ると、月は賞美の対象とされ、その幽玄さ妖艶さが詩的世界でうたわれるようになる。秋の月の澄んだ美しさが強調されることも多い。⇩じふごや・もちづき 〈多田一臣〉

【月に異に】月ごとに。例**月に異に** 日に日に見とも 今のみに 飽き足らめやも〈万葉・六・九二三〉読解末尾の「やも」は反語の意を表す。

【月に日に異に】月ごと日ごとに。日々。例恋

◆**月**

月齢とその呼び名および月の出の時刻を示す。月の出の時刻は季節によって一時間ほど前後する。なお、下弦の月は、月の入りの時刻が日中であるため、弦にあたる部分が下を向いた状態では見ることはできない。

	月の入りの形	月の呼び名 太陰暦・月の出の時刻
上弦の月 夕月夜		二日月 2日ごろ・7時30分
		三日月 3日ごろ・8時30分
		七日月 7日ごろ・11時30分
		八日月 8日ごろ・12時30分
		九日月 9日ごろ・13時30分
		十日余りの月 11日ごろ・14時30分
		十三夜月・小望月 13日ごろ・16時30分
		望月・満月 15日ごろ・18時00分
		十六夜の月 16日ごろ・18時30分
		立ち待ちの月 17日ごろ・19時00分
		居待ち月 18日ごろ・20時00分
下弦の月 暁月夜・有り明けの月		臥し待ちの月・寝待ちの月 19日ごろ・21時00分
		更け待ちの月・宵闇月 20日ごろ・22時00分
		二十日余りの月 22日ごろ・22時30分
		二十三夜月 23日ごろ・0時30分
		新月・つごもり 30日ごろ・6時00分

にもそ人は死にする水無瀬川（枕詞）下ゆ（＝人知れず）我痩す月に日に異に〈万葉・四・五九八〉

つき【調】 名 貢ぎ物。上代の税制では、土地の特色に応じた絹・綿・鉄・塩・魚介類などを納める税の総称。例 やまつみの（＝山の神が）奉る御**調**と　春へには花かざし持ち〈万葉・一・三八〉

つき【槻】 名 植物の名。ケヤキの古称。神木とされ、弓の材料となった。例 走り出の　堤に立てる　**槻**の木の〈万葉・二・二一〇〉

つき【坏・杯】 ❶ 名 飲食物を盛る丸くて深みのある器。古くは土製、のちは金属や木・石など、さまざまなもので作った。例 金の**杯**よりほかの物、つゆとまらず（＝まったく姿をとどめていない）〈宇治拾遺・八・四〉
❷ 接尾 器に入れた飲食物を数える単位。例 価なき宝といふとも一**坏**の濁れる酒にあにまさめやも（＝まさることなどあろうか）〈万葉・三・三四五〉

つき【付き】 ❶ 名 ❶手がかり。たより。例 人に逢はむ**つき**のなき夜は〈古今・雑体〉読解「つき」は手がかりの意と月の意を掛ける。❷かっこう。様子。例 目もとおもしろし。額の**つき**みにくし〈難波物語〉❸人に応対する態度。例 ぜんたい、**つき**のわるい内だ〈洒落本・遊子方言〉❷ 接尾 主に人体の部位を表す名詞について、～の様子、の意を添える。「顔付き」「頭付き」など。

つぎ【継ぎ・嗣ぎ】 名 ❶跡継ぎ。後継者。例 冷泉院の御**つぎ**おはしまさぬを（＝いらっしゃらないのを）〈源氏・若菜下〉❷続くこと。つながり。例 巻向山は**継ぎ**の宜しも〈万葉・七・一〇九三〉❸（接尾語的に用いて）位や家を継いでいく数を表す。代。例 世は十**つぎ**になんなりにける〈古今・仮名序〉

つぎ

【次・継ぎ・嗣ぎ】〔動詞「つぐ」の名詞形〕❶ 名 ❶すぐあとに続くこと。すぐあとに続くもの。続きぐあい。例 巻向山は**継ぎ**の宜しも（＝巻向山は続きぐあいがよいなあ）〈万葉・七・一〇九三〉
❷あるものより一段劣るもの。次位。二流。例 律をば**次**のものにしたるは、さもありかし（＝律を次位のものとしたのは、それももっともだよ）〈源氏・若菜下〉
読解「律」は音楽の調子の一つ。呂に対して一段落ちると語る。
❸跡継ぎ。後継者。皇統。例 (a)何ごとも、上手の**嗣ぎ**といひながら、かくしもえ継がぬわざぞかし（＝どんなことでも、名人の跡継ぎとはいうものの、これほどに受け継ぐことはできないものだよ）〈源氏・若菜上〉読解 和琴の腕をほめる言葉。この人の父は和琴の名手だった。例 (b)六条院は、おりゐたまひぬる冷泉院の御**嗣ぎ**おはしまさぬを飽かず御心の中に思す（＝六条院は、ご退位になった冷泉院の御跡継ぎがいらっしゃらないことをもの足りなくお心の中でお思いになる）〈源氏・若菜下〉
❹江戸時代、宿場。例 東海道を五十三**次**と定めらるよしを（＝定めなさるいわれを）〈滑稽本・膝栗毛・発端序〉
❷ 接尾 位や家を継いで、その地位にある期間を数える。代。世。例 それが四**継ぎ**の孫なりけり（＝その四代目の子孫であった）〈今昔・三・一七〉
〈五十嵐康夫〉

つき-あり・く【突き歩く】 動（カ四）額を地につけておじぎして回る。例 額づき虫…さる心地に道心おこして**つきありく**らんよ〈枕・虫は〉

つき-い・づ【突き出づ】 動（ダ下二）ぱっと飛び出す。例「（帰ルマデ）都合（＝合わせて）七日八日には過ぐべからず」とて**突き出で**ぬ〈平家・五・福原院宣〉

つき-か・く【突き欠く】 動（カ四）突き当たってけがをする。ぶつかって負傷する。例 あるは額を**突きかき**などして、おのおの心も失せて〈十訓抄・一・五五〉

つき-かげ【月影】 名 ❶月光。月明かり。月の姿。例 隈なき**月影**、隙多かる板屋残りなく漏り来て〈源氏・夕顔〉❷月光に照らされた場所・物や人の姿。例 **月影**の御容貌、なほとまれる匂ひなど（＝今も残っている衣の香りなど）〈源氏・賢木〉

つき-がしら【月頭】 名 月の初旬。月はじめ。例（川ノ瀬ガ）**月頭**には東に候ふ〈平家・一〇・藤戸〉

つぎ-かみしも【継ぎ上下・継ぎ裃】 名「つぎがみしも」とも。肩衣と袴とで生地や色柄が異なる上下。江戸時代、武士は平服、庶民は礼服とした。例 御用達（＝武家屋敷に出入りの商人）の**つぎ上下**〈談義本・根南志具佐・四〉

つき-ぎゃうじ【月行事】 名「ぐゎちぎゃうじ」に同じ。例 夜廻りの月や世界（＝世間）の**月行事**〈俳諧・鷹筑波集・三〉

つき-きり【突き切り】 形動（ナリ）そっけなく言い放つさま。突き放したもの言いをするさま。例 はしたなく（＝無愛想に）**つききりなる**ことなのたまひそよ（＝おっしゃってくださるな）〈源氏・若菜下〉読解「な～そ」は柔らかい禁止の意を表す。

つき-くさ【月草・鴨跖草】 名 ❶植物の名。露草の古称。花の汁で薄い藍色に衣を摺り染めにする。例 **月草**に衣はすらむ朝露に濡れてののちは移ろひぬとも〈古今・秋上〉❷襲の色目の名。表は縹色、裏は薄縹色。秋に着用。

つきくさの【月草の】《枕詞》月草の花がすぐにしおれて色が変わりやすく、また、この花の汁で染めた色がさめやすく他に移りやすいことから、「移ろふ」「うつし心」「消ぬ」「仮り」などにかかる。

つき-げ【月毛・鴾毛】 名 馬の毛色の名。鴾（鳥の名。トキの古称）の羽の裏のような赤みをおびた白っぽい毛色。また、その毛色の馬。例 よに珍しき**月毛**の御馬に、えもいはぬ御鞍など〈栄花・初花〉

つき-こ・む【築き込む・築き籠む】 動（マ下二）❶土塀などを築きめぐらす。例 築地**つきこめ**て、檜皮葺きの屋いとをかしげに造らせたまひて〈栄花・嶺の月〉❷亡骸を埋めて塚を築く。例 この道のほとりに**築き籠め**て、しるしに（＝墓標として）柳を植ゑてたまはれ〈謡曲・隅田川〉❸押しこめる。例 石の籠（＝牢屋）に**つきこめ**られしに〈御伽草子・唐糸草紙〉

つき-ごろ【月頃】 名 この数か月の間。ここ数か月来。例（娘ノ死後）**月ごろ**はいとど涙に霧りふたがりて（＝涙で物も見えにくくなって）〈源氏・葵〉

つぎ-さま【次様】 名「つぎざま」とも。一段劣っていること。次に控えること。二流。例 **つぎさま**には、見目・品（＝容姿・家柄）を先とすべからず。心をえらぶべきなり〈十訓抄・五・七〉

つき‐じり【月尻】 名 月の下旬。月末。例(川ノ瀬ガ)月尻には西に候ふ〈平家・一〇・藤戸〉

つき‐しろ・ふ【突きしろふ】シロウ 動(ハ四)〔「しろふ」は接尾語〕肩や膝などをそっとつつきあう。また、それで合図する。例「これ聞きたまへ」とて**つきしろひて**〈宇津保・国譲上〉

つき・す【尽きす】 動(サ変)尽きる。なくなる。打消の語を伴って、尽きない、の意に用いる。例大将殿より例の**尽きせ**ぬことども(=言い尽くせないあれこれ)聞こえたまへり〈源氏・賢木〉

つき‐たつ【月立つ】 ❶月が出る。月が上る。例朝づく日(枕詞)向かひの山に**月立て**り見ゆ〈万葉・七・一二九四〉❷暦の上で、月が変わる。月が改まる。例あらたまの(枕詞)**月立つ**までに来まさねば夢にし見つつ思ひそ我がせし(=私は恋しく思っていた)〈万葉・八・一六二〇〉語誌 太陰暦は、暦日と月の運行の対応を原則とするから、新たな月の始まりは新月の日に等しく、そこで、月の変わることも「月立つ」と称した。新月の日が「つきたち」、つまり「ついたち(朔日)」である。①②の意は重なっていることもある。

つぎ‐つぎ【次次・継ぎ継ぎ】 ❶名 ❶あとに続くこと。歴代。例**次々**の帝の御次第(=御順序)を覚えまうすべきなり〈大鏡・序〉❷身分や地位などで、ある人の次に位置するもの。ある基準より以下のもの。例后といひ、ましてそれより**次々**は、やむごとなき人といへど〈源氏・若菜下〉❸子孫。例いよいよかの御**次々**になり果てぬる世にて〈源氏・橋姫〉❷副 しだいしだいに。順次。例**つぎつぎ**出づるに、足踏みを拍子にあはせて〈枕・なほめでたきこと〉

つき‐づき・し 形(シク)動詞「つく(付く)」の連用形を重ねてできた語であろう。周囲の状況とよく調和しているさまを表す。

❶似つかわしい。ふさわしい。例(a)いと寒きに、火など急ぎおこして、炭持てわたるも(=炭火を持って通っていくのも)いと**つきづきし**〈枕・春はあけぼの〉読解 冬の早朝に似合う情景。例(b)家居の**つきづきしく**、あらまほしきこそ、仮の宿りとは思へど、興あるものなれ(=住居が住む人にふさわしく、理想的であるのは、仮の世の住まいとは思うけれど、興趣を覚えるものだ)〈徒然・一〇〉

❷もっともらしい。例げにさもあらむとあはれを見せ、**つきづきしく**つづけたる(=なるほどそういうこともあるだろうとしみじみとした思いにさせ、もっともらしく言葉を続けている)〈源氏・蛍〉読解 物語について語る光源氏の言葉。

対義 ①つきなし

語誌 上代には見えず、事物や行為がいかに周囲の状況と調和するかを重んじた平安時代らしい語である。『枕草子』で用いられる割合が高い。〈高田祐彦〉

つき‐な・し【付き無し】 形(ク)複数のものや事柄の間に調和がとれていないさまを表す。

❶似つかわしくない。ふさわしくない。例年月にそへて、はしたなきまじらひの**つきなく**なりゆく身を思ひ悩みて(=長い年月につれて、中途半端な奉公が似つかわしくなくなってゆく身の上を思い悩んで)〈源氏・玉鬘〉

❷不都合だ。無理だ。例親・君と申すとも、かく**つきなき**ことを仰せたまふこと(=親や主君とは申しても、このように無理なことをご命令なさることで)〈竹取〉読解 龍の首の玉を取って来るように命じられた従者たちの不平である。

❸よく知らない。不得手だ。例大和言葉だに、**つきなく**ならひにければ(=和歌でさえ、よくわからずに過ごしてきてしまったので)〈源氏・東屋〉

対義 ①つきづきし 〈高田祐彦〉

つき‐なみ【月並み・月次】 名 ❶ひと月に一度ずつあること。毎月。月ごと。例例の月次の絵も、見馴れぬさまに、言の葉を書きつづけて御覧ぜさせたまふ(=あの月ごとの絵も、見なれない感じに、詞書を書きつらねてお目にかけなさる)〈源氏・絵合〉読解「月次の絵」は一年十二か月の月々の行事や風物を描いた絵。

❷「月次の祭り」の略。陰暦六月および十二月の十一日に、神祇官が国家の平安、天皇の福運、五穀豊穣などを祈る祭り。本来は月ごとに行われるべきものが、夏と冬の二回に略されたもの。

❸月ごとに催される和歌・連歌・俳諧の会。月次の会。

語誌 ③は、特に俳諧では、江戸後期ごろから独特の形態をもつ。宗匠という主催者の出題に人々が投句し、毎月一定の日にその優秀作を披露、出版した。高得点を取った者には景品が出され、陳腐なだじゃれを伴った遊戯的な句が量産された。のちに正岡子規が、明治の俳句の革新運動の中で「月並調」と批判したのは、この型の月次の会の句のことである。現代語「月並み(ありきたりなこと)」の意味のもとにもなった。〈福田安典〉

つきに〜【月に〜】 ⇨「つき」の子項目

つぎねふ 《枕詞》地名「山城」にかかる。語義・かかり方未詳。「つぎねふや」とも。

つき‐の‐かつら【月の桂】 古代中国の伝説で、月の中に生えているという桂の木。高さ五〇〇丈(約一五〇〇メートル)。例ひさかたの(枕詞)**月の桂**も秋はなほ紅葉すればや照りまさるらむ〈古今・秋上〉↓名歌301

つき‐の‐かほ【月の顔】カオ 月の表面。輝いている月。例ある人の、「**月の顔**見るは忌むこと」と制しけれども〈竹取〉

つき‐の‐ころ【月の頃】 月が美しく出て、眺めのよいころ。特に十五夜(満月)前後の数日間をいう。例夏は夜。**月の頃**はさらなり(=言うまでもなくすばらしい)〈枕・春はあけぼの〉

つき‐の‐しも【月の霜】 月の光の澄んだ白さを霜にたとえていう語。例今宵かくながむる袖の露けきは**月の霜**をや秋と見つらむ〈後撰・夏〉

つき‐の‐でしほ【月の出潮】デシオ 月の出とともに満ちてくる潮。「つきのいでしほ」とも。例**月の出潮**の

波の音、孤客の舟の棹の歌〈保元・下〉

つき-の-ふね【月の舟】 空を海に見立て、月を海を渡る舟にたとえていう語。例天の海に雲の波立ち月の舟星の林に漕ぎ隠る見ゆ〈万葉・七・一〇六八〉➡名歌48

つき-の-みやこ【月の都】 ❶月にあるという想像上の都。また、その宮殿。例おのが身はこの国の人にもあらず。月の都の人なり〈竹取〉❷都の美称。月のように美しい都。例月の都は遥かなれども〈源氏・須磨〉

月の輪 《地名》❶山城国紀伊郡、今の京都市東山区今熊野、泉涌寺・東福寺あたりの称。❷山城国葛野の郡、今の京都市右京区の愛宕山のふもと、月輪寺のあたりの称。例清少納言が月の輪にかへり住むころ〈公任集・詞書〉読解①とする説もある。

つき-ばえ【月栄え・月映え】 名月に照らされて人や物が美しく見えること。また、その照らされるもの。例(アナタ様ノ)月映えはいますこし心ことなり(=美しい)とさだめきこえし〈源氏・竹河〉

つぎ-はし【継ぎ橋】 名川の中に柱を立て、板を継ぎ足して渡した橋。例葛飾の真間の継ぎ橋霞みわたれり〈無名抄・故実の体といふ事〉

つき-ばん【月番】 名役職にある人が一か月交替でその役を務める制度。また、その月の当番の人。例勘定奉行の月番なるゆゑ〈折たく柴の記・下〉

つき-ひ【月日】 名❶月と太陽。例天なるや月日のごとく我が思へる君が日に異に(=日増しに)老ゆらく惜しも〈万葉・一三・三二四六〉❷暦の、月日。歳月。時間。例(a)月日経て、若宮参りたまひぬ〈源氏・桐壺〉例(b)月日は百代の過客にして〈芭蕉・奥の細道〉

【月日に添へて】 月日が経過するにつれて。例月日に添へて、いと忍びがたきはわりなきわざになん(=たいそう悲しみにたえられないのはどうしようもない)〈源氏・桐壺〉

つき-びたひ【月額】 名額の部分に白い斑毛のある馬。例月びたひなる駒にまかせて〈夫木・二七〉

つき-ひと【月人】 名月を擬人化していう語。例月人の楓の枝の色づく見れば〈万葉・一〇・二二〇二〉

つきひと-をとこ【月人壮子・月人男】 名月を擬人化していう語。月を船に見立て、それを漕ぐ男性を想像するところから出た語かという。例天の海に月の船浮け桂梶かけて漕ぐ見ゆ月人壮子〈万葉・一〇・二二二三〉

つぎ-びは【継ぎ琵琶】 名柄を取り外すことができる琵琶。しまうときにかさばらない。例いはゆる折り琴・継ぎ琵琶これなり〈方丈記〉

つき-ふさがり【月塞がり】 名陰陽道で、月によって、特定の方角を不吉として忌み避けること。一・五・九月は北、二・六・十月は東、三・七・十一月は南、四・八・十二月は西を避ける。例思ひ返せば胸塞がり、月塞がりの駒の足〈近松・大経師昔暦・下〉

つぎ-まつ【継ぎ松・続松】 名「ついまつ」とも。「たいまつ」に同じ。例続松取り出だして、さらにともして見ければ〈今鏡・六・絵合はせの歌〉

つき-み【月見】 名❶月を眺めて楽しむこと。また、その宴。特に、陰暦八月十五夜と九月十三夜についていう。例春は花見の岡の御所、秋は月見の浜の御所〈平家・七・福原落〉❷江戸時代、公家の成人の祝儀の一つ。十六歳の六月十六日に、男子は脇塞ぎ、女子は鬢除ぎの祝いをする。この夜、月に供えた饅頭に穴をあけ、その穴から月をのぞき見るしきたりだった。

つき・む【拒む】 動(マ四)こばむ。断る。辞退する。例家隆卿(鵯ヲ)所望せられけるを、大臣しばしつきみたまひければ〈著聞集・二〇・七〇五〉

つぎ-め【継ぎ目】 名❶つなぎ目。例継ぎ目ごとにかけがねを掛けたり〈方丈記〉❷関節。例つぎ目あらはれて皮ゆたひ(=皮がたるみ)〈平家・三・有王〉❸家督相続。跡継ぎ。例大入道殿、この継ぎ目にと日ごろの遺恨をおぼしけめども〈愚管抄・三〉

つき-もの【付き物・憑き物】 名人にとりついた霊。物の怪。例その憑き物の体を学べば、易く、便り(=演技の手がかり)あるべし〈風姿花伝・二〉

つき-ゆみ【槻弓】 名「つくゆみ」とも。「槻(ケヤキ)」の木で作った丸木の弓。例あづさ弓ま弓つき弓(ここまで序詞)年を経て〈伊勢・二四〉

つき-よ【月夜】 名〔上代は「つくよ」〕❶月の明るい夜。例月夜には来ぬ人待たる〈古今・恋五〉❷月。月光。例世の人のすさまじき事に言ふなる十二月の月夜の、曇りなくさし出でたるを〈源氏・総角〉

つき-よみ【月夜見・月読み】 名「つくよみ」に同じ。

づ-きん【頭巾】 名布製の袋状のかぶり物。防寒用で、顔を隠すためにも使用された。丸頭巾・投げ頭巾・角頭巾・宗十郎頭巾・奇特頭巾・苧屑頭巾など、種類は多い。例御夢想(=夢のお告げ)に何やら下されたとみたれば…頭巾ぢや〈狂言・居杭〉

つく 名語義未詳。垂木、あるいは束柱のことか。例屋の棟に、つくの穴ごとに燕は巣をくひはべる〈竹取〉

つく【月】 名《上代語》「つき(月)」の東国方言。❶月。例はだすすき(枕詞)浦野の山につく片寄るも〈万葉・一四・三五六五〉❷暦の月。例まかなしき背ろがまき来む(=いとしい夫が任務を終えて帰ってくる)つくの知らなく〈万葉・二〇・四四一三〉語誌 単独では東国方言

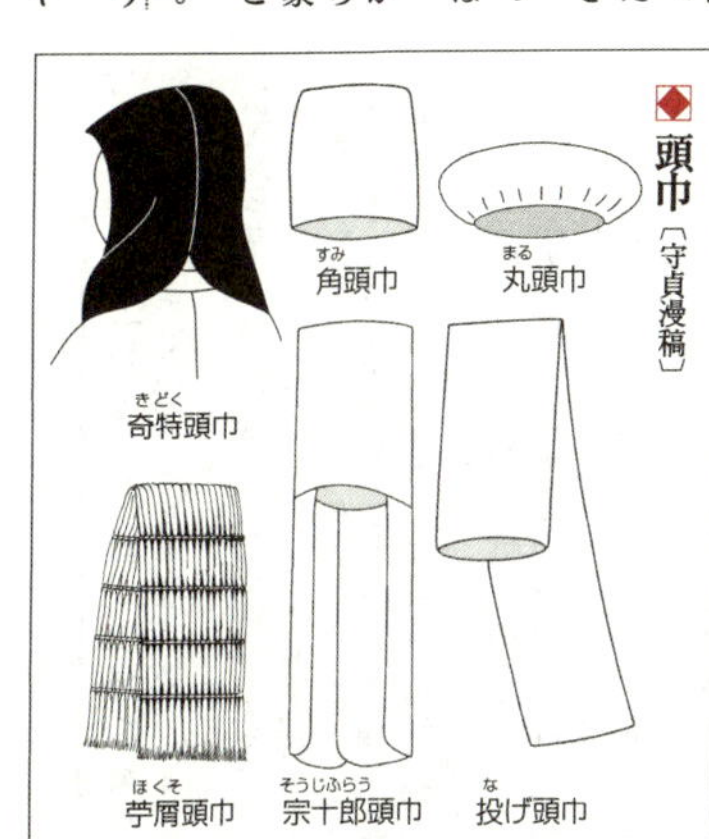

◆頭巾〈守貞漫稿〉

にしか見られない。「つくよみ」「つくよ」の複合形の中に現れるので、「つき」の古形かといわれる。

つ・く【吐く】 動(カ四) ❶息を吐く。息をする。例鳰鳥の(枕詞) 潜き(＝水に潜り)息づき〈記・中・応神・歌謡〉 ❷吐く。もどす。例(船酔イシテ)青反吐をつきて〈竹取〉 ❸大小便を排泄する。例尿をつきて〈仮名草子・東海道名所記・三〉 ❹言う。「嘘をつく」「戯言をつく」などの形で用いる。

つ・く【尽く】 動(カ上二) ❶終わる。果てる。例君に語らむ言尽きめやも〈万葉・二〇・四四五八〉 ❷極まる。これ以上はなくなる。例別れしに悲しきことは尽きにしを〈源氏・須磨〉

つ・く【突く・衝く・撞く】 動(カ四) ❶細長い物で強く押す。刺し通す。例鮪(＝大型の魚)突く海人よ〈記・下・清寧・歌謡〉 ❷棒を押し立てる。また、それを支えとする。例天地の 至れるまでに 杖つきもつかずも行きて〈万葉・三・四二〇〉 ❸鐘を打ち鳴らす。例鐘をつきて寺の大衆を集めたまふ〈今昔・四・六〉 ❹地面に打ち当てる。特に、頭や額を地に当てて礼をする。ぬかずく。例中門のもとにゐて、いと尊くつく〈源氏・総角〉

つ・く【付く・着く・著く・就く・即く】 二つのものが接触し、さらには一体化する意。

■1 動(カ四) ❶接触する。付着する。到着する。例赤き丹に着き、箔など所々に見ゆる木、あひまじはりける(＝赤色の塗料が付着し、箔などがあちらこちらに見える木も、混ざっていた)〈方丈記〉 ❷身につく。身に備わる。気にいる。例(a)徳をつかんし(＝富を得ようと思うなら、すべからく、まづその心づかひを修行すべし(＝富を得ようと思うなら、当然、まずその心構えを修行しなければならない)〈徒然・二一七〉例(b)御心につくことどもをしたまふ(＝お気に召すことをいろいろとなさる)〈源氏・若紫〉 ❸従う。ついてゆく。例よき人の、夫につきて下りて、住みけるなり(＝身分の高い女性が、夫について地方へ来て、住んだのである)〈土佐〉 ❹位につく。例御位につかせたまひて十八年にならせたまひぬ(＝天皇の位におつきになって十八年におなりになった)〈源氏・若菜下〉 ❺とりつく。乗り移る。例おそろしき神ぞつきたてまつりたらむ(＝恐ろしい神がとりつき申しているのだろう)〈源氏・総角〉 ❻(「〜につきて」などの形で)〜に関して。〜によって。〜にことよせて。〜にしたがって。例人につきてきこえごつを聞くを、ものしうのみおぼゆれば(＝夫に関して陰口を言っているのを聞くと、不愉快でたまらないので)〈蜻蛉・上〉

■2 動(カ下二) ❶接触させる。付着させる。例布を白き犬にかけ、鈴を著けて〈記・下・雄略〉 ❷託す。ことづける。例京に、その人の御もとにとて、文書きてつく(＝京に、その御方のもとにと思って、手紙を書いて託す)〈伊勢・九〉 ❸あとに従わせる。尾行させる。例良清・惟光をつけてうかがはせたまひければ(＝良清や惟光を尾行させて様子を見させなさったので)〈源氏・花宴〉 ❹和歌や俳諧で、七・七、または、五・七・五の句をつけて一つのまとまりを作る。例これが本付けてやらん(＝この句の上の句をつけて送ろう)。源中将付けよ〈枕・頭の中将の、すずろなるそら言〉 ❺(「〜につけて」などの形で)〜に関して。〜において。例朝夕の宮仕へにつけても、人の心をのみ動かし(＝朝夕の宮仕えにおいても、人の気をもませてばかりで)〈源氏・桐壺〉 ❻(他の動詞の連用形について)いつも〜している。〜しなれる。例(コノ侍女ハ)使ひつけてはべれば、なきはいとあし(＝使い慣れておりますので、いなくなるととても困ります)〈落窪・一〉

語誌 ①は自動詞の用法が中心であるが、②の例(a)のように他動詞的に用いることもある。②は基本的に他動詞。〈高田祐彦〉

つ・く【漬く】 ■1 動(カ四) 水につかる。例さて、池めいてくぼまり、水つける所あり〈土佐〉 ■2 動(カ下二) 水につける。

つ・ぐ【告ぐ】 動(ガ下二) 「継ぐ」と同源。順にある対象へと伝え、受け継がせる意。

伝え知らせる。報告する。例(a)納采のすでにおはりて、住吉仲皇子を遣はして、吉日を告げしめたまふ(＝婚約はすでに済んで、住吉仲皇子を遣わして、結婚の吉日を伝え知らせなさる)〈紀・履中〉例(b)わたの原八十島かけて漕ぎ出でぬと人には告げよ海人の釣り舟〈古今・羇旅〉→名歌438 〈松井健児〉

つ・ぐ【継ぐ・次ぐ・嗣ぐ】 動(ガ四) ❶前にあるものに続く。連続する。例梅の花咲きて散りなば桜花継ぎて咲くべくなりにてあらずや(＝梅の花が咲いて散ったら、桜の花が続いて咲くようになっているではないか)〈万葉・五・八二九〉 ❷継承する。相続する。跡を継ぐ。例為義、義家が跡をつい(音便形)で朝家の御まもりにて候へば(＝為義は、義家の跡を継いで朝廷の御守護でございますので)〈古活字本保元・上〉 ❸保ち続ける。持続する。例ある時には海の貝を取りて命をつぐ(＝あるときは海の貝を取って命を保ち続ける)〈竹取〉 ❹前のものの次に位置する。その下に位置する。例(娘ハ)宮仕へにつぎては、親王たちにこそは見せたてまつらめ(＝天皇との結婚、その次は、親王たちと結婚させ申し上げるのがよい)〈源氏・若菜下〉読解天皇との結婚を娘の処遇の理想とする考え方。 ❺「接ぐ」とも書く。つなぐ。継ぎ足す。くっつける。例人の破り捨てたる文を継ぎて見るに(＝他人が破って捨てた手紙をくっつけて見るときに)〈枕・うれしきもの〉 ❻「注ぐ」とも書く。つぎ入れる。そそぎ入れる。例(酒ヲ)つぐ時に〈狂言・どぶかっちり〉

語誌 「告ぐ」はこの語から分かれた語で、言葉を次に伝達する意。〈浅見和彦〉

-づく 接尾 名詞などについて、そのような状態になる、そのような様子が強くなる、の意を添える。「秋づく」「怖ぢ気づく」など。

-づく【尽く】ズク 接尾 名詞、形容詞の語幹について、ある限りを尽くす、それしだい、ある物の状態に任せる、の意を添える。「金銀尽く」「相手尽く」など。

筑紫《地名》九州地方全域の称。また、筑前・筑後両国(福岡県)の称。「筑紫島」は九州全域を、「筑紫国」は筑前・筑後両国をさすことが多い。例かの若君の四つになる年ぞ、筑紫へは行きける〈源氏・玉鬘〉

つくし-ぢ【筑紫路】ジ 名 筑紫へ行く道。また、筑紫の国々。例筑紫路の可太の大島〈万葉・一五・三六三四〉

つくし-ぶね【筑紫船】名 北九州を根拠地とし、大陸との間や瀬戸内海を航行する船。例筑紫船いまだも来ねばあらかじめ(=まだ来ていないのに今のうちから)荒ぶる君を見るが悲しさ〈万葉・四・五五六〉

つく・す【尽くす】動(サ四)〔「つく」の他動詞形〕❶終わりにする。なくする。例御調宝(=貢ぎ物の宝)は 数へ得ず 尽くしもかねつ〈万葉・一八・四〇九四〉❷全部を出す。ある限り出す。例忘れがたく、口惜しきこと多かれど、え尽くさず(=すべてを書くことはできない)〈土佐〉❸極める。極限まで達する。例よろづにきよら(=華美)を尽くして〈徒然・二〉

つく-だ【佃】名〔「つくりだ(作り田)」の変化した形〕❶耕作している田。例つくだのあ(=畔)を離ち〈記・上・神代〉❷荘園領主の直営地。

つく-づく【熟く】副❶もの思いにふけっているさま。しみじみと。じっと。例いかにせましと思しわづらひて、つくづくとながめ臥したまへり(=どうしたらよいだろうかと思い悩みなさって、じっともの思いにふけって横になっていらっしゃる)〈源氏・花宴〉❷特にすることもなくものさびしいさま。つくねんと。しんみりと。例つくづくと暇のあるままに、物縫ふことを習ひければ(=つくねんとしていて暇のあるのにまかせて、裁縫を習ったところ)〈落窪・一〉❸念入りなさま。集中するさま。じっと。よくよく。例つくづくと見れば、桜色の文目もそれと見分きつ(=よくよく見ると、桜襲の模様もそれとはっきり見分けがついた)〈源氏・竹河〉 読解 春の夕暮れ、霞にまぎれた屋内をのぞき見している場面。

語誌 つくづくいやになる、などに用いる意は、近代生じたもの。〈井上博嗣〉

つく-と 副 一か所にじっとしているさま。例つくとしてこそ立ちたりけれ〈源平盛衰記・三〉

筑波《地名》常陸国、今の茨城県中央部の筑波山南西部一帯。

菟玖波集ツクバシュウ《作品名》室町時代の連歌集。二〇巻。二条良基編。延文二年(一三五七)春までに成立。救済の協力を得て記紀歌謡から当代までの広範囲の連歌を収録する。最初の準勅撰集で、連歌の地位を確立。

筑波嶺《地名》歌枕〔上代は「つくはね」〕⇨筑波山。例筑波嶺の峰より落つる男女の川(ここまで序詞)恋ぞつもりて淵となりぬる〈後撰・恋三〉➡名歌235

つくば-の-みち【筑波の道】連歌の別称。記紀の「新治 筑波を過ぎて 幾夜か寝つる」「かがなべて 夜には九夜 日には十日を」(➡名歌277)という問答歌を、二条良基の『筑波問答』が連歌の起源としたことによる。

つくば・ふ【蹲ふ・踞ふ】ツクバウ・ツクボウ 動(八四)うずくまる。しゃがみこむ。平伏する。例木陰にいとけなき二人の者つくばひゐたり〈御伽草子・三人法師・下〉

筑波問答ツクバモンドウ《作品名》室町時代の連歌論。一冊。二条良基著。延文二年〜応安五年(一三五七〜七二)の間に成立。連歌の正統文芸化をめざす良基が、その歴史や効用、式目などを問答体で論じたもの。

筑波山《地名》歌枕「筑波嶺」とも。常陸国、今の茨城県中央部の山。男体山・女体山の二峰がある。関東平野の東部に長く裾野を引いて遠くから望見でき、古代から信仰の対象となった。『古今和歌集』仮名序の「(天皇ノ)広き御恵みの陰、筑波山の麓よりも繁く(=広大なご恩恵のお陰は、筑波山の山陰よりも深く)」など、帝王の恩恵を賛美する際に引き合いに出されることもある。

語誌 ▼恋の表徴 『常陸国風土記』に、祖神の巡幸に飲食物を供えて以来、「ゆき集ひて歌ひ舞ひ飲み喫ふこと、今に至るまで絶えざるなり」と伝えるように、古く、四方から男女が集まって歌舞飲食して求愛する歌垣が行われ、男体山・女体山の二峰があるところからも、男女和合の表徴ともされた。例筑波山端山繁山しげけれど思ひ入るにはさはらざりけり(=筑波山は、人里に近い山や木の茂った山と、山が多いけれど、分け入るには妨げにならないように、人目が多くてもいちずに思う私には妨げにならないことだ)〈新古今・恋一〉〈大谷俊太〉

つく-ひ【月日】名〔上代語〕「つきひ」の東国方言。例つくひ夜は過ぐは行けども〈万葉・二〇・四三七八〉

筑摩《地名》近江国、今の滋賀県坂田郡米原町。琵琶湖の東北に位置する。平安時代、朝廷の御厨として食物を献上した。筑摩神社がある。

つくま-の-まつり【筑摩の祭り】名 近江国、今の滋賀県の筑摩神社の祭礼。陰暦四月一日に行われる。鍋祭りとも呼ばれ、土地の女性は関係を結んだ男性の数だけ土鍋をかぶって参詣するという風習があった。例いつしかも筑摩の祭り早せなむつれなき人の鍋の数見む〈拾遺・雑恋〉

つくも-がみ【九十九髪・江浦草髪】名 老女の白髪。例百年に一年足らぬつくも髪我を恋ふらし面影に見ゆ〈伊勢・六三〉 語誌 「つぐもも(次百)」の変化した形といわれ、「九十九」の字をあてる。「白」の字が「百」より一画少ないところから、白髪のことを「つくも髪」というとする説や、白髪が江浦草(フトイ)という草に似るからとする説もある。

つくも-どころ【作物所・造物所】名〔「つくりものどころ」の変化した形〕蔵人所に属し、宮中の調度などを作る所。別当・預かりなどの職員を置く。例造物所の御調度の事、心ことに(=格別に)召し仰せらる〈栄花・玉の村菊〉

つく-ゆみ【槻弓】名「つきゆみ」に同じ。例槻弓にまり矢を副へ(=添え)〈紀・神功・歌謡〉

つく-よ【月夜】 名〔「つきよ」の古形〕❶月。月光。例今夜の**月夜**霞みたるらむ〈万葉・二〇・四四八九〉❷月の明るい夜。例**月夜**には門に出で立ち〈万葉・四・七六六〉 語誌 平安時代以降は「つきよ」。「つくよ」の形は「ゆふづくよ」などの複合語に残る。

つく-よみ【月夜見・月読み】 名「つきよみ」とも。月の神。また、月。例(a)右の御目を洗ひたまふ時に成りませる神の名は**月読み**の命〈記・上・神代〉例(b)**月読み**の光に来ませ〈万葉・四・六七〇〉

つくよみ-をとこ【月夜見壮子・月読み男】—オトコ 名「つきひとをとこ」に同じ。例み空行く**月読み男**夕去らず(=夕方ごとに)目には見れども寄るよし(=方法)もなし〈万葉・七・一三七二〉

つぐら 名 わらを編んで作った籠。飯びつなどの保温に使う。地方によっては、冬に乳児を入れることもあった。例山がつの**つぐら**にゐたる我なれや心せばさを嘆くと思へば〈散木奇歌集・二〉

つくり【作り・造り】 名❶作ること。作った人。作られたもの。例からの薄紫の紙に書ける文字の**つくり**・筆のさきら(=筆勢)〈浜松中納言・一〉❷耕作。農作物。例**作り**忙しく、米も豆もあらざりけるほどに〈仮名草子・仁勢物語・下〉❸身なり。例若い**作り**だね〈滑稽本・浮世風呂・三上〉

つくり-あは・す【作り合はす】—アワス 動(サ下二)調和するように作る。ふさわしく仕上げる。例(姫君ハ)容貌も心も、右大将にこそ**つくりあはせ**たれ〈宇津保・内侍のかみ〉

つくり-いだ・す【作り出だす】 動(サ四)作り上げる。製作する。例木の道の匠(=細工師)の、よろづの物を心にまかせて**作り出だす**も〈源氏・帚木〉

つくり-い・づ【作り出づ】—イズ 動(ダ下二)「つくりいだす」に同じ。

つくり-えだ【作り枝】 名 金銀などで作った枝。贈り物や、歌を書いた紙などをつけて贈る。例梅の**つくり枝**に雉をつけて奉るとて〈伊勢・九八〉

つくり-ごと【作り事・作り言】 名❶人工的に作った物。細工物。例この岩根の松も、こまかに見れば、えならぬ(=すばらしい)**つくりごと**どもなりけり〈源氏・少女〉❷作り話。こしらえごと。例(光源氏ノ話ヲ)**つくりごと**めきて(=作り話のようだと)とりなす人ものしたまひければなん〈源氏・夕顔〉

つくり-た・つ【作り立つ】 動(タ下二)❶作り上げる。建立する。例堀河院をぞいとよく**つくりたて**て〈栄花・浦々の別れ〉❷見た目をそれらしく作り上げる。美しく装いたてる。例(絵ガ)筆の飾り、人の心に**作りたて**られて〈源氏・絵合〉

つくり-どり【作り取り】 名 年貢が免除されて、田畑の収穫が全部自分のものになること。江戸時代、新田開発などのとき、一定期間この処置がとられた。例田畠・牛馬、男女の召使ひ者棟をならべ、**作り取り**同然の世の中〈西鶴・日本永代蔵・六・五〉

つくり-な・す【作り成す】 動(サ四)作り上げる。巧みに作る。例(寝殿ヲ)いとはればれしう**つくりな**したり〈源氏・東屋〉

つくり-ばな【造り花】 名 紙や布などで作った造花。例**つくり花**の枝につけて〈竹取〉

つくり-みが・く【作り磨く】 動(カ四)りっぱに作る。例土御門殿を日ごろいみじう**つくりみがか**せたまへれば、常よりも見所あり〈栄花・御賀〉

つくり-もの【作り物】 名 こしらえ物。また、にせ物。例この大神楽は**作り物**にして〈西鶴・好色五人女・一・三〉

つくり-ゑ【作り絵】—エ 名 墨絵に彩色すること。また、その絵。例このごろの上手にすめる(=名人と世間に評判の)千枝・常則などを召して、**作り絵**仕うまつらせばや〈源氏・須磨〉

つく・る【作る・造る】 動(ラ四)❶**ものをこしらえる。組み立てる。** 例八雲立つ(枕詞)出雲八重垣妻籠みに八重垣**作る**その八重垣を〈記・上・神代・歌謡〉↓名歌375 ❷**田畑を耕す。耕作する。栽培する。** 例あしひきの(枕詞)山田**作る**児〈万葉・一〇・二二一九〉❸**料理する。酒類を醸造する。** 例いざ、この雉子生けながら**つくり**て食はん(=さあ、この雉を生かしたまま料理して食べよう)〈宇治拾遺・五九〉❹**和歌や詩文を書く。著す。** 例いとあはれなる句を**作り**たまへるを(=たいそうしみじみと趣深い詩句をお作りになったのを)〈源氏・桐壺〉❺**行う。なす。** 罪や功徳などについていう。例かぐや姫は罪を**つくり**たまへりければ(=かぐや姫は罪をなさったので)〈竹取〉❻(「鬨をつくる」の形で)**大きな声を出す。声を上げる。** 例天もひびき大地もゆるぐほどに、鬨をぞ三ケ度**つくり**ける(=天までも響き大地も揺れ動くほどに、鬨の声を三度上げた)〈平家・五・富士川〉❼**表面を繕う。それらしく装う。** 例はじめこそ心にくくも**つくり**けれ(=はじめのころこそ奥ゆかしく繕っていたけれど)〈伊勢・二三〉❽**飾る。飾りたてる。化粧する。** 例御車は二なく**つくり**たれど(=御車はほかにないほどりっぱに飾りたててあるけれど)〈源氏・明石〉 語誌 材料に手を加えて新しい形のものにする、が原義で、その材料の違いによって、耕す、料理する、書く、などの意味に分かれる。さらに⑦⑧のような意が生じた。〈浅見和彦〉

つくろひ-た・つ【繕ひ立つ】ツクロイ— 動(タ下二)❶美しく装う。身だしなみを整える。例姫君のいとうつくしげに**つくろひたて**ておはするを〈源氏・葵〉❷きれいに手入れする。例人ひとりの御かしづきに(=娘一人を大事に守り育てるために)、(屋敷ヲ)とかく**つくろひたて**て〈源氏・桐壺〉

つくろ・ふ【繕ふ】ツクロウ 動(ハ四)動詞「つくる」の未然形＋上代の反復・継続の助動詞「ふ」＝「つくらふ」の変化した形。ずっと作り続ける、常に手をかけて、あるいは気にかけて作り続ける、が原義。

❶**身なりを整える。身じまいをする。着飾る。** 例みな姿かたち心ことに**つくろひ**(=皆身なりを格別に整え)〈枕・正月一日は〉

❷直す。修繕する。例犬君がこれをこぼちはべりにければ、つくろひはべるぞ（＝犬君がこれを壊してしまいましたので、直しているのです）〈源氏・紅葉賀〉
読解「犬君」は童女の名。
❸病気などを治す。治療する。例身に悪しき瘡出で、つくろへどもやまざりき（＝体に悪性のできものができて、治療したのに治らなかった）〈三宝絵・下・四〉
❹気どる。取り繕う。ごまかす。例（身分ノ低イ女性ノ娘ダト）人の漏り聞かんことは、なかなかにやつくろひがたく思されん（＝人が漏れ聞くようになったら、それは、かえって取り繕いにくくお思いになるだろうか）〈源氏・薄雲〉

〈浅見和彦〉

つけ【付け】 名〘近世語〙❶書き付け。手紙や勘定書。例付けをよこした女よ〈滑稽本・浮世床・初上〉❷運。「つけが悪い」の形で用いる。例今日は大分つけがわりいぜ〈滑稽本・膝栗毛・四上〉❸理由。例（勘当シタ息子ニ）二親が何のつけに（＝どんな理由で）逢ふものかえ〈歌舞伎・与話情浮名横櫛・八〉

つけ-あひ【付け合ひ】 アイ 名 連歌や俳諧で、二つの句を付け合うこと。五・七・五の句には、七・七の句、七・七の句には五・七・五の句をつける。つける句を付け句、つけられる句を前句という。

つけ-いし【付け石】 名 金貨・銀貨の質を判定するために、こすりつける石。試金石。紀伊国（和歌山県）那智で産する黒い珪石が用いられた。例一分（＝一分金）一つころりと出でしに、これはと驚き、まづ付け石にてあらため〈西鶴・日本永代蔵・一・三〉

つけ-うた【付け歌】 名 神楽・催馬楽・今様などで、主唱者が第一句を歌うと、二句目からほかの人が加わってともに歌うこと。例法皇も付け歌せさせおはします〈平家・五・文覚被流〉

つけ-く【付け句】 名 連歌や俳諧の付け合いで、前句に付ける句。

つけ-もの【付け物】 名 ❶衣服などにつける飾り。特に賀茂祭りで放免がつける飾り。例祭りの日の放免のつけ物に〈徒然・二二一〉❷雅楽で楽器の伴奏をつけること。

つこうまつる〘仕う奉る〙⇩つかうまつる

つ-ごもり

【晦・晦日】名〔近世は「つもごり」とも〕❶月の最終日。「つごもりの日」と限定することも多い。例十二月のつごもりに もの思ふと月日のゆくも知らぬまに今年は今日にはてぬとか聞く（＝もの思いをしているといって月日の過ぎゆくのもわからない間に、今年は今日で終わってしまうとかいうことだ）〈大和・九三〉
❷月の下旬。月末。「つごもり方」の形で用いられることが多い。例正月晦日方より、例ならぬさまに悩みたまふを（＝一月の下旬から、いつもと違う様子でお苦しみなさるのを）〈源氏・宿木〉読解出産間近の様子。

語誌▼語源　「つきごもり（月籠り）」の変化した形とされる。「晦」の字は、月が暗い、月の終わり、の意。
▼季節の終わり　三月晦日（三月尽）は春の終わりの日。六月晦日（六月尽）は夏の終わりの日。九月晦日（九月尽）は秋の最後の日。和歌や漢詩で、感慨をこめて歌われることが多い。『古今和歌集』の四季の部の巻末近くには、「弥生の晦日の日」「水無月の晦日の日」「長月の晦日の日」「年の果て」などの詞書をもつ歌が配列されている。
十二月晦日（大晦日）は冬ばかりでなく一年の最終日ということで、江戸時代の小説などには、金銭をめぐるトラブルも取り上げられる。〈島内景二〉

つごもり-がた【晦方】 名 月末ごろ。例弥生のつごもりがたに、山を越えけるに〈古今・春下・詞書〉

つし【地】 名〘上代語〙「つち（土・地）」の東国方言。例天つしのいづれの神を祈らばか（＝祈ったら）愛し母にまた言問はむ〈万葉・二〇・四三九二〉

つじ【辻】 名「つむじ」の変化した形」道などが交差している所。十字路。四つ辻。また、道端。道筋。例三条京極の辻に立ちたまへり〈宇津保・俊蔭〉

つじ【旋毛・辻】 名 ❶頭のつむじ。毛髪が渦巻きのようになっているところ。また、その毛。例二つばかりの子の、鼻たれて頭の辻ゆがうで（＝ゆがんで）〈西鶴・諸艶大鑑・二・三〉❷物の頂点。てっぺん。例辻のぬけたる葛笠を被き〈西鶴・西鶴織留・二・一〉

づ-し【廚子】 ズ 名 ❶戸棚の一種。上段は調度・書画などを載せ、下段は扉がついている。例三尺の御廚子一具（＝一対）に、品々しつらひすゑて（＝飾り据えて）〈源氏・紅葉賀〉❷仏像などを安置するための両開き扉のある箱。

廚子①〔高田装束研究所〕

廚子②〔石山寺縁起絵巻〕

つじ-うら【辻占・辻卜】 名 ❶辻に立ち、最初に通る人の言葉で吉凶を判断すること。例豆腐商ふ商人の、「きらずきらず」と声高に売る（声ガ）辻占の耳に立ち〈近松・堀川波鼓・下〉読解「きらず」はおから（うのはな）。ここは「切らず」に通じる。❷偶然に起こった物事によって吉凶を判断すること。例（雨ニ）しょぼしょぼぬれて、ぬれは恋路のよい辻占よ〈浄瑠璃・伊達競阿国戯場・八〉

つじ-かご【辻駕籠】 名 江戸時代、街頭で客待ちをする駕籠。町駕籠。

つじ-かぜ【辻風・旋風】 名 つむじ風。例中御門京極のほどより大きなる辻風起こりて〈方丈記〉

つじ-がため【辻固め】 名 貴人の外出のとき、行き帰りの道筋や辻々を警備すること。また、その役。例辻固めきびしかりければ〈曾我・五〉

つじ-ぎり【辻斬り】 名 武士が剣術の稽古のために、あるいは刀の切れ味を試すために、夜、往来に出て通行人を襲うこと。例毎夜京白河を回って辻斬りをしけるほどに〈太平記・一三〉

対馬〘地名〙旧国名。今の長崎県対馬島。西海道十一か国の一つ。対州。九州と朝鮮半島の間にあり、二つの島からなる。壱岐島とともに、古代から大陸との交通・軍事上の要地。延喜式では下国・遠国。

づし-やか ― 形動(ナリ)〔「やか」は接尾語〕慎み深く重々しいさま。慎重なさま。例もとより**づしやか**なるところはおはせざりし人の〈源氏・若菜上〉

づしょ-れう【図書寮】 名 令制で、中務省に属する役所。図書の保管、紙・筆・墨などの製造、国史の編纂などをつかさどる。

つた【蔦】 名 植物の名。ブドウ科のつる性多年草。岩や樹木などにからみついて伸びる。夏に黄緑色の小さな花を咲かせ、秋には紅葉する。例御前の松の木にはひかかれる**蔦**の、紅葉にいたう(=ひどく)染めこがしたるを〈増鏡・さしぐし〉

づだ【頭陀】 名 ❶《仏教語》〔梵語の音写〕衣食住への執着を捨て去る仏道修行。特に、乞食行。「抖擻」とも。例仏、かの勝義(=人名)を教化せむがために、頭陀第一の迦葉(=仏の弟子の名)を遣はすに〈今昔・一・三三〉 ❷「頭陀袋」の略。

つたな・し【拙し】

形(ク) 劣っているさま、程度が低いさまについて、広く用いる。

❶**能力が劣っている。愚かだ。下手だ。未熟だ。** 例本才のかたがたのもの教へさせたまひしに、**拙き**こともなく(=芸能のさまざまのものをお教えになったが、劣っているものもなく)〈源氏・絵合〉

❷**品格などが劣っている。卑しい。** 例あが君の御ためにこそ、**拙き**身の命も惜しけれ(=あなた様のおためにこそ、私の卑しい命も惜しいのです)〈宇津保・俊蔭〉

読解 召使の老女の言葉。

❸**見栄えがしない。みすぼらしい。見苦しい。** 例旧るく**弊なき**衣を着て(=古くてみすぼらしい着物を着て)〈今昔・九・一六〉

❹**不運だ。恵まれない。** 例宿世**つたなく**、悲しきこと(=前世からの因縁が不運で、悲しいことよ)〈伊勢・六五〉

〈橋本行洋〉

つたは・る【伝はる】 動(ラ四) ❶昔から伝えられる。受け継がれる。例親の御方につけつつ**伝はり**たるものの〈源氏・葵〉 ❷場所を移動する。例遥かなる世界より**伝はり**参うで来て〈源氏・橋姫〉 読解 九州から上京した、ということ。 ❸世に知られる。例世に**伝はる**事は〈古今・仮名序〉

つた・ふ【伝ふ】

あるものを媒介として、それに沿いつつ移動する意。時間的にも空間的にも用いる。

1 動(ハ四) **ある物に沿って移動していく。** 例大砌の石を**伝ひ**て、雪に跡をつけず(=軒下の敷き石の石に沿って移動して、雪に足跡をつけない)〈徒然・六六〉

2 動(ハ下二) ❶**伝える。渡す。** 例(a)琴にておきては娘に**伝ふ**。娘、仲忠に**伝ふ**(=琴の奏法については娘に伝える。娘は仲忠に伝える)〈宇津保・吹上下〉 例(b)ゆく先も、かならず語り**伝ふ**べきことなり(=将来も、きっと語り伝えるにちがいないことである)〈枕・頭の中将の、すずろなるそら言を〉

❷**伝え受ける。受け継ぐ。** 例(a)この御琴の音ばかりだに**伝へ**たる人をさをさあらじ(=あなたの御琴の音色ほどさえも受け継いでいる人はほとんどいないだろう)〈源氏・若菜下〉 例(b)わが身、父方の祖母の家を**伝へ**て、久しくかの所に住む(=自分自身は、父方の祖母の家を受け継いで、長い間その場所に住む)〈方丈記〉

語誌 2は、移動の送り手に重点を置く場合(①)と、その受け手に重点を置く場合(②)の双方の用法がある。移動するものが、人の言葉や話の場合は①語り継ぐ・伝言する、②聞き及ぶ・伝聞する、具体的な物の場合は①譲り渡す、②譲り受ける、技芸や知識・学問などの場合には①教える・伝授する、②教わる・伝授を受ける、などとするとよい。

〈松井健児〉

づだ-ぶくろ【頭陀袋】 ― 名 ❶「づだ①」の修行をする僧が首から掛ける袋。経巻・布施・食品や、身の回りの品などを入れておく。例**頭陀袋**をぐっと首にかけて〈滑稽本・浮世床・初下〉 ❷死者を葬るとき、その首に掛ける袋。例**頭陀袋**も縫はねばならず〈歌舞伎・毛抜〉

つたへ【伝へ】 名 ❶伝承。伝授。例嵯峨(=嵯峨天皇)の御**伝へ**にて、女五の宮さる世の中の(筝ノ)上手にものしたまひけるを〈源氏・明石〉 ❷伝言。便り。例妹が**伝へ**は早く告げこそ〈万葉・一〇・二〇〇八〉

つ-だみ【唲吐】 名 乳児が飲んだ乳を吐き戻すこと。例この君いたく(=ひどく)泣きたまひて、**つだみ**などしたまへば、乳母も起き騒ぎ〈源氏・横笛〉

つち【土・地】

名 ❶**大地。地上。地面。** 例(a)御足跡作る 石の響きは 天に到り **地**さへ揺すれ(=仏の御足跡を形作る仏足石の功徳は、天に到り大地さえ震動させせよ)〈仏足石歌〉 例(b)大空より、人、雲に乗りて下り来て、**つち**より五尺ばかり上がりたるほどに立ち連ねたり(=大空から、人が、雲に乗って下りて来て、地面から五尺ほど上がっているところに立って並んでいる)〈竹取〉 読解「五尺」は約一五〇センチで、人の背丈とほぼ同じ。

❷**土。土壌。** 例(履物ノ)歯に**土**おほくつきたるを〈枕・ものへ行く路に〉

❸**容貌が醜いことのたとえ。** 例御前なる人は、まことに**つち**などの心地ぞするを(=御前にいる人は、実際のところ土くれなどのように容貌が醜い感じがするのを)〈源氏・蜻蛉〉

❹「ぢげ①」に同じ。例**つち**の帯刀の歳二十ばかり〈落窪・一〉 読解「帯刀」は皇太子の護衛にあたる役人。

語誌 ▼「あめ」と「つち」 上代では特に、「天地」で宇宙の創世以来、永久不滅の天上世界と地上世界をいう。また、神々の居所としての天と地という意識で用いられる場合もある。和歌では、①例(a)のように、天・天上・大空の意の「天」と対の関係で用いられるのが特徴である。

▼時代が下るにつれ、土壌そのものを表す即物的な用例が増え、しばしば農耕や田舎のイメージが重ねられるようにもなった。

〈石田千尋〉

つち【槌】 名 物を打ちたたく道具。たたく部分は円筒形で、柄がある。例赤き浴衣を搔きて(=着けて)、

槌を腰に差したり〈今昔・二〇・七〉

つち-いみ【土忌み】 名 陰陽道で、地の神の土公のいる方角を犯して工事・普請・旅行をするのを嫌うこと。やむをえない場合は、居所を一時ほかに移したりした。例三月つごもりがた、**土忌み**に人のもとに渡りたるに〈更級〉

つち-おほね【土大根】 名 植物の名。ダイコン。例**土大根**をよろづにいみじき(＝とてもよい)薬とて、朝ごとに二つづつ焼きて食ひける事〈徒然・六八〉

つち-け【土気】 名 形動(ナリ) 田舎っぽいこと。やぼったいこと。無粋なこと。例片里(＝片田舎)の者にはすぐれて、耳の根白く、足も**土気**はなれて〈西鶴・好色五人女・三・一〉

つち-ど【土戸】 名 泥土または漆喰を塗った引き戸。築地の門などに設置する。例高陽院のかたの土戸より…僧ばかりぞ参りける〈宇治拾遺・七三〉

つち-どの【土殿】 名 貴人が父母の喪に服す期間籠もる仮屋。板敷きをはがして土間にしたり、廂や渡殿を用いたりする。例この殿、父大臣の御忌みには**土殿**などにもゐさせたまはで〈大鏡・道兼〉

つち-の-え【戊】 名〔「土の兄」の意〕十干の五番目。

つち-の-と【己】 名〔「土の弟」の意〕十干の六番目。

つち-や【土屋】 名「土屋倉」の略。例当社の**土屋**を造進したりけり〈著聞集・一・三〇〉

つちや-ぐら【土屋倉】 名 土や漆喰で塗り固めた倉庫。土蔵。例五間ばかりなる檜皮屋のしもに**土屋倉**などあれど〈大和・一七三〉

つち-ゐ【土居】 名 ❶家の土台。例**土居**を組み、うちおほひ(＝仮の屋根)を葺きて、継ぎ目ごとに掛けがねを掛けたり〈方丈記〉 ❷帳台(貴人の寝所)などの柱を立てる木の台。例御帳の外の**土居**に押しかかりて居眠りしたまへり〈宇津保・蔵開上〉

つち-をかす【土犯す】 陰陽道の土忌みを押しきって土木工事をする。例二十七、八日のほどに、**土犯す**とて〈蜻蛉・下〉

つつ【筒】 名 ❶まるく細長くて、内部が空いているもの。例(竹ニ)寄りて見るに、**筒**の中光りたり〈竹取〉 ❷地上に作った井戸の囲い。井筒。

つ・つ【伝つ】 動(タ下二) つたえる。例思ほしき言伝て遣らず〈万葉・一七・三九六二〉

つつ

接助 ❶**動作・作用の反復の意を表す。～しては、また～して。繰り返し～して。** 例野山にまじりて竹を取り**つつ**、よろづの事に使ひけり(＝野山に分け入って竹を取っては、さまざまな事に使った)〈竹取〉 ❷**動作・状態の継続を表す。～続けて。ずっと～して。** 例女はこの男をと思ひ**つつ**、親のあはすれども、聞かでなんありける(＝女はこの男を夫にしようと思い続けて、親が他の男と結婚させようとしても、承知しないでいた)〈伊勢・二三〉 ❸**複数の主体による動作であることを表す。** 例人々おどろきて…あいなう起きゐ**つつ**(＝人々は目を覚まして…むやみにめいめい起き上がっては)〈源氏・須磨〉 ❹**二つの動作が同時に行われていることを表す。～ながら。** 例(鳥ガ)水の上に遊び**つつ**魚を食ふ(＝水の上を動きまわりながら魚を食う)〈伊勢・九〉 ❺**逆接を表す。前の事柄とは後の事柄が対立的な関係にある。～ながらも。～のに。** 例我がここだ待てど来鳴かぬほととぎすひとり聞き**つつ**告げぬ君かも(＝私がこんなに待っていても、来て鳴いてくれないほととぎすを、一人で聞いていながらも、知らせてくれないあなたであることよ)〈万葉・一九・四二〇八〉 ❻**上の動作の結果を持続したままで、次の動作が起こることを示す。～て。～たうえで。** 例(平清盛ハ)小督殿をとらへ**つつ**、尼になしてぞはなたる(＝小督殿を捕らえて、尼にして追放なさった)〈平家・六・小督〉 ❼**和歌の末尾に用いて、反復や継続の意を含みながら詠嘆の意を表す。～ことよ。** 例秋の田の仮庵の苫をあらみわが衣手は露にぬれ**つつ**〈後撰・秋中〉➡名歌8

接続▶動詞および動詞型活用語の連用形につく。

語誌▼前の事柄と後の事柄が並行している関係を表すのが基本。文脈によって、因果関係や逆接の関係が認められる例もある。⑦も、後の事柄の省略によって余情が生じたもの。

▼④の意では、平安時代以降、しだいに「**ながら**」が用いられるようになっていく。〈佐藤一恵〉

-づつ 接尾 分量を表す語について、同じ量を割り当てる意、それが繰り返される意を添える。ずつ。「十づつ」「少しづつ」など。

つつお-ごめ【筒落米】 名 俵の中の米を調べる米刺しの竹筒からこぼれ落ちた米。例こぼれすたれる**筒落米**をはき集めて、その日を暮らせる老女ありけるが〈西鶴・日本永代蔵・一・三〉

つつが【恙】

名 病気などの災難。差し障り。異常。例(a)先帝ことなる御**つつが**も渡らせたまはぬに、おしおろしたてまつらせたまふこそあさましけれ(＝先代の帝は格別の差し障りもおありでないのに、無理やり退位させ申し上げなさるのは実に嘆かわしい)〈保元・上〉例(b)雷火のために狩衣の袖は焼けながら、その身は**つつが**もなかりけり(＝雷火のせいで着ていた狩衣の袖は焼けたものの、その身体は無事だった)〈平家・三・法印問答〉〈黒木祥子〉

つつが-な・し【恙無し】 形(ク) 不都合や異常のないさま。健康なさま。無事なさま。例身に**恙なき**事を喜びて家に返りぬ〈今昔・一六・三〉

つつ・く【突く】 動(カ四) こつこつと壊すようにつく。例しただみ(＝貝の名)を い拾ひ持ち来て 石もち つつき破り〈万葉・一六・三八八〇〉

つづ・く【続く】

❶動(カ四) ❶**とぎれることなくつながる。同じ状態が保たれる。** 例(雷ハ)いよいよ鳴りとどろきて、おはしますに**続き**たる廊に落ちかかりぬ(＝ますます鳴り響いて、御座所につながっている廊に向かって落ちてきた)〈源氏・明石〉 ❷**前のものにつながる。後から続く。従う。** 例よろしきさまに見えける女車のしりに**つづき**そめにければ(＝まずまずの様子に見えた女車の後に続いて車を動かし始めたところ)〈蜻蛉・下〉

2動(カ下二) ❶**とぎれることなくつなげる。同じ状態を保たせる。**例御車は、あまた**つづけ**むもところせく(=御車は、たくさんつなげるのも大げさで)〈源氏・松風〉

❷**前のものにつなげる。後から続かせる。従える。**例御輿の後りに**つづけ**たる、心地めでたく〈枕・関白殿、二月二十一日に〉読解中宮定子の輿の後に作者たちが牛車を続けた、そのときの気持ちがすばらしかった、ということ。

❸**言葉を連ねる。歌文を作る。**例思し集むることどももえぞ**つづけ**させたまはぬ(=あれこれとご思案なさることなども言葉を連ねることがおできになれない)〈源氏・須磨〉読解「え〜ぬ(ず)」は不可能の意を表す。

語誌 二つ以上のものがつながっている状態をいう。類義語「つらなる(連なる)」は縦に一直線に続くさまをいう。〈浅見和彦〉

つっくり 副(多く「つっくりと」の形で)一人でぼんやりとしているさま。もの思いに沈んでたたずむさま。つくねんと。例それに**つっくり**といたいて居ましたれば〈虎寛本狂言・茫々頭〉

つつじ【躑躅】 名❶植物の名。ツツジ科の低木。春から夏にかけて枝先に紅や白の花を咲かせる。❷襲の色目の名。表は蘇芳、裏は青。冬から春にかけて着用。例色々の衣ども、藤・**躑躅**・撫子など着かへられける〈増鏡・老のなみ〉

つつしみ【慎み】 名❶物忌み。物忌みの祈禱。斎戒。例(妊娠シタ葵ノ上ニ)さまざまの御**つつしみ**せさせたてまつりたまふ〈源氏・葵〉読解安産を願ってのもの。❷謹慎。遠慮。例兵乱**つつしみ**のゆゑとぞきこえし〈平家・六・横田河原合戦〉

つつし・む

【慎む・謹む】動(マ四)「つつむ(包む)」と同根。人間の感情の自由な発動を抑えて、行動を自制することをいう。

❶**神仏や貴人の前でかしこまる。**例天皇、祇**み**て夢の訓を承りたまひて(=天皇は、かしこまって夢の教訓を承りなさって)〈紀・神武即位前紀〉

❷**物忌みをする。心身を清めて、家に籠もる。**例伊予守朝臣の家に**つつしむ**ことはべりて、女房なむまかり移れるころにて(=伊予守朝臣の家で物忌みすることがございまして、そこの女性たちが私の家に移ってきている折で)〈源氏・帚木〉

❸**気持ちを引き締める。用心する。慎重にする。**例落馬の相ある人なり。よくよく**慎しみ**たまへ(=落馬する人相がある人だ。十分に用心なさい)〈徒然・一四五〉

❹**言葉や行動を控えめにする。遠慮する。**例事の**慎しまざる**は、敗れをとる道なり(=行動を控えめにしないのは、敗北に至る道である)〈平家・五・奈良炎上〉

語誌▼類義語 「つつしむ」は、畏敬すべきものに対して恭順の気持ちをもつことをいう語。類義語「いむ(忌む)」は、タブーに触れないように心掛けることをいう。〈林田孝和〉

つづしり-うた【囁り歌】 名切れ切れに口ずさむ歌。例「御**つづしり歌**のいとほしき(=聞くにたえない)」と言へば〈源氏・末摘花〉

つづし・る【囁る】 動(ラ四)〔少しずつ口にする動作をいう〕❶少しずつ食べる。例塩辛き物どもを**つづしる**に〈今昔・二八・五〉❷ぽつりぽつり言う。また、ぽつりぽつり歌う。例「影もよし」など**つづしり**うたふほどに〈源氏・帚木〉

つづしろ・ふ【囁ろふ】 動(ハ四)〔動詞「つづしる」の未然形＋上代の反復・継続の助動詞「ふ」＝「つづしらふ」の変化した形〕少しずつ繰り返して何かを食べる。例堅塩を 取り**つづしろひ** 糟湯酒 うちすすろひて〈万葉・五・八九二〉➡名歌122

つつま・し

【慎まし】形(シク)動詞「つつむ(包む・慎む)」の形容詞形。周囲が気になり控えめであるさまや自制する気持ちをいう。

❶**気が引ける。恥ずかしい。遠慮される。**例(a)いつの世にか、さやうにまじらひならむと思ふさへぞ**つつましき**(=いつになったら、あんなふうに宮仕えができるだろうか、と思うことまでも気が引ける)〈枕・宮にはじめてまゐりたるころ〉読解前から仕えている女房たちがもの慣れて気後れもせずにたち働いているのを見ての感想。例(b)若き人の、かたちにつけて、年のよはひに**つつましき**ことなきが(=若い女房で、容姿につけても、年齢の点でも引け目を感じることのない人が)〈紫式部日記〉

❷**人目をはばかる。きまりが悪い。身の縮む思いだ。**例(a)(女房タチガ)いかに見るらむと**つつまし**(=どう思っているだろうかと、きまりが悪い)〈源氏・浮舟〉例(b)夢にや見ゆらむとそら恐ろしく**つつまし**(=夫の夢に現れているのではないかと、そら恐ろしく身の縮む思いだ)〈源氏・帚木〉読解光源氏とのことが夫の夢に見えはしないかと恐れる空蟬の心中。

語誌▼原義 感情や物事を人に知られないよう包み隠しておきたい、が原義。

▼現代語の「つつましい」は遠慮深い、質素だ、の意で、他者から見た美点をいうが、古語の「つつまし」は、隠しておきたい側の心をいうことが多い。〈鈴木幸夫〉

つつま-ふ【障まふ・恙まふ】 『上代語』〔動詞「つつむ」の未然形＋上代の反復・継続の助動詞「ふ」〕病気になる。災いを受ける。例事し終はらば **障まはず** 帰り来ませと〈万葉・二〇・四三三一〉

つづま-やか【約まやか】 形動(ナリ)〔「やか」は接尾語〕❶簡略なさま。例(反歌ハ)長歌の心を受けて、しかも**約まやかにする**事なり〈筑波問答〉❷倹約するさま。質素だ。例己れを**つづまやかにし**、奢りを退けて〈徒然・一八〉

つづま・る【約まる】 動(ラ四)❶短くなる。縮まる。例月日の過ぐるにしたがひて、命の**促まる**を〈今昔・二六・七〉❷小さくなる。また、うずくまる。例虎の、**縮まり**居てものを伺ふやうにてありければ〈今昔・二九・三一〉

つつみ【堤】 名❶土手。堤防。例小山田の池の**堤**にさす(=挿し木した)柳〈万葉・一四・三四九二〉❷貯水池。ため池。

つつみ【包み】 名 物を包むこと。また、包んだ物。包むのに使う布などにもいう。例 **包み**などに物入れしたためて(=身支度して)〈古本説話集・上・一九〉

つつみ【恙み】 名 病気。災難。例 **つつみ**なく 幸くいまして はや帰りませ〈万葉・五・八九四〉

つつみ【慎み】 名 つつしみ。用心。遠慮。例 若き法師ばらの、足駄といふものをはきて、いささか**つつみ**もなく、(階段ヲ)下りのぼるとて〈枕・正月に寺にこもりたるは〉

つづみ【鼓】 名 ❶中空の胴の両端に皮を張った打楽器の総称。戦いの兵の歩行の合図や時刻を告げるのにも用いる。例 御軍士をあどもひたまひ 整ふる **鼓**の音は 雷の 声と聞くまで(=御軍隊を叱咤なさって統制する鼓の音は、雷の音と聞くほどで)〈万葉・二・一九九〉❷主に中世以降、胴の中央がくびれ、両側に皮を張った打楽器。皮には緒が通してあり、これを左手で締めたりゆるめたりして右手で打って鳴らす。例 響き鳴れ 打つ**鼓**〈梁塵秘抄・四句神歌〉〈馬場光子〉

鼓②〔扇面古写経〕

堤中納言物語 《作品名》 物語集。一〇巻。一〇の短編と一つの断章からなる。作者・編者・成立年未詳。「逢坂越えぬ権中納言」のみは、天喜三年(一〇五五)の六条斎院歌合わせに参加した女房小式部の作と知られる。ほかも多くは平安後期の作か。いずれも軽妙な筆致で人々の悲喜劇を鮮やかに描く。化粧もせずに毛虫集めに熱中する姫君を描く「虫めづる姫君」や、男の心をつなぎとめようとして、おしろいと間違えて眉墨を塗ってしまう女性を描く「はいずみ」などが有名。

つつみ-な・し【恙み無し】 形(ク) 差し障りがない。無事だ。例 **恙み無く** 幸くいまして はや(=早く)帰りませ〈万葉・五・八九四〉 読解 遣唐使の無事を祈る長歌の一節。

つつみ-ぶみ【包み文】 名 紙で包んだ手紙。薄様などの美しい紙で包んで、恋文にも用いた。例 緑の薄様なる**包み文**のおほきやかなるに〈源氏・浮舟〉

つつ・む【包む・裹む・慎む】 動(マ四) 物や気持ちなどを、外から見えないように包み隠す意。

❶**全体を覆う。くるむ。覆い囲む。** 例 (薬ヲ)脱ぎおく衣に**包まん**とすれば、ある天人**包ませ**ず(=脱いでおく着物にくるもうとすると、そこにいる天人がくるませない)〈竹取〉

❷**隠す。秘める。** 例 たらちねの(枕詞)母にも告らず**包めり**し心はよしゑ君がまにまに(=母にも告げずに隠していた心は、もうかまわない、あなたの思いのままに)〈万葉・一三・三二八五〉

❸**気兼ねする。遠慮する。はばかる。** 例 人目も、今は**つつみ**たまはず泣きたまふ(=人目も、今ははばかりなさらずお泣きになる)〈竹取〉

❹**気後れする。気が引ける。** 例 (紫ノ上ノ祖母ノ)おとなおとなしう、恥づかしげなるに**つつまれ**て、とみにもえうち出でたまはず(=落ち着いて、気詰まりな様子に気後れして、すぐにも言い出しなさることができない)〈源氏・若紫〉 読解 光源氏が、祖母に幼い紫の上を得たいという思いを伝える場面。

語誌 ①が原義で、心や気持ちを包み隠すことから③④の用法が生じた。〈林田孝和〉

つつ・む【恙む・障む】 動(マ四) 障害が生じる。差し障りが起こる。病気などで慎んでいる。例 **つつむ**ことなく船は速けむ(=速いことだろう)〈万葉・二〇・四五一四〉

つづ・む【約む】 動(マ下二) ❶縮める。短くする。例 幸ひある人こそ命は**つづむれ**〈蜻蛉・下〉❷量を少なくする。また、簡略にする。例 行を六字に(=仏道修行を「南無阿弥陀仏」の六字を唱えることに)**つづめて**〈平家・一〇・戒文〉

つつめ・く【囁く】 動(カ四) 小声でぶつぶつ言う。例 「怨じもこそしたべ(=恨みなさったら大変だ)」とて、**つつめき**てやみぬ〈土佐〉

つつ-や・く【囁く】 動(カ四) 「つつめく」に同じ。例 この二人…**つつやき**つつ〈愚管抄・五〉

つつ-やみ【つつ闇】 名 真っ暗闇。例 空も**つつ闇**になりて、あさましく恐ろしげにて〈宇治拾遺・一三・一〇〉

つづら【葛・葛籠】 名 ❶植物の名。葛・葛藤などのつる草の総称。例 やつめさす(枕詞) 出雲建が 佩ける刀 **つづら**さは巻き(=つるを多く巻いて)〈記・中・景行・歌謡〉❷①を編んで作った籠。後世は、竹などでも作った。例 **葛籠**・吹き矢の細工人は〈西鶴・日本永代蔵・三・三〉

藤簍冊子 《作品名》 江戸時代の歌文集。上田秋成著。三巻本は文化二年(一八〇五)刊、増補した六巻本は文化三年(一八〇六)刊。秋成自身と門人昇道の編集。約八〇〇首の和歌と三〇編ほどの文章からなる。文章は紀行・身辺雑記・小説的な創作など。

つづら-をり【葛折】 名 くねくねと折れ曲がった坂道。例 近うて遠きもの…鞍馬の**つづらをり**といふ道〈枕・近うて遠きもの〉

つづり【綴り】 名 布などを継ぎ合わせること。また、そうして作った粗末な衣服。僧衣をいうことも多い。例 **つづり**といふもの帽子にして侍りける〈無名草子〉 読解 清少納言が老後落ちぶれて田舎で暮らしたという伝説の一部。

つづりさせ【綴り刺せ】 「きりぎりす(今のコオロギ)」の鳴き声。冬に備えて衣のほころびを「綴り刺せ(縫い綴じよ)」と言っていると聞きなしたもの。例 秋風にほころびぬらし藤袴**つづりさせ**てふきりぎりす鳴く〈古今・雑体〉

つづ・る【綴る】 動(ラ四) ❶継ぎ合わせる。繕う。例 ももひきの破れを**つづり**〈芭蕉・奥の細道〉❷詩文などを作る。

つづれ【綴れ・襤褸】 名 「つづり」に同じ。例 娘御たちの身には**つづれ**を着たまふとも、心に錦のはれ

小袖〈人情本・春色辰巳園・初・四〉

つつ-ゐ【筒井】 イ ― 名 筒状に丸く掘った井戸。例一年(=ある年)百日の旱の候ひけるに…**筒井**の水も絶えて〈義経記・六〉

つつゐ-づつ【筒井筒】 ツツイ ― 名 筒井の上部の枠。例筒井筒井筒にかけしまろが丈〈謡曲・井筒〉

つて【伝】 名 ❶人づて。ことづて。便り。例たづねゆくまぼろしもがな(=亡き人の魂のありかを捜しにゆく幻術士がいてくれたらなあ)**つて**にても魂のありかをそこと知るべく〈源氏・桐壺〉 ❷何かのついで。例**つて**に見しやどの桜をこの春はかすみへだてず折りてかざさむ〈源氏・椎本〉

つて【伝て】 動詞「つつ」の未然形・連用形。一説に、「つたへ」の変化した形とも。例神代より 言ひ伝て来らく〈万葉・五・八九四〉

つて-こと【伝言】 名 ❶伝言。例何の**伝言**直にし良けむ〈万葉・一二・三〇六九〉 ❷うわさ。例玉鉾の(枕詞) 道来る人の **伝言**に 我に語らく〈万葉・一九・四二一四〉

つと【苞・苞苴】 名 ❶食品などを包んだ藁の包み。例塩出す鴨の**苞**ほどくなり〈俳諧・炭俵・下〉 ❷土地の産物などの土産。贈り物。例初花を 枝に手折りて 娘子らに **つと**にも遣りみ〈万葉・一八・四一一一〉 ❸あらかじめ用意するもの。例なむあみだ仏なむあみだ仏と申して候ふは、決定往生の**つと**と覚えて候ふなり〈一言芳談・下〉

つと 副 ❶ある動作・状態がそのまま続くさま。対象から離れず、しっかりと続いているさま。じっと。そのままずっと。例(男ハ)ほかへもさらに行かで、**つと**ゐにけり(=ほかの女のところにはまったく行かないで、そのままずっとこの女のところに居ついてしまった)〈大和・一四九〉 ❷動作が急に行われるさま。さっと。ぱっと。例さるほどに(=そうこうする間に)、文覚(=僧の名)**つと**出できたり〈平家・一二・泊瀬六代〉 〈井上博嗣〉

つと-に【夙に】 副〔名詞「つとめて」と同根か〕朝早く。例天皇、**夙に**興き夜く寐ねまして(=天皇は、朝早く起き夜遅くおやすみになられて)〈紀・仁徳〉

語誌 現代語「つとに」は、前々から、幼い時から、などの意で用いられる。〈井上博嗣〉

つどひ【集ひ】 ツドイ 名 集まること。集まり。集合。集団。例巫女が**集ひ**は中の宮〈梁塵秘抄・四句神歌〉

つど・ふ【集ふ】 ツドウ ❶動(八四) 人が集まる。例これ四人**つどひ**てよろづの物語し(=これら四人が集まってさまざまな話をし)〈大和・四一〉 ❷動(八下二) 人や物を集める。例(a)もののふの(枕詞) 八十伴の男を 召し**集へ**(=多くの臣下たちを呼び集め)〈万葉・三・四七八〉 例(b)こともなき手本多く**集へ**たりし中に(=難点のない手本を多く集めた中に)〈源氏・梅枝〉

語誌▼関連語 一定の目的をもって集まったり集めたりする意。①では、「つどふ」が人間についていうのに対し、「あつまる」は人間以外のものにも用いる。「むらがる」は雑然と集まる意。〈田島智子〉

つと・む【勤む・務む】 動(マ下二) 何事かに専心し励む意。「つとに(夙に)」と同根で、物事を早朝から行う意ともされる。

❶努力する。励む。例明らけき名に負ふ伴の緒心**努めよ**(=潔白な名をもつ我が一族の者たちよ、心して励めよ)〈万葉・二〇・四四六六〉 ❷自重する。自愛する。例足痛く我が背**つとめ**たぶべし(=足の不自由な私の恋人よ大事になさってください)〈万葉・二・一二八〉 ❸仏道修行に励む。例人の身は 得がたくあれば 法の為の 因縁となれり **努め**諸々(=人の身に生まれるのは難しいので仏道のための機縁となったのだ、仏道修行に励めすべての衆生よ)〈仏足石歌〉 ❹勤務に精を出す。奉公する。例ただこの御宿直所の宮仕へを**つとめ**たまふ〈源氏・帚木〉 ❺芸能を演じる。例六十六番までは一日に**勤め**がたしとて〈風姿花伝・四〉 ❻遊女の業をする。例**勤むる**身の悲しさは〈西鶴・好色一代男・七・一〉

語誌▼①が基本的な意味と思われる。努力する意識が自分の心身に向かった場合が②で、ことに命令表現の中に多い。また、励む意識が仏教上の修行に向かえば③、職務・仕事に向かえば④となる。さらに④の特殊化した用法として⑤⑥が派生した。▼④〜⑥は他動詞的な用法で、③にも「静かに(寺ニ)籠りゐて、後の世のことを**つとめ**」〈源氏・絵合〉のように他動詞の用法が見られる。〈髙木和子〉

つとめ【勤め・務め】 名 ❶仏道修行。勤行。例のちの世の**勤め**もいとよくして〈源氏・若紫〉 ❷職務。任務。義務。例身を養ひ、人を助け、忠孝の**つとめ**も、医にあらずはあるべからず〈徒然・一二二〉 ❸遊女が客の相手をすること。また、遊女の稼業。例**勤め**は男に迷惑するもあるに、これがかなはぬ浮き世ぞかし〈西鶴・好色盛衰記・五・四〉

つとめて 名〔「つとに(夙に)」と同根か〕❶早朝。朝早く。例四日の**つとめて**ぞ、みな見えたる(=皆やって来た)〈蜻蛉・上〉 ❷翌早朝。翌日(明日)の朝早く。例(a)その夜、南の風吹きて、波いと高し。**つとめて**、その家の女の子どもも出でて、浮き海松の波に寄せられたる拾ひて(=翌早朝、その家に仕える女の子たちが浜辺に出て、浮かんでいる海松が波に打ち寄せられているのを拾って)〈伊勢・八七〉 読解「海松」は海藻の名。例(b)いとねぶたし…**つとめて**のほどにも、これは縫ひてむ(=本当に眠たい…明日の朝早くにでも、これは縫いあげてしまおう)〈源氏・浮舟〉 読解今夜は寝てしまって、明日の朝早いうちに、という気持ち。

語誌▼②の用法について ②は、何か事のあったその翌日の早朝、前夜から引き続く翌早朝、の意。「あした(朝)」にも同様の用法がある。〈上野辰義〉

つな【綱】 名 ❶縄や紐の太くて丈夫なもの。綱。例**綱**は絶ゆとも言な絶えそね(=便りを絶やさないでおくれよ)〈万葉・一四・三三八〇〉 ❷助けとなるよりどころ。頼りとなるつながり。例思し放つまじき**綱**もは

べるをなん、とらへどころに頼みきこえさする〈源氏・東屋〉

つな・ぐ【繋ぐ・踵ぐ】動(ガ四)❶結びつける。例一尺ばかりなる木生ほして、牛つなぎて(=一尺ばかりの木を生やして、牛をつないで)〈枕・六位の蔵人などは〉読解「一尺」は約三〇センチ。❷跡をたどって追う。例(男ノ)ゆかむ方をつないで見よ(=行く先をたどって見よ)〈平家・八・緒環〉❸長くつながせる。かろうじて保つ。特に、命にいう。例野老・蕨などを掘り食ひ、一旦身命を繋がんと存じ候ふ(=野老や蕨などを掘って食べ、しばらく体と命を保とうと思います)〈御伽草子・猫の草紙〉

語誌 ③は、命を一筋の連続したものにたとえ、切れかかったものを再び連続させるという意味の比喩的用法である。〈森山由紀子〉

つな-で【綱手】名(古くは「つなて」とも)船を岸から引いたり、ほかの船を曳航したりするための綱。綱手縄。例陸奥はいづくはあれど塩釜の浦漕ぐ舟の綱手かなしも〈古今・東歌〉➡名歌341

つなで-なは【綱手縄】—ナワ 名「つなで」に同じ。和歌で用いることが多い。例川舟ののぼりわづらふ綱手縄〈新古今・雑下〉

つな-ぬ・く【貫く】動(カ四)つらぬく。突き通す。例剣の先につなぬきたまへば〈謡曲・調伏曾我〉

つな-ひき【綱引き・綱曳き】名❶牛馬などが飼い主に抵抗して、逆に手綱を引っ張ること。例脚はやく行く駒の綱引き〈菟玖波集・一九〉❷綱を引きあって勝負を争う行事。正月などに、その年の吉凶を占うために行う。

つな-ひ・く【綱引く・綱曳く】動(カ四)❶牛や馬などが、つながれている綱に引かれまいとして逆らう。例綱ひく駒もおもなれにけり(=逆らう馬もなつくようになってしまった)〈蜻蛉・中〉❷相手と張りあう。意地を張る。例「しか(=言われたとおりに)改めむ」とも言はず、いたく綱ひきて〈源氏・帚木〉

つね【常・恒】名形動(ナリ)普通と変わらず、維持されている存在・状態・性質をいう。

❶㋐普段。平生。いつものこと。例(帝ハ)常よりも思し出づる事多くて(=普段よりも思い出しなさる事が多くて)〈源氏・桐壺〉

㋑習慣。習い。恒例。例十月しぐれの常か我が背子がやどのもみち葉散りぬべく見ゆ(=十月の時雨の習性か。私のいとしいあなたの家の紅葉の葉が散ってしまいそうに見える)〈万葉・一九・四二五九〉

❷並。あたりまえ。通り一遍。⇩よのつね。例世の常の山のたたずまひ、水の流れ(=あたりまえの山の立っている様子や、水の流れ)〈源氏・帚木〉

❸不変。永久。例世の中はなにか常なる飛鳥川昨日の淵ぞ今日は瀬になる〈古今・雑下〉➡名歌408

語誌▼『万葉集』では、いつも変わりなく、ずっと、の意の副詞にも用いる。「妹が家に伊久里の社の藤の花今来む春も常かくし見む」〈一七・三九五三〉などで、ここから形容動詞や名詞が派生したとみられる。

▼類義語「とこ(常)」は、もともとは大地の意で、動かない、永久不変、永遠、の意に用いられるようになった。〈高木和子〉

つね-なし【常無し】不変ではない。変わりやすい。無常だ。例うつせみの(枕詞)世は常なしと知るものを秋風寒み偲びつるかも〈万葉・三・四六五〉

つね-なら-ず【常ならず】変わりやすい。はかない。無常だ。例飛鳥川の淵瀬常ならぬ世にしあれば〈徒然・二五〉読解「世の中はなにか常なる飛鳥川昨日の淵ぞ今日は瀬になる」〈古今・雑下〉(➡名歌408)をふまえる。

つね-に【常に】副❶いつも。日常。例常にかう恨みきこえたまふを〈源氏・末摘花〉❷しばしば。何度も。例辻風は常に吹くものなれど〈方丈記〉❸永久に。例我が命も常にあらぬか〈万葉・三・三三二〉

つね-は【常は】いつも。普段。例心戒といひける聖は、あまりにこの世のかりそめなる事を思ひて…常はうずくまりてのみぞありける〈徒然・四九〉

つ-ねん【頭燃・頭然】—ズ— 名『仏教語』心を乱す欲望や妄念。煩悩。頭上に燃えさかる火の意から転じて、一刻も放置できないこととしていう。例人間(=俗世)の事においては、頭燃を払ふごとくになりぬ〈太平記・二〉

つの-がみ【角髪】名❶「あげまき①」に同じ。❷「すみまへがみ」に同じ。

つの-ぎわり【角木割り】名鏃の一種。船や楯などを割り砕くために鹿の角で作ったもの。例角木割りを五、六寸ぞ入れたりける〈義経記・四〉

津の国《地名》摂津国の古称。例心あらむ人に見せばや津の国の難波わたりの春のけしきを〈後拾遺・春上〉➡名歌154

つのくにの【津の国の】《枕詞》摂津国の地名「難波」「昆陽」「長柄」「御津」に、また、その同音の「名には」「此や」「ながら」「見つ」などにかかる。

つの-ぐ・む【角ぐむ】動(マ四)〔「ぐむ」は接尾語〕草木の芽が角のように出始める。芽ぐむ。例三島江につのぐみわたる芦の根の〈後拾遺・春上〉

つのさはふ ツノサワウ・ツノサオウ《枕詞》「岩」にかかる。「つの」は若芽で、地上に芽を出そうとするのを岩が遮る意からか。例つのさはふ石見の海の〈万葉・二・一三五〉

つの-だらひ【角盥】—ダライ 名取っ手が左右に角のような形でついている盥。手洗いや鉄漿つけなどに用いる。のち「耳盥」と混同された。例角だらひ見て、「これは何になる物」と人に尋ぬるほどいやし(=教養が低い)〈西鶴・西鶴織留・六・二〉

角盥〔高田装束研究所〕

つの-だる【角樽】名角のような長い取っ手が二本ついた酒樽。朱塗りのものが多く、祝儀の贈り物とする。例角樽や傾け飲まう丑の年〈俳諧・去来抄・修行〉

海柘榴市《地名》「椿市」とも。大和国、今の奈良県桜井市金屋にあった市。日本で最古といわれ、多くの道の集まる交通の要所で、たいへん栄えたとされる。歌垣も行われたという。

つばい-もちひ【椿餅】ツバイモチイ 名 椿の葉二枚で包んだ餅。餅は甘葛から作った甘味料で固めたもので、平安時代、蹴鞠の後の宴に出された。例大殿の御方より、檜破子・御酒・椿餅など奉りたまへり〈宇津保・国譲上〉

つばき【椿・山茶・海石榴】名 ❶植物の名。ツバキ科の常緑高木。葉に光沢があり、春、赤色の五弁花が咲く。種子から椿油をとり、灰は紫染めの媒染剤として使われる。古くは神聖な木とされた。例河上のつらつら椿つらつらに(=よくよく)見れども飽かず巨勢の春野は〈万葉・一・五六〉❷襲の色目の名。表は蘇芳、裏は赤。冬に着用。⇩口絵

つ-は・く【唾吐く】動(カ四) つばを吐く。例赤土を含み唾き出でしかば〈記・上・神代〉

つばくら-め【燕】名 鳥の名。ツバメ。春に南方から渡ってくる。「つばくら」とも。例軒ばあれて春は昔の故郷に古巣たづぬるつばくらめかな〈壬二集〉

つ-ばな【茅花】名 チガヤの花穂。春、葉に先立って銀白色の花穂を生じる。例つばな抜く浅茅が原も老いにけり白綿ひける野辺と見るまで〈曾丹集〉

つばめ【燕】名 鳥の名。ツバメ。春に日本へ飛来し、秋に南へ去る。詩歌では、秋に飛来する雁と対照的に詠まれることが多く、雌雄仲むつまじい鳥と考えられていた。「つばくらめ」「つばくら」とも。例燕来る時になりぬと雁がねは国偲ひつつ雲隠り鳴く〈万葉・一九・四一四四〉

つは-もの【兵】ツワ― 名 ❶戦争に使う道具。武器。また、それを使うわざ。武芸。例兵尽き、矢窮まりて、つひに敵に降らず(=武器が尽き、矢を射尽くしても、最後まで敵に降伏しないで)〈徒然・八〇〉
❷(①から転じて)武器をとって戦闘をする人。戦士。兵士。武士。例六波羅の兵ども、ひた甲三百余騎待ち受けたてまつり(=六波羅の兵士たち、一同皆鎧兜に身をかためた三百余騎待ち受け申し上げて)〈平家・一・殿下乗合〉
❸すぐれた武士。勇士。例この守をばえもいはずいみじの兵なりけりと知りて、皆人いよいよ恐ぢ怖れけり(=この国守をこの上もなくすぐれた武士であったのだなあと知って、皆ますます畏敬した)〈今昔・二五・九〉
❹(③から、比喩的に用いて)強い人。頼もしい人。例おせん殿にはこなたといふ兵あり(=おせん殿にはあなたという頼もしい人がいる)〈西鶴・好色五人女・二・三〉　〈黒木祥子〉

つはもの-ぐら【兵庫】ツワモノ― 名 武器を保管しておく倉庫。例庫を起てて箭を儲む〈紀・皇極〉

つはもの-の-つかさ【兵部省】ツワモノ― 名 ⇩ひゃうぶしゃう

つばら【委曲】形動(ナリ)「つばらか①」に同じ。例三輪の山…つばらにも 見つつ行かむを〈万葉・一・一七〉

つばら-か【委曲か】形動(ナリ)〔「か」は接尾語〕❶詳しいさま。例国のまほら(=美しい所)を つばらかに 示したまへば〈万葉・九・一七五三〉❷満足するさま。例つばらかに今日は暮らさねますらをの伴〈万葉・一九・四一五三〉

つばらつばら-に【委曲委曲に】副 よくよく。つくづく。しみじみ。例浅茅原(枕詞)つばらつばらにもの思へば〈万葉・三・三三三〉

つは・るツワル 動(ラ四) ❶芽ぐむ。兆す。例(木ノ葉ハ)下よりきざしつはるに(=芽生えだしてくるのに)たへずして落つるなり〈徒然・一五五〉❷妊娠の兆しがある。例いつしかとつはりたまへば〈落窪・一〉

つひ

つひ【終】ツイ 名 つまるところ。最後。また、人生の終わり。例ただひとへにものまめやかに、静かなる心のおもむきならむよるべをぞ、つひの頼みどころには思ひおくべかりける(=ただひたすら実直で、落ち着いた性格であるような妻を、最後の頼みとするところと決めておくのがよい)〈源氏・帚木〉

語誌▼「はて」と類義であるが、「つひの」の形でしか用いられない。別に、これと関連する副詞「つひに」が上代から用いられている。
▼人生の終わり、死の意では、「つひの別れ(死別)」「つひの煙(火葬の煙)」など熟した表現で用いられることも多い。　〈奥村悦三〉

つひえ【費え・弊え・潰え】ツイエ 名 ❶物が減ること。損失。損害。また、出費。ものいり。例くちをしう、物のつひえある事を数ふれば、多くの損なり〈宇津保・藤原の君〉❷衰え弱ること。疲れ。また、国や民の疲弊。例政道正しからずして民の弊えを思はず〈太平記・一〉

つひ-しか【終しか】ツイ― 副〔近世語〕〔「し」「か」は助詞〕(打消の語を伴って)一度も(〜ない)。ついぞ(〜ない)。例つひしかお目にはかからねど〈近松・鑓の権三重帷子・上〉

つひ-に【終に・遂に】ツイ― 副 ❶最後に。とうとう。結局。最終的に実現することを示す。例つひに本意のごとくあひにけり(=結婚した)〈伊勢・二三〉❷最後まで。いつまでも。行為・状態が最後まで持続することを示す。例のちつひに逢はじと言ひしこともあらなくに(=ないのに)〈万葉・一二・三一一六〉❸(打消の語を伴って)ついぞ(〜ない)。まだ一度も(〜ない)。例つひに都へ上った事がござらぬ〈狂言・末広がり〉

つひ-の-こと【終のこと】ツイ― 名 最後にはそうなること。例つひのこととは思ひながら、ただ今かくとは(=こうとは)思ひかけざりしことなり〈大鏡・師尹〉

つひ-の-すみか【終の住処】ツイ― 名 最後に住む所。終生住む所。また、死後落ち着く所。例草枕人は誰とか言ひおきし終の住処は野山とぞ見る〈拾遺・哀傷〉

つひ-の-わかれ【終の別れ】ツイ― 名 最後の別れ。死別。例世の事として、つひの別れを逃れぬわざなめれど〈源氏・椎本〉

つひや・す【費やす・弊やす・潰やす】ツイヤス 動(サ四) ❶使い減らす。例宝を費やし、心を悩ますことは、すぐれて(=非常に)あぢきなくぞはべる〈方丈記〉❷疲れ弱らせる。疲弊させる。衰えさせる。例その物につきて(=くっついて)、その物を費やしそこなふ

物、数を知らずあり〈徒然・九七〉

つひ・ゆ【費ゆ・弊ゆ・潰ゆ】 動(ヤ下二) ❶減る。乏しくなる。例(財宝ハ)損とり**費ゆる**ことときはめて甚だし〈紀・皇極〉 ❷衰える。弱る。また、国や民が疲弊する。例(ソノ侍女ハ)年ごろいたう**つひえ**たれど、なほもの清げによしある(=風情のある)さまして〈源氏・蓬生〉 ❸つぶれる。敗れる。例御所の師(=軍勢)**潰え**しかば〈読本・雨月・浅茅が宿〉

つぶ【粒】 名 ❶小さくて丸いもの。例雨、氷の**粒**となりて降り下る〈北越雪譜・初上〉 ❷小銭。例おのれに**粒**三文借った覚えはない〈近松・大経師昔暦・下〉 ❸集団を構成する個々の人や物。例息子たちはよく**粒**が揃って、皆大丈夫なり〈滑稽本・浮世風呂・前下〉 ❹無患子(木の名)。また、その実。実は羽根つきの羽根の玉などに用いる。

つ・ぶ【禿ぶ】 動(バ上二) すり減る。また、筆の毛などが抜け落ちる。例六年苦行の山籠もり 数珠の**禿ぶる**も惜しからず〈梁塵秘抄・四句神歌〉

つぶさ【具さ・備さ】 形動(ナリ) ❶ことごとく備わっている。⇩まつぶさ。❷細かく詳しい。例まのあたりにて(=お目にかかって)、**つぶさなる**御物語も申したまはらん〈宇津保・祭の使〉

つぶ-つぶ-と

副 ❶湯がわき返ったり水をはねたりする音の形容。ぐつぐつ。ざぶざぶ。例豆を煮ける音の**つぶつぶと**鳴るを〈徒然・六九〉 ❷胸が高鳴るさま。動悸を打つさま。どきどき。例御胸**つぶつぶと**鳴る心地せられたまふ(=御胸がどきどきと鳴る気持ちがなさる)〈浜松中納言・三〉 ❸粒になって見えたり、続いて現れたりするさま。ぼつぼつ。ぼたぼた。ぽたぽた。例(a)**つぶつぶと**涙ぞ落つる〈蜻蛉・中〉例(b)血の**つぶつぶと**出できけるを(=出てきたのを)〈宇治拾遺・五九〉 ❹ふっくらと肥えているさま。まるまる。例**つぶつぶと**肥えて、白ううつくし(=色白でかわいらしい)〈源氏・柏木〉 読解 生後五十日の幼児の様子。 ❺一つ一つ詳しく取り上げるさま。こまごまと。詳しく。例かたはしより(=一部からはじめて)**つぶつぶと**語りて〈落窪・三〉 〈井上博嗣〉

つぶて【飛礫・礫】 名 投げつけるための小石。また、小石のように投げつけるもの。例**飛礫**どもして、方々にぞ打たせたまへるに〈宇津保・蔵開中〉

つぶ-と 副 ❶すきまもなく。ぴったりと。ぎっしりと。例ことさらに講師の座に分け寄りて、脇許に**つぶと**そひ居て〈無名抄・道因歌に志深事〉 ❷(打消の語を伴って)全然(〜ない)。まったく(〜ない)。例顔を**つぶと**見せぬがあやしきに〈今昔・二七・三八〉

つぶね【奴】 名 ❶しもべ。召使。下男。例**つぶね**となりて人にしたがひ〈撰集抄・五・一〉 ❷仕えること。奉仕すること。例朝夕の**奴**もことにまめやかに〈読本・雨月・吉備津の釜〉

つぶら【円】 形動(ナリ) 丸くふくよかであること。例またその処に**円なる**小山あり〈倭姫命世記〉

つぶらは・し【潰らはし】 形(シク)〔動詞「つぶる」の形容詞形〕不安や驚きなどで胸がつぶれそうだ。例人々しげく(=すきまなく)並みゐたれば、いと胸**つぶらはしく**思さる〈源氏・賢木〉

つぶり【頭】 名「つむり」とも。あたま。かしら。例**つぶり**こそ人には似ず〈御伽草子・鉢かづき〉

つぶ・る【潰る】 動(ラ下二) ❶圧力や衝撃で変形する。例(柿八)法師がいただき(=脳天)に落ちて、**潰れ**てさんざんにちりぬ〈著聞集・一二・四三九〉 ❷(「胸つぶる」「肝つぶる」などの形で)とても驚く。ひどく悲しむ。ひどく不安に思う。例我は皇子に負けぬべしと、胸うち**つぶれ**て思ひけり〈竹取〉 ❸家系などが絶える。滅びる。破産する。例身上(=財産)の**潰るる**もわきまへず〈浮世草子・傾城禁短気・二・二〉

つ-べし

〔完了の助動詞「つ」の終止形＋推量の助動詞「べし」〕❶**実現する可能性の高いさまを表す。きっと〜できる。きっと〜できそうだ。** 例あなづりやすき人ならば、「後に」とても、やり**つべけれ**ど(=いいかげんに扱ってよい人ならば、「後で」とでも言って、帰してしまうことができるだろうが)〈枕・にくきもの〉 ❷**確実度の高い推量の意を表す。きっと〜はずだ。きっと〜にちがいない。** 例(満腹デ)船子どもは腹鼓をうちて、海をさへ驚かして、波立て**つべし**(=船乗りたちは腹を鼓のように打ち鳴らし、海をまでびっくりさせて、きっと荒波を立てるにちがいない)〈土佐〉 ❸**強い意志・決意を表す。必ず〜するつもりだ。きっと〜しよう。** 例簾おろし**つべく**おぼゆる(=簾を下ろしてしまおうと思われる)〈蜻蛉・中〉

語誌 ▼「つべし」と「ぬべし」「つ」は意志的な事柄に用いられる傾向があるので「つべし」には③の用法があるが、「ぬ」は意志的な事柄と結びつきにくいため、「ぬべし」にはこの用法がない。 〈高山善行〉

つべた-ま・し【冷たまし】 形(シク) 冷酷だ。薄気味悪い。例(夫カラノ手紙ヲ)あさましう**つべたまし**と思ふ思ふ見れば〈蜻蛉・上〉

つぼ

【坪・壺】名 ❶中庭。また、垣根の内側の狭い庭。例今日、雪の山作らせたまはぬ所なんなき。御前の**つぼ**にも作らせたまへり(=今日、雪の山を作らせなさらない所はない。清涼殿の中庭にも作らせなさった)〈枕・職の御曹司におはします頃、西の廂にて〉 ❷宮中の殿舎。中庭に植えた木の名によって梅壺・桐壺・梨壺・藤壺などと呼ばれた。❸格子の升目の一つ一つ。例格子の**壺**などに、木の葉をことさらにしたらんやうに、こまごまと吹き入れたるこそ(=格子の升目の一つ一つに、木の葉をわざわざ手を加えたかのように、細かく吹き入れてあるのは)〈枕・野分のまたの日こそ〉 ❹江戸時代、土地の面積の単位。一間(約一・八メートル)四方。約三・三平方メートル。 〈藤本勝義〉

つぼ【壺】 名 ❶口がつぼまっている丸い容器。例薬の**壺**に御文そへて、参らす〈竹取〉 ❷くぼんだ所。穴。例小山田のたなゐの**つぼ**に水澄みぬ〈為忠家初度百首〉 ❸見込みをつけているところ。物事をうまく運ぶための勘所。急所。例三味線**つぼ**もすまたの(=はずれた)弾き語り〈浄瑠璃・新版歌祭文・上〉

つぼきり-の-ごけん【壺切りの御剣】 名 立太子の

儀式で、天皇が皇太子に授ける守り刀。皇位継承者のしるしとして代々伝えられた。平安初期、宇多天皇が醍醐天皇に授けたのが始まりとされる。

つぼ-さうぞく【壺装束】 名「つぼしゃうぞく」とも。平安・鎌倉時代、物詣でや旅行など、女性が徒歩で外出するときの服装。例壺装束などして、なまめき化粧じてこそはあめりしか（=優美におめかししていたようだ）〈枕・説経の講師は〉

壺装束〔扇面古写経〕

語誌 単・袿などを着て、腰帯を結んで着物をはしょり（「壺折る」という）、市女笠などをかぶる。笠の下に薄衣などをかぶる場合もあったという。髪は着物の中に着込める。いずれも歩くのに便利で、他人から顔を見られないような工夫から生じた。中流以上の女性の風俗であった。同様の外出着に「枲の垂れ衣」がある。また中世以降は、「被衣」といって、薄い衣を頭の上にかぶり、両手で支えて歩く風俗が現れた。〈藤本宗利〉

つぼ・し 形（ク）❶〔名詞「つぼ（壺）」の形容詞化〕すぼんでいるさま。目などが細いさま。例目こそはつぼけれ〈狂言・今参〉 ❷かわいらしいさま。例馴れてつぼい（音便形）は山伏〈謡曲・大江山〉

つぼ-すみれ【壺菫】 名 植物の名。タチツボスミレ。スミレ科の多年草。山野に自生し、春に淡紫色の小さな花を咲かせる。スミレ科の植物全般をさすこともある。例道とほみ（=道が遠いので）入野の原のつぼすみれ春のかたみに摘みて帰らむ〈千載・春下〉

つぼ-せんざい【坪前栽・壺前栽】 名 中庭・壺庭に植えこんだ草木。例御前の壺前栽の、いとおもしろき盛りなるを、御覧ずるやうにて〈源氏・桐壺〉

つぼ・ぬ【局ぬ】 動（ナ下二）仕切りを作って囲い込む。例おのおの屏風をつぼねつつ〈栄花・初花〉

つぼね【局】 名 ❶建物の中の仕切られた部屋。特に、宮中や貴族の邸内で、一区画を仕切って、女房などの私室にあててある部屋。例かの右近を召し寄せて、局など近く賜ひて（=あの右近をお呼び寄せになって、部屋などを近くにお与えになって）〈源氏・夕顔〉 読解「右近」は女房の名。❷宮中で①をもつ女官・女房。例日本紀の御局とぞつけたりける（=私にあだ名をつけたことだ）〈紫式部日記〉 ❸遊里で、局女郎の居る部屋。また、その遊女。

語誌 区画・仕切りに関係する意をもつ「つぼ」から出た語か。①は宮殿や貴族の邸宅の部屋のほかに、寺社の参詣者用の部屋をいうのにも用いる。また、『源氏物語』桐壺巻に光源氏の母の更衣の居所を「御局は桐壺なり」と語るなど、天皇の夫人たちの部屋をさすこともある。②の女性たちは宮中に私室を与えられるのだから中級以上の女官・女房で、「局」は敬称のようにも用いる。〈藤本勝義〉

つぼね-ずみ【局住み】 名 宮中や貴族の邸内に局をもって住むこと。例かごやかに（=もの静かに）局住みにしなして〈源氏・初音〉

つぼね-ぢょらう【局女郎】 名 下級の遊女。揚げ屋には出向かず、局と呼ぶ自分の部屋で客を迎える。

壺の碑 名 歌枕 ❶坂上田村麿が蝦夷征討の際、弓の筈（端）で日本の中央と書きつけたという石碑。陸奥国、今の青森県上北郡天間林村にあったともいうが、未詳。❷多賀城の碑。江戸初期に宮城県の多賀城跡から古碑が発見され、誤って「壺の碑」と考えられた。

つぼ・む【窄む・蕾む】 動（マ四）〔名詞「つぼ（壺）」の動詞化〕❶【窄む】狭い所に小さくまとまる。引きこもる。例老体の親、別住まひも異なものと、一所につぼむ談合で〈近松・博多小女郎波枕・中〉 ❷【蕾む】つぼみの状態になる。つぼみをつける。例十月は小春の天気、草も青くなり、梅もつぼみぬ〈徒然・一五五〉

つぼ-や【壺屋】 名 周囲を壁で仕切った個室。また、納戸・物置小屋。例立ち居も安からぬ（=不自由な）母ありけるを、一つの壺屋に置きて〈今昔・二七・二三〉

つぼ-やなぐひ【壺胡籙】 名 胡籙の一種。宮中の儀式などで、近衛府の武官や随身がつける細長い筒状のもの。

つぼ-を・る【壺折る】 動（ラ四）衣服の褄を折って帯にはさみ、活動しやすいようにする。例壺折りて胡籙（=矢を入れておく武具）をかき負ひて〈今昔・二五・一二〉 読解 盗賊を追いかけようとする場面。

つま

つま【夫・妻】 名 配偶者。夫婦や恋人の関係にある男女が互いに相手をさしていう語。

❶夫。女性の側から男性をいう。例倭方に往くは誰が夫（=大和のほうへ行くのはどなたの夫でしょうか）〈記・下・仁徳・歌謡〉

❷妻。男性の側から女性をいう。例我が妻はいたく恋ひらし飲む水に影さへ見えてよに忘られず〈万葉・二〇・四三二二〉➡名歌427

❸つれあい。男女どちらかに限定せずにいう。獣や鳥などの雌雄についてもいう。例(a)鴨すらも妻とたぐひて（=鴨でさえも夫婦つれそって）〈万葉・一五・三六二五〉 例(b)（鹿ガ）秋萩の妻をまかむと…呼び立て鳴くも（=秋萩の妻と寝ようと…大きな声で鳴いているよ）〈万葉・九・一七六一〉 読解 秋萩はしばしば鹿の妻とみなされる。例(c)妻まどはせる鹿ぞ鳴くなる（=妻を見失った鹿が鳴いている声が聞こえる）〈後拾遺・秋上〉

語誌 本来、男女・雌雄のどちらかに限定するものではなく、互いに相手をさして「つま」といったものであろう。また、第三者からいったものもある。和歌では、すでに『万葉集』に、鹿・鴨・雉・鶴といった動物の雌雄や、萩と鹿（③例(b)）のような組み合わせで、相手を慕う表現に「つま」を用いており、平安時代以降も和歌独特の表現として継承された。〈米山敬子〉

つま【褄】 名 着物の襟先から裾にいたる縁の部分。また、裾先の左右両端部分。例いつくしき女房の、練り貫の褄高く取りけるが〈太平記・二七〉

つま【端】

名 物のはし、側面の部分をいう語。衣服の袖や裾のはしをいう「褄」と同源。

❶物のはしの部分。縁。例よしある扇の**端**を折りて(=風情のある扇の先端の部分を折って)〈源氏・葵〉 ❷建築物の側面の部分。または、軒のはし。軒端。例御堂の東の**つま**に(=仏堂の東の側面に)〈今昔・一九・四〇〉 ❸事柄の糸口。手がかり。端緒。例わが心にも、なかなかもの思ひの**つま**なるべきを(=ご自身の心の中にも、かえって気苦労の端緒となるにちがいないから)〈源氏・須磨〉

語誌 上代には①の確かな用例は見えないが、『万葉集』などに「つま」の変化した形とみられる「つめ」がある。例大橋のつめに家あらば〈万葉・九・一七四三〉 〈米山敬子〉

つま-おと【爪音】 名 ❶琴をつまびく音。例箏の琴いとなつかしう(=心ひかれるように)弾きすさむ**爪音**をかしう聞こゆ〈源氏・蜻蛉〉 ❷馬の蹄の鳴る音。例木の葉ちる山路の石はみえねどもなほあらはなる駒の**つまおと**〈頼政集〉

つま-ぎ【爪木】 名 薪にする小枝。例林の木近ければ、**爪木**を拾ふに乏しからず〈方丈記〉

つま-ぐ・る【爪繰る】 動(ラ四) 指先で数珠の玉などを順送りにする。例水晶の数珠を**つまぐり**〈御伽草子・さいき〉

つま-くれなゐ【端紅・爪紅】(─レナイ) 名 ❶【端紅】扇や巻紙などの縁を紅色に染めること。また、染めたもの。例**つま紅**に日出だしたる扇を開きて〈曾我・一〉 ❷【爪紅】「つまべに」に同じ。

つま-ぐろ【端黒・妻黒】 名 縁が黒いこと。また、そのもの。多く矢羽にいう。⇩や(図)。例**妻黒**の矢負ひ、長覆輪の剣を帯きけり〈源平盛衰記・二〇〉

つま-ごひ【妻恋ひ・夫恋ひ】(─ゴイ) 名動(サ変) 夫が妻を、妻が夫を恋い慕うこと。鹿・雉・ほととぎすなどの鳴き声にも用いる。例**妻恋ひ**に鹿鳴かむ山そ〈万葉・一・八四〉

つまごみ-に【妻籠みに】〔「ごみ」は他動詞「こむ」の連用形「こみ」の連濁形〕「つまごめに」とも。妻をこもらせるために。他人の目に触れさせないように住まわせるために。例八雲立つ(枕詞) 出雲八重垣 **妻籠みに** 八重垣作る その八重垣を〈記・上・神代・歌謡〉➡名歌375

つま-ごも・る【妻隠る】 1 動(ラ四) 夫婦・雌雄が外に出ないでいる。隠れ住む。例埋もるる雪の下草いかにして**妻隠れ**りと人に知らせん〈風雅・恋一〉 2 〔枕詞〕妻と隠れ住む「屋」の意から、「や」と同音を含む「矢野」「屋上」などにかかる。「小佐保」にもかかるが、このかかり方は未詳。例**妻隠る**矢野の神山〈万葉・一〇・二一七八〉

つま-ごゑ【端声】(─ゴエ) 名 自分の言いたいことを他人に言わせて、ときどき横から言葉を補足すること。例殿より申させたまはば、(私ハ)**つま声**のやうにて〈源氏・行幸〉

つま-しらべ【爪調べ】 名 琴などを弾くとき、調子をととのえるために軽くかき鳴らすこと。例**爪調べ**して…朗詠を二、三遍したまひけり〈源平盛衰記・三九〉

つま-じるし【爪印・爪標】 名 書物の重要部分や不審な箇所に爪でつける印。例かたがたに通はし読みたまへるさま、**爪じるし**残らず〈源氏・少女〉

つま-づま【端端】 名 物事のはしばし。隅々。例(a)夕されのねやの**つまづま**ながむれば(=夕方の寝室の隅々をぼんやり見ていると)〈蜻蛉・下〉例(b)(話ノ)**つまづま**合はせて語る虚言(=うそ)は、恐ろしきことなり〈徒然・七三〉

つま-で【嬬手】 名 粗削りした角のある製材。角材。例真木さく(枕詞) 檜の**つまで**を もののふの(枕詞) 八十宇治川に 玉藻なす(枕詞) 浮かべ流せれ〈万葉・一・五〇〉

つま-ど【妻戸】 名〔「端戸」で、端にある戸の意〕寝殿造りの建物の四隅にある両開き戸。廂と簀の子の境にあり、外側に開く。例西の**妻戸**に出でて、戸を押しあけたまへれば〈源氏・夕顔〉

妻戸〔源氏物語絵巻〕
来訪した薫が妻戸の前で応対を待つ場面。内とは御簾や几帳によってさらに隔てられている。

つま-どひ【妻問ひ】(─ドイ)

名〔動詞「つまどふ」の名詞形〕女性を恋慕し求婚すること。また、妻や女性のもとへ通うこと。例古にありけむ人の…廬屋立て **妻問ひ**しけむ 勝鹿の 真間の手児名が(=昔にいたという人が…小屋をたて求婚したという勝鹿の地の真間の手児名が)〈万葉・三・四三一〉 読解「真間の手児名」は伝説上の女性の名。

つま-ど・ふ【妻問ふ】(─ドウ) 動(ハ四) 求婚する。妻のもとを訪れる。例秋萩を **妻どふ**鹿こそ 独り子に 子持てりといへ〈万葉・九・一七九〇〉

語誌 「とふ」は相手の心を引きつけ魅了するための言葉を発する意で、古代にあってはしばしば求婚の歌の形をとる。〈松井健児〉

つま-ど・る【褄取る・端取る】 動(ラ四) 鎧の袖や草摺りの端を、地の色とは別色の糸や革で綴る。例萌黄・緋縅・紫糸・卯の花の**褄取っ**(音便形)たる鎧に薄紅の笠符をつけ〈太平記・三二〉

つま-の-こ【夫の児・妻の児】 名〔「こ」は親愛の意を表す語〕夫婦・恋人が互いに相手を親愛の情をこめて呼ぶ語。例声なつかしき(=声の慕わしい)愛しき**妻の児**〈万葉・四・六六三〉

つま-の-みこと【夫の命・妻の命】夫婦や恋人間で相手を敬って呼ぶ語。男女いずれにも用いる。例はしきよし(=いとしい)妻の命も〈万葉・一七・三九六二〉

つま-はじき【爪弾き】名❶人さし指の爪を親指の腹に当ててはじくこと。不満・怒り・非難などを表すしぐさ。例かの人の心を爪はじきをしつつ恨みたまふ〈源氏・空蟬〉❷(①から転じて)他人への非難や嫌悪の情を表すこと。例人に穢まれ、爪弾きをせられんは、口惜しき次第なり〈仮名草子・竹斎・下〉

つま-びき【爪弾き】名弦楽器を、撥などを用いず、指先や爪で弾くこと。正式な演奏ではなく、気慰みに弾く場合が多い。例爪弾きにいとよく合はせて、ただ少し搔き鳴らいたまふ〈源氏・紅梅〉

つま-び・く【爪引く・爪弾く】動(カ四)指先や爪で、弓や楽器の弦をはじく。例梓弓爪引く夜音の〈万葉・四・五三一〉

つまびら-か【詳らか・審らか】形動(ナリ)〔古くは「つまひらか」〕細かく詳しいさま。例大納言つまびらかに申す旨なし〈著聞集・一一・四〇三〉

つま-べに【爪紅】名女性が爪に紅を塗ること。また、その原料となることから鳳仙花の別称。例わぎも子が爪紅のこす雪まろげ〈俳諧・猿蓑・一〉

つま-や【妻屋】名夫婦のために建てた離れ屋。夫婦の寝室。例我妹子と二人我が寝し枕づく(枕詞)つま屋のうちに〈万葉・二・二一〇〉

つま-よ・る【爪縒る】動(ラ四)矢を片手の指先にのせ、もう一方の手の指でねじるように回しながら、矢竹のゆがみや矢羽のぐあいなどを調べる。例簾の内に、矢を爪よる音のするが〈宇治拾遺・三三〉

つまり【詰まり】名❶行き止まり。隅。例ここのつまりに追っつめては〈平家・四・信連〉❷物事が行き詰まること。行き詰まって困ること。例諸傍輩の(=仲間たちの)つまり・迷惑をかへりみず〈仮名草子・可笑記・二〉❸物事や行為の行き着くところ。結末。おさまり。副詞的に用いることもある。例つまりはともに死ぬる分と〈近松・曾我会稽山・三〉

つま・る【詰まる】動(ラ四)❶ふさがる。つかえる。例足鼎を取りて、(耳ヤ鼻ガ)頭にかづきたれば(=かぶったところ)、つまるやうにするを〈徒然・五三〉❷答えなどに困る。窮する。例大納言入道、はたと(答エニ)つまりて〈徒然・一三五〉❸生活に困る。不景気になる。例万事の商ひなうて(=なくて)、世間がつまっ(音便形)た〈西鶴・世間胸算用・五・一〉❹納得できる。おもしろい。例やたらそんなことをして、つまるものかえ〈滑稽本・膝栗毛・初〉

つみ【柘】名植物の名。クワ科の落葉高木。山桑。山地に自生し、葉は桑より小さく、果実は紫黒色。例この夕へ柘のさ枝の流れ来ば〈万葉・三・三八六〉

つみ【罪】名❶道徳・習慣や、法律に背くこと。例我はいかなる罪を犯して、かく悲しき目を見るらむ(=私はどのような罪を犯したために、このように悲しい目を見ているのだろうか)〈源氏・明石〉❷仏法の道理に反し、また、その戒めを破ること。例慈悲ふかうおはする仏だに、三宝そしる罪は浅しとやは説いたまふなる(=慈悲深くていらっしゃる仏様でさえ、三宝を悪く言う罪は軽いとお説きになるだろうか)〈紫式部日記〉読解「やは」は反語の意を表す。「三宝」は、仏・法・僧のこと。❸欠点。短所。例御心ざしひとつの浅からぬに、よろづの罪ゆるさるるなめりかし(=その女性へのお気持ちがひたすら深いので、すべての短所が許せるのであろうよ)〈源氏・夕顔〉❹罰。刑罰。例うまさけを(枕詞)三輪の祝が斎ふ杉手触れし罪か君に逢ひかたき(=大神神社の神官が神聖なものとしている杉に手を触れた罪なのか、あなたに逢えないのは)〈万葉・四・七一二〉

語誌▼「罪」の内容 古くは、聖なるものや共同体の秩序を侵犯する行為をいう。特に、集団や共同体の維持のために設けられた禁忌(タブー)を破ることは重い罪とされた。こうした罪に対しては祓えや罰が必要とされたことから、罰の意も生じた。平安時代には、仏教の浸透によって、神への信仰とかかわることを罪とする考えも生まれた。
▼類義語「とが」は、他から非難される過失・欠点のことで、罪ほどの重大さや深刻さはない。〈高田祐彦〉

つみ-しろ【罪代】名罪滅ぼし。罪の償い。例その罪代にはよろこび(=昇進)をしてよ〈宇津保・沖つ白波〉

つみ・す【罪す】動(サ変)罪をとがめ、処罰する。例過の軽さ重さに随ひて、考へて罪せむ〈紀・孝徳〉

つみ-な・ふ【罪なふ】ナウ・ノウ 1動(ハ四)罰する。罪に処する。例人を苦しめ、法を犯さしめて、それを罪なはん事、不便のわざなり〈徒然・一四二〉2動(ハ下二)1に同じ。例もろもろの悪しき神をばつみなへ〈神皇正統記・上〉

つ・む【抓む・摘む】動(マ四)〔「つめ(爪)」と同根か〕❶爪の先でつまむ。例母の命は御裳の裾摘み上げかき撫で(=母君は御裳の裾をつまみ上げ私をなでて)〈万葉・二〇・四四〇八〉❷つねる。例腕をとらへていといたう抓みたまへれば(=腕をつかまえてたいそう強くおつねりになったので)〈源氏・紅葉賀〉❸指先でつまんで取る。例春の野にすみれ摘みにと来し我そ野をなつかしみ一夜寝にける〈万葉・八・一四二四〉→名歌295

語誌「ここに要とある所々を摘みて記せるなり」〈霊の真柱・上〉のように、書物などの字や文を抜き書きする意などに用いることもある。〈高木和子〉

つ・む【集む】動(マ下二)あつめる。多く複合動詞に用いる。「刈りつむ」「樵りつむ」など。

つ・む【詰む】動(マ下二)一定の枠の中に物を入れて、そのすきまをなくす意。
❶物を入れていっぱいにする。ふさぐ。例(遣り戸ヲ)打ち叩き、押し引けど、内外につめてければ、揺るぎだにせず(=叩いたり、押したり引いたりするけれど、戸の内側も外側も物でふさいであったので、動きもしない)〈落窪・二〉❷追いつめる。追い込む。やり込める。例脇の門より走り入るを、やがてつめて(=脇の門から走り込むのを、すぐに追いついて)〈宇治拾遺・三一〉

❸(しばしば他の動詞について、複合動詞となって)ひたすらそのことに専念する。例おぼつかなく思ひつめたること、少しはるかさむ(=気になって深く思い悩んでいることを、少し晴れ晴れとさせたい)〈伊勢・九五〉
❹出仕する。また、出仕した所などで控えている。例今朝から庄屋殿へ詰められ、今は留守でござる〈近松・冥途の飛脚・下〉
❺倹約する。例ずいぶんわしが身をつめ(=できるだけ私のことでは倹約し)、三度つける油も一度つけ〈近松・夕霧阿波鳴渡・中〉

語誌 平安時代には、「思ひつむ」のように複合動詞の例が多い。〈高木和子〉

つ・む【積む】動(マ四)〔「つもる」の他動詞形〕❶積もる。重なる。例降る雪の千重に積めこそ(=降る雪がたくさん重なるように積もるからこそ)〈万葉・一九・四二三四〉
❷㋐積み上げる。重ねる。例(漢詩集ヲ)こなたなる厨子に積むべき事など(=こちらにある厨子に積み重ねておくようにといったことを)〈源氏・浮舟〉
㋑船や車に載せる。例柴積む舟の〈源氏・総角〉
㋒ためる。蓄える。例神府(=神宝を収めておく蔵)に貯める宝物〈紀・天武下〉
❸苦しみや嘆きを積み重ねる。増す。例松島に年ふるあまもなげきをぞつむ〈源氏・須磨〉読解「なげき」は「投げ木」と「嘆き」を掛ける。

語誌 数々あるものを、一まとめにうず高くする意を表す。積みあげる意から、乗り物に物を載せる、ためる・蓄える、ひいては、努力や苦労・年齢、苦しい思いや嘆きを積み重ねることにも用いられた。ただし、①は自動詞的用法で、雪などがしだいに積み重なって高くなる意を表す。〈高木和子〉

つむじ【辻・旋風・旋毛】名❶【辻】〔「つじ」の古形〕十字路。例(役人ガ)我が親をば取り出でて(=外に出して)辻に置きつ〈今昔・一〇・三三〉
❷【旋風・旋毛】㋐渦を巻いて吹き荒れる風。つむじ風。例み雪降る冬の林に つむじかも い巻き渡ると〈万葉・二・一九九〉
㋑毛髪が渦のように回って生えている部分。

つむは-の-たち【都牟羽の太刀】名語義未詳。切れ味のよい剣の意か。例御刀の前もちて刺し割きて見そこなはせば都牟羽の太刀あり〈記・上・神代〉
読解「都牟刈りの太刀」とする本もある。

つむり【頭】名「つぶり」に同じ。例足の爪先からつむりのうへまで〈独寝・下〉

つめ【詰め】名❶すきまに詰めこむ物。詰め物。容器の栓などにもいう。例この文も壺の詰めにもなりぬべき〈西鶴・男色大鑑・三・四〉
❷端。きわ。橋などのたもと。例大橋のつめに家あらば〈万葉・九・一七四三〉
❸仕事などで、一定の場所に居続けること。また、その場所。「江戸詰め」などとも用いる。
❹能楽や狂言で、一曲中の見せ場となるところ。

つめ【爪】1名❶人間や動物のつめ。例長き爪して、眼をつかみ潰さん〈竹取〉
❷琴などを弾くときに指先にはめるもの。例この琴弾く人は、別の爪つくりて〈大鏡・道長上〉
2名形動(ナリ)近世の用法。欲が深いこと。けちなこと。例いつわたしがつめな事言ふたいな〈洒落本・嘘之川〉

[爪食ふ]爪をかむ。恥ずかしがったりためらったりするときのしぐさ。例あまえて(=照れて)爪食ふべきことにもあらぬを〈源氏・竹河〉

つめ-いし【積め石】名柱の下に据える土台の石。いしずえ。例大象の積め石、紫金銀の棟…荘厳し厳飾せり〈栄花・音楽〉

つめ-ひも【詰め紐】名紐の結び目を固く締めること。例直垂に詰め紐し〈平家・八・妹尾最期〉

つめ-ひらき【詰め開き】名❶駆け引き。談判。また、応対。例理屈づめなるつめひらき〈西鶴・好色一代女・一・四〉
❷貴人の前から退出するときの作法の一つ。体を右か左に回して立ち上がる。

つめ-ふ・す【詰め伏す】動(サ下二)強引に迫って説得する。例行きてつめふせて来む〈沙石集・三・三〉

つ-もごり【晦日・晦】名「つごもり」の変化した形。例今日はつもごりでなし〈浮世草子・傾城禁短気・一・四〉

つもり【積もり】名❶積もること。また、その結果。例恨みを負ふつもりにやありけん、いとあつしくなりゆき(=病気がちになっていき)〈源氏・桐壺〉
❷見積もり。見当。推測。例薬くらいで届く(=間に合う)ものぢゃあないわな。つもりにもしれたもんだ(=推測でもわかることだ)〈滑稽本・浮世風呂・二下〉
❸限度。程度。例機織る女さへ給分の(=給金の)つもりあり〈西鶴・好色一代男・三・三〉

つも・る【積もる】動(ラ四)❶積み重なる。深まる。量が増える。例(雪ガ)白うつもりて、なほいみじう降るに〈枕・今朝はさしも見えざりつる空の〉
❷日数・時間などが、積み重なる。たつ。例(夫ト)ここら契りかはして積もりぬる年月のほどを思へば〈源氏・松風〉
❸近世の用法。見積もる。推量する。例(帳簿ノ)銀高つもりて、世帯まかなふ事なり〈西鶴・世間胸算用・三・四〉
❹近世の用法。見くびる。見くびってばかにする。例ようもようも、この左近(=人名)をつもりしな〈近松・夕霧阿波鳴渡・中〉

つ-や【通夜】名動(サ変)神社や仏殿に参籠して夜通し祈願すること。例ある女房の賀茂社に通夜したりける夢に〈十訓抄・四・四〉

つや-つや
副❶(打消の語を伴って)まったく(〜ない)。いっこうに(〜ない)。例(a)つやつやものも申されず(=まったくものも申し上げられない)〈平家・一・鹿谷〉例(b)(瘤ハ)かいのごひたるやうにつやつやなかりければ(=ぬぐい取ったようにまったくなかったので)〈宇治拾遺・三〉
❷すっかり。完全に。例つやつや忘れにけり(=忘れてしまった)〈十訓抄・一・四四〉
❸つくづく。よくよく。例国司の姿をつやつやとうちながめ〈近松・当流小栗判官・五〉

語誌 中世以降に用いられる語。近世は、すやすやと寝るさまにも用いるようになる。〈井上博嗣〉

つや-つや【艶艶】副光沢があって美しいさま。多く髪や衣服などにいう。つややかに。例髪は長くつやつやとして〈源氏・手習〉

つや-め・く【艶めく】動(カ四)〔「めく」は接尾語〕つややかになる。例女君をうち見おこせたれば、い

といたう(=すばらしく)つやめきたるを〈落窪・一〉

つや-やか【艶やか】 形動(ナリ) 〔「やか」は接尾語〕潤いがあって美しいさま。つやのあるさま。例目つややかに泣き腫れたる気色の〈源氏・若菜上〉

つゆ

【露】 **1**名 ❶大気中の水蒸気が凝結して水滴となり物に付着したもの。特に、萩など秋の草花の上に降りるものとしてとらえられる。例(a)我が背子が挿頭の萩に置く**露**をさやかに見よと月は照るらし(=私のいとしいあなたが髪に挿している萩に置く露をはっきり見ろと月は照っているらしい)〈万葉・一〇・二二三五〉 読解「挿頭」は花や枝を髪や冠に挿すもの。例(b)前栽の**露**は、なほかかる所も同じごときらめきたり(=庭の草木に置く露は、やはりこのようなささやかな住居にも同じように光っている)〈源氏・夕顔〉

❷**涙の比喩。** 例荒れまさる軒のしのぶをながめつつしげくも**露**のかかる袖かな(=ますます荒れていく軒の忍ぶ草を眺めながらあなたを偲んでいると、びっしょりと涙の露でぬれる私の袖だなあ)〈源氏・須磨〉 読解秋の長雨のころ、須磨にいる光源氏に花散里が贈った歌。「忍(草)」と「偲ぶ」、「長雨」と「眺め」を掛ける。

❸(多く「つゆの〜」の形で)**はかなく消えやすいもののたとえ。**「つゆの命」「つゆの身」「つゆの宿り」「つゆの世」などと用いる。

❹**わずかなこと。** 例ありがたきもの…**つゆ**の癖なき(=めったにないもの…わずかな癖もない人)〈枕・ありがたきもの〉

❺狩衣・水干・直垂などの袖をくくる紐の垂れた先端。露紐。例直垂の**露**結びて肩にかけ〈曾我・六〉

❻江戸時代、豆板銀の別称。例こまかなる**露**を盗みためて〈西鶴・好色一代男・一・七〉

2副 ❶(打消の語を伴って)**少しも(〜ない)。まったく(〜ない)。** 例**つゆ**まどろまれたまはず(=まったくお眠りになることができない)〈源氏・葵〉

❷**ほんの少し。わずかに。** 例**つゆ**悪しうもせば沈みやせんと思ふを(=ほんの少しでも下手をすれば、舟が沈むのではなかろうかと思うのに)〈枕・日のいとうららかなるに〉

語誌 ▼1②は①の意を兼ねて用いられることが多い。⑤⑥は形が①に似ることから。
▼**和歌の露** 露は「置く」といい、「起く」との掛詞になることも多い。また、消えやすいことから「消ゆ」と縁語を形成する。「玉」「白玉」に見立てることもある。〈鈴木宏子〉

つゆ-くさ【露草】 名 植物の名。ツユクサ科の一年草。古称は月草。夏に藍色の花を咲かせるが、一日でしおれる。花の汁は染料に用いる。その色は水で色落ちしやすかったので、和歌では、人の心のうつろいやすさのたとえに用いる。例移り行く色をば知らず(=色はさておき)言の葉の名さへあだなる(=はかない)**露草**の花〈山家集・中〉

つゆ-け・し【露けし】 形(ク) 露にぬれている。露を含んでいる。また比喩的に、涙がちなさま。例ひとり寝る床は草葉にあらねども秋来る宵は**露けか**りけり〈古今・秋上〉 読解「秋」に「飽き」を掛ける。

つゆ-しぐれ【露時雨】 名 露がいっぱいに降りて、時雨が降ったようになること。例**露時雨**もる山かげの下紅葉〈新古今・秋下〉

つゆ-しも【露霜】 名「つゆじも」とも。❶露と霜。露が凍って霜になったものとする説、秋の薄霜とする説、露の歌語とする説もある。例ひさかたの(枕詞)天の**露霜**置きにけり〈万葉・四・六五一〉 ❷年月。例**露霜**は改まるとも〈新古今・仮名序〉

つゆしもの【露霜の】 《枕詞》❶秋の景物であることから「秋」にかかる。例**露霜の** 秋に至れば〈万葉・一七・四〇二一〉 ❷露や霜は消えやすいことから「消」「過ぐ」にかかる。例**露霜の** 消なば消ぬべく〈万葉・二・一九九〉 ❸露霜が置くことから「置く」に、また、それと同音を含む語にかかる。例寄り寝し妹を **露霜の** 置きてし来れば〈万葉・二・一三一〉→名歌69

つゆ-ちり【露塵】 **1**名 ❶ほんの少しのこと、わずかなことのたとえ。例**つゆちり**の事もゆかしがり(=知りたがり)〈枕・にくきもの〉 ❷捨てても惜しくないもののたとえ。例命は**露塵**とも思はぬが〈嘶本・昨日は今日の物語・下〉 **2**副 (打消の語を伴って)少しも(〜ない)。全然(〜ない)。例**つゆちり**物とらせんの(=与えようという)心なし〈宇津保・忠こそ〉

つゆ-の-いのち【露の命】 露のようにはかなく消えやすい命。露命。例ながらへば人の心も見るべきに**露の命**ぞ悲しかりける〈後撰・恋三〉

つゆ-の-ま【露の間】 わずかの間。少しの間。例濡れてほす山路の菊の**露の間**にいつか千年を我は経にけん〈古今・秋下〉

つゆ-の-み【露の身】 露のように消えやすいはかない身。例今までも消えで(=消えないで)ありつる**露の身**は置くべき宿のあればなりけり〈後撰・恋五〉

つゆ-の-やどり【露の宿り】 露の降りた所。また比喩的に、涙にぬれた宿。はかない宿。例浅茅生の**露のやどり**に君をおきて〈源氏・賢木〉

つゆ-の-よ【露の世】 露のようにはかない世。無常の世。例ややもせば消えをあらそふ**露の世**におくれ先だつほど経ずもがな〈源氏・御法〉

つゆ-ばかり【露ばかり】 (打消の語を伴って)少しも(〜ない)。ちっとも(〜ない)。例**露ばかり**頼むる(=約束する)こともなきものを〈拾遺・恋一〉

つゆ-はらひ【露払ひ】 ハライ 名 先導すること。また、演芸で最初に演じること・演じる人。例花の前の胡蝶の舞や**露払ひ**(ノヨウダ)〈俳諧・犬子集・一〉

つゆ-も【露も】 ❶(仮定表現に用いて)少しでも。ちょっとでも。例**つゆも**、物、空にかけらば(=飛んでいたならば)、ふと射殺したまへ〈竹取〉 ❷(打消の語を伴って)少しも(〜ない)。ちっとも(〜ない)。例思ひしことの**つゆも**かなはぬ〈更級〉

つよ・し

【強し】 形(ク) ❶**力や勢いが十分にある。丈夫だ。健康だ。** 例若きにもよらず、**強き**にもよらず、思ひかけぬは死期なり(=年の若さにもよらず、体の丈夫さにもよらず、思いもかけないのは死の時期である)〈徒然・一三七〉

❷**堅固だ。ゆるぎなくしっかりしている。** 例(部屋ニ)錠**強く**鎖して往ぬ(=錠をしっかりと差し込んで行った)〈落窪・一〉

❸厳しい。鋭い。例まなこゐなど、これはいますこし強う(音便形)才あるさままさりたれど(=目つきなど、この人はもう少し鋭く才気ある様子がまさっているけれど)〈源氏・横笛〉❹程度がはなはだしい。激しい。例日つよく照りければ(=照ったので)〈宇治拾遺・二〇〉〈森山由紀子〉

つよ-ゆみ【強弓】 名 弦の張りの強い弓。また、その弓を引くことのできる力の強い人。例競(=人名)はもとよりすぐれたる強弓精兵、矢つぎばやの手きき、大力の剛の者〈平家・四・競〉

つより【強り】 名 頼りになるもの。力強い支援。例母宮をだに動きなきさまにしおきたてまつりて(=揺るぎない地位につけ申しあげて)、強りにと思すになむありける〈源氏・紅葉賀〉

つよ・る【強る】 動(ラ四)❶強くなる。いっそう強まる。例源氏の世の強りし後は〈平家・一二・吉田大納言沙汰〉❷(他の動詞の連用形について)いっそう強く～する。例北風のたゆみなく吹きつよりぬらん時は告げよ〈発心集・三・五〉❸(「思ひつよる」の形で)気を強くする。気持ちをしゃんと奮い立たせる。例せちに思ひ強りたまひて起き出でたまへれど〈狭衣・四〉

つら

【列・連】 名 ❶連なること。並んだもの。行列。例いづかたの雲路と知らばたづねましつらはなれけん雁がゆくへを(=もしどこの雲路か知っていたら探しに行くだろうに、列から離れた雁の行方を)〈千載・哀傷〉読解 死んだ友を列を離れた雁にたとえて詠んだ歌。「雲路」は雲の中の通路。❷(多く「～のつら」の形で)同列。仲間。例わが女御子たちの同じ列に思ひきこえむ(=私の娘の皇女たちと同列にお思い申そう)〈源氏・桐壺〉

語誌 ①は、例のように、和歌で、雁が列をなして飛ぶさまをいうことが多い。〈田島智子〉

つら【弦】 名『上代語』弓に張った弦。例陸奥の安達太良真弓弦著けて〈万葉・七・一三二九〉

つら

【面・頰】 名 ❶ほお。例かの翁がつらにある瘤をや取るべき(=あの老人のほおにある瘤を取ろうではないか)〈宇治拾遺・一〉❷顔。近世では卑しめて言う場合が多い。例きせるの烟遠慮もなう客の面へ吹きかけ〈浮世草子・諸道聴耳世間猿・二・三〉❸ある物や場所に接したところ。かたわら。ほとり。例生田の川のつらに、女、平張りを打ちてゐにけり(=天幕の仮屋を立てて住んでいた)〈大和・一四七〉❹道や建物に面した側。例道より北のつらに〈無名抄・関清水事〉

語誌 人の顔に関しては、本来は頰の意で、それがのちに顔全体をさすようになった。〈長島弘明〉

つら【蔓】 名『上代語』植物の蔓。例上野可保夜が沼のいはゐつら〈万葉・一四・三四一六〉

つ-らう ロウ 〔完了の助動詞「つ」の終止形＋推量の助動詞「らむ」＝「つらむ」の変化した形〕～ているだろう。例あの志賀の山越えを はるばると ねたう馴れつらう(=いまいましいほど通い慣れているだろう)〈閑吟集・二九七〉

つら-がまち【輔・面框】 名 あごの骨。あごの形。転じて、面構え。例続松とぼして見たまへば頰骨あれて輔車たかく〈源平盛衰記・三六〉

つら・し

形(ク) 他者からの仕打ちによって生じる、耐えがたくつらい思いをいう。

❶思いやりがない。薄情だ。冷淡だ。例(a)死出の山ふもとを見てぞ帰りにしつらき人よりまづ越えじとて(=死出の山のふもとを見て帰って来てしまった。薄情なあなたより先には越えまいと思って)〈古今・恋五〉例(b)いとはつらく見ゆれど、志はせむとす(=たいそう薄情に思われるけれど、お礼はしようと思う)〈土佐〉❷しゃくにさわる。恨めしい。例(a)ほととぎす、鶯に劣ると言ふ人こそ、いとつらう(音便形)にくけれ(=ほととぎすは鶯に劣っていると言う人こそ、ひどくしゃくにさわっていやだ)〈枕・賀茂へまゐる道に〉例(b)「いとつらし、つらし」と泣き叫ぶものから(=「ほんとうに恨めしい、恨めしい」と泣き叫ぶけれど)〈源氏・若菜下〉読解 亡き六条御息所が物の怪となって光源氏の前に出現して泣き叫ぶ。

語誌▼関連語 平安時代では、「つらし」は「うし」と対照的な語として区別されていた。「うし」が自分自身のせいでつらいという気持ちで、しばしば自分の身の上や運命をも思ったりするのに対して、「つらし」は他者のせいでつらいと思う気持ちをいう。しかし後世には「うし」の語が衰え、「つらし」が「うし」の意味をも兼ねるようになる。また「つれなし」は他者の無関心・無表情をつらいとする意であり、「つらし」が他者の能動的な仕打ちに対するものであるのとは対照的である。「からし(辛し)」は舌を強く刺激する感じから、つらい、せつない、の意にも用いるようになった語。〈鈴木日出男〉

つら-だましひ【面魂】 ―ダマシイ 名 勇敢さ・大胆さが現れている顔つき。例きやつが面魂ただものとは見候はず〈平家・八・妹尾最期〉

つら-つき【面付き・頰付き】 名 顔つき。頰のあたりの様子。例いと白うあてに(=気品があり)、痩せたれど、つらつきふくらかに〈源氏・若紫〉

つら-つら 副 ❶念を入れて。よくよく。つくづく。例われをつらつらと見て言ふやう〈宇治拾遺・一七〉❷ずっと続くさま。例己がどち(=仲間どうしで)つらつらと嘆き居たり〈今昔・二六・一四〉

つらつら-つばき【列列椿】 名 たくさん並んで咲いている椿。繋って連なりあっている椿の花。和歌では、「つらつら」を導く序詞として用いる。例巨勢山のつらつら椿つらつらに見つつ偲はな巨勢の春野を〈万葉・一・五四〉

つら-づゑ【頰杖】 ―ツエ 名 ほおづえ。もの思いにふけるしぐさ。例つらづゑをつきたまひて寄り臥したまへれば〈源氏・若菜上〉

つら-な-む【列並む】 動(マ下二) 連ねならべる。例布勢の海に 小舟列並め〈万葉・一九・四一八七〉

つら-な-る【連なる・列なる】 動(ラ四)❶列に並ぶ。つながる。地位に就く。例太政大臣の上につらなりたまふべき宣旨ありき〈今鏡・四・薄花桜〉❷連れ立つ。例同じ郷の者三人と烈て〈今昔・一七・

一三〉

つら・ぬ【連ぬ・列ぬ】動(ナ下二) ❶一列に並べる。例むらさきも袖をつらねてきたるかな(＝紫の袍を着た人たちも袖を並べてやって来たことよ)〈赤染衛門集〉
❷引き連れる。例これを連ねて歩きけると思ひて(＝女房を引き連れて歩いてきたのだと思って)〈源氏・空蟬〉
❸(文字や言葉を並べることから)詩歌を詠む。例涙の隙より、かくぞつらねける(＝涙の絶え間に、このように歌を詠んだ)〈曾我・一三〉
❹一列に並ぶ。連れ立つ。例(a)雁の連ねて鳴く声、楫の音にまがへるを(＝雁が一列に並んで鳴く声が、櫓の音に似ているのを)〈源氏・須磨〉例(b)男ども六人つらねて庭にいで来たり(＝男たちが六人連れ立って庭に出て来た)〈竹取〉
語誌 「つらなる」の他動詞形。ただし、④のような自動詞的用法もある。〈田島智子〉

つら-ぬき【頬貫】名 軍陣や狩りのときに履く毛皮の靴。「綱貫」とも。例つらぬき脱いではだしになり〈平家・四・橋合戦〉

つら-ぬ・く【貫く】動(カ四) 突き通す。例白き玉を貫きたるやうなるこそ〈枕・九月ばかり、夜一夜〉

つらね-うた【連ね歌】名 「れんが」に同じ。例昔、一条摂政のみもとにて、人々連ね歌侍りけるに〈撰集抄・八・二九〉

頬貫

つ-らむ 〔完了の助動詞「つ」の終止形＋推量の助動詞「らむ」〕「つらん」とも。❶完了した事態について推量する意を表す。疑問語とともに用いることが多い。きっと～しているだろう。～したかもしれない。例石見のや高角山の木の間より我が振る袖を妹見つらむか〈万葉・二・一三二〉➡名歌70
❷完了した事態について、その事態の起こった原因や理由を推量する意を表す。～だから～したのだろう。例思ひつつ寝ればや人の見えつらむ夢と知りせば覚めざらましを〈古今・恋二〉➡名歌110
❸完了した事態についての伝聞の意を表す。～たという。～たらしい。例「取られつらむ衣は何色ぞ」と御尋ねあれば(＝「取られたという着物は何色だ」と御質問があるので)〈平家・六・紅葉〉
語誌 ①②③とも「らむ」の用法を受け継いでいる。中世に入ると、「らむ」が「らう」と形を変えるため、「つらむ」も「つらう」となる。〈高山善行〉

つらら【氷・氷柱】名 ❶氷。例朝日さす軒の垂氷はとけながらなどかつららのむすぼほるらむ(＝どうして氷が固く張っているのだろう)(＝つらら)はとけながらなどかつららのむすぼほるらむ〈源氏・末摘花〉❷つらら。例井のもとの草葉に重き氷柱かな〈俳諧・大悟物狂〉
語誌 ①例のように、もとは「つらら」と「たるひ」は区別があり、今のつららは「たるひ」といった。②は中世後期以降の用法。

つらら【列ら】形動(ナリ) 列になってつながっているさま。並んでいるさま。例いざりする(＝漁をする)海人の娘子は小舟乗り列らに浮けり〈万葉・一五・三六二七〉

つら-を【弦緒】名 弓に張った弦。例梓弓弦緒取りはけ(＝取り付け)引く人は〈万葉・二・九九〉

つり-どの【釣殿】名 寝殿造りの東西の対から南に伸びた廊の端にある、池に臨んだ建物。納涼・遊宴などに用いる。例いと暑き日、東の釣殿に出でたまひて涼みたまふ〈源氏・常夏〉

つり-なは【釣り縄】名 釣針をつけた縄。例伊勢の海の海人の釣り縄〈古今・恋一〉

つる【鶴】名 鳥の名。ツル科の鳥の総称。多くは丹頂鶴をさすが、真名鶴・鍋鶴なども ある。亀とともに、めでたい長寿の動物とされる。和歌では「たづ(鶴・田鶴)」を用いる。例(a)鶴はいとこちたきさまなれど、鳴く声雲井まで聞こゆる、いとめでたし(＝鶴はたいそう仰々しい姿だが、鳴く声が天まで聞こえる、それがたいそうすばらしい)〈枕・鳥は〉 読解 中国の『詩経』に「声、天に聞こゆ」とあるのに基づいていう。例(b)鶴は千年、亀は万年とて、命久しきものなり(＝寿命の長いものである)〈御伽草子・浦島太郎〉
語誌 ▼「夜の鶴」 白居易の詩句「夜の鶴は子を憶ひて籠中に鳴く」〈新楽府・五絃弾〉から、「夜の鶴」は子を思う親の愛情をたとえていう。鎌倉時代の阿仏尼の『夜の鶴』も、我が子のために書いた歌論書であるゆえの命名。
▼鶴女房 男に助けられた鶴が、美しい女となって男に恩返しをし、やがて飛び去っていくという、鶴女房型と呼ばれる民話・昔話が伝わる。いわゆる「鶴の恩返し」の話である。⇩異類婚姻の話〈長島弘明〉

つ・る【連る】動(ラ下二) 列になろうとする動作・行為をいう。
❶つらなる。連れ立つ。いっしょに行動する。例(a)雁の連れて渡るも驚かれ(＝雁がつらなって空を渡るのにも驚かされ)〈栄花・着るはわびしと嘆く女房〉例(b)歩行にて郎等と連れて落ち行くほどに(＝徒歩で従者と連れ立って逃げて行くうちに)〈平家・八・妹尾最期〉
❷引き連れる。例祐親をもつれてゆき候へ(＝祐親も連れて行って下さい)〈曾我・一〉
❸(「～につれて」の形で)～にしたがって。～に応じて。例世につれて次第に奢りがつきて(＝世の中にしたがってだんだんぜいたくになって)〈西鶴・好色一代男・七・二〉〈田島智子〉

つる 完了の助動詞「つ」の連体形。

つる-うち【弦打ち】名動(サ変) 弓の弦を引きはじいて音を鳴らすこと。また、それをする人。弓のもつ呪力で妖魔・物の怪を退散させるためのまじないで、宮中の宿直、貴人の出産・病気・入浴のときなどに行う。合図に用いる場合もあった。「鳴弦」とも。例随身(＝警護の官人)も弦打ちして絶えず声づくれ(＝警戒の声を立てよ)〈源氏・夕顔〉

つる-かめ【鶴亀】❶名 鶴と亀。ともに長命の動物とされ、長寿などめでたいことの象徴とされる。二つをかたどった文様や道具なども多く作られた。例鶴亀も千年のちは知らなくに飽かぬ心にまかせはててん〈古今・賀〉 2感（ともにめでたいとされることから）不吉なことを避けるために唱えるまじないの言葉。重ねて用いることも多い。例もうもう死ぬ気は少しもない。ああ、**つるかめつるかめ**〈歌舞伎・三人吉三廓初買・一・三〉

つるぎ【剣】 名「つるき」とも。諸刃の刀。例また（＝それ以上）**剣**もたねば、つづいても投げず〈平家・五・咸陽宮〉 語誌 古くは刀剣類の総称。片刃の刀が作られるようになるとそちらを太刀と呼び、「剣」はもっぱら諸刃の刀の称となる。⇒たち（太刀）

つるぎ‐たち【剣太刀】 1名 鋭利な諸刃の刀。例ますらをの 男さびすと **つるぎたち** 腰に取り佩き〈万葉・五・八〇四〉 2《枕詞》いつも身に着けることから「身に添ふ」に、刃を「な」と言ったことから同音の「名」「汝」に、刀剣をとぐことから「磨ぐ」にかかる。例**剣刀**己が心から〈万葉・九・一七四一〉

つる‐の‐けごろも【鶴の毛衣】 鶴の白い羽毛を衣にたとえていう語。鶴の羽毛で作った衣。白い衣にもいう。例白妙の**鶴の毛衣**年経とも〈無名抄・千鳥鶴毛衣事〉

つる‐の‐はやし【鶴の林】 釈迦が死んだとき、その周囲で鶴の羽のように白く枯れたという沙羅双樹。例二月の中の五日は**鶴の林**に薪尽きにし日なれば（＝釈迦が死んだ日であるので）〈増鏡・序〉

つる‐はぎ【鶴脛】 名 衣が短くて脛が長く出ていること。鶴の長い脚に似ているのでいう。例鴨川を**鶴脛**にても渡るかな〈金葉・雑下〉

つるばみ【橡】 名〔古くは「つるはみ」〕1クヌギの木。また、その実のどんぐりの古称。例おそろしげなるもの **つるばみ**のかさ〈枕・おそろしげなるもの〉 2染め色の名。どんぐりのかさを煎じた汁で染めた濃いねずみ色。上代では下級の家人や奴婢の衣服の色や、その衣服をいう。平安時代は四位以上の袍の色や、喪服の色をいう。例衣の色いと濃くて、**橡**の喪衣一かさね、小袿着たり〈源氏・夕霧〉

つる‐ぶくろ【弦袋】 名 1予備の弓弦を入れる袋。例**弦袋**つけたる太刀脇ばさむで〈平家・一・殿上闇討〉 2弦巻の別称。

つる‐べ【釣瓶】 名 縄や竿の先につけて、井戸の水をくみ上げる器。例水を汲まむとして、宿れる家の童女の**つるべ**を奪ふ〈霊異記・上・九〉

つるべ‐おとし【釣瓶落とし】 名 釣瓶を井戸に下ろすように、垂直に急速に落ちること。転じて、秋の日の暮れやすいさまのたとえ。例大盤石の苔むしたるが、**つるべおとし**に（＝垂直に）十四、五丈ぞ下ったる（＝下に続いている）〈平家・九・坂落〉

つる‐まき【弦巻】 名 予備の弓弦を巻いておく道具。葛藤や革で輪の形に作り、これに弦を巻いて腰に下げる。例弓の弦・胡籙の緒・**弦巻**ら、（ネズミガ）皆食み損じたり〈今昔・五・一七〉

弦巻〔伴大納言絵巻〕

つる・む【交む・連るむ】 動（マ四）「つるぶ」とも。1【交む】交尾する。例蛇と犬と**つるめり**〈紀・持統称制前紀〉 2【連るむ】連れ立つ。例あとから**連るん**（音便形）で来ますは〈滑稽本・膝栗毛・四上〉

鶴屋南北 《人名》【四世】一七五五〜一八二九（宝暦五〜文政一二）。江戸時代の歌舞伎作者。庶民の風俗を写実的に描いた生世話、凄惨な殺し場や濡れ場、観客の目を驚かす仕掛けを駆使した趣向を得意とした。『天竺徳兵衛韓噺』『東海道四谷怪談』などがある。

つれ【連れ】 名 1同伴者。仲間。例身どもも、**連れ**欲しいと存ずるところに〈狂言記・宗論〉 2能楽で、シテ・ワキに随伴する助演の役。ふつう「ツレ」と書く。

つれ 完了の助動詞「つ」の已然形。

つれ‐づれ【徒然】

語源は動詞「つる（連る）」の連用形を重ねた「連れ連れ」で、同じような単調な状態が連続する意が原義とされる。

1名 形動（ナリ）1**物事が単調に長く続くさま。** 例**つれづれ**のながめにまさる涙川（＝降り続く長雨で水量が増えるように、もの思いで流して増える涙の川）〈古今・恋三〉 読解「ながめ」は「長雨」と「眺め」を掛ける。

2**単調で気の紛れることのないさま。退屈で所在ないさま。手持ちぶさたなさま。** 例**つれづれなる**ままに、日暮らし、硯に向かひて（＝所在なさにまかせて、一日じゅう、硯に向かって）〈徒然・序〉

3**心に求めるところが満たされない状態が続くさま。** 例女「…あはれや、（雀ガ）飛びて往ぬるよ。また来やすると見ん（＝また帰って来るかどうか見よう）」など、**つれづれに**思ひて言ひければ〈宇治拾遺・四八〉

4**がらんとしてもの寂しいさま。** 例御室にまうでて、拝みたてまつるに、**つれづれと**いともの悲しくておはしましければ（＝ご庵室に参上して、お目にかかると、もの寂しいさまでたいそう悲しげにしていらっしゃったので）〈伊勢・八三〉

5**しんみりともの思いに沈むさま。** 例**つれづれに**思ひ続くるも、うち返しいとあぢきなし（＝もの思いに沈んで思い続けるが、何度考えてみてもほんとうに情けない）〈源氏・柏木〉

2副 近世の用法。つくづく。よくよく。例顔を**つれづれ**眺むれば（＝眺めると）〈近松・冥途の飛脚・下〉

語誌 原義は単調な状態が続くさまであるが、一般的には、単調な時間の流れの中で、することもなく、暇な状態が続き、満足感のない感じと解される。時間的にはゆとりがあるが、その暇をもて余すような気分を表すとみられる。

〈小島孝之〉

徒然草（つれづれぐさ）《作品名》随筆。二巻。通常、序段のほか、二四三段に分ける。兼好作。

●**成立** 成立年については定説がない。内容的な面の検証を基に、元徳元年（一三二九）八月末前後から元弘元年（一三三一）九月二十日までの間に成立したとみる説が長らく通説であったが、その後、第三二段までは文保三年（一三一九）までの、第三三段以後は元徳二年（一三三〇）から翌年の元弘元年にかけての成立とする説や、第一三六段までの上巻を延元元年（一三三六）ごろまでの成立、第一三七段からの下巻を延元二、三年までの成立とする説、序段から第二四段までを兼好の出家前の正和元年（一三一二）以前、第二五段から第三〇段までは元応元年（一三一九）十一月以後一か年の間、第三一段以下は元徳二年十一月以後翌年秋までの間に執筆されたとする説など、種々の説が提唱された。

以上の説は、南北朝の内乱に関する記述が見られないことにより、おおむね内乱以前の執筆と見る点で一致していたが、内乱以前の執筆とすると矛盾する記事も存在することから、それらは内乱期以後に補入するなどの最終的な編集が行われたという推定がなされていた。それに対して、第一〇一段以降は元弘三年（一三三三）以降の成立として、最終的に貞和五年（一三四九）に完成したとする説なども提唱されるに至っており、いまだ定説を見ない。

●**構成** 「つれづれなるままに、日暮らし、硯にむかひて、心にうつりゆくよしなし事を、そこはかとなく書きつくれば、あやしうこそものぐるほしけれ」を序段として、以下を第一段から二四三段に分ける、江戸時代の『徒然草諸抄大成』（浅香山井著。貞享五年・一六八八刊）の分段が踏襲されている。この分段は北村季吟の『徒然草文段抄』（寛文七年・一六六七刊）の分け方を基にしており、さらにさかのぼれば、慶長九年（一六〇四）刊『徒然草寿命院抄』が二四二段に分けている影響下にあるが、原著者の兼好が段を区切ったわけではなく、後世の享受の仕方によるものであることは注意すべきである。現代の分け方では第一三六段までを上巻とし、第一三七段以下を下巻とするが、現存する最古の写本である正徹自筆本や、室町時代書写の常縁本などは、流布の本とは章段の配列や字句に著しい相違があり、原態がどのような構成をもっていたかという点においても、未解決の問題が残されている。

成立時期の推定は、おおむね現存流布本の配列の章段の順序どおりに段を追って執筆されたという見方を前提にしているのであるが、『徒然草』の章段配列は、『枕草子』の雑纂的な形式を意識していると考えられるので、必ずしも現在見るとおりの順序で執筆したとは限らない可能性がある。

中には、第五二段「仁和寺にある法師」、第五三段「これも仁和寺の法師」、第五四段「御室にいみじき児のありけるを」のように仁和寺の法師の失敗談が連続するところや、第一八五段「城陸奥守泰盛はさうなき馬乗りなりけり」、第一八六段「吉田と申す馬乗りの」のように、馬術の名手の心構えが連続するところなど、章段が意識的に連鎖している部分もあって、単純に雑纂ともいえない。各章段の長さも長短さまざまで一定せず、第一二七段の「あらためて益なき事は、あらためぬをよしとするなり」、第二二九段の「よき細工は少し鈍き刀を使ふといふ。妙観が刀はいたく立たず」のようなきわめて短い章段もあれば、第一三七段の「花は盛りに、月は隈なきをのみ見るものかは」に始まる段、第二三八段の「御随身近友が自讃とて」に始まる段などのかなり長文にわたる段もある。

●**内容** 内容も多岐にわたる。仁和寺の僧の失敗談のような説話的なエピソードを記す章段、王朝物語的出来事を叙述する章段などのほか、『枕草子』風に「家にありたき木は、松・桜。松は…」と始まる第一三九段のような好尚を述べる章段、「あだし野の露消ゆる時なく、鳥部山の煙立ち去らでのみ住み果つる習ひならば、いかにもののあはれもなからん。世は定めなきこそいみじけれ」と始まる第七段のように世の無常についての認識を述べる章段、第一〇九段「高名の木登りといひし男」や第一一〇段「双六の上手といひし人」など、名人・上手の言った勘どころの一言を記す章段、「呉竹は葉細く、河竹は葉広し」（第二〇〇段）とか、「犯人を笞にて打つ時は、拷器に寄せて結ひつくるなり」（第二〇四段）などのような有職や故実を述べる章段、倹約などの日常生活についての教訓を述べる章段など、実に多様である。

●**思想** 遁世の隠者である兼好は、「人はただ、無常の身に迫りぬる事を心にひしとかけて、束の間も忘るまじきなり」（第四九段）と言い、「大事を思ひ立たん人は、去り難く、心にかからん事の本意を遂げずして、さながら（＝すべて）捨つべきなり」（第五九段）と、無常の世を一刻も早く捨てるように主張する。「吾が生すでに蹉跎たり（＝つまずいている）。諸縁を放下すべき時なり」（第一一二段）と真摯に仏道に励むよう勧めるが、現世否定一辺倒に凝り固まっているわけではなく、「まぎるる方なく、ただひとりあるのみこそよけれ」（第七五段）と、生を充足して生きるべきことを説く。

ある人の言葉を引用して、「人、死を憎まば、生を愛すべし。存命の喜び、日々に楽しまざらんや」（第九三段）と言う。ここには、この世は無常だから、現世を捨てて一刻も早く極楽へ往生しようというような思想はなく、この世は無常だからこそ、現実の生を愛し、充実した日々を生きようという積極的な思想がうかがえる。こうした生の肯定が基盤にあるので、生活上の教訓、処世訓のようなものが受容され得たのだと考えられる。

●**文体** 内容に応じて、和文脈・漢文脈を自在に使い分けている。「荒れたる庭の露しげきに、わざとならぬ匂ひ、しめやかにうち薫りて、忍びたるけはひ、いとものあはれなり」（第三二段）と、王朝物語の一場面のような情景を描写するときは、和文脈を駆使する一方で、「世に従へば、心、外の塵に奪はれて惑ひやすく、人に交はれば、言葉、よその聞きに随ひて、さながら心にあらず」（第七五段）とか、「身をもて人をも頼まざれば、是なる時は喜び、非なる時は恨みず。左右広ければ障らず、前後遠ければ塞がらず。狭き時は拉げ砕く」（第二一一段）などのように漢語を用い、あるいは対句的に文章を構成する漢文脈を駆使するなど、文体は変化に富んでいるが、全体的には、短い文を重ねて、歯切れのよい文体が、読みやすさを生み出している。

●『枕草子』『方丈記』との比較　『徒然草』より先行する随筆として、しばしば『枕草子』と『方丈記』とが挙げられるが、『徒然草』は『枕草子』を先行の範として意識していたようである。第一段に、「法師ばかりうらやましからぬものはあらじ。人には木の端のやうに思はるるよ、と清少納言が書けるも、げにさることぞかし」と、『枕草子』を引用しているばかりでなく、「～は」という『枕草子』独特の類聚的章段の模倣と見られる章段もある。雑纂的な章段配列の方法も『枕草子』の模倣であろう。

他方、『方丈記』は漢詩文の「記」を和文で書いたものであり、さまざまな話題を自在に散りばめた随想とは異なる。『徒然草』の中に『方丈記』を意識したと思われるような箇所も特には見られない。しかし、漢語的な語彙と和語的表現を混交し、対句的表現を多用して、文章に独特なリズム感を生み出している点などは、意外に似ているのである。直接的な関係というのではなくて、中世の和漢混交文という時代的な様式が結果的に似た印象を与えるのであろう。

●後世への影響　『徒然草』は、室町時代に歌人正徹によって称揚されて以来、多く読まれるようになったと見られるが、近世に入ると非常な流行を招き、版本が多数刊行された。また、慶長九年（一六〇四）に『徒然草寿命院抄』が刊行されて以来、続々と注釈書が作られ、刊行されて、日本の古典の代表的な作品としての地位を不動にした。また、「徒然～」とか「～徒然草」のような書名を冠した模倣作や亜流、パロディの類も多く作られ、そうした傾向は時に現代にまで及んでいる。〈小島孝之〉

つれづれ-と【徒然と】 副 ❶所在なく。することもなく。例**つれづれと**過ぎにし方の思ひたまへ出でらるるにつけても〈源氏・須磨〉❷しみじみと。やるせなく。例（男ハ）まどひ来たりけれど、（女ガ）死にければ、**つれづれと**こもりをりけり（＝喪に服していたのだった）〈伊勢・四五〉

つれ-な・し

形（ク）外からの働きかけに対して変化しないさま、また、こちらの期待に応じて反応したりしないさまを表す。

❶冷淡だ。すげない。つれない。よそよそしい。例なほ我に**つれなき**人の御心を尽きせずのみ思し嘆く（＝依然として自分に冷淡な人の御心を、いつまでも嘆き悲しみなさるばかりだ）〈源氏・葵〉

❷㋐平気だ。さりげない。無表情だ。例なまはしたなく思さるれど、**つれなく**のみもてなして（＝なんとなく居心地が悪いとお思いになるが、まったくさりげないふりをして）〈源氏・若菜上〉読解夫の光源氏のもとに思いがけず高貴な妻女三の宮が降嫁したときの、紫の上のふるまい。

㋑鈍感だ。厚顔だ。例恥ある者は討ち死にし、**つれなき**者は落ちぞゆく（＝体面を重んじる者は討ち死にをし、厚顔な者は逃げてゆく）〈平家・八・鼓判官〉

❸事態に変化がない。何事もない。例雪の山、**つれなくて**年もかへりぬ（＝雪の山は、何事もなくて年も改まった）〈枕・職の御曹司におはします頃、西の廂にて〉読解新年を迎えても、師走の十余日の大雪の折に作った雪山がとけない。

語誌▼「連れ無し」が原義か　「連れ無し」の意で、二つの物事の間に関係がない、無縁だ、が原義か。平安時代以降は主に、一方の働きかけや期待に対して、もう一方が反応しないさまを表すようになる。

▼現代語との違い　ふつう、現代語の「つれない」は①の意だが、古語では、②のように外部の働きかけに無反応な場合や、無反応を装うときにも用いる。それを働きかける側から見ると、②㋑と感じることになる。また、③のように自然などの事態が、思惑に反して変化しない場合など、人間関係以外にも用いられるのも、この古語に特徴的な点である。〈高木和子〉

つれなし-がほ【つれなし顔】 名 形動（ナリ）そしらぬ顔。平気な様子。例うちつけにも言ひかけたまはず（＝ぶしつけに言い寄ったりなさらず）、**つれなし顔なる**しもこそいたけれ（＝りっぱだ）〈源氏・東屋〉

つれなし-づく・る【つれなし作る】 動（ラ四）わざと平気な様子を見せる。そしらぬ顔をする。例**つれなしづくり**たまへど、もの思し乱るるさまのしるければ（＝はっきりしているので）〈源氏・若菜下〉

つれ-も-な・し 形（ク）❶関係がない。例**つれもなき**佐田の岡辺に帰り居ば〈万葉・二・一八七〉❷冷淡だ。すげない。例**つれもなく**あるらむ人を片思ひに〈万葉・四・七一七〉❸平気だ。さりげない。例冬の池に住む鳰鳥の（ここまで序詞）**つれもなく**そこに通ふと人に知らすな〈古今・恋三〉読解「そこ」は水の「底」に相手の居場所をさす「其処」を掛ける。

つわもの〘兵〙⇩つはもの

つゑ【杖】 名 ❶歩くとき体を支えるための棒。例**杖**つきも　つかずも（＝杖を突いても、突かなくても）行きて〈万葉・三・四二〇〉❷杖罪となった罪人を打つ刑具。一メートルほどの長さの、節を削った竹を用いる。❸古く、長さの単位。一杖は後代の約一丈（約三メートル）。例この小碓尊は…身長一丈〈紀・景行〉

て

【手】 [1] 名 ❶**人間の手・腕。また、動物の前足。** 例(a)玉ならば手にも巻かむを(=あなたが玉であったら、手に巻きつけようと思うのに)〈万葉・四・七三九〉 例(b)川の水に手を洗ひて〈源氏・夕顔〉
❷**形や機能が①に似た部分。** 例手六寸、わたり(=長さ)六寸の大雁股〈保元・上〉 読解「雁股」は鏃の一種で、先端が二股に分かれている。「手」はその左右に分かれた部分をいう。
❸**手もとでめんどうをみること。** 管理下・保護下に置くこと。世話。 例しばしのほどにても、御手離るべき宿世こそは侍りけめ(=しばらくの間でも、お手もとを離れなければならない前世からの因縁があったのでございましょう)〈落窪・四〉 読解夫の任地へ下ろうとする娘が母に別れを告げる言葉。
❹手を用いてすることにいう。㋐**文字を書くこと。** また、**文字を書く技量。筆跡。** 転じて、**文字。** 例世にある人の手はみな見知りてはべらん(=今の世にいる人の筆跡はすべて見知っているでしょう)〈枕・宮にはじめてまゐりたるころ〉
㋑**音楽の演奏。調子。曲。** 例げに、この調べはめづらしき手なりけり(=ほんとうにまあ、この琴の演奏はめったにない調子であることだ)〈宇津保・俊蔭〉
㋒**腕前。技量。わざ。** 例聞きしに似ず手こそあばらなれ(=評判とは違って、腕前は雑である)〈保元・中〉 読解弓に秀でた武将をあざける言葉。
㋓**方法。手段。** 一般的に物事を行うことにいう。 例手尽くしたる御化粧をしおはします(=手段を尽くした御化粧をしていらっしゃる)〈宇津保・内侍のかみ〉
❺**けが。負傷。** 例我が身は手を負はず(=自分自身は負傷はしないが)、家の子・郎等二十余騎大略(=ほとんど)手負ひて〈平家・八・室山〉
❻**手下。手勢。** 例樋口(=武将の名)が手に茅野太郎といふ者あり〈平家・九・樋口被討罰〉
❼**方面・方向。** また、**ある方面に展開した軍勢。** 例薩摩守忠度は、一の谷の西の手(=西の軍勢)の大将軍にて〈平家・九・忠度最期〉
❽**性質。たち。タイプ。** 多く「手が(の)悪い」の形で、たちが悪い、やり方がよくない、の意に用いる。
[2] 接頭 ❶名詞について、手で行う行為・物であることを表す。「手作り」「手桶」など。
❷形容詞・形容動詞について、意味を強める。「手軽し」「手強し」など。
[3] 接尾 ❶動作を行う人を表す。「受け手」「乗り手」など。
❷場所や方向・方面を表す。「上手」「山手」など。
❸相撲の勝負の回数や、囲碁・将棋の石・駒を動かすことを数えるのに用いる。「一手」など。

[手に懸く] ❶自分の思いのままになる。 例手にかくるものにしあらば藤の花松よりまさる色を見ましや〈源氏・竹河〉 ❷手を下す。手を下して殺す。 例同じくは直実が手にかけまゐらせて、のちの御孝養(=死後の幸福を祈る御供養)をこそつかまつり候はめ〈平家・九・敦盛最期〉

[手に立つ] 対決するにふさわしい力がある。手ごたえがある。 例日本には手に立つ者もなく〈近松・大職冠・五〉

[手の奴足の乗り物] 〔手を召使の、足を乗り物の代わりにする意〕他人の力を借りずに自分の力だけで物事を行うことのたとえ。 例今、一身を分かちて二つの用をなす。手の奴足の乗り物、よく我が心にかなへり〈方丈記〉

[手を搔く] 手を振る。否定や拒絶・制止の気持ちを表すしぐさ。 例「あなかま(=しっ、静かに)あなかま」と、ただ手をかき〈蜻蛉・中〉

[手を砕く] 手段を尽くす。 例我と(=自分で)手を砕かずとも〈義経記・六〉

[手を擦る] 両方の手のひらをすり合わせる。信仰の念や、感謝・謝罪・懇願などの気持ちを表すしぐさ。 例「娘を我にたべ(=お与えください)」と、伏し拝み手をすりのたまへど〈竹取〉

[手を束ぬ] ❶腕を組み合わせる。相手に敬意を示すしぐさ。 例首を地に着け、手をつかね、畳より下に蹲踞せり(=ひれ伏した)〈太平記・五〉 ❷なすべがなく途方に暮れる。 例手をつかねて、泣くこと限りなし〈宇治拾遺・一三四〉

[手を作る] 両方の手のひらを合わせる。拝むときのしぐさ。 例手をつくりて額にあてつつ見たてまつり上げたるも〈源氏・葵〉

[手を握る] はらはらする。手に汗を握る。 例文武百官これを見て、いかがあらんずらんと、固唾を呑うで手を握る〈太平記・一三〉

[手を分かつ] ❶手分けをする。 例手を分かちて、大願立てて求めさせたまへど〈宇津保・忠こそ〉 ❷別れる。たもとを分かつ。 例「見知られたれば危ふし」とて、ここに手を分かつ〈読本・春雨・樊噲・下〉

[手を折る] 指を折って数える。 例手を折りてあひ見しこと(=いっしょに過ごした歳月)を数ふれば十といひつつ四つは経にけり〈伊勢・一六〉

て

[1] 格助 『上代語』格助詞「と」の東国方言。〜と。 例父母が頭かきなで幸くあれて言ひし言葉ぜ忘れかねつる〈万葉・二〇・四三四六〉➡名歌225
[2] 終助 『近世語』軽い感動の意を表す。 例うまい事はうまいて〈滑稽本・浮世風呂・前下〉
接続 [1][2]とも、文の終止した形につく。

て

接助 ❶**単純な接続を表す。時間的に連続して起こる事柄や、同時に共存する事柄を並列して結びつける。〜て。〜て、そして。** 例(a)春過ぎて夏来るらし白妙の衣ほしたり天の香具山〈万葉・一・二八〉➡名歌292 例(b)猫は上のかぎり黒くて、腹いと白き(=猫は、背中だけが全部黒くて、腹側はとても白い猫が)〈枕・猫は〉
❷**順接を表す。前の事柄から後の事柄が順当に導かれる。〜て。〜たら。〜ので。〜から。** 例さはること

ありて、なほ同じ所なり(=都合の悪いことがあって、依然として同じ所にいる)〈土佐〉
❸**逆接を表す。前の事柄と対立的な後の事柄を結びつける。〜ても。〜のに。〜けれども。**例(a)目には見て手には取らえぬ月の内の楓のごとき妹をいかにせむ(=目には見るけれども手には取ることのできない月の中にある桂のようなあなたを、どうしたらよいだろう)〈万葉・四・六三二〉例(b)思ふこと成らでは世の中に生きてなにかせん(=思うことが実現しないでは、世の中に生きていても何になろうか)〈竹取〉読解「なにか」の「か」は反語の意を表す。
❹**状態を表す。連用修飾句について、後に続く動作や事態の状態を示す。〜て。〜の様子で。**例(竹ノ中ニ)三寸ばかりなる人、いとうつくしうてゐたり(=三寸ほどの人が、たいそうかわいらしい様子で座っている)〈竹取〉読解「三寸」は約九センチ。
❺(「思ふ」「見る」「聞く」などについて)**その動詞の内容を表す。〜ていると。〜であると。**例この世の人には違ひて思すに(=世間に普通にいる人とは違っているとお思いになると)〈源氏・夕顔〉
❻**前の動詞を後の補助動詞に続ける。〜て。**例当時都に聞こえ候ふ仏御前こそ参って候へ(=ただいま都で評判になっております仏御前が参上しております)〈平家・一・祇王〉
接続 活用語の連用形、副詞などにつく。形容詞には「〜く」「〜しく」、形容動詞には「〜に」につく。
語誌▼完了の助動詞「つ」の連用形からできた語といわれる。前の事柄と後の事柄が時間的に連続して起こる、または、前の事柄と後の事柄が並列して同時に存在することを示すのが基本的用法。単純に前後の事柄を並べて結びつけることから、文脈に応じてさまざまな関係が読み取られることになる。
▼用言の連用形がこの「て」に続く場合、「うつくしくて」→「うつくしうて」のように、用言が音便を起こすことがある。このとき、「呼びて」→「呼うで」などと、「て」も連濁して、発音が「で」と変化する場合がある。〈佐藤一恵〉

て 完了の助動詞「つ」の未然形・連用形。

[識別のポイント] **て**
(1)**完了の助動詞「つ」の未然形・連用形** 活用語の連用形につく。下に、助動詞「き」「けり」「む」、接続助詞「ば」などがつく。
例龍あらば、ふと射殺して、首の玉は取りてむ(=龍がいたら、たやすく射殺して、首の玉は取ってしまえるだろう)〈竹取〉
(2)**接続助詞** 活用語の連用形につく。下に助動詞がつかない。
例野山にまじりて竹を取りつつ(=野山に分け入って竹を取っては)〈竹取〉

で

接助 **打消の接続を表す。前の事柄を打ち消して下に続ける。〜ないで。〜なくて。**例行けども え逢はで帰りけり(=行くけれども逢うことができないで帰った)〈伊勢・五〉
接続 活用語の未然形につく。
語誌▼「ず」+「て」 打消の助動詞「ず」の連用形と接続助詞「て」が融合したものとされる。この考えでは音韻変化が説明しにくいことから、「ず」の古い連用形「に」+「て」=「にて」の変化した形とする説もある。〈佐藤一恵〉

て-あたり【手当たり】 名 ❶手に触れること。また、その感触。手触り。例御髪の手あたりのみ心にかかりたまへり〈狭衣・三〉❷打楽器の打ち鳴らし方。例まづ構へ、癖・手あたり・や声(=かけ声)にかまはず〈八帖花伝書・八〉❸人への応対ぶり。人あたり。

て-あはせ【手合はせ】 名 ❶一連の戦いのうちの最初の勝負。例平家の一族追討のために上洛せしむる手あはせに〈平家・一二・腰越〉❷対戦。勝負。例我に立ち並び、手合はせする人もや〈西鶴・本朝二十不孝・五・三〉❸薬品などを調合すること。例秤目の違ひなきやうに手合はせ念を入れ〈西鶴・日本永代蔵・三・一〉

て-あひ【手合ひ】 名 ❶勝負をすること。手合わせ。例やっと声かけ手合ひして〈近松・井筒業平河内通・五〉❷商取り引きなどの段取り。手配。例かねて手あひの早駕籠〈西鶴・好色盛衰記・四・二〉❸遊びや仕事の仲間。例新町に手あひを拵へ〈西鶴・好色一代男・五・五〉❹そういうやつ。やつら。相手を見下して用いる。例そんな手合ひと割り床はあやまる(=同じ部屋に泊まるのは困る)〈滑稽本・膝栗毛・四上〉

て-あやまち【手過ち】 名 過失。特に、失火。例焼亡は御方の軍勢どもの手過ちにて〈太平記・三八〉

てい

【体】 1 名 ❶姿。形。様子。例(a)衣の体、人に違へり(=衣服の形はほかの人と異なっている)〈宇治拾遺・一九五〉例(b)親父入道相国の体を見るに、悪逆無道にして、ややもすれば君を悩ましたてまつる(=我が父入道相国の行動のさまを見ると、道理に外れたようなひどい悪事をしていて、ともすると天皇を困らせ申し上げる)〈平家・三・医師問答〉読解「入道相国」は平清盛のこと。
❷**和歌・連歌などで、表現様式。風体。風姿。**例常に人の秀逸の体と心得てはべるは(=いつも人がすぐれた詠みぶりだと認識しております歌は)〈毎月抄〉
2 接尾 **体言について、見た目がそれと同様である意を表す。〜ふう。〜の類。〜くらい。**例(a)これ体なる修羅の狂ひ(=このような修羅物の激しい動きは)〈風姿花伝・二〉例(b)それ体の者をすかせば、よきこともあり(=それくらいの者をだますと、よいこともある)〈御伽草子・物くさ太郎〉
語誌 2が人称代名詞につく場合、自分を卑下するニュアンス、相手を見下すニュアンスを含むことが多い。〈川崎剛志〉

てい【亭】 1 名 邸宅。住居。例入道相国の西八条の亭に参りて〈平家・二・西光被斬〉2 接尾 文人・芸人の号、また、文人の住居や寄席などの屋号につける語。「夜半亭」など。

でい【泥】 名 ❶どろ。❷金粉や銀粉を膠にとかした絵の具。例紺青・緑青・泥などして(=使って)絵かきたり〈栄花・本の雫〉

てい-きん【庭訓】 名「ていくん」とも。父が子に教

える教訓。例父大いに諫めて…宮の御先途を見はてまゐらせよと庭訓を残しければ〈太平記・七〉

庭訓往来【ていきんわうらい】テイキンオウライ《作品名》室町初期の往来物。作者・成立年未詳。一年十二か月分の往復書簡二四通に一通を加えた手紙文の模範文集の体裁。月ごとに主題があり、それぞれに関連する生活に必要な語彙も列挙する。江戸時代盛んに刊行され、習字の手本となるなど初等教科書として用いられた。

てい‐け【天気】 名〔「てんけ」の撥音を「い」で表記したもの〕天候。天気。例ていけのことにつけて祈る〈土佐〉

てい‐ご【亭午】 名 正午。真昼。例日すでに亭午に昇れば〈太平記・二〉

貞室【ていしつ】《人名》一六一〇～一六七三(慶長一五～寛文一三)。江戸時代の俳人。本姓安原氏。貞徳の門。貞門の有力俳人だが、野心家で同門・他門との争いが絶えなかった。編著に俳諧集『玉海集』など。

てい‐しゅ【亭主】 名 ❶一家の主人。また、宿屋・茶屋・揚げ屋などの主人。例御酒を食べいと仰せられて、御亭主の強ひせられて(=無理にお勧めになって)〈狂言・柑子〉❷夫。例涎たらして見てゐる亭主の鼻毛〈談義本・根南志具佐・二〉❸一座の主人役。特に茶の湯で、客に茶を立てて接待する人。歌会などの主催者にもいう。

亭子院歌合【ていじのゐんのうたあはせ】テイジノインノウタアワセ《作品名》平安前期の歌合わせ。一巻。宇多法皇によって延喜一三年(九一三)三月十三日催された。判者も法皇。歌題は四、三〇番六〇首。参加者の役割や場のしつらえ・褒美の品などの物的条件の整った本格的な歌合わせ。判詞は記録に残る最古のもの。

てい‐しん【鼎臣】 名〔「鼎」が三本足であることから〕三公・三台の位にある臣。太政大臣・左大臣・右大臣、あるいは左大臣・右大臣・内大臣の総称。例本朝鼎臣の外相をもって異朝富有の来客にまみえむ事、かつは国の恥〈平家・三・医師問答〉

て‐いた・し【手痛し】 形(ク) 手ひどい。激しい。例いくさ手いたう(音便形)候ふ〈平家・四・橋合戦〉

ていたらく【為体】 名〔名詞「てい(体)」＋断定の助動詞「たり」＝「ていたり」のク語法から〕様子。ありさま。例覚明(=人名)がていたらく、褐の直垂に黒革威の鎧着て〈平家・七・願書〉【語誌】現代のような悪い意に用いるのは近世以降。

てい‐ど 副「ていと」とも。きっと。確かに。例ていどしそこなはうと思うて〈狂言・武悪〉

貞徳【ていとく】《人名》一五七一～一六五三(元亀二～承応二)。江戸時代の歌学者・歌人・俳人。京都の人。本姓松永氏。紹巴・細川幽斎らに連歌・和歌を学ぶ。地下歌人として活躍する一方、新興文芸の俳諧の普及に貢献した。貞門俳諧の祖。著作に俳論『俳諧御傘』、俳諧集『新増犬筑波集』など。

てい‐ばう【亭坊】ーボウ 名 寺の住職。例客は六人、亭坊ともに七人〈西鶴・西鶴名残の友・二・五〉

てい‐はつ【剃髪】 名 ❶髪を剃り落とすこと。出家すること。例剃髪・染衣(=墨染めの衣)の姿に帰したまひしこと〈太平記・三七〉❷「剃髪の祝ひ」の略。誕生した乳児の産毛を剃る祝い。

てい‐もん【貞門】 名 貞徳を中心とする一派とその同時代の俳諧の称。言語遊戯によるおかしみを主とする俳風で、寛永の初めから寛文の末年(一六二四～七三)ごろを最盛期として全国的に広まった。

で‐いり【出入り】 名 ❶出たり入ったりすること。ではいり。例奉公の身をもって、出入りきびしき御門を忍び〈近松・娥歌かるた・二〉❷ある家に特別な関係で出入りすること。商人が得意先に出入りすること。例あのやうになさるるに(=あのようにされても)、出入りを申すか〈狂言・居杭〉❸計算。勘定。算用。例何やかやで一貫二、三百の出入りだ〈滑稽本・浮世風呂・三下〉❹金銭の支出と収入。また、超過と不足。差し引き。例出入り六十両の違いがある〈浮世草子・傾城禁短気・三・三〉❺もめごと。けんか。例子と後家と出入りあらんこと疑ひなし〈醒睡笑・四〉❻訴訟事。例その約束をのばし、出入りになる事なりしに〈西鶴・日本永代蔵・一・三〉

てい‐わう【帝王】ーオウ 名 皇帝。天皇。例帝王の上なき位にのぼるべき相おはします人の〈源氏・桐壺〉

てい‐ゐ【廷尉】ーイ 名 検非違使庁の佐・尉の唐名。例廷尉の職を辞して〈十訓抄・一〇・七六〉

てう【朝】チョウ 名 ❶朝廷。例朝の政をつかさどりたまひしより〈平家・二・教訓状〉❷君主の治めている地。国。❸人の多く集まる場所。町なか。市中。例かだましき者(=心のねじけた者)、朝にあって罪を犯す〈平家・六・紅葉〉

てう【調】チョウ 名 ❶令制の税の一つ。繊維製品を中心に、鉄・海産物など、土地土地に応じて課税された。❷「でう」とも。音楽の調子。音律。節回し。「平調」「盤渉調」などと用いる。❸双六で二つの賽の目が同じであること。

でう【条】ジョウ 名 ❶都城制で、東西に通う一列。❷形式名詞の用法。(～のこと。(～の)件。例流罪に処せらるる条、存外の次第なり(=流罪の刑を与えられるということは、思いもかけないなりゆきである)〈平家・一二・泊瀬六代〉❸(❷から転じて、接続助詞的に用いて)～ので。～によって。主に中世以降、書簡や公文書などに用いる。例某ら切腹いたすべき条(=私どもが切腹いたすつもりですので)、籠城の者どもことごとく助け下され候ふやうに〈太閤記・三〉

【語誌】▼都城制における「条」 平城京・平安京などの都城では、中国の都城制に倣って碁盤目状の都市区画・条坊制が施行され、その東西に通う一列を条といった。このほか、古く農地開拓に伴う土地制度・条里制にも用いられた。 (川崎剛志)

てう‐おん【朝恩】チョウー 名 天皇から受ける恩。例これ希代の(=めったにない)朝恩にあらずや〈平家・二・教訓状〉

てう‐か【朝家】チョウー 名 皇室。例朝家の聖運をまもりたてまつる〈平家・一〇・請文〉

てう‐が【朝賀】チョウー 名「てうはい」に同じ。

てう‐がく【調楽】チョウー 名「でうがく」とも。❶公事・宴席で行う舞楽の下稽古。例調楽のやうに明け暮れ(=いつも)遊びならしたまひければ〈源氏・若菜

下〉❷試楽に先立つ宮中の楽所における下稽古。また、その試楽。

てうぎ【調義・調儀】 チョウ― 名 策略。もくろみ。やりくり。例その身**調義**のよきゆゑぞかし〈西鶴・日本永代蔵・一・三〉

てうきん【朝覲】 チョウ― 名動(サ変)〔「覲」は謁見の意〕天皇が上皇や皇太后の宮に行幸すること。特に、年頭に拝賀する儀式をいう。例正月六日、主上(=天皇)**朝覲**のために、院の御所法住寺殿へ行幸なる〈平家・六・横田河原合戦〉

てうさん【朝参】 チョウ― 名動(サ変) 官吏が朝廷に参上すること。参内。例**朝参**の余暇に賢愚因縁経を開き見候ひしに〈太平記・二四〉

てうし【銚子】 チョウ― 名 ❶酒を入れて、杯につぐための容器。金属製で、長い柄がついている。例**銚子**に土器(=素焼きの杯)とりそへて持ていでて〈徒然・二一五〉❷酒の燗をするための容器。徳利。

銚子①

てうしふだう【朝集堂・調集堂】 チョウシュウドウ 名 大内裏の建物の名。応天門を入って東西二か所にあり、大礼のとき官人たちが参集する場所。「朝集院」「朝集殿」とも。

てうす【朝す】 チョウス 動(サ変) 朝廷に参り、お仕えする。また、朝廷に貢ぎ物をする。例天下の士を**朝せ**しめんずるところを〈太平記・三〉

てうず【調ず】 チョウズ 動(サ変) ❶**ととのえる。作る。製作する。調製する。** 例(a)御装束・櫛の箱、心ことに**調ぜ**させたまひて(=御装束や櫛の箱を、格別に心をこめてととのえなさって)〈源氏・若菜上〉例(b)(織物ヲ)小袖に**調ぜ**させて(=小袖に仕立てさせて)〈徒然・二一六〉❷**調理する。料理する。** 例この狸をさまざま**調じ**て、おのおのよく食ひてけり(=この狸をいろいろと料理して、皆十分に食べてしまった)〈著聞集・一七・六〇八〉❸**調伏する。** 仏に祈って、物の怪などを降伏させる。退散させる。例験者の、物の怪**調ず**とて(=修験者が、物の怪を調伏するといって)〈枕・すさまじきもの〉❹**懲らしめる。懲罰を与える。** 例(a)血の流るるまで**調ぜ**させたまふ(=血が流れるまで懲らしめなさる)〈竹取〉例(b)(帝ガ)犬を流させたまひけるが、帰りまゐりたるとて**てうじ**たまふ(=犬を流罪になさったのが、帰ってまいったといって懲らしめなさる)〈枕・うへにさぶらふ御猫は〉

語誌 ④の例(a)は「ちゃうぜさせたまふ」とする本もある。④の意では、「ちゃうず(打ず)」「ちょうず(懲ず)」などと混同されることがあったらしい。〈黒木祥子〉

てうだうゐん【朝堂院】 チョウドウイン 名「はっしゃうゐん」に同じ。

てーうち【手討ち・手打ち】 名 自らの手で人を殺すこと。特に武家で、目下の人を処罰として自ら殺すこと。例お**手うち**になるかと存じて〈狂言・二千石〉

てーうづ【手水】 チョウズ 名〔「てみづ」のウ音便形〕❶食事・勤行などのために手を洗うこと。また、それに用いる水。例御**手水**・御くだものなど取りつぎてまゐるを〈源氏・浮舟〉❷便所。例「**手水**にいかう…」と小便に行くふりにて〈滑稽本・膝栗毛・三上〉

てうてき【朝敵】 チョウ― 名 天皇に敵対するもの。朝廷に背く敵。例その身**朝敵**となりにしうへは、子細におよばず〈平家・七・忠度都落〉

てうど【調度】 チョウ― 名「でうど」とも。❶**室内の道具。** 屏風・几帳・鏡・畳・厨子など。ただし、楽器や遊びの道具(碁・双六など)はふつう入らない。例もて使ひたまひし御**調度**ども、常に弾きたまひし琵琶・和琴などの緒も(=使っていらっしゃったお道具の数々、いつも弾いていらっしゃった琵琶や和琴の弦も)〈源氏・柏木〉読解 調度と楽器を区別した例。❷**武具。** 特に、**弓矢。** 例三位の中将は陣に仕うまつりたまへるままに、**調度**負ひて(=三位の中将は警護の役におつき申し上げなさっている姿のままで、武具を背負って)〈枕・関白殿、二月二十一日に〉

語誌 ▼**大和絵に見る調度** 調度類と人物の配置関係は大和絵の構図の美しさとして生かされており、『源氏物語絵巻』宿木巻の絵はその代表的なものである。人物の周囲に二階棚、大床子、副障子、畳、仕切りに大和絵の障子、厨子などが並ぶ。〈藤本勝義〉

障子　副障子　畳　二階棚　大床子　厨子

『源氏物語絵巻』宿木巻に描かれた調度

てうどがけ【調度懸け】 チョウド― 名 主人の外出のとき、弓矢や武具を持って供をする役。例その**調度懸け**の男の、この家より出で来たりて〈今昔・二九・一五〉

てうはい【朝拝】 チョウ― 名 元旦に天皇が大極殿において諸臣から年頭の賀詞を受ける儀式。即位の儀などと並ぶ大儀の一つ。平安中期に廃絶し、代わって略式の小朝拝が清涼殿において行われた。「朝賀」とも。例男君(=光源氏)は、**朝拝**に参りたまふとて〈源氏・紅葉賀〉

てうはふ【調法】 チョウホウ **1** 名動(サ変) ❶工夫すること。うまくゆくように準備すること。例何とぞ御**調法**あって御覧候へ〈御伽草子・御曹子島渡〉❷食事をととのえること。例この二、三日は我らも朝夕**調法**尽きて(=なくなって)〈御伽草子・三人法師・上〉**2** 名形動(ナリ)〔「重宝」と混同して〕便利なこと。好都合。例口は**調法な**もの〈役者論語・耳塵集・下〉

てうばみ【調食・調半】 名 双六で、二つの賽の目が同じになることを競う遊戯。目の数がそろうのを調という。「重食」とも。例**てうばみ**に、てう多くうち出でたる〈枕・こころゆくもの〉

てう‐ふ【調布】 名❶調として納める手織りの布。「つきぬの」とも。❷(①から転じて)粗末な布。粗末な衣服。例(下働キノ少年ハ)**調布**を衣に着たり〈今昔・一五・五四〉

てう‐ふく【朝服】 名 朝廷に出仕するときに着る正式な衣服。令制では、位階による色の規定などがある。例多くの蛍を捕らへて**朝服**の袖につつみて持てまゐりて〈宇津保・内侍のかみ〉

てう‐ぶく【調伏】 名動(サ変)《仏教語》「でうぶく」とも。❶身・口・意の三業を調えて身心を調和させ、煩悩や諸悪を排除・制圧すること。例婢ひ、十善を聞きて心に**調伏し**ぬ〈今昔・三・一九〉❷密教で、仏の力をもって物の怪や怨敵などを降伏させること。例高倉の宮御謀叛の間、**調伏**の法承って修せられける高僧達に〈平家・四・通乗之沙汰〉❸人を呪い殺すこと。呪詛。例弘法大師を**調伏し**たてまつらんと思ひて〈太平記・一二〉

てう‐ほふ【調法】 名《仏教語》悪魔や怨霊などを降伏させるための呪法。例それがしが**調法**には叶ひがたく候ふ〈謡曲・鉄輪〉

て‐うら【手占】 名 手相を見たり指を曲げたり伸ばしたりさせることで、占いをすること。例まづ**手占**を置いて見ませう〈虎寛本狂言・居杭〉

でう‐り【条里】 名(「条」は南北の列、「里」は東西の列の意)❶古い農地の区画単位。❷中世、市街地の区画。町割り。また、市街を東西南北に通じる道。都大路など。例**条里**を立てて造り並べたる在家一千五百余家ありけるに〈源平盛衰記・四三〉

でう‐ろく【調六・畳六】 名 双六で、二つの賽がともに六の目になること。「重六」とも。例この孕まれたまへる御子、男におはしますべくは、**調六**出で来〈大鏡・師輔〉

て‐おひ【手負ひ】 名 負傷。また、負傷者。例**手負ひ**をば肩にかけ(=担ぎ)〈平家・九・坂落〉

て‐おほひ【手覆ひ】 名❶鎧の籠手の、手の甲を覆う部分。例小手の**手覆ひ**を切りながさるる太刀にて〈太平記・三二〉❷手の甲を覆って保護するもの。布や革などで作り、旅や労働に用いる。「手甲」とも。例白き**手おほひ**、白きはばき(=足を保護するもの)〈俳諧・風俗文選・柴売説〉

て‐かがみ【手鑑】 名 古人の代表的な筆跡を集め、折り本に貼り込んだもの。もと古筆鑑定の基準として作られたが、のちは愛好家も作るようになった。

て‐かき【手書き】 名❶「てがき」とも。文字を上手に書くこと。また、その人。例この母皇女は昔名高かりける姫、**手書き**、歌詠みなりけり〈宇津保・蔵開中〉❷物を書くことを職務とする人。記録係。書記。例木曾殿の**手書きし**て〈平家・七・願書〉

て‐かく【手書く】 文字を上手に書く。例**手書く**事、むねとする事はなくとも(=専門とはしなくても)、これを習ふべし〈徒然・一二三〉

て‐が‐く【手懸く】 動(カ下二)あることを行う。あることに携わる。例(悪霊ガ)**手がく**べくもなかりければにや、わが御身にはあながちの事(=異常というほどのこと)もなし〈愚管抄・七〉

でか‐す【出来す】 動(サ四)❶できるようにする。また、仕上げる。しとげる。例一日に歩いて大きに足へ豆を**でかし**〈黄表紙・江戸生艶気樺焼・下〉❷うまくやる。りっぱにやる。例それは**出かし**た〈狂言記・寝声〉

て‐がた【手形】 名❶手のひらの形。墨などをつけて押した手のひらの形。文書などに印の代わりに押したりする。例長く我が国に仇をなさじと誓ひの**手形**を顕して〈近松・日本振袖始・一〉❷(後日の証拠のために、墨などをつけた手のひらの形を押したことから)証拠となる文書。証文。米と交換できる証券・切手や、有価証券にあたる為替手形・振り手形などもいう。例**手形**もいらぬというたれば、念のためぢや判をせうと、みどもに(=私に)証文書かせ〈近松・曾根崎心中〉❸江戸時代、庶民の他国への往来に際して役所が交付する、旅行許可証と身分証明書を兼ねる書類。例番所きびしく、出入りの者に**手形**の吟味(=審査)きびしく候へば〈西鶴・万の文反古・四・三〉❹牛車の方立てに刻みをつけたりくり抜いたりした所。また、馬の鞍の前輪の左右にあるくぼみ。乗降時、手をかけるためのもの。例それに候ふ**手がた**にとりつかせたまへ〈平家・八・猫間〉

で‐がはり【出替はり・出代はり】 名 江戸時代、一年または半年契約の奉公人の交替時期。また、その交替。はじめは二月と八月、のちは三月と九月になった。八・九月のものを「後の出替はり」「秋の出替はり」ともいう。例九月五日の**出替はり**をまたず御暇申して〈西鶴・好色五人女・二・四〉

て‐から 《近世語》(「て」「から」は接続助詞)〈動詞の連用形について〉逆接の意を表す。〜ても。〜たところで。例思ふまま遊興し**てから**、別の事もなし〈西鶴・諸艶大鑑・八・四〉

て‐き 〔完了の助動詞「つ」の連用形+過去の助動詞「き」〕〜た。〜てしまった。例うたた寝に恋しき人を見てしより夢てふものはたのみそめ**てき**〈古今・恋二〉読解「見てし」の「し」は「き」の連体形。→名歌82

で‐き【出来】 1名 出来ぐあい。出来栄え。特に、よい出来栄え。例ありゃあおめえ一生の**出来**だぜ〈滑稽本・膝栗毛・四下〉2接頭 名詞について、にわかづくりの、急ごしらえの、の意を添える。また、よい出来の、の意を添える。「出来商人」「出来能」など。

て‐きき【手利き】 名 すぐれた能力をもっていること。また、その人。腕利き。例小兵で候へども、**手利き**で候へ〈平家・一一・那須与一〉

でく【木偶】 名❶木などで作った人形。また、操り人形。例なんぢを屠ること、**木偶**を毀くより易し〈読本・弓張月・後・二九〉❷役に立たない人や機転の利かない人をののしっていう。例金吾殿はづねえ(=並はずれた)**でく**でなあ〈滑稽本・旧観帖・初〉

て‐ぐすね‐ひく【手薬練引く】 ❶弓を引くとき、手に薬練という薬品などを塗って手の滑りを止める。例**手ぐすね引き**、そぞろ引いてぞ向かひたる〈保元・中〉❷（①から転じて）十分に準備をして、敵などを待ち受ける。例そりゃそりゃ来たぞと三人が、手ぐすね引い（音便形）たる顔色〈近松・女殺油地獄・上〉

て-くだ【手管】 名『近世語』策を使って、人を自分の思いどおりに操り動かす手段。特に遊里で、遊女と客がお互いに策を用いて巧みにだます手段。例この大神楽は作り物にして、（女ト会ウ）**手くだ**のために出だしける〈西鶴・好色五人女・一・三〉

てぐら-まぐら【手暗間暗】 名『近世語』なりゆきまかせ。行き当たりばったり。例**手ぐらまぐら**と年波（＝年月）をわたりける〈西鶴・西鶴織留・五・四〉

て-ぐり【手繰り】 名❶手で繰ること。たぐること。例なつびきの（枕詞）白糸の**てぐり**まだしきに（＝不十分なのに）〈曾丹集〉❷手で引き寄せて扱う網。手繰り網。また、それで魚を捕獲すること。例**手繰り**する海士の小船に打ち乗って〈太平記・一八〉❸手から手に渡して運ぶこと。例燗鍋・塩辛壺を、**手ぐり**にして〈西鶴・西鶴諸国ばなし・一・三〉

て-ぐるま【手車・輦・輦車】 名輿に車輪をつけ、人が手で引く車。牛車に比べて小型で、乗り降りも側面から行う。⇩くるま（図）。例（紫ノ上ガ）御**輦車**などゆるされたまひて、女御の御ありさまに異ならぬを〈源氏・藤裏葉〉 読解 破格の扱いで「手車の宣旨」を許された紫の上が、宮中から退出する場面。

てぐるま-の-せんじ【手車の宣旨・輦車の宣旨】 名手車に乗ったままで内裏内を通行することを許すという天皇からの言葉。内裏は一般に歩行が義務づけられていた。許可の対象は、東宮・親王・内親王・女御・大臣・大僧正など。例（桐壺更衣ニ）**輦車**の宣旨などのたまはせても〈源氏・桐壺〉 読解 更衣に手車を許すのは異例の厚遇。

て-け【天気】 名〔「てんけ」の撥音の表記されない形〕天候。天気。例**てけ**のこと、楫取りの心にまかせつ〈土佐〉

て-けむ 〔完了の助動詞「つ」の連用形＋推量の助動詞「けむ」〕～てしまっただろう。きっと～ただろう。例我がためと織女のそのやどに織る白たへは織りて**けむ**かも〈万葉・一〇・二〇二七〉

て-けり 〔完了の助動詞「つ」の連用形＋助動詞「けり」〕～た。～てしまった。例この男、（美シイ姉妹ヲ）かいま見**てけり**〈伊勢・一〉

て-こ【手児】 名『上代語』〔手に抱かれている幼い子の意〕「てご」とも。東国方言。少女。また、幼い子。例埴科の石井の**手児**が言な絶えそね（＝言葉を絶やさないでほしい）〈万葉・一四・三三九八〉

て-ごし【手輿】 名⇩たごし

てこ-な【手児奈】 名『上代語』「てごな」とも。東国方言。かわいらしい少女。⇩真間の手児奈

て-さう ソウ 〔「て」は接続助詞。「さう」は補助動詞「さうらふ」の変化した形〕～ます。～ています。例牧出での駒（＝野生の馬）を一匹持って**さう**〈説経・小栗判官〉

て-さき【手先】 名❶手の先端。指先。例心ふるひに**手先**もふるひ〈近松・心中天の網島・下〉❷兜の吹き返しの前面。例甲の**手先**に手を置いて〈平家・四・橋合戦〉❸雁股の先端。二つに分かれている。例大雁股の**手先**、内冑に入るとぞ見えし〈義経記・四〉❹戦線の先頭に立つ兵。先兵。例東西より相近づいて、**手先**をまくりて（＝追い立てて）〈太平記・二六〉

て-しか

終助〔完了の助動詞「つ」の連用形＋終助詞「しか」〕**自己の動作や状態の実現を願望する意を表す。～したい。～たらなあ。**例朝な朝な上がる雲雀になり**てしか**都に行きてはや帰り来む（＝毎朝空高く上がってゆく雲雀になれたらなあ。そうしたら、都に行ってすぐに帰ってこよう）〈万葉・二〇・四四三三〉

接続 動詞の連用形につく。

語誌 ▼平安時代の中ごろまでよく用いられたが、中世にはほとんど姿を消す。平安時代以後のものについては、「てしが」とも読まれる。
▼実現の困難な願望に用いられることが多い。
▼識別　接続助詞「ば」「ども」などが下についていたり、係助詞「こそ」の結びになっていたりするものは、完了の助動詞「つ」の連用形に過去の助動詞「き」の已然形がついたものであるので注意すること。〈近藤要司〉

て-しが

終助 ⇩てしか

てしか-な

終助〔終助詞「てしか」＋終助詞「な」〕**自己の動作や状態の実現を願望する意を表す。～したい。～たらなあ。**例いかでこのかぐや姫を得**てしかな**、見**てしかな**（＝なんとかしてこのかぐや姫を手に入れたい、結婚したい）〈竹取〉

接続 動詞の連用形につく。

語誌 ▼平安時代に成立した。平安時代の中ごろまでよく用いられた。「てしがな」と濁っても読まれる。
▼実現の困難な願望に用いられることが多い。
▼識別　係助詞「こそ」の結びになっているものは、完了の助動詞「つ」の連用形に過去の助動詞「き」の已然形と終助詞の「な」がついたものであるので注意すること。〈近藤要司〉

てしが-な

終助 ⇩てしかな

て-しげ・し【手繁し】 形（ク）頻繁に繰り返すさま。また、手厳しいさま。例馬は弱りぬ、敵は**手繁く**懸かる（＝襲いかかる）〈太平記・二五〉

て-じな【手品】 名❶腕前。実力。例ただ君と我とがおのおの**手品**を知らむとなり〈今昔・二五・三〉❷手の動き。手つき。例**手品**やさしきびんささら（＝楽器の名）〈浄瑠璃・妹背山婦女庭訓・三〉

で-しほ【出潮・出汐】 シオ 名〔「いでしほ」の変化した形〕月の出とともに満ちてくる潮。例その暁の**出潮**の舟に乗りに〈とはずがたり・四〉

て-しゃ【手者】 名技芸や武芸に秀でた人。達人。例わたくしどもの手ぎはには参りませぬ。よほどの**手者**と見えます〈噺本・今歳笑〉

です

助動（特殊型）丁寧な断定の意を表す。～です。例東国にかくれもない（＝有名な）大名で**す**〈狂言・入間川〉

接続 体言、体言に準じる語、一部の助詞などにつく。

活用 でせ／でし／です／○／○／○

語誌「にて候」の変化した形という。狂言で大名などの名のりに多く用いられ、尊大な語感となることもある。

て-すさび【手遊び】 名「てすさみ」「てずさみ」とも。手先でする遊び。手慰み。例年ごろこの姫君の御手すさびに書きたまへける御経も〈栄花・本の雫〉

て-すぢ【手筋】 名❶書画の腕前。筆法。画法。例格別手筋を違へて(=特に筆跡を変えて)書き上げる〈西鶴・本朝桜陰比事・五・五〉❷師から伝えられた技芸の能力。例鼓は生田与右衛門の手筋〈西鶴・日本永代蔵・二・三〉❸方法。手がかり。つて。例上方にのぼり、手筋を頼み〈西鶴・日本永代蔵・四・二〉

て-ぜい【手勢】 名自分の部下である兵。自分の直属の兵。例手勢三十騎ばかりで都へひっ返す〈平家・七・一門都落〉

て-ぞめ【手染め】 名自分の手で染めること。また、染めたもの。例さほ姫の手染めの糸をよりかけて露の玉ぬく春の青柳〈続後拾遺・春〉

て-だい【手代】 名〔主人などの手の代わりの意〕❶江戸時代、郡代や代官などに属して、雑務にあたる下級役人。例御代官所の手代などいふものの、私にせし所あるがゆゑなるべし〈折たく柴の記・中〉❷江戸時代、商家などで、丁稚と番頭の間に位置する使用人。例上方への船商ひ、あまた手代にさばかせ〈西鶴・日本永代蔵・三・二〉

て-だうぐ【手道具】 名身のまわりに置いて使う調度品。例この女の手道具まで代なして(=金に換えて)〈西鶴・武家義理物語・六・三〉

で-たち【出立ち】 名❶旅立ち。出発。また、そのときにとる食事。例いまだ出立ちを食はぬほどに、しばらく待ってくだされ〈噺本・口合恵宝袋・三〉❷旅立ちの服装。いでたち。身支度全般にもいう。例紅葉がさねの旅衣…ぱっとしたる(=ぱっと目につく)出立ちに〈西鶴・好色一代男・七・四〉

て-だて【手楯】 名手に持って身を守る楯。持ち楯。例手楯の陰に並み居たり〈義経記・五〉

て-だて【手立て】 名❶方法。手段。例双六の上手(=名人)といひし人に、その手立てを問ひはべりしかば〈徒然・一一〇〉❷策略。はかりごと。例人を陥るる手だてがあるぞ〈史記抄・一五〉

て-たはぶれ【手戯れ】 名手先で好き勝手に扱うこと。例光遠が手戯れするに、捕らへたる腕を(逆に)捕らへられぬれば〈宇治拾遺・一六六〉

て-だま【手玉】 名〔古くは「ただま」〕❶手首につける装飾用の玉。例七夕の手玉もゆらに織るはたを〈拾遺愚草・上〉❷小さな玉を手で宙に放り投げては受ける遊び・曲芸。また、それに使う玉。例この首を…手玉についてぞ悦びける〈太平記・二六〉❸魚をすくうための小網。例ちひさき手玉のすくひ網に小桶を持ち添へ〈西鶴・西鶴置土産・二・二〉

て-だり【手足り】 名「てだれ」とも。すぐれた能力をもっていること。また、そのような人。例後徳大寺の大臣は左右なき(=並ぶもののない)手だりにていませしかども〈無名抄・歌人不可証得事〉

て-だれ【手足れ】 名「てだり」に同じ。

て-つがひ【手結ひ・手番ひ】 名❶相撲・競べ馬・射礼などの競技で、参加者を二組に分けて対抗戦形式にすること。例この御馬ども、同じくは、手つがひにして比べばや〈宇津保・祭の使〉❷宮中での競射の行事の一つ。儀式前日の予行演習を「荒手番ひ」、当日の本番を「真手番ひ」という。例右近の馬場にして手番ひ行ひけるに〈今昔・一九・二六〉

て-づかひ【手遣ひ・手使ひ】 名❶手の運び。手指の動かし方。例(箏ノ琴ノ)手づかひいといたう(=ひどく)唐めき〈源氏・明石〉❷軍勢の配備。例謙信手づかひ申され〈甲陽軍鑑・五三〉

て-づから【手づから】 副〔「づから」は接尾語〕❶他人でなく、自分の手を使って。例格子手づから上げたまふ〈源氏・夕顔〉❷他人任せにせず、自分の力で。自分自身で。例(a)さても、あさましの口つきや、これこそは手づからの御事の限りなめれ(=それにしても、あきれた歌の詠みぶりだなあ。これこそが御自身のお力の精一杯のところなのだろう)〈源氏・末摘花〉例(b)手づから仰せさぶらふやう(=ご自分でおっしゃいますことには)〈宇治拾遺・一八〉

て-づくり【手作り】 名❶自分の手で作ること。また、そのもの。手製。自家製。例いと使ひよき手作りの針の〈宇津保・俊蔭〉❷手で織ること。また、その布。例多摩川にさらす手作り(ここまで序詞)さらさらになにそこの児のここだかなしき〈万葉・一四・三三七三〉➡名歌214

てっ-さつ【鉄札】 名〘仏教語〙閻魔の庁で、悪人の名や罪業を記して地獄に送るという鉄製の札、または、帳簿。善人のものは金札に記される。例鉄札数を尽くし、金紙を汚すこともなく(=金札に書かれることもなく)〈謡曲・鵜飼〉

でっ-ち【丁稚・丁児】 名〘近世語〙❶商家などに年季奉公する少年。例亭主はまだかまだかと、おそろしき声を立つる所へ、でっち大息つぎて帰り〈西鶴・世間胸算用・三・四〉❷年少の男子を卑しめていう。例馬子でも子どもは大事ない(=差し支えない)。お許しぢや、その丁稚に、持って参れと呼うでおぢゃ〈近松・丹波与作待夜の小室節・上〉

て-づつ【手づつ】 名 形動(ナリ)不器用。下手。不便。例一といふ文字をだに書きわたしはべらず、いとてづつに、あさましくはべり〈紫式部日記〉

てっ-ぱう【鉄砲・鉄炮】 名❶火薬の力で弾丸を飛ばす鉄製の武器。特に、小銃。火縄銃。例鉄砲とて毬の勢ひなる鉄丸のほとばしること坂を下す輪のごとく〈太平記・三九〉❷風呂釜の一種。浴槽に作り付けて火をたく筒状のもの。例鉄炮の方までぬるくなった〈滑稽本・浮世風呂・前上〉❸うそ。でたらめ。例商人どに掛け値…皆これてっぽうを用ひずといふ事なし〈噺本・聞上手・序〉❹(当たると死ぬことから)フグの別称。

てっ-ぱつ【鉄鉢】 名鉄製の鉢。僧が托鉢などに出たとき食物を受ける。食器としても用いる。

て-づめ【手詰め】 名❶合戦などで、激しく攻めかけること。例官軍押し寄せ来て、すでに手づめの合戦に及べり〈読本・弓張月・前・八〉❷絶体絶命。命取り。例百重の囲みはのがるるとも、のがれがたなき手

詰めの段〈近松・心中天の網島・中〉

てて【父】 名〔「ちち」の変化した形〕父親。例子の手(=演奏の技量)母にもまさり、母は**てて**の手にもまさりて〈宇津保・俊蔭〉

てて-き【父君】 名「ててぎみ」に同じ。例宮の君は、殿をば**ててき**とて、むつれたてまつりたまひ(=なつき申し上げなさり)〈宇津保・楼上上〉

てて-ぎみ【父君】 名 父を敬う呼び方。父上。例**てて君**の思ひたてまつれたまへば〈宇津保・蔵開中〉

てて-ご【父御】 名 父親の敬称。例**父御**に似たる親仁様の〈近松・冥途の飛脚・下〉

て-どり【手取り・手捕り】 名 ❶素手で捕らえること。生け捕り。例右手の手を差し上げて、**手取り**にせんと追っかけたり〈保元・中〉 ❷水を注ぐ道具。やかんのようなもの。例石のごとくにして焼けざる物の、**手取りの勢**(=形)なるあり〈沙石集・七・三〉

て-なが【手長】 名 ❶手長島に住み、腕が非常に長い想像上の人間。清涼殿の「荒海の障子」に描かれている。❷宮中や貴人の家で、酒宴の配膳をする人。例今日の斎会には手長入るべからず〈今昔・一九・三〉

て-なぐさみ【手慰み】 名 ❶つい手を動かしてしまうこと。例**手なぐさみ**の果ては盗みを致すよりほかはない〈山本東本狂言・子盗人〉 ❷賭博。

て-なら・す【手馴らす・手慣らす】 動(サ四) 鳥獣を飼いならす。道具などを使いならす。例恋ひわぶる人の形見と(猫ヲ)**手ならせ**ば〈源氏・若菜下〉

て-ならひ

【手習ひ】 名 ❶文字を書く練習。習字。また、**文字を練習した紙**。例小さき人には、**手習ひ**・歌よみなど教へ〈蜻蛉・下〉 ❷心に浮かぶままに古歌や自作の歌を書きつけること。また、**その書いたもの**。例つれづれなるままに、いろいろの紙を継ぎつつ**手習ひ**をしたまひ(=やるせなく退屈なままに、さまざまな色の紙をつないでは心に浮かぶままに歌を書きつけなさり)〈源氏・須磨〉 ❸(①から転じて)**物事の稽古**。**練習**。例馬を馳せ、弓を射るも、「これは平家を攻むべき**手習ひ**」とぞ(=馬を走らせ、弓を射るのも、「これは平家を攻めるための練習」と)〈源平盛衰記・二六〉

語誌 ▼**平安時代の女子教育** 『枕草子』に「一つには御手を習ひたまへ。次には琴の御琴を、人よりことに弾きまさらんとおぼせ。さては古今の歌二十巻を皆うかべさせたまふを(=すべて暗誦なさることを)御学問にはせさせたまへ」〈清涼殿の丑寅のすみの〉とあるように、平安時代の女子の教養としては、書・琴の演奏・『古今和歌集』の暗誦に代表される和歌の習熟が重んじられた。物語では、筆跡からその人の教養や人柄などを想像する場面も描かれる。手習いのときの手本としては、「難波津に咲くや木の花冬ごもり今は春べと咲くや木の花」(↓名歌272)「安積香山影さへ見ゆる山の井の浅き心を我が思はなくに」(↓名歌17)の二首が尊重されたことが『古今集』「仮名序」に見える。〈松井健児〉

て-なら・ふ【手習ふ】 動(ハ四) 文字を書く練習をする。例この二歌は、歌の父母のやうにてぞ、**てならふ**人の初めにもしける〈古今・仮名序〉

て-な・る【手馴る・手慣る】 動(ラ下二) 扱いなれる。手になじむ。例**手馴れ**し具足(=道具)なども、心もなくて(持チ主ノ死後モ)変はらず久しき、いと悲し〈徒然・二九〉

てに〜【手に〜】 ⇩「て」の子項目

て-に-は 名 ❶「てにをは」に同じ。例少しづつの**てには**通らざるところども〈芭蕉書簡・貞享二年正月半残宛〉 ❷話の前後関係。「てにはが悪い」「てにはが合はぬ」などと用いることも多い。

て-に-を-は 名 漢文を訓読するときに、漢字に補って読む語の総称。助詞・助動詞・用言の活用語尾など。また、助詞・助動詞などの使い方。例総体(=全体として)**てにをは**あしき句なり〈俳諧・去来抄・同門評〉

て-の-うち【手の内】 名 ❶手のひら。また、そこに伝わる感触。手ごたえ。例水の中へ打ち込うだやうな**手の内**でござった〈狂言・武悪〉 ❷手中にすること。所有すること。例**手の内**に残ったは確か七文〈近松・丹波与作待夜の小室節・中〉 ❸腕前。実力。例いや、お刀の**手の内**御無用〈浄瑠璃・仮名手本忠臣蔵・九〉 ❹(手のひらに載せることから)僧などに与える米や金。施し。例鉢坊主の**手の内**ほど米を取ったこの梅龍(=人名)〈近松・大経師昔暦・中〉

て-の-うら【手の裏】 名 手のひら。例火桶の火、炭櫃などに、**手のうら**うち返しうち返し、おしのべなどしてあぶりをる者〈枕・にくきもの〉

【手の裏を返す】 またたく間に一変するさまのたとえ。例(法皇ノ死後ハ)世間**手の裏を返す**ごとくなるべし〈保元・上〉

て-の-した【手の下】 名 手の中にあるように支配すること。また、支配下に置くもの。手下。部下。転じて、きわめて容易なこと。例この者どもを**手の下**に討つはいかさま(=なるほど)鬼神か〈謡曲・熊坂〉

て-の-び【手延び】 名「てのべ」に同じ。

て-の-べ【手延べ】 名 必要な措置を取らずにほうっておくこと。時機を逃すこと。手遅れ。例きゃつを手延べにして、たばかられぬるは(=だまされてしまうとは)。追っかけて討て〈平家・四・競〉

て-の-もの【手の者・手の物】 名 ❶【手の者】手下。部下。例**手の者**二行に並みゐたるさまなど、なほゆゆしくはべりき〈とはずがたり・五〉 ❷【手の物】㋐所有物。手に入れた物。例千五百両を**手の物**にして〈西鶴・西鶴置土産・三・二〉 ㋑得意技。例我が身の上の事は**手の物**〈滑稽本・軽口御前男・二〉

てのやっこあしののりもの【手の奴足の乗り物】 ⇩「て」の子項目

て-は 〔接続助詞「て」+係助詞「は」〕 ❶仮定条件を表す。〜したなら。〜したら。例朝夕の光失ひて**は**いかでか永らふべからん〈源氏・葵〉 ❷「〜て」を強める。例虫のごと(=虫のように)声にたてて**は**なかねども〈古今・恋二〉 ❸常に同じ結果を生むような条件を表す。〜したときはいつも。例いみじき(=たいへん恐しい)武士・仇敵なりとも、見て**は**うち笑まれぬべきさまのしたまへれば〈源氏・桐壺〉 ❹反復の

意を表す。例寄りては離れ、離れては足を縮め、手を伸ばし〈近松・今宮の心中・下〉

て-ば［完了の助動詞「つ」の未然形＋接続助詞「ば」］もし～たならば。例梅が香を袖にうつしてとどめてば春は過ぐとも形見ならまし〈古今・春上〉

で-は【出端】 名 ❶出ようとするところ。出際。❷能楽で、後場で神・鬼・霊などが登場するときに演奏する囃子。❸歌舞伎で、主要な役者が登場するときの花道での舞踊や演技。

出羽 《地名》［古くは「いでは」］旧国名。今の山形県と秋田県の大部分。東山道八か国の一つ。羽州。延喜式で上国・遠国。明治元年（一八六八）、羽前（山形県の大部分）・羽後（秋田県の大部分と山形県北部）に分割された。

で-は［打消の接続助詞「で」＋係助詞「は」］～でなくては。～以外には。例木の葉に埋もるる懸樋の雫ならではつゆおとなふものなし〈徒然・一一〉

て-ばこ【手箱】 名 身の回りの小道具を入れる箱。例御手箱に置かせたまへる小刀〈大鏡・道長上〉

で-ばな【出端・出花】 名 ❶出はじめ。また、出はじめの勢いの盛んなころ。例水のでばなのごとく、跡もなく御機嫌なほるなり〈西鶴・好色一代女・四・四〉❷湯を注ぎたての香りのよいお茶。例さっとかけたる宇治の出花のお茶〈近松・大職冠・四〉

て-はなち【手放ち】 形動（ナリ）手入れしていないさま。例（コノ家ハ）いと手はなちに、あらあらしげにて〈更級〉

て-はん【手判】 名 ❶後日の証拠のために、墨などをつけた手のひらの形を文書に押したもの。❷江戸時代、関所の通行証。例（宿場ヲ）ちょいと越えて、手判ござるか（＝ありますか）〈近松・丹波与作待夜の小室節・上〉

て-びき【手引き】 名 ❶手で引くこと。例御車は…手引きにて入らせたまふ〈栄花・音楽〉❷案内。導き。例二階に世之介を手引きして〈西鶴・好色一代男・七・六〉❸盲人などの手を引いて先導する人。例わしは手引きぢゃござらぬ〈浮世草子・傾城禁短気・三・四〉

て-ひと【手人】 名［のちには「てびと」とも］❶技術を身につけている職人。例高麗に使ひして、巧手者を召す〈紀・仁賢〉❷手下。配下。

て-びろ・し【手広し】 形（ク）範囲や規模、見識などが広く大きい。例この頼政は歌においては手広き者にぞ思し召されける〈源平盛衰記・一六〉

て-ふ【蝶】 チョウ 名 ❶虫の名。チョウ。例人々の、花・蝶やとめづるこそ（＝賞美することこそ）、はかなくあやしけれ〈堤中納言・虫めづる姫君〉❷雅楽の曲名。「胡蝶楽」の略称。例童べの蝶・鳥の舞ども、ただ極楽もかくこそはと思ひやりよそへられて〈栄花・音楽〉❸綿の花の別称。例稲に実りの房ぶりよく、木綿に蝶の数見えて〈西鶴・日本永代蔵・五・三〉

てふ チョウ［「といふ」の変化した形］～と言う。平安時代以降、主に和歌に用いられる。例うたた寝に恋しき人を見てしより夢てふものはたのみそめてき〈古今・恋二〉➡名歌82 語誌 上代は「とふ」「ちふ」が用いられた。

で-ふ【帖】 ジョウ ❶名 ❶折り本。長く継いだ紙を折りたたみ、一折ずつ開いて読む製本形式の書物。❷①に似ることから屏風。例春の帖に桜の花咲きたる所に〈今昔・二四・三一〉❷接尾 ❶折り本を数えるときの単位。例古今・後撰集・拾遺抄、その部どもは五帖につくりつつ〈紫式部日記〉❷屏風・楯などを数えるときの単位。例うしろの御屏風四帖は〈源氏・若菜上〉

て-ふ-じゃう【牒状】 チョウジョウ 名 ❶順に回して用件を通知する書状。回状。例覚明に牒状書かせて〈平家・七・木曽山門牒状〉❷国家の元首が他国へ送る書状。国書。例（蒙古カラ）牒状とかや持ちて参れる人などありて〈増鏡・老のなみ〉

で-ふ-だて【畳楯・帖楯】 ジョウ— 名 武具の名。半分に折りたためるようになっている楯。例畳楯の広く厚きを突き並べ〈太平記・一四〉

て-ふ-はながた【蝶花形】 チョウ— 名 紙を蝶の形に折ったもの。祝宴で銚子のふたなどにつけて飾りとする。白紙で雌雄一対の蝶を折り、紅白の水引きをかける。例長柄の銚子・蝶花形、道途を祝ふ熨斗昆布〈浄瑠璃・絵本太功記・一〇〉

て-ぶり【手振り・手風】 名 ❶手を振ること。手を動かすこと。❷風俗。習わし。ふるまい。例天離る（枕詞）鄙（＝田舎）に五年住まひつつ都のてぶり忘らえにけり〈万葉・五・八八〇〉❸供人。従者。例下仕へ・手振りなどが具し（＝従って）いけば〈蜻蛉・上〉❹手に何も持たないこと。手ぶら。また、無一文。例こいつは手ぶり、次の女郎が抱いてをる〈浄瑠璃・ひらかな盛衰記・二〉

てへ テエ「てふ」の已然形・命令形。例八重葎して門鎖せりてへ〈古今・雑下〉

てへ-れ-ば【者】 テエレ— 接［「と言へれば」の変化した形］というわけで。漢文訓読体の文章で用いる。例てへれば院宣かくのごとし〈平家・一〇・八島院宣〉

て-へん【天辺・頂辺】 名 ❶兜の頂の部分の名。鉢の頂上部。真ん中に穴をあけて髻を通す。⇨よろひ（図）。例金子が甲のてへんに手を入れて、引きあをのけむとするところに〈保元・中〉❷頭のいただき。頭頂部。「天窓」とも書く。例兄が天辺を打ち裂けば、弟も眦（＝目尻）を打ち破られ〈近松・日本振袖始・三〉

て-まさぐり【手弄り】 名 手持ちぶさたなときなどに、特に意味もなく手で物をいじること。手先でもてあそぶこと。手慰み。例琵琶を前に置きて、撥を手まさぐりにしつつゐたるに〈源氏・橋姫〉

て-まし［完了の助動詞「つ」の未然形＋反実仮想の助動詞「まし」］❶非現実的な状態を仮想する意を表す。～であったろうに。きっと～だろうに。現実への不満やためらい、非現実への希望などをこめて用いることが多い。例あしひきの（枕詞）山のもみぢ葉散りにけり嵐の先に（＝前に）見てましものを〈後撰・秋下〉❷（疑問を表す語とともに用いて）思い悩む気持ちや疑う気持ちを表す。～べきだろうか。～たものだろうか。例忍びてや迎へたてまつりてまし、と思し弱る折々あれど〈源氏・明石〉

て-まどはし【手惑はし】 —ドワシ 名「てまどひ」に同じ。

て-まどひ【手惑ひ】 —マドイ 名動（サ変）うろたえて手が

思うように使えないこと。あわてふためくこと。例供の人、手惑ひをして、「近く水やある(=近くに水はあるか)」と走り騒ぎ求むれど〈宇治拾遺・九六〉

て-まはり【手回り・手廻り】マワリ 名❶手近。身のまわり。例手廻りにて使ふ弟子宗元(そうげん)と言ふによく言ひ含め〈浮世草子・新色五巻書・五・三〉❷常にそば近く仕える人。また、身辺を護衛する武士。例手廻り少々御供にて〈近松・嫗山姥・二〉❸暮らしむき。例家富みて…手廻りもよく〈近松・心中宵庚申・中〉

て-まへ【手前】マエ **1**名❶自分の手の前。目の前。こちら側。例この度は手前で奇特(きどく)(=奇跡)の見ゆる宝を比べう〈狂言記・宝の笠〉❷人に対するこちらの立場。体裁。体面。例そなたの手前、面目もおりない(=ありません)〈狂言・武悪〉❸所作。仕方。腕前。例三手の矢、五本当たり、ことさら手前見事なるに〈西鶴・武道伝来記・六・三〉❹「点前」とも書く。点茶の所作・作法。例お茶の湯のお手前は、すぐれて見事な〈狂言・鱸包丁〉❺暮らしむき。生活。例大坂の手前よろしき人、代々続きしにはあらず〈西鶴・日本永代蔵・一・三〉**2**代❶自称の人称代名詞。自分を謙遜(けんそん)していう。自分。例すべて手前の子に利を付けてはすみません〈滑稽本・浮世風呂・二下〉❷対称の人称代名詞。目下の人をいう。おまえ。

てまへ-しゃ【手前者】テマエ 名 裕福な人。金持ち。例手前者の子にて、ちひさい時からうまいものばかりで育てられ〈西鶴・世間胸算用・二・三〉

で-まれ 〔「にてもあれ」が「でもあれ」を経て変化した形〕〜であっても。〜であるにせよ。例何でまれ、敵(かたき)の方(かた)より出で来(き)たらんものを逃すべきやうなし(=理由はない)〈平家・九・坂落〉

て-む 〔完了の助動詞「つ」の未然形＋推量の助動詞「む」〕「てん」とも。❶その事柄の実現への強い意志を表す。〜てしまおう。例疾(と)く(=早く)破(や)りてむ〈土佐〉❷その事柄の実現を確信をもって推量する意を表す。きっと〜するだろう。〜ているだろう。例いまめかしき手本習はば、いとよう書いたまひてむ〈源氏・若紫〉❸その事柄の実現する可能性を推量する意を表す。〜できるだろう。例春日野(かすがの)の飛ぶ火の野守(のもり)出でて見よいまいく日(か)ありて(=あと何日すれば)若菜つみてむ〈古今・春上〉❹そうであることが適当・当然だと強調する意を表す。〜てしまうのがよい。当然〜べきだ。例心づきなき事あらん折は、なかなか(=かえって)そのよしをも言ひてん〈徒然・一七〇〉

て-むや 〔完了の助動詞「つ」の未然形＋推量の助動詞「む」＋係助詞「や」〕❶相手に同意を求め、勧誘する意を表す。〜てくれないか。例翁(おきな)の申さむこと、聞きたまひてむや〈竹取〉❷反語の意を表す。〜だろうか(いや、〜ではない)。例まさにかくあやしき山がつ(=卑しい田舎者)を心とどめたまひてむや〈源氏・須磨〉

て-も 感《近世語》〔「さても」の変化した形か〕さても。いかにも。例おれが戻るは、ても遅いことでござんすよの〈近松・心中宵庚申・下〉

て-も **1**〔接続助詞「て」＋係助詞「も」〕前に述べた事柄を受けて逆接的に後に続ける。文脈上、仮定の意が認められることもある。〜けれども。〜ても。例(逢ウマイト)誓ひてもなほ思ふには負けにけり〈後撰・恋四〉**2**接助 逆接の仮定条件を表す。たとえ〜ても。例この世があの世へ返っても、握った銀(かね)を放さばこそ(=放しはしない)〈近松・曾根崎心中〉

て-も-すま-に【手もすまに】 手を休める間もなく。例手もすまに植ゑし萩(はぎ)にやかへりては見れども飽かず心尽くさむ〈万葉・八・一六三三〉

て-もと【手元・手許】 名❶手のあたりの様子。例お太刀を抜かせられたるお手もとが、よう御親父に似させられてござる〈狂言・二千石〉❷手に持つ部分。例熊手の柄をてもとより二尺ばかりおきて(=残して)、つと切る〈平治・中〉❸手並み。実力。例お手許見ん〈近松・堀川波鼓・上〉

て-や【手矢・手箭】 名 すぐに射ることができるように、箙(えびら)などに入れずに手に持つ矢。例弓を手箭に取りて従者をも具せずして〈今昔・二六・五〉

て-や **1**〔接続助詞「て」＋係助詞「や」〕疑問の意を表す。〜か。例ももづたふ(枕詞)磐余(いはれ)の池に鳴く鴨(かも)を今日のみ見てや雲隠りなむ〈万葉・三・四一六〉➡名歌373 **2**〔接続助詞「て」＋間投助詞「や」〕願望や依頼の意をやや丁寧に表す。〜してください。例なう駕籠(かご)の衆、まづ待ってや〈近松・生玉心中・上〉**3**終助《近世語》〔終助詞「て」＋間投助詞「や」〕自他に念を押す意を表す。〜よ。例貴様達に睨(にら)まれてはならぬてや〈浄瑠璃・鎌倉三代記・三〉

て-よ 完了の助動詞「つ」の命令形。

てら【寺】 名❶仏像を安置して、僧尼が常住するところ。寺。寺院。例宮など失(う)せたまひにければ、寺になしたるを、竹芝(たけしば)寺と言ふなり(=姫宮たちがお亡くなりになってしまったので、寺に改造したのを、竹芝寺というのだそうだ)〈更級〉
❷特に、園城(おんじょう)寺(三井(みい)寺)。比叡山(ひえいざん)延暦(えんりゃく)寺を「山(やま)」と呼ぶのに対していう。例宮は、宇治と寺とのあひだにて、六度まで御落馬ありけり〈平家・四・橋合戦〉
❸「寺子屋(てらこや)」の略。例寺にあげて手習ひをさすれども(=寺子屋に入れて学問をさせたけれども)〈仮名草子・浮世物語・一・三〉
❹博打(ばくち)の胴元。博打の開帳場所。また、「寺銭(てらせん)(博打の胴元が取る口銭)」の略。

語誌▼僧尼の常住するところは梵語でヴィハーラ、サンガーラーマといい、漢語では精舎(しょうじゃ)と訳す。修行に精進する者の居る屋舎、の意である。漢語の「寺」はもともと役所を意味する言葉。外国使節の居館であった鴻臚(こうろ)寺に西域の僧を居住させたので、以後僧尼の居所を寺と称するようになった。和語で「てら」と訓(よ)むのは朝鮮語の影響によるという説がある。▼③④は、寺がそうした場とされたからともいわれる。〈多田一臣〉

てら-いり【寺入り】 名❶罪を犯したりした武士が寺に預けられること。例改易の科(とが)をば、寺入りに仰せ付けられ候ふ〈甲陽軍鑑・三九〉❷学問修業のため寺に入ること。例仲光(なかみつ)、若君の御供申し、寺入りと聞こえける〈説経・信徳丸〉❸寺子屋(てらこや)に入門するこ

と。例七、八歳のころより、寺入りの初清書〈談義本・風流志道軒伝・一〉

てらこ-や【寺子屋・寺小屋】 名 江戸時代に普及した、庶民の子弟のための教育機関。主に文字の読み書き・そろばんを教えた。はじめ、寺が寺子の教育を行っていたことによる称。例小さい時往いた(=通っていた)寺小屋へ、七夕に呼ばれました〈浄瑠璃・妹背山婦女庭訓・四〉

てらさ-ふ【衒さふ】 動(ハ四)「てらふ」に同じ。例里ごとにてらさひ歩けど人も咎めず〈万葉・一八・四一三〇〉

てら-す【照らす】 動(サ四)光を発し、あるいは反射して、周囲を明るくする。例月日(=月と太陽)の光さやかにさし出でて世を照らす〈源氏・若菜上〉

てら-ふ【衒ふ】 動(ハ四)〔照るようにする、の意〕見せびらかす。自慢する。例人衒ふ馬の八匹は惜しけくもなし〈紀・雄略・歌謡〉

てら-ほふし【寺法師】 名 園城寺(三井寺)の僧徒。比叡山延暦寺の僧徒を「山法師」と呼ぶのに対していう。例一生精進にて、読経うちして、寺法師の円伊僧正と同宿して〈徒然・八六〉

てら-や【寺屋】 名 ❶「てらこや」に同じ。例またこの娘は寺屋から戻りが遅い〈浄瑠璃・妹背山婦女庭訓・四〉❷ばくち宿。賭場。

てら-ゐ【寺井】 名 寺の境内で水がわいている所。寺の中にある井戸。例もののふの(枕詞)八十娘子らが汲みまがふ寺井の上の堅香子の花〈万葉・一九・四一四三〉→名歌369

てり-は【照り葉】 名「てりば」とも。美しく照り映える木の葉。多く紅葉をいう。例てり葉の岸のおもしろき月〈俳諧・続猿蓑・上〉

てりは-きゃうげん【照葉狂言】 名 江戸末期に流行した民間演芸。能狂言に歌舞伎や当世風の踊りなどを取り入れたもの。

てり-はたた・く【照り霹靂く】 動(カ四)❶日光が照りつけ、雷鳴がとどろく。例六月の照りはたたくにも、障らず(=休まず)来たり〈竹取〉❷(①の誤用から)日光が照りつける。例風をなみ(=風がないので)照りはたたける夏の日も〈悠然院様御詠草〉

て・る【照る】 動(ラ四)❶自ら発光し、あるいは他の光を反射して、輝く。例長浜の浦に月照りにけり〈万葉・一七・四〇二九〉❷能楽で、面をつけた顔を少し上向きにする。明るく朗らかな気持ちを表現する。

て-れん【手練】 名〔近世語〕人をだます手段。例このやうな手練をせねば分限者(=金持ち)にはなられぬ〈近松・傾城酒呑童子・三〉類義 てくだ

でわ【出羽】 ⇨では

で-ゐ【出居】 名 客に対面する座敷。客間。寝殿造りでは、母屋の南側の廂の間に設けられた。「出で居」とも。例主、「な騒ぎそ」とて直垂、紐さして(=結んで)出居にゐたり〈沙石集・七・四〉読解「な〜そ」は柔らかい禁止の意を表す。

てを〜【手を〜】 ⇨「て」の子項目

てん

【天】 名 地上と対比した空。人間界とは異なる超越的な世界と考えられた。

❶空。例天にあふぎ地にふして、泣きかなしめどもかひぞなき(=どうしようもない)〈平家・二・大納言流罪〉

❷中国古代の思想で、万物を支配する存在。天帝。上天。例天の咎めもたちまちに、罰当たりたまひて(=天帝の責めをすぐに受け、罰がお当たりになって)〈謡曲・花筐〉

❸天命。運命。例天に幸ひあらず、路にありて疾を獲え(=運命に幸運がなく、道中で病気となり)〈万葉・五・八八六・序〉

❹〔仏教語〕六道の一つ。天上界。人間界の上にある、清浄で理想的な世界。また、そこに住む天人。仏教を守護する神にもいう。例天に生まるる人の、あやしき三つの途に帰るらむ一時に思ひなずらへて(=天上界に生まれる人が、恐ろしい三つの道に帰るとかいう一時になぞらえて)〈源氏・松風〉読解「あやしき三つの途」は、地獄・餓鬼・畜生。

類義 ①あめ(天)

〈高田祐彦〉

てん

【点】 名 ❶小さな目印。

❷漢字の字画のうち、一点で表すもの。

❸漢文訓読のために書き込まれた仮名や符号の総称。訓点。例文の点直すとて(=書物の訓点を正すといって)〈宇津保・蔵開中〉

❹和歌・連歌・俳諧などで、作品の添削・批評・評価に用いた符号の総称。転じて、添削・批評すること。例歌仙二、三巻老翁に点を乞ふ〈俳諧・三冊子・黒冊子〉読解「老翁」は芭蕉のこと。

❺時刻を表す単位で、一時(約二時間)を四等分したもの。また、時刻。刻限。例辰の一点に〈平家・一・御輿振〉

語誌▼評価を下す「点」 ④は歌合わせの判に相当する。評価を下す人を点者といい、師匠や尊貴な人がなった。元来、合点を請うことは自己の稽古・修練のためであったが、やがて点数獲得や勝負への関心が高まる。⇨がってん・てんとり

〈川崎剛志〉

て-ん 「てむ」に同じ。

てん-いち【天一】 名 ❶「天一神」の略。⇨なかがみ。❷「天一天上」の略。

てんいち-じん【天一神】 名「なかがみ」に同じ。

てんいち-てんじゃう【天一天上】 名 陰陽道で、天一神が天に上っている期間。癸巳の日から十六日間続き、その間は天一神の祟りを避ける必要がないとされる。例天赦・天一天上のお首尾もよかれ〈浄瑠璃・菅原伝授手習鑑・一〉

てん-おん【天恩】 名 ❶天の恵み。❷天子の恩。例天恩なんぞこれ(=降参した人)を恵まれざらん〈太平記・三六〉❸「天恩日」の略。陰陽道で、吉日。

てん-か

【天下】 名 ❶天の下。地上の世界。

❷国土全体。一国全体。例車軸のごとくなる雨降りて、天下たちまちに潤ひ(=車の軸のような大雨が降って、国土は急に潤い)〈宇治拾遺・二〇〉

❸国家。また、国の政治。例位に即かせたまふべき相まします。天下の事思し召し放たせたまふべからず(=皇位におつきになるにちがいない人相がおありに

なります。国家の事をあきらめなさってはいけない)〈平家・四・源氏揃〉❹世の中。世間。例我天下に聞こえたれども…平家太政の入道殿へ召されぬ事こそ本意なけれ(＝自分は世の中で有名だが…平家の太政大臣の入道殿のところへ召されない事は不本意だ)〈平家・一・祇王〉読解 白拍子の名手である仏御前の言葉。❺江戸時代、将軍をいう。例(江戸ハ)天下の御城下なればこそ〈西鶴・日本永代蔵・三・一〉

語誌「天下」には漢音「てんか」「てんが」と呉音「てんげ」の二種の音があり、「てんげ」は主に仏教語に用いられる。〈川崎剛志〉

てん-が【殿下】 名「でんか」とも。皇太子・皇后・皇太后・太皇太后に対する敬称。のちは摂政・関白にも用いる。例たとひ殿下なりとも、浄海があたりをば(＝清盛入道の周囲を)、はばかりたまふべきに〈平家・一・殿下乗合〉読解 ここは摂政。

てん-がい【天蓋】 名❶古代インドや中国で、直射日光を遮るために貴人の頭上にさしかける絹笠。例この人いかなる業ありてか、常にその上に天蓋あるぞ〈今昔・二・三〉❷仏像や棺の上に設置する絹笠。周囲に飾りをつけ、天井または長い柄からつるす。例(堂ノ中ニ)仏渡りたまひぬれば(＝仏像がお移りになってしまったので)天蓋を鉤るに〈今昔・三・二〉❸虚無僧のかぶる編み笠。

天蓋①〔平家納経〕

てんがう〖テンゴウ〗名形動(ナリ)〖近世語〗ふざけること。冗談。いたずら。例てんがうな手形を書き、無筆の母御をなだめしが〈近松・冥途の飛脚・中〉

でん-がく【田楽】 名❶平安時代以降に行われた民間芸能の一つ。もとは田植えのときに、豊作を祈って歌い舞う農耕儀礼だったが、平安後期には腰鼓やびんざさらを持って歌舞する田楽法師も出て娯楽芸となった。散楽の曲芸、また華麗な衣装を用いるなど風流の要素も加えて近世の芸能に受け継がれてゆく。これらの流れの中でも演劇の要素を取り入れた田楽の能は鎌倉時代から室町初期のころ隆盛したが、やがて猿楽の能に吸収された。「田遊び」とも。❷料理の名。豆腐、または野菜やこんにゃくなどを串に刺し、味噌を塗ってあぶったもの。

田楽①〔年中行事絵巻〕

綾藺笠をかぶった田楽法師が田楽を演じる。編木子・笛・太鼓がにぎやかに鳴るなか、中央の法師が鼓を放り上げ、見物人にアピールする。祇園御霊会(祇園祭り)の日のひとこま。

てんか-に【天下に】(副詞的に用いて)世に比類なく。このうえなく。まことに。例天下にいみじきこと思したりしかど〈源氏・宿木〉

てんか-の【天下の】 世に類のない。このうえない。例天下の物の上手といへども〈徒然・一五〇〉

てん-き【天気】 名❶天候。空模様。例十月は小春天気〈徒然・一五五〉❷天皇の機嫌・意向。「天機」とも。例天気ことに御心よげにうちゑませたまひて〈平家・六・紅葉〉

てん-ぐ【天狗】 名❶怪奇な現象を引き起こすと考えられた想像上の存在。例(a)かく遥かなる山に、誰か物の音しらべて遊びゐたらん。天狗のするにこそあらめ(＝このように遥か遠くの山に、だれが音楽を奏でて遊んでいるのであろう。天狗がすることにちがいない)〈宇津保・俊蔭〉例(b)そののちは御髪もめされず、御爪をもはやさせたまはず、生きながら天狗の姿にならせたまふぞ(＝そののちは御髪もお剃りにならず、御爪もお切りにならず、生きたまま天狗の姿におなりになる)〈保元・下〉読解 保元の乱に敗れて讃岐に配流された崇徳院の話。日本国の大悪魔となることを誓って生きながら天狗になったという。❷(鼻の高い形姿から)うぬぼれること。高慢なこと。また、その人。

語誌 天狗の概念は時代によって変化する。古くは天空・深山の怪異な現象の原因としてその存在を想像され、やがて山岳信仰の修験者である山伏のイメージも付与されて、赤い顔、高い鼻、背に羽、金剛杖・太刀・葉うちわを持つ山伏姿の超能力者として定着する。〈馬場光子〉

てんぐ-だふし【天狗倒し】〖ダオシ〗名 山中で原因不明の大音響が起こること。また、建物が理由もなく突然倒れること。天狗の仕業とみなされた。例二百余間の桟敷みな天狗倒しにあひてげり〈太平記・二七〉

てん-げ【天下】 名「てんか」に同じ。例日暮るるほどに、文見えたり。てんげのそらごとならむ(＝まったくの偽りだろう)と思へば〈蜻蛉・中〉

てん-げり 「てけり」を強調した語。例かの夢見たる青侍(＝身分の低い侍)、やがて逐電してんげり〈平家・五・物怪之沙汰〉語誌 軍記などに頻用される。

てん-こつ【天骨】 名「てんこち」とも。❶天性。生まれつき。例いはゆる文章は天骨にして、これを習ふに得ず〈万葉・一七・三九七五・左注〉❷生まれつきの才

能。例しかるべき天骨とはこれを申し候ふぞ〈著聞集・一二・三九九〉

てん-じ【典侍】名「ないしのすけ」に同じ。

てんじく【天竺】⇩てんぢく

てん-じゃ【点者】名 連歌・俳諧で、作品の出来栄えを批評し、優秀作に合点をつける人。江戸時代には、職業とする人も多く現れた。例在々所々の(=あちらこちらの)歌連歌、点者にならぬ人ぞなき〈建武年間記・二条河原落書〉

でん-じゃ【田舎】名「でんしゃ」とも。いなか。いなかの家。例さしもの名物(=名品)を田舎の塵になさん事、口惜しう候ふ〈平家・七・経正都落〉

てん-じゃう【天上】ジャウ 1名❶空。空の上。天人の住む所。例おのれは天上より来りたまひし人の御子どもなり〈宇津保・俊蔭〉❷『仏教語』「天上界」の略。六道のうちで最高の世界。❸最上。最高。例これは大きなものの天上〈滑稽本・膝栗毛・六上〉❹二階。例天上へあがって寝ますべい〈滑稽本・膝栗毛・三下〉2名動(サ変)天に昇ること。昇天。例某は神なりであるが…ことのほか腰を打って、今は天上せうやうがない〈狂言・神鳴〉

てん-じゃう【殿上】ジャウ

1名❶宮殿・御殿の上。例(オ食事ヲ)殿上に出だすほども立ちそひて(=付き添って)〈大鏡・師尹〉読解 藤原道長が婿の親王を大切にしている様子。

❷「殿上の間」の略。例日たけて、おのおの殿上に参りたまへり(=日が高くなって、それぞれ殿上の間に参上なさった)〈源氏・紅葉賀〉

❸「殿上人」の略。例殿上の逍遥はべりし時(=ありましたとき)〈大鏡・伊尹〉読解「殿上の逍遥」は殿上人たちが詩歌などを作ったりしながら郊外を遊び歩く行事。

❹「童殿上」の略。例中将の御子の、今年はじめて殿上する、八つ九つばかりにて(=中将の御子で、今年はじめて童殿上するのが、八つ九つばかりで)〈源氏・賢木〉

❺(殿上の事をつかさどることから)「蔵人所」の別称。

2名動(サ変)「殿上の間」に昇ることを許されること。昇殿。例この御時にこそは殿上し、検非違使の別当などになりて(=この御治世になって昇殿し、検非違使の長官などになって)〈大鏡・兼家〉〈池田尚隆〉

てんじゃう-てんげ-ゆいがどくそん【天上天下唯我独尊】テンジャウテンゲー『仏教語』この世で自分が最も尊いということ。釈迦が生まれたとき、七歩あるき、両手で天地を指さして唱えた語といわれる。すべての民衆の救済を明らかにしたもの。

てんじゃう-の-ごすい【天上の五衰】テンジャウー『仏教語』「てんにんのごすい」に同じ。

てんじゃう-の-のりゆみ【殿上の賭弓】テンジャウー 名 正月十八日の恒例の賭弓とは別に、殿上人たちが天皇臨席のもとで射術を競う臨時の儀式。陰暦二、三月にすることが多い。例殿上ののりゆみ侍りし年(=ございました年)〈大弐三位集・詞書〉

てんじゃう-の-ふだ【殿上の簡】テンジャウー 名 清涼殿の殿上の間にある、殿上人の官職・姓名を記した簡。出勤の記録などに用いる。勅勘を受けるとこの簡から名が削られる。「日給の簡」とも。例平家の一門百六十余人が官職をとどめて(=停止して)、殿上の御札を削らる〈平家・八・名虎〉

てんじゃう-の-ま【殿上の間】テンジャウー 名 清涼殿の南廂にある、殿上人の詰め所。⇩口絵

てんじゃう-びと【殿上人】テンジャウー

名❶清涼殿の殿上の間に昇ることを許された人。四位・五位の一部、および六位の蔵人。蔵人頭の指揮のもとで、天皇の身辺の雑事を奉仕する。公卿に次ぐ名誉な地位とされた。「上の男」「上人」「雲客」「雲の上人」などとも。例殿上人、地下なるも、陣に立ちそひて見るも(=殿上人や地下の人も、警護の武士の詰め所に立ち並んで見るのも)〈枕・大進生昌が家に〉読解「地下」は昇殿を許されない人。

❷院や東宮の殿上に昇ることを許された人。①の「内裏の殿上人」に対し、「院の殿上人」「東宮の殿上人」と呼ばれる。例内裏、春宮、院の殿上人、方々に分かれて(=内裏、東宮、上皇それぞれの殿上人が、それぞれに分かれて)〈源氏・若菜下〉

語誌 殿上人は、殿上の間にある殿上の簡に名前が記され、出勤が記録される。失態や怠慢があったときには、除籍といって、名札を除き、昇殿の資格を失うこともあった。天皇の代替わりや、位階が上がったときなどには、改めて許可をもらわなければ殿上人を続けることはできない。〈池田尚隆〉

てんじゃう-わらは【殿上童】テンジャウワラワ 名❶公卿の子で、元服前に作法見習いのため清涼殿の殿上の間に昇ることを許されて出仕した少年。例御前の方には、をかしげなる殿上童なれ仕うまつるに〈栄花・音楽〉❷蔵人所の下役で、殿上の雑事に使われる少年。

てん-しゅ【天守・天主・殿主】名 城の本丸に築かれた物見櫓。天守閣。織田信長の時代以降は重層の楼閣として広まった。例江州膳所の城は、殿主は大きにゆがみかたぶき〈噺本・かなめいし・中〉

てん-じゅ【転手・伝手・点手】名 琵琶や三味線で、弦を調律するために棹の頭部につけられたねじ。「糸巻き」「天柱」とも。例(三味線ノ)転手きりりと押し廻し〈仮名草子・恨の介・上〉

でん-じゅ【伝授】名動(サ変)学問・技芸などの奥義を教え授けること。例秘法をも伝授し、印信(=伝授のあかし)を許したく思ふに〈沙石集・二・五〉

てん-しん【天心】名❶天の中心。例月天心貧しき町を通りけり〈俳諧・蕪村句集・下〉➡名句86 ❷天帝の心。天皇の心。例その運命をはかるに、もって天心にあり〈平家・三・医師問答〉

てん-じん【天神】

名❶(地の神=地祇に対して)天の神。❷『仏教語』天界の神々。梵天・帝釈天など。例かくのごとき衆悪は、天神も記識す(=記録する)〈無量寿経・下〉

❸**菅原道真の神号**。例今は昔、**天神**の作らせたまひける詩あり(=今となっては昔のことだが、天神様がお作りになった漢詩がある)〈今昔・二四・二八〉 ❹上方の遊里で、遊女の階級の一つ。太夫の下で、囲いの上。例**天神**・囲ひ、七人つかみて(=天神や囲いを、七人選び出して)〈西鶴・好色一代男・五・三〉

語誌 ▼**天神として祭られた菅原道真** 菅原道真(八四五〜九〇三)は、死後その怨霊が非常に恐れられて、天神として祭られるようになった。文人や歌人たちからは学問と文芸の神として崇敬され、また、特に冤罪を晴らす神としてしばしば説話に登場する。▼**天神社** 天神社は北野天満宮(京都)と大宰府天満宮(福岡県)が最も由緒古く有名であるが、その後全国各地に大小無数の天神社が生まれた。北野天満宮では、道真の命日二月二十五日にちなんで、毎月二十五日を縁日としているが、④に挙げたように、「天神」が遊女の名称になったのも、その揚げ代がもと二十五匁であったからという。〈藤原克己〉

てん・ず【点ず】 動(サ変) ❶点を打つ。小さな印をつける。例雁青天に**点ず**字一行〈和漢朗詠集・下・眺望〉 ❷訓点をつける。例法花経の心ときあらはせる書も**点じ**したためて(=書き記して)〈今鏡・九・真の道〉 ❸多くの中から定める。選定する。例文徳天皇の失せさせたまへりけるに、諸陵(=陵墓の地)を**点ぜ**むがために〈今昔・二四・一三〉 ❹点検する。例大舟百余艘**点じ**て奉る〈平家・八・太宰府落〉 ❺灸をすえる。❻茶をたてる。

てん-すい【天水】 名 ❶空と海・湖など。例**天水**茫々として(蓬萊山ヲ)求むるに所無し(=どこにもない)〈太平記・二六〉 ❷雨水。

てん-せい【天性】 名〔古くは「てんぜい」〕❶天与の性質。例**天性**このおとどは、不思議の人にて〈平家・三・無文〉 ❷天然自然。偶然。例これらは才覚の分限(=自分の才覚でなった金持ち)にはあらず、**天性**の仕合はせなり〈西鶴・日本永代蔵・六・四〉

てん-そう【伝奏】 名 動(サ変)「でんそう」とも。親王家・摂家・社寺・武家からの願い出を天皇や上皇に取り次ぐ職。例**伝奏**の人も色をうしなひ、君も叡慮をおどろかさせおはします〈平家・三・法印問答〉

てん-だい【天台】 名 ❶「天台宗」の略。例さしもやごとなかりつる(=あれほど尊かった)**天台**の仏法も〈平家・二・山門滅亡〉 ❷「天台山」の略。例仏法ひろむとて**天台**麓に跡を垂れおはします(=神に姿を変えておいでだ)〈梁塵秘抄・四句神歌〉 読解 比叡山を天台山になぞらえた歌。

てんだい-ざす【天台座主】 名《仏教語》天台宗の一門を総監する比叡山延暦寺の住持。天長元年(八二四)に義真が任じられたのに始まる。鎮護国家の根本道場の長として重視され、明治四年(一八七一)までの千年以上にわたって続いた。山の座主。例あはれ**天台座主**、戒和尚の一(=第一の人)やとこそ見えたまひけれ〈大鏡・道長上〉 読解「戒和尚」は、出家をする人に戒を授ける最高位の僧。

てんだい-さん【天台山】 名 ❶《地名》中国浙江省の山。諸峰を擁した姿が蓮華に似ているとされる。元来道教の秘境であったものが、五七五年、天台宗の始祖、智者大師智顗の入山以後、天台宗の根本道場となる。❷(日本の天台宗の根本道場であることから)比叡山の別称。例六千余騎で**天台山**に競ひ登り〈平家・七・主上都落〉

てんだい-しゅう【天台宗】 名 仏教の宗派の一つ。法華経を根本経典とする。奈良時代に唐僧鑑真が伝え、のち最澄が比叡山に延暦寺を建立して広めた。最澄の弟子の代になると、延暦寺に拠る山門派と三井寺(園城寺)に拠る寺門派とに分裂し、両派は対立するようになる。鎌倉時代の新仏教も天台宗から出たものが多い。

てん-たう【天道】トウ 名「てんだう」とも。❶天の意志。天の道。天地自然の摂理。例**天道**親しなしただ善をのみこれ輔く(=助ける)と〈懐風藻〉 ❷天を支配する神。天帝。例庭に荒薦を敷きて出でて、**天道**に訴へ申したまひけるに〈宇治拾遺・一二四〉 ❸太陽。おてんとうさま。❹《仏教語》六道の一つ。天上界。例**天道**の苦患を祈りたまふ〈狂言・六地蔵〉

てん-ぢく【天竺】ジク 名 ❶日本や中国で、**インドの古称**。例(龍ノ首ノ玉ハ)この国になき、**天竺**・唐の物にもあらず(=日本にない、インドや中国の物でもない)〈竹取〉 ❷空。天。例**天竺**までものぼりつめたる男なればこそ(=天に舞い上がってしまうほど好きな男だからこそ)〈西鶴・万の文反古・五・三〉

語誌 天竺(インド)は仏教発祥の地であり、仏教的世界観と深く結びついていた。インド・中国・日本を「天竺」「震旦(唐土)」「本朝(吾朝)」とする三国意識は、仏教の流伝ともかかわって、『今昔物語集』など文学作品の体裁や枠組みとしてよく用いられた。〈近本謙介〉

伝説 集団の中で語り継がれる話のことであるが、ある土地の任意の事物に結びつけて語られる点に特徴がある。高くそびえる木、特別の岩、路傍の塚などがあり、それに関する由来や因縁などを語る。たとえば、羽衣の松とは、天女が降りてきて羽衣をかけたとされる松の木のことである。『万葉集』にも、官命を受けて中央政庁と地方を旅する官人たちが、土地土地に伝わる伝説を詠んだ、いわゆる伝説歌がある。その場合も、真間(千葉県市川市)の手児奈の墓を見て、として、処女が男たちの求婚に悩んで入水してしまう話を歌に詠んでいるように、墓という事物を根拠に語られていることになる。遠い昔の話として語られる場合でも、その記念や証拠になる事物が現在、なんらかの形で残っていて、それをよりどころとする。その話自体は現実にはありえない内容でも、現在存在する事物によって真実味が加えられる。事実として信じられていることが多いのも、そのためである。〈鈴木日出男〉

天智天皇《人名》六二六～六七一（推古三四～天智一〇）。飛鳥時代の天皇。舒明天皇の皇子。即位前の名は中大兄皇子。大化改新を行う。即位後、都を近江の大津に遷す。律令体制の基礎を築いた。奈良時代の漢詩集『懐風藻』の序では、漢詩文が盛んになるのはこの時代からとする。

てん-つか-る【点付かる】欠点を言い立てられる。非難される。例人に**点つかる**べきふるまひは〈源氏・若菜下〉

てんで-に【手ん手に】副〔「てにてに」の変化した形〕❶それぞれの手に。一人一人の手に。例その勢一千人、**手ん手に**たいまつもって〈平家・四・大衆揃〉❷それぞれに。思い思いに。例源氏**手ん手に**陣をとって〈平家・九・老馬〉

でんでん-だいこ【でんでん太鼓】名 幼児のおもちゃ。柄のついた小さな張り子の太鼓の両側に玉や鈴を垂らした糸を結び付け、柄を振るとその玉や鈴が太鼓に当たって鳴るようにしたもの。例土産には**でんでん太鼓**に笙の笛〈近松・天神記・一〉

てん-と 副❶すっかり。例なんでも知った顔するゆゑ、**てんと**あいそがつきる〈茶屋諸分調方記・三〉❷〔打消の語を伴って〕さっぱり（～ない）。すっかり（～ない）。例**てんと**聞こえぬ（＝さっぱり聞きわけがない）〈狂言記・釣女〉

でん-ど【出所】名〔近世語〕〔でどころの意〕人出の多い所。公開の場所。転じて、世間。法廷。例かう巧んだ事なれば（＝こうたくらんだことなので）、でんどへ出てもおれが負け〈近松・曾根崎心中〉

てん-どう【天童】名❶《仏教語》仏法を守護する鬼神や天人が子どもの姿になって人間界に現れたもの。例**天童**二人、滝の上より降り下り〈平家・五・文覚荒行〉❷祭礼のときなどに天人に扮する少年少女。

てん-どう【纏頭】名「てんとう」とも。〔褒美としてもらった衣装を頭にまとったことから〕歌舞・演技をしたものに褒美を与えること。また、その褒美。かずけもの。例舞ひ果てては必ず**纏頭**を乞ひけり（＝欲しがった）〈著聞集・二〇・七二六〉

てん-どく【転読】名❶《仏教語》経典の経題と要所だけを読んで全巻の読誦にかえること。大般若経・仁王経など大部の経典で行われた。例性空聖人は六万部**転読**して〈宝物集・七〉❷〔①から転じて〕能楽で、形だけのまねごとをすること。不完全なみかけだけの芸をすること。例若き為手の芸態風を見るに、**転読**になる事あり〈花鏡・知習道事〉

天徳四年内裏歌合《作品名》平安中期の歌合わせ。一巻。判者は藤原実頼。主催者は村上天皇。天徳四年（九六〇）三月三十日、清涼殿で催された。歌題は一二、二〇番四〇首。形式的にも完成され、歌も秀歌が多い。後世の歌合わせの規範とされた。

てん-とり【点取り】名❶連歌・俳諧で、点者（判定者）に句の批点（優劣を点や丸印で評価して示すこと）を請うこと。❷「点取り連歌」「点取り俳諧」の略。連歌・俳諧で、点者から得た点の多さを競うこと。しだいに遊戯化した。例**点取り**に負けてのいたる暮れ寂し〈西鶴・西鶴大矢数・一〉❸追従。機嫌取り。例何かいろいろな**てんとり**を書き〈洒落本・通言総籬〉

てん-なが【点長】形動（ナリ） 文字の字画を長く伸ばして書くこと。走り書きで達筆めかして書いたもの。例**点長**に走り書き、そこはかとなく気色ばめるは（＝気どっているのは）〈源氏・帚木〉

てん-に 名 まったく。てんで。「てんと」とも。例**てんに**呆れて居たりしところに〈狂言・文蔵〉

てん-にょ【天女】名《仏教語》天上界に住むという女性の天人。例二人の**天女**来りてこの像をおがみたてまつる〈三宝絵・下・一七〉

てん-にん【天人】名《仏教語》天上界に住むという人。天空を自在に飛行し、音楽に長じているとされる。多くは女性（天女）で、頭に華鬘という装飾具をつけ羽衣を着た姿が描かれる。例**天人**の中に、持たせたる箱あり〈竹取〉

てんにん-の-ごすい【天人の五衰】《仏教語》天人が死ぬとき、その身に現れるという五種の衰相（死相）。⇨ごすい。例**天人の五衰**の悲しみは、人間にも候ひけるものを〈平家・灌頂・六道之沙汰〉

てん-ぱい【天杯・天盃】名天皇から臣下へ与えられる酒杯。例**天盃**をたまはりて、例のごとくかはらけ（＝杯）をうつして飲みて〈著聞集・一八・六二四〉

でん-ぶ【田舞・田儛】名「でんぷ」とも。「たまひ」に同じ。

でん-ぶ【田夫】 1 名 農夫。農民。例今農業の盛りなり。（天皇ガ行幸スルト）**田夫**の愁へ多かるべし〈今昔・二〇・四二〉 2 名 形動（ナリ） 粗野なこと。田舎くさいこと。例女は都がよし、あづまは**田夫なり**〈噺本・軽口御前男・一〉

てん-ぺん【天変】名「てんぺん」とも。天空に起こる異変。暴風・豪雨・雷・日食・月食、彗星の出現など。例**天変**しきりにさとし（＝前兆を現し）、世の中静かならぬはこのけ（＝祟り）なり〈源氏・薄雲〉

でん-ぼふ【伝法】名「でんぽふ」とも。❶《仏教語》仏法の伝統を受け伝えること。また、仏法。例身命財をなげうって、**伝法**善と欲せば〈狂言・布施無経〉❷〔江戸時代、浅草伝法院の下男らが寺の威光を借りて無法にふるまったことから〕㋐劇場・見世物などを無料で見物すること。また、その人。例読み売りや大道売りの**でんぼふ**をして〈滑稽本・浮世床・二下〉㋑粗暴な言動をすること。また、その人。ならず者。例江戸で**でんぼふ**、上方でもうろくなどといふあばづれがあれど〈滑稽本・浮世風呂・四上〉

てん-ぼふりん【転法輪】名《仏教語》仏教を説くこと。説法。仏の教えをインド神話の輪宝（神聖な車輪）にたとえて法輪といい、それが回転して障害を破って進むように、仏法が衆生界を回転して煩悩を打ち砕くことをいう。例**転法輪**を止めて天上天下歎き恋ひ悲しぶ〈今昔・一・一〇〉

てん-ま【天魔】名《仏教語》欲界の頂にある第六天の魔王波旬とその一族。常に人間の心を乱し、善行をすることを妨げ、仏道の邪魔をするという。例**天魔**、種々の方便（＝さまざまな手段）を儲けて菩薩の成道を妨げたてまつらむとす〈今昔・一・七〉

てん-ま【伝馬】名❶令制で、各郡に置かれた公用の馬。❷鎌倉時代以降、幕府などによって主要街道の各宿駅に置かれた公用の馬。人や物を乗せて宿駅間を往来する。例あるいは籠輿に召され、あるいは伝馬に乗せられて〈太平記・三〉❸「伝馬船」の略。

てんま-はじゅん【天魔波旬】 名《仏教語》「てんま（天魔）」に同じ。例**天魔波旬**も我が辺りに寄らず〈今昔・一三・二〉

てんま-ぶね【伝馬船】 名 連絡や荷物の積み降ろしに使用する小型の船。はしけ。例御命を助けんと、伝馬船に乗せまうせば〈近松・賀古教信七墓廻・一〉

天武天皇 テンムテンノウ《人名》?～六八六（朱鳥元）。飛鳥時代の天皇。舒明天皇の皇子で、天智天皇の同母弟。即位前の名は大海人皇子。壬申の乱に勝利し、飛鳥浄御原で即位。律令体制の整備と天皇権威の強化をめざす。

てん-めい【天命】 名❶天帝の命令。天与の運命。例天命をそむく者の、ややもすれば、世を保つもの（＝天下を治めるもの）少なし〈義経記・二〉❷天から定められた寿命。天寿。例宿病たちどころにいえて、天命を全うす〈平家・一・禿髪〉

てん-もく【天目】 名「天目茶碗」の略。茶道で用いる抹茶茶碗の一種。浅いすりばち形をしている。中国浙江省の天目山で産したことからいう。例筑紫船の船頭殿の夜寝言には盆は七つ天目八つにかねは十六丁あり〈田植草紙・晩歌四番〉

てんもく-ざけ【天目酒】 名 茶碗で酒を飲むこと。また、その酒。例**天目酒**もわすれて、盃のやりくりも覚え〈西鶴・好色盛衰記・二・五〉

てんもん-はかせ【天文博士】 名 令制で、陰陽寮に属し、天文の観測・暦のことなどをつかさどる職。異変があれば密封した書を天皇に奏上する。天文生の教授にもあたる。例**天文博士**ども馳せ参りて〈平家・一二・大地震〉

てん-やく【天役】 名（「天」は天子の意）鎌倉時代以降、朝廷が臨時に課した雑税。のちには幕府が課した税をもさすようになった。例近国の庄園に臨時の天役をかけられける〈太平記・一〇〉

てん-やく【典薬】 名❶「典薬寮」の略。令制で、医薬のことをつかさどる役所。❷宮中や幕府などで、医薬のことをつかさどる職。❸令制で、後宮十二司の一つの薬司の次官。

てんやく-の-かみ【典薬頭】 名 令制で、典薬寮の長官。従五位下相当。例御脈すでに変はらせたまひて候ふ由、**典薬頭**驚き申し候へば〈太平記・二二〉

てんやく-の-すけ【典薬助】 名 令制で、典薬寮の次官。従六位上相当。

てんやく-れう【典薬寮】 ―リョウ 名 令制で、宮内省に属し、宮中の医療や薬剤のことをつかさどる役所。

てん-り【天理】 名 天が支配する正しい道理。天の道。例世澆季（＝人情が薄く乱れた末の世）になりぬといへども、**天理**いまだありけるにや〈太平記・七〉

てん-りやう【天領】 ―リョウ 名❶天皇・朝廷直轄の領地。❷江戸時代、徳川幕府直轄の領地。

天龍寺 てんりゅうじ 名 山城国、今の京都市右京区嵯峨の寺。臨済宗。暦応二年（一三三九）後醍醐天皇の菩提を弔って足利尊氏・直義が建立。開山は夢窓疎石。京都五山の一つ。

てんりゅうじ-ぶね【天龍寺船】 名 天龍寺造営資金調達の名目で、室町幕府が中国の元に遣わした貿易船。

てんりん-じゃうわう【転輪聖王】 ―ジョウオウ 名《仏教語》インド神話で、天から得た輪宝（車輪形の宝器）を回して世界を支配する王。正義のみで統治する理想的な王。仏教では、仏の三十二相と七宝を備えるとされる。金・銀・銅・鉄の輪宝をそれぞれ持つ四人の王がいる。例この太子は必ず**転輪聖王**となりたまふべし〈今昔・一・二〉

てん-わう【天王】 ―ノウ 名❶中国の天子の称号。❷《仏教語》欲界六天の最下天に住む神につけていう語。また、その四天王。例謹み謹み敬ひて**天王**の形を写して王に奉る〈今昔・六・九〉❸《仏教語》「牛頭天王」の略。

と

-と【所・処】 接尾 他の語について、場所を示す語とする。連濁で「ど」となることもある。「隈と」「臥しど」など。

と【戸・門】 名❶**出入り口。また、出入り口にあって開閉するもの。**例後つ門よい行き違ひ（＝裏口から表口へ回ったり）〈記・中・崇神・歌謡〉前つ門よい行き違ひ（＝裏口から表口へ回ったり、表口から裏口へ回ったり）〈記・中・崇神・歌謡〉❷**水の流れの出入り口。**川門。**瀬戸。**海峡。例天離る（枕詞）鄙の長道ゆ恋ひ来れば明石の**門**より大和島見ゆ〈万葉・三・二五五〉➡名歌43〈藤本勝義〉

と【外】 名❶**内側から見た外部。そと。**例大宮の内にも**外**にも光るまで降らす白雪（＝大宮の内側にも外側にも光り輝くほど降っていらっしゃる白雪）〈万葉・一七・三九二六〉❷**建物の仕切りから見た外部。**御簾・戸・門などの外側。例(a)女抱きてゐたるかぐや姫、**と**に出でぬ（＝嫗が抱いて座っていたかぐや姫は、戸の外に出てしまう）〈竹取〉例(b)（瓶ニサシテアル桜ガ）高欄の**と**まで咲きこぼれたる（＝欄干の外まで咲きこぼれている）〈枕・清涼殿の丑寅のすみの〉

語誌 ▼「うち（内）」の対。何かで仕切られて、まとまっている空間の内部に対して、その外側に広がる空間をいう。家族や集団の内側に属する人間から見れば、相対的に疎遠な空間をさすことになる。
▼上代特殊仮名遣いの研究から、「鹿じくしろ 熟睡寝しとに 庭つ鳥 鶏は鳴くなり」〈紀・継体・歌謡〉などの「と」を、時間的に用いられたこの語の一用法と見る説もある。
▼室町時代以後は、替わって「**そと**」が用いられるよう

になる。〈山口堯二〉

と【音】名〔「おと」の変化した形〕音(おと)。例風のとの遠き我妹(わぎも)が着せし衣(きぬ)〈万葉・一四・三四五三〉

と 副「かく」と対にして用いられることが多い。

❶そう。そのように。ああ。あのように。例と言はむかく言はむとまうけし言葉をも忘れ(＝ああ言おうこう言おう、と準備していた言葉も忘れ)〈源氏・蜻蛉〉

❷「かく」と合わせて、さまざまな場合を包括的に示す。どのような〜も。どの〜も。例とある事もかかる事も、前(さき)の世の報いにこそはべるなれば(＝どのような事も、前世の報いだそうですので)〈源氏・須磨〉

語誌「と」単独で用いることはまれで、「と〜かく〜」の形で慣用的に用いられることが多い。その場合、「かく」はウ音便形「かう」の形となることもある。〈井上博嗣〉

と 1格助 ❶引用を表す。「言ふ」「聞く」「思ふ」などの内容を示す。それらの動詞が省略されることもある。〜と。例(a)「はや舟に乗れ、日も暮れぬ」といふに(＝「早く舟に乗れ、日も暮れてしまう」と言うので)〈伊勢・九〉例(b)(双六(すごろく)ハ)勝たんと打つべからず、負けじと打つべきなり(＝勝とうと思って打ってはいけない、負けまいと思って打つのがよいのだ)〈徒然・一一〇〉読解「思ふ」が省略された例。

❷動作の相手や共同者を表す。〜と。〜とともに。例何事ぞや。童(わらは)べと腹立ちたまへるか(＝どうしたのですか。子どもたちとけんかなさったのですか)〈源氏・若紫〉

❸変化の結果を表す。〜と。〜に。例今は春へとなりにけるかも(＝今はもう春のころとなってしまったなあ)〈万葉・八・一四三三〉

❹比較の基準を表す。〜に。〜と。〜より。例思ふことといはでぞただにやみぬべき我とひとしき人しなければ(＝思うことを言わないでそのままやめておくのがよい。私と同じ心の人はいないのだから)〈伊勢・一二四〉

❺比喩を表す。〜のように。例古里(ふるさと)は雪とのみこそ花はちるらめ(＝旧都は雪のように花は散っているだろう)〈古今・春下〉

❻同じ動詞の間に用いて強調した表現にする。例秋風の吹きと吹きぬる武蔵野(むさしの)は(＝秋風が吹きに吹いた武蔵野は)〈古今・恋五〉

❼対等の資格の語を並列する。最後や途中の語には省略される場合もある。〜と〜と。例白き鳥の、嘴(はし)と脚(あし)と赤き(＝白い鳥で、くちばしと脚とが赤い)〈伊勢・九〉

2接助 ❶逆接の仮定条件を表す。〜としても。例嵐のみ吹くめる宿に花すすき穂にいでたりとかひやなからん(＝嵐ばかりが吹くような家に花薄(はなすすき)が穂を出したとしてもしかたないのではなかろうか)〈蜻蛉・上〉

❷近世の用法。順接の意を表す。仮定・確定・一般(恒常)のそれぞれの条件になる場合があり、接続助詞「ば」と同じような意味になる。〜なら。〜と。〜といつも。例私どものあたりでも泣いて来(く)ると叱(しか)ります(＝私どもなどでも泣いて来たならしかります)〈滑稽本・浮世風呂・二下〉

接続 1は体言および体言に準じる語につく。ただし、❻は動詞の連用形につく。2❶は動詞・形容動詞の終止形、形容詞および打消の助動詞「ず」の連用形などにつく。2❷は活用語の終止形につく。

語誌▼1は現代語とほぼ同じ。❸〜❻は格助詞「に」と共通する用法であるが、「に」に比べて意識的であるといわれる。

▼2❶は接続助詞「とも」とほぼ同様の意味を表す。和歌に用例が目立つのは、音数律と関係があると考えられている。2❷は現代語とほぼ同じ。〈佐藤一恵〉

と 断定の助動詞「たり」の連用形。

と タリ活用型形容動詞の連用形の活用語尾。例南を望めば、海漫々(まんまん)として〈平家・二・康頼祝言〉

識別のポイント **と**

(1)タリ活用形容動詞の連用形の活用語尾 「たり」と言い換えて、言い切りにできる。直前の部分は形容動詞の語幹で、「と」から切り離して主語にできない。「〜と」の上に副詞「いと」を添えられる。

例北には青山(せいざん)峨々(がが)として(＝北には青々とした山が険しくそびえて)〈平家・一〇・海道下〉

(2)断定の助動詞「たり」の連用形 体言につく。「たり」と言い換えて、言い切りにできる。直前の部分を「と」から切り離して主語にできる。

例重盛(しげもり)、長子(ちやうし)として(＝重盛は長男として)〈平家・三・医師問答〉

(3)格助詞 体言、活用語の連体形、引用文などにつく。「たり」と言い換えられない。

例大家(おほいへ)滅びて小家(こいへ)となる(＝大きな家が落ちぶれて小さな家となる)〈方丈記〉

(4)副詞の一部 活用しない。

例藁(わら)を細々(こまごま)と切りて(＝藁を細かく切って)〈宇治拾遺・三・七〉

ど- 接頭 名詞などについて、ののしり卑しめる意を添える。近世、上方(かみがた)で用いる。例その世倅(せがれ)がど性骨(しやうぼね)(＝曲がった性根)〈近松・生玉心中・中〉

ど【土】 名 ❶土地。国土。例(前世ニ積ンダ)善根によって再びこの土に生まるる事を得たり〈太平記・五〉

❷五行(ごぎやう)の第三番目。季節では四季の終わりの十八日間(土用)、方位では中央、色では黄。

ど 接助 逆接の確定条件を表すのが基本的な用法。⇒ども(接続助詞)

❶逆接の確定条件を表す。〜けれども。〜が。〜のに。例(a)蟻(あり)は、いとにくけれど、軽(かろ)びいみじうて、水の上などをただ歩みに歩みありくこそをかしけれ(＝蟻はたいそう気にくわないけれども、身軽さはたいへんなもので、水の上などをひたすら歩き回るのがおもしろい)〈枕・虫は〉例(b)歌の道のみ、いにしへに変はらぬなどいふ事もあれど、いさや(＝歌の道のみが、昔と変わらないなどという事もあるが、どうかな)〈徒然・一四〉

❷逆接の一般的・恒常的な条件関係を表す。〜ても。

〜ても〜であるものだ。例二人行けど行き過ぎかたき秋山をいかにか君がひとり越ゆらむ（＝二人で行っても越えがたい秋山を、どのように君は今ごろ一人で越えているのだろうか）〈万葉・二・一〇六〉

接続▶活用語の已然形につく。

語誌▼「ども」と意味・用法は同じ。「ど」は、「ども」の成立後にできた省略形であろう。平安時代の和歌や和文の作品では、「ども」より「ど」のほうが例は多い。また、逆接という点での、仮定条件を表す「とも」との共通性や、確定条件という点での、「ば②③」との共通性も、「ども」のそれと同じである。

▼上代には、「〜け」の形の形容詞已然形についた例もある。例玉桙の（枕詞）道は遠けどはしきやし妹を相見に出でてそ我が来し〈万葉・八・一六一九〉〈山口堯二〉

と-あり〔断定の助動詞「たり」の連用形＋ラ変動詞「あり」〕〜である。そのような名や地位・立場であることを表す。例過去に汝国王**とあり**し時〈今昔・六・六〉

と-あり〔格助詞「と」＋ラ変動詞「あり」〕〜という。〜と決まっている。そのような内容であることを表す。例一部**とある**（＝一部にまとまっている）草子などの〈徒然・八三〉

とあり-かかり〔「とあり」は副詞「と」＋ラ変動詞「あり」、「かかり」は「かくあり」の変化した形〕ああだこうだ。例「**とありかかり**」と物ごとに（＝見る物ごとに）言ひて〈徒然・一三七〉

と-ある連体〔副詞「と」＋ラ変動詞「あり」の連体形〕ちょっとした。例宮をば、**とある**辻堂の内に置きたてまつりて〈太平記・五〉

トウ〘切・当・党・唐・桃・堂・稲・擣・蹈・蟷〙⇩たう

トウ〘塔・答・踏〙⇩たふ

とう〘問う・訪う〙⇩とふ

とう【頭】名❶組織や集団のかしら。例左の**頭**資綱の頭中将、右の**頭**四条中納言の子の経家の弁〈栄花・根合はせ〉読解宮中での「根合わせ」の記事。❷「蔵人の頭」の略。例除目（＝官吏を任命する儀式）ありて、**頭**・五位蔵人・六位蔵人などなり〈栄花・着

るはわびしと嘆く女房〉❸集会や祭礼の世話役。

とう【疾う】〔「とく」のウ音便形〕❶「とく（疾く）①」に同じ。例歩み**疾う**する（＝足の速い）馬をもちて〈竹取〉❷「とく（疾く）②」に同じ。例いと**とう**寝入りぬるけしきを見たまひて〈源氏・浮舟〉

ドウ〘堂・道・導〙⇩だう

どう【胴】名❶人間や動物の胴体。頭や手足以外の部分。例頭から食はう、**胴**から食はう〈狂言・鬼の継子〉❷鎧で、①を覆う部分。例鎧の草摺りかなぐりすて、**胴**ばかり着て〈平家・一一・能登殿最期〉読解「草摺り」は、胴の下に垂れて、腰から下を覆うもの。❸楽器や樽などで、中空の部分。例紫檀の**胴**に羊の皮にて張りたる鼓の〈義経記・六〉

どう【筒】名❶「こしき（轂）」に同じ。例（轅ヲ）すずろなる（＝無関係な）車の**筒**にうちかけたれば〈源氏・葵〉❷双六などで賽を入れて振り出す筒。例**筒**をひねりて、とみにも（＝すぐには）打ち出でず〈源氏・常夏〉❸（②から転じて）ばくちで親を務める人。胴元・胴親。親を務めることを「筒を立つ」「筒を取る」などという。

とう-い【東夷】名〔「夷」は野蛮人の意〕❶中国で、東方の朝鮮や日本などを卑しめていう称。❷日本で、東国の蝦夷をさしていう称。❸（②から転じて）京都で、関東の武士を卑しめていう称。例国母・官女は**東夷**・西戎の手にしたがひ〈平家・一一・内侍所都入〉読解安徳天皇の母建礼門院らが、東国・九州の源氏の武士に捕らえられたこと。

東海道（トウカイドウ）名❶七道の一つ。畿内の東、東山道の南の、主として太平洋岸の地方と、そこに設置された駅路。伊賀・伊勢・志摩・尾張・三河・遠江・駿河・伊豆・甲斐・相模・武蔵・安房・上総・下総・常陸の十五か国からなる。「海つ道」。例兵ども…**東海道**は遠江より東は参らず（＝兵士たちは…東海道の諸国では遠江より東の者は参上しない）〈平家・七・北国下向〉❷江戸時代の五街道の一つ。江戸日本橋を起点として京都の三条まで。五街道の中で最も重要視され、五十三の宿駅が設けられた。

語誌▼**東海道と文学**　古代には京都から常陸まで の道が通じていたが、鎌倉幕府の開幕以後、京都と鎌倉の間が整備されると、その往来も盛んになった。京都と鎌倉の旅を記した作品に『海道記』『東関紀行』、さらに阿仏尼の『十六夜日記』などがある。また、近世の東海道五十三次の様子を描いた作品には、十返舎一九の滑稽本『東海道中膝栗毛』がある。〈中村隆嗣〉

東海道中膝栗毛（トウカイドウチュウヒザクリゲ）《作品名》滑稽本。発端および八編、一八冊。十返舎一九作。享和二年（一八〇二）から文化一一年（一八一四）にかけて断続的に刊行。「膝栗毛」は膝を栗毛の馬の代用とする意で、徒歩の旅行のこと。

●**内容と特色**　弥次郎兵衛と喜多八（「北八」とも）というやぼで小心者の自称「江戸っ子」の二人が伊勢神宮参拝を思い立ち、東海道を上って伊勢へ、さらに京・大坂へと足をのばして旅をする。その道中の失敗談や滑稽な事件を、出会った旅人や街道筋の人々の様子なども交えながらおもしろおかしく描き、滑稽本の代表作となった。

先行の道中記や仮名草子などを参照しつつも、主人公二人をシテ（主人公役）・アド（シテの相手役）のように造型し、その二人の会話で話を展開させるなど狂言的要素を積極的に取り入れ、さらに洒落本や噺本などの趣向も取り込んで書かれた。つとめて大衆向きに仕立てられている。

●**受容と影響**　江戸時代も中期になると、寺社参詣、またそれを名目とした観光旅行は、庶民の間にも盛んになっていた。その時流の中でこの作品は、作者・出版元も予想しなかった好評で迎えられ、毎年書き継がれた。「原板ことのほか摺りつぶし候ふ」（八編奥付）というほどだったという。

この人気にあやかり、一九自身も金比羅参詣や中山道を舞台に『続膝栗毛』を著した。多くの模倣作も現れ、仮名垣魯文『西洋道中膝栗毛』

(明治三)などまでその影響は続いた。〈福田安典〉

東海道名所記(とうかいだうめいしょき)(トウカイドウメイシヨキ)《作品名》江戸時代の仮名草子。六巻六冊。浅井了意作。万治四年(一六六一)ごろの刊。僧の楽阿弥陀仏が商家の手代を道連れに江戸から京へ東海道を上る道中記。街道筋の名所旧跡・史実・伝説・風俗・名産品などが狂歌や発句を交えて記される。後続の道中記や紀行文学に大きな影響を与えた。

東海道四谷怪談(とうかいだうよつやくわいだん)(トウカイドウヨツヤカイダン)《作品名》歌舞伎。世話物。五幕七場。四世鶴屋南北作。文政八年(一八二五)初演。赤穂の浪人民谷伊右衛門が出世のため別の女性と結婚しようとして毒殺した妻お岩の亡霊に悩まされる。舞台上の仕掛けを多用した亡霊の出現と早替わりが見所。通称『四谷怪談』。

とう-がく【等覚】名《仏教語》❶仏。❷仏と等しい悟りに到達した地位。菩薩の最高位。例(地蔵八)等覚無垢の菩薩とはなりたまへり〈撰集抄・七・一三〉

どう-がね【胴金・筒金】名 刀の鞘や槍の柄の中ほどにはめる環状の金具。例懐より赤木の柄に胴金入れたる刀一腰とりいだし〈曾我・四〉

とう-かん【等閑】名❶物事をいいかげんにすること。おろそか。なおざり。例心の及ぶところは等閑あるべからず候ふ〈曾我・三〉❷(「等閑なし」の意に用いて)念入り。心安いこと。例等閑の儀あさからざらむには〈著聞集・跋〉

とうかん-な・し【等閑なし】形(ク)なおざりでないさま。懇意であるさま。例来し方の(=以前からの)等閑なきに、宿を尋ねおとづるるが〈醒睡笑・三〉

どう-ぎやう【同行】—ギヨウ 名❶《仏教語》志を同じくして仏道修行する人。特に、浄土真宗の信者仲間をいう。例同行にこの事をつぶさに(=詳しく)語る〈今昔・一三・二〉❷社寺参詣の道連れ。例同行の山伏多く候へども〈義経記・七〉❸旅などの道連れ。連れ。例同行曾良(=人名)が曰はく〈芭蕉・奥の細道〉

どう-ぎやう【童形】—ギヨウ 名「とうぎゃう」とも。まだ結髪していない子ども姿。また、その姿の子ども。貴人の元服前の称にも用いる。例主上(=天皇)のいまだ御元服もなきほどは、御童形にてわたらせたまふを(=いらっしゃるのを)〈平家・八・法住寺合戦〉

とう-ぐう【東宮・春宮】名❶皇太子の宮殿。東宮御所。例(雪ノ山ヲ)春宮にも弘徽殿にも作られたりつ〈枕・職の御曹司におはします頃、西の廂にて〉❷(①から転じて)皇太子の称。例(光源氏八)世の中いとはしう思さるるにも、春宮の御事のみぞ心苦しき〈源氏・賢木〉 語誌 宮殿が御所の東にあるので「東宮」といい、また、中国の五行説で東方は春にあたるところから「春宮」とも書く。

とうぐう-の-だいぶ【春宮の大夫・東宮の大夫】名 春宮坊の長官。例上達部は左大将・右大将・春宮の大夫〈枕・上達部は〉

とうぐう-ばう【春宮坊・東宮坊】—ボウ 名 令制で、皇太子に関する事務をつかさどる役所。

とうくわつ-ぢごく【等活地獄】トウカツジゴク 名《仏教語》八熱地獄(八大地獄)の第一。殺生の罪を犯した人が落ちるとされる。ここに落ちると、身を裂かれ骨を砕かれて殺されても蘇生して、また同じ責め苦を受けるという。

とうくわ-でん【登花殿・登華殿】—トウカ 名 内裏の後宮七殿の一つ。弘徽殿の北、貞観殿の西にある。皇后や女御の居所にあてられた。⇩口絵

とう-くわん【東関】—カン 名❶京都から見て東にある関所。特に、逢坂の関。例昨日は東関の麓にくつばみ(=くつわ)を並べて十万余騎〈平家・七・福原落〉❷逢坂の関より東の地域。関東。

東関紀行(とうくわんきかう)(トウカンキコウ)《作品名》鎌倉中期の紀行。一巻。作者未詳。仁治三年(一二四二)成立か。京都東山に隠遁する作者が鎌倉に下った折の道中と鎌倉での見聞を、美文調の和漢混交文で記す。

どうげん【道元】⇩だうげん

どう-ご【同居】名《仏教語》「凡聖同居土」の略。凡夫も聖者もいっしょに住んでいること。また、その場所・世界。⇩ぶんだんどうご

とう-ごく【東国】名 都から見て東のほうの国。特に、関東地方。⇩あづま(東・東国)。例将門追討のために東国へ下向せし事を思ひいでて〈平家・五・富士川〉

とう-ざい【東西】❶名❶東と西。❷あちこち。あたり。周囲。例忠信独り吉野に捨てられて、東西を聞きければ〈義経記・五〉❸方向。方角。例乱り心地とうざい知らずはべりて〈宇津保・国譲上〉❹身動き。例ただ、袖をとらへて、東西せさせず〈枕・頭の中将の、すずろなるそら言を〉❷感 歌舞伎・相撲などの興行で、観客のざわめきを静めたり、口上を述べたりするときなどに最初に言う語。例東西と春のしづむる朝かな〈俳諧・鷹筑波集・五〉

東斎随筆(とうさいずいひつ)《作品名》室町中期の説話集。二巻一冊。一条兼良著。成立年未詳。音楽・草木など一一に類別し、先行する説話集などから七八話を採って収める。

とう-さく【東作】名(「東」は春の意)春に行う農耕。田作りなど。例春は東作の思ひを忘れ、秋は西収(=収穫)の営みにも及ばず〈平家・一〇・藤戸〉

とうさん-だう【東山道】—ドウ 名「とうせんだう」とも。七道の一つ。東海道と北陸道の間の山間部を、畿内から東へ続く地方と、そこに設置された駅路。近江・美濃・飛騨・信濃・上野・下野・陸奥・出羽の八か国からなる。

とう-じ【刀自】名「とじ」に同じ。

東寺(とうじ)名 山城国、今の京都市南区の寺。正しくは教王護国寺といい、東寺はその通称。真言宗。平安京遷都にあたり、王城鎮護のために西寺とともに建立された官寺。遷都直後の延暦一五年(七九六)ごろに造営が始まったとされ、羅城門の東側、左京九条一坊に位置し、朱雀大路を挟んで東西対称の所に西寺があった。弘仁一四年(八二三)に嵯峨天皇から空海に与えられてからは真言密教の根本道場となり、その死後も弘法大師信仰の中心として栄える。

どう-じ【童子】名❶子ども。わらべ。❷《仏教語》仏や菩薩などの眷属。また、それらにつける称号。例十五童子・天部(=弁才天)の御姿現れたり〈謡曲・江島〉❸《仏教語》寺で、学びながら雑用に従事する少

年。例（行者ガ）弟子三人、**童子**五人連れてありけるが〈宇津保・忠こそ〉

とう-しみ【灯心】 名「とうしん」の撥音を「み」と表記したもの。

とう-じゃう【闘諍】ジヨウ 名 戦い争うこと。言い争うこと。けんか。例暮るるまでかく立ち騒ぎて、果ては**闘諍**おこりて〈徒然・五〇〉

どう-しゅく【同宿】 名動（サ変）「どうじゅく」とも。❶同じ宿に泊まったり、一つの家にいっしょに住んだりすること。また、その人。例**同宿**の太刀を盗み取り〈謡曲・調伏曾我〉 ❷師と同じ寺に住んで、師から学び修行すること。また、その僧。例弟子**同宿**数十人ひき具し（＝引き連れ）〈平家・四・永僉議〉

とう-しん【灯心】 名「とうしみ」とも。油に浸して灯をともすもの。イグサの白いしんの部分などを使う。例百二十筋の**灯心**を束ね〈太平記・五〉

とう-じん【等身】 名 高さが人の身長と等しいこと。等身大。仏像についていう。特に、願をかけて仏像を作るときには、その本人と同じ身の丈にする。例**等身**に薬師仏を造りて〈更級〉

どうしん『道心』 ⇩だうしん

どう-しん【同心】 ■1名 ❶心を同じくする人。気が合う人。また、同じ気持ち。同じ内容。例この三人の兄弟、**同心**に相語りていはく〈今昔・一〇・二七〉 ❷連れ立って行くこと。同道。例明日のあさ**同心**に帰らう〈洒落本・駅路雀〉 ❸戦国時代、武家に服属した軽輩の武士。例敵の先陣多目玄蕃允が**同心**栗田六之進打って落ち〈北条記・二〉 ❹江戸幕府の下級職名。所司代・城代・奉行などに属し、与力の指揮を受けて、庶務や警察などの実務にあたる。例奉行の人々望み請ふごとくに、寄騎・**同心**等のものどもをつけられき〈折たく柴の記・中〉 ❺和歌で、一首の中に同じ語や同じ意味の語が入ること。同心の病。■2名動（サ変） ❶心を同じくすること。心を一つにすること。例三千の衆徒皆**同心**してただいま都へ攻め入る〈平家・七・主上都落〉 ❷同意すること。賛成すること。例をのをのは後日のわざはひを知りたまはずと申しけれども、諸鳥とも**同心せ**ず〈仮名草子・伊曾保物語・中〉 ❸協力すること。味方すること。例まづ出雲の国へ越えて、**同心す**べき一族を語らひて御迎ひに参れ〈太平記・七〉

とう-す【東司】 名『仏教語』禅寺で、仏殿・法堂の東側に並ぶ諸役僧が使用する厠。転じて、便所。

どう・ず【同ず】 動（サ変）同意する。賛成する。例君はさらに**同じ**たまふべきにもあらず〈落窪・二〉

どう・ず【動ず】 動（サ変）動く。心が動揺する。驚きあわてる。例いと心憂く疎ましくて、**動ぜ**られたまはず〈源氏・総角〉

とう-そ【屠蘇】 名「とそ」に同じ。例医師ふりはへて（＝わざわざ）**とうそ**・白散、酒加へて持て来たり〈土佐〉

どう-ぞ 副 なんとか。どうか。例**どうぞ**いきな女のある家へとまりてえの〈滑稽本・膝栗毛・三下〉

とう-たい【凍餒】 名 凍え飢えること。例世治まらずして**凍餒**の苦しみあらば〈徒然・一四二〉

とう-だい【灯台】 名 油皿をのせて灯をともす木製の台。例几帳の後ろにたてたる**灯台**の光はあらはなり〈枕・大進生昌が家に〉

東大寺 名 大和国、今の奈良市の寺。華厳宗。天平一五年（七四三）に聖武天皇が盧舎那仏（大仏）造営の勅命を発したことにより、その大仏を本尊とする寺として、また総国分寺として建立された。天平勝宝四年（七五二）に行基・良弁らによって大仏開眼供養が行われる。同六年、唐から渡来した鑑真によって日本最初の戒壇が設けられ、聖武天皇以下が受戒、鎮護国家の仏教の中心となる。平安時代には諸国に荘園を領し、興福寺と並んで南都仏教の一大勢力を保ち続けた。

どうちゅう『道中』 ⇩だうちゅう

とう・づ【取う出】トウズ 動（ダ下二）〔「とりいづ」の変化した形〕取り出す。持ち出す。例いづこより**取う出**でたまふ言の葉にかあらむ〈源氏・帚木〉

洞庭湖 《地名》中国湖南省の湖。瀟湘八景で知られる名所で、琵琶湖岸の近江八景は、それを模した。例松島は扶桑第一の好風（＝よい景色）にして、およそ**洞庭・西湖**を恥ぢず〈芭蕉・奥の細道〉

とう-ど 副 ❶ちゃんと。しっかりと。例六波羅へ**とうど**納めました〈虎寛本狂言・柑子〉 ❷ゆったりと。どっしりと。例まん中に**とうど**ゐて（＝座って）〈狂言・河原太郎〉

どう-ど 副「どうと」とも。❶物が倒れたり落ちたりするさま。どすんと。例馬こらへずして**どうど**伏す〈義経記・四〉 ❷数多くの物や重い物を一度に置くさま。どさっと。例千石の米をも万石の米をも、蔵に**どうど**納めて〈狂言記・目近大名〉 ❸病気が重く、起き上がることのできないさま。例ぢいさまが**どうど**床に着いて〈滑稽本・浮世風呂・三下〉

とう-とう【疾う疾う】 副「とくとく」のウ音便形。

とうとし『尊し・貴し』 ⇩たふとし

どう-な・し【動無し】 形（ク）心を動かす様子がない。例**動なき**を、せめて言はれて（＝強いて勧められるので）〈源氏・明石〉

どう-にょ【童女】 名 女の子ども。例をかしげなる**童女**の、うへの袴など、わざとはあらでほころびがちなる〈枕・なまめかしきもの〉

とう-にん【頭人】 名 ❶鎌倉・室町幕府の職名。訴訟の審理などにあたる引き付け衆の長官。例宗徒の一門（＝一門のおもだった人たち）ならびに**頭人**・評定衆を集めて〈太平記・三〉 ❷集団の長として統轄する人。長。かしら。首領。例いかなる上根の（＝辛抱強い）奉行・**頭人**も〈町人嚢・五〉

とう-の-ちゅうじゃう【頭の中将】—チユウジヨウ 名 近衛中将で、蔵人頭を兼ねている人。大臣家などの子弟がなることの多い華やかな出世コースの職。例**頭の中将**なん、まだ少将にものしたまひし時（＝少将でいらっしゃった時）〈源氏・夕顔〉

頭中将トウノチュウジヨウ《人名》『源氏物語』の作中人物。左大臣の長男。母は桐壺帝の妹の大宮。妹葵の上は光源氏の正妻。明るくちゃめっけもあり、源氏とは特に親しい。権中納言・内大臣と昇進を重ねるころから源氏への対抗心をあらわに示すようにな

り、娘の雲居雁と源氏の子夕霧との幼い恋を許さなかったりする。しかし、源氏の養う姫君（玉鬘）が自分の娘だと知らされると、感泣して養育の礼を述べることもあった。のち太政大臣。

東常縁《人名》生没年未詳。一説に、一四〇一〜一四八四（応永八〜文明一六）。室町中期の歌人。下野守益之の子。東野州と称した。二条派の尭孝に、冷泉派の正徹に和歌を学ぶ。『古今和歌集』を宗祇に講じ、古今伝授の創始者とされる。歌論に『東野州聞書』、家集に『東常縁集』。

とう-の-べん【頭の弁】 名 太政官の弁官で、蔵人頭を兼ねている人。例藤大納言の子の**頭の弁**といふが、世にあひはなやかなる若人にて〈源氏・賢木〉

どう-ばち【銅鈸・銅鉢】 名 田楽や仏道勤行に用いる楽器。銅製の二枚の円盤を打ち合わせて鳴らす。例簫・笛…**銅鈸**、その音も妙なりといへども香気を具せず〈沙石集・六・八〉

とう-はっかこく【東八箇国】 名 足柄の関より東の八か国。相模・武蔵・安房・上総・下総・常陸・上野・下野。今の関東地方。江戸時代は「関八州」とも。例**東八箇国**より始めて、王城を領せむ（＝領地にしよう）と思ふ〈今昔・二五・一〉

とう-ぶ【食ぶ・給ぶ・賜ぶ】 ⇩たうぶ

どう-ぶく【胴服】 名 羽織の古称。胴衣とも。例その**胴服**をおこせい（＝よこせ）〈狂言・痩松〉

東福寺 名 山城国、今の京都市東山区の寺。臨済宗。嘉禎二年（一二三六）法性寺の跡に九条道家が創建。開山は聖一国師。京都五山の一つ。

どう-ぼう【同朋】 名 ❶道や志を同じくする人。親しい仲間。友人。例**同朋**たちのおぼしめさるるところ、むなしく鎌倉へとられんことは、寺中坊中の名折り（＝不名誉）〈曾我・一〇〉 ❷室町時代、将軍や大名に仕えて身辺の雑役を務める僧形の人。同朋衆。❸江戸幕府の職名。江戸城内で、諸大名の雑事などの世話をする。

どう-ぼく【童僕・僮僕】 名 召使の少年。例妻子・**僮僕**のうらやめるさまを見るにも〈方丈記〉

どう-まる【胴丸・筒丸】 名「どうまろ」とも。鎧の一種。腹部に巻いて右脇で合わせる。歩兵戦に適するよう、軽く動きやすく作られている。

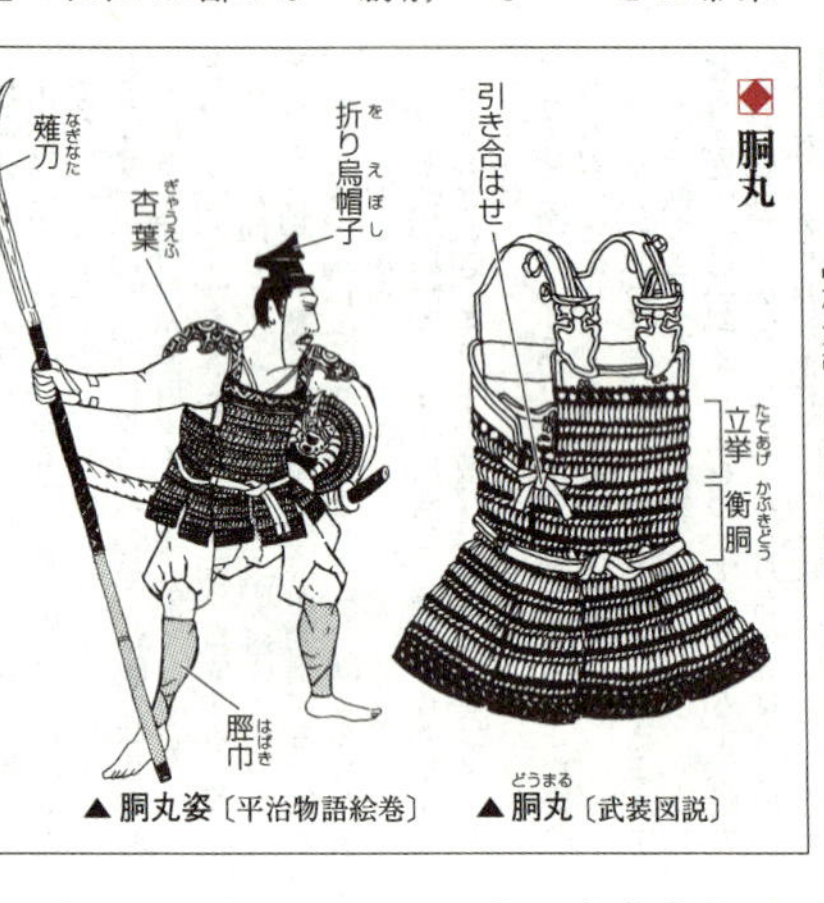

◆胴丸

▲胴丸〔武装図説〕

▲胴丸姿〔平治物語絵巻〕

どう-よく【胴欲・胴慾】 名 形動（ナリ）❶非常に欲の深いこと。例御身（＝御自身）は不慈悲、不義理、不行儀、**どうよく**深く〈仮名草子・可笑記・一〉 ❷非道なこと。例残って（＝生き残って）孝行せいと**胴欲**にもよう言はれた〈浄瑠璃・菅原伝授手習鑑・三〉

とう-りう【逗留】 1 名 動（サ変）❶とどまって先へ進まないこと。ためらってぐずぐずすること。例さばかりのことになりて**逗留せ**させたまはんやは〈大鏡・師尹〉 ❷滞在すること。宿泊すること。例旅宿をもとめて四、五日**逗留す**〈芭蕉・奥の細道〉 2 名 時間。合間。暇。例我が屋に帰り、物具せん（＝武装するような）**逗留**なかりければ〈太平記・三六〉

とう-りやう【棟梁】 名 ❶建物の棟と梁。例堂舎高くそびへて…**棟梁**はるかに秀でて〈平家・二・山門滅亡〉 ❷（①が建物にとって重要であることから）国家の重臣。また、ある家や組織の主要な人物。長。例これは当家の**棟梁**、当世の賢人にておはしければ〈平家・三・医師問答〉 ❸大工・職人の統率者。例諸職人の**棟梁**の手分けまでして〈西鶴・新可笑記・三・四〉

とう-るい【等類】 名 和歌・連歌・俳諧で、素材・趣向・作意などが先人の作品と似ること。また、その作品。古くから戒められていた。例**等類**の事、疎かにすべからず〈俳諧・三冊子・白冊子〉

とう-ろ【灯籠】 名「とうろう」に同じ。例**とうろ**かけ添へ、灯あかくかかげ〈源氏・帚木〉

とう-ろう【灯籠】 名 照明器具の名。木・竹・金属などの枠に紙や薄い絹布を張った中に油皿を入れて灯をともすもの。

ど-えん【度縁】 名《仏教語》「とえん」とも。令制で、官省が得度（出家）を認可した僧尼に与える証書。例僧を罪する習ひとて、**度縁**を召し返し、還俗させたてまつり〈平家・二・座主流〉

とお【十】 ⇩とを

とおし【遠し】 ⇩とほし

とおる【通る・徹る・透る】 ⇩とほる

とが【咎・科】

名 他人から非難されるような欠点・過失や、罪にあたる行為。

❶欠点。短所。例容貌の見るかひありうつくしきに、よろづの**咎**見ゆるして（＝顔立ちが見ているかいがあるほどかわいらしいので、すべての欠点は大目に見て）〈源氏・手習〉

❷過失。例（女房タチガ）ことなる**とが**なくて過ぐすを、ただめやすきことに思したる（＝格別な過失がなく過ごすのを、ただ見苦しくないことだとお思いになっている）〈紫式部日記〉

❸罪。犯罪。例世治まらずして、凍餒の苦しみあらば、**とが**の者絶ゆべからず（＝世の中が平穏ではなくて、凍えることと飢えることの苦しみがあるならば、

犯罪者は尽きるはずがない)〈徒然・一四二〉

語誌▼「つみ」と「とが」　類義語「つみ」は、本来国家・社会などの秩序や神仏などの聖なるものを犯す行為であり、処罰や償いを伴う。これに対して「とが」は、ある人がもともっていた欠点や、結果として批判や非難を受けるような行為、不用意の過失をいい、意図的なものではない。したがって、必ずしも処罰や償いは伴わない。ただし、中世になると、③のような用法が増える。〈高田祐彦〉

と-かう【コウ】 副〔「とかく」のウ音便形〕❶なにやかにやと。あれこれと。例**とかう**世(=男女の仲)を思し乱るること多かり〈源氏・若紫〉❷なんとかかんとか。とにかく。例八月つごもりに、**とかう**ものしつ(=子どもが生まれた)〈蜻蛉・上〉

と-かく 副〔副詞「と」+副詞「かく」〕❶いろいろと。なにやかやと。**あれこれと**。例**とか**くのたまふほど(=あれこれおっしゃっているうち)〈源氏・夕顔〉
❷**どうあっても**。**とにかく**。**ともあれ**。例命は惜しいものかな、**とかく**投げられぬ(=命は惜しいものだなあ、どうあっても我が身を投げられない)〈謡曲・丹後物狂〉読解 海に身投げしようと思うが、いざとなるとできないという話。
❸**どうかすると**。**ややもすると**。例**とかく**おとっさま殿があまやかし過ぎて(=どうかするとお父様殿が甘やかし過ぎて)〈滑稽本・浮世風呂・二上〉

語誌▼平安時代はもっぱら①の意で用いられる。②③は室町時代ごろから増えてくる用法。

▼ウ音便化した「**とかう**」の形でも用いる。〈井上博嗣〉

と-かげ【常陰】 名 いつも日の当たらない所。山陰など。例磐瀬の社のほととぎす今も鳴かぬか山の常陰に〈万葉・八・一四七〇〉

とが-とが・し 形(シク) とげとげしい。こうるさい。例**とがとがしき**女聞きて〈堤中納言・虫めづる姫君〉

とがのきの【栂の木の】《枕詞》〔「とが」は「つが」の変化した形〕「つがのきの」に同じ。例**とがの木の**いや継ぎ継ぎに〈万葉・六・九〇七〉

と-かへり【十返り・十廻り】【カエリ】 名❶十回繰り返すこと。例**とかへり**ばかり走りめぐらむと思ふ〈十訓抄・七・一七〉❷長い年月。松の花は千年に一度、あるいは百年に一度咲くといわれ、それを十回繰り返す意からいう。例松の葉色も時めきて(=色濃く盛んになって)、**十廻り**深き緑かな〈謡曲・老松〉

と-かへ・る【カエル】 動(ラ四) 秋冬に鷹の羽が抜け替わる。例はし鷹の今日や白斑(=白いまだら)に変はるらむ**とかへる**山に雪の降れれば〈金槐集・上〉

とが・む

とが・む【咎む】 動(マ下二) 名詞「とが」の動詞化。なんらかの違和感を感じ、「とが」があるとして非難する意が基本。

❶**非難する**。**責める**。例仮にもおはし通はむを**咎め**たまふべき人なし(=一時的にもお通いになるのを非難なさるはずの人はいない)〈源氏・末摘花〉
❷**気にとめる**。**怪しむ**。例この言葉…人の程にあはねば、**とがむるなり**(=この言葉は…身分に合わないので、気にとめるのである)〈土佐〉読解 船頭がしゃれたことを言ったことに対していう。
❸**怪しんで尋ねる**。**問いただす**。例うちより女の声して、「たそや…」と**とがむれば**(=家の中から女性の声がして、「どなたですか…」と尋ねるので)〈平家・五・月見〉

語誌 ①が意味の中心をなすが、②には『万葉集』の用例もあり、①②の意味のどちらが古くからあるかは決定しがたい。②は善悪どちらにもいう。〈高田祐彦〉

とがめ【咎め】 名❶責めること。非難。例月ごろ(=幾月も)参りたまはぬをも**咎め**なし〈源氏・若菜下〉
❷差し障り。罪。また、処罰。例山王(=山王権現)の御**咎め**とて、後二条の関白殿、重き御病をうけさせたまひしかば〈平家・一・願立〉

と-か-や 〔格助詞「と」+係助詞「か」+間投助詞「や」〕文中あるいは文末に用いて、「と」によって示された事柄が伝聞であることや、はっきりしないことであるのを表す。〜とかいう。〜とかいう〜。〜とかいうことだ。例(a)悲田院の堯蓮上人は、俗姓は三浦の某**とかや**、さうなき(=並ぶものがない)武者なり〈徒然・一四一〉例(b)引く手あまたに、**とかや**〈源氏・東屋〉

と-がり【鳥狩り】 名 鷹を使って鳥を捕らえること。鷹狩り。例梓弓(枕詞)末の腹野に**鳥狩りする**〈万葉・一一・二六三八〉

とがり-や【尖り矢】 名 とがった鏃と四枚の羽のついた矢。例山鳥の尾をもって矧いだる**とがり矢**二すぢ〈平家・四・鵼〉

とき

とき【時】 名❶**時間**。**時刻**。例六、七月の午・未の**時**ばかりに〈枕・わびしげに見ゆるもの〉
❷**わずかの間**。**いっとき**。例御曹子は、**時**の命を助かりて(=いっときの命を助かって)〈御伽草子・御曹子島渡〉
❸**時代**。例天地の　分かれし**時**ゆ(=天地が分かれた時代から)〈万葉・三・三一七〉
❹(「御時」の形で)**ある天皇の在位の間**。**御代**。例いづれの御**時**にか、女御・更衣あまたさぶらひたまひける中に(=どの帝の御代であったか、女御や更衣が大勢お仕えなさった中に)〈源氏・桐壺〉
❺**時期**。**季節**。**時節**。例**時**は今春になりぬとみ雪降る遠き山辺に霞たなびく(=季節は今春になったと雪の降る遠い山辺に霞がたなびく)〈万葉・八・一四三九〉
❻**時勢**。**世の中の動向**。例世かはり**時**うつりにければ(=天皇の御代も変わり時勢も変わってしまったので)〈伊勢・一六〉
❼**好機**。**時宜**。例大船にま梶しじ貫き**時**待つと我は思へど(=大船に梶をいっぱいに通して好機を待つと私は思うけれど)〈万葉・一五・三六七九〉
❽**盛りの時期**。**時流にあって栄えること**。例**時**なりける人の、にはかに**時**なくなりて嘆くを見て(=時流にあって栄えた人が、突然衰えて嘆くのを見て)〈古今・雑下・詞書〉

語誌▼⑧の用法や「時めく」の「時」など、移り変わる時間の中での最高の盛りの時期、の意がある。下二段動詞「たく」とのつながりを想定する立場から、この意を語源的に最も古い意義とする考え方もある。

▼**時刻制度の変遷**　日本の時刻制度は、中国・朝鮮の影響を受け、奈良時代にはすでに整備されていたらしい。『日本書紀』には、斉明天皇六年(六六〇)に漏刻と呼ばれる水時計を作ったと記録されている。こうして朝廷で整備された時刻法は、定時法という、季節にかかわらず一時の長さが一定のものである。平安時代の定時法は、一日二十四時間を十二に分け、子から亥の十二支の名で呼び、その一辰刻をさらに四等分して、一刻から四刻とした。

江戸時代には、民衆の生活感覚に即して、日の出と日の入りを基準とした時刻を用いた。これは季節によって一時の長さが変わる不定時法であるが、庶民が生活する上では便利だったのである。江戸時代末、外国から機械時計が入り、明治維新後、太陽暦の導入とともに、一日を二十四時間とする定時法が導入された。〈奥村英司〉

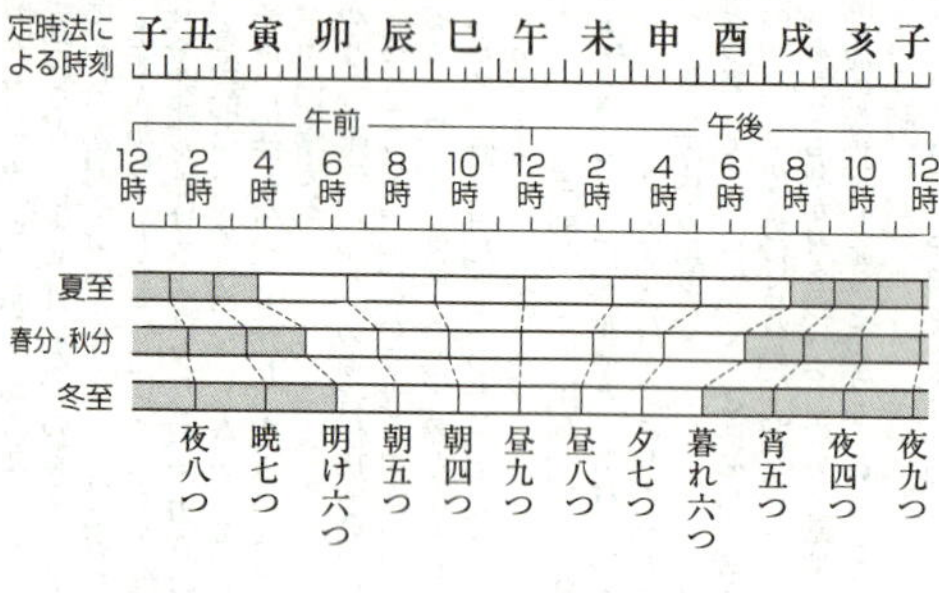

不定時法による時刻
日の出・日の入りを基準とし、一日を昼と夜に分け、それぞれ六等分する。季節によって昼夜の長さが変わるため、一時の長さも変化する。

[時に会ふ] ❶ちょうどよい時にあう。例貫之らがこの世に同じく生まれて、この事(=『古今和歌集』編纂)の**時にあへ**るをなむ喜びぬる〈古今・仮名序〉❷時勢に恵まれる。栄える。例三代のみかどに仕うまつりて、**時にあひけれど**〈伊勢・一六〉

[時に従ふ] その時々の状況に応じる。うまく時流に乗って物事を行う。例**時に従ひ**折に触れ、御恵みならずといふ事なし〈とはずがたり・一〉

[時につく] その時々に応じる。例**時につけ**つつさま(=趣向)を変へて〈源氏・帚木〉

[時に取りて] ❶場合によって。時によって。例人、木石にあらねば(=木や石ではないので)、**時にとりて**物に感ずる事なきにあらず〈徒然・四一〉❷その時にあたって。その当座。例**時に取りて**は、おくゆかしくぞ見えける〈義経記・六〉

[時を得] 時流に合って栄える。例このころ**時を得**て世をも恐れず〈太平記・三三〉

[時を失ふ] 時流に合わずに勢力を失う。例**時を失ひ**世にあまされて(=世間から取り残されて)〈方丈記〉

とき【斎】 名《仏教語》〔「時」の意から〕僧の食事。食すべきとされる午前中の食事。元来、仏家では正午を過ぎてからは食事をしないことになっていた。例烏の、**斎**の生飯食ふ〈枕・さわがしきもの〉

とき【鬨・鯨波】 名 合戦のはじめに全軍で上げる合図の声。大将が「えいえい」と発すると全軍が「おう」と合わせ、これを三度繰り返す。例敵平等院にと見てんげれば、**とき**をつくること三ケ度〈平家・四・橋合戦〉

とぎ【伽】 名❶話の相手をして、退屈を慰めること。例それがしも(=私も)随分お**伽**を申したが〈謡曲・夜討曾我〉❷看病すること。また、その人。例晋子(=其角)が幸ひに来たりて今夜の**伽**に加はりけるも〈俳諧・笈日記・上〉❸寝所の相手をすること。例旅人衆の**伽**でもして、ちっとばかしの心づけを貰ふが世わたり〈滑稽本・膝栗毛・三上〉

とき-うつる【時移る】 時間・歳月が経過する。時世が移り変わる。例たとひ**時移り**事去り、楽しび悲しびゆきかふとも〈古今・仮名序〉

とき-かは・す【解き交はす】 動(サ四) 男女が共寝をするときに、互いの帯や着物の紐を解く。例高麗錦紐**解き交はし**天人の妻問ふ夕ぞ我も偲はむ〈万葉・一〇・二〇九〇〉

とき-か・ふ【解き交ふ】 動(ハ下二)「ときかはす」に同じ。例古にありけむ人の(=昔にいたという人が)倭文機の帯**解き替へ**て〈万葉・三・四三一〉

とき-さ・く【解き放く】 動(カ下二) 着物の紐などを解きはなつ。例難波津にみ舟泊てぬと聞こえ来ば紐**解き放け**て立ち走りせむ〈万葉・五・八九六〉

とき・じ【時じ】 形(シク)〔「じ」は接尾語〕❶時節を選ばない。常にある。例**時じくそ**雪は降りける〈万葉・三・三一七〉❷時節にはずれている。その時期でない。例**時じき**藤の花と萩の黄葉でると〈万葉・八・一六二七・題詞〉

ときじく-の-かくのこのみ【時じくのかくの木の実】 名〔「かく」は香りの意とも、「輝く」の意とも〕(夏から冬まで時節にかかわらず枝についているところから)橘の実。例神の御代より よろしなへ(=ふさわしく) この橘を **時じくの かくのこのみ**と名付けけらしも〈万葉・一八・四一一一〉

とき-し-も-あれ【時しもあれ】 ほかにいくらでも時はあるのに。折も折。例**時しもあれ**秋やは人の別るべき〈古今・哀傷〉

ときしり-がほ【時知り顔】 名 形動(ナリ) 得意げな顔。時節をわきまえたような様子。例いとものすさまじき年なるを、(花ハ)心やりて**時知り顔なる**もあはれにこそ〈源氏・薄雲〉読解今年はひどく恐ろしい年なのに、花だけは気持ちよさそうに、咲くべき時をわきまえたように咲き乱れている、の意。

とき-ぞ-と-も-なし【時ぞともなし】 時を限定で

きない。いつものことである。例夜を知る蛍を見てもかなしきは**時ぞともなき**思ひなりけり〈源氏・幻〉

とき-づかさ【時司】 名「ろうこくはかせ」に同じ。例時司の鼓うちあはせたつほど〈源家長日記〉

とき-つ-かぜ【時津風】〔「つ」は「の」の意の上代の格助詞〕❶名❶潮の満ちるときなど、時を定めて吹く風。例**時つ風**吹くべくなりぬ〈万葉・六・九五八〉❷時節にかなった順風。折にかなってうまいぐあいに吹く風。例四海波静かにて(=世の中は平穏で)、国も治まる**時つ風**、枝を鳴らさぬみ代なれや〈謡曲・高砂〉❷《枕詞》「時つ風」が吹く意から、「吹く」と同音を含む地名「吹飯」にかかる。

とき-と-して【時として】 ❶(打消の語を伴って)わずかの間も(〜ない)。ほんのひとときも(〜ない)。例心念々(=時々刻々)に動きて、**時として**安からず〈方丈記〉❷ときどき。例**時として**咲きつく花の色々を〈新撰六帖・三〉

とき-と-なく【時となく】 いつということもなく。常に。例**時となく** 雲居雨降る〈万葉・九・一七五三〉

とき-なか【時中・時半】 名 一時の半分。今の約一時間。例さて**時中**ばかりありてぞ、御簾あげさせたまひて〈大鏡・師輔〉

とき-なし【時無し】 ❶特にいつということはない。「ときなく」の形で、常に、いつも、の意に用いられることも多い。例み吉野の 耳我の嶺に **時なくそ** 雪は降りける〈万葉・一・二五〉❷失意の境遇にある。例そこらの女御・御息所参り集まりたまへるを、時あるも**時なきも**〈栄花・月の宴〉読解ここは、天皇の寵愛を受けていないこと。

とき-なら-ず【時ならず】 その時期ではない。季節はずれだ。例**時ならぬ**霜雪を降らせ〈源氏・若菜下〉

ときに〜【時に〜】 ⇩「とき」の子項目

とき-の-くひ【時の杭】 名 その時の時刻を表示するために、時の簡に差す木片。例**時の杭**さす音など、いみじうをかし〈枕・時奏する、いみじうをかし〉

とき-の-てうし【時の調子】 ❶四季にふさわしい音楽の調子。雅楽では、春は双調、夏は黄鐘調、秋は平調、冬は盤渉調とする。❷その場やその折にふさわしい音楽の調子。特に能楽でいう。例その座敷にての**時の調子**はあるものなり〈申楽談儀〉

とき-の-はな【時の花】 季節ごとに咲く花。時流にのって最盛を誇ることのたとえにもいう。例栄え、分にあまりて**時の花**と匂ひしかば〈海道記〉

とき-の-ひと【時の人】 ❶その当時の人。例**時の**人、この大臣をいみじく賢き人にておはしますとぞ、ののしりける(=評判しあった)〈宇治拾遺・三〉❷時流にのって栄えている人。例今の御世にはいと親しく思されて、いと**時の人**なり〈源氏・若菜下〉

とき-の-ふだ【時の簡】 名 清涼殿の南側の下侍の外、または殿上の間の小庭に立てられた時刻表示の札。例**時の簡**のもとの格子に穴をあけて御覧ぜられけるところに〈著聞集・一八・六三五〉

とき-の-ほど【時の程】 ほんの少しの間。ちょっとの間。例敵三百余騎、**時のほど**に、たやすくうち殺してければ〈十訓抄・一・六〉

とき-の-ま【時の間】 しばらく。ほんの少しの間。例財おほしとて頼むべからず(=あてにしてはいけない)。**時の間**に失ひやすし〈徒然・二一一〉

とき-は

【常磐・常盤】〔「とこいは」の変化した形〕❶名 永久に変わることのない岩。例皆人の命も我もみ吉野の滝の**常磐**の常ならぬかも(=すべての人の命も私も吉野川の激流のあたりの岩のように、永久に変わらずにあってくれないものだろうか)〈万葉・六・九二二〉❷名形動(ナリ)❶岩のように、**永久不変であること**。例唐錦たつたの山も今よりは紅葉ながらに**常磐な**らなん(=唐錦を裁つという名をもつ龍田山だが、今からは紅葉のままで断つことなく永久不変であってほしい)〈後撰・秋下〉読解「たつたの山」の「たつ」は「裁つ」と龍田山の「龍」を掛ける。❷**樹木の葉がいつも緑であること**。常緑。例**常磐なる**松のさ枝を我は結ばな(=常緑である松の小枝を私は結ぼう)〈万葉・二〇・四五〇一〉読解松の枝を結ぶのは、幸福や無事を祈る行為。

〈田島智子〉

ときは-かきは【常磐堅磐】 名形動(ナリ) 永遠に変わらないこと。また、そのさま。例山階の山の岩根に松を植ゑて**ときはかきは**に祈りつるかな〈拾遺・賀〉読解天皇の四十の賀に詠まれた歌。

ときは-ぎ【常磐木】 名 常緑樹。不変・長寿のたとえにもいう。例神無月紅葉も知らぬ**常磐木**によろづ代かかれ峰の白雲〈新古今・賀〉

とき-めか・し【時めかし】 形(シク)〔動詞「ときめく」の形容詞形〕栄えている。寵愛を受けている。例さわがしう**時めかしき**所に〈能因本枕・すさまじきもの〉

とき-めか・す【時めかす】 動(サ四)〔「ときめく」の他動詞形〕時流に乗るようにする。寵愛する。例かくことなることなき(=たいしたことのない)人を率ておはして**時めかし**たまふこそ〈源氏・夕顔〉

とき-めき 名動(サ変) ⇩こころときめき

とき-め・く【時めく】 動(カ四)〔「めく」は接尾語〕時流にあって栄える。寵愛を受ける。例いとやむごとなき際にはあらぬが(=たいそう重々しい身分ではない人で)、すぐれて**時めき**たまふありけり〈源氏・桐壺〉

とき-もり【時守】 名 令制で、陰陽寮に属し、漏刻(水時計)を守り、時を知らせる職。例**時守**の打ち鳴す鼓数みみれば時にはなりぬ逢はなくも怪し(=逢えないのは変だ)〈万葉・一一・二六四一〉

ど-きやう【読経】 名動(サ変)《仏教語》〔「どくきやう」の変化した形〕経文を見ながら声に出して読むこと。本来、経にある教えを理解し実践するため、また経文を記憶しほかに流布するためのものが、のちに読経そのものが修行の一つとされた。例**読経**の僧なども、みな声やめて出でぬなるを〈源氏・御法〉

どきやう-あらそひ【読経争ひ】 名 経文を上手に読み上げるのを競う遊戯。声や節回しなどの優劣を競う。例若人たちの**読経あらそひ**・今様歌どもも、所につけてはをかしかりけり〈紫式部日記〉

とき-よ【時世】 名❶時世。月日。例**時世**経て久しくなりにければ、その人の名忘れにけり〈伊勢・八二〉

❷そのときの世の中。時代の風潮。また、その時代に人気・権勢のあること。例人柄のいとよければ、時世のおぼえ(=声望)重くて〈源氏・須磨〉

と-ぎょ【渡御】名動(サ変)❶天皇・皇后がお出かけになること。「出御」とも。後世には将軍に対してもいう。例法住寺殿へ渡御あるに〈古活字本保元・下〉❷神輿が進むこと。

とき-れう【斎料】―リヨウ 名《仏教語》斎(僧の食事)にあてられる米や銭。例小田作らせて斎料とし〈沙石集・二・六〉

ときわ『常磐・常盤』⇩ときは

とき-わか-ず【時分かず】季節の区別がない。いつでも。例時分かず降れる雪かと見るまでに垣根もたわに(=たわむほどに)咲ける卯の花〈拾遺・夏〉

ときを〜【時を〜】⇩「とき」の子項目

と-きん【兜巾・頭巾】名 修験者がかぶる小型のずきん。黒布で作り、紐をあごの下にかけて結ぶ。例兜巾と言っぱ(=というのは)五智の宝冠なり〈謡曲・安宅〉

とく

【徳・得】名❶人としての道にかなった心やふるまい。また、それによってかもし出される人格。人徳。例勤めて徳を修めたまへ(=努力して徳を身につけなさいませ)〈懐風藻〉読解藤原鎌足が大友皇子に語った言葉の一節。

❷身に備わっている能力・長所。例よく味はひを調へ知れる人、大きなる徳とすべし(=うまく料理を調味することを心得ている人は、たいへんな能力があるとするのがよい)〈徒然・一二三〉

❸恩恵。めぐみ。特に、神仏の加護。例(a)帥はこの殿の御徳に、大納言になりたまへり〈落窪・四〉読解大宰権帥だった人が、太政大臣の恩恵によって大納言におなりになった、ということ。例(b)心の中に神の御徳をあはれにめでたしと思ふ(=心の中で神の御加護を尊くすばらしいと思う)〈源氏・澪標〉

❹裕福。富。財産。例わたらひなどもいとわろくなりて、家もこぼれ、使ふ人なども徳ある所に行きつつ(=暮らしむきなどもたいそう貧しくなって、家も壊れ、使用人なども財産のある所へだんだんと行っていなくなり)〈大和・一四八〉

❺富を得ること。利得。利益。例時の受領は、世にとくあるものといへば(=勢いの盛んな受領は、たいそう利益があるものというが)〈落窪・一〉

語誌 ③は、例(a)のように「〜の徳に」の形で用いることも多い。〜の恩恵によって、などと訳すとよい。〈近本謙介〉

と・く【着く】動(カ四)〔「つく」の変化した形〕到着する。例この蟹や…伊知遅島み島に着き〈記・中・応神・歌謡〉

と・く

【説く】動(カ四)〔「解く」の意から〕説明する。解説する。言い諭す。講釈する。例(a)天皇、皇太子を請ませて勝鬘経を講かしめたまふ(=天皇は、皇太子に請うて勝鬘経を講釈させなさる)〈紀・推古〉例(b)清範、講師にて、説くこと、はた、いとかなしければ(=清範が講師で、言い諭すことがやはりたいへん悲しいので)〈枕・故殿の御ために〉〈桑名靖治〉

と・く

【解く・溶く】1動(カ四)❶紐・帯などの結び目をゆるめる。ほどく。例太刀が緒もいまだ解かずて(=太刀の紐も、まだゆるめないで)〈記・上・神代・歌謡〉読解この「緒」は太刀を腰に結びつけるためのもの。

❷髪の乱れなどを整える。とかす。例ただ少し(髪ヲ)とき下して(=とかしおろして)〈源氏・手習〉

❸固体を液体にする。とかす。例袖ひちてむすびし水のこほれるを春立つ今日の風やとくらむ〈古今・春上〉↓名歌201

❹問題の答えを出す。謎をとく。例なぞなぞを作りて解かれける所へ(=なぞなぞを作って解いていらっしゃったところへ)〈徒然・一〇三〉

2動(カ下二)❶紐・帯などの結び目がゆるむ。ほどける。例赤紐のとけたるを、「これ結ばばや」と言へば(=赤紐がほどけたので、「これを結びたい」と言うと)〈枕・宮の五節いださせたまふに〉

❷固体が液体になる。とける。例雪のうちに春は来にけり鶯のこほれる涙今やとくらむ〈古今・春上〉↓名歌391

❸官職を離れる。解任になる。例宮仕へつかうまつらずとて、とけてはべりける時に〈古今・雑下・詞書〉読解勤務状態が悪いということで、解任されておりましたときに、ということ。

❹うちとける。気が休まる。例(夫ハ)絶えずは来れども、心のとくる世なきに(=とだえることはなく来るけれども、気が休まるときがないので)〈蜻蛉・上〉〈高山善行〉

とく【疾く】副〔形容詞「とし」の連用形から〕❶すぐに。すみやかに。例とまれかうまれ(=ともかくも)、(コノ日記ハ)疾く破りてむ〈土佐〉❷すでに。とっくに。例(体ハ)ただ冷えに冷え入りて、息はとく絶えはてにけり〈源氏・夕顔〉

と・ぐ

【遂ぐ】動(ガ下二)なしとげる。念願を果たす。例この人の宮仕への本意、かならず遂げさせたてまつれ(=この人の宮仕えの宿願を、きっとなしとげさせ申し上げよ)〈源氏・桐壺〉〈田島智子〉

とく-い【得意】名❶自分の願うようになること。例現世の得意この人に過ぎたる者あるまじ〈源平盛衰記・二六〉❷親友。心の通いあう友。例貞盛はこの僧ともとよりいみじき得意にて〈今昔・二九・五〉❸ひいきにすること。また、その人。例(ソノ人ヲ)かならず見せさせたまへ。御得意なり〈枕・職の御曹司におはします頃、西の廂にて〉❹商売などの相手。よく店に来てくれる客。例もとより商ひの得意ことさらにあしらひ〈西鶴・好色一代男・三・三〉

どく-ぎん【独吟】名動(サ変)❶詩歌を一人で口ずさむこと。例(故人ガ)平生(=生前はいつも)の作文の席につらなりはべりし事思しめしいでて、独吟せさせたまひける〈著聞集・一三・四六四〉❷連歌・連句を一人で作ること。また、その作品。

とく-こ【独鈷】トッ― 名《仏教語》「とこ」とも。真言密教の法具の名。金剛杵の中で、両端が分かれておらず、とがっているもの。⇩こんがうしょ(図)

とく-ごふ【得業】― 名『仏教語』僧の学問上の階級の名。奈良では、維摩会・法華会・最勝会で義を講じた僧の称号。例（老僧観規ハ）有智の**得業**にして〈霊異記・下・三〇〉

とくごふ-しゃう【得業生】 名 平安時代、大学寮の諸道の学生の中から特に成績優秀な少数者に与えられる身分。

と-くさ【木賊】 名 ❶植物の名。シダ類トクサ科の常緑多年草。山野に自生する。茎は乾かして物を磨くのに使う。例**とくさ**かる木曾のあさぎぬ袖ぬれて〈新勅撰・雑四〉 ❷「木賊色」の略。例飯沼の新左衛門、**木賊**の狩衣にて供奉したり〈とはずがたり・四〉

とくさ-いろ【木賊色】 名 ❶染め色の名。木賊の葉や茎の色のような、黒みをおびた濃緑色。❷襲の色目の名。表は萌黄または黒みをおびた青、裏は白。老人が着る。四季にわたって着用。⇩口絵。例**木賊色**の水干に立て烏帽子〈義経記・六〉

とく-し【読師】 名「どくし」「とくじ」とも。❶『仏教語』諸国の国分寺に置かれた僧官。講師の下の位で、国内の法会や僧尼の管理などにあたる。❷『仏教語』法会のとき、高座にのぼって講師に相対し、経題・経文などを読み上げる役目の僧。例**読師**には誰人をか請ずべき〈今昔・一二・七〉 ❸歌会・歌合わせのとき、懐紙や短冊を整理して講師に渡す役。講師に読み誤りがあれば訂正する。例左右の**読師**、一度に御前に参りて読み上ぐ〈増鏡・北野の雪〉

とく-しつ【得失】 名「とくしち」とも。❶得ることと失うこと。利害。例分別みだりに起こりて、**得失**止む時なし〈徒然・七五〉 ❷成功と失敗。例（矢ヲ射ルトキハ）毎度ただ**得失**なく、この一矢に定むべしと思へ〈徒然・九二〉 ❸長所と短所。例人をもて鏡としては（自分ノ）**得失**を知り〈沙石集・拾遺・二一〉

どく-じゅ【読誦】 名動（サ変）『仏教語』経文を声に出して読むこと。例床よりおりたまひて、御経を**読誦**したまひて〈御伽草子・梵天国〉

とくしょ-はじめ【読書始め】 名「ふみはじめ」に同じ。

とく-せい【徳政】 名 ❶民に恩徳を施す政治。例めでたく**徳政**の行はれければ〈愚管抄・六〉 ❷鎌倉・室町時代、幕府などの発した債権や債務の破棄令。

とくせに-こ【得選子】 名〔「こ」は接尾語〕得選を親しんでいう語。例**得選子**が閨なる（＝寝所である）や 霜結ふ檜葉を〈神楽歌・得選子〉

とく-せん【得選】 名〔采女の中から選ばれたものの意〕内膳司の御厨子所に属し、食膳ほかの雑用に従事する女官。例**得選**、樋子（＝食器）をもて参る〈増鏡・さしぐし〉

とく-たい【得替・得代】 名動（サ変）❶国司・守護・地頭・大番役などの地方官が任期を終えて交替すること。❷在任中の領主が所領を没収されること。また、その領有権が新しい領主に移ること。例まさる狼藉ひきいだし、両方（＝自分も相手も）**得替**の身となりぬべし〈曾我・一〉

とく-だう【得道】― 名動（サ変）❶『仏教語』悟りを開くこと。例罪業まことに深しといへども…かへって**得道**の因ともなる〈平家・一二・重衡被斬〉 ❷（①から転じて）納得すること。得心すること。例この道の（＝遊興が）やまぬはおほかたならぬ因果ぞと、よくよく**得道して**〈西鶴・西鶴置土産・四・一〉

とく-だつ【得脱】 名動（サ変）『仏教語』迷いから脱して悟りを得ること。例この功徳によりて**得脱し**ぬる由を告げたまへりける〈宝物集・七〉

とく-と【篤と】 副 念を入れて。十分に。よくよく。例ここの道理を**とくと**合点（＝納得）せねばならぬ〈黄表紙・心学早染草・下〉

とく-ど【得度】 名動（サ変）『仏教語』〔「度」は彼岸へ渡る意〕❶真の悟りを開くこと。例智恵の眼をもって衆生の中に**得度す**べき者を見て〈今昔・二・三二〉 ❷俗人が僧尼となること。例寺の衆の僧、聴して**得度し**出家せしめ〈霊異記・上・三〉

とく-とく【疾く疾く】 副 早く早く。急いで。例「なほ**とくとく**参りなむ」と言ひ騒がして〈源氏・浮舟〉

とく-にん【徳人】 名「とくじん」とも。❶徳のある人。❷金持ち。例智者は愚者になり、**徳人**は貧になり〈徒然・九八〉

とく-ぶん【得分・徳分】 名 収益。また、分け前。例五つをば某が**得分**にせん〈義経記・五〉

とく-よう【徳用】 名 ❶徳があり、応用の才能も兼ね備えていること。例汝は坐道場（＝寺で常に座して修行すること）の**徳用**を備へたり〈源平盛衰記・一〉 ❷使用して得をすること。例普請料一銭もかけず、するする まで皆**徳用**ある事ばかりなり〈浮世草子・棠大門屋敷・二・三〉 ❸利益。もうけ。例これを手代の**徳用**にして〈浮世草子・日本新永代蔵・四・四〉

と-ぐら【鳥座・塒】 名 鳥がとまる所。鳥のねぐら。例**とぐら**立て飼ひし雁の子〈万葉・二・一八二〉

とけし-な・し 形（ク）『近世語』待ち遠しい。じれったい。もどかしい。例（金銀ガ）溜まるは**とけしな**く、減るははやし〈西鶴・日本永代蔵・四・五〉

とげ-な・し 形（ク）やり遂げられない。一説に、「利となし」で、しっかりしたところがない、の意とも。例これを聞きてぞ、**とげなき**ものをば、「あへなし」と言ひける〈竹取〉

とこ-【常】 接頭 直接または助詞「つ」を伴った形で名詞について、**永久不変である、永遠である、の意を表す**。「常少女」「常夏」「常世」など。

語誌 記紀の天地の始まりの条に登場する天之常立神・国之常立神の「とこ」も、天空や国土の永久不変を前もって祝う意味での命名とされる。〈吉田比呂子〉

とこ【床】 名 ❶寝床。例心やすき独り寝の**床**にて〈源氏・末摘花〉 ❷牛車の屋形。車箱。例御車の**床**かきおろしておはしまさせたまふ〈栄花・峰の月〉 ❸床の間。❹涼み床。桟敷。例**床**のかげに身をひそめ〈近松・鑓の権三重帷子・下〉

【床離る】 夫婦が寝床をともにしなくなる。夫婦関係が絶える。例年ごろ（＝長年）あひ馴れたる妻、やうやう**床離れ**て、つひに尼になりて〈伊勢・一六〉

【床旧る】 夫婦が長い年月連れ添う。例年経れどいかなる人か**床ふり**て相思ふ人に別れざるらん〈拾遺・哀傷〉読解「人か」の「か」は反語の意を表す。

と-こ【独鈷】 名《仏教語》「とくこ」に同じ。例験者の物の怪調ずとて、いみじうしたり顔にとこや数珠などもたせ〈枕・すさまじきもの〉

と-ごころ【利心】 名〔「と」は形容詞「とし」の語幹〕しっかりした明敏な心。理性。例朝夕に音のみし泣けば(=声を立てて泣くので)焼き大刀の(枕詞)利心も我は思ひかねつも〈万葉・二〇・四四七九〉

とこしく-に【常しくに】 副 永遠に。例いや(=いよいよ)常しくに我かへり見む〈万葉・七・一一三三〉

とこし-なへ【常しなへ・長しなへ】 形動(ナリ)「とこしへ」に同じ。

とこし-へ【常しへ・長しへ】 形動(ナリ) 永遠に変わらないさま。例とこしへに夏冬行けや(=夏と冬とが過ぎて行くからか)〈万葉・九・一六八二〉

と-こそ 〔格助詞「と」+係助詞「こそ」〕❶「と」によって引用された内容を強調する。例思ふとも離れなむ人をいかがせむ飽かず散りぬる花とこそ見め〈古今・恋五〉❷(活用語の命令形について)命令を強調して荘重な感じを出す。例いかに、これなる強力(=従者)留まれとこそ〈謡曲・安宅〉

とこ-つ-みかど【常つ御門】 名〔「つ」は「の」の意の上代の格助詞〕永久に変わらない宮殿。例君ませば常つ御門と侍宿するかも〈万葉・二・一七四〉

ことは-に【常永久に】 副〔古くは「とことばに」とも〕永久に。いつまでも変わらずに。例我が御門千代とことばに栄えむと〈万葉・二・一八三〉

とこ-なか【床中】 名 寝床の中。また、寝床の中央。例枕より後より(=足もとから)恋のせめくればせむ方なみぞ床中にをる〈古今・雑体〉

とこ-なつ【常夏】 名❶植物の名。撫子の別称。花期が春から秋におよび、夏じゅう咲くことからの称とされる。例前栽の(=庭の植え込みが)何となく青みわたれる中に、常夏のはなやかに咲き出でたるを折らせたまひて〈源氏・紅葉賀〉❷襲の色目の名。「なでしこ②」に同じ。語誌「塵をだにすゑじとぞ思ふ咲きしより妹とわが寝るとこなつの花」〈古今・夏〉のように、「常夏」の「とこ」に寝床の「床」を掛ける表現が和歌などに用いられる。

とこ-なつか・し【常懐かし】 形(シク) いつまでも心ひかれる。常に慕わしい。和歌では、多く「常夏の花」に掛けて用いる。例なでしこのとこなつかしき色を見ば〈源氏・常夏〉

とこなつ-に【常夏に】 副 夏の間じゅういつも。一説に、一年じゅういつも。例立山に降り置ける雪を常夏に見れども飽かず〈万葉・一七・四〇〇一〉

とこ-なめ【常滑】 名 川底の岩に苔がついて常に滑らかな所。一説に、その水苔とも。永久であることを掛けていうときに用いる。例見れど飽かぬ吉野の川の常滑の(ここまで序詞)絶ゆる事なくまたかへり見む〈万葉・一・三七〉

とこ-は【常葉】 名 常緑の木の葉。永遠・不変なもののたとえにもいう。例橘は実さへ花さへその葉さへ枝に霜降れどいや常葉の木〈万葉・六・一〇〇九〉

とこ-はな【常花】 名 一年じゅう咲いている花。例橘は常花にもが〈万葉・一七・三九〇九〉

とこはなる【床離る】 ⇩「とこ」の子項目

とこふる【床旧る】 ⇩「とこ」の子項目

とこ-みや【常宮】 名 永久不変の宮殿。転じて、貴人の墓所の意にも用いる。例城上の宮を常宮と定めたまひて〈万葉・二・一九六〉

とこ-やみ【常闇】 名 永遠の暗闇。例天雲を日の目も見せず常闇に覆ひたまひて〈万葉・二・一九九〉

とこ-よ【常世】 名❶永久に変わらないこと。永久不変。永遠。例我妹子が見し鞆の浦のむろの木は常世にあれど見し人そなき〈万葉・三・四四六〉❷「常世の国」の略。

とこ-よ【常夜】 名 永遠に続く夜。例これによりて、常夜往きき(=続いた)〈記・上・神代〉

とこよ-の-くに【常世の国】 古く、海のかなたにあると考えられた別世界。のちに神仙思想などと折衷され、仙境・不老不死の国と考えられた。「常」の漢字をあてるのも、その不変のイメージによる。例我妹子は常世の国に住みけらし昔見しよりをちましにけり(=一段と若返ったなあ)〈万葉・四・六五〇〉語誌 常古くは異界観は複合したイメージによっている。常世の国の所在も地下であったり、天上とつながる海底であったり、水中であったりもする。時間の流れもこの世界とは当然違うものであった。また、死者の国とする見方もあった。そのような異界観に中国の神仙思想が加味され、海のかなたの不老不死の国ともなってゆく。⇩ほうらいさん

とこよ-もの【常世物】 名 常世の国から伝えられた物。特に、垂仁天皇の代、田道間守に持ち帰らせた橘の実。⇩ときじくのかくのこのみ。例常世物この橘のいや照りに〈万葉・一八・四〇六三〉

ところ【野老】 名 草の名。ヤマノイモ科のつる性多年草。山野に自生し、根や茎は食用・薬用になる。正月には、長寿を願ってひげ根を飾る。和歌では、場所の意の「ところ」を掛けて用いることが多い。例そのわたりの山に掘れる野老などの〈源氏・横笛〉

ところ

【所・処】 ■1名❶場所。地点。例いかなる所にか、この木はさぶらひけむ(=どのような所に、この木はございましたのでしょうか)〈竹取〉

❷その土地。その場所。また、居場所。住所。例今日ある人、所に似たる歌よめり(=今日ここにいる人が、その土地にふさわしい歌を詠んだ)〈土佐〉

❸箇所。点。例(光源氏ハ紫ノ上ヲ)飽かぬところなう、わが御心のままに教へなさむと(=不満足な点がなく、ご自分の思うままに教育しようと)〈源氏・花宴〉

❹官庁。役所。特に、蔵人所・武者所をいう。例先年ところにありし時も(=去年官庁にいたときも)〈平家・四・信連〉読解ここは武者所。

❺形式名詞的に用いる。㋐こと・とき・場合などの意を表す。例民間の愁ふるところを知らざっしかば(=民衆が悲しんでいることを理解しなかったので)〈平家・一・祇園精舎〉

㋑(「ところの」の形で)連体修飾語となる。例殺す所の鳥を(=殺した鳥を)〈徒然・一六二〉

■2接尾 貴人の人数を数えるのに用いる。例女御子

たち二ところ（＝女の御子たち二人）〈源氏・桐壺〉〈吉野瑞恵〉

【所に付っく】 その場に臨む。また、その場に応じてふさわしくなる。その場に似つかわしい。例若人たちの読経あらそひ・今様歌どもも、**所につけて**はをかしかりけり〈紫式部日記〉

ところ-あらはし【所顕し】 ーラワシ 名 結婚披露。平安時代は、男性が女性の家に通うようになって三日目に女性の家で宴を開き、男性とその従者をもてなす。例御**ところあらはし**など、心もとなからず（＝十分に）せさせたまへり〈栄花・日蔭の鬘〉

ところ-う【所得】 ❶ふさわしい地位を得る。活躍できる場を得る。例殿にも文作り（＝漢詩を作る会）しげく、博士・才人ども**所得たり**〈源氏・少女〉❷得意になる。幅をきかせる。例木霊（＝木の精霊）など、けしからぬ物ども**所を得て**〈源氏・蓬生〉

ところえ-がほ【所得顔】 ーガオ 名 形動（ナリ） 思うままにふるまえる場所を得たという顔つき・様子。得意顔。例草青やかに茂り、軒のしのぶ（＝忍草）ぞ**所得顔**に青みわたれる〈源氏・橋姫〉

ところ-おく【所置く】 遠慮する。一目置く。例人に**所置かれ**（＝人に一目置かれ）、力などぞいみじう強かりける〈宇治拾遺・一三〉

ところ-から【所柄】 名「ところがら」とも。場所がら。例**所がら**なめり、さすがに虫の声など聞こえたり〈枕・故殿の御服のころ〉

ところ-さる【所去る】 その所を避けてほかの場所に移る。場所を譲る。例ここにやは（車ヲ）立たせたまはぬ。**所さり**きこえむ〈源氏・葵〉

ところ-せ・し【所狭し】 形（ク） ❶場所が狭い。物などがいっぱいで窮屈だ。例（人形遊ビノ）小さき屋ども作り集めて奉りたまへるを、**ところせき**まで遊びひろげたまへり（＝小さな家をいくつも作り集めてさしあげなさったのを、部屋いっぱいに広げて遊んでいらっしゃった）〈源氏・紅葉賀〉
❷気詰まりだ。自由にふるまえず窮屈だ。例公事もしげく、**ところせき**御身に思しはばかるにそへても（＝政務も忙しく、窮屈な御身分のため自重なさっている上に）〈源氏・澪標〉
❸仰々しい。大げさだ。例（姫君ノ）**ところせき**御もの恥ぢを見あらはさむ（＝大げさなはにかみぶりを見極めよう）〈源氏・末摘花〉
❹堂々としている。重々しい。例出でたまふ気色の**ところせき**を、人々端に出でて見たてまつれば（＝お出かけになる様子が堂々としているのを、女房たちが端に出て拝見するので）〈源氏・紅葉賀〉読解 元日、光源氏が宮中に参内しようとするときの様子。
❺めんどうだ。やっかいだ。例雨降り出でて**ところせく**もあるに（＝雨が降り出してめんどうでもあり）〈源氏・末摘花〉
語誌 ①が原義で、②以下はそれが心理的な面に及んだもの。②③⑤は否定的なニュアンスだが、④は場所が狭いと感じられるほど存在感が大きい感じ。〈吉野瑞恵〉

ところ-たがへ【所違へ】 ータガエ 名 場所を間違えること。例**所違へ**にもあらむに、いとかたはらいたかるべし（＝不都合であろう）〈源氏・夢浮橋〉

ところ-づら【野老葛】 ーズラ「ところつら」とも。❶名 野老（植物の名）のつる。例稲がらに 匍匐ひ廻ろふ **野老葛**〈記・中・景行・歌謡〉❷《枕詞》同音の繰り返しで「常しく」にかかる。また、つるをたどって野老を掘るところから「尋めゆく」にかかる。

ところ-どう【所籐】 名 弓幹のところどころに籐を巻きつけた弓。例石打ちの矢負ひ（＝背負い）、**所籐**の弓持って〈平治・上〉

ところ-どころ【所所】 名 ❶あちらこちら。例霧所々に晴れゆく〈蜻蛉・上〉❷身分の高い人々。かたがた。例**所どころ**より奉りたまひける（手紙）もある中に〈源氏・幻〉

ところにつく【所に付く】 ⇩「ところ」の子項目

とこ-をとめ【常少女】 ーオトメ 名 永遠に年老いず、若いままでいる娘。例河上のゆつ岩群に草生さず常にもがもな**常娘子**にて〈万葉・一・二二〉

土佐 《地名》旧国名。今の高知県。南海道六か国の一つ。土州。延喜式で中国・遠国。遠流の地。

ど-ざ【土座】 名 土間。例宿を借るに、**土座**に筵を敷きてあやしき（＝卑しい）貧家なり〈芭蕉・奥の細道〉

と-ざし【鎖し・局し】 名 ❶戸を閉めること。また、戸を閉める道具。錠・掛けがねなど。例秋の夜の草の**とざし**のわびしきは〈後撰・恋五〉❷門。例門をば不老と号して、老いせぬ**とざし**と説きたれども〈平家・一・先帝身投〉

と-ざ・す【鎖す】 動（サ四） 戸締まりをする。例旅店（＝旅館）なほ**とざせり**〈和漢朗詠集・下・暁〉

土佐日記 《作品名》平安前期の日記文学。一冊。紀貫之作。承平五年（九三五）成立。晩年、土佐守の任を終えた貫之が、承平四年（九三四）十二月に土佐を出発して翌年二月に帰京するまでの約六十日間、旅の感懐を記したもの。土佐守在任中に失った女児への追慕の情を基調としながら、風波や海賊などへの恐怖、帰京の喜びなどを、批評性の豊かな理知的な文章で記している。仮名散文による日記文学の最初の作品として、文学史上重要である。
作品の冒頭に「男もすなる日記といふものを、女もしてみむとてするなり」とあり、女の立場で述べようとするが、この宣言は一貫せず、時には男にも老人にもなったりする。これは、作者がさまざまな立場の多様な視点から事柄をとらえようとする方法であり、それによって、人間や社会への冷静な批評が試みられている。〈鈴木日出男〉

と-ざま【外様・外方】 名 ❶外のほう。戸外。例**外様**にひねりのきて（＝身をひねって退いて）〈枕・松の木立高き所の〉❷表向き。公式の場。世間。例お前を**外様**へつくばはせて（＝うずくまらせては）この伝三が立ちませぬ〈近松・傾城反魂香・中〉❸鎌倉幕府以後、将軍の一族や譜代でない大名や武士。

とざま-かうざま ーコウザマ【副詞「と」「かく」にそれぞれ接尾語「さま」がついた「とざまかくざま」の変化した形】「とさまかうさま」とも。あれやこれや。例**とざまかうざま**に試みきこゆるほど〈源氏・若紫〉

と-さん【土産】 名「どさん」とも。その土地の産物。名産。転じて、みやげ。例伊勢島の土産なりとて〈とはずがたり・四〉

とし【年・歳】 名 ❶一年。また、年月。例万代に年は来経とも梅の花絶ゆることなく咲き渡るべし(=限りなく長く年は経過しても梅の花は絶えることなく咲き続けるだろう)〈万葉・五・八三〇〉

❷年齢。例御年も六十三にぞなりたまふ(=御年齢も六十三におなりになる)〈源氏・澪標〉

❸季節。例今年はあやしく年急ぎて、遅き花疾く咲き(=今年は不思議に季節が早く過ぎて、遅く咲く花も早く咲き)〈宇津保・春日詣〉

❹穀物。特に、稲。また、稲の実り。例我が欲りし雨は降り来ぬかくしあらば言挙げせずとも年は栄えむ(=私が願っていた雨が降って来た。このようであるならば言葉に出して言わなくても稲の実りは豊かであろう)〈万葉・一八・四一二四〉

語誌▼太陰暦では、月が十二回満ち欠けする間を一年とした。その場合、一年は約三百五十四日となるので、およそ三年に一回、十九年に七回の割合で閏年(一年は十三か月)を設けて、季節のずれを調整した。

▼平安末期の辞書『類聚名義抄』などでは、みのる意の「稔」という字を「とし」とも訓んでいて、古くは、一年とは、作物が生育し、実り、収穫されるサイクルに対応して考えられていた。漢字の「年」も、本来は穀物の熟することを意味した。

▼事物について、年に一度、の意で用いられることも多い。たとえば七夕伝説では、「年の恋」(『万葉集』巻一八・四一二七番など)の表現で七夕の恋をいい、「年の渡り」で七夕の逢瀬を表す。〈奥村英司〉

と・し【利し・鋭し・敏し・疾し】 形(ク) ❶【利し・鋭し】切れ味がよい。鋭い。例剣大刀諸刃の利きに(=剣大刀の諸刃の切れ味のよいものに)〈万葉・一一・二四九八〉

❷【敏し】㋐動作がすばやい。機敏だ。例敏き時はすなはち功あり(=機敏であれば成功する)〈徒然・一八八〉

㋑感覚が鋭敏だ。理解が早い。例心とき人の御目にはいかが見たまひけむ(=心が鋭敏な人の御目にはどのようにご覧になっただろうか)〈源氏・野分〉

❸【疾し】㋐激しい。例巻向の川音高しもあらしかも疾き(=巻向川の瀬音が高いなあ。山おろしの風が激しいのか)〈万葉・七・一一〇一〉

㋑速度が速い。例船とくこげ〈土佐〉

㋒時期が早い。例京にとくあげたまひて、物語の多くさぶらふなる、ある限り見せたまへ(=京都に早く上らせてくださって、物語がたくさんございますという、それをすべてお見せください)〈更級〉読解薬師仏に祈る言葉。「さぶらふなる」の「なる」は伝聞の意を表す。〈吉野瑞恵〉

と-じ【刀自】 名「とぬし(戸主)」の変化した形。古代の母系家族制で、一家の女主人をいう。「刀自」は万葉仮名による表記が残ったもの。

❶一家の主婦。家事・家政を掌握する女性の称。例(a)その犬の子、つねに家の室に向かひて、期剋ひ睚に向み皆にみ嘷吠ゆ(=その子犬は、いつも家の主婦に向かって、たけり狂ってにらみ牙をむき出してほえかかる)〈霊異記・上・二〉例(b)刀自の君の病みたまふもいとことわりなるものを(=奥方様がご病気になるのも、まったくもっともなことであるなあ)〈読本・雨月・吉備津の釜〉

❷女性に対する敬称。また、親愛の情を示す称。呼称として「〜の刀自」の形で用いられることが多い。例(a)吹茨の刀自の作る歌〈万葉・一・二二・題詞〉例(b)母にあへつや目豆児の刀自(=母上に差し上げたか、いとしい娘さん)〈万葉・一六・三八八〇〉

❸平安時代、宮中の台盤所・御厨子所・内侍所などで雑役に従事した女官。例使ひにいきける鬼童は、台盤所の刀自といふ者のもとなりけるを(=使いに行った蓑笠を着た童は、台盤所の女官という者の走り使いをしていた者だが)〈枕・円融院の御はての年〉

語誌①②は上代に用いられたもので、近世の用例は、その復古的用法である。平安時代以降は③の用法が主流だが、貴人の家に仕えて家政を取り仕切る女性をいう称としても用いられた。〈米山敬子〉

ど-し【同士・同志】 (「どち」の変化した形) ❶名「どち①」に同じ。例そなたもお百姓、身も百姓、このようなよう似合うたどしはおりゃるまい(=おりますまい)〈山本東本狂言・佐渡狐〉 ❷接尾「どち②」に同じ。「いとこどし」「男どし」など。

どし-いくさ【同士軍】 名 仲間どうしで戦うこと。例さるほどに京都に同士軍ありて、天王寺の寄せ手引き返す〈太平記・三五〉

「同士討ち」とも。

どし-うち【同士討ち】 名「どしいくさ」に同じ。

とし-かへる【年返る】 年が改まる。新年になる。例年かへりて日長く〈源氏・須磨〉

とし-がまへ【年構へ】 名 形動(ナリ) 年を多く取っていること。年配。例年がまへなる親仁、居ながら楫とりて〈西鶴・好色一代女・三・三〉

とし-ぎ【年木・歳木】 名 正月の燃料用に、年末に切り出しておく薪。例高島川のそま人(=きこり)はいそぐ年木を積みやそふらん〈歌枕名寄・二三〉

と-じき【屯食】 名「とんじき」の撥音の表記されない形。例五日夜は殿の御産養ひ…とじきども立てわたす(=一面に立てる)〈紫式部日記〉

と-じきみ【戸閾・軾】 名 ❶「しきみ(閾)」に同じ。例中御門のとじきみ、(牛車)引きすぐるほど〈枕・正月一日は〉 ❷牛車の前の口(降り口)の下に横に渡した仕切り板。例指貫の片つ方は軾のもとに踏み出だしたるなど〈枕・十二月二十四日、宮の御仏名の〉

とし-ぎり【年切り】 名 年によって、樹木の花が咲かなかったり実を結ばなかったりすること。不作の年になること。多く、物事がとだえることや時運に恵まれないことのたとえにいう。例いかでかく年ぎりもせぬ種もがな(=種があればなあ)〈大和・一二〇〉

とし-ぎれ【年切れ】 名「としぎり」に同じ。例この前も橙の年切れして、ひとつを四、五分づつの売

り買ひなれば〈西鶴・世間胸算用・一・三〉

としごひ‐の‐まつり【祈年祭】トシゴイー 名〔「年」は作物の実り〕毎年春、農耕の初めにその年の豊作を祈る祭り。民間に古くから起こり、国家的行事としては、五穀豊穣や国家安泰を伊勢神宮以下諸神に祈願する祭事として、陰暦二月四日、神祇官や国司の庁で行われる。「祈年祭」とも。

としごもり【年籠り】名 年末、特に大みそかに、社寺にこもって新年を迎えること。江戸時代には、借金取りから逃れる口実にも使われた。例**年籠り**の住吉参り〈西鶴・世間胸算用・一・二〉

とし‐ごろ【年頃】

1名副〔上代は「としころ」〕❶何年もの間。長年。ここ数年。例年ごろ、常のあつしさになりたまへれば(=ここ数年、いつも病気がちでいらっしゃっているので)〈源氏・桐壺〉

❷年齢の程度。年格好。**年のころ**。例その病人の様子・**年頃**かれこれ承り(=その病人の状態や年格好をあれこれうかがい)〈浮世草子・新色五巻書・五・二〉

2形動(ナリ) **じゅうぶん年のいっているさま**。例**としごろなる**女房、下女一人めしつれ来るとて(=ずいぶん年を取った女房が、下女を一人お連れになって来ると言って)〈噺本・軽口露がはなし・三・九〉

語誌 元来は1①の意。類語に「月ごろ」「日ごろ」がある。〈奥村英司〉

とし‐たかし【年高し】高齢だ。老年だ。例身は卑しくて**年高き**ことの苦しき〈古今・雑体〉

とし‐たく【年長く】年をとる。例**年たけて**また越ゆべしと思ひきや命なりけり佐夜の中山〈新古今・羇旅〉→名歌246

とし‐たつ【年立つ】新年になる。例**年たてば**花乞ふべくもあらなくに(=ないのに)春いまさらに雪の降るらん〈貫之集・三〉

とし‐つき【年月】名❶年と月。月日。❷長年。年来。例年月の望み、憤り、さこそ(=さぞかし)と思ひやられたれ〈曾我・五〉

と‐して〔断定の助動詞「たり」の連用形＋接続助詞「して」〕❶〜の立場で。例君は我が朝のあるじ**として**、四十余回の春秋をおさめたまひ〈保元・上〉❷(打消の語を伴って)〜でも(〜ない)。〜さえ(〜ない)。例一事**として**おろそかに軽めまうしたまふべきに侍らねば〈源氏・若菜上〉

としとく‐じん【歳徳神・年徳神】名 陰陽道で、一年の福をつかさどるとされる女神。この神のいる方向を「恵方」といって、万事に吉とする。正月には、この神を招き入れるために恵方棚を作って祭る。例あばら家も**年徳神**の御宿かな〈俳諧・七番日記〉

としとく‐だな【歳徳棚】名 歳徳神を祭る棚。正月、その年の「恵方」に作り、注連を張って供え物をする。例**歳徳棚**を買ひければ、釣り木・釘まで持ち来たりて〈西鶴・西鶴織留・三・四〉

とし‐の‐うち【年の内】❶一年のあいだ。❷年の改まらないうち。年内。ふつう、年末についていう。例**年のうち**に春は来にけり一年を去年とやいはむ今年とやいはむ〈古今・春上〉→名歌247

とし‐の‐こなた【年の此方】今年のうち。年内。例祝ふことありとなるべし今日なれど**年のこなた**に春も来にけり〈後撰・慶賀〉

とし‐の‐こひ【年の恋】コイー 一年間変わらず思い続ける恋。七夕の一年に一度の逢瀬をいう。例**年の恋**日長き児らが妻問ひの夜ぞ〈万葉・一八・四一二七〉

とし‐の‐は【年の端】毎年。年ごと。例**年のは**に春の来らばかくしこそ(=こうして)梅をかざして楽しく飲まめ〈万葉・五・八三三〉

とし‐の‐ゆき【年の雪】年々白髪が増えていくことを、毎年積もる雪にたとえていう語。例新しき春さへ近くなりゆけばふりのみまさる**年の雪**かな〈拾遺・冬〉読解「ふり」は「降り」と「古り」を掛ける。

とし‐の‐よ【年の夜】おおみそかの夜。例一日一日と送るほどに、はや**年の夜**になってござる〈虎寛本狂言・福の神〉

とし‐の‐を【年の緒】オー 年。長く続くのを緒にたとえた表現。例あらたまの(枕詞)**年の緒**長く逢はざれど〈万葉・一五・三七七五〉

とし‐ふ【年経】❶歳月が過ぎる。年月がたつ。例浦に**年経る**さまなど問はせたまふに〈源氏・須磨〉❷年をとる。老いる。例色も香も同じ昔に咲くらめど**年ふる**人ぞあらたまりける〈古今・春上〉

とし‐み【落忌】名〔「おとしいみ」の変化した形〕精進が終わって肉食が許されること。賀の祝いの後の饗宴などにもいう。精進落とし。例椿市にかへりて、**落忌**など言ふめれど〈蜻蛉・中〉

とし‐よはひ【年齢】ヨワイー 名 年のほど。年齢。例何ともなくて積もりはべる**としよはひ**にそへて、いにしへの事なん恋しかりけるを〈源氏・行幸〉

とし‐より【年寄り】名❶老人。年配者。例鎌倉の**年寄り**の申しはべりしは〈徒然・一一九〉❷幕府で、政務に携わる重職。室町幕府では評定衆・引き付け衆。江戸幕府も、はじめは大老・老中を年寄り・年寄り衆と称した。例**年より**中の差図にて、香炉二つ出だして〈西鶴・武道伝来記・八・一〉❸江戸時代、町村や同業仲間の世話役。例この心清町一町のたばねをする**年寄り**〈近松・博多小女郎波枕・中〉

俊頼髄脳としよりずいのう トシヨリズイノウ《作品名》平安末期の歌論。二巻。源俊頼著。永久三年(一一一五)ごろの成立か。関白藤原忠実の依頼を受けて、その娘で鳥羽天皇の皇后となる高陽院泰子に奉ったもの。内容は、歌体論・歌病(修辞上の欠陥)論・和歌効用論・秀歌論・歌語の由来など多岐にわたる。のちの歌論に大きな影響を与えた。

ど‐す【度す】動(サ変)❶《仏教語》〔「度」は彼岸へ渡す意〕仏が衆生を救う。悟りの境地に導く。済度する。例菩薩…まず我を**度し**たまへ〈今昔・一・六〉❷朝廷から度牒(証明書)を与えて僧尼と認める。例宮中および山階寺にして一千の僧を**度す**〈性霊集・一〇〉❸道理を言い聞かせて承知させる。納得させる。例どうも足下達(=おまえたち)は**度し**がたい〈滑稽本・浮世床・初中〉

‐とせ【年・歳】接尾 年を数えるときに用いる。「五とせ」「百とせ」など。

と‐せい【渡世】名 生活すること。生計を立てるこ

と。なりわい。例**渡世**は八百八品といふに〈西鶴・西鶴織留・四・二〉

と-ぜん【徒然】 名 形動（ナリ）〔「つれづれ」の漢字表記を音読してできた語か〕何もすることがなく手持ちぶさたなさま。例軍を止ゃめられければ、**徒然**に皆たへかねて〈太平記・七〉

と-そ【屠蘇】 名 元旦に、邪気を払い、長寿を願って飲む薬。中国から伝わったもので、肉桂・山椒・白朮・桔梗・防風・赤小豆などを調合して袋に入れ、酒やみりんに浸して成分を抽出する。例まづ正月には、平旦(=夜明けごろ)に天地四方拝・**屠蘇**白散・群臣の朝賀〈太平記・二四〉

と-ぞ 〔格助詞「と」＋係助詞「ぞ」〕❶「と」によって引用される内容を強調する。例「南無当来導師」**とぞ**拝むなる〈源氏・夕顔〉❷（文末に用いて）〜ということだ。〜であるそうだ。例いかにもいかにも、平茸は食はざらんに事欠くまじき(=食べなくても不自由しない)ものと**ぞ**〈宇治拾遺・二〉 語誌 ②は「とぞ言ふ」などの結びが省略された形。物語の末尾などにも用いられる。

と-そう【抖擻】 名《仏教語》「づだ」に同じ。例我、高笈かけ、**抖擻**の行ずる身に侍り〈撰集抄・七・一四〉

とそつ【兜率・都率】 名《仏教語》「兜率天」の略。例さだめて(=きっと)**兜率**に生まれたる人なり〈今昔・一四・一〇〉

とそつ-てん【兜率天・都率天】 名《仏教語》〔「兜率・都率」は梵語の音写〕欲界にある六欲天の第四天。内外の二院があり、内院は将来仏となるべき菩薩が住み、弥勒が常に説法をしているという。外院は天人の遊楽する所という。例「我今、**兜率天**の内院に生まれて弥勒を見たてまつらむとす」と告げて昇りぬ〈今昔・一三・一五〉

と-だえ【跡絶え】 名 動（サ変）行き来がなくなること。とぎれること。男女の関係がなくなること。例久しき御対面の**とだえ**を珍しく思して〈源氏・御法〉

と-だち【鳥立ち】 名 ❶鳥が飛び立つこと。例ふる雪に**鳥立ち**も見えず〈山家集・上〉❷鷹狩りのとき、鳥が集まるようにあらかじめ作る草むらや水辺。例雉子なく交野の原の**鳥立ち**こそ誠にかりのやどりなりけれ〈六百番歌合〉

戸田茂睡 《人名》一六二九〜一七〇六（寛永六〜宝永三）。江戸時代の歌人。号は梨本など。制約の多い堂上歌学を批判し、和歌における用語の自由を主張。歌論に『梨本集』、私撰集に『鳥の跡』など。

と-だ・ゆ【跡絶ゆ】 動（ヤ下二）行き来がなくなる。とぎれる。男女の関係がなくなる。例久しう**とだえ**たまはむは、心細からむ〈源氏・総角〉

と-たん【塗炭】 名 泥にまみれ火で焼かれるような悲惨な状態。「土炭」とも。例悲しいかな、今よりのち、朝儀久しく**塗炭**に落ちて〈太平記・一七〉

どち 1 名 親しい人。仲間。連れ。例松の末ごとに住む鶴は千代の**どち**とぞ思ふべらなる(=松を思っているようだ)〈土佐〉 2 接尾 名詞について、〜どうし、〜仲間、の意を添える。「いとこどち」など。

ど-ち【何方】 代 不特定の場所・方角を示す指示代名詞。どちら。どっち。例**どち**へ行ぃたぞ〈狂言記・居杭〉

とぢ・む【閉ぢむ】 動（マ下二）❶し終える。しとげる。例書きも**とぢめ**たまはぬやうにて〈源氏・夕霧〉❷命を終える。死ぬ。例重き病者の、にはかに**とぢめ**つるさまなりつるを〈源氏・若菜下〉

とぢめ【閉ぢめ】 名〔動詞「とぢむ」の名詞形〕❶物事の終結。終わり。例思ひ離るる世の**とぢめ**に〈源氏・若菜上〉❷人の最期。臨終。例今はの**とぢめ**になりたまひて〈源氏・橋姫〉

と-ちゃう【斗帳・戸帳】 名 帳台や神仏を安置した厨子に垂らす帳。斗を伏せた形に似ていることからの称。例**戸帳**越しにあらたなる(=はっきりとした)御告げなれども〈西鶴・日本永代蔵・一・一〉

と・づ【閉づ】 動（ダ上二）❶閉ざされる。ふさがる。例小止みなきころのけしきに、いとど空さへ**閉づる**心地して〈源氏・明石〉❷水が凍る。例天の河冬は氷に**閉ぢ**たれや〈後撰・冬〉❸閉ざす。しめる。例戸を**とぢ**て音もしたまはず〈三宝絵・中・一〉❹目を閉じる。口を閉じる。例まなこ**とぢ**たまひし所にて、経の心解かせたまはむとにこそありけれ〈蜻蛉・上〉 読解 ここは、死ぬ意。❺人や物を閉じこめる。例葎の門に、思ひのほかにらうたげならむ人の**閉ぢら**れたらむこそ〈源氏・帚木〉❻氷が張って池などを覆う。例冬の池の上は氷に**とぢ**られて〈拾遺・冬〉

とつか-の-つるぎ【十拳の剣・十握の剣】 名 刀身が十握りの長さの剣。例つひに所帯かせる(=身に着けていらっしゃる)**十握の剣**を抜きて〈紀・神代上〉

とづ・く【届く】 1 動（カ四）とどく。達する。例海は櫓櫂のとづかんほど攻め行くべし〈平家・一一・逆櫓〉 2 動（カ下二）とどける。例形見を**届くる**おとづれ(=訪問)は〈謡曲・柏崎〉

と-つ-くに【外つ国】 名〔「つ」は「の」の意の上代の格助詞〕❶畿内（山城・大和・河内・和泉・摂津）以外の国々。例その情の願ひのままに(=ままに)、**とつくに**にはべらしめよ(=住まわせよ)〈紀・景行〉❷日本以外の国。異国。外国。

とっ-こ【独鈷】 名《仏教語》⇩とくこ

とっ-つけ【取っ付け】 名 馬の鞍の後輪につけた紐。本来は乾飯などを取り付けるためのもの。⇩くら（図）。例敵の首…**取っ付け**にとりつけて〈太平記・三一〉

とっ-と 副 ❶まことに。本当に。例**とっと**子細(=事情)のある事でおぢゃる〈狂言記・こんくゎい〉❷場所・時間が非常に離れているさま。ずっと。はるか。例**とっと**前から藤袴(=人名)と契約あり〈近松・傾城反魂香・上〉❸すでに。もう。例**とっと**ござりました(=お着きになりました)〈狂言記・萩大名〉

とつ-び【突鼻】 名 主君に罪や失態を責められること。例駿河の局、**突鼻**に及ぶ〈吾妻鏡・建暦元年六月〉

と-つ-みや【外つ宮】 名〔「つ」は「の」の意の上代の格助詞〕❶離宮。皇居の別邸として設けた宮殿。行幸などで天皇が泊まるところ。例吉野の**離宮**に幸す時に〈万葉・三・三一五・題詞〉❷伊勢神宮の外宮。

とつみや-どころ【外つ宮所】 名 ❶離宮のある場

所。例久に経る三諸の山の**離宮所**〈万葉・一三・三二三一〉❷伊勢神宮の外宮のある場所。例みたらし川の**とつみやどころ**〈殷富門院大輔集〉

とーて〔格助詞「と」＋接続助詞「て」〕❶引用である意を表す。～と言って。～と思って。例「何ごとぞや。童べと腹立ちたまへるか(＝何事ですか。子どもたちとけんかなさったのですか)」**とて**、尼君の見上げたるに〈源氏・若紫〉❷動作の目的を表す。～として。例馬のはなむけせん(＝送別の宴をしよう)**とて**人を待ちけるに〈伊勢・四八〉❸原因・理由を表す。～というので。例政よくしたまふ**とて**、筑紫人さながら(＝すべて)従ひまうしたりければ〈大鏡・道隆〉❹(打消の語を伴って)～からといっても。例桜花散らば散らなむ散らず**とて**ふるさと人の来ても見なくに〈古今・春下〉❺人や事物の名を表す。～という名で。～といって。例真乗院に、盛親僧都**とて**やんごとなき(＝並々でない)智者ありけり〈徒然・六〇〉

どーて【土手】 名 ❶堤防。例名残惜しさに立ち止まり、小高き**土手**に伸び上がり〈近松・大経師昔暦・中〉❷特に江戸で、遊里の吉原に至る日本堤。

とーてつ【途轍】 名 物事の筋道。方針。道理。例諸事の沙汰(＝処置)の**途轍**〈太平記・四〇〉

とーてーも 副〔「とてもかくても」の略〕❶どうせ。どちらにしても。しょせん。例**とても**賤しきこの身にて添ひたてまつるはかなはぬ事〈近松・蟬丸・一〉❷(打消の語を伴って)どうしても(～ない)。例都へは**とても**帰らぬ道芝の〈謡曲・清経〉

とてもーかくても ❶どちらにしても。結局。例わが世のほど(＝自分が世にある間)は、**とてもかくても**同じことなれど〈源氏・蛍〉❷どのようにしてでも。どうあろうと。例おのれは**とてもかくても**経なむ(＝暮らしていこう)〈大和・一四八〉語誌「とありても、かくありても」の意。条件はさまざまでも結果は変わらないことをいう。

とてもーのーことーに 同じことならいっそ。いっそのこと。例**とてものことに**羯鼓(＝楽器の名)を打って御見せ候へ〈謡曲・自然居士〉

とーてん【渡天】 名 動(サ変) 天竺(インド)に渡ること。例明恵房上人、**渡天**のこと心中ばかりに思ひ立ちたまひけるに〈沙石集・一・五〉

とと【父】 名 ❶父親のこと。とうちゃん。例**父**かと言うて、私に抱き付いてくだされませ〈近松・夕霧阿波鳴渡・中〉❷夫。亭主。また、茶屋などの主人。例(手紙ヲ)ちごの母拾うて見て、右の文言を不審に思ひ、**父**に問へども〈噺本・昨日は今日の物語・下〉
語誌 ①②とも、対になる語は「かか」。

とど 副 とどろく音を表す。戸をたたく音や馬のひづめの音などにいう。例馬の音の**とど**ともすれば松陰に出でてぞ見つるけだし君かと(＝もしかしたらあなたかと思って)〈万葉・一一・二六五三〉

どーど【度度】 副 たびたび。例一度・二度こそつれなくとも、**度々**重なれば〈随聞記・六〉

とーとく【都督】 名 ❶中国の官職名。地方の軍務を監督する。❷大宰帥の唐名。例江**都督**、安楽寺にて曲水の宴行はれけるに〈十訓抄・一〇・八〉読解「江都督」は大江匡房。権帥を二度務めた。

とどこほり【滞り】 名 動作や物事の進行につかえがあること。障害。支障。例太政大臣に上がりたまはんに何の**滞り**かおはせん〈徒然・八三〉

とどこほ・る【滞る】 動(ラ四) ❶動作や物事の進行が、途中でつかえる。停滞する。例(無常ノ摂理ハ)しばしも**滞ら**ず、ただちに行ひゆくものなり〈徒然・一五五〉❷ぐずぐずする。ためらう。例(休息シヨウト)右近馬場のわたりに**とどこほら**せたまふほどに〈栄花・浦々の別れ〉

との・ふ

【調ふ・整ふ・斉ふ】本来の正しい状態にある、また、正しい状態にする、が原義。

1 動(ハ四) ❶**調和のとれた状態になる。必要なものが完備する。そろう。** 例(a)丈姿**ととのひ**、うつくしげにて十人(＝身長・体つきがそろって、かわいらしい様子で十人)〈源氏・澪標〉読解供をする子どもたちの様子。例(b)人柄もあるべき限り**ととのひ**て、何ごともあらまほしく(＝人柄も備わるべきものがすべて備わって、何事につけても理想的で)〈源氏・紅葉賀〉❷**声や楽器などの調子が合う。そろう。** 例御琴どもの調べども**ととのひ**はてて(＝御琴の調弦などもすっかりそろって)〈源氏・若菜下〉❸大勢を統率する。指揮する。例六千の兵を発し**ととのひ**(＝六千人の兵士を集め動かして指揮し)〈続紀・天平宝字八年十月・宣命二九〉

2 動(ハ下二) ❶**そろえる。きちんとさせる。** 例内裏に茨をふき、軒をだにも**ととのへ**ず(＝内裏に茅を葺いて、軒さえもそろえない)〈平家・五・都遷〉読解茅の先を切りそろえないということ。❷**声や楽器などの調子を合わせる。そろえる。** 例よろづの物の音**ととのへ**られたるは、妙におもしろく(＝さまざまな楽器の音色を調和させているのは、なんとも言えずすばらしく趣深く)〈源氏・若菜上〉❸**用意する。準備する。支度する。** 例院中の人々の、兵具を**ととのへ**、軍兵を召され候ふをば(＝法皇の御所じゅうの人々が、武具を用意し、軍勢をお集めになっておりますことを)〈平家・二・西光被斬〉❹人を集める。人をそろえる。例大舟に ま楫しじ貫き 朝なぎに 水手**整へ** 夕潮に 楫引き折り(＝大船に櫂をたくさん取りつけ、朝なぎに船乗りを集め、夕潮に梶を強く漕ぎ)〈万葉・二〇・四三三一〉❺結婚させる。例(長女ヲ)帝に奉りつ。その次々、ことごとくに**整へ**たなり(＝帝に差し上げた。その次々の娘たちも、すべて結婚させたということだ)〈宇津保・藤原の君〉読解「たなり」は完了の助動詞「たり」の連体形＋伝聞・推定の助動詞「なり」。⇩たなり❻買う。例いりもせぬ唐紙を**調へ**に行くなどをかし(＝いらない唐紙を買いに行くなどもおもしろい)〈西鶴・好色一代女・三・一〉

語誌 ①は古くは他動詞で、自動詞としては「ととのほる」がある。のち②が他動詞として成立し、①は自動詞として用いられるようになった。②は室町時代

ころに「ととのゆる」となり、現代語「ととのえる」につながる。〈黒木祥子〉

ととのへ-し・る【調へ知る】 動(ラ四) 調え方を理解する。うまく調節する。例よく味はひ**調へ知れ**る人、大きなる徳とすべし〈徒然・一三三〉

ととのほ・る【調ほる・整ほる】 動(ラ四) ❶欠けるところなくそろう。きちんとしている。安定している。例盛りに(=美しい年ごろで)**ととのほり**て見えたまふ〈源氏・紅葉賀〉 ❷音の調子が合っている。例舞・楽・物の音ども**調ほり**て〈源氏・花宴〉

とどま・る【止まる・留まる・停まる】 動(ラ四) 〔「とどむ」の自動詞形〕 ❶動きがなくなる。停止する。例(老イト死ノ)来たるること速やかにして、念々(=一瞬一瞬)の間に**止まら**ず〈徒然・七四〉 ❷あとに残る。例人麿なくなりにたれど、歌のこと**とどまれ**るかな〈古今・仮名序〉 ❸宿泊する。滞在する。例暮れぬれば、その夜は**とどまり**たまひぬ〈源氏・宿木〉 ❹中止になる。例物詣では、穢らひ(=不浄)出で来て**とどまり**ぬ〈蜻蛉・中〉 ❺(「目」「耳」「心」などとともに用いて)注意・関心が向く。例(春ノ夜ト秋ノ夜ノ)いづれにか御心**とどまる**〈更級〉 ❻とどめをさされる。死ぬ。例鹿は少しもはたらかず(=動かず)、二つの矢にてぞ**とどまり**ける〈曾我・八〉 ❼(それ以上に進むことがない意から)最高のものとする。例人の子として孝に**とどまる**といふ〈近松・山崎与次兵衛寿の門松・中〉

とど・む【止む・留む・停む】 〔「とどまる」の他動詞形〕 [1]動(マ下二) ❶ある場所にとめておく。行こうとするものを引き止める。例我が待つ君を誰か**留むる**(=私が待つあなたをだれが引き止めているのか)〈万葉・一一・二六一七〉 ❷あとに残す。例皇子をば**とどめ**たてまつりて、忍びてぞ出でたまふ(=皇子を残し申し上げて、ご自分は人目を避けてお出になる)〈源氏・桐壺〉 ❸物事の進行をおさえる。制止する。例(a)にはたづみ〈枕詞〉流るる涙**留め**かねつも(=しきりに流れる涙を止められなかったよ)〈万葉・一九・四二六〇〉 例(b)人の子なれば…**とどむる**いきほひなし(=子として養われている身なので…制止する威勢がない)〈伊勢・四〇〉 読解 親の意向に逆らえない。 ❹計画や行動を取りやめる。打ち切る。例(帝ノコトニミダリニ立チ入ルノハ)かしこければ、**とどめつ**(=恐れ多いので、これ以上は書かないことにする)〈枕・淑景舎、東宮にまゐり給ふほどのことなど〉 ❺注意する。気にとめる。関心をそらさず、一点に集中することをいう。例築土の上の草あをやかなるも、人はことに目も**とどめ**ぬを(=土塀の上の草が青々としているのも、人々は特に気に止めないが)〈和泉式部日記〉 ❻(資格を打ち切る意味で)解任する。例大臣の位を**とどめ**られて〈宇津保・藤原の君〉 ❼とどめを刺す。決着をつける。例その鹿は、景季が**とどめ**て候ふぞ(=とどめを刺しましょうぞ)〈曾我・八〉

[2]動(マ上二)『上代語』[1]①に同じ。例常磐なすかくしもがもと思へども世のことなれば**留み**かねつも(=永遠でありたいと思うけれど、世間は無常との定めなので、とどめることは難しいのだなあ)〈万葉・五・八〇五〉

語誌 ▼用法に広がりのある語。現代語「とどめる」から類推しにくい[1]④⑤などには注意が必要。

▼[1]⑤は、「目」「耳」「心」や、「見る」「聞く」「思ふ」など、知覚に関する語を受けて、「目(を)とどむ」「聞きとどむ」などの形で用いることが多い。

▼[2]は上代にもまれで、『万葉集』に数例を見るにすぎない。すべて連用形で、しかも山上憶良の作に偏っている。〈品田悦一〉

とど-め・く【轟めく】 動(カ四) 〔「めく」は接尾語〕 とどろくように音が鳴り響く。例はるかより人の音多くして、**とどめき**来る音す〈宇治拾遺・三〉

とどろ【轟】 副 響きわたる音やとどろくさまを表す。例み吉野の滝も**とどろ**に(=急流をとどろかせて)落つる白波〈万葉・一三・三二三三〉

とどろか・す【轟かす】 動(サ四) 鳴り響かせる。例ごほごほと鳴る神(=雷)よりもおどろおどろしく踏み**とどろかす**唐臼の音も〈源氏・夕顔〉

とどろ・く【轟く】 動(カ四) 〔副詞「とどろ」の動詞化〕 ❶鳴り響く。どうどうと響きわたる。例神さへ鳴りて**とどろく**に(=雷まで鳴ってどうどうと響きわたる上に)〈更級〉 ❷驚く。胸がどきどきする。例あとに聞きてさへ胸**とどろく**のみなり(=あとに話を聞いてさえも胸がどきどきするばかりである)〈芭蕉・奥の細道〉 ❸広く知れわたる。例**とどろける** この家 この家の弟嫁 親にまうよこしけらしも(=広く知れわたっているこの家の、この家の弟嫁が親に告げ口したらしいよ)〈催馬楽・葦垣〉〈高山善行〉

とどろ-とどろ【轟轟】 副 「とどろ」をさらに強めていう語。ごうごう。がらがら。どしんどしん。例雨雲迷ふ鳴る神(=雷)の**とどろとどろ**と鳴るときは〈謡曲・自然居士〉

とどろ-め・く【轟めく】 動(カ四) 〔「めく」は接尾語〕 とどろく。鳴りわたる。例谷へ**とどろめき**て、逃げ行く音す〈宇治拾遺・一〇四〉

と-な 〔格助詞「と」+終助詞「な」〕 文末に用いて、相手の言葉を確かめる気持ちを表す。〜ということなのだな。例お身(=あなた)は、山脇小七郎の舎兄どな〈近松・心中宵庚申・上〉

と-なか【門中】 名 陸地にはさまれた海峡の中。例由良の門の**門中**の海石に〈記・下・仁徳・歌謡〉

とな・ふ【唱ふ・称ふ】 動(ハ下二) 声高に読み上げる。例不動の咒(=呪文)を**唱へ**て居たるに〈宇治拾遺・一七〉

とな・ふ【調ふ・整ふ】 動(ハ下二) 一つにそろえる。集中させる。例上の御局の東おもてにて、耳を**となへ**て聞くに〈枕・殿上の名対面こそ〉

と-なみ【門波・戸波】 名 海峡に立つ波。例明石の**門波**いまだ騒けり〈万葉・七・一二〇七〉

と-なみ【鳥網】 名 〔「とのあみ(鳥の網)」の変化した形〕 鳥を捕るための網。例あしひきの をてもこのもに(=山のあちこちに) **鳥網**張り〈万葉・一七・四〇一一〉

となみ-はる【鳥網張る】 『枕詞』 沼地から朝飛び立つ

鳥を坂の上で待ち伏せて鳥網で捕らえるところから、地名「坂手」にかかる。例水蓼(枕詞) 穂積に至り **鳥網張る** 坂手を過ぎ〈万葉・一三・三二三〇〉

と-なり〔格助詞「と」＋断定の助動詞「なり」〕～ということだ。～という意味だ。例顔回(＝人名)は、志、人に労を施さじ(＝他人に苦労はかけまい)と**なり**〈徒然・一二九〉

とに-かくに 副〔副詞「と」「かく」に、それぞれ格助詞「に」がついたもの〕❶あれこれと。何やかやと。例**とにかくに**定めなき世の物語を隔てなく聞こえて〈源氏・総角〉❷いずれにせよ。例**とにかくに**うき世を夢としりながらさてもいとはぬ我やなになる(＝私はなんなのだろうか)〈新続古今・雑中〉

とにも-かくにも〔副詞「と」「かく」に、それぞれ格助詞「に」と係助詞「も」がついたもの〕❶ああもこうも。例いとものはかなく、**とにもかくにも**つかで、世に経る人ありけり〈蜻蛉・上〉❷なんとしても。例かくしつつ**とにもかくにも**ながらへて〈古今・賀〉

と-ね【刀禰・刀根】 名❶村長や里長など、公事にかかわる役人。令制では、主典以上の役人。例倭の国の六つの御県の**刀禰**〈祝詞・広瀬大忌祭〉❷伊勢神宮や賀茂神社などの神職。例伊勢志摩の 海女の**刀禰**らが〈神楽歌・湯立歌〉

とねり【舎人】 名❶天皇や皇族のそば近くに仕え、警護や雑役を務める下級官人。平安時代には、臣下にも舎人が与えられるようになる。例時に(＝この時に)**舎人**あり。姓は稗田、名は阿礼〈記・上・序〉
❷貴人につき従う召使。牛車の牛飼いや馬の口取りなど。例車副ひ・**舎人**まで禄賜はす(＝祝儀をお与えになる)〈源氏・宿木〉読解「車副ひ」は牛車について供をする従者。

語誌▼**舎人の種類** 令制以前は主に東国から貢進され、名代・子代として隷属した。令制の舎人には、文官的舎人として内舎人・大舎人・東宮舎人・中宮舎人、武官的舎人として左右兵衛府の兵衛、衛門府の衛士、左右衛士府の衛士があった。また令外の舎人としては授刀舎人・中衛舎人・皇后宮舎人などがある。このうち内舎人は、五位以上の人の子孫で特にすぐれたものが選ばれるとされ、当初は有力貴族の出世コースともなった。〈池田尚隆〉

舎人親王《人名》六七六～七三五(天武五～天平七)。天武天皇の皇子。『日本書紀』編纂の中心的人物。

とねり-をとこ【舎人男】 名「とねり①」に同じ。例**舎人壮士**も 忍ぶらひ かへらひ見つつ(＝こっそり振り返って見て)〈万葉・一六・三七九一〉

との

【殿】 ❶名❶**貴人の邸宅。** 御殿。例京の**殿**に渡りたまひて(＝京のお屋敷にお移りになって)〈源氏・若紫〉
❷**貴人や主君の敬称。** 平安時代は、特に、**摂政・関白の地位の人の敬称。** 例**殿**をばさるものにて、上の御宿世こそ、いとめでたけれ(＝殿のことは当然として、奥方の御宿命こそ、たいそうすばらしいものだ)〈枕・淑景舎、東宮にまゐり給ふほどのことなど〉読解「殿」は関白藤原道隆。
❸**妻から夫をさしていう。** 例「**殿**はおなじ心にもおぼさぬにや(＝お思いではないのか)」とて、さめざめと泣く〈宇治拾遺・九・一〉
❹**女性から男性をさしていう。** 「殿御」とも。例**との**はよし、何暗からず見ゆれども(＝男ぶりはよし、何不足なく見えるけれども)〈近松・世継曾我・二〉
❷接尾〔「どの」の形で〕人の姓・名や職名について、敬意を表す。

語誌▼重量感のあるりっぱな建物をいうのが原義で、その邸宅の主人などをさすのにも用いられた。▼2は1から派生したもの。室町時代ごろからは軽い敬意を表すのに用いることが多くなった。〈藤本勝義〉

とのい【宿直】⇩とのゐ

との-うつり【殿移り】 名貴人の引っ越し。例この御**殿移り**の数の中にはまじらひたまひなまし〈源氏・玉鬘〉

との-ぐも・る【との曇る】 動(ラ四)〔「との」は接頭語〕空一面曇る。例雨降らず**との曇る**夜のしめじめと〈万葉・三・三七〇〉類義たなぐもる

との-ご【殿御】 名女性が夫や恋人などを敬っていう語。例枕に寄り添ひ「いかに**殿御**よ」〈謡曲・鉄輪〉

との-ごも・る【殿隠る】 動(ラ四)❶「寝ぬ」「寝ぬ」の尊敬語。おやすみになる。⇩おほとのごもる。例などか(＝どうして)、あなた(＝あちら)にはまうでたまはぬ、ここには**殿ごもる**〈宇津保・嵯峨の院〉❷「死ぬ」の尊敬語。お亡くなりになる。おかくれになる。例大殿を 仕へまつりて(＝造営して) **殿隠り** 隠りいませば〈万葉・一三・三三二六〉

との-づくり【殿作り・殿造り】 名御殿を造ること。家を御殿風に造ること。また、造った様子。例心やすき**殿造り**しては、かやうの人集へても(＝このような人を集めても)〈源氏・澪標〉

との-ど【殿戸・殿門】 名御殿の入り口。宮殿の建物の戸。また、戸口。例朝門にも(＝朝開く戸口を) 出でて行かな 三輪の**殿門**を〈紀・崇神・歌謡〉

との-ばら【殿ばら】 名〔「ばら」は接尾語〕身分の高い人々、または男性に対する敬称。例これを見たまへ、東国の**殿ばら**〈平家・九・木曾最期〉

との-びと【殿人】 名貴人の家人。貴族の家に出入りする人。例**殿人**の、三条に家持たるがもとにぞ渡らせたまひける〈栄花・玉の村菊〉

との-も【主殿】 名「とのもり」の変化した形❶「とのもづかさ①」に同じ。例**主殿**の女官御きよめなどにまゐりはてて(＝お掃除なども済まし申し上げて)〈枕・関白殿、二月二十一日に〉❷「とのもづかさ②」に同じ。

との-もづかさ 名〔「とのもりづかさ」の変化した形〕❶【主殿司・殿司】令制で、後宮十二司の一つ。後宮の掃除・灯火・薪炭などをつかさどる役所。例**主殿司**こそ、なほをかしきものはあれ(＝やはり興味深いものではある)〈枕・主殿司こそ〉❷【主殿寮】令制で、宮内省に属する役所。宮中の掃除・灯火・薪炭などをつかさどる。例三、四人参りつる**主殿寮**の者ども〈枕・職の御曹司におはします頃、西の廂にて〉

との-も-の-すけ【主殿の助】 名「とのもりのすけ」

とも。主殿寮の次官。従六位上相当。

との‐もり【主殿・殿司】 名〔「殿守り」の意〕❶「とのもづかさ①」に同じ。❷「とのもづかさ②」に同じ。例とのもりの官人、御きよめ(=お掃除)に参りたるなども、みな寄りて〈枕・職の御曹司におはします頃、西の廂にて〉

との‐もり‐づかさ 名❶【主殿司・殿司】「とのもづかさ①」に同じ。例主殿司・女官などのゆきちがひたるこそをかしけれ〈枕・正月一日は〉❷【主殿寮】「とのもづかさ②」に同じ。

との‐もれう【主殿寮】 名〔「とのもりれう」の変化した形〕「とのもづかさ②」に同じ。

との‐ゐ【宿直】 名〔「殿の居」の意〕❶夜間、警護・勤務のために宮中などに宿ること。例宿直にさぶらふ人、十人ばかりして参りたまふ(=宿直にお仕え申し上げる人が、十人ばかりで参上なさる)〈源氏・東屋〉❷夜間、貴人の身近にあって警護・奉仕すること。例夜は御帳の内にひとり臥したまふに、宿直の人々は近うめぐりてさぶらへど(=夜はご寝所の内に一人でお休みになると、宿直の人々は近くに囲んでお控え申し上げるが)〈源氏・葵〉読解ここは女房たち。❸特に、女性が天皇の寝所に侍すること。例宮は、やがて御宿直なりけり(=宮は、そのまま御宿直であった)〈源氏・紅葉賀〉

語誌『源氏物語』帚木巻に、宮中の物忌みにこもる若者たちが五月雨の夜に光源氏の宿直所に集まって女性論を展開するという場面がある。「雨夜の品定め」と呼ばれて、古来名高いくだり。〈藤本宗利〉

との‐ゐ‐ぎぬ【宿直衣】 名「とのゐさうぞく」に同じ。例柚の葉のごとくなる宿直衣の袖の上に〈枕・職の御曹司におはします頃、西の廂にて〉

との‐ゐ‐さうぞく【宿直装束】 名「とのゐしゃうぞく」とも。宮中で宿直をするときの装束。昼の装束である束帯を略式にしたもので、束帯から下襲と石帯を省き、表袴を指貫に代えたもの。「宿直衣」とも。

との‐ゐ‐すがた【宿直姿】 名宮中で宿直をするときの装束(衣冠)をつけた姿。例六位の宿直姿のをかしきも、紫のゆゑなり〈枕・めでたきもの〉

との‐ゐ‐どころ【宿直所】 名宮中で大臣・納言・蔵人の頭・近衛の大将などが宿直をするために用いる部屋。例宿直所をだに賜はりたらば、いみじうまめに(=忠実に)さぶらひなん〈枕・弘徽殿とは〉

との‐ゐ‐びと【宿直人】 名宿直をする人。例宿直人のあやしき声したる〈源氏・東屋〉

との‐ゐ‐まうし【宿直奏し】 名宮中に宿直している人が、一定の時刻に巡回しながら姓名を名のること。⇩なだいめん。例右近の司の宿直奏しの声聞こゆるは、丑(=丑の刻)になりぬるなるべし〈源氏・桐壺〉

との‐ゐ‐もの【宿直物】 名❶宮中の宿直のときに用いる衣服や夜具など。例里に宿直物とりにやるに〈枕・方弘は、いみじう人に〉❷(①から転じて)夜着・夜具。例宿直物には、濃き(=濃紫色の)衣のいたうは萎えぬを(=柔らかくなっていないものを)、すこしひきかけて臥したり〈枕・南ならずは東の〉

とは【永久】 名形動(ナリ)ずっと変わらないさま。永遠。例富士の嶺の燃えつつとはに思へども逢ふことかたし(=逢うことは難しい)〈古今・雑体〉

鳥羽《地名》山城国、今の京都市南区・伏見区にまたがる一帯。平安京の朱雀大路から南にのびる鳥羽の作道が鳥羽港に通じ、鴨川と桂川が合流する交通の要衝。平安初期から貴族の別荘が営まれ、院政期に鳥羽離宮(鳥羽殿)が造営されてからは政治的にも重要な地となる。

と‐はう【途方・度方・十方】 名方法。手段。例敵に取って返されて途方を失ふ事〈太平記・一五〉

土芳《人名》「どはう」とも。一六五七〜一七三〇(明暦三〜享保一五)。江戸時代の俳人。本姓服部氏。芭蕉と同郷の門人で伊賀蕉門の重鎮。著書に芭蕉俳論を整理した『三冊子』がある。

と‐ばかり ❶副〔副詞「と」+副助詞「ばかり」〕短い間。しばらく。例簀の子だつものに尻かけてとばかり月を見る〈源氏・帚木〉❷〔格助詞「と」+副助詞「ばかり」〕「と」によって受けたものを限定・強調する意を表す。〜とだけ。例遺言を違へじとばかりに、(宮仕エニ)出だしたてはべりしを〈源氏・桐壺〉

と‐ばし・る【迸る】 動(ラ四)飛び散る。ほとばしる。例童の顔にも粥とばしりて〈宇治拾遺・二五〉

とば・す【飛ばす】 動(サ四)〔「とぶ」の他動詞形〕❶空中に飛ばす。矢などを放つ。例矢を飛ばすこと雨のごとし〈十訓抄・六・一七〉❷飛ぶように速く走らせる。例車をとばして西八条へぞおはしたる〈平家・二・教訓状〉❸(魂を飛び去らせる意から)みすみす死なせる。例我が子飛ばしつ〈万葉・五・九〇四〉

とはず‐がたり【問はず語り】 名相手から聞かれもしないのに、自分から身の上などを話し出すこと。例あさましき事(=とんでもない事)まで、問はず語りに言ひ出だす〈徒然・一〇七〉

とはずがたり《作品名》鎌倉後期の日記。五巻。後深草院二条作。正和二年(一三一三)以前の成立。前三巻は後深草院らとの交渉を、後二巻は出家後の諸国行脚を記す。愛欲の赤裸々な告白と旅の描写に特色があり、女流日記文学の系統に紀行部分をもつことは新しい特徴。作者は大納言源雅忠の娘。

鳥羽僧正《人名》一〇五三〜一一四〇(天喜元〜保延六)。平安後期の僧。天台宗。『宇治大納言物語』の著者源隆国の子。法号覚猷。大僧正に進み、のち天台座主となる。晩年は鳥羽上皇の信任厚く、鳥羽離宮内に住んだことから鳥羽僧正と称される。画技にすぐれ、仏画のほか戯画にも巧みであった。古来「鳥獣人物戯画」の作者といわれてきたが確証はない。

と‐ばり【帷・帳】 名「とはり」とも。室内や外部との境に垂れ下げて、仕切りや隔てとした布。例我家は帷帳も垂れたるを〈催馬楽・我家〉

とばり‐あげ【帳褰げ】 名即位式などの大礼のときに、高御座の南面の帳をあげること。また、その役を務める女官。例帳褰げにて、色許されたり(=禁色の衣の着用を許された)〈たまきはる〉

とび-うめ【飛び梅】 名 菅原道真にまつわる伝説の梅。道真が大宰府に左遷され家を離れるとき、日ごろ愛していた梅との別れを惜しんで「東風吹かばにほひおこせよ梅の花あるじなしとて春を忘るな」(↓名歌157)と詠んだ。その歌に感じて、梅が九州の道真のもとまで飛んでいって生えたという。例安楽寺の**飛び梅**を、ある武士、子細も知らずして枝を折りたりける〈沙石集・五末・五〉

とび-かけ・る【飛び翔る】 動(ラ四) 空高く飛んで行く。例隼は 天に上り **飛び翔り**〈紀・仁徳・歌謡〉

とび-か・ふ【飛び交ふ】 動(ハ四) 入り乱れて飛ぶ。例雲近く**飛びかふ**鶴もそらに見よわれは春日のくもりなき身ぞ〈源氏・須磨〉

とひ-ぐすり【問ひ薬】 名 ❶病気を判断し、治療の方針を探るため、試しに与える薬。例煎じやう常とはかはる**問ひ薬**〈西鶴・日本永代蔵・三・一・目録〉 ❷相手の気を引いてみること。探りを入れること。例女郎の好く**問ひ薬**を申せど〈西鶴・好色一代女・一・四〉

とひ-さ・く【問ひ放く】 動(カ下二) 遠くから言葉をかける。一説に、言葉を交わして憂さを晴らす意とも。例**問ひ放くる** 親族兄弟〈万葉・三・四六〇〉

とび-ちが・ふ【飛び違ふ】 動(ハ四) ❶互いに行きちがって飛ぶ。乱れ飛ぶ。例夏は夜。月のころはさらなり、闇もなほ、蛍の多く**飛びちがひたる**〈枕・春はあけぼの〉 ❷飛んで、前後・左右に別れる。例微塵になさんと飛んで掛かるを、**飛び違ひ**、むずと組み〈謡曲・紅葉狩〉

とび-の-を【鵄の尾】 名(「鵄尾」の訓読) ❶「とみのを」とも。牛車の後部に突き出た二本の短い棒。⇩くるま(図)。例**とびの尾**のかたへ鞠落ちけり〈著聞集・一一・四一〇〉 ❷「しび(鵄尾)」に同じ。

とひ-まる【問丸】 名 中世、港湾や重要都市で、物資の輸送や管理・販売などをする業者。船商人の宿所も兼ねた。

とひ-や【問屋】 名 ❶江戸時代、商品を買い集めて卸し売りする業者。中世の問丸から発展したもの。取り扱う商品などによって株仲間を作り、市場を独占化した。江戸では「とんや」。例今橋筋(=大坂の地名)の**問屋**の若い者、買ひ取りて〈西鶴・世間胸算用・一・三〉 ❷「問屋場」の略。

ど-びゃうし【銅拍子】 名「とびゃうし」とも。「どうばち」に同じ。例打ち合はする音のはためく事、御神楽の**銅拍子**を打つがごとし〈義経記・五〉

とひや-ば【問屋場】 名「とんやば」とも。江戸時代、街道の宿駅で旅行者・荷物の運搬業務にあたる施設。例**問屋場**を問はずして四つ手(=駕籠の一種)のはやきおそきを知り〈洒落本・甲駅新話・序〉

と・ふ

【問ふ・訪ふ】 動(ハ四) ❶**尋ねる。質問する**。例しのぶれど色に出でにけりわが恋はものや思ふと人の**問ふ**まで〈拾遺・恋一〉↓名歌187 ❷**訪問する。見舞う**。例(a)秋は来ぬ紅葉は宿にふりしきぬ道ふみわけて**とふ**人はなし(=秋は来た。紅葉は我が家の庭一面に散った。その紅葉にうずまった道を踏みわけて訪問する人はいない)〈古今・秋下〉例(b)かう**訪は**せたまへるかしこまりは、この世ならでも聞こえさせむ(=こうしてお見舞いいただいたお礼は、あの世からでも申し上げましょう)〈源氏・若紫〉 ❸**弔う**。例人を**とふ**鐘の声こそあはれなれ(=人を弔う鐘の音こそはしみじみ悲しいものだ)〈詞花・雑下〉

語誌 ▼「とふ」と「たづぬ」「とぶらふ」 「とふ」は語義の基本に、直接相手に聞いたり働きかけたりするという面があり、「たづぬ」が物や人を探し求める意となることと違いがある。のちに「たづぬ」「とぶらふ」などが②③の意味を担うようになってゆく。〈髙田祐彦〉

とふ (「といふ」の変化した形) ～と言う。例時々(=折々)の花は咲けども何すれそ(=どうして)母**とふ**花の咲き出来ずけむ〈万葉・二〇・四三二三〉

と・ぶ【飛ぶ・跳ぶ】 動(バ四) ❶空中を行く。飛ぶ。例天**とぶ** 鳥も使ひぞ(=使者だぞ)〈記・下・允恭・歌謡〉 ❷はねる。おどり上がる。飛ぶように速く走る。例判官の舟に乗り当たって…**とん**(音便形)でかかるに〈平家・一一・能登殿最期〉

と-ぶさ【鳥総】 名 葉の茂った梢の先。木を切るとき、切り株の上に立てて山の神に供える風習があった。例**鳥総**立て 舟木伐るといふ 能登の島山〈万葉・一七・四〇二六〉

とぶとりの【飛ぶ鳥の】 《枕詞》 ❶天武天皇の飛鳥浄御原の宮の所在地が明日香であったことから「あすか」にかかる。❷飛ぶ鳥がすばやく行き来することから「早し」「到る」にかかる。

とふ-の-すがごも【十編の菅薦・十符の菅薦】 名 編み目が十筋ある、菅で編んだ幅の広いむしろ。

とぶ-ひ【飛ぶ火】 名 変事を知らせるためにあげる煙。のろし。例**烽火**伝はらず関城やめ(=関所も廃止され)〈文華秀麗集・下・雑詠〉

飛火野 《地名》 歌枕 大和国の野。今の奈良市、春日山のふもと。和銅五年(七一二)ここに「飛ぶ火」が設置されたことによる称。

とぶら・ふ

【訪ふ】 動(ハ四) (動詞「とふ」＋接尾語「らふ」) ❶**訪問する**。例わが庵は三輪の山もと恋しくは訪ひ来ませ杉立てる門〈古今・雑下〉↓名歌419 ❷**見舞う**。例命婦の君も御供になりにければ、それも心深う**とぶらひ**たまふ(=命婦の君も従者として尼になってしまったので、そちらも心をこめてお見舞いなさる)〈源氏・賢木〉 ❸**尋ね求める。調べる**。例遠く異朝を**とぶらへ**ば(=遠く異国の例を調べると)〈平家・一・祇園精舎〉 ❹**弔問する。供養する**。「弔ふ」とも書く。例のちのわざなどにもこまかに**とぶらはせ**たまふ(=死後の法要などについても丁重に供養させなさる)〈源氏・桐壺〉

語誌 「とふ」と意味が近いが、「とふ」は尋ねて答えや反応を求めるのが原義。④は、中世以後「とむらふ」の形となり、死者を哀悼する意を表すようになる。〈髙田祐彦〉

杜甫 《人名》 七一二～七七〇。中国の盛唐の詩人。字は子美。杜少陵とも。格調高い音律の律詩にすぐれる。内乱の時代に生き、社会の矛盾やそこに生きる庶民の姿をうたう叙事的な詩も多い。「春望」

「岳陽楼に登る」「秋興八首」などを残し、詩聖と称された。作品は『杜工部集』にまとめられた。日本でも、芭蕉の『奥の細道』に「春望」が引かれるなど、多大の影響を与えている。

とほ【遠】 〔形容詞「とほし」の語幹〕（時間的・空間的に）隔たっている、離れている、の意を表す。「遠夫・遠妻」「遠退く」「遠長し」など。格助詞「つ」「の」を伴って用いることも多い。⇩とほつ

とほ-ざか・る【遠離る】 動（ラ四）❶遠くはなれる。例志賀の浦や遠ざかりゆく波間より凍りて出づる有り明けの月〈新古今・冬〉➡名歌183 ❷疎遠になる。例かれがれになりて（＝訪れがとだえがちになって）遠ざかりたまひけるに〈十訓抄・一〇・四六〉

とほ-さぶらひ【遠侍】 名「とほざむらひ」とも。武家屋敷で、母屋から離れた中門の際などにある当番の武士の詰め所。例遠侍の塵とらせ〈曾我・六〉

とほ-ざむらひ【遠侍】 名「とほさぶらひ」に同じ。

とほし【通し】 名 目的地まで乗り換えをせずに行くこと。また、その馬や駕籠。例伊勢へ通しに行った時〈近松・丹波与作待夜の小室節・中〉

とほ・し【遠し】 形（ク）❶距離がはるかに離れている。例（都カラ）遠く下りなんとするを（＝下ろうとすると）〈源氏・夕顔〉

❷時間が非常にかけ離れている。過去にも未来にもいう。㋐非常に古い。昔だ。例遠き代に ありけることを 昨日しも 見けむがごとも 思ほゆるかも〈万葉・九・一八〇七〉➡名歌250

㋑はるか先だ。行く末が長い。例行く末遠き人は、かへりて事の乱れあり（＝人生のこれから先が長い人は、かえってめんどうな事が起こり）〈源氏・柏木〉

❸親しくない。疎遠だ。例人に遠くて生ひ出でさせたまふ（＝人には疎遠でお育ちになる）〈源氏・総角〉

❹気が進まない。気乗りがしない。関心が向かない。例琴・笛の道は遠う（音便形）、弓をなんいとよくひきける（＝琴や笛の道には関心が向かず、弓矢をたいそう上手に引いた）〈源氏・東屋〉

❺つながりが薄い。縁遠い。例（父桐壺院ガ私ヲ）ただ人に思しおきてける御心を思ふに、宿世遠かりけり（＝臣下にお決めになったお気持ちを思う、私が帝になる宿縁は遠かったのだなあ）〈源氏・澪標〉

❻大いに差がある。似ていない。例（武道八）人倫に遠く、禽獣に近きふるまひ（＝人の道にはずれ、鳥や獣に似た行為）〈徒然・八〇〉

類義 ①②はるけし／③うとし 〈岩坪健〉

とぼ・し【乏し】 形（シク）〔「ともし」の変化した形〕❶「ともし①」に同じ。例京の鼠の家は…乏しい（音便形）ことは一つも無うて〈エソポ〉❷「ともし②」に同じ。

とほし-や【通し矢】 名 弓の競技で、遠くの的を一定時間内に射通す矢数を競うもの。競技時間が二十四時間のものを大矢数、十二時間のものを小矢数といい、京都の三十三間堂や江戸の浅草三十三間堂で行われたものが有名。

とほ-しろ・し【遠白し】 形（ク）❶雄大だ。大きくてりっぱだ。例山高み 川とほしろし〈万葉・三・三二四〉❷《歌学用語》崇高な美しさがある。例気高く遠白きを、一つ（＝第一）の事とすべし〈俊頼髄脳〉

とほ・す【通す・徹す】 動（サ四）❶一方から他方に到達させる。ある地点を通過させる。とおす。例道をふさぎ、人をとほさぬよし申したりければ〈平家・六・祇園女御〉❷透かす。透けて見える。例白き生絹に（下ニ着タ）紅のとほすにこそはあらめ〈枕・七月ばかりいみじうあつければ〉❸ある状態のまま時を過ごす。また、ある動作を継続する。例夜を通して昔物語も聞こえ明かさむと〈枕・頭の弁の、職にまゐり給ひて〉❹人に認めさせる。世間に通用させる。例いかにして心に思ふことわりをとほすばかりも人に語らむ〈玉葉集・雑五〉❺（動詞の連用形について）〜しつづける。〜とげる。例ほととぎす飼ひ通せらば〈万葉・一九・四一八三〉

とぼ・す【点す】 動（サ四）❶点火する。明かりをつける。❷男女が交わる。例ほれてゐりゃあとぼす気か〈洒落本・傾城買四十八手〉

と-ぼそ【枢】 名〔「戸臍」の意〕❶上の梁と下の敷居にあけた穴。ここに開き戸の枢を差し込み、戸を回転させる。❷（①から転じて）扉。戸。例奥山の松のとぼそをまれにあけてまだ見ぬ花の顔を見るかな〈源氏・若紫〉

とほ-そ・く【遠退く】 動（カ四）遠くへしりぞく。遠ざかる。例妹が門いや遠そきぬ〈万葉・一四・三三八九〉

遠江 《地名》〔「とほつあふみ」の変化した形〕旧国名。今の伊豆半島を除く静岡県西部。東海道十五か国の一つ。遠州。琵琶湖の「近淡海（近江）」に対し、浜名湖を「遠淡海（遠江）」と呼び、それが国名となった。延喜式で上国・中国。

とほ-つ【遠つ】 連体〔形容詞「とほし」の語幹＋「の」の意の上代の格助詞「つ」〕❶遠くの。遠くにある。例とつ国とは遠つ国と言へるにこそ〈閑居友・上・三〉❷時間的に遠い。はるか昔の。例遠つ祖なり（＝祖先である）〈紀・神代上〉

遠つ淡海 《地名》遠江国の古称。琵琶湖のある「近つ淡海」に対していう。⇩遠江

とほ-つ-おや【遠つ祖】 名 遠祖。先祖。祖先。例中臣連の遠つ祖天児屋命、忌部の遠つ祖太玉命〈紀・神代上〉 読解「中臣」「忌部」は氏族の名。

とほ-つ-かみ【遠つ神】 1名 祖先である神。例天の夫比の命の御伴に天降り来まし伊支等が遠つ神〈出雲風土記〉 2《枕詞》遠い昔から神の血筋を引き継いでいることから「大君」にかかる。例遠つ神 我が大君の〈万葉・一・五〉

とほ-つ-くに【遠つ国】 名 遠く隔たった国。また、黄泉の国。例遠つ国 黄泉の界に 延ふつたの（枕詞） 己が向き向き〈万葉・九・一八〇四〉

とほ-つ-ひと【遠つ人】 1遠方の地にいる人。2《枕詞》❶遠くにいる人を待つ意から「待つ」と同音の「松」に、また「松」を含む地名「松浦」などにかかる。例遠つ人 松の下道ゆ 登らして〈万葉・一三・三三二四〉❷雁が遠くから渡ってくることから「雁」に、また「雁」と同音を含む地名「猟道」にかかる。例遠

つ人雁が来鳴かむ時近みかも〈万葉・一七・三九四七〉

とほ-づま【遠夫・遠妻】 トオ 名 遠く離れている夫・妻。七夕の牽牛星・織女星をいうことも多い。例 遠妻を 持てらむ人し 見つつ偲はむ〈万葉・七・一三九四〉

とほ-と【遠音】 トオ 名〔「とほおと」の変化した形〕遠くから聞こえてくる音。遠く離れた所から伝わって来たうわさ。例 遠音にも君が嘆くと聞きつれば音のみし泣かゆ相思ふ我は〈万葉・一九・四二一五〉

とほ-とほ-し【遠遠し】 トオトオシ 形(シク)「とほどほし」とも。❶大変に遠い。例 遠々し 高志の国に〈記・上・神代・歌謡〉❷非常に疎遠だ。よそよそしい。例 遠々しくのみもてなさせたまへば(=応対なさるので)〈源氏・総角〉

とほ-な【遠名】 トオ 名 遠くまで広まったうわさ・評判。例 人の遠名を立つべきものか〈万葉・一一・二七七三〉

とほ-なが-し【遠長し】 トオ 形(ク)❶空間的に遠い。はるかに隔たっている。例 富士の嶺のいや遠長き山路をも〈万葉・一四・三三五六〉❷時間的にはてしなく長い。永遠だ。例 遠長く仕へむものと思へりし君しまさねば心どもなし〈万葉・三・四五七〉

とほ-の-みかど【遠の朝廷】 トオ 都から遠く離れた朝廷の行政機関。地方の役所。筑前国(福岡県)に置かれた大宰府、諸国の国府など。例 大君の 遠の朝廷と しらぬひ(枕詞) 筑紫の国に〈万葉・五・七九四〉

とほ-まけ【遠負け】 トオ 名 敵が遠方にいるうちから、負けを予感して戦意を喪失すること。例 遠負けにして引き退き〈平家・九・六ケ度軍〉

とほ-み【遠見】 トオ 名 遠方を見張ること。また、遠望。例 (家来ヲ)櫓に登せて遠見せさせて〈今昔・二五・五〉

とほ-や【遠矢】 トオ 名 矢で遠くの目標を射ること。また、その矢。例 われにすぎて(=自分以上に)遠矢射る者なしと思ひて〈平家・一一・遠矢〉

とほ-やま【遠山】 トオ 名 遠くにある山。例 遠山に霞たなびき〈万葉・一一・二四二六〉

とほ-やまどり【遠山鳥】 トオ 名 山鳥の別称。山鳥の雌雄は山をへだてて寝るといわれることから、男女が別々に夜を明かすことのたとえにもいう。例 (恋人ドウシガ)遠山鳥にては取りどころなきを(=よくないので)〈狭衣・三〉

とほり【通り】 トオリ 名 ❶通行すること。例 今日はいつより通りがうすい(=人通りが少ない)〈近松・平家女護島・三〉❷まさしくそのままであること。同様であること。例 この薬、教への通りに付けたりしが〈噺本・杉楊枝・五〉❸まっすぐに通っている筋。鼻筋などにいう。

とほり-もの【通り者】 トオリ 名《近世語》❶世間に名の知れ渡っている人。世間に顔が利く人。例 そちは(=おまえは)通り者さうなれば、もし都へのぼりし時必ず尋ねてきたれ〈西鶴・暦・二〉❷通人。粋人。例 通り者は、たばこのみやうに思ひ入れ(=気どった様子)ありて〈洒落本・遊子方言〉❸苦労人。年功を得た人。例 八ちは(=人名)めは数年の通り者〈近松・丹波与作待夜の小室節・中〉

とほ・る

【通る・徹る・透る】 トオル 動(ラ四)❶通り抜ける。㋐通過する。あとにする。例 夏草の(枕詞) あひねの浜の 蠣貝に 足ふますな 明かして通れ(=あひねの浜の牡蠣の貝殻に足を踏み抜きなさいますな。夜が明けてから行きなさい)〈記・下・允恭・歌謡〉読解 夜道は危険だから泊まっていけ、と引き止める歌。「ふますな」の「す」は上代の尊敬の助動詞。

㋑裏側に達する。例 衣の袖は 通りて濡れぬ(=涙が裏側までしみ通ってしまった)〈万葉・二・一三五〉

❷ある地点まで行く。到達する。届く。例 この障子に対ひて開きたる障子より、あなたに通らん(=このふすまに向かって開いているふすまを通って、あちらの部屋へ行こうとしている)〈源氏・椎本〉

❸すきとおる。向こう側が透けて見える。例 外とは暗うなり、内は大殿油のほのかに物より透りて見ゆるを(=外は暗くなり、中は灯火がかすかに物越しに透けて見えるので)〈源氏・澪標〉

❹(目標に達する意から)希望どおりになる。うまくいく。例 偽りせんとは思はねど…本意通らぬこと多かるべし(=うそをつこうとは思わないけれど…その希望を果たせないことが多いにちがいない)〈徒然・一四一〉読解「本意」は約束を守ろうとする願い。

❺世間に通用する。例 (観客ニ訴エル工夫ノナイ能役者ハ)上手にては通るとも、花はのちまではあるまじきなり(=上手だとは通用しても、演技の美は長続きすることができないものである)〈風姿花伝・三〉

❻物事をよく察する。理解する。例 ずんど通らぬ女にて、一向我に従はず(=少しも理解しない女で、まったく私に従わない)〈浄瑠璃・滝口横笛紅葉之遊覧・五〉

語誌▼「とほる」と「すぐ」 「とほる」も「すぐ」も、ともに通過する意味をもつが、「とほる」は向こう側へ抜けることに重点をおくのに対し、「すぐ」はそこからいなくなるという意味合いが強い。〈品田悦一〉

とま【苫】 名 菅・茅などを編んでむしろのようにしたもの。小屋や船などの覆いとして用いる。例 秋の田の仮庵の庵の苫をあらみわが衣手は露にぬれつつ〈後撰・秋中〉➡名歌8

どまぐ・れる 動(ラ下一)《近世語》うろたえる。まごつく。例 縁を切りに来たと思ふ心に口どまぐれ〈近松・心中宵庚申・中〉

とま-びさし【苫庇】 名 苫で葺いた庇。粗末な家の庇で、和歌では、わびしさ・嘆きなどの思いをこめて用いる。例 しほ風の吹きこす海人の苫庇したに思ひのくゆるころかな〈続後撰・恋二〉

とま-や【苫屋】 名 苫で屋根を葺いた家。粗末な家にいう。例 見渡せば花も紅葉もなかりけり浦の苫屋の秋の夕暮れ〈新古今・秋上〉➡名歌355

と-まら【枢】 名 開き戸の上下の端にある突起部分。梁と敷居の穴に差し込む回転軸。

とまり【止まり・留まり・泊まり】 名 ❶止まること。終わり。果て。❷最後に落ち着く所。また、生涯の伴侶。本妻。例 若きほどのすき心地(=浮気心)には、この人をとまりにとも思ひとどめはべらず〈源氏・帚木〉❸舟が停泊する所。船着き場。例 旅行く舟の泊まり告げむに〈万葉・一五・三六二七〉❹宿泊すること。

宿。また、その客。例入る月に今しばし行くとまりかな〈俳諧・曠野・七〉読解旅の句。月が美しいので、もっと先の宿場まで歩くことにした。

とま・る【止まる・留まる・泊まる】動(ラ四)

「とむ」の自動詞形。動きがやんで一つ所にある、が原義。

❶**止まる。**㋐**動きが停止する。**例行く水の止まらぬごとく(=流れ行く水が停止しないように)〈万葉・一九・四一六〇〉㋑**ある地点に停止する。立ち止まる。**例日暮れにたる山中に、あやしきぞ。**止まり**候へ(=日が暮れてしまった山中で、不審だ。立ち止まりなさい)〈徒然・八七〉

❷**あとに残る。とどまる。**例夢の心地もせず、御けはひ**とまれ**る心地して(=夢である感じもしないで、御気配がとどまっている感じがして)〈源氏・明石〉読解夢に現れた亡父桐壺院の気配が、目覚めても消えず、あたりに漂っているような気がした。

❸(②の特殊な場合として)**生き残る。**例(私ハ)今まで**とまり**はべるがいと憂きを(=今まで生き残っておりますのがまことにつらいのに)〈源氏・桐壺〉読解娘に先立たれた母の言葉。

❹**取りやめになる。中止される。**例くちをしきもの…いとなみ、いつしかと待つことの、さはりあり、にはかに**とまり**ぬる(=残念なもの…準備し、早く早くと待っている催しが、差し支えがあって、急に中止になってしまうこと)〈枕・くちをしきもの〉

❺**目・耳・心などが引きつけられる。印象が残る。気になる。**例(a)琴・笛の調べ、花・鳥の色をも音をも、時に従ひてこそ、人の耳も**とまる**ものなれ(=琴や笛の曲、花や鳥のその色も鳴き声も、時節にふさわしくしてこそ、人の耳も引きつけられるものである)〈源氏・竹河〉例(b)(一人ノ女性ガ)かばかり心に**とまる**ことなむまだなかりつる(=これほど心に残ることなど今までなかった)〈源氏・総角〉

❻**行き着く。落ち着く。**例もみぢ葉の流れて**とまる**みなとには紅深き波や立つらむ〈古今・秋下〉➡名歌371

❼**船が港に停泊する。**例風波止まねば、なほ同じ所に**泊まれ**り(=風波がやまないので、依然として同じ所に停泊している)〈土佐〉

❽**宿る。宿泊する。**例山の中に**とまり**たる夜、大きなる柿の木の下に庵(=仮小屋)を造りたれば〈更級〉

語誌 ⑤は、たとえば、「〜に目(が)とまる」という言い方(例(a)型)と、「〜(が)目にとまる」という言い方(例(b)型)がある。〈品田悦一〉

とまれ-かうまれ―コウマレ「とまれかくまれ」に同じ。例**とまれかうまれ**、とく破りてむ(=早く破ってしまおう)〈土佐〉

とまれ-かくまれ〔「ともあれかくもあれ」の変化した形〕とにもかくにも。例**とまれかくまれ**、(出家ヲ)思したちてのたまふを、三宝(=仏)のいとかしこくほめたまふ事なり〈源氏・手習〉

とみ【富】名❶**財産があること。豊かであること。**例この女子に愛敬・**富**を得ましめたまへ〈今昔・一六・八〉❷「富籤」の略。興行主が富札を売り出して抽選し、当たり札を持っていた人に賞金を出すもの。例**富**で身代をしまふもあるから(=財産をなくすこともあるから)〈黄表紙・莫切自根金生木・中〉

と-み【跡見】名狩猟のとき、獲物の足跡などを探して歩くこと。また、その人。例み吉野の秋津の小野の野の上には**跡見**する置きて(=配置して)〈万葉・六・九二六〉

とみ【頓】名形動(ナリ)〔「頓」の字音「とん」の変化した形か〕**急を要すること。**また、**そのさま。急なこと。にわかだ。すぐだ。**例(a)京より**とみ**の御文あるなり(=京から急用のお手紙があるのです)〈源氏・浮舟〉例(b)女君、例の這ひ隠れて、**とみ**にも出でたまはぬを(=女君は、いつものように奥深く隠れていて、すぐにも出ていらっしゃらないのを)〈源氏・若紫〉

語誌「**とみの**」の形で連体修飾語に用いられるか、「**とみに**」の形で副詞的に用いられることが多い。「とみに」は、打消の語を伴って、すぐには〜ない、急には〜ない、の意で用いられることが多い。〈井上博嗣〉

と-み-かう-み【と見かう見】―コウミ〔「とみかくみ」のウ音便形〕あちらを見たりこちらを見たり。例いづかたに求め行かむ(=探しに行くのがよいか)と門に出でて、**と見かう見**見けれど〈伊勢・二一〉

とみ-くさ【富草】名稲の別称。例恵みも久し**富草**の種も栄行く秋の空〈謡曲・花筐〉

とみ-の-を【鵄の尾】ォ―名「とびのを①」に同じ。

と・む【止む・留む・泊む】動(マ下二)

「とまる」の他動詞形。動きを止める、が基本的な意味。その場から移動させないことに重点をおく用法もある。

❶**動きを止める。制止する。停止させる。**例(a)流るる涙**止め**そかねつる(=流れる涙を止めようもない)〈万葉・三・一七八〉例(b)車**とめ**て湯まゐりなどしたまふ(=牛車を停止させて薬湯を差し上げたりなさる)〈源氏・手習〉

❷**ある場所から動かないようにする。引き止める。**また、**あとに残す。**例うちひさす(枕詞)宮に行く児をまかなしみ**留むれ**ば苦しやればすべなし(=宮仕えに行く娘がいとしいので引き止めれば心苦しい。行かせてしまえばやるせない)〈万葉・四・五三二〉

❸**気にとめる。関心を注ぐ。**例(a)(光源氏ノ姿ヲ)おほかたにうち見たてまつる人だに、心**とめ**たてまつらぬはなし(=ちらっと拝見するだけの人でさえ、お慕い申し上げない人はいない)〈源氏・夕顔〉例(b)(奥方様ガ)かなしうしたまひし君たちをも、目にも**とめ**たまはず(=かわいがっておられたお子さんたちにすら、お気にとめなさらない)〈源氏・真木柱〉

❹**船を停泊させる。宿に泊める。**例明石の浦に舟**泊め**て〈万葉・一五・三六二七〉

語誌 ③は、多く、目・心など、知覚に関する語を受けて用いられる。その場合、たとえば、「〜に目(を)とむ」という言い方(例(a)型)と、「〜(を)目にとむ」という言い方(例(b)型)がある。〈品田悦一〉

と・む【富む】動(マ四)❶裕福になる。財産が多くなる。例昔より、賢き人の富めるは稀なり(=昔から、賢い人が裕福でいることは珍しい)〈徒然・一八〉❷豊富である。すぐれる。例惟継の中納言は風月の才に富める人なり(=惟継の中納言は詩歌の才にすぐれた人である)〈徒然・八六〉〈高山善行〉

と・む【尋む・求む・覓む】動(マ下二)たずねる。求める。例ほととぎす花橘の香を尋めて鳴くは昔の人や恋しき〈平家・灌頂・女院出家〉

とむら・ふ【訪ふ・弔ふ】動(ハ四)「とぶらふ」の変化した形。例(a)近所のことにて候ふほどに、立ち越え(=出かけて行って)とむらはばや〈謡曲・昭君〉例(b)このうへは嘆きてもかなはぬ事ぢゃほどに、とむらひまうさう〈狂言・塗師〉

とめ・く【尋め来】動(カ変)たずねて来る。例花散れる水のまにまに尋め来れば山には春もなくなりにけり〈古今・春下〉

とも

【友・伴・供】名❶同質のものの集団。仲間。ともがら。例島つ鳥(枕詞)鵜養が伴 今助けに来ね(=鵜飼の民よ、今すぐ助けに来てくれ)〈記・中・神武・歌謡〉❷親しい人々。友人。友達。また、人間に限らず、生活の中で心の慰めとなるもの。伴侶。例(a)もとより友とする人、ひとりふたりして行きけり(=古くからの友人、一人、二人といっしょに行った)〈伊勢・九〉例(b)誰をかも知る人にせむ高砂の松も昔の友ならなくに〈古今・雑上〉➡名歌221 ❸主人につき従う人。従者。お供。例うへの男ども賀茂の河原に河逍遥しけるともにまかりて(=殿上人たちが賀茂川べりで川遊びしたお供に参って)〈古今・秋上・詞書〉

語誌▼共通のつながりをもつ集団　「とも」は、何か共通のつながりをもつ集団をいい、それは、祖先を同じくする一族であったり、ある職能の組織であったり、また、友人であったりする。さらに意味が広がると②例(b)のように、人間以外のものにまで及ぶ。この表現は、特に和歌で発達した。「とも待つ雪」「とも惑はす」など。
▼この語から派生した語に、接尾語「ども」、連語「ともに」などがある。〈米山敬子〉

とも【鞆】名弓を射るとき、弦が当たるのを防ぐために左の腕に結びつける皮製の道具。一説に、弦が当たって高い音を出すようにしたものとも。例ますらをの鞆の音すなり〈万葉・一・七六〉

鞆〔年中行事絵巻〕

とも【艫】名船の後部。船尾。例大舟の艫にも舳(=船首)にも寄する波〈万葉・一一・二七四〇〉

鞆《地名》備後国、今の広島県福山市の地名。瀬戸内海の要港で、遊女も多く、近世まで栄えた。一帯の海岸は「鞆の浦」と呼ばれる。例今年正月十五日に、備後の鞆へおしわたり、遊君・遊女ども召しあつめて〈平家・六・飛脚到来〉

とも

接助❶逆接の仮定条件を表す。たとえ〜ても。例散りぬとも香をだに残せ梅の花恋しき時の思ひ出でにせん(=たとえ散ってしまっても、せめて香りだけでも残してくれ梅の花よ。恋しいときの思い出にしよう)〈古今・春上〉❷すでにある事実を仮定的に表し、強調する意を表す。〜ても。例楽浪の志賀の大わだ淀むとも(=今も淀んでいるが、たとえ淀んでいても)昔の人にまたも逢はめやも〈万葉・一・三一〉➡名歌174

接続▶動詞型・形容動詞型活用語の終止形、形容詞型活用語の連用形「〜く」「〜しく」、助動詞「ず」の連用形につく。終止形が連体形の働きに吸収されていく中世以後は、動詞型・形容動詞型活用語の連体形にもつく。

語誌▼語源など　格助詞「と」による「終止形＋と」が「〜と(する)」の意で仮定する働きをもち、係助詞「も」が逆接の関係を示すことによって、接続助詞化したものであろう。逆接という点では確定条件を表す「ど」「ども」と共通し、仮定条件を表す点では、順接仮定条件を表す「ば①」の用法とも共通する。
▼事実の仮定的表現　②の用法は、読解の際、表現の素材が事実であることに注意する必要がある。事実も仮定的に表現できるのは、仮定条件のほうが確定条件よりも強く訴えられる点があるからである。
▼接続の異例　上代、上一段動詞の「見る」には、「見とも」の形が用いられた。「見らむ」「見べし」などとともに、古い活用の名残と見られる。例つらつらに見とも飽かめや(=つくづく見ても飽きることか)植ゑてける君〈万葉・二〇・四四八一〉
▼「とも」相当の「といふとも」　「とも」の意味を表すのに、「といふとも」という言い方を用いることもある。漢文の「雖」の訓読から出た言い方で、硬い文体に例が多い。例大きなる器に水を入れて、細き穴を明けたらんに、滴る事少しといふとも、怠る間なく洩りゆかば、やがて尽きぬべし〈徒然・一三七〉〈山口堯二〉

と-も 1〔格助詞「と」＋係助詞「も」〕❶引用を表す。例何事かあらむとも思ほしたらず〈源氏・桐壺〉❷同じ語を重ねて強調する。例あなうれしともうれし〈源氏・玉鬘〉 2 終助 すぐ上の部分を強く肯定する意を表す。多くは相手に同意する場合に用いる。例とくと御供いたしませうとも〈虎寛本狂言・二人大名〉

[識別のポイント]　**とも**

(1)**接続助詞**　活用語の終止形につく。ただし、形容詞型活用語は連用形につく。逆接の仮定条件を表す。例千年を過ぐすとも一夜の夢の心地こそせめ(=千年を過ごしたとしても一夜の夢のような気持ちがするだろう)〈徒然・七〉

(2)**格助詞「と」＋係助詞「も」**　体言、活用語の連体形、引用文などにつく。逆接の意はなく、「も」を取り除いても文意が変わらない。

例身を惜しとも思ひたらず(＝我が身を惜しいとも思っていなくて)〈徒然・九〉

-ども

接尾 名詞・代名詞につく。**❶人や物を表す語について、複数である意を表す。**〜ら。〜など。例瓜食めば 子ども思ほゆ 栗食めば まして偲はゆ〈万葉・五・八〇二〉➡名歌93

❷自称を表す語や身内の人を表す語について、謙遜の意を表す。自分をさす「身ども」、自分の妻をさす「女ども」など。

❸目下の人を表す語について、相手を低く扱ったり親しく呼びかけたりするのに用いる。例嫗どもいざたまへ(＝おばあさん、さあいらっしゃい)〈大和・一五六〉

語誌 ①は「たち」に比べて低い待遇に用いる。人間の複数を示す用法が古く、平安時代になって物の複数を示す用法が見られるようになった。〈吉田比呂子〉

ども

接助 逆接の確定条件を表すのが基本的な用法。⇩ど(接続助詞)

❶逆接の確定条件を表す。〜けれども。〜が。〜のに。例(a)片時の間とてかの国よりまうで来しかども、かくこの国にはあまたの年を経ぬるになんありける(＝ほんのしばらくと思ってあの国から参ったが、このようにこの国では長い年を経てしまったのであった)〈竹取〉例(b)沖の干潟遥かなれども、磯より潮の満つるがごとし(＝沖の干潟は遠くではあるけれども、海岸から潮が満ちてくるようなものである)〈徒然・一五五〉

❷逆接の一般条件・恒常条件を表す。〜ても。いくら〜ても(〜するものだ)。例つつめどもかくれぬものは夏虫の身よりあまれる思ひなりけり〈大和・四〇〉➡名歌236

接続 活用語の已然形につく。

語誌 ▼「ども」の形成 已然形は古くそれだけで条件を示せた。その条件関係を「ども」に受け持たせて表すようになったものであろう。「ども」という連濁形によって、上の已然形とより一体化させるとともに、仮定を表す「とも」との区別をはっきりさせているようである。逆接という点では、仮定条件を表す「とも」と共通し、確定条件を表す点では、順接確定条件を表す「ば②③」の用法と共通する。

▼「ども」相当の「といへども」 「ども」の意味を表すのに、「といへども」という言い方を用いることがある。漢文の「雖」の訓読から出た言い方で、硬い文体に例が多い。例我が国に算置く者(＝算木を置いて吉凶を占う者)多かりといへども、汝ばかりこの道に心得たる者無し〈今昔・二四・二三〉〈山口堯二〉

と-も-あれ 〔「ともあれかくもあれ」の略〕❶(「〜はともあれ」の形で)上の事柄・状況は問題にしないことを表す。ともかく。例この足袋の片足は旦那のお古、常は**ともあれ**、この時は、頭にも戴くはず〈近松・今宮の心中・下〉❷「ともあれかくもあれ」に同じ。

ともあれ-かくもあれ 〔副詞「と」「かく」にそれぞれ係助詞「も」とラ変動詞「あり」の命令形がついたもの〕さまざまな状況をそのままに放任することを表す。どうであろうと。どうなろうと。例**ともあれかくもあれ**、夜の明けはてぬ先に御舟にたてまつれ(＝お乗りになってください)〈源氏・明石〉

ともえ〖鞆絵・巴〗⇩ともゑ

とも-かうも 副「ともかくも」のウ音便形。例忘れたまはずは、**ともかうも**聞こえん(＝申し上げましょう)〈源氏・夕霧〉

とも-がき【友垣】名 友人。例死にたる者の**友伴**を留めて〈紀・孝徳〉

とも-かくも 副〔副詞「と」「かく」にそれぞれ係助詞「も」がついたもの〕❶どのようにも。なんとでも。例かくながら(＝このままで)、**ともかくも**ならむをご覧じはてむ(＝お見届けなさろう)と思しめすに〈源氏・桐壺〉❷(打消の語を伴って)どちらとも(〜ない)。なんとも(〜ない)。例さすがに恥づかしうて、**ともかくも**答へきこえたまはず〈源氏・紅葉賀〉

[ともかくもなる] どうなるかはわからないが、ある結果に落ち着く。特に、死ぬことについていう。例かくながら(＝宮中に居させたまま)、**ともかくもならむ**を御覧じはてむと思しめすに〈源氏・桐壺〉

とも-がら【輩・儕】名〔「から」は一族・血族の意〕同類の人。仲間。例大八州(＝日本国)にあまねく、沈める**輩**をこそ多く浮かべたまひしか〈源氏・明石〉

とも-し【灯し・照射】名 ❶【灯し】ともしび。明かり。例(蛍ノ)**ともし**消ちなむずるとて(＝消してしまおうとして)〈伊勢・三九〉❷【照射】夏山の夜の鹿狩りで、鹿をおびき寄せるために木陰にかがり火をたき、松明をともすこと。また、その火。例夏山の茂みが下に夜を明かす、**照射**の影に異ならず〈太平記・一四〉

とも・し

【乏し・羨し】形(シク) 物の不足・欠如の状況を表す。そこから、うらやましい、欲しい、といった羨望の意が生じた。

❶不足している。とぼしい。例薪さへ**乏しく**なりゆけば、頼むかたなき人は、みづからが家を壊ちて、市に出でて売る(＝薪まで不足するようになっていったので、頼りにするもののない人は、自分の家を壊して市に出て売る)〈方丈記〉読解 二年越しの飢饉の様子。

❷貧乏だ。貧しい。例(都ノ人ハ)**乏しく**叶はぬ人のみあれば(＝貧乏で思うにまかせない人ばかりいるので)〈徒然・一四一〉

❸珍しいものに心ひかれるさま。まれだ。飽きない。慕わしい。例**ともしき**君は明日さへもがも(＝慕わしいあなたは明日も来てほしいものだよ)〈万葉・一四・三五三三〉読解「もがも」は物事の実現を希望する意を表す終助詞。

❹うらやましい。欲しい。例真土山行き来と見らむ紀人**ともしも**(＝真土山を行き帰りにいつも見ている紀伊の人がうらやましいな)〈万葉・一・五五〉

語誌 ▼語源的には「求む」と関係があるか。上代から例が見られ、『万葉集』では多用された。しかし、『源氏物語』には一例などと、平安時代の和文系の文章にはあまり用いられていない。

▼何かが不足している状況を表すのが基本。その欠如

感を解消しようとする欲求から、うらやましい、欲しい、という意が生じた。また、物の不足という客観的状況から、まれだ、珍しい、という意が生じた。
▼中世にはマ行音とバ行音との交替によって形を変えて「とぼし」となり、意味も①②にほぼ限定されるようになった。現代語「とぼしい」はこの流れの上にある。〈高山善行〉

ともし-づま【乏し妻】 名 めったに逢うことができず、慕わしい妻。逢いたい妻。七夕の織女星をいうことが多い。例八千桙の神の御代より**乏し妻**人知りにけり継ぎてし思へば〈万葉・一〇・二〇〇二〉

ともし-び【灯・灯し火】 名 ❶灯火。明かり。例**ともしび**の光に見ゆるさ百合花〈万葉・一八・四〇八七〉 ❷松明。

ともしびの【灯火の】 《枕詞》灯火が明るいことから地名「明石」にかかる。例**灯火の**明石大門に入らむ日や〈万葉・三・二五四〉

ともし・ぶ【乏しぶ・羨しぶ】 動(バ上二) うらやましく思う。例いまだ見ぬ 人にも告げむ 音のみも名のみも聞きて **ともしぶる**がね〈万葉・一七・四〇〇〇〉

ともし・む【乏しむ・羨しむ】 ❶動(マ四)「ともしぶ」に同じ。 ❷動(マ下二) 飽き足りない思いをさせる。例今だにも**ともしむ**べしや逢ふべき夜だに〈万葉・一〇・二〇一七〉

とも・す【点す】 動(サ四) 火をつける。点火する。例晦日の夜、いたう闇きに、松(=松明)どもも**ともして**〈徒然・一九〉

とも-すぎ【共過ぎ・友過ぎ】 名 ❶もちつもたれつで生活すること。例千軒あれば**友過ぎ**といへるに〈西鶴・本朝二十不孝・一・一〉 ❷共働きで生活すること。例やうやう夫婦の**友過ぎ**しかねるもあれば〈西鶴・日本永代蔵・六・五〉

と-も-すれば 副〔「と」は副詞〕どうかすると。ややもすれば。例おくと見るほどぞはかなき**ともすれば**風にみだるる萩のうは露〈源氏・御法〉➡名歌96

とも-ちどり【友千鳥】 名 群れをなす千鳥。例**友千鳥**もろ声に鳴くあかつきはひとり寝ざめの床もたのもし〈源氏・須磨〉

とも-づな【纜】 名 船尾にある、船をつなぎとめる綱。例**纜**解いておし出せば〈平家・三・足摺〉

とも-な・ふ【伴ふ】 ❶動(ハ四) 連れ立つ。連れ添う。連れて行く。例人あまた(=大勢)**ともなひ**て、三塔巡礼の事侍りしに〈徒然・二三八〉 ❷動(ハ下二) 連れ添う。例鵜養伴へ 篝さし なづさひ行けば(=水に漬かりながら行くと)〈万葉・一九・四一五六〉

とも-に【共に】 (格助詞「の」または「と」について)～といっしょに。一つになって。例卯の花の**共にし**鳴けばほととぎす〈万葉・一八・四〇九一〉

とも-の-みやつこ【伴造・伴の御奴】 名 ❶【伴造】大化以前、部の長として部民を統率する豪族。❷【伴の御奴】主殿寮の下級役人。庭の掃除をしたり節会のたいまつをともしたりする。例殿守の**とものみやつこ**よそにして(=よそごとだとして)掃らはぬ庭に花ぞ散りしく〈徒然・二七〉

とも-の-を【伴の緒】 名 令制以前、各氏族に属し、一定の職務で仕える部族。例磯城島の(枕詞)大和の国に明らけき名に負ふ(=知らぬ者がない名をもつ)**伴の緒**心努めよ〈万葉・二〇・四四六六〉

とも-べ【品部・伴部】 名 令制以前、朝廷や豪族に隷属し、特定の職業をもって仕える集団。大化改新後一部は廃止されたが、残りは諸宮司の工房などに配属された。「しなべ」とも。

とも-ゑ【鞆絵・巴】 名 円に、曲線状で先が細くなった尾のような形をつけた文様。例**鞆絵**かいたる筆の軸〈平家・一・殿上闇討〉

と-や【鳥屋】 名 ❶鶏や鷹などを飼っておく小屋。例鳥屋をこの郷に造り、雑の鳥を取り聚めて〈肥前風土記〉 ❷鷹の羽が夏の末に抜け落ち、秋になって生え替わること。毎年あることから、鷹の年齢にも用いる。例あまた年**鳥屋**ふむ鷹は〈夫木・二七〉

と-や 〔格助詞「と」＋係助詞「や」〕❶「と」が引用する内容について、疑いの意を表す。例白たへの(枕詞)藤江の浦にいざりする(=漁をする)海人と**や**見らむ旅行く我を〈万葉・一五・三六〇七〉 ❷(物語などの文末に用いて)～ということだ。例女の御心ばへは、この君をなん本(=手本)にすべきと、大臣たち定めきこえたまひけり**とや**〈源氏・藤袴〉

とや-かくや-と 〔「とやかくや」は、副詞「と」「かく」にそれぞれ係助詞「や」がついたもの〕あれこれと。あれかこれかと。例**とやかくやと**、人の御上(=おうわさ)は…おのづから(=自然と)聞こゆるものなれば〈源氏・総角〉

とや-がへ・る【鳥屋返る】 動(ラ四) 秋に鳥小屋(鳥屋)の鷹の羽が抜け替わる。一説に、鷹が鳥小屋に飛び帰ってくる意とも。例**とやがへる**白斑の鷹の木居をなみ(=白いまだらの鷹の止まり木がないので)〈後拾遺・冬〉

と-やま【外山】 名 人里に近い山。高い峰や奥山・深山に対して、人里に近いふもとのほうの山。例み山には霰降るらし**外山**なるまさきの葛色づきにけり〈古今・神遊びの歌〉 類義➡はやま

とよ【豊】 名 ゆたかであること。「とよ～」「とよの～」の形で用いられ、ほめたたえる言葉となる。例新しき年の始めに**豊**の稔しるすとならし雪の降れるは(=新しい年の始めに豊作の年の前兆を示すらしい。雪が降り積もっているのは)〈万葉・一七・三九二五〉

語誌 「豊葦原」「豊旗雲」「豊御酒」「豊寿く」「豊の明かり」「豊の禊」などと用いる。〈高山善行〉

と-よ 〔格助詞「と」＋間投助詞「よ」〕❶「と」によって引用される内容を強調・確認する意を表す。～ということだ。～と思う。例われ世の中にすみわびぬ**とよ**〈古今・夏〉 ❷(多く係助詞「か」について)不確かな事柄を確認する意を表す。～であろうか。～だったか。例まことはうつし心か**とよ**。戯れにくしや(=実際のところ正気のさただろうか。冗談事もできないなあ)〈源氏・紅葉賀〉 ❸詠嘆・感動の意を表す。例松もいとよう似て作りたる枝ぞ**とよ**〈源氏・浮舟〉

とよ-あきづしま【豊秋津島】 名〔「とよ」は接頭語〕「とよあきつしま」とも。穀物の実りの豊かな国。大和地方を中心とする地域。また、日本国の美

称。例次に、大倭豊秋津島を生みたまひき〈記・上・神代〉

とよ-あしはら【豊葦原】─アシワラ 名 日本国の美称。葦が豊かに繁った原、の意。例豊葦原の千五百秋の瑞穂の(=永久に栄える)地にあり〈紀・神代上〉

とよあしはら-の-なか-つ-くに【豊葦原の中つ国】トヨアシワラ─ 名〔「中つ国」は、天上と地下との中間にある国の意〕日本国の美称。例豊葦原の中つ国は、これ我が御子の王たるべき地なり〈紀・神代下〉

とよあしはら-の-みづほ-の-くに【豊葦原の瑞穂の国】トヨアシワラノミズホ─ 名 日本国の美称。「瑞穂の国」は、みずみずしい稲穂のなる国、の意。

ど-よう【土用】 名 陰暦で、立春・立夏・立秋・立冬の前の各十八日間。立秋前の夏の土用をいうことが多い。⇨ど(土)。例水無月の土用、餅つかせければ〈仮名草子・仁勢物語・下〉読解 夏の土用には、酷暑に負けない体力をつけるために餅などを食べる風習があった。

とよ-の-あかり【豊の明かり】 名 ❶「豊の明かりの節会」の略。新嘗祭および大嘗祭の翌日、宮中の豊楽殿(のちは紫宸殿)で行われる宴。例豊の明かりは今日ぞかしと、京思ひやりたまふ(=豊の明かりの宴は今日であるよと、都に思いをはせなさる)〈源氏・総角〉❷宮中の宴会。例後苑に幸して、曲水の宴きこしめす(=宮中の庭園にお出ましになって、曲水の宴を催される)〈紀・顕宗〉読解「曲水の宴」の記事。

語誌▼①は陰暦十一月の中の辰の日(大嘗祭では午の日)に催され、前日神に捧げたその年の新穀を天皇が自ら食し、また皇太子や臣下に分かち与える。吉野の国栖の奏楽・五節の舞などの芸能が上演され、大嘗祭には久米舞、吉志舞、悠紀・主基両国の風俗歌舞、大和舞も奏された。▼平安時代の祝詞には、「豊の明かりに明かる」という慣用句が見られる(延喜式祝詞・大嘗祭、中臣寿詞)。酒を飲んだ顔が赤くほてるさまをいうもので、豊かな実りを祝う意味もある。②の用法は、この表現から派生したとする説がある。〈畠田悦一〉

とよのあかり-の-せちゑ【豊の明かりの節会】─セチエ 名「とよのあかり①」に同じ。例五節豊の明かりの節会の夜、忠盛を闇討ちにせむ〈平家・一・殿上闇討〉

とよ-の-みそぎ【豊の禊】 名「ごけい(御禊)」に同じ。例世にとよむ豊の禊をよそにして〈後拾遺・雑五〉

とよ-はたぐも【豊旗雲】 名〔「とよ」は接頭語〕旗のように美しくたなびいている雲。例わたつみの豊旗雲に入り日さし今夜の月夜さやけかりこそ〈万葉・一・一五〉→名歌436

とよみ【響み・動み】 名「どよみ」とも。❶鳴りひびくこと。大声を出して騒ぐこと。例そのこととなく(=これという理由もなく)、とよみとてかいののしり(=大騒ぎ)出で来て〈大鏡・道長下〉❷気持ちが動揺すること。また、その動揺。騒動。例そのほどのとよみいみじさ、思ひやりぬべし〈増鏡・新島守〉

とよ-みき【豊御酒】 名〔「とよ」は接頭語〕酒を褒めていう語。美酒。例ますらをの寿く(=祝う)豊御酒に我酔ひにけり〈万葉・六・九八九〉

とよ・む【響む・動む】〔平安末期以降「どよむ」〕[1]動(マ四)❶鳴りひびく。例(琴ノ音ハ)雲の上より響き、地の下よりとよみ〈宇津保・吹上下〉❷声を上げて騒ぐ。例宮人の足結の小鈴落ちにきと宮人とよむ(=宮廷の人の足結の小鈴が落ちてしまったと宮廷の人は声を上げて騒ぐ)〈記・下・允恭・歌謡〉読解「足結」は袴を膝のあたりで結ぶ紐。飾りに小さな鈴をつけている。[2]動(マ下二) 鳴りひびかせる。例夜を長み眠の寝らえぬにあしひきの(枕詞)山彦とよめさ雄鹿鳴くも(=夜が長いので寝られないでいると、山をひびかせて雄鹿が鳴いているよ)〈万葉・一五・三六八〇〉

類義 [2]とよもす

語誌▼「とよ」は擬声語で、その動詞化したものであろう。上代には[1]②の類義語として「とよく」があった。▼濁音化 濁音化した「どよむ」は、『あれ狐よ』とどよまれて、惑ひ逃げにけり〈徒然・二三〇〉のように、人々がざわざわする、の意で用いられるようになる。濁音化に伴って、本来の上品な意味から俗っぽい意味へと変化したとみられる。濁音化することによって意味が悪く感じられるものとしては「たれる→だれる」や「さらさら→ざらざら」のような例がある。〈高山善行〉

どよ-め・く【動めく】 動(カ四)〔「めく」は接尾語〕鳴り響く。騒ぐ。例陸には、源氏箙をたたいてどよめきけり〈平家・二・那須与一〉

とよも・す【響もす】 動(サ四) 鳴りひびかせる。騒がせる。例雨隠りもの思ふ時にほととぎす我が住む里に来鳴き響もす〈万葉・一五・三七八二〉

と-よ・る【と寄る】 動(ラ四)〔「と」は副詞〕ちょっと寄る。ふと立ち寄る。例鳥羽殿にありし時…と寄りて東三条にて船に乗りて〈梁塵秘抄口伝集・一〇〉

と-よ・る【外寄る】 動(ラ四) 時代が下る。今の時代に近づく。また、当世風になる。例(書体ノ)妙にをかしきことは、外よりてこそ書き出づる人々ありけれど〈源氏・梅枝〉

とら【虎】 名 ❶動物の名。ネコ科の哺乳動物。例(a)韓国の虎といふ神を生け取りに八つ取り持ち来(=生け取りにして八頭も取って持って来て)〈万葉・一六・三八八五〉例(b)(光源氏ガ)ものを思ほいたるさま、とら・狼だに泣きぬべし(=ものを思い沈みなさっている様子は、虎や狼でさえ泣いてしまうにちがいない)〈源氏・須磨〉❷【寅】㋐十二支の第三番目。⇨十二支(図)㋑㋐にあてた年・月・日の呼称。㋒方角の呼称。東北東。㋓時刻の呼称。今の午前四時ごろ、およびその前後約二時間。(一説に、その後約二時間)。例とらの時ばかりに出で立つに、月いとあかし(=寅の刻ごろに出発するが、月がたいそう明るい)〈蜻蛉・中〉

語誌 虎は日本には存在しなかったので、仏典や漢籍によってそのイメージがはぐくまれてきた。文学作品では、外国で虎に出会ったときの状況が描写されるか、観念的に虎の獰猛さ・恐ろしさが引きあいに出されることが多い。虎退治の話は人気が高く、近松門左衛門『国性爺合戦』で主人公和藤内が虎を退治する場面などはその典型例。〈池山晃〉

【虎の尾を踏む】 きわめて危険な行動のたとえ。例かの人夢に(=夢中で)**虎の尾を踏む**心地して教へのごとくするに〈三国伝記・六〉

どら 名 形動(ナリ) 放蕩。遊蕩。また、その人・そのさま。例聟の**どら**あの嫁ならば無理ならず〈柳多留・一二〉

とらか・す【盪かす・蕩かす】 動(サ四) ❶金属などをとかす。例金は火に**とらかさ**れうず〈史記抄・六〉❷正体をなくさせる。心をしまりのない状態にさせる。たぶらかす。例(蛇ガ)女を守りて**蕩かし**てありけるに〈今昔・二九・三九〉

とら・く【盪く・蕩く】 動(カ下二)〔「とろく」の古形〕❶まとまっているものがばらばらになる。固まっているものが溶ける。❷執着・怒りなどがとけ、心が和らぐ。また、締まりがなくなる。例執心やをのづから**とらくる**と思ひて〈沙石集・七・二〉

とら-げ【虎毛】 名 虎の毛。また、動物の毛色で、虎の毛のようなまだら模様があるもの。例また次の夜の夢に**虎毛**の猫来たり〈御伽草子・猫の草紙〉

とら・す【取らす】〔「す」は使役の助動詞〕**1** 動(サ下二) 与える。やる。渡す。例かの老人たづねて、文も**とらせ**よ〈源氏・橋姫〉**2** 補動(サ下二)(動詞の連用形＋接続助詞「て」の形について)～してやる。例白鷺鳥の命を汝が親の命に転じかへて**取らせ**ん〈御伽草子・七草草紙〉

とら・す【取らす】『上代語』(動詞「とる」の未然形＋上代の尊敬の助動詞「す」) お取りになる。例ほだり(=酒壺)**取らす**も〈記・下・雄略・歌謡〉

とら・ふ【捕らふ・捉らふ・執らふ】 動(ハ下二) ❶**手に取ってつかむ。**例いとうれしくて、ふと袖を**とらへ**たまふ(=たいそううれしくて、さっとその人の袖をおつかみになる)〈源氏・花宴〉❷**つかまえる。取り押さえる。捕らえる。召し取る。**例(a)夜中にただ二人行くはけしきあり。**捕らへ**よ(=夜中にただ二人だけで歩いているのは怪しい。つかまえろ)〈落窪・一〉例(b)蛍のとびありきけるを、「かれ**とらへ**て」と(=蛍があちこちで飛んでいたので、「あれをつかまえて」と)〈大和・四〇〉❸**ぴったりくっつく。とめる。**例(冠ハ)髪をよくかき入れたるに**とらへ**らるる物なり(=髪をしっかりと中に取り込んでいるので頭にとめられるものだ)〈宇治拾遺・一六三〉

とり-【取り】 接頭 動詞について、語調を整え、また、語勢を強める働きをする。「取り繕ふ」「取り乱す」など。〈安達敬子〉

とり【鳥】

名 ❶**鳥類の総称。**例(a)天飛ぶ **鳥**も使ひぞ(=空を飛ぶ鳥も使者だ)〈記・下・允恭・歌謡〉読解鳥が、離れた二人の魂を触れあわせてくれる使者であるとする。例(b)世の中を憂しとやさし(=恥ずかしい)と思へども飛び立ちかねつ**鳥**にしあらねば〈万葉・五・八九三〉↓名歌411

❷特に、**鶏**。例昔、男、逢ひがたき女に逢ひて、物語などするほどに、**鳥**の鳴きければ(=昔、男が、なかなか逢えない女に逢って、話をしているうちに、鶏が鳴いたので)〈伊勢・五三〉読解鶏の鳴き声で、帰らねばならない夜明けの近いことを知る。

❸特に、**雉子**。肉が美味とされ、贈答にも珍重された。例盛りなる紅梅の枝に、**鳥**一双を添へて(=花盛りである紅梅の枝に、雉子一つがいを添えて)〈徒然・六六〉

❹「鳥の舞」の略。

❺よい獲物。ひっかかりやすいもの。例うれしやよい**鳥**がかかりました(=うれしいな、よい獲物がかかりました)〈浮世草子・御前義経記・三・五〉

❻【酉】㋐十二支の第十番目。⇩十二支(図)。
㋑㋐にあてた年・月・日の呼称。

㋒方角の呼称。西。

㋓時刻の呼称。今の午後六時ごろ、およびその前後約二時間。(一説に、その後約二時間)。

語誌 古くは、天空を飛翔する鳥類は、人の魂や言葉を運んでくれるものとされた。また、夜明けの近さを知らせる鶏の鳴き声は、男女の逢瀬の場面に多用される。一夜をともに過ごした男性が、夜明けとともに女性のもとから帰るのが、当時の習慣だったからである。〈鈴木日出男〉

【鳥の跡】 ❶鳥の足跡。❷文字。筆跡。手紙。蒼頡が鳥の足跡を見て文字を作ったという中国の故事からいう。例**とりのあと**、久しく留まれらば〈古今・仮名序〉❸下手な文字。筆跡のたどたどしいこと。例誰もいと**鳥の跡**にしもなどかはあらむ〈枕・うらやましげなるもの〉

とり-あつ・む【取り集む】 動(マ下二) 収集する。ひとつに集める。例わが御髪の落ちたりけるを**取り集めて**鬘(=添え髪)にしたまへるが〈源氏・蓬生〉

とり-あはせ【鶏合はせ】 名 雄鶏を闘わせて勝負を競う遊戯。闘鶏。唐の玄宗皇帝が清明節に鶏を闘わせた故事により、日本でも、三月の宮中行事となった。やがて民間にも広まった。「にはとりあはせ」とも。例三月ばかり、花山院には…**鶏合はせ**せさせたまひて〈栄花・初花〉

とり-あ・ふ【取り敢ふ】 動(ハ下二) ❶予期していて対処する。前もって用意する。例**とりあへ**ぬさまの見苦しきを、つきづきしくもて隠して(=適当にとり繕って)〈源氏・宿木〉❷耐えられる。我慢できる。例**とりあへ**ぬ御涙ぞつづきこぼれぬる〈有明の別・一〉❸取ることができる。余裕をもってしっかり手に取る。例笠も**とりあへ**で、袖を被きて(=かぶって)帰るばかり〈落窪・一〉

とり-あ・ふ【取り合ふ】 **1** 動(ハ四) ❶かかわりあう。相手になって応じる。争う。例「まづものを聞きたまへ」とありければ、それには**取りあひ**まうさずして〈御伽草子・御曹子島渡〉❷奪いあう。❸調和する。つりあう。例これはこちらの道具とは**取り合は**ぬ物ぢゃが〈虎寛本狂言・子盗人〉**2** 動(ハ下二) ❶合わせる。調和させる。例(衣服ノ色ニ)青摺りの紙よくとりあへて〈源氏・少女〉❷相手にする。取り上げて問題にする。例(遊女ノ)取りあへぬ返事に、かさねて寄り添ふ言葉もなく〈西鶴・好色一代女・一・四〉

とりあへ-ず【取り敢へず】トリアエーズ 副〔動詞「とりあふ」の未然形＋打消の助動詞「ず」〕❶急に。何をする間もなく。例高潮といふものになむ、取りあへず人損なはるるとは聞けど〈源氏・須磨〉❷とっさに。急いで。例女のもの言ひかけたる返り事、とりあへず、よきほどにする男はありがたきものぞ(=めったにいないものだ)〈徒然・一〇七〉

とり-あやま・る【取り誤る】動(ラ四) 取り違える。思い違いをする。例とりあやまりつつ見ん人の(=結婚相手が)わが心にかなはず〈源氏・梅枝〉

とり-い・づ【取り出づ】イーズ 動(ダ下二) ❶持ち出す。外に出す。例(火事ニアッテ)つゆ取り出でさせたまふ物なく〈栄花・玉の村菊〉❷選び出す。とりあげる。例手(=文字)よく書き、歌よく詠みて、もののをりごとにもまづとりいでらるる〈枕・うらやましげなるもの〉❸事をひき起こす。しでかす。例まして必ず見苦しきこと取り出でたまひてむ〈源氏・浮舟〉

とり-い・る【取り入る】1動(ラ四) ❶内部に入りこむ。とりつく。例こはき御物の怪ども取りいりたてまつる〈平家・三・赦文〉❷へつらう。相手の機嫌をとって気にいられる。2動(ラ下二) ❶とり入れる。手紙などを受け取る。例雀三つばかり、桶に取りいれて〈宇治拾遺・四八〉❷物の怪・悪霊などが、人を自分の支配下に引きこむ。例御物の怪のたびたび取り入れたてまつりしを思して〈源氏・葵〉

とり-うち【鳥打ち】名 弓の上端と握りの部分の間の反ったところ。⇩ゆみ(図)。例覚範(=人名)が弓の鳥打ちをはたと射切られて〈義経記・五〉

とり-おき【取り置き】名 ❶保存。貯蔵。例諸道具の取り置きもやかましき(=煩わしい)とて〈西鶴・日本永代蔵・三・一〉❷処分。処置。例身の取り置きまでして最後の程を待ち居しに〈西鶴・好色五人女・四・四〉❸身持ち。やりくり。例(貧シクテ)身代の取り置きを案じ〈西鶴・世間胸算用・三・三〉❹死骸をとり片づけること。埋葬。例死骸の取り置きにも構はず、野辺に送る人もなし〈西鶴・本朝二十不孝・三・二〉

とり-お・く【取り置く】動(カ四) ❶しまっておく。片づけておく。例高麗錦 紐の片方ぞ 床に落ちにける 明日の夜し 来なむと言はば 取り置きて待たむ〈万葉・一一・二三五六〉❷さしおく。

とり-おこな・ふ【執り行ふ】コナウ・コノウ 動(ハ四) 執行する。実施する。例殿の事(=お屋敷の事務)とり行ふべき上下、定めおかせたまふ〈源氏・須磨〉

とり-おひ【鳥追ひ】オイ 名 ❶農村の年中行事の一つ。陰暦一月十五日の小正月に若者や子どもたちが棒を持ち、害鳥を追い払い豊作を祈る意味をこめて、歌を歌って鳥を追うしぐさをしながら家々を回る。❷江戸時代、京の門付け芸の一つ。編み笠をかぶり、扇をたたきながら祝歌を歌って金銭を請う。例千秋万歳ともまた鳥追ひともいふかや〈醒睡笑・一〉❸江戸時代、江戸の門付け芸の一つ。女太夫が編み笠をかぶり、三味線を弾き、鳥追い歌を歌って金銭を請う。

とり-おや【取り親】名 ❶江戸時代、奉公に出るときに保証人として仮に立てる親。仮親。例取り親とて小家持ちし町人を頼み〈西鶴・好色一代女・一・三〉❷養い親。育ててくれた親。例この取り娘(=養女)、先立ちて身まかりにけり(=死んでしまった)。その後、さし続きてこの取り親また亡せぬ〈閑居友・下・四〉

とり-かか・る【取り掛かる】動(ラ四) ❶ある物に注意がいく。気にかかる。例宮の上にとりかかりて、恋しうもつらくも、わりなきことぞ〈源氏・蜻蛉〉❷すがりつく。取りつく。例上の衣の片袂落ちぬばかりとりかからせたまふに〈大鏡・師尹〉❸立ち向かう。つかみかかる。例心も知らざらん(=気心もわからないような)人にとりかかりて、汝あやまちすな〈宇治拾遺・二六〉❹しはじめる。着手する。

とり-かく・す【取り隠す】動(サ四) 取り上げて隠す。例御鋏などやうのものはみな取り隠して〈源氏・夕霧〉

とり-かさ・ぬ【取り重ぬ】動(ナ下二)〔「とり」は接頭語〕あれこれと重ねる。例身の憂さを嘆くにあかで明くる夜はとりかさねてぞ音も泣かれける〈源氏・帚木〉読解「とり」に「鶏」を掛ける。

とり-かぢ【取り舵】カジ 名 船首を左に向ける舵の取り方。また転じて、船の左側の縁。左舷。⇩おもかぢ。例取りかぢに直して、はや二、三里も出でて〈西鶴・好色一代男・三・二〉

とりがなく【鳥が鳴く・鶏が鳴く】《枕詞》都の人にとって東国の言葉はわかりにくく、鳥が鳴くように聞こえたことから、地名「あづま」にかかる。例鶏が鳴く 東の国に 古に ありけることと 今までに 絶えず言ひける〈万葉・九・一八〇七〉➡名歌250

とり-か・ふ【取り飼ふ】カウ・コウ 動(ハ四)〔「とり」は接頭語〕鳥獣に餌を与え、飼育する。例夜昼これ(=鷹)を預かりて取り飼ひたまふほどに〈大和・一五二〉

とり-かぶと【鳥兜・鳥甲】名 舞楽で、楽人が着用するかぶりもの。鳳凰の頭をかたどる。能楽にも用いる。例(夫ノ形見デアルコトガ)まことに著き(=明らかな)鳥甲の〈謡曲・富士太鼓〉

とり-かへし【取り返し】カエシ 副 もとに戻して。あらためてまた。例秋風の身にさむければとりかへしうすき衣をうらみつるかな〈順集〉

とりかへばや物語トリカエバヤモノガタリ《作品名》鎌倉初期の物語。三巻または四巻。作者未詳。現存本は平安後期成立の原作古本を改作したもので、『今とりかへばや』とも。書名は、取り替えたいの意。男女の性を取り替えて育てられた兄妹が悲喜劇を繰り返すが、やがて本来の姿に戻り、幸福な結末を迎える。

とり-ぐ・す【取り具す】動(サ変) とりそろえる。備える。例御刀に、削られたる物を取り具して奉らせたまふに〈大鏡・道長上〉

とり-こ【取り子】名 もらい子。養子。例取り子の顔にくげなる〈枕・あぢきなきもの〉

とり-こ・む【取り込む・取り籠む】1動(マ四) ❶取って内に入れる。自分のものにする。例歌詠むと思へる人の…をかしき古言をも、はじめより(=初句から〉**とりこみつつ**〈源氏・帚木〉❷たぶらかして丸めこむ。例「我が宿はこれ、ちと御立ち寄り」と**取り込む**事もあり〈西鶴・好色一代男・四・五〉**2**動(マ下二)❶閉じこめる。取り囲む。例かたきは小勢こぜいなり。中に**とりこめて**討てや〈平家・二・志度合戦〉❷たぶらかして丸めこむ。例おとども北の方(=奥方)に**とりこめられて**〈落窪・一〉

とり-ざた【取り沙汰】 名動(サ変)「とりさた」とも。❶取り仕切ること。取り裁くこと。取り扱い。例葬送の事も**とり沙汰しける**〈宇治拾遺・一四〉❷うわさになること。また、そのうわさ。評判。例何事をもよくご存じありたるおん方と見えまうしたる(トイウ)**取り沙汰**仕りて候ふが〈謡曲・蘆刈〉

とり-さ・ふ【取り支ふ】 サウ・ソウ 動(ハ下二)〔「とり」は接頭語〕仲裁する。例小童といさかひをして出納(=役職の名)ののしれば、出でて**とりさへん**とするに〈宇治拾遺・二・四〉語誌 室町時代ごろからヤ行にも活用する。

とり-したた・む【取り認む】 動(マ下二)〔「とり」は接頭語〕きちんと処理する。気をつけて整理する。例(別居スルニアタッテ)さるべきものなど**とりしたためさせたまふ**〈和泉式部日記〉

とり-し・づ【取り垂づ】 シズ 動(ダ下二) 掛けて垂らす。例木綿**取り垂でて**幸くとぞ思ふ(=無事であれと祈ることだ)〈万葉・六・一〇三一〉

とりじもの【鳥じもの】《枕詞》鳥のような、の意から「朝立ち」「浮く」「なづさふ」にかかる。注意 副詞とする説もある。

とり-・す【執す】 動(サ変) 一つのことを熱心に行う。心をうちこむ。例はかなく**とりする**ことどもも(=ちょっと心をうちこんだ習い事どもも)、もののはえありて〈源氏・若菜下〉

とり-す・う【取り据う】 動(ワ下二)❶据え置く。据えつける。例僧に賜ぶ物どもは、まづ御前に**とりすゑさせて**〈大鏡・頼忠〉❷連れてきて住まわせる。例「いかなる女を**取りすゑて**(=これこれの女を迎え入れて)、相住む」など聞きつれば〈徒然・一九〇〉

とり-す・つ【取り捨つ】 動(タ下二) 取り除く。すっかりぬぐい取る。例いとど御心地の悩ましさも**取りすてらるる**心地して起きゐたまへり〈源氏・行幸〉

とり-す・ぶ【取り総ぶ】 動(バ下二) 一つにまとめる。とりまとめる。例秋の野の花の色々**取り総べて**我が衣手に移してしがな〈拾遺・雑秋〉

とり-ぞめ【取り染め】 名 くくり染めの一種。細い横筋を染め出したもの。例赤**取り染め**の水干に夏毛の行縢をはきて(=着けて)〈著聞集・三・四三四〉

とり-たが・ふ【取り違ふ】 タガウ・タゴウ 動(ハ下二) 取りちがえる。まちがえる。例(別ノ相手ト)**とり違へて**も、(私ニ)賜はせよかし〈狭衣・四〉

とり-た・つ【取り立つ】 動(タ下二)❶特にとりあげる。ことさらに数えあげる。例**とりたて**たる御後ろ見もおはせず〈源氏・若菜上〉❷手に取る。取り上げて持つ。例弓矢を**とり立て**んとすれども、手に力もなくなりて〈竹取〉❸作り上げる。建てる。例屋どもこぼちよせ、資財雑具はこびくだし、形のごとく**取り立てつる**に〈平家・五・都帰〉❹道具などを調えたり取りはずしたりする。例かの廂に敷かれたりし物はさながらありや(=今もそのままありますか)。**とりたて**やしたまひてし〈大和・一四〇〉❺ひきたてる。登用する。例その時六つになり候ひし男子を**取り立てて**〈御伽草子・三人法師・下〉

とり-つ・く【取り付く】 **1**動(カ四)❶すがりつく。しがみつく。例むなしき姿(=遺体)に**取り付き**〈平家・三・僧都死去〉❷つき物がつく。のり移る。例御物の怪の**とりつき**たてまつりにければ〈栄花・楚王の夢〉**2**動(カ下二) 作りつける。取りつける。例奥山の さかきの枝に…木綿**取り付けて**〈万葉・三・三七九〉

とり-つくろ・ふ【取り繕ふ】 クロウ 動(ハ四)〔「とり」は接頭語〕❶修理する。手入れする。例(屋敷ハ)**とり繕ふ**人もなきままに、草青やかに茂り〈源氏・橋姫〉❷身なりを整える。例御髭なども**とりつくろひ**たまはねば〈源氏・柏木〉

とり-つた・ふ【取り伝ふ】 ツタウ・ツトウ 動(ハ下二) 取り次ぐ。受け伝える。例かかる御文なども**とり伝へ**はじめけれど〈源氏・東屋〉

とり-つ・む【取り詰む】 動(マ下二) 厳しく責めつける。詰め寄る。例かの妻、きはめたる嫉妬の心の者にて、男を**とりつめて**〈貞享版沙石集・七・六〉

とり-て【捕り手】 名❶罪人を召し捕る役。捕り方。捕吏。例人形しばゐの**捕り手**〈黄表紙・大悲千禄本〉❷武術の一つ。素手で人を捕らえる術。例そのころは**捕り手**・居合ひはやりて〈西鶴・好色一代男・二・三〉

とり-どころ【取り所】 名❶とりえ。長所。例**とり所**なきもの 容貌にくさげに、心あしき人〈枕・とり所なきもの〉❷物を持つときの取っ手。例(器ノ)**とりどころ**には、女の一人若菜摘みたる形を作りたり〈宇津保・蔵開中〉

とり-と・む【取り留む】 動(マ下二) 引きとめる。つかまえてとどめる。多く風や年月などにいう。例**とりとむる**ものとはなしに行く雲の今年もはやく暮るる空かな〈壬二集〉

とり-どり 形動(ナリ) めいめいだ。それぞれだ。思い思いだ。例いづれの御方も…**とりどりに**いとめでたけれど〈源氏・桐壺〉

とり-な・す

【取り成す・執り成す】 動(サ四)「なす」は、働きかけて別のものにする意。物事をわざと違うように扱ったり、解釈したりする。

❶**詮索して言い立てる。うわさをする。** 例我も睦びきこえてあらまほしきを、あいなく隔てあるさまに人々や**とりなさむ**とすらむ(=私も親しくおつきあい申し上げたいのに、困ったことに、うまく行っていないように世間の人はあれこれ詮索するらしい)〈源氏・若菜上〉❷**よいように対処する。うまく取り扱う。** 例この餅を箱の蓋にをかしう**取りなして**(=この餅を箱の蓋に体裁よく盛りつけて)〈落窪・一〉❸**間に入ってうまくとりもつ。仲裁する。** 例行成の朝臣の**とりなしたる**にやはべらん(=行成の朝臣がう

まくとりもったのでしょうか〉〈枕・五月ばかり、月もないとくらきに〉〈安達敬子〉

とり-な・づ【取り撫づ】 動（ダ下二）手に取って大切になでる。例朝にはい寄り立たしし…梓の弓の〈万葉・一・三〉

とり-なほ・す【取り直す】 動（サ四）❶手に持ち直す。あらためて持ちかえる。例大王扇取りなほし〈御伽草子・御曹子島渡〉❷取り繕う。手を加えて直す。矯正する。例ありしさま（＝ほかの女性との仲）など、すこしはとりなほしつつ語りきこえたまふ〈源氏・蜻蛉〉❸回復する。普通の状態に戻る。例その時目もくれ心も消えて、さらに（＝まったく）夢現とも思はず候ひしなり。しばらく心を取り直し〈御伽草子・三人法師・下〉

とり-なり【取り成り・采体】 名 その人の様子。身なりや態度。例誰にか見すべき采体をつくろひ〈西鶴・日本永代蔵・二・五〉

とりのあと【鳥の跡】 ⇩「とり」の子項目

とり-の-こ【鳥の子】 名 ❶卵。特に、鶏卵。例鳥の子を十づつ十は重ぬとも思はぬ人を思ふものかは〈伊勢・五〇〉読解 卵を百個も重ねるというのは不可能の象徴。それですら、自分を愛してくれない人をこちらだけ愛するのよりたやすい、という意。❷鳥の雛。❸「鳥の子紙」の略。

とりのこ-がみ【鳥の子紙】 名 和紙の一種。雁皮で作った上質の紙。厚さにより、厚様・中様・薄様の区別がある。

とり-の-そらね【鳥の空音】 鶏の鳴きまね。秦に捕らえられた斉の孟嘗君が、脱出しようとして夜中に函谷関に着いたとき、供のまねた鶏の鳴き声で、夜が明けたと関所の番人をだまして、門を開かせて脱出することができたという『史記』の故事による。例夜をこめて鳥のそらねにはかるともよに逢坂の関はゆるさじ〈後拾遺・雑二〉→名歌417

とり-の-まち【酉の町・酉の待ち】 名 陰暦十一月の酉の日、江戸の鷲神社で行われる祭り。熊手やお多福面などが売られ、多くの人出でにぎわった。「酉の市」とも。

とり-の-まひ【鳥の舞】 名 雅楽の迦陵頻の舞。十歳前後の子ども四人が極楽の鳥迦陵頻伽に扮して舞う。左舞に属し、右舞の胡蝶の舞と対となる。例御階の左右のそばより童部の鳥の舞したるほど〈栄花・鳥の舞〉

とり-ばかま【取り袴】 名 走りやすいように、袴の股立ちを取ること。例とり袴して、いそぎ門外へぞ逃げ出でける〈平家・二・西光被斬〉

とり-は・く【取り佩く】 動（カ四）剣などを身に着ける。腰に帯びる。例剣大刀腰に取り佩き 梓弓靫取り負ひて〈万葉・三・四七八〉

とり-はづ・す【取り外す】 動（サ四）❶誤って手から落とす。取りそこなう。例轡を二たび取りはづし、鐙をしきりに踏みはづす〈宇治拾遺・一九七〉❷物事をやりそこなう。取り逃がす。例（東宮ヘノ入内ヲ）とりはづして、ただ人の宿世あらば（＝臣下と結ばれる運命ならば）〈源氏・少女〉❸うっかり気を許す。油断する。例おのづからとりはづして、（夕霧ガアナタヲ）見たてまつるやうもありなむ〈源氏・若菜上〉❹粗相をする。不作法をする。多く大小便をもらしたり屁をしたりすることにいう。

とり-はな・つ【取り放つ】 動（タ四）❶引き離す。別れさせる。例北の方も（娘トソノ夫ヲ）取り放ちてむとまどひたまへど〈落窪・三〉❷とりはずす。ひきはがす。例北の御障子も取り放ちて御簾かけたり〈源氏・鈴虫〉❸それだけを別に取り出す。例取り放ちては、有職（＝物事にすぐれた人）多くものしたまふころなれど〈源氏・初音〉❹剝奪する。取り上げる。例所領を取り放ちて〈平治・中〉

とり-ばみ【鳥食み・取り食み】 名 宴会の後、庭に料理の残り物を投げて下人などに拾い食べさせること。また、それを食べる人。例大饗果てて、とりばみといふ者を払ひて入れずして〈宇治拾遺・一八〉

とり-はや・す【取り囃す】 動（サ四）宴席などで、座を盛り上げる。例大臣取りはやしたまひて、御酒などすこし参るほどに〈宇津保・蔵開中〉

とり-ぶき【取り葺き】 名 屋根の葺き方の一つ。薄い板を重ね、竹や丸太で押さえ、さらに石を置いて押さえる。例一万三千両持つまで取り葺き屋根の軒の低きに住みしが〈西鶴・日本永代蔵・六・一〉

鳥部野・鳥辺野 《地名》山城国、今の京都市東山区の阿弥陀峰の西の山麓、西大谷・清水寺から泉涌寺に至る東山山麓一帯。京都の西郊嵯峨野の奥の化野とともに葬送の地。「鳥部（辺）山」とも。例（葵ノ上ノ遺体ヲ）鳥辺野に率てたてまつるほど、いみじげなること多かり（＝鳥辺野にお連れ申し上げるとき、ひどく悲しいと思われるようなことが多い）〈源氏・葵〉

語誌 ▼無常の煙 『徒然草』七段に「あだし野の露消ゆる時なく、鳥部山の煙立ち去らで」とあるように、化野の露に対して、火葬の煙が添えられることが多い。〈大谷俊太〉

鳥部山・鳥辺山 《地名》山城国（京都府）の鳥部野の山。⇩鳥部野

とり-まう・す【取り申す・執り申す】 動（サ四）❶取り次いで申し上げる。例上（＝母上）には「身の宿世（＝宿命）の思ひしられはべりて…」ととり申させたまへ〈蜻蛉・下〉❷取り立てて申し上げる。例何事をとり申さむと思ひめぐらすに〈源氏・帚木〉

とり-まかな・ふ【取り賄ふ】 動（ハ四）〔「とり」は接頭語〕調える。用意する。処理する。例御硯取りまかなひ、書かせたてまつらせたまふ〈源氏・初音〉

とり-まはし【取り回し・取り廻し】 名 ❶やりくり。処置。取り扱い。例手づから燗鍋の取りまはし〈西鶴・好色一代男・二・四〉❷ふるまい。身なり。例取りまはしのいやしからずとて、国なる（＝故郷にいる）独り子の嫁にしても苦しからじと〈西鶴・好色一代女・一・二〉

とり-みだ・す【取り乱す】 動（サ四）❶動揺する。例やがておもりぬれば（＝病が重くなったので）我にもあらず取りみだしてはべりぬ〈徒然・二四一〉❷だらしなくする。とり散らかす。例取りみだしたる書き出

し(=請求書)〈西鶴・世間胸算用・二・二〉

とり・みる【取り見る】 動(マ上一) ❶手に取って見る。❷世話をする。めんどうをみる。例国にあらば（病気ノ私ヲ）父**取り見**まし 家にあらば 母**取り見**まし〈万葉・五・八八六〉 読解「未然形＋ば〜まし」の形で反実仮想の意を表す。

とり-む・く【取り向く】 動(カ下二) 供物などを神仏に供える。手向ける。例海中に幣**取り向け**ては や(=早く)帰り来ね〈万葉・一・六二〉

とり-も・つ【取り持つ・執り持つ】 動(タ四)〔注意して手に持って大切に扱う意〕❶手に持つ。手に取る。例春の日に萌れる(=芽吹いている)柳を**取り持ち**て〈万葉・一九・四一四二〉 ❷命令を受けてとりしきる。政務などを担当する。例大君の 任きのまにまに(=仰せのままに) **取り持ちて** 仕ふる国の〈万葉・一八・四一一六〉 ❸いっさい引き受けて世話する。もてなす。例御法事に、よろづ**とりもち**てせさせたまふ〈源氏・夕霧〉 ❹仲介する。例世之介**取り持つ**(音便形)て、こころまかせに逢はする事〈西鶴・好色一代男・五・四〉 ❺執着する。例あやにくに(女君ニ)**とりもち**て責めたまひしかば〈源氏・総角〉

とり-もの【採り物】 名 ❶祭事のとき、神を降ろす呪具。宮中の御神楽では、榊・幣・杖・篠・弓・剣・桙・杓・葛の九種。❷神楽歌の一種。①の舞にちなんだもの。

とりもの-の-うた【採り物の歌】 名 神楽歌の一種。舞人の指揮者にあたる人長の持つ採り物にちなんで歌われた。十曲からなる。

とり-やり【取り遣り】 名 やりとり。特に、掛け売りの決済。例大方の買ひ物は当座払ひ(=現金払い)にして、物まへ(=節季前)の**取りやり**もやかましきことなし〈西鶴・世間胸算用・四・四〉

とり-や・る【取り遣る】 動(ラ四) 取りのける。取り捨てる。例紛るる物どもも**取りやり**たれば、いとよく見ゆ〈源氏・野分〉

とり-ゆ【取り由・取り揺】 名 箏の琴を弾く技法の一つ。右手で弾いた弦を左手で押さえたりはなしたりする奏法。例**取り由**の手つき、いみじうつくりたる物の(=美しく作ったような)心地するを〈源氏・少女〉

とり-よ・す【取り寄す】 動(サ下二) ❶引き寄せる。❷持って来させる。例火近う**とりよせ**て物語など見るに〈枕・虫は〉 例菖蒲の根長きなど…**取り寄せ**て〈蜻蛉・下〉

とり-よそ・ふ【取り装ふ】 動(ハ四)〔「とり」は接頭語〕身支度する。例ますらをの 心振り起こし **取り装ひ** 門出をすれば〈万葉・二〇・四三九八〉

とり-よろ・ふ【取り具ふ】 動(ハ四)《上代語》語義未詳。すべてが整い備わっている意、などの説がある。例大和には 群山あれど **とりよろふ** 天の香具山〈万葉・一・二〉➡名歌386

とり-わき【取り分き】 副 特別に。とりわけ。例**とりわき**仰せ言ありて〈源氏・桐壺〉

とりわき-て【取り分きて】 副 特別に。とりわけ。例**取り分きて**仕りける侍どもは、互ひに言ひ合はせてぞ、宿直に行きける〈今昔・一九・九〉

とり-わ・く【取り分く】 ❶動(カ四) 別にする。特別に扱う。例女院は、入道殿を**とりわき**たてまつらせたまひて〈大鏡・道長上〉 ❷動(カ下二) ❶に同じ。例(酒ノ肴ヲ)紙に**取り分け**て〈落窪・一〉

とり-ゐ・る【取り率る】 動(ワ上一) むりやりに連れて行く。召し連れる。例許さぬ(=避けることのできない)迎へまうで来て、**取り率**てまかりぬれば、口惜しく悲しきこと〈竹取〉

と・る【取る・執る・採る・捕る】 動(ラ四) ❶手に持つ。手中に収める。自分のものにする。例(a)目には見て手には**とら**れぬ月のうちの桂のごとき君にぞありける(=目では見られるのに手では収めることができない月の中の桂のようなあなたであったなあ)〈伊勢・七三〉 読解「月のうちの桂」は中国の伝説による。手の届かない高根の花の女性へ詠んだ恋歌。例(b)まめ人の名を**とり**てさかしがりたまふ大将(=堅物との評判を身に受けて、分別ありげにしていらっしゃる大将)〈源氏・夕霧〉 ❷奪う。取り上げる。取り除く。例官も**とら**れてはしたなければ(=官職も剝奪されて体裁が悪いので)〈源氏・須磨〉 ❸操作する。操る。例狩しありきけるにいきあひて、道にて馬の口を**とり**て(=狩りをして回っていたときに出会って、途中で馬のくつわをとって引き止め)〈伊勢・六三〉 ❹選択して決める。選びとる。例などてかくはかなき宿は**取りつる**ぞと、くやしさもやらん方なし(=どうしてこんなつまらない所にわざわざ泊まったのかと、後悔してもどうしようもない)〈源氏・夕顔〉 読解某の廃院で物の怪に夕顔をとり殺された光源氏の後悔。❺(「〜に取りて」などの形で)ある事に関連づける。例時に**とつ**(音便形)ては神妙に申したり(=この場にかなって殊勝に申したものだ)〈平家・一・祇王〉

語誌 ▼関連語 「とる」が基本的に手で持ってあるものを積極的に自分の自由にする意であるのに対し、「もつ」はその状態を変化させないで保持する意。「つかむ」は物を握りしめる意。〈安達敬子〉

と・る【照る】 動(ラ四)《上代語》「てる」の東国方言。例日が**とれ**ば雨を待とのす君をと待とも(=雨を待つように君を待つことだ)〈万葉・一四・三五六一〉

どれ【何れ】 ❶代〔「いづれ」の変化した形〕❶不定称の指示代名詞。どちら。いずれ。どこ。いずこ。例「比叡の山は**どれ**より(=どちらから来たのか)」「桜本より候ふ」〈義経記・三〉 ❷不定称の人称代名詞。だれ。例**どれ**ぞお伴しやれ〈洒落本・遊子方言〉 ❷感 新たに言動をするきっかけとして発する語。どれ。どら。例**どれ**汗拭うて進ぜう〈近松・鑓の権三重帷子・上〉

とろ・く【蕩く・盪く】 動(カ下二) ❶とけて形が崩れる。例肉解け、骨**とろけ**て〈今昔・二・三〉 ❷心がなごむ。例入道殿の日ごろの御憤り、ことのほかに**蕩け**てこそ見えたまひつれ〈源平盛衰記・二〉 ❸心の締まりがなくなる。例(美女ガ)笑みを含めば、覚えず心も**とろけ**て〈談義本・風流志道軒伝・一〉

とろ-とろ 副 ❶動作の滑らかなさま。動作の落ち着いているさま。例（矢ヲ）とろとろとはなちて〈宇治拾遺・一八九〉 ❷うっとりしているさま。例とろとろ見とれおはします〈近松・平家女護島・一〉 ❸眠気のさすさま。例うたた寝にとろとろ寝入る折こそあれ〈浄瑠璃・ひらかな盛衰記・三〉 ❹粘液の垂れるさま。例よだれとろとろ垂らして〈源平盛衰記・一七〉

とろ-め・く【蕩めく・盪めく】 動（カ四）〔「めく」は接尾語〕❶眠気がさす。例かくとろめきて寝をのみ眠たまふは〈今昔・四・三二〉 ❷うっとりする。例扇のかげで目をとろめかす〈閑吟集・九〇〉

とわ【永久】 ⇩とは

と-わた・る【門渡る】 動（ラ四）海峡を通過する。例淡路島門渡る舟の〈万葉・一七・三八九四〉

ど-ゐ【土居】 名 家や城のまわりにめぐらした、土を盛った垣。

とゑ-ら・ふ 動（ハ四）《上代語》「とをらふ」の東国方言か。揺れ動く。うねる。例行こ先に波なとゑらひ〈万葉・二〇・四三八五〉

とを【十】 名 十。例望月の明かさを十合はせたるばかりにて〈竹取〉

とをか-えびす【十日恵比須・十日戎】 名 正月十日、特に関西各地の恵比須神社で行われる祭り。恵比須は商業の神とされ、商人が多く参詣した。西宮戎神社（兵庫県西宮市）や今宮戎神社（大阪市）のものが有名。

とを-だんご【十団子】 名「とだんご」「とをだご」とも。駿河国（静岡県）宇津谷峠のふもとの茶屋の名物の団子。小さな団子を白・赤・黄に染めて十個ずつ竹串などに刺して売った。例十団子も小粒になりぬ秋の風〈俳諧・韻塞〉↓名句95

とを-つら【十列】 名 ❶十人の列。例楽人十列など装束をととのへ〈源氏・澪標〉 ❷神仏に奉納するため、社前などで行う競べ馬。十騎一斉の、あるいは左右から一騎ずつ十番の勝負という。特に、賀茂の祭りのときに近衛府の官人が華やかに着飾って行うものをいうことが多い。例皆この御神に御幣・十列たてまつりたまふ〈大鏡・道長上〉

とを-よ・る【撓よる】 動（ラ四）しなやかになびく。ゆらゆらと揺れる。例なよ竹の（枕詞）撓よる児らは いかさまに 思ひ居れか〈万葉・二・二一七〉

とを-ら・ふ【撓らふ】 動（ハ四）波に揺れる。例釣舟の とをらふ見れば 古の ことそ思ほゆる〈万葉・九・一七四〇〉

とを-を【撓】 形動（ナリ）「たわわ」に同じ。例白樫の枝もとををに雪の降れれば〈万葉・一〇・二三一五〉

どん【鈍】 形動（ナリ）❶愚かだ。のろい。にぶい。例色々芸尽くし、一人もどんなる者はなし〈西鶴・西鶴諸国ばなし・三・一〉 ❷不都合だ。例鈍な所へ給仕に来て〈近松・心中宵庚申・上〉

頓阿 《人名》「とんな」とも。一二八九～一三七二（正応二～応安五）。鎌倉末期・南北朝時代の歌人。俗名二階堂貞宗。二条派の重鎮で、浄弁・慶運・兼好とともに和歌四天王と称された。家集に『草庵集』、歌論に『井蛙抄』、二条良基の問いに答える形の『愚問賢注』がある。撰者の二条為明亡き後は、代わって『新拾遺和歌集』（一九番目の勅撰集）を完成させた。

どん-ごん【鈍根】 名 形動（ナリ）「どんこん」とも。愚かなこと。頭の働きがにぶいこと。例四人は利根にして先にすでに道を得たり。五人は鈍根にして〈今昔・一・八〉

とん-じき【屯食】 名 米を蒸した強飯を握って卵形にしたもの。平安時代、宮中や貴族の宴会のときに身分の低い人に与えた。例舞台の左右に、楽人の平張りうちて、西東に屯食八十具〈源氏・若菜上〉

とんしょう-ぼだい【頓証菩提】 《仏教語》速やかに心の迷いを去り、悟りの境地に達すること。死者の冥福を祈る言葉として唱えられることが多い。例「天子聖霊成等正覚（＝正しい悟りを開き）、頓証菩提」と祈り申させたまふにつけても〈平家・灌頂・大原入〉

どん-す【緞子】 名 絹織物の一種。練り糸で作り、地は厚く光沢をもち、文様を織り出す。室町初期に中国から渡来し、のちは国内でも織られた。例天鵞絨一寸四方、緞子毛貫き袋になるほど（ノ少量デモ）…自由に売り渡しぬ〈西鶴・日本永代蔵・一・四〉

とん-せい【遁世】 名 動（サ変）《仏教語》「とんぜい」とも。俗世間を逃れ、仏門に入ること。また、僧が山野などで仏道修行すること。例学問を捨てて遁世したりけるを〈徒然・二三六〉

とんせい-しゃ【遁世者】 名「とんぜいじゃ」とも。遁世した人。世捨て人。隠者。例遁世者は、無きに事欠けぬやうをはからひて過ぐる（＝物がなくとも不自由しない方法を心がけて暮らすことが）、最上のやうにてあるなり〈徒然・九八〉

とん-だ 《近世語》❶連体 途方もない。思いがけない。例とんだ男があるものだ〈浄瑠璃・神霊矢口渡・四〉 ❷副 たいそう。ひどく。例髪がとんだやぼだ〈洒落本・遊子方言〉

とん-と 副《近世語》❶きっぱりと。すっかり。例とんと覚悟をきはめた〈近松・曾根崎心中〉 ❷（打消の語を伴って）少しも（～ない）。さっぱり（～ない）。例とんと行方が知れませぬ〈滑稽本・浮世風呂・三下〉

どんど 名「とんど」とも。陰暦一月十四日夜、または十五日朝に、門松・しめ縄・書き初めなどを集めて焼く行事。この火で焼いた餅を食べると病気にならないとされた。どんど焼き。例小さいのはおれが在所のどんどかな〈俳諧・七番日記〉

とん-ばう【蜻蛉】 名 虫の名。トンボ。

とんばう-がへり【蜻蛉返り】 名（トンボが空中で身軽に向きを変えて飛ぶことから）急に体勢を変えること。機敏に後方へ身を翻すこと。また、宙返り。例くもで・かくなは・十文字・蜻蛉返り・水車、八方すかさず斬ったりけり〈平家・四・橋合戦〉 読解「くもで…水車」は太刀の使い方。

とん-よく【貪欲】 名 形動（ナリ）《仏教語》「どんよく」とも。欲が深く満足することを知らないこと。強欲。例（出家シタ人ハ）勢ひ（＝権勢）ある人の貪欲多きに似るべからず〈徒然・五八〉

な【字】 图 字じ。文字。

な【名】 图 人間・物事・土地・観念などを、他と区別するために呼ぶ語。

❶**名前**。例この岡に 菜摘ます児 家聞かな 名告らさね…我こそば 告らめ 家をも**名**をも〈万葉・一・一〉↓名歌168

❷**世間のうわさ。評判**。例恋すてふわが**名**はまだき立ちにけり人知れずこそ思ひそめしか〈拾遺・恋一〉↓名歌165

❸**特に、名声**。例御妻には、一世の源氏、かたちきよらなる**名**取りたまへるが、十四歳なるを得たまひて(=御妻には、一世の源氏で、顔立ちが美しいという名声をお取りになっている方で、十四歳である方をお迎えになって)〈宇津保・忠こそ〉

語誌 ▼「名」と実体　古くは、特定の人物・事物などの実体と、それを言い表す名とは分かちがたいものとして、名すなわち実体だと思われがちであった。男性が求婚の場で相手の女性の名を問うのも、名すなわち相手、という考え方があったかららしい。しかし時代とともに名と実体の距離が遠のいて、やがて名は実体の記号とみられるようになる。

▼**和歌表現の「名」**　『万葉集』や『古今和歌集』などの恋歌には「名を惜しむ」「無き名」などの言い回しが多く、自分たちの恋へのうわさを気にする歌が多く詠まれている。閉塞的な社会であるだけに、うわさなどで集団の中で孤立するのを恐れているためであろう。〈鈴木日出男〉

[名有り] 有名である。評判が高い。例**名ある**智者どもなど召して〈宇津保・国譲下〉

[名に負ふ] ❶**名前としてもつ**。例大伴の 氏と**名に負へる** ますらをの伴(=大伴氏という名前をもっている勇敢な男たちよ)〈万葉・二〇・四四六五〉

❷**有名である**。例(a)これやこの大和にしては我が恋ふる紀路にありといふ**名に負ふ**背の山(=これこそが大和の国においては私が見たがっていた紀伊路にあるという有名な勢能の山よ)〈万葉・一・三五〉例(b)ここぞ**名に負ふ**隅田川(=ここここそ有名な隅田川)〈謡曲・隅田川〉〈鈴木日出男〉

[名にし負ふ] (「し」は副助詞)「名に負ふ」を強めた表現。例**名にし負は**ばいざ言問はむ都鳥わが思ふ人はありやなしやと〈伊勢・九〉↓名歌269

[名を得] 名声を得る。有名になる。例この世に**名を得**たる舞の男どもも〈源氏・紅葉賀〉

[名を立つ] ❶**名声をあげる**。例のちの世の 語り継ぐべく **名を立つ**べしも〈万葉・一八・四一六四〉❷**評判を立てる。浮き名を立てる**。例いとあるまじき**名を立ちて**〈源氏・若菜下〉

[名を惜しむ] 名誉・名声が傷つくのを残念に思う。例**名を惜しみ**人に知らえず(=人に知られないように)恋ひ渡るかも〈万葉・一三・二八六一〉

[名を折る] 名誉を失う。名声を損なう。例もみぢ葉の**名を折る**よりは〈久安五年右衛門督家歌合〉

な【肴・菜・魚】 图 ❶【肴】魚・野菜・鳥獣などで作った副食物。おかず。例前妻が 肴乞はさば〈記・中・神武・歌謡〉❷【菜】食用にする植物の総称。例この岡に 菜摘ます児〈万葉・一・一〉↓名歌168 ❸【魚】食用にする魚。例足日女 神の命の 魚釣らすとみ立たしせりし石を誰見き〈万葉・五・八六九〉

な【儺】 图「ついな」に同じ。例つごもりの日になりて、儺などいふもの試みるを〈蜻蛉・上〉

な【汝】 代 ❶対称の人称代名詞。**あなた**。**おまえ**。例あとなと競ひて、族の多き少きを計へむ(=私とあなたとで競って、どちらの同族が多いか少ないかを数えよう)〈記・上・神代〉

❷反射指示の代名詞。**自分自身**。**おまえ自身**。例常世辺に住むべきものを剣大刀(枕詞)己が心からおそやこの君(=常世の国に住んでいればよかったのに、おまえ自身の心のせいで、ばかなことをしたものだ、あなたは)〈万葉・九・一七四一〉 読解 水江の浦の島子の伝説を詠んだ歌の反歌。

語誌 ▼**自称か対称か**　オホナムチという神の名が『日本書紀』で「大己貴」〈神代上〉と書かれており、「な」には自分自身を表す「己」の意があったと解して、自称の代名詞とする説もある。⇩なれ(汝)〈米山敬子〉

な 副 動詞の連用形(カ変・サ変活用は未然形)の上について、その動作・行為を禁止する意を表す。三つの型があり、用いられる時代・意味に若干の違いがある。

❶「**な＋動詞」の型**。上代に用いられた。禁止する意味合いが強い。**〜するな**。例**な**思ひと君は言へども(=そんなに思ってくれるなとあなたは言うけれども)〈万葉・二・一四〇〉

❷「**な＋動詞＋そ」の型**。「そ」は終助詞。①より柔らかく、哀願・懇請する表現。**どうか〜しないでくれ**。**どうか〜してくれるな**。平安時代以降は、この型がもっぱら用いられた。例いとかたはなり。身もほろびなん。かく**な**せそ(=たいそうみっともない。あなたの身もだめになってしまうだろう。どうか、そんなことはしないでおくれ)〈伊勢・六五〉

❸「**な＋動詞＋そね(そよ)」の型**。上代に用いられた。②に同じ。例愛しき 小目の小竹葉に 霰降り 霜降るとも **な**枯れそね 小目の小竹葉(=かわいらしい小目野に生える笹葉に霰が降り霜が降っても、どうか枯れないでおくれ小目野の笹葉よ)〈播磨風土記〉

語誌 ▼**語源**　「な」の語源は、形容詞「なし」の語幹か、あるいは、打消の助動詞「ず」の古い未然形に想定される「な」と関連する語と解されている。

▼動詞の連用形には、古くは命令の意味が含まれてい

たと考えられ、上につく「な」と合わせて、否定命令、すなわち禁止の意味をもつことになる。①と③は平安時代には用いられなくなり、②の表現がもっぱらとなる。平安時代末には、②からさらに「な」のない「動詞＋そ」の型が生じた。近世にはほとんど用いられなくなる。⇩そ（終助詞）〈米山敬子〉

な 格助〘上代語〙❶体言と体言の間に置かれて二つの体言の意味を結合する。現代の「の」と同じだが、「あなうら」「まなかひ」「みなと」など、上代でもすでに用法が固定していた。❷東国方言。「に」（格助詞）に同じ。例安努な行かむと墾りし道（＝切り開いた道）〈万葉・一四・三四四七〉

語誌 ②は接尾語とする説もある。

な 終助 ❶**詠嘆の意を表す。**〜なあ。例(a)君が去なば我は恋ひむな直に逢ふまでに（＝もしあなたが行ってしまったら、私はきっと恋い慕うだろうなあ、直接あなたに逢う日まで）〈万葉・四・五五〇〉例(b)この影を見ればいみじう悲しな（＝この姿を見るとたいそう悲しいなあ）〈更級〉❷**相手に確かめたり、念を押したりする気持ちを表す。**〜な。〜なあ。例(a)阿倍の大臣…かぐや姫に住みたまふとな。ここにやいます（＝阿倍の大臣が…かぐや姫の家にお通いだというのだな。ここにおいでなのか）〈竹取〉読解この「住む」は夫として通う意。例(b)汝は歌詠みな（＝おまえは歌人だな）〈著聞集・五・一九〇〉

接続▶体言、文の終止した形、格助詞「と」につく。

語誌▼上代から現代まで一貫して用いられてきた。同じ終助詞の「もがな」や「かな」の「な」も、もとはこの助詞だと考えられている。〈近藤要司〉

な 終助 **禁止の意を表す。**〜するな。例(a)いまさらに山へ帰るなほととぎす声のかぎりは我が宿に鳴け（＝今になってからまた山へ帰るな、ほととぎすよ。声が続く限りは我が家で鳴いてくれ）〈古今・夏〉例(b)あやまちすな。心して降りよ（＝けがをするな。用心して降りよ）〈徒然・一〇九〉

接続▶動詞および動詞型活用の助動詞の終止形につく。ラ変型には連体形につく。

語誌▼「〜な」と「な〜そ」 上代の禁止の表現には、副詞「な」を用いる「な〜そ」「な〜そね」「な〜」と、終助詞「な」を用いる「〜な」があった。このうち平安時代以後にも用いられたのは「な〜そ」と「〜な」の形である。平安時代には「な〜そ」のほうが優勢であったが、中世に入ってしだいに「〜な」のほうが多くなり、江戸時代には、「〜な」が圧倒的に多くなる。

柔らかい表現である「な〜そ」に比べて、「〜な」は厳しい絶対的な禁止であるとする説がある。〈近藤要司〉

な 終助〘上代語〙❶**自己の動作に用いて、意志や希望の意を表す。**〜しよう。〜したいものだ。例この岡に 菜摘ます児家聞かな 名告らさね〈万葉・一・一〉➡名歌168 ❷**複数の主語の動作に用いて、自分も相手も含めた勧誘の意を表す。**さあ、〜しよう。〜しようよ。例熟田津に舟乗りせむと月待てば潮もかなひぬ今は漕ぎ出でな〈万葉・一・八〉➡名歌275

接続▶動詞および動詞型活用の助動詞の未然形につく。〈近藤要司〉

な 完了の助動詞「ぬ」の未然形。

な 打消の助動詞「ず」のク語法に現れる形。「なく」「なくに」などと用いる。

[識別のポイント] **な**

(1)**打消の助動詞「ず」のク語法に現れる形** 活用語の未然形につく。「なく」「なくに」の形で用いられる。例やどりせし花橘も枯れなくに（＝宿としていた花橘も枯れないのに）〈古今・夏〉

(2)**完了の助動詞「ぬ」の未然形** 活用語の連用形につく。推量の助動詞「む」「まし」、接続助詞「ば」がつく。例かくて果てなば、いと口惜しかるべし（＝このまま死んでしまったら、とても心残りだろう）〈蜻蛉・中〉

(3)**副詞** 多く「な〜そ」の形で用いられ、「な」の下に動詞の連用形（カ変・サ変動詞は未然形）がくる。禁止の意を表す。例月な見たまひそ（＝月を見なさるな）〈竹取〉

(4)**終助詞（詠嘆）** 体言、文の終止した形、格助詞「と」につく。例花の色はうつりにけりな（＝色あせてしまったなあ）いたづらにわが身世にふるながめせしまに〈古今・春下〉➡名歌288

(5)**終助詞（禁止）** 動詞および動詞型活用の助動詞の終止形につく。ただし、ラ変型には連体形につく。例あやまちすな（＝けがをするな）〈徒然・一〇九〉

(6)**終助詞（希望・勧誘）** 動詞および動詞型活用の助動詞の未然形につく。例この世なる間は楽しくをあらな（＝この世にいる間は楽しく暮らしたいものだ）〈万葉・三・三四九〉

なあり【名有り】 ⇩「な」の子項目

ない〘地震〙 ⇩なゐ

ない-えん【内宴】 名 平安時代、陰暦一月二十一日ころの子の日に、宮中の仁寿殿で行われる内々の宴。公卿以下文人を召して詩文を作る。例祖の御時より次々（＝先祖代々）伝はれる名高き帯、内宴にさしたまへりけるままに〈宇津保・忠こそ〉

ない-が-しろ【蔑】 形動（ナリ）〔「なきがしろ（無きが代）」のイ音便形〕❶あなどって無視するさま。例世をばないがしろに思ひて〈宇津保・蔵開中〉❷うちとけたさま。無造作だ。例小袿だつもの（＝小袿のようなもの）ないがしろに着なして〈源氏・空蝉〉

ない-き【内記】 名 令制で、中務省に属し、詔勅・宣命の起草や宮中の記録をつかさどる職。例内記遅れて宣命を進る〈御堂関白記・寛弘元年正月〉

ない-ぎ【内議・内儀・内義】 名 ❶**内々の相談。内々の取り決め。**例内義・支度はさまざまなりしかども（＝内々の取り決めや準備はいろいろであったけれども）〈平家・二・西光被斬〉読解平家打倒の企てについての一節。❷内々のこと。内実。内情。例きゑん坊主もないぎはこれの（＝私の）聟〈田植草紙・昼歌三番〉❸他人の妻をいう。もとは貴人に用いたが、江戸時代は町人の妻に用いる。例あるじは戸棚の錠前に心を付くれば、**内儀**は火の用心よくよく言ひつけて(＝主人は戸棚の錠前に気を配ると、妻は火の用心を十分に言いつけて)〈西鶴・好色五人女・四・三〉〈川崎剛志〉

ないーぐ【内供】 名「内供奉」の略。例男子(＝息子)は法師にて、**内供**良円の君とておはす〈大鏡・実頼〉

ないーくう【内宮】 名 伊勢の皇大神宮の通称。祭神は天照大御神。⇩伊勢神宮。例太神宮にまうでて、**内宮**に七箇日参籠〈著聞集・一・二六〉

ないーぐぶ【内供奉】 名 宮中で天皇の安穏を祈るのを職務とする僧。十人選ばれ、内道場に供奉し、御斎会の講師を務めたり、清涼殿で夜居を務めたりする。「供奉」「内供」と略称されることが多い。

ないーくわん【内官】 名 令制で、中央官庁に勤める官人。「京官」とも。

ないーげ【内外】 名 ❶内と外。例(宮殿ノ)**内外**の眷属(＝一族郎等)、皆ことごとく眠り臥したり〈今昔・一・四〉 ❷貴人の家や部屋に出入りすること。例常に参るべし。**ないげ**などもゆるされぬべき〈源氏・夕霧〉 ❸奥向きと表向き。転じて、万事。例**内外**につけたる執権の臣とぞみえし〈平家・一・東宮立〉 ❹「内外典」の略。例身に才あり、心に悟りありて、**内**外の道に達れり〈今昔・一三・五〉

ないーけう【内教】 名《仏教語》(仏以外の教えを外教というのに対して)仏教。また、仏典。例我、外典を**内教**を見るといへども〈今昔・一一・九〉

ないーけうばう【内教坊】 名 朝廷で、踏歌や女楽を継承・教授する役所。八世紀初めごろの創設と推定され、十二世紀に入って間もなく廃絶したらしい。

ないげーてん【内外典】 名《仏教語》内典と外典。仏教では仏教の書物を内典、それ以外の教えを説く書物を外典とする。例おほよそ**内外典**を世にひろめて〈今昔・三・二〉

ないーし

【内侍】 名 ❶内侍司の女官の総称。尚侍二人、典侍四人、掌侍四人をさす。例この**内侍**、琵琶をいとをかしく弾きゐたり(＝たいそうすばらしく弾いている)〈源氏・紅葉賀〉 読解 ここは二等官の典侍。❷特に、**掌侍**。例女は、内侍のすけ。**内侍**〈枕・女は〉 読解 清少納言のような中流貴族の女性の理想が、典侍と掌侍であったことがうかがえる一節。❸斎宮寮の女官の一つ。例斎宮の**内侍**に御託宣あり(＝神のお告げがある)〈著聞集・一・九〉 ❹安芸国(広島県)の厳島神社に奉仕した巫女。例かの社には、**内侍**とて優なる女どもおほかりけり(＝あの神社には、内侍といって優美な女性たちが多かった)〈平家・二・徳大寺厳島詣〉

語誌 内侍司の女官は天皇のそば近くに仕えるため、その寵愛を受けることが多かった。平安中期には尚侍は摂関家の娘が選ばれて天皇の夫人に準じる地位となり、典侍も同様に扱われることが多くなる。女官としての実質的な職務の中心は掌侍が担うことになり、そこから単に「内侍」といえば掌侍をさすようになった。〈池田尚隆〉

ないーし【乃至】 接 ❶〜から〜まで。例蹴鞠・伎芸の者ども、**乃至**衛府・諸司・官女・官僧まで〈太平記・二三〉 ❷あるいは。例そこそこの河の辺に、**乃至**それの岳の彼方の面に〈今昔・二五・五〉

ないしーせん【内侍宣】 名 内侍の司の女官が、天皇の意志を諸官庁に伝達するために発する文書。

ないしーどころ【内侍所】 名 ❶内侍司の女官たちが詰めている所。平安時代には温明殿に置かれた。内侍が奉仕し、三種の神器の一つである八咫の鏡を安置する。⇩口絵。例内教坊、**内侍所**のほどに、かかる者どものあるはやと、をかし〈源氏・末摘花〉 ❷(①から転じて)八咫の鏡。例御国ゆづりの節会行はれて、剣・璽・**内侍所**渡したてまつらるるほどこそ〈徒然・二七〉 類義 ①②かしこどころ

ないしーのーかみ【尚侍】 名 内侍司の長官。もと従五位、のちに従三位相当。平安時代になると女御・更衣に準じる地位となり、天皇の寝所に侍るようになる。例**尚侍**の御もとに、わりなくして(＝無理をして)聞こえたまふ〈源氏・須磨〉

ないしーのーじょう【掌侍】 名 内侍司の判官。もと従七位、のちに従五位相当。定員四人。平安中期ごろからは実質的に内侍司の中心となり、単に「内侍」といえば掌侍をさすようになる。この首位が「勾当の内侍」。

ないしーのーすけ【典侍】 名 内侍司の次官。もと従六位、のちに従四位相当。「すけ」「てんじ」とも。例年いたう老いたる**典侍**、人もやむごとなく(＝家柄も高貴で)心ばせあり〈源氏・紅葉賀〉

ないしーのーつかさ【内侍司】 名 令制で、後宮十二司の一つ。天皇に近侍し、裁可を仰いだり勅旨を伝達したりする役所。宮中の礼式もつかさどる。後宮の最重要職とされた。職員はすべて女性。

ないーじゃく【内戚】 名「ないしゃく」とも。父方の親戚。内戚。例**内戚**にも外戚にも女といふ者なむ乏しくはべる〈宇津保・内侍のかみ〉

ないーじゅ【内竪・内豎】 名 朝廷で、諸行事に奉仕し、宮中の日常雑務に召し使われる人。多くは少年。「ちひさわらは」とも。

ないじゅーどころ【内竪所・内豎所】 名 奈良・平安時代、内豎を統率する役所。

ないーしょう

【内証】 名 ❶《仏教語》**内心の悟り。仏教の真理を心内で会得すること**。例外相もし背かざれば、**内証**必ず熟す(＝外部に現れた姿が教えに反しなければ、内心の悟りは必ず成熟する)〈徒然・一五七〉 ❷**心中で思うこと**。内心。例元の主なりける人を、**内証**に頼みけり(＝もとの主人であった人を、内心頼みに思っていた)〈仮名草子・仁勢物語・下〉 ❸**人に知らせず内々にすること**。内密。例(金銭ヲ)目の前で戴くも、**内証**にて状で戴くも同じ事(＝人前でいただくのも、内密に手紙で依頼していただくのも同じこと)〈西鶴・好色一代男・七・一〉 ❹**内々の事情**。内情。例角右衛門に**内証**を申しわたしぬ(＝内情をお話しした)〈西鶴・好色一代女・一・三〉 ❺**暮らしむき**。家計。**懐ぐあい**。例一代にかく分限になる事、**内証**の手回しひとつなり(＝一代でこのよ

うに金持ちになることは、家計のやりくりひとつである〉〈西鶴・日本永代蔵・四・五〉
❻奥向きの部屋。奥の間。転じて、家の主婦。例内証より、内儀声を立てて(=奥向きの部屋から、奥方が声を出して)〈西鶴・西鶴諸国ばなし・一・三〉
❼身内。親族。例私は内証の者でござる〈狂言記・鱸庖丁〉 〈大井田晴彦〉

ない‐しんわう【内親王】 名 令制で、天皇の姉妹・娘に与えられた称号。のちは親王宣下を受けた皇族の女性をいう。例親王たち・内親王、いづれかはさまざまとりどりの才習はさせたまはざりけむ〈源氏・絵合〉

ない‐ぜん‐し【内膳司】 名 令制で、宮内省に属する役所。主に天皇の食事の調理・毒味などにあたる。

ない‐だいじん【内大臣】 名 太政官の職名の一つ。左右大臣の下にあり、それを補佐する。令外の官で、平安中期以降常置された。例大臣、太政大臣にあがりたまひて、大将、内大臣になりたまひぬ〈源氏・少女〉読解はじめの「大臣」は光源氏。内大臣から太政大臣に昇進し、そのあとに右近衛府の大将が就任した、ということ。

ない‐だうぢゃう【内道場】 名 宮中で仏事を行う場所。平安時代は、空海の奏請で設立された真言院を内道場とした。

ない‐だん【内談】 名 密談。内々の話しあい。例八幡山崎を攻めらるべき内談〈太平記・九〉

ない‐ぢん【内陣】 名 社寺で神体や本尊を安置する、本殿や本堂の奥の神聖な所。その手前の部屋を外陣という。

ない‐てん【内典】 名〘仏教語〙「ないでん」とも。仏教の側から見た、仏教の教典の称。仏教以外の書籍は「外典」という。例これは内典の学匠(=学者)にてぞあるらんと見えつる法師〈太平記・三五〉

ない‐ない【内内】 副 こっそりと。うちうちで。例法皇も内々仰せなりけるは〈平家・一・殿下乗合〉

ない‐はう【内方】 名 他人の妻の敬称。奥方。例布留の朝臣の内方は〈宇津保・楼上上〉

ない‐ふ【内府】 名「だいふ」とも。内大臣の唐名。

ない‐べん【内弁】 名 朝廷の重要な儀式のとき、承明門内で諸事をつかさどる役。首位の大臣が務めるのが通例。門外の諸事は外弁がつかさどる。

ない‐みゃうぶ【内命婦】 名 令制で、五位以上の女官の総称。⇩みゃうぶ(命婦)

ない‐らん【内覧】 名 摂政・関白、または特に宣旨を受けた大臣が、天皇に奏上する文書を事前に見て、政務を処理すること。また、その人。

ないらん‐の‐せんじ【内覧の宣旨】 名 内覧を許す旨の宣旨。例内大臣正二位にあがって、内覧の宣旨蒙らせたまひたりしをこそ〈平家・三・大臣流罪〉

ない‐り【泥梨・泥犂・奈利】 名〘仏教語〙〘梵語の音写〙地獄。「ならく」とも。例この度泥犂に沈みなば(=落ちてしまったら)…浮かび上がらん事かたし〈平家・一・祇王〉

ない‐ゐ【内位】 名 令制で、氏姓が尊貴な人(主に中央貴族)に授けられる位階。対して、地方豪族は主として「外位」が与えられた。

ない‐ゐん【内院】 名 ❶伊勢の斎宮の御所。❷〘仏教語〙兜率天の中にあり、弥勒菩薩が説法するという場所。例われ今、兜率天の内院に生まれて弥勒を見たてまつらむとす〈今昔・一三・一五〉

なう【萎う・綯う】 ⇩なふ

なう 感 ❶人に話しかけるときに発する語。ねえ。もしもし。例なう父様、お薬あがってま一度(=もう一度)、達者になってくださんせ〈近松・心中宵庚申・中〉❷感動したときに発する語。ああ。おお。例なう、これは夢かや〈謡曲・隅田川〉

なう ❶間助 感動の意を表す。例柳の陰に御待ちあれ 人問はばなう 楊枝木切ると仰しあれ〈閑吟集・四三〉❷終助 感動の意を表す。例ようも黙ってゐられたなう〈近松・薩摩歌・上〉
接続 ①は種々の語につく。②は文の終止した形につく。

なう‐なう 感〘感動詞「なう」を重ねた語〙❶「なう①」に同じ。例なうなうあれなる(=あそこの)おん舟に申さう〈謡曲・自然居士〉❷「なう②」に同じ。例なうなう嬉しや嬉しや〈虎寛本狂言・末広がり〉

なえ‐なえ【萎え萎え】 副 (多く「なえなえと」の形で)ぐったり。ぐにゃぐにゃ。例(虎ト鰐ニ食イツイテ)二度三度ばかりうち振りて、なえなえとなして〈宇治拾遺・三九〉

なえ‐ば‐む【萎えばむ】 動(マ四)〘「ばむ」は接尾語〙よれよれになる。衣服が着なれて柔らかくなる。例袙どもの、いとあざやかなるにはあらで、なえばみたるに〈枕・ものへ行く路に〉

なお【直・猶・尚】 ⇩なほ

なおざり【等閑】 ⇩なほざり

なおし【直衣・直し・尚し・猶し】 ⇩なほし

なおる【直る・治る】 ⇩なほる

なか

【中・仲】 名 ❶空間的に中間の部分。また、物体の内部。例(a)海の中に、はつかに(=かすかに)山見ゆ〈竹取〉例(b)穴のあきたるなかより出づる水の、清く冷たき事限りなし(=穴があいているその中から出る水が、清くて冷たいことはこの上もない)〈更級〉
❷人や物の集団の範囲内。例知らぬ人の中にうち臥して、つゆまどろまれず(=知らない人の中に交じって横になって、少しもうとうとすることができない)〈更級〉
❸人と人との間柄。例昔、はかなくて絶えにけるなか、なほや忘れざりけん(=昔、ちょっとしたことでとだえてしまった男女の仲だが、やはり忘れられなかったのだろうか)〈伊勢・二一〉
❹三つ続く期間の二番目。暦の上の月については、その中旬。例弥生のなかの六日なれば、花はいまだ名残あり(=三月十六日なので、桜の花はまだ少し残っている)〈平家・三・少将都帰〉
❺一つの出来事が起こってから、次の出来事が起こるまでの期間。中間。例わづかに中一両月をへだてて、入道相国薨ぜられぬ(=お亡くなりになった)〈平家・六・築島〉読解上皇の死後、間に一、二か月を隔てただけで平清盛が死去したということ。

❻**階級や等級の中間。中流。中等。** 例**中**の品のけしうはあらぬ選り出でつべきころほひなり(=中流の相当な者を選び出せそうな時勢だ)〈源氏・帚木〉 ❼**兄弟や姉妹の二番目。** 三人のうちの二番目だけでなく、単に第二子の意にもいう。例この御腹には(=この御方から生まれた御子様としては)、太郎君、三郎君、五郎君、六郎君、**中**の君、四の君、五の君〈源氏・夕霧〉 読解 この「中の君」は次女。 ❽**物事や状態が続く期間や空間。** また、その状態。例若宮の、いとおぼつかなく、露けき**中**に過ぐしたまふも、心苦しう思さるるを(=若宮が、たいそう心配で、涙がちの状態でお暮らしになるのも、心苦しくお思いになるので)〈源氏・桐壺〉 読解 母を亡くしたばかりの幼い皇子が、涙がちの母の実家で暮らしているのを心配する父帝の思い。 ❾大坂の新町の遊郭の通称。

語誌 ▼空間的にも時間的にも、連続するものの両端に対して、その中間をいうのが原義である。連続する物事を、いわば三分する発想に基づく。③の人と人との間柄の意や、⑥の中流・中等などの価値判断を伴う序列の意も、そこから拡大されたものである。
▼類義語「うち」は、「と(外)」に対していて、ほかから仕切られた空間の内部をいい、空間を二分する発想に基づく点がこの語とは異なる。〈山口堯二〉

なが-あめ【長雨】 名 幾日も降り続く雨。梅雨をさすことが多い。⇩ながめ(長雨)。例**長雨**、例の年よりもいたくして(=ひどく降って)、晴るる方なく〈源氏・蛍〉

なか-いり【中入り】 名 ❶戦で、援護部隊を投入すること。例人数千ばかりにて、堅田へ**中入り**仕り候ふところ〈信長公記・三〉 ❷能楽で、二部構成の作品で、シテが一度、楽屋または作り物の中に入って、前半が終了すること。例鉄輪(=能の作品名)、**中入り**より前は恨みの能なれば〈八帖花伝書・七〉 ❸芝居・相撲などの興行の、途中の休憩。

なが-うた【長歌・長唄】 名 ❶【長歌】和歌の歌体の一つ。長歌。例懸想人の**ながうた**詠みて〈源氏・若菜上〉 ❷【長唄】㋐地歌の一種。小曲を組み合わせた組歌に対して、一連のまとまった内容をもつ歌をいう。㋑三味線音楽の一種。㋐が上方の歌舞伎音楽に取り入れられ、江戸に伝えられて盛んになったもの。地歌・浄瑠璃・謡曲などを摂取して発達、歌詞と曲風の多様さ・幅広さに特色がある。

なが-え【長柄・轅】 名 ❶器物の柄が長いこと。また、その柄。特に傘や槍などにいう。❷牛車の前方に長くさし出した二本の柄。前端に軛をわたして牛に引かせる。⇩くるま(図)。例車宿りにさらにひき入れて、**轅**ほうと(=ぽんと)うちおろすを〈枕・すさまじきもの〉

なが-えぼうし【長烏帽子】 名「ながえぼし」とも。烏帽子の高くて長い形のもの。例**長烏帽子**して、さすがに人に見えじと〈枕・にくきもの〉

なか-おび【中帯】 名 動(サ変) 動きやすいように着物の裾をたくし上げ、その上から帯を結ぶこと。また、そのように結んだ帯。例白き布の襖といふもの着て、**中帯**して〈今昔・二六・一七〉

なか-がき【中垣】 名 隣家との境の垣根。例**中垣**こそあれ、一つ家(=一軒の家)のやうなれば〈土佐〉

中川 《地名》 歌枕 山城国、平安京の東端を南北に走る東京極大路(今の寺町通)沿いに南流する川。和歌では、男女の仲がとだえることが詠まれた。「京極川」とも。例**中川**のわたりなる家なむ、このごろ水堰き入れて〈源氏・帚木〉

なか-がみ【天一神・中神】 名 陰陽道で信仰する神の名。八方を巡行して吉凶禍福をつかさどり、悪い方角をふさいで守るとされる。己酉の日に天から降り、東北隅から順次、東西南北の四方を五日ずつ、北東・南東・南西・北西の四隅を六日ずつ、合わせて四十四日間地上に滞在する。四十四日目の癸巳の日に北から昇天し、十六日たつとまた降りてくるという。この神が地上にいる方角を「塞がり」「方塞がり」といい、この方角に向かって事を行うことを忌み、その方角へ出かけるときは「方違へ」をした。平安時代にこの神の信仰が流行。「てんいちじん」とも。例今宵、**中神**、内裏よりは(=宮中からすると)塞がりてはべりけり〈源氏・帚木〉

ながき-ねぶり【長き眠り】 いつ覚めるともしれない長い眠り。覚めがたい迷いのたとえ。死をいうこともある。永眠。例暁のゆふつけ鳥ぞ(=鶏は)あはれなる**長き眠り**を思ふ枕に〈新古今・雑下〉

ながき-よ【長き夜】 ❶長い秋の夜。例鈴虫の声のかぎりを尽くしても**長き夜**あかずふる涙かな〈源氏・桐壺〉 ❷死後の世界。冥土。例**長き夜**の苦しきことを思へかし何嘆くらむ仮の宿りに〈詞花・雑下〉 読解「仮の宿り」は、生きているこの世。

ながきよ-の-やみ【長き夜の闇】 いつまでも闇夜であること。煩悩のために、いつまでも悟れずにいることのたとえ。無明。長夜の闇。例(執着心ニツキマトワレルト)**長き夜の闇**にもまどふわざななれ〈源氏・横笛〉

ながき-わかれ【長き別れ】 ❶長期間会えない別れ。例逢ふ事にかへんといひしままならば**ながき別れ**と鳥や鳴くらむ〈新続古今・恋三〉 ❷再び会えない別れ。死別。永別。例**永き別れ**にてやみぬべきなり(=終わってしまうにちがいない)〈更級〉 読解 任国へ下る年老いた父が京に残る娘に語る言葉。

なか-ぐろ【中黒】 名 ❶矢羽の一つ。上下が白く、中が黒いもの。黒い部分の大きさによって大中黒・小中黒と分ける。⇩や(図)。例大**中黒**の矢負ひ(=背負い)、塗籠籐の弓脇にはさみ〈平家・八・山門御幸〉 ❷紋所の名。輪の中に横に太く「一」を書く。新田氏の紋として有名。「一つ引き両」とも。

なが-くゑにち【長凶会日】 名 陰陽道で、凶会日が長く続くこと。

なが-け・し【長けし】 形(ク) 長い。例**長けく**も頼みけるかな世の中を〈大和・一二六〉

なか-ご【中子】 名 ❶物の中央部。中心。❷斎宮の忌み詞で、仏。例「経」「仏」など忌みて、「**なかご**」「染め紙」などいふなるもをかし〈徒然・二四〉 ❸刀剣の、柄の中に入っている部分。刀工の銘はここに刻む。例棒鞘の柄引き抜き、**なかご**を見れば〈近松・

長町女腹切・上〉❹鏃の、矢竹の中に入った部分。例鏃の中子を筈本まで打ちどほしにしたる矢〈太平記・一五〉

なか-ごと【中言】 名 悪口。中傷。例由無き人の中言によりて益無き戦ひも好まじ〈今昔・二五・五〉

なが-ごと【長言・長事】 名 長話。また、長々しい事柄。例にくきもの いそぐ事あるをりにきて**ながごと**する客人〈枕・にくきもの〉

なが-こひ【長恋ひ】 ヲ|イ 名 長い間続いている恋。長い間恋い焦がれている恋。例後れ居て**長恋ひ**せずは〈万葉・五・八六四〉

なか-ごろ【中頃】 名 昔と今の中ほどあたり。それほど遠くない昔。ひところ。例これ(=今の庵)を**中ごろ**の栖にならぶれば〈方丈記〉

なか-さうじ【中障子】 ソウジ 名 部屋と部屋を仕切る襖障子。例人静まるほどに、**中障子**を引けど〈源氏・少女〉

長崎 《地名》肥前国、今の長崎市の中心部。貿易港で戦国時代ごろはキリシタンが多く住んでいたが、キリシタン禁令後は徳川幕府の天領となり、オランダ・清との貿易の拠点として栄えた。例唐人船残らず湊を出て行けば、**長崎**も次第にものさびしくなりぬ〈西鶴・世間胸算用・四・四〉

なか-ざし【中差し・中指し】 名 ❶箙の真ん中に入れる戦闘用の矢。上差しの鏑矢に対する称。例**中差し**にて下野殿を射落としたてまつらんと思へども〈保元・中〉❷女性の髻の中央に横に挿す笄・かんざしなど。

なか-さだ【中さだ】 名〔「さだ」は時・ころ、の意〕やや昔に属するころ。また、少々古風であること。例(筆跡ハ)**中さだ**の筋にて〈源氏・末摘花〉

なが・し【長し・永し】 形(ク) ❶**空間的な隔たりが大きい。長い。** 例**長き**爪して眼をつかみ潰さん(=長い爪で目玉をつかみ潰そう)〈竹取〉❷**時間的な隔たりが大きい。永久だ。** 例君が行き日**長く**なりぬ山尋ね迎へか行かむ待ちにか待たむ(=あなたの旅は日数が重なって長くなった。山を尋ねて迎えに行こうか、ひたすら待っていようか)〈万葉・二・八五〉❸**のんびりしている。ゆったりしている。**心や気質の状態を比喩的に表した用法。例あはれに**長き**御心のほどを穏しきものにうちとけ(=やさしくゆったりとしたお気持ちを安心できると気を許して)〈源氏・初音〉

語誌 ▼慣用表現 「長き眠り」は、迷いの長く覚めないこと、死のたとえ。「長き夜の闇」は無明の闇のことで、煩悩ゆえに永久に救済のないこと。「長き別れ」は死別、長期間の離別の意。〈吉田比呂子〉

なか-じま【中島】 名 庭園の池の中に築いた島。例山(=築山)の木立、**中島**のわたり(=あたり)、色まさる苔のけしきなど〈源氏・胡蝶〉

なが・す【流す】 動(サ四)〔「ながる」の他動詞形〕❶**水などを流れさせる。涙や汗をこぼす。** 例男、血の涙を**ながせ**ども〈伊勢・四〇〉❷**流れに浮かべ漂わせる。** 例年ごとにもみぢ葉**流す**龍田川みなとや秋のとまりなるらむ〈古今・秋下〉➡名歌245 ❸(「名を流す」の形で)**世間に伝え広める。評判を立てる。** 例かかるすき事どもを末の世にも聞きつたへて、軽びたる名(=評判)をや**流さ**むと〈源氏・帚木〉❹**流罪にする。左遷する。** 例隠岐国に**ながさ**れける時に〈古今・羇旅・詞書〉❺**気にせずほうっておく。聞き流す。** 例さう問はれては、この藤作も**ながさ**にゃならぬ〈浄瑠璃・源平布引滝・四〉❻**質を受け出さずに所有権を放棄する。** 例その質は半年前に**流し**たといふ〈浄瑠璃・新版歌祭文・下〉❼**遊里などに居続ける。**

なが-すびつ【長炭櫃】 名 横長の形をした炭櫃。例次の間に**長炭櫃**にひまなく(=すきまなく)ゐたる人々〈枕・宮にはじめてまゐりたるころ〉

なかせん-だう【中山道・中仙道】 ドウ 名 江戸時代の五街道の一つ。本州中央部の山岳地帯を東西に貫く。江戸日本橋を起点に、上野・信濃・美濃を経て近江の草津で東海道に合流し、京都に至る。「木曾路」はこの一部。例薬師堂の山越えに**中仙道**へ落としたは(=逃がしたのは)、城五郎へいったんの(=一回の)情け〈浄瑠璃・伊賀越道中双六・八〉

なが-そで【長袖】 名 ❶丈の長い袖。また、そのような衣服。❷(①を着ることから)神主・僧・学者・芸人・医師など。例武家などとはちがひ、**長袖**の事なれば〈噺本・一休諸国物語・三・二〉

なか-ぞら【中空】 [1]名 ❶**空の中ほど。空中。中天。** 例**中空**に立ちゐる雲の(ここまで序詞)あともなく身のはかなくもなりにけるかな(=空の中ほどに浮かんでいる雲があとかたもなく消えるように、私は心細い身の上になってしまったなあ)〈伊勢・二一〉❷**道の途中。中途。** 例道遠み**なか空**にてや帰らまし(=道が遠いので途中で帰ろうかしら)〈後拾遺・雑六〉

[2]形動(ナリ) ❶**心が落ち着かない。うわの空だ。** 例初雁の(枕詞)はつかに声を聞きしより**中空**にのみものを思ふかな〈古今・恋一〉➡名歌285 ❷**どっちつかずだ。中途半端だ。** 例**中空なる**御ほどにて〈源氏・若紫〉読解 物語に登場したころの紫の上の様子。まったく子どもというのではないが、またはっきりと他人の仕打ちがわかるというのでもない中途半端な年齢で、ということ。

語誌 天頂と地上の間のどちらつかずの空、の意で、転じて、二つの状態の間でどちらにいくこともできずに悩むことをいう。〈鈴木宏子〉

なか-たえ【中絶え】 名 宮仕えや交際がとだえること。例昔、御**中絶え**のほどには〈源氏・夕霧〉

なか-だち【仲立ち・中立ち・媒】 名 二つの間にたって事を取り次ぎ、関係を結ばせること。また、その人。特に、男女の間を取り結ぶこと。仲人。例(a)財多ければ身を守るにまどし(=おろそかになる)。害をかひ、累ひを招く**媒**なり〈徒然・三八〉例(b)**仲だち**のかく言よくいみじきに〈源氏・東屋〉

なか-たゆ【中絶ゆ】 中断する。男女の交際がとだえることにいうことが多い。例忘らるる身を宇治橋の**中絶え**て人も通はぬ年ぞ経にける〈古今・恋五〉読解「宇治橋」の「宇治」に「憂し」を掛ける。

なか-ち【仲子】 名『上代語』次男・次女。一説に、長

子・末子以外の子とも。例殿の**仲郎**し鳥狩りすらしも〈万葉・一四・三四三八〉

なが-ち【長道】 名 長い道。遠い道のり。例天離る鄙の**長道**ゆ恋ひ来れば明石の門より大和島見ゆ〈万葉・三・二五五〉↓名歌43

なか-づかさ【中務】 名「なかつかさ」とも。「中務卿」「中務省」の略。

なかづかさ-きやう【中務卿】 名 中務省の長官。平安時代以降は四品以上の親王が任じられた。例ここかしこにて生け捕られたまひける人々には、まづ一の宮**中務卿**親王〈太平記・三〉

なかづかさ-しやう【中務省】 名 令制で、太政官の八省の一つ。宮中の事務いっさいや、天皇の警護をつかさどる役所。八省のうちでも重要な役所とされた。例この日、上表す。**中務省**に付す〈御堂関白記・寛仁二年二月〉 読解 藤原道長が、太政大臣の辞職を願い出たという記事。

中務内侍日記 《作品名》鎌倉中期の日記文学。一巻。伏見院中務内侍作。正応五年(一二九二)以後に成立。伏見天皇に女房として仕えた回想の中に和歌一五〇首余りを盛り込み、心象をも吐露する。

なが-つき【長月・九月】

名「ながづき」とも。**陰暦の九月のこと**。晩秋。例その長月の七日の日も今日にめぐり来にけり〈謡曲・野宮〉 読解 光源氏が自分を訪ねてくれた日付けを、六条御息所が思い出す場面。

語誌 ▼**夜長にもの思う月** 秋が深まり、夜の長さがとりわけ意識される月である。『古今和歌集』恋四の「今来むと言ひしばかりに長月の有り明けの月を待ち出でつるかな」(↓名歌72)は、秋の長夜に朝まで空しく男を待ち明かした女性の嘆きの歌。「長月の有り明けの月」という表現は多くの和歌に用いられる。

▼**重陽の節句** 九日の重陽の節句は、それに用いる菊とともに多くの和歌などに詠まれた。『拾遺和歌集』秋巻の「長月の九日ごとに摘む菊の花もかひなく老いにけるかな(=不老不死の効き目もなく年老いてしまったことだよ)」は、長生きを祈る重陽の節句を、逆説的・皮肉的に歌う。

なか-て【中手】 名 ❶早生と奥手の中間の時期にできる作物。特に稲にいい、「中稲」とも。例我が守る**なかて**の稲ものぎは落ちむらむら穂先出でにけらしも〈曾丹集〉 ❷中央部。中間。例舞台の日隠しの柱の**なかて**よりは側へ寄せて〈申楽談儀〉

なが-て【長手】 名「ながち」に同じ。例君が行く道の長手を繰り畳ね焼き滅ぼさむ天の火もがも〈万葉・一五・三七二四〉↓名歌138

長門 《地名》旧国名。今の山口県西部。山陽道八か国の一つ。長州。延喜式で中国・遠国。

なかとみ-の-はらへ【中臣の祓へ】 名「おほはらへ」に同じ。

なか-なか

名詞「なか(中)」を重ねた語。中途半端でどっちつかずのさまをいい、さらにそこから、中途半端であるよりは、むしろそうでないほうがよい、などの意にも用いる。

❶ 形動(ナリ) ❶**中途半端だ。なまじっかだ**。例葛木や久米路に渡す岩橋の(ここまで序詞)**なかなかに**ても帰りぬるかな(=中途半端のままに帰ってしまったなあ)〈後撰・恋五〉 読解「久米の岩橋」は伝説上の橋で、途中までしかできなかった。

❷**中途半端でかえってよくない。そうでないほうがむしろよい**。例はかばかしう後ろ見思ふ人もなき交らひは、**なかなかなる**べきことと思ひたまへながら(=しっかりと後ろ盾となる人もいない宮仕えは、かえってしないほうがよいにちがいないことと存じますけれど)〈源氏・桐壺〉 読解「たまへ」は謙譲の補助動詞。

❷ 副 ❶**中途半端に。なまじっか**。例**なかなか**恥ぢかかやかんよりは、罪ゆるされてぞ見えける(=中途半端に恥ずかしがって顔を赤らめたりするようなのよりは、罪がないように見えた)〈源氏・夕顔〉

❷**予想・予期に反するさま。かえって**。よい場合にも悪い場合にも用いる。例(喪服ノ)色あひ重なり好ましく**なかなか**見えて(=色合いや重なりぐあいが、かえってすばらしく見えて)〈源氏・朝顔〉 読解 普通の衣服に比べて地味で見所もないと思われるのに、ということ。

❸(打消の語を伴って)**とうてい(〜ない)。とても(〜ない)**。例**なかなか**人に会わせたお内儀ではござらぬ(=とうてい人に会わせることのできる奥さんではございません)〈山本東本狂言・縄綯〉

❹**ずいぶん。かなり**。例**なかなか**ようござる〈狂言記・蛭子大黒殿〉

❸ 感 **相手の発言を肯定していう語。そのとおり。いかにも**。例「その子細(=理由)がござるか」「**なかなか**、子細がおぢゃる(=ございます)」〈狂言・粟田口〉

語誌 ▼上代には「なかなかに」の形で副詞として用いられた。平安時代になって、形容動詞「なかなかなり」が現れ、副詞も「に」を伴わない「なかなか」の形が普通となる。

▼2の③④は中世以降の用法。3は狂言などでよく用いられる。〈井上博嗣〉

なが-なが・し【長長し】 形(シク) 非常に長い。いかにも長い。例あしびきの(枕詞)山鳥の尾のしだり尾の(ここまで序詞)**ながながし**夜をひとりかも寝む〈拾遺・恋三〉↓名歌24

なかなか-の-こと【なかなかの事】 そのとおりだ。もちろん。例「さては名のらでは叶ひ候ひまじきか」「なかなかの事、急いで名のり候へ」〈謡曲・実盛〉

なか-に-ついて【中に就いて】 とりわけ。中でも特に。例(四季ノ中デモ)**中に就いて**腸断ゆるは(=悲しいのは)、秋の天〈源氏・蜻蛉〉

中大兄皇子 《人名》⇩天智天皇

なか-の-きみ【中の君】 名 次女の敬称。姉妹の二番目。例兵部卿宮の**中の君**もさやうに心ざして〈源氏・澪標〉

なか-の-ころも【中の衣】 上着と下着の間に着る衣。和歌では、多く男女の「仲」に掛けて用いる。例見なれぬる**中の衣**と頼みしを〈源氏・宿木〉

なか-の-と【中の戸】 ❶部屋と部屋の仕切りの戸。❷清涼殿の北廂にある戸。萩の戸(部屋の名)と

藤壺の上の御局の境の戸。例〈帝ハ〉なかの戸よりわたらせたまふ〈枕・清涼殿の丑寅のすみの〉

なか-の-とをか【中の十日】 トオカ 中旬の十日間。また、中旬の十日目の意で、二十日。例八月中の十日ばかりなれば、野辺のけしきもをかしきころなるに〈源氏・夕霧〉

なか-の-みかど【中の御門】 名 ❶内裏の外郭中央にある門。建礼門・建春門など。例〈参内ノ行列ノ〉御前は中のみかどに至りぬれば、後は宮まだ近し〈宇津保・国譲下〉❷大内裏の東面にある待賢門の別称。例急ぎ参りけるに、中の御門の門に弁の車の立てたりけるを見て〈今昔・二七・九〉

なか-の-みや-の-つかさ【中宮職】 名「ちゅうぐうしき」に同じ。

なか-ば【半ば】 ❶名 ❶半分。例下荻のなかばは霜に結ぼほれつつ〈源氏・夕顔〉❷真ん中。例枝の半ばに鳥を付く〈徒然・六六〉❸最中。たけなわのころ。例吉野山花はなかばに散りにけりたえだえ残る峰の白雲〈千載・春下〉❷副 よほど。かなり。だいぶ。例半ばは死ぬる心地して身氷るやうにす〈今昔・五・二〇〉

なが-ばかま【長袴】 名 裾の長い袴。また、足を包んでさらに後ろに引きずるほど長く仕立てた袴。素襖・長上下など、上流の武家の礼服に用いる。例ぬす人は長袴をや着たるらん〈著聞集・一二・四四四〉

奈河亀輔 ナカワ カメスケ《人名》【初世】生没年未詳。江戸時代の歌舞伎作者。並木正三のもとで狂言作りを学び、時代物のすぐれた作を残した。『伽羅先代萩』『伊賀越乗掛合羽』などがある。

なが-はし【長橋】 名 ❶長い橋。❷清涼殿から紫宸殿に渡る廊下。⇩口絵。例長橋より下りて、〈オレイノ〉舞踏したまふ〈源氏・桐壺〉

なかば-の-つき【半ばの月】 ❶半月。例弓張りのなかばの月の影〈=光〉よりも〈新続古今・秋上〉❷月の半ばに出る月。満月。特に、中秋の名月。例秋の空、あまりに〈美シクテ、感嘆ニ〉堪へぬ半ばの月〈謡曲・雨月〉❸〈半月形の穴が開いていることから〉琵琶の別称。和歌で、①の意と掛けて用いることが多い。例思ひ出づるなかばの月を見てしよりほのかにきこしことは恋しき〈祐子内親王家紀伊集〉

なが-びつ【長櫃】 名 長方形の櫃。衣類・調度などを入れ、運ぶときは棒を通して二人で担ぐ。例玉の枝をば長櫃に入れて、物おほひて持ちて〈竹取〉

なか-びと【中人・仲人】 名 間に立って取りもつ人。仲人。媒酌人。例天皇、その弟、速総別王をもちて、なかびととして、庶妹女鳥王を〈妻ニ〉乞ひたまひき〈記・下・仁徳〉

なが-ふくりん【長覆輪】 名「ながぶくりん」とも。太刀の拵えの一つ。金や銀の板で、鞘の刃や背にあたる部分などを先端まで覆い飾っているもの。

なか-へ【中重・中陪】 エ 名 ❶襲の表地と裏地の間に入れた布地。その部分は三重になり、ずらして色合いを美しくする。例紅の打ちたる〈=砧で打ってつやを出した絹〉を中陪にて〈栄花・根合はせ〉❷幾枚も重ねた中にはさみこむ布や紙。例薄様の中重を破りてこの歌を書きて〈著聞集・五・一九六〉

なか-へだて【中隔て】 名 間を仕切るもの。中間の仕切り。例中隔ての壁に穴をあけて、のぞかせたまひけるに〈大鏡・師輔〉

なか-みかど【中御門】 名「なかのみかど②」に同じ。例中御門の門より入りて〈宇治拾遺・一三三〉

なが・む

【眺む】動〈マ下二〉長いこと、はっきりした対象もなく、ぼんやり視線を投げかけている状態をいう。

❶ぼんやり見る。例築地の草青やかなるも、人はことに目もとどめぬを、あはれとながむるほどに〈=土塀の上の草が青々としているのも、他人は特に目も止めないけれど、ああ恋しいと思ってぼんやり見ているときに〉〈和泉式部日記〉

❷じっともの思いにふける。例見ずもあらず見もせぬ人の恋しくはあやなく今日やながめ暮らさん〈=見ないというわけでもなく、またよく見たというのでもない人が恋しくて、わけもなく今日一日もの思いにふけって過ごすのだろうか〉〈伊勢・九九〉

❸遠くを見渡す。例ほととぎす鳴きつる方をながむればただ有り明けの月ぞ残れる〈千載・夏〉⇩名歌321

語誌 ▼長く見ている、が原義であろう。もともと時間の経過を含むところから、「ながめ暮らす」「ながめ明かす」などの複合語も派生したらしい。

▼上代の文献にはほとんど見られない。平安時代の和歌や物語には、①や②の用法がすこぶる多いが、実際には①と②の相違が必ずしも明確でない。むしろ複合的に用いられているとみられる場合が多い。

▼③は、平安時代後半ごろから、叙景歌などに見られるようになった用法。中世の和歌などでは、空や月や山などをはるかに眺めやる趣が一般化し、しだいに現代語の「眺める」に近づく。〈鈴木日出男〉

なが・む【詠む】 動〈マ下二〉詩歌を作って口ずさむ。詩歌を声に出して節をつけて吟じる。例在原のなにがしの、唐衣着つつなれにしと詠めけん、三河の国八橋にもなりぬれば〈平家・一〇・海道下〉

なか-むかし【中昔】 名 大昔と今との中間の時期。あまり遠くない昔。例中昔のことにやありけん…備中守さねたかといふ人ましましける〈=いらっしゃった〉〈御伽草子・鉢かづき〉

なが-むしろ【長筵】 名 丈の長いむしろ。貴人が歩くときに通路に敷く筵道などに用いる。例長筵ひとつら〈=一枚〉、盥ひとつなむいるべき〈堤中納言・よしなしごと〉

なが-め

【長雨】名〈「ながあめ」の変化した形〉長く降り続く雨。和歌では、多くもの思いに屈してぼんやり眺める意の「眺め」と掛けて用いられる。例つれづれのながめにまさる涙川袖のみ濡れて逢ふよしもなし〈=所在なくもの思いにふけっていると、長雨が降って川が増水するように、私の流す涙で涙川の水かさが増して袖ばかり濡れてあなたに逢う方法もない〉〈古今・恋三〉読解「長雨」と「眺め」を掛ける。長雨に降りこめられた所在なさと、逢えずにもの思いに屈する気持ちとが重ねられている。

語誌 ▼ゆううつ・所在なさ　長雨は、春や秋に降り

続く雨をさす場合が多い。特に春では、梅や桜などの春の花と組み合わせ、明るく華やかながらゆううつな気分を言い表す景物として、好んで用いられた。『源氏物語』帚木巻の名高い雨夜の品定めも「長雨晴れ間なきころ」で、これは夏五月の梅雨期。長雨が続いて心も晴れず、その所在なさを紛らわそうと、男たちが一晩じゅう女性談義に花を咲かせたというのである。

▼**長雨忌みの習俗**　「長雨」「眺め」の掛詞が多いのは、降りやまぬ長雨の暗さが、もの思いの暗く沈んだ気分に照応するとみられたからであろう。また、これを古来の長雨忌みの習俗から説明する説もある。

田植えの時期である梅雨期になると、田の神が来臨してその土地の神々に一年の豊穣を約してくれるので、人々はこの神を厳粛に迎える。その期間、人々は男女の共寝などもせずに禁欲的となり、田植えの早乙女たちは、神に奉仕する巫女の資格を備えたという。「長雨」が「眺め」に通ずるのは、こうした禁欲的な生活のゆううつな気分に裏づけられているとする説明である。〈鈴木日出男〉

ながめ

ながめ【眺め】 名〔動詞「ながむ(眺む)」の名詞形〕❶**もの思いにふけって、ぼんやり見やること。もの思いに沈むこと。** 和歌では、多く「長雨」に掛けて用いられる。例つれづれの**ながめ**に増さる涙川袖のみ濡れて逢ふよしもなし(=所在なくもの思いにふけっていると、長雨が降って川が増水するように、私の流す涙で涙川の水かさが増して袖ばかりが濡れてあなたに逢う方法もない)〈古今・恋三〉 読解「眺め」と「長雨」を掛ける。長雨に降りこめられた所在なさと、逢えずにもの思いに屈する気持ちとが重ねられている。

❷**遠くを見渡すこと。** 眺望。また、**その風景や情趣。** 例月、海に映りて、昼の**眺め**また改む(=月が、海に映って、昼の風景とはまた変わる)〈芭蕉・奥の細道〉

語誌▼「眺め」と「長雨」　小野小町の名高い歌「花の色はうつりにけりないたづらにわが身世にふるながめせしまに」〈古今・春下〉(➡名歌288)を典型例として、平安時代では「眺め」が、「長雨」と掛詞となる例が多いことからも、暗いイメージを伴ったもの思いを表すことが一般的であった。〈鈴木日出男〉

ながめ【詠め】 名 詩歌を作ること。詩歌を吟じること。例摂政公の**詠め**に(心ヲ)奪はれ〈芭蕉・笈の小文〉

ながめ-あか・す【眺め明かす】 動(サ四) もの思いにふけって夜を明かす。例御格子も参らで(=下ろさせなさらないで)**ながめ明かし**たまひければ〈源氏・須磨〉

ながめ-くら・す【眺め暮らす】 動(サ四) もの思いにふけって日を暮らす。例起きもせず寝もせで夜を明かしては春のものとて**ながめ暮らし**つ〈古今・恋三〉 読解この「春のもの」は長雨。「ながめ」に「長雨」を掛ける。

ながめ-や・る【眺め遣る】 動(ラ四) もの思いに沈んで遠くのほうを見やる。例月のいとあはれなるに、**眺めやり**て居たれば〈蜻蛉・上〉

なか-めり【無かめり】〔「なかるめり」の撥音便形「なかんめり」の撥音の表記されない形〕ないらしい。ないようだ。例この(元服ノ)をりの後ろ見**なかめる**を、添ひ臥しにも〈源氏・桐壺〉

なが-もち【長持】 名 衣類・調度などを入れておく長方形の箱。例**長持**・唐櫃の蓋に、いとおどろおどろしう(=仰々しく)たたみ入れて〈栄花・若ばえ〉

なが-や【長屋】 名 ❶細長い形の家。例つれづれなるままに、南の半蔀ある**長屋**に渡り来つつ〈源氏・夕顔〉❷細長い一棟の家をいくつもに仕切り、何家族も住めるようにした住宅。棟割り長屋。

なが-やか【長やか】 形動(ナリ)〔「やか」は接尾語〕いかにも長く感じられるさま。例額髪**長やかに**、面やう(=顔だち)よき人の〈枕・今朝はさしも見えざりつる空の〉

なか-やどり【中宿り】 名 途中で休息または宿泊すること。また、その場所。例「**中宿り**を設くべかりける(=手配しておけばよかった)」など言ひて、夜更けておはし着きぬ〈源氏・手習〉

なか-ゆひ【中結ひ】ユイ 名 動きやすいように、衣服の裾を少し引き上げ、腰のあたりで帯を結ぶこと。また、その帯。例**中結ひ**にして高足駄(=高下駄)を履きて〈今昔・三一・三〇〉

なか-ら【半ら・中ら】 名 副〔「ら」は接尾語〕❶およそ半分。中ほど。例山の**中ら**ばかりの木の下のわづかなるに、葵のただ三筋ばかりあるを〈更級〉❷真ん中。中心。例「この矢あたれ」と仰せらるるに、同じものを**中心**にはあたるものかは(=同じ当たるにしても中心に当たるではないか)〈大鏡・道長上〉

-ながら

〔上代の格助詞「な」+名詞「から(柄)」〕

1 接尾 体言、副詞などにつく。❶**その本質のままに、の意を添える。** 例我が大君神**ながら**神さびせすと(=我が大君は神のままに神らしくなさると)〈万葉・一・三八〉「山ながら」「皇子ながら」など。

❷**その状態のまま、の意を添える。** 例(夫婦ガ)昔**ながら**の仲ならば(=昔のままの仲であるならば)〈蜻蛉・中〉

❸**数量を表す語などについて、そっくりそのまま、全部、の意を添える。** 例ふたり**ながら**(=二人とも)、その月の十六日に亡くなりぬ〈蜻蛉・下〉

2 接助 ❶**動作や状態がそのまま続く意を表す。** 〜のままで。〜の状態で。例源氏の五十余巻、ひつに入り**ながら**…得て帰る心地の(=『源氏物語』の五十余巻を、箱に入ったまま…もらって帰る気持ちの)〈更級〉

❷**二つの動作や状態が並行して行われる意を表す。** 〜つつ。〜ながら。例食ひ**ながら**文をも読みけり(=食べながら書物も読んだ)〈徒然・六〇〉

❸**並行して行われている動作や状態が逆接のような関係になる。** 〜けれども。〜のに。〜にもかかわらず。例心には忘れず**ながら**、消息などもせで久しくはべりしに(=心の中では忘れていないけれども、便りなどもしないで長いことたちましたところに)〈源氏・帚木〉

接続 2は、動詞・動詞型活用の助動詞・打消の助動詞「ず」などの連用形、形容詞・形容動詞の語幹などにつく。

語誌▼本来は、1①の意であったが、そこから1②

③や、[2]①の意が生じ、さらに[2]②③の意が生じた。[2]の①〜③の意味は連続的であり、区別しにくいものもある。
▼二つの動作・状態が同時に行われる意味には、上代では「つつ」が用いられた。中古以降しだいに「ながら」が用いられるようになり、近世以降は「ながら」が中心となる。
▼すべてを接続助詞とする説もある。〈佐藤一惠〉

長柄の橋 名 歌枕 摂津国、今の大阪市北区の淀川河口あたりにかかっていた橋。和歌では、同音を含む「永らふ」を導く序詞として詠むこともあるが、損壊することが多かったらしく「尽く」「朽つ」などとともに詠まれることも多い。例逢ふ事を長柄の橋のながらへて恋ひわたるまに年ぞへにける(＝年がたってしまった)〈古今・恋五〉

なからひ【中らひ・仲らひ】 名 ❶人間関係。特に、男女の仲。例あさましう、(舅ト)かかるなからひには、いかで〈枕・いみじうしたてて婿とりたるに〉 ❷一族。例上達部の筋にて、仲らひもものきたなき人ならず〈源氏・東屋〉

ながら・ふ【流らふ・永らふ・長らふ・存ふ】 動(ハ下二)〔動詞「ながる」に上代の反復・継続の助動詞「ふ」がついて下二段化した語〕❶長続きする。長い時を経る。例(a)(ソノ女トノ関係ハ)ながらふべきものとしも思ひたまへざりしかど(＝長続きするだろうものとは必ずしも存じませんでしたが)〈源氏・帚木〉 読解「たまへ」は下二段活用で謙譲の意を表す。例(b)ながらへし都を棄ててかしこに沈みゐし(＝長年住みなれた都を捨ててかの地に落ちぶれていた)〈源氏・若菜上〉 ❷長く生きる。例ながらへばまたこのごろやしのばれむ憂しとみし世ぞ今は恋しき〈新古今・雑下〉➡名歌252 ❸降りしきる。例桜花散りて流らふ見む人もがも(＝桜の花が散って降りしきる。いっしょに見てくれる人がいたらなあ)〈万葉・一〇・一八六六〉
語誌 『万葉集』では「流経」「流歴」などと訓字表記される。しきりに流れる、が原義か。③の用法は、絶え間のない運動をいう点でこれに近い。平安時代以降は、具体的な動きを含まない①②の用法が普通になり、その結果「なが」が形容詞「長し」の語幹と意識されるようになったらしい。①②と③とを別語と見て、前者は「長」から派生したとする説もある。〈品田悦一〉

ながらへ-は・つ【永らへ果つ・存へ果つ】 動(タ下二) 生きながらえて、天命を全うする。例いづくへ行かばのがるべきかは。ながらへはつべき身にもあらず〈平家・八・太宰府落〉

長等山 《地名》歌枕 近江国、今の滋賀県大津市園城寺町、三井寺後方の山。桜の名所。和歌では、「〜ながら」「長し」に掛けたり、「桜」とともに詠んだりすることが多い。「長柄の山」とも。例さざなみや(枕詞)志賀の都はあれにしを昔ながらの山桜かな〈千載・春上〉➡名歌176

なかり-せ-ば 〔形容詞「なし」の連用形＋過去の助動詞「き」の未然形＋接続助詞「ば」〕もし、なかったならば。例世の中にたえて桜のなかりせば春の心はのどけからまし〈古今・春上〉➡名歌406

なが・る【流る】 動(ラ下二) ❶水・血・汗・涙などが流れる。物が浮いて流れる。例(a)岩にくだけて清く流るる水のけしきこそ、時をもわかずめでたけれ(＝岩にぶつかって砕けてすがすがしく流れる水の様子は、季節の別なくすばらしい)〈徒然・二一〉例(b)もみぢ葉の流れてとまるみなとには紅深き波や立つらむ〈古今・秋下〉➡名歌371 ❷順々に回る。例土器あまたたび流れ、みな酔ひになりて(＝杯が何度も回り、みんな酔っ払って)〈源氏・行幸〉 ❸流罪になる。例流れゆく我はみくづ(＝水中のごみ)となりはてぬ君しがらみ(＝柵)となりてとどめよ〈大鏡・時平〉➡名歌253 ❹月日が移り過ぎる。例昨日といひ今日と暮らしてあすかがは流れて早き月日なりけり〈古今・冬〉 読解「飛鳥川」の「あす」に「明日」を掛けて、年の終わりに詠んだ歌。昨日はこうだったと言い、今日はこうだと言って日々を暮らして、明日は年も改まる。その「あす」という名をもつ飛鳥川は流れが速いが、そのように流れて早い月日であったなあ、の意。❺生き長らえる。例水の泡の消えでうき身といひながら流れてなほも頼まるるかな〈古今・恋五〉 読解「うき」は「浮き」と「憂き」を掛ける。水の泡が消えないで浮いているように命だけは消えないつらい我が身だと言いながらも、水の流れるように生き長らえて、やはりあの人を頼りにせずにはいられないなあ、の意。❻しだいに広まる。伝わる。例妹が名は千代に流れむ(＝この娘子の名は長く伝わるだろう)〈万葉・二・二二八〉
語誌 ▼液体が線条的に移行する、あるいは物が水などに流されるというのが基本的な意味。④以下は、時間的・空間的に伝わる意で比喩的な用法。
▼和歌では、しばしば「泣かる」と掛けて用いられる。〈木村博〉

なかれ【勿れ・莫れ】 形容詞「なし」の命令形。多く「〜ことなかれ」の形で、動作を禁止する意に用いられる。〜するな。〜してはいけない。例初心の人、二つの矢を持つ事なかれ〈徒然・九二〉

ながれ【流れ】 名 ❶流れること。流れるもの。流水。例ゆく河の流れは絶えずして、しかも、もとの水にあらず〈方丈記〉 ❷杯に残った酒の滴。例流れを残して、口のつきたる所をすすぐなり〈徒然・一五八〉 ❸血統。血筋。子孫。例清和の御門より八代の流れ〈増鏡・新島守〉 ❹流派。門流。流儀。系統。例小野小町は、古の衣通姫の流れなり〈古今・仮名序〉 ❺定めなく漂う身の上。主に遊女にいう。例そうじて流れのこと業…わざと(＝わざわざ)教へるまでもなし〈西鶴・好色一代女・一・四〉

ながれ-ぎ【流れ木】 名 浮き漂って流れる木。流罪の人をたとえることが多い。例流れ木も三とせありては(＝三年たてば)あひ見てん世のうき事ぞかへらざりける〈拾遺・雑上〉 読解 作者菅原道真が大宰権帥に左遷されたときの歌。

ながれ-わたり【流れ渡り】 名 ❶川を渡るとき、水の流れにまかせて斜めに渡ること。例梶原源太も流れ渡りに上りにけり〈源平盛衰記・三五〉 ❷時の風潮

にまかせて生きること。例年なみに**ながれわたり**の世間かな〈小町踊〉

なが-ゐ【長居】イ ― 名動(サ変) 一か所に長くとどまること。例いと久しく、**長居し**たまひつるたびにこそありつれ〈宇津保・嵯峨の院〉

長岡ナガオカ《地名》山城国、今の京都府長岡京市・向日市。延暦三年(七八四)に造営を開始したものの同一二年には造営中止となった長岡京のあった地。京都市の南西に位置する。

なかん-づく【就中】ズク ― 副〔「なかにつく」の撥音便形。古くは「なかんづくに」とも〕とりわけ。中でも。例**就中**に永暦・応保のころよりして、院の近習者をば内(＝天皇)より御いましめあり〈平家・一・二代后〉

なぎ【凪・和】 名 風がやんで、波が穏やかになること。例かねてより風にさきだつ波なれや逢ふこと**なぎ**に(ウワサガ)まだき立つらむ(＝早くも立つようだ)〈古今・恋三〉 読解「凪」に「無き」を掛ける。

なぎ【水葱】 名 植物の名。ミズアオイ科の一年草。水生で、若葉や若芽は食用となる。例霞たつかすがの里に植ゑし**なぎ**〈古今六帖・六〉

なき-い・る【泣き入る】 動(ラ四) 激しく泣く。例飽かず(＝とめどなく)悲しくて、御供に参りなんと**泣き入り**たまひて〈源氏・明石〉

なき-がら【亡き骸】 名 死んで魂が抜けた身体。死骸。例いま一たびかの**亡き骸**を見ざらむがいといぶせかるべきを(＝とても気が晴れないだろうから)〈源氏・夕顔〉

なき-こと【無き事】 身に覚えのないこと。無実の罪。例**無き事**によりかく罪せられたまふを(＝このように罰せられなさるのを)〈大鏡・時平〉

渚の院ナギサノイン 名 河内国交野郡(今の大阪府枚方市)、淀川のほとりにあった文徳天皇の離宮。のち、惟喬親王の所領になった。桜の名所。例**渚の院**にて桜を見てよめる〈古今・春上・詞書〉

なき-とよ・む【鳴き響む・泣き響む】〔のちは「なきどよむ」とも〕❶ 動(マ四) ❶多くの鳥などがやかましく鳴く。例今もかも大城の山にほととぎす**鳴きとよむ**らむ〈万葉・八・一四七四〉 ❷大勢の人が泣き叫ぶ。例ここらの(＝多くの)男女、上下ゆすり満ちて**泣きとよむ**に〈源氏・若菜上〉 ❷ 動(マ下二) 鳴いてひびかせる。例我がやどの花橘をほととぎす来鳴き**とよめて**本(＝根もと)に散らしつ〈万葉・八・一四九三〉

なき-とよも・す【鳴き響もす】 動(サ四) 鳥などが、鳴き声をあたりにひびかせる。例ほととぎす心あらば今夜来**鳴き響もせ**〈万葉・八・一四八〇〉

なき-な【無き名】〔「名」は評判の意〕根拠のないうわさ。身に覚えのない評判。例懲りずまに(＝懲りずに)またも**無き名**は立ちぬべし〈古今・恋三〉

なぎ-なた【薙刀・長刀】 名 長い柄に長く広く反りかえった刃をつけた武器。平安後期から室町時代にかけて盛んに用いられたが、槍に取って替わられた。江戸時代は武家の女性が用いた。⇩どうまる(図)。例**長刀**でむかふ敵五人なぎふせ〈平家・四・橋合戦〉

なき-ふる・す【鳴き旧るす】 動(サ四) 新鮮さがなくなるほどに何度も鳴く。例去年の夏**鳴きふるし**てし郭公それかあらぬか声のかはらぬ〈古今・夏〉

なき-まど・ふ【泣き惑ふ】マドウ ― 動(ハ四) 泣いて取り乱す。例(主人ガ亡クナッテ)さぶらふ(＝お仕え申し上げる)人々の**泣きまどひ**〈源氏・桐壺〉

なき-め【泣き女・哭き女】 名 葬儀のとき、死者への追悼を表して泣く役目の女性。例すなはちそこに喪屋を作りて…雉を**哭き女**とし〈記・上・神代〉

なき-よ【無き世・亡き世】 亡くなった後。死んだ後。例(私ハ)**なき世**なりとも、必ず恨みきこえむずるぞ〈大鏡・道隆〉

なき-わた・る【鳴き渡る】 動(ラ四) 鳥が、鳴きながら飛んで行く。例若の浦に潮満ちくれば潟を無み葦辺をさして鶴**鳴き渡る**〈万葉・六・九一九〉➡名歌428

な・く【泣く・哭く・鳴く・啼く】 動(カ四)〔「ね(音)」の交替形「な」の動詞化〕❶**人が悲しみなどで声を上げる。**例かぐや姫、いといたく**泣き**たまふ(＝たいそうひどくお泣きになる)〈竹取〉 ❷**獣・鳥・虫などが声を立てる。**例奥山に紅葉踏みわけ**鳴く**鹿の声きく時ぞ秋は悲しき〈古今・秋上〉➡名歌97

語誌 ▼**漢字表記** 一般に、人の場合は「泣く・哭く」を用い、鳥獣の声の場合は「鳴く・啼く」などを用いて使い分けている。「泣」に対して「哭」は、多く人の死を悲しむ場合に用いられる。〈松井健児〉

なく〔打消の助動詞「ず」のク語法〕～ないこと。例岩戸割る手力もがも手弱き女にしあればすべの知ら**なく**(＝岩戸を割るくらいの力があったらなあ。力弱い女であるのでなすすべも知らないことだ)〈万葉・三・四一九〉 語誌 ▼文末に用いられるときは体言止めと同様の効果があり、詠嘆の意が生じる。▼特に、助詞「に」がついた「**なくに**」の形で、和歌に用いられることが多い。

な・ぐ【投ぐ】 動(ガ下二) ❶投げる。手の力で遠くへ飛ばす。例二、三段ばかり**投げ**られて、倒れ伏しにけり〈宇治拾遺・三〉 ❷大切なものを捨てる。差し出す。例金は山に捨て、玉は淵に**投ぐ**べし〈徒然・三〉 ❸(多く「身を投ぐ」の形で)身投げする。入水する。また、仏教で五体投地の礼をする。例世の中の憂きたびごとに身を**なげ**ば〈古今・雑体〉

な・ぐ【和ぐ・凪ぐ】 動(ガ上二) ❶**心がなごむ。穏やかになる。**やわらぐ。例海は荒るれども、心はすこし**凪ぎ**ぬ(＝海は荒れているけれど、心は少しなごんだ)〈土佐〉 ❷**海が穏やかになる。波風が静まる。天候が穏やかになる。**例暴浪おのづから**伏ぎ**て、御船え進みき(＝荒波は自然と静まって、御船は進むことができた)〈記・中・景行〉

語誌 平安時代以降、四段活用の例も現れるようになる。例身のうみの思ひなぐ間は今宵かな(＝海が穏やかになるようにこの身の憂さがやわらぐときは今夜なのだなあ)〈平中・一〉〈山口慎一〉

な・ぐ【薙ぐ】 動(ガ四) 水平方向に払って切る。例霊剣を抜いて草を**なぎ**たまへば〈平家・一一・剣〉

なぐ-さ【慰】 名〔動詞「なぐ(和ぐ)」の終止形＋接尾語「さ」〕心を安めるもの。例我が背子が恋ふと言ふ

ことは言のなぐさそ(=言葉の上の気休めだ)〈万葉・四・六五六〉

なぐさみ【慰み】 名 ❶心を慰めること。気晴らしになるもの。例少し**慰み**もやしたまふらむ〈源氏・宿木〉 ❷楽しみ。例雉を狙ふが、一段の(=いっそうの)**慰み**ぢゃ〈狂言・禁野〉

なぐさ・む

【慰む】 **1** 動(マ四) **心が晴れる。気分を晴らす。気持ちが静まる。** 例(a)〈翁ハ〉この子を見れば、苦しきこともやみぬ。腹立たしきことも**なぐさみ**けり(=この子を見ると、つらいこともおさまってしまった。腹を立てていることも気持ちが静まった)〈竹取〉 読解「この子」はかぐや姫のこと。例(b)人に本意なく思はせて我が心を**慰まん**事、徳に背けり(=人におもしろくなく思わせて自分の心を晴らす事は、徳にさからっている)〈徒然・一三〇〉

2 動(マ下二) ❶**気分を晴らす。気持ちを静める。** 例猛き武士の心をも**慰むる**は歌なり(=荒々しい武士の心すらも静めるのは和歌である)〈古今・仮名序〉 ❷**なだめる。ねぎらう。** 例かくてはいかでか過ぐしたまはむと**慰め**わびて乳母も泣きあへり(=こんなふうではどうやってお暮らしになるだろうかと、なだめようもなくて乳母たちもいっしょに泣いている)〈源氏・若紫〉 読解「いかでか」の「か」は反語の意を表す。

語誌「なぐ(凪ぐ)」や「なごやか」などと同根の語であろう。1は特に、怒りや恐れの気持ちがおさまる、という意味で用いられることが多い。〈高田祐彦〉

なぐさめ-ぐさ【慰め種】 名 心を慰めるためのもの。心を慰める方法。例朝夕の**慰めぐさ**にて見過ぐしつべし〈源氏・東屋〉

なぐさも・る【慰もる】 〔下二段動詞「なぐさむ」の連体形「なぐさむる」の変化した形〕気を晴らす。慰める。例恋ひ恋ひてのちも逢はむと**慰もる**心しなくは生きてあらめやも〈万葉・一二・二九〇四〉

なく-な・す【無く為す・亡く為す】 動(サ四) ❶存在しないようにする。なくす。失脚させる。例いかでこの大将を**なくなし**てばや〈栄花・花山尋ぬる中納言〉 ❷死なせる。亡くす。例年ごろ(=長年)人知れぬものに思ひけむ人をも**亡くなして**〈源氏・早蕨〉

なく-に

〔打消の助動詞「ず」のク語法＋助詞「に」〕接続助詞的に用いられることが多い。❶**逆接の意を表す。**～ないのに。例やどりせし花橘も**かれなくに**などほととぎす声たえぬらん(=宿とした橘の花も枯れないのに、どうしてほととぎすの声が聞こえなくなってしまったのだろうか)〈古今・夏〉 ❷**順接の意を表す。**～**ないのだから。** 例山吹はあやななな咲きそ花見んと植ゑけん君がこよひ来**なくに**(=山吹よ、無駄に咲いてくれるな。花を見ようと思って植えたらしいあの人が今夜は来ないのだから)〈古今・春下〉 読解「な～そ」は柔らかい禁止の意を表す。❸**詠嘆の意を表す。**～**ないことだなあ。** 例秋霧のはるる時なき心には立ちゐの空も思ほえ**なくに**(=秋霧のように恋の思いが晴れるときがない私の心には、立ったり座ったりの日常のふるまいもうわの空であることだなあ)〈古今・恋二〉

語誌▼「ク語法＋に」　「なくに」に限らず、「ク語法＋に」の形は多く和歌に用いられるが、そのときの「に」は、格助詞とも、間投助詞・終助詞ともされる。後者と見る場合、文中に用いられたものも、そこで文が終止していると考え、すべて詠嘆の表現とする説もあるが、接続関係をまったく無視することには無理がある。

ただし、「ク語法＋に」によって表される接続関係は、単に論理的な順接・逆接ではなく、意に添わない現実などの否定的な内容に対して、そうでない現実を望む思いや、自棄的な内容を導くことが多く、強い感情のこもりやすい表現であるといえる。〈佐藤一恵〉

な-ぐは・し【名細し】 形(シク)「なくはし」とも。名が麗しい。⇩くはし。例**名ぐはしき**印南の海の〈万葉・三・三〇三〉

な-げ【無げ】 形動(ナリ)〔形容詞「なし」の語幹＋接尾語「げ」〕❶なさそうに感じられる。例かく口惜しき際の者だに、もの思ひ**なげ**にて仕うまつるを〈源氏・澪標〉 ❷ないに等しい。かりそめの。はかない。例言の葉は**なげなる**ものと言ひながら思はぬためは(=思わない人のためには言葉も出はしないという ことは)君も知るらむ〈後撰・恋四〉 語誌 ②の意では「なげの～」の形もよく用いられる。

なげ-い・づ【投げ出づ】 動(ダ下二) 投げだす。また、投げ与える。例東絹どもを、押しまろがして(=まるめたままで)**投げ出でつ**〈源氏・東屋〉

なげ-か・く【投げ掛く】 動(カ下二) ❶投げつける。例(小石ヲ)雨の降るやうに車に**投げかけ**て〈落窪・二〉 ❷投げてひっかけるようにして着せる。鎧の着用にいうことが多い。例着背長(=大鎧)取って**なげかけ**たてまつる〈平家・二・土佐房被斬〉

なげか・し【嘆かし・歎かし】 形(シク)〔動詞「なげく」の形容詞形〕悲しい。嘆かわしい。例**嘆かしき**心のうちもあきらむばかり(=晴らすほど)、かつは慰め〈源氏・早蕨〉

なげか-ふ【嘆かふ】 〔動詞「なげく」の未然形＋上代の反復・継続の助動詞「ふ」〕嘆き続ける。ずっと嘆いている。例我が背子に恋ひすべながり(=恋しくてどうしようもなく)葦垣の(枕詞)外に**嘆かふ**我し悲しも〈万葉・一七・三九七五〉

なげき

【嘆き・歎き】 名 ❶**ため息をつくこと。嘆息。** 例隠り沼の(枕詞)下ゆは恋ひむいちしろく人の知るべく**嘆きせめやも**(=ひそかに恋い慕っていよう。はっきり他人がこの恋心を気づくほどため息をついたりするだろうか)〈万葉・一二・三〇二一〉 読解 末尾の「めやも」は詠嘆をこめた反語の意を表す。

❷**悲しみにひたること。** 悲嘆。例故姫君の亡せたまひにし**嘆き**を(=故姫君がお亡くなりになってしまった悲嘆を)、宮・大臣またさらにあらためて思し嘆く〈源氏・澪標〉

❸**切に願うこと。** 嘆願。愁訴。例御不審の**なげき**を申し上げ候ふべし(=御嫌疑を受けたことについての嘆願を申し上げるはずでございます)〈曾我・三〉

語誌▼上代ではため息の意で用いられることが多

深い。いかにも人情深い。例あはれ知らるばかり**情けしく**のたまひ尽くすべかめれど〈源氏・帚木〉

なさけ-な・し【情け無し】形(ク)❶思いやりがない。薄情だ。例二人の子は**なさけなく**いらへて(=応対して)止ゃみぬ〈伊勢・六三〉❷風情・情趣に乏しい。常夏の花〈新撰六帖・六〉❸あきれるほどだ。あさましい。なげかわしい。例**なさけなき**人にみせばや折節をすごさず咲ける例うたて**情けなき**まで着重ねても〈栄花・輝く藤壺〉語誌 現代語の「なさけない」は③の用法の延長上にあり、「なさけ」のないことに対するこちら側の気持ちを表す。

なさけ-の-みち【情けの道】愛情。人情。恋愛にいうことが多い。例小野小町とて、みめかたち世にすぐれ、**なさけの道**ありがたかりしかば(=たぐいまれなほどすぐれていたので)〈平家・九・小宰相身投〉

なさけ-ば・む【情けばむ】動(マ四)〔「ばむ」は接尾語〕愛情があるかのようにふるまう。例内々の御心づかひは、このの　たまふさまにかなひても、しばしは**情けばまむ**〈源氏・夕霧〉

なさけ・ぶ【情けぶ】動(バ上二)〔「ぶ」は接尾語〕情け深いようにふるまう。例故少弐のいと**情けび**〈源氏・玉鬘〉

なさけ-ら・し【情けらし】形(シク)〔「らし」は接尾語〕❶情け深い様子だ。親切そうだ。例かか(=老婆)**情けらしき**声して〈西鶴・好色五人女・二・三〉❷風情があって心ひかれるさま。例その面影**情けらしく**〈西鶴・好色一代男・一・四〉

なさ・る【為さる】〔動詞「なす」の未然形＋尊敬の助動詞「る」〕**1**動(ラ下二)「為す」「為す」の尊敬語。なさる。例こなたは(=あなたは)再々婿入りを**なされ**て〈狂言・鶏聟〉**2**動(ラ四)1に同じ。**3**補動(ラ下二)(動詞の連用形について)尊敬の意を表す。お〜になる。例もし御客に取りまぎれて忘れ**なされ**ませうかと存じまして〈噺本・当世口まね笑・二・九〉**4**補動(ラ四)3に同じ。語誌 室町時代ごろから一語と意識されるようになった。江戸時代に入って四段活用化する。

-なし接尾(ク型)状態を表す語について、形容詞を作る。「幼けなし」「後ろめたなし」「かたじけなし」「をぢなし」など。語誌 存在しない意を表す形容詞「無し」とは別語。

なし【為し・成し・生し】名❶働きかけること。作用。せい。例歌よむ事は、大和言葉の**なし**のままにして〈歌学提要〉❷生むこと。生み育てること。例父母が **成し**のまにまに 箸向かふ(=箸のように二人そろって育った) 弟の命は〈万葉・九・一八〇四〉

な・し

【無し・亡し】形(ク)❶**存在しない**。いない。ない。例(a)我が背子は仮廬作らす草**なく**は小松が下の草を刈らさね(=私のいとしいあなたが仮の小屋をお作りになる。屋根を葺くための茅がなかったら、小松の根もとの草をお刈りなさいませ)〈万葉・一・一一〉例(b)おいらくの来むと知りせばかどさして**なし**とこたへてあはざらましを(=老いが来ると知っていたら、門を閉ざして、いないと答えて会わなかったであろうに)〈古今・雑上〉読解「おいらく」は「老ゆ」のク語法で「老い」の意。「〜せば〜まし」は反実仮想の意を表す。

❷**生存していない**。例秋津野に朝居る雲の失せ行けば昨日も今日も**なき**人思ほゆ(=秋津野に朝あった雲が消えて行くと、昨日も今日も死んでしまった人が偲ばれる)〈万葉・七・一四〇六〉

❸**事実がない**。**無実だ**。⇨なきな。例風吹かぬ浦に波立ち**なかる**名を我は負へるか逢ふとはなしに(=風が吹かない浦に波が立つように無実の浮き名を私は負っているのことだなあ、その人に逢っているわけでもないのに)〈万葉・一一・二七二六〉

❹**またとない**。例**なき**数奇者にて、朝夕琴をさしおく事なかりけり(=またとない風流人で、朝から晩まで琴を手放すことがなかった)〈十訓抄・一〇・六一〉

❺**ないも同然だ**。例中ごろ**なき**になりて沈みたりし愁へにかはりて、今までもながらふるなり(=そう遠くない昔にいないのも同然となって落ちぶれていた悲しみの代わりとして、今まで生き長らえているのだ)〈源氏・絵合〉読解「なきになりて…」は光源氏の須磨時代のこと。

❻**所有しない**。例さらに身にしたがへる貯へも**なく**て(=身についた財産もまったく所有していなくて)〈徒然・一八〉

❼(状態を表す語などについて)**〜でない**。例(a)浜も砂子も白くなども**なく**、こひぢのやうにて(=浜も砂は白くなどもなく、泥のようで)〈更級〉例(b)今まで育ほしたてまゐらせたれば、いかでか哀れに**なかる**べき(=今までお育て申し上げていたので、どうして悲しくないことがありましょうか)〈平治・中〉読解「いかでか」は反語の意を表す。

語誌▼「なし」は存在の打ち消しに用いられる。判断を否定するときは、ふつう「ず」また「あらず」が用いられる点に注意。

▼「**なく」の形について** 連用形「無く」は、打消の助動詞「ず」のク語法「なく」と同形で、意味も近いから、識別に注意が必要である。ク語法の「なく」は、「知らなく」「あらなくに」など動詞につくことも多いが、形容詞「無し」は現代語の助動詞の「ない」と違って、動詞に直接ついて打消の役割を果たすことはない。

▼「**〜なし」の形の形容詞** 「わりなし」「あへなし」のような形容詞は、それぞれ「分り(理)が無い」「敢えが無い」のように考えて差し支えないといえる。しかし「〜なし」の形の形容詞の中には、「すくなし」「うしろめたなし」「はしたなし」など、「〜が無い」と考えては変なもの、「はした(中途半端)である」などと考えるほうが適切なものが、かなりある。このような「なし」は、形容詞を作る接尾語である。「無い」の意味にはならないのであるから、各語ごとに注意する必要がある。〈野村剛史〉

なしうち-えぼし【梨子打ち烏帽子】名〔「なしうち」は「なやしうち(萎やし打ち)」の変化した形。柔らかく作った意〕揉み烏帽子の一種。兜の下にかぶる。表は五倍子鉄漿染めの綾で、裏は薄様に黒漆をかけたもの。⇨えぼし(図)。例ただ今出でたる**梨子打ち烏帽子**の初冠(=元服したての若者)

は扇の射手か〈幸若・那須与一〉

なじか‐は 副〔副詞「なじか」＋係助詞「は」〕❶疑問の意を表す。どうして。なぜ。例(俗世間ヲ)背けるかひなし。さばかりならば、**なじかは**捨てし〈徒然・五〇〉 ❷反語の意を表す。どうして〜か(いや、〜ない)。例声よく節も上手でありければ、**なじかは**舞も損ずべき(＝舞もし損じようか)〈平家・一・祇王〉

なし‐た・つ【成し立つ】 動(タ下二) りっぱに育て上げて世間に出す。後見して高い地位に就かせる。例内大臣は、御子ども腹々いと多かるに…みな**なし立て**たまふ〈源氏・蛍〉

なし‐ぢ【梨子地】 ― 名 蒔絵の一種。下地に漆を塗って金銀の粉末をまき散らし、その上に透明な梨子地漆を塗って磨いたもの。梨子の皮のような感じになる。例(貝ヲ)内はおのれなりに(＝自然のままで)、外は**梨子地**にまきて(＝蒔絵にして)〈曾我・一〉

なし‐つぼ【梨壺】 名 内裏の後宮五舎の一つ。昭陽舎の別称。中庭に梨の木が植えてあることからいう。⇩口絵。例**梨壺**に春宮はおはしませば〈源氏・澪標〉

なしつぼ‐の‐ごにん【梨壺の五人】 天暦五年(九五一)、村上天皇の勅命で宮中の梨壺(昭陽舎)に置かれた和歌所で、『後撰和歌集』の編纂と『万葉集』の訓読に携わった五人の歌人。坂上望城・紀時文・大中臣能宣・清原元輔・源順。例前和泉守源順朝臣なん、おほやけには**梨壺の五人**がうちにさだめられ〈著聞集・一九・六五三〉

なじ‐に 副〔「なにしに」の変化した形〕どうして。どういうわけで。なぜ。例さらば**なじに**思しめしたちける〈沙石集・一〇・一〉

なじょう ⇩なでふ

なし‐ゑ【梨子絵】 ― 名 梨子地の蒔絵。例沈の御火桶の**梨子絵**したる(＝梨子絵を施したもの)〈枕・宮にはじめてまゐりたるころ〉

‐なす 接尾 名詞、まれに動詞の連体形について、〜のように、〜のような、の意を表す。「鏡なす」「玉藻なす」「行くなす」など。

な・す【為す・成す・生す】 動(サ四)「なる」の他動詞形。物事を生じさせたり変化させたりする意。また、積極的に行為にすることを広く表す。

❶**作り出す。生む。** 例(a)大君は神にしませば赤駒の腹這ふ田居を都と**なしつ**(＝天皇は神でいらっしゃるので、栗毛の馬が腹ばう田んぼを都に作り上げた)〈万葉・一九・四二六〇〉例(b)おのが**なさ**ぬ子なれば、心にも従はずなんある(＝自分が生んだ子でないので、私の意向に従わないのだ)〈竹取〉

❷**事を行う。行為に表す。する。** 例無益のわざを**なさ**ず(＝無駄な行為をせず)〈徒然・一七二〉

❸**変化させる。ある状態にする。** 例味飯を水に醸み**なし**我が待ちしかひはさねなし直にしあらねば(＝味のよい蒸し米で酒を醸造して私が待ったかいはまったくない。本人が直接来たのではないので)〈万葉・一六・三八一〇〉 読解 別れた夫が物だけを送ってよこし本人が来なかったことを恨んで詠んだ歌。

❹**役職や位などに就かせる。任命する。** 例帥に**なし**たてまつりて、追ひくだしたてまつる(＝大宰権帥に就かせ申し上げて、御追放申し上げる)〈蜻蛉・中〉 読解 安和の変で左大臣源高明が左遷されたことに関する一節。

❺**あるものを他のものとして扱う。代用にする。** 例高山を 隔てに**なし**て 沖つ藻を 枕に**なし**(＝高い山を風除けとして用いて、沖の藻を枕として用いて)〈万葉・一三・三三三六〉

❻動詞の連用形につく。㋐**意識して〜する。ことさら〜する。わざと〜する。** 例なまおそろしと思へる気色を見て、異ごとに言ひ**なし**て笑ひなどして(＝うす気味悪いと思っている私の様子を見て、ことさら別の話をして笑ったりして)〈更級〉 ㋑**〜のように〜する。いかにも〜であるように〜する。** 例顔はいと赤くすり**なし**て(＝顔は、たいそう赤くなるようにこすって)〈源氏・若紫〉

〈野村剛史〉

な・す【済す】 動(サ四) ❶義務や納税などを完全に果たす。例官物(＝租税)を、清廉(＝人名)つゆ**なさ**ざりければ〈今昔・二八・三一〉 ❷借金や借りた物を返す。例何とぞ借銭も**なし**て〈西鶴・世間胸算用・二・四〉

な・す【寝す】 動(サ四)〔動詞「ぬ(寝)」に上代の尊敬の助動詞「す」がついたもの〕「寝ぬ」の尊敬語。おやすみになる。例しきたへの(枕詞)枕とまきて(＝枕として)**寝せる**君かも〈万葉・二・二二二〉

な・す【鳴す】 動(サ四)〔「なる」の古い他動詞形〕鳴らす。例時守の打ち**鳴す**鼓数みみれば〈万葉・一一・二六四一〉 読解「時守」は時刻を知らせる役人。

なず『撫ず』 ⇩なづ

なずむ『泥む』 ⇩なづむ

なずらひ【準ひ・准ひ・擬ひ】 名 同列のもの。同類。例(亡クナッタ更衣ト)**なずらひ**に思さるる(人)だにいとかたき(＝めったにいない)世かな〈源氏・桐壺〉

なずら・ふ【準ふ・准ふ・擬ふ】 1 動(ハ四) **匹敵する。同列に並ぶ。準じる。** 例(a)女御子たち二所、この御腹におはしませど、**なずらひ**たまふべきだにぞなかりける(＝皇女たちがお二人、この女御がお産みになった方がいらっしゃるけれど、同列にお並びになることのできる方さえいなかった)〈源氏・桐壺〉 読解 光源氏のたぐいまれな美質を語る一節。女御腹の皇女たちも比べものにならない。例(b)その秋、太上天皇に**准ふ**御位得たまうて(＝その秋、太上天皇に準じる御位におつきになって)〈源氏・藤裏葉〉

2 動(八下二) **同類とみなす。別のものに似せる。** 例秋の夜の千夜を一夜に**なずらへ**て八千夜し寝ばやあく時あらん(＝秋の長夜の千夜を一夜とみなして、その八千夜をいっしょに寝たら満足するときがあるだろうか)〈伊勢・二二〉 読解「寝ばや」の「や」は反語の意を表す。

語誌 類義語「よそふ」は、二つのものの違いをふまえつつ関係づけるのに対して、「なずらふ」は一方を他方と同様のものとみなすことをいう。

〈高田祐彦〉

なずらへ【準へ・准へ・擬へ】 名 比べること。並

べること。例これかれ参らすれど、（故皇后ノ宮ト）をさをさ(=めったに)**なずらへ**なるもなし〈増鏡・老のなみ〉

なずらへ-うた【準へ歌】ナズラエー 名『古今和歌集』仮名序で、和歌の六義の一つ。縁語や掛詞を用い、物にたとえて思いを詠んだ歌。

な-せ【汝兄】 名《上代語》男性を親愛の情をこめて呼ぶ語。主に妻から夫、または弟妹から兄を呼ぶ。あなた。まれに、他称としても用いる。例愛しき(=いとしい)我が**なせ**の命〈記・上・神代〉

な-ぞ

【何ぞ】〔「なにぞ」の変化した形〕**1**〔「ぞ」は係助詞の文末用法〕**不定の事柄や、不定の理由について問う。**❶何か。何事か。例「あれは**なぞ**、あれは**なぞ**」と、やすからず言ひ驚き(=「あれは何か、あれは何か」と、ただごとでないように言い驚き)〈更級〉

❷なぜか。**どうしてか。**例世に経れど恋もせぬ身の夕さればすずろにものの悲しきや**なぞ**(=この世に生き長らえているのに恋もしない私が、夕方になるとわけもなくもの悲しいのはなぜか)〈大和・一九〉

2 副 ❶**疑問の意を表す。なぜ。いったいどうして。**例**なぞ**、かう暑きにこの格子は下ろされたる(=なぜ、こんなに暑いのにこの格子を下ろしておられるのか)〈源氏・空蟬〉 読解「下ろされ」の「れ」は助動詞「る」の連用形。尊敬を表す。

❷**反語の意を表す。どうして〜か(いや、〜ない)。**例君なくは**なぞ**身装はむ匣なる黄楊の小櫛も取らむとも思はず(=もしあなたがいなかったらどうして我が身を飾ったりしましょうか、いいえ、飾ったりいたしません。櫛箱にある黄楊の小櫛も手に取ろうとも思いません)〈万葉・九・一七七七〉 〈片岡玲子〉

なぞ-なぞ【謎謎】 名 言葉の中に隠した意味を当てさせる遊び。「何ぞ何ぞ」と問いかけることからいう。例「我が朝の者とも見えぬ忠守かな」と、**なぞなぞ**にせられけるを〈徒然・一〇三〉

なぞなぞ-あはせ【謎謎合はせ】—アワセ 名 物合わせの一つ。「なぞなぞ」の問題を作り、解きあって優劣を競いあう遊戯。例**なぞなぞ合はせ**しける…みな人々作りいだし〈枕・殿などのおはしまさで後〉

なぞ-の【何ぞの】 どういう。どのような。眼前のものを怪しんだり問いただしたりする気持ちでいう。例**なぞの**犬のかく久しう鳴くにかあらん〈枕・うへにさぶらふ御猫は〉

なそ・ふ【準ふ】ナソウ 動(ハ下二)〔平安時代以降「なぞふ」〕なぞらえる。比べる。例愛しみ(=すばらしいと)我が思ふ君はなでしこが花に**なそへ**て見れど飽かぬかも〈万葉・二〇・四四五一〉

なぞ-も【何ぞも】〔副詞「なぞ」+係助詞「も」〕いったいどうして。例**なぞも**かく海人の刈る藻に思ひみだるる〈古今・雑下〉

なぞ-や【何ぞや】〔副詞「なぞ」+係助詞「や」〕❶疑問の意を表す。どうして〜か。例琴の音は**なぞや**かひなき〈拾遺・雑秋〉❷反語の意を表す。どうして〜か、いや、〜ない。例**なぞや**我が名の惜しからん〈後撰・恋三〉

なぞら・ふ【準ふ・准ふ・擬ふ】ナゾラウ・ナゾロウ 〔「なずらふ」の変化した形〕**1** 動(ハ四)「なずらふ**1**」に同じ。例身に**なぞらへ**る花にしあらねば〈後撰・春中〉 **2** 動(ハ下二)❶「なずらふ**2**」に同じ。例譲位の帝に**なぞらへ**て、女院と聞こえさす(=お呼び申し上げる)〈栄花・見果てぬ夢〉❷似せる。まねる。例ことの詞につきて**なぞらへ**試みるに〈今鏡・一〇・奈良の御世〉❸比較する。照らし合わせる。例今の世のありさま、昔に**なぞらへ**て知りぬべし〈方丈記〉

なそり【納蘇利・納曾利】 名「なっそり」に同じ。

なだ【灘】 名 海の潮流の速い所。航海上の難所。例今日、からくして和泉の**灘**より小津の泊まりを追ふ(=めざして進む)〈土佐〉

な-だい【名代】 名 ❶名義。名目。例旦那の**名代**で買ひがかる〈近松・曾根崎心中〉❷高名な名。また、名高いこと。有名なもの。例(a)京のなにがし**名代**のある御かた〈西鶴・好色一代女・一・四〉例(b)**名代**の粟餅を食はん〈黄表紙・金々先生栄花夢・上〉❸上方で、歌舞伎や浄瑠璃などを興行する権利をもっている名義人。

な-だい【名題・名代】 名 ❶歌舞伎や浄瑠璃などの標題。江戸での用語。上方では「外題」という。例**名題**はなんと申します〈作者店おろし〉❷「名題看板」の略。例二十五日に**名題**を上げる事に極めしといふ〈芝居秘伝集〉

なだい-かんばん【名題看板】 名 歌舞伎で、上演する題名を記して劇場の表に掲げる看板。

な-だいめん【名対面】 名 ❶宮中で毎夜一定の時刻に宿直の殿上人に姓名を名のらせ、点呼を取ること。亥の一刻(一説に二刻)が定例。⇩とのゐまうし。例**名対面**は過ぎぬらん、滝口の宿直奏今こそ、と推しはかりたまふ〈源氏・夕顔〉❷合戦の場で互いに名のりあうこと。例互ひに**名対面**して散々に射る〈源平盛衰記・四二〉

な-だた・し【名立たし】 形(シク) 評判・うわさになりそうだ。例いと**名立たしう**(音便形)、憂きことにこそあらめ〈狭衣・三〉

な-だた・り【名立たり】 動(ラ変)〔「なたちあり(名立ちあり)」の変化した形〕名高い。有名である。例二葉より**名だたる**園の菊なれば〈源氏・藤裏葉〉

語誌「なだたる」の形で用いられることが多い。

な-だて【名立て】 名 評判が立つようにすること。うわさを立てられること。例をみなへし咲ける野辺にぞ宿りぬる花の**名立て**(=女郎花に恋したといううわさ)になりやしぬらん〈金葉・秋〉

なだ・む【宥む】 動(マ下二)❶緩やかにする。寛大に扱う。例**なだむる**ことなく、きびしう行へ〈源氏・少女〉❷許しを請う。とりなす。例太政入道やうやうに**なだめ**たまへば、山門の大衆しづまりぬ〈平家・四・巌島御幸〉❸やわらげる。しずめる。例怨霊を**宥められ**しはかりことなり〈平家・三・赦文〉

なだ-らか

形動(ナリ)〔「なだむ(宥む)」などと同根。「らか」は接尾語〕❶**平穏だ。無事だ。**例(船ハ)ひびきの灘も**なだらか**に過ぎぬ〈源氏・玉鬘〉 読解「ひびきの灘」は播磨灘のこと。航海の難所。

❷心・性質が平静で円満なさま。穏やかだ。例なだらかなるさまにて…いづ方にも人の譏り恨みなかるべくをもてなしたまへ(＝穏やかな様子で…どちらからも人の非難や恨みを受けないようおふるまいなさい)〈源氏・真木柱〉
❸無難だ。滑らかだ。流暢だ。例(a)なだらかなる石、角ある岩など拾ひたてたる中より(＝滑らかな石や角のある岩などを拾い集めた中から)〈宇津保・祭の使〉例(b)(宰相ハ)かたち・心ばへすぐれて何事もなだらかにたどたどしからず(＝姿や気だてが秀でていて、何事も流暢で滞るところがなく)〈浜松中納言・三〉〈吉田比呂子〉

なだら・む 動(マ下二)〔「む」は接尾語〕❶平穏にする。滑らかにする。ゆきわたらせる。例よろづのことに通はしなだらめて〈源氏・常夏〉❷抑制する。平静を保つ。例世の中を、みなさまざまに思ひなだらめて〈源氏・若菜上〉

なつ【夏】 名 四季の一つ。立夏の日から立秋の前日まで。陰暦の四月・五月・六月で、この三か月は、順に、孟夏・仲夏・季夏という別称がある。例春過ぎて夏来るらし白妙の衣ほしたり天の香具山〈万葉・一・二八〉➡名歌292

語誌▼赤と南 五行説では、夏と対応する色は赤・朱で、方角は南。四神では朱雀があたる。夏をつかさどる神のことを「赤帝」ともいい、夏のことを「朱夏」ともいう。

▼夏の美感 『古今和歌集』の四季の部立のうち、春と秋は上下二巻あるのに対して、夏と冬は一巻だけしかない。京都盆地に住む人にとって、夏はまず、たえがたい暑さの季節と意識されたのか、歌の数が少ないうえに、題材も多くはない。ほとんどすべての歌に「ほととぎす」が登場するが、藤・橘・五月雨・卯の花・蓮の露・常夏などの花なども詠まれている。

夏の暑さは、『徒然草』にも「家の作りやうは、夏をむねとすべし(＝家の作り方は、夏の快適さを優先するのがよい)。暑きころわろきすまひは堪へがたきことなり」〈五五段〉と述べられる。

『枕草子』は「夏は夜」がよいと言う(「春はあけぼの」段)。月夜や、闇夜に蛍が飛びちがうさまに美を感じている。昼間の活動にはつらい季節だが、夜の自然には心を動かされるものがあるということだろう。『徒然草』では、四月の若楓の新緑を、他の季節のどの花や紅葉にも負けないと絶賛している(一三九段)。

俳諧で「涼し」「納涼」などが夏の季語となるのは、それを求める心の現れでもある。〈島内景二〉

な・づ【撫づ】 動(ダ下二)❶なでる。さする。例ひげある者はそれを撫で〈枕・にくきもの〉❷慈しむ。いたわる。例(a)山吹はなでつつ生ほさむ(＝この山吹は慈しみながら育てよう)〈万葉・二〇・四三〇二〉例(b)民を撫で、農を勧めば、下に利あらん事、疑ひあるべからず(＝人民を慈しみ、農業を奨励するならば、人民に利益があるであろうことは、疑いのあるはずがない)〈徒然・一四二〉〈木村博〉

なつ-かぐら【夏神楽】 名 夏越しの祓えのときに奏する神楽。例なつかぐらあなおもしろし椎柴の下ゆく水に月もやどれり〈琴後集・三〉

なつ-かげ【夏陰】 名 夏の物陰の涼しい場所。例夏陰の つま屋の下に 衣裁つ我妹〈万葉・七・一二七八〉

なつか・し【懐かし】 形(シク)動詞「なつく」の形容詞化。なれて慕い寄りたい感じを表す。

❶なれ親しみたい。近寄りたい。かわいいと思う。例なつかしくらうたげに、やはやはとのみ見えたまふ御けはひ(＝親しみやすくかわいらしく、ただなよなよとばかりお見えになる御様子)〈源氏・若菜下〉
❷心になじむ感じだ。心ひかれる。音・香り・風景などいろいろなものにいう。例(a)春の野にすみれ摘みにと来し我そ野をなつかしみ一夜寝にける〈万葉・八・一四二四〉読解「なつかしみ」は、語幹＋接尾語「み」。～なので、の意。➡名歌295 例(b)(琴ヲ)いとなつかしう〈音便形〉弾き鳴らしたるも(＝たいそう心ひかれる感じで弾き鳴らしているのも)〈源氏・明石〉
❸体になじむ感じだ。気持ちがよい。例なつかしきほどに馴れたる御衣どもを(＝体になじむぐらい着なれている御召し物を)〈源氏・朝顔〉読解 衣服の糊けがほどよく落ちて肌触りがよい。
❹過去のことが思い出されて慕わしい。例幾年なつかしかりし人々の、さしむきて忘るるに似たれど(＝何年も思い出されて慕わしかった人々が、向かいあったまま忘れているのに似ているけれど)〈俳諧・続猿蓑・上〉

対義▶①②うとまし

語誌▼相手に近寄りくっつきたいという感じの語で、②の意の場合も、ずっと聞いていたい、嗅いでいたい、見ていたい、などの気持ちが含まれる。
▼現代語と同じ懐旧の情を表すようになるのは、中世以後。〈池田節子〉

なつかし・む【懐かしむ】 動(マ四)〔形容詞「なつかし」の動詞化〕懐かしく思う。慕わしく思う。例なつかしむ心を知らば〈中務内侍日記・下〉

なづき【脳・髄】 名❶脳の古称。脳髄の古称。例我がかしらのなづき返りて(＝変化させて)水となして〈今昔・五・一一〉❷(①から転じて)頭。脳天。例なづきを砕き〈狂言・横座〉

な-づき【名付き・名簿】 名「みやうぶ(名簿・名符)」に同じ。例宮仕への初めにはべるに、なづきにも奉らしめん〈宇津保・藤原の君〉

なつ・く【懐く】 ❶動(カ四)なれ親しむ。なじむ。例いまさらにいかなる駒か(＝馬)かなつくべき〈蜻蛉・下〉❷動(カ下二)なれ親しませる。なじませる。例内裏へも参りたまはで、この人をなつけ語らひきこえたまふ(＝お相手申し上げなさる)〈源氏・若紫〉

なつ-くさ【夏草】 名 夏に生い茂っている草。例ま袖もち 着せてむとかも 夏草刈るも〈万葉・七・一二七二〉

なつくさの【夏草の】 〔枕詞〕❶夏草の生い茂る野の意から、「野」を含む地名「野島」「野沢」にかかる。例夏草の野島が崎に廬りす(＝仮の宿りをする)我は〈万葉・一五・三六〇六〉❷夏草が日に照らされてしおれ伏す意から「思ひしなゆ」にかかる。例夏草の 思ひし

なえて 偲ふらむ 妹が門見む なびけこの山〈万葉・二・一三一〉➡名歌69 ❸夏草が生い茂ることから「繁し」「深し」にかかる。例夏草の深くも人の思ほゆるかな〈古今・恋四〉 ❹夏草を刈る意から、「刈る」と同音を含む「仮」「かりそめ」にかかる。例夏草のかりそめにとて来こし宿も〈新古今・秋下〉

なつ-げ【夏毛】 名 夏の鳥獣の毛。特に、鹿の毛。鹿の毛は夏は黄褐色になり、白い斑点がくっきりと出る。その毛は筆に、毛皮は行縢によいとされた。例峰に起き伏す鹿だにも（=鹿でさえも） 夏毛冬毛は変はるなり〈梁塵秘抄・四句神歌〉

な-づけ【名付け】 名 ❶名を付けること。命名。転じて、表現すること。例言ひもえず 名付けも知らずくすしくも（=霊妙に） います神かも〈万葉・三・三一九〉 ❷婚約者。いいなずけ。例妹は忍び妻、姉はまた名付けの妻〈近松・日本西王母・三〉

なつ-こだち【夏木立】 名 夏の、青々と木の葉が繁っている木立。例春すでに暮れなんとす。夏木立にもなりにけり〈平家・四・厳島御幸〉

なつ-ごろも【夏衣】 ❶名 夏用の衣服。例蟬の羽はもたちかへてける夏衣〈源氏・夕顔〉 ❷《枕詞》夏の衣は薄い生地でひとえに仕立てることから、「薄し」「ひとへ」にかかる。例夏衣うすくや（=薄情に）人のならんと思へば〈古今・恋四〉

なづさ・ふ（ナズサウ・ナズソウ） 動（ハ四） ❶水に浮かぶ。水に漂う。例やくもさす《枕詞》出雲の児らが黒髪は吉野の川の沖になづさふ〈万葉・三・四三〇〉 ❷なれ親しむ。例常に参らまほしく、なづさひ見たてまつらばや〈源氏・桐壺〉

なっ-しょ【納所】 名 ❶年貢などを収納する倉庫。例その下し文をば伊賀の国の納所になすべきにあらず〈今昔・二八・三一〉 ❷寺で、施物を納める所。

なつ-そ【夏麻】 名 夏の麻。収穫期の夏に取った麻。例秋をひけ（=秋風を引き入れよ）袖でもなつそのあさ涼み〈新撰菟玖波集・一九〉

なつそひく【夏麻引く】《枕詞》「なつそびく」とも。❶夏麻を畑から根引いて績む（よりあわせて糸にする）ことから、「績む」と同音を含む地名「宇奈比」「海上」などにかかる。❷夏麻を引いて糸を作ることから、「糸」と同音を含む「命」にかかる。

なっそり【納蘇利・納曾利】 名「なそり」とも。雅楽の曲名。高麗楽で、白毛で目が大きく牙のある緑色の面をつけ、桴を持って二人で舞う。競べ馬・節会・四十の賀・五十の賀で舞われる。

納蘇利〔舞楽図巻〕

なづな【薺】（ナズナ） 名 植物の名。アブラナ科の越年草。春、白色の小さい花をつける。春の七草の一つ。ペンペングサの別称がある。例今日ぞかしなづなはこべらせり摘みて〈拾玉集・二〉 読解 正月七日、七草粥を食べる日の歌。

なつ-ばらへ【夏祓へ】（バラエ） 名「なごしのはらへ」に同じ。

なつ-びき【夏引き】 名「なつひき」とも。夏に糸を紡ぐこと。また、その糸。例夏引きの白糸の手繰りまだしきに〈曾丹集〉

なづ・む

【泥む】（ナズム） 動（マ四） 何かに行く手を阻まれ、停滞したり難渋したりする意。

❶**行くことを妨げられて滞る。障害によって難渋する。** 例(a)その海塩に入りてなづみ行きまししときに（=その浜の海水に入って、難渋しながらお進みになったときに）〈記・中・景行〉例(b)道になづまず、みだりにせずして年を送れば（=その道で滞らず、勝手気ままにしないで年月を過ごすと）…つひに上手の位にいたり〈徒然・一五〇〉 読解 芸能の稽古について語る段の一節。

❷**ぐあいが悪くて苦しむ。悩む。** 例なづみて、泣きむつかり明かしたまひつ（=ぐあいが悪くて苦しみ、泣きむずかりながら夜をお明かしになった）〈源氏・横笛〉 読解 赤ん坊の様子。

❸**一つのことに執着する。こだわる。** 例師の説なりとて、必ずなづみ守るべきにもあらず（=先生の学説であるといって、必ずしもこだわり守らねばならないものでもない）〈玉勝間・二〉

❹近世の用法。恋い焦がれる。例首丈なづん（音便形）でゐる（=首ったけに恋い焦がれている）〈近松・冥途の飛脚・上〉〈山口慎一〉

なつ-むし【夏虫】 名 夏に活動する虫。灯火に集まる蛾や、蟬・蛍など。例夏虫の身をいたづらになすこともひとつ思ひによりてなりけり〈古今・恋一〉➡名歌

265 **な-で**〔完了の助動詞「ぬ」の未然形＋接続助詞「で」〕～てしまわないで。例潮に濡れたる衣をだに脱ぎかへなでなん、こち（=ここへ）まうで来つる〈竹取〉

なでしこ

【撫子・瞿麦】 名 ❶植物の名。ナデシコ科の多年草。カワラナデシコ。夏から初秋にかけて淡紅色の五弁花を開く。秋の七草の一つ。また、ナデシコ科の植物の総称。⇩口絵。例野辺見ればなでしこが花咲きにけり我が待つ秋は近づくらしも（=野辺を見るとなでしこの花が咲いているのだった。私が待つ秋も近づいているらしいなあ）〈万葉・一〇・一九七二〉 ❷襲の色目の名。表は紅梅、裏は青。また、表は薄紫、裏は青など、諸説ある。夏に着用。例濃き袿に、撫子と思しき細長（=濃い色の袿に、撫子の襲と思われる細長）〈源氏・宿木〉

語誌 ▼「やまとなでしこ」と「からなでしこ」「なでしこ」は、もともと、日本に自生する今のカワラナデシコをさしていった。のちに、中国から渡来したセキチクが「からなでしこ」と呼ばれるようになると、カワラナデシコは「やまとなでしこ」ともいわれた。『枕草子』に「草の花は 撫子。唐のはさらなり、大和のもい

とめでたし」とあり、また、「なでしこ」の歌題で「からなでしこ」を詠んだ和歌もあるので、平安時代には、「なでしこ」は「やまとなでしこ」「からなでしこ」の総称としても用いられたと考えられる。
▼**愛児・愛しい女性のたとえ**　「なでしこ」に「撫でし子」の意を掛けて、愛する児や愛しい女性をいうことがある。『源氏物語』夕顔巻では、「かの撫子の生ひ立つありさま聞かせまほしけれど」と、夕顔の遺児、のちの玉鬘が「撫子」と呼ばれている。〈佐藤明浩〉

なで-つくろ・ふ【撫で繕ふ】 動(八四) なでつけて形を整える。例常よりもこの君を**撫でつくろひ**つつ見ゐたり〈源氏・薄雲〉

なでふ 〔「なんでふ」の撥音の表記されない形〕■1 連体 ❶疑問の意を表す。なんという。どんな。例また**なでふ**こと言ひて、笑はれんとならん〈枕・大進生昌が家に〉 ❷反語の意を表す。どういう～か(いや、～ない)。どれほどの～か(いや、～ない)。例下の中には、**なでふことか**聞こしめしどころはべらむ(=下の下の私どもの中には、どういうお聞きになる価値のある話がございましょうか、いや、ございません)〈源氏・帚木〉 ■2 副 ❶疑問の意を表す。どうして。なぜ。例**なでふ**、かかるすき歩きをして、かくわびしきめを見るらむ(=こんなつらい目にあうのだろう)〈大和・一〇三〉 ❷反語の意を表す。どうして～か(いや、～ない)。例いまさらに、**なでふ**さることかはべるべき(=今さら、どうしてそんなことができましょうか、いや、できないでしょう)〈源氏・椎本〉
語誌 「なにといふ」→「なにてふ」→「なんでふ」となり、その撥音の表記されない形が「なでふ」。
【なでふことかあらむ】 なにということがあろうか。どうということはない。例ただきよき衣を着て詣でんに、**なでふことかあらん**〈枕・あはれなるもの〉
【なでふことなし】 取るに足りない。どうということもない。例**なでふことなき**人の、笑がちにて物いたういひたる〈枕・にくきもの〉

なで-もの【撫で物】 名 禊ぎや祈りに用いる紙製の人形や衣服。それで体をなで、罪や穢れや災いを移して水に流す。例みそぎ河瀬々にいださん(=流そうとする)**なでもの**を〈源氏・東屋〉

な-でん【南殿】 名〔「なんでん」の撥音の表記されない形〕紫宸殿の別称。例二月の二十日あまり、**なでん**の桜の宴せさせたまふ〈源氏・花宴〉

なでん-の-さくら【南殿の桜】 名 ⇩さこんのさくら

など 副〔「なにと」の変化した形か〕❶**疑問の意を表す**。なぜ。どうして。例**など**さはおぼしめすぞ(=なぜそのようにはお思いになるのか)〈讃岐典侍日記・上〉 ❷**反語の意を表す**。どうして～か(いや、～ない)。例**など**かく疎ましきものにしも思すべき(=どうして私をこんなにいやなものだとお思いになってよいものでしょうか、いや、よくありません)〈源氏・帚木〉
語誌 係助詞「か」「や」を伴って用いる場合が多い。⇩などか・などや〈片岡玲子〉

など

副助〔代名詞「なに」+格助詞「と」=「なにと」が「なんど」を経て変化した形〕❶**代表的なものを例示して、他に同類のものがあることを暗示する。たとえば～など**。例鳥の寝所へ行くとて、三つ四つ、二つ三つ**など**、飛び急ぐさへあはれなり(=鳥が寝所に行くといって、たとえば三羽四羽、二羽三羽などが、飛び急ぐのまでもしみじみと趣深い)〈枕・春はあけぼの〉 ❷**事柄の概要だけを取り上げて引用する。～などと**。例からうたに、「日を望めば、都遠し」**など**いふなる言のさまを聞きて(=漢詩に、「日を望めば、都遠し」などというらしい言葉のありさまを聞いて)〈土佐〉 ❸**上の語をそれと特定しないで、婉曲に表す。～など。～なんか**。例京より、叔母**など**おぼしき人ものしたり(=京都から、叔母などと思われる人がやって来た)〈蜻蛉・中〉 読解 西山に籠もる作者のもとへおばが見舞いに訪れたことを、ぼかした表現。 ❹(打消の語を伴って)**意味を強調する。～などというもの**。例おほやけの数まへたまふ喜び**など**は、何ともおぼえはべらず(=朝廷が人並みに数えてくださる喜びなどというものは、なんとも思いません)〈源氏・竹河〉 読解 かなわぬ恋を嘆いているから、官位昇進の喜びなんて問題にならないという気持ち。
接続 種々の語につく。
語誌 ▼**語源** 『土佐日記』に「酒なにと、持て追ひ来て」とある「なにと」が、語源にあたる形。一つ一つ列挙する代わりに、その他を「なに」で代理させ、「と」でそれらが並立することを示したもの。撥音表記の未発達であった平安時代の早い例は、「など」と表記されていても、「なんど」と読まれた可能性がある。
▼**「など」の含蓄** 代表的なものを例示する①の用法に関連して、「など」には上の語を重視したり、逆に軽視したりする評価を暗に伴うことがある。例(a)「いかに事に触れて、我などをばかくなめげにもてなすぞ(=無礼に扱うのだ)」と、むつかりたまふ〈大鏡・伊尹〉例(b)清盛などがへろへろ矢、何ほどの事か候ふべき〈古活字本保元・上〉〈山口堯二〉

など-か 副〔副詞「など」+係助詞「か」。「など」を強調した語〕❶疑問の意を表す。どうして～か。なぜ～か。例藤波の茂りは過ぎぬ(=盛りは過ぎてしまった)あしひきの(枕詞)山ほととぎす**などか**来鳴かぬ〈万葉・一九・四二一〇〉 ❷(多く打消の語を伴って)反語の意を表す。どうして～か(いや、～ない)。例心は**などか**賢きより賢きにも移さば移らざらん〈徒然・一〉

など-か-は 〔「は」は係助詞。「などか」を強調した語〕❶疑問の意を表す。どうして～か。なぜ～か。例誰もあやしき御長居とこそはべるめれ(=言っているようです)。**などかは**まゐらせたまはぬ〈枕・殿などのおはしまさで後〉 ❷反語の意を表す。どうして～か(いや、～ない)。例**などかは**似げなからむ〈源氏・真木柱〉

な-どころ【名所】 名 有名な場所。名所。例**名所**多き数々に、浦山かけて眺むれば〈謡曲・竹生島〉

など-て 副〔「なにとて」の変化した形〕疑問の意を表す。どうして。なぜ。例**などて**かくあふごかたみになりにけむ(=逢うことが難しくなってしまったのだ

心地せむ〈古今・離別〉[読解]送別の宴で詠んだ歌。❷どんな病気。[例]何心地にかあらん、そこはかとなくいと苦しけれど〈蜻蛉・中〉

なに-ごころ【何心】[名]どういう意図。どんな気持ち。[例]**何心**ありて、海の底まで深う思ひ入るらむ〈源氏・若紫〉

なにごころ-な・し【何心無し】[形](ク)なんの気もない。無心だ。無邪気だ。[例]**何心なく**うち笑みなどしてゐたまへるがいとうつくしきに(=かわいらしいので)〈源氏・若紫〉

なに-ごと【何事】[名]❶疑問の意を表す。どんな事。[例]**何事**をかくはのたまふぞ〈徒然・四七〉❷(多く「なにごとぞ」の形で詰問の意をこめて)どうしたことだ。なんたることだ。[例]こは**何事**ぞ〈宇治拾遺・一〉❸(多く「なにごとも」の形で)すべての事。万事。[例]**何事**も古き世のみぞ慕はしき〈徒然・二二〉❹不定の事柄をさす。なになに。[例]「**何事**の式」といふ事は、後嵯峨の御代までは言はざりけるを〈徒然・一六九〉[読解]「式」は方式・慣例の意。

なに-さま【何様】❶[名]「なにざま」とも。どのよう。どんな様子。[例]**何ざま**の事ぞ〈源氏・末摘花〉❷[副]❶ほんとうに。いかにも。[例]**何様**坐ながら敵を京都にて相待たん事は、武略(=戦のかけひき)の足らざるに似たり〈太平記・八〉❷何はともあれ。とにかく。[例]**なにさま**、ただ中をぐさりと突くべし〈噺本・昨日は今日の物語・下〉

なに-し-か【何しか】(副詞「なに」＋副助詞「し」＋係助詞「か」)どういうわけで〜か。どうして〜か。[例]**何しか**君が見れど飽かざらむ〈万葉・一一・二五〇〇〉

なに-し-に【何しに】(代名詞「なに」＋サ変動詞「す」の連用形＋格助詞「に」)❶疑問の意を表す。なんのために。なぜ。[例]**何しに**かかる者には使はるるぞ〈枕・方弘は、いみじう人に〉❷反語的に打消の意志や過去の行動を後悔する気持ちを表す。どうして。なぜ。[例]**何しに**して参らせけむ〈大鏡・道長上〉

なに-すれ-ぞ【何為れぞ】[副](「すれ」はサ変動詞「す」の已然形。「そ」は係助詞「ぞ」の古形)どうして。なぜ。[例]時々の花は咲けども**何すれぞ**母とふ花の咲き出来ずけむ〈万葉・二〇・四三二三〉[語誌]「なにすればぞ」の意。上代では、接続助詞「ば」なしで、已然形だけでも条件法を示すことがある。のち「なにすれぞ」「なんすれぞ」とも。

なに-せ-む【何せむ】(代名詞「なに」＋サ変動詞「す」の未然形＋推量の助動詞「む」の連体形)何になろうか。何にしようか。[例]奥山の真木の板戸を押し開きしゑや出で来ね(=ええい、出て来ておくれ)後は**何せむ**〈万葉・一一・二五一九〉

なに-せ-む-に【何せむに】(「に」は格助詞)❶反語の意を表す。どうして〜か(いや、〜ない)。なんの役に立とうか、いや、なんの役にも立たない。[例]銀も金も玉も**何せむに**まされる宝子にしかめやも〈万葉・五・八〇三〉➡名歌193 ❷疑問の意を表す。何をしようために。なんのために。どうして。[例]**何せむに**命継ぎけむ我妹子に恋ひざる先に死なましものを(=死んでしまえばよかったのに)〈万葉・一一・二三七七〉

なに-ぞ【何ぞ】❶(代名詞「なに」＋係助詞「ぞ」)何か。何であるか。[例]きむぢが(=おまえの)姓は**何ぞ**〈大鏡・序〉❷[副](副詞「なに」＋係助詞「ぞ」。古くは「なにそ」とも)なぜ。どうして。[例]多摩川にさらす手作り(=ここまで序詞)さらさらに**なにそ**この児のここだかなしき〈万葉・一四・三三七三〉➡名歌214

なに-ぞ-の【何ぞの】(代名詞「なに」＋係助詞「ぞ」＋格助詞「の」)なんという。どういう。[例]**何ぞの**僧の何より(=どこから)来たれるぞ〈今昔・二四・一六〉

なに-と【何と】❶(代名詞「なに」＋格助詞「と」)❶どういうことかと。なんであるかと。[例]**何と**分くまじき(=物の分別がありそうにない)山伏などまで〈源氏・薄雲〉❷ほかに同類のものがあることを示す。〜や何か。など。[例]酒**なにと**持て追ひ来て〈土佐〉❷[副]❶原因・理由などを推測する意を表す。どうしたわけで。なぜ。[例]**何と**うき世にむすぼほるらん〈続古今・雑中〉❷状態を推測する意を表す。相手に打診する気持ちで用いることが多い。どのように。どう。[例]さても維盛卿の子息は**何と**候ふやらん〈平家・一二・六代被斬〉❸[感]❶相手に問いかけるときにいう語。どうだ。いかに。[例]「**何と**、飯は、はや、過ぎたるか」と問ふに〈醒睡笑・一〉❷相手の発言を問い返すときにいう語。なんだって。[例]「そなたがおそろしい」「**何と**身共(=私)がおそろしいとおしゃるか」〈狂言・節分〉

なに-と-かも【何とかも】(「かも」は係助詞)どうして〜なのだろうなあ。[例]本毎に花は咲けども**何とかも**愛しき妹がまた咲き出来ぬ〈紀・孝徳・歌謡〉

なに-と-し-た【何とした】❶どうしたらよい。[例]あれは**何とした**事ぞ〈狂言・墨塗〉❷どのような。[例]歌といふものは**なにとした**けだかきものやらん(=気品のあるものなのだろうか)〈耳底記・一〉

なに-と-て【何とて】[副](代名詞「なに」＋格助詞「と」＋接続助詞「て」)どうして。なぜ。[例]今年さへ**なにとて**花の匂ふらん〈重家集〉

なに-と-な・し【何と無し】❶特にどうということもない。[例]**何となけれ**ど、さまざまなる人々の、御わび言も多かり〈源氏・藤袴〉❷(特定されることがない、の意)すべてにわたっている。限りがない。[例](賀茂ノ祭リノ日ハ)**何となく**葵かけ渡してなまめかしきに〈徒然・一三七〉❸なにげない。漠然としている。[例]あからさまに(=ちょっと)聖教の一句を見れば、**何となく**前後の文も見ゆ〈徒然・一五七〉

なに-と-に-は-な・し【何とには無し】(「に」は断定の助動詞「なり」の連用形)特にどうということはない。たいしたことはない。[例]この言葉、**何とにはなけれ**ども、物言ふやうにぞ聞こえたる(=気の利いたことを言ったように聞こえたことだ)〈土佐〉

なに-と-やらん【何とやらん】(「やらん」は「にやあらん」の変化した形。のちは「なにとやら」)❶なんとなく。どうとなく。[例]あまりに**何とやらん**心ぼそうて〈平家・一・徳大寺厳島詣〉❷どういうものか。なんであろうか。[例]**何とやらん**物を木のまたに置くやうにするを見れば〈著聞集・二〇・七一七〉

なに-なら-ず【何ならず】(代名詞「なに」＋断定の

助動詞「なり」の未然形＋打消の助動詞「ず」」なんということはない。ものの数ではない。例この世は仮の宿りなり。恥ぢても恥ぢでも(=恥と思っても思わなくても)何ならず〈平家・一・祇王〉

なに-の【何の】 ❶〔代名詞「なに」＋格助詞「の」〕❶〔「の」は主格〕何が。何者が。だれが。例何の言ふにかあらん〈枕・職の御曹司におはします頃、西の廂にて〉❷〔「の」は連体格〕㋐なになにの。なにがしの。だれだれの。例何の丞(=三等官)の君などいふものども〈蜻蛉・上〉㋑どんな。なんという。例さる事には、何のいらへ(=返答)をかせむ〈枕・五月ばかり、月もなういとくらきに〉㋒(打消の語を伴って)どれほどの(〜もない)。少しの(〜もない)。例聞こえさせ知らせたまふとも、さらに何のしるしもはべらじものを〈源氏・若紫〉❷副❶反語の意を表す。どうして〜か(いや、〜ない)。なんで〜か(いや、〜ない)。例何のさる人をか、この院の中に捨てはべらむ〈源氏・手習〉❷感動詞的に用いて、否定する気持ちを表す。どうしてそんなことがあろうか。なあに。例何の、よき事と思ひて、行き通ひければ〈伊勢・六五〉読解どうしていけないことがあろうか、なあに、好都合だという気分。

難波（なには）ナニワ《地名》歌枕 摂津国、今の大阪市の上町台地を中心とする一帯。淀川河口には、瀬戸内海を通じて西国・海外とつながる難波津(港)がある。『日本書紀』には、このあたりの潮流がはなはだ速いので「浪速」、また「浪花」といい、それがなまって「難波」というようになったとある。七世紀、大化改新後の孝徳・天武天皇の時代や、八世紀、聖武天皇の時代には宮が置かれた。室町後期以降、石山本願寺の門前町として、さらに大坂城の城下町として発展。江戸時代には、特に経済的に屈指の都市となり、「大坂」の称が一般的となる。

語誌▼和歌に詠まれる「難波」 和歌では、「難波江」「難波潟」「難波津」「難波門」などの形でも詠まれる。「難波潟みじかき葦のふしの間も逢はでこの世を過ぐしてよとや」〈新古今・恋一〉(➡名歌271)や、「わびぬれば今はた同じ難波なるみをつくしても逢はむとぞ思ふ」〈後撰・恋五〉(➡名歌439)のように、「葦」「澪標」とともに詠まれることが多い。「何はのこと(あれやこれやのこと。万事)」を掛けることもある。

難波を詠んだ和歌では、能因の「心あらむ人に見せばや津の国の難波わたりの春のけしきを」〈後拾遺・春上〉(➡名歌154)と、これを本歌とする西行の「津の国の難波の春は夢なれや蘆の枯れ葉に風渡るなり」〈新古今・冬〉(➡名歌238)が特に有名。〈大谷俊太〉

難波江（なにはえ）ナニワエ《地名》歌枕 摂津国の難波の入り江。今の大阪付近の海。例夕月夜潮満ちくらし難波江の葦の若葉を越ゆる白波〈新古今・春上〉➡名歌400

難波潟（なにはがた）ナニワガタ 名「なにはえ」に同じ。例難波潟みじかき葦のふしの間も(ここまで序詞)逢はでこの世を過ぐしてよとや〈新古今・恋一〉➡名歌271

なに-ばかり【何ばかり】〔代名詞「なに」＋副助詞「ばかり」〕❶疑問の意を表す。どの程度。どれくらい。例いでや、さりとも(=いやまあ、そうだとしても)、何ばかりの事をかと思ふに〈大鏡・序〉❷(打消の語を伴って)たいしたことはないと見下す気持ちを表す。それほど(〜ない)。例それは、何ばかりの人ならねど〈枕・かたはらいたきもの〉

難波津（なにはづ）ナニワヅ《地名》歌枕 難波(今の大阪)の港。大阪湾に面し、瀬戸内海を通じて西国や外国につながる。例難波津に咲くや木の花冬ごもり(枕詞)今は春べと咲くや木の花〈古今・仮名序〉➡名歌272

難波土産（なにはみやげ）ナニワミヤゲ《作品名》浄瑠璃の注釈書。五巻五冊。三木平右衛門著。元文三年(一七三八)刊。浄瑠璃九編の注釈および評を載せる。発端に収められた穂積以貫の筆録とされる近松門左衛門の聞き書きは「虚実皮膜論」として知られ、近松の芸術観を知る貴重な資料である。

なに-びと【何人】 名 どういう人。何者。例我が丈立ち並ぶまで養ひたてまつりたる我が子を、何人か迎へきこえむ〈竹取〉

なに-ほど【何程】 副❶どれくらい。どれほど。例代物(=代金)はなにほどぞ〈狂言・雁盗人〉❷どんなに。例年玉銀一包みくれしを、何ほどかうれしく〈西鶴・世間胸算用・一・四〉

な-にも【汝妹】 名『上代語』〔「なのいも(汝の妹)」の変化した形〕女性を親愛の情をこめて呼ぶ語。あなた。例愛しき我がなにもの命〈記・上・神代〉

なに-もの【何物・何者】 名 どのような物。どのような人。例「(シロウルリ)とは何物ぞ」と人の問ひければ〈徒然・六〇〉

なに-や【何や】〔代名詞「なに」＋間投助詞「や」〕「〜や何や」の形で物の名と並べたり、下に来る「彼や」と並べたりして用いる。❶(〜だの)なんだの。(〜や)なんか。例くだものや何やと、いと多くとらせたれば〈枕・職の御曹司におはします頃、西の廂にて〉❷⇩なにやかや

なにや-かや【何や彼や】〔「なに」「か」は代名詞。「や」は間投助詞〕あれやこれや。なんやかんや。例何やかやとはかなきことなれど、をかしきさまにも、まめやかにも、のたまへど〈源氏・末摘花〉

なにわ【難波】 ⇩なには

なぬ-か【七日】 名❶月の第七日。または七日間。❷特に、陰暦一月七日・七月七日。例天の川七日を契る心あらば〈蜻蛉・上〉❸「しちや」に同じ。例七日の夜は、おほやけの御産養ひ〈紫式部日記〉

なぬか-なぬか【七日七日】 人の死後、初七日から四十九日に至るまでのそれぞれ七日目の日。その日に死者の供養を行う。また、その日の供養。例七日七日のことども、いと尊くせさせたまひつつ〈源氏・総角〉

なぬか-の-よ【七日の夜】 ❶月の第七日目の夜。特に、七月七日の七夕の夜。例一年に七日の夜のみ逢ふ人の〈万葉・一〇・二〇三二〉❷誕生してから七日目にあたる夜。七夜。祝いの儀がある。例七日の夜、(父ノ)春宮より…(母子ノモトニ)御文あり〈宇津保・あて宮〉

な-ぬし【名主】 名❶江戸時代、関東で村を治める役。

村の長。関西では「庄屋」という。[例]おいらがゐた時分は、**名主**どのは熊野伝三郎といって〈滑稽本・膝栗毛・初〉❷江戸時代、江戸の町役の名。町名主。

な-ね [名]〔上代語〕(「な」は「汝」。「ね」は接尾語)私の恋しい人。男女ともに用いる。相手に親しみをこめて呼びかける語。[例]**なね**が恋ふれそ(=恋しく思ってくれるからか)夢に見えける〈万葉・四・七二四〉

なのめ

【斜め】[形動](ナリ) ❶**普通だ。平凡だ**。[例]何ごとも**なのめに**だにあらぬ御ありさまを(=何事につけても普通でさえないご様子を)〈源氏・蓬生〉[読解]末摘花という姫君の様子。普通より劣っているというのである。

❷**いいかげんだ。通り一遍だ。不十分だ**。[例]世を**なのめに**書き流したることばのにくきこそ(=世間をいいかげんに考えて書き流している言葉がいやだ)〈枕・文ことばなめき人こそ〉

❸「なのめならず」の意。**格別だ。ひととおりでない**。[例]鬼神**なのめに**喜びて〈御伽草子・酒呑童子〉

[語誌] 傾斜している、の意だが、平安時代はもっぱら①②の意で用いられる。中世には、①②と反対の意になる③も見られるので、注意が必要。〈井上博嗣〉

なのめなら-ず【斜めならず】〔形容動詞「なのめ」の未然形+打消の助動詞「ず」〕並々でない。格別である。[例](大君ノ)なつかしげに愛敬づきてもののたまへるさまの、**なのめならず**(薫ノ)心に入りて〈源氏・総角〉

な-のり【名告り・名乗り】[名][動](サ変) ❶自分の姓名を告げること。[例]たしかなる**名のりせよ**〈源氏・若菜下〉❷公家や武家の男子が元服するとき、幼名にかえてつける実名。[例]主が**名のり**を金焼きにせよ(=焼き印にしてつけろ)〈平家・四・競〉❸売り物の名を呼びながら歩くこと。[例]おぼとれたる声して(=だらしのない声で)、いかにとか聞きも知らぬ**名のり**をして、うち群れて行くなど〈源氏・東屋〉

なのりそ【莫告藻・神馬藻】[名] 植物の名。海藻のホンダワラの古称。食用や肥料、また新年の飾り物とする。和歌では、「な告りそ(告げるな、教えるな、の意)」に掛けて用いることが多い。

な-の・る

【名告る・名乗る】[動](ラ四) ❶**自分の名や身分などを言って、相手に知らせる**。[例]「釈迦牟尼仏の弟子」と名告りて〈源氏・須磨〉

❷**戦場で、武士が自分の姓名・家柄などを大声で言う**。[例]「武蔵の国の住人、大串次郎重親、宇治河の先陣ぞや」とぞ**名乗っ**(音便形)たる〈平家・九・宇治川先陣〉

❸擬人的な表現。**鳥や羽虫などが自分の存在を知らせるかのように、鳴いたり音を立てたりする**。[例](a)暁に**名告り**鳴くなるほととぎすいやめづらしく思ほゆるかも(=未明に自分の名を名のるように鳴き声を立てるほととぎすよ、ますます心ひかれて思われるなあ)〈万葉・一八・四〇八四〉[読解]「ほととぎす」は懐かしく思われる女性のたとえ。「鳴くなる」の「なる」は推定・伝聞の助動詞。[例](b)蚊の細声にわびしげに**名のりて**、顔のほどに飛びありく(=蚊がか細い声でせつなそうに羽音を立てて、顔のあたりを飛び回る)〈枕・にくきもの〉

❹**名前としてつける**。[例]子息一人養子にして、清国と**名乗らせ**(=子息を一人養子にして、清国と名前をつけ)〈平家・六・祇園女御〉

❺売り物の名を呼ぶ。[例]海老・鰯・小貝やうの物、**名のりて**過ぐることも明け暮れなり(=海老や鰯や小貝のような類、その売り名を連呼して日が過ぎるのもいつものことである)〈俳諧・鶉衣・七景記〉〈鈴木日出男〉

なは-しろ【苗代】[ナワ] [名]〔「なは」は「なへ」の交替形。「しろ」は四方を限った場所〕稲の苗を育てる所。[例]苗代の小水葱が花を衣に摺り〈万葉・一四・三五七六〉

なは-ぜみ【蚱蟬】[ナワ] [名] 蟬の一種。実体については諸説ある。[例]よいぞよいぞといふ(=鳴く)**蚱蟬**〈蜻蛉・下〉

なは-て【縄手・畷】[ナワ] [名] 田の間のまっすぐ続いている小道。あぜ道。[例]六波羅勢の後を切らんと、**縄手**を伝ひ道を横切ってうち回るを〈太平記・八〉

なは-のり【縄海苔】[ナワ] [名] 語義未詳。海藻の「海ぞうめん」かという。[例]海原の沖つ**縄海苔**うちなびき〈万葉・二・二七九〉

なびか・す【靡かす】[動](サ四)〔四段動詞「なびく」の他動詞形〕❶なびかせる。[例](髪ヲ)すこしこなたに**なびかして**引かれたるほど〈源氏・蜻蛉〉❷従わせる。[例]時の有職と(=当代の有識者として)天の下を**なびかし**たまへるさまことなめれば〈源氏・賢木〉

なびか-ふ【靡かふ】[ナビカウ・ナビコウ]〔上代語〕〔動詞「なびく」の未然形+上代の反復・継続の助動詞「ふ」〕なびき寄っている。[例]玉藻なす(=玉藻のように)か寄りかく寄り**靡かひし**夫の命の〈万葉・二・一九四〉

なびき【靡き】[名] なびくこと。[例]ささげたる旗の**なびき**は〈万葉・二・一九九〉

なび・く

【靡く】風や波の力で、横に傾き伏すようになる意。人の心や態度にもいう。

[1][動](カ四) ❶**横になる。横に傾く**。[例](薄ガ)風に**なびきて**かぎろひ立てる(=風で横になって揺れ動きながら立っているのは)〈枕・草の花は〉

❷**慕う。従う。服従する**。[例]上は下に助けられ、下は上に**靡きて**(=上の者は下の者に助けられ、下の者は上の者に服従して)〈源氏・帚木〉

[2][動](カ下二) ❶**横にする。なびかせる**。[例]ぬばたまの(枕詞)妹が黒髪今夜もか我がなき床に**なびけて**寝らむ(=妻の黒髪、その黒髪を、今夜も私のいない寝床になびかせて寝ているのだろうか)〈万葉・一一・二五六四〉

❷**従わせる**。[例]七百余騎にて和泉・河内の両国を**靡けて**〈太平記・六〉

[語誌] ▼『万葉集』では水になびく藻が多く詠まれた。「玉藻なす」「沖つ藻の」は「なびく」の枕詞として用いられ、そのさまは恋人になびき寄ってともに寝ることの比喩ともなった。

▼[1]は自動詞、[2]は他動詞。〈山口慎一〉

なびなび-と [副] なだらかに。優美で。[例](和歌ヲ)なびなびと口がろに読みつけなば〈正徹物語・下〉

なび-やか [形動](ナリ)〔「やか」は接尾語〕しなやかなさま。美しいさま。[例]若き女房の、みめかたちな

びやかなるが〈沙石集・二・六〉

なふ【衲】 名〘仏教語〙「なふえ」に同じ。例暑げなるもの 随身の長の狩衣。衲の袈裟〈枕・暑げなるもの〉

な・ふ【萎ふ】 動（ハ下二）手足に障害がある。手足が不自由である。⇩なゆ。例幼くよりなへさせたまひて〈今鏡・六・志賀のみそぎ〉

な・ふ【綯ふ】 動（ハ四）多くの糸や紐をより合わせる。撚よる。例縄なはせ〈狂言・縄綯〉

なふ

助動（特殊型）『上代語』東国方言。打消の意を表す。〜ない。例立ち別れ去にし夕より背ろ（=夫）に逢はなふよ〈万葉・一四・三三七五〉

接続 動詞の未然形につく。

活用 なは／○／なふ／なへ／なへ／○

な・ぶ【並ぶ】 動（バ下二）ならべる。連ねる。平安時代以降は「なべて」の形に残る。例かがなべて 夜には九夜 日には十日を〈記・中・景行・歌謡〉➡名歌277

な・ぶ【靡ぶ】 動（バ下二）⇩おしなぶ

なふ-え【衲衣・納衣】 名『仏教語』ぼろ布を縫い合わせて作った僧衣。転じて、袈裟。

なふ-じゅ【納受】 名動（サ変）受け入れること。神仏などが願いを聞き入れること。例権現すでに御納受あるにこそ〈平家・三・医師問答〉

なへ

接助『上代語』二つの事態が同時に成立することを表す。〜と同時に。〜とともに。例秋風の寒く吹くなへ我がやどの浅茅が本にこほろぎ鳴くも〈万葉・一〇・二一五八〉

接続 活用語の連体形につく。

なへ・ぐ【蹇ぐ】 動（ガ四）〔「なふ（萎ふ）」から派生した語か〕足が悪くて歩行が不自由である。例昼つかたなへぐなへぐと見えたりしは、何とにかありけむ〈蜻蛉・中〉

なべ-て

【並べて】名副〔動詞「なぶ」の連用形＋接続助詞「て」〕「なめて」とも。❶全体に行き渡っているさま。一様に。一面に。一帯に。例梅の花それとも見えずひさかたの（枕詞）天霧る雪のなべて降れれば（=梅の花はそれだと区別もつかない。空をかき曇らせる雪が一面に降っているので）〈古今・冬〉読解 白梅の花が雪に紛れてしまうさまを詠む。

❷物事をとりまとめて扱うさま。総じて。すべて。例（都ノ人ハ）なべて心やはらかに、情けあるゆゑに（=総じて心が柔和で、人情があるために）〈徒然・一四一〉

❸並み一通りであるさま。ふつう。例僧などは、なべてのは召さず（=僧などは、並みの僧はお呼び寄せにならず）〈源氏・蓬生〉読解 すぐれた僧ばかりを、ということ。

語誌 ③は「なべての」の形で連体修飾語として用いられることが多い。〈井上博嗣〉

なべて-なら-ず【並べてならず】 なみなみでない。例心ばせ・ありさま（=気立てや容姿が）なべてならずもありけるかな〈源氏・明石〉

なへ-に

接助〔接続助詞「なへ」＋格助詞「に」〕「なへ」に同じ。例黄葉の散り行くなへに玉梓の（枕詞）使ひを見れば逢ひし日思ほゆ〈万葉・二・二〇九〉

なほ【直】 形動（ナリ）⇩まなほ

なほ

【直・猶・尚】副 何が起こっても変わらず、同じ動作・状態などが継続するさまを表すのが原義。

❶㋐相変わらず。依然として。例元日。なほ同じ泊まりなり（=元日。相変わらず同じ港にいる）〈土佐〉

㋑それでもやはり。そうは言ってもやはり。例なほ名乗りしたまへ（=そうは言ってもやはりお名前をおっしゃってください）〈源氏・花宴〉読解 名を尋ねても教えてくれない相手にあらためて頼む言葉。

❷さらに。もっと。例なほ近くてを。な放ちたまひそ（=もっと近くに来てください。私を遠ざけなさいますな）〈源氏・夕霧〉

❸多く「なほあり」の形で用いる。㋐なんの変化・変哲もない。平凡。ありきたり。例（皆ガ）よしといへど、なほこそあれ（=よいと言うけれど、やはり平凡だ）〈源氏・蛍〉

㋑そのまま何もしない。無為に過ごす。例彼岸に入りぬれば、なほあるよりは精進せむとて（=彼岸に入ったので、何もしないでいるよりは精進しようと思って）〈蜻蛉・中〉〈岩坪健〉

なほ-あら-じ【猶あらじ】 〔副詞「なほ」＋ラ変動詞「あり」の未然形＋打消推量の助動詞「じ」〕無為に、あるいは無抵抗に過ごしたくない気持ちを表す。そのまま何もせずにはいたくない。このままで済ませたくない。例つとめて（=翌朝）、なほもあらじと思ひて〈蜻蛉・上〉読解 夫の浮気を知ったときの気持ち。「なほもあらじ」の「も」は、強調を表す。

なほざり

【等閑】名形動（ナリ）対象に深く注意を払わないさま、心を集中させないさまを表す。

❶いいかげんだ。おろそかだ。なにげない。例初心の人、二つの矢を持つことなかれ。のちの矢を頼みて始めの矢に等閑の心あり（=初心者は、二本の矢を持ってはならない。後の矢を頼みにして最初の矢にいいかげんな気持ちが起こる）〈徒然・九二〉読解 弓道では、ふつう二本の矢を持って的に向かう。

❷あっさりしている。平常心である。例よき人は、ひとへに好けるさまにも見えず、興ずるさまも等閑なり（=教養のある人は、むやみに情趣を愛好する様子にも見えなく、楽しむ様子もあっさりとしている）〈徒然・一三七〉

❸病状が軽い。例等閑ならばとかくの子細もあるまじきに（=病状が軽いのならばたいした支障もあるはずがないから）〈沙石集・三・八〉

語誌 ①の意では、平安時代には、「なほざり事」「なほざり言」などの複合語も見える。〈小島孝之〉

なほざり-ごと【等閑言・等閑事】 名 いいかげんな言葉。実のない言葉。また、いいかげんにする事。気まぐれでする事。例（夫ノ言葉ヲ）なほざり言とは見たまひながら、おのづから和みつつものしたまふを（=和んでゆかれるのを）〈源氏・夕霧〉

な

なほし

【直衣】ナオシ・ノウシ 名 平安時代以降、天皇や貴族の日常の衣服。袍と同形で、位階による色の規定がないので「雑袍」とも。例(a)ほそやかに清げなる君たちの**直衣**姿(=ほっそりときれいな貴公子の直衣を着た姿)〈枕・なまめかしきもの〉例(b)大臣は、薄き御**直衣**、白き御衣の唐めきたるが、紋けざやかにつやつやと透きたるを奉りて(=大臣は、薄色の御直衣、白いお召し物の異国風のもので、模様がはっきりと浮き出てつややかに透けて見えるのをお召しになって)〈源氏・藤裏葉〉読解 この「大臣」は光源氏。

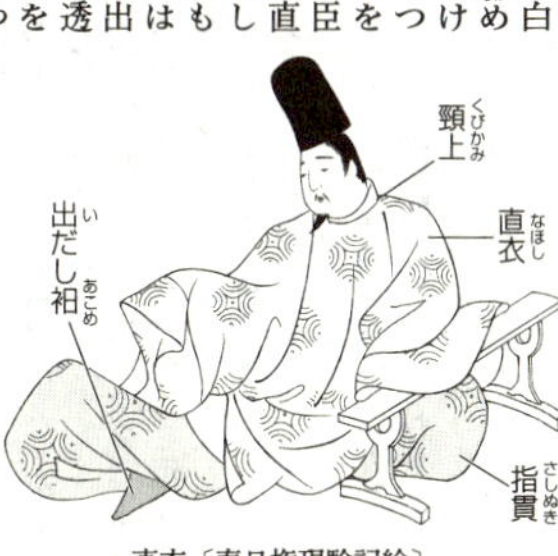

直衣〔春日権現験記絵〕

語誌 ▼**直衣姿** 袍・下襲・表袴などから成る束帯が晴の装束であるのに対して、直衣は日常の衣服である。石帯の代わりに直衣と同色の帯をしめ、袴は指貫。冠に代えて烏帽子をかぶり、直衣の下から中に着た衣の裾をのぞかせる出だし衣をする場合もある。冬は袷で、夏は単、盛夏には羅などの薄絹も用いた。手には檜扇(夏は蝙蝠)を持つ。

▼**高貴な人のイメージ** 直衣は私的な日常着であるから、本来宮中でこれを着るのは、そこを自邸とする天皇のみ。しかし高位の人は勅許によって、直衣指貫に冠をかぶる冠直衣という装束での参内が認められていた。したがって宮中で直衣姿を見かければ、それは高貴な人のしるしであった。〈藤本宗利〉

なほ・し【直し】ナオシ 形(ク) ❶まっすぐだ。例いと**直き**木をなん押し折りためる〈枕・小白河といふ所は〉❷正しい。素直だ。例人は心**直かる**べし〈今昔・二〇・四一〉❸平らだ。整っている。例地、**直き**林にいたりぬ〈今昔・一三・一〉❹普通だ。まずまずだ。例目も鼻も**直し**と〈源氏・総角〉

なほ-し【猶し・尚し】ナオ― 副〔「し」は副助詞〕主に漢文訓読に用いる。❶それでもやはり。依然として。例宿業(=前世の報い)**尚し**残りて、口は牛に似たるなり〈今昔・一四・三〉❷(多く「〜すらなほし〜、いはむや〜」の形で)〜でさえ。例山深くして谷の鳥の音そら**猶し**(=鳥の鳴き声さえ)まれなり。いはむや人来たる事は絶えたるに〈今昔・一三・一〉❸(「ごとし」と呼応して)まるで。あたかも。例昆弟(=兄弟)の子は、**なほし**己が子のごとし〈曾我・一〉

なほし-た・つ【直し立つ】ナオシ― 動(タ下二) 元の正しいさまに戻す。誤りを正す。例(官職ヲ)**なほし立て**たまひて、御心地涼しくなむ思しける(=さわやかにお思いになった)〈源氏・澪標〉

なほし-どころ【直し所】ナオシ― 名 ❶直さなければならないところ。短所。例**なほしどころ**なく誰たももののしたまふめれば、心やすくなむ(=どなたもいらっしゃるようなので、安心である)〈源氏・若菜上〉❷直すに値するところ。直しがい。例心もとなくとも(=不安だとしても)、(ソノ人ヲ)**直しどころ**ある心地すべし〈源氏・帚木〉

なほし-もの【直し物】ナオシ― 名 除目での任官に誤りがあったとき、その誤りを直すこと。追加の任官もする。例二月の朔日ごろに、**直し物**とかいふことに、権大納言になりたまひて〈源氏・宿木〉

なほ・す【直す】ナオス 動(サ四) ❶正しい状態にする。よくなるように変える。例世の中の乱れたらん事を**直**させたまはんと〈栄花・松の下枝〉❷正しい位置に置く。例人々の御車次第のままに(=身分の順に)引き**なほし**〈源氏・鈴虫〉❸間に入って口添えする。取りなす。例聞こえ**直し**たまへど、ことに御気色もなほらず〈源氏・賢木〉

なほ-なほ【猶猶・尚尚】ナオナオ 1副〔「なほ」を重ねて強調した語〕❶それでもやはり。やはりなお。例**なほなほ**、法華経を書写したてまつりたる功徳、まことに経に説きたまへるに違はず〈今昔・一四・四〉❷ますます。いっそう。例(仏像ガ)夜のほどの煙にて上らせたまひぬる、**なほなほ**いみじく悲し〈栄花・煙の後〉2感 人を促すときにいう語。さあさあ。ぜひぜひ。例渡らせたまはぬを、たびたび「**なほなほ**」と御消息ありければ〈大鏡・師輔〉

なほ-なほ・し

【直直し】ナオナオシ 形(シク)〔副詞「なほ(直)」を重ねて形容詞化した語〕❶普通だ。平凡だ。並だ。例その文の端に、**なほなほしき**手して(=その手紙の端に、平凡な筆跡で)〈蜻蛉・下〉❷(①から転じて)つまらない。卑しい。下品だ。例(薫ノ)御けはひ、顔容貌の、さる**なほなほしき**心地にも、いとめでたくかたじけなくおぼゆれば(=ご様子、お顔立ちが、こうした卑しい者の心にも、たいそうりっぱで恐れ多く思われるので)〈源氏・橋姫〉〈岩坪健〉

なほなほ-に【直直に】ナオナオ― 副 素直に。おとなしく。例**なほなほに**家に帰りて業をしまさに(=家業をしなさい)〈万葉・五・八〇一〉

なほ-びと【直人】ナオ― 名 名門の出でない人。家柄がさほどよくない人。公卿の家柄でない人や、藤原氏に対して他氏の人をいうことなどもある。例父は**なほ人**にて、母なむ藤原なりける〈伊勢・一〇〉

なほ-もって【猶もって・尚もって】ナオ― 副 ❶それでも。やはり。例**なほもって**御宥免なし(=お許しがない)〈平家・一一・腰越〉❷いっそう。いっそうよい。例「それがしが練って進ぜう(=練って差し上げよう)」「それは**なほもって**の事ぢや」〈狂言記・松の精〉

なほらひ【直会】ナオライ 名 神事が終わった後、神に供えてあった酒食を参加者が飲食する行事。また、その供え物。神と同じ物を食することに宗教的意義がある。例今日は大新嘗の**なほらひ**の豊の明かり(=酒宴)聞こしめす日にあり〈続紀・天平神護元年十一月・宣命三八〉

なほ・る【直る・治る】動（ラ四）異常な状態が、もとの正常な状態に戻る意。

❶悪天候・不機嫌などが元どおりになる。平穏になる。よくなる。例空の気色なほりたちて、うらうらとのどかなり（＝空模様もよくなって、うららかでのどかである）〈蜻蛉・下〉

❷決められた所にきちんと座る。正座する。例法眼と対座に直らせたまふ（＝法眼と向かい合わせにきちんとお座りになる）〈義経記・二〉

❸病気やけがが回復する。例湯をせめて沃るれば飲みなどして、身などなほりもてゆく（＝薬湯を無理に飲ませるので飲んだりなどして、体もしだいに回復してゆく）〈蜻蛉・上〉〈岩坪健〉

なま-【生】❶接頭 ❶人を表す語について、未熟な、若い、などの意を添える。「生学生」「生女房」など。

❷名詞について、中途半端、いいかげん、などの意を添える。「生道心」「生覚え」など。

❸動詞・形容詞・形容動詞について、不完全な、不十分で、なんとなく、わずかながら、などの意を添える。「生嬉し」「生隠す」など。

❷副 なんとなく。どことなく。例なま物のゆゑ知らむと思へる人（＝なんとなく物の由緒を知っているような人）〈源氏・蓬生〉

❸名 ❶生きたままのこと。調理していないこと。また、そのようなもの。例塩鯛・干鯛もむかしは生なれば〈西鶴・日本永代蔵・六・二〉

❷中途半端。不完全。例くちばしも翼もなくて、生の天狗なるべし〈仮名草子・御伽物語・一・五〉

❸生意気。例やい与三、生言ふなえ〈歌舞伎・与話情浮名横櫛・二〉

❹現金。現生。

語誌 ▼本来、自然のままの状態、の意。よい意味では「なまめかし」のように美を表す語となり、悪い意味では、不完全さ、中途半端さを表す。

▼接頭語の用法 ①は、①の人物について用いられる場合、地位や身分にそぐわず未熟なことなどをいう。②はことに動詞の連用形が名詞化したものにつくと、「なま聞き」のように動作が中途半端な様子を表す。

▼③は比較的新しく、③④は近世の用法。〈高木和子〉

なま-うかび【生浮かび】名〔「なま」は接頭語〕中途半端な態度で仏道に入ること。例なま浮かびにては、かへりて悪しき道にも漂ひぬべくぞおぼゆる〈源氏・帚木〉

なま-おぼえ【生覚え】名〔「なま」は接頭語〕❶うろ覚え。例詠みたる歌などをだになまおぼえなるものを〈枕・故殿の御服のころ〉 ❷あまりよくない思われよう。そうお気にいりでないこと。例（従者ノ中ニ）なまおぼえあざやかならぬや…立ちまじりたりけん〈源氏・宿木〉

なま-がくしゃう【生学生】名〔「なま」は接頭語〕学問の十分でない学生。例父が生学生に（＝雑用係トシテ）使はれたいまつりて〈大鏡・序〉

なま-かたほ【生片ほ】形動（ナリ）〔「なま」は接頭語〕どことなく欠点があるさま。例なまかたほなること見えたまはば〈源氏・行幸〉

なま-きんだち【生公達・生君達】名〔「なま」は接頭語〕身分があまり高くない、貴族の子弟。例なま君達めく人々もおとなひ言ふ（＝恋文を贈って言い寄る人）、いとあまたありけり〈源氏・東屋〉

なま-ぐさ・し【生臭し・腥し】形（ク）❶肉や魚の臭気がするさま。❷異様で気味の悪いにおいがするさま。蛇や魔物が現れる場合にいう。例恐ろしげなる気はひしたる者入り来たる、生臭き香薫じたり〈今昔・三一・一四〉 ❸僧が堕落しているさま。僧が魚や獣の肉を食べるのを禁じられていたことからいう。例その法然とやらが生臭い（音便形）珠数はいやぢゃ〈虎寛本狂言・宗論〉

なま-ごころ【生心】名〔「なま」は接頭語〕なまはんかな心。思慮の浅いこと。例昔、なま心ある女ありけり〈伊勢・一八〉

なま-さぶらひ【生侍】名〔「なま」は接頭語〕まだ若く、一人前ではない侍。また、官位の低い侍。例今は昔、人のもとに宮仕へしてある生侍ありけり〈宇治拾遺・八六〉

なま・し【生し】形（シク）なまだ。未熟だ。例生しき魚を求めて〈著聞集・二・三七〉

な-まし〔完了の助動詞「ぬ」の未然形＋反実仮想の助動詞「まし」〕きっと〜てしまうだろう。きっと〜だろうに。例今日来ずは明日は雪とぞ降りなまし（＝雪の降るように散ってしまうだろう）〈古今・春上〉

なま-しぞく【生親族】名〔「なま」は接頭語〕血縁関係がかなり薄い親族。例その暮れてまたの日、なま親族だつ人とぶらひにものしたり〈蜻蛉・中〉

なま-じひ【生強ひ・慭ひ】形動（ナリ）〔「なま」は接頭語〕「なましひ」とも。❶できそうもないことを無理にするさま。例もの思ふと人に見えじとなまじひに常に思へり〈万葉・四・六一三〉 ❷しぶしぶするさま。やむをえずするさま。例あながちに（＝いちずに）敬ひて請ずれば、僧、慭ひに行きぬ〈今昔・二〇・二五〉 ❸中途半端であるさま。いいかげんであるさま。例なまじひに鬢かきあげて供奉しけり〈著聞集・一六・五一七〉 ❹余計であるさま。そうでなくてもよいのに、という気持ちを表す。例なまじひに究竟の水練にて（＝すぐれた水泳の達人で）おはしければ、沈みもやりたまはず〈平家・一一・能登殿最期〉 語誌 主に「なまじひに」の形で副詞的に用いられる。近世に入ると「なまじ」の形も生じる。

なます【膾・鱠】名 魚介・鳥獣の生肉を細く切った料理。のちは、それを煎り、酒や酢で調味したものや野菜だけのものにもいう。例（鹿ガ言ウニハ）我が肉は み膾はやし（＝お膾の材料に）〈万葉・一六・三八八五〉

なま-ずりやう【生受領】名〔「なま」は接頭語〕たいしたことがない国司。受領を軽んじていう語。例ことなることなき（＝つまらない）なま受領などやうの家にある人〈源氏・蓬生〉

なま-そんわう【生孫王】名〔「なま」は接頭語〕皇統からかなり遠い皇族。末流で力のない皇族。例なま孫王めくいやしからぬ人あまた…参りあひて

〈源氏・椎本〉

なま-なか【生半】〔「なま」は接頭語〕［1］［名］［形動］(ナリ) 中途半端なこと。どっちつかず。［例］(蚤のハ)なまなかにうぢついて(=うごめいて)飛びあるくゆゑ押さへられた〈浄瑠璃・夏祭浪花鑑・八〉［2］［副］むしろ。かえって。［例］なまなか月も恨めしく〈近松・大経師昔暦・中〉

なま-なま【生生】［形動］(ナリ) 並ひととおりだ。また、中途半端だ。［例］なまなまの上達部よりも〈源氏・帚木〉［読解］語幹の用法。

なま-なま・し【生生し】［形］(シク) ❶生身だ。生きたままだ。［例］君を思ひなまなまし身をやく時は〈大和・一六〇〉［読解］「思ひ」の「ひ」に「火」を掛ける。❷未熟だ。［例］よろしからぬ、なまなましくあらあらしき歌も多かるべくや〈ひとりごと〉

なま-にょうばう【生女房】［名］〔「なま」は接頭語〕❶まだ宮仕えに慣れていない女房。新参の若い女房。［例］あやしの(=つまらない)生女房・童・侍などまで〈無名草子〉❷若い女性。［例］いつはりて巫のまねしたる生女房の〈一言芳談・下〉

なま-はしたな・し【生はしたなし】［形］(ク)〔「なま」は接頭語〕なんとなくきまりが悪い。なんとなく興ざめだ。［例］答へたまはでほど(=時間)経ければ、なまはしたなきに〈源氏・夕顔〉

なま-ふがふ【生不合】［形動］(ナリ)〔「なま」は接頭語〕暮らしがあまり豊かでないさま。［例］大学の衆どもの、なま不合にいましかりしを〈大鏡・時平〉

なま-みや【生宮】［名］〔「なま」は接頭語〕時流から外れた皇族。名ばかりの皇族。［例］なま宮たちの、より所なく(=頼るところがなく)〈増鏡・さしぐし〉

なま-みやづかへ【生宮仕へ】［名］〔「なま」は接頭語〕名ばかりの宮廷勤め。たいして重要な地位でもない宮仕え。［例］この男、なま宮仕へしければ〈伊勢・八七〉

なま-むつか・し【生難し】［形］(シク)〔「なま」は接頭語〕なんとなくめんどうくさい。［例］誰ともえ思ひたどられず(=見当をつけることができなくて)、なまむつかしきに〈源氏・少女〉

なま-めか・し

【生めかし・艶かし】［形］(シク) 動詞「なまめく」の形容詞形。充分には熟していないが、みずみずしくしっとりと美しいさまである意を表す。

❶若々しい。みずみずしい。［例］かく御賀などいふことは、ひが数へにやとおぼゆるさまの、なまめかしく(=このような長寿の御祝いなどということが、数え間違いではないかと思える様子で、若々しく)〈源氏・若菜上〉［読解］「御賀」は四十歳の祝い。当時はこの年から老年とされた。

❷優美だ。上品で美しい。しっとりと美しい。［例］(a)箏の琴仕うまつりたまふ。昨日のことよりも、なまめかしう(音便形)おもしろし(=箏の琴を弾き申し上げなさる。昨日のものよりも優美で趣深い)〈源氏・花宴〉［例］(b)ただ人も、舎人など賜るきはは、ゆゆしと見ゆ。その子・孫までは、はふれにたれど、なほなまめかし(=普通の貴族でも、朝廷から警護の役人をつけていただける身分の人は、りっぱに見える。その子や孫までは、落ちぶれてしまっていても、やはり上品で美しい)〈徒然・一〉

❸色めかしい。あだっぽい。［例］恋の市場となまめかし〈近松・傾城反魂香・中〉

［語誌］▼関連語　さりげなくふるまうさまや未熟な様子が、かえって深みがあり、奥ゆかしく優雅であることを表す。しばしば「なよびか」「なよよか」「たをやか」「あて」「きよら」などとともに用いられ、「すくすくし」「ををし」「はなやか」「にほやか」「うるはし」などとは対立的に用いられる。

▼③は平安後期以降の用法とされ、しだいに性的魅力を表現する意として一般化する。〈高木和子〉

なま-め・く

【生めく・艶く】［動］(カ四)「めく」はその状態にある意を表す接尾語。未熟で、不十分なありさまだが、初々しい上品さを兼ね備え、心を引きつけるありさまである意。

❶みずみずしく美しい様子である。若々しい様子である。また、そのようにふるまう。［例］その里に、いとなまめい(音便形)たる女はらから住みけり(=その里に、たいそうみずみずしく美しい姉妹が住んでいた)〈伊勢・一〉

❷上品な様子である。風流な様子である。また、そのようにふるまう。［例］(a)同じやうなる色あひを着たまへれど、これはなつかしうなまめきて(=同じような色あいの着物を着ていらっしゃるけれども、こちらの方はやさしく上品で)〈源氏・椎本〉［例］(b)具覚坊とて、なまめきたる遁世の僧を…常に申し睦びけり(=具覚坊といって、風流にふるまっている遁世の僧を…いつも親しく交際申し上げた)〈徒然・八七〉

❸好色めいてふるまう。［例］(男ハ)この車を女車と見て、寄り来てとかく(=あれやこれやと)なまめくあひだに〈伊勢・三九〉

［語誌］華やかさ、けばけばしさとは反対の概念。中世には、風流でしゃれた様子や遊びを好む意で用いられ、しだいに性的・官能的な美しさの意となっていった。「なまめきたり」の形で用いられることが多い。⇩なまめかし〈高木和子〉

なま-もの【生者】［名］〔「なま」は接頭語〕半人前の人。生意気な人。［例］今は昔、京にきはめて身貧しき生者ありけり〈今昔・三〇・五〉

なま-やか【生やか】［形動］(ナリ)〔「やか」は接尾語〕しっとりと美しい。優美だ。［例］いとなまやかなる女房一人臥したりけり〈著聞集・一二・四三二〉

なま-ゆふぐれ【生夕暮れ】［名］〔「なま」は接頭語〕夕暮れ近く。薄暮。［例］なま夕暮れに見られけるほどに〈宇治拾遺・一七六〉

なまよみの《枕詞》地名「甲斐」にかかる。語義・かかり方未詳。

なま-をんな【生女】［名］〔「なま」は接頭語〕❶召使など、身分の低い女性。［例］なま女などして(求婚ノ意ヲ)言はする〈蜻蛉・上〉❷世慣れていない女性。

未熟な女性。自分や身内の女性を謙遜していうことが多い。例片隅に籠りゐたるなまをんなの着るべきものかは〈宇津保・蔵開下〉

なみ【波・浪】名❶海・湖・川などの水面に生じる、起伏あるうねり。波。例(a)大海の水底と よみ立つ波の寄せむと思へる磯のさやけさ（＝大海の水底まで響かしてわき立つ波が寄せてこようと思っている、この磯の清らかなことよ）〈万葉・七・一二〇一〉読解清涼感の表れた歌。波に宿る霊威が強く感じ取られている。例(b)いとどしく過ぎゆく方の恋しきにうらやましくもかへる浪かな（＝過ぎ去っていく都のほうがますます恋しく思われるのに、うらやましいことにかえってゆく波よ）〈伊勢・七〉読解東下りの一節で、伊勢・尾張の間の海岸で詠んだという。❷㋐波のように起伏が連続して見えたり、揺れ動いたりするもの。例天の海に雲の波立ち月の舟星の林に漕ぎ隠る見ゆ〈万葉・七・一〇六八〉↓名歌48 ㋑年老いて肌に生じたしわ。例年ごとに、鏡の影に見ゆる雪と波とを嘆き（＝年とともに、鏡に映って見える白髪としわとにため息をつき）〈古今・仮名序〉❸騒乱。ごたごた。「四海波静か」などと用いることが多い。例海内波をさまって（＝国内の騒乱はおさまって）〈古活字本平治・中〉

語誌▼**異界からの便り** 波はもともと、海のかなたの異界（神の世界）からこの世に向かって、その不思議な霊威を運んでくるものと考えられていた。『伊勢国風土記』逸文に「神風伊勢国は常世波寄する国」という言葉が見える。「常世波」とは常世（海のかなたの理想世界）から寄せ来る波のことで、その打ち寄せる伊勢国を、絶えず常世の霊威によって満たされた国としてたたえた言葉である。実際にも波は、珍しい南方の植物の実などを岸辺に運んできたから、海のかなたの異界とこの世を結ぶ働きを波に認めたことは無理のない想像といえる。波を海神・水神の威力の現れと考えるのも、同様な発想による。〈多田一臣〉

なみ【並み】❶名❶ならぶこと。ならび。例山並みの宜しき国と〈万葉・六・一〇五〇〉❷同等。同類。例岩畳恐き山と知りつつも我は恋ふるか並みならなくに（＝身分が同等ではないのに）〈万葉・七・一三三一〉❸共通する性質。通性。例老いのなみに言ひ過ぐしもぞしはべる〈大鏡・道隆〉❷形動（ナリ）なみである。普通である。例なみにし思もはば我恋ひめやも〈万葉・五・八五八〉

な-み【無み】〔形容詞「なし」の語幹＋接尾語「み」〕無いので。例若の浦に潮満ちくれば潟を無み葦辺をさして鶴鳴きわたる〈万葉・六・九一九〉↓名歌428 読解末尾の「やも」は反語の意を表す。

なみ-かぜ【波風】名❶風で波が立つこと。また、波と風。例ひねもすに（＝一日じゅう）波風立たず〈土佐〉❷もめごと。紛争。大騒ぎ。例（軍勢ハ）京都にいささかのわづらひもなさず、波風もたてずして下りにけり〈平家・一二・判官都落〉

並木五瓶《人名》【初世】一七四七～一八〇八（延享四～文化五）。江戸時代の歌舞伎作者。並木正三に師事。芝居の合理的な組み立てに特色がある。『金門五山桐』『五大力恋緘』などがある。

並木正三《人名》【初世】一七三〇～一七七三（享保一五～安永二）。江戸時代の歌舞伎作者。複雑な筋の作品を得意として時代物狂言の基礎を作り、後世の歌舞伎脚本に大きな影響を与えた。また、回り舞台など舞台装置の改良にもすぐれた才を発揮した。『三十石夜船始』などがある。

並木宗輔《人名》一六九五～一七五一（元禄八～宝暦元）。江戸時代の浄瑠璃・歌舞伎作者。並木千柳とも。雄大な構想と繊細な心理描写にすぐれ、合作の『菅原伝授手習鑑』『義経千本桜』『仮名手本忠臣蔵』などがある。

なみじ〖波路〗⇩なみぢ

なみ・す【無みす・蔑す】動（サ変）ないがしろにする。例この道（＝歌道）にて定家をなみせん輩は冥加（＝神仏の加護）もあるべからず〈正徹物語・上〉

なみだ【涙・涕・泪】名〔上代は「なみた」とも〕なみだ。例妹が見し楝の花は散りぬべし我が泣く涙いまだ干なくに〈万葉・五・七九八〉↓名歌77

語誌▼**和歌の「なみだ」** 和歌では、川・雨・滝・露や、玉・白玉（真珠）などにたとえて詠まれることが多い。「涙川」はおびただしく流れる涙を川にたとえた語、「涙の雨」は雨のようにとめどなく流れる涙をいう語である。また、悲しみのあまりに流す涙を「血の涙」「紅の涙」といい、これらは漢籍に学んだ表現。涙を衣服の袖でぬぐうことから、「袖がそぼつ」「袖を絞る」などの表現もしばしば用いられた。「契りきなかたみに袖をしぼりつつ末の松山波越さじとは」〈後拾遺・恋四〉（↓名歌224）はその一例。〈田島智子〉

涙にくる〔「くる」は暗くなる意〕涙で目が見えないほどになる。例雲のうへも（＝宮中も）涙にくるる秋の月いかですむらん浅茅生の宿〈源氏・桐壺〉

涙に沈む 涙を流して悲しみに沈む。泣き沈む。例かかりける涙にしづむ身の憂さを〈山家集・下〉

なみだ-がは【涙川】―ガワ 名 おびただしく流れる涙を川にたとえた語。多く恋の歌に用いる。例(a)つれづれのながめにまさる涙川袖のみぬれて逢ふよしもなし〈古今・恋三〉読解「ながめ」は「眺め（もの思い）」と「長雨」を掛ける。例(b)君がゆく方にありてふ涙河まづは袖にぞ流るべらなる（＝先に私の袖に流れるようです）〈後撰・離別〉読解男性が伊勢国へ下るときに、残される女性が詠んだ歌。

なみ-た・つ【並み立つ】動（タ四）複数のものがならんで立つ。例つつじの木ども北に並み立ちて〈宇津保・吹上上〉

なみだ-の-あめ【涙の雨】雨のようにとめどなく流れる涙。例君まさぬ（＝いらっしゃらない）春の宮には桜花涙の雨にぬれつつぞふる〈貫之集・八〉

なみだ-の-いろ【涙の色】激しい悲しみに流す涙の、血のような紅色。⇩ちのなみだ。例濃さまさる涙の色もかひぞなき見すべき人のこの世ならねば（＝いないので）〈後撰・恋四〉

なみだ-の-そこ【涙の底】嘆きや悲しみのどん底。例恋ひわぶる心は空に浮きぬれど（＝浮いてしまったけれど）涙の底に身は沈むかな〈千載・恋五〉

なみだ-もろ【涙もろ】形動（ナリ）涙もろい。例は

かなきことにつけても、涙もろにものしたまへば（=涙もろくていらっしゃるので）〈源氏・野分〉

なみ‐ぢ【波路】ヂ 名 舟の通る道。海路。例**波路**は跡も残らざりけり〈古今・物名〉

なみ‐なみ【並み並み】 名 形動（ナリ）〔「なみ」を重ねて強調した語〕❶同程度であること。同類であること。例否も諾も友の**並み並み**我も寄りなむ（=従おう）〈万葉・一六・三七九八〉❷なみであること。普通であること。また、そういうもの。例**なみなみに**妹が心を我が思はなくに〈万葉・一一・二四七一〉

なみ‐の‐はな【波の花】 波が砕け散るときに飛ぶ白い泡を、花に見立てた語。例草も木も色かはれどもわたつ海の**波の花**にぞ秋なかりける〈古今・秋下〉

なみ‐の‐ほ【波の穂】〔「ほ」は秀で目立つものの意〕波の盛り上がった高い部分。波頭。例**波の穂**より天の羅摩の船に乗りて〈記・上・神代〉

なみ‐まくら【波枕】 名 船中や水辺で、波音を聞きながら旅寝すること。例石走る（=岩の上を激しく流れる）初瀬の川の**波枕**〈新古今・冬〉

なみ‐ゐる【並み居る】ナミイル 動（ワ上一）ならんで座る。列座する。例御供にさぶらひて**並みゐ**たり〈枕・関白殿、二月二十一日に〉

なむ【南無】 ❶名《仏教語》〔梵語の音写〕仏に帰依することを示す語。「南無阿弥陀仏」「南無妙法蓮華経」などと、信奉する仏や経典などにつけて用いることが多い。❷感「なも」とも。「南無三宝」の略。

な・む【嘗む・舐む】 動（マ下二）❶舌の先で物に触れる。なめる。例（薬ヲ）いささか**嘗め**たまひて〈竹取〉❷人を甘く見る。あなどる。ばかにする。例立ち合ひ節を**嘗め**たる者の書きたるなり〈中楽談儀〉

な・む

【並む】❶動（マ四）一列に**ならぶ**。例松の木の**並み**たる見れば家人の我を見送ると立たりしもころ（=松の木が一列にならんでいるのを見ると、家族が私を見送るといって立っていたのと同じように見える）〈万葉・二〇・四三七五〉

❷動（マ下二）一列に**ならべる**。例こころめでたき人々を据ゑ**並め**て御覧ずるこそはうらやましけれ（=大勢、美人を座らせならべて御覧になるのはうらやましいことだ）〈枕・関白殿、二月二十一日に〉

語誌 1は自動詞、2は他動詞の用法。平安中期以降、単独には用いられず、「並み居る」などの複合語の中で用いられることが普通になる。〈奥村悦三〉

なむ

助動（特殊型）《上代語》「らむ」に相当する東国方言。現在の推量の意を表す。〜しているだろう。例国々の社の神に幣奉り我が恋すな**む**（連体形）妹がかなしさ（=いとしさよ）〈万葉・二〇・四三九一〉

接続 活用語の終止形につく。ただし、ラ変型活用の語には連体形につく。

活用 ○／○／なむ／なむ／なめ／○

なむ

係助〔上代の係助詞「なも」の変化した形〕「なん」とも。**強調する意を表す**。係り結びによって文末の活用語は連体形で結ばれる。例(a)その竹の中に、もと光る竹**なむ**一筋ありける（=その竹の中に、根もとが光っている竹が一本あった）〈竹取〉例(b)年ごろ、よく比べつる人々**なむ**、別れがたく思ひて、日しきりに、とかくしつつののしるうちに、夜ふけぬ（=長年、非常に親しくつきあっていた人々は、別れづらく思って、一日じゅう、あれこれとしながら騒いでいるうちに、夜が更けてしまった）〈土佐〉読解「思ひて」の部分が結びとなるべきところ。例(c)「さやうの方に、さらにえさぶらふまじき身に**なん**」と申ししかば（=「そのような方面には、まったくお仕えできそうもない身でございます」と申し上げたところ）〈枕・頭の中将の、すずろなるそら言を〉読解「さやうの方」は和歌の方面をさす。

接続 種々の語につく。

語誌 ▼平安時代に用いられるようになった語。物語・仮名日記・説話などに盛んに用いられたが、和歌にはほとんど用いられない。中世に入ると急速に衰えて擬古的な文章以外では用いられなくなった。

▼**結びの省略と流れ**　係り結びをする際、例(c)のように結びが省略されることがある。省略されるのは、「あり」「はべり」「思ふ」「言ふ」などの連体形であることが多い。

また、例(b)のように、結びとなるべき部分が、そこで終止せずに、接続助詞を伴ってあとに続くことがある。これを結びの流れ（消滅）とか、係り捨てという。

▼**「なむ」と「こそ」「ぞ」との違い**　係助詞「こそ」や「ぞ」と同じように強意・強調に用いられるが、「こそ」は他と対照したうえでの強調を示すところが「なむ」と異なる。また、「ぞ」が客観的に物事を指示強調するのに対して、「なむ」は感情をこめて相手に強調する点が異なる。「こそ」の結びは「む」「らむ」であることもあるが、「なむ」と「ぞ」は「む」「らむ」が結びとなることはない。〈近藤要司〉

なむ

終助〔上代の終助詞「なも」の変化した形〕「なん」とも。**他に対して実現を希望する意を表す**。**〜してほしい**。**〜してもらいたい**。例(a)小倉山峰のもみぢ葉心あらば今ひとたびのみゆき待た**なむ**〈拾遺・雑秋〉➡名歌442 例(b)いとかうもの恐ろしからぬ御住まひに、思し移ろは**なむ**（=あまりこうまで恐ろしくはない御住まいに、転居をお考えになってほしい）〈源氏・蓬生〉

接続 動詞の未然形につく。

語誌 ▼上代には古形の「なも」や終助詞「ね」と並んで用いられたが、平安時代にはもっぱら「なむ」だけが用いられる。中世には「なむ」もしだいに用いられなくなった。〈近藤要司〉

な‐む

〔完了の助動詞「ぬ」の未然形＋推量の助動詞「む」〕「なん」とも。❶**推量を強調したり、確実性を高めたりする**。例「これ、いつまでありなん」と人々にのたまはするに「十日はあり**なん**」（=「この雪はいつまであるだろうか」と人々に仰せになると「きっと十日はありましょう」）〈枕・職の御曹司におはします頃、西の廂にて〉

❷**意志・意向を強調して表す**。例逢はでありなんと思ふ人の来たるに、そら寝をしたるを（=逢わずにおきたいと思う人が来ているときに、寝たふりをしているのを）〈枕・にくきもの〉

❸〈多く「なむや」の形で〉勧誘や婉曲な命令を表す。例〈内裏ニ〉忍びては参りたまひなんや（＝人目につかないように参上なさいませんか）〈源氏・桐壺〉〈野村剛史〉

[識別のポイント]　なむ（なん）

(1) **完了の助動詞「ぬ」の未然形＋推量の助動詞「む」の終止形・連体形**　活用語の連用形につく。例髪もいみじく長くなりなむ（＝髪もきっとすばらしく長くなるだろう）〈更級〉

(2) **係助詞**　種々の語につくが、未然形にはつかない。文末が連体形で結ばれる。「なむ」を取り除いても文意が通じる。例もと光る竹なむ一筋ありける（＝根もとの光る竹が一本あった）〈竹取〉

(3) **終助詞**　動詞の未然形につく。文末にあって他に対する希望の意を表す。例梅咲かなむ（＝梅が咲いてほしい）〈更級〉

(4) **ナ変動詞の未然形の活用語尾＋推量の助動詞「む」の終止形・連体形**　「死なむ」「往なむ」の二つの形でのみ用いられる。例とく往なむと思ふに（＝早く立ち去ろうと思うのに）〈伊勢・八三〉

なむ‐あみだぶつ【南無阿弥陀仏】《仏教語》〔梵語の音写〕阿弥陀仏に帰依することを表す言葉。これを唱えることが念仏で、浄土宗などでは、念仏すれば死後極楽に往生できると説く。例一度も南無阿弥陀仏と言ふ人の蓮の上（＝極楽）に登らぬはなし〈拾遺・哀傷〉

なむ‐きみゃうちゃうらい【南無帰命頂礼】（ナムキミョウチョウライ）《仏教語》仏に祈るとき唱える言葉。⇩きみゃうちゃうらい

なむ‐さんぼう【南無三宝】感《仏教語》〔「三宝」は仏・法・僧をさす〕仏の救いを求めるときに唱える語。また、感動したり驚いたりしたときに発する語。略して「南無三」とも。例清蔵色（＝顔色）を違へ「南無三宝」と、しばしは物も言はず〈西鶴・懐硯・三・一〉

な‐むず〔完了の助動詞「ぬ」の未然形＋推量の助動詞「むず」〕～てしまうだろう。きっと～だろう。例しひて仕うまつらせたまはば、消え失せなむず〈竹取〉

な‐むぢ【汝】（ナンジ）代〔「な」は対称の代名詞。古くは「なむち」。「なんぢ」とも〕対称の人称代名詞。相手を対等に見て、または見下して用いる。あなた。おまえ。例汝が持ちてはべるかぐや姫奉れ（＝おまえがお世話していますかぐや姫を差し上げよ）〈竹取〉読解帝の言葉。「汝」は竹取の翁をさす。

語誌▼「むぢ」は古くは「むち」と清音で、主に「貴」の字があてられている。古くは尊敬の意をこめて用いられたとみられる。中世以降は目下の人に対して用いられる。▼和文よりは漢文訓読系の文章で用いられることが多い。平安女流文学では、男性の会話の中に現れる。▼複数をいう形には、「なむぢら」と「なむだち」がある。〈米山敬子〉

なむ‐めうほふれんげきゃう【南無妙法蓮華経】（ナムミョウホウレンゲキョウ）《仏教語》日蓮宗で、妙法蓮華経（法華経）を絶対の真理とし、それに帰依することを表す言葉。これを唱えることを題目という。

なめ‐げ　形動（ナリ）〔形容詞「なめし」の語幹＋接尾語「げ」〕相手に、無礼だ、失礼だと感じさせるさま。無作法だ。例(a)なめげなるものに思しとどめられぬるなむ、心にとまりはべりぬる（＝無礼な者だとお心におとどめいただいてしまったことが、心残りとなってしまいました）〈竹取〉読解帝の求愛を拒否して昇天するかぐや姫の帝への言葉。例(b)いとなめげなる後言なりかし（＝たいそう失礼な陰口であるよ）〈源氏・若菜下〉〈池田節子〉

なめ・し　形（ク）無礼だ。失礼だ。無作法だ。例(a)我が振る袖をなめしと思ふな〈万葉・六・九六六〉読解大伴旅人が筑紫から上京するとき、その地の遊女が別れを惜しんで詠んだ歌の一節。例(b)文ことばなめき人こそいとにくけれ（＝手紙の言葉遣いが無礼な人はひどく気に入らない）〈枕・文ことばなめき人こそ〉

語誌　身分が下の人から上位者に対する無作法をいう語。実際の例では、相手が自分を無礼だと思うのではないかと気遣う例が多い。〈池田節子〉

なめ‐て【並めて】副〔動詞「なむ（並む）」の連用形＋接続助詞「て」〕「なべて」に同じ。例ふく風のなめて梢にあたるかな〈山家集・上〉

な‐めり〔断定の助動詞「なり」の連体形＋推定の助動詞「めり」＝「なるめり」の撥音便形「なんめり」の撥音の表記されない形〕推定の意を表す。～のようだ。～であると見える。例子になりたまふべき人なめり（＝我が子におなりになるはずの人であるようだ）〈竹取〉

語誌▼平安時代に多く用いられた。「めり」の口頭語的性格を反映して会話文での使用が目立つ。▼音読するときは、ふつう「ん」を補って「なんめり」と読む。〈高山善行〉

なも【南無・南謨】感《仏教語》「なむ（南無）②」に同じ。

なも　係助《上代語》〔係助詞「なむ」の古形〕強調する意を表す。連体形で結ぶが、ク語法で結ぶ場合もある。例奇しく麗しく白き形をなも見喜ぶる〈続紀・神護景雲三年十一月・宣命四六〉
接続　種々の語につく。

なも　終助《上代語》〔終助詞「なむ」の古形〕他に対して実現を希望する意を表す。～してほしい。～してもらいたい。例三輪山をしかも隠すか雲だにも心あらなも隠さふべしや〈万葉・一・一八〉⬇名歌
358
接続　動詞の未然形につく。

なも　《上代語》推量の助動詞「らむ」に相当する東国方言。～ているだろう。例立ち乱え我をか待つなも昨夜も今夜も〈万葉・一四・三五六三〉

なや・す【萎す】動（サ四）〔「なゆ」の他動詞形〕❶柔らかにする。例着なやしたる物の色も、あらぬやうに（＝別の物のように）見ゆ〈蜻蛉・上〉❷くたくたに

する。ぐったりさせる。例長刀の柄にて打ちなやしてからめとり〈平家・一三・六代被斬〉

なやま・し

【悩まし】形（シク）〔動詞「なやむ」の形容詞形〕病気や疲労などで気分が悪い。苦しい。例日ごろなやましう（音便形）て、咳しはぶきなどいたうせらるるを（=このところ気分が悪くて、咳などがひどく出るので）〈蜻蛉・上〉

語誌 類義語「くるし」が精神的・肉体的の両方の苦痛をいうのに対して、もっぱら肉体的な苦痛についていう。現代語の、官能的だという意はない。〈池田節子〉

なやましーげ【悩ましげ】 形動（ナリ）〔「げ」は接尾語〕病気や疲労などで、気分が悪そうに見える。苦しそうだ。例いとなやましげなる〈源氏・帚木〉

なやま・す【悩ます】 動（サ四）悩ませる。困らせる。苦しめる。例針はあれど妹しなければ付けめやと我を悩まし絶ゆる紐の緒〈万葉・二〇・二九八二〉

なやみ【悩み】 名 ❶病気。例御悩みどもさまざまに重りまさらせたまふ〈源氏・明石〉❷思い煩うこと。心の苦しみ。

なや・む

【悩む】〔「なゆ（萎ゆ）」から派生した語か〕❶動（マ四）❶肉体的に苦しむ。病気になる。気分がすぐれない。例姉のなやむことあるに、ものさわがしくて（=姉が病気になることがあって、ごたごたと取りこんでいて）〈更級〉

❷困る。当惑する。懊悩する。例「いと苦しき判者にも当たりてはべるかな。いとけぶたしや」と悩みたまふ（=「たいそう難儀な判定者役にあたってしまいましたなあ。なんともつらいことです」とお困りになる）〈源氏・梅枝〉

❸取り扱う。例もったいないの罰が当たるのと、粗末にもなやまれず〈浄瑠璃・七小町・四〉

❷補動（マ四）（動詞の連用形について）その動作が順調に行われない意を表す。〜しにくい。〜しがたい。例こほりとぢ石間の水はゆきなやみ（=氷が張って石の間の水は流れにくくなっていて）〈源氏・朝顔〉

語誌 ▼関連語 「なやむ」は肉体的な苦痛をいうことがほとんどである。「こうず（困ず）」は肉体的にも精神的にも用いる。「わづらふ」は精神的なものをいうのが中心。「わづらふ」は、めんどうなことに対してどうしようかと迷うといった語感があるが、「なやむ」は、困難から逃れられず引き受けざるをえない感じ。「やむ（病む）」は、平安文学では用例が少ない。〈池田節子〉

なーやら・ふ【儺遣らふ】 ―ヤラウ・―ヤロウ 動（ハ四）鬼やらいをする。追儺を行う。例童・大人ともいはず「儺やらふ、儺やらふ」と騒ぎののしるを〈蜻蛉・中〉

な・ゆ

【萎ゆ】動（ヤ下二）❶力が抜けてなよなよとなる。手足などが麻痺して自由がきかなくなる。例手に力もなくなりて、萎えかかりたり（=なよなよとなり物に寄り掛かっている）〈竹取〉

❷衣服などが、長く着たために糊気がとれて柔らく、あるいは、よれよれになる。例はかなき単衣のなえたるを着たるに、容貌はただ光るやうに見ゆ（=粗末な単衣の着物で、よれよれになったものを着ているのに、容貌はまるで光り輝いているように見える）〈宇津保・俊蔭〉

❸植物がしおれる。しなびる。例葵かつらもうち萎えて見ゆ〈能因本枕・見るものは〉読解「葵かつら」は葵の葉と桂の枝を組み合わせた飾り。一説に、「葵鬘」とも。

❹たわむ。例月見れば風に桜の枝なえて（=風で桜の枝がたわんで）〈山家集・下〉〈奥村悦三〉

なゆた【那由他・那由多】 名《仏教語》〔梵語の音写〕古代インドの数の単位。極めて大きい数。一千億に相当するとも。例弥陀如来、六十万億那由多恒河沙の御身をつづめ（=無限大の大きさのお体を縮め）〈平家・一〇・維盛入水〉読解「恒河沙」はガンジス川の砂のことで、非常に数の多いたとえ。

なゆーたけ【萎竹】 名「なよたけ」に同じ。

なゆたけーの【萎竹の】《枕詞》「なよたけの」に同じ。例なゆ竹の とをよる御子〈万葉・三・四二〇〉

なーよし【名吉・鯔】 名 魚の名。鯔の別称。成長とともに名が変わることがめでたいとして「名吉」という。正月、しめ縄に挿して祝う。例小家の門の注連縄の鯔の頭、柊ら、いかにぞ〈土佐〉

なよーたけ【弱竹】 名 細くしなやかな竹。若竹。若い女性をたとえるのにも用いる。例(a)なよ竹のかぐや姫と、（名前ヲ）つけつ〈竹取〉例(b)人がらのたをやぎたるに（=もの柔らかなのに）…なよ竹の心地してさすがに折るべくもあらず〈源氏・帚木〉

なよたけーの【弱竹の】《枕詞》竹のしなうさまから「とをよる（たわみ曲がる意）」にかかる。また、竹の「節」から、同音あるいは同音を含む「夜」「世」「齢」などに、「節」から「伏し」にかかる。

なよびーか

形動（ナリ）動詞「なよぶ」の連用形＋接尾語「か」。物・人柄などの、なよなよとして柔らかいさまを表す。

❶物が柔らかくしなやかだ。例白き御衣どものなよびかなるに（=白いお召し物で柔らかなものに）〈源氏・総角〉

❷人柄や動作などが柔らかで優美だ。穏やかだ。例顔もいとらうらうしく、もてなしなど、らうたげになよびかなり（=顔もとてもかわいらしく、物腰なども、いかにもかれんで優美だ）〈紫式部日記〉

❸趣味や好みが上品だ。例引き結びたる糸のさまも、なよびかになまめかしうぞしたまへる（=引き結んだ糸の様子も、上品で優美なようになされている）〈源氏・梅枝〉

❹色っぽい。なまめかしい。例（光源氏ハ）まめだちたまひけるほど、なよびかにをかしき事はなくて（=まじめにふるまっておられたので、色っぽくおもしろい出来事はなくて）〈源氏・帚木〉

類義 ①〜③なよよか／②〜④なまめかし 〈岩坪健〉

なよ・ぶ

動 連用形の例しか見られず、活用の種類が四段活用か上二段活用か不明。「なよびたり」の形で用いられることが多い。

❶物が柔らかでしなやかになる。ごわごわしないようになる。例(a)大きなる松に藤の咲きかかりて、月影に

なよびたる(=大きな松に藤の花が咲いてまつわり、月光を浴びて、なよなよと垂れ下がっている)〈源氏・蓬生〉例(b)なよびたる御衣ども脱いたまうて(=柔らかなお召し物をお脱ぎになって)〈源氏・夕霧〉❷人柄や動作などが柔らかで優美である。穏やかである。例(姫君タチハ)世の常の女しくなよびたる方は遠くや(=世間並みの女らしく優美なところは縁遠いだろうか)〈源氏・橋姫〉❸好色めく。例内侍はねびたれど、いたくよしばみなよびたる人の(=内侍は年をとっているが、とても気取って好色めいた人で)〈源氏・紅葉賀〉

類義▶②③なまめく／①なえばむ・なゆ 〈岩坪健〉

なよ-よか

形動(ナリ)「なよ」は「なゆ(萎ゆ)」と同根。「よか」は接尾語。なよなよとして柔らかいさまを表す。

❶衣服などが柔らかく、しなやかだ。例白き衣どもの、なつかしうなよよかなるをあまた重ねて(=白い着物などで、着慣れて柔らかな着物をたくさん重ね着して)〈源氏・柏木〉読解▶この「白き衣ども」は下着類。❷人柄や態度などが柔らかで優美だ。例かれは、限りなくあてに気高きものから、なつかしうなよよかに(=あの人は、この上もなく上品で気高いけれど、優しくもの柔らかで)〈源氏・東屋〉

語誌▶関連語 「なよやか」「なよらか」の形もあり、類義語には「なよびか」がある。 〈岩坪健〉

なよ-らか 形動(ナリ)〔「らか」は接尾語〕「なよよか」に同じ。例(a)白き単なよらかなるに、袴よきほどにて〈枕・八月ばかりに、白き単〉例(b)なよらかにをかしばめることを好ましからず思す人は〈源氏・夕霧〉

なら【楢】 名 植物の名。ブナ科の落葉高木。小楢・水楢・楢柏など。和歌では、しばしば夏の葉風の涼しさが詠まれる。例夏山の楢の葉そよぐ夕暮れはことしも秋の心地こそすれ〈後拾遺・夏〉

奈良 《地名》大和国、今の奈良市一帯。和銅三年(七一〇)平城京が造営され、長岡京へ移るまで七十四年間都が置かれる。平安時代に入ると一時荒廃したが、のちは春日神社・興福寺・東大寺の門前町として栄える。北にある京都に対して、南都と呼ばれた。古くは「寧楽」「平城」とも書く。例あをによし(枕詞)奈良の都は咲く花のにほふがごとく今盛りなり〈万葉・三・三二八〉➡名歌56

なら 断定の助動詞「なり」の未然形。

なら ナリ活用形容動詞の未然形の活用語尾。

ならう【慣らう・馴らう・習う】⇩ならふ

ならえん【那羅延】 名《仏教語》〔梵語の音写〕「那羅延天」「那羅延金剛」の略。ヒンズー教のヴィシュヌ神のこと。仏教では、仏法の守護神とされる、非常に力の強い天上の力士。例那羅延が力にても動かし難く〈太平記・一八〉

ならく【奈落】 名〔梵語の音写〕❶《仏教語》地獄。「ないり」とも。例奈落にしづむ極重の罪人を〈曾我・三〉❷(①から転じて)最終のところ。物事の終局。例私はこなた様(=あなた様)と一所に奈落までも夫婦でござる〈近松・けいせい仏の原・二〉

ならく 〔助動詞「なり」のク語法〕❶〔「なり」は推定・伝聞〕(「言ふならく」「聞くならく」の形で)言うところによると。聞いていることには。例いふならく奈落の底に入りぬれば刹利も首陀も(=王族も奴隷も)変はらざりけり〈十訓抄・五・一六〉❷〔「なり」は断定〕(「～ならくのみ」の形で文末に用いて)～であること。例支考(=人名。支考と麦林)はすなはち俳魔ならくのみ〈俳諧・春泥句集・序〉

奈良坂 《地名》「平城坂」とも書く。平城京から山城国(京都府)へ出る奈良山越えの坂道。例(長谷寺ニ参詣シテ)帰る道に、奈良坂といふ山を越えけるほどより〈源氏・手習〉

ならし【馴らし・慣らし】 名❶慣れさせること。練習。例ならしに一矢づつ射て見候はん〈太平記・一七〉❷習慣。例宇治・勢多(=宇治川・勢多川)のならしに馬筏を組んで渡して試みばや〈源平盛衰記・三四〉

ならし 〔断定の助動詞「なり」の連体形＋推定の助動詞「らし」＝「なるらし」の変化した形〕❶～であるらしい。例雁鳴きて寒き朝の露ならし龍田の山を紅葉だすものは〈後撰・秋下〉❷婉曲の意を表す。～のようだ。例これに稲つみたるをやいな船といふならし〈芭蕉・奥の細道〉語誌 一説に、「なり」の形容詞化したものとも。

なら-しば【楢柴】 名 楢の木の枝。燃料にするのによい太さのものをいい、和歌では、「馴る」を導く序詞を構成することも多い。例常磐の山なる(=山にある)楢柴は〈梁塵秘抄・四句神歌〉

なら・す【鳴らす】 動(サ四)鳴るようにする。音を立てる。また、放屁する。例新室を 踏み鎮む児し 手玉鳴らすも〈万葉・一一・二三五二〉

なら・す【慣らす・馴らす】 動(サ四)〔「なる」の他動詞形〕❶なれるようにさせる。なれ親しませる。例け近く(=身近に)馴らさせたまふ人少なければ〈源氏・賢木〉❷練習させる。習得させる。例舞ども馴らし〈源氏・若菜上〉

なら-ず 〔断定の助動詞「なり」の未然形＋打消の助動詞「ず」〕❶～ではない。例事・理もとより二つならず〈徒然・一五七〉❷～どころではない。例海ならずたたへる水の底までに〈大鏡・時平〉

なら-だいしゅ【奈良大衆】 名「ならほふし」に同じ。

なら-で 〔断定の助動詞「なり」の未然形＋接続助詞「で」〕～以外に。～でなくて。例我ならで下紐とくな〈伊勢・三七〉

なら-で-は 〔断定の助動詞「なり」の未然形＋接続助詞「で」＋係助詞「は」〕(多く打消の語に呼応して)～でなくては(～しない)。～でなければ(～しない)。例木の葉に埋もるる懸け樋の雫ならでは、つゆ(=少しも)おとなふものなし〈徒然・一一〉

なら-なく-に 〔断定の助動詞「なり」の未然形＋打消の助動詞「ず」のク語法＋接続助詞「に」〕❶文末に用いる。～でないのだなあ。～ではないことよ。例陸奥のしのぶもぢずり誰ゆゑに乱れそめにしわれならなくに〈伊勢・一〉➡名歌340 ❷文中に用いる。～で

はないのに。～でないにかかわらず～なのは残念である。例めづらしき声ならなくにほととぎすここらの年を(=毎年聞いても)飽かずもあるかな〈古今・賀〉

なら-の-はがしは【楢の葉柏】 楢の木の葉。例ひぐらしの鳴く山かげの涼しきに風も秋なるならのはがしは〈新拾遺・雑上〉

楢の小川 《地名》上賀茂神社境内を流れる御手洗川の別称。例風そよぐならの小川の夕暮れはみそぎぞ夏のしるしなりける〈新勅撰・夏〉➡名歌119

ならは-か・す【習はかす・慣らはかす】 動(サ四)〔「かす」は接尾語〕❶懲らしめる。思い知らせる。例ねたきめ見するに(=悔しいめにあわせたからには)、物ならはかさん〈著聞集・一〇・三八一〉❷「ならはす①」に同じ。❸「ならはす②」に同じ。

ならはし【慣らはし・習はし】 名❶慣れさせること。教育。しつけ。例そよ(=そのことだよ)、誰がならはしにかあらむ〈源氏・澪標〉❷習慣。しきたり。例蓬萊(=正月用の飾り物)は神代このかたのならはしなればとて〈西鶴・日本永代蔵・四・五〉

ならは・す【慣らはす・習はす】 動(サ四)〔「ならふ」の他動詞形〕❶学ばせる。習わせる。例(我ガ子ヲ)大学の道にしばし習はさむ〈源氏・少女〉❷慣れさせる。習慣にさせる。そばに置いて親しくさせる。例片時の間も立ち離れたてまつりたまはでならはしたてまつりたまひて〈源氏・澪標〉❸いためつける。ひどい目にあわせる。例散々に悪口して、とがめん者をならはして〈義経記・三〉

ならひ【慣らひ・習ひ】 名❶慣れること。習慣。しきたり。例花の散り、月の傾くを慕ふならひは、さる事なれど(=もっともなことであるが)〈徒然・一三七〉❷学ぶこと。学習。例いとうひうひしうならひにてはべる身は、何ごともをこがましきまで〈源氏・東屋〉❸世の常。道理。例朝に死に夕べに生まるるならひ、ただ水の泡にぞ似たりける〈方丈記〉❹由緒。いわれ。秘伝。口伝。例この御社の獅子の立てられやう、定めて(=きっと)ならひあることにはべらん〈徒然・二三六〉

ならび-な・し【並び無し】 形(ク) 並ぶものがない。無類だ。例その北の方、ならびなき世の宝の王(=最高のもの)なり〈宇津保・忠こそ〉

双の岡 《地名》山城国、今の京都市右京区御室に大中小三つ並んでいる丘。仁和寺の南にあたり、風光の地として知られる。平安時代から多くの山荘が営まれ、『徒然草』の作者兼好なども身を寄せたとされる。

なら・ふ

【慣らふ・馴らふ・習ふ】 動(ハ四)「なる(慣る)」と同根。物事に何度も接して抵抗感や違和感のなくなる意。

❶【慣らふ・馴らふ】㋐慣れる。習慣となる。例霞のたたずまひもをかしう見ゆれば、かかるありさまもならひたまはず…めづらしう思されけり(=霞のかかった景色も興味深く見えるので、このような様子も慣れていらっしゃらず…珍しくお思いになった)〈源氏・若紫〉㋑人になれ親しむ。なじむ。例ここには、かく久しく遊びきこえて、慣らひたてまつれり(=ここには、このように長い間滞在させていただいて、なれ親しみ申し上げた)〈竹取〉読解かぐや姫の言葉。「ここ」は地上世界をさす。

❷【習ふ】学ぶ。経験する。例夢にいと清げなる僧の、黄なる地の袈裟着たるが来て、「法華経五の巻をとく習へ」といふと見れど(=夢にたいそう美しい僧で、黄色の生地の袈裟を着ている人が出て来て、「法華経五の巻をすぐ学べ」と言うのを見るが)〈更級〉読解法華経第五巻は女人成仏を説く。

語誌 現代語「ならう」では失われている①の意に注意。②は、単に知識を習得するのではなく、繰り返し接触して身につけることをいう。〈高田祐彦〉

なら・ぶ

【並ぶ】 1動(バ四)❶列を作って位置する。並ぶ。そろう。例柱にならびて、上達部・御子たち着きたまふ(=席にお着きになる)〈宇津保・嵯峨院〉❷優劣がなく同等である。匹敵する。例うるはしきこと、ならぶべきものなし(=りっぱなことは、匹敵するものはない)〈竹取〉❸時間が続く。例過ぎにし年ごろ、ならべる月日のなかに求むれど、我が身のごと悲しき人はなかりけり(=過ぎ去ってしまった長い年月、続いている月日の中に捜してみるけれど、我が身のように悲しい人はいなかったなあ)〈賀茂保憲女集・序〉

2動(バ下二)❶列を作る。並べる。そろえる。例舟の舳並べ 平らけく 早渡り来て(=船の舳先を並べて平穏無事に早く渡って来て)〈万葉・一九・四二六四〉❷比べる。例乎久佐男と乎具佐受家男と潮舟の(枕詞)並べて見れば乎具佐勝ちめり(=すぐれているようだ)〈万葉・一四・三四五〇〉❸時間を経る。「日ならぶ」「夜ならべて」などと用いる。〈奥村悦三〉

なら-ほふし【奈良法師】 名 奈良の興福寺・東大寺などの僧の総称。僧兵として、春日の神木を担いで京都に強訴したりもした。例奈良法師の兵士あまた具してあひたるに〈徒然・八七〉

奈良山 《地名》「平城山」とも書く。奈良の北方の丘陵。ここを越えると山城国(京都府)になる。例天そらにみつ(枕詞)大和を置きて あをによし(枕詞)奈良山を越え〈万葉・一・二九〉➡名歌216

ならゑ-ほん【奈良絵本】 名 室町末期から江戸初期にかけて作られた絵入りの古写本や絵巻物の称。御伽草子や幸若を内容とし、奈良絵と呼ばれる泥絵具を用いた素朴な味わいの挿絵をもつのが本来。

なり【形・態】 名❶物の形。例(ソノ山ノ)なりは塩尻のやうになんありける〈伊勢・九〉❷身なり。例よき若人、童べのなり、姿めやすく(=感じよく)ととのへて〈源氏・葵〉❸様子。状態。

なり【業】 名 生活のための仕事。生業。なりわい。例ひさかたの(枕詞)天路は遠しなほなほに(=おとなしく)家に帰りて業をしまさに(=しなさい)〈万葉・五・八〇一〉

なり【鳴り】 名 物音。声。例しばしなりも静まらず

〈曾我・八〉

なり

助動(ラ変型) 事態を聴覚でとらえたことを表すのが原義。これが転じて、聴覚でとらえた事態を根拠に推定する意や、情報を他者から入手したことを表す、いわゆる伝聞の用法をもつようになった。

❶**事態を聴覚でとらえたことを表す。～が聞こえる。～の音・声がする。** 例み執らしの　梓の弓の　中弭の　音す**なり**(終止形)(＝愛用しておられる梓の弓の中弭の音が聞こえる)〈万葉・一・三〉

❷**聴覚でとらえた事態を根拠に推定する意を表す。～のようだ。～らしい。** 例「この御格子は鎖してん」とて、鳴らすなり。「静まりぬ**なり**(終止形)」(＝「この御格子を閉めてしまいましょう」と言って、閉める音がしている。「どうやら寝静まってしまうらしい」)〈源氏・空蟬〉読解「鳴らすなり」の「なり」は①の意。

❸**他者から入手した情報であることを表す。～そうだ。～という。** 例龍の首に五色の光ある玉あ**なり**(終止形)(＝龍の首に五色の光がある玉があるという)〈竹取〉

接続 活用語の終止形につく。ただし、ラ変型活用語には連体形につく。その場合「あんなり」「たんなり」のように上の語が撥音便化し、その撥音が表記されないことが多い。

活用 ラ変型　表内の(　)は使用例の限られたもの。

未然形	連用形	終止形	連体形	已然形	命令形
○	(なり)	なり	なる	なれ	○

語誌▼**聴覚に基づく推定**　上代から中古にかけて主に和文系の文章で用いられた。「**めり**」が視覚でとらえた事態をもとにした推定を表すのに対して、「なり」は音や声など聴覚でとらえた事態をもとにした推定を表す。他者から情報を得たことを示す、いわゆる伝聞の用法も人から伝え聞くという点で聴覚とのかかわりが深い。語源については、音との関連から「ね(音)＋あり」という形を推定する説がある。

▼**中世に入ると文語化したようで、日常語には用いられていなかったと思われる。近世には、原義が忘れられていたからか、詠嘆の意で用いられることもある。**

▼**断定の助動詞「なり」との識別(1)**　まず、接続について次の違いを確認しておく。

○**推定・伝聞の「なり」**――活用語の終止形につく。ただし、ラ変型活用語には連体形につく。

○**断定の「なり」**――体言、活用語の連体形などにつく。

例男もすなる日記といふものを、女もしてみむとてするなり〈土佐〉

「すなる」の「なり」は、上の「す」がサ変動詞の終止形なので推定・伝聞の「なり」、「するなり」の「なり」は、上の「する」がサ変動詞の連体形なので断定の「なり」とわかる。〈訳例〉男も書くという日記というものを、女の私もしてみようと思って書くのである。

▼**断定の助動詞「なり」との識別(2)**　上につく動詞が終止形・連体形同形(四段活用)だったり、ラ変型の語だったりすると、接続では区別できない。その場合には、次のような基準によって識別する。

(1)**連体修飾語になるか。** 推定・伝聞の「なり」は「～なる声」のように連体修飾語になるが、連体形につく断定の「なり」は連体修飾語にはならない。

(2)**下につく助動詞。** 推定・伝聞の「なり」の下に助動詞がつく例はきわめて少ない。あっても「き」「つ」ぐらいである。一方、連体形につく断定の「なり」には「らむ」「べし」「めり」などの推量の助動詞や「けり」がつくが、「き」「つ」はつかない。

(3)**撥音便形を受けるか。** 推定・伝聞の「なり」は「赤か(ん)なり」「美しか(ん)なり」のように撥音便形を受けるが、断定の「なり」は「赤きなり」「美しきなり」のように、通常、撥音便形を受けない。

(4)**係助詞の結びになるか。** 推定・伝聞の「なり」は「ぞ」「なむ」「こそ」(まれに「や」「か」)の結びになるが、連体形につく断定の「なり」はそれらの結びにならない。

(5)**下につく終助詞。** 推定・伝聞の「なり」には「かな」「かし」などの終助詞がつくが、連体形につく断定の「なり」には原則的に終助詞はつかない。

上につく語がラ変型の場合、「あ(ん)なり」「た(ん)なり」「な(ん)なり」など、撥音便形を受けるのは推定・伝聞の「なり」である。〈高山善行〉

なり

助動(ナリ型) 格助詞「に」＋ラ変動詞「あり」＝「にあり」の変化した形。「AハBダ」の「ダ」に相当し、主語と述語を結びつけて断定するのが基本。

❶**断定する意を表す。～だ。～である。～のだ。～のである。** 例ⓐ火鼠の皮衣は、この国になき物**なり**(終止形)(＝火鼠の皮衣は、この国にない物である)〈竹取〉例ⓑ(カグヤ姫ハ)月の都の人**に**て、父母あり(＝月の都の人であって、父母がいる)〈竹取〉例ⓒ乳母**なる**人は、をとこなどもなくなして(＝乳母である人は、夫なども亡くして)〈更級〉

❷**存在の意を表す。～にいる。～にある。** 例ⓐ駿河**なる**富士の高嶺を(＝駿河にある富士の高嶺を)〈万葉・三・三一七〉例ⓑ壺**なる**御薬たてまつれ(＝壺に入っているお薬をお飲みください)〈竹取〉

❸**上下の語が同じであることを表す。** 人名につけて用いられることが多い。**～という(名の)。** 例この一巻や、信濃の俳諧寺一茶**なる**者の草稿にして(＝俳諧寺一茶という者の草稿であって)〈俳諧・おらが春〉

接続 体言および活用語の連体形につくのが基本。助動詞「ごとし」には「ごとくなり」のように連用形につくこともある。「さ」「しか」などの副詞や「ば」「のみ」などの助詞につくこともある。

活用 ナリ型

未然形	連用形	終止形	連体形	已然形	命令形
なら	なり に	なり	なる	なれ	なれ

語誌▼**連用形「に」**　格助詞「に」にラ変動詞「あ

り」がついた「にあり」が融合してできたのが断定の「なり」である。そのため、「あり」と融合していない「に〜あり」や、接続助詞「て」につくなどして断定の意が認められる「に」もこの連用形と見る。

▼**「なり」＋助動詞**　「べし」「めり」「なり（推定・伝聞）」「む」などの推量の助動詞や「けり」がついて、「なるべし」「な（ん）めり」「な（ん）なり」「ならむ」「なりけり」という形で用いられることが多い。特に「なりけり」は、今はじめて気がついたという感慨をこめて和歌の歌末によく用いられる。

▼**「にあり」と「なり」**　上代では「にあり」と「なり」が並存していたが、「にあり」と「なり」とでは係助詞との関係において違いがみられる。「にあり」は「にこそありけれ」「にぞありける」のように係り結びをするが、「なり」は係り結びをしない。

▼室町時代以降は「ぢゃ」「だ」が断定表現の主流を占めるようになり、「なり」の使用は文章語の世界に限られてくる。③はその流れの中で近世に多く用いられた用法である。

▼**体言接続と連体形接続**　体言接続の「なり」と連体形接続の「なり」とは断定の助動詞として一括して扱われることが多いが、性格に違いがみられる。たとえば、体言接続の「なり」は「乳母なる人」のように連体修飾語になるが、連体形接続の「なり」は連体修飾語にならない。また、体言接続の「なり」は「なりき」「なりつ」のように助動詞「き」「つ」を下につけることができるが、連体形接続の「なり」には「き」「つ」がつかない。

▼**形容動詞の活用語尾との識別**　体言に「なり」のついた形（「人なり」「子なり」など）と形容動詞（「静かなり」「清らなり」など）は、どちらも「〜なり」という形をとる。この二つは、連用修飾語を受けるか、連体修飾語を受けるかによって識別する。たとえば、「人なり」は「美しき人なり」のように連体修飾語を受けるが、連用修飾語を受けて「いと人なり」などとはならない。一方、「静かなり」は連用修飾語を受けて「いと静かなり」となるが、連体修飾語を受けることはない。

▼断定の「なり」と推定・伝聞の「なり」との識別については、推定・伝聞の「なり」を参照。〈高山善行〉

なり　ナリ活用形容動詞の連用形・終止形の活用語尾。

なり-あが・る【成り上がる】 動（ラ四）地位や身分が上がる。昇進する。出世する。例次々の人々**なり上がりて**、この薫中将は中納言に、三位の君は宰相になりて〈源氏・竹河〉

なり-あ・ふ【成り合ふ】 動（ハ四）❶完成する。出来上がる。例吾が身は成り成りて**成り合はざる**所一所あり〈記・上・神代〉❷一人前になる。例まだ幼く**なりあはぬ**人を〈源氏・東屋〉❸一体となる。一つになる。例赤松が勢と**成り合ひ**、新田が勢を一あて（＝一攻め）あてて見ん〈太平記・一五〉

なり-い・づ【生り出づ・成り出づ】 動（ダ下二）❶生まれ出る。例何の契りにて、かう安からぬ思ひそひたる身（＝不安な思いがつきまとう身）にしも**なり出でけん**〈源氏・匂宮〉❷成長する。例（息子タチハ）おのづから**なり出で**たまひぬべかめり〈源氏・竹河〉❸出世する。昇進する。例その末々より（＝子孫から）多くの帝・后・大臣・公卿さまざまに**なり出で**たまへり〈大鏡・道長上〉

なり-かは・る【成り変はる・成り代はる】 動（ラ四）❶変化する。例淵は瀬に**なり変はるて**ふ（＝変化するという）飛鳥河渡り見てこそ知るべかりけれ〈後撰・恋三〉❷その人と入れ代わる。代理になる。例（国守ガ）三月のうちに亡くなりて、またなりかはりたるも〈更級〉

なり-かぶら【鳴り鏑】 名「かぶらや」に同じ。例鳴り鏑もちてその使ひを待ち射返しき〈記・中・神武〉

なり-かへ・る【成り返る・成り反る】 動（ラ四）❶元に戻る。例今めかしく**なり返らせ**たまふめる（＝はでに若返りなさったような）御心ならひに〈源氏・若菜上〉❷ひっくり返る。裏返る。例さ牡鹿のしがらみふする（＝足にからませて倒す）秋萩は下葉や上に**なりかへる**らん〈拾遺・雑下〉❸変わる。例大将殿の造り磨きたまはむにこそは…玉の台（＝りっぱな御殿）にも**なりかへらめ**〈源氏・蓬生〉❹そのものになりきる。例よくよく**なりかへりて**みて、その心よりよまん歌こそ〈為兼卿和歌抄〉

なり-けり〔断定の助動詞「なり」の連用形＋助動詞「けり」〕〜であることだなあ。実は〜であった。〜であった。例春ごとに花の盛りはありなめどあひ見ん事は命**なりけり**〈古今・春下〉

なり-さが・る【成り下がる】 動（ラ四）零落する。落ちぶれる。例**なりさがり**たる身こそつらけれ〈沙石集・五末・二〉

なり-たかし【鳴り高し】 静かにせよ、と注意する言葉。やかましいぞ。例**鳴り高し**。鳴りやまむ（＝静粛にしなさい）〈源氏・少女〉

なり-た・つ【生り立つ・成り立つ】 動（タ四）❶りっぱに成長する。一人前になる。例おのづから宿世宿世に（＝それぞれの運命にしたがって）人と**なりたち**ぬれば〈源氏・少女〉❷でき上がる。すっかりある状態になる。例恋しさに**なりたつ**うち（＝心の中）のながめには面影ならぬ草も木もなし〈風雅・恋三〉

なり-な・る【成り成る】 動（ラ四）❶だんだんとできあがる。例吾が身は、**成り成りて**成り余れる処一処あり〈記・上・神代〉❷順々になる。例男子、女子あまた産み続けて、またそれが妻男（＝夫婦）に**なりなり**しつつ〈宇治拾遺・五六〉

なり-のぼ・る【成り上る】 動（ラ四）出世する。例年月の臈に（＝功労によって）**成りのぼる**たぐひあれど〈源氏・行幸〉

なり-は・つ【成り果つ】 動（タ下二）❶すっかりそうなる。変わり果てる。例いかに**なりはて**たまふべき御ありさまにか〈源氏・若紫〉❷すっかり落ちぶれる。例つひに乞食のごとくに**成り果てて**〈太平記・二二〉❸終わる。例たひらかに事**なりはて**ぬれば〈源氏・葵〉読解無事に出産が終わったということ。

なり-はひ【生業】

名❶田畑を耕作すること。また、農作物。例作りたる　その**なりはひ**を　雨降らず　日の重なれば　植ゑし田も　蒔きし畑も　朝ごとに　凋み枯れ行く（＝作っているその農作物なのに、雨が降らないで日にちがたつので、植えた田も蒔いた畑も朝のたびにしぼんで枯れていく)〈万葉・一八・四一二二〉❷生活していくための仕事。職業。生業。家業。例今年こそなりはひにも頼むところすくなく(=今年は家業でも見込みが少なく)〈源氏・夕顔〉

語誌▼「農」から「生業」へ 「なり」は五穀が生長して実ることを意味し、「はひ」は特定の状態にあることを示すから、「なりはひ」の本義は①。それが②の意に転じてくるのは、農業が最も基本的な仕事だったからである。〈藤本宗利〉

なり‐ひさご【生り瓢】 名「なりひさこ」とも。瓢簞の別称。酒を入れたり、水をすくったりするのに使う。例水をも手して捧げて飲みけるを見て、なりひさこといふ物を人の得させたりければ〈徒然・一八〉

業平 《人名》⇩在原業平

なり‐まさ・る【成り増さる・成り勝る】 動(ラ四) だんだんとまさってゆく。ますますそうなる。例み吉野の山の白雪つもるらし故里さむくなりまさるなり〈古今・冬〉

なり‐もて‐ゆく【成りもて行く】 だんだんとそうなってゆく。例世の覚え(=評判)、やうやう聞こえ高くなりもてゆけば〈宇治拾遺・一三〉

なり‐もの【生り物】 名 実がなるもの。また、そのなった実。果物。例なり物の木の、折になりたる、おほかりければ、それを取り食ひて〈宇治拾遺・五六〉

なり‐もの【鳴り物】 名❶楽器の総称。例種々のなり物心をすましぬ〈西鶴・諸艶大鑑・五・四〉❷歌舞伎で、囃子の楽器の総称。笛・打楽器など。

なりわい【生業】 ⇩なりはひ

な・る

【慣る・馴る・熟る】 動(ラ下二) たびたび経験をして普通のこととなっている意。

❶【慣る・馴る】❶慣れる。習慣になる。例年ごろ、常のあつしさになりたまへれば、御目馴れて(=数年間、いつも病気がちの状態でいらっしゃるので、見慣れておいでで)〈源氏・桐壺〉読解この数年間ずっと桐壺更衣は病気がちだったので、帝もそれに慣れてしまい、今回もそう重くないだろうと油断してしまう。❷人になれ親しむ。なじむ。例隔てなく慣れぬる人も、ほど経て見るは、恥づかしからぬかは(=わけ隔てなくなれ親しんだ人も、しばらくたって会うのは、きまりが悪くないことがあるか)〈徒然・五六〉読解末尾の「かは」は反語の意を表す。❸着物や調度などが、なじむ。古びる。⇩なゆ。例なつかしきほどに馴れたる御衣どもを、いよいよたきしめたまひて(=見た目にいいぐあいになじんでいる御召し物を、ますます香をたいて薫りをしみこませなさって)〈源氏・朝顔〉

❷【熟る】❶味噌や酒などが、熟してよい味になる。例なれ過ぎた鮓をあるじの遺恨かな〈俳諧・蕪村句集・上〉読解鮓の味がきつくなってしまったことを悔しがる主人の様子を「遺恨」と大げさにいう。❷魚などの鮮度が落ちる。腐る。例魚のなれたる穿鑿もなく(=魚が腐っているかの調べもなく)〈甲陽軍鑑・三〇〉〈高田祐彦〉

な・る

【成る・生る・業る】 ❶動(ラ四) 【成る・生る】❶何もないところに新たに何かが出現する。生まれる。果実が実る。例(a)人となることは難きを わくらばに なれる我が身は(=人として生まれることは難しいのに、たまたま人として生まれた我が身は)〈万葉・九・一七八五〉例(b)大きなる柑子の木の、枝もたわわになりたるが(=大きな柑子の木で、枝もしなるほど実っているものが)〈徒然・一一〉読解「柑子」はみかんの一種。❷何かが変化して別の状態に至る。㋐変化する。成長する。例(a)関白殿、色青くなりぬ(=関白殿は、顔色が青くなった)〈大鏡・道長上〉例(b)これがならむさまを見む(=これが成長する様子を見よう)〈堤中納言・虫めづる姫君〉㋑ある時刻・時期になる。ある場所・高さに至る。例(a)丑になりぬるなるべし(=丑の刻になったのであろう)〈源氏・桐壺〉例(b)今は武蔵の国になりぬ。ことにをかしき所も見えず(=今は武蔵国に至った。とりわけ趣がある所も見えない)〈更級〉㋒ある官職につく。例すまひはてたまはで(=ご辞退しきれずに)、太政大臣になりたまふ〈源氏・澪標〉❸行為の結果が出る。㋐成り立つ。できあがる。例古京はすでに荒れて、新都はいまだならず(=旧都はすでに荒廃して、新都はいまだにできあがらない)〈方丈記〉㋑実現する。望みがかなう。できる。例思ふことならでは世の中に生きて何かせん(=思うことが実現しないでは、世の中に生きて何になろうか)〈竹取〉読解「何かせん」の「か」は反語の意を表す。❹貴人の動作にいう。㋐〜なさる。〜あそばす。例殿なむまゐりたまふ、御宿直なさるとか、御宿直なるなど(=殿が参上なさるとか、御宿直なさるなど)〈紫式部日記〉㋑お出ましになる。例(東宮ガ)御所になりて〈中務内侍日記・上〉❺【業る】暮らしが成り立つ。なりわいとする。例防人に立たむ騒きに家の妹が業るべきことを言はず来ぬかも(=防人に出発しようとするどさくさに家にいる妻の暮らしが成り立つような手だてを言わないで来てしまったことだ)〈万葉・二〇・四三六四〉

❷補動(ラ四)❶(動詞の連用形について)自然にそのような様子になる。例内裏住みせさせたまひて、御心も慰むべく、など思しなりて(=宮中で生活なさって、御心も晴れるように、などと自然にお思いになるようになって)〈源氏・桐壺〉❷(「て」「ては」について、打消の語を伴って)禁止を表す。〜てはいけない。例そのやうに言うてはならぬ〈狂言・連歌盗人〉❸(「ねば」「なくては」などについて)〜するよりほかない。〜するのが当然だ。例白い黒いを知らねばならぬが(=物事の是非を知るのが当然だが)〈狂言・以呂波〉

語誌『古事記』神代の記述には「なる」の用例が大量に認められる。たとえば冒頭の「天地初めて発りし時に、高天の原になりませる神の名は…」は、⑴①の用法である。ただし、なかった物が出現すると

いっても、無からの創造ではなく、混沌からの創造であるとされる。〈高木和子〉

なる 推定・伝聞の助動詞「なり」の連体形。

なる 断定の助動詞「なり」の連体形。

なる ナリ活用形容動詞の連体形の活用語尾。

なる-いた【鳴る板】 名 清涼殿の孫廂の南端にある床板。釘を打たず、踏むと音がする。この音によって、天皇は人が来たことがわかる。「見参の板」とも。⇩口絵

なる-かみ【鳴る神】 名 雷。例**鳴る神**のしましとよもし降らずとも(=しばらく鳴って雨が降らなくても)我は留まらむ妹し留めば〈万葉・一一・二五一四〉

なるかみの【鳴る神の】〈枕詞〉雷は音を立てることから「音」に掛かる。例**鳴る神の**音のみ聞きし(=評判だけ聞いていた)巻向の檜原の山を今日見つるかも〈万葉・七・一〇九二〉

鳴滝 なるたき《地名》歌枕 山城国、今の京都市右京区鳴滝。平安京の西北にあたり、鳴滝川が流れる。平安時代は禊の場。江戸時代には砥石の産地として知られ、梅林も有名。和歌では、「成る」と掛けて用いることが多い。例身ひとつのかく**なるたき**を尋ぬればさらにかへらぬ水もすみけり〈蜻蛉・中〉

なる-と【鳴門】 名 潮の干満に伴い、潮流の音の激しく鳴り響く狭い海峡。阿波国(徳島県)の鳴門が有名。和歌では、東宮御所にあって大きい音をたてた「鳴門」という戸や、「鳴る」「成る」と掛けて詠まれる。

なる-と【鳴る戸】 名 平安時代、宮中にあった戸の名。開閉のたびに大きな音がしたという。例**鳴る戸**といふ戸のもとに、女と物言ひけるに〈後撰・恋二・詞書〉

なる-ほど【成る程】 副 ❶できるだけ。なるべく。例**なるほど**いき過ぎて(=意地があって)、男ふるほどの女郎よべ〈西鶴・好色一代男・五・六〉 ❷確かに。例**成る程**(奉公人ラシク)京羽二重の白むく肌に着て〈西鶴・西鶴織留・五・二〉 ❸相手の言うとおりだと肯定・同意する意を表す。なるほど。例お**なるほどなるほど**、かたじけない〈近松・冥途の飛脚・上〉

鳴海潟 なるみがた《地名》歌枕 尾張国、今の愛知県名古屋市緑区鳴海町あたりの海岸。和歌では、「成る」「成る身」と掛けたり「千鳥」とともに詠まれたりすることが多い。例さ夜千鳥声こそ近く**なるみ潟**かたぶく月に潮や満つらん〈新古今・冬〉

なる-や【鳴る矢】 名「かぶらや」に同じ。例**鳴る矢**をもって射たりければ〈今昔・二七・三三〉

なれ【汝】 代 対称の人称代名詞。目下や親愛の情をいだく相手に用いる。例**汝**も我もよち(=同じ年ごろの子)をそ持てる〈万葉・一四・三四四〇〉

なれ 推定・伝聞の助動詞「なり」の已然形。

なれ 断定の助動詞「なり」の已然形・命令形。

なれ ナリ活用形容動詞の已然形・命令形の活用語尾。

なれ-がほ【馴れ顔】 ガオ 名 形動(ナリ) 親しそうな顔つきをするさま。うちとけた態度を示すさま。例近う寄りて、御衣ども脱ぎ、**馴れ顔**にうち臥したまへれば〈源氏・浮舟〉

なれ-ごろも【馴れ衣】 名 糊がとれて柔らかくなった衣服。何回も着て身になじんだ衣服。例別れにし妹が着せてし**馴れ衣**〈万葉・一五・三六二五〉

なれ-そ・む【馴れ初む】 動(マ下二) 親しくなりはじめる。なじみはじめる。例白露のあだなる(=はかない)誰に**なれそめ**て〈続古今・恋三〉

なれ-ども 接(断定の助動詞「なり」の已然形＋接続助詞「ども」) しかしながら。そうであるけれども。例切腹に極まった。**なれども**腹を切らせては(不都合ナコトニナル)〈近松・丹波与作待夜の小室節・上〉

なれ-なれ・し【馴れ馴れし】 形(シク)〔動詞「なる」の連用形を重ねて形容詞化した語〕❶いかにもなれ親しんでいる感じだ。親密だ。例遊び戯れをも人よりは心やすく**馴れ馴れしく**ふるまひたり(=遊び事や冗談事においてもほかの人よりは気さくで親密にふるまっている)〈源氏・帚木〉 ❷ぶしつけだ。例その事となくて聞こえさせんも、なかなか**馴れ馴れしき**咎めや(=特別な用件もないのにお訪ねしますのも、かえってぶしつけだとのおとがめがあるか)〈源氏・早蕨〉 読解 末尾の「や」は係助詞で、下に「あらむ」などが略されている。〈高田祐彦〉

なれ-ば・む 動(マ四)〔「ばむ」は接尾語〕着古されて、くたくたになる。例狩衣は何も(=全体に)うち**なればみ**たる〈能因本枕・よろづよりは、牛飼童べの〉

なれ-むつ・ぶ【馴れ睦ぶ】 動(バ上二) なれ親しむ。親密になる。例つひに打ち解けて**馴れ睦び**たるありさまになりにけり〈今昔・一七・四四〉

なれ-もの【馴れ者】 名 世間のことをよく心得ている人。例物言ひにて(=話上手で)人笑はする**馴れ者**なる翁にてぞありければ〈今昔・二八・五〉

なれ-や ❶〔断定の助動詞「なり」の已然形＋係助詞「や」〕㋐〔「や」は反語の意を表す〕～なのか、いや、**そうではないのに**(どうして～のか)。例打麻を(枕詞)麻続王海人**なれや**伊良虞の島の玉藻刈ります(=麻続王は海人なのか、そうではないのに伊良虞の島の玉藻を刈っていらっしゃる)〈万葉・一・二三〉 ㋑〔「や」は疑問の意を表す〕**～であるから～か。～だからなのか。**例浮き草の上は茂れる淵**なれや**深き心を知る人のなき(=浮き草が表面に茂っている淵であるからか、深い心の底を知る人はいない)〈古今・恋一〉 ❷〔断定の助動詞「なり」の已然形＋間投助詞「や」〕平安時代以降の用法。**～だなあ。**例風吹けば波打つ岸の松**なれや**ねにあらはれて泣きぬべらなり(=風が吹くと波が打ちつける岸の松なのだなあ。波に松の根が洗われるように、私は声を上げて泣いてしまいそうだ)〈古今・恋三〉 読解「ねにあらはれて」は「根に洗はれて」と「音に現れて」を掛ける。

語誌 上代の和歌に多い語法であるが、平安時代の和歌などにも引き継がれた。已然形「なれ」には、古くは接続助詞なしにそれだけで「なれば」のように下へ続く働きがあり、係助詞「や」と合わせて下の事柄についての原因理由を表し、単なる疑問よりも反語的に多く用いられた。この語法の部分は、たいていその下の事柄に対する比喩や見立てを兼ねていて、そこに詠嘆の

情も感じられるため、「なれや」で詠嘆的に切れると見る説もある。続くと見れば、①の例歌の末尾の連体形は係り結びの結びとなるが、「なれや」で切れると見れば、その連体形は詠嘆的な終止法と見ることになる。ただ、②の例のように、歌の末尾が終止形になっていて、①の見方のできないものは、より新しい使い方とみてよかろう。〈山口堯二〉

なゐ【地震】 ナイ 名 地震。例世の常(=普段なら)驚くほどの**地震**、二、三十度振らぬ日はなし〈方丈記〉

なを〜【名を〜】 ⇩「な」の子項目

なん【難】 名 ❶非難すること。**欠点をとがめだてすること**。例ものの師せん人の**難**いたすべき皇子にあらず(=物事の師をする人が非難し申し上げなくてはならない皇子ではない)〈宇津保・俊蔭〉 読解 聡明な皇子であるということ。❷悪いところ。**欠点**。**落ち度**。**短所**。例これのみなむ、第一の難とおぼゆる(=これだけが、唯一の欠点と思われる)〈無名草子〉 読解『源氏物語』に法華経の経文が出ていないのを欠点とする批評。❸災い。災難。災厄。例**難**にあふ事、数も知らず(=災いにあう事は、数えきれないほど多い)〈発心集・四・九〉〈安達敬子〉

なん 終助詞「なむ」の「む」が平安中期ごろから「ん」と発音されるようになって、「なん」と書かれるようになったもの。

なん 係助詞「なむ」の「む」が平安中期ごろから「ん」と発音されるようになって、「なん」と書かれるようになったもの。

なん 「なむ」(完了の助動詞「ぬ」の未然形＋推量の助動詞「む」)の「む」が平安中期ごろから「ん」と発音されるようになって、「なん」と書かれるようになったもの。

なん-えんぶだい【南閻浮提】 名『仏教語』須弥山をめぐる四洲のうちの南にある閻浮提。人間の住む世界。例これは**南閻浮提**のうちには唯一無双の御仏〈平家・五・奈良炎上〉

なん-かい【南海】 名 ❶南方の海。また、そこにある島々。例大納言、**南海**の浜に吹き寄せられたるにやあらん〈竹取〉❷「南海道」の略。例南は**南海**補陀落の山に対ひたり〈梁塵秘抄・四句神歌〉

なん-かい【南階】 名 南に向いている階段。特に、紫宸殿の南向き、正面の階段。例諸司の下部の年たけたるが(=年老いた人が)**南階**の辺りに候ひけるを(天皇ガ)めして〈著聞集・三・七六〉

なんかい-だう【南海道】 ドウ 名 七道の一つ。畿内・山陽道の南で、海に沿った地方と、そこに設置された駅路。紀伊・淡路・阿波・讃岐・伊予・土佐の六か国からなる。

なん-ぎ【難儀・難義】 ❶名 むずかしい語句や事柄。意義のわかりにくい論理。例(アル人ノ和歌ノ)**難儀**とおぼしき事ども書きたりけるものを〈六百番歌合・判詞〉 ❷名・形動(ナリ) ❶困難なこと。大変なこと。例(三井寺ノ僧兵ガ)山門(=延暦寺)へ寄する事は**難儀なる**べし〈御伽草子・秋夜長物語〉❷苦しみ。苦労。傷や病気の重いこと。例膝の口(=膝頭)を射させ、すでに**難儀に**候ひしを〈謡曲・朝長〉❸迷惑。やっかいごと。例あの盗人ゆゑに**難儀**をかけまする〈狂言記・長光〉

なん-ぎゃう【難行】 ギョウ 名『仏教語』厳しくつらい修行。例**難行**易行(=易しい修行)の二道とも欠けたり〈東関紀行〉

なんぎゃう-だう【難行道】 ナンギョウドウ 名『仏教語』難行苦行によって自力で悟りを開く道を説く教え。また、その修行。浄土門などでは、凡人には困難な行法として退けた。易行道の対。

なん-し【男子】 名 男。男の子。例(子ドモハ)三人ながら**なんし**なれば〈平治・中〉

なん-しゅう【南宗】 名 ❶中国の禅宗の一派。江南地方を中心にしたことによる称。日本の禅宗はこの流れを受け継ぐ。例近代となりて**南宗**の流れ多く伝はる〈神皇正統記・中〉❷「南宗画」の略。唐の王維が始め、江戸中期に日本に伝わった中国画の流派。南画。

なん-じょ【難所】 名「なんしょ」とも。山道や海沿いのがけ道など、通行に困難な道。また、越えるのに危険な箇所。例これぞ龍返しとて、人も向かはぬ**難所**なる。左手も右手も足の立て所もなき深き谷の〈義経記・五〉

なん-ず【難ず】 動(サ変) 非難する。とがめる。例**難ず**べきくさはひまぜぬ(=要素をもたない)人は、いづこにかはあらむ〈源氏・帚木〉

なん-ず 「なむず」の「む」が平安中期ごろから「ん」と発音されるようになって、「なんず」と書かれるようになったもの。

なん-すれ-ぞ【何為れぞ】 副(「なにすれぞ」の変化した形) ⇩なにすれそ

南禅寺 なんぜんじ 名 山城国、今の京都市左京区の東山の寺。臨済宗。もと亀山法皇の離宮を、正応四年(一二九一)禅寺としたもの。開山は無関普門。後醍醐天皇によって五山の首位とされ、足利義満によって五山の上とされた。

なん-ぞ【何ぞ】(「なにぞ」の変化した形)「なぞ」とも。❶なんだ。なにか。例こは**なんぞ**〈宇治拾遺・五・五〉 ❷副 ❶疑問の意を表す。どうして。なぜ。例**なんぞ**やがて(=すぐに)退かざる〈徒然・一三四〉❷反語の意を表す。どうして〜か(いや、〜ない)。例常に歩き、常に働くは、養性なるべし。**なんぞ**いたづらに休み居らん〈方丈記〉❸不定の意を表す。何か。例**なんぞ**おいしい物がござりますなら〈滑稽本・浮世床・二下〉

南総里見八犬伝 なんそうさとみはっけんでん《作品名》江戸時代の読本。九八巻一〇六冊。曲亭馬琴作。文化一一〜天保一三年(一八一四〜四二)刊。

●**内容・成立** 室町時代の下総国の豪族里見家の興亡を背景に、里見家の伏姫と犬の八房に縁のある仁・義・礼・智・忠・信・孝・悌のそれぞれの玉を持った八犬士の活躍する壮大な伝奇小説。六十余年にも及ぶ戦乱と、四百余人もの登場人物を緊密に関連づけて、発端から大団円まで整然と描かれている。構想を中国の白話(口語体)小説『水滸伝』に倣い、文体は雅俗折衷の和漢混交文。

次々と奇想天外な話を展開するこの作品は刊行時から大評判になり、馬琴四十八歳から七十六歳に至るまでの二十八年もの間、失明してからは長男の嫁のお路に代筆させてまで書き継がれ、日本古典文学史上最大の長編となった。

●**特徴**　読本作者としての地位を不動のものにした馬琴の代表作であると同時に、後期(江戸)読本の頂点を示す作品でもある。全編勧善懲悪の思想に貫かれた理想主義の文学である。〈松原秀江〉

なんぞ-の【何ぞの】 どういう。どんな。例**何ぞの**音楽ならむ〈今昔・一五・二二〉

なん-だ【難陀】 名《仏教語》〔梵語の音写〕「難陀龍王」の略。

なんだ

助動(特殊型) 過去の打消の意を表す。〜なかった。例いや、そのやうな子細は知らな**んだ**(終止形)〈狂言・鎧〉

接続 動詞・助動詞の未然形につく。

活用 なんだら／なんだり・なんで／なんだ／なんだ・(なんだる)／なんだれ／○

なん-だいもん【南大門】 名 都や寺院で、南に面している大門。ふつう、正門にあたる。例**南大門**に人々居たる中を〈大鏡・師尹〉

なんだ-りゅうわう【難陀龍王】 —リュウオウ 名《仏教語》八大龍王の一つ。インド中部にあった摩伽陀国を守るという。

なんぢ【汝】 —ジ 代「なむぢ」の変化した形。例子として**なんぢ**らを育まん事も〈平治・中〉

なん-つく【難付く】 欠点をあげつらう。粗探しをする。例人の上を(=他人のことについて)**難つけ**、おとしめざまのこと言ふ人をば〈源氏・蛍〉

なん-てい【南庭】 名 建物の南にある庭。特に、紫宸殿の南側、正面の庭。ここでさまざまな儀式が行われた。例**南庭**に花を御覧ずれども、袖を連ねし(=連れだって見たときの)にほひにもあらず〈保元・上〉

なん-てう【南朝】 —チョウ 名 鎌倉幕府の滅亡後、吉野を中心に近畿南部に置かれた大覚寺統系の後醍醐・後村上・長慶・後亀山天皇の朝廷。延元元年(一三三六)〜元中九年(一三九二)。「吉野朝」とも。

なん-でふ【何でふ】 —ジョウ〔「なにといふ」の変化した形〕「なでふ」とも。❶連体 ❶疑問の意を表す。なんという。どういう。例**なんでふ**心地すれば、かく物を思ひたるさまにて月を見たまふぞ(=どういうお気持ちがするので、このようにもの思いをしている様子で月をご覧になるのですか)〈竹取〉❷反語の意を表す。多く「なんでふこと」の形で、それが問題とするには及ばないことをいう。例まして大学の衆は**何でふ**事かあらん(=まして大学寮の学生はどういう問題があろうか、いや、何も問題はあるまい)〈宇治拾遺・三・一〉

❷副 ❶疑問の意を表す。どうして。なぜ。例**なんで**ふかかる文か見せたまふ(=どうしてこのような手紙をお見せなさるのですか)〈宇津保・嵯峨の院〉❷反語の意を表す。どうして〜か(いや、〜ない)。例(幸運ハ)**なんでふ**名により、文字にはよるべき(=どうして名前やその文字によって決まることがあろうか、いや、そんなことはあるまい)〈平家・一・祇王〉

❸感 相手の言葉を強く否定するときにいう語。何を言うのか。とんでもない。例**なんでふ**、その儀あるまじ(=とんでもない、その事はあってはならない)〈平家・一・祇王〉〈片岡玲子〉

なん-でん【南殿】 名 ❶南にある御殿。例この**南殿**は、中納言の君なん給はりたまへる(御殿ノ)近隣にて〈宇津保・国譲中〉❷「なでん」とも。紫宸殿の別称。例**南殿**の鬼の、なにがしの大臣おびやかしける例を思し出でて〈源氏・夕顔〉

なん-と【南都】 名 ❶奈良。平安京のある京都を北都・北京と呼ぶのに対していう。例**南都**の東大寺の奉加帳へ〈滑稽本・浮世風呂・四上〉❷奈良の大寺。特に、興福寺。延暦寺を北嶺と呼ぶのに対していう。

なん-と【何と】〔「なにと」の変化した形〕❶副 ❶疑問の意を表す。どう。どのように。例はて、**なんと**せう〈近松・曾根崎心中〉❷反語の意を表す。どうして〜か(いや、〜ない)。例あのなんなんたる千尋の(=非常に深い)底へやりまして、**なんと**身も世もあられうぞ〈浄瑠璃・義経千本桜・三〉❷感 相手に問いかけたり、同意を求めて呼びかけたりするときにいう語。どう。どうだい。ねえ。例**なんと**。会うても大事あるまいかい〈近松・冥途の飛脚・下〉

なん-ど【納戸】 名 衣服・調度・金銀などをしまう部屋。江戸時代の民家では寝室などにも用いる。例亭主は**納戸**のすみに隠れゐて〈西鶴・世間胸算用・三・四〉

なんど

副助〔代名詞「なに」＋格助詞「と」＝「なにと」の変化した形〕副助詞「など」の原形。⇩

難題婿の話(なんだいむこのはなし)　古来の説話・昔話などに多くみられる話の一つ。与えられた難題を解決してめでたく結婚をとげることができた、という内容の話。古い例として、『古事記』上巻の大国主命の根の国への訪問の話がよく知られている。その根の国で須佐之男命から、蛇・むかで・蜂の室に閉じこめられるなど、さまざまな難題を課せられて試練にあう大国主命が、須佐之男の娘、須勢理毘売の援助を得て、その難題を解決し、娘と結ばれて現世に戻ってくる。

また、与えられた課題を果たせずに結婚できなかったという、難題への失敗の話も、この話の一変形とみられる。その典型的な例が、『竹取物語』の五人の貴族の求婚ばなしである。求婚者たちはかぐや姫から結婚の条件としての宝物をと各人が要求される。彼らは入手しがたい難題とは思うものの、彼らなりに思案をめぐらすが、結局失敗してかぐや姫と結婚することができなかった。物語ではその失敗を、人間の愚かさとしてとらえている。〈鈴木日出男〉

など。例「もとむ」といふことを「みとむ」**なんど**は、皆言ふめり〈枕・ふと心おとりとかするものは〉

なんと-しちだいじ【南都七大寺】 奈良にある七つの大きな寺。東大寺・西大寺・興福寺・元興寺・大安寺・薬師寺・法隆寺。

なんと-して【何として】 副〔副詞「なんと」＋サ変動詞「す」の連用形＋接続助詞「て」〕❶疑問の意を表す。どのようにして。なぜ。例ここへはまた、**何として**おりゃったぞ(＝いらっしゃったぞ)〈狂言記・内沙汰〉 ❷反語の意を表す。どうして〜か(いや、〜でない)。例**何として何として**、あの男らが小量(ノ知識)で何が知れるものか〈滑稽本・浮世風呂・前上〉

なんと-ほくれい【南都北嶺】 名 奈良の大寺院、特に興福寺と、京都の比叡山延暦寺。政治的にも大きな影響力をもった仏教の二大勢力を表す。例旧都(＝京都)は**南都北嶺**ちかくして〈平家・五・都帰〉

なんと-やら【何とやら】 副 なんとなく。例**何とやら**恥づかしき事にぞあれど〈西鶴・武家義理物語・一・三〉

なん-なし【難無し】 非難するところがない。特に指摘される欠点がない。無難だ。例人としてかく難なきことは難かりける〈源氏・野分〉

なん-なり 〔断定の助動詞「なり」の連体形＋推定・伝聞の助動詞「なり」＝「なるなり」の撥音便形〕⇩ななり

なん-にょ【男女】 名 男と女。また、人々。例男女死ぬるもの数十人〈方丈記〉

なん-の【何の】 〔「なにの」の変化した形〕❶❶不明・不定なさまを表す。どういう。どんな。例とびがねとは**なんの**事ぞ〈狂言・空腕〉 ❷(打消の語を伴って)少しも(〜ない)。ちっとも(〜ない)。例思ひのほか**なんの**造作もなう、一刀にてしとめてござる〈狂言・武悪〉 ❷副 反語の意を表す。どうして〜か(いや、〜ない)。例「今は殺し勝ちぢゃ、その弓を返せ」「**なんの**殺し勝ちぢゃあらう事は」〈狂言・禁野〉 ❸感 相手の発言などを否定する語。例**なんの**、おめへぢやあるめえし〈滑稽本・浮世床・初上〉

なん-ばう【男房】 名〔「房」は部屋の意〕宮中に房をもらって宮仕えする男性。特に、蔵人。例御所中の女房・**男房**…皆涙をながし〈保元・上〉

なん-ばん【南蛮】 名 ❶南方の異民族。例東夷(＝東方に住む異民族)・**南蛮**は虎のごとく〈太平記・二六〉 ❷室町時代以降、ルソン・ジャワなどやポルトガル・スペインの称。例**南蛮**よりかるたといへる物を渡し〈仮名草子・浮世物語・一・三〉

なんばん-じん【南蛮人】 名 中世末期から江戸初期、東南アジアを経由してやって来た西洋人。主にポルトガル人やスペイン(イスパニア)人。

南畝《人名》⇩大田南畝

なん-ぼう【何ぼう】 副〔「なにほど」の変化した形〕❶どの程度。どれくらい。例稽古の際(＝手際)をば**なんぼう**おん見せ候ふぞ〈謡曲・鞍馬天狗〉 ❷いくら。どのように。「〜とも」「〜ても」などを伴って、譲歩して仮定する文に用いる。例**なんぼう**飽かれた(＝愛想が尽きた)仲なりとも〈近松・国性爺合戦・三〉 ❸実に。なんとまあ。例**なんぼう**不思議なる事ではないか〈狂言記・生捕鈴木〉

なん-めり 〔断定の助動詞「なり」の連体形＋推定の助動詞「めり」＝「なるめり」の撥音便形〕⇩なめり。例夜ふくるまで来ねば、妻のつくりごと(＝たくらみごと)したる**なんめり**〈平中・三三〉

なん-めん【南面】 名 ❶南を向くこと。南向き。例南殿の寝殿の巽(＝南東)の角の**南面**は女院の御方なり〈著聞集・一九・六五八〉 ❷(中国で、天子が臣下に対するときは南に面して座ったことから)君主となること。帝位に就くこと。また、その位。例周公旦の、成王にかはり、**南面**にして(＝天子の位に就いて)〈平家・一・額打論〉

なん-れう【南鐐】 名〔「鐐」は良質の銀〕❶美しい銀。上質の銀。例**南鐐**をもって作りたる金の菊形〈義経記・六〉 ❷江戸時代の貨幣の二朱銀のこと。例**南鐐**一ぺん(＝一枚)つかはし〈滑稽本・膝栗毛・初〉

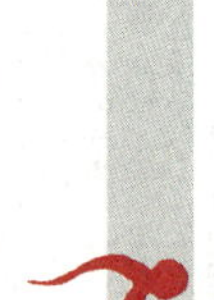

に

に【土】 名《上代語》つち。顔料としての赤土をさすことも多い。⇩に(丹)。例櫟井の 和邇坂の**土**を〈記・中・応神・歌謡〉

に【丹】 名〔「土」と同源〕赤土。また、赤色の顔料。例黄なる紙に、**丹**して濃くうるはしく(＝きちんと)書かれたり〈更級〉

に【瓊】 名《上代語》「ぬ」とも。玉。美しい玉。宝玉。例上枝には八尺**瓊**を掛けけ〈紀・仲哀〉

に

❶格助 **連用修飾格を表す。** 述語との関係によって種々の意味をもつが、現代語の「に」とほぼ同義である。❶**場所・帰着点・方向を表す。**〜に。〜で。〜へ。例昔、男、片田舎に**すみけり**(＝昔、男がへんぴな村里に住んでいた)〈伊勢・二四〉 ❷**時を表す。**〜に。例春のはじめ**に**よめる(＝春のはじめに詠んだ歌)〈古今・春上・詞書〉 ❸**受身・使役の相手を表す。**〜に。例(a)雪**に**降りこめられたり(＝雪に降られて外に出られなくなった)〈伊勢・八五〉例(b)(自分ノ字ガ)見ぐるしとて、人**に**書かするはうるさし(＝見苦しいからといって、人に書かせるのは不愉快だ)〈徒然・三五〉 ❹**動作の対象・相手を表す。**〜に。例かの御使ひ**に**対面したまへ(＝あの御使いの方にお会いなさい)〈竹取〉 ❺**目的を表す。**〜に。〜のために。例迎へ**に**人々まうで来んず(＝迎えのために人々が参上するだろう)〈竹取〉 ❻**原因・理由・方法を表す。**〜に。〜によって。〜で。例(a)さびしさ**に**やどを立ち出でてながむればいづこも同じ秋の夕暮れ〈後拾遺・秋上〉➡名歌181 例(b)男文字

に様を書き出だして(=漢字でその和歌の趣を書き表して)〈土佐〉❼変化の結果を表す。〜に。例大人になりにければ(=大人になってしまったので)〈伊勢・二三〉❽比較の基準を表す。〜に。〜と。〜より。例その女、世人にはまされりけり(=その女は、世間一般の人よりはすぐれていた)〈伊勢・二〉❾同じ動詞の間に用いて強意を表す。〜に。例(戸ハ)すなはちただあきにあきぬ(=すぐにただもう開きに開いてしまった)〈竹取〉❿状態を表し、比喩のように用いる。〜のように。例逢坂をうち出でて見れば近江の海白木綿花に波立ち渡る(=逢坂を出て見ると琵琶湖は白い木綿の花のように一面に波が立っている)〈万葉・一三・三二三八〉⓫身分の高い人を主語にたてることを避けて、その人のいる場所を示すことで、動作主を暗示する。〜におかせられても。〜が。例上にもきこしめして(=天皇におかせられてもお聞きになって)〈枕・うへにさぶらふ御猫は〉

2 接助 ❶順接の確定条件を表す。㋐原因・理由を表す。〜ので。〜から。例涙のこぼるるに、目も見えず、物もいはれず(=涙がこぼれるので、目も見えないし、口もきけない)〈伊勢・六二〉㋑契機を表す。〜と。〜ところ。例あやしがりて寄りて見るに、筒の中光りたり(=不思議に思って近寄って見ると、筒の中が光っている)〈竹取〉❷逆接の確定条件を表す。〜のに。〜が。例まだ年も若く、思ふ事ありげもなきに、親をも妻をもうち捨てて、山に這ひのぼりて、法師になりにけり(=まだ年も若く、悩みがありそうでもないのに、親も妻もふり捨てて、比叡山に登って、法師になってしまった)〈蜻蛉・上〉❸添加の意を表す。〜うえに。例見る目のいときたなげなきに、声さへ似るものなく歌ひて(=外見の容姿がたいそうこぎれいなうえに、声までたとえようもなく上手に歌って)〈更級〉読解足柄山で出会った遊女の様子。

接続▶1は体言および体言に準じる語につく。ただし、⑤⑨は活用語の連用形につく。2は活用語の連体形につく。

語誌▶1の用法は多様であるが、現代語とほぼ同じである。⑦〜⑩は格助詞「と」と共通する。

▼2は1から転じたものとされ、1と区別のつきにくい例もある。用法も多様で、前の事柄と後の事柄との関係は文脈による。〈佐藤一惠〉

に 終助『上代語』他に対する希望の意を表す。〜してほしい。例なほなほに(=素直に)家に帰りて業をしまさに(=家業をしてほしい)〈万葉・五・八〇一〉

接続 文末の動詞の未然形につく。

に 打消の助動詞「ず」の連用形の古形。〜ないで。例せむすべの たどき(=方法)を知らに〈万葉・五・九〇四〉

に 断定の助動詞「なり」の連用形。❶(接続助詞「て」「して」を伴って)中止の表現に用いる。〜で。〜であって。例(業平ハ)なさけある人にて、瓶に花をさせり〈伊勢・一〇一〉❷(補助動詞「あり」「おはす」「候ふ」「はべり」などを伴って)〜で。例ひとり寝る床は草葉にあらねども〈古今・秋上〉

に 完了の助動詞「ぬ」の連用形。

【識別のポイント】 **に**

(1)**ナリ活用形容動詞の連用形の活用語尾**　直前の部分は形容動詞の語幹で、「に」から切り離して主語にできない。「〜な」と言い換えて連体修飾語にできる。
例かくて翁やうやう豊かになりゆく(=こうして翁はしだいに裕福になってゆく)〈竹取〉

(2)**完了の助動詞「ぬ」の連用形**　活用語の連用形につく。下に助動詞「き」「けり」「けむ」などがつく。
例船こぞりて泣きにけり(=船じゅうの人みんな泣いたのだった)〈伊勢・九〉

(3)**断定の助動詞「なり」の連用形**　体言、活用語の連体形につく。「に＋あり・おはす・はべり・候ふ」や「に＋て」などの形で用いられ、「である」の意を表す。
例おのが身はこの国の人にもあらず(=私の身はこの国の人間でもない)〈竹取〉

(4)**格助詞**　体言、活用語の連体形につく。目的・強意を表す場合は連用形にもつく。連体形につく場合、連体形の下に体言が補える。
例八橋といふ所に至りぬ(=八橋という所に着いた)〈伊勢・九〉

(5)**接続助詞**　活用語の連体形につく。連体形の下に体言が補えない。「〜ので」「〜と」「〜のに」「〜うえに」などの意を表す。
例寄りて見るに、筒の中光りたり(=近寄って見ると、筒の中が光っている)〈竹取〉

(6)**副詞の一部**　活用せず、「〜な」と言い換えられない。
例今すでに五年を経たり(=今ではすでに五年がたっている)〈方丈記〉

に-あ・ふ【似合ふ】 アウ・オウ 動(ハ四)よく調和する。ぴったりする。例(夫婦ノ)御容貌ども、いときよらに似合ひたり〈源氏・東屋〉

にい【新】 ⇩にひ

にいなめのまつり【新嘗の祭り】 ⇩にひなめのまつり

にう-めん【煮麺・入麺】 ニュウ 名(「にめん(煮麺)」の変化した形)そうめんを醤油や味噌で味つけして煮たもの。例「雑煮になるべし」と言ふ。またひとりは、よく考へて「煮麺」と〈西鶴・日本永代蔵・三・一〉

にえ【贄】 ⇩にへ

にえ・ぶ【呻吟ぶ】 動(バ四)「によふ」の変化した形。

にお【鳰】 ⇩にほ

におう【匂う】 ⇩にほふ

に-かい【二階】 名❶棚が二段ある厨子。下段に扉はない。また、その棚。例二階に蒔絵の櫛の箱・硯の箱置き散らしたり〈今昔・一七・三三〉❷二階建て。例二階の宮殿あり〈十訓抄・一〇・六四〉

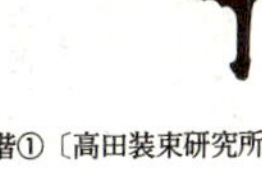
二階①〔高田装束研究所〕

にが・し【苦し】形(ク) ❶舌に不快な味がある。苦味がある。例煮て食ふに、にがき事物にも似ず(=煮て食べたところ、苦いことこの上もない)〈宇治拾遺・四八〉
❷不快だ。不愉快だ。苦々しい。例興も醒めて、こと苦う(音便形)なりぬ(=おもしろみも消えて、ひどく不快になった)〈大鏡・道長上〉
語誌 舌の味覚をいう言葉から、感覚全体に広がり、苦々しい、不愉快な気分・雰囲気などもいうようになった。〈浅見和彦〉

にが-たけ【苦竹】名 真竹・女竹の別称。その夕ケノコの味が苦いことからいう。例にがたけなど調じて(=調理して)〈宇津保・国譲下〉

にが-にが・し【苦苦し】形(シク) 非常に不愉快だ。例慶び申し(=昇進の儀式)ありしかども、世の中ににがにがしう(音便形)ぞ見えし〈平家・一・鹿谷〉

にが・む【苦む】❶動(マ四) 苦い顔をする。いやな顔をする。例「暑きに」とにがみたまへば〈源氏・帚木〉
❷動(マ下二) 苦い顔を作る。しかめる。例面摸(=仮面)の下にて鼻をにがむる事にてはべり〈源平盛衰記・四〉

にがむ-にがむ【苦む苦む】副〔動詞「にがむ」を重ねて副詞化した語〕しぶしぶ。例(ホカノオ二人モ)苦む苦むおのおのおはさうじぬ(=お出かけになった)〈大鏡・道長上〉

にがり-わら・ふ【苦り笑ふ】動(ハ四) 苦笑する。例判官苦り笑ひてぞ帰りける〈源平盛衰記・三四〉

にが・る【苦る】動(ラ四) 苦い顔をする。例帥殿は苦りておはしけり〈十訓抄・一・三七〉

にき-【和】接頭 名詞につく。❶穏やかな、温和な、親しみある、などの意を添える。「和膚」「和魂」など。
❷柔らかな、こまやかな、しなやかな、など上質のものである意を添える。「和栲」「和海藻」など。
語誌 ▼関連語 「にこ(和)」と同根で、「なごやか」などに用いる「なご」や動詞「なぐ(和ぐ・凪ぐ)」などとも語義が共通する。「あら(荒・粗)」と対義の関係。
▼平安末期ごろには清濁両方の形が見られ、それ以降は「にぎ」の形が多くなる。〈吉田比呂子〉

に-き【日記】名「にっき」の促音の表記されない形。例集(=歌集)どもにきどもなどをなん、よませて聞くべき〈宇津保・蔵開中〉

に-き 〔完了の助動詞「ぬ」の連用形＋過去の助動詞「き」〕 〜てしまった。例藤原の古りにし里の秋萩は咲きて散りにき君待ちかねて〈万葉・一〇・二二八九〉

にぎ-【和】接頭 ⇩にき(和)

熟田津《地名》歌枕 伊予国、今の愛媛県松山市にあった港。例の額田王の歌で有名。例熟田津に舟乗りせむと月待てば潮もかなひぬ今は漕ぎ出でな〈万葉・一・八〉➡名歌275

にき-たへ【和栲・和妙】名〔「にき」は接頭語〕細い糸で織った柔らかな布。例片手には 木綿取り持ち 片手には 和栲奉り〈万葉・三・四四三〉

にき-たま【和魂】名〔「にき」は接頭語〕温和さをもつ霊魂。平和・安定などをもたらすものと考えられた。尊敬の接頭語「み」をつけて、「にきみたま」の形で用いられることも多い。例大君の和魂あへや〈万葉・三・四一七〉

にき-て【和幣】名〔「にき」は接頭語〕神に祈るときに捧げる木綿・麻などの布。幣。のちには紙も用いた。例下枝に白にきて・青にきてを取り垂でて〈記・上・神代〉

にぎは・し【賑はし】形(シク)「にぎははし」に同じ。例唐琴屋とか聞こえしは、いと賑はしき家なりしが〈人情本・春色梅児誉美・初・三〉

にき-はだ【和膚・柔膚】名〔「にき」は接頭語〕柔らかな肌。例夫の命の たたなづく(枕詞) 柔膚すらを〈万葉・二・一九四〉

にぎはは・し【賑はは し】形(シク)〔動詞「にぎはふ」の形容詞形〕❶富み栄えている。豊かだ。例(妻ヲ選ブニハ)すべてにぎははしきによるべきなり(=総じて豊かであるほうがよいのだそうだ)〈源氏・帚木〉読解「ななり」は、断定の助動詞「なり」の連体形＋推定・伝聞の助動詞「なり」。⇩ななり
❷物がたくさんある。豊富だ。例硯のあたりにぎははしく、草子どもとり散らしたるを(=硯のあたりはたくさん、草子などがとり散らかしてあるのを)〈源氏・初音〉
❸にぎやかだ。活気がある。例(部屋ノ)内外人多く、こよなくにぎははしくもなりたるかな(=中も外も人がたくさんいて、格段ににぎやかになったことだ)〈更級〉
語誌 ③は人や物が多く集まっていることからい、人の容姿や衣服などが明るく華やかなさまにも用いられる。〈浅見和彦〉

にぎ-は・ふ【賑はふ】動(ハ四) ❶富み栄える。豊かになる。例賑はひ豊かなれば、人には頼まるるぞかし(=頼りにされるのだ)〈徒然・一四二〉 ❷にぎやかになる。盛んになる。例寺の内に僧坊ひまなく(=僧侶が住む建物がすきまなく並び)、(多クノ僧ガ)住み賑はひけり〈今昔・二六・二〇〉

にき・ぶ【和ぶ】動(バ上二)〔「ぶ」は接尾語〕なれ親しむ。うちとける。例大君の命かしこみ(=御命令が恐れ多いので) 和びにし 家を置き(=後にして)〈万葉・一・七九〉

にきみ【痤癤・面皰】名 腫れ物。にきびの類。例十二月の二十日余りのころ、内(=天皇)に御にきみおはしまして〈栄花・蜘蛛のふるまひ〉

にき-みたま【和御魂・和魂】名〔「にき」は接頭語〕⇩にきたま

にき-め【和海藻】名〔「にき」は接頭語〕柔らかな海藻。ワカメなどの類。例瀬戸のわかめは人のむた(=ほかの人にとっては)荒かりしかど我とは和海藻〈万葉・一六・三八七一〉読解「わかめ」は女性をたとえたもの。

にぎ・る【握る】動(ラ四) ❶手の指を内に曲げる。また、そうして物を締め持つ。つかむ。例我、物握りたり〈竹取〉 ❷(多く「手に握る」の形で)自分のものにする。所有する。例いかなる人か手ににぎるらん〈源氏・真木柱〉

に・ぐ【逃ぐ】 動(ガ下二) ❶逃げる。のがれる。退散する。例近き火などに逃ぐる人は(=近所の火事などで逃げる人は)〈徒然・五九〉
❷かかわりあうことを避ける。例女楽にえ言(こと)まぜでなむ逃げにける(=女性たちの演奏に相手もできず、避けてしまった)〈源氏・若菜下〉
類義 ①②のがる 〈品田悦一〉

にぐう‐の‐だいきゃう【二宮の大饗】(ダイキョウ) 名 大饗(だいきゃう)の一つ。陰暦一月二日に中宮・東宮が、親王や公卿(くぎゃう)たちに宴を賜るもの。

にくから‐ず【憎からず】 ❶見苦しくない。感じがよい。例男君も憎からずうち笑みたるに〈枕・正月一日は〉❷愛情がなくはない。いとしい。例いと若やかなるさまして(=若々しい様子で)のたまふは憎からずかし〈源氏・若菜下〉

にく‐げ【憎げ】 形動(ナリ)〔「げ」は接尾語〕❶憎いさま。例憎げにふすべ(=嫉妬(しっと)して)恨みなどしたまはば〈源氏・真木柱〉❷醜いさま。例兄弟(せうと)の顔にくげに〈源氏・帚木〉

にくげ‐ごと【憎げ言・憎げ事】 名 憎まれ口。意地悪。例例の憎げ言したまふめり〈宇津保・国譲中〉

にく‐さ‐げ【憎さげ】 形動(ナリ)〔「さ」「げ」は接尾語〕醜いさま。憎らしげなさま。例品(しな)くだり(=品位が劣り)、顔憎さげなる人〈徒然・一〉

にく・し

【憎し】 心情的になじめず、好ましいと思えないさまを表す。

1 形(ク) ❶気にいらない。好きでない。例紫のにほへる妹を憎くあらば人妻ゆゑに我恋ひめやも〈万葉・一・二一〉→名歌362
❷見苦しい。不体裁だ。醜い。例年老い、かたちも憎く(=年老いて、姿も見苦しく)〈宇津保・あて宮〉
❸無愛想だ。つれない。例げに、憎くも書きてけるかなと、恥づかしくてひき破(や)りつ(=なるほど、無愛想にも書いてしまったことよと、きまりが悪くてひき破ってしまった)〈源氏・浮舟〉
❹奇妙だ。例「なにさき」とかや…にくき名ぞ聞こえし、そのわたりに(=「なに崎」とか…奇妙な名に聞こえた、そのあたりに)〈枕・五月の御精進のほど〉
❺ねたましいほど心がひかれる。感心だ。あっぱれだ。例憎い剛(かう)の者かな(=あっぱれな勇ましい者だ)〈古活字本保元・中〉
2 接尾(ク型) 動詞の連用形について、〜しにくい、〜しづらい、の意を添える。例いと聞きにくきこと多かり(=たいそう聞き苦しいことが多い)〈源氏・帚木〉

語誌 現代語の「にくい」より憎悪の感情は弱く、古くは「にくくあらず」「にくからず」など打消の形で好感を表す表現があった。〈桑名靖治〉

にく・む

【憎む】 動(マ四) ❶いやだと思う。嫌う。例世の中になほいと心憂きものは、人に憎まれんことこそあるべけれ(=世の中でやはりとてもつらいことは、人に嫌われることであるにちがいない)〈枕・世の中になほいと心憂きものは〉
❷ねたむ。そねむ。例憎みたまふ人々多かり(=ねたみなさる人々が多い)〈源氏・桐壺〉
❸非難する。反対する。例「我はさやは思ふ」など争ひ憎み(=私はそう思うだろうか、いや、そうは思わない」などと争い非難し)〈徒然・一三〇〉読解「さやは」の「やは」は反語の意を表す。

語誌 よくないと思うこと・人などに対して、非難の感情をいだき、また、その気持ちを言動で示すことをいう。後者については、強い憎悪による非難・反対から、軽い気持ちのからかいまで幅広い用いられ方をする。〈桑名靖治〉

に‐ぐら【荷鞍】 名 荷をつけるための鞍。例荷鞍うちかへりて馬より落ちぬ〈芭蕉・笈の小文〉

に‐げ【二毛】 名 馬の毛色の名。白・黒二色の毛。例忠清はにげの馬にぞ乗りにける〈平家・五・五節之沙汰〉読解「二毛(にげ)」と「逃げ」を掛ける。

にげ‐な・し【似げ無し】 形(ク) 似つかわしくない。ふさわしくない。例にげなきもの 下衆(げす)(=身分の低い人)の家に雪の降りたる〈枕・似げなきもの〉

にげ‐まうけ【逃げ設け】(モウケ) 名 逃げる準備。例もとよりにげまうけしては何のよかるべきぞ(=よいことがあろうか)〈平家・一一・逆櫓〉

にげ‐みづ【逃げ水】(ミズ) 名 蜃気楼(しんきろう)現象の一つ。春のよく晴れた日、水蒸気のせいで水たまりや流れる水が見え、近づくと逃げてゆく。武蔵野(むさしの)の名物。例東路(あづま)にありといふなるにげ水の〈散木奇歌集・九〉

に‐けむ 〔完了の助動詞「ぬ」の連用形＋推量の助動詞「けむ」〕〜てしまったのだろう。きっと〜たのだろう。例百済野(くだらの)の萩(はぎ)の古枝(ふるえ)に春待つと居(を)りし鶯(うぐひす)鳴きにけむかも〈万葉・八・一四三一〉→名歌145

に‐けらし 〔完了の助動詞「ぬ」の連用形＋過去推量の助動詞「けらし」〕〜してしまったようだ。例桜花咲きにけらしも〈古今・春〉

に‐けり 〔完了の助動詞「ぬ」の連用形＋助動詞「けり」〕完了した事柄に改めて気づいた気持ちを表す。詠嘆をこめて用いる。〜てしまったのだった。〜たことだなあ。例わがありしかたち(=昔の姿)にもあらず、あやしきやうになりにけり〈大和・一五五〉

にこ‐【和・柔】 接頭〔「にき(和)」と同根〕名詞などについて、柔らか、穏和、の意を添える。「にこ草(ぐさ)」「にこ手(で)」など。

に‐こう【尼公】 名 尼(あま)となった女性に対する敬称。尼君(あまぎみ)。例「尼公につきて(=すがって)命たすからん」と申す〈平治・下〉

にこ‐ぐさ【和草】 名〔「にこ」は接頭語〕葉や茎の柔らかな草。和歌では、「にこ」「花つ妻」などを導く序詞を構成することが多い。例箱根の嶺(ね)ろの和草の花つ妻なれや紐(ひも)解かず寝む〈万葉・一四・三三七〇〉

にこ‐やか【和やか・柔やか】 形動(ナリ)〔「やか」は接尾語〕❶もの柔らかなさま。しとやかなさま。「にこよか」とも。例にこやかなる方(かた)のなつかしさ(=美しさ)は、ことなるものを〈源氏・梅枝〉❷楽しそうなさま。にこにこ笑うさま。

にこ‐よか【和よか・柔よか】 形動(ナリ)〔「よか」は接尾語〕「にこやか」に同じ。

にごり【濁り】 名 ❶水などが濁っていること。例蓮葉の濁りに染まぬ心もてなにかは露を玉とあざむく〈古今・夏〉➡名歌284 ❷潔白でないこと。心が穢れていること。仏教でいう煩悩のたとえ。例かこの世の濁りも薄く、仏道を勤むる心もまめやかならざらん〈徒然・四九〉

にごり-え【濁り江】 名 水が濁っている入り江。多く人間世界のたとえにいう。例濁り江のすまんことこそ難からめ〈新古今・恋二〉読解「すまん」は「澄まん」と「住まん」を掛ける。

にご・る【濁る】 動(ラ四) ❶水などが不透明になる。例むすぶ手のしづくに濁る山の井のあかでも人に別れぬるかな〈古今・離別〉➡名歌361 ❷煩悩にとらわれる。情欲をいだく。心が穢れる。例すみはてたりし方の心も濁りそめにしかば(=澄みきっていた方面の心も穢れはじめてしまったので)〈源氏・宿木〉 ❸濁音になる。例「行法」も、「法」の字澄みて言ふ、わろし。濁りて言ふ(=「行法」も、「法」の字を清音で言うのは、よくない。濁音で言う)〈徒然・一六〇〉 〈小島孝之〉

にし【西】 名 ❶方角の名。西。太陽の没する方角。十二支の酉に相当する。例(a)この西なる家は何人の住むぞ(=この西側にある家はだれが住むのか)〈源氏・夕顔〉例(b)菜の花や月は東に日は西に〈俳諧・蕪村句集・上〉➡名句100 ❷西から吹く風。西風。例倭方に西風吹き上げて(=大和のほうに向かって西風が吹き上げて)〈記・下・仁徳・歌謡〉 ❸西方の極楽浄土。例西にむかひ手をあはせ、念仏したまふ心のうちにも(=西方の極楽浄土に向かい手を合わせ、念仏をなさる心の中にも)〈平家・一〇・維盛入水〉

語誌▼西方浄土 仏典では、西方は阿弥陀如来のいる極楽浄土の方角とされる。日本では、奈良時代末から阿弥陀信仰が盛んになり、平安時代には、極楽浄土へ生まれ変わりたいという願いから浄土教が広く信仰された。現代語では意識されることは少ないが、古語ではこの③の用法に注意が必要。実際の例も多い。

『今昔物語集』には、極悪人の源大夫がにわかに道心にめざめ、阿弥陀仏の名を呼びながら西へ西へと進み、ついに海辺の木の上で西を向いて死んだという話がある。その口からは、極楽浄土に往生したしるしの蓮の花が生えていたという(巻一九第一四話)。何かにとりつかれたように西に向かうこの話は大きな感動をもって受けとめられたらしく、ほかの説話集などにも収められている。 ⇒ごくらく・じゃうど

▼五行など 五行説では金に通じ、五色の白、四季の秋に通じる。四神では白虎があたる。 〈奥村英司〉

にし【螺・辛螺】 名 タニシなど小さな巻き貝の総称。例にし・はまぐりは、まさしく生きたるを食ひはべれば〈著聞集・二〇・七〇九〉

に-じ【二字】 名 ❶(多く漢字二字からなるところから)実名。名のり。例ただちに二字を書きて献じ、退出しをはんぬ〈古事談・一〉 ❷特に、武士の実名。また、武士の身分。例汝も二字をかうむったものを〈狂言・昆布売〉

にし-おもて【西面】 名 ❶西側。西のほう。例富士の山はこの国なり。わが生ひ出でし国にては西面に見えし山なり〈更級〉 ❷西側の部屋。例この西面にぞ、人のけはひする〈源氏・帚木〉 ❸「さいめんのぶし」に同じ。例西面、北面の者ども…心にかけて、用心しはべりけれども〈宇治拾遺・一五九〉

に-しか 終助〔完了の助動詞「ぬ」の連用形＋終助詞「しか」〕自己の動作や状態の実現を願望する意を表す。～たいものだ。例伊勢の海に遊ぶ海人ともなりにしか波かきわけてみるめかづかむ(=伊勢の海で楽しく過ごす海人にでもなりたいものだ。そうしたら波をかきわけて、みるめを採りに潜れるだろう。そのようにあなたに逢う機会も得られるだろう)〈後撰・恋五〉読解「みるめ」は海藻の「みるめ」と恋人に逢う意の「見る目」を掛ける。

接続 動詞の連用形につく。

語誌▼平安時代以後用いられるようになった。「にしかな」の形の例に比べて、「にしか」の用例は少ない。「にしが」と濁っても読まれる。

▼実現の困難な願望に用いられることが多い。

▼識別 接続助詞「ば」「ども」などが下についていたり、「こそ」の結びになっていたりするものは、完了の助動詞「ぬ」の連用形に過去の助動詞「き」の已然形がついたものなので注意すること。 〈近藤要司〉

にしか-な 終助〔終助詞「にしか」＋終助詞「な」〕自己の動作や状態の実現を願望する意を表す。～たいものだなあ。例(a)いかで鳥の声もせざらん山にこもりにしかな(=なんとかして鳥の声もしない山に籠もりたいものだなあ)〈宇津保・俊蔭〉例(b)なほいかで心として死にもしにしかな(=やはりなんとかして思いどおりに死にたいものだなあ)〈蜻蛉・中〉

接続 動詞の連用形につく。

語誌▼関連語 平安時代以後用いられるようになった。「てしかな」と比較して用例の数は少ない。「にしがな」と濁っても読まれる。

▼実現の困難な願望に用いられることが多い。 〈近藤要司〉

にしき【錦】 名 数種の色糸を使って模様を織り出した絹織物。綾・綺とともに高級なものとされ、特に中国渡来の唐錦は珍重された。例見渡せば柳桜をこきまぜて都ぞ春の錦なりける〈古今・春上〉➡名歌356

語誌▼「もみぢの錦」 錦はさまざまな色柄をもつ高級物であるところから、しばしば美しいもの、りっぱなものの比喩とされる。平安時代以降の和歌では、特に紅葉の美をたとえる常套句となる。例嵐吹く三室の山のもみぢ葉は龍田の川の錦なりけり〈後拾遺・秋下〉➡名歌50 〈藤本宗利〉

にしき-ぎ【錦木】 名 陸奥の風習で、求婚する男性が相手の女性の家の門に立てたという木。女性は、求婚に応じれば、家の中に取り入れる。女性が応じないときは、一日一束ずつ立て、三年千束まで立て続けて誠意をみせる。例思ひかね今日立て初むる

錦木の千束も待たで逢ふよしもがな〈堀河百首〉

にしき-の-みはた【錦の御旗】 赤地の錦に金銀の日月をあしらった旗。天皇の軍の標章。例**錦の御旗**を差して(天皇ノ)左に候し〈太平記・二一〉

に-して 〔断定の助動詞「なり」の連用形＋接続助詞「して」〕〜であって。〜であるが。例月日は百代の過客(=永遠の旅人)**にして**、行きかふ年もまた旅人なり〈芭蕉・奥の細道〉

に-して 〔格助詞「に」＋接続助詞「して」〕〜に。〜で。〜にあって。〜に居て。例家**にして**結ひてし紐を解き放けず〈万葉・一七・三九五〇〉

にし-の-きゃう【西の京】 キョウ 名「うきゃう」に同じ。例**西の京**に女ありけり〈伊勢・二〉

にし-の-たい【西の対】 名 寝殿造りで、寝殿の西側にある対の屋。主に家族が住む。例(a)昔、東の五条に大后の宮おはしましける、**西の対**に住む人ありけり〈伊勢・四〉例(b)**西の対**には、ましてめづらしくおぼえたまふことの筋なれば、明け暮れ(物語ヲ)書き読み〈源氏・蛍〉読解 西の対に住む人の意で用いられた例。

にじふいちだい-しふ【二十一代集】 ニジュウイチダイシュウ 名 二十一の勅撰和歌集の総称。『古今和歌集』から『新続古今和歌集』まで。

にじふご-う【二十五有】 ニジュウゴー 名『仏教語』衆生が輪廻する三界を二十五種に分けたもの。欲界を十四有、色界を七有、無色界を四有に分ける。例(衆生ハ)**二十五有**の間、もろもろの大苦悩を受くべきものなり〈一遍上人語録・上〉

にじふご-ぼさつ【二十五菩薩】 ニジュウゴー 名『仏教語』阿弥陀如来の来迎のとき、それに従って来る二十五の菩薩。例阿弥陀仏と念じたてまつる人をば、**二十五菩薩**もまもりたまふなり〈栄花・音楽〉

にじふし-き【二十四気】 ニジュウシー 名 陰暦の季節区分。太陽の黄道上の位置によって、一年を二十四等分して定めた。春を立春・雨水・啓蟄・春分・清明・穀雨、夏を立夏・小満・芒種・夏至・小暑・大暑、秋を立秋・処暑・白露・秋分・寒露・霜降、冬を立冬・小雪・大雪・冬至・小寒・大寒とする。二十四節気。

にじふはっ-しゅく【二十八宿】 ニジュウハッー 名 中国やインドで、太陽や月などの天体の所在を表すため、赤道または黄道に沿って天球を二十八に区分したもの。四方を青龍(東)・白虎(西)・朱雀(南)・玄武(北)の四宮に分け、それぞれに七宿を配する。

西本願寺 ニシホンガンジ 名 山城国、今の京都市下京区、六条堀川の寺。浄土真宗本願寺派の総本山。本願寺は天正一九年(一五九一)現在地に移り、慶長七年(一六〇二)東本願寺が分立し、以後、西本願寺と称された。

西山『地名』山城国、今の京都市の西方の山の総称。北の愛宕山から南の天王山に至る山並み。大原野神社・善峰寺・光明寺などの寺社がある。例**西山**なる(=西山にある)御寺造りはてて〈源氏・若菜上〉

西山宗因『人名』⇩宗因

西山物語『作品名』江戸時代の読本。三巻三冊。建部綾足作。明和五年(一七六八)刊。刊行前年に京都の村で起こった源太騒動(源太という農民が、妹の婚約者の婚約不履行を怒り、婚約者の邸前で妹を斬殺した事件)に取材し、武家の悲恋物語に仕立てた雅文体小説。都賀庭鐘の『英草紙』などとともに、読本という新ジャンルを開く。

に-しゅ【二朱】 名 江戸時代の貨幣。一両の八分の一。二朱金と二朱銀とがあり、その略称としても用いる。例勘定に**二朱**と三百文もたして遣った〈人情本・春色辰巳園・初・五〉

にじょう【二条】 ⇩にでう

にじ・る【躙る】 動(ラ四) ❶押しつけてねじ回す。例板敷に押しあてて**にじれ**ば…砕くるを〈宇治拾遺・一六六〉❷膝を床や地面に押しつけて、じりじり動く。例まだ御まへを**にじり**もいたしませぬ〈虎寛本狂言・今参〉

に・す【似す】 動(サ下二) 似るようにする。似せる。まねる。例楊貴妃の、帝の御使ひにあひて泣きける顔に**似せ**て〈枕・木の花は〉

に-せ【二世】 名『仏教語』現世と来世。例**二世**安楽の大利(=大利益)を勤行せんと〈平家・五・勧進帳〉

にせ-の-えん【二世の縁】 (親子は一世、夫婦は二世、主従は三世の縁ということから)現世・来世にわたる夫婦の縁。例さだまりし**二世の縁**を結びしは〈読本・春雨・二世の縁〉

にせ-の-ちぎり【二世の契り】 来世まで連れ添おうという夫婦の約束。例親子は一世、男(=夫)は**二世の契り**なり〈義経記・二〉

偐紫田舎源氏 ニセムラサキイナカゲンジ『作品名』江戸時代の合巻。三八編。柳亭種彦作。文政一二〜天保一三年(一八二九〜四二)刊。『源氏物語』の内容を室町時代に書き替え、推理小説的な筋立てを加える。江戸時代最大のベストセラーだったが、天保の改革で絶版になって未完に終わる。

にせ-ゑ【似せ絵】 エ 名 肖像画。平安時代末から鎌倉時代にかけて流行した。藤原隆信、その子信実などの画家が知られる。例同じ御時、**似せ絵**を御好みありけるに〈著聞集・一一・四〇四〉

に-たり 〔完了の助動詞「ぬ」の連用形＋完了の助動詞「たり」〕〜てしまっている。例みな源氏物語・枕草子などにことふり**にたれ**ど(=言い古されてしまっているけれど)〈徒然・一九〉

日蓮『人名』一二二二〜一二八二(貞応元〜弘安五)。鎌倉時代の僧。日蓮宗の開祖。安房国に生まれ、十二歳の時、小湊の清澄寺に入り、十八歳で出家。延暦寺で修行し、法華経により、日蓮宗を確立した。主著『立正安国論』が幕府の忌諱にふれ、伊豆に流された後、幕府やほかの宗派への攻撃を強め、佐渡に流される。のち甲斐国(山梨県)の身延山に隠れ、久遠寺を開いた。ほかの著に『開目鈔』など。

につかは・し【似つかはし】 ニツカワシ 形(シク)〔動詞「につく」の形容詞形〕似合っている。ふさわしい。例漢詩ども、時に**似つかはしき**いふ〈土佐〉

にっ-き【日記】 名「にき」とも。❶官庁などで儀式や政務などを記録したもの。❷個人が公私にわたる生活を記録したもの。貴族男性による漢文日記、貴族女性による仮名日記などがある。⇩日記文学。例かの旅の御日記の箱をも取り出でさせたまひて〈源氏・絵合〉 語誌 平安時代の仮名表記では「にき」がふつう。

にっ-きふ【日給】 名 宮中でのその日の当直。また、当直として出仕すること。例束帯にて殿上の日給にはあふべきよし〈著聞集・三・九〇〉

にっ-きふ-の-ふだ【日給の簡】 名「てんじゃうのふだ」に同じ。例日給の御簡・着到(=出勤簿)など見て〈弁内侍日記〉

日光 《地名》下野国河内郡、今の栃木県日光市。古く男体山の山岳信仰から起こる。八世紀後半に、のちの輪王寺や二荒山神社が創建された。江戸時代は、東照宮として徳川家康の遺骸が移され、また、日光街道の整備も進み、参詣人でにぎわった。

にっくゎう-かいだう【日光街道】 名 江戸時代の五街道の一つ。公式には日光道中。江戸日本橋を起点に、宇都宮までは奥州街道と同じ道程をたどり、宇都宮から分かれて日光に至る。

にっくゎう-ぼさつ【日光菩薩】 名《仏教語》月光菩薩とともに、薬師如来の脇士。左脇に立つ。

に

日記文学

出来事の客観的な記録としての日記とは区別して、筆者の実際の体験を基盤にしながら、個人的感慨などが書き記され、文学作品としての価値をもつものを日記文学と呼ぶ。個々の作品は多様な特徴をもち、共通する性格を指摘するのは難しいが、その日その日の出来事を記録していく日次記の形は取っていないことが多い。さらに、完結した一つの作品としての論理と構造をもつことも特徴といえる。

●主な作品　最初の作品として知られるのは仮名文字で書かれた紀貫之の『土佐日記』である。平安時代の女流日記である『蜻蛉日記』『更級日記』などは、一貫した主題をもつ回想録という色彩が強い。資料となったのは折々の和歌の詠草や覚え書きと考えられ、それらがある時点で我が人生を振り返って表現するために再構成されたのであろう。『紫式部日記』『讃岐典侍日記』など、宮廷生活を中心とした日記もある。『和泉式部日記』は、一年足らずの恋愛を物語風に記したもの。

私家集『成尋阿闍梨母集』は長大な詞書をもち、歌日記の性格が強い。鎌倉初期の『建礼門院右京大夫集』も同様である。

鎌倉時代に入ると、京都・鎌倉間の往来が盛んになったこともあって、紀行の性格が強くなり、『海道記』『東関紀行』『十六夜日記』などの作品が生まれた。また、後深草院二条の『とはずがたり』は、宮廷での愛欲生活とそこからの離脱を描いた特異な作品である。 〈吉野瑞恵〉

にっくゎ-もん【日華門】 名「じっくゎもん」とも。内裏の門の一つ。紫宸殿の南庭の東、宜陽殿と春興殿の間にあり、西側の「月華門」と相対する。⇩口絵

にっ-しふ【入集】 名動(サ変) 歌集や句集などに選び入れること。例越が句入集いかがはべらん(=いかがでしょうか)〈俳諧・去来抄・先師評〉 読解「越」は、芭蕉の門人の越人。

にっ-たう【入唐】 名動(サ変)〔「唐」は中国をさす慣称〕日本から中国に行くこと。留学の目的によることが多い。例奝然上人入唐の時〈著聞集・四・一二〉

にっ-ちゅう【日中】 名 ❶《仏教語》六時の一つ。正午。また、正午に行う勤行。例日中の礼讃も果てぬとおぼしくて〈曾我・一二〉 ❷太陽の出ている間。昼の間。例何ぞ日中に京入りはせで〈義経記・四〉

にってん-し【日天子】 名 ❶《仏教語》太陽を擬人化した神。仏法の守護神。観世音菩薩の化身とも、大日如来の化身ともいう。❷(①から転じて)太陽。例毎朝日天子の出て照らさせたまへども〈戴恩記・下〉

日葡辞書 《作品名》室町末期の辞書。本編と補遺を合わせた一冊。イエズス会宣教師数名の著。慶長八年(一六〇三)に本編、翌年に補遺刊。当時の口語を中心とした日本語をアルファベット順に配列、ポルトガル語(またはラテン語)による語釈および用例をつける。宣教師の日本語修得のために編まれたが、語数が三二〇〇〇余と多いこと、日本語の部分がローマ字で表記されているため当時の発音を知ることができることなど、室町時代の国語資料として貴重。

にっ-ぽん【日本】 ❶名 日本国。例日本秋津島は、わづかに六十六箇国〈平家・一・吾身栄花〉 ❷名形動(口語)「にっぽんいち」に同じ。例この景色は日本だ〈黄表紙・莫切自根金生木〉 語誌 国名としては大化(六四五～五〇)ごろから自称するようになったとされるが、古くから「にほん」「にっぽん」の二通りの読み方があり、漢字表記の場合はどちらで読まれたか決めにくい。室町時代にも二通りの読み方があったことは、『日葡辞書』に「ニホン」「ニッポン」と両方あることなどから明らか。

にっぽん-いち【日本一】 名形動(ナリ) 日本で最もすぐれていること。また、非常にすぐれていること。天下一。最上。例おのれは日本一の剛の者と組んでうずよ(=戦おうというのだな)〈謡曲・実盛〉

日本永代蔵 《作品名》江戸時代の浮世草子。六巻六冊。井原西鶴作。貞享五年(一六八八)刊。町人物の第一作。三〇話からなる短編集。「銀が銀をためる世の中」(巻二の三)での、町人の富を築こうとする姿を描く。始末(節約)と才覚で長者になった人物を描くとともに、物欲から生じる悲喜劇やなまくらな二代目の姿なども記して、金銭万能の町人社会の諸相を鋭くえぐり出す。金銭を描いた最初の作品として、文学史上画期的な意味がある。

に-て 格助〔格助詞「に」＋接続助詞「て」〕❶場所・時を表す。〜で。例(a)この家にて生まれし女子の(=この家で生まれた女の

子の〉〈土佐〉例(b)申の刻にて源氏参りたまふ(=申の時刻に源氏の君が参上なさる)〈源氏・桐壺〉
❷手段・方法・材料などを表す。〜で。例舟にて渡りぬれば、相模の国になりぬ(=舟で渡ってしまうと、相模の国に至った)〈更級〉
❸原因・理由を表す。〜によって。〜ので。〜でもって。例竹の中におはするにて、知りぬ(=竹の中にいらっしゃるので、わかった)〈竹取〉
❹資格・状態を表す。〜として。〜にして。〜で。例(a)かたじけなき御心ばへのたぐひなきを頼みにてまじらひたまふ(=もったいない帝のご愛情がこの上ないのを頼りにして宮仕えをなさる)〈源氏・桐壺〉例(b)天下を保つほどの人を、子にて持たれける(=天下の政治を行うほどの人を、子としておもちになった)〈徒然・一八四〉

接続 体言および活用語の連体形につく。

語誌 平安末期ごろ「で」という形が生じ、現代まで続いている。 〈佐藤一恵〉

に-て 〔断定の助動詞「なり」の連用形＋接続助詞「て」〕〜であって。例父はなほびと(=普通の家柄の人)にて、母なん藤原なりける〈伊勢・一〇〉

に-て 〔完了の助動詞「ぬ」の連用形＋接続助詞「て」〕〜してしまって。例いといたう(酒ヲ)強ひられて、わびにて(=困ってしまって)はべり〈源氏・花宴〉

識別のポイント **にて**

(1)**ナリ活用形容動詞の連用形の活用語尾＋接続助詞「て」** 直前の部分は形容動詞の語幹で、「にて」から切り離して主語にできない。「〜にて」の上に副詞「いと」を添えられる。
例声はをさなげにて(=声は子どもっぽくて)〈枕・うつくしきもの〉

(2)**完了の助動詞「ぬ」の連用形＋接続助詞「て」** 活用語の連用形につく。多く「にてあり」「にてはべり」「にて候ふ」の形で用いる。
例おのれかくまかりなりにてさぶらふほど(=私がこのようになってしまっております間)〈大鏡・道隆〉

(3)**断定の助動詞「なり」の連用形＋接続助詞「て」** 体言、活用語の連体形につく。「〜で」「〜であって」の意を表す。
例父はなほびとにて、母なん藤原なりける(=父は普通の家柄の人で、母は藤原氏の出身であった)〈伊勢・一〇〉

(4)**格助詞** 体言、活用語の連体形につく。場所・手段・原因などを表す。
例この家にて生まれし女子の(=この家で生まれた女の子の)〈土佐〉

二条良基 〔ニジョウヨシモト〕《人名》一三二〇〜一三八八(元応二〜嘉慶二)。南北朝時代の和歌・連歌作者。初め後醍醐天皇に仕え、のち北朝の摂政・関白を歴任。和歌を頓阿に、連歌を救済に学ぶ。和歌では二条派の復興を計り、歌論『愚問賢注』を執筆。連歌では準勅撰連歌集『菟玖波集』、式目の集大成『応安新式』、連歌論『連理秘抄』などを著し、和歌と対等の文芸たらしめるべく尽力した。

に-てん【二天】 名《仏教語》❶日天子と月天子。または、帝釈天と梵天。例二王二天に四天王出づべきしるし(=前兆)と聞こえける〈近松・嫗山姥・一〉❷四天王のうち、持国天と多聞天。例二聖(=二体の菩薩)二天…いかに哀れと思しけん〈源平盛衰記・三〉

に-な・し【二無し】 形(ク) 二つとない。比類ない。例身はいやしくて、いとになき人を思ひかけたりけり(=身分が低いのに、たいそう比類ない高貴な人を恋い慕っていた)〈伊勢・九三〉 〈吉野瑞恵〉

になひ-いだ・す【担ひ出だす】 ニナイ 動(サ四) かつぎ出す。例この海辺にて、担ひ出だせる歌〈土佐〉
読解 網を大勢でかつぎ出すようにしてやっと歌を作り出したというしゃれ。

邇邇芸命・瓊瓊杵尊 《人名》神名。天照大御神の孫にあたり、「葦原の中つ国」を治めるために高天原から高千穂に降臨したという。

二人比丘尼 《作品名》江戸時代の仮名草子。二巻。鈴木正三作。寛永九年(一六三二)ごろの成立、万治元年(一六五八)ごろの刊か。夫に死なれた妻が、懇意になった若い女性に死なれ、その死体の朽ちてゆくさまを目の当たりにする。妻は無常を観じて出家し、悟りを深めて大往生を遂げる。

に-ぬり【丹塗り】 名 木製の物などを朱色に塗ること。また、塗ったもの。古くは、魔除けのまじないにも用いたという。例社の柱も丹塗りの色赤く照り輝きて〈仮名草子・浮世物語・二・六〉

にの【布】 名《上代語》「ぬの」の東国方言。例筑波嶺に雪かも降らるいなをかもかなしき児ろがにの乾さるかも〈万葉・一四・三三五一〉→名歌235

に-の-ひと【二の人】 名 一の人に次ぐ人。摂政・関白に次ぐ地位の人。例(右大臣ノ)九条殿二の人にておはすれど〈栄花・月の宴〉

に-の-ほ【丹の穂】 名〔「ほ」は秀で目立つものの意〕赤い色が目立つこと。赤く美しいこと。例我が恋ふる丹の穂の面わ(=顔)〈万葉・一〇・二〇〇三〉

に-の-まち【二の町】 名〔「まち」は区画の意〕二番目。二流。例(見ルノヲ許シタ手紙ハ)二の町の心やすきなるべし〈源氏・帚木〉

に-の-まひ【二の舞】 ニノマイ 名❶舞楽で、最初の案摩の舞の後、二人で異様な面をつけて演じる滑稽な舞。例二の舞の面のやうに見えけるが、ただ恐ろしく〈徒然・四二〉❷人のまねをすること。特に、前者の失敗をもう一度繰り返すこと。例山門の大衆にむかって戦せん事、すこしも違はぬ二の舞なるべし〈平家・七・木曾山門牒状〉

に-の-みや【二の宮】 名❶天皇の第二皇子。また、第二皇女。皇女の場合には「女二の宮」などともいう。例二の宮をば(皇太子ニ)立てたてまつるなり〈大鏡・後一条院〉❷諸国で、一の宮に次ぐ格式をもつ神社。

には

【庭】 ニワ 名❶場。物事を行う場所。古くは「猟庭」「神庭」など、複合語で用いられることが多い。例僉議の庭にすすみいでて申

しけるは（＝評議の場に現れ出て申したことには）〈平家・四・永僉議〉

❷広い水面。海面。例飼飯の海の**庭**良くあらし（＝飼飯の海の海上が穏やからしい）〈万葉・三・二五六〉読解「飼飯」は地名。「あらし」は「あるらし」の変化した形。

❸庭。家屋の周囲の地面。例(a)白露の置くこの**庭**にこほろぎ鳴くも（＝白露が降りるこの庭にこおろぎが鳴いているなあ）〈万葉・八・一五五二〉例(b)（離宮ノ）**庭**には梅の花咲けり（＝庭では梅の花が咲いている）〈土佐〉

❹土間。例**場**に居て月見ながらや莚機〈俳諧・続猿蓑・下〉読解兼好が生活費のために莚を織ったとの俗伝による句。風流人だから土間に腰を下ろして月見がてらの夜なべ作業だったろう、という。

語誌▼本来、ある空間を人間の活動と結びつけて把握する語で、その空間は水平に広がった区域としてイメージされたらしい。原義に近い用法は①。現代語の「ば（場）」も、この「には」から転じて成立した語。現代の庭にあたる場所（③）も、古くは農作業や神祭りの場として利用されていた。屋内の土間（④）にも同じような機能があった。

▼上代の貴族は邸宅にりっぱな庭園をしつらえたが、当時はこれを「その（園・苑）」または「しま（山斎）」とよぶのが普通だった。観賞用の庭園が「庭」と呼ばれるようになるのは、平安時代かららしい。〈品田悦一〉

に-は〔断定の助動詞「なり」の連用形＋係助詞「は」〕～では。直後に「あり」「侍り」「候ふ」の打消の形が続いて、～ではない、の意に用いられることが多い。例いとやむごとなき際（＝高貴な身分）**には**あらぬが、すぐれて時めきたまふありけり〈源氏・桐壺〉

に-は〔格助詞「に」＋係助詞「は」〕～には。～ときには。～では。～ところでは。例何事にも故ある事のふしぶしに**は**、まづ参上らせたまふ〈源氏・桐壺〉

にはか

【俄】 ❶形動（ナリ）❶物事が急に起こるさま。事態が急に変化するさま。突然だ。急だ。例**にはかに**も風の涼しくなりぬるか秋立つ日とはむべもいひけり（＝突然に風が涼しくなってしまったなあ。立秋とはなるほど、うまく言ったものだ）〈後撰・秋上〉

❷応急で物事をするさま。とりあえずであるさま。一時的だ。例寝殿の西の方を**にはかに**しつらひて（＝寝殿の西側の部屋をとりあえず整えて飾りつけ）〈落窪・二〉読解急な来客があった。

❷名「にはかきやうげん」に同じ。例水より清き夏神楽…御輿の**俄**〈浄瑠璃・夏祭浪花鑑・七〉

語誌❶①は、「にはか道心」「にはか長者」のように複合語で用いられることもある。〈浅見和彦〉

にはか-きやうげん【俄狂言】名滑稽や諧謔を主とした即興的な演芸。江戸時代、享保（一七一六～三六）のころ大坂で流行し、明和（一七六四～七二）のころ江戸吉原に伝わった。「俄」とも。

にはか-ごと【俄事】名突然の出来事。例思ひまうけぬ**俄事**ではあり〈平家・五・文覚被流〉

には-かまど【庭竈】名❶正月三が日、庭や土間に新しい竈を作り、家人・奉公人が集まって飲食する行事。例叡慮にてにぎはふ民の**庭竈**〈俳諧・庭竈集・上〉❷土間に作りつけの竈。例**庭竈**の前に円座敷きて〈読本・雨月・浅茅が宿〉

には-ぐら【庭蔵】名屋外に建てられた蔵。「内蔵」に対していう。例**庭蔵**のながめ、四季折々の買ひ置き〈西鶴・日本永代蔵・一・三〉

には・し【俄し・遽し】形（シク）《上代語》〔「にはか（俄）」と同根〕東国方言。慌ただしい。急だ。例**にはしく**も負ふせたまほか（＝急にご命令をなさったことだ）〈万葉・二〇・四三八九〉

には-たつみ【行潦・庭潦】「にはたづみ」とも。❶名雨が降って、地上にたまって流れる水。例**にはたつみ**いたくな行きそ（＝激しく流れるな）人の知るべく〈万葉・七・一三七〇〉❷《枕詞》地上にたまった水が流れることから「流る」「川」「行く」などにかかる。

には-つ-とり【庭つ鳥】〔「つ」は「の」の意の上代の格助詞〕❶名（庭にいる鳥の意で）鶏。例もの思ふと寝ねず起きたる朝明にはわびて鳴くなり**庭つ鳥**さへ〈万葉・一二・三〇九四〉❷《枕詞》「かけ（鶏）」にかかる。例**庭つ鳥**鶏の垂り尾の〈万葉・七・一四一三〉

には-とり【鶏】名〔「にはつとり」の変化した形〕鶏。例**鶏**も、いづ方にかあらむ〈源氏・総角〉

にはとり-あはせ【鶏合はせ】名「とりあはせ」に同じ。

には-のり【庭乗り】名動（サ変）庭先で馬を乗りならすこと。例けさも**庭のりし**候ひつる〈平家・四・競〉

には-の-をしへ【庭の訓へ】〔「庭訓」の訓読〕⇨ていきん。例聞きおきし言の葉ごとに忘れぬは**庭のをしへ**の秋の白露〈新千載・雑上〉

には-び【庭火・庭燎】名庭でたいて明かりとする火。特に、宮中の御神楽演奏にたく篝火。例**庭燎**の煙のほそくのぼりたるに〈枕・なほめでたきこと〉

にば・む【鈍む】動（マ四）鈍色になる。特に、喪服を着ることをいう。例**鈍める**御衣奉れるも（＝お召しになるのも）夢の心地して〈源氏・葵〉

には-も-せ-に【庭も狭に】庭も狭くなるほどに。庭いっぱいに。例**庭もせに**積もれる雪と見えながら〈詞花・春〉

にひ-【新】接頭名詞について、新しい、初めての、の意を添える。「新草」「新肌」「新参り」など。

にび【鈍】名「鈍色」の略。「青鈍」「薄鈍」などと用いる。

にび-いろ

【鈍色】名染め色の名。喪に服す人や出家した人が着用する濃いねずみ色。「にび」「にぶいろ」とも。例(a)朝座、夕座の講師、**鈍色**の袷の衣どもかづけたまふ（＝朝夕の説経の講師に、鈍色の袷の衣をお与えになる）〈落窪・三〉例(b)無紋の表の御衣に**鈍色**の御下襲〈源氏・葵〉読解光源氏の喪服姿。

語誌喪服の色には、死者との縁故関係が深いか浅いかによって、その濃淡に差があった。また、じみで粗末でやつれた人の姿として象徴的に使用されることもある。〈吉田比呂子〉

にひ-くさ【新草】名春になって新芽を出した草。若草。例古草に**新草**交じり〈万葉・一四・三四五二〉

にひ-ぐはまよ【新桑繭】 名「にひぐはまゆ」とも。その年に新しく取れた繭。一説に、新しく取れた桑で飼った蚕の繭とも。例筑波嶺の新桑繭の衣はあれど〈万葉・一四・三三五〇〉

にひ-さきもり【新防人】 名 新しく任務に就いた防人。例今替はる新防人が舟出する海原の上に〈万葉・二〇・四三三五〉

にひ-しまもり【新島守】 名「にひじまもり」とも。新しく島の番人になった人。新任の島守。例我こそは新島守よ隠岐の海の荒き波風心して吹け〈増鏡・新島守〉➡名歌440

にひ-たまくら【新手枕】 名「にひまくら」に同じ。例若草の（枕詞）新手枕をまきそめて〈万葉・一一・二五四二〉

にひ-なへ【新嘗】 名「にひなめ」に同じ。⇩にひなめのまつり

にひ-なめ【新嘗】 名「にひなめのまつり」に同じ。

にひなめ-の-まつり【新嘗の祭り】 名 民間、あるいは宮中行事として行われる稲の収穫祭。「新嘗」「新嘗祭」とも。

もともと「にひなめ」は、「にへのいみ」であるといわれる。稲の刈り上げ後一月ほどの物忌みが「にへのいみ」である。その物忌みの中で、異境から神を迎え、刈り上げた新穀を供えて、その年の豊作を感謝するのが新嘗の祭りである。陰暦十一月に行われる祭りであるところから、「霜月祭り」ともいう。

『万葉集』に、女性だけでこの祭りを行っていたことを示す東歌が二首収められている。また『常陸国風土記』には、新嘗の物忌みの夜に宿りを求めてやって来た祖神を、富士山は拒絶し、筑波山は受け入れたとする伝承が記されている。以後、富士山は雪に閉ざされた人の近づかぬ山となり、筑波山は季節ごとに人の行き集う山になった、という起源説話である。富士山が祖神を拒絶したのは、新嘗の物忌みに迎える神が祖神とは別の神であったことを示している。

宮中行事としての新嘗の祭りは、十一月の中（または下）の卯の日、辰の日に行われる。天皇が新穀を皇祖神に献じ、これと共食する行事である。収穫の感謝祭だが、天皇は穀霊の象徴でもあるから、その復活をはかる意味もある。新嘗の祭りの時期は、ほぼ冬至に重なる。太陽の活動の最も衰えた時点にこの穀霊復活の祭りが営まれたのである。なお、即位後、初めての新嘗の祭りは大嘗祭と呼ばれ、即位儀礼の一環を構成する。〈多田一臣〉

にひ-ばり【新治・新墾】 名「にひはり」とも。❶新しく田畑を開墾すること。また、その田畑。例新治の今作る道〈万葉・一二・二八五五〉❷《地名》常陸国、今の茨城県下妻市および真壁郡・西茨城郡の一部。筑波山の西北方。例新治 筑波を過ぎて 幾夜か寝つる〈記・中・景行・歌謡〉➡名歌277

にひ-まくら【新枕】 名 男女が初めて共寝すること。例あらたまの（枕詞）年の三年を待ちわびてただ今宵こそ新枕すれ〈伊勢・二四〉

新学《作品名》江戸時代の歌論。一冊。賀茂真淵著。明和二年（一七六五）成立。古代和歌の「ますらをぶり」を重視して、万葉復古を唱える。国学の入門書でもある。

にひ-まゐり【新参り】 名 新しく出仕すること。また、その人。新参。例新参りしはべりける女の、前ゆるされて（＝中宮の御前に出るのを許されて）〈詞花・雑下・詞書〉類義 いままゐり

にひ-むろ【新室】 名 新築した家。新築した家の部屋。例新室の壁草刈りにいましたまはね（＝お越しください）〈万葉・一一・二三五一〉

にひ-も【新喪】 名 最近亡くなった人のために、あらたに服する喪。例新喪のごとも（＝新喪のように）音泣きつるかも〈万葉・九・一八〇九〉

にぶ-いろ【鈍色】 名「にびいろ」に同じ。

にふ-じ【入寺】 《仏教語》❶名動（サ変）寺に入って僧になること。例第二の王子…にはかに入寺せしめたまふ〈平家・四・南都牒状〉❷名 真言宗の寺で、僧の階級の一つ。阿闍梨の下位。例その人いまだ若くして、東寺の入寺になりて〈今昔・二八・九〉

にぶ・し【鈍し】 形（ク）❶切れ味が悪い。例よき細工（＝細工師）は、少し鈍き刀を使ふといふ〈徒然・二二九〉❷動作・頭の働きなどが遅い。例（出家ヲ）思したつほど鈍きやうにはべらんや〈源氏・幻〉

にふ-しつ【入室】 名動（サ変）《仏教語》師の部屋に入って親しく教えを受けること。弟子入りすること。例妙法院の門跡に御入室あって、釈氏（＝釈迦）の教へを受けさせたまふ〈太平記・一〉

にふ-じゃく【入寂】 名動（サ変）《仏教語》寂滅に入ること。特に、僧が死ぬこと。例入寂のゆふべにいたるまで〈正法眼蔵・行持上〉

にふ-だう【入道】 名動（サ変）《仏教語》❶仏門に入って修行すること。また、その人。例入道の御本意は、昔より深くおはせしかど（＝仏門に入ることのお望みは、昔から深くていらっしゃったが）〈源氏・椎本〉❷剃髪して僧衣を着ているが、寺に入らず在家のままで修行している人。例かの入道のむすめを思ひ出でて文などやりけれど（＝あの入道の娘を思い出して手紙などを送ったけれど）〈源氏・須磨〉

語誌 ▼「道」は仏道のこと。入道とは、俗世への煩悩を捨て去り、迷いのない悟りの境地に入ることをさす。本来は出家と同義だが、平安時代以降、寺に入るのを「出家」、在家のままの場合を「入道」と呼び分けるようになる。天皇・上皇や高級貴族たちにいうことが多い。

▼実在の人物に関しては、『大鏡』が藤原道長を「入道殿」と呼び、『平家物語』が平清盛を「入道相国」としている例などが有名。〈藤本宗利〉

にふだう-の-みや【入道の宮】 出家した親王・内親王・女院などの皇族。例入道の宮の御琴の音をただ今のまたなき（＝当代並ぶもののない）ものに思ひきこえたるは〈源氏・明石〉

にふ-ぢゃう【入定】 名動（サ変）《仏教語》禅定の境地に至ること。心を静め、無我の境地に入ること。例（ソノ僧ハ）永興（＝地名）に至りて石姥岩にして入定しぬ〈今昔・七・一七〉

にふ-ぶ【入部】 名動(サ変) 国司・領主などがその領地に入ること。入府。例正しき国の司にならずして、押して(=無理に)入部す〈今昔・二五・一〉

にふぶ-に 副 にこにこと。にこやかに。例我が背子はにふぶに笑みて立ちませり見ゆ〈万葉・一六・三八一七〉

にふ-めつ【入滅】 名動(サ変)《仏教語》涅槃に入ること。特に、釈迦が死ぬこと。転じて、高僧の死などにもいう。例にはかに御入滅のよしを披露せられければ〈太平記・三〉 読解 空海についての話。

にへ【贄】 名 ❶神や朝廷に献上する諸国の産物。❷(①から転じて)進物。贈り物。例人の奉りたる贄などいふ物は〈大鏡・師尹〉

にべ【鰾膠】 名 ❶ニベ・ハモなどの魚の浮き袋を原料として作る膠。粘着力が強く、弓作りで竹を張り合わせるときなどに用いる。❷(①はよく粘りつくことから)愛嬌。愛想。例詞ににべも軽薄もあら木を切って〈近松・双生隅田川・一〉 読解「あら木」は「荒木」と「あらず」の意を掛けたもの。

にべ-も-無-い【鰾膠も無い】 ❶愛想がない。味もそっけもない。例五左衛門殿はにべもない昔人〈近松・心中天の網島・上〉 ❷きれいさっぱり。例にべもなう(音便形)らちあいた(=片づいた)〈近松・傾城反魂香・上〉

にへ-す【饗す】 動(サ変) 神に新穀を供えて祭る。新嘗の祭りをする。⇩にへ。例にほ鳥の(枕詞)葛飾(=地名)早稲をにへすともそのかなしきを外に立てめやも〈万葉・一四・三三八六〉 読解 新穀を神に捧げて斎み籠もる神聖な晩でも、あのいとしい人を外に待たせておくまい、の意。

にへ-どの【贄殿】 名 ❶「にへ①」の保管所。宮中では内膳司の中にある。❷貴人の家で、食物を入れておいたり料理をしたりする所。

にほ【鳰】 名「にほどり」に同じ。

にほ-の-浮き巣【鳰の浮き巣】 水草を集めて作る鳰鳥の巣。水に浮いているように見えることから、和歌では、はかなく不安定なもののたとえにいう。例みさごゐる汀の風に揺られきて鳰の浮き巣は旅寝してけり〈秋篠月清集〉

にほ-どり【鳰鳥】 名 水鳥の名。カイツブリ。水辺に巣を作り、潜水が得意。例冬の池に住む鳰鳥のつれもなく下に通はむ(=こっそり通おう)人に知らすな〈後撰・冬〉

にほどり-の【鳰鳥の】《枕詞》鳰鳥が水に潜ることから「かづく(潜く)」やそれと同音を含む地名「葛飾」に、水に浮かぶことから「なづさふ」にかかる。また、繁殖期に雌雄並んでいることから「二人並びゐ」などにかかる。

鳰の海《地名》歌枕 琵琶湖の別称。和歌では、春の「霞」「花」、秋の「月」とともに詠まれた。例鳰の海や月の光のうつろへば波の花にも秋は見えけり〈新古今・秋上〉➡名歌278

にほは-し【匂はし】 形(シク)〔動詞「にほふ」の形容詞形〕つややかに美しい。照り映えるように美しい。例鼻などもあざやかなるところなうねびれて、にほはしきところも見えず〈源氏・空蟬〉

にほは-す【匂はす】 動(サ四) ❶色美しく染める。彩る。色をうつす。例この赤花を描きつけてにほはして見たまふに〈源氏・末摘花〉 ❷かおらせる。においを漂わせる。例そらだきもの心にくきほどに匂はして〈源氏・蛍〉 ❸ほのめかす。それとなく伝える。例今なむ、とだににほはしたまはざりけるつらさを〈源氏・若菜下〉 読解「今出家する」とだけでもほのめかしてくださらなかったつれなさを、の意。

にほひ

【匂ひ】 名〔「にほふ」の名詞形〕❶色の美しく映えること。赤を基調とする色合いをいうことが多い。例もみち葉のにほひは繁し(=紅葉の葉の色合いはさまざまある)〈万葉・一〇・二一八八〉 ❷つやのある美しさ。生き生きとした美しさ。例笑ひなどそぼるれば、にほひ多く見えて(=笑ったりなどしてふざけると、生き生きした美しさがあふれるように見えて)〈源氏・空蟬〉 ❸かおり。香気。臭気。例しぼめる花の、色なくて匂ひ残れるがごとし(=しぼんでいる花で、色つやが消えて香りが残っているもののようである)〈古今・仮名序〉 読解 在原業平の歌に対する評。 ❹光。威光。栄華。例官位、世の中のにほひも何ともおぼえずなん(=官位や、世の中の栄華もなんとも思わない)〈源氏・椎本〉 ❺気品。人の気質などの美しいこと。例(紫ノ上ノ)にほひ多かりし心ざま、もてなし、言の葉のみ思ひつづけられたまふに(=気品にあふれていた気質、態度、言葉遣いばかりが次々と自然に思い浮かびなさるので)〈源氏・幻〉 読解「思ひつづけられ」の「られ」は自発の意を表す。 ❻染め色や襲の色目で、濃い色からしだいに薄い色にぼかしていくこと。例蘇芳の濃く薄きにほひなどに、草の香の御衣など奉る(=お召しになっている)〈栄花・殿上の花見〉 読解「蘇芳」「草の香」は襲の色目の名。 ❼「匂ひ縅」の略。縅の糸の色を濃い色からしだいに薄い色にぼかし、下部を白くしたもの。例萌黄の匂ひの鎧きて〈平家・七・経正都落〉 ❽《俳諧用語》連句で、前句に感じられる余情・余韻・情趣。例付けといふ筋は、匂ひ・響き・俤・移り・推量など〈俳諧・三冊子・赤冊子〉

〈鈴木宏子〉

にほひ-が【匂ひ香】 名 美しい色とすばらしい香り。例匂ひ香を我がはや(=早くも)知らむ梅の花色ことならず雪しふれれば〈能宣集・三〉

にほひ-やか【匂ひやか】 形動(ナリ)〔「やか」は接尾語〕つやつやとして美しい。ほのかに赤く色づいている。例いとにほひやかにうつくしげなる人の(=かわいらしい人が)〈源氏・桐壺〉

にほ・ふ

【匂ふ】 1 動(ハ四) ❶美しい色に照り輝く。特に古くは、赤く色づく。例春の園紅にほふ桃の花下照る道に出で立つ娘子〈万葉・一九・四一三九〉➡名歌293 ❷ほかのものの色が映る。ほかのものの色に染まる。例手に取れば袖さへにほふ女郎花この白露に散らまく惜しも(=手に取ると袖までもが色に染まる女郎花がこの白露によって散るのが惜しいなあ)〈万葉・一〇・二一一五〉

❸美しくつややかである。明るく照り映える。例(a)紫のにほへる妹を憎くあらば人妻ゆゑに我恋ひめやも〈万葉・一・二一〉➡名歌362 例(b)(幼イ姫君ノ)うち笑みたる顔の何心なきが、愛敬づきにほひたるを(＝ほほえんでいる顔で無邪気な顔が、かわいらしくて美しくつややかであったのを)〈源氏・松風〉❹香り・くさみなどが感じられる。におう。例人はいさ心も知らずふるさとは花ぞ昔の香ににほひける〈古今・春上〉➡名歌307 ❺恩恵を受けて栄える。引き立てられる。例(紫ノ上ノ)御宿世をぞ、わが家まではにほひ来ねど、面目に思すに(＝名誉なことと思っておいでのところに)〈源氏・少女〉読解紫の上の父宮の感慨。光源氏に大切にされている我が娘のすばらしい宿縁の恩恵は自分の所には及んでこないが、名誉と思う。

❷動(ハ下二)美しく染める。例住吉の岸野の榛ににほふれど(＝住吉の岸野にある榛で染めるけれど)〈万葉・一六・三八〇一〉

語誌「にほふ」の「に」は「丹」に関連し、赤系統の色が際立つことが原義とみられる。色彩が照り輝くことから転じて、香気が香り立つ意が生じた。一方、類義語「かをる」は、霧・煙などが漂う意から、嗅覚に用いるようになった。〈鈴木宏子〉

匂宮【にほふのみや ニオウノミヤ】《人名》『源氏物語』の作中人物。今上帝の第三皇子。母は光源氏の娘の明石の中宮。次の東宮候補。多感で行動的な性格で、薫から宇治の八の宮の姫君たちの話を聞いて心が動く。妹のほうの中の君と結婚するが、一方、大臣の夕霧の六の君を正妻に迎える。中の君のところに身を寄せていた浮舟にも懸想、宇治の居所をつきとめ、薫を装って契る。隠れ家に連れ出して、耽溺の二日間を過ごすこともあった。

にほ-やか【匂やか】ニオ 形動(ナリ)「にほひやか」に同じ。

にほ-ゆ【匂ゆ】ニオユ 動(ヤ下二)《上代語》美しく照り輝く。⇩にほふ。例春花の匂え栄えて 秋の葉のにほひに照れる〈万葉・一九・四二一一〉

に-ほん【二品】名❶令制で、一品から四品に至る親王の位階の第二位。例斎院は二品におはしませど〈栄花・歌合〉❷二位の別称。

日本紀【にほんぎ】⇩日本書紀

日本外史【にほんがいし ニホンガイシ】《作品名》江戸時代の歴史書。二二巻。頼山陽著。平氏から徳川氏に至る武家の興亡を漢文で記す。幕末、広く愛読された。

日本後紀【にほんこうき】《作品名》平安前期の歴史書。四〇巻(現存一〇巻)。嵯峨天皇の勅命で藤原冬嗣・藤原緒嗣らが編纂。承和七年(八四〇)成立。六国史の第三。『続日本紀』を受け、それに続く桓武から淳和までの四代四十二年間を漢文編年体で記す。

日本国現報善悪霊異記【にほんこくげんぽうぜんあくりょういき ニホンコクゲンボウゼンアクリョウイキ】《作品名》⇩日本霊異記

日本三代実録【にほんさんだいじつろく】《作品名》平安前期の歴史書。五〇巻。宇多天皇の勅命で藤原時平・菅原道真らが編纂。延喜元年(九〇一)成立。六国史の第六。『文徳実録』を受け、それに続く清和・陽成・光孝の三天皇、三代約三十年間を漢文編年体で記す。略称『三代実録』。

日本書紀【にほんしょき】《作品名》奈良時代の歴史書。三〇巻。元正天皇の勅命で舎人親王らが編纂。養老四年(七二〇)成立。六国史の第一。神代から持統朝までを漢文編年体で記す。『古事記』と重なる内容も少なくないが、異伝を列挙して資料の尊重をはかるなど、史書としての性格が強い。系図一巻もあったというが伝わっていない。『日本紀』とも。

日本文徳天皇実録【にほんもんとくてんのうじつろく ニホンモントクテンノウジツロク】《作品名》平安前期の歴史書。一〇巻。清和天皇の勅命で藤原基経・都良香らが編纂。元慶三年(八七九)成立。六国史の第五。『続日本後紀』を受け、それに続く文徳天皇一代を漢文編年体で記す。略称『文徳実録』。

日本霊異記【にほんりょういき ニホンリョウイキ】《作品名》「にほんれいいき」とも。平安初期の仏教説話集。三巻。景戒作。弘仁年間(八一〇～二四)末の成立。最古の仏教説話集。作者は僧。深い信仰心や仏像の霊験・奇跡など、奈良時代の説話を中心に全一一六話を収める。全巻を通じて徹底した因果応報思想に基づいて説話を解釈するのが特色。表記は漢文体。正しくは『日本国現報善悪霊異記』。

に-も【断定の助動詞「なり」の連用形＋係助詞「も」】〜でも。直後に「あり」「侍り」「候ふ」などの打消の形や推量の形が続いて、〜でもない、〜でもあろう、の意に用いることが多い。例わがためには事(＝たいしたこと)にもあらねど〈源氏・空蟬〉

に-も【格助詞「に」＋係助詞「も」】〜にも。〜ときも。〜でも。〜ところでも。〜場合にも。例唐土にも、かかる事の起こりにこそ、世も乱れ悪しかりけれ〈源氏・桐壺〉

に-や【断定の助動詞「なり」の連用形＋係助詞「や」】❶(文中に用いて)〜で〜か。〜で〜だろうか。「や」によって、文末は連体形で結ぶ。例人の心をのみ動かし、恨みを負ふ積もりにやありけん〈源氏・桐壺〉❷(「にやあらむ」などの略)(文末や語句の切れ目に用いて)〜であろうか。例(a)あやし。ひが耳にや〈源氏・若紫〉例(b)世に語り伝ふる事、まことはあいなきにや(＝真実のことはおもしろくないのであろうか)、おほくは皆虚言なり〈徒然・七三〉❸近世の用法。確かなことを婉曲に表現する。〜であろうか。例ことし元禄二とせにや〈芭蕉・奥の細道〉

に-や【格助詞「に」＋係助詞「や」】❶疑問の意を表す。〜だろうか。例かぐや姫にすみたまふとな(＝結婚なさるそうだ)。ここにやいます〈竹取〉❷反語の意を表す。〜だろうか(いや、〜ではない)。例この女のたばかり(＝計略)にや負けむ〈竹取〉

ニュウ【入】⇩にふ

にゅうどう【入道】⇩にふだう

にょ-い【如意】名❶《仏教語》説法や法会で

如意①〔高松塚古墳壁画〕

講師が手に持つ道具。骨・角・竹・木などで作られ、杖に似て、一方の先端がわらびのような形をしている。もと、背中などのかゆい所を思うままにかく道具として「如意」と名づけられた。例扇を開き仕ひ、如意を高く捧げ、肱を延べて、今説かむとするに〈今昔・二〇・三六〉❷思いのまま。自由自在。例入宋の本意も如意なるべし〈随聞記・六〉

にょい-ほうじゅ【如意宝珠】 名『仏教語』〔梵語の漢訳〕願いどおりに宝を出すという玉。富や不老長寿などをもたらし、悪や禍を去るとされる。如意輪観音・地蔵菩薩などが持つ。例我が天冠の中に如意宝珠を入れて〈今昔・二・二四〉

にょい-りん【如意輪】 名『仏教語』「如意輪観音」の略。例蔵人を御使ひにて、如意輪の御本尊を召し返いて(=お取り返しになって)〈平家・二・座主流〉

にょいりん-くゎんおん【如意輪観音】 ―カンノン 名『仏教語』六観音の一つ。衆生の願望を満たし苦を救うという。腕が六本で、その一本に如意宝珠を持つ姿で表される。

ニョウ『鐃』⇩ねう

にょう-くゎん【女官】 ―カン 名「にょくゎん」とも。宮中や後宮に仕える女性の総称。上級者を「女房」というのに対して、下級者を呼ぶ例も多い。例「御格子まゐりなばや」「女官はいままでさぶらはじ(=こんな夜遅くまでお仕えしていないだろう)」〈紫式部日記〉読解格子の上げ降ろしをするので、ここは掃部寮の下級女官か。

にょう-ご【女御】 名❶天皇の配偶者の地位の一つ。皇后の下で、更衣の上。内親王・女王、および親王・摂関・大臣クラスの有力貴族の娘が多い。人数や位階に関する規定・制限はない。例いづれの御時にか、女御・更衣あまたさぶらひたまひける中に(=どの帝の御代であったろうか、女御や更衣が大勢お仕えなさっていた中に)〈源氏・桐壺〉
❷上皇・東宮の配偶者の称。例かの冷泉院の女御と聞こゆるは(=申し上げる方は)、東三条の大将の御姫君なり〈栄花・花山尋ぬる中納言〉

語誌▼確かな初例は桓武天皇(在位は天応一〜延暦二五年。七八一〜八〇六)の女御、紀乙魚。令制の妃・夫人・嬪の下位であったが、妃以下が置かれなくなり、しだいに地位が上がった。醍醐天皇の時代、延長元年(九二三)の藤原穏子の立后以降は、女御から皇后が立つのが例となる。女御の数が多い場合、住む殿舎によって、弘徽殿女御・藤壺女御などと呼ばれることが多い。
▼古い写本に仮名書きの例が見えず、平安後期の辞書『色葉字類抄』に「にょご」とあることから、平安時代には「にょご」と訓んだ可能性もある。〈池田尚隆〉

にょうご-だい【女御代】 名大嘗会の御禊のとき、臨時に選ばれて女御に代わって天皇の行幸につき従う女性。本来は女御が定まっていないときの役で、女御候補の大臣・納言の娘や、尚侍などの女官が務める。女御自身が供奉する場合にいうこともある。例女御代の御事など、すべて世のいみじき大事なり〈栄花・さまざまの喜び〉

にょう-ぼう【女房】 ―ボウ 名〔「房」は部屋の意〕❶宮中や院などで、一人住みの部屋(房)を与えられている高位の女官。身分により、上臈・中臈・下臈の区別がある。例(帝ハ)心にくきかぎりの女房四、五人さぶらはせたまひて、御物語せさせたまふなりけり(=奥ゆかしい女房四、五人だけをおそばに控えさせなさって、お話をなさっているのだった)〈源氏・桐壺〉
❷貴族の家に仕える上級の侍女。例女房どもも怖ぢまどひて近う集ひまゐるに、いとわりなく出でたまはん方なくて(=侍女たちも恐れ取り乱して近くに集まり参上しているので、すっかり困り果てて、お出ましになるすべもなくて)〈源氏・賢木〉読解右大臣の娘の朧月夜のもとに忍んでいた光源氏が、突然の雷による女房たちの騒動に部屋を出られなくなってしまった場面。
❸妻。例夜に入り、内より罷り出づ。女方これに同じ(=夜に入って、宮中から退出する。妻もこれに同じである)〈御堂関白記・寛弘二年八月〉
❹女性。婦人。例(妻ガイタラ)女房たちの御耳に、いま少しとどまることどもは、聞かせたまへてまし(=女性たちの御耳に、もう少し残ることなどを、お聞かせいたしたでしょうに)〈大鏡・道長下〉読解ここは聴衆の女性たち。
❺歌合わせで、天皇や上皇などが、身分を隠すために、作者名として記す語。

語誌▼①②が本来の意味。①は上級の官女として、下級の「女官」と区別される。
▼平安中期は、後宮が政治的に大きな意味をもった時代で、后や女御たちの周囲には、そのサロンをより魅力的にするためにすぐれた教養をもつ女房たちが集められた。『枕草子』や『源氏物語』など当時の傑作は彼女らの手になるものであり、女房文学とも呼ばれる。〈池田尚隆〉

にょうばう-ぐるま【女房車】 ニョウボウ― 名「をんなぐるま」に同じ。例よき女房車多くて〈源氏・葵〉

にょうばう-の-さぶらひ【女房の侍ひ】 ニョウボウノサブライ 名清涼殿の西面にある女房の詰め所。台盤所。例女房のさぶらひに御座よそはせて(=天皇の御座をしつらえさせて)〈源氏・絵合〉

にょう-ゐん【女院】 ―イン 名「にょゐん」とも。天皇の母や后・女御、内親王などで、院(上皇)に準じる待遇を受ける女性。また、その敬称。例(詮子ヲ)譲位の帝になぞらへて女院と聞こえさす(=上皇に準じるものと見なして女院と申し上げる)〈栄花・見果てぬ夢〉

語誌▼一条天皇の時代の正暦二年(九九一)、天皇の生母の皇太后藤原詮子が出家したため、その待遇が問題となり、東三条院という院号を下して上皇に準じるとしたことに始まる。以後、江戸時代の終わりまで、一〇七人が女院号を与えられた。特に平安時代には、女院として政治的な影響力を行使した女性が多い。
▼院号は女院の邸宅あるいは宮中の門の名によってつけられる。東三条院は詮子の里邸の名で、次に女院となった藤原彰子の上東門院は里邸である父藤原道長

の邸宅上東門第（土御門第）の名とも、大内裏の上東門の名ともとれる。門の名によるものを区別して「門院」という場合もある。〈池田尚隆〉

にょ-くらうど【女蔵人】 名 宮中に仕える下級の女房。雑役にあたる。例采女・**女蔵人**などをも、かたち心あるをば（＝容姿も心がけもよい人を）、ことにもてはやし思しめしたれば〈源氏・紅葉賀〉

にょ-くゎん【女官】 名「にょうくゎん」に同じ。

にょ-ご【女御】 名「にょうご」に同じ。

にょ-し【女子】 名 女の子。女性。例男女三人の子あり。**にょし**は坊門の姫とて〈平治・下〉

にょ-しゃう【女性】 名 女の人。女性。例もし**女性**にて候へば、母儀の二品なんどや、さも申し候はんずらん〈平家・一〇・内裏女房〉

にょ-じゅ【女嬬・女孺】 名「にょうじゅ」とも。令制で、後宮の諸司に所属して、清掃や点灯、その他の雑事にあたる下級の女官。例上（＝御所）に昇りて、**女嬬**が局の口に立ちて〈増鏡・さしぐし〉

にょぜ-がもん【如是我聞】『仏教語』〔このように私は聞いた、の意〕釈迦の弟子阿難が、師の教えをこのように聞いたということを示して、経典の冒頭につけた語。例しかれば阿難、礼盤に昇りて「**如是我聞**」と言ふ〈今昔・四・一〉

にょ-たい【女体】 名 女性の体。また、女性の姿。例弁才天は**女体**にて、その神徳もあらたなる〈謡曲・竹生島〉

にょ-にん【女人】 名 女の人。女性。例ある経の文には、「**女人**は、地獄のつかひなり…」といへり〈曾我・一二〉

にょにん-きんぜい【女人禁制】 名 仏教の霊場（比叡山・高野山など）で、特定の地域内への女性の出入りを禁じたこと。また、その区域。例この島は**女人禁制**とこそ承って候ふに〈謡曲・竹生島〉

にょにん-けっかい【女人結界】 名「にょにんきんぜい」に同じ。結界石を立てて示したのでいう。例高野山は**女人結界**と聞くなれば〈醒睡笑・七〉

によ・ふ【呻吟ふ】 動（八四）❶うめく。うなる。例手輿作らせたまひて、**によふによふ**担はれたまひて〈竹取〉❷和歌を詠むのに苦しむ。例文やらんとて、歌を**によひ**をるほどに〈落窪・二〉

にょ-べったう【女別当】 名 斎宮・斎院に仕える女官。

にょ-ほふ【如法】 ■1 形動（ナリ）❶『仏教語』仏の教えにかなっているさま。例功徳も御祈りも、**如法**に行はせたまひし〈大鏡・頼忠〉❷穏やかなさま。例**如法なる**気も丸額にこやかに〈近松・今宮の心中・上〉■2 副 まったく。もとより。例**如法**夜半の事なれば、内侍も女官も参りあはずして〈平家・一一・鏡〉

にょ-ぼん【女犯】 名『仏教語』僧が、五戒の一つの不邪淫戒を破って女性と交わること。例**女犯**の心なき証果の（＝悟りを得た）聖者なる〈宇治拾遺・一七四〉

にょ-らい【如来】 名『仏教語』〔悟り（如）から到来したもの、の意〕仏に対する尊称。釈迦如来・阿弥陀如来などと用いる。例これ、**如来**の説きたまふところ、大乗の誡の言なり〈霊異記・上・二三〉

如儡子《人名》一六〇三?～一六七四（慶長八?～延宝二）。江戸時代の仮名草子作者。本名斎藤親盛。山形藩最上家の重臣の子に生まれるが、浪人となって江戸に住む。仏道・儒道の立場から教訓を説いた『可笑記』などを著す。

にょ-ゐん【女院】 名「にょうゐん」に同じ。

にら・ぐ【焠ぐ】 動（ガ四）刀を鍛えるときに、焼いた鉄を水に入れる。やきを入れる。例かの龍泉に剣を**淬ぐ**とかや〈芭蕉・奥の細道〉

にらま・ふ【睨まふ】 動（八下二）〔動詞「にらむ」の未然形＋接尾語「ふ」〕凝視する。にらみつける。例入道相国ちっとも騒がず、ちゃうど（＝はったと）**睨まへ**ておはしければ〈平家・五・物怪之沙汰〉

にる

【似る】 動（ナ上一）❶**形状・性質などが同じようにみえる**。例(a)あな醜賢しらをすと酒飲まぬ人をよく見ば猿にかも**似る**〈万葉・三・三四四〉

↓名歌30 例(b)世の人に**似**ず、よき身にもあらねば（＝世間並みの人と違い、りっぱな者でもないので）〈落窪・二〉

❷**相応する。釣り合う。調和する**。例着たる物のさまに**似**ぬは、ひがひがしくもありかし（＝着ている物が人柄と調和しないのは、みっともないことだよ）〈源氏・玉鬘〉

語誌 ナ行上一段活用の動詞は「似る」「煮る」の二語のみ。

▼関連語 「**おぼゆ**」はおのずからその共通のさまが感じられる場合、似る、の意で用いられる。また「**かよふ**」は、両者に共通するところがあり、それがその両者の間を行き来するものがあるとみるところから、やはり、似る、の意を表すことがある。〈松井健児〉

にる【煮る】 動（ナ上一）器の中に食料と水などを入れて沸騰させて、その食料を加熱する。例春野のうはぎ（＝草の名）摘みて**煮らし**も〈万葉・一〇・一八七九〉

にわ〘庭〙⇩には

に-わう【仁王・二王】 名『仏教語』金剛力士の別称。仏教の守護神として寺門の左右両側に像が安置される。例その御そばに十弟子（ノ像）並んだり。二王など立ちたまへり〈栄花・玉の飾り〉

にわう-だち【仁王立ち・二王立ち】 名 仁王像のように両脚を踏みしめて力強く立つこと。例広言吐いて、**二王立ち**にぞ立ったりける〈太平記・八〉

にわか〘俄〙⇩にはか

にん【任】 名❶任務。例**任**重く事密しくして〈続紀・慶雲二年四月〉❷任期。例**任**はてて（京へ）上りなむとするに〈源氏・玉鬘〉❸任地。例**任**に到りて数年にして自ら縊りて死ぬ〈続紀・天平神護元年八月〉

にん-がい【人界】 名『仏教語』人間界。人間の住む世界。例我かの経を書きをへたてまつらむがために、**人界**に生まれて〈今昔・一四・六〉

にんが-の-さう【人我の相】『仏教語』自我に執着した自己中心的な考え方。例**人我の相**深く、貪欲はなはだしく、物の理を知らず〈徒然・一〇七〉

にん-げん【人間】 名『仏教語』❶人間界。世の中。例**人間**常住の思ひに住して〈徒然・二一七〉❷人間界に生まれたもの。人。例竹の園生の末葉まで（＝天皇

の子孫までも)、人間の種ならぬぞやんごとなき〈徒然・一〉

にん‐こく【任国】 名 国司として任命された国。例任国に下りて国を治めて〈今昔・二八・三八〉

にん‐じ【人事】 名「じんじ」とも。❶人とのつきあい。交際。例生活・人事・伎能・学問等の諸縁を止めよ〈徒然・七五〉❷人としての行動。人のすること。例人事多かる中に、道を楽しぶより気味(=味わい)深きはなし〈徒然・一七四〉

にん‐じゃう【刃傷】 名 刃物で人に傷を負わせること。例無実(=ありもしないこと)を言ひかけ刃傷に及び〈近松・傾城反魂香・中〉

にん‐じゅ【人数】 名❶人の数。例人数わづかに十四、五人〈平家・三・泊瀬六代〉❷仲間。例その人数として、ただ今も召しや籠められんずらん(=今すぐにでも監禁されるか)と思ふに〈平家・三・法印問答〉

にんじゅ‐だて【人数立て】 名 人員の配分や手配。軍勢の配置などにいう。例「主殿寮人数立て」と言ふべきを〈徒然・二二〉

にん‐じん【人身】 名 人間としての体。また、人間。例人身は請けがたく(=人間に生まれることは難しく)、仏教にはあひがたし〈平家・一・祇王〉

にん‐だう【人道】 名❶《仏教語》六道の一つ。人間が生活している世界。例まさに人道に生を受くべしと言へども〈今昔・七・四三〉❷人として行うべき道。例人道上より(=君主から)乱す則は〈読本・雨月・白峯〉

にん‐ちく【人畜】 名❶人と畜生。人と獣。❷人でなし。例こなたも人畜の身となった〈近松・鑓の権三重帷子・上〉

にん‐ぢゃう【人長】 名 神楽の進行をつかさどる指揮者。宮中の神楽では近衛府の舎人が務め、武官の装束で、神鏡をかたどった木の輪をつけた榊を持つ。

人長〔舞楽図〕

にん‐ぢゅう【人中】 名《仏教語》「にんちゅう」とも。人間の世界。人間界。例その経書写の功徳によりて、極楽にも参り、天上・人中にも生まるべかりしに(=生まれるはずであったのに)〈今昔・一四・二九〉

仁徳天皇 《人名》生没年未詳。大和王権時代の天皇。応神天皇の皇子。難波に都を定め、高津宮を営む。中国の歴史書『宋書』に見える倭の五王の一人とされる。記紀では、理想的な帝王とされる一方、さまざまな女性たちとの関係が歌物語風に語られる。

仁和寺 名 山城国、今の京都市右京区御室の寺。真言宗。仁和四年(八八八)宇多天皇の建立。退位後出家した宇多上皇が住み、その後、代々、皇子や皇孫が住職として入る。

にん‐にく【忍辱】 名《仏教語》はずかしめ・苦悩・迫害を耐え忍んで、怒りや恨みの心を起こさないこと。「慈悲」に近い。例日本の国に、忍辱の父母ありと申すによりて〈宇津保・俊蔭〉

にんにく‐の‐ころも【忍辱の衣】 忍辱を、身を守る袈裟にたとえていう語。転じて、袈裟。例忍辱の衣を身に着つれば、戒香の匂ひにしみ薫りて〈栄花・玉の台〉

にん‐ぴにん【人非人】 名〔人にして人にあらず、の意〕❶《仏教語》仏法守護の八部衆の総称。特に、緊那羅の別称。❷人の道にはずれた行いをする人。人でなし。例あはれの人非人や〈大鏡・道隆〉

にん‐べつ【人別】 名❶一人一人に割り当てること。例人別に拾弐銭づつを徴されて(=集めなさって)〈折たく柴の記・下〉❷「人別帳」の略。例人別をめでたくぬけて名が替はり〈柳多留・二六〉

にんべつ‐ちゃう【人別帳】 名 江戸時代の戸籍簿。

にん‐わう【人皇・人王】 名 神武天皇以後の歴代の天皇のこと。神代と区別するための称。例人皇七十六代にあたりたまへる御門〈保元・上〉

にんわう‐ゑ【仁王会】 名「にんおうゑ」とも。春秋二季(多くは陰暦三月・七月)、および臨時に国家の平安を祈って、宮中の大極殿・紫宸殿・清涼殿などで仁王般若経を講じる法会。例この雨風、いとあやしき物のさとしなりとて(=お告げだとして)、仁王会など行はるべし〈源氏・明石〉

人情本 江戸時代の小説の一種。天保期(一八三〇〜四四)に最盛期を迎える写実的な恋愛小説。

主に遊女と客の感傷的な恋を描いた末期の洒落本に、読本の伝奇的・勧善懲悪的な筋立てを取り入れることで成立した。文政二年(一八一九)刊の『清談峯初花』『明烏後正夢』が最初の作品で、前者は素人作者の恋愛小説を十返舎一九が女性向けに手直ししたもの、後者は為永春水・滝亭鯉丈が合作したものである。

その後春水は天保三・四年(一八三二・三三)に『春色梅児誉美』を刊行する。この作品は男女の逢瀬を会話中心に甘美に描き、的確な風俗描写もあいまって、特に女性に歓迎された。春水は序文で自らを「江戸人情本の元祖」と称した。春水にはほかに『春色辰巳園』『春告鳥』などがある。

天保の改革で春水が処罰され、翌年に死去すると人情本は衰えるが、明治時代の硯友社文学に影響を残した。〈松原秀江〉

ぬ【沼】 名 ぬま。「隠こもり沼」など複合語で用いられる。

ぬ【野】 名「の(野)」に同じ。上代東国方言か。例千葉のぬの児手柏の〈万葉・二〇・四三八七〉語誌『万葉集』に「ぬ」と読める例があるが、「の」の誤記とする説もある。江戸時代に国学者が「野」をすべて「ぬ」と読んでいたのは誤り。

ぬ【寝・寐】 動(ナ下二)寝ぬる。眠る。横になる。例嘆きつつひとり**ぬる**夜の明くる間はいかに久しきものとかは知る〈拾遺・恋四〉➡名歌256

ぬ 助動(ナ変型) 主に「なる」のような事態の自然な推移を表す動詞について、その動作や作用の完了を表す。

❶**動作・作用が終結・完了した意を表す。〜た。〜てしまう。〜てしまった。**例ⓐ熟田津に舟乗りせむと月待てば潮もかなひ**ぬ**今は漕ぎ出でな〈万葉・一・八〉➡名歌275 例ⓑ藤波は 咲きて散りにき 卯の花は 今そ盛りと(=藤の花は咲いて散ってしまった。卯の花は今が満開だと)〈万葉・一七・三九九三〉

❷**動作・作用が間違いなく終結・完了する意を表す。完了の意が薄らぐ場合もあるので、強意・確述の用法とも呼ばれる。きっと〜。確かに〜。必ず〜。**㋐**推量の助動詞「む」「べし」などを伴って用いる。**⇩なむ・ぬべし。例ⓐ(年ゴロニナッタラ)髪もいみじく長くなりなむ(=髪もきっとたいそう長くなるだろう)〈更級〉例ⓑ我は皇子に負け**ぬ**べしと、胸うちつぶれて思ひけり(=私はきっと皇子に負けてしまうにちがいないと、心がひどく乱れてもの思いにふけっていた)〈竹取〉

㋑**命令形「ね」の形で用いる。**例玉の緒よ絶えなば絶え**ね**ながらへば忍ぶることの弱りもぞする〈新古今・恋一〉➡名歌217

㋒**終止形を単独で用いる。**例いかさまにも今度のいくさには相違なく勝ち**ぬ**とおぼゆるぞ(=きっと今度の合戦には間違いなく勝ってしまうと思われることだ)〈平家・七・願書〉

❸(中世以降、「〜ぬ〜ぬ」の形で)**動作の反復・並列の意を表す。〜したり〜したりする。**例起き**ぬ**伏し**ぬ**嘆きて(=起きあがったりうつぶしたりして嘆いて)〈古活字本平治・中〉

接続 活用語の連用形につく。

活用 ナ変型

未然形	連用形	終止形	連体形	已然形	命令形
な	に	ぬ	ぬる	ぬれ	ね

語誌▼**「ぬ」と「つ」の違い** 「ぬ」と「つ」は、ともに動きの完了を表すのが基本義で、よく似ている。しかし、「ぬ」は、自然推移的動きが話し手の目の前に現れてきたこと、目の前から消えていったことを表すのが原義であるが、「つ」は、主として意志的・人為的動きを経験したことを表す。自然推移的動きを表す動詞はだいたい自動詞で、人為的動きを表す動詞はだいたい他動詞であるから、両者の違いはほぼ動詞の自他の違いに対応しているとみてよい。例ⓐほととぎす鳴く羽触れにも散りにけり盛り過ぐらし藤波の花〈万葉・一九・四一九三〉例ⓑ我がやどの花橘をほととぎす来鳴きとよめて本(=根もと)に散らしつ〈万葉・八・一四九三〉

　ただし以上の違いは、平安時代以降しだいに不明瞭になっていった。またラ変型の活用語には通常「つ」がついて、「ぬ」がつく場合は、「ありなむ」「ありなば」「ありぬべし」「ありなまし」のように、事柄が未実現の場合にほぼ限られる。例(コノ住マイモ)かかる折ならずは、をかしうもありなまし(=こんな配流のときでなかったら、さぞおもしろくあっただろうに)と、昔の御心のすさび思し出づ〈源氏・須磨〉読解 須磨に到着した光源氏が、都での昔の気ままな慰みを思い出している場面である。

▼**終止形「ぬ」と打消の助動詞「ず」の連体形「ぬ」の識別** 終止形「ぬ」は、打消の助動詞「ず」の連体形と同じ形なので、その識別に注意する。⇩ず

▼**「なむ」の形の識別** 未然形「な」に推量の助動詞「む」がついたものは、希望の終助詞「なむ」と同じ形なので、識別に注意する。活用語の何形につくかがポイント。

○未然形につく「なむ」―― 希望の終助詞「なむ」

例(光源氏ハ)惟光、とく参らなん(=早く来てほしい)と思す〈源氏・夕顔〉

○連用形につく「なむ」―― 完了の「ぬ」+推量の「む」

例女郎花多かる野辺に宿りせばあやなくあだの名をや立ちなん(=わけもなく、浮気者の名がきっと立ってしまうだろう)〈古今・秋上〉

　前にある活用語が未然・連用同形の語の場合は、連体修飾していれば「完了+推量」であるし、右の『古今和歌集』の例と同様に前に「や」「か」などの係助詞がある場合も「完了+推量」である。係助詞のない終止の場合には文脈から判断するが、終助詞の「なむ」は心中での思いを表している場合が多く、「完了+推量」には「む」のもつ意志の意味が現れる場合がよくある。

〈野村剛史〉

ぬ 打消の助動詞「ず」の連体形。

ぬえ【鵼・鵺】 名 ❶「ぬえどり」「ぬえこどり」とも。鳥の名。トラツグミの別称。夜半や早朝、または曇りの日に鳴く。口笛に似た鳴き声で哀調があるとされる。例ⓐ青山に **ぬえ**は鳴きぬ〈記・上・神代・歌謡〉例ⓑ頭は猿、むくろ(=胴体)は狸、尾は蛇、手足は虎の姿なり。鳴く声鵼にぞ似たりける〈平家・四・鵼〉❷想像上の怪獣の名。平安後期の武将源頼政が射落としたという話で有名。①例ⓑでいわれているものがそれ。

ぬえこ-どり【鵼子鳥・鵺子鳥】 ❶名「ぬえ①」に同じ。❷(枕詞)悲しげに鳴くことから「うら泣く(自然に心の中で泣かれる)」にかかる。

ぬえ-どり【鵼鳥・鵺鳥】 名「ぬえ①」に同じ。

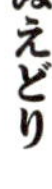

ぬえどりの【鵺鳥の・鵼鳥の】《枕詞》鵺のもの悲しげな鳴き声の印象から、「うら泣く（自然に心の中で泣かれる）」「のどよふ」「片恋」などにかかる。例飯炊かしく ことも忘れて ぬえ鳥の のどよひ居をるに〈万葉・五・八九二〉→名歌122

ぬか【額】名❶額ひた。例僧都そうの君、いみじう額をさへつきて〈枕・頭の弁の、職にまゐり給ひて〉❷ぬかずくこと。礼拝。例うち行ひたる暁あかの額など、いみじうあはれなり〈枕・あはれなるもの〉

ぬ-か〔打消の助動詞「ず」の連体形＋係助詞「か」〕❶上代の用法。（多く上に係助詞「も」があり、「〜も〜ぬか」の形で）希望の意を表す。〜てくれないかなあ。〜であってほしい。例我が命も常にあらぬか昔見し象きさの小川を行きて見むため〈万葉・三・三三二〉❷単に打消の疑問の意を表す。〜ないのか。例身ははやく奈良の都となりにしを恋しきことのまだも古ふりぬか〈後撰・恋一〉読解私は旧都の奈良のようにすっかり古くなってしまったが、あなたを恋しく思うことはまだ過去のものとはなっていないのか、の意。

ぬかご【零余子】名「むかご」の古称。山芋などのつるになる小さな粒芋状の肉芽。食用。例零余子をもり（＝もぎとり）、芹せりをつむ〈方丈記〉

額田王ぬかたのおほきみ（ヌカタノオオキミ）《人名》生没年未詳。飛鳥時代、『万葉集』第一期の代表的女性歌人。はじめ大海人おおあま皇子（天武てんむ天皇）に愛されて十市とおち皇女を生む。歌をもって朝廷に仕えたと考えられ、斉明天皇に代わって歌を詠じたり、天智てんじ天皇のそば近くで、中国風の発想による優美な歌を詠んだりしている。『万葉集』に長歌三首・短歌九首が残る。

ぬか-づき【酸漿】ヅキ 名 植物の名。ホオズキの別称。例（夕顔ノ実ハ）ぬかづきなどいふ物のやうにだにあれかし〈枕・草の花は〉

ぬかづき-むし【額突き虫】ヌカズキー 名「ぬかつきむし」とも。虫の名。コメツキムシの別称。例ぬかづき虫、またあはれなり。さる心地に（＝そんな虫の心で）道心おこしてつきありくらんよ（＝おじきして回るのだろうよ）〈枕・虫は〉

ぬか-づ-く【額突く】ヅク 動（カ四）「ぬかつく」とも。額ひたを地につけて拝む。礼拝する。例ⓐ相思はぬ人を思ふは大寺おほてらの餓鬼がきの後しりへに額つくごとし〈万葉・四・六〇八〉→名歌34 例ⓑ念仏する僧の、暁あかつきにぬかづく音のたふとく聞こゆれば（＝念仏する僧が、未明に礼拝する音が尊く聞こえるので）〈更級〉

語誌▼清濁について 平安末期の辞書『類聚名義抄るいじゅみょうぎしょう』には「叩頭虫 ヌカツキムシ」（こめつき虫）の「つ」に清音を表す点が打たれていることから、古くは「ぬかつく」と清音であったらしい。〈林田孝和〉

ぬ-がに〔完了の助動詞「ぬ」の終止形＋接続助詞「がに」〕〜してしまうほどに。〜してしまうぐらいに。例我が宿の夕影草の白露の（ここまで序詞）消けぬがにもとな（＝むやみに）思ほゆるかも〈万葉・四・五九四〉

ぬか-ぶくろ【糠袋】名 糠を入れた小袋。入浴時に肌をこすって洗うのに用いる。例面ほかを撫なづる糠袋を貸すいとま〈滑稽本・浮世風呂・前上〉

ぬ-か-も〔打消の助動詞「ず」の連体形＋係助詞「か」＋係助詞「も」〕希望の意を表す。〜てくれないかな。〜あってほしい。例しきたへの（枕詞）枕動きて寝いねらえず（＝眠ることができない）もの思ふ今夜こよひはやも明けぬかも〈万葉・一一・二五九三〉

ぬ-かも〔打消の助動詞「ず」の連体形＋終助詞「かも」〕打消の詠嘆の意を表す。〜ないことよ。〜ないことだなあ。例我あが待つ妹が使ひ来こぬかも〈万葉・一一・二五二九〉

ぬか-る【抜かる】動（ラ四）油断する。失敗する。例それは抜かる事ではござらぬ〈虎寛本狂言・察化〉

ぬき【緯・貫】名❶【緯】織り物の横糸。縦糸は「経たて」。例経もなく緯も定めず娘子をとめらが織るもみち葉に霜な降りそね（＝降らないでくれ）〈万葉・八・一五一二〉❷【貫】柱と柱との間を貫いて建物を補強する横木。例銅あかがねの柱に、貫とほせし中程に〈西鶴・本朝二十不孝・二・三〉

ぬき-い-づ【抜き出づ】イヅ 動（ダ下二）❶抜き出す。例剣大刀つるぎたち鞘さやゆ（＝鞘から）抜き出でて〈万葉・一三・三二四〇〉❷選び出す。例すぐれたる限りぬき出でたまふ〈増鏡・おどろの下〉❸現れ出る。突き出る。例御寺のかたはら近き林にぬき出でたる筍たかんな〈源氏・横笛〉❹ほかよりすぐれる。ずば抜ける。例永手ながて・百川ももかはとてぬきいでたる人々ありて〈愚管抄・三〉

ぬき-うち【抜き討ち・抜き打ち】名 刀を抜くと同時に切りつけること。例髭切ひげきり（＝太刀の名）をもって、ぬきうちにしとと（＝はっしと）討たれければ〈古活字本平治・中〉

ぬぎ-か-く【脱ぎ掛く】動（カ下二）衣服を脱いで物に掛ける。例なに人か来きてぬぎかけし藤袴ふぢばかま来くる秋ごとに野辺をにほはす〈古今・秋上〉

ぬき-す【貫簀】名 細く削った竹を糸で編んで作った簀。たらいなどの上に置き、手を洗うとき自分のほうに水が飛び散るのを防ぐのに用いる。例女の、手洗ふ所に貫簀をうちやりて〈伊勢・二七〉

ぬぎ-すべ-す【脱ぎ滑べす】動（サ四）衣服をすべらせるように脱ぐ。例脱ぎすべしたると見ゆる薄衣をとりて出でたまひぬ〈源氏・空蟬〉

貫簀〔枕草子絵巻〕

ぬき-た-る【貫き垂る】動（ラ四）玉などをつらぬいて、垂れるようにする。例竹玉たかだまをしじに（＝いっぱい）貫き垂れ〈万葉・三・三七九〉

ぬぎ-た-る【脱ぎ垂る】動（ラ下二）衣服の片方の肩を脱ぎ、袖そでを垂らす。例女房、桜の唐衣からぎぬどもくつろかに（＝ゆったりと）ぬぎたれて〈枕・清涼殿の丑寅のすみの〉

ぬき-と-む【貫き留む】動（マ下二）ばらばらにならないよう紐ひもなどを通してつなげる。つらぬきとめる。和歌で、露や玉などとともに用いる。例滝の糸にぬきとめられず散る玉を〈頼政集〉

ぬき-みだ-る【貫き乱る】❶動（ラ四）つらぬいていた糸を抜き取って、玉などを散らす。例ぬきみだ

ぬ

る人こそあるらし白玉のまなくも(=すきまなく)散るか袖のせばきに〈古今・雑上〉 **2** 動(ラ下二) つらぬいていた糸が抜けて、玉などが乱れ散る。 例 **ぬき乱れ**たる軒の玉水〈式子内親王集〉

ぬ・く【貫く】 動(カ四) **突き通す。 つらぬく。** 例 我がやどの花橘は散り過ぎて玉に**貫く**べく実になりにけり(=私の家の橘の花はすっかり散ってしまって薬玉に通せるくらいに実になってしまったよ)〈万葉・八・一四八九〉

語誌 ▼**「抜く」と「貫く」** 「貫く」は「抜く」と同源。「抜く」が他の部分から一部だけを細く抜き出す意であるのに対して、「貫く」は逆に細い穴から物を差し通す意である。

▼**玉に貫く** 「貫く」は『万葉集』などの和歌に用いられ、「玉に貫く」という表現は和歌の世界では類型化している。

▼**「ぬく」と「つらぬく」** 「貫く」は「つらぬく(貫く)」の元の形と推定される。「つらぬく」は平安時代以降に例が見られる。 〈高山善行〉

ぬ・く【脱く】 動(カ四) 〔平安時代以降「ぬぐ」〕衣服などを脱ぐ。 例 うけ沓(=穴のあいた靴)を **脱き棄つ**るごとく〈万葉・五・八〇〇〉

ぬ・く【抜く】 **1** 動(カ下二) ❶**はまっている部分や属している集団から離れる。 抜ける。** 例 毛のよく**抜くる**銀の毛抜き〈枕・ありがたきもの〉

❷**他よりすぐれている。 抜きん出ている。** 例 あざやかに**ぬけ**出でおよすけたる方は、父大臣にもまさりざまにこそあめれ(=はっきりと群を抜いて大人らしくなってゆくところは、父の大臣にもまさっている様子であるようだ)〈源氏・藤裏葉〉 読解 光源氏の長男夕霧への評。

❸**逃れ出る。 脱出する。** 例 ここにあっては悪しかりなんと思ひたまひて、足にまかせて**ぬけ**たまふほどに(=ここにいてはきっとまずいだろうとお思いになって、足の力が続く限りお逃げなさるうちに)〈古活字本平治・中〉

❹**力や勢いがなくなる。 腰が抜ける。**

2 動(カ四) ❶**はまっているところから離れさせる。 引き抜く。 取り出す。** 例 (足鼎カラ頭ヲ)**抜か**んとするに、おほかた**抜か**れず(=引き抜こうとするが、まったく引き抜くことができない)〈徒然・五三〉

❷**出し抜く。 だます。** 例 なむさんぼう、**ぬか**れた(=しまった、だまされた)〈狂言・粟田口〉 〈高山善行〉

ぬく-ぬく 副 『近世語』多く「ぬくぬくと」の形で用いる。 ❶**ずうずうしく。 うまうまと。 苦労せずに。** 例 ようもこの母を**ぬくぬく**とだましたなあ〈近松・女殺油地獄・中〉 ❷**できたての。**

ぬけ-い・づ【抜け出づ】 動(ダ下二) ❶**中から抜けでる。** 例 御かたちいと清げに…(絵カ何カ)ものより**抜け出で**たるやうにぞおはせし〈大鏡・道隆〉 ❷**他のものよりすぐれている。 秀でる。 抜きんでる。** 例 かくいづれの道も**ぬけいで**たまひけむは、いにしへも侍らぬ事なり〈大鏡・頼忠〉

ぬけ-がけ【抜け駆け】 名 戦陣で、功名を立てようとして、味方を出し抜いて敵陣を攻めること。 例 **抜けがけ**して、一人高名に備へんとや思ひけん(=手柄を立てようと思ってか)〈太平記・三〉

ぬけ-ぬけ【抜け抜け】 **1** 形動(ナリ) しだいに列を離れるさま。 例 始めのぎせい(=から元気)**抜け抜け**に、一人も残らず逃げ失せたり〈浄瑠璃・菅原伝授手習鑑・三〉 **2** 副 ❶厚かましくしらじらしいさま。 例 **ぬけぬけ**とした伯母御の偽り〈浄瑠璃・菅原伝授手習鑑・三〉 ❷間が抜けているさま。 愚かでだまされやすいさま。 例 虬(=龍に似た動物)**ぬけぬけ**としてかへりぬ〈沙石集・五本・八〉

ぬけ-まゐり【抜け参り】 名 親や主人に無断で家を抜け出して行う伊勢参り。 とがめ立てはされず、江戸時代に何度か流行した。 例 **抜け参り**の娘と見えて、十四、五なるうつくしきが〈浮世草子・世間娘気質・六・三〉 類義 おかげまゐり

ぬさ【幣】 名 ❶**神への供物の一つ。** 古くは麻や木綿(楮の繊維からとった糸)を榊の枝につけて供えたが、のちには織った布や帛(絹)・紙などを用いた。 旅では、道中の安全を祈って道祖神に捧げる。 「にきて」「みてぐら」とも。 例 (a)このたびは**ぬさ**もとりあへず手向山紅葉の錦神のまにまに〈古今・羇旅〉→名歌160 例 (b)船を出だして漕ぎ来る途に、手向けする所あり。 かぢ取りして、**幣**たいまつらするに(=かじ取りに命じて、幣を捧げさせると)〈土佐〉 読解 船旅の例。 「手向けする所」は幣を奉るべき所。 「たいまつる」は「たてまつる」のくだけた言い方。

❷**旅立ちのときの贈り物。 餞別。** 例 東に帰りくだるころ、上下いろいろの**ぬさ**多かりし中に(=鎌倉に帰り下るとき、身分の高い人低い人からさまざまな餞別が多かった中に)〈増鏡・新島守〉

語誌 ▼**手向けの幣** 幣を手向けるのは、供物の呪力によって神の加護を願う信仰によるもの。 一説によると衣服を手向けるのが本来の形で、その衣服が布・布切れにと変化し、紙・植物・食物も用いられるようになったとする。

▼**幣袋** 旅に出るときは、紙または絹を四角に細かく切った幣を入れた幣袋を携行し、峠や難所など、行く先々の道祖神に捧げて道中の安全を祈った。

▼**幣帛** 神霊に奉る供物を総称して「幣帛」という。 「幣」も「帛」も絹のこと。 中国では絹布を進物や礼物とすることから、礼物を幣帛といった。 日本ではこれを「ぬさ」「みてぐら」といい、神への供物の称として用いたといわれる。 〈鈴木幸夫〉

ぬさ-ぶくろ【幣袋】 名 旅に出たとき、安全を祈って道祖神に捧げる幣を入れる袋。 薄絹などで作り、中が透けて見える。 例 (女房タチノ)透影など、春の手向けの**幣袋**にやとおぼゆ〈源氏・若菜上〉

ぬし【主】 **1** 名 ❶**主人。 主君。** 例 うたてある**主**の御許に仕うまつりて(=困った主人のおそばにお仕え申し上げて)〈竹取〉

❷**人の敬称。** ㋐(「〜ぬし」「〜のぬし」の形で)**〜殿。 〜君。 〜さん。** 例 貫之の**ぬし**〈大鏡・師輔〉 ㋑**お方。 お人。** 例 かの**ぬし**たちをば、いかがいとさははしたなめむ(=あのお方たちを、どうしてほんとうに

そんなにきまり悪い思いをさせられようか)〈源氏・胡蝶〉 読解「いかが」は反語の意を表す。
❸所有者。持ち主。和歌などの作者。例(キシム車二)わが乗りたるは、その車のぬしさへにくし(=自分が乗っているときは、その車の持ち主までしゃくにさわる)〈枕・にくきもの〉
❹恋の相手。夫。例主強くなるとも、変はらずうちとけぬべく見えしさまなるを(=夫が定まっても、これまでと変わらず自分に心を許しそうに見えた様子であるのを)〈源氏・夕顔〉
[2]代 ❶対称の人称代名詞。あなた。例ぬしの御名はいかにぞや(=あなたのお名前はなんといいますか)〈大鏡・序〉
❷三人称の人称代名詞。あの方。例ぬしをあちらへつれまうして〈黄表紙・見徳一炊夢・上〉
語誌▼[1]①のような狭い上下関係から[1]②、[2]のように意味が広がっていった。[1]②には「父ぬし」のように接尾語的な用法もある。
▼[2]①は時代とともに敬意が減り、「おぬし」などになると、同等かそれ以下の相手に用いられた。[2]②は特に遊里で用いられた。〈高田祐彦〉

ぬし-さま【主様】 代《近世語》対称の人称代名詞。女性が親しい男性を敬っていう。あなたさま。例帯は裂けても、主様と私が間はよも裂けじと〈近松・曾根崎心中〉

ぬし-どの【主殿】 代 対称の人称代名詞。同輩以下に対して用いる。おまえさん。例ぬし殿は(普賢菩薩ヲ)拝みたてまつるや〈宇治拾遺・一〇四〉

ぬす-びと【盗人】 名 ❶盗みをする人。どろぼう。例これは盗人の家なり〈更級〉 ❷人をののしっていう語。例かぐや姫てふ(=という)大盗人の奴が人を殺さむとするなりけり〈竹取〉

[盗人に追ひ]〔「追ひ」は「追ひ銭」の略〕どろぼうにさらに金銭を与えるように、損の上に損を重ねるたとえ。例それは盗人に追ひといふものなり〈西鶴・世間胸算用・一・四〉

ぬすま・ふ【盗まふ】 ヌスマウ・ヌスモウ 動(ハ四)〔動詞「ぬすむ」の未然形＋上代の反復・継続の助動詞「ふ」〕❶盗み続ける。何回も盗む。例年の八年を我がぬすまひし〈万葉・一一・二八三三〉 ❷人目をごまかす。ひそかに行う。例ぬすまはず君に恋ひつつありかてぬかも(=じっとしていられない)〈万葉・一一・二四七〇〉

ぬす・む【盗む】 動(マ四) ❶人目を忍んでひそかに行う。こっそりとする。例己が命を盗み殺しせむと(=自分の命をひそかにねらい殺そうと)〈記・中・崇神・歌謡〉
❷他人のものなどをひそかに自分のものとする。例(a)人の娘を盗みて、武蔵野へ率てゆくほどに(=武蔵野へ連れて行くと)〈伊勢・一二〉例(b)古寺に至りて仏を盗み(=古い寺に行って仏像を盗み)〈方丈記〉
❸ひそかにまねる。学ぶ。例岡の屋に行き交ふ船をながめて満沙弥が風情を盗み(=岡の屋に往来する船を見て、沙弥満誓の歌の趣にならい)〈方丈記〉 読解「世の中を何にたとへむ朝開き漕ぎ去にし舟の跡なきごとし」の歌(↓名歌413)の趣。
語誌▼①が原義。
▼③は漢詩文の表現によるものとされ、美的な趣や風情にいうことが多い。〈桑名靖治〉

ぬた-め【紒目】 名 鹿の角の表面にある波状の模様。鏑矢を作るのに使う。

ぬため-の-かぶら【紒目の鏑】 紒目のある鹿の角で作った鏑矢。例鷹の羽はぎまぜたるぬた目のかぶらをぞさしそへたる〈平家・一一・那須与一〉

ぬ-な-と【瓊音】 名〔「な」は「の」の意の上代の格助詞〕瓊がこすれあう音。例瓊音ももゆらに(=さやかに)〈記・上・神代〉

ぬ-なは【蓴】 ヌナワ 名「ねぬなは」に同じ。

ぬ-なり〔打消の助動詞「ず」の連体形＋断定の助動詞「なり」〕〜ないのである。例あの国の人を、え戦はぬなり〈竹取〉 語誌 活用語の未然形につく。

ぬ-なり〔完了の助動詞「ぬ」の終止形＋推定・伝聞の助動詞「なり」〕〜てしまったそうだ。例読経の僧なども、みな声やめて出でぬなるを〈源氏・御法〉
語誌 活用語の連用形につく。

ぬの【布】 名 麻・苧(イラクサ科の草)・葛などの繊維で織った織物の総称。例下衆どもの料にとて、布などいふ物をさへ召して賜ふ(=召使たちのぶんにということで、布などという物までをお取り寄せになってお与えになる)〈源氏・宿木〉
語誌 布は絹に対して、強く荒々しい織物である。平安時代の用例はほとんど、身分の低い人への禄として与えられたもの。『枕草子』は「いやしげなるもの(=下品な様子であるもの)」として「布屏風の新しき」をあげている。〈藤本宗利〉

ぬの-かたぎぬ【布肩衣】 名 麻などの布で作った袖なしの粗末な衣服。例綿もなき布肩衣の海松のごと〈万葉・五・八九二〉↓名歌122

ぬの-こ【布子】 名 木綿の綿入れ。古くは麻布の綿入れをいった。例縦縞の布子に鍔なしの脇指、竹の小笠をかづき〈西鶴・好色一代女・三・一〉

ぬの-さうじ【布障子】 ソウジ 名 白い布を張り、墨絵などを描いたふすま障子。例布障子はらせて住まひたる〈枕・六位の蔵人などは〉

布引の滝 《地名》歌枕 摂津国、今の兵庫県神戸市、生田川上流の滝。『伊勢物語』八七段に、長さ二十丈、広さ五丈、白絹で岩を包んだようだとある。和歌では、「布」の縁で「さらす」「白糸」、また「白玉」などとともに詠まれる。例天の川これや流れのするならん空より落つる布引の滝〈金葉・雑上〉

ぬ-ばかま【奴袴】 名「さしぬき」に同じ。例烏帽子直衣に奴袴の稜取り〈源平盛衰記・六〉

ぬば-たま【射干玉】 名「うばたま」「むばたま」とも。黒くて丸いヒオウギの実か。ヒオウギは山に自生するアヤメ科の多年草。

ぬばたまの【射干玉の】 《枕詞》「うばたまの」「むばたまの」とも。「ぬばたま」が黒いことから、黒色やそれに関連のある「黒」「髪」「夜」「宵」「夢」「月」などにかかる。例ぬばたまの夜のふけゆけば久木生ふる清き川原に千鳥しば鳴く〈万葉・六・九二五〉↓名歌279

ぬは・る【縫はる】 ヌワル 動(ラ下二) 草の茂みなどに覆

われるようにして隠れる。例糸薄ぬはれて鹿の伏す野辺に〈山家集・上〉

ぬ-ひ【奴婢】 名❶大和王権時代の隷属民。「奴」が男性、「婢」が女性。令制下では、官有・私有があった。❷下男下女。例(召使ヲ使ウヨリハ)わが身を**奴婢**とするにはしかず〈方丈記〉

ぬひ-どの【縫殿】 ヌイ 名「縫殿寮」の略。

ぬひどの-の-つかさ【縫殿寮】 ヌイドノ 名 ⇩ぬひどのれう

ぬひどの-れう【縫殿寮】 ヌイドノリョウ 名 令制で、中務省に属する役所。女王や命婦の名簿の作成や人事、また、裁縫や組み紐のことをつかさどる。

ぬひ-の-つかさ【縫ひの司】 ヌイ 名 令制で、後宮十二司の一つ。裁縫、女官の参仕の管理などを担当する。

ぬひ-もの【縫ひ物】 ヌイ 名❶衣服などを縫うこと。縫うべき物。❷刺繡。縫い取り。例浮線綾の表着に絵書き、**縫ひ物**し〈栄花・紫野〉

ぬ・ふ【縫ふ】 ヌウ 動(ハ四)❶針に通した糸で、布や皮をとじ合わせる。縫う。例とみの物(=急ぎの物)**縫ふ**に〈枕・ねたきもの〉❷笠などを編む。例青柳を片糸によりて鶯の**縫ふ**てふ笠は梅の花笠〈古今・神遊びの歌〉❸縫い取りをする。刺繡をする。例藤の折り枝を**縫ひ**て〈天徳四年内裏歌合・仮名日記〉

ぬ-べし

〔完了の助動詞「ぬ」の終止形＋推量の助動詞「べし」〕❶**確実度の高い推量の意を表す。きっと〜はずだ。きっと〜にちがいない。** 例我はこの皇子に負け**ぬべし**(=私はこの皇子にきっと負けるにちがいない)〈竹取〉
❷**実現する可能性の高いさまを表す。きっと〜できる。きっと〜できそうだ。** 実際の用例では、否定の表現を伴って可能性の低さを表すことが多い。例人多く立ちこみて、分け入り**ぬべき**やうもなし(=人が大勢混雑していて、分け入ることができそうもない)〈徒然・四一〉

語誌▼意味的には「べし」が単独で用いられた場合と大きくは違わない。「べし」は意味の領域が広いので文脈に応じた意味の理解が必要である。
▼語構成や意味の近い語に「**つべし**」がある。平安時代の和文作品では、「つべし」よりも「ぬべし」のほうが圧倒的に多く用いられている。〈高山善行〉

ぬ-ぼこ【瓊矛】 名玉で飾った矛。例すなはち天の**瓊矛**をもて、指し下して探る〈紀・神代上〉

ぬま-たらう【沼太郎】 ヌマタロウ 名ヒシクイ(水鳥の名)のこと。例広沢やひとり時雨るる**沼太郎**〈俳諧・猿蓑・一〉

ぬめ【絖】 名中国から伝来した絹織物の一種。地が薄く、光沢に富む。書画をかくための布などに用いる。例いかが暮らするとて、白**ぬめ**の着る物給はり〈西鶴・好色一代男・一・七〉

ぬ-めり 〔完了の助動詞「ぬ」の終止形＋推定の助動詞「めり」〕〜てしまったようだ。例日も暮れ方になり**ぬめり**〈更級〉

ぬめ・る【滑る】 動(ラ四)❶ぬるぬるすべる。つるつるする。なめらかである。例**ぬめる**物鰻〈仮名草子・犬枕〉❷浮かれて遊びまわる。例夢の浮き世を**ぬめろ**やれ、遊べや狂へ皆人〈仮名草子・恨の介・上〉

ぬ-らし 〔完了の助動詞「ぬ」の終止形＋推定の助動詞「らし」〕〜てしまったらしい。例さ夜中と夜は更け**ぬらし**雁が音の聞こゆる空に月わたる見ゆ〈古今・秋上〉

ぬ-らむ 〔完了の助動詞「ぬ」の終止形＋推量の助動詞「らむ」〕きっと〜てしまっただろう。〜ているだろう。例秋されば置く露霜にあへずして(=耐えられないで)都の山は色付き**ぬらむ**〈万葉・一五・三六九九〉

ぬり-がさ【塗り笠】 名薄い板に紙を貼り、黒漆を塗った笠。多く女性がかぶる。例**塗り笠**のうち、ただ人(=普通の人)ともみえず〈西鶴・好色一代男・二・三〉

ぬり-ごめ【塗籠】 名❶寝殿造りで、まわりを壁で塗りこめ、明かり取り用の窓をつけ、妻戸から出入りする小部屋。納戸の類。寝室にも用いた。例我にもあらで(=我を失って)、**塗籠**に押し入れられておはす〈源氏・賢木〉❷「塗籠籐」の略。

ぬりごめ-どう【塗籠籐】 名幹を籐ですきまなく巻いて、その上を漆で塗りこめた弓。例大中黒の矢負ひ、**塗籠籐**の弓脇にはさみ〈平家・八・山門御幸〉

ぬり-つ・く【塗り付く】 動(カ下二)❶塗ってつける。例血をあやして(=したたらせて)卒都婆によく**ぬりつけ**て〈宇治拾遺・三〇〉❷罪や責任を他人のせいにする。転嫁する。例誰に**塗りつけ**んとて、かくほどに人を出だし抜かんとするぞ〈著聞集・一六・五四九〉

ぬ・る 動(ラ下二)『上代語』紐や髪などが自然にほどける。人の心などがうちとける。例我が結ふ髪の漬ちて(=濡れて)**ぬれけれ**〈万葉・二・一一八〉

ぬ・る【塗る】 動(ラ四)❶物の表面に墨・絵の具・漆などを塗りつける。例母の乳汁と**塗りしか**ば〈記・上・神代〉❷土・しっくいなどを塗って、壇・壁・塀などを造る。例東の放ち出で(=建物の名)に修法の壇**塗り**て〈源氏・夕霧〉❸責任や罪を他人になすりつける。転嫁する。例この勘十郎坊主が盗んで、源十郎めに**塗らん**と思ふ〈近松・五十年忌歌念仏・下〉

ぬ・る【濡る】

動(ラ下二)❶**表面に水分がつく。また、染みこむ。** 例(萩ノ花ガ)朝露に**ぬれ**てなよなよとひろごりふしたる(=朝露にぬれてなよなよと広がって伏しているもの)〈枕・草の花は〉
❷情交する。色事をする。例松島や雄島の人にも**ぬれ**て見むと(=松島の雄島あたりの人とも色事をしてみようと)〈西鶴・好色一代男・三・七〉

類義①そぼつ・ひつ(漬つ) 〈田島智子〉

ぬる 完了の助動詞「ぬ」の連体形。

ぬる・し

形(ク)❶**少しあたたかい。熱いとはいえない。** 例昼になりて**ぬるく**ゆるびもていけば(=昼になって少しあたたかくなって寒さがやわらいでいくと)〈枕・春はあけぼの〉
❷**熱心でない。十分でない。** 例(a)世のおぼえのほどよりは、内々の御心ざし**ぬるき**やうにはありけれ(=世間の評判の程度よりは、殿の御愛情が十分でないようであった)〈源氏・若菜上〉例(b)はかばかしき方には**ぬるく**はべる家の風の(=公務のほうでは劣っていますが家風が)〈源氏・若菜上〉

語誌 中途半端な温度というところから、熱心でな

い・十分でない、などの意味が生じる。和歌では、①に②を掛けて詠むこともある。〈森山由紀子〉

ぬる-ぬる 副〔動詞「ぬる」を重ねた語〕自然にほどけて。ゆるみほどけて。例入間道の大屋が原のいはゐつら(ここまで序詞)引かば**ぬるぬる**我にな絶えそね(=私から離れないでおくれ)〈万葉・一四・三三七八〉

ぬる・む【微温む】 動(マ四)❶水温などが少し上がる。なまあたたかくなる。例人恋ふる涙は春ぞ**ぬるみける**〈後撰・恋一〉❷体温が上がる。病気で発熱する。例御身も**ぬるみ**て、御心地もいとあしけれど〈源氏・若菜下〉

ぬれ【濡れ】 名❶濡れること。例女君の、かかる**濡れ**をあやしと咎めたまひぬべければ〈源氏・夕霧〉❷色事。情事。愛人。

ぬれ 完了の助動詞「ぬ」の已然形。

ぬれ-ぎぬ【濡れ衣】 名❶濡れた衣服。例あぶり干す人もあれやも**濡れ衣**を家には遣らな旅のしるしに(=衣服をあぶって乾かしてくれる人もいるのか、いや、いない。濡れた衣服を家に送りたい。旅のあかしに)〈万葉・九・一六八八〉読解「あれやも」の「やも」は反語の意を表す。❷根も葉もない浮き名。無実の罪。例我が**濡れ衣**はほせど乾かず〈後撰・雑四〉読解浮気者だという評判が立ったときに詠んだ歌。濡れた衣が干しても乾かないように、私の浮き名も消えることがない、の意。

語誌 上代には①のみ。平安時代になって②の意味が現れる。根も葉もない浮き名に苦しんで流す涙で濡れた衣ということから生じた意とみられる。②は①との掛詞で用いることが多い。〈田島智子〉

ぬれ-ごと【濡れ事】 名❶色事。情事。❷歌舞伎で、男女の恋愛の場面。また、その演技。

ぬれ-ば・む【濡ればむ】 動(マ四)〔「ばむ」は接尾語〕濡れたように見える。例(鼻ノ)さきは赤みて、穴のあたり**ぬればみ**たるは〈宇治拾遺・一八〉

ね

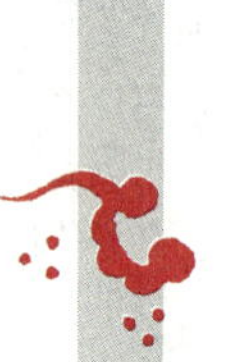

-ね 接尾 人に親しみをこめて呼びかけるときにつける語。例かくばかりな**ね**が恋ふれそ(=あなたが恋しがるからこそ)夢に見えける〈万葉・四・七二四〉

ね【子】 名❶十二支の第一番目。⇩十二支(図)。❷①にあてた年・月・日の呼称。それぞれについて十二支の順によって配当する。❸方角の呼称。北。❹時刻の呼称。今の午前零時ごろ、およびその前後約二時間。(一説に、その後約二時間)。例宵うち過ぎて、ねの時ばかりに〈竹取〉

ね

【音】 名 **自然に出てしまう人の泣き声。動物の鳴き声。楽器の音。** 例(a)ぬばたまの(枕詞)夜はすがらに**音**のみし泣かゆ(=夜は夜どおし声を上げて泣けてくる)〈万葉・一五・三七三二〉例(b)山里は秋こそことにわびしけれ鹿の鳴く**音**に目をさましつつ(=山里は秋こそがとりわけさびしく悲しいものだ。鹿が鳴く声に何度も目を覚まして)〈古今・秋上〉例(c)世になきものと聞き伝へし御琴の**音**をも風につけて聞き(=世にまたとないものと伝え聞いた御琴の音も風にのって聞き)〈源氏・明石〉

語誌 ▼上代の例　人間の泣き声についていうことが多い。鳥の鳴き声にもいうが、その場合は感情移入された和歌が多い。

▼平安時代の例　楽器にもいうことが多くなるが、おのずと出るその楽器本来の音質や、演奏者独自の音色という意味があるらしい。楽器にいう場合、「物の音」の形で用いることも多い。〈田島智子〉

[音に泣く・音に鳴く] 声を出して泣く。また、鳥などが声を立てて鳴く。例わが園の梅の上枝に鶯の(ここまで序詞)**音に泣き**ぬべき恋もするかな〈古今・恋一〉

[音を泣く・音を鳴く] 「ねになく」に同じ。例数ならぬみ山隠れの郭公人知れぬ**音をなき**つつぞふる〈後撰・恋二〉

ね

【根・峰・嶺】 名 大地の底に深々と基盤を下ろしたものをいう。

❶**植物の根。** 心の深さなどの比喩にも用いる。例(a)竹の根の 根足る宮(=竹の根のようにしっかりと建てられた宮殿)〈記・下・雄略・歌謡〉読解宮讃めの言葉。例(b)奥山の岩本菅を**根**深めて結びし心忘れかねつも(=山奥の岩のもとに生える菅の根が深いように深く約束した心を忘れられないことだ)〈万葉・三・三九七〉

❷**物事の根源。もと。** 例まことに、愛着の道、その**根**深く、源遠し(=ほんとうに、愛欲執着の方面のことは、その根源が深く、起源も遠い昔である)〈徒然・九〉

❸接尾語的に用いる。㋐大地にしっかりと基盤を下ろしているものを表す。「島根」「岩根」「岩が根」「垣根」など。㋑あるものの内側にしっかりと基盤を下ろしているものを表す。「屋根」「眉根」「羽根」など。

❹【峰・嶺】**そびえ立つ山。** 例富士の**嶺**に降り置く雪は六月の十五日に消ぬればその夜降りけり(=富士の山に降りつもる雪は六月十五日にようやく消えたかと思うとその夜には降ったなあ)〈万葉・三・三二〇〉〈多田一臣〉

ね

終助《上代語》❶**他に対して実現を希望する意を表す。～してほしい。～してもらいたい。** 例家聞かな(=家を聞きたい)名告らさ**ね**〈万葉・一・一〉⬇名歌168

❷(禁止表現の「な～そ」について)**どうか～してくれるな。どうか～しないでくれ。** 例大殿のこのもとほりの雪な踏みそ**ね**(=お屋敷のこのまわりの雪は踏まないでほしい)〈万葉・一九・四二二八〉

接続 ①は動詞の未然形につく。〈近藤要司〉

ね 打消の助動詞「ず」の已然形。
完了の助動詞「ぬ」の命令形。

【識別のポイント】**ね**

(1)**打消の助動詞「ず」の已然形**　活用語の未然形につく。係助詞「こそ」の結びになったり、下に接続助詞「ば」「ど」「ども」がついたりする。
例きららかならねど、木立ちものふりて(=きらびやかではないけれど、木立ちが古めかしくて)〈徒然・一〇〉

(2)**完了の助動詞「ぬ」の命令形**　活用語の連用形につく。
例もとの御かたちとなりたまひね(=もとのお姿におなりください)〈竹取〉

(3)**終助詞**　動詞の未然形につく。文末にあって他に対する希望の意を表す。
例家聞かな　名告らさね(=名前を告げてほしい)〈万葉・一・一〉➡名歌168

(4)**ナ変動詞の命令形の活用語尾**　「死ね」「往ね」の二つの形でのみ用いられる。
例とく死ねかしと思ふ(=早く死ねよと思う)〈落窪・四〉

ね-あはせ【根合はせ】―アワセ 名 陰暦五月五日の端午の節句に、左右二組に分かれて、菖蒲の根の長短を比べ、歌を詠み添えたりして勝負を競う遊戯。例明後日根合はせしはべるを。いづ方にかよからむと思しめす〈堤中納言・逢坂越えぬ権中納言〉

ねい-じん【佞人】 名 口がうまく、人に取り入るのが巧みで、心が曲がっている人。例佞人朝(=朝廷)にあれば、忠正の者すすまず〈十訓抄・一・序〉

ねう【鐃】ニョウ 名 中国伝来の楽器の名。鈴に似た形で中に銅の玉が入っていて、柄を振って音を出すという。仏事に用いる。例琵琶・鐃・銅鈸を調べ合はせたり(=合奏している)〈栄花・鳥の舞〉

ねう-はち【鐃鈸】ニョウ― 名 寺で法事や葬礼に用いる銅製の打楽器。皿形で中央部がへこみ、真ん中の穴に紐をつけて、二枚を持って打ち合わせる。例花をささげ、香を伝ふ…時々鐃鈸を打ち〈三宝絵・下・三一〉

ね-お・く【寝起く】 動(カ上二) 眠りから覚めて起き上がる。横になった身体を起こす。例日高う**寝起き**たまひて〈源氏・若紫〉

ね-おどろ・く【寝驚く】 動(カ四) はっと眠りから覚める。例月のころは**寝おどろき**て見出だすに、いとをかし〈枕・七月ばかりいみじうあつければ〉

ね-おび・る【寝おびる】 動(ラ下二) ねぼける。また、睡眠中に夢を見ておびえる。例君たちの、いはけなく(=あどけなく)**寝おびれ**たるけはひなど〈源氏・横笛〉

ねがはく-は【願はくは】ネガワク― (動詞「ねがふ」のク語法+係助詞「は」)願いがかなえられるなら。なにとぞ。例**願はくは**あの扇のまんなか射させてたばせたまへ〈平家・一一・那須与一〉

ねがは・し【願はし】ネガワシ 形(シク) (動詞「ねがふ」の形容詞形)望ましい。そうあってほしい。例この世に生まれては、**願はしかる**べき事こそ多かめれ〈徒然・一〉

ねがひ-の-いと【願ひの糸】ネガイ― 七夕の夜、竹竿につけて織女星に供える五色の糸。裁縫の上達を願うものという。例我が祈る**ねがひの糸**の年をへてあはでしもやは秋の七夕〈土御門院御集〉

ねが・ふ【願ふ】ネガウ 動(ハ四) (動詞「ねぐ(祈ぐ)」の未然形+上代の反復・継続の助動詞「ふ」) ❶**神仏に願をかける。祈願する。祈る。**例なほし願ひつ千年の命を(=それでもなお祈った、千年の寿命を)〈万葉・二〇・四四七〇〉 ❷**特に、極楽往生することを仏に祈る。**例穢土を厭ひ、浄土を**ねがはん**(=穢れたこの世を嫌い、極楽浄土に往生することを祈ろう)〈平家・一・祇王〉 ❸**望みの実現を希望する。念願する。**例それを取りて奉りたらむ人には、**願はむ**事をかなへむ(=それを取って差し上げた人には、希望することをかなえよう)〈竹取〉

語誌▼神の心を和らげ、その加護を願う意の「祈ぐ」に基づく語。神仏に祈願する意が基本で、そこから一般的な希望も表すようになった。▼「**のぞむ**」とほぼ同義だが、「のぞむ」は遠くにあるものを見る意から、自分に欠けているものを求める意となったもの。〈桑名靖治〉

ねぎ【禰宜】 名 神官の役職名。宮司や神主に次ぐ。例**禰宜**などの、くらからずさわやかに…とどこほらず聞きよう申したる〈枕・こころゆくもの〉

ねぎ-ごと【祈ぎ事】

名 **神仏に対する願い事。**また、**祈り願うこと。**例(a)**ねぎごと**をきかずあらぶる神だにも今日はなごしと人はしらなん(=願い事をきかない乱暴な神でさえも今日は穏やかになるという夏越しの祓えであると人は知ってほしい)〈順集〉読解「夏越しの祓へ」を詠んだ歌。「なごし」に「和し」を掛ける。例(b)試み事にねむごろがらむ人の**ねぎごと**に、なしばしなびきたまひそ(=試しにと好意を示すような相手の願いに、しばらくは耳を貸してはいけませんよ)〈源氏・常夏〉読解娘に注意を促す父の言葉。〈林田孝和〉

ね・ぐ【祈ぐ・労ぐ】 ❶動(ガ上二) ❶神仏の心を和らげ、加護を祈る。祈願する。例和魂を**ねぎ**て、玉船の鎮めとしたまふ〈紀・神功摂政前紀〉 ❷慰労する。いたわる。ねぎらう。例天皇朕珍の御手もち(=尊くりっぱな御手で)かき撫でぞ**ねぎ**たまふ〈万葉・六・九七三〉 ❷動(ガ四) ❶❶に同じ。例それをだに(=そのことだけを)思ふこととてちはやぶる〈枕詞〉神の社に**ねが**ぬ日はなし〈金槐集・中〉

ね-くた・る【寝腐る】 動(ラ下二) 寝ている姿がだらしなく乱れる。女性にいうことが多い。例二十日ばかりに、人、**寝くたれる**ほど見え〈蜻蛉・下〉

ね-くたれ【寝腐れ】 名 寝乱れてだらしない様子になること。例**寝くたれ**の御朝顔見るかひありかし〈源氏・藤裏葉〉

ねくたれ-がみ【寝腐れ髪】 名 寝て乱れた髪。寝乱れ髪。例わぎもこが**寝くたれ髪**を猿沢の池の玉藻と見るぞかなしき〈拾遺・哀傷〉

ね-ぐら【塒】 名〔「寝座」の意〕鳥の寝る所。巣。例鶯のねぐらの枝もなびくまでなほ吹き通せ夜半の笛竹〈源氏・梅枝〉

ねこ【猫】 名 ❶動物の名。ネコ。平安時代の貴族社会では、中国渡来の唐猫が愛玩された。例(a)猫は 上のかぎり(＝背中のほうだけ)黒くて、腹いと白き〈枕・猫は〉例(b)(柏木ハ)猫のかしづきをして、撫で養ひたまふ…ねうねうといとらうたげに鳴けば(＝猫の世話をして、撫でさすって飼っていらっしゃる…にゃあにゃあと実にかわいらしく鳴くので)〈源氏・若菜下〉読解 鳴き声を記したものとしては古い例である。

❷(猫の皮で胴を張ることから)三味線の別称。

語誌 ▼かわいらしさと神秘性　唐猫の渡来は、古く、仏教の経典を鼠の害から守るために、経典に添えられて船に乗ってやってきたのに始まるといわれる。『枕草子』には、一条天皇のそばで飼われていた猫が五位に叙せられていたこと(「うへにさぶらふ御猫は」段)や、長い引き綱を引きずるように歩む姿がかわいらしくも優美であること(「なまめかしきもの」段)などが記されている。

『源氏物語』の柏木という青年と光源氏の妻女三の宮の物語では、柏木が宮を垣間見するきっかけを作るなど、猫が重要な小道具となっている。①例(b)は、柏木が宮の唐猫を借り受けて日夜撫で養っているという場面である。

作品に登場する猫には、どこか神秘的な一面もある。『更級日記』で夢に現れる猫はその例。どこからともなく現れて作者と姉に飼われることになった猫が、姉の夢に現れ、実は自分は先年死去した大納言家の姫君だと告げた。姫君に対するように作者が話しかけると、猫は心得顔で穏やかに鳴いたという話である。『徒然草』八九段の「猫また」や、浄瑠璃・歌舞伎などの人間に祟る化け猫の話は、猫の怪異的で不気味な一面によっている。〈鈴木日出男〉

ねこ-おろし【猫下ろし】 名 猫が食べ物を残すこと。例猫(＝猫間中納言)殿は小食におはしけるや。きこゆる(＝有名な)猫おろししたまひたり〈平家・八・猫間〉

ね-こじ【根掘じ】 名 根をつけたまま掘り取ること。根こそぎ。例天の香山の五百つ真賢木を根掘じに掘じて〈記・上・神代〉

ね-こ・ず【根掘ず】 動(ザ上二) ❶根がついたまま掘り取る。例去にし年(＝先年)根こじて植ゑし我が宿の若木の梅は花咲きにけり〈拾遺・雑春〉 ❷せんさくが過ぎる。例このごろはねこじたるいりほがの(＝うがち過ぎの歌が)多く侍る〈八雲御抄・六〉

ねこ-また【猫股】 名 想像上の怪獣の名。猫が年老いて、尾が二つに分かれ、体も大きくなって人を襲うという。例奥山に猫またといふものありて、人を食らふなる〈徒然・八九〉

ね-ごめ【根込め・根籠め】 名 根ごと。根のついたまま。例根ごめに吹き折られたる(草木ヲ)、ここかしこにとり集め〈枕・野分のまたの日こそ〉

ね-さう【年星】 ソウ 名〔「ねんさう」の撥音の表記されない形〕「ねざう」とも。陰陽道で、開運のためにその人の生まれた年にあたる属星を祭ること。例年星をおこなふとて…数珠を借りてはべりければ〈後撰・慶賀・詞書〉

ね-ざし【根差し】 名 ❶地中に根をおろすこと。また、その根。例巌に生ひたる松の根ざしも心ばへあるさまなり〈源氏・明石〉 ❷生まれつき。家柄。例浅き根ざしゆゑ(＝卑しい生まれつきなので)〈源氏・松風〉 ❸根源。原因。例この六欲(＝六種の欲)に六種の根差しあり〈仮名草子・竹斎・上〉

ね-ざ・す【根差す】 動(サ四) ❶地中へ根を伸ばす。根付く。例植ゑし竹の根ざすばかりになりにけるかな〈堀河百首〉 ❷基づく。原因となる。例忍び入らんとせしはねざしたる所存(＝考え)あるよな〈近松・曾我会稽山・三〉

ね-ざめ【寝覚め】 名 ❶眠りから覚めること。特に、夜中や暁に目覚めること。例秋ならで(＝秋ではないのに)おく白露は寝覚めするわが手枕のしづくなりけり〈古今・恋五〉 ❷「寝覚め提げ重」の略。携帯用の提げ重箱。例寝覚めにもろこし餅・酒など持たせて〈西鶴・好色一代男・六・三〉

ねじけがまし【拗けがまし】⇩ねぢけがまし

ね-じに【寝死に】 名 眠ったまま死ぬこと。例その兵はその夜寝死ににになむ死にけり〈今昔・二七・四〉

ね-じろ【根白】 名 植物の根が白いこと。例打ちし大根 根白の 白ただむき〈記・下・仁徳・歌謡〉読解 女性の腕の白さを大根の白さにたとえる歌。

ねず-なき【鼠鳴き】 名 鼠の鳴きまねをすること。人や動物を誘い寄せたり、赤ん坊をあやしたりするときにする。「ねずみなき」とも。例雀の子の、ねず鳴きするにをどり来る〈枕・うつくしきもの〉

念珠の関・鼠の関 名 出羽国と越後国の国境、今の山形県温海町にあった関所。奥羽三関の一つ。「ねずがせき」とも。例鼠の関をこゆれば、越後の地に歩行を改めて〈芭蕉・奥の細道〉

ねずみ【鼠】 名 ネズミ科の小動物の総称。歯が鋭く、文学では道具類を食いちぎる憎い動物として描かれたり、人間と結婚しようとして失敗したりする(御伽草子『鼠の草子』)愚かさが主眼となるが、『古事記』では、危険に陥った大国主命に知恵を授けて命を救ってもいる。⇩ね(子)。例出でむところを知らさぬ間に、鼠来て言ひしく「内はほらほら、外はすぶすぶ」〈記・上・神代〉

ねずみ-なき【鼠鳴き】 名「ねずなき」に同じ。

ね-ずり【根摺り】 名 紫草の根で衣を摺り染めにすること。例染めてほす若紫の藤ごろも松もねずりの色や分くらん(＝わかるのだろうか)〈壬二集〉

ねずり-の-ころも【根摺りの衣】 根摺りにした衣。例むらさきのねずりの衣春くれて袖の名残にかかる藤なみ〈新続古今・春下〉

ねた【妬】 名〔形容詞「ねたし」の語幹の名詞化〕してやられたと恨みに思うこと。恨み。例悪口せられしそのねたに、わざと口をさかるる〈曾我・九〉

ねた-が・る【妬がる】 動(ラ四)〔「がる」は接尾語〕悔しがる。憎らしがる。うらやましがる。例かくして出でぬらむと、ねたがり惑ひたまへど〈落窪・二〉

ねた-げ【妬げ】 形動(ナリ)〔「げ」は接尾語〕❶いかにもしゃくにさわる感じだ。憎らしい様子だ。例うち笑ひてのたまへる、いとねたげに心やまし(=不快だ)〈源氏・真木柱〉❷しゃくなほどりっぱだ。例(ホトトギスガ)卯の花・花橘などにやどりをして、はた(=なかば)かくれたるも、ねたげなる心ばへなり〈枕・鳥は〉

ねた・し

【妬し・嫉し】形(ク) 他人にしてやられたと思う気持ち。自分の失敗にもいう。

❶しゃくにさわる。いまいましい。悔しい。例(姫君ガ)隠れたまへらむつらさの、まめやかに心憂くねたければ(=隠れていらっしゃる冷淡さが、実に情けなくいまいましいので)〈源氏・総角〉❷残念だ。しまったと思う。例とみの物縫ふに…かへさまに縫ひたるもねたし(=急ぎの仕立て物を縫うときに…裏返しに縫ってしまったのもしまったと思う)〈枕・ねたきもの〉❸ねたましいほどすばらしい。りっぱだ。鮮やかだ。例はかなけれど、ねたき答へと思す(=たいしたことはないが、鮮やかな返歌だとお思いになる)〈源氏・藤裏葉〉

語誌▼現代語の「ねたむ」は、うらやましく思って憎む意だが、古語の「ねたし」にはうらやましいと思う気持ちは含まれていない。

▼関連語 「ねたし」は、ちぇっと舌打ちするような、当座の軽い腹立ちに用いる。「にくし」は嫌悪感をいう語で、不快感は「ねたし」より強い。「くやし」は、自分の行為を悔やむ気持ちをいう語で、腹立たしい、の意はない。「くちをし」は、自分ではどうにもならない不運を嘆く気持ちである。〈池田節子〉

ねたま・し【妬まし】 形(シク)〔動詞「ねたむ」の形容詞形〕いまいましい。しゃくだ。例うち勝りたるよし自称仕うまつる、ねたましう(音便形)おぼえ候へば〈著聞集・一〇・三八〇〉

ねた・む【妬む】 動(マ四) 憎らしく思う。いまいましく思う。例うるはしき姿したる使ひにも、障らじ(=邪魔されまい)と、ねたみをり〈竹取〉

ね-だ・る【根足る】 動(ラ四) 根が地下にしっかり張っている。根が張って栄える。例竹の根の 根足る宮〈記・下・雄略・歌謡〉

ねぢ・く【拗く】 動(カ下二) 多く「拗けたり」の形で用いる。❶曲がりくねる。ねじれる。例八重桜は異様のものなり。いとこちたく(=くどく)ねぢけたり〈徒然・一三九〉❷ひねくれている。例かやうの御返しを、思ひまはさむも(=こうした場合の御返歌を、思案するのも)ねぢけたれば〈源氏・蛍〉❸筋道をはずれる。不正だ。例うちつけに(=軽率で)ねぢけたることは好まずかし〈源氏・真木柱〉

ねぢけ-がま・し【拗けがまし】 形(シク)〔「がまし」は接尾語〕❶ひねくれている。例いと口惜しくねぢけがましきおぼえだになくは〈源氏・帚木〉❷不自然だ。異常だ。例ゆかりむつび(=縁者どうしの結婚)、ねぢけがましきさまにて〈源氏・少女〉

ねぢけ-びと【拗け人・佞人】 名 心のねじ曲がった人。心と腹が違って口先がうまい人。例両面にかにもかくにも佞人が伴(=あっちにもこっちにもへつらうやつだ)〈万葉・一六・三八三六〉

ね-ちゃう【根帳】 名 商家などで、基本になる帳面。大福帳。例年久しき手代、根帳を締め、銭蔵・銀蔵(ノ鍵)は渡して〈西鶴・日本永代蔵・三・二〉

ねぢ-よ・る【捩ぢ寄る】 動(ラ四) にじり寄る。じわじわと近寄る。体をねじって近寄る。例(桜ノ)花の本には、ねぢより立ち寄り〈徒然・一三七〉

ね・づ【捩づ・捻づ】 動(ダ上二) ひねり曲げる。ねじる。例雁の首をねぢて、殺して調へて(=調理して)御肴に備へたり〈今昔・一〇・一二〉

ね-つけ【根付け】 名❶印籠・巾着・煙草入れなどの下げ紐の端につけて、帯にはさんで下げたときに落ちないようにした細工物。装飾品として、象牙・さんご・めのう・玉などが用いられた。例根付けにする瓢箪の口を細工にして〈西鶴・本朝二十不孝・一・四〉❷(①のように)いつも他人につき従って取り入っている人。例根付けにする一文奴よ〈歌舞伎・幼稚子敵討・六〉

ね-ど【寝所】 名 寝床。寝る所。例我は至らむ寝所な去りそね(=私は逢いに行こう、寝床を離れないでおくれ)〈万葉・一四・三四二八〉

ね-どころ【寝所】 名❶寝床。寝る部屋。例寝所とおぼしき所に、五位入りて寝んとするに〈宇治拾遺・一八〉❷ねぐら。例からすの、ねどころへ行くとて〈枕・春はあけぼの〉

ね-と・る【音取る】 動(ラ四) 雅楽で、試しに楽器を演奏して調子を合わせる。例一臈(=最古参の人)、笛をねとる〈著聞集・一八・六三五〉

ね-な・く【音泣く・音鳴く】 動(カ四) 声に出して泣く。例新喪のごとも(=新たに服す喪のように)音泣きつるかも〈万葉・九・一八〇九〉

ねなし-ぐさ【根無し草】 名 根が水中にあって、漂い浮いている草。また、漂っていて定まらない物事のたとえ。例明日知らぬみむろの岸のねなし草なに(=なぜ)あだし世に生ひ始めけむ〈千載・雑中〉

根南志具佐 《作品名》江戸時代の談義本。五巻。天竺浪人(平賀源内)作。宝暦一三年(一七六三)刊。閻魔大王が役者に一目惚れして地獄へ引きこもうと策略するが、別の役者が身代わりになって溺死する。実際の事件をもとに書かれた。

ねになく【音に泣く・音に鳴く】 ⇩「ね」の子項目

ね-ぬなは【根蓴菜】 名 水草の名。ジュンサイ。若芽は食用にする。例隠れ沼の下より生ふるねぬなはの〈古今・雑体〉

ねぬなはの【根蓴菜の】 《枕詞》「ね」と同音を含む「寝ぬ」「妬し」にかかる。また、根蓴菜は繰って収穫することから、「繰る」やその同音を含む「苦し」にかかる。例ねぬなはの苦しかるらん人よりも〈拾遺・恋四〉

ね-の-くに【根の国】 名 古代、人の死後魂が行くと考えられた地下の国。⇩よみ(黄泉)。例根の国・底の国に気吹き放ちてむ〈祝詞・東文忌寸部献横刀時呪〉

ね-の-ひ【子の日】名「ねのび」とも。❶十二支の子にあたる日。例爪のいと長くなりにたるを見て、日を数ふれば、今日は子の日なりければ、切らず(=爪がたいそう長くなってしまっているのを見て、日を数えたところ、今日は子の日だったので、切らない)〈土佐〉読解当時、手の爪は丑、足の爪は寅の日に切るのがよいとされていた。

❷**正月の子の日に行われる野遊び。** その日、貴族たちは近郊の野に出て、若菜を摘み、小松の根を引き、宴を催した。これを「子の日の遊び」「子の日の宴」という。小松の根を引く行為には、松の長寿を譲り受けたいという願いがこめられていた。例今日は**子の日**なりけり。げに千年の春をかけて祝はんに、ことわりなる日なり(=今日は子の日なのであった。なるほど千年の春を子の日にかけて長寿を祝おうとするのに、ふさわしい日である)〈源氏・初音〉読解元日と子の日とが重なったのである。

❸「子の日の松」の略。例君が植ゑし松ばかりこそ残りけれいづれの春の**子の日**なりけん(=あなたが植えた松ばかりだけが残ってしまった。どの春の子の日の松であったのか)〈後拾遺・雑四〉読解ある親王の死後、その植えた松を見て詠んだ歌。

ねのひ-の-あそび【子の日の遊び】陰暦一月の子の日に、人々が野原に出て長寿を祈って小さな松を引き抜き、若菜を摘んで遊ぶこと。〈福長進〉

ねのひ-の-まつ【子の日の松】「子の日の遊び」に引く小松。例引きて見る**子の日の松**はほどなきをいかでこもれる千代にかあるらむ〈拾遺・雑春〉

ね-ば〔打消の助動詞「ず」の已然形＋接続助詞「ば」〕❶〔「ば」は順接条件〕～ないので。～ないから。例世の中を憂しとやさしと思へども飛び立ちかねつ鳥にしあら**ねば**〈万葉・五・八九三〉➡名歌411 ❷〔「ば」は一般・恒常条件〕～ないと。～ないときは。例たけばぬれ(=結えば解けて)たか**ねば**長き妹が髪〈万葉・二・一二三〉❸〔「ば」は逆接条件〕～しないうちに。「～も～**ねば**」の形で用いることが多い。例年月も いまだあら**ねば**（死ヌトハ）心ゆも 思はぬあひだに〈万葉・五・七九四〉

ね-ば・ふ【根延ふ】バウ・ボウ 動(ハ四)「ねはふ」とも。根が張る。根が長くのびる。例紫草の**根延ふ**横野の春野には〈万葉・一〇・一八二五〉

ね-は・る【寝腫る】動(ラ下二) 寝て、顔つきがはればったくなる。例夏昼寝して起きたるは…つやめき(=てかてか光り)、**寝腫れ**て〈枕・見ぐるしきもの〉

ねはん【涅槃】名《仏教語》❶**一切の煩悩が消滅し、永久の悟りの境地に達した状態。** 例仏及び塔をめぐらむとに五種の徳を得うべし…五は**涅槃**を得む(=仏及び仏塔の周囲をまわり歩こうとするときには五種類の徳を得られる…五つ目は悟りの境地を得るだろう)〈今昔・一・三六〉

❷**仏、特に釈迦の死。** 例釈尊は、一期の化縁尽きて**涅槃**に入りたまひしが(=お釈迦様は、一生の間にもっていた衆生を教え導く因縁が尽き果てておなくなりになったが)〈発心集・七・三〉

❸「涅槃経」の略。仏は永遠であり、すべての衆生は仏性を有すると説く。

❹「涅槃会」の略。

語誌 涅槃経・四に「もろもろの煩悩を滅するを、涅槃と名づく。諸有を離るる者はすなはち、涅槃をなすなり」とあるように、すべての煩悩や迷いを断ち切り、悟りの境地に至ることをいう。また、②のように釈迦の入滅(現世での死)をさしていうことが多い。〈中本大〉

ねはん-かう【涅槃講】コウ 名《仏教語》「ねはんゑ」に同じ。

ねはん-ゑ【涅槃会】エ 名《仏教語》釈迦入滅の日とされる陰暦二月十五日、追悼のために行われる法会。涅槃図を掲げ、涅槃経を読誦する。涅槃忌。涅槃講。例二月には山階寺の**涅槃会**に参らせたまひて〈栄花・疑ひ〉

ねび-ごたち【ねび御達】名 年を取って経験を積んだ女房たち。老女房たち。例物裁ち(=裁縫)などするねび御達、御前にあまたして〈源氏・野分〉

ね-ひとつ【子一つ】名 時刻の呼び方。子の刻を四分した、その一番目の時刻。今の午後十一時から十一時半ごろにあたる。例わが寝る所に率て入りて、子一つより丑三つまであるに〈伊勢・六九〉

ねび-ととの・ふ【ねび調ふ】トノウ 動(ハ四) 美しく成長する。成熟し大人らしくなる。例女も**ねびととのひ**〈源氏・野分〉

ねび-びと【ねび人】名 老人。経験豊富な人。例近う仕うまつる大宮の御方の**ねび人**どもささめきけり(=ささやきあっていた)〈源氏・少女〉

ねび-まさ・る【ねび勝る】動(ラ四) ❶美しく成長する。例(女君ハ)さまことにいみじう**ねびまさり**たまひにけるかな〈源氏・賢木〉❷年よりも大人びる。ふけている。例御弟にこそものしたまへど、**ねびまさりてぞ見えたまひける**〈源氏・蛍〉

ねび-ゆ・く【ねび行く】動(カ四) ❶年とともに成長する。だんだん成人してゆく。例**ねびゆか**むさまゆかしき(=見たい)人かな〈源氏・若紫〉❷ますます年をとる。老成する。ふける。例やうやう年も**ねびゆく**身に限りては、思ふ事もなし〈宇津保・楼上下〉

ねび・る 動(ラ下二) 年寄りくさくなる。ふけて見える。例鼻などもあざやかなる所なう(=くっきりとしたところがなく)**ねびれ**て〈源氏・空蟬〉

ねぶ【合歓】名 植物の名。マメ科の落葉高木。ネムノキ。葉は夜になると閉じる。花糸の目立つ淡紅色の花は夕方に開き日中に閉じる。例象潟や雨に西施が**ねぶ**の花〈芭蕉・奥の細道〉➡名句47

ね・ぶ 動(バ上二) ❶**年をとる。老ける。** 例容貌などねびたれど清げにて(=顔立ちなどは年をとっているけれどもきれいで)〈源氏・夕顔〉

❷**成長する。大人びる。ませる。** 例(天皇ハ)御年の程よりはるかに**ねびさせ**たまひて(=御年齢のころあいよりもずっと大人びていらっしゃって)〈平家・一一・先帝身投〉

語誌 年齢にふさわしい様子をする意で、②のように、成熟する意の、よい意味でも用いられる。それに対して「**おゆ**(老ゆ)」は、年をとって衰えていく意を表

す。〈浅見和彦〉

ねーぶか【根深】 名 植物の名。葱の別称。例易水にねぶか流るる寒さかな〈俳諧・蕪村句集・下〉➡名句33

ねぶた・し【眠たし・睡たし】 形(ク) ひどくねむい。ねむたい。例ただ一人、**ねぶたき**を念じて(=我慢して)さぶらふに〈枕・大納言殿まゐり給ひて〉

ねぶり【眠り・睡り】 名 ねむり。例「**ねぶり**をのみして」などもどかる(=非難される)〈枕・思はむ子を〉

ねぶりーごゑ【眠り声】 ゴエ 名 ねむそうな声。寝ぼけ声。例居るままにすなはち(=座るやいなや)、**ねぶりごゑ**なる、いとにくし〈枕・にくきもの〉

ねぶりーめ【眠り目】 名 ❶眠そうにしている目。例**ねぶり目**にて、時々阿弥陀仏を申す(=念仏を唱える)〈宇治拾遺・一三〉❷じみで目立たないさま。例**ねぶり目**におだしくのみ(=穏やかにだけ)歌をよめとにはあるべからず〈ひとりごと〉

ねぶ・る【舐る】 動(ラ四) なめる。しゃぶる。例母また舌をもちてその傷を**ねぶり**て〈三宝絵・上・一三〉

ねぶ・る【眠る・睡る】 動(ラ四) ❶**ねむる**。寝る。**いねむりする**。例困じてうち**ねぶれ**ば(=疲れてねむると)〈枕・思はん子を〉❷**目を閉じる**。**目をつぶる**。例さすがに覚えて**ねぶり**をり(=やはりそうだったと気まずく思って目をつぶって座っている)〈竹取〉

語誌 ▼「ねむる」の形は平安末期ごろに生じたとされる。▼「ねぶる」と「ぬ(寝)」 ①の意は共通するが、「ぬ」には②の意はない。また、「ぬ」には、横になる、の意があるが、「ねぶる」にその用法はない。〈浅見和彦〉

ねーほ・る【寝惚る】 動(ラ下二) ねぼける。例**寝ほれ**たる心に、物詣でといふ事ふっと忘れぬ〈発心集・八・一〇〉

ねーまち【寝待ち】 名 ❶寝て待つこと。②の意を掛けて用いることもある。例しらけたり夜食過ぐると皆**寝待ち**〈もみぢ笠〉❷「寝待ちの月」の略。例**寝待ち**を昨日といひて〈宇津保・春日詣〉

ねまちーのーつき【寝待ちの月】 陰暦十九、二十日ごろの月。月の出が遅いことから寝て待つ月と称した。「臥し待ちの月」とも。

ねーまつり【子祭り】 名 陰暦十一月の甲子の日に大黒天を祭る行事。二股大根・豆類などを供える。例毎年嘉例(=めでたいしきたり)で**子祭り**を致す〈和泉流狂言・大黒連歌〉

ねーまど・ふ【寝惑ふ】 マドウ 動(ハ四) ねぼけてまごまごする。例老いたる男の**寝まどひ**たる〈枕・にげなきもの〉

ねま・る 動(ラ四) ❶居る。腰をすえる。例ながなが西国に**ねまり**〈近松・文武五人男・四〉❷平伏する。ひれ伏す。うずくまる。例軍右衛門が**ねまり**まうして手をつかへる〈近松・心中宵庚申・上〉❸横になる。くつろぐ。例涼しさを我が宿にして**ねまる**なり〈芭蕉・奥の細道〉➡名句78

ねーみみ【寝耳】 名 眠っているときに耳に入ること。夢うつつに聞くこと。例すこしうちやすみたる**寝耳**に〈枕・正月に寺にこもりたるは〉

ねー・む【睨む】 動(マ下二) ❶にらむ。じっと見る。例「のちに逢はざらんやは(=後で逢わないだろうか)」と**ねめ**ずばこそ〈宇治拾遺・一〇九〉読解「やは」は反語の意を表す。❷憤りを感じる。警戒心をもつ。例**ねめ**つつ見かへり見かへりにらみけり〈著聞集・一四・五四三〉

ねむごろ【懇ろ】 名 形動(ナリ) 〔「ねもころ」の変化した形〕「ねんごろ」に同じ。

ねめーか・く【睨め掛く】 動(カ下二) にらみつける。例(逃ゲ去ル相手ヲ)**ねめかけ**て帰りにければ〈宇治拾遺・一〇九〉

ねもころ【懇】 形動(ナリ) 副 『上代語』〔「ねんごろ」の古形〕心こまやかに。まごころこめて。⇩ねんごろ。例**ねもころ**見まく欲しき君かも(=まごころこめて見たいと思う君であるよ)〈万葉・四・五八〇〉

ねもころごろ【懇ごろ】 形動(ナリ) 心こまやかに。隅々まで。例菅の根の(枕詞)**ねもころごろに**照る日にも乾めや我が袖妹に逢はずして〈万葉・一二・二八五七〉

読解「乾めや」の「や」は反語の意を表す。

ねーや【寝屋・閨】 名 ❶**寝るための建物**。**寝室**。**寝所**。例春は家を立ち去らでも、月の夜は**閨**のうちながらも思へるこそ、いとたのもしう、をかしけれ(=春は家を出て行かなくても、月の出ている夜は寝室の中にいるままでも思いをはせていることこそ、たいそう期待がもたれて、味わい深い)〈徒然・一三七〉読解 桜や月の観賞について。❷**奥のほうの部屋**。**深窓**。**女性の部屋**。例(浮舟)**閨**のつま近き紅梅の色も香も変はらぬを(=部屋の軒端近くの紅梅の花の色も香りも変わらないのを)〈源氏・手習〉

語誌 ▼**恋の情趣** 「ねや」は、恋の情趣をかもし出す言葉である。独り寝の「ねや」に月光が差し込むという景は恋歌にしばしば見られる。『百人一首』にも採られている「夜もすがらもの思ふころは明けやらで閨のひまさへつれなかりけり」〈千載・恋三〉➡名歌416は、自分を悶々とした思いにさせる男性だけでなく、朝、一条の光をもさしかけてくれない閨のすきまの暗さまでを、つれないと恨んだ歌。〈鈴木宏子〉

ねやーど【寝屋処・寝屋戸】 名 寝る所。寝所。寝室。例しもと(=むち)取る里長が声は**寝屋処**まで来立ち呼ばひぬ〈万葉・五・八九二〉➡名歌122

ねり【練り・煉り】 名 ❶絹糸や絹布を灰汁などで煮て柔らかくすること。❷「練り絹」の略。❸「練り貫」の略。❹巧みなこと。例諸弟(=人名)らが**練り**の言葉は我は頼まじ〈万葉・四・七七四〉

ねりーい・づ【練り出づ】 イズ 動(ダ下二) ゆっくりと歩み出る。静々と歩み出る。例横座(=上座)の鬼の前に**練り出で**て〈宇治拾遺・三〉

ねりーいろ【練り色】 名 白絹を練って淡黄色にしたもの。薄い黄白色。例**練り色**の衣どもなど着たれど〈枕・単は〉

ねりーかう【練り香・煉り香】 コウ 名 香の名。沈香・麝香・龍脳などの粉末に甲香(サザエなどの貝類のふたを粉にしたもの)を混ぜ、蜜で練り合わせたもの。「合はせ薫き物」とも。

ねり-ぎぬ【練り絹】 名 練って柔らかくした絹布。例（病気デ腫レタ）顔は青鈍なる**練り衣**に水をつつみたるやうにて〈今昔・二四・七〉

ねり-さまよ・ふ【練り徘徊ふ】ーサマヨウ 動（八 四）あちらこちらをゆっくりと歩く。例いみじく定者などいふ法師のやうに**ねりさまよふ**〈枕・四月、祭の頃〉 読解「定者」は法会の行列の先導役。

ねり-そ【練り麻】 名 木の枝や藤のつるを柔らかくして、縄の代わりに使うもの。例深山木を**ねりそ**もて結ふ賤の男は〈後拾遺・雑四〉

ねり-ぬき【練り貫】 名 練って柔らかくした絹糸を横糸とし、生糸を縦糸として織った絹布。例**練り貫**に鶴縫うたる直垂に、萌黄匂ひの鎧着て〈平家・九・敦盛最期〉 読解平敦盛の装束。鶴を刺繡した練り貫の鎧直垂は、着る人の高貴さや優雅さの象徴となっている。

ねり-ばかま【練り袴】 名 練って柔らかくした絹布で仕立てた袴。例鈍色の二つ衣うちかづき、**練り袴**のそば高くはさみ〈平家・一一・先帝身投〉

ね・る

【練る・粘る・錬る・煉る】 動（ラ 四）❶ 絹糸や絹布を灰汁などで煮て柔らかくする。例**練りたる糸**、宮に参らすとて（＝煮て柔らかくした糸を、宮様に差し上げるといって）〈和泉式部集・詞書〉

❷**泥土や薬の粉などをこね混ぜる。**例足を抜かんとすれども叶はず、ただ泥に**ねられ**たる魚のごとくにて（＝足を抜こうとしてもできず、まるで泥にこね混ぜられた魚のようで）〈太平記・一八〉

❸**ゆっくりと歩く。ゆるやかに進む。** ねり歩く。例北の方か、「あらあら」とまどひたまへば、**ねりつつやる**（＝北の方は、「ああ、ああ」ととり乱しなさるので、車をゆっくりと進ませる）〈落窪・二〉

語誌 糸・布・土などを、柔らかくして、粘り強さを出すのが原義で、金属を精錬する、心身を鍛える、の意にも用いられる。①は灰汁で煮ることで膠質を取り除く。〈浅見和彦〉

ね-ろ【嶺ろ】 名『上代語』〔「ろ」は接尾語〕東国方言。峰。例足柄の箱根の**嶺ろ**の〈万葉・一四・三三七〇〉

ねをなく【音を泣く・音を鳴く】 ⇩「ね」の子項目

ねん【念】 名 ❶思い。考え。例死におもむかざるほどは、常住平生の**念**に習ひて〈徒然・二四一〉 ❷気をつけること。心配り。例いらざる**念**を使ひをる事かな〈狂言記・抜殻〉 ❸執念。執心。例世間かりの事にも念力を入れねばならず。されば仏法もあのごとく**念**を入れてこそ〈空善記〉 ❹かねての望み。宿願。例かれが**念**をもはらせたまへかし〈曾我・四〉 ❺『仏教語』きわめて短い時間。刹那。

ねん-き【年季・年期】 名 ❶一年を単位とするある一定期間。江戸時代は、契約による奉公の期間をいうことが多い。例二十両、定めの**年季**にして貸しける〈西鶴・本朝二十不孝・一・二〉 ❷「年季奉公」の略。例江戸へ**年季**にやった〈歌舞伎・お染久松色読販・序〉

ねんき-ぼうこう【年季奉公】 名 町家などで、期間を定めてする奉公。年季勤め。例年端も行かぬ幼き者、**年季奉公**に出でたりとも、たかのしれたる給金なり〈談義本・根無草後編・二〉

ねん-きり【年切り】 名 年限を定めてする奉公。また、その奉公人。例**年切り**の下女・丁稚の仕着せに〈西鶴・日本永代蔵・四・五〉

ねん-ぐ【年貢】 名 田地の面積を単位として、農民が領主に納める税。多く米をさす。例私の**年貢**も（京二）のぼらねば〈平家・八・法住寺合戦〉

ねん-くわん【年官】ーカン 名 平安時代以降、天皇・上皇・三宮・女院・親王・女御・尚侍・典侍・公卿などの年給の一種。毎年の除目で一定数の国司・京官を推薦することが認められ、就任した人から任命料を得ることができる。⇩ねんしゃく。例准三后の宣旨をかうぶり、**年官**・年爵を給はって〈平家・四・厳島御幸〉

ねんげ-みせう【拈華微笑】ーミショウ『仏教語』心から心に伝えること。以心伝心。釈迦が霊鷲山で説法をしたとき、黙って蓮の華を取って指で拈って見せたところ、弟子の中で迦葉だけがその真意を悟って微笑したという故事による。

ねんごろ

【懇ろ】〔「ねもころ」の変化した形〕 ❶ 形動（ナリ）❶**丁寧なさま。心をこめて熱心なさま。**例(a)親の言なりければ、いと**ねんごろ**にいたはりけり（＝親の言いつけであったので、たいそう丁寧に世話をした）〈伊勢・六九〉例(b)狩りは**ねんごろ**にもせで、酒をのみ飲みつつ、やまと歌にかかれりけり（＝鷹狩りは熱心にもしないで、酒ばかり飲みながら、和歌に熱中していた）〈伊勢・八二〉

❷**好意をもつさま。親密なさま。**例(a)花紅葉につけても、雛遊びの追従をも、**ねんごろ**にまつはれ歩きて（＝花や紅葉につけても、人形遊びでのご機嫌取りにつけても、仲よく離れることなくして過ごして）〈源氏・少女〉例(b)**ねんごろ**に語らふ人の、かうてのちおとづれぬに（＝親密に交際する人が、こうなってのちは便りがないので）〈更級〉 読解「かうて（かくて）のち」は夫の死後をさす。

❷ 名 動（サ変）近世の用法。**親密になること。男女が情を通じること。**例わしと**ねんごろ**さあんすと、こなた（＝あなた）も殺すが合点か〈近松・曾根崎心中〉 読解相手のものになるくらいならその男を殺して自分も死ぬ、という遊女の啖呵。

語誌 上代は「ねもころ」。平安時代にかけて「ねむころ」「ねんごろ」と変化した。「ねもころ」は「根」と関係の深い語で、「根＋如ろ（「如ろ」は別のあるものと同様の状態であることを示す語）」、あるいは「根＋も＋凝ろ（「凝ろ」は密集し凝結していることを示す語）」などが語源かといわれる。〈松井健児〉

ねんごろ-が・る【懇ろがる】 動（ラ四）〔「がる」は接尾語〕親密な態度を見せる。なれ親しむ。例この宮に心かけきこえたまひて（＝思いをかけ申し上げなさって）、かく**ねんごろがり**きこえたまふ〈源氏・横笛〉

ねんじ-あま・る【念じ余る】 動（ラ四）我慢しきれなくなる。例この御局のあたり思ひやられたまへば、**念じあまりて**聞こえたまへり〈源氏・真木柱〉

ねんじ-い・る【念じ入る】 動（ラ 四）一心に祈る。例額に手を当てて**念じ入りて**をり〈源氏・玉鬘〉

ねんじ-かへ・す【念じ返す】ーカエス 動（サ四）気を取り

直して我慢する。例 人やりにもあらねば(=自分の意志でしたことなのだから)念じかへせど、え堪へず(=こらえられない)〈蜻蛉・中〉

ねんじ-すぐ・す【念じ過ぐす】 動(サ四) 気持ちをおさえて、日を過ごす。例 久しくなるままに、え念じ過ぐすまじうおぼえたまへど〈源氏・須磨〉

ねんじ-は・つ【念じ果つ】 動(タ下二) 最後まで我慢し通す。例 我らもえこそ念じはつまじけれ(=とても我慢しきれないだろう)〈源氏・蓬生〉

ねん-じゃ【念者】 名 ❶「ねんしゃ」とも。いろいろと気を配り、物事に念入りな人。例 梶原殿は、取り分けの念者と申すが〈浄瑠璃・ひらかな盛衰記・三〉 ❷男色の間柄で、若衆を愛する兄分にあたる人。例 我(=おまえ)も江戸に置いたらば念者のある時分(=年ごろ)ぢゃが〈西鶴・好色五人女・四・三〉

ねん-しゃく【年爵】 名 平安時代以降、上皇・女院・三宮などの年給の一種。毎年の除目で一定数を従五位下に推薦することが認められ、位に就いた人から叙位料を得ることができる。⇩ねんくわん。例 年官・年爵の宣旨下り〈大鏡・良房〉

ねん-じゅ【念珠】 名『仏教語』「ねんず」とも。数珠。例 一人は念珠を持ちたり〈今昔・一七・三三〉

ねん-じゅ【念誦】 名動(サ変)『仏教語』「ねんず」とも。仏の加護を心に祈りながら、仏の名号や経文などを唱えること。例 住み荒らしたる僧坊に、念誦の声しけり〈平家・一〇・横笛〉

ねんじ-わ・ぶ【念じ侘ぶ】 動(バ上二) 我慢しきれなくなる。例 いと久しくありて(=長いことたって)、念じわびてにやありけむ〈伊勢・二一〉

ねん-ず【念誦】 名動(サ変)「ねんじゅ(念誦)」に同じ。例 端近うながめたまひつつねんずしたまふ〈源氏・鈴虫〉

ねん・ず

【念ず】 動(サ変) ❶神仏に祈る。例 仏を念じたてまつる〈蜻蛉・中〉 ❷神経を集中させる。思いを凝らす。例 小弓思ひあなづりて、念ぜざりけるを(=小弓などと軽く考えて、真剣にならなかったのを)〈蜻蛉・下〉 ❸我慢する。例 行く先長く見えむと思はば、つらきことありとも念じて(=これから先もずっと結婚していようと思うならば、つらいことがあっても我慢して)〈源氏・帚木〉

語誌▼関連語 「しのぶ」「たふ(堪ふ)」が受身的にじっと堪え忍ぶのに対して、「ねんず」は、気合いを入れてこらえる感じ。〈池田節子〉

ねんぢゅう-ぎゃうじ【年中行事】 名「ねんちゅうぎゃうじ」とも。宮中で一年のうちの一定の時期に行われる儀式や行事。のちには民間でもいうようになった。例 後白河院の御時、年中行事を絵にかかれて〈著聞集・一一・三九七〉

ねんぢゅうぎゃうじ-の-みさうじ【年中行事の御障子】 名 年中行事の名目を両面に列記した絹地墨書の衝立障子。清涼殿に通じる上戸の前に立てて、行事の日程を知らせた。⇩口絵。例 年中行事の御障子にも書き添へられたる事ども、いと多く〈栄花・玉の村菊〉

ねん-な・し【念無し】 形(ク) ❶残念だ。悔しい。例 これを射も殺し斬りも殺したらんは、無下に(=非常に)念なかるべし。いけどりにせん〈平家・六・祇園女御〉 ❷容易だ。たやすい。例 大手(=城の表門)の櫓をば、夜昼三日が間に、念なく掘り崩してんげり〈太平記・七〉 ❸思いがけない。意外だ。例 念なう(音便形)早かった〈狂言記・粟田口〉

ねん-ねん【念念】 名 ❶『仏教語』一瞬一瞬。一刹那一刹那。例 念念に道心(=信仰心)おこしにければ、つひに出家して尼となりぬ〈今昔・一五・三六〉 ❷いろいろな思い。例 われらが心に念々のほしきままに(=勝手気ままに)来たり浮かぶも〈徒然・二三五〉

ねん-ぶつ

【念仏】 名動(サ変)『仏教語』「ねぶつ」とも。心に仏を念じて、仏の名、特に阿弥陀仏の名号を唱えること。例 命のあらんかぎり念仏して、往生の素懐をとげんと思ふなり(=生きている限り仏の名を唱えて、往生の本望を遂げようと思うのである)〈平家・一・祇王〉

語誌▼極楽往生への願い 念仏には、静座して仏の姿を思い浮かべる観想念仏、仏の本質を観じる実相念仏などもあるが、平安中期、末法思想の流行から浄土信仰が盛んになってからは一般には阿弥陀仏の名を唱える唱名念仏をさす。ひたすら「南無阿弥陀仏」の六字を唱えることにより、煩悩を去り、極楽往生できるとされた。〈藤本宗利〉

ねんぶつ-かう【念仏講】 名 念仏宗信者の会合。当番を決めてその家に集まって念仏を行う。のちは、掛け金をして会食や葬儀などの費用にあてたりもした。例 笑ひ笑ひも南無阿弥陀、念仏講でいそがしい〈浄瑠璃・夏祭浪花鑑・三〉

ねんぶつ-しゅう【念仏宗】 名 阿弥陀仏を信仰し、念仏を唱えることで極楽に往生することを願う宗派の称。浄土宗・浄土真宗・時宗・融通念仏宗など。

ねんぶつ-をどり【念仏踊り】 名 太鼓や鉦を鳴らし、踊りながら念仏を唱えること。元来は「踊り念仏」と同じ念仏の一種だったが、のち芸能化された。

ねん-まへ【年前】 名『近世語』奉公期間が終わる前。例 名残惜しきは今すこしの年前、(ソノ遊女ハ)小作りなるこそ思ひど(=欠点だが)〈西鶴・好色一代男・六・二〉

ねん-よ【年預】 名「ねんにょ」とも。❶院の庁の次官。また、後院・女院・斎院・摂関家・有力社寺などの雑務の責任者。例 斎院の年預にてなむありけるに〈今昔・二七・三三〉 ❷その年の祭りの担当者。例 この男その祭りの年預に差しあてられたり〈今昔・二六・三五〉

ねん-りき【念力】 名 ❶『仏教語』阿弥陀の功徳を常に思い起こす力。例 詞にもよらず、念力にもよらず〈一遍上人語録・下〉 ❷神仏の加護を求めて行う祈りの力。例 (天皇ノ)念力に答へて、山王七社、(賊軍ヲ敗走サセ)官軍に入りかはらせたまひけるにや〈保元・中〉 ❸一途に思いこんだ力。一つの事に集中した精神力。例 金銀はまはり持ち、念力にまかせ、たまるまじき物にはあらず〈西鶴・日本永代蔵・四・一〉

-の【幅】 ❶接尾 布の幅の単位。一幅は約三〇〜三八センチ。例四幅の指貫〈梁塵秘抄・四句神歌〉 ❷名 一幅の幅の布。

の【箆】 名 矢の竹の部分。矢柄。⇩や(図)。例もし鎧の上を射ば、箆くだけ鏃折れて〈太平記・三〉

の【野】 ❶名 広い平地。山すそなどの傾斜地をさすことが多い。例春の野に霞たなびきうら悲しこの夕影に鶯鳴くも〈万葉・一九・四二九〇〉➡名歌294 ❷接頭 名詞について、野性の、の意や、粗野だと卑しむ気持ちを添える。「野出頭」「野狐」など。

の

❶格助 ❶**主格を表す。**〜が。〜の。例(a)春立てば花とや見らむ白雪のかかれる枝に鶯の鳴く(=春になったから花だと見ているのだろうか。白雪が降りかかっている枝に鶯が鳴くことだ)〈古今・春上〉例(b)ただ食ひに食ふ音のしければ(=ただもう食べに食べる音がしたので)〈宇治拾遺・一三〉

❷**連体修飾格を表す。**文脈によって、さまざまな意味関係になる。例大君の命恐み(=天皇の仰せを謹んで)〈万葉・九・一七八五〉

❸**同格を表す。**〜で。〜であって。例白き鳥の、嘴と脚と赤き、鴫の大きさなる(=白い鳥で、くちばしと脚とが赤い、鴫のような大きさの鳥が)〈伊勢・九〉

読解「白き鳥」と「嘴と脚と赤き(鳥)」「鴫の大きさなる(鳥)」が同格。

❹**体言に準じる意味を表す。**〜のもの。〜のこと。準体助詞と呼ばれることがある。例「さらにまだ見ぬ骨のさまなり」となん人々申す。まことにかばかりのは見えざりつ(=「まったくいまだに見たことがない骨の様子である」と人々は申し上げる。ほんとうにこれほどのものは見られなかった)〈枕・中納言まゐり給ひて〉 読解 ここは、扇の骨のこと。

❺**情意や希望・可能などの対象を表す。**〜が。〜を。例継ぎて見まくの欲しき君かも(=引き続いて見たい君であることよ)〈万葉・一一・二五五四〉

❻**下に来る動詞の目的や対象を示し、格助詞「を」のように用いられる。**〜を。〜が。例いみじき武士、仇敵なりとも、見てはうち笑まれぬべきさまのしたまへれば(=恐ろしい武士や、敵の者でも、見ると自然とほほえんでしまうにちがいない姿をしていらっしゃるので)〈源氏・桐壺〉

❼**和歌の枕詞や序詞などに用いられて、比喩を表す連用修飾語を作る。**〜のように。例瀬をはやみ岩にせかるる滝川の(ここまで序詞)われても末にあはむとぞ思ふ〈詞花・恋上〉➡名歌200

❽**並列の意を表す。**〜だの〜だの。例宿賃の、米の、味噌のと算用したらば(=宿代だの、米代だの、味噌代だのと計算したら)〈近松・大経師昔暦・下〉

❷終助 室町時代以降の用法。感動・念押し・問いかけなどの意を表す。〜(だ)な。〜(だ)ね。例(a)「まづは、おびたたしい事でおぢゃる」(=「実にたくさんの参詣人でございますな」「はい、いかにもたくさんなことでございます」)〈狂言・今神明〉例(b)なんと亭主、久しいの(=久しぶりだな)〈近松・曾根崎心中〉

接続 ①は体言、活用語の連体形、形容詞・ナリ活用の形容動詞の語幹など、体言に準じる語につく。②は文末に用いられる。

語誌 ▼**主格を表す「の」と「が」** もともと「花咲く」のような単文では、主格を表すのに格助詞を必要としない。主格を表す「が」「の」は、連体修飾格を表す用法から転用されたと見る説がある。古くはそれを受ける用言が連体修飾語や準体法になったり、条件句になって下に続いてゆく場合に多く用いられた。言い切りになる文の主語になっているように見える①①例(a)も、「鶯の鳴く」の「鳴く」は連体形で、全体として体言に相当する句を構成し、余情を表す詠嘆表現になっていると考えられる。

▼**連体修飾格の用法** ①②には、次のような意味関係が含まれる。

(1)体言について、あとの体言を修飾限定する。

㋐所在。「み吉野の吉野の宮は」〈万葉・三・三一五〉

㋑時。「それの年の十二月の二十日あまり一日」〈土佐〉

㋒所有・所属。「人の心」〈古今・仮名序〉「月の都の人」〈竹取〉

㋓主体・作者。「大君の命」〈万葉・九・一七八五〉「淡路専女の歌」〈土佐〉

㋔名称・資格。〜の。〜という。〜である。「惟喬の親王」〈伊勢・八三〉「少納言の乳母」〈源氏・若紫〉

㋕性質・状態。「心づくしの秋」〈古今・秋上〉➡名歌163「紅の袴」〈枕・にげなきもの〉

㋖比喩。〜のような。「玉の男御子」〈源氏・桐壺〉

(2)形容詞・形容動詞の語幹について、「〜の〜や」の形で詠嘆の表現を作る。「をかしの御髪や」〈源氏・若紫〉

(3)副詞や連用修飾句について、連体修飾語となる。「そこらの年ごろ」〈竹取〉「逢ひ見てののちの心」〈拾遺・恋二〉➡名歌36

(4)助動詞「む」「じ」などで終止する文相当の句について、全体として連体修飾語を作る。〜という。〜と思う。「しばし懲らさむの心」〈源氏・帚木〉「忘れじの行く末」〈新古今・恋三〉➡名歌434

(5)「おなじ」「ともに」などの同一や共同を意味する語が下に続いて、格助詞「と」に近い意味を表す。〜と。「昨日の同じ所なり」〈土佐〉

(6)助動詞「ごとし」や「やう」「まにま」「から」などの形式名詞が下に続いて、その実質や内容を表す。「海の上、昨日のやうなれば」〈土佐〉

▼**同格の用法** 同格を表す「の」は、上下の文節や句が同じ資格であることを示す。多くは、「連体修飾語＋体言＋の＋連体形」の形になり、「の」のあとにくる連体形が準体法として、体言と同じ資格になる。現代

語訳するときには、「の」を「〜で」と訳し、後続する連体形の下に、「の」の直前の体言を補ってやるとよい。例ある荒夷のおそろしげなるが(=ある荒武者で恐ろしそうな荒武者が)、かたへにあひて〈徒然・一四二〉

▼「の」と「が」　同様の働きをする語に、格助詞「が」がある。「が」は上の語へのかかわりが強いが、「の」は単に上下をつなぐ働きをするため、「が」と比べると、下に重点がくることになる。格関係は「が」に比べ、文脈に依存しており、その結果、「が」よりも用法が広くなる。また、「が」ほど下との関係をはっきり示さないため、人物を表す語につく場合は尊敬の意を伴うことになる。〈佐藤一恵〉

の〔格助詞「を」が撥音について連声で「の」と発音されるもの〕〜を。例さては、逆心のおこすか〈近松・けいせい仏の原・一〉

ノウ『衲・納』⇩なふ

のう【能】名❶才能。能力。例わたう達こそ、させる能もおはせねば、物をも惜しみたまへ(=あなたたちこそ、たいした才能もおありでないので、物を惜しみなさるのだ)〈宇治拾遺・三八〉❷技芸。芸能。技術。例能ある人、かたちよき人も、常よりはをかしとこそ見ゆれ(=芸のある人も、容貌の美しい人も、普段よりすぐれていると見えるものだ)〈徒然・一五〉❸能楽。⇩能

のう 感感動詞「なう」を発音通りに表記したもの。例のう、さうぢゃあねえか〈滑稽本・浮世床・初上〉

のう 助詞「なう」を発音通りに表記したもの。

能因 《人名》九八八(永延二)〜?。平安中期の歌人。俗名橘永愷。文章生となるが、長和二年(一〇一三)ごろ出家。歌枕に対して異常なまでの関心をもち、各地に旅した。家集に『能因集』、私撰集に『玄々集』、著作に『能因歌枕』。〈馬場光子〉

のう-がく【能楽】名⇩能

のう-け【能化】名『仏教語』他を教え導くもの。仏や菩薩。転じて、一宗派の長老や指導者などの高僧。例その世界の能化の仏、これを見て、御弟子の比丘(=僧)らに告げてのたまはく〈今昔・三・三〉

能

●**歴史**　室町初期に大成された歌舞劇。能の起源は、奈良時代に中国から渡来した散楽とされる。散楽は滑稽卑俗なものまね・曲芸・歌舞などからなり、平安時代にはこれに日本古来の芸能が加わり、猿楽(申楽)となる。鎌倉後期には、寺社の保護のもとに座と呼ばれる専門的な芸能集団が各地に生まれ、猿楽の能が盛んに演じられるようになった。

室町時代にかけて、諸国の座で特に活発だったのが大和猿楽である。その中心は、奈良の興福寺支配の円満井・結崎・外山・坂戸の四座で、結崎座の観阿弥は田楽や曲舞などの諸芸能を取り入れて観る人を魅了し、その子世阿弥は将軍足利義満の後援を得て大成させた。世阿弥は能の理想美を幽玄とし、それが舞台の上で実現されることを「花」と呼んだ。

江戸時代には大和四座が幕府の保護・支配下に置かれ、金春(円満井)・観世(結崎)・宝生(外山)・金剛(坂戸)の四座と喜多流とが、今もシテ方の流派として伝わる。

●**内容**　能は一日に五番演じるのが正式とされた。初番目(脇能)は神事物、二番目は武将の亡霊が主人公の修羅物、三番目は恋の妄執に悩む女性の亡霊が主人公の鬘物、四番目は狂女物など、五番目(切能)は鬼・天狗や妖精などが主人公の鬼畜物である。また、亡霊が登場する夢幻能と登場しない現在能に大別され、さらに、一場の単式と前後二場の複式に分けられる。

素材は『伊勢物語』『源氏物語』『平家物語』などの古典や民間説話が多く、その詞章の謡曲は、古歌や名文をふまえ、縁語や掛詞を駆使した七五調の流麗な文章である。〈馬場光子〉

のう-げい【能芸】名身につけた芸。例能芸優長にして、才智人にすぐれたり〈古活字本保元・中〉

のうし『直衣』⇩なほし

のう-じゃ【能者】名「のうしゃ」とも。❶学問・才能のある人。専門技能にすぐれた人。例三位の中将は、無双の能者にておはしますなり〈源平盛衰記・三九〉❷能役者。例十ばかりの能者にも〈風姿花伝・三〉

のう-しょ【能書】名「のうじょ」とも。字を上手に書くこと。また、その人。例(藤原)行成、(小野)道風が跡を継ぎてめでたき(=すばらしい)能書なりけり〈十訓抄・一〇・六八〉

のう-ひつ【能筆】名「のうしょ」に同じ。

のう-りき【能力】名寺で力仕事を担当する下男。例いかに能力、はや鐘をば鐘楼へ上げてあるか〈謡曲・道成寺〉

のう-れん【暖簾】名「のれん」とも。日光を遮るた

能③〔洛中洛外図屏風〕
京都七条河原での観世能の興行を描く。舞台に囃子方・地謡方が控え、役者が登場する橋掛かりが見える。背景の松は、神が降臨する場として選ばれたものと考えられる。

めに垂らす布。また、商家の店先に屋号などを染めてかける布。例 暖簾はづし、大戸を閉めて、墨黒に貸屋札〈近松・博多小女郎波枕・中〉

の‐おくり【野送り】 名「のべのおくり」に同じ。例 野送りの衆も宵からつめかけて〈西鶴・懐硯・二・一〉

の‐がひ【野飼ひ】ガイ 名 放し飼い。例 のがひに放つ馬ぞ悲しき〈後撰・離別〉

の‐が・ふ【野飼ふ】ガウ・ゴウ 動（ハ四） 牛や馬を放し飼いにする。例 野飼はねどあれゆく（＝気がすさんでゆく）駒をいかがせん森の下草さかりならねば〈後拾遺・雑一〉

のが・る

【逃る・遁る】 動（ラ下二） ❶**のがれ去る。つかまらずに逃げる。** 例 都をば源氏がためにせめおとされ、鎮西をば維義にしがために追ひ出ださる…いづくへゆかば**のがる**べきかは（＝都を源氏のせいで攻め落とされ、九州を維義のせいで追い出される…どこへ行ったら逃げることができようか）〈平家・八・太宰府落〉 読解 末尾の「かは」は反語の意を表す。

❷**避ける。かかわらないようにする。**「世をのがる」などの形で、**世俗を離れる、隠遁する**、の意にも用いられる。例(a)かやうの御遊びに心とどめたまひて、いそがしき御政どもをば**のがれ**たまふ（＝このような音楽に没頭なさって、多忙な御政務からお離れになる）〈源氏・少女〉例(b)世を**のがれ**て、山林にまじはるは、心を修めて道をおこなはむとなり（＝世俗を離れて、山林に分け入るのは、精神を修養して仏道にいそしむためである）〈方丈記〉

❸**まぬがれる。** 不本意な状態にならずにすむ。例 さかさまに行かぬ年月よ。老いは、え**のがれ**ぬわざなり（＝逆さまに流れない年月であることよ。老いは、だれもまぬがれることができないのだ）〈源氏・若菜下〉

❹**言いのがれる。** 例（縁談ヲ）とかく**のがれ**きこえしを（＝あれこれと口実をつけてご辞退したのだが）〈源氏・若菜上〉

類義 ①②にぐ／②③まぬかる／②〜④さる（避る）

語誌 ▼①は「にぐ（逃ぐ）」に近いが、ただ逃げるだけではなく、例のように、相手の勢力の及ばない地点まで脱出する感じ。②③はやや抽象的な用法だが、物事の影響圏外に身を置くという意味は共通している。▼「世をのがる」は、漢語「遁世」を訓読することで成立した慣用句。〈品田悦一〉

のき【軒】 名 屋根の端の、四方へ張り出した部分。例 朝日さす**軒**の垂氷（＝つらら）はとけながら〈源氏・末摘花〉

【軒を争ふ】 ❶草が家の軒と高さを競う。草が生い茂るさまをいう。例 しげき蓬は**軒をあらそひ**て生ひのぼる〈源氏・蓬生〉❷家の軒と軒とが競りあうほどに並ぶ。家が数多く建てこんでいるさまをいう。例 **軒をあらそひ**し人の住まひ、日を経つつ荒れゆく〈方丈記〉

のぎ【鯁・芒】 名 ❶【鯁】《上代語》のどにささるような魚の小骨。例 喉に**のぎ**ありて物え食はず（＝食べられない）、と愁へ言へり〈記・上・神代〉❷【芒】稲などの穂の先端にある、針のような硬い毛。例 我が守るなかての稲も**のぎ**は落ちむらむら穂先出でにけらしも〈曾丹集〉

のき‐ば【軒端】 名 軒先。また、軒下。例 ありし（＝以前の）**軒端**の梅ぞこひしき〈更級〉

の・く

【退く】 空間的に元の位置から離れる意。そこから、人間関係の疎遠なさまをも表す。

1 動（カ四） ❶**しりぞく。立ち去る。** 例 矢一つ射て、**退か**んとこそ思ひけるに（＝矢を一度射て、しりぞこうと思ったのに）〈平家・九・六ケ度軍〉

❷**離れる。隔たる。** 例（母君ガ）居たまふべき所と見ゆるは、寺よりは少し**のき**てぞありける（＝いらっしゃるにちがいない所と見えるものは、寺より少し離れてあった）〈狭衣・四〉

❸**身を引く。辞退する。** 例 わが御心とかく**のか**せたまへることは、これを初めとす（＝ご自分のお考えでこのように退位されたことは、これを初めとする）〈大鏡・師尹〉 読解 ここは東宮の位を退いたこと。

❹近世の用法。関係が切れる。例 **のけ**ば（＝離婚したら）他人〈西鶴・西鶴織留・四・二〉

2 動（カ下二） ❶**しりぞかせる。立ち去らせる。** 例 立てる車どもをただ**のけ**に**のけ**させて（＝立っている車たちをただどんどんしりぞかせて）〈枕・よろづのことよりも〉

❷**離す。間を隔たせる。** 例 その鉢、たちまちに女の鼻の上に付きぬ。取りて**のけ**むとするにさらに落ちず（＝その鉢は、すぐさま女の鼻の上についてしまった。取って離そうとするが、まったく落ちない）〈今昔・三・二三〉

3 補動（カ下二） 中世末期以降の用法。（動詞の連用形に接続助詞「て」のついた形について）**〜してしまう。** 例 いっそ死んで**のけ**たい〈近松・曾根崎心中〉

読解「死んで」の「で」は、接続助詞「て」が動詞の撥音便形について連濁したもの。〈小島孝之〉

のけざま‐に【仰け様に】 副 あおむけざまに。例 **のけざまに**ふして倒れたり〈宇治拾遺・一四〉

のけ‐に【仰けに】 副 あおむけに。のけざまに。例 **のけに**倒れて、三ころびばかりころびける〈平治・中〉

のこぎり‐あきなひ【鋸商ひ】キナイ 名（鋸は押しても引いても切れることから）進んでも退いても利益があるよう商売すること。例 さす手引く手に油断なく**鋸商ひ**にして〈西鶴・日本永代蔵・四・一〉

のこ・す【残す・遺す】 動（サ四） ❶あとにとどめる。後世に伝える。例(a)埋もれぬ名を長き世に**残さ**んこそ、あらまほしかるべけれ〈徒然・三八〉例(b)秀衡が（館ノ）跡は田野になりて、金鶏山のみ形を**残す**〈芭蕉・奥の細道〉❷隠す。例 心に隔て**残し**たることあらむも〈源氏・若菜上〉

のご・ふ【拭ふ】ノゴウ 動（ハ四） ふく。ぬぐう。例 ま幸くて（＝無事に） はや帰り来と ま袖もち 涙を**のごひ**〈万葉・二〇・四三九八〉

のこり‐おほ・し【残り多し】オオシ 形（ク） 残念だ。心残りだ。例 容貌をもえまほに見たまはぬ（＝とくとご覧になれないのは）、**残り多かり**〈源氏・蜻蛉〉

のこり‐な・し【残り無し】 形（ク） 余すところがない。すっかり。「残りなく」の形で副詞的に用いるこ

とが多い。例都の方も残りなく見やらるるに〈更級〉

のこ・る【残る】動(ラ四)動詞「のく(退く)」の受身形「のかる」の変化した形。いっしょにいたものに去られ、あとにとどまる、が原義。

❶残りとどまる。残存する。例**残り**たる雪に交じれる梅の花早くな散りそ雪は消ぬとも(=残っている雪に入り交じっている梅の花よ、早くは散らないでくれ。雪は消えてしまっても)〈万葉・五・八四九〉読解「な〜そ」は柔らかい禁止を表す。❷**生き残る。死に遅れる。**例あはれてふ人もなき世に**のこりゐ**ていかになるべき我が身なるらむ(=哀れと言ってくれる人もいないこの世に生き残っていて、我が身はどうなってしまうのだろうか)〈右京大夫集〉❸**死後も消えずに伝わる。後世に伝わる。**例身ののちの名、**残り**てさらに益なし(=死後の名声が、後世に伝わってもなんの益もない)〈徒然・三八〉❹(多く打消の語を伴って)**もれる。残りがある。**例下葉**のこら**ず色づきにけり(=下のほうの葉はもれなく紅葉したのだった)〈古今・秋下〉〈浅見和彦〉

のこん-の【残んの】連体〔「のこりの」の撥音便形〕残っている。例遠山の花は**残んの**雪かと見えて〈平家・一〇・海道下〉

の-さき【荷前】名〔「の」は「に(荷)」の交替形〕毎年、諸国から貢ぎ物として朝廷に納める物の初物。朝廷から伊勢神宮や代々の天皇陵などに奉納する。例東人の**荷前**の箱の荷の緒にも〈万葉・二・一〇〇〉

のさき-の-つかひ【荷前の使ひ】ツカイ 名 毎年、陰暦十二月に、荷前奉納のために朝廷から派遣される使者。例御仏名・**荷前の使ひ**立つなどぞ、あはれにやむごとなき〈徒然・一九〉読解「御仏名」も十二月の宮中行事。

のさ-のさ 副 のんきなさま。また、思うままにふるまうさま。のんびり。平然と。例いとしづかに馬を飼うて(=馬にえさを与えて)**のさのさ**としてぞ居たりける〈太平記・三六〉

野沢凡兆 のざわぼんちょう《人名》⇩凡兆

の-ざらし【野晒し】名 ❶**野外で風雨にさらされること。また、さらされたもの。**例地紙をまくられて**野ざらし**となる扇にはまさりなむ(=地紙をめくられて風雨にさらされる扇よりはまさっているだろう)〈俳諧・鶉衣・奈良団賛〉読解 団扇についての話。❷特に、**風雨にさらされた白骨。**頭骨をいうことが多い。しゃれこうべ。例**野ざらし**を心に風のしむ身かな〈芭蕉・野ざらし紀行〉➡名句105 〈福田安典〉

野ざらし紀行 のざらしきこう《作品名》江戸時代の俳諧紀行。一巻。芭蕉作。貞享四年(一六八七)ごろ成立か。芭蕉最初の紀行。貞享元年(一六八四)八月、門人千里を伴い江戸を出発、伊勢を経て郷里伊賀上野・大和を巡る。そののち一人で吉野・近江・美濃・熱田へ向かい、名古屋で『冬の日』五歌仙を興行、伊賀上野に戻って年を越し、奈良・大津・甲斐などを経て四月に江戸に戻るまでの約九か月に及ぶ旅を、発句とともにまとめたもの。『冬の日』成立以後の第二部に比べ、「野ざらしを心に風のしむ身かな」(➡名句105)などの句の見られる第一部には、杜甫や西行に学び、自己の俳諧を漢詩や和歌などと同等のものにしようと旅に出た芭蕉の悲壮感があふれている。『甲子吟行』とも。

のし【熨斗】名 ❶「火熨斗」の略。例ただ今、海の面は**のし**のしりのやうにて(=底のようで)波も候はぬに〈今昔・二六・二二〉❷「熨斗鮑」の略。❸文様や紋所の名。②の形を図案化したもの。

束ね熨斗〔日本染織文様集〕 違包熨斗〔日本紋章学〕

熨斗③

のし-あはび【熨斗鮑】アワビ 名 鮑の肉を薄く長くそぎ、のばして干したもの。食用だが、のちは儀式の肴や祝い事の贈り物に添える飾りにした。「のし」「うちあはび」とも。例初献の料(=用意するもの)、海月・**熨斗鮑**・梅干〈庭訓往来・五月〉

のし-ひとへ【伸し単衣】ヒトエ 名 練り絹に糊をつけ、「火のし」をかけてぴんと張った単衣。薄く透けて見える。例**のし単衣**も同じく透きたれど、それはかたはにも見えず(=見苦しいようには見えない)〈能因本枕・見苦しきもの〉

のし-ぶき【伸し葺き】名 檜皮葺の一種。檜皮の重なり合う部分を少なくして平らに葺くもの。例平侍・武士なんどは、関板(=屋根の葺き板)打たぬ**のし葺き**の家にだに居ぬ事にてこそあるに〈太平記・三六〉

のし-め【熨斗目】名 練り貫で、小袖に仕立てたときの腰と袖の下部にあたる部分に格子や縞などを織り出したもの。武家の礼服として上下の内に着用した。

熨斗目〔高田装束研究所〕

-のす 接尾《上代語》「なす」の東国方言。〜のように。〜のような。例高き嶺に雲の付く**のす**我さへに(=私までも)君に付きな〈万葉・一四・三五一四〉

の・す【乗す・載す】動(サ下二)〔「のる」の他動詞形〕❶**乗り物に乗せる。物の上に置く。**例葦の船に**載せ**て流してき〈紀・神代上〉❷**書き記す。記載する。**例九郎判官(=源義経)の事はくはしく知りて書き**のせ**たり〈徒然・二二六〉❸**計略に乗せようとたくらむ。だます。**例「やうやう」といふ声を言ふ者あり。(コノ声ハ)**乗せ**たる心より出づ〈申楽談儀〉❹**音曲で、調子を合わせる。**例三味線に**乗せ**てうたふは〈近松・薩摩歌・下〉

のぞき‐からくり【覗き機関】 名 江戸時代の見世物の一種。箱の中に入れた何枚もの絵を順に転換させ、それを箱につけた眼鏡からのぞかせるもの。「のぞき」「からくり」とも。

覗き機関〔絵本御伽品鏡〕

のぞ・く【臨く・覗く】 動(カ四) ❶【臨く】〜に面している。さしかかる。 例水にのぞきたる廊に、つくりおろしたる階の心ばへなど(=川に面している細長い建物に、そこから水辺に下りられるように作った階段の趣向など)〈源氏・椎本〉 ❷【覗く】㋐すきまや穴などからこっそり見る。 例障子の紙の穴かまへ出でてのぞきはべりしかば(=障子の紙の穴をこしらえてこっそり見ましたので)〈堤中納言・このついで〉 ㋑上から見下ろす。のぞきこむ。 例川近き所にて、水をのぞきたまひて〈源氏・手習〉 ㋒ちょっと立ち寄る。顔を出す。 例宮のおはします西の廂にのぞきたまへれば(=宮がいらっしゃる西の廂に顔をお出しになったところ)〈源氏・鈴虫〉 語誌▼①は主に物の状態を表す。類義語「のぞむ」のように単に何かに面しているのではなく、突き出した形で面している、の意である。▼②は人の動作・行為を表す。㋒は㋐と区別のつきにくい例も多いが、「〜にのぞく」とあれば㋒と考える。対象を示す場合、㋐は「〜をのぞく」の形になる。〈高田祐彦〉

のぞこ・る【除こる】 動(ラ四)〔「のぞく」の自動詞形〕除かれる。 例病自づからに(=自然に)のぞこりぬ〈紀・斉明〉

のぞみ【望み】 名 ❶眺望。ながめ。 例青波に望みは絶えぬ(=とぎれた)〈万葉・八・一五二〇〉 ❷希望。願い。 例大臣、この望みを聞きたまひて〈源氏・行幸〉

のぞ・む【望む・臨む】 動(マ四) ❶はるか遠くまで見る。 例漢詩に「日を望めば都遠し」などいふなる〈土佐〉 ❷希望する。願う。 例かの内の大殿(=内大臣)の御むすめの、尚侍のぞみし君〈源氏・真木柱〉 ❸直面する。 例これより大きなる恥にのぞまぬさきに〈源氏・須磨〉 ❹臨席する。 例一道に携はる人、あらぬ道の筵(=専門外の会合)にのぞみて〈徒然・一六七〉

のたう・ぶ【宣うぶ】 動(バ四) ❶「言ふ」の軽い尊敬語。おっしゃる。 例(役所ノ長官ガ)いと切にのたうぶことのあるを〈蜻蛉・下〉 ❷申し聞かせます。 例もののたうびける人のもとに、また人まかりつつ消息すと聞きて〈古今・恋三・詞書〉 語誌 ②は勅撰集の詞書や物語の会話文で用いられることが多い。話し手側がへりくだった言い方。

の‐だち【野太刀・野剣】 名 ❶衛府の将以下の官人が身に着けていた太刀。衛府の太刀。 ❷短刀。 例腰なる(=腰にある)のだちを抜き出だし〈読本・弓張月・拾遺・五〇〉 ❸軍陣で使う長大な太刀。 例朱に染む野太刀の曲がりため直し(=形を整え直し)〈七柏集〉

のたば・く【宣ばく】〔「のたぶ」のク語法〕おっしゃること。 例父の命は たくづのの(枕詞) 白ひげの上ゆ 涙垂り 嘆き宣ばく〈万葉・二〇・四四〇八〉

のた・ぶ【宣ぶ】 動(バ四)「のたうぶ」に同じ。

のたまは・く【宣はく・曰はく】〔動詞「のたまふ」のク語法〕おっしゃること。おっしゃることには。 例皇子ののたまはく、「…かぐや姫に見せたてまつりたまへ」といへば〈竹取〉

のたまは・す【宣はす】 動(サ下二)〔動詞「のたまふ」の未然形＋尊敬の助動詞「す」〕「言ふ」の尊敬語。おっしゃる。 例「なほしばし試みよ」とのみ(帝ガ)のたまはするに〈源氏・桐壺〉 語誌「のたまふ」より敬意が高い。

の‐たま・ふ【宣ふ】 動(ハ四) 動詞「のる(告る)」の連用形＋尊敬の補助動詞「たまふ」=「のりたまふ」の変化した形。支配者から事を告げ聞かせる、が原義。

❶「言ふ」の尊敬語。おっしゃる。 例母君もとみにえものものたまはず(=母君もすぐにはものをおっしゃることができず)〈源氏・桐壺〉 読解「え〜ず」は、〜できない、の意を表す。

❷仰せ聞かせる。上位の人物がその意向を目下の人に言い聞かせる意。 例落窪の君、心の愛敬なく見わづらひぬれ、これいましてのたまへ(=落窪の君は、心がかわいげがなく、世話するのに困っていますから、ここへいらっしゃって仰せ聞かせてください)〈落窪・一〉 読解 継母の北の方が、夫で落窪の君の実父の中納言に娘をしかってくれるように語る言葉。

❸申し聞かせる。「言ふ」の謙譲的用法。上位の人物になり代わって、その意向を目下の人や自分の身内に言い聞かせる意。 例いとかしこき仰せ言にはべるなり。姉なる人にのたまひみむ(=たいそう恐れ多いお言葉でございます。姉である人に申し聞かせましょう)〈源氏・帚木〉

語誌▼平安中期ごろから多く用いられた。用法の中心は①である。非常に敬意の高い「おほせらる」「のたまはす」より敬意は一段低い。▼③は、上位の人物になり代わって話し手自身が事実上の動作の為手になる意味で、へりくだった言い方。〈泉基博〉

の‐ため【箆撓め】 名 箆(矢竹)の曲がったのを直す道具。細い木にすじかいに溝を刻み、そこに矢竹を入れて直す。 例金磁頭(=鉄の鏃の一種)二つ箆撓めに取り添へて、道々撓め直し〈太平記・一七〉

のため‐がた【箆撓め形】 名「のため」に似た形。すじかい。ななめ。 例(馬ハ)河なかよりのためがたにおしなされて〈平家・九・宇治川先陣〉

のち【後】 名 ❶時間的に、ある時点からあとのほう。以後。 例今よりのちは、毛の末一筋をだに動かしたてまつらじ(=今以後は、毛先一本すらも動かし申し上げまい)〈竹取〉

❷将来。行く末。例さは、この度は帰りて、のちに迎へに来む（＝それでは、今回は帰って、将来に迎えに来よう）〈更級〉
❸死後。また、来世。例身ののちには、金をして北斗をささふとも、人のためにぞわづらはるべき（＝死後、黄金で北斗七星を支えるほどの財産があっても、残された周囲の人には煩わしいにちがいない）〈徒然・三八〉読解 名誉や利益にとらわれる愚かしさを説く。
❹子孫。例大臣ののちにて、出で立ちもすべかりける人の（＝大臣の子孫であって、出世もできたはずの人だが）〈源氏・若紫〉

語誌▼関連語 ①の意は、中古以前は「さき（先）」の対。中世以後は「まへ」の対にもなる。③の意には、「のちの世」「のちの業」などの、仏教思想に基づく用法がある。②④の意は、「すゑ」と類義である。▼「鴨川ののち瀬静けくのちも逢はむ妹には我は今ならずとも」〈万葉・一一・二四三一〉の「のち瀬」などの例から、古くは空間的に長く続くものの先のほう、末、下、などの意にも用いられたという説もある。〈山口堯二〉

のち-せ【後瀬】 名❶下流の瀬。例鴨川の後瀬静けく〈万葉・一一・二四三一〉❷後日の機会。特に、男女が逢う機会。例後瀬を契りて出でたまふ〈源氏・総角〉

のち-の-あした【後の朝】 男女がともに夜を過ごした翌朝。「きぬぎぬ」。例女御入内の後のあしたにたまはせける〈玉葉集・恋三・詞書〉

のち-の-あふひ【後の葵】 — 賀茂の祭りの日に御簾などに掛けられ、祭りの後もそのままに残っている葵。例「祭り過ぎぬれば、後の葵不用なり」とて〈徒然・一三八〉

のち-の-おや【後の親】 実の親と死別・離別した後に親として頼りにする人。継親。例今はただこの後の親をいみじう睦びまつはしきこえたまふ（＝親しみ、おすがり申していらっしゃる）〈源氏・若紫〉

のち-の-こと【後の事】 ❶将来のこと。例後のことは知らず、そのほどのありさまはもの騒がしきまで人多くいきほひたり（＝活気づいていた）〈更級〉❷法要などの仏事。死後のこと。例命尽きぬと聞こしめすとも、後のこと思しいとなむな〈源氏・松風〉❸出産の後、胎盤などが出ること。後産。例御物の怪どもねたがりまどふけはひいともの騒がしうて、後のことまたいと心もとなし〈源氏・葵〉

のち-の-つき【後の月】 ❶閏月。例去年閏四月の閏月四日〈紀・欽明〉❷陰暦八月十五夜の月に対し、陰暦九月十三夜の月。十三夜。名月とされる。「名残の月」とも。例木曽の痩せもまだなほらぬに後の月〈俳諧・笈日記・下〉読解 芭蕉の句。芭蕉は前年から『笈の小文』『更科紀行』の旅に出、木曽路を経て八月下旬に江戸に戻っていた。

のち-の-ほとけ【後の仏】 『仏教語』〔「後仏」の訓読〕弥勒菩薩のこと。釈迦入滅後五十六億七千万年を経てこの世に現れるとされることからいう。例高野山後の仏に石の室ひらくを見ばや〈松下集〉

のち-の-よ【後の世】 ❶将来。後代。例後の世に聞き継ぐ人も〈万葉・一九・四一六五〉❷来世。死後。例この方の営み（＝仏道の生活）は、この世もつれづれならず、後の世はた頼もしげなり〈源氏・賢木〉

のち-の-わざ【後の業】 人の死後に行う仏事。法要など。例はかなく日ごろ過ぎて、後のわざなどにもこまかにとぶらはせたまふ〈源氏・桐壺〉

の-づかさ【野阜・野司】 名野の中の小高い所。例あしひきの（枕詞）山谷越えて野づかさに今は鳴くらむ鶯の声〈万葉・一七・三九一五〉

のっ-と【祝詞】 名「のりと」の促音便形。例康頼入道のっとを申すに〈平家・二・康頼祝言〉

のっ-と 副 突然出てくるさま。ぬっと。にゅっと。例うめが香にのっと日の出る山路かな〈俳諧・炭俵・上〉➡名句31

能登 《地名》旧国名。今の石川県能登半島。北陸道七か国の一つ。能州。延喜式で中国・中国。

のど

【和】形動（ナリ）激しい動きのないさま。のどかだ。穏やかだ。例吹く風も和には吹かず（＝吹く風ものどかには吹かないで）〈万葉・一三・三三三五〉

語誌▼関連語 主に上代に用いられた。この「のど」から形容動詞「のどか」「のどやか」、形容詞「のどけし」、動詞「のどむ」「のどまる」、副詞「のどのどと」などが派生した。〈田島智子〉

のど-か

【長閑】形動（ナリ）〔「か」は接尾語〕「のどやか」とも。❶天候・雰囲気・状況などが、穏やかでのんびりしている。落ち着いている。例うらうらとのどかなる日のけしきなど（＝うららかで穏やかな空模様など）〈枕・清涼殿の丑寅のすみの〉
❷性格・心の状態などが、穏やかでのんびりしている。おっとりしている。気楽だ。例心ばへのどかによくおはしつる君なれば（＝気性が穏やかでよくできていらっしゃったお方であるので）〈源氏・柏木〉
❸時間的にゆとりのあるさま。暇だ。例ほど経て、みづから、のどかなる夜おはしたり（＝しばらくして、自身で、暇な夜にいらっしゃった）〈源氏・若紫〉
❹静かでものさびしい。例あらたまるしるしもなく、宮の内のどかに、人目まれにて（＝年の改まった様子もなく、屋敷の内は静かでものさびしく、人の出入りもたまにしかなくて）〈源氏・賢木〉読解 新年になっても、出家した藤壺の住む三条宮は寂しげな様子である。

語誌 現代では主に①の意味で用いるが、古語ではもっと広い範囲に用いられた。〈田島智子〉

のど-け・し

【長閑けし】形（ク）〔形容動詞「のどか」の形容詞形〕❶「のどか①」に同じ。例ひさかたの（枕詞）光のどけき春の日に静心なく花の散るらむ〈古今・春下〉➡名歌302
❷「のどか②」に同じ。例世の中にたえて桜のなかりせば春の心はのどけからまし〈古今・春上〉➡名歌406
❸「のどか③」に同じ。例つくづくと一年を暮らすほどだにも、こよなうのどけしや（＝しみじみと一年を暮らす間でさえも、この上もなくゆったりとしているなあ）〈徒然・七〉読解 かげろうや蟬の命の短さに比べ、人間の命が長いことをいう。

語誌 「のどか」が口語的であるのに対し、「のどけし」は歌言葉的性格が強い。〈田島智子〉

のどのど-と 副 のどかに。のんびりと。例人目も見えず、**のどのどと**かすみわたりたるに〈更級〉

のどま・る 動(ラ四) のどかになる。落ち着く。例心ものどまらず、目もくらき心地して〈源氏・蜻蛉〉

のど・む 動(マ下二) のんびりさせる。緩める。進行を遅らせる。例心地少しの**どめ**たまひて〈源氏・葵〉

のど-やか【長閑やか】形動(ナリ)〔「やか」は接尾語〕「のどか」に同じ。例**のどやかなる**夕暮れに物語などしたまひて(=話などをなさって)〈源氏・夕顔〉

のど-よ・ふ 動(ハ四) 細々と力のない声を出す。例ぬえ鳥の(枕詞) **のどよひ**居るに〈万葉・五・八九二〉➡名歌122

の-なか【野中】名 野の中。例磐代の**野中**に立てる結び松心も解けず古へ思ほゆ〈万葉・二・一四四〉

の-なか【箆中】名 矢の箆(矢竹)の真ん中ほど。例箆中ばかり射通したりける間〈太平記・八〉

のなか-の-しみづ【野中の清水】 野の中の清水。例歌から、昔の恋や疎遠になった恋人のたとえにいう。例古への**野中の清水**ぬるけれどもとの心を知る人ぞ汲む〈古今・雑上〉

ののし・る

【罵る・喧る】動(ラ四) ❶**大声を出す。大騒ぎをする。**例船人も、みな子たかりて**ののしる**(=同船の人も、皆子どもが群がって大騒ぎをしている)〈土佐〉

❷**盛んにうわさする。盛んに評判が立つ。**評判が高い。例この世に**ののしり**たまふ光源氏、かかるついでに見たてまつりたまはむや(=世間で評判が高い光源氏を、このような機会に拝見なさいませんか)〈源氏・若紫〉

❸**盛大に行う。**例守の館にて、饗応し**ののしり**て、郎等までに物かづけたり(=国守の館で、おおいにごちそうして、従者にまで品物を与えた)〈土佐〉

❹**勢力をふるう。**例年ごろかう**ののしら**せたまふ関白殿にも参らで(=長年このように勢力をふるっていらっしゃる関白殿にも参上しないで)〈栄花・見果てぬ夢〉

❺**人を非難してがみがみ言う。どなりちらす。**例腹のあしきくせにて、**ののしり**けり(=怒りっぽい性格で、どなりちらしていた)〈発心集・七・五〉

語誌 ▼本来は、大きな声・音を出す意。現代語の悪口を言う意は、主に中世以降の用法。▼他の動詞の連用形について、大声で〜する、大騒ぎして〜する、の意を添えることもある。「言ひののしる」「誉めののしる」など。〈吉野瑞恵〉

の-の-みや【野の宮】名 斎宮・斎院が潔斎のために籠もる仮の宮殿。例人聞き情けなくや、と思しおこして、**野の宮**に参でたまふ〈源氏・賢木〉

のの-め・く 動(カ四)〔「めく」は接尾語〕大きな声を出して騒ぎ立てる。例上下(=身分の高い人も低い人も)しばらく**ののめき**て〈曾我・一〉

の-ばか【野墓】名 寺の内の墓に対して、外にある墓。また、火葬場。例町衆は、袴・肩衣にて、**野墓**の送るけしき〈西鶴・西鶴諸国ばなし・一・七〉

のば・す【延ばす・伸ばす】動(サ四)〔「のぶ」の他動詞形〕❶逃げさせる。逃がす。例(キツネヲ)**延ばさ**ずして、捕らへたるところに〈宇治拾遺・一八〉❷時間を長引かせる。遅らせる。例程(=時間)を**のばさん**がために、長々とぞ僉議したる(=衆議していた)〈平家・四・永僉議〉❸ゆとりを与える。のんびりさせる。❹財産などを増やす。盛んにする。例始末(=倹約)をしけるに、はや年中に(拾イ集メタ米ヲ)七石五斗**のばし**て〈西鶴・日本永代蔵・一・三〉

のば・ふ【延ばふ】 動(ハ下二) 長くする。延ばす。のんびりさせる。例数知らず君が齢を**延ばへ**つつ名だたる宿の露とならなん〈後撰・秋下〉

のば・ふ【述ばふ】 動(ハ下二) 思う存分述べる。述懐する。例いかにして思ふ心を**述ばへ**まし〈古今・雑体〉

の-び【野火】名 野を焼く火。特に、初春、枯れ草を焼き払って、新しい草を生やすための火。例高円山に 春野焼く**野火**と見るまで〈万葉・二・二三〇〉

のび-らか【伸びらか】形動(ナリ)〔「らか」は接尾語〕❶長く延びたさま。例(鼻ガ)あさましう(=あきれるほど)高う**のびらかに**、先の方すこし垂りて色づきたること〈源氏・末摘花〉❷のびのびとくつろいださま。例おのづから(=自然と)人の心も**のびらか**にぞ見ゆるかし〈源氏・初音〉

の・ぶ【述ぶ・陳ぶ】動(バ下二) 口に出して言う。説明する。また、文章に書き記す。例口にても**述ぶ**べきやうもなき罪なれば〈宇治拾遺・一〇三〉

の・ぶ

【延ぶ・伸ぶ】**1**動(バ上二) ❶(時間的に) ㋐**長くなる。のびる。**例老い忘れ齢**のぶる**心地して(=老いを忘れ寿命が長くなるような気持ちがして)〈源氏・明石〉 ㋑**遅くなる。期日や時刻が先になる。**例御参り延びぬ〈源氏・梅枝〉 読解 姫君の宮中への入内が延期になった、ということ。

❷(空間的に) ㋐**広くなる。生長する。ゆるむ。**例(a)老いの波の皺の**ぶ**ばかりに(=年老いてできた皺がのびるほどに)〈源氏・若菜下〉例(b)**延び**た島田の黒髪を切って〈人情本・春色梅児誉美・後・一三〉 ㋑**逃げのびる。**例(天皇ノ一行ハ)遥かに**のび**させたまひぬらん(=今ごろはすでにはるか遠くへ逃げのびていらっしゃるだろう)〈平家・七・維盛都落〉

❸(心理的に)**のびのびとする。くつろぐ。**間のびする。例三月の十日のほどなれば、空もうららかにて、人の心も**のび**〈源氏・絵合〉

❹**量や能力が増える。**特に、金がたまる。例親かたに渡されし二百貫目今に**延び**ず(=主人から渡された二百貫の金はいまだに増えないで)〈西鶴・西鶴織留・二・三〉

2動(バ下二) ❶(時間的に) ㋐**長くする。**例齢をも**延べ**ん(=寿命も長くしよう)〈源氏・絵合〉 ㋑**延期する。延長する。**例日を**延べ**てもさる事はするものを(=日を延期しても葬儀はするものなのに)〈源氏・蜻蛉〉

❷(空間的に)**広くする。長くする。まっすぐにする。**例首を**のべ**てぞきらせられける(=首をまっすぐにしてお斬らせになった)〈平家・一一・重衡被斬〉

❸(心理的に)**のびのびとさせる。くつろがせる。**例春の野に心**延べ**むと思ふどち来こし今日の日は暮れずもあらぬか(=春の野原に心をのびのびとさせようと気の

合う仲間どうしで来た今日一日は暮れないでいてほしい)〈万葉・一〇・一八八二〉 読解 末尾の「ぬか」は打消の助動詞「ず」の連体形に係助詞「か」が続いたもの。願望を表す。

❹量や能力を増やす。増加させる。

語誌 ①は自動詞、②は他動詞で、基本的な用法では①②はほぼ対応している。②は中世以降しだいに四段動詞「のぼす」と交替した。〈高木和子〉

の-ぶか【箆深】 形動(ナリ)〔「箆」は矢竹〕矢が深く突き刺さるさま。例馬の額を**箆深に**射させて(=射られて)〈平家・九・宇治川先陣〉

の-ぶし【野伏し・野臥し】 名 ❶修行のために、僧が山野で野宿して生活すること。また、その僧。例健守法師仏名の**野伏し**にてまかり出でてはべりける年〈拾遺・雑下・詞書〉 ❷山野に潜伏し、敗軍の将兵から略奪したり、追いはぎや強盗を常習とする農民や武士の集団。本格的な戦闘につき従うこともあった。「野武士」とも書く。例和泉・河内の**野伏**しどもを四、五千人かり集めて〈太平記・六〉

のへ 〔上代の打消の助動詞「なふ」の連体形「なへ」の変化した形〕～ない。例逢ほしだも(=逢うときも)逢は**のへ**しだも汝にこそ寄され〈万葉・一四・三四七八〉

のべ【延べ】 名 ❶「延べ紙」の略。例さめざめと涙は**延べ**を浸しけり〈近松・曾根崎心中〉 ❷打って平たくのばした金属。延べ金。例**延べ**の煙管で、胸をたたいて見せる〈洒落本・通言総籬〉

の-べ【野辺】 名 ❶野のあたり。野原。例**野辺**の(草花ノ)色こそ盛りにはべりけれ〈源氏・松風〉 ❷火葬場。例葬礼のために、かたはらなる(=近くの)**野辺**へ越えけるその間に〈太平記・六〉

のべ-かがみ【延べ鏡】 名 ❶ものを鏡に映して間接的に見ること。例思ひついたる**のべ鏡**、出して写して読み取る文章〈浄瑠璃・仮名手本忠臣蔵・七〉 ❷鼻紙に使う「延べ紙」にはさんで懐に入れておく鏡。例着替へては媚を争ひ、**のべ鏡**は化粧を補ふ〈談義本・根無草後編・四〉

のべ-がみ【延べ紙】 名 上等の鼻紙。例**のべ紙**に数歯枝(=粗末な楊枝)を見せかけ〈西鶴・好色一代男・一・七〉

のべ-の-おくり【野辺の送り】 遺体を火葬したり埋葬したりすること。葬送。例その日も暮れて、ひそかに**野辺のおくり**をして〈西鶴・西鶴諸国ばなし・三・二〉

のべ-の-けぶり【野辺の煙】 火葬の煙。例あはれ君いかなる**野辺の煙**にてむなしき空の雲となりけん〈新古今・哀傷〉

のぼ-す【上す】 **1** 動(サ下二)〔「のぼる」の他動詞形〕❶高い所に行かせる。上へ進ませる。例人をおきてて(=指図して)、高き木に**のぼせ**て梢を切らせしに〈徒然・一〇九〉 ❷上位の人のもとに行かせる。参上させる。また、上京させる。例下なるをも呼び**のぼせ**〈枕・職の御曹司の西面の〉 ❸川をさかのぼらせる。例筏に作り **のぼすらむ**〈万葉・一・五〇〉 **2** 動(サ四) ❶のぼせる。上気する。例女郎もの**ぼさ**ぬやうに〈近松・傾城反魂香・中〉 ❷おだてる。例男と見込んで頼むとの**ぼせ**ば〈近松・丹波与作待夜の小室節・中〉

能褒野・能煩野 《地名》伊勢国、今の三重県亀山市能褒野町。また、そのあたりから鈴鹿市にかけての丘陵地帯。神話で、倭建命(日本武尊)が東征の帰途に病死したとされる地。

のぼり【幟・幡】 名 ❶軍陣・寺社・船などの標識とする旗。丈が長く幅が狭い布を用い、上部と横の一方に数多くの小さな輪をつけて、竿に通して立てる。「のぼりばた」とも。例吹きぬき(=旗の一種)・**のぼり**・馬印、へんぽんとひるがへり〈近松・国性爺合戦・四〉 ❷陰暦五月五日の端午の節句に立てる旗。例木がくれて名誉の家の**幟**かな〈俳諧・新花摘〉

のぼり【上り・登り・昇り】 名 ❶のぼること。❷地方から都へ行くこと。上洛。例この瀬(=機会)にもももれさせたまひて、御**上り**も候はず〈平家・三・有王〉 ❸京で、内裏がある北へ向かって行くこと。例大宮(=大路の名)を**上り**に、泣く泣く行きけるを〈宇治拾遺・一・三三〉

のぼ・る

【上る・登る・昇る】 動(ラ四) ❶低い所から高い所へ移動する。水や船から陸地に上がる。例はしたての(枕詞) 倉椅山は 嶮しけど 妹と**登れ**ば 嶮しくもあらず(=倉椅山は険しいが、いとしいあなたと登るので険しくもない)〈記・下・仁徳・歌謡〉

❷川の上流に向かう。例川の水干て…船の**のぼる**こと、いと難し(=川の水が干上がって…船が上流に向かうことは、とても難しい)〈土佐〉

❸気分がのぼせる。逆上する。例むげに恥づかしと思ひたりつるに、気の**のぼり**たらむ(=いちずに恥ずかしいと思っていたから、気分がのぼせているのだろう)〈落窪・一〉

❹昔にさかのぼる。例**上り**ての世を聞きあはせはべらねばにや(=古い昔のものと聞き比べておりませんからでしょうか)〈源氏・若菜下〉

❺参内する。貴人のもとに参上する。例内裏に奏すべきことあるによりなむ急ぎ**上り**ぬる(=帝に奏上しなければならないことがあるので急いで宮中に参内するのだ)〈源氏・明石〉

❻地方から都へ行く。上京する。例大君の命かしこみ大の浦をそがひに見つつ都へ**のぼる**(=天皇のご命令が恐れ多いので大の浦を背後に見ながら都へ行く)〈万葉・二〇・四四七二〉

❼京都で、内裏がある北に行く。例朱雀を**上り**(=朱雀大路を北に行き)〈今昔・一三・九〉

❽官吏登用の試験に臨む。例たびたびの**のぼり**たる学生の男ども(=何度も官吏登用試験に臨んでいる学生の男たち)〈宇津保・俊蔭〉

❾官職や官位が高くなる。昇進する。例国の親となりて、帝王の上なき位に**のぼる**べき相おはします人の(=国の親となって、帝王という最高の位に昇進するはずの相のおありになる人だが)〈源氏・桐壺〉

語誌 ▼「のぼる」と「あがる」 「のぼる」は低い所から高い所に線条に上昇していく意。途中に断絶や突然の飛躍を含まない上方への連続的な移動をいう。類義語「あがる」は上昇の仕方が非連続で、急激な飛躍もあり、そのものの質的な転換も起こる。「山にのぼる」とは言うが「山にあがる」とは言わないのは、山道を一歩一歩たどって上方に移動し、その移動の軌跡がとぎれないからである。物が完成することを「出来あがり」と言って、「出来のぼり」と言わないのは、未完成状態との間に決定的な相違があるからである。〈浅見和彦〉

のみ【絮・袽】 名 ヒノキの幹の内皮を砕いたもの。舟や桶などの漏水部に詰める。例かねて支度したる事なれば、矢口の渡りの船の底を二所ゑり貫いて、のみを差し〈太平記・三三〉

のみ

副助 ❶**物事を一つに限定する意を表す。**〜だけ。〜ばかり。例(a)京へ帰るに、女児のなき**のみ**ぞ悲しび恋ふる(=京へ帰るのに、女の子がいないことばかりを悲しみ、恋しがる)〈土佐〉例(b)八重桜は奈良の都に**のみ**ありけるを、このごろぞ、世に多くなりはべるなる(=八重桜は奈良の都にだけあったのに、近ごろは、世間に多くなっているそうです)〈徒然・一三九〉

❷**他と比較して、ある物事を強調する意を表す。**特に。とりわけ。例月・花はさらなり、風の**み**こそ、人に心はつくめれ(=月や花は言うまでもないが、風が特に、人に情感を催させるようだ)〈徒然・二一〉

❸**物事の程度を強調する意を表す。**ひたすら〜。ひたすら〜ばかり。例(a)御胸の**み**つとふたがりて、つゆまどろまれず(=ひたすら御胸がぐっといっぱいになるばかりで、少しもとろとろとお眠りになることもできず)〈源氏・桐壺〉例(b)あさましと**のみ**世を思へる気色なり(=ひたすらあきれたことだと思っている様子である)〈源氏・須磨〉

接続 体言、連用修飾語、活用語の連体形、助詞につく。

語誌 ▼「のみ」と「ばかり」 「のみ」は、上代から限定の意で用いられた。平安時代には程度を表す「ばかり」が限定の意でも用いられるようになり、限定を表す副助詞としては、しだいに「ばかり」が優勢となる。「のみ」はしだいに話し言葉では用いられなくなり、文章語として現代に至っている。
▼③では、上の語だけを強調するだけではなく、その下にくる動作・作用まで含めて強調する場合がある。たとえば例(a)は「御胸」を強調するのではなく、「御胸つとふたがりて」を強調している。
▼漢文訓読体では、文末に用いられて強調を表すことがある。〈近藤要司〉

の・む【祈む】 動(マ四) 頭を下げて願う。懇願する。神仏に祈る。例天地の 神をそ我が**祈む**〈万葉・一三・三二八四〉

の・む

【飲む・呑む】 動(マ四) ❶**飲む。**特に、酒を飲む。例賢しみともの言ふよりは酒**飲み**て酔ひ泣きするしまさりたるらし〈万葉・三・三四一〉➡名歌170

❷手に入れる。例天下を**呑む**心をさしはさめるによりて(=天下を手中にしようという気持ちを胸に含みもっているので)〈松浦宮物語・二〉

❸見くびる。圧倒する。例(敵ハ)なほ畿内に満ちて、勢ひ京洛を**呑めり**(=まだ京周辺にいっぱいいて、その勢いは京の都を圧倒している)〈太平記・一二〉

語誌 ①は、酒を飲むことをいう場合が多いが、酒は「酒をたうべてたべ酔うて」〈催馬楽・酒を飲べて〉のように、「たぶ」「たうぶ」ともいった。〈余田弘実〉

の-も-せ【野面】 名 野原。「野も狭に(=野が狭いほどいっぱいに)」の「のもせ」を一語と誤解したもの。例鳴き尽くす**野もせ**の虫の音のみして〈玉葉集・秋上〉

の-もり【野守】 名 標野(猟を禁じた野)の番人。例あかねさす(枕詞)紫野行き標野行き**野守**は見ずや君が袖振る〈万葉・一・二〇〉➡名歌1

のもり-の-かがみ【野守の鏡】 野原の水たまり。雄略天皇の鷹狩りのとき、野守が水に映った影で鷹の行方を答えたという故事から、水たまりを鏡に見立てていう。例はし鷹の**野守の鏡**得てしがな思ひ思はずよそながら見ん〈新古今・恋五〉

の-や【野矢】 名 狩猟に用いる矢。矢羽の端を切らない簡単な造りだった。例滋藤の弓、**野矢**そへてたぶ(=お与えになる)〈平家・八・征夷将軍院宣〉

の-やき【野焼き】 名 初春、新しい草を生やすために枯れ草を焼き払うこと。野火。例**野焼き**などするころの、花はあやしう遅きころなれば〈蜻蛉・下〉

のら 名《近世語》❶怠けること。怠け者。例人の**のら**と思ふにやあらん、叔母のもとにあり〈仮名草子・仁勢物語・下〉❷怠けること。遊びまわること。道楽者。例のんこ(=だて好みの若者の髪型)に髪結うてのらしい〈近松・心中天の網島・上〉

の-ら【野ら】 名〔「ら」は接尾語〕野。野原。例庭もまがき(=垣根)も秋の野**ら**なる〈古今・秋上〉

のら-す【宣らす・告らす】 〔動詞「のる」の未然形＋上代の尊敬の助動詞「す」〕仰せになる。おっしゃる。例汝が(=あなたの)名**告らさ**ね〈万葉・五・八〇〇〉

のり

【法・則・矩】 名 ❶**従うべき基準。**規則。習わし。方法。法律的にも道徳的にも、技術的にもいう。例これを犯すことある者をば必ず解除を債す。これ、太古の遺れる**法**なり(=これを破る者には必ず賠償を科す。これが、太古に残る規則である)〈紀・神代上〉

❷風俗。例国土に懐ふ**風**を有ちて(=国を愛する風潮を保って)〈紀・孝徳〉

❸**仏の教え。**仏法。例**法**まもる誓ひをふかく立てつれば末の世までもあせじとぞ思ふ(=仏の教えを守る誓いを強く立てたので、末世までも衰えることはあるまいと思う)〈風雅・釈教〉

❹(「みちののり」の形で)基準に照らして計った長さ。例道のノリ五里なり〈日葡〉

語誌 ▼『論語』為政編に「七十にして心の欲するところに従ひ、矩を踰えず」とあって、規則に外れたり、分を越えるふるまいをしたりすることを、「のりをこゆ」という。
▼③の用法には、漢語を訓読して作られ、釈教歌を中心に用いられる「のりの師」「のりの薪」「のりの花」「のりの道」「のりの水」「のりの筵」などの言い方がある。〈山口堯二〉

のり-あひ【乗り会ひ・乗り合ひ】アイ 名 ❶車・馬などに乗ったままで相手と出会うこと。貴人に対して

は非礼にあたる。例何によりて(＝何ゆえに)我に乗り合ひをして無礼をいたせるぞ〈今昔・一七・四一〉❷同じ乗り物にいっしょに乗ること。また、その人。

のり‐あ・ふ【罵り合ふ】アウ・オウ 動(八四)ののしりあう。悪口を言いあう。例下ざまの人は、**罵り合ひ**、いさかひて、あさましく恐ろし〈徒然・一七五〉

のり‐いち【乗り一】名 乗り心地が非常によいこと。例これは**乗り一**の馬で候ふ〈平家・四・競〉

のり‐うち【乗り打ち】名 乗り物や馬に乗ったまま通過すること。神仏や貴人の前では無礼なふるまいとされる。例早馬三騎、門前まで**乗り打ち**にして〈太平記・一二〉

のり‐がへ【乗り替へ・乗り換へ】―ガエ 名❶予備の乗り換え用の馬。例わが身は**のりがへ**に乗ってぞ帰りける〈平家・九・重衡生捕〉❷①を預かって乗る侍。例**乗り替へ**ども降ろして乗すれども乗らず〈平家・一二・六代〉❸心変わり。例間夫を切らるる**乗り換へ**の、女郎の恨みの夜々を〈近松・津国女夫池・四〉

のり‐くち【乗り口】名 馬の引き方の一種。さし縄(馬の口につけて引く綱)を取って引くこと。例あるは**乗り口**に(馬ヲ)引かせ〈平家・九・生ずきの沙汰〉

のり‐こぼ・る【乗り溢る】動(ラ下二)❶牛車の下簾から出だし衣をする。例我も我もと**乗りこぼれ**たる下簾の隙間どもも〈源氏・葵〉❷牛車などに、あふれるほど大勢が乗る。例車に**乗りこぼれて**、やり寄せて見れば〈宇治拾遺・一三〉

のり‐じり【乗り尻・騎尻】名❶乗馬にすぐれている人。多く、競べ馬の騎手にいう。例右の**乗り尻**は、左近の将監まで選び〈宇津保・祭の使〉❷馬に乗って行列につき従う人。例**乗り尻**の雑色より始め、陪従・舞人らの装束、臨時祭のさまなり〈宇津保・春日詣〉

のり‐た・つ【乗り立つ】動(タ四)馬・船などに乗って出発する。例近江道に い行き**乗り立ち**〈万葉・一七・三九七八〉

のり‐と【祝詞】名 儀式などの場で、神に告げる言葉。言霊信仰に根ざす荘重な文体をもち、対句や反復が多用される。表記は「宣命書き」。『延喜式』の二七編と藤原頼長の日記『台記』の一編とが現存し、大部分は奈良時代以前の制作とされる。「のと」「のっと」とも。

のり‐の‐ころも【法の衣】名《仏教語》(「法衣」の訓読)僧尼が着る服。例豊かなる**法の衣**の袖もなほ包みかぬべき我が思ひかな〈聞書集〉

のり‐の‐こゑ【法の声】―コエ《仏教語》読経・説法・念仏などの声。例**のりの声**絶えせぬ岸に水澄みて〈恵慶法師集〉

のり‐の‐し【法の師】名(「法師」の訓読)仏道の師。僧。例**法の師**とたづぬる道をしるべにて〈源氏・夢浮橋〉

のり‐の‐ちから【法の力】《仏教語》(「法力」の訓読)仏法の力。仏法の功徳。例伝はりてはるかに聞きし人づての**法の力**のたとへなきかな〈田多民治集〉

のり‐の‐ともしび【法の灯】《仏教語》(「法灯」の訓読)❶仏法を、この世の闇を照らす灯火にたとえていう。例世を照らす**法のともしび**無かりせば仏の道をいかで知らまし〈赤染衛門集〉❷仏前にともす灯明。例いく千世も塵にまじはる(仏ノ)影澄みて光を添へよ**法の灯**〈続後拾遺・神祇〉

のり‐の‐には【法の庭】―ニワ《仏教語》法会や説経などが行われる所。例(説経ヲ)聞く人の衣に玉もかかるまで涙こぼれし**法の庭**かな〈寂然法師集〉

のり‐の‐ふね【法の船】《仏教語》仏の教えを船にたとえた語。極楽浄土の彼岸へ衆生を渡すことによる言い方。例かの岸にこのたびわたせ**法の船**〈拾遺愚草・中〉

のり‐の‐みち【法の道】《仏教語》仏の教えにより悟りに至るための道。仏法の修行の道。例ありがたき**法の道**をもたづねたるかな〈二条太皇太后宮大弐集〉

のり‐の‐むしろ【法の筵】《仏教語》「のりのには」に同じ。

のり‐もの【賭物】名 弓・馬・双六などの勝負事で賭ける賞品。例よき**賭物**はありぬべけれど、軽々しくはえ渡すまじきを〈源氏・宿木〉

のり‐もの【乗り物】名 牛馬や車など、乗用にされるものの総称。特に、平安時代は牛車や輿をさし、江戸時代は駕籠をさす。例迎へに**乗り物**どもつかはして〈平家・三・少将都帰〉

のり‐ゆみ【賭弓】名(「賭」は賞をかける意)❶平安時代の宮廷行事の一つ。前日の射礼に続き、正月十八日の朝、弓場殿において天皇の前で左右の近衛府・兵衛府が左右に分かれて弓を射る。勝ち方には天皇から賞品(賭物)が与えられ、勝ち方は負け方に罰として酒を飲ませる。終了後、勝ち方の近衛大将が自邸で射手を慰労することを「還り饗」という。例**賭弓**の節に、左勝ちにければ〈宇津保・嵯峨院〉❷宮中や貴族の邸などで、賞品をかけて競う弓矢の試合。例三月十日のほどに内裏の**賭弓**のことありて〈蜻蛉・中〉

のりゆみ‐の‐かへりあるじ【賭弓の還り饗】―カエリアルジ 名 賭弓で勝ったほうの大将が、味方の射手を自邸に招いて行う酒宴。例**賭弓の還り饗**の設け(＝用意)…いと心ことに(＝念入りに)したまひて〈源氏・匂宮〉

のりゆみ‐の‐かへりだち【賭弓の還り立ち】―カエリダチ 名⇩のりゆみのかへりあるじ

の・る

【乗る】動(ラ四)❶**物の上に位置を占める。**例はや船に**乗れ**、日も暮れぬ(＝早く船に乗れ、日も暮れてしまう)〈伊勢・九〉❷**神・霊魂・物の怪などが乗り移る。**例われに十禅師権現**のり**ゐさせたまへり(＝私に十禅師権現の神が乗り移りなさった)〈平家・二・一行阿闍梨之沙汰〉❸**道筋に沿って行く。**例その道に**乗り**て往でましなば(＝その道に沿ってお行きなさったら)〈記・上・神代〉❹**調子づく。勢いづく。**例(a)酔ひに**のり**て子どもの上など申しけるついでに(＝酔って調子づいて子どものことなどを申し上げたついでに)〈後撰・雑一・詞書〉例(b)勝つに**乗り**て、大手は進め、搦め手は廻れや(＝勝っているのに勢いづいて、正面の勢は進め、敵の後ろの勢はまわりを囲め)〈義経記・五〉❺**うわさになる。話題になる。**例人の口に**のれ**る歌にてはべるは(＝話題になった歌でございますのは)〈古本説話集・上・三九〉❻「載る」とも書く。書物などに書き記される。例大納言の歌とて、『金葉和歌集』にのれるほどにはべれば(=大納言の歌として、『金葉和歌集』に書き記されているほどでございますので)〈撰集抄・二・八〉❼誘いに応じる。だまされる。例ぱっと乗すれば、ふはと乗り(=はでにおだてると、ふわっとだまされて)〈近松・女殺油地獄・上〉（馬場光子）

の・る

【宣る・告る】 動(ラ四) 呪的な力をもつ発言や表現行為をいう。言う。つげる。述べる。例この岡に 菜摘ます児 家聞かな 名告らさね〈万葉・一・一〉➡名歌168

語誌 ▼**神聖な発言** 単に「言ふ」のではなく、神などがその意向を表明したり、人が本来秘密にしている事柄などを口に出して言う意。多くは人の名や占いの内容についての発言をいう。「のる」から「のろふ」が派生していることからも、呪術的な力がこめられた発言行為が基本であることがわかる。具体的には対句や繰り返しなどの様式性をもった発言であることが多い。平安時代以降は、もっぱら「名のる」の形でのみ用いられるようになる。

▼**求婚と名のり** 古く、名はその人自身を意味し、名を告げることは、その人自身を相手に与えることをも意味した。名は秘密にしておくべき、最も大切なものであった。したがって結婚を前提とした男女の儀礼的な出会いの場においては、名を問うこと自体が求婚を意味し、それに対して自分の名を「のる」ことはその承諾をも意味した。⇩な(名)（松井健児）

の・る【罵る】 動(ラ四) ののしる。しかる。例腹立ちちらして、郡司をさへ罵りて〈宇治拾遺・九三〉

のろし【狼烟・狼煙・烽火】 名 戦や緊急の場合にあげる煙の合図。薪や火薬を用いる。古くは「とぶひ」。「狼煙(らうえん)」「烽火(ほうくわ)」とも。例烽火と太鼓の手都合(=手はず)を忘れるな〈浄瑠璃・神霊矢口渡・四〉

のろ・し【鈍し】 形(ク) ❶遅い。にぶい。例(流レノ)のろき淵を〈義経記・五〉❷異性に甘い。例なぜあの女にのろくなったらう〈滑稽本・浮世床・初中〉

のろ-のろ・し 形(シク) 呪いたいほどいまいましい。例聞きにくくのろのろしきことども多かり〈栄花・花山尋ぬる中納言〉

のろ・ふ【呪ふ】(ノロウ) 動(ハ四) 恨みなどのある相手に、悪い事が起こるよう祈る。例牛を呪ひて殺せり〈霊異記・上・二〇〉

のろま-にんぎゃう【野呂間人形・野呂松人形】(ニンギョウ) 名 江戸時代に流行した操り人形。野呂松勘兵衛が始めたという。頭が平たく青黒い顔の人形で、滑稽な狂言を演じた。例青くなりゃあのろま人形で落ちをとらあ〈滑稽本・浮世床・初上〉

の-わき

【野分】 名 野の草を分けて吹く風の意。本来は「野分の風」といったか。「のわけ」とも。二百十日前後に吹く暴風。台風。また、秋から冬にかけて吹く強い風。例(a)(邸内ハ)草も高くなり、野分にいとど荒れたる心地して(=草も高く茂り、強風でますます荒れた感じがして)〈源氏・桐壺〉例(b)芭蕉野分して盥に雨を聞く夜かな〈芭蕉・武蔵曲〉➡名句108

語誌 ▼「野分」は俳諧では秋の季語だが、和歌の素材として定着するのは比較的遅く、勅撰和歌集では、七番目の『千載和歌集』から見える。

▼野分のさまは、『源氏物語』野分巻に描かれるほか、『枕草子』には、野分の翌日の庭の風情、人々のありさまを活写した「野分のまたの日こそ、いみじうあはれにをかしけれ」と始まる章段がある。（鈴木宏子）

のわき-だ・つ【野分だつ】 動(タ四)(「だつ」は接尾語) 野分のような風が吹く。例野分だちて、にはかに肌寒き夕暮れのほど〈源氏・桐壺〉

の-わけ【野分】 名「のわき」に同じ。

は

は【羽】 名 ❶鳥の羽毛。鳥の全身を覆う毛。例水鳥の(枕詞)鴨の羽色の春山の〈万葉・八・一四五一〉❷鳥の翼。羽ね。例鳥の言ふに随ひて、皆その羽に乗りぬ〈今昔・四・三六〉❸飛ぶ虫の羽。例空蟬の羽におく露の木がくれて〈源氏・空蟬〉❹矢につける鳥の羽。矢羽根。例その矢の羽は、その鼠の子ども、みな契ひてありき〈記・上・神代〉

は【破】 名 雅楽・能楽などで、曲を構成する三要素序破急の中間部分。細やかで変化に富む調子の部分。⇩じょはきふ。例楽(=雅楽)の破の歌、しきち…楽の急の歌、かな山〈栄花・日蔭の鬘〉

は【歯】 名 ❶人や動物の歯。❷①に似た物。特に、下駄・足駄の下につけた板。例この木履は…歯のちびたるばかり〈西鶴・世間胸算用・一・四〉

は

【端】 名 ❶はし。はた。へり。ふち。例山の端に月傾けば〈万葉・一五・三六二三〉❷半端なこと。端数。例児なんどをばはに出だすべからず(=子どもなどを半端に登場させてはならない)〈中楽談儀〉

語誌「ことは(言端)」「のきば(軒端)」などの複合語、あるいは「やまのは(山の端)」などの形で用いられることが多い。（高木和子）

は

1 係助 ある事柄を他と区別して、取り出していう意を表す。係助詞に分類されるが、係り結びは行わない。❶ある事柄を文の題目として示す。〜は。例(a)磐代の崖の松が枝結びけむ人は帰りてまた見けむかも(=磐代の崖の松の枝を結んだというあの方は立ち帰ってこの松をまた見たことだろうか)〈万葉・二・一四三〉例(b)御門の御

位はいともかしこし(=天皇の御位はたいそう恐れ多い)〈徒然・一〉

❷ある事柄を他と対比しながら示す。〜は。〜のほうは。例(a)目には見れどもただに逢はぬかも(=目には見るけれど、直接には会えないことよ)〈万葉・一二・二四八〉例(b)深山には松の雪だにきえなくに都は野べの若菜つみけり(=深い山では松の葉に置いた雪さえ消えないのに、都では野辺の若菜を摘んでいることよ)〈古今・春上〉

❸ある事柄を詠嘆をこめて強調する意を表す。例天離る(枕詞)鄙にも月は照れれども妹そ遠くは別れ来にける(=都から遠く離れたところにも月は照っているけれど、妻とは遠く別れて来てしまったことだ)〈万葉・一五・三六九八〉

❹(形容詞・形容詞型活用の語の連用形、および打消の助動詞「ず」の連用形について)仮定条件を表す。〜だったら。〜ないなら。「は」が濁って、「〜くば」「〜ずば」「〜ずんば」となることがある。例(a)まそ鏡(枕詞)直にし妹を相見ずは我が恋止まじ年は経ぬとも(=じかにあの子に逢わなかったら、私の恋はやまないだろう、年月がたっても)〈万葉・一一・二六三二〉例(b)鶯の谷より出づる声なくは春くることを誰か知らまし(=鶯が谷から出て来て鳴く声がなかったら、春が来ることをだれがわかるだろうか)〈古今・春上〉読解「誰か」の「か」は反語の意を、末尾の「まし」は反実仮想の意を表す。事実は、鶯が谷から出て鳴く声があるから、春が来ることをだれでもわかる。

2 終助 感動や強調の意を表す。〜よ。〜ねえ。例(a)ふり捨てさせたまへるつらさに、御送りつかうまつるは(=途中で私を振り切りなさった恨めしさに、お送り申し上げたのですよ)〈源氏・末摘花〉例(b)ちかき皇胤をたづねば、融らもはべるは(=天皇に近い血筋を探すのなら、この融めもおりますよ)〈大鏡・基経〉読解源融の言葉。融は嵯峨天皇の皇子。

接続▶1は名詞、助詞などにつく。助詞「を」につく場合には、濁って「をば」となる。鎌倉・室町時代には、撥音につくと「な」、促音につくと「た」と発音されることがあった。「北門は建長寺」→「北門な建長寺」〈狂言・鐘の音〉、「今日＋は」→「こんにった」などである。2は活用語の連体形につく。

語誌▼題目を示す「は」 1①の「題目」とは、その文で説明を受けるもの。古今を通じて「は」で示される。文の主語が題目となることが多いが、「月草に衣は摺らむ」〈古今・秋上〉のように目的語が題目になる場合もある。

▼上代の「ずは」 打消の助動詞「ず」の連用形に係助詞「は」のついた上代の「〜ずは」には、可能の意を補ってはじめて仮定に訳せるものがある。例かくばかり恋ひつつあらずは高山の岩根しまきて死なましものを(=これほど恋い慕い続けないでいられるなら、いっそ高い山の岩を枕にして死んでしまいたいのになあ)〈万葉・二・八六〉

▼2は江戸時代になると「わ」と表記されるようになり、現代語の終助詞「わ」の源流となった。〈近藤要司〉

は

上代の反復・継続の助動詞「ふ」の未然形。

ば

活用語の未然形について順接の仮定条件を表し、已然形について確定条件を表すのが基本的用法。仮定条件を表す点では、逆接の仮定条件を表す「とも」と共通し、確定条件を表す点では、逆接の確定条件を表す「ども」「ど」と共通する。

1 接助 ❶(未然形について)順接の仮定条件を表す。〜なら(ば)。〜たら。例(a)折りとらば惜しげにもあるか桜花いざやど借りて散るまでは見ん(=もし折り取ったらいかにも惜しいなあ。桜の花をさあ宿をとって散るまで見よう)〈古今・春上〉例(b)かくて都にあるならば、またうきめをもみむずらん(=こうして都にいたら、またつらいめをもみるだろう)〈平家・一・祇王〉

❷(已然形について)順接の確定条件を表す。㋐原因・理由を表す。〜ので。〜から。例(a)いと幼ければ、籠に入れて養ふ(=たいそう小さいので、籠に入れて育てる)〈竹取〉例(b)事に触れて数知らず苦しきことのみまされば、いといたう思ひわびたるを(=何かにつけて数えきれないほどたくさんつらいことばかりが重なるので、たいそうひどく思い悩んでいるのを)〈源氏・桐壺〉

㋑偶然のきっかけ・契機を表す。〜と。〜ところ。例筒の中光りたり。それを見れば、三寸ばかりなる人、いとうつくしうてゐたり(=筒の中が光っている。それを見ると、三寸ほどである人が、たいそうかわいらしい様子で座っている)〈竹取〉

❸(已然形について)呼応する事柄を対照的に表す。〜と〜する。〜かと思うと〜する。例(a)最上川のぼればくだる稲舟の(ここまで序詞)否にはあらずこの月ばかり(=最上川を上り下りする稲舟のいなではないが、否というわけではない、ただ今月は都合が悪いのだ)〈古今・東歌〉例(b)鏑は海へ入りければ、扇は空へぞあがりける(=鏑矢は海に入ったかと思うと、扇は空へと上がった)〈平家・一一・那須与一〉

❹(已然形について)順接の一般的・恒常的な条件関係を表す。〜と(よく〜するものだ)。例(a)家にあれば笥に盛る飯を草枕(枕詞)旅にしあれば椎の葉に盛る〈万葉・二・一四二〉➡名歌71 例(b)命長ければ、恥多し〈徒然・七〉

❺(打消の助動詞「ず」の已然形「ね」につく「〜ねば」の形で)飛躍的に意外な事柄を導くことを表し、結果的に逆接の表現になる。〜のに。例我がやどの萩の下葉は秋風もいまだ吹かねばかくそもみてる(=私の家の萩の下葉は、秋風もまだ吹かないのにこんなに紅葉しているよ)〈万葉・八・一六二八〉

2 係助 係助詞「は」が格助詞「を」について濁音化したもの。⇩をば

接続▶1①は、動詞型・形容動詞型活用語の未然形につく。②〜④は、形容詞型を含めてより広く活用語の已然形につく。

語誌▼接続に注意 係助詞「は」から転じたもの。接続によって意味に差があるので、上の語の活用形が未然形か已然形かということに注意する必要がある。

▼形容詞型活用語による仮定条件 1①の仮定条件

は、動詞型・形容動詞型活用語によるものであり、それは「未然形＋ば」で表されるが、形容詞型活用語と助動詞「ず」による仮定条件は、「連用形＋は」で表された。例わが庵は三輪の山もと恋しくは訪ひ来ませ(＝恋しかったら尋ねていらっしゃい)杉立てる門〈古今・雑下〉➡名歌419

▼「恋しくば」式の言い方　中世以前の表記では、仮名の清濁を区別しなかったから、近世になって、仮定を表す「恋しくは」などの言い方も「恋しくば」などと読まれるようになった。形容詞型活用語の「〜く」「〜しく」に、「ば」のつく形として、未然形を認める説は、そこから出たものであるが、今日では認めないのが通説化している。

▼「已然形＋ば」の確定条件　〔一〕②の確定条件には、㋐原因・理由を表す場合と、㋑偶然のきっかけ・契機を表す場合とが区別できる。ただし、㋑の用法は、動詞型活用語につく場合にしかない。

▼「已然形＋ば」の一般・恒常条件　〔一〕④の意味・用法には、仮定的な言い方に通じる点があり、中世ごろから条件表現の体系がくずれだすと、「已然形＋ば」はしだいに仮定的な意味を表すことが多くなる。口語文法で文語の已然形にあたる形が仮定形と呼ばれるのはそのためである。

▼「〜ねば」の用法　「ねば」の形には、〔一〕②㋐の意を表すことも多い。〔一〕⑤のような、逆接的用法との区別は文脈で判断しなければならない。〈山口堯二〉

はい【灰】 ⇩はひ

はい【拝】 名 拝むこと。拝礼。例伊勢大神宮をぞ御拝ありける〈平家・三・法皇被流〉

はい‐が【拝賀】 名動(サ変) ❶目上の人に対し、祝いの言葉を申し上げること。特に、新年の慶びを申し上げること。例文武百寮と新羅朝貢使と拝賀す〈続紀・文武二年正月〉 ❷任官・叙位に対する御礼を申し上げること。例二十四日に右大将に任ず。同日拝賀〈愚管抄・六〉

はい‐がい【沛艾】 名動(サ変) 馬が荒れて跳ね上がること。また、性質の荒い馬。暴れ馬。例沛艾の馬を好みしかば〈徒然・一四五〉

はいかい‐うた【俳諧歌】 名「はいかいか」とも。和歌の内容上の分類の一つ。正統的な歌に対し、言葉や内容が卑俗で滑稽な歌をいう。『古今和歌集』の雑体の部立に「誹諧歌」と見えるのに始まる。掛詞や擬人法などの技巧を過度に用いたり、新奇な発想で詠んだりするのが特色。

俳諧七部集（ハイカイシチブシュウ）《作品名》江戸時代の俳諧撰集。一二冊。佐久間柳居編。享保一七〜八年(一七三二〜三三)ごろ成立。芭蕉が関係した撰集の中から主なものを選び、俳諧の手本と蕉風俳諧の変遷過程を示そうとしたもの。『冬の日』『春の日』『曠野』『ひさご』『猿蓑』『炭俵』『続猿蓑』の七部。

はいかい‐の‐れんが【俳諧の連歌】 名 連歌の内容上の分類の一つ。俗語を用い、滑稽味を主とするもの。室町末期、宗鑑・守武などによって作られた。江戸初期、貞徳が貞門俳諧を確立し、宗因の談林俳諧を経て芭蕉の蕉風俳諧に至り、文学的に高められた。⇩俳諧

俳句 名 ⇩発句

ばい‐くゎ【梅花】 カ― 名 ❶梅の花。例梅花を折って首にはさめども〈平治・中〉 ❷薫き物の名。梅の花の香りがする。例三種ある中に、梅花はなやかにいまめかしう〈源氏・梅枝〉 ❸「梅花油」の略。梅の花の香りがする女性用の髪油。例顔を寄すれば鬢の香の、梅花の香りは〈近松・今宮の心中・中〉

はい‐くゎい【徘徊】 カイ― 名動(サ変) さまようこと。うろつくこと。例松門(＝門のように立っている松)に暁到りて月徘徊す〈源氏・手習〉

はい‐ごん【俳言】 名 和歌や連歌では用いられず、俳諧にだけ用いられる語。漢語や俗語・流行語など。

はい‐しょ【配所】 名 流罪になった人が赴く所。配流された所。例罪なくして罪をかうぶりて(＝無実の罪を受けて)、配所の月を見ばや〈発心集・五・八〉

ばい‐しん【陪臣】 名(「陪」は重なる意)臣下の臣下。家来の家来。天皇に対する将軍の家来や将軍に対する諸大名の家来など。例陪臣の(北条)義時が世になりぬれば〈神皇正統記・下〉

俳諧（はいかい）　短詩型文学の一種。本来「俳諧」は戯れ・滑稽を意味する語で、ジャンルとしては俳諧の連歌から生まれた。今日の俳句だけでなく、広く連句や俳文などを含めた称としても用いる。

●**成立期**　最初の俳諧撰集『竹馬狂吟集』は明応八年(一四九九)に成立する。十六世紀の天文年間(一五三二〜五五)前半には、後世俳諧の祖と並び称される宗鑑・守武がそれぞれ『犬筑波集』『守武千句』を世に問い、それまで余技として読み捨てられていた俳諧の連歌、すなわち俳諧が、連歌から分化し自立しはじめる。

江戸時代に入ると、歌人で連歌師でもある貞徳が、言語遊戯を主にした上品で穏やかな俳諧を提唱した。この一門を貞門といい、重頼・北村季吟などが活躍して一大勢力となる。しかし、保守的な傾向の強いことからやがてあきられ、かわって連歌師宗因をかつぐ守武流の談林俳諧が登場する。連歌の権威から徹底して離れようとする自由奔放な異風の俳諧は阿蘭陀流などと非難されるが、大坂を中心に全国に広まった。この一門の井原西鶴は、限られた時間内に数多くの句を詠むことを競う矢数俳諧を得意とした。談林俳諧にはほかに言水・鬼貫らがいる。

●**蕉風**　談林俳諧から出発した芭蕉が蕉風(正風)を確立するに至り、俳諧は、俗語を正す独特のユーモアをもった文学として大成される。

以後、蕪村らの活躍する中興期、一茶の活躍する化政・天保期を通じて、俳諧は蕉風を手本に展開するが、それはまた同時に、発句が俳諧から自立する過程でもあった。

明治二〇年代、俳諧は発句の延長線上にある俳句となって近代の文学に生まれ変わる。〈松原秀江〉

はい・す【拝す】 動（サ変）❶頭を下げて礼をする。おがむ。例まづ社壇を拝したてまつりしは、八幡大菩薩のみなり〈とはずがたり・四〉❷叙位・任官や、禄を与えられたときなどに、庭に下りて感謝の気持ちを示す動作をする。拝舞する。例下りて拝したてまつりたまふさまに、皆人涙落としたまふ〈源氏・桐壺〉❸官に任じる。官を授ける。例大友皇子をもて太政大臣に拝す〈紀・天智〉

はい-ずみ【掃墨】 名〔「はきずみ」のイ音便形〕ごま油や菜種油の油煙（すす）を掃き集めたもの。膠を混ぜて墨を作り、眉墨・薬などに用いる。また、漆・渋を加えて塗料にした。例はいずみ入りたる畳紙を取り出でて〈堤中納言・はいずみ〉

はい-ぜん【陪膳】 名〔「陪」は侍る意〕宮中で天皇に食膳を差し上げるとき、給仕を務めること。また、その役。例陪膳つかうまつる人の、男子どもなど召すほどもなく〈枕・清涼殿の丑寅の隅の〉

はい-だて【脛楯】 名〔「はぎだて」のイ音便形〕鎧の付属具の一種。腰の前から左右へ垂らして股から膝まで覆うもの。主に室町時代以降、歩兵などが用いる。例為朝の脛楯にとりつきて、玉なす（＝玉のような）涙を押し拭ひ〈読本・弓張月・拾遺・四六〉

はい-ばん【杯盤】 名 酒宴で使われる杯や皿鉢など。例杯盤豊かにして美麗なり〈平家・八・征夷将軍院宣〉

はい-ぶ【拝舞】 名動（サ変）官位昇進や禄を受けたときに、謝意を表す礼。⇩さいうさ①。例次に、左方の公卿侍臣、前庭にして拝舞ありけり〈著聞集・一九・六四九〉

誹風柳多留 《作品名》⇩柳多留

はい-まう【廃忘・敗亡】 名動（サ変）❶忘れること。例御尋ねありけるに、折節廃忘して演べ得ざりければ〈源平盛衰記・四〉❷うろたえること。当惑すること。例かやうの所へ出つけぬによって（＝来慣れてないので）、廃忘いたいてござる〈狂言・餅酒〉

はい-りやう【拝領】 名動（サ変）主君や貴人から物をいただくこと。例所領あまた拝領して〈曾我・二〉

はい-る【配流】 名動（サ変）流罪に処すこと。例罪なき長者を配流せらる〈平家・四・南都牒状〉

はう〔這う・延う〕⇩はふ

はう【方】 名❶方向。方角。例巽（＝東南）の方に、三間四面の御堂たてられて〈大鏡・実頼〉❷一方の方面。一方の立場。側。例脇差しを取り、女の右のはうに差し〈狂言・痩松〉❸正方形。また、その一辺。例雲、方四、五丈ばかり晴れて〈古本説話集・下・四七〉❹方法。手立て。また、香や薬の調合法。例二つの方を…心にしめて合はせたまふ（＝熱心に調合なさる）〈源氏・梅枝〉

はう【袍】 名 男性の礼装の上衣。円領（ゆるい詰め襟のような型）で、位階によって色が定められている。「上の衣」とも。例その上に御大袖の御袍を召す（＝お召しになる）〈中務内侍日記・下〉

語誌 ▼袍の色 令制による色の取り決めは、一位が深紫、二位と三位が浅紫で、以下順に四位深緋、五位浅緋、六位深緑、七位浅緑、八位深縹、初位浅縹となっている。のちに随時変わっていき、平安中期の一条天皇のころから四位以上は橡（黒）、五位緋、六位は縹となっていった。

朝廷に出仕の際には常に上衣として着る衣服だけに、位階に応じて色が異なるということが、しばしば不遇の嘆きを誘う場合があった。特に六位の袍は、緑衫と呼ばれて、侮蔑や愁嘆の対象になることが多かった。『源氏物語』少女巻で、光源氏の息子の夕霧が、恋人雲居雁の乳母から位の低さをあざけられる場面がある。〈藤本宗利〉

ばう【坊・房】 名❶平城京や平安京の町の区画の称。大路で四方を囲まれた十六町をいう。

唐の都城制にならった条坊の制による。

❷「春宮坊」の略。皇太子の御所。転じて、皇太子。例坊には承香殿の皇子ゐたまひぬ（＝皇太子には承香殿の女御の皇子がお就きになった）〈源氏・澪標〉

❸僧の住む所。僧坊。また、寺に参詣した人の宿泊する宿坊。例師（＝法師）の坊に、男ども、女、童など皆行きて〈枕・正月に寺にこもりたるは〉

❹僧。法師。例罪をつくりたまふ御坊かな（＝罪をお作りになる御僧だなあ）〈宇治拾遺・一三七〉読解 蛙を殺してみよとある僧に言われた安倍晴明の返事。生き物を殺すのは罪である。

❺部屋。局。例御房の前の桜の、いとおもしろう盛りなりければ（＝御部屋の前の桜が、たいそう趣深く満開に咲いていたので）〈栄花・さまざまの喜び〉〈藤本勝義〉

はう-いつ【放逸】 ━ 1名動（サ変）逃がすこと。逃げ去ること。例放逸せる鷹を思ひ〈万葉・一七・四〇一一・題詞〉2名形動（ナリ）❶勝手気ままにふるまうこと。例放逸無慙の（＝戒律を破っても恥じない）ありさまなれど〈徒然・一一五〉❷乱暴。情け容赦もないこと。例小舎人ことばら放逸に散々に打つ〈義経記・六〉

はうか-し【放下師】 名「はうかそう」に同じ。

はうか-そう【放下僧】 名 鎌倉末期から江戸時代にかけて見られた、歌舞雑芸を演じる大道芸人。僧の姿をしている。例御身（＝あなた）は放下僧に御なり候へ〈謡曲・放下僧〉

伯耆 《地名》旧国名。今の鳥取県西部。山陽道八か国の一つ。伯州。延喜式で上国・中国。

はう-ぎやう【方形・方桁・宝形】 名 屋根の形の一種。四方の隅棟（二つの屋根面が接する部分）が中央に集まる屋根。頂に露盤や宝珠をのせる。例わづかに方形の構へを結び置く（＝とどめている）といへども〈保元・下〉

はう-くわ【半靴】 名〔「はんくゎ」の変化した形〕靴の一種。靴を簡略にしたもの。略儀の騎乗用。⇩くつ（図）。例深履・半靴などはきて、廊のほど沓すり入るは〈枕・正月に寺にこもりたるは〉

はう-ぐゎん【判官】 名〔「はんぐゎん」の変化した形〕❶「じょう（判官）」に同じ。

❷特に、衛門府の尉（衛府の判官には「尉」の字をあてる）。その多くは検非違使を兼任し、「検非違使の尉」と呼ばれた。まれに近衛府や兵衛府の

尉をいう場合もある。さらに、六位の蔵人を兼ねるものもあり、「上の判官」という。例蔵人の左衛門の尉、上の**判官**といふ源兼澄〈栄花・さまざまの喜び〉❸源義経のこと。検非違使の尉であったことからいう。〈池田尚隆〉

ばう-くゎん【坊官】 ボウカン 名 ❶春宮坊の官人の総称。例**坊官**の労にて（＝功労で）三位ばかりして〈大鏡・道隆〉❷門跡に仕える僧。諸大夫・北面の武士の子弟から出され、妻帯・帯刀していた。「房官」とも書く。

はうぐゎん-だい【判官代】 ホウガンー 名 ❶院の庁の職員の一つ。庁内の庶務をつかさどる。上皇の場合は、在位時の五・六位の蔵人を任じることが多い。例（供人ハ）蔵人・**判官代**ばかりして、いといとさうざうしげにおはします（＝寂しそうにしていらっしゃる）〈大鏡・道長下〉❷地方の国府や荘園で、土地の管理や年貢の徴収を行う職。

はうぐゎん-びいき【判官贔屓】 ホウガンー 名「はんぐゎんびいき」とも。（不運な生涯を送った判官源義経に同情する意から）不遇な人や弱者に対する同情。例**判官贔屓**の世の中、お前の名ほか出ませぬ〈近松・心中宵庚申・下〉

はう-げ【放下】 ホウー 名動（サ変）《仏教語》「はうか」とも。禅宗で、心身のすべての執着を捨て去ること。例諸縁を**放下す**べき時なり〈徒然・一二三〉

ばう-ざ【病者】 ボウー 名「びゃうざ」に同じ。例船君のばうざ、もとよりこちごちしき人にて（＝無風流な人で）〈土佐〉

はう-さう【方相】 ホウソウ 名「方相氏」の略。❶宮中の追儺で悪鬼を追い払う役。黄金の四つ目の仮面をつけ、黒衣に朱の裳を着用、手には戈と楯を持った異相で、内裏の中を回る。⇩ついな（図）。❷天皇・親王・太政大臣などの葬送のとき、棺を載せた車を先導する役。

はう-し【方士】 ホウー 名「はうじ」とも。神仙の術（方術）を行う人。道士。例あるいは**方士**をして不死の薬を尋ねたまひしに〈平家・七・竹生島詣〉

はう-し【拍子】 ホウー 名 ❶（「はくし」のウ音便形）「ひゃうし」に同じ。例扇や何やと**はうし**にして〈枕・内裏は、五節の頃こそ〉❷「笏拍子」の略。⇩しゃくびゃうし。例**はうし**おどろおどろしからず（＝おおげさでなく）うち鳴らしたまひて〈源氏・少女〉

はう-じゃう【放生】 ホウジョウ 名《仏教語》功徳を積むために、一度捕らえた生き物を放してやること。例長命なる者は先生（＝前世）に**放生**を行ぜし者ぞ〈今昔・三・二〇〉

はうじゃう-ゑ【放生会】 ホウジョウエ 名《仏教語》鳥や魚など捕らえた生き物を、生きたまま放してやる法会。陰暦八月十五日に行う。宇佐八幡宮と石清水八幡宮のものが有名。

はう-じゅつ【方術】 ホウー 名 神仙の術。方士（道士）が行う不老不死や医薬・占いの術。例あはせて遁甲（＝体を隠すわざ）・**方術**の書をたてまつる〈紀・推古〉

はう-じん【芳心】 ホウー 名動（サ変）「はうしん」とも。親切にすること。また、親切心。例事にふれて（＝何かにつけて）情け深う**芳心**おはしつるこそ、ありがたう（＝めったになく）うれしけれ〈平家・一一・重衡被斬〉

ばう-ず【坊主・房主】 ボウー 名（「坊」「房」は寺の建物の意）❶寺の住職。一寺の主たる僧。例**房主**の僧、「思ひかけず」と言ひて〈今昔・二六・一七〉❷僧一般の称。❸江戸時代、城中で雑用や茶の接待に従事する人。剃髪していたことからいう。

ばう・ず【亡ず】 ボウズ 動（サ変）❶滅びる。例仏法まづ**亡ず**〈平家・二・善光寺炎上〉❷亡くなる。死ぬ。例その父**亡じ**て、母存せり（＝生きている）〈今昔・九・一〉

はう-すん【方寸】 ホウー 名（心が胸の中一寸四方の間にあるとすることから）心。胸の中。例象潟に**方寸**を責む（＝象潟の地を見たいと思う心に責めたてられる）〈芭蕉・奥の細道〉

ばう-ぞく ボウー 名形動（ナリ）（「はうぞく（放俗）」または「はんぞく（凡俗）」の変化した形か）たしなみのないさま。不作法なさま。例腰ひき結へる際まで胸あらはに、**ばうぞくなる**もてなしなり〈源氏・空蟬〉

はう-だたり【方崇り】 ホウー 名 陰陽道で、避けるべき方角を犯したために受ける崇り。例今年はここが金神に当たった。それでこれ**方崇り**〈近松・大経師昔暦・中〉読解「金神」は陰陽道の神。

はう-だて【方立て】 ホウー 名 ❶門柱のわきに立てて、扉をつけておく小さな柱。例法荘厳院の門の**方立て**に〈古活字本保元・中〉❷牛車の前後の簾の左右にある、手をかけるためのくぼみがついた柱。例それに候ふ**方立て**の穴に取り付かせたまへ〈源平盛衰記・三三〉❸箙の下方の、鏃を差し込む箱の部分。例箙の**方立て**打ちたたき、時（＝鬨の声）をどっとぞ作りける〈平家・七・倶梨迦羅落〉

はう-ちゃう【庖丁】 ホウチョウ 名（「庖」は「厨（調理場）」、「丁」は「丁（下働きの男性）」の意）❶料理をする人。例今日の**包丁**茂経仕らむ〈今昔・二八・三〇〉❷料理の腕前。例皆人、別当入道の**庖丁**を見ばやと思へども〈徒然・二三一〉❸「庖丁刀」の略。料理用の刃物。

はう-ぢゃう【方丈】 ホウジョウ 名「ほうぢゃう」とも。❶一丈（約三メートル）四方。例広さはわづかに**方丈**、高さは七尺が内なり（＝広さはたった一丈四方、高さは七尺足らずである）〈方丈記〉❷《仏教語》（インドの維摩居士の居室が一丈四方だったことから）住職の居室。転じて、寺の住職。例**方丈**には人一人もなし〈義経記・五〉❸中国の伝説上の三神山の一つ。渤海にあり、神仙が住むとされた。〈大井田晴彦〉

方丈記

ほうぢゃうき ホウジョウキ《作品名》鎌倉初期の随筆。鴨長明作。建暦二年（一二一二）三月成立。『徒然草』とともに隠者文学の代表的作品。

●**書名**　「方丈」は作者長明が晩年に住んだ、一丈（約三メートル）四方の草庵を意味する。平安中期に書かれた慶滋保胤の『池亭記』に内容・形式とも大きな影響を受けており、『方丈記』の書名もこれにならったものと考えられる。

●**内容・構成**　世の中の無常、草庵生活の安逸さを格調高い和漢混交文で綴る。構成は、前半の五大災厄の描写と、後半の方丈の草庵の安楽さを述べた部分の二つに大きく分かれる。

【五つの災厄】「行く川の流れはたえずして、しかももとの水にあらず」という無常観を表白した著名な序章に始まり、それに続き、第一の災厄として、安元三年(一一七七)四月二十八日の安元の大火が描かれる。朱雀門、大極殿など大内裏の中心部を焼き払った火事で、京都の三分の一が焼失したという。第二の災厄は治承四年(一一八〇)四月に起こった辻風(つむじ風)で、多くの人家が破壊された。第三の災厄は同じ年の六月、平清盛によって突如強行された福原(今の神戸)への遷都で、折しも源頼朝・木曾義仲らを中心とする反平家の動きは緊急さを増し、まさに争乱の時代へと突入していった。第四の災厄は全国的な内乱に加えて、養和元年(一一八一)から翌二年にかけて近畿地方を襲った大飢饉と疫病で、その死者は四万二千三百余人であったと記される。第五の災厄は平家滅亡後の元暦二年(一一八五)七月九日、京都地方を襲った大地震で、都は壊滅的打撃を被ったのであった。

【日野山の方丈の庵】大災厄にいつ見舞われるかもしれない京都市中は危険この上ないが、一方、長明が六十歳にして編んだ日野山の草庵は安逸な場所であった。災厄から安全であるというだけでなく、周囲の人々からも自由で、余分な気遣いも不安も気苦労もない、自由な境界なのである。日野山からの風光は明媚、散策にもこと欠かず、草庵の生活を満喫しているのである。しかし、やがて草庵に執着する自分を発見、終末において「不請阿弥陀仏」を二、三回唱えることで締めくくられる。

●**特色**　前半の五つの災厄で世の無常を語り、後半で日野の草庵の安逸さを賞揚する構成は、きわめて整然としており、論理的な叙述である。和漢混交文の、よく引き締まった文体で、縦横に対句・対語を駆使し、無駄のない、的確で、リアルな表現は注目に値する。

●**影響・その他**　白居易の『池上篇』、慶滋保胤の『池亭記』の影響を受けており、また後代の『平家物語』『撰集抄』などに、文体・内容・思想などの面において大きな影響を与えている。なお『方丈記』には、五大災厄の部分を欠く『略本方丈記』というものがあり、それが長明の真作かどうかという点については結論をみない。〈浅見和彦〉

はうちゃう-じゃ【庖丁者】ハウチョウ—　名 料理人。料理の名人。例園の別当入道は、さうなき(=並ぶものがない)庖丁者なり〈徒然・二三一〉

はう-べん【方便】ホウ—　名 ❶〔仏教語〕仏が衆生を仏の道に導くための便宜的な手段・方法。例人の心を起こさせむとて(=仏道に目覚めさせようとして)、仏のしたまふ方便は〈源氏・蜻蛉〉 ❷ある目的のためにとる手段・方法。策略。例いかにもして南山より盗み出だしたてまつらんと方便をめぐらされけれども〈太平記・三〉

庖丁者〔七十一番職人歌合〕

はう-べん【放免】ホウ—　名「はうめん」に同じ。

はう-めん【放免】ホウ—　名「はうべん」とも。❶罪人を放ち許すこと。❷検非違使庁の最下級の職員。犯人捜査や流人の護送などにあたる。釈放された罪人を用いたことからいう。例(ソノ男ハ)盗みして獄(=牢屋)に居て、のち放免に成りにける者なりけり〈今昔・二九・三〉

ばう-もん【坊門】ボウ—　名(「坊」は町の意)❶平安京の町の門。三条以下、九条まで各坊にあった。❷平安京の各坊門を走る東西の道。例九条坊門東の洞院の辺りには雪も降りたりけり〈著聞集・一七・五八六〉

はう-らつ【放埒】ホウ—　名 形動(ナリ)〔馬が埒(馬場の柵)から放たれる意〕❶勝手気ままにふるまうこと。例道の掟(=その分野の規律)正しく、これを重くして放埒せざれば〈徒然・一五〇〉❷身持ちが悪いこと。

はえ【映え・栄え】名 引き立つこと。見ばえ。面目。例かかる深山隠れにては(=山の奥深い所では)何のはえかあらむ〈源氏・薄雲〉

はえ-な・し【映え無し】形(ク) 見ばえがしない。ぱっとしない。さえない。例今は何ごともはえなき世を、いと口惜しとなん思しける〈源氏・竹河〉

はえ-ばえ・し【映え映えし】形(シク)〔名詞「はえ」を重ねて形容詞化した語〕❶華やかだ。見栄えがする。例(粥ノ木ヲ)打ちあてたるは、いみじう興ありて(=たいそうおもしろくて)、うち笑ひたる(様子)は、いとはえばえし〈枕・正月一日は〉読解 正月十五日、粥を煮た焚き木で女性の尻を打つと子を授かるという俗信があった。女房たちが興じている様子が、正月にふさわしい華やかさである。❷光栄だ。晴れがましい。例このをりのきよらより、または、いつかははえばえしきついでのあらむ(=このたびの華やかな宴以降、また、いつ晴れがましい機会があるだろうか)〈源氏・宿木〉

語誌 中世以降、明るく陽気だ、の意が派生する。〈高田祐彦〉

は-おり【羽織】名 ❶帯や袴をつけた上衣の上に着る衣服。陣羽織・雨羽織など用途による呼び方、木綿羽織など材質による呼び方、短羽織・長羽織など形態による呼び方などにより、種々のものがある。例ⓐ猩々緋(=黒味をおびた深紅色)の羽織にて〈仮名草子・大坂物語・上〉読解 陣羽織の例。例ⓑこのごろは長い羽織は初心に(=やぼに)見え〈浮世草子・好色万金丹・三・三〉読解 丈の長短が時の流行により変化したことがわかる。❷「羽織芸者」の略。〔男装して羽織を着て宴席に出たところから〕江戸深川の女芸者のこと。例(座敷ニ呼ブノハ)羽織にしやせうか(=しましょうか)、男芸者にしやせうか〈洒落本・辰巳之園〉

語誌 羽織の流行は江戸時代になってからで、名称の由来は確証がなく、「羽織」の文字はあて字であろ

う。名詞「はおり」と動詞「はおる」の前後関係も明確でない。〈中村隆嗣〉

はか【果・計】名❶**目当て。見当。**例我が宿は雪降る野辺に道もなしいづこ**はか**とか人のとめこむ(=私の家は雪の降る野辺にあって道もない。どこを目当てに人は訪ねてくるだろうか)〈寛平御時后宮歌合〉
❷**はかどりぐあい。仕事などの進みぐあい。**例歩むやうにはしけれども、**はか**もゆかず(=歩くようにはしていたけれども、たいして進みもせず)〈平家・三・有王〉〈吉野瑞恵〉

は-かい【破戒】名『仏教語』仏門にいる人が戒律を破ること。例**破戒**のもろもろの比丘(=僧)は、なほしもろもろの外道に勝る〈霊異記・下・三三〉

はがい【羽交い】⇩はがひ

はかい-むざん【破戒無慙】『仏教語』仏教の戒律を破っているのに、全く恥じないこと。例これは**破戒無慙**の法師なり〈今昔・三一・三五〉

は-かう【八講】コウ 名『仏教語』(「はっかう」の促音の表記されない形)⇩ほっけはっかう。例十二月十余日ばかり、中宮の御**八講**なり〈源氏・賢木〉

は-がき【羽掻き】名「はねがき」に同じ。例百**はが**きはねかく鴫も〈貫之集・五〉

は-がくれ【葉隠れ】名草木の葉の陰。また、そこに隠れていること。例生ひ茂る沢辺の葦の**葉隠れ**は声にや鶴の人に知らるる〈教長集〉

はかし【佩刀・帯刀】名〈動詞「はく」の未然形＋尊敬の助動詞「す」＝「はかす」の名詞形〉貴人のもつ刀剣。ふつう、「みはかし」の形で用いられる。例御**佩刀**、さるべき物など、所狭きまで(=置き場所に困るほど)思しやらぬ隈なし〈源氏・澪標〉読解誕生した姫君に守り刀などを与えた場面。

はかせ【佩刀・帯刀】名「はかし」の変化した形。例御**はかせ**の鉄の程をも見たてまつり〈曾我・一〇〉

はか-せ【博士】名❶**学問や芸道に深く通じた人。学者。**例馬頭、物定めの**博士**になりて、ひひらきゐたり(=馬頭は、よしあしの判定の博士となって、しゃべりたてている)〈源氏・帚木〉読解女性に通じた左馬頭が得意になって話し続けている様子。
❷**令制の官職の一つ。**大学寮に明経・紀伝(文章)・明法・算・音・書、陰陽寮に陰陽・暦・天文・漏刻、典薬寮に医・針・按摩・咒禁の各博士があり、学生を教育した。種類と名称は時代によって多少異なる。例寮試受けんに、**博士**のかへさふべきふしぶしを引き出でて(=大学寮の試験を受けようとするときに、博士が問いただしそうな数々の点を引いてきて)〈源氏・少女〉読解大学寮の卒業試験に備え、模擬試験を受ける場面。
❸「節博士」の略。
❹(❸から転じて)手本。模範。例風情を**博士**にて音曲をする為手は、初心のところなり(=しぐさを模範として謡を謡う役者は、初心の段階である)〈風姿花伝・六〉〈池田尚隆〉

は-かぜ【羽風】名❶鳥や虫の羽ばたきで起こる風。例飛びかよふ鴛鴦の**羽風**の寒ければ池の氷ぞさえまさりにける(=冷たさを増したことだ)〈拾遺・冬〉
❷舞人が袖を翻すときに生じる風。例袖どものうち返す**羽風**に〈源氏・匂宮〉

は-がため【歯固め】名(「歯」は年齢の意)正月三が日に、鏡餅を飾って、猪・鹿・鮎・大根・瓜などを膳に用意して食し、長寿を祈る行事。また、そのときの食物。例**歯固め**の祝ひして、餅鏡をさへ取り寄せて〈源氏・初音〉

はか-どころ【墓所】名墓のある場所。例乳母の、**墓所**見て、泣く泣く帰りたりし〈更級〉

はかなく-なる 死ぬ。例いみじく命短き族なれば(=短命な一族なので)、(私モ)かやうならんついでにもや、**はかなくなり**なむとすらん〈源氏・宿木〉

はかな-げ【果無げ・果敢無げ】形動(ナリ)(「げ」は接尾語)❶弱々しい。心細そうだ。例(ミノムシガ)「ちちよ、ちちよ」と**はかなげ**に鳴く〈枕・虫は〉
❷たいしたことでない。かりそめだ。例**はかなげ**に言ひなして、まめまめしく(=真剣に)恨みたるさまも見えず〈源氏・帚木〉

はか-な・し【果無し・果敢無し】形(ク)「はか」は目当て、向かうべき対象、の意。「はかなし」は目当てのない状態、そこから生まれる頼りなさや不安な気持ちを表す。
❶**頼りない。心細い。**例来し方を思ひいづるも**はかなき**を行く末かけてなに頼むらん(=これまでのことを思い出しても頼りない気がするのに、将来のことまで何をあてにしようか)〈源氏・総角〉読解男性の愛情の頼みがたさを嘆く歌。
❷**もろい。あっけない。つかの間だ。**例夢よりも**はかなき**世の中を、嘆きわびつつ明かし暮らすほどに(=夢よりもあっけない男女の仲を、嘆き悲しみながら日々を暮らすほどに)〈和泉式部日記〉読解死んだ恋人とのつかの間の関係をいう。
❸**むなしい。**なんにもならない。例行く水に数書くよりも**はかなき**は思はぬ人を思ふなりけり(=流れて行く水に数を書くよりもむなしいのは、こちらを思ってくれない人を恋い慕うことであったなあ)〈古今・恋一〉
❹**ちょっとした。取るに足りない。**例歯ぐろめつけなど、**はかなき**つくろひどもすとて(=お歯黒をつけたりなど、ちょっとした化粧などをするというので)〈紫式部日記〉
❺**しっかりしていない。幼稚だ。**例いと**はかなう**(音便形)ものしたまふこそ、あはれにうしろめたけれ(=ほんとうに幼稚でいらっしゃるのが、かわいそうで気がかりなのです)〈源氏・若紫〉

語誌 特に平安時代の女流作家の作品に特徴的に現れる語。『蜻蛉日記』の序に「世の中にいとものはかなく、とにもかくにもつかで、世に経る人ありけり」とある。男女の仲、人生そのものがこの語によって表現されている。〈吉野瑞恵〉

はかな-だ・つ【果無立つ】動(タ四)(「だつ」は接尾語)頼りなさそうに見える。心細そうに見える。例手は**はかなだち**てよろぼはしけれど(=筆跡は頼りな

は

さそうでよろよろしているが)〈源氏・玉鬘〉

はかな・ぶ【果無ぶ】動(バ上二)〔「ぶ」は接尾語〕頼りなさそうに見える。例(女ハ)はかなびたるこそはらうたけれ(=かわいいのだ)〈源氏・夕顔〉

はかな・む【果無む】動(マ四) むなしく思う。例この世をはかなみ、必ず生死を出でん(=悟りを開こう)と思はんに〈徒然・五八〉

はか-ばか・し【果果し・捗捗し】形(シク)〔名詞「はか」を重ねて形容詞化した語〕❶物事や事態の進行が、順調で満足できる状態であるさま。例ある人の、いみじう時にあひたる人の婿になりて、ただ一月ばかりもはかばかしう(音便形)来こでやみにしかば(=ある人が、とてもはぶりのよい人の婿になって、たった一か月くらいもろくろく通って来ないでそれっきりになってしまったので)〈枕・いみじうしたてて婿とりたるに〉❷てきぱきしている。しっかりしている。例(両親ニ先立タレタウエニ)はかばかしく御乳母だつ人もなし(=しっかり世話をする御乳母らしい人もいない)〈堤中納言・思はぬ方にとまりする少将〉❸はっきりしている。際立っている。例久しくなりて、はかばかしくもおぼえねば(=時間がたって、はっきりとも覚えていないので)〈無名草子〉❹重要だ。公的だ。学問的なことや実務的な事柄についていう。例はかばかしき事は片端も学び知りはべらねば(=重要な事はほんの少しも学び知っておりませんので)〈徒然・一三五〉

語誌 ①〜③は、打消を伴って用いられることが多い。〈安達敬子〉

は-がひ【羽交ひ】ガイ 名❶鳥などの左右の翼の重なりあうところ。例葦辺行く鴨の羽がひに霜降りて寒き夕へは大和し思ほゆ〈万葉・一・六四〉❷(①から転じて)鳥の背。また、翼。羽根。例羽がひなければ飛んでも行かれず〈浄瑠璃・鎌倉三代記・五〉

は-がへ【葉替へ】ガエ 名動(サ変) 草木の葉が落ちて、新しい葉が生えてくること。例榊葉の葉替へもせず万代や経へむ〈江帥集〉

はかま【袴】名❶下半身を覆う衣服の総称。上部につけられた紐を腰のところで結んで着用する。平安時代以降、袍の表袴、直衣の指貫、女房の装束である張袴など、官位や身分によって色・形態・材質が定められた。江戸時代にはそれがさらに発達し、平袴・野袴・馬乗袴・踏込袴など種類が増え、武家では平服でも袴をはくのが例となる。町人も改まった時には袴をはくのが習慣となった。例(a)六位は袴一具ぞ見えし(=六位の官人は袴を一そろい賜るのが見えた)〈紫式部日記〉読解 皇子誕生から五日目の産養の引出物。例(b)袴・肩衣着て…しみじみと弔ひ〈西鶴・好色一代男・二・二〉読解 町人が弔問する話。❷上代、腰にまとったズボン様の下着。例逼めて(=苦しめて)褌を脱かしめて〈紀・欽明〉〈中村隆嗣〉

はかま-ぎ【袴着】名 幼児から児童への成長を祝って、初めて袴を着る儀式。男女とも三歳から七歳ごろに行われる。「着袴」とも。例(a)この皇子三つになりたまふ年、御袴着のこと、一の宮の奉りしに劣らず…いみじうせさせたまふ(=この皇子が三つにおなりになる年に、御袴着のことを、第一皇子がお召しになったものに劣らないほど…盛大に執り行いなさる)〈源氏・桐壺〉読解 桐壺帝が光源氏の袴着を盛大に行った。光源氏への愛情の深さがうかがわれるところ。例(b)今年は姫宮の御年三つにならせたまへば、四月に御袴着の事あるべし〈栄花・玉の村菊〉

語誌 袴着の儀式には袴の腰紐を結ぶ重要な役(「腰結ひ」)があり、高貴な人がその役を務めた。皇子・皇女は天皇がその役にあたることが多く、貴族の子女の場合はその父があたったり、大臣の位にある人に依頼したりした。

江戸時代には陰暦十一月十五日を中心に行うようになり、男女三歳の髪置き(初めて髪を伸ばす儀式)、男子五歳の袴着、女子七歳の帯解き(帯を用いはじめる儀式)を合わせて祝った。今の七五三の祝いの起こりである。〈福長進〉

はから-ざる-に【計らざるに】〔動詞「はかる」の未然形+打消の助動詞「ず」の連体形+接続助詞「に」〕予想もしなかったのに。思いがけず。例はからざるに牛は死し〈徒然・九三〉

はからひ【計らひ】ハカライ 名❶取り計らうこと。処置。例天照大神の御はからひにやはべりけん〈著聞集・八・三二一〉❷考え。判断。例みづからのはからひをさし挟みて〈歎異抄〉

はから・ふ【計らふ】ハカラウ・ハカロウ 動(ハ四)❶相談する。例衆の僧聞きて、商量ひて言はく〈霊異記・中・二八〉❷考えをめぐらす。よく考える。例みづからこの事を計らふことあたはじ〈今昔・一・一〉❸適当に処置する。うまく取り計らう。例(大金ヲ)貧しき身にまうけて(=手に入れて)、かく計らひける、まことにありがたき道心者なり〈徒然・六〇〉❹見計らう。見当をつける。例人間(=人のいないとき)を計らひて、御文をいと小さく書きて賜ふ〈宇津保・国譲下〉

はかり【計り・量り】名❶計画。例外に居て恋ふれば苦し我妹子を継ぎて(=続けて)相見む事計りせよ〈万葉・四・七五六〉❷目当て。めど。例(女ノ行キ先ヲ)いづこをはかりともおぼえざりければ〈伊勢・二一〉❸(多く「〜をはかりに」の形で)限り。際限。例声をはかりにぞをめき(=わめき)叫びたまひける〈平家・七・維盛都落〉❹計量すること。また、計量器具。例はかりにかけてみれば、十八両ぞありける〈宇治拾遺・一二〉

ばかり

副助〔動詞「はかる(計る)」の名詞形「はかり」から〕❶おおよその程度や範囲を示す。㋐おおよその時期・時間を表す。〜ころ。〜ごろ。例卯の時ばかりに船出だす(=卯の時ごろに船を出す)〈土佐〉㋑おおよその数量・大きさ・長さなどを表す。〜くらい。〜ほど。例三寸ばかりなる人(=三寸くらいである人)〈竹取〉読解「三寸」は約九センチ。㋒物事の程度を強調する意を表す。〜ほど。〜ぐらい。例(a)望月の明さを十あはせたるばかりにて(=

満月の明るさを十あわせたほどで)〈竹取〉例(b)往生院と聞くからに(=往生院と聞くとすぐに)、先へと**ばかり**急ぎけり〈御伽草子・横笛草紙〉
❷**物事を限定する意を表す。…だけ。**例我**ばかり**かく思ふにや(=私だけがこう思うのだろうか)〈徒然・七一〉
接続 体言、副詞、格助詞、活用語の連体形・終止形につく。

語誌 上代では①の用法がほとんどで、②の限定の意は副助詞「**のみ**」が果たしていた。②の用法は平安時代になって増え、「のみ」とともに用いられたが、中世になると「のみ」の使用は文章語に限られ、話し言葉には「ばかり」が用いられるようになった。
中世には程度を表す「**ほど**」が、近世には限定を表す「**だけ**」「**きり**」が登場し、「ばかり」はしだいに用いられなくなる。〈近藤要司〉

はかり-ご・つ【謀りごつ】動(タ四)〔名詞「はかりこと」の動詞化〕❶計画する。例高祖が首を切るべしと**謀りごつ**〈今昔・一〇・三〉❷だます。欺く。例瓶に金を入れてこの老婢に持たしめて、**謀りごち**て王宮へ奉る〈今昔・三・一九〉

はかり-こと【策・謀り事】名〔江戸中期以降「はかりごと」〕❶計画。計略。例世を傾けん**はかりこと**をのみめぐらすべし〈増鏡・久米のさら山〉❷手段。例財を求むる**はかりこと**をもって君につかうまつる時は〈仮名草子・浮世物語・五・一〉❸心構え。例弓箭(=弓矢)に携はらむ者の**はかりこと**は〈平家・一・殿上闇討〉❹仕事。生業。例狂句を好むこと久し。つひに生涯の**はかりごと**となす〈芭蕉・笈の小文〉

はかり-な・し【計り無し・量り無し】形(ク)❶際限ない。はかり知れない。例一日の出家(=一日でも出家をしたこと)の功徳は**はかりなき**ものなれば〈源氏・夢浮橋〉❷はかり知れないほどすぐれている。例隆方(=人名)は**はかりなき**心ばへにて〈今鏡・一・司召し〉❸(「言ふはかりなし」の形で)言い尽くせない。例あさましと言ふも**はかりなし**〈御伽草子・福富長者物語〉

はか・る【別る】動(ラ下二)《上代語》東国方言。わかれる。例道の辺の茨の末に延ほ豆の(ここまで序詞)からまる君を**はかれ**か行かむ〈万葉・二〇・四三五二〉

はか・る【計る・量る・謀る】

動(ラ四)未知の事柄を計算・測定・計画・推測する意。

❶**測定する。計算する。**例嬰児の、貝をもって巨海を**量り**(=幼児が、貝殻で大海の水の量をはかり)〈平家・七・願書〉読解 大それたこと、不可能なことのたとえ。

❷**計画する。企てる。もくろむ。**状況を考えて処置する。例よき人に会はせむと思ひ**はかれ**ど(=りっぱな人と結婚させようと思い計画するが)〈竹取〉

❸**だます。たばかる。**例夜をこめて鳥のそらねは**はか**るともよに逢坂の関はゆるさじ〈後拾遺・雑二〉↓名歌417

❹**相談する。論じる。**例国母・大臣一つ心にてこそ、事を**計りけれ**(=皇后や大臣が心を合わせて、何事も相談した)〈宇津保・国譲下〉

❺**推測する。推し量る。予想する。**例賢げなる人も、人の上をのみ**はかりて**、おのれをば知らざるなり(=賢そうな人も、人の身の上ばかり推測して、自分のことは知らないものだ)〈徒然・一三四〉

❻**機会をうかがう。ねらう。**例人目を**はかり**て捨てんとし(=他人の目をうかがって捨てようとし)〈徒然・一七五〉読解 酒を無理強いされた人の様子。

語誌 ▼名詞「はか」を動詞化した語。仕事の「はか(見当・進みぐあい)」を調べるために計算する意から、推量する・予測する・企画するなどの意に展開した。
▼**関連語** 「おしはかる」「おもひはかる」「はかりごと」などの複合語もある。なお、「はかどる」「はかばかし(果果し)」も「はかる」と同根。〈岩坪健〉

はぎ【脛】名 足のすねの部分。特に、その前面。例物あらふ女の**脛**の白きを見て〈徒然・八〉
【脛に挙ぐ】衣服の裾をすねの所までまくり上げる。例心にもあらぬ(=意識せずに)**脛にあげ**て見せける〈土佐〉

はぎ

【萩】名❶植物の名。マメ科の落葉低木または多年草。秋、蝶形で紅紫色または白色の花をつける。秋の七草の一つ。⇩口絵。例(a)萩、いと色深う、枝たをやかに咲きたるが、朝露に濡れてなよなよとひろごり伏したる(=萩は、たいそう色が濃く、枝もしなやかに咲いているのが、朝露にぬれてなよなよと広がって伏しているもの)〈枕・草の花は〉例(b)一つ家に遊女も寝たり**萩**と月〈芭蕉・奥の細道〉↓名句125
❷**襲の色目の名。**表は蘇芳、裏は青または萌黄。一説に、表は薄紫、裏は青とも。秋に着用。⇩口絵。例女郎花の織物の単衣襲、**萩**の小袿着たまひて、いたくはぢらひたまひたれど(=ひどく恥ずかしがりなさったけれど)〈夜の寝覚・五〉

語誌 ▼**鹿の妻** 古来秋の代表的な草花として賞美され、特に「秋萩」と呼ばれることもあった。『万葉集』に最も多く現れる植物であり、しばしば鹿ととり合わせて詠まれた。「我が岡にさ雄鹿来鳴く初萩の花妻問ひに来鳴くさ雄鹿」〈万葉・八・一五四一〉などでは鹿の妻とされており、『源氏物語』匂宮の巻にも「小牡鹿の妻にすめる(=するという)萩」とある。
▼**萩に置く露** 和歌では露とのとり合わせも多く見られ、「起きあかし見つつながむる萩の上の露吹きみだる秋の夜の風」〈後拾遺・秋上〉などと詠まれている。
▼**「萩」の字** 漢字「萩」はもともとヨモギ・ヒサギ・アカメガシワをさす。この字を「はぎ」にあてるのは日本特有の用法である。「はぎ」を秋草の代表ととらえるところから、「萩」の字を用いるようになったのであろう。〈佐藤明浩〉

はき-ぞへ【佩き添へ・帯き副へ】ゾエ 名 太刀に添えて腰につける刀。脇差し。例賜はりたる黄金造りの太刀を**帯き副へ**にし〈義経記・五〉

はぎ-だか【脛高】名・形動(ナリ)すねが露出するほど衣服の裾が短いこと。例**はぎだかなる**黒衣きて〈沙石集・一・三〉

はぎ-の-と【萩の戸】名 清涼殿の中の一室の名。前庭に萩が植えてあったからという。弘徽殿の上の

御局と藤壺の上の御局の間にある。⇩口絵

はぎ-はら【萩原】 名 萩の生い茂っている野原。例萩原と見るぞ悲しき高円の尾の上への宮のむかし知らねど〈忠度集〉

はく【箔】 名 金・銀・銅などの金属を、たたいて紙のように薄く延ばしたもの。衣服や器物などを飾るのに用いる。例薪の中に、赤き丹着き、箔など所々に見ゆる木、あひまじはりける〈方丈記〉

はく【魄】 名 死後もこの世にとどまる霊魂。⇩こん(魂)。例魂は冥途にありながら、魄はこの世にとどまりて〈謡曲・実盛〉

は・く【掃く】 動(カ四) ❶掃除する。きれいにする。例櫛も見じ屋内も掃かじ草枕(枕詞)旅行く君を斎ふと思ひて〈万葉・一九・四二六三〉 ❷刷毛で塗る。

は・く【佩く・帯く・着く・著く】 1動(カ四) ❶身につける。特に、刀・下着・靴など腰から下に身につけるものにいう。例大刀佩きて可爾波(=地名)の田居に芹そ摘みける〈万葉・二〇・四四五六〉 ❷弓に弦を掛ける。2動(カ下二) ❶身につけさせる。例牛にこそ鼻縄著くれ〈万葉・一六・三八八六〉 ❷1②に同じ。例梓弓弦緒取りはけ引く人は〈万葉・二・九九〉

は・ぐ【矧ぐ】 1動(ガ四) 竹に鳥の羽や鏃をつけて矢を作る。例鷹の羽矧ぎまぜたるぬた目のかぶら(=鹿の角で作った鏑矢)〈平家・一一・那須与一〉 2動(ガ下二) 矢を弓につがえる。例矢を矧げて射むとて、弓ふりたて見るに〈宇治拾遺・七〉

は・ぐ【剝ぐ】 1動(ガ四) ❶物の表面をむき取る。はがす。例この片山の もむ楡を 五百枝剝ぎ垂れ〈万葉・一六・三八八六〉 ❷衣服をむしり取る。脱がす。例走りかかりて、衣をはがむと思ふに〈宇治拾遺・二八〉 ❸官位を取り上げる。例善勝寺の大納言、ゆゑなく剝がれぬる事〈とはずがたり・三〉 2動(ガ下二) ❶物の表面が離れ取れる。はがれる。例黒塗りの箱の九寸ばかりなるが…所々はげたるを〈落窪・一〉 ❷毛が抜け落ちる。はげる。例むく犬のあさましく老いさらぼひて、毛はげたるを〈徒然・一五二〉 ❸色があせる。色が薄くなる。例涙に墨染めもはぐるばかりなげきぬ〈西鶴・男色大鑑・七・四〉

ばく【獏・貘】 名 中国の想像上の動物。胴体は熊、鼻は象、目は犀、尾は牛、足は虎に似るという。人の悪夢を食べ、その皮を敷いて寝ると疫病にかからず、その絵は邪気を避けると信じられた。例獏の札、宝舟売りなど〈西鶴・好色一代男・三・四〉

ばく-えき【博奕】 名「ばくやう」とも。金品を賭けて勝敗を争う勝負事の総称。また、それをする人。博打。例好色・博奕・大酒。三重戒〈風姿花伝・序〉

ばく-か【幕下】 名 ❶張りめぐらされた幕の下のあたり。幕の中。本営・陣屋・陣営、政治を行う場所をさすこともある。例幕下の巣空しくして燕早く辞さる〈経国集〉 ❷近衛大将の唐名。 ❸将軍や大将軍の称。また、それらの配下の称。

白居易《人名》七七二〜八四六。中国の中唐の詩人。字は楽天。詩文集『白氏文集』があり、長詩「長恨歌」「琵琶行」などは特に有名。日本の文学に最大の影響を与えた詩人で、「遺愛寺の鐘は枕を欹てて聴く」「廬山の雨の夜草庵の中」「三五夜中の新月の色」「花を踏んでは同じく惜しむ少年の春」などの詩句は『和漢朗詠集』にも採られて愛唱された。「枕をそばだてて四方の嵐を聞きたまふに」〈源氏・須磨〉「昔思ふ草の庵の夜の雨に涙な添へそ山ほととぎす」〈新古今・夏・藤原俊成〉(↓名歌359)などが享受の一端を示す。

は-ぐくみ【育み】 名 養育。世話。恩恵。例ありがたき御はぐくみを思し知りながら〈源氏・若菜上〉

は-ぐく・む

【育む】 動(マ四) 〔「羽は含くむ」の意。中世以降「はごくむ」とも〕 ❶親鳥が羽で包んで雛を育てる。例旅人の宿りせむ野に霜降らば我が子羽ぐくめ天の鶴群(=旅人が泊まる野原に霜が降りたら、私の子をおまえの羽で包んで守ってやっておくれ、天を飛ぶ鶴の群よ)〈万葉・九・一七九一〉 読解 遣唐使として旅立つ我が子に贈る母の歌。

❷大切に育てる。世話をする。いたわる。例(a)(幼イ宮ヲ)もろともにはぐくまぬおぼつかなさを(=あなたといっしょに養育するのでない気がかりさを)〈源氏・桐壺〉 読解 母の死後、光源氏は祖母に養育されている。その幼い我が子を思う帝が祖母に送った手紙の一節。例(b)この知らぬ人をはぐくみて、みな抱きおろしつつ休む(=このだれとも知らない人を介抱して、それぞれ車から抱きかかえ降ろして休む)〈源氏・手習〉 読解 行き倒れの女性を助けた話。

類義 ②かしづく・いつく

〈木村博〉

は-ぐくも・る 動(ラ四) 〔「はぐくむ」の自動詞形〕 親鳥の羽で暖かくくるまれる。また、そのように慈しまれる。例はぐくもる君を離れて恋に死ぬべし(=恋い死にしそうだ)〈万葉・一五・三五七八〉

ばく-げき【莫逆】 名「ばくぎゃく」とも。非常に親密な間柄。例常に莫逆の交はり深く、朋友に信あるかな〈芭蕉・野ざらし紀行〉

は-ぐさ【莠・稂】 名 田の雑草。例荒し置く田の面のはぐさしげりつつ〈拾遺愚草員外〉

白山《地名》加賀国と越前国の境、今の岐阜・石川・福井三県にまたがる火山帯の総称。⇩白山

ばく-しう【麦秋】 名 麦が実り、取り入れられる時期。陰暦四月あるいは五月のころ。「むぎあき」「むぎのあき」とも。例麦秋の草臥れ声や念仏講〈俳諧・五車反古〉

白氏文集《作品名》中国の中唐の白居易の詩文集。七一巻。もとは七五巻で八四五年までに成立、三八〇〇余首を収める。略して『文集』とも。日本には平安時代に渡来し、菅原道真らの詩人に影響を与え、「書は 文集。文選」〈枕・書は〉「文は文選のあはれなる巻々、白氏文集」〈徒然・一三〉とあるように、『文選』と並び愛読された。「長恨歌」をはじめ、後世に影響を与えた詩句は多い。『枕草子』「雪のいと高う降りたるを」段の、雪の朝に簾をあげた話なども、この書に基づく逸話である。

はく-じゃう【白状】 1名動(サ変) 捕らえられた罪人が、自分の行ったことについて申し述べること。自白。例白状のためかとて、硯に料紙を取り添へて奉りければ〈太平記・三〉 2名 罪人が取り調べで申

し述べた内容を記した書状。例陰謀なんど…残るところなく白状一巻に載せられたり〈太平記・三〉

はく-せい【百姓】 名 ⇨ひゃくしゃう

はく-たい【百代】 名 多くの年月。永遠。ひゃくだい。李白の『春夜桃李園に宴するの序』の「光陰は百代の過客なり」の句による。例月日は**百代**の過客にして、行きかふ年もまた旅人なり〈芭蕉・奥の細道〉

はく-ぢ【薄地】 ジ 名『仏教語』無知、また、凡庸・下劣なこと。例凡夫**薄地**、是非(=善悪の判断)にまどへるがゆゑに〈平家・三・医師問答〉

ばく-ち【博打・博奕】 名「ばくうち(博打ち)」の変化した形」❶賽などを用いて、金品を賭けて争う勝負ごと。「博奕」とも。例我が子は二十になりぬらん**博打**してこそ歩くなれ(=私の子どもは二十歳になっただろう。賭け事をしてあちこち歩き回っているということだ)〈梁塵秘抄・四句神歌〉❷①をする人。また、それを専業にする人。ばくち打ち。賭博師。例大君の夫は、高名の(=評判の高い)**博打**なり〈新猿楽記〉

読解 職能人の一人として紹介する。

身ぐるみはがれた博打
〔東北院職人歌合〕

語誌 平安末期から鎌倉時代にかけて博打は絵にも多く描かれ、『鳥獣人物戯画』『東北院職人歌合』には身ぐるみはがれた博打の姿が描かれる。〈馬場光子〉

はく-ちゃう【白張】 チヨウ 名〔「白張」の音読〕❶糊をきかせて張った麻などで作った白い狩衣。例**白張**に立て烏帽子きたる男〈著聞集・二・五六〉❷①を着た下男。笠や履物を持ったり、馬の口取りをしたりなどの雑役をする。「白丁」とも書く。

ばく-ふ【幕府】 名 ❶(幕を張って設営した役所の意から)将軍の本営。❷「近衛府」の唐名。転じて、近衛大将の居館。また、近衛大将の別称。例**幕府**の上将に居し〈太平記・一三〉❸鎌倉時代以降、武家政権の首長である将軍とその政庁。また、その政権。

ばく-やう【博奕】 ヤウ 名「ばくえき」に同じ。

白楽天《人名》⇨白居易

は-ぐろ【歯黒】 名「はぐろめ」に同じ。例**歯黒**付けたる口に、から竹の楊枝〈西鶴・好色一代女・三・一〉

羽黒山《地名》出羽国(山形県)の山。修験道の道場として知られ、月山・湯殿山とともに出羽三山と呼ばれる。例出羽国には**羽黒山**とて、山社多きところなれば〈義経記・七〉

は-ぐろめ【歯黒め】 名 歯を黒く染めるための液。鉄片を酒・酢などに浸して酸化させたもの。お歯黒。鉄漿。また、その液で歯を黒く染めること。例**歯黒め**つけてものいふ声〈枕・一本・聞きにくきもの〉

はくわ-かう【百和香】 コウ 名「ひゃくわかう」とも。種々の香料を合わせた薫き物の名。また、それを作るための草花。例置きたりける**百和香**を小さき籠に入れて〈後拾遺・哀傷・詞書〉

はく-をく【白屋】 オク 名 白い茅で屋根を葺いた家。粗末な家。貧しい人の家。例世の民なほ**白屋**の種(=出身)をかろんず〈平家・四・南都牒状〉

は-ぐん【破軍】 名「破軍星」の略。例さあ、**破軍**が直った〈近松・堀川波鼓・下〉読解 破軍星の剣先のさす方角が変わって吉運が開けた、ということ。

はぐん-せい【破軍星】 名「はぐんしゃう」とも。北斗七星の七番目の星の名。ひしゃくの形の、柄の部分の一番先の星。北斗七星は剣の形をしているとされ、陰陽道では、剣先にあたるこの星の方角を不吉とした。例軍の陣をば、**破軍星**の者こそ破るなれ〈保元・中〉

ばけ【化け】 名 ❶狐・狸や妖怪などが人をだますために姿を変えること。例狸を射害し、その**化け**をあらはしけるなり〈宇治拾遺・一〇四〉❷人をだますこと。欺くこと。ごまかし。例あまりに知らぬ歌をも知りげにする間、なかなか(=かえって)**化け**顕れにけるか〈梁塵秘抄口伝集・一〇〉

はげ-し【激し・烈し】 形(シク) ❶風や波、言葉や感情などの勢いが強い。例風吹き、波**激しけれ**ども〈竹取〉❷山が険しい。例遥けく**はげしき**山道のありさま〈源氏・早蕨〉

はげ-む【励む】 動(マ四) ❶気力を奮い起こす。例こはき力を**はげみ**て、海・河・峰・谷を越えて〈宇津保・俊蔭〉❷力を奮って事を行う。一心に打ち込む。例とかく祈雨を**はげめ**どもかなはず〈著聞集・六・二五〇〉

はこ【箱・筥】 名 ❶ふたつきの入れ物の称。❷便器。また転じて、大便。例**筥**にし入れらむ物は我らと同じさまにこそあらめ〈今昔・三〇・一〉

は-ごく-む【育む】 動(マ四)「はぐくむ」の変化した形。例吾が在位のときは、いとほしみたてまつり、**はごくみ**まゐらせしものを〈保元・下〉

ば-こそ 〔接続助詞「ば」+係助詞「こそ」〕❶(活用語の未然形について)順接の仮定条件を強める。〜ならば、必ず〜。裏に、実際は〜ではないので、〜ではない、という思いを含む。例おのが身は、この国に生まれてはべら**ばこそ**使ひたまはめ(=私自身の身が、この国に生まれておりますならば必ず宮仕えをさせることもおできになるでしょう)〈竹取〉読解 帝の求婚を拒絶するかぐや姫の言葉。❷(活用語の未然形について)文末に用いて、反語的に強い否定の意を表す。例涙をだにも抑ふべき袂も袖もあら**ばこそ**(=涙さえ抑えることができる袂も袖もありはしない)〈謡曲・卒都婆小町〉❸(活用語の已然形について)順接の確定条件を強める。〜だからこそ。例秋の露いろいろことに置け**ばこそ**山の木の葉の千種なるらめ(=秋の露が色とりどりに置くからこそ山の木の葉は色さまざまなのだろう)〈古今・秋下〉

語誌 ①は、現実とは異なった事柄を仮定したものであり、「もし〜であるなら、必ず〜である」という裏に、「実際は〜ではないので、〜ではない」という思いが暗示されることになる。この「〜ではない」という思いが強く意識された結果、②の強い否定を表す言い方が生じたと考えられる。〈佐藤一恵〉

はこ-ぢゃうちん【箱提灯】 ヂヨウチン 名 上下に円く平ら

な蓋があり、たたむと全部蓋の中に納まるように作った提灯。例折しも中間（＝召使）〈洒落本・卯地臭意〉**箱ぢやうちん**をさげたる

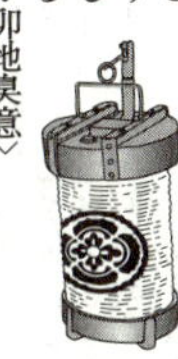
箱提灯

はこ-どり【箱鳥】 名 鳥の名。貌鳥の別称か。一説に、カッコウとも。和歌では、「箱」の縁で「あく」を導く序詞を構成することも多い。例深山木に夜は来て鳴く**はこどり**の〈古今六帖・六〉

はこね-ぢ【箱根路】 — 名 東海道の箱根を越える道。小田原と三島を結ぶ。箱根八里。例**箱根路**をわが越え来れば伊豆の海や沖の小島に波の寄る見ゆ〈金槐集・下〉➡名歌282

箱根山 《地名》相模国の山。今の神奈川県南西部と静岡県にまたがる。山道が険しいことで有名。江戸時代、今の箱根町は東海道の宿駅の一つで、関所が置かれた。和歌では、「箱」と掛詞にして「ふた（蓋・二）」「み（身・三）」「あく（開く・明く）」などの縁語とともに詠まれることが多い。例あけくれの心にかけて**箱根山**二年三年もいでぞたちぬる〈相模集〉

はこ・ぶ【運ぶ】 動（バ四）❶手・車などで、物を別の場所に移す。はこぶ。例かの院よりも御調度など**運ばる**〈源氏・若菜上〉❷物事を推し進める。また、積み重ねる。例年ごろ功を**運ぶ**といへども（＝長年努力を重ねても）覚えず〈今昔・一四・一八〉❸（「歩を運ぶ」「足を運ぶ」などの形で）歩く。行く。

はこ-まくら【箱枕】 名 木製の箱形の台に括り枕をのせたもの。髷が崩れにくい。例そなたに預けし**箱枕**〈近松・丹波与作待夜の小室節・下〉

箱枕
〔春色辰巳之園〕

はこや-の-やま【藐姑射の山】 名 ❶中国で、仙人が住むという想像上の山。例**藐孤射の山**を見まく近けむ（＝近くに見られよう）〈万葉・一六・三八五一〉❷上皇の御所を①にたとえて祝っていう語。仙洞。例（位ヲ譲ッテ）**麻姑射の山**のうちも閑かに〈平家・四・厳島御幸〉

はこ・ゆ 動（ヤ下二）⇩ひきはこゆ

は-ごろも【羽衣】 名 ❶「あまのはごろも」に同じ。❷《作品名》能の曲名。三番目物。駿河の三保の浦で羽衣を漁夫から返してもらった天人は、喜び、富士を見下ろし春景色をめで五穀豊穣を祈り舞いながら天空遠く去って行く。羽衣伝説に取材した作品。

はさ-ま【狭間・迫間】 名〔室町時代以降「はざま」〕❶物と物との狭いすきま。例後涼殿の**はさま**を渡りければ〈伊勢・一〇〇〉❷谷間。例どの山をどの**迫間**にかかりて行かんずるぞ〈義経記・七〉❸事と事の間。例時々阿弥陀仏を申す。その**はさま**は、昼ばかりはたらくは（＝昼だけ動くのは）、念仏なめりと見ゆ〈宇治拾遺・一三三〉

はさみ-ばこ【挟み箱】 名 衣服などを入れる箱。運搬用で、棒を通して従者に担がせる。例**はさみ箱**・長刀持たせて〈近松・傾城反魂香・中〉

挟み箱〔日本永代蔵〕

はさ・む【挟む】 1 動（マ四）間に入れて両側から押さえる。間に置く。例火桶の火を**挟み上げ**て〈枕・今朝はさしも見えざりつる空の〉2 動（マ下二）1に同じ。例左右の殿上人、階を**はさめて**欄干に候ひて〈著聞集・一九・六五八〉

ばさら【婆娑羅】 名〔「跋折羅」から派生した語〕見栄を張って、ほしいままにふるまうこと。形式や常識をはずれて、はでに飾りたてること。例佐々木佐渡判官入道道誉が一族・若党ども、例の**ばさら**に風流を尽くして〈太平記・二〉

ばざら【跋折羅・伐折羅】 名《仏教語》〔梵語の音写。金剛と漢訳〕❶「金剛杵」のこと。❷十二神将の一つ。伐折羅大将。

ばさら-ゑ【婆娑羅絵】 — 名 型にはまらない、筆づかいの粗い絵。扇・団扇・絵馬などに、華やかな図柄や色の当世風の絵として描かれる。

はし

【端】 名 ❶物のはし。へり。ふち。例（屏風ハ）**端**の方おし畳まれたるに〈源氏・空蟬〉❷家の中で外に近い所。縁側。寝殿造りの建物では簀の子に近い廂の部分。外から見られやすい場所。例（女ハ）**端**に出でゐて、月のいといみじうおもしろきに、頭かい梳りなどしてをり（＝縁側に出て座って、月がたいそうすばらしく趣深いので、髪をとかしなどしている）〈大和・一四九〉❸書物・文書の初め。また、序文。例奥より**端**へ読み、端より奥へ読みけれども（＝終わりから初めへと読み、初めから終わりへと読んだけれども）〈平家・三・足摺〉❹物事の起こる初め。発端。端緒。例（和歌ヲ）一文

羽衣説話

天女が、天空を飛びかけられる天の羽衣をまとって地上に降りたち、人々とさまざまな交渉をもつという内容の話。世界に広く分布していて、一般的には白鳥処女説話ともいわれる。この話の基本は、天女が羽衣を脱いで沐浴していると、その土地の男に羽衣を盗まれて無理やり結婚させられるが、しかしのちに天女が羽衣を発見して天上に還っていく、という内容で、それがさまざまに変形されて、多様な説話や伝説になっている。早い例として、『丹後国風土記』や『近江国風土記』の逸文（他書に引用されている記述）にみられる話がよく知られている。また『竹取物語』のかぐや姫の昇天の話も、この話をふまえた物語である。

なお、各地の伝説や昔話などで、羽衣松と呼ばれる話がある。天女が地上に降りて羽衣をかけたという、その伝えをもつ松が話の根拠になっている。

〈鈴木日出男〉

字も違へず言ひ出でたまへるを、忘れぬ**端**やありけん、聞きたまふも(＝一文字も間違えないで言い出しなさっているのを、忘れないきっかけでもあったのか、お聞きになるのも)〈狭衣・三〉

❺**全体の一部分。一端。** 例古物語の**はし**など見れば(＝古い時代の物語の一端など見ると)〈蜻蛉・上〉

❻(〜の)時。(〜をしている)間。(〜すべき)折。 例行く鳥の(枕詞) 争ふ**はし**に〈万葉・二・一九九〉

❼**中途半端。** 例木にもあらず草にもあらぬ竹のよの(ここまで序詞)**端**にわが身はなりぬべらなり(＝木でもなく草でもない竹の、節と節の間の節のように、中途半端な状態に私はなってしまいそうだ)〈古今・雑下〉

語誌▼中心からはずれた部分、片隅の意。物や場所だけではなく、時間にも、広く物事一般にも用いる。▼⑥は事態の交錯する時を表す形式名詞的用法。「間」の漢字をあてることもある。⑦はそこから転じて、どっちつかずの状態を表す。身の上について謙遜や軽蔑をこめて、端くれ、の意でも用いる。

はし【嘴】 名 鳥のくちばし。 例白き鳥の、**嘴**と脚と赤き、鴫の大きさなる〈伊勢・九〉

はし【橋・階・梯】

名 ❶㋐**川などに渡す橋。** 例天の川橋渡せらばその上ゆもい渡らさむを秋にあらずとも(＝天の川に橋が渡してあったならば、その上を渡ってお行きになるだろうに、秋でなくても)〈万葉・一八・四一二六〉 読解 七夕伝説をうたった歌。

㋑**殿舎と殿舎をつなぐ渡り廊下。** 例橋の上、対の簀の子などに、みなうたたねをしつつ(＝渡り廊下の上、対の屋の縁側などに、みな仮寝をしては)〈紫式部日記〉

❷**庭から屋内に登る階段。きざはし。** 例(天皇ノ輿ヲ担グ者タチガ)階よりのぼりて、いと苦しげにうつぶしふせる、何のことごとなる(＝階段を担ぎ登って、ひどく苦しそうにはいつくばっている様子は、私となんの違いがあるか)〈紫式部日記〉 読解「何の」は反語の意を表す。そのみじめさは少しも違わない、という。

❸**はしご。** 例神庫高しといへども、我よく神庫のために**梯**を造てむ(＝神宝を収める倉庫が高いというけれども、私がその倉庫のためにはしごを作ろう)〈紀・垂仁〉

語誌▼**異界と結ぶ通路** 川に渡す橋がそうであるように、「はし」とは二つの世界を結ぶ通路を意味する。水平であるとは限らず、天上など垂直方向の世界を結ぶはしごなども「はし」と呼ばれた。「はし」は別の世界への通路だから、この世界の外れに位置している。つまり「端」である。したがって「端」も「橋」と同源である。「箸」も、呪力の宿る食物を口に運ぶ媒介的な役割をもつから、同源とみてよい。 〈多田一臣〉

は・し【愛し】 形(シク)《上代語》愛らしい。慕わしい。懐かしい。 例我妹子が奥つき(＝墓所)と思へば**愛しき**佐保山〈万葉・三・四七四〉

はじ【恥・辱】 ⇩はぢ

はじ【櫨・黄櫨】 名 ❶植物の名。ウルシ科の落葉高木。ハゼノキ。または、ヤマウルシ。山林に自生し、秋に美しく紅葉する。上代には弓の材料とされた。 例**はじ**・かへでの、色うつくしうもみぢたるを植ゑさせて〈平家・六・紅葉〉 ❷襲の色目の名。表は赤色、裏は黄。一説に、表は黄、裏は萌黄。晩秋から初冬に着用。 ❸染め色の名。赤味をおびた黄色。①を煎じた汁で染める。また、それで染めた布や紙。

は-じ【土師】 名〔「はにし」の変化した形〕上代の氏族の名。埴輪など土器を作り、葬礼・陵墓などを管理する品部。 例駒造る(枕詞)**土師**の志婢麻呂〈万葉・一六・三八四五〉

ば-し

副助〔係助詞「は」＋副助詞「し」＝「はし」の変化した形〕上の語を強調する意を表す。 例しとぎ**ばし**食べて〈宇治拾遺・五三〉 読解「しとぎ」は米の粉で作った餅。

接続▼体言、助詞「に」「を」「と」などにつく。

はし-がかり【橋懸かり・橋掛かり】 名 ❶能舞台で、楽屋である鏡の間から舞台に渡された橋。役者の通路となり、また、舞台の一部として演出もされる。⇩能(図)。 ❷初期の歌舞伎舞台にあった役者の通路。のちの「花道」。

はし-がき【端書き】 名 ❶手紙などの余白に書きつけた言葉。 例この**端書き**のいとほしげにはべるぞや〈源氏・若菜下〉 ❷和歌や俳句などの前に、詠まれた事情を述べ記したもの。 類義▼②ことばがき

はし-がくし【階隠し】 名 寝殿の正面中央の階段の前に柱を二本立て、上に屋根を造り掛けた所。車や輿を寄せるための設備。 例**階隠し**のもとの紅梅、いととく(＝早く)咲く花にて〈源氏・末摘花〉

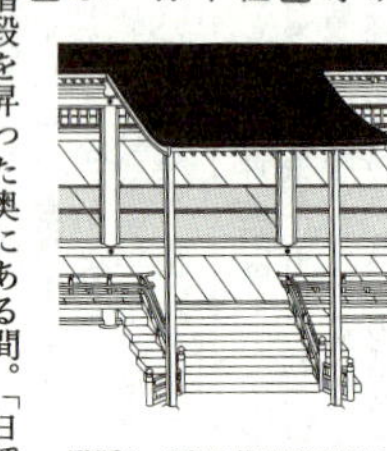
階隠し〔春日権現験記絵〕

はしがくし-の-ま【階隠しの間】 名 寝殿の正面中央の階段を昇った奥にある間。「日隠しの間」とも。 例法皇寝殿の**階隠しの間**へ御幸なって(＝おいでになって)〈平家・四・厳島御幸〉

はじかみ 名 植物の名。❶サンショウの古称。ミカン科の落葉低木。 例**はじかみ**・漬けたる蕪・堅い塩ばかりして…参りたり(＝召し上がっている)〈宇津保・蔵開下〉 ❷ショウガの別称。

はしき-やし【愛しきやし】 〔形容詞「はし」の連体形＋間投助詞「やし」〕いとしいなあ。恋しいなあ。多く感動詞的に用いる。 例**はしきやし** 我が妻の児が〈万葉・二・一三八〉

はしき-よし【愛しきよし】 「はしきやし」に同じ。

はしけ-やし【愛しけやし】 「はしきやし」に同じ。

はし-こく【波斯国】 《地名》中国で、ペルシャの称。 例俊蔭、日本へ帰らむとて、**波斯国**へ渡りぬ〈宇津保・俊蔭〉 語誌『宇津保物語』の波斯国については諸説がある。

はし-ことば【端詞】 名 和歌などの前に、その由来などを書き記したもの。端書き。詞書。 例この歌は風雅集に撰み入れたまふ。その**端詞**に〈読本・雨月・仏法僧〉

は-じし【歯肉・齗】 名「はしし」とも。歯茎。 例咲ゑ

めば(=笑うと)歯がちなる者の**断**は赤くなむ見えける〈今昔・二六・二二〉

はした【端】 一定のまとまりからはみ出したり、不足したりしている状態を示すのが原義か。

❶名形動(ナリ) ①**不完全なさま。不十分なさま。中途半端なさま。** 例(a)今日は、日**はしたに**なりぬ。奈良坂のあなたには人の御宿りもなし。ここにとどまらせたまへ(=今日は、時間が十分でなくなった。奈良坂の向こうには人がお泊まりになる所もない。ここにお泊まりなさい)〈平中・三六〉 例(b)娘にや、孫にや、**はしたなる**大きさの女の(=娘であろうか、孫であろうか、中途半端な大きさの女が)〈源氏・末摘花〉 ②**おさまりがつかず、困惑するさま。** 例立つも**はした**、居るも**はしたにて**(=立っているにしても、座っているにしても、落ち着けず困って)〈竹取〉 ❷名「はしたもの」に同じ。例御**はした**…などいふ者まで〈増鏡・おりゐる雲〉

語誌 対象の不完全・不十分な状態を客観的に示すのが本来の意味であったと考えられるが、そのような状態に接したときに生じる不快や困惑という、主観的な心情をこめた表現にも用いられる。〈橋本行洋〉

はし-たか【鷂】名 鳥の名。小形の鷹の一種。鷹狩りに用い、小鳥類を捕らせる。例**鷂**ぞ君のおまへに(糸ノツイタ針ヲ)落しつる〈宇津保・俊蔭〉

はしたての【梯立ての】《枕詞》①古く、倉は高床式ではしごをかけたことから、地名「倉梯」にかかる。②はしごを立てたような、ということから、険しい意の「険し」にかかる。③地名「熊来」にかかる。かかり方未詳。

はした-な・し【端なし】形(ク)〔「なし」は接尾語〕①**不似合いだ。どっちつかずだ。中途半端だ。** 例その里に、いとなまめいたる女はらから住みけり…思ほえず、ふる里にいと**はしたなく**てありければ、心地まどひにけり(=その里に、たいそうみずみずしく美しい姉妹が住んでいた…意外にも、古い都にたいそう不似合いな様子でいたので、心が動揺してしまった)〈伊勢・一〉 ②**体裁が悪くて、困惑を感じる。** 例いと恥づかしきにも、そこはかとなく涙のこぼるれば、**はしたなくて**背きたまへる(=本当に恥ずかしいと思うにつけても、なんとはなしに涙がこぼれるので、どうしてよいかわからなくなって顔を背けていらっしゃる)〈源氏・梅枝〉 ③**無愛想だ。不作法だ。** 例あながちに尋ねよりしを、**はしたなく**もえ答へではべりしに(=強引に訪問を求めてきたので、無愛想にも返事ができないでおりましたうちに)〈源氏・宿木〉 ④**程度がはなはだしい。** 例野分**はしたなう**(音便形)吹いて、紅葉みな吹きちらし(=暴風がひどく吹いて、紅葉をすっかり吹き散らし)〈平家・六・紅葉〉

語誌 ▼「はした」から派生した形容詞で、状態が悪い・見苦しいことを示すが、同時にそのような対象に接したときに生じる、否定的価値判断やマイナスの感情を反映した、主観的表現の語としても用いられる。▼現代語ではもっぱら人に対して用い、礼儀や品格に欠けるさまを示すが、古くは人以外の物事についても用い、現代語の、ぐあいが悪い、ひどい、に類する広い意味をもっていた。そこから転じて、程度のはなはだしいさまを示すのにも用いる。〈橋本行洋〉

はしたな・む【端なむ】動(マ下二)〔形容詞「はしたなし」の動詞化〕①ひどい扱いをする。困らせる。例こなたかなた(=こちらとあちらとで)、心を合はせて**はしたなめ**〈源氏・桐壺〉 ②相手が困惑するほどに戒める。厳しくたしなめる。例念仏よりほかのあだわざなせそ(=無駄なことをしないように)、と**はしたなめ**られしかば〈源氏・手習〉

はした-め【端女・婢女】名「はしたもの」に同じ。例一人の**婢女**も去りて、すこしの貯へもむなしく(=なく)、その年も暮れぬ〈読本・雨月・浅茅が宿〉

はした-もの【端者】名 あまり身分の高くない召使の女性。平安時代には女房と雑仕の中間に位置づけられた。例人の家につきづきしきもの(=ふさわしいもの)…おほきやかなる童女。よき**はしたもの**〈枕・人の家につきづきしきもの〉

はした-わらは【端童】名 童女の召使。例**はしたわらは**のあるに(=そこにいる者に)装束きかへさせて〈落窪・一〉

はし-ぢか【端近】名形動(ナリ) ①家の中で外に近い所。また、そこにいること。建物などの奥行きがないこと。例例は(=いつもは)ことに**端近なる**出でゐ(=出て座ること)などもせぬを〈源氏・薄雲〉 ②奥ゆかしくなく軽々しいさま。例いかでかく古体ならず(=古風でなく)今めかしう、さりとて**端近に**やおはします〈栄花・浅緑〉

はし-ぢか・し【端近し】形(ク) 家の中で外に近い。縁先近い。例**端近き**御座所なりければ、遣り戸を引きあけて、(庭ヲ)もろともに(=いっしょに)見出だしたまふ〈源氏・夕顔〉

はし-つ-かた【端つ方】名〔「つ」は「の」の意の上代の格助詞〕端のほう。例**端つ方**の御座に、仮なるやうにて大殿籠もれば(=おやすみになると)〈源氏・帚木〉

はし-づめ【橋詰め】名 橋のたもと。橋ぎわ。例馬に乗りて行くに、すでに**橋詰め**に行きかかるほど〈今昔・二七・一三〉

はし-どの【橋殿】名 川・谷・池などの上に、橋のように掛け渡して作った建物。例**橋殿**に局をしてゐて、よろづのことを言ひかはしけり〈大和・一三三〉

は-じとみ【半蔀】名 上半分を外側へ釣り上げるようにした蔀戸。下半分は格子・板などを打ってある。例梅壺の東面、**半蔀**あげて、「ここに」といへば〈枕・かへる年の二月二十日よ日〉

半蔀〔信貴山縁起絵巻〕

はじとみ-ぐるま【半蔀車】名 網代車の一種。物見窓に、引き戸のかわりに半蔀をつけたもの。摂関・大臣・高僧らが乗る。⇩くるま(図)。例思ひ思ひなる半蔀車の(＝簾ガ外ガ)透きとほりたるなり(＝透けて見えるのだった)〈栄花・殿上の花見〉

はし-ばし【端端】名 ❶あちらの端とこちらの端。あれこれ。例思さるらむはしばしをも、明らめきこえまほしくなむ〈源氏・椎本〉❷つまらないもの。はしたないもの。例数ならぬ身をうぢ川のはしばしと言はれながらも恋ひわたるかな〈金葉・恋下〉読解「宇治」に「憂し」を、「端々」に「橋々」を掛ける。

はし-ひめ【橋姫】名 橋を守る女神。特に、宇治の橋姫。⇩うぢのはしひめ

はし-ぶね【端舟】名「はしふね」とも。小さい舟。また、大きい船に付属して、荷物の陸揚げなどに使う小舟。例端舟とつけて(＝名づけて)、いみじう小さきに乗りて〈枕・日のいとうららかなるに〉

はじ・む【始む】動(マ下二)❶新たに事を起こす。はじめる。例良き事を 始めたまひて〈万葉・一八・四〇九四〉❷(多く「〜を始め(て)」「〜より始め(て)」の形で)最初とする。時間的起点とする。第一の例とする。例(a)逢はしたる 今日を始めて 鏡なす(枕詞) かくし常見む〈万葉・一八・四一一六〉例(b)文人には、博士よりはじめて進士より出でたる人二十人〈宇津保・国譲下〉

はじめ【始め・初め】名(動詞「はじむ」の名詞形)❶そもそもの始まり。発端。起こり。例天地の 初めの時ゆ(＝天地のそもそもの始まりの時から)〈万葉・一九・四二一四〉
❷ある事のとっかかり。手はじめ。例この二歌は、歌の父母のやうにてぞ、手習ふ人のはじめにもしける(＝この二首の歌は、和歌の父と母のようなもので、字を習う人が手はじめに習う歌にもした)〈古今・仮名序〉
❸序列の第一。第一番目。例(a)初めの男君は十二にて(＝一番目の男君は十二歳で)〈落窪・四〉例(b)権大納言・新大納言・宰相中将をはじめとして、上達部・殿上人ひき連れきほひ参りたるに(＝引き連れて、ぞくぞく参上しているので)〈夜の寝覚・五〉
❹一定期間中で最も早い時期。最初。「終はり」「後ち」などに対応し、副詞的にも用いる。例(a)正月立つ春の初めに〈万葉・一八・四一三七〉例(b)法華経を読誦するに、初めは音に読む、のちには訓みに誦す(＝法華経を読むのに、最初は字音で棒読みし、次には訓読する)〈今昔・一二・三四〉
❺一部始終。てんまつ。例はじめを語れば(＝一部始終を話すと)…腹かかへて笑ひける〈西鶴・好色一代男・一・三〉
❻(副詞的に用いて)以前。昔。例贄野の池・泉川、はじめ見しには違はであるを見るも、あはれにのみおぼえたり(＝贄野の池や泉川が、以前見たときと変わっていないのを見るにつけて、ただただ感慨深く思われた)〈蜻蛉・中〉

はじめ-たる【始めたる】連体 初めての。最初の。例はじめたる御幸(＝お出まし)なれば、御覧じなれたる方もなし〈平家・灌頂・大原御幸〉

はじめ-つ-かた【初めつ方】名(「つ」は「の」の意の上代の格助詞)初めのころ。例はじめつかたは、徒歩きする人はなかりき〈枕・説経の講師は〉

はじめ-て【始めて・初めて】副 ❶新たに。新しく。例宮のはじめて大人びたまふなるには(＝匂宮がはじめて一人前の親になられるというのに)〈源氏・宿木〉❷やっと。かろうじて。例(a)大和国多遅比野に至りてはじめてさめたりけり(＝目を覚ました)〈十訓抄・六・四〉例(b)その児、初めて生まるる時より一の指より光を放ちて(＝その赤ん坊は、やっと生まれたばかりのときから一本の指から光を放って)〈今昔・一一・一〉❸以前。昔。例用明天皇の、はじめて親王にいませし時に…生ませたまへる御子なり〈三宝絵・中・一〉❹改めて。例近ごろ源氏の運傾きたりし事は、ことあたらしう(＝今さら)初めて申すべきにあらず〈平家・一〇・千手前〉

はし-もり【橋守】名 橋を守る番人。例ちはやぶる(枕詞)宇治の橋守汝をしぞ(＝おまえのことを)あはれとは思ふ年の経ぬれば〈古今・雑上〉

ば-しゃく【馬借】名 宿駅で馬子に馬を貸してその賃料を取ったり、また自分の馬で荷駄を乗せて輸送したりするのを生業とすること。また、その人。例今は近江の石部の馬借に奉公しまする〈近松・丹波与作待夜の小室節・上〉

はじ-ゆみ【櫨弓・黄櫨弓】名 ハゼノキで作った弓。例櫨弓を 手握り持たし〈万葉・二〇・四四六五〉

はじゅん【波旬】名『仏教語』釈迦の修行を妨げようとした魔王の名。衆生を惑わす。例天魔波旬の、我が心をたぶらかさんとて〈平家・三・足摺〉

はしら【柱】1名 ❶建物の柱。❷中心的な支え。頼りとするもの・人物。例はしらと頼むすけ(＝支柱)を落として〈平家・五・五節之沙汰〉2接尾 神仏、貴人を数えるときに用いる。例二柱の神議りて(＝相談して)いひしく〈記・上・神代〉

はしら-がくれ【柱隠れ】名 柱の陰に隠れること。また、その隠れた場所。例柱隠れに居隠れて、涙を紛らはしたまへるさま〈源氏・須磨〉

はしら-か・す【走らかす】動(サ四)(「かす」は接尾語)❶走らせる。例男どもあまた(＝大勢)走らかしたれば〈徒然・八七〉❷屏風や幕などを引きめぐらす。張る。例金屏風はしらかし〈仮名草子・東海道名所記・六〉❸追い使う。こき使う。例日ごろ女どもに追ひ走らかさるるというて〈虎寛本狂言・鎌腹〉❹煮立たせる。

はしら-まつ【柱松・柱松明】名 下部を地中に差し込み、庭などに立てて燃やす大きな松明。「立ち明かし」「立て明かし」。例所々の柱松明、また手ごとに灯したるなどいみじう明きに〈栄花・御賀〉

はしり【走り】名 ❶走ること。例走りなむども疾くして(＝早くて)〈今昔・二三・二一〉❷高い場所から敵を目がけて木を落とすこと。また、その木。走り木。例橋桁を渡る者あらば、走りをもって押し落とすすやうにぞ〈太平記・一四〉❸台所の流し。例はしりの出刃庖丁、よう磨とがしておいたぞや〈近松・心中宵庚申・下〉❹「走り物」の略。❺駆け落ち。逃走。

はしり-あり・く【走り歩く】動(カ四)走り回る。

奔走する。例夜半過ぐるまで人の門たたき、走りありきて〈徒然・一九〉

はしり-うま【走り馬】 名 ❶競べ馬。また、競べ馬用の馬。例舞人は十人、走り馬十疋〈宇津保・春日詣〉 ❷急使の乗る馬。早馬。例京よりの走り馬〈増鏡・三神山〉

はしり-か・く【走り書く】 動(カ四) 文字をすらすら書く。速く書く。例ただ走り書きたるおもむきの、才々しくはかばかしく(=いかにも学才があるようでりっぱで)〈源氏・若菜下〉

はしり-で【走り出】 名「わしりで」とも。家から出たすぐそばの場所。門に近い所。一説に、山や丘が低く横に続いている地形とも。例走り出の 堤に立てる 槻の木の〈万葉・二・二一〇〉

はしり-び【走り火】 名 ぱちぱちと飛びはねる火。例胸走り火に心焼けをり〈古今・雑体〉 ⇩むねはしりび。

はしり-もの【走り物・走り者】 名 ❶魚・鳥・穀物・野菜・果物などの、その季節に初めてとれたもの。初物。はしり。一説に、鹿・兎・鳥など走る物の総称とも。例年の始めの走り物を生けて(=生かしておいて)食はざらむは忌ま忌ましき事なり〈今昔・二九・二七〉 ❷舞楽で、早足で舞う曲目。走り舞。❸駆け落ちした人。出奔人。逃亡者。例ほかの駆け落ち・走り者と違うて、明日尋ねうとはいはれぬ〈近松・心中重井筒・下〉

はしり-ゐ【走り井】 名 水が勢いよくわき出て流れる泉。例落ち激つ走り井水の清くあれば置きては我は行きかてぬかも〈万葉・七・一一二七〉

はし・る【走る・奔る】

動(ラ四)「わしる」とも。❶すばやく動き進む。駆ける。例狂人の真似とて大路を走らば、すなはち狂人なり(=狂人のまねだといって大通りを駆けるなら、とりもなおさず狂人である)〈徒然・八五〉 ❷飛び散る。ほとばしる。はねる。転がる。例水の、深くはあらねど、人などの歩むにはしりあがりたる(=水が、深くはないけれど、人などが歩くとはね上がっているのは)〈枕・五月ばかりなどに山里にありく〉 ❸胸がどきどきする。胸騒ぎがする。例例のごとぞあらむと思ふに、胸つぶつぶと走るに(=いつものとおりだろうと思いながらも、胸がどきどきするのだが)〈蜻蛉・中〉 読解「例のごと」は、夫が作者の家を素通りしてしまう事態。❹逃亡する。例それほど思ひ詰めさっしゃったら、女郎を連れ走っ(音便形)たがよい(=そんなにも思い悩みなさるのなら、遊女を連れて逃げるがよい)〈近松・傾城壬生大念仏・中〉

語誌 ▼人間に関連して用いるときには、日常や社会的常識から外れる行為を意味することも多い。本来歩くはずの大路を走るのが狂人のしるしとなる(①例)のも同様の道理からである。▼「追ふ」が方向性をもつのに対して、「走る」は動きの勢いや速さの激しいことを表す。〈馬場光子〉

はし-ゐ【端居】 名 涼しさを求めて、家の縁先などに出ていること。例端居して妻子を避くる暑さかな〈俳諧・蕪村句集・上〉

巴人 《人名》一六七六〜一七四二(延宝四〜寛保二)。江戸時代の俳人。本姓早野氏。其角・嵐雪に俳諧を学ぶ。自由闊達な俳風で、その門から蕪村が出た。句集に『夜半亭発句帖』。

はす【蓮】 名(「はちす」の変化した形か)植物の名。スイレン科の多年草。池や沼に栽培する。夏に多弁の美しい花をつける。例蓮の花少し曲がるもうき世かな〈俳諧・おらが春〉

は・す【馳す】 動(サ下二) ❶走らせる。例馬を馳せて鹿追ふ〈宇治拾遺・四〉 ❷(多く「はせ〜」の形で)急いで〜する。例西坂本に馳せ向かって防きけれど〈平家・一・清水寺炎上〉 ❸心を遠くまで及ぼす。思いをはせる。例思ひを雁山の暮の雲に馳す〈和漢朗詠集・下・餞別〉

はず『恥ず』 ⇩はづ

はず【弭・筈】 名 ❶弓の両端の、弦を掛ける所。例弓の弭で御簾をざっとかきあげ〈平家・七・維盛都落〉 ❷矢の端の、弦を掛ける所。矢筈。例筈こらへずして割れ砕くるあひだ〈保元・上〉 ❸(矢筈と弦とがぴたりと合うことから)当然のこと。物の道理。例この傘をくれうはずはないが、何と思うてくれた〈狂言記・秀句大名〉

はずかし『恥ずかし』 ⇩はづかし

はずす『外す』 ⇩はづす

はす-の-うてな【蓮の台】『仏教語』「はちすのうてな」に同じ。例未来へ往たらしっぽりと、蓮の台にいつまでも〈歌舞伎・お染久松色読販・大切〉

はす-は【蓮葉】 ❶名「蓮葉女」の略。江戸時代、上方の問屋などに雇われて、得意客の接待や寝所の相手などをする女性。例あれは問屋方に蓮葉と申して、眉目大方なるを(=容貌が人並みなのを)、東国西国の客の寝所さすため抱えて〈西鶴・好色一代男・三・三〉 ❷名 形動(ナリ) ❶はしたないこと。軽はずみなこと。はでで軽薄なこと。例蓮葉な世に交じりて〈近松・曾根崎心中・上〉 ❷浮気なこと。身持ちの悪いこと。女性にいう。例あまりはすはでない、じっとりとした(=しとやかな)女子があったら〈滑稽本・浮世風呂・四中〉

はずむ『弾む』 ⇩はづむ

初瀬・泊瀬 《地名》 ⇩初瀬

芭蕉 《人名》一六四四〜一六九四(寛永二一〜元禄七)。江戸時代の俳人。本名松尾宗房。別号桃青・風羅坊など。「はせを」と自署することも多い。

●生涯 伊賀国(三重県)上野の下級武士の家に生まれる。十九歳のころ藤堂藩の伊賀付侍大将の家の嫡男藤堂良忠に仕え、良忠が季吟門の俳諧を学んだ影響で俳諧に親しむようになったといわれる。良忠の没後、寛文一二年(一六七二)二十九歳のとき、俳諧師として立つべく江戸に出る。江戸でははじめ日本橋に住み、宗因以下の談林派の俳人たちに接して新風の洗礼を受け、三十代半ばごろには俳諧の宗匠として一定の地位を得るようになった。

延宝八年(一六八〇)深川の隅田川のほとりに転居。

郊外に移ったのは、世俗に迎合することを避けてのことと思われる。このころから漢詩文や『荘子』に傾倒し、唐・宋の詩人たちや道教の反俗的な隠者的姿勢に自己の理想を求めた。天和三年(一六八三)刊の『虚栗』(其角編)には、談林俳諧から新風に転じようとする一門の姿が示されている。

貞享元年(一六八四)四十一歳のとき、最初の紀行『野ざらし紀行』の旅に出る。途中、蕉風確立の書とされる俳諧撰集『冬の日』を刊行。貞享四年(一六八七)には『鹿島紀行』『笈の小文』の旅に出る。『笈の小文』の旅の翌年、江戸に戻る折の木曾路の道中を記したのが『更科紀行』である。次いで元禄二年(一六八九)三月、奥羽・北陸をめぐる『奥の細道』の旅に出発。古歌に詠まれた歌枕や名所旧跡を訪ねるこの旅は、芭蕉に不易流行の論を芽生えさせたことでも重要である。

『奥の細道』の旅は大垣(岐阜県)で終わるが、その後も江戸へ帰らず、故郷の上野や京・大津などを転々とする。元禄三年(一六九〇)石山寺近くの庵に滞在、俳文『幻住庵記』を記す。翌年嵯峨(京都市)の落柿舎に移って『嵯峨日記』を著し、前後して『曠野』『ひさご』『猿蓑』の俳諧撰集も刊行。『ひさご』には「かるみ」への志向が見られ、『猿蓑』には「さび」の中にユーモアも漂わせて円熟の境地を示している。いったん江戸に戻るが、元禄七年(一六九四)五月にはまた上方に上り、病を得て倒れ、大坂で十月十二日に死去。

今日知られるところでは、発句が約一千、参加した連句は約百六十、そのほかに紀行・俳文なども多く、手紙も二百ほどが残されている。

●**蕉風俳諧** 芭蕉とその門流の俳風を蕉風といい、「正風」とも書く。一般に、風雅に徹する風狂の文学の完成する『冬の日』以降をさすが、『奥の細道』の旅の後の『ひさご』『猿蓑』の時期、さらに、平淡にさらりと表現しようとする晩年の『炭俵』『続猿蓑』の時期へと俳風は変化する。

その境地は「さび」「しほり(しをり)」「細み」などの言葉で説明され、晩年の芭蕉は、重くなずむことを嫌い俗談平語の「軽み」をめざした。また、連句の付け合いでは「匂ひ」「移り」「響き」などを重視した。

●**蕉門** 芭蕉の一門を蕉門という。去来・土芳・其角・支考・許六らが門人として有名で、芭蕉の俳論を伝え、また各地で俳諧の中心となって活躍した。〈松原秀江〉

長谷寺 名 大和国、今の奈良県桜井市初瀬の寺。真言宗。天武天皇の勅願で創建、のち、聖武天皇の勅によって堂舎が建立されたという。本尊は十一面観音。

語誌 ▼**初瀬詣で** 『源氏物語』玉鬘巻に「仏の御中には、初瀬(=長谷寺)なむ、日本のうちにはあらたなる験(=霊験)あらはしたまふ」とあるように、平安時代以降、長谷寺の観音は、霊験あらたかな観音として、都の人々、特に女性の信仰を集め、初瀬詣でと呼ばれる参詣が盛んになった。『蜻蛉日記』や『更級日記』にも参籠の記事が見え、『日本霊異記』『今昔物語集』ほか、さまざまな作品に霊験譚が記されている。〈高桑枝実子〉

芭蕉《人名》⇩芭蕉

はた【端】 名 ❶ふち。へり。例 火桶のはたに足をさへもたげて〈枕・にくきもの〉 ❷わき。かたわら。例 火のはたに物を置けば暖まるも〈仮名草子・清水物語・下〉

はた【旗・幡】 名 ❶はた。布や紙などで作り、儀式の装飾や軍陣の目印などに用いる。❷【幡】《仏教語》仏の威徳を示すためにその周囲に飾るもの。「ばん」とも。例 幡のさまなど、なつかしう(=上品で)心ことなる唐の錦を選び縫はせたまへり〈源氏・鈴虫〉

はた【機】 名 布を織るための機械。また、それで織った布。例 青柳の糸撚り延へて(=ねじり合わせのばして)織るはたをいづれの山の鶯か着る〈後撰・春中〉

はた【鰭】 名 魚のひれ。例 鵜川立ち取らさむ鮎のしが(=その)鰭は〈万葉・一九・四一九一〉

【鰭の狭物】〔ひれの小さい魚の意〕小型の魚。例 かれ(=それで)火照命は海佐知毘古として、鰭の広物・鰭の狭物を取り〈記・上・神代〉

【鰭の広物】〔ひれの大きい魚の意〕大型の魚。例 青海の原の物は鰭の広物・鰭の狭物〈祝詞・春日祭〉

はた【二十】 名 数の名。二十。例「十、二十、三十、四十」など数ふるさま〈源氏・空蟬〉

はた【将】 副 前に述べられた事に対して、対比的に別の事柄を述べるときに用いる。前後の関係によって、仮想・必然・対立・累加・選択などのさまざまな表現に用いられる。

❶**普通に考えられる事態とまったく別の可能性を仮想して不安に思う。ひょっとしたら。もしかすると。** 例 さ雄鹿の鳴くなる山を越え行かむ日だにや君が**はた**逢はざらむ(=雄鹿の鳴く声が聞こえる山を越えて行くような日でさえも、あなたはひょっとしたら逢ってくださらないのだろうか)〈万葉・六・九五三〉

❷**前に述べられた事から必然的に導かれる事態を述べる。なんといってもやはり。おのずと。** 例 時鳥初声聞けばあぢきなく主さだまらぬ恋せらる**はた**(=時鳥の初声を聞くと、どうしようもなく、だれとも相手が定まらない恋がされてしまう、おのずと)〈古今・夏〉 読解 時鳥の鳴き声は人恋しさをかきたてるものとされていた。

❸**前に述べられた事と対立的な事柄を述べる。そうはいってもやはり。** 例 男、色好みと知る知る、女をあひ言へりけり。されど、憎く**はた**あらざりけり(=男は、色好みの女だと知りつつ、ある女と語らいあっていた。しかし、そうはいってもやはり、いやではなかった)〈伊勢・四二〉

❹**同じような事をつけ加えて述べる。これもまた。それもまた。** 例 東宮の御**はた**さらなり(=東宮の御世話もまた、いうまでもなくなさる)〈栄花・岩蔭〉 読解 天皇のお世話につけ加えて、ということ。

❺別の事柄を示して、どちらを選択するか決めかねる意を表す。それともまた。あるいは。例いかに老いさらぼひてあるにや、将、死にけるにや(=どんなに老いぼれているだろうか、あるいは、死んでしまっただろうか)〈芭蕉・奥の細道〉 ❻疑問の表現や感動を表す文で、文意を強調する。なんでまあ。なんとまあ。例など、その門はたせばくは作りて住みたまひける(=なぜ、その門をなんでまあ狭く作ってお住みになっていたか)〈枕・大進生昌が家に〉〈井上博嗣〉

はだ【肌・膚】 名 ❶表面。表皮。例初土は膚赤らけみ〈記・中・応神・歌謡〉 ❷皮膚。例蒸し衾なごやが(=柔らかなものの)下に臥せれども妹とし寝ねば肌し寒しも〈万葉・四・五二四〉 ❸紙や木材などの表面の、きめ。例高麗の紙の、膚こまかに和うなつかしきが〈源氏・梅枝〉 ❹気立て。気性。例かういふはだの客は〈洒落本・傾城買四十八手〉

はた-いた【鰭板・端板】 名 内部を外から見られないように囲い隠す板。板塀・板囲いなど。例四面にはた板して、口一つあけたる内に〈平家・五・都遷〉

はだえ『肌・膚』⇩はだへ

はた-おり【機織り】 名 ❶機で布を織ること。また、織る人。❷虫の名。キリギリスの古称。古語の「きりぎりす」は今のコオロギ。⇩きりぎりす。例虫は…きりぎりす。はたおり〈枕・虫は〉

はだか【裸】 名 形動(ナリ) ❶衣服などをまったく着けていないこと。❷覆うもののないさま。むきだし。例小判を裸にて山のごとく積み置かれし〈浮世草子・浮世栄花一代男・三・一〉 ❸隠さず、ありのままであるさま。例我が身の上を裸になして語りません〈浮世草子・御前義経記・三・三〉 ❹財産がまったくないこと。例裸で立ちのくを〈西鶴・諸艶大鑑・五・三〉

はだか-うま【裸馬】 名 鞍を置かない馬。「肌背馬」とも。例鞍置き馬三十疋、裸馬三十疋…奉りたまふ〈平家・一〇・三日平氏〉

はた-かく・る【半隠る・端隠る】 動(ラ下二)「はたがくる」とも。顔や身体が、物陰などになかば隠れる。例几帳にはた隠れたるかたはら目(=横顔)、いみじうなまめいてよしあり〈源氏・松風〉

はた-がしら【旗頭】 名 ❶旗の上の部分。例雲の中より白旗一流れおり下って、判官(=源義経)の旗頭にひらめきて〈源平盛衰記・四三〉 ❷地方の武士団のかしら。一部隊の長。例清の党の旗頭芳賀兵衛入道禅可〈太平記・一九〉 ❸江戸時代、事あるときに他の諸侯を率いて京都守護にあたった藩の俗称。

はだか・る【開かる】 動(ラ四)「はたかる」とも。❶大きくひらく。例落窪の君の手(=筆跡)なれば、目も口もはだかりぬ〈落窪・三〉 読解 驚いた様子である。❷手足を大きく広げて立つ。立ちはだかる。例清弁、その戸に跨りて多くの人に告げて言はく〈今昔・四・二七〉

はた・く【砕く・叩く】《近世語》 1 動(カ四) ❶くだいて粉々にする。例粉にはたかれても(コノ金ヲ)やることならぬ〈近松・生玉心中・中〉 ❷金銭や物を使い果たす。損する。しくじる。例(財産ヲ)はたきさうな芝居なり〈黄表紙・江戸生艶気樺焼・下〉 2 動(カ下二) 1 ②に同じ。例糠味噌桶まではたけ出し〈近松・吉野都女楠・三〉

はだ・く【刷く・開く】 動(カ下二)「はたく」とも。❶【刷く】髪などをなであげる。かきあげる。例年ごろ日ごろ宮づかひ(=お仕えし)、旦暮に(若君ヲ)なではだけたてまつりて〈古活字本保元・下〉 ❷【開く】ひらく。ひろげる。例この尼、取りもあへず、また前をはだけ〈著聞集・一六・五七六〉

はた-ご【旅籠】 名 ❶旅行のとき、馬の飼料を入れて運ぶ竹籠。例旅籠に縄を長く付けて下ろせ〈今昔・二六・三八〉 ❷食物・日用品を入れる旅行用の器。また、それに入れる食物。転じて、宿代。例はたごさあ安かあ泊まりますべい〈滑稽本・膝栗毛・初〉 ❸「旅籠屋」の略。また、そこの食事。例かの宗鑑がはたごを朝夕になし(=朝夕の食事とし)〈芭蕉・幻住庵記〉

はたご-うま【旅籠馬】 名「はたご②」を運ぶ馬。例旅籠馬、皮子馬など率て来たりぬ〈今昔・一六・二八〉

はたご-どころ【旅籠所】 名 旅人などに食事を提供し休憩させる所。例旅籠どころとおぼしきかたより、切り大根、柚の汁してあへしらひて(=柚の汁であえ物にして)、まづ出だしたり〈蜻蛉・上〉

はたご-や【旅籠屋】 名 宿駅で、食事つきで宿泊させる宿屋。「はたご」とも。例旅籠屋に雲雀が啼けば出立ち(=旅立ちの食事)焚く〈壬生山家〉

はた-さし【旗差し・旗指し】 名 戦場で、馬に乗って大将の旗を持つ武士。旗持ち。例まっ先に進んだる旗差しがしゃ首の骨を〈平家・九・知章最期〉

はた-じるし【旗印・旗標】 名 戦場で、目印として旗につける紋や文字。また、それをつけた旗。

はた・す【果たす】 動(サ四) ❶なし遂げる。し終える。例年ごろ(=長年)思ひつること、果たしはべりぬ〈徒然・五二〉 ❷神仏への願がかない、願ほどきのお礼参りをする。例住吉(=住吉大社)の御願かつがつ(=とりあえず)はたしたまはむとて〈源氏・若菜下〉 ❸しとめる。討ち果たす。

はた-すすき【旗薄】 1 名 穂が旗のようになびいている薄。例み雪降る 安騎の大野に はたすすき 小竹を押しなべ〈万葉・一・四五〉 2《枕詞》薄の「穂」から、同音の「ほ」を含む「居る」などにかかる。

はだ-すすき【はだ薄】〔「はたすすき(旗薄)」の変化した形か〕 1 名「はたすすき」に同じ。一説に、穂の出る前の皮をかぶった状態の薄とも。例はだすすき尾花逆葺き黒木もち造れる室は万代までに〈万葉・八・一六三七〉 2《枕詞》薄の「穂」から「ほに出づ」など「ほ」で始まる語句にかかる。また、薄の「末(穂先)」から地名「うら野」にかかる。

はだ-せ【肌背】 名 ❶肌。例さて肌背をもかくぞ打たまし〈赤染衛門集〉 ❷「肌背馬」の略。⇩はだかうま。例肌背にて乗りける事なりければ〈仮名草子・仁勢物語・上〉

はだせ-うま【肌背馬】 名「はだかうま」に同じ。例鞍おくべき暇なければ、肌背馬にうちのりて〈曾我・六〉

はた-そで【端袖・鰭袖】 名 袍・直衣・直垂などで、袖を広くするために、端にはぎ合わせる半副の

（一副は約三七㌢）の部分。例わが御直衣よりは色深しと見たまふに、端袖もなかりけり〈源氏・紅葉賀〉

はたた-がみ【霹靂神】 名〔「はたた」は擬声語〕激しい雷鳴。例夕立頻る霹靂神〈近松・今宮の心中・下〉

はたた・く【霹靂く】 動（カ四）〔「はたた」は擬声語〕雷などが激しく鳴り響く。例六月の照りはたたくにも、障らず来たり〈竹取〉

はた-ち【二十】 名〔「ち」は接尾語〕❶数の名。二十。例比叡の山をはたちばかり重ねあげたらむほどして〈伊勢・九〉❷二十歳。二十年。例二十ばかりになりたまふままに、生ひととのほりて〈源氏・玉鬘〉

はだ-つき【肌付き・膚付き】 名❶肌の様子。例透きたるやうに見ゆる御膚つきなど、世になくらうたげなり〈源氏・若菜下〉❷肌に直接つけること。また、肌着。例空色の御肌付き、中には樺繻子にこぼれ梅のちらし〈西鶴・好色一代男・六・五〉

はた-つ-もの【畑つ物】 名〔「つ」は「の」の意の上代の格助詞〕「はたけつもの」とも。❶（稲を「穀」というのに対して）畑で作られる粟・稗・麦・豆をさす。❷畑からとれる農作物の総称。例おりたちてつくりなしたる畑つ物今日のみあへ（=御供え物）にわがたてまつる〈六帖詠草〉

はたて【果たて】 名限り。果て。例敷きませる（=お治めになっている）国のはたてに咲きにける桜の花の〈万葉・八・一四二九〉

はた-で【鰭手・端手】 名〔「で」は接尾語〕端のほう。わき。例遊び来る鮪が端手に妻立てり見ゆ〈記・下・清寧・歌謡〉読解ここは魚のひれのところ。

はた-と 副⇩はったと

はたの〜【鰭の〜】 ⇩「はた」の子項目

はた-ばり【端張り・機張り】 名「はたはり」とも。❶物の幅。例この家は、はたばり狭くて〈御伽草子・蛤の草紙〉❷権勢。財産。例機ばりもなき身にて〈謡曲・錦木〉

はた-ば・る【端張る・機張る】 動（ラ四）❶幅が広くなる。広がる。例青鈍の指貫のはたばりたる〈春曙抄本枕・正月に寺にこもりたるは〉❷幅をきかす。威勢をふるう。のさばる。例執権の威をはたばり〈浄瑠璃・鎌倉三代記・三〉

はだ-へ【肌・膚】 エ 名皮膚。肌。例手足・はだへなどの清らに、肥えあぶらづきたらんは〈徒然・八〉

はた-ほこ【幢】 名「はたぼこ」とも。小さな旗を先につけた矛。朝儀や法会のときの装飾具。例五丈のはたほこをたてたるが〈平家・五・咸陽宮〉

はた-また【将又】 副それともまた。例もしこれ、貧賤の報いのみづから悩ますか、はたまた、妄心（=迷い心）のいたりて狂せるか〈方丈記〉

はた-もと【旗本】 名❶戦場で、大将のいるところ。本陣。大将の旗を掲げることからいう。例将軍の御旗下に輪違ひ（=紋所の名）の旗うち立てて、前後左右に騎馬の兵二万余騎〈太平記・二六〉❷本陣にいる、大将直属の部隊。❸江戸時代、徳川家に直属する家臣のうち、禄一万石未満で、将軍に面会できる御目見得の資格をもつ侍。

はた-もの【機物】 名「はた（機）」に同じ。例唐衣（枕詞）たつたの山のもみぢ葉ははた物もなき錦になりけり〈後撰・秋下〉読解紅葉を錦にたとえる。紅葉の名所の龍田山に「裁つ」の意を掛ける。

はた-や【将や】 副〔副詞「はた」+係助詞「や」〕ひょっとしたら。もしかしたら。例山の嵐の寒けくにはたや今夜も我がひとり寝む〈万葉・一・七四〉

はた-や-はた【将や将】 〔「はたや」に「はた」を重ねて強調した語〕万一にも。例はたやはた鰻を捕ると川に流るな（=川に流されるな）〈万葉・一六・三八五四〉

はだら【斑】 形動（ナリ）「はだれ」に同じ。例はだらに降れる庭の白雪〈山家集・上〉

はたら・く【働く】 動（カ四）❶体が動く。身動きする。例(a)唇ばかりはたらくは、念仏なめりと見ゆ（=唇だけ動くのは、念仏を唱えているようだと見える）〈宇治拾遺・一三〉例(b)御前に候はせたまふ女房たち…一人もはたらきたまはず（=御前にお控え申し上げなさる女房たちは…だれ一人も身動きなさらない）〈平家・七・主上都落〉❷仕事をする。例常に歩き、常に働くは養性なるべし（=いつも歩き、いつも仕事をするのは健康増進にもなるはずだ）〈方丈記〉❸心が動く。動揺する。例夜の寝覚めなどにかたはらの寂しきにも、ちと心のはたらく時もあり（=夜中に目覚め独り寝の寂しさを感じるにつけても、少し心が動揺するときもある）〈発心集・五・三〉❹役に立つ。効果を表す。例その銀がはたらかずして〈西鶴・好色一代女・三・一〉〈渡部泰明〉

はた・る【徴る】 動（ラ四）責めたてる。催促する。徴収する。例里長が課役徴らば汝も泣かむ〈万葉・一六・三八四七〉

はだれ【斑】 1 形動（ナリ）雪がまばらに降るさま。雪や霜がうっすらとまだらに散り敷いているさま。例沫雪かはだれに降ると見るまでに〈万葉・八・一四二〇〉2 名「斑雪」の略。例我が園の李の花か庭に散るはだれのいまだ残りたるかも〈万葉・一九・四一四〇〉➡名歌426

はだれ-ゆき【斑雪】 名まだらに降り積もる雪。例はだれ雪あだにもあらで消えぬめり世にふるごとやものうかるらむ〈夫木・一八〉

はち【鉢】 名❶僧が施しを受けるときに用いる器。また、僧が用いる食器。例仏の御石の鉢といふ物あり。それをとりてたまへ〈竹取〉❷托鉢。また、托鉢で受ける施し物。例出家せんとは上分別。身が門へも鉢に出よ〈近松・加増曾我・一〉❸口が広く、底が皿よりは深く、椀ほどは深くない器。大型のどんぶりや植木鉢など。例(a)鉢（=植木鉢）に植ゑられける木ども、皆掘りすてられにけり〈徒然・一五四〉例(b)（イモガシラヲ）大きなる鉢にうづだかく盛りて〈徒然・六〇〉❹兜の部分の名。頭の頂を覆う部分。⇩よろひ（図）。例冑の鉢を真っ二つに打ちわらんと〈太平記・三〉❺頭蓋骨。例握りかためしかなこぶし鉢もわれよと二、三十〈近松・平家女護島・一〉

はぢ

【恥・辱】 ハヂ 名❶面目を失うこと。名誉を傷つけられること。例命長ければ辱多し〈徒然・七〉❷恥ずべきことを知ること。名誉を重んじること。例恥をも思ひ、名をも惜しむほどの者は、奈良坂にて討ち死にし(=名誉を重んじることを思い、名声が失われることを残念に思うほどの者は、奈良坂で討ち死にをし)〈平家・五・奈良炎上〉

語誌 「恥」という語には、不名誉や恥辱の意①と、羞恥心の意②とが含まれる。「恥をかく」という場合は前者の意、「恥知らず」などという場合は後者の意にあたる。したがって、たとえば「恥なし」でも、恥辱がないことを表す場合と羞恥心がないことを表す場合とに分かれるので注意が必要。(藤本宗利)

【恥を捨つ】 恥を恥とも思わない。厚顔無恥な態度をとる。例面なきことをば、「**はぢをすつ**」とはいひける〈竹取〉 読解 言葉の起源を説く説話。石作の皇子が偽物の仏の石の鉢をかぐや姫の家の門口に捨てていった(「鉢を捨つ」)ことから「恥を捨つ」という表現が生まれたとする。

【恥を見す】 恥辱を与える。はずかしい目にあわせる。例ここらの(=多くの)朝廷人に見せて、**恥を見せむ**〈竹取〉

ばち【撥・桴】 名 ❶琵琶・三味線などを弾くための、イチョウの葉のような形をした道具。例琵琶を前に置きて、**撥**を手まさぐりにしつつ居たるに〈源氏・橋姫〉 ❷太鼓などを打つ棒。例それならばこの**撥**をやらう〈虎寛本狂言・神鳴〉

はち-えふ【八葉】 ヨウ 名 八枚の花弁。特に、八枚の花弁をもった蓮の花の形。密教の胎蔵界曼陀羅では、大日如来を中央に置いた八弁の蓮華が描かれ、花弁には八仏が配される。

はちえふ-の-くるま【八葉の車】 ハチヨウ 名 網代車の一種。屋形に八葉の紋を散らしたもの。紋の大小によって、大八葉の車(大臣・公卿などが乗用)・小八葉の車(四位・五位が乗用)の別がある。⇩くるま(図)。例平氏のいけどりども(=生け捕られた者ども)京へ入る。みな**八葉の車**にてぞありける〈平家・一一・一門大路渡〉

はちえふ-の-はちす【八葉の蓮】 ハチヨウ 『仏教語』「はちえふのれんげ」に同じ。例観音の大慈大悲ぞむかふべき**八葉のはちす**のむねにひらきて〈夫木・三四〉

はちえふ-の-れんげ【八葉の蓮華】 ハチヨウ 『仏教語』八弁の蓮の花。胎蔵界曼陀羅の中央に配される中台八葉蓮華は、極楽浄土のしるし。例八つ目の藁鞋は、**八葉の蓮華**を踏まへたり〈謡曲・安宅〉

はぢ-かかや-く【恥ぢ赫く】 ハジ 動(カ四) 恥ずかしがって顔を赤くする。赤面する。例**恥ぢかかやか**んよりは罪ゆるされて〈源氏・夕顔〉

鉢かづき ハチカヅキ 『作品名』室町時代の御伽草子。二冊または三冊。作者・成立年未詳。臨終の実母から頭に鉢をかぶせられた姫君は、鉢のとれない異様な姿のせいで流浪の身となるが、貴公子と結ばれ鉢も取れて幸せになる。継子いじめ譚であると同時に長谷観音の霊験譚の要素ももつ。

はぢ-かは-す【恥ぢ交はす】 ハジカワス 動(サ四) 互いに恥ずかしがる。互いに気がねする。例大人になりにければ、男も女も**はぢかはし**てありけれど〈伊勢・二三〉

はぢ-がま-し【恥ぢがまし】 ハジ 形(シク) 「「がまし」は接尾語」恥ずかしい。外聞が悪い。みっともない。例**恥ぢがましき**こと必ずありなんと恐ろしうて〈源氏・真木柱〉

はち-かんぢごく【八寒地獄】 カンジゴク 名『仏教語』「はっかんぢごく」とも。八熱地獄(八大地獄)のそれぞれのかたわらに一つずつあり、極寒に苦しめられるという八つの地獄。頞部陀・尼剌部陀・頞哳陀・臛々婆・虎々婆・嗢鉢羅・鉢特摩(紅蓮)・摩訶鉢特摩(大紅蓮)。

はち-ぎゃく【八逆・八虐】 名 律で、最も重いと規定された八種の罪。謀反・謀大逆・謀叛・悪逆・不道・大不敬・不孝・不義。例今は**八虐**の凶徒(=悪者)にあらずや〈保元・中〉

はち-くどく-すい【八功徳水】 名『仏教語』「はっくどくすい」に同じ。

はち-ざ【八座】 名(定員が八名だったところから)参議の別称。例内弁・外弁・**八座**・八省、階下に陣を張り(=並び立ち)〈太平記・一四〉

はちじふはちや【八十八夜】 ハチジュウハチヤ 名 立春から数えて八十八日目の日。太陽暦では五月の初めごろ。このころになると降霜の心配もなくなり、農家は種まきの時期となる。例折から**八十八夜**の朝霜、旅の草鞋に踏み分け〈西鶴・懐硯・五・五〉

はちじふはっ-かしょ【八十八箇所】 ハチジュウハッカショ 名 弘法大師ゆかりの八十八か所の霊場。特に、四国八十八か所。

はぢ-し-む【恥ぢしむ】 ハジ 動(マ下二) 恥ずかしめる。恥ずかしがらせる。例みづからをほけたり、ひがひがしと(=私をぼけている、分別がないと)のたまひ**恥ぢしむる**は〈源氏・真木柱〉

はぢ-しら-ふ【恥ぢしらふ】 ハジシラウ・ハジシロウ 動(ハ四) 相手を意識して、恥ずかしがる。はにかむ。例しばしは「**恥ぢしらひ**たるか」と思ふに〈今昔・一六・三三〉

はちす【蓮】

名 植物の名。スイレン科の多年草。ハス。池や沼に栽培する。夏に多数の花弁をもつ大きな花をつける。花が賞美されたほか、根茎(蓮根)・実は食用、葉は食器や薬用とされた。例**はちす**咲くあたりの風もかをりあひて心の水を澄ます池かな(=蓮の花が咲くあたりの風もよいにおいがして濁った心を清らかにする池だなあ)〈拾遺愚草員外〉

語誌 ▼**語源説など** 歌学書『俊頼髄脳』『八雲御抄』などに、実の形が「蜂の巣」に似ているので「はちす」というのだという語源説が見える。なお、「はす」は「はちす」の変化した形といわれるが、平安時代以降、「はちす」は歌語、「はす」は日常語と認識されていたようである。

▼**極楽の象徴** 仏教では、極楽に蓮の花が咲いており、仏や菩薩が蓮華の台座に座るとされた。また、極楽に往生した人も蓮の花の上に座るという。『万葉集』では仏教との結びつきは見られないが、平安時代以降、「はちす」は多くこうした仏教的なとらえ方を背景に用いられる。清少納言が「菩提といふ寺」に詣でたときに詠んだ「もとめてもかかる蓮の露をおきて憂き世にまたは帰るものかは(=帰ったりするものか)」〈枕・菩提といふ寺に〉はその一例で、のちに『千載

は

和歌集』の釈教部に採られた。〈佐藤明浩〉

はちす-の-うてな【蓮の台】《仏教語》(「蓮台」の訓読)「れんげざ」に同じ。例誓ひおくおなじ**蓮の台**こそ残るうき身のたのみなりけれ〈新千載・釈教〉

はちす-の-うへ【蓮の上】―ウエ《仏教語》極楽浄土にある蓮台の上。また、極楽浄土。例一度も南無阿弥陀仏と言ふ人の**蓮の上**にのぼらぬはなし〈拾遺・哀傷〉

はちす-の-のり【蓮の法】法華経の別称。例いさぎよく**蓮の法**をうつしてぞ〈夫木・三〉

はちす-ば【蓮葉】名 蓮の葉。例**蓮葉**の濁りに染まぬ心もてなにかは露を玉とあざむく〈古今・夏〉➡名歌284

はちだい-しふ【八代集】―シュウ 名 二十一の勅撰和歌集のうち、初めの八つの歌集の総称。『古今和歌集』『後撰和歌集』『拾遺和歌集』『後拾遺和歌集』『金葉和歌集』『詞花和歌集』『千載和歌集』『新古今和歌集』のこと。

はちだい-ぢごく【八大地獄】―ジゴク 名《仏教語》「はちねつぢごく」に同じ。

はちだい-りゅうじん【八大龍神】名《仏教語》「はちだいりゅうわう」に同じ。例南無諸天諸仏、別して(=特に)**八大龍神**〈近松・国性爺合戦・一〉

はちだい-りゅうわう【八大龍王】―リュウオウ 名《仏教語》法華経に見える八体の龍神。難陀・跋難陀・娑伽羅・和修吉・徳叉伽・阿那婆達多・摩那斯・優鉢羅の総称。仏法を守護し、雨をつかさどるとされる。例時によりすぐれば民のなげきなり**八大龍王**雨やめたまへ〈金槐集・下〉➡名歌243

はち-たたき【鉢叩き】名 京都の空也堂に属する有髪の僧。瓢簞(古くは鉄鉢)を叩き、鉦を鳴らし、念仏を唱えながら勧進した。特に、陰暦十一月十三日の空也忌から年末にかけて、京都市中の寺や郊外の墓所などを巡る。例**鉢たたき**こぬよとなれば朧なり(=春の朧月夜のころになっていた)〈俳諧・猿蓑・四〉

鉢叩き〔七十一番職人歌合〕

はち-ぢく【八軸】―ジク 名(八巻からなることから)法華経。例**八軸**の妙文、九帖の御書も置かれたり〈平家・灌頂・大原御幸〉

はち-ぢやう【八丈】―ジョウ 名❶「八丈絹①」の略。例ただの**八丈**・わた・きぬなど、皮子(=皮を張った籠)どもに入れて取らせ〈宇治拾遺・一八〉❷「八丈絹②」の略。例**八丈**の袷もござんす〈近松・傾城反魂香・中〉

はちぢやう-ぎぬ【八丈絹】ハチジョウ― 名❶一疋の長さが八丈の絹織物。特に、尾張(愛知県)や美濃(岐阜県)で産するものが有名。例一裏っこには**八丈絹**三十疋〈今昔・二〇・三六〉❷伊豆国の八丈島(東京都)で産する平織りの絹布。丈夫で、多く黄・黒・茶系統の渋味のある色に染め、縦縞や格子縞の縞物に織る。江戸時代、その独特な趣が好まれた。

はぢ-なし【恥無し】ハジ― ❶はずかしくない。ひけを取らない。例**恥なき**ほどの女房十人〈栄花・見果てぬ夢〉❷はずかしがらない。厚かましい。例(衣服ガ)うちあはずかたくなしき(=似合わず見苦しい)姿どもも**恥なく**〈源氏・少女〉

はち-なん【八難】名❶《仏教語》仏を見たり教えを聞いたりすることのできないとされた八種の境遇。❷八つの災難。飢・渇・寒・暑・水・火・刀・兵。

はち-ねつぢごく【八熱地獄】―ネツジゴク 名《仏教語》熱火に苦しめられるという八つの地獄。等活・黒縄・衆合・叫喚・大叫喚・焦熱・大焦熱・無間(阿鼻)。「八大地獄」とも。

はち-の-こ【鉢の子】名「はち①」に同じ。例**鉢の子**をわが忘るれどもとる人はなしとる人はなし**鉢の子**あはれ〈布留散東〉

はち-ぶ【八部】名《仏教語》「八部衆」の略。例まことに天龍**八部**もこれを随喜し〈太平記・二四〉

はち-ぶ・く【蜂吹く】動(カ四) ふくれ面をして文句を言う。不快な気持ちを表して口をとがらせる。例鼻などうち赤めつつ**はちぶき**言へば〈源氏・松風〉

はちぶ-しゅう【八部衆】名《仏教語》仏法を守護する八種の生類。天・龍・夜叉・乾闥婆・阿修羅・迦楼羅・緊那羅・摩睺羅迦。天龍八部。

はち-ぼく【八木】名(「米」の字を分解すると「八」と「木」になることから)米。例大風ふきて、**八木**、(値段ガ)にはか上がりなれば〈西鶴・西鶴織留・一・一〉

はちまん【八幡】

❶名 八幡神。八幡宮。「やはた」とも。豊前国(大分県)宇佐郡に起こり、外来宗教と大三輪信仰に習合して、応神天皇・神功皇后・比売神の三柱を祭神とすることになった神社。また、その祭神。特に武家の信仰を集めた。例**八幡**は鶴が岡にたたせたまへり。地形石清水に違はず(=八幡宮は鶴が岡に建立させなさった。地形は石清水と変わらない)〈平家・八・征夷将軍院宣〉 読解 源頼朝が鎌倉に建立した鶴岡八幡宮のこと。

❷副(八幡神に誓って、の意から)❶本当に。まことに。まったく。例(ソノ絵ハ)よくよく筆を尽くし候ふ。**八幡**気に入りまうし候ふ(=非常に精巧に描けております。本当に気にいり申しましてございます)〈西鶴・好色一代男・七・五〉❷(打消の語を伴って)決して(〜ない)。断じて(〜ない)。例**八幡**のがさじ〈西鶴・武道伝来記・二・二〉❸(感動詞的に用いて)どうぞ。必ず。ぜひとも。例**八幡**一夜のお情けあれ〈近松・嫗山姥・五〉

語誌▼**武家の守護神** 八幡神は和銅年間(七〇八〜一五)に神名帳に記載される神社となった。平安遷都後は仏法の守護神とされ、貞観元年(八五九)山城国(京都府)の石清水に勧請されてからは、一段と大きく発展した。武士の守護神ともされ、源氏、特に清和源氏が氏神として崇拝し、八幡信仰は諸国に広がった。〈馬場光子〉

はちまん-だいぼさつ【八幡大菩薩】❶名 八幡神の仏教的な称号。その本地(本来の姿)は弥陀三尊あるいは弥勒菩薩であるという垂迹思想に基づく。❷副(八幡大菩薩に誓う意)(打消の語を伴

待ちて、八相の化儀を示し〈沙石集・二・五〉

はっさう-じゃうだう【八相成道】 名『仏教語』「はっさう」に同じ。例扉押し開きたるを御覧ずれば、八相成道をかかせたまへり〈栄花・音楽〉

はっ-さく【八朔】 名〔「朔」はついたちの意。陰暦八月一日の称〕❶農家で新穀を産土神に供えたり、主家や知人に贈ったりして、収穫を祝う日。田の実の祝いの日。のち「田の実」を「頼み(頼む)」と解して、世間一般の祝日となった。例春の御賀の引き出で物より、八朔歳暮のたてまつり物〈俳諧・風俗文選・四季辞〉❷江戸時代の武家の祝日の一つ。徳川家康が江戸に八月一日に入城したのを記念し、大名や旗本らが白帷子で登城し、祝詞を述べる。例さる程に八朔の礼とて、諸侍出仕ある〈醒睡笑・一〉❸吉原の紋日(遊里の祭日)の一つ。遊女が白小袖を着る。例八朔に白むくを着るあつさには夕顔棚の下(=下涼み)思ひ出す〈狂歌・徳和歌後万載集・五〉

はっ-しき【八識】 名『仏教語』人間のもつ八種類の精神活動。眼識・耳識・鼻識・舌識・身識・意識・末那識(自己を存在させる心の働き)・阿頼耶識(心の奥にある根本の意識)。

はつ-しぐれ【初時雨】 名 その年初めて降る時雨。例(a)初時雨降るほどもなく佐保山の梢あまねくうつろひにけり(=紅葉してしまった)〈後撰・冬〉例(b)初時雨猿も小蓑をほしげなり〈俳諧・猿蓑・一〉➡名句111

はつ-しほ【初入】 名❶染色のとき、一度目に染料に浸すこと。「ひとしほ」とも。例紫のはつしほ染めの新衣〈清輔集〉❷草木の葉が萌えはじめる、あるいは紅葉しはじめること。例浅緑はつしほ染むる春雨に野なる草木ぞ色まさりゆく〈風雅・春中〉❸涙で袖の色が変わること。例いかにして袖の涙のはつしほに染むる心の深さ見えまし〈新千載・恋四〉

語誌 ②③は和歌で見られる表現。春雨・時雨・涙などを染料に見立てる。

はつ-しも【初霜】 名 秋の末になって、その年初めて降りた霜。例心あてに折らばや折らむ初霜の置きまどはせる白菊の花〈古今・秋下〉➡名歌153

はっ-しゃう【八姓】 名 ➡やくさのかばね

はっ-しゃう【八省】 名 令制で、太政官に属する八つの中央行政官庁。中務・式部・治部・民部・兵部・刑部・大蔵・宮内の八省の総称。

はっしゃう-ゐん【八省院】 名 大内裏の、朱雀門の正面にある一画。八省の役人が政務を行うほか、即位・朝賀などの儀式が行われる。大極殿を正殿とする。「朝堂院」とも。➡付録

はっ-しゅう【八宗】 名 平安時代に行われた仏教の八つの宗派。三論・華厳・倶舎・成実・律・法相の南都六宗に、天台・真言の二宗を加えたもの。例我が朝にも、南都の七大寺荒れはてて、八宗九宗も跡たえ〈平家・三・山門滅亡〉

はっしゅう-けんがく【八宗兼学】 名 仏教の諸宗派の教義をすべて修めること。転じて、広く物事に通じていること。例この道に身を染め、八宗見学〈西鶴・諸艶大鑑・一・二〉

はづ-す【外す】 動(サ四)〔「はづる」の他動詞形〕❶取り除く。のける。離す。例烏帽子ゆがみ、紐はづし〈徒然・一七五〉❷そらす。取り損なう。のがす。例この矢はづさせたまふな〈平家・一一・那須与一〉❸避ける。よける。遠慮する。例裏道からはづさせて下されい〈虎寛本狂言・禰宜山伏〉❹脱ぐ。❺(動詞の連用形について)〜しそこなう。例弁慶少し討ちはづすところを〈義経記・三〉

初瀬 《地名》歌枕「泊瀬」とも書く。また、「長谷」「小初瀬」とも。大和国、今の奈良県桜井市初瀬町。大和から伊勢へ向かう交通の要所。五世紀末ごろには雄略・武烈天皇の宮があり、また、古く葬送の地でもあった。「はつせ」につく枕詞として「こもりく(隠国)」が用いられるのは、周囲を初瀬山・巻向山・三輪山などに囲まれた、こんもりした峡谷の地であることから。長谷寺があり、「はつせ」で長谷寺をさすことも多い。➡長谷寺 例憂かりける人を初瀬の山おろしよはげしかれとは祈らぬものを〈千載・恋二〉➡名歌80 〈大谷俊太〉

八笑人 《作品名》江戸時代の滑稽本。五編。滝亭鯉丈・渓斎英泉・与鳳亭枝成作。文政三〜嘉永二年(一八二〇〜四九)刊。八人ののらくら者が四季折々に茶番をしに出かけ、滑稽な失敗を繰り返す。

はっ-せん【八専】 名 陰暦で壬子の日から癸亥の日までの十二日間のうち、上の十干と下の十二支の五行が一致する八日間。一年に六回あるが、この期間は雨が多いといわれ、婚礼・仏事・売買などは避けられた。残りの四日間を「間日」という。例土用・八専つらく〈西鶴・好色一代女・五・三〉

はっ-たーと 副〔「はたと」を強調した語〕❶物を勢いよく打ったり蹴ったりしたときの音を表す。例額際をはったと蹴て〈近松・心中天の網島・上〉❷眼光鋭くにらみつけるさま。例はったとにらむ顔付きは〈近松・曾根崎心中〉❸不意に。突然。例申すべき事のあるをはったと失念してあるぞ〈謡曲・元服曾我〉❹(打消の語を伴って)決して(〜ない)。断じて(〜ない)。例はったと信濃へ帰るまじ〈御伽草子・唐糸草紙〉❺しっかりと。確かに。例爪髪はったと致いて(=しっかりとしていまして)たくましいお馬ではござれども〈鷺流狂言・富士松〉❻完全に。すっかり。例はったとわすれた〈虎寛本狂言・入間川〉

はつ-づき【初月】 名 月初めごろに出る月。特に、陰暦八月の新月。例そも明月のその中に、まだ初月の宵々に〈謡曲・融〉

はっ-と【法度】 名❶おきて。さだめ。法。特に、武家でいう。例威勢の強きを頼みてよろづの法度を軽しめ(=軽んじて)〈仮名草子・浮世物語・三・九〉❷禁令。禁制。例この釘門の内へ入らせまふな、御法度なり〈御伽草子・唐糸草紙〉

はつ-とら【初寅】 名 新年の最初の寅の日。毘沙門天に参詣する風習があり、特に、京都鞍馬寺への参詣が有名。例治まる御代の春なれば、初寅の会に参らん〈山本東本狂言・毘沙門〉

服部嵐雪 《人名》➡嵐雪

はつ-ね【初子】 名 正月最初の子の日。この日、宮

中では宴や野への行幸があり、民間では野に出て小松を引き抜いたり若菜を摘んだりして祝う。例初春の初子の今日の玉箒〈万葉・二〇・四四九三〉⇩ねのひ。

はつ-ね【初音】 名 鳥獣などの、その季節に初めて鳴く声。「初声」とも。鶯・ほととぎす・鹿などについていう。例聞くたびにめづらしければほととぎすいつも初音の心地こそすれ〈金葉・夏〉➡名歌132

はつ-はつ 副〔「はつか(僅か)」の「はつ」を重ねた語〕わずかに。ちらりと。例この山の黄葉の下の花を我ははつはつに見て〈万葉・七・一三〇六〉

はつ-はな【初花】 名 ❶その季節になって最初に咲く花。特に、その春最初に咲く花。例わがやどの梅の初花昼は雪夜は月とも見えまがふかな〈後撰・春上〉❷その草木に初めて咲く花。例三千年のはじめに咲ける桃の初花〈久安百首〉❸若い女性のたとえ。

はつはな-ぞめ【初花染め】 名 初咲きの花、特に、紅花の初めの花で染めること。また、それで染めたもの。例紅の初花染めの色ふかく〈古今・恋四〉

はつ-はる【初春】 名 春の初め。新春。例新たしき年の始めの初春の今日降る雪の(ここまで序詞)いや重け吉事〈万葉・二〇・四五一六〉➡名歌51

はっ-ぴ【法被・半被】 名 ❶禅宗で、高僧の座るいすを覆う布。例法被・打ち敷き・水引き等〈庭訓往来・十月〉❷武家で中間に着せた羽織の一種。❸能装束の一種。武将・鬼神の役に扮するときに着る。

はっぴゃくや-ちゃう【八百八町】 チョウ 名〔「八百八」は数の多い意〕江戸に町の多いこと。江戸の町全体をさす。例大江都の八百八町、とこしなへにして(=永久不変で)尽きず〈滑稽本・膝栗毛・八序〉

は-つぶり【半首・半頭】 名 武具の名。烏帽子や兜などの下につけ、額から両頬を覆い隠して守る鉄製の面具。例一の矢を放ちければ、御曹司の左の貌先、半頭の間を射けづりて〈保元・中〉

半首〔平治物語絵巻〕

はつ-ほ【初穂】 名 ❶その年最初に出た、稲・薄などの穂。例垣ほなる荻の初穂の〈夫木・一一〉❷その年最初に収穫された稲の穂で、まず神社や朝廷に奉るもの。例万代のためしにぞつく田上の長彦の稲〈新続古今・賀〉読解大嘗祭で新穀を奉るときの歌。❸神仏に奉納する金銭・米など。例神楽銭のほかに上ぐべき初尾をわすれて〈西鶴・西鶴織留・六・一〉❹その年になって初めて飲食する物。初物。

語誌 ▼平安中期以降「はつを」と発音されるようになり、「はつを」「はつお」「初尾」などと書くことがあった。▼③④は「おはつほ」の形で用いることも多い。

はづ・む【弾む】 ハズム 動(マ四) ❶勢いよく跳ね上がる。跳ね返る。例(馬ガ)弾まばかい繰って(=手綱を引きしめて)泳がせよ〈平家・四・橋合戦〉❷勢いよく進む。調子づく。生き生きとする。例今度の角力には、千羽川(=力士の名)が病気ゆゑ、はづむまいと思うたが〈浄瑠璃・関取千両幟・二〉❸息が荒くなる。息づかいが激しくなる。例(下帯ヲ)息のはづむほどしめても〈噺本・昨日は今日の物語・上〉❹近世の用法。思いきってする。気前よく与える。奮発する。おごる。例投げ節うたふ女に紫檀の接棹(=三味線の種類)を弾み〈西鶴・好色一代男・六・五〉

はつ-めい【発明】 1名動(サ変) ❶道理や意味を明らかにすること。明らかに悟ること。例念仏を行じて、浄土に生じ、大事を発明すべし〈沙石集・四・一〉❷工夫。創案。例不易流行の事は古説にや、先師(=芭蕉)の発明にや〈俳諧・去来抄・修行〉 2名形動(ナリ) 賢いこと。利発。例女郎芸者に発明なる者はあれども〈人情本・春色梅児誉美・初・三〉

はつ-もとゆひ【初元結ひ】 トユイ 名 元服のとき、初めて髪を結ぶ紐。転じて、元服すること。また、初めて髪を結ぶこと。例いときなき(=幼い)初元結ひに長き世をちぎる心は結びこめつや〈源氏・桐壺〉

はつ-もみぢ【初紅葉】 モミジ 名 秋になって、初めて色づいた紅葉。「はつもみぢば」とも。例この女、楓の初紅葉を拾はせて〈伊勢・九六〉

はつ-ゆめ【初夢】 名 年の初めに見る夢。古くは、節分の夜から立春の朝にかけて見る夢、のちは大みそかの夜から元旦にかけて、または正月二日の夜に見る夢をいう。その夢の内容によって一年の吉凶を占う。例年くれぬ春来べしとは思ひ寝にまさしく見えてかなふ初夢〈山家集・上〉

はつ・る 動(ラ下二) ほどける。ほつれる。例藤衣はつるる糸は〈古今・哀傷〉

はつ・る【剝る・削る】 動(ラ四) 剝ぐ。けずり取る。例兎を捕らへ皮をはつりて〈霊異記・上・一六〉

はづ・る

【外る】 ハズル 動(ラ下二)「はづす」の自動詞形。ある範囲の外に出る、ある範囲の外にある意。

❶**外に抜け出る。はみ出る。** 例(鎧ノ)胸板の金物の少しはづれて見えける〈平家・二・教訓状〉読解法衣の下から、鎧の金具が少しはみ出して見えているさま。

❷**離れる。それて出る。目標からそれる。** 例ものの枝などの、車の屋形などにさし入るを、いそぎてとらへて折らんとするほどに、ふと過ぎてはづれたるこそいとくちをしけれ(=何かの木の枝などが、牛車の人が乗っている所に入ってくるのを、急いでつかまえて折ろうとするうちに、急に通り過ぎて離れてしまうのはたいそう悔しい)〈枕・五月ばかりなどに山里にありく〉

❸**ある長さに及ばない。** また、**ある長さを超える。** 例髪のまだ丈にははづれたる末の(=髪のまだ身長には及ばないでいる先が)〈源氏・野分〉読解八歳の姫君。髪の長さが、まだ身長に達しない。

❹**組織・仲間の外にいる。漏れる。加わらない。** 例(上皇ノ御幸ノ時ハ)一度も御供にははづれざりしものを(=一度も御供の人員に漏れなかったのに)〈平家・二・大納言流罪〉

〈馬場光子〉

はづれ【外れ】 名 ❶末端。はし。先端。手足の指先などにもいう。例砥浪山の北のはづれ〈平家・七・火打合戦〉 ❷はしばし。例言葉のはづれに、孫右衛門つくづくと推量し〈近松・冥途の飛脚・下〉

はづれ-はづれ【外れ外れ】 副「はつれはつれ」とも。部分部分。ところどころ。例けはひなど、はづれはづれ聞こえたるも、ゆかし〈徒然・一〇五〉

はて

【果て】名〔動詞「はつ」の名詞形〕❶**行き着いた所。終極。また、死。** 例(a)はては、産みのしりし子さへ死ぬるものか(=最後には、大騒ぎして産んだ子までも死ぬなんて)〈蜻蛉・上〉例(b)故宮のはてまでそしられさせたまひしも、これによりてぞかし(=亡き宮様が死ぬまで悪く言われなさったのも、このことによってであったよ)〈和泉式部日記〉

❷**年月・季節などの終わる時。** 例秋のはてぞ、いと見どころなき(=秋の終わる時は、あまり見る価値がない)〈枕・草の花は〉

❸**喪の終わり。** 四十九日・一周忌。また、その法要。⇩はてのこと・はてのわざ。例桃園兵部卿の宮失せたまひて、御はて九月つごもりにしたまひけるに(=桃園兵部卿の宮がお亡くなりになって、御法要を九月下旬になさったときに)〈大和・九〉読解ここは一周忌の法要。

❹**いちばん端。道などの尽きる所。遠いかなた。** 例あづま路の道の果てよりも、なほ奥つ方に生ひ出でたる人(=東海道の道の尽きる所よりも、さらに奥のほうで成長した人)〈更級〉

❺**末々の人。末流の人。** 例かく思ひかけぬはてまで思ひあつかひ(=このように思いもかけない末々の人までお世話して)〈源氏・蜻蛉〉

❻**身の行く末。なれの果て。** 例色好みの果てはかくぞあるや(=好色者のなれの果てはこのようであるものだ)〈宇津保・俊蔭〉

はて 感 ❶怪しんだり迷ったりするときに発する語。はてな。さて。例はて何とせう〈近松・心中天の網島・中〉 ❷相手に答えるときに発する語。肯定・否定どちらにも用いる。もっともだ。なんと。それはそうだが。例さあどうでござんすぞ。はてなんのこれが恥づかしい〈近松・鑓の権三重帷子・上〉〈奥村悦三〉

はて-の-こと【果ての事】 死者の、四十九日または一周忌の法要。「果ての業」とも。例院の御果ての事にうちつづき〈源氏・賢木〉

はて-の-わざ【果ての業】「はてのこと」に同じ。例大将は、このはてのわざなどせさせたまひて〈源氏・手習〉読解ここは一周忌の法要。

はて-は【果ては】 しまいには。ついには。例鳴きとむる花しなければ鶯もはてはもの憂くなりぬべらなり〈古今・春下〉

はて-はて【果て果て】 名〔「はて」を重ねた語〕あげくの果て。とどのつまり。多く「果て果ては」の形で用いる。例世の中をかく言ひ言ひの果て果てはいかにやいかにならむとすらん〈拾遺・雑上〉

ばてれん【伴天連】 名〔ポルトガル語で父・師の意〕❶室町末期、キリスト教が伝来したときの宣教師の称。例伴天連を召し寄せられ〈信長公記・一二〉❷キリスト教。また、その信者。例高山は伴天連沙弥(=僧)の由〈信長公記・一二〉

ばとう【撥頭・抜頭】 名 雅楽の曲名。もと西域の舞楽で、長い髪を振り乱し眉をいからした恐ろしい面を着け、ばちを持って一人で舞う。例抜頭は髪ふりあげたる。まみ(=目もと)などはうとましけれど、楽もなほいとおもしろし〈枕・舞は〉

ばとう-くゎんおん【馬頭観音】 名《仏教語》六観音の一つ。八大明王の一つにも数えられる。修行を妨げる魔のしわざや煩悩を馬のように食い尽くし、衆生を救済するとされる。像は、憤怒の相の三つの顔、頭上に馬頭をつけ、八本腕に造られることが多い。病馬の平癒を祈ったり、馬屋新築のときに加持をしたりするなど、馬にかかわる庶民信仰も生まれた。「めづくゎんおん」とも。

はと-の-つゑ【鳩の杖】 名 握りの部分に鳩の形の飾りをつけた老人用の杖。鳩は飲食のときにむせないといわれ、健康を祈って用いる。例鳩の杖にすがって宮の御前に参り〈平家・四・大衆揃〉

はとり【服部・服織】 名〔「はたおり」の変化した形〕織物を織ること。また、それを職業とする人。最初は渡来人がその任にあたり、その集団は「はとりべ」と呼ばれた。

はな

【花】名 ❶**草木の花の総称。また、秋の紅葉に対して、春の花。** 例(山々ハ)春へには花かざし持ち 秋立てば 黄葉かざせり(=春のころには頂に花を飾り、秋になると色づいた紅葉を飾っている)〈万葉・一・三八〉

❷**特に、梅の花、または桜の花。** 平安時代のはじめでは梅をさすことも少なくなかったが、以後は桜をさすことが一般的となる。例(a)春や疾き花や遅きと聞きわかん鶯だにも鳴かずもあるかな(=春が早いのか、梅の花が遅いのかと聞いて確かめる鶯さえも鳴かないでいるなあ)〈古今・春上〉読解ここは「鶯」と取り合わされていて、梅。その開花を待ち遠しく思う気持ちを詠んだ。例(b)吉野山やがて出でじと思ふ身を花散りなばと人や待つらん(=吉野山に入って、そのまま出るまいと思っている我が身を、桜の花が散ってしまったらと人は待っているのだろうか)〈新古今・雑中〉読解ここは桜。吉野は桜の名所。

❸**仏に供える花。** 樒など。例持仏据ゑたてまつりて…花奉るめり(=所持する仏像を安置し申し上げて…花をお供えしているのが見える)〈源氏・若紫〉

❹**露草の花からとった青い染料。** また、その薄い藍色。縹色。花色。例頭には花を塗り、顔には紅・白い物をつけたらんやうなり(=頭には露草からとった青い染料を塗り、顔には紅やおしろいをつけているようである)〈栄花・本の雫〉

❺**華やかなこと。美しいこと。栄えること。時めくこと。** 例(a)今の世の中、色につき、人の心、花になりにけるより(=今の世の中は、はでになり、人の心も、華やかになってしまったことから)〈古今・仮名序〉例(b)時の花をかざす心ばへにや(=趣旨なのだろうか)〈栄花・初花〉読解「時の花をかざす」は、季節の美しい花を髪などに挿す意。時流に乗って盛える人におもねることのたとえ。

❻移ろいやすいこと。変わりやすいこと。うわべだけで真実味のないこと。例色見えでうつろふものは世の中の人の心の花にぞありける〈古今・恋五〉➡名歌78
❼和歌・俳諧で、表現。歌論などでは、真情としての「実」に対していう。花実の備わった歌が理想とされる。例古の歌はみな実を存して花を忘れ、近代の歌は花をのみ心にかけて実には目もかけぬ(＝昔の歌はすべて実があって花を忘れ、近代の歌は花ばかりを気にしていて実には注意もしない)〈毎月抄〉
❽《能楽用語》見る人に深い感動を呼びおこさせる芸の魅力・おもしろさ。世阿弥の能楽論の重要な美的理念。⇩じぶんのはな・まことのはな。例この花はまことの花にあらず。ただ時分の花なり(＝この芸の美しさは真実の美しさではない。単に若さによる一時の美しさである)〈風姿花伝・一〉
❾芸人などに与える祝儀。心付け。もと花の枝に金銀をつけて与えたことからいう。例あぢな事とは、二百両の花か(＝しゃれたこととは、二百両のご祝儀だなあ)〈浄瑠璃・関取千両幟・二〉

語誌▼古来、花の美しさは桜に代表されてきた。『古事記』の神話に登場する「木花之佐久夜毗売」の「木花」も桜の花をさす。また『源氏物語』で光源氏が紫の上の抜群の美しさを、「花といはば桜にたとへても」足りないほどだ(若菜下巻)とたたえているが、桜を花の中の花とみての評言である。⇩さくら
▼⑤〜⑧は花にたとえていうもの。⑤には「花の〜」の形で、「花の衣」「花の顔」などと華やかなさま・美しいさまを表したり、「花の都」のように美称の語を作る用法もある。⑥は⑤とは逆に、花のはかなさや実にならないことからいう。⑤⑥は形容動詞的に用いられることもある。「花」が自然の美の典型とみられるところから、歌論・俳論・能楽論などで、その比喩的な表現によって、美的理念を表す用語ともなっている。〈鈴木日出男〉

[花を折る] (花を折ってかざすことから)容姿を華やかに飾る。例我も我もと花を折りて仕うまつるほども〈栄花・つぼみ花〉

はな【鼻】 名 ❶人間や動物の嗅覚器官。例(a)髪いと長き女を描きたまひて、鼻に紅をつけて〈源氏・末摘花〉読解絵に描いた女性の鼻に赤い色をつけた、ということ。例(b)その勢(＝軍勢)七千余騎、馬の鼻を東へむけ〈平家・八・法住寺合戦〉
❷鼻水。例(a)さまざまに悲しく…鼻すすりあへり〈源氏・真木柱〉例(b)二つばかりの子の、鼻たれて〈西鶴・諸艶大鑑・二・三〉
❸(自分の鼻を指でさすことから)男性が自分をいう。おれ。例(口火ヲ切ル役ハ)この鼻にさせてくれ〈浮世草子・傾城禁短気・三・四〉〈新野直哉〉

[鼻を突く] 主君のとがめを受ける。勘当される。例大きに鼻を突かせ追ひ込みける間、訴人にいたづらに群集して〈太平記・三六〉

[鼻をひる] くしゃみをする。例そばざまに向きてはなをひるほどに〈宇治拾遺・二五〉

はな-あはせ【花合はせ】 ―アワセ 名 左右二組に分かれて、それぞれに花(主に桜)を持ち寄り、ちなんだ和歌を詠みあって優劣を競う遊戯。長治二年(一一〇五)閏二月二十四日の堀河院中宮篤子内親王家のものが有名。

はな-いろ【花色】 名 ❶花の色合い。花の色。例草の花色露深き〈謡曲・松虫〉❷薄い藍色。「縹色」とも。例花色の襲の衣の〈謡曲・源氏供養〉

はないろ-ごろも【花色衣】 名 ❶花を衣に見立てていう語。また、その花の色に染めた衣。例山吹の花色衣ぬしや誰〈古今・雑体〉❷「はないろ②」に染めた衣。例月草の花色衣誰が袖の涙よりまづうつりそめけん〈続千載・恋四〉

はな-がさ【花笠】 名 ❶笠のように、花弁が並んで中がくぼんだ形をして咲いている花。例鶯の縫ふてふ笠は梅の花笠〈古今・神遊歌〉❷花の降りかかっている笠。例花笠をさして来つれど桜人春の山辺の便りとぞみる〈公任集〉❸造花などで飾った笠。踊りや祭礼に用いる。

はな-かぜ【花風】 名 陰暦三月ごろ、桜の花を散らすように吹く風。例三月ばかりの夕暮れにゆるく吹きたる花風、いとあはれなり〈能因本枕・風は〉

はな-がたみ【花筐】 ❶名 花や若菜を摘んで入れる籠。花籠。例内侍の尼参りつつ、花筐をば給はりけり〈平家・灌頂・大原御幸〉❷《枕詞》籠の編み目が細かく並んでいることから「めならぶ」にかかる。例花筐めならぶ人のあまたあれば〈古今・恋五〉

はな-かつみ【花かつみ】 名 〔中世は「はながつみ」とも〕草の名。マコモ・ハナショウブなどの説があるが実体は未詳。和歌では、例歌によって、陸奥の歌枕「浅香の沼」の景物とされ、「かつて」「かつ見る」などを導く序詞を構成することが多い。例みちのくの安積の沼の花かつみ(ここまで序詞)かつ見る人に恋ひやわたらん〈古今・恋四〉

はな-かづら【花鬘】 ―カズラ 名 ❶季節の花をつるや糸に通して作った髪飾り。例漢人も筏浮かべて遊ぶといふ今日そ我が背子花鬘せな〈万葉・一九・四一五三〉❷山の上に咲いた花を①に見立てていう。例初瀬女の峰の桜の花鬘〈続古今・春下〉

はな-がら【花殻】 名 ❶仏に供えた後に、不用になって捨てる花。例閼伽棚の下に、花殻多く積もりたり〈今昔・二〇・三九〉❷施し与える銭。お布施の銭。例尼公に、ふところより花殻一包み取り出でて与へたまふ〈御伽草子・梅津かもむ物語〉

はなぐはし【花細し】 ハナグワシ 《枕詞》花が美しい意から「桜」「葦」などにかかる。

はな-ぐもり【花曇り】 名 桜の花が咲くころの曇り空。例なにとなく雨にはならぬ花曇り咲くべきころや二月の空〈為尹千首〉

はな-くやう【花供養】 ―クヨウ 名 陰暦四月八日の灌仏会に、いろいろな花で御堂を飾り、釈迦像を安置し、甘茶を注ぎ仏を供養すること。例花供養神の御心匂はしや〈吉野紀行〉

はな-ごころ【花心】 名 ❶(花が散りやすいことから)移りやすい心。移り気。浮気心。例花心におはする宮なれば…必ず御心移ろひなんかし〈源氏・宿木〉❷華やかな心。風流な心。例なべて世に聞こえたる名残かや、和泉式部の花心〈謡曲・軒端梅〉

はな-ごろも【花衣】 名 ❶桜襲の衣。例色香まで今日ぬぎかへば花衣なにを桜の名残とかみん〈為重集〉❷華やかな衣服。例問へど答へぬくちなしのこは誰やらん花衣〈松の葉・二・しののめ〉❸花見のときに着る晴れ着。例花衣袖を連ねて行く末の〈謡曲・熊野〉

はな-ざくら【花桜】 名 ❶桜の花。例浅緑野辺の霞はつつめどもこぼれて(=咲きこぼれて)匂ふ花桜かな〈寛平御時后宮歌合〉❷襲の色目の名。表は白、裏は青または紅。春に着用。

はなし【話・咄・噺】 名〔動詞「はなす」の名詞形〕❶話すこと。語ること。会話。おしゃべり。雑談。例太夫様に咄の種(=もと)にもなります〈西鶴・好色一代男・五・三〉
❷落語。講談。また、伝説・評判。例(a)昔いまの噺の品(=種類)をつくづくと思ふに〈噺本・正直咄大鑑・序〉例(b)借屋の親仁(=借家の大家)に板倉殿の瓢簞公事の咄をさせ〈西鶴・世間胸算用・二・三〉読解「板倉殿」は江戸初期に名判官として名を知られた京都所司代の名。「瓢簞公事」は当時の有名な裁判。
❸話し合い。相談。 〈中村隆嗣〉

はなしづめ-の-まつり【花鎮めの祭り】(ハナシズメ―) 名 平安時代、宮中の年中行事の一つ。陰暦三月末に桜の散るころ、疫神を鎮めるため、神祇官が大神・狭井二神を祭る。「鎮花祭」とも。

はなし-めぬき【放し目貫】 名 刀や脇差しの目貫の彫刻を見せるために、上から糸などで巻き固めないもの。例家業のほかの小細工、金の放し目貫〈西鶴・日本永代蔵・三・一〉

はな-じろ・む【鼻白む】 動(マ四)気後れする。きまり悪く感じる。例みな臆しがちにはなじろめる多かり〈源氏・花宴〉

はな-すすき【花薄】 ❶名 穂の出た薄。例行く人を招くか野辺の花薄こよひもここに旅寝せよとや〈金葉・秋〉❷《枕詞》⑴から、「穂」と同音で始まる「ほに出づ」「ほのか」にかかる。

はな-すすり【洟啜り】 名 ❶鼻水をすすり上げること。❷すすり泣くこと。例忍びがたげなる洟すすりを聞きたまひて〈源氏・東屋〉

はな-ぞめ【花染め】 名 露草の花の汁で染めること。また、その染色の薄青。変わりやすいもののたとえとされる。例世の中の人の心は花ぞめのうつろひやすき色にぞありける〈古今・恋五〉

はなだ【縹】 名 ❶「縹色」の略。例(和歌ヲ)縹の唐の紙につつみて参らせたまふ(=さしあげなさる)〈源氏・絵合〉❷襲の色目の名。表裏とも縹色。❸露草の別称。

はなだ-いろ【縹色】 名 薄い藍色。露草の花で染めたもの。

はな-たちばな【花橘】 名 ❶花の咲いた橘。橘の花。⇩たちばな。例五月待つ花橘の香をかげば昔の人の袖の香ぞする〈古今・夏〉⬇名歌178 ❷襲の色目の名。表は朽ち葉色、裏は青。初夏に着用。⇩口絵

はなち-いで【放ち出で】 名 寝殿造りで、母屋などに続けて、外へ張り出して建てた建物。遣り戸・障子などで仕切って客間などに使う。例宮のおはします西(=西の対)の放ち出でをしつらひて〈源氏・梅枝〉読解姫君の裳着の儀式の部屋とした例。

はなち-がき【放ち書き】 名 文字を続けて書かずに、一字一字はなして書くこと。下手な筆跡や幼児の筆跡にもいう。例かの御放ち書きなむ、なほ見たまへまほしき(=拝見したい)〈源氏・若紫〉読解ここは十歳ほどの少女の筆跡。

はなち-どり【放ち鳥】 名 ❶飛べないように翼を切って池などに放し飼いにした鳥。例はなちどり翼のなきをとふからに〈古今六帖・五〉❷祈願や死者の追善のために、籠の中で飼っていた鳥を放してやること。また、その鳥。例放ち鳥行方も知らずなりぬれば〈古今六帖・六〉

花散里《人名》『源氏物語』の作中人物。桐壺帝の女御の妹。かつて光源氏との逢瀬があった。桐壺院の死後は姉とともに源氏の庇護を受け、二条東院、のちに六条院の夏の町に迎えられる。上品で誠実、家事の面にもすぐれ、源氏の信頼も篤い。母のいない源氏の長男夕霧や、養女として迎え入れた玉鬘の世話役を務める。

はな・つ【放つ】 動(タ四)〔「はなる」の他動詞形〕❶開け放す。取り外す。例(墨挟ミト墨ノ)継ぎ目もはなちつべし(=継ぎ目も取り外してしまうにちがいない)〈枕・清涼殿の丑寅のすみの〉読解墨をするのもうわの空であったさま。
❷手放す。自由にする。例(庭ニ)虫ども放たせたまひて(=虫などを放たせなさって)〈源氏・鈴虫〉
❸火をつける。放火する。例火を縦ちて〈紀・武烈〉
❹矢を射る。鉄砲などを撃つ。例よっぴいてひゃうどはなつ(=弓弦をよく引いて、ひゅうっと射る)〈平家・一一・那須与一〉
❺光・声などを勢いよく出す。例寿詞をはなちて…呼ばひたまふこと(=誓願の言葉を大声で発して…神を呼び続けなさること)〈竹取〉
❻任務を解く。解任する。例北面を放たれにけり(=ご解任になってしまった)〈徒然・九四〉読解「北面」は院の御所を警護する武士として北面に伺候する職。
❼追放する。流罪にする。例遠くはなちつかはすべき定めなども(=遠国へ流罪に処するのがよいという裁定なども)〈源氏・須磨〉
❽人に譲り渡す。売る。例家を人に放ちて〈金葉・雑上・詞書〉
❾さしおく。除外する。例おのれはなちては誰か書かん(=おまえを除いてだれが書くだろうか)〈宇治拾遺・四九〉読解「誰か」の「か」は反語の意を表す。
語誌 室町時代に変化して「はなす」という語形ができる。 〈山口堯二〉

はな-つき【鼻突き】 形動(ナリ)だしぬけに。突然に。思いもかけず。例資盛朝臣…殿下の御出に鼻突きに参りあふ〈平家・一・殿下乗合〉

はな-づくえ【花机】 名 仏前に置いて、経典や仏具・花などをのせる机。脚に花形の彫り物がある。例仏の御飾り、花机の覆ひなどまで、まことの極楽思ひやらる〈源氏・賢木〉

はな-づま【花妻】 名 ❶花のように美しい妻。一説

に、花のように見ているばかりで触れてはいけない妻とも。例なでしこが その花妻に さ百合花 ゆりも(=のちに)逢はむと〈万葉・一八・四一一三〉❷萩。鹿の妻と見立てていう。例初萩の花妻問ひに来鳴くさ雄鹿〈万葉・八・一五四一〉

はな-とり【花鳥】 名 花と鳥。四季折々の情趣に富んだ風物の代表。例(容貌八)花鳥の色にも音にもよそふべき方ぞなき〈源氏・桐壺〉

【花鳥の使ひ】「くゎてうのつかひ」とも。恋をとりもつ使者。恋の仲立ちとなる使い。唐の玄宗皇帝が美女を探すために遣わした使者の称から。例色めくたぐひ、これを花鳥の使ひとす〈十訓抄・一〇・三九〉

はな-なは【鼻縄】 名 牛の鼻につける縄。鼻綱。例牛にこそ 鼻縄著くれ〈万葉・一六・三八八六〉

はな-にほひ【花匂ひ】 名 花が咲いて美しく照り映えること。また、花のように美しい光景。例見渡せば向かつ峰の上の花匂ひ〈万葉・二〇・四三九七〉

はな-の【花野】 名 花が一面に咲いている野。特に、萩など秋草の花が咲いている野。例秋萩の花野のすすき〈万葉・一〇・二二八五〉

はな-の-えん【花の宴】 花を見ながら催す宴。梅・桜・藤・菊など、季節の花を観賞しながら、詩歌を作ったり歌舞を演じたりする。宮廷の行事としては弘仁三年(八一二)二月、嵯峨天皇が神泉苑で催したのが最初。例二条院の御前の桜を御覧じても、花の宴のをりなど思し出づ〈源氏・薄雲〉

はな-の-が【花の賀】 花の咲くころに行う長寿の祝い。長寿の祝いは生年の干支により行う季節が決まり、寅・卯・辰の年生まれの人が、正・二・三月中の誕生日に行うものをいう。例春宮の女御の御方の花の賀に召しあづけられたりけるに〈伊勢・二九〉

はな-の-かほ【花の顔】 花の姿。また、花のように美しい顔。例見つる花の顔ども、思ひくらべまほしくて〈源氏・野分〉

はな-の-くも【花の雲】 桜の花が一面に咲いているのを雲に見立てていう語。例花の雲鐘は上野か浅草か〈俳諧・続虚栗〉↓名句112

はな-の-ころも【花の衣】 ❶華やかな衣服。美しい衣服。例みな人は花の衣になりぬなり苔の袂よかわきだにせよ〈古今・哀傷〉↓名歌346 ❷咲いている花を衣服に見立てていう語。例鶯の花の衣もほころびにけり〈拾遺・物名〉❸花染めの衣。例御狩野のを花の衣のまづかへるらん〈拾遺愚草・上〉

はな-の-したひも【花の下紐】 花のつぼみ。花が開くことを下紐が解けるのにたとえていう。例我が恋ふる花の下紐いかに解くらむ〈古今六帖・五〉

はな-の-たもと【花の袂】 ❶華やかな衣服の袂。例なれ見てし花の袂をうち返し〈新古今・雑下〉❷花を衣服の袂に見立てていう語。例女郎花花の袂ぞ露けかりける(=湿っぽいことだ)〈拾遺・秋〉

はな-の-ひも【花の紐】「はなのしたひも」に同じ。例百草の花の紐解く秋の野に〈古今・秋上〉

はな-の-みやこ【花の都】 都の美称。例ゆく春は花の都を立ちかへり見よ〈源氏・須磨〉

はな-の-もと【花の下】 ❶花の咲いた木の下。例鶯のなきつる声にさそはれて花のもとにぞ我は来にける〈後撰・春上〉❷「花の下連歌」の略。鎌倉・南北朝時代に流行した庶民の連歌。また、その愛好者。桜の花の下で連歌会を催したことからいう。のちは、連歌の宗匠の敬称となる。例花の下の連歌師どもを呼び下し、一万句の連歌をぞ始めたりける〈太平記・七〉❸武道や芸能などの第一人者。

はな-の-ゆき【花の雪】 白く咲いている花や散る花を雪に見立てていう語。例またや見む交野のみ野の桜がり花の雪散る春のあけぼの〈新古今・春下〉↓名歌329

はなは【塙】 名 小高い土地。また、山の突端の部分。例武隈の塙の松は〈宇津保・内侍のかみ〉

はなはだ【甚だ】 副 ❶非常に。たいそう。例はなはだをこなり(=愚かなことである)〈源氏・少女〉❷(打消の表現を伴って)全然(〜ない)。まったく(〜ない)。例天地の 神もはなはだ 我が思ふ 心知らずや〈万葉・一三・三二五〇〉 語誌 漢文訓読調の語で、和文では「いと」「いたく」「いみじく」などが用いられた。

はなはだ・し【甚だし】 形(シク)〔副詞「はなはだ」の形容詞化〕程度が異常だ。度が過ぎている。例貪欲甚だしく、ものの理を知らず〈徒然・一〇七〉

はな-ばちす【花蓮】 名 花の咲いている蓮。また、蓮の花。例日下江の 入り江の蓮 花蓮〈記・下・雄略・歌謡〉

はな-ばな・し【花花し・華華し】 形(シク) はなやかだ。はでだ。例心ばへもてしづめぬ(=落ち着かせられない)人は、何事もはなばなしく〈十訓抄・八・四〉

はなばな-と【花花と・華華と】 副 はなやかに。はでに。例ⓐ朝日のはなばなとさしあがるほどに〈枕・関白殿、二月二十一日に〉例ⓑ(才顔八)いとをかしく(=たいそう美しく)はなばなとして〈源氏・総角〉

塙保己一 《人名》一七四六〜一八二一(延享三〜文政四)。江戸時代の国学者。七歳で失明するが、江戸に出て歌学・有職故実を学び、のち最晩年の賀茂真淵に国学を学ぶ。諸学に通じ、幕府の援助で和学講談所を設立、また叢書『群書類従』を編纂するなど、国学の振興に業績がある。

はな・ひる【嚔る】 動(ハ上一) くしゃみをする。例はなひて誦文する。おほかた、人の家の男主ならでは、たかくはなひたる、いとにくし〈枕・にくきもの〉 語誌 上代は上二段活用の「はなふ」。くしゃみは、古くは人に思われたり恋人が訪ねて来たりすることの前兆と考えられていたが、平安時代以降は不吉なことの前兆と考えられるようになった。例の「誦文」は、その厄よけの呪文。⇩くさめ

はな・ふ【嚔ふ】 動(ハ上二)『上代語』くしゃみをする。⇩はなひる。例眉根掻き鼻ひ紐解け待つらむかいつかも見むと思へる我を〈万葉・一一・二八〇八〉 読解 眉がかゆかったりくしゃみが出たりするのは恋人に逢える前兆と考えられていた。

英草紙 《作品名》江戸時代の読本。五巻五冊。近路行者(都賀庭鐘)作。寛延二年(一七四九)刊。中国明代などの白話小説(口語で書かれた小説)を翻案した九話の短編からなる。建部綾足の『西山物語』などとともに読本という新ジャ

ンルを開いた作で、上田秋成の『雨月物語』にも多大な影響を与えた。

はな-まじろき【鼻まじろき】 名 鼻をぴくぴくさせ、せせら笑うこと。心から承服・納得していないときのしぐさ。例時に従ふ世人の、下には(=心の中では)**鼻まじろき**をしつつ、追従し〈源氏・少女〉

はな-みづ【花水】 名《仏教語》仏前に手向ける花に用いる水。また、その花と水。例**花水**を手向け御跡を弔ひまゐらせ候ふ〈謡曲・井筒〉

はな-むけ【餞・贐】 名「うまのはなむけ」の略。例あるは、さりがたき(=断りきれない)**餞**などしたる〈芭蕉・奥の細道〉

はな-むすび【花結び】 名 ❶糸や紐を花の形に結ぶこと。また、その結んだもの。衣服や調度などの飾りにする。例歌詠み、連歌し、絵書き、**花結び**、あくまで御心に情けおはします人なり〈源平盛衰記・三〉 ❷①を作る職人。

花結び①

はな-め・く【花めく・華めく】 動(カ四)〔「めく」は接尾語〕 ❶はなやかに見える。例人の心**花めく**は陽なり〈風姿花伝・三〉 ❷栄える。例時に合ひ、**はなめか**せたまふ后おはしましけり〈唐物語・九〉

はな-もの【花物】 名 花のように美しいが、一時で盛りが終わってしまうもの。美しいが移ろいやすいもの。はかないもの。例しらかつく(枕詞)木綿は**花も**の〈万葉・三・二九九六〉 読解 楮の皮をさらして作った白く美しい木綿はすぐに汚れてしまうが、の意。

はな-もみぢ【花紅葉】 名 春の桜の花や、秋の紅葉。春秋の自然美の象徴。例折節の**花紅葉**につけて、あはれをも情けをも通はすに〈源氏・椎本〉

はな-やか【花やか・華やか】 形動(ナリ)「やか」は接尾語。ぱっと花が咲いたように、はでで人目を引くさま、際立って美しいさまを表す。

❶**際立って美しい。はでだ。** 例(a)龍胆は…異花どもの皆霜枯れたるに、いと**はなやかなる**色あひにてさし出でたる、いとをかし(=龍胆は…ほかの花々がすべて枯れているときに、たいそうはでな色で目立つように咲いているのが、たいそう趣がある)〈枕・草の花は〉例(b)月のいと**はなやかに**さし出でたるに(=月がたいそう美しく輝き出ているので)〈源氏・須磨〉例(c)内大臣の、**はなやかに**あな清げとは見えながら、なまめかしう見えたる方のまじらぬに(=内大臣が、はでであきれいだとは見えながら、しっとりと美しいと感じられる点がないのに)〈源氏・玉鬘〉

❷**はっきりとしている。くっきりとしている。** 例いとらうたげなる髪どもの末**はなやかに**削ぎわたして(=いかにもかわいらしい髪の先をすっきりと切りそろえて)〈源氏・葵〉

❸**陽気だ。にぎやかだ。** 例(a)いと**はなやかに**うち笑ひたまひて(=たいそう陽気にお笑いになって)〈源氏・行幸〉例(b)鳥も**花やかなる**声にうちしきれば(=鳥もにぎやかな声でしきりに鳴くので)〈徒然・一〇四〉

❹**勢いが盛んだ。栄えている。** 例世の覚え**花やかなる**あたりに(=世間の評判が高く栄えているあたりに)〈徒然・七六〉

語誌 花や衣服の色彩や、太陽・月の光など、視覚的に明るく美しいさまを表すのが基本。人物に用いる場合には、表面的な美しさ・はでさに比して内面的な充実に欠けているという批判をにじませて用いることもある。〈渡部泰明〉

はな-や・ぐ【花やぐ・華やぐ】 動(ガ四)〔「やぐ」は接尾語〕 ❶はなやかにふるまう。例女房なども数知らず集ひ参りて、今めかしう(=当世風に)**はなやぎ**たまへど〈源氏・賢木〉 ❷栄える。例(大臣ハ)籠り居たまひしを、とり返し(=引きこもっていらっしゃったのだが、もとに立ち返り)**はなやぎ**たまへば〈源氏・澪標〉

はな-ゆ【花柚】 名 植物の名。柚の一種。花や実の皮を刻んで、汁や酒に入れて芳香を楽しむ。例**花柚**水に浮かべて昼の簾かな〈俳諧・白雄句集・二〉

はな・る【離る・放る】〔「はなつ」の自動詞形〕

1 動(ラ下二) ❶**別々になる。別れる。遠ざかる。** 例(a)**離れ**居て 嘆かす妹が いつしかも 使ひの来むと 待たすらむ(=別れて住んでお嘆きになる妻が、いつ使者が来るのだろうかと、今ごろお待ちになっているだろう)〈万葉・一八・四一〇六〉 読解「使ひ」は夫の手紙を届ける使者。例(b)これを聞きて、**離れ**たまひしもとの上は、腹を切りて笑ひたまふ(=これを聞いて、お別れになったもとの奥方は、腹をよじってお笑いになる)〈竹取〉

❷**つながれた動物が逃げ出す。** 例官人章兼が牛**はなれ**て、庁の内へ入りて(=官人の章兼の牛が逃げ出して、役所の中に入って)〈徒然・二〇六〉

❸**官職や任務を退く。やめる。** 例大将**はなれ**はべりてのち、久しく参らで(=大将が官を退きましてから、長い間宮中に参上しないで)〈拾遺・雑下・詞書〉

❹**除く。** 例琴の音を**離れ**ては、何事をか物をととのへ知るしるべとはせむ(=七弦琴の音を除いては、どんな楽器を音階を合わせ知る基準としようか)〈源氏・若菜下〉 読解「何事をか」の「か」は反語の意を表す。

2 動(ラ四) 1①に同じ。例大君の命恐み愛しけ真子が手**離り**島伝ひ行く(=天皇のご命令がおそれ多いので、いとしい妻の手と別れて島伝いに行く)〈万葉・二〇・四四一四〉

語誌 ▼1①例(a)や②例のように、空間的に距離をおく状態になることを表すのが原義。しかし、①例(b)には、人間関係が疎遠になる意も含まれることから、打消などを伴って、近い関係を表す場合にも用いられた。例この尼君も離れぬ人なるべし〈源氏・手習〉
▼2は防人歌の例であるが、童女の髪型をいう「うなゐはなり」など複合語にもその例がある。古くは四段に活用したのであろう。〈山口堯二〉

はなれ-うま【放れ馬】 名 綱や人の手をはなれた馬。例**放れ馬**などのやうに追ひののしる事、いとおびたたし〈今昔・二八・三〉

はなれ-ごま【放れ駒】 名「はなれうま」に同じ。例**放れ駒**君ばかりこそ跡を知るらめ〈後拾遺・雑三〉

はなわ〖塙〗⇩はなは

はな‐ゑみ【花笑み】 名 花が咲くこと。笑顔のたとえにもいう。例道の辺への草深百合の**花笑み**に〈万葉・七・一二五七〉

はなを～【鼻を～】 ⇩「はな」の子項目

はなををる【花を折る】 ⇩「はな」の子項目

はに【埴】 名 赤黄色の粘土。瓦や陶器を作る材料。衣にすりつける顔料にもする。例**赤土**はもちて床の前に散らし〈記・中・崇神〉

はに‐ふ【埴生】 名 ❶赤土のある所。例住吉の岸の**黄土**ににほひて(=衣を染めて)行かむ〈万葉・六・一〇〇二〉 ❷「埴生の小屋」の略。粗末な家。土で作った家とも赤土のある所に建てた家ともいう。例旅の空なれぬ**埴生**の夜の床に〈金槐集・下〉

はにふ‐の‐をや【埴生の小屋】 「はにふのこや」とも。赤土の上に藁などを敷いただけの粗末な家。また、赤土を塗って作った小屋。一説に、土の採取場の小屋とも、竪穴式住居とも。例彼方の**埴生の小屋**に小雨降り床さへ濡れぬ身に添へ我妹〈万葉・一一・二六八三〉

はに‐わ【埴輪】 名 古墳時代の、粘土で作った素焼きの土器。円筒のものや、人・動物・家などをかたどったものがあり、古墳の墳丘の周囲に並べた。例この土物を号けて**埴輪**と謂ふ〈紀・垂仁〉

は・ぬ【跳ぬ・撥ぬ・刎ぬ】 動(ナ下二) ❶飛び上がる。躍り上がる。例馬の太腹射させて(=射られて)**はぬれ**ば〈平家・九・一二之懸〉 ❷はじけ飛ぶ。飛び散る。例(栗ガ)さんざんに**はねた**〈虎寛本狂言・栗焼〉 ❸芝居などの興行が終了する。例芝居が**はねた**から、丸三(=芝居茶屋の名)へよって〈滑稽本・浮世風呂・二上〉 ❹はね上げる。例辺へつかい いたくな**はねそ**(=岸辺の舟の櫂も、ひどくはねて漕ぐな)〈万葉・二・一五三〉 ❺首を切り落とす。例やがて首を**はねられ**ん事、いかが候ふべからむ〈平家・二・小教訓〉 ❻はじき飛ばす。はじき出す。例錠を下ろし、荷を**刎ね**、船を直しけれども〈源平盛衰記・一八〉

は‐ね【羽・羽根】 名 ❶鳥の全身を覆う羽毛。例(鴛鴦ガ)**羽**のうへの霜はらふらんほどなど〈枕・鳥は〉 ❷鳥の翼。例まことにて名に聞くところ**羽**ならば飛ぶがごとくに都へもがな〈土佐〉 ❸昆虫の羽。例蚕のまだ**羽**つかぬに〈堤中納言・虫めづる姫君〉 ❹矢につけた羽。矢羽根。❺羽子板でつく羽根。羽子。例正月のくるを、**はね**つく事にうれしかりしに〈西鶴・世間胸算用・三・三〉

【羽打ち交はす】 鳥が互いに翼を重ね合わせるように寄り添う。男女間の愛情の細やかなこと、夫婦仲のよさにたとえていう。「羽を交はす」「羽を並ぶ」とも。例深山木に**はねうちかはし**ゐる鳥の〈源氏・真木柱〉 語誌 男女間の愛情の細やかさのたとえとするのは、白居易の『長恨歌』の一節「天に在りては願はくは比翼の鳥と作り」による。

【羽を交はす】 「はねうちかはす」に同じ。例生きての世、死にてののちののちの世も**羽をかはせる**鳥となりなむ〈大鏡・師尹〉

【羽を並ぶ】 ❶「はねうちかはす」に同じ。例朝夕の言ぐさ(=口癖)に、**はねを並べ**、枝をかはさむと契らせたまひしに〈源氏・桐壺〉 ❷臣下が相並んで主君を補佐する。例**はねを並ぶる**やうにて、朝廷の御後ろ見をも仕うまつる〈源氏・行幸〉

はねうま‐の‐しゃうじ【跳ね馬の障子】 名 清涼殿の渡殿にあった衝立障子。馬の跳ねている絵が描いてある。「馬形の障子」とも。例ありつる(=さきほどの)女房の装束をば**はね馬の障子**になげかけ〈平家・六・小督〉

跳ね馬の障子〔高田装束研究所〕

はね‐がき【羽掻き】 名 鳥がくちばしで自分の羽をしごくこと。また、鳥がはばたくこと。多く鴫にいう。「はがき」とも。例暁の鴫の**羽がき**百羽がき君が来ぬ夜は我ぞ数かく〈古今・恋五〉

はね‐かづら【はね鬘】 名 年ごろに達した少女がつける髪飾り。材料・形などは不明。一説に、鳥の羽で作ったとも、菖蒲の葉や根で作ったとも。例**はね鬘**今する妹を夢に見て心の内に恋ひ渡るかも〈万葉・四・七〇五〉

はね‐き・る【羽霧る】 動(ラ四) 鳥が羽ばたいて水しぶきを立てる。例小埼の沼に 鴨そ**羽霧る** 己が尾に 降り置ける霜を 払ふとにあらし(=払うつもりらしい)〈万葉・九・一七四四〉

はねず 名 ❶初夏に赤い花が咲く植物の名。庭梅とする説が有力。**はねず**〈万葉・八・一四八五〉 例夏まけて(=夏になって)咲いたる ❷「はねず色」の略。

はねず‐いろ【はねず色】 名 「はねず①」の花のような赤色。黄みのある淡紅色。例山吹のにほへる(=山吹の花のように美しい)妹が**はねず色**の赤裳の姿夢に見えつつ〈万葉・一一・二七八六〉

はは【母】 名〔「ちち(父)」の対〕❶女親。母親。実母に限らずにいう。例(a)父**母**は 枕の方に 妻子どもは 足の方に 囲み居て〈万葉・五・八九二〉➡名歌122 例(b)「物語もとめて見せよ」と、**母**をせむれば(=「物語を探し出して見せてください」と、母親にせがんだところ)〈更級〉 ❷ものの根源。母体。**ものを生み出すもととなるもの**。例それ、摩訶般若波羅蜜は諸仏の**母**なり(=そもそも、偉大な知恵の完成は、諸々の仏の根源である)〈続紀・宝亀五年四月〉

語誌▼発音は、平安時代以降近世まで「ハワ」が主流であった。現代では再び「ハハ」にもどっているが、謡曲・歌舞伎などでは「ハワ」とも発音している。▼②の用法は「親」にもある。「父」にはそのような意味のないのが特徴的である。〈米山敬子〉

はば【幅・巾】 名 ❶物の横の長さ。はば。❷近世の用法。はぶり。威勢。特に、金力にいう。例鬼兵衛といへるが後ろ見して(=後ろ盾となって)、はばをなし〈人情本・春色梅児誉美・初・三〉読解「はばをなす」は、はばをきかす、いばる、の意。「はばをする」「はばをやる」なども同義。

はばかり【憚り】 名 ❶神などに対する慎み。遠慮。恐縮すること。例(六条御息所)榊の憚りにことつけて(=かこつけて)、心やすくも対面したまはず〈源氏・葵〉読解「榊」は神事に用いる木。❷差し支え。支障。例(東宮ハ)世をたもたせたまはむに(=お治めになるのに)憚りあるまじく〈源氏・明石〉

はばか・る

【憚る】 動(ラ四) ❶差し障りがあって進行しない。ためらう。「い行き憚る」の形で、行くのをためらう、行きかねる、の意に用いられることが多い。例白雲もい行きはばかり〈万葉・三・三一七〉読解富士山を遠望して詠んだ長歌の一節。

❷遠慮する。気がねする。例今は世の中憚るべき身にもはべらねど(=今は世間に気がねしなければならない身分でもございませんが)〈源氏・須磨〉読解辞職して制約のない身になった元左大臣の言葉。

❸広がる。はびこる。例多くの髑髏どもが…坪のうちにはばかるほどになって(=多くの髑髏たちが…庭の中にはびこるほどになって)〈平家・五・物怪之沙汰〉

〈吉野瑞恵〉

ははき【帚・箒】 名 ほうき。例主殿寮の官人、手ごとに箒とりて砂子馴らす〈枕・なほめでたきこと〉語誌 発音は平安中期に「はわき」となり、室町時代以降「はうき」、さらに「ほうき」と変化した。

はばき【脛巾・半履・行纏】 名 旅行のときなどに、脛に巻き付けるもの。のちの脚絆にあたる。⇩どうまる(図)。例半靴などのはばきまで、雪のいと白うかかりたるこそをかしけれ〈枕・雪高う降りて〉

ははき-ぎ【帚木】 名 ❶植物の名。ホウキグサの古称。枝を枯らして草ぼうきを作る。例鶏頭・帚木に戸ぼそを隠す〈芭蕉・奥の細道〉❷伝説の木の名。信濃の国園原(今の長野県伊那郡)にあって、遠くから見るとほうきの形が見え、近寄ると見えないという。情があるように見えて実のないこと、姿は見えるが会えないことなどのたとえにいう。例帚木の心を知らでその原の道にあやなくまどひぬるかな〈源氏・帚木〉❸「母」に掛けていう。例帚木の、見えつ隠れつ面影の〈謡曲・隅田川〉

はは-きさき【母后】 名「ははぎさき」「ははきさい」「ははぎさい」とも。母であり、かつ后である女性。

はは-きたのかた【母北の方】 名 母である北の方。例母北の方なむ、いにしへの人のよしあるにて(=旧家の出身で教養が深くて)〈源氏・桐壺〉

はは-くそ【黒子】 名 ほくろ。例腰のほどにははくそといふ物の跡ぞ候ひし〈宇治拾遺・八五〉

はは-こ【母子】 名「母子草」の略。植物の名。キク科の二年生植物で、春の七草の一つ。ゴギョウ。例母子摘む弥生の月になりぬれば〈曾丹集〉

はは-ごぜん【母御前】 名 母の敬称。母上様。例母御前には今日すでに離れまゐらせなんず(=お別れ申し上げるでしょう)〈平家・一二・六代〉

ははこ-もちひ【母子餅】 名 母子草の葉をつき混ぜた草餅。陰暦三月三日につく風習があった。例いろいろつめる母子餅ぞ〈和泉式部集〉

はは-しろ【母代】 名 母親の代わりになって世話をする人。例高倉院御在位の時、御母代とて准三后の宣旨をかうぶり〈平家・一・吾身栄花〉

ははそ【柞】 名 植物の名。ブナ科の落葉高木の楢や櫟の総称。主に小楢をさす。紅葉が美しい。例佐保山のははその色はうすけれど秋は深くもなりにけるかな〈古今・秋下〉

ははそはの【柞葉の】《枕詞》「ははそばの」とも。同音の繰り返しで「母」にかかる。例ちちの実の(枕詞) 父の命 ははそ葉の 母の命〈万葉・一九・四一六四〉

ははそ-はら【柞原】 名 柞の木がたくさん生えている原。例秋といへば岩田の小野のははそ原時雨も待たずもみぢしにけり〈千載・秋下〉

はは-とじ【母刀自】 名(「とじ」は女性の敬称)母の敬称。一家の主婦権をもつ母。例父君に 我は愛子ぞ 母刀自に 我は愛子ぞ〈万葉・六・一〇二二〉

はは-の-みこと【母の命】 名 母親を敬っていう語。例たらちねの(枕詞)母の命の言にあらば(=お言葉ならば)〈万葉・九・一七七四〉

はひ【灰】 名 物の燃えた後に残る粉末状のもの。「塵灰」の形で、価値のないもののたとえにもいう。例火桶の火もしろき灰がちになりてわろし〈枕・春はあけぼの〉

はひ-いり【這ひ入り】 名 家の入り口。「這入り」とも。例妹が家の這ひ入りに立てる青柳に今や鳴くらむ鶯の声〈後撰・春上〉

はひ-おくる【灰後る】 紫の色がさめる。染めるときに加えた椿の灰の効果が衰えて色がさめるとされた。例紫の紙の、年経にければ灰おくれ古めいたるに〈源氏・末摘花〉

はひ-かく・る【這ひ隠る】 動(ラ下二) そっと隠れる。人目に立たないように隠れる。例深き山里、世離れたる海づら(=人里遠い海辺)などに這ひ隠れぬるをり〈源氏・帚木〉

はひ-かへ・る【灰返る】「はひおくる」に同じ。例葡萄染めの織物、灰かへりたる〈枕・むかしおぼえて不用なるもの〉

はびこ・る【蔓延る】 動(ラ四)〔古くは「ほびこる」〕❶草木などが伸び広がる。例八重葎はびこる庭に玉敷かましを〈古今六帖・三〉❷広まる。広がる。いっぱいに満ちる。例日本にはびこるほどの法文ぢや〈狂言・宗論〉❸勢いが盛んになる。増長する。例杣山の勢(=軍勢)を国中へはびこらぬやうにせでは叶ふまじ〈太平記・一八〉

はひ-さす【灰差す】 紫色に染めるとき、色がよく出るように椿の灰を加える。例紫は灰さすものぞ海石榴市の八十の衢に(=辻で)逢へる児や誰れ〈万葉・一二・三一〇一〉読解二句目まで「海石榴市」の「つばき」を起こす序詞。

はひ-たもとほ・る【這ひた廻る】 動(ラ四) はいまわる。例若子の這ひたもとほり朝夕に音のみそ我が泣く君なしにして〈万葉・三・四五八〉

ばひ-と・る【奪ひ取る】 動(ラ四)〔「うばひとる」

の変化した形」無理やり取る。例「その文とれ」とて文ばひとらせ〈平家・一一・勝浦付大坂越〉

はひ‐ぶし【這ひ臥し】ハイ― 名 腹ばいに伏すこと。例**はひぶし**にならはせたまへる（＝慣れていらっしゃる）御前たちなれば〈枕・五月の御精進のほど〉

はひ‐まつは・る【這ひ纏はる】ハイマツワル 動（ラ下二）植物などが伸びてからみつく。例（夕顔ノツルガ）軒のつまなどに**這ひまつはれ**たるを〈源氏・夕顔〉

はひ‐もとほ・る【這ひ廻る】ハイモトオル 動（ラ四）「はひたもとほる」に同じ。例鶉なす（＝鶉のように）い**這ひもとほり** 侍へど〈万葉・二・一九九〉

はひ‐もとほろ・ふ【這ひ廻ろふ】ハイモトオロウ 動（ハ四）はいまわっている。例稲がらに **はひもとほろふ** 野老蔓〈記・中・景行・歌謡〉

はひ‐わた・る【這ひ渡る】ハイ― 動（ラ四）❶動物がはって移動する。植物がはって伸びる。例下にのみ**這ひ渡り**つる葦の根の〈後撰・雑三〉❷家の中や近い所などへ歩いて行く。そっと歩く。例乗り物なきほどに、**はひ渡る**ほどなれば〈蜻蛉・上〉

はふ【法】ホウ 名 ❶掟。決まり。また、法令。例上あへて法を破らざれば、下もまた禁を犯さず〈太平記・三五〉❷手段。方法。語誌「はふ」は「法」の漢音。⇩ほふ

は・ふ

【這ふ・延ふ】ハウ・ホウ

1 動（ハ四）❶腹這いになって進む。例這ふ虫も 大君にまつらふ（＝腹這いになって進む虫も、天皇に付き従う）〈紀・雄略・歌謡〉❷植物の根やつるが伸び広がる。はびこる。例葎**延ふ**賤しきやども大君のまさむと知らば玉敷かましを（＝つる草がはびこるみすぼらしい我が家も、天皇がおいでになると知っていたら玉石を敷いただろうに）〈万葉・一九・四二七〇〉読解「〜ば〜まし」は反実仮想の意を表す。

2 動（ハ下二）❶縄や綱を長く張る。張り渡す。例うつたへに鳥は食まねど縄**延へ**て守らまく欲しき梅の花かも（＝必ずしも鳥が食べるわけではないけれど、縄を張り渡して見張っておきたい梅の花だなあ）〈万葉・一〇・一八五八〉❷言葉や思いを通わせる。例倭方に 往くは誰が夫 こもりづの（枕詞） 下よ**延へ**つつ 往くは誰が夫（＝大和のほうへ行くのはだれの夫か、こっそりと心を通わせて行くのはだれの夫か）〈記・下・仁徳・歌謡〉

語誌 本来、生物が地面や床面に接するかっこうで移動する・進むさまを表す。記紀に見える古い用例では、「はひもとほる」「はひもごよふ」「はひのる」「はひわたる」などの複合動詞の形で、貝・昆虫・爬虫類の動きをいう例が多い。

『万葉集』では、主につる草のはびこるさまをいうのに用いられる。特に「延ふつたの」「延ふ葛の」などの表現が、繁茂するつる草のイメージとともに和歌の世界で定着した。〈石田千尋〉

ば・ふ【奪ふ】バウ 動（ハ四）〔「うばふ」の変化した形〕無理やり取る。例ありしやうにも（＝以前のように）**ばひ**たまはず〈源氏・夕霧〉

は‐ぶき【羽振き】名 羽ばたき。例をしどりの**羽振き**やたゆき〈曾丹集〉

はぶ・く

【省く】動（カ四）❶**取り除く。切り捨てる。**例人の譏りあらむことは**はぶき**すて（＝人が非難するようなことは取り除いて）〈源氏・夕霧〉❷**簡素にする。簡略にする。**例**省か**ず、まばゆきまでもてかしづける女などの（＝簡素にせず、まぶしいほど大切に育てた娘などが）〈源氏・帚木〉❸**細かく分ける。分かち与える。**例かの荘園を没収して、みだりがはしく子孫に**はぶく**（＝あの荘園を没収して、勝手に子孫に分かち与える）〈平家・七・木曾山門牒状〉〈浅見和彦〉

は‐ぶ・く【羽振く】動（カ四）鳥や虫などが羽を振る。羽ばたきする。例池の鳥どもの夜もすがら（＝一晩じゅう）、声々**羽ぶき**さわぐ音のするに〈更級〉

は‐ぶくら【羽ぶくら】名 矢についている羽。矢羽根。例**羽ぶくら**せめて（＝矢羽根の元まで深々と）つと射出す〈義経記・四〉

はふつたの【這ふ蔦の】ハウツタノ《枕詞》蔦のつるがあちこちに分かれてのびていくことから「別る」「己が向き向き」などにかかる。

はふに【白粉】ハウニ・ホウニ 名 おしろい。例**白粉**といふ物むらはけ（＝まだらに塗って）化粧して〈栄花・御裳着〉

はふ‐はふ【這ふ這ふ】ハウハウ・ホウホウ 副〔動詞「はふ」を重ねて副詞化した語〕はうようにして。やっとの思いで。例希有にして（＝かろうじて）助かりたるさまにて、**這ふ這ふ**家に入りにけり〈徒然・八九〉

はふら‐か・す【放らかす】ホオラ― 動（サ四）〔「かす」は接尾語〕ほうり出す。捨てる。放浪させる。例白波のよする汀に身を**はふらかし**〈芭蕉・奥の細道〉

はふら・す【放らす】ホオラス 動（サ四）「はふらかす」に同じ。例身は捨てつ心をだにも（＝心だけでも）**はふらさじ**〈古今・雑体〉

はふり【祝】名「はぶり」とも。神職の総称。神主・禰宜の下位にいる人をさすことが多い。「祝り子」とも。例**祝部**らが斎ふ社のもみち葉も標縄越えて散るといふものを〈万葉・一〇・二三〇九〉

はぶり【葬り】名 葬送。埋葬。例親いみじく騒ぎて、（死体ヲ）とりあげて泣き、ののしりて（＝大声で嘆いて）**葬り**す〈大和・一四七〉

はふり‐こ【祝り子】名「はふり」に同じ。例**祝り子**がいはふ社のもみぢ葉も標をば越えて散るといふものを〈拾遺・雑秋〉

は‐ふ・る【羽振る】動（ラ四）「はぶる」とも。鳥が飛び上がる。飛び立つ。羽ばたく。例（鷲ガ）空にあがりて、東をさして**はふり**いぬ〈霊異記・上・九〉

はふ・る

【放る】「はぶる」とも。1 動（ラ四）**捨てて去る。ばらばらにする。ほうる。ほうり捨てる。**例その蛇を切り**散り**たまひしかば（＝その蛇を切ってばらばらになさったので）〈記・上・神代〉

2 動（ラ下二）**さすらう。落ちぶれる。**例(a)親なくなりてのち、とかく**はふれ**て、人の国にはかなき所に住みけるを（＝親が死んだあと、あれこれとさすらい、よその国で心細い所に住んでいたのを）〈大和・一五七〉例(b)その子・孫までは、**はふれ**にたれど、なほなまめかし

(=その子や孫までは、落ちぶれてしまっているけれど、やはり優美だ)〈徒然・一〉**読解** 高貴な貴族についての話。

語誌 [1]は他動詞、[2]は自動詞。平安時代以降、[1]の意には類義語「**はふらかす**」「**はふらす**」も現れる。〈山口慎一〉

はふ・る【溢る】 [1]動(ラ四) あふれる。例射山川雪消(=雪どけ水)**溢りて** 行く水の〈万葉・一八・四一二六〉

[2]動(ラ下二) [1]に同じ。

はぶ・る【葬る】 動(ラ四)「はふる」とも。死体をほうむる。埋葬する。火葬にする。例神葬り(=神としてほうむり)**葬りいませて**〈万葉・二・一九九〉

は-ぶれ【羽触れ】 名 鳥の羽が何かに触れること。例ほととぎす鳴く**羽触れ**にも散りにけり盛り過ぐらし(=過ぎたのであろう)藤波の花〈万葉・一九・四一九三〉

はへ【蠅】 ハエ 名 虫の名。双翅目の昆虫。イエバエ・キンバエなど。古くから嫌われていた。幼虫の蛆は汚物の中に住む。例(a)**蠅**こそにくきもののうちにいれつべく、愛敬なきものはあれ(=蠅こそは、いやなものの中に入れなければならなく、これほどかわいげがないものはない)〈枕・虫は〉例(b)やれ打つな**蠅**が手を摺り足をする〈俳諧・八番日記〉➡名句149

語誌▼うるさがられ嫌われる存在 食物にたかる蠅は、古来うるさがられ嫌われていた。陰暦五月ごろの群がり騒ぐ蠅を「五月蠅」といい、「五月蠅なす」は、夏の蠅のように騒がしくうるさいさまをいう。このような蠅をたたいて退治する道具が「蠅うち」「蠅たたき」で、俳諧や川柳にも例がある。

▼室町時代以降は「はい」と発音することが多かったらしく、表記のうえでも「はひ」「はい」とする例が目立つようになる。〈佐藤明浩〉

はべ-めり【侍めり】 (敬語動詞「はべり」の連体形+推定の助動詞「めり」=「はべるめり」の撥音便形「はべんめり」の撥音の表記されない形)「あめり」の丁寧語。ございますようです。~ようでございます。例その削り跡は、いとけざやかにて**侍めり**(=はっきりとあるようでございます)〈大鏡・道長上〉

はべ・り【侍り】 [1]動(ラ変) ❶「あり」「居り」の謙譲語。**高貴な人のもとにかしこまって控える意。いさせていただく。伺候する。** 例後ろざまに「誰々か**侍る**」と問ふこそをかしけれ(=後ろ向きで「だれだれは控えているか」と尋ねるのはおもしろい)〈枕・殿上の名対面こそ〉**読解** 天皇の御前に伺候する人の名を蔵人が問うさま。

❷「あり」「居り」の丁寧語。**あります。ございます。おります。** 例北山になむ、なにがし寺といふ所に、かしこき行ひ人**はべる**(=すぐれた修行者がおります)〈源氏・若紫〉

[2]補動(ラ変) (活用語の連用形について)**丁寧の意を表す。~ます。~ございます。~おります。** 例かの白く咲けるをなむ、夕顔と申し**はべる**(=あの白く咲いているのを、夕顔と申します)〈源氏・夕顔〉

語誌▼丁寧語の用法 「はひあり(這ひあり)」の変化した形といい、[1]❶が原義。しかし、古典語として注意されるのは、[1]❷および[2]の丁寧語としての用法。平安時代の物語類では、会話文や手紙に用いられる。ただ、平安時代のそれは、きわめて丁重で改まったもの言いであった。その点、後世のだれかれなく用いられる丁寧語とは差がある。勅撰集の詞書にも、天皇に奏上する意味で用いられたが、和歌には用いない。

▼**関連語** 中世には、「さぶらふ」「さうらふ」がこれと入れ替わって一般化するが、文章語としては、後世までよく用いられた。中世には、「はべり」の変化した「**はんべり**」の形もある。〈山口堯二〉

はべり-たうぶ【侍りたうぶ】 トウブ (「はべり」の連用形+尊敬の補助動詞「たうぶ」)❶(「はべり」は謙譲の動詞)「はべり」がその動作の及ぶ高貴な相手を、「たうぶ」がその動作の主体を、それぞれ敬う。お仕え申し上げていらっしゃる。お控え申し上げていらっしゃる。例そこになむ(=桂の別荘に)、(兼雅ハ)花見たまへんとて、日ごろ**侍りたうぶ**なり〈宇津保・春日詣〉**読解** 話し手(右大臣忠雅)が、「侍り」でお仕えする相手の帝に対する敬意を表し、「たうぶ」で動作の主体である兼雅への敬意を表す。❷(「はべり」は❶に準じてかしこまった気持ちを表す補助動詞)~いらせられる。~おわせられる。例垣下あるじ、はなはだ非常に(=不作法で)**はべりたうぶ**〈源氏・少女〉**読解** 儀式での、大学の博士たちの言葉。「はべりたうぶ」は、博士たちがかしこまった物言いで「垣下あるじ」(儀式での相伴役)への敬意を表すもの。

語誌 『宇津保物語』『源氏物語』などに数例見られる言葉。男性の会話文、僧や学者の言葉(❷例)などがほとんどで、特殊な古めかしい言い方と考えられていたらしい。

はべり-たまふ【侍り給ふ】 タマウ・タモウ (「はべり」の連用形+尊敬の補助動詞「たまふ」)「はべりたうぶ」に同じ。例「心苦しき女子どもの御上(=御身の上)をえ思ひ棄てぬとなん、(八ノ宮ハ)嘆き**はべりたまふ**」と(阿闍梨ハ冷泉院ニ)奏す〈源氏・橋姫〉

読解 この「はべり」は補助動詞。

はほ【這ほ】 ハオ 《上代語》「はふ(這ふ・延ふ)」の東国方言。例道の辺の茨の末に**延ほ**豆の〈万葉・二〇・四三五二〉

はま【浜】 名 ❶海や湖の水際に沿った平らな砂地。浜辺。岩の多い磯に対していう。例**浜**のさま、げにいと心ことなり(=浜辺の景色は、なるほどたいそう格別の風情である)〈源氏・明石〉❷江戸時代、上方で、河岸。例**浜**にかけたる桟敷へ女房どもをおこして(=よこして)〈西鶴・世間胸算用・三・一〉❸囲碁で、取った相手の石。例敵の**はま**をひろひ上げ〈近松・国性爺合戦・四〉

【浜の真砂】 浜にある砂。数限りなく多いことのたとえにいう。例わが恋はよむとも(=数えても)尽きじ荒磯海の**浜の真砂**はよみ尽くすとも〈古今・仮名序〉

はま-ぐり【蛤】 名 (「浜栗」の意)❶貝の名。ハマグリ。例螺に(=貝の名)・**蛤**は、まさしく生きたるを食ひはべれば〈著聞集・二〇・七〇九〉❷蛤の貝殻。殻を合わせて、貝合わせに用いたり、膏薬などを入れる容

器にしたりする。例 蛤に丁子の油を入れ〈西鶴・好色五人女・二・三〉

はますどり【浜州鳥・浜渚鳥】《枕詞》渚を歩く鳥が歩きにくそうに見えることから「足悩む」にかかる。例 浜渚鳥足悩む駒の〈万葉・一四・三五三三〉

はま-ちどり【浜千鳥】 名 浜辺にいる千鳥。例 干潟を行く折りしも、浜千鳥いと多く先立ちて行くも〈十六夜〉 語誌 浜にいる千鳥が砂の上を歩いてつけた足跡の意から、「あと」にかかる枕詞とみられる例もある。

はま-づと【浜苞・浜苞苴】 名 浜辺からの土産。例 家の妹が浜づと乞はば何を示さむ〈万葉・三・三六〇〉

はま-づら【浜面】 名 浜辺。例 田舎人の家の前の浜づらに松原あり、鶴群れて遊ぶ〈蜻蛉・中〉

はま-な【浜菜】 名 浜辺に生えている食用の野草。一説に、海藻の一種とも。例 阿胡の海の 荒磯の上に 浜菜摘む 海人娘子らが〈万葉・一三・三二四三〉

はま-び【浜び】 名『上代語』〔「び」は周囲・めぐり、の意〕浜辺。例 娘子らは赤裳裾引く清き浜びを〈万葉・六・一〇〇一〉

はま-ひさぎ【浜楸・浜久木】 名 浜辺に生えているひさぎ。和歌では、「久し」を導く序詞を構成する。例 波の間ゆ見ゆる小島の浜久木(ここまで序詞)久しくなりぬ君に逢はずして〈万葉・一一・二七五三〉

はま-びさし【浜庇】 名 浜辺の家。浜辺の家の庇。和歌では、同音の繰り返しで「久し」を導く序詞を構成することが多い。例 波間より見ゆる小島のはまびさし(ここまで序詞)久しくなりぬ君にあひ見で(＝会わないで)〈伊勢・一一六〉 語誌 『万葉集』の「浜久木」を読み誤ってできた語という。

はま-まつ【浜松】 名 浜辺に生えている松。例 磐代の浜松が枝を引き結びま幸くあらば(＝無事であったら)またかへりみむ〈万葉・二・一四一〉

浜松中納言物語《作品名》平安後期の物語。現存五巻。首部に欠巻がある。菅原孝標女作とされる。成立年未詳。夢や転生を重要なモチーフとし、渡唐した主人公中納言と唐后の数奇な恋を中心に描く。別名『御津の浜松』。

はま-や【破魔矢・浜矢】 名 ❶破魔弓で射る矢。❷建物の上棟式で破魔弓とともに飾る矢。

はま-ゆか【浜床】 名 帳台の床として置く、一段高くなった台。上に畳を敷き、御座所とする。例 御浜床に蒔絵して〈宇津保・楼上下〉

はま-ゆふ【浜木綿】 —ユウ 名 植物の名。ヒガンバナ科の常緑多年草。暖地の海辺の砂浜に自生し、夏、芳香のある白い花をつける。浜万年青。葉が幾重にも重なっていることから、和歌では、「百重」「幾重ね」「幾」などを導く序詞を構成することが多い。例 み熊野の浦の浜木綿(ここまで序詞)百重なす心は思へどただに逢はぬかも〈万葉・四・四九六〉➡名歌336

はま-ゆみ【破魔弓・浜弓】 名 ❶正月の子どもの遊びに用いる小弓。また、その遊び。わらで作った輪を転がして的とし、弓で射る。のちには縁起物として、矢を飾って男子への正月用の贈り物とするようになった。例 長四郎が方へ破魔弓まゐりまうし候ふとも〈西鶴・万の文反古・一・一〉❷建物の上棟式で「破魔矢」とともに用いる弓形の飾り。

はま・る【塡まる・嵌まる】 動(ラ四)〔「はむ」の自動詞形〕❶穴や川などに落ち込む。例 この川へはまりもせねば濡れもせぬものを〈虎寛本狂言・入間川〉❷あてはまる。適合する。条件に合う。例 芸者と医者は…生まれついてその道にはまり〈浮世草子・世間娘気質・四・一〉❸心を打ち込む。熱中する。また、熱中して身動きがとれなくなる。例 これよりして役儀(＝役目)にはまる心できるものなり〈政談・三〉❹策略に引っかかる。いっぱいくわされる。あてがはずれる。例 賢すぎて、結句(＝結局)近き事にはまりぬ〈西鶴・世間胸算用・一・四〉

はま-をぎ【浜荻】 —オギ 名 ❶浜辺に生えている荻。例 神風の(枕詞)伊勢の浜荻折り伏せて〈万葉・四・五〇〇〉❷草の名。葦の別称。例 難波の葦は伊勢の浜荻〈菟玖波集・一四〉

はみ-かへ・る【食み返る】 —カエル 動(ラ四)❶水面に出て呼吸した魚が再び水に潜る。例 このいるか、食み返り候はば、源氏ほろび候ふべし〈平家・一一・遠矢〉❷病気がぶり返す。例 あとからはみ返る、そも(＝そもそも)いかなる病ぞや〈近松・心中天網島・中〉

は・む【食む】 動(マ四)❶くう。たべる。飲む。例 (a)瓜食めば 子ども思ほゆ 栗食めば まして偲はゆ〈万葉・五・八〇二〉➡名歌93 例 (b)春の野に草食む駒の〈万葉・一四・三五三二〉❷俸禄などを受ける。例 今また平家の禄を食む〈近松・平家女護島・三〉

語誌 ▼用法の推移　上代、食べる意を表す代表的な語は「はむ」であった。しかし、「くふ」が用いられることが多くなるにつれ、食べる意の「はむ」は人には用いなくなった。平安時代以降は、もっぱら牛・馬や鳥などに用いる。〈余田弘実〉

は・む【塡む・嵌む】 動(マ下二)❶落とし込む。投げ入れる。沈める。例 うぐひすの鳴くくら谷にうちはめて(＝身を投げて)〈万葉・一七・三九四一〉❷ぴったりと入れ込む。差し込む。また、矢をつがえる。例 弓に矢をはめて〈御伽草子・藤袋草子〉❸計略にかける。いっぱいくわす。だます。例 所々にて大きくはめられ、今はもはや光もうせはて〈黄表紙・金々先生栄花夢・下〉❹深入りさせる。ふけらせる。また、身を落ちぶれさせる。例 嘉平次ゆゑに身をはめて〈近松・生玉心中・下〉

-ば・む 接尾(マ四型) 名詞、動詞の連用形、形容詞の終止形について、そのような状態になる、の意を添える。〜めく。「気色ばむ」「黒ばむ」など。

は-むけ【葉向け】 名 風などが、草木の葉を一方になびかせること。例 いつしかと荻の葉向けの片よりにそそや秋とぞ風も聞こゆる〈新古今・秋上〉

は-むしゃ【葉武者・端武者】 名 取るに足りない武者。雑兵。木葉武者。例 端武者どもに目なかけそ(＝目をつけるな)〈平治・中〉

は-も『上代語』❶〔係助詞「は」＋係助詞「も」〕助詞「は」の意味に詠嘆の意を添えたもの。例 我が名はも千名の五百名に(＝どんなに高く)立ちぬとも〈万葉・四・七三一〉❷〔終助詞「は」＋終助詞「も」〕文末に用

いて、眼前にないものを思いやる気持ちの詠嘆を表す。～よ。～なあ。例萩の花咲きてありやと問ひし君はも〈万葉・三・四五五〉

はもり-の-かみ【葉守の神】 名 木に宿り、葉を守る神。特に、柏の木に宿るという。例柏木に**葉守の神**のましけるを(=いらっしゃったのを)知らでぞ折りしたたりなさるな〈大和・六八〉

は-や【甲矢】 名 一回の射的に用いる二本の矢のうち、先に射る矢。あとに射る矢は「乙矢」。例**はや**を射るに、前の串にあたりぬ〈著聞集・九・三五一〉

はや【早】 副 ❶(命令・願望などの表現を伴って)早く。すぐに。例**はや**舟に乗れ。日も暮れぬ(=早く船に乗れ。日も暮れてしまう)〈伊勢・九〉 ❷早くも。すでにもう。例鬼**はや**一口に食ひてけり(=鬼が早くも一口に食べてしまったのだった)〈伊勢・六〉 ❸(多く「けり」を伴って)実は。もともと。例変化のものにてはなかりけり。**はや**人にてぞありける(=化け物ではなかった。実は人であった)〈平家・六・祇園女御〉 〈吉野瑞恵〉

は-や 終助(係助詞「は」+間投助詞「や」)深い感動や詠嘆の気持ちを表す。～よ。～なあ。例嬢子の 床のべに(=床のあたりに) 我が置きし 剣の太刀 その太刀**はや**〈記・中・景行・歌謡〉 接続 体言につく。

ばや 終助 ❶自己の動作の実現を望む意を表す。～したい。～できたらなあ。例世の中に物語といふ物のあんなるを、いかで見**ばや**(=世の中に物語というものがあるというので、なんとかして見たい)〈更級〉 ❷自己の意志・意向を表す。～しよう。例これより初瀬に参ら**ばや**と存じ候ふ(=これから初瀬に参詣しようと存じます)〈謡曲・井筒〉 ❸反語的に否定の意を表す。～か、いや、そうではない。(～どころか)まったく～ない。～ない。例言へば世にふる 世にふるる 言はねば憂き人の それと知ら**ばや**(=口に出して言うと私の恋は世間に広まる。世間に広まるけれど、言わなければ薄情なあの人がそれと知ってくれようか、いや、知ってくれない)〈隆達小歌〉

接続 動詞および動詞型活用の助動詞の未然形につく。

語誌 ▼**語の成り立ち** 仮定条件を表す接続助詞「ば」に係助詞「や」あるいは間投助詞「や」がついてできたもので、条件文の後半が省略されて願望の意を表すようになったとされる。平安時代になってできた語で、平安中期から多く用いられるようになった。③の用法は室町時代に成立したもの。反語的な否定を表す「ばこそ」などに準じて成立したものであろう。

▼**実現可能な希望を表す** 「てしか」「にしか」などが実現の困難な願望を表すのに対して、「ばや」は実現可能な希望を表すことが多く、中世には特にその傾向が強くなる。

▼**異説** ③については、接続助詞「ば」+係助詞「や」から新たに成立したものとする説もある。〈近藤要司〉

ば-や 〔接続助詞「ば」+係助詞「や」〕❶(活用語の未然形について)仮定条件の疑問の意を表す。～だとしたら～だろうか。もし～なら～だろうか。例心あてに折ら**ばや**折らむ初霜の置きまどはせる白菊の花〈古今・秋下〉➡名歌153 ❷(活用語の已然形について)確定条件の疑問の意を表す。～だから～なのだろうか。例思ひつつ寝れ**ばや**人の見えつらむ夢と知りせば覚めざらましを〈古今・恋二〉➡名歌110

識別のポイント ばや

(1)**接続助詞「ば」+係助詞「や」(仮定条件)** 活用語の未然形につく。文末が連体形で結ばれる。例心あてに折ら**ばや**(=もし折るのならば)折らむ初霜の置きまどはせる白菊の花〈古今・秋下〉➡名歌153

(2)**接続助詞「ば」+係助詞「や」(確定条件)** 活用語の已然形につく。文末が連体形で結ばれる。例思ひつつ寝れ**ばや**(=寝たので)人の見えつらむ夢と知りせば覚めざらましを〈古今・恋二〉➡名歌110

(3)**終助詞** 動詞および動詞型活用の助動詞の未然形につく。文末にあって希望の意を表す。例ちと承ら**ばや**(=少々おうかがいしたい)〈徒然・二三六〉

はやう【早う】 副「はやく」のウ音便形。

はや-うた【早歌】 名 ❶神楽歌の一種。調子の早い歌で、宮中の御神楽では前張の終了後、「明星」の前に歌われる長歌謡。❷「さうか」に同じ。

はや-うち【早打ち】 名 ❶馬を走らせて急を知らせる使いをすること。また、その使者。例今度の**早打ち**に上り集まる兵の〈謡曲・鉢木〉 ❷馬を急ぎ走らせること。例**早打ち**の長馳せしたる(=長い距離を走らせた)馬の〈義経記・四〉

はや-うま【早馬】 名 急な知らせを伝える使者の乗る馬。また、その使者。例福原へ**早馬**をもって申しけるは〈平家・五・早馬〉

はやく

【早く】 副(形容詞「はやし」の連用形から)「はやう」とも。❶以前に。昔。例**はやく**住みける所にて、ほととぎすのなきけるを聞きて(=昔住んでいた所で、ほととぎすが鳴いたのを聞いて)〈古今・夏・詞書〉 ❷すでに。とっくに。例(a)**はやう**(音便形)御髪下ろしたまうてき(=すでに御髪を切り落としなさったのだった)〈大和・一〇三〉 読解「髪を下ろす」は出家する意。例(b)花見にまかれりけるに、**はやく**散り過ぎにければ(=花見に出かけましたところ、すでに散り過ぎてしまっていたので)〈徒然・一三七〉 ❸もともと。本来。例(鬼ガ出タトイウ話ハ)**はやく**跡なき事にはあらざめりとて、人を遣りて見するに(=もともと根拠がないことではないようだと思って、人を遣わして見させると)〈徒然・五〇〉 ❹(多く「けり」を伴って)なんとまあ。驚いたことに。実は。例(a)見し心地する木立かなと思すは、**はやう**(音便形)この宮なりけり(=見覚えのある木立だなあとお思いになるのは、なんとまあ、この宮のお屋敷であったなあ)〈源氏・蓬生〉例(b)おそろしながらことの子細をとふに、**はやく**盗人なりけり(=怖いけれど事情を尋ねると、驚いたことにどろぼうだったのだよ)〈著聞集・一二・

四三二〉

語誌 ④の用法に注意。事実に突然気がついた驚きを表す。〈吉野瑞恵〉

はやし【囃子】 名 ❶場を盛り上げること。にぎやかにすること。また、そのための歌や音楽など。例**はやし**を揚げて舞ひたるありさまは〈太平記・七〉 ❷能楽・歌舞伎・長唄などで、演技の拍子を取ったり情緒を出したりする伴奏音楽。例囃子の音ぞ聞こえける、役者の衆は誰々ぞ〈仮名草子・竹斎・上〉

はや・し

【早し・速し】 形(ク) ❶**速度が速い。** 例白き水**はやく**流れたり(＝白い水が速く流れている)〈更級〉

❷**時間的に早い。時期が早い。経過した時間が短い。** 例朝烏**早く**な鳴きそ我が背子が朝明の姿見れば悲しも(＝朝烏よ早くから鳴かないでくれ。私のいとしいあの人が朝私の家から帰って行く姿を見ると悲しいものだ)〈万葉・一二・三〇九五〉 読解「な〜そ」は柔らかな禁止の意を表す。

❸**激しい。強い。** 例**はやき**風吹きて、世界暗がりて(＝激しい風が吹いて、あたり一帯暗くなって)〈竹取〉

❹**香りがきつい。鋭い。** 例(梅花トイウ香ハ)少し**はやき**心しらひを添へて(＝少し香りが鋭いように工夫を加えて)〈源氏・梅枝〉 〈吉野瑞恵〉

はやし-かた【囃子方】 名 能・歌舞伎などで、囃子を演奏する役。

はやし-もの【囃子物】 名 多人数でいっしょに演じる歌舞。例**囃子物**の稽古をいたさうと存ずる〈虎寛本狂言・煎物〉

林羅山 《人名》一五八三〜一六五七(天正一一〜明暦三)。江戸時代の儒者。藤原惺窩に学び、徳川家康に仕えて朱子学を幕府の官学とした。家塾弘文館は、五代将軍綱吉のときに湯島に移って聖堂学問所として整備され、のち昌平坂学問所(昌平黌)となる。著書に、中国説話を素材とする『怪談全書』、史書『本朝通鑑』などがある。

はや・す【生やす】 動(サ四) ❶生えるようにする。成長させる。例椎、栗、森を**はやし**たらむごとく〈宇津保・俊蔭〉 ❷「切る」の忌み詞。例御爪をも**はやさ**せたまはず〈保元・下〉

はや・す

【栄やす・映やす・囃す】 動(サ四)「はゆ」の他動詞形。周囲のものに影響を与えて引き立てるようにする、の意。

❶**映えるようにする。引き立てる。** 例折節ごとに、かならずかやうのことを仰せられて、ことを**はやさ**せたまふなり(＝その時々に、必ずこのような秀歌をお詠みになって、催し事を引き立てなさるのである)〈大鏡・道長上〉

❷**声や楽器の音で引き立てる。拍子・調子を取る。** 例傀儡子どもその気色を見て詠ひ吹き叩き増して、急に詠ひ**はやす**(＝人形遣いたちはその様子を見て、歌い吹き叩くのに勢いをつけて、早く歌い調子を取る)〈今昔・二八・二七〉

❸**盛んに言う。言いたてる。** 例「いみじく侍りなん…」など**はやし**いひける(＝「とてもすばらしいです…」などと盛んに言った)〈宇治拾遺・五九〉

❹(補助動詞的に用いて)**ほめる。賞美する。** 例山高み人もすさめぬ桜花いたくなわびそ我見**はやさ**む(＝山が高いのでだれも気にとめない桜の花よ、どうかひどく悲しまないでおくれ。私が見て賞美しよう)〈古今・春上〉 読解「な〜そ」は柔らかい禁止の意を表す。〈高田祐彦〉

はや-せ【早瀬・速瀬・早湍】 名 水の流れの速い瀬。例天の川 白波しのぎ(＝押しわけて進み) 落ち激つ 早瀬渡りて〈万葉・一〇・二〇八九〉

はや-ち【疾風】 名〔「ち」は風の意〕突然吹く強い風。暴風。突風。例名おそろしきもの…**はやち**〈枕・名おそろしきもの〉

はや-て【疾風】 名「はやち」の変化した形。例**はやて**も龍の吹かするなり〈竹取〉

はや-はや【早早】 副 人に急ぐよう催促する語。早く早く。例南の廂に出でゐたまへるを「**はやはや**」とて乗せたまふ〈宇津保・楼上上〉

はや-ひと【隼人】 名「はやと」とも。❶古く、南九州の薩摩や大隅地方に住みついた部族。勇敢・敏捷で知られ、八世紀まで大和王権に服属しなかった。その後、都で宮廷に仕えた人々は宮中を警備し、儀式では歌舞を演じた。❷(①が住むところから)南九州地方。例**隼人**の瀬戸の巌も〈万葉・六・九六〇〉

はや-ふね【早船・早舟】 名「はやぶね」とも。❶船足の速い船。例**早舟**といひて、さまことになむ構へたりければ…危ふきまで走り上りぬ〈源氏・玉鬘〉 ❷軍船の一種。多くの櫓で漕ぐ船足の速い船で、八〇挺立てまでのものがある。例弓矢帯したる百人、**早舟**に乗りて出だし立てらるべし〈宇治拾遺・九一〉

は-やま【端山】 名 人里に近い山。連山の端の山。例筑波山を分け見まほしき御心はありながら、**端山**の繁りまで〈源氏・東屋〉 類義とやま

はや-み【早み】〔形容詞「はやし」の語幹＋接尾語「み」〕早いので。例宇治川に生ふる菅藻を川**早み**取らず来にけり〈万葉・七・一一三六〉

はや-らか【早らか・速らか】 形動(ナリ)〔「らか」は接尾語〕いかにも速いさま。例この包みたる藁を入れて、家へ**早らかに**遣りて〈宇治拾遺・三七〉

はやり-か

【逸りか】 形動(ナリ)〔「か」は接尾語〕❶**調子が速いさま。軽快なさま。** 例(和琴ヲ)**はやりかに**弾きたる(＝速い調子で弾いている)〈源氏・手習〉

❷**心が弾み、浮き立つさま。陽気なさま。** 例少し**はやりかなる**戯れ言など言ひ交はして(＝少し陽気な冗談などを言いあって)〈源氏・紅葉賀〉

❸**軽率なさま。軽薄なさま。せっかちなさま。** 例**はやりかなる**若人、いと心もとなうかたはらいたしと思ひて、さし寄りて聞こゆ(＝せっかちな若女房が、たいそうじれったく見ていられないと思って、近寄って申し上げる)〈源氏・末摘花〉 読解 姫君の態度をじれったく感じた侍女が、でしゃばって姫君に代わって光源氏に歌を返す場面。

❹**短気なさま。たけだけしいさま。勇ましいさま。** 例ものづつみせず、**はやりかに**おぞき人にて(＝遠慮がな

く、短気で勝気な人で)〈源氏・東屋〉〈川崎剛志〉

はやり-を【逸り男・逸り雄】オ― 名 血気盛んな男。勇み立っている男。「はやりをの」の形で用いる。例 **はやりを**の若者ども、我も我もとすすみけるなかに〈平家・五・文覚被流〉

はや・る

【逸る・早る】 動(ラ四) ❶**夢中になる。** 例 おもしろき手ども遊ばし**はやりて**(=すばらしい曲などを夢中でお弾きになって)〈宇津保・国譲上〉 ❷**勇み立つ。奮い立つ。勢い込む。** 例 馬は**はやり**、主は弱らせたまひて(=馬は勢い込み、主人はお弱りになって)〈保元・中〉 ❸**焦る。気がせく。** 例 気色**はやれる**、「御返しや、御返しや」と、筒をひねりて(=せかせかとした様子で、「お返しよ、お返しよ」と筒をひねって)〈源氏・常夏〉 読解 双六に熱中し、躍起になって賽の入った筒を操るさま。

語誌 ③は、①②が過剰となったり、空回りしたりする状態にいう。〈川崎剛志〉

はや・る【流行る】 動(ラ四) ❶時流に乗って栄える。例 堀川摂政の**はやり**たまひしときに〈大鏡・兼家〉 ❷よくないことが広がる。はびこる。例 天下に疫病**はやり**たりけるに〈著聞集・四・一二七〉 ❸商売などが繁盛する。例 女郎衆、今ここで**はやる**は誰ぢや〈西鶴・好色一代男・五・二〉

はや-を【早緒】オ― 名 ❶船の櫓につけた綱。例 **早緒**とつけて(=名づけて)、櫓とかにすげたるものの弱げさよ〈枕・日のいとうららかなるに〉 ❷そり・車などにつけて引く綱。例 たゆみつつ(=油断していて)橇の**早緒**も付けなくに〈山家集・上〉

は・ゆ

【映ゆ・栄ゆ】 動(ヤ下二) ❶**一段と鮮やかに見える。** 例 御直衣、指貫の紫の色、雪に**はえ**ていみじうをかし(=雪に一段と鮮やかに見えて非常にみごとだ)〈枕・宮にはじめてまゐりたるころ〉 ❷**勢いを得る。** 例 (聴衆ガ)外目せず見聞く気色どもを見て、いよいよ**はえ**て、ものを繰り出だすやうに言ひつづくる(=よそ見もせず見聞きする様子を見て、ますます勢いを得て、糸を引き出すように話し続ける)〈大鏡・時平〉

語誌 ほかのものによって、あるものの美しさ・よさ・力などが引き出される感じで用いられる語である。①は、月光や雪などの白い色と他の色との対比で用いられることが多く、例は、雪の白さによって衣服の紫が引き立てられている。②例は、聴衆の熱心さによって話し手が勢いを得ている。〈高田祐彦〉

はゆ・し【映ゆし】 形(ク) まばゆく思われる。きまりが悪い。おもはゆい。例 御返し聞こえむも(=申し上げるのも)**はゆけれ**ば〈和泉式部集・詞書〉

はゆ-ま【駅・駅馬】 名〔「はやうま(早馬)」の変化した形〕令制で、諸道の各駅に備えられた公用の馬。例 **駅馬**下れり里もとどろに〈万葉・一八・四一一〇〉

はゆま-ぢ【駅路】ジ― 名 駅馬の通る道。例 **駅路**に引き舟渡し〈万葉・一一・二七四九〉

はゆま-づかひ【駅使ひ】ツカイ― 名 駅馬に乗って急ぎの公用に行く使い。急使。例 ここをもちて、**駅使ひ**を四方に班ちて(=分散させて)〈記・中・崇神〉

はよう〖早う〗⇩はやう

はら

【腹・肚・胎】 名 ❶**人間や動物の腹部。** 例 わが**はら**のうちなる蛇ありきて肝を食はむ(=私の腹の中にいる蛇が動き回って内臓を食べる)〈蜻蛉・中〉 読解 作者の見た夢の話。 ❷**胎内。** また、**ある女性から生まれたこと・生まれた人。** 例 (a) 丹治比の嬢女の**胎**に宿り〈霊異記・下・三九〉 例 (b) 一の皇子は、右大臣の女御の御**腹**にて(=第一皇子は、右大臣家の女御からお生まれになった方で)〈源氏・桐壺〉 ❸**飲食物の入る場所。胃袋。** 例 菓すでに**腹**に入りぬれば、その身すなはち(=すぐに)大きに肥えぬ〈今昔・五・三一〉 ❹**心。気持ち。精神。** 例 (a) この歌はあるが中におもしろければ…**腹**にあぢはひて(=この歌は多く詠まれた中でも趣深いので…心で深く感じ取って)〈伊勢・四四〉 例 (b) 戯言いうて寂しい**腹**を紛らかし〈浮世草子・傾城禁短気・一・四〉 ❺**物の中ほどのふくらんだ部分。** 例 (薬ヲ)大ゆび(=親指)の**腹**につけ〈狂言・膏薬煉〉〈新野直哉〉

[腹が居る] 怒りがおさまる。気が済む。例 (娘ノ敵デアルオマエニ)苦痛させねば**腹がゐ**ぬ〈浄瑠璃・菅原伝授手習鑑・二〉

[腹膨る] ❶太る。腹が大きくなる。例 水呑みて**腹ふくれ**たりければ〈今昔・一九・二七〉 ❷欲求不満がたまる。例 おぼしきこと(=心に思うこと)言はぬは**腹ふくるる**わざ〈徒然・一九〉

[腹を切る] ❶おかしくて腹の皮が切れるぐらいになる。例 **腹をきり**て笑ひたまふ〈竹取〉 ❷切腹する。例 おのおの腰の刀に手をかけて、**腹をきら**んとしたまひけるが〈平家・一〇・維盛出家〉

[腹を据う] ❶怒りをこらえる。「腹を据ゑかねる」の形で用いることが多い。例 心に天魔入りかはって、**腹をすゑ**かねたまへり〈平家・三・行隆之沙汰〉 ❷覚悟を決める。決意を固める。例 『炭俵』は「門しめて」の一句に**腹をすゑ**たり〈俳諧・三冊子・赤冊子〉

-ばら 接尾 人に関する語について、複数であることを表す。相手への敬意を欠く表現に用いられることが多い。～ども。～連中。例 法師**ばら**の才あるかぎり(=学識ある人すべて)召し出でて〈源氏・賢木〉

はら-あし【腹悪し】 ❶短気だ。怒りっぽい。例 (ソノ大納言ハ)あまりに**腹あしき**人にて…歯をくひしばり、いかってぞおはしける〈平家・一・俊寛沙汰鵜川軍〉 ❷心がひねくれている。性格がよくない。例 かの妻、もとより**腹悪しく**て、つねに夫の気に逆へり〈仮名草子・伊曾保物語・中〉

はら-あて【腹当て】 名 鎧の一種。胸・腹部のみを覆う簡略なもの。鎌倉・室町時代ごろ、主に雑兵が用いた。例 片小手(=左手だけにつける小手)に**腹当て**して〈太平記・六〉

はら-か【腹赤・鰚】 名〔「はらあか」の変化した形〕魚の名。ニベ。一説に、マスとも。毎年正月、大宰府から朝廷に献上される。例 節会もおこなはれず、四方拝も無し。**腹赤**も奏せず(=献上しない)〈平

家・九・生ずきの沙汰〉

はらか-の-つかひ【腹赤の使ひ・鮖の使ひ】―ツカイ 名 毎年正月、大宰府から朝廷に腹赤を献上する使者。例筑紫の大宰府より、都へ**鮖の使ひ**ののぼるこそ〈平家・三・阿古屋之松〉

はら-から【同胞】 名〔「はら」は「腹」。「から」は一族・血族の意〕同母の兄弟姉妹。のちは、広く兄弟姉妹をいう。例(a)問ひ放くる親族**兄弟**なき国に渡り来まして(=話をして気を晴らす親族や兄弟姉妹もいない国に渡っていらっしゃって)〈万葉・三・四六〇〉読解 新羅から渡来した尼、理願の死を悼む長歌。例(b)その里に、いとなまめいたる女**はらから**住みけり(=その里に、たいそうみずみずしく美しい姉妹が住んでいた)〈伊勢・一〉例(c)内裏の御猫のあまた引き連れたりける**はらから**ども(=宮中の御猫がたくさん産んで引き連れていた子猫たちは)〈源氏・若菜下〉 〈米山敬子〉

はら-ぎたな・し【腹汚し・腹穢し】 形(ク) 意地悪だ。悪い考えをもっている。例継母の**腹ぎたなき**昔物語も多かるを〈源氏・蛍〉読解 継母の意地悪な行いを書いた昔の物語も多いが、ということ。

類義 はらあし・はらぐろし

語誌 例の「継母の腹ぎたなき昔物語」の典型『落窪物語』では、主人公の姫君に対する継母の行為をさして「はらぎたなし」とは言わない。継母のいじめがあまりに露骨だからであろう。表面上は取り繕っていて、腹の中に相手のためにならない悪意を隠しもっているのが「はらぎたなし」なのである。 〈松岡智之〉

はら-ぐろ・し【腹黒し】 形(ク) 意地が悪い。心がねじけている。例**腹黒う**(音便形)、(灯ガ)消えぬとものたまはせで〈蜻蛉・下〉

はら-すぢ【腹筋】―スジ ❶名 腹の筋肉。❷名 形動(ナリ) 大笑いすること。非常におかしいさま。例言ひけることこそ**腹筋なれ**〈醒睡笑・三〉

はら-だた・し【腹立たし】 形(シク) 腹が立っている。しゃくだ。例(翁ハ)この子(=かぐや姫)を見れば苦しきこともやみぬ。**腹立たしき**こともなぐさみけり〈竹取〉

はら-だ・つ【腹立つ】 ❶動(タ四) ❶怒る。かっとなる。例「悪しく探ればなきなり」と**腹立ちて**〈竹取〉❷いさかいを起こす。けんかをする。例何ごとぞや。童べと**腹立ちたまへるか**〈源氏・若紫〉❷動(タ下二) ❶①に同じ。例あなかま(=しっ、静かに)。幼き人な**腹立てそ**〈源氏・浮舟〉

はら-つづみ【腹鼓】 名 十分食べてふくらんだ腹を鼓のように打つこと。飢えの心配がなく安穏としているさま。中国の「鼓腹撃壌」の故事による。

はら-はら 副 ❶物が触れあってかすかな音を立てるさま。例衣の音なひ(=衣ずれの音)**はらはら**として〈源氏・帚木〉❷物が散り落ちるさま。涙や雨などにもいう。例涙を**はらはら**とながいて〈平家・四・競〉❸髪がはらりと垂れるさま。例御髪の乱れたる筋もなく、**はらはら**とかかれる枕のほど〈源氏・葵〉❹大勢の人がいっせいに動くさま。例(騎馬ノ軍団ガ)河に**はらはら**と打ち入れて渡りけるに〈今昔・三・一二〉❺物が砕けたり壊れたりするさま。燃えてはぜるさまにもいう。例焚かるる豆殻の**はらはら**と鳴る音は〈徒然・六九〉❻気をもむさま。

はら-ばら【腹腹】 名 一夫多妻で、父親を同じくするそれぞれの子どもを産んだ母親たち。例**腹々**に男子・女子あまたおはしましき〈大鏡・道隆〉

はらひ【祓ひ】ハライ 名「はらへ」に同じ。例陰陽師心得ず仰天して、**祓ひ**をしさして(=途中でやめて)〈宇治拾遺・一四〇〉

はら・ふ【払ふ・掃ふ】ハラウ 動(ハ四) 不用のもの、障害となっているものなどを取り除く意。

❶邪魔なものをすっかり取り除く。除去する。例草を刈り**払ひ**〈記・中・景行〉

❷掃き清める。掃除する。例二条院には、方々**払ひ**磨きて(=二条院では、あちこち掃き清め磨き光らせて)〈源氏・葵〉

❸刀などを左右に振る。なぎ払う。例敵のむらがってひかへたる中へ走りかかり、東西を**払ひ**、南北へ追ひ回し(=敵が多く集まって待ち構えている中へ走りかかり、東西になぎ払い、南北へ追い回し)〈太平記・七〉

❹追い散らす。追いやる。追放する。例さきに立ちて、道なる人々**払ふ**(=先頭に立って、道にいる人々を追い散らす)〈落窪・二〉

❺討ち退ける。うち鎮める。平定する。例天降りまし **払ひ**平らげ(=天から地上にお降りになって討ち退け平定し)〈万葉・一九・四二五四〉

❻代金を渡す。支払う。例湯へ入る時は一人分、十文**払ふ**〈滑稽本・浮世風呂・前下〉 〈浅見和彦〉

はら・ふ【祓ふ】ハラウ 動(ハ下二)〔「払ふ」と同源〕神に供え物を差し出して祈って、罪や穢れを清め、災いを取り除く。例中臣の太祝詞言ひ**祓へ**〈万葉・一七・四〇三一〉

はら-ふくる【腹膨る】 ⇨「はら」の子項目

はらへ【祓へ】ハラエ 名 動(サ変) 神に祈って身体に付着した罪・穢れを除去し、災厄を防ぐこと。また、そのための行事。六月・十二月の晦日に宮中などで行われるものを「大祓へ」と呼ぶ。例心ものべがてら(=気晴らしかたがた)浜づらのかたに**祓へ**もせむと思ひて〈蜻蛉・中〉 語誌 神に対する罪を除くため、罪ある者が品物を提出するのが本来の意。その品物を「はらへ」と呼ぶこともある。のちに、穢れを除くために水辺で行われる「禊」と習合した。時代が下ると名詞形は「はらひ」に変化する。

はらへ-どの【祓へ殿】ハラエ― 名 神社で、祓えの神事を行う建物。例からうじて**祓へ殿**にいたり着きけれど〈蜻蛉・中〉

はらへど-の-かみ【祓へ戸の神】ハラエド― 名 大祓えのときに祭る神々。瀬織津比咩・速開津比咩・気吹戸主・速佐須良比咩の四神。例**祓へ戸の神**達は法師をば忌みたまへば〈今昔・一九・三〉

はら-まき【腹巻】 名 鎧の一種。腹に巻いて背中で合わせる。本来軽武装で、草摺りが細かく分かれ

ており、兜や袖ではついていない。例素絹の衣を腹巻の上にあわて着に着たまひけるが〈平家・二・教訓状〉

はらみつ【波羅蜜】 名《仏教語》〔梵語の音写〕迷いを離れ、悟りの境地に達する菩薩の修行。菩薩が仏になるための修行。「波羅蜜多」とも。例**波羅蜜**の功徳もおのづから備はりぬべし〈発心集・七・一三〉

はらみった【波羅蜜多】 名《仏教語》「はらみつ」に同じ。

はら・む【孕む】 動〔マ四〕❶妊娠する。例かへる年の睦月ばかりより、一の宮**孕み**たまひぬ〈宇津保・蔵開上〉❷植物が実ろうとしてふくらむ。例（早苗ヲ）屋の軒にあてて（=軒下になるように）植ゑさせしが、いとをかしう**はらみ**て〈蜻蛉・中〉❸ある土地が生み育てる。受け身で用いられることが多い。例王地に**はらまれ**て（=天皇が治める土地に生まれて）、詔命をそむくべきにあらず〈平家・二・西光被斬〉

はら-め・く 動〔カ四〕〔「めく」は接尾語〕❶ぱらぱらと音を立てる。雨音・鳥の羽音などにいう。例雨いといたう（=ひどく）**はらめき**て、あはれにつれづれと降る〈蜻蛉・中〉❷ばらばらになる。布などがぼろぼろに切り裂ける。例紙衣なんどの…ゆゆしげに破れ**はらめき**たるを〈発心集・一・一〇〉

ばらもん【婆羅門・波羅門】 名《仏教語》〔梵語の音写〕古代インドの四種の制度で、最上位。祭祀をつかさどる僧侶階級。文化の面でも、指導的地位にあった。例この**婆羅門**のやうなる心にも、あはれに尊くおぼえて〈宇治拾遺・一三〉

腹巻〔武装図説〕

はらら-か・す【散かす】 動〔サ四〕〔「はららく」の他動詞形〕ばらばらにする。散り散りにする。例（堅イ土ヲ）沫雪のごとくに蹴ゑ**散かし**〈紀・神代上〉

はら-わた【腸】 名 大腸。また、腸全体。のちは内臓全体をさすようになった。例**腸**をばみな繰り出だして、手にぞ持たりける〈増鏡・さしぐし〉

【腸を切る】 おかしさに耐えきれず大笑いする。例満座興に入りて**腸をきり**ける〈著聞集・四・一三三〉

【腸を断つ】 〔「断腸」の訓読〕耐えきれないほどの悲しさ・せつなさにとらわれる。例風景に魂うばはれ、懐旧に**腸を断ち**て〈芭蕉・奥の細道〉

はらを〜【腹を〜】 ⇩「はら」の子項目

はり【針・鍼】 名❶縫い針。釣り針。例**針**そ賜へる縫はむ物もが（=縫う物があったらなあ）〈万葉・一八・四一二三〉❷鍼治療。鍼術。また、それに用いる器具。例**針**に心深かりけるゆゑに、行きとぶらひけるを〈仮名草子・仁勢物語・上〉

はり【玻璃】 名〔梵語の音写〕《仏教語》七宝の一つ。水晶のことという。例朝廷**玻璃**を輝かして、密厳浄土の儀式をあらはす〈平家・一〇・高野御幸〉

はり-ぎぬ【張り衣】 名 糊をつけて板に張り、ぴんとさせた布で仕立てた衣。例**張り衣**のあざやかなるに〈著聞集・一六・五四五〉

はり-ごし【張り輿】 名 屋形の外側にむしろを張った略式の輿。例我が身はあやしげなる**張り輿**にやつれたまひて〈保元・上〉

はり-つ・く【磔く】 動〔カ下二〕はりつけにする。例縄をもって四つの枝（=両手両足）を機物に**はりつ**けて、弓をもって射しむるに〈今昔・一六・二六〉

はり-つけ【磔・磔刑】 名 中・近世の刑罰の一つ。罪人の体を地上に立てた板や柱に縛りつけて槍などで突き殺す。「はっつけ」とも。例長田父子をからめとり、**磔**にこそせられけれ〈古活字本平治・下〉

はり-はら【榛原】 名 ハンノキの生えている原。例引馬野ににほふ**榛原**入り乱れ〈万葉・一・五七〉

播磨《地名》旧国名。今の兵庫県西南部。山陽道八か国の一つ。播州。延喜式で大国・近国。

はり-みち【墾道】 名 開墾された道。切り開かれた新道。例信濃道は今の**墾道**刈りばねに足踏ましむな沓はけ我が背〈万葉・一四・三三九九〉➡名歌185

はり-むしろ【張り莚】 名 雨がかかるのを防ぐため、牛車に張り渡したむしろ。例雨降らぬ日、**張り莚**したる車〈枕・わびしげに見ゆるもの〉

はり-や・る【張り破る】 動〔ラ四〕強く張ってやぶる。例うへのきぬの肩を**張り破りてけり**〈伊勢・四一〉

はり-ゆみ【張り弓】 名❶弦をかけ張った弓。また、そのような形。例「天に**張り弓**」といひたり〈枕・殿などのおはしまさで後〉読解ここは半月をいう。❷弓状に竹を張ってしかけたわな。例夜更け、あるじは古き葛籠をあけて、鳴る子・**張り弓**取り出だし〈西鶴・好色一代男・四・三〉

はる

【春】 名 四季の一つ。立春の日から立夏の前日まで。陰暦の一月・二月・三月で、この三か月は順に、孟春・仲春・季春という別称がある。冬に枯れていた草木が芽吹き、活動を停止していた動物が生命力を取り戻す季節。例**春**もややけしきととのふ月と梅〈俳諧・続猿蓑・下〉読解朧月夜と咲きはじめた梅の花で、春の気配もようやく整ってきた。一月の作。

語誌 ▼**青と東** 五行説では、春と対応する色は青で、方角は東。四神では青龍があたる。皇太子の「東宮」がしばしば「春宮」と表記されるのは、「東」と「春」とが通じることを端的に示している。春の女神の佐保姫は、平城京の東方にある佐保山の女神のこと。「春」と「青」の結合は、「青春」という熟語にも反映している。

▼**春と秋** この二つの季節は、古来その優劣が競われてきた。『古事記』中巻の応神天皇の条に兄弟の妻争いの形の伝承があり、『万葉集』巻一には額田王の長歌（➡名歌314）がある。四季の町からなる『源氏物語』の六条院も春秋優劣論がきっかけとなっていて、春の町に光源氏と紫の上が住み、秋の町は養女格の中

宮の住むべきところとされる。

▼**春の景物**　勅撰和歌集は四季の部から始まる。季節の推移にしたがって歌が置かれ、最初の『古今和歌集』では、立春・雪・鶯・解ける氷・若菜・霞・緑・柳・百千鳥・帰る雁・梅・桜（春上）、桜・藤・山吹・やよひのつごもり（春下）などの順となっている。頂点は桜で、単に「花」とも詠まれた。

▼**春の愁い**　春は本来喜びの季節で、満開の桜に象徴されるような栄えの季節である。その一方、愁いや孤独が意識されることもあった。『万葉集』巻一九の大伴家持の「春の野に霞たなびき」「我がやどの」「うらうらに」の歌は絶唱三首と呼ばれて有名（↓名歌294・429・91）。平安時代以降の和歌では、散る桜や北に去る雁に思いが託され、ゆく春を惜しむ。〈島内景二〉

は・る【張る】動（ラ四）❶**糸・綱・布・網などをたるみなく伸ばし広げる。**例あしひきの　をてもこのもに　鳥網**張り**（＝山のあちら側にもこちら側にも鳥をとるための網を伸ばし広げ）〈万葉・一七・四〇一一〉

❷**特に、洗い張りをする。**布に糊をつけて板に伸ばし広げてぴんとさせる。例うへのきぬを洗ひて、手づから**張りけり**（＝袍を洗って、自分で洗い張りをした）〈伊勢・四一〉

❸【貼る】**紙などをぴんと伸ばしてほかにくっつける。**例綾や織物に絵をかきて、間ごとに**はりたり**（＝柱と柱の間ごとにはりつけた）〈竹取〉

❹**はちきれそうに膨らむ。**特に、芽ぐむ。例我が行く道に青柳の**はりて**立てれば（＝青柳が芽ぐんで立っていたので）〈万葉・一四・三四四三〉

❺**一面に広がる。長く伸び広がる。**例正月二十一日、入相ばかりの事なるに、薄氷は**はっ**（音便形）たりけり（＝一月二十一日、夕暮れごろの事であるので、薄氷が一面に広がっていた）〈平家・九・木曾最期〉

❻**心をたるみなく緊張させる。**例無用の気を**はりける**（＝不必要に気持ちを緊張させた）〈西鶴・世間胸算用・三・一〉

❼**手を広げてたたく。平手で打つ。**例走り出でて、この僧の頭を**はりければ**（＝走り出て、この僧の頭を平手でたたいたので）〈沙石集・一〇末・一〉

❽**金や物を賭けて勝負する。**例百ぎり**張っ**（音便形）てみたれば（＝百文だけ賭けて勝負してみたところ）〈近松・丹波与作待夜の小室節・中〉

語誌▼④⑤は自動詞、ほかは他動詞の用法。①～③が原義に近い。

▼現代語「かさばる」「気ばる」「欲ばる」などの「ばる」は、この「はる」が接尾語化したもの。〈浅見和彦〉

は・る【晴る・霽る】動（ラ下二）❶**天気がよくなる。**晴れる。例朝より曇りて昼**晴れ**たり〈伊勢・六七〉❷**心が晴れ晴れする。**例**はれ**ぬ思ひに恋ひやわたらむ〈古今・離別〉❸**見晴らしがきく。広々している。**例谷しげけれど、西**晴れ**たり〈方丈記〉

は・る【墾る】動（ラ四）**新しく田畑や池や道などを切り開く。開墾する。**例住吉の崖を田に**墾り**蒔きし稲〈万葉・一〇・二二四四〉

はる【遥】形動（ナリ）**遠くはるかに展望の開けたさま。**和歌で、「目も遥る」に「芽も張る」を掛けて用いることが多い。例紫の色濃き時はめも**はる**に野なる草木ぞわかれざりける〈伊勢・四一〉

はる-あき【春秋】名❶**春と秋。**例**春秋**に思ひみだれて分きかねつ時につけつつ移る心は〈拾遺・雑下〉❷**年月。年齢。**例四十あまりの**春秋**をおくれるあひだに〈方丈記〉

はる-か【遥か】形動（ナリ）「か」は接尾語。途中に障害となるものがなく、広々と遠くまで見えるさまを表す。

❶**空間的に遠く隔たっている。遠くまで続いている。**例京にもあらず、**はるかなる**山里に住みけり（＝京ではなく、遠く隔たった山里に住んだ）〈伊勢・一〇二〉

❷**時間的に遠く隔たっている。将来まで続いていく。**例船岡の松の緑も色濃く、行く末**はるかに**めでたかりしことぞや（＝船岡山の松の緑色も色濃く、前途遠く将来まで続いてすばらしかったことだなあ）〈栄花・月の宴〉読解松が長寿であることの連想から、宮の将来を祝う。

❸**気が進まない。その気になれない。うとましい。**例御膳などは、いと**はるかに**思しめしたれば（＝お食事などは、ほんとうに気が進まなくお思いになっているので）〈源氏・桐壺〉

❹**かけ離れている。手が届かない。**例（光源氏ノコトヲ）いと**はるかに**ぞ思ひきこえける（＝たいそうかけ離れたものとして思い申し上げた）〈源氏・明石〉

❺**程度がはなはだしい。たいへん。ずっと。**例この飯の味はひ、**遥かに**変じて悪しきなり（＝この飯の味は、たいへん変わって悪くなった）〈今昔・四・二〉

語誌③は心理的に遠く遠く離れているさまで、④も主観的な判断をもとにした用法が多い。〈浅見和彦〉

はるか・す【晴るかす】動（サ四）〔「はる」の他動詞形〕**晴れるようにする。思いを晴らす。**例愛執の罪を**はるかし**きこえたまひて〈源氏・夢浮橋〉

はる-がすみ【春霞】■1名**春にかかる霞。**例**春霞**立つを見捨てて行く雁は花なき里に住みやならへる〈古今・春上〉↓名歌289 ■2《枕詞》❶同音の繰り返しで地名「春日」にかかる。❷霞が居る意から、「居る」と同音の「井」にかかる。❸霞が立つ意から「立つ」に、また、同音を含む地名「龍田」にかかる。

はる-かたまく【春片設く】**春を待ち受ける。春を迎える。**例梅の花散りまがひたる岡辺には鶯鳴くも**春かたまけて**〈万葉・五・八三八〉

はる・く【晴るく】動（カ下二）❶**晴れるようにする。心や迷いを晴らす。**例いぶせかりし霧のまよひも**はるけ**はべらん（＝うっとうしかった霧のための心の憂さも晴らすようにしましょう）〈源氏・橋姫〉

❷**障害を取り除く。払いのける。**例岩隠れに積もれる紅葉の朽ち葉、すこし**はるけ**（＝岩陰に積もっている紅葉の落ち葉を、少し払いのけ）〈源氏・総角〉

語誌『古事記』の「あめくにおしはるきひろにはのみこと（天国押波流岐広庭命）」などから、古くは四段活用の形があったとされる。〈浅見和彦〉

はる-け・し【遥けし】形(ク)❶(空間的に)遠い。隔たっている。例たづぬるに**はるけき**野辺の露ならば〈源氏・藤袴〉❷(時間的に)遠い。長い間。例人目ゆゑのちに逢ふ日の**はるけく**は〈古今・物名〉

はるけ-どころ【晴るけ所】名 気が晴れるところ。例少しもの思ひの**晴るけどころ**ある心地したまふ〈源氏・賢木〉

はる-ごま【春駒】名「はるこま」とも。❶春の野にいる馬。例**春駒**の綱引きするぞなはたつと聞く〈拾遺・雑賀〉❷江戸時代、新年の祝いに馬の首の形をした作り物を手に、一軒ごとに三味線・太鼓に合わせて舞い歌った芸人。例**春駒**の歌でとかすや門の雪〈俳諧・七番日記〉

春駒〔絵本御伽品鏡〕

春雨物語《作品名》江戸時代の読本。一〇巻。上田秋成作。文化五年(一八〇八)成立。「二世の縁」「死首の咲顔」「樊噲」など一〇編からなる。作者晩年の思想・信条が、既成の小説様式にとらわれない形で物語化されている。

はる-さる【春さる】〔「さる」はその時が来る意〕春になる。和歌の初句では、「春さらば」「春されば」などの形で用いられる。例**春されば**まづ咲くやど(=家の庭)の梅の花〈万葉・五・八一八〉

はる-たつ【春立つ】暦の上で、春になる。立春の日を迎える。勅撰和歌集の春の部は、「春立つ日」を詠んだ歌で始まる。例**春立つ**といふばかりにや(=立春の日になったというだけで)み吉野の山もかすみて今朝は見ゆらん〈拾遺・春〉

はるつげ-どり【春告げ鳥】名 鶯の別称。「鶯の谷より出づる声なくは春来ることを誰か知らまし」〈古今・春上〉の歌に基づくという。

はる-の【春野】名 春の野。例巨勢山のつらつら椿つらつらに(=つくづくと)見つつ偲はな巨勢の春野を〈万葉・一・五四〉

はる-の-となり【春の隣】春に近いころ。立春の直前。例冬ながら**春の隣**の近ければ〈古今・雑体〉

春の日《作品名》江戸時代の俳諧集。一冊。荷兮編。貞享三年(一六八六)刊。俳諧七部集の第二集。芭蕉と尾張蕉門の人々の歌仙三巻・追加一巻、及び四季の発句を収めたもの。『冬の日』の続編とされるが、穏やかで平易な表現の中に新しい蕉風の行き方を示す。「古池や蛙飛びこむ水の音」(➡名句130)の句が入っている。

はる-の-みなと【春の湊】春の行き着く所。春の終わり。春が流れてみなと(河口)に行き着くと見立てていう。例暮れてゆく**春のみなと**は知らねども霞に落つる宇治の柴舟〈新古今・春下〉➡名歌151

はる-の-みや【春の宮】名〔「春宮」の訓読〕皇太子の宮殿。また、皇太子の別称。例**春の宮**花はさくらむ谷寒みうもるる草は光をも見ず〈赤人集〉

はるのみや-びと【春の宮人】名 春宮坊に仕える役人。例うらやまし**春の宮人**うちむれて己がものとや花を見るらん〈後拾遺・春上〉

はる-の-よ-の-ゆめ【春の夜の夢】春の夜に見る夢。短くはかないもののたとえ。例おごれる人も久しからず、ただ(=まるで)**春の夜の夢**のごとし〈平家・一・祇園精舎〉

はる-はな【春花】名 春に咲く花。例世の中は数なきものか**春花**の散りのまがひに(=散り乱れているときに)死ぬべき思へば〈万葉・一七・三九六三〉

はるはなの【春花の】《枕詞》❶春の花が美しく咲くことから「匂え栄ゆ」「さかり」にかかる。例**春花の**盛りもあらむと〈万葉・一八・四一〇六〉❷春の花の美しさを賞美することから「めづらし」「たふとし」にかかる。例**春花の**いやめづらしき君に逢へるかも〈万葉・一〇・一八八六〉❸春の花が散ることから「移ろふ」にかかる。例**春花の** うつろひ変はり〈万葉・六・一〇四七〉

はる-ばる【遥遥】❶副 遠く隔てて。ずっと遠くに。例唐衣きつつ(ここまで序詞)なれにしつましあれば**はるばる**きぬる旅をしぞ思ふ〈古今・羇旅〉➡名歌129 ❷形動(ナリ) 遠く隔たったさま。例松原、目も**遥々なり**(=見渡す限り遠くまで続いている)〈土佐〉

はる-ひ【春日】名 ❶春の日。春の一日。秋の夜長に対して、春の日中の長いことをいうことが多い。例**春されば**(=春が来ると)まづ咲くやどの梅の花ひとり見つつや**春日**暮らさむ〈万葉・五・八一八〉❷春の日ざし。例霞立ち **春日**の霧れる ももしきの(枕詞) 大宮所 見れば悲しも〈万葉・一・二九〉➡名歌216

はる-び【腹帯】名〔「はらおび」の変化した形〕鞍を固定するために馬の腹にかける帯。⇩くら(図)。例**腹帯**ののびて見えさうぞ、締めたまへ〈平家・九・宇治

春の七草 春の野に生育する七種類の植物。秋の七草が観賞の対象であるのに対し、春の七草は七草粥の食材。正月七日の人日の日に、粥の中に入れて食べて、不老長寿を祈る。セリ・ナズナ(ペンペングサ)・ゴギョウ(ハハコグサ)・ハコベラ(ハコベ)・ホトケノザ(タビラコか)・スズナ(カブ)・スズシロ(ダイコン)の七種類。ホトケノザの実体は未詳。『食物服用之巻』に、「せり・なづな ごぎやう・たびらこ 仏のざ すずな・すずしろ これやななくさ」という歌があるが、これだと夕ビラコとホトケノザは別の植物ということになる。七草の種類も時代により異同があり、しだいに今の七種類に固定化されたことがわかる。

●**七という数字の呪力** 一つ一つの草それ自体に邪気を払い幸福をもたらす力があると信じられた結果、七草粥が食べられるようになったのだが、七日に七種類の草を摂取するのは、「七」を神聖な数字とする発想に起因している。〈島内景二〉

川先陣〉読解「さう」は「さうらふ」の変化した形。

はるひの【春日の】《枕詞》春の日がかすむことから、「霞む」と同音を含む地名「春日」にかかる。

はるひを【春日を】《枕詞》「はるひの」に同じ。

はる‐へ【春辺】名(のちは「はるべ」)春。春のころ。例春へには花かざし持ち〈万葉・一・三八〉

はれ【晴れ】名❶**雲・霧などのなくなること。天気がよいこと。晴天。**例**晴れ**の空を知る〈海道記〉❷**太陽が照る所。さえぎるものがない広々とした所。**例**晴れ**に出でて蔭を離れむと走る時には、蔭を離るる事なし(=日なたに出て陰から離れようと走るときには、陰から離れる事はない)〈今昔・一〇・一〇〉❸**公衆の前。人まえ。**例**はれ**にては、これは人まへぞかしと思ふ心候ひて(=公衆の前では、これは人前であるよと思う心がございまして)〈著聞集・一六・五四三〉❹**正式。表向き。おおやけ。**「褻」の対。例かかりける**晴れ**のことに、さるべき用意あるべかりけるものをと思へども、ありのままの姿どもにて(=このようなおおやけのことに、しかるべき準備をしておけばよかったのにと思うけれども、普段の姿で)〈栄花・本の雫〉❺**晴れ着。よそ行き支度。**例祭りに行く今日の**はれ**〈近松・堀川波鼓・下〉

語誌▼「晴れ」と「褻」 特に和歌で対として考えられる概念。「晴れの歌」は、宮廷の歌会や歌合わせなど、公的な席で詠む歌。対する「褻の歌」は、個人的・私的な歌のことである。〈馬場光子〉

はれ 感 驚いたり、あきれたりするときに発する語。あれれ。あらあら。あれまあ。例**はれ**かか(=女房)、何をやかましい〈近松・心中宵庚申・下〉

はれ‐がま・し【晴れがまし】形(シク)〈「がまし」は接尾語〉❶表立っている。明るく華やかだ。心が晴れやかだ。例(私ガ)上首(=最高位)につきて勤めはべりき。いと**晴れがましかり**し事どもなり〈とはずがたり・二〉❷恥ずかしい。きまりが悪い。例聟入りといふものは人が見たがるもので…**晴れがましい**〈音便形〉事であらう〈狂言記・料理聟〉

はれ‐ばれ・し【晴れ晴れし】形(シク)❶晴れわたっている。例五月などは、まして、**晴れ晴れしか**らぬ空のけしきに〈源氏・若菜下〉❷心が晴れやかだ。陽気だ。例つつしませたまふべき御年(=厄年)なるに、**晴れ晴れしから**で月ごろ過ぎさせたまふことをだに〈源氏・薄雲〉❸華やかだ。例登花殿の埋もれたりつるに、(弘徽殿ハ)**晴れ晴れしう**〈音便形〉なりて〈源氏・賢木〉❹晴れがましい。表だっている。例堀河院をば、さるべき事の折り、**晴れ晴れしき**料(=御殿)にせさせたまふ〈大鏡・基経〉

はれ‐らか【晴れらか】形動(ナリ)〈「らか」は接尾語〉さっぱりしたさま。晴れやか。例女は額髪は**はれらか**に掻きやり〈徒然・一七五〉

はろ‐はろ【遥遥】形動(ナリ)《上代語》「はろばろ」とも。はるばる。例**はろはろ**に思ほゆるかも白雲の千重に隔てる筑紫の国は〈万葉・五・八六六〉

は‐わけ【葉分け】名❶一枚一枚の葉ごとに配り分けること。例玉笹の**葉分け**の霜のところせきかな(=びっしりと置いているなあ)〈千載・冬〉❷風や光などが葉と葉の間を分けること。例呉竹の**葉分け**の風ははらへども積もりにけりな雪の下折れ(=雪によって下に垂れた枝)〈新千載・冬〉

はん【半】名❶半分。なかば。❷奇数。例海人の子どもの打ち群れて、はじき・石なご(=遊戯の名)また丁か**半**〈近松・国性爺合戦・四〉

はん【判】名❶**判定。判断。特に、歌合わせや句合わせなどでの優劣の判定。**例(a)(帥宮ガ)この**判**仕うまつりたまふ(=この判定をお務め申し上げなさる)〈源氏・絵合〉読解ここは絵合わせの判。例(b)そのたびの**判**、すべて心得ぬこと多かりとて、また改めて顕昭法師に**判**せさせはべりし時(=そのときの判定は、まったく納得いかないことが多いと言って、また改めて顕昭法師に判定させましたとき)〈無名抄・せみのを川事〉読解顕昭は当時名高い歌学者。❷**文書の後ろに自筆で書く署名。書き判。花押。**例この事を記したる状に**判**を加へて(=この事を書いた書状に署名を加えて)〈著聞集・七・二九一〉

語誌▼**歌合わせにおける「判」** 平安時代から盛んになった歌合わせにおいて、勝ち負けを決定する「判」に対して、人々の関心が高まっていった。判には勝か、負け、持(引き分け)があり、判を下す人を判者、その判の根拠などを記したものを判詞といった。判詞は歌論の重要な一分野ともなっている。〈渡部泰明〉

ばん【盤】名❶皿・鉢など平たい食器。例御台(=御食卓)や**盤**などまで手づからのごはせたまふ〈大鏡・師尹〉❷食器類をのせる台。例はての御**盤**とりたる蔵人まゐりて、御膳奏すれば(=御食膳が調ったことを申し上げると)〈枕・清涼殿の丑寅のすみの〉❸双六・碁・将棋などをする台。例筒を**盤**の上に立てて待つに〈枕・きよげなる男の〉読解「筒」は双六の賽をふるためのもの。

ばん【番】1名❶順番。また、当番。例(宿直ノデ)おのが**番**に当たりていささかなる事もあらせじ(=ささいな事件もないようにしよう)〈源氏・浮舟〉❷番人。警護。例釣殿に、**番**の者寝たりければ〈宇治拾遺・一五八〉❸歌合わせ・物合わせなどの組み合わせ。例一巻をば宮川歌合はせと名づけて、これも同じ**番**につがひて(=組み合わせて)〈著聞集・五・二二三〉2接尾 数を表す語につく。❶順序や等級を表す。例九国一**番**の勢兵(=弓を引く力が強い兵)にありけるが〈平家・二・鶏合壇浦合戦〉❷勝負の取り組みや対をなすものを数える。例(碁デ)三**番**に数一つ負けさせたまひぬ〈源氏・宿木〉❸能楽などで、演目を数える。例この定では(=この分では)、舞もさだめてよかるらむ。一**番**見ばや〈平家・一・祇王〉

はん‐か【反歌】名長歌の後に詠み添えられる歌。長歌の大意を要約したり、内容を補足したりする。短歌形式がふつう。一首、または数首詠まれる。『万葉集』に多くの例がある。

ばん‐か【挽歌】名(死者の柩を挽くときの歌、の意)人の死を悲しむ歌。『万葉集』では、雑歌・相聞と並ぶ三大部立の一つ。平安時代以降の歌集では哀傷にあたる。

ばん-がしら【番頭】 名 武家の番衆の長。特に、江戸幕府の大番頭・小姓組番頭・書院番頭・城番頭など。

はん-き【半季】 名 江戸時代、三月と九月の出替わり時を基準に半年間と限って奉公すること。また、その期間。例いかなる賢き人の、**半季**とは定め置きけるぞ〈西鶴・西鶴織留・五・二〉

はん-ぎ【板木・版木】 名 印刷用に文字や絵などを彫った板。例**板木**で押したるやうな(=型どおりで変化のない)この家の若夷〈西鶴・日本永代蔵・二・二〉

読解「若夷」は元日に売られる縁起物のお札。

ばん-き【万機】 名 天下の政治における重要事。天皇の政務。例故院御在位の間なりしかば、(私ハ)**万機**の政を執り行はず〈保元・下〉

はん-ぎゃう【判形】 名「くゎあふ」に同じ。また、印章。例所用ありてこの道を通る人は、師泰が**判形**を取ってぞ通りける〈太平記・一八〉

はん-きん【判金・板金】 名「ばんきん」とも。大判金・小判金の称。特に、大判金。例**判金**二百枚入りの書き付けの箱六百五十〈西鶴・好色五人女・五・五〉

はん-ぐゎん【判官】 名「はうぐゎん」に同じ。

ばん-けい【晩景】 名「ばんげい」とも。❶夕方の景色。例浜の**晩景**を見捨て〈西鶴・男色大鑑・七・五〉❷夕方。晩方。例五百余騎、同じき日の**晩景**に平石城へ押し寄する〈太平記・三四〉

はん-ごん【反魂】 名 死者の魂を呼び返すこと。死者をよみがえらせること。例李夫人はわづかに**反魂**の煙にのみあらはれたり〈発心集・五・二〉

はんごん-かう【反魂香】 名 たくと死者の魂を呼び返すことができ、煙の中にその姿が現れるという想像上の香。中国の漢の武帝が死んだ李夫人を慕って方術士に依頼して作らせ、それをたいて夫人の姿を見たという故事による。例今焼香に立つ煙、**反魂香**とくゆるかや〈近松・傾城反魂香・中〉

はん-ざ【半座】 名 ❶座席の半分。例浄土に生まれば(=生まれ変わったなら)、同じ蓮の台に**半座**を分けて待つべし〈太平記・一〉❷話などの途中。座の中途。例夜談義を**半座**で母は連れて逃げ〈柳多留・三〉

はん-ざ【判者】 名《和歌用語》「はんじゃ」に同じ。

はん-ざふ【半挿】 名 湯や水を注ぐのに用いる器。管になった柄が器の中に半分挿し込まれていることからいう。例沈をまろに(=丸く)削りたる貫簀、白銀の**半挿**〈宇津保・菊の宴〉

半挿〔枕草子絵巻〕

はん-じ【判詞】 名《和歌・俳諧用語》歌合わせや句合わせで、勝負を判定する判者の言葉。「はんし」「はんのことば」とも。

ばんじ-かぎり【万事限り】 手の施しようのないこと。多く重病にいう。例**万事限り**の俄病〈近松・心中宵庚申・中〉

ばん-しき【盤渉】 名 ❶雅楽の十二律の第十音。❷「盤渉調」の略。

ばんしき-てう【盤渉調】 名 ❶雅楽の六調子の一つ。十二律の盤渉を主音とする調子。律で冬の調子とされ、「秋風楽」「蘇合香」「青海波」「千秋楽」などの曲がある。❷「ばんしき①」に同じ。例(横笛ノ)中の穴**盤渉調**〈徒然・二一九〉

はん-じゃ【判者】 名《和歌・俳諧用語》歌合わせや句合わせで、勝負を判定する人。例ある歌合はせに清輔**判者**にて、道因が歌を負かしたりければ〈無名抄・道因歌に志深事〉

ばん-じゃう【番匠】 名 平安中期から中世にかけて、決められた順に従って交替で上京し、木工や建築の仕事にあたった職人。転じて、大工。例西の京より**番匠**あまた(=大勢)召し寄せて〈太平記・一三〉

ばん-じゃく【盤石・磐石】 名 ❶大きい石。例大地さけて水わき出で、**磐石**われて谷へまろぶ〈平家・一二・大地震〉❷非常に堅いこと。例楠が(=楠親子の)名は**盤石**と堅めたる〈浄瑠璃・神霊矢口渡・一〉

ばん-しゅう【番衆】 名「ばんしゅ」とも。❶番人。宿直をする人。例よる百人ひる五十人の**番衆**をそろへて〈平家・五・物怪之沙汰〉❷武家で、番頭の指揮下にあり、殿中・陣の警護・宿直をする職。

ばん-じょう【万乗】 名 帝王の位。天皇。古代中国の制で、天子は「乗(兵車)」一万を出すということからいう。例主上…**万乗**の位にそなはりたまへり(=おつきになった)〈平家・九・三草勢揃〉

はん・ず【判ず】 動(サ変) 物事の意味や、優劣などを判断する。例歌を**判ずる**に、作者を隠すといひながら、ひとへに(=まったく)知らぬもゆゆしき大事なり〈無名抄・隠作者事〉

ばん-すらく【万春楽】 名「ばんずらく」「ばんしゅんらく」とも。平安時代、宮中の年始に行われる男踏歌で奏される楽。また、その時に舞人が歌う八句の漢詩。各句の末ごとに「ばんすらく」とはやす。例**万春楽**御口ずさみにのたまひて〈源氏・初音〉

ばん-ぜい【万歳】 ❶名 長い年月。長寿を保つことや貴人の死を婉曲にいうこともある。❷感 長寿や慶事を祝って言う語。ばんざい。例官軍大きに力をえて、山門の衆徒(=延暦寺の僧兵)までも**万歳**をよばひき〈神皇正統記・下〉

ばん-そう【伴僧】 名 法会や供養などのときに導師に従う僧。例われもわれもとうちあげたる**伴僧**の声々、遠く近く聞きわたされたるほど〈紫式部日記〉

はん-でふ【半畳・半帖】 名 ❶一畳の半分の大きさの畳。例北の方に**半畳**敷きて、上に御円座重ねて〈栄花・玉の台〉❷歌舞伎などの芝居小屋で、土間にいる観客に賃貸しした小さな畳・ござ。

はん-でん【班田】 名 令制で、すべての土地を国有地とし、公民にそれを口分田として与えること。また、その口分田。例摂津っ国の**班田**の史生(=役職名)丈部龍麻呂〈万葉・三・四四三・題詞〉

ばん-とう【番頭】 名 ❶「ばんがしら」に同じ。❷商家で、使用人の頭。例店の**番頭**さんの供でのぼったから〈滑稽本・浮世床・二下〉❸警護すること。例方々、きっと**番頭**仕れ〈歌舞伎・勧進帳〉❹風呂屋で、番台に座る男性。❺「番頭女郎」「番頭新造」の略。江戸吉原の遊里で先輩格の遊女の世話役をする女郎。

ばん-どう【坂東】 名〔足柄峠の坂より東の意〕今の関東地方。古くは今の東北地方も含めることもあった。例生まれてのち久しからずして…**坂東**の方に下るに〈今昔・三・三三〉

ばんどう-ごゑ【坂東声】 名 関東地方の人の発音。関東なまり。例声は**坂東声**にて候ふ〈謡曲・実盛〉

ばんどう-むしゃ【坂東武者】 名 関東の武士。勇猛で知られた。例**坂東武者**の習ひとして…淵瀬嫌ふやうやある(=川の水の深浅など選り好みしない)〈平家・四・橋合戦〉

はん-とき【半時】 名 一時の半分。今の約一時間にあたる。転じて、わずかな時間。ほんの少しの間。例**半時**もこの内に置くことならぬ、勘当ぢゃ〈近松・女殺油地獄・中〉

はんなり 副《近世語》華やかで明るいさま。上方で用いる。例**はんなり**と細工に染まる紅うこん〈俳諧・炭俵・下〉

はんにゃ【般若】 名《仏教語》〔梵語の音写〕❶修行によって生じる深い知恵。真の悟りを得る知恵。例いまだ**般若**の理をば現さず〈今昔・一三・四二〉❷「大般若経(=常啼菩薩)東へ尋ね行き〈梁塵秘抄・法文歌〉❸能面の一つ。女性の恨みや怒りを、二本の角をもつ恐ろしい鬼女に表す。鬼女の面。❹③に似た顔。また、鬼女。

はんにゃ-しんぎゃう【般若心経】 名《仏教語》「般若波羅蜜多心経」の略。大般若経六〇〇巻の真髄を二六二字に要約した経。

はんにゃ-たう【般若湯】 名 僧の隠語で、酒。例僧家、**般若湯**と号して専ら用ふるは〈醒睡笑・五〉

はんにゃ-の-ふね【般若の船】 真理を見抜く知恵を、生死の海を渡る船にたとえていう語。それによって、迷いから悟りの彼岸へ達する。例是生滅法は愛欲の河を渡る**般若の船**なり〈栄花・鶴の林〉

はん-ぴ【半臂】 名 束帯のとき、袍と下襲との間に着る、短くて袖のない衣。⇩そくたい(図)。例下襲の**半臂**もなき、太帷子(=太織りの帷子)の上に着て〈宇津保・祭の使〉

はん-ぺい【藩屏】 名〔垣根の意〕❶朝廷を守護すること。また、守護する人。例重ねて大軍を起こして天下の**藩屏**となるべし〈太平記・一七〉❷直轄の領域。例**藩屏**の内にして使節を誅戮する条(=殺すこと)、罪科軽きにあらず〈太平記・一〇〉

はんべ・り【侍り】 動(ラ変)〔「はべり」の変化した形〕あります。おります。例筑摩の郡あたらしの郷といふところに、不思議の男一人**はんべり**ける〈御伽草子・物くさ太郎〉

はん-ぼほ【半頰】 名 武具の名。頰から下を覆う鉄製の面。例籠手・脛当て・**半頰**・膝鎧、透き所無く〈太平記・一七〉

はん-ぽん【板本・版本】 名「はんぼん」とも。板木に字・絵を彫って印刷した本。写本に対していう。⇩印刷と版本

はん-めう【斑猫】 名 ハンミョウ科の虫の名。細長く、光沢のある緑色をしている。猛毒があるとされ、乾燥したものを毒薬として用いた。例(ゼイタクハ)**斑猫**・比霜石より怖しく〈西鶴・日本永代蔵・三・二〉

はん-や【半夜】 名 真夜中。夜半。例宮の御仏名の**半夜**の導師(ノ読経ヲ)聞きて出づる人は、夜中ばかりも過ぎにけんかし(=過ぎたことだろうよ)〈枕・十二月二十四日、宮の御仏名の〉

ばん-ゑ【蛮絵・盤絵】 名 鳥獣や草花などを円形に図案化した模様。袍、舞楽の装束、調度などにつける。例**蛮絵**に蒔きたる(=蒔絵を施した)硯の箱の蓋に〈今昔・二四・三一〉

ひ

ひ【火】 名 ❶**燃える火**。火炎。炎。例さねさし(枕詞)相模の小野に 燃ゆる**火**の 火中に立ちて 問ひし君はも〈記・中・景行・歌謡〉➡名歌179
❷「灯」とも書く。**灯火**。**ともしび**。例夜は目の覚めたるかぎり、**灯**を近くともして、これを見るよりほかのことなければ(=夜は目の覚めている限り、灯火を近くにともして、これを見ることのほかは何もしないので)〈更級〉読解「これ」は『源氏物語』をさす。
❸**炭火**。**おき**。例いと寒きに、**火**など急ぎおこして(=たいそう寒い朝に、炭火などを急いでおこして)〈枕・春はあけぼの〉
❹**火災**。**火事**。例都の東南より**火**出で来て(=都の東南の方角から火災が起こって来て)〈方丈記〉
❺**光を放つもの**。**蛍火**・**鬼火**など。例この蛍のともす**火**にや見ゆらむ(=この蛍の放つ光で見えるかもしれない)〈伊勢・三九〉
❻**烽火**。**のろし**。例天下に兵革おこる時、所々に**火**をあげ、大鼓をうって兵をめすはかり事あり(=天下に兵乱の起こるとき、所々に烽火をあげ、太鼓を打って兵士を呼び集める方法がある)〈平家・二・烽火之沙汰〉
❼**火のように燃える思い**。**激情**。例心には **火**さへ燃えつつ 思ひ恋ひ(=心には火のようにまでも燃えあがっては思い慕って)〈万葉・一七・四〇一一〉

語誌 ▼**神聖なもの** あらゆるものを燃やし尽くす火には霊性があると信じられ、火の神への信仰が生み出された。古くは火をおこすことが容易でなく、火を絶やさぬことが重視された。神聖な火は家などの集団

の統合を支える一種の精神的な象徴ともみなされ、かまどの神が祀られるようになった。同じかまどの火を共通にすることは、同族としての関係を結ぶことでもあった。神聖な火は汚染されやすく、清浄さを保つために穢れを避ける必要があった。神事などで、別火の作法(清浄な火を穢れの混じらぬよう他人と共用しないこと)が厳重に守られるのもそのためである。

▼上代特殊仮名遣いによると、「火」と「日」は別語と考えられている。〈多田一臣〉

ひ

【日】 名 太陽をいうのが原義。

❶**太陽。日光。** 例青山に **日**が隠らば ぬばたまの(枕詞) 夜は出でなむ(=青々と草木が茂った山に太陽が隠れたら、夜にはきっとお出ましになるだろう)〈記・上・神代・歌謡〉

❷**太陽の照らしている時間。昼。日中。** 例かがなべて(=日を重ねて) 夜には九夜 **日**には十日を〈記・中・景行・歌謡〉➡名歌277

❸**時間の単位としての日。一日。** 例雨降らず **日**の重なれば 植ゑし田も 蒔きし畑も 朝ごとに 凋み枯れ行く(=雨が降らないで日にちがたったので、植えた田も蒔いた畑も朝のたびにしぼんで枯れていく)〈万葉・一八・四一二二〉

❹**日数。日限。** 例かかる所に**日**を限りて籠もりたればなむ〈源氏・蜻蛉〉読解日限を定めて石山寺に参籠中である。

❺**時。折。** 例春霞立ちにし**日**より今日までに(=春霞が立ったときから今日までに)〈万葉・一〇・一九一〇〉

❻**日取り。日柄。** 例明日なん**日**よろしくはべれば(=まあまあでございますので)〈源氏・夕顔〉読解ここは暦の上での日柄。

❼**天気。天候。** 例十九日。**日**悪しければ、船出ださず(=十九日。天候が悪いので、船を出さない)〈土佐〉

❽太陽神である天照大御神。また、その子孫とされる天皇・皇子。「日の御子」など。〈鈴木宏子〉

[日に異に] 日ごとに。日増しに。例秋風の**日に異に**吹けば水茎の(枕詞) 岡の木の葉も色付きにけり〈万葉・一〇・二一九三〉

[日に添へて] 日がたつにしたがって。日増しに。例(自分ノ失敗ヲ)人の聞き笑はむことを**日に添へて**思ひたまひければ〈竹取〉

ひ【氷】 名 ❶氷。例**氷**を物の蓋に置きて割るとて〈源氏・蜻蛉〉❷雹。霰。例つぶてのやうなる**ひ**降り〈宇津保・吹上下〉

ひ【非】 名 ❶道理に反すること。正しくないこと。例**非**をもって理とす〈平家・一・願立〉❷欠点。短所。例みづから明らかにその**非**を知るゆゑに〈徒然・一六七〉❸不利な状況。例是なる時は喜び、**非**なる時はうらみず〈徒然・二一一〉

ひ【杼・梭】 名 機織りの道具。縦糸に横糸を通すための木製の舟形の器具。例天の服織女見驚きて、**梭**に陰上を衝きて死にき〈記・上・神代〉

ひ【緋】 名 ❶濃く明るい朱色。緋色。四位と五位の袍の色。例四位・五位・六位などの御供に仕うまつるは、さすがに**緋**の装束をしたるものから(=着ているが)〈栄花・楚王の夢〉❷緋色の練り絹。

ひ【樋・楲】 名 ❶水を流し送るため、竹や木で作った長い管。とい。例水遣りたる**樋**の上に〈蜻蛉・中〉❷せき止めた水を出し入れするための戸。例藪の外面のいささ川、流れ漲る**樋**の上を〈近松・心中天の網島・下〉❸厠の道具。大小便を受ける箱。❹物の表面に刻みつけた細長い溝。特に、軽くするため、また、血の滴りを早くするため、刀身の背に彫った溝。例金作りの太刀の二尺七寸ありけるに、剣の**樋**かきて〈義経記・五〉

ひ【檜】 名 植物の名。檜の古称。例田上山の 真木さく(枕詞) **檜**のつまで(=材木)を〈万葉・一・五〇〉

ひ 上代の反復・継続の助動詞「ふ」の連用形。

ひ-あい【非愛】 名 形動(ナリ) ❶無遠慮なこと。例これは身ながらも(=我ながらも)**ひあい**の事にて候ふ〈著聞集・一〇・三八〇〉❷危ないこと。例わが馬の**ひあい**なりとて、主の馬に乗り換へたれども〈平家・八・法住寺合戦〉

ひ-あふぎ【檜扇】―オウギ 名 檜の薄板を連ねて要で留め、上端を白い絹糸でとじた扇。衣冠や直衣のとき、笏の代用として持つ。婦人用の装飾的な衵扇にもいう。例**檜扇**は無紋。唐絵(ヲ描イタモノ)〈枕・檜扇は〉

檜扇〔源氏物語絵巻〕

ひ-あやふし【火危ふし】―アヤウシ 宮中や貴族の邸宅などで、夜番が巡回するとき、火の元を注意する呼び掛けの声。火の用心。例弓弦いとつきづきしくうち鳴らして、「**火危ふし**」と言ふ言ふ(=言いながら)〈源氏・夕顔〉読解弓弦を鳴らすのは魔除けのため。

びいどろ 名〔ポルトガル語から〕❶ガラス。また、ガラス製品。例**びいどろ**の障子に玉兎(=月)冴え還り〈俳諧・紅梅千句〉❷ガラスでできた、ラッパのような形の玩具。例**びいどろ**吹けばぽこぽんぽこぽん〈黄表紙・人間万事吹矢的〉

ひいな【雛】 名「ひひな」の変化した形。

ひい-ふっ-と 副 矢が風を切って飛び、勢いよく命中した音を表す語。「ひふっと」「ひゃうふっと」とも。例あやまたず扇のかなめぎは一寸ばかりおいて、**ひいふっと**ぞ射きったる〈平家・一一・那須与一〉

日向 ヒュウガ《地名》〔古くは「ひむか」〕旧国名。今の宮崎県と鹿児島県東端部。西海道十一か国の一つ。日州。延喜式で中国・遠国。

ひ-うち【火打ち・燧】 名 ❶火打ち石と火打ち金とを打ち合わせて、火花を出すこと。また、その道具。例嚢の口を解開きて見たまへば、**火打ち**その裏にあり〈記・中・景行〉❷紙子や合羽などの袖付けの下に、ゆとりをもたせるために縫いつけた三角形の紙や布。例**火打ち**の所、黒繻子をあてたる、ぶっさき羽織を着たるお侍〈滑稽本・膝栗毛・四上〉

ひうち-ば【火打ち羽】 名 鷹の羽の名。翼の付け根

の羽か。例藤の先は、ひうち羽の長に比べて(=そろえて)切りて〈徒然・六六〉

比叡・日吉 名 ❶比叡山。また、比叡山にある延暦寺。例ひえの中堂に常灯をたてまつりたまふ〈宇津保・藤原の君〉 ❷日吉神社。比叡山の東側のふもと、今の滋賀県大津市坂本にある。延暦寺の創建以後は、習合して天台宗の守護神となる。各地にその末社が多い。「日吉」は「ひよし」とも。

比叡山 《地名》山城国と近江国、今の京都市左京区と大津市にまたがる山。京都盆地の北東辺の最高峰。古くから霊峰として信仰された。延暦四年(七八五)、最澄が延暦寺を草創、天台宗の根本道場として多くの僧が山上・山麓に住した。都の人にとって単に「山」といえば比叡山をさす。「比叡」「比叡の山」「叡山」「北嶺」とも。⇩延暦寺 〈大谷俊太〉

ひえ-い・る【冷え入る】 動(ラ四) すっかり冷たくなる。寒さが身にしみる。死んで体が冷たくなることにもいう。例わが身も**冷え入る**やうにおぼえて〈源氏・幻〉

稗田阿礼 《人名》生没年未詳。飛鳥時代の語り部。『古事記』の序文によれば、『古事記』は、天武天皇の勅命によって阿礼が帝紀(天皇の系譜)・旧辞(帝紀以外の神話や伝承)を誦習し、それを太安万侶が筆録したものとされる。

ひお【氷魚】⇩ひを

ひおけ【火桶】⇩ひをけ

ひおどし【緋縅】⇩ひをどし

ひおむし【蜏】⇩ひをむし

ひ-か【非家】 名「ひけ」とも。その道の専門家でない人。素人。例よろづの道の人、たとひ不堪なり(=未熟だ)といへども、堪能の(=すぐれた)**非家**の人にならぶ時、必ずまさる事は〈徒然・一八七〉

ひが- 【僻】接頭 名詞について、道理に合わない、誤っている、ひねくれている、などの意を添える。「僻覚え」「僻聞き」「僻心」「僻者」「僻事」など。〈木村博〉

ひ-かう【披講】 ─コウ 名動(サ変) 詩会や歌合わせで、作品を読み上げること。また、その式・その役の人。例御製の**披講**終はって〈太平記・四〇〉

ひが-おぼえ【僻覚え】 名 思い違い。記憶違い。例(『古今和歌集』ノ歌ヲ)**ひがおぼえ**をもし、忘れたる所もあらば〈枕・清涼殿の丑寅のすみの〉

ひ-がき【檜垣】 名 ❶檜の薄い板を斜めに編み組んだ垣根。粗末で簡略な垣根である。例この家のかたはらに、**檜垣**といふもの新しうして〈源氏・夕顔〉 ❷江戸時代、江戸へ定期的に貨物を運んだ檜垣造りの貨物船。檜垣廻船。

檜垣①
〔春日権現験記絵〕

ひが-ぎき【僻聞き】 名 聞き違い。例もし**ひが聞き**かと、人をかへて聞かする〈著聞集・二〇・七〇一〉

ひ-がく【非学】 名《仏教語》大乗・小乗の学を修めていないこと。仏道を学ばないこと。「非修非学」の形で用いることが多い。

ひ-かげ【日陰・日蔭】 名 ❶日光の当たらない場所。❷主君の恩恵の及ばないこと。出世の機会に恵まれないこと。例たのまれぬ(=何も期待できない)うき世の中を嘆きつつ**日陰**に生ふる身をいかにせん〈後撰・雑二〉 ❸「ひかげのかづら①」に同じ。❹「ひかげのかづら②」に同じ。例箱のふたにひろげて、**日蔭**をまろめて〈紫式部日記〉

ひ-かげ【日影】 名(「かげ」は光の意)❶日の光。陽光。日ざし。例雲の上にさばかりさしし**日かげ**にも〈後拾遺・恋二〉 ❷太陽。例あはれにも山の端近く傾きぬめる**日影**かな〈増鏡・序〉

ひかげ-ぐさ【日陰草・日蔭草】 名「ひかげのかづら①」に同じ。例**ひかげ草**かかやく影やまがひけんますみの鏡くもらぬものを〈後拾遺・雑五〉

ひかげ-の-かづら【日蔭の蔓・日蔭の鬘・日蔭の葛】 ─カズラ 名 ❶植物の名。ヒカゲノカズラ科の常緑シダ植物。茎は細長いつるとなって地面をはい、杉の葉に似た形。❷大嘗祭・新嘗祭などの神事で、頭に飾る青または白の組み糸。古くは①のつるを用いたのでいう。例さし櫛に**日蔭のかづら**を結びつけて〈後拾遺・雑五・詞書〉

日蔭の蔓②
〔髙田装束研究所〕

ひが-ごころ【僻心】 名「ひがこころ」とも。ひねくれた心。誤った考え。例(父ノ)**ひが心**にてわが身をさしもあるまじきさま(=身分不相応なさま)にあくがらしたまふ〈源氏・若菜上〉

ひが-こと【僻事】 名動(サ変) ❶**道理にはずれた行為**。悪事。例盗人を縛め、**僻事**をのみ罪せんよりは(=どろぼうを縛り、悪事をだけ罰するよりは)〈徒然・一四二〉 読解 それより、人々が飢えたり凍えたりしないように世を治めてほしいものだ、とする。❷**事実と違っていること**。間違い。誤り。例かまへて、**ひが事**なりけりと聞こえなして、もて隠したまへ(=なんとかして、人違いだったよと繕って申し上げて、おかくまいください)〈源氏・夢浮橋〉〈木村博〉

ひ-がさ【檜笠】 名「ひのきがさ」とも。檜を薄くはいだ板で作った笠。例**檜笠**の上をまたおとがひ(=下あご)に縄にてからげつけて〈宇治拾遺・一〇〇〉

ひが-ざま【僻様】 形動(ナリ) 事実と違っている様子。変なふう。例御心ざしを、**ひがざまに**こそ人は申すなれ〈源氏・藤袴〉

ひかさ・る【引かさる】 動(ラ下二) 引かれる。他につられて同調する。ほだされる。例さりともと思ふ心(=無駄と知りつつ期待してしまう心)に**ひかされ**ていままで世にも経るわが身かな〈後拾遺・恋二〉

ひがし

【東】名 ❶**方角の名**。東。太陽の昇る方角。十二支の卯に相当する。例(a)おもしろの花の都や筆で書くとも及ばじ(=楽しいのは花のように美しい都よ。それを筆で書いても書き尽くせないだろう)**東**には祇園清水〈閑吟集・一

九〉例(b)菜の花や月は東に日は西に〈俳諧・蕪村句集・上〉↓名句100

❷**東から吹く風。東風。**「こち」とも。例西吹けば東になびき、東吹けば西になびくを(＝西風が吹くと東になびき、東風が吹くと西へなびくのを)〈更級〉

❸**京や大坂に対して、鎌倉・江戸。**鎌倉幕府をさすことが多い。例東ざまにも、その心づかひすべかんめり(＝鎌倉のほうでも、その用心をしているにちがいないようだ)〈増鏡・新島守〉

語誌 ▼**語の成り立ち** 「ひむかし」→「ひむ(ん)がし」→「ひがし」と語形が変化した。「ひがし」という形は中世以降に現れるとされる。②の『更級日記』の原文は漢字表記で、はっきり「ひがし」であるとは言い切れない。語源は、「日向かし」、すなわち日の出る方角とする説と、風の名とする説がある。

▼**関連語**「あづま」 同様に東を意味する語でも、「あづま」は、東国に対する差別的な見方をこめて用いられることがある。

▼**五行など** 五行説では木に通じ、五色の青、四季の春に通じる。四神では青龍があたる。〈奥村英司〉

東本願寺(ひがしほんぐわんじ)ヒガシホンガンジ 名 山城国、今の京都市下京区、烏丸七条の寺。浄土真宗大谷派の総本山。慶長七年(一六〇二)現在の寺地を与えられて本願寺から独立。以後、寺地の場所により、新しく独立した烏丸七条の寺を東本願寺、もとからの堀川七条の寺を西本願寺と呼ぶ。

東山(ひがしやま)《地名》山城国、今の京都市の東の連峰。北は比叡山あるいは如意ケ嶽から南は稲荷山までという。古くは鳥部野など送葬の地。のち清水寺などの社寺が建てられ、行楽の地ともなる。例蒲団着て寝たる姿や東山〈俳諧・玄峰集〉↓名句127

ひ-かた【干潟】 名 遠浅の海で潮が引いて現れたところ。ひがた。例沖の干潟遥かなれども、磯より潮の満つるがごとし〈徒然・一五五〉

ひが-ひが・し

【僻僻し】形(シク)〔「ひが」を重ねて形容詞化した語〕❶**性質が普通でないさま。ひねくれている。情趣を解さない。**例(a)君のかうまめやかにのたまふに、聞き入れざらむも**ひがひがしかるべし**(＝源氏の君がこんなに真剣におっしゃるのに、聞き入れないのもひねくれているにちがいない)〈源氏・末摘花〉例(b)この雪いかが見ると一筆のたまはせぬほどの、**ひがひがしからん**人の仰せらるる事、聞き入るべきかは(＝この雪をどのように見ているかと一言お書きにならないほどの、情趣を解さない人のおっしゃることを、どうして聞き入れることができましょうか)〈徒然・三一〉

読解 末尾の「かは」は反語の意を表す。

❷**状態が普通でないさま。おかしい。みっともない。**例(a)耳などもすこし**ひがひがしく**なりにたるにやあらむ(＝おかしくなってしまっているのであろうか)〈源氏・若菜下〉例(b)着たる物のさまに似ぬは、**ひがひがしく**もありかし(＝着ている物が容姿に似合わないのは、みっともないものですよ)〈源氏・玉鬘〉〈木村博〉

ひか・ふ

【控ふ】ヒカウ・ヒコウ 動(ハ下二)「ひきあふ(引き合ふ)」の変化した形か。引いて、相手の動きや力を止める意。

❶**引き止める。止める。おさえる。**例紅葉の散る木のもとに馬を**ひかへて**(＝馬を止めて)〈古今・秋下・詞書〉

❷**気持ちや行動を抑制する。慎む。見合わせる。**やめにする。例その一事をば**ひかへて**教へざりけり(＝その一つの事は見合わせて教えなかった)〈宇治拾遺・一八五〉

❸**手に持つ。握る。保持する。**例中尊の御手の五色の糸を**ひかへ**つつ(＝阿弥陀仏の御手の五色の糸を握りながら)〈平家・灌頂・女院死去〉読解 阿弥陀如来に導かれて極楽往生しようとする。

❹**進まないで待つ。待機する。**例判官八十余騎、矢ごろに寄せて**ひかへ**たり(＝判官以下八十余騎、矢を射るのに手ごろな距離に近寄せて待機している)〈平家・一一・嗣信最期〉

❺**そばにいる。かたわらに控える。そばに置く。**例かの物縫ひし夜半、**ひかへ**たりけるは、この君なりけり(＝あの物を縫った夜、そばにいたのは、この君だったのだ)〈落窪・三〉〈浅見和彦〉

ひが-みみ【僻耳】 名 聞き違い。例あやし。ひが耳にや〈源氏・若紫〉

ひが・む

【僻む】❶動(マ四)**ひねくれる。ゆがむ。かたよる。**例(a)参らざらんも**ひがみ**たるべしと思して参りたまふ〈源氏・蜻蛉〉読解 参上しないのも、すねているように先方に受け取られるにちがいないとお思いになって、参上なさる、の意。例(b)母君も、さこそ**ひがみ**たまへれど(＝母君も、あのように普通ではなくいらっしゃるが)〈源氏・若菜下〉読解 老齢のせいで、ということ。

❷動(マ下二)❶**曲げる。ゆがめる。事実と違える。**例(太政大臣ガ)おはせましかば、かくもて**ひがむる**事もなからまし(＝生きていらっしゃったならば、このように筋違いの事もなかったでしょうに)〈源氏・少女〉

❷(他の動詞について)**事実と違えて〜する。**例もし思ひ**ひがむる**方ある(＝もしや思い違いをなさっていることがあるのではないか)〈源氏・朝顔〉〈木村博〉

ひが-め【僻目】 名 見誤り。見間違い。例一人見たることならばこそ**僻目**とも疑ふべきに、皆同じく見れば、疑ふべきにあらず〈今昔・二三・二三〉

ひが-もの【僻者】 名 ひねくれ者。変わり者。例世のひがものにて、まじらひもせず〈源氏・若紫〉

ひかり

【光】名 ❶㋐**光線。**例月読みの**光**を清み(＝月の光が清らかなので)〈万葉・一五・三五九九〉㋑**光沢。**例**光**もなく黒き掻練りの(＝光沢もなく黒く柔らかい絹布で)〈源氏・初音〉

❷**光栄。栄え。光明。**例(ソノ女性ヲ)うれしき山里の**光**と明け暮れ見たてまつりつるものを(＝喜ばしく山里の光明のような方と、朝夕拝見していたのに)〈源氏・手習〉

❸**威光。威勢。恩顧。**例この大臣の御**光**によろづもてなされたまひて…栄えたまふ(＝この大臣のご威光によって万事世話をされなさって…繁栄なさる)〈源氏・澪標〉

語誌 ▼**象徴としての「光」** 自然の光線の意から②

③の意が生まれた。光にたとえて、その美しさや華やかさ、明るさ、勢いの強さなどを象徴的に表す。〈高田祐彦〉

ひかり-だう【光堂】 名「こんじきだう」に同じ。例五月雨の降りのこしてや光堂〈芭蕉・奥の細道〉➡名句64

ひかり-もの【光り物】 名❶流星・稲妻・鬼火など、光りながら空中を飛ぶもの。例空闇かりしに…茂りの下葉より数ある玉の**光り物**〈西鶴・好色一代男・五・四〉❷金銀貨。例日ごろ貯へたる**光り物**をば、空しく蔵に残し置き〈浮世草子・元禄太平記・三・三〉

ひか・る【光る】 動(ラ四)❶光を放つ。照る。輝く。例あやしがりて寄りて見るに、筒の中**光りたり**〈竹取〉❷美しさや才能が、輝くばかりに際立つ。例(青海波ヲ舞ウ光源氏ハ)顔の色あひまさりて、常よりも**光る**と見えたまふ〈源氏・紅葉賀〉

光源氏《人名》『源氏物語』の作中人物。⇩源氏物語

ひが-わざ【僻業】 名間違った行い。筋違いなこと。例**ひがわざ**とも明かしはべらずありしかば(=はっきりさせてくれませんでしたので)〈源氏・行幸〉

ひ-がん【彼岸】 名《仏教語》❶悟りの世界。涅槃の境地。煩悩を川や海にたとえ、迷いの世界であるこの世をこちら側の岸(此岸)とし、向こう側の岸としていう。例一つとして菩提の**彼岸**に至らずといふ事なし〈平家・五・勧進帳〉❷春分・秋分の日を中日としたそれぞれ前後七日間。この間に先祖を供養する仏事などを行う。例十六日、**彼岸**のはじめにて、いとよき日なりけり〈源氏・行幸〉

ひがん-ゑ【彼岸会】 名《仏教語》春秋の彼岸の期間に行う仏事。インド・中国には見られない日本のみの風習。

ひき-【引き】 接頭 動詞について、語調を強める。「引き認む」「引き違ふ」など。「ひっくくる」「ひんむく」など、音便形になることも多い。

-ひき【疋・匹】 接尾❶布の長さの単位。一匹は二反。例「絹二十疋」といひければ〈宇治拾遺・一八〇〉❷動物の数を数える単位。❸銭の単位。例かれこれ三万疋を芋頭の銭と定めて〈徒然・六〇〉

ひき【蟇】 名動物の名。ヒキガエル。ガマガエル。例這ひ出でよ飼ひ屋が(=蚕を飼う小屋の)下の**ひき**の声〈芭蕉・奥の細道〉

ひき【引き】 名❶引くこと。引っ張るもの。❷引き寄せること。導き。例大君の**引き**のまにまに(=導きのままに)〈万葉・六・一〇四七〉❸目をかけて、引き立てること。後援者。例御**ひき**にて白馬(ノ節会)に出でたまへ〈落窪・三〉❹手引き。つて。例(女房デアル)弁の君が**ひき**にて参り〈落窪・三〉❺「引き出で物」の略。⇩ひきでもの。例大御所さまの御**ひき**には、砂金五百両〈御伽草子・唐糸草紙〉

ひ-ぎ【氷木】 名「ちぎ(千木)」に同じ。

ひき-あ・く【引き開く】 動(カ下二)引っ張って開ける。例酔ひ草臥れて朝寝したるところを主の**ひき開けたる**に、惑ひて〈徒然・一七五〉

ひき-あはせ【引き合はせ】 名❶合わせ目。特に、鎧の胴の前と後ろとを合わせる所。大鎧の場合は右脇にある。例鎧の**引き合はせ**よりうしろへつつと射ぬきて〈保元・中〉❷手引きして会わせること。紹介。例八幡大菩薩の御**引き合はせ**とこそ存じ候へ〈義経記・三〉

ひき-あ・ふ【引き合ふ】 動(ハ四)❶互いに引く。例手を**引き合っ**(音便形)て往きな〈滑稽本・浮世風呂・四上〉❷助けあう。例**引き合ひて**、仁木に同心し(=味方し)〈太平記・三五〉❸取り引きする。約束する。例内々**ひきあう**(音便形)ておいた〈滑稽本・膝栗毛・五追加〉❹取り引きで利がある。割が合う。例お天気都合が悪いと休みが勝ちますからね。やっぱり**引き合ひません**〈滑稽本・浮世風呂・四上〉

ひき-いた【引き板】 名「ひた(引板)」に同じ。

ひき-いだ・す【引き出だす】 動(サ四)❶外へ引き出す。例馬を**ひき出ださせける**に〈徒然・一八五〉❷事態を引き起こす。例心にまかせたること、**ひき出だし**仕うまつるな〈源氏・澪標〉

ひき-い・づ【引き出づ】 動(ダ下二)❶外へ引き出す。例御車**引き出でよ**〈源氏・帚木〉❷取り出す。例一の巻よりして…(櫃カラ)**ひきいでつつ**見る心地、后の位も何にかはせむ〈更級〉❸事態を引き起こす。しでかす。例さる騒ぎをさへ**ひき出でて**〈源氏・澪標〉❹例に挙げる。引きあいに出す。例(桐壺更衣ニ対スル帝ノ寵愛ハ)楊貴妃の例も**ひき出でつべく**なりゆくに〈源氏・桐壺〉❺引出物にする。贈る。例さるゆゑ深き物にて(=深いゆかりのある品として)**引き出でたまへり**しを〈源氏・横笛〉

ひきいで-もの【引き出で物】 名「ひきでもの」に同じ。例**引き出で物**に、琴をせさせたまへるにや(=お贈りなさったのだろうか)〈大鏡・兼通〉

ひき-い・る【引き入る】 ❶動(ラ四)❶引っこむ。引きこもって表に出ない。例もののあはれ、をりをかしきことをも、見知らぬさまに**ひき入り**〈源氏・夕霧〉❷遠慮がちにする。例などか必ずしも、面にくく(=こしゃくなまでに)**ひき入り**たらんが賢からむ〈紫式部日記〉❸息を引き取る。例御目をきらりと見あげておはしましたりけるが、まさしき最後にて**ひきいらせ**たまひにけり〈愚管抄・四〉❷動(ラ下二)❶引いて入れる。引っこめる。例ねぶたげに言ひて、(夜具ニ)顔**ひき入れつる**声す〈源氏・帚木〉❷深くかぶる。例烏帽子を**ひき入れ**たりければ〈徒然・三五〉❸仲間に引き入れる。誘いこむ。例さる弱目に例の御物の怪の**ひき入れ**たてまつる〈源氏・夕霧〉

ひき-いれ【引き入れ】 名❶元服のとき、冠をかぶらせること。また、その役。例**引き入れ**の大臣の御座、(天皇ノ御席ノ)御前にあり〈源氏・桐壺〉読解光源氏の元服。左大臣が冠をかぶせる役となった。❷引っ張りこむこと。手引き。例ぬす人の**引き入れ**をいたす者〈仮名草子・浮世物語・三・六〉

ひきいれ-えぼし【引き入れ烏帽子】 名烏帽子を、緒(紐)をかけず頭に深くかぶること。例白き直垂に**引き入れ烏帽子**したる男〈著聞集・一二・四四一〉

ひき-うた【引き歌】 名物語や日記などの散文の中に、よく知られた和歌などの一部を引用し、そのイメージを重ね合わせることで、意味を深め、情趣を

高める表現技巧。また、その引用された和歌など。

ひき-かがふ・る【引き被る】 動（ラ四）引きかぶる。頭からかぶる。例寒くしあれば 麻衾 **ひき被り**〈万葉・五・八九二〉➡名歌122

ひき-か・く【引き掛く・引き懸く】 動（カ下二）❶引っかける。かけてつり下げる。例いと香ばしき物をくびに**ひきかけて**〈更級〉❷覆いかぶせる。衣服を身にまとう。例君たち、御裳も**引き懸け**つつおはします〈宇津保・菊の宴〉❸関連づける。引きあいに出す。例その事など定め合へるに（=評価しあっているときに）、己が身を**ひきかけ**ていひ出でたる、いとわびし（=とてもいやなものだ）〈徒然・五六〉

ひき-かづ・く【引き被く】 動（カ四）衣類などを頭からひっかぶる。上に覆う。転じて、責任や罪などをかぶる。引き受ける。例御衣**ひき被き**て臥したまへり〈源氏・葵〉

ひき-かなぐ・る 動（ラ四）乱暴に払いのける。例御簾をも**引きかなぐり**などして〈栄花・浦々の別れ〉

ひき-か・ふ【引き替ふ】 動（ハ下二）〔「ひき」は接頭語〕❶取り替える。例車**引きかへ**て祓へしにゆくままに〈蜻蛉・中〉❷すっかり変える。例公私**ひきかへ**たる世のありさまに〈源氏・賢木〉

ひき-かへし【引き返し】 副うって変わって。例むげに（=すっかり）息も絶えたるやうにおはせしが、**ひき返し**つぶつぶと（=くどくどと）のたまひしことども思し出づるに〈源氏・葵〉

ひき-かへ・す【引き返す】 動（サ四）❶もとの状態に返す。後へ返す。例**引き返す**やうにあさましけれど（=嘆かわしい気持ちになるが）…我にもあらで出でたまひぬ〈源氏・浮舟〉❷繰り返す。例御文を、うちも置かず**引き返し引き返し**見ゐたまへり〈源氏・宿木〉❸裏返す。反対にする。例畳所どころ**引き返し**たり〈源氏・須磨〉❹とって返す。後ろに戻る。例景綱これを見ていそぎ**引っ返して**〈保元・中〉

ひき-きり【引き切り】 形動（ナリ）余裕がなく、いらだっている。せっかちだ。例いと**ひききりに**、はなやいたまへる人々にて〈源氏・夕霧〉

ひき-ぐ・す【引き具す】 動（サ変）❶伴う。連れて行く。例また、例も（=いつも）御供に参りたまふ上達部・殿上人**引き具せ**させたまへれば〈大鏡・師尹〉❷身につける。備える。例（琵琶ノ技量ヲ）いかでかうのみ（=これほど）**ひき具しけむ**〈源氏・薄雲〉

ひき-ごし【引き腰】 名宮中の女性の正装で、裳の左右につけて後ろに長く垂らす二本の装飾用の紐。⇩からぎぬ（図）。例吾妹子が御裳の**引き腰**（ここまで序詞）長き世をかけてぞ契る飽かぬあまりに〈新撰六帖・五〉

ひき-こ・す【引き越す】 動（サ四）❶上位のものをさしおいて、その上に据える。例小千代君とて、かのほかばら（=腹違い）の大千代君には（官位ヲ）こよなく（=格段に）**ひきこし**〈大鏡・道隆〉❷後ろから前へ、肩を越えさせる。例纓を**ひき越し**て顔にふたぎていぬるも（=かぶせて去るのも）をかし〈枕・細殿の遣戸を〉読解「纓」は冠の付属具。

ひき-こ・む【引き籠む・引き込む】 1 動（マ四）❶家に引きこもる。閉じこもる。引退する。例作病して（=病気のふりをして）**引き込み**ければ〈仮名草子・浮世物語・三・一〇〉❷着服する。使い込む。例嫁入り道具の代銀をやらずにおのれが**引きこん**（音便形）で〈近松・五十年忌歌念仏・中〉2 動（マ下二）束縛する。隠しておく。家にこもらせる。例あまり情けに**ひきこめ**られて〈源氏・帚木〉

ひき-さ・ぐ【引き下ぐ】 動（ガ下二）手に持つ。子どもなどを引き連れる。例昨夜縫ひし御衣（=お召し物）ども**ひきさげ**て〈源氏・若紫〉

ひき-さ・す【弾きさす】 動（サ四）弦楽器を弾くのを、途中でやめる。例琴をすこし掻き鳴らしたまへるが、我ながらいとすごう（=ものさびしく）聞こゆれば、**弾きさし**たまひて〈源氏・須磨〉

ひき・し【低し】 形（ク）低い。例顔大きに、背**ひきかりけり**〈平家・八・征夷将軍院宣〉

ひき-したた・む【引き認む】 動（マ下二）〔「ひき」は接頭語〕取りまとめる。片づける。整理する。例果ての日は（=供養の終わりの日は）…我賢げに物**引き認め**、ちりぢりに行きあかれぬ〈徒然・三〇〉

ひき-しの・ぶ【引き忍ぶ】 〔「ひき」は接頭語〕1 動（バ上二）人目をはばかる。隠れる。例ここにてさへ**ひき忍ぶる**もあまりなり〈枕・殿などのおはしまさで後〉2 動（バ四）1に同じ。例をこがましう（=愚かしく）若々しきやうには**ひき忍ばむ**〈源氏・夕霧〉

ひき-しろ・ふ【引きしろふ】 動（ハ四）❶互いに引っ張る。例乳母の二人が中にこの児を置きて、左右の手足を取りて**引きしろふ**〈今昔・二七・二九〉❷むやみに引く。例小さき児這ひかかり（衣ヲ）**引きしろへ**ば〈源氏・夕霧〉❸連れ回す。無理に引き連れて行く。例敵にさがし出だされ、義朝が女など**引きしろはれ**〈平治・中〉

ひき-す・う【引き据う】 動（ワ下二）据える。座らせる。例隅の間の高欄にしばし（女ヲ）**ひき据ゑ**たまへり〈源氏・夕顔〉

ひき-す・ぐ【引き過ぐ】 動（ガ上二）車・馬などを引いて、通り過ぎる。素通りする。例（夫ノ来訪カト）人も騒ぐほどに、ふと**引き過ぎ**ぬ〈蜻蛉・中〉

ひき-すさ・ぶ【弾き遊ぶ】 動（バ四）弦楽器を心のなぐさみに弾く。例琴を**弾きすさび**たまひて、良清に歌うたはせ〈源氏・須磨〉

ひき-す・つ【引き捨つ】 動（タ下二）❶引いて行って捨てる。例死にければ陣の外に**引き捨てつ**〈枕・うへにさぶらふ御猫は〉❷引き抜いて捨てる。例**引き捨てらるる**道の朽ち葉を〈拾遺愚草・下〉

ひき-すま・す【弾き澄ます】 動（サ四）澄みきった音色で弾く。みごとに弾く。例広陵といふ手（=曲）をあるかぎり**弾き澄まし**たまへるに〈源氏・明石〉

ひき-そば・む【引き側む】 1 動（マ四）そばに引き寄せて隠す。例**ひき側み**つつ持て参る御文どもを、見たまふこともなくて〈源氏・藤袴〉2 動（マ下二）❶1に同じ。例裾を**引きそばめ**つつ居たり〈源氏・夕霧〉❷そばに引き寄せて構える。例太刀をば**引きそばめ**てつつと寄り〈御伽草子・三人法師・上〉

ひき-そ・ふ【引き添ふ】 動（ハ下二）❶引き寄せ加える。添え加える。例大舟に小舟**引き添へ**〈万葉・一

六・三八六九〉 ❷引きあいに出す。例(人相見ハ)入道殿を必ず引き添へたてまつりて申す〈大鏡・道長上〉

ひき-た【引き板】 名〔「ひきいた」の変化した形〕「ひた(引板)」に同じ。

ひき-たが・ふ【引き違ふ】 ―タガウ・―タゴウ 動(ハ下二)〔「ひき」は接頭語〕❶自然のなりゆきや世間の常識とはちがったことをする。予想や期待に反する。例かくひき違へたる御宮仕へを、いかなるにかと思して〈源氏・竹河〉 ❷すっかり変える。一変させる。例(入内ヤ出産ナドノ)御いそぎ(=御準備)のさまにひき違へ、悲しきこと限りなし〈栄花・楚王の夢〉

ひき-た・つ

【引き立つ】 ■1 動(タ下二) ❶引き起こす。引っ張って立たせる。例御手を取りて引き立てたまふ(=御手を取って引き起こしなさる)〈源氏・明石〉 ❷戸や障子などを引いて閉める。例こなたの障子は引きたてたまひて(=こちらのふすまは引いてお閉めになって)〈源氏・東屋〉 ❸行きしぶる人を連れて行く。せきたてる。例「いざ、いざ…教へよ」とおほせられて、ひきたてさせたまふ(=「さあ、さあ…教えろ」とおっしゃって、無理にお連れになる)〈讃岐典侍日記・下〉 ❹車や馬を一つ所にとめる。例男車、二つばかり引き立てて(=男車を、二台ほど一か所にとめて)〈更級〉 ❺人材を取り立てる。目をかける。例引きたつる人もなかりけるに、かたじけなくも神恩をかぶりて先途を達してける(=取り立てる人もなかったのに、恐れ多くも神の恩寵を受けて栄達を極めた)〈著聞集・一・二九〉 ■2 動(タ四) 浮き足だつ。退却する。例隙間をあらせず戦ひたまへば、正尊かなはじと引き立ちけるを(=休む余裕を与えず戦いなさるので、正尊はたえられまいと退却したのを)〈謡曲・正尊〉

語誌 ▼■1の用例が圧倒的に多い。下二段活用の「たつ」は立てる意の他動詞であり、「ひきたつ」の場合も、引いて立てる、が基本的な語義といえる。④は、単に「立つ」(下二段)とのみいうことも多い。
▼一段とみごとに見える、の意に用いるのは、江戸時代以降の用法。 〈品田悦一〉

ひき-ちが・ふ【引き違ふ】 ―チガウ・―チゴウ 動(ハ下二)〔「ひき」は接頭語〕❶入れ違いにする。違うようにする。例(関白殿ガ内裏ニイルノニ対シテ)左大臣殿はまた引き違へて仙洞に御祇候あり(=上皇の御所に参上する)〈保元・上〉 ❷交差させる。例二人が袖を引き違へ〈曾我・九〉 ❸約束などを破る。裏切る。例さにてはなくて(=約束していた人ではなくて)、引き違へ、経任になされぬ〈とはずがたり・三〉

ひき-つくろ・ふ【引き繕ふ】 ―ツクロウ 動(ハ四)〔「ひき」は接頭語〕❶身なりや体裁を整える。欠点を直す。例御直衣奉りひきつくろひて〈源氏・明石〉 ❷特に気をつけてする。気どってする。例例よりはひきつくろひて書きて〈蜻蛉・上〉

ひき-つけ【引き付け】 名 ❶後日の証拠・参考とするため、前例の内容を書きとめておく文書。覚え書き。また、それをもとに事件を処理すること。例古き日記、法例の引き付けを借したまはり〈庭訓往来・八月〉 ❷鎌倉・室町幕府の裁判機関。訴訟の審理や記録書の作成などにあたる。

ひきつけ-しゅう【引き付け衆】 名 鎌倉・室町幕府の職名。評定衆を補佐し、訴訟の審理にあたる。

ひき-つぼ・ぬ【引き局ぬ】 動(ナ下二) 屏風・几帳などを立てめぐらして囲み、小さな空間を作る。例屏風・几帳ばかりを引きつぼねて、隙もなく居たり〈栄花・若ばえ〉

ひき-つ・む【引き詰む】 動(マ下二) 手早く次々に矢を射る。例さしつめひきつめさんざんに射る〈平家・四・橋合戦〉

ひきで-もの【引き出物】 名〔「ひきいでもの」の変化した形〕祝宴・饗応などのとき、主人から客に贈る品。もとは馬を庭に引き出して贈ったことからいう。例まことに嬉しと思しめさば、心殊ならむ(=特別心をこめた)ひき出物を賜へ〈今昔・三三・八〉

ひき-ど【引き戸】 名 横に引き、左右に開閉する戸。

ひき-と・る【引き取る】 動(ラ四) ❶引っ張って取る。引き寄せて取る。例こだに(=つる草の名)などすこし引き取らせたまひて〈源氏・宿木〉 ❷引き受ける。例死ねば仏道が引き取って(音便形)てくれる〈滑稽本・浮世床・二上〉 ❸息が絶えて死ぬ。例引き取る息や波の泡、つひにはかなくなりにけり〈近松・大織冠・三〉 ❹退却する。撤退する。例戦ひ負けたる体にして十里ばかり引きとるべし〈近松・国性爺合戦・五〉

ひき-と・る【弾き取る】 動(ラ四) 弾き方を習得する。弾いて覚える。例昔より箏は女なん弾きとる物なりける〈源氏・明石〉

ひき-なほし【引き直衣】 ―ナオシ・―ノウシ 名 天皇の常服で、長い緋の裾を一メートルあまり長く引いて着る直衣。長い緋の袴をはく。例御帳の前に御引き直衣にて渡らせたまふ〈中務内侍日記・下〉

ひき-の・く【引き退く】 ■1 動(カ四) 引きしりぞく。退散する。例義朝・清盛、色をうしなひて(=あわてて)引き退き〈保元・中〉 ■2 動(カ下二) 引き離す。どかす。例取りつきたまへる手を引き退けて、舟をばつひに漕ぎ出だす〈平家・三・足摺〉

ひき-はぎ【引き剝ぎ】 名「ひはぎ」「ひっぱぎ」とも。追いはぎ。例辺土(=田舎)にては引き剝ぎをしてすぎきつるなり〈著聞集・一二・四四一〉

ひき-は・く【引き佩く】 動(カ四)〔「ひき」は接頭語〕太刀などを腰に着ける。例なよよかなる(=柔らかな)直衣、太刀ひき佩き〈蜻蛉・下〉

ひき-はこ・ゆ【引きはこゆ】 動(ヤ下二) 衣服をたくし上げること。例宿直姿にひきはこえて〈枕・雪高う降りて〉 語誌 右の例を「ひきはこへ」とする本もある。それに従えば、仮名遣いはハ行。

ひき-はな・つ【引き放つ】 動(タ四) ❶弓を引いて矢を射る。例引き放つ 矢の繁けく〈万葉・二・一九九〉 ❷無理にはなす。例(兄ハ)波多野(=人名)に取り付きたる弟どもを引き放ちて〈保元・下〉 ❸間をあける。間隔を置く。例歌はわざとがましくひき放ちてぞ書きたる〈源氏・早蕨〉

ひき-は・ふ【引き延ふ】 ―ハウ・―ホウ 動(ハ下二) 引きのべる。長くのばす。例道のべの山田のみしめ(=しめ縄)ひきはへて〈新後撰・夏〉

ひき-は・る【引き張る】 動(ラ四) ひっぱる。無理に連れて行く。例(袂ノ飾リヲ)**ひきはられ**て泣くも〈枕・節は五月にしく月はなし〉

ひき-ひき【引き引き】 名副〔動詞「ひく」の連用形を重ねた語〕「ひきびき」とも。各自の考えや好みに引きつけてすること。思い思い。例心の**ひきひき**言ひしろふ(=うわさしあう)〈増鏡・三神山〉

ひき-ぶと【低太・短太】 名 形動(ナリ) 「ひきふと」とも。背が低くて太っていること。例相撲大井光遠は、**ひきふと**にいかめしく〈宇治拾遺・一六六〉

ひき-ふね【引き船・引き舟・曳き船】 名 ❶船が川を上るときなど、船に綱をつけて陸から引いて進むこと。例**引き舟**に渡りも来ませ夜のふけぬ間に〈万葉・一〇・二〇五四〉 ❷上方の遊里で、太夫につき添い、座をとりもつ遊女。例太夫に**引き舟**・天神二人添へて〈西鶴・好色一代男・八・三〉 読解「天神」は太夫に次ぐ位の遊女。❸芝居小屋で、舞台から見て正面二階の桟敷の前に張り出した観客席。

ひき-へだ・つ【引き隔つ】 動(タ下二) 間に物などを置いて遮る。例御几帳を**引きへだて**させたまひければ〈枕・清涼殿の丑寅のすみの〉

ひき-ぼし【引き干し】 名「ひきほし」とも。海藻を日に干した食品。例**引き干し**・菓物などして御肴にて〈宇津保・国譲中〉

ひき-ほ・す【引き干す】 動(サ四) 引き抜いて日に干す。例小垣内(=垣根の内)の 麻を**引き干し**〈万葉・九・一八〇〇〉

ひき-まう・く【引き設く】 動(カ下二) 弓を引きしぼって待ち構える。例弓を**引きまうけ**て、声に付けて内甲をぞねらふらむ〈保元・中〉

ひき-まはし【引き回し】 名 ❶世話をすること。例いかい(=非常な)お**引きまはし**に預かり〈浮世草子・御前義経記・二・三〉 ❷江戸時代の刑罰の一つ。重い刑に付加するもので、死罪の前に市中でさらしものにすること。例**引きまはし**の上、浅草、品川において火罪申し付け〈御定書百箇条〉

ひき-まは・す【引き回す】 動(サ四) ❶幕などを張りめぐらす。また、周囲を取り囲む。例破子などものすとて(=弁当などを食べようということで)、幕**引きまはして**〈蜻蛉・中〉 ❷指図する。指導する。例よいやうに**引き回い**(音便形)て下されい〈虎寛本狂言・今参〉 ❸引き回しの刑に処す。

ひき-まゆ【引き眉】 名 眉墨で描いた眉。例**ひきまゆ**を…八の字なりにして〈洒落本・玉の蝶〉

ひき-むす・ぶ【引き結ぶ】 動(バ四) ❶紐・紙・草などを引き寄せて結ぶ。例枕とて草**ひきむすぶ**こともせじ〈伊勢・八三〉 ❷庵などを作る。例嵯峨の奥なる山里に、柴の庵を**引き結び**、念仏してこそゐたりけれ〈平家・一・祇王〉

ひき-め【蟇目・引き目】 名 鏃の一種。朴や桐の木で作った大型のもの。獲物に傷をつけないので、犬追物・笠懸などの競技で用いる。また、射たとき高い音が鳴るので、魔除けにも用いる。⇩や(図)。例(手紙ヲ)**ひき目**のなかに入れて、忍びやかに平家の陣へぞ射入れたる〈平家・七・火打合戦〉

ひき-もの【引き物】 名 ❶引出物。特に、客が持ち帰れるように膳につける肴や菓子。例風流の破子・**引き物**など、こちたき事どもしげかりき〈増鏡・おりゐる雲〉 ❷布を引いたり垂らしたりして屋内を仕切る物の総称。壁代・几帳・帳など。例春にとりては、白き赤きかけ帯・几帳・**ひきもの**なども召したくや候ふ〈御伽草子・文正草子〉

ひき-もの【弾き物】 名 弦楽器。琴・琵琶など。例弾き物・吹き物とりどりにしたまふ〈源氏・胡蝶〉

ひぎゃう-しゃ【飛香舎】 名「ふぢつぼ」に同じ。

ひき-やか【低やか】 形動(ナリ) 〔「やか」は接尾語〕「ひきらか」とも。身長や音声などが低い。例長**低**やかなりける男の〈今昔・三三・二一〉

ひ-きゃく【飛脚】 名 ❶急用を知らせるための使者。例いくさやぶれにければ、鎌倉殿へ**飛脚**をもって合戦の次第を記し申されけるに(=合戦に負けてしまったので、鎌倉殿へ急使を立てて合戦の経過を手紙に書いてご報告申し上げられたところ)〈平家・九・河原合戦〉 読解「鎌倉殿」は源頼朝のこと。❷江戸時代、通信・配送業者。また、その機関。手紙や金銭・為替・小荷物などの送達を請け負った。例遅

引き目鉤鼻

大和絵の画法の一つ。人物の目を一文字のように直線で引き、鼻を鉤のような形に書く、類型的な描き方。その典型が十二世紀前半に作られた『源氏物語絵巻』である。この画法では、目鼻ばかりでなく、顔も斜め正面向きのふっくらした輪郭で、口も朱色の点で小さく表している。それは、一見、簡略化された描き方に見えても、単純に引かれた一本の線ではなく、細かい墨線を何本も重ねながら描かれた細密なものである。目は点を加えることで瞳を暗示することもある。上流貴族の顔の典型的な描き方で、やや下層の階級や庶民では、引き目鉤鼻ではなく、より写実的に描かれているともいわれる。

引き目鉤鼻の象徴的な表現法は、没個性的であるために、画中人物に対する鑑賞者の想像力を豊かにかきたてる利点があり、画面の情趣を高めるのに役立っている。しかし、鎌倉時代以降、『平家納経』や『紫式部日記絵巻』などでは、しだいに描法が類型化して単純な一筆書きとなり、この、鑑賞者を絵画に引き込む効果は失われた。

〈河添房江〉

引き目鉤鼻〔源氏物語絵巻〕

う届けば飛脚はいらぬ(＝遅く届くのなら飛脚はいらない)〈近松・冥途の飛脚・上〉

[語誌]▼「飛駅」と「飛脚」　駅伝制度では、中央と地方の役所が緊急に連絡をとる場合、「飛駅」という使者が派遣された(⇨うまや・えき)。馬を乗り継ぎながら、使者は交代せずに目的地まで文書を届けた点で①の「飛脚」に似る。ただし「飛脚」の語が文献に現れるのは、駅伝制崩壊後の平安時代末ごろから。

▼近世の飛脚　江戸時代には、五街道・脇街道の設定や宿の整備によって全国的な交通網が確保され、各種の通信機関が発達した。飛脚には、幕府が公用に用いた継飛脚、各大名が江戸の藩邸や大坂の蔵屋敷と国元との連絡に用いた大名飛脚、民間の営業による町飛脚などがあった。特に町飛脚の発達はめざましく、各藩の業務を請け負うこともあった。⇨さんどびきゃく 〈品田悦一〉

ひき-や・る【引き破る】 [動](ラ四) 引きやぶる。[例]憎くも書きてけるかなと、恥づかしくて(紙ヲ)**ひき破りつ**〈源氏・浮舟〉

ひき-や・る【引き遣る】 [動](ラ四) 引きのける。押しやる。[例]御几帳**ひきやりたれば**〈源氏・夕顔〉

ひき-ゆるが・す【引き揺るがす】 [動](サ四) 引いて揺する。揺り動かす。[例]空寝をしたるを、わがもとにある者、起こしにより来て、いぎたなしとおもひ顔に(＝眠たがり屋だと思っている顔つきで)**ひきゆるがしたる**、いとにくし〈枕・にくきもの〉

ひ-きょう【比興】 [名][形動](ナリ) ❶物にたとえておもしろく言うこと。転じて、おもしろいこと。[例]**比興**の事なり。かの卿聞かれて入興せられける(＝おもしろがりなさった)〈著聞集・一六・五六三〉 ❷不都合なこと。[例]**比興**の事なりとて、それより供米(＝寺に納める米)の沙汰きびしくなりて〈著聞集・一一・三九五〉 ❸卑しいこと。[例]**比興なる**奴婢のごとき者までにも官爵を与へられたほどに〈四河入海・二・一〉 ❹「卑怯」とも書く。ずるいこと。卑劣なこと。

ひ-きょう【非興】 [名][形動](ナリ) 興ざめなこと。ひどく嘆かわしいさま。

ひき-よ・く【引き避く】 [動](カ四) (「ひき」は接頭語) さけて通る。敬遠する。ほうっておく。[例]え**ひき避きても**渡りたまはずなどして〈源氏・宿木〉

ひ-きょく【秘曲】 [名] 秘伝の楽曲。免許を受けた人や特別に選ばれた人にだけ伝授される。[例]御殿にむかひたてまつり**秘曲**をひきたまひしかば〈平家・七・青山之沙汰〉

ひき-らか【低らか】 [形動](ナリ) (「らか」は接尾語) 「ひきやか」に同じ。[例]たけ**ひきらかなる**衆の、冠・上の衣、こと人よりは少しよろしきが〈宇治拾遺・三〉

ひきり-うす【火鑽り臼】 [名] 火鑽りに用いる小穴のある板。火鑽り杵を差し込んで、もみ合わせて発火させる。

ひきり-ぎね【火鑽り杵】 [名] 火鑽りに用いる先のとがった棒。火鑽り臼にもみあわせて発火させる。

ひき-わか・る【引き別る】 [動](ラ下二) (「ひき」は接頭語) 離れ離れになる。別れる。[例]乳母をも**ひき別れ**なんこと〈源氏・薄雲〉

ひき-わた・す【引き渡す】 [動](サ四) ❶一方から他方へ長く引く。一面に引き広げる。[例]海の面のいみじうのどかに、浅緑打ちたる(＝打って光沢を出した衣)を**ひきわたしたる**やうにて〈枕・日のいとうららかなるに〉 ❷引いて通らせる。特に、罪人などを引き回す。[例]一々に**引きわたして**、やがて誅し(＝処刑し)棄ててんげる〈浄瑠璃・今川物語・六〉 ❸手もとにある人や物を、他人の手に渡す。

ひき-ゐ・る【率ゐる】 [動](ワ上一) (動詞「ひく」の連用形＋動詞「ゐる(率る)」) ❶引き連れて行く。連れ立って行く。[例]兄・弟・友だち**ひきゐて**、難波の方にいきけり〈伊勢・六六〉 ❷統率する。指揮する。[例]ともに軍を**ひきゐて**〈今昔・二・二〉

ひ・く【引く】 ❶[動](カ四) ❶**力を加えて自分に近づける**。㋐**手もとに引き寄せる**。引っ張る。引き抜く。引いてゆく。[例](母ノ衣服ノ)袖をとらへて「乗りたまへ」と**引くも**(＝袖をつかまえて「お乗りになって」と引っ張るのも)〈源氏・薄雲〉 ㋑ひきずる。[例](髪ガ)袿の裾にたまりて、**引かれ**たるほど、一尺ばかり余りたらむと見ゆ(＝袿の裾にふさふさと重なって、床にひきずられている部分は、一尺ほどはみ出ているだろうと見える)〈源氏・末摘花〉 ㋒**誘う**。**気をひく**。**その方向へ導く**。[例](a)**ひかれ**たてまつりて、大殿におはしましぬ(＝お誘いをいただいて大臣のお邸にお越しになった)〈源氏・末摘花〉[例](b)悪縁に**ひかれて**、御運すでに尽きさせたまひぬ(＝前世の悪い因縁に導かれて、御運はすでに尽きていらっしゃった)〈平家・一一・先帝身投〉 ㋓**射る**。[例]弓をなん、いとよく**ひきける**(＝弓をたいそう上手に射た)〈源氏・東屋〉

❷**長くのばす**。**広くのばす**。**張り渡す**。[例]幕など**ひきたり**(＝幕などを張り渡してある)〈更級〉

❸**多くの中から選び出す**。㋐**例に挙げる**。**引きあいに出す**。[例]冬の夜の月は、昔よりすさまじきもののためしに**ひかれて**はべりけるに(＝冬の夜の月は、昔から興ざめなものの例に挙げられておりましたが)〈更級〉 ㋑辞書や帳簿を検索する。[例]堀川院の御百首を**ひき**てみるに〈著聞集・五・六九〉 ㋒ひいきにする。[例]敵役や半道(＝滑稽な敵役)を**ひく**世の中〈滑稽本・浮世風呂・三下〉

❹**弦楽器を演奏する**。「弾く」とも書く。[例]**弾く**とはなけれど、琴おしのごひてかきならしなどするに(＝弾くというほどでもないが、琴の塵をぬぐってつま弾きなどすると)〈蜻蛉・上〉

❺**退く**。**下がる**。[例](a)座を**退きて**立ちたうびなん(＝席を退いて出て行かれるがよい)〈源氏・少女〉[読解]「立ちたうび」の「たうぶ」は尊敬の意の補助動詞。[例](b)いくさといふものは…あはひ悪しければ**ひく**は常の習ひなり(＝戦いというものは…戦況が悪いと退くのがあたりまえのことである)〈平家・一一・逆櫓〉

❻**贈り物・引出物として与える**。[例]千両を僧に**ひき**〈平家・三・金渡〉

❼**湯を浴びる**。[例]湯殿しつらひなんどして、御湯**ひかせ**たてまつる(＝浴室を整えなどして、ご入浴させ申し上げる)〈平家・一〇・千手前〉

❽**刃物で削る**。石臼などで粉々に砕く。

❷動（カ下二）❶引かれる。例引け鳥の（枕詞）わが引けいなば（＝私が仲間に誘われて行ってしまったら）〈記・上・神代・歌謡〉❷気後れする。ひけをとる。例すこしも**ひけ**たるところなし〈西鶴・武家義理物語・六・三〉

語誌 ［1］は語義がきわめて多岐にわたるが、他動詞的に用いられる点はほぼ一貫している。ただし、⑤の例(b)などは自動詞的な用例。〈品田悦一〉

びく【比丘】 名『仏教語』〔梵語の音写〕出家して具足戒を受けた男性。僧。例その金の山の頂に、ひとりの**比丘**居り〈霊異記・上・五〉

ひく-て【引く手】 名❶引っ張る人。転じて、誘う人。例大幣の（枕詞）**ひくて**あまたになりぬれば（アナタヲ）思へどえこそ頼まざりけれ（＝信頼できないのです）〈古今・恋四〉❷舞で、手を引く型。

びくに【比丘尼】 名〔梵語の音写〕❶『仏教語』出家して具足戒を受けた女性。尼僧。例今は昔、天竺に一人の羅漢の**比丘尼**あり〈今昔・二・三一〉❷中世以降、尼の姿で諸国を巡り歩いた芸能者。歌比丘尼・勧進比丘尼など。例**比丘尼**ども一、二人出で来て歌をうたふ〈仮名草子・東海道名所記・一〉

ひ-くらうど【非蔵人】 ―クロウド 名 蔵人所の職員。蔵人の見習いとして昇殿を許され、殿上の雑用を務める。良家の子弟で六位の人から選ばれた。「非職」とも。

ひぐらし【蜩】 名 昆虫の名。セミの一種。かなかな。主に夕暮れに鳴く。和歌では、「日ぐらし」「思ひくらし」などと掛けて用いることが多い。例夕されば**ひぐらし**来鳴く生駒山〈万葉・一五・三五八九〉

ひ-ぐらし【日暮らし】 名副「ひくらし」とも。❶一日じゅう。終日。例**日暮らし**に見れども飽かぬ女郎花野辺にや今宵旅寝しなまし（＝一日じゅう見ていても飽きない女郎花だ。この野辺に今夜は旅寝をしてしまおうか）〈拾遺・秋〉❷その日暮らしをすること。また、その人。例ただ**ひぐらし**の奉公なるべし（＝まったくその日暮らしの奉公であるにちがいない）〈仮名草子・可笑記・三〉❸歌念仏の一派。鉦を首にかけ、念仏踊り・浄瑠璃・説経などの詞章を謡って門付けをした。

語誌 和歌では、セミの一種の「ひぐらし（蜩）」と掛けて用いることもある。例あやしくも夜のゆくへを知らぬかな今日ひぐらしの声は聞けども〈蜻蛉・上〉

読解 蜩の鳴き声に、一日じゅう夫の声を聞いていたということを掛ける。〈鈴木健一〉

ひ-ぐろみ【日黒み】 名 日焼けして黒くなること。例旅に出でたまひたる効とおぼえて、**日黒み**して少し面やせて見えたまふ〈長門本平家・一九〉

ひくゎ-らくえふ【飛花落葉】 ヒカラクヨウ 花が散り木の葉が枯れ落ちること。季節や時が容赦なく流れゆくこと。無常のたとえ。例花と思へば紅葉に移ろふさまなどは、**飛花落葉**の観念もなからんや〈筑波問答〉

ひ-くゎん【被官・被管】 ―カン 名❶令制で、上級の役所に直属する下級の役所。また、その役人。たとえば、宮内省に直属する主殿寮や内膳司など。❷中世、公家や武家に従属する奉公人。家臣。従者。例公家・**被官**のほかは、いまだ恩賞を賜はったる者あらざるに〈太平記・一三〉❸戦国時代以降、地主に隷属する下級農民。また、主家に隷属する奉公人。例子どもを人の**被官**になし、道の辺に赤児を捨て〈仮名草子・浮世物語・二・四〉

ひ-ぐゎん【悲願】 ―ガン 名『仏教語』仏や菩薩が衆生の苦しみを救うために慈悲心を起こし、誓いを立てること。また、その誓い。例地蔵菩薩の本誓**悲願**、辺地（＝僻地）下賤を嫌ひたまはず〈今昔・一七・一六〉

ひ-げ【卑下】 名動（サ変）形動（ナリ）❶へりくだること。謙遜すること。例（明石ノ君ハ）いたく（＝ひどく）**卑下せ**ずなどして…いとめやすくぞありける〈源氏・薄雲〉❷身分が低く卑しいこと。例**卑下**に処して見ること少なしといへども〈沙石集・一〇末・一〉

ひげ-こ【鬚籠】 名 竹を細く削って編んだ籠。編み残した端の長くのびたさまをひげに見立てていう。主に贈答品を入れるときに用いる。例小さき**鬚籠**を小松につけたる〈源氏・浮舟〉

鬚籠

ひ-けん【披見】 名動（サ変）文書などを開いて見ること。例山門の大衆この状を**披見して**、僉議（＝意見）まちまちなり〈平家・七・返牒〉

ひ-こ【彦・日子】 名 男性の美称。りっぱな男子、すぐれた男子、の意。多く男性の名の下につけて用いる。「ひめ（姫・媛）」の対。「天稚彦」「速秋津日子」など。

肥後ひご《地名》旧国名。今の熊本県。「火（肥）の国」が肥前・肥後に分かれてできた国。西海道十一か国の一つ。肥州。延喜式で大国・遠国。

ひ-こう【披講】 ⇩ひかう

ひこ-え【孫枝】 名 枝の先から分かれたさらに小さな枝。例春されば（＝春になると）**孫枝**萌いつつ〈万葉・一八・四一一一〉

ひこ-しろ・ふ【引こしろふ】 ―シロウ 動（ハ四）「ひこしらふ」「ひこじろふ」とも。無理に引っ張る。引きあって争う。例（取ラレタ手紙ヲ）惜しみ顔にも**ひこじろひ**たまはねば〈源氏・夕霧〉

ひこ-づら・ふ【引こづらふ】 ズラウ・ズロウ 動（ハ四）強く引っ張る。無理やり引く。例をとめの寝すや（＝寝ていなさる部屋の）板戸を…**引こづらひ** わが立たせれば〈記・上・神代・歌謡〉

ひこ-ばえ【蘖】 名 切った草木の根株から出た芽。

ひこ-ば・ゆ【蘖ゆ】 動（ヤ下二）〔「孫生ゆ」の意〕切った草木の根株から芽が出る。例荒小田の去年の古跡の（＝古い切り株の）古蓬今は春べと**ひこばえ**にけり〈新古今・春上〉

ひ-ごふ【非業】 ―ゴウ 名『仏教語』前世の業因にとらわれないこと。特に、前世の善因を受けず、悲運であること。例（病ガ）**非業**たらば、療治を加へずとも助かる事を得べし〈平家・三・医師問答〉

ひこ-ぼし【彦星】 名 七夕伝説の牽牛星。織女星の夫とされる。例天の川梶の音聞こゆ**彦星**と織女と今夜逢ふらしも〈万葉・一〇・二〇二九〉

ひ-ごろ【日頃・日比・日来】 名副 ❶数日間。幾日か。日数。例**日ごろ**へて、宮にかへりたまうけり(=幾日かたって、京の御殿にお帰りになった)〈伊勢・八三〉 ❷近ごろ。ここ数日。数日来。例君はまづ内裏に参りたまひて、**日ごろ**の御物語など聞こえたまふ(=君ははじめに宮中に参上なさって、ここ数日のお話などを申し上げなさる)〈源氏・若紫〉読解何日間か北山に出かけていた光源氏が、その間のことを父の帝に報告する。 ❸普段。常日ごろ。平常。例**日来**はなにともおぼえぬ鎧が、今日は重うなったるぞや(=普段はなんとも思わない鎧が、今日は重くなってしまったなあ)〈平家・九・木曾最期〉

語誌 単独で副詞として用いられる場合と、「ひごろを経て」「ひごろの間」「ひごろあるを」などのように、ほかの語と結びついて副詞的な意味を表す場合がある。後者の場合は名詞とみなせる。〈鈴木健一〉

ひさ【久】 形動(ナリ)〔形容詞「ひさし」の語幹の形容動詞化〕時間の長いさま。例君が目を見ず**久**ならばすべなかるべし〈万葉・一七・三九三四〉

ひざ【膝】 名 ❶人間や動物の足の、腿と脛の間の関節。例鹿じもの **膝**折り伏して〈万葉・三・三七九〉 ❷座った状態での腿の前側。枕にしたり物を乗せたりする場所。例人の**膝**の上へ我が枕かむ〈万葉・五・八一〇〉

ひ-さう【秘蔵】 名動(サ変)形動(ナリ)〔近世中期以降「ひざう」〕大切にしまっておくこと。また、大切にするもの。秘訣。秘伝。例「さ候へばこそ(=さようでございますからこそ)、世にありがたき物にははべりけれ」とて、いよいよ**秘蔵し**けり〈徒然・八八〉

ひ-ざう【非常】 名形動(ナリ) ⇩ひじゃう(非常)

び-さう【美相】 名 美しい容貌。美しい装い。例美相なき家刀自(=主婦)の〈源氏・帚木〉

ひさうひひさう-てん【非想非非想天】 名 衆生が輪廻する三界の中で最高位にある天。「有頂天」とも。例(鏡ニ)天を映せば、**非想非非想**天まで隈なく(=残りなく見えて)〈謡曲・野守〉

ひさかたの【久方の】《枕詞》天に関係する「天」「雨」「空」「月」「日」「昼」「雲」「光」などにかかる。また、「都」にかかる。語義・かかり方未詳。例(a)**ひさかたの** 天の河原に…神集ひ 集ひいまして〈万葉・二・一六七〉例(b)**ひさかたの**雨は降りしく〈万葉・二〇・四四四三〉例(c)**ひさかたの**光のどけき春の日に静心なく花の散るらむ〈古今・春下〉➡名歌302

ひさ-ぎ【楸・久木】 名 植物の名。ノウゼンカズラ科の落葉高木。河原などに自生する。一説に、アカメガシワ、キササゲとも。例ぬばたまの(枕詞)夜のふけゆけば久木生ふる清き川原に千鳥しば鳴く〈万葉・六・九二五〉➡名歌279

ひさぎ-め【販ぎ女・鬻ぎ女】 名「ひさきめ」とも。女性の行商人。物売り女。例市町に売る物も**販婦**の売る物も極めて穢きなり〈今昔・三一・三二〉

ひさく【杓・柄杓】 名〔「ひさご」の変化した形〕ひしゃく。例**ひさく**の柄はひもの木とかやいひて〈徒然・一三二〉

ひさ・く【販く・鬻く】 動(ガ四)〔近世は「ひさぐ」〕販売する。例棺を**ひさく**者、作りてうち置くほどなし(=そのまま置いておく暇がない)〈徒然・一三七〉

ひさ・ぐ【提ぐ】 動(ガ下二)〔「ひきさぐ(引き下ぐ)」の変化した形〕手にさげて持つ。ぶらさげる。例両手ともにものを**提げ**ざるには〈正法眼蔵・洗浄〉

ひさ・ぐ【拉ぐ】 1動(ガ下二) つぶれる。ひしゃげる。例家の**ひさげ**たる時に〈撰集抄・七・一二〉 2動(ガ四) つぶす。例釣り鐘にはかに落ちて、人の家十ばかりうち**ひさが**れて〈撰集抄・七・一二〉

ひざ-くりげ【膝栗毛】 名〔膝を栗毛の馬にたとえて〕徒歩で旅をすること。例この街道に筆をはせて、**膝栗毛**の書を著す〈滑稽本・膝栗毛・発端序〉

ひさげ【提・提子】 名 鉉と注ぎ口のある、鉄瓶のような形をした容器。酒を燗して注いだりするのに用いる。例**提**に酒を入れて〈宇治拾遺・一四〉

提

ひさご【匏・瓠・瓢】 名〔古くは「ひさこ」〕❶植物の名。夕顔や瓢簞などの総称。また、その果実。例ひさごの種をただ一つ、落として置きたり〈宇治拾遺・四八〉 ❷水などをくむための器。ひしゃく。もと、瓢簞の実から作った。例大原や せがの清水 杓もて 鶏は鳴くとも 遊ぶ瀬を汲め〈神楽歌・杓〉 ❸瓢簞の実の中をくりぬいて作った容器。酒などを入れる。例まことにすぐれて大きなる七つ八つは、**ひさご**にせんと思ひて〈宇治拾遺・四八〉

ひさご《作品名》江戸時代の俳諧集。一冊。珍碩(洒堂)編。元禄三年(一六九〇)刊。俳諧七部集の第四集。芭蕉と近江蕉門の人々の歌仙五巻を収めたもの。『奥の細道』行脚後の新風を具体化。『猿蓑』と並称される。書名は、「軽み」の志向を「ひさご(瓢簞)」に託したもの。

ひさご-ばな【瓠花・瓢花】 名「ひさこはな」とも。❶夕顔や瓢簞などの花。❷上代の髪型の一つ。髪を①の形にかたどって額で束ねたもので、十五、六歳の少年が結う。例厩戸皇子、**ひさごばな**して軍の後ろに随へり〈紀・崇峻即位前紀〉 ❸①の形の造花。平安時代、相撲の節会で左右の力士を区別するために右方の力士が髪に挿す。例皆相撲の装束し、**瓠花**・挿頭などいと珍らかなることもしつつ〈宇津保・内侍のかみ〉

ひさし

【廂・庇】 名 ❶寝殿造りで、母屋の外側に接して位置する部屋。母屋と廂との間は、御簾を下げ、時には格子をはめて区別する。廂の外側には簀の子がめぐらされている。東西南北それぞれにある。「廂の間」。例(a)(光源氏ガ)**廂**の御簾の内におはしませば、式部卿宮・右大臣は、簀の子に(=廂の間の御簾の中にいらっしゃるので、式部卿宮や右大臣だけが近くにお控え申し上げなさって、それより身分の低い上達部は、簀の子にいて)〈源氏・若菜下〉例(b)西の**廂**は上達部の座、北を上にて二行に、南の**廂**に、殿上人の座は西を上なり(＝西の廂の間は上達部の席で、北側を上席にして二列に並び、南の廂の間に、殿上人の席は西を上席にしている)〈紫式部日記〉読解 親王誕生の祝宴での、上達部や殿上人の座席。
❷建物や牛車などの窓などから外側に差し出した小屋根。例(草庵ノ)東に三尺余りの庇をさして(＝東に三尺ぐらいの庇をつけて)〈方丈記〉 〈藤本勝義〉

ひさ・し【久し】 形(シク) ❶**長い時間がたっている。時間が長い。行く末長い。** 例時世経て久しくなりにければ、その人の名忘れにけり(＝年月がたって長くなってしまったので、その人の名前は忘れてしまった)〈伊勢・八三〉
❷**長い時間がかかる。多くの時間を要する。** 例とみにていり炭おこすも、いとひさし(＝急の用で炭をおこすのも、たいそう時間を要する)〈枕・心もとなきもの〉
❸**しばらくぶりだ。久しぶりだ。** 例久しう(音便形)て鎌倉へ参ったが、いつ参ってもにぎやかな事でござる〈虎寛本狂言・鐘の音〉
❹長いつきあいだ。なじみ深い。例久しい(音便形)客のこと、よしあしの返答なく(＝長いつきあいの客のことなので、いいとも悪いとも返事をせず)〈近松・曾根崎心中〉
語誌 古くはク活用だったかとされる。
▼④は、人物や事柄とのかかわりが、ずっと前から続いていることを示す。主に近世の用法。〈浅見和彦〉

ひさし-の-くるま【廂の車】 名「網代廂の車」の略。牛車の一種。屋根の部分(屋形)が唐風造りで、廂がついている。上皇・親王・大臣らが乗る。例廂の御車にて、(オ供ニハ)廂なき糸毛三つ、黄金造り六つ〈源氏・宿木〉読解 内親王が乗車している。

ひさし-の-だいきゃう【廂の大饗】 ―ダイキヤウ 名 初めて大臣になったとき、殿上人などを招いて行う宴会。ふつう寝殿の廂の間で行う。例廂の大饗せさせたまひけるにも〈大鏡・仲平〉

ひさし-の-ま【廂の間】 名「ひさし(廂)①」に同じ。

ひざ-つき【膝突き・膝衝き】 名 座具の名。宮中の儀式などで地面にひざまずくとき、膝の下にあてがう半畳ほどの敷物。こもや畳表などで作る。例着陣したまひける時、ひざつきを忘れて〈徒然・一〇二〉

ひざ-ま・く【膝枕く】 動(カ四) 膝枕をする。例うちひさす(枕詞)宮の(＝宮仕えに出る)我が背は大和女の膝まくごとに我を忘らすな〈万葉・一四・三四五七〉

ひ-さめ【大雨】 名 激しく降る雨。大雨。例大雨狭穂より発り来て面を濡らす〈紀・垂仁〉

ひ-さめ【氷雨】 名 雹。また、霰。例(山ノ神ガ)大氷雨を零らして倭建命を打ち惑はしまつりき〈記・中・景行〉

ひ-さんぎ【非参議】 名 三位以上の位階をもちながら、参議以上の官職に任じられていない人。また、四位で、ふつう参議が兼任する官職を有しながら、参議になっていない人。例(息子タチハ)右兵衛督・右大弁にて、みな非参議なるを愁はしと思へり〈源氏・竹河〉

ひし【菱】 名 ❶植物の名。ヒシ科の一年草。池や沼に自生し、菱形の葉が水面に浮いている。夏に白い花をつけ、実は食用・薬用にする。例君がため浮沼の池の菱摘むと〈万葉・七・一二四九〉❷先端に菱形の鋭利な刀をつけ、敵の進入を妨げるため地上に立てた鉄製の武器。例上よりつきおとしたてまつれば、菱につらぬかってうせたまひぬ〈平家・二・大納言死去〉❸紋所の名。菱形を組み合わせて図案化したもの。「花菱」「剣菱」「武田菱」などがある。

ひじ【肘・泥】 ⇩ひぢ

ひ-じ【非時】 名『仏教語』❶僧が食事をしてはならない時。正午過ぎから翌日の午前四時くらいまでの時間。❷「非時食」の略。①の間に僧がとる食事。例斎・非時も、人に等しく定めて食はず〈徒然・六〇〉

ひじき-も【ひじき藻】 名 海藻の名。ホンダワラ科の褐藻。ひじき。例懸想じける(＝思いをかけていた)女のもとに、ひじき藻といふものをやるとて〈伊勢・三〉

ひしき-もの【引敷き物】 名 敷物。例思ひあらばむぐらの宿に寝もしなむひしきものには袖をしつつも〈伊勢・三〉読解 海藻を贈るときに添えた一首。「引敷き物」に「ひじき藻」を掛ける。

ひし・ぐ【拉ぐ】 ❶動(ガ下二) 押しつぶされる。ひしやげる。例人の冠もひしげ〈枕・わびしげに見ゆるもの〉❷動(ガ四) 押しつぶす。例蓬の、車に押しひしがれたりけるが〈枕・五月ばかりなどに山里にありく〉

ひしづめ-の-まつり【火鎮めの祭り】 ヒシヅメ― 名 朝廷の祭祀の一つ。陰暦六月と十二月のみそかの夜、火災を防ぐために内裏の四隅で卜部氏が行う。「鎮火祭」とも。

ひし-と 副「ひっしと」とも。❶物が押されて鳴る音。みしみしと。ぎしぎしと。例この床のひしと鳴るまで〈万葉・一三・三二七〇〉❷すきまのないさま。びっしりと。ぴったりと。例諸国の受領…縁に居こぼれ、庭にもひしとなみ居たり〈平家・二・教訓状〉❸確かなさま。しっかりと。例無常の身に迫りぬる事を心にひしとかけて〈徒然・四九〉❹まさしくその状態になるさま。ぴたりと。例上下の通ひもひしと止まった〈和泉流狂言・木六駄〉

ひ-じに【干死に】 名 餓死。例やがてこの御前にて干死にに死なむ〈宇治拾遺・九六〉

ひし-ぬひ【菱縫ひ】 ―ヌイ 名 ❶鎧の袖・草摺りや兜の錣の裾板に、革または緘と同じ糸で横に二列に×形にとじつけた飾り。❷「菱縫ひの板」の略。例鎧の菱縫ひ、兜の吹き返しに立つところの矢、少々折り懸けて(＝折り曲げて)〈太平記・九〉

ひしぬひ-の-いた【菱縫ひの板】 ヒシヌイ― 名 鎧・兜などの裾の、菱縫いを施した板。⇩よろひ(図)。例右の頰さきを、兜の菱縫ひの板へかけて…射通したり〈太平記・八〉

ひしひし-と 副 ❶物が押されて鳴る音。みしみしと。ぎしぎしと。例足音ひしひしと踏みならしつつ〈源氏・夕顔〉❷すきまのないさま。びっしりと。例五百余騎ひしひしとくつばみ(＝轡)をならぶるところに〈平家・九・宇治川先陣〉❸隔てのないさま。しっくりと。例近づかまほしき人の、上戸にて(＝酒好きで)ひしひしと馴れぬる、またうれし〈徒然・一七

五〉 ❹勢いの激しいさま。遠慮のないさま。どしどしと。むしゃむしゃと。例**ひしひしと**ただ食ひに食ふ音のしければ〈宇治拾遺・一三〉

びしびし-に 副 鼻水をすすり上げる音を表す。ぐすぐすと。ずるずると。例しはぶかひ 鼻**びしびしに**〈万葉・五・八九二〉↓名歌122

ひしほ【醬・醢】 名 ❶【醬】味噌の総称。麦と大豆を混ぜて麹にし、塩水を加えて貯蔵した後、天日で干して作る。例酢・**醬**・漬物皆同じごとしたり〈宇津保・吹上上〉 ❷【醢】㋐肉や魚を塩漬けにしたもの。例鯵の塩辛・鯛の**醬**などの、もろもろに塩辛き物どもを盛りたり〈今昔・二八・五〉 ㋑人間を塩漬けにする刑。例たちまち身を車裂きにせられ骨を**醢**にせらるべきをも〈太平記・三八〉

ひし-め・く【犇く】 動(カ四)〔「めく」は接尾語〕❶ぎしぎし鳴る。例もののひしめき鳴るもいとおそろしくて〈枕・むとくなるもの〉 ❷押しあって騒ぎたてる。集まって騒ぐ。例(僧タチガ)**ひしめき**あひたり〈宇治拾遺・一三〉

ひ-じゃう【非情】 名《仏教語》感情をもたないこと。また、そのもの。植物や鉱物の類。例有情・**非情**、皆、成仏の旨を悟らしめて〈今昔・一一・一〇〉

ひ-じゃう【非常】 名 形動(ナリ)「ひざう」とも。❶普通でないこと。異常なこと。例さのごとき**非常**の事のさぶらはむをば、いかでか承らぬやうはははべらん〈源氏・浮舟〉 ❷特に、天変地異や政変、国家の慶事・凶事などが生じること。例四境七道の関所は、国の大禁を知らしめ、時の**非常**を誡めんがためなり〈太平記・一〉 ❸貴人の死を間接的にいう。例もし**非常**の事もおはしまさば、東宮(=皇太子)には誰をか〈栄花・月の宴〉

びしゃもん【毘沙門】 名《仏教語》「毘沙門天」の略。

びしゃもん-てん【毘沙門天】 名《仏教語》四天王の一つ。須弥山の北側に住み、北方を守護する善神。日本では七福神の一つとされ、福徳を授ける神として信仰される。「多聞天」とも。

ひしゅ-ひがく【非修非学】《仏教語》修行も学問もしないこと。例上人なほいきまきて、「何と言ふぞ、**非修非学**の男」と荒らかに言ひて〈徒然・一〇六〉

ひ-しょく【非職】 名 官職についていないこと。また、その人。例**非職**・凡下をいはず、恩賞を申し与ふべき由を披露す〈太平記・三二〉

ひじり【聖】

名 ❶徳の高い人。物事を熟知している人。聖人。天皇。例人の才能は…聖の教へを知れるを第一とす(=聖人の教えを知っているのを最も大切なこととする)〈徒然・一二二〉 ❷ある事柄にすぐれた人物。達人。例柿本人麻呂なむ歌の**ひじり**なりける(=柿本人麻呂は和歌の達人であった)〈古今・仮名序〉 ❸俗世を超越して高い宗教的境地にある人。高僧。例おほやけにも重き御おぼえにて…世にかしこき**ひじり**なりける(=帝からも深い御信頼があって…じつにすぐれた高僧であった)〈源氏・薄雲〉 ❹山に籠もるなどして修行に専念する僧。修行僧。遁世僧。また、厳しい山岳修行を積む僧。修験者。山伏。例聖の住所はどこどこぞ(=修験者のいる所はどこどこだ) 大峰・葛城・石の槌〈梁塵秘抄・四句神歌〉 読解「大峰」「葛城」「石の槌」はすべて修験道の霊場。 ❺諸国をめぐって修行する僧。また、各地で勧進や病気治療・葬祭などを行う僧。遊行僧。特に高野聖をいうこともある。例聖に付いて(=託して)…(形見トシテ刀ヲ)故郷の妻子のもとへぞ送りける〈太平記・一一〉

語誌 ▼聖の超越性 「ひじり」は元来「日知り」の意で、天体の運行や暦を掌握する者をさしたらしい。そこから、物事を見通せる力などさまざまな超越的能力をもつ人物をいうようになる。「聖」が、天皇や儒教的な高徳者などを賛美するのに用いられたのはそのためである。やがて仏教者について多用されるようになるが、そこでも、凡人には困難な修行をする僧、その結果高い徳やすぐれた験力を得た僧を「聖」と呼んだ。▼聖の民衆教化 民衆のなかで布教し、架橋などの社会事業や大仏・寺院の造営のために勧進を行うなどした僧もまた「聖」であった。こうした活動には人々の心を動かす徳や験力が必要であったからである。彼らの多くは念仏を唱え、各地で死者の鎮魂・供養を行い、また芸能者的な活動もした。中世には、時宗やその影響を受けた高野聖に属するものとして、諸国遊行の「聖」たちが組織される。また、近世には勧進をたてまえに行商をする「聖」も現れた。〈松岡智之〉

ひじり-ごころ【聖心】 名 仏道に帰依する心。また、僧になろうとする心。例御**聖心**の深くなりゆくにつけても〈源氏・幻〉

ひじり-ことば【聖言葉】 名 僧らしい言葉遣い。また、僧のよく用いる言葉。例例のおどろおどろしき(=ものものしい)**聖言葉**見果ててしがな〈源氏・橋姫〉

ひじり-だ・つ【聖だつ】 動(タ四)〔「だつ」は接尾語〕高僧らしく見える。例言少なにて、**聖だつ**といひながら〈源氏・浮舟〉

ひじり-づか【聖柄】 名 刀の柄の一種。唐木などで作り、上に皮を巻きつけないもの。例**ひじりづか**の刀押しくつろげてさすままに〈平家・一・小教訓〉

ひじり-ほふし【聖法師】 名 寺や宗派に属さずに諸国を行脚して修行する僧。例人多く行きとぶらふ中に**ひじり法師**の交じりて〈徒然・七六〉

ひじり-め【聖目】 名「せいもく」に同じ。例ここなる聖目を直ぐに弾けば〈徒然・一七一〉

ひ-すい【翡翠】 名 小鳥の名。カワセミ。青色の羽毛をもつ小型の美しい鳥。青々と美しいもの、特に、女性のつやつやとした髪のたとえにもいう。例さばかり美しかりし**翡翠**の髪状〈謡曲・采女〉

ひ-すがら【終日・日すがら】 名 副〔「すがら」は接尾語〕朝から晩まで。一日じゅう。例小忌衣すりでてきつる露けささは春の**日すがら**またぞ忘れぬ〈公任集〉 読解「小忌衣」は神事の際、袍の上に着る一重の衣服。

ひ-すまし【樋洗まし】 名 便所の掃除などをする下級の女官。例**樋洗まし**の太りとのひたるさまぞ〈紫式部日記〉

ひすらこ・し 形(ク)《近世語》欲が深く悪がしこい。

しみったれていてずるい。ずるがしこい。例ただひすらこきは日本(=日本人)、次第に針を短く摺り、織り布の幅をちぢめ〈西鶴・日本永代蔵・四・三〉

肥前《地名》旧国名。今の佐賀県と長崎県の壱岐・対馬両島を除いた部分。「火(肥)の国」が肥前・肥後に分かれてできた国。西海道十一か国の一つ。肥州。延喜式で上国・遠国。

備前《地名》旧国名。今の岡山県東南部。山陽道八か国の一つ。備州。古くは「吉備」の一部。延喜式で上国・近国。

肥前国風土記《作品名》奈良時代の地誌。一巻(現存は抄録本)。和銅六年(七一三)の詔勅によって編まれる。編者・成立年未詳。大宰府で編纂か。現存する五風土記の一つ。景行天皇の九州征討にかかわらせた地名の由来や伝承を多く収める。

ひそ-か【密か・窃か・私か】 形動(ナリ)〔「か」は接尾語〕❶表立たないさま。こっそり。例ある夜ひそかにこの宮の御所に参って〈平家・四・源氏揃〉❷私物化するさま。例(平清盛ハ)ほしいままに国威をひそかにし〈平家・四・南都牒状〉 語誌 平安時代には、多く漢文訓読調の文体に用いられた。⇩みそか(密か)

ひ-そく【秘色】 名❶中国の越の国で産した青磁の磁器。唐代に皇帝用となり、庶民の使用が禁じられたためにこの名がある。例御台、秘色やうの唐土のものなれど〈源氏・末摘花〉❷「秘色色」の略。染め色の名。紫がかった青色。❸襲の色目の名。表は紫がかった青色、裏は薄色。

ひそま・る【潜まる】 動(ラ四)❶ひっそりとする。静かになる。例蜘蛛はたくみに網をむすんで、ひそまつ(音便形)て物を害せむとす〈俳諧・鶉衣・百虫賦〉❷寝込む。休む。例心地悪しみして、物ものしたばで(=召し上がらないで)、ひそまりぬ〈土佐〉

ひそ・む【潜む】〔「ひそか(密か)」などと同根〕❶動(マ下二)❶ひっそりと静かにする。控えめにする。例わづらはしき事もありぬべし。隠しひそめて、さる心したまへ(=必ずめんどうな事も起きるにちがいない。表立たず控えめにして、そういうご用心をなさってください)〈源氏・浮舟〉❷隠す。忍ばせる。例岩窟に身をひそめ入りて(=岩屋に身を忍ばせ入りこんで)〈芭蕉・奥の細道〉❷動(マ四)隠れる。身を隠している。例おどろきて堂の右に潜みかくるるを(=驚いて堂の右側に身を隠しているのを)〈読本・雨月・仏法僧〉〈浅見和彦〉

ひそ・む【顰む】❶動(マ四)❶眉根にしわが寄る。しかめっつらになる。泣き顔になる。例まみのわたりうちしぐれてひそみゐたり(=目もとのあたりが涙にぬれて泣き顔になっている)〈源氏・若菜上〉❷口もとがゆがむ。⇩くちひそむ
❷動(マ下二)眉のあたりにしわを寄せる。⇩まゆをひそむ〈浅見和彦〉

ひた-【直】 接頭 名詞・動詞について、ある状態や事柄が徹底されることを表す。❶まっすぐの。ひたすら。むやみな。「直路」「直心」「直切り」など。❷直接の。じかの。「直土」「直面」など。❸全部。一面の。「直照り」「直黒」など。
語誌「ひと(一)」の交替形と考えられている。形容動詞「ひたぶる」は、ここから派生した語。〈吉田比呂子〉

ひ-た【引板】 名〔「ひきいた」の変化した形〕田畑を鹿・猪などから守るため、綱を引くと音が鳴って驚かすように作った板の仕掛け。例わが門の晩稲のひたにおどろきて〈千載・秋下〉

飛驒《地名》旧国名。今の岐阜県北部。東山道八か国の一つ。驒州。延喜式で下国・中国。

びた【鐚】 名「鐚銭」の略。例懐中にはびた一銭おりない(=ありません)〈黄表紙・見徳一炊夢・上〉

ひた-あを【直青】 名 形動(ナリ)〔「ひた」は接頭語〕ひたすら青いこと。一面にまっ青なさま。例ひた青なる装束にて〈宇治拾遺・一三四〉

ひたい【額】 ⇩ひたひ

ひ-だう【非道】 名 形動(ナリ) 道理に外れたこと。例非道なる事を仰せられければ〈大鏡・時平〉

ひた-おもて【直面】 名 形動(ナリ)〔「ひた」は接頭語〕面と向かうこと。例明かうなりゆけば、さすがに直面なる心地して〈源氏・橋姫〉

ひた-おもむき【直趣】 名 形動(ナリ)〔「ひた」は接頭語〕ひたすら一つの方向に向かうさま。いちず。例ひたおもむきにもの怖ぢしたまへる御心に〈源氏・若菜下〉

ひた-かぶと【直兜・直冑・直甲】 名〔「ひた」は接頭語〕全員が鎧と兜で完全武装すること。例源氏の兵どもひた甲七、八十騎〈平家・一一・勝浦付大坂越〉

ひ-たき【火焚き・火焼き】 名 照明や警護のために、夜間火をたくこと。また、その役目の人。例その御火焼きの老人〈記・中・景行〉

ひたき-や【火焚き屋】 名 宮中警護の役人がかがり火をたいて夜警をする小屋。例人あらむとも知らぬ火焚き屋より、(人ガ)にはかに出でて〈枕・なほめでたきこと〉

ひた-ぎり【直切り】 名 形動(ナリ)〔「ひた」は接頭語〕やたらに切ること。めった切り。例怒りてひた斬りに斬り落としつ〈徒然・八七〉

ひ-たく【日闌く】 日が高く上る。例日たくるほどに起きたまひて〈源氏・夕顔〉

ひた-ぐろ【直黒】 形動(ナリ)〔「ひた」は接頭語〕一面真っ黒なさま。例鉢の、ひた黒に墨つきたるを取りて〈竹取〉

ひた-ごころ【直心】 名 形動(ナリ)〔「ひた」は接頭語〕ひたむきでいちずなさま。思いつめる心。例ひた心になくもなりつべき身を(=ひと思いに死んでしまえばよかったこの身を)〈蜻蛉・中〉

ひた-さを【直さ麻】 名〔「ひた」「さ」は接頭語〕ほかの糸が交じらない純粋な麻。例ひたさ麻を裳には織り着て〈万葉・九・一八〇七〉➡名歌250

ひた・す【養す・日足す】 動(サ四) 乳幼児をやしない育てる。養育する。例大湯坐・若湯坐を定めて、日足しまつるべし〈記・中・垂仁〉

ひた-すら【頓・一向・只管】❶副❶まったく。すっかり。例ひたすら、世に亡くなりなむは〈源氏・須磨〉

❷いちずに。もっぱら。例ひたすら朝政をすすめまうさせたまふ御ありさまなり〈平家・一・二代后〉
❷形動(ナリ) いちずだ。ひたむきだ。例ひたすらにうしとも思ひ離れぬ男〈源氏・帚木〉

びた-せん【鐚銭】 名 表面がすり減ったり割れたりした粗悪な銭。室町時代には永楽銭以外の銭の称。江戸時代には寛永鉄銭(一文銭)の称。例びた銭一文も残らぬ身代〈滑稽本・膝栗毛・発端〉

ひたた・く【溷く・混く】 動(カ下二) ❶こみあってごたごたする。雑然とする。例人しげくひたたけたらむ住まひは〈源氏・須磨〉❷けじめがない。しまりがない。例などて、ひたたけてさまよひさし出づべきぞ(=あちこち口出ししてよいものか)〈紫式部日記〉

ひた-たれ【直垂】 名 ❶男性の衣服の名。古くは庶民が着たが、中世には武家・公家も用いるようになった。例衣冠・布衣なるべきは多く直垂を着たり(=衣冠や狩衣を着るのがふさわしい人々が多く直垂を着ている)〈方丈記〉
❷襟と袖をつけ、綿を入れた、①と似た形の夜具。体の上に掛けて用いる。「直垂衾」とも。例入りて寝むとするに、そこに綿四、五寸ばかりある直垂あり(=入って寝ようとすると、そこに綿が四、五寸ほど入っている夜具がある)〈今昔・二六・一七〉

直垂①〔蒙古襲来絵詞〕

一語誌▼もともとは布製であったが、のちには絹で作り、綾織物などでも使われた。形は現在の和服のような襟(垂領)で広袖。胸紐があり、袖口の下部に「露」と呼ぶ紐があって、かつて労働着として袖をくくった名残をとどめている。袴も古くは活動に便利なように、裾に括り紐のついた指貫型のものを組み合わせた。直垂の裾は袴の中に着込める。かぶり物としては、一般に烏帽子を用いる。江戸時代からは長袴を組ませて、式服となった。また、直垂の一種に大紋や素襖がある。
▼**武人の華やぎ** ①の例は福原新都の眺望。古くは衣冠・布衣(狩衣のこと)を着た貴族の出入りした内裏に、今は直垂姿ばかりが目立つ。都の華やぎは早くも失せて「ただ鄙びたる(=田舎めいている)武士に異ならず」と鴨長明は嘆いている。平氏台頭によって武家の時代へと急激に傾く世相を、直垂という衣装が鮮明に映している。
しかしそれは異質で新しい美の開花でもあった。すなわち戦のいでたちの美である。武士たちは甲冑や馬具、刀や弓矢に至るまできらびやかに飾り立て、とりわけ鎧の縅と下に着た直垂(鎧直垂)との配色には心を砕いた。彼らにとって鎧直垂は、戦いの勇猛さと自らの来たるべき死を彩る生命の色であったともいえよう。〈藤本宗利〉

常陸 《地名》旧国名。今の茨城県の南西部を除いた大部分。東海道十五か国の一つ。常州。延喜式で大国・遠国。

ひたち-おび【常陸帯】 名 陰暦一月十四日に、常陸国(茨城県)の鹿島神宮の祭りで行われた行事。男女が自分の想っている人の名を布の帯に書いて神前に供え、神主がそれを結び合わせて結婚を占う。例祈れども神はうけずや常陸帯の〈新撰六帖・五〉

常陸国風土記 《作品名》奈良時代の地誌。一巻。編者未詳。和銅六年(七一三)の詔勅によって編まれ、養老二年(七一八)までに成立か。現存する五風土記の一つ。すぐれた漢文で地名の由来や伝承などを記すほか、歌垣などの記事を収める。

ひた-つち【直土】 名 形動(ナリ)〔「ひた」は接頭語〕地面に直接ぴったりとついていること。例直土に藁解き敷きて 父母は 枕の方に 妻子どもは 足の方に〈万葉・五・八九二〉➡名歌122

ひた-てり【直照り】 名 形動(ナリ)〔「ひた」は接頭語〕一面に照り輝くこと。また、そのさま。例橘の殿の(=御殿の)橘直照りにして〈万葉・一八・四〇六四〉
読解 左大臣橘諸兄邸に元正上皇の行幸があったのを詠んだ歌の一節。

ひた-と【直と・専と】 副 ❶ぴったりと。直接に。例ひたと抱き付きて〈今昔・二七・三五〉❷ひたすら。始終。例こち(=こちら)からひたと行き通ふ〈近松・女殺油地獄・下〉❸ぱっと。さっと。例鞍置くに及ばず、ひたと乗って〈保元・中〉

ひだ-の-たくみ【飛騨の匠】 名 令制で、飛騨国(岐阜県)から交替で上京し、公事に奉仕した大工。のちに伝説化され、腕のよい大工の称となる。例そのころほひ、飛騨の工といふ工ありけり〈今昔・二四・五〉

ひたひ【額】 名 ❶人間や動物の前頭部。例御額のほどの、いみじう白うめでたく(=御額のあたりが、たいそう白く美しく)〈枕・上の御局の御簾の前にて〉
❷「ひたひがみ」に同じ。例額など撫でつけて〈源氏・柏木〉
❸冠・烏帽子などの、額に当たる部分。例冠の額すこしくつろぎたり(=少し緩んでいた)〈源氏・若菜上〉
❹物の突き出た部分。川などの岸辺の土手の張り出した所。例身を観ずれば(=我が身を心静かに眺めると)岸の額に根を離れたる草〈和漢朗詠集・下・無常〉
読解 我が身の落ち着くところがないことを嘆く詩の一節。〈新野直哉〉
類義①ぬか(額)

【額に手を当つ】 ❶両手を額の前で合わせる。神仏に祈るときなどに信仰心を表すしぐさ。例夜昼額に手を当てて念じたてまつりたり〈栄花・鶴の林〉❷手を額の前にかざす。例額に手を当てて…見おこせたる〈源氏・手習〉

【額を合はす】 複数の人間が、密談などのために額をつけるようにして集まる。例額を合はせてむかひたまへり〈竹取〉

ひたひ-えぼし【額烏帽子】 名 男の子が烏帽子をまねて額につけた、三角形の黒い紙や布。例男の童は額烏帽子の欲しげなるかな〈夫木・三三〉

ひたひ-がみ【額髪】 名 額から左右に長く伸ばし

て垂らした髪。例額髪などのいたう濡れたるをもて隠して〈源氏・東屋〉

額髪〔源氏物語絵巻〕

ひた‐ひた 副 ❶速やかに。さっさと。例ひたひたと(馬二)うち乗って、をめいてかくれば(=わめき叫んで馬を駆けさせると)〈平家・二・勝浦付大坂越〉❷水や風が物に当たるさま。例藺の花にひたひた水の濁りかな〈俳諧・続猿蓑・下〉

ひたひ‐つき【額月】 ヒタイ― 名 男性が、冠や烏帽子の当たる額ぎわの頭髪を半月形に剃り上げておくもの。月代。例額月の跡もってのほかにさがりたれば(=ひどく深く剃り込んであるので)〈太平記・三〉

ひたひ‐つき【額付き】 ヒタイ― 名 額のあたりの様子。額に髪がかかっている様子。例まみ(=目もと)・額つきなど、まことにきよげなり〈紫式部日記〉

ひた‐ぶる【頓・一向】 形動(ナリ) 「ひた」は「ひたすら」などの「ひた」に同じ。ひたすら一つの方向に向かうさまをいうのが原義。

❶ひたむきだ。いちずだ。例ひたぶるに思ひしなせば、事にもあらず過ぎぬる年月なりけり(=いちずに思いこむと、どうという事もなく過ぎてしまった年月であったなあ)〈源氏・椎本〉読解 その気になればつらい事などもなんということはない、ということ。

❷度を越してひどい。むちゃくちゃだ。例ひたぶるにすきずきしくはあらで(=むちゃくちゃに好色めいているのではなくて)〈源氏・蛍〉

❸ひたすら乱暴だ。粗暴だ。例海賊のひたぶるならむよりも(=海賊のひたすら乱暴であるようなのよりも)〈源氏・玉鬘〉

❹(「ひたぶるに」の形で)まったく。すっかり。例ひたぶるに亡きものと人に見聞き棄てられてもやみなばや(=まったくこの世にはいない者と、人に見捨てられ聞き捨てにされたままで終わってしまいたい)〈源氏・手習〉

〈井上博嗣〉

ひたぶる‐ごころ【一向心】 名 ❶ひたすら募る心。いちずな心。例ひたぶる心に、ゆるしきこえたまはず〈源氏・少女〉読解 恋しさが募って、若者は姫君を離さない。❷乱暴で自分勝手な心。向こう見ずな心。例盗人などいふひたぶる心ある者も〈源氏・蓬生〉

ひだまひ‐の‐ふだ【日給ひの簡】 ヒダマイ― 「てんじゃうのふだ」に同じ。例御前なる日給ひの簡に、尚侍になすよし書かせたまひて〈宇津保・内侍のかみ〉

ひた‐みち【直路・直道】 形動(ナリ) ❶ひたすらだ。いちずだ。例かく幼き人々を見捨てんうしろめたさばかりになん、えひたみちにかたちをも変へぬ(=いちずに出家することもできない)〈源氏・橋姫〉読解 「え〜ず」で不可能の意を表す。❷完全だ。まったく〜だ。例御色も同じやうにて、ただひたみちに白うおはしまして〈栄花・玉の飾り〉

ひた‐めん【直面】 名《能楽用語》面を用いないこと。素顔を面としてとらえていう。劇中で現在に生きている壮年の男という役柄を表す。例能の位上らねば、直面は見られぬ物なり〈風姿花伝・二〉

ひた‐もの【直物】 副 むやみに。わけもなく。ひたすら。例ひたもの頭をはらせらるるが(=おたたきになるのが)迷惑さに〈山本東本狂言・居杭〉

ひた‐やごもり【直屋隠り】 名 形動(ナリ)〔「ひた」は接頭語〕ひたすら外界との交渉を断って家に引き籠もること。また、心の内にこめておくこと。例艶なる歌も詠まず、気色ばめる消息もせで、いとひたやごもりに情けなかりしかば〈源氏・帚木〉

ひだり【左】 名〔「みぎ」の対〕❶南に向いたとき東側にあたる側。左側。左方。

❷官職を左右に区分したときの左方。右より上位とする。「ひだりの大臣」などと用いる。

❸歌合わせなど左右に分かれて行う勝負事の左方。右より上位者・年長者が配されることが多い。例例の、左あながちに勝ちぬ(=いつものように、左方が一方的に勝った)〈源氏・匂宮〉

〈奥村悦三〉

ひだり‐なは【左縄】 ―ナワ 名 ❶普通とは逆に、左撚りにした縄。注連縄など神事に関するものに用いる。例縄も左縄で何の御用にも立ちませぬ〈虎寛本狂言・縄綯〉❷物事が自分の思いどおりにならないこと。運が悪いこと。左前。例かう左縄になるからは父様のことも埒明かぬ〈近松・丹波与作待夜の小室節・中〉

ひだり‐の‐うまづかさ【左馬寮】 名 「さまれう」に同じ。

ひだり‐の‐うまのかみ【左馬頭】 名 「さまのかみ」に同じ。

ひだり‐の‐おとど【左大臣】 名 「さだいじん」に同じ。

ひだり‐の‐おほいまうちぎみ【左大臣】 ―オオイモウチギミ 名 「さだいじん」に同じ。

ひだり‐の‐つかさ【左の司】 名 左右の部局をもつ役所で、左の部局。左近衛府・左馬寮など。例左の司の御馬、蔵人所の鷹すゑて賜はりたまふ〈源氏・桐壺〉読解 ここは左馬寮。

ひだり‐みぎ‐に【左右に】 副 あれにもこれにも。あれやこれや。例左右に苦しう思へど、かの御手習ひ取り出でたり〈源氏・空蟬〉

ひ‐だる・し 形(ク) 空腹だ。例この一両日食物たえて、術なくひだるく候ふままに〈著聞集・一三・四四〇〉

ひぢ【泥】 ヒジ 名 どろ。例高き山も、ふもとの塵ひぢよりなりて〈古今・仮名序〉

ひぢ‐かさ【肘笠】 ヒジ― 名 「ひぢがさ」とも。肘を頭上にかざし、袖で雨を防ぐこと。また、その肘や袖。例横飛沫に肘笠もせんなくて(=役に立たなくて)〈浮世草子・好色万金丹・五・四〉

ひぢかさ‐あめ【肘笠雨】 ヒジカサ― 名 にわか雨。笠が間に合わず、ひじを笠代わりにすることからいう。例ひぢかさ雨とか降りきて、いとあわたたしければ〈源氏・須磨〉

ひぢく・る ヒジクル 動(ラ四) 手でこねまわす。香などを練り合わせる。調合する。例野老・合はせ薫き物を

蘖にひぢくりて〈今昔・三〇・一〉

ひちち-か 形動(ナリ) ぴちぴちとして元気だ。活気がある。例容貌はひちちかに、愛敬づきたるさまして〈源氏・常夏〉

ひぢ-もち【肘持ち】 名 笏などを持つときの、両ひじを曲げて横に張った姿勢。例ことごとしく儀式官の練り出でたる肘もちおぼえて〈源氏・末摘花〉

ひち-りき【篳篥】 名 雅楽で用いる管楽器の一つ。竹管に、表に七つ裏に二つの穴をあけ、上端に蘆舌(リード)を差し込んだもの。音色は甲高い。吹くときに頬が大きくふくらんで美しく見えないので、身分の高い人は演奏しなかった。大きさに大小ある。⇩ふえ(図)。例篳篥はいとかしがましく(=うるさく)、秋の虫を言はば、くつわ虫などの心地して〈枕・笛は〉

ひつ【弼】 名 令制で、弾正台の次官。大弼・少弼という上下の区別がある。

ひつ【櫃】 名 ふたのある大型の箱。長櫃・唐櫃など。例家にある櫃に鏁刺し蔵めてし〈万葉・一六・三八一六〉

ひ・つ【漬つ】 水などに漬っかって染みこむ意、転じて、ぐっしょりとぬれる意にいう。

❶動(タ四) 水などに浸る。ぬれる。例白たへの(枕詞)袖ひつまでに音のみし泣かも(=袖がぬれるほど激しく声をあげて泣くことだ)〈万葉・四・六一四〉

❷動(タ上二) ①に同じ。例(a)さ牡鹿の爪だにひちぬ山河の(ここまで序詞)あさましきまで訪はぬ君かな(=牡鹿の爪さえもぬれない山中の川が浅い、その「あさ」ではないが、驚きあきれるほど訪れてくれないあなたなあ)〈拾遺・恋四〉例(b)ただ涙にひちて明かし暮らさせたまへば(=ただ涙にぬれて夜を明かし日を暮らしなさるので)〈源氏・桐壺〉

❸動(タ下二) 水などに浸す。ぬらす。例桂川袖を漬てても渡りぬるかな(=桂川を、袖をぬらしても渡ったことだ)〈土佐〉

類義 ①②そぼつ・ぬる

語誌 ▼音の清濁 のちに「ひづ」となったのは、江戸時代の国学者賀茂真淵の誤解がもとらしい。▼活用と働き ①②は自動詞。古くは四段であったらしい。平安中期ごろから上二段に推移した。③は他動詞。〈田島智子〉

ひ・づ【秀づ】 動(ダ下二)〔「ほいづ(秀出づ)」の変化した形〕穂が出る。例秀でずとも縄だに延へよ(=縄だけでも張りなさい)〈万葉・一〇・二二一九〉

ひ-ついで【日次いで】 名 日柄。日取り。暦の上でのその日の縁起のよしあし。例御服(=御喪服)もこの月には脱がせたまふべきを、日次いでなんよろしからざりける〈源氏・藤袴〉

ひつ-ぎ【棺・柩】 名〔古くは「ひつき」〕死体を入れる木製の箱。棺。例ひとつ棺に盛いれて…合はせ葬る〈紀・雄略即位前紀〉

ひ-つぎ【日次ぎ】 名 ❶毎日。連日。❷毎日奉る貢ぎ物。例朝まだき桐生の岡に立つ雉は千代の日次ぎの始めなりけり〈拾遺・賀〉❸「ひついで」に同じ。

ひ-つぎ【日嗣ぎ】 名 皇位を継承すること。また、その皇位。「天つ日嗣ぎ」とも。例帝皇の日継ぎおよび先代の旧辞(=伝承)を〈記・序〉

ひつぎ-の-みこ【日嗣ぎの御子】 名 皇太子。例我、太子を殺して〈紀・仁徳即位前紀〉

ひっ-きゃう【畢竟】 ❶名動(サ変)『仏教語』到達した究極。例ただ畢竟空寂の法味を納受して〈海道記〉❷副 つまるところ。結局。例畢竟このお布施がほしさのままぢゃ〈虎寛本狂言・布施無経〉

ひつじ【羊】 名 ❶動物の名。ウシ科の哺乳動物。家畜として飼われる。例ある河のほとりに、狼羊と水を飲む事ありけり〈仮名草子・伊曾保物語・中〉❷江戸時代、髪結い・髪結い床の別称。ヒツジは紙をよく食べることから、同音の髪で食べている(生計を立てている)としゃれていう。❸【未】㋐十二支の第八番目。⇩十二支(図)。㋑㋐にあてた年・月・日の呼称。㋒方角の呼称。南南西。例この風、未の方に移りゆきて〈方丈記〉㋓時刻の呼称。今の午後二時ごろ、およびその前後約二時間。(一説に、その後約二時間)。例ひつじ下るほどに、南の寝殿に移りおはします(=未の刻が過ぎるころに、南の寝殿に移っていらっしゃる)〈源氏・藤裏葉〉

ひつじ-さる【未申・坤】 名 方角の呼称。未と申の中間で、南西にあたる。⇩十二支(図)。例未申の町は中宮の御旧宮なれば〈源氏・少女〉

ひっ-そば・む【引っ側む】 動(マ下二)〔「ひきそばむ」の促音便形〕「ひきそばむ②」に同じ。例太刀をひっそばめて〈平家・三・六代〉

ひつち【穭】 名〔室町末期以降「ひづち」とも〕稲を刈った後の切り株からまた生えてきた新芽。例刈れる田に生ふるひつちの穂に出でぬは〈古今・秋下〉

ひつ-ぢゃう【必定】 ❶名形動(ナリ) 必ずそうなること。確かであること。例朝家(=朝廷)を恨みたてまつるべき事必定と聞こえしかば〈平家・三・法印問答〉❷副 必ず。きっと。例必定源氏の残党ならん〈浄瑠璃・源平布引滝・四〉

備中 《地名》旧国名。今の岡山県西部。山陽道八か国の一つ。備州。古くは「吉備」の一部。延喜式で上国・中国。

ひづ・つ【漬つ・泥つ】 動(タ四) 水や泥などでぬれる。例朝露に玉裳はひづち夕霧に衣は濡れて〈万葉・二・一九四〉類義 ひつ(漬つ)

ひっ-ぱぎ【引っ剝ぎ】 名「ひきはぎ」の促音便形。例高市の山にてひっぱぎにあひ〈平家・一二・六代〉

ひっ-ぱく【逼迫】 名動(サ変) 苦しみが身に迫ること。例身心悩乱して、五体逼迫しければ〈太平記・二三〉

ひっ-ぱなし【引っ放し】 名『近世語』〔「ひきはなし」の促音便形〕気持ちなどが、言葉や動作のはしばしに感じられること。例どこやら言葉の引っ放し残るところが武士形気〈近松・心中宵庚申・上〉

ひっ-ぱ・る【引っ張る】 動(ラ四)〔「ひきはる」の促音便形〕❶力ずくで連れて行く。例両方の手を引っ張っ(音便形)て〈太平記・二〉❷磔の刑にする。例海賊の仲間に入り…木の空(=磔柱)に引っ張らるる〈近松・博多小女郎波枕・中〉❸時間や期限を延ばす。例夕飯・夜食を**ひっぱり**〈近松・薩摩歌・中〉❹着る。かぶる。引っかける。例上に衣を**引っ張っ**(音便形)て〈近松・堀川波鼓・下〉

び-づら【角髪】 名「びんづら」に同じ。例うつくしげなる童の、**びづら**結ひたるが〈宇治拾遺・一三〉

ひ-でん-ゐん【悲田院】 名 貧しい人・身寄りのない人・病人などを収容し、救済する公設の施設。奈良時代、施薬院とともに興福寺に設けられたのが最初とされる。平安時代には、左京・右京のほか、諸国・諸寺に置かれた。光明皇后の手になるものが有名。例**悲田院**の堯蓮上人は、俗姓は三浦の某とかや〈徒然・一四一〉

ひと-【一】 接頭 体言につく。❶一つの、一度の、ちょっと、わずかな、などの意を表す。「一枝」「一目」など。❷全部の、全体の、などの意を表す。「一京」「一宮」など。❸ある一つの、の意を表す。「一日」「一夜」など。

ひと【人】1名 ❶人間。動物や物などに対していう。例(a)わくらばに(=たまたま)人とはあるを〈万葉・五・八九二〉↓名歌122 例(b)命あるものを見るに、人ばかり久しきはなし(=命のあるものを見ると、人間ほど長命なものはいない)〈徒然・七〉❷世間の人。世の人々。例わが庵は都のたつみ(=東南)しかぞすむ世をうぢ山と人はいふなり〈古今・雑下〉↓名歌418 ❸本人以外の人。ほかの人。他人。例(自分ノ字ガ)みぐるしとて、人に書かするはうるさし(=みっともないといって、他人に代筆させるのはいやみなものだ)〈徒然・三五〉❹特定の人。自分と深い関係でつながっている友人・夫・妻・恋人・家来・召使など。例(a)思ひつつ寝ればや人の見えつらむ夢と知りせば覚めざらましを〈古今・恋二〉↓名歌110 例(b)御供に人もさぶらはざりけり(=お供に家来もお仕えしていなかったよ)〈源氏・夕顔〉❺一人前の人間。すぐれた人物。また、大人。成人。⇩ひととなる。例我を除きて 人はあらじと 誇ろへど〈万葉・五・八九二〉↓名歌122 ❻人柄。人品。例人も立ちまさり、心ばせまことにゆゑありと見えぬべく(=人品もすぐれ、気立ても本当にたしなみがあると思わせるほどで)〈源氏・帚木〉❼身分。家柄。例人もいやしからぬ筋に(=身分も低くはない家系で)〈源氏・夕顔〉2代 対称の人称代名詞。あなた。多く夫婦間での呼びかけに用いられる。例人は十三、われは十五より見そめたてまつり(=あなたは十三歳、私は十五歳から契りを結び申し上げ)〈平家・七・維盛都落〉 〈鈴木日出男〉

[人と為る] ❶一人前になる。成人する。例**人となりてのちは**、限りあれば(=制約があるので)、朝夕にしも(アナタヲ)え見たてまつらず〈源氏・夕顔〉❷正気に返る。意識が回復する。例やうやう生き出でて、**人となりたまへりけれど**〈源氏・夢浮橋〉

ひと-あきびと【人商人】 名 人間を売買する者。人買い。例思はざるほかに(=思いがけなく)、ひとり子を人商人に誘はれて〈謡曲・隅田川〉

ひと-あひ【人間】 名 人づきあい。他人に対する愛想。例**人あひ**・心ざま優に情けありければ〈平家・八・妹尾最期〉

ひと-いへ【一家】 名 家じゅう。家族全員。例**ひと家**泣きののしるに〈宇治拾遺・一二四〉

ひとえ『一重・単・単衣』⇩ひとへ

ひと-おき【人置き】 名 江戸時代、奉公人・遊女などの周旋業者。求職者を一時宿泊させたり、身元保証人になったりもした。例大つごもりの**人置き**のかか〈西鶴・世間胸算用・三・三・目録〉

ひと-おと【人音】 名 人のやって来る音。人のいる気配の音。人の声。例人少ななるけはひなり。奥の枢戸も開きて、**人音**もせず〈源氏・花宴〉

ひと-が【人香】 名 人の移り香。また、恋しく思う人が衣服にたきしめた香の匂い。例小袿のいとなつかしき**人香**に染めるを〈源氏・空蟬〉

ひと-かず【人数】 名 ❶人並みの人間として数えられること。ひとかどの人物。例世にあるべき**人数**とは思はずながら〈紫式部日記〉❷人間の数。例**人数**を知らむとて、四・五両月を数へたりければ〈方丈記〉

ひと-かた【一方】 1名 一つの方向。また、一人。例(薫カ匂宮カ)一方に思し定めてよ〈源氏・浮舟〉2形動(ナリ) ひととおりだ。例知らざりし大海の原に流れきて**ひとかたに**やはものは悲しき〈源氏・須磨〉読解「やは」は反語の意を表す。悲しさはひととおりではない、の意。

ひと-がた【人形】 名「ひとかた」とも。❶人の形をかたどったもの。人形。生贄や呪詛などの目的に使う。例**人形**・馬形を作りて、この神を祭らば〈肥前風土記〉❷禊や祈禱のときに使う、人の身代わりにする人形。紙などで作り、人の体をなでて災厄を移し、水に流す。「形代」「撫で物」とも。例舟にことごとしき(=大げさな)**人形**乗せて流すを見たまふにも〈源氏・須磨〉

ひとかた-なら-ず【一方ならず】 ひととおりでなく。例**一方ならず**心深くおはせし(=思慮深くていらっしゃった)御ありさま〈源氏・薄雲〉

ひとかた-ひとかた【一方一方】 ❶どちらか一方。例**ひとかたひとかたに**思し定めてよ〈源氏・浮舟〉❷ひとりひとり。例一方一方につけて、いとうたてある事(=不吉な事)は出で来なん〈源氏・浮舟〉

ひと-かたらひ【人語らひ】 名 人に話すこと。人に相談すること。例(本ノ)続きの見まほしく覚ゆれど、**人語らひ**なども、えせず(=できない)〈更級〉

ひと-がち【人勝ち】 形動(ナリ) 人が多くいるさま。例いとど**人がちに**て、え申させたまはじ〈大鏡・師尹〉

ひと-かへり【一返り】 副 物事の一まとまり。一回。一度。例いと白く枯れたる荻を高やかにかざして、ただ一**かへり**舞ひて〈源氏・若菜下〉

ひと-がま・し【人がまし】 形(シク)〔「がまし」は接尾語〕どうやら一人前らしい。いかにも人並みらしい。非難や卑下の気持ちをこめて用いることが多い。例世の中に少し人に知られ、**人がましき**名僧などは〈栄花・輝く藤壺〉

ひと-がら【人柄】 名 人の性格。ひととなり。また、人相・風体。例あの**人がら**も、いとすくよかに(=きまじめで)〈更級〉

ひと‐ぎき【人聞き】 名❶世間が聞いてどう思うかということ。評判。世間体。例さりとて(姫君ヲ)尼になしたてまつらんとすれば、**人聞き**もの狂ほしきものから〈栄花・初花〉❷他人に聞かれること。例**人聞き**こそやさしけれ(=恥ずかしい)。御方のおとどや、かやうのこと聞きたまふらんと思ふこそ面はづかしけれ〈宇津保・国譲上〉❸世間への言い訳。例「今日よりのち、日次いで(=日柄)あしかりけり」など、**人聞き**にはのたまひて〈源氏・夕霧〉

ひと‐きざみ【一刻み】 名❶一段。一階級。例いま一**きざみ**の位をだにと(=せめてもう一段上の位だけでもと)、贈らせたまふなりけり〈源氏・桐壺〉❷第一級。一流。第一の列。例御遊びなどに、**ひときざみ**に選ばるる人々〈源氏・若菜下〉

ひと‐きは【一際】キワ **1**名❶身分・位などの一つの段階。一階級。例権中納言、大納言になりて右大将かけたまへるを、いま一**際**上がりなむに(=もう一段昇進したなら)、何ごとも譲りてむ〈源氏・薄雲〉❷一度。例(雷ガ)一**際**は、いと高く鳴れど〈大鏡・道長上〉**2**副❶特に際立って。ひとしお。例(鬼ノ絵ナドハ)心にまかせて**ひときは**目おどろかして〈源氏・帚木〉❷一概に。ひととおりに。例世の中はいと常なきものを、一**際**に思ひ定めて〈源氏・若菜下〉

ひと‐きゃう【一京】キョウ 名都全体。京じゅう。例一**京**まかりありきしかども、(ヨイ梅ノ木ガ)侍らざりしに〈大鏡・道長下〉

ひと‐ぎれ【人切れ】 名(人の切れ端の意)人の気配。多く「人切れなし」の形で用いる。例向かひは五加木の生け垣にて**人ぎれ**なし〈西鶴・好色一代女・四・三〉

ひとく 副ウグイスの鳴き声を表す語。和歌では、「人来」と掛けて用いる。例梅の花見にこそ来つれ鶯の**ひとくひとく**といとひしもをる(=いやがっている)〈古今・雑体〉

ひと‐くさ【一種】 名一種類。例(三ツノウチ)いま一**くさ**やうたてあらむ(=不都合だろう)〈源氏・末摘花〉

ひと‐くに【人国・他国】 名❶自分が住む国以外の国。よその国。他郷。例**他国**は住み悪しとそいふ〈万葉・一五・三七四八〉❷「ひとのくに②」に同じ。例黄金は**人国**より献ることはあれども〈続紀・天平勝宝元年四月・宣命一三〉

ひと‐げ【人気】 名❶人の気配。人の存在を感じさせるもの。例**人気**に驚きて見返りたるほどに〈夜の寝覚・一〉❷世間並みの人らしい様子。人並みらしいさま。⇨ひとげなし

ひとげ‐な・し【人気無し】 形(ク)人並みの様子でない。一人前の人間らしくない。例身は沈み、位短くて(=位が低くて)**人気なき**〈源氏・帚木〉

ひと‐ごこち【人心地】 名生きた心地。正気。例いささかも(=わずかでも)**人心地**するをりあらむに〈源氏・夕霧〉

ひと‐ごころ【人心】 名❶人の心や気持ち。愛情。例**人心**たとへてみれば白露の消ゆる間もなほ久しかりけり〈後撰・雑四〉読解人の心の変わりやすさを詠んだ歌。❷「ひとごこち」に同じ。例**人心**もなくて、二日三日ばかりありて死にけり〈宇治拾遺・一六九〉

ひと‐ごと【人言・人事】 名❶【人言】他人の言葉。世間のうわさ。例**人言**を繁み言痛み(=煩わしくうるさいので)己が世にいまだ渡らぬ朝川渡る〈万葉・二・一一六〉❷【人事】他人に関すること。よそのこと。例人の国にかかる習ひありと、これら(=日本)になき**人事**にて伝へ聞きたらんは〈徒然・一七五〉

ひと‐さかり【一盛り】 名一時、盛えること。例いざ桜我も散りなむ**ひとさかり**ありなば人に憂きめ見えなむ〈古今・春下〉

ひと‐さし【一差し・一指し】 名(「さし」は接尾語)舞・相撲・将棋などの一回。一番。例一**さし**舞うて御見せあれ〈謡曲・自然居士〉

ひと‐ざま【人状・人様】 名人柄。人品。例わりなく(=ひどく)もの恥ぢをしたまふ、奥まりたる(=内気な)**人ざま**にて〈源氏・澪標〉

ひと・し【等し・均し・斉し】 形(シク)❶同じだ。同等だ。非常によく似ている。例(背丈ガ)軒と**ひとしき**人のあるやうに見えたまひければ(=軒の高さと同じほどの人がいるようにお見えになったので)〈大鏡・道長上〉❷そろっている。一斉だ。例(文字ヲ)上下**ひとしく**書いたまへり〈源氏・末摘花〉読解各行の上下をそろえてお書きになっている、ということ。手紙の書き方としてはかなり異例。❸(「〜とひとしく」の形で)〜と同時に。〜とすぐに。例暮るると**ひとしく**参りたまひて(=日が暮れると同時に参上なさって)〈讃岐典侍日記・上〉〈浅見和彦〉

ひとし‐ご【等し碁】 名囲碁の腕前がお互い同じくらいであること。例頭の中将と**等し碁**なり〈枕・故殿の御服のころ〉

ひとし‐なみ【等し並み】 名同等。同列。例さりとも、すやつばら(=そいつら)を、**等しなみ**にはしはべりなむや〈源氏・玉鬘〉

ひと‐しほ【一入】シオ **1**名染色のとき、染料に一度浸すこと。「初入」とも。**2**副ひときわ。いっそう。和歌では、**1**の意を掛けて用いることが多い。例紫にいくへか染むる藤の花一**しほ**まさる松の緑を〈壬二集〉

ひと‐しれ‐ず【人知れず】 人に知られない。秘密である。ひそかな。例恋すてふわが名はまだき立ちにけり**人知れず**こそ思ひそめしか〈拾遺・恋一〉➡名歌165

ひと‐すぢ【一筋】スジ **1**名❶細く長いものの一本。例その竹の中に、もと光る竹なむ一**すぢ**ありける〈竹取〉❷一族。例この御一筋のかく栄えたまふべきとぞ見まうす〈大鏡・師輔〉❸一つの事。例ただあかつきの別れ一**すぢ**を、ふとおぼえつるままに(=思い出したままに)言ひて〈枕・故殿の御服のころ〉**2**形動(ナリ)❶一様だ。例(昔ノ人ノ筆跡ハ)一**筋**に通ひてなんありける(=似通っている)〈源氏・梅枝〉❷一途だ。「ひとすぢに」の形で副詞的に用いることが多い。例一**筋**に思ひ乱るることなくて〈源氏・夕霧〉

ひと‐ぞう【一族】 名(「ぞう」は「ぞく」のウ音便形)一族。一門。例いかでかの一**ぞう**におぼえたまふらむ(=似ておいでなのだろう)〈源氏・若紫〉

ひと‐たがへ【人違へ】クガエ 名人ちがい。例**人違へ**仕りたらむはいみじかるべき(=大変な)事かな〈今

昔・二六・四〉

ひと-だ・つ【人立つ】 動(タ四)〔「だつ」は接尾語〕一人前の人間らしくなる。大人らしくなる。例**人だちたまひなば**、大臣の君も(アナタヲ)尋ね知りきこえたまひなむ〈源氏・玉鬘〉

ひと-だのめ【人頼め】 名 形動(ナリ) 人に頼みに思わせること。むなしい期待をさせること。例夢とい ふ物ぞ**人だのめなる**〈古今・恋二〉

ひと-たび【一度】 名 ❶いちど。いっぺん。例一年に**ひとたび**来ます君待てば宿かす人もあらじとぞ思ふ〈伊勢・八二〉↓名歌305 ❷(仮定条件とともに用いて)いったん。例一**たび**家を出でたまひなば、仮にもこの世をかへりみんとは思しおきてず〈源氏・御法〉❸同時。いっしょ。例畏まりも喜びも(=感謝もお礼も)**ひとたび**に聞こえん〈宇津保・藤原の君〉

ひと-だま【人魂】 名 夜、空中を浮遊する青白い火。燐火。死者の肉体から抜け出た霊魂と思われていた。例この暁に、いみじく大きなる**人魂**の立ちて、京ざまへ(=京のほうへ)なむ来ぬる〈更級〉

ひと-だまひ【人給ひ・人賜ひ】 ―ダマイ 名 ❶人々に物をくださること。また、その物。例**人賜ひ**ならむ御几帳参らんに〈宇津保・内侍のかみ〉❷外出時、供の人の乗る牛車。「そへぐるま」ともいい、「副車」とも書く。例よきところの御車、**人だまひ**ひきつづきておほく来るを〈枕・よろづのことよりも〉

ひと-つ

【一つ】 ■1 名 ❶単数であること。一個。例身に瘡**ひとつ**ふたつ出できにけり(=体にできものが一個二個できてしまった)〈伊勢・九六〉
❷物・場所・時間などが同一であること。同じもの。同じ所。同じ時。例(a)(牛車ヲ)引き続けたれど、**ひとつ**に奉りて(=二両続けて引いていくが、同じ車にお乗りになって)〈源氏・末摘花〉読解「奉る」は尊敬語。例(b)(夕霧ハ雲居雁ト)**ひとつ**にて生ひ出でたまひしかど(=同じ場所でお育ちになったが)〈源氏・少女〉
❸**複数の物が一つになること**。いっしょ。同一。例(前月カラノ雨デ)この中川も大川も**ひとつ**にゆきあひぬべく見ゆれば(=この中川も大川も一つに合流してしまいそうに見えるので)〈蜻蛉・下〉
❹**一個の全体**。**一個の容器いっぱい**。**すべて**。いっぱい。例「苦しうない、飲め」「はあ、これこれ一つござります」〈狂言記・寝声〉
❺**序数としての第一**。**最初**。例そもそも、歌のさま六つなり(=さて、和歌の表現形式は六つである)…その六種の**ひとつ**にはそへ歌〈古今・仮名序〉
❻**最初に挙げるべきすぐれたもの**。**最上**。例その時**ひとつ**の宝なりける鍛冶匠六人を召しとりて(=その当時随一の宝であった鍛冶工六人をお呼び寄せになって)〈竹取〉
❼主に平安時代に用いられた定時法で、一辰刻(今の二時間。名称に十二支をあてる)を四等分したその第一。初刻。例「寅一**つ**」と申すなり(=「寅一つ」と申すのが聞こえる)〈源氏・賢木〉読解「寅」は今の午前四時ごろ。
■2 副 ❶(量的に少ないことから)**ちょっと**。**試みに**。例那智新宮の者どもに矢**ひとつ**射かけて、平家へ子細を申さん(=那智新宮の者たちに向かって試みに矢を射て、平家へ詳しい事情を申し上げよう)〈平家・四・源氏揃〉読解平家に那智新宮側の反応を伝える、ということ。
❷(打消の語を伴って)**まったく**(〜ない)。例縫ひ物が**ひとつ**出来ねえくせに〈滑稽本・浮世床・二上〉

ひとつ-あな【一つ穴】 名 ❶同じ穴。同じ所に住むこと。また、死をともにすること。例むくろ(=死体)をば…親子**ひとつ**穴にぞ埋みける〈平家・二・大臣殿被斬〉❷近世の用法。ある事をともにたくらむこと。多く悪事にいう。例あの三次といふ奴は、あなたの金をかたり取りし(=だまし取った)村井長庵と一**つ**穴〈歌舞伎・勧善懲悪覗機関・六〉

ひとつ-がき【一つ書き】 名「一、〜」のように、箇条書きの冒頭に一の字を記すこと。転じて、箇条書き。例右の段々、一**つ書き**にして、大殿様へ御訴訟に申し上げしに〈西鶴・武道伝来記・三・二〉

ひとつ-くち【一つ口】 名 ❶相手と対等に口をきくこと。例今は**ひとつ**口に言葉なまぜられそ(=口を出さないでください)〈源氏・常夏〉❷口をそろえて言うこと。例おのおの一**つ**口に申しけるは〈仮名草子・伊曾保物語・上〉

ひとつ-ご【一つ子】 名 ❶ひとりっこ。ただ一人の子ども。例**ひとつ**子にさへありければ、いとかなしうしたまひけり(=おかわいがりになった)〈伊勢・八四〉❷一歳の子。例(平家ノ子孫ハ)一**つ**子二つ子を残さず…失ひてき(=殺してしまった)〈平家・一二・六代被斬〉

ひと-づて【人伝て】 名 言葉・手紙などを、ほかの人を通して伝えたり聞いたりすること。例今はただ思ひ絶えなむとばかりを**人づて**ならで言ふよしもがな〈後拾遺・恋三〉↓名歌73

ひとつ-はら【一つ腹】 名 生母が同じであること。また、その兄弟姉妹。例その御一**つ腹**に、女宮二所(=お二人)生まれたまひにけり〈栄花・月の宴〉

ひと-つぶて【人礫】 名 人を小石のように軽々と投げ飛ばすこと。また、その投げ飛ばされた人。例**人礫**にや打つと思案したるさまにて〈太平記・三八〉

ひと-づま【人妻・他妻・他夫】 名 他人の妻または夫。例(a)紫のにほへる妹を憎くあらば**人妻**ゆゑに我恋ひめやも〈万葉・一・二一〉↓名歌362 例(b)山背道を**他夫**の 馬より行くに(=馬で行くのに) 己夫し徒歩より行けば〈万葉・一三・三三一四〉

ひとつ-まつ【一つ松】 名 一本松。一本だけ離れて立っている松。例尾張に ただに(=まっすぐに)向かへる 尾津の崎なる(=尾津の崎に生えている) 一**つ松**〈記・中・景行・歌謡〉

ひとつ-むすめ【一つ娘】 名 姉妹のいない女の子。ひとり娘。例またなくかしづく一**つ娘**を、兄の坊(=東宮)にておはするには奉らで〈源氏・賢木〉

ひとつ-や【一つ家】 名 ❶ぽつんと一つだけある家。一軒家。例わが庵は一**つ家**ながら年暮れて春の隣になりにけるかな〈庵百首〉❷同じ家。例一**つ家**に遊女も寝たり萩と月〈芭蕉・奥の細道〉↓名句125

ひと-つら【一連・一列・一行】 名❶一つながり。一列。例雁の一列、このゐたる上を過ぐる〈右京大夫集・詞書〉❷同程度。同列。例下ざまの祝言とひとつらにゃあ言はれねえ〈洒落本・世説新語茶〉

ひと-て【一手】 名❶一回。一つ。楽曲、勝負、囲碁・将棋の一回の動作など、「手」で表されるものを一つ数えるときに用いる。例碁を打つ人、一手もいたづらにせず(＝無駄にはしない)〈徒然・一八八〉❷二本一組の矢。例この弓に箭一手を取り具し〈今昔・三・一五〉❸いっしょ。ひとまとめ。例昔今の人を、一手に具して申したるなり〈古本説話集・上・八〉

ひと-とき【一時】 名❶ほんのわずかの間。しばしの間。例秋の野になまめき立てる女郎花あなかしがまし花も一時〈古今・雑体〉➡名歌10 ❷時間区分で、一日の十二分の一。今の二時間に相当。「いっとき」とも。例寄りあひ寄りのき、一時ばかりぞたたかうたる〈平家・三・泊瀬六代〉

ひと-ところ【一所】 名❶同じ場所。一つの場所。例后の宮も一所におはするころなれば〈源氏・賢木〉❷〔「ところ」は接尾語〕おひとり。おひとかた。身分の高い人に用いる。例女一ところ、十二、三ばかりにて〈源氏・真木柱〉

ひと-とせ【一年】 名❶一年。また、一年間。例一年に七日の夜のみ(＝七夕の夜だけ)逢ふ人の〈万葉・一〇・二〇三二〉❷この年。その年。例年のうちに春は来にけり一年を去年とやいはむ今年とやいはむ〈古今・春上〉➡名歌247 ❸ある年。先年。例一年の春宮の御元服、南殿にてありし儀式〈源氏・桐壺〉

ひと-と-なり【為人・性】 名❶生まれつきの性分。天性。例人となり聡明にして〈霊異記・中・七〉❷背丈。体格。例人となり少し細高にて〈宇治拾遺・一二四〉

ひと-どほ・し【人遠し】 ドオシ 形(ク) 人が近くにいない。人里離れている。例人遠くのどやかなる折は、ただならず気色ばみきこえたまふ〈源氏・蛍〉

ひと-なか【人中】 名❶多くの人々の間。衆目の中。例にはかにまばゆき人中いとはしたなく(＝急に晴れがましい衆目の中に出るのはきまりが悪く)〈源氏・松風〉❷世間。例利口・発明でも人中を見ねえぢゃあ役に立ちませぬ〈滑稽本・浮世風呂・二上〉

ひとなみ-なみ【人並み並み】 名形動(ナリ)〔「人並み」を強調した語〕世間並み。例「行く先(＝将来)も人なみなみにや」と思うたまへて〈宇津保・蔵開下〉

ひと-ならはし【人習はし】 ―ラワシ 名 影響を与えて人を教え込むこと。感化。例深き情けをもならひたまひにける。いとほしの人習はしや(＝なんともいじらしい感化というものだ)〈源氏・宿木〉

ひと-な・る【人馴る】 動(ラ下二)❶人との交際になれる。例(コノ姫君ニハ)すこし人馴れたることや交じらむと思ふこそうしろめたけれ(＝心配だ)〈源氏・花宴〉❷動物などが人になつく。例(唐猫ガ)心をかしく人馴れたるは〈源氏・若菜下〉

ひと-にく・し【人憎し】 形(ク) 他人から見て、憎らしい感じだ。例さりとて、人憎くはしたなくは(＝無愛想には)もてなしたまはぬ御気色を〈源氏・葵〉

ひと-には【一庭】 ニワ 名 庭じゅう。庭一面。例酔ひ声を出だして、一庭を走り回り舞ふ〈宇治拾遺・三〉

ひと-の-うへ【人の上】 ウエ 人間の身の上。また、他人の身の上。例(物語ニ)さまざまにめづらかなる人の上などを、まことにやいつはりにや、言ひ集めたる中にも〈源氏・蛍〉

ひと-の-くに【人の国】 ❶都以外の地方。田舎。例人の国よりおこせたる文の、物(＝土産)なき〈枕・すさまじきもの〉❷日本以外の国。外国。例人の国にありけむ香の煙ぞ、いと得まほしく思さるる(＝手に入れたいとお思いになる)〈源氏・総角〉

ひと-の-こ【人の子】 ❶子孫。例人の子は 祖の名絶たず 大君に まつろふものと(＝服従するものであると)〈万葉・一八・四〇九四〉❷子ども。子どもというもの。例世の中にさらぬ別れのなくもがな千代もと嘆く人の子のため〈古今・雑上〉➡名歌405 ❸他人のものである女性。特に、人妻。例もの思ひ痩せぬ人の子ゆゑに〈万葉・二・一二三〉

ひと-の-みかど【人の朝廷】 外国の朝廷。特に、中国の朝廷。例ひとの朝廷にも我が国にもありがたき(＝めったにない)才のほどを広め〈源氏・絵合〉

ひと-の-よ【人の世】 ❶(神代に対して)人間の時代。例人の世となりて、すさのをの尊よりぞ、三十文字あまり一文字(＝和歌)は詠みける〈古今・仮名序〉❷他人の男女の仲。第三者から見ていう。例人の世の憂きをあはれと見しかども身(＝自分)にかへんとは思はざりしを〈源氏・夕霧〉

ひと-ばしら【人柱】 名 工事の完成などのために、神に人間をいけにえとして捧げること。また、その人。例人柱建てらるべしなんど、公卿御僉議(＝御評議)ありしかども〈平家・六・築島〉

ひと-はた【一坏・一杯】 副〔「はた」は「杯」に同じ。容器一杯分の意〕満ちているさま。緊密なさま。たっぷり。ぴったり。例湯舟に藁をこまごまと切りて、一はた入れて〈宇治拾遺・三七〉

ひと-はな【一花】 名❶一輪の花。例一切経を蓮の花の赤き一花づつに入れて〈枕・関白殿、二月二十一日に〉❷一時的に栄えること。一時の栄華。例春秋もただ一花ぞ山里は峰の嵐ぞ絶えず音する〈康資王母集〉

ひとはな-ごころ【一花心】 名 一時的な情け心。その場限りの思いやり。例一花心にてもてなし〈源平盛衰記・三三〉

ひとはな-ごろも【一花衣】 名 染料に一度浸しただけの、薄い色の衣。例紅の一花衣薄くとも〈源氏・末摘花〉

ひと-ばな・る【人離る】 動(ラ下二) 人けがない。また、人里から離れる。例深き里は人離れ心すごく(＝ぞっとするほど寂しく)〈源氏・若紫〉

ひと-ひ【一日】 名❶一日。例ふるさとは吉野の山し近ければひとひもみ雪降らぬ日はなし〈古今・冬〉❷一日じゅう。朝から晩まで。例日ひとひ、夜一夜、とかくあそぶやうにてあけにけり〈土佐〉❸先日。ある日。例ひとひの源氏の御夕影、ゆゆしう(＝すばらしく)思されて〈源氏・紅葉賀〉❹ついたち。例一日の日より四日、例の物忌みときく〈蜻蛉・下〉

ひと-びと【人人】 ❶名 多くの人。平安時代の物語などでは、女房や召使をさすことが多い。例人々あやしがりて御粥などそそのかしきこゆれど〈源氏・夕顔〉 ❷代 他称の人称代名詞。あなたがた。皆さん。例囃して賜べや人々よ〈謡曲・百万〉

ひと-びと・し【人人し】形(シク) 一人前だ。人並みだ。いかにもひとかどの人間らしい。例(a)今日は面持ちなど人々しくふるまふめり〈源氏・藤裏葉〉例(b)〈蠅ハ〉人々しう〈音便形〉、敵などにすべきものの大きさにはあらねど〈枕・虫は〉

ひとひ-まぜ【一日交ぜ】名 一日おき。隔日。例〈余震ハ〉一日まぜ、二、三日に一度など〈方丈記〉

ひと-ふし【一節】名 短い一部分。短い時間。一つの事件。例ただ、〈歌ノヤリトリトイウ〉はかなきひとふしに御心とまりて〈源氏・夕顔〉

ひと-ふで【一筆】名 ❶ちょっと書きつけること。例この雪いかが見ると一筆のたまはせぬほどの、ひがひがしからん人(=ひねくれているような人)〈徒然・三一〉 ❷一気に書くこと。乱雑に書くこと。例ただ一筆に書きたるに〈今昔・二六・三六〉

ひと-へ【一重・単・単衣】エ 名 ❶【一重】㋐それだけで、重なっていないこと。一枚だけであること。例刈り薦の一重を敷きて寝れども君とし寝れば寒けくもなし(=刈り取ったまこもで編んだむしろを一枚だけ敷いて寝るけれども、あなたといっしょに寝るので寒くもない)〈万葉・一一・二五二〇〉

㋑花びらの重なっていないもの。単弁の花びら。また、その花。多く桜にいう。例一重散りて、八重咲く花桜盛り過ぎて、樺桜は開け(=一重の桜は散って、八重桜は花の盛りを過ぎて、樺桜が咲きはじめて)〈源氏・幻〉

❷「単衣」の略。裏のない衣服の総称。特に、平安時代、男女が装束の最も下に肌着として着る衣服。例生絹なる単衣を一つ着てすべり出でにけり(=生絹の肌着を一枚着てそっと抜け出した)〈源氏・空蟬〉

語誌 ▼単の着方・材質 男性は束帯や直衣などを着るとき袴の中に着込める。女性は丈が長い広袖のものを袴の上に着て裾を引くようにする。その上に袿・表着、さらに腰に裳を着け、唐衣を着ると正装となる。色は白のほかに紅・緑・黄などの例が見える。材質は平絹や綾が多く、夏には例のように生絹や薄物を用いた。生絹は練らない(=灰汁で煮ていない)絹で、男女ともに好まれた。

▼透ける美 『源氏物語』賢木巻には光源氏の姿について「うすもの直衣・単を着たまへるに、透きたまへる肌つき、ましていみじう見ゆるを(=透けていらっしゃる肌の様子が、いっそうすばらしく見えるので)」とある。また、常夏巻には、雲居雁という姫君が「うすもののひとへ」一つで昼寝をしている場面があり、「透きたまへる肌つきなど、いとうつくしげなる手つきして」と描かれていて、男女ともに色白の美しい肌が透けるのを賞讃している。〈藤本宗利〉

ひとへ-がさね【単襲】エ 名 単を重ねて着用すること。夏に上着の下に着る。例白き薄物の単襲〈源氏・空蟬〉

ひとへ-ぎぬ【単衣】エ 名「ひとへ②」に同じ。

ひとへ-ごころ【偏心】エ 名 いちずに思いつめた心。ひたすら思う心。例冬咲くやひとへ心の梅の花〈新撰菟玖波集・二〇〉

ひとへ-に【偏に】エ 副 ❶ひたすら。もっぱら。例男女の情けも、ひとへに逢ひ見るをばいふものかは(=男女の恋愛も、ひたすら逢って契りを結ぶことをいうものか)〈徒然・一三七〉 読解 末尾の「かは」は反語の意を表す。
❷まったく。例ひとへに風の前の塵に同じ(=まったく風の前の塵と同じだ)〈平家・一・祇園精舎〉〈井上博嗣〉

ひと-ま【一間】名 ❶寝殿造りで、柱と柱の間一つ。例御格子一間上げて〈源氏・夕顔〉 ❷まわりが柱と柱の間一つずつしかない小部屋。例今、さびしきすまひ、一間の庵〈方丈記〉 ❸障子の一区切り。一ます。例〈障子ノ破レヲ〉一間づつ張られけるを〈徒然・一八四〉

ひと-ま【人間】名 ❶人のいない時。例人間に参りたまひて〈源氏・紅葉賀〉 ❷人の訪れがとぎれること。訪問に間があくこと。例人間をまことと思ひけるか〈謡曲・女郎花〉

ひと-まど 副〔「ひとまづ」の変化した形〕ひとまず。ともかく。一応。例ひとまどもや(=ひとまず都落ちしようか)と思ふぞかし〈平家・七・一門都落〉

ひと-み【一身】名 全身。体じゅう。例目鼻ともいはず、一身に取りつきて刺せども〈宇治拾遺・四・八〉

ひと-みな【人皆】名 すべての人。万人。⇩みなひと。例人皆、船の止まる所に、子を抱きつつ、下り乗りす〈土佐〉

ひと-むら【一叢・一群】名 集合・密集している一かたまり。一団。例我がやどの一群萩を思ふ児に見せずほとほと散らしつるかも〈万葉・八・一五六五〉

ひと-め【一目】名 ❶ちょっと見ること。一度見ること。例み空行く月の光にただ一目相見し人の夢にし見ゆる〈万葉・四・七一〇〉 ❷目の中いっぱい。目全体。例涙を一目浮けて〈源氏・須磨〉

ひと-め【人目】名 ❶他人の見る目。世間の見る目。また、それを意識すること。例〈妻ノモトニ〉やまず行かば人目を多み(=人の見る目が多いので)〈万葉・二・二〇七〉↓名歌45 ❷人が出入りすること。人の往来。例山里は冬ぞさびしさまさりける人目も草もかれぬと思へば〈古今・冬〉↓名歌384

ひと-めか・し【人めかし】形(シク)〔動詞「ひとめく」の形容詞形〕❶一人前だ。人並みだ。例中の宮をなむ、いかで人めかしくも扱ひなしたてまつらむ〈源氏・総角〉 ❷俗世間の人のようだ。俗っぽい。例入道の宮も、この世の人めかしき方はかけ離れたまひぬれば〈源氏・横笛〉

ひと-めか・す【人めかす】動(サ四)〔「めかす」は接尾語〕❶人並みに扱う。一人前に扱う。例〈アル女房ヲ〉とりわきて人めかしなつけたまふめるに〈源氏・総角〉 ❷人間でないものを、人として扱う。例わざととりたてて人めかすべくもあらぬさまなれど、かまつかの花らうたげなり(=かれんだ)〈枕・草の花は〉

ひと-め・く【人めく】動(カ四)〔「めく」は接尾語〕❶一人前の人間らしくする。人並みにふるまう。例けはひいたう人めきて、よしある(=品格のある)声なれば〈源氏・橋姫〉❷人間でないものが、人間のように見える。例(夕顔トイウ)花の名は人めきて、かうあやしき垣根になん咲きはべりける〈源氏・夕顔〉

ひと-もじ【一文字】 名❶一つの文字。一字。例朱砂にて、一文字を土器の底にかきたるばかりなり〈宇治拾遺・一八四〉❷葱の女房詞。「き」と一音で言ったことから。

ひと-もの【一物】 副(容器に満ちているさまから)いっぱい。一面に。例内供が顔にも、童の顔にも、粥とばしりて、一物かかりぬ〈宇治拾遺・二五〉

ひと-や【人屋・獄】 名牢屋。牢獄。例いみじき悪人にて、人屋に七度ぞ入りたりける〈宇治拾遺・五八〉

ひと-やり【人遣り】 名自分の意志でなく、他人に強いられてすること。例人やりの道ならなくに(=旅ではないのだから)おほかたはいき憂しといひていざ帰りなん〈古今・離別〉

ひとやり-なら-ず

【人遣りならず】他から強制されたのではなく、自分の意志ですることである。例人やりならずさうざうしく心細きをりあれど(=自分の意志とはいえ、さびしく心細い時々もあるけれど)〈源氏・若菜上〉

語誌 他人に強いられたからでなく、自分の中に抑えきれない思いがあってするという気持ち。苦しい事態に際して、他を恨まず自らの行為の結果として引き受けようとする感覚である。和歌では、恋による身の破滅や恨みと関連することが多い。『源氏物語』では、男性の恋に特徴的。〈高木和子〉

ひと-よ【一夜】 名❶一晩。例春の野にすみれ摘みにと来し我ぞ野をなつかしみ一夜寝にける〈万葉・八・一四二四〉→名歌295 ❷一晩じゅう。終夜。例夜ひと夜、酒飲みし遊びて〈伊勢・八一〉❸先夜。ある晩。例一夜の門の事、中納言にかたりはべりしかば〈枕・大進生昌が家に〉

ひとよ-ぎり【一節切】 名尺八に似た縦笛。長さ一尺一寸(約三四センチ)で、竹の一節で作ることからいう。室町時代に中国から伝わり、江戸時代に流行した。例尺八の ひとよぎりこそ 音もよけれ〈隆達小歌〉

ひとよ-づま【一夜夫・一夜妻】 名❶【一夜夫】一晩だけ関係を結んだ男性。例我が門に千鳥しば鳴く起きよ起きよ我が一夜夫人に知らゆな(=人に知られるな)〈万葉・一六・三八七三〉❷【一夜妻】一晩だけ関係を結んだ女性。多く遊女にいう。例旅は憂きものながら、泊り定めて一夜妻の情け〈西鶴・好色一代女・六・三〉

ひ-とり【火取り】 名❶香をたくのに使う香炉。外側は木、内側は銅または陶器で作る。その上に籠をかぶせ、衣類をかけて香をたきしめる。火取り香炉。例火取りどもあまたして、けぶたきまであふぎ散らせば〈源氏・鈴虫〉❷「火取りの童」の略。

火取り①
〔高田装束研究所〕

ひと-り

【一人・独り】1名❶いちにん。ひとり。例もとより友とする人、ひとりふたりしていきけり(=古くからの友人、一人二人いっしょに行った)〈伊勢・九〉❷単独であること。ほかに人がいないこと。例(a)よき薫物たきてひとり臥したる(=上等な香をたいて一人で横になっていること)〈枕・こころときめきするもの〉例(b)(夕顔ノ)白き花ぞ、おのれひとり笑みの眉ひらけたる(=白い花が、自分だけ笑みがこぼれるように咲いている)〈源氏・夕顔〉❸独身であること。例(自分ノ死後、アナタハ)いかにしたまはむずらむ。ひとりは世におはせじな(=どうなさるおつもりだろう。独身ではいらっしゃるまいな)〈蜻蛉・上〉読解夫が作者に語る言葉。

2副ひとりでに。自然に。例むつかしくもぢれたるもの(=複雑に絡んだ縄)、ひとりほどけさばくる〈俳諧・三冊子・黒冊子〉〈上野辰義〉

ひとり-ご・つ【独りごつ】 動(タ四)〔名詞「ひとりごと」の動詞化〕ひとりでつぶやく。独り言を言う。例(a)「虫だに時節を知りたるよ」とひとりごつにあはせて〈蜻蛉・下〉例(b)「宿に通はば」と(和歌ヲ)独りごちたまふも〈源氏・蜻蛉〉

ひとり-ごと【独り言】 名相手もなしに、ひとりで言葉を発すること。また、その言葉。例この歌をひとりごとにしてやみぬ〈土佐〉

ひとりごと 《作品名》室町中期の連歌論。一巻。心敬著。応仁二年(一四六八)成立。和歌・連歌に関する所感が随筆風な筆致で記され、さらに室町時代の諸道の名匠や連歌師たちが回顧されている。

ひとり-ずみ【独り住み・一人住み】 名男性が、特定の女性と同居せずに暮らすこと。ひとり住まい。妻がいてもいう。例一人住みにて、世の中のあはれに心細き事をおぼし過ぐすべし〈栄花・浅緑〉

ひとり-ね【独り寝】 名恋人や配偶者と共寝せず、ひとりで寝ること。男女を問わず用いる。例ならはぬ(=慣れない)御独り寝に、明かしかねたまへる朝ぼらけの〈源氏・葵〉

ひとり-の-わらは【火取りの童】 ―ワラワ 名五節の舞姫が参入するときに、「ひとり①」を持って先頭に立つ童女。例火取りの童、小忌の君達もいとなまめかし〈能因本枕・なまめかしきもの〉

ひとり-びとり【一人一人】 名だれか一人。どちらか一人。例一人一人なからましかば、いかで明かし暮らさまし〈源氏・椎本〉

ひ-ど・る【日取る】 動(ラ四)日を決める。例四月二十日のほどに日取りて〈源氏・玉鬘〉

ひと-わき【人別き】 名人によって区別・差別すること。例人わきしけると思ふに、いとねたし(=たいそう腹立たしい)〈源氏・末摘花〉

ひと-わたり【一渉り】 1名一度。一回。例ひとわたり読ませたてまつりたまふに(=読ませ申し上げなさると)〈源氏・少女〉2副一応は。例なほ一わたりはつらしと思はれ〈源氏・東屋〉

ひと-わらはれ【人笑はれ】 ―ワラワレ 形動(ナリ)〔「れ」は受身の助動詞「る」の連用形〕自分が人に笑われるようなさま。⇒ひとわらへ。例人笑はれならじと念ずる(=我慢しているのは)、いと苦しげなり〈枕・くるしげなるもの〉

ひと-わらへ【人笑へ】ワラエ 形動(ナリ) 世間がもの笑いにするさま。例世の人聞きも人笑へならんことと思す(=世間での評判ももの笑いになるだろうとお思いになる)〈源氏・葵〉 読解 六条御息所は、光源氏との恋愛関係が世間のもの笑いになることを危惧している。

語誌▼**他者に対する意識** 「人笑はれ」と「人笑へ」は同じ意味と解されることが多く、ふつうどちらも、人に笑われる、世間のもの笑いになる、などと訳される。狭く息苦しい「世」に生きる人にとって、他人のもの笑いになるということは社会的生命を失うことにつながりかねない。そのような自分の身の上を鋭く自覚する感覚で用いられる語である。『源氏物語』では二語あわせて数十例と圧倒的に多い。「人」とは、自己との関係において他者を意識する語であるから、「人笑はれ」「人笑へ」の語を好んで用いる『源氏物語』は、他者の視線を鋭く意識する物語なのである。〈高木和子〉

ひと-わろ・し【人悪し】形(ク) 「ひと」は他人の意。他人から見られたり聞かれたりすると、不都合な状態にあることをいう。
体裁が悪い。みっともない。外聞が悪い。例(a)烏帽子のさまなどぞ、すこし**人わろき**(=烏帽子の様子などが、少しみっともない)〈枕・あはれなるもの〉例(b)いみじかりける人の御心かなと、**人わろく**恋しう悲しきに(=あまりにつれなかった人の御心だなあと、体裁悪く恋しく悲しい思いに)〈源氏・賢木〉

語誌▼**世間体を意識する言葉** 狭い社会に生きる平安時代の貴族にとっては、世間体が悪いことは致命的であった。「人わろし」「人笑へ」「人目」「人聞き」など世間体を意識する言葉は種類も多く、用いられる頻度も高い。なお、現代語の「人が悪い」とは異なり、人柄が悪いという意ではない。〈池田節子〉

ひな【鄙・夷】名 ❶**畿外の地。都から離れた地方。**例あまざかる(枕詞) **鄙**にはあれど いはばしる(枕詞) 近江の国の 楽浪の 大津の宮に〈万葉・一・二九〉➡名歌216
❷**朝廷に従わない土地。また、そこに住む人。**例四道将軍、**戎夷**を平けたる状をもて奏す(=四道将軍は、朝廷に従わない土地を平定した次第を天皇に申し上げる)〈紀・崇神〉

語誌▼**「ひな」と「ゐなか」** 一般に、いなか、都から遠く離れた地、とされることが多いが、「ひな」は地理的には畿外、すなわち畿内(山城・大和・河内・和泉・摂津)以外の地をさす。都の近郊をさすこともある「ゐなか」とは、本来はだいぶ範囲が異なる。平安中後期には律令制社会の変貌とともに畿内・畿外の区別の意識が薄れ、「ゐなか」とも意味が近くなっていった。
▼**「ひな」と都** 畿内は、古くから都とその周辺の地として、天皇の支配の及ぶ所とみられていたので、「ひな」と都との距離は、地理的なものというよりは、心理的なものといえる。「ひな」にしばしば「天離る」という枕詞が冠せられるのも、都とは天を異にするということだろう。〈高田祐彦〉

ひな【雛】名「ひひな」に同じ。

ひな-あそび【雛遊び】名「ひひなあそび」に同じ。

ひな-くもり【日な曇り】《枕詞》(「な」は「の」の意の上代の格助詞)日が曇った薄い日ざしの意から、「薄日」と同音の地名「碓井」にかかる。

ひな-さか・る【鄙離る】動(ラ四) 都から遠くはなれる。例**鄙離る** 国を治むと〈万葉・一九・四二一四〉

び-な・し【便無し】形(ク)「びんなし」の撥音の表記されない形。例かくてのみは(=こうしてばかりいては)**びなき**ことなり〈源氏・薄雲〉

ひなた-ぼこり【日向ぼこり】名 日なたぼっこ。例日うららかにて、**日向ぼこり**もせむ、若菜に摘みなむと思ひて〈今昔・一九・八〉

ひな-の-わかれ【鄙の別れ】都から遠い田舎へ別れて行くこと。例思ひきや**鄙の別れ**に衰へて海人の縄たき漁りせむとは〈古今・雑下〉

ひ-なは【火縄】ナワ 名 檜の皮や竹の繊維、または木綿糸で作った縄に硝石を染みこませたもの。銃・たばこの点火に用いる。例内より取り出だす種が島(=銃)・**火縄**・筒玉・口薬〈浄瑠璃・鎌倉三代記・九〉

ひな・ぶ【鄙ぶ】動(バ上二)(「ぶ」は接尾語)田舎めく。田舎じみる。例ただ**ひなびたる**武士に異ならず〈方丈記〉 類義 さとぶ

ひな-ぶり【鄙振り・夷振り・夷曲】名 ❶上代の歌曲の名。歌詞の冒頭部に「鄙」の語があることによる称。のち、同じ曲がほかの数種の歌詞でも歌われるようになった。一説に、田舎風の歌曲とも。例この歌は**夷振り**ぞ〈記・上・神代〉❷狂歌。洗練された和歌に対していう。例あなたは**鄙振り**をもお詠みなさるさうでござりますね〈滑稽本・浮世風呂・三下〉

ひな-へ【鄙辺・夷辺】名 地方。田舎。都から離れた地。例大君の 命恐み(=仰せがおそれ多いので) 天離る(枕詞) **夷辺**にまかる〈万葉・六・一〇一九〉

ひ-なみ【日次み・日並み】名 ❶毎日。毎日行うこと。例今日幾日**日次み**の御狩りかり暮らし〈夫木・一八〉❷日柄。例**日次み**よろしからざるによりて〈今昔・一三・一三〉

ひ-なら・ぶ【日並ぶ】動(バ下二) 日数を重ねる。幾日も続く。例あしひきの(枕詞)山桜花**日並べて**かく(=このように)咲きたらば〈万葉・八・一四二五〉

ひに～【日に～】⇨「ひ」の子項目

ひ-にく【皮肉】名 ❶皮と肉。転じて、からだ。例按摩の指先**皮肉**にこたへて〈読本・八犬伝・八・七五〉❷物事の浅いところ。表面。例年老いて稽古しがたきゆゑ、今に(=今だに)**皮肉**のあひだにかかづらひはべるものなり〈戴恩記・下〉

ひ-にん【非人】名 ❶《仏教語》人間でないもの。鬼神など。例七人の**非人**ありき。牛頭にして人身なり〈霊異記・中・五〉❷世捨て人。出家した人。また、非常に貧しい人。例身を**非人**になして、かの三昧の事に命を続いで(=三昧の修行に生涯を捧げて)〈発心集・三・八〉❸江戸時代の身分制度で、士農工商の外にあるとして特に強く差別された階層。

ひね-く・る【捻くる】動(ラ四) ❶手でいじりまわす。例不思議ながらも**ひねくり**〈御伽草子・大黒舞〉❷い

ろいろと理屈を言う。例ひねくっ(音便形)た奴さまが〈滑稽本・膝栗毛・五追加〉

ひ-ねずみ【火鼠】 名 中国の想像上の動物。南海の火山の中に住む白い鼠で、その皮で火に焼けない火浣布を作るという。例**火鼠**の思ひ片時に消えたるもいとあへなし(=あっけない)〈源氏・絵合〉

【火鼠の皮衣】「ひねずみのかはぎぬ」とも。火鼠の毛皮で作った衣。耐火性があって、汚れたときは火で焼くと元に戻るという。火浣布で作った衣。例唐土にある**火鼠の皮衣**を賜へ〈竹取〉

ひね-ひね・し【陳陳し】 形(シク)〔名詞「ひね」を重ねて形容詞化した語〕古びている。年を経て盛りを過ぎている。例あな**ひねひねし**我が恋ふらくは(=私の恋は)〈万葉・一六・三八四八〉

ひねもす【終日・尽日】 副 朝から晩まで。一日じゅう。例(a)乎布の崎漕ぎ徘徊り**ひねもす**に見とも飽くべき浦にあらなくに(=乎布の崎を漕ぎめぐって一日じゅう見ても飽きてしまうような浦ではないなあ)〈万葉・一八・四〇三七〉

読解「乎布の崎」は越中、今の富山県の氷見市あたりとされる。例(b)春の海**終日**のたりのたりかな〈俳諧・蕪村句集・上〉➡名句121

語誌▼**語形の揺れ**　名詞「ひ(日)」+接尾語「ね」+助詞「も」+接尾語「すがら」=「ひねもすがら」の「がら」が略されたものとされる。語形の揺れが激しく、平安時代の『類聚名義抄』の「ひねもす」「ひめもす」以来、辞書類には「ひねむす」「ひめむす」「ひねもそ」「ひめもそ」などの形が見られる。「ひねもす」が最も古く、中世には「ひめもす」が一般的となり、江戸時代には「ひねもす」が再び現れる。〈鈴木健一〉

ひねり-いだ・す【捻り出だす】 動(サ四) 苦心して考え出す。あれこれ考えて作る。例からくして(=やっとのことで)、あやしき歌**ひねり出だせり**〈土佐〉

ひねり-ぶみ【捻り文】 名 ❶細かく切った紙に、それぞれ事柄を記入し、ひねってくじにしたもの。❷「たてぶみ」に同じ。

ひね・る【捻る・拈る・撚る】 動(ラ四) ❶指先でつまんで回す。ねじる。例御胸をひきあけさせたまひて、乳を**ひねり**たまへりければ〈大鏡・兼家〉❷あれこれ考える。工夫する。⇩ひねりいだす。❸試す。やってみる。例若いときは小相撲の一番も**ひねっ**(音便形)たおれぢゃ〈近松・五十年忌歌念仏・上〉❹風変わりなことをする。しゃれたことをする。例ぐっと**捻っ**(音便形)て俗物なる跋〈滑稽本・浮世風呂・三下〉

ひ-の-あし【日の脚・日の足】 ❶雲間などから射し込んでくる日光。日差し。例**日の脚**ほどなくさし入りて〈源氏・末摘花〉❷太陽が東から西へ移動する速さ。例まだ**日の足**もみなみへと〈近松・ひぢりめん卯月紅葉・上〉読解「みなみへ」は「南へ」と「皆見へ(日ざしが高い)」を掛ける。

ひ-の-いへ【火の家・火の宅】 ―イエ 《仏教語》〔「火宅」の訓読〕「くゎたく」に同じ。例出づとせし身だに離れぬ**火の家**を〈宇津保・国譲下〉

ひ-の-いる-くに【日の入る国】 日本から中国をさす語。例**日の入る国**に 遣はさる 我が背の君を〈万葉・一九・四二四五〉

ひ-の-え【丙】 名〔「火の兄」の意〕十干の三番目。

ひのえ-うま【丙午】 名 十干の三番目の丙と、十二支の七番目の午との組み合わせで、干支の四十三番目。また、それにあたる年や日。この年は災害が多いとされ、また、この年に生まれた女性は夫を殺すという迷信があった。例**丙午**の女は必ず男を食へると世に伝へしが〈西鶴・男色大鑑・三・一〉

ひ-の-おまし【昼の御座】 名「ひのござ」「ひるのおまし」とも。清涼殿の天皇の昼間の御座所。例**昼の御座**の方には、御膳まゐる(=お食事をお運び申し上げる)足音高し〈枕・清涼殿の丑寅のすみの〉⇩口絵

ひのき-がさ【檜笠】 名「ひがさ」に同じ。例吉野にて桜見せうぞ**檜の木笠**〈芭蕉・笈の小文〉

ひ-の-くるま【火の車】 《仏教語》〔「火車」の訓読〕生前悪事を犯した人を乗せて地獄へ運ぶ、火のついた車。例極楽の迎へは見えずして、本意無く**火の車**をここに寄す〈今昔・一五・四〉

ひ-の-ござ【昼の御座】 名「ひのおまし」に同じ。

ひ-の-こし【火の輿】 葬送に用いる、内に灯火をともした輿。例香の輿・**火の輿**など、皆あるわざなりけり(=慣例どおりだった)〈栄花・月の宴〉

ひ-の-こと【火の事】 火事。例そのかへる年(=翌年)、四月の夜中ばかりに**火の事**ありて〈更級〉

語誌「火事」はこの語の音読による語。

ひ-の-さうぞく【昼の装束】 ―ソウゾク 名「ひのしゃうぞく」とも。束帯姿のこと。「昼の装ひ」とも。例君たち**日の装束**して立ちどまり〈枕・まいて、臨時の祭の調楽などは〉

ひ-の-し【火熨斗】 名 底の平らな金属製の容器に柄をつけ、中に炭火を入れて、布を伸ばすもの。今のアイロンに相当する。

ひ-の-たて【日の経】 東。また、東西。例大和の 青香具山は **日の経**の 大き御門に〈万葉・一・五二〉

ひ-の-ためし【氷の様】 名 元日の節会で、氷室の中の氷の厚さを天皇に奏上する儀式。また、そのときに用いる氷を模した石の模型。氷が厚いと豊年、薄いと凶年として、その年の吉凶を占う。例まづ正月には、平旦(=午前四時ごろ)に天地四方拝・屠蘇白散・群臣の朝賀…**氷の様**〈太平記・二四〉

ひ-の-と【丁】 名〔「火の弟」の意〕十干の四番目。

ひ-の-みかげ【日の御蔭】 ❶天皇の宮殿をほめていう。例天知るや **日の御蔭**の 水こそば 常にあらめ〈万葉・一・五二〉❷日の神(天照大御神)の威光。例つゆも曇らぬ**日のみかげ**かな〈新古今・神祇〉

ひ-の-みかど【日の御門】 天皇の住む宮殿をほめていう。例我が作る **日の御門**に〈万葉・一・五〇〉

ひ-の-みこ【日の御子】(太陽神である天照大御神の子孫としての)天皇、および皇子。例やすみしし 我が大君 高照らす **日の皇子**〈万葉・一・四五〉

ひ-の-もと【日の本】 名 ⇩ひのもとのくに

ひのもと-の-くに【日の本の国】 名 日本国の美称。日の出るもとの国、の意。例なほ**日の本の国**はかしこかりけり〈枕・蟻通の明神〉

ひ-の-よこ【日の緯】 西。また、南北。例畝傍の この瑞山は **日の緯**の 大き御門に〈万葉・一・五二〉

ひ‐の‐よそひ【昼の装ひ】ヨソイ ― 名「ひのさうぞく」に同じ。例更衣たち皆**日の装ひ**し、天の下の珍らしき綾の紋を奉りつくし〈宇津保・内侍のかみ〉

び‐は【琵琶】ワ ― 名 弦楽器の名。木製で柄と茄子形の胴とからなる。弦は通常四弦。五弦のものもある。また、柄は頭部が背側に折れ曲がっているのが通常だが、正倉院の五弦琵琶など、古くは直頸琵琶もあった。長さは六〇～九〇センで日本では腕にかかえて撥を用いて弾く。奈良時代にインド・西域・中国を経て伝わり、雅楽に用いられた。のち、弾く人物・目的に応じて盲僧琵琶・平家琵琶・薩摩琵琶・筑前琵琶などができた。「琵琶の琴」とも。例無名といふ**琵琶**の御琴を、上の持てわたらせたまへるに(=天皇が持ってお渡りになっているので)〈枕・無名といふ琵琶の御琴を〉〈馬場光子〉

琵琶

ひ‐はう【誹謗】ホウ ― 名動(サ変)「ひばう」とも。悪口を言うこと。そしること。例大乗(=大乗仏教)を**誹謗せる**罪は無量ならむ〈今昔・四・二六〉

琵琶行ビワコウ《作品名》中国の詩。白居易作。八八句からなる七言古詩。うらぶれた女性の弾く琵琶の音に感慨を催し、左遷された我が身の境遇を嘆く。「長恨歌」と並んで白居易の代表作とされる。

ひ‐はぎ【引剝ぎ】名「ひきはぎ」の促音便形「ひっぱぎ」の促音の表記されない形。例**ひはぎ**ありて人殺すや(=人を殺すよ)〈宇治拾遺・二七〉

琵琶湖ビワコ《地名》近江国(滋賀県)の淡水湖。今の琵琶湖。「鳰の海」「近江の海」とも。天智六年(六六七)湖岸の大津に近江大津宮が開かれる。畿内と東国・北陸を結ぶ交通の要地で湖上交通も古くから発達した。北部に浮かぶ竹生島は観音信仰の霊場として有名。南部周辺には、近江八景などの名勝もある。⇒近江

ひ‐はだ【檜皮】ワダ ― 名❶檜の皮。屋根を葺く材料とする。例**檜皮**・瓦・所々の立て蔀・透垣などやうのもの乱りがはし(=雑然としている)〈源氏・野分〉❷「檜皮葺き」の略。例それは大殿町なれば、板屋なく、ある限り**檜皮**なり〈宇津保・藤原の君〉❸「檜皮色」の略。例下仕へ八人、**檜皮**の唐衣、袿ども着たり〈宇津保・国譲下〉

ひはだ‐いろ【檜皮色】ヒワダ ― 名 染め色の名。蘇芳(紫赤色)の黒みがかった色。例姫君、**檜皮色**の紙の重ね、ただいささかに書きて〈源氏・真木柱〉

ひはだ‐ぶき【檜皮葺き】ヒワダ ― 名 檜皮で屋根を葺くこと。また、その屋根。例雪は、**檜皮葺き**(二降ッタノハ)、いとめでたし〈枕・雪は、檜皮葺〉

ひはだ‐や【檜皮屋】ヒワダ ― 名 檜皮葺きの家。例五条油の小路のほとりに、荒れたる(=荒れ果てた)**檜皮屋**の内になむ〈今昔・二四・四八〉

ひは‐づ【繊弱】ヒワズ 形動(ナリ) 弱々しい。ひよわだ。例痩せおとろへ、**ひはづに**て〈源氏・真木柱〉

びは‐の‐こと【琵琶の琴】ビワ ― 名「びは」に同じ。例よう調べたる(=調律してある)**琵琶の御琴**をさし出でられたりしは〈更級〉

びは‐ほふし【琵琶法師】ビワホウシ 名 琵琶を弾きながら、『平家物語』などの語り物を語って各地を放浪した盲目の法師。例ある人のもとにて、**琵琶法師**の物語を聞かんとて、琵琶を召し寄せたるに〈徒然・二三二〉

琵琶法師〔法然上人絵伝〕

ひは‐やか【繊弱やか】ヒワ 形動(ナリ)〔「やか」は接尾語〕弱々しい。ひよわだ。例東宮もいみじう**ひはやかに**うつくしうおはします〈栄花・本の雫〉

ひ‐ばら【檜原】名「ひはら」とも。檜の生い茂っている原。場所では、初瀬・三輪・巻向などが有名。例鳴る神の(枕詞)音(=うわさ)のみ聞きし巻向の**檜原**の山を今日見つるかも〈万葉・七・一〇九二〉

ひばり【雲雀】名 ヒバリ科の小鳥の名。春、空高くさえずる。⇒口絵。例うらうらに照れる春日に**雲雀**あがり心悲しもひとりし思へば〈万葉・一九・四二九二〉⇓名歌91

ひび【篊】名 魚を捕る仕掛けの一つ。海中に枝つきの竹や木などを立て並べ、一方に口を設け、入った魚が出られないようにしたもの。また、のり・牡蠣を付着・成長させるために海中に立てる竹や木の枝。例**篊**の手(=支え木)回る味鴨の群鳥〈山家集・下〉

ひびか‐す【響かす】動(サ四)❶響くようにさせる。とどろかせる。例阿弥陀経を読む事、山を**響かす**〈今昔・一三・二四〉❷評判を立てさせる。例わざとの(=表向きの)御学問はさるものにて、琴・笛の音にも雲居(=宮中)を**響かし**〈源氏・桐壺〉

ひびき【響き】名❶音が響くこと。また、その音。余韻や反響の意にも用いる。例荒ましき水の音、波の**響き**に〈源氏・橋姫〉❷評判。世評。世間の騒ぎ。例さばかりの御勢ひなれば、(六条院へ)渡りたまふ儀式など、いと**響き**ことなり(=格別である)〈源氏・若菜上〉❸蕉風俳諧で、連句の付け方の一つ。去来によれば、前の句の語調・語勢や情調に対して打てば響くように付け合わせること。

ひび・く【響く】

動(カ四) 音が響く意が原義。転じて、人々が騒ぐ、世間で評判になる、の意で用いられる。

❶**音が響く。鳴り響く。**例物を言ふも、くぐもり声に**響き**て聞こえず(=何かを言っても、こもった声に響いて聞こえない)〈徒然・五三〉

❷**騒ぎ立てる。大騒ぎする。**例世の中**響き**て悲しと思はぬ人なし(=世間は大騒ぎをして、悲しいと思わない人はいない)〈源氏・薄雲〉読解 藤壺の死を語る一節。

❸**世間で評判になる。**例軽々しき御名さへ**響き**て止みにしよ(=軽々しいという御浮き名まで世間で評判になって、それっきりになってしまったよ)〈源氏・若菜上〉読解 光源氏と朧月夜の恋を回想する侍女の胸中である。〈高山善行〉

ひ-ひこ【曾孫】 名 孫の子。ひまご。例 白河院、**ひひ子**位につけて御らんじけり〈愚管抄・四〉

びび・し【美美し】 形(シク) りっぱだ。美しい。例 **美々しき**色好みなりける女房と〈宇治拾遺・三四〉

ひ-ひとひ【日一日】 副 一日じゅう。終日。例 **日一日**添ひおはして、よろづに見たてまつり嘆きたまふ〈源氏・若菜下〉読解 紫の上を看病する光源氏の様子。

ひひな【雛】 名 女の子が遊ぶ、紙や木で作った小さな人形。例 **雛**の棄てがたきさま、若やかに聞こえたまへば(=申し上げなさると)〈源氏・若菜上〉

ひひな-あそび【雛遊び】 名 雛人形に調度や供え物を飾ったりする女の子の遊び。例 **雛遊び**にも、絵描いたまふにも、(コレガ)源氏の君と作り出でて(=こしらえて)、きよらなる衣着せ〈源氏・若紫〉

語誌 ひな祭りが年中行事の一つとして三月三日に定まるのは江戸初期。

ひひ-め・く 動(カ四)(「めく」は接尾語)ぴいぴいと鳴く。ひひと声を立てる。例 鵄、鏑の音に驚いて虚空にしばし**ひひめい**(音便形)たり〈平家・四・鵄〉

ひひらぎ【柊】 名 植物の名。ヒイラギ。モクセイ科の常緑樹。生け垣などに植えられる。葉は縁に鋭いとげがあり、節分の夜、鰯の頭とともに門口に飾って邪気を払う習俗があった。例 鰯・**柊**をさして鬼打ち豆〈西鶴・好色一代男・三・四〉

ひひら・く 動(カ四) ❶馬がいななく。❷べらべらしゃべり続ける。例 馬頭、物定めの博士になりて**ひひらきゐ**たり〈源氏・帚木〉

ひひら・く【疼らく】 動(カ四)「ひびらく」とも。ひりひり痛む。ずきずき痛む。例 切り焼くがごとく、うづき**ひびらき**〈発心集・四・三〉

ひひる【蛾】 名 虫の名。蛾の古称。特に、蚕の蛾。例 **蛾**の火に投ぐるがごとし〈霊異記・下・一八〉

ひひ・る【沖る・冲る】 動(ラ四) ❶ひらひらと飛び上がる。空高く舞い上がる。例 龍の、雲に**冲る**がごとく〈浄瑠璃・近江源氏先陣館・八〉❷高くそびえる。例 この峰は天漢(=天の川)の中に**冲りて**〈海道記〉

ひ-ふ【一二】 名 玉を投げ上げて、その回数を数える遊び・曲芸。お手玉・品玉など。ひ、ふ、み、と数えるところからいう。例 鼓と**ひふ**と二つの能によりて、兵衛佐見参したまひけるぞ〈源平盛衰記・三四〉

ひ-ふ【秘府】 名 貴重な品物を大切に保管しておく倉庫。また、宮廷の書庫。秘庫。例 **秘府**の銀鑰(=銀の鍵)を開いて〈太平記・六〉

びふく-もん【美福門】 名 大内裏の外郭門の一つ。大内裏の南面、朱雀門の東隣りにある。古くは壬生門といった。⇩付録。例 二条より西ざまに(車ヲ)遣らせて行くに、**美福門**のほどを過ぐる間に〈今昔・二六・一六〉

ひ-ぶん【非分】 名 形動(ナリ) ❶自分の身分・才能などにふさわしくないこと。例 この大納言、**非分**の大将を祈り申されければにや〈平家・一・鹿谷〉❷道理に外れたこと。例 帝子**非分**の害を逃れむがために〈平家・七・木曾山門牒状〉

ひ-へぎ【引倍木】 名(「ひきへぎ」の変化した形)下襲などの裏をはがして綿を取り除き、表地だけにしたもの。夏期に着用する。例 関白殿の御下襲の菊の**引倍木**耀きて〈栄花・駒競べの行幸〉

ひ-ほふ【秘法】 名 ❶『仏教語』密教で行う加持祈禱。例 真言の**秘法**を受け習ひて、日ごとに法を行ふ事〈今昔・一七・四一〉❷秘密の方法。例 我々が**秘法**をもって毒気を吹き込み〈近松・用明天王職人鑑・一〉

ひま

【隙・暇】 名 ❶物と物との間のすきま。例 窓の**ひま**よりのぞけば(=窓のすきまからのぞくと)〈宇治拾遺・一七三〉

❷物事と物事が行われる間の時間的なすきま。絶え間。例 僧ども念仏の**ひま**に物語するを(=僧たちが念仏のすきまに雑談するのを)〈蜻蛉・上〉

❸人と人の心のすきま。不和。例(光源氏ト内大臣ハ)うはべはいとよき御仲の、昔よりさすがに**隙**ありける(=表面はたいそう親しい御仲だが、昔からやはり不和はあった)〈源氏・常夏〉

❹機会。きっかけ。例 もしさりぬべき**隙**あらば、たばかりはべらむ(=もしも適当な機会があったら、工夫してみましょう)〈源氏・若菜下〉

❺油断。すき。例 いささかの**ひま**なく用意したりと思ふが(=わずかな油断もなく気をつけていると思うのに)〈枕・ありがたきもの〉

❻病気などの小康状態。例 かばかりの**隙**あるをもいとうれしと思ひきこえたまへる御気色を(=この程度の小康状態があることもほんとうにうれしいと思い申し上げなさっている御様子を)〈源氏・御法〉読解 病床の紫の上を見舞う光源氏の様子。

❼主従や夫婦の関係を断つこと。「ひまをやる」「ひまを出す」「ひまをもらふ」などの形で用いる。

語誌 もとは、空間的なすきまを意味した。しかし後世、『源氏物語』などでは時間的・心理的な意などにも広く用いられるようになり、中世にはもっぱら時間的な意のみに用いる。〈吉野瑞恵〉

【隙行く駒】 時間が早く過ぎ去ることのたとえ。『荘子』の「人天地の間に生くること、白駒の郤(すきま)を過ぐるがごとくにして、忽然たり」による。「隙の駒」とも。例 **ひまゆく駒**の足はやくして、正月もたちぬ〈平家・一一・逆櫓〉

ひま-いり【隙入り・暇入り】 名 手間取ること。例 夜ふけ方まで**ひま入り**〈御伽草子・鉢かづき〉

ひ-まぜ【日交ぜ】 名 一日おき。隔日。例 **日交ぜ**などにうち通ひたれば〈蜻蛉・中〉

ひ-まつり【火祭り】 名 火災の難を除くための祭祀。⇩ひしづめのまつり。例 **火祭り**やなにやと煩はしく責めしこと〈大鏡・道長上〉

ひ-みづ【氷水】 名 氷をとかした水。納涼に用いる。例 いみじう暑き昼中に…**氷水**に手をひたし、もてさわぐほどに〈枕・いみじう暑き昼中に〉

ひ-む【秘む】 動(マ下二) 秘める。隠す。例 心やすくも取り出でたまはず、いといたく**秘めて**〈源氏・絵合〉

ひむがし【東】 名「ひむかし」とも。方角の名。東。⇩ひがし。例 **東**の野にかぎろひの立つ見えてかへり見すれば月かたぶきぬ〈万葉・一・四八〉➡名歌309

ひ-むろ【氷室】 名 冬の氷を夏まで貯蔵するため、山陰に穴を掘るなどして作った室。朝廷所属の氷室からは、夏に氷が届けられ納涼に用いた。例 **氷室**ぞ

冬のなごりなりける〈千載・夏〉

ひ-め【姫・媛】❶名❶女性の美称。上代では特に人名・神名につけて用いられることが多い。「ひこ(彦)」の対。例大山津見の神の女、名は神阿多都比売。またの名は木花之佐久夜毗売といふ〈記・上・神代〉❷貴人の娘の称。平安時代以降の用法で、貴人が自分の娘を呼ぶときにも用いられる。例この母皇女は昔名高かりける姫、手書き、歌詠みなりけり(=この母である皇女は、昔有名だった姫宮で、能筆家で、歌人でもあった)〈宇津保・蔵開中〉❷接頭 名詞について、小さくかわいらしいものであること、あるいはやさしい感じ・柔らかい感じであることを表す。「姫松」「姫瓜」「姫垣」など。〈米山敬子〉

ひめ-がき【姫垣】名〔「ひめ」は接頭語〕小さい垣根。丈の低い垣根。例高垣・姫垣整ほり〈謡曲・玉井〉

ひめ-ごぜ【姫御前】名〔「ごぜ」は「ごぜん」の変化した形〕❶貴人の娘の敬称。姫君。例もの詣での道、姫御前の供先〈浄瑠璃・源平布引滝・二〉❷未婚の若い女性。例(身分ガ)高いも低いも姫御前は大事のもの〈近松・丹波与作待夜の小室節・上〉

ひめ-こまつ【姫小松】名〔「ひめ」は接頭語〕小さい松。「姫松」とも。例ちはやぶる(枕詞)神の園なる姫小松〈後拾遺・雑六〉

ひめ-まうちぎみ【姫大夫】(—モウチギミ) 名〔「ひめまへつきみ」の変化した形〕宮中の内侍所の女官。天皇の行幸のとき、馬に乗って供をする。例行幸のをりのひめまうちぎみ〈枕・えせものの所得るをり〉

ひめ-まつ【姫松】名 小さい松。また、松の美称。「姫小松」とも。例この春ぞ枝さしそふる行く末のちとせをこめて生ふる姫松〈躬恒集〉

ひめ-みこ【姫御子】名 内親王。皇女。「姫宮」とも。

ひめ-みや【姫宮】名「ひめみこ」に同じ。例后の宮の姫宮こそ、(桐壺更衣ニ)いとようおぼえて(=似て)生ひ出でさせたまへりけれ〈源氏・桐壺〉

ひめもす【終日】副「ひねもす」に同じ。

ひ-も【氷面】名 氷の張った表面。和歌では、多く「紐」と掛けて用いる。例あしひきの(枕詞)山井の水はこほれるをいかなるひものとくるなるらん〈枕・宮の五節いださせ給ふに〉

ひも-かがみ【紐鏡】❶名 紐のついた鏡。❷《枕詞》「な解き(紐を解くな)」の意をこめて、類似音の地名「能登香」にかかる。

ひ-もじ ❶名 形動(ナリ)「ひだるし」の文字詞。空腹であること。例腹はひもじになる滝の川〈噺本・狂歌咄・三〉❷形(シク)〔❶の形容詞化〕空腹だ。例なんぼ朝おそくってもおひもじからう〈人情本・春色梅児誉美・四・二三下〉

ひも-とく【紐解く】❶着衣の紐を解く。特に、下紐を解く。許しあった男女が互いに衣服の紐を解く、また、自ら紐を解く。例天の川相向き立ちて我が恋ひし君来ますなり紐解き設けな(=天の川で向かいあって立って私が恋しく思っていた方がおいでになる音が聞こえる。着衣の紐を解いて共寝の準備をしよう)〈万葉・八・一五一八〉

❷動(カ四)❶花がほころび咲く。例百草の花の紐とく秋の野に(=多くの草花がほころび咲く秋の野に)〈古今・秋上〉❷書物を開いて読む。「繙く」とも書く。例しづかなるときは書を紐とい(音便形)て、聖意賢才の精神をさぐり(=閑寂なときは書物を開いて読み、聖人の心や賢人の才を探求し)〈芭蕉・机の銘〉

語誌 古く、男女が逢瀬の後、互いの下紐を結びあい、そこに互いの魂をこめる習俗があった。そこから、紐を解かないと誓えば、相手への貞節の誓いとなり、また、紐を結んだ相手に対して紐を解こうと歌うことが逢瀬への決意の表現となった。〈大浦誠士〉

ひもろき【神籬・胙】名〔のちは「ひもろぎ」〕❶【神籬】古く、神を祭るとき清浄な地を選び、神の宿る場所として作ったもの。周囲に常緑樹を植える。のちには、神社をもいう。例神奈備にひもろき立てて斎へども〈万葉・一一・二六五七〉❷【胙】(①に供えることから)神に供える肉・餅・米など。

ひ-や【火矢・火箭】名 鏃に火をつけて射放つ矢。のちは、火薬を仕掛けて発射する火器をもいう。例隙無く火矢を射ける間〈太平記・六〉

ひゃう-ご【兵庫】(ヒョウ—) 名❶兵器を納めておく倉庫。❷「兵庫寮」の略。❸「兵庫髷」の略。

ひゃうご-ぐさり【兵庫鎖・兵庫鏁】(ヒョウゴ—) 名 金銀製の、太刀を腰につけるための鎖。例御所作り兵庫鏁の御太刀〈太平記・一七〉

ひゃうご-まげ【兵庫髷】(ヒョウゴ—) 名 女性の髪型の一つ。髪を頭頂のやや下に集めて結び、それを軸として髪の末をねじ巻き、上に高く突き出させたもの。摂津国兵庫(兵庫県神戸市)の遊女が結い始めたという。江戸初期に流行した。例(髪型ハ)そのときに変はり、兵庫髷古し〈西鶴・好色一代女・三・四〉

兵庫髷
〔縄暖簾図〕

ひゃうご-れう【兵庫寮】(ヒョウゴリョウ) 名 平安時代、朝廷の兵器の管理をつかさどる役所。兵部省の管轄。例六衛府・馬寮・兵庫寮等の警固の事、召し仰すべし〈小右記・長和四年十一月〉読解 内裏が火事にあった日の翌日の記事。

びゃう-ざ【病者】(ビョウ—) 名 病人。平安時代では、男性が用いるやや固い表現。例ほとほとしき(=危篤の)びゃうざをなんもてはべりて〈宇津保・国譲下〉

ひゃう-し【拍子】(ヒョウ—) 名「はうし」とも。❶音楽・舞楽の曲節。リズム。また、足を踏んでとる調子。例御扇して(=御扇で)ひゃうし打たせたまふ〈宇津保・楼上下〉❷打楽器の名。笏に似た細長い板二枚を打ち合わせて音を出し、調子をとる。例琴にうち合はせたる拍子も(=琴に合わせている拍子も)〈源氏・若菜下〉❸もののはずみ。気勢。例拍子に乗ったる先を折る(=気勢をあげた出鼻をくじく)〈近松・堀川波鼓・下〉

〈馬場光子〉

ひゃう-じ【兵士】 ヒョウシ 名 武装した人。兵士。例奈良法師の兵士あまた具してあひたるに〈徒然・八七〉

ひゃう-せん【兵船】 ヒョウセン 名 戦いに用いる船。軍船。例よき人(=身分の高い人)をば兵船に乗せ〈平家・一一・遠矢〉

ひゃう-ぢゃう【兵仗】 ヒョウジョウ 名❶武器。例互ひに弓箭(=弓矢)・兵仗を帯して、射あひ切りあひ〈平家・一・俊寛沙汰鵜川軍〉❷武器を帯びた護衛兵。随身・内舎人の称。例兵仗を給はって随身をめし具す〈平家・一・鱸〉

ひゃう-ぢゃう【評定】 ヒョウジョウ 名動(サ変)❶合議によって物事を決定すること。また、その会議。例(a)(藤原定家ハ)左近の桜の詠うけられぬよし、たびたび歌の評定の座にても申しき(=左近の桜の歌が自分の最高の歌だとは承知できない旨を、何度も歌の会議の席で申し上げた)〈後鳥羽院御口伝〉例(b)大名・小名寄りあひて「…いかがあるべき」と評定す(=大名や小名が寄りあって、「…どうしたらよいだろうか」と話し合う)〈平家・一一・逆櫓〉❷制度的な機関の構成員による合議によって、政治・裁判に関する問題を決定すること。

語誌▼評定の機関　鎌倉幕府では、嘉禄元年(一二二五)、有力御家人と法曹実務家からなる評定衆が設置され、執権・連署と評定衆によって行われる評定が訴訟裁決の権能をもつようになった。室町幕府にも制度は引き継がれたが、形骸化した。江戸幕府では寛永一二年(一六三五)、寺社・勘定・町奉行などを主な構成員とする評定所が設置され、所轄のまたがる事項や単独では決定できない案件を処理した。〈黒木祥子〉

ひゃうぢゃう-しゅう【評定衆】 ヒョウジョウシュウ 名 鎌倉・室町幕府の職名。執権とともに裁判や政務を合議・裁決する。

ひゃうぢゃう-しょ【評定所】 ヒョウジョウショ 名❶鎌倉時代、幕府の評定衆の会議所。❷江戸時代、幕府の最上級の裁判所。寺社奉行・町奉行・勘定奉行と老中一名などで構成される。

ひゃう-づばーと ヒョウズバー 副 矢が風を切って飛び、命中する音を表す語。例馬の左のむながいづくし(=胸のあたり)をひゃうづばと射て〈平家・一一・弓流〉

ひゃう-でう【平調】 ヒョウジョウ 名❶雅楽の十二律の第三音。❷雅楽の六調子の一つ。十二律の平調を主音とする調子。「五常楽」「越天楽」「万歳楽」などの曲がある。

ひゃう-ど ヒョウド 副❶「ひゃうと」とも。突然。ひょいと。例ここにある人ひゃうと寄り来て〈蜻蛉・中〉❷矢が飛ぶ音を表す語。ひゅうっと。例内甲をこころざしてひゃうど射る〈保元・中〉

平等院 ビョウドウイン 名 山城国、今の京都府宇治市の寺。もと源融の別荘地。藤原道長が入手し、その子頼通が永承七年(一〇五二)に寺とした。鳳凰堂には定朝作の阿弥陀如来像を安置し、末法思想の流行に伴う浄土信仰により極楽浄土を現出させようとしたという。

ひゃう-はふ【兵法】 ヒョウホウ 名「へいはふ」とも。❶戦の方法。戦術。例義経、兵法その術を得て〈源平盛衰記・三六〉❷剣術。武術。例習はぬ女の身ながらも兵法の打ち太刀し〈近松・出世景清・三〉

ひゃう-ぶ【兵部】 ヒョウブ 名「兵部省」の略。

びゃう-ぶ【屏風】 ビョウブ 名(「屏」は守り防ぐ意)室内に立てて仕切りにする家具。視線を遮ったり風を防いだりするほか、室内装飾ともなった。必要に応じて、折り畳んで移動することができる。「屏風」とも。例(ノゾキコムト)この際に立てたる屏風、端の方おし畳まれたるに、紛るべき几帳なども、暑ければにや、うちかけて、いとよく見入れらる(=格子のそばに立ててある屏風も、端のほうが畳まれてある上に、目隠しになるはずの几帳なども、暑いからであろうか、帷子をまくり上げてあって、とてもよいぐあいにのぞきこむことができる)〈源氏・空蟬〉読解 屏風と几帳が外部から視線を遮るように立てられていること、それらが暑さのため畳まれていることがわかる。

語誌▼屏風は長方形の木枠に布や紙を張って作る。もとは単一の衝立屏風だったが、やがて六面(六曲)が中心となった。二つを一対として一双・二双などと呼ぶ。高さは通常三尺(約九〇センチ)から五尺(約一五〇センチ)ほど。日常生活の必需品であり、また大嘗会などの公的儀式や私的な慶事に際して、善美を尽くした品が新調された。

▼屏風絵・屏風歌　屏風の表面は書画で飾られ、絵画・詩歌・書道の発達を促す温床となった。平安初期にはもっぱら中国風の絵と漢詩が描かれていたが(唐絵屏風)、九世紀半ば以降国風文化の台頭に伴い、日本の風景や事跡を題材とする大和絵とそれに見合った和歌が描かれるようになった(大和絵屏風)。屏風に描かれた和歌を屏風歌という。〈鈴木宏子〉

屏風〔源氏物語絵巻〕
柏木巻などから復元した山水屏風。表には大和絵風の風景を描き、一曲ごとに錦で縁取る。裏には立涌文様などを描く。

ひゃうぶ-きゃう【兵部卿】 ヒョウブキョウ 名 兵部省の長官。正四位下相当。しばしば親王が任じられ、名誉職化していく。例世人は、匂ふ兵部卿、薫る中将と聞きにくく(=うるさく)言ひつづけて〈源氏・匂宮〉読解 この「兵部卿」は明石中宮腹の皇子の匂宮。

ひゃうぶ-しゃう【兵部省】 ヒョウブショウ 名 令制で、太政官の八省の一つ。軍事関係の事務をつかさどる役所。

ひら【枚・片】 ❶名 紙や葉など薄く平らなものの称。例好み(=感じよく)書きたまへる枚もあめり〈源氏・梅枝〉 ❷接尾 平らなものを数える。例畳一ひら〈枕・七月ばかりいみじうあつければ〉

比良《地名》近江国の山。琵琶湖西方の中央から北にかけて、南北に連なる山地をいう。比叡山の北にあたる。琵琶湖に吹きつける激しい風が有名。和歌では、「比良の山」「比良の高嶺」の形で「山風」「雪」とともに詠まれることが多い。例楽浪の比良山風の海吹けば釣りする海人の袖反る見ゆ〈万葉・九・一七一五〉

ひら【平】 ❶形動(ナリ) たいらなさま。例屋のさまいとひらに短く、瓦ぶきにて唐めき〈枕・故殿の御服のころ〉 ❷名「平椀」の略。浅く平たい椀。例さて平には、をう、それよ。家来に持たせし山の芋(ヲ盛ロウ)〈近松・心中宵庚申・上〉 ❸接頭 ❶名詞について、並の、普通の、一般の、などの意を添える。「平殿上人」「平凡夫」「平侍」など。❷動詞の連用形などについて、いちずに、ひたすら、などの意を添える。「平討ち」「平攻め」「平信じ」など。

ひら-あしだ【平足駄】 名(「高足駄」に対して)歯の低い足駄。今の普通の下駄に近い。例弓うちきり杖につき、ひらあしだはき〈平家・四・橋合戦〉

平泉《地名》陸奥国の地名。今の岩手県西磐井郡平泉町。奥州藤原氏の根拠地。平安末期には清衡・基衡・秀衡の藤原三代の文化が栄えた。中尊寺・毛越寺などがある。源義経はここで没した。『奥の細道』などによると「平和泉」と書かれることもあった。

びらう-げ【檳榔毛】 名「檳榔毛の車」の略。例檳榔毛はのどやかにやりたる(=進ませる)。いそぎたるはわろく見ゆ〈枕・檳榔毛は〉

びらうげ-の-くるま【檳榔毛の車】 名「びりゃうげのくるま」とも。牛車の一種。檳榔(ヤシ科の植物)の葉を白くさらしたものを細く裂き、車体を覆った車。上皇・親王・大臣など高貴の人の外出のときに用いる。⇩くるま(図)。例檳榔毛の車の白くきよげなるに〈枕・よき家の中門あけて〉

平賀源内《人名》一七二八～一七七九(享保一三～安永八)。江戸時代の戯作者。号に風来山人・天竺浪人など。武家の出だが藩を離れ江戸で活躍、薬物学・物産学で才を発揮する。主な作品に、談義本『根南志具佐』『風流志道軒伝』、浄瑠璃『神霊矢口渡』などがある。のち鉱山・通船事業に乗り出すが失敗、不遇のうちに殺人を犯し獄中で死去。

ひら-かど【平門】 名「ひらもん」とも。柱二本を立て、屋根の上を平らに造った門。例(風ガ)棟門・平門を吹きぬきて〈平家・三・飈〉

ひら-が・る【平がる】 動(ラ四) ひれ伏す。はいつくばう。例「治すべからむやう(=治療の方法)仰せられよ」と言ひて、平がり臥す〈今昔・二四・七〉

ひら-ぎぬ【平絹】 名「へいけん」とも。文様を織り出さない絹布。例色ゆるされぬは、無文の平絹などさまざまなり〈栄花・初花〉 読解 唐衣についての説明。綾織りの唐衣は一定の身分の人にしか着用を許されず、それ以外は平絹を用いた。

ひら・く

【開く】 ❶動(カ四) ❶あける。広げる。あく。広がる。例(a)門戸を閉ぢて開かず(=出入り口を閉めてあけない)〈平家・七・忠度都落〉例(b)漢天すでにひらきて(=天の川が見える空はすでに明けはじめて)〈平家・七・主上都落〉
❷物事を興して発展させる。繁栄させる。例伝教大師江州に北嶺をひらき〈保元・上〉 読解 最澄が近江国(滋賀県)に比叡山延暦寺を建てたことをさす。
❸疑念を晴らす。道理・心理などを明らかにする。例成仏得脱して悟りをひらきたまひなば(=もし成仏し、煩悩・生死の苦しみから脱して悟りをおひらきになったら)〈平家・一〇・維盛入水〉
❹身を引いて構える。身をかわして退く。例敵は大太刀を持ってひらい(音便形)たる(=敵は大太刀を持って身を引いて構えている)〈義経記・五〉
❺物事がよい方向に動く。
❻退散する。逃げる。退陣する。「退く」「逃ぐ」と言うのを嫌って、その代わりにする武者詞。例まづ筑紫へ御開き候へかし(=何はともあれ筑紫へお逃げくださいよ)〈太平記・一五〉

❷動(カ下二) ❶広くなる。広がる。あく。例(仏像ノ)慈悲の御眼、蓮のごとく開けたり(=慈悲をたたえた御眼が、蓮の花のように開いている)〈栄花・鳥の舞〉
❷花が咲く。つぼみがほころぶ。例とくひらけたる桜の色も、いとおもしろければ(=早く咲いた桜の色も、たいそう趣深いので)〈源氏・少女〉
❸心が晴れ晴れする。晴れやかになる。例梅の花心開けて我が思へる君(=梅の花が開くように心も晴れ晴れとして、私が恋い慕うあなた)〈万葉・八・一六六一〉
❹物事が興って発展する。例(和歌ハ)天地のひらけはじまりける時より出で来にけり(=天地開闢のときから詠み出されてきた)〈古今・仮名序〉
❺不明のことがわかる。道理・心理がわかる。例四十の師の悟り開けて(=四十人の法師で悟りをひらいて)〈続日本後紀・嘉祥二年三月〉

〈岩坪健〉

ひら-くび【平首・平頸】 名 馬の首の、たてがみの下の左右の平らな部分。例柄の長さ一丈ばかりに見えたる鑓を馬の平頸に引きそへて〈太平記・二五〉

ひら-せ【平瀬】 名 川の、浅く流れのゆるやかな瀬。穏やかで波の立たない瀬。例平瀬には小網さし渡し速き瀬に鵜を潜けつつ〈万葉・一九・四一八九〉

ひら-ぜめ【平攻め】 名 ひたすら攻めること。一気に攻めたてること。例戦はただ平攻めに攻めて勝ったるぞ心地は良き〈平家・一一・逆櫓〉

平田篤胤《人名》一七七六～一八四三(安永五～天保一四)。江戸時代の国学者。本居宣長の影響を受け、古道の研究に力を注ぐ。特にその復古神道は幕末の尊王攘夷運動にも大きな影響を与えた。荷田春満・賀茂真淵・宣長とともに国学の四大人の一人に挙げられる。古史学の『古史徴』など、著書も多数。

ひら-たけ【平茸】 名 きのこの一種。広葉樹の朽ち木

などに生え、かさは食用になる。例片手には、平茸三総ばかり持ちて〈今昔・二八・三八〉

ひら-づけ【平付け・平着け】 名 ❶乗り物を、その場所にぴったり寄せつけること。例舟平着けにつけ、踏みかたぶけて馬おろさむとせば〈平家・一一・勝浦付大坂越〉❷連歌・連句で、素直に前句に付けること。また、その付け方。

ひら-づつみ【平包み】 名 物を包むための布。のちの袱紗・ふろしきなどの類。また、それで包んだもの。例進上物を渡さうと、平包みおし開き〈近松・卯月の潤色・中〉

ひら-で【枚手・葉盤】 名 数枚の柏の葉を竹のひごで刺しとじて、平たい皿のように作った食器。大嘗祭などで、神への供え物を盛る器として用いる。

ひら-に【平に】 副 ❶平穏に。例平に（川ノ対岸ニ）渡りつくこと難かるべし〈源平盛衰記・三五〉❷ひたすら。例新大納言成親卿もひらに申されけり〈平家・一・鹿谷〉❸ぜひとも。例ひらに頼む〈近松・大経師昔暦・上〉

ひら-ばり【平張り】 名 幕を張って仮屋を作るとき、上部に平らに張って、屋根または日覆いとすること。また、そのように作った仮屋。例生田の川のつらに、女、平張りを打ちて（=立てて）ゐにけり〈大和・一四七〉

ひら・む【平む】 [1]動（マ四）❶平たくなる。たいらに広がる。例手に、平める物さはる時に〈竹取〉❷ひれ伏す。平伏する。例（鷺ニ）「宣旨ぞ」と仰すれば、ひらん（音便形）で飛び去らず〈平家・五・朝敵揃〉[2]動（マ下二）平たくする。たいらにする。例兵どもも恐れたてまつり、弓を平め矢を引きそばめて〈平治・上〉読解ここは弓を伏せるさま。

ひら-め・く【閃く】 動（カ四）［「めく」は接尾語］❶きらめく。ぴかっと一瞬光る。例雷鳴らんずるやうにてひらめき騒ぐ〈宇津保・楼上下〉❷ひらひらする。風に翻る。例扇は空へぞ上がりける。しばしは虚空にひらめきけるが〈平家・一一・那須与一〉

ひら-を【平緒】 名 刺繍などを施した幅広で平たい組み紐。束帯のとき太刀を帯びるためのもので、本来は一本のものを腰に巻いて余りを前に垂らしたが、平安末期ごろから垂らす部分だけを別に仕立てるようになった。例細太刀に平緒つけて〈枕・細太刀に平緒つけて〉

ひり・ふ【拾ふ】 動（ハ四）『上代語』ひろう。例浦を行きつつ玉も拾はむ〈万葉・一八・四〇三八〉

ひる【昼】 名 ❶日の出から日没まで。昼間。例畝傍山昼は雲とゐ夕されば風吹かむとぞ木の葉騒げる（=畝傍山は、昼間は雲が流れ動いて、夕方になると嵐が吹こうと木の葉がざわめく）〈記・中・神武・歌謡〉
❷正午。真昼。例みな夜明けて、手洗ひ、例のことどもして、ひるになりぬ（=すっかり夜が明けて、手を洗い、例の事々もして、正午になった）〈土佐〉読解「例のことども」は、毎朝決まって行う洗面・拝礼・食事など。
❸昼食。例御ちごさま、ここに御昼がござりまするぞ〈噺本・昨日は今日の物語・下〉
❹最盛。最中。例あさがほや日の出ぬ前は花の昼〈俳諧・沙金袋・四〉〈鈴木健一〉

ひる【蒜】 名 植物の名。野蒜・にんにく・浅葱などの総称。ネギのような独特の臭気がある。食用のほか、薬にも用いる。例近ごろ、蒜を食ひはべり〈宇治拾遺・一四二〉

ひる【干る・乾る】 動（ハ上一）上代に上二段活用であった「ふ（干）」が上一段化した語。水分が自然のままの状態で蒸発する意。
❶かわく。例村雨の露もまだひぬ真木の葉に霧立ちのぼる秋の夕暮れ〈新古今・秋下〉↓名歌364
❷潮が引く。例川尻に船入り立ちて漕ぎ上るに、川の水ひて、悩み患ふ〈土佐〉読解この「川尻」は淀川の河口あたりの地。
❸終わる。例足下（=あなた）のやうにものを言うては論（=議論）が干ない〈滑稽本・浮世床・初上〉

語誌 ③は、広く水分以外の事物が消えてなくなる意に転じたもの。〈余田弘実〉

ひ・る【放る・痢る】 動（ラ四）排泄する。屁や糞を出す。例水を出すやうにひりちらす〈宇治拾遺・一四三〉

ひる【嚔る】 動（ハ上一）くしゃみをする。例鼻をいと高うひたれば〈枕・宮にはじめてまゐりたるころ〉
語誌 上代は上二段活用の「ふ」。

ひる【簸る】 動（ハ上一）箕で穀物をふるって、くずを除く。例糠のみ多く候へば、それを簸させんとて〈著聞集・一六・五三〇〉

ひる-がへ・す【翻す・飜す】 動（サ四）❶旗や袖などをひらひらさせる。また、ひっくり返す。裏返す。例露吹きむすぶ秋風は、射向けの袖（=鎧の左の袖）を飜し〈平家・一・俊寛沙汰鵜川軍〉❷今までの態度などを急に変える。くつがえす。改める。例闇に惑へる心をひるがへす道なし〈今鏡・一〇・作り物語のゆくへ〉

ひる-げ【昼食】 名 昼食。例見ればひるげが付けてある…食べてから休らひませう〈狂言記・苞山伏〉

びるしゃな【毘盧遮那】 名『仏教語』「びるしゃなぶつ」に同じ。

びるしゃな-ぶつ【毘盧遮那仏】 名『仏教語』［「毘盧遮那」は梵語の音写。あまねく一切の世界を光明で照らす意］仏の真の姿の称。華厳宗の本尊で、密教では大日如来となる。像としては東大寺の大仏が有名。

ひる-つ-かた【昼つ方】 名［「つ」は「の」の意の上代の格助詞］昼ごろ。昼時分。例昼つかた、文あり（=手紙がくる）〈蜻蛉・上〉

ひる-の-おまし【昼の御座】 名「ひのおまし」に同じ。

ひる・む【怯む・痿む】 動（マ四）❶しびれる。麻痺する。例身挙げてひるみ痛し〈三宝絵・上・一三〉❷気力がくじける。おじける。例内甲を射させてひるむところに〈平家・四・宮御最期〉

ひれ【鰭】 名 ❶魚のひれ。❷本体に付属している部分。添え物。おひれ。例話に鰭はなけれども、尾に尾をつけて書きつづくれば〈噺本・鯛の味噌津・叙〉❸太って、体の横幅のあること。貫禄。例夕霧もこのごろは、**ひれ**がでえぶついたのう〈洒落本・錦之裏〉

ひれ【領巾・肩巾】 名 女性が正装のとき、唐衣の襟から肩にかける細長い布。多くは薄物で作る。上代の唐風な装束の名残で、平安時代には最も正式な礼装に裙帯という飾り帯とともに用いた。古くは魂を招き寄せる力があるとされて、別れを惜しむときに振った。例裳、唐衣、裙帯・**領巾**などして〈枕・淑景舎、東宮にまゐり給ふほどのことなど〉

ひれ-ふ・す【平伏す】 動(サ四) 身を平たくして伏せる。恐縮して頭を下げる。例さすがにうち泣きて**ひれふし**たまへれば〈源氏・夢浮橋〉

ひろ【尋】 名 長さの単位。両手を左右に広げた長さで、水深・縄・糸の長さなどにいう。長さは一定ではなく、一尋は五尺(約一・五メートル)から六尺(約一・八メートル)くらい。例**尋**ばかりや とうとう 離りて寝たれども〈催馬楽・総角〉読解「とうとう」は囃し詞。

ひろい-【従】 接頭〔「ひろき」のイ音便形〕「じゅ(従)」に同じ。「正」を「おほい」というのに対していう。

ひ-ろう【披露】 名動(サ変)〔文書を披き露す意〕人々に知らせること。発表すること。また、報告・上申すること。例恵亮和尚失せたりといふ(=死んだという)**披露**をなす〈平家・八・名虎〉

び-ろう【尾籠】 名形動(ナリ)〔「をこ」のあて字「尾籠」をさらに音読したもの〕❶ばかげていること。恥ずかしいこと。例申さば**尾籠**にて候へども、馬ねぶりをつかまつりて(=馬上で眠ってしまいまして)〈平治・中〉❷失礼なこと。不作法。例かやうに**尾籠**を現じて、入道の悪名をたつ〈平家・一・殿下乗合〉❸汚いこと。けがらわしいこと。例食べると**尾籠**ながら吐きまする〈滑稽本・浮世風呂・前上〉

ひろ-えん【広縁】 名❶「ひろびさし」に同じ。❷幅の広い縁側。

ひろ・ぐ【広ぐ】 [1]動(ガ下二)❶範囲を広げる。広くする。例傍の国を討ち取りて国を**広げ**〈今昔・五・一七〉❷しまってあった物を外に出す。巻き物などを開けて広げる。例ひとり灯のもとに文を**ひろげ**て〈徒然・一三〉❸(多く「門広ぐ」の形で)栄えさせる。繁栄させる。「門」は、一族・一門の意。例門をも**広げ**、氏をも継ぐべきしも〈宇津保・あて宮〉[2]動(ガ四)❶広がる。広くなる。例左右の手足をもって竿を**ひろがせ**〈古活字本平治・下〉❷近世の用法。相手の行為をののしっていう。しやがる。しくさる。例よい年をして馬鹿**ひろぐ**な〈近松・女殺油地獄・下〉

ひろご・る【広ごる】 動(ラ四)❶広がる。開く。例口つきなどは見苦しく**広ごり**たれど〈源氏・若菜上〉❷広まる。広く知れわたる。例忍びたまふとすれど(=秘密になさろうとするけれど)おのづから事**広ごり**て〈源氏・総角〉❸多くなる。大きくなる。繁栄する。例尚侍の君の御近きゆかり、そこらこそは(=それこそ、大勢が)世に**広ごり**たまへど〈源氏・竹河〉

ひろ・し

【広し】 形(ク)❶**空間・面積・幅・奥行きなどが大きい。広大だ。広々としている。** 例かく**広けれ**ど、なほ狭く住みなしたまへり(=このように広大であるけれど、それでも狭いくらいにお住みになっていた)〈宇津保・国譲上〉❷**まんべんなく多方面に行きわたっている。手広い。** 例すべてもののあはれも、ゆゑあることも、をかしき筋も、**広う**(音便形)思ひめぐらす(=すべてのしみじみとした情感も、風情のあることも、感興を覚える事柄も、まんべんなく思いめぐらす)〈源氏・幻〉❸**数が多い。** 例類**ひろく**、娘がちにて所せかりければ(=一族が多く、娘がたくさんいてめんどうだったので)〈源氏・須磨〉❹**寛大だ。おうようだ。** 例心**ひろく**、うしろやすき人なり(=心が寛大で、信頼できる人だ)〈宇津保・国譲上〉❺**知識が広く豊富だ。博識だ。** 例何ごとも**広き**心を知らぬほどは…及ばぬところの多くなむはべりける(=何事も幅広く豊富な教養をもたない間は…いたらないところが多くございましたよ)〈源氏・少女〉

〈岩坪健〉

ひろ-には【広庭】 名❶広い庭。例時綱はわざと敵を**広庭**へをびき出し〈太平記・一〉❷民家の台所の土間。例大分の銀箱**広庭**につみかさね〈西鶴・世間胸算用・四・一〉

ひろ-はし【広橋】 名 幅の広い橋。一説に、間隔を広くおいて石を並べたものとも、川幅の広い川に掛けた舟橋とも。例**広橋**を馬越しがねて心のみ妹がり遣りて我はここにして〈万葉・一四・三五三八〉

ひろ-びさし【広廂】 名「ひろひさし」とも。寝殿造りの母屋の外側を囲む部屋。簀の子の内側。また、廂のさらに外側に添えた部屋。⇩ひさし(廂)①。例**広廂**の高欄に…上達部たち、ゐなみたり(=並んで座っている)〈讃岐典侍日記・下〉

ひろ・ふ【拾ふ】 動(ハ四)❶下に落ちているものを取り上げる。拾う。例古き縄を**拾ひ**て、壁土に加へて〈宇治拾遺・一四三〉❷運よく手に入れる。また、失わずにすむ。例のぼるべきたよりなき身は木のもとにしゐを**拾ひ**て世を渡るかな〈平家・四・鵼〉読解「しゐ」は「椎」と位階の「四位」を掛ける。❸(歩きやすい所を拾って歩く意から)徒歩で歩く。例徒歩を**拾へ**ば〈近松・傾城島原蛙合戦・一〉

ひろ-ぶた【広蓋】 名❶衣装箱のふた。衣服などを贈るとき、これに載せて差し出す。例**広蓋**に御小袖を置きて〈御伽草子・三人法師・上〉❷贈り物や引出物を載せる、方形の浅い容器。また、料理などを客に出すときに載せる台。例色々の御衣四十領、銀剣七つ、**広蓋**に置かせ〈平家・三・御産〉

ひろ-まへ【広前】 名 神の御前。また、神殿・宮殿などの前庭。例天の下はぐくむ神の御衣なればゆたけにぞ(=ゆったりと)裁つ瑞の**広前**〈後拾遺・雑六〉

ひろ-み【広み】 名〔「み」は接尾語〕広い場所。広場。例**広み**におびき出して討たんとすれば〈太平記・八〉

ひろ・む【広む】 動(マ下二) 広める。広く知らせる。例天台宗を立てて、智者大師の跡(=教え)を**ひろむる**事、思ひのごとくなり〈今昔・一一・二六〉

ひろ-め・く【広めく】 動(カ四)〔「めく」は接尾語〕ひらひらする。ばたばたする。例ゐもさだまらず(=落ち着いて座らず)、**広めき**て〈枕・にくきもの〉

ひろ-らか【広らか】 ［形動］（ナリ）〔「らか」は接尾語〕広がっているさま。広々としたさま。［例］鮨鮎の、大きに**広らかなる**を〈今昔・二八・二三〉

びわ〘琵琶〙⇩びは

ひわだ〘檜皮〙⇩ひはだ

ひ-わりご【檜破子・檜破籠】 ［名］檜の薄板で作った破子。上等な物とされた。［例］沈の**檜破子**一掛け〈宇津保・吹上上〉

ひ-わ・る【干割る】 ［動］（ラ下二）乾燥してひび割れる。［例］柱の**干割れ**たる狭間に〈源氏・真木柱〉

ひ-ゐ【非違】 ［名］「検非違使」の略称。［例］二郎（＝次男）は左衛門督にて**非違**の別当と聞こゆ〈栄花・玉の村菊〉

ひ-を【氷魚】 ［名］〔「ひうを」の変化した形〕鮎の稚魚。体は半透明で小さく、秋から冬にかけて、網代を用いて漁をする。琵琶湖や宇治川のものが有名。平安時代は朝廷に献上された。［例］網代の**氷魚**も心寄せたてまつりて〈源氏・総角〉

ひ-をけ【火桶】 ［名］木製の丸い火鉢。ふつう桐の木をくりぬいて作る。［例］**火桶**の火も白き灰がちになりて、わろし〈枕・春はあけぼの〉

火桶〔枕草子絵巻〕

ひ-をどし【緋縅】 ［名］鎧の縅の一種。鎧の札を、燃えるような赤色の糸や革で綴ったもの。「紅縅」とも。

ひを-むし【蜏】 ［名］虫の名。カゲロウの類。はかないもののたとえにされる。［例］**ひをむし**の朝に生まれて夕に死ぬる習ひ（＝定め）も〈発心集・五・一三〉

ひ-をり【引折・日折】 ［名］陰暦五月に宮中の馬場で行われる競べ馬・騎射。左近衛の舎人が五日に、右近衛の舎人が六日に行う。射手が狩衣の裾を引折（裾を上のほうへ折り返してはさむ着方）にすることからの称。［例］むかし、右近の馬場の**引折**の日〈伊勢・九九〉

ひん【嬪】 ［名］上代の女官の一つ。天皇の妻妾のうち、皇后・妃・夫人に次ぐ地位。また、その人。定員は四人で、中・下級貴族の娘の中から選ばれ、四位または五位。［例］つひに四の**嬪**を納る〈紀・天智〉

ひん【貧】 ［名］［形動］（ナリ）貧しいこと。貧乏。また、貧乏な人。［例］徳人（＝金持ち）は**貧**になり、能ある人は無能になるべきなり〈徒然・九八〉

びん【便】 ［名］❶うまいついで。ちょうどよい機会。［例］殿の内に**便**ある所をなむ僧房（＝僧のための控えの部屋）にしける〈宇津保・嵯峨の院〉❷都合。ぐあい。⇩びんあし・びんなし。❸手紙。音信。

びん【鬢】 ［名］頭の左右の側面の髪。［例］御**鬢**かきたまふとて鏡台に寄りたまへるに〈源氏・須磨〉

びん-あ・し【便悪し】 ［形］（シク）都合が悪い。不便だ。［例］山里などにうつろひて、**便あしく**狭き所にあまたあひ居て（＝大勢いっしょにいて）〈徒然・三〇〉

ひんがし【東】 ［名］「ひむがし」に同じ。

ひんがし-おもて【東面】 ［名］❶東の方角。東側。東向き。［例］仁寿殿の**東面**の砌（＝石畳）のほどに〈大鏡・道長上〉❷建物の東側の部屋。東向きの部屋。［例］**東面**にうたた寝したるを〈源氏・幻〉

ひんがし-の-きやう【東の京】 ［名］「さきゃう」に同じ。［例］この若君、**東の京**に愛念する女ありければ〈今昔・一四・四二〉

ひんがし-の-たい【東の対】 ［名］寝殿造りで、寝殿の東側にある対の屋。主に家族が住む。［例］**東の対**にさぶらひし人々〈源氏・須磨〉

びん-ぎ【便宜】 ［名］❶便利。有利。好都合。利点。［例］（コンナリッパナ僧ガ）国の内に居たるは、きはめたる**便宜**なり〈今昔・二〇・三五〉❷何かのついで。適当な機会。［例］この事奏聞せんとうかがひけれども、しかるべき**便宜**もなかりけるに〈平家・六・祇園女御〉❸ついでがあって送る手紙。［例］三日四日に**便宜**せず。昨日は留守で会ひもせず〈近松・曾根崎心中〉

びん-ぐき【鬢茎】 ［名］鬢の毛筋。［例］年三十余りばかりの男の、鬢黒く、**鬢茎**良きが〈今昔・二八・三七〉

ひんけい-あしたす【牝鶏晨す】 めんどりがおんどりよりも先に朝の時を告げる。女性が男性に代わって権勢をふるうことのたとえ。不吉とされた。［例］**牝鶏晨する**は家の尽くる相なり〈太平記・一三〉

備後 《地名》旧国名。今の広島県東北部。山陽道八か国の一つ。備州。古くは「吉備」の一部。延喜式で上国・中国。

びんご-おもて【備後表】 ［名］備後地方で産出する畳表。高級品とされた。［例］馬方は…席のほか踏みも習はぬ**備後表**。ええ、この座敷はぎやうに（＝むやみに）滑って歩かれぬ〈近松・丹波与作待夜の小室節・上〉

びんずら〘鬢頬〙⇩びんづら

びん-せん【便船】 ［名］［動］（サ変）都合よく来あわせた船。また、その船に乗ること。［例］出羽国の方へ行かんずる船に**便船し**てよかるべし〈義経記・七〉

びん-そぎ【鬢除・鬢削ぎ】 ［名］江戸時代、女子の成人儀礼として、鬢の毛先を削ぐこと。十六歳の陰暦六月十六日に行う。

びん-づら【鬢頬】 ［名］〔「みづら」の変化した形〕❶「みづら」に同じ。［例］うるはしく**鬢づら**結ひ〈浜松中納言・一〉❷鬢。転じて、髪。［例］雲の**鬢づら**、花のかんばせ〈謡曲・楊貴妃〉［読解］雲のようにふんわりとした髪の毛、花のように美しい顔、の意。

びんづる【賓頭盧】 ［名］《仏教語》「賓頭盧頗羅堕」の略。賓頭盧尊者。白頭長眉の姿で、俗に、その像の頭・手足など、自身の病気の部分と同じ場所をなでると病気が回復すると信じられた。［例］鳥部寺の**賓頭盧**こそいみじく験はおはすなれ（＝霊験があらたかでいらっしゃるそうだ）〈今昔・二九・二三〉

びん-な・し【便無し】 ［形］（ク）「びなし」とも。❶都合が悪い。ぐあいが悪い。［例］御歩きなど**便なき**ころなれば、二条院にも時々ぞ渡りたまふ（＝御外出などは都合が悪いころなので、二条院にもときたまいらっしゃる）〈源氏・葵〉［読解］妻の葵の上が妊娠して物の怪に苦しんでいるので、光源氏もほかの女性のところへ出かけるのは不都合なのである。紫の上を引き取った自邸二条院にも時々しか行かれないという。
❷よくない。けしからぬ。例心幼くおはする人にて、便なき事もこそ出で来れ(=子どもっぽくていらっしゃる方なので、困った事でも起こると大変だ)〈大鏡・道隆〉読解「もこそ」は危惧する気持ちを表す。
❸かわいそうだ。気の毒だ。例いと便なければ、ゆるしやりぬ(=たいそうかわいそうなので、承知して返してやった)〈俳諧・落柿舎ノ記〉

語誌 ③は近世になって頻繁に見られる用法。「ふびん」との混用から生じた可能性もある。〈安達敬子〉

ひん-ぬき【引ん抜き】 名(「ひきぬき」の撥音便形。多くの中から引き抜いたものの意)❶生粋。混じりけなし。例あれあれあそこへ歌うて来る本小室(=小室節)の**引ん抜き**は〈近松・丹波与作待夜の小室節・中〉❷申し分がないこと。特にすぐれていること。また、そのもの。例夜半には雨も上がり、明け方には朝嵐にかはって、御出船には**ひん抜き**の上々日和〈浄瑠璃・義経千本桜・三〉

びんぼふ-がみ【貧乏神】 ビンボウ― 名 人にとりついて貧乏にさせるという神。例我はまた人の嫌へる**貧乏神**をまつらん〈西鶴・日本永代蔵・四・一〉

びんぼふ-ゆるぎ【貧乏揺るぎ】 ビンボウ― 名 貧乏ゆすり。例我と花の散るは**びんぼふゆるぎ**かな〈俳諧・鷹筑波集・一〉

びん-よ・し【便良し】 形(ク) 都合がよい。便利だ。よいぐあいだ。例(弁当ヲ)双の岡の**便良き**所に埋み置きて〈徒然・五四〉

びんらう-じ【檳榔子】 ビンロウ― 名 ❶檳榔樹の実。檳榔樹はヤシ科の高木。駆虫剤や健胃・利尿薬となり、また、煎じて暗黒色の染料にも用いる。例ひとりは大坂の人なるが、**檳榔子**の買ひ置きして家をうしなはれける〈西鶴・好色一代女・二・一〉❷「檳榔子染め」の略。①で染めること。また、染めたもの。

ふ【生】 名 草木が生い茂っている所。物が生じる所。「浅茅生」「葎生」「蓬生」など接尾語的に用いられることが多い。

ふ【府】 名 ❶役所。特に、衛府・大宰府・国府など「府」のつく役所。例**府**の内に仕うまつる人を〈大鏡・道隆〉❷江戸時代、幕府のあった江戸をさす。

ふ【封】 名 令制で、皇族・貴族・寺社に支給される俸給制度。⇩ふこ。例一品の宮は…千戸の御**封**を得させたまへば〈大鏡・道長上〉

ふ【符】 名 ❶上級官庁から下級官庁に下す公文書。❷守り札。護符。例東山の観勝寺の上人の**符**をかけさすれば〈沙石集・一〇末・一〉❸運。例唐糸(=人名)が**符**のわるさ〈御伽草子・唐糸草紙〉

ふ【傅】 名 令制で、東宮の職員の一つ。皇太子の補導役。正四位下相当。多く大臣が兼任する。

ふ【干・乾】 動(ハ上二)『上代語』(平安時代以降「ひる」と上一段化)❶水分がなくなる。かわく。例あらたへの衣(=粗末な喪服)の袖は**乾る**ときもなし〈万葉・二・一五九〉❷潮が引くこと。例この塩の盈ち**乾る**がごとく盈ち**乾よ**〈記・中・応神〉

ふ

ふ【経・歴】 動(ハ下二)❶**時間がたつ。時代や月日などを送る。** 例ⓐ海原を遠く渡りて年**経**とも(=広々とした海を遠くまで渡って年がたっても)〈万葉・二〇・四三三四〉例ⓑきたなげなる所に年月を**へ**てものしたまふこと(=見苦しい所に長い間いらっしゃること)〈竹取〉
❷**地点を通り過ぎる。** 例摂津国を**へ**て、都へ入る(=摂津国を通り過ぎて、都に入る)〈平家・八・室山〉
❸**順序として事にあたる。段階を踏んで職などを経験する。** 例大中納言を**経**ずして、大臣関白になりたまふ事、いまだ承り及ばず(=大納言や中納言を経験しないで、大臣や関白におなりになることは、いまだにお聞きしたことがない)〈平家・三・大臣流罪〉

語誌 ▼**経過・段階を表す語** ①は時間的な経過を表し、②は空間的な経過を表す。物事を進行させるには、時間的にも空間的にも、一定の過程が必要であり、それを見込んで用いる語といえよう。同様に、人が事をなす過程にも、社会的な慣習として、通常一定の順序や段階を踏むべき事柄は多い。そのしきたりに沿って歴任することや、しきたりに沿わなかったことをいうのに用いているのが③である。〈山口堯二〉

ふ【綜】 動(ハ下二) 縦糸を引き整えて、機にかけること。例山姫の(=山の女神が)はるかに**へ**たる布引の滝〈栄花・布引の滝〉

ふ

ふ 助動(四段型)『上代語』**動作の反復・継続の意を表す。繰り返し〜する。〜し続ける。** 例ⓐこの道を 行く人ごとに 行き寄りて い立ち嘆か**ひ**(=この道を行く人すべて近寄ってその前に立ちつくして嘆息し)〈万葉・九・一八〇一〉例ⓑ奈良山の峰なほ霧ら**ふ**(終止形)(=まだ霧が立ちこめている)〈万葉・一〇・二三一六〉

接続 動詞の未然形につく。

活用 四段型

未然形	連用形	終止形	連体形	已然形	命令形
は	ひ	ふ	ふ	へ	へ

語誌 上代でも「ふ」がつく動詞の種類は、あまり多くない。また「移る→移らふ→移ろふ」、「誇る→誇らふ→誇ろふ」のように、「ふ」の直前の音節の母音が変化する場合もある。そこで、このような場合も含めて、「ふ」は接尾語ともいわれる。さらに「住まふ」のように特定の語につく平安時代以降の例では、全体が一語の動詞とみなされる。〈野村剛史〉

-ぶ 接尾(バ上二型) 名詞、形容詞語幹について、そのような状態になる、そのようなふるまいをする、の意を添える。「鄙ぶ」「あはれぶ」「怪しぶ」など。

ぶ【夫】名 造営や土木などのために使役される人。例多くの堂舎の壁を塗るに、国々の**夫**そこぼく(=たくさん)のぼり集りて〈今昔・三・二〉

ぶ【分】名 ❶一定の数量をいくつかに等分すること。また、その等分した数量。例この銀を主(=持ち主)へ返し、三分一を得てまし〈仮名草子・伊曾保物語・上〉❷全体を十等分したときの割合を表す単位。例十年このかたは四分払ひになり〈西鶴・世間胸算用・三・三〉❸長さの単位。「寸」の十分の一。約三ミリ。❹重さの単位。「匁」の十分の一。約〇・三七五グラム。❺貨幣の単位。「両」の四分の一。❻割合。程度。

ぶ【歩】名 ❶長さの単位。一歩は六尺(約一・八メートル)。間。例百**歩**の外を多く過ぎ匂ふまで〈源氏・絵合〉❷土地の面積の単位。一歩は六尺四方(約三・三平方メートル)。坪。❸利益。儲けの割合。

ぶ-あい【不愛・無愛】名形動(ナリ) ❶不都合だ。例この殿の人にもあらぬ者の、宵・暁に殿の内より出で入りする、きはめて**無愛なり**〈今昔・三・六〉❷興ざめだ。愛想がない。例(姫君ヲ)なにがしぬし(=だれそれ殿)の引き留めされけるこそ、いと**無愛**のことなりや〈大鏡・師尹〉

ぶ-あんない【無案内】名形動(ナリ) 様子や勝手がわからないこと。どうしてよいかわからないこと。また、そのような人。例敵は案内者、われらは**無案内なり**〈平家・七・願書〉

ふ-い【布衣】名「ほい(布衣)①」に同じ。

ふい-がう【鞴】ゴウ 名〔「ふきがは(吹皮)」の変化した形〕火をおこすために鍛冶屋などが用いる送風機。タヌキの皮などで作る。ふいご。例(虎ガ)大息ついだるその響き、**吹革**吹くがごとくなり〈近松・国性爺合戦・三〉

ぶ-いん【無音】名 音信のないこと。挨拶や応答のないこと。例朝より夕べに及ぶまで待たれけれども、**無音**なりければ〈平家・三・法印問答〉

ふう【風】❶名 ❶習わし。流儀。例**風**を移し俗を変ふるには楽よりよきはなし〈神皇正統記・中〉❷容姿。風体。例**風**のよい女郎衆を〈西鶴・西鶴織留・五・三〉❸漢詩の六義の一つ。諸国の民謡。❹和歌の六義の一つ。『古今和歌集』仮名序では「そへ歌」をあてる。❷形動(ナリ) しゃれたさま。例**風なる**仕出し(=やり方)して見せて〈浮世草子・傾城禁短気・六・四〉

ふう-うん【風雲】名 ❶風と雲。また、自然。転じて、風や雲のように定めなくさすらう旅。例**風雲**の中に旅寝するこそ、あやしきまで、妙なる心地はせらるれ〈芭蕉・奥の細道〉❷風や雲のように行き交うもの。例今し**風雲**を勒して(=手紙に託して)、徴使を発遣す〈万葉・一八・四一二八・題詞〉

ふううん-の-おもひ【風雲の思ひ】―オモイ (龍が風雲を得て天に昇るように)世に出ようとする望み。大志。例心、常に**風雲の思ひ**を観ぜしかば(=望んでいたので)〈徒然・一〇八〉

風葉和歌集《作品名》鎌倉時代の物語歌集。二〇巻(現存一八巻)。藤原為家撰か。文永八年(一二七一)成立。下命者は後嵯峨上皇后大宮院姞子。平安時代から鎌倉前期までの約二〇〇の物語から和歌を選び分類したもの。歌数は現存本で約一四二〇首。文学史上唯一の物語歌集で、物語文学の資料としても貴重。

ふう-が【風雅】名 ❶和歌。詩歌。高尚な文芸。例古賢の趣向趁ふに跡なく、**風雅**の遺言求むるに所なし〈愚問賢注〉読解 昔のようなすぐれた和歌を詠む人がいなくなったことを嘆いている。

❷特に蕉風俳諧で、俳諧。例師の**風雅**に万代不易あり、一時の変化あり。この二つに究まり、その本一つなり(=師匠の俳諧には永遠に生命をもつ姿があり、わずかの時間の変化がある。この二つに尽きて、その根本は一つである)〈俳諧・三冊子・赤冊子〉読解 土芳が、師である芭蕉の俳諧の理念を述べた箇所。俳諧には、時代による変化を超える側面(不易)と、その時その時の新しさを求める側面(変化・流行)とがあり、両者が高い次元で融合するところに、俳諧の本質があるとする。

❸みやびやかなこと。風流なこと。例**風雅**でもなく、洒落でなく(=風流なことでもなく、洒落でもなく)〈浄瑠璃・仮名手本忠臣蔵・九〉

語誌 漢語としては、「風」が地方の民謡、「雅」が儀式のための詩のこと。どちらも『詩経』に見える六義(詩を六種に分類したもの)の一つである。日本では、和歌や詩歌全般、さらには広く文芸のことを表した。伝統的・正統的であり、卑俗でない、というニュアンスがある。〈渡部泰明〉

風雅和歌集《作品名》南北朝時代の勅撰和歌集(一七番目)。二〇巻。光厳院親撰、花園院監修。貞和五年(一三四九)ごろ成立。歌数約二二〇〇首。自然詠に秀歌が多い。当代歌人、とりわけ京極派の歌人重視の傾向が顕著。

ふう-き【富貴】名形動(ナリ)動(サ変) 金持ちで地位が高いこと。富み栄えること。例**富貴**の人は王者とたのしみを同じうす〈読本・雨月・貧福論〉

ふう-ぎ【風儀】名 ❶容姿。風采。例石上中納言は…はなはだ**風儀**に善し〈懐風藻〉❷しきたり。習わし。例忠臣二君に仕へずといふ世俗の**風儀**を守りて〈撰集抄・四・五〉❸作法。例俳諧の**風儀**はなはだ悪しくなり〈黄表紙・高漫斉行脚日記・上〉❹能楽などの演技。演じ方。例今の当体の(=今の年齢に合う)**風儀**をならでは身に持たず〈花鏡・奥段〉

ふう-きゃう【風狂】―キョウ 名 風流に徹して世俗を忘れること。例一句(=この句)、**風狂**人の俤なり〈俳諧・三冊子・赤冊子〉

ふう-げつ【風月】名「ふげつ」とも。❶清風と明月。自然の美しい風物の代表としていう。また、それをめでる心。風雅。風流。⇨くわてう。例天子つねに遊覧ありて、**風月**の興、絃管の遊びありけり〈著聞集・三・七五〉❷詩歌を作ること。例惟継中納言は、**風月**の才に富める人なり〈徒然・八六〉

ふう-こつ【風骨】名 歌の詠みぶり。歌風。例稽古重なり、**風骨**よみ定まるのちは〈毎月抄〉

ふう-さう【風騒】―ソウ 名〔「風」は『詩経』の国風、「騒」は『楚辞』の離騒のこと。ともに詩文の模範とされた〕詩歌・文章を作り、風流に遊ぶこと。例この関は三関の一にして、風騒の人、心をとどむ〈芭蕉・奥の細道〉〔読解〕白河の関のこと。

ふう-し【風姿】 〔名〕『歌学・連歌・能楽・俳諧用語』表現全体から感じられる様子。また、その趣。〔例〕闇夜の景色**風姿**あり〈俳諧・去来抄・先師評〉

風姿花伝 《作品名》室町前期の能楽書。七編。世阿弥著。応永七年(一四〇〇)以後の成立。父観阿弥の遺訓を受けて書かれ、現存する世阿弥の能楽論書では最古のもの。稽古のあり方を年代別に分けて説く「年来稽古条々」、ものまねのあり方を九つに分けて説く「物学条々」や、世阿弥の能楽論の本質である「花」の考察などがある。通称『花伝書』。略称『花伝』。

ふうじ-ぶみ【封じ文】 〔名〕封をした手紙。封書。〔例〕銭一貫の無心(=銭一貫をねだること)、はじめて**封じ文**つかはしける〈西鶴・諸艶大鑑・三・一〉

ふう・ず【封ず】 〔動〕(サ変)「ふんず」とも。❶手紙などに封をする。閉じる。〔例〕思ふ人の文を得て、かたく**封じ**たる続飯などあくるほど(=愛する人の手紙をもらって、かたく封をしてある糊などを開けるとき)〈枕・心もとなきもの〉
❷**神仏などの力で物の怪などを活動できないようにする。閉じ込める。**〔例〕物の怪に対ひて物語したまはむもかたはらいたければ、**封じ**こめて(=物の怪に向き合ってお話しになるのも見苦しいので、閉じ込めて)〈源氏・若菜下〉

〔語誌〕古くは「ふんず」のほうが「ふうず」よりも優勢のようである。「ふう」「ふん」ともに「封」の字音としては慣用読みで、正しくは「ほう」。ただし「ほうず(封ず)」は、領地を与える意の別語。〈鉄野昌弘〉

ふうぜん-の-ちり【風前の塵】 (風の吹き当たる所にある塵の意から)はかないことのたとえ。〔例〕百年の栄耀は**風前の塵**〈太平記・三〉

ふう-ぞく【風俗】 〔名〕❶風習。しきたり。〔例〕国の**風俗**のなれるやう、世の移り行くおもむきを〈愚管抄・三〉❷様子。身なり。〔例〕夜道の用心に、かく男の**風俗**して〈西鶴・西鶴諸国ばなし・一・五〉❸身ぶり。動作。〔例〕もの和らかな**風俗**に、とんと見とれて〈歌舞伎・韓人漢文手管始・四〉❹「風俗歌」の略。

ふうぞく-うた【風俗歌】 〔名〕「ふぞくうた」とも。古代歌謡の一種。もとは諸国に伝わる歌謡で、歌詞や曲調が整えられ、平安時代、貴族社会に流行した。東国地方の歌が多い。「ふぞく」「くにぶり」とも。

風俗文選 《作品名》江戸時代の俳文集。一〇巻。許六編。宝永三年(一七〇六)『本朝文選』として刊行。翌年改題、一部削除して再版。芭蕉以下蕉門の俳文一一六編を収録。初めて俳文というジャンルを確立させた。

ふう-てい【風体】 〔名〕❶身なり。姿。〔例〕正直の**風体**を諸人にしめされ〈夢中問答・上〉❷和歌・連歌・能楽などで、全体の様式。〔例〕**風体**は堪能の(=すぐれた)先達の秀歌にならふべし〈詠歌大概〉

ふう-りう【風流】 〔一〕リュウ 〔1〕〔名〕〔形動〕(ナリ)❶風雅。宮廷風・都会風な趣のあること、また、それに共感すること。〔例〕**風流**意気の士、たまさかにこの集へるが中にあらば(=みやびやかで気概のある男性が、たまたまこの集まった中にいるならば)〈万葉・六・一〇一一・題詞〉

風流2②〔年中行事絵巻〕
神護寺の法華会の日に行われた歌舞の様子。雉の尾羽や吹き流しを飾った風流の笠をかぶり、扇を手に舞い踊る。

❷**美しく飾りたてること。**また、その物。〔例〕金・銀など心を尽くして…**風流**をし出でて(=金や銀などで工夫を凝らして…美しく飾りたてた物をこしらえて)〈大鏡・伊尹〉
〔2〕〔名〕❶**先人の遺風。伝統。**〔例〕新しきを賞する中にも、またく**風流**を邪にする事なかれ(=新しいものをもてはやすにしても、決して伝統を正しくないものにしてはならない)〈風姿花伝・序〉
❷「ふりう」とも。祭礼などで、意匠を凝らして華麗に装飾した衣装・傘鉾・山車など。〔例〕傘のうへに**風流**の花をさし上げ〈異本梁塵秘抄口伝集・一四〉
❸「ふりう」とも。華麗な衣装で囃し物を伴って群舞した中世の民間芸能。田楽・延年など。〈馬場光子〉

風流志道軒伝 《作品名》江戸時代の談義本。五巻。風来山人(平賀源内)作。宝暦一三年(一七六三)刊。実在の講釈師深井志道軒を主人公に借り、その異国遍歴中に当時の世相を描く。

ふう-りん【風輪】 〔名〕『仏教語』世界を成り立たせているとされる四輪(金輪・水輪・風輪・空輪)の一つ。風輪の下にはまったくの虚空(空輪)があるだけという。〔例〕**風輪**動かず、世界破れず〈正法眼蔵・行持下〉

ふ-うん【浮雲】 〔名〕空に浮かぶ雲。転じて、はかないこと、あてにならないことのたとえ。〔例〕**浮雲**の富貴たちまちに夢のごとく成りにけり〈太平記・二七〉

ふえ【吭】 〔名〕のどぶえ。〔例〕眉間・**ふえ**のはづれ射られて〈太平記・二六〉

ふえ【笛】 〔名〕❶管楽器の総称。横笛・笙・篳篥・尺八など。弦楽器の総称の「琴」に対する。〔例〕笙の**笛**は、月のあかきに、車などにて聞きえたる、いとをかし(=笙の笛は、月が明るいころに、牛車の中などで聞くことができたのは、たいそう趣深い)〈枕・笛は〉
❷特に、横笛。龍笛・神楽笛・高麗笛などがある。能には能管、近世邦楽・歌舞伎には篠笛が用いられる。〔例〕いと若き男の、月影に…**笛**をえならず吹きすさびたる(=たいそう若い男が、月光のもとに…横

笛をなんともいえずすばらしく吹き興じているのを）〈徒然・二四〉

ふ-えき【不易】 名 変わらないこと。例数十代不易の都となりぬる〈神皇正統記・中〉

ふえき-りうかう【不易流行】 名《俳諧用語》蕉風俳諧の中心的理念。「不易」は不変、「流行」は変化の意で、この両者の根源は同じでその統合されたところにこそ真の俳諧があるとする。『奥の細道』の旅を経た芭蕉が説いたとされるが、芭蕉自身が記したものは残されておらず、門人たちの時代からすでにさまざまの説が行われていた。土芳の『三冊子』には「師の風雅(=俳諧)に、万代不易あり、一時の変化あり。この二つに究まり、その本一つなり。その一つといふは風雅の誠なり」などとあり、「風雅の誠(純粋な詩的精神)」を求める不断の努力・変化によってこそ、俳諧の永遠不変の価値を見出すことができるという。常に新しさを求めて「流行」すべきであり、それこそが俳諧の「不易」という本質であると考えられていた。〈馬場光子〉

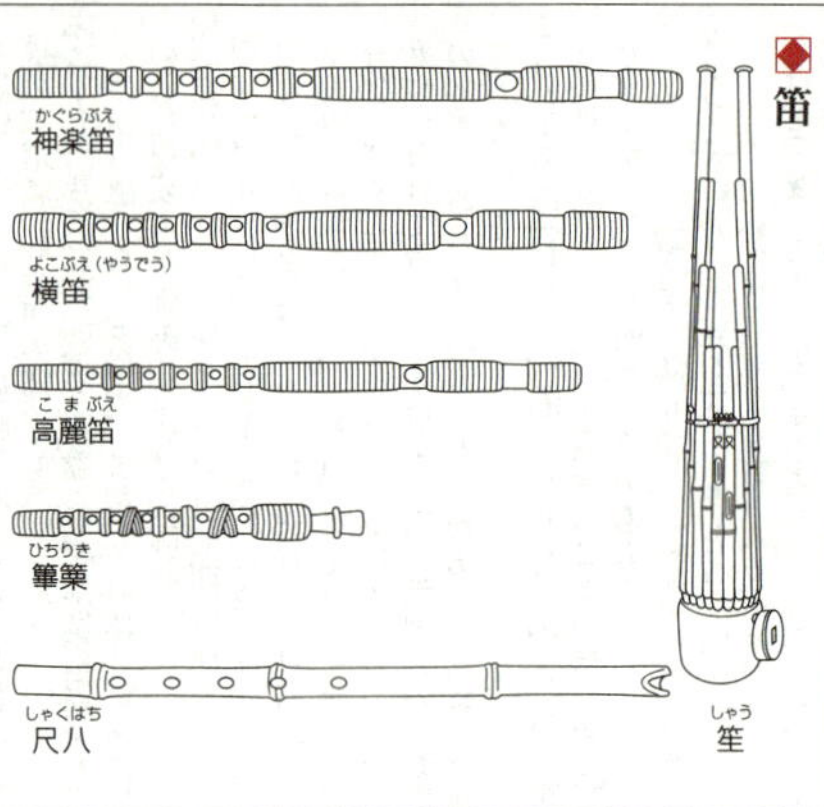

ふえ-たけ【笛竹】 名 竹で作った笛。転じて、音楽。例笛竹の声も雲井にきこゆらし〈増鏡・秋のみ山〉

ぶ-えん【無塩】 名 ❶塩をしていないこと。新鮮な生の魚鳥類などにいう。例何もあたらしき物を無塩といふと心えて「ここに無塩の平茸あり…」と〈平家・八・猫間〉 ❷人ずれしていないこと。うぶなこと。例無塩のお娘の〈人情本・春色梅児誉美・初・四〉

ふかう-でう【風香調】 名 琵琶の調子の一つ。黄鐘調あるいは盤渉調の笛に合わせる調弦。

深川 《地名》江戸の地名。武蔵国葛飾郡。西は隅田川、北は本所、南は海に接した地。今の東京都江東区北西部。江戸での芭蕉の本拠地で、芭蕉庵があった。明暦の大火後の江戸再開発で発達。特に辰巳の里と呼ばれた遊里の繁栄ぶりは吉原をしのぐほどとなり、その辰巳芸者はきっぷのよさでもてはやされた。

ふ-かく【不覚】 名 形動（ナリ） ❶思慮が足りないこと。あさはか。愚鈍。例不覚のしれ者かな。立ちね、己れ(=思慮が足りないおろか者め。立ち去ってしまえ、こいつめ)〈今昔・二六・二〇〉 ❷意識がはっきりとしないこと。人事不省。例去年の秋不覚にはべりしのち、さらに現しざまなる折なく(=去年の秋に人事不省になりましてから、少しも正気のときがなく)〈夜の寝覚・一〉 ❸油断や不注意による失敗。過ち。例弓矢とりは年ごろ日ごろいかなる高名候へども、最期の時不覚しつれば長き疵にて候ふなり(=武士は常日ごろどんなりっぱな手柄がございましても、死ぬとき失敗してしまうと長い間の不名誉でございます)〈平家・九・木曾最期〉 ❹覚悟ができていないこと。臆病。卑怯。例余りに心不覚なる間、いさめむためなり(=余りに臆病であるので、元気づけようとするためである)〈平治・中〉 ❺思わずすること。無意識のうちにすること。無意識。例不覚に涙落ちて、臥して音を挙げて哭く(=思わず涙が落ちて、うつぶして声を上げて泣く)〈今昔・四・八〉

語誌 ▼元来、「覚悟」の対義語。仏教の立場から、悟りを得ていないこと、迷い、の意に用いることもある。

▼③の意では、例のように「高名」の対義語。〈川崎剛志〉

ぶ-がく【舞楽】 名 舞を伴う雅楽。中国・朝鮮伝来で、宮廷や寺社で演奏された音楽舞踊。唐楽系と高麗楽系がある。例功徳ねむごろに(=手厚く)するには、舞楽をもってこそは供養すれ〈今昔・二六・七〉

深草 《地名》歌枕 山城国、今の京都市伏見区深草。平安初期は陵墓が営まれた。『伊勢物語』一二三段の影響から、和歌では、草深い野や「鶉」とともに詠まれた。例夕されば野辺の秋風身にしみて鶉鳴くなり深草の里〈千載・秋上〉➡名歌398

ふかく-じん【不覚人・不覚仁】 名「ふかくにん」とも。❶思慮が浅く、しっかりしていない人。例汝は人にもあらず、不覚人にこそありけれ〈今昔・二四・五六〉 ❷臆病者。卑怯者。例信頼といふ不覚仁がせめやぶられたるごさんめれ〈平治・上〉

ふか-ぐつ【深沓・深履】 名 墨漆塗りの革製の深い靴。儀式のときや雨・雪のはなはだしいときに着用する。⇩くつ(図)。例深履・半靴などはきて〈枕・正月に寺にこもりたるは〉

ふか・し【深し】

形（ク） 時間的にも空間的にも、奥行きのある状態。また、中身の密度の濃い状態を表す。

❶奥や底までの距離が大きい。例深き山里、世離れたる海づらなどに(=奥深い山里や、人里離れた海辺などに)〈源氏・帚木〉 ❷感情・思慮・情趣・風流心の程度が高い。例世のかしこき人なりとも、深き心ざしを知らでは、あひがたし(=この上なくすばらしい人であっても、深い愛情を確

認しなくては、結婚できない)〈竹取〉 ❸**関係が強い。程度がはなはだしい**。例先世の契りふかきことやらん(=前世からの因縁が深いためであろうか)〈宇治拾遺・一七四〉 ❹**色や香が濃い**。例さくら色に衣は**ふかく**染めて着ん(=桜色に衣は濃く染めて着よう)〈古今・春上〉 ❺**時間がたっている**。例やや春**ふかく**霞みわたりて、花もやうやうけしきだつほど(=しだいに春が進み一面に霞がかかって、桜の花もようやく咲きはじめるころ)〈徒然・一九〉 ❻**霧や霞などが濃くかかっている**。例霧のいと**深き**朝〈源氏・夕顔〉 ❼**草や木が密生している**。例尋ねても我こそとはめ道もなく**深き**蓬のもとの心を(=探り尋ねてでも私は見舞おう。通う道もないほど密生している蓬の宿の、昔に変わらない姫君の心を)〈源氏・蓬生〉

ふか・す【更かす・深す】 動(サ四) 夜が更けるのを待つ。夜更けまで起きている。例いたくも(=ひどくも)**更かさ**で渡りたまへり〈源氏・明石〉

ふか-た【深田】 名「ふかだ」とも。泥深い田。例ふか田ありとも知らずして、馬をざっとうち入れたれば、馬の頭も見えざりけり〈平家・九・木曾最期〉

ふか-で【深手】 名 深い傷。重傷。例深手負ひければ…自害してんげり〈義経記・八〉

ふ-がふ【不合】 名 形動(ナリ) ❶貧乏。例身**不合**にして与ふべき物なし〈今昔・一六・五〉 ❷折り合わないこと。不和。例かつは(=一方は)一門の**不合**、かつは平家の嘲りなり〈源平盛衰記・二八〉

ふかみ-ぐさ【深見草】 名 植物の名。牡丹の別称。和歌で、「深し」と掛けて用いることが多い。例形見とて見れば嘆きの**ふかみ草**〈新古今・哀傷〉

ふか-みる【深海松】 名 海中深くに生えている海草。例辛の崎なる いくりにそ(=海の中にある岩に) 深海松生ふる〈万葉・二・一三五〉

ふかみるの【深海松の】《枕詞》同音の繰り返しで「深む」にかかる。例玉藻なす なびき寝し児を 深海松の 深めて思へど〈万葉・二・一三五〉

ふか・む【深む】 動(マ下二) ❶深くする。例海の底 (枕詞)奥を**深めて**生ふる藻の〈万葉・一一・二七八一〉 ❷深く思う。例深海松の(枕詞) 引けば絶ゆとや〈万葉・一三・三三〇二〉 **深めし**児らを 縄のり の(枕詞)

ふ-かん【不堪】 名 形動(ナリ) 技・芸の未熟なこと。不器用。例天下のものの上手といへども、始めは**不堪**の聞こえもあり〈徒然・一五〇〉

ふ-ぎ【不義】 名 ❶人としての道に外れること。また、その行為。例汝はまた**不義**のために汚名をのこせ〈読本・雨月・菊花の約〉 ❷男女が道徳に反した関係を結ぶこと。特に、夫のいる女性がほかの男性と関係をもつこと。姦通。密通。例夫ある女の、ほかに男を思ひ、または死に別れて、後夫を求むるこそ、**不義**とは申すべし。男なき女の、一生に一人の男を**不義**とは申されまじ〈西鶴・西鶴諸国ばなし・四・三〉 ❸十悪または八虐の一つ。身分の上の人を殺す罪。

ふき-あげ【吹き上げ】 名 風が吹き上げてくる場所。また、風が雲を吹き払うこと。例秋風の**ふきあげ**に立てる白菊は〈古今・秋下〉

ふき-あは・す【吹き合はす】 動(サ下二) ❶笛を合わせて吹く。例おもしろき笛の音、箏に**吹きあはせ**たり〈源氏・篝火〉 ❷風が音を吹き添える。例山風の響きおもしろく**吹きあはせ**たるに〈源氏・少女〉 ❸吹いて一つにする。例ゆるるかにうち吹く風に、えならず(=言いようもなくすばらしく)匂ひたる御簾の内の薫りも**吹きあはせ**て〈源氏・若菜下〉

ふき-いた【葺き板】 名 屋根を葺くために薄く剝いだ板。例檜皮・**葺き板**のたぐひ、冬の木の葉の風に乱るるがごとし〈方丈記〉

ふき-がたり【吹き語り】 名 自分のことを自慢げに話すこと。吹聴すること。自慢話。例かかることなどぞみづから言ふは、**吹き語り**などにもあり〈枕・関白殿、二月二十一日に〉

ふき-がへし【吹き返し】 名 兜の目庇の左右、錏の端の反り返った部分。⇩よろひ(図)

ふき-かへ・す【吹き返す】 動(サ四) 風が吹いて、布などを翻す。例采女の袖**吹きかへす**明日香風京を遠みいたづらに吹く〈万葉・一・五一〉➡名歌88

ふき-こ・ゆ【吹き越ゆ】 動(ヤ下二) 風が物の上や場所を越えて吹く。例旅人は袂涼しくなりにけり関**吹き越ゆる**須磨の浦風〈続古今・羇旅〉

ふき-し・く【吹き敷く】 動(カ四) 風が吹いて草などを横倒しにする。例守り明かす門田の面の稲むしろ**ふきしく**風を枕にぞ聞く〈新拾遺・雑中〉

ふき-し・く【吹き頻く】 動(カ四) 風がしきりに吹く。例白露に風の**吹きしく**秋の野はつらぬきとめぬ玉ぞ散りける〈後撰・秋中〉➡名歌191

ふき-すさ・ぶ【吹きすさぶ】 動(バ四) ❶風が吹き荒れる。例風**ふきすさぶ**楢の葉にたえだえ残る蜩の声〈新続古今・雑上〉 ❷笛などをなぐさみに吹く。例笛をなつかしう**吹きすさびつつ**〈源氏・紅葉賀〉

ふき-すま・す【吹き澄ます】 動(サ四) 笛などを澄んだ音で吹く。例懐なりける笛取り出でて**吹きすま**したり〈源氏・若紫〉

ふき-そ・ふ【吹き添ふ】 動(ハ四) 風などが吹き加わる。また、風の勢いが加わる。例嵐**吹きそふ**秋も来にけり〈源氏・帚木〉

ふき-た・つ【吹き立つ】 動(タ下二) ❶吹いて火を起こす。例かまどには 火気**吹き立て**ず〈万葉・五・八九二〉➡名歌122 ❷笛などを勢いよく吹く。例折りに合ひたる調子、雲居通るばかり**吹きたて**たり〈源氏・梅枝〉

ふき-つ・く【吹き付く】 動(カ下二) ❶風などが激しく吹き当てる。風が吹いて火を燃やしつける。例ひたすら焰を地に**吹きつけ**たり〈方丈記〉 ❷風が吹いて物を運び寄せる。吹き寄せる。例風の**吹きつく**るやうに徳(=財産)つきて〈宇治拾遺・九六〉

ふき-な・す【吹き鳴す】 動(サ四) 〔「ふきならす」の変化した形〕笛などを吹き鳴らす。例**吹き鳴せる** 小角(=笛の一種)の音も〈万葉・二・一九九〉

ふき-まが・ふ【吹き紛ふ】 動(ハ四) 風に吹かれて入り乱れる。また、入り乱れて区別がつかない状態となる。例時雨いと心あわたたしう(=気ぜわしく)**吹きまがひ**〈源氏・夕霧〉

ふき-ま・く【吹き捲く】 動(カ四) 風などが吹きつけ、渦巻になる。例山風に桜ふきまき乱れなん(=乱れてほしい)〈古今・離別〉

ふき-まど・ふ【吹き惑ふ】 動(ハ四) 風が激しく吹き乱れる。例波の立ち来るおとなひ、風のふきまどひたるさま、恐ろしげなること〈更級〉

ふき-まよ・ふ【吹き迷ふ】 動(ハ四) 風が方向を定めず吹き乱れる。例吹き迷ふ風に(火ガ)とかく移り行くほどに〈方丈記〉

ふき-むす・ぶ【吹き結ぶ】 動(バ四) 風が吹いて草葉の上の露を玉のようにする。例荻の葉に露ふきむすぶ秋風も〈源氏・蜻蛉〉

ふき-もの【吹き物】 名 管楽器の総称。笛・笙・尺八など。「弾き物」「打ち物」に対していう。例いとをかしう舞ふに、吹き物・弾き物、当てて(=割り当てて)給はす〈宇津保・楼上下〉

ぶ-ぎゃう【奉行】 ❶名動(サ変) 上からの命令によって事を行うこと。また、その人。例親範、職事にて奉行して候ひける〈愚管抄・五〉 ❷名 武家の職名。特定の行政事務を担当する部局の長。鎌倉幕府に始まり、江戸幕府では寺社・勘定・町の三奉行をはじめ、中央・遠国にも多数置かれた。

ぶぎゃう-しょ【奉行所】 名「ぶぎゃう②」の勤める役所。例それもなほ奉行所においてその罪を決せしものどもなり〈折たく柴の記・中〉

ぶ-きょう【不興・無興】 名動(サ変)形動(ナリ) 〔江戸後期は「ふきょう」とも〕❶おもしろくなくなること。不愉快。例無興といふもあまりあり〈曾我・五〉 ❷人の機嫌を損なうこと。例そのまま返いたらは(=返したらば)御不興であらう〈狂言・鈍根草〉

ぶ-きょく【部曲】 名「かきべ」に同じ。

ぶ-きりゃう【無器量】 名形動(ナリ) ❶能力の劣っていること。才能が乏しいこと。例この身こそ無器量の者で候へば、自害をも仕り候ふべき〈平家・八・妹尾最期〉 ❷容貌の醜いこと。

ふく【福】 ❶名 ❶さいわい。幸せ。例ただいま毘沙門の福たまはらんずれば〈著聞集・一六・五六五〉 ❷神仏への供え物のお下がり。例このすず(=細竹の筍)は鞍馬のふくにてさぶらふぞ〈著聞集・一八・六四一〉 ❷形動(口語) 裕福だ。例お前ほどの福な旦那を取り放しては〈浮世草子・傾城禁短気・五・四〉

ふ・く【吹く】 動(カ四) ❶風が起こる。例君待つと我が恋ひ居れば我がやどの簾動かし秋の風吹く〈万葉・四・四八八〉↓名歌141 ❷風が何かに当たってそれを動かす。例我がやどのいささ群竹吹く風の音のかそけきこの夕へかも〈万葉・一九・四二九一〉↓名歌429 ❸気体や液体を勢いよく出す。また、息を吹き出す。例吹き棄つる気吹の狭霧に成りませる神の御名はたきりびめの命(=吐き出した息の霧でお生まれになった神の御名はたきりびめの命)〈記・上・神代〉

読解 この神名は霧の女神の意。

❹息を送って音を立てたり、炎を上げたりする。例(a)笛を吹き〈竹取〉例(b)かまどには火気吹き立てず〈万葉・五・八九二〉↓名歌122

語誌 ①は自動詞、②〜④は他動詞の用法。自然現象には「露置く」「波寄す」など、本来他動詞であるものを自動詞的に用いることが多く、それは自然神が「露」「波」を「置く」「寄す」のであって、①も「(神が風を)吹く」と解するべきだとする説もある。〈鉄野昌弘〉

ふ・く【更く】 動(カ下二) 「ふかし(深し)」と同根。ある時間が深くなる、時間を経る、が原義。

❶夜が深くなる。深夜におよぶ。例我が背子を大和へ遣ると(=見送ろうと)さ夜ふけて暁露に我が立ち濡れし〈万葉・二・一〇五〉↓名歌423 ❷季節が深くなる。季節がたけなわになる。例秋更けぬ鳴けや霜夜のきりぎりす(=秋が深まった。鳴けよ、霜降る夜のこおろぎよ)〈新古今・秋下〉 ❸年をとる。老いる。年寄りじみる。例年暮れて我がよふけ行く風の音に心のうちのすさまじきかな〈紫式部日記〉↓名歌244

語誌 『万葉集』ではすべて①の意。平安時代以降の和歌では、③例のように「夜」と「世」を掛けて、時間の経過に老いの嘆きを重ねて詠むことも多い。〈馬場光子〉

ふ・く【葺く】 動(カ四) ❶屋根を板・茅・瓦などで覆いつくる。例茅屋ども、葦ふける廊めく屋(=廊に似た建物)など、をかしうしつらひなしたり〈源氏・須磨〉 ❷草木を軒端などに挿して飾る。例五月、あやめふくころ、早苗とるころ〈徒然・一九〉

ぶく【服】 名 ❶喪服。鈍色で無文の平絹を用いる。故人との親疎によって、色の深浅や着用の期間に一定の決まりがあった。例服いと黒うして〈源氏・夕顔〉 ❷喪に服すること。また、その期間。例斎院は御服にて、おりゐたまひにしかば〈源氏・賢木〉

ぶ-く【仏供】 名『仏教語』〔「ぶっく」の促音の表記されない形〕❶仏に飲食物などを供えること。また、その供え物。米飯が主。例仏の御弟子にさぶらへば、御仏供のおろし(=おさがり)食べん〈枕・職の御曹司におはします頃、西の廂にて〉 ❷①を盛る器具。例仏供、同じく七宝をもて飾りたてまつらせたまへり〈栄花・音楽〉

ぶ-ぐ【武具】 名 武器。兵器。例しかるべき武具を御枕の上に置くべき〈宇治拾遺・六六〉

ふくうけんじゃく-くゎんおん【不空羂索観音】 名『仏教語』「ふくうけんさくくゎんおん」とも。七観音または六観音の一つ。「不空」は願いが空しからず、成就すること。「羂索」は魚獣をとる網で、衆生を残らず苦海から救済する慈悲を表す。像は多く三つの顔に八本の腕をもつ。⇩口絵

ふく-さ【袱紗・服紗】 名 ❶「ふくさ張り」の略。糊を強くせずに張り、光沢を出さない柔らかな絹布。例狩衣は 香染めの薄き。白き。ふくさ〈枕・狩衣は〉 ❷柔らかな絹や縮緬などで作った小型のふろしき。進物などに掛けたり、包んだりする。例服紗に包みし物山のごとし〈西鶴・好色一代男・六・三〉 ❸茶の湯で、茶道具をふいたり茶碗を受けたりするのに用いる小型で四角の絹布。

ふくさ 形動(ナリ) 福々しくゆったりしているさま。

柔らかなさま。例丸餅を庭火にて焼き食ふも、いやしからずふくさなり〈西鶴・世間胸算用・四・三〉

ふくし【掘串】 名「ぶくし」とも。竹や木で作った、菜や草などを掘り取るためのへら。例籠もよ み籠持ち ふくしもよ みぶくし持ち〈万葉・一・一〉➡名歌168

ふく-しん【腹心】 名❶腹と胸。また、命にかかわるもの。例腹心の害は払うたり〈浄瑠璃・近江源氏先陣館・八〉❷心の奥底。内心。例腹心に思ふ事を残らず申すぞ〈史記抄・二〉❸本心を隠さずに話せるような相談相手。例腹心とならう人ぢや〈毛詩抄・一〉

ふく-じん【福人】 名「ふくにん」とも。裕福な人。金持ち。例江戸の福人、伊勢参宮の下向にこれ(=美女)を見初め〈西鶴・日本永代蔵・三・五〉

ふくしん-の-やまひ【腹心の病】 腹や胸の病気。治しがたいものとされた。また、致命的な害悪。例越(=中国の国名)は腹心の病なりと言ひしに異ならず〈太平記・一〇〉

ぶく・す【服す】 動(サ変)❶喪に服する。例娘の亡くなりたりしに服すとて〈赤染衛門集・詞書〉❷薬や食物を摂取する。服用する。飲食する。例風病重きにたへかねて、極熱の草薬を服して〈源氏・帚木〉

ふく-だ・む【脹だむ】 ❶動(マ四)髪などが乱れてふくらむ。また、紙などが古くなり、ぶくぶくになる。例鬢の少しふくだみたれば、烏帽子の押し入れたるけしきも、しどけなく見ゆ〈枕・七月ばかりいみじうあつければ〉❷動(マ下二)けばだたせ、ぶくぶくにする。例ありつる文…いと汚げにとりなし(=取り扱って)ふくだめて〈枕・すさまじきもの〉

ふくち-の-その【福地の園】 名福徳を生じ功徳を得る場。寺。極楽浄土。一説に、寺の名とも。例ただ「福地の園に種まきて」とやうなりし(=とか書いてあった)一言をうち頼みて〈源氏・若菜上〉

ふく-つけ・し 形(ク)欲が深い。貪欲だ。例いと多かめる列に離れたらむ後るる雁を、しひて尋ねたまふが、ふくつけきぞ〈源氏・常夏〉

ふく-でん【福田】 名『仏教語』(福徳を生む田の意)❶福徳を生み出す基盤として、人が功徳を積むべき対象。特に、敬田(仏・法・僧)・恩田(父母や師)・悲田(貧者や病人)を三福田として重んじる。例かの福田を顧みて、この封戸を捨つ〈性霊集・四〉❷霊地。聖域。例小石だも掃ひし福田ながら、さすがにここは寺院遠く〈読本・雨月・仏法僧〉

ふく-とく【福徳】 名❶『仏教語』善行と、それによって得る幸福。例舎利弗(=釈迦の十大弟子の一人)は大智・福徳在しまして〈今昔・一・一七〉❷幸福と利益。例にはかに福徳をいのり〈西鶴・好色五人女・一・四〉

ぶく-なほし【服直し】 名喪が明けて、喪服から常の服装に戻ること。除服。例御服なほしのほどなどにも〈源氏・少女〉

ふく-の-かみ【福の神】 名幸福を授けるという神。例この残りは、ふくの神が食べう〈狂言・福の神〉

福原 《地名》摂津国、今の神戸市兵庫区。瀬戸内海交通の要衝の地で、平家一門の別荘地。治承四年(一一八〇)六月平清盛はここに遷都したが、十一月には京都へ戻った。

ふくべ【瓠・瓢・匏】 名植物の名。ウリ科の一年生つる草。ヒョウタン。夏、ユウガオに似た花をつける。実は、中をくり抜いて酒などを入れる容器にもする。例ふくべとはへうたんの事かや〈醒睡笑・三〉

ふく・む【含む】 ❶動(マ四)❶中に物を包みもつ。例悪(=毒)をふくめる毒蛇に向かひて〈宇津保・俊蔭〉❷心中にもつ。心にいだく。例勅命をふくん(音便形)で頻りに征罰を企つ〈平家・七・平家山門連署〉❸ふくらむ。ふくらんでいる。例指貫の裾つ方すこしふくみて〈源氏・若菜上〉❹(「笑みを含む」の形で)微笑する。ほほえむ。例迦葉(=釈迦の十大弟子の一人)の口の中に笑みをふくめるほどこそをかしけれ〈栄花・玉の飾り〉❷動(マ下二)❶口にふくませる。食べさせる。例ふくむるに珠玉をもってすること無(=いけない)〈紀・孝徳〉❷言い聞かせる。言いふくめる。例「今よりのちはかかる事なせそ(=するな)」と言ひふくめて許しつ〈宇治拾遺・一二九〉

ふく-めん【覆面】 名❶顔を覆って隠すこと。また、そのための布。❷神仏への供物や貴人の食事を用意するとき、息をかけないように布や紙で口・鼻を覆うこと。また、その覆い。例神官ども、覆面をしておのおの(御神体ヲ)捧げたてまつる〈太平記・三九〉

ふく-やか【脹やか】 形動(ナリ)〔「やか」は接尾語〕「ふくよか」に同じ。例手のいと白くふくやかにて〈宇治拾遺・一七四〉

ふく-よか

【脹よか】形動(ナリ)「ふくる(脹る)」「ふくだむ(脹だむ)」と同根。「よか」は接尾語。柔らかく膨らみのある感触を表す。

❶ぽってりしたさま。例(a)いと若けれど、生ひ先見えて、ふくよかに書いたまへり(=ほんとうに未熟であるけれど、いかにもこの先上達しそうな様子で、ぽってりとお書きになっている)〈源氏・若紫〉読解幼いから、その筆跡はまだ繊細でなく、肉太なのである。例(b)ふくよかなる陸奥国紙に〈源氏・胡蝶〉読解「陸奥国紙」は分厚い実用の紙。

❷ふっくらしたさま。例いとうつくしうふくよかにおはしまして(=たいそうかわいらしくふっくらとしていらっしゃって)〈栄花・鳥辺野〉読解生後三十日余りの内親王の様子。

語誌▼同根の形容動詞との関係　『宇治拾遺物語』に見える、女性の手が柔らかなことをいう「ふくやか」は、②の例とほぼ同様。「ふくらか」は、『源氏物語』では、人の顔つきや妊娠した女性の腹部についての見た目を表しており、物の感触を表現する「ふくよか」と使い分けられている。〈鉄野昌弘〉

ふくら-か【脹らか】 形動(ナリ)〔「か」は接尾語〕肥えているさま。ふっくらしたさま。例(尼君ハ)痩せたれど、面つきふくらかに〈源氏・若紫〉

ふぐり【陰嚢】 名陰嚢。

ふく-りふ【腹立】 名動(サ変)〔「腹立ち」の漢字表記を音読してできた語〕腹を立てること。怒ること。例かつは腹立し、かつは落涙したまへば〈平家・三・法印問答〉

ふく-りん【覆輪・伏輪】 名 刀の鍔、鞍、茶碗などの縁の部分を金属で覆ったもの。保護と装飾を兼ねる。金を用いたものを金覆輪、銀を用いたものを銀覆輪・白覆輪という。例黄覆輪の鞍置いて乗ったる武者〈平家・九・敦盛最期〉

ふく・る【脹る】 動(ラ下二) ❶膨張する。肥える。例まさに木の本を相みれば大徳(=高僧)食をし**肥ふくれ**てぞ立ち来る〈霊異記・下・三八〉 ❷ある思いで心が満たされる。すっかりその気になる。例頼み**ふくれ**てなむさぶらひつる〈源氏・行幸〉

ふ-ぐるま【文車】 名「ふみぐるま」とも。書物などを運ぶための小形の屋形車。主に室内用。例多くて見苦しからぬは、**文車**の文(=書籍)〈徒然・七二〉

ふくろ【袋・嚢】 名 ❶口を絞って閉じるようにした入れ物。紙・布・革などで作る。例よきつつみ・**袋**などに衣ども包みて〈枕・細殿に人あまたゐて〉 ❷特に、巾着。財布。例**嚢**をかたぶけて酒飯の設けをす(=用意をする)〈読本・雨月・菊花の約〉

ふくろく-じゅ【福禄寿】 名 七福神の一つ。背は低く長頭でひげが長く、経典を結んだ杖を持ち、鶴を連れている。人望をつかさどるとされる。「福禄神」とも。

袋草紙 《作品名》平安末期の歌論。二巻。藤原清輔著。平治元年(一一五九)以前の成立。歌会の作法や故実、歌人の逸話などを記す。「袋草子」とも書く。

ぶ-け【武家】 名 武士の家筋。鎌倉時代以後、「公家」に対して、将軍・大名・小名およびその家臣をいう。

ふ-けう【不孝】 ❶名形動(ナリ) 親に従わず、孝養を尽くさないこと。親不孝。例**不孝なる**は、仏の道にもいみじくこそ言ひたれ(=厳しく戒めている)〈源氏・蛍〉 ❷名動(サ変) 親不孝のため、父母が子を勘当すること。例いよいよ深く行ひすましてゐたりければ(=ますます信心深く仏道修行に専念していたので)、父も**不孝**をゆるしけり〈平家・一〇・横笛〉

武家義理物語 《作品名》江戸時代の浮世草子。六巻六冊。井原西鶴作。貞享五年(一六八八)刊。義理や体面に命をかける武士を描いた、二六話からなる短編集。成功作とはいえない話もあるとされる。

ふけ-しゅう【普化宗】 名 禅宗の一派。唐の普化禅師を祖とし、日本では東福寺の覚心が宋から伝えた。江戸時代、罪を犯した武士が入門し、虚無僧となって尺八を吹き諸国を行脚して、罪を逃れた。

ふけ・る【耽る】 動(ラ四) 一つの事柄に心を奪われる。没頭する。例たちまちに財に**耽る**心出できたりて〈今昔・二〇・三七〉

ふ-げん【普賢】 名《仏教語》「普賢菩薩」の略。

ぶ-げん【分限】 名〔「ぶんげん」の変化した形〕❶身のほど。身分。例かほどの**ぶげん**の者さへ御馬を申す〈謡曲・佐々木〉 ❷金持ち。例二千貫目より内の(=少ない)**分限**一人もなし〈西鶴・世間胸算用・二・一〉

ぶげん-しゃ【分限者】 名 金持ち。例貧者は貧にして、**分限者**は次第に富めり〈浮世草子・日本新永代蔵・五・四〉

ふげん-ぼさつ【普賢菩薩】 名《仏教語》仏の理・定・行の三徳をつかさどり延命の功徳を備えている菩薩。東方浄妙国土に住み、法華経を信奉する者のために六牙の白象に乗って現れ守護するという。文殊とともに釈迦仏の脇士。例この時にたちまちに**普賢菩薩**の形に現じ(=現れ)、六牙の白象に乗りて〈十訓抄・三・一五〉

ふ-こ【封戸】 名 令制で、官位・勲功に応じて皇族・臣下・寺社に給付された民戸。そこから徴収される調・庸のすべてと租の半分が支給される。

ふご【畚】 名 竹・藁などで編んだかご。農夫などが物を運ぶのに用いる。例春の野に**ふご**手にかけて行く賤の〈夫木・五〉

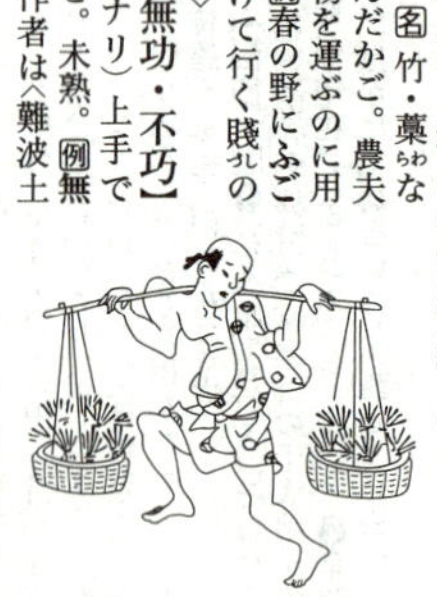
畚

ぶ-こう【無功・不巧】 名形動(ナリ) 上手でないこと。未熟。例**無功なる**作者は〈難波土産・発端〉

ぶ-こつ【無骨】 名形動(ナリ)〔「骨なし」の漢文表記を音読してできた語〕❶無作法。無礼。無風流。例立ち居のふるまひの**無骨**さ〈平家・八・猫間〉 ❷役に立たないこと。例我、**無骨なり**といへども…この恥をすすがんと存ずるなり〈曾我・五〉 ❸不都合。例二、三千人の客人を一人にあづくる事、**無骨なり**〈曾我・一〉

ふさ 形動(ナリ)副 多い。例あふことのなみだを**ふさ**に泣きつめつれば〈大和・一四四〉 読解「なみだ」の「なみ」と「無み」を掛ける。

ぶ-さい【無菜】 名〔「菜」は副食物の意〕粗末な食事。例**無菜**の御斎(=法事の精進料理)申し上げたく候ふ〈西鶴・好色五人女・二・五〉

ふ-さう【扶桑】 名 ❶中国で、東海の日の出る島にあるとされる神木。例東海の中に**扶桑**の木あり。日の出づる所なり〈神皇正統記・序〉 ❷日本国の別称。扶桑国。例松島は**扶桑**第一の好風にして(=すぐれた風景であって)〈芭蕉・奥の細道〉

ぶ-さう【無双】 名形動(ナリ)「むさう」とも。二つとないこと。並ぶものがないこと。例朝敵を平らげて四海の逆浪をしづむる事は(=国内の反乱を鎮圧したのは)、**無双**の忠なれども〈平家・二・教訓状〉

ふさがり【塞がり】 名 ❶ふさがること。また、差し支えがあること。例大事の娘をそそのかし、**塞がり**のこの国へ〈近松・薩摩歌・中〉 ❷陰陽道で、ある方角に天一神などがとどまっていること。その方角は不吉とされた。例東はさしあたりたる**塞がり**の方なり〈保元・中〉

ふさが・る【塞がる】 動(ラ四)〔「ふさぐ」の自動詞形〕❶詰まる。閉じる。ふさがる。例大磐**塞がり**て溝を穿すこと得ず〈紀・神功摂政前紀〉 ❷立ちふさがる。例大将軍の矢おもて(=矢が飛んで来る正面)に**ふさがり**ければ〈平家・一一・嗣信最期〉 ❸いっぱいになる。満ちる。感情がこみあげて胸がいっぱいになる。例前途三千里のおもひ胸に**ふさがり**て〈芭蕉・奥の細道〉 ❹陰陽道で、塞がりの方角にあた

っている。例明年よりは大将軍西にありて、東よりは三年塞がりたり〈太平記・三四〉

ふさ・ぐ【塞ぐ】 ❶動(ガ四) ❶遮る。閉じる。覆う。例たそかれ時も過ぎぬれば、竹の編み戸を閉ぢふさぎ〈平家・一・祇王〉❷占領する。例丹波国に打ち越えて、大江山を打ち塞ぐと聞こゆ〈延慶本平家・三末〉❸気分を害する。また、ゆううつになる。例いつになく卒八は元気もなく、ふさぎゐるゆゑ〈滑稽本・八笑人・三追加下〉❷動(ガ下二) ❶遮る。立ちふさがる。例返し合はせて佐けの前に塞げたり〈延慶本平家・二末〉❷占領する。例多くの国々を塞げらるる事、口惜しく候へば〈平家・一・逆櫓〉

ぶ-さた【無沙汰】 名 形動(ナリ) ❶指図や処置をしないでおくこと。ほうっておくこと。例その日まで無沙汰なりければ、事欠けなむとす〈沙石集・六・三〉❷すべきことをきちんとしないこと。怠慢。粗略。例用心の体にて少し無沙汰にぞなりにける〈太平記・七〉❸事情に疎いさま。例世間の事は無下に(=きわめて)無沙汰なり〈沙石集・五本・七〉❹訪問や音信をしないでいること。例公私の怱劇に(=多忙に)思ひわすれ、今も無沙汰なり〈古活字本平治・下〉

ふさ・ぬ【総ぬ】 動(ナ下二) まとめる。束ねる。例(花橘ヲ)八房ふさねて手に取ると夢に見つ〈梁塵秘抄・二句神歌〉

ふさは・し【相応し】 形(シク)〔動詞「ふさふ」の形容詞形〕似つかわしい。つりあっている。例ことさらめき(=わざとらしく)もて出でたるを、ふさはしからずと〈源氏・花宴〉

ふさ・ふ【相応ふ】 動(ハ四) ふさわしく適合する。つりあう。例(コレカラ参内スルノニ)いみじう、ふさはぬ御気色の(=御様子が)候ふは〈堤中納言・逢坂越えぬ権中納言〉

ふさ-やか【多やか】 形動(ナリ)〔「やか」は接尾語〕豊かなさま。ふさふさ。多く髪の形容にいう。例髪はつやつやとかかりて、末のふさやかに探りつけられたる〈源氏・若紫〉

ふし【柴】 名「しば(柴)」に同じ。

ふし【節】 名 竹などの茎の継ぎ目。転じて、連続するものの中の目立つ部分・切れ目。⇩よ(節)

❶植物の茎の継ぎ目。例節を隔ててよごと黄金ある竹を見つくること重なりぬ(=継ぎ目を隔てた節の間すべてに黄金が入っている竹を見つけることが何度もあった)〈竹取〉

❷糸・紐などの結び目。また、結び目のように目立つ部分。例繧繝縁の畳のふし出で来たる(=錦の縁のついた畳の太糸が出て来ているもの)〈枕・むかしおぼえて不用なるもの〉

❸骨の継ぎ目。関節。例保元の合戦に、八郎為朝に膝の節射られたる大場平太〈源平盛衰記・二〇〉

❹㋐事柄。例呉竹の(枕詞)よよの竹取り野山にもさやはわびしきふしをのみ見し(=長年生きてきた竹取りだが、野山でもそれほどつらいことばかり見たか)〈竹取〉読解「よ(世)」は「節」に通じ、「竹」と「世(節)」「ふし(節)」は縁語。「さやは」の「やは」は反語の意を表す。

㋑ある部分。ある箇所。特に、目立つ点。例少しこれはと思ほえ、心地にとまるふしあるあたりを(=少しこれはと思われ、心にとまる部分がある女性を)〈源氏・蓬生〉

❺㋐根拠。理由。例他の朝廷にもかかる類多うはべりけり。されど、言ひ出づるふしありてこそ、さる事もはべりけれ(=外国の朝廷にもこのような例は多くございました。しかし、言いたてる根拠があるからこそ、そのような事もございましたが)〈源氏・須磨〉読解「かかる類」は無実の罪を着せられる例。

㋑きっかけ。例憎しなども人づてならでのたまはせんを、思ひ絶ゆるふしにもせん(=迷惑だなどと直接おっしゃったら、それを思いあきらめるきっかけにもしよう)〈源氏・朝顔〉

❻場合。とき。例さるべきふしの御答へなど浅からず聞こゆ(=しかるべきときの御答えなど深い思いをこめて申し上げる)〈源氏・明石〉

❼歌の旋律。歌の一部分。曲。例声よく節も上手でありければ(=上手であったので)〈平家・一・祇王〉

語誌▼本来具体的な物の切れ目を表す語だが、④～⑥のように広く抽象的な意味を表す用法があって、『源氏物語』ではそれがほとんどの例を占め、また「折ふし」「いろふし」「一ふし」などの複合語が現れる。▼和歌では、④㋐の例のように、「竹」の縁語となって、抽象・具体の両方の意を掛けて用いる場合が多い。〈鉄野昌弘〉

ふし【五倍子・付子】 名 ヌルデ(ウルシ科の小高木)の若葉などに虫が寄生して生じる瘤。粉末状にして黒色の染料とし、歯黒めにも用いる。また、「ごばいし」と称して薬にも用いる。

ふじ【藤】 ⇩ふぢ

富士 《地名》歌枕「不二」「不尽」とも書く。富士山。駿河・甲斐・遠江の三国にまたがる日本の最高峰。和歌では、「雪」「煙」などが詠まれることが多い。例田子の浦にうち出でてみれば白妙の富士の高嶺に雪は降りつつ〈新古今・冬〉➡名歌206

語誌▼高く貴い山　江戸時代以前はしばしば噴火し、噴煙を上げていた時期もあった。『竹取物語』の末尾には、月に戻ったかぐや姫を慕って、帝が富士の山上で不死の薬を焚かせた煙が今も絶えないという。『更級日記』にも「山のいただきの少し平らぎたるより煙は立ちのぼる。夕暮れは火の燃えたつも見ゆ」とある。『万葉集』で「天地の分かれし時ゆ神さびて高く貴き(=天と地とが分かれたときから、神々しく高く貴い)」〈三・三一七〉と山部赤人がたたえたように、その高さ、形の美しさ、常に白い雪をいただく姿から、神々しい山、聖なる山として古くから人々の信仰の対象となった。役行者が修行を重ねて天を飛べるようになった話(『日本霊異記』)や、山頂に仙女が舞う話(『本朝文粋』「富士山記」)なども伝わる。『曾我物語』では、曾我兄弟が仇討ちを果たした場所でもある。江戸時代には富士講が組織され、江戸を中心に各地から信仰の登山に訪れた。〈大谷俊太〉

ふし-おき【臥し起き】 名 寝起き。毎日の生活。例**臥し起き**はただ幼き人をもてあそびて(=相手にしながら過ごして)〈蜻蛉・上〉

富士川（ふじがは）《地名》甲斐国(山梨県)・駿河国(静岡県)を南流して駿河湾に注ぐ川。治承四年(一一八〇)の源平の合戦の舞台として有名で、『平家物語』によれば、平家軍は水鳥の羽音を源氏の襲来と勘違いして逃走したという。

ふし-かへ・る【臥し返る】 動(ラ四) 寝返りをうつ。例「う」といひて、後ろざまにこそ**臥しかへり**たれ〈宇治拾遺・三五〉

ふし-き【節木・臥木・伏木】 名 ❶節の多い木。例**節**木の弓の戈(=幹)短く射よげなるを持ち〈義経記・五〉 ❷倒れ伏した木。また、幹の中が朽ちて空洞となった木。例軍兵ちりぢりになって、**臥木**の天河(=空洞部分)に隠れ入りにけり〈源平盛衰記・二一〉

ふ-しぎ【不思議】 名 形動(ナリ) 〔「不可思議」の略〕 ❶思いがけないこと。意外なこと。例世の**不思議**を見る事、ややたびたびになりぬ〈方丈記〉 ❷常識はずれなこと。けしからぬこと。例人のあざけりをもかへりみず、**不思議**の事をのみしたまへり〈平家・一・祇王〉

ふし-しづ・む【伏し沈む】 動(マ四) 悲しみなどで心が沈む。嘆きに沈む。例闇にくれて**臥ししづ**みたまへるほどに〈源氏・桐壺〉

富士谷成章（ふじたになりあきら）《人名》一七三八～一七七九(元文三～安永八)。江戸時代の国学者・歌人。筑後柳川藩に仕えた。「名」「挿頭」「装」「脚結」の四品詞分類や、用言の活用、助詞・助動詞の語法などについて研究し、国語学書『挿頭抄』『脚結抄』などを著す。その業績は、本居宣長一門のものと並んで近世の国語学史上の中核をなす。

ふし-づ・く【柴漬く】 動(カ下二) 「ふしづけ①」をする。例ふしづけし淀の渡りを今朝見れば〈拾遺・冬〉

ふし-づけ【柴漬け】 名 ❶冬に柴を束ねて水の中に漬けておき、春になって中に集まった魚を捕ること。また、その仕掛け。例いづみ川水のみわた(=よどみ)の**ふしづけ**に柴間の氷る冬はきにけり〈千載・冬〉 ❷私刑の一つ。人を簀巻きにして水中に投げ込むこと。①に形が似ることからいう。例淀河の**ふしづけ**に沈むべし〈近松・嫗山姥・五〉

ふし-ど【臥し所・臥し処】 名 寝る所。寝所。例日も暮るれども、あやしの(=粗末な)**ふしど**へも帰らず〈平家・三・足摺〉

ふし-なはめ【伏し縄目・節縄目】 名 鎧の縅の名。白・薄青・紺の三色に染めた革を波状に配色して縅したもの。例褐(=濃い紺色)の直垂に**節縄目**の腹巻着て〈義経記・二〉

ふし-の-ま【節の間】 節と節の間。転じて、短い時間。例難波潟みじかき葦の**ふしの間**も(ここまで序詞)逢はでこの世を過ぐしてよとや〈新古今・恋一〉➡名歌271

ふし-はかせ【節博士】 名 声明・平曲・謡曲など、謡い物や語り物で、文のわきにつけて、節の高低・長短を表す符号。その形から「胡麻」「胡麻点」とも。例**節博士**を定めて声明になせり〈徒然・二二七〉

ふじばかま【藤袴・蘭】 ⇩ふぢばかま

ふし-ぶし【節節】 名 ❶ところどころ。ことごと。例あはれと思ひきこえたまふ**ふしぶし**もあれば、うち泣かれたまひぬ〈源氏・須磨〉 ❷時々。折々。例さるべき御遊びの折々、何事にも故ある事(=趣ある催し事)の**ふしぶし**には〈源氏・桐壺〉

ふしまち-の-つき【臥し待ちの月】 「ねまちのつき」に同じ。

ふし-まろ・ぶ【臥し転ぶ】 動(バ四) ころげまわる。極度に悲しかったりうれしかったりするときの動作。例御馬を賜びたりければ(=お与えになったので)、**臥し転び**よろこびて〈宇治拾遺・七五〉

伏見（ふしみ）《地名》歌枕 山城国、今の京都市伏見区一帯。平安時代から貴族の別荘地。文禄三年(一五九四)豊臣秀吉が伏見城を築いて以後、城下町として発達。淀川の水運の港として、江戸時代には三十石船の起点であった。銘酒の産地。

ふし-もの【賦し物】 名 連歌・俳諧で、連句中に詠み込んで一巻の要とする字や詞。たとえば「賦白黒」では一句おきに白いもの・黒いものを入れ、「賦山何」では各句に山と熟する語を入れるなど。初めは句ごとに詠み込んだが、のちは発句のみとなった。

ぶ-しゃ【歩射】 名 「かちゆみ」に同じ。

ふ-しゃう【府生】 名 六衛府や検非違使庁に置かれた下級職員。例右衛門の**府生**壬生忠岑に仰せられて〈古今・仮名序〉

ふ-しゃう【不祥】 名 形動(ナリ) ❶縁起が悪いこと。例この句もいまおもひみれば、**不祥**のこころはなはだし〈独寝・上〉 ❷運が悪いこと。災難。例きはめて**不祥**にもあひぬるかな〈今昔・一九・一四〉

ふ-しゃう【不請】 1 名 形動(ナリ) 気にいらないこと。例いよいよ(=ますます)**不請**の気ありけり〈十訓抄・七・一九〉 2 名 動(サ変) 辛抱すること。例互ひに気にいらぬ事があらうとも、そこを**ふしゃうせ**ねば〈歌舞伎・傾城妻恋桜・四〉

ふ-じゃう【不浄】 1 名 形動(ナリ) きれいでないこと。汚れているさま。例**不浄**を隔つる七重の注連〈謡曲・小鍛冶〉 2 名 ❶大小便。例大小の便利の**不浄**を出だして〈今昔・一・四〉 ❷月経。

ふ-じゅ【諷誦】 名《仏教語》「ふうじゅ」とも。❶経文や偈(仏の徳を賛美する詩句)を声に出して読むこと。例僧都泣く泣く**諷誦**を行ふ事両度(=二度)なり〈今昔・一五・三七〉 ❷「諷誦文」の略。

ふ-しゅび【不首尾】 名 形動(ナリ) 「ぶしゅび」とも。❶結果が悪いこと。不成功。例**不首尾なれ**ばぬけさす(=抜け出させた)〈西鶴・好色一代男・四・五〉 ❷ぐあいが悪いこと。体裁が悪いこと。例**不首尾**あらはれ渡り(=出てきて)、宇治の里に立ち退きしが〈西鶴・本朝二十不孝・一・二〉

ふじゅ-もん【諷誦文】 名《仏教語》死者の追善のために、その趣旨などを記し、布施を供えて僧に読経を請う文。法会で導師が読み上げる。例人のわざ(=法事)しける導師にて**諷誦文**よみけるに〈千載・哀傷・詞書〉

ふ-しょう【鳧鐘】 名 ❶(中国の鳧氏が作ったという

古伝承から)つり鐘。また、鉦鼓。例晁鐘夜鳴る響き暗天の聴きに徹る(＝染みとおる)〈和漢朗詠集・下・禁中〉❷雅楽の十二律の第七音。

ふ-しょう【不承】 名動(サ変) ⇨ふしょう(不請)

ふじょう『不定』 ⇨ふぢゃう

ふじわら『藤原』 ⇨ふぢはら

ふし-をがみ【伏し拝み】 ―オガミ 名 神社などを遠くから拝むこと。また、その場所。鳥居のところに据えられた横木の手前から平伏して拝む。例八幡の**伏し拝み**の所にて、義経馬より下り〈源平盛衰記・四八〉

ふ-しん【普請】 名動(サ変)❶『仏教語』禅宗の寺で、人々を集めて労役に従事してもらうこと。例**普請**・作務のところに、かならず先赴す(＝先頭に立って働く)〈正法眼蔵・行持上〉❷建築すること。例まことにおびただしい(＝大がかりな)御**普請**でござるに〈狂言・三本の柱〉

ふ-しん【不審】 名形動(ナリ)❶疑わしいこと。よくわからないこと。例子細知らぬ使ひは返し問はるる時(＝反問されたとき)**不審**の残るに〈平家・八・法住寺合戦〉❷疑いをかけること。例内々御**不審**を蒙りたまふよし聞こえしかば〈平家・三・土佐房被斬〉

ふ-じん【夫人】 名「ぶにん」とも。❶後宮の女官で、天皇の妻の一つ。皇后・妃に次ぎ、嬪の上位。定員は三人で、三位以上の位をもった人から選ぶ。例藤原朝臣宮子の娘を夫人とし〈続紀・文武元年八月〉❷貴人の妻。

ぶ-しんぢゅう【不心中】 ―シンジュウ 名『近世語』誠実さのないこと。義理や愛情を守り通さないこと。不人情。例かかる**不心中**の女、何とて末々(＝行く末)頼みがたし〈西鶴・武家義理物語・五・二〉

ふ-す【賦す】 動(サ変)❶割り当てる。❷割り当てられた題で詩を作る。また、連歌で、特定の名・語を詠み込む。例亀山院御時、山城国名所を**賦する**百韻御連歌はべりしに〈井蛙抄・六〉

ふ・す

【伏す・臥す】 ❶動(サ四)❶横になる。寝ころぶ。例畳ひろげて**臥す**(＝上敷を広げて横になる)〈源氏・空蝉〉❷姿勢を低くする。うつむく。うつぶす。例地に**臥し**て、泣きかなしめども(＝地面にうつぶして、泣いて悲しむけれども)〈平家・三・足摺〉❸倒れる。倒れ伏す。例(折レタ枝ナドガ)萩・女郎花などの上によころばひ**ふせる**、いと思はずなり(＝萩や女郎花などの上に横たわり倒れているのは、たいそう意外である)〈枕・野分のまたの日こそ〉

❷動(サ下二)❶横たわらせる。寝かせる。例雛を**臥せ**たらむ心地して(＝人形を寝かせているような感じがして)〈源氏・総角〉❷伏せさせる。うつむかせる。例(桶ヲ)天の石屋戸にうけ**伏せ**て(＝天の石屋戸の前に伏せさせて)〈記・上・神代〉❸押し倒す。おさえつける。例神風の(枕詞)伊勢の浜荻折り**伏せ**て〈万葉・四・五〇〇〉❹姿勢を低くさせる。隠す。潜ませる。例夜ごとに人を**ふせ**て守らすれば(＝夜ごとに人を潜ませて番をさせるので)〈古今・恋三・詞書〉❺かぶせる。かぶせて捕らえる。例浜辺で千鳥を**伏する**所がござるが〈虎寛本狂言・千鳥〉

ぶ-す【附子】 名❶「ぶし」とも。トリカブトの根から作った猛毒薬。鎮痛剤にも用いる。❷『作品名』大名狂言。主人が黒砂糖を附子と偽って出かけた留守に、太郎冠者・次郎冠者はそれを食い平らげてしまう。帰った主人に、秘蔵の物を壊してしまったので死んでわびようと附子を食べたがまだ死ねないと言い訳する。

ふすさ-に 副 たくさんに。例麻苧らを麻笥に**ふすさに**績まずとも〈万葉・一四・三四八四〉

ふす・ぶ【燻ぶ】 動(バ下二)❶くすぶる。いぶる。また、くすぶらせる。いぶす。例夏なれば宿に**ふすぶる**蚊遣り火の〈古今・恋一〉❷嫉妬する。すねる。例異女にもの言ふと聞きて、元の妻の内侍の**ふすべ**はべりければ〈後撰・恋五・詞書〉❸責める。いじめる。例主の鼻を**ふすべる**時、主嫌がる〈狂言・狐塚〉

ふすぼ・る【燻る】 動(ラ四)❶くすぶる。いぶる。例猛火**ふすぼり**いで、五体をつつめたまふ〈曽我・七〉❷すすける。すすで黒ずむ。例**ふすぼつ**(音便形)たる持仏堂にたてごもって〈平家・三・頼豪〉❸顔色がくすむ。また、気持ちがふさぐ。

ふすま【衾・被】 名 寝るとき身体にかけるもの。夜具。例君と**ふすま**のなきぞわびしき〈大和・八八〉読解「衾」と「臥す間」を掛ける。

ふすま-しゃうじ【襖障子】 ―ショウジ 名 障子の一種。今のふすま。例**襖障子**一重なれば、もれ行く事を恐ろしく〈西鶴・好色五人女・四・三〉

襖障子〔枕草子絵巻〕
襖障子を開けて外の様子を見る清少納言。左右の引き手は、絵巻が作られた鎌倉時代以降の様式。

ふすゐ-の-とこ【臥す猪の床】 フスイ― 猪が枯れ草などを敷いて作った寝所。転じて、猪。恋の歌に詠み込まれることが多い。例おそろしきゐのししも「**臥す猪の床**」と言へばやさしくなりぬ(＝優雅になってしまう)〈徒然・一四〉

-ふせ【伏せ】 接尾 多く「ぶせ」と連濁する。矢の長さの単位。「束」の下の単位で、「一伏せ」は指一本の幅。例十二束二つ**ぶせ**〈平家・一一・嗣信最期〉

ふ-せ

【布施】 名動(サ変)『仏教語』(梵語の音写「檀那」の漢訳)慈悲の心によって、人に施しをすること。また、そのもの。多くは金銭・品物を与える場合にいう。例御誦経の**布施**など、いとところせきまで、にはかになむ事広ごりける(＝御誦経の僧たちへの施しの品などが、ほんとうに置き場がないほどで、にわかに事が大がかりになった)〈源氏・鈴虫〉

語誌▼三施　布施には、仏や僧・貧者などに、在家の信者が衣服・食物などの品物や金銭を与え施す財施、僧が財施に報いて仏法を与え施す法施、仏や菩薩が衆生の一切の恐怖を取り去って救う無畏施の三種があり、合わせて三施とする。〈鈴木幸夫〉

ふーぜい【風情】 ❶名 ❶味わい深い趣。情趣。趣向。例(a)**風情**はなほこの朝臣のはまされりけり(=情趣はやはりこの朝臣のものがすぐれていた)〈宇津保・蔵開中〉読解 漢詩文についての評価。例(b)ただ思ひ得たる**風情**を三十字に言ひ続けむことをさきとして(=ただ思いついた趣向を和歌に表現することばかり考えて)〈近代秀歌〉
❷～のようなぐあい。おおよそのありさまを、比喩や例によって表す。例されども、錐袋にたまらぬ**風情**にて(=けれども、錐が袋に収まっていないというぐあいに)〈平家・一二・六代被斬〉読解「錐袋にたまらず」は隠していても現れやすいことのたとえ。
❸様子。例初めの景気、今の**風情**相違したり(=はじめの気配と、今の様子では違っていた)〈義経記・三〉
❹能楽で、身ぶり。所作。例同じ音曲・**風情**をするとも、上手のしたらんは、別に面白かるべし(=同じ演奏や身ぶりをしても、名人がするのは、格別に感動的にちがいない)〈風姿花伝・七〉
❺身だしなみ。容姿。例人の**風情**とて、朝ごとに髪ゆはするも(=人の身だしなみとして、毎朝髪を結わせるのも)〈西鶴・好色一代男・三・一〉
❷接尾 ❶名詞について、～のようなもの、の意を添える。例箱**風情**の物に〈徒然・五四〉
❷人を表す語について、自分を卑下したりそのものを卑しめたりする意を添える。例言ふかひなき北面の下臈**風情**の者などに(=取るに足りない院の北面の下人のような身分の者などに)〈とはずがたり・一〉
語誌　平安時代には主に歌論の分野で用いられ、和歌を詠む作者の心のめぐらせ方を批評する語として発達した。それが特に目立つ趣向・工夫の意となり、中世には外から見た様子、の意が生まれた。〈渡部泰明〉

ふせ-いほ【伏せ庵・伏せ廬】イオ 名 屋根を地上に伏せたような粗末な家。例**伏せ廬**の 曲げ廬の内に 直土に 藁解き敷きて〈万葉・五・八九二〉➡名歌122

ふーせう【不肖】ショウ 名形動(ナリ) ❶愚かなこと。未熟なこと。自分を卑下して用いることが多い。例身(=私)**不肖に**候へども〈古活字本保元・上〉❷不運であること。みじめなこと。例身の難に逢ひ**不肖なる**時は〈太平記・二七〉

ふせき-や【防き矢】 名〔のちは「ふせぎや」〕敵の攻撃を防ぐために矢を射ること。また、その矢。例しばらく**ふせき矢**仕らん〈平家・九・木曾最期〉

ふせ・く【防く】 動(カ四)〔室町時代ごろから「ふせぐ」とも〕❶侵入をくいとめる。はばむ。遮断する。例餓ゑを助け、嵐を**防く**よすが(=よりどころ)なくてはあられぬわざなれば(=生きていけないことなので)〈徒然・五八〉❷敵の攻撃をくいとめて守る。防戦する。例城の内の兵ども、しばしささへて**ふせき**けれども〈平家・七・火打合戦〉

ふせ-ご【伏せ籠】 名 中に火鉢や香炉を置いて伏せ、その上に衣をかぶせて乾かしたり暖めたり、香をたきしめたりするのに用いる籠。例雀の子を犬君(=侍女の名)が逃がしつる、**伏せ籠**のうちに籠めたりつるものを〈源氏・若紫〉

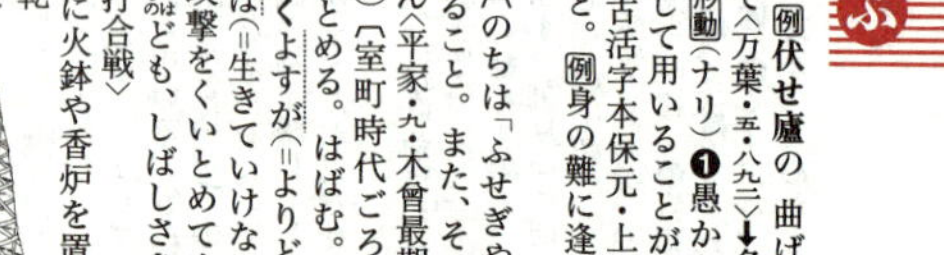
伏せ籠
〔年中行事絵巻〕

ふーせつ【浮説】 名 根拠のないうわさ。評判。例世間の**浮説**、人の是非(=批評)、自他のために失多く、得少し〈徒然・一六四〉

ふせ-や【伏せ屋】 名「ふせいほ」に同じ。

ふせ・る【伏せる・臥せる】 動(ラ四) 横になっている。臥している。例(ソノ実ヲ食ベタ人ハ皆)吐き散らして**臥せり**合ひたり〈宇治拾遺・四八〉

豊前《地名》旧国名。今の福岡県東部と大分県北部。「豊の国」が豊前・豊後に分かれてできた国。西海道十一か国の一つ。豊州。延喜式で上国・遠国。

ふせん-りょう【浮線綾】 名 紋様を浮き出すように織った綾織物。のちは、蝶が羽を広げた形を図案化した円形の紋様をいう。例この袋見たまへば、唐の**浮線綾**を縫ひて〈源氏・橋姫〉

ふーそく【不足】 名動(サ変) ❶足りないこと。例天下をおさめたまはむに、**不足**の臣ともみえず〈保元・上〉❷不平に思うこと。不満に思うこと。例何の**不足**にかかる心つかれけん〈平家・一・鹿谷〉読解「かかる心」は平家を滅ぼそうとする気持ち。

ふーぞく【風俗】 名「ふうぞくうた」に同じ。例歌は**ふぞく**〈枕・歌は〉

ふーぞく【付属・付嘱】 名動(サ変) ❶《仏教語》師が弟子に教義を伝授し、後世に伝え残すように託すこと。例この法は釈尊の**付属**…次第に相伝しきたれる〈平家・二・座主流〉❷預けまかせること。例家業及び妻子・眷属(=妻子と身内の者)を弟に**付嘱して**出家して山に入りぬ〈今昔・二・三三〉

蕪村《人名》一七一六～一七八三(享保元～天明三)。江戸時代の俳人・絵師。摂津国毛馬村(大阪市都島区毛馬町)生まれ。姓は谷口氏、のち与謝氏を称する。
●**生涯・作風**　出生や少年時代は未詳。二十歳前に江戸に下り、其角・嵐雪を師とする夜半亭巴人に入門、巴人没後に蕪村に改め、宝暦元年(一七五一)三十六歳のとき上洛する。太祇・召波らと三菓社を結成、五十五歳で夜半亭二世を継ぐ。自身にとっては俳諧は文人主義的遊びの一つにすぎなかったが、芭蕉復古をめざす天明年間の中興俳壇の中心になり、几董編の『あけ烏』『続あけ烏』など夜半門挙げての撰集を刊行した。其角流の磊落、自在な俳諧精神を重んじ、奥羽行脚を試みたり、俳画の手法を生かした「野ざらし紀行」図や「奥の細道」図を描いたりした。洛東の金福寺に芭蕉庵を再興。離俗・叙景・即興を中心に、写実性・古典趣味・浪漫性などの特色をもつ奔放・豊麗な蕪村調を確立する。また本領とする画業では、池大雅と並び、文人画の世界でも一家をなした。
●**作品・影響**　『あけ烏』『続あけ烏』『一夜四歌仙(此のほとり)』など「蕪村七部集」に収められた作品のほ

か、『新花摘』『蕪村句集』などがある。また、仮名詩「春風馬堤曲」(『夜半楽』所収)は、漢詩と俳句からなる一種の長編自由詩で、萩原朔太郎たちをはじめ近代の詩人たちに評価された。正岡子規の俳句革新も蕪村を範として行われた。〈松原秀江〉

蕪村句集《作品名》江戸時代の俳諧集。二冊。蕪村作、几董編。天明四年(一七八四)刊。蕪村の一周忌の追善のため、門人の几董が遺句八六八句を選んで四季類題別に編集。

蕪村七部集《作品名》江戸時代の俳諧集。二冊。菊舎太兵衛ら編。文化六年(一八〇九)刊。几董編『其雪影』『あけ烏』、蕪村編『一夜四歌仙』など蕪村関係の主要な俳書を書肆がまとめて刊行したもの。

ふだ【札・簡】 名(「ふみいた(文板)」の変化した形)❶文字や符号を記した小さな木片(木簡)や紙片。例札を見れば、書けること「三分の木の下の品(=三つに分けた木の下の部分)は、日本の衆生俊蔭に施せす」と書けり〈宇津保・俊蔭〉❷「てんじゃうのふだ」に同じ。❸立て札。❹神社の守り札。

ふた-あや【二綾】 名 二色の糸で織った綾。例彼方の二綾裏沓〈万葉・一六・三七九一〉

ふた-あゐ【二藍】 — 名❶染め色の名。紅花と藍で染めた、赤味をおびた青色。薄紫に近い色あい。例朽ち葉の狩衣、二藍の指貫、しどけなく着たる〈堤中納言・貝あはせ〉❷襲の色目の名。表裏ともに二藍。例祭り近くなりて、青朽ち葉・二藍の物どもおし巻きて(=布地を巻いて)〈枕・四月、祭の頃〉

ふ-たい【不退】 名《仏教語》修行において退歩しないこと。ひとたび悟りや功徳を得たら二度と失われない段階に達すること。また、退くことなく修行に努めること。「不退転」とも。例この身を仏道のために投げて、不退の身を得ん〈発心集・七・一三〉

ふ-だい【譜第・譜代】 名(「譜」は系譜、「第」は次第の意)❶氏族の家筋の系図。❷その家系で、代々地位・職務・家業などを継ぐこと。例先例、官の上下臈によらず、**譜代**をえらび用ゐらるる事なり〈著聞集・六・二七三〉❸特に武家社会で、世襲的に同じ主人に仕えること。また、その人。

ふ-たいてん【不退転】 名「ふたい」に同じ。

ふたい-の-ち【不退の地】《仏教語》❶修行の結果、そこに至れば二度と退歩しない位。例昔、般若を修行して**不退の地**を得たり〈今昔・七・六〉❷「不退の土」に同じ。極楽浄土のこと。例あに(=どうして)、かの**不退の地**に至る事を得むや〈今昔・七・五〉

ぶ-たう【舞蹈】 — 名 動(サ変)「ぶたふ」に同じ。

ぶ-たう【無道】 — 名 形動(ナリ)「むだう」とも。道理や人の道に背くこと。例非礼を行はず、無道をふるまはぬ、これ賢者なり〈沙石集・三・一〉

ふたう-じん【不当人】 — 名「ふたうにん」とも。人の道に背いたことをする人。無法者。例年来の重恩を忘れて、今このありさまを見はてぬ(=見届けない)不当人をば〈平家・七・一門都落〉

武道伝来記《作品名》江戸時代の浮世草子。八巻八冊。井原西鶴作。貞享四年(一六八七)刊。三十二の敵討ちの話を集めた短編集。敵討ちそのものによりも、私闘にすぎないその原因に話の大部が費やされている。悲劇的な結末の話が多く、「人の鑑」といわれた武士の、命を的に恩に生きる姿が描かれている。

二上山《地名》歌枕「ふたかみやま」とも。❶大和国と河内国の境の山。今の奈良県北葛城郡当麻町と大阪府南河内郡太子町の境界にある二上山のこと。山頂に大津皇子が葬られている。例うつそみの人なる我や明日よりは**二上山**を弟と我が見む〈万葉・二・一六五〉➡名歌85 ❷越中国の山。今の富山県高岡市と氷見市との境界にある。大伴家持の歌で有名。月と紅葉の名所。例**二上山**は　春花の　咲ける盛りに〈万葉・一七・三九八五〉

ふた-が・る【塞がる】 動(ラ四)(「ふたぐ」の自動詞形)❶ふさがる。詰まる。例(a)道に**ふたがり**居て〈宇津保・蔵開下〉例(b)御胸のみつと**ふたがり**て〈源氏・桐壺〉❷方塞がりの方角にあたっている。例ここにつどひたりし人々は南**ふたがる**年なれば〈蜻蛉・下〉

ふた-ぐ【塞ぐ】 ❶動(ガ四)❶遮る。覆う。ふさぐ。例(a)(格子ノ)穴も**ふたがず**〈源氏・浮舟〉例(b)御袖して御耳**ふたぎ**たまひつ〈源氏・玉鬘〉❷韻塞ぎをする。❷動(ガ下二)❶遮る。妨げる。ふさぐ。例今参うのぼりける道に、**ふたげられ**て〈源氏・蜻蛉〉❷占有する。例寝殿は**ふたげ**たまはず〈源氏・松風〉❸方塞がりになるようにする。例方**ふたげ**て、ひき違へ外ざまへと思さむは〈源氏・帚木〉

ふた-ごころ【二心】 名❶浮気心。例(夫トシテハ)**二心**なからん人のみこそ、めやすく(=無難で)頼もしきことにはあらめ〈源氏・東屋〉❷裏切りの心。ほかの主君に仕えようとする心。例弓箭の道、馬上に携はるならひ(=武士の定めとして)、**二心**あるをもって恥とす〈平家・七・福原落〉

ふだ-さし【札差し】 名 江戸時代、旗本・御家人の代理で給与の米穀(蔵米)の受け取り・販売を行って手数料を取り、また、その米を担保に高利貸業を営む商人。「札」は蔵米の受取手形で、それを割り竹に挟んでわら束に差したことからいう。江戸の代表的豪商で、大坂では掛け屋・蔵元に相当。

ふだ-しょ【札所】 名 巡礼者が参拝をする霊場。巡礼札を納めたり受けたりする場所。例**札所札所**の霊地霊仏廻ぐれば〈近松・曽根崎心中〉

ふだ-せん【札銭】 名 芝居や見世物の入場料。木戸銭。例銭見世(=銭両替屋)を出し、諸見物の**札銭**を売りけるに〈西鶴・日本永代蔵・四・三〉

ふた-つ【二つ】 ❶名 二。二個。二歳。例やつれたるけはひしるく(=はっきりと)見ゆる事**二つ**あり〈源氏・葵〉❷副 再び。もう一度。例今年は(閏年デ)五月**二つ**あればなるべし〈蜻蛉・中〉

ふたつ-ぎぬ【二つ衣】 名 袿を二つ重ねた着方。私的でくつろいだ略装である。例練り貫の**二つ衣**に白き袴を着たまへり〈平家・九・小宰相身投〉

ふたつ-なし【二つ無し】 ただ一つしかない。並ぶものがない。例深き御契り(=長年の御夫婦仲)の**二つなき**ばかりをうき世の慰めにて〈源氏・橋姫〉

ふたつ-もじ【二つ文字】 名 平仮名の「こ」の字。例二つ文字牛の角文字すぐな文字ゆがみ文字とぞ君はおぼゆる〈徒然・六三〉読解後嵯峨天皇の皇女悦子内親王が、上皇となった父に贈ったという歌。「牛の角文字」は「い」または「ひ」、「すぐな文字」は「し」、「ゆがみ文字」は「く」で、四つの文字をつなげると「こい(ひ)しく」となる。

ふた-と 副 勢いよくぶつかる音を表す語。ぽんと。例男の尻を**ふたと**蹴たりければ〈今昔・三・二〇〉

ふたところ-どう【二所籐】 名 弓の籐の巻き方の一つ。二か所ずつ一定の間隔をあけて巻いたもの。例二所籐の弓を持つままに〈保元・中〉

ふた-なぬか【二七日】 名 ❶十四日間。神仏への祈願、病気療養の日数的区切りの一つとされる。例中堂に参らせたまひて**二七日**籠もりて〈栄花・玉の飾り〉❷人が死んだ日から十四日目。また、その日に行う仏事。

ふた-ば【二葉・双葉】 名 草木が若芽を出したばかりの状態。多く、ごく幼い子どものたとえに用いる。例めづらしく聞きはべる**二葉**のほども(=おめでたくお聞きします幼子についても)〈源氏・橋姫〉

ぶ-たふ【舞踏】 トウ 名 動(サ変)「舞蹈」とも。宮廷で、朝賀・即位・節会・叙位・任官などの際の拝礼の作法。二度礼拝して、笏を置き、立って身を左右左とひねり、座って左右左とひねり、笏を取って拝し、立って二度礼拝する。中国式の作法とされる。例太政大臣降りて**舞踏し**たまふ〈源氏・藤裏葉〉

ふた-ふた 副 ばたばた。ぱたぱた。例三尺ばかりなる鯰、**ふたふた**として庭にはひ出でたり〈宇治拾遺・一六八〉

ふた-へ【二重】 エ 名 ❶二つ重なっていること。例堀を二重にほって〈平家・三・六代被斬〉❷二つに折れ曲がること。例いといたう老いて、**二重**にてゐたり〈大和・一五六〉❸襲の色目の名。表と裏が同じ色。

ふたへ-おりもの【二重織物】 フタエ 名 綾模様を地にして、さらにその上に別の色の糸で模様を織り出した織物。例表の御袴、龍胆の**二重織物**にて〈大鏡・道隆〉

ふた-ま【二間】 名 ❶柱と柱の間の数が二つあること。例御格子**二間**ばかり上げて〈源氏・野分〉❷柱間が二つある部屋。例**二間**の際なる(=境の)障子、手づからいと強く鎖して〈源氏・末摘花〉❸清涼殿の東廂にある部屋の名。夜居の僧(天皇守護の祈禱をする僧)が夜間伺候する。⇩口絵。例「**二間**にこそあらめ」とおほせらるれば〈讃岐典侍日記・上〉

ふた-また【二股・二俣】 名 ❶もとが一つで、末が二つに分かれているもの。例**両枝**船を磐余市磯池に泛べたまふ〈紀・履中〉❷二つのどちらにも従い、態度の定まらないこと。また、その人。例両方へ付く二股侍〈歌舞伎・名歌徳三升玉垣・五〉

ふたむね-の-ごしょ【二棟の御所】 名 寝殿造りで、母屋の東北に張り出して造られた渡殿。例**二棟の御所**の高欄(=欄干)に寄せ掛く〈徒然・六六〉

ふた-めか・す 動(サ四)〔「めかす」は接尾語〕ばたばた音をさせる。例(雀ハ)羽を**ふためかし**てまどふほどに〈宇治拾遺・四八〉

ふた-め・く 動(カ四)〔「めく」は接尾語〕ばたばた音を立てる。ばたばた動きまわる。あわてふためく。例車の輪跡のくぼみたる所にたまりたる少水に、鮒一つ**ふためく**〈宇治拾遺・一九六〉

ふた-ゆ・く【二行く】 動(カ四)❶二度繰り返す。例うつせみの(枕詞)世やも**二行く**(=人生は二度繰り返すことがあろうか)〈万葉・四・七三三〉読解「やは」は反語の意を表す。❷二つの方向に向かう。二心をもつ。例我が心**二行く**なもとなよ思はりそね(=二つの方向に向かっているだろうと思ってくれるな)〈万葉・一四・三五二六〉

ふだらく【補陀洛・補陀落】 名《仏教語》〔梵語の音写〕インドの南海岸にあるという山。八角形で、観音が住むと信じられた。観音霊場にこの名を用い、日本では特に紀伊国の那智山をいう。例岸打つ波は**普陀落**や、那智は千手観世音〈近松・傾城反魂香・中〉

ふだらく-せん【補陀洛山】 名《仏教語》「ふだらく」に同じ。例観音の霊像は岩の上にあらはれて、**補陀洛山**とも言っつべし(=言えるだろう)〈平家・一〇・熊野参詣〉

ふたり 副 物が落ちる音、また、落ちて何かに打ち当たる音を表す語。ぽとり。ぱたっ。例鼻外れて、粥の中へ**ふたり**とうち入れつ〈宇治拾遺・二五〉

ふ-だん【不断】 1名 形動(ナリ)絶え間なく続くこと。例**不断**の御読経、声尊きかぎりして読ませたまふ〈源氏・若菜下〉2副 いつも。例**ふだん**掃除をめさるると見えて、きれいなよな〈狂言・萩大名〉

ふだん-かう【不断香】 コウ 名 深い帰依の心の現れとして、仏前などで絶え間なくたく香。例**不断香**の香、庵の内に満ち〈今昔・二〇・三九〉

ふだん-ぎやう【不断経】 ギョウ 名《仏教語》毎日、昼夜間断なく読む経。また、死者の冥福・追善や安産祈願などのために、一定期間昼夜絶え間なく読経する仏事。例**不断経**の、暁方の居かはりたる(=交替した)声のいと尊きに〈源氏・総角〉

ふち【淵】 名 川の流れが停滞して、深くなっている所。例世の中はなにか常なる飛鳥川昨日の**淵**ぞ今日は瀬になる〈古今・雑下〉➡名歌408

ふ-ち【扶持】 1名 動(サ変)❶助けること。力を貸すこと。例外祖忠仁公、幼主を**扶持し**たまへり〈平家・一・額打論〉❷俸禄を与え、家臣として召しかかえること。例一人具したる下人にだにも、四季折節に**扶持**をもせず〈曾我・四〉2名「扶持米」の略。転じて、生活費。例二月目に**扶持**を放され、それより浪人して〈浮世草子・新色五巻書・五・三〉

ふぢ

【藤】 フジ 名 ❶植物の名。マメ科のつる性落葉低木。晩春から夏にかけて、薄紫色の小さな花を多数房状につける。例**藤**の花は、しなひ長く、色濃く咲きたる、いとめでたし(=藤の花は、花房が長く垂れ下がり、色濃く咲いているのが、たいそうすばらしい)〈枕・木の花は〉❷薄紫色。藤色。例**藤**の村濃の打ち敷きに折り枝縫ひたり(=藤色のまだら染めの敷き布には折り枝の刺繡がしてある)〈源氏・宿木〉❸「藤襲」の略。襲の色目の名。表は薄紫、裏は青。一説に、裏は萌黄とも。陰暦三、四月に着用。❹「藤衣」の略。例かけきやは川瀬の波もたちかへり君が禊のふぢのやつれを(=以前から思い及んでいただろうか、川の瀬の波がたち返るように季節がめぐってあなたが喪服を脱ぐ禊をすることを)〈源氏・少女〉 読解 ここは喪服の例。禊をする川の縁で「藤」に「淵」を掛ける。「かけきやは」の「やは」は反語の意を表す。

語誌 ▼晩春から夏の花 藤の花は春の終わりから夏にかけて咲く。「いづかたににほひ増すらん藤の花春と夏との岸をへだてて」〈千載・春下〉は、季節の移り目に咲くことにちなんだ歌。和歌には水辺の藤がよく詠まれ、この歌にも「岸」とあって、その一例である。▼松にかかる藤 松に這いかかる藤の景も好んで和歌に詠まれた。その背景には、平安時代、屏風の図柄として松にかかる藤の絵が多く用いられ、この景が屏風歌によく詠まれたことがある。▼藤原氏のシンボル 藤は藤原氏のシンボルでもあった。松にかかる藤を歌に詠むことが定着すると、天皇家を松、藤原氏を藤にたとえて表現することも行われた。〈佐藤明浩〉

ぶち【鞭】 名「むち」に同じ。例道行く人、馬に乗りて、ぶちして月をさして見る〈貫之集・三・詞書〉

ふぢ-ごろも【藤衣】 フヂ 名 ❶藤や葛などの繊維で作った衣服。丈夫だが粗末とされた。例須磨の海人の塩焼き衣の**藤衣**間遠にしあれば(=織り目が粗いので)いまだ着なれず〈万葉・三・四一三〉 ❷(喪の期間に①を着たことから)喪服。例限りあれば(=喪の期間にはきまりがあるので)今日脱ぎ捨てつ**藤衣**果てなきものは涙なりけり〈拾遺・哀傷〉

ふち-せ【淵瀬】 名 淵と瀬。川の深く淀んだ所と浅く流れる所。世の中の変転しやすさや、男女の愛の深さ浅さをたとえる。例たぎつ瀬の中にも淀はありてふを(=静かな淀みがあるというのに)などわが恋の**淵瀬**ともなき〈古今・恋一〉

ふぢ-つぼ【藤壺】 フヂ 名 内裏の後宮五舎の一つ。飛香舎の別称。中庭に藤が植えてあったことからいう。⇩口絵。例**藤壺**より出でて、月のすこし隈ある立て蔀の下に立てりけるを〈源氏・賢木〉

藤壺 フヂツボ《人名》『源氏物語』の作中人物。先帝の第四皇女。桐壺帝の中宮。紫の上の叔母にあたり、光源氏より五歳年上。亡き桐壺更衣に酷似すると聞いた帝に望まれて女御として入内。幼い源氏は母の面影を求めて慕うが、やがて恋に変わり、ついに密通。藤壺はそうならざるをえない我が宿世を痛恨する。翌年不義の子を出産。帝が何も知らずに新皇子をかわいがるにつけても良心の呵責に悩む。やがて皇子が東宮となり、自分は中宮となるが、苦慮の末に出家。東宮(冷泉帝)即位とともに准太上天皇(女院)となり、その後も帝と源氏を支える。三十七歳の春三月、栄華も憂愁も抜群の人生だったと生涯を顧みつつ、ともしびの消え入るように死去。

ふぢ-なみ【藤波・藤浪】 フヂ 名 藤の花房を波に見立てていう語。藤原氏のたとえにもいう。例**藤波**の花は盛りになりにけり奈良の都を思ほすや(=恋しくお思いですか)君〈万葉・三・三三〇〉

ふぢなみの【藤波の・藤浪の】《枕詞》藤のつるがぐるぐるとまといつくことから「思ひもとほり」に、同音の反復で「並」に、波の縁で「立つ」「寄る」にかかる。例**藤波の** 思ひもとほり 若草の(枕詞) 思ひ付きにし 君が目に〈万葉・一三・三二四八〉

ふぢ-の-おほんぞ【藤の御衣】 フヂ-オオンソ「ふぢごろも②」の敬称。例**藤の御衣**にやつれたまへるにつけても、限りなくきよらに〈源氏・賢木〉

ふぢ-の-ころも【藤の衣】 フヂ「ふぢごろも」に同じ。

ふぢ-ばかま【藤袴・蘭】 フヂ 名 ❶植物の名。キク科の多年草。秋、薄紫色の小さい花をつける。葉には芳香がある。秋の七草の一つ。例主知らぬ香こそにほへれ秋の野に誰が脱ぎかけし**藤袴**ぞも(=使っている人がわからないすばらしい香りがにおっているけれど、秋の野にだれが脱いでかけておいた藤袴なのか)〈古今・秋上〉 読解 衣服の袴に見立てた歌。❷襲の色目の名。表裏ともに紫。秋に着用。

語誌 ▼芳香と袴にちなんだ表現 藤袴はその芳香が賞美された。例のように、和歌ではしばしば香りのよさが取り上げられる。ところで、この歌には「誰が脱ぎかけし」とあり、藤袴を衣服の袴に見立てている。「秋風にほころびぬらし藤袴つづりさせてふ(=ほころびを綴り合わせよというように)きりぎりす鳴く」〈古今・雑体〉では、「ほころぶ」に花が咲く意と袴の縫い目がほどける意とを重ねている。このように、和歌では藤袴を実際の袴に見立て、「脱ぐ」「着る」「ほころぶ」などの語とかかわらせて表現することが多い。▼漢名「蘭」 藤袴の漢名は「蘭」である。「蘭」が「ふぢばかま」と訓読されることもあるし、歌題に「蘭」が含まれる和歌には、「ふぢばかま」が詠まれるのが普通である(ただし、「蘭」は他の植物をさすこともある)。〈佐藤明浩〉

藤原顕輔 フジワラノアキスケ《人名》一〇九〇〜一一五五(寛治四〜久寿二)。平安後期の歌人。六条家の祖藤原顕季の子。清輔の父。崇徳院の命令で『詞花和歌集』を撰進した。多くの歌合わせなどに参加して歌壇の第一人者となり、六条家の歌学を確立。家集に『左京大夫顕輔卿集』。

藤原家隆 フジワラノイエタカ《人名》名は「かりゅう」とも。一一五八〜一二三七(保元三〜嘉禎三)。平安末期・鎌倉前期の歌人。光隆の子。藤原俊成に学び、その子定家とともに後鳥羽院歌壇の中心となる。『新古今和歌集』撰者の一人。家集に『壬二集』。

藤原興風 フジワラノオキカゼ《人名》生没年未詳。平安前期の歌人。『古今和歌集』撰者時代の代表的歌人。琴の名手とも伝えられる。『古今集』以下の勅撰集に三八首入集。家集に『興風集』。

藤原兼家 フジワラノカネイエ《人名》九二九〜九九〇(延長七〜永祚二)。平安中期の公卿。摂政・関白に至る。右大臣師輔の三男。道隆・道長・道綱らの父。花山天皇の退位出家を演出し、外孫の一条天皇を即位させて、摂関の地位を築いた。妻の一人に道綱母がおり、その夫婦生活は『蜻蛉日記』にも描かれる。通称は東三条殿。

藤原兼輔 ふぢはらのかねすけ フジワラノカネスケ《人名》八七七～九三三（元慶元～承平三）。平安前期の歌人。利基の子。賀茂川堤に屋敷があったことから堤中納言と呼ばれた。曾孫に紫式部がいて、紀貫之らとも親交があった。兼輔の「人の親の心は闇にあらねども子を思ふ道に惑ひぬるかな」の歌（➡名歌306）は『源氏物語』の引き歌として最多出。家集に『兼輔集』。

藤原鎌足 ふぢはらのかまたり フジワラノカマタリ《人名》六一四～六六九（推古二二～天智八）。飛鳥時代の豪族。本姓中臣。初め鎌子か。藤原氏の祖。中大兄皇子（のちの天智天皇）と謀って蘇我氏を滅ぼし、大化改新（六四五年）を断行した。新政権では皇太子中大兄の側近の補佐役として中央集権国家体制の形成に力を発揮し、のちの一族繁栄の基礎を築く。死の前日冠位第一階の大織冠となり、また内大臣に任命され藤原姓を授かる。

●**鎌足伝説** 鎌足の伝記は早く奈良時代に記されているが、中世になると蘇我入鹿を攻め滅ぼしたことを中心とした鎌足伝説が展開していった。それらに基づくものに幸若舞曲『入鹿』『大織冠』や謡曲『海士』などがある。江戸時代に入っても浄瑠璃などに繰り返し取り上げられ、中でも近松半二ら合作の『妹背山婦女庭訓』は当時の人気狂言となった。〈福田安典〉

藤原清輔 ふぢはらのきよすけ フジワラノキヨスケ《人名》一一〇四～一一七七（長治元～安元三）。平安末期の歌人。六条家の藤原顕輔の子。『続詞花和歌集』を撰したが、二条天皇の死去のため勅撰集にならなかった。六条家を継ぎ、歌壇の第一人者となる。歌論も多く、『袋草紙』『奥義抄』『和歌初学抄』などがある。家集に『清輔朝臣集』。

藤原公任 ふぢはらのきんたふ フジワラノキントウ《人名》九六六～一〇四一（康保三～長久二）。平安中期の歌人。関白太政大臣頼忠の子。四条に住んだので四条大納言とも。詩歌・管弦に通じ、有職故実にも詳しかった。平安末まで、和歌の絶対的権威とされる。家集に『公任集』、私撰集に『拾遺抄』、歌論に『新撰髄脳』『和歌九品』、詩歌集『和漢朗詠集』、有職故実書『北山抄』など。漢詩・和歌・管弦の三船の才や、紫式部をからかった話なども有名。

藤原伊周 ふぢはらのこれちか フジワラノコレチカ《人名》九七四～一〇一〇（天延二～寛弘七）。平安中期の公卿。関白道隆の子。一条天皇の中宮定子の兄。父の死後、後継をめざすが、叔父道長に政権を握られ、花山天皇に矢を射かけた罪などで大宰権帥に左遷される。のち准大臣に復して儀同三司と称したが、政治的には無力だった。『枕草子』では貫禄も備わった美々しい貴公子として描かれ、物語の登場人物のようだとも評される（「宮にはじめてまゐりたるころ」段）。

藤原伊尹 ふぢはらのこれまさ フジワラノコレマサ《人名》名は「これただ」とも。九二四～九七二（延長二～天禄三）。右大臣師輔の子。摂政・太政大臣となり、一条摂政とも呼ばれた。諡号は謙徳公。『後撰和歌集』の撰集では撰和歌所の別当を務め、梨壺の五人を指揮した。家集に『一条摂政御集』。

藤原定家 ふぢはらのさだいへ フジワラノサダイエ《人名》名は「ていか」とも。一一六二～一二四一（応保二～仁治二）。平安末期から鎌倉初期の歌人。藤原氏北家の家系で俊成の子。母は藤原親忠の娘（美福門院加賀）。正二位権中納言に至る。天福元年（一二三三）に出家、法名は明静。

●**生涯と業績** 平安時代の末期から歌人としての活躍を始め、建久年間（一一九〇～九九）には『六百番歌合』など藤原良経の主催する歌合わせ・歌会・百首歌に参加して、新古今歌風への道を開いた。『正治初度百首』で後鳥羽院に認められて以来、院の主催する和歌行事のほとんどに参加して中心的な歌人として活躍し、『新古今和歌集』の撰者の一人となった。のち、後鳥羽院との仲に亀裂が生じ、絶交状態のまま承久の乱によって院が隠岐に流されたことにより、以降、交渉は絶える。承久の乱後も歌界の巨匠として活躍し、『新勅撰和歌集』の撰者となった。『近代秀歌』『詠歌大概』『定家八代抄』『百人一首』などの編著があり、自撰の家集として『拾遺愚草』を残した。日記に『明月記』がある。多くの古典を書写した功績も大きく、『更級日記』など定家の手を経た本しか現代に伝わらない例もある。〈佐藤明浩〉

藤原彰子 ふぢはらのしやうし フジワラノショウシ《人名》九八八～一〇七四（永延二～承保元）。平安中期、一条天皇の中宮。道長の娘。後一条・後朱雀天皇の母。紫式部をはじめ、和泉式部・赤染衛門などの才女が仕えた。院号は上東門院。

藤原俊成 ふぢはらのしゆんぜい フジワラノシュンゼイ《人名》⇩藤原俊成（ふぢはらのとしなり）

藤原忠平 ふぢはらのただひら フジワラノタダヒラ《人名》八八〇～九四九（元慶四～天暦三）。平安中期の政治家・歌人。諡号は貞信公。基経の四男。摂政・関白・太政大臣。『延喜式』を編纂。日記に『貞信公記』。

藤原忠通 ふぢはらのただみち フジワラノタダミチ《人名》一〇九七～一一六四（承徳元～長寛二）。平安後期の歌人・漢詩人。関白忠実の子。九条兼実・慈円の父。関白太政大臣。法性寺殿と呼ばれる。保元の乱の関係者の一人。詩歌に長じ、源俊頼・藤原基俊らの歌人らとも親しかった。家集に『田多民治集』、漢詩集に『法性寺関白集』、日記に『法性寺関白記』がある。書にもすぐれ、法性寺流の祖とされる。

藤原為家 ふぢはらのためいへ フジワラノタメイエ《人名》一一九八～一二七五（建久九～建治元）。鎌倉中期の歌人。定家の子。阿仏尼の夫。青年期、蹴鞠に熱中し歌作に熱心ではなかったという。承久の乱後、歌人として成長し、俊成、定家と続いた和歌師範家を継承した。『続後撰和歌集』『続古今和歌集』の撰者。家集に『為家集』『中院集』など、歌論に『詠歌一体』。

藤原為兼 ふぢはらのためかね フジワラノタメカネ《人名》名は「ためかぬ」とも。一二五四～一三三二（建長六～元弘二）。鎌倉後期の歌人。父は為教。祖父為家から和歌を学ぶ。京極派の代表歌人で、京極為兼とも呼ばれる。『玉葉和歌集』の撰者。歌論に『為兼卿和歌抄』。

藤原為相 ふぢはらのためすけ フジワラノタメスケ《人名》一二六三～一三二八（弘長三～嘉暦三）。鎌倉後期の歌人。為家の子。母は阿仏尼。冷泉家の祖。関東の武士・僧に和歌・連歌を普及させた。家集に『藤谷和歌集』。

ふ

藤原為世 ふぢはらのためよ フジワラノタメヨ《人名》一二五〇～一三三八(建長二～延元三)。鎌倉後期の歌人。為氏の子。『新後撰和歌集』『続千載和歌集』の撰者。二条家の宗匠として多くの門下を育成、頓阿ら和歌四天王などが輩出した。歌論に『和歌庭訓』。

藤原定家 ふぢはらのていか フジワラノテイカ《人名》⇩藤原定家

藤原定子 ふぢはらのていし フジワラノテイシ《人名》九七七～一〇〇〇(貞元二～長保二)。平安中期、一条天皇の皇后。関白道隆の娘。父の死後は不幸が続き、兄伊周らの配流に伴い出家する。その後も天皇の寵は変わらなかったが、道長の娘彰子が入内して中宮に立ったため、中宮から皇后に移る。同年、出産の際に死去。母方が学者の家だったこともあり、和漢の教養が深かった。その知的で華やかなサロンの様子は、定子に仕えた清少納言の『枕草子』に記されている。

藤原時平 ふぢはらのときひら フジワラノトキヒラ《人名》八七一～九〇九(貞観一三～延喜九)。平安前期の公卿。左大臣に至る。関白基経の子。宇多上皇の信任厚い菅原道真を大宰権帥に左遷し、藤原氏の勢力を確立。醍醐天皇をたすけて律令制の立て直しに努め、『三代実録』『延喜格』『延喜式』撰修などの中心ともなる。後世の浄瑠璃などでは道真を追放する悪役として描かれる。

藤原俊成 ふぢはらのとしなり フジワラノトシナリ《人名》名は「しゅんぜい」とも。一一一四～一二〇四(永久二～元久元)。平安末期・鎌倉前期の歌人。俊忠の子。定家の父。余情を重んじる幽玄の歌風を樹立。中世和歌の出発点となった。歌合わせの判者としても活躍。『千載和歌集』の撰者。家集に『長秋詠藻』、歌論に『古来風体抄』。

藤原俊成女 ふぢはらのとしなりのむすめ フジワラノトシナリノムスメ《人名》「俊成卿女」とも。生没年未詳。没年は建長四年(一二五二)以後。鎌倉初期の歌人。盛頼の娘。祖父俊成の養女となり、のち源通具の妻となるが、まもなく離別。後鳥羽院歌壇の多くの歌会・歌合わせに参加。『新古今和歌集』時代の代表的女性歌人の一人。家集に『俊成卿女集』、歌論に『越部禅尼消息』。

藤原敏行 ふぢはらのとしゆき フジワラノトシユキ《人名》?～九〇七(延喜七)。平安前期の歌人。在原業平らと親しく、書にもすぐれた。家集に『敏行集』。

藤原不比等 ふぢはらのふひと フジワラノフヒト《人名》六五九～七二〇(斉明五～養老四)。奈良初期の政治家。鎌足の次男。『大宝律令』『養老律令』の制定にかかわるなど、律令体制の強化に努めた。また、娘光明子を聖武天皇の皇后とし、藤原氏繁栄の基礎を築く。『懐風藻』に詩五首が残る。

藤原冬嗣 ふぢはらのふゆつぐ フジワラノフユツグ《人名》七七五～八二六(宝亀六～天長三)。平安初期の政治家。左大臣。藤原北家の繁栄の基を築いた。『日本後紀』『弘仁格式』『内裏式』の編纂にかかわる。藤原氏子弟のための学問所として勧学院を設立。

藤原雅経 ふぢはらのまさつね フジワラノマサツネ《人名》⇩飛鳥井雅経

藤原道綱母 ふぢはらのみちつなのはは フジワラノミチツナノハハ《人名》?～九九五(長徳元)?。『蜻蛉日記』の作者。歌人。父藤原倫寧は蔵人・陸奥守などを歴任した中流貴族であった。天暦八年(九五四)右大臣藤原師輔の三男兼家と結婚、翌年道綱が生まれる。権勢家の妻としての生活ははた目には幸運であったにちがいない。しかし兼家には何人もの妻妾がおり、特に時姫という女性は道長など五人の子を生んで、妻としての確固たる地位を築いていた。そのような不安定な結婚生活の苦悩の中から生み出されたのが『蜻蛉日記』である。

道綱母は歌人としても名高く、『拾遺和歌集』以下の勅撰集に約四〇首の和歌が入っている。「嘆きつつひとり寝る夜の明くる間はいかに久しきものとかは知る」(➡名歌256)に代表されるように、実生活の中で人の心に訴えかけてゆく歌を得意とした。諸家の系図を集めた『尊卑分脈』では「本朝第一美人三人内也」とされていて、これが伝説にすぎないとしても美貌と才気に恵まれた女性というイメージが定着していたことをうかがわせる。〈吉野瑞恵〉

藤原道長 ふぢはらのみちなが フジワラノミチナガ《人名》九六六～一〇二七(康保三～万寿四)。平安中期の貴族。父は兼家、母は藤原中正の娘時姫。同腹の兄に道隆・道兼がいる。

兄たちが長徳元年(九九五)に続けざまに病没すると、姉詮子(一条天皇の母后)の支援もあって、同年内覧(職権は関白とほぼ同じ)の地位に就く。その前後の、甥伊周(道隆の子)との権力闘争は『大鏡』道長伝に詳しい。

長保元年(九九九)娘彰子を一条天皇の後宮に入れた。彰子は翌年中宮となり、寛弘五年(一〇〇八)には敦成親王を産む。このときの様子は『紫式部日記』に詳しい。長和五年(一〇一六)敦成親王が即位(後一条天皇)、外祖父の道長は摂政となった。ここに名実ともに道長の栄華が達成された。

翌年摂政を子息頼通に譲ったが、後一条天皇の後宮に娘威子を入れて皇后とするなど、積極的に後宮政策を推進し、一家から三人の后が立つ(彰子太皇大后・妍子皇太后・威子皇后)という比類のない繁栄を築き上げた。威子立后の折に詠まれたのが、有名な「この世をばわが世とぞ思ふ望月のかけたることもなしと思へば」(➡名歌164)という歌である。寛仁三年(一〇一九)病を得て出家。出家後は法成寺の造営に力を注ぎ、仏道に専心する日々を送ったが、なお一家の永続的繁栄に腐心した。

後宮政策の一環として才能ある女性や高貴な家筋の女性を娘たちの周辺に侍らせ、彰子の後宮からは紫式部、和泉式部、赤染衛門などの女流作家や女流歌人が輩出した。道長も文事を愛し、一条朝の文芸の隆昌を庇護者として支えた。日記『御堂関白記』があり、その自筆本も残っている。〈福長進〉

藤原の宮 ふぢはらのみや フジワラノミヤ 图 持統八年(六九四)から平城京に遷都する和銅三年(七一〇)まで、持統・文武・元明三代の都。中国の都城制にならって造られた最初の本格的宮都。畝傍山・耳成山・香具山の大和三山に囲まれた地域(今の奈良県橿原市高殿町付近)にあり、平城京や平安京よりも大きかったといわれる。

藤原基経 ふぢはらのもとつね フジワラノモトツネ《人名》八三六～八九一(承和三～寛平三)。平安前期の公卿。叔父良房の養子。

陽成天皇の摂政となるが、陽成を廃して光孝天皇を擁立し、実質的に関白となる。次の宇多天皇即位の際には阿衡の紛議を起こして政務を放棄し、そののち正式に人臣初の関白となる。『文徳実録』を編集。諡号は昭宣公。

藤原基俊《人名》生年未詳。永治二年(一一四二)没か。平安後期の歌人。右大臣俊家の子。源俊頼とともに院政期歌壇の中心的存在として活躍。家集に『基俊集』、詩歌撰集に『新撰朗詠集』。

藤原行成《人名》名は「こうぜい」とも。九七二〜一〇二七(天禄三〜万寿四)。平安中期の貴族。権大納言。『枕草子』や『大鏡』には軽妙で機知に富んだ横顔が描かれるが、一条天皇・藤原道長の信頼厚い有能な官吏でもあった。書の名人で三蹟の一人。書は世尊寺流として受け継がれ、室町末期まで続く。日記に『権記』がある。

藤原良経《人名》一一六九〜一二〇六(仁安四〜元久三)。平安末期・鎌倉前期の歌人。関白兼実の子。摂政・太政大臣。『六百番歌合』などを主催、藤原定家らとの活発な歌壇活動は新古今歌風の形成に大きく貢献した。『新古今和歌集』の仮名序を執筆、同集には第三位の入集。家集に『秋篠月清集』。書もよくし、後京極流の祖。

藤原良房《人名》八〇四〜八七二(延暦二三〜貞観一四)。平安前期の政治家。冬嗣の次男。皇族以外で最初の太政大臣・摂政となり、藤原北家繁栄の基礎を築く。『古今和歌集』の「年経れば」の歌(➡名歌248)は、女御となった娘の栄華と自身の満足とを詠んだもの。『続日本後紀』の編纂にもかかわる。

藤原頼長《人名》一一二〇〜一一五六(保安元〜保元元)。平安後期の政治家。関白忠実の二男。若くして内大臣・左大臣に進むが、保元の乱に敗れて死去。厳格な性格から悪左府(「左府」は左大臣の唐名)とも呼ばれた。和漢の学にすぐれ、漢文の日記『台記』がある。

藤原頼通《人名》九九二〜一〇七四(正暦三〜延久六)。平安後期の公卿。道長の子。後一条・後朱雀・後冷泉天皇の三代約五十年にわたり摂関の職にあったが、天皇の外戚となることはできず、摂関家の衰退を招いた。宇治の別荘を改めて寺とした平等院に、鳳凰堂を建立。

ふち-まい【扶持米】 名 主君から家臣へ俸禄として与えられる米。

ふ-ぢやう【不定】 名 形動(ナリ) ❶一定しないこと。決まっていないこと。確かでないこと。例往生は、一定と思へば一定、不定と思へば不定なり(＝浄土に生まれることは、確かであると思うと確かなことであり、確かでないと思うと確かでないことである)〈徒然・三九〉 ❷思いがけないこと。意外なこと。例「男どもまうで来たり」といへば、「不定のことかな」といふほどに(＝「下男たちがやってまいった」と言うと、「意外なことだなあ」と言っているうちに)〈宇治拾遺・一八〉

語誌 ▼中世の「不定」 「不定」は仏教語からきた語であるが、平安時代には不確かなことや予測できないことを表す一般的な語としても用いられた。この語が仏教的な意味合いを深め、人の運命の測りがたさや悟りを妨げる心の迷いなどを意味するようになったのは、平安末期から中世にかけてである。

『徒然草』では、①例を含めて「不定」が三回用いられ、特に一八九段では、「不定と心得ぬるのみ、まことにて違はず」と、不定こそがこの世で唯一の真理だと主張されている。不定を悲観したりはかなんだりせずにこの世の理としてありのままに受け取る考え方は、兼好の無常観の一端を担っている。〈白石佳和〉

ふ-ちゅう【府中】 名 令制で、国府の所在地。江戸時代には、徳川家康の隠居地であったことから特に駿府(静岡市)をさす。

ぶっ-かく【仏閣】 名 寺の建物。寺。例人々の家々、すべて在々所々の神社仏閣、あやしの民屋、さながら(＝残らず)やぶれくづる〈平家・一二・大地震〉

ふっ-き【富貴】 名 形動(ナリ) 動(サ変) 「ふうき」の促音便形。

ふ-づき【文月・七月】 名 「ふみづき」の変化した形。例いかでふ月・なが月に死にせじ〈大鏡・道長下〉

ぶっ-きゃう【仏経】 名《仏教語》❶仏像と経典。例堂塔を破り、仏経を焼かしむ〈今昔・一一・一〉 ❷仏教の経典。経文。例翁のために仏経一巻を供養したまはんなん〈落窪・三〉

ぶっ-く【仏供】 名《仏教語》「ぶく(仏供)」に同じ。

ふ-づくえ【文机】 名 「ふみづくえ」の変化した形。読書などに用いる机。例(ソノ扇ヲ)御文机に置かれける〈十訓抄・一〇・六〉

ふつくに【悉に】 副《上代語》ことごとく。すべて。すっかり。例悉にその軍卒を斬りつ〈紀・崇神〉

ふつく・む【忿くむ・慍くむ】 動(マ四)〔のちは「ふづくむ」〕怒る。例なほ恨み忿くむことを懐きて、弟を殺さむといふ志あり〈紀・崇神〉

ふ-づく・る【文作る】 動(ラ四)《近世語》❶たくらむ。あざむく。だます。例この家の奥様とならうとふづくりました女を〈浮世草子・傾城禁短気・四・三〉 ❷手回しよく準備しておく。作り調える。話をつける。例次の間の洞床(＝棚)に後室模様の着る物・大綿帽子・房付きの念珠など入れ置きてふづくり〈西鶴・好色一代男・四・五〉

ぶっ-くゎ【仏果】 名《仏教語》仏道修行の結果として得られる成仏。仏道の最終的な結果。⇩ぶっしゅ。例仏法修行も仏果にこそ目をかけて修行すべけれ〈正徹物語・上〉

ふ-づくゑ【文机】 ⇩ふづくえ

ぶっ-け【仏家】 名《仏教語》❶仏の教えに従う人。僧。また、仏門・仏教界。例「女人を仏家に入るべし」と申しすすめて〈三宝絵・下・七〉 ❷寺。寺院。

ぶっ-こつ【仏骨】 名 釈迦の遺骨。⇩ぶっしゃり

ぶつ-じ【仏事】 名 仏教の儀式。法事。例かたのごとく(＝形式どおり)仏事をいとなみ、後世をぞとぶらひたまひける〈平家・一一・大納言死去〉

ぶっ-し【仏師】 名 仏像を作る工人。仏工。飛鳥時代の鞍作鳥、平安時代の定朝、鎌倉時代の運慶・快慶などが有名。例仏師…いふままに仏造

りたてまつるほどに〈宇治拾遺・一〇九〉

ぶっ-しゃう【仏性】 名『仏教語』すべての衆生が本来もっている、仏となることのできる性質。例いづれも仏性具せる(=備わっている)身を 隔つるのみこそ悲しけれ〈平家・一・祇王〉

ぶっ-しゃう【仏餉・仏聖】 名『仏教語』❶仏に米飯・食物を供えること。また、その供える物。仏供。例常灯・仏聖なども絶えずして〈今昔・二六・二〇〉❷「仏餉袋」の略。①の米を入れて寺に渡す袋。

ぶっしゃう-ゑ【仏生会】 名『仏教語』「くゎんぶつゑ」に同じ。

ぶっ-しゃり【仏舎利】 名『仏教語』釈迦の遺骨。例七宝塔を造りて、仏舎利二粒を安置して〈著聞集・二・五二〉

ぶっ-しゅ【仏種】 名『仏教語』仏となるべきもと。将来仏果を生じるために必要な仏性を宿す種子。⇨ぶっくわ。例我が国の仏種は断えぬべかりけるを〈三宝絵・中・一八〉

ぶっ-しょ【仏所】 名『仏教語』❶仏の住む所。極楽浄土。転じて、仏像を安置する場所。例(a)文殊(=文殊菩薩)とともに仏所に詣でたまひき〈三宝絵・下・二八〉例(b)(庵室ノ)一間をば仏所に定め〈平家・灌頂・大原入〉❷仏師が住む所。仏師の工房。例仏所の法印に仰せて、御身等身の七仏薬師、ならびに五大尊の像をつくり始めらる〈平家・三・御産〉

ぶっ-そう【物忩】 名 形動(ナリ)❶落ち着かないこと。そそっかしいこと。例あまりに物忩なりければ、ひた騒ぎの智運房とぞ人申しける〈沙石集・八・二〉❷危険なこと。例洛中は、日暮れぬれば、小路物忩に候ふあひだ〈御伽草子・猿源氏草紙〉

ぶっそく-せき【仏足石】 名 釈迦が入滅のとき、その足の裏の形を石に残したという話に基づいて、石に釈迦の足形を彫りつけて信仰の対象としたもの。千幅輪や金剛杵などの文様が彫られている。奈良の薬師寺にあるものが有名。

ぶっそくせき-か【仏足石歌】 名 奈良の薬師寺にある仏足石歌碑に彫りつけられた二十一首の歌謡。また、その歌体。五・七・五・七・七・七の六句からなる。この歌体の歌は、ほかに『古事記』『万葉集』『播磨国風土記』に一首ずつある。

ぶっ-だ【仏陀】 名『仏教語』(梵語の音写)「ぶつだ」とも。正しい悟りを得たもの。仏。特に、釈迦。例仏陀の冥慮に背くべからず〈平家・二・教訓状〉

ぶつ-だう【仏道】 名『仏教語』釈迦の説いた道。仏法。例仏道修行の心ざしあれば〈平家・灌頂・六道之沙汰〉

ふつつか【不束】 名 形動(ナリ)〔「ふとつか」の変化した形。「不束」はあて字〕❶太くどっしりしている。例いと大きやかにふつつかに肥えたまひつるが〈宇津保・蔵開上〉❷不格好だ。無風流だ。例布衣の太つかなるを着て〈今昔・一四・三九〉❸思慮が浅い。行き届かない。例頭おろしなど、ふつつかに思ひとりたるにはあらで(=出家することなど、軽率に決心したのではなくて)〈徒然・五〉

ふっつり 副 ❶物の切れる音を表す。ぷっつり。例胴縄ふっつりはらはらはら〈近松・唐船噺今国性爺・下〉❷すっかり。まったく。これっきり。例ふっつりと飽き果てました〈狂言記・石神〉

ぶっ-てん【仏天】 名『仏教語』仏を天として尊んでいう語。例誠の心をいたして、仏天にも仕まつる人は、かくぞありける〈今昔・一七・四七〉

ふつ-と 副 ❶完全に。すっかり。例物詣でといふ事、ふつと忘れぬ〈発心集・八・一〇〉❷(打消の語を伴って)まったく(〜ない)。全然(〜ない)。例後世の障りとなるべし。ふつとかなふまじき(=適当ではあるまい)〈五代帝王物語〉

ふっ-と 副 ❶物を断ち切るさま。ぷっつりと。すっぱりと。例首をふっと咋ひ切り落として〈今昔・二七・一三〉❷ふと。突然。偶然。例ふっと駆け出て、え追ひつかで〈仮名草子・仁勢物語・上〉❸急に笑い出すさま。ぷっと。例をかしさどうもたまられず、ふっと吹きだすばかりなり〈近松・蟬丸・一〉

ぶつ-ど【仏土】 名『仏教語』仏の住む世界。仏の国土。特に、阿弥陀如来の西方極楽浄土。例魔界の悪業につながれて、仏土に億万里を隔てたまへば〈読本・雨月・白峯〉

ふつ-に 副 ❶ことごとく。完全に。例ふつに辞退して出家してけるは〈愚管抄・七〉❷(打消の語を伴って)まったく(〜ない)。例ふつに答ふるものなし〈読本・雨月・仏法僧〉

ぶつ-にち【仏日】 名『仏教語』仏の徳を光とみなし、仏を太陽にたとえた語。例煩悩の雲あつくして、仏日のひかり眼にさへぎらず(=見ることができない)〈一遍上人語録・上〉

ふつ-ふつ 副 ❶物を切る音。ぶつぶつ。例大綱どもをばふつふつとうちきりうちきり〈平家・九・宇治川先陣〉❷鳥のはばたく音。ぱたぱた。例ふつふつと飛びて帰るを見れば、鷲の雌となりけり〈沙石集・七・一四〉❸思い切るさま。きっぱり。すっかり。例浮き世にふつふつと飽きぬ〈西鶴・好色一代女・六・三〉

ぶっ-ぽふ【仏法】 名『仏教語』仏の教え。仏教。例仏法東流して本国にいたれり〈続紀・天平宝字七年五月〉

ぶっぽふ-そう【仏法僧】 名 ❶『仏教語』仏教で三つの宝とするもの。仏と、その教えを説いた法と、その教えを説く僧。三宝。例(コノ三巻デ)すべて仏法僧を顕せば、初めも善く、中も善く、後も善し〈三宝絵・序〉❷鳥の名。霊鳥で、鳴き声が「仏法僧」と聞こえると信じられた。例あの啼く鳥こそ仏法僧といふならめ〈読本・雨月・仏法僧〉

ぶつ-みゃう【仏名】 名『仏教語』❶仏の名。❷「仏名会」の略。例御仏名も今年ばかりにこそは(=今年限りだろう)、と思せばにや〈源氏・幻〉

ぶつみゃう-ゑ【仏名会】 名『仏教語』陰暦十二月十五日(のちには十九日)から三日間、諸仏の名号を唱えて、一年の罪障を懺悔する法会。朝廷や院宮・諸寺で行われた。

ぶつ-めつ【仏滅】 名 ❶『仏教語』釈迦が死ぬこと。入滅。例昔、中天竺に仏滅後、百歳ばかりを過ぎて〈十訓抄・一・八〉❷「仏滅日」の略。陰暦の六曜日の一つ。万事に凶とする悪日。

ふで【筆】 名 ❶絵や文字を書く筆記用具。筆。例**筆**を取りて、懐紙にかく書きて〈宇津保・蔵開下〉❷筆で書くこと。また、筆で書いたもの。筆跡。例めでたくはなけれど、**筆**軽くて〈今昔・二八・二七〉読解さらさらと軽やかに書いて、ということ。❸筆力。画力。例絵に書くとも筆も及ぶまじ〈栄花・暮れ待つ星〉

【筆を染む】 筆に墨を含ませること。また、筆で書くこと。例もらしてやみなむ事のあたらしさに(＝書かずにすませてしまうことが惜しくて)、また**筆を染めぬるなり**〈撰集抄・一・八〉

ふ-でう【不調】 名形動(ナリ) ❶体調や気分のよくないこと。例心の**不調**に候はんは〈義経記・三〉❷欠点が多いこと。例いと**不調なる**娘まうけはべりて〈源氏・野分〉❸みだらなこと。

ぶ-てうはふ【無調法】 名形動(ナリ) 行き届かないこと。過失。例いくへにも私の**不調法**でござる〈虎寛本狂言・鐘の音〉

ふ-てき【不敵】 名形動(ナリ) 大胆で何ものをも恐れないさま。また、無作法で乱暴なさま。例幼少より**不敵に**して、兄にもところをおかず(＝遠慮することもなく)〈古活字本保元・上〉

ふで-たて【筆立て】 名 ❶筆をさして立てておく筒。❷文章の書き出し。起筆。例(手紙ヲ)ひらき見れば、**筆たて**に日の字ありて〈醒睡笑・三〉

ふで-づかひ【筆遣ひ】 名 筆の使い方。筆の運びぐあい。書き方。書風。例**筆遣ひ**・文字やうなど、わざと(＝特に)良しとなけれど〈狭衣・一〉

ふで-とり【筆執り・筆取り】 名 筆をとって書き記すこと。また、その役目。書き役。右筆。例弓取り**筆取り**小弓の矢取りとか〈梁塵秘抄・四句神歌〉読解羽のない「鳥」を並べ上げた歌謡の一節。

ふで-の-あと【筆の跡】 筆跡。書いてある文字。例さすがに見ゆる(＝それでも目に入る)**筆の跡**、言の葉ども〈右京大夫集・詞書〉

ふで-の-すさび【筆のすさび】 気の向くままにものを書くこと。何とはなしにものを書くこと。いたずら書き。例古りたる障子などに書き置きたまひつる**筆のすさび**〈平家・三・少将都帰〉

ふで-の-すさみ【筆のすさみ】 「ふでのすさび」に同じ。

ふで-ゆひ【筆結ひ・筆匠】 名 筆を作ること。また、その職人。筆師。例**筆結ひ**の才なむ侍る〈宇津保・菊の宴〉

ふ-てん【普天】 名 天空があまねく覆う限りの範囲。世界。天下。「率土」(国の果て)と対で用いられることが多い。例**普天**の下、王地(＝帝が治める土地)にあらずといふ事なし〈平家・二・教訓状〉

ふてん-の-した【普天の下】 「ふてん」に同じ。例**普天の下**、王地(＝国王の治める土地)にあらずといふ事なし〈平家・二・教訓状〉

ふと-【太】 接頭 天皇や神事に関する名詞・動詞について、りっぱでいかめしい、の意を添える。「太敷く」「太祝詞」など。

ふと【浮屠・浮図】 名《仏教語》❶仏陀。仏。例西方に**仏図**といふ者あり。これ聖人なり〈開目抄〉❷僧。例髻なきものは**浮屠**の属にたぐへて、神前に入るをゆるさず〈芭蕉・野ざらし紀行〉

ふ-と 副 ❶不意に。急に。思いがけなく。例雨の音、風の吹きゆるがすも、**ふと**おどろかる〈枕・こころときめきするもの〉❷簡単に。たやすく。例龍あらば、**ふと**射殺して〈竹取〉❸動作のすばやいさま。さっと。例(車ノ中ニ入ッテキタ枝ナドヲ)いそぎてとらへて折らむとするほどに、**ふと**過ぎてはづれたるこそ、いとくちをしけれ〈枕・五月ばかりなどに山里にありく〉

ふ-どう【不動】 名《仏教語》「不動明王」の略。例不動の陀羅尼誦みて〈源氏・常夏〉

ふどう-げさ【不動袈裟】 名《仏教語》山伏などが着用する、輪の形をした略式の袈裟。例ことのほかに色黒き墨染めの衣の短きに、**不動袈裟**といふ袈裟かけて〈宇治拾遺・六〉

ふどう-そん【不動尊】 名《仏教語》「ふどうみゃうわう」に同じ。例仏は…**不動尊**〈枕・仏は〉

ふどう-みゃうわう【不動明王】 名《仏教語》五大明王・八大明王の主尊。大日如来が化現したもので、火炎の光背に、煩悩や悪魔を調伏させる憤怒の形相をとる。脇士の矜羯羅・制吒迦をはじめ、八大童子を眷属とする。例(悪魔ガ)上人の御菩提を妨げんとするところに、**不動明王**追ひ払ひたまひて〈沙石集・二・七〉

風土記 名 諸国の風土・伝説などを記した書。奈良時代成立の官撰地誌がその代表的なもので、後世のものと区別して「古風土記」ともいう。『続日本紀』によれば、和銅六年(七一三)元明天皇の勅命で諸国の風土・産物や神話・伝説などについて朝廷に報告させたもの。四字句を中心とする美文調の漢文体・準漢文体で書かれている。現存するのは、完本では『出雲国風土記』のみ。ほか、欠損はあるものの常陸国(茨城県)・播磨国(兵庫県)・豊後国(大分県)・肥前国(佐賀県・長崎県)の四か国のものが現存する。また現存はしないが、他の文献から三十数か国の風土記の存在が知られ、これらを逸文風土記という。『古事記』『日本書紀』と並んで、上代の地理・風土・文化など、特に地方の神話・伝説・歌謡などの伝承を知る上で貴重。〈五十嵐康夫〉

ふ-とくしん【不得心】 名形動(ナリ) ❶納得できないこと。例ひがこと(＝悪事)をもって**不得心**の所望をなさば〈随聞記・三〉❷不心得なこと。例色殊になる(＝格別によい)紅葉の下枝を、**不得心なる**下部どもが引き折りけるを〈太平記・二二〉

ぶとく-でん【武徳殿】 名 大内裏の建物の一つ。宜秋門を出た宴の松原の西にあり、武術・競べ馬などが催される。⇩付録

ふところ【懐】 名 ❶衣服の胸の部分の内側。小さな物を入れる場所となる。例猫を御**ふところ**に入れさせたまひて〈枕・うへにさぶらふ御猫は〉❷親や乳母の、子に対する庇護。例**懐**にのみならひたる(＝慣れ親しんでいる)子の、求め泣くなれば〈宇津保・国譲下〉❸物に囲まれた所。例山の**ふところ**より出で来たる人々の〈源氏・蜻蛉〉❹財布の中身。例**懐**が重たうなければ〈近松・女殺油地獄・下〉

ふところ-がみ【懐紙】 名「たたうがみ」に同じ。例懐紙に「すこし春ある心地こそすれ」とあるは〈枕・二月つごもり頃に〉

ふと・し

【太し】形(ク) ❶太い。例(蟻ノ)腰に細き糸をつけて、またそれに、いま少しふときをつけて(=腰に細い糸をつけて、またそれにもう少し太いものをつけて)〈枕・蟻通の明神〉❷太っている。肉付きがよい。例長短にて、身太くて力強げなるが(=身長は低くて、体は肉付きがよくて力強そうである者が)〈今昔・二三・三四〉❸精神的にどっしりしている。たくましい。例魂太く力極く強く〈今昔・三二・一三〉❹音声が、低音で音量豊かだ。例太く、からびたる声をうち出だして(=低く豊かで、しわがれた声を張り上げて)〈今昔・二八・二七〉❺和歌で、歌が堂々として雄大だ。例春・夏は太く大きに、秋・冬は細くからび…つかうまつれ(=春と夏の歌は堂々として大きく、秋と冬の歌は繊細で枯淡の趣があるように…作り申し上げよ)〈無名抄・会歌姿分事〉❻ずうずうしい。横着だ。例太い(音便形)事を言うて歩りかす(=ずうずうしいことを言ってまわるものだ)〈浮世草子・傾城禁短気・二・三〉〈奥村悦三〉

ふと-し・く【太敷く】 動(カ四)〔「ふと」は接頭語〕宮殿の柱を立てる。宮を造営する。また、造営した宮にいてりっぱに統治する。例飛ぶ鳥の(枕詞) 浄みの宮に 神ながら 太敷きまして〈万葉・二・一六七〉

ふと-しも〔副詞「ふと」+副助詞「しも」〕(打消の語を伴って)すぐには(〜ない)。簡単には(〜ない)。例多くの年隔てたる目には、ふとしも見分かぬなりけり〈源氏・玉鬘〉

ふと-し・る【太知る・太領る】 動(ラ四)〔「ふと」は接頭語〕「ふとしく」に同じ。例橿原の 畝傍の宮に 宮柱 太知り立てて〈万葉・二〇・四四六五〉

ふ-どの【文殿】 名〔「ふみどの」の変化した形〕宮中・院や、摂関家など貴族の邸宅で、書籍や文書の保存・管理を行う所。宮中では、校書殿をさす。院の文殿は、院政の重要機関となった。例北に寄りて文殿あり〈栄花・駒競べの行幸〉

ふと-ばし【太箸】 名 正月、雑煮に用いる箸。多く柳の木で作り、折れないように太く丸くする。例また、太箸をとる由来を問ひける〈西鶴・日本永代蔵・三・一〉

ふと-ばら【太腹】 名「ふとはら」とも。馬などの、腹の太った部分。例(野牛ガ)角にて狼の太腹を掻き切って〈仮名草子・伊曾保物語・下〉

ふと-まに【太占】 名〔「ふと」は接頭語〕古代の占いの一種。鹿の肩甲骨を朱桜の皮で焼き、そのひび割れで吉凶を占う。例時に天神、太占をもて卜合ふ〈紀・神代上〉

ふと-り【太織】 名〔「ふとおり」の変化した形〕太い練り絹糸で織った絹織物。粗末だが丈夫。例紬のふとりを無紋(=無地)の花色染めにして〈西鶴・日本永代蔵・一・一〉

ふな-あそび

【舟遊び】名〔古くは「ふねあそび」とも〕舟に乗って遊覧すること。例(a)遣り水に黄金の舟ども漕ぎ連ねて、ふねあそびして(=遣り水に黄金の舟を並べて漕いで、舟遊びをして)〈宇津保・吹上上〉例(b)能・舟遊びにもめしつれられ(=能や舟遊びのときにも呼び出されて連れて行かれ)〈西鶴・日本永代蔵・一・三〉

読解 屋敷の池に舟を浮かべたもの。

語誌 ▼舟遊びと文学　「ふねあそび」「ふなあそび」の語を古い時代の作品に見いだすことは難しいが、舟遊びそのものは早くから行われていたようで、『万葉集』巻一七〜一九に散見される、大伴家持らによる越中の布勢の湖遊覧の歌群などが知られている。景勝の水辺における舟遊びのほかに、例(a)のように、平安時代の貴族たちが邸内の池に舟を浮かべることも舟遊びといった。江戸時代には、屋形船を仕立てて花見・月見・花火見物などを楽しむようになる。

よく知られた舟遊びに藤原道長の大堰川遊覧がある。作文(漢詩文)の舟・管弦の舟・和歌の舟を浮かべて、それぞれの達人を乗せたもので、藤原公任の三船の才のエピソードが有名(『大鏡』頼忠伝、『古今著聞集』巻五など)。〈藤本宗利〉

ふな-いくさ【船軍】 名 ❶船で編成した軍隊。水軍。例日本の船師のまづ至る者と、大唐の船師と合ひ戦ふ〈紀・天智〉❷船を用いて水上で戦うこと。海戦。例ふないくさのやうはいまだ調練せず(=訓練していない)〈平家・一一・逆櫓〉

ふな-がく【船楽】 名 船の中で管弦の遊びをすること。また、その音楽。例御輿むかへたてまつる船楽、いとおもしろし〈紫式部日記〉

ふな-ぎほ・ふ【船競ふ】ギオウ 動(ハ四) 競争で船を漕ぐ。例舟競ふ堀江の川の水際に来居つつ鳴くは都鳥かも〈万葉・二〇・四四六二〉

ふな-ぎみ【船君】 名 船客のうちで中心となる人物。例船君なる人、波を見て〈土佐〉

ふな-こ【船子・舟子】 名 楫取り(船頭)の指揮のもとに、船を操る水夫。例船子・楫取りは船唄うたひて〈土佐〉

ふな-せ【船瀬】 名 船が風波を避けて停泊する所。例行き巡り見とも飽かめや名寸隅の船瀬の浜にしきる白波〈万葉・六・九三七〉

ふな-ぞろ・へ【船揃へ】ゾロエ 名動(サ変) 多くの船が出航のために集結すること。例摂津国渡辺よりふなぞろへして〈平家・一一・逆櫓〉

ふな-だな【船棚・船枻】 名 船の両わきの舷に取り付けた、波よけなどのための側板。例奈呉の海人の釣りする船は今こそば船棚打ちてあへて漕ぎ出め(=無理にも漕ぎ出たほうがよい)〈万葉・一七・三九五六〉

ふな-だま【船玉・船霊】 名 船の守り神。例船玉様へ灯明もとぼせ〈浄瑠璃・ひらかな盛衰記・三〉

ふな-ぢ【船路】ジ 名 船の通る路。また、船の旅。例船路なれど、むまのはなむけす〈土佐〉

ふな-つ【船津・舟津】 名 船の停まる港。船着き場。例秋風に川波立ちぬしましくは(=しばらくは)八十の舟津に御舟とどめよ〈万葉・一〇・二〇四六〉

ふな-の-へ【船の舳】 名 船の先端部。へさき。船首。例四つの船 船の舳並べ 平けく(=無事に) 早渡り来て〈万葉・一九・四二六四〉

ふな-はし【船橋・舟橋】 名「ふなばし」とも。船を数多く並べ、その上に板を渡して作った橋。川の流れが急で、通常の橋が設けられない場合に作る。例上野佐野の**舟橋**取り放し〈万葉・一四・三四二〇〉

ふな-ばた【船端・舷】 名 船の側方の部分。船のへり。例奥(=沖)には、平家**ふなばた**をたたいて感じたり(=感心している)〈平家・一一・那須与一〉

ふな-はて【船泊て】 名 船が停泊すること。例いづくにか**舟泊て**すらむ安礼の崎漕ぎたみ行きし棚なし小舟〈万葉・一・五八〉➡名歌63

ふな-びと【船人】 名❶船客。例おもしろしとみるにたへずして、**船人**のよめるうた〈土佐〉❷船頭。例**船人**も水手(=船乗り)も声呼び〈万葉・一五・三六二七〉

ふな-ぶぎやう【船奉行】 名 武家の職制の一つ。軍船を指揮し、船頭以下を支配する職。例**船奉行**の乗ったる船なり〈平家・一一・逆櫓〉

ふな-みち【船路】 名「ふなぢ」に同じ。

ふな-やかた【船屋形】 名 船上に造った屋根のある部屋。例**船屋形**の塵も散り、空行く雲もただよひぬ〈土佐〉

ふな-やど【船宿】 名❶船による物資の運送を職業とする家。例**舟宿**のあるじを招き、「この所のなぐさみ女は」と尋ねければ〈西鶴・好色一代男・三・五〉❷釣りや船遊びのための貸し船を仕立てる家。例天神橋の橋際に**船宿**があらう〈歌舞伎・お染久松色読販・序幕〉

ふな-よそひ【船装ひ・船艤】 名 船出の準備。例そほ舟の艫にも舳にも**舟装ひ**〈万葉・一〇・二〇八九〉

船橋〔一遍上人絵伝〕

ふな-わたり【船渡り・舟渡り】 名 船で渡ること。また、その場所。例**舟渡り**などもところせければ(=やっかいなので)〈源氏・総角〉

ふな-ゑひ【船酔ひ】 名 船の揺れで気分が悪くなること。船酔い。例かの**船酔ひ**の、淡路の島の大御(=御老女)〈土佐〉

ふ-にん【補任】 名動(サ変)「ぶにん」とも。❶官職に任命すること。また、位階を与えること。例義経五位の尉に**補任**の条〈平家・一一・腰越〉❷「補任状」の略。中世の辞令書。

ぶ-にん【夫人】 名「ふじん」に同じ。例天皇、藤原の夫人に賜ふ御歌一首〈万葉・二・一〇三・題詞〉

ふね【船・舟・槽】 名❶ふね。❷水などを入れる箱形の器。槽。例くろがね(=鉄)の脚つけたる**ふね**四つ立て並めて〈宇津保・吹上上〉

ぶ-ねう【豊饒】 名形動(ナリ)作物の実りが豊かなこと。富んで豊かなこと。物が多いこと。例氏も繁昌、国繁昌、五穀**豊饒**の民繁昌〈近松・嫗山姥・五〉

ぶ-ねん【無念・不念】 名形動(ナリ)不注意。手ぬかり。例申して上げぬはこちらの**不念**、どうぞもう一両日の内〈歌舞伎・三人吉三廓初買・二・序幕〉

ふ-ばこ【文箱】 名〔「ふみばこ」の変化した形〕❶手紙などを入れておく箱。また、手紙を入れてやりとりする箱。例男いといたうめでて、今まで、(手紙ヲ)巻きて、**文箱**に入れてあり〈伊勢・一〇七〉❷書物を入れて運ぶ箱。

船①〔北野天神縁起絵巻〕

左遷され、大宰府へ赴く菅原道真の船出を描く。船端の船枻で水夫たちが櫓を漕ぐ。沖に出るまでは帆柱を取り外しておく。

ふ-ばさみ【文挟み】 名「ふみばさみ」の変化した形。

不破の関 名歌枕 美濃国と近江国の国境にあった東山道の関所。今の岐阜県不破郡関ケ原町松尾。鈴鹿の関(三重県)、愛発の関(福井県)とともに古代三関の一つ。例秋風や藪も畠も**不破の関**〈芭蕉・野ざらし紀行〉

ふ-びと【史】 名〔「ふみひと(文人)」の変化した形〕「ふひと」とも。❶古代朝廷の書記官。例諸の**史**を召し聚へて、読み解かしむ〈紀・敏達〉❷姓の一つ。多く渡来人の子孫で、朝廷の記録に従事する。

ふ-びやう【風病】 名 風邪。例**風病**重きにたへかねて、極熱の草薬を服して〈源氏・帚木〉

ふ-びん【不便】 名形動(ナリ)〔「不憫」「不愍」は後世のあて字〕❶**不都合なこと。困り果てるさま。** 例鍵を置きまどはしはべりて、いと**不便なる**わざなりや(=鍵をどこに置いたのかわからなくなりまして、たいそう困ったことですよ)〈源氏・夕顔〉❷**かわいそうなこと。気の毒な様子。** 例この男の年来術なくてありけん、**不便**の事なり(=この男は長年暮らしに困っていたようだが、気の毒な事である)〈宇治拾遺・七七〉❸(多く「ふびんにす」の形で)**かわいい、いとおしい、と思うこと。** 例僧都の、幼うより**不便に**して召し使はれける童あり(=僧都が、幼いうちからかわいがって召し使っていらっしゃった子どもがいる)〈平家・三・有王〉

類義 ①②びんなし

ふ-ぶ・く【吹雪く】 動(カ四)雨や雪とともに、風が激しく吹く。例雨風いみじく降り**ふぶく**〈蜻蛉・中〉

〈安達敬子〉

ふふま・る【含まる】 動(ラ四)〔「ふふむ」の自動詞形か〕つぼみや芽が閉じている。つぼんだ状態でいる。例阿自久麻山のゆづる葉の**ふふまる**時に風吹かず

かも〈万葉・一四・三五七二〉

ふふ・む【含む】 ❶動(マ四) ❶ふくむ。中に物を包みもつ。また、心中にいだく。例ほのかにして牙をもつ。また、心中にいだく。例ほのかにして牙をまである。例卯の花の咲く月立ちぬほととぎす来鳴きとよめよふふみたりとも〈万葉・一八・四〇六六〉 ❷動(マ下二) ふくませる。食べさせる。例取りて我が口にふふめよ〈霊異記・下・一二〉

ふ-べん【不弁】 名形動(ナリ) 物事が思うようにいかないこと。財力が乏しいこと。例ふべんなるところを見せて恥づかしうこそあれ〈狂言・今参〉

ぶ-へん【武辺】 名 ❶武術。また、勇敢にふるまうこと。例侍道にも、武辺・口上以下さらに自慢はならぬものを〈仮名草子・浮世物語・三・一三〉 ❷武士。例富貴をねがふ心、常の武辺にひとしからず(＝普通の武士よりも強かった)〈読本・雨月・貧福論〉

ぶ-ほうこう【無奉公・不奉公】 名 まじめに主人に仕えないこと。例あの武悪(＝人名)めは常々不奉公すれどもも〈狂言・武悪〉

夫木和歌抄《作品名》鎌倉後期の私撰集。三六巻。藤原長清撰。延慶三年(一三一〇)ごろ成立。勅撰集や家集などに入らない歌を選び、約一七三五〇首を五九六の題に細分して配列する。後世の類題和歌集に多大な影響を与えた。

ふ-ぼん【不犯】 名《仏教語》僧や尼が戒律を犯さないこと。特に、異性と関係しないこと。例一生不犯の僧なれども入る事無し〈今昔・一三・二〇〉

ふま・ふ【踏まふ】 動(ハ下二)〔動詞「ふむ」の未然形＋接尾語「ふ」〕 ❶しっかり踏みつける。踏みつけて押さえる。例平らなる石の大きなるを置きて、それを踏まへて板敷きの上へ上がる〈今昔・二九・二七〉 ❷本拠として構える。支配する。例石川の城を踏まへさせて〈太平記・二七〉 ❸あれこれと考える。思案する。例跡先ふまへて〈西鶴・世間胸算用・四・四〉

ふみ【文】 名 ❶文字で書いたもの。㋐文書。書類。例(ゴ自分ガ)亡せたまひなむのちの事ども書きおきたまへる御処分の文ども(＝お亡くなりになったのちの事などを書き置いていらっしゃった御遺産相続の書類ら)〈源氏・竹河〉 ㋑手紙。書状。例近き御厨子なる色々の紙なる文どもを引き出でて(＝近くの御戸棚にあるさまざまな色の紙の手紙らを引き出して)〈源氏・帚木〉 読解 これは女性たちからの恋文。 ❷学問。特に、漢学(中国の学問)。例(博士ガ)やんごとなき人の御前に近づき参り…御書の師にてさぶらふは、うらやましくめでたくこそおぼゆれ(＝高貴な人の御前近くに参上し…御学問の師として伺候するのは、うらやましくすばらしく思われる)〈枕・めでたきもの〉 読解 当時の貴族は、博士などを家庭教師にして勉強した。この「書」は漢学。 ❸漢詩。漢文。例(鶯ハ)歌にも文にも作る(＝風情のあることとして和歌にも漢文にも詠む)〈枕・鳥は〉

ふみ-あ・く【踏み開く】 動(カ下二) 踏んで道をつける。例踏みあけたる跡もなく〈源氏・末摘花〉

〈岩坪健〉

ふみ-いた【踏み板】 名 牛車の前後の出入り口に渡し、乗り降りの際に足がかりとする板。例(指貫ノ裾ヲ)踏み板にいと長やかに踏みしだかせたまひて〈大鏡・道隆〉

ふみ-おこ・す【踏み起こす】 動(サ四) ❶地面を踏んで獣を追いたてる。狩りたてる。例朝狩に鹿猪踏み起こし〈万葉・六・九二六〉 ❷再興する。例足利の家踏み起こす〈近松・津国女夫池・五〉

ふみ-がき【文書き】 名 手紙を書くこと。また、手紙の書きぶり・書きざま。例女の文書きはいかがある(＝どんなふうなのか)〈源氏・浮舟〉

ふみ-ぎ【踏み木】 名「ふみき」とも。機織り機の部品の名。横糸を通すとき、縦糸の列を上下させるために足で踏む木。例機の踏み木持ち行きて天の川打ち橋渡す君が来むため〈万葉・一〇・二〇六二〉

ふみ-さく・む【踏みさくむ】 動(マ四) 踏み分けて進む。例磐根木根踏みさくみて〈祝詞・祈年祭〉

ふみ-しだ・く【踏みしだく】 動(カ四)「ふみしたく」とも。踏みつける。踏みにじる。踏み散らす。例また、指貫などの長い裾を踏みつけて歩く。例紫の織物の指貫どもを…丈に二尺ばかり踏みしだき〈栄花・本の雫〉

ふみ-すか・す【踏み透かす】 動(サ四) 鐙を両側へ踏ん張り、馬の腹から離す。例左右のあぶみをふみすかし〈平家・九・宇治川先陣〉

ふみ-たが・ふ【踏み違ふ】 ❶動(ハ下二) ❶道を間違える。行き間違える。例道を踏み違へて山に迷ひにけり〈今昔・一九・一九〉 ❷足の踏み所を誤る。踏みちがえる。また、踏み所が悪くて足の筋を痛める。例難波村の畠中にて、売妓のふみたがへてころびしに〈胆大小心録〉 ❷動(ハ四) ❶❷に同じ。例昨日舟に上るとて、母が踏み違ひて海に落ちたる〈読本・春雨・樊噲・上〉

ふみ-た・つ【踏み立つ】 動(タ下二) ❶狩猟で、勢いよく踏み込んで鳥などを驚かし飛び立たせる。例夕狩に鶉雉踏み立て〈万葉・三・四七八〉 ❷足を踏みしめて立つ。例乱り脚病といふものところせく起こりわづらひはべりて、はかばかしく踏み立つることもはべらず〈源氏・若菜下〉 ❸針・釘などを踏んで足の裏に突き立てる。例直義朝臣の乗られたりける馬、鏃を蹄に踏み立てて〈太平記・一六〉

ふみ-ちら・す【踏み散らす】 動(サ四) ❶踏み荒らす。踏んで散らかす。例この雪の山いみじう守りて、わらはべなどに踏み散らさせず〈枕・職の御曹司におはします頃、西の廂にて〉 ❷指貫などの長い裾を左右に蹴り広げる。一説に、裾を強く踏む意とも。例青鈍の指貫など踏み散らして居ためり〈枕・説経の講師は〉

ふみ-づかひ【文使ひ】 名 手紙を届ける使い。江戸時代は、遊女の手紙を客に届けるのを職業とする人にもいう。例若い衆に頼まれ、恋の文使ひ〈西鶴・世間胸算用・一・四〉

ふみ-づき

【文月・七月】 名「ふみつき」「ふづき」「ふんづき」などとも。陰暦の七月のこと。初秋。例文月や六日も常の夜には似ず〈芭蕉・奥の細道〉 読解 七月七日の前日に早くも七夕の情緒を感じ取った句。

語誌 ▼**牽牛と織女** 七月といえば、七夕。『万葉集』の「七月の 七日の夕は 我も悲しも」〈一〇・二〇八九〉のように、牽牛と織女の恋の歌がある。白居易の『長恨歌』の「七月七日長生殿」という、玄宗皇帝と楊貴妃の永遠の愛を誓った場面も有名。

▼**秋風の気配** 『古今和歌集』の「秋立つ日詠める 秋来ぬと目にはさやかに見えねども風の音にぞおどろかれぬる」〈秋上〉(↓名歌7)は、七月の立秋の日にほのかな秋の風の訪れを察知した歌である。〈島内景二〉

ふみ-づくえ【文机】 名「ふづくえ」に同じ。

ふみ-つくり【文作り】 名 漢詩文を作ること。作文。また、漢詩の会。例博士ども召し集めて、**文作り**・韻塞ぎなどやうのすさびわざどもをも(=慰みごとなどをも)〈源氏・賢木〉

ふみ-とどろか・す【踏み轟かす】 動(サ四) 強く踏んで大きな音を鳴り響かせる。例そこらの人の**踏みとどろかし**まどへるに〈源氏・明石〉

ふみ-どの【文殿・書殿】 名「ふどの」に同じ。

ふみ-と・む【踏み留む】 動(マ下二) 足をとどめて立ち止まる。また、足跡を残す。和歌では、多く「文留む」と掛けて用いる。例春霞立ちながら見し花なれど**ふみとめて**けるあとぞうれしき〈古今六帖・五〉

ふみ-なら・す【踏み平す】 動(サ四) 足で踏んで平らにする。踏んだ跡が平らになるほど同じ所を行き来する。例命をしま幸くもがも(=無事であってほしい)名欲山岩**踏み平し**またまたも来む(=何度も帰って来よう)〈万葉・九・一七七九〉

ふみ-ぬ・く【踏み抜く・踏み貫く】 動(カ四) ❶深く踏み込む。強く踏んで物に穴をあける。例ひた土(=地面)に 足**踏み貫き**〈万葉・一三・三二九五〉 ❷釘などを踏んで足に突き刺す。例足に大きなる杭を**踏み貫き**たり〈今昔・五・二七〉

ふみ-ばこ【文箱】 名「ふばこ」に同じ。

ふみ-ばさみ【文挟み】 名 文書を挟んで差し出すのに用いる白木の杖。例たちまちに名簿を書きて、**文挟み**にはさみて〈宇治拾遺・一二八〉

ふみ-はじめ【書始め】 名 皇族や貴族が幼少のとき、初めて漢籍を読む儀式。「読書始め」とも。例七つになりたまへば、**ふみ始め**などせさせたまひて〈源氏・桐壺〉

ふみ-はだか・る【踏みはだかる】 動(ラ四) 足を広げて立って構える。踏んばって立つ。例(弁慶)後ろに**踏みはだかり**て立ち上がりけり〈義経記・三〉

ふみ-まよ・ふ【踏み迷ふ】 —マヨウ 動(ハ四) 足を踏み入れて、道に迷う。例落花の雪に**踏み迷ふ**、片野の春の桜がり〈太平記・二〉

ふ・む【踏む・践む】 動(マ四) ❶足の下にする。踏みつける。例馬買はば妹徒歩ならむよしゑやし石は**踏む**とも我は二人行かむ(=もし私が馬を買ったら、おまえは歩いて行くことだろう。えい、かまうものか。たとえ石は踏んでも私たちは二人で歩いて行こう)〈万葉・一三・三三一七〉 ❷**歩く**。**行く**。例大江山いく野の道の遠ければまだ**ふみ**もみず天の橋立〈金葉・雑上〉↓名歌103 ❸**調子をとって足踏みする**。**舞う**。例橋の板を**踏み**鳴らして、声あはせて舞ふほど〈枕・なほめでたきこと〉 ❹(多く「位をふむ」の形で)**地位につく**。**位につく**。例天子位を**ふむ**先蹤、和漢かくのごとし(=天子が位につく前例は、日本でも中国でもこのとおりである)〈平家・四・厳島御幸〉 ❺値段を見積もる。値ぶみする。例女郎の着物から髪の上を**ふん**(音便形)でかかり(=遊女の着物から髪を飾るものまでを値ぶみしてかかり)〈洒落本・傾城買四十八手〉

語誌 ▼和歌では、②の例のように、連用形「ふみ」はしばしば「文」との掛詞となる。〈高田祐彦〉

ぶ-め・く 動(カ四)(「めく」は接尾語) 虻・蜂などがぶんぶんと羽音を立てる。例虻一つ**ぶめき**て、顔のめぐりにあるを〈宇治拾遺・九六〉

ぶ-も【父母】 名 父と母。例**ぶも**の養育の恩を報いざらむ事(=恩返しをしない事)〈今昔・二・一〉

ふも-だし【絆】 名 馬の腹や足などを縛ってつないでおく綱。「ほだし」とも。例馬にこそ **絆**かくもの(=つけるものなのに)〈万葉・一六・三八八六〉

ぶ-やく【夫役】 名「ふやく」「ぶえき」とも。民衆を徴発して、強制的に労働させること。例この御堂の**夫役**、材木・檜皮・瓦多く参らする業(=献上する仕事)を我も我もと競ひ仕る〈栄花・疑ひ〉

ふゆ【冬】 名 四季の一つ。立冬の日から立春の前日まで。陰暦の十月・十一月・十二月で、この三か月は、順に、孟冬・仲冬・季冬という別称がある。例**冬**の日や馬上に氷る影法師〈芭蕉・笈の小文〉

語誌 ▼**黒と北** 五行説では、冬と対応する色は黒・玄で、方角は北。四神では玄武があたる。

▼**冬の景物** 和歌では雪と氷が二大テーマで、雪がどのような植物の上に降り積もっているかが、微妙な季節感の違いを生み出す。『古今和歌集』冬巻は雪の歌が大部分を占める。木に積もる雪を春の花に見立てるものも多く、花を思い描くことによって春を待ち望む心が詠まれる。

▼**生命の胎動** 『百人一首』の「山里は冬ぞさびしさまさりける人目も草もかれぬと思へば」(↓名歌384)のように、冬は植物が枯れ果てる死の季節である。その一方、新しい生命が芽生えはじめる季節でもある。春夏秋冬の四季の運行は、生命の誕生・絶頂・凋落・死と対応しているが、この運行は円環構造になっている。死は生(再生)の準備期間であり、冬は来るべき春の前提でもある。

▼**物語と冬** 雪に降りこめられた寂しい人々がしばしば登場する。『源氏物語』では、末摘花という女性の経済的窮乏と頼る者のない精神的不安感が描かれる(蓬生巻)。また、明石の地を離れ、京の西郊でたまさかの光源氏の訪れを待つ明石の君の姿(薄雲巻)も印象的である。

▼**中世の冬** 『徒然草』には、「冬枯れのけしきこそ、秋にはをさをさ(=ほとんど)劣るまじけれ」〈一九段〉とあり、冬の美が強調されている。幽玄を尊び、深い精神性を追究する中世の美感は、心敬の「氷ばかり艶なるはなし」という宣言に結実する(『ひとりご

ふ

と』)。冬は、四季の中で最も高い位置を与えられている。〈島内景二〉

ふゆ-がまへ【冬構へ】ガマエ 名 冬を迎える備えをすること。屋内で炉を開いたり、屋外では庭木にわら囲いなどをする。例里は**冬構へ**して…降らぬさきより雪垣など〈西鶴・好色五人女・五・二〉

ふゆ-がれ【冬枯れ】名 冬になって草木が枯れること。また、その寒々しいさま。例**冬枯れ**の野辺と我が身を思ひせばもえても春を待たましものを〈古今・恋五〉→名歌313

ふゆ-ごもり【冬籠り】❶名 厳しい冬の期間、人間や動植物が活動を停止してじっとしていること。例雪降れば**冬ごもり**せる草も木も春に知られぬ花ぞ咲きける〈古今・冬〉→名歌393 ❷《枕詞》「春」にかかる。冬に活動停止していたものが春になって外へ出ることからとする説が有力。また、「春」と同音の「張る」にもかかる。「冬ごもり春さりくれば」「冬ごもり春咲く花を」「冬ごもり春の大野を」などの例がある。

語誌 ▼『万葉集』では枕詞として用いた。『古今和歌集』仮名序の有名な一首「難波津に咲くや木の花冬ごもり今は春べと咲くや木の花」(→名歌272)も、ふつう枕詞と解する。▼平安時代以降は、草木や鳥、山などのじっと籠るさまを詠むことが多い。そこから、かえって生命が活動を始める春を詠むこともある。❶例は、冬の雪を春の花に見立てた歌で、二つの季節が重ね合わされている。生命の閉塞状態と、生命のはつらつたる開花とである。〈島内景二〉

ふゆ-そーでん【不輸租田】名 令制で、税の租を免除された田地。

ふゆ-たつ【冬立つ】冬になる。立冬となる。例今日ぞ**冬立つ**日なりけるもしるく、うちしぐれて〈源氏・夕顔〉

ふゆ-どし【冬年】名 去年の冬。去年の暮れ。旧冬。例**冬年**、南都大仏建立のためとて、龍松院たち出でたまひ〈西鶴・世間胸算用・五・二〉

冬の日 ふゆのひ《作品名》江戸時代の俳諧集。一冊。荷兮編。貞享二年(一六八五)刊。俳諧七部集の第一集。芭蕉と尾張蕉門の人々が興行した歌仙五巻と追加の表六句を収めたもの。「狂句木枯らしの身は竹斎に似たるかな」(→名句48)の芭蕉の巻頭の句にも、風狂の精神を旗印にした詩的緊迫感が見られる。蕉風確立の第一歩を示した撰集とされる。

ふ-よう【芙蓉】名 ❶ハスの花の別称。美人のたとえ。例太液(=池の名)の**芙蓉**、未央(=宮殿の名)の柳〈源氏・桐壺〉❷植物の名。アオイ科の落葉低木。紅や白の花をつける。花は朝開き夕方にしぼむ。例霧雨の空を**芙蓉**の天気かな〈俳諧・韻塞〉

ふ-よう【不用】名 形動(ナリ)❶**用のないこと。いらないこと。**不要。例今日、節忌すれば、魚**不用**(=今日は精進をするので、魚はいらない)〈土佐〉読解 精進する日は肉や魚は食べない。❷**役に立たないこと。**無益。無駄。だめ。例さらば**不用**なめり。身をいたづらにやはなしはてぬ(=それでは生きていても無駄なようだ。とても死なずにはいられない)〈源氏・若菜下〉読解「身をいたづらになす」は「死ぬ」の婉曲表現。「やは」は反語の意を表す。❸「ぶよう」とも。**乱暴なこと。不届きなこと。**無法。例あまりに**不用に**候ひて、筑紫へ追うて候へば(=ひどく乱暴でして、九州へ追い払いましたところ)〈保元・上〉❹**怠惰なこと。**横着。例心も**不用に**なり、学問をも怠りなんず(=心も怠惰になり、学問もきっと怠けるだろう)〈義経記・一〉

語誌 ③④はともに、自分の置かれた環境や体制に従順でないさまを表す。〈川崎剛志〉

ぶ-よう【武勇】名 形動(ナリ)「ぶゆう」とも。武術にすぐれ、勇ましいこと。例敵から、景季が**武勇**を見て惜しむといへども〈今昔・二五・一三〉

ぶらく-ゐん【豊楽院】イン 名 大内裏の西南部、八省院の西に隣接する一画。正殿を豊楽殿といい、大嘗会・節会などを行う。平安中期に焼亡。⇩付録。例**豊楽院**はその工の建てたれば微妙なるべし(=これほど美しいのだろう)〈今昔・二四・五〉

ふ-らち【不埒】名 形動(ナリ)❶**らちのあかないこと。**要領を得ないこと。例二人ながら涙をこぼし、**不埒なりし**に〈西鶴・好色五人女・四・三〉❷**不届きなこと。**不都合なこと。不法。例見せかけのよき内証(=財政)の**不埒なる**商人〈西鶴・世間胸算用・二・一〉

ふら-ば・ふ【触らばふ】バウ・ボウ 動(ハ下二)《上代語》触れている。幾度も触れる。例上つ瀬に生ふる玉藻は下つ瀬に流れ**触らばふ**〈万葉・二・一九四〉

ふり

【振り・風】〔動詞「ふる」の名詞形〕❶名 ❶**ふるまい。行動。様子。姿。**例(a)こなたの**ふり**を見つけたやら、にはかに在所家並みの片端から屋捜し(=あなたの様子を見つけたのか、急に村の家々をかたっぱしから家捜し)〈近松・冥途の飛脚・下〉例(b)「その**ふり**を学ぶ」など言へる…**ふり**は振なり、ふるまひの事なり〈名語記・五〉❷**それらしく装った様子。そぶり。**例目をそばめて万事見ぬ**ふり**をせられた(=目を背けてすべて見ないそぶりをなさった)〈天草本平家・一〉❸**歌曲の歌いよう。舞踊などの所作。**例ささなみは船三郎が子にて、そのやうを習ひて謡ひたれば、**振り**はその**振り**にて(=ささなみは船三郎の子どもで、親の歌い方を習って歌ったので、歌いぶりは親の歌いぶりで)〈梁塵秘抄口伝集・一〇〉❹**しきたり。習慣。**例十年とさやうの家中にあれば、おほかた家の**ふり**になるなり(=おおよそ家風となるものである)〈甲陽軍鑑・二一〉❺「振り売り」の略。❻**料理屋や遊女屋などに、紹介・予約なしに客が来ること。**また、その客。例**振り**に呼ばれし新造の(=突然の客に呼ばれた新人の遊女が)〈松の葉・二・月見〉❼**金銭の融通。**やりくり。例借銀かさみ、次第に**ふり**につまり(=借金が増えて、だんだんやりくりに困り)〈西鶴・日本永代蔵・六・四〉
❷接尾 刀剣を数えるのに用いる。例白う作ったる(=

銀で飾った)太刀一振り〈平家・八・征夷将軍院宣〉〈奥村悦三〉

ふり-い・づ【振り出づ】(—イヅ) 動(ダ下二) ❶思い切って出ていく。振り捨てて出る。例冬中にふりいでて行く〈宇津保・吹上下〉 ❷声を高く張り上げて鳴く。例葦田鶴の声振り出でて鳴きもとどめよ〈平中・二三〉 ❸紅色に染めるため、紅(紅花で作る染料)を水に溶け出させる。和歌では、多く②の意を掛けて用いる。例紅のふりいでつつ泣く涙には〈古今・恋二〉

ふ-りう【風流】(—リュウ) 名「ふうりう」②②③」に同じ。

ふり-うづ・む【降り埋む】 動(マ四) ❶木の葉や雪などが降りしきって、ものを覆い隠す。例卒都婆も苔むし、木の葉降り埋みて〈徒然・三〇〉 ❷降る雨が強くて、風景がかすんで見えなくなる。例名におふ(=名高い)田子の浦・清見が関の風景も、ふりうづみて見る方もなく〈滑稽本・膝栗毛・二下〉

ふり-うり【振り売り】 名 店を構えずに、移動しながら物を売ること。また、その人。商品を手に提げたりてんびん棒などで肩に担いだりして、その物の名を呼ばわりながら売り歩く。例隙ある日には町中を振り売りし〈近松・心中宵庚申・下〉

ふり-か・く【振り掛く】 動(カ下二) ❶髪などを顔に垂れて覆いかけるようにする。例髪を振りかけて泣くけはひ〈源氏・若菜下〉 ❷ぱらぱらと物の上にまき散らす。例山の嵐は、色々の紅葉雨のごとくふりかくれば〈宇津保・国譲下〉

ふり-がた・し【旧り難し】 形(ク) ❶昔のままで変わらない。古びていない。若々しい。例なほふりがたき御かたちなりかし〈栄花・ゆふしで〉 ❷心がひかれて忘れがたい。飽きがこない。例ふりがたくあはれと見つつ行き過ぎて〈蜻蛉・中〉

ふり-くら・す【降り暮らす】 動(サ四) 雨や雪が一日じゅう降る。例つれづれとふりくらして、しめやかなる宵の雨に〈源氏・帚木〉

ふり-さ・く【振り放く】 動(カ下二) 〔「さく」は、はるかに～する意〕遠くに目をやる。ふり仰ぐ。例振り放けて三日月見れば一目見し人の眉引き思ほゆるかも〈万葉・六・九九四〉➡名歌317

ふりさけ-・みる【振り放け見る】 動(マ上一) ふり仰いで遠くを見る。例天の原振り放け見れば大君の御寿は長く天足らしたり〈万葉・二・一四七〉

ふり-し・く【降り敷く】 動(カ四) 雪などが降って、地面を覆う。例わが宿は雪ふりしきて道もなし踏み分けて訪ふ人し無ければ〈古今・冬〉

ふり-し・く【降り頻く】 動(カ四) 雨や雪がしきりに降る。例ひさかたの(枕詞)雨は降りしけ思ふ児がやどに今夜は明かして行かむ〈万葉・六・一〇四〇〉

ふり・す【旧りす】 動(サ変) (多く打消の語を伴って)古びる(ことがない)。年老いる(ことがない)。例恋しき事のふりせざるらん〈拾遺・恋四〉

ふり-す・つ【振り捨つ】 動(タ下二) ❶離れがたいものを思い切って振り切る。例咲きいづる花の都をふりすてて〈平家・五・都遷〉 ❷神威によって要求を通すために、権力者の邸宅などの門前に神輿・神木などを担ぎ出して置き去りにする。例春日の神木を飾りたてまつり、大夫入道道朝が宿所の前に振り捨てたてまつる〈太平記・三九〉

ふり-そで【振袖】 名 ❶丈を長くし、わきの下を縫っていない袖。また、それをつけた着物。元服前の男女が着る。例二十二、三までも振袖着せて置きて〈西鶴・西鶴織留・三・三〉 ❷(振袖を着ているところから)若い年ごろの娘。また、元服前の少年。例きれいな振袖が来かかる〈噺本・聞上手〉 ❸「振袖新造」の略。若く経験の浅い遊女。見習いの遊女。

ふり-そぼ・つ【降り濡つ】 動(タ四) 雨が、人をぬらすように降る。例雨も涙もふりそぼちつつ〈古今・恋三〉

ふり-た・つ【振り立つ】 動(タ下二) ❶勢いよく立てる。例大舟にかし(=杭)振り立てて〈万葉・一五・三六三二〉 ❷声を張り上げる。大きな音を出す。例声ふりたてて鳴くほととぎす〈古今・夏〉

ふり・づ【振り出】 動(ダ下二) 「ふりいづ」の変化した形。例梅の花散るてふなへに(=散るというそのときに)春雨のふりでつつ鳴くうぐひすの声〈後撰・春上〉 読解 声高く鳴く意と、春雨が降る意を掛ける。

ふり-つづみ【振り鼓】 名 楽器の名。二つの小さな太鼓を柄に貫き、太鼓の胴に糸で玉をつけたもの。柄を振ると、玉が太鼓の面を打って音を立てる。舞楽や、宮中の追儺で鬼を払うのに用いる。これを模した玩具にもいう。

ふり-のこ・す【降り残す】 動(サ四) 雨などが、そこだけをよけて降る。例五月雨の降りのこしてや光堂〈芭蕉・奥の細道〉➡名句64

ふり-は・つ【旧り果つ】 動(タ下二) すっかり古くなる。年老いてしまう。例ふり果てぬるはわが身なりけり〈新古今・冬〉

ふり-はな・る【振り離る】 動(ラ下二) 捨てて離れる。例今はとてふり離れ(ヨソノ国へ)下りたまひなむはいと心細かりぬべく〈源氏・葵〉

ふり-は・ふ【振り延ふ】(—ハウ・—ホウ) 動(ハ下二) ことさらにする。わざわざする。⇩ふりはへて・ふりはへ

ふり-はへ【振り延へ】(—ハエ) 副〔動詞「ふりはふ」の連用形から〕わざわざ。ことさらに。例御とぶらひにふりはへものしたまふ(=おいでになる)人もあり〈源氏・総角〉

ふりはへ-て【振り延へて】(フリハエ—) 副「ふりはへ」に同じ。例遠くおはしましにしのち、ふりはへてしもえ尋ねきこえたまはず(=便りをすることもおできになれない)〈源氏・蓬生〉

ふりふ-もんじ【不立文字】(フリュウ—) 『仏教語』悟りの道は、言葉や文字でなく、心から心へ直接伝えられるものだということ。「以心伝心」とともに禅宗の根本的立場を表す言葉。

ぶり-ぶり【振り振り】 名 江戸時代の子どもの玩具。中ほどのふくらんだ八角形の槌のような形で、鶴と亀、尉と姥などのめでたい事物を描き、小さな車をつけた。紐で引いたり振り回したりして遊ぶ。のちには正月の飾り物ともした。

ふり-まが・ふ【降り紛ふ】(—マガウ・—マゴウ) ❶動(ハ四) 向こうが見えなくなるほどに舞い降る。例空より色々の花降りまがひたるに〈栄花・鳥の舞〉 ❷動(ハ下二) し

きりに降って物の形を見分けにくくする。例花残るころにや分かむ白雪のふりまがへたるみ吉野の山〈秋篠月清集〉

ふり-まさ・る【旧り増さる】動(ラ四) いっそう古くなる。老いこむ。例あたらしき年は来れどもいたづらに(=むなしく)我が身のみこそふりまさりけれ〈拾遺・雑春〉

ふり-まさ・る【降り増さる】動(ラ四) 雨や雪がますますひどく降る。例いとせきがたき(=せき止められない)涙の雨のみ**降りまされ**ば〈源氏・幻〉

ふり-みだ・る【降り乱る】動(ラ下二) 雨や雪が激しく舞い降る。例雪にはかに**降りみだれ**、風などはげしければ、御遊びとくやみぬ〈源氏・浮舟〉

ふりみ-ふらずみ【降りみ降らずみ】〔「み」は接尾語〕降ったりやんだり。例神無月**降りみ降らずみ**定めなき時雨ぞ冬の始めなりける〈後撰・冬〉

ぶ-りゃく【武略】名 戦いのかけひき。戦略。例さらに義仲が**武略**にあらず〈平家・七・木曾山門牒状〉

ふり-ゆ・く【旧り行く】動(カ四) 古くなってゆく。年老いてゆく。例冬過ぎて春の来たれば年月は新たなれども人は**旧り行く**〈万葉・一〇・一八八四〉

ふ-りょ【不慮】名形動(ナリ) 思いがけないこと。意外。例「(任命ハ)かくなるべし」といふ人のならで、**不慮に**、異人なりたるをば〈宇治拾遺・一三〇〉

ふりょ-の-ほか【不慮の外】〔「不慮」を強調した語〕まったく思いがけない。例**不慮の外**に馬より落ちて〈今昔・六・一二〉

ふり-わけ【振り分け】名 ❶二つに分けること。例この所は江戸へも六十里、京都へも六十里にて、**ふりわけ**の所なれば〈滑稽本・膝栗毛・三下〉 ❷「振り分け髪」の略。例若宮の御髪のあさましく長く、**振り分け**に生ひさせたまへり〈栄花・つぼみ花〉

ふりわけ-がみ【振り分け髪】名 髪を肩ぐらいの長さにそろえ、左右に分けて垂らした髪型。男児・女児ともに行う。⇨髪型(図)。例くらべこし**振り分け髪**も肩すぎぬ君ならずして誰かあぐべき〈伊勢・二三〉➡名歌148

布留《地名》歌枕 大和国石上神宮一帯の地名。今の奈良県天理市布留町。『万葉集』以来、「石上」を枕詞に用いて「石上布留」と呼ばれることが多い。和歌では、同音の「古」から古めかしく神さびたイメージをもって詠まれたり、「古」「経る」「降る」と掛けて用いられることも多い。⇨いそのかみ。例石上**布留**の神杉(ここまで序詞)神さぶる(=古めかしい)恋をも我は更にするかも〈万葉・一一・二四一七〉

ふ・る

【旧る・古る】動(ラ上二) ❶**時を経る。過ぎ去る。**例古の事をも忘れじ、**ふりにし**事をも興したまふとて(=昔の事も忘れまい、過ぎ去った事も再興なさるといって)〈古今・仮名序〉

❷**知りあって久しい。古くからのなじみである。**例現にも夢にも我は思はずき**古りたる**君にここに逢はむとは(=現実にも夢にも私は思わなかった。古くからのなじみのあなたにここで逢うだろうとは)〈万葉・一一・二六〇一〉

❸**時を経て古くなる。古びて廃れる。**例**古りにし** 里にしあれば 国見れど 人も通はず(=古びて廃れてしまった里であるので、国を見ても人も行き来しない)〈万葉・六・一〇五九〉

❹**古くなって飽きがくる。時代遅れになる。**例(a)五月来ば鳴きも**ふりなん**(=五月が来たらきっと鳴き声に聞き飽きるだろう)郭公〈古今・夏〉例(b)**古りに**たるあたりとて、おとなひきこゆる人もなかりけるを(=時代遅れになってしまっている所として、お訪ね申し上げる人もなかったので)〈源氏・末摘花〉

❺**年をとる。**例**古りにし**嫗にしてやかくばかり恋に沈まむ手童のごと(=年をとってしまった老女のくせに、これほどまでも恋におぼれるのであろうか、幼児のように)〈万葉・二・一二九〉

❻**年輩者にふさわしくふるまう。年寄りらしくする。**例あさましう、**古り**がたくも今めくかな(=あきれたことに、年がいもなく若者のようにするものだなあ)〈源氏・葵〉

語誌 完了の助動詞「ぬ」を伴って連体修飾語として用いられて、「古し」「古めかし」と類義になることが多い。

〈奥村悦三〉

ふ・る

【降る】動(ラ四) ❶**雨・雪などが落ちてくる。**例**降る**雪はあはにな**降りそ**(=降る雪よ、たくさん降らないでくれ)〈万葉・二・二〇三〉

読解「な〜そ」は柔らかい禁止の意を表す。

❷**霜・露などがおりる。**例葦辺行く鴨の羽交ひに霜**降り**て寒き夕へは大和し思ほゆ(=葦が生えている水辺を泳いで行く鴨の羽に霜が降りて寒い夕暮れは、大和の国が思われる)〈万葉・一・六四〉

❸**涙が雨のように落ちる。**例ことならば明かしはててよ衣手に**降れる**涙の色も見すべく(=どうせなら夜明けまでいてください。衣の袖に落ちている涙の色を見せたいので)〈平中・二五〉読解恋しさのあまり血の涙を流しているのが明るくなればわかるだろうと詠む。

語誌▼**「降る」の掛詞** 平安時代の和歌では、「降る」は「古る」「旧る」と掛詞になることが多い。「花の色はうつりにけりないたづらにわが身世にふるながめせしまに」〈古今・春下〉(➡名歌288)はその典型。また「時しもあれかく五月雨の水まさり遠方人の日をもこそふれ」〈蜻蛉・中〉のように、「(日を)経」と掛けることもある。単に同音であるだけでなく、雨や雪が降ることが反復的・継続的動作であること、雨や雪に降り込められることのうっとうしさ・焦燥感などが、こうした時間的な意味をもつ動詞との掛詞を成立させる背景になっている。

〈鉄野昌弘〉

ふ・る

【振る】動(ラ四)〔「震る」と同源〕❶**揺り動かす。振り動かす。**例あかねさす(枕詞)紫野行き標野行き野守は見ずや君が袖**振る**〈万葉・一・二〇〉➡名歌1

❷**神霊を別の所に動かす。遷座する。**また、**御輿を担ぎ動かす。**例(a)大和国三笠山に**ふり**たてまつりて、春日明神と名づけたてまつりて(=大和国三笠山にご遷座申し上げて、春日明神と名づけ申し上げて)〈大鏡・道長上〉例(b)たちまちに御輿を**振り**てかの室に行幸して見たまふに(=すぐさま御輿を担ぎ出してその居室にお出ましになって御覧になると)〈今昔・三・一四〉

❸**振りまく。まき散らす。** 例酒をかけて塩を**振りて**〈四条流庖丁書〉
❹**横に向ける。そらす。** 例おもても**ふらず**、命も惜しまず、ここを最後と攻め戦ふ(=顔もそらさず、命も惜しまず、ここを最期の場所と決めて攻め戦う)〈平家・八・室山〉
❺**入れかえる。振りかえる。** 例近江は丹波にも、行く春は行く歳にも**ふるべし**(=入れかえることができるだろう)〈俳諧・去来抄・先師評〉 読解「行く春を近江の人と惜しみける」(→名句155)の句についての評。
❻**嫌って相手にしない。** 特に、男女間で冷たくする。例太鼓女郎にさへ**ふられて**〈西鶴・好色一代男・四・六〉
読解「太鼓女郎」は格の低い遊女。〈奥村悦三〉

ふ・る【触る】 動(ラ下二) ❶**さわる。接する。** 例(a)(箏ノ琴ニ)手も**触れ**たまはず〈源氏・澪標〉例(b)ただ覚えぬけがらひに**触れ**たるよしを奏したまへ(=ただ思いがけない穢れに接してしまった旨を奏上なさってください)〈源氏・夕顔〉
❷**食べる。手をつける。** 例柑子などをだに**触れ**させたまはずなりにたれば(=柑子などをさえもお食べにならなくなってしまっているので)〈源氏・薄雲〉 読解「柑子」はミカンの一種。
❸**かかわる。関係する。** 例宮の御事に**ふれ**たる事などをば、うち頼めるさまに(=東宮の御事にかかわっている事などを、頼りにしているふうに)〈源氏・賢木〉
❹**言及する。耳に入れる。** 例くだくだしさを聞こえ**ふる**べきにもあらず(=煩わしいことを申し耳に入れるわけにもいかない)〈源氏・総角〉
❺**伝える。広く知らせる。** 例子細を衆徒に**ふれん**(=情勢を衆徒に伝えよう)〈平家・一・内裏炎上〉
語誌「こぞこそは(=今夜こそは) 安く肌触れ」〈記・下・允恭・歌謡〉「磯に触り海原渡る」〈万葉・二〇・四三二八〉などから、上代には四段活用の「ふる」があったことがわかる。〈鉄野昌弘〉

ふ・る【震る】 動(ラ四)〔「振る」と同源〕揺れ動く。地震が起きる。例また、同じころかとよ、おびただしく大地震**ふること**侍りき〈方丈記〉

ふる-うた【古歌】 名 古人の詠んだ歌。昔の歌。古歌。例**古歌**とても、をかしきやうに選り出で(=味わいのある趣向で選び出し)〈源氏・蓬生〉

ふる-え【古枝】 名 年月を経た古い枝。また、枯れた枝。例秋萩の**古枝**に咲ける花見れば〈古今・秋上〉

ふるき【黒貂】 名〔蒙古語からか〕動物の名。黒貂の古称。毛皮で作った皮衣は衣料として珍重された。例表着には**黒貂**の皮衣、いときよらにかうばしきを着たまへり〈源氏・末摘花〉

ふる-ごたち【古御達】 名 年を取った女房たち。ごたち。例使ふ人、**古御達**など〈源氏・帚木〉⇩

ふる-こと【古言・古事・故事】 名「ふるごと」とも。❶古い言い伝え。例**古語**に称して曰さく〈紀・神武〉❷古い詩や歌。古歌。例あはれなる**古言**ども、唐のも大和のも書きけがしつつ(=書き散らしては)〈源氏・葵〉❸古い物語。昔の話。例かかる**古事**の中に、まろがやうに実法なる痴れ者の物語はありや(=私のように律儀な愚か者の話はあるか)〈源氏・蛍〉❹昔の出来事。古い由緒のある事柄。故事。例昔の**ふるごと**ども言ひ出で〈更級〉

ふる-ごゑ【古声】 名 昔と変わらない声。昔のままの懐かしい声。例五月待つ山ほととぎすうちはぶき(=羽を振り)今も鳴かなん去年の**ふるごゑ**〈古今・夏〉

ふる-さと【古里・故郷】 名 ❶**古びて荒れた所。** 特に、旧都。例**故郷**となりにし奈良の都にも色は変はらず花は咲きけり(=旧都となってしまった奈良の都にも、色は昔と変わらずに花は咲くことだなあ)〈古今・春下〉 読解平安京遷都後の歌。
❷**かつて住んでいた土地。なじみがある土地。生まれ故郷。** 例(a)人はいさ心も知らず**ふるさと**は花ぞ昔の香ににほひける〈古今・春上〉→名歌307 例(b)**故郷**の人の来たりて〈徒然・一四一〉
❸**自宅。実家。** 旅先や宮仕え先などに対していう。例(a)おのおの、**古里**に心細げなる言伝てすべかめり(=それぞれ、自宅に不安げな便りをするようである)〈源氏・明石〉 読解光源氏とともに明石の地までやってきた供人たちの様子。例(b)見どころもなき**ふるさと**の木立を見るにも(=見る価値もない実家の木立を見るにつけても)〈紫式部日記〉
類義③さと
語誌なんらかの形で過去とのつながりがある場所、過去が思い起こされてくる場所をいう。〈高田祐彦〉

ふるさと-びと【故郷人】 名 生まれ故郷の人。昔なじみの人。実家の人。例**ふるさと人**をいかに忍ぶや(=どのように懐かしく思うか)〈源氏・真木柱〉

ふる・し【古し・故し・旧し】 形(ク) ❶**昔のことだ。過ぎ去ったことだ。** 例万葉集に入らぬ**古き**歌、自らのをも奉らしめたまひてなん(=万葉集に入っていない古い歌や撰者たち自身の歌も献上させなさったのである)〈古今・仮名序〉
❷**年を経て由緒を感じさせる。年功を積んでいる。** 例錦・綾なども、なほ**古き**物こそなつかしうこまやかにはありけれ(=錦や綾なども、やはり昔の物のほうが品よく、上質であるものだ)〈源氏・梅枝〉
❸**廃れている。古びている。** 例立ちかはり**古き**都となりぬれば(=すっかり変わって廃れた都となってしまったので)〈万葉・六・一〇四八〉
❹**時代遅れだ。陳腐だ。** 例一昔**古い**(音便形)仕掛けが田舎なり(=一昔前の時代遅れのやり方が田舎である)〈近松・心中宵庚申・上〉〈奥村悦三〉

ふる・す【旧す・古す】 動(サ四) ❶**長く使う。使い古す。** 〜して時を経る。例照左豆(=人名)が手に巻き**古す**玉もがも(=玉があればなあ)〈万葉・七・一三二六〉
❷**使い古して見捨てる。飽きて疎んじる。** 例あだ人の(=浮気者が)我を**ふるせる**名にこそありけれ〈古今・恋五〉

ふる-つはもの【古兵】 名 戦いの経験を積んだ老練な武士。例後藤兵衛実基は、**ふる兵**にてありければ〈平家・一一・嗣信最期〉

ふる-て【古手】 ❶名 使い古したり不用になったりした着物や道具。例意見**古手**の印籠の〈近松・淀鯉出世滝徳・上〉 読解考えも古くさく、使い古しの印籠を持って、の意。❷形動(ナリ)古くさい方法。陳腐な手段。例古手な肴取りおいて(=ありきたりの料理はやめにして)、蒲焼一種で飲み明かす〈近松・長町女腹切・中〉

ふる-とし【旧年】名❶去年。新年から見て、去った年をいう。例**旧年**より皆病みけりなど聞こゆれば〈栄花・本の雫〉❷年内。年末に立春があった場合の、まだ改まる前の年の内をいう。例**ふるとし**に春立ちける日よめる〈古今・春上・詞書〉

ふる-ひと【古人・旧人】名「ふるびと」とも。❶昔の人。亡くなった人。例今木の嶺に茂り立つ夫まつの木は**古人**見けむ〈万葉・九・一七九五〉❷古くから交際している人。昔なじみ。例春雨の**ふるひと**なれば袖ぞ濡れぬる〈古今・恋四〉読解「ふるひと」は「降る日と」を掛ける。❸老人。例**ふる人**は涙もとどめあへず〈源氏・明石〉❹古風な人。昔かたぎの人。例あやしき**古人**にこそあれ〈源氏・行幸〉❺古くからいる人。古参の人。特に、古参の女房。例内裏の**古人**も世人も申しける〈栄花・布引の滝〉

ふる・ふ

【震ふ・振るふ】動(ハ四)〔動詞「ふる」+接尾語「ふ」か〕❶**こきざみに揺れ動く。振り動かす。**例(a)身**ふるひ**心慄り、憑恃む所なし(=体が震え、心が怯え、頼みとしてすがりつくものもない)〈霊異記・上・三〉例(b)(手紙ハ)落つともここにこそあらめとて、御座をまづ取りあげて**ふるへ**ども、いづこにかあらん(=落ちたとしてもここにあるだろうと思って、お敷物をまず取り上げて振るうけれど、どこにあるだろうか、いや、どこにもない)〈落窪・一〉読解「いづこにか」の「か」は反語の意を表す。❷**大地が震動する。大地を震動させる。**例(a)時に大地六度**振るひて**〈三宝絵・上・八〉例(b)にはかに雨降り雷電して(=雷が鳴り、稲光がして)、山を**振るふ**事あり〈今昔・七・四五〉❸**鳴り響く。**漢字「震」に基づく漢文訓読語的表現。例(評判ハ)遠近に**ふるふ**〈海道記〉❹**残らず出す。**例よろづこの度は我が宝**ふるひてむ**(=何事も今度は自分の財産を残らず出してしまおう)〈栄花・浅緑〉❺**威力・能力などを発揮する。**例金岡(=絵師の名)筆を**ふるひて**絵かける中に〈著聞集・一一・三八五〉〈奥村悦三〉

ふる・ぶ【旧ぶ・古ぶ】動(バ上二)❶古くなる。古くさくなる。例御前には**古びたる**革蒔絵の御櫛の箱〈宇津保・蔵開下〉❷老人くさくなる。年寄りじみる。例**古びたる**声にて「いなや、こは誰ぞ」とのたまふ〈堤中納言・花桜折る少将〉

ふる-ぶる・し【旧旧し】形(シク)ひどく古風だ。はなはだ年取っている。例いとさだ過ぎ(=盛りを過ぎ)、**ふるぶるしき**人の〈枕・かへる年の二月二十日よ日〉

ふる-へ【古家】名〔「ふるいへ」の変化した形〕古びた空き家。廃屋。また、昔住んでいた家。例我が背子が**古家**の里の明日香には千鳥鳴くなり妻待ちかねて〈万葉・三・二六八〉

ふる-まひ【振る舞ひ】名❶行動。様子。態度。ふるまい。例常なりし笑まひ**振る舞ひ**〈万葉・三・四七八〉❷もてなし。饗応。例あなたの御**振る舞ひ**の、こなたの御参会のと〈虎寛本狂言・文蔵〉

ふる-ま・ふ

【振る舞ふ】動(ハ四)❶**思うままに事を行う。**例物の音などかきたて、例の遊びなど**ふるまひて**(=楽器の音をかきたてて、いつもの管弦の遊びなどを行って)〈宇津保・吹上上〉❷**威儀をつくろって行動する。ことさらに趣向を凝らす。**例(a)六位なるものの太刀佩きたる、**ふるまひ**出で来て(=六位で太刀を帯びている者が、威厳をつくろってやって来て)〈蜻蛉・下〉例(b)おほかた、**ふるまひ**て興あるよりも、興なくてやすらかなるが、まさりたる事なり(=総じて、ことさらに趣向を凝らしておもしろみがあるよりも、おもしろみがなくて穏当なのが、まさっているものである)〈徒然・二三一〉❸**動き回る。**例よき馬に乗りたる人…道も行きやらず、**ふるまは**するほどに(=りっぱな馬に乗った人が…道を進ませもせず、乗り回しているので)〈宇治拾遺・九・六〉❹**もてなす。ごちそうする。**例今夜、新蔵人**ふるまは**れてさうらふ。康光すでに沈酔に及べり(=今夜、新蔵人が酒をごちそうなされております。私、康光はすっかり酔いつぶれてしまいました)〈著聞集・一八・六三五〉〈奥村悦三〉

ふる-みや【古宮】名❶皇族の古い屋敷。例この**古宮**の梢は、いとことにおもしろく〈源氏・総角〉❷世間から忘れられた皇族。例そのころ、世に数まへられたまはぬ**古宮**おはしけり〈源氏・橋姫〉

ふる-めか・し

【古めかし】形(シク)〔動詞「ふるめく」の形容詞形〕❶**いかにも昔のことだ。昔からのことだ。**例この尼君…**古めかしき**事どもをわななき出でつつ語りきこゆ(=この尼君は…昔の事を声も震えながらお話し申し上げる)〈源氏・若菜上〉❷**古風だ。昔かたぎだ。時代遅れだ。**例**ふるめかしき**心なればにやあらん、今めかしく好もしき事もほしからず(=古風な性質であるからだろうか、現代風で風流めいた事も望まない)〈落窪・二〉❸**年をとっている。年寄りくさい。**例(a)年いたう老いたる典侍…**古めかしき**ほどなれば、つれなくもてなしたまへるを(=年がたいそう老いている典侍を…年をとっているので、すげなくあしらっていらっしゃるのを)〈源氏・紅葉賀〉例(b)いと**古めかしき**咳うちして(=たいそう年寄りくさい咳をして)〈源氏・朝顔〉❹**陳腐だ。珍しくもない。**例春雨の(枕詞)**ふるめかしく**も告ぐるかなはや柏木のもりにしものを(=陳腐にも言ってよこしたものだなあ。はやくも春雨が柏木の森を漏れてしまっているように二人の仲はもうだめになっているのに)〈後拾遺・雑二〉読解他の女性との結婚を知らせてきた男に対する歌。「もり」は「森」と「漏り」を掛ける。〈奥村悦三〉

ふる-め・く【古めく】動(カ四)〔「めく」は接尾語〕❶古びて見える。例(ソノ紙ハ)**古めきたる**黴くささながら、跡(=筆跡)は消えず〈源氏・橋姫〉❷昔風である。古風である。例返し、いと**古めきたり**〈蜻蛉・

上〉❸老人らしく見える。例いと古めきたる御けはひ、咳がちにおはす〈源氏・朝顔〉

ふる-ものがたり【古物語】 名❶昔の思い出話。例古物語にかかづらひて夜を明かしはてんも〈源氏・橋姫〉❷古い時代に作られた物語。また、特に『源氏物語』以前の物語。例世の中に多かるふる物語のはしなどを見れば〈蜻蛉・上〉

ふる-や【古屋】 名古びた家屋。古い家。例ひとりのみながめふるやのつまなれば人をしのぶの草ぞ生ひける〈古今・恋五〉読解「ながめ」に「長雨」「眺め」、「ふるや」に「古屋」「降る」「経る」、「つま」に「妻」「端(軒端)」を掛ける。

ふるゆきの【降る雪の】《枕詞》❶雪が白いことから「白髪」「いちしろし」「みのしろ衣」などにかかる。❷雪が消える意から「消」に、また、その同音の「日」にかかる。

ふれ【触れ】 名広く告知すること。役所からの布令、相撲の呼び出し、興行の案内、物売りの呼ばわりなどにもいう。例この触れ聞くといなや御前にまかり出で(=参上して)〈西鶴・本朝桜陰比事・四・九〉

ふ-れい【不例】 名(平常の状態でない意)病気であること。特に、貴人の場合にいう。例忠仁公(=藤原良房)不例の事ありける時に〈今昔・三一・三〉

ぶれい-かう【無礼講】 ーコウ 名身分の上下や礼儀を抜きにして行う宴会。例その心を窺ひ見んために、無礼講といふ事をぞ始められける〈太平記・一〉

ふれ-じゃう【触れ状】 ージョウ 名複数の人に順次触れ知らせるための書状。「回状」とも。例女中方が申し入れたきのよし(=ご招待したい旨)、触れ状つかはされけるに〈西鶴・好色一代男・五・一〉

ふれ-ば-ふ【触ればふ】 バウ・ボウ 動(ハ四)❶手を触れる。接触する。例この春はしづが垣根にふればひて梅が香留めむ人親しまん〈山家集・上〉❷人と関係をもつ。また、血縁関係がある。例まことにさやうに触ればひぬべき証やある〈源氏・常夏〉

ふ-ろ【風炉】 名❶湯を沸かしたりするための炉。例風炉たきなどして、きらめきたりけり(=さかんにもてなした)〈著聞集・一三・四三六〉❷茶の湯で、湯を沸かすのに使う道具。夏期に炉のかわりに、席上に据えて用いる。例風炉・釜・茶碗・茶入れ。はあ、この釜は定めて蘆屋であらう〈虎寛本狂言・連歌盗人〉

ふろ-や【風呂屋】 名❶銭湯。上方の称で、江戸では「湯屋」という。❷江戸時代、入浴客の世話をする湯女を置いて営業する湯屋。例中ごろの風呂屋は、女を心まかせに抱え置きて〈色道大鏡・一四〉

ぶ-ゐ【無為】 ーイ 名形動(ナリ)❶作為のないこと。例無為を業とし、無事(=何もしないこと)を事とす〈太平記・一〉❷平穏無事なこと。例海内(=国内)無為を思ふためなり〈平家・三・頼豪〉

ぶん

【分】名❶割り当て。取り分。例我が分の飯を分けてこれを養ふに(=自分の割り当ての飯を分けてこの人を養っているが)〈今昔・三〇・一七〉

❷身のほど。分際。例貧しくて分を知らざれば盗み、力衰へて分を知らざれば病を受く(=貧しいのに身のほどを知らなければ盗みをし、力が衰えているのに身のほどを知らなければ病気になる)〈徒然・一三一〉

❸程度。分量。状態。例少々よい分は、娘が合点まゐるまい(=多少美しいくらいでは娘が納得いたすまい)〈狂言・見目吉〉

❹仮にそう見なす立場。名義。名目。例我、この寺に年久しく、住持の母親ぶんになって(=私は、この寺で長い間、住職の名目上の母親となって)〈西鶴・好色一代女・二・三〉

類義②ぶんげん

語誌④は、「名詞+の」や直接名詞の下について、義理の人間関係を表す用法。江戸時代に入って広まったもので、「親分」「子分」「兄分」「姉分」「親子の分」などと用いられる。〈川崎剛志〉

文鏡秘府論 ブンキョウヒフロン《作品名》平安前期の詩文論。六巻。空海編著。弘仁一〇年(八一九)ごろ成立。中国六朝・唐代の詩文書を取捨抜粋してまとめたもの。

ぶんきん-しまだ【文金島田】 名江戸時代、女性の髪型の一つ。根を高く結った華やかな島田髷。奥女中などが結った。例文金島田のお嬢さんが万引きをしようとは〈歌舞伎・青砥稿花紅彩画・三〉

文華秀麗集 ブンカシュウレイシュウ《作品名》平安初期の勅撰漢詩集。三巻。嵯峨天皇の勅命により、藤原冬嗣・仲雄王らが撰。弘仁九年(八一八)成立。勅撰三集の第二。嵯峨天皇・淳和天皇ら二八人の詩一四八首(現存一四三首)を題別に分類して収める。

ぶん-げん

【分限】名「ぶげん」とも。❶能力や力の程度・範囲。また、その能力や力。例園城は分限なきによって、南都へおもむかしめたまふ間宇治橋にて合戦す(=園城寺には力がないので、興福寺へお向かいなさるときに宇治橋で戦いとなる)〈平家・七・木曾山門牒状〉読解謀反が露顕したため高倉宮は園城寺(三井寺)に逃れたが、園城寺には平家に対抗するだけの武力がないとみて、南都(奈良)の興福寺へ向かう。

❷身のほど。分際。例(恵比須講ノ日ハ)諸商人…我が分限に応じいろいろ魚鳥を調へ(=多くの商人が…自分の身のほどに応じていろいろと魚や鳥を用意して)〈西鶴・日本永代蔵・六・三〉読解恵比須講の日、商家では親戚などを招いて宴を催す。

❸財力があること。金持ち。富豪。例広き世界にならびなき分限は我なり(=広い世の中で比べるものがないほどの金持ちは私である)〈西鶴・日本永代蔵・二・一〉

語誌①が原義。時代が下ると能力の判断基準の一つとして富の多少が重視されるようになり、その結果、③が生じたと考えられる。〈川崎剛志〉

ぶん-こ【文庫】 名❶書物や文書を収納する蔵。例中御門東洞院の御所にたてられたる文庫〈古活字本保元・下〉❷手回りの品などを入れる小箱。例文庫・机を担はせて〈浄瑠璃・菅原伝授手習鑑・四〉

豊後《地名》旧国名。今の大分県の北部を除いた大部分。「豊の国」が豊前・豊後に分かれてできた国。西海道十一か国の一つ。豊州。延喜式で上国・遠国。

ぶんご-ぶし【豊後節】 名浄瑠璃の一派。宮古路豊後掾の創始。享保(一七一六〜三六)ごろ、心中ざ

たなどを濃艶に語って爆発的な人気を得た。ほどなく幕府によって禁じられたが、ここから、常磐津・富本・清元、また新内などが生まれた。広くはこれらも豊後節と呼ぶ。

ぶん-ざい【分際】 名 ❶程度。限度。例まことにゆゑある住まひ、辺土(=片田舎)**分際**には過ぎたり〈とはずがたり・四〉 ❷身のほど。身分。例その**分際**ほどに富めるを願へり〈西鶴・日本永代蔵・一・一〉

ぶん-さん【分散】 名動(サ変) ❶分けて散らすこと。別れ別れになること。例使者を四国に**分散して**〈源平盛衰記・三三〉 ❷江戸時代、債務の支払いができなくなった人が、全財産を債権者に提供し、各債権に応じて価額を配当すること。また、その制度。破産手続き。例**分散**にあへば、衣類・刃物も皆人手にわたりて〈西鶴・日本永代蔵・一・五〉

文正草子 《作品名》室町時代の御伽草子。三冊。作者・成立年未詳。常陸国に住む卑しい身分の文太が製塩業で富豪となり、二人の女子を授かる。娘たちは関白の若君や天皇と結ばれ、文太も大納言に出世する。めでたい内容が喜ばれ、室町・江戸時代を通じて絵本などにもされた。

ふん-じん【分身】 名動(サ変)「ぶんしん」とも。❶『仏教語』仏が衆生を救い導くために、自らの体をあらゆる所に分け、さまざまな姿を現すこと。また、その姿。例一体**分身**現はれて、衆生済度の御本尊たり〈謡曲・誓願寺〉 ❷一つの身がいくつにも分かれて現れること。例十方に**分身して**、万卒(=多くの兵)に同じくあひ当たりければ〈太平記・一〇〉

ぶん-じん【文人】 名 ❶詩文・詩画など、風雅に携わる人。例あるいはこれを士夫の画と謂ひ、あるいはこれを文人の筆と謂ふ〈山中人饒舌・下〉 ❷大学寮の文章生。

ふん-ず【封ず】 動(サ変)「ふうず」の変化した形。

ぶん-だい【文台】 名 歌会や連歌・俳諧の会などで、懐紙や短冊、書物などをのせる小机。例**文台**のもとに寄りつつ置くほどの気色〈源氏・宿木〉

ぶん-だん【分段】 名『仏教語』〔寿命の長短や肉体の大小などに違いがある意〕❶「分段生死」の略。六道を輪廻する衆生の生死。例**分段**の習ひは懲りはてぬ(=すっかり懲りてしまった)〈著聞集・一三・四六〉 ❷「分段身」の略。六道の輪廻をまぬかれない凡夫の身。例**分段**の身は衣食によりて罪を造る〈今昔・一五・二八〉 ❸「分段同居」の略。

ぶんだん-どうご【分段同居】 『仏教語』凡夫と聖者がともに住んでいる世界。娑婆世界。この世。例(仏ノ放ツ救イノ光ガ)**分段同居**の闇を照らさば、逆臣たちまちに亡びて〈太平記・五〉

ふん-づき【文月・七月】 名「ふみづき」の撥音便形。例ふん月のなぬかの日〈古今・雑上・詞書〉

ぶん-どり【分捕り】 名 他人の物を奪い取ること。特に、戦場で敵の武器や首を奪い取ること。ぶんどること。例ただ一騎、五十騎ばかりが中へかけ入り…**分どり**あまたしたりけり〈平家・九・木曾最期〉

ぶん-ない【分内】 名 定められた場所の中。一定の区域内。領分。面積の意にもいう。例御座の辺りはあまりに**分内**狭うて、軍勢の宿なんども候はねば〈太平記・一六〉

ふん-の-つかさ【書司・図書寮】 名〔「ふみのつかさ」の撥音便形〕❶【書司】㋐後宮十二司の一つ。後宮の書籍・文具・楽器などを管理する所。また、その女官。例上の御遊びはじまりて、**書司**の御琴ども召す〈源氏・藤裏葉〉㋑㋐の女官が管理したことから和琴。例御前の御遊びにも、まづ**書司**を召すは〈源氏・常夏〉 ❷【図書寮】「づしょれう」に同じ。

ふん-べつ【分別】 名 善悪や道理を考えること。例**分別**みだりに起こりて、得失止む時なし〈徒然・七五〉

ふん-みゃう【分明】 名形動(ナリ)「ぶんみゃう」とも。はっきりしていること。疑う点のないこと。明白。例**分明**の御返事もなかりけり〈平家・二・西光被斬〉

文屋康秀 《人名》生没年未詳。平安前期の歌人。六歌仙の一人。『古今和歌集』に五首、『後撰和歌集』に一首入集。

-へ【重】 接尾 重なったものを数えるときに用いる。「八重」「百重」「千重」など。

へ【上】 名 上。表面。「〜のへ」の形で用いる。例梅の花誰か浮かべし酒杯のへに〈万葉・五・八四〇〉

へ【戸】 名 民の家。また、それを数える語。戸籍の単位としていう。例秦人の戸の数、すべて七千五十三戸〈紀・欽明〉

へ【瓮】 名 酒や食料を入れる瓶。多く複合語で用いられる。例たらちねの(枕詞)母の命は斎瓮を前にする置きて〈万葉・三・四四三〉

へ【家】 名 家。単独では用いられず、「我が家」「妹が家」などの形で用いられる。例我がへの園に梅が花咲く〈万葉・五・八三七〉

へ【舳】 名 船首。へさき。例大舟の艫(=船尾)にも舳にも寄する波〈万葉・一〇・二七四〇〉

へ【辺】 ❶名 ❶あたり。ほとり。そば。例池の**辺**の松の末葉に降る雪は〈万葉・八・一六五〇〉 ❷岸に近い所。海辺。例沖に**辺**に寄する白波見つつしのはむ〈万葉・七・一一五〇〉 ❷接尾 名詞、動詞の連体形について、〜のあたり、〜のころ、の意を添える。「べ」と濁ることもある。「春辺」「山辺」など。

へ

格助 ❶**移動する意の動作の方向・目標を表す。**〜へ。〜に向かって。例(a)昔、男、あづま**へ**行きけるに(=昔、男が東国へ行ったときに)〈伊勢・一〉例(b)ここ**へ**召されさぶらへかし(=ぜひこちらにお呼びくださいよ)〈平家・一・祇王〉

❷**動作・作用の帰着点を表す。**〜に。〜へ。例六波羅**へ**着きたまふ(=六波羅にお着きになる)〈平治・上〉

❸動作・作用の対象を表す。〜に。〜へ。例この由を院へ申してこそは(=この旨を上皇様に申し上げなくては)〈宇治拾遺・一五八〉

接続 体言につく。

語誌 ほとり、あたり、の意の名詞「辺」からできたとされ、上代には名詞とも助詞とも解せる例が多い。用法は、格助詞「に」と重なるが、古くは「に」のほうが用法が広く、「へ」は、こちらから向こうへという移動の方向・目標を表していた(①例ⓐ)。その後しだいに用法を広げ、中世には、こちらへという用法(①例ⓑ)や、帰着点を表す用法(②)、また、移動を伴わない③のような用法も一般的になる。基本的には現代語の「へ」と同義である。〈佐藤一恵〉

へ 上代の反復・継続の助動詞「ふ」の已然形・命令形。

べ【部】 名 令制以前、朝廷や豪族に支配され世襲的に一定の職業・職務に従事した集団。それぞれ、職能や豪族などの名をつけて呼ばれた。

へ-あが・る【経上がる・歴上がる】 動(ラ四) ❶出世する。昇進する。例検非違使五位尉に経上がつ(音便形)て〈平家・一・俊寛沙汰鵜川軍〉 ❷年をとる。年月とともに変化する。例猫の経上がりて、猫また(=猫の妖怪)になりて〈徒然・八九〉

へい【丙】 名 十干の三番目。ひのえ。

へい【塀・屏】 名 住居の周囲にめぐらして、区分を明らかにしたり、目隠しにしたりする板状の構築物。板塀・築地・垣根など。例藤壺の塀のもとより、登花殿の前までゐ並みたるに〈枕・関白殿、黒戸より出でさせ給ふ〉

へい【幣】 名 ❶神前に供える捧げもの。⇩ぬさ。例赤き幣ども立ててめぐらして〈沙石集・一〇末・一一〉 ❷贈り物。貢ぎ物。例幣を重うし(=たくさん贈り)、礼を厚くして召されけれども〈太平記・二〇〉

べい ❶推量の助動詞「べし」の連体形「べき」のイ音便形。例御心など移りなばはしたなくもあべい(連体形)かな(=体裁が悪いことになるにちがいない)〈源氏・朝顔〉 ❷助動(ク型)なまって「べえ」とも。意志や推量の意を表す。〜う。〜よう。〜だろう。例ⓐ御大将の事だあもの、ずいぶん(=精一杯)謎を解きますべい(終止形)〈滑稽本・浮世風呂・前下〉例ⓑあしたやるべえ(終止形)よ〈洒落本・甲駅新話〉

接続 ②は動詞・助動詞の終止形につく。未然形・連用形につくこともある。

活用 ○/○/べい/べい/○/○

語誌 ②は関東地方の方言。これがよく用いられたことから、上方の人は関東方言を「べいべい言葉」といって見下すことがあった。

平安京(へいあんきやう)(ヘイアンキョウ) 名 延暦一三年(七九四)から明治二年(一八六九)までの都。今の京都市。⇩きやう(京)

平安城(へいあんじやう)(ヘイアンジョウ) 名「へいあんきやう」に同じ。例この京をば平安城と名づけて、平らかに安き京と書けり〈平家・五・都遷〉

へい-きょく【平曲】 名 琵琶の伴奏で『平家物語』を語る芸能。鎌倉時代以降、盲目の琵琶法師たちによって伝承された。一方・八坂の二流派があったが、南北朝期に一方流から覚一が出て大成する。覚一が死の前年に語った『平家物語』を口述筆記したとされるのが「覚一本」で、現在も最も広く読まれている。「平曲」の称は江戸中期以降のもの。

へい-ぐわい【平懐】(ガイ) 名・形動(ナリ)「へいくわい」とも。❶無遠慮。ぶしつけ。❷和歌・連歌・俳諧で、趣向を凝らさず平凡であること。例元日や土つかうだる顔もせず…「や」の字、平懐にきこゆ〈俳諧・去来抄・同門評〉

へい-け【平家】 名 ❶平姓の一族。平氏。特に、平清盛の一族。例年号は平治なり、花の都は平安城、われらは平家なり〈平治・中〉 ❷『平家物語』の略称。❸「へいきょく」に同じ。

へいけ-びは【平家琵琶】(ビワ) 名 ⇩へいきょく

平家物語(へいけものがたり) (作品名)軍記。一般的には一二巻。作者・成立年とも未詳だが、十三世紀中ごろには原型が成立か。

●**作者・成立** 『徒然草』二二六段に、後鳥羽院のころ、信濃前司行長が作り、盲僧生仏に語らせた、という記事があるが確証はない。一人の作者による一回限りの創作ではなく、琵琶法師たちによって語られ、語り聞くことが繰り返されるうちに改訂・増補なども繰り返されたと思われる。そのため異本も多い。

●**語り本と読み本** 大まかに、琵琶法師によって語られた平曲の詞章である語り本の系統と、それ以外の読み本の系統の二種に分類される。さらに語り本は、灌頂巻を立てる一方系と、立てない八坂系に分かれる。現在一般に読まれているのは、文学的に最も洗練されているという、語り本の一方系の覚一本系統の本である。

●**内容・構成** 変革期の動乱を、平家一門の興隆と滅亡を中心に、ほぼ年代順に記す。

[前半] 一〜六巻。平清盛の栄華と専横を、忠と孝の板挟みに苦悩する長男重盛の姿と対比して描く。

平氏は忠盛のときに異例の昇殿を遂げた。その子清盛は源氏勢力を一掃し、後白河院政下に太政大臣に至る。妻の妹の生んだ高倉天皇を即位させ、娘徳子を中宮とし、官位を一族で占める繁栄ぶりである。それに院の近臣たちが反発し、鹿谷で謀反を企てるが失敗、首謀者は処刑され、僧俊寛らは鬼界が島へ流された。清盛は後白河院をも幽閉しようとしたが、重盛に諫められる。しかし重盛が病死すると、院を鳥羽に幽閉し、徳子が生んだ幼い安徳天皇を即位させるという暴挙に出た。院の皇子以仁王は平家打倒の令旨を諸国の源氏に発するが、宇治で敗死する。清盛は寺院勢力との衝突を避けて摂津国(兵庫県)福原に都を移した。そのころ、伊豆に流されていた源頼朝が以仁王の令旨や文覚上人の勧めで挙兵する。重盛の子維盛が追討に向かうが、富士川で、戦わずに敗走してしまう。清盛は突然都を京へ戻し、東大寺・興福寺を炎上させるなどの混乱を起こし、木曾義仲をはじめ諸国に反乱が起こる中、高熱に苦しみながら死去した。

[後半] 七〜一二巻。合戦譚が中心で、義仲・義経の勇猛果敢さと、平家の公達の死を詠嘆的に描く。

清盛の跡を継いだ宗盛は、義仲に倶梨伽羅谷に追い落とされ、篠原でも斉藤実盛らの奮戦もかなわず大敗した。宗盛は安徳帝と神器を擁して都落ちして大宰府へ向かい、その後四国の屋島に拠点を移す。そのころ都では義仲軍の狼藉が目に余るようになっていた。頼朝は義仲追討に出て、その弟範頼・義経軍は急速に都へ迫る。義経軍の佐々木四郎と梶原源太が宇治川の先陣を争ったのはこのときである。義仲は粟津で戦死。その間に平家は福原に至り、一の谷に城郭を構えるが、義経の鵯越の奇襲で大敗。義経はさらに屋島を急襲して陥落させた。長門国(山口県)壇の浦で源平最後の合戦があり、平家は敗れる。清盛の妻二位の尼は安徳帝を抱いて入水し、宗盛父子と建礼門院徳子は生け捕られた。源氏では、義経が梶原の讒言により頼朝に憎まれ、西国に逃れようとして姿を消す。維盛の子六代は捕らえられてやがて処刑され、ここに平家は断絶した。

【灌頂巻】建礼門院は出家して大原に隠棲し、訪れた後白河院に自身の生涯を仏教の六道にたとえて語った。女院は安徳帝・平家一門の菩提を弔いつつ往生を遂げた。

なお、建礼門院の記事をまとめて灌頂巻として最後におく本と、これを年代順にほかの記事の間に挟み、六代の死で全巻を結ぶ本とがある。

●**主題**　序章の「諸行無常・盛者必衰の理」が、全巻を貫く主題とされる。清盛の繁栄と専横から平家の断絶までの歴史は、盛者必衰の理の間近い例である。また、灌頂巻に典型的に現れる鎮魂の祈りも重要な主題である。それは、怨霊を鎮めることを職務とする琵琶法師の語りと無縁ではない。「小督」「月見」など滅びゆく貴族文化を賛美する物語的章段もあり、一方で、「橋合戦」や「那須与一」の華やかな戦闘場面や、義仲や義経像の英雄化、主従の強い結びつきなど、新興武士の世界への賛美も見られる。

●**表現・文体**　和文脈に漢語を入れた和漢混交文。ただし全体が同じ文体なのではない。合戦譚では、武装の描写や名のりなどは類型的な決まり文句が繰り返され、口語の会話文や擬声語・擬態語を多用し、簡潔で躍動感のある文体である。また、女性譚には王朝物語的な雅文が、「福原落ち」「海道下り」などの道行き文には七五調の韻文が、仏教思想を述べる部分では表白風の漢文体など、多様な文体が使われている。また、年月日を最初にあげて、簡略な事実だけの記事を連ねる形式もあり、公家日記に見られる和風漢文体に通じる。そのほかに、宣旨や願文などの文書をそのまま掲載する部分があり、平曲では「読物」として重視している。また、読み本系統の中には、全体が和風漢文体のものもある。

●**素材**　当時の公家日記や文書類、『愚管抄』や『方丈記』などのほかに、実際に戦った東国武士の戦語りや、『平家公達草紙』や『建礼門院右京大夫集』の平家の公達の逸話なども素材となったであろう。祇王や俊寛の話などは、『平家物語』以前に語り物として存在していたという説もある。数多く引かれる中国の故事成句や仏教説話・宗教的教説などは、辞典類や仏教説話集のほかに、法会に使われた表白を利用したとされる。

●**影響**　南北朝期から室町時代前半にかけて、『平家物語』を語る琵琶法師は、五、六〇〇人もいたといわれ、平曲は中世を代表する文芸・芸能であった。音曲の面でも素材の面でも芸能への影響は多大で、能楽の特に修羅能、幸若舞曲、浄瑠璃や歌舞伎にも素材を提供し続けた。また、『太平記』『義経記』『曾我物語』など室町時代の軍記、御伽草子、近世の小説にも影響を与えた。合戦の場面は、屏風絵や武者絵に多く描かれもした。〈黒木祥子〉

へい‐こう【閉口】 名動(サ変) ❶口を閉じて物を言わないこと。例大儀なれば(＝重大な事なので)満座閉口のところに〈太平記・二四〉 ❷困ること。降参すること。屈服すること。例よって右の句**閉口す**〈俳諧・田舎之句合〉

へい‐じ【平氏】 名「へいし」とも。平姓をもつ一族。平は皇族が臣籍に降下したときに与えられた姓の一つで、桓武・仁明・文徳・光孝平氏がある。桓武平氏は東国で土着し武士となり、その一派の伊勢平氏の平清盛は、平安末期に政権を握った。

へい‐じ【瓶子】 名 酒を入れて杯などに注ぐ器。徳利。例**瓶子**に酒入れなどして、持ちていでぬ〈宇治拾遺・八五〉

瓶子

べい‐じゅう【陪従】 名「ばいじゅう」とも。❶身分の高い人に供としてつき従うこと。また、その人。供奉。❷賀茂・春日・石清水など大きな神社の祭りで音楽を奏する楽人。⇩あずまあそび(図)。例**陪従**も、石清水・賀茂の臨時の祭りなどに召す人々の、道々のことにすぐれたるかぎりを〈源氏・若菜下〉

へい‐しょく【秉燭】 名 灯をともすころ。夕方。例**秉燭**に及んで祇園の社へ(神輿ヲ)入れたてまつる〈平家・一・内裏炎上〉

へい‐だん【餅餤】 名 ガチョウ・カモなどの卵と野菜を煮たものを餅で包み、四角に切ったもの。例**餅餤**といふ物を二つ並べて包みたるなりけり〈枕・頭の弁の御もとより〉

平治物語 《作品名》鎌倉前期の軍記。三巻。作者未詳。寛元四年(一二四六)以前の成立。平治の乱とその後日談を和漢混交文で記す。源義平(悪源太)の活躍や源義経らの母常盤の悲運などが有名。絵巻物も作られた。

平中・平仲 《人名》⇩平貞文

平中物語・平仲物語 《作品名》平安時代の歌物語。一冊。作者未詳。十世紀中ごろの成立。全三九段。和歌は一五三首のうち九九首が平貞文作。主人公平中(貞文)と女性たちとの交渉を描く。

へい‐はく【幣帛】 名「みてぐら」に同じ。例**幣帛**を捧ぐる人もなし〈平家・二・山門滅亡〉

へい‐まん【屏幔】 名 幕。幔幕。例**屏幔**ひきおほひやるとすれど、おほかたのけしきは、同じごとぞ(＝同様に)見るらむ〈紫式部日記〉

へい-もん【閉門】 名動(サ変) ❶門を閉ざして家の外に出ないこと。例人の訪ひ来るものの憂しとて、**閉門し**ておはしけるが〈義経記・六〉 ❷謹慎のため、門を閉じて家に籠もること。例右府(=右大臣)**閉門し**て畏まる(=謹慎する)よし〈著聞集・三・七〉 ❸江戸時代、武士・僧・神主などに課せられた刑罰の一つ。五十日または百日の間、門扉と窓を閉じ、本人およびその他の人の出入りを禁じる。

へう【表】(ヒョウ) 名 臣下から天皇や官庁に差し出す文書。上表文。例御子ありて**表**を読む〈今昔・三・一〉

べう(ビョウ) 推量の助動詞「べし」の連用形「べく」のウ音便形。例道のほど(=道の途中)のをかしうあはれなること、言ひつくす**べう**もあらず〈更級〉

べう-しょ【廟所】(ビョウ) 名 高貴な人の墓所。また、一般に墓所。墓場。例これこそ新院(=崇徳上皇)の御**廟所**、松山にて候へ〈謡曲・松山天狗〉

へう・す【僄す】(ヒョウ) 動(サ変) あなどる。軽んじる。ばかにする。例例の(=いつものように)内府が世を**へうする**やうにふるまふ。大きに諫めばや〈平家・二・教訓状〉 読解「内府」は内大臣の唐名。

へう-とく【表徳】(ヒョウ) 名「表徳号」の略。雅号。別号。あだ名。例貴様**表徳**があるか〈洒落本・遊子方言〉

へう-びゃく【表白】(ヒョウ) 名動(サ変)《仏教語》「へうひゃく」「へうはく」とも。法会や修法のとき、その趣旨を読み上げて、仏および参会者に告げ知らせること。また、その文。例講師、音をあげて**表白する**ほどに〈今昔・二〇・三六〉

へう-もの【俵物】(ヒョウ) 名「へうもつ」とも。俵に詰めにした物。多くは穀類。例**俵物**…人馬に付け送れば〈西鶴・日本永代蔵・一・三〉

へう-り【表裏】(ヒョウ) 名 ❶表と裏。互いに相反するもの。例(花ノ美シサハ)**表裏**一入再入の紅(=一度二度と染めたような紅色だ)〈和漢朗詠集・上・春〉 ❷言動と内心が相違すること。陰ひなたのあること。また、偽りの言動。例**表裡**軽薄を繕ひ、利欲に傾き〈仮名草子・浮世物語・三・二〉

べかし 助動(シク型) 〔推量の助動詞「べし」の連用形の補助活用「べかり」をシク活用型に活用させた語〕(「あるべかしく」「あるべかしき」などの形で)当然である、適当である、ふさわしい、などの意を表す。例ある**べかしく**(=もっともらしく)書きたまひて〈源氏・玉鬘〉

接続 ラ変動詞「あり」の連体形およびその撥音便形につく。

活用 ○/べかしく/○/べかしき/○/○

語誌 語の成り立ちについては、一説に、「べくあらし」の変化した形とも。

べか-なり 〔推量の助動詞「べし」の連体形＋推定・伝聞の助動詞「なり」＝「べかるなり」の撥音便形「べかんなり」の撥音の表記されない形〕当然の推定や伝聞の意を表す。〜はずのようだ。〜はずだそうだ。例寅の時になん(中宮様ガ)わたらせたまふ**べかなる**〈枕・関白殿、二月二十一日に〉

べか-めり 〔推量の助動詞「べし」の連体形＋推定の助動詞「めり」＝「べかるめり」の撥音便形「べかんめり」の撥音の表記されない形〕当然〜であるように見える。いかにも〜のようだ。例すずろなる(=不本意な)死にをす**べかめる**かな〈竹取〉

べから 推量の助動詞「べし」の未然形。

べから-ず 〔推量の助動詞「べし」の未然形＋打消の助動詞「ず」〕❶あるはずのない意を表す。〜はずがない。例(出家ヲ)思ひ立つ日もある**べからず**〈徒然・五九〉 ❷不可能の意を表す。〜できない。例めでたしと見たてまつりつる御ありさまには、これはた、くらぶ**べからざり**けり〈枕・関白殿、二月二十一日に〉 ❸禁止の意を表す。〜してはいけない。例道人(=仏道の修行者)は、遠く日月を惜しむ**べからず**〈徒然・一〇八〉

べかり 推量の助動詞「べし」の連用形。

べかり-けり 〔推量の助動詞「べし」の連用形＋助動詞「けり」〕多く、過去に実現するはずであったことを詠嘆をこめて述べるときに用いる。〜のはずだったのだ。〜するのがよかったのだ。例今ぞ知る苦しきものと人待たむ里をば離れず訪ふ**べかりけり**〈伊勢・四八〉

へが・る【剝がる】 動(ラ下二) はがれる。薄くなる。例ところせかりし(=たくさんあった)御髪の、少し**へがれ**たるしも〈源氏・明石〉

べかる 推量の助動詞「べし」の連体形。

べかん-なり 〔推量の助動詞「べし」の連体形＋推定・伝聞の助動詞「なり」＝「べかるなり」の撥音便形〕⇩べかなり

べかん-めり 〔推量の助動詞「べし」の連体形＋推定の助動詞「めり」＝「べかるめり」の撥音便形〕⇩べかめり

へぎ【折ぎ・片木】 名 杉や檜の白木の薄板。また、それで作った折敷(角盆)。例**へぎ**に切熨斗(=切ったのし鮑)の取り肴を持ちて〈西鶴・好色一代男・五・一〉

べき 推量の助動詞「べし」の連体形。

べき-なり 〔推量の助動詞「べし」の連体形＋断定の助動詞「なり」〕〜するのが適当である。〜べきである。例(双六ハ)勝たんと打つべからず、負けじと打つ**べきなり**〈徒然・一一〇〉

へ・ぐ【剝ぐ・折ぐ】 動(ガ四) ❶薄く削り取る。はがす。むく。例五月雨や色紙**へぎ**たる壁の跡〈芭蕉・嵯峨日記〉 ❷減らす。少なくする。例ついたちの日の衣などを物の具**へぎ**て着る〈たまきはる〉

べく 推量の助動詞「べし」の連用形。

へ-ぐひ【竈食ひ】(グイ) 名 ⇩よもつへぐひ

べく-も-あら-ず 〔推量の助動詞「べし」の連用形＋係助詞「も」＋ラ変動詞「あり」の未然形＋打消の助動詞「ず」〕❶不可能の推量の意を表す。〜できそうもない。例この御にほひ(=お美しさ)には並びたま**ふべくもあらざり**ければ〈源氏・桐壺〉 ❷当然の意の打消を表す。〜はずもない。例ましてかぐや姫聞く**べくもあらず**〈竹取〉

平群(へぐり) 《地名》大和国、今の奈良県生駒郡平群町一帯。古代の豪族平群氏の本拠地。例命の 全けむ人は たたみこも(枕詞) **平群**の山の くまかしが葉を

うずにさせ　その子〈記・中・景行・歌謡〉↓名歌67

べけれ　推量の助動詞「べし」の已然形。

べし

助動（ク型）　経験や道理の上から、当然と思われるなりゆきや行いを推量するのが基本的用法。そこから、文脈によって当然・適当・可能などの意味が区別できるほか、その行いの必要性が示されることで、命令・意志などの意に解釈できる場合もある。

❶**当然のなりゆきとして推量する意を表す。（きっと）〜だろう。〜はずだ。** 例この歌は、都近くなりぬる喜びに堪へずして、言へるなる**べし**（＝この歌は、都が近づいたうれしさに我慢できなくて、詠んだのだろう）〈土佐〉

❷**当然、または、適当の意を表す。〜はずだ。〜なければならない。〜するべきだ。** 例(a)道長が家より帝・后たちたまふ**べき**ものならば、この矢あたれ（＝我が道長家から天皇・皇后がお立ちになるはずのものならば、この矢よ当たれ）〈大鏡・道長上〉例(b)人のがり言ふ**べき**事ありて、文をやるとて（＝人のもとへ言わなければならない事があって、手紙を送るといって）〈徒然・三一〉

❸**可能の意を表す。〜することができる。** 例かほどの者、いかでか君に仕うまつり候ふ**べき**（＝この程度の者が、どうして主君にお仕えすることができましょうか）〈徒然・九四〉読解「いかでか」は反語の意を表す。

❹**勧誘・命令の意を表す。〜するがいい。（必ず）〜せよ。** 例(a)剣大刀いよよ研ぐ**べし**（＝刀剣をいよいよ研ぎ澄ませ）〈万葉・二〇・四四六七〉例(b)（双六）勝たんと打つ**べからず**（＝勝とうと思って打ってはならない）〈徒然・一一〇〉読解「打つべからず」は打消の助動詞「ず」がついているため、合わせて禁止の意になる。

❺**意志を表す。〜するつもりだ。〜う。〜よう。** 例あらためてのどかに思ひならばなむ、あひ見る**べき**（＝心を入れ替えて落ち着いた気持ちで愛してくださるのなら、お逢いしましょう）〈源氏・帚木〉

接続▶活用語の終止形につく。ただし、ラ変型活用の語には連体形につく。

活用▶ク型　表内の〔　〕は異説のあるもの。

未然形	連用形	終止形	連体形	已然形	命令形
〔べく〕 べから	べく べかり	べし	べき べかる	べけれ	○

語誌 ▼**語源**　「べし」の語源は、副詞「うべ」の形容詞化した「うべし（もっともだ、の意）」の「う」が脱落して助動詞化したものとみられている。

▼**意味の重なり**　①〜④や、②と⑤などは、互いに重なる点があるため、一つの例がいくつかの意味に解釈できることも少なくない。ただ、④⑤は、言い切りの用法が中心である。

▼**音便形**　連用形「べく」は「べう」に、連体形「べき」「べかる」は、それぞれ「べい」「べかん」という音便形になることがある。「べかん」は、特に聴覚や視覚に基づく推定の助動詞「なり」「めり」が下につく場合は「べかんなり」「べかんめり」の撥音が表記されずに「べかなり」「べかめり」と表記されることも多い。

▼**「べし」の打消**　「べし」の打消形は「べからず」だが、平安時代の和文ではその意味を助動詞「**まじ**」で表すことが多い。

▼**仮定を表す「べくは」**　仮定を表すには、打消の助動詞「ず」の場合に似て、「連用形＋は」の「べくは」が用いられた。例行く蛍雲のうへまでいぬべくは（＝行くことができるならば）秋風吹くと雁に告げこせ〈伊勢・四五〉（↓名歌395）　未然形「べく」を認める説は、この「べくは」に近世になって「べくば」という読み方が生じたことによる。

▼**「べみ」**　「べし」は形容詞型の活用をするから、その語幹にあたる「べ」に接尾語「み」をつけた「べみ」で理由を表すこともある。例佐保山の柞の紅葉散りぬべみ（＝今にも散ってしまいそうなので）夜さへ見よと照らす月影〈古今・秋下〉

▼**接続の変種**　古くは、上一段活用の語につく場合、「見べし」のように連用形（あるいは未然形）につくことがあった。また、中世には、一段・二段活用の未然形または連用形につけても用いられるようになった。例教へ伝へべき事〈義経記・二〉

へし-ぐち【圧し口】 名「べしぐち」とも。不愉快なときや苦々しく感じたときに口を「へ」の字にゆがめて結ぶこと。例始めより**へし口**して、えも笑はず（＝とうてい笑うことができない）〈源平盛衰記・三〉〈山口堯二〉

へ・す【圧す】 動（サ四）❶押しつける。押さえる。例（布切レガ）おし**へされ**て草子の中などにありける〈枕・すぎにしかた恋しきもの〉❷圧倒する。負かす。例逢坂の歌は**へされ**て、返しもえせずなりにき〈枕・頭の弁の、職にまゐり給ひて〉

へ-た【辺・端】 名 海辺。波打ち際。例近江の海**へた**は人知る〈万葉・一三・三〇二七〉語誌 本来は、ほとり・はた、の意だが、水辺にいう用例しかない。

べ-たう【別当】 名「べったう」の促音の表記されない形。例**べたう**ども事怠らず、なかなか乱れたるところなく〈源氏・薄雲〉

へだし【隔し】 名『上代語』「へだち」の東国方言。間を遮るもの。仕切り。例玉小菅刈り来我が背子床の**隔し**に〈万葉・一四・三四四五〉

へだた・る【隔たる】 動（ラ四）❶間が遮られている。離れている。例山川も**隔たら**なくに（＝山や川で遮られているわけでもないのに）かく恋ひむとは〈万葉・四・六〇一〉❷年月がたつ。例今までおぼつかなき年月の**隔たり**けるも〈源氏・初音〉❸心が離れる。疎遠になる。例御心のうちは遥かに**隔たり**けんかし〈源氏・真木柱〉❹間に割って入る。例主を討たせじと中に**隔たり**〈平家・七・実盛〉

へだ・つ【隔つ】 動（タ下二）❶間に入り遮る。例右近は屏風**隔て**て臥したり〈源氏・夕顔〉❷時間を置く。例さりとも、年月は**隔て**たまはじと〈源氏・須磨〉❸相手を遠ざける。男女の仲を妨げる。例さばかりに（＝あれほどまでに）思ふを知らで**隔て**たまひしかばなむつらかりし〈源氏・夕顔〉

へだて【隔て】 名❶間を遮るもの。例高山を　**隔て**に置きて〈万葉・一三・三三三九〉❷月日がたっていること。

例今朝のほど昼間の**隔て**もおぼつかなく〈源氏・夕顔〉 ❸心の隔て。うちとけないこと。例つきせぬ御心の**隔て**こそわりなけれ〈源氏・末摘花〉 ❹違い。隔たり。例幸ひのなきとあるとは**隔て**あるべきわざかな〈源氏・玉鬘〉

べち【別】 名形動(ナリ)「べつ」とも。❶同じでないこと。別個。例**別**によき家を造りて住ませければ〈宇治拾遺・一三〉 ❷特別のこと。例かかる披露のあるは**別**の子細のあるにこそとて〈平家・二・烽火之沙汰〉

べちーぎ【別儀・別義】 名「べつぎ」に同じ。例国の様子を聞くに、**べちぎ**なくその通りといふ人あれば〈西鶴・武道伝来記・一・三〉

べちーなふ【別納】ーノウ 名 母屋から離して別に建てた家屋。本来は物を納めるためのものだが、住居にもした。例**別納**の方にぞ曹司などして(=部屋などを設けて)人住むべかめれど〈源氏・夕顔〉

へちま【糸瓜】 名 ❶ウリ科のつる性植物の名。東南アジア原産で、日本には江戸初期に中国から渡来。実の繊維をあかすりに用い、茎からとった液は化粧水やせき止め薬とする。例あやしの小家に夕顔・**へちま**はへかかりて〈芭蕉・奥の細道〉 ❷取るに足りないもののたとえ。例いただきたる経を**糸瓜**とも思ふにこそ〈醒睡笑・七〉

べつ【別】 名形動(ナリ)「べち」に同じ。例**別**の間(=部屋)があらば貸しておくりやれ〈狂言・宗論〉

へーつーかい【辺つ櫂】 名〔「つ」は「の」の意の上代の格助詞〕岸辺を漕ぐ船の櫂。例**辺つ櫂**いたくな撥ねそ(=ひどくはねあげるな)〈万葉・二・一五三〉

へーつーかぜ【辺つ風】 名〔「つ」は「の」の意の上代の格助詞〕岸辺を吹く風。海辺の風。例沖つ風**辺つ風**を起たてて、奔き波をもて溺し悩まさむ(=おぼれさせ悩まそう)〈紀・神代下〉

べつーぎ【別儀・別義】 名「べちぎ」とも。❶ほかの事。別の方法。例乱臣を一々に誅せらるる(=処刑なさる)よりほかは、**別儀**あるべしとも存じ候はず〈太平記・一〉 ❷特別な事情。例今度ばかりは**別儀**をもって許しまうすなり〈太平記・三八〉 ❸(打消の語を伴って)異存(ない)。差し支え(ない)。例身ども(=私)に**別儀**ござらぬと〈浄瑠璃・八百屋お七・中〉

べつーぎやう【別行】ーギョウ 名《仏教語》法事・修行などを特別に執り行うこと。例**別行**の子細あって、いづかたへもまかり出でず候へども〈謡曲・葵上〉

べつーげふ【別業】ーギョウ 名 別荘。例折節、入道相国、福原の**別業**におはしけるが〈平家・三・医師問答〉

べっーして【別して】 副 特に。ことに。例平家を**別して**私のかたきと思ひたてまつる事、ゆめゆめ(=少しも)候はず〈平家・一〇・千手前〉

べつじーのーねんぶつ【別時の念仏】《仏教語》浄土宗の信者などが、二七日・三七日などの特定の期間、称名・念仏を唱えること。例都の名僧ども請じて、七日の**別時の念仏**始めけり〈沙石集・四・七〉

べっーしょ【別墅】 名 別荘。別宅。例住める方は人に譲り、杉風が**別墅**に移るに〈芭蕉・奥の細道〉

読解 杉風は芭蕉の門人で、後援者でもある人物。

べっーたう【別当】ートウ 名〔本官のほかに、別の職に兼任で当たる意〕「べたう」とも。❶**令外の諸役所の長官**。検非違使庁・蔵人所・穀倉院などの長官。特に検非違使別当は要職で、単に「別当」といえば検非違使別当をさす。

❷**院の庁・親王家・摂関家などの家政機関の長官**。例氏の上達部ひきつれて拝したてまつりたまふ…つぎに、**別当**になりたる右衛門の督(=藤原氏の公卿が連れ立って拝礼申し上げなさる…次に、別当になった右衛門の督)〈紫式部日記〉 読解 誕生したばかりの宮が親王となって、関係者の位階が上がった。ここはその親王家の別当。

❸**諸大寺に置かれた僧職**。寺務を統括する。南都七大寺・仁和寺・四天王寺などに置かれた。例**別当**に成りて、この寺を政ごつほどに(=別当になって、この寺をとりしきっているうちに)〈今昔・一一・二九〉

❹神宮寺の庶務を扱う僧職。検校に次ぐ地位。

❺荘官の一つ。事務をつかさどる。

❻鎌倉幕府の政所・侍所の長官。

❼院の廏の長。また転じて、馬丁。

〈池田尚隆〉

べったうーだい【別当代】ベットウー 名 寺で、別当の代理を務める僧。

へーつーなみ【辺つ波】 名〔「つ」は「の」の意の上代の格助詞〕岸辺に寄せる波。例沖つ波 来寄る白玉 **辺つ波**の 寄する白玉〈万葉・一三・三三一八〉

へーつーひ【竈】ーイ 名〔「へ(かまど)」の「つ」は「の」の意の上代の格助詞。「霊」の意〕かまどを守る神。転じて、かまど。例豊**竈** 御遊びすらしも〈神楽歌・竈殿遊歌〉

へーつーへ【辺つ方】 名〔「つ」は「の」の意の上代の格助詞〕海岸に近いあたり。岸のほう。例**辺つへ**にあぢむら(=鴨の群れ)騒き〈万葉・三・二五七〉 読解「あぢ」は鳥の名。

へーつーも【辺つ藻】 名〔「つ」は「の」の意の上代の格助詞〕岸辺近くに生えている藻。例沖つ波**辺つ藻**巻き持ち寄せ来とも〈万葉・七・一二〇六〉

へつら・ふ【諂ふ】ヘツラウ・ヘツロウ 動(サ四) こびる。おもねる。追従する。例一門にはあたまれて(=敵視されて)平家に**へつらひ**けるが〈平家・七・主上都落〉

へなたり【甲香】 名 長螺(巻き貝の一種)のふた。粉末にして練り香の材料にする。例(甲香)トイウモノヲ)所の者は(=その土地の者は)「**へなたり**」と申しはべる」とぞ言ひし〈徒然・三四〉

へーなみ【辺波】 名 岸辺に打ち寄せる波。海辺に寄せる波。「へつなみ」とも。例沖つ波**辺波**静けみ(=静かなので)〈万葉・六・九三九〉

へな・る【隔る】 動(ラ四) 間が何かで遮られている。へだたっている。例玉梓の(枕詞) 道をた遠み 山川の **へなり**てあれば〈万葉・一七・三九五七〉

べにーばな【紅花・紅藍花】 名 植物の名。キク科の二年草。夏に紅黄色のアザミに似た花をつける。紅色の染料や口紅をとるために古くから栽培された。「末摘花」「紅」とも。

へび【蛇】 名 動物の名。爬虫類に属する。宗教と古くから密接に関連し、文学的にも重要な働きをしている。「へみ」(上代)、「くちなは」

(平安時代以降)、「蛇」とも。「へび」は主に近世以降に用いられた。⇩み(巳)。例二月…**蛇**穴を出づ〈俳諧・毛吹草・二〉

語誌▼**龍と蛇**　蛇は、空想上の動物である龍としばしば混同されるが、龍は、蛇と違って角や足などがある。「蛇足」という言葉は、蛇には足がなく、龍には足があることを前提としている。「龍頭蛇尾」も、龍と蛇の似て非なる雲泥の違いを表現している。
▼**善と悪の二面性**　龍も蛇も、神として信仰心の対象となった。尊敬と畏怖の対象となることもあれば、「八岐の大蛇」のように退治するべき邪悪なものとされることもある。〈島内景二〉

へ‐まさ・る【経優る】 動(ラ四) 以前よりも人格などがすぐれたものになる。例昔よりもあまた**経まさり**て思さるれば〈源氏・朝顔〉

へみ【蛇】 名『上代語』蛇。例四つの**蛇**　五つの鬼の集まれる穢き身をば〈仏足石歌〉

べ‐み〔推量の助動詞「べし」の語幹相当部分「べ」＋接尾語「み」〕～はずなので。～そうなので。例引き攀ぢて折らば散る**べみ**梅の花袖に扱入れつ(=しごき取って入れてしまった)染まば染むとも〈万葉・八・一六四四〉

へ‐めぐ・る【経巡る・経廻る】 動(ラ四) 順々に回って行く。例三界六道見ぬ所なく**へめぐり**けるほどに〈十訓抄・五・一七〉

へや‐ずみ【部屋住み】 名 親がかりの身分。また、その人。まだ家督を継いでいない長男や、家督相続のできない次男以下をいう。例**部屋住み**の折から、手廻りの女に懐胎させ〈浄瑠璃・源平布引滝・三〉

べらなり 助動(ナリ型)〔推量の助動詞「べし」の語幹相当部分「べ」＋接尾語「ら」＋断定の助動詞「なり」〕～のようだ。～しそうだ。例北へ行く雁ぞ鳴くなる連れて来し数は足らでぞ帰る**べらなる**〈古今・羇旅〉➡名歌133
接続▶活用語の終止形につく。ただしラ変型の語には連体形につく。
活用▶○／べらに／べらなり／べらなる／べらなれ／○

語誌　平安時代の漢文訓読体と勅撰集の三代集の和歌に例がある。

べん【弁】 名 令制の官名の一つ。太政官に直属し、太政官と八省・諸国間の上申・下達を取り扱う。行政の中軸をなす重要な官。左右の弁官局があり、職員にそれぞれ大・中・少の弁各一人のほか、大史・小史・史生などを置く。弁は文才・学問に秀でていなければならないとされる。この中で「蔵人の頭」を兼ねるのが「頭の弁」で、中弁が兼任することが多い。例**弁**などは、いとをかしき官に思ひたれど〈枕・をのこは〉

へん‐うん【片雲】 名 ちぎれ雲。例いづれの年よりか、**片雲**の風にさそはれて〈芭蕉・奥の細道〉

へん‐えん【攀縁】 名動(サ変) ❶『仏教語』心が俗事に煩わされて乱れること。例よろづに**攀縁し**つつせん念誦・読経は〈栄花・初花〉❷怒ること。憤り。例この事を伝へ聞きて**攀縁**を発して〈今昔・二四・二九〉

べんがら【弁柄】 名〔ポルトガル語から〕❶黄色味をおびた赤色の染料。絵の具にも用い、漆とあわせて塗料や民家の塗装にも用いる。ベンガル(今のインド東部とバングラディシュ)で産出した赤土の名からいう。例(下駄ヲ)**べんがら**にて下を染め、渋にてとめ、漆をはく〈我衣〉❷「弁柄縞」の略。

べんがら‐じま【弁柄縞】 名 江戸時代、ベンガルから舶来の縞柄の織物。のちには、それを模した国産のものもいう。例**べんがらじま**の風呂敷包みに〈西鶴・諸艶大鑑・二・三〉

べん‐くゎん【弁官】 名「べん」に同じ。

へん‐げ【変化】 名動(サ変)「へんぐゑ」「へげ」とも。❶**神仏などが仮に人間の姿となって現れること。**また、そのもの。例(a)**変化**の人といふとも、女の身持ちたまへり(=女の身を持っていらっしゃる)〈竹取〉読解かぐや姫のこと。例(b)殿上人の上など申したまふを聞くは、なほ**変化**の者・天人などの下り来たるにやとおぼえしを(=殿上人のことなどを申し上げなさるのを聞くのは、やはり変化のものや天人などが地上に降りてきているのかと感じられたが)〈枕・宮にはじめてまゐりたるころ〉読解宮仕えに出てまもない清少納言が、中宮の兄伊周らの会話を聞いたときの印象。あまりの世界の違いに驚き、とても自分などと同じ人間とは思えないと感じた。
❷**動物などが姿を変えて現れること。**また、そのもの。例狐の**変化**したる。憎し。見あらはさむ(=狐が化けたのだ。憎らしい。正体を暴いてやろう)〈源氏・手習〉

語誌▼①は神仏などの化身として恐れ敬われ、また賞賛される存在であり、②のような怪しさ、気味悪さはない。『竹取物語』のかぐや姫などに用いられ、初期物語の主人公の大切な属性であったとみられる。
▼②は①から派生したもので、後世「妖怪変化」などを含めて広く使われる。〈高田祐彦〉

弁慶 べんけい『人名』？～一一八九(文治五)。平安末期の僧で、源義経の郎等。『義経記』では熊野の別当の子と伝える。武蔵坊。
●**伝説的人物像**　歴史書『吾妻鏡』に義経の郎等の一人として名が見えるが、実像は不明でほとんど伝説的な人物である。『平家物語』にも登場するが、特に『義経記』では主人公の義経以上の活躍をする。室町時代の物語や謡曲・幸若などの芸能によってその人物像が形成され、江戸時代に浄瑠璃・歌舞伎などで完成された。常に義経とともに登場し、色白小男の貴公子義経に対する、色黒大男の悪僧弁慶という対照をなす。
比叡山や書写山での修行と乱暴の話や、都で牛若丸時代の義経との勝負に負けて家来になるまでの話は『義経記』巻三や御伽草子にあり、それらに見られる性格は直情・乱暴で滑稽味が強い。その後失意の義経を助けて奥州へ下るまでの苦難や、衣川で最後まで義経を守っての立往生の話などは、『義経記』巻四以下、幸若・謡曲・浄瑠璃・歌舞伎にあり、忠義と智謀の英雄に変化するが、明るい豪傑の性格は保持している。〈黒木祥子〉

へん-さい【辺際】 名「へんざい」とも。果て。限り。例（大火事ニヨッテ）男女死ぬるもの数十人、馬・牛のたぐひ、辺際を知らず〈方丈記〉

べんざい-てん【弁才天・弁財天】 名インドの川の神。琵琶を持つ美しい女神として描かれる。音楽・弁舌・智恵の神。後世、吉祥天と混同され、「才」の字に「財」の字をあて財福を施す神として信仰されるようになり、七福神の一つに数えられた。

へん-さつ【返札】 名返事の手紙。返書。返信。例翌日返札と覚しくて〈源平盛衰記・三〉

へん-し【片時】 名少しの間。かたとき。例七年が間は片時も離れたてまつらず〈保元・下〉

へん-しふ【偏執】 —シュウ 名動（サ変）「へんじふ」「へんしゅ」とも。❶《仏教語》偏った考えや狭い考えにとらわれること。例ただ偏執の心あれども、薫修（＝仏道修行）の功うすし〈沙石集・四・一〉❷ねたましく思うこと。不愉快に思うこと。例聞く人見る人いづれも偏執の思ひを成しにけり〈太平記・一七〉

遍昭・遍照 ヘンジョウ《人名》八一六〜八九〇（弘仁七〜寛平二）。平安前期の歌人。桓武天皇の孫。俗名良岑宗貞。六歌仙の一人。蔵人頭のとき、寵愛された仁明天皇の死去に遭って出家、比叡山で学んで僧正の位に至る。『古今和歌集』以下の勅撰集に三五首入集。家集に『遍昭集』。「遍昭」と書かれることが多いが、本来は「遍照」か。

へんぜう-こんがう【遍照金剛】 ヘンジョウコンゴウ 名《仏教語》❶密教で、大日如来の称。光明があまねく照らし、その本体が不壊である、の意。❷空海の名号。のちには尊号。

へん-ぢ【辺地】 —ジ 名❶都から遠く離れた辺境の地。例地蔵菩薩の本誓・悲願、辺地・下賤を嫌ひたまはず〈今昔・一七・一六〉❷都の周辺。都の郊外。例また、河原・白河・西の京、もろもろの辺地などを加へていはば〈方丈記〉

へん-つぎ【偏継ぎ】 名遊戯の名。漢字の旁に偏を継ぎ足していくつもの文字を作る遊びという。例碁打ち、偏つぎなどしつつ〈源氏・葵〉

べん-てん【弁天】 名「べんざいてん」に同じ。

へん-ど【辺土】 名❶「へんぢ①」に同じ。例身を在々所々に（＝あちらこちらに）かくし、辺土遠国をすみかとして〈平家・一一・腰越〉❷「へんぢ②」に同じ。

弁内侍日記 べんのないしにっき《作品名》鎌倉中期の日記。二巻。弁内侍作。弘安元年（一二七八）以前の成立か。寛元四年（一二四六）から建長四年（一二五二）までの七年間の宮廷生活を和歌を交えて描いた女房の生活記録。作者は藤原信実の娘。後深草院に仕えた。『続後撰和歌集』以下の勅撰集に四〇首余が入集。

へん-ばい【反閇・返閉・反陪】 名陰陽道の呪法の一つ。貴人の外出などのとき、邪気を払うために特殊な足踏みをする。例陰陽師なんどいふは、反陪とて、足をもあだに（＝むやみに）ふまずとこそ承れ〈平家・三・公卿揃〉

へん-べん【返弁】 名動（サ変）借りたものなどを返済すること。弁済。例（割リ符ヲ）ひそかに拝借まうせしかど、御切腹のあとなれば返弁まうさんやうもなし〈近松・曾我会稽山・四〉

べん-べん【便便】 副多く「べんべんと」の形で用いる。❶無駄に長く続くさま。だらだら。ぐずぐず。例かなはぬ手にて（＝下手な字で）、べんべんと長き文章を書いてやらるる〈浮世草子・傾城禁短気・二・三〉❷太って腹の出ているさま。例食ひ過ごして、腹便便と〈醒睡笑・三〉

へん-ぽう【返報】 名動（サ変）お礼。返礼。また、仕返し。報復。例ⓐ返報とおぼしくて…笛竹を一節おくらせたまふ〈平家・四・大衆揃〉例ⓑその返報に、御辺（＝あなた）を食ひ殺したてまつるべし〈仮名草子・伊曾保物語・下〉

べん-り【便利】 名大小便の排出。便通。例一日のうちに、飲食・便利・睡眠・言語・行歩、止む事を得ずして、多くの時を失ふ〈徒然・一〇八〉

へん-ろ【遍路】 名祈願のため、弘法大師の遺跡である四国八十八か所の霊場を巡礼すること。また、その人。

ほ

ほ【火】 名火。「火中」「焔（火群の意から）」など、多く複合語で用いられる。

ほ【帆】 名風を受けて船を進ませるための布。帆柱に張る。例海人小舟帆かも張れると見るまでに鞆の浦廻に波立てり見ゆ〈万葉・七・一一八二〉

【帆に上ぐ】 はっきりわかるようにする。目立たせる。声を張り上げる。例秋風に声をほに上げて来る舟は〈古今・秋上〉

ほ【百】 名百。単独では用いられず、「いほ（五百）」「やほ（八百）」など、何百というときに用いられる。

ほ

【秀・穂】 名稲の穂や薄の穂、あるいは山の峰など、高く秀でていて、ほかよりも目立っているものをいう。

❶高く秀でている部分。くっきりと目立つもの。例千葉の（枕詞）葛野を見れば 百千足る 家庭も見ゆ 国のほも見ゆ（＝葛野の地を見ると、たくさんの家が満ち満ちている里も見える。国の高く秀でた部分も見える）〈記・中・応神・歌謡〉

❷稲・薄などの穂。例秋の田の穂の上に霧らふ朝霞いつへの方に我が恋やまむ〈万葉・二・八八〉➡名歌9

❸性質・内容が他から抜きん出てすぐれているもの。例さ馴らへる 鷹はなけむと…汝が恋ふる その秀つ鷹は（＝これほどなれている鷹はなかろうと…あなたが求めるそのすぐれた鷹は）〈万葉・一七・四〇一一〉

語誌 ▼①や③は、主に上代の用法。
▼「国のほ」「栲のほ」「波のほ」「火のほ」のように連体修飾語を受けることが多く、また、助詞「つ」を伴っ

て「ほつ鷹」「ほつ枝」となったり、「岩ほ」「垣ほ」「ほ倉」のように他の名詞と熟合したりする。〈米山敬子〉

【穂に出づ】 外に表れる。人目につくようになる。例今よりは植ゑてだに見じ花すすき**ほに出づる**(=穂がすっかり出て悲しい気配が目につく)秋はわびしかりけり〈古今・秋上〉

ほ-い【布衣】 名「ほうい」とも。❶狩衣の別称。特に、六位以下の人が着る無紋の狩衣。また、それを着る人。例**布衣**・衣冠なる御前したる車の〈大鏡・道長下〉❷江戸時代、将軍に目通りできる身分の武士が着た礼服。また、それを着る身分の人。例六月十一日に**布衣**の侍に召し加へらる〈折たく柴の記・中〉

語誌 狩衣は本来は麻や苧などの布で作ったので「布衣」とも称した。貴人用の狩衣がしだいに文様のある絹で作られるようになり、「布衣」は特に卑官の人の着用する服を限定するようになった。

ほ-い

【本意】 名「ほんい」の撥音の表記されない形。もとからある心、本来の志、の意。

❶**かねてからの願い。真意。** 例(a)つひに**本意**のごとくあひにけり(=とうとうかねてからの願いのように結婚したのだった)〈伊勢・二三〉例(b)御ありさまを、かくて見るこそうれしく**本意**あれ(=御様子を、このように見ることが喜ばしく念願がかなうのである)〈源氏・初音〉例(c)神へ参るこそ**本意**なれと思ひて、山までは見ず(=神に参詣することが本来の目的であると思って、山の上までは見ない)〈徒然・五二〉

❷《歌論・連歌論用語》**本来あるべきさま。真髄。本質。** 例(a)この十体の中に、いづれも有心体に過ぎて歌の**本意**と存ずる姿は侍らず(=この十種の様式の中で、どれも有心体以上に歌の本質と思われる様式はございません)〈毎月抄〉読解和歌を十種の様式に分け、その中で「有心体」を最も本質的なものとする。例(b)野山の色も変はり、もの寂しく哀れなる体、秋の**本意**にて候ふ(=野山の木々の色も変わり、もの寂しく哀れな様子が、秋の真髄でございます)〈連歌至宝抄〉読解秋の和歌や連歌を詠むときにはもの寂しく哀れな様子を詠め、という教え。

語誌 ▼**仏道修行・出家の願い** ①では、特に仏道修行の願い・出家の願いをさす場合があることに注意を要する。例かかる悲しさのまぎれに、昔よりの御本意も遂げてまほしく思ほせど〈源氏・御法〉読解紫の上の葬儀の日の光源氏の心内。

▼②では、伝統の中で培われてきた規範的な情趣のことをさす。〈渡部泰明〉

ほい-な・し

【本意無し】 形(ク) 本来の志や、こうあるべきだという思いがかなわず、失望する気持ちを表す。

❶**不本意だ。つまらない。期待はずれだ。残念だ。** 例(a)情けなからむことは、なほいと**本意なかる**べし(=思いやりのない無理押しをするのは、やはりまったく不本意であろう)〈源氏・宿木〉例(b)人の語り出でたる歌物語の、歌のわろきこそ、**本意なけれ**(=人が語り出した和歌をめぐる逸話で、歌がよくないものは、期待はずれだ)〈徒然・五七〉

❷**本来の趣旨に反している。** 例新樹をば賞せずして、「秋染めかへん色ぞゆかしき」といへる、**本意無く**や〈六百番歌合〉読解「夏衣薄萌黄なる若楓秋染めかへん色ぞゆかしき」という歌の判詞。「新樹(夏の新緑の樹木)」という題でありながら、若葉の美しさを賞賛せず、秋の紅葉を主として詠んだことを、正しい詠み方ではないと非難している。〈渡部泰明〉

ほい-ろ【焙炉】 名 炉の火にかざして、茶葉や薬草を乾燥させる道具。木の枠に厚紙を張ったもの。例山吹や宇治の**焙炉**の匂ふ時〈俳諧・猿蓑・四〉

ホウ【法】⇩はふ・ほふ

ホウ【方・芳・宝・庖・放・袍】⇩はう

ほう【保】 名「ほ」とも。❶令制で、行政組織の単位の一つ。一保は五戸からなる。❷平安京の行政区画の単位の一つ。一保は四町からなり、四保を一坊とする。❸平安後期から室町時代にかけて、地方行政区画の単位の一つ。例伊予国矢野**保**のうちに黒島といふ島あり〈著聞集・二〇・七〇八〉

ボウ【亡・坊・防・房】⇩ばう

ぼう【棒】 名❶木・竹・金属などの細長いもの。棒。❷武器の一種。堅木の棒に角をつけたり金属の突起をつけたりしたもの。例石櫧の木をもって削りたる**棒**の、八角に角を立て〈義経記・三〉

ほう-い【布衣】 名「ほい(布衣)」に同じ。

ほうえき-の-はう【縫腋の袍】 ホウ 名 文官と三位以上の武官が束帯のときに着用する上衣。両腋が縫いつけてあり、裾に襴という飾りの布がつく。⇩けってきのはう

ほうおん-かう【報恩講】 コウ 名《仏教語》宗派の開祖の恩に報いるために、その忌日に行われる法会。浄土真宗で親鸞の忌日に行われるものをいうことが多い。「御講」とも。例法皇、故堀河院の御ために法住寺殿にて**報恩講**経供養の時〈源平盛衰記・三三〉

ほうか【半靴】⇩はうくわ

ほう-が【奉加】 名動(サ変) 神仏に財物を寄進すること。また、その財物。例これ皆…檀越(=信者)の**奉加**なり〈今昔・一二・八〉

ほうが-ぎん【奉加銀】 名 神仏に奉納する金。例これは難波の御坊(=お寺)の御普請の**奉加銀**〈近松・冥途の飛脚・下〉

ほうが-ちやう【奉加帳】 チョウ 名 神仏に寄進した金額・品名や寄進者の姓名などを記入する帳簿。例**奉加帳**に町所をあらはさずとも心ざし(=寄付)すべし〈西鶴・西鶴織留・五・一〉

ほうがん【判官】⇩はうぐわん

ほうき【伯耆】⇩はうき

ほう-ぎょ【崩御】 名 天皇・皇后・皇太后・上皇・法皇などが亡くなること。例堀川天皇**崩御**の時〈平家・六・飛脚到来〉

ほう・く【惚く】 動(カ下二)(「ほく」の変化した形)❶ぼける。ぼんやりする。例いみじく**ほうけ**て、物も覚えぬやうにてありければ〈宇治拾遺・一八五〉❷うつつをぬかす。夢中になる。例博奕に**惚け**て〈仮

名草子・浮世物語・一・四〉

ほう-ぐ【反古・反故】 名 ⇩ほぐ

ほう-くゎ【烽火】 ―カ 名 のろし。例天下に兵乱おこって、烽火をあげたりければ〈平家・二・烽火之沙汰〉

ほう-けつ【鳳闕】 名 皇居の門。また、皇居。中国の漢代に、宮城の門の上に銅製の鳳凰を置いたことからいう。例今の鳳闕わづかに方四町の内なれば、分内(=敷地)狭うして〈太平記・一三〉

ほう-けん【宝剣】 名 ❶宝物とされる剣。❷特に、三種の神器の一つ、天の叢雲の剣。例(東宮ノトコロニ)神璽(=三種の神器の一つ)・宝剣わたりたまひぬるには〈大鏡・花山院〉

保元物語 《作品名》鎌倉前期の軍記。三巻。作者未詳。貞応二年(一二二三)以後の成立か。保元の乱を和漢混交文で記す。源為朝の英雄視が特徴。

ほう-こ【布袴】 名 公家男性の装束の一つ。袍と下襲・石帯に、表袴の代用として指貫を合わせたもの。束帯よりも略式で、衣冠よりも改まった服装。例(天皇ニ)奏せさせたまふべきことある折は、布袴にてぞまゐりたまふ〈大鏡・頼忠〉 読解 摂関には日常着の直衣姿での参内が許されていたが、布袴で威儀を正した藤原頼忠の話。 語誌 本来は指貫の別称。

ほう-ご【反古・反故】 名 ⇩ほぐ

ほう-こう【奉公】 名動(サ変) ❶天皇・朝廷や主君に仕え、そのために尽くすこと。また、功績があること。例さしも(=あれほど)奉公のものであるものを〈平家・二・鶏合壇浦合戦〉❷江戸時代、他家に住み込んで働くこと。例繁華の都へ出て奉公をかせぎ(=奉公口を求め)〈黄表紙・金々先生栄花夢・上〉

ぼう-ざ【病者】 ⇩ばうざ

ほう-さん【宝算】 名 天皇の年齢の敬称。お年。聖寿。例ただこの君、千秋万歳の宝算をとぞ祈りたてまつる〈平家・六・紅葉〉

ほう-しゃ【報謝】 名動(サ変) ❶恩に報いて感謝の気持ちを表すこと。例深く件の恩を知りて、よろしく報謝すべし〈著聞集・二・三六〉❷神仏への報恩に慈善を施すこと。僧などへ布施物を贈ること。例これこれ御坊…この金子を報謝する〈近松・堀川波鼓・下〉

ほう-じゃう【鳳城】 ―ジヤウ 名 皇居。宮城。また、都。中国の漢代に、宮城の門の上に銅製の鳳凰を置いたことからいう。例北には賀茂大明神鳳城を守り〈保元・上〉

ほうしゃう-りう【宝生流】 ホウシヤウリユウ 名 能楽のシテ方の流派の一つ。世阿弥の弟の蓮阿弥を祖とするという。江戸後期に隆盛。

ほう-じゅ【宝珠】 名 《仏教語》「にょいほうじゅ」に同じ。例我、この宝珠を汝に与へむ〈今昔・一七・七〉

ほう-しょ【奉書】 名〔上意を奉じる文書の意〕❶貴人の命令を臣下が受け、臣下名義で発する文書。ふつう、鎌倉・室町幕府の政所・奉行などが、また江戸幕府の老中が発するものをいう。❷「奉書紙」の略。 語誌 ①には特別な呼び方をされるものがあり、天皇の奉書を「綸旨」、公卿以上の奉書を「御教書」などともいう。

ほう-じょう【方丈】 ⇩はうぢゃう

ほうしょ-がみ【奉書紙】 名〔奉書を書くのに用いたことからいう〕楮の繊維ですく和紙の一種。しわがなく、純白できめが細かい。例小さしきなる奉書紙を二つに切りて〈折たく柴の記・中〉

ほう-じん【封人】 名 国境を守る役人。転じて、国境のあたりに住む人。例日すでに暮れければ、封人の家を見かけて、舎りを求む〈芭蕉・奥の細道〉

ほう-ず【封ず】 動(サ変) 領地を与えて領主に取り立てる。例男は侯にだも封ぜられず〈平家・六・葵前〉

ほう-ず【崩ず】 動(サ変) 天皇・皇后・皇太后・上皇・法皇などが死ぬ。例帝すでに崩じたまひにき〈今昔・六・三〉

ほう-ず【報ず】 動(サ変) むくいる。恩返しをする。例亀の、我に恩を報ずとて助くるなりけり〈今昔・一九・三〇〉

ほう-ぜう【豊饒】 ―ジヨウ 名形動(ナリ) 富んで豊かなこと。穀物が豊かに実ること。例寺領も豊饒なり〈著聞集・七・二九二〉

ほう-ぜん【宝前】 名 神前・仏前の敬称。広前。例供養を山王の宝前にて遂げけり〈源平盛衰記・四〉

ほう-そ【宝祚】 名〔「祚」は位の意〕天皇位の敬称。例宝祚をさづけたてまつるべし〈平家・八・名虎〉

ぼう-ぞく ⇩ばうぞく

ぼう-たん【牡丹】 名 ❶植物の名。牡丹。ボタン科の落葉低木で、晩春から夏にかけて大輪の花をつける。例薔薇、牡丹、唐撫子、紅蓮花の花を植ゑさせたまへり〈栄花・玉の台〉❷襲の色目の名。表は薄蘇芳、裏は白。一説に、表は白、裏は紅梅とも。陰暦四月に着用。

ほう-ぢゃう【方丈】 ―ジヤウ 名 ⇩はうぢゃう

北条団水 ホウデウダンスイ 《人名》一六六三～一七一一(寛文三～宝永八)。江戸時代の俳人・浮世草子作者。井原西鶴の門人で、西鶴没後、遺稿を整理して刊行する。自身、浮世草子『昼夜用心記』『日本新永代蔵』『本朝智恵鑑』などを著すとともに、談林派の俳人としても知られた。

ほう-と 副 「ほうど」とも。物を置いたり、ぶつけたりしたときの音。ぽんと。とんと。例(牛車ノ)轅ほうとうちおろすを〈枕・すさまじきもの〉

ほう-ど 副 困り果てたさま。ほとほと。まったく。例いつとても取り付き虫(=取り巻き連中)に、ほうど困り果てる事〈浮世草子・傾城禁短気・三・四〉

ほう-とう【宝灯】 名 神仏に供える明かり。灯明。例神前に古き宝灯あり〈芭蕉・奥の細道〉

ほう-ねん【法然】 ⇩ほふねん

ぼう-はん【謀判】 名 印判を偽造したり盗用したりすること。また、その印判。江戸時代には、死罪または獄門にあたる重罪。例親仁の謀判して、上銀二百匁、今晩ぎりに(=今晩限りで)借りました〈近松・女殺油地獄・下〉

ほう-びゃう【宝瓶】 ―ビヨウ 名 《仏教語》仏具として用いる花瓶・水瓶などの美称。特に、真言宗で「灌頂①」の水を入れる器。例宝瓶に水を入れて仏に奉る〈今昔・二・三〉

宝物集 ホウブツシフ 《作品名》平安末期の仏教説話集。巻数は伝本により異なる。平康頼作。治承(一一七七～八二)ごろの成立。この世の第一の宝は何かという問いに始まり、それは仏道との結論に達する。その後、六道の苦しみやそこからの解脱を説き、例証として多くの説話や和歌を引用する。

ほう-へい【奉幣】 名 神に「幣①」を奉ること。また、それを行う使者。例熊野へ悦びの**奉幣**をぞ立てられける〈平家・三・医師問答〉

ほう-ほう-と 副 物を投げたり、たたいたりするさま。また、その音。ぽんぽん。例(丸太ヲ)五つ六つ**ほうほうと**投げ入れ〈枕・日のいとうららかなるに〉

ほう-もち【捧物】 名「ほうもつ」とも。神仏や貴人への捧げ物。例ここかしこに御誦経・**捧物**などばかりのことをうちしたまふ〈源氏・御法〉

ほう-らい【蓬莱】 名 ❶「ほうらいさん」に同じ。例東の海に**蓬莱**といふ山あるなり〈竹取〉読解 末尾の「なり」は伝聞の意を表す。❷祝事に用いる飾り。蓬莱山をかたどり、松竹梅・鶴亀・尉姥などで飾る。また正月用には、のし鮑・昆布・勝栗・野老・橙・海老などで飾る。

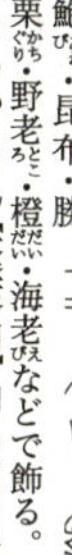

蓬莱②〔日本永代蔵〕

ほうらい-さん【蓬莱山】 名 中国の伝説上の山。はるか東方の海中にあり、不老不死の仙人が住むという。日本では亀の背中に載るとされる。例海には万劫(=きわめて長い年月)亀遊ぶ **蓬莱山**をや戴ける〈梁塵秘抄・四句神歌〉

ほうらい-の-やま【蓬莱の山】 名「ほうらいさん」に同じ。

ほう-れん【鳳輦】 名 屋根の頂に金銅製の鳳凰を飾った輿。天皇が、即位・大嘗会・御禊・朝覲節会など盛儀の行幸に用いる。転じて、天皇の乗り物の美称にもいう。「鳳輿」「鸞輿」とも。⇩こし(図)。例主上(=天皇)は**鳳輦**に召して(=お乗りになって)、池の汀へ行幸なる〈平家・三・大地震〉

ほう-わう【鳳凰】 ホウオウ 名 中国の想像上の霊鳥。賢王の治世のときに出現するといわれ、頭は鶏、首は蛇、あごは燕、背は亀、尾は魚で、五彩色の羽毛をもつとされる。例天には七重の網をはれり、**鳳凰**の翼なりとも飛びさるべからず〈宝物集・二〉

鳳凰〔紫地鳳唐草丸文錦軾〕

ほお【朴・頬・厚朴】 ⇩ほほ

ほか

【外】 ■1 名 ❶外側。そと。例心うちに動き、言に**ほか**にあらはれずといふことなし(=感情が内側で動き、言葉となって外側に現れないということはない)〈新古今・仮名序〉

❷外界。世間。例世にしたがへば、心**ほか**の塵に奪はれて惑ひやすく(=俗世間に順応すると、心が世間の汚れにとらえられて迷いやすく)〈徒然・七五〉

❸**当面の関心から見た別の場所・もの。よそ。** 例正月の十日ばかりのほどに、**ほか**に隠れにけり(=正月の十日ほどのころに、よそに隠れてしまった)〈伊勢・四〉

❹**すでに示されたものに対して、それ以外の物事をさす。**「～よりほか」の形で、打消の語を伴って用いられることが多い。例野山、蘆・荻の中を分くるより**ほか**の事なくて(=野山や、蘆・荻の中を分け進んで行く以外のことは何もなくて)〈更級〉

■2 形動(ナリ)「以ての外」の略。とんでもないさまを表す。例浮気になりて、**ほかなる**心もこれよりおこりぬ〈西鶴・好色一代女・四・一〉

■3 副助〔「よりほか」を略してできた語〕(打消の語を伴って)**それだけしかない意を表す。しか。** 例どう思案しても口が下と**ほか**思はれぬ(=壺の口が下についているとしか思われない)〈噺本・軽口御前男・三〉

語誌 ▼物事の内部や周囲の枠の内側から見た、その外部をさしていう■1①が基本的な意味である。これは「**うち**」の対であり、「**と**(外)」とも類義的である。「思ひのほかに、御髪おろしたまうてけり」〈伊勢・八三〉など心理的に予想外の出来事をさしていう用法も①に含めることができる。②も①と連続するが、自分を中心にそのまわりの世界を広くさす点では、①と区別できる。③は、当事者と関係のない場所や様子を表す「**よそ**」と類義的である。〈山口堯二〉

▼■3は、■1④から分かれたもの。

ほか-ありき【外歩き】 名 ほかのところへ出歩くこと。外出。例御暇なくて**外歩き**もしたまはず〈源氏・澪標〉

ほ-かげ【火影】 名 ❶火の光。ともしびの光。例**灯影**に見し顔思し出でらるる〈源氏・夕顔〉❷ともしびの光などに照らされた物の姿かたち。例添ひ臥したまへる御**灯影**いとめでたく〈源氏・帚木〉

ほか-ごころ【外心】 名 ほかの人を思う心。浮気心。例**外心**我は思はじ恋ひて死ぬとも〈万葉・一一・二四三四〉

ほか-ざま【外方・外様】 名「ほかさま」とも。ほかの方向。また、ほかの人。無関係なほう。例念じて射んとすれども(矢ハ)**ほかざま**へ行きければ〈竹取〉

ほか-ばら【外腹】 名 本妻以外の女性から生まれること。また、その子。例大臣の、**外腹**のむすめ尋ね出でてかしづきたまふなる〈源氏・常夏〉

ほかひ-びと【乞児・乞食者】 ホカイ― 名 各地を旅し、家々を回って、めでたい言葉や祝いの言葉を唱え、食を乞う芸能者。転じて、物もらい。例**乞食者**が詠ふ二首〈万葉・一六・三八八五・題詞〉

ほか-ふ【祝かふ・寿かふ】 ホカウ・ホコウ 動(ハ四)〔動詞「ほく」の未然形＋上代の反復・継続の助動詞「ふ」〕「ほがふ」とも。祝う。祝いの言葉を言う。例松のにはかに枯れけるを**ほかひ**て〈続詞花集・詞書〉

ほか-ほか【外外】 ■1 名 ほか。よそ。別の所。例みな**外々**へと出でたまふほどに〈源氏・賢木〉■2 形動(ナリ)別れているさま。離れ離れだ。例(姉妹ガ)同じ所に大殿籠れるをうしろめたしと思へど、常のこ

となれば、外々にともいかが聞こえむ〈源氏・総角〉

ほか-め【外目】 名動(サ変) よそ見。わき見。例**外目**せず見聞く気色どもを見て〈大鏡・時平〉

ほがら-か【朗らか】 形動(ナリ)〔「か」は接尾語〕❶広々として明るい。光が明るい。例秋の月の**ほがらか**に〈後拾遺・序〉❷聡明だ。例みな**ほがらかに**、あるべかしくて(=望ましい様子で)〈源氏・若菜上〉❸気分が晴れやかだ。例いと**ほがらかに**うち笑ふ〈蜻蛉・下〉

ほがら-ほがら【朗ら朗ら】 副 夜がしだいに明るく明けていくさま。例しののめの**ほがらほがら**と明けゆけばおのがきぬぎぬなるぞかなしき〈古今・恋三〉

ほか-ゐ【外居・行器】 イ— 名 外出時などに、食物などを入れて持ち運ぶための容器。円形で深さがあり、ふたがついていて、外側に反った三脚がある。例三種の神器をば足付きたる**行器**に入れて〈太平記・一八〉

外居〔春日権現験記絵〕

ほき【崖】 名 山腹などの、険しい崖。例危うさに人目ぞ常によがれける(=避けてしまうものだ)岩の角踏む**ほき**のかけ道〈山家集・下〉

ほき-うた【祝き歌・寿き歌】 名 古来宮廷に伝わる在来の歌謡の一種。祝い歌。天皇を寿ぐ歌。例こは(=これは)**寿き歌**の片歌ぞ〈記・下・仁徳〉

ほき-ぢ【崖路・崖道】 ヂ— 名 山腹などの険しい道。がけ道。例吉野山**ほきぢ**つたひに尋ね入りて花見し春はひと昔かも〈山家集・上〉

ほ-く【祝く・寿く】 動(カ四)〔のちは「ほぐ」〕祝福する。祝いの言葉を言う。例君が宿にし(=あなたのお屋敷で)千年**寿く**とそ〈万葉・一九・四二八九〉

ほ-く【惚く・呆く】「ほぐ」とも。❶動(カ四) ぼける。ぼんやりする。知覚が衰える。例世にも**ほきた**ること(=愚かしいこと)と譏りきこゆ〈源氏・常夏〉❷動(カ下二) ①に同じ。例かの中納言は**ほけ**て、妻めにのみ従ひて、情けなく〈落窪・三〉

ほ-ぐ【反古・反故】 名「ほうぐ」「ほうご」「ほんご」とも。❶書き損じや古い手紙など、不用となった紙。例**反故**選り出だして、料紙に漉かせて(=書写用紙に漉き直させて)経書き〈右京大夫集・詞書〉❷不用となったもの。例女房の奉公も**反古**にはならぬこの金〈浄瑠璃・仮名手本忠臣蔵・六〉

ほく-きょく【北極】 ホッ— 名 北極星。常に天の中心にあるので、天子の位をたとえていう。例**北極**万歳の聖運を祈りたまふ〈太平記・五〉

ほく-こく【北国】 ホッ— 名 ❶北のほうにある国。北方の土地。北国。例およそ(=一般に)**北国**の人はよく馬に乗り〈読本・弓張月・前・七〉❷北陸道の諸国。特に、越後国。例一緒にては悪しかるべし。義平は**北国**へ下り〈平治・中〉❸(江戸城の北にあることから)江戸の遊里吉原の別称。

北枝(人名)?〜一七一八(享保三)。江戸時代の俳人。立花氏。加賀(石川県)金沢の研刀師。『奥の細道』行脚中の芭蕉に入門、その教えを俳論『山中問答』にまとめた。北陸蕉門の第一人者。俳諧集『卯辰集』などの編がある。

ほ-ぐし【火串】 名「ほくし」とも。夜の狩りで、鹿などをおびき出すための松明を挟んでおく木。例**火串**に引きかけて、矢をはげて(=弓につがえて)射んとて〈宇治拾遺・七〉

ぼく-せう【乏少】 ショウ— 名形動(ナリ)〔「ばふせう」の変化した形〕乏しく少ないこと。わずかなこと。また、貧乏なことやそのさま。例**乏少**の藤太とて、いと貧しき者侍り〈御伽草子・福富長者物語〉

ぼく-せき【木石】 名 木と石。非情のもの、感情や感覚を理解しないもののたとえ。出典は『白氏文集』の「新楽府」の一節。例人、**木石**にあらねば、時にとりて、ものに感ずる事なきにあらず〈徒然・四一〉

ほく-だう【北堂】 ドウ— 名 母。また、他人の母の敬称。中国で、主婦の居室を北に設け「北堂」といったことからいう。例故郷に帰りて、**北堂**の萱草も霜枯れ果てて〈芭蕉・野ざらし紀行〉読解 母の居室の庭の忘れ草も霜に当たって枯れ果てて。母が死去してから久しくたってしまったことをいう。

ほく-てう【北朝】 チョウ— 名 鎌倉幕府の滅亡後、足利氏が京都に擁立した持明院統系の光厳・光明・崇光・後光厳・後円融・後小松天皇の朝廷。

ほく-てき【北狄】 名〔古代中国で北方の異民族をおとしめていった語から〕都からみた北方の野蛮人。例**北狄**のためにこれを破られ〈平家・七・聖主臨幸〉読解 ここは北から攻めてきた木曾義仲をさす。

ほく-と【北斗】 名「ほくとう」とも。星座の名。北斗七星。例身ののちには金をして**北斗**を支ふとも、人のためにぞわづらはるべき〈徒然・三八〉読解 死後に、積み上げて北斗を支えることのできるほどの財宝を残しても、後に残った人からは迷惑と思われる、ということ。

ほく-ばう【北邙】 ボウ— 名 墓地。中国の洛陽の北にある邙山が、古来墳墓の地であることからいう。例**北邙**新旧の朝の露、はかなき例しとその哀れと聞き置きしは〈保元・下〉

ほ-ぐみ【穂組み】 名 刈り取った稲穂を乾かすために組み重ねたもの。ほかけ。例落ち穂を拾ひて、**穂組み**を作る〈方丈記〉

ほく-めん【北面】

名 ❶**北に面すること。北を向くこと。**例諸卿列立す。西を上に**北面す**(=諸卿が並び立つ。西側を上位として北を向く)〈御堂関白記・寛仁二年十月〉❷**院の御所の北面にある、北面の武士の詰め所。**例**北面**に候する人々の郎等及び千余人を、皆河原に遣はしをはんぬ(=北面の武士の詰め所に仕える人々の家来ならびに千人余りを、全員河原に派遣しおえた)〈中右記・元永元年五月〉読解 比叡山の強訴に対する白河院方の対応の様子。❸**「北面の武士」の略。**

〈池田尚隆〉

ほくめん-の-ぶし【北面の武士】 名 院の御所の北面で、警護にあたる武士。白河上皇が創設、しだい

に軍事力が強化された。四位・五位に叙せられた上北面と、それ以下の下北面がある。

ほ-くら【神庫・宝倉】 名 ❶神宝を納める倉。例**神庫**のために梯(=梯子)を造てむ〈紀・垂仁〉 ❷小さい神社。ほこら。例稲荷の**神庫**に、女の手にて(=筆跡で)書きつけてはべりける〈拾遺・雑恋・詞書〉

ほく-れい【北嶺】 名 京の北にある比叡山延暦寺の別称。奈良の興福寺を南都と呼ぶのに対していう。例**北嶺**の伝教大師〈神皇正統記・序〉

ほくろく-だう【北陸道】ドウ 名「ほくりくだう」とも。七道の一つ。東山道の北、日本海沿岸の地方と、そこに設置された駅路。若狭・越前・加賀・能登・越中・越後・佐渡の七か国からなる。古くは「越路」とも。

ほけ-きゃう【法華経】キョウ 名〖仏教語〗「妙法蓮華経」の略。大乗仏教の重要な経典の一つ。一世紀前後にサンスクリット語の原典が成立。五世紀初頭に鳩摩羅什の漢訳『妙法蓮華経』八巻二八品が成立し、広く普及する。前半は唯一絶対の真理である一乗の教えを、後半は仏陀の永遠性と法華経の教えを遵守する菩薩の実践を説く。特に「方便品」を中心とする前半では、最終的にすべての衆生が平等に成仏するという、大乗や小乗を超越した統一的真理(一乗の教え)を明らかにした。長行(散文)と偈頌(詩)からなる文体には、他の経典にはない独特の文学的手法が見られる。例(a)物の怪の罪救ふべきわざ、日ごとに**法華経**一部づつ供養ぜさせたまふ(=物の怪の罪を救うための仏事として、毎日法華経一部ずつ読誦して供養させなさる)〈源氏・若菜下〉例(b)夢に…(僧ガ)「**法華経**五の巻をとく習へ(=すぐに習いなさい)」と言ふと見れど〈更級〉 読解 五の巻は女人成仏が説かれ、当時女性に尊ばれた。

語誌 ▼平安初期に最澄が天台宗を開くと、その根幹の経典として法華経は特に広く信仰されるようになる。法華八講なども盛んに行われた。その後も、鎌倉仏教の法華宗(日蓮宗)では教えの基幹に法華経がおかれるなど、広く受け入れられた。▼法華経信仰が広まると、その霊験を語るものとして『法華験記』などの説話集も編まれるようになり、そこから『今昔物語集』巻一三・一四に頻出する法華経関係の説話も生まれた。和泉式部の「暗きより暗き道にぞ入りぬべきはるかに照らせ山の端の月」〈拾遺・哀傷〉(➡名歌147)をはじめ法華経を題材とする和歌も多く詠まれた。平安末期の歌謡集『梁塵秘抄』巻二では、仏教賛歌という法文歌二二〇首のうち一一五首を法華経の歌が占める。〈白石佳和〉

ほけ-ほけ・し【惚け惚けし】 形(シク)〔ぼけぼけ・ぼんやりする意の動詞「ほく」の連用形を重ねて形容詞化した語〕呆然としている。ぼんやりしている。例ただあやしう**ほけほけしう**(音便形)て、つくづくと臥し悩みたまふ(=ただ妙にぼんやりしていて、深くもの思いにふけりながら横になって苦しんでいらっしゃる)〈源氏・葵〉

語誌 何かに心を奪われたり老齢のためなどで放心し、判断力や行動力が鈍っている状態を表す。例は六条御息所が、光源氏との関係が思わしくなく、放心したようになっている状態である。〈松井健児〉

ほこ【矛・鉾・戈・鋒・桙・戟】 名 ❶長い柄の先に両刃の剣をつけた武具。神聖視されることもある。例**矛**もちて刺して殺しき〈記・下・履中〉 ❷弓の柄の部分。弓幹。例節木の弓の**戈**短く射よげなるを持ち〈義経記・五〉 ❸祭礼の山車で、屋根に高く①のような形の飾りを突き立てたもの。例あの**鉾**のもと囃す京童の芸でこそ候へ〈謡曲・丹後物狂〉

ほこ-すぎ【矛杉・鉾杉】 名 矛の刃先のような形に茂り立つ杉の木。例香久山の**鉾杉**が末(=先端)にこけ生すまでに〈万葉・三・二五九〉

ほこら【祠・叢祠】 名〔「ほくら」の変化した形〕小さい神社。例この**祠**の内より、「侍り(=おります)」と答ふなり〈宇治拾遺・一三・六〉

ほこら-か【脹らか】 形動(ナリ)「ふくらか」に同じ。

ほこら・し【誇らし】 形(シク)〔動詞「ほこる」の形容詞形〕自負がある。得意だ。例千々のなさけも 思ほえず ひとつ心ぞ **ほこらしき**〈古今・雑体〉

ほこり-か【誇りか】 形動(ナリ)〔「か」は接尾語〕得意げだ。例いよいよ**ほこりかに**うちとけて、笑ひなどそぼるれば(=笑ったりしてふざけていると)〈源氏・空蝉〉

ほこ・る【誇る】 動(ラ四) 自分のものを自らすぐれていると思い、それを表すのが原義。

❶**得意に思う。得意顔をする。自慢する。** 例さ馴らへる 鷹は無けむと 心には 思ひ**誇りて**(=これほどよく馴れている鷹はいないだろうと、心では得意に思って)〈万葉・一七・四〇一一〉

❷**豊かな生活を送る。** 例人倫は心調へて**誇る**ともおごらず(=人々は心が満ち足りて豊かな生活を送るが高慢にはならない)〈海道記〉

語誌 ▼類義語「おごる」が自分を他人より上と思い、人を見下した態度を取る意であるのに対し、「ほこる」は自分の特定の役割・功績・才能・持ち物などをすぐれていると思う意。ただし、現代語のような「〜をほこる」という他動詞的な言い方はまれである。▼この語から派生した語に、形容詞「ほこらし」、形容動詞「ほこりか」などがある。〈鉄野昌弘〉

ほころび【綻び】 名 縫い合わせが解けたところ。また、縫い合わせていない部分。例とかくひこしろふほどに(=引っ張りあううちに)、**綻び**はほろほろと絶えぬ〈源氏・紅葉賀〉

ほころ・ふ【誇ろふ】ホコロウ 動(ハ四)〖上代語〗〔動詞「ほこる」の未然形＋上代の反復・継続の助動詞「ふ」〕=「ほこらふ」の変化した形〕自負する。得意に思う。例我を除きて 人はあらじと **誇ろへ**ど〈万葉・五・八九二〉(➡名歌122)

ほころ・ぶ【綻ぶ】 動(バ上二) ❶**縫い目やとじ目の糸が解ける。** 例単衣の御衣ぞ**ほころびたる**、着かへなどしたまでも(=単衣のお召し物の糸が解けているものを、着替えなど

なさっても)〈源氏・夕霧〉
❷つぼみが開く。例青柳の糸よりかくる春しもぞ乱れて花のほころびにける〈古今・春上〉↓名歌58
❸口をあける。口をあけて笑う。例人々みなほころびて笑ひぬれば(=人々は全員口をあけて笑ったので)〈源氏・少女〉
❹気持ちや秘密などが外に現れる。例いかならむ折にか、その御心ばへほころぶべからむ(=いつかの折にか、そのようなお気持ちが外へ現れるにちがいなかろう)〈源氏・若菜上〉
❺裂け目からこぼれ出る。例御簾の下より裳の裾などほころび出づるほどに(=御簾の下から裳の裾などがこぼれ出ているあたりに)〈紫式部日記〉
語誌▼活用の種類　「千種にもほころぶ花の錦かな」〈源順集〉「縫ひしをもほころぶまでに忘るれば」〈宇津保・藤原の君〉など、四段活用の存在を示す例もある。しかし「ぶ」は上二段動詞を作る接尾語で、「よろこぶ」「すさぶ」など上代では上二段で平安時代以降四段に転じたものがあるので、「ほころぶ」も本来上二段活用であったと考えられる。〈鉄野昌弘〉

ぼ-さち【菩薩】 名《仏教語》「ぼさつ」に同じ。例阿弥陀仏、脇士のぼさち、おのおの白壇して造りたてまつりたる〈源氏・鈴虫〉

ぼ-さつ【菩薩】 名(梵語の音写「菩提薩埵」の略。悟りを求める人の意)「ぼさち」とも。❶《仏教語》悟りを求めて修行する人。大乗仏教では、自ら仏道を求めるとともに衆生を救済しようとする人。まだ仏(如来)になってはいないがやがて仏になるものとして、仏の次に位する。悟りを開く以前の釈迦、前世での釈迦をさすこともある。弥勒・観世音・地蔵などが有名。例極楽といふなる所には、菩薩などもみなかかることをして(=極楽とかいう所では、菩薩なども皆こうしたことをして)〈源氏・手習〉読解「かかること」は音楽を演奏することをさす。
❷高徳の僧に対して朝廷から与えられた称号。また世の人々の、高徳の僧に対する尊称。例時の人(=当時の人)、号けて行基菩薩といふ〈続紀・天平勝宝元年二月〉
❸日本の神につけた尊称。仏が神の姿で現れたとする本地垂迹説による。八幡大菩薩がその典型例。
❹米の別称。例酒の一滴は菩薩七十粒より出づるを〈西鶴・西鶴俗つれづれ・一・三〉〈馬場光子〉

ぼさつ-かい【菩薩戒】 名《仏教語》大乗の仏門に入る人が受ける戒律。悪を止め、善を修め、衆生のために尽くすことを内容とする。また、それを授ける行事。大乗戒。仏性戒。例唐に渡りて、菩薩戒を受け伝へて返り来たれり〈今昔・一一・二六〉

ほし【星】 名❶天体の、星。例星は すばる。ひこぼし。夕づつ(=宵の明星)。よばひ星(=流星)、すこしをかし〈枕・星は〉
❷兜の鉢板に並べて打ちつけた鋲の頭。大星・小星・糠星・角星など、多くの意匠がある。例雲井をてらすいなづまは、甲の星をかかやかす(=天空を照らす雷光は、兜の星を輝かせる)〈平家・一・俊寛沙汰鵜川軍〉
❸小さな丸い点。例星ある眼なりければ、細かにこそ見えねど〈仮名草子・仁勢物語・下〉読解病気で黒目に白点が浮き出ている。
❹運勢。人の吉凶を支配する九星のめぐりあわせ。
語誌▼星に関する想像力　昔の日本人は、身近な自然に対するほどには、満天の星に関心をもたなかったようだ。特定の星をさす固有名詞は、①例にあるもの以外では「あかぼし(金星の意)」くらいしかないし、「ひこぼし」は漢語「牽牛」の翻訳語で、在来の名称ではない。神話や伝説・昔話においても、星に関する想像は概して貧弱だといわれる。〈品田悦一〉
【星を戴く】 まだ星の残る早朝から出かけて星の出る夜まで務め励む。「星を被く」とも。例泥を銜き(=泥まみれになり)また星を戴くことを免れず〈菅家文草・二〉

ほ・し【欲し】 形(シク)❶手に入れたい。欲しい。例あふさわに(=無造作に)我を欲しと言ふ山背の久世(ノ若者)〈万葉・一一・二三六二〉❷望ましい。願わしい。例ありが欲し(=住んでいたい)住みよき里の荒るらく惜しも〈万葉・六・一〇五九〉

ほし-あひ【星合ひ】 アイ 名陰暦七月七日の晩、牽牛・織女の二星が逢うこと。例七月七日も、例に変はりたること多く…星あひ見る人もなし〈源氏・幻〉

ほし-いひ【乾し飯・糒】 イイ 名「ほしひ」とも。蒸した飯を乾燥させて保存用にしたもの。旅や戦のときの携帯食品で、湯や水で戻して食べる。例餌袋に干し飯など入れて、まうでたり〈宇治拾遺・一〇四〉

ほしい-まま【恣・縦・擅】 形動(ナリ)「ほしきまま」のイ音便形。例巧みにしてほしいままなるは、失(=失敗)のもとなり〈徒然・一八七〉

ほしき-まま【恣・縦・擅】 形動(ナリ)勝手気まま。心のまま。思うまま。例心のほしきままに、悪しき事をのみ事とする〈宇治拾遺・一九七〉

ほしじろ-の-かぶと【星白の兜】 鉢に打ちつけた鋲の頭(星)を銀で包んだ兜。

ほし-づきよ【星月夜】 名❶月はないが星の明るい夜。星明かりの晩。例我ひとり鎌倉山を越え行けば星月夜こそうれしかりけれ〈永久百首〉❷連歌・謡曲などで、「鎌倉」またはそれに縁のある語を導く。①例の和歌に基づくか。星月夜は暗いので、「くら」の音を含む「鎌倉」を導く、とも。例明くるを待つや星月夜、鎌倉山を朝立ちて〈謡曲・調伏曾我〉

ほし-の-くらゐ【星の位】 クライ ❶星座。星宿。例紫宵(=大空)の上には星の位おだやかに〈保元・上〉❷大臣・公卿・殿上人のこと。また、その地位。宮中に人々が列するのを星にたとえていう。例ことわりや雲居にのぼる君なれば星の位もまさるなりけり〈頼政集〉

ほし-の-はやし【星の林】 星が数多く集まっているさまを林にたとえていう語。例天の海に雲の波立ち月の舟星の林に漕ぎ隠る見ゆ〈万葉・七・一〇六八〉↓名歌48

ほし-の-やどり【星の宿り】(「星宿」の訓読)❶星座。また、星の運行。例天の原ふりさけみれば(=ふり仰いで見ると)七夕の星のやどりに霧立ちわたる〈新千載・秋上〉❷(比喩的に)宮中に列する人々。大臣や公卿・殿上人の地位。「星の位」とも。例照る日(=天皇)を世々に 助け来し 星の宿りを ふりすてて〈増鏡・おどろの下〉

ほし-ひ【糒】―名「ほしいひ」の変化した形。例冷や飯を干した糒の塩いり〈滑稽本・浮世風呂・前上〉

ほ・す

【干す・乾す】動(サ四)❶日光や風・火などにさらす。かわかす。例雨にぬれたる物どもほし〈更級〉❷涙をかわかす。泣きやむ。例乾す世もなくて過ぐしたまふに、年も暮れにけり(=涙をかわかすときもなくてお過ごしなさっているうちに、その年も暮れてしまった)〈源氏・椎本〉読解秋に父が死去した。❸残らず飲んでしまう。杯などを空にする。例盃取り上げて、これもさらりとほされけり〈御伽草子・酒呑童子〉❹食べないで腹の中を空っぽにする。また、食物を食べさせないでほうっておく。ひぼしにする。〈余田弘実〉

ほ-ずゑ【穂末】―名穂の先。例いな筵 かぶす(=うなだれる)穂末に月ぞすみける〈山家集・上〉

ほぞ【臍】名〔古くは「ほそ」〕❶へそ。例この神の…臍の中に五穀生れり〈紀・神代上〉❷果実のへた。例これは三つなりの柑子にて…一つほぞがぬけて、ころころとこけていくほどに〈狂言・柑子〉

【臍を固うす】固く決心する。覚悟を決める。「臍を固む」とも。例粗忽をいましめ、**臍を固うする**御気質〈近松・津国女夫池・四〉

【臍を噛む】(自分のへそを噛もうとしてもできないことから)どうにもならないことを後悔する。例後の禍**臍を噛む**とも益なからん〈太平記・二八〉

ほそ-え【細江】名幅の狭い、奥行きの深い入り江。例都太の細江に浦隠り居り〈万葉・六・九四五〉

ほそ-えぼし【細烏帽子】名武官のかぶる上部の細長い烏帽子。例**細烏帽子**に香(=色の名)の水干着たる舎人〈太平記・一三〉

細川幽斎《人名》一五三四～一六一〇(天文三～慶長一五)。安土桃山時代の歌人・武将。名は藤孝。足利義晴(三淵晴員とも)の子。和歌を三条西実枝に学んで古今伝授を受け、二条派正統の歌人として活躍。木下長嘯子らを育てた。家集『衆妙集』のほか、多くの歌論・注釈がある。

ほそ-くび【細首・細頸】名やせて細い首。貧弱な首。特に、打ち落とすのが容易だと相手の首を卑しめていう。例ねらひすまして放ちければ、かの姥が**細首**落としけるに〈西鶴・西鶴諸国ばなし・五・六〉

ほそ-ごゑ【細声】―名かぼそい声。かすかな声。例蚊の、**ほそごゑ**にわびしげに名のりて、顔のほど(=あたり)に飛びありく〈枕・にくきもの〉

ほそ・し

【細し】形(ク)❶細い。幅が狭い。例(a)青柳の 細き眉根を 笑み曲がり(=青柳のように細い眉を曲げてほほえみ)〈万葉・一九・四一九二〉例(b)わが入らむとする道はいと暗う**細き**に(=自分が入ろうとする道はたいそう暗く狭い上に)〈伊勢・九〉❷量や力が乏しい。例乳母せんとてまうできたりける女の、乳の**細う**(音便形)はべりければ(=乳母をしようと参上した女性が、乳の出る量が乏しくてございましたので)〈後拾遺・雑六・詞書〉❸物事の程度が弱々しい。運勢などが盛んでない。例この大臣、いとやむごとなくおはしましかど、御末**ほそく**ぞ(=この大臣は、たいそう高貴でいらっしゃったが、御子孫は盛んでない)〈大鏡・為光〉❹音声が澄んでいる。また、弱々しい。例(琴ノ)**ほそき**声…おもしろく静かに仕うまつる(=澄んだ弱々しい音色は…趣深くしんみりとお弾き申し上げる)〈宇津保・沖つ白波〉❺和歌・連歌で、詠みぶりが繊細だ。例**細く**、からびたる歌(=繊細で、枯淡の趣がある歌)〈無名抄・会歌姿分事〉〈奥村悦三〉

ほそ-だち【細太刀】名束帯のときにつける儀礼用の太刀。細長く、装飾が施されている。例**細太刀**に平緒つけて、清げなる男の持てわたる〈枕・細太刀に平緒つけて〉

ほそ-どの

【細殿】名殿舎の側面・背面などの、細長く仕切った廂の間。女房の局(部屋)などにする。例(a)**細殿**の三の口に入りてふしたれば、小少将の君もおはして(=廂の間の三つ目の戸口の部屋に入って横になっていると、小少将の君もいらっしゃって)〈紫式部日記〉読解中宮彰子の御在所のそばの細殿に紫式部の局があり、そこで同僚と語らう場面。例(b)内裏の局、**細殿**いみじうをかし。上の蔀上げたれば、風いみじう吹き入りて、夏もいみじう涼し〈枕・内裏の局、細殿いみじうをかし〉読解清少納言の体験した宮中の登花殿の細殿の様子。〈藤本勝義〉

ほそ-なが【細長】名❶平安時代、女性の常用の衣服。形状は不詳だが、普通の衣よりも細長く仕立てたらしく、小袿・袿の上に着用した。禄や贈り物とされる場合も多かった。例色濃き小袿、薄蘇芳の**細長**に〈源氏・若菜下〉❷平安時代、童装束の一つ。形状未詳。例桜の**細長**に、艶やかなる掻い練り(=柔らかく練った絹)とり添へては、姫君の御料(=お召しもの)なり〈源氏・玉鬘〉

ほそ-ぬの【細布】名幅の狭い布。特に、「狭布の細布」をいう。例狭布の郡、織る**細布**の胸うち騒ぎ〈御伽草子・小町草紙〉

ほぞ-の-を【臍の緒】―名〔古くは「ほそのを」〕へその緒。例「生まれたまへる君の御**臍の緒**切りたまはん」とて〈宇津保・蔵開上〉

ほそ-びつ【細櫃】名細長い小型の唐櫃。衣類などを入れる。例**細櫃**めくものに、綿ひきかけて〈源氏・野分〉

ほそ-み【細み】名《俳諧用語》蕉風俳諧の美的理念の一つ。対象の微妙な本質に深く入り込むこと、また、そのさまが繊細にしみじみととらえられた句境。中世和歌の「心細し」に根ざす。

ほそ-やか【細やか】形動(ナリ)〔「やか」は接尾語〕❶ほっそりしているさま。例様体**細やか**になまめかしう、あな清らの人やと見えたり〈宇津保・楼上下〉❷声がかぼそく、かすかなさま。例声**細やか**にて、

面痩せにたる〈蜻蛉・中〉

ほそ-や・ぐ【細やぐ】 動（ガ四）〔「やぐ」は接尾語〕やせてほっそりする。例昔よりは少し**細やぎて**〈源氏・宿木〉

ほそ-らか【細らか】 形動（ナリ）〔「らか」は接尾語〕「ほそやか」に同じ。例**ほそらかなる**男〈能因本枕・よろづよりは、牛飼童べの〉

ほそ・る【細る】 動（ラ四）❶細くなる。また、やせ細る。例あえかに（＝弱々しく）**細りたまへる**、いとど心苦しう〈狭衣・四〉❷身をすくめる。目立たないようにする。例やをら（＝そっと）かい**細りて**出でたまふ道に〈源氏・少女〉

ほそろくせり【保曾呂倶世利・保曾路久勢利】 名「ほそろぐせり」とも。雅楽の曲名。『長保楽』の破の楽章として伝わる。例**保曾呂倶世利**といふものは、名は憎けれど、おもしろう吹きすましたまへるに〈源氏・紅葉賀〉

ほぞを～【臍を～】 ⇩「ほぞ」の子項目

ほた【榾】 名「ほだ」とも。薪にする木の枝や切れ端。例**ほた**といふ物をさし合はせて置きたるを見て〈発心集・二・六〉

ほ-だ【穂田】 名稲の穂が出ている田。例秋の田の**穂田**の刈りばか（＝刈る範囲）〈万葉・四・五一二〉

ぼだい

【菩提】名『仏教語』〔梵語の音写。智・道・覚の意〕❶**一切の煩悩から解放された悟りの状態**。また、涅槃の境地に至ること。例**菩提**と煩悩との隔たりなむ、この、人のよきあしきばかりのことは変はりける（＝菩提と煩悩の違いは、ここでいう、物語の登場人物の善人と悪人の違いのようなものだ）〈源氏・蛍〉読解有名な物語論の一節。

❷**死後、極楽に往生すること。死後の冥福**。例亡き人の御**菩提**を弔ひ、わらはが後生をも助けたまへ（＝故人の死後の御冥福を祈り、私の極楽往生をもお助けくださいませ）〈平家・九・小宰相身投〉〈馬場光子〉

ぼだい-かう【菩提講】 名『仏教語』極楽往生を願って、法華経を講説する法会。例ねむごろに極楽に生まれむと願ひけるほどに、雲林院に住して、この**菩提講**を始め置きけるなり〈今昔・一五・二二〉

ぼだい-し【菩提子】 名インドのヒマラヤ地方に産する木の実。数珠の材料となる。例（天皇ハ弘法大師ニ）**菩提子**の念珠を施したまふ（＝数珠をお与えになる）〈今昔・一一・九〉

ぼだい-じ【菩提寺】 名先祖代々の墓があり、位牌などを納めてある寺。例**菩提寺**の講堂の柱に虫の食ひたりける歌〈新古今・釈教・詞書〉

ぼだい-じゅ【菩提樹】 名植物の名。クワ科の常緑高木。インド産。釈迦がこの樹下で悟りを開いたといわれ神聖視される。例今は昔、菩薩、**菩提樹**下にして思ひたまふに〈今昔・一・六〉

ぼだい-しょ【菩提所】 名『仏教語』「ぼだいじ」に同じ。例増上寺は、当家代々の御**菩提所**なり〈折たく柴の記・下〉

ほだし

【絆】名〔動詞「ほだす」の名詞形〕❶馬具。馬の足につないで歩けないようにする縄。❷**束縛となるもの。事をなすときの妨げとなるもの**。例(a)憂しと思ひしみにし世もなべていとはしうなりたまひて、かかる**ほだし**だに添はざらましかば、願はしきさまにもなりなまし、と思すには（＝つらいと身にしみてしまった世の中も、いっさいが厭わしくおなりになって、もしこのような束縛となるものさえ加わらなかったら、願っていた出家の生活もできただろうに、とお思いになると）〈源氏・葵〉読解妻葵の上の死を契機に出家を考える光源氏の心中。この「ほだし」は生まれたばかりの我が子。例(b)この世の**ほだし**持たらぬ身に、ただ空の名残のみぞ惜しき（＝この世に束縛となるものをもっていない身にも、ただ空との別れだけが名残惜しい）〈徒然・二〇〉読解ある「世捨て人」の言葉。

❸刑具。人の手足にかけて自由に動けないようにするもの。手かせ・足かせ。

語誌▼**出家の妨げとなるもの**　①が転じて、人の自由を束縛するものという②の意に用いられた。特に、妻子・恋人・財宝など、出家や往生の妨げとなるものの意に用いられることが多い。〈木村博〉

ほだ・す【絆す】 動（サ四）つなぎとめる。束縛する。例宿世つたなく、悲しきこと、この男に**ほだされて**とてなむ泣きける〈伊勢・六五〉

ほ-たち【穂立ち】 名「ほだち」とも。稲の穂が出ること。また、その稲穂。例雲隠り鳴くなる雁の行きて居む秋の田の**穂立ち**〈万葉・八・一五六七〉

ほたる

【蛍】名虫の名。ホタル科の昆虫。ゲンジボタル・ヘイケボタルなど。成虫は腹部に発光器官をもっていて、夏に青白い光を点滅させながら飛ぶ。例風涼しくて、そこはかとなき虫の声々聞こえ、**蛍**しげく飛びまがひてをかしきほどなり（＝風が涼しくて、どこからともない虫の声々が聞こえ、蛍がしきりに乱れ飛んで趣深い風情である）〈源氏・帚木〉

語誌▼**夏の風物**　『枕草子』冒頭の段に「夏は夜…蛍の多くとびちがひたる。また、ただ一つ二つなど、ほのかにうち光りて行くもをかし」とあるように、明滅する蛍が飛ぶ様子は夏の風物として賞美された。なお、中国の詩文には秋の蛍が詠まれ、この扱いは日本にも影響を与えることもあった。「音もせで思ひにもゆる蛍こそ鳴く虫よりもあはれなりけれ」〈後拾遺・夏・源重之〉が『重之百首』では秋の歌として詠まれていたのもその一例である。俳諧では夏の季語。

▼**「燃ゆる思ひ」の表現**　「ほたる」の「ほ」は「ひ（火）」の交替形であるという。先の「音もせで」の歌では、「思ひ」に「火」が掛けられている。それは、燃えるがごとき蛍の光でもある。このように、蛍は、秘めながらも燃える恋心を比喩的に表現するのにしばしば用いられた。和泉式部の「もの思へば沢の蛍もわが身よりあくがれ出づる魂かとぞ見る」〈後拾遺・雑六〉（➡名歌367）は、蛍の光を目にして、恋の思いに悩む我が身から抜け出した魂かと疑った歌。〈佐藤明浩〉

ほたる-び【蛍火】 名蛍の放つ光。例**蛍火**は木の下草も暗からず〈和泉式部集〉

ほ-つ-え【秀つ枝・上枝】 名〔「つ」は「の」の意の上代の格助詞〕上のほうの枝。「上つ枝」とも。例妹

がためほつ枝の梅を手折るとは下枝の露に濡れにけるかも〈万葉・一〇・二三三〇〉

ほっ-き【発起・発企】 名動(サ変) ❶思い立つこと。例重衡が逆罪をかす事、まったく愚意の(=私の考えによる)**発起**にあらず〈平家・一一・重衡被斬〉 ❷《仏教語》菩提心を起こすこと。仏道に入ろうと思うこと。発心。例一念**発起**菩提心〈謡曲・卒都婆小町〉 ❸自分の非を悟ること。また、あきらめること。例かみ様のお御意で(=奥様のお考えで)**発起**いたした〈近松・今宮の心中・上〉

ほつ-ぐゎん【発願】―ガン 名動(サ変)《仏教語》願をかけること。祈願すること。例回向**発願せ**られければ〈平家・三・灯炉之沙汰〉

ほっ-け【法華・法花】 名《仏教語》❶「法華経」の略。例**法華**読誦の功積もりて〈徒然・六九〉 ❷「法華宗」の略。例旦那殿といっしょの**法花**になり〈西鶴・好色一代男・五・一〉

ほっ-けう【法橋】―キヨウ 名《仏教語》「法橋上人位」の略。僧位の一つ。法眼に次ぎ、五位に準じる。中世以降、仏師・経師・社僧、さらに連歌師・狂歌師・医者・画工などにも授けられた。例御仏仕うまつれる仏師は、**法橋**になしたまひつ〈栄花・音楽〉

発句 連歌・俳諧の最初の句。五・七・五の十七音からなる。今の俳句はここから生まれた。平安末期、二句の短連歌に三句目以降をつけて長連歌(鎖連歌)が発生すると、その最初の句を発句と呼ぶようになり、以後、連歌・俳諧でこのようにいうようになる。

●**季語と切れ字** 多人数が一座に集う「座の文学」である連歌・俳諧では、発句は一巻の基調を作る最も大切な句であった。時と場にふさわしい句が求められ、客を代表して主賓がその季節の景物をおりこんだ句を詠んで、主宰者(亭主)への挨拶とした。そのために季語が必要とされた。また、第二句(脇)以降の句がそれぞれ独立しながらも前句と二句一まとまりの形で鑑賞されるのに対して、発句には前句がない。発句だけで一つのまとまった世界を表現するために必要と考えられたのが切れ字である。

●**発句の独立化** 発句は、一巻の巻頭を飾るのにふさわしい格調が望まれ、参加者(連衆)の興趣をそがないようによどみなく詠み、さらに亭主の詠む脇が付けやすくしておかねばならない。季語・切れ字も必要とされた。したがってほかの句との違いは大きく、一句としての独立性が強い。しだいに発句だけを詠むことも多くなり、江戸時代の俳諧ではその傾向が強くなっていく。

明治二〇年代、正岡子規によって「俳句」と名づけられ、近代の文学に生まれ変わる。〈松原秀江〉

ほっけ-ざんまい【法華三昧】 名《仏教語》「ほっけさんまい」「ほけさんまい」とも。天台宗の修行の一つ。仏法の真理を体得するために、一心に法華経を読誦すること。例**法華三昧**勤むる禅衆(=僧)もなければ、貝・鐘の音もせず〈保元・下〉

ほっけ-しゅう【法華宗】 名 (法華経をよりどころにすることから)天台宗の別称。鎌倉時代以降は、多く日蓮宗の別称。例**法花宗**なれば、かりにも念仏を申さぬが〈西鶴・好色一代女・四・四〉

ほっけ-だう【法華堂】―ドウ 名「ほけだう」とも。法華三昧を行う堂。のちは、貴人の納骨堂ともなった。例高倉院の**法華堂**の三昧僧(=法華三昧を勤める僧)〈徒然・一三四〉

ほっけ-はっかう【法華八講】―ハッコウ 名《仏教語》法華経八巻を朝夕一巻ずつ、計四日間で講じる天台宗派の法会。法華八講会。平安時代以降、追善のために寺や宮中で行われる。「はかう」「はっかう」とも。例今日は**法華八講**の中日なり〈槐記〉

ほっ-さう【法相】―ソウ 名《仏教語》❶あらゆる存在のありのままの様子。❷「法相宗」の略。

ほっさう-しゅう【法相宗】ホッソウ― 名 南都六宗の一つ。識以外の一切の存在を否定する立場から諸法の法相を研究する学派。日本には白雉四年(六五三)、入唐僧道昭によってもたらされた。興福寺・薬師寺などで盛んに学習され、行基・良弁らすぐれた学僧を輩出した。例**法相宗**の学生、説経などしけるが〈沙石集・二・六〉

ほっ-しゃう【法性】―ショウ 名《仏教語》万物の本質。宇宙の真理。法性真如。例心の内に常に**法性**を観じて〈今昔・四・一〇〉

ほっしゃう-しんにょ【法性真如】ホッショウ― 名《仏教語》「ほっしゃう」に同じ。例管弦歌舞の曲には、**法性真如**のことわりを調ぶと聞こゆ〈栄花・音楽〉

ほっ-しん

【発心】 名動(サ変)《仏教語》**仏道に入り、仏の悟りを得ようとする心を起こすこと。また、出家すること。**「発起」「発意」とも。例それよりしてこそ熊谷の**発心**の思ひはすすみけれ(=それからというもの熊谷の出家への思いはすすんだのだった)〈平家・九・敦盛最期〉 読解 平敦盛を討ったことで世の中の無常を観じた熊谷直実が、出家の意志を起こす場面。

語誌 「発心」の「心」は、「菩提心」、すなわち仏の悟りを得るために仏道を行おうとする心。のちは、単に、思い立つことの意にも用いる。〈藤本宗利〉

発心集 ホッシンシュウ《作品名》鎌倉初期の仏教説話集。八巻。一〇二話。鴨長明作。十三世紀初めの成立。遁世者たちの出家・往生に至るまでの心の揺れや言動をつぶさに収め、和歌・管弦のような「数奇」によって悟りや往生を遂げた人々の逸話も載せる。中世仏教説話の規範とされ、後続の作品に多大な影響を与えた。

ほっ-す【払子】 名 仏具の名。獣毛や麻などを束ねて柄をつけたもの。禅僧が煩悩を払う象徴として用いる。もとは、インドで僧が蠅や蚊を払う道具。例**払子**をうち振って、世上に(=世の出来事に)眼をさらす〈謡曲・殺生石〉

払子

ほっ・す【欲す】 動（サ変）〔「ほりす」の促音便形〕❶ほしいと思う。望む。例**欲する**所にしたがはん事を求むるがごとし〈至花道・闌位の事〉❷（「〜むとほっす」の形で）〜しようとする。〜しそうになる。例わざはひに合はんと**欲する**事〈宇治拾遺・二九〉

ほっ-せ【法施】 名『仏教語』「ほふせ」に同じ。例しばらく**ほっせ**参らせたまふに〈平家・七・竹生島詣〉

ほっ-たい【法体】 名『仏教語』出家して僧の姿になること。また、僧の姿。例十戒持律の**法体**になりたまひけり〈太平記・一三〉

ほ-つ-たか【秀つ鷹】 名〔「ほ」は抜きん出ている意。「つ」は「の」の意の上代の格助詞〕すぐれた鷹。例汝が恋ふる その**秀つ鷹**は〈万葉・一七・四〇一一〉

ほ-つ-て【秀つ手・最手】 名〔「ほ」は抜きん出ている意。「つ」は「の」の意の上代の格助詞〕すぐれた技術。また、すぐれた技術の持ち主。熟練者。例壱岐の海人の **秀つ手**の占部を〈万葉・一五・三六九四〉

ほって-も 副（打消の語を伴って）決して（〜ない）。どうしても（〜ない）。例出家させせん（＝出家させせよう）と思ひしが、最早**ほってもならぬ**ならぬ〈近松・出世景清・四〉

ほっ-とう【法灯】 名「ほふとう」に同じ。

ぼつ-らく【没落】 名動（サ変）❶城や陣地などが敵に奪われること。例六波羅**没落して**…ことごとく自害の由〈太平記・一〇〉❷全財産を失うこと。破産。例住みなれたる所を立ちのく事、身体の**没落**なり〈西鶴・西鶴織留・四・一〉❸人をののしっていう。例こな（＝この）**没落**どもめが〈滑稽本・続膝栗毛・初上〉

ほ-て【帆手】 名 船具の名。帆綱。例追ひ風の吹きぬるときはゆく船の**帆手**打ちてこそうれしかりけれ〈土佐〉

ほ-て【最手・秀手】 名 相撲人の中の最高位。また、その人。例力極めて強き者なりければ、取り上りて（＝昇進して）**最手**に立ちて〈今昔・二三・二三〉

ほてい【布袋】 名 七福神の一つ。杖を持った僧形の姿で大きな袋を背負っている。肥満した腹を出し、福徳円満の相をもつ。中国の禅僧布袋和尚を神格化したとされる。

ぼて-ふり【棒手振り】 名〔「ぼうてふり」の変化した形〕品物を担いだり提げたりして、呼ばわりながら売り歩くこと。また、その行商人。例一人過ぎ（＝やもめ暮らし）の**棒手振り**〈西鶴・西鶴織留・五・二〉

ほど

【程】 上代は「ほと」。時間的・空間的な範囲、物事の程度を幅をもっていう。

1 名 ❶時間的な範囲を表す。㋐〜しているとき。間。うち。例暑き**ほど**はいと起きも上がりたまはず（＝暑いうちはますます起き上がりもなさらない）〈源氏・若紫〉

㋑ころ。時分。例正月の十日ばかりの**ほど**に（＝正月の十日ぐらいのころに）〈伊勢・四〉

㋒時間。月日。例**ほど**経るままに、せむ方なう悲しう思さるるに（＝時間がたつにつれて、どうしようもなく悲しくお思いになるので）〈源氏・桐壺〉

❷空間的な範囲を表す。㋐距離。例立ち帰らむも遠き**ほど**なれば（＝引き返そうにも遠い距離なので）〈堤中納言・花桜をる少将〉

㋑あたり。付近。例(a)堤の**ほど**にて馬よりすべりおりて（＝川の堤あたりで馬からすべるように降りて）〈源氏・夕顔〉例(b)首の**ほど**を食はんとす（＝首のあたりをかもうとする）〈徒然・八九〉

㋒広さ。大きさ。長さ。例**ほど**なども狭き所にて〈栄花・楚王の夢〉

❸人の年ごろ・身分・間柄などを表す。㋐年ごろ。年配。例まだむげにいはけなき**ほど**にはべるめれば（＝まだむやみに子どもっぽい年ごろでございますようなので）〈源氏・若紫〉

㋑身分。家柄。例同じ**ほど**、それより下臈の更衣たちはましてやすからず（＝同じ身分、またはそれより低い地位の更衣たちは、なおさら心が穏やかではない）〈源氏・桐壺〉読解 桐壺更衣と同じ身分の更衣や、それより下位の更衣たちは、ということ。

㋒親しさの程度。間柄。例かく親しき**ほど**ながら、おぼつかなくのみ（＝このように親しい間柄なのに、もどかしく思うばかりで）〈源氏・柏木〉読解 病床の友人柏木を見舞った夕霧の言葉。何が原因でこんなに重態になってしまったか、私ははっきりと伺えずにいるので、ただもどかしく思うばかりだ、と語る。

❹事物の様子・ぐあい・程度などを表す。例わが罪の**ほど**恐ろしう（＝我が罪の深さが恐ろしく）〈源氏・若紫〉

2 副助 体言、活用語の連体形につく。❶程度を表す。〜くらい。〜ばかり。例男の心**ほど**、たのみすくなき物はなし（＝男の心くらい、あてにならない物はない）〈曾我・四〉

❷比例する意を表す。〜につれてますます。例気の毒がる**ほど**なほ声高に（＝当惑すればするほど、ますます大声になり）〈近松・心中宵庚申・中〉

語誌 1がしだいに形式化してゆき、中世以降2の用法が目立ってくる。また、1に格助詞「に」のついた「ほどに」は、中世になって原因・理由を表す接続助詞として多く用いられるようになる。〈佐藤一恵〉

ほとぎ【缶・瓮】 名〔古くは「ほとき」〕口が小さく胴が太い、素焼きの土器。湯や水などを入れる。例臭れる米の汁の、破れたる**瓮**に盛りて〈今昔・二・六〉

ほとけ

【仏】 名『仏教語』真理を悟り、人々を教え導いて苦しみから救う存在。

❶仏陀。如来。悟りを開いた人。例**仏**は常にいませども 現ならぬぞあはれなる〈梁塵秘抄・法文歌〉
↓名歌319

❷特に、仏教の開祖の釈迦牟尼仏。釈迦。例**仏**の隠れたまひけむ御なごりには、阿難が光放ちけんを（＝釈迦がお亡くなりになった御のちには、弟子の阿難が光を放ったというのを）〈源氏・紅梅〉

❸仏教の信仰対象。菩薩・明王・諸天など。例**仏**の御中には、初瀬なむ、日本の中にはあらたなる験あらはしたまふ（＝仏様の中では、初瀬の観音が日本じゅうであらたかなご利益をお示しになる）〈源氏・

玉鬘〉

❹仏像。仏画。例宮は、仏の御前にて経をぞ読みたまひける(＝宮は、仏像の御前で経文をお読みになっていた)〈源氏・幻〉❺大切な人。尊敬する人。親愛の情をこめて呼びかける場合に用いることが多い。例あが仏、何事思ひたまふぞ(＝私の大切な方よ、何を思い悩んでいらっしゃるのか)〈竹取〉❻慈悲深い人。また、お人好し。例たとへ私が仏でも、男が茶屋者請け出す、その贔屓せうはずがない(＝たとえ私がお人好しでも、夫が遊女を身請けする手助けをするはずがない)〈近松・心中天の網島・中〉❼死者。死者の霊。例仏へ言ひ訳なんとせう、お墓所へ参っても(＝死者に対して言い訳をどうしよう、お墓へ参っても)〈近松・淀鯉出世滝徳・上〉❽仏事。法事。例明後日仏にいとよき日なり〈栄花・本の雫〉

語誌 死者を「仏」というようになった由来は、浄土教で人間が死後西方極楽浄土に往生し成仏できると説いたことと、死を直接的に表現することを避ける意識が結びついたことによると考えられる。〈松岡智之〉

ほどこ・す【施す】 動(サ四)❶ゆき渡らせる。また、広く人に示す。例世に、琴つかうまつる名を**ほどこし**てき〈宇津保・吹上下〉❷与える。恵む。例水を**施し**食を与へ〈三宝絵・上・七〉❸実行する。ある事を行う。例しか(＝このように)ある遺言をえ**施さ**ずはべること〈宇津保・吹上下〉❹手を加える。工夫する。例人々、めんめんに風流を**ほどこし**て花奉りけるに〈著聞集・一九・六六四〉

ほど-こそ-あり-けれ【程こそありけれ】 ～するやいなや。～するとすぐに。例法皇都の内にもわたらせたまはずと申す**程こそありけれ**、京中の騒動なのめならず(＝一通りではない)〈平家・七・主上都落〉

ほどこ・る【流る・被る】 動(ラ四)〔「ほどこす」の自動詞形〕延び広がる。一面に広がる。広く及ぶ。例馬、野に**被れり**〈紀・顕宗〉

ほとど【殆ど】 副〔「ほとほと」の変化した形〕もう少しのところで。ほとんど。例**ほとど**(持ッテイタ墨挟ミノ)継ぎ目も放ちつべし〈枕・清涼殿の丑寅のすみの〉

ほととぎす【時鳥・杜鵑・郭公・子規】 1 名 鳥の名。今のホトトギス。日本には初夏に渡来してくる夏鳥で、秋には南アジアなどへ去る。鋭い声で鳴き、古来夏の代表的な景物とされる。⇩口絵。例(a)古に恋ふらむ鳥は**ほととぎす**けだしや鳴きし我が恋ふるごと(＝昔を慕うという鳥はほととぎすだ。もしかしたら鳴いたかもしれない。私が慕うように)〈万葉・二・一一二〉例(b)**ほととぎす**鳴きつる方をながむればただ有り明けの月ぞ残れる〈千載・夏〉➡名歌321

2《枕詞》飛ぶ意から地名「飛幡」にかかる。例**ほととぎす**飛幡の浦にしく波の(＝しきりに寄せる波のように)〈万葉・一二・三一六五〉

語誌 ▼**夏を代表する鳥** 上代から文学に登場し、同じ季節の卯の花や花橘とと取り合わせて描かれもした。昼夜を問わず鳴くが、とりわけ夜間に鳴き声を待ちこがれる心情や、それを聞き得た喜び、さらにもう一声聞きたいという心を詠んだ歌が多く見られる。人恋しさや恋心をかきたてる鳥ともみられ、また、懐旧の情を喚起するというイメージも形成された。

▼**冥途との往来** 異称の一つ「しでのたをさ」は「死出の田長」と理解されることがあり、冥途からやってくる鳥とのとらえ方もあった。

▼**托卵の習性** 自分では巣を作らず、鶯などの巣に卵を生んで雛を養育させる。「うぐひすの 卵の中に ほととぎす ひとり生まれて 己が父に 似ては鳴かず 己が母に 似ては鳴かず」〈万葉・九・一七五五〉は、この托卵の習性に基づく歌。〈佐藤明浩〉

ほど-な・し【程無し】 形(ク)❶時間がたっていない。間もない。例長き契りのなかりければ、**程なく**罷りぬべきなめり(＝おいとましなければならないようだ)〈竹取〉❷距離がない。近い。広さがない。狭い。例**ほどなき**庭に、されたる(＝しゃれた)呉竹〈源氏・夕顔〉❸年が若い。また、身分が低い。例**ほどなき**御身に、さる恐ろしきことをしたまへれば〈源氏・若菜上〉読解「さる恐ろしきこと」は出産をさす。

ほど-に 〔名詞「ほど」＋格助詞「に」〕1 後の事柄が起こる時間を表す。～のうちに。例日高くなる**ほど**に、迎への人来たり〈源氏・浮舟〉2 接助 原因・理由を表す。～ので。例二つはいらぬ**ほどに**、この隠れ笠を売らう〈狂言・隠笠〉

ほと-ばし・る【迸る】 動(ラ四)「ほとはしる」「ほどばしる」とも。❶飛びはねる。躍り上がる。例歓喜び**踊躍り**て〈紀・神功〉❷勢いよく飛び散る。例筧の水をまかせたれば…水**ほどばしっ**(音便形)て〈平家・六・入道死去〉

ほと・ぶ【潤ぶ】 動(バ上二) 水分を含んで膨れる。例乾飯の上に涙落として**ほとび**にけり〈伊勢・九〉

ほと-ほと 副 戸をたたく音。木を切る音。とんとん。こつこつ。例門を**ほとほと**とたたけば〈平家・六・小督〉

ほとほと

【殆】 副「ほと」は「はた(端)」「ほとり(辺)」に関係する語で、境界線ぎりぎりにある、が原義。「ほとほとに」の形でも用いられる。

❶**危うく**(～しそうだ)。**もう少しで**(～するところだ)。例帰り来る人来れりと言ひしかば**ほとほと**死にき君かと思ひて(＝帰って来る人が着いたと言ったので、もう少しで死ぬところだった。あなたかと思って)〈万葉・一五・三七七二〉読解 流罪になった夫中臣宅守を待ちわびる狭野弟上娘子の歌。早合点して、狂喜したのだろう。

❷**あらかた**(～してしまう)。**だいたい**。例我がやどの一群萩を思ふ児に見せず**ほとほと**散らしつるかも(＝私の家の一群の萩の花を愛する人に見せないであらかた散らしてしまったことだよ)〈万葉・八・一五六五〉

❸**もしかすると**。**恐らくは**。例我が盛りまたをちめやも**ほとほとに**奈良の都を見ずかなりなむ(＝私の元気だったころがまた戻ってくるだろうか、もしかすると奈良の都を見ずに終わってしまうだろうか)〈万葉・三・三三

一〉 読解「をちめやも」の「めやも」は詠嘆をこめた反語の意を表す。

語誌 現代語の「ほとんど」にあたる語。平安時代末の辞書には、「ほとほど」あるいは「ほとをと」の形で載る。〈鉄野昌弘〉

ほど-ほど【程程】 名 ❶それぞれの身分。分際。例程々につけて、親、をばの女(=おばにあたる女性)、姉などの、供し、つくろひて(=身繕いをして)、率ありくもをかし〈枕・四月、祭の頃〉 ❷それぞれの場所。それぞれの時。例御簾の下よりも裳のすそなどほころびいづる程々に〈紫式部日記〉

ほとほと・し【殆し】 形(シク)〔副詞「ほとほと」の形容詞化〕❶危うく(〜しそうだ)。例薪伐り ほとほとしくに 手斧取らえぬ(=危うく手斧を取られそうだった)〈万葉・七・一四〇三〉 ❷非常に危うい。例心地いと堪へがたうて、まかでん空も(=おいとましても)その道中が)ほとほとしう(音便形)こそはべりぬべけれ〈源氏・藤裏葉〉

ほど-ほど・し【程程し】 形(シク) たいへん長い時間がたっている。例斧の柄の(朽チルホド)ほどほどしくもなりにけるかな〈拾遺・恋四〉

ほとほ・る【熱る】 動(ラ四) ❶発熱する。ほてる。例頭痛み、心地悪しく、身ほとほりて堪へがたく覚えければ〈発心集・六・一〉 ❷立腹する。例さるべきこともなきをほとほりいでたまふ、やうこそはあらめ(=何かわけがあるのでしょう)〈枕・弘徽殿とは〉

ほと-め・く 動(カ四)〔「ほと」は擬声語。「めく」は接尾語〕ことことと音を立てる。例(ヌカヅキ虫ガ)ほとめきありきたるこそをかしけれ〈枕・虫は〉

ほど-らひ【程らひ】 名 程度。ほどあい。例引き出物のほどらひなどさだめて〈著聞集・一六・五三八〉

ほとり【辺】 名〔「ほと」は「はた(端)」と同根〕❶端。辺際。辺境。はずれ。例かしこよりも広く辺なき国にて〈今昔・三・二〉 ❷近辺。かたわら。例西大寺の辺の柳をよめる〈古今・春上・詞書〉 ❸海・川・池などの際。岸辺。例その河のほとりに、かきつばた、いとおもしろく咲けりけるを〈古今・羇旅・詞書〉 ❹身辺の人。近親。側近。例人ひとりを思ひかしづきたまはんゆゑは、ほとりまでもにほふ例こそあれ(=恩恵を受ける例があるものだが)〈源氏・真木柱〉

ほとり-ば・む【辺ばむ】 動(マ四)〔「ばむ」は接尾語〕❶端近である。奥まっていない。例ほとりばみたらむに住ませたてまつらむも〈源氏・東屋〉 ❷中心からはずれている。ずれている。例もはら(=決して)、さやうのほとりばみたらむふるまひすべきにもあらず〈源氏・東屋〉

ほどろ 名 蕨の伸びすぎた状態のもの。例早蕨は折る人なくてほどろとやなる〈山家集・上〉

ほど-ろ 名〔「ろ」は接尾語〕(「夜のほどろ」の形で)夜明けの前のほのかに暗いころ。例夜のほどろ我が出でて来れば〈万葉・四・七五四〉

ほどろ【斑】 形動(ナリ) 雪などがまだらに降り積もるさま。例沫雪降れり(=降っている)庭もほどろに〈万葉・一〇・二三二三〉

ほどろ-ほどろ【斑斑】 形動(ナリ)〔「ほどろ」を重ねて強調した語〕雪などがまだらに降るさま。例沫雪のほどろほどろに降りしけば奈良の都し思ほゆるかも〈万葉・八・一六三九〉→名歌55

ほとんど【殆ど】 副〔「ほとほと」の変化した形〕❶もう少しのところで。あやうく。例ほとんど我門の破滅に及ばんとす〈俳諧・俳諧十論・三〉 ❷実に。おおいに。例上手の名を得し人の心は別なりとほとんど感じ〈役者論語・賢外集〉 ❸だいたい。ほぼ。例義家は殆ど神に通じたる人なりけり〈著聞集・九・三三八〉

ほ-なか【火中】 名 火の中。炎の中。例さねさし(枕詞) 相模の小野に 燃ゆる火の ほなかに立ちて 問ひし君はも〈記・中・景行・歌謡〉→名歌179

ぼに【盆】 名〔「ぼん」の撥音を「に」と表記したもの〕盂蘭盆。また、その時の供物や布施。例御ぼにには早稲の米を仰せにつかはせ〈宇津保・内侍のかみ〉

ほにあぐ【帆に上ぐ】 ⇩「ほ」の子項目

ほにいづ【穂に出づ】 ⇩「ほ」の子項目

ほね【骨】 名 ❶人間や動物の骨。例しゃ首の骨を射て射おとす〈平家・八・鼓判官〉 ❷建物や扇などの骨組み。例扇の骨は 朴〈枕・扇の骨は〉

ほの-【仄】 接頭 動詞・形容詞などについて、わずかに、かすかに、ほのかに、などの意を添える。「仄聞く」「仄見ゆ」「仄暗し」など。

ほの-か

【仄か】 形動(ナリ)〔「か」は接尾語〕❶物の形や音などがかすかなさま。わずかに見える。わずかに聞こえる。例梶の音そほのかにすなる海人娘子沖つ藻刈りに舟出すらしも(=梶の音がわずかにしている。海人の娘たちが沖の藻を刈りに舟出するらしいよ)〈万葉・七・一一五二〉 ❷光や色などがうっすらとしているさま。ほんのり。例(蛍ガ)ただ一つ二つなど、ほのかにうち光りて行くもをかし(=ほんの一つ二つなどが、ほんのり光って飛んで行くのも趣がある)〈枕・春はあけぼの〉 ❸動作や作用がわずかの間であるさま。ちょっと。ちらっと。例入り綾をほのかに舞ひて〈源氏・若菜上〉

読解「入り綾」は、舞人が退場するとき、引き返してもう一度舞う舞。

語誌 類義語「かすか」が、あるかないかわからないさまをいうのに対して、「ほのか」は、はっきりとはしないが何かの存在が感じられるさまをいう。〈井上博嗣〉

ほの-き・く【仄聞く】 動(カ四)〔「ほの」は接頭語〕かすかに聞く。例かく忍び忍びに通ひたまふと、ほの聞きたるもあるべし〈源氏・総角〉

ほ-の-ほ【炎・焔】 名〔「火の穂」の意〕❶燃え立っている火。火炎。心中にわき起こる激情のたとえにもいう。例炎燃えあがりて廊は焼けぬ〈源氏・明石〉 ❷地獄の責め苦の火。業火。例その炎なむ、誰ものがるまじきことと知りながら〈源氏・鈴虫〉

ほの-ぼの【仄仄】 1 副 ❶ほのかに。かすかに。例夜のほのぼのと明くるに〈伊勢・四〉 ❷うすうす。それとなく。例御方の人々は、ほのぼの知れるもありけれど〈源氏・少女〉 2 名 明け方。例いまだほのぼのの程に、主上(=天皇)出でて〈続古事談・一〉

ほの-み・ゆ【仄見ゆ】 動(ヤ下二)〔「ほの」は接頭語〕うすぼんやりと見える。ほのかに見える。例書きかへたまへりける紙の、御几帳のそばよりほの見ゆ

るを〈源氏・横笛〉

ほの-めか・す【仄めかす】 動(サ四)〔「めかす」は接尾語〕それとなく言ったりしたりする。例見知れるさまにほのめかし〈源氏・帚木〉

ほの-め・く【仄めく】 動(カ四)〔「めく」は接尾語〕❶かすかに見える。かすかに聞こえる。かすかに香る。例木の間よりほのめく秋の夕月夜かな〈金葉・秋〉❷ちょっと姿を見せる。ちょっと立ち寄る。例いささかの隙もやと(=わずかの隙もあるだろうかと)、このごろはしげう(=何度も)ほのめきたまふなりけり〈源氏・少女〉❸それとなく言う。ほのめかして言う。例いろいろ聞きにくき事どもほのめくめり〈源氏・夕霧〉❹少し心得がある。例さぶらふ(=お仕えしている)人々も、すこしこの方(=音楽の方面)にほのめきたるに〈源氏・若菜下〉

ほふ【法】 ホウ 名《仏教語》〔梵語の音写「達磨」の漢訳〕❶存在しているすべてのもの。その実在を成り立たせている原理。❷仏法。仏教。宗派。例君子に仁義あり、僧に法あり〈徒然・九七〉❸祈禱。修法。例招魂の法をば行ふ次第〈徒然・二二〇〉語誌「法」は、古くは呉音「ほふ」と漢音「はふ」とでは意味が違った。仏教関係では多く「ほふ」を用いる。⇩はふ(法)

ほふ-いん【法印】 ホウ 名《仏教語》❶仏の教えのしるし。仏法が真実であることを示す、真理のしるし。❷「法印大和尚位」の略。僧位の最高位。僧官では僧正に相当する。例御弟子覚成僧都、法印に挙せらる〈平家・三・大塔建立〉❸中世以降、僧に準じて儒者・仏師・絵師・医師などに授けられた位。❹山伏の俗称。例醍醐(=醍醐寺)の法印〈西鶴・好色五人女・一・四〉

ほふ-え【法衣】 ホウ 名《仏教語》僧の衣服。法服。例俗塵をうち払って(=俗世間を離れて)法衣を飾るといへども〈平家・五・勧進帳〉

ほふ-かい【法界】 ホウ 名❶《仏教語》「ほっかい」とも。万物が存在している広大な宇宙。全世界。この世。例栴檀の沈水の香、法界に充満し〈今昔・一・一三〉❷自分とはなんの関係もない存在。赤の他人。例法界の男ぢゃと思へば済む〈近松・心中重井筒・上〉❸「法界悋気」の略。自分に関係のないことで嫉妬すること。他人の恋をねたむこと。例悋気者とも法界とも言ひたか言へ〈近松・鑓の権三重帷子・上〉

ほふけ-づ・く【法気付く】 ホウケ 動(カ四)人間離れして仏くさくなる。例吉祥天女を思ひかけむとすれば(=妻に望んだら)、法気づき、霊しからむこそ、またわびしかりぬべけれ〈源氏・帚木〉

ほふ-げん【法眼】 ホウ 名❶《仏教語》五眼(肉眼・天眼・慧眼・法眼・仏眼)の一つ。諸法を明らかにする知恵のまなこ。菩薩はこれで事物を見、衆生を救うとされる。例仏眼といひ、法眼といひ、天眼などといふも、目にてありとはならはぬなり〈正法眼蔵・唯仏与仏〉❷《仏教語》「法眼大和尚位」の略。僧位の一つ。法印に次ぐ。例法眼円良、法印になさる〈平家・三・大塔建立〉❸中世以降、僧に準じて仏師・絵師・医師などに授けられた位。例連歌の宗匠紹巴法眼と〈仮名草子・竹斎・上〉

ほふ-ご【法語】 ホウ 名《仏教語》祖師・高僧などが仏の教えを説き示した言葉。また、それを記した文章。例古の法語等乞ひ求め尋ね出だして〈反故集・下〉

ほふ-し【法師】 ホウ 名「ほっし」とも。❶《仏教語》僧。仏法に精通して衆生を導く師となる人。例思はん子(=愛しているような子)を法師になしたらんこそ心ぐるしけれ〈枕・思はん子を〉❷(頭髪を剃っていたところから)男の子。坊や。例法師が母は、ただひとり涙にむせぶばかりにて〈狂言・法師が母〉

ほふ-じ【法事】 ホウ 名《仏教語》追善供養のために行う仏事。特に、死後四十九日目や年忌などに行う仏事。例汝が妻子家にありて、汝がために七日ごとの法事を修して〈今昔・二四・九〉

ほふし-まさり【法師勝り】 ホウシ 名 出家して、以前よりもすぐれた人物となること。例のちの世の勤めもいとよくして、なかなか法師まさりしたる人になんはべりける〈源氏・若紫〉

法性寺 ほふしやうじ ホウショウジ 名「ほっしゃうじ」とも。山城国、今の京都市東山区の寺。天台宗。延長二年(九二四)以前に藤原忠平が創建。有力な藤原氏の氏寺となる。藤原道長が五大堂を建立。その後、藤原忠通が寺内に邸宅を設け、法性寺殿と称された。近世初頭に廃絶。

ほふ-じゃうじゅ【法成就】 ホウジョウジュ 名《仏教語》密教の修法によって、その効果が現れたこと。例「法成就の池にこそ」とはやすは、神泉苑の池をいふなり〈徒然・一八〇〉

ほふ-しんわう【法親王】 ホウシンノウ 名「ほっしんわう」とも。出家した後で親王宣下を受けた皇子。親王になってから出家した「入道親王」に対する称。康和元年(一〇九九)の覚行法親王に始まる。

ほふ-すい【法水】 ホウ 名《仏教語》「ほっすい」とも。仏の教え。人々の煩悩を洗い清める仏の教えを水にたとえていう。例法水は下へこそ流るれ〈沙石集・九・一三〉

ほふ-せ【法施】 ホウ 名《仏教語》「ほっせ」とも。人に仏法を説いて聞かせること。また、神仏に対して経を読み、法文を唱えること。例夜叉(=鬼神)のもとに詣でて、あるいは法施を奉り〈今昔・一七・五〇〉

ほふ-だん【法談】 ホウ 名《仏教語》仏の教えを語り聞かせること。説法。説教。例日夜の参学、朝夕の法談隙無かりければ〈太平記・二六〉

ほふ-とう【法灯】 ホウ 名《仏教語》❶仏法が暗黒の世を照らすのを、灯にたとえていう語。「法の灯」とも。例三百余歳の(=三百年以上続いた)法灯を挑ぐる人もなく〈平家・二・山門滅亡〉❷すぐれた僧。高僧。例この僧都…宗の法灯なれば〈徒然・六〇〉

法然 ほふねん ホウネン《人名》一一三三〜一二一二(長承二〜建暦二)。平安末期〜鎌倉初期の僧。浄土宗の開祖。諱は源空、勅号円光大師・明照大師。初め延暦寺で学んだ後、念仏を志し、専修念仏を説く。文治二年(一一八六)の大原問答によってその名声を確立。建久九年(一一九八)に『撰択本願念仏集』を著し、浄土宗を開いた。

ほふ-ぶく【法服】 ホウ 名《仏教語》「ほふふく」とも。僧や尼の衣服。法衣。例法服の一つ足らざりつる

を〈枕・関白殿、二月二十一日に〉

ほふ‐み【法味】 ホウ― 名《仏教語》仏法の微妙な滋味。すぐれた功徳を美味にたとえていう。例弘法大師参詣したまひて、甚深の(=非常に深い)**法味**を捧げたまひける〈沙石集・一・八〉

ほふ‐みゃう【法名】 ホウミョウ 名《仏教語》❶出家して僧になった人に授ける名。例**法名**を定めて、定真といふ〈今昔・一五・四四〉 ❷死者につける名。戒名。例**法名**といふものも(死去ノ)年月もしるさで(=書いてなくて)〈読本・雨月・浅茅が宿〉

ほふ‐もん【法文】 ホウ― 名《仏教語》仏の教えを説いた文章。経典の文章。経・論・釈など。例尊きわざ(=仏道修行)をせさせたまひつつ、**法文**を読み習ひたまへば〈源氏・橋姫〉

ほふ‐もん【法門】 ホウ― 名《仏教語》(仏の道に入る門の意)仏の教え。仏法。仏門。例甘露の**法門**を開きて〈今昔・一・七〉

ほふ‐らく【法楽】 ホウ― 名動(サ変) ❶《仏教語》経や陀羅尼を読誦したり音楽・舞踊・連歌などの芸能を行ったりして、神仏を楽しませること。例ゆゑなき事をつづしりても(=つまらない句を付け合っても)、仏神の**法楽**になるべきや〈ささめごと・下〉 ❷(①から転じて)遊び・慰み。無料で見世物などを見せること。

法隆寺 ホウリュウジ 名 大和国、今の奈良県生駒郡斑鳩の寺。推古天皇一五年(六〇七)聖徳太子の建立と伝える。「斑鳩寺」とも。金堂・塔・中門・回廊は現存世界最古の木造建築物という。

ほふ‐りき【法力】 ホウ― 名《仏教語》仏法の威力。例釈迦の面目・**法力**の貴く勇猛なる事〈今昔・一・九〉

ほふ・る【屠る】 動(ラ四) ❶体などを切り裂く。例親の肉を**屠り**て食らはん〈古本説話集・下・五三〉 ❷敵を攻め滅ぼす。例新羅に入りて、行く行く(=行く先々で)傍の郡を**屠る**〈紀・雄略〉

ほふ‐わう【法皇】 ホウオウ 名 譲位した天皇が出家した後の敬称。「太上法皇」とも。昌泰二年(八九九)に出家した宇多上皇が「寛平法皇」と呼ばれたのに始まる。例**法皇**西川(=大堰川)におはしましたりける日〈古今・雑上・詞書〉

ほふ‐ゑ【法会】 ホウエ 名《仏教語》仏法を説いたり、追善供養を行ったりすること。また、その集まり。例**法会**の座に至り〈御伽草子・三人法師・下〉

ほほ【朴・厚朴】 ホオ 名 ❶植物の名。モクレン科の落葉高木。初夏、黄色がかった白い花が咲く。材は細工物に、樹皮は薬に用いる。「ほほがしは」とも。例**朴**・塗骨など、(扇ノ)骨はかはれど〈枕・小白河といふ所は〉 ❷①の樹皮を乾燥させて作った風邪薬。例御風にやなどおぼして、**朴**などまゐらすれど(=お飲みになるが)〈栄花・見果てぬ夢〉

ほほ【頬】 ホオ 名 顔の目の下、口のわきの部分。ほお。例額・**頬**などに髪ひねりかかりたる、いはむ方なく(=言いようもなく)厳しげなり〈今昔・二七・三八〉

ほほ‐あて【頬当て】 ホオ― 名 武具の名。兜の下に着け、顔の目から下を覆い守る面状の防具。例獅子頭の兜に、目の下の**頬当て**して〈太平記・一四〉

ほほ‐がしは【朴柏・厚朴】 ホオガシワ 名「ほほ(朴)①」に同じ。例我が背子が捧げて持てる**ほほがしは**あたかも似るか青き蓋〈万葉・一九・四二〇四〉

ほほ‐ゆが・む【頬ゆがむ】 ホオ― ❶動(マ四) ❶顔のかっこうがゆがむ。例昼寝して起きたるは…寝腫れて、ようせずは(=悪くすると)**頬ゆがみ**もしぬべし〈枕・見ぐるしきもの〉 ❷事実と違っている。誤りが混じっている。話す人の顔がゆがむことからいう。例人の仲らひ(=よその夫婦仲)など、うち**頬ゆがみ**、思はずなる事出で来るものなめるを〈源氏・若菜上〉 ❷動(マ下二) 事実をゆがめる。間違える。例式部卿宮の姫君に朝顔奉りたまひし歌などを、すこし**頬ゆがめ**て語るも〈源氏・帚木〉

ほほ‐ゑ・む【微笑む】 ―エム 動(マ四) ❶にっこり笑う。微笑する。例うつくし(=かわいいものだ)と**ほほ笑み**たまふ〈源氏・賢木〉 ❷(比喩的に)花が開く。例ほかには盛り過ぎたる桜も、今盛りに**ほほ笑み**〈源氏・胡蝶〉 ❸苦笑する。冷笑する。例御面影ふと思ひ出でられて、**ほほ笑まれ**たまふ〈源氏・末摘花〉 読解 鼻の先が赤く色づいて、たいそう寒そうに見えた末摘花の顔つきを思い出している。

ほ・む【誉む・褒む】

動(マ下二) ❶**祝う。祝福する。ことほぐ。** 例(a)真木柱**ほめ**て造れる殿のごといませ母刀自面変はりせず(=太くてりっぱな柱を祝って建てた家のようにあってくださいませ、母君、お顔も変わらずに)〈万葉・二〇・四三四二〉 読解 家などを造るとき、永く堅固であるようにと呪文を唱えながら作った習俗をふまえた歌。例(b)これは、世を**ほめ**て、神に告ぐるなり(=これは、世の中を祝福して、神に告げる歌である)〈古今・仮名序〉 ❷**誉める。たたえる。称賛する。** 例男皇子たちは、いと美しげにかたちよく、人に**ほめ**られつつあまた持たり(=皇子たちはとてもかわいらしく容姿もよく、人に誉められる方々を大勢もっている)〈宇津保・蔵開上〉 〈黒木祥子〉

ほ‐むき【穂向き】 名 実った稲穂がそろって一方向になびいていること。例秋の田の**穂向き**の寄れる片寄りに〈万葉・一〇・二二四七〉

ほ‐むけ【穂向け】 名 稲や薄などの穂を一方になびかせること。また、その穂。例秋の田の**穂向け**の風の(ここまで序詞)片寄りに我はもの思ふつれなきものを〈新古今・恋五〉

ほ‐むら【焔】 名(「火群」の意)炎。火炎。転じて、心中で燃え上がる怒り・恨み・嫉妬などの感情。例あたる(=体にかかった)水は**ほむら**となって燃えければ〈平家・六・入道死去〉

ほめ‐な・す【誉め為す】 動(サ四) ことさらにほめる。ほめそやす。例己が好む方に**ほめなす**こそ、その人の日ごろの本意にもあらずや〈徒然・一四三〉

ほめ‐ののし・る【誉め喧る】 動(ラ四) 声を上げてほめたてる。盛んにほめる。例(馬ヲ)見て**ほめののしり**ける声、かしがましきまでなん(=やかましいまでに)聞こえける〈宇治拾遺・九七〉

ほめ‐もの【誉め物・誉め者】 名 ほめられるもの。ほめるべき物・人。例七百石の主なりと御家中の**誉め者**〈近松・夕霧阿波鳴渡・上〉

ほや【海鞘・老海鼠】 名 動物の名。海産の軟体動物で、海中の岩に付着して生息する。食用にする。例老海鼠のつまの貽鮨(いずし)〈土佐〉

ほや【寄生】 名「ほよ」とも。植物の名。ヤドリギ科の常緑小低木。落葉高木の樹上に寄生(きせい)する。青色の染料とされた。また、上代には挿頭(かざし)とした。例狩衣(かりごろも)寄生の藍摺(あゐずり)たちかへて〈散木奇歌集・九〉

ほ・ゆ【吠ゆ】 動(ヤ下二) ❶動物が声を上げて鳴く。吠える。例すさまじきもの 昼ほゆる犬〈枕・すさまじきもの〉 ❷どなる。泣きわめく。例「立ちのけ。吠えな吠えな」と突きのくれば〈近松・平家女護島・三〉

ほよ【寄生】 名「ほや(寄生)」に同じ。例あしひきの(枕詞)山の木末(こぬれ)のほよ取りて〈万葉・一八・四一三六〉

ほーら【法螺・宝螺】 ❶名 ❶「法螺貝(ほらがひ)」の略。例常に法華経(ほけきやう)を聞きたてまつり、法螺の音を聞きき〈今昔・一四・三三〉 ❷でたらめ。大言壮語。例祐筆(ゆうひつ)(=書記役)になりたいの、物書き(=代書人)になりたいのと、ほらばかりふいてゐる〈滑稽本・浮世床・初中〉 ❷形動(ナリ) 予期しない大きなこと。労せず一気に大儲(もう)けすること。例ほらなる金銀まうくるゆゑなり(=儲けるためである)〈西鶴・日本永代蔵・四・五〉

ほらーがひ【法螺貝】(ガイ) 名 ❶貝の名。ほら貝。❷①の殻の先端に穴をあけて吹き鳴らすようにしたもの。戦場の合図や、修験者(しゅげんじゃ)の獣よけや連絡などに用いる。例法螺貝腰につけ、錫杖(しゃくじょう)つきなどしたる山伏の〈宇治拾遺・五〉

ほらーほら【洞洞】 副 中が空洞(くうどう)で広いさま。例内はほらほら、外(と)はすぶすぶ(=すぼまっている)〈記・上・神代〉

ほりーえ【堀江】 名 舟などを通すために作った人工の水路。運河。例さ夜ふけて堀江漕(こ)ぐなる松浦舟(まつらぶね)梶(かぢ)の音高し水脈(みを)速みかも〈万葉・七・一一四三〉

ほりーきり【堀切り】 名 地面を掘って造った水路。例堀切りを境ひて〈太平記・一七〉

ほりーくび【堀首・堀頸】 名 人間を生きたまま地中に埋めて、その首を切る刑。例鋸(のこぎり)にてや斬(き)るべき、堀頸にやすべき〈平家・一一・重衡被斬〉

ほりーす【欲りす】 動(サ変) ほしがる。望む。例短き命を長く欲りする〈万葉・六・九七五〉

ほ・る【掘る】 動(ラ四) ❶地面などに穴をあける。例あしびなす(枕詞)栄えし君が掘りし井の〈万葉・七・一一二八〉 ❷掘って、そこに生えている木や埋まっている物などを取り出す。例そのわたりの山に掘れる野老(ところ)(=つる草の名)などの〈源氏・横笛〉

ほ・る【欲る】 動(ラ四) ほしがる。望む。例我が欲りし雨は降り来(き)ぬ〈万葉・一八・四一二四〉 語誌 連用形以外はサ変動詞「ほりす」を用いることが多い。

ほ・る【惚る】 動(ラ下二) ❶ぼんやりする。放心する。例思ひ嘆きて、頬杖(つらづゑ)をつきて、ほれてゐたるを(=心配したため息をついて、頬杖(ほおづえ)をついて、ぼんやりとして座っているところに)〈落窪・一〉 ❷老いてぼける。もうろくする。例いとどものも思ひたまへられずほれはべりてなむ(=ますます何も思いわきまえますことができずにぼけておりまして)〈源氏・蜻蛉〉 読解 老女の言葉。物語に登場のとき、すでに六十歳近くの老齢。❸恋慕する。ほれる。例我も鴉(からす)か そなたに惚れてなく〈隆達小歌〉

語誌 呆然(ぼうぜん)として思考や判断ができなくなっている状態を表すのが基本。現代語の「ほうける」に相当する。その原因がことに老齢によるものである場合が②で、現代語の「ぼける」に相当する。また、その原因が異性への愛情による場合が③で、現代語でいう「ほれる」に相当する。③の例が現れるのは中・近世で、ことに近世に多い。〈松井健児〉

ほれーぼれ【惚れ惚れ】 副 放心したさま。ぼんやり。年老いてぼけたさまや、うっとりと恋慕うさまにもいう。例心地もほれぼれとして、とみにも(=すぐには)起きあがりたまはねば〈狭衣・三〉

ほれーぼれ・し【惚れ惚れし】 形(シク) 放心している。ぼんやりとしている。年老いてぼけている。例夜昼思し歎(なげ)くに、ほれぼれしきまで、御顔もすこし面痩(おもや)せたまひにたり〈源氏・若菜下〉

ほろ【母衣・幌】 名 矢を防いだり軍容を増したりするための道具。絹や布製で、鎧(よろい)の背にかけ、腰で結んで袋状にしたり兜(かぶと)の上から馬の頭までかぶったりして敵の矢を防いだ。後世は装飾化し、籠(かご)状の骨を入れて大きく膨らませた。例赤皮威(あかがはをどし)の鎧着て、紅(くれなゐ)のほろをかけ〈平家・九・一二之懸〉

母衣〔保呂武者図〕

ぼーろ【梵論・暮露】 名「ぼろんじ」に同じ。

ほろ・ぶ【亡ぶ・滅ぶ】 動(バ上二) ❶なくなる。消え去る。例家も焼けほろび〈大和・一三六〉 ❷滅亡する。絶える。例平家はほろぶべかりしに(=平家は滅亡するはずだったが)〈平家・一〇・大嘗会之沙汰〉 ❸零落する。落ちぶれる。例いとことやうにほろびて侍るなれば(=たいそう不体裁に落ちぶれておりますようなので)〈枕・したり顔なるもの〉

語誌 「ほろ」は副詞「ほろほろ」の「ほろ」と同じで、物がばらばらになって壊れていく意。〈浅見和彦〉

ほろぼ・す【亡ぼす・滅ぼす】 動(サ四) ❶絶やす。なくす。例君が行く道の長手(ながて)を繰(く)り畳(たた)ね焼き滅ぼさむ天(あめ)の火もがも〈万葉・一五・三七二四〉→名歌138 ❷滅亡させる。例平家ほろぼさむずる謀(はかりごと)〈平家・一・鹿谷〉

ほろーほろ 副 多く「ほろほろと」の形で用いる。❶涙がこぼれるさま。ぼろぼろ。例涙ほろほろとこぼれたまひぬ〈源氏・夕霧〉 ❷木の葉や花が散るさま。はらはら。例黄なる葉どものほろほろとこぼれ落つる、いとあはれなり〈枕・九月つごもり、十月のころ〉 ❸人などが分散するさま。ばらばら。例修法(ずほふ)の壇こぼちてほろほろと出づるに〈源氏・夕霧〉 ❹物が破

れたり壊れたりするさま。例綻びはほろほろと絶えぬ〈源氏・紅葉賀〉❺物を食べる音。例栗などやうのものにや、ほろほろと食ふも〈源氏・宿木〉❻鴟や山鳥などの鳴く声。例山に放ちたりしかば、ほろほろと飛びてこそ去にしか〈大鏡・兼通〉

ぼろ-ぼろ【梵論梵論・暮露暮露】 名「ぼろんじ」に同じ。

ほろ-ろ 副 鴟や山鳥などの鳴く声。例春の野のしげき草葉の妻恋ひに飛び立つ雉のほろろとぞ鳴く〈古今・雑体〉

ぼろん-じ【梵論字・梵論師】 名 有髪の乞食僧。鎌倉・室町時代から江戸時代にかけて存在した。のちの虚無僧。例近き世に、ぼろんじ・梵字・漢字などいひける者、その始めなりけるとかや〈徒然・一一五〉

ほん【品】 名❶親王・内親王に与えられる位。一品から四品まであり、位のない場合は無品という。❷位階を中国風にいう場合の称。❸(接尾語的に用いて)身分。階級。例侍品の者の〈平家・二・西光被斬〉❹『仏教語』経典の章節。例かの品に、成仏を得てよりこの方〈栄花・疑ひ〉読解 法華経の涌出品をさす。

ほん

【本】物事のもとになるもの、というのが原義。根拠となるもの、模範となるもの、本来のものを意味する。

1 名❶もとになるもの。書き写されるときの原本。例色々の紙選りととのへて、物語の本ども添へつつ、所々に文書きくばる(=さまざまな色の紙を選び整えて、物語の原本を添えては、あちらこちらに手紙を書いて配る)〈紫式部日記〉読解 この「文」は書写の依頼状。

❷絵・書道などの手本。また、行動・心の持ち方の模範・典型。例草子どもの、やがて本にもしたまふべきを選らせたまふ(=書物などで、そのまま書の手本にもなさることができそうなものをお選びになる)〈源氏・梅枝〉

❸中心となるもの。根本。主旨。例この太夫はこころざしふかく、物やはらかにかしこく、行儀ほんとして(=この太夫は情愛が深く、物腰が柔らかで賢く、行儀が正しいのを根本にして)〈西鶴・好色一代男・七・六〉読解 ある遊女の死を悼んだ一文。

2 名 形動(ナリ) 真実であること。本当だ。連用形を副詞的に用いることが多い。例ほんに悪縁でおっしゃうよ(=ほんとうに思うままにならない間柄でございましょうよ)〈洒落本・通言総籬〉

語誌 平安時代では、1の①②の用法が主である。③は中世以降に見られることが多い。2も後代の用法。〈安達敬子〉

ぼん【盆】 名❶『仏教語』「ぼに」とも。「盂蘭盆」の略。また、そのときの供え物や布施。例七月十五日、盆たてまつるとていそぐを見たまひて〈枕・右衛門の尉なりける者の〉❷平たい器。

ほん-い【本意】 名「ほい(本意)」に同じ。例ほんいのごと静かなるべい事の難かべいをなむ(=静かに暮らすことが難しそうなのを)〈宇津保・楼上上〉

ほん-えん【本縁】 名『仏教語』事の由来。起源。縁起。例これ白拍子の根元なり。仏神の本縁をうたふ〈徒然・二二五〉

ほん-か【本歌】 名❶古歌を下敷きにして和歌を詠んだときの、その古歌。❷狂歌や俳諧に対して、和歌。

ほん-がく【本覚】 名『仏教語』人間が本来備えている、悟りを得ることができる性質。例まことに本覚常住の如来すら〈保元・上〉

ほんか-どり【本歌取り】 名 和歌などの表現技法の一つ。⇩『名歌・名句辞典』「和歌の表現技法」

ほん-ぐう【本宮】 名❶(奥宮や別宮に対して)主祭神の鎮座する正宮。例もろもろの社司、本宮、本社にて祈誓申すべきよし仰せ下さる〈平家・二・逆櫓〉❷特に、紀伊国(和歌山県)の熊野の本宮。

ほん-ぐゎん【本願】 ―ガン 名❶『仏教語』仏や菩薩が過去世において、衆生を救うために立てた誓願。阿弥陀仏の四十八願、薬師如来の十二願など。例年ごろ頼みたてまつる、弥陀の本願を強く信じて〈平家・一・祇王〉❷寺・塔・像などの造立者。また、その発願者。例尊睿(=僧の名)をばかの山(=あの寺)の本願とはいふなる〈今昔・三一・三〉❸本来の願望。

ぼん-げ【凡下】 名❶すぐれた点のないこと。また、その人。凡人。例蒼明叡心(=聡明で賢明なお心)の御企て、凡下是非すべからず〈保元・上〉❷貴族や侍などに対して、一般庶民。例かしづき立てし賢息(=大切に養い育てた賢い子息)も…凡下どもの奴(=下男)と成って〈太平記・二〉

ぼん-ご【梵語】 名 古代インドの言語であるサンスクリット。⇩『国語・国文法用語集』梵語。例講説(=仏典の講義)の間、梵語をさへづる〈宇治拾遺・一〇三〉

ほん-ざい【本才】 名 実際に役に立つ才能。また、儀式や芸能などに関する才能。例本才のかたがたのもの教へさせたまひしに〈源氏・絵合〉

ほん-ざう【本草】 ―ゾウ 名(薬の本となる草の意) 薬用にする植物・動物・鉱物の総称。また、それらに関する書物。例(答エガ正シイカ)本草に御覧じ合はせられはべれかし〈徒然・一三六〉

ほん-ざん【本山】 名 仏教の一宗一派の長である根本道場。本寺。所属の寺々を支配管理する。古くは天台宗の比叡山延暦寺、真言宗の高野山金剛峯寺をさしたが、江戸時代、幕府は本末制度を法制化し、各宗派の頂点となる寺を本山として、末寺を統制する組織を形成した。例(延暦寺ノ僧兵タチハ)神輿をば陣頭に振り捨てたてまつり、泣く泣く本山へ帰りのぼる〈平家・一・御輿振〉

ほん-じ【本寺】 名❶「ほんざん」に同じ。例本寺・本山を離れぬる顕密の僧〈徒然・一六五〉❷この寺。当寺。例東大寺の別当のあきたりけるに、白河院、この人をなしたまふ…みづから本寺に行き向かふ時には〈発心集・二・二〉❸寺の本堂。例仁和寺にて、夜、本寺の前を通る下法師に〈徒然・二三八〉

ぼん-じ【梵字】 名 梵語(サンスクリット)文字。仏教とともに伝来し、経文や卒塔婆などに見られる。例梵字などもよく書きたまふとぞ聞こえたまひし

〈今鏡・五・故郷の花の色〉

ほん-じゃ【本社】 名（のちは「ほんしゃ」とも）「ほんぐう①」に同じ。例**本社**・末社、祭奠の神明（=祭られている神）〈平家・七・返牒〉

ほん-しゃう【本性】ショウ 名「ほんじゃう」とも。生まれもった性質。本来の性質。例うちつけのすきずきしさなどは好ましからぬ御**本性**にて〈源氏・帚木〉

ほん-じょ【本所】 名「ほんしょ」とも。❶平安後期、荘園の名義上の支配者。本家。皇族や有力貴族・大社寺などがなった。例日ごろ武威に誇り、**本所**を無みする（=ないがしろにする）権門・高家の武士ども〈太平記・一三〉❷蔵人所。特に、滝口の陣。例十三の年**本所**へ参りたりけるが〈平家・一〇・横笛〉❸本来の居所。本国。本宅。例長く祐経を**本所**へ入れ立てずして〈曾我・一〉

ほん-ぜい【本誓】 名『仏教語』仏や菩薩が衆生を救うために立てた誓願。本願。例心に地蔵（=地蔵菩薩）の**本誓**を念じて〈今昔・一七・三三〉

ほん-ぜつ【本説】 名❶根拠とすべき確かな説。例させる（=これといった）**本説**なし〈徒然・六一〉❷和歌・連歌などを作るとき、よりどころにする漢詩文・物語・故事。

ほん-そう【奔走】 名動（サ変）❶走り回ること。また、物事がうまく運ぶよう力を尽くすこと。例島人にはかに騒ぎたちて、右往左往に**奔走す**〈読本・弓張月・拾遺・四六〉❷もてなすこと。ごちそうすること。例旅人をよび入れて茶を**ほんそうする**〈天正狂言本・青海苔〉❸かわいがること。秘蔵。例茶の湯を上手になさるるゆゑ、人の用ひ（=人が取り立てて）**奔走**もある〈近松・鑓の権三重帷子・上〉

ぼん-ぞく【凡俗】 名形動（ナリ）❶ありふれていてつまらないこと。品格の卑しいこと。例**凡俗なる**句と申しはべる事は〈ささめごと・上〉❷仏の道に入らない人。凡夫。俗人。例かへりて**凡俗**の体に準ぜられ候ふ事〈正徹物語・下〉

ほん-ぞん【本尊】 名『仏教語』「ほぞん」とも。寺などで信仰の対象として最も重んじられる仏像。例持経・**本尊**に至るまで、よき物を持つ、よしなき事なり（=つまらない事である）〈徒然・九八〉

ほん-たい【本体】 名❶本当の姿。正体。実体。例この水の**本体**を知りて、いかでか妨げではあらむと思ひて〈今昔・二〇・二〉❷典型。根本。本質。例歌の**本体**には、ただ古今集を仰ぎ信ずべき事なり〈古来風体抄・上〉❸（副詞的に用いて）本当。本来。例**本体**は参らせたまふまじきを〈大鏡・道隆〉

ほん-だう【本堂】ドウ 名 寺で、本尊を安置する建物。金堂・仏殿など、宗派によって呼び方が異なる。例**本堂**の縁に寄り居つつ静かに念誦して〈太平記・二五〉

ほん-だう【本道】ドウ 名❶主となる道。例かくては**本道**を落ち得じ〈太平記・二二〉❷（①から転じて）正しい方法。例二曲三体の**本道**よりは入門せずして〈至花道・二曲三体の事〉読解「二曲」は舞と音曲、「三体」は老体・女体・軍体のものまね。能楽で最初に習得すべきとされる基本。❸漢方医学で、内科。

ほん-ぢ【本地】ジ 名❶『仏教語』仏や菩薩が衆生を救うために仮に神の姿で現れた垂迹身に対していう。本地身。例三所権現のうちに西の御前と申すは、**本地**千手観音にておはします〈平家・二・卒都婆流〉❷物の本源。本来の姿。例人は、まことあり（=誠実さがあり）、**本地**尋ねたるこそ、心ばへをかしけれ〈堤中納言・虫めづる姫君〉

ほんぢ-すいしゃく【本地垂迹】ホンジ 名『仏教語』「ほんぢすいじゃく」とも。神仏習合思想で、神と仏の本源は同一で、日本の神々は諸仏が衆生を救済するために仮の姿で現れたものとする説。たとえば、仏の大日如来が天照大御神となって現れるとする。近代の神仏分離まで広く信じられた。

ほんちょう【本朝】 ⇩ほんてう

ほん-ぢん【本陣】ジン 名❶陣中で、総大将のいる場所。例下野守**本陣**に帰り〈保元・上〉❷江戸時代、貴人や大名の宿泊のために宿場に設けられた公認の旅館。例おりや江戸へ通しの馬追うて**本陣**に泊まるが〈近松・丹波与作待夜の小室節・中〉

ほん-てう【本朝】チョウ 名 日本の朝廷。転じて、日本の国。我が国。例**本朝**の天台山には、伝教大師、延暦寺をたてて〈宝物集・四〉

凡兆 ボンチョウ『人名』？～一七一四（正徳四）。江戸時代の俳人。野沢氏。芭蕉の門人で、去来とともに俳諧集『猿蓑』を編む。客観的で印象鮮明な叙景句にすぐれる。

本朝桜陰比事 ホンチョウオウインヒジ『作品名』江戸時代の浮世草子。五巻五冊。井原西鶴作。元禄二年（一六八九）刊。「昔、都の町」で始まる各章の犯罪や訴訟を「御前」がみごとに解決した裁判小説四四話を集めた短編集。人間心理の複雑さや世相を浮き彫りにするとともに、機知やユーモアを中心とする話もある。

本朝廿四孝 ホンチョウニジュウシコウ『作品名』浄瑠璃。時代物。五段。近松半二らの合作。明和三年（一七六六）初演。武田・上杉の川中島の合戦に取材した作。

本朝二十不孝 ホンチョウニジュウフコウ『作品名』江戸時代の浮世草子。五巻五冊。井原西鶴作。貞享四年（一六八七）刊。二十人の不孝者の話を集めた短編集。孝のもてはやされた時代に不孝をとりあげて、その親子関係を描く。題名は御伽草子『二十四孝』をもじり、『本朝孝子伝』「今世部」の孝子を参照にしてなった。

本朝文粋 ホンチョウモンズイ『作品名』平安時代の漢詩文集。一四巻。藤原明衡撰。十一世紀半ばの成立か。漢詩文が隆盛した九世紀初頭の嵯峨朝から後一条朝までの二百余年間の詩文四二七編を分類して収める。後代の文学に多大な影響を及ぼした。

ぼん-てん【梵天】 名『仏教語』（梵語の音写）「ぼんでん」とも。❶古代インドの神で世界の創造主。仏教に取り入れられ、仏法護持の守護神とされた。多くの場合、帝釈天に対される。また、梵天の住む色界初禅天（色界の最初の天）。大梵天王。梵天王。❷（梵土・天竺の意から）インド。例人事の言には…**梵天**より相伝せず〈正法眼蔵・陀羅尼〉

ぼんてん-こく【梵天国】 名 物事の終わり。また転じて、しくじって逃げ出すこと。追い出されること。例貞享・元禄（一六八四～一七〇四）ごろ、浄瑠璃興行で一日の番組の最後に『梵天国』を語ったことからいう。例たといこの身は梵天国になるとも(=一文なしになっても)〈松の葉・三・一夜かがみ〉

ぼん-なう【煩悩】ノウ 名《仏教語》**人の心身を悩ませ苦しめるすべての精神作用。悟りを得るのを妨げる情欲や怒りなど。**例(a)(釈迦ガ入滅シタ後モ)教法とどまりたれば…誰か**煩悩**の病を除かざらむ(=仏教の教えが残ったので…だれが煩悩という病を取り除かないでいようか)〈三宝絵・中・序〉読解「誰か」の「か」は反語の意を表す。例(b)愛執の**煩悩**はなれがたきものなれば…身に添へておはしますなるべし(=愛情に執着する煩悩は離れにくいものなので…そばに置いていらっしゃるのだろう)〈浜松中納言・三〉読解ある尼君が我が子を手もとに置いていることについて語る部分。親子の情愛が煩悩とされている。

語誌▼**百八煩悩と三毒**　ふつう煩悩の数は一〇八あるとされ、「百八煩悩」といったりもする。それを分類すると貪欲(欲が深く満足することを知らないこと)・瞋恚(怒り恨むこと)・愚痴(愚かなこと)の三つの根元的煩悩になるともいわれ、これを「三毒」という。

▼**煩悩即菩提**　菩提は煩悩を去った悟りの境地をいう。したがって煩悩と対極にあるとみなされるが、仏典ではむしろ「煩悩即菩提」、つまり煩悩がそのまま悟りの縁になると説かれることが多い。〈藤本宗利〉

ほん-に【本に】副まったく。ほんとうに。例あのおかげでおほきによくなりやした。**ほんに**まだお礼にも行かねえ〈滑稽本・浮世床・初上〉

ぼん-にん【犯人】名罪を犯した人。犯罪人。例**犯人**を笞にて(=むちで)打つ時は、拷器(=拷問に用いる器具)に寄せて結ひつくるなり〈徒然・二〇四〉

ぼんのう『煩悩』⇩ぼんなう

ぼん-ばい【梵唄】名《仏教語》声明の一つ。法会などで、仏の功徳をたたえて、経文や偈を歌うように節をつけて唱えるもの。例潮去潮来の響き(=潮の満ち引きの音)、空に**梵唄**の声に和す〈平家・五・富士川〉

ほん-ばう【本坊】ボウ 名寺で、住職が住む所。本院。例**本坊**ならびに本尊等…たちまちに煙となるこそかなしけれ〈平家・四・三井寺炎上〉

ぼん-ぶ【凡夫】名❶《仏教語》仏教の悟りに至っていない人。例仏だに**凡夫**におはせし時、堪へがたきを堪へ〈栄花・楚王の夢〉❷普通の人。凡人。例(王宮ハ)**凡夫**のほむるところにあらず(=ほめてもほめきれないほどすばらしい)〈平家・六・慈心房〉

ほん-もん【本文】名古典などにあって、典拠となる文句。漢籍・和歌をさすことが多い。例身を全うして君に仕ふといふ**本文**あり〈平家・一・殿上闇討〉

ほん-りやう【本領】リョウ 名❶代々伝えられてきた領地。例泰衡が義経を討ちたらば、**本領**に常陸を添へて〈義経記・八〉❷持ち前の性格・特色。能力。

ほんりやう-あんど【本領安堵】ホンリョウ― 名武家で、時勢の変化にあたっても、もとの領地が認められること。また、以前の所領地が再び与えられること。例大将大いに喜びて**本領安堵**の御教書をなし(=将軍からの文書を出し)〈太平記・六〉

ぼん-りよ【凡慮】名平凡な人の考え。例諸天(=天の諸神)も擁護したまはず。いはんや**凡慮**においてをや〈平家・六・入道死去〉読解「いはんや(いはむや)〜をや」は、まして(〜はなおさらだ)、の意。

ほん-ゐん【本院】イン 名❶分院に対して、主となる院。特に、斎院の御所。例**本院**に帰らせたまひて、人々に禄などたまはするを〈大鏡・師輔〉❷第一の上皇の称。同時に上皇や法皇が二人以上いるとき、最も先になった人をいう。「一院」「一の院」とも。例今降りさせたまへるを(=今回御退位なさった方を)新院ときこゆれば、御兄の院をば中の院と申す。父帝をば**本院**とぞきこえさする〈増鏡・新島守〉

ま-【真】接頭名詞・動詞・形容詞・形容動詞・副詞などにつく。❶真実の、完全な、純粋な、などの意を添える。「真心」「真幸く」「真白し」など。❷美しい、りっぱな、の意を添える。「真木」「真玉」など。

-ま接尾名詞、形容詞の語幹、打消の助動詞「ず」の連用形などについて、そのような状態、の意を表す。「逢はずまに(逢わないままで)」のように、「に」を伴って連用修飾語を作ることが多い。「まほらま」「懲りずま」など。

ま【目】名目。「まなこ」「またたく」「まのあたり」など複合語で用いられる。

ま【馬】名馬。複合語で用いられることも多い。例この我が馬の足掻きの水に衣濡れにけり〈万葉・一七・四〇二二〉

ま【間】❶名❶**しばらく休止して、中断している時間。**例人**ま**にも月を見ては、いみじく泣きたまふ(=そばに人のいない間でも月を見ては、ひどくお泣きになる)〈竹取〉

❷**限定された範囲の時間。**時や動作を表す語などで限定されることが多い。例(a)嘆きつつひとり寝る夜の明くる**間**はいかに久しきものとかは知る〈拾遺・恋四〉↓名歌256 例(b)まだお戻りには**間**があらう(=時間があるだろう)〈歌舞伎・与話情浮名横櫛・四〉

❸**物と物との間の空間。**密集する多数の物の中のすきまについても、二つの物に挟まれた空間についてもいう。例木の**間**より漏りくる月の影見れば心づくしの秋は来にけり〈古今・秋上〉↓名歌163

❹**建物の柱と柱の間。**また、**それを基準に見た室内の空間。**例内々のしつらひには、言ふべくもあらぬ綾織

物に絵をかきて、**ま**ごとに張りたり(=室内の装飾には、言い表すことができないくらいすばらしい綾織物に絵を描いて、柱と柱の間ごとに貼りつけた)〈竹取〉 ❺**めぐりあわせ。運**。「よし」「あし」などの述語を伴って用いる。例それも**間**がわるけりゃあ、再度来て会はう〈人情本・春色恵の花・初・四〉

2 接尾 数を数える語につく。❶**建物の柱と柱の間を単位とする長さ**。また、**それを一辺とする空間**。例勢多の橋をひと**ま**ばかりこぼちて(=壊して)〈更級〉 ❷中世以降の用法。**壁などで仕切られた部屋の数**。例二**間**座敷〈人情本・春色恵の花・二・一三〉

語誌▼「ま」と「とき」 物理的には等間隔で進む時間にも、物事との関係からは、盛り上がる時間と、衰えて休止する時間がある。その進行の休止した時間を表したのが、1①の「間」であり、盛り上がる時間のほうは「時」の語で表された。「うち渡す竹田の原に鳴く鶴の間なく時なし我が恋ふらくは」〈万葉・四・七六〇〉の「間なく時なし」は、そのような「間」と、盛り上がる時間の「時」という、対照的な時間のありようを並べて、いつも変わりなく我が子を案じる心を詠んだ歌である。盛り上がる「時」も長くは続かない以上、物事の調整や配列には、「間」も「時」に劣らず重要なのである。音楽・芸能などで、「間」が重要視されるのもそれゆえであろう。⑤のめぐりあわせの意などもその見地に立つ用法である。「間が抜ける」「間に合はす」など、慣用句にも「間」はよく登場しており、「間」を重要視する考え方は、そのような点にもうかがうことができる。〈山口堯二〉

ま【今】 副〔「いま」の変化した形〕もっと。数量を表す語の上につけて、さらに加えて、もう〜を加えて、の意に用いる。例ゆふ立ちに傘かる家や**ま**一町(=もう一町先にある)〈俳諧・続猿蓑・下〉

ま 推量の助動詞「む」のク語法に現れる形。

-まい【枚】 接尾 ❶紙・板・皿など、薄く平たいものを数える。❷大判金・銀貨などを数える。例銀二千**枚**付けるとて〈西鶴・日本永代蔵・二・二〉 ❸田畑の区画を数える。例田一**枚**植ゑて立ち去る柳かな〈芭蕉・奥の細道〉 ❹駕籠を担ぐ人の肩の数を数える。人数を表す。例六**枚**肩にて上りけるに〈西鶴・西鶴織留・一・一〉 ❺魚を数える。

まい 助動(特殊型)〔打消推量の助動詞「まじ」が変化してできた語〕❶打消の推量の意を表す。〜ないだろう。〜はずがない。例あれに似た烏帽子がある**まい**(終止形)〈狂言・鶏聟〉 ❷打消の意志を表す。〜ないつもりだ。例「少しなりとも(酒ヲ)まゐる**まい**か」「いや、たべ**まい**(終止形)」〈狂言・地蔵舞〉 ❸禁止の意を表す。例必ず必ず言ふ**まい**(連体形)ぞ〈近松・冥途の飛脚・中〉 ❹打消の適当の意を表す。〜しないほうがよい。例ああ貧乏はせ**まい**(連体形)もの〈近松・山崎与次兵衛寿の門松・上〉 ❺(「まいか」の形で)勧誘の意を表す。〜しようではないか。例いさぎよう死ぬ**まい**(連体形)か〈近松・曾根崎心中〉

接続▶一般に、四段・ナ変型の活用語の終止形、それ以外の活用語の未然形につく。

活用▶○/○/まい/まい/○/○

語誌 口頭語として室町後期ごろから用いられた。成り立ちについては、「まじ」の連体形「まじき」のイ音便形「まじい」からとする説などがある。

毎月抄 《作品名》鎌倉前期の歌論。一巻。藤原定家著か。承久元年(一二一九)成立。初心者のための詠作態度論的性格をもつ書簡体の歌論。作歌姿勢として有心を強調する。別称『定家卿消息』『和歌庭訓』など。

まい-て【況いて】 副「まして」のイ音便形。

ま-いみ【真忌み・致斎み】 名 祭祀の前、神事を行う人が身を清めること。その前後に行われる荒忌みに対して本格的で厳重なもの。例契りしをたがふべしやはいつくしき(=厳粛な)荒忌み**真忌み**清まはるとも〈和泉式部集〉

まいる【参る】 ⇩まゐる

まう【舞う・廻う】 ⇩まふ

まう【猛】 名 形動(ナリ) ❶盛んなこと。例(竹取ノ翁ハ)勢ひ**猛**の者(=富裕な者)になりにけり〈竹取〉 ❷広大なこと。壮麗なこと。例恒徳公の法住寺いと**猛なれ**ど〈大鏡・道長上〉

まうき-の-ふぼく【盲亀の浮木】 ― 仏法を学ぶ機会は、盲目の亀が大海で浮木を見つけるよりも稀ということ。転じて、めったにないこと、めったにない幸運にめぐりあうことのたとえ。涅槃経などに見える。例時節に逢ふこと、**盲亀の浮木**・優曇華の花待ちえたる心地して〈謡曲・実盛〉

まう・く【参来】 動(カ変)〔「まゐく」のウ音便形〕「来」の謙譲語。参上する。例時に兄猾(=人名)**まう**こず〈紀・神武即位前紀〉

まう・く【設く・儲く】 動(カ下二) 将来の事態を見込んで、あらかじめそれに応じた用意をする意。

❶**前もって用意する。準備する。支度する**。例(a)渡り守舟も**設け**ず(=渡し舟の船頭は舟も用意しない)〈万葉・一八・四一二五〉例(b)汝供養せむと思はば、まさに財宝を**儲く**べし(=おまえは供養をしようと思うならば、必ず財宝を用意せよ)〈今昔・三・一一〉 ❷**作り構える。身に備える**。例(a)年来仏経を**儲け**たてまつれり(=長年経典を書写し申し上げた)〈今昔・一三・三四〉例(b)知る所なども**儲け**てぞありける(=領有する土地なども手に入れていた)〈今昔・二九・六〉 ❸**待ち構える。待ち受ける**。例その門の許に至りて門を押さば、**儲け**て門を開けよ(=その門のそばにやって来て門を押したらば、待ち構えていて門を開けろ)〈今昔・二九・六〉 ❹**我が身にゆかりのある人を作る。妻や子などをもつ**。例(a)いと不調なる娘**まうけ**はべりて(=たいそう不出来な娘をもちまして)〈源氏・野分〉例(b)我は師をば**儲け**たし、弟子は欲しからず(=私は師匠をもちたい、弟子は欲しくない)〈栂尾明恵上人遺訓〉 ❺**思いがけない利益を得る**。例辛き命**まうけ**て、久しく病みゐたりけり(=危うい命を思いがけずとりとめたが、長い間患っていた)〈徒然・五三〉

❻病気などにかかる。例誤ち多く、財を失ひ、病をまうく(=間違いが多く、財産を失い、病気にかかる)〈徒然・一七五〉〈黒木祥子〉

まうけ【設け・儲け】モウケ 名〔動詞「まうく」の名詞形〕❶用意。準備。支度。例陣に夜の設けせよ(=陣の座に夜の支度をしろ)〈徒然・二三〉 読解「陣」は、宮中での公事のときに公卿が列席する所。そこに灯火を準備すること。❷もてなしの用意。特に、ごちそうの用意。また、そのもてなし。ごちそう。⇩あるじまうけ。例(道中ノ)ところどころにまうけなどして、行きもやらず(=あちらこちらで接待などするので、滞りなく行くこともできない)〈更級〉 ❸(❷から転じて)食物。例一鉢のまうけ…いくばくか人の費えをなさん(=鉢に一杯の食物は…どれほど他人の出費をかけるだろうか)〈徒然・五八〉 読解「いくばくか」の「か」は反語の意を表す。❹将来のための蓄え。例この世の設けに、秋の田の実を刈り収め(=この世の蓄えに、秋の米を刈って収め)〈源氏・明石〉〈黒木祥子〉

まうけ-の-きみ【儲けの君】モウケ 名〔「儲君」の訓読。「儲」は備えておく意〕皇太子。「儲けの宮」とも。例疑ひなきまうけの君と、世にもてかしづききこゆれど(=お仕え申し上げるけれど)〈源氏・桐壺〉

まう-ご【妄語】モウ 名《仏教語》❶十悪の一つ。うそ・偽りを言うこと。また、その言葉。例みづから無き徳を称す。妄語の中にすぐれたる重罪なり〈発心集・八・一〉 ❷「妄語戒」の略。十戒の一つ。うそを言ってはいけないという戒め。例十戒のなかに妄語をばたもちてはべる(=守っております)身なればこそ、かく命をばたもたれてさぶらへ〈大鏡・道長下〉

まう-ざう【妄想】モウゾウ 名《仏教語》真理に背いた考え。誤ったよくない考え。例すべての所願(=願い事)みな妄想なり〈徒然・二四一〉

まうさく【申さく・白さく】モウサク〔動詞「まうす」のク語法〕申し上げること。申し上げることには。例男の子ども、仰せの事を承はりて申さく〈竹取〉

まうさ-す【申さす】モウサ 〔動詞「まうす」の未然形＋使役の助動詞「す」〕申し上げさせる。例御消息をも申させはべらん〈源氏・夢浮橋〉

まうさん-や【申さんや】モウサン 副〔動詞「まうす」の未然形＋推量の助動詞「む(ん)」の終止形＋係助詞「や」〕「況むや」の謙譲語。申し上げるまでもなく。もちろん。まして。例申さんや今の所望無下に(=まったく)たやすき事にあらずや〈保元・上〉

孟子 モウシ 名❶《人名》前三七二〜前二八九。中国の戦国時代の儒者。魯の人。名は軻。孔子の思想の継承・普及に努め、孔子に次ぐ聖人として「亜聖」とも称される。仁義を重視して徳による王道政治を主張し、人の本性は善であるとする性善説を唱える。❷《作品名》中国の儒教の経書。七編(各編が上下に分かれて一四編ともなる)。四書の一つ。孟子の言行や門人などとの問答を集めたもので、孟子自身が門人たちと編集。日本にも古く伝わり、「五十歩百歩」など成語化した表現も多い。「もうじ」とも。

まうし【申し】モウシ 感 呼びかけるときにいう語。もしもし。やや丁寧な言い方。例申し、これ惣七様〈近松・博多小女郎波枕・上〉

まうし 助動(ク型) 希望しない意を表す。〜するのはいやだ。〜したくない。例(帝ハ)この君の御童姿、いと変へまうく思せど〈源氏・桐壺〉
接続 動詞の未然形につく。
活用 ○/まうく/○/まうき/まうけれ/○
語誌 平安中期から鎌倉時代にかけて用いられた。助動詞「まほし」の成立後、その対義語にあたる語として生まれたとされる。

まうし-あは・す【申し合はす】モウシアワス 動(サ下二) ❶相談する。話しあう。例民部卿殿に申しあはせさせたまへば〈大鏡・師尹〉 ❷事前に話しあって用意する。約束する。例さる方に申し合はせて(娘ヲ嫁ニ)つかはしはべる〈西鶴・好色一代男・一・三〉

まうし-う・く【申し受く】モウシ 動(カ下二) ❶申し出て許可を願う。申請する。例義経が申しうくる旨にまかせて…庁の御下し文をなされ〈平家・一二・判官都落〉 ❷願い出て引き受ける。請い受ける。例申しうけたまへるかひありて(スグレタ和歌ヲ)あそばしたりな(=お詠みになったものだな)〈大鏡・頼忠〉 ❸招待する。例珍客を申しうけたる心地し〈仮名草子・東海道名所記・六〉

まうし-ごと【申し事・申し言】モウシ 名❶申し上げる事柄。意見。言い分。例いまめかしき(=今さらながらの)申し事にて候へども、七代まではこの一門をばいかでか捨てさせたまふべき〈平家・三・法印問答〉 ❷願い事。例恐れ入りたる申し事にて候へども、御小袖を一つ貸したまはり候へ〈曽我・七〉

まうし-じゃう【申し状】モウシジョウ 名❶官庁や上位者などに提出する請願・上申の文書。中世は、訴状の意にも用いる。例頼朝卿の申し状によって、義経追討の院宣を下さる〈平家・一二・判官都落〉 ❷申し上げる事柄。言い分。例範頼・義経が申し状、あながち(=決して)御許容あるべからず〈平家・一〇・首渡〉

まうし-つぎ【申し次ぎ】モウシ 名❶取り次いでお伝え申し上げること。また、その役の人。例常葉(=人名)すでに参りしかば、伊勢守景綱申し次ぎにて〈古活字本平治・下〉 ❷「申し次ぎ衆」の略。室町幕府の職名。家臣の用件を将軍に取り次ぐ役。

まうし-ひら・く【申し開く】モウシ 動(カ四)「言ひ開く」の謙譲語。説明申し上げる。また、弁明申し上げる。例誰の人か愚意の悲歎を申しひらかん〈平家・一一・腰越〉

まう-しふ【妄執】モウシュウ 名《仏教語》「まうじふ」とも。心が迷って物事に執着すること。例憂き世を厭ひ、誠の道に入りたまへども、妄執はなほ尽きずと覚えて、哀れなりし事どもなり〈平家・一〇・熊野参詣〉

まうし-ぶみ【申し文】モウシ 名❶官庁や上位者に提出する請願・上申の文書。例人の申し文・愁へ文などありけるを取り集めて〈栄花・衣の珠〉 ❷官人が叙位・任官・昇進などを申請する文書。例民部大輔を望みまうしける申し文をばみづから書きて〈十訓抄・一〇・二九〉

まうし-むつ・ぶ【申し睦ぶ】モウシ 動(バ上二) 親しく

おつきあいする。例こじうとなりければ(＝妻の兄弟であったので)、常に申し睦びけり〈徒然・八七〉

まう-じゃ【亡者】 名《仏教語》死者。特に、成仏しないで魂が冥途で迷っている人。例亡者の追善には、何事か勝利(＝すぐれた利益)多き〈徒然・二二二〉

まう-しん【妄心】 名《仏教語》迷いの心。誤った心。例はたまた妄心のいたりて狂せるか〈方丈記〉

まう・す【申す】 [1]動(サ四) ❶謙譲語。㋐「言ふ」「告ぐ」の謙譲語。申し上げる。例国の物語など申すに(＝任国の話などを申し上げるので)〈源氏・夕顔〉 ㋑「願ふ」の謙譲語。お願いする。お願い申し上げる。例朝廷に申して、からうじて買ひ取りて(＝朝廷にお願いして、やっとのことで買い取って)〈竹取〉 ❷(「～と申す」の形で)名前などを知らせる場合の改まった言い方。～と申します。例「きむぢが姓はなにぞ(＝おまえの名字は何か)」…「夏山となむ申す」〈大鏡・序〉 読解 貴人に尋ねられたときの答え。

[2]補動(サ四)(動詞の連用形について)謙譲の意を表す。～申し上げる。お～する。例この度はいかでか辞び申さむ(＝今回はどうしてお断り申し上げようか)〈竹取〉 読解「いかでか」は反語の意を表す。

語誌▼上代語「まをす」の変化した形。平安時代の和文では、類義語「きこゆ」よりも、かしこまったり、改まったりしたもの言いをするのに用いられた。中世以降、より広く用いられるようになる。
▼1②は丁寧語とみる説もある。〈山口堯二〉

まうち-きみ【公卿】 名「まへつきみ」の変化した形。

まう・づ【参づ・詣づ】 動(ダ下二) 謙譲語。❶「行く」「来」の謙譲語。参上する。うかがう。例親王たちの逍遥したまふ所にまうでて(＝親王たちが散策なさっている所に参上して)〈伊勢・一〇六〉 ❷特に、神仏にお参りする。参詣する。例石山にまうでける時(＝石山寺に参詣したとき)〈古今・秋下・詞書〉

語誌▼「まゐいづ(参出づ)」の意の「まゐづ」のウ音便形。「まゐ」は「行く」の意の古い謙譲語の連用形。▼平安時代以後、①の意には「まゐる」のほうが一般的になり、この語は、しだいに②の意に用いられることが多くなった。〈山口堯二〉

まうで・く【詣で来・参で来】 動(カ変)〔「まゐでく(参出来)」の変化した形〕❶「来」の謙譲語。参上する。うかがう。例御返り(＝御返事)賜はりにぞまうで来つる〈宇津保・藤原の君〉 ❷「来」の丁寧語。参ります。来ます。会話・手紙や勅撰集の詞書などに用いる。例桜の花の咲けりけるを見にまうできたりける人に、よみて贈りける〈古今・春上・詞書〉

ま-うと【真人】 〔「まひと」のウ音便形〕[1]名 人を敬っていう。お方。貴い人。例しだらが真人の単重の狩衣〈神楽歌・蟋蟀・或説〉 読解「しだら」は未詳。地名か。[2]代 対称の人称代名詞。同格以下の相手を尊重して用いる。あなた。きみ。例などまた、まうとたちのかうする〈落窪・二〉

まう-のぼ・る【参上る】 動(ラ四)〔「まゐのぼる」のウ音便形〕「上る」の謙譲語。参上する。例(帝ノ御前ニ)参上りたまふにも、あまりうちしきる(＝度重なる)折々は〈源氏・桐壺〉

まう-りゃう【魍魎】 名 山川・石木などの精霊。人を害するという妖気。例魍魎・鬼神妨げをなし、非業の命を取らんとや〈謡曲・鉄輪〉

まえ『前』⇩まへ

まえつきみ『公卿』⇩まへつきみ

ま-えん【魔縁】 名《仏教語》修行を妨げるもの。人の心を迷わせる悪魔。例濫悪(＝乱暴で悪い行為)を致すは、魔縁の所行なり〈平家・一・内裏炎上〉

まおす『申す・白す』⇩まをす

まか【摩訶】 名《仏教語》〔梵語の音写。大・多・勝の意〕すぐれていること。大きいこと。例仏説の中の摩訶の般若の心経なりけり〈栄花・月の宴〉

まが【禍】 名〔「まぐ(曲ぐ)」と同根〕❶形が曲がっていること。❷悪いこと。災い。よこしま。例次にその禍を直さむとして〈記・上・神代〉

ま-かい【真櫂】 名〔「ま」は接頭語〕櫂の美称。一説に、左右両舷にそろった櫂とも。例玉巻きの真櫂もがも(＝櫂があればなあ)〈万葉・八・一五二〇〉

まがう『紛う』⇩まがふ

ま-がき【籬】 名 竹や柴などで間を広めにあけて作った垣根。「ませ(籬)」「ませがき(籬垣)」とも。例我妹子がやどのまがきを見に行かば〈万葉・四・七七七〉

ま-かげ【目陰】 名 ❶迷いや疑いなどの現れた目つき。例うしろめたげに気色ばみたる御まかげこそわづらはしけれ〈源氏・東屋〉 ❷手を目の上にかざすこと。遠くを見たり捜し物をしたりするときのしぐさ。例細殿・渡殿、なにくれ(＝何やかやと)、まかげさしてあさりたる気色〈増鏡・むら時雨〉

まが-こと【禍言・禍事】 名「まがごと」とも。❶不吉な言葉。呪いの言葉。また、災い。凶事。例悪事も一言、善事も一言〈記・下・雄略〉 ❷間違った言葉。誤った説。例のちの人の、(コノ川ノ水ニ)毒ありといふ狂言より〈読本・雨月・仏法僧〉

まか・す【引す】 動(サ下二) 田や池などに水をひく。例亀山殿の御池に、大井川の水をまかせられんとて〈徒然・五一〉

まか・す【任す・委す】 動(サ下二) ❶まかせる。ゆだねる。なすがままにさせる。例船の行くにまかせて、海に漂ひて〈竹取〉 ❷従う。例(ソノ儀式ヲ)例あらむにまかせて…きびしう行へ〈源氏・少女〉

まか-だち【侍女・侍婢】 名 貴人に付き添う女性。腰元。例豊玉毘売の従婢、玉器(＝美しい容器)を持ちて〈記・上・神代〉

まが-たま【曲玉・勾玉】 名 主に弥生・古墳文化の時代、装身具にした曲がった玉。動物の骨・牙や、石などで作る。例八尺の勾玉の五百つのみすまる(＝玉飾り)の珠を纏き持たして〈記・上・神代〉

ま-かぢ【真楫】 名〔「ま」は接頭語〕櫂の美称。例真楫貫き舟し行かずは〈万葉・一五・三六三〇〉

ま-か・つ【目勝つ】 動(タ四) 眼光によって相手を圧倒する。目を鋭くして相手を威圧する。例皆目勝ちて相問ふこと得ず(＝できない)〈記・上・神代〉

まか・づ【罷づ】動(ダ下二) ❶「去る」「出づ」「行く」などの謙譲語。**貴人のもとから退出する。高貴な所からよそへ出かける。** 例わが家は内裏より参り**まかづる**道にしもあれば(=我が家はちょうど宮中から参内・退出する道筋にあるので)〈蜻蛉・上〉 ❷**出るなどの意の改まった言い方。出ます。** 例「老いかがまりて、室の外にも**まかでず**」と申したれば(=「年老いて腰も曲がって、僧坊の外にも出ません」と申し上げたので)〈源氏・若紫〉 ❸**持ち出す意の謙譲語。貴人のもとから物を下げる。** 例つとめて、この箱を**まかで**させたまへるにぞ(=翌朝、この箱を下げさせなさったことで)〈源氏・葵〉

語誌「まかりいづ(罷り出づ)」の変化した形。高貴な場所を退出する意が基本。この語を使うことによって、その高貴な場所、ひいては、そこにおける主たる人物への敬意が表現される。それで、高貴な場所へ出向く意の「まゐる(参る)」「まうづ(詣づ)」の対義語となる。①例にその対義語が併用されている。⇩まかる 〈山口堯二〉

まかで-おんじゃう【罷出音声】名 節会などで、舞や音楽が終わって楽人たちが退出するときに演奏する音楽。例万歳楽…などいふ舞ども、長慶子(=曲名)を**罷出音声**に遊びて〈紫式部日記〉

ま-かな・し【真愛し】形(シク)〔「ま」は接頭語〕まことにかわいい。本当にいとしい。例うちひさす(枕詞)宮に行く児を**まかなし**み留むれば苦しやればすべなし(=どうしようもない)〈万葉・四・五三二〉 読解「まかなしみ」は、語幹+接尾語「み」。

まかなひ【賄ひ】名 ❶食事や宴会などの準備をすること。また、その役。例相撲の節明日になりて…**まかなひ**にあたりたまへる御息所〈宇津保・内侍のかみ〉 ❷貴人の身の回りの世話をすること。また、その人。例御粥など急ぎ参らせたれど、取りつぐ御**まかなひ**うちあはず(=間に合わない)〈源氏・夕顔〉 ❸間に合わせること。取り繕い。例当分の(=さしあたっての)**まかなひ**ばかりにくれければ〈西鶴・世間胸算用・三・一〉

まかな・ふ【賄ふ】動(ハ四) ❶**用意を調える。支度する。準備する。待ち設ける。** 例(a)天の香山の天のははかを取りて、占合ひ**まかなは**しめて(=天の香具山の朱桜を取って、占って準備をさせて)〈記・上・神代〉 読解朱桜で鹿の骨を焼いて占う。 例(b)御硯など**まかなひ**て、きこえさせたまへど(=御硯などの用意を調えて、お手紙を差し上げなさるが)〈狭衣・三〉 ❷**食事などを調えて与える。饗応する。** 例みづからとかく**賄は**せたまひて、物参りたまへど(=ご自分であれこれ調えなさって、食事を差し上げなさるが)〈狭衣・一〉 ❸**取りしきる。切り盛りする。** 例よその人の取り**まかなひ**たらん、うたて心づきなきこと多かるべし(=部外者が取りしきっているのは、ひどく気にいらないことが多いにちがいない)〈徒然・二四〇〉 〈黒木祥子〉

ま-かね【真金】名〔「ま」は接頭語〕「まがね」とも。鉄。くろがね。例天の金山の**鉄**を取りて…鏡を作らしめ〈記・上・神代〉

まかねふく【真金吹く】《枕詞》鉄の産地であることから、地名「丹生」「吉備」にかかる。一説に、「丹生」は砂鉄を含む赤土の意とも。例**真金ふく**吉備の中山〈古今・神遊びの歌〉

ま-かは【眼皮・目皮】名 まぶた。例**まかは**らいたく黒み落ち入りて〈源氏・紅葉賀〉

まがひ【紛ひ】名 ❶乱れ入り交じること。例あしひきの(枕詞)山下光るもみち葉の散りの**まがひ**は今日にもあるかも〈万葉・一五・三七〇〇〉 ❷間違い。過失。例手の**躓ひ**・足の**躓ひ**〈祝詞・大殿祭〉

まが・ふ【紛ふ】 1 動(ハ四) ❶**入り乱れる。入りまじる。** 例侍従をくゆらかして物ごとにしめたるに、えひ香の香の**紛へ**る(=侍従をくすぶらせてすべての物にたきしめてある上に、裛衣香の薫りが入りまじっているのは)〈源氏・初音〉 読解「侍従」「えひ香」はともに薫き物の名。

❷**入りまじって区別がつかなくなる。見分けられなくなる。** 例桜花散りかひくもれ老いらくの来むといふなる道**まがふ**がに(=桜の花よ、散り乱れて空を曇らせよ。老いがやって来るという道が見分けられなくなるように)〈古今・賀〉 ❸**区別できないほどよく似ている。** 例くさむらの蛍は、遠く槙の島の篝火に**まがひ**(=草むらの蛍は、遠く槙の島の篝火によく似ていて)〈方丈記〉

2 動(ハ下二) ❶**入り乱れさせる。わからなくする。** 例我が岡に盛りに咲ける梅の花残れる雪を**まがへ**つるかも(=我が家の庭の岡にさかんに咲いている梅の花は残っている雪とわからなくなってしまったことだなあ)〈万葉・八・一六四〇〉 ❷**似ていて区別できない。見間違う。わからなくなる。** 例神垣はしるしの杉もなきものをいかに**まがへ**て折れるさかきぞ(=神社の回りをめぐらした垣は人を招く目印の杉もないのに、どうして見間違えてこの榊を折ったのか)〈源氏・賢木〉

語誌▼1は自動詞、2は他動詞。▼1は、花びら・雪・紅葉など小さなものが盛んに乱れまじることにいうことが多く、聴覚や嗅覚に訴えるものについてもいう。 〈松井健児〉

ま-かぶら【眶】名〔「ま」は目の意〕目のふち。目のまわり。例**まかぶら窪く**(=くぼんでいて)、鼻のあざやかに高く赤し〈宇治拾遺・一二四〉

まが-まが・し【禍禍し】形(シク) 名詞「まが」を重ねて形容詞化した語。「まが」は「まぐ(曲ぐ)」と同根で、まっすぐでなく、よくないこと、不吉なことを表す。

❶**縁起が悪い。不吉だ。いまわしい。** 例「などかく、**まがまがしく**」ととがむるまで、いみじう泣かる(=「どうしてこのように、不吉な」と怪しむほど、ひどく泣けてならない)〈蜻蛉・上〉 ❷**いまいましい。けしからぬ。とんでもない。** 例おのれは**まがまがしかり**ける心持ちたる者かな(=おまえは

いまいましい心を持った者であるなあ)〈宇治拾遺・二五〉

〈松井健児〉

まかり【罷り】名❶命令を受けて地方や他所に行くこと。辞去すること。❷貴人の膳を下げること。また、そのお下がりの膳。例御**まかり**たべ候ひなん〈宇治拾遺・一〇九〉

まがり【鋺】名水などを飲むための器。一説に、ひしやくの類とも。例御**まがり**して(=お椀に入れて)、帯刀にいと清げにし食はせたれば〈落窪・一〉

まがり【糫】名「糫餅」の略。米や麦の粉をこねて飴を混ぜ、細くひねって輪のようにして油で揚げた菓子。例出雲の浦の甘海苔・三の橋の賀茂の**まがり**〈堤中納言・よしなしごと〉

まかり-い・づ【罷り出づ】動(ダ下二)❶「出づ」の謙譲語。貴人の前から退出する。例夜に入りて、楽人ども**まかり出づ**〈源氏・若菜上〉❷「出づ」の丁寧語。自分の家などから他の所へ行く。出かけます。参ります。例「今日は小松引きになん**まかり出づる**」と言へりければ〈後撰・春上・詞書〉❸出て来る意の謙譲語。出て参る。例**まかり出で**たる者は、加賀の国のお百姓でござる〈狂言・餅酒〉

まかり-こ・す【罷り越す】動(サ四)「行く」の謙譲語または丁寧語。参上する。参る。例雪隠(=便所)へ、およそ七、八度も**まかりこし**てござるが〈滑稽本・続膝栗毛・二三中〉

まかり-ぢ【罷り路・罷り道】名死者が通って行く道。また、葬送の道。例楽波の志賀津の児らが**罷り道**の〈万葉・二・二一八〉

まかり-まうし【罷り申し】名国司など地方官が任地に赴くとき、皇居に参内して挨拶を申し上げること。のちには一般に、別れの挨拶を申し上げること。また、その挨拶。例帥は左の大臣に**罷り申し**に参りたまへり〈落窪・四〉読解「帥」は大宰府の長官。

まかり-まう・す【罷り申す】動(サ四)いとまごいを申し上げる。赴任や退去などの挨拶を申し上げる。例倭姫命に**辞して**〈紀・景行〉

まか・る【罷る】

動(ラ四)謙譲語。❶**任務を帯びて出かける。地方へ出向く。**例今日なん、天竺へ石の鉢取りに**まかる**(=今日、天竺へ石の鉢を取りに出向く)〈竹取〉読解「天竺」はインド。

❷**許可を受けて退出する。**例憶良らは今は**罷らむ**子泣くらむそれその母も我を待つらむそ〈万葉・三・三三七〉→名歌98

❸**「行く」「来」の意の謙譲語。**また、**改まった言い方。行きます。**例神の社のあたりを**まかり**ける時に(=神社のあたりに参りましたときに)〈古今・秋下・詞書〉

❹(「身まかる」の形で)**「死ぬ」の改まった言い方。この世を去る。亡くなる。**例あるじ身**まかり**にける人の家の(=主人が亡くなってしまった人の家の)〈古今・哀傷・詞書〉

❺(接頭語的に用いて)卑下する気持ちを表す。例年**まかり**老いぬ(=年を取ってしまった)〈宇治拾遺・一四八〉

語誌「任く」と関係のある語で、任務を与えられて移動することから、任地へ出向く、主人などのもとを退出する意が生じ、高貴な場所へ出向く意の「**まゐる**」「**まうづ**」の対義語となる。しかし、②の退出する意は、中古には「**まかづ**」を用いるようになり、「まかる」には①③など、「行く」の謙譲語の用法が強くなる。⑤は中世に目立つ用法。〈山口堯二〉

まき【牧】名牛馬の養放牧場。官牧・私牧があり、官牧は朝廷所有の御牧と諸国牧・近都の牧の区別があった。

ま-き【真木・槙】名(「ま」は接頭語)❶りっぱな木。杉・檜など良質の木材となる常緑樹の総称。例こもりくの(枕詞)泊瀬の山は**真木**立つ荒き山道を〈万葉・一・四五〉❷植物の名。イチイ科の常緑高木。

まき【巻】❶名❶巻き物になった書物や書画。転じて、書籍一般。連歌・俳諧などで、歌仙(三十六句)・百韻などの一巻をさすこともある。例天皇の仰せかしこみ(=謹んで承って)巻々の中につくすと〈古今・雑体〉❷「巻き板」の略。布を巻いたり広げたりするのに使う板。例**まき**前ごとに置きて手ごとにもの巻きたり〈宇津保・吹上上〉❷接尾巻いた物や書物を数える。例すべて千歌二十**まき**、名づけて古今和歌集といふ〈古今・仮名序〉

ま-ぎ【間木】名「まき」とも。上長押の上などに設けた棚。例犬見つけて追ひければ、(鶏ハ)廊の**まき**に逃げ入りて〈枕・大納言殿まゐり給ひて〉

まき-がり【巻き狩り】名狩り場の周囲を勢子が取り巻いて、獲物となる獣を追い詰め捕らえる狩猟。例東八箇国の諸侍を集め、富士の**巻き狩り**をさせられ候ふ〈謡曲・夜討曾我〉

まき-ぞめ【巻き染め】名絞り染めの一種。布地を固く巻いたものをさらに糸で固く巻いて、糸の跡を白く染め残して模様としたもの。例**巻き染め**・むら濃・くくり物など染めたる〈枕・とくゆかしきもの〉

まき-はしら【真木柱】「まきばしら」とも。❶名檜や杉で作った太い柱。宮殿や大邸宅のもの。例寄りゐたまひし**真木柱**などを見たまふにも〈源氏・須磨〉❷《枕詞》真木柱の太さから「太」にかかる。

巻向・纏向《地名》〔平安時代以降「まきもく」〕大和国、今の奈良県桜井市。三輪山の北東に巻向山がある。和歌では、「霞」や「霧」とともに詠まれる。

まき-め【巻き目】名巻き畳んだ紙などについた折り目。一説に、紙の巻き終わりの端の部分とも。例いと細く巻きて結びたる、**巻き目**はこまごまとくぼみたるに〈枕・今朝はさしも見えざりつる空の〉

まき-もの【巻物】名❶書画などを装丁し、軸をつけて巻いたもの。例草子・**巻物**みな書かせたてまつりたまふ〈源氏・梅枝〉❷軸に巻いた反物。例今風の衣装・**巻物**を調へ〈西鶴・日本永代蔵・六・一〉

まぎらはし【紛らはし】名まぎらわすこと。まぎれるようにすること。例つれづれ(=所在なさ)の**紛らはし**にも、世のうき(=つらさ)慰めにも〈源氏・早蕨〉

まぎらは・し【紛らはし】形(シク)〔上代は「まきらはし」〕❶まぶしい。まばゆい。例上野まぐはしまとに朝日さし(ここまで序詞)**まきらはし**もなありつつ見れば(=ずっと見ていると)〈万葉・一四・三四〇七〉[読解]恋人の美しさを詠んだ歌。❷区別がはっきりしない。例わづらはしう尋ねんほども(姉妹ノドチラナノカ)紛らはし〈源氏・花宴〉❸雑事にとりまぎれて、大事なことをおろそかにする。例(仏道ノ修行ガ)おのづからうちたゆみ(=気が緩んで)紛らはしくてなん過ぐしくるを〈源氏・橋姫〉❹多忙だ。めまぐるしい。例今日まぎらはしく候ひつるほどに、倉に(鉢ヲ)うち置きてわすれて〈宇治拾遺・一〇一〉❺気がまぎれる感じだ。例まぎらはしき歩きもえしたまはざりけり〈狭衣・四〉

まぎらは・す【紛らはす】マギラワス 動(サ四)❶はっきりわからないようにする。ごまかす。例涙を紛らはしたまへるさま〈源氏・須磨〉❷ほかのことに心を向けて気をそらす。例はかなきことを聞こえ慰め、泣きみ笑ひみ紛らはしつる人さへなくて〈源氏・蓬生〉

まぎ・る【紛る】動(ラ下二) ほかのものの陰に入り、入り交じって区別しにくくなる意。

❶区別がつかなくなる。見分けにくくなる。例(墨ノ色ガ)紙の色にさへ紛れて、さらにえ見たまへず(=紙の色とまでも区別がつかなくなって、まったく拝見することができない)〈蜻蛉・下〉[読解]月光のもとで手紙を読もうとする。

❷忍び隠れる。目立たないようにする。例心もや慰むと、立ち出でて紛れ歩きたまふ(=気持ちも晴れるかと、外出して人目につかないように出歩きなさる)〈源氏・少女〉

❸そのことを忘れる。心がほかに移る。気が紛れる。例若き人々は、もの悲しさも少し紛れて(=若い人々は、うら悲しい気持ちも少し忘れて)〈源氏・柏木〉

❹取り込んで、思いどおりにならない。例参らむと思ひながら、世の中の忙しさにまぎれて過ぎ候ひつる(=うかがおうと思いながら、暮らしに追われて思いどおりにならなくて月日がたってしまいました)〈今昔・一六・七〉

[語誌]▼「まぎる」と「まがふ」 「まぎる」は「目霧る」が語源かともいわれ、本来見ることと関係が深い語。また、見間違える、見分けにくいほどよく似ている、の意の「まがふ」も、本来は「目交ふ」の意かともいわれている。「まぎる」が主として入り交じり混同される物の側に即した語であるのに対して、「まがふ」は混同する主体である人の判断に即した語である。〈松井健児〉

まぎれ【紛れ】名❶混じりあうこと。区別がはっきりしないこと。例山風に桜吹きまき乱れなむ(=散り乱れてほしい)花のまぎれに君とまるべく〈古今・離別〉❷ほかのことに気をとられること。例紛れなく行ひ(=仏道修行)にしみたまひにたなり〈源氏・若菜下〉❸気がまぎれること。気晴らし。例昔物語などせさせて聞きたまふに、すこしつれづれの紛れなりけり〈源氏・明石〉❹間違い。例あらはならぬ紛れありぬべし〈源氏・若菜下〉❺混乱。ごたごた。例騒がしかりしほどの紛れに漏らしてけり(=書き漏らしてしまっていた)〈源氏・須磨〉

まぎれ-あり・く【紛れ歩く】動(カ四)❶人目を忍んで歩き回る。例心もや慰むと立ち出でて紛れ歩きたまふ〈源氏・少女〉❷人の中に入り交じって歩き回る。例何心なく紛れ歩きて、これかれに(=あの人この人に)馴れきこえたまふを〈源氏・須磨〉

まぎれ-い・づ【紛れ出づ】イズ 動(ダ下二)人目を忍んで、こっそりと抜け出る。例夕霧に立ち隠れて紛れ出でて〈堤中納言・貝あはせ〉

まぎれ-くら・す【紛れ暮らす】動(サ四)雑事や忙しさに心を奪われて暮らす。例その日は後宴の事ありて、紛れ暮らしたまひつ〈源氏・花宴〉

まき-ゑ【蒔絵】エ 名 漆を塗り、金銀粉や色粉を付着させて、絵模様を描き出す工芸法。また、その工芸品。例(扇ノ)骨に蒔絵をし〈大鏡・伊尹〉

ま・く【任く】動(カ下二)❶官職に任命する。任命して派遣する。例針間の国の宰に任けし時に(=播磨の国の地方長官に任命した時に)〈記・下・清寧〉❷その場を退出させる。例姉は醜しと謂して、御めさずして罷けたまふ(=姉を醜いとお思いになって、お召しにならずに退出させなさる)〈紀・神代下〉

ま・く【枕く・婚く】動(カ四)〘上代語〙❶枕にする。例かくばかり恋ひつつあらずは高山の岩根しまきて死なましものを(=こんなにも恋し続けていないで高山の大きな岩を枕にしていっそ死んでしまいたいのに)〈万葉・二・八六〉❷求婚する。めとる。例八千矛の 神の命は 八島国 妻枕きかねて(=八千矛の神様はこの広い国の中で妻をめとることができないで)〈記・上・神代・歌謡〉

[語誌] ①例のように、手や腕を首に巻いて枕にするというところから、「巻く」との関連が考えられる。②は、それが男女の共寝を表すところから求婚の意に転じたもの。〈鉄野昌弘〉

ま・く【巻く・捲く】動(カ四)❶まといつける。絡める。例玉ならば手にも巻かむをうつせみの(枕詞)世の人なれば手に巻きかたし(=玉であるならば手にでもまといつけようが、この世の人間であるので手にまといつけにくい)〈万葉・四・七二九〉❷端から丸める。渦になるようにして畳む。例硯に文をおし巻きてうち入れて(=硯箱に手紙を丸めて入れて)〈蜻蛉・上〉❸取り囲む。例御所をまきて火をかけてけり(=内裏を取り囲んで火をつけてしまった)〈愚管抄・五〉❹渦になる。例渦巻くにしたがって、波とともに船の廻る事(=渦になるにしたがって、波といっしょに船が回る事)〈太平記・一八〉

[語誌]▼①〜③は他動詞的、④は自動詞的用法。▼③④は動作主体が円形・渦状になるが、①②はそうではないという相違がある。〈鉄野昌弘〉

ま・く【負く】動(カ下二)❶相手に抵抗できなくなる。負ける。敗れる。例勝たんと打つべからず、負けじと打つべきなり(=勝とうと思って打ってはいけない、負けまいと思って打つのがよいのだ)〈徒然・一一〇〉[読解]双六で勝つ方法を問われた名人の答え。
❷引け目を感じる。負い目を感じる。例（礼ヲスルノニ）ものもなし。にぎははしきやうなれど、負くる心地す（＝物もない。ごちそうがいっぱいのようだけれど、引け目を感じるような思いがする）〈土佐〉
❸相手に従う。譲る。例人のいふ事にも負けめ（＝あの人の言う事に従おう）〈竹取〉
❹値段を安くする。値引きする。例ちとまけさせらるる事はなりまらせぬか〈狂言・目近籠骨〉〈浅見和彦〉

ま・く【設く】 動（カ下二）❶あらかじめ用意する。設ける。例夕さらば屋戸開け**設け**て我待たむ〈万葉・四・七四四〉❷心の準備をして待つ。その時が来るのを心待ちにする。例夏**まけ**て咲きたるはねず（＝植物の名）〈万葉・八・一四八五〉

ま・く【蒔く・撒く】 動（カ四）❶種子などを土に植える。まきちらす。例山がた（＝山の畑）に **蒔ける**菘菜も〈記・下・仁徳・歌謡〉❷金粉・銀粉をまいて蒔絵を施す。例海賦（＝海の景色）に蓬莱山・手長・足長、金して**蒔か**せたまへりし〈大鏡・伊尹〉

まく〔推量の助動詞「む」のク語法〕〜だろうこと。〜ようとすること。例磯影の見ゆる池水照るまでに咲けるあしびの散ら**まく**惜しも〈万葉・二〇・四五一三〉

ま・ぐ【曲ぐ・枉ぐ】 動（ガ下二）❶まっすぐなものを曲げる。例糸を輪に**まげ**て組みて〈宇津保・国譲中〉❷道理・筋道をゆがめる。例ただ理を**まげ**てとどまらせたまへ〈平家・六・嗄声〉❸人の気持ちを不快にする。例世に（＝決して）いささかも人の心を**まげ**たることはあらじと思ふを〈源氏・桐壺〉❹自分の意志・願望を抑える。例物に争はず、己を**枉げ**て人に従ひ〈徒然・一三〇〉

ま・ぐ【覓ぐ・求ぐ】 動（ガ四）探し求める。尋ねる。例八十神の**覓ぎ**追ひいたりて〈記・上・神代〉

ま-くさ【真草】 名（「ま」は接頭語）草。特に、屋根を葺くのに用いるカヤ・ススキの類。例**ま草**刈る（枕詞）荒野にはあれど〈万葉・一・四七〉

ま-くず【真葛】 名（「ま」は接頭語）葛の美称。例**真葛**延ふ 春日の山は〈万葉・六・九四八〉

まくず-が-はら【真葛が原】 名「まくずはら」に同じ。例わが恋は松を時雨のそめかねて**真葛が原**に風騒ぐなり〈新古今・恋一〉➡名歌422

まくず-はら【真葛原】 名 葛の生い茂っている原。例**真葛原**なびく秋風吹くごとに阿太（＝地名）の大野の萩の花散る〈万葉・一〇・二〇九六〉

ま-くだり【真下り】 形動（ナリ）（「ま」は接頭語。強調して「まっくだり」とも）❶京都で、御所とは反対の、南のほうへ向かってまっすぐに行くさま。例東の河原を**まっ下りに**〈保元・中〉❷高い所からまっすぐに降りて行くさま。例かさ（＝高い所）より**まっ下りに**懸け落とされて、官軍十万余騎河水に溺れて死ににけり〈太平記・三七〉

ま-くなぎ 名（上代は「まぐなき」）❶糠蚊など小さい羽虫の類。人の目のまわりをちらちらと飛び回る。例山に行かむときに**まぐなき**払はむ〈紀・允恭〉❷まばたき。目くばせ。例（使者ニ）**まくなぎ**つくらせて（手紙ヲ）さし置かせけり〈源氏・明石〉

ま-ぐは・し【目細し】 形（シク）麗しい。目に美しく感じられる。⇩くはし。例**まぐはし**兒ろは誰が笥か持たむ（＝あの娘はだれの妻になって食事の世話をするのだろうか）〈万葉・一四・三四二四〉

ま-ぐはひ【目合ひ】 名 ❶目と目で見つめあい、愛情を伝えること。例その女須勢理毘売出で見、**目合ひ**して相婚して〈記・上・神代〉❷男女が肉体的に交わること。性交。例吾、汝に（＝おまえと）**目合ひ**せむとおもふはいかに〈記・上・神代〉

ま-くひ【真杭・真杙】 名（「ま」は接頭語）杭。また、神聖な杭。例下つ瀬に **ま杭**を打ち〈万葉・一三・三二六三〉

まく-ほし【まく欲し】〔推量の助動詞「む」のク語法＋形容詞「ほし」〕願望の意を表す。〜したい。〜することが望ましい。例老いぬればさらぬ（＝避けられない）別れもありといへばいよいよ見**まくほしき**君かな〈古今・雑歌〉 語誌 主に上代に用いられた。平安時代になって、「まくほし」が一語化してできた助動詞「まほし」が一般的になるにつれ、和歌以外では用いられなくなる。

まくら【枕】

名 動詞「まく（枕く）」と同根といわれる。「ま」を「たま（魂）」、「くら」を霊魂の宿る座とする説もある。

❶枕。寝るときに頭を支えるもの。木枕・菅枕・薦枕などがある。例あるは甲を**枕**にし（＝ある者は兜を枕にし）〈平家・九・三草合戦〉
❷寝ること。「旅枕」「新枕」などと用いる。
❸枕元。頭のほう。例白髪なりける老僧の、錫杖をもって皇子の御**枕**にたたずみ（＝白髪の老僧が、錫杖を持って皇子の御枕元にじっと立ち）〈平家・三・頼豪〉
❹物事のよりどころとするもの。「歌枕」など。
❺前置きの言葉。前口上。例**枕**ばかり長くて〈滑稽本・八笑人・三上〉

語誌 ▼**枕の種類** 四角い木を芯として布で包んだものを木枕といい、その材質から黄楊枕・桐枕・杉枕などとも呼ばれた。草を束ねた草枕には、薦枕・菅枕などがあった。綿や蕎麦がらを布に包んで、両端で括りとめたものは括り枕と呼ばれる。江戸時代には、木の箱の上に括り枕をのせた箱枕が一般的になる。引き出しがあり、その中で香が焚けるように作られた枕を伽羅枕といい、主に遊女が用いた。
▼**枕の習俗** 古くは、睡眠中に魂が肉体から遊離すると考えられており、枕は魂の容器として大事なものとみなされていた。したがって枕をまたいだり蹴ったりすることは忌み嫌われた。また、枕元に枕神が立つという信仰もあった。仏教では、釈迦が頭を北にして死んだことから、人が死ぬと北枕にし、すぐに枕飯や枕団子を供えた。そのため、生きている人が北枕で寝ることは忌まれた。〈大井田晴彦〉

【枕浮く】 涙を流しながら寝る。悲しみを誇張していう。例しきたへの（枕詞）**枕も浮き**て流れぬる君なき床の秋の寝ざめに〈狭衣・一〉

【枕交はす】 男女が共寝する。例しきたへの（枕詞）**枕交はし**て一夜寝にきと〈拾遺・雑賀〉

ま

【枕定む】❶寝るとき、枕の方向を決める。その方向によって、恋人を夢に見ることができるという俗信があった。例宵々に枕定めむ方もなし〈古今・恋一〉❷寝る所を決めて落ち着いて寝る。例思ひのままに枕さだめて〈西鶴・好色五人女・三・四〉

【枕と枕く】枕とする。その上に横たわる。例沖つ波来寄する荒磯をしきたへの〈枕詞〉枕とまきて寝せる君かも〈万葉・二・二二二〉

【枕結ぶ】野宿する。旅寝する。例かりねの枕むすびやはせし〈源氏・夕霧〉

【枕結ふ】「まくらむすぶ」に同じ。例枕ゆふ今宵ばかりの露けさを〈源氏・若紫〉

【枕を欹つ】枕から頭をもたげて耳を澄ます。白居易の「遺愛寺の鐘は枕を欹てて聴き 香炉峰の雪は簾を撥げて看る」の詩句による。例ひとり目をさまして、枕をそばだてて四方の嵐を聞きたまふに〈源氏・須磨〉

まくら-がへし【枕返し】 ガエシ 名 死人の枕を北向きに変えること。例枕返しなにやと、例のやうなるありさまどもにしてければ（＝決まった作法どおりにしたので）〈大鏡・伊尹〉

まくら-がみ【枕上】 名 枕もと。枕のあたり。例媼の白髪白きが、その死人の枕上に居て、死人の髪をかなぐり抜き取るなりけり〈今昔・二九・一八〉

まくら-く【枕く】 動（カ四）〔名詞「まくら」の動詞化〕枕にする。例大伴の高師の浜の松が根を枕き寝れど家し偲はゆ〈万葉・一・六六〉

まくら-ごと【枕言】 名 口ぐせの言葉。日常の話題。例ただその筋をぞ枕言にせさせたまふ〈源氏・桐壺〉

読解「その筋」は『長恨歌』のような題材。

まくら-ことば【枕詞】 名 和歌の表現技法の一つ。⇩『名歌・名句辞典』「和歌の表現技法」

まくら-づく【枕付く】〈枕詞〉枕を並べてくっつけて寝ることから「妻屋」にかかる。例我妹子と二人我が寝し 枕づく つま屋のうちに〈万葉・二・二一〇〉

枕草子 まくらのさうし マクラノソウシ〈作品名〉平安中期、十一世紀初頭の随筆。清少納言作。長短さまざまな三〇〇余の章段からなる。

●**成立** 作者の仕える一条天皇の皇后、定子の死去した翌年の長保三年（一〇〇一）ごろ一応の完成をみたらしいが、その後も多少の増補がなされたと考えられる。

●**執筆の動機・意図** 『枕草子』は今日いう随筆文学に近いが、こうした文学形態はこの作品の前にも後にもほとんど存在しない。中世の『方丈記』や『徒然草』と並び称されもするが、時代も隔り、性格もやや異なる。少なくとも平安朝文学史の上で、これは孤立する特異な作品である。

作者自身の記す跋文（あとがき）によれば、中宮定子の兄藤原伊周が一条天皇と中宮に料紙を献上したとき、中宮が清少納言に「何を書いたらよいか」と問うのに対して、「枕こそよろしいでしょう」と答えた。この一件から清少納言が、その「枕」なるものを書くことになったという。「枕」がいかなるものかをめぐって古来多様の説が提出されているが、よくはわからない。しかし、同じ跋文には、世の中の興趣のあること、人のすばらしいと思うことを選び出して書き記し、「ただ心一つに、おのづから思ふことを戯れに書きつけ」たともある。作者の意図は何よりも、既成の形式にとらわれることなく、気楽で自由な形の文章を書き綴ろうとする点にあったらしい。その「枕」としか言いようのない、独自で自由な形態が、今日いう随筆文学に近いとみられている。

●**内容・構成** 作者の宮仕え生活における体験や見聞などに基づいて、人事や自然などさまざまな対象について記述している。しかし、自由な形式によっているとはいえ、まったくの野放図ではない。全体が長短さまざまの三〇〇以上もの章段からなっているが、それらは大略、次の三つの形態に分けることができる。

【類聚章段】同種の物の名を並べたてる一種の物尽くしの形式で、ある標題のもとに次々と連想を連ねる方法によっている。これはさらに、(a)「〜は」型と、(b)「〜もの」型とに分かれる。(a)は「山は」「鳥は」「虫は」「草の花は」の類で、主として自然の物象を対象とする。(b)は「うつくしきもの」「すさまじきもの」「にくきもの」の類で、主として人間の多様な姿態をとらえている。ともに事象事象の局面を鋭利に断裁するような趣で、これが作品全体の基調にさえなっている。

【日記回想章段】たとえば翁丸という犬の事件（「うへにさぶらふ御猫は」）や香炉峰の雪の話（「雪のいと高う降りたるを」）などのように、宮仕え生活における体験や見聞を記したもので、宮仕え日記の断章とでもいうべきもの。日記文学が持続する時間によっているのに対して、これはあくまでも断面的である。特に注目されるのは、作者の仕える主家の定子一門の華麗さが賛美される点である。

【随想章段】たとえば「野分のまたの日こそ」「世の中になほ心憂きものは」などのように、自然や人事への自由な感懐を綴った章段である。類聚章段で次々と連想される、その事柄の一つをとりわけ精細に叙述しなおしたような趣ともみられる。

こうした三つの形態は、自らの気持ちを自由に表現しようとする作者の、独自な発想形式であったともいえる。さまざまな対象に応じて、時には類聚風に、時には随想風にと書き分けられているらしい。逆にいえば、そのような発想形式を確立することが、かえって書くことの自由さを保証することになる。

●**特色・文体** 『枕草子』は、作者の仕える中宮定子の後宮との協調を基盤として形成されている。作者はもちろん独自の個性の持ち主ではあるが、中宮を頂点とする後宮集団とかかわることによってのみ、そのすぐれた才能が豊かに発揮されるのだとみられる。ここでの作者は、中宮周辺の高度に洗練された貴族文化の代弁者であろうと考え、中宮周辺をそうした高度の文化空間として理想的に描こうとしたのである。だからこそ、主家の中関白家一門が零落して中宮定子自身が孤立無援の存在になった時点をも、ほとんど陰りのない宮廷美として描き出しているのである。

また、この作品には、後世から聖代と称えられる過去の村上朝（村上天皇の在位は天慶九〜康保四年。九四六〜六七）などの事跡も書き記されている。作者は、そのような過去の後宮文化がいかに輝かしく感動的であったかを想像し、それを規範としながら今日の中宮周辺を見つめ、そこに過去の聖代に連なる輝かしさを発見する。そのようにしながら、中宮定子を中心とする宮廷の理想的な美が描き出されている。

その美は、作者の理想とする観点からやや一面的に見いだされていくだけに、持続する人生や広大な世界にとっては断面的になりがちだが、それだけにかえって観察を微細なものにし、感覚を鋭利なものにしている。この作品がすぐれて印象的・感覚的であるといわれるのも、そのためである。そして、そのような局面局面を、軽妙で変化に富む文体によってとりおさえている。述語などを省いて短く区切れる文を積み重ねたかと思うと、それが長々しくうねるような長文に連なるというように、緩急自在の文体を作りあげている。

●**中関白家**　藤原道隆とその子の定子・伊周・隆家らの一族が、中関白家と呼ばれる。一条天皇に入内して中宮・皇后となった定子を中心に、父道隆が関白に昇進して一族は繁栄をきわめた。しかしそれもつかのま、道隆の病死の後は、兄伊周・弟隆家の流罪などもあり、やがて道隆の弟にあたる道長の一統に圧倒されるようになる。定子に寵されていた清少納言は、中関白家の栄華から凋落への家運とともに生きたことにもなる。『枕草子』では、中関白家の凋落後をも、華麗な王朝美として描いている。〈鈴木日出男〉

枕草子春曙抄　マクラノソウシシュンショショウ《作品名》江戸時代の『枕草子』の注釈書。一二巻一二冊。北村季吟著。延宝二年（一六七四）成立。『枕草子』本文に傍注・頭注を施すという体裁で、その穏健妥当な内容によって広く流布した。

まくら-ばこ【枕箱】 名 ❶木で作った箱形の枕。箱枕。例京の家に**枕箱**を取りに遣はしたりければ〈拾遺・雑賀・詞書〉❷枕を入れておくための箱。手回り品や金銭などもしまった。例**枕箱**より金子を出せば〈浮世草子・新色五巻書・五・一〉

まくら-べ【枕辺】 名「まくらへ」とも。枕もと。例**枕辺**に　斎瓮（＝神に供える酒瓶）をすゑ〈万葉・三・四二〇〉

まくらむすぶ【枕結ぶ】 ⇩「まくら」の子項目

まくらゆふ【枕結ふ】 ⇩「まくら」の子項目

まくらをそばだつ【枕を欹つ】 ⇩「まくら」の子項目

まくり-で【捲り手】 名 腕まくり。袖まくり。例袖ふれば露こぼれけり秋の野は**まくりで**にてぞ行くべかりける〈後拾遺・秋上〉

ま-ぐ・る【眩る】 動（ラ下二）（「目暗る」の意）目がくらむ。気を失う。例焔に**まぐれ**てたちまちに死ぬ〈方丈記〉

まけ【任】 名 官職に任命すること。任命して派遣すること。多く「任けのまにまに」の形で、ご任命のままに、の意を表す。例大君の　**任け**のまにまに　島守りに　我が立ち来れば〈万葉・二〇・四四〇八〉

まげ-いほ【曲げ庵・曲げ廬】（イオ）名 曲がって倒れかかった家。例伏せ廬の　**曲げ廬**の内に　直土に　藁解き敷きて〈万葉・五・八九二〉➡名歌122

まけ-いろ【負け色】 名 負けそうな様子。敗色。例源氏の御方は強く、平家の御方は**負け色**に見えさせたまひたり〈平家・九・越中前司最期〉

まげ-て【枉げて】 副 無理にでも。是が非でも。例**まげて**許したまはらん〈徒然・八七〉

まけ-はしら【真木柱】 名《上代語》「まけばしら」とも。「まきはしら」の東国方言。

まけ-わざ【負け業】 名 碁や双六、歌合わせ、蹴鞠や賭弓などの勝負ごとで、負けたほうから勝ったほうの人々にする饗応や贈り物。例（贈リ物ヲ）勝負の**負け業**にことつけなどしたる（＝かこつけたりする）〈徒然・二三一〉

ま-こ【真子】 名（「ま」は接頭語）子どもや妻を親しみをこめて呼ぶ語。いとしい子。例愛しけ**真子**が手離り島伝ひ行く〈万葉・二〇・四四一四〉

まこと

【真・信・誠・実】（接頭語「ま」＋名詞「こと（事・言）」）

1 名 形動（ナリ）❶**本物。真実。本当。** 例うるはしき皮なめり。わきて**まこと**の皮ならむとも知らず（＝りっぱな皮であるようだ。でも、確かに本物の火鼠の皮かどうかはわからない）〈竹取〉

❷**誠実さ。真心。信義。** 例都の人はことうけのみよくて、実なし（＝都の人は承諾の返事だけよくて、誠実さがない）〈徒然・一四一〉

❸**和歌や俳諧で、真情。真実性。** 例歌のさまは得たれども、**まこと**すくなし（＝歌の詠みぶりは整っているけれど、真実性が少ない）〈古今・仮名序〉

❹儒教の徳目の一つ。真実で邪心のないこと。誠実であること。例真実無妄（＝偽りのないこと）、これを誠といふ〈聖教要録・中〉

2 副 **じつに。ほんとうに。実際。**「まことに」の形でも用いる。例思はずも**まこと**あり得むや（＝あなたを思わずに、ほんとうにいられようか）〈万葉・一五・三七三五〉読解末尾の「や」は反語の意を表す。

3 感 **話の途中で別のことを想起し、話題を変えるときに発する語。そうそう。それはそうと。** わざと、ふと思い出したふうに用いることもある。「まことや」の形でも用いる。例（手紙ノ）端に「**まこと**、忘るるは、さもやはべらむ」と書きて〈蜻蛉・下〉読解夫からの手紙に対して、返事には子どものことばかり書き、その端に「そうそう、私を忘れるとか言われたのは、そのとおりかしら」と書いた、ということ。

語誌 ▼**原義**　1の「真事」の意が原義。物事では本物・真実、人の心では真心・誠実の意になる。

▼**文学理念としての「まこと」**　近世の歌論や俳論では、「まこと」が自覚的に論じられた。鬼貫は「まことのほかに俳諧なし」と説き、蕉風俳諧では、実際の風景を見たときに感じる実感、純粋な感動を重視した。その風雅の誠を根本理念とする近世には、『万葉集』が高く評価された。賀茂真淵が万葉調を主張したのも同じ志向といえる。〈山口慎一〉

まこと・し【誠し・真し】形(シク) ❶本物だ。例石・枕ばかりにて、**まことしき**弓矢まではまうけさせたまはず(=準備をおさせにならない)〈大鏡・道隆〉❷実直だ。例**まことしう**(音便形)きよげなる人の〈枕・野分のまたの日こそ〉❸正式だ。本格的だ。例ありたきことは(=望ましいことは)、**まことしき**文の道〈徒然・一〉読解「まことしき文」とは、四書・五経などの漢籍をいう。❹本当らしい。例おほかたは**誠しく**あひしらひて(=対応しておいて)〈徒然・七三〉

まこと-に【誠に・実に】❶副 じつに。ほんとうに。実際。例その八俣のをろち、**まことに**言のごと(=言葉のとおりに)来ぬ〈記・上・神代〉❷感 そうそう。そういえば。例**まことに**、世にあひて(=時流に乗って)はなやぎたまへりし折〈大鏡・道隆〉

まこと-の-はな【真の花・誠の花】『能楽用語』心の工夫をもち、種々の演技の力をもつ演者だけが発現しつづけることができる魅力・おもしろさ。⇒じぶんのはな。例このころまで失せざらん花こそ、**まことの花**にてはあるべけれ〈風姿花伝・一〉読解「このころ」は初老期をさす。

まこと-の-ひと【真の人】〔「真人」の訓読〕真理をきわめた人。聖人。例**まことの人**は智もなく、徳もなく、功もなく、名もなし〈徒然・三八〉

まこと-の-みち【真の道】真理の道。特に、仏道。例背かばや**まことの道**は知らずとも憂き世にいとふしるしばかりに〈千載・雑中〉

まこと-まこと・し【真真し・実実し】形(シク)〔「まことし」を強調した語〕いかにも誠実さが感じられる。いかにも真実味がある。例**まことまことしき**思ひ人(=恋人)の言ひ慰めたる〈枕・たのもしきもの〉

まこと-や【誠や】感 そうそう。そういえば。例**まことや**、衛門督は中納言になりにきかし(=なっていたのだった)〈源氏・若菜下〉語誌 物語では、語り手が話題を転じるときの常套句。別の話題のように語っていながらも、実際は必然的な脈絡を潜めている場合もある。⇒まこと

まご-びさし【孫庇・孫廂】名 寝殿造りで、廂の外側にさらに差し出た小廂。例清涼殿の**孫廂**に人々あまた(=大勢)遊ぶ中へ〈弁内侍日記〉

ま-こも【真菰・真薦】名〔「ま」は接頭語〕植物の名。イネ科の多年草。沼沢に群生し、夏に刈り取ってむしろなどを作る。また、そのむしろ。例さみだれに沼の岩垣みづこえて(=水があふれ出て)**真菰**かるべきかたもしられず〈金葉・夏〉語誌 和歌では、しばしば「まこもかる」の形で用いられ、これを「淀」などにかかる枕詞とする説もある。

ま-さか【目前】名 当面。さしあたっての今。例我が恋は**まさか**もかなし〈万葉・一四・三四〇三〉

ま-さかき【真榊】名〔「ま」は接頭語〕榊の美称。例天の香山の五百つ**真賢木**を根こじにこじて(=根ごと掘り取って)〈記・上・神代〉

ま-さかり【真盛り】名・形動(ナリ) ちょうどその時。最中。例首を廻らして顧みる**まさかり**にすなはち化る(=出現した)神有す〈紀・神代上〉

ま-さきく【真幸く】副『上代語』〔「ま」は接頭語〕幸いに。無事に。⇒さきく。例磐代(=地名)の浜松が枝を引き結び**真幸く**あらばまたかへりみむ〈万葉・二・一四一〉読解 謀反を企てたとして捕らえられた有間皇子が、護送される途中で詠んだ歌。

まさき-の-かづら【真拆の葛・柾木の葛】カズラ 名 植物の名。定家葛の古称。蔓柾の古称とも。古く、神事に用いた。例深山には霰降るらし外山なる**まさきの葛**色づきにけり〈古今・神遊びの歌〉

まさぐり-もの【弄り物】名 暇つぶしや気晴らしのためにいじる物。なぐさみ物。例かぐや姫の物語の絵に描きたるをぞ時々の**まさぐりもの**にしたまふ〈源氏・蓬生〉

まさぐ・る【弄る】動(ラ四) 手で触る。もてあそぶ。例女君なほ寝入らねば、琴を臥しながら**まさぐりて**〈落窪・一〉

ま-さご【真砂】名〔「ま」は接頭語〕細かい砂。「まなご」とも。例君が世は限りもあらじ長浜の**真砂**の数はよみつくすとも〈古今・神遊びの歌〉

まさご-ぢ【真砂路】ジ 名 砂を敷きつめた道。長く続く白い海岸線を道に見立てていう。例うつ波の高師の浜の**真砂路**に〈壬二集〉

まさ-ざま【勝様・増様】形動(ナリ) ❶いっそうすぐれている様子。例御作法、なかなか(=かえって)**まさざま**にこそは見ゆれ〈栄花・初花〉❷いっそうはなはだしい様子。例疫癘うちそひて(=疫病まで加わって)、**まさざまに**あとかたなし〈方丈記〉

まさ・し【正し】形(シク)

「まさ」は、正しいさま、理にかなったさま、確かなさま、の意。行動や状態が、かくあるはずと予想されるとおりであるさまを表す。

❶**正真正銘だ。正当だ。正しい。**例ⓐ逢坂の関し**まさしき**ものならば飽かず別るる君をとどめよ(=逢坂の関がほんとうに逢うという名のとおりのものならば、満ち足りないまま別れていくあなたをとどめておくれ)〈古今・離別〉例ⓑ我らはさすがに清和天皇の御末、八幡殿の**正しき**孫ぞかし(=我々はなんといっても清和天皇の御子孫、八幡殿の正真正銘の孫であるよ)〈保元・下〉読解「八幡殿」は高名な武将源義家のこと。

❷**予想どおりだ。見込みどおりだ。的中する。**例かく恋ひんものとは我も思ひにき心の占ぞ**まさしかりける**(=このように恋い慕うものとは以前から私も思っていた。心の中でする占いは的中したことだなあ)〈古今・恋四〉

❸**確実だ。現実だ。**例ただいま人の言ふ事も、目に見ゆる物も、わが心のうちも…いつとは思ひ出でねども、**まさしく**ありし心地のするは(=今目の前の人が言う事も、目に見える物も、自分の心の中も…いつとは思い出せないけれども確実にあった感じがするのは)〈徒然・七一〉

〈鈴木宏子〉

まさし-に【正しに】副 確かに。的確に。ほんとうに。例大船の(枕詞)津守が占に告らむとは**まさしに**知りて我が二人寝し〈万葉・二・一〇九〉読解 占いに

よって露見することを承知の上で我々二人は共寝したのだ、の意。

まさで-に【正でに】 副『上代語』まさしく。間違いなく。例鳥とふ大をそ鳥の**まさで**にも来まさぬ君をころくとそ鳴く〈万葉・一四・三五二一〉➡名歌130

まさな【正無】〔形容詞「まさなし」の語幹〕よくない。いけない。例あな、**まさな**や(=まあ、いけませんね)。入りたまへ〈枕・うへにさぶらふ御猫は〉

まさな-ごと【正無事】 名 冗談ごと。みっともないこと。例昔ただ人におはしまし時、**まさな事**せさせたまひしを忘れたまはで〈徒然・一七六〉

まさ-な・し

【正無し】 形(ク) 行動や状態が、かくあるべきと予想されるさまや基準からはずれて悪いさまを表す。

❶**見苦しい。外見が悪い。行儀が悪い。** 例(a)声高になのたまひそ。屋の上にをる人どもの聞くに、いと**まさなし**(=大声でおっしゃらないでください。建物の上にいる人たちが聞くと、たいそう見苦しい)〈竹取〉 読解「な〜そ」は柔らかい禁止の意を表す。例(b)御送り迎への人の衣の裾、たへがたく**まさなき**こともあり〈源氏・桐壺〉 読解 桐壺更衣をねたむ人々が、廊下に汚物をまき散らし、更衣を送り迎えする人の衣の裾が汚れてしまう。

❷**あってはならない。正しくない。不当だ。** 例**まさなう**(音便形)も敵にうしろを見せさせたまふものかな(=不当にも敵に背中をお見せになるものだなあ)〈平家・九・敦盛最期〉

❸**期待はずれだ。予想に反していけない。** 例(贈リ物トシテ)何をか奉らむ。まめまめしき物は、**まさなかり**なむ(=何を差し上げましょうか。実用的な物は、きっと期待はずれでしょう)〈更級〉
〈鈴木宏子〉

まさ-に

【正に・当に・将に】 副 ❶**ちょうど今。今現に。** 例当寺の破滅、**まさに**この時にあたれり(=我が寺の破滅は、ちょうど今この時がそれに直面している)〈平家・四・山門牒状〉

❷**ほんとうに。確かに。** 例これらの事を聞き見るに、自らも**まさに**死せりと知りぬ(=これらの事を見聞きすると、自分もほんとうに死んだのだと知った)〈今昔・九・三〇〉

❹(推量の助動詞「む」「べし」などを伴って)**必ず。きっと。** 例我らをこの戦ひに勝たしめたまひたらば、**まさに**四天王の像を顕はしたてまつり、寺塔を起てむ(=我々をこの戦いに勝たせてくださったら、必ず四天王の像を造り申し上げ、寺の塔を建てましょう)〈今昔・一一・一〉

❸(反語の表現を伴って)**どうして〜か(いや、〜ない)。** 例**まさに**許さむや(=どうして許そうか、いや、許せない)〈竹取〉

語誌 ④は、漢文訓読で「当」「応」などを「まさに」と読むことから生まれた用法。
〈井上博嗣〉

まさ・ふ【坐さふ】 動(ハ四)〔動詞「ます」の未然形＋上代の反復・継続の助動詞「ふ」〕ずっと〜していらっしゃる。一説に、「ましあふ(坐し合ふ)」の変化した語とも。例脇足をおさへて**まさへ**万代に花の盛りを心静かに〈後撰・慶賀〉

まざまざ・し 形(シク) ❶目の前にあるようである。ありありとしている。例寝るとも思はぬその間に、**まざまざしい**(音便形)夢を見ました〈近松・薩摩歌・下〉❷しらじらしい。例ただいま国より帰りしとは、**まざまざしき**偽り表裏〈浄瑠璃・義経千本桜・四〉

まさ-め【正目】 名 面と向かうこと。じかに見ること。例まそ鏡(枕詞) **正目**に君を 相見てばこそ 我が恋止まめ〈万葉・一三・三三五〇〉

ま-さやか【真清か】 形動(ナリ)〔「ま」は接頭語〕はっきりしているさま。例色深く背なが衣は染めましを御坂たばらば(=夫の衣は染めるのだった。御坂を通らせていただいたら)**まさやかに**見む〈万葉・二〇・四四二四〉

まさり-ざま【勝り様】 形動(ナリ) ほかよりも一段とすぐれているさま。まさっているさま。例かく覚えぬ人(=思いがけない人)の、容貌けはひも**まさりざまなる**を得たれば〈源氏・手習〉

まさ・る

【勝る・優る・増さる・益さる】 動(ラ四)〔「ます(増す)」と同根。「おとる」の対〕❶**多くなる。ふえる。** 例旅にしても思ふ時にほととぎすもとなな鳴きそ我が恋**増さる**(=旅にあって思いにふけるときにほととぎすよ、むやみに鳴いてくれるな、私の恋心がふえることだ)〈万葉・一五・三七八一〉 読解「な〜そ」は柔らかい禁止を表す。

❷**他と比べてすぐれている。** 例その女、世人には**まされりけり**(=その女は、世の中一般の人に比べてすぐれていたのだった)〈伊勢・二〉

❸**身分や年齢などが上である。** 例我より齢**まさり**〈源氏・明石〉

語誌 量的な増加をいう①が原義。対して類義語「すぐる(勝る)」は、質的に他より抜きん出ている意。
〈浅見和彦〉

まし【猿】 名「ましら」に同じ。例**まし**もなほ遠方人の(=遠くにいる人としての)声かはせ〈紫式部集〉

まし【汝】 代〔「いまし」の変化した形か〕対称の人称代名詞。同等または目下に用いる。おまえ。例(五節ノ舞姫ダッタ妹ヲ)**まし**が常に見るらむもうらやましきを〈源氏・少女〉

まし

助動(特殊型) 事実が実際のそれと反対の場合を仮に想像したり、願っても実現しそうにないことを希望したり、自分の動作についてためらい迷う気持ちを表したりする。

❶**事実に反する仮想を表す。もし〜としたら、〜だろうに。** 例(a)家にありて母が取り見ば慰むる心はあら**まし**(終止形)死なば死ぬとも(=もし家にいて母が看病するならば、気が晴れることもあろうに。死ぬなら死ぬとしても)〈万葉・五・八八九〉例(b)悔しかもかく知ら**ませ**ばあをによし(枕詞)国内ことごと見せ**まし**(連体形)ものを(=残念だなあ。こうと知っていたら、国じゅうをくまなく見せておいただろうに)〈万葉・五・七九七〉 読解 筑紫で妻を亡くしたことを悔やみ、故郷の奈良をよく見せていたら、その魂がしっかり身について、異国で

死なずにすんだかもしれないのにと嘆いたもの。例(c)もし、海辺にて詠ま**ましか**(未然形)ば、「波立ちさへていれずもあらなん」とも、詠みて**まし**(終止形)や(=もし、海辺で詠んだとしたら、「波が立って邪魔をして月を入れないでほしい」とでも、詠んだだろうになあ)〈土佐〉例(d)世の中にたえて桜のなかりせば春の心はのどけから**まし**(終止形)(=のどかであったろうに)〈伊勢・八二〉➡名歌406

❷**願ってもどうにもならないことを希望する意を表す。(できれば)〜たらよいのに。**例見る人もなき山里の桜花ほかの散りなむのちぞ咲か**まし**(連体形)(=できればほかの桜が散ってしまった後で咲いたらよいのに)〈古今・春上〉➡名歌354

❸(疑問の語とともに用いて)**意志をもちながら、ためらい迷う気持ちを表す。〜しようか。〜たものだろうか。**例なほ忍びてや迎へ**まし**(終止形)と思す(=やはり、人目を忍んで迎えようかとお思いになる)〈源氏・須磨〉

❹中世以降の用法。**単に推量する意を表す。**例行き暮れて木の下陰を宿とせば花やこよひの主(あるじ)なら**まし**(連体形)(=旅に日が暮れて桜の木陰を宿にしたら、桜の花が今夜の主人としてもてなしてくれるだろうか)〈平家・九・忠度最期〉

接続▶活用語の未然形につく。

活用▶特殊型　表内の( )は使用例の限られたもの。

未然形	連用形	終止形	連体形	已然形	命令形
(ませ) ましか	○	まし	まし	ましか	○

語誌▼**仮定条件との呼応**　①は反実仮想と呼ばれる。次の形などが見られ、仮定条件を伴って用いられる。

○未然形＋ば〜まし――例(a)
○〜ませば〜まし――例(b)
○〜ましかば〜まし――例(c)
○〜せば〜まし(「せ」は過去の助動詞「き」の未然形。一説にサ変動詞「す」の未然形)――例(d)

仮定条件と呼応する形でよく現れるのがこの語の特徴であるが、表面には仮定条件を出さず、気持ちの上で仮定的に用いられることもある。②の訳に「できれば」などを補えるのも、その仮定的な意味による。

▼**未然形「ませ」**　未然形「ませ」は主に上代に用いられ、平安時代には「ましか」が一般化した。ただし、平安時代にも、和歌では「ませ」も用いられている。

▼**未然形「ましか」と已然形「ましか」**　未然形の「ましか」は、①例(c)のように仮定条件に用いられ、已然形の「ましか」は、係助詞「こそ」の結びに用いられる。例故入道の宮おはせましか(未然形)ば、かかる御賀など、我こそ進み仕うまつらましか(已然形)(=亡くなった入道の宮が生きていらっしゃったら、このような御祝賀などには、自ら進んで奉仕したであろうに)〈源氏・若菜上〉読解四十の賀を祝われた光源氏の、今は亡き藤壺(ふぢつぼ)への思い。

▼**「まし」の衰退**　反実仮想を中心とする「まし」は上代・中古に特徴的な助動詞である。中世以後も文章語には、同様に用いられもするが、口頭語では衰退する。そのため、中世以後は、④のように推量の助動詞「む」などと特に変わりのない用法も生じた。〈山口堯二〉

まじ

助動(シク型)　推量の助動詞「べし」に打消の意味の加わった語として用いられる。経験や道理の上から、当然否定されると思われるなりゆき・行いを推量し、文脈によって打消の当然・不適当・不可能などの意を表すほか、行いの不必要性を通じて、禁止や打消の意志などの意に解釈できる場合もある。

❶**当然のなりゆきとして打消の推量の意を表す。〜ないだろう。〜まい。〜しそうもない。**例(a)かの国人、聞き知る**まじく**おもほえたれど(=あの国の人は、歌など聞いてもわかるまいと思われたが)〈土佐〉例(b)さる人、ある**まじければ**、つゆ違(たが)はざらんと向かひゐたらんは、ひとりある心地やせん(=そう同じ心の人は、いそうもないから、少しも相手の気持ちに背くまいと対座しているのは、一人でいるような寂しい気持ちがするのだろう)〈徒然・一二〉

❷**打消の当然、または、不適当の意を表す。〜するべきでない。〜てはならない。**例人はただ無常の身に迫りぬる事を心にひしとかけて、束(つか)の間(ま)も忘る**まじき**なり(=人はただ死が自分自身に迫ってしまっていることを心にしっかりとおいて、少しの間も忘れてはならないのである)〈徒然・四九〉

❸**不可能の意を表す。〜することができそうにない。〜できない。**例たはやすく人寄り来(く)**まじき**家を作りて(=容易に人が近寄って来られない家を作って)〈竹取〉

❹**禁止の意を表す。〜してはいけない。〜な。**例「人にも漏らさせたまふ**まじ**」と御口がためきこえたまふ(=「だれにもお漏らしになってはいけない」と御口止め申し上げなさる)〈源氏・行幸〉

❺**打消の意志を表す。〜しないつもりだ。決して〜しまい。**例など祇王(ぎわう)は返事はせぬぞ。参る**まじい**(音便形)か(=どうして祇王は返事をしないのか。参らないつもりか)〈平家・一・祇王〉

接続▶活用語の終止形につく。ただし、ラ変型活用語には連体形につく。

活用▶シク型　表内の( )は使用例の限られたもの。〔 〕は異説のあるもの。

未然形	連用形	終止形	連体形	已然形	命令形
〔まじく〕 (まじから)	まじく まじかり	まじ	まじき (まじかる)	まじけれ	○

語誌▼**語源と関連語**　「まじ」は、上代語の「ましじ」から変化してできた語である。打消の推量を表すこの語には、その用法全体に当然という意味合いが強く、その点で、「べし」の意味・用法とよく対応する。

▼**使用傾向**　平安時代以後用いられたが、散文に多く、和歌の例は少ない。現代語にも用いられる「まい」は、中世末期にこの語から変化して現れたものである。

▼**音便形**　連用形「まじく」は「まじう」に、連体形「まじき」「まじかる」は、それぞれ「まじい」「まじかん」と

ま

いう音便形になることがある。「まじかん」は、「まじかめり」「まじかなり」などと、撥音「ん」なしに表記されることもある。

▼異説 仮定を表す「まじく」などから、未然形「まじく」を認める説もある。〈山口堯二〉

ましか 反実仮想の助動詞「まし」の未然形・已然形。例(a)やがてかけ籠(こ)らましか(未然形)ば、口惜しからまし(=すぐに戸を閉めてひきこもってしまっていたら、残念だったろう)〈徒然・三一〉 読解「～ましかば～まし」の形で、反実仮想を表す用法。 例(b)聞きつらん所にて、きとこそは詠まましか(已然形)〈枕・五月の御精進のほど〉 読解 ホトトギスの鳴き声を聞いた所で、すぐに歌を詠めばよかったのに、の意。係助詞「こそ」があるので、已然形で結ぶ。

まじから 打消推量の助動詞「まじ」の未然形。

まじかり 打消推量の助動詞「まじ」の連用形。

まじかる 打消推量の助動詞「まじ」の連体形。

まじき 打消推量の助動詞「まじ」の連体形。

まじく 打消推量の助動詞「まじ」の連用形。

ましくら【驀地】 副「ましぐら」とも。激しい勢いでひたすら進むさま。まっしぐらに。一目散に。例ましくらにぞ(山道ヲ)上がったりける〈太平記・一七〉

-まじくら 接尾 名詞について、～をまじえて、～とともに、の意を添える。例悪口仲間二、三人、座頭まじくらどっと来(き)たり〈近松・曾根崎心中〉

まじけれ 打消推量の助動詞「まじ」の已然形。

ましじ 助動(特殊型)〖上代語〗❶打消の推量・意志を表す。～ないだろう。～まい。例百代(ももよ)にも 変はるましじき 大宮所(おほみやところ)〈万葉・六・一〇五三〉❷不可能の推量の意を表す。～できないだろう。例長き日(け)をかくのみ待たばありかつましじ(=生きていられないだろう)〈万葉・四・四八四〉

接続 活用語の終止形につく。

活用 ○／○／ましじ／ましじき／○／○

まし-て【況して】 副(動詞「ます(増す)」の連用形＋接続助詞「て」) ❶よりいっそう。より一段と。例瓜(うり)食(は)めば 子ども思ほゆ 栗食めば まして偲(しぬ)はゆ〈万葉・五・八〇二〉➡名歌93 ❷言うまでもなく。いわんや。例今日だに言ひがたし。まして のちにはいかならむ(=今日でさえ言いにくい。いわんや後日になったらどうだろう)〈土佐〉 読解 字余りのひどい和歌についての評。

語誌 ▼「だに」との呼応 比べられる事柄を表す部分に副助詞「だに」があって、「～だに～、まして～」の形となることが多い。〈井上博嗣〉

まじな・ふ【呪ふ】 マジナウ・マジノウ 動(ハ四) ❶災い・貧しさ・病気などの不幸を除こうと神仏に祈る。まじないをする。また、祈って病気を治す。例瘧病(わらはやみ)にわづらひたまひて、よろづにまじなひ、加持(かぢ)などまゐらせたまへど〈源氏・若紫〉❷災い・死などの不幸を願って祈る。呪(のろ)う。例太子(ひつぎのみこ)彦人皇子(ひこひとのみこ)の像(みかた)と竹田皇子の像とを作りて厭(まじな)ふ〈紀・用明〉

ま-しば-に【真屢に】 副〖上代語〗(「ま」は接頭語)しばしば。打消の語を伴って、めったに～ない、の意で用いることも多い。例ましばにも得難きかげ(=植物の名)を置きや枯らさむ〈万葉・一四・三三七三〉

まじは・る【交はる】 マジワル 動(ラ四) ❶入りまじる。まじりあう。例色々交はり耀(かかや)けり〈栄花・音楽〉❷つきあう。交際する。例すべて、人に愛楽(あいげう)せられずして(=他人から愛されずに)衆に交はるは恥なり〈徒然・一三四〉❸男女が関係をもつ。例娘子(をとめ)壮子(をとこ)の 行き集ひ かがふ嬥歌(かがひ)に 人妻に 我(わ)も交はらむ〈万葉・九・一七五九〉❹隠れる。紛れる。例春は霞(かすみ)にたちこめられ、秋は霧にまじはり〈平家・五・勧進帳〉

まじ・ふ【交じふ・雑じふ】 マジウ 動(ハ下二)(「まじはる」の他動詞形)入れまぜる。まぜあわせる。例あやめぐさ 花橘(はなたちばな)に 貫き交じへ 縵(かづら)にせよと(=髪飾りにしなさいと)〈万葉・一八・四一〇一〉

まし-ま・す【坐します】 ❶動(サ四)「あり」「居(を)り」の尊敬語。いらっしゃる。おありになる。例神仏明らかにましまさば、この愁へやすめたまへ〈源氏・明石〉❷補動(サ四)(動詞・助動詞「す」「さす」「なり」の連用形、接続助詞「て」などについて)尊敬の意を表す。～(て)いらっしゃる。～(て)おいでになる。例七歳にては位につかせましまさん事を〈御伽草子・熊野の本地〉

語誌 尊敬の四段動詞「ます」の連用形に尊敬の補助動詞「ます」をつけてさらに敬意を強くする語。②はさらにそれを補助動詞として用いたもの。平安時代は、和文体では「おはします」「おはす」が多く用いられるのに対し、漢文訓読体に多用され、神仏や皇族を主語にもつ傾向がある。

ま-しみづ【真清水】 シミズ 名(「ま」は接頭語) 清水(しみづ)。澄んできれいな水。例なれこそは岩もる主(あるじ)見し人の行方は知るや宿の真清水〈源氏・藤裏葉〉

ま-しゃう【魔障】 ショウ 名〖仏教語〗仏道修行を妨げるもの。また、悪魔の妨害。例(山ノ)上には魔障強しとて、ふもとの里に房を造りて〈今昔・一三・三〉

ましら【猿】 名 猿(さる)。「まし」とも。例わびしらに(=心細そうに)ましらな鳴きそ〈古今・雑体〉 読解「な～そ」は柔らかい禁止の意を表す。

まじらひ【交じらひ】 マジライ 名 交際すること。例心より外(ほか)に(=思いがけず)をかしき交じらひかな〈源氏・夕顔〉

ま-しらふ【真白斑】 名(「ま」は接頭語) 鷹(たか)などの羽に白いまだらの紋のあること。また、その鷹。例つま屋の内に とぐら結ひ(=とまり木を設け) すゑてそ我(あ)が飼ふ 真白斑の鷹〈万葉・一九・四一五四〉

まじら・ふ【交じらふ】 マジラウ・マジロウ 動(ハ四)(動詞「まじる」の未然形＋接尾語「ふ」) ❶まじりあう。例楠(くす)の木は、木立多かる所にも、ことにまじらひ立てらず(=楠の木は、木がたくさんある所でも、ほかの木とまじりあって立ってはいない)〈枕・花の木ならぬは〉 ❷仲間に加わる。宮仕えする。例かたじけなき御心ばへのたぐひなきを頼みにてまじらひたまふ(=恐れ多い御心づかいが並ぶもののないことを頼りにして宮仕えをなさる)〈源氏・桐壺〉〈小島孝之〉

ま-じり【眦・目尻】 名 ❶目じり。まなじり。例いと腹あしげにまじりひき上げたり〈源氏・行幸〉❷目つき。例せめて見隠したまふ(=無理に見て見ぬふりをなさる)御まじりこそわづらはしけれ〈源氏・松風〉

まじ・る【交じる・雑じる】 動(ラ四) ❶ある物の中に入っていっしょになる。例古草に新草交じり〈万葉・一四・三四五二〉 ❷参加する。交際する。例めでたき御仲に、数ならぬ人は**まじる**まじかりけり〈源氏・行幸〉 ❸野山などに踏み入る。入り込む。例野山に**まじり**て竹をとりつつ〈竹取〉

まじろ・く【瞬く】 動(カ四) まばたきをする。例天人は瞬かずと知りたるに〈今昔・五・三〉

まじ-わざ【蠱業】 名 災いが相手に及ぶようにと行う呪詛。人を呪うまじない。呪いごと。例穢き謀りてせる**蠱業**皆ことごとく発覚れぬ〈続紀・神護景雲三年五月〉

ま・す

【増す・益す】 動(サ四) ❶**数量が増える。増加する。**例痛けくの日に異に**増せば**(=痛みが日ごとに増えるので)〈万葉・一七・三九六九〉 ❷**ほかよりもまさる。すぐれている。優越する。**例価なき宝といふとも一坏の濁れる酒にあに**まさ**めやも(=このうえなく貴い宝といっても、一杯の濁り酒にどうしてまさることがあろうか、いや、まさりはしない)〈万葉・三・三四五〉 読解「あに〜や」は反語の意を表す。 ❸**数量を増やす。**例悪を**まし**、よろづの戒を破りて(=悪を重ね、すべての戒律を破って)〈徒然・一七五〉 ❹**ほかよりもまさるようにする。すぐれさせる。まさらせる。**例色をも音をも**ます**けぢめ、ことになん分かれける(=花の色も音色もすぐれたものにする変わりばえが、そうでない場合と格段に違うのだった)〈源氏・初音〉 読解 光源氏が音楽に加わったときのすばらしさを語る。

語誌 ▼①②は自動詞的、③④は他動詞的用法。▼②④の意は現代語の「ます」にはない。〈余田弘実〉

ま・す【申す】 〔「まうす」の変化した形か〕 1 動(サ四) 「言ふ」の謙譲語。申し上げる。お願い申し上げる。例小野宮の大臣などは「…人のそしられの負ひたまふこと」と、嘆かしげに**まし**たまふ〈栄花・月の宴〉 2 補動(サ四) (動詞の連用形について)謙譲の意を表す。お〜申し上げる。例喜びかしこまりて、祈り**まし**つづくるも〈栄花・浅緑〉

ま・す

【座す・坐す】 『上代語』 1 動(サ四) ❶「あり」「居り」の尊敬語。**おありになる。いらっしゃる。**例外に見し真弓の岡も君**ませ**ば常つ御門と侍宿するかも(=無縁な所だと見ていた真弓の岡も皇子がいらっしゃるならば永遠の御殿として宿直することだよ)〈万葉・二・一七四〉 読解 草壁皇子の死を悼んで舎人の詠んだ挽歌。「真弓の岡」は皇子の陵墓。 ❷「行く」「来」の尊敬語。**いらっしゃる。おいでになる。**例葎延ふ賤しきやども大君の**まさ**むと知らば玉敷かましを(=つる草がはびこるみすぼらしい我が家も、天皇がおいでになると知っていたら美しい玉石を敷いただろうに)〈万葉・一九・四二七〇〉 読解「〜ば〜まし」は反実仮想の意を表す。 2 補動(サ四) (動詞の連用形について)**尊敬の意を表す。〜ていらっしゃる。**例(a)橿原のひじりの御代ゆ生れ**まし**神のことごと〈万葉・一・二九〉↓名歌216 例(b)来**ませ**我が背子絶ゆる日なしに(=お越しなさいませ、私のいとしいあなた、とぎれる日なしに)〈万葉・二〇・四五〇四〉

語誌 ▼下二段活用で、居させる、来させる、行かせる、の意の尊敬語にも用いるが、例は多くない。▼平安時代以降、主に「**おはす**」が用いられ、「ます」はほとんど補助動詞のみに用いられる。▼「**います**」「**まします**」「**おはします**」などは、この語からできた語。〈安達敬子〉

ます

助動(特殊型) ❶謙譲の意を表す。お〜申し上げる。〜してさしあげる。例太郎冠者が見知り**まし**て、ぜひとも参れと申すによって〈狂言・二人袴〉 ❷丁寧の意を表す。〜ます。例仏をつくりたいと存じて、仏師の所を尋ね**まする**〈狂言・仏師〉

接続 動詞の連用形につく。

活用 ませ・(ましょ)／まし／ます・(まする)／ます・まする／ませ・ますれ／ませ・(まし)

語誌 室町時代以降に用いられ、現代語の「ます」につながる。成り立ちについては、「まゐらす」が変化してできた語とも、「まうす(申す)」「ます(座す)」「おはす」などが変化してできた語ともされる。

まず【先ず】 ⇩まづ

ま・ず【交ず・雑ず・混ず】 動(ザ下二) 〔「まじる」の他動詞形〕 ❶いっしょにする。まぜる。例いろいろの色紙に、白銀・黄金**まぜ**て書かせたまひて〈落窪・三〉 ❷口を出す。発言する。例うちねぶりて(=うとうと眠って)言葉**まぜ**たまはぬを〈源氏・帚木〉

ます-おとし【枡落とし】 名 鼠を取る仕掛けの一つ。枡をうつ伏せにして棒で支え、その下にえさを置き、鼠がえさを引くと、枡がかぶさるようにしたもの。例そのままに(=鼠もかからないまま)ころび落ちたる**升落とし**〈俳諧・猿蓑・五〉

ます-かがみ【真澄鏡】 1 名 「ますみのかがみ」に同じ。 2 〔枕詞〕「見る」や「影」にかかる。⇩まそかがみ

増鏡 〔作品名〕南北朝時代の歴史物語。一七巻(一九巻、二〇巻のものもある)。二条良基作者説が有力。暦応元年(一三三八)以後、永和二年(一三七六)以前の成立。百歳余りの老尼が語るという設定で、後鳥羽天皇から後醍醐天皇に至る一五〇年間を仮名書きの編年体で記す。四鏡の一つ。

ます-かき【枡掻き】 名 枡に盛った穀類を、枡のふちの高さに合わせて平らにならすための短くて丸い棒。例行年八十八歳、世の人あやかり物とて、**升掻き**をきらせける〈西鶴・日本永代蔵・一・三〉 読解 八十八歳の米寿の人に枡掻きの棒を切ってもらうと、長寿・商売繁盛を得るという俗信があった。

ま-すげ【真菅】 名 〔「ま」は接頭語〕植物の名。菅。例**真菅**生ふる山した水に宿る夜は〈千載・雑上〉

ま-すほ【真赭】 名 「まそほ」の変化した形。例花薄月の光にまがはまし(=月の光の下では紛わしいだろう)深き**ますほ**の色に染めずは〈山家集・上〉

ま-すみ【真澄み】 名 〔「ま」は接頭語〕「まそみ」とも。よく澄んでいてきれいなこと。例曇りなき**真澄み**の月や天に坐す豊岡姫の鏡なるらむ〈清輔集〉

ますみ-の-かがみ【真澄みの鏡】 曇りなくはっきりと映る鏡。例我が目らは **ますみの鏡**〈万葉・一六・三八

八五〉

ますーら【益荒】 名〔「ら」は接尾語〕雄々しくりっぱなこと。例越(=越の国)を治めに 出でて来し **ますら我すら**〈万葉・一七・三九六九〉

ますらーがみ【益荒神】 名 雄々しくりっぱな神。例吾が御子に**ますら神**の御子にまさば〈出雲風土記〉

ますらーたけを【益荒猛男】 名 雄々しくりっぱな男子。官人や武人の称。例唐国に行き足らはして帰り来む(=赴いて務めを果たして帰って来るであろう)**ますらたけを**に御酒奉る〈万葉・一九・四二六二〉

類義▶ますらを

ますらーを【益荒男・丈夫・大夫】 名〔名詞「ますら」＋名詞「を(男)」〕❶**りっぱで雄々しい男子。** 上代は、官人、特に武人をいうことが多い。「たをやめ(手弱女)」の対。例**ますらを**の 心振り起こし 剣大刀 腰に取り佩き(=勇敢な武人の心を奮い起こし、剣や大刀を腰につけ)〈万葉・三・四七八〉

❷狩人。猟師。例照射する五月来ぬれば**ますらを**の幾夜山辺に立ち明かすらん(=照射をする五月がやって来たので狩人は幾晩山のほとりに立ったまま夜を明かすのだろうか)〈堀河百首〉読解「照射」は、夜の狩りで鹿をおびき寄せるために火をたくこと。

類義▶①ますらたけを

語誌▼「手弱女」が、かよわい女性をイメージに置いているのに対して、「ますらを」は、雄猛でりっぱな男性の意で用いられた。その反面『万葉集』では、その名に値しない弱々しい状態を自嘲的にいう場合もある。例ますらをの伏し居嘆きて作りたるしだり柳の縵せ我妹(=ますらおともあろうものが、起き伏しにつけ、あなたのことを思い嘆いて作ったしだれ柳の髪飾りをさしてくれ、あなた)〈万葉・一〇・一九二四〉▼②は、平安末期ごろから和歌に用いられるようになったもの。〈米山敬子〉

ますらをの【益荒男の】 《枕詞》益荒男のつける「手結(=袖や手につける飾り)」の意から、地名「手結」にかかる。

ますらーをのこ【益荒男子】 名「ますらを」に同じ。例嘆きつつ**ますらをのこ**の恋ふれこそ(=恋するからこそ)〈万葉・二・一一八〉

ますらをーぶり【益荒男振り・丈夫振り】 名 賀茂真淵が『万葉集』の歌の特色として取り上げた歌風。「もはらうるはしくてたをやかなる(=美しくてしなやかな歌)は手弱女により、ををしくてみやびかなる(=勇ましくて優雅な歌)は丈夫のさまなり」〈賀茂真淵・歌意考(草稿)〉とあるように、力強くたけ高い歌風で、真淵一門で理想とした。

ませ【籬】 名 竹や木で目を粗く作った低い垣根。庭の植え込みのまわりに設けたりする。「ませがき(籬垣)」「まがき(籬)」とも。例呉竹の**籬**に、(山吹ガ)わざとなう咲きかかりたる匂ひ〈源氏・真木柱〉

ませ 反実仮想の助動詞「まし」の未然形。

-まぜ 接尾 日時など数量を表す語について、それだけ間を置く意を添える。〜おき。「二三日まぜ」「一枚まぜ」など。

ませーがき【籬垣】 名「ませ(籬)」に同じ。

ませーごし【籬越し】 名 垣根越しに物事を行うこと。例(a)**籬越し**に麦食む駒のはるばるに及ばぬ恋も我はするかな〈古今六帖・二〉例(b)「これ、**籬越し**にさぶらふ」とて参らせたれば〈枕・三条の宮におはしますころ〉語誌 例(b)は、清少納言が定子に「青ざし」という麦菓子を献上した場面。有名な例(a)の歌から機知をきかせて、麦菓子を「籬越し」と呼んだ。一説に、よそからのもらい物を、垣根を越えて来た物という意味で「籬越し」と呼んだとも。

まそーかがみ【真澄鏡】 **1**名「ますみのかがみ」に同じ。**2**《枕詞》鏡が見るものであることから「見る」に、曇りなく澄んでいることから「清き」「照る」「磨ぐ」などに、また、鏡を入れる箱には蓋があることから「ふた」などにかかる。例(a)**まそ鏡**見ぬ日時なくあらましものを〈万葉・一九・四二二一〉例(b)**まそ鏡**清き月夜の〈万葉・一一・二六七〇〉

まーそほ【真赭・真朱】 名〔「ま」は接頭語〕赤色の土。また、その色。顔料・塗料に用いた。例仏造る**ま朱**足らずは(=足りなかったら)〈万葉・一六・三八四一〉

まそみーかがみ【真澄み鏡】 名「ますみのかがみ」に同じ。

まそーむら【真麻群】 名 密生している麻。例上野安蘇の**ま麻群**かき抱き〈万葉・一四・三四〇四〉

まそーゆふ【真麻木綿】 名 麻の繊維で作った木綿。例三輪山の山辺**まそ木綿**短木綿かくのみゆゑに長くと思ひき〈万葉・二・一五七〉

また

【又・亦・復】 **1**副 ❶**類似のものが別にあることを表す。ほかに。さらに。** 否定・打消の表現を伴って用いられることも多い。例(a)これをおきて**また**はありがたし(=これ以外にほかにはあり得ない)〈万葉・一七・四〇一一〉例(b)(後ノ車ガ、前ノ車ノ)轅のうへに**また**さし重ねて(=轅の上にさらに重ねて)〈枕・小白河といふ所は〉読解 牛車が立てこんでいるさま。

❷(しばしば「〜もまた」の形で)**他のものと類似の状態であることを表す。同様に。やはり。** 例品定まりたる中にも、**また**きざみきざみありて(=身分が決まっている中にも、やはり諸段階があって)〈源氏・帚木〉

❸**再び。もう一度。** 例年たけて**また**越ゆべしと思ひきや命なりけり佐夜の中山〈新古今・羇旅〉➡名歌246

❹(疑問文で用いて)**いぶかる気持ちを強調する意を表す。いったい全体。** 例今は**また**誰をか憑み、いかでか残りの年をば送りたまはむとする(=今後はいったい全体だれを頼りにし、どのように余命を送りなさろうとするのか)〈三宝絵・上・一三〉

❺**ある評価・判断を強調して示す。まったく。特に。** 例王さんのいき方は**また**格別なものぢゃないか(=王様のやり方はまったくすぐれたものじゃあないか)〈近松・博多小女郎波枕・下〉

2接 ❶**類似の事柄を並列的にいう。および。並びに。** 例萩の花 尾花葛花 なでしこが花 をみなへし **また**藤袴 朝顔が花〈万葉・八・一五三八〉読解 秋の七草を詠んだ歌。

❷**類似の事柄を選択・対照的に挙げる。あるいは。一方では。** 例限りなくうれしく、**また**うたがはしかりけ

れば(＝一方では信じられなかったので)〈伊勢・九〇〉❸添加の意を表す。さらに。そのうえ。例麻柱結ふべし。また、壁ども所々毀つべし(＝足場を組みなさい。さらに壁をあちこち壊しなさい)〈古本説話集・下・四七〉❹話題を転換するのに用いる。さて。そして。接続詞「さて」と重ねて「さてまた」の形で用いられることも多い。例また、治承四年卯月のころ、中御門京極のほどより大きなる辻風おこりて〈方丈記〉読解大火の様子を記したあと、大きなつむじ風のことを記す。

語誌 ①の副詞としての用法が本来のもので、②の接続詞としての用法は、漢字「且」「又」「亦」などの用法に引かれてできたものであろう。〈奥村悦三〉

まだ【未だ】 副〔「いまだ」の変化した形〕まだ。それまでに。前と同じように。例**まだ**中将などにものしたまひし(＝いらっしゃった)時は〈源氏・帚木〉

ま-だう【魔道】 名 悪魔の支配する世界。仏教的な意味も含めて広くいう。例(皇子ヲ)取りたてまつって、**魔道**へこそゆかんずらめ〈平家・三・頼豪〉

まだき【夙】 副〔「まだし」と同根か〕**まだその時期に至らないのに。早くも。**「まだきに」の形でも用いられる。例(a)飽かなくに**まだき**も月の隠るるか山の端逃げて入れずもあらなむ(＝まだ見飽きないのに早くも月は隠れるのか。山の端が逃げて月を入れないでほしい)〈古今・雑上〉例(b)「なほ、かの御仏供のおろし侍りなん」と言へば、「いかでか、**まだきには**」と言ふなるを(＝「やはり、そのお供え物のお下がりはございますでしょう」と言うと、「どうしてこんな早くには」と答える声がするので)〈枕・職の御曹司におはします頃、西の廂にて〉〈奥村悦三〉

また・ぐ【跨ぐ】 ❶動(ガ下二)両足を広げて踏まえる。足を広げて、またがるようにする。例(夢ニ)西大寺と東大寺とを**跨げ**て立ちたりと見て〈宇治拾遺・四〉❷動(ガ四)股を開いて物の上を越える。例敷居を**またぎ**ながら〈滑稽本・浮世床・初上〉

またけ-む【全けむ】〔形容詞「またし」の上代の未然形＋推量の助動詞「む」〕完全であろう。無事であろう。安全であろう。例命の**全けむ**人はたたみこも(枕詞)平群の山のくまかしが葉をうず(＝髪)にさせその子〈記・中・景行・歌謡〉↓名歌67

また・し【全し】 形(ク)❶完全だ。欠けたところがない。例女のひとり住む所は、いたくあばれて(＝ひどく荒れ果てて)築土なども**全からず**〈枕・女のひとり住む所は〉❷無事だ。安全だ。例命の**全けむ**人はたたみこも(枕詞)平群の山のくまかしが葉をうずにさせその子〈記・中・景行・歌謡〉↓名歌67 ❸正直だ。誠実だ。また、ばか正直だ。例人に侮らるるもの…あまり**全き**人〈仮名草子・犬枕〉

まだ・し【未だし】 形(シク)〔副詞「まだ」の形容詞化〕❶**まだその時期に至らない。時期尚早だ。**例ほととぎす…時を**まだしみ**来鳴かなく(＝ほととぎすは…時がまだなので来て鳴かないで)〈万葉・一九・四三〇七〉読解「まだしみ」は、語幹＋接尾語「み」。❷**まだしていない。まだ終わっていない。**例などか、御歩みの**まだしかりける**(＝どうして、御歩きをまだなさらなかったのか)〈宇津保・祭の使〉❸**未熟だ。**例琴・笛など習ふ…**まだしき**ほどは、これがやうにいつしかとおぼゆらめ(＝琴や笛などを習うとき…未熟なうちは、この人のように早くなりたいと思うだろう)〈枕・うらやましげなるもの〉〈奥村悦三〉

まだ・す【奉す・献す・遣す】 動(サ四)〔「まゐいだす(参出だす)」の変化した形か〕差し上げる。献上する。また、遣わす。例五百野皇女を**遣し**て、天照大神を祭らしむ〈紀・景行〉

ま-たた・く【瞬く】 動(カ四)〔「目叩く」の意〕「まだたく」とも。❶まばたきをする。例目のきろきろとして(＝目がきらきらして)**またたき**ゐたり〈堤中納言・はいずみ〉❷やっとのことで生き長らえている。例老いの身の残りとどまりたるもいと心憂けれど…**またたき**はべる〈源氏・玉鬘〉❸灯火が明るくなったり暗くなったりする。明滅する。例灯はほのかに**またたき**て〈源氏・夕顔〉

また-な・し

【又無し】 形(ク)**ほかにない。またとない。**例(a)いさりといふものをぞする。**またなく**をかしくあはれなり(＝漁というものをする。またとなくおもしろく趣深い)〈蜻蛉・中〉例(b)今日かく命をきはめ、世に**またなき**目の限りを見尽くしつ(＝今日このように命の瀬戸際に追いつめられ、世間にほかにない経験をし尽くした)〈源氏・明石〉読解高潮・落雷に遭った。類義▶になし〈奥村悦三〉

また-の-あした【又の朝】 次の朝。翌朝。例いとみそかに(＝ひそかに)逢ひて、**またのあした**に…女のもとよりおこせたりける〈古今・恋三・詞書〉

また-の-つとめて【又のつとめて】 翌日の早朝。例雨は夜一夜(＝一晩じゅう)降りあかして、**またのつとめて**ぞ少し空晴れたる〈大和・一七三〉

また-の-とし【又の年】 次の年。翌年。例女の「今年ばかりをだに待ち暮らせ」と言ひけるが、**またの年**もつれなかりければ〈後撰・春上・詞書〉

また-の-ひ【又の日】 次の日。翌日。例その日ののどかに暮らして、**またの日**帰る〈蜻蛉・中〉

また-の-よ【又の世】 次の時代。後世。また、死後の世界。来世。後世。例(a)(仏足跡ハ)常葉に(＝永久に)栄残りいませ のちの世のため **またの世**のため〈仏足石歌〉例(b)このかみさま(＝女隠居)の願ひに、一度は**またの世**に男と生まれて〈西鶴・好色一代女・四・四〉

また-の-よ【又の夜】 次の日の夜。次の夜。例**またの夜**も、月のいと明かきに〈更級〉

ま-たび【真旅】 名〔「ま」は接頭語〕長期にわたる旅。本格的な旅。例旅とへど(＝旅といっても)**真旅**になりぬ〈万葉・二〇・四三八八〉

また-びさし【又庇・又廂】 名「まごびさし」に同じ。例南の廂に御帳立てて、**又廂**に女房はさぶらふ〈枕・職の御曹司におはします頃、木立などの〉

また-ぶり【杈椏】 名 またになっている木の枝。例**またぶり**に、山橘(ノ実ヲ)作りて貫き添へたる枝に〈源氏・浮舟〉

ま-たま【真玉・真珠】 [名]〔「ま」は接頭語〕玉の美称。[例]い杭には 鏡を掛け ま杭には **ま玉**を掛け〈万葉・一三・三二六三〉

まだら【曼陀羅・曼荼羅】 [名]《仏教語》「まんだら」の撥音の表記されない形。[例]うしろの方に法華の**まだら**掛けたてまつりて〈源氏・鈴虫〉

ま-だる・し【間怠し】 [形](ク)《近世語》てぬるい。はがゆい。[例]面影かくす乗り物も、急ぐ心に**まだるく**て〈近松・根元曾我・三〉

まち

【町】[名] ❶水田の区画。その田地。[例]島つ田(=島の田)を 十**町**つくれる〈催馬楽・桜人〉 ❷市街地で、道路で区切られた一区画。平安京では四十丈(約一二一メートル)四方ある。[例]六条京極のわたりに…四**町**を占めて造らせたまふ〈源氏・少女〉[読解]光源氏が造営した大邸宅六条院の様子。「造らせ」の「せ」は尊敬の意を表す。❸宮殿・邸宅内の一区画。いくつかの殿舎・建物がある。[例]姫君のおはします**町**は、いとことに、なにの草木も、さまことに造りみがき増いたるに(=姫君がお住まいになる一画は、たいそう特別に、どんな草木も、趣向を凝らしりっぱに造り増築してあるが)〈夜の寝覚・五〉 ❹等級。階級。程度。[例](コノ手紙ハ)二の**町**の心やすきなるべし(=二流の気楽なものであるにちがいない)〈源氏・帚木〉[読解]気軽に扱ってよい女性からの手紙だろう、ということ。❺店。店の立ち並ぶ地域。市場。[例]**町**に魚を買ひに〈今昔・二三・三五〉

[一語誌]▼六条院＝光源氏邸の広大さ　平安貴族の邸宅の広さは一町を基準とする。藤原氏歴代の当主の邸宅で、しばしば寝殿造りのモデルに取り上げられる東三条殿の広さは南北に二町。②[例]の六条院がいかに広大であったかがわかる。〈藤本勝義〉

まち-い・づ【待ち出づ】 [動](ダ下二) 待っていて出会う。出るまで待つ。[例]今来むと言ひしばかりに長月の有り明けの月を**待ち出で**つるかな〈古今・恋四〉➡名歌72

まち・う【待ち得】 [動](ア下二) 待ったあげくに手に入れる。[例]住み果てぬ世にみにくき姿を**待ちえ**て、何かはせん(=どうしようというのか)〈徒然・七〉

まち-か・く【待ち掛く】 [動](カ下二) 待ち構える。[例]渡殿の戸口に**待ちかけ**て〈源氏・薄雲〉

まち-かご【町駕籠】 [名] 江戸時代、市中の辻などで待っていて、客を乗せた駕籠。「辻駕籠」とも。[例]十挺ものの続く**町駕** 案の如願ひの舎利になられたり〈俳諧・七柏集〉

ま-ぢか・し【間近し】 [形](ク)「まちかし」とも。❶(空間的に)近い。[例]**ま近き**ほどにはさぶらひながら〈源氏・常夏〉 ❷(時間的に)最近だ。[例]**まぢかく**は六波羅の入道前太政大臣平朝臣清盛公と申しし人のありさま〈平家・一・祇園精舎〉

まち-かた【町方】 [名] 町家。町人。また、町。武家方・寺方・地方などに対していう。[例]それを**町方**の女中がまねてするものだから〈滑稽本・浮世風呂・三下〉

まち-かて-に【待ちかてに】〔「かて」は補助動詞「かつ」の未然形。「に」は打消の助動詞「ず」の古い連用形〕「まちがてに」とも。待つことができなくて。待ち切れなくて。[例]鶯の**待ちかてに**せし梅が花〈万葉・五・八四五〉

まち-か・ぬ【待ちかぬ】 [動](ナ下二) 待っていられなくなる。待ちあぐねる。[例]西の迎へ(=西方浄土からの迎え)を**待ちかね**て〈新古今・雑中〉

まち-がほ【待ち顔】 [名][形動](ナリ) 早く来ないかと待っているような顔つき。また、そのさま。[例]**待ち顔**ならむ夕暮れなどのこそ、見どころはあらめ〈源氏・帚木〉

まち-ぎみ【公卿・卿】 [名]〔「まへつきみ」が「まうちぎみ」を経て変化した形〕⇩まへつきみ

まち-ざけ【待ち酒】 [名] 来る人のために、前もって用意しておいた酒。[例]君がため醸みし**待ち酒**安の野にひとりや飲まむ友なしにして〈万葉・四・五五五〉

まち-しゅ【町衆】 [名]「まちしゅう」とも。❶町方の人々。町人衆。[例]大坂・堺の**町衆**〈西鶴・好色一代女・一・三〉 ❷江戸時代、京・大坂などで、年寄りや五人組などの町役人。[例]**町衆**に袴着せて、旧里を切って(=縁を切って)子を一人捨てける〈西鶴・日本永代蔵・二・三〉[読解]「町衆に袴着せ」るのは、奉行所へ願い出るために町役人に出頭してもらうから。

まぢ-ち【貧鉤】 [名]⇩おぼち

まち-つ・く【待ちつく】 [動](カ下二) 待ち受ける。待っていて機会を得る。[例]**待ちつけ**ん我が身なりせば幾千たび帰り来ん日を君に問はまし〈金葉・別〉

まち-どしより【町年寄】 [名] 江戸時代、町役人の一つ。江戸では各町の名主の上に立ち、町奉行の下で公用や雑務を執り行った。大坂では、総年寄の下で各町政をつかさどった。[例](財産ヲ)使いつぶすの、身持ちが悪いのと、一門一家、**町年寄**、庄屋までふれ歩いて〈近松・淀鯉出世滝・上〉

まち-と・る【待ち取る】 [動](ラ四) ❶待っていて迎える。[例]兵部卿宮渡りたまふと聞こゆれば…やがて(=そのまま)**待ちとり**入れたてまつりたまふ〈源氏・梅枝〉 ❷待っていて捕らえる。[例]赤き猪、この山にあり…汝**待ち取れ**〈記・上・神代〉

まち-ぶぎゃう【町奉行】 [名] ❶江戸幕府の職名。老中の支配に属し、江戸市中の行政・立法・司法・治安などをつかさどる。三奉行の一つ。南北の両奉行所があり、月番で勤める。南の大岡忠相、北の遠山景元などが有名で、後世、巷談ともなった。❷江戸幕府の職名。幕府直轄地の京都・大坂・駿府(静岡県)に置かれ、①と同様の仕事にあたるもの。それぞれ地名を冠して呼ぶ。

まち-や【町屋】 [名] 町人の家。商家。また、商家の集まっている所。町なか。[例]城作り無用にして、**町屋**に(=町家と同じに)作るべし〈自然真営道〉

まち-わた・る【待ち渡る】 [動](ラ四) 待ち続ける。[例]はかなくもわがよの更けを知らずしていさよふ(=ためらって出る)月を**待ちわたる**かな〈千載・雑上〉

まち-わ・ぶ【待ち侘ぶ】 [動](バ上二) 待ち続けて苦しむ。待ちくたびれる。待ちあぐむ。[例]あらたまの(枕詞)年の三年を**待ちわび**てただ今宵こそ新枕

すれ(=ちょうど今夜、新しい夫と初めて枕を交わすのです)〈伊勢・二四〉

まつ【松】名 ❶植物の名。マツ科の常緑高木。アカマツ・クロマツなど。例色変へぬ**松**と竹との末の世をいづれ久しと君のみぞ見む(=常緑の松と竹との行く末の世をどちらが長生きかとあなただけが見ることができるだろう)〈拾遺・賀〉読解長寿を祝う歌。
❷**新年を祝って家の門口(かどぐち)に飾り立てる松。門松(かどまつ)。**例大路(おほち)のさま、**松**立てわたしてはなやかにうれしげなるこそ、またあはれなれ(=大通りの様子の、門松を立てめぐらせて、にぎやかで喜ばしげであるのこそ、また情趣が深いものである)〈徒然・一九〉
❸**松明(たいまつ)。**例御前駆(さき)の**まつ**、ほのかにて(=御先払いの松明は、かすかで)〈源氏・夕顔〉
❹「松の位(くらゐ)」の略。
語誌▼**長寿・永続の象徴** 松は常緑樹で、また寿命の長いことから、永久不変の象徴とされる。「色変へぬ松」「常磐(ときは)なる松」などの表現が、長寿を祈ったり祝ったり、治世・繁栄の永続を願ったりするときに用いられた。また、正月最初の子(ね)の日に、不老長寿を願って小松を引く習俗があった。
▼**「待つ」との掛詞** 和歌では、しばしば松に「待つ」を掛けて用いる。「たち別れいなばの山の峰に生(お)ふるまつとし聞かば今帰り来(こ)む」〈古今・離別〉(➡名歌209)はその一例。〈佐藤明浩〉

ま・つ【待つ】動(タ四) ❶**人が来ることや物事が成り立つことを望んで、その実現まで時を過ごす。**例ありつつも君をば**待た**むうちなびく我が黒髪に霜の置くまでに(=このままであなたを待とう。ゆらめく私の黒髪に霜が降りるまでも)〈万葉・二・八七〉読解霜が降りたような白髪となるまでも、このまま心変わらずにあなたを待とうという。
❷**変化せずにそのままの状態を保つ。とどまる。停止する。**例行く水と過ぐる齢(よはひ)と散る花といづれ**待て**てふことを聞くらん(=流れ行く水と過ぎていく年齢と散る花と、どれが、そのままでいろという言葉を聞き入れてくれるだろうか)〈伊勢・五〇〉読解「いづれ〜らん」は反語の意を表す。自然の事物などが不変ではないことを例に挙げて、ましてや人の心が変化しないはずはないとする。
❸**延期する。**例月暗く雲重なれども事須(ま)**た**ず(=月は暗く雲は幾重にも重なるけれども、名月の詩宴は延期しない)〈菅家文草・一〉
語誌▼**「人待つ」** 「待つ」は、妻問いの結婚習俗を背景として、男性の来訪を待つ女性の恋心を表すのに多く用いられた。「人を待つ」「人を待たず」などは代表的な歌題となった。
▼**「松」との掛詞** 和歌では、「松」や「松虫」と掛けて詠まれることが多い。「たち別れいなばの山の峰に生(お)ふるまつとし聞かば今帰り来(こ)む」〈古今・離別〉(➡名歌209)などである。〈馬場光子〉

まづ【先づ】マズ 副 ❶初めに。まっ先に。例ゆゑある事のふしぶしには、**まづ**参上(まうのぼ)らせたまふ〈源氏・桐壺〉❷ひとまず。ともかく。例**まづ**御消息(せうそこ)(=御連絡)を賜(たま)はせて〈落窪・一〉❸なんといっても。実に。例浮舟(うきふね)の女君のやうにこそあらめと思ひける心、**まづ**いとはかなくあさまし〈更級〉

松江重頼(まつえしげより)《人名》⇩しげより

まつおばしょう【松尾芭蕉】⇩ばせう

まっ-かう【抹額・末額】コウ 名 (「まっかく」のウ音便形)冠が落ちないように縁(へり)に巻く、緋(ひ)色の絹でできた鉢巻き。下級武官や競(くら)べ馬の騎手が着ける。

まっ-かう【真っ向】コウ 名 ❶兜(かぶと)の鉢の正面。例**まっかう**を馬のかしらにあてて、うつぶしたまへるところに〈平家・九・木曾最期〉❷額の真ん中。正面。例太刀**真っ向**にさしかざし〈謡曲・生田敦盛〉

まつ-かざり【松飾り】名 新年を祝って家の門口(かどぐち)に飾り立てる松。門松(かどまつ)。例雑煮も祝はず…**松かざり**は思ひもよらず〈西鶴・日本永代蔵・三・五〉

松風(まつかぜ)《作品名》能の曲名。三番目物。夢幻能。古曲をもとにした観阿弥(かんあみ)の原作を世阿弥(ぜあみ)が改作。旅僧が須磨(すま)の浦で、松風・村雨という海人(あま)の姉妹の旧跡を弔う。その夜、二人の霊が現れ、在原行平(ありわらのゆきひら)に愛された昔を語るうち、松風は恋慕のあまり、行平の形見の装束をつけて舞う。行平の和歌「たち別れいなばの山の峰に生(お)ふるまつとし聞かば今帰り来(こ)む」(➡名歌209)「わくらばに問ふ人あらば須磨の浦に藻塩(もしほ)たれつつわぶと答へよ」(➡名歌430)に材をとる。

ま-つかひ【間使ひ】ツカイ 名 二人の間を行き来して、手紙などを届ける使い。例玉桙(たまほこ)の(枕詞)道をた遠み**間使ひ**も遣(や)るよしもなし〈万葉・一七・三九六二〉

まっ-くろ【真っ黒】形動(ナリ)(「ま」は接頭語)❶完全に黒い。❷夢中になっているさま。一途なさま。例馬を**真っ黒**に馳(は)せ懸けて〈太平記・三八〉

ま-つ-げ【睫・睫毛】名 (「目(ま)つ毛(げ)」の意。「つ」は「の」の意の上代の格助詞)まつげ。例蚊の**まつげ**の落つるをも聞きつけたまひつべうこそありしか(=お聞き取りなさってしまいそうであった)〈枕・大蔵卿ばかり耳とき人はなし〉

【睫読(よ)まる】 化かされる。また、だまされる。狐(きつね)に睫を数えられると化かされるということから、自分の睫は自分で数えることができないことからとも。例とかく女は化け物、姫路の於佐賀部狐(おさかべぎつね)もかへって(=逆に)眉毛(まゆげ)**よまる**べし〈西鶴・好色五人女・一・三〉

【睫を濡(ぬ)らす】 (眉(まゆ)につばをつけておくとだまされないという俗信から)だまされないように用心する。例天狗(てんぐ)の所為(しよい)か、ただし狐(きつね)や化かしぬと、**まつげを濡らして**居たりけり〈近松・蝉丸・一〉

まつ-ご【末期】名 人が死ぬ間際。臨終。例弱り弱りに、すでに**末期**に見え候ふとき〈謡曲・隅田川〉

松坂(まつさか)《地名》「まつざか」とも。伊勢国、今の三重県松阪市。江戸初期、蒲生氏郷(がもううじさと)によって開かれ、伊勢商人の本拠地として、また熊野・和歌山・参宮の三街道の合流する宿場町として発展。国学者本居宣長(もとおりのりなが)はここの生まれ。

まつ-じ【末寺】名 本寺(ほんじ)・本山(ほんざん)に所属して、その支配を受ける寺。例妙楽寺といふ名を付けて、比叡(ひえ)の山の**末寺**に寄せなしけり〈今昔・三一・二三〉

まづ・し【貧し】 形(シク) 貧乏だ。例一銭軽しといへども、これを重ぬれば、**貧しき**人を富める人となす〈徒然・一〇八〉

松島 《地名》歌枕 陸奥国の地名。今の宮城県松島湾の島々と海岸一帯の景勝地。和歌では、湾内の島「雄島」や「海人」を詠み込むことが多い。例**松島**は扶桑(=日本)第一の好風(=景勝地)にして〈芭蕉・奥の細道〉

まっ-しゃ【末社】 名 ❶本社に付属する小さい神社。❷近世の用法。遊里の太鼓持ちのこと。「大尽」(豪遊する客)を「大神」と掛けて、それを取り巻くものになぞらえていう。例小歌の半ばに**末社**に話しかけ〈西鶴・好色一代女・一・四〉

まっ-せ【末世】 名《仏教語》仏の死後、年月を経て訪れた仏法の衰退期。また、仏の教えが守られず人心が荒廃した時期の、混乱し道徳の乱れた世情。末法の世。⇩まっぽふ。例仏、**末世**の衆生の父母の養育の恩を報いざらむ事を誡しめたまはむがために〈今昔・三・一〉

まつ-だい【末代】 名 ❶《仏教語》「まっせ」に同じ。例**末代**悪世、武士が世になりはてて末法にも入りにたれば〈愚管抄・七〉 ❷自分の死後の時代。後世。例**末代**まで恥辱になりぬべく候へ〈義経記・五〉

まった・し【全し】 形(ク)〔「またし」の変化した形〕❶完全だ。欠けたところがない。例一陣やぶれぬれば残党**まったから**ず〈平家・九・河原合戦〉 ❷無事だ。安全だ。例我が禁しめを守らば九死を出でて**全から**んか〈読本・雨月・吉備津の釜〉

松平定信 《人名》一七五八〜一八二九(宝暦八〜文政一二)。江戸時代の大名。八代将軍徳川吉宗の孫で田安宗武の子。白河藩(福島県)の藩主で、老中として寛政の改革を行う。この改革は農村の復興や幕府権威の回復などを目的としたが、言論・出版や風俗への統制も厳しく、黄表紙や洒落本などは多く発禁とされた。幼時から学問を好み、随筆『花月草紙』などがある。

まつ-の-うち【松の内】 名 正月、松飾りのある間。上方では正月十四日ないし十五日まで、江戸では七日まで。例十四日の夕暮れ、はや**松の内**も皆になりて(=終わって)〈西鶴・好色五人女・四・一〉

まつ-の-くらゐ【松の位】 ❶大夫の別称。中国の秦の始皇帝が、雨宿りした松に大夫(五位の官)を授けたという故事からいう。❷江戸時代、遊女の位の最上とされた太夫のこと。例(ソノ遊女ハ)この職の極官(=最上の官位)、**松の位**なれども〈浮世草子・傾城禁短気・三・四〉

まつ-の-と【松の戸】 松で作った戸。『白氏文集』「陵園妾」の「松門」を訳したもの。例山深み春とも知らぬ**松の戸**にたえだえかかる雪の玉水〈新古今・春上〉➡名歌388

松の葉 《作品名》江戸時代の歌謡集。五巻。秀松軒編。元禄一六年(一七〇三)刊。江戸初期からの三味線歌謡を、組歌・長歌・端歌・吾妻浄瑠璃・投節に分類して集成。当時の新しい楽器である三味線の音色が好まれ、流行した。

まつ-の-は【松の葉】 ❶松の木の葉。例見わたせば**松の葉**白き吉野山幾世積もれる雪にかあるらん〈拾遺・冬〉 ❷自分の進物を卑下していう語。寸志。例ほんの手土産、**松の葉**ぢゃと思うて下され〈歌舞伎・助六所縁江戸桜〉

まつのはの【松の葉の】 《枕詞》松葉は常緑不変であることから「いつともわかぬ」などにかかる。

まつは・す【纏はす】 動(サ四) ❶人や物を、まわりにつけておく。例若君を常に**まつはし**寄せたまひつつ〈源氏・紅梅〉 ❷人のまわりにつきまとう。例今はいとよう慣らはされて、わりなくは(=むやみには)**まつはさ**ず〈源氏・花宴〉

まつ-ばやし【松囃子・松拍子】 名 ❶中世、特に室町時代に流行した正月の祝福芸。貴人の家を回って、仮装・ものまね・歌舞や、作り物の飾りつけなどをする。例永享二年正月、御所の御**松囃子**に、たれも家なしとて(=専門の家がないといって)〈申楽談儀〉 ❷正月の謡初め。江戸時代、朝廷や幕府が正月三日の夜、諸侯を集めて行う。民間でもこれになら った。例明けて見てそのままにをかれぬ物…**松ばやし**の触れ状〈近松・好色一代女・五・四〉

まつは・る【纏はる】 動(ラ下二) 巻きついたり絡みついたりする意。転じて、粘っこくついて回る意にもいう。「まとはる」とも。

❶**絡みつく。巻きつく。ついて回る。**例(東ノ対ヘ)渡りたまはむとするに、宮たち**まつはれ**てさらに離れたまはず(=お渡りになろうとすると、宮たちがついて回ってまったく離れようとなさらない)〈源氏・横笛〉

❷**こだわる。執着する。**例(死ニ臨ンデ)あはれとも思ふに**まつはれ**てこそは、長き夜の闇にもまどふわざなれ(=恋しいと思う一念にこだわると、無明長夜の闇に迷うものであるそうだ)〈源氏・横笛〉

語誌▼「まつふ」「まとふ」との識別　動詞「まつふ」「まとふ」にも①の意があり、「病にまつはれ」〈徒然・一三〉などは「まつふ」の未然形「まつは」に受身の助動詞「る」がついた形と解釈される。②の例も、思いに取りつかれる、と解することもでき、「まつふ」「まとふ」の受身との境界はあいまいである。〈鉄野昌弘〉

まっ-ぴら【真っ平】 副〔「まひら」の変化した形〕ひたすら。ひとえに。拒否したい気持ちや許しを請う気持ちの強いさまを表す。「まっぴらごめん」「まっぴら許されい」などとも用いる。例一緒に行く事はまっぴらだ〈滑稽本・八笑人・三追加上〉

ま-つぶさ【真具】 形動(ナリ)〔「ま」は接頭語〕完全に備わっている。例ぬばたまの(枕詞)黒き御衣を**まつぶさに**取りよそひ〈記・上・神代・歌謡〉

松帆の浦 《地名》歌枕 淡路国、今の兵庫県淡路島の北端の海岸。例来ぬ人を**まつほの浦**の夕なぎに焼くや藻塩の身もこがれつつ〈新勅撰・恋三〉➡名歌
159

まっ-ぽふ【末法】 名《仏教語》釈迦入滅後の仏教の変遷するさまを、正法・像法・末法の三つの時期に分けたものの一つ。仏の教えは残るが、人がどんなに修行し

ても悟りを得ることが不可能とされる期間。釈迦入滅後、正法千年、像法千年を経て、一万年続く。日本では永承七年(一〇五二)から末法の世に入ると考えられた。例末法濁乱の機には、称名をもって勝れたりとす(=末法の濁り乱れた時期には、念仏を唱えることをすぐれているとする)〈平家・一〇・戒文〉

語誌▼末法の意識　平安時代も中ごろになると、貴族社会の衰退と武士の台頭に伴って戦乱が頻繁に起こるようになり、災害なども多発した。この時代の風潮にあって、末法の意識は深く人々の心をとらえ、無常感・厭世感として浸透した。阿弥陀の救いによって末世の極楽往生を願おうとする浄土教が急速に広まる。源信の『往生要集』(寛和元年・九八五)は、この時期の代表的著作。

この末法の意識は、『平家物語』『方丈記』などをはじめ、中世の文学に大きな影響を与えた。平安時代の『源氏物語』などに見られる「末の世」も、現世を末法の世ととらえる語。〈安達敬子〉

まつ-むし【松虫】 名 虫の名。マツムシ科の昆虫。秋に雄はちんちろりんと鳴く。古来その鳴き声が賞美された。一説に、今のスズムシとも。例風いと冷ややかに吹きて、**松虫**の鳴きからしたる声も、をり知り顔なるを(=風がとても冷たく吹いて、松虫の鳴きからした声も、秋という季節を心得ているふうなので)〈源氏・賢木〉

語誌▼松虫と鈴虫　中古・中世の作品に見える「まつむし」は今のスズムシで、逆に「すずむし」は今のマツムシにあたるという説が広く用いられているが、これを証拠立てる材料を見つけることは難しい。

▼人を「待つ」虫　和歌などでは、人を「待つ」の意を掛けて詠むことが多い。「秋の野に人まつ虫の声すなり我かと(=私を待っているのかと)行きていざとぶらはん」〈古今・秋上〉などがその例である。「まつむし」は、人を待つしみじみとした情感と重ね合わされる存在であったといえる。〈佐藤明浩〉

まつ-よひ【待つ宵】 ヨイ 名 ❶恋人の来訪を待つ宵。例**待つ宵**にふけゆく鐘の声聞けばあかぬ別れの鳥はものかは〈新古今・恋三〉➡名歌330 ❷(翌日の十五夜の月を待つ宵の意から)陰暦八月十四日の夜。

松浦 《地名》歌枕 肥前国の郡名。今の長崎県北部・佐賀県西部にわたる地域。唐津市がその中心で、大陸との交渉が深く、その出入港として栄えた。松浦川・松浦潟・領巾振山などがある。

松浦宮物語 《作品名》平安末期または鎌倉初期の物語。三巻。藤原定家作か。文治五年(一一八九)から建仁二年(一二〇二)までの間に成立。遣唐使橘氏忠の中国での活躍や恋を記す。伝奇的傾向が強い。

まつら・ふ【服ふ・順ふ】 マツラウ 動(ハ四)「まつろふ①」に同じ。例昆ふ虫も大君に**まつらふ**〈紀・雄略・歌謡〉

まつら-ぶね【松浦船】 名 肥前国の松浦地方で造った船。特別な構造をしていたか。例さ夜ふけて堀江漕ぐなる**松浦船**梶の音高し水脈速みかも(=流れが速いからだろうか)〈万葉・七・一一四三〉

まつり【祭り】 名(動詞「まつる」の名詞形)❶神仏・祖霊などを祭ること。祭祀。祭礼。例(a)**まつり**のにはを鳥見の山の中に立てて(=神祭りの祭場を鳥見の山の中に設けて)〈紀・神武〉読解「まつりのには」は、原表記では「霊畤」。例(b)**祭り**、祓へ、修法など言ひつくすべくもあらず(=祭祀、祓え、加持祈禱などとても言い尽くすことができない)〈源氏・夕顔〉読解 光源氏の病平癒のため、神仏にさまざまな祈願がなされた。例(c)妻をめとらず、子なくして、先祖の**まつり**を絶つ(=妻を迎えず、子どももいないので、先祖の祭礼をやめた)〈わらんべ草・三〉

❷特に、京都賀茂神社の祭礼。⇩かものまつり。例**祭り**のころ、若葉の梢涼しげに茂りゆくほどこそ、世のあはれも人の恋しさもまされ(=賀茂神社の祭礼のころ、若葉が梢も見るからに涼しそうに茂ってゆく季節こそ、世の中の情趣も人への慕わしさもいつもより深く感じられる)〈徒然・一九〉

類義▶①いはひ

語誌▼神的存在への奉仕　祭りは、神仏(本来は神のみ)や祖霊などの神的存在を異界からこの世界に呼び迎え、それへの奉仕を通じてその心を和ませ、この世界に新たな力を与えてもらうための儀礼を意味する。神的存在に捧げる飲食物は祭り手の魂の象徴でもあるから、「まつり」とはその対象に魂を献納することでもある。

神的存在をこの世界に迎えるには、その来臨を仰ぐための場が新たに必要となる。その場には清浄さが求められ、参加者にも厳重な物忌みが課せられた。神的存在にこの世界の日常の穢れを付着させないための用意である。神的存在は人間の活動時間である昼には現れることができないので、祭りは夜行われるのが原則とされた。祭りの中でも、宵に異界から神的存在を迎えることと、それを朝再び異界に帰すこととが、きわめて大切な儀式として考えられている。〈多田一臣〉

まつり-ご・つ【政ごつ】 動(タ四)〔名詞「まつりごと」の動詞化〕政治を行う。世を治める。例世を**まつりごつ**べき人を思しめぐらすに〈源氏・明石〉

まつり-ごと【政】 名 ❶政治。政務。政道。例(a)みかどをわがままに、おぼしきさまの**まつりごと**せむものぞ(=朝廷を自分の意のままにして、思いのままの政治をしようぞ)〈蜻蛉・下〉例(b)内裏参りたまふ上達部なども、すべて道閉じて、**政**も絶えてなむはべる(=宮中に参内なさる公卿の方々も、どの道筋もふさがっているので、政務もとだえております)〈源氏・明石〉

❷神を祭ること。祭祀。例尚侍宮仕へする人なくては、かの所の**政**しどけなく(=尚侍として出仕する人がいなくては、その所での祭祀がだらしなくなり)〈源氏・行幸〉読解「かの所」は内侍所で、宮中の温明殿のこと。三種の神器の一つである八咫鏡が祭られている。

語誌▼祭り事　「まつりごと」はもともと「祭り事」で、神を祭ることを意味する。それが政治、つまり領土や人民を統治・支配する意になるのは、神を祭ることが、神意を知ることであり、その神意に従うことが安定した世の中を実現することになるという、古い観念が存在したからである。神を祭り、神の意志を聞くことができるのは、特別な能力をもつものに限られた。支配者の資格は、まず第一にそうした能力を備えていることであった。〈多田一臣〉

まつり-だ・す【奉り出す】 動(サ四) 差し上げる。進呈する。例まそ鏡(枕詞)かけて偲へとまつり出す形見のものを人に示すな〈万葉・一五・三七六五〉

まつり-の-かへさ【祭りの帰さ】カエサ 賀茂の祭りの翌日、祭りに仕えた斎院が上社から紫野の斎院御所に帰ること。また、その華やかな行列。例祭りのかへさ、いとをかし〈枕・祭のかへさ〉

まつり-の-つかひ【祭りの使ひ】ツカイ 賀茂神社の祭りのとき、幣(捧げ物)を奉るために朝廷から派遣される使者。近衛の中将・少将などがあたる。例中将にいますかりける時(=中将でいらっしゃったとき)、祭りの使ひにさされて(=指名されて)〈大和・九一〉

まつ・る

【祭る・祀る】 動(ラ四) **飲食物や手向けの品などを献じて、神的存在に奉仕する。** 例(a)木綿かけて祭る三諸の神さびて斎ふにはあらず人目多みかも(=木綿垂をかけて祭りをする祭場のように神々しげに身を慎んでいるのではない、人目が多いからだよ)〈万葉・七・一三七七〉例(b)ちはやふる(枕詞)神の御坂に幣まつり斎ふ命は母父がため(=神の支配なさる御坂に捧げ物をして慎み祈る命は両親のため)〈万葉・二〇・四四〇二〉読解 防人の歌。

語誌▼**魂を捧げる行為** 「まつる」とは、本来、異界から神的存在を迎え、これに飲食物などを捧げてその心を和め、新たな力をこの世界に授けてもらう行為を意味した。その飲食物は、いわば祭り手の魂の象徴でもあり、「まつる」とはその対象に魂を献納することをも意味した。

▼類義語「いはふ」は、神的存在を迎える場合の、迎える側の厳重な精進潔斎の姿勢を取ることを示す語である。〈多田一臣〉

まつ・る

【奉る】 1 動(ラ四)〔「祭る・祀る」と同源〕❶**物などをおくり与える意の謙譲語。差し上げる。** 例我が衣形見に奉るしきたへの(枕詞)枕を放けずまきてさ寝ませ(=私の着物を形見に差し上げます。枕元を離さず身につけておやすみください)〈万葉・四・六三六〉

❷**「飲む」「食ふ」の尊敬語。召し上がる。** 例やすみしし(枕詞)我ご大君は平らけく長く坐して豊御酒まつる(=我が大君は平安に永久にいらっしゃって豊御酒を召し上がります)〈続紀・天平十五年五月〉読解 願望を表す呪術的表現。

2 補動(ラ四)(動詞の連用形について)**謙譲の意を表す。～申し上げる。お～する。** 例天地と相栄えむと大宮を仕へまつれば貴く嬉しき(=天地とともに長く栄えるだろうと大宮にお仕えすると貴く嬉しいことだ)〈万葉・一九・四二七三〉

語誌 主に上代に用いられた。1の②は、①にあたる下位者の動作の表し方が、それを受ける側の貴人の動作に転用されたもの。〈山口堯二〉

まつろ・ふ【服ふ・順ふ】マツロウ〔動詞「まつる(奉る)」の未然形＋上代の反復・継続の助動詞「ふ」＝「まつらふ」の変化した形〕1 動(ハ四) 従う。服従する。例八十伴の緒(=すべての官人たち)は大君にまつろふものと定まれる官にしあれば〈万葉・一九・四二一四〉2 動(ハ下二) 従える。服従させる。名詞形「まつろへ」〈万葉・一八・四〇九四〉から想定される。

まつわる〖纏わる〗⇩まつはる

松尾芭蕉《人名》⇩芭蕉

ま-て【真手】 名〔「ま」は接頭語〕左右の手。両手。例御手洗に若菜すすぎて宮人のまてに捧げて御戸開くめる〈山家集・下〉

まで

1 副助 ❶**動作・作用の及ぶ範囲や限度を表す。** ～まで。例子ひとつより丑三つまであるに(=子の一刻から丑の三刻までいるが)〈伊勢・六九〉読解 夜十一時ごろから午前二時ごろまでいた。

❷**状態の目立つ程度を表す。** ～くらいに。～ほどに。例木の間より花と見るまで雪ぞ降りける(=木々の間から散る花と思うくらいに雪が降っていたなあ)〈古今・冬〉

❸**他のものの上へさらに添加する意を表す。** ～までも。例いとあはれと思ひて、夜の物までおくりて(=たいそうしみじみと気の毒に思って、夜具までも贈って)〈伊勢・一六〉読解 衣装類はもちろん、夜具までも、ということ。

❹(文末に用いて)**限定する意を表す。** ～だけ。～にすぎない。例なんぢも母と見ず、わらはも子とも思はぬまで(=おまえも私を母と見ないし、私もおまえを子とも思わないだけだ)〈曾我・七〉

2 終助 **念を押す意を表す。** ～よ。～わい。例ほんにどこでやら落としてのけた。誰ぞ拾たか知らんまで(=ほんとうにどこでか落としてしまった。だれかが拾ったかもしれないよ)〈近松・心中天の網島・中〉

接続▶ 1 2とも種々の語につく。

語誌 1①は、起点を表す格助詞「より」などと対応することから、格助詞とする説もある。1④および2は、室町時代以後の用法で、2は1④から転じた用法である。⇩までも 〈山口堯二〉

まで・く【詣で来】 動(カ変)「まうでく」の変化した形。例ともだちのとぶらひ(=訪ね)まで来ぬことを恨みつかはすとて〈後撰・夏・詞書〉

まで-に〔副助詞「まで」＋格助詞「に」〕❶動作・作用の及ぶ範囲や限度をはっきりと表す。～まで。～までずっと。例郎等までに物かづけたり(=贈り物を与えた)〈土佐〉❷状態の目立つ程度をはっきりと表す。～くらいに。～ほどに。例朝ぼらけ有り明けの月とみるまでに吉野の里にふれる白雪〈古今・冬〉➡名歌19

まで-も〔副助詞「まで」＋係助詞「も」〕❶動作・作用の及ぶ範囲や限度を強調して表す。～まで。例一芸ある者をば、下部までも召し置きて〈徒然・二二六〉❷(打消の語とともに用いて)逆接仮定的な条件になる事柄を表す。～にしても。～としても。～としてもせめて。例来ぬまでも花ゆゑ人の待たれつる〈新古今・春下〉

まと【的】 名 矢や弾丸を当てる目標物。例**的**を射通すこと得ず(=できない)〈紀・仁徳〉

まと【待と】《上代語》「まつ(待つ)」の終止形・連体形「まつ」の東国方言。例雨を**待と**のす(=待つように)君をと**待とも**〈万葉・一四・三五六一〉

まど【窓】 名 光や風を入れるため、壁や屋根にあけた穴。例**窓**越しに月おし照りて〈万葉・一一・二六七九〉

まとい【円居・団居】 ⇩まとゐ

まとう【纏う】 ⇩まとふ

まどう【惑う・償う】 ⇩まどふ

まどお【間遠】 ⇩まどほ

まど-か【円か】 形動(ナリ)〔「か」は接尾語〕「まとか」とも。❶まるいさま。例ひさかたの(枕詞)月の**まどか**になるころはもみぢはすともしぐれざらなん〈伊勢集〉❷穏やかだ。円満だ。

ま-どころ【政所】 名「まんどころ」の撥音の表記されない形。

ま-どころ【間所】 名 家の中の間。部屋。室。例**間**所とてもなきままに、洗濯よろづに至るまで、かやうに親の所にて致す訳にて候へば〈近松・堀川波鼓・上〉

まど・し【貧し】 形(シク)〔「まづし」の変化した形〕❶貧乏だ。乏しい。例やうやう(=やっとのことで)**まどしき**小家に一夜を明かして〈芭蕉・奥の細道〉❷不足だ。不十分だ。例財多ければ身を守るに**まどし**〈徒然・三八〉

まど-の-うち【窓の中】 若い女性が、家の奥で大切に育てられていること。また、その場所。深窓。例親の窓の内ながら過ぐしたまへる〈源氏・若菜下〉

まどは-か・す【惑はかす】 動(サ四)「まどはす」に同じ。

まどはし-がみ【惑はし神・迷はし神】 名 人にとりついて道を迷わせたりする神。例**迷はし神**に会ひて、思ひ懸けぬ所に来たりにたる〈今昔・二七・三七〉

まとは・す【纏はす】 動(サ四)「まつはす」に同じ。

まどは・す【惑はす】 動(サ四)〔「まどふ」の他動詞形。上代は「まとはす」〕❶迷わせる。途方にくれさせる。例(敵ヲ)神風に い吹き**惑はし**〈万葉・二・一九九〉❷見誤らせる。例心あてに折らばや折らむ初霜の置き**まどはせる**白菊の花〈古今・秋下〉➡名歌153 ❸見失う。例幼き人**まどはし**たりと中将の愁へしは〈源氏・夕顔〉

まとは・る【纏はる】 動(ラ四)「まつはる」に同じ。

まとひ【纏ひ】 名 ❶馬印の一つ。長い竿の先に飾りをつけ、幕を垂らしたもの。❷江戸時代、町の火消しが①にならって各組の目印としたもの。

纏ひ②

まどひ【惑ひ】 名〔上代は「まとひ」〕惑うこと。正気を失うこと。動揺すること。例たわやめの**惑ひ**によりて〈万葉・六・一〇一九〉

まどひ-あり・く【惑ひ歩く】 動(カ四)あてもなく歩き回る。また、あわてて歩き回る。例露霜にしほたれて、所定めず**まどひありき**〈徒然・三〉

まどひ-もの【惑ひ者】 名 ❶定まった居所をもたず、さまよう人。浮浪者。例君の御出家候ひなば、御内の上下、皆**惑ひ者**になり候ひなんず〈平家・二・徳大寺厳島詣〉❷人の道にはずれた人。例大事の娘を唆し、**惑ひ者**になしたる恨み〈近松・五十年忌歌念仏・中〉

まと・ふ【纏ふ】 動(ハ四)❶身のまわりにつける。例大きなる毒蛇ありて、花の茎を**纏ひ**て住むなり〈今昔・四・三〇〉❷まわりにつきまとう。例足に**纏ひ**たる尾、引きほどきて〈今昔・三・二二〉

まど・ふ【惑ふ】

動(ハ四) 正常な判断ができず、どうしたらよいかわからなくなる意。上代は「まとふ」。

❶**途方にくれる。さまよう。** 例行方を知らに舎人は惑ふ(=行くべき所がわからないので舎人は途方にくれる)〈万葉・二・二〇一〉

❷**思い悩む。心が乱れる。** 例心**まどひ**て泣きふせる所に(=心が乱れて泣き臥している所に)〈竹取〉

❸**あわてる。うろたえる。** 例真実に絶えいりければ**まどひ**て願立てけり(=ほんとうに息絶えたので、あわてて神仏に祈った)〈伊勢・四〇〉

❹(他の動詞の連用形について)**ひどく～する。** 例家のさまも言ひしらず荒れ**まどひ**て(=家の様子も言いようがなくひどく荒れて)〈源氏・澪標〉

語誌▼類義語との関係 「まよふ」「まがふ」が本来対象を客観的にいうのに対し、「まどふ」は人間の心理をいう。「まよふ」はまっすぐであるべきものが乱れ絡まりあうことを意味するが、進む道筋が混線するという意で、「まどふ①」と区別があいまいになった。「まがふ」は、はっきり区別ができない・間違えるの意であるが、それが「まどふ」の、どうしていいかわからない、という意味と共通性をもつ。〈鉄野昌弘〉

まど・ふ【償ふ】 動(ハ四)うめあわせる。つぐなう。弁償する。例一両の銀子は私が**まどひ**ます〈西鶴・好色一代女・六・一〉

ま-どほ【間遠】 名 形動(ナリ)「まとほ」とも。❶(時間的・空間的に)隔たりのあるさま。例壁の中のきりぎりすだに**間遠に**聞きならひたまへる御耳に〈源氏・夕顔〉❷織り目や編み目の粗いさま。①の意を掛けて用いることも多い。例都の方のことづては、**間遠に**結へるませがき(=柴・竹で作った垣根)〈平家・灌頂・大原御幸〉

ま-どほ・し【間遠し】 形(ク)「まとほし」とも。「まどほ①」に同じ。例児らが家道やや**間遠き**を〈万葉・三・三〇二〉

まと-や【的矢】 名 的を射るときに用いる稽古用の矢。例鷹の羽にてはいだりける(=作った)**的矢**一手ぞさしそへたる〈平家・四・競〉

ま-とり【真鳥】 名〔「ま」は接頭語〕りっぱな鳥。多く鷲をいうが、鷹や雉・鵜をいうときもある。例**真鳥**住む雲梯の社の〈万葉・七・一三四四〉

まーどろ・む【微睡む】 動(マ四)〔「目まとろむ」の意。「とろむ」はとろけるような状態になる意〕❶うとうとする。とろとろ眠る。例夜の御殿おとどに入らせたまひても、**まどろませ**たまふことかたし(=ご寝所にお入りになられても、うとうとなさることもできない)〈源氏・桐壺〉 読解 死んだ桐壺更衣きりつぼのこういのことばかり考えている帝の様子。二つの「せたまふ」はともに最高敬語。❷眠る。**寝入る**。例若き人は何心なくいとよう**まどろみ**たるべし(=若い人は無邪気にとてもよく眠っているようだ)〈源氏・空蟬〉〈浅見和彦〉

まとわす【纏わす】 ⇩まとはす

まどわす【惑わす】 ⇩まどはす

まとーゐ【円居・団居】 イ— 名動(サ変)「まどゐ」とも。❶まるく輪に座ってだんらんすること。例思ふどち(=親しい者どうし)**まとゐせる**夜は〈古今・雑上〉❷集会。会合。宴会。例この院にかかる**まとゐ**あるべしと聞き伝へて〈源氏・若菜下〉

まと・ゐる【円居る・団居る】 マトイル 動(ワ上一)集まって輪になって座る。だんらんする。例よろづ代を君と**まとゐ**ばものも思はじ〈宇津保・吹上上〉

まーな【真名・真字】 名〔接頭語「ま」+名詞「な」。「な」は文字の意〕**漢字**。正式の文字の意。「まんな」「男手をとこで」とも。「かな」の対。例さかしだち**まな**書きちらしてはべるほども、よく見れば、まだいと堪へぬこと多かり(=利口ぶって漢字を書きちらしております程度も、よく見ると、まだひどく不十分な点が多い)〈紫式部日記〉 読解 清少納言評の一節。紫式部自身は人前では「一」という漢字も書けないかのようにふるまったという。

語誌 草体に対して、特に楷書かいしょ体をいうこともある。〈奥村悦三〉

まーな【真魚】 名〔「ま」は接頭語。「な」は副食物の意〕❶食膳しょくぜんに出される魚さかな。例**まな**の御あはせども調へて奉りはべりければ〈今鏡・九・祈る験〉❷「真魚の祝いはひ」の略。また、そのときの食物。例一院の御所にて、**真魚**きこしめす。いとめでたき事ども、ののしり過ぎもてゆく〈増鏡・さしぐし〉

まな【勿・莫】 副 禁止や制止の意を表す。～するな。だめだ。例**まな**と制したまふべきにもあらず(=お止めなさることもできない)〈栄花・浦々の別れ〉

まーなか【真中】 名〔「ま」は接頭語〕まんなか。例(弓ヲ)**真中**にあてて放ちけるほどに〈著聞集・九・三四七〉

まーなーかひ【眼間・目交ひ】 カイ— 名〔「目まな交かひ」の意。「な」は「の」の意の上代の格助詞〕目のあたり。眼前。例いづくより来きたりしものそ **まなかひ**にもとなかかりて〈万葉・五・八〇二〉➡名歌93

まーなーこ【眼】 名〔「目まな子こ」の意。「な」は「の」の意の上代の格助詞〕❶瞳ひとみ。また、眼球。例**眼**をつかみ潰つぶさん〈竹取〉❷眼力がんりき。例我ら凡夫ぼんぷの**眼**にて見つけん事はかたかるべし〈御伽草子・酒呑童子〉

まなーご【真砂】 名 細かい砂。「まさご」とも。例八百日やほか行く浜の**沙まなご**も我あが恋にあにまさらじか沖つ島守しまもり〈万葉・四・五九六〉

まなーご【愛子】 名 いとしい子。最愛の子。固有名詞的に女性の呼び名にも用いる。例父君に(=父君にとって)我は**愛子**ぞ 母刀自とじに 我は**愛子**ぞ〈万葉・六・一〇二二〉

まなこーゐ【眼居】 イ— 名 目つき。例鷺さぎは、いと見目みめも見苦し。**まなこゐ**なども、うたて(=気味悪く)よろづになつかしからねど〈枕・鳥は〉

まーなーざし【眼差し・目指し】 名〔「な」は「の」の意の上代の格助詞〕目つき。視線。例まことに思ひ切ったる**まなざし**〈太平記・二六〉

まーなーし【間無し】 形(ク)❶すきまがない。例竹玉たかたまを**間なく**貫ぬき垂れ〈万葉・三・四二〇〉❷絶え間がない。例**間なくそ** 雨は降りける〈万葉・一・二五〉❸即座だ。すぐだ。例**まなく**もとのごとくに〈西鶴・好色一代男・二・三〉

まーなーじり【眼尻・眥・眦】 名〔「目まな後しり」の意。「な」は「の」の意の上代の格助詞。古くは「まなしり」〕目尻めじり。例御**眦**に御涙をうかべさせたまひて〈曾我・七〉

まなーのーいはひ【真魚の祝ひ】 イワイ— 名 子どもに、生後初めて魚肉を食べさせる祝いの儀式。平安時代には生後約二〇か月、鎌倉時代には三歳、室町時代には生後一〇一日目、江戸時代は一二〇日目に行った。「真魚始はじめ」とも。

まなーばし【真魚箸】 名 魚を料理するときに用いる長い箸。例**真魚箸**削り、鞘さやなる刀(=包丁)抜いて〈宇治拾遺・二・三〉

まなーはじめ【真魚始め】 名「まなのいはひ」に同じ。例東宮御袴着おんはかまぎならびに御**真魚始め**とて〈平家・四・厳島御幸〉

まなーばしら 名 鳥の名。鶺鴒せきれいの古称。例**鶺鴒まなばしら**尾ゆきあへ〈記・下・雄略・歌謡〉 読解 官人たちが長い裾すそを互いに交差させて座っている様子。

まな・ぶ【学ぶ】 〔「ぶ」は接尾語〕1 動(バ四)❶習って行う。まねる。例偽りても賢を**学ば**んを、賢といふべし〈徒然・八五〉❷教えに従って習得する。学問する。例道を**学ぶ**とならば、善にほこらず、友がらに争ふべからず〈徒然・一三〇〉2 動(バ上二)1②に同じ。例唐国からくに・日の本もとのひろき文ふみの道をも**学び**ず〈千載・序〉 語誌「まね(真似)」と同根。⇩まねぶ

まーなーぶた【瞼】 名〔「目まな蓋ふた」の意。「な」は「の」の意の上代の格助詞〕まぶた。例**瞼**腫はれて〈万葉・一六・三八五六〉

まーなほ【真直】 ナオ— 形動(ナリ)〔「ま」は接頭語〕まっすぐだ。真実だ。偽りのない。例**真直に**しあらば何か嘆かむ〈万葉・七・一三九三〉

まに【摩尼】 名《仏教語》〔梵語の音写。珠・宝の意〕❶珠玉の総称。宝珠。悪を取り去り災難を避ける功徳があるとされる。「摩尼珠まにじゅ」「摩尼宝まにほう」とも。例(蓮華れんげノ)葉々えふえふごとに百億の大法**摩尼**を飾れり〈栄花・音楽〉❷宝珠の名。如意にょい宝珠。あらゆる願いを成就させるという。

まにーじゅ【摩尼珠】 名《仏教語》「まにしゅ」とも。「まに①」に同じ。例銀しろかねの壁、瑠璃るりの瓦かはら、**摩尼珠**の瓔珞やうらく(=飾り)〈今昔・三・一二〉

まにーほうでん【摩尼宝殿】 名《仏教語》兜率天とそつてんにある弥勒菩薩みろくぼさつの宮殿。多くの摩尼宝珠で飾ら

れているという。例（弥勒菩薩ガ）摩尼宝殿より天降りり〈平家・四・三井寺炎上〉

まにーま【随】 名 形式名詞として用いる。なりゆきに従うこと。⇩まにまに。例去年の秋相見しまにま（＝逢ったまま）今日見れば面やめづらし都方人〈万葉・一八・四一一七〉

まにまーに【随に】〔「に」は格助詞〕❶他の意志に従うさま。その心のままに。例(a)大君の任けのまにまに（＝天皇のご命令のままに）出でて来し我を送ると〈万葉・一七・三九五七〉例(b)このたびはぬさもとりあへず手向山紅葉の錦神のまにまに〈古今・羇旅〉➡名歌160 ❷事のなりゆきに任せるさま。〜にしたがって。〜にまかせて。例大舟の行きのまにまに宿りするかも〈万葉・一五・三六四四〉❸ある事柄の進行につれて、他の事柄が進行するさま。〜につれて。〜とともに。例かくて漕ぎ行くまにまに、海のほとりにとまれる人も遠くなりぬ〈土佐〉

まぬか・る【免る】 動（ラ下二）「まのかる」とも。まぬがれる。のがれる。例生ける者死ぬといふことに免れぬものにしあれば〈万葉・三・四六〇〉

まーぬ・く【間抜く】 動（カ四）間にある物を抜き取る。例（並ベタ碁石ヲ）かれこれまぬき行くほどに〈徒然・一三七〉

まね・く【招く】 動（カ四）❶合図や手紙などで、近くに来るよう促す。例秋の野の草のたもとか花すすき穂に出でてまねく袖と見ゆらん〈古今・秋上〉❷ある結果を身に被る。ある効果を身にもたらす。例神明の天罰をまねき〈平家・一〇・請文〉

まね・し【多し・数多し】 形（ク）数が多い。たび重なる。例やまず行かば人目を多み まねく行かば人知りぬべみ〈万葉・二・二〇七〉➡名歌45

まねびーいだ・す【学び出だす】 動（サ四）本物に似せて話す。見聞きしたことをそれらしく話す。例さてありぬべき方をば（＝なんとかなりそうなところを）つくろひてまねび出だすに〈源氏・帚木〉

まねびーた・つ【学び立つ】 動（タ下二）見聞きしたことを、一つ一つ漏らすことなく語る。いちいち詳しく話す。例このほどの儀式などもまねびたてむに、いとさらなりや〈源氏・若菜上〉

まね・ぶ

【学ぶ】 動（バ四）名詞「まね」に接尾語「ぶ」がついて動詞となったもの。対象をまねて再現する意。

❶口まねする。**まねをして言う**。例鸚鵡、いとあはれなり。人の言ふらむことをまねぶらむよ（＝鸚鵡は、たいそうおもしろい。人が言うようなことをまねするというよ）〈枕・鳥は〉読解鸚鵡は平安時代には珍しい鳥。清少納言も実物を見ていないため「まねぶらむ」と伝聞の形で言う。

❷**見たり聞いたりしたことを、そのまま人に話し伝える**。例かかること、なまねびたまひそ。かたはなり（＝このようなことを、お伝えにならないでください。不都合です）〈落窪・二〉読解縁談を聞いた男君の言葉。

❸**習得する**。**学問や技芸などの教えを受ける**。例文の才をまねぶにも…及ばぬところの多く（＝漢学を習得するのにも…いたらない点が多く）〈源氏・少女〉

語誌▼「まねぶ」と「まなぶ」　「まなぶ」は主に「まねぶ」の③の意で用いられる。この二語については、「まなぶ」は「まねぶ」から転じた語であるとも、「まなぶ」の名詞形「まね」から「まねぶ」が派生したともいわれる。ともに「まね（真似）」と同根の語であり、手本となるものをまねることによって習得する意。「まねぶ」は四段活用で主に和文系の文に用いられ、一方「まなぶ」は、古くは上二段活用で主に漢文訓読系の文に見られたが、のち四段活用に転じた。〈松井健児〉

まーのーあたり【目の当たり】 ❶名 形動（ナリ）❶目の前であること。例目のあたりをちらりちらりとちらめくは何者ぞ〈狂言・朝比奈〉❷直接会うこと。直接であること。例目のあたりならずとも、さるべからむ雑事らは承らむ〈源氏・帚木〉❸明らかなこと。当然。例ここに集まることまのあたりなることわりなり〈読本・雨月・貧福論〉❷副❶直接。例仏の前にありて、まのあたりこの経を聞きしに〈今昔・七・一二〉❷目の前で見るかのように、はっきりと。例まのあたり兄弟を夢に見て、昔こひしくなりぬ〈曾我・一二〉❸すぐに。たちまち。例二位殿にまのあたりうき目を見せまゐらせんも心苦しければ〈平家・七・一門都落〉

まーのし 名 動（サ変）澄ました顔をすること。まじめくさった顔をすること。一説に、目を見張ることとも。例山伏が顔を見れば、少しも事と思ひたる気色もせず、少しまのししたるやうにて〈宇治拾遺・五〉

まはし【回し・廻し】 名『近世語』❶金銭のやりくり。例米の売りやう、金銀の回しをだに心得たらば、召し抱へられん〈仮名草子・浮世物語・一・七〉❷会合などを輪番ですること。例老僧・小僧・児・若衆言ひ合はせて、随意講（＝無礼講）のまはし始まれり〈醒睡笑・六〉❸ふんどし。下帯。また、女性の腰に巻く布子。例男ぢゃもの廻しをせいで（＝しないで）よいものか〈近松・五十年忌歌念仏・上〉

まは・す【回す・廻す】 動（サ四）❶丸く輪のように回転させる。❷隅々まで行き渡らせる。思いや考えをめぐらす。例いと急に、のどめたるところおはせぬ大臣の（＝たいそう短気で、落ち着いたところがおありでない大臣が）、思しもまはさずなりて〈源氏・賢木〉❸必要なところへ差し向ける。手配する。人を自分の思いどおりに使う。例それより車まはさせたまひて〈宇津保・蔵開上〉❹金銭をやりくりする。資金を運用する。例利（＝利息）を一ケ月も重ねぬやうにまはせば〈西鶴・日本永代蔵・四・五〉

まーはに【真赤土】 名〔「ま」は接頭語〕埴の美称。例大和の宇陀の真赤土のさ丹着かばそこもか人の我を言なさむ〈万葉・七・一三七六〉

まーばゆ・し

【目映し・眩し】 形（ク）「はゆし」はまばゆい意。まぶしくてまともに見られないさまをいう。

❶**光が強くてまぶしい**。例日のかげも暑く、車にさし入りたるもまばゆければ（＝日の光も暑く、車の中にさ

しこんでくるのもまぶしいので〈枕・祭のかへさ〉
❷まぶしく感じるほど美しい。華やかだ。例いとまばゆきまでねびゆく人の容貌かな(＝ほんとうにまぶしく感じるほど美しいまでに成長した人の顔立ちであることよ)〈源氏・葵〉読解光源氏についての感想。
❸恥ずかしい。気がひける。例髪の筋なども、なかなか昼よりも顕証に見えて、まばゆけれど(＝毛筋なども、かえって昼間よりもはっきりと見えて、恥ずかしいけれど)〈枕・宮にはじめてまゐりたるころ〉
❹見ていられない。目を背けたくなる。例いとまばゆき人の御おぼえなり(＝まったく目を背けたくなるような御寵愛である)〈源氏・桐壺〉読解桐壺更衣に対する帝の度が過ぎた寵愛ぶりをいう。
語誌 視覚的な感覚のありようから、物事の受け止め方へと転じられた。すでに平安時代において②〜④のような用法が中心になる。〈高田祐彦〉

まはり【回り・廻り】 名❶周囲。例大きなる柑子の木の、枝もたわわになりたるが、まはりを厳しく囲ひたりしこそ〈徒然・一一〉❷商売で、得意先をまわり歩くこと。また、その人。例まはりの髪結の上手な奴が〈滑稽本・浮世床・三下〉❸酒宴で、杯のやりとりをすること。また、その作法。例盃のまはりも少しはさばきて〈西鶴・好色一代女・五・一〉

まーはり【真榛】 名(「ま」は接頭語)榛の木の美称。例住吉の遠里小野のま榛もち摺れる(＝榛の木で染めた)衣の盛り過ぎ行く〈万葉・七・一一五六〉

まは・る【回る・廻る】

動(ラ四)❶回転する。例水車…おほかためぐらざりければ、とかく直しけれども、つひにまはらで、いたづらに立てりけり(＝水車は…少しも回らなかったので、あれこれ直したけれども、とうとう回転しなくて、無駄に立っていた)〈徒然・五一〉
❷迂回する。ほかの場所を通ってある所に出る。例大宮より五町ばかり山をまはっ(音便形)て滝の宮へ参らせたまふ(＝神社の本社から五町ほど山を迂回して滝の宮にご参詣になる)〈平家・四・還御〉読解「町」は長さの単位。
❸隅々まで行く。例大長刀の鞘をはづし、左右に持ってなぎまはりたまふ(＝隅々まで振り回してお行きになる)〈平家・二・能登殿最期〉
❹近世の用法。金が利益を生む。例小判貸しの利(＝利息)は何程にまはるものぞ〈西鶴・好色一代男・七・三〉
語誌▼主に中世以降に用いられた。『今昔物語集』に一例あるのが古い例である。
▼類義語「めぐる」が時間的に順繰りに移動して、元に戻る意であるのに対し、「まはる」は移動の軌跡が円になっているというニュアンスが強い。しかし①の例のようにほぼ同義で用いられることもあり、それらの意義では「めぐる」に替わって用いられるようになる。〈鉄野昌弘〉

まひ【舞】 名❶舞うこと。音楽や歌謡に合わせて体や手足を動かすこと。例儛ひする女〈記・下・雄略・歌謡〉❷「かうわかまひ」に同じ。

まひ【幣】 名謝礼として神に捧げたり、人に贈ったりするもの。例(死ンダ我ガ子ハ)若ければ道行き知らじ賂はせむしたへの使ひ(＝冥途の使者よ)負ひて通らせ〈万葉・五・九〇五〉

まーひ【真日】 名(「ま」は接頭語)日の美称。例ま日暮れて夕なは来なに(＝夕方は来ないで)〈万葉・一四・三四六一〉

まーびき【目引き】 名目くばせ。例御前の目引きに従ひて、さし出づる人もなかりければ〈著聞集・八・三一九〉

まーびさし【目庇・眉庇】 名兜の鉢の前方に庇のように突き出て、下方の額を覆うもの。⇩よろひ(図)

まーひと【真人】 名天武天皇一三年(六八四)に定められた八色の姓の第一位。皇族に授けられた。平安時代には廃れた。もとは貴人に対する一般的尊称だったらしい。

まひーなひ【賂・幣】 名❶謝礼として物を贈ること。また、その物。例神に供まつる幣を課す〈紀・孝徳〉❷わいろ。

まひーな・ふ【賂ふ・賄ふ】 動(ハ四)依頼や謝礼のために物を贈る。また特に、賄賂を贈る。例いまは徳つきたまひなむずるに(＝財産ができになったろうから)、まひなへかし〈著聞集・一六・五二四〉

まひーびと【舞人】 名儀礼などで舞を舞う人。例臨時の祭り明後日とて、助けにはかに舞人にめされたり〈蜻蛉・下〉読解「助」は息子の道綱。

まひーひめ【舞姫】 名「まひびめ」とも。❶舞を舞う女性。特に、五節の舞を舞う少女。例五節の舞姫を見て詠める〈古今・雑上・詞書〉❷神に舞を奉納する巫女。例かの社には…優なる舞姫どもおほく候ふ〈平家・三・徳大寺之沙汰〉

まひーまひ【舞舞】 名扇で拍子を取り、合戦など叙事的な詞章をリズミカルに謡い舞う舞曲。また、それを演じる人。曲舞やその流れをくむ幸若舞をさすこともある。室町時代から江戸時代中ごろまでは武家に好まれ行われたが、その後は俗化して門付け芸の一つとなった。例東隣には舞々住みけるが〈西鶴・世間胸算用・一・二〉

まーびろ・く【真広く】 動(カ下二)(「ま」は接頭語)「まひろぐ」とも。衣服をゆったり着る。はだける。例指貫・直衣などを引き下げて、真広けて出で来たり〈宇津保・蔵開上〉

まびろけーすがた【真広け姿】 名「まひろげすがた」とも。衣服をしまりなくはだけて、くつろいだ姿。例まひろげ姿もをかしう見ゆ〈枕・すきずきしくて〉

ま・ふ【舞ふ・廻ふ】

動(ハ四)「まはる(回る)」と同根。平面上をぐるぐる回る、が原義。
❶旋回する。まわる。例匏、波の上に転ひつつ沈まず(＝瓢箪は、波の上でまわりながら沈まない)〈紀・仁徳〉
❷音楽に合わせて手足を動かす。舞いをする。例源氏の中将は、青海波をぞ舞ひたまひける〈源氏・紅葉賀〉読解「青海波」は唐楽に属する雅楽の曲名。
❸鳥や蝶などが空中を飛びまわる。例大原や蝶の出て舞ふ朧月〈俳諧・北の山〉➡名句37
❹【廻ふ】(「走りまふ」などの形で)あちこち動きまわ

る。迅速・敏捷に行動する。例走りまひて、中御門の門より入りて〈宇治拾遺・一三〉

語誌▼類義語「踊る」は跳躍運動についていうのが原義。▼古代では神懸かりと関連が深く、これがのちに芸能化した。〈馬場光子〉

まーぶし【目伏し】 名 目つき。まなざし。例この聖も、丈高やかに、**まぶし**つべたましくて(=険しくて)〈源氏・柏木〉

まぶ・る【守る】 動(ラ四)〔「まぼる」の変化した形〕❶見つめる。じろじろ見る。例わらはが顔をあいつに**まぶら**せう〈狂言・鏡男〉❷まもる。例身(=私)の代はりに、仏**まぶり**たまふらん〈浜松中納言・四〉

まへ

【前】 マエ ■1名❶**目の向いている方向・位置。**面前。例斎ひ瓮を前に据ゑ置きて〈万葉・三・四四三〉読解「斎ひ瓮」は神に供える酒を入れる器。
❷**山河・建物・調度類などの正面。**例その家の**前**の海のほとりに遊び歩きて(=その家の前の海辺で遊びまわって)〈伊勢・八七〉
❸**建物の前面の庭。**前庭。例格子手づから上げたまひて、**前**の前栽の雪を見たまふ(=格子をご自身でお上げになって、前庭の植え込みの雪をご覧になる)〈源氏・末摘花〉
❹**衣服の正面にあたる部分。**例狩衣の**まへ**まき入れてもゐるべし(=狩衣の前の部分を膝の下に巻き入れて座るようだ)〈枕・にくきもの〉読解狩衣の帯から下に垂らした部分は、座るときは前に出しておくのが作法であった。
❺**高貴な人の、面前や進行方向。**その面前に出る許しを得ることや、貴人を先導して進行の妨げを除くことなどにいう。例正月の一日ごろに、**前**許されたりけるに(=主人の御前に出ることを許されたときに)〈後撰・春上・詞書〉
❻**法会などに僧をもてなす膳。**僧膳。例七僧の**前**の事もせさせたまひけり(=おさせなさった)〈源氏・蜻蛉〉
❼**体の正面の意で、特に陰部をさす。**例男の、**前**のかゆきやうなりければ(=かゆいようだったので)、探りてみるに物なし〈宇治拾遺・一〇六〉
❽**思惑。体裁。**人の見る前の意から、人に見られ、思われることを気にしていう。例それよりまあ、茶屋の**前**もおっす(=茶屋に対する体裁もございます)〈洒落本・傾城買二筋道〉
❾(「〜のまへ」の形で)**女性の名につける敬称。**例名をば千手の**前**と申し候ふ〈平家・一〇・千手前〉
■2名副 **先行する時点や時間。**以前。前回。例(a)初瀬にて、**前**のたび、稲荷より賜ふしるしの杉よとて(=初瀬詣でで、前回のとき、稲荷から下さったしるしの杉だぞ、と言って)〈更級〉例(b)**まへ**頼うだ比丘尼が泣く(=先に頼んでおいた尼が泣く)〈狂言・泣尼〉
■3接尾 人数を表す数詞について、それに該当する分量などを表す。「二人前」「三人前」など。

語誌▼「ま」は目、「へ」は辺を語源とする。①の目が向いた方向・位置をさすのが原義で、この意は「しりへ(尻辺)」の対である。また、②のように物の正面を表す場合は「うしろ」の対であり、②の意からは、③〜⑨の特殊な意味・用法も分化している。なお、⑤における貴人の面前の意は、「おほまへ」や「おまへ」の形で、間接的に高貴な人自身をさす尊敬語にもなる。▼□2は□1①②などの空間的な位置のとらえ方を、時間的な意に用いたもの。副詞としても用いるので、□1とは区別した。これは中世以降、同様の意の「さき」との類義性を高めたものであり、「のち」の対になる。〈山口堯二〉

まへ-いた【前板】 マエ 名 牛車の前の入り口に横に渡した板。例(牛ノ)足掻きの水、**前板**までささと(=さっと)かかりけるを〈徒然・一一四〉

まへ-かた【前方】 マエ ■1名副❶時間的に二つに分けて早いほう。また、早いほうに属すること。例**前方**は賀茂に詣まり、今一方は北野に詣づ〈栄花・歌合〉❷その時よりも前に。以前。かつて。例**前方**拝見致いた事がござる〈虎寛本狂言・比尼貞〉❸事前に。前もって。あらかじめ。例明日も、さる方へ使ひにやらうと存ずるほどに、「**前方**より参れ」と申しつけうと存ずる〈狂言記・鶏立の江〉■2形動(ナリ)❶時代遅れだ。古くさい。例そんな**前かたなる**仕掛け、四も五もくはぬ事(=絶対に引っかからないことだ)〈西鶴・西鶴置土産・一・三〉❷未熟だ。例この里の諸分け(=遊里での作法・習慣)**まへかたに**て、気のつかぬ事多し〈西鶴・色里三所世帯・上・五〉❸控え目だ。例調子に乗りても、物は**前方に**言ふべし〈浮世草子・傾城禁短気・二・四〉

まへ-かど【前廉】 マエ 名副 以前。かつて。例宿よりは**前廉**の書き出し(=請求書)〈西鶴・好色一代男・六・一〉

まへ-がみ【前髪】 マエ 名 額の上の髪を別に束ねたもの。特に、江戸時代の女性や少年についていう。転じて、元服以前の少年。例朝夕近う召し使はれし**前髪**に〈西鶴・好色一代女・一・三〉

まへ-く【前句】 マエ 名 連歌や俳諧の付け合いで、付け句を付けられる句。

まへく-づけ【前句付け】 マエク 名❶連歌や俳諧で、前句に付け句を付けること。❷江戸時代に流行した雑俳の一種。七・七の前句に五・七・五の付け句を付けるもの。句の付けぐあいの機知や滑稽さを競う遊戯的な要素が喜ばれた。おもしろい付け句だけを選んで出版されることもあり、そこから川柳も生まれる。

まへ-だて【前立て】 マエ 名 兜の前面上部につける飾り物。鍬形・半月・日輪など種類は多い。

まへ-だれ【前垂れ】 マエ 名❶前方に下がっていること。前下がり。例大きなる打ち刀、**まへだれ**にさし〈平家・四・永僉議〉❷前掛け。例薄色の**まへだれ**、中幅の帯を左の脇に結び〈西鶴・好色一代女・六・三〉

まへ-つ-きみ【公卿】 マエ 名〔「前つ君」の意。「つ」は「の」の意の上代の格助詞〕天皇の御前に伺候する人を敬っていう語。朝廷に仕える高官。「まうちきみ」「まちきみ」とも。例朝霜の(枕詞) 御木のさ小橋 **群臣** い渡らすも 御木のさ小橋〈紀・景行・歌謡〉

まへ-まうし【前申し】 マエモウシ 名 取り次いで、主人の前でものを申し上げること。また、その人。例御**前申**

しこそ、御暇のひま(=おひまな時間)なかべかめれど〈蜻蛉・下〉

まへ-やく【前厄】マエ 名 厄年の前の年。ふつう男性の二十四歳・四十一歳、女性の十八歳・三十二歳など。後厄の年までの三年間、不運が続くとされる。⇩やくどし。例四十一の**前厄**に蕎切りと西瓜と食ひ合はせて死んだり〈浮世草子・好色万金丹・一・三〉

まへ-わ【前輪】マエ 名 鞍の前部の山形に高くなった部分。⇩くら(図)。例(敵ヲ)鞍の**前輪**におしつけ、首かききって捨ててんげり〈平家・七・実盛〉

まへ-わたり【前渡り】マエ 名 ❶前を通り過ぎること。また、その人。素通り。例(帝ガ)あまたの御方々を過ぎさせたまひて、隙なき御**前渡り**に、人の御心を尽くしたまふも(=女御・更衣のお部屋)(=やきもきさせなさるのも)〈源氏・桐壺〉 ❷上位の人を飛び越えて昇進すること。例左大弁の**まへわたり**、まかりならぬものなり〈宇津保・国譲上〉

ま-ほ【真帆】 名〔「ま」は接頭語〕帆を船の正面に向けていっぱいに広げ、その全面で風を受けること。また、その帆。例鳰の海や霞のをち(=かなた)にこぐ舟の**まほ**にもはるのけしきなるかな〈新勅撰・春上〉 読解「はる」は帆を張る意と春の意を掛ける。

ま-ほ

【真秀・真面】 名 形動(ナリ)「ま」は完全に整っている状態をいう。「ほ」は他から抜きん出てすぐれているもの、の意。「かたほ(片秀)」の対。

❶完全だ。よく整っている。完璧だ。例(返歌ヲ見ルト)書きざまなどさへいとをかしきを、**まほに**もおはする人かなと見る(=歌の書きぶりまでも実に趣深いので、完璧でいらっしゃる人であるよと思う)〈紫式部日記〉

❷直接的だ。あらわだ。例(a)七夕の天のいは舟今夜こそ秋風吹きて**まほに**逢ふらめ(=七夕の天の岩船は今夜こそ秋風が吹いて船出をし、牽牛と織女は直接に逢っていることだろう)〈新千載・秋上〉例(b)**まほ**ならねども見しほどを思ひやるもをかし(=直接では

ないけれども見たときのことに思いをはせるのもおもしろい)〈源氏・若紫〉

❸あからさまだ。公然。まともな態度で行動すること。例**まほに**もえのたまはで(=公然とはおっしゃることはできず)〈源氏・紅葉賀〉

❹正式だ。仮でない。例**まほ**のくはしき日記にはあらず(=正式の詳細な日記ではない)〈源氏・絵合〉 読解 光源氏が須磨に退去していたときの日記。正式の、日々の行事や公務を記した漢文の日記ではないということ。

語誌▼掛詞の用法 ②の例(a)のように、和歌では、多く「真帆」と掛けて用いる。〈米山敬子〉

まほし

助動(シク型) 話し手、または、それ以外の人が自分の動作の実現を希望する意を表すほか、他に対して望む意の希望にも用いられる。

❶話し手が自分の動作の実現を希望する意を表す。〜たい。例名取川、いかなる名を取りたるならんと聞か**まほし**(=名取川は、どんな評判を取っているのだろうと聞きたい)〈枕・河は〉

❷話し手以外の人がその動作の実現を希望する意を表す。〜たい。〜たがる。例(ソノ男タチハ)かぐや姫を見**まほしう**(音便形)て、物も食はず思ひつつ(=かぐや姫を妻にしたがって、物も食べないで慕い続けて)〈竹取〉

❸他に対する希望の意を表す。〜てほしい。例あな羨まし。世にあらん思ひ出、かくこそあら**まほしけれ**(=ああ羨ましい。この世に生きている思い出は、このようでこそあってほしい)〈徒然・一五三〉

接続▶動詞型活用語の未然形につく。

活用▶シク型 表内の〔 〕は異説のあるもの。

未然形	連用形	終止形	連体形	已然形	命令形
〔まほしく〕 まほしから	まほしく まほしかり	まほし	まほしき まほしかる	まほしけれ	○

語誌▼語源 助動詞「む」のク語法「まく」に形容詞「欲し」がついた、上代の「まくほし」から転じたものであろう。③の意味は、例のように「あり」についた形に多い。

▼使用時期と関連語 「まほし」が盛んに用いられたのは平安時代である。中世には、より新しい言い方である「たし」が優勢になる。

▼音便形 連用形「まほしく」には、「まほしう」(「しう」は「しゅう」と発音)というウ音便形がある。

▼異説 仮定を表す「まほしく」などから、未然形「まほしく」を認める説もある。〈山口堯二〉

まほしから 希望の助動詞「まほし」の未然形。

まほしかり 希望の助動詞「まほし」の連用形。

まほしかる 希望の助動詞「まほし」の連体形。

まほしき 希望の助動詞「まほし」の連体形。

まほしく 希望の助動詞「まほし」の連用形。

まほしけれ 希望の助動詞「まほし」の已然形。

ま-ほ-ら 名〔「ま」は接頭語。「ほ」は抜きんでてすぐれている意。「ら」は場所を示す接尾語〕すぐれた、よい所。「まほらま」「まほろば」とも。例聞こし食す(=お治めなさる)国の**まほら**ぞ〈万葉・五・八〇〇〉

まぼら・ふ【守らふ】マボラウ・マボロウ 動(八下二)「まもらふ②」に同じ。

まほら-ま 名「まほら」に同じ。

まぼ・る【守る】 動(ラ四)〔「まもる」の変化した形〕❶見まもる。じっと見る。また、見張る。例(毛虫ヲ)手のうらにそへふせて**まぼり**たまふ〈堤中納言・虫めづる姫君〉 ❷守護する。決まりや教えを順守する。まもる。例城の口をかためて**まぼる**べし〈平家・二・六代被斬〉

まぼろし【幻】 名 ❶幻影。実体のないものが、現実に存在するように見えるもの。例人々の夢にも見え、**まぼろし**にも立ちけり〈平家・三・頼豪〉 ❷仙術・幻術などを使う人。例たづねゆく**まぼろし**もがなつてにても魂のありかをそこと知るべく〈源氏・桐壺〉

まほろ-ば 名「まほら」に同じ。例倭は 国の**まほろば** たたなづく 青垣 山隠れる 倭しうるはし

〈記・中・景行・歌謡〉↓名歌387

まま-【継・庶】 接頭 親族に関する語につく。❶実の親子ではないことを表す。「まま母」「まま子」など。❷母親違い、または、父親違いの兄弟・姉妹であることを表す。「まま兄」「まま妹」など。

まま【儘・随】 名〔「まにま」の変化した形〕多く形式名詞として用いる。⇩ままに。❶～のとおり。例月を見て思ふ心のままならば行方も知れずあくがれなまし〈金葉・秋〉❷思いどおりになること。心のまま。例世の中の事、ただなかばを分けて(=もっぱら二分して)、太政大臣・この大臣の御ままなり〈源氏・澪標〉❸動作や状態が終わったあと、そのままであること。例「内裏よりか」とのたまへば、「しか。まかではべるままなり(=そうです。退出したそのままです)」〈源氏・末摘花〉読解 退出したその足でここに来た、ということ。

まま【乳母】 名 うば。めのと。例ままがこの(引ッ越シノ)御いそぎ(=ご準備)に心を入れて〈源氏・浮舟〉

ま-ま【間間】 ❶名 物と物の間。例石橋の間々に生ひたるかほ花(=花の名)の〈万葉・一〇・二二八八〉❷副 ときどき。たまたま。例古き絵ざうしにまま見及びぬ(=見ることができる)〈滑稽本・浮世風呂・前上〉

ま-まき【真巻・細射】 名 木に竹を張り合わせて作った弓。一説に、木に樺の皮などを巻きつけて作った弓とも。また、それに用いる矢。的弓や遊戯に用いる。例若く身は貧しくてぞありけるに、ままきを好みて射けり〈宇治拾遺・一八九〉

まま-こ【継子】 名 実子でない子。血縁のない親子の間柄の子。例わが継子の、式部丞にて蔵人なる、内裏の御使ひにて参れり〈源氏・東屋〉

ままこ-だて【継子立て】 名 碁石を用いる遊戯の名。黒白の石を十五個ずつ並べ、数えて十番目にあたる石を順次取り除き、最後に残った石を勝ちとするもの。黒白の一方を継子、もう一方を実子に見立てることからの称。例継子立てといふものを双六の石にて作りて〈徒然・一三七〉

まま・し【継し】 形(シク) 実の肉親関係にない。継父母・継子、または、腹違いの兄弟姉妹の関係にある。例継しき仲の悲しさは〈御伽草子・朝顔の露〉

まま-に【儘に・随に】 名詞「まま」＋格助詞「に」。「まま」は「まにま」の変化した形。一語化して接続助詞のような働きを示す。

❶～にしたがって。～につれて。例(a)月のいとあかきに川を渡れば、牛の歩むままに、水晶などの割れたるやうに水の散りたるこそをかしけれ(=月のたいそう明るい夜に川を渡ると、牛車の牛が歩くにつれて、水晶などが割れたように水が飛び散っているのが趣があることだ)〈枕・月のいとあかきに〉例(b)神無月しぐるるままに暗部山下照るばかり紅葉しにけり(=十月には時雨が降るにつれて暗いはずの暗部山も木の下が美しく照り輝くほど紅葉したなあ)〈金葉・冬〉❷～のとおりに。～にまかせて。例(a)枕だに知らねば言はじ見しままに君語るなよ春の夜の夢(=枕さえも知らないのだから言うまい。見たとおりに、あなたよ、話してはならない。この春の夜の夢のような逢瀬を)〈新古今・恋三〉例(b)これが声のままに言ひたることなど語りたる(=その子の声のとおりに言ったことなどを話していること)〈枕・かたはらいたきもの〉例(c)お好みのままに〈日葡〉❸～と同時に。～とすぐに。～やいなや。例この皇子「今さへ何かと言ふべからず」と言ふままに縁にはひ上りたまひぬ(=この皇子は「今となってはなにやかやと言ってはいけない」と言うやいなや縁側にはいのぼりなさった)〈竹取〉

〈野村剛史〉

真間の継ぎ橋 名 歌枕 下総国真間、今の千葉県市川市真間町あたりにあったとされる橋。和歌では、「まま」の音から「儘」に掛けたり、『万葉集』の真間の手児奈伝説を連想させたりする。例かきたえし真間の継ぎ橋ふみ見れば〈千載・雑体〉読解「ふみ」は、「文」と「踏み」を掛ける。

真間の手児奈 《人名》伝説上の女性の名。その伝説は処女塚伝説の一種で、『万葉集』に山部赤人の作(巻三)、高橋虫麻呂の作(巻九)などとして所収。下総国葛飾郡真間(千葉県市川市)に住んでいた美しい処女手児奈が、大勢の男たちから同時に求婚されたのに困惑して入水した話。『万葉集』の作は、いずれも処女のけなげな死を美化している。近世、上田秋成の読本『雨月物語』中の「浅茅が宿」も、この伝説を取り入れている。

ま-み【目見】 名 ❶目のあたりの様子。例(泣イテ)うち腫れたるまみも、人に見えんが恥づかしきに〈源氏・少女〉❷目つき。例水の底を深く眺め入りたるまみの気色(=様子)〈狭衣・二〉

ま-み・ゆ【見ゆ】 動(ヤ下二)〔「目見ゆ」の意〕「会ふ」の謙譲語。お目にかかる。例異朝富有の来客

継子いぢめの話

継母が継子をいじめるという話。古くから広く伝えられてきた伝承・物語・昔話のなかに多くみられる話である。継母が実の娘をかわいがって、逆に継子である娘を徹底的にいじめるが、のちに、偶然の幸運が訪れたり超人的な力が現れたりして、やがて継子の娘が幸運を手にするのに対し、継母とその実の娘たちが不幸な結末になるという内容になっている。

平安時代、十世紀末ごろに成立した『落窪物語』は、その典型的な物語。中納言忠頼の娘が、継母のために落ちくぼんだ部屋におしこめられて冷遇されるが、気転のきく侍女のあこぎの手引きで左近少将道頼に懸想されて幸福な生活に入る、という筋である。ほかに、『住吉物語』(もとは平安時代の作。現存のものは鎌倉時代中期の改作)も、同趣向の物語としてよく知られている。『源氏物語』の紫の上と継母(式部卿宮の北の方)との話にも、この話が変形されながら取りこまれている。

〈鈴木日出男〉

にまみえん事、且つうは(=一方では)国の恥〈平家・三・医師問答〉

まみ・る【塗る】 動(ラ下二) 血・汗・泥などの汚れがあちこちにつく。まみれる。例血に**まみれ**たる男、前に来てひざまづきて〈大和・一四七〉

まめ

【忠実・実】 形動(ナリ) 浮ついたところがなく、実生活に根付いた感じを表す。

❶**誠実だ。まじめだ。実直だ。** 例いと**まめに**じちようにて、あだなる心なかりけり(=たいそうまじめで実直で、浮ついた心はなかった)〈伊勢・一〇三〉 読解 この「まめ」と「じちよう」はほぼ同じ意に用いている。

❷**勤勉だ。熱心だ。忠実だ。** 例**まめなる**男ども二十人ばかり遣はして、麻柱に上げ据ゑられたり(=忠実な下男を二十人ほど派遣して、足場に登らせておかれた)〈竹取〉

❸**実際に役立つさま。実用的だ。** 例はかなきことにも**まめなる**方にも、思ひやり多かる御心ばへ(=ちょっとしたことにも実際的な方面にも、思いやりが深くていらっしゃるお人柄)〈源氏・総角〉

❹**体が丈夫なさま。健康だ。すこやかだ。** 例心、身の苦しみを知れれば、苦しむ時は休めつ、**まめなれば**使ふ(=心は、体の苦しみを知っているので、苦しい時は体を休め、元気ならば体を使う)〈方丈記〉 読解「まめなれば」は「已然形＋ば」で仮定的な意味を表す例。中世以降しだいに見られるようになる用法。

対義 ①〜③あだ(徒) 〈岩坪健〉

まめ-いた【豆板】 名「豆板銀」の略。例前巾着より一歩(=一歩金)ひとつ、**豆板**三十目程〈西鶴・好色一代女・二・三〉

まめいた-ぎん【豆板銀】 名 江戸時代の豆粒の形をした銀貨。丁銀の補助貨幣で、大小・軽重は一定せず、使用するときに計量して用いる。上方では「小粒」とも。

まめ-がら【豆幹】 名 豆の実を取り去ったあとの枝・茎・さやなど。燃料に用いる。例焚かるる**豆幹**のはらはらと鳴る音〈徒然・六九〉

まめ-ごころ【忠実心】 名 まじめな心。誠実な心。真剣な気持ち。例**まめ心**もなまあくがるる(=なんとなく落ち着かない)心地す〈源氏・野分〉

まめ-ごと【忠実事】 名 ❶大切なこと。まじめなこと。例**まめごと**聞こゆれば、そらめにおはするかな(=いいかげんな答えをなさることだ)〈宇津保・内侍のかみ〉 ❷政務や日常生活に関すること。例年ごろ、**まめ事**にもあだ事(=ちょっとした遊びごと)にも召しまつはし〈源氏・若菜下〉

まめ-ざま【忠実様】 名 まじめな様子。誠実な態度。例あやしき(=不思議なくらいの)**まめざま**をかくたまふとほほ笑むらむ〈源氏・夕霧〉

まめ-だ・つ【忠実立つ】 動(タ四)〔「だつ」は接尾語〕まじめそうにふるまう。誠実そうな態度を示す。本気になる。例さこそ**まめだち**たまへど…旅寝したまふ辺りもあるにや(=お泊まりになる女性の所もあるのでは)〈狭衣・一〉

まめ-びと【忠実人】 名 まじめな人間。誠実な人。堅物。例**まめ人**の名をとりてさかしがりたまふ(=利口そうにしておられる)大将〈源氏・夕霧〉

まめ-まめ・し【忠実忠実し】 形(シク)〔形容動詞「まめ」を重ねて形容詞化した語〕❶いかにも誠実だ。とてもまじめだ。例あはれに**まめまめしう**(音便形)のたまふを〈宇津保・楼上下〉 ❷実際的だ。堅実だ。例**まめまめしき**物はまさなかりなむ(=つまらないでしょう)〈更級〉 読解 贈り物の話。

まめ-めいげつ【豆名月】 名 陰暦九月十三夜の月。名月として鑑賞される。枝豆などを供えることからいう。

まめ-やか【忠実やか】 形動(ナリ)〔「やか」は接尾語〕❶心がこもっている。誠実だ。本気だ。例大殿の御心のあはれに**まめやかなる**を〈狭衣・二〉 ❷本当だ。真実だ。例**まめやかには**(=実のところ)、いと行く先少なき(=命が長くない)心地するを〈源氏・若菜下〉 ❸本格的だ。「まめやかに」の形で、下の語の程度のはなはだしさを表すことが多い。例雪いたう(=ひどく)降りて、**まめやかに**積もりにけり〈源氏・幻〉 ❹実用的・日常的だ。生活に根ざしている。例月ごとの用意など、**まめやかなる事**ども〈発心集・六・七〉

まめ-をとこ【忠実男】 名 誠意のある男性。まじめな男性。また、好色な男性。例(ソノ女ニ)かの**まめ男**、うち物語らひて〈伊勢・二〉 語誌「まめ」である対象が女性に限定されることで、好色な男性、の意も生じた。

まもら-ふ【守らふ】 ❶〖上代語〗〔動詞「まもる」の未然形＋上代の反復・継続の助動詞「ふ」〕じっと見つめている。例木の間よもい行き**まもらひ**(=木の間を通って行きつつ見張りながら)戦へば〈記・中・神武・歌謡〉 ❷動(ハ下二)❶じっと見つめる。見守る。例(美貌ノ)講師の顔を、つと**まもらへ**たるこそ、その説くことの尊さもおぼゆれ〈枕・説経の講師は〉 ❷大事にする。守る。例まがふ方なくひとつ所(=ただ一人の人)を**守らへて**〈源氏・夕霧〉

まもり【守り・護り】 名 ❶守ること。また、その人。守護。例大君の御門の**守り**〈万葉・一八・四〇九四〉 ❷神仏の加護。また、守護神。例さるべき人は、とうより御心魂の猛く、御**守り**も強きなめり〈大鏡・道長上〉 ❸お守り。護符・守り袋など。例聖の御**まもり**に、独鈷(=密教の仏具)奉る〈源氏・若紫〉

まもり-あ・ふ【守り合ふ】 動(ハ四) 見つめあう。例(兵タチハ)あひも戦はで、心地、ただ痴れに痴れて(天人ノ様子ヲ)**まもりあへり**〈竹取〉

まもり-がたな【守り刀】 名 護身用にいつも身に着ける刀。懐剣。例紺地の錦にて柄鞘包みたる**守り刀**〈義経記・一〉

まもり-め【守り目】 名 守る役目の人。見張り番。例家の具を舟に取り積みて…二人の子を舟の**まもりめ**に乗せ置きて〈宇治拾遺・五六〉

まも・る

【守る】 動(ラ四)〔「目守る」の意〕「まぼる」とも。❶**見守る。** ㋐**見つめる。目を凝らして見る。** 例(帝ハ、大納言ノ)おもてをのみ**まもら**せたまうて、もののたまはず(=顔

をじっと見ておられるばかりで、何もおっしゃらず)〈大和・一五二〉

㋑**様子をうかがう。** 例近江の海波恐みと風守り年はや経なむ漕ぐとはなしに(=近江の海の波がこわいからと風向きをうかがっているうちに年は過ぎてしまうのだろうか。漕ぎ出しもしないままに)〈万葉・七・一三九〇〉

❷**見張る。番をする。** 例その通ひ路に、夜ごとに人をするゑて**まもらせ**ければ(=その通う道に、夜ごと人を置いて見張らせたので)〈伊勢・五〉 読解 娘がひそかに男を通わせているのを知った、家の主の行動。

❸**守る。** ㋐**防ぎ守る。保護する。** 例財多ければ身を**守る**にまどし〈徒然・三八〉 読解「まどし」は「貧し」に同じ。財産が多いと余計な敵を作ることになるから、身の安全を守る上ではかえって困窮する、という。

㋑**決まりや教え・命令などを従い守る。堅持する。** 例必ず禁戒を**守る**としもなくとも、境界なければ、何につけてか破らん(=必ず戒律を従い守るというわけでなくても、誘惑に満ちた環境がないのだから、どうやって破ろうか)〈方丈記〉 読解「何につけてか」の「か」は反語の意を表す。

語誌 原義は①で、②、③の順に語義が広がっていったらしい。現代語の「見守る」は、廃れかけた①の意をはっきりさせるために「見」をつけたもの。〈品田悦一〉

まゆ

【眉】名〔上代は「まよ」〕❶**眉毛**。 例(a)眉には霜をたれ、額に波をたたみ〈平家・三・大塔建立〉 読解 眉毛は霜のように白く、額には波のように皺がよって、ということ。 例(b)眉に八字を作り〈滑稽本・浮世床・二上〉 読解 顔をしかめている様子。

❷**眉墨。また、眉墨で描いた眉毛。** 例眉のけざやかになりたるも、うつくしうきよらなり(=眉毛がくっきりとしているのも、かわいらしく気高く美しい)〈源氏・末摘花〉 読解 生えたままの眉毛を抜いて眉墨で描いたので、眉毛がくっきりしている。

語誌 古く、眉がかゆくなるのは思う人に逢える前兆だとする俗信があり、『万葉集』では「眉根搔く」の形で詠まれた。〈新野直哉〉

【眉を顰む】 困ったという表情で見る。批判的な目で見る。 例いと堪へがたげに**眉をひそめ**〈徒然・一七五〉

【眉を開く】 心配事がなくなって晴れやかになる。ほっとする。 例喜悦の**眉を開き**〈曾我・一〉

まゆ-ごもり【繭籠り】 名「まよごもり」に同じ。 例**繭ごもり**も心苦しう思ひきこゆれ〈源氏・常夏〉

ま-ゆすひ【真結ひ】 ユスイ 名『上代語』「まむすび」の東国方言。本結び。 例家の妹ろ我を偲ふらし**まゆすひ**に結ひし紐の解くらく思へば(=解けたことを思うと)〈万葉・二〇・四四二七〉

まゆ-ずみ【眉墨・黛】 名❶眉を描くのに用いる墨。また、それを用いて描いた眉。 例寝乱れて見ゆる**黛**の、鶯の羽風に乱れぬべくぞ見えたまふ〈義経記・二〉 ❷遠くに見える山並みの姿のたとえ。 例山はみどりの春の**まゆずみ**〈夫木・二〉

まゆ-ね【眉根】 名「まよね」に同じ。 例わが衣の紐解けわたる**まゆね**かく〈古今六帖・五〉

まゆ-びき【眉引き】 名 ⇩まよびき

ま-ゆふ【真木綿】 ユウ 名〔「ま」は接頭語〕「ゆふ(木綿)」に同じ。 例蜷の腸(枕詞)か黒き髪に **ま木綿**もちあざさ結ひ垂れ〈万葉・一三・三二九五〉

ま-ゆみ【檀・檀弓・真弓】 名〔弓の材料としたことからいう〕❶植物の名。ニシキギ科の落葉樹。秋に紅葉する。幹は強くしなやかなので弓の材料とし、樹皮からは紙を作る。 例**まゆみ**、さらにもいはず〈枕・花の木ならぬは〉 ❷①で作った丸木の弓。 例みこも刈る(枕詞)信濃の**真弓**〈万葉・二・九六〉

まよ【眉】 名〔「まゆ」の古形〕眉毛。 眉毛。 ⇩まゆ。 例**まよ**のごと雲居に見ゆる阿波の山〈万葉・六・九九八〉

まよ【繭】 名〔「まゆ」の古形〕昆虫の繭。特に、蚕の繭。

まよ-がき【眉描き】 名〔「まよ」は「まゆ」の古形〕眉墨で眉を描くこと。 例**眉画き** ここに(=このように)画き垂れ〈記・中・応神・歌謡〉

まよ-ごもり【繭籠り】 名「まゆごもり」とも。蚕が繭の中にこもること。転じて、人、特に少女が家に閉じこもっていること。 例たらちねの(枕詞)母が飼ふ蚕の**繭隠り**(ここまで序詞)いぶせくもあるか妹に逢はずして〈万葉・一二・二九九一〉➡名歌219

まよ-ね【眉根】 名 まゆ。「まゆね」とも。 例青柳の細き**眉根**を〈万葉・一九・四一九二〉

まよひ【迷ひ】 マヨイ 名❶糸・髪の毛などがほつれ、乱れること。 例麻衣肩の**まよひ**は誰か取り見む〈万葉・七・一二六五〉 ❷行く手に迷うこと。悟りを得ないこと。 例ものの理を知らず、ただ**迷ひ**の方に心も早く移り〈徒然・一〇七〉 ❸紛れること。入り混じって、区別がつかなくなること。 例あさぼらけ霧立つ空の**まよひ**にも〈源氏・若紫〉 ❹騒ぎ。騒動。 例人の**まよひ**少し静めて〈源氏・総角〉

まよひ-がみ【迷ひ神】 マヨイ 名「まどはしがみ」に同じ。 例この辺には**まよひ神**あんなる辺ぞかし(=いるというあたりだぞ)〈宇治拾遺・一六三〉

まよ-びき【眉引き】 名〔「まよ」は「まゆ」の古形〕眉墨で引いた眉の様子。 例振り放けて三日月見れば一目見し人の**眉引き**思ほゆるかも〈万葉・六・九九四〉➡名歌317

まよびきの【眉引きの】《枕詞》眉墨を横に引いて眉を描くことから「よこ」にかかる。

まよ・ふ

【迷ふ】マヨウ 動(ハ四) まっすぐであるべきものが片寄ったり曲がったりして、混乱することをいうのが原義。

❶**布の織り目が乱れる。** 例風の音の(枕詞)遠き我妹が着せし衣手本のくだり**まよひ**来にけり(=遠くの私の妻が着せた衣服は手首のあたりがほつれはじめてしまったなあ)〈万葉・一四・三四五三〉

❷**髪の筋などが乱れ絡まる。** 例髪はけづることもしたまはで程経ぬれど、**迷ふ**筋なく(=髪はとかすこともなさらないまま日数がたったが、乱れ絡まる毛筋もなく)〈源氏・総角〉

❸**無秩序に動き回る。** 例吹き**まよふ**野風を寒み(=吹き乱れる野風が寒いので)〈古今・恋五〉

❹道がわからなくなる。さまよう。例これよりいづちへも**まよひ**行き(=これからどこへでもさまよい行き)〈平家・一・祇王〉❺思い乱れる。どうしてよいかわからなくなる。心を惑わす。例(a)何ばかり思し**まよふ**べきにはあらねど(=どれほども思い乱れなさるはずではないけれど)〈源氏・若菜下〉例(b)惜しからぬ身を捨てやらで経るほどに長き闇にやまた**迷ひ**なん(=惜しくない身を捨てて出家することもできないで過ごしているうちに、長夜の闇にまたどうしてよいかわからなくなってしまうのだろうか)〈山家集・中〉❻紛れて区別がつかなくなる。例霜を待つ籬の菊の宵の間に置き**まよふ**色は山の端の月(=霜を待つ粗い垣根で咲く白菊が、夜の間に霜を置いたかと区別がつかなくなる色は山の稜線の月の光である)〈新古今・秋下〉

語誌▼**類義語との関係** 道筋の混乱を意味するところから、心乱れ途方にくれる意の「**まどふ**」と混同されるようになった。さらにどれを選んでよいかわからない意を生じて、視覚的に区別がつかない意の「**まがふ**」とも混同されるようになる。

▼平安時代以降、煩悩に煩わされて悟りを開けないことをさす例が多くなる(⑤例(b))。〈鉄野昌弘〉

まら-うと【客人・賓】名〔「まらひと」のウ音便形。「まら」は「まれ(稀)」の交替形〕客。訪問者。例にくきもの いそぐ事あるをりにきて長言する**まらうと**(=しゃくにさわるもの、急ぐ事があるときに来て長話をする客)〈枕・にくきもの〉

語誌▼**稀に来る人** 「まれ(稀)」に訪れる人、の意で、古くは「まらひと」の形であった。もてなす側の「主」と対をなす。民俗学では、異郷・常世からまれに訪問する聖なる存在を「まれびと」と呼び、その祝福を受けることによって生活の安泰や五穀豊穣がもたらされるという信仰があったとする説もある。

▼「まらうど」と濁音化するのは近世後期以降らしい。〈高田祐彦〉

まらうと-ざね【客人ざね】名〔「ざね」は接尾語〕主たる客。正客。例藤原の良近といふをなむ、**客人ざね**にて、その日はあるじまうけしたりける(=ごちそうをしたのだった)〈伊勢・一〇一〉

まらうと-ゐ【客人居】名 来客を通す部屋。客間。例(中納言ハ)例の**客人居**の方におはするに〈源氏・早蕨〉

まら・する〔動詞「まゐらす」の連体形「まゐらする」の変化した形〕❶動(サ下二)「遣る」の謙譲語。差し上げる。献上する。例わごりょ(=あなた)に半分**まらせ**うほどに〈狂言・泣尼〉❷補動(サ下二)動詞の連用形につく。❶謙譲の意を表す。お〜申し上げる。お〜いたす。例(鯛ヲ)御年貢に上げ**まらする**〈狂言・かくすい〉❷丁寧の意を表す。〜ます。例田畑合はせて、二一たんつくり**まらする**〈狂言・筑紫の奥〉

語誌 室町後期の語で狂言などに見えるが、江戸時代は助動詞「ます」が用いられるようになる。サ変に活用する例もある。

まら-ひと【客人・賓】名「まらうと」に同じ。例薬師は常のもあれど **まらひと**の 今の薬師 貴かりけり〈仏足石歌〉

まり【鞠・毬】名❶蹴って遊ぶためのまり。例「**鞠**持たせたまへりや。誰々かものしつる」とのたまふ(=「鞠はお持たせになっているのか。だれが来たのか」とおっしゃる)〈源氏・若菜上〉❷①を蹴って遊ぶ遊戯。蹴鞠。例遊びわざは小弓。碁。さまあしけれど、**鞠**もをかし(=遊戯は、小弓。碁。かっこう悪いが、蹴鞠も趣がある)〈枕・あそびわざは〉

語誌▼平安時代の作品に「鞠」とあれば、例外なく蹴鞠のことと考えてよい。

▼**蹴鞠の歴史** 蹴鞠の記事が初めて見えるのは、『日本書紀』皇極天皇の三年正月の条である。中大兄皇子が鞠を蹴って靴が脱げてしまったのを、中臣鎌子(のちの藤原鎌足)が拾いあげて皇子に捧げた。その折に、蘇我入鹿討伐の意志を皇子にかたらったという有名な話である。当時の蹴鞠の形態は不明だが、のちに方式も定まり、鹿のなめし革製の鞠を用い、「かかり」という四隅に桜・柳・松・楓を植えた広場で、四人・六人・八人で行うなど、ルールも固定的になった。中世には飛鳥井流を代表とする流派もできた。〈藤本宗利〉

まりし-てん【摩利支天】名《仏教語》〔「摩利支」は梵語の音写。陽炎の意〕日の神に随行し、自在の通力をもつ女神。武家の守護神・護国神として信仰された。

まる【丸・円】名〔「まろ」の変化した形〕❶丸い形。円形。球形。例**丸**になりとも菱になりとも、お望み次第でござります〈歌舞伎・好色伝授・上〉❷城郭を構成している部分。本丸・二の丸など。例七つの**丸**を四つも五つ切り崩され〈元親記・中〉❸(形が丸いことから)貨幣。金銭。例〇になることなら何なりと相談に乗ることさ〈歌舞伎・隅田川続俤・口明〉❹(甲羅が丸いことから)スッポンの別称。上方で用いる。例「**丸**とは何だえ」「御当地でいふ鼈ぢゃがな」〈滑稽本・浮世風呂・二上〉❺完全なこと。欠けたところのないこと。例借金が多くて、**丸**の裸で出ますさうだから〈滑稽本・浮世風呂・二下〉❻紙・綿などの、あるひとまとまりの量や重さを数える単位。品物によって重さは異なる。例打ち綿幾**丸**か江戸に廻し〈西鶴・日本永代蔵・五・三〉

まる【丸】〔「まろ」の変化した形〕❶代 自称の人称代名詞。わたし。男性が用いる。例かの姫宮と申すは、**丸**が正しき姫なり(=娘である)〈幸若・八鹿〉❷接尾 幼児・動物・器物などの名につけて、親愛の意を添える。例抜**丸**といふ太刀を〈平治・上〉

ま・る 動(ラ四)大小便をする。例屎遠く**まれ**櫛造る刀自(=おばさん)〈万葉・一六・三八三二〉

まる-あんどん【丸行灯・円行灯】名 火覆いを円筒形に作った行灯。例「小判はこれにあり」と、**丸行灯**の影よりなげ出だせば〈西鶴・西鶴諸国ばなし・一・三〉

まる-ごし【丸腰】名 武士などが腰に刀をつけないでいること。例参る事も参らうが、わたくしは**丸腰**でござる〈狂言・空腕〉

まる-づきん【丸頭巾】ズキン [名] 丸い形をした頭巾。僧侶や老人がかぶる。焙烙頭巾。⇩づきん(図)。[例]**丸頭巾**を被ぶり、炬燵へ這入り〈近松・傾城壬生大念仏・中〉

まる-ね【丸寝】 [名]「まろね」に同じ。

まる-びたひ【丸額】ビタイ [名] 江戸時代、元服前の少年・少女などの髪型。髪の生え際を丸く剃る。[例]十三、四の**丸額**、誰が教へねどこの道(=恋の道)賢く〈浮世草子・新色五巻書・一・一〉

まる-ほん【丸本】 [名] 謡曲・浄瑠璃などで、一曲の詞章全部を収載した本。「院本」とも。

まる-もの【円物・丸物】 [名] ❶(形が丸いことから)貨幣。金銭。[例]とかく正味の**丸物**(=現金)でなけりゃ夜が明けぬ〈歌舞伎・韓人漢文手管始・三〉 ❷弓の的の一種。直径五〜八寸(約一五〜二四セン)の半球状。[例]しし・**丸物**の遊びはめづらしからず〈御伽草子・猿源氏草紙〉[読解]「しし」は「草鹿」の略で、草の中に伏した鹿の形をした的。❸小袖の別称。

まる-わげ【丸髷】 [名] 女性の髪型の一つ。江戸前期には丸く無造作に巻き上げた庶民の髪型。後期は後頭部にだ円形のやや平たい髷をつけた髪型で、既婚者が結った。⇩髪型(図)。[例]毎日、髪かしらもみづから梳きて(=とかして)、**丸わげ**に結ひて〈西鶴・日本永代蔵・二・一〉

まれ

まれ【稀・希】 [形動](ナリ) たまである。珍しい。めったにない。[例](a)三十余り二つの相八十種と具足れる人の踏みし足跡どころ**稀に**もあるかも(=三十二相、八十種の備わっている人の踏んだ足跡は珍しいことであるよ)〈仏足石歌〉[読解]三十二相・八十種は、仏に備わっている理想的な身体の特徴。[例](b)いと里離れ心すごくて、海人の家だに**まれに**など(=たいそう人里離れものさびしくて、漁師の家でさえもめったにないなどと)〈源氏・須磨〉

[語誌] ある事物の存在や、現象などの現れ出る機会がきわめて少ないことを表す。事物の存在や生起する事柄が好ましく望ましいものである場合、それを貴重とする価値判断を含んで用いられることがあり、[例](a)では仏の足跡が貴重なものと考えられている。この語感は、来訪する客の意の「まらうと」や、傑出した人をいう「まれもの」などにも生きている。〈石田千尋〉

まれ 〔係助詞「も」+ラ変動詞「あり」の命令形=「もあれ」の変化した形〕〜であっても。[例]君といへば見**まれ**見ず**まれ**富士の嶺のめづらしげなく燃ゆる我が恋〈古今・恋四〉

まれ-びと【客人・賓】 [名]「まらうと」に同じ。[例]**まれ**人の饗応なども〈徒然・二三一〉

まれ-まれ【稀稀】 [副] ごくまれに。ごくわずかに。[例]**まれまれ**かの高安(=地名)に来て見れば〈伊勢・二三〉

まれ-ら【稀ら・希ら】 [形動](ナリ)〔「ら」は接尾語〕「まれ(稀・希)」に同じ。[例]仏に成るは**希らなり**〈三宝絵・上・一〇〉

まろ【麻呂・麿】 [1] [代] 自称の人称代名詞。わたし。平安時代以降、広く男女に用いた。[例]横臼に醸みし大御酒うまらに(=おいしく)聞こしもち食せ**まろ**が父〈記・中・応神・歌謡〉 [2] [接尾] 人・動物・器物などの名につけて、いとしさ・親しみをこめる。「宮あこまろ」「翁まろ」など。

まろ【丸・円】 [1] [形動](ナリ) ❶まるい。まるい形。[例]**まろなる**頭つきども(ノ法師タチガ)行きちがひ騒ぎたるも〈源氏・手習〉[読解]ここは僧の頭。❷体型がふっくらとしているさま。[例]**まろに**うつくしく肥えたりし人の、すこし細やぎたるに〈源氏・宿木〉 [2] [接頭] 体言について、そのままの状態であること、手を加えていないことを表す。「まろ屋」など。

まろうと【客人・賓】 ⇩まらうと

まろ-か・す【丸かす・円かす】 [動](サ四) まるめる。まるめて球状にする。[例](練リ香ヲ)大きに**まろかし**つつ入れたまへり〈源氏・梅枝〉

まろ・ぐ【丸ぐ・円ぐ】 [動](ガ下二) まるめる。ひとまとめにする。[例](金ヲ)薄くに打つに、七、八千枚に打ちつ。これを**まろげ**て〈宇治拾遺・三〉

まろ・し【丸し・円し】 [形](ク) まるい。まるまるとしている。[例]眼**まろく**して猿の目のごとし〈著聞集・一七・五九九〉

まろ-ね【丸寝】 [名]「まるね」とも。衣服を着たまま寝ること。ごろ寝。旅寝などにもいう。[例]我妹子し我を偲ふらし草枕(枕詞)旅の**丸寝**に下紐解けぬ〈万葉・二〇・四三五〉[読解]相手が自分のことを思っていると下紐が解けるという俗信があった。

まろ-ば・す【転ばす】 [動](サ四) ころがす。ころげさせる。[例]ねずみの子の、毛もまだ生ひぬを、巣の中より**まろばし**出でたる〈枕・むつかしげなるもの〉

まろ・ぶ

【転ぶ】 [動](バ四) 名詞「まろ(丸)」の動詞化。丸いものが回転する意が原義。

❶ころがる。[例](a)車よりも落ちぬべうまろびたまへば(=車から今にも落ちそうにころがりなさるので)〈源氏・桐壺〉[読解]娘の葬送に加わった母親の様子。[例](b)巌割れて谷に**まろび**入る(=大岩が割れて谷にころりこむ)〈方丈記〉

❷倒れる。倒壊する。[例]なのめならぬ大地震ありき。古き堂の**まろば**ぬなし(=並々でない大地震があった。古い堂で倒壊しないものはない)〈愚管抄・五〉〈小島孝之〉

まろ-ぶし【丸臥し】 [名]「まろね」に同じ。

まろ-ほや【丸寄生】 [名]〔「ほや」は宿り木の古称〕「まろぼや」とも。宿り木を丸い形に模様化したもの。[例]**まろぼや**摺ったる鞍置いてぞ乗ったりける〈平家・一一・那須与一〉

丸寄生
〔源氏物語絵巻〕

まろ・む【丸む・円む】 [動](マ下二) ❶まるくする。輪にする。固めてまるい塊にする。[例]黒く**まろめ**たる薬二粒取り出し〈御伽草子・福富長者物語〉 ❷全体を、ある物で作り固める。[例]たとひ黄金を**まろめ**たる馬なりとも〈平家・四・競〉 ❸剃髪する。[例]天台の剃刀にて、額を**まろめ**〈狂言・どちはぐれ〉

まろ-や【丸屋】 [名] 葦や茅などで屋根を葺いた仮

小屋。例夕されば門田の稲葉おとづれて蘆のまろやに秋風ぞ吹く〈金葉・秋〉➡名歌397

まろ-らか【丸らか・円らか】 形動(ナリ)〔「らか」は接尾語〕まるくふくよかなさま。まるまるとしたさま。例腕をさし出でたるが、**まろらかに**をかしげなるほども〈源氏・宿木〉

まわる〘回る・廻る〙⇩まはる

まゐ・く【参来】 動(カ変)「来」の謙譲語。貴人の所に参り来る。参上する。例我は**参来**む年の緒(=年月)長く〈万葉・二〇・四二九八〉

まゐ・づ【参出】 動(ダ下二)〔「まゐいづ」の変化した形〕「出づ」の謙譲語。貴人の所に参上する。詣でる。例迎へ**参出**む君が来まさば〈万葉・六・九七一〉

まゐで・く【参出来】 動(カ変)「来」の謙譲語。うかがう。参上する。⇩まうでく。例八矛持ち参出来しとき〈万葉・一八・四一一一〉

まゐ-のぼ・る【参上る】 動(ラ四)「上る」の謙譲語。貴人の所に参上する。都にやって来る。例**参上る**八十氏人の(=数多くの氏族の人々が)手向けする恐の坂に〈万葉・六・一〇二二〉

まゐら・す

【参らす】〔動詞「まゐる」の未然形+使役の助動詞「す」〕**1**動(サ下二)「与ふ」の謙譲語。**差し上げる。**例御くだものなど珍しきさまにて**まゐらせ**、人々に酒しひそしなど(=お菓子などを珍しい趣向で差し上げ、お供の人々に酒を無理に勧めるなど)〈源氏・明石〉**2**補動(サ下二)(動詞の連用形、またはそれに接続助詞「て」のついた形について)**謙譲の意を表す。お〜申し上げる。〜てさしあげる。**例時かはさず縫ひて**まゐらせよ**(=早速縫ってさしあげよ)〈枕・ねたきもの〉

語誌 [2]は平安時代以降の用法で、他の謙譲語の補助動詞「**たてまつる**」「**きこゆ**」「**まうす**」などより高い敬意を表す。室町時代の「まらする」などの形を経て、現代の丁寧語「ます」にもつながる。〈山口堯二〉

まゐらせ-そろ【参らせ候】《近世語》**1**〔動詞「まゐらす」の連用形+補助動詞「さうらふ」=「まゐらせさうらふ」の変化した形〕女性の手紙文に多く用いられた丁寧語。〜申し上げます。〜します。例何事も先生(=前世)よりの定まり事とあきらめ**まゐらせ候**〈浄瑠璃・伽羅先代萩・四〉**2**名〔[1]の名詞化〕恋文。例逢はぬ間のつらさを文に物言はせて、**まゐらせそろ**を楽しむ〈浮世草子・新色五巻書・二・二〉

まゐり-おんじゃう【参り音声・参入音声】 名節会などの儀式で、楽人たちが入場して着席するときに演奏する音楽。例同じ日の**参入音声**、とみをお川(=曲名)〈栄花・日蔭の鬘〉

まゐり・く【参り来】 動(カ変)貴人の所に参上する。例(アナタヲ)忘るる心もなし。**参り来**む〈伊勢・一一八〉

まゐり-げかう【参り下向】 名参上することと下向すること。特に、神社・仏閣に参詣して帰ること。また、その人。例**参り下向**の人々これを見て…よけ道をして通れども〈御伽草子・物くさ太郎〉

まゐり-もの【参り物】 名召し上がり物。お食事。例**参り物**なるべし、折敷(=角盆)手づから取りて、「これは御前にまゐらせたまへ」〈源氏・玉鬘〉

まゐ・る

【参る】 動(ラ四)**1**謙譲語。❶「行く」「来」の謙譲語。**高貴な場所へ参上する。うかがう。参内する。**例世の中に事出で来、さわがしうなりて、宮も**まゐら**せたまはず(=世間に事件が起こり、騒然となって、中宮も参内なさらず)〈枕・殿などのおはしまさで後〉❷**神仏にお参りする。参詣する。**例神へ**参る**こそ本意なれと思ひて(=神に参詣することが本来の目的であると思って)〈徒然・五二〉❸**貴人に物をあげる意の謙譲語。差し上げる。**例親王に、馬の頭大御酒**まゐる**(=親王に、馬の頭が御酒を差し上げる)〈伊勢・八二〉読解「馬の頭」は役職名。❹**格子の上げ下ろし・髪結い・洗髪など、貴人に奉仕する動作を表す謙譲語。**「御格子まゐる」「御髪まゐる」「御ゆするまゐる」などという。**お〜する。**例(私ハ)なほ伏したれば、御格子も**まゐらず**(=やはり伏す姿勢でいるので、御格子もお上げしない)〈枕・宮にはじめてまゐりたるころ〉読解中宮の前でのこと。

2尊敬語。❶「食ふ」「飲む」**などの尊敬語。お食べになる。召し上がる。**例心地もまことに苦しければ、物もつゆばかり**まゐらず**(=気分も実際に苦しいので、食べ物もほんの少しも召し上がらず)〈源氏・総角〉❷**お使いになる、おさせになる、などの意を表す尊敬語。**「手水まゐる」「大殿油まゐる」「み足まゐる」などという。例夜深く御手水**まゐり**(=夜更けにお手水をお使いになって)〈源氏・須磨〉

語誌▼「まゐいる(参入る)」の変化した形。[1]の①②にあたる高貴な場所へ向かうの意が基本的用法。この語の使用によって、その高貴な場所、ひいてはそこにおける主たる人物などに敬意が示される。「**まかづ**」はその対義語。なお、[1]④は、その具体的な動作によって訳語を変える必要がある。

▼**尊敬語の用法** [2]の尊敬語は、[1]の③④などにあたる下位者の奉仕の表し方が、それを受けて行われる貴人の動作に転用されたもの。②は、手水をお使いになる、加持をおさせになる、み足をおもませになるなど、事柄によって訳し方を変える必要がある。〈山口堯二〉

まをさく【申さく・白さく】「まうさく」の古形。

まを・す【申す・白す】《上代語》〔「まうす」の古形〕**1**動(サ四)「言ふ」「告ぐ」の謙譲語。申し上げる。例母が問はさば風と**まをさむ**〈万葉・二〇・四三六四〉**2**補動(サ四)(動詞の連用形について)謙譲の意を表す。〜申し上げる。例天飛ぶや(枕詞)鳥にもがもや(=鳥だったらいいのになあ)都まで送り**まをして**飛び帰るもの〈万葉・五・八七六〉

まん【幔】 名縦に縞模様のある幕。幔幕。例**幔**の上より冠のこじばかり(=頂の部分だけ)見えて〈宇治拾遺・一八八〉

万葉考《作品名》江戸時代の注釈書。二〇巻別記六巻(付一巻)。賀茂真淵著。明和五年(一七六八)から天保六年(一八三五)の刊。『万葉集』の原形と考えた巻一・二・一一〜一四に注釈を施す。万葉時代を五期に分けてそれぞれの特徴を示し、『万葉集』の本質を「ますらをぶり」とするなど、以後の研究に大きな影響を与えた。『万葉集考』とも。

万葉集 まんえふしふ マンヨウシュウ《作品名》現存最古の和歌集。二〇巻。

●**成立** 制作年代のわかる最も新しい歌は大伴家持の天平宝字三年(七五九)正月の作。二〇巻が全体的にまとめられたのは、少なくともそれ以後。その二〇巻も段階的にできたものらしく、全体的な構成としては統一的でない。複雑な成立過程のどこかには大伴家持も関与しているらしいが、編者は不明。

●**和歌の形式・内容** 歌数は約四五〇〇首。歌体は、長歌・短歌・旋頭歌など。長歌は約二七〇首。旋頭歌は約六〇首。短歌は約四一七〇首。

内容上の分類として、基本的には雑歌・相聞・挽歌の三つがある。雑歌は相聞・挽歌以外の歌で、旅・行幸(天皇の外出)・宴席などで詠まれた儀礼歌が多い。相聞は二人が互いに詠みあう歌で、恋の歌が中心。挽歌は人の死を悼む歌。

●**時代・歌風** 集団のなかで人々が謡いあう歌謡とたもとを分かって、和歌という個人的な抒情詩の一形態が自立するようになるのには、当時の宮廷が大陸文化を旺盛に摂取して文化的水準が高められたこととかかわりあっている。初期の作者がほとんど皇族や上流貴族に限られていたことからもわかるように、和歌は宮廷社会を基盤に成立したとみられる。渡来文化の飛躍的な高まりを示した時代が過ぎ、やがて律令国家へと歩み出す前夜ともいうべき舒明天皇の時代が、『万葉集』の時代の始まりであったのは偶然でない。この七世紀後半に端を発する万葉の時代は、ほぼ大伴家持の時代の八世紀後半に至るまでの一世紀余に及ぶ。その間、池水の波紋が広がるように、皇族・上流貴族→中下級官人→庶民へと作者の範囲も広がり、また、宮廷→大和地方→近畿地方→全国へとその地域も広がっていく。しかもその拡大と比例するかのように、和歌の抒情もしだいに純化する傾向を強めていく。

『万葉集』の和歌は、総じていえば、作者の経験や見聞によって心にわき起こる感動を、直接的に表現しようとする点に最大の特徴がある。また、表現技法として枕詞・序詞を多く用いているが、これらは単に声調を整えたり任意の語句を引き出したりするための前置きとしてだけではなく、心情を比喩的に表現するための大事な方法であった。

●**時代区分――歌風の変遷** ふつう、この一世紀余の歴史を四期に分ける方法がとられている。

【第一期】天武元年(六七二)の壬申の乱までの時期で、初期万葉といわれる。皇室に密着した歌が圧倒的に多く、抒情詩のみずみずしく萌芽する時期であった。舒明天皇・天智天皇・天武天皇・額田王・鏡王女らの作がよく知られている。

【第二期】和銅三年(七一〇)の奈良遷都までの時期。皇子・皇女の歌も少なくないが、柿本人麻呂の偉大な存在に象徴されるように、多くの中下級官人たちが歌人として活躍するようになる。その官人たちは、天皇の行幸に従った折などでの宮廷賛歌をはじめ、官命による旅での羇旅歌、あるいは宴席歌などを多く作り、詠歌の多様性を拓いている。高市黒人・長意吉麻呂もその代表的存在。皇族では志貴皇子・大津皇子・大伯皇女・穂積皇子・但馬皇女・弓削皇子らがいた。

【第三期】奈良時代初期にあたる。かりに山上憶良の没年天平五年(七三三)を境にそれ以前を第三期、以後を第四期の天平万葉と画すことができる。この第三期以後、平城京の開都に伴って都市化された文化状況のなかで、和歌はいよいよ抒情性を深めて多様な歌風を生んだ。終始人間苦を見つめ続けた山上憶良、悲哀の現実と享楽の空想を往還した大伴旅人、伝説のなかに人間本来の姿を見た高橋虫麻呂、自然の形姿を言葉で描くような叙景歌の伝統を築いた山部赤人、女性の人生の哀歓を数多くの歌に託した大伴坂上郎女など、作家固有の心性と表現方法が和歌を個性的に実らせる時期であった。こうした個性の多様性が、何よりも和歌の抒情の純化を証している。宮廷関係の作を多く残した笠金村などもいた。

【第四期】奈良時代中期、大伴家持に代表される時期。家持は、近代的とまでいわれるような鋭敏繊細な歌境を拓いた。ほかに、田辺福麻呂・笠女郎・大伴坂上大嬢・中臣宅守と狭野弟上娘子らがいる。

【作者不明の歌・東国関係の歌】万葉の歴史がしだいに作者の範囲を拡大しながら展開したことを示すものとして、膨大な作者不明歌と東歌・防人歌が注目される。作者不明歌の多くは奈良時代以後の、大和を中心とする地域の下級官人や庶民の歌とみられる。東歌は東国の民衆の生活から生まれた歌。その制作時期は存外新しいものと推定され、恋の歌が多いが、民衆の素朴で純真な気持ちが生き生きと表現されている。防人歌は、北九州の防備のために防人として派遣された東国の兵士とその肉親たちの歌で、別れに際しての悲しみを表現した歌が多い。〈鈴木日出男〉

万葉集註釈 まんえふしふちゅうしゃく マンヨウシュウチュウシャク《作品名》鎌倉時代の注釈書。一〇冊。仙覚著。文永六年(一二六九)成立。巻ごとに難解な歌を抄出して注を付し、長歌・東歌・防人歌の注釈にも力を注ぐ。最初の本格的な『万葉集』の注釈書。

万葉集略解 まんえふしふりゃくげ マンヨウシュウリャクゲ《作品名》江戸時代の注釈書。二〇巻三〇冊。加藤千蔭著。寛政八年～文化九年(一七九六～一八一二)刊。賀茂真淵・本居宣長・契沖らの説を広く引用して、『万葉集』の全歌について注釈を付す。入門書として普及した。

万葉代匠記 まんえふだいしゃうき マンヨウダイショウキ《作品名》江戸時代の注釈書。二〇巻四三冊・惣釈六冊(精撰本)。契沖著。初稿本は元禄元年(一六八八)、精撰本は元禄三年成立。徳川光圀の依頼により執筆。文献学的・実証的な立場から『万葉集』の全歌に注釈を付す。万葉研究史上きわめて重要な書。

まん-ごふ【万劫】ゴウ 名『仏教語』(「劫」はきわめて長い時間の意)非常に長い年月。例あたかも**万劫**を重ねたる巌に似たり〈今昔・一七・三一〉

まん-ざ【満座】名❶その場にいる人全員。例舞ひ出でたるに、**満座**興に入ること限りなし(＝おもしろがることはこの上ない)〈徒然・五三〉❷法会・説法などの最終日。満願の日。例左衛門殿の施行は今日**満**座にて候ふ間〈謡曲・弱法師〉❸和歌・連歌・俳諧の興行で、一巻を詠み終えること。

まん-ざい【万歳】 名 ❶万年。いつまでも栄え続ける世。繁栄や長寿を祝って言う。例**万歳**や　**万歳**や　万代の　**万歳**や〈神楽歌・千歳法〉❷「千秋万歳」の略。例山里は**万歳**おそし梅の花〈俳諧・笈日記・中〉

万載狂歌集《作品名》江戸時代の狂歌集。一七巻。四方赤良(大田南畝)・朱楽菅江編。天明三年(一七八三)刊。書名・部立など、『千載和歌集』をパロディ化している。古今の狂歌七〇〇余首が集大成され、天明狂歌の流行のきっかけとなった。

まんざい-らく【万歳楽】 名「ばんざいらく」とも。雅楽の曲名。唐楽。六人または四人の舞で、即位などの祝賀の宴で演奏される。例**万歳楽**を舞ひて御前にいで来たり〈宇津保・俊蔭〉

まん-ざら【満更】 1 副 ❶まったく。すっかり。ひたすら。例**まんざら**素人にて、廓のわけを知らぬゆゑ〈近松・吉野忠信・三〉❷(打消の語を伴って)必ずしも(〜ない)。それほど(〜ない)。例**まんざら**当てのなき事にもあらず〈浮世草子・新色五巻書・三・三〉2 形動(口語)さっぱりだめなさま。どうしてよいかわからないさま。例こりや**まんざらな**ものだ。今のやつめが、どうやらをかしな手つきをしやあがったが〈滑稽本・続膝栗毛・四下〉

まんじ【卍】 名 ❶仏や菩薩の体に現れた吉相。完全の意から「万字」と呼ばれる。古代インドのビシュヌ神の胸毛の吉形を起源とする。例胸に**万字**あり。実相印と名づけ〈往生要集・大文四〉❷卍のような形。❸紋所の名。①を図案化したもの。

まんじう-らく【万秋楽】 名「まんずらく」「まんじゅらく」とも。雅楽の曲名。唐楽。六人舞。天平年間(七二九〜四八)の伝来という。

万寿寺 名 山城国、今の京都市東山区の寺。臨済宗。承徳元年(一〇九七)白河上皇創建の六条御堂に始まる。京都五山の一つ。

まんだら【曼陀羅・曼荼羅】 名《仏教語》〔梵語の音写〕「まだら」とも。仏の悟った菩提の境地。また、その境地を表す図絵。⇩口絵。例心ざしおかれたる(=発願して作っておかれた)極楽の**曼荼羅**〈源氏・幻〉

まんだら-け【曼陀羅華・曼荼羅華】 名《仏教語》〔梵語の音写〕芳香を放ち、見る人の心を喜ばせるという天界の白い花。仏の説法や諸仏出現のときには天から降るとされる。白蓮華。

まん-どころ【政所】 名〔政治を行う場所の意〕❶親王・摂政・関白・大臣家で、荘園の事務や家政をつかさどる機関。有力な寺社にも置かれた。例**政所**・家司などをはじめ、ことにわかちて(=特に担当者を決めて)、心もとなからず仕うまつらせたまふ〈源氏・紅葉賀〉❷鎌倉・室町時代、幕府の行政・財政などを扱う役所。また、その役人。例多田の庄を没収して、政所料所にぞなしたりける〈太平記・三九〉

まん-な【真名・真字】 名「まな」の変化した形。

まんねん-ぐさ【万年草】 名 高野山に自生する苔の一種。乾燥させたこの草を水に浸して人の安否を占い、葉が開けば存命、しぼめば死んでいるとする俗説があった。例このお山の**万年草**は、人の命の生き死にを示したまふ〈近松・心中万年草・下〉

まんねん-ごよみ【万年暦】 名 日の吉凶・男女の相性などを記した書物。例**万年暦**のあふもふしぎ、あはぬもをかし〈西鶴・日本永代蔵・五・五〉

まん-ぼふ【万法】 名《仏教語》物質的・精神的なすべての存在。また、それらのもつ法則や事理。例**万**法自心にして(=自らの心にあって)本より一体なり〈性霊集・一〇〉

まんようしゅう【万葉集】 ⇩まんえふしふ

まん-ろく【真陸】 名 形動(ナリ)《近世語》物事の正しいこと。公平なこと。例実らしく**まんろく**に狂言すれば(=芝居をすれば)〈役者論語・耳塵集・上〉

み-【御・美・深】 接頭 体言につく。❶尊敬の意を添える。「御代」「御堂」など。❷美しい、りっぱだ、などの意を添える。また、語調を整えるために用いる。例(a)皆人の恋ふる**み**吉野〈万葉・七・一一三一〉例(b)**み**雪降る遠き山辺に霞たなびく〈万葉・八・一四三九〉

語誌 本来は霊威あるものへの畏敬の意を表した語である。「みち(道)」「みや(宮)」の「み」もこの語。上代に多く用いられたが、平安時代になると「**おほん**」が多く用いられるようになる。〈泉基博〉

-み 接尾 ❶形容詞および形容詞型活用の助動詞の語幹について、**原因・理由を表す**。〜ので。〜から。助詞「を」とともに用いられることが多い。例(a)若の浦に潮満ちくれば潟を無**み**葦辺をさして鶴鳴きわたる〈万葉・六・九一九〉➡名歌428 例(b)嘆きせば人知りぬべ**み**(=嘆息をしたら人が悟るにちがいないから)〈万葉・七・一三八三〉❷形容詞の語幹について、**思いの内容を表す**。〜と思う。〜とする。例愛しみ我が思ふ君は(=すばらしいと私が思うあなたは)〈万葉・二〇・四四五一〉❸形容詞の語幹について、**連用中止法を作る**。例天離る(枕詞)鄙にしあれば　山高**み**　川とほしろし(=ここは田舎であるので山が高く川が雄大だ)〈万葉・一七・四〇一一〉❹形容詞の語幹について、**その状態の所、の意の名詞を作る**。「浅み」「繁み」など。❺(多く「〜み〜み」の形で)動詞および助動詞「ず」の連用形について、**動作・作用が交互に行われる意を表す**。**〜たり〜たり**。例(a)朝夕に　笑み**み**笑まずも(=

朝晩にほほえんだりほほえまなかったり)〈万葉・一八・四一〇六〉例(b)今日しも時雨降りみ降らずみ(=今日はちょうど時雨が降ったり降らなかったり)〈蜻蛉・下〉

語誌 ①は、「〜を〜み(〜が〜ので)」の形で複文を構成することが多く「ミ語法」と呼ばれることがある。上代に多く用いられ、平安時代以降の例は和歌に限られる。〈野村剛史〉

-み【回・廻・曲】 接尾(動詞「みる(回る・廻る)」の連用形から)場所を表す語について、〜のまわり、山裾・川・海などの湾曲した所、の意を表す。「磯み」「浦み」など。

み【巳】 名❶十二支の第六番目。⇩十二支(図)。❷①にあてた年・月・日の呼称。❸方角の呼称。南南東。❹時刻の呼称。今の午前十時ごろ、およびその前後約二時間。(一説に、その後約二時間)。例椿市といふ所に、四日といふ**み**の刻ばかりに、生ける心地もせで行き着きたまへり〈源氏・玉鬘〉

み【水】 名 水。「水草」「垂水」など複合語で用いられる。

み【実】 名❶草木の実。果実。例五月まつ花橘も実も具して〈源氏・若菜下〉❷中身。内容。例実なき言もち我恋ひめやも〈万葉・一一・二七九七〉

み

み【身】 1名❶身体。肉体。「心」に対していう。例我が**身**こそ関山越えてここにあらめ心は妹に寄りにしものを(=私の身体こそは関や山を越えてここにあるようだが、心はいとしいあの娘に寄ってしまったなあ)〈万葉・一五・三七五七〉

❷我が身。自分自身。例これは、**身**のためも、人の御ためも、よろこびには侍らずや(=これは、私自身のためにも、あなたの御ためにも、よろこびではございませんか)〈枕・頭の中将の、すずろなるそら言を〉

❸身分。境涯。例飽かず思ふべきことをさをさあるまじう、高き**身**には生まれながら(=不満に思うようなこともほとんどあるはずもなく、高い身分に生まれたものの)〈源氏・幻〉

❹命。例**身**のさぶらはばこそ、仰せ言もうけたまはらめ(=命がありますなら、必ずご命令もお受けいたしましょう)〈大鏡・道長上〉

❺中身。内実。例文屋康秀は、言葉はたくみにて、そのさま**身**におはず(=文屋康秀は、言葉遣いが巧みで、歌の姿が内実につりあっていない)〈古今・仮名序〉

2代 1②から派生した用法。自称の人称代名詞。わたし。例やい、おのれは、**身**が秘蔵の子を、何とて叩いたぞ(=やい、おまえは、わたしの大切な子を、どうして叩いたのだ)〈狂言・首引〉

類義 1③みのほど

語誌 ▼「身」と「心」 1①の例歌は、恋しく思う心は関山の向こうにいる相手のもとに行ってしまっているのに、身体のほうはついて行けずにこちらにとどまっているのを嘆いた歌である。心が自由に飛び回れるものであるのに対して、身は思うにまかせぬものとして、対照的である。これは、人間という存在を、身(肉体・身体)と、心(魂)の二元によって成り立っているとする発想によっている。

特に平安時代の和歌や物語では、しばしば人間は、あるものに執着するあまり、その心が身を離れてしまうこともあるとする。

▼「うき身」 1②の意で用いられる場合、特に平安時代の用例では、「うき身(つらい運命に生かされている自分自身)」のように、自分を不運な存在と認識する気持ちのこめられる場合が多い。〈鈴木日出男〉

【身に余る】 十分すぎる。過分である。例**身にあまる**までの(帝ノ)御心ざし(=御寵愛)の、よろづにかたじけなきに〈源氏・桐壺〉

【身に沁む】 ❶(「しむ」は四段活用)㋐身にしみて感じる。深く感銘する。例そらだきものの匂ひも**身にしむ**心地す〈徒然・四四〉㋑秋の冷気がしみじみ感じられる。特に俳諧で用いられる。例**身にしみ**て大根からし秋の風〈芭蕉・更科紀行〉❷(「しむ」は下二段活用)身に深く感じさせる。例にほひくる隣の風を**身にしめ**てありし軒端の梅ぞ恋しき〈更級〉

【身に成る】 その人の立場になる。また、味方になる。和歌では、「身」に草木の実を掛けていうことが多い。例なげきにはいかなる花の咲くやらん**みになり**てこそ思ひ知らるれ〈平治・上〉読解「なげき」は「嘆き」と「投げ木」を掛ける。

【身の毛よだつ】 (寒さ・恐怖・緊張などで体の毛が逆立つことから)ぞっとする。「身の毛立つ」とも。例修法の声**身の毛よだつ**(音便形)て〈平家・三・御産〉

【身二つとなる】 出産する。子を産む。例このほど過ぐして**身二つとなり**なば〈とはずがたり・三〉

【身を合はす】 心を一つにする。一体となる。例これは、君(=天皇)も人(=臣下)も**身を合はせ**たりといふなるべし〈古今・仮名序〉

【身を沈む】 ❶不遇・失意の境遇に陥る。落ちぶれる。例かう**身を沈め**たるほどは、行ひ(=仏道修行)よりほかのことは思はじ〈源氏・明石〉❷身投げをする。入水する。例み熊野の浦わの波に**身を沈め**ける〈建礼門院右京大夫集〉

【身を知る雨】 我が身のつたなさを思い知らされる雨。和歌で、涙の比喩的な表現に用いる。例(私ヲ愛シテイルカ否カヲ)問ひがたみ(=尋ねにくいので)**身を知る雨**は降りぞまされる〈古今・恋四〉

【身を捨つ】 ❶我が身を顧みず、一心不乱にする。例**身を捨て**て学問をしつつ〈宇津保・祭の使〉❷出家する。例もろともに(=いっしょに)**身を捨て**むも惜しかるまじき齢どもになりにたるを〈源氏・若菜下〉

【身を立つ】 立身出世する。一人前になって世に認められる。例諸事につけて**身を立て**、大きなる道をも成じ〈徒然・一八八〉

【身を辿る】 自分の身の上をあれこれ思い悩む。例我か人かと**身をたどる**世に〈古今・雑下〉

【身を尽くす】 あることのために、自分のありったけを投げ出す。和歌では、多く「澪標(船の安全な航行のための目印)」を掛けて用いる。例わびぬれば今はた同じ難波なる**みをつくし**ても逢はむとぞ思ふ〈後撰・恋五〉➡名歌439

【身を抓む】 (我が身をつねって他人の痛さを知ることから)自分の身に比べて他人に同情する。例(妹

二)気色だに知らせたまはずは罪もや得むと、(姉ハ)**身をつみて**いとほしければ〈源氏・総角〉

［身を投ぐ］❶身投げをする。入水する。例姉**身を投げば**、われもともに**身を投げん**〈平家・一・祇王〉❷身を隠す。隠棲する。例世の中に知られぬ山に**身投ぐ**とも〈後撰・雑三〉❸一身を捧げる。例運、天道にまかせて、**身を**国家に**投ぐ**〈平家・七・願書〉❹物事に夢中になる。熱中する。例鞠(=蹴鞠)に**身を投ぐる**若君達〈源氏・若菜上〉❺体を投げ出すように速く走る。例狐、**身を投げて**逃ぐれども〈宇治拾遺・一八〉

［身をなす］❶夢中になる。打ち込む。例商売に**身をなし**〈西鶴・日本永代蔵・五・一〉❷身支度をする。例ひとつある(=ひとつしかない)白小袖に**身をなし**〈西鶴・本朝桜陰比事・一・四〉❸従事する。生活の手段とする。例歳の若かりし時、これ(=舞子)に**身をなす**にはあらずして〈西鶴・好色一代女・一・三〉

みーあかし【御明かし】名〔「み」は接頭語〕神仏に供える灯火。お灯明。例**御灯明**など奉りて、一数珠ばかり立ち居するほど〈蜻蛉・下〉

みーあかしぶみ【御明かし文】名〔「み」は接頭語〕願い事を記して神仏に奉納する文。願文。例**御あかし文**など書きたる心ばへなど〈源氏・玉鬘〉

みーあきら・む【見明らむ】動(マ下二)❶見て心を晴らす。例繁き(=絶え間ない)思ひを**見明らめ**〈万葉・一九・四一八七〉❷見て明らかにする。例そを読みならひ**見明らめ**まなぶまにまに〈八十浦之玉・上〉

みあしーまゐり【御足参り】ーマイリ 名 貴人の足をさすり申し上げること。寝所の相手をするのにもいう。例大殿籠るとて(=おやすみになるといって)、右近を**御あしまゐり**に召す〈源氏・玉鬘〉

みあしーまゐる【御足参る】ーマイル 貴人の足を、もみさすってさしあげる。例「**御足参れ**」と候へば、参りさぶらひつる〈今昔・二六・一七〉

みーあつ・む【見集む】動(マ下二) 数多く見る。多くの物事に接する。例ここら(=たくさん)よき人を**見集むれ**ど、似るべくもあらざりけり〈源氏・蜻蛉〉

みーあは・す【見合はす】ーアワス 動(サ下二)❶互いに見る。見交わす。相手と視線を合わせる。目くばせをする。例(a)我も行く人(=旅立つ姉)も目も**見合はせ**ず、ただ向かひ居て、涙をせきかねつつ(=こらえることができずに)〈蜻蛉・上〉例(b)この男、ふと来て守に目を**見合はせ**たりければ、守心得て〈宇治拾遺・五・四〉❷あれこれ見比べる。照合する。例(七弦琴ノ)譜といふものの限りをあまねく**見合はせて**〈源氏・若菜下〉❸よい時期などに出あう。例ほどなう世を**見合はせ**つるかなと嬉しうて〈栄花・見果てぬ夢〉❹差し控える。みあわせる。例一銭もなければ、(茶店ノ)腰掛けを**見合はせ**〈西鶴・日本永代蔵・二・三〉

みーあ・ふ【見合ふ】ーアウ・ーオウ 動(ハ四)❶互いに見る。見交わす。例うつぶしつつ**見あひ**たり〈落窪・三〉❷出くわす。行きあう。例はからざるに僧正に**見あひ**たてまつりにけり〈著聞集・二・五三〉❸見つける。例人ありて生命を害せむを**見合はば**、必ず助け救ふべき事なり〈今昔・九・八〉❹皆で見る。

みーあへ【御饗】ーアエ 名〔「み」は接頭語〕貴人を飲食でもてなすこと。ごちそう。宴会。例百机に貯へて(=積み重ねて)**饗**たてまつる〈紀・神代上〉

みーあらか【御殿】名〔「み」は接頭語〕宮殿。例**みあらか**は 高知らさむ(=りっぱに造ろう)と〈万葉・一・五〇〉

みーあらは・す【見顕す】ーアラワス 動(サ四) 見てあらわにする。隠された物事を見つけ出す。正体をあばく。例(光源氏ニハ)うちうち忍びたまふ方々多かめるを、いかで**見あらはさむ**〈源氏・紅葉賀〉

みーあれ【御生れ】名〔「み」は接頭語。神の誕生、の意〕❶京都の上賀茂神社の神事。賀茂の祭りの三日前の陰暦四月の中の午の日に、神を御生れ木に移し、神の再誕を祝う。例人も皆かづらかざしてちはやぶる(枕詞)神の**みあれ**にあふひなりけり〈貫之集・三〉読解「あふひ」は「葵」と「逢ふ日」を掛ける。❷(①から転じて)上賀茂神社の別称。

みあれーのーせんじ【御生れの宣旨】 賀茂の祭りの宣旨を斎院に伝える女官。『枕草子』では特定の女官の名として用いられている。

みーいだ・す【見出だす】動(サ四)❶内から外を見る。外を見やる。例遣り戸を引き開けて、もろともに**見出だし**たまふ(=引き戸を引き開けて、いっしょに外をご覧になる)〈源氏・夕顔〉❷見つける。探し出す。例(地蔵ヲ)納めて置きたてまつりたりけるを思ひ出だして、**見出だし**たりけり(=納めてお置き申し上げていたのを思い出して、探し出したのだった)〈宇治拾遺・七〇〉❸目をむき出して見る。怒りや驚きで目をむく。例大きに目を**見出だし**(=大きく目をむき)〈曾我・七〉

語誌▼眺めやる構図 平安時代の用法では、①の意の例が多い。特に恋の場面で、もの思いの女性が外界を眺めやったり、朝を迎えた男女がともに外の景色を見やっているという構図が、物語に多くみられる。

▼「見出だす」と「見出づ」 平安時代は、「見出だす」が①の用法が多いのに対して、②の意では「見出づ」のほうが多く用いられた。〈鈴木日出男〉

みーいつ【御稜威】名〔「み」は接頭語〕天皇の威光。強い御威勢。例(崇徳院ノ)**稜威**を崇めたてまつる〈読本・雨月・白峯〉

みーい・づ【見出づ】ーイズ 動(ダ下二)❶見つける。探し出す。現れるのを見る。例まだ見ぬ物語の一を見て、いみじうゆかしとのみ思ふが、残り**見出でたる**(=とても読みたいと思っていた、その続きを見つけたこと)〈枕・うれしきもの〉❷内から外を見る。例御簾のもと近く、いとよく笑みて**見出でて**居たまへり〈浜松中納言・一〉

みーい・る【見入る】1動(ラ下二)❶**外から内を見る。のぞきこむ。**例御几帳のほころびよりはつかに**見入れたり**(=御几帳のすきまからかすかにのぞき見ている)〈枕・宮にはじめて参りたるころ〉❷**気をつけて見る。注視する。**例鳶・烏などのうへは、**見入れ**聞き入れなどする人、世になしかし(=鳶や烏などの身の上を、気をつけて見たり聞いたりする人

は、世間にいないよ)〈枕・鳥は〉
❸**目をかける。身を入れて世話する。** 例かばかりにさだ過ぎなむ人を、何かと**見入れ**たまふべきにもあらねど(=これほどに盛りの年齢の過ぎた人を、何かと身を入れてお世話なさらねばならないわけでもないけれど)〈源氏・宿木〉
❹**執念をこめて見つめる。とりつく。** 例荒れたりし所に住みけんものの、我に**見入れ**けんたよりに(=荒れていた所に住んでいた物の怪が、私にとりついたついでに)〈源氏・夕顔〉
❷動(ラ四) **じっと見る。興味深く見る。** 例(鵜飼イヲ)夜の更くるも知らず**見入り**てあれば(=夜が更けるのも知らず興味深く見ていると)〈蜻蛉・中〉

〈鈴木日出男〉

みーいれ【見入れ】 名❶外からのぞき見ること。また、そのぞき見た様子。例**見入れ**のほどなく(=奥行きもなく)、ものはかなき住まひを〈源氏・夕顔〉❷とりつくこと。例龍宮よりの**見入れ**もあるべし〈西鶴・男色大鑑・一・三〉

みーうち【身内】 名体の内部。全身。体じゅう。例**身うち**が痛うてくるくると目がまふた(=回った)〈狂言・蚊相撲〉

みーうち【御内】〔「み」は接頭語〕❶名❶貴人の邸宅。例**御内**に夜討ち入ったり〈平家・一二・土佐房被斬〉❷貴人。また、貴人の奥方。例**御内**ただ今機嫌悪しく候ふ〈義経記・七〉❸家臣。家来。例木曾殿の**御内**に四天王と聞こゆる今井・樋口・楯・根井に〈平家・九・生ずきの沙汰〉❹将軍家に代々仕えている直属の家来。例**御内**・外様の勢四千余騎〈太平記・三七〉❷代対称の人称代名詞。あなた。例花を散らしつるは**御内**でわたり候ふか〈謡曲・雲林院〉

みえ【見え・見栄・見得】 名❶目に入ること。見えること。見た目。例たびたび刀を杖につくは**見え**悪しく〈役者論語・耳塵集〉❷他人によく見られるために体裁を飾ること。例好い男をすてて醜夫を**見え**にするさうだから〈滑稽本・浮世風呂・三下〉❸歌舞伎で、動作や感情が頂点に達したことを示すために一瞬静止する演技。

みーえい【御影】 名〔「み」は接頭語〕肖像の敬称。例右には善導和尚ならびに先帝の**御影**をかけ〈平家・灌頂・大原御幸〉

みえいーく【御影供】 名祖師などの画像を掲げて供養すること。また、その法会。例今日より三月二十一日の**御影供**まで〈浮世草子・好色万金丹・二・二〉
読解 三月二十一日は弘法大師空海入定(死去)の日。

みえーかへ・る【見え返る】 ―カエル 動(ラ四) 繰り返し見える。何度も現れる。例我が背子が夢に夢にし**見えかへる**らむ〈万葉・一二・二八九〇〉

みえーしらが・ふ【見えしがらふ】 ―シラガウ・―シラゴウ 動(ハ四) わざと見られるようにふるまう。例心にくき(=奥ゆかしい)女のおはする所なれば、若き男の心づかひせぬなう、**見えしらがひ**さまよふ中に〈源氏・竹河〉

みえーまが・ふ【見え紛ふ】 ―マガウ・―マゴウ 動(ハ四) 見間違う。区別がつかないように見える。例同じ赤色を着たまへれば、いよいよ一つものとかかやきて**見えまがはせ**たまふ〈源氏・少女〉

みえーわ・く【見え分く】 動(カ四) 見分けがつく。見てわかる。例三十余人、その顔とも**見え分かず**〈紫式部日記〉

みえーわた・る【見え渡る】 動(ラ四) 一面に見渡される。全体がすっかり見える。また、見え続ける。例草葉も水もいと青く**見えわたり**たるに〈枕・五月ばかりなどに山里にありく〉

みお【水脈・澪】 ⇩みを

みーお・く【見置く】 動(カ四)❶見捨てる。置き去りにする。例妻を**見置き**て行かむ事のわりなく心苦しくおぼえければ〈今昔・一九・五〉❷前もって様子を見ておく。見定めておく。例(弁当ヲ)埋みけるを人の**見おき**て…盗めるなりけり〈徒然・五四〉❸前もって処置しておく。取り計らっておく。例娘どもあるべきさまに**見おき**て、下りなむとす〈源氏・蓬生〉読解 娘たちをそれぞれふさわしいさまに結婚させて、その後で任地に出発しようとする、ということ。

みーおこ・す【見遣す】 動(サ下二) 向こうのほうからこちらに視線を向ける。こちらのほうを見る。例後目に(=流し目で)**見おこせ**たまへるまみ(=目つき)、いと恥づかしげに〈源氏・若紫〉

みおつくし【澪標】 ⇩みをつくし

みーおと・す【見貶す】 動(サ四) 見下す。軽蔑する。例むげに色なき人におはしけり(=ひどく風流心のない方でいらっしゃる)と、**見おとし**たてまつることなんありし〈徒然・三八〉

みーおや【御祖】 名〔「み」は接頭語〕親・先祖の敬称。例その**御祖**伊須気余理比売患へ苦しびて〈記・中・神武〉

みーおよ・ぶ【見及ぶ】 動(バ四)❶見ることができる。知ることができる。例人の**見及ば**ぬ蓬来の山〈源氏・帚木〉読解「蓬来の山」は中国の伝説上の山。❷目が届く。注意が行き届く。例御乳母のたちなども、**見及ぶ**事の心いたる(=目が届き、気がつくこと)限りあるを〈源氏・藤裏葉〉

みーか【甕】 名〔「み」は接頭語。「か」は容器の意〕水や酒を貯蔵したり醸造したりするための、大きなかめ。例**瓱**の上高知り(=かめの上に高く盛り上げ)**瓱**の腹満みて双べて〈祝詞・祈年祭〉

みーか【三日】 名❶三日間。例**三日**ばかりありて、漕ぎ帰りたまひぬ〈竹取〉❷三日目。特に、月の三日目や、結婚・出産などから数えて三日目。例(結婚カラ)**三日**に当たる夜、餅なむまゐる〈源氏・総角〉

みーかうし【御格子】 ―コウシ 名〔「み」は接頭語〕格子の敬称。

みかうしーまゐる【御格子参る】 ミコウシマイル 貴人の邸の格子を上げる。または下ろす。例雪のいと高う降りたるを、例ならず(=いつもと違って)**御格子まゐり**て、炭櫃に火おこして〈枕・雪のいと高う降りたるを〉
読解 ここは下ろす例。

みーかき【御垣】 名〔「み」は接頭語〕宮中や神社のまわりの垣根。例子の日する**御垣**のうちの小松原千代をばほかの物とやは見る〈新古今・賀〉

みかきーもり【御垣守】 名宮城の諸門を警備する兵士。例**みかきもり**衛士のたく火の(ここまで序詞)夜は

燃え昼は消えつつものをこそ思へ〈詞花・恋上〉↓名歌334

みーか・く【見掛く】 動(カ下二) ❶目に留める。例つゆ(=まったく)目も**見かくる**人もなきに〈宇治拾遺・一九〉❷めざす。例はるかに一村を**見かけて**行くに〈芭蕉・奥の細道〉

みが・く【磨く・研く】 動(カ四) ❶**こすって光沢を出す。研磨する。** 例挿し櫛すりて**磨く**ほどに(=挿し櫛をこすって光沢を出すうちに)〈枕・あさましきもの〉読解挿し櫛はツゲや象牙で作り、シダ類の木賊で磨いたらしい。❷**美しくしつらう。装飾する。化粧する。** 例殿の内をいよいよつくり**みがかせ**たまふ(=お屋敷の中をますます手入れをし美しくしつらえなさる)〈紫式部日記〉❸**光彩を添える。輝きを増す。** 例対の上の御もてなしに**磨かれ**て、人の思へるさまなどもかたほにはあらぬなりけり(=対の上のご教育によって輝きを添えられて、人の評判なども悪くなかったのだなあ)〈源氏・若菜上〉読解自分の境遇をふりかえる明石の女御の心中。自分が世間から軽んじられずにすむのも、養母紫の上のご養育によって磨きあげられたからだ、と感謝する。❹**上達に努める。修練する。** 例弓馬の道も**みがく**者〈近松・聖徳太子絵伝記・二〉〈小島孝之〉

みーかく・す【見隠す】 動(サ四) 見て見ぬふりをする。例**見隠し**たまふ御眼尻こそわづらはしけれ〈源氏・松風〉

みーがく・る【水隠る】 動(ラ下二) 水中に隠れる。例川の瀬になびく玉藻の**みがくれ**て〈古今・恋三〉

みーがく・る【見隠る】 動(ラ下二) 見え隠れする。例**みがくれみがくれ**行くに〈著聞集・一三・四三三〉

みーかげ【御陰・御蔭】 名(「み」は接頭語) ❶冠・笠・建物の屋根など陰を作るものの敬称。例高知るや天の**御陰**(=高くそびえる壮大な天皇の宮殿)〈万葉・一・五二〉❷神や天皇などの恵み。庇護。例(帝ノ)かしこき**御蔭**にならひて(=慣れて)〈大和・一六八〉

みーかさ【水嵩】 名 水かさ。例つれづれと身を知る雨のをやまねば袖さへいとど**みかさ**まさりて〈源氏・浮舟〉読解「身を知る雨」は涙の比喩表現。

三笠の山 名「みかさやま」に同じ。例天の原ふりさけ見れば春日なる**三笠の山**に出でし月かも〈古今・羇旅〉↓名歌47

三笠山 《地名》歌枕「御蓋山」とも書く。大和国、今の奈良市の春日神社の背後の山。笠を伏せた形に似ることからの称。和歌では、「笠」の縁語で「雨」や「さす」とともに詠まれることが多い。また、天皇の御蓋となってそば近くで衛る意から、近衛の大将・中将・少将の別称にも用いる。例さして来と思ひしものを**三笠山**かひなく雨のもりにけるかな〈後撰・恋六〉

みーかた【御方・身方・味方】 名(「み」は接頭語) ❶天皇の軍。官軍。例保元の合戦の時、**御方**にて先をかけたりしかども〈平家・四・鵼〉❷自分の属するほう。例かたきも**みかた**も見物す〈平家・四・橋合戦〉

みーがため【身固め】 名 体を強くするための加持祈禱。例晴明、少将をつと抱きて**身がため**をし〈宇治拾遺・二・六〉

みーかど【御門】 名(「み」は接頭語) ❶**門の敬称。ご門。特に、皇居の門。** 例一日には千度参りし東の大き**御門**を入りかてぬかも(=一日に千度も参上した東の大きなご門を、今は入りかねることだ)〈万葉・二・一八六〉読解草壁皇子の挽歌の一首。❷**皇居。内裏。** 例天皇の神の**御門**をかしこみとさもらふ時に逢へる君かも(=天皇の神の皇居をかしこんでお仕えしているときに逢ったあなたよ)〈万葉・一一・二五〇八〉❸**朝廷。政庁。** 例万代にいましたまひて天の下奏したまはね**朝廷**去らずて(=いつまでも長寿をお保ちになって天下の政治をお執りください、朝廷を去らずに)〈万葉・五・八七九〉読解都に帰る人への送別の歌。❹**天皇。** また、**天皇の位。**「帝」とも書く。例**御門**の御位はいともかしこし(=天皇の御位はたいそう尊い)〈徒然・一〉❺**天皇の治める国。国家。** 例わが**みかど**六十余国のなかに(=我が国六十国余りのなかに)〈伊勢・八〉

一語誌 ①が本来の用法。転じて、そういう門を有するりっぱな御殿の代表としての皇居、さらにそこから朝廷・天皇、その統括する国、へと語義が広がっていったと思われる。〈藤本宗利〉

みかどーもり【御門守】 名 皇居や貴人の邸の門を守ること。また、その人。例**御門守**、夜半にたしかに候はせたまふべき由よ〈宇津保・楼上上〉

甕の原 《地名》歌枕 山城国、今の京都府相楽郡加茂町。和歌では、近辺の「泉川」「鹿背山」「狛」「柞の森」などとともに詠まれることが多い。例**みかの原**わきて流るる泉川(ここまで序詞)いつ見きとてか恋しかるらむ〈新古今・恋一〉↓名歌335

みかーのーよーのーもちひ【三日の夜の餅】 名 平安時代、新婚三日目の夜、新婦の家で、新郎新婦に出される祝いの餅。これを食べると結婚が成立したとみなされる。「三日の餅」とも。例**三日の夜のもちひ**は食はじわづらはし〈後拾遺・雑六〉

みーかは【御溝】 名「御溝水」の略。例**御溝**に近きは河竹〈徒然・二〇〇〉

三河 《地名》旧国名。今の愛知県東部。東海道十五か国の一つ。三州。延喜式で上国・近国。

みーかは・す【見交はす】 動(サ四) お互いに見る。男女が逢う。例夕映え(=浮カブ顔)を**見かはし**て〈源氏・夕顔〉

みかはーみづ【御溝水】 名 内裏の殿舎のまわりを流れる溝の水。特に、清涼殿の前を流れるものが有名。⇩口絵。例**御溝水**を遣り水に掘り分けて流させたまへるに〈栄花・歌合〉

みかはやーうど【御厠人】 名(「みかはやびと」のウ音便形)貴人の便器の清掃などにあたる身分の低い女性。「樋洗」とも。例我ら、いかなれば、宮の長女(=雑用を担当する下級女官)・**御厠人**の後に立つらむ〈宇津保・国譲下〉

みーかへ・る【見返る】 動(ラ四) 後ろを振り向く。振り返る。例**見返り**たまひて、隅の間の高欄に

〈女ヲ〉しばしひき据ゑたまへり〈源氏・夕顔〉

みーがーほ・し【見が欲し】 見たい。いつまでも見ていたい。例白玉の**見が欲し**君を〈万葉・一九・四一七〇〉

みーかまぎ【御薪】 名〔「み」は接頭語〕陰暦一月十五日に官人がその年の燃料として宮中に献上する薪(たき)ぎ。また、その献上の儀式。例**御薪**にすすけたれば、黒戸(=清涼殿の部屋の名)といふとぞ〈徒然・一七六〉

みーかも【水鴨】 名 鴨。また、水に浮かんでいる鴨。『万葉集』では、「みかもなす」の形で「二人並び居(ゐ)」にかかる枕詞として用いられる。例はしきやし(=いとしい)妹がありせば **水鴨**なす 二人並び居〈万葉・三・四六六〉

みーがら【身柄】 名❶体。特に、自分の体。自分自身。例**身柄**は谷に落ち入るもあり〈今昔・一九・四三〉❷身分。身のほど。身の上。例御**身柄**といひ御年といひ、惜しかるべき人なりしに〈とはずがたり・一〉

みーき【御酒】 名〔「み」は接頭語。「き」は酒(さけ)の古称〕酒の尊称。神の呪力(じゅりょく)のこもった液体の意。例ⓐこの**御酒**は 我が**御酒**ならず〈記・中・仲哀・歌謡〉読解この酒は、人間ならざる神の手によって造られたものだ、という酒の由来の神聖さを示した言葉。例ⓑ須須許理(すすこり)が 醸(か)みし**御酒**に 我酔(ゑ)ひにけり(=須須許理が醸造した御酒に私は酔ってしまったよ)〈記・中・応神・歌謡〉読解「須須許理」は百済(くだら)からの渡来人。異国から伝来した神秘な醸造法で造られた酒は強い呪力をもつ。この歌謡は、その酒の作用により酔わされてしまったことをうたったもの。呪力ある酒への讃(ほ)め歌である。

語誌 酒は、本来、祭りの場で神に捧げられる飲み物である。が、参加者たちもそれを共飲することで自らを非日常の時空に転位させることができた。酒に酔うことが、人々に神の世界に同座する資格を与えたのである。したがって酒は、神の世界に起源する特別な飲み物だった。〈多田一臣〉

みぎ【右】 名〔「ひだり」の対〕❶南に向いたとき西側にあたる側。右側。右方。❷官職を左右に区分したときの右方。左より下位とする。「みぎの大臣(おとど)」などと用いる。例左大臣失(う)せたまひて、右は左に(=左大臣がお亡くなりになって、右大臣が左大臣に昇進し)〈源氏・竹河〉❸歌合わせなど左右に分かれて行う勝負事の右方。左より下位者・年少者が配されることが多い。例歌詠むべき人々、ひだり**みぎ**にあひ分けてゐる(=左方と右方に分かれて座っている)〈左大臣頼忠前栽歌合・仮名日記〉❹文書で、前に述べたこと。例**右**、当家一族の輩(ともがら)、ことに祈誓する事あり(=前述のことは、当家一族の者が、特別に願うことである)〈平家・七・平家山門連署〉〈奥村悦三〉

みぎーのーうまづかさ【右の馬寮】 名「うまれう(右馬寮)」に同じ。

みぎーのーおとど【右大臣】 名「うだいじん」に同じ。

みぎーのーおほいまうちぎみ【右大臣】 ―オオイモウチギミ 名「うだいじん」に同じ。

みーぎは【汀】 ―ギワ 名〔「水(み)際(ぎは)」の意〕川などの、陸地と接するところ。みずぎわ。例**汀**の氷など見やりて〈源氏・薄雲〉

【汀勝(まさ)る】〔汀の水が増す意〕涙がとめどなく流れる。例いとど**汀まさり**ぬべく、かきくらす心地したまふ(=真っ暗なお気持ちになる)〈源氏・明石〉

みーぎり【砌】 名〔「水(み)限(ぎり)」の意〕❶建物の軒下などの石畳。例仁寿(じじゅう)殿の東面(ひんがしおもて)の**砌**のほどに〈大鏡・道長上〉❷庭。建物などの周囲。境界。例されば**砌**をめぐる山川(さんせん)も〈太平記・三九〉❸「みぎん」とも。地点。場所。例景行天皇の御代に、この**砌**に跡をたれたまへり〈東関紀行〉❹「みぎん」とも。時。折。例在世の説法の**砌**にのぞめるがごとし〈十訓抄・一・七〉

みぎわ【汀】 ⇩みぎは

みーぎん【砌】 名〔「みぎり」の撥音便形〕あることが行われている場所。また、時節。例(ココハ龍王タチガ)哀愍(あいみん)りきんの**砌**なれば(=憐れみを垂れて人々を守る所だから)〈謡曲・道成寺〉

みーくさ【水草】 名 水中や水辺に生える草。水草(みずくさ)。例池などはさながら(=そのまま)あれど、浮き草・**水草**など茂りて〈枕・むかしおぼえて不用なるもの〉

みーくさ【御草】 名〔「み」は接頭語〕草の美称。特に、雑草に対して、屋根や壁のための建築材としての薄(すすき)や茅(かや)をいう。例秋の野の**み草**刈り葺(ふ)き宿れりし宇治のみやこの仮廬(かりいほ)し思ほゆ〈万葉・一・七〉

みーくさ【御軍・皇軍】 名〔「みいくさ」の変化した形〕天皇の軍隊の敬称。例皇**御軍**士(すめらみくさ)に我は来(き)にしを〈万葉・二〇・四三七〇〉

みーぐし【御髪・御頭】 名〔「み」は接頭語〕❶髪(かみ)の敬称。例梳(けづ)ることをうるさがりたまへど、をかしの**御髪**や〈源氏・若紫〉❷(①から転じて)頭部や首の敬称。例**御頭**もたげて見出だしたまへり〈源氏・夕顔〉

みぐしーあげ【御髪上げ】 名❶盛儀などのときに貴婦人が髪を上げること。⇩かみあげ。例御装束(さうぞく)、**御髪上げ**の具など、いと二(に)なくて(=二つとないほどすばらしくて)〈源氏・行幸〉❷①に仕える人。例**御髪上げ**の内侍(ないし)なども、やがてこなた(=こちら)に参れり〈源氏・梅枝〉

みぐしーおろす【御髪下ろす】 貴人が剃髪(ていはつ)・出家する。例(藤壺(ふぢつぼ)ノ宮ガ)**御髪おろし**たまふほどに、宮の内ゆすりてゆゆしう泣きみちたり〈源氏・賢木〉

みーくしげ【御櫛笥・御匣】 名〔「み」は接頭語〕櫛笥の敬称。例海神(わたつみ)の 神の命(みこと)の **みくしげ**に 貯(たくは)ひ置きて〈万葉・一九・四二二〇〉

みくしげーどの【御匣殿】 名❶宮中の貞観殿(じょうがんでん)の中にあって、内蔵寮(くらりょう)で調製する以外の衣服の裁縫をつかさどる役所。また、それにならって貴人が私的に設けたもの。例わが**御くしげ殿**にのたまひて、装束(さうぞく)などもせさせ〈源氏・帚木〉❷「御匣殿別当(べっとう)」の略。①の長官を務める女性。例**御匣殿**など、薬玉(くすだま)まして姫宮・若宮に着けたてまつらせたまふ〈枕・三条の宮におはしますころ〉

みくだりーはん【三行半】 名 江戸時代、庶民の間で、夫から妻、または妻の父・兄にあてた離縁状。これがないと、離婚した女性は再婚できなかった。三行半で書く習慣があったことからの称。⇩さりじょう。例その女房も、**三下り半**でらちをあけ(=決まりをつ

け〉〈仮名草子・他我身の上・三・一〉

みーくづ【水屑】クズ―名 水中のごみ。つまらないもの、はかないもののたとえ。例流れゆく我は**みくづ**となりはてぬ君しがらみとなりてとどめよ〈大鏡・時平〉↓名歌253

みくにーゆづり【御国譲り】ユヅリ―名 天皇が皇太子に譲位すること。例**御国譲り**の節会おこなはれて〈徒然・二七〉

みーぐま【水隈】名 川の流れが曲がりくねって、岸に入りこんだ所。例み吉野の**水隈**が菅を〈万葉・一一・二八三七〉

三熊野の浦《地名》歌枕 紀伊国(和歌山県)南部の海岸。浜木綿の名所。例**み熊野の浦**の浜木綿(ここまで序詞)百重なす心は思へどただに逢はぬかも〈万葉・四・四九六〉↓名歌336

みーくまり【水分り】名〔「水配り」の意〕山から流れる水の分岐点。例**水分り**に坐す皇神等の前に白さく〈祝詞・祈年祭〉

みーくら【御倉】名〔「み」は接頭語〕倉の敬称。特に、皇室の所有物を納めた内蔵寮の倉庫など。また、その職員。例向かひの院の**御倉**あけさせて、絹・綾など奉らせたまふ(=差し上げなさる)〈源氏・初音〉

みくらーのーこどねり【御倉の小舎人】名 蔵人所の小舎人。納め殿の品物の出納に従事する。例**御倉の小舎人**して、触れつかはすに〈十訓抄・一〇・二八〉

みーくらゐ【御位】クライ―名〔「み」は接頭語〕❶天皇の位。皇位。例**御位**を去り、もの静かにて世を恨めしとや思すらむ〈源氏・絵合〉❷位階・官職の敬称。例もとの**御位**あらたまりて、数より外(=定員外)の権大納言になりたまふ〈源氏・明石〉

みーくり【三稜草】名 植物の名。ミクリ科の多年草。沼沢に自生。茎は簾の材料となる。例網代屏風、**三稜草**の簾など〈枕・五月の御精進のほど〉

みーぐる・し【見苦し】形(シク)❶**見るのがつらい。見るに忍びない。**例はかなき御くだものをだに御覧じ入れねば、いかにならせたまはん。あな**見苦し**や(=ほんの少しの御果物をさえ御覧になれないので、どうおなりになるのだろうか。なんとも見るに忍びないことよ)〈源氏・宿木〉読解 悩みのあまり、姫君はちょっとした物さえ食べようとしない。それを気遣う侍女の言葉である。

❷**みっともない。不体裁だ。**例ⓐ口つきなどは**見苦し**く広ごりたれど(=口もとなどは、みっともなく広がっているが)〈源氏・若菜上〉例ⓑ手のわろき人の、はばからず文書きちらすはよし。**みぐるし**とて、人に書かするはうるさし(=字の下手な人が、遠慮せず手紙を書きちらすのはよい。みっともないといって、他人に代筆させるのはいやみだ)〈徒然・三五〉

❸**見にくい。見分けがつかない。**例**見苦しう**(音便形)、まだあやめも見えざりしをだに(=見にくく、まだ目鼻立ちの区別もわからなかった容貌をさえ)〈宇津保・楼上下〉〈鈴木日出男〉

みーくるべか・す【見転べかす】動(サ四)目をきょろきょろさせて見る。例目大きにして、**見くるべかす**〈宇治拾遺・一九七〉

みーけ【御食・御饌】名〔「み」は接頭語。「け」は食物の意〕神や天皇に捧げる食料。例古はこの宮にて**御饌**をととのへて〈神皇正統記・上〉

みーげうしょ【御教書】ミギョウショ―名〔「み」は接頭語〕三位以上の貴人の意を伝える文書。鎌倉時代以降は、将軍の命令を伝える文書にもいう。例鎌倉殿(=源頼朝)の**御教書**にものせられけり〈平家・一〇・藤戸〉

みーけし【御衣】名〔「み」は接頭語。「けし」は上代の動詞「けす(着す)」の名詞形〕お召し物。⇩おほんぞ。例これやこのあまの羽衣うべしこそ(=なるほど)君が**みけし**と奉りけれ〈伊勢・一六〉

みけーつーくに【御食つ国】名〔「つ」は「の」の意の上代の格助詞〕天皇の食べ物を奉る国。特に、海産物を産出する国。例朝なぎに梶の音聞こゆ**御食つ国**野島の海人の舟にしあるらし〈万葉・六・九三四〉

みーこ【巫女・神子】名 神に仕える女性。神の託宣を伝え、また神楽を舞う。神社に所属するものと、民間で口寄せをするものとがいる。本来は未婚の女性が神に奉仕するものだったが、平安末期ごろから、客を神とみなしての売春も行われた。例この**巫女**は様がる(=風変わりな)**巫女**よ〈梁塵秘抄・二句神歌〉

みーこ【御子・親王】名〔「み」は接頭語〕❶**神の子。天皇の子。**また、天皇の子孫。男女ともに用いる敬称。例ひさかたの(枕詞)天見るごとく仰ぎ見し**御子**の御門の荒れまく惜しも(=天を見るように仰ぎ見た皇子の宮殿が荒れていくのが惜しい)〈万葉・二・一六八〉

❷**親王。**天皇の皇子で、親王宣下を受けた人の敬称。⇩しんわう。例ⓐ仁和のみかど、**みこ**におましましける時に(=仁和の帝が親王でいらっしゃったときに)〈古今・春上・詞書〉例ⓑ**親王**にもなさず、ただ人にて朝廷の御後ろ見をせさせむ(=親王にもさせず、臣下として朝廷の御後見役をさせよう)〈源氏・賢木〉

語誌▼①は男女の別なく使うので、特に限定する場合は「をのこみこ」「をとこみこ」「をんなみこ」「ひめみこ」のように用いる。〈藤本宗利〉

みーこき【御国忌】名〔「み」は接頭語〕国忌の敬称。天皇のご命日。例霜月の朔日ごろ、**御国忌**なるに〈源氏・賢木〉

みこころーを【御心を】《枕詞》心を寄せる、の意から、「寄す」と同音を含む地名「吉野」にかかる。

みーこし【御輿】名〔「み」は接頭語〕❶輿の敬称。特に、天皇の乗る輿の敬称。例**御輿**の中(ノ天皇ノ姿)よりほかに、目移るべくもあらず〈源氏・行幸〉❷神霊を安置した輿の敬称。神輿。例十禅師(=神名)の**御輿**にも、箭どもあまた射たてたり〈平家・一・御輿振り〉

みーこしぢ【み越路】コシジ―名〔「み」は接頭語〕越路の美称。一説に、「み」は「三」で越前・越中・越後をいうとも。例**み越路**の手向け(=旅の無事を祈る場所)に立ちて妹が名告りつ〈万葉・一五・三七三〇〉

みこしーやどり【御輿宿り】名❶貴人の輿を納める庫。例いたづら屋(=使用していない建物)のありしを「なにする所ぞ」と問ひしに「**御輿宿り**」といひしも、いとめでたし〈枕・神は〉❷祭礼のとき、御輿が本宮から出て仮に鎮座するところ。御旅所。

みーこと【御言・命・尊】「み」は接頭語。「こと」は言・事。神や天皇など貴人の言葉・行為をいう。またそこから転じて、その人自身のことをもさす。

❶名 ❶【御言・命】神・天皇・親など、敬うべき人の言葉。神託。ご命令。例大君の命恐み さし並ぶ国に出でます(=大君の御命令を慎んで受けて、隣り合う土佐国にお行きになる)〈万葉・六・一〇二〇〉

❷【命・尊】㋐(「〜のみこと」の形で)神・天皇・貴人などをいうとき、尊敬の意を添える。例しかして、あれまし御子の名は(=そうして、お生まれになった皇子の名は)、日子八井の命。次に神八井耳の命〈記・中・神武〉

㋑父・母など目上の人に敬意をこめて、また、妻・妹などに親愛の情をこめて用いる。例なね、いまし命、兵を持ち入りて当芸志美々を殺したまへ(=兄上、あなた様は、武器を持って家に入って当芸志美々をお殺しなさい)〈記・中・神武〉

❷代【尊】人称代名詞。平安時代、表面上は敬いながら、人を軽視したりからかったりして呼ぶのに用いる。

❶対称。おまえ。例いとよく儲けたり。尊は物のゆゑこそ知りたりけれ(=たいそうよく調えたな。おまえは物事をよく知っているものだ)〈今昔・二〇・三六〉

❷他称。あいつ。例手のきかむ方も思量も、その尊のありさま、みな知りたり(=武士としての腕前も思慮の程度も、あいつの様子は、すべて知っている)〈今昔・二五・三〉

語誌▼「尊」と「命」 ⑴②について、『日本書紀』には、「至りて貴きをば尊と曰ふ。自余をば命と曰ふ。並に(=どちらも)美挙等と訓ふ」〈神代上・分注〉とあって、貴人の尊称として用いる場合、天皇や皇太子のような至貴の人物に「尊」、その他には「命」、と区別して用いたらしい。ただし、上代文献全般では「命」を用いるのが一般的である。

▼⑴①②は上代の用法で、平安初期ごろまでは使われたが、その後は影をひそめたようである。②は『今昔物語集』にのみ現れたものらしい。〈米山敬子〉

みーごと【見事】❶名 見る価値のあるもの。見もの。例(祭リノ)見事、いと遅し〈徒然・一三七〉❷形動(ナリ)りっぱなこと。すばらしいこと。例いつぞやは見事な菊の花をくだされて〈虎寛本狂言・布施無経〉

みこと-のり【勅・詔】名(「御言宣」の意)天皇のお言葉。仰せ言。例有司に命して、その玉を得しよしを推へ問はしめたまふ〈紀・仁徳〉

みこと-もち【宰・司】名(天皇の「御言」を保持して政治を行う、の意)天皇の命令を受けて、諸国の政務をつかさどる官人。令制の国司の前身。

みこ-の-みや【東宮・春宮】名 皇太子のいる宮殿。転じて、皇太子。例みこの宮の帯刀に(=護衛役で)侍りけるを〈古今・雑下・詞書〉

みこ-ばら【皇女腹】名 皇女から生まれること。また、その子。例みこ腹に、男子一人持たり〈宇津保・俊蔭〉類義▶みやばら

みーこみ【見込み】名 ❶見た様子。見た目。一説に、こちらを見た姿とも。例見込みのやさしさ〈西鶴・好色五人女・三・二〉❷ねらい。目当て。例家一軒を見込みぢゃの、いや盗人の、すっぱ(=盗賊)のと言ひちらされて〈浄瑠璃・八百屋お七・上〉

みーこも【水菰・水薦】名 水中から生えている真菰(水草の名)。例ときしもあれ水のみこもを刈りあげて〈千載・夏〉

みこもかる【水薦刈る】《枕詞》「水薦」が群生する地、の意から地名「信濃」にかかる。

みーごもり【水籠り・水隠り】名 沼などの水中に沈んでかくれること。転じて、恋心を秘めかくすこと。例奥山の岩垣沼の水隠りに恋ひや渡らん逢ふよしをなみ(=逢う手立てがないので)〈拾遺・恋一〉

みーさう【御荘・御庄】ソウ 名(「み」は接頭語)貴人の所有する荘園。例領じたまふ御さう、御牧(=御牧場)よりはじめて、さるべき処どころの券(=土地の権利書)などみな承りおきたまふ〈源氏・須磨〉

みさお【操】⇩みさを

みーさき【御先・御前】名(「み」は接頭語)❶貴人の行列の先導。先払い。また、その時に発する声。例御随身のみさきまゐるも制したまひて〈大鏡・時平〉❷神が使者として遣わすという鳥獣。熊野の鳥、稲荷の狐など。例(玉津島明神ノ)御先となりて出現ある体なり〈中楽談儀〉

みーさ・く【見放く】動(カ下二)❶見やる。遠くを見る。例しばしばも見放けむ山を心なく雲の隠さふべしや〈万葉・一・一七〉❷見て気を晴らす。例語り放け見放くる人目ともしみと(=少ないので)思ひし繁し〈万葉・一九・四一五四〉

みさご【鶚・雎鳩】名 ワシタカ科の鳥の名。背は褐色、腹は白色の羽毛をもち、水辺にすみ魚をとって食べる。例みさご、池より立ちて、三寸ばかりの鮒を食ひて居りけるを〈宇津保・内侍のかみ〉

みささぎ【陵】名(古くは「みさざき」)天皇・皇后などの墓。御陵。例(a)みささぎは うぐひす(=地名)のみささぎ〈枕・みささぎは〉例(b)この里ちかき白峰といふ所にこそ、新院の陵ありと聞きて〈読本・雨月・白峯〉

みーさ・す【見止す】動(サ四)見かけて中途でやめる。例(賀茂ノ祭リヲ)見さして帰りたまひにけり〈伊勢・一〇四〉

みさと-づかさ【京職・京兆】名 ⇩きゃうしき

みーさび【水銹・水錆】名 水面に浮かぶ錆のようなもの。水あか。例みさびゐて月も宿らぬ濁り江に〈山家集・上〉

みーさぶらひ【御侍】ーサブライ 名(「み」は接頭語)貴人の従者。お供の人。お付きの人。例みさぶらひ御傘と申せ(=お傘をどうぞ、と申し上げよ)〈古今・東歌〉

みーざま【見様】名 外から見た様子。外見。例(ソノ役ハ)おほかた見様のよきを選ぶべし〈中楽談儀〉

みーざま【身様】名 容姿。体つき。例古めかしき御身ざまにて、立ち並び顔ならむも憚りある心地しけり〈源氏・若菜下〉読解ここは、懐妊して老けやつれたような容姿をいう。

みさ-みさ 副 ひどく水にぬれたさま。びしょびし

よ。例水に濡らして着せたるやうにみさみさとなりてありけるを〈宇治拾遺・三〉

み-ざめ【見醒め】 名 見飽きること。見ているうちに興味を失うこと。例我ならざらん人は(=ほかの人なら)見ざめしぬべき御ありさまを〈源氏・初音〉

みさを【操】ミサオ 1 名 ❶超俗的で美しいこと。例風流ある女ありき〈霊異記・上・一三〉
❷心を変えないこと。節操。志操。例御許の信ある操を見て、今はおのれが身の罪を悔ゆるばかりなり(=あなたの誠意ある志操を見て、今は自分の身の罪を後悔するばかりです)〈読本・雨月・吉備津の釜〉
2 形動(ナリ) ❶上品でみやびやかだ。美しさを保っている。例(夫ガ)面伏せにや思はむと憚り恥ぢて、みさをにもてつけて(=不名誉に思うだろうかと気がねし遠慮して、努めて上品でみやびやかにして)〈源氏・帚木〉
❷心変わりしない。志操堅固だ。例深き山の本意は、みさをになんはべるべきを(=奥深い山にという願いは、心変わりするはずもございませんのに)〈源氏・東屋〉読解 出家するという願い。
❸平気な様子でいるさま。我慢強い。例なかなかに馴るるつらさに比ぶれば疎き恨みはみさをなりけり(=中途半端にうちとけて逢えないつらさに比べると仲が疎遠で逢えない恨みのほうが平気であったことだ)〈山家集・中〉
語誌 語源は諸説あるが、「み」は神・霊などの神秘的なものをさす接頭辞、「さを」は「あを(青)」と同じと解するのが妥当か。常緑樹のような不変の美から、堅固な心をいうようになったと考えられる。〈小島孝之〉

みさを-つくる【操作る】ミサオ 平気なふりをする。辛抱する。体裁を保つ。例(a)上はつれなく操作り(=表面はさりげなく平気なふりをして)〈源氏・帚木〉例(b)絶えて上るものなければ、さのみやは操もつくりあへん〈方丈記〉読解 飢饉のため、都に物資が入らなくなったことを語る一節。「さのみやは」の「やは」は反語の意を表す。

みじか【短】 形動(ナリ)〔形容詞「みじかし」の語幹の形容動詞化〕短いさま。例にはとりのひなの、足高に、しろうをかしげに、衣みじかなるさまして〈枕・うつくしきもの〉

みじか・し【短し】 形(ク) ❶空間的な隔たりが小さい。短い。丈が低い。例みじかき灯台に火をともして(=丈が低い灯台に火をともして)〈枕・きよげなる男の〉
❷時間的な長さや隔たりが小さい。短い。久しくない。例秋の夜を長しと言へど積もりにし恋を尽くせば短かりけり(=秋の夜は長いというが積もっていた恋の思いを晴らすと短いものだ)〈万葉・一〇・二三〇三〉
❸位・身分が低い。卑しい。例身は沈み、位みじかくて(=その身は落ちぶれ、位は卑しくて)〈源氏・帚木〉
❹足りない。劣っている。つたない。例人の短きをそしり、したることを難じ(=人の劣っているところをけなしたり、やったことを非難したり)〈十訓抄・四・序〉
❺愛情・思慮などが足りない。薄情だ。浅薄だ。例長からぬ命のほどに忘るるはいかに短き心なるらん(=長くもない一生の間に忘れるとは、なんと薄情な心であろうか)〈伊勢・一一三〉
❻せわしい。せっかちだ。短気だ。例おさん(=人名)押しとどめて「さりとは短し(=なんとまあ短気な)」〈西鶴・好色五人女・三・四〉〈吉田比呂子〉

みじか-よ【短夜】 名 短い夜。夏の夜をいう。例短夜のふけゆくままに高砂の(枕詞)峰の松風吹くかとぞ聞く〈後撰・夏〉

みじか-らか【短らか】 形動(ナリ)〔「らか」は接尾語〕いかにも短い様子だ。例素絹の衣の短らかなるに〈平家・二・小教訓〉

みし-と【緊と】 副 強く押したり抱いたりするさま。ひしと。しっかりと。例衣ごしにみしと抱きて〈著聞集・八・三二三〉

み-しね【御稲】 名〔「み」は接頭語〕稲の美称。例御稲搗く女の佳さ〈神楽歌・小前張〉

みし-ひと【見し人】〔「し」は過去の助動詞「き」の連体形〕❶以前見た人。前に会ったことのある人。例「かかる道は、いかでかいまする(=どうしておいでなのですか)」といふを見れば、見し人なりけり〈伊勢・九〉❷かつて愛した人。妻・夫など。例見し人の煙となりし夕べより名ぞむつまじき塩釜の浦〈紫式部集〉読解 夫の死を哀傷して詠んだ歌。「煙」は火葬の煙。塩釜の藻塩を焼く煙が親しく感じられる。

み-しぶ【水渋】 名「みさび」に同じ。例衣手に水渋付くまで植ゑし田を〈万葉・八・一六三四〉

み-しほ【御修法】ミシオ 名〔「みしゅほふ」の変化した形〕「みすほふ」に同じ。例十三日、歳末の御修法ありけり〈平家・八・法住寺合戦〉

三島《地名》❶伊豆国、今の静岡県三島市一帯。国府が置かれ、三島大社の門前町として発展。江戸時代には、東海道五十三次の宿場町として栄えた。例やうやく三しまの宿へ着くと、両側より呼び立つる女の声々〈滑稽本・膝栗毛・三上〉❷摂津国、淀川の下流域で、今の大阪府三島郡・摂津市・高槻市・茨木市一帯。和歌では、「三島江」の形で「薦」「葦」とともに詠まれる。

みしゃ・ぐ 動(ガ四) 押しつぶす。例打ってもみしゃい(音便形)でも〈近松・大経師昔暦・上〉

み-し・る【見知る】 動(ラ四) ❶見て知っている。見てわかる。例京には見えぬ鳥なれば、皆人見知らず〈伊勢・九〉❷面識がある。交際がある。例たれならむ(=だれだろう)、供なる人、見知るべき者にもこそあれ〈蜻蛉・中〉❸経験がある。例見知りたまはぬ世(=世間)の憂さに〈源氏・賢木〉

み-じろ・く【身動く】 動(カ四) 体を動かす。例寝入らでみじろき臥したまへれば〈宇津保・蔵開中〉

み-す【御簾】 名〔「み」は接頭語〕宮中や貴族の邸宅のすだれ。主に萌黄色の絹で縁をとり、上部に帽額という絹を長く引きわたす。巻き上げるときは、鉤という金具に掛ける。例(a)使ひの少将参りたまへば、あげたるみすおろして外に出でたまふ(=使者の少将が参上なさるので、上げてある御すだれを下ろして外にお出になる)〈宇津保・沖つ白波〉読解 簀子と廂との間に掛けた御簾。外側にいる少将から見えないように御簾を下げた。例(b)関白殿、黒戸より出でさせたまふとて…分け出でさせたまへば、戸に近き人人、色々の袖口して、**御簾**引き上げたるに(=関白様が、黒戸からお出になるということで…女房たちの間をかき分けておでましになるので、戸に近い人々が、色とりどりの袖口を見せて、御すだれを引き上げたところ)〈枕・関白殿、黒戸より出でさせたまふとて〉

御簾〔豊明絵草子〕

読解 妻戸の内側に掛けられた御簾。女房たちがそれを掲げて関白を通してやる。

語誌▼**御簾越しの垣間見**　物語には、御簾越しに垣間見た女性に恋心をいだくという場面が見られる。光源氏邸での蹴鞠の日、猫が引き開けた御簾越しに女三の宮を見た柏木が恋慕の情を募らせる『源氏物語』若菜上巻の例は、その典型。〈藤本勝義〉

み・す【見す】**1**動(サ四)〘上代語〙「**見る**」の尊敬語。**ご覧になる**。例御諸が上に 登り立ち 我が**見せ**ば(=御諸山の上に登り立って私がご覧になると)〈紀・継体・歌謡〉 読解「我が見せば」はいわゆる自敬表現。この歌の歌い手(春日皇女)への他者の敬意が加わったともみられる。

2動(サ下二)❶**見せる**。**人目につくようにする**。例磯の上に生ふるあしびを手折らめど**見す**べき君がありといはなくに(=磯のほとりに生えているあしびを折りたいけれど、見せるはずのあなたが生きているとだれも言わないなあ)〈万葉・二・一六六〉

❷**見届けさせる**。**調べさせる**。例心得で、人をつけて**見すれ**ば(=不審に思って、人にあとをつけさせて見届けさせると)〈蜻蛉・上〉

❸**結婚させる**。**嫁がせる**。例この宮にこそは、よろしからむ女子は**見せ**たてまつらまほしけれ(=この宮にこそ、かなりよい器量の娘は結婚させ申し上げたい)〈源氏・紅梅〉

❹**経験させる**。⇩はぢをみす・めをみす

語誌▼1は、「見る」の語幹に上代の尊敬の助動詞「す」がついたもの。

▼2は他動詞。②のような使役的な用法もあるが、「す」は使役の助動詞ではない。「見る」に使役の助動詞がつく場合は、「さす」がついて「見さす」となる。〈鈴木日出男〉

みず〘水・瑞〙⇩みづ

み-ずいじん【御随身】名〔「み」は接頭語〕随身の敬称。貴人への敬意が、それに従う随身に形の上で及んだ語。例**御随身**十二人に、内舎人の**御随身**なども馬に乗りて〈栄花・玉の村菊〉

み-すがら【身すがら】名 形動(ナリ)〔「すがら」は接尾語〕❶ほかに何も持たないこと。着のみ着のまま。身一つ。例ただ**身すがら**にと出で立ちはべるを〈芭蕉・奥の細道〉❷一人きりで係累のないこと。例名(=評判)を取った男なし親もなし叔父持たず、**身すがら**の太兵衛と〈近松・心中天の網島・上〉

み-すぎ【身過ぎ】名❶生活の手段。生業。なりわい。例よろづの虫を取って売るなど、**身過ぎ**は草の種ぞかし〈西鶴・西鶴織留・五・四〉 読解「身過ぎは草の種」は、生計の立て方は多種多様であることをいうことわざ。❷境遇。環境。例その時々の**身過ぎ**ほど悲しいものはなきぞとよ〈近松・長町女腹切・上〉

み-すぐ・す【見過ぐす】動(サ四)❶見過ごす。気づいていながらほうっておく。また、うっかり見のがす。例さまざま心細き世の中のありさまを、よく**見過ぐし**つるやうなるよ〈源氏・若菜下〉❷見ながら日々を送る。世話をして過ごす。例かかるほどを(=妻が重態の間は)**見過ぐさ**むとて〈源氏・葵〉

みすずかる【水篶刈る・三篶刈る】〘枕 詞〙〔「み」は接頭語。「すず」は篠竹〕篠竹が信濃の国に多く産することから、地名「信濃」にかかる。『万葉集』の「水薦刈る」「三薦刈る」を、江戸時代に賀茂真淵が改訓したことから生じたもの。

み-す・つ【見捨つ】動(タ下二)❶見捨てる。ほうっておく。例(妻ハ)わが**見捨て**てむのちをさへなむ、(私ヲ)思ひやり後ろ見たりし(=めんどうをみてくれた)〈源氏・帚木〉❷妻子など心のひかれるものを、後に残して立ち去る。また、心残りのまま死ぬ。例ただ今おのれ**見捨て**たてまつらば、(アナタハ)いかで世におはせむとすらむ〈源氏・若紫〉

み-すほふ【御修法】名〔「み」は接頭語〕「みずほふ」とも。「修法」の敬称。例常にやむごとなき所々の**御修法**に召され〈今昔・一九・三〉

み-すまる【御統】名〔「み」は接頭語〕多くの玉を糸で通した首飾りや腕輪。例天なるや 弟たなばたの うながせる 玉の**御統**〈記・上・神代・歌謡〉

みす-みす【見す見す】副 見る見るうちに。多く「目に見す見す」の形で用いる。例目に**見す見す**、生ける人を、かかる雨にうち失はせんは〈源氏・手習〉

みずら〘鬟・角髪・角子〙⇩みづら

み-せせり【身せせり】名「みぜせり」とも。体を小刻みに動かすこと。例猿といふものは**身せせり**をして鳴くものぢゃが〈虎寛本狂言・柿山伏〉

みせ-だな【見世棚・店棚】名 商品を並べて見せる棚。転じて、店。商店。商家。例鳥をとる事法度なれば、**みせだな**に鳥も少なし〈仮名草子・可笑記・三〉

みせ-ぢょらう【見世女郎】名 下級の遊女。例あはれ深きは**見世女郎**〈近松・冥途の飛脚・中〉

み-せん【味煎】名 甘葛の汁を煮詰めて甘味料としたもの。例水と見しは**味煎**なりけり〈今昔・二六・一七〉

み-そ【三十】名 数の名。三十。例指をかがめて(=折り曲げて)「十、二十、三十、四十」など数ふるさま〈源氏・空蟬〉

み-そ【御衣】名〔「み」は接頭語。後世は「みぞ」とも〕衣服の敬称。お召し物。⇩おほんぞ。例いと寒きに、**御衣**一つしばし貸したまへ〈大和・一六八〉

み-そ【味噌】**1**名 大豆・麦などを蒸して麹・塩を加えて発酵させた食品。例小土器に**味噌**の少しつ

きたるを見出でて〈徒然・二三五〉❷名形動(口語) 近世の用法。自慢すること。うぬぼれ。例丸顔をみそにして居る軽井沢〈柳多留・初〉

みーぞーう【未曾有】 名〔「未だ曾て有らず」の意〕いまだかつてないこと。まだ一度もないこと。例比丘(=僧)を堀へ蹴入れさする、**未曾有**の悪行なり〈徒然・一〇六〉

みそーうづ【味噌水】ウズ 名 米や野菜を味噌で煮た粥。味噌雑炊。

みそか【三十日・晦日】 名 ❶月の三十番目の日。また、月の末日。❷三十日間。例**三十日**三十夜は我がもとに〈蜻蛉・中〉

みそか

【密か】 形動(ナリ) **ひそかなさま。人に知られずにいるさま。** 例(a)**みそかなる**所なれば、門よりもえ入らで(=ないしょで通いはじめた場所なので、門から入るわけにもいかなくて)〈伊勢・五〉例(b)障子をいと**みそかに**押し開けたまひて(=襖障子をたいそうそっと押し開けなさって)〈源氏・東屋〉

語誌▼「ひそか」と「みそか」 上代には「みそか」の確実な例がない。「ひそか」と「みそか」は同じような意味の語だが、平安時代には、漢文訓読調の文体では「ひそか」を用い、和文体では「みそか」を用いるという使い分けが存在した。〈品田悦一〉

みそーかけ【御衣掛け】 名「みぞかけ」とも。着物を掛けておく家具。細い木材を鳥居のように組んだもの。衣桁。例**御衣かけ**に、色々の御衣かけたり〈宇津保・沖つ白波〉

みそかーごころ【密か心】 名 隠し事をもつ心。特に、ひそかな恋心。例**みそか心**つきたるもののむすめなどは〈源氏・蛍〉

みそかーごと【密か事】 名 ないしょごと。特に、秘密の恋。例**みそかごと**は無才にぞおはしまししかど(=才覚をおもちでなかったが)〈大鏡・道長下〉

みそかーぬすびと【密か盗人】 名 こっそり盗みをする人。こそどろ。例**みそか盗人**の、さるべきものの隈々にゐて見るらんをば〈枕・はづかしきもの〉

みそぎ

【禊ぎ】 名〔「みそそぎ(身滌ぎ)」の変化した形か〕身に付着した穢れを除去するため、海辺や河原に出て、水を身に浴びたり、水中に身を浸したりする行為。神事の前、穢れに触れたときなど、心身を清浄にする必要のある場合に行われた。例(a)あは、いなしこめしこめき穢き国に到りてありけり。かれあは御身の**禊ぎ**せむ(=私は見る目も醜悪な穢れた世界に行っていたことであった。そこで私は御身の禊ぎをして穢れを清めよう)〈記・上・神代〉読解 伊邪那岐が黄泉の国(穢れた死者の世界)から帰還したときの言葉。例(b)玉久世の清き川原に**みそぎ**して斎ふ命も妹がためこそ(=玉久世の清らかな川原で禊ぎをして無事を願って忌み慎む命も妻のためだ)〈万葉・一一・二四〇三〉例(c)風そよぐならの小川の夕暮れは**みそぎ**ぞ夏のしるしなりける〈新勅撰・夏〉読解 この「みそぎ」は「夏越しの祓へ(六月祓へ)」の神事のためのもの。↓名歌119

類義 はらへ

語誌▼**穢れを除去する行為** 禊ぎの前提にあるのは、水の呪力、浄化の威力への信仰である。水には身体に付着した穢れを流し去る力があると考えられていた。川での禊ぎでは、普通はその呪力の最も強く現れる瀬または河原が禊ぎの場として選ばれた。

穢れは、日常の生活の中で人間の身体に付着する負の物質的な何かを意味すると考えられた。罪の結果として身体に残存するが、異常な事物(たとえば死者)に触れた際にも付着する。また、知らず知らずのうちにも身体に蓄積されていくから、定期的に除去する必要があった。罪の除去とも習合されているが、六月と十二月の晦日の祓え(前者が「夏越しの祓へ」)は、そうした意味をもつ行事である。神事に先立つ禊ぎとしては、大嘗祭や賀茂の祭りに際しての「御禊」が古典作品中によく現れる。なお、例(a)に掲げた伊邪那岐の記事が、禊ぎの起源譚とされている。

▼「禊ぎ」と「祓へ」 禊ぎで除去されるのは穢れだが、時代が下ると祓えとの混同が生じ、罪も除去されると考えられるようになった。「禊ぎ祓へ」や「罪穢れ」という言葉も生まれるようになるが、本来、罪を除去する儀礼は祓えである。〈多田一臣〉

みそぎーがは【禊川】ガワ 名 河原で禊をする川。また、夏越しの祓えをする川。例**みそぎ河**瀬々にいださん〈源氏・東屋〉

みそ・ぐ【禊ぐ】 動(ガ四) 禊ぎをする。川や海辺に出てその水の力で身体に付着した罪・穢れを除去する。例行く水に **みそぎ**てましを〈万葉・六・九四八〉

みーそ・す【見過す】 動(サ四)〔「そす」は接尾語〕世話を焼きすぎる。見すぎる。例「あまり**見そす**」などいふも〈枕・文ことばなめき人こそ〉

みそーぢ【三十】ジ 名〔「ぢ」は接尾語「ち(個)」の連濁形〕❶数の名。三十。❷三十歳。三十年。例**三十**にてぞ、今日また九重(=宮中)を見たまひける〈源氏・賢木〉

みーそなは・す

【見そなはす】ナワス 動(サ四) **「見る」の尊敬語。ご覧になる。** 例(a)太子遠かに**望して**曰く(=皇太子が遠くをご覧になっておっしゃるには)〈紀・履中即位前紀〉例(b)今も見そなはし、のちの世にも伝はれとて〈古今・仮名序〉読解『古今和歌集』成立の経緯についての一節。天皇が、歌々を今は御自身もご覧になり、後世にも伝われとお思いになり、の意。

語誌▼**語の成り立ち** 動詞「みる」「おこなふ」のそれぞれに上代の尊敬の助動詞「す」のついた「みす」「おこなはす」が複合した「みしおこなはす」が「みそこなはす」となり、さらにそこから変化した形とされる。主に漢文訓読文で用いられた。〈泉基博〉

みーそな・ふ【見そなふ】ソナウ・ソノウ 動(ハ四)「みそなはす」に同じ。例法の舟さしてゆく身ぞもろもろの神も仏も我を**みそなへ**〈新古今・釈教〉

みーそのふ【御園生】ソノウ 名〔「み」は接頭語〕園生の敬称。お庭。例**み園生**の竹の林にうぐひすはしば鳴きにしを(=しきりに鳴いていたが)雪は降りつつ〈万葉・一九・四二八六〉読解 ここは平城宮にある庭園。

みそーびつ【御衣櫃】 名 衣服を入れておく蓋つきの大型の箱。持ち主を敬う言い方。例**御衣櫃**あまた荷

かさぶらはす〈源氏・明石〉

みそひと‐もじ【三十一文字】 名 和歌のこと。短歌形式の和歌が仮名三十一字で成り立っていることからいう。「さんじふいちじ」「みそもじあまりひともじ」とも。

みそ‐ひめ【御衣姫】 名 衣服の洗い張りに使う姫糊。飯粒を煮て作る。

み‐そ‐む【見初む】 動(マ下二) ❶はじめて見る。はじめて会う。例**見そめ**たてまつりしは、いとかうしもおぼえたまはずと思ひしを(=ほんとうにそれほどは似ていらっしゃらないと思ったが)〈源氏・胡蝶〉 ❷恋いはじめる。また、はじめて男女の契りを結ぶ。例**見そめ**し秋は 言の葉の 薄き色にや 移ろふと〈蜻蛉・上〉

みそもじ‐あまり‐ひともじ【三十文字余り一文字】 名 和歌のこと。⇩みそひともじ

みぞ・る【霙る】 動(ラ下二)〔名詞「みぞれ」の動詞化〕みぞれが降る。例春雨にちる花見ればかきくらし**みぞれ**し空の心地こそすれ〈千載・春下〉

みぞれ【霙】 名 雪が雨混じりになって降るもの。例降るものは雪。霰。霙はにくけれど、白き雪のまじりて降る、をかし〈枕・降るものは〉

みだ【弥陀】 名『仏教語』「阿弥陀」の略。例**弥陀**の御顔は秋の月〈梁塵秘抄・法文歌〉

み‐だい【御台】 名〔「み」は接頭語〕❶食物や食器を載せる台の敬称。例**御台**かたがたよそひ持てきて、御前に据ゑつ〈宇治拾遺・九四〉 ❷(①から転じて)食物の敬称。例とかく紛らはして、**御台**はまゐる〈源氏・夕霧〉 ❸「御台所」の略。例足利殿こそ**御台**・君達まで皆引き具しまゐらせて〈太平記・九〉

み‐だい‐どころ【御台所】 名〔「み」は接頭語〕「御台盤所」の略。大臣・大将・将軍家などの正室の敬称。例安楽国に座して、西方の**御台所**と仰がれん事疑ひなし〈浮世草子・傾城禁短気・五・一〉

み‐だい‐ばん‐どころ【御台盤所】 名〔「み」は接頭語〕「台盤所」の敬称。「みだいどころ」に同じ。例花山院の左大臣殿の**御台盤所**にならせたまひて(=おなりになって)〈平家・一・吾身栄花〉

み‐だう【御堂】 名〔「み」は接頭語〕❶寺・仏堂の敬称。例法興院の積善寺といふ**御堂**にて一切経供養ぜさせたまふに〈枕・関白殿、二月二十一日に〉 ❷特に、藤原道長の建てた法成寺。また、道長の称。例**御堂**の御ために、その寺にして八講を始め行ひて〈今昔・一四・一二〉

御堂関白記 『作品名』平安時代の日記。藤原道長著。長徳四年(九九八)から治安元年(一〇二一)まで、道長全盛期の公私にわたる出来事を漢文体で記す。儀式に関する記事が多く、史料的価値が高い。

御嶽・御岳 『地名』大和国(奈良県)吉野の金峯山の別称。例**御嶽**にまうでて帰りたる人などのもて来める〈枕・花の木ならぬは〉

みたけ‐さうじ【御嶽精進】 名 金峯山に参拝する人があらかじめ行う精進。普通は二十一日・五十日・百日、修験者は千日の間籠もって精進する。例**御嶽精進**しけるを、いたう老いたまへる人の重く悩みたまふは、いかが〈源氏・手習〉

み‐たち【御館】 名〔「み」は接頭語〕国司の庁舎などの敬称。国司の敬称にも用いる。例**御館**より出でたうびし(=お出ましになった)日より、ここかしこに追ひ来る〈土佐〉

み‐た・つ【見立つ】 動(タ下二) ❶注意をはらって見る。目をとめる。見とがめる。例さまざまの財物かたはしより捨つるがごとくすれども、さらに(=まったく)目**見立つる**人なし〈方丈記〉 ❷見て、選び定める。例物ごとにこれらをも御**見立て**候うて〈御伽草子・猿源氏草子〉 ❸見送る。旅立たせる。例道の程**見たて**てまゐらせん〈読本・雨月・蛇性の婬〉 ❹判断する。推定する。また、病状を診断する。例最眉目から**見たて**ました〈西鶴・好色一代男・五・六〉 ❺みなす。たとえる。なぞらえる。例白楽天は何と**見たつる**〈西鶴・西鶴大矢数・七〉 ❻世話する。後見する。例せめて三十二、三までとっくと**見たて**、人になして(=よくよく世話して、一人前にして)〈近松・生玉心中・中〉 ❼見くびる。ばかにする。例さても人を見立つるやつかな〈西鶴・好色一代男・五・二〉

み‐たて【見立て】 名 ❶見送ること。送別。例直麟太郎も御**見立て**、門を送りして立ち帰り〈浄瑠璃・菅原伝授手習鑑・二〉 ❷見て選定・診断すること。鑑定。診察。例呉服屋へは夫婦連れで**見立て**に行くか〈滑稽本・浮世風呂・三下〉 ❸考え。思いつき。例所は御江戸なれば、何をしたればとて商ひの相手はあり。珍しき**見立て**もがな(=目新しい思いつきをしたいものだ)〈西鶴・日本永代蔵・三・一〉 ❹和歌などの表現技法の一つ。⇩『名歌・名句辞典』「和歌の表現技法」

み‐たふ・す【見倒す】 動(サ四) 古物などを買いたたく。安い値段に見積もる。例「ゆかたでも買はねえか」「おもいれ(=思いきり)**見たふし**てやらうぢやあねえか」〈滑稽本・膝栗毛・四下〉

みだ‐ぶつ【弥陀仏】 名『仏教語』「阿弥陀仏」の略。⇩あみだ。例若くより道心(=信仰心)ありて、**弥陀仏**を念じたてまつりけり〈今昔・一五・四八〉

み‐たま【御霊】 名〔「み」は接頭語〕❶霊の敬称。死者の霊を神として尊んでいう。例皇祖の**御霊**助けて〈万葉・一八・四〇九四〉 ❷恩恵。おかげ。例我が主の**み霊**賜ひて春さらば(=春になったら)奈良の都に召上げたまはね〈万葉・五・八八二〉

み‐たま‐や【御霊屋・御霊舎】 名 貴人の霊を祭ってある所。霊廟。例檀場・諸堂・**霊廟**、残りなく拝みめぐりて〈読本・雨月・仏法僧〉

み‐たみ【御民】 名〔「み」は接頭語〕天皇の民。人民は天皇のものという考えから出た言葉で、天皇を敬って人民が自らを言う。例**御民**我生けるしるしあり天地の栄ゆる時にあへらく思へば(=生きていると思うと)〈万葉・六・九九六〉

み‐たらし【御手洗】 名〔「み」は接頭語〕❶神仏に参詣するときに手を清め口をすすぐ所。また、そのための水の流れ。例**御手洗**に影の映りける所と侍れば〈徒然・六七〉 ❷「御手洗川」の略。

みたらし‐がは【御手洗川・御手洗河】 名 ❶神社のかたわらを流れ、参拝者が手を清め口をすすぐ

川。例恋せじと**御手洗川**にせし禊ぎ神はうけずもなりにけるかな(=もう恋はするまいと御手洗川でした禊ぎではあるが、私の願いを神は受けなくなってしまったなあ)〈伊勢・六五〉

❷《地名》歌枕 山城国、今の京都市北区の上賀茂神社と左京区の下鴨神社の境内を流れる川。賀茂川から引き入れられ、参拝者がここで手や口を清める。平安末期以降は、特に上賀茂神社のものをさす。例聞きわたる**御手洗川**の水清みそこの心を今日ぞ見るべき(=かねがね聞いている御手洗川の水が清らかなので底がよく見えるように、あなたの清らかな心を今日は見ることができる)〈金葉・雑上〉 読解「そこ」は「底」とあなたの意の「そこ」を掛ける。

語誌▼本来は①のように普通名詞であったものが、京の人々からは特に賀茂両社の川が思い起こされたために、歌枕として定着したのが②である。

▼**禊ぎの名所** ②は、京の人々にとって神聖な川である賀茂川から引き入れたもの。上賀茂・下鴨両社のものをさしたが、上賀茂神社の御手洗川で行われる夏越しの祓えでの禊ぎが特に有名だったため、しだいに、「御手洗川」と言えば上賀茂神社のそれをいうようになる。上賀茂神社のものには「楢の小川」、下鴨神社のものには「瀬見の小川」などの別称がある。

▼和歌では、「御」に「見」「身」を掛けたり、「神」「禊ぎ」「清し」「頼む」「濯ぐ」などの語とともに詠まれることが多い。①例の歌の影響で、「恋す」「うけず」などの語とともに詠まれることもある。〈高桑枝実子〉

みだり【乱り・濫り・猥り・妄り】 形動(ナリ) 秩序のないさま。節度のないさま。むやみやたらだ。度を過ごしている。例分別**みだりに**起こりて、得失(=損得を考えること)止む時なし〈徒然・七五〉

みだり-あし【乱り足・乱り脚】 名 病気や疲れ・酔いなどで歩行困難になった足。「みだれあし」とも。例御中道のほど、**乱り脚**こそ痛からめ〈源氏・椎本〉

みだり-かくびゃう【乱り脚病】——カクビョウ 名 脚気。例例もわづらひはべる**乱り脚病**といふもの、ところせく(=たびたび)起こり〈源氏・若菜下〉

みだり-かぜ【乱り風】 名 風邪。例にはかにいと**乱り風邪**の悩ましきを〈源氏・真木柱〉

みだり-がは・し【乱りがはし・濫りがはし・猥りがはし】——ガワシ 形(シク)

「がはし」は接尾語。秩序が乱れ、不快な感じがする状態をいう。「みだれがはし」とも。

❶**規律・規範・礼儀などが守られていないさま。無作法だ。だらしない。** 例(蹴鞠ハ)**乱りがはしき**事の、さすがに目さめてかどかどしきぞかし(=無作法なものの、それでもやはり派手で才気があるものだよ)〈源氏・若菜上〉 読解蹴鞠が無作法なのは、鞠を蹴っているうちに服装が乱れるから。

❷**整然としていないさま。乱雑だ。** 例(台風ノタメニ)檜皮、瓦、所どころの立て蔀、透垣などやうのもの**乱りがはし**(=屋根に葺いた檜の皮や、瓦や、あちらこちらの立て蔀や、透垣などといった物が乱雑に散らばっている)〈源氏・野分〉

❸**思慮・分別に欠けて穏やかでないさま。荒々しい。乱暴だ。** 例いささかの事にも、春日の神木、日吉の神輿など言ひて、**みだりがはし**(=ちょっとした事でも、春日神社の神木だとか日吉神社の御輿だなどと言って、乱暴である)〈平家・五・都帰〉 読解奈良興福寺の僧兵は神木(榊の大木)を、比叡山延暦寺の僧兵は御輿を担いで入洛し、強訴することが慣例であった。

❹**心が落ち着いていないさま。取り乱している。騒々しい。** 例(桐壺更衣ノ母君ガ娘ヲ亡クシテ)**乱りがはしき**を、心をさめざりけるほどと、御覧じ許すべし(=取り乱している様子を、心が静まっていないせいだと、帝はお見逃しになるにちがいない)〈源氏・桐壺〉

❺**好色めいている。** 例かくのみ**乱りがはしく**おはする人は、聞きにくく、実ならぬ事をもくねり言ひ(=このように好色めいていらっしゃる人は、聞き苦しく、事実でない事も曲げて言い)〈源氏・東屋〉

類義①～④らうがはし 〈岩坪健〉

みだり-ごこち【乱り心地】 名 病気などで気分の悪いこと。病気。心が乱れて落ち着かない状態。例**乱り心地**悪しうはべれば、宮仕へもしはべらずなむ〈宇津保・俊蔭〉

みだ・る【乱る】

❶動(ラ四) ❶**ばらばらにする。散乱させる。もつれさせる。乱雑にする。** 例滝つ瀬に誰白玉を**乱りけん**(=滝のほとりにだれが白玉をばらまいたのだろう)〈後撰・雑三〉 読解水滴を白玉(真珠)に見立てた。

❷**心などを乱れさせる。悩ませる。** 例いまさらに心を**乱る**も、いといとほしげなり(=いまさら心をかき乱すのも、まったく気の毒だ)〈源氏・明石〉

❸**国や世間を混乱させる。騒動を起こす。** 例保元元年七月に宇治の左府、代を**みだり**たまひし時(=宇治の左大臣が、世の中を混乱させなさったとき)〈平家・一・鱸〉 読解保元の乱をさす。

❷動(ラ下二) ❶**ばらばらになる。散乱する。入り交じる。乱雑になる。** 例長からむ心も知らず黒髪の**乱れ**て今朝はものをこそ思へ〈千載・恋三〉➡名歌251

❷**混乱する。** 例(合奏ノ)調子も違ひ、拍子もみな**乱れ**にけり(=調子もはずれ、拍子もすべて混乱してしまった)〈平家・五・文覚被流〉

❸**服装や態度などがだらしなくなる。うちとける。** 例暑さに**乱れ**たまへる御ありさまを、見るかひありと思ひきこえたり(=暑さのためうちとけなさっているご様子を、見る価値があるとお思い申し上げた)〈源氏・帚木〉

❹**心が動揺する。悩む。迷う。** 例女の事にてなむ、賢き人、昔も**乱るる**例ありける(=女性のことで、賢い人が迷う例は昔もあった)〈源氏・梅枝〉

❺**騒動が起きる。** 例高倉宮の御謀反によって、また天下が**みだれ**て(=高倉宮の御謀反によって、また天下に騒動が起きて)〈平家・五・富士川〉

語誌 ①は他動詞、②は自動詞。①の意には中世以降、「乱す」(四段活用)が用いられるようになり、現代に至る。〈岩坪健〉

みだれ【乱れ】 名 ❶乱れること。雑然としていること。例風に競(きほ)へる紅葉の乱れなど〈源氏・帚木〉❷心の乱れ。悩み。例かかる御もの思ひの乱れに、御心地なほ例ならずのみ思さるれば〈源氏・葵〉❸世の中の乱れ。騒乱。騒動。例世の乱れとなり、騒がしかりぬべきうちに〈宇津保・国譲中〉❹荒れ模様の天候。激しい雨や風。例頭(かしら)さし出づべくもあらぬ空の乱れに、出で立ち参る人もなし〈源氏・明石〉❺能楽で、緩急の変化が激しい舞。

みだれ-がは・し【乱れがはし・濫れがはし・猥れがはし】ガワシ 形(シク)「みだりがはし」に同じ。例乱れがはしき前栽(せんざい)なども植ゑさせたまはず〈源氏・常夏〉

みだれ-ごと【乱れ事・乱れ言】名❶【乱れ事】入り乱れて騒がしいこと。戯れ事。例静かならぬ乱れ事なめれど〈源氏・若菜上〉❷【乱れ言】いいかげんな言葉。冗談。例え思すさまなる乱れ言もうち出でさせたまはで〈源氏・真木柱〉

みだれ-こひ【乱れ恋】コイ 名「みだれごひ」とも。思い乱れる恋。例山菅(やますげ)の(枕詞)乱れ恋のみせしめつつ(=させるばかりで)逢はぬ妹かも〈万葉・一一・二四七四〉

み-ち

【道・路】名「み」は、霊威あるものへの畏敬を表す接頭語。「ち」は道の意。陸・海を問わず、人の通る所をいう。またそこから、さまざま抽象的な意にも用いられる。

❶人・車・船などの通る所。通路。道路。航路。例(a)玉桙(たまほこ)の(枕詞)道をた遠(どほ)み間使(まつかひ)も遣(や)るよしもなし(=道が遠いので使者を行かせるすべもない)〈万葉・一七・三九六二〉例(b)遠くて近きもの 極楽。舟の道。人の仲〈枕・遠くて近きもの〉

❷途中。道半ば。例昔、男、あづまへ行きけるに、友だちどもにみちより言ひおこせける(=昔、男が、東国へ行ったときに、友人たちに途中から詠んでよこした歌)〈伊勢・一一〉

❸道を行くこと。旅。例幾年(いくとせ)そのほどと限りある道にもあらず(=何年どのくらいと期限がある旅でもなく)〈源氏・須磨〉

❹距離。道のり。例都へ近づくことも、わづかに一日の道なれば(=都へ近づくのも、わずか一日で着ける距離なので)〈平家・九・落足〉

❺人として進むべき方向。人の道。道理。秩序。道徳。義理。例奥山のおどろが下も踏み分けて道ある世ぞと人に知らせん(=奥深い山の藪(やぶ)の下も踏み分けて秩序のある世の中だと人々に知らせたい)〈新古今・雑中〉読解作者は後鳥羽(ごとば)院。どんな所でも行われるべき正しい政道があるという。

❻世間のならい。定め。しきたり。例(a)かくばかりすべなきものか世の中の道〈万葉・五・八九三〉➡名歌122 例(b)これをも捨てず、かれをも取らんと思ふ心に、かれをも得ず、これをも失ふべき道なり(=これをも捨てないで、あれをも取ろうと思う心のために、あれをも取れないで、これをも失うのは当然な定めである)〈徒然・一八八〉

❼神仏・聖人などの教え。特に、仏の教え。例老い来たりて、始めて道を行(ぎやう)ぜんと待つことなかれ(=老いが来て、初めて仏道の修行をしようと待ってはならない)〈徒然・四九〉

❽方法。手立て。例世を治むる道、倹約を本とす(=世の中を治める手立ては、倹約を基本とする)〈徒然・一八四〉

❾ある事柄。その方面。例恩愛の道ならでは、かかる者の心に慈悲ありなんや(=親子の情愛の方面でなくては、このような者の心に慈悲が起こるだろうか)〈徒然・一四二〉読解「かかる者」は東国の武士をさす。末尾の「や」は反語の意を表す。

❿学問・芸能・武術などの専門の方面。例(a)たまたまこの道にまかり入りにければ(=偶然にこの道に参入してしまったので)〈枕・大進生昌が家に〉読解ここは漢学の道をいう。例(b)よろづの道の匠(たくみ)、我が道を人の知らざるを見て、己すぐれたりと思はん事、大きなる誤りなるべし(=すべての専門の職人が、自分の専門のことを人が知らないのを見て、自分はまさっていると思うことは、大きな間違いであるにちがいない)〈徒然・一六七〉

〈黒木祥子〉

みち【蜜】名はちみつ。例蟻(あり)を入れたるに、みちの香をかぎて〈枕・蟻通の明神〉

みち【海驢】名海獣の名。アシカの古称。毛皮を敷物とする。例みちの皮の畳八重を敷き〈記・上・神代〉

みち【満ち】名潮や月などが満ちること。例夕潮の満ちのとどみに(=満潮のときに)〈万葉・九・一七八〇〉

みち-かひ【道交ひ】カイ 名❶道を行き来すること。往来すること。例世の中のものおそろしく、大路の道交ひもいかがとのみわづらはしく〈大鏡・師尹〉❷すれ違うこと。行き違うこと。例道交ひにてだに、人か何ぞとだに御覧じわくべくもあらず(=お見分けできそうにない)〈源氏・明石〉

みち-しば【道芝・路芝】名❶道端に生えている芝草。例濡(ぬ)れてや行かむ道芝の露〈大弐高遠集〉❷道しるべ。特に、恋の通路の道案内をいう。男女の仲をとりもつこと。また、それをする人。例そは(=それは)、道芝要(い)るべきことにもはべらざりつるものを〈夜の寝覚・三〉

みち-しるべ【道標・路導】名道案内をすること。また、その人。例思ふ心よ道しるべせよ〈千載・恋二〉

みち-すがら【道すがら・途次】副道を行きながら。途中。例道すがら、うちも笑ひぬべきことどもをふさにあれど(=たくさん言うが)〈蜻蛉・中〉

みち-づら【道面・道列】名道に面したところ。道端。道沿い。例道づらなる(=道端にある)人の家にとどまりて〈宇治拾遺・九六〉

みち-とせ【三千年】名三千年(さんぜんねん)の年月。例三千年になるてふ桃の今年より花咲く春にあひにけるかな〈拾遺・賀〉読解漢の武帝が仙女の西王母(せいおうぼ)から、三千年に一度実るという不老長寿の桃を与えられた故事による。

みち-とづ【道閉づ】トズ 往来が絶える。例内裏(うち)に参りたまふ上達部(かんだちめ)なども、(暴風雨デ)すべて道閉ぢて、政(まつりごと)も絶えてなむはべる〈源氏・明石〉

陸奥(みちのく)《地名》❶令制以前、東北地方全体をさす称。❷旧国名。陸奥の国。今の青森・岩手・宮城・

み

福島四県と秋田県の一部。「みちのくに」「むつ」とも。⇨陸奥

語誌▼「**道の奥**」の異郷の地　東海道・東山道の先にあたる場所の意の「みちのおく(道の奥)」の変化した形。都を遠く離れた「みちのく」は、都の人々にとって、知られざるがゆえに心ひかれる異郷であった。『万葉集』にも登場するが、『古今和歌集』以降、「みちのく」にある多くの土地が和歌の素材として定着し歌枕となる。和歌では、「陸奥はいづくはあれど塩釜の浦漕ぐ舟の綱手かなしも」〈古今・東歌〉(➡名歌341)などが有名。後世、能因・西行などの歌人たちが「みちのく」を旅するのも、まだ見ぬ歌枕へのあこがれからである。彼らの跡を慕った芭蕉の紀行文『奥の細道』の「奥」は、東北地方全体の意。〈大谷俊太〉

みちのく-がみ【陸奥紙】 名「みちのくにがみ」とも。和紙の一種。厚手で表面に細かなしわのある高級紙。もと陸奥で産したことによる称。平安時代には懐紙として懐に入れ、詩歌や手紙を書くのに用いた。⇨だんし

みち-の-くち【道の口】 ❶その国に入る道の入り口。例針間(=播磨)を**道の口**として、吉備の国を言向け和やしき(=従わせ帰服させた)〈記・中・孝霊〉❷都から地方へ下る道筋にある国のうち、最も都に近い地域。例**道の口** 武生の国府に 我はありと〈催馬楽・道の口〉読解 武生が国府の越前国は、「越の国」と呼ばれる北陸道の中で最も都に近い。

陸奥国 名「みちのく」に同じ。

みちのくに-がみ【陸奥国紙】 名「みちのくがみ」に同じ。例**陸奥国紙**の厚ごえたるに〈源氏・末摘花〉

みち-の-しり【道の後】 都から地方へ下る道筋にある国のうち、最も都に遠い地域。例**道の後**深津島山〈万葉・一一・二四二三〉読解 ここは、古く吉備と呼んだ備前・備中・備後のうちの備後の地名。

みち-の-そら【道の空】 旅の途中。道中。例限りのさまなる親の(=死の近い親が)、**道の空**にて亡くやならむと驚きて〈源氏・手習〉

みち-の-そらぢ【道の空路】 ―ソラヂ 「みちのそら」に同じ。

みち-の-べ【道の辺】 名道ばた。道のほとり。例**道の辺**に清水流るる柳かげしばしとてこそ立ちどまりつれ〈新古今・夏〉➡名歌342

みち-の-ほど【道の程】 道の距離。道の途中。道中。例月のをかしきほどに雲隠れたる**道のほど**〈源氏・末摘花〉

みち-の-まま【道のまま】 道すがら。道を行きながら。例いつの間にか装束きつらん、帯は**道のまま**にゆひて〈枕・五月の御精進のほど〉

みち-の-もの【道の者】 ❶一芸に秀でた人。例みな世に許りたる(=認められた)古き**道の者**どもなり〈増鏡・おどろの下〉❷遊女。

みち-び・く【導く】 動(カ四)❶**道案内する**。例もろもろの 大御神たち 船の舳に **みちびき申し**(=すべての大御神たちが船のへさきで道案内し申し上げ)〈万葉・五・八九四〉❷**教え示す**。例住吉の神の**導き**たまふままに、早く船出してこの浦を去りね(=住吉の神がお導きになるままに、早く船出をしてこの浦から去れ)〈源氏・明石〉❸**手引きする**。**男女の仲立ちをする**。例**導く**ままに、母屋の几帳の帷子引き上げて、いとやをら入りたまふとすれど(=手引きするとおりに、母屋の几帳の垂れ布を引き上げて、とてもそっとお入りになろうとするが)〈源氏・空蝉〉読解 光源氏が空蝉の寝所に入ろうとするところ。〈黒木祥子〉

みち-べ【道辺】 名「みちのべ」に同じ。例**道辺**に朽ちたる卒都婆の喎みたるあり〈今昔・一九・三〉

みち-みち【道道】 ❶名❶それぞれのやり方。流儀。例みなおのおの思ふことの**道々**あらんかし〈源氏・初音〉❷さまざまな学問や芸能。例**道々**の人の才のほど現るる世になむありける〈源氏・少女〉❷副道すがら。道の途中。例京へいづる**道々**〈宇治拾遺・一九〉

みちみち・し【道道し】 形(シク)道理にかなっている。学問的である。例これら(=物語)にこそ**道々しく**はしき事はあらめ〈源氏・蛍〉

みち-も-せ-に【道も狭に】 道いっぱいに。例吹く風をなこその関と思へども**道も狭に**散る山桜かな〈千載・春下〉➡名歌311

みち-もり【道守】 名道路や駅路の管理をする番人。例**道守**の問はむ答へを言ひやらむ〈万葉・四・五四三〉

み-ちゃう【御帳】 チョウ 名(「み」は接頭語)帳台の敬称。貴人の御座所の帳。例夜は**御帳**の内にひとり臥したまふに〈源氏・葵〉

みち-ゆき【道行き】

名❶**道の行き方**。**道を行くこと**。**道中**。例若ければ**道行き**知らじ賂はせむ黄泉の使ひ負ひて通らせ(=若いので道の行き方はわかるまい。謝礼はしよう。冥途の使いよ背負って行っておくれ)〈万葉・五・九〇五〉読解 幼くして死んだ息子を慕う歌。❷文体の一種。経過する地名を、枕詞・縁語・掛詞・序詞などの技巧を凝らして連ね、旅の叙情を折り込んだ、通常七五調の韻文。道行き文。『平家物語』巻一〇の平重衡の「海道下り」や、『太平記』巻二「俊基朝臣関東下向事」などが有名。❸演劇で、登場人物が目的地へ着くまでの過程を表現した場面・一節。音楽面・演出面で、一定の形式がある。例「恋は曲者、皆人の」と、曾我の**道行き**を語り出す〈西鶴・好色五人女・二・三〉読解「曾我」は浄瑠璃『世継曾我』のこと。❹(歌舞伎や浄瑠璃の道行きが、多く男女の心中行や駆け落ちであったことから)男女が連れ立って歩くこと。例世間の**道行き**は、着物を着て最期の場へ行くが、こっちは裸でうちへ**道行き**とは(=世間の心中行は、着物を着て死に場所へ行くが、こちらは裸で家へ連れ立って歩くとは)〈黄表紙・江戸生艶気樺焼・下〉❺物事の経過。途中。前置き。例**道行き**ばかり言はずとも、いることばかり申せ(=前置きばかり言わないで、必要なことだけ申せ)〈近松・傾城反魂香・中〉

語誌 ②の道行き文は上代歌謡から見られるが、特に中世の軍記・謡曲で発展し、江戸時代の浄瑠璃にも多い。ふつう、悲哀感を基調とするが、パロディもある。〈黒木祥子〉

みちゆき‐うら【道行き占】 名「つじうら」に同じ。

みちゆき‐づと【道行き苞】ズト｜名 旅の土産。例をみなへし秋萩折れれ(＝折っていけ)玉鉾の(枕詞)**道行きづと**と乞はむ児がため〈万葉・八・一五三四〉

みちゆき‐びと【道行き人】 名 道を行く人。通行人。旅人。例主なき所には、**道行き人**みだりに立ち入り〈徒然・二三五〉

みちゆき‐ぶり【道行き振り・道行き触り】 名 道を行く途中。道すがら。例玉桙の(枕詞)**道行きぶり**に思はぬに妹を相見て〈万葉・一一・二六〇五〉

み‐ぢん【微塵】ジン｜ 1 名 ❶『仏教語』目で見ることのできる最小のもの。また、その単位。転じて、きわめて多い数。例そうじて三千大千世界ないし**微塵**数、所有一切の諸天・神祇・冥道、ひとつももれず〈著聞集・二・五三〉 ❷細かい塵。例善業は**微塵**ばかりも蓄へなし〈平家・一〇・戒文〉 2 形動(ナリ) 細かく粉々になったさま。例この鐘、**微塵に**砕けにけり〈太平記・一五〉 3 副(打消の語を伴って)少しも(～ない)。「微塵も」の形でも用いられる。例こなたもわしも**微塵**濁らぬこの心〈近松・大経師昔暦・下〉

みつ【密】 名 ❶細かいこと。すきまのないこと。例終日微雨。夕に**密**なり〈明月記・建保元年二月〉 ❷ひそかに行うこと。他に漏らさないこと。 ❸『仏教語』「密教」の略。例顕につけ(＝顕教についても)**密**につけ、開悟(＝悟ること)やすからず〈曾我・一三〉

み‐つ【三つ】 名 ❶数の名。三。 ❷三歳。例この皇子三つになりたまふ年〈源氏・桐壺〉

み・つ

【満つ・充つ・盈つ】 1 動(タ四) ❶いっぱいになる。充満する。例屋の内(＝建物の中)は暗き所なく光**満ちたり**〈竹取〉 ❷満月になる。満潮になる。例月**満ちて**は欠け、物盛りにしては衰ふ(＝月は満月になっては欠け、物事は盛りになっては衰える)〈徒然・八三〉 ❸あまねく行きわたる。知れわたる。例(紫ノ上ガ)亡せたまひにけりといふこと、世の中に**満ちて**(＝お亡くなりになってしまったというわさが、世間に知れわたって)〈源氏・若菜下〉 ❹かなう。満足する。例この財を忘れて、危ふく他の財をむさぼるに、志**満つ**ことなし(＝生きているという財宝を忘れて、あぶなっかしくもほかの財宝を欲ばると、望みは満足することはない)〈徒然・九三〉 ❺区切りの時になる。満期になる。例(病気ノ回復ニ加エテ)穢らひ忌みたまひしもひとつに**満ち**ぬる夜なれば(＝けがれに触れて慎しんでおいでだった期限も同時に満期になった夜なので)〈源氏・夕顔〉 読解 死穢に触れると、三十日間家に籠もって慎まなければならない。ここはその期限が満期になったことをいう。 2 動(タ下二) ❶いっぱいにする。満たす。例玉敷かず君が悔いて言ふ堀江には玉敷き**満て**て継ぎて通はむ(＝玉を敷いていないとあなたが悔やんで言う堀江には、玉を一面に敷きつめて続けて通おう)〈万葉・一八・四〇五七〉 ❷かなえる。満足させる。例衆生の所願を**みて**たまへり(＝人々の願いをかなえなさった)〈平家・二・康頼祝言〉 ❸時限に達する。例おもき物忌みもすでに**満てぬ**(＝もう終わった)〈読本・雨月・吉備津の釜〉

語誌 1は自動詞、2は他動詞。自動詞は平安時代まで四段に活用したが、中世以降は、その用法に上二段活用が生じた。他動詞の用法は中世以降、四段活用の「みたす」に取って替わられた。〈余田弘実〉

みづ

【水】ミズ 名 水。川・海・池・泉・井などの水。雨水、たまり水、水滴など。飲用をはじめ、さまざまな用途に使われる水もある。例(a)**水**こそば 常にあらめ 御井の清水(＝その水こそは永久にあるであろう、御井の清水よ)〈万葉・一・五二〉 読解 藤原宮の采女の奉仕する聖なる井をほめた歌。例(b)**水**の心ばへなど、さる方にをかしくしなしたり(＝遣り水の風情など、それなりにおもしろく作ってある)〈源氏・帚木〉

語誌 ▼呪力のあるもの　水は基本的には異界からもたらされるものであり、生命力を復活させたり、罪や穢れを除去したりする不思議な呪力があると信じられていた。正月の「若水」、養老の滝の伝説に現れる不老の水、月にあるという「変若水」などは、みな魂のよみがえりにかかわる力をもつとされる水である。水が絶えず満ちあふれている泉や井などの聖所には、「水の女」と呼ばれる巫女が奉仕して、神を迎えた。七夕伝説の織女も、この類である。

　水は、生活にも欠かせないものだから、村立ての神話が飲用水の発見と結びつくことも珍しくない。巡行する天皇や、弘法大師のような聖者が、井を探し当てるという伝承も多い。

　貴族文化が成立すると、自然を庭園に囲い込む中で、川の水を導き入れ泉水を造ることが盛んになる。遣り水の涼しさが強調されたりするのも、都市の貴族文化の一つの様相を示している。〈多田一臣〉

みづ【瑞】ミズ 名 ❶若々しく生気があること。みずみずしいこと。新しく清らかなこと。他の語の上について、「瑞枝」「瑞垣」「瑞穂」などと用いられることが多い。 ❷瑞祥。めでたいしるし。例これ、蘇我臣の栄えむとする**瑞**なり〈紀・皇極〉

みつ‐あひ【三つ合ひ・三つ相】アイ｜ 名 三本の糸をより合わせること。また、より合わせたもの。例我が持てる**三つあひ**によれる糸もちて〈万葉・四・五一六〉

みづ‐うまや【水駅】ミズ｜ 名 ❶「すいえき」とも。駅制で、水路にある宿駅。 ❷男踏歌の一行に酒や湯漬けなどの簡略な饗応をする所。また転じて、ちょっと立ち寄る所。例**水駅**にて…いみじくもてはやさせたまふ〈源氏・初音〉 ❸街道の宿。また、茶店。例もとの道は八里に過ぎて(＝以前の道は八里以上もあって)、**水駅**だになく〈読本・春雨・捨石丸〉

みづ‐うみ【湖】ミズ｜ 名〔淡水の海の意〕みずうみ。「塩海」に対していう。例**湖**をまへに見、志賀の山をしりへに(＝後ろに)見たるところの〈蜻蛉・下〉

みづ‐え【瑞枝】ミズ｜ 名 若く生き生きした枝。例**みづ**枝さし しじに生ひたる とがの木の〈万葉・六・九〇七〉

水鏡ミズカガミ『作品名』歴史物語。三巻。藤原忠親(中山忠親)作か。平安末期か鎌倉初期の成立。修験者の話を老女が書きとめるという設定で、『大鏡』の記事以前、神武天皇から仁明天皇までの歴史を仮名書きの編年体で記す。漢文史書『扶桑略記』の抄出とされる。四鏡の一つ。

みづ-がき【瑞垣・瑞籬】ミズー 名〔古くは「みづかき」とも〕神社・皇居の周囲にめぐらされた神聖な垣根。また、神霊が宿るとされた山・森・木などの周囲にめぐらされた垣根。例ひき連れて葵かざししそのかみを思へばつらし賀茂のみづがき（＝行列を作って葵を冠につけたその昔を思い出すとつらい賀茂の神聖な垣根よ）〈源氏・須磨〉読解 光源氏の須磨流離の供をする、罷免された右近将監の歌。〈馬場光子〉

みづがきの【瑞垣の】ミズガキノ《枕詞》「みづかきの」とも。瑞垣が永遠性を象徴することから「久し」「神」にかかる。例瑞垣の久しき時ゆ〈万葉・一三・三二六二〉

みづかげ-ぐさ【水陰草】ミズカゲー 名 水辺の物陰に生える草。和歌では、多く天の川に関連して詠まれる。例天の川水陰草の秋風になびかふ見れば（妻二会エル）時は来にけり〈万葉・一〇・二〇一三〉

みづ-かね【水銀】ミズー 名 水銀。医薬品として、虱退治などに用いた。例今は昔、京に水銀商ひする者ありけり〈今昔・二九・三六〉

みづ-かふ【水飼ふ】ミズカウ・ミズコウ 牛や馬などに水を飲ませる。例檜隈の川に馬とどめ馬に水かへ我よそに見む（＝私は遠くからお姿を見よう）〈万葉・一二・三〇九七〉

み-づから【自ら】ーズ〔「身つ柄」の意。「つ」は「の」の意の上代の格助詞〕1名 自分。自分自身。例万葉集に入らぬ古き歌、みづからのをも奉らしめたまひてなむ〈古今・仮名序〉2代 自称の人称代名詞。わたし。男女ともに用いたが、江戸時代には身分のある女性の自称になった。例みづからは、九重の中に生ひ出ではべりて（＝宮中の中で成長いたしまして）〈源氏・少女〉3副 自分自身で。自分から。例僧都、琴をみづから持て参りて〈源氏・若紫〉

み-つき【貢・調】名〔「み」は接頭語。近世以降「みつぎ」〕租税。また、神・朝廷・支配者への献上物。例聞こし食す（＝お治めになる）四方の国より奉る御調の舟は〈万葉・二〇・四三六〇〉

みづ-き【水城】ミズー 名 唐・新羅の侵攻に備えて、大宰府を守るため防衛線として築かれた大堤と濠。天智天皇三年（六六四）に設けられたものが有名。例ますらをと思へる我や水茎の《枕詞》水城の上に涙拭はむ〈万葉・六・九六八〉

みつき-もの【貢物・調物】名 租税として献上する物。例献るところの調物を検へ録して、京師に送らしめたまふ〈紀・敏達〉

み-つ-く【見付く】1動（カ四）見慣れる。見てなじむ。例幼き人は、見つい（音便形）たまふままに…睦れまとはしきこえたまふ（＝まといつき申し上げなさる）〈源氏・紅葉賀〉2動（カ下二）見つける。発見する。例犬の死にたるを見つけて〈蜻蛉・下〉

み-つ-ぐ【見継ぐ】動（ガ四）1見続ける。見守る。例人さへや見継がずあらむ彦星の妻呼ぶ舟の近づき行くを〈万葉・一〇・二〇七五〉2加勢する。援助する。例わきさしたち（＝まわりの皆さん）、いづかたをもみつぎたまふな〈徒然・一一五〉

み-づ-く【水漬く】ーズク 動（カ四）水に浸る。水に漬かる。例海行かば 水漬く屍（＝死体） 山行かば 草生むす屍〈万葉・一八・四〇九四〉

みづ-ぐき【水茎】ミズー 名「みづくき」とも。1筆。例水茎に思ふ心を何事もえも書きあへぬ涙なりけり〈栄花・岩蔭〉2筆跡。また、手紙。例降り落つる御涙の水茎に流れそふを〈源氏・幻〉

【水茎の跡】筆跡。転じて、手紙。例あはれに見ゆる水茎の跡〈山家集・中〉

みづくきの【水茎の】ミズクキノ《枕詞》「みづぐきの」とも。語義未詳。1同音の繰り返しで「水城」にかかる。2「岡」にかかる。かかり方未詳。

みづ-ぐし【水櫛】ミズー 名 洗い髪をすいたり、水につけて髪をすいたりするのに用いる櫛。例黄楊（＝木の名）の水櫛落ちてげり〈西鶴・好色一代男・四・二〉

みづ-ぐるま【水車】ミズー 名 1水力で回る車。水車。例宇治の川瀬の水車 なにとうき世をめぐるらう〈閑吟集・六四〉2武器を激しく振り回すこと。例蜘蛛手・かくなは・十文字・蜻蛉がへり・水車、八方すかさず斬ったりけり〈平家・四・橋合戦〉

み-つけ【見付け・見附け】名 1すぐ目の前に見える所。例切り戸の見付けに手水鉢〈浮世草子・好色産毛・一・三〉2城門の外側で、見張りの兵を置く場所。江戸城には三十六あったという。例かかる憂き身をここかしこ、見附け見附けに暴らされて〈浄瑠璃・八百屋お七・下〉

みっ-けう【密教】ーキョウ 名《仏教語》〔その境地に達した者以外にはうかがいしれない、最高深遠の境地を説く教えの意〕大乗仏教の二大系統の一つ。大日如来への信仰を中心とする。「顕教」の対。空海の伝えた真言宗を東密（根本道場の東寺の名に由来）といい、最澄の伝えた天台宗に含まれる密教を台密という。

みづ-ごころ【水心】ミズー 名 水泳の心得。例この郎等男（＝家来の男）ひとり水心ある者にて〈発心集・四・九〉

みづ-さかづき【水杯・水盃】ミズサカズキ 名 二度と会うことのない別れのときなどに、酒の代わりに水を注いで杯のやりとりをすること。例親子夫婦が水杯〈近松・心中宵庚申・中〉

み-づし【御厨子】ーズシ 名〔「み」は接頭語〕1厨子の敬称。例古りにたる御厨子あけて〈源氏・蓬生〉2御厨子所の女官。例その次には、まことに御厨子が車にぞありければ〈枕・関白殿二月二十一日に〉

みづし-どころ【御厨子所】ミズシー 名 1令制で、宮内省の内膳司に属し、天皇の食事や、節会の酒食を調える役所。例御厨子所の御膳棚に沓おきて〈枕・殿上の名対面こそ〉2貴人の家の台所。

みっ-しゅう【密宗】名 密教。特に、真言密教。例この山（＝高野山）は密宗をひかへて（＝保持して）退転なし〈平家・三・大塔建立〉

みつせ-がは【三つ瀬川】ーガワ 名《仏教語》「さんづのかは」に同じ。和歌に用いられることも多い。例みつせ川渡らぬさきにいかでなほ涙のみを（＝水路）の泡と消えなん〈源氏・真木柱〉

みづ-たで【水蓼】ミズー 1名 植物の名。水辺に生えるタデ科の一年草。2《枕詞》秋に穂状の花が咲くこと

から「穂」に、また、「穂」と同音を含む地名「穂積」にかかる。例水蓼 穂積に至り〈万葉・一三・三二三〇〉

みづ-たまうき【瑞玉盃・瑞玉盞】 ミズ 名 杯の美称。美しい杯。りっぱな杯。例ありきぬの(枕詞) 三重の子が 捧がせる 瑞玉盞に〈記・下・雄略・歌謡〉

みづち【蛟・虬】 ミズチ 名〔古くは「みつち」〕想像上の水生動物。蛇に似て、四本の足をもち、毒を吐いて人を害するとされる。例青淵に蛟龍捕り来む剣太刀もが(=剣太刀があればよい)〈万葉・一六・三八三三〉

みづ-つき【承鞚・水付】 ミズ 名 轡の部分の名。馬の口の両端から出ていて、手綱を結びつける金具。例御馬の左右のみづつきにとりつき、いづくまでも御供仕るべきよし申せば〈平家・七・維盛都落〉

みづ-つ・く【水漬く】 ミズ 動(カ四) 水に浸る。水に漬かる。例池めいて(=池のようになって)くぼまり、水つける所あり〈土佐〉

みづ-とり

【水鳥】 ミズ 名 水上や水辺に生息する鳥の総称。鴨・鴛鴦・水鶏・鴫など。例(a)大君は神にしませば水鳥のすだく水沼を都と成しつ(=天皇は神でいらっしゃるので、水鳥が群がる沼を都と変えてしまった)〈万葉・一九・四二六一〉例(b)水鳥を水の上とやよそに見むわれもうきたる世をすぐしつつ〈紫式部日記〉➡名歌343

語誌▼代表的な水鳥 古くは具体的には鴨をいうことが多かったらしい。枕詞「水鳥の」が鴨や鴨に関連する語にかかることが多いのも、鴨が水鳥の代表とみなされたからだという。平安時代には鴛鴦(オシドリ)をいうことも多くなり、『枕草子』「鳥は」の段には「水鳥、鴛鴦いとあはれなり」という一節もある。

▼憂き水鳥 平安時代以降の和歌では、水の上に浮かぶ姿から「浮き寝」が「憂き寝」を掛けて詠まれることも多い。特に鴛鴦は、霜が置き水の凍る冬の浮き寝のつらさがうたわれた。例(b)の歌は、庭の池に遊ぶ水鳥たちは一見楽しげに見えるけれど、水に浮く生涯を思えば、たいそう苦しかろうと詠んだもの。作者は水鳥の姿に我が身をよそえ、ともに水に浮かぶようなはかない身の上としている。〈今井久代〉

みづ-とり【水取り】 ミズ 名「おみづとり」に同じ。例水とりや氷の僧の沓の音〈芭蕉・野ざらし紀行〉

みづとりの【水鳥の】 ミズトリノ《枕詞》水鳥の性質から「浮き」「立つ」にかかる。また、代表的な水鳥である「鴨」や、「鴨」と同音の地名「賀茂」に、「鴨」の羽が青いことから「青羽」と同音の「青葉」にかかる。例波高しいかに梶取り水鳥の浮き寝やすべきなほや漕ぐべき〈万葉・七・一二三五〉

みつな-がしは【御綱柏】 ガシワ 名 ⇩みつのがしは

みつな-の-すけ【御綱の助】 名 行幸のとき、天皇の輿を安定させるため、輿から張られた綱のもとに仕える役。多く近衛の次官の中将・少将があたる。例御綱の助の中・少将、いとをかし〈枕・行幸にならぶものは〉

みづ-なみ【水波】 ミズ 名 水面に立つ波。例池の水波立ち騒ぎ、そぞろ寒きに〈紫式部日記〉

みづ-の-え【壬】 ミズ 名〔「水の兄」の意〕十干の九番目。

みつの-がしは【三角柏】 ガシワ 名「みつながしは」とも。❶豊の明かりの節会などで酒食を盛るのに用いる葉。❷伊勢神宮で占いに用いる柏の葉。

みつ-の-くるま【三つの車】《仏教語》衆生を現世の苦しみから救う仏の教えをたとえた三種の車。火事の家の中で遊ぶ子どもたちを救うために、羊車・鹿車・牛車が待っていると言って外に連れ出したという法華経の話からいう。例法の(=仏の教え)知らぬ人をぞ今日は憂しと見る三つの車に心かけねば〈山家集・中〉

みつのたから-の-とり【三つの宝の鳥】 仏法僧(鳥の名)の別称。例とにかくにかしこき君が御代なれば三つの宝の鳥も鳴くなり〈弁内侍日記〉

みづ-の-と【癸】 ミズ 名〔「水の弟」の意〕十干の十番目。

みつ-の-とも【三つの友】 琴・酒・詩の総称。白居易の詩「北窓三友」からいう。例(琴ハ)三つの友にて(ヨイモノダガ)、いま一種や(=酒は)うたてあらむ〈源氏・末摘花〉

みつ-の-みち【三つの道】 ❶《仏教語》〔「三途」の訓読〕地獄道・餓鬼道・畜生道の三悪道。例天に生まるる人の、あやしき三つの途に帰るらむ一時に〈源氏・松風〉 ❷〔「三径」の訓読〕隠者などの住居の庭にある三つの小道。中国の漢の蔣詡が、家の庭にそれぞれ松・菊・竹を植えた三つの道を設けたことからいう。例このさびしき宿にもかならず分けたる跡あなる(=あると聞いている)三つの径と〈源氏・蓬生〉 ❸「さんさい」に同じ。〈夫木・七〉

みづ-は【瑞歯・稚歯】 ミズ 名 ❶生命力のある歯。反正天皇を「瑞歯別天皇」〈日本書紀〉とする例などがある。❷年老いて抜けた後、また生える歯。長生きのしるしとしてめでたいものとされる。転じて、老いていること。例かまど守るみづはの女

みづは-ぐ・む【瑞歯ぐむ】 ミズハ 動(マ四)〔「みづは②」が生える意から〕すっかり年老いる。例父の朝臣の乳母にはべりし者の、みづはぐみて住みはべるなり〈源氏・夕顔〉

みづは-さ・す【瑞歯さす】 ミズハ 動(サ四)「みづはぐむ」に同じ。

みづ-はじき【水弾き】 ミズ 名 空気の圧力で水をとばす機器。水鉄砲。ポンプ。例火矢を射れば水弾きにてうち消し候ふ〈太平記・六〉

みづ-はな【水端】 ミズ 名 ❶流れる水の先端。例卯の花を腐す霖雨の水始に〈万葉・一九・四二一七〉 ❷物事の最初。

みつば-の-そや【三つ羽の征矢】 名 三枚の羽が柄についた矢。速く飛ぶことから速いことのたとえにいう。例百両から二百両…千両にするは三つ羽の征矢〈近松・山崎与次兵衛寿の門松・上〉

みつば-よつば【三つば四つば】 名 殿舎がいくつも並ぶ豪壮な邸宅のさまをいう語。例檜の…三つば四つばの殿づくりもをかし〈枕・花の木ならぬは〉

みづ-ひき【水引】 ミズ 名 ❶(麻を水に浸してその皮から繊維をとることから)麻糸の別称。例水引の白糸延へて織る機は〈大鏡・道長下〉 ❷こよりに糊を

ひいて干し固めたもの。紅白・黒白・金銀などがあり、慶弔の進物を結んだり、髪の元結いなどに用いる。例前髪すくなくわけて**水引**にて結ひ添へ〈西鶴・好色一代男・三・五〉❸神前・仏前・神輿の上部に張りめぐらす幅の狭い幕。また、歌舞伎の舞台の最前部、上方に張り渡した幕。水引幕。

みづ-ほ【瑞穂】ミズ— 名 生命力のあるりっぱな稲穂。例次に**水穂**の真若の王〈記・中・開化〉

みづほ-の-くに【瑞穂の国】ミズホ— 名 日本国の美称。みずみずしい稲穂のなる国の意。例豊葦原の千五百秋の**瑞穂の地**にあり〈紀・神代上〉

みつみつし《枕詞》氏族の名「久米」にかかる。語義・かかり方未詳。

みづ-も-せ-に【水も狭に】ミズ— 水面をふさぐぐらいに。水面いっぱいに。例(紅葉ノ葉ガ)**水もせに**浮きぬる時は〈後撰・羇旅〉

みつ-もの【三つ物】 名 ❶武具で、鎧の胴・袖・兜の三種。例**三つ物**・四つ物取り付けて〈太平記・一〇〉❷騎射で、流鏑馬・笠懸け・犬追物の三種の射芸。例弓は**三つ物**とやらんを射揃へ(=すべて心得ていて)〈謡曲・柏崎〉❸連歌・俳諧で、発句(第一句)・脇句(第二句)・第三句の称。近世では通例、新年に詠まれる。❹古着。綿入れの着物を表・裏・綿に分けて売ったことからいう。例**三つ物**を下女は値ばかり聞いて見る〈柳多留・四〉

みづ-やま【瑞山】ミズ— 名 若葉が生い茂った、生気に満ちた山。例大き御門に **瑞山**と 山さびいます(=神々しくそびえている)〈万葉・一・五二〉

みづら【鬟・角髪・角子】ミズラ 名 頭髪を中央から左右に分け、両耳のあたりで束ねて結んだ髪型。上代は成人男性が行ったが、平安時代には少年の髪型となった。「びんづら」とも。例**角髪**結ひたまへるつらつき、顔のにほひ(=つややかな美しさ)、さま変へたまはむこと惜しげなり〈源氏・桐壺〉読解 元服の儀式に臨む光源氏の様子。大人の髪型や服装などに変えるのがもったいないような美しさである。

鬟を結った埴輪
〔群馬県前橋市出土〕

みつ・る【羸る】 動(ラ下二) 疲れ果てる。やせ衰える。例ますらをと思へる我をかくばかり**みつれにみつれ**片思ひをせむ〈万葉・四・七一九〉

みづ-ろん【水論】ミズ— 名 田の用水の配分をめぐる争論。水争い。例その後は長く**水論**する事なくて、田焼くる事なかりけり〈著聞集・一〇・三七七〉

みつゑ-しろ【御杖代】ミツエ— 名 神や天皇の補佐として仕える人。転じて、伊勢神宮の斎宮の別称。例三年斎ひ清まはりて**御杖代**と定めて進りたまふ事は〈祝詞・斎内親王奉入時〉

みてぐら【幣・幣帛】

名「みてくら」とも。神に奉納するものの総称。多くは、麻・絹・木綿などの布、または紙。貨幣・武具・農具・器物・動物なども供えた。⇩ぬさ。例ことごとに遺忘るることなく**幣帛**を奉りたまひき。これによりて役の気ことごとに息みて、国家安平らぎき(=すべて漏らすことなく幣帛を献上なさった。これによって疫病はすっかりやんで、国家は平安になった)〈記・中・崇神〉読解 崇神天皇が三輪山の神に幣を献上して、疫病から国を救ったという話。〈鈴木幸夫〉

みてぐら-を【幣を】《枕詞》幣を神前に並べることから「並ぶ」に、また、「並ぶ」と同音を含む地名「奈良」にかかる。例**みてぐらを** 奈良より出でて〈万葉・一三・三二三〇〉

み-と【水門】 名「みなと」に同じ。例からく(=必死に)神仏を祈りて、この**みと**をわたりぬ〈土佐〉

み-とが・む【見咎む】 動(マ下二)❶見て非難する。見て不審がる。例かの妻戸の開きたりけるよ、と今ぞ**見とがめ**たまふ〈源氏・野分〉❷見てそれと知る。また、見て感心する。例**見とがめ**て、しきりに感嘆のけしきありけり〈著聞集・三・九九〉

み-と・く【見解く】 動(カ四) 見て理解する。読み取る。例(筆跡ガタドタドシクテ)鳥の跡のやうなれば、とみにも**見解き**たまはで〈源氏・夕霧〉

み-どころ【見所】 名 ❶見る価値のある所。すぐれた点。長所。例咲きぬべきほどの梢、散りしをれたる庭などこそ**見所**おほけれ〈徒然・一三七〉❷要点。例そこにはちっと**見所**がござります〈噺本・無事志有意〉❸将来性。例**見所**があるて。この番頭はたのもしい〈滑稽本・浮世風呂・前上〉

み-としろ【御戸代・神田】 名(「みたしろ(御田代)」の変化した形か)神に供える稲を作る田。例ここに**神田**を定めて作る〈紀・神功摂政前紀〉

みとせ-ご【三歳児】 名 三歳ぐらいの子ども。例さかしきもの 今様の**三歳児**〈枕・さかしきもの〉

みと-の-まぐはひ【みとの目合ひ】—マグワイ 名《上代語》(「みと」は陰部の意)男女の契りを交わすこと。例あとなと(=私とあなたと)この天の御柱を行き廻り逢ひて**みとのまぐはひ**せむ〈記・上・神代〉

み-とほし【見通し】—トオシ 名 ❶こちらからあちらまで見えること。例**見通し**あらはなる廂の御座に〈源氏・野分〉❷将来のことや他人の心の中などを見抜くこと。また、その力をもつ人。例高野参りの心ざしを、**見通し**の弘法大師〈西鶴・世間胸算用・四・三〉

み-ども【身共】 代(「ども」は接尾語)自称の人称代名詞。わたし。おれ。同輩以下に対して用いる。例**身共**は田舎の者でござるが〈狂言・末広がり〉

み-とらし【御執らし】 名(「み」は接頭語。「とらし」は動詞「とらす」の名詞形)「みたらし」とも。手にお取りになるもの。弓についていう。転じて、貴人の弓の敬称。御弓。例**みとらし**の 梓の弓の 中弭の 音すなり〈万葉・一・三〉

みどり【緑・翠】

名 ❶草木の新芽。例常磐なる松の**みどり**も春くれば今ひとしほの色まさりけり(=永遠に変わらない松の緑も春がくるとさらに一段と色がまさることだ)〈古今・春上〉❷色の名。現在の緑色から青色までを含むもの。例春は萌え夏は**緑**に紅のまだらに見ゆる秋の山かも(=春は芽ぶき夏は緑となり今は紅が濃淡さまざまなまだら模様に見える秋山だなあ)〈万葉・一〇・二一七七〉

[語誌]「みづみづし」と同根で、本来はみずみずしい状態を意味する語といわれる。「みどり子」「みどりの黒髪」などの言い方も、つややかで輝くように生命力があふれる様子を言い表している。〈吉田比呂子〉

みどり-こ【緑子・嬰児】[名]〔近世以降「みどりご」とも〕乳児。幼児。[例]**みどり子**の夜泣きをしつつ〈万葉・三・二九四二〉

みどり-の-ころも【緑の衣】[名] 緑色の袍。令制で、六位の官人が着る。また、それを着る六位の人。「みどりのきぬ」とも。

みどり-の-ほら【緑の洞】[名]〔仙人の住む所とされたことから〕上皇の御所。[例]**緑の洞**花香ばしき朝〈新古今・仮名序〉

み-と・る【見取る】[動]〔ラ四〕見て知る。見定める。[例]かく御心とどめて思さるることなめりと**見とりて**〈源氏・蓬生〉

みな【蜷】[名] カワニナ（淡水産の巻貝）の別称。[例]「みな結び」と言ふは、糸を結び重ねたるが、**蜷**といふ貝に似たれば言ふ〈徒然・一五九〉

みな【皆】[名][副]❶全部。すべて。[例]**みな**歌よみけり〈伊勢・八二〉❷すべてその状態であること。まったく。すっかり。[例]かかる間に、**みな**夜明けて〈土佐〉

【皆にす】全部なくならせる。無一物にする。「皆になす」とも。[例]酒を、**みなにし**たが〈狂言・船渡聟〉

【皆になす】「みなにす」に同じ。[例]とって置き銀をみな**になす**事〈西鶴・好色一代男・三・七〉

【皆になる】全部なくなる。尽きる。[例]その銭**皆**になりにけり〈徒然・六〇〉

み-な-うら【水占】[名]〔「な」は「の」の意の上代の格助詞〕水辺で行われる占い。占いの方法はよくわからない。[例]清き瀬ごとに**水占**延へてな〈万葉・一七・四〇二八〉

み-なか【み中】[名]〔「み」は接頭語〕まんなか。[例]里のみ中に逢へる背なかも（=逢ったあの人だよ）〈万葉・一四・三四六三〉

み-な-かみ【水上】[名]〔「な」は「の」の意の上代の格助詞〕❶上流。川上。[例]涙川なに（=どうして）**水上**をたづねけむもの思ふ時の我が身なりけり〈古今・恋一〉❷事の起こり。根源。[例]かの家の**水上**は、清和天皇の後胤として〈謡曲・鞍馬天狗〉

み-な-かみ【水神】[名]〔「な」は「の」の意の上代の格助詞〕水の神。[例]**みなかみ**も荒ぶる心あらじかし〈後拾遺・夏〉[読解]「水神」と「水上」を掛ける。

みな-がら【皆がら】[副]「みなながら」に同じ。[例]紫のひともとゆゑに武蔵野の草は**みながら**あはれとぞ見る〈古今・雑上〉➡名歌363

み-ながら【身ながら】❶〜の身のまま。[例]かかるわびしき**身ながらに**積もれる年を〈古今・雑体〉❷自分の身でありながら。我ながら。[例]**身ながら**心にもえ任すまじくなん（=自分の思いどおりにはできそうもなく）ありける〈源氏・空蟬〉

み-な-ぎは【水際】[名]〔「な」は「の」の意の上代の格助詞〕みずぎわ。みぎわ。水のほとり。[例]舟競ふ堀江の川の**水際**に〈万葉・二〇・四四六二〉

みなぎら-ふ【漲らふ】〔動詞「みなぎる」の未然形＋上代の反復・継続の助動詞「ふ」〕水が満ちあふれている。[例]飛鳥川 **漲らひ**つつ 行く水の〈紀・斉明・歌謡〉

みなぎ・る【漲る】[動]〔ラ四〕❶水が満ちあふれる。水勢が激しい。[例]たけき河の**みなぎり**流るるがごとし〈徒然・一五五〉❷（①から転じて）心が満たされる。また、感情が満ちあふれる。[例]涙川さかまく水脈の底深み**みなぎり**あへぬわが心かな〈山家集・中〉

み-な-くち【水口】[名]〔「な」は「の」の意の上代の格助詞〕川の水を田などへ引き込むための口。[例]**水口**に我や見ゆらむ蛙さへ水の下にてもろ声に鳴く（=いっしょに鳴いている）〈伊勢・二七〉

みな-ぐれなゐ【皆紅】[名][形動]〔ナリ〕「みなくれなゐ」とも。全体が紅色であること。紅一色。[例]柳の五つ衣に紅の袴着て、**みな紅**の扇の日いだしたるを〈平家・一一・那須与一〉

み-なし【見做し・看做し】[名] そうと決めて見るときの、見た目。気のせい。思いなし。ひいき目や偏見を伴うこともある。[例]御指貫の裾まで、なまめかしう愛敬のこぼれおつるぞ、あながちなる（=強引な）**見なし**なるべき〈源氏・松風〉

みなし-がは【水無し川】[名]❶水の無い川。転じて、天の川。[例]**水無し川**隔てて置きし神代し恨めし〈万葉・一〇・二〇〇七〉❷《枕詞》水の絶えた川の意から「絶ゆ」にかかる。[例]**水無し川**絶ゆといふことをありこすなゆめ〈万葉・一一・二七一二〉

虚栗《作品名》江戸時代の俳諧集。二冊。其角編。天和三年（一六八三）刊。談林からの脱却をめざす芭蕉らの過渡的な撰集で、漢詩文調を特徴とする。

み-な-しも【水下】[名]〔「な」は「の」の意の上代の格助詞〕水の流れの下のほう。川下。下流。[例]山河の**水下**なりし 諸人も〈拾遺・雑下〉

み-な・す【見為す・見做す】[動]〔サ四〕❶そうでないものをそれと見る。あえてそう思う。見て、それと仮定する。[例]照る月を闇に**見なし**て泣く涙〈万葉・四・六九〇〉❷見届ける。[例]命長くて（=長生きして）、なほ位高くなども**見なし**たまへ〈源氏・夕顔〉❸そうなるように世話して育てる。[例]この君をだに、いかで思ふさまに**見なし**はべらん〈源氏・少女〉

水無瀬《地名》摂津国、今の大阪府三島郡島本町。山城国（京都府）との境、天王山の南西側のふもと、水無瀬川が淀川に合流する地。

[語誌]▼**後鳥羽上皇の風雅の地**　『伊勢物語』八二・八三段では、惟喬親王の離宮があったとされている。平安時代から皇室の狩猟場であったが、特に後鳥羽上皇の離宮が営まれた地として有名。上皇は「見渡せば山もと霞む水無瀬川夕べは秋となに思ひけむ」〈新古今・春上〉（➡名歌357）と、水無瀬の春の夕べの景色を絶賛した。また室町時代に、連歌師の宗祇が弟子の肖柏・宗長とともにこの地で巻いた連歌は『水無瀬三吟百韻』と呼ばれ、正風連歌の典型とされる（➡名句167〜174「水無瀬三吟百韻」）。〈大谷俊太〉

水無瀬川[1][名]❶水の枯れた川。水が表面には見えず伏流している川。[例]うらぶれて物は思はじ水無瀬川ありても（=人目につかなくても）水は行く

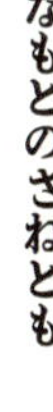

といふものを〈万葉・一一・二八一七〉 ❷《地名》歌枕 山城国（京都府）と摂津国（大阪府）の国境あたり、今の大阪府三島郡を流れる川。例見渡せば山もと霞む水無瀬川夕べは秋となに思ひけむ〈新古今・春上〉➡名歌357 ❷《枕詞》水が伏流して地下を流れていることから「下」「下に通ふ」にかかる。例言に出でて言はぬばかりぞ水無瀬川下に通ひて恋しきものを〈古今・恋二〉 語誌 ①は本来は普通名詞。平安後期ごろから②の川をあてることが多くなり、例の歌によって歌枕として定着した。

水無瀬三吟百韻《作品名》室町時代の連歌。一巻。宗祇・肖柏・宗長作。長享二年（一四八八）正月二十二日成立か。後鳥羽院を偲んで作られた百韻で、正風連歌の代表作。

み-な-そこ【水底】 名〔「な」は「の」の意の上代の格助詞〕水の底。例水底に生ふる玉藻の〈万葉・一一・二四八二〉

みな-づき

【水無月・六月】 名 **陰暦の六月のこと。** 晩夏。語源については、「水の月（田に水を入れる必要のある月。「な」は「の」の意）」とする説が有力だが、俗説には、暑さのために地上から水が無くなってしまう月ともされる。例**みな月**は腹病やみの暑さかな〈俳諧・葛の松原〉 読解 腹の病気で高熱を発したかのように、六月の暑さに我慢できない様子。

語誌 ▼**耐えがたい暑さの月** それまでの半年間に蓄積された罪や穢れを消すために行われる神事が、「水無月祓へ」「夏越しの祓へ」である。

『竹取物語』では、かぐや姫に求婚する男性たちが過酷な自然現象をものともせず日参したという場面で、「六月の照りはたたくにも障らず来たり（＝六月の太陽が激しく照りつけ雷が鳴り響くのにも妨げられることなくやって来た）」とあるように、暑さが耐えがたい厳しい月とされる。

『伊勢物語』では、「水無月のつごもり（＝下旬）」が「いと暑きころほひ」とされ、夜になってやっと少し涼しくなり、蛍が飛びちがう風流さをもつとされる（四五段）。また、汗のために女性が体に「瘡（はれもの・おでき）」を作ってしまう（九六段）。〈島内景二〉

みなづき-ばらへ【水無月祓へ】 名「なごしのはらへ」に同じ。例六月祓へを詠める 思ふことみなつきね（＝もの思いはすべて無くなってしまえ）と麻の葉を切りに切りても祓へつるかな〈後拾遺・雑六〉 読解「みなつきね（皆尽きね）」に「水無月」を響かせる。麻の葉は神具として祓えに用いた。

み-な-と

【水門・湊】 名〔「水な門」の意。「な」は「の」の意の上代の格助詞〕❶**川や海の水の出入り口。河口。入り江の口。** また、**船の停泊する所。** 例(a)水門の葦の末葉を誰か手折りし 我が背子が振る手を見むと我ぞ手折りし〈万葉・七・一二八八〉➡名歌345 例(b)七日になりぬ。同じみなとにあり〈土佐〉

❷（①から転じて）**下って行き着く所。物事が行き着いてとどまる所。** 例暮れてゆく春のみなとは知らねども霞に落つる宇治の柴舟〈新古今・春下〉➡名歌151 〈吉田比呂子〉

みな-ながら【皆ながら】 副 全部。すべて。例みなながら脱ぎおきたまへる御衾などやうの（＝御夜着などのような）ものを〈源氏・蜻蛉〉

みなに〜【皆に〜】 ⇩「みな」の子項目

み-なぬか【三七日】 名 二十一日目。二十一日間。特に、人の死後二十一日目。また、その日に営む法事。「さんしちにち」とも。

みな-ひと【皆人】 名 すべての人。だれもかれも。例皆人、乾飯の上に涙落としてほとびにけり（＝ふやけてしまった）〈伊勢・九〉 語誌 主に和文脈で用いられる。「人皆」は漢文脈で用いられる。

みなみ

【南】 名 ❶**方角の名。南。** 太陽が最も高くなる方角。十二支の午に相当する。例南の高欄にしばしうちながめたまふ（＝南側の高欄にしばらく眺めていらっしゃる）〈源氏・帚木〉 ❷**南から吹く風。南風。** 例南吹き 雪消溢りて（＝南風が吹き雪解け水があふれて）〈万葉・一八・四一〇六〉 ❸大坂で、道頓堀周辺の歓楽街。例南の元の親方とこことに、まだ五年ある年のうち（＝年季の間に）〈近松・心中天の網島・上〉 ❹（江戸城の南にあることから）品川の遊里。例北の南のたつみのと、え知れぬかたへいざなひける（＝知ることもできない所へ誘った）〈黄表紙・高漫斉行脚日記・上〉 読解「北」は吉原、「たつみ」は江戸城の辰巳（東南）の方角にあった深川の遊里。

語誌 ▼**公的な場のイメージ** 『易経』に「聖人は南面して天下に聴く」とあるように、中国では主君が南向きで臣下と対面した。日本でも寝殿造りの南側に正客を迎え入れた。

▼**補陀落渡り** 紀州や四国には補陀落渡りという風習があった。南方にあると信じられた、観音の浄土である普陀落世界をめざして航海するというものである。

▼**五行など** 五行説では火に通じ、五色の赤、四季の夏に通じる。四神では朱雀があたる。〈奥村英司〉

みなみ-おもて【南面】 名 殿舎の、南に面した部屋。来客時や公式の儀式に用いる。例南面いときよげにしつらひたまへり〈源氏・若紫〉

みなみ-まつり【南祭り】 名 石清水八幡宮の臨時祭。賀茂神社の「北祭り」に対していう。

みな-むすび【蜷結び】 名「になむすび」とも。紐の結び方の一つ。結んだ形が蜷（小型の巻貝）に似るところからいう。

み-な-もと【源】 名〔「水な本」の意。「な」は「の」の意の上代の格助詞〕❶川の水の流れ出るもと。水源。例あらゆる清き河は、源、北の山に発り〈常陸風土記〉 ❷物事が起こったり始まったりするもと。起源。根源。例愛着の道、その根ふかく、源とほし〈徒然・九〉

源家長《人名》？〜一二三四（文暦元）。平安末期・鎌倉前期の歌人。時長の子。『新古今和歌集』撰集の実務を担当した。多くの歌合わせに参加。仮名文の日記に『源家長日記』がある。

源実朝《人名》一一九二〜一二一九（建久三〜建保七）。鎌倉幕府三代将軍。頼朝の子。母は北条

政子。兄頼家の子公暁に鶴岡八幡宮で暗殺された。和歌にすぐれ、藤原定家に学ぶ。家集に『金槐和歌集』がある。詠歌の多くは古今調・新古今調だが、江戸時代の賀茂真淵、明治の正岡子規らによって、万葉調の歌が高く評価された。

源順《人名》九一一～九八三（延喜一一～永観元）。平安中期の歌人・漢詩人・学者。三十六歌仙の一人。辞書『和名類聚抄』を編纂。また「梨壺の五人」の一人として、『後撰和歌集』の撰集と『万葉集』の訓読に従事した。家集『順集』には、あめつちの歌・双六盤の歌など奇抜な趣向の歌も見える。才能のわりに官位には恵まれず、その嘆きは和歌・漢詩を通じる基調となっている。『宇津保物語』『落窪物語』の作者とする説もある。

源隆国《人名》一〇〇四～一〇七七（寛弘元～承保四）。平安中期の貴族。権大納言。古くは『今昔物語集』の作者とされたが、現在は否定されている。晩年は宇治に移り、宇治大納言と呼ばれたという。その手に成る『宇治大納言物語』は内容は伝わらないが、『今昔物語集』『宇治拾遺物語』『古本説話集』などの母胎的資料と考えられる。

源為朝《人名》一一三九（保延五）～?。平安後期の武将。為義の八男。剛胆強弓で知られ、九州を制圧したことから鎮西八郎と呼ばれる。保元の乱に際して上洛し、父とともに崇徳上皇方に属して戦うが、敗れて伊豆大島に流される。その後、伊豆七島を押領したために追討を受け、自害したという。曲亭（滝沢）馬琴作の読本『椿説弓張月』はこの為朝を主人公とする。

源俊頼《人名》一〇五五～一一二九（天喜三～大治四）か。平安後期の歌人。経信の子。堀河院歌壇で活躍、藤原俊成に強い影響を与えた。最初の組題百首『堀河百首』の成立に貢献した。『金葉和歌集』の撰者。家集に『散木奇歌集』、歌論に『俊頼髄脳』。

源融《人名》八二二～八九五（弘仁一三～寛平七）。平安初期の政治家・歌人。嵯峨天皇の皇子。臣籍に下って源姓を賜る。六条河原に大邸宅を造ったことから河原左大臣と呼ばれた。その河原院は『源氏物語』夕顔巻の「なにがしの院」のモデルとされる。

源通具《人名》一一七一～一二二七（承安元～嘉禄三）。平安末期・鎌倉前期の歌人。内大臣通親の子。藤原俊成女の夫。後鳥羽院歌壇の歌合わせに多数参加。『新古今和歌集』の撰者の一人。

源義家《人名》一〇三九～一一〇六（長暦三～嘉承元）。平安後期の武将。頼義の長男。石清水八幡宮で元服し、八幡太郎と称される。鎮守府将軍として後三年の乱を平定し、東国での源氏の基盤を築く。その武威は後世に神格化され、文武に通じた理想的武人として造型されていく。

源義経《人名》一一五九～一一八九（平治一～文治五）。平安末期の武将。義朝の九男。母は常盤。幼名牛若丸。検非違使尉（判官）だったことから、九郎判官とも。

●**生涯**　平治の乱で父が敗死した後、一時京の鞍馬寺で学問した。治承四年（一一八〇）兄頼朝の挙兵に応じ、兄範頼とともに源義仲・平家を討つ。一の谷・屋島・壇の浦などの戦いで活躍したが、頼朝と不和となる。文治元年十一月後白河院より頼朝追討の院宣を受け、西国に下ろうとするが失敗し、奥州の藤原秀衡に庇護される。秀衡の死後その子泰衡に攻撃され、衣川の館で自刃する。

軍記の中では、『平治物語』に生い立ちが、『平家物語』には木曾義仲・平家を滅ぼすが頼朝に排斥されて都を落ちるまでが、『義経記』には生い立ちと没落後が書かれている。

●**伝説化**　判官びいきと称される悲劇的英雄に対する同情、また生涯に不明な点が多いため、死の直後から伝説化が起こり、特に室町時代に物語や芸能の中で人物像が膨らんで理想化されていった。江戸時代には、衣川で死なずに蝦夷へ脱出するとかジンギスカンと同人説など、多くの伝説が産み出され、浄瑠璃・歌舞伎でも人気が続いた。〈黒木祥子〉

源頼朝《人名》一一四七～一一九九（久安三～建久一〇）。鎌倉幕府の初代将軍。平治の乱では父義朝に従って平清盛と戦うが、敗北して伊豆に流される。その後、平家を討ち果たし、さらに弟義経や奥州藤原氏などの対抗勢力も滅ぼして、征夷大将軍に任じられ、鎌倉に幕府を開く。

源頼政《人名》一一〇四～一一八〇（長治元～治承四）。平安末期の歌人・武将。通称源三位頼政。仲正の子。後白河院の時代を中心に多くの歌会・歌合わせに参加。治承四年（一一八〇）以仁王を奉じて平家討伐を企てたが失敗、宇治の平等院で自害した。家集に『頼政集』。

源頼光《人名》名は「らいくわう」とも。九四八～一〇二一（天暦二～治安元）。平安中期の武将。満仲の長男。一条朝の有数の武人で、受領として得た富を背景に摂関家への奉仕に励む中級官人でもあった。伝説の世界では、大江山の酒呑童子退治で有名。

み-なら-す【見慣らす・見馴らす】動（サ四）見なれるようにする。なじませる。例かしこに渡りて（ソコノ人タチト）見ならしたまへ〈源氏・若紫〉

み-なら-ふ【見慣らふ・見馴らふ・見習ふ】ナラウ・ナロウ　動（ハ四）❶見てなじむ。例（カグヤ姫ノ）心ばへなどあてやかにうつくしかりつることを（=上品でかわいらしかったことを）**見慣らひ**て〈竹取〉❷見て習得する。例物は破れたる所ばかりを修理して用ゐる事ぞと、若き人に**見ならはせ**て〈徒然・一八四〉

み-な-る【水馴る】動（ラ下二）水に親しむ。水につかりなれる。和歌で、「見馴る」と掛けて用いることが多い。例夜を寒み（=夜寒いので）寝覚めて聞けば鴛鴦のうらやましくも**みなる**なるかな〈拾遺・冬〉

み-な-る【見慣る・見馴る】動（ラ下二）見なれる。なじむ。親しむ。例院も**見馴れ**たまうて、いとらうたくしたまふ（=おかわいがりになる）〈源氏・夕霧〉

みなれ-ごろも【身馴れ衣】名着なれた衣服。例形見に添へたまふべき**身馴れ衣**もしほなれたれば（=よれよれになっていたので）〈源氏・蓬生〉

み-なわ【水泡】 名〔「みなあわ（水な泡）」の変化した形。「な」は「の」の意の上代の格助詞〕水の泡。例涙川浮かぶ**みなわ**も消えぬべし〈源氏・須磨〉

みに〜【身に〜】 ⇩「み」の子項目

み-にく-し【見悪し・醜し】 形（ク）❶見苦しい。例かぐや姫据ゑむには、例のやうには（＝普段のままでは）**見にくし**〈竹取〉❷容貌が悪い。例それは、老いてはべれば**醜き**ぞ〈源氏・賢木〉

みにく-やか【醜やか】 形動（ナリ）〔「やか」は接尾語〕醜く感じられるさま。例はらから（＝兄弟姉妹）の**醜やかなる**も恋し〈源氏・浮舟〉

壬二集 《作品名》鎌倉前期の家集。三巻または五巻。藤原家隆作。藤原基家撰が原型。歌数は約二八五〇首（原撰本系）。形態は藤原定家の家集『拾遺愚草』に似る。書名は、家隆が壬二品と呼ばれたことによるもの。

み-ぬま【水沼】 名 水をたたえた沼。例大君は神にしませば水鳥のすだく（＝群がり集まる）**水沼**を都となしつ〈万葉・一九・四二六一〉

みぬよ-の-ひと【見ぬ世の人】 見たことのない時代の人。昔の人。例ひとり灯のもとに文をひろげて、**見ぬ世の人**を友とするぞ〈徒然・一三〉

み-ね【峰・峯・嶺】 名〔「み」は接頭語〕❶山の頂の高くそびえている所。例奈良山の**峰**の黄葉取れば散る〈万葉・八・一五八五〉❷物の高くなった部分。例この中にいたづらなる所（＝不要な所）は耳の端・鼻の**峰**なりけり〈宇津保・俊蔭〉❸刀身の背の部分。

みね-いり【峰入り】 名 修験者が、大和国（奈良県）吉野の大峰山に入って修行すること。熊野から吉野へ抜けるものを「順の峰入り」、吉野から熊野へ抜けるものを「逆の峰入り」という。例**峰入り**とてゆゆしく通られけるに〈西鶴・好色一代男・三・七〉

み-の【蓑】 名 肩からはおる雨具。茅や菅などで作る。例ひさかたの（枕詞）雨の降る日を我が門に**蓑**笠着ずて（＝着ないで）来ける人や誰〈万葉・一二・三一二五〉

み-の【三幅・三布】 名〔「幅」は布地の幅の単位。一幅は約三〇センチ〕❶一幅の布を三枚縫い合わせたもの。例**三布**なる下紐〈西鶴・好色一代女・一・四〉❷「三幅蒲団」の略。三幅の布で作った布団。ふつう、敷き布団に用いる。例**三布**に寝て蚊帳越しの蚊に食はれけむ〈俳諧・太祇句選〉

美濃 《地名》「みぬ」とも。旧国名。今の岐阜県南部。東山道十三か国の一つ。濃州。延喜式で上国・近国。

みの-げ【蓑毛】 名❶蓑に編んだ菅や茅が毛状に垂れているもの。例矢二十三筋、**蓑毛**のごとく折りかけて〈太平記・一〇〉❷鷺の首のまわりに蓑のように垂れる羽毛。例岸の柳にゐる鷺の**蓑毛**なみよる川風ぞ吹く〈正治初度百首・上〉

みのけよだつ【身の毛よだつ】 ⇩「み」の子項目

み-の-しろ【身の代】 ❶身代わり。例内裏の上の、いみじき御心ざしと思して賜はせつる**身の代**は〈狭衣・二〉読解 天皇が娘の皇女を与えることをさす。❷人身売買の代金。身の代金。❸財産。身代。

み-の-とき【巳の時】 名❶午前十時ごろ。また、その前後二時間。巳の刻。例**巳の時**果て（＝終わりごろ）になりにたり〈蜻蛉・中〉❷（①が一日の半ばの直前であることから）まだ物事の新しいさま。また、物事のたけなわであるさま。例まだ**巳の時**とぞ見えし白星の兜〈源平盛衰記・一五〉

み-の-のち【身の後】 名 死んだあと。死後。例**身の後**の名（＝名声）、残りてもさらに益なし〈徒然・三八〉

み-の-ひ-の-はらへ【巳の日の祓へ】 名 陰暦三月の最初の巳の日に行う祓え。身についた罪や災いを人形に託し、川や海へ流す。⇩じゃうし（上巳）

み-の-ぶ【見延ぶ】 動（バ下二）遠くを見やる。視線を送る。例見かへりたるまみ（＝まなざし）、いたう**見延べ**たれど〈源氏・紅葉賀〉

み-の-ほど【身のほど】 名 身分。境遇。身の上。例（明石ノ君ハ）**身のほど**知られて、いとはるかにぞ（＝かけ離れているものだと）思ひきこえける〈源氏・明石〉読解 前の国司（地方官）の娘である明石の君が、光源氏を婿として通わす身となろうとするとき、その身分差に苦悩する一節。

み-のり【御法】 名〔「み」は接頭語〕❶法律の敬称。❷仏法の敬称。仏事・経文などにもいう。例仏の、いとうるはしき心にて説きおきたまへる**御法**も（＝仏が、まことにりっぱなお心でこの世に説きおかれた仏法も）〈源氏・蛍〉

みのり-の-はな【御法の花】 〔「法華」の訓読〕仏法の花。天台宗などの中心聖典の法華経をいう。例おしなべて**御法の花**の咲きしより〈拾玉集・三〉

み-はかし【御佩刀】 名〔「み」は接頭語〕佩刀の敬称。貴人の刀。例その中の尾を切りたまひし時に、**御刀**の刃毀けき〈記・上・神代〉

み-はし【御階】 名〔「み」は接頭語〕殿舎の階段の敬称。特に、紫宸殿の階段の敬称。例**御階**の左右に膝をつきて奏す（＝申し上げる）〈源氏・藤裏葉〉

み-は-つ【見果つ】 動（タ下二）❶見終わる。最後まで見る。例命にもまさりて惜しくあるものは**みはて**ぬ夢のさむるなりけり〈古今・恋二〉❷最後まで世話する。例かひなき身なりとも、**見はて**てむとこそ思ひつれ〈源氏・蓬生〉

み-はなだ【水縹】 名 薄い藍色。例我におこせし（＝送った）**水縹**の絹の帯を〈万葉・一六・三七九一〉

み-はな-つ【見放つ】 動（タ四）見捨てる。見限る。例いと**見放ち**がたき御ありさまなるに〈源氏・賢木〉

み-はや-す【見栄やす】 動（サ四）見てもてはやす。例桜花いたくなわびそ我**見はやさ**む〈古今・春上〉

み-はるか-す【見晴るかす・見霽かす】 動（サ四）遠くまで見渡す。見晴らす。例皇神の**見霽かし**ます四方の国は〈祝詞・祈年祭〉

み-ばれ【身晴れ】 名『近世語』身に降りかかった疑いが晴れること。身のあかしをたてること。申し訳をたてること。例「とかくは銘々の**身晴れ**」と、上座から帯をとけば〈西鶴・西鶴諸国ばなし・一・三〉

み-ふ【御封】 名〔「み」は接頭語〕「みぶ」とも。封戸の敬称。例太上天皇になずらふ（＝準じる）御位得たまうて、**御封**加はり〈源氏・藤裏葉〉

みぶ-きゃうげん【壬生狂言】 名 京都の壬生寺で、陰暦三月の大念仏会に演じられる念仏狂言。囃子の鰐口・締太鼓・横笛による、身振りだけの無言劇。

みーふ・す【見伏す】 動（サ下二）見極める。見定める。例事にもあらず(=たいしたことはない)と、返す返す思ひみふせて〈宇治拾遺・三〉

みーふだ【御簡】 名〔「み」は接頭語〕「日給の簡」の敬称。例女院の御方ざまにも御簡削られ〈とはずがたり・一〉読解「御簡削る」は、日給の簡を外し除籍する意。

みふたつとなる【身二つとなる】 ⇩「み」の子項目

みぶーねんぶつ【壬生念仏】 名 京都の壬生寺で、陰暦三月十四日から二十四日まで催される念仏会。無言劇の壬生狂言でも有名。例門で押さるる壬生の念仏〈俳諧・炭俵・上〉読解参詣人で混雑している。

壬生忠岑 《人名》生没年未詳。平安前期の歌人。『古今和歌集』の撰者の一人。多くの歌合わせに参加し、『古今集』以下の勅撰集に八二首入集。家集に『忠岑集』。

みーふゆ【み冬】 名〔「み」は接頭語〕冬の美称。例み冬継ぎ(=続いて)春は来たれど〈万葉・一七・三九〇一〉

みへーがさね【三重襲】 ミエ 名❶衣の表地と裏地の間に中倍という布地を重ね、三重にしたもの。例三重襲の袴具して賜ふ〈源氏・総角〉❷檜扇の作り方の一種。檜の板八枚を基本単位として、それを三重にしたものという。例なまめかしきもの…三重がさねの扇〈枕・なまめかしきもの〉

みほーどり【鳰鳥】 ミオ 名「にほどり」に同じ。

三保の松原 《地名》駿河国、今の静岡県静岡市三保半島の東海岸一帯。富士山を眺望する白砂青松の景勝地。「三保の浦」は『万葉集』以来和歌に詠まれ、特に、三保神社の南前浜は能『羽衣』の舞台として有名。

みーぼめ【身褒め】 名 自分で自分を褒めること。自慢。例あまりなる御身ぼめかな〈能因本枕・雨のうちはへ降るころ〉

みーま【御孫】 名〔「み」は接頭語〕貴人の孫や子孫に対する敬称。例高皇産霊尊(=神の名)、皇孫を(地上ニ)降しまつりて〈紀・神代下〉

みーまう・し【見まうし】 形（ク）〔動詞「みる」の未然形＋助動詞「まうし」〕見るのがいやだ。見るのがつらい。例(私ノヨウナ)数ならぬ身を見まうく思しすてむもことわりなれど〈源氏・葵〉

みーまが・ふ【見紛ふ】 マガウ・マゴウ ❶動（ハ下二）見間違える。例白樫といふものは…雪のふりおきたるに見まがへられ〈枕・花の木ならぬは〉❷動（ハ四）❶に同じ。例横堀に流るる塵埃をば、西鶴が目に錦と見まがひ〈浮世草子・元禄太平記・一・二〉

みーまか・る【身罷る】

動（ラ四）この世からあの世へ身が罷り去る、の意。死ぬ。亡くなる。例あひ知れりける人の身まかりにける時によめる(=親しくしていた人が死んだときに詠んだ歌)〈古今・哀傷・詞書〉

語誌▼死の婉曲表現　死は不吉なものとされ、またその死者への悲しみなどから、できるだけ直接的な表現を避けたいという感情が働く。そこから人の死には婉曲表現が用いられることが多く、「みまかる」もその中の一つ(⇩しぬ)。「まかる」は空間的な移動を表す改まった言い方で、「みまかる」は人が死ぬことを表すときの改まった荘重な言い方となる。

▼和歌の詞書に　「みまかる」は勅撰和歌集の詞書に特徴的に現れる。たとえば『古今和歌集』哀傷歌では、皇女をはじめ大臣・姉妹・友人などの死をすべてこの語で表し、また「身まかりなんとてよめる(=今にも死にそうになったときに詠んだ歌)」のように自分自身の死を表す場合もこの語で統一している。〈松井健児〉

みーまき【御牧】 名〔「み」は接頭語〕牧の敬称。朝廷、または貴人が所有する牧場。例領じたまふ(=領有なさる)御庄・御牧よりはじめて〈源氏・須磨〉

みまく【見まく】 〔動詞「みる」の未然形＋推量の助動詞「む」＝「みむ」のク語法〕見るであろうこと。見ること。例山吹の花の盛りにかくのごと(=このように)君を見まくは千年にもがも(=千年でも続いてほしい)〈万葉・二〇・四三〇四〉

みーまくさ【御秣・御馬草】 名〔「み」は接頭語〕秣の敬称。また、「秣」の美称。例淀野へとみまくさ刈りにゆく人も〈後拾遺・恋三〉

みまくーほし【見まく欲し】 見たいと思う。会いたいと思う。例一昨日も昨日も今日も見つれども明日さへ見まく欲しき君かも〈万葉・六・一〇一四〉

美作 《地名》旧国名。今の岡山県北東部。山陽道八か国の一つ。作州。延喜式で上国・近国。

みーまさり【見勝り・見優り】 名動（サ変）予想やうわさより、実際に見るほうがすぐれていること。また、昔よりすぐれて見えること。例見まさりするやうもありかし〈源氏・末摘花〉

みーまし【御席・御座】 名〔「み」は接頭語。「まし」は動詞「ます(座す)」の名詞形〕貴人が座る所。貴人の座席。また、そこに敷く敷物。例日神知ろしめさずして(=おわかりにならなくて)、ただに席の上に坐たまふ〈紀・神代下〉

みーまし【汝】 代〔「御座」の意から〕対称の人称代名詞。あなたさま。「いまし」より敬意が高いとされる。例みましの父と坐す(=父でいらっしゃる)天皇の〈続紀・神亀元年二月・宣命五〉

みーま・す【見増す】 動（サ四）❶予想やうわさよりすぐれて見える。例滝口殿は聞きしより見まして覚ゆるものかな〈曾我・一〉❷他よりすぐれて見える。例風義(=容姿)は一文字屋の金太夫(=遊女の名)に見ますべし〈西鶴・好色一代男・六・六〉

みまそが・り 動（ラ変）「あり」「居り」などの尊敬語。いらっしゃる。⇩いますがり。例その時の女御に、多賀幾子と申すみまそがりけり〈伊勢・七七〉

みーま・ふ【見舞ふ】 マウ・モウ 動（ハ四）❶見て回る。巡視する。例柿なども熟いたしたる(=熟しております)と申すほどに、みまう(音便形)て〈狂言・柿山伏〉❷訪問して様子を尋ねる。例暇のない身の悲しさは、さいさい(=たびたび)見まふ事もおりなうて(=ございませんで)〈狂言・鬼の継子〉

みーまへ【御前】 マエ 名〔「み」は接頭語〕神仏・貴人の前

の敬称。「おまへ」とも。例神の**御前**に茂りあひにけり〈古今・神遊びの歌〉

み-まや【御馬屋・御廏】名〔「みうまや」の変化した形。「み」は接頭語〕「うまや(馬屋)」の敬称。例むかひに**御廏**して、世になき(=この世にまたとない)上馬どもをととのへ立てさせたまへり〈源氏・少女〉

みみ

【耳】名❶**人間や動物の聴覚器官**。例耳に聞き目に見るごとに〈万葉・一九・四二六六〉
❷**耳で聞くこと**。また、**聞く能力**。例**耳**もおぼおぼしかりければ(=耳もよく聞こえなかったので)〈源氏・若菜上〉
❸**聞いた話**。**情報**。**うわさ**。**評判**。⇩みみをきく。例我が聞きし耳によく似る(=私が聞いたうわさにそっくり同じだ)〈万葉・二・一二八〉
❹**器具の形が①に似た部分**。針の穴や容器の取っ手など。例手作りの針の、**耳**いとあきらかなるに(=穴がたいそう大きくあいているものに)〈宇津保・俊蔭〉
❺大判・小判の縁。転じて、その枚数・金額。例**耳**を揃へて十五両〈滑稽本・膝栗毛・発端〉

【耳に逆ふ】不愉快に聞こえる。例善苗(=将来ためになる言葉)また**耳に逆っ**(音便形)て朝暮にすたる〈平家・五・勧進帳〉

【耳を聞く】うわさや評判などを耳にする。例かかる**耳を聞く**こと〈宇津保・蔵開下〉

み-み【身身】名❶その身その身。各人。例おのが身々につけたるたよりども(=縁故たち)思ひ出でて〈源氏・蓬生〉❷身が二つになること。出産。例平らかに身々となしたまへ〈宇津保・俊蔭〉

【身身となる】出産する。身二つになる。例しづかに**身々となっ**(音便形)てのち、幼き者をもそだてて〈平家・九・小宰相身投〉

みみ-おどろ・く【耳驚く】動(カ四) 聞いて驚く。例下ざまの人の物語は**耳驚く**事のみあり〈徒然・七三〉

みみ-かしがま・し【耳囂し】形(シク) やかましい。騒がしい。例滝の声(=音)は、いとどもの思ふ人を驚かし顔に**耳かしがましう**(音便形)〈源氏・夕霧〉

みみ-ぎき【耳聞き】名 耳で聞いて情報を集めること。また、その役目の人。例たとひ京中の**耳聞き**のためなりとも〈源平盛衰記・一〉

みみ-た・つ【耳立つ】❶動(タ四) 耳を引く。聞いて注意が向く。また、耳障りになる。例**耳たつ**事もおのづから出で来るわざなれ〈源氏・若菜上〉❷動(タ下二) 耳を傾ける。注意して聞く。例あやしうなど**耳立てて**聞けば〈枕・すさまじきもの〉

みみ-だらひ【耳盥】ダライ 名 左右に耳のような取っ手がついた盥。口すすぎや手洗いなどに用いる。例買ひ立ての**耳盥**の中へ〈滑稽本・浮世風呂・三上〉

耳盥

みみ-ぢか・し【耳近し】形(ク) ❶音が近くに聞こえる。音が近い。例双の丘の松風いと**耳近う**(音便形)心ぼそく聞こえて〈更級〉❷聞き慣れている。耳慣れていて親しみやすい。例我が国の人の耳**近き**を先として(=中心として)、承る言の葉をのみ記す〈発心集・序〉❸最近の。例もろもろの事、めづらしく**耳近き**を先とする習ひなれば〈発心集・六・二〉

みみ-と・し【耳疾し】形(ク) 耳がよい。耳ざとい。例忍びやかに言ひけるを、**耳疾く**聞きて〈宇治拾遺・六・二〉

みみ-とどま・る【耳留まる】動(ラ四) 聞いて耳に残る。聞いた事が忘れられない。例**耳とどまり**て、何となく胸騒ぎて〈狭衣・三〉

みみ-とど・む【耳留む】動(マ下二) 聞いたことに注意を払う。例(琴ノ音ニ)「これや姫君ならん」と、**耳とどめ**たまへるに〈狭衣・四〉

みみ-どほ・し【耳遠し】ドオシ 形(ク) ❶聞き慣れない。例人もいと知らず(=それほど知らない)**耳遠き**限り二十首を選び出して〈無名抄・琳賢謀基俊事〉❷時代が古いので、理解しがたい。例人の言の葉も変はるものなれば**耳遠く**なりたらむ事は〈夜の鶴〉❸耳がよく聞こえない。耳が遠い。

耳梨山・耳成山《地名》歌枕 大和国、今の奈良県橿原市木原町の山。天の香久山・畝傍山とともに大和三山の一つ。ふもとに藤原京跡がある。

みみ-な・る【耳馴る】動(ラ下二) 聞き慣れる。新味がないというマイナス評価にも用いる。例あまた年**耳馴れ**たまひにし川風も、(父ヲ亡クシタ)この秋はいとはしたなくもの悲しくて〈源氏・総角〉

みみにさかふ【耳に逆ふ】⇩「みみ」の子項目

みみ-はさみ【耳挟み】名 女性が額髪を耳にかけて、後方にかきやること。忙しく働くときにするもので、貴婦人の場合は下品なこととされた。例**耳は**さみしてそそくり(=忙しく)つくろひて〈源氏・横笛〉

みみ-ふ・る【耳旧る】動(ラ上二) 聞き慣れる。聞き飽きる。例興ある朝夕の遊びに**耳ふり**目馴れたまひければ〈源氏・若菜下〉

みみ-やす・し【耳易し】形(ク) 聞いて安心だ。例(無事ニ結婚デキタト聞イテ)**耳やすき**ものから〈源氏・若菜上〉

みみをきく【耳を聞く】⇩「みみ」の子項目

み-むろ【御室】名〔「み」は接頭語〕「みもろ」とも。❶神が降臨する所。神を祭る神座や神社。例榊葉に木綿取り垂でて誰が世にか神の**御室**を斎ひそめけむ〈神楽歌・榊〉❷貴人の住居の敬称。例**みむろ**にまうでて拝みたてまつるに〈伊勢・八三〉

御室山・三室山《地名》❶大和国の山。今の奈良県桜井市三輪にある三輪山のこと。❷歌枕 大和国の山。今の奈良県生駒郡斑鳩町にある神奈備山のこと。ふもとを龍田川が流れ、紅葉・時雨の名所。語誌「みむろ」が神が降臨する所であることから、固有名詞化したもの。

み-め

【見目・眉目】名❶**見た目**。**見た感じ**。目で見た様子。例扇など、**みめ**には、おどろおどろしくかかやかさで(=扇などは、見た目には大げさにはでにしないで)〈紫式部日記〉
❷**容貌**。**容姿**。**顔かたち**。例**みめ**のこよなうをかしければ(=容姿がこの上もなく美しいので)〈源氏・手習〉
❸**面目**。**誉れ**。**美点**。例人の蔭沙汰あするのが**眉目**でもあんめえ(=他人の陰口をするのが誉れでもあるまい)〈滑稽本・浮世風呂・二下〉

語誌 平安末期以降、②の意に用いられる例が非常に多くなる。その際、しばしば人物の内面をいう「心」「心ばへ」と対比的に並べられる。〈松岡智之〉

み-め【御妻・妃】 名〔「み」は接頭語〕天皇や貴人の妻の敬称。例帝の**御妻**をもあやまつたぐひ(=例)、昔もありけれど〈源氏・若菜下〉

み-めう【微妙】 ミヨウ 名 形動(ナリ) 非常にすぐれていること。例童子、阿闍梨に向かひて、**微妙**の音を挙げて誦して(=唱えて)いはく〈今昔・一三・三七〉

みめ-よし【見目好し・眉目佳し】 1 形(ク) 容貌が美しい。外見がりっぱだ。例**みめよき**女を千人そろへて〈平治・下〉 2 名 美人。例なのめならぬ(=格別な)**みめよし**にて〈愚管抄・四〉

御裳濯川 ミモスソガワ《地名》歌枕 伊勢神宮の内宮のほとりを流れる五十鈴川の別称。例神風や(枕詞)**御裳濯川**のそのかみに(=その昔に)契りしことの末を違ふな〈新古今・神祇〉

み-もち【身持ち】 名 ❶身の処し方。身のふるまい方。品行。行状。例親は身まかりぬ(=亡くなった)。これより**身持ち**わがままになりて〈仮名草子・浮世物語・一・二〉 ❷妊娠すること。例我が**身持ち**も月のかさなり、いつを定めがたし(=いつ生まれてくるかわからない)〈西鶴・好色一代女・二・三〉

み-もの【見物】 名 ❶見る価値のあるもの。例人の袖口さへいみじき**見物**なり〈源氏・葵〉 ❷見物すること。例かの**見物**の女房たち〈源氏・胡蝶〉 語誌 ②の意では「物見」が用いられることが多い。

み-もろ【御室】 名「みむろ」に同じ。

みーや

【宮】 名〔「み」は接頭語。「や(屋・家)」は住居の意〕❶**神の住む御殿**。また、**神を祭る神社**。例(a)それ綿津見の神の**宮**ぞ(=それが海神の御殿である)〈記・上・神代〉例(b)あれはいづれの宮と申すぞ。いかなる神を崇めたてまつるぞ(=あれはどこの神社と申すのか。どのような神を崇拝し申し上げるのか)〈平家・七・願書〉 ❷**天皇の住居**。皇居。御所。転じて、**都**。例(a)陽りて太子のために**宮**を営るまねす(=あざむいて皇太子のために御所を造るまねをする)〈紀・武烈即位前紀〉例(b)あをによし(枕詞)奈良の**宮**には〈万葉・一・八〇〉 ❸**皇族の住居**。例宮は三条の**宮**に渡りたまふ(=お移りになる)〈源氏・賢木〉 ❹**皇族の敬称**。例身はいやしながら、母なん**宮**なりける(=自分の官職は低いが、母は皇族であった)〈伊勢・八四〉 ❺「ちゅうぐうしき」に同じ。

語誌 本来は住居の敬称で、そこに住む主人を表すのにも用いる。〈馬場光子〉

みゃう-おう【冥応】 ミヨウ 名《仏教語》気づかない間に神仏が人々の信心にこたえて利益を授けること。例これひとへに摩利支天の**冥応**〈太平記・五〉 読解 「摩利支天」は仏教の女神の名。

みゃう-おん【冥恩】 ミヨウ 名《仏教語》気づかない間に神仏が人々に授ける利益。例これ天照太神の**冥恩**なり〈源平盛衰記・四〇〉

みゃう-が【冥加】 ミヨウ 名 ❶《仏教語》知らないうちに授かる神仏の加護。冥恩。冥助。例恐れがまし(=恐れ多い)**冥加**なや〈近松・嫗山姥・三〉 ❷「冥加銀(金)」「冥加銭」の略。

みゃう-がう【名号】 ミヨウゴウ 名《仏教語》仏や菩薩の名。特に、阿弥陀仏の名。また、念仏として唱える南無阿弥陀仏の六字。例弥陀の本願を強く信じて、隙なく**名号**を唱へたてまつるべし〈平家・一・祇王〉

みゃう-がう【名香】 ミヨウゴウ 名 仏前にたく香。例**名香**の香など匂ひ満ちたるに〈源氏・若紫〉

みゃうが-ぎん【冥加銀】 ミヨウガ 名 ❶神仏の加護を願って寺社に奉納する金銭。また、加護に対する礼として奉納する金銭。例あの銀は黒谷の方丈(=住職)へ上げる**冥加銀**〈浄瑠璃・新版歌祭文・上〉 ❷商売の免許や保護を受けるための上納金。

みゃうが-せん【冥加銭】 ミヨウガ 名「みゃうがぎん」に同じ。例**冥加銭**を上げさんせ(=お上げなさい)〈浄瑠璃・新版歌祭文・上〉

みゃうが-なし【冥加なし】 ミヨウガ ❶神仏の加護がない。神仏から見放されている。例兄に向かって弓をひかんが**冥加なき**とは理なり〈古活字本保元・中〉 ❷〔「なし」は強調の意〕恐れ多い。ありがたい。例**冥加もない**お見舞ひ〈浄瑠璃・新版歌祭文・上〉

みゃう-かん【冥感】 ミヨウ 名《仏教語》「みゃうおう」に同じ。

みゃう-ぎゃう【明経】 ミヨウギヨウ 名 ❶経書(儒学の経典)を学ぶこと。❷令制の大学寮の四学科の一つ。経書を学ぶ。明経道。

みゃうぎゃう-だう【明経道】 ミヨウギヨウドウ 名「みゃうぎゃう②」に同じ。

みゃうぎゃう-はかせ【明経博士】 ミヨウギヨウ 名 令制の大学寮で経書を教授する博士。

みゃう-くゎ【猛火】 ミヨウカ 名 激しく燃える火。例をりふし(=折から)風は激しし、**猛火**天に燃え上がって〈平家・八・鼓判官〉

みゃう-くゎん【冥官】 ミヨウカン 名《仏教語》地獄の閻魔の庁の役人。例閻王また**冥官**に勅して(=命じて)のたまはく〈平家・六・慈心房〉

みゃう-けん【冥顕】 ミヨウ 名 隠れていて見聞きできないものと現れていて見聞きできるもの。特に、死後の世界と現世。例**冥顕**の三宝(=仏)、孝行の心ざしをあはれみたまふ事なれば〈平家・五・咸陽宮〉

みゃう-じ【名字】 ミヨウ 名 ❶家の名。名前。例勅勘の人なれば(=朝廷から咎めを受けている人なので)、**名字**をばあらはされず〈平家・七・忠度都落〉 ❷仏や仏法の名。例我、大王に寵愛せられて、仏法の**名字**を聞かず〈今昔・三・二五〉

みゃう-しゅ【名主】 ミヨウ 名 平安後期から中世にかけて、名田を占有し経営する責任者。例所の**名主**・百姓が集まりて〈源平盛衰記・四二〉

みゃう-しゅ【冥衆】 ミヨウ 名《仏教語》❶梵天・帝釈・閻魔など、人の目に見えない神々。例**冥衆**は遠き益を見て〈沙石集・六・一八〉 ❷冥界にいるものたち。特に、地獄の鬼。例冥官・冥衆みな閻魔法王の御前にかしこまる〈平家・六・慈心房〉

みゃう-じょ【冥助】 ミヨウ 名《仏教語》気づかない間に

神仏が助け導くこと。例新羅大明神の冥助にあらずや〈平家・四・山門牒状〉読解末尾の「や」は反語の意。新羅大明神の冥助である、ということ。

みやう-じん【名神・明神】 名伝統のある神社。神格の高い神社。また、神の敬称。

みやう-せき【名跡】 名家の跡目。家督。例我が子丹次郎が別段に(=特別な計らいで)**名跡**を立つる心願かなひ〈人情本・春色梅児誉美・四・二四〉

みやう-だい【名代】 名❶人の代理に立つこと。また、その人。例身共が(=私の)**名代**にわごりょ(=おまえ)が行て〈狂言・千切木〉❷後見人。

みやう-だう【冥道】 名《仏教語》❶六道のうち、地獄・餓鬼・畜生の三悪道。特に、地獄。例**冥道**の悪鬼ら、我を駆り追ひて〈今昔・一五・四六〉❷「みやうくわん」に同じ。例冥官・**冥道**、皆その所にありて〈今昔・一三・三五〉❸「みやうしゅ(冥衆)①」に同じ。例日本国中の大小の神祇・**冥道**を請じ驚かしたてまつて〈平家・二・腰越〉

みやう-でん【名田】 名平安時代から室町時代にかけて、国衙領や荘園を管理・経営するときに基本単位となる田地。年貢負担などの基準となる。

みやう-ばつ【冥罰】 名《仏教語》神仏が知らない間にくだす罰。例山王大師の神罰・**冥罰**をたちどころにかうぶって(=受けて)〈平家・二・西光被斬〉

みやう-ばふ【明法】 名古代の法律学。律令格式の研究にあたる。

みやうばふ-だう【明法道】 名令制の大学寮の四学科の一つ。律令格式を学ぶ。

みやうばふ-はかせ【明法博士】 名令制の大学寮で明法道を教授する教官。

みやう-ぶ【名簿・名符】 名家臣や門弟になるとき、姓名・官名などを書いて提出する名札。「名付き」とも。例世の中の人**名簿**し、さて司召しの折はただこの局に集まる〈栄花・さまざまの喜び〉

みやう-ぶ【命婦】 名❶令制で、五位以上の女性の称。また、五位以上の官人の妻の称。前者を「内命婦」、後者を「外命婦」という。例群臣と内外の**命婦**とを中宮に宴したまふ〈続紀・天平元年正月〉❷平安時代以降、中級の女官・女房の称。父や夫の官名をつけて「～の命婦」と呼ぶことが多い。

みやう-もん【名聞】

❶名**世俗的な名声や名誉**。例(増賀ハ)「**名聞**こそ苦しかりけれ。かたゐのみぞ楽しかり」と歌ひて(=「名誉はつらいなあ。こじきだけが楽しい」と歌って)〈発心集・一・五〉

❷形動(ナリ)**名声を好み、見栄を張るさま。偽善的なさま。**例御心ざま煩はしく、癖々しきおぼえまさりて、**名聞**になどおはせし(=ご性質が気難しく、ひねくれているという評判が高く、名声を好み見栄っ張りでいらっしゃった)〈大鏡・師尹〉

語誌▼Ⅰ例は、栄達の道を選んだ師の生き方を増賀が非難し、戒める一節。仏教では、「名聞」は修行に障りをなすものとして厳しく戒められた。

▼『徒然草』一段の「増賀聖の言ひけんやうに、名聞ぐるしく、仏の御教へに違ふらんとぞおぼゆる」について、「名聞ぐるし」を一語と認め、名声を追い求め心をかき乱す、などと解する説もあるが、「名聞ぐるし」の形はほかに類例がなく、疑問。ここもⅠの意に従って、世俗的な名声は煩悩となるので、僧の身には苦しい、と解するのが妥当であろう。〈川崎剛志〉

みやう-り【名利】

名《仏教語》**世間的な名声と世俗的な利益。名誉と利益。**例(a)(ソノ僧ハ)現世の**名利**を離れて後世の菩提を願ふ者なり(=この世の名誉と利益を離れて来世の極楽往生を願う者である)〈今昔・一四・三四〉例(b)**名利**に使はれて、しづかなる暇なく、一生を苦しむるこそ愚かなれ(=名誉や利益に使役されて、心静かなひまがなく、一生を苦しむことこそ愚かである)〈徒然・三八〉〈小島孝之〉

みやう-り【冥利】 名《仏教語》❶神仏が知らず知らずの間に人に与える恵み。例**冥利**のためと思ひつつ、薬を少し与へけり〈仮名草子・竹斎・下〉❷職業や身分を表す語につけて、それらにかけて誓う意を表す。例商ひ**冥利**、女房限って(=女房にさえも)この文見せず〈近松・心中天の網島・上〉

みやう-りょ【冥慮】 名《仏教語》神仏のおぼしめし。例仏陀の**冥慮**に背くべからず〈平家・二・教訓状〉

みやう-わう【明王】 名《仏教語》大日如来の命令を受けて、一切の悪や煩悩を打ち砕くために、激しい怒りの形相を表す諸尊。五大明王。また、特に不動明王をいう。例**明王**の験(=霊験)あらなり〈今昔・一三・二一〉読解ここは不動明王。

明恵 《人名》一一七三～一二三二(承安三～寛喜四)。鎌倉時代の僧・歌人。十六歳で出家、華厳宗・真言宗を兼学する。のち、後鳥羽上皇から下賜された栂尾の高山寺を華厳・密教兼修の地として再興、鎌倉旧仏教界の第一人者として活躍した。家集『明恵上人歌集』のほか、仏教書『摧邪輪』などの著がある。十九歳から晩年に至るまで記し続けた夢の記録も有名。

みや-がた【宮方】 名南北朝時代、南朝側。後醍醐天皇が開いた吉野朝廷方をいう。例諸国の**宮方**力を失ひけるにや〈太平記・一八〉

みや-ぎ【宮木】 名「みやき」とも。宮殿造営に用いる木。例**宮材**引く泉の杣に〈万葉・一一・二六四五〉

宮城野 《地名》歌枕陸奥国、今の宮城県仙台市の東方の野。萩の名所。例**宮城野**のもとあらの小萩露を重み風を待つごと(=露が重いので吹き払ってくれる風を待つように)君をこそ待て〈古今・恋四〉

み-やけ【屯倉】 名(「御宅」の意。「み」は接頭語)令制以前、朝廷の直轄地の穀物を納めた倉。また、その直轄の田。例また、倭の**屯家**を定め、また、坂手の池を作りて〈記・中・景行〉

みや-こ【都・京】

名(「みや」は「宮」。「こ」は「処」で、場所の意)**皇居のある土地。特に、京都。**例(a)あをによし(枕詞)奈良の**都**は咲く花のにほふがごとく今盛りなり〈万葉・三・三二八〉➡名歌56 例(b)わが庵は**都**のたつみしかぞすむ世をうぢ山と人はいふなり〈古今・雑下〉➡名歌418

語誌 古くは天皇一代ごとに定められていたが、藤原京・平城京を経て平安京が成立し、固定した都市となった。鎌倉や江戸は幕府ではあっても都ではないので、古典文学における都はほとんどが平安京である。「京」が場所としての都をいうのに対して、生活が営まれ社会が形成された所という語感がある。〈高田祐彦〉

みやこ-うつり【都移り・都遷り】 名 都がほかの地に移ること。遷都。例一年(=先年)**都うつり**とてにはかにあわたたしかりしは〈平家・七・主上都落〉

みやこ-おち【都落ち】 名 都から地方へ逃げてゆくこと。例忠度**都落ち**〈平家・七・忠度都落〉

みやこかた-びと【都方人】 名 都に住んでいる人。都の人。例去年の秋相見しまにま(=会ったままで)今日見れば面やめづらし**都方人**〈万葉・一八・四一一七〉

みやこ-どり【都鳥】 名 水鳥の名。ユリカモメの古称という。例名にし負はばいざ言問はむ**都鳥**わが思ふ人はありやなしやと〈伊勢・九〉➡名歌269

都良香 《人名》八三四～八七九(承和元～元慶三)。平安前期の漢学者・漢詩人。文章博士。『日本文徳天皇実録』の編纂にかかわる。当代随一の詩人とされ、詔勅なども起草した。『本朝文粋』や『和漢朗詠集』に詩文が残る。家集に詩文集の『都氏文集』。

みやこ-・ぶ【都ぶ】 動(バ上二)(「ぶ」は接尾語)都らしくなる。例昔こそ難波ゐなかと言はれけめ今都引き(=都を移して)**都びにけり**〈万葉・三・三一二〉

みやこ-ほこり【都誇り】 名 都が近づき、喜ぶこと。また、都の人であることを誇りに思うこと。例**都誇り**にもやあらむ、からくして(=やっとのことで)あやしき歌ひねり出だせり〈土佐〉

みやこ-ほとり【都辺り】 名 ❶都の近辺。例あるひじり、**都ほとり**を厭ふ心深くて〈発心集・六・一三〉❷都の近辺に住んでいて、見聞が広くなること。例下臈なれども**都ほとり**といふことなれば〈大鏡・序〉

みや-じ【宮仕】 名 宮寺(神社に付属する寺)で清掃などの雑役にあたる下級の僧。例神人・**宮仕**射殺され、疵を蒙り〈平家・一・願立〉

宮島 《地名》厳島の別称。

みや-すずめ【宮雀】 名 ❶神社に住みつく雀。例うぐひすやさながら梅の**宮雀**〈俳諧・玉海集・一〉❷参拝者の案内などをする下級の神官。神職を卑しめていうのにも用いられる。例**宮雀**一人して、小宮(=末社)五つも六つも請け取り〈西鶴・西鶴織留・四・三〉

みやす-どころ【御息所】

名「みやすんどころ」とも。❶**天皇の寵愛を受けた女性の敬称。** 皇子・皇女を生んだ更衣をいう場合が多い。例そこらの女御・**御息所**参り集まりたまへるを(=多くの女御や御息所が入内し集まっていらっしゃるのを)〈栄花・月の宴〉

❷**皇太子・親王の妃の敬称。** 例かの六条の**御息所**の御腹の、前坊の姫宮(=あの六条の御息所からお生まれの、前皇太子の姫宮)〈源氏・葵〉

語誌▼天皇の休息所を意味する「みやすみどころ」が撥音便化して「みやすんどころ」となり、その撥音を表記しない形。したがって本来は天皇の寝所に侍して仕える女性をいう語。おのずと天皇の寵愛を受ける立場の女性、特に皇子・皇女を生んだ女性を意味するようになったと考えられる。
▼古くは女御・更衣全般にいったようだが、しだいに更衣に限られるようになった。①の例を含めて、『栄花物語』や『源氏物語』に、「女御・御息所」と並記される例が多いことからも確認できる。〈藤本宗利〉

みやすん-どころ【御息所】 名(「みやすみどころ」の撥音便形)「みやすどころ」に同じ。例**御息所**、御輿に乗りたまへるにつけても〈源氏・賢木〉

宮滝 《地名》大和国、今の奈良県吉野郡吉野町宮滝。吉野川の上流にあたる景勝地。古代、付近に離宮(吉野の宮)が造られた。『日本書紀』には応神天皇が吉野の宮に行幸したとの記述があり、以後聖武天皇のころまで代々の天皇の行幸が続く。

みや-ぢ【宮路・宮道】 名 ❶宮殿に通う道。例うちひさす(枕詞)**宮路**を行くに〈万葉・七・一二八〇〉❷寺社に参詣する道。例**宮路**正しき(=まっすぐな)春日野の、寺にもいざや参らん〈謡曲・采女〉

みや-づかさ【宮司】 名 ❶中宮職・春宮坊・斎宮・斎院の職員。例中宮に、はかばかしき**宮司**などさぶらひつらむや〈源氏・野分〉❷神官。宮司。

みや-づか・ふ【宮仕ふ】 ツカウ・ツコウ 1動(ハ下二)❶宮殿の造営に仕える。❷宮廷や貴人のもとに仕える。宮仕えをする。例さるべき所に**宮仕へ**ける女房を語らひて(=親しくして)〈宇治拾遺・二九〉❸身の回りの世話などをかいがいしくする。2動(ハ四)❶1②に同じ。例建礼門院のいまだ中宮にてましましける(=いらっしゃった)時、その御方に**宮づかひ**たまひし〈平家・八・山門御幸〉❷神仏に奉仕する。例安楽寺へ参って(供養ノタメニ)歌よみ連歌して**宮仕ひ**たまひし〈平家・八・名虎〉❸他動詞的に用いる。召し使う。例さて**宮仕ふ**に、かひがひしくまめにて(=熱心で)〈著聞集・一六・五五一〉

みや-づかへ【宮仕へ】

ツカエ 名 ❶**宮中に仕えること。出仕。** 官吏として、また女官・女房として内裏勤めをすること。例(男ハ)おほやけの**宮づかへ**しければ(=宮中に出仕したので)〈伊勢・八五〉

❷**特に、女御・更衣として後宮に入ること。** 例朝夕の**宮仕へ**につけても、人の心をのみ動かし(=ほかの女性たちの心を乱れさせるばかりで)〈源氏・桐壺〉

❸**貴人などに仕えること。** 例この**宮仕へ**する所の北の方亡せたまひて(=この仕えている所の奥様がお亡くなりになって)〈大和・一四八〉

❹神仏に仕えること。例三時の花の**宮仕へ**を仕うまつる、いかに功徳得らん(=三時の花を仏に奉仕するのは、どんなに功徳を得ることだろう)〈栄花・玉の台〉

読解「三時」は夜明け・日中・日没の勤行。〈藤本宗利〉

みやづかへ-どころ【宮仕へ所】 ミヤヅカエ― 名 宮仕えする所。内裏や貴人の家などの宮仕え先。例**宮仕へ所**の局によりて〈枕・若くよろしき男の〉

みやづかへ-びと【宮仕へ人】 ミヤヅカエ― 名 宮仕えをする人。特に、宮中・貴人に仕える女性。例**宮仕へ人**のもとに来などする男の、そこにて物食ふこそいとわ

み

ろけれ〈枕・宮仕人のもとに〉

みーやつこ【御奴・造】 名〔「み」は接頭語〕❶【御奴】朝廷に仕える奴婢。例「貞しく浄き心をもちて、朝庭の**御奴**と仕へまつらしめむ」と〈続紀・天平神護元年八月・宣命三五〉❷【造】〔「御家つ子」の意〕姓の一つ。部を統率した氏族の姓。例名をば、さぬきの**造**となむいひける〈竹取〉

みやーで【宮出】 名宮中に出仕すること。宮中に参上すること。例おほほしく(=心も晴れないで)**宮出**もするか〈万葉・二・一七五〉読解ここは亡くなった皇子の陵墓へ行くこと。

みやーでら【宮寺】 名仏教をもって神を祭る寺。多く、神社の境内に建てられる。神宮寺。例**宮寺**にかかる(=このような)不思議なし〈平家・一・鹿谷〉

みやーどころ【宮所・宮処】 名❶神のいる場所。例松がねに波こす浦の**宮どころ**〈続後撰・神祇〉❷天皇の住む場所。皇居のある場所。例天皇、京師に巡行きたまひて、**宮どころ**を定めたまふ〈紀・天武下〉

みやーのーだいぶ【宮の大夫】 名令制で、中宮職の長官。中宮大夫。例**宮の大夫**をはじめて、殿上人・上達部数知らず参りたまへり〈源氏・宿木〉

みやーのーめ【宮咩】 名「宮咩の祭り」の略。不吉を避け吉を求めるため、六柱の神をまつる祭り。陰暦正月と十二月の最初の午の日に行われた。例ことばなめげなる(=言葉の乱暴な)もの **宮のめ**の祭文よむ人〈能因本枕・ことばなめげなるもの〉

みやーばしら【宮柱】 名宮殿の柱。例**宮柱** 太敷きまつり(=太くお立てになり)〈万葉・六・一〇五〇〉

みやーばら【宮腹】 名皇女から生まれること。また、その子。例**宮腹**の中将は、中に(=特に)親しく馴れきこえたまひて〈源氏・帚木〉

みやーばら【宮ばら】 名〔「ばら」は接尾語〕皇族がた。宮様たち。例そこの隣なりける**宮ばら**に〈伊勢・五八〉類義みこばら

みやび

【雅び】名〔動詞「みやぶ」の名詞形〕**上品で優雅なこと。都会風に洗練されていること。**風雅。風流。例(a)あしひきの(枕詞)山にし居れば**みやび**なみ我がするわざをとがめたまふな(=山に住んでいるから洗練されていないので、私のする行為を非難なさるな)〈万葉・四・七二一〉例(b)かの院よりも、主の院方よりも、いかめしくめづらしき**みやび**を尽くしたまふ(=あちらの院からも、主人である院の側からも、盛大でこのうえない風流な催しをお尽くしになる)〈源氏・若菜上〉読解光源氏が妻として女三の宮を迎える婚儀の様子。

語誌▼「みやび」の「みや」は宮で、宮廷風・都会風が「みやび」本来の意。上代の例は少ないが、例(a)は原文では「風流」という字を用いている。
▼平安時代には、「あて」などとともに、高貴で気品のある貴族的な美を表す語として用いられた。ただし実際の用例は少なく、みやびの文学と呼ばれることも多い『伊勢物語』では一例のみ、『源氏物語』でも五例(ほかに「みやびか」が一〇例ほど)だけである。〈杉田昌彦〉

みやびーか【雅びか】 形動(ナリ)〔「か」は接尾語〕上品で優雅だ。風流だ。例かの六条の古宮をいとよく修理しつくろひたりければ、**みやびかにて**住みたまひけり〈源氏・澪標〉

みやーびと【宮人】 名〔古くは「みやひと」〕❶宮中に仕える人。例**宮人**の 足結ひの小鈴 落ちにきと〈記・下・允恭・歌謡〉❷神に仕える人。神官など。例あれにまします(=あそこにいらっしゃる)**宮人**の、烏帽子をしばし仮に着て〈謡曲・道成寺〉

みやびーやか【雅びやか】 形動(ナリ)〔「やか」は接尾語〕「みやびか」に同じ。例うまれだち**みやびやかにて**〈読本・雨月・吉備津の釜〉

みやびーを【雅び男・風流男】 オ 名上品で優雅な男。風流を解する男。例やど貸さず我を帰せりおその(=まぬけな)**みやびを**〈万葉・二・一二六〉

みや・ぶ【雅ぶ】 動(バ上二)〔「みや」は「宮」、「ぶ」は接尾語。宮廷風の様子を見せたり動作をしたりする意〕優雅で上品だ。風流だ。例梅の花夢に語らく**みやびたる**花と我思ふ酒に浮かべこそ〈万葉・五・八五二〉

みーやま【御山】 名〔「み」は接頭語〕❶山の美称。例**御山**より落ち来る水の色見てぞ秋は限り(=終わり)と思ひ知りぬる〈古今・秋下〉❷陵墓の美称。

みーやま【深山】 名奥深い山。山の奥。例雪ふかみ(=雪が深いので)**深山**の道は晴れずともなほふみかよへあと絶えずして〈源氏・薄雲〉

みやまーおろし【深山颪】 名奥山から吹きおろす風。例(松風ガ)まことの**深山おろし**と聞こえて吹きまよひ〈源氏・紅葉賀〉

みやまーがくれ【深山隠れ】 名山の奥深く人目を避けて隠れていること。また、山の奥深い所。例わが恋は**深山隠れ**の草なれやしげさまされど(=さかんに茂っても)知る人のなき〈古今・恋二〉

みやまーぎ【深山木】 名奥山に生えている木。例いとけしきある(=まことに趣のある)**深山木**にやどりたる蔦の色ぞまだ残りたる〈源氏・宿木〉

みやまーぢ【深山路】 ヂ 名奥山の道。険しい山道。例**深山路**はかつふる雪にうづもれて〈千載・冬〉

みやーもり【宮守り】 名神社の番をすること。また、その人。例**宮守り**ひとりもなきことよ〈謡曲・蟻通〉

みーやり【見遣り】 名遠くを見渡したとき目に入る場所。例**見やり**なる倉か何ぞなる稲取り出でて飼ふなど、めづらしう見たまふ〈源氏・須磨〉

みーや・る【見遣る】 動(ラ四)視線を向こうのほうへ向ける。遠くを見る。ながめる。例かのわが住む方を**見やり**たまへれば、霞のたえだえに(=絶え間に)梢ばかり見ゆ〈源氏・浮舟〉

みやーゐ【宮居】 イ 名動(サ変)神が鎮座すること。天皇が住居を定めること。また、その場所。例雄略天皇二十一年に同国泊瀬朝倉に**宮居し**たまふ〈平家・五・都遷〉

みやーをみな【宮女】 オミナ 名宮中に仕える女性。例うちひさす(枕詞)**宮女** さすたけの(枕詞)舎人壮士も〈万葉・一六・三七九一〉

み・ゆ

【見ゆ】動(ヤ下二)「み」は、動詞「みる」の未然形、「ゆ」は、上代の自発・受身の助動詞「ゆ」に関連する接尾語。眼前のものが自然に視界に入ってくる、が原義。

❶目にうつる。見える。例家に至りて門に入るに、月あかければ、いとよくありさま見ゆ(=家に着いて門に入ると、月が明るいので、実によく様子が見える)〈土佐〉
❷(主に形容詞・形容動詞の連用形について)〜と思われる。〜と考えられる。例いとはつらく見ゆれど、こころざしはせむとす(=たいそう薄情に思われるけれど、お礼はしようと思う)〈土佐〉
❸人に見られる。例いとかうしも見えじと思ししづむれど(=こんなに悲しんでいるとは人に見られたくないと気持ちをお静めなさるけれど)〈源氏・桐壺〉
❹人に見せる。例(求婚者タチハ)あながちに心ざしを見えありく(=一途に愛情を見せて歩きまわる)〈竹取〉
❺姿を現す。現れる。来る。例宮人の安寝も寝ずて今日今日と待つらむものを見えぬ君かも(=宮人が安眠もせずに今日こそ今日こそと今ごろ待っているだろうに、姿を現さないあなただなあ)〈万葉・一五・三七七一〉
❻見ることができる。打消の語を伴って、見ることができない意に用いられることが多い。例一世には二度見えぬ父母を置きてや長く我が別れなむ(=生きている間には二度と見ることができない父母を置いて永久に私は別れてしまうのだろうか)〈万葉・五・八九一〉
❼(女性が男性に見られる意から)妻となる。夫婦の契りを交わす。例女は男に見ゆるにつけてこそ、悔しげなることも、めざましき思ひも(=女は男の妻となるからこそ、いかにも悔やまれるようなことも、気にくわない思いも)〈源氏・若菜上〉

語誌 ④は、③の受身の用法が転じたもの。⑦は、女性は男性に見られてはならないとする考えによる用法である。 〈鈴木日出男〉

みーゆき【行幸・御幸】 名(「み」は接頭語)天皇のお出かけ。上皇・女院などにも用いられたが、のちには天皇の場合は「行幸」、それ以外は「御幸」といって区別する。例芹河の行幸せしめたまひけるに〈大鏡・道長上〉

みーゆき【御雪・深雪】 名❶【御雪】(「み」は接頭語)雪の美称。例みよしのの吉野の山に御雪降るらし〈古今・冬〉❷【深雪】深く積もった雪。

みーゆづ・る【見譲る】 ユヅル 動(ラ四)世話を別の人に頼む。例見ゆづる人もなく、心細げなる御ありさまどもをうちすててむが〈源氏・椎本〉

みーゆる・す【見許す】 動(サ四)黙認する。見逃す。例よろづの咎(=欠点)見ゆるして〈源氏・手習〉

みーよ【三世】 名《仏教語》前世・現世・来世の総称。「三世」とも。例照らすなる三世の仏の朝日には降る雪よりも罪や消ゆらん〈千載・釈教〉

みーよ【御代・御世】 名(「み」は接頭語)神や天皇の治世。例橿原の ひじりの御代ゆ〈万葉・一・二九〉➡名歌216

ミョウ【名・命・明・冥】 ⇩みゃう

ミョウ【妙】 ⇩めう

みょうもん【名聞】 ⇩みゃうもん

みょうり【名利・冥利】 ⇩みゃうり

み吉野 《地名》(「み」は接頭語)吉野の美称。例み吉野の象山のまの木末にはここだも騒ぐ鳥の声かも〈万葉・六・九二四〉➡名歌350

みーらい【未来】 名❶《仏教語》三世の一つ。死後の世界。来世。例この世の縁は薄くとも、未来は(極楽ノ)一つ蓮の上〈歌舞伎・名歌徳三升玉垣・五〉❷これから先。将来。例未来の座主の名字をかねて(=前もって)記しおかれたり〈平家・二・座主流〉

みる【海松】 名 海藻の名。緑褐色で葉は枝分かれしている。食用にする。「みるめ」「うみまつ」とも。例綿もなき 布肩衣の 海松のごと わわけさがれる〈万葉・五・八九二〉➡名歌122

みる【回る・廻る】 動(マ上一)めぐる。まわる。例うち廻る 島の崎々〈記・上・神代・歌謡〉

みる

【見る】 動(マ上一)視覚の作用で物を認知する、が原義。

❶見る。目にする。見物する。鑑賞する。例祭りのかへさ見るとて(=賀茂の祭りの帰りの行列を見物するといって)〈枕・鳥は〉
❷見て知る。見て思う。理解する。例長らへば人の心も見るべきに露の命ぞ悲しかりける(=もし生き長らえたらあなたの心も見て知ることができるのに、露のようにはかない命が悲しいなあ)〈後撰・恋五〉
❸試みる。試す。例男もすなる日記といふものを、女もしてみむとてするなり(=男も書くという日記というものを、女も書いてみようと思って書くのである)〈土佐〉
❹占う。予見する。例朝廷のかためとなりて天の下助くる方にて見れば、またその相違ふべし(=朝廷の重鎮となって天下の政治を補佐する方面で占うと、またその相は違うだろう)〈源氏・桐壺〉
❺経験する。遭遇する。「〜目を見る」の形で用いることも多い。例(a)まだかかるわびしき目を見ず(=今までこんなに苦しい目にあったことがない)〈竹取〉例(b)今まで世にはべりてかかる恥を見るこそ、と伏し沈みて(=今まで世に生きておりまして、このような恥を経験するのはと、悲しみに沈んで)〈宇津保・国譲下〉
❻人と顔を合わせる。会う。例しましくも見ねば恋しき我妹子を(=少しでも会わないと恋しいあの子だが)〈万葉・一一・二三九七〉
❼夫婦となる。連れ添う。男女の契りを交わす。例いかでこのかぐや姫を得てしがな見てしがな(=なんとかしてこのかぐや姫を妻にしたい、連れ添いたい)〈竹取〉
❽世話をする。めんどうを見る。例かの御代はりに見たてまつらむ(=あの人の御代わりにお世話申し上げたい)〈源氏・玉鬘〉読解 死んだ親の代わりにその遺児を世話しよう、ということ。

語誌▼「見る」と結婚 古くは、成人の女性が男性に顔を見せるのは、結婚の相手など特別の場合に限られるところから、「見る」は、夫婦として暮らす、男女の契りを交わす、などの意としても用いられていた。 〈鈴木日出男〉

みるーいろ【海松色】 名(「みる」は海藻の名)❶染め色の名。黒みがかった緑色。例海松色の水干着たる調度懸け六人〈太平記・一三〉❷襲の色目の名。表

は萌黄、裏は青。一説に、表は黒みをおびた青、裏は白とも。四季にわたって着用。⇩口絵

みる-ひと【見る人】 連れ添う相手。妻または夫。例我が心も、**見る人**から(=連れ添う妻しだいで)をさまりもすべし〈源氏・帚木〉

みる-ぶさ【海松房】 名 房のように広がった海松(海藻の名)。例はかりなき千尋の底の**海松ぶさ**の生ひゆく末は我のみぞ見む〈源氏・葵〉

みる-みる【見る見る】 見ていながら。例その命絶えぬを**見る見る**棄てんこといみじきことなり(=ひどいことである)〈源氏・手習〉

みる-め【海松藻・海松布】 名「みる(海松)」に同じ。平安時代以降、和歌では「見る目」と掛けて用いる。例しきたへの(枕詞)枕の下に海はあれど人を**みるめ**は生ひずぞありける〈古今・恋三〉

みる-め【見る目】 ❶見た感じ。見た目。例**見る目**のいときたなげなきに、声さへ似るものなく歌ひて〈更級〉❷見ること。また、人に逢うこと。和歌では、多く海藻の「海松布」を掛けて用いる。例しきたへの(枕詞)枕の下に海はあれど人を**みるめ**は生ひずぞありける〈古今・恋三〉❸人目。例里人の**見る目**恥づかし〈万葉・一八・四一〇八〉

み-れん【未練】 名 形動(ナリ)❶熟練していないこと。例**未練**の狐、化け損じけるにこそ〈徒然・二三〇〉❷思いきりの悪いこと。あきらめきれないこと。例よわき心の見えなば、もし**未練**にもやと思ひければ〈曾我・一〉

みろく【弥勒】 名『仏教語』(梵語の音写。「慈氏」「慈尊」と漢訳)菩薩の名。釈迦の入滅後、五十六億七千万年を経て人間界に現れて衆生を救うという。弥勒菩薩。例また百済国より**弥勒**の石の像をもてわたれり〈三宝絵・中・一〉

みわ【神酒】 名 神に供える酒。例泣沢の神社に**神酒**据ゑ祈れども〈万葉・二・二〇二〉

み-わた【水曲】 名 水の流れが曲がってよどんだ所。例泉河水の**みわた**のふしづけに〈千載・冬〉

み-わたし【見渡し】 名 ❶こちら側から見渡せるところ。向こう側。例**見渡し**に妹らは立たし〈万葉・一三・三二九九〉❷連歌・俳諧などで、懐紙を広げたときのその見開き。一説に、句の連続した並びとも。

み-わた・す【見渡す】 動(サ四)遠く広くながめる。見渡す。例朝には門に出で立ち夕には谷を**見渡し**〈万葉・一九・四二〇九〉

三輪山 みわやま《地名》歌枕 大和国、今の奈良県桜井市の北部にある山。

語誌▼**大和を代表する山** 円錐型の優美な姿の独立峰で、奈良盆地の中で目立つため、古くから自然崇拝の対象であった。また、額田王が、近江遷都に際し、大和との別れを惜しんで「三輪山をしかも隠すか雲だにも心あらなも隠さふべしや」〈万葉・一・一八〉(➡名歌358)と詠んだように、大和の国霊(国土の神霊)の宿る山としておそれ敬われていた。大物主神を祭神とする大神神社(三輪明神)があり、山全体が御神体とされる。三輪明神の神詠とも伝える「わが庵は三輪の山もと恋しくは訪ひ来ませ杉立てる門」〈古今・雑下〉(➡名歌419)にも詠まれる杉が有名。〈大谷俊太〉

三井寺 名 園城寺の通称。⇩園城寺

み-を【水脈・澪】 名(水の緒の意)川や海で、水が速く流れる筋。船が航行する水路となる。和歌では、「身を」と掛けて用いることが多い。例涙川ながるる**みを**と知らねばや〈後拾遺・哀傷〉

み-を【身を】 ⇩「み」の子項目

み-をし【御食し】 名(「み」は接頭語。「をし」は動詞「をす」の名詞形)お食事。例すなはち**みをし**に進らしめたまひき〈豊後風土記〉

み-を-つ-くし【澪標】 名(澪の串の意)航行のために水脈や水深を知らせる目印として水中に立てた杭。難波の河口のものが有名。和歌では、「身を尽くし」に掛けて用いることが多い。例わびぬれば今はた同じ難波なる**みをつくし**ても逢はむとぞ思ふ〈後撰・恋五〉➡名歌439

み-を-びき【水脈引き・澪引き】 名 水先案内をすること。また、それに従って進むこと。例潮待ちて**水脈引き**行けば〈万葉・一五・三六二七〉

み-を-び・く【水脈引く・澪引く】 動(カ四)水脈に従って船を航行させる。例堀江より**水脈引き**しつつ御舟さす〈万葉・一八・四〇六一〉

みんなみ【南】 名(「みなみ」の変化した形)南。例**みんなみ**の空に陰気な雲立ちて〈俳諧・正章千句・六〉

みん-ぶ【民部】 名「民部省」の略。

みんぶ-きゃう【民部卿】 名 令制で、民部省の長官。正四位下相当であるが、納言以上の人が兼任した。例**民部卿**の御気色(=ご機嫌)いと悪しうなりて〈大鏡・師輔〉

みんぶ-しゃう【民部省】 名 令制で、太政官の八省の一つ。戸籍や租税など、民政・財政をつかさどる役所。

三輪山伝承 三輪山の神の伝承の一つ。『古事記』中巻の崇神記には以下のようにある。活玉依毘売のもとへ毎夜通う美しい男は、朝になると姿を隠し、その正体が不明であるうちに、毘売は妊娠する。そこで、男の着物の裾に糸をつけた針を差し、朝になってその跡をたどって行くと、糸は三輪山の社に続いていたので、男がその山の蛇神である大物主神と知られ、その糸が「三勾」(三巻き)残っていたので、その地を三輪と名づけた。この、本来の姿を隠した蛇神と女との婚姻伝承は『日本書紀』や『常陸国風土記』にも見える。また、『日本霊異記』にある蛇と女との結婚の話は、後世の作品にもさまざまな形で取り入れられ、『源氏物語』の光源氏と夕顔の関係もその話を利用しているとされる。〈大谷俊太〉

む

助動（四段型）「ん」とも。まだ実現していない事柄を予想したり想像したりする意を表し、文脈によって、主語が一人称の場合の意志の表示、相手への勧誘、連体修飾語としての事柄の婉曲な表し方などにも用いられる。

❶**まだ実現していない事柄についての予想や想像を表す。**～う。～よう。～だろう。例(a)片岡のこの向かつ峰に椎蒔かば今年の夏の蔭にならむ（連体形）か（＝片岡のこの向かいの峰に椎の実をまいたら今年の夏の木陰になるだろうか）〈万葉・七・一〇九九〉例(b)かばかりになりては、飛び降るとも降りなん（終止形）（＝これぐらいになったからには、飛び降りても降りることができよう）〈徒然・一〇九〉読解 可能の意を補って訳すとよい例。

❷**主語が一人称の動作について、意志や希望を表す。**～う。～よう。～たい。例楽器を取れば音をたてん（終止形）と思ふ（＝楽器を手に取ると音を立てたいと思う）〈徒然・一五七〉

❸**適当・勧誘。そうするのがよいと、控えめに人に勧める意を表す。**「こそ～め」または「なむ（「な」は完了の助動詞「ぬ」の未然形）」の形に比較的多い。～のがよい（だろう）。例(a)逢ひ難き君に逢へる夜ほととぎす他し時ゆは今こそ鳴かめ（＝めったに逢えないあなたに逢っている夜は、ほととぎすよほかの時よりも今こそ鳴くがよい）〈万葉・一〇・一九四七〉例(b)子といふものなくてありなん（終止形）（＝子どもというものはもたずにいるのがよいだろう）〈徒然・六〉

❹**仮定。連体修飾語として、その事柄の仮に実現した場合をいう。**例いま秋風吹かむをりぞ来こん（終止形）とする（＝今に秋風が吹いたら、その折に来るつもりだ）〈枕・虫は〉

❺**婉曲。**～というような。**連体修飾語として、事柄をやや不定的に表す。**例少しも益のまさらん（連体形）事をいとなみて、そのほかをばうち捨てて、大事を急ぐべきなり（＝少しでも得になるようなことを励んで、そのほかのことをうち捨てて、重要なことを速やかに行うのがよい）〈徒然・一八八〉

接続 活用語の未然形につく。

活用 四段型　未然形「ま」は使用例の限られたもの。

未然形	連用形	終止形	連体形	已然形	命令形
（ま）	○	む（ん）	む（ん）	め	○

語誌 ▼**未然形「ま」**　未然形「ま」は上代の活用形で、接尾語「く」に続く「まく」の形でのみ用いられる。例降る雪はあはにな降りそ（＝たくさん降らないでくれ）吉隠の猪養の岡の寒からまくに（＝寒いだろうから）〈万葉・二・二〇三〉

▼**「ん」の表記**　終止形・連体形の「む」は、平安時代の中ごろから「ん」と発音されるようになったため、「ん」とも表記される。

▼**「めや」「めやも」**　上代の用法で、已然形「め」が係助詞「や」「やも」に続く場合は、反語の意を表す。

▼**「らむ」「けむ」との違い**　「らむ」は現在の事柄の推量、「けむ」は過去の事柄の推量に用いられるのに対して、「む」は未来の事柄と、時間に関係のない一般的な事柄の推量に用いられる。

むいか-の-あやめ【六日の菖蒲】（五月五日の端午の節句に用いる菖蒲は六日になると不要になることから）時機に遅れて役に立たないことのたとえ。〈山口堯二〉例（兵法ガ）巧みなりとも、時を移さば**六日の菖蒲**になりぬべし〈読本・八犬伝・八・八九〉

む-え【無依】名『仏教語』（「依」はよりかかる意）何ものにも頼らず、一切の執着から離れた境地。例山野海浜の美景に造化の功を見、あるは**無依**の道者の跡をしたひ、風情の人の実をうかがふ〈芭蕉・笈の小文〉

む-えん【無縁】名『仏教語』❶仏や菩薩と因縁を結んだことのないこと。仏縁のないこと。例有縁の衆生をみちびき、**無縁**の群類をすくはんがために〈平家・二・康頼祝言〉❷親類・縁者のないこと。死後を弔う縁者のないこと。例今は昔、**無縁**なりける小さき僧の常に清水に参るありけり〈今昔・一六・三四〉❸さまざまな縁を超越して、平等で差別のないこと。例すべて**無縁**の御あはれみより発りし事〈発心集・六・一〉

むえん-ほふかい【無縁法界】―ホウカイ 名『仏教語』❶全宇宙で仏に救われる縁をもたないこと。また、そのような衆生。転じて、そのような衆生もあまねく救う仏の慈悲が平等であること。例仏は常住にして**無縁法界**の妙体（＝真実絶対の根源的本体）なれば〈曾我・六〉❷まったく縁のないこと。例**無縁法界**の客に身をまかす〈浮世草子・傾城禁短気・五・一〉

む-が【無我】名『仏教語』事物には「我（永遠不滅の本体）」はないとすること。例執心を除き、妄情を忘れて、無心の道に入り、**無我**の理をさとるべし〈沙石集・五本・五〉

むかう『向かう・対う・迎う』⇩むかふ（動詞）

むかう【向かう】ムコウ 名（「むかひ」のウ音便形）❶正面のほう。前方。むこう側。❷歌舞伎で、花道の出入り口。また、正面奥の桟敷席。

むかう-ざま【向かう様】ムコウ― 形動（ナリ）面と向かいあうさま。例**むかう様**にやあて落とす（＝ぶつけて落馬させる）〈平家・九・生ずきの沙汰〉

むがう-の-さと【無何有の郷】人の作為を加えない虚無自然のままの世界。理想の楽土。中国の『荘子』逍遥遊編に見える語。例心をし**無何有の郷**に置きてあらば〈万葉・一六・三八五一〉

むか-さ・く【向か放く・向か離く】動（カ下二）遠くはなれる。例**むかさくる**壱岐の渡り（＝海路）を目頰子来たる〈紀・継体・歌謡〉

むかし

【昔】名 時間の隔たりの多少や経験の有無にかかわらず、過去をさしていう語。

❶過去の一時期。一時点。例(a)昔、男、初冠して、奈良の京春日の里に…狩りにいにけり(=昔、男が、元服をして、奈良の都の春日の里に…狩りに行った)〈伊勢・一〉例(b)五月待つ花橘の香をかげば昔の人の袖の香ぞする〈古今・夏〉➡名歌178 ❷故人。例今は、なほ、昔に思ほしなずらへて、疎からずもてなさせたまへ(=今は、やはり、故人に同様にみなして、よそよそしくなくおつきあいください)〈源氏・柏木〉 ❸前世。例いかさまに昔むすべる契りにてこの世にかかる中のへだてぞ(=どのように前世で結んだ因縁のために現世でこのように私たちの仲が隔てられるのか)〈源氏・紅葉賀〉

語誌▼「むかし」と「いにしへ」「むかし」は「向かふ」とかかわりのある語らしい。同じく過去を表す「いにしへ」が「往にし方」、すなわち遠く過ぎ去り、取り戻すことのできない過去という方向性をもつのに対し、「むかし」は時間の隔たりを超えて「いま」と向かいあうものとしての過去をいう。物語が、「昔」「今は昔」などの冒頭表現で始まるのも、時の隔たりを超えて読者を伝承の世界に立ち会わせるためである。③の用法は「いにしへ」にはなく、現在を規定する過去としての「むかし」がよくわかる。〈高田祐彦〉

むが・し 形(シク) 喜ばしい。ありがたい。例白玉の五百つ集ひを手に結びおこせむ(=よこすような)海人はむがしくもあるか〈万葉・一八・四一〇五〉

むかし-いま【昔今】 昔や今。昔と今。例昔今の御物語(=お話)聞こえたまふ〈源氏・賢木〉

むかし-おぼゆ【昔覚ゆ】 古風に思われる。また、昔が偲ばれる。例うちある調度も、昔覚えてやすらかなるこそ、心にくしと見ゆれ(=奥ゆかしいと思われる)〈徒然・一〇〉

むかし-がたり【昔語り】 名 昔の話。思い出話。例その世(=その時分)のことは、みな昔語りになりゆくを〈源氏・朝顔〉

むかし-ざま【昔様】 名 昔のありさま。故人のありさま。例まろ(=私)を、昔ざまになずらへて、母君と思ひないたまへ〈源氏・胡蝶〉

むかし-の-ひと【昔の人】 ❶昔の世の人。また、亡くなった人。例楽浪の志賀の大わだ淀むとも昔の人にまたも逢はめやも〈万葉・一・三一〉➡名歌174 ❷昔親しかった人。昔なじみ。例五月待つ花橘の香をかげば昔の人の袖の香ぞする〈古今・夏〉➡名歌178

むかし-びと【昔人】 名 ❶昔の世の人。古人。例昔人は、かくいちはやき(=激しい)みやびをなむしける〈伊勢・一〉 ❷亡くなった人。故人。例あやしきまで昔人の御けはひに通ひたりしかば(=似ているので)〈源氏・宿木〉

むかし・ぶ【昔ぶ】 動(バ上二)〔「ぶ」は接尾語〕古風である。例高陽院の御さまは…深く昔びたらむ方は、いみじきためしと申すべし〈十訓抄・八・三〉

むかし-へ【昔へ】 名〔「へ」は方向の意〕過去。昔。例むかしへや今も恋しきほととぎす〈古今・夏〉

むかしへ-びと【昔へ人】 名「むかしびと」に同じ。

むかし-ものがたり【昔物語】 名 ❶昔の物語。例昔物語のやうなれば、みな泣きぬ〈蜻蛉・下〉 ❷思い出話。例いとなつかしう昔物語などしたまひし御さま〈源氏・須磨〉

むかし-をとこ【昔男】 名 在原業平の別称。『伊勢物語』の章段が、多く「昔、男ありけり」と始まることから、主人公と見られていた業平をさすようになった。例業平はその時だにも、昔男といはれし身〈謡曲・井筒〉

むか-つ-を【向かつ峰・向かつ丘】 名〔「つ」は「の」の意の上代の格助詞〕向こう側の丘。向かいの山。例向かつ峰の桜の花も〈万葉・九・一七五〇〉

むか-ば【向か歯】 名 上の前歯。例九郎は色白う背小さきが、向か歯の、ことにさし出でてしるかんなるぞ(=よく目立つそうだ)〈平家・一一・鶏合壇浦合戦〉

むか-はぎ【向か脛】 名 脚の脛の前面部分。むこうずね。例かの河のむかはぎ過ぎて深からば〈拾遺・物名〉 読解「鹿の皮の行縢」を詠み込む。

むか-ばき【行縢】 名 馬に乗るとき、腰につけて垂らし、腿から下の前の部分を覆うもの。鹿や熊などの毛皮で作る。例夏毛の行縢はきて葦毛の馬に乗りてなん来べき〈宇治拾遺・八九〉

行縢〔男衾三郎絵詞〕

むかはり【向かはり・迎はり】 名 一年、または一月がめぐって来ること。特に、一周忌。例明日はそのむかはりになるが、惜しい事をしました〈西鶴・世間胸算用・一・四〉

む-かはり【身代はり・質】 名 みがわり。人質。例百済の王義慈、王子豊章をたてまつりて質とす〈紀・舒明〉

むかは・る【向かはる・迎はる】 動(ラ四) 因果がめぐる。報いを受ける。例この世にて、かく思ひかけぬ事にむかはりぬれば〈源氏・柏木〉

むかひ【向かひ】 名 正面の方向。むかい。例向かひの大殿(=お屋敷)に集ひたまふを〈源氏・賢木〉

むかひ-ばら【向かひ腹・当腹】 名 正妻から生まれること。また、その子。例八郎君はむかひ腹にて、いみじうかしづきたまふが〈源氏・真木柱〉

むかひ-び【向かひ火】 名 ❶燃え広がってくる野火などに対して、火勢を弱めるためにこちらから先に火をつけること。また、その火。例火を打ち出でて、向かひ火をつけて焼き退けて〈記・中・景行〉 ❷相手の勢いを抑えるために、自分からいっそう激しく怒りだすこと。例憎げにふすべ(=嫉妬し)恨みなどしたまはば…我もむかひ火つくりてあるべき〈源氏・真木柱〉 ❸敵陣のかがり火に対抗してたく、

こちら側のかがり火。例平家は生田の森に陣を取って向かひ火を合はす〈源平盛衰記・三六〉

むかひ-め【正妃】ムカイ―名本妻。正妻。例そのわが娘、須世理毘売を嫡妻として〈記・上・神代〉

むか・ふ

【向かふ・対ふ・迎ふ】ムカウ・ムコウ [1]動(ハ四)〔動詞「むく」の未然形＋接尾語「ふ」〕❶向きあう。対面する。例(a)唐の方にむかひてふし拝みたまふ(=ひれ伏して拝みなさる)〈竹取〉例(b)中納言、額を合はせてむかひたまへり(=中納言は、額を突き合わせるようにして対面なさった)〈竹取〉

❷向かって進んで行く。例今度北国へむかひては、討ち死に仕り候ふべし(=今度北国に向かって行ったら、必ず討ち死にいたしましょう)〈平家・七・実盛〉

❸敵対する。匹敵する。例長刀でむかふ敵五人なぎふせ(=長刀で、敵対する敵を五人なぎ倒し)〈平家・四・橋合戦〉

❹ある時刻に時が近づく。例うちむれてあまとぶ雁のつばさまで夕べにむかふ色ぞかなしき(=集まって大空を飛んで行く雁の翼までが夕暮れ時に近づいた色となっているのが深く心を打たれる)〈風雅・秋中〉

[2]動(ハ下二)❶訪れた人などを出迎える。途中まで出かけて歓迎する意にもいう。例君が行き日長くなりぬ山尋ね迎へか行かむ待ちにか待たむ(=あなたの旅は日数が重なった。山を尋ねて迎えに行こうか、じっと待っていようか)〈万葉・二・八五〉

❷養子・妻などとして、我が家に招き入れる。例かく人迎へたまへりと…ささめく(=このように女の人を招き入れなさったと…ひそひそとうわさする)〈源氏・若紫〉読解光源氏が紫の上を二条院に迎えたことをめぐるうわさ。

❸季節・時間・老いなどの到来することを、それに備える気持ちでいう。例(a)五十の春を迎へて、家を出で、世を背けり(=五十歳になった春に、出家をして、遁世した)〈方丈記〉例(b)馬の口とらへて老いをむかふる者は、日々旅にして旅を栖とす(=馬をひいて年老いていく者は、毎日が旅であって旅を自分の住まいとする)〈芭蕉・奥の細道〉

語誌▼[1]は、我が身を何かの方向に向け、まともに対応するという、①の基本義から、より具体的な対応のしかたによって意義が分かれる。②は空間的に接近していく意が加わり、③は相手と争う意志が加わっている。④は接近する意を含めて、時間的な意味の推移に用いた、それだけ比喩的な用法である。

▼[2]は、出迎える意の①が基本義であり、②はそれに戸籍上の移動が伴うもの、③は人以外の抽象的事態に用いたもの、それぞれ①を比喩的に広げた用法といえよう。〈山口堯二〉

むか-ぶ・す【向か伏す】動(サ四)〔「雲の向か伏す」の形で〕はるか向こうに横たわる。例この照らす日月の下は天雲の向か伏す極み〈万葉・五・八〇〇〉

むかへ【迎へ】ムカエ 名迎えること。また、迎えに来る人・車など。例暁に御迎へに参るべき由申して〈源氏・夕顔〉

むかへ-と・る【迎へ取る】ムカエ―動(ラ四)迎えて家に入れる。引き取る。例(ソノ少女ヲ)迎へ取りて、明け暮れの慰めに見ん〈源氏・若紫〉

むかへ-び【迎へ火】ムカエ―名盂蘭盆の初めの日の陰暦七月十三日に、死者の霊を迎えるため門前などで焚く火。「迎ひ火」とも。例迎へ火をおもしろがりし子供かな〈俳諧・七番日記〉

むかへ-ぶね【迎へ舟・迎へ船】ムカエ―名人を歓迎するために差し向ける船。例迎へ船片待ちがてに浦ゆ漕ぎあはむ〈万葉・七・一二〇〇〉

むかへ-ゆ【迎へ湯】ムカエ―名御湯殿の儀式で、産湯を使わせる人を介添えする役。例御迎へ湯におりたちたまへるもいとあはれに〈源氏・若菜上〉

向井去来 ムカイキョライ《人名》⇒去来

むぎ【麦】名イネ科の植物の名。大麦・小麦・烏麦などがある。夏に実り収穫する。例柵越しに麦食むむ小馬の(ここまで序詞)はつはつに相見し児らしあやにかなしも〈万葉・一四・三五三七〉➡名歌146

むぎ-あき【麦秋】名〔「麦秋」の訓読〕麦が実る時期。陰暦四月ないしは五月。例麦秋・綿時・新米の初尾とて(=初穂だといって)くれければ〈西鶴・西鶴織留・一・三〉

むぎ-なは【麦索・麦縄】ナワ―名❶「さくべい」に同じ。❷うどんや冷や麦の類。例夏のころほひ(=時分)麦縄多く出で来けるを〈今昔・一九・三〉

むぎ-の-あき【麦の秋】「むぎあき」に同じ。例深山路や出抜けて明かし麦の秋〈俳諧・太祇句選〉

むき-むき【向き向き】名それぞれが思い思いのほうを向いていること。例己が向き向き天雲の〈枕詞〉別れし行けば〈万葉・九・一八〇四〉

む-く【無垢】名・形動(ナリ)❶《仏教語》煩悩の垢がついていないこと。汚れのないこと。例無垢の浄土は疎けれど(=縁遠いけれど)〈梁塵秘抄・法文歌〉❷心が純粋なこと。純朴。転じて、混じりけのない金・銀など。例無垢の人をば文(=手紙)にて殺す〈吉原雀・下〉❸衣服の表着から下着まで、表裏全部が無地の同色であること。また、そのように仕立てたもの。主に白無垢。例下には無垢の緋桜や〈松の葉・二・さくら尽〉

む・く

【向く】[1]動(カ四)❶体などの向きが何かの方向や何かの正面になるようにする。例御社の方に向きてさまざまの願を立てたまふ〈源氏・明石〉読解「御社」は住吉大社のこと。

❷ある方向をめざす。例いづちもいづちも、足の向きたらん方へいなむず(=どこへでも足の向いた方向へ行ってしまおう)〈竹取〉

❸服従する。例かくのごとくせば、虜おのづからに平き伏ひなむ(=もしこのようにしたら、敵は自然と服従し意のままになるだろう)〈紀・神武即位前紀〉

❹似合う。適する。例髪の結ひぶり…廓様(=遊里風)、今は向かぬ〈近松・ひぢりめん卯月紅葉・上〉

[2]動(カ下二)❶物の向きを何かの正面になる方向に定める。例廓(=遊里)へなんぞは足を向けた事もないから〈人情本・英対暖語・四・二〇〉

❷敵対する者を服従させる。例韓国を向け平らげて(=服従させ平定し)〈万葉・五・八一三〉

❸神仏の供え物をする。例皇神に幣取り向けて

〈万葉・一三・三三二六〉読解「幣」は神への供物の一つ。

❹**軍勢を派遣する。さしむける。** 例方々へ討っ手を**むけ**られけり(=諸方へ追っ手を派遣なさった)〈平家・七・主上都落〉

語誌 [1]は自動詞、[2]は他動詞である。[1]では、体などを正面になるような姿勢にする意の①を基本義として、それになんらかの目的意識の加わった用法が②③、相手との関係がふさわしいという判断の加わった用法が④である。[2]でも、正面になるように方位を定める①の意が基本義で、②③は、何を何に向けるのか、その対象どうしの特殊な関係に、目的意識も加わった用法である。④はその上に、さらに移動の意も加わっている。〈山口堯二〉

むくい

【報い・酬い】名〔動詞「むくゆ」の名詞形〕❶**自分の言動などの結果が、ちょうどそれに対応した形で我が身に返ってくること。** 例われを思ふ人を思はぬ**むくい**にやわが思ふ人の我を思はぬ(=私を思ってくれている人のことを、私がさほどにも思っていないことの報いであろうか、私の思う人が、私のことを思ってくれないのは)〈古今・雑体〉

❷**報復。** 例海賊、**むくい**せむといふなることを思ふうへに、海のまた恐ろしければ、頭もみな白けぬ(=海賊が報復をするだろうといううわさを心配するうえに、海がまた恐ろしいので、頭の毛も皆白くなってしまった)〈土佐〉

❸**恩返し。** 例百くさに八十くさ添へて賜ひてし乳房の**むくい**今日ぞ我がする(=百石に八十石を添えて与えて下さった乳房の恩返しを今日私がすることだ)〈拾遺・哀傷〉読解仏典に、母の恩が広大深甚であることを説いて、母が子に与える乳の量は百八十石にも達するという。母の追善供養の折の歌であろう。

❹**前世での行為に対応して今生で受ける、また、今生での行為に対応して来世で受ける果報。** ⇩いんぐわ。例(前世デ積ンダ)功徳の**むくい**にこそ、かかる容貌にも生ひ出でたまひけめ(=善行の果報で、このような美貌にお生まれになったのだろう)〈源氏・手習〉読解浮舟の美しさに驚いた僧の言葉。

語誌▼**原因と結果の対応**　「むくゆ」は「むく(向く)」と同根とされ、「むくい」は、原因と結果がちょうど向きあうように対応していることをいう。『源氏物語』で光源氏は、妻の女三の宮に青年柏木が密通していることを知りながら、そのことを我が胸ひとつにおさめていなければならない苦渋を味わったとき、実は我が父帝もそうだったのではないかと、はたと思い当たる(若菜下巻)。そして女三の宮が不義の子を出産すると、「さてもあやしや、わが世とともに恐ろしと思ひし事の報いなめり」(柏木巻)と思う。光源氏自身が、父帝の女御藤壺と密通して冷泉帝が生まれたことと、奇しくもぴたりと対応しているからである。〈藤原克己〉

むくげ【木槿・槿】 名 植物の名。アオイ科の落葉低木。夏から秋にかけて紅紫色・白色の花をつける。花は朝開き夕方にしぼむ一日花。例道の辺の**木槿**は馬に食はれけり〈芭蕉・野ざらし紀行〉➡名句136

むく-つけ・し

形(ク) **気味が悪い。恐ろしい。怖い。** 例(a)(血マミレノ男ノ幽霊ガ)この事のはじめより語る。いと**むくつけし**と思へど(=この事件の最初から語る。ほんとうに気味が悪いと思うけれど)〈大和・一四七〉例(b)(結婚ヲ)ゆるしたまはずは盗みも取りつべく、**むくつけき**まで思へり(=お許しにならないのならきっと盗み出してしまうにちがいないほど、恐ろしいくらい思い詰めていた)〈源氏・竹河〉例(c)いみじう身の力強く、心猛う、**むくつけき**荒武者の(=非常に力が強く、気性も荒々しく、恐ろしい荒武者が)〈宇治拾遺・一一九〉

語誌▼**超人間的なものへの恐怖**　鬼や物の怪など超人間的なものに対する恐怖心を表すのが原義であるらしい。それに通じる無骨さ、他者の異様な行動や執念、さらにはお産や台風の暴風雨まで、すべて常軌を逸した異様なものの不気味さを表す。〈池田節子〉

むく・ふ【報ふ・酬ふ】 動(ハ四)「むくゆ」の変化した形。中世以降用いられる。例かかるものも、たちまちに仇を**むくふ**なり〈宇治拾遺・五三〉

むく-むく・し 形(シク) 非常に気味が悪い。とても恐ろしい。例(夜警タチガ)言ひあへるも、**むくむくしく**聞きならはぬ心地したまふ〈源氏・東屋〉

むく-め・く【蠢く】 動(カ四)〔「めく」は接尾語〕むくむく動く。うごめく。例蓑虫のやうにてや**むくめき**まゐらむ〈宇津保・楼上上〉

むく・ゆ【報ゆ・酬ゆ】 動(ヤ上二) ほかから受けたことに対して相応の返しをする。報いる。恩返しや返礼にも、復讐などにもいう。例恩を**酬い**て厚きに答ふ〈紀・顕宗〉

むぐら

【葎】名 山野・道ばたに繁茂するつる草の総称。カナムグラや今のヤエムグラなどを含むが、特定の種類の植物をさすわけではなく、つるを出す雑草をまとめていう。例みがきつくろはれし庭も、浅茅が原、蓬が杣になりて、**葎**も苔も茂りつつ(=りっぱに手入れされた庭も、浅茅の原っぱや蓬の杣山のようになって、葎も苔も茂って)〈右京大夫集・詞書〉

語誌▼**荒廃のイメージ**　葎が庭に生い茂っている様子は、その邸が荒れ果てている、また窮乏していることを表した。この点は「浅茅」「蓬」などと同様である。「葎延ふ賤しきやども大君のまさむと知らば玉敷かましを」〈万葉・一九・四二七〇〉は、自邸を謙遜して言った例。また、葎はつるを出してはびこるので、「浅茅は庭の面も見えず、しげき蓬は軒をあらそひて生ひのぼる。葎は西東の御門を閉ぢ籠めたるぞ」〈源氏・蓬生〉「葎さす宿にも秋のたづねきて」〈式子内親王集〉「門はむぐら強くかため」〈増鏡・三神山〉など、門や戸を「とづ」「さす」「かたむ」と描写されることも多かった。〈佐藤明浩〉

むぐら-の-かど【葎の門】 葎が生い茂っている荒れた家。貧しい家。例いと草深くなりゆく**葎の門**を避きたまはぬ御心ばへにも〈源氏・竹河〉

むぐら-の-やど【葎の宿】「むぐらのかど」に同じ。

むぐら-ふ【葎生】 ー 名 葎の生い茂っている所。例いかならむ時にか妹を**むぐらふ**の汚きやどに入れいませてむ(=お迎えできるだろうか)〈万葉・四・七五九〉

むくろ【身・軀】 名 ❶からだ。例**身体**長く大きにして〈紀・景行〉 ❷死体。首を切り落とされたものにいうことが多い。例四人の乳母どもも、首もなき**むくろ**を横に抱きつつ〈保元・下〉

むくろ-ごめ【軀籠め】 名 全身。からだごと。例「**むくろごめ**に寄りたまへ」といひたるを〈枕・方弘は、いみじう人に〉

む-くゎん【無官】 カン 名 官職のないこと。例**無官**にしなさせたまへりしこそ、世に心憂くいみじと思ひしに〈栄花・浦々の別れ〉

むくゎん-の-たいふ【無官の大夫】 ムカン 位階は五位で官職のない人。多く、公卿の子で元服前に五位に叙せられた人をいう。例**無官の大夫**敦盛は、紺錦の直垂に萌黄匂ひの鎧着て〈源平盛衰記・三八〉

むけ【向け・平け】 名 向かせること。服従させること。例八十伴の緒を まつろへの **向け**のまにまに〈万葉・一八・四〇九四〉

むーげ

【無下】 名 形動(ナリ) ❶程度がひどく劣っている。最低。最悪。例かくばかりの事にあひて、ゆゑもなく過ぐしてむは**無下**の事なるべし(=これほどの事に出会って、何もせずに引き下がるのは最低の事であるにちがいない)〈今昔・二七・三七〉 ❷**程度がはなはだしい。すごい。度外れ**。例石の上(=石の上神宮)も…**むげに**荒れはてにけり〈更級〉 ❸(打消の語を伴って)**全然**(〜ない)。**まったく**(〜ない)。例法師の**無下**に能なきは、檀那すさまじく思ふべしとて(=法師でまったく芸能の心得がないのは、施主が興ざめに思うにちがいない、ということで)〈徒然・一八八〉 ❹**下の語の意味を強める**。**まったく**。**実に**。例**無下**にかぎりと見ゆるほどに(=まったくこれが最期と見えるときに)〈宇治拾遺・五五〉 ❺**身分がきわめて低い**。例**むげ**の民と争ひて、君の滅びたまへるためし、この国には、いとあまたも聞こえざめり(=身分がきわめて低い民と戦って、君主が滅びなさった例は、我が国ではそう多くは耳にしないようです)〈増鏡・新島守〉

語誌 「むげの」の形で連体修飾語になる場合と、「むげに」の形で副詞的に用いる場合とが多い。特に「むげに」の形が最も多く、これを副詞とみることもできる。〈片岡玲子〉

む-げ【無碍・無礙】 名 形動(ナリ)『仏教語』どんなものにも妨げられないこと。例念仏者は無碍の一道なり〈歎異抄〉

むげ-に【無下に】 ⇩むげ(無下)

む-けん【無間】 名『仏教語』❶間断ないこと。例もろもろの罪・**無間**の重き罪を消つ次々に起こること。〈三宝絵・下・八〉 ❷「無間地獄」の略。

む-げん【夢幻】 名 夢と幻。世の中が実体をもたずはかないことのたとえ。例吾が命の仮なること夢幻のごとし〈性霊集・八〉

むけん-ぢごく【無間地獄】 ジゴク 名『仏教語』〔「無間」は梵語の音写「阿鼻」の漢訳〕八熱地獄(八大地獄)の第八。五逆罪や仏の教えを非難するなどの重罪を犯した人が落ちるとされる。ここに落ちると、猛火に焼かれて極限の苦しみを味わうという。「無間奈落」「阿鼻地獄」とも。例札銘には、**無間地獄**の罪人源義家と書きたり〈古事談・四〉

むけん-ならく【無間奈落】 名『仏教語』「むけんぢごく」に同じ。

むげん-はうやう【夢幻泡影】 ホウヨウ 名『仏教語』夢と幻と泡と影。はかないこの世をたとえていう。例**夢幻泡影**のたとへごとより、人は現も夢の部に入れて(=現実も夢と見なして)〈俳諧・鶉衣・夢弁〉

むこ

【婿・聟】 名〔「よめ(嫁)」の対〕「もこ」とも。**娘の夫**。例(a)伯孫、女、児産せりと聞きて、往きて**婿**の家を賀びて(=伯孫は、娘が男の子を産んだと聞いて、行って婿の家を祝賀し)〈紀・雄略〉例(b)ありがたきもの 舅にほめらるる**婿**(=めったにないもの、妻の父親に褒められる婿)〈枕・ありがたきもの〉

語誌 平安中期の辞書『二十巻本和名類聚抄』には、「婿…女子の夫を婿と為す 和名、無古」とあり、「むこ」という語が、娘の親との関係で捉えられていることがわかる。〈米山敬子〉

む-ご【無期】 名 形動(ナリ) ❶期限のないこと。例「いかにぞ。その時がいつまでも来そうにないこと。事なりぬや(=行列は始まったか)」といへば、「まだ、**無期**」など〈枕・祭のかへさ〉 ❷期間の長いこと。例**無期**ののちに「えい」といらへたりければ(=「はい」と返事をしたので)〈宇治拾遺・一二〉

むこ-がね【婿がね】 名〔「がね」は接尾語〕婿になる人。婿の候補者。例この**婿がね**に、(和歌ヲ)よみておこせたりける(=よこしたのだった)〈伊勢・一〇〉

む-ごん【無言】 名 ❶物を言わないこと。沈黙。❷「無言の行」の略。仏教で、一定の期間無言でいる修行。例ことさらに**無言**をせざれども、独り居をれば、口業を修めつべし(=口による災いを断つことができる)〈方丈記〉

む-さ【武者】 名「むしゃ」に同じ。

む-さい【無才】 名 不得手なこと。才能や学問のないこと。例**無才**の人、なまわろならむ(=なんとなくみっともないような)ふるまひなど〈源氏・帚木〉

む-さう【無相】 ソウ 名『仏教語』姿・形がないこと。また、そうした姿の有無を超越した空そのものの姿。例諸法の**無相**なる理を宣べたまふ〈太平記・二四〉

む-さう【夢相】 ソウ 名 夢の吉凶を判断すること。また、それを職業とする人。例梁の武帝のとき、**夢相**ありけり〈沙石集・一・九〉

む-さう【夢想】 ソウ 名 ❶夢の中で心に浮かんだこと。例**夢想**より起こりて、あだなる事なれど(=頼りない事であるが)〈十訓抄・四・二〉 ❷夢の中で神仏の示現を受けること。例七日参籠の明け方に、大臣殿の御ために**夢想**の告げぞありける〈平家・八・緒環〉

む-さう【無双】 ソウ 名 形動(ナリ)「ぶさう」に同じ。

む-ざう【無慙】 ゾウ 名 形動(ナリ)〔「むざん」の変化した形〕むごい。気の毒だ。例(命ゴイヲスル人ヲ)あはれに**むざうに**おぼえしかども〈宇治拾遺・一三三〉

武蔵 むさし『地名』〔古くは「むざし」〕旧国名。今の東京都・埼玉県の大部分と神奈川の東北部。古くは東山道八か国の、のち東海道十五か国の一つ。武州。延喜式で大国・遠国。

むさし-あぶみ【武蔵鐙】 名 武蔵国で作られた鐙。和歌では、部品の刺鉄から「さすがに」を、また足で踏むことから「踏み」「文」を導く。例**武蔵鐙**さすがにかけて頼むには〈伊勢・一三〉

武蔵野 むさしの《地名》歌枕 武蔵国に広がる野原。多摩川・荒川に挟まれるあたり。また、広く今の関東平野をもいう。上代は「むざしの」。

語誌 ▼**紫草の連想** 『万葉集』では「うけらが花」「雉」などとともに詠まれていたが、平安時代以降は、『古今和歌集』の「紫のひともとゆゑに武蔵野の草はみながら(=すべて)あはれとぞ見る」〈雑上〉の歌(➡名歌363)が有名となり、武蔵野といえば特に「紫草」が連想されるようになる。平安後期になると「露」「霜」「月」などとともに詠まれ、寂しいイメージが定着してゆく。さらに後世は、林羅山『丙辰紀行』などに載る「武蔵野は月の入るべき山もなし草より出でて草にこそ入れ」という歌にあるように、広大で月を隠すものがないともされた。〈大谷俊太〉

むさ-と 副 ❶むやみに。やたらに。例松茸なども、むさと食ぶるはいらざる事ぢゃ〈噺本・昨日は今日の物語・上〉 ❷無造作に。軽率に。例やいやいむさとそばへな寄りをっそ(=寄るな)〈狂言・蟹山伏〉

むさぼ・る【貪る】 動(ラ四) 欲ばる。やたらと執着する。例ひたすら世を**むさぼる**心のみ深く〈徒然・七〉

む-ざん

【無慙・無慚・無惨】 名 形動(ナリ) ❶《仏教語》罪を犯しても恥じないこと。例放逸・無慙のありさまなれども(=自分勝手で、罪を犯しても恥じない様子であるけれども)〈徒然・一二五〉

❷(①から転じて)愚かで恥知らずなこと。例(仏舎利ヲ)いかでか。**むざん**の人は賜りて失ひ候ひなむ(=どうしていただけようか。愚かな人はいただいてもきっとなくしてしまうでしょう)〈宇津保・国譲上〉 読解「いかでか」は反語の意を表す。

❸残酷であること。むごい。例薪に積みこめて焼き殺せし事こそ**無慚**には覚ゆれ(=薪を積みあげ閉じこめて焼き殺した事は残酷であると思う)〈報恩抄〉

❹いたましい。かわいそうだ。例泣く泣くまた出で立ちける心のうちこそ**無慚なれ**(=泣きながら再び出かけた心中こそいたましい)〈平家・一・祇王〉

語誌 ③④の意に用いられるのは鎌倉時代以後で、形容動詞として用いられるのが一般的。〈小島孝之〉

むし【虫】 名 ❶昆虫・蜘蛛などの小動物の総称。特に、秋に美しい鳴き声を出す虫。例風の音、**虫**の音につけて、もののみ悲しう思さる〈源氏・桐壺〉 ❷体内にいて、身体や心に影響を与えるとされるもの。病気や感情の変化を引き起こすもととされる。例夫婦ともに嫌ふ**むし**あってわづらひ出せば〈西鶴・西鶴織留・四・一〉

むし【苧・帔】 名 ❶「からむし」に同じ。例野辺ごとに乱れ織るなる**むし**の衣も〈右京大夫集〉 ❷「むしのたれぎぬ」に同じ。例御**むし**押しやりて、あふがれさせたまひける御姿つき〈大鏡・兼通〉

む-し【無始】 名《仏教語》いくらさかのぼっても始まりのわからないこと。転じて、遠い過去。例この河の流れを一度渡る者は、悪業・煩悩・**無始**の罪障消ゆなるものを〈平家・一〇・熊野参詣〉

むしき-かい【無色界】 名《仏教語》三界の一つ。肉体的・物質的なものの束縛から離れた観念の世界。

むし-くゎうごふ【無始曠劫】 名《仏教語》始まりのわからない遠い過去。例妻子といふもの、**無始曠劫**よりこのかた生死に流転する絆なるがゆゑに〈平家・一〇・維盛入水〉

むし-こ【虫籠】 名 ❶虫籠。竹などで編む。例**虫籠**吊る四条の角の河原町〈俳諧・続猿蓑・上〉 ❷①のような細かい格子のある窓。例源右衛門**虫籠**より手を出だし〈近松・堀川波鼓・下〉

む-じつ【無実】 名〔古くは「むしつ」〕❶事実でないこと。例無実の言を人に負ほすべからず〈今昔・三・一七〉 ❷罪がないのに、罪があるとされること。例**無実**の罪によって遠流の重科をかうぶれば(=受けたので)〈平家・二・一行阿闍梨之沙汰〉

むし-づくし【虫尽くし】 名 遊戯の名。虫の名を歌などに多く詠み込む遊びとも、持ち寄った虫の優劣を競う遊びとも。例草づくし・**虫尽くし**、さまざま興ありし事ども〈平家・九・生ずきの沙汰〉

むし-の-たれぎぬ【枲の垂れ衣・帔】 名〔「むし」は苧の意〕女性が外出のとき市女笠のまわりに長く垂らす薄い布。「むし」とも。

枲の垂れ衣
〔信貴山縁起絵巻〕

むし-ば・む【虫食む】 動(マ四) 虫が食べて物を害する。例**むしばみ**たる蝙蝠(=蝙蝠扇)とり出でて〈枕・成信の中将は、入道兵部卿の宮の〉

む-しゃ【武者】 名 武士。軍人。また、その集団。例俗姓は三浦の某とかや、さうなき(=並ぶものがない)武者なり〈徒然・一四二〉

む-じゃう

【無常】 名《仏教語》梵語の漢訳。一切万物が生滅変転して、しばしも同じ状態にとどまらない意。

❶生滅流転して一瞬もとどまらないこと。例その、主と栖と、**無常**を争ふさま、いはば朝顔の露に異ならず(=その、持ち主と住まいとが、無常であることを競争する様子は、言ってみれば朝顔と朝顔に置く露の関係に異ならない)〈方丈記〉

❷(①から転じて)死。例**無常**の身に迫りぬる事を心にひしとかけて、束の間も忘るまじきなり(=死が自分自身に迫った事を心にしっかりとおいて、少しの間も忘れてはならないのである)〈徒然・四九〉

❸近世の用法。無常を感じる心。この世をはかないと思う気持ち。「無常気」「無常心」とも。例大晦日の暮れがたに、この男**無常**発り(=大みそかの夕方に、この男はこの世をはかないと思う気持ちが起こり)〈西鶴・世間胸算用・三・三〉

【語誌】仏教とともに日本に移入された語。ただし、元来の無常観は生滅変転の相を捉え、生成についても消滅と等しく見るものであるが、日本では消滅の面に重点を置いて受容された。その結果、②のように死の意に用いられることになり、悲哀の感情と重なって、情緒的に理解されることが多くなった。〈小島孝之〉

むじゃう-しょ【無常所】 名 墓所。墓地。例神明寺の辺りに**無常所**設けてはべりけるが〈拾遺・雑上・詞書〉

むじゃう-の-かぜ【無常の風】 人の命を奪う無常というもの。突然襲ってくる死を、風が花を散らすさまにたとえていう表現。例**無常の風**に誘はれ、ただいま冥途へ赴く〈狂言・朝比奈〉

むじゃう-の-かたき【無常の敵】 死。例しづかなる山の奥、**無常のかたき**競ひ来たらざらんや〈徒然・一三七〉 読解末尾の「や」は反語の意を表す。閑静な山奥に住んでも、死は勢いこんでやって来るのだ、ということ。

むじゃう-の-せっき【無常の殺鬼】 生命のはかないこの世の無常を人食い鬼に命を奪われることにたとえた表現。例目にも見えず、力にもかかはらぬ(=力も及ばない)**無常の殺鬼**をば、暫時も戦ひかへさず〈平家・六・入道死去〉

むしゃ-どころ【武者所】 名 ❶院の御所を警備する武士。また、その詰め所。例そのころ当職(=現役)の**武者所**でありけるが〈平家・五・文覚被流〉 ❷鎌倉末期、後醍醐天皇の建武政権で、京都の警護にあたった武士の詰め所。

む-しょ【墓所】 名 墓地。例件の**墓所**は、大和国添上の郡、川上の村〈平家・三・赦文〉

むじょう『無常』⇩むじゃう

むしろ【筵・蓆・席】 名 ❶藺草や竹・藁などで編んだ敷物の総称。❷(①から転じて)座席。人のいる場所。例草の御**むしろ**も、この坊(=僧の住まい)にこそ設けはべるべけれ〈源氏・若紫〉 読解「草の筵」は旅先での粗末な宿り。

むしろばり-の-くるま【筵張りの車】 車箱を筵で張った粗末な牛車。身分の低い人が乗る。例(流罪トナッタ)中納言は**筵張りの車**に乗りたまふ〈栄花・浦々の別れ〉

む-しん

【無心】 ❶ 名 形動(ナリ) ❶思慮のないこと。考えの浅いこと。例おはし極じたらむに参りたらむも**無心なる**べければ(=長旅でお疲れのところに参上するのも思慮のないことにちがいないので)〈今昔・一九・四〉 ❷風流や情趣を解さないこと。人情のないこと。例まろなどにさること言はむ人、かへりて**無心ならん**かし(=私などにそのようなことを言うような人は、反対に風流を解さないのだろうよ)〈枕・頭の弁の御もとより〉 読解「さること言はむ」は歌を詠みかけること。歌を好まない人に歌を送るのはかえって無風流だ、という。

❷ 名 ❶《仏教語》**雑念の取り払われた境地**。例**無心**の上の妙用、皆かくのごとし。日の暖かにして霜を消し、月の明らかにして水に浮かぶがごとし(=無心の境地の不思議な作用は、すべてこのようなものだ。太陽が暖かくて霜を消し、月が明るくて水に浮かびあがるようなものだ)〈沙石集・二・九〉 ❷**卑俗なおかしさをねらいとした和歌・連歌**。伝統的な和歌を「有心」というのに対していう。例**無心**の風をのみ好みて有心の姿を忘るべき事をなむ嘆きはべりて(=無心の様式ばかり好んで有心の様式を忘れてしまうにちがいないことを嘆きまして)〈野守鏡・下〉

❸ 名 動(サ変) 人の迷惑も考えず頼むこと。ねだること。例なんでも**無心**はござらぬか〈西鶴・好色一代男・五・七〉〈渡部泰明〉

む-じん【無尽】 名 ❶尽きないこと。なくならないこと。例人の機根もしなじななれば(=資質も多種多様なので)教法も**無尽**なり〈神皇正統記・中〉 ❷「無尽講」の略。⇩たのもしかう

むしん-しょぢゃく【無心所着】 名《歌論用語》意味をなさないこと。わけのわからない歌。例果てには自らもえ心得ず、違はぬ**無心所着**になりぬ〈無名抄・近代歌体事〉

むしん-れんが【無心連歌】 名 滑稽さを主眼とし、卑俗な言葉を用いた連歌。優美な和歌的伝統に基づく「有心連歌」に対していう。

む・す【生す・産す】 動(サ四) 生じる。はえる。例わが君は千代に八千代にさざれ石のいはほとなりて(=小石が岩となって)苔の**むす**まで〈古今・賀〉

む・す【噎す・咽す】 動(サ下二) ❶物がのどに詰まる。むせる。例限りなく臭かりければ、**噎する**やうになむありける〈今昔・一九・一〇〉 ❷悲しみで胸がいっぱいになる。涙にむせぶ。例別れむほどのわりなさを思ひ**むせ**たるも、いとことわりなり〈源氏・明石〉

むず

助動(サ変型) [推量の助動詞「む」+格助詞「と」+サ変動詞「す」=「むとす」の変化した形か。「んず」とも。中世以降「うず」とも] ❶**まだ実現していない事柄についての予想や想像する意を表す**。~だろう。例迎へに人々まうで来**んず**(=迎えに人々が参上するだろう)〈竹取〉 ❷**話し手の意志や聞き手の意向を表す**。~う。~よう。~つもりだ。主語が二人称の場合には聞き手の意向・予定を表す。例(a)いづちもいづちも、足の向きたらん方へいなむ**むず**(=どちらへでもどちらへでも、足の向いたほうへ行ってしまおう)〈竹取〉例(b)(初瀬ニ)三日さぶらはむ**むずる**か(=三日間参籠するおつもりか)〈蜻蛉・上〉 ❸**そうするのが適当だという判断を表す**。また、**そうするのがよいと人に勧める意を表す**。そうすべきだ。~(する)のがよい。例かかる事こそ候へ。いかに候は**んずる**事ぞ(=このような事がございます。どのようにいたすのがよい事ですか)〈宇治拾遺・九九〉

接続 活用語の未然形につく。

活用 サ変型

未然形	連用形	終止形	連体形	已然形	命令形
○	○	むず（んず）	むずる（んずる）	むずれ（んずれ）	○

【語誌】▼「むず」と「むとす」　『枕草子』の中で「むとす」との違いについて次のような記述がある。

「何事を言ひても、『その事させむとす』『言はむとす』『なにとせむとす』といふ、『と』文字を失ひて、ただ、『言はむずる』『里へ出でむずる』など言へば、やがて(=たちまち)いとわろし。まいて文に書いては言ふべきにもあらず」〈ふと心おとりとかするものは〉

この記述からすると、清少納言にとっては「むず」はあまりよい言葉ではなかったらしい。書き言葉ではあまり用いられなかったようで、平安時代の文学作品においてはそのほとんどが会話や心の中を描写する場面に用いられている。「むず」は口頭語の世界で活躍した助動詞であった。

▼「むずらむ」と「むとすらむ」 平安時代に「むずらむ」という形が見られる。これは「むず」の終止形＋推量の助動詞「らむ」である。これと並んで「むず」の原形である「むとす」による「むとすらむ」の形もあった。

▼語源について 「む」に古い連用形「み」があって、それに「す」がついた「みす」から変化したとする語源説もある。〈高山善行〉

むず-と 副 ❶物事を勢いよく力をこめてするさま。急に力を入れて。例御田の八郎におしならべて、**むずと**とってひきおとし〈平家・九・木曾最期〉❷遠慮せずに押し切ってするさま。例信頼卿の着きたる座上に**むずと**居かかりたまへば〈平治・上〉

むす-ひ【産霊・産巣日】 名〔「むす」は生む、「ひ」は霊威の意。のちは「むすび」とも〕天地・万物を生成する霊妙な力。例次に高御**産巣日**の神。次に神**産巣日**の神〈記・上・神代〉 語誌 記紀では、神の名を構成するものとして用いられている。時代が下がると「結ぶ」と関係づけられてくる。

むすび【結び】 名 ❶結ぶこと。紐などをつなぐこと。また、結んだもの。結び目。例紫の帯の**結び**も解きも見ず〈万葉・一二・二九七四〉❷人間関係を結ぶこと。特に、夫婦の縁を結ぶこと。例幸ひの**むすび**あり〈西鶴・諸艶大鑑・四・一〉❸飯を握り固めたもの。握り飯。

むすび-かりぎぬ【結び狩衣】 名 糸で作った造花などの細工を結びつけた狩衣。主に少年が着用する。例桜の**結び狩衣**、白き糸にて水をひまなく結びたる上に〈増鏡・あすか川〉

むすび-まつ【結び松】 名 祈願や誓いのしるしに、松の小枝を結ぶこと。松には神霊が降りるとする民俗信仰があった。例磐代の野中に立てる**結び松**心も解けず古思ほゆ〈万葉・二・一四四〉〈木村博〉

むす・ぶ

【掬ぶ】 動(バ四) 両方の手のひらをそろえて水をすくう。例(a)袖ひちて**むすびし**水のこほれるを春立つ今日の風やとくらむ〈古今・春上〉➡名歌201 例(b)**むすぶ**手のしづくに濁る山の井の(ここまで序詞)あかでも人に別れぬるかな〈古今・離別〉➡名歌361

語誌 本来「結ぶ」と同一の語であろう。〈木村博〉

むす・ぶ

【結ぶ】 動(バ四) ❶**露・氷・泡などが、形になる。できる。** 例よどみに浮かぶうたかたは、かつ消え、かつ**結び**て、久しくとどまりたるためしなし(=川の流れのよどんだ所に浮かぶ水の泡は、一方では消え、一方ではできて、長く残っている例はない)〈方丈記〉

❷**結び合わせる。つなぎ合わせる。** 例立て文をも**結び**たるをも、いときたなげに取りなし(=ひどく汚らしい様子にして)〈枕・すさまじきもの〉 読解 立て文(縦に畳み、上下を折った書状)は事務的な正式な手紙の形式。結び文(結んだ手紙)は恋文など私的な形式。

❸**構える。作る。** 例三十あまりにして、さらにわが心と一つの庵を**むすぶ**(=三十歳すぎになって、あらためて自分から求めて一つの草庵を作る)〈方丈記〉

❹**生じさせる。形づくる。** 例興宴より起こりて、長き恨みを**結ぶ**類多し(=遊びや酒宴から発して、いつまでも続く恨みを生じさせる例が多い)〈徒然・一三〇〉

❺**約束する。契る。** 例幼きどちの**結び**おきけん心も解けず(=幼い者どうしの約束してあった思いも解けないで)〈源氏・常夏〉

語誌 ▼離れ離れのものを一つに合わせる意が原義。①は自動詞的、②〜⑤は他動詞的用法。

▼**呪術的な意味** 古く「結ぶ」という行為には呪術的な意味があった。草の葉や木の枝を結ぶのは無事や幸福を祈る行為であり、また夫婦や恋人は愛を誓うしるしに相手の衣服の紐を結んだ。例(a)たまきはる(枕詞)命は知らず松が枝を**結ぶ**心は長くとぞ思ふ(=寿命が長くあってほしいと思うことだ)〈万葉・六・一〇四三〉例(b)二人して**結びし**紐をひとりして我は解き見じ直に逢ふまでは〈万葉・一二・二九一九〉〈木村博〉

むすぶ-の-かみ【産霊の神・結ぶの神】 名 ❶天地万物を生み出す神。例君見れば**むすぶの神**ぞうらめしきつれなき人を何つくりけん〈拾遺・雑恋〉❷男女の縁を結ぶ神。例人知れぬ**むすぶの神**をしるべにていかがすべきとなげく下紐〈宇津保・楼上上〉

語誌 ②は、「産霊」が音の類似から「結ぶ」に関連づけられたことによるもの。

むすぼ・ほる

【結ぼほる】(ムスボホル・ムスボオル) 動(ラ下二) ❶**自然に結ばれた状態になる。結び合わさる。** 例秋はてて霧のまがきに**むすぼほれ**あるかなきかにうつる朝顔(=秋が終わって霧がかかった垣根に結び合わされて、あるのかないのかわからないように色が変わって衰えてゆく朝顔の花であることよ)〈源氏・朝顔〉 読解 垣根に蔓がからみついているのを「むすぼほる」と表現している。朝顔をはかない花として、それが自分だと詠んだ歌。

❷**露・霜・氷などが、できる。固まる。** 例朝日さす軒の垂氷はとけながらなどかつららの**むすぼほるらむ**〈源氏・末摘花〉 読解「垂氷」は今のつらら。「つらら」は池などに張る氷。朝日に照らされている軒のつららがとけるように私の心はとけているのに、どうしてあなたの心は池の氷が固まっているようにうちとけてくれないのだろう、の意。

❸**気が晴れない。心がふさぐ。** 例つひに心もとけず**むすぼほれ**て止みぬること二つなむはべる(=最後まで心もうちとけず、気が晴れなくて終わってしまったことが二つございます)〈源氏・薄雲〉

❹**縁によってつながる。関係をもつ。** 例いかなる人も、相構へてそのゆかりに**むすぼほれ**むとぞしける(=どんな人も、なんとか工夫して平家の縁者につながろうとした)〈平家・一・禿髪〉

語誌 「むすぼほる」と「むすぼる」とでは、「むすぼ

ほる」のほうが古い用例に多い。特に、平安時代の和文では「むすぼほる」が多く用いられる。〈木村博〉

むすぼ・る【結ぼる】 動(ラ下二)「むすぼほる」に同じ。

むずむず‐と 副 力強く。また、乱暴に。例もの履きながら、しやつつら(＝そいつの顔)を**むずむずと**ぞ踏まれける〈平家・二・西光被斬〉

むす‐め【娘・女】 名〔「産す女」の意か〕❶親子で、子にあたる女性。息女。例かの入道の**むすめ**を思ひ出でて文などやりけれど〈源氏・須磨〉❷若い女性。例指折りの**娘**どもを集め、それかこれかとせんさくする〈西鶴・西鶴諸国ばなし・一・四〉

むずる 推量の助動詞「むず」の連体形。

むずれ 推量の助動詞「むず」の已然形。

むせ‐かへ・る【噎せ返る・咽せ返る】 動(ラ四) 激しくむせる。息を詰まらせて泣く。ひどくむせび泣く。例言ひもやらず(＝言い尽くせずに)**むせかへ**りたまふほどに夜も更けぬ〈源氏・桐壺〉

むせ・ぶ

【噎ぶ・咽ぶ】 動(バ四)〔「むす(噎す)」から派生した語。古くは「むせふ」〕❶息が詰まる。例あるいは(＝ある者は)煙にむせびて倒れ伏し〈方丈記〉

❷**声を詰まらせて泣く**。**胸が詰まる**。例白たへの(枕詞)袖別るべき日を近み心に**むせひ**音のみし泣かゆ(＝袖を分かって別れる日が近くなったので、心中胸が詰まっておのずと声を上げて泣けてしまうばかりだ)〈万葉・四・六四五〉

❸**むせび泣くような声や音を立てる**。楽器の音色、松風の音、郭公の鳴き声など、美的景物にいうことが多い。例(a)なほ今年までは物の音も**むせび**ぬべき心地したまへば(＝やはり今年いっぱいは、琴や笛の音もむせび泣きの音になってしまうにちがいない感じがなさるので)〈源氏・幻〉読解死んだ紫の上を追慕する光源氏の悲嘆ぶり。例(b)嵐に**むせびし**松も千年を待たで薪にくだかれ(＝山風に吹かれてむせぶように鳴った松も、千年もたったわけではないのに砕かれて薪となり)〈徒然・三〇〉

❹**流れなどがつかえる**。例遣り水も水草居**咽びて**(＝遣り水も水草が生えて流れもつかえて)〈栄花・月の宴〉〈鈴木幸夫〉

む‐そく【無足】 ❶名 武士が所領や俸禄をもたないこと。❷動(サ変) 無駄になる。例座禅が**無足する**ほどに〈狂言・花子〉❸形動(ナリ) 無駄なさま。例殿のお心が**無足になる**〈浄瑠璃・夏祭浪花鑑・三〉

むそ‐ぢ【六十・六十路】 名〔「ぢ」は接尾語「ち(個)」の連濁形〕❶数の名。六十。❷六十歳。六十年。例年は六十に少し足らぬほどなれど〈源氏・橋姫〉

むた【共】 名(名詞＋格助詞「の」「が」の下について、全体として副詞的に用いて)～とともに。例風の**む**た寄せ来る波に〈万葉・一五・三六六一〉

む‐たい

【無体・無代・無台】 名 形動(ナリ)「むだい」とも。❶**ないがしろにすること**。無視。軽視。例誰か仏法を**無代**にし逆罪を相招く(＝だれが仏法を無視して大逆の罪を招くだろうか)〈源平盛衰記・二四〉読解「誰か」の「か」は反語の意を表す。

❷**無理**。無法。非道。例よも、その者、**無台**にとらへからめられはせじ(＝まさか、その者が無法に捕らえられ縛られることはあるまい)〈平家・四・競〉〈川崎剛志〉

む‐だう【無道】 名 形動(ナリ)「ぶだう」とも。道理や人の道に背くこと。例いまだかつて聞かず、無道に母を害せる人をば〈今昔・三・二七〉

むだ・く【抱く】 動(カ四) 両手でかかえこむ。いだく。だく。例上野安蘇のま麻群(＝群がって生えている麻)かき**抱き**〈万葉・一四・三四〇四〉

むち【鞭】 名 馬などを打って走らせるための、竹または革で作った細長い杖。例御さきの露を馬の**鞭**して払ひつつ〈源氏・蓬生〉

【鞭鐙を合はす】 馬を速く走らせるために、鞭で打つのに合わせて鐙で脇腹を蹴る。例大将軍と目をかけ(＝目をつけ)、**鞭あぶみを合はせて**追っつきたてまつり〈平家・九・忠度最期〉

【鞭をあぐ】 馬を速く走らせるために、鞭をふり上げる。例**鞭をあげ**、駒をはやめて、ほどなく行幸に追っつきたてまつる〈平家・七・経正都落〉

むち‐さし【鞭差し】 名 鞭を持って主人につき従う人。廐の舎人が務める。例源氏は**鞭差し**までもおろかなる者はなきかな〈平治・中〉

無住 《人名》一二二六～一三一二(嘉禄二～正和元)。鎌倉中・後期の禅僧。臨済宗。禅に限らず広く諸宗を学び、一宗一派に偏らない姿勢はその著作にも現れる。三十七歳の時、尾張国(愛知県)長母寺に移り、そこで死去。仏教説話集『沙石集』『雑談集』、法語集『聖財集』『妻鏡』を著す。

む‐つ【六つ】 名❶数の名。六。❷六歳。例皇子六つになりたまふ年なれば〈源氏・桐壺〉❸時刻の名。六つ時。「明け六つ」「暮れ六つ」があり、それぞれ今の午前または午後六時ごろ。例今朝**六つ**(ノ時ノ鐘)がぼんと鳴る〈滑稽本・浮世床・初下〉

陸奥 《地名》旧国名。領域は固定せず、時代とともに北方に拡張し、最終的に、今の福島・宮城・岩手・青森四県と秋田県の一部。東山道八か国の一つ。奥州。延喜式では大国・遠国。明治元年(一八六八)、磐城(福島県東部と宮城県南部)・岩代(福島県中・西部)・陸前(宮城県の大部分と岩手県南東部)・陸中(岩手県の大部分と秋田県北東部)・陸奥に五分割された。分割後の「陸奥」は、青森県と岩手県北部。⇩陸奥

むつか・し

【難し】 形(シク) 気持ちが晴れない事態に対する不快感を表す。近世以降「むづかし」とも。

❶**気持ちが晴れない**。うっとうしい。**不快だ**。例心地などの**むつかしき**ころ(＝気分などが晴れない時分)〈枕・たのもしきもの〉

❷**煩わしい**。**めんどうだ**。**やっかいだ**。例その事はてなばとく帰るべし。久しく居たる、いと**むつかし**(＝用事が済んだらすぐに帰るのがよい。長居しているのはたいそう煩わしい)〈徒然・一七〇〉

❸**むさ苦しい。見苦しい。** 例山城の国…といふところにとまりぬ。いみじう**むつかしけれ**ど(=山城国…という所にとまった。ひどくむさ苦しいけれど)〈蜻蛉・上〉❹**気味が悪い。恐ろしい。** 例(主人ノ死相ヲ見テ)ただあな**むつかし**と思ひける心地みなさめて、泣きまどふ(=ただああ恐ろしいと思った気持ちがすべて消えて、泣き惑う)〈源氏・夕顔〉

語誌 気持ちが晴れないという主観的な意から、気持ちが晴れないようにさせる対象の客観的な様子をも表すようになったと思われる。中世以降、病気が重い、困難である、といった意が生じてくる。〈池田節子〉

むつかし-げ【難しげ】 形動(ナリ)〔「げ」は接尾語〕いかにも不快な感じのするさま。むさ苦しい。例**むつかしげなるもの** ぬひ物の裏…ことにきよげならぬ所の暗き〈枕・むつかしげなるもの〉

むつか・る【憤る】 動(ラ四)〔「むつかし(難し)」と同根。近世以降「むづかる」〕❶**不愉快に思う。機嫌を悪くする。文句を言う。** 例「あな苦し、しばし休むべきに」と**むつかり**ながら参りたまへり(=「ああ苦しい、しばらく休みたいのに」と文句を言いながら参上なさった)〈源氏・竹河〉❷**子どもがだだをこねる。** 例この若君の泣きたまへば、「例はかくも**むつから**ぬに、いかなればかからむ」と(=この若君がお泣きになるので、「いつもはこんなにだだをこねないのに、どうしてこうなのだろう」と)〈大鏡・公季〉〈池田節子〉

む-つき【睦月・正月】 名 **陰暦の一月のこと。** 一年の開始の月であり、春の初めの月でもある。物語では、宮廷行事の一日の朝拝(臣下が天皇に新年の挨拶をする)や、春の県召の除目(地方官の人事異動)などが語られ、登場人物の身分が明確に意識されることが多い。個人生活では、新年に着る衣服の調達や、新年ののどやかな家族の語らいが、「子の日」などとからめて表現される。例**正月立ち春の来らばかくしこそ梅を招きつつ楽しき終へめ**(=正月になって春が来たならば、このように梅を招待して楽しみを極めよう)〈万葉・五・八一五〉

読解「かくしこそ」の「し」は強意の副助詞。

語誌 ▼**時間の変化を意識させる月** 時間は連続しているが、睦月の一日には、しばしば去年と今年の時間の断絶と変化が強調される。『徒然草』一九段に「かくて明けゆく(元旦ノ)空の気色、昨日にかはりたりとは見えねど、ひきかへめづらしき心地ぞする(=うって変わって新鮮な気持ちがする)」とあるのは、時間の変化が意識されたことを示す。

▼**梅の花の咲く月** 中旬以降は梅の花が咲きはじめ、それが新春らしいのびやかなムードをかもし出したり、花の上に雪が降って余寒を示したり、去年いっしょに梅の花を眺めた愛する人との距離感を強調したりする。〈島内景二〉

むつき【襁褓】 名 ❶産着。例児の御衣五重襲に、御襁褓などぞ、ことごとしからず〈源氏・宿木〉❷おむつ。おしめ。❸ふんどし。例赤裸にて**むつき**をかき(=締め)〈源平盛衰記・一〇〉

むつ-ごと【睦言】 名 親しく語りあうこと。親しい者どうしの会話。男女二人きりの語らいをいうことが多い。例さればさ夜の寝覚めの**むつごと**は、皆偽りになりにけり〈平家・七・維盛都落〉

むつ-どき【六つ時】 名「むつ③」に同じ。

むつ-の-ちまた【六つの巷】《仏教語》「むつのみち」に同じ。

むつ-の-みち【六つの道】《仏教語》〔「六道」の訓読〕「ろくだう」に同じ。例わが頼む七の社の木綿襷かけても六つの道に帰すな〈新古今・神祇〉

むつび【睦び】 名 親しい間柄。仲よくつきあうこと。例年来の**睦び**におはしましなむや(=おいでなさいませんか)〈今昔・二六・七〉

むつ・ぶ【睦ぶ】 動(バ上二) **親しくする。仲よくする。むつまじくする。** 主に、夫婦・家族・友人などの親しいつきあいにいう。例(a)親兄弟と**睦び**きこえたまふ(=親や兄弟として親しく申し上げなさる)〈源氏・玉鬘〉例(b)窓の蛍を睦び、枝の雪を馴らしたまふ志の(=窓の蛍に親しみ、枝の雪に親しみなさる志の)〈源氏・少女〉読解 いわゆる蛍雪の功の話をふまえた表現。

類義 なる(馴る)・むつる〈岩坪健〉

むつま・し【睦まし】 形(シク) 動詞「むつぶ」の変化した「むつむ」の形容詞形。物事に対して心がひかれ、愛着を感じるさまを表す。近世は「むつまじ」。

❶**親しい。仲がよい。親密だ。** 例御供にも**睦ましき**限りしておはしましぬ(=お供も親しい者だけ連れていらっしゃった)〈源氏・帚木〉

❷**慕わしい。懐かしい。** 例名も**むつましき**都鳥にや(=名前も懐かしい都鳥であろうか)〈平家・七・福原落〉

読解 都落ちした平家は、都を名前にもつ鳥(都鳥)にも心ひかれた。

類義 ①したし・ちかし/②なつかし〈岩坪健〉

むつ・る【睦る】 動(ラ下二) 親しみまとわりつく。なじみ親しむ。例夜昼臥し起き**むつれ**させたまひて〈栄花・月の宴〉

む-とく【無徳】 形動(ナリ) ❶**裕福でない。貧しい。** 例かく**むとく**に侍れば、従ふ下人一人も侍らねば(=このように貧乏でございますから、つき従う召使も一人もおりませんので)〈宇津保・蔵開下〉❷**体裁が悪い。不格好だ。見栄えがしない。** 例**むとくなるもの** 潮干の潟にをる大船(=体裁が悪いもの、潮の引いた砂地にある大きな船)〈枕・むとくなるもの〉❸**役に立たない。効果が期待できない。** 例水の上無徳なる今日の暑かはしさかな(=水の上も役に立たない今日の暑さだなあ)〈源氏・常夏〉〈近本謙介〉

む-とく-しん【無得心】 名 形動(ナリ) 不人情。無慈悲。例あまりといへば、親ながら、**無得心なる**お心や〈近松・五十年忌歌念仏・中〉

む-と-す〔推量の助動詞「む」+格助詞「と」+サ変動詞「す」〕〜しようとする。〜だろう。⇩むず。例(a)わが入ら**むとする**道は、いと暗う細きに〈伊勢・九〉例

(b)あさて(=明後日)未時に大風吹きて、この寺倒れなむとす〈宇治拾遺・一六八〉

むな-【空・虚】 接頭 名詞について、中身・実質のない、むなしい、の意を添える。「むな国(不毛の土地)」「むな車」など。

むな-いた【胸板】 名 ❶鎧の部分の名。胴の、胸を覆う部分にある鉄板。例胸板をしろくしたる腹巻きに〈義経記・三〉❷胸を板になぞらえていう。例胸板をどうと突いて、倒れたところを〈狂言・千切木〉

むな-がい【胸繋・鞅】 名(「むなかき」のイ音便形)馬や牛の胸の前に回して両端を鞍や軛に結びつけ、固定する組み緒。⇨くら(図)。例(牛ニ掛ケタ)鞅の切れて車は落ちて損じにけり〈今昔・二七・二六〉

むながい-づくし【鞅尽くし】 名 鞅を当てる馬や牛の胸のあたり。例馬の草脇(=胸先)・鞅尽くし・太腹に(川ノ水ガ)つくところもあり〈平家・一〇・藤戸〉

宗像神社 名 筑前国、今の福岡県宗像郡玄海町田島の辺津宮、その海上に位置する同郡大島の中津宮、沖の島の沖津宮の三社の総称。九州から朝鮮半島に至る海上交通の要衝に位置し、田心姫神(沖津宮)・湍津姫神(中津宮)・市杵嶋姫神(辺津宮)の三女神を祭る。皇室の守護と海上安全を守る神として古くから信仰を受ける。同社を中心にした宗像信仰は全国的な広がりも見せている。

むなぎ【鰻】 名 鰻の古称。例夏痩せに良しといふものぞ鰻捕り喫せ〈万葉・一六・三八五三〉

むな-ぐるま【空車】 名 ❶荷台だけで、屋根や囲いのない車。荷車など。例むな車引きつづけて、あやしき木、伐り下ろして〈蜻蛉・中〉❷人の乗っていない車。例左府(=左大臣)の御車をむなぐるまにて法成寺へやらせられけり〈著聞集・三・七九〉

むな-こと【空言・虚言】 名 うそ。偽り。例空言をいかなりと言ひて(=他人にどう言い繕って)君をし待たむ〈万葉・一二・二四六六〉

むな-ざんよう【胸算用】 名「むなさんよう」「むねざんよう」とも。心の中で見積もりを立て、計算すること。胸勘定。例今年の大晦日はこの銀の見えぬゆゑ、胸算用違ひて〈西鶴・世間胸算用・一・四〉

むな・し【空し】 形(シク) 広く物事の実体がないさまをいう。内容が空虚なことから、心の中が空になって力や魂が抜け出してしまう感じ。

❶中身がない。空だ。例(a)人もなき空しき家は草枕(枕詞)旅にまさりて苦しかりけり(=妻のいない空っぽの家は、旅にもまさって苦しいものであったよ)〈万葉・三・四五一〉読解 大宰府で妻を亡くした大伴旅人が奈良の我が家に帰り着いたときに詠んだ歌。

❷事実でない。例空しきことにて人の御名や穢れん(=事実でないことで人の御名が穢れるでしょう)〈源氏・少女〉

❸はかない。かりそめだ。例世の中は空しきものと知る時しいよよ(=いよいよ)ますます悲しかりけり〈万葉・五・七九三〉➡名歌409

❹無駄だ。無益だ。例(a)士やも空しくあるべき万代に語り継ぐべき名は立てずして(=男子たるもの、無駄に一生を終わってよいものか、永久に語り継ぐにふさわしい名は立てないで)〈万葉・六・九七八〉例(b)ただ今の一念、むなしく過ぐる事を惜しむべし(=現在の一瞬が、無駄に過ぎることを惜しまなければならない)〈徒然・一〇八〉

❺(体だけあって魂がないことから)死んでいる。命がない。例むなしき御骸を見る見る、なほおはするものと思ふ(=死んでいる御なきがらを見ながらも、まだ生きておいでだと思う)〈源氏・桐壺〉

語誌▼「むなし」と「いたづら」 「むなし」が何もない状態をいうのに対し、類義語「いたづら」は無駄・無用の状態をいう。また、「むなしくなる」「いたづらになる」は、ともに、死ぬ意。例(私ガ)むなしくなりなば、親もいたづらになりたまひなむ〈宇津保・俊蔭〉

〈鈴木幸夫〉

むなしく-なる【空しくなる】 死ぬ。例(私ガ)むなしくなりなば、親もいたづらになりたまひなむ〈宇津保・俊蔭〉読解「いたづらになる」も死ぬ意。

むな-ち【胸乳】 名 乳。乳房。例天の宇受売の命神がかりして、胸乳を掛き出で〈記・上・神代〉

むな-づはら・し【胸づはらし】 形(シク)〘近世語〙(「むねつぶらはし」の変化した形か)悲しみや心配事などで胸がつまる。また、胸がいっぱいになる。例顔をつれづれ(=つくづく)眺むれば、梅川(=人名)いとど胸づはらしく〈近松・冥途の飛脚・下〉

むな-で【空手・徒手】 名 手に何も持っていないこと。手ぶら。例水たたふ岩間の真菰刈りかねて空手に過ぐる五月雨のころ〈山家集・上〉

むな-わ・く【胸分く・胸別く】 動(カ下二) 鹿などが胸で茂みを押し分ける。例さ雄鹿の胸別け行かむ秋野萩原〈万葉・二〇・四三二〇〉

むな-わけ【胸分け・胸別け】 名 ❶鹿などが胸で茂みを押し分けること。例さ雄鹿の胸別けにかも秋萩の散り過ぎにける〈万葉・八・一五九九〉❷胸。胸幅。例胸別けの 広き我妹 腰細の すがる娘子の〈万葉・九・一七三八〉

むに-むさん【無二無三】 1名 ❶〘仏教語〙成仏する道はただ一つで、二つとないこと。❷(①から転じて)ただ一つで、ほかにはないこと。唯一。唯一無二。例東大寺と申すは一閻浮提(=人間の住む世界)無二無三の梵閣(=寺)〈源平盛衰記・二四〉2形動(ナリ)わき目もふらないさま。一心不乱。例朱に染んだ(=血に染まった)からだをば無二無三に引きずり出し〈浄瑠璃・仮名手本忠臣蔵・七〉

むね【宗・旨】 名 ❶【宗】おもだったもの。優先すべきこと。中心。⇨むねと2。例(a)源氏には、大内守護の源三位頼政卿、渡辺の省、授をむねとして(=首領格として)、その勢わづかに三百余騎〈平家・一・御輿振〉例(b)家の作りやうは、夏をむねとすべし(=家の作り方は、夏の快適さを優先するのがよい)〈徒然・五五〉

❷【旨】事柄の内容。趣旨。例(a)(仏ノ教エハ)言ひもてゆけば、一つ旨にありて(=つきつめてゆくと、同一の趣旨であって)〈源氏・蛍〉例(b)官軍をはなちつかはすべきむね、聞こえあり(=官軍を派遣するにちがいな

いということが、うわさになっている)〈平家・四・山門牒状〉読解形式名詞として用いた例。類義②よし(由)

語誌「胸」や「棟」と同源とする説もあるが、はっきりしない。〈品田悦一〉

むね【胸】 名❶むね。胸部。例伏し仰ぎ**胸**打ち嘆きて〈万葉・五・九〇四〉❷胸部の病気。胃病をさすこともある。例病は**胸**。もののけ。脚のけ〈枕・病は〉❸心。気持ち。例あはれのみ尽きせねば、**胸**苦しうてまかでたまひぬ(=退出なさってしまった)〈源氏・賢木〉

【胸に当たる】 思い当たる。心に強く訴える。例かほどの理、誰かは思ひよらざらんなれども(=だれでも思いつかないことはないであろうが)、折からの思ひかけぬ心地して、**胸にあたりける**にや〈徒然・四一〉読解「かは」は反語の意を表す。

むね【棟】 名❶屋根の、中央に沿ったいただきの部分。また、そこにさし渡す棟木。例**棟**を並べ、甍を争へる、高き、いやしき人の住まひは〈方丈記〉❷牛車の屋形の上に、前後に渡した木。⇩くるま(図)。例(卯ノ花ヲ牛車ノ)おそひ(=屋根)・**棟**などに、長き枝を葺きたるやうに挿したれば〈枕・五月の御精進のほど〉❸刃物の背。みね。「刀背」とも書く。例太刀の**むね**にて一打ちも当てられさせたまふな〈義経記・二〉

むね-あく【胸開く】 心が晴れる。悲しみや悩みが消えて、すっきりした気分になる。例いとおぼつかなく、物隔てたるなむ、**胸あかぬ**心地するを〈源氏・総角〉読解姫君と物越しに対面している。

むね-あて【胸当て】 名❶胸に当てる鎧。例鎖袴に黒羽織、忠義の**胸当て**打ち揃ふ〈浄瑠璃・仮名手本忠臣蔵・一〇〉❷旅人や飛脚・馬子などが胸に当てる布。例**胸当て**も絞るばかりの恨み泣き〈近松・丹波与作待夜の小室節・中〉❸心あて。推量。例思ひのほか**胸当て**の違い〈浮世草子・新色五巻書・二・二〉

むね-いたし【胸痛し】 ひどくつらい。例我が**胸痛し**恋の繁きに〈万葉・一五・三七六七〉

むね-かど【棟門】 名「むなかど」とも。門の一種。二本の柱を立て、屋根を切り妻破風造りにしたもの。例(風ガ)**棟門**・平門を吹きぬきて〈平家・三・颰〉

棟門〔春日権現験記絵〕

むね-ざんよう【胸算用】 名「むなざんよう」に同じ。例**胸算用**油断なく、一日千金の大晦日を知るべし〈西鶴・世間胸算用・序〉

むね-つぶらはし【胸潰らはし】 心配などで胸がつぶれそうだ。例人々しげく(=多く)並みゐたれば、いと**胸つぶらはしく**思さる〈源氏・賢木〉

むね-つぶる【胸潰る】 恐怖・驚き・興奮・期待などのために、胸がどきどきする。例耳をとなへて(=すまして)聞くに、知る人の名のあるは、ふと例の**胸つぶる**らんかし〈枕・殿上の名対面こそ〉

むね-と【宗と】 1副 主に。第一に。もっぱら。例一生のうち、**むねと**あらまほしからん事の中に、いづれかまさる〈徒然・一八八〉2名(1の名詞化)おもだったもの。「宗徒」と書くことが多い。例**むねと**の兵者三十余人〈平家・九・河原合戦〉

宗良親王 《人名》一三一一(応長元)～?。元中二年(一三八五)ごろ没か。南北朝時代の歌人。後醍醐天皇の第五皇子。母は二条為世の娘為子。南朝方の中心として各地を転戦。歌風は二条派流。準勅撰歌集『新葉和歌集』を撰進。家集に『李花集』。

むねにあたる【胸に当たる】 ⇩「むね」の子項目

むね-はしり【胸走り】 名動(サ変)胸がどきどきすること。心の動揺。例「おはします、おはします」と言ひ続くるを…さすがに**胸走りする**を〈蜻蛉・中〉読解自分を苦しめている夫がやって来た。

むねはしり-び【胸走り火】 名(「胸走り」と「走り火」を重ねた語) 胸騒ぎの思いを、飛びはねる火にたとえていう語。例人に逢はんつきのなきには(=手立てがないときは)思ひおきて**胸走り火**に心焼けをり〈古今・雑体〉

むね-はしる【胸走る】 気持ちが動揺する。胸がどきどきする。例**胸走りて**…何ごとありつらむと、目もあはず(=眠れず)思ひ臥したまへり〈源氏・夕霧〉

むね-ひしぐ【胸拉ぐ】「むねつぶる」に同じ。

むね-むね・し【宗宗し】 形(シク)〔名詞「むね」を重ねて形容詞化した語〕❶おもだっている。中心となるにふさわしい。例家司なども**むねむねしき**人もなかりければ〈源氏・橋姫〉❷しっかりしている。また、表立った様子だ。例この面かの面もあやしくうちよろぼひて(=みすぼらしくがたついて)、**むねむね**しからぬ軒のつま(=端)などに〈源氏・夕顔〉

む-ねん【無念】 1名《仏教語》無我の境地に入って、心に何も思わないこと。2名形動(ナリ)不本意。残念。例首を取りては**無念なり**〈保元・上〉

むばたまの 《枕詞》「ぬばたまの」に同じ。例**むばたま**の夜はふけぬらし〈金槐集・上〉

むばら【茨・荊】 名「いばら」に同じ。例名おそろしきもの…**むばら**。からたち〈枕・名おそろしきもの〉

む-ひつ【無筆】 名 文字を知らないこと。読み書きができないこと。また、その人。例**無筆**なやつ、千手(=千手観音)のお手をかり、高慢に手紙・証文などをかけども〈黄表紙・大悲千禄本〉

むべ【宜】 副「うべ」の変化した形。

むべ-むべ・し【宜宜し】形(シク)〔副詞「むべ」を重ねて形容詞化した語〕「うべうべし」とも。もっともらしい。**格式が守られている**。しかつめらしい。例(a)**むべむべしき**方をばさるものにて、あやしう情けを立てたる人にぞものしたまひければ(=格式ばった面は言うまでもなく、不思議なほど情け深い方でいらっしゃったので)〈源氏・柏木〉例(b)ものまめやかに、**むべむべしき**御物語はすこしばかりにて(=まじめで、しかつめらしいお話は少しばかりで)〈源氏・藤裏葉〉〈堤和博〉

むへん-くゎう【無辺光】 名《仏教語》十方世界を照らす、際限のない光。阿弥陀仏の光明。例至らぬ隈(=届かない隅)もなければ、**無辺光**とは名づけ

たり〈謡曲・姨捨〉

む-へん-せかい【無辺世界】 名 ❶《仏教語》無限の世界。虚空界。❷あてもない所。虚空。例師殿射たまふに…的のあたりにだに近くよらず、**無辺世界**を射たまへるに〈大鏡・道長上〉

む-ほん【謀反・謀叛】 名 国家・朝廷・君主に背いて、兵をおこすこと。例(a)陽成院をおろしまいらせられしをば、いはれず昭宣公の**謀反**なりと申す人やは世々はべる(=陽成院を退位させ申し上げなさったことを、してはならない昭宣公の謀反であると申し上げる人が、のちのちまでもいるか、いや、いない)〈愚管抄・七〉 読解 「昭宣公」は藤原基経。「申す人やは」の「やは」は反語の意を表す。例(b)高倉宮の御**謀反**のよし都へ申したりければ(=高倉宮の御謀反ということを都へ申し上げたので)〈平家・四・鼬之沙汰〉

語誌 ▼**謀反と謀叛** 今の刑法にあたる律では、国家・社会に対する罪の第一が謀反、第三が謀叛。謀反は国家を危うくすること、謀叛は国に背き偽りに従うことで、本来異なる罪だが、混乱して使用されている。
▼**「君の御謀叛」** のちには、時の為政者・君主に対する反逆もいうようになる。『平家物語』では、平家に対する反抗は、源頼朝はもちろん、高倉宮以仁王も(例(b))や後白河院の計画したものもすべて謀叛と称しており、『太平記』でも、後醍醐天皇の倒幕計画を「君の御謀叛」と称している。〈黒木祥子〉

むほん-しんわう【無品親王】 シンノウ 名「むほんしんわう」とも。親王で位階をもっていない人。例**無品親王**の外戚の寄せ(=母方の親戚の後見)なきにては漂はさじ〈源氏・桐壺〉

むま【今】 名 今。和歌で、「むまや(今や)」の形で「駅」と掛けて用いる。例東路の**むまやむまや**と数へつつ近江の近くなるがうれしさ〈古今六帖・二〉

むま【馬】 名「うま」に同じ。平安時代になって、「むま」と書くことが多くなった。例**むま**四つ五つ牽かせて、いみじく忍びやつしたれど〈源氏・玉鬘〉

む-まき【牧】 名「まき(牧)」に同じ。例多に**牧**を置きて馬を放つ〈紀・天智〉

むまご【孫】 名「うまご」に同じ。平安時代になって、「むまご」と書くことが多くなった。

むま-の-はなむけ【餞】 名「うまのはなむけ」に同じ。

む-みゃう【無明】 ミョウ 名《仏教語》十二因縁の一つ。真理に暗いこと。すべての煩悩・迷いの根源になるとされる。例**無明**を破し智恵の光を得たまひて〈今昔・一・七〉

無名草子 ムミョウゾウシ《作品名》鎌倉初期の文学評論。一巻。藤原俊成女の著とする説が有力。正治二年〜建仁元年(一二〇〇〜〇一)ごろ成立。女房たちの座談の聞き書きという形式で『源氏物語』を中心とする物語の評論や、女性の歌人・作家を論じる。現存最古の物語評論。

無名抄 ムミョウショウ《作品名》鎌倉前期の歌論。一巻または二巻。鴨長明著。建暦元年(一二一一)ごろ成立。約八〇の章段から成り、和歌の風体、歌語の意味、作歌の心得、歌人の逸話などが随筆風に記されている。

むみゃう-の-さけ【無明の酒】 ムミョウ 人を迷わせる煩悩を、人を酔わせる酒にたとえていう語。例**無明の酒**の酔ひさめて自害せんと思ひしが〈近松・堀川波鼓・中〉

むむ 感 物事に感心したときや、相手に承諾を与えるときに発する語。例**むむ**、この白無垢を仕立つるは死ぬる合点か、嬉しや〈近松・ひぢりめん卯月紅葉・中〉

むめ【梅】 名「うめ」に同じ。平安時代になって「むめ」と書くことが多くなった。

むも・る【埋もる】 動(ラ下二)「うもる」に同じ。平安時代になって、「むもる」と書くことが多くなった。

む-もん【無文・無紋】 名 ❶衣・冠・帯などに模様のないこと。無地。例**無紋**の御衣なれば〈枕・ねたきもの〉❷和歌や連歌などで、凝った表現を用いないこと。また、その作品。例**無文**なる歌の、さはさはと(=さっぱりと)詠みて〈毎月抄〉❸能楽で、特別の技巧・趣向を超えて、深く心をとらえる芸。例これを心より出で来る能とも言ひ、無心の能とも、または**無文**の能とも申すなり〈花鏡・比判之事〉

む-やく【無益】 名 形動(ナリ)利益のないこと。無駄。例**無益**の事をなし、**無益**の事を言ひ〈徒然・一〇八〉

むやく・し【無益し】 形(シク)悔しい。腹が立つ。例**むやくしき**事も程すぎて〈西鶴・好色一代男・三・三〉

むゆ-か【六日】 名 六番目の日。また、六日間。むいか。例帝崩れさせたまひて**むゆか**といふに、頭おろして山深く籠りたまへりけり〈今鏡・一・望月〉

む-よう【無用】 名 ❶役に立たないこと。不必要。例唐土舟の、たやすからぬ道に、**無用**の物どものみ取り積みて〈徒然・一二〇〉❷してはならないこと。例自今は大分にかす事(=今後は多額に金を貸すことは)**無用**〈西鶴・日本永代蔵・一・一〉

-むら【疋・匹】 接尾 布を巻き物にしたものを数える単位。例白くよき布を三**むら**〈宇治拾遺・九六〉

むら【群・叢・村】 名(「むる(群る)」と同根)**同類のものが一団になっていること。**また、**そのもの。**例(a)波邇布坂　わが立ち見れば　かぎろひの(枕詞)燃ゆる家**群**　妻の家のあたり(=埴生坂に私が立って見ると、燃える家が集まっている所、妻の家のあたりだよ)〈記・下・履中・歌謡〉例(b)村〈无良〉…野外聚居也〈和名抄〉

語誌 ▼『万葉集』にも『古事記』『日本書紀』にも「むら」の単独例はない。例(a)の「家群」のように複合語になっている。また、この例は「むら」という言葉のあることの確認できる数少ない例でもある。この「家群」の例は家が集まっている所の意で、村のこと。
▼「草群」「杉群」など草や杉が一面に生えている所というような言い方から、「鵜群」「鶴群」のように鳥が群れている状態などをいう場合もある。〈古橋信孝〉

む-らい【無礼】 名 形動(ナリ)礼儀に外れること。無礼。例水の上無徳なる(=役に立たない)今日の暑かはしさかな。**無礼**の罪は許されなむや(=無礼な格好もお許しくださいますか)〈源氏・常夏〉

村上天皇 ムラカミテンノウ《人名》九二六〜九六七(延長四〜康保四)。平安中期の天皇。醍醐天皇の第十四皇子。その治世は、天皇親政の理想的時代として後世「天暦の治」とたたえられた。宮中の梨壺で『万葉集』の訓読と『後撰和歌集』の撰集が行われ、また『天徳四年内裏歌合』が催されるなど、文化活動が盛んな代であった。

むら-ぎえ【斑消え】 图 雪などが一度に消えず、まだらに消え残ること。また、その状態。例若菜摘む袖とぞ見ゆる春日野の飛ぶ火の野べの雪の**むら消え**〈新古今・春上〉

むら-ぎみ【邑君・村君・漁父・漁翁】 图 ❶【邑君・村君】農民の長。例播磨国の田の**村君**、百八十の**村君**ありて〈播磨風土記〉❷【漁父・漁翁】漁夫の長。例鮑を潜く海人の**むらぎみ**〈山家集・下〉

むらきも-の【村肝の・群肝の】《枕詞》〔「むらきも」は内臓〕「むらぎもの」とも。内臓に心が宿ると考えられていたことから「心」にかかる。

むら-ぎ-ゆ【斑消ゆ】 動(ヤ下二) 雪などがあちこちまだらに消える。例垣のもとに雪**むら消え**つつ、今もかき曇りて降る〈源氏・浮舟〉

むら-くも【群雲・叢雲】 图 群がっている雲。例風さわぎ**むら雲**まがふ(=乱れる)夕べにも〈源氏・野分〉

むら-ご【斑濃・村濃】 图 染め色の名。同色で所々に濃淡の差があるもの。紺斑濃・紫斑濃などがある。例すそ濃・**むら濃**なども、つねよりはをかしく見ゆ〈枕・四月、祭の頃〉

むらさき【紫】 图 ❶植物の名。紫草。ムラサキ科の多年草。山野に自生し夏に白色の小花をつける。根は薬用にもなり乾燥させて赤紫色の染料にした。武蔵野のものが有名。例**紫草**の根延ふ横野の春野には君をかけつつうぐひす鳴くも(=紫草が根を張る横野の春の野原では、あなたを思って鶯が鳴いていることよ)〈万葉・一〇・一八二五〉❷染め色の名。紫草で染めた色。赤紫色。例**紫**の帯の結びも解きも見ず(=赤紫色の帯の結び目を解こうとさえせずに)〈万葉・一三・二九七四〉❸鰯の女房詞。

一語誌 「紫は灰さすものそ」〈万葉・一二・三一〇一〉とあるように、紫染めには媒染として椿の灰を使用した。古代の冠位・服色の制度で高貴な人の服の色と定められ、一般的に使用されることは禁じられていた。平安時代では、色の代表とされ、単に「濃色」や「薄色」というと濃紫や薄紫をいう。〈吉田比呂子〉

紫式部 むらさきしきぶ《人名》平安中期の人で、『源氏物語』の作者。家集『紫式部集』、宮仕えの一時期の体験に基く『紫式部日記』もある。

天延元年(九七三)ごろ、受領層で当時を代表する文人、藤原為時の娘として誕生。母とは幼くして死別したらしく、それだけに父との結びつきは強く、幼いころからその感化を受けて和漢の書になじんだとみられる。当時女子には漢籍の教養など不要とされたが、後年の物語制作の下地ともなった。長徳四年(九九八)ごろ藤原宣孝と結婚。宣孝は身分的には似合いだが、年齢はすでに中年を過ぎていた。しかし数年後の長保三年(一〇〇一)には死別、幼い娘(のちの大弐三位)をかかえて途方にくれるが、寛弘二年(一〇〇五)ごろ一条天皇の中宮彰子のもとに女房として出仕した。紫式部はそのときの女房名。中宮の父の藤原道長あたりが、すでに物語作者として評判の高かったらしい彼女の文才に注目して出仕を要請したのであろう。夫との死別から出仕までの四、五年の間に、『源氏物語』の執筆が開始されたらしいが、五四巻すべてが完成するのはずっと後のことで、確実なところはわからない。寛弘八年(一〇一一)ごろ宮仕えを辞し、その翌年ぐらいに死去したかといわれる。〈鈴木日出男〉

紫式部集 むらさきしきぶしゅう ムラサキシキブシュウ《作品名》平安中期の家集。成立年未詳。紫式部が晩年、少女時代からの自分の詠んだ和歌を厳選して、ほぼ年代順に配した自撰歌集。一二八首を収める。

紫式部日記 むらさきしきぶにっき《作品名》平安中期の日記。紫式部作。寛弘七年(一〇一〇)ごろ成立。式部が一条天皇の中宮彰子(藤原道長の娘)に仕えた折の宮仕え日記。寛弘五年(一〇〇八)から翌年正月までの記事が大半を占め、ほかに同六・七年の断片的な記事と、消息文といわれる部分からなる。断片記事を含む点からも、現存の本は原作どおりのものではないらしい。

記事の中心は、待望久しかった中宮彰子の初出産にある。緊張と興奮の中での敦成親王誕生が、道長家繁栄の礎とみられ、その慶事を中心に中宮周辺や宮廷行事の華麗さを克明に描いている。しかし、その華麗な雰囲気に埋没しきれない作者自身の孤独な魂も告白される点に、この作品の独自性がある。

寛弘六年正月の記事の次に、文末を丁寧語「はべり」で結ぶのを基本とした、消息(書簡)の体裁をとる部分がある。このいわゆる消息文には、清少納言・和泉式部らを批評する文章や、自分自身を顧みる内省的な文章も含まれている。〈鈴木日出男〉

むらさき-すそご【紫裾濃】 图 ❶染め色の名。上のほうは白く、裾のほうにいくにしたがって紫色をだんだんと濃くしたもの。例角髪結ひて、**紫裾濃**の元結ひなまめかしう〈源氏・澪標〉読解 光源氏に従う童随身の少年たちの様子。❷鎧の縅の色。上段は白、下段になるほど濃い紫になるもの。

紫野 むらさきの《地名》歌枕 山城国の地名。今の京都市北区、船岡山の北一帯。平安京七野の一つに数えられ、朝廷の狩場もあった。例野は嵯峨野さらなり。印南野。交野。…**紫野**〈枕・野は〉

紫の上 むらさきのうへ ムラサキノウエ《人名》『源氏物語』の作中人物。式部卿宮の娘。幼時に死別した母は按察大納言の娘。北山に住んでいた十歳ほどのとき、偶然垣間見た光源氏に強い執着をいだかせる。彼がひそかに慕う藤壺によく似ているからであった。藤壺の姪にあたることを知った源氏に迎えられ、その屋敷の二条院の西の対に住む。源氏の正妻葵の上の死後に新枕を交わしてからは実質的な正妻格となり、源氏の須磨退去時は、財産管理も含めて留守をしっかり守る。六条院では源氏とともに春の町に住む。しかし、この至福の前半生は、源氏の正妻として女三の宮が降嫁したことによって様相を変えた。その苛酷な運命に苦悩を深めるが、世間のもの笑いにはなるまいと平静を装う日々が始まる。女三の宮に失望した源氏の情愛はますます強くはなるが、源氏への信頼も薄れ、出家の願いを強める。そんな中で突如発病、その後も容易に回復しない。四十三歳の八月、源氏・明石の中宮と歌を唱和した直後に危篤となり、露の消えるように息絶える。

むらさき-の-くも【紫の雲】 名 ❶紫色の雲。仏や菩薩、天人が乗る極楽の雲で、臨終のときの来迎やめでたいことのしるしとされる。和歌では、藤の花のたとえとして用いることも多い。「紫雲」とも。例おしなべてむなしき空と思ひしに藤咲きぬれば**紫の雲**〈新古今・釈教〉❷后の別称。例**紫の雲**のよそなる(=関係のない)身なれども立つと聞くこそうれしかりけれ〈後拾遺・賀〉読解「立つ」は雲が立つ意と后の位に立つ意を掛ける。

むらさき-の-ゆかり【紫の縁】 いとしく思う人にゆかりのある人や物。特に、その人だけでなく、それにつながるほかのものにまで思いが及ぶような心情をこめていう。『古今和歌集』の「紫のひともとゆゑに武蔵野の草はみながらあはれとぞ見る」の歌(→名歌363)から出た言葉。例かの**紫のゆかり**尋ねとりたまひては、そのうつくしみに心入りたまひて〈源氏・末摘花〉語誌 紫の縁として特に名高いのは『源氏物語』の紫の上。藤壺をひそかに思慕する光源氏は偶然その人によく似た少女を見出し、その少女が藤壺の姪にあたるという血縁を知って、その身代わりにと強引に自分のもとに引き取る。この少女が紫の上で、「紫の上」という呼称も藤壺の血縁という紫の縁による。例はその一節。その他、姉妹という縁による『伊勢物語』四一段などがある。

むら-さめ【村雨・叢雨】 名 急に降り過ぎる雨。にわか雨。秋から冬にかけての雨をいうことが多い。例暁方に風少ししめりて(=静まって)、**むら雨**のやうに降り出づ〈源氏・野分〉

むらじ【連】 名 ❶姓の一つ。臣とともに有力氏族に与えられた。特に、物部・大伴の二氏は大連に任じられて、政権の中枢を担った。例大伴の**連**らが祖、道臣の命〈記・中・神武〉❷天武天皇一三年(六八四)に定められた八色の姓の第七位。

むら-しぐれ【村時雨・叢時雨】 名 初冬のころ、ひとしきり強く降ってはやみ、また降ってはやむ雨。例旅寝する庵を過ぐる**むらしぐれ**名残までこそ袖はぬれけれ〈千載・羇旅〉

むら-たけ【群竹・叢竹】 名 群がり生えている竹。例我がやどのいささ**群竹**吹く風の音のかそけきこの夕べかも〈万葉・一九・四二九一〉→名歌429

むら-だち【群立ち・叢立ち】 名 草木が群がり立っていること。例龍田山松の**むらだち**なかりせばいづくか残る緑ならまし〈千載・秋下〉

むら-だ・つ【群立つ・叢立つ】 動(タ四) 一群になって立つ。例ここかしこに**むら立っ**(音便形)て、落ち支度のほかは儀勢(=から元気)もなし〈太平記・九〉

むら-とり【群鳥】 名「むらどり」とも。群がっている鳥。例**むら鳥**の立ちさまよふ(=あちこち飛び交う)羽風近く聞こゆ〈源氏・総角〉

むらとり-の【群鳥の】 《枕詞》群がり集まった鳥が朝いっせいに飛び立つことから「群れ」「朝立つ」「出で立つ」「立つ」などにかかる。

むら-なへ【群苗】 名 群がり生えている苗。一説に、「うらなへ(占苗)」の変化した形で、占いに用いるための苗とも。例上野佐野田の苗の**群苗**に〈万葉・一四・三四一八〉

むら-むら【叢叢・斑斑】 副 あちらこちらに群がって。そこここがまだらに。例白きもの(=おしろい)いきつかぬ所は、雪の**むらむら**消えのこりたる心地して、いと見ぐるしく〈枕・正月一日は〉

むら-めか・す【群めかす】 動(サ変)〔「めかす」は接尾語〕群れをなす。例立つ所を事ともせず、**群めかい**(音便形)て寄せ〈平家・八・妹尾最期〉

むら-やま【群山】 名 群がっている山々。多くの山々。例大和には**群山**あれど〈万葉・一・二〉→名歌386

む-りゃう【無量】 リョウ 名 形動(ナリ)『仏教語』はかり知れない大きさ。数えきれない多さ。無数。無限。例人の世にある、自他につけて(=自分のことでも他人のことでも)所願**無量なり**〈徒然・二一七〉

むりゃうじゅ-ゐん【無量寿院】 ムリョウジュイン 名 阿弥陀堂。特に、京都の法成寺内の阿弥陀堂。「無量寿仏」が阿弥陀仏の別称であることからいう。例**無量寿院**ばかりぞ、その形とて残りたる〈徒然・二五〉

む・る【群る】 動(ラ下二) 一つの場所に多く集まる。むらがる。例その河のほとりに**むれ**ゐて、(都ヲ)思ひやれば〈伊勢・九〉

むれ-た・つ【群れ立つ】 動(タ四) むらがって立つ。群生する。例花薄君なき庭に **群れ立ち**て〈古今・雑体〉

むれ-らか【群れらか】 形動(ナリ)〔「らか」は接尾語〕群れをなして一つにまとまっているさま。例物は**むれらかに**得たるこそよけれ〈宇治拾遺・一〇九〉

むろ

【室】 名 ❶周囲をきっちりとふさいで、外部と遮断された所。家の奥にある壁を塗り込めた部屋、自然の岩窟、山腹を掘った岩屋など。例(a)そこより幸行して、忍坂の大**室**に到りましし時に(=そこから出発なさって、忍坂の地の大洞窟にお着きになったときに)〈記・中・神武〉例(b)はだすすき(枕詞)尾花逆葺き黒木もち造れる**室**は万代までに(=尾花を逆さに葺いて黒木で造った建物は永遠であれ)〈万葉・八・一六三七〉読解 新築の建物を讃めた歌。「黒木」は樹皮のついたままの材木。この「室」は、天皇の御座所として急造した建物。
❷保存・保温・発酵などのため四囲を塗り込め、外部と遮断した建物や部屋。「氷室」「麹室」など。
❸(籠もって住むところから)僧の住居。僧坊。庵室。例老いかがまりて**室**の外にもまかでず(=年老いて腰が曲がって僧坊の外にも出ません)〈源氏・若紫〉読解 来訪した光源氏を迎えた北山の僧の言葉。
語誌「室」は外部と遮断された空間であり密室性をもつが、それゆえに日常から隔てられた隠もりの聖所でもある。そこに隠ることで不思議な呪力が与えられる聖空間・異空間としてのイメージがある。

〈多田一臣〉

む-ろ【無漏】 名《仏教語》(「漏」は煩悩の意)煩悩のないこと。例(阿弥陀如来ノ御姿ハ)無漏の万徳の成就したまへるなり〈栄花・玉の台〉

室鳩巣（むろきゅうそう）《人名》一六五八～一七三四(万治元～享保一九)。江戸時代の儒者。木下順庵に学び、八代将軍吉宗らに仕えた。随筆『駿台雑話』など著書多数。

むろ-ぎみ【室君】 名 播磨国(兵庫県)の室津の遊女。また転じて、遊女一般。室津は俗に遊女発祥の地とされる。例(差出人ノ名ハ)皆々室君の名ぞかし〈西鶴・好色五人女・一・三〉

室津（むろつ）《地名》❶播磨国、今の兵庫県揖保郡御津町。上代からの瀬戸内航路の要港。遊女の発祥地と言い伝える。江戸時代には西国大名の参勤交代の寄航地として繁栄した。室。室の泊。例春の海静かに、宝舟の波枕、室津はにぎはへる大湊なり〈西鶴・好色五人女・一・一〉❷土佐国、今の高知県室戸市の室津川流域および河口一帯。例十二日…奈良志津より室津に来ぬ〈土佐〉

むろ-の-き【室の木・杜松】 名 植物の名。ネズ・ハイネズの古称。ヒノキ科の常緑針葉の高木または低木。海岸に砂地をはうように生える。例鞆の浦の磯のむろの木見むごとに〈万葉・三・四四七〉

室の八島（むろのやしま）《地名》歌枕 下野国、今の栃木県栃木市あたりか。惣社町の大神神社をさすとも。野中の清水から水煙が立つことで知られ、和歌では、「煙」とともに詠まれることが多い。

むろ-や【室屋】 名「むろ(室)」に同じ。

む-ゐ【無為】 名 ❶自然のままで作為のないこと。例堯舜無為の化をうたひ〈平家・五・勧進帳〉❷《仏教語》因と縁によって作られたものではないもの。生滅変化しないもの。真理。絶対。⇩うゐ。例永く無為を得て解脱の岸に至れり〈今昔・一・三〉

-め【奴】 接尾 ❶人名や人を表す語について、その人を卑しめののしる意を添える。例その法師めから〈平家・七・願書〉❷自分や自分側の人物をさす語について、卑下する意を添える。例私めが相方の〈滑稽本・膝栗毛・五追加〉

め【牝・雌・女・妻】 名(「を(牡・雄・男・夫)」の対)❶動植物のめす。例(蛇ハ)尾はたらかさんを女と知れ(=尾を動かすほうをめすと理解せよ)〈枕・蟻通の明神〉❷女性。おんな。例ぬえ草の 女にしあれば わが心 浦渚の鳥ぞ(=なよなよした草のような女であるので、私の心は入江の州にいる水鳥のようなものだ)〈記・上・神代・歌謡〉❸妻。例親をも妻をもうち捨てて、山にはひのぼりて法師になりにけり(=親も妻もふり捨てて、比叡山にこっそり登って僧になってしまった)〈蜻蛉・上〉

語誌 ▼複合語　単独でも用いられるが、多くの複合語を作る。「たはやめ(やさしい女性)」「さかしめ(しっかりした女性)」「くはしめ(美しい女性)」など性情をいうものや、「めおや(女親・母親)」「をとめ(少女)」「めのわらは(童女・少女)」など属性や年代にかかわるものなど、さまざまである。

〈松井健児〉

め【海布・海藻】 名 食用になる海藻の総称。若布・荒布・海松布など。例むかし、海藻、この井の底に生ひたりき〈肥前風土記〉

め【目・眼】 1 名 ❶人間や動物の視覚器官。例 (a)秋来ぬと目にはさやかに見えねども風の音にぞおどろかれぬる〈古今・秋上〉↓名歌7 例 (b)行く春や鳥啼き魚の目は泪〈芭蕉・奥の細道〉↓名句154

❷物事を見極める能力。観察眼。眼力。例こんなものを買はぬは、目のきかぬ大臣や(=こんなにすばらしいのを買わないのは、観察眼のない大金持ちよ)〈西鶴・諸艶大鑑・四・三〉❸見ること。会うこと。例人目多み目こそ忍ぶれ(=人目が多いので会うことを我慢しているが)〈万葉・一二・二九一一〉❹顔。姿。様子。例君が目の 恋しきからに(=あなたの姿が恋しいために)〈紀・斉明・歌謡〉❺経験。境遇。多く望ましくないことにいう。⇩めをみす・めをみる。例いと恐ろしき目をも見はべるかな(=実に恐ろしい経験をするものだなあ)〈宇津保・俊蔭〉❻可能性。見込み。例怨霊ぜけてもなす目はなし(=借金取りが来ても、返す見込みはない)〈滑稽本・浮世床・二上〉❼物と物とのすきま。また、編み目など。例(雪ガ)瓦の目ごとに入りて、黒うまろに見えたる、いとをかし(=瓦のすきまごとに入って、瓦が黒く丸く見えているのは、たいそう趣がある)〈枕・雪は、檜皮葺〉❽賽の目。また、双六・碁などの勝負。例双六の目を覗き出る日ぐれ方〈俳諧・三冊子・赤冊子〉

2 接尾 ❶順序を数える。「二日め」「三番め」など。❷形容詞の語幹について、そのような傾向である、の意を添える。「細め」「高め」など。❸動詞の連用形について、そのような時・状態である、の意を添える。「代はりめ」「死にめ」など。

〈新野直哉〉

[目に懸く] ❶目の前で見る。目前にする。例目にかけたる敵を討たずして、南都へ入れまゐらせ候ひなば〈平家・四・橋合戦〉❷(「御目に懸く」の形で)目上の人に見せる。例嫡子ぢやとて天子へ御目にかけて〈毛詩抄・一五〉❸目方を量る。例塩肴も目にかけて直段をし〈西鶴・本朝二十不孝・三・二〉

[目に角を立つ] ❶怒りを目に表す。例「沙汰のかぎりや(=もってのほかだ)」とて、目に角をたて

てにらむ〈噺本・昨日は今日の物語・下〉❷目をこらす。例銭を一文…目に角立てても拾ひがたし〈西鶴・日本永代蔵・三・一〉

[目に立つ] ❶〔「立つ」は四段活用〕目立つ。目につく。例過ぎ行く道に**目に立つ**社あり〈十六夜〉❷〔「立つ」は下二段活用〕注目する。例「すは、上手出で来たり(=そら、名人が出現した)」とて、人も目**に立つるなり**〈風姿花伝・一〉

[目に近し] すぐ近くだ。目の前だ。例年ごろ、女といふもの**目に近く**見たまはず〈宇津保・忠こそ〉

[目引き鼻引き] 目を見交わしたり鼻をうごめかしたりして意思を通じさせながら。例侍ども…高くは笑はねども、**目ひき鼻ひき**きらめきあへり(=目を光らせて合図をしあった)〈平家・一一・逆櫓〉

[目もあやなり] ❶まばゆい。まばゆいほどすばらしい。例**目もあやなる**光添ひてなむありける〈宇津保・俊蔭〉❷心外だ。予想外だ。善悪いずれにもいう。例思ひ寄らぬことの、**目もあやに**心づきなくなりて(=いやな気持ちになって)〈源氏・総角〉

[目も及ばず] まともに見られないほど程度がはなはだしい。多く、よい場合に用いる。例この御屏風の墨つきの輝くさまは**目も及ばず**、思ひなしさへめでたくなむありける〈源氏・若菜上〉

[目も遥に] 見える範囲一帯に。見える限りの遠く。また、そこに至るまで。和歌では、「春」「芽も張る」などに掛けて用いることが多い。例津の国の難波の葦の**めもはるに**〈古今・恋三〉

[目を驚かす] 驚きで目を見張る。例かかる人も世に出でおはするものなりけりと、あさましきまで**目を驚かし**たまふ〈源氏・桐壺〉

[目を懸く] ❶注目する。例この虎に**目をかけて**見る〈宇治拾遺・三九〉❷狙いを定める。例大将軍重盛ばかりに**目を懸けよ**〈平治・中〉❸人をかわいがる。寵愛する。ひいきにする。例人ごとに情けをかけ、侍までも**目をかけ**られし間〈義経記・四〉

[目をくはす] 目で合図をする。目くばせする。例(女房タチハ)**目をくはせ**つつ、「あまりなる御思ひやりかな」など言ふべし〈源氏・若菜上〉

[目を肥やす] よい物事を見て楽しむ。目を楽しませる。例一時が**目をこやし**て、何にかはせむ〈更級〉読解「かは」は反語の意を表す。

[目を澄ます] 注目する。凝視する。例味方は**目をすまして**これを見る〈義経記・四〉

[目を側む] 目を背ける。白い目で見る。⇩そばむ。例この院に**目を側め**られたてまつらむことは、いと恐ろしく恥づかしくおぼゆ〈源氏・若菜下〉

[目を立つ] 注目する。注意して見る。例若やかなる殿上人などは、**目をたて**つつ気色ばむ(=意中をほのめかす)〈源氏・蛍〉

[目を付く] 凝視する。注目する。監視する。例「これは何者ぞ」と思ひて**目を付け**て見れば〈今昔・二八・三〉

[目を抜く] だます。出し抜く。例ええ口惜しい、**目を抜か**れた〈近松・女殺油地獄・上〉

[目を見す] ❶人にある思いを味わわせる。〜という目にあわせる。例人をしてかかる**目を見する**事、慈悲もなく、礼義にも背けり〈徒然・一七五〉❷ひどい目にあわせる。例あまりにこの山の衆徒は驕傲が過ぎて、修行者めらに**目を見せ**て〈義経記・三〉

[目を見る] 〜という状況になる。〜という思いをする。例悲しき**目を見**て〈宇津保・楼上下〉

め 推量の助動詞「む」の已然形。

め-あかし【目明かし】 名❶江戸時代、町奉行の同心に私的に雇われ、罪人の捜索や逮捕にあたる人。例盗人を求めんとて、盗人の**目明かし**を連れて指さする(=探させる)事はあれども〈仮名草子・浮世物語・二・一〉❷鑑定すること。判別すること。

め-あは・す【妻合はす】 動(サ下二) 妻として連れ添わせる。例(私ノ娘ヲ)こなたと**妻合はせ**まするによりて〈虎寛本狂言・賽の目〉

め-あふ【目合ふ】 安心して眠る。多く打消の形で用いる。例何ごとありつらむと、**目もあはず**思ひ臥したまへり〈源氏・夕霧〉

めい【命】 名❶命。例**命**を軽んじ、義を重んじて〈平家・七・木曾山門牒状〉❷命令。仰せ。例親の**命**をそむかじ〈平家・一・祇王〉❸めぐりあわせ。運命。例天地**命**を革むべき危機ここに顕れたり〈太平記・一〉

めい【銘】 名❶漢文の文体の一つ。功績をたたえるもので、墓碑などにいう。❷器物などに刻んである製作者の名。例**銘**は切らざりければ(=刻めなかったので)、かの主なる人、本(=原案)を書きて〈仮名草子・仁勢物語・下〉❸品物などに特につける名。例(墨ニ)山下松煙といふ**銘**をつくり初めける日よめる〈続詞花・賀・詞書〉

めい-あん【冥暗・冥闇】 名「みゃうあん」とも。暗闇。例一生**溟暗**の中に向かって、歳月の遷りかはるをも知りたまはねば〈太平記・四〉

めい-か【名家】 名❶名門。すぐれた家柄。例源家嫡流の**名家**なり〈太平記・七〉❷公卿の家格の一つ。弁官・蔵人を経て大納言まで昇進できる。例**名家**の輩これ(=他家の出世)を猜んで〈太平記・一三〉

明衡往来 《作品名》平安中期の往来物。藤原明衡著。治暦二年(一〇六六)ごろ成立。漢文の書簡文を集めて配列し、手紙の模範例文集としたもの。往来物の規範として後世も次々に増補された。明衡が出雲守だったことから『雲州往来』とも。

めい-げつ【名月・明月】 名❶陰暦八月十五日の月。例**名月**や北国日和定めなき〈芭蕉・奥の細道〉❷明るく澄みわたっている月。例帰りを忘れて**明月**を待つ〈懐風藻〉

明月記 《作品名》平安末期・鎌倉前期の漢文体日記。藤原定家記。治承四年(一一八〇)から嘉禎元年(一二三五)までの記事が現存するが、欠落部分もある。当時の和歌資料として、さらに定家の生きた時代を知るうえでも高い資料的価値をもつ。自筆本が現代まで冷泉家に伝わる。

めい-げん【鳴弦】 名動(サ変)「つるうち」に同じ。例主上(=天皇)夜な夜なおびえさせたまふ事ありけり…御悩の刻限に及んで**鳴弦する**事三度ののち〈平家・四・鵼〉

めい-せき【名籍】 名 姓名・官位などを書いた札。例

大きなる松の木をけづって、中将名籍を書きつけらる〈平家・一〇・維盛入水〉

めい-ど【冥途・冥土】 名《仏教語》死者が、閻魔の庁などで生前の罪業について審判を受けると考えられた死後の世界。あの世。黄泉路。「冥路」とも。例(a)冥途に至りて、罪を勘へて、牛の身にならむとす(=冥途に着いて、生前の罪を裁定されて、牛になろうとする)〈今昔・六・三四〉読解生前に悪業を犯すと、次の世に動物に生まれるとされていた。例(b)冥途にて罪人どもが冥官にあへる心地ぞせられける(=冥途で罪人たちが冥官に会っている気がなさった)〈平家・一〇・内裏女房〉読解合戦で捕らえられた平重衡(清盛の五男)が尋問を受けたときの気持ち。「冥官」は閻魔の庁の役人。

語誌▼**生前の裁きを受ける世界**　「冥途」は、単にあの世の意でも用いられるが、中国の十王信仰による死後の世界の想像に基づいて用いられることが多い。すなわち、死者は初七日に三途の川を渡り、以後四十九日までの中有の期間、七日ごとに冥界の官庁において生前の罪業について厳しい審判を受け(その第五番目が閻魔王庁)、地獄・餓鬼・畜生・修羅・人間・天上の六道のいずれに赴くかが決定されるというものである。〈藤原克己〉

冥途の飛脚 《作品名》浄瑠璃。世話物。三段。近松門左衛門作。正徳元年(一七一一)竹本座初演。実説は定かでない。大坂の飛脚屋亀屋の養子忠兵衛は、なじみの遊女梅川のために店の金五十両を流用、公金三百両にも手をつけて梅川を身請けする。二人は忠兵衛の親が住む大和の新口村に逃げる。父孫右衛門は養家への義理と子への愛の板ばさみになるが、忠兵衛には会わずに別れ、二人はほどなく捕らえられた。公金の封印を切る激情的な「封印切り」と、孫右衛門の心の葛藤を描く「新口村」が有名。世話浄瑠璃の傑作。

めい-ぼく【面目】 名「めんぼく」の変化した形。例壇こぼちて(=壊して)帰り入らむことのめいぼくなく〈源氏・夕霧〉読解修法に失敗した僧の様子。

伽羅先代萩 《作品名》❶歌舞伎。時代物。五幕。奈河亀輔らの作。安永六年(一七七七)初演。仙台伊達藩の伊達騒動に取材した作。通称『先代萩』。❷浄瑠璃。時代物。九段。松貫四らの合作。天明五年(一七八五)初演。①の影響下に、安永七・八年(一七七八・七九)に上演された『伊達競阿国戯場』を取り入れた作。

めい-めい【銘銘】 名〔「めんめん(面面)」の変化した形〕❶一人一人。おのおの。各自。例銘々に参るには及びませぬか〈虎寛本狂言・千切木〉❷(接頭語的に用いて)数人の人が同じ動作をしたり、同じ物を与えられたりする意を表す。「めいめい書き(寄せ書き)」「めいめい稼ぎ(共働き)」「めいめい皿」など。

めい-よ【名誉】 ❶名形動(ナリ)名高いこと。評判の高いこと。悪いことについてもいう。例隠れなき(=世に知られた)強盗、名誉の大剛の者にて候ふ〈古活字本平治・中〉❷名動(サ変)評判になること。有名になること。例国家に知れ、天下に名誉せんことを教訓す〈随聞記・五〉❸名副「めいよう」とも。不思議なこと。奇妙。⇩めんよう

めい-よう 〔「めいよ(名誉)」の変化した形〕❶名形動(ナリ)珍しいこと。例めいようぢゃ 里からもどる子のにくさ〈軽口頓作〉❷副不思議に思うさま。どういうわけか。例めいよう、今の通うは下戸ござ〈洒落本・通言総籬〉語誌漢字では「面妖」と書くことが多く、「めんよう」などとも読まれる。

めい-ろ【迷盧】 名《仏教語》「蘇迷盧」の略。⇩しゆみせん

めい-わく【迷惑】 ❶名動(サ変)どうしてよいか迷うこと。例皇居に馴れざるがゆゑに心迷惑す〈平家・五・咸陽宮〉❷名形動(ナリ)困ること。例さぞ花松殿はご迷惑に思しめさうず(=お思いだろう)〈謡曲・丹後物狂〉

めう【妙】 名形動(ナリ)❶非常にすぐれていること。例妙の位は、そうじてえいはぬ重なり(=段階である)〈申楽談儀〉❷非常に不思議なこと。

めう-おん【妙音】 名❶美しい音声・音楽。例舞歌音楽の妙音の声、仏事をもなしたまはば〈謡曲・山姥〉❷《仏教語》「妙音天」の略。例弁才・妙音二天の名は格別なりと言へども〈平家・七・竹生島詣〉

めうおん-てん【妙音天】 名《仏教語》弁才天の別称。例阿弥陀・釈迦・妙音天などを安置して〈著聞集・七・二九一〉

めう-かく【妙覚】 名《仏教語》「めうがく」とも。仏の無上の悟り。真の悟り。例妙覚の如来の容貌ありありと〈近松・用明天王職人鑑・一〉

めう-けん【妙見】 名《仏教語》「妙見菩薩」の略。

めうけん-ぼさつ【妙見菩薩】 名《仏教語》北斗七星を神格化した菩薩。国土を守護し、災厄を除き、福寿を増すという。北辰菩薩。例妙見菩薩に憑りて(=頼って)祈り願ひき〈霊異記・上・三四〉

め-うつし【目移し】 名あるものを見慣れた目で別のものを見ること。例当代(=今の天皇)の御かしづき娘を得たてまつりたまへらむ人の御目移しには、(自分ノ娘ハ)いともいとも恥づかしく〈源氏・東屋〉

め-うと【夫婦・妻夫】 名「めをと」の変化した形。例めうとの中にて腹立つべからず〈狂言・福の神〉

めう-ほふ【妙法】 名《仏教語》❶微妙不可思議な教え。意味の深い教え。仏法。例我妙法を説くべし〈今昔・四・四〉❷「妙法蓮華経」の略。

めうほふれんげ-きゃう【妙法蓮華経】 名《仏教語》❶「ほけきゃう」に同じ。例金字の妙法蓮華経一部、般若心経一巻を写したてまつり〈性霊集・八〉❷題目の「南無妙法蓮華経」の略。

めう-もん【妙文】 名すぐれた経典。多く法華経をさす。例八軸の妙文・九帖の御書もおかれたり〈平家・灌頂・大原御幸〉

め-おや【女親】 名母親。女親。例女親亡くなりて、男親の一人ある、いみじう(=とても大事に)思へど〈枕・男は、女親亡くなりて〉

め-かかう 名動(サ変)〔「めあかう(目赤う)」の変化した形か〕あかんべえ。例めかかうして児をおどせば〈大鏡・伊尹〉

めがき【女餓鬼】 名 女の餓鬼。例寺々の**女餓鬼**申さく大神の男餓鬼賜りて(=いただいて)その子産まはむ〈万葉・一六・三八四〇〉

-めか・し 接尾(シク型)〔接尾語「めく」から派生した語〕種々の語について、〜ようだ、〜めいている、〜らしい、の意の形容詞を作る。「今めかし」「子めかし」「生めかし」など。

-めか・す 接尾(サ四型)〔接尾語「めく」から派生した語〕名詞などについて、〜のようにする、〜らしくする、の意の動詞を作る。「人めかす」「物めかす」など。

め-かり【和布刈り】 名 和布を刈り取ること。例年は暮るれど緑なる**和布刈り**の今日の神祭り〈謡曲・和布刈〉 語誌 例の「神祭り」は「和布刈りの神事」のこと。長門国豊浦郡(今の下関市)の住吉神社と対岸の豊前国企救郡(今の北九州市)で行われる。陰暦十二月の晦日の夜、潮が引いてから神官が海底の和布を刈り取る。刈り取られた和布は、翌日の元旦に神前に供えられる。

め-かる【目離る】 目がはなれる。会わなくなる。疎遠になる。例世の中の人の心は、**目かるれ**ば忘れぬべきものにこそあめれ(=会わなくなると忘れてしまうものであるようだ)〈伊勢・四六〉

め-かれ【目離れ】 名 動(サ変)目がはなれること。見ないようになること。会わないようになること。例思へども身をしわけねば**めかれせ**ぬ雪のつもるぞわが心なる〈伊勢・八五〉 読解 出家した元の主君のもとに参上したときの歌。お慕いしていても、我が身を二つに分けることはできないので常におそばにお仕えすることはかないません。目がはなれないほど絶え間なく降る雪が積もって帰れなくなることが、私の本意なのです、という。

-め・く 接尾(カ四型)種々の語について、〜ようになる、〜らしくなる、の意の動詞を作る。「今めく」「春めく」「山里めく」「朧めく」「殊更めく」「煌めく」「ひそめく」など。

めぐ・し【愛し】 形(ク)❶かわいい。例妻子見ればかなしく**めぐし**〈万葉・一八・四一〇六〉❷かわいそうだ。例今日のみは**めぐし**もな見そ(=かわいそうと思わないでください)〈万葉・九・一七五九〉 読解「な〜そ」は柔らかい禁止の意を表す。

め-くは・す【目食はす】(クワス) 動(サ下二)目で合図をする。目くばせをする。例あな、かたはらいた(=ああ、みっともない)、と**目くはすれ**ど、聞きも入れず〈源氏・若菜上〉

めぐみ【恵み】 名 恩恵。慈悲。例神仏の**恵み**かうぶれるに似たり(=受けたように見えた)〈土佐〉

めぐ・む

【恵む】 動(マ四)「めぐし(愛し)」と同根。相手を思いやり、恩恵を与える意。

❶**神仏や上位の人が、情けをかける**。あわれむ。例(初瀬ノ観音ハ)若君をばまして**恵み**たまひてん(=若君をいうまでもなくあわれみなさるでしょう)〈源氏・玉鬘〉

❷**物を施し与える**。例持ちてまゐる果物をさへ**恵み**賜び(=献上された菓子までも施し与えなさり)〈大鏡・道長上〉

〈髙田祐彦〉

め-ぐ・む【芽ぐむ】 動(マ四)〔「ぐむ」は接尾語〕芽を出す。例木の葉の落つるも、まづ落ちて**芽ぐむ**にはあらず〈徒然・一五五〉

めぐらし-ぶみ【回らし文・廻らし文】 名「くわいぶん①」に同じ。例**廻らし文**をもって参るべき由催されたりければ(=招集なさったので)〈今昔・二六・一三〉

めぐら・す【回らす・廻らす・巡らす】 動(サ四)〔「めぐる」の他動詞形〕❶ぐるりとまわす。まわりを取り囲むようにする。例(幕ヲ)ひき隔て**めぐらし**たる儀式(=葬場)の方は〈源氏・夕霧〉❷計画を企てる。例平家亡ぼさむずる謀りことをぞ**廻らしける**〈平家・一・鹿谷〉❸回状などで次々と知らせる。例御消息聞こえ**めぐらし**たまふ〈源氏・玉鬘〉

めぐら・ふ【回らふ・廻らふ・巡らふ】(メグラウ・メグロウ) 動(ハ四)〔動詞「めぐる」の未然形＋上代の反復・継続の助動詞「ふ」〕❶あちこちを回る。巡回する。例宿直たしかに**めぐらひ**てさぶらはせ〈浜松中納言・三〉❷世の中をわたってゆく。例多くの人に後るる命を、悲しく思ひたまへてこそ、さすがに(=それでもなお)**めぐらひ**はべれ〈源氏・橋姫〉

め-くらべ【目比べ】 名❶にらみあい。例かやうに**目くらべ**して、鎌倉に集まりゐては叶ふまじ〈太平記・一四〉❷子どもの遊戯の名。にらめっこ。

めぐり【回り・廻り・巡り】 名❶周囲。あたり。例御帳の**めぐり**にも、人々しげく(=多く)並みゐたれば〈源氏・賢木〉❷周囲にめぐらせる囲み。例門出したる所は、**めぐり**などもなくて〈更級〉❸ぐるぐるとあたりをまわること。例もろともに(=私といっしょに)山**めぐり**する時雨かな〈詞花・冬〉

め-くる【目眩る】 悲しみや恐怖でめまいがする。目の前が暗くなる。例いとど**目くるる**心地せさせたまへば、いとど御心の闇もまさらせたまひて〈栄花・ゆふしで〉

めぐ・る

【回る・廻る・巡る】 動(ラ四)物のまわりを囲んだり、周囲を循環したりする意。

❶**まわりを取り囲む**。例白波の い咲き**廻れる** 住吉の浜(=白波の花が咲き取り囲む住吉の浜)〈万葉・六・九三一〉

❷㋐**あちこち歩き回る**。**次々に移動する**。例その山のそばひらを**めぐれ**ば、世の中になき花の木ども立てり(=その山のわきをあちこち歩き回ると、この世にはない花の木が多く立っている)〈竹取〉㋑**周囲をまわる**。例つないだる馬に乗って杭の周囲を**めぐる**こと限りなし(=つないである馬に乗って杭の周囲をまわることは際限がない)〈平家・五・富士川〉

❸**回転する**。例(燕ハ)尾をささげて七度**めぐり**てなむうみ落とすめる(=尾を高く上げて七度回転して卵を生み落とすということだ)〈竹取〉

❹**時が経過する**。例**めぐり**くる春々ごとに桜花(=時がたってまたやってくる春のたびに咲く桜の花)〈宇治拾遺・一四七〉

❺世の中に交わる。この世に生きる。例我かくてうき世の中にめぐるとも(=私はこのようにしてつらい世の中に生きても)〈源氏・手習〉❻次々と別の世に生まれ変わる。輪廻する。例深き契りある仲は、めぐりても絶えざなれば(=深い因縁のある仲は、生まれ変わっても切れないそうだから)〈源氏・葵〉

語誌▼類義語との関係　「まはる」は移動の軌跡が円になるニュアンスが強いのに対し、「めぐる」は周囲の一つ一つを順に移動して戻ってくる意をもつ。ただし②③では「(水車ガ)おほかためぐらざりければ、とかく直しけれどもつひにまはらで」〈徒然・五一〉のように、ほとんど同意に用いたり、しだいに「まはる」が「めぐる」に替わる傾向にある。「もとほる」は中心のまわりを回る意、「たむ(回む)」「みる(回る)」は縁に沿ってゆく意で、いずれも上代語である。〈鉄野昌弘〉

め-くるめく【目眩く】「めくる」に同じ。例底ひも知らぬ谷の底に、木の葉繁き下枝にあれば、さらに見ゆべきやうもなし。**目くるめく**心地すれば〈古本説話集・下・六四〉

め-ぐろ【目黒】名 魚の名。マグロの小さいもの。上方での称。例金杓子片手に**目黒**のせんば煮を盛る時〈西鶴・好色五人女・一・二〉

め・げる 動(ガ下一)❶壊れる。例飛鳥川の茶入れ、かやうの類ごろつきて(=ごろごろ転がって)**めげる**をかまはず〈西鶴・好色五人女・五・五〉❷元気がなくなる。へこたれる。例すこしも**めげ**ぬやうすに〈滑稽本・膝栗毛・八下〉

め-こ【妻子】名❶妻と子。例父母は　飢ゑ寒ゆらむ　**妻子**どもは　乞ひて泣くらむ〈万葉・五・八九二〉↓名歌122 ❷〔「こ」は接尾語〕妻。例天の下には、我が**めこ**にすべき人なし〈宇津保・嵯峨院〉

め-こと【目言】名 目で見、口で話をすること。会って語ること。例なにしかも**目言**をだにもここだ乏しき(=こんなにも少ないのか)〈万葉・四・六八九〉

めさ・ぐ【召上ぐ】動(ガ下二)〔「めしあぐ」の変化した形〕お呼び寄せになる。例遣はさえし(=遣わされた)大碓の命、(美女ヲ)**召上げ**ずて〈記・中・景行〉

め-ざし【目刺し】名 額髪を垂らし、眉のあたりで切りそろえた髪型。また、その髪型をするくらいの年齢の少年少女。例**目ざし**なる御髪を、せちに(=しきりに)かきやりつつ〈狭衣・三〉

め-ざと【目敏】形動(ナリ) 見つけるのが早い。めざとい。例いとちひさき塵のありけるを**目ざと**に見つけて〈枕・うつくしきもの〉

め-ざま・し

【目覚まし】形(シク) 動詞「めざむ」の形容詞形。よい意味でも悪い意味でも、目が覚めるほどの意外な気持ちをいう。

❶**あきれたことだ。身分をわきまえず失礼だ。無礼だ。目下にしてやられて不愉快だ。目障りだ。こしゃくだ。生意気だ。**例(a)**めざましき**ものにおとしめそねみたまふ(=目障りな者として見下しねたみなさる)〈源氏・桐壺〉読解女御たちの桐壺更衣に対するふるまい。女御と更衣では女御が上位。例(b)たどり寄らむも人わろかるべく、まめやかに**めざまし**(=居場所を捜し出して言い寄るのも体裁が悪いにちがいなく、本当にしゃくにさわる)〈源氏・空蟬〉読解身分の低い女性にひじ鉄をくらった光源氏の気持ち。

❷**意外にりっぱだ。目下の者にしては上出来だ。身分が低いわりにはたいしたものだ。思いのほかすばらしい。**例うちとけたらぬもてなし、髪の下がり端、**めざましく**もと見たまふ(=すきのない応対や、垂れ下がった髪の様子を、思いのほかすばらしいとご覧になる)〈源氏・夕顔〉読解ある女房に対する光源氏の感想。

語誌　平安時代の「めざまし」は、下位の人の言動に対する上位の人の気持ちに用いることが多い。下位の人が身分や分際を越えた言動をしたとき、優越感を傷つけられて怒ったりするのが①、なかなかやるなあと感心したりするのが②。〈岩坪健〉

めざまし-ぐさ【目覚まし草】名〔「くさ」は品物・物の意。「草」はあて字〕目を覚ますためのもの。目を覚まさせる手段になるもの。例山里の暁ごとの松風や**目ざまし草**の種となるらん〈蔵玉集〉

めさ・る【召さる】〔動詞「めす」の未然形＋尊敬の助動詞「る」〕❶動(ラ下二)「呼ぶ」「食ふ」「着る」「為す」などの尊敬語。例使ひをたてて**召されけり**(=お呼びになった)〈平家・一・祇王〉❷補動(ラ下二)〔動詞の連用形について〕動作をしている人を敬う意を添える。〜なさる。例城に残って居**めさる**か〈浄瑠璃・絵本太功記・四〉

めし【召し】名 貴人・上位者などが呼び招くこと。お呼び出し。例うかれめ(=遊女)に、しろといふ者ありけり。**召し**につかはしたりければ(=人をおやりになると)〈大和・一四五〉

めし-あ・ぐ【召し上ぐ】動(ガ下二)❶命じて呼び寄せる。お呼び寄せになる。例(帝ハ)あはれがりたまうて、うへ(=殿上)に**召しあげ**たまふ〈大和・一四六〉❷役所などが所有物を取り上げる。没収する。例武家被官の者ども、ことごとく所領を**召し上げ**られ〈太平記・一二〉❸お買い上げになる。例商売人の事でござれば…ただ**召し上げ**らるる方へ参るよ〈狂言・昆布売〉

めし-あは・す【召し合はす】動(サ下二) 命じて立ち合わせる。お呼び寄せになって立ち合わせる。例御前にて**召し合はせ**られたりけるに〈徒然・一三五〉

めしい【盲】⇩めしひ

めし-いだ・す【召し出だす】動(サ四)❶命じて呼び寄せる。お呼び出しになる。例**召し出だし**て失はん(=亡きものにしてやろう)〈平家・六・小督〉❷物をお取り寄せになる。例その刀を**召し出だし**て叡覧あれば〈平家・一・殿上闇討〉

めし-い・づ【召し出づ】動(ダ下二)「めしいだす」に同じ。

めし-い・る【召し入る】動(ラ下二) 中にお呼び入れになる。例王これを聞きて宮の内に**召し入れ**て〈今昔・二・一二〉

めし-うと【召人】名〔「めしひと」のウ音便形〕「めしうど」とも。❶神楽や舞楽などのために召し出された人たち。例**召人**二十人ながら歌うたふ〈宇

津保・嵯峨院〉❷貴人のそば近くに仕え、情交関係にある女房。例御召人の典侍のおぼえ、年月に添へてただ権の北の方にて〈栄花・さまざまの喜び〉読解「北の方」は貴人の正妻。この典侍は、正妻に準じるほどの扱われようだったということ。❸囚人具ん。捕まった人。「囚人」とも書く。例大事の**囚人具**したれば(=連れているので)〈平家・三・泊瀬六代〉

めし-おほせ【召し仰せ】 名 天皇・朝廷が人を呼び寄せて命令を下すこと。任官、行幸・行啓の供奉の任命、儀式の役員の任命などにいう。例警固の**召し仰せ**、十八日なり〈弁内侍日記〉

めし-かへ・す【召し返す】 動(サ四) お呼び戻しになる。例非常の(=特別の)大赦おこなはれて、さんぬる治承三年に流されたまひし(=流罪にされなさった)人々みな**召し返さる**〈平家・六・嗄声〉

めし-ぐ・す【召し具す】 動(サ変) 呼び寄せてお連れになる。召し連れる。例随身二、三人**召し具して**、兵一人も**召し具せ**られず〈平家・三・小教訓〉

めし-こ・む【召し籠む】 動(マ下二) そばに呼び寄せて、外に出さないようになさる。また、監禁なさる。例いかで(=どうして)かかる御使ひを**召しこめて**、かう懲ぜさせたまふ〈宇津保・楼上上〉

めし-つかひ【召使ひ】 名 ❶太政官の史生の下に配属された下級官人。宮中などで雑用にあたる。❷使用人。例**召使ひ**の来あひたりつれば〈蜻蛉・上〉奉公人。

めし-つか・ふ【召し使ふ】 動(ハ四) そばに呼び寄せて、身近な雑用をおさせになる。例御身近く寄せられ、**召し使はれ**候ふ御こと〈御伽草子・唐糸草紙〉

めし-つぎ【召し次ぎ・召し継ぎ】 名 ❶取り次ぐこと。また、取り次ぎ役の人。貴人の身の回りの雑用を行う人。例舎人二人、**召し継ぎ**として(連レテ)〈竹取〉❷院の庁などで、雑事や取り次ぎを担当する下級の役人。例同じ色の衵着たる**召し次ぎ**といふ者十人付きたり〈栄花・殿上の花見〉

めしつぎ-どころ【召次所】 名 院の庁などの下級役人の詰め所。例院の下部・庁の**召次所**、何かの隈までいかめしくせさせたまへり〈源氏・柏木〉

めし-つど・ふ【召し集ふ】 動(ハ下二) お呼び集めになる。例我が大君 皇子の命 もののふの (枕詞) 八十伴の男を(=数多くの部族)を **召し集へ**〈万葉・三・四七八〉

めし-と・る【召し取る・召し捕る】 動(ラ四) ❶お呼び寄せになる。例(ソノ皇子ハ)鍛冶工匠六人を**召しとりて**〈竹取〉❷官命によって罪人を捕らえる。逮捕する。例平家の方人する(=味方する)者ここにあり。**召し捕れ**や〈平家・六・嗄声〉

めし-はな・つ【召し放つ】 動(タ四) 大勢の中からその人を特別にそばにお呼び寄せになる。例この君**召し放ちて**語らひたまへば〈源氏・紅梅〉

め-しひ【盲】 名 目が見えないこと。また、その人。例矇雲(=人名)**めしひ**なりといふとも、はやくこれを知るなるべし〈読本・弓張月・残・五九〉

めし-ぶみ【召し文】 名 朝廷や幕府が人を出頭させるために出す召喚状。特に、鎌倉・室町幕府の訴訟制度で、論人(被告人)の出頭を命じる召喚状。

めし-もの【召し物】 名 貴人の身に着ける物。また、飲食する物。例御**召し物**(=御食事)は、うるはしく御器などにもまゐりするゑで〈大鏡・時平〉

めし-よ・す【召し寄す】 動(サ下二) ❶そばにお呼び寄せになる。例(光源氏ガ)蔵人弁を**召し寄せて**〈源氏・夕顔〉❷お取り寄せになる。例御殿油(=灯火)**召し寄せて**暦御覧じて〈栄花・花山尋ぬる中納言〉

め・す

【見す・看す・召す】〔動詞「みる」の未然形＋上代の尊敬の助動詞「す」＝「みす」の変化した形〕❶ 動(サ四) ❶「見る」の尊敬語。ご覧になる。例埴安の 堤の上に あり立たし **見し**たまへば(=埴安の池の堤の上にお立ちになってご覧になると)〈万葉・一・五二〉

❷「治む」の尊敬語。お治めになる。例やすみしし(枕詞) 我が大君の **見し**たまふ 吉野の宮は(=我が大君がお治めになる吉野の宮は)〈万葉・六・一〇〇五〉

❸「呼ぶ」「招く」の尊敬語。お呼びになる。お招きになる。例(a)東の多芸の御門に侍へど(=伺候しているが)昨日も今日も**召す**言もなし(=お呼びになる言葉もない)〈万葉・二・一八四〉例(b)(光源氏ハ)紀伊守を**召し**たり〈源氏・帚木〉

❹お取り寄せになる。例(左大臣ハ)御琴**召して**…この方に心得たる人々に弾かせたまふ(=御琴をお取り寄せになって…この方面に通じている人々にお弾かせなさる)〈源氏・末摘花〉

❺任命なさる。例唐土の判官に**めされ**て侍りける時に(=遣唐使の三等官に任命なされておりましたときに)〈古今・雑下・詞書〉

❻寵愛なさる。例夜な夜な**召され**けるほどに、姫宮一所出で来させたまひけり(=毎夜ご寵愛なさっていたうちに、姫宮がお一人お産まれになった)〈平家・六・小督〉

❼お取り上げになる。例たとひ命を**めさるる**とも〈平家・一・祇王〉

❽「食ふ」「飲む」「着る」「乗る」などの尊敬語。召し上がる。お召しになる。お乗りになる。例(a)春の野に抜ける茅花そ**召して**肥えませ(=春の野で抜いておいた茅花ですよ、召し上がってお太りください)〈万葉・八・一四六〇〉例(b)入道殿きせながら**召され**候ふ(=入道殿は大鎧をお召しになります)〈平家・二・教訓状〉例(c)御舟に**めされ**けり(=御船にお乗りになった)〈平家・四・厳島御幸〉

❷ 補動(サ四)(尊敬語の動詞の連用形について)尊敬の意を高める。「おぼしめす」「きこしめす」「しろしめす」などの形で用い、多くは一語化した。

語誌 ▼ⅠⅠ①が原義で、呼び寄せて見ることから③が派生し、呼び寄せて何かをすることからさらに④〜⑥が派生した。④からは⑦が派生し、また身に取り込むことから⑧(「食ふ」「飲む」など)が派生した。
▼中世末期以降は、尊敬の助動詞「る」のついた「めさる」の形で「為す」の尊敬語としても用いられた。〈泉基博〉

めず〖馬頭・愛ず〗⇩めづ

めずらし ⇩めづらし

め-だう【馬道】ドウ 名「めんだう」とも。殿舎の中を貫通している廊下。必要に応じて板は取りはずすことができ、馬などを引き入れるようにした。例舞人の馬を後涼殿(こうらうでん)の北の**馬道**より通させたまひて〈大鏡・伊尹〉

め-たた・し【目立たし】 形(シク) めだっている。目を引く。例そのけしき、世のつねの事にあらず。**目立たしき**程に見えければ〈発心集・六・二〉

め-た・つ【目立つ】 ❶〔「立つ」は四段活用〕目を引く。注目される。例絵など、あまたたび見れば、**目も立た**ずかし〈枕・人の顔に、とり分きて〉 ❷〔「立つ」は下二段活用〕注目する。例御文(ふみ)は、あまり人もぞ**目立つる**など思して〈源氏・真木柱〉

めだり-がほ【目垂り顔】ガオ 名 形動(ナリ)〔「めだり」は伏し目になる意か〕「めだれがほ」とも。卑怯なこと。例**目垂り顔なる**夜討ちはするとも〈謡曲・烏帽子折〉

めだれ-がほ【目垂れ顔】ガオ 名 形動(ナリ)「めだりがほ」に同じ。例**目垂れ顔**のふるまひは、臆病(おくびやう)の至りか〈謡曲・安宅〉

め-ぢ【目路】ジ 名 視界。見える範囲。例ながむれど**めぢ**にも霧のたちぬれば心やりなる月をだに見ず〈和泉式部集〉

め-ぢか・し【目近し】 形(ク) 見ることが多い。見慣れている。例七日、雪間の若菜つみ、青やかに、例はさしもさるもの**目ぢかから**ぬ所に、もて騒ぎたるこそをかしけれ〈枕・正月一日は〉読解この「所」は宮中をさす。

め-づ【馬頭】ズ 名《仏教語》頭は馬で体は人間の姿をした地獄の獄卒。「牛頭(ごづ)」と対で登場する。例牛頭・**馬頭**の責めをばまぬかれたまはじものを(=お逃れにはなれないのに)〈平家・五・文覚被流〉

め・づ【愛づ】メズ 動(ダ下二) ❶**感嘆する。ほめる**。例「ゆゆしきまでなりまさりたまふ御ありさまかな」と、人々**めで**きこゆるを(=「恐ろしいまでにますますお美しくおなりになるご様子だ」と人々がおほめ申し上げるのを)〈源氏・紅葉賀〉 ❷**愛する。かわいがる**。例人々の、花、蝶(てふ)やと**めづる**こそ、はかなくあやしけれ(=人々が、花や蝶やとかわいがることこそ、あさはかでわけがわからない)〈堤中納言・虫めづる姫君〉

語誌▼対象に心がひかれて感動し、自然とほめたり愛したりしてしまう、という感じの語である。▼形容詞「**めづらし**」「**めでたし**」は、「めづ」から派生した語。〈池田節子〉

めっ-きゃく【滅却】 名 動(サ変) 滅びてなくなること。死ぬこと。滅ぼしてなくすこと。例(a)これは附子(ぶす)というて、人の身に毒ぢゃ。この風に当たってもたちまち**滅却する**ほどに〈狂言・附子〉例(b)五天竺(ごてんぢく)(=天竺全土)の堂塔を一日に**滅却し**〈近松・平家女護島・一〉

め-つけ【目付】 名 ❶室町時代以降の武家の職名。戦国時代までは臣下の動静の見張り・敵国の内情調査など、江戸幕府では旗本・御家人(ごけにん)の監察を行う。❷監視役。見張り。例野にも山にも宿(しゆく)泊まりに**目付**を付けて〈謡曲・熊坂〉 ❸目印。

めつ-ご【滅後】 名《仏教語》死後。入滅後。特に、釈迦(しやか)の死後をいう。例釈迦如来(にょらい)……**滅後**の衆生(しゆじやう)を利益(りやく)せむと誓ひ置きたまへり〈今昔・六・四〉

めづ-こ【愛づ児】メズ 名 かわいい子。愛らしい子。例母にあへつや**愛づ児**の刀自(とじ)(=母に食べ物を差し上げたか、かわいいお嬢さん)〈万葉・一六・三八八〇〉

めつざい-しゃうぜん【滅罪生善】ショウゼン 《仏教語》現世の罪を滅ぼし、来世のためのよい報いを生じさせること。例我が**滅罪生善**の祈り、また姫君の御息災を祈りたまふ〈大鏡・頼忠〉

めっ-さう【滅相】ソウ ❶名《仏教語》四相の一つ。一切(いつさい)の存在を滅し去るもの。また、滅んでゆくこと。例小乗の滅没(もつ)するは、すなはち大乗の**滅相**なり〈今昔・六・三六〉 ❷形動(ナリ) ひどい。とんでもない。例**滅相な**、つひぞそんな事を言うた事はないわいの〈歌舞伎・五大力恋緘・中幕〉

めっ・す【滅す】 動(サ変) ❶死ぬ。例生(しやう)ある者は必ず**滅す**〈平家・七・一門都落〉 ❷なくなる。消える。滅びる。例世の**滅する**なんどいふ事は〈平家・一二・大地震〉 ❸なくす。消す。滅ぼす。例金剛般若経(こんがうはんにやきやう)は罪業を**滅し**たまふ〈今昔・一四・三四〉

めつ-ど【滅度】 名《仏教語》❶悟りを得ること。例**滅度**は浄土にて得(う)べき益にてあるなり〈御文〉 ❷仏が亡くなること。転じて、僧などの死。入寂。入滅。例大覚世尊(=釈迦(しやか))、**滅度**を抜提河(ばつだいが)の辺に唱ふ〈平家・三・医師問答〉

めっ-ぽふ【滅法】ポウ 副〔本来は仏教語で、絶対の境地をいう〕むやみに。法外に。はなはだしく。例今朝は**めっぽう**寒(さぶ)いなあ〈滑稽本・浮世風呂・前上〉

めづら-か【珍か】メズラ 形動(ナリ)〔「か」は接尾語〕めったにない。普通と違っている。例急ぎ参らせて御覧ずるに、**めづらかなる**児(ちご)の御容貌(かたち)なり〈源氏・桐壺〉読解めったにないほどすぐれているということ。語誌形容詞「めづらし」はよいことにだけ用いるが、「めづらか」は悪いことにも用いる。

めづら・しメズラシ 形(シク)〔動詞「めづ」から派生した語〕❶**賞美すべきさまだ。心ひかれる。すばらしい**。例(a)天(あめ)見るごとくまそ鏡(枕詞)仰ぎて見れど春草の(枕詞)いや**めづらしき**我が大君(おほきみ)かも(=空を見るように仰ぎ見ても、いよいよすばらしい我が大君よ)〈万葉・三・二三九〉例(b)人の顔に、とり分きてよしと見ゆる所は、たびごとに見れども、あなをかし、**めづらし**とこそおぼゆれ(=人の顔で、格別によいと見える所は、会うたび見ても、ああみごとだ、すばらしいと思われるものだ)〈枕・人の顔に、とり分きて〉 ❷**新鮮だ。清新だ**。例かくて明けゆく空の気色(けしき)、昨日に変はりたりとは見えねど、ひきかへ**めづらしき**心地ぞする(=このように明けていく空の様子が、昨日と変わったとは見えないけれど、うって変わって新鮮な気持ちがする)〈徒然・一九〉読解元旦の様子。 ❸**珍しい。めったにない**。例御前にさぶらふものは(=天皇の御前にございますものは)、御琴も御笛も、みな**めづらしき**名つきてぞある〈枕・無名といふ琵琶の

御琴を〉

類義①めでたし／③ありがたし

語誌 対象に新鮮さを感じて高く評価する気持ち。①の例(a)は、「大君」はいつ見てもいくら見ても春草のように新鮮に感じられ、見飽きることがない、の意。例(b)は、人の顔で特に魅力のあるところは、見るたびごとに新鮮で感動する、の意である。〈池田節子〉

め‐て【馬手・右手】 名 右側。右の方向。例弟の次郎をば馬手の脇にかいばさみ〈平家・一一・能登殿最期〉語誌 人間の右手の意とされることが多いが、「めての手をさしあげて」〈保元・中〉などの例からわかるように、基本的な意味は、右側・右の方向である。⇩ゆんで

めで‐た‐し

形(ク) 動詞「めづ(愛づ)」の連用形＋形容詞「いたし」＝「めでいたし」の変化した形。ほめたたえるべきさまをいうのが原義。

❶すばらしい。美しい。りっぱだ。例(a)紅梅の、常の年よりも色濃く、**めでたう**(音便形)にほひたり(＝紅梅が、いつもの年よりも色が濃く、美しく咲きほこり香っている)〈蜻蛉・下〉例(b)博士の才あるは、いと**めでたし**といふもおろかなり(＝博士で学識のある人は、たいそうすばらしいのは言うまでもない)〈枕・めでたきもの〉

❷幸運だ。喜ばしい。結構だ。例大将になど、いとどさかえまさりて、いとも**めでたし**(＝大将になどなって、ますます栄進して、たいへん喜ばしい)〈蜻蛉・中〉

❸お人好しだ。愚かだ。例**めでたき**お客はそれでも喜び〈茶屋諸分調方記・六〉

語誌 平安時代では①の意に用いられることが多い。③の用法は中世末に発生した。〈池田節子〉

めで‐まど・ふ【愛で惑ふ】マドウ 動(ハ四) 非常にほめる。例(琴ノ琴ヲ)弾きたまふに、いとどありとある人(＝その場にいたすべての人)**めでまどひて**〈宇津保・俊蔭〉

めどう【馬道】 ⇩めだう

め‐とど・む【目留む】 動(マ下二) 注目する。注意して見る。例つねはさしも(＝それほど)**目とどめ**ざりし草木も、あはれにのみ見渡されたまひて〈狭衣・三〉

め‐どほり【目通り】ドオリ 名❶目の前。眼前。転じて、身辺。例(化ケ物ガ)**目通り**へ出たらば〈浮世草子・新色五巻書・三・一〉❷目の高さ。例**目通り**より高く手をあげさせず〈西鶴・本朝二十不孝・三・一〉

め‐とまる【目止まる】 目を引く。見て注意が引かれる。例**目とまる**事も、耳立つ事も多かりつれど〈狭衣・三〉読解「耳立つ」は、聞いて注意が向く意。

めとり‐くくり【目取り括り】 名 絞り染めの一種。布地をつまみ、糸でくくって染める。例馬のはなむけ(＝餞別)に、**めとりくくり**の狩衣・袿・幣などやりたりける〈大和・六九〉

め‐なみ【女波】 名 弱く低い波。「男波」に対していう。例沖のをなみにあこがれて、たよりなぎさに立つ**めなみ**〈近松・薩摩歌・下〉

め‐なら・ぶ【目並ぶ】 ❶動(バ下二) 大勢の目でよく見る。見比べる。例西の市にただひとり出でて**目並べ**ず買ひてし絹の〈万葉・七・一二六四〉❷動(バ四) 見比べる。見て比較する。例花筐(枕詞)**めならぶ**人のあまたあれば忘られぬらん数ならぬ身は〈古今・恋五〉

め‐な・る【目馴る】 動(ラ下二)❶見慣れる。新鮮味がないというマイナスの評価で用いることが多い。例殿上人もなにも**目なれ**て、ことにをかしきことなし〈紫式部日記〉❷慣れる。なじむ。例言ふかひなきさびしさに**目馴れ**て〈源氏・蓬生〉

めに〜【目に〜】 ⇩「め」の子項目

め‐ぬき【目貫】 名 刀剣の刀身を柄に固定させるために差し込む金具。後世は、柄の外に現れた部分だけをいい、柄と刀身を貫く部分は目釘という。⇩たち(図)。例甲の鉢にあまりに強う打ちあてて、**目貫**のもとよりちやうど折れ〈平家・四・橋合戦〉

め‐の‐こ【女の子】 名❶女。女性。例**女**の年に当たりて績まざる(＝糸を紡がない)ことあるときには〈紀・継体〉❷女の子ども。一説に、召使の少女とも。例その家の**めのこ**ども出でて、浮き海松(＝海藻の名)の波に寄せられたる拾ひて〈伊勢・八七〉

めのこ‐ざんよう【目の子算用】 名 一つ一つ数えること。一説に、ざっと数えることとも。例百銭をぬきて、心覚えに**目の子算用**〈西鶴・好色一代男・七・三〉

め‐の‐と

【乳母・傅】名❶【乳母】母親に代わり、授乳や養育に携わる女性。例**乳母**なる人は男などもなくなして、境にて子うみたりしかば(＝乳母である人は夫にも先立たれ、国境で子どもを産んだので)〈更級〉

❷【傅】幼い主君を守り、後見する男性。例御**めのと**讃岐守重秀が、(主君ヲ)御出家せさせたてまつり、具しまゐらせて(＝お連れ申し上げて)北国へ落ちくだりたりしを〈平家・四・通乗之沙汰〉

語誌▼**育児全般の責任者** 平安時代の貴族社会では、身分の高い女性は子どもの養育に専心することはなく、数人の乳母を雇い乳児期からその育児全般を任せた。乳母はその後も、養い子・養君の教育にあたり、養い子が女性の場合にはその結婚相手の選択にもかかわるなど、その影響力はきわめて大きい。さらに結婚後も多くは身近に仕え、親代わりの働きをする。

▼**あこがれの地位** 『更級日記』には「人の御乳母して、内裏わたりにあり、帝・后の御かげ(＝御庇護)にかくるべき」とあり、高貴な人の乳母となって上流社会の中で生活することは、中流貴族出身の女性にとってはあこがれの地位であった。紫式部の娘賢子は親仁親王(のちの後冷泉天皇)の乳母となっている。〈松井健児〉

▼②は軍記などで用いられる。

めのと‐ご【乳母子・傅子】 名❶乳母の子。例何ごとの御気色をもしるく(＝はっきりと)見たてまつり知れる御**乳母子**の〈源氏・若紫〉❷後見人の子。例(私ハ)木曾殿の御**めのと子**、今井の四郎兼平、生年三十三にまかりなる〈平家・九・木曾最期〉読解「まかりなる」の「まかる」は卑下する気持ちを表す。

め‐の‐わらは【女の童】ワラワ 名❶女の子。少女。例この**女の童**は、たえて宮仕へつかうまつるべくもあらずはんべるを〈竹取〉❷召使の少女。小間使の

少女。例局の女房・女の童にいたるまで、涙をながし袖をしぼらぬはなかりけり〈平家・四・若宮出家〉

め-はづか・し【目恥づかし】 形(シク) 恥ずかしくなるほど相手がすぐれている。気の抜けないほど相手の機転が利く。例**目はづかしい**(音便形)者ぢゃほどに、むさとした事を言ひをるな〈狂言・察化〉

めひきはなひき【目引き鼻引き】 ⇩「め」の子項目

め-ぶ【馬部】 名 左右馬寮に属し、馬の世話をする下級役人。

め-まうけ【妻儲け】 名 妻をめとること。例(藤原伊周ノ)御**妻まうけ**のほど、兄君にこよなう(=格段に)勝りたまひぬめり〈栄花・さまざまの喜び〉

め-まじろき【瞬き】 名 まばたきして合図をすること。目くばせ。例少将・右近、**めまじろき**をして〈源氏・東屋〉

め-まぜ【目交ぜ】 名動(サ変) 目で合図する。目くばせする。「めまじ」とも。例**目まぜ**で知らせば打ちうなづき〈浄瑠璃・ひらかな盛衰記・三〉

め-みえ【目見え】 名 ❶目上の人に会うこと。⇩おめみえ。例(使用人ガ)いまだ某が前へ**目見え**も致さぬ〈虎寛本狂言・二千石〉❷奉公人が、初めて主人に挨拶すること。また、試験的に使われること。例**目見え**の間、衣類なき人は、かり衣装自由なる事なり〈西鶴・好色一代女・一・三〉

め-め・し【女女し】 形(シク) 未練がましい。柔弱だ。⇩をんなし。例ただ**めめしく**心弱きとや見ゆらん(=見えるだろう)〈源氏・蜻蛉〉

めも〜【目も〜】 ⇩「め」の子項目

め-や 〔推量の助動詞「む」の已然形+係助詞「や」〕反語の意を表す。〜だろうか(いや、〜ではない)。例高円の峰の上の宮は荒れぬとも(ソコニ)立たしし君の御名忘れ**めや**〈万葉・二〇・四五〇七〉

め-やす【目安】 名 ❶文書を箇条書きにして見やすくすること。また、その文書。例大切の証文ども少々抜き出だしまゐらせさふらひて、**目安**にして〈歎異抄〉❷箇条書きにした訴状・陳状。例**目安**も自筆に書きかねず〈西鶴・日本永代蔵・六・二〉

め-やす・し

【目安し・目易し】 形(ク) 見て安心できる状態をさす。人柄や事物のありようなどにもいう。

見た目がよい。見苦しくない。無難だ。 例(a)髪ゆるるかにいと長く、**めやすき**人なめり(=髪がゆったりとしてとても長く、見た目のよい人であるようだ)〈源氏・若紫〉例(b)(夫トシテハ)二心なからん人のみこそ、**めやすく**頼もしき事にはあらめ(=浮気心がないような人だけが、無難で頼りになることであろう)〈源氏・東屋〉〈岩坪健〉

め-やつこ【女奴】 名 ❶下女。❷女性をののしっていう。例川隈の屎鮒食めるいたき(=ひどい)**女奴**〈万葉・一六・三八二八〉

め-やも 〔推量の助動詞「む」の已然形+係助詞「やも」〕上代の用法。詠嘆をこめた反語の意を表す。〜だろうか(いや、〜ではないのだなあ)。例そのかなしき(=あのいとしい人)を外に立て**めやも**〈万葉・一四・三三八六〉

め-ゆひ【目結ひ】 名 絞り染めの一種。布地をつまみ、糸でくくって染める。目の形に似た模様になることからいう。例(美シイ女房ガ)**目結ひ**の帷子に、染め付けの湯巻きして〈平家・一〇・千手前〉

め-らう【女郎】 名 女の子。江戸時代には、特に女性をののしっていう。例ひちくどい(=しつこい)**めらう**め〈浄瑠璃・義経千本桜・三〉

め-らは【女童】 名〔「めわらは」の変化した形か〕「めのわらは」に同じ。例この隣なる**めらは**の、くそまりゐてはべるを〈宇治拾遺・二・七〉

めり

助動(ラ変型) 視覚に基づく推定判断を表すのが原義。断定を回避し、柔らかく表現する婉曲用法をもつ。

❶視覚に基づく推定の意を表す。〜ようだ。〜らしい。〜ように見える。 例(a)皮衣を見ていはく、「うるはしき皮な**めり**(終止形)」(=皮衣を見て言うことには、「りっぱな皮であるようだ」)〈竹取〉例(b)簾少し上げて、花奉る**めり**(終止形)(=簾を少し上げて、花をお供えしているらしい)〈源氏・若紫〉

❷断定することを避け、柔らかく言う。〜ようだ。 例(a)燕の子産まむとする時は、尾をささげて、七度めぐりてなむ、産み落とす**める**(=燕が子どもを産もうとするときは、尾をさし上げ、七度回って卵を産み落とすようだ)〈竹取〉例(b)いでや、この世に生まれては、願はしかるべき事こそ多か**めれ**(=さて、この世に生まれたからには、こうありたいと思うことが多いようだ)〈徒然・一〉

接続 活用語の終止形につく。ただし、ラ変型・形容動詞型活用語には連体形につく。

活用 ラ変型　表内の( )は使用例の限られたもの。

未然形	連用形	終止形	連体形	已然形	命令形
○	(めり)	めり	める	めれ	○

語誌 ▼**語源** 「見+あり」あるいは「見え+あり」の変化した形と解するのが穏当。

▼**視覚に基づく推定** 平安中期の和文系の文章で盛んに用いられた推量の助動詞の一種。視覚に基づく客観的な判断を表すことから、明確な根拠を前提とする「らし」、聴覚に基づく客観的な判断を表す「なり(推定)」と同じグループを形成し、推定の助動詞といわれる。これらの助動詞は、通常、疑問表現に用いられないということで共通する。

▼上代には一例しか見られず、『蜻蛉日記』以降に例が多くなる。平安初期の例はもっぱら①であるが、中期に入ると②の例が増加してくる。「めり」が盛んに用いられた期間は短かったようで、中世以降は擬古的な文章に用いられるにとどまる。連用形は助動詞「き」「けり」「つ」が下についた例にのみ見られる。

▼**「ラ変型+めり」** 平安中期の和文では特にラ変型活用語につく例が目立ち、「**あめり**」「**なめり**」「**侍めり**」のように用いられた。その場合、「あんめり」「なんめり」のように上のラ変型活用語が撥音便化し、さら

にその撥音が表記されないことが多い。〈高山善行〉

めりやす【莫大小】 名〔ポルトガル語・スペイン語で靴下の意〕❶綿糸などを編んだもの。糸で輪を作り、そこに次の輪を入れることを繰り返して編むもので、伸縮性に富む。メリヤス編み。例はき心よき**めりやす**の足袋〈俳諧・猿蓑・五〉❷歌舞伎の下座音楽で、長唄の一種。

め・る【減る・乙る】 動(ラ四)衰える。音程が低くなる。例声を**めり**て聞きうたふは〈わらんべ草・三〉

める 推定の助動詞「めり」の連体形。

めれ 推定の助動詞「めり」の已然形。

め-れう【馬料】リョウ 名 奈良・平安時代、馬の飼育料として、職務に応じて年二回、在京の官人に支給された銭。

め-れう【馬寮】リョウ 名 令制で、衛府に属する役所。官馬の飼育・調教をつかさどる。左右二つある。例貫主(=蔵人の頭)以下、みな左右の**馬寮**の御馬に乗りて〈著聞集・二〇・六八四〉

めを〜【目を〜】 ⇨「め」の子項目

め-をと【女夫・夫婦・妻夫】メオト・ミョウト 名 夫婦。妻と夫。例**女夫**の口をすぎかねしは(=生活することができないのは)、口惜しき事ぞかし〈西鶴・西鶴織留・一・四〉

め-をとこ【女男】オトコ 名「めを」とも。恋愛関係にある男女。また、夫婦。例あるは**女男**のあはれに思ふに後れ〈栄花・衣の珠〉

めん【面】 1名❶顔。顔面。❷仮面。2接尾❶鏡・琵琶・盆などを数える。例たばこ盆一**面**〈噺本・鹿の子餅〉❷建物の側面の柱間を数える。例五間四**面**の寝殿〈今昔・三一・五〉

めん-ざう【眠蔵】ゾウ 名《仏教語》寺の寝室。特に禅宗でいう。例老和尚**眠蔵**をゐざり出でて〈読本・雨月・蛇性の婬〉

めん・ず【免ず】 動(サ変)免除する。許す。例重科(=重い罪科)は遠流に**免ず**〈平家・三・足摺〉

めんどり-ば【雌鳥羽】 名〔「めどりば」の変化した形〕(雌鳥は右の翼を左の翼で覆うということから)左を上に、右を下にして、順にものを重ねること。例楯を**雌鳥羽**につき並べて〈平家・一一・弓流〉

めん-ぼく【面目】 名「めいぼく」「めんもく」とも。世間の人々に対する顔向け。体面。名誉。例「主の御命にかはりたてまって討たれにけり」と、末代の物語に申されむ事こそ…今生の**面目**、冥途の思ひ出にて候へ(=「主君の御命にお代わり申し上げて討たれてしまった」と、末代までの話の種に申されることは…この世での名誉、あの世での思い出でございます)〈平家・一一・嗣信最期〉読解「たてまって」は「たてまつりて」の変化した形。

語誌 しばしば「面目なし」「面目を失ふ」「面目を施す(=名誉を得る)」の形で用いられる。〈川崎剛志〉

めん-めん【面面】 1名 めいめい。おのおの。各自。例「これらをなだめられんは口惜しかるべし」と、**面々**に申されければ〈平家・九・樋口被討罰〉2代 対称の人称代名詞。おまえたち。みなさん。例いかに**面々**、これまではるばる来りたまふ志、返す返すも優しうこそ候へ〈謡曲・西行桜〉

めんめん-さばき【面面捌き】 名 各人が思いのままに処置すること。例あちこちや**面々さばき**柳髪〈俳諧・続山の井〉読解「あちこち」の「こち」に「東風」を掛け、春風に吹かれる柳の枝があちらこちら揺れるさまを詠んだ句。

めん-もく【面目】 名❶「めんぼく」に同じ。例(敵ヲ)切り散らせしを**めんもく**にして〈読本・弓張月・前・一三〉❷顔つき。容貌。

めん-よう【面妖】 名・形動(口語)副〔「めいよ(名誉)」の変化した形。「面妖」はあて字〕不思議なこと。怪しいこと。例はて**めんような**、たった今汲んだがなう〈滑稽本・浮世風呂・前下〉

めん-らう【面廊】ロウ 名〔「めだう(馬道)」の変化した形か〕母屋に通じる長廊下。一説に、広い板敷きの縁とも。例あそこの**めんらう**に追っかけては、はたと斬り〈平家・四・信連〉

も【妹】 名《上代語》「いも」の変化した形。例旅とへど真旅(=長旅)になりぬ家の**妹**が着せし衣に垢つきにかり(=ついてしまった)〈万葉・二〇・四三八八〉

も【面】 名〔「おも」の変化した形〕表面。〜がわ。「田の面」「背面」「此の面」「彼の面」など複合語に用いられる。

も【喪】 名❶人の死後、その親族が死者を悼んで一定期間ひき籠もって過ごすこと。例天の若日子が**喪**を弔ひたまふ時に〈記・上・神代〉❷凶事。災い。例旅にても**喪**なくはや来こ(=早く帰って来てください)と〈万葉・一五・三七一七〉

も【裳】 名❶古く、女性が腰から下に着けた衣服。丈が長く、ひだのある場合が多い。例君がため山田の沢にゑぐ摘むと雪消の水に**裳**の裾濡れぬ(=あなたのために山田の沢でえぐを摘むうちに雪解けの水で裳の裾が濡れてしまった)〈万葉・一〇・一八三九〉読解「ゑぐ」は植物の名。❷平安時代、女性の正装の際、表着の腰に当てて結びつけ、裾を後ろに長く引いた、ひだのある衣服。⇨からぎぬ。例薄色なる薄物の**裳**を引きかくれば(=薄紫色の薄い織物の裳を着けると)〈蜻蛉・上〉

語誌 上代は腰を一回りする巻スカート風の衣服であったが、平安時代は腰の後方だけにまとう形で、男子の束帯の裾に対応するとみられる。唐衣とひとそろいとなる礼装である。〈鈴木日出男〉

裳②
〔高田義男作図〕

も【藻】 名 水中に生える植物の総称。例海の底(枕詞)奥を深めて生ふる**藻**の〈万葉・一一・二七八一〉

も 助動(特殊型)『上代語』推量の助動詞「む」の東国方言。例袖振らば家なる妹はさやに見**も**(連体形)かも(=はっきりと見るだろうか)〈万葉・二〇・四四二三〉

接続 動詞の未然形につく。

活用 ○/○/も/も/○/○

も 1 係助 ❶**他の同様・類似の事柄を類推させる意を表す。** 〜も。例わが御家へ**も**寄りたまはず〈竹取〉読解 自宅にも、ほかのどこにも寄らずに、ということ。❷(多く「〜も〜も」の形で)**並列の意を表す。** 〜も。〜も〜も。例山里は冬ぞさびしさまさりける人目**も**草**も**かれぬと思へば〈古今・冬〉➡名歌384 ❸**添加の意を表す。**(その上)〜も。〜もまた。例潮満ちぬ。風**も**吹きぬべし(=潮が満ちた。風もきっと吹くにちがいない)〈土佐〉❹**極端なものを挙げ、他の事柄を類推させる意を表す。** 〜も。〜さえも。例帳の内より**も**出ださず、いつき養ふ〈竹取〉読解 家の中から出さないのはもちろんのこと、帳台の中からさえも出さずに、ということ。❺**強意・詠嘆の意を表す。** 〜もまあ。文末に詠嘆の終助詞「か」「かも」「かな」があることが多い。例(a)君に恋ひいた**も**すべなみ奈良山の小松が下に立ち嘆くか**も**〈万葉・四・五九三〉➡名歌140 例(b)心憂く**も**のたまひなすかな(=情けない言い方をなさるものですね)〈源氏・若紫〉❻**希望する最小限を表す。** せめて〜だけでも。例山ほととぎす一声**も**鳴け〈万葉・一九・四二〇三〉❼**文末にあって、詠嘆の意を表す。** 〜よ。〜なあ。〜ことだ。例春の野に霞たなびきうら悲しこの夕影に鶯鳴く**も**〈万葉・一九・四二九〇〉➡名歌294

2 接助 **逆接の意を表す。** 〜けれども。〜ても。例内裏へ参らんと思しつる**も**、出で立たれず(=宮中に参上しようとお思いになっていたけれども、お出かけになれない)〈源氏・橋姫〉

接続 1は、名詞、助詞、副詞、活用語の連用形・終止形などにつく。2は、活用語の連体形につく。

語誌 ▼係助詞に分類されるが、係り結びは行わない。

▼1の①〜⑤は、上代から現代に至るまで活発に用いられている。ただし、⑤の強意・詠嘆を表す用法は、現代語では「惜しくも決勝戦で敗れた」のような例がある程度で、あまり用いられていない。⑦は主に上代の用法で、平安時代以降は衰えて和歌にわずかに用いられたのみである。

▼異説 1⑦を終助詞とする説もある。なお、現代語の助詞「も」は、副助詞に分類されることも多い。〈近藤要司〉

モウ『亡・妄・孟・盲・猛・魍』⇩まう

もう『思う』⇩もふ

もうく『参来・設く・儲く』⇩まうく

もうさく『申さく・白さく』⇩まうさく

もうす『申す』⇩まうす

もうず『参ず・詣ず』⇩まうづ

もう-もう【朦朦・濛濛】 1 形動(ナリ) 気持ちがぼんやりしているさま。例**もうもうに**耳もおぼおぼしかりければ〈源氏・若菜上〉読解 老女の様子。2 形動(タリ) ❶霧などでけぶって、ぼんやりして見えにくいさま。例頭を見れば**朦々と**して、口より下は見ゆれども、鼻より上は見えもせず〈御伽草子・鉢かづき〉❷1に同じ。例夢の覚めたる心地して…**朦々と**してぞ立ちたりける〈太平記・二七〉

もえ-い・づ【萌え出づ】 動(ダ下二) 芽を出す。例石走る垂水の上のさわらびの**萌え出づる**春になりにけるかも〈万葉・八・一四一八〉➡名歌68

もえ-ぎ【萌黄・萌葱】 名 ❶薄緑。黄色味がかった緑色。葱の萌え出る色とも、萌え木の芽の色とも。例うす**もえぎ**なるかみなびの森〈夫木・七〉❷襲の色目の名。表裏ともに萌黄。一説に、表は薄青、裏は縹色とも。若者が着る。例いまは、紅梅は着でもありぬべしかし。されど、**萌黄**などのにくければ〈枕・淑景舎、東宮にまゐり給ふほどのことなど〉

もえぎ-にほひ【萌黄匂ひ】 名 鎧の縅の一種。上部を萌黄色で濃く染め、下へいくにつれて色を薄く染めたもの。例**萌黄匂ひ**の鎧に、鴛の裾金物打ちたるに〈古活字本平治・上〉

もえぎ-をどし【萌黄縅】 名 鎧の縅の一種。鎧の札を萌黄色の糸で綴ったもの。例うす青の狩衣の下に**萌黄威**の腹巻きをきて〈平家・四・信連〉

もえ-わた・る【萌え渡る】 動(ラ四) 草木が一面に芽吹く。和歌で、「燃え渡る」と掛けて用いることも多い。例もの思ひの枝にこもれるものならば**もえ渡る**とも見せずぞあらまし〈宇津保・春日詣〉

もえ-わた・る【燃え渡る】 動(ラ四) 絶えず火が燃え続ける。また、一面に燃える。多く和歌で、「火」と「思ひ」「恋ひ」の「ひ」を掛けて、苦しい恋の思いが続くことをいう。例逢はぬ嘆きや**燃え渡る**らん〈後撰・恋五〉読解「嘆き」の「き」と「木」を掛ける。

も-が 終助 **事物の存在・出現や物事の実現を希望する意を表す。** 〜があったらなあ。〜であったらなあ。〜がほしい。例(a)足の音せず行かむ駒**もが**葛飾の真間の継ぎ橋止まず通はむ(=足音がせずに行ける馬があったらなあ。葛飾の真間の継ぎ橋を絶えず通おう)〈万葉・一四・三三八七〉例(b)なでしこがその花に**もが**朝な朝な手に取り持ちて恋ひぬ日なけむ(=あなたがなでしこの花であったらなあ。毎朝手に取って恋い慕わない日はないだろう)〈万葉・三・四〇八〉

接続 体言、副詞、形容詞・形容動詞・助動詞「ず」「なり」の連用形などにつく。

語誌 ▼関連語 上代に用いられたが、下に詠嘆の助詞「も」をつけて「**もがも**」の形で用いられることが多い。平安時代には「**もがな**」の形が多く用いられるようになり、単独の「もが」はほとんど用いられない。

▼異説 係助詞「も」に願望の終助詞「が」がついたものという説や、係助詞「も」に係助詞「か」がついた「もか」の連濁形という説もある。〈近藤要司〉

も-かう【帽額】 名(「もうがく」の変化した形)❶御簾や御帳の上部や上長押に、横に長く引き回した布。例おはします所の御簾の帽額の破れたれば〈栄花・見果てぬ夢〉❷(①に「窠」の文様を用いることから)窠紋のこと。「木瓜」とも。例御家の紋(=紋所)のもかうを色々に織りたりしにや〈増鏡・秋のみ山〉

も-がさ【疱瘡】 名〔「いもがさ」の変化した形〕天然痘。例世の中に疱瘡といふ病発りて、きはめて騒がしかりけるに〈今昔・一五・四二〉

もが-な

終助〔終助詞「もが」+終助詞「な」〕**事物の存在・出現や物事の実現を希望する意を表す。**〜があればなあ。〜がほしい。〜であったらなあ。例(a)世の中にさらぬ別れのなくもがな千代もと嘆く人の子のため〈古今・雑上〉➡名歌405 例(b)心あらん友もがな(=情趣を解するような友人がいればなあ)〈徒然・一三七〉

接続▶体言、助詞、形容詞・形容動詞・助動詞「ず」「なり」の連用形につく。

語誌 「もがも」に替わって平安時代から用いられた。「も+がな」と誤って意識されていたようで、やがて「〜を+がな」という形も用いられるようになり、そこから、中世に新たな終助詞「がな」が成立した。〈近藤要司〉

最上川 《地名》歌枕 出羽国(山形県)の川。和歌では、例によって「稲舟」とともによく詠まれるようになった。例最上川のぼれば下る稲舟の(ここまで序詞)いなにはあらずこの月ばかり(=この月だけ不都合なのです)〈古今・東歌〉

もが-も

終助〔終助詞「もが」+係助詞「も」〕**事物の存在・出現や物事の実現を希望する意を表す。**〜があったらなあ。〜ほしいものだ。〜であったらなあ。例(a)遠近の磯の中なる白玉を人に知らえず見むよしもがも(=あちこちの磯の中にある真珠を人に知られず見る方法があったらなあ)〈万葉・七・一三〇〇〉例(b)天橋も 長くもがも 高山も 高くもがも(=天のはしごも長くあってほしい。高い山も高くあってほしい)〈万葉・一三・三二四五〉

接続▶体言、副詞、形容詞の連用形などにつく。

語誌 上代に多く用いられた。下に他の終助詞・間投助詞をつけて「もがもな」「もがもよ」「もがもや」などの形で用いられることもある。平安時代になると「もがな」が多く用いられ、「もがも」は古語と意識されるようになった。〈近藤要司〉

もがも-な 〔終助詞「もがも」+終助詞「な」〕他に対する希望の意を表す。〜がほしいものだなあ。〜であってほしいなあ。例我が背子は玉にもがもな手に巻きて見つつ行かむを〈万葉・一七・三九九〇〉

もがも-や 〔終助詞「もがも」+間投助詞「や」〕他に対する希望の意を表す。〜がほしいものだなあ。〜であってほしいなあ。例天飛ぶや(枕詞)鳥にもがもや都まで送りまをして(=お送り申し上げて)飛び帰るもの〈万葉・五・八七六〉

も-がり【殯】 名〔「もあがり(喪上がり)」の変化した形か〕「あらき(殯・荒城)」に同じ。例親属(=家族)聞きて、喪殯の物を備へつ〈霊異記・下・九〉

もがり【虎落】 名 ❶竹を互い違いに組み合わせ、縄で結んだ柵。竹矢来。例構へのもがりをよじのぼり〈洒落本・大通秘密論〉❷竹を立て並べた物干し。染め物屋などが用いる。例紺屋の虎落布引きの滝が出来〈柳多留・一三〇〉

もかり-ぶね【藻刈り舟】 名 藻を刈るのに用いる小舟。例藻刈り舟沖漕ぎ来らし妹が島形見の浦に鶴翔る見ゆ〈万葉・七・一一九九〉

も-ぎ

【裳着】名 **女子が成人して初めて裳を着る儀式。** 男子の成人式である「元服」と対になる。例御裳着のこと、世に響きていそぎたまへるを(=御裳着の儀式は、世間の評判になるくらい盛大にご準備なさったのに)〈源氏・早蕨〉

語誌 ▼**華やかな儀式** 裳着は、平安中期、十世紀初めごろから、貴族の行事として盛んに行われるようになった。十二〜十四歳ぐらいで行われるのが普通だが、結婚を間近に控えた場合が多い。政略的な結婚の多い時代のことであるから、とりわけ権勢家たちの娘の場合、いきおい華やかなものとなる。この儀式では、「髪上げ」と称して、幼時の髪型「うなゐ」をも改めて、髪を結い上げる。また、裳の腰紐を結ぶ役として、有徳の人が選ばれる。これを「腰結ひ」の役と呼んで重要視した。〈鈴木日出男〉

もぎ-き【捥ぎ木】 名 もぎ取られたり枯れたりして枝のない木。風情がなく、つまらないもののたとえにいう。例よそにては(私ノコトヲ)もぎ木なりとや定むらん〈源氏・竹河〉

もぎ-だう【没義道・無義道】 ―ドウ 名 形動(ナリ) ひどいこと。非道なこと。例独り法師(=一人旅の僧)に宿貸さじと無義道なるも〈西鶴・懐硯・二・五〉

もぎ-つけ【捥ぎ付け】 名 矢の篦(竹の部分)の作り方の一つ。竹の節を落とさないように削ること。例三年竹をもぎつけに押し削りて〈太平記・一五〉

も-く【木工・杢】 名 ❶大工。例木工・修理の番匠に命じ〈近松・浦島年代記・三〉❷「木工寮」の略。

もく-じき【木食】 名『仏教語』木の実や草だけを食べて生活する修行。また、それをする人。例木食、または貧僧のおのづから精進する人の顔つきは、朽ち木のごとくなりて〈西鶴・好色一代女・二・三〉

もく-だい【目代】 名 平安・鎌倉時代、国司などの地方官が私的に任命して政務を代行させた代官。室町時代以降は、代官一般をいう。

も-くづ【藻屑】 ―クズ 名 海や川にある藻などのくず。例逢ふまでの形見とてこそとどめけめ涙にうかぶもくづなりけり〈古今・恋四〉

もく-の-かみ【木工の頭】 名 木工寮の長官。従五位上相当。

もくらん-ぢ【木蘭地】 ―ジ 名「むくらんぢ」とも。梅谷渋(梅の木の根を煮出して作る染め汁)で染めた布地。色は、黄をおびた赤色、濃く染めたものは焦げ茶色。

もく-れう【木工寮】 ―リョウ 名 令制で、宮内省に属する役所。宮殿の造営・修理などをつかさどる。「こだくみのつかさ」とも。

もく-ろく【目録】 名 ❶書物・文章の内容を書き並べたもの。例この書の目録を見たまへば、いといみじくありがたき宝物多かり〈宇津保・蔵開上〉❷進物の品名を書き記したもの。例いとをかしがりて、皆目録して返したまふ〈落窪・三〉❸芸道の免許・伝授の内容を記したもの。

もーこそ 〔係助詞「も」＋係助詞「こそ」〕❶**将来のことについて、危惧の念をいだきつつ想定する意を表す。～したら大変だ。～したら困る。** 例(a)(雀ノ子ヲ)烏などもこそ見つくれ(＝烏などが見つけたら大変だ)〈源氏・若紫〉例(b)音に聞く高師の浜のあだ波はかけじや袖のぬれもこそすれ〈金葉・恋下〉↓名歌99
❷特に危惧の念を伴わず、「も」を強調する意を表す。～かもしれない。～も。～だって。例まだ宵にねたる萩かな同じ枝にやがておきゐる露もこそあれ(＝まだ宵のうちに垂れて寝ている萩だなあ。同じ枝にそのまま置いて起きている露だってあるのに)〈後拾遺・秋上〉
接続▼名詞・格助詞・接続助詞などにつく。
語誌▼「こそ」との呼応によって文末の活用語は已然形となる。
▼①の用法が多い。
▼係助詞「も」に係助詞「ぞ」を重ねた「もぞ」もほぼ同様の意に用いる。〈近藤要司〉

もごよ・ふ 動(ハ四)「もこよふ」とも。❶蛇などが、のたくる。うねりながら行く。例八尋わに(＝巨大な鮫)に化りて、匍匐ひ委蛇ひき〈記・上・神代〉❷足が立たずに、はいずる。例逃げて、倒れもこよひつつ往けば〈宇津保・楼上上〉

もころ【如・若】 名『上代語』(「～のもころ」の形で副詞的に用いて)～のように。例我が大君の 立たせば(＝お立ちになると) 玉藻のもころ 臥やせば 川藻のごとく〈万葉・二・一九六〉

もころーを【如己男】 名 自分に匹敵する男。恋敵の男。例如己男に 負けてはあらじと〈万葉・九・一八〇九〉

も・し【茂し】 形(ク) 草木が生い茂っているさま。例石つつじもく咲く道を〈万葉・一・一八五〉

もし【若し】 副❶(仮定条件を導いて)仮定する気持ちを表す。もし。もしも。例もしながらへば(＝長生きしたら)よろづにはぐくまむ〈源氏・夕顔〉❷(疑問や推量の表現を伴って)実現の可能性を思いやる気持ちを表す。もしや。ひょっとしたら。例もしかのあはれに忘れざりし人にや〈源氏・夕顔〉

もーじ【文字】 〔「もんじ」の撥音の表記されない形〕1名❶字。特に、仮名。「字」とも。例同じ文字を、さまざまに変へて書けり(＝同じ音の文字を、いろいろ字母を変えて書いてあった)〈宇津保・国譲上〉
❷言語の音。特に、仮名で表される音・音節。また、音節数。例(a)神代には、歌の文字も定まらず(＝神代では、歌の音数も決まらず)〈古今・仮名序〉例(b)「言はんとす」…といふ「と」文字を失ひて、ただ「言はむずる」「里へいでんずる」など言へば、やがていとわろし(＝そのままではたいそうよくない)〈枕・ふと心おとりとかするものは〉
❸(文字で書き表すところから)言葉。用語。例ことわりや。聞こえ違へたるもじかな(＝おっしゃるとおりです。間違って申し上げてしまった言葉でしたよ)〈源氏・花宴〉
❹言葉の知識。読み書き。転じて、文章・学問。例芸能、文字の本末まで人並みになりたるも、みなこれお主の御高恩(＝伎芸や読み書きの一部始終まで人並みになったのも、皆これはご主人のはかりしれない恩義)〈近松・五十年忌歌念仏・下〉
2接尾 ある語の後半を省いたものについて、同じことを品よく言う語を作る。たとえば、「そなた」を「そもじ」、「髪」を「かもじ」と言うなど。女房詞から始まった。〈奥村悦三〉

もじーぐさり【文字鎖】 名❶和歌の詠み方の一つ。しり取りのように、前の句の最後の音で始まる句を次に続け、連鎖させていくもの。また、そのように続けられた一連の句。例「花かうじ」「しらまゆみ」といへる文字ぐさりを、歌の句のかみにするゑて折り句の歌に詠ませられける〈著聞集・五・一四四〉❷前の古歌の最後の音で始まる古歌を次々と続けていく遊戯。

もしーは【若しは】 接 あるいは。または。もしくは。例我より齢まさり、もしは位高く、時世の寄せ(＝信望)今ひときはまさる人には〈源氏・明石〉

もーしほ【藻塩】 名❶**藻を焼いて作る塩。** 例朝なぎに 玉藻刈りつつ 夕なぎに 藻塩焼きつつ(＝朝なぎのときには玉藻を刈って、夕なぎのときには藻を焼いて塩を作り)〈万葉・六・九三五〉
❷**塩を作るために、藻に注ぎかける海水。** 例もしほくむあまの袖にぞ沖つ波心をよせてくだくとはみし(＝海水を汲む海人の袖に沖の波が寄せて砕けるように、あなたはあの尼に心を寄せて思い悩んでいると見えた)〈右京大夫集〉読解「あま」は「海人」と「尼」を掛ける。
語誌▼**製塩の方法** 古く、藻を用いて塩を取る方法があったことは、『風土記』や『万葉集』によって知られている。作り方としては、乾燥藻を焼いた灰に海水を注ぎかけるなどして高濃度の塩水を得てから煮詰めるという説、乾燥藻を積み重ね上から海水を注いでできた高濃度の塩水を煮詰めるという説などがある。
▼**須磨との関連** 和歌では、特に摂津国の須磨の地とともに詠まれることが多い。〈田島智子〉

もしほーぐさ【藻塩草】 名 焼いて塩を取るための海藻。それを掻き集めるのを書き集める意に掛けて、詠んだ和歌や手紙などの意にも用いる。例かきつめて(＝かき集めて)見るもかひなし藻塩草〈源氏・幻〉読解ここは死んだ紫の上の手紙をさす。

もしほーたる【藻塩垂る】 塩を取るため、藻に海水を注ぎかける。和歌では、泣く意の「しほたる」を掛けて用いることが多い。例わくらばに問ふ人あらば須磨の浦に藻塩たれつつわぶと答へよ〈古今・雑下〉↓名歌430

もず【鵙・百舌】 名 モズ科の鳥の総称。秋、人里近くへ来て、鋭い声で鳴く。くちばしが鋭く小動物を捕食する。例秋の野の尾花が末に鳴くもずの〈万葉・一〇・二一六七〉
【鵙の草潜き】 鵙が春になると山中に移り、姿を見せなくなること。草の中に隠れていると考えたこ

とによる。例いづくなるらん鵙の草ぐき〈千載・恋三〉

もーすそ【裳裾】名裳の裾。衣服の裾。例宇治川の瀬に裳裾濡らしつ〈万葉・一一・二四二九〉

もーぞ〔係助詞「も」＋係助詞「ぞ」〕❶**将来のことについて、危惧の念をいだきつつ想定する意を表す。～したら大変だ。～したら困る。**例(a)（息子ガ）思ひもぞつくとて、この女をほかへ追ひやらむとす（＝本気で好きになったら大変だと思って、この女をよそへ追い出そうとする）〈伊勢・四〇〉例(b)玉の緒よ絶えなば絶えねながらへば忍ぶることの弱りもぞする〈新古今・恋一〉➡名歌217

❷特に危惧の念を伴わず、「も」を強調する意を表す。～かもしれない。～も。～だって。例柴の戸の跡見ゆばかりしをりせよ忘れぬ人のかりにもぞ訪ふ（＝柴の戸へと続く足跡が見えるぐらいに道しるべをつけておいてくれ。私を忘れない人がかりそめにでも訪ねてくれるかもしれないから）〈拾遺愚草・上〉

接続 体言、連用修飾語、活用語の連体形、格助詞などにつく。

語誌▼「ぞ」との呼応によって文末の活用語は連体形となる。

▼上代の「もぞ」は、「ぞ」の単なる強調である。平安時代から①の意で用いられるようになり、鎌倉時代以後はほとんどその意味で用いられた。②の用法はきわめてまれである。〈近藤要司〉

もだ【黙】副❶**口をきかずに。だまって。**例もだ居りて賢しらするは酒飲みて酔ひ泣きするになほしかずけり（＝だまっていて利口ぶるのは、酒を飲んで酔い泣きするのにやっぱり及ばないよなあ）〈万葉・三・三五〇〉読解大伴旅人の「酒を讃むる歌十三首」の末尾の一首。

❷**何事もなく落ち着いて。平静に。**例咲けりとも知らずしあらばもだもあらむこの山吹を見せつつもとな（＝咲いていると知らないでいたら平気でいられたろうに。この山吹の花を見せては私をいたずらに苦しめるのですね）〈万葉・一七・三九七六〉読解第五句は述語を省略した形。

語誌 動詞「あり」とともに、「もだあり」などの形で用いることが多い。〈品田悦一〉

もた・ぐ【擡ぐ】動（ガ下二）〔「もちあぐ」あるいは「もてあぐ」の変化した形〕持ち上げる。例舟底より頭をもたげて〈土佐〉

もだ・す【黙す】動（サ変）❶だまる。ものを言わずにいる。例恥を忍び恥を黙して〈万葉・一六・三七九五〉❷だまって見過ごす。捨て置く。例山門（＝延暦寺）の訴訟はもだしがたし〈平家・一・願立〉

もたせ【持たせ】名〔持たせてきた物の意〕手土産。例持たせの御酒のあり〈御伽草子・酒呑童子〉

もたひ【瓮・甕】名水や酒をためておく器。例また、瓮の水溢れて井となりき〈播磨風土記〉

もだ・ゆ【悶ゆ】動（ヤ下二）思い煩う。もだえ苦しむ。例大臣驚きもだえたまひて、思ほすこと（＝お慕いになること）限りなし〈宇津保・忠こそ〉

もた・り【持たり】動（ラ変）〔「もてあり」の変化した形〕持っている。例母なき子持たらむ心地して〈源氏・紅葉賀〉

もち【望】名❶「望月」の略。❷陰暦で毎月の十五日。例富士の嶺に降り置く雪は六月の十五日に消ぬればその夜降りけり〈万葉・三・三二〇〉

もち【餅】名〔「もちひ」の変化した形〕餅。例年の内に餅はつきけり一歳を去年とや食はん今年とや食はん〈狂言・餅酒〉読解『古今和歌集』冒頭の歌「年のうちに春は来にけり一年を去年とやいはむ今年とやいはむ」（➡名歌247）のパロディ。

語誌▼「もちいひ」↓「もちひ」↓「もち」　平安時代の辞書『和名類聚抄』に「毛知比」とあるように、古くは「もちひ」と呼ばれた。「もちひ」は「もちいひ」が変化した形。その「もち」は、「鳥黐」「糯米」などの「もち」と同様、粘りけのあることを意味し、「もちいひ」とは粘りけのある飯の意かとされる。「もちひ」に替わって「もち」という形が用いられるようになるのは鎌倉・南北朝時代ごろであるが、多くは「かいもち（掻餅）」「くさもち（草餅）」のように複合語の一部として用いられた。単独語として「もち」の形が一般化したのは江戸時代の初めごろと考えられる。

▼**呪術的な役割**　餅は奈良時代以前から日本人の生活に密着した食物であった。呪術的な意味ももっていたようで、祭祀や祝い事にも用いられたらしい。平安時代には、今の鏡餅にあたる「餅鏡」、十月の初めの亥の日に無病息災を祈って食べる「亥子餅」、元日に子どもの前途を祝って頭に餅を戴かせる「戴餅」、新婚三日めに婚姻を祝して新郎新婦に供する「三日の餅」など、種々の儀式に用いられた。〈余田弘実〉

もぢ【綟・綟子】名麻糸、または絹糸で目を粗く織った布。夏の衣服などに用いる。例我が恋は綟子の袋に色小袖〈松の葉・一・忍組〉

もちーあそび【弄び・玩び・翫び】名「もてあそび」に同じ。例（正月ノ飾リノ伊勢海老ハ）子どもがもちあそびにもなるぞかし〈西鶴・世間胸算用・一・三〉

もちーあつか・ふ【持ち扱ふ】動（ハ四）もてあます。取り扱いに困る。例十善の帝王（＝天皇）にもちあつかはれたてまつりて…配所（＝流罪の地）へ遣はさるる事〈保元・下〉

もちい・る【用いる】⇩もちゐる

もちーがゆ【望粥・餅粥】名正月の望の日（十五日）に食べる小豆粥。後世は「餅粥」と解され、餅を入れたものをさす。例十五日はもちがゆの節供まゐる〈能因本枕・正月一日は〉

もちーくた・つ【望降つ】動（タ四）「もちぐたつ」とも。十五夜を過ぎる。一説に、十五夜の夜が更ける意とも。例望ぐたち清き月夜に〈万葉・八・一五〇八〉

もちーこ・す【持ち越す】動（サ四）❶持って運ぶ。例泉の川に持ち越せる真木のつまで（＝材木）を百足らず（枕詞）筏に作り〈万葉・一・五〇〉❷そのままの状態で時を過ごす。例初ごう（＝初産）は持ち越すものぢや〈浮世草子・新色五巻書・三・二〉

もぢーずり【捩摺り】名⇩しのぶずり

もちーだて【持ち楯】名武具の名。手に持って使う楯。「もったて」とも。例皆持ち楯の陰に隠れて〈太平記・一五〉

もち-づき【望月】名 陰暦十五夜の月。満月。「望(もち)」とも。例望月の明かさを十(とを)合はせたるばかりにて(=満月の明るさを十(じゅう)合わせたぐらいで)〈竹取〉

語誌▼**和歌の「望月」** 月は古くから人々を魅了してきた。特に八月十五夜の月は仲秋の名月として賞美されたが、和歌では「望月」という語そのものは詠み込まれることが少ない。たとえば『万葉集』に見える例はすべて「もちづきの」の形で枕詞として用いられたもの。また平安時代以降では、ほとんどが信濃(しな)の国の地名望月を詠んだものである。藤原道長の「この世をばわが世とぞ思ふ望月のかけたることもなしと思へば」〈小右記・寛仁二年十月〉(➡名歌164)や西行(さいぎょう)の「願はくは花のしたにて春死なむそのきさらぎの望月のころ」〈山家集・上〉(➡名歌280)は、その数少ない例外の歌である。〈藤本宗利〉

望月(もちづき)《地名》信濃(しなの)国、今の長野県北佐久郡望月町。陰暦八月に、この地の牧場から宮中に馬を献上することで有名。⇨もちづきのこま

もちづきの【望月の】《枕詞》満月は欠けたところがないことから「たたはし」「足(た)れる」に、また美しいことから「めづらし」にかかる。例**望月の** たたはしけむと 我(あ)が思ふ 皇子(みこ)の命(みこと)は〈万葉・一三・三三二四〉

もちづき-の-こま【望月の駒】名 陰暦八月の満月のころ、信濃(しなの)国(長野県)から宮中に献上される馬。屏風(びょうぶ)絵に描かれて有名になった。例逢坂(あふさか)の関の清水(しみず)に影見えて今や引くらむ**望月の駒**〈拾遺・秋〉➡名歌40

もち-て【以て】《動詞「もつ」の連用形＋接続助詞「て」》「もて(以て)」に同じ。例何を**もちて**、とかく申すべき(=どういう理由で、あれこれ申し上げることができよう)〈竹取〉

もち-ひ【餅】イ 名「もちいひ(餅飯)」の変化した形。餅(もち)。⇨もち。例殿、**餅**参らせたまふ〈栄花・初花〉

もちひ-かがみ【餅鏡】モチイ 名 鏡のように丸く平らな形に作った餅(もち)。祝い事に用いたり、大小二個を重ねて神に供えたりする。鏡餅。例**もちひかがみ**見せたてまつりたまひて、こちたう(=仰々しく)祝ひたまふけしき〈浜松中納言・四〉

もち・ふ【用ふ】モチウ 動(ハ上二)「もちゐる」に同じ。例名聞(みゃうもん)・利養に**用ふる**時は〈沙石集・五本・一三〉

もち・ゆ【用ゆ】動(ヤ上二)「もちゐる」に同じ。例一つも**用ゆ**べからず〈宇治拾遺・一九七〉

もぢ・る【捩る】モジル 1動(ラ四) よじる。例鐺(こじり)のしほ首引っつかみ、**もぢっ**(音便形)て払へば身を背け〈浄瑠璃・仮名手本忠臣蔵・九〉 2動(ラ下二) よじれる。例十二筋の縄縦横に**もぢれ**て〈俳諧・三冊子・黒冊子〉

もち・ゐる【用ゐる】モチイル 動(ワ上一)(「持ち率(ゐ)る」の意から) ❶**価値の高いものとして取り上げる**。㋐**人材などを登用する**。例いづれともなく人柄めやすく、世に**用ゐ**られて(=どなたということなく皆そろって人柄が好ましく、世に重く用いられて)〈源氏・賢木〉読解 左大臣家の子どもたちの様子。

㋑**意見などを採用する。信じて受け入れる**。例夢をも仏をも**用ゐる**べしや、**用ゐる**まじや(=夢も仏も信じて受け入れるのがよいのか、受け入れないほうがよいのか)〈蜻蛉・中〉

❷**使う**。役に立てる。例銭あれども**用ゐ**ざらんは、全く貧者(ひんじゃ)と同じ(=銭があっても使わないのは、まったく貧乏な人と同じだ)〈徒然・二一七〉

❸**心を配る**。労する。例心を**用ゐる**事少しきにしてきびしき時は、物に逆ひ、争ひて破る(=心を配ることが少なくて厳格な心持ちでいるときは、何かと逆らい、人と争って傷つく)〈徒然・二一一〉

語誌▼**活用の種類** 平安初期に現れる語。最初はワ行上一段に活用したが、のちにハ(ワ)行上二段活用の「用ふ(用う)」が生じた。中世には、「用ゆ」とヤ行上二段にも活用するようになった。〈高山善行〉

も・つ【持つ】1動(タ四) ❶**手に取る**。所持する。携帯する。例かの玉の枝**もちて**来(き)たるとて(=あの玉の枝を持って来たといって)〈竹取〉

❷**自分の物として所有する**。例(a)変化(へんげ)の人といふとも、女の身**もち**たまへり(=仮に人間の姿をしている人だといっても、女の姿をしていらっしゃる)〈竹取〉読解 かぐや姫のこと。例(b)親もなく、子も**持たず**〈西鶴・好色一代男・四・五〉

❸**保つ**。維持する。役職などを担う。例一切(さいつ)の法はただ道理といふ二文字が**もつ**なり(=すべての規範は道理という二文字が維持するのである)〈愚管抄・七〉

❹(連用形で用いて)**用いる**。使う。例木鍬(こくは)**持ち**打ちし大根(おほね)(=木の鍬を使って掘り起こした大根)〈記・下・仁徳・歌謡〉

2動(タ下二) 持たせる。携帯させる。例片思ひを馬荷ふつまに負ほせ**持て**越辺(こしへ)に遣(や)らば人かたはむかも(=片思いを馬荷でどっさり背負わせ持たせて越中に送ったら、あなたも心を寄せてくださるだろうか)〈万葉・一八・四〇八一〉

3動(タ下一) もてはやされる。ちやほやされる。例とかくひとり**もてる**そうさ〈洒落本・古契三娼〉

語誌 1では、①の手に取る・所持する、などの意が最も基本的である。②の所有する意、③の保つ意、④の用いる意などは、権利・持続性・手段性などの意をそれぞれ伴って、そこから分かれたものと見てよい。2は、使役動詞と見られ、上代にしか例が知られない。3は近世中期以降の用法。〈山口堯二〉

もっ-くゎん【没官】カン 名動(サ変)「ぼっくゎん」とも。刑罰の一つ。律の付加刑の一つで、罪人の資財などを没収すること。例**没官せ**られたりける服部(=地名)返したまはってげり〈平家・一二・泊瀬六代〉

もっ-け【物怪・勿怪】名形動(ナリ) 不吉なこと。けしからぬこと。思いがけないこと。例さまざまの**物怪**ありければ、うらなはするに〈今昔・一四・四五〉

もっ-しゅ【没収】名動(サ変) 刑罰の一つ。領地・官職・資財を取り上げること。例南都の僧綱(そうがう)ら…所職を**没収せ**らる〈平家・六・新院崩御〉

もっ-たい【物体・勿体】名 もののしい態度。重々しい様子。取り繕った様子。例さすが五常軍甘輝(かんき)と名におふ(=名高い)その**物体**〈近松・国性爺合戦・三〉

もったい-な・し【物体無し・勿体無し】形(ク) ❶

不都合だ。不届きだ。例あはれ、**もったいなき**主かな〈宇治拾遺・一五〉❷恐れ多い。ありがたい。例ああ**勿体ない**(音便形)、まずこの手を取って立たしめ(=お立ちなさい)〈虎寛本狂言・武悪〉❸惜しい。例大家の一跡(=全財産)、この時断亡せん事**もったいなく**候ふ〈太平記・三五〉

もっ-たう【没倒】トウ｜名動(サ変)不法に没収すること。例神社仏寺、権門勢家の庄領を**没倒し**〈平家・一・俊寛沙汰鵜川軍〉

もっ-て【以て】〔「もちて」の促音便形〕❶「もて(以て)」に同じ。例国解(=国司の上申書)を**以て**公にこの由を申し上げたるに〈今昔・二五・一〉❷接〔漢語「以」などの訓読〕それによって。そこで。例龍神はすなはち、千手の二十八部衆のその一つなれば、**もって**御納受こそ(=願いをお聞き入れくださるのは)たのもしけれ〈平家・二・卒都婆流〉

もって-の-ほか【以ての外】予想外のこと。常識はずれのこと。とんでもないこと。例平家**以ての外**に過分に候ふあひだ(=身分不相応に出すぎていますので)〈平家・一・清水寺炎上〉

もっとも【尤も・最も】❶形動(ナリ)道理にかなっている。当然だ。あたりまえだ。例今夜の発向(=出発)**尤もなり**〈古活字本保元・上〉❷副❶本当に。いかにも。例この訴へ申す事、**もっとも**ことわりに候ふ(=もっともでございます)〈宇治拾遺・八三〉❷非常に。特に。例昔、天竺に一寺あり。住僧**もっとも**多し〈宇治拾遺・一三七〉❸(打消の語を伴って)まったく(〜ない)。例をかしき事にもあるかな。**もっとも**え知らざりつる(=まったく知ることもできないことだったよ)〈竹取〉❸感 相手の発言などへの同意を表す語。いかにも。そのとおりだ。例「いざ大王へ申さん」と申しければ、「**もっとも**」と申しつつ〈御伽草子・御曹子島渡〉

もて-接頭〔「持ちて」の促音便形「もって」の促音の表記されない形、または、その変化した形と考えられる〕動詞について、**意味を強めたり、語調を整えたりする。**❶持って〜する。そのまま〜する。「もて出づ」「もて渡る」「もて馴らす」「もて使ふ」など。❷よくよく〜する。わざわざ〜する。「もて映やす」「もて傅く」「もて扱ふ」「もて悩む」など。〈安達敬子〉

も-て【以て】〔「もって」の促音の表記されない形〕❶手段・方法・材料を表す。〜で。〜によって。〜を使って。例我妹子が形見の衣なかりせば何物**もて**か命継がまし〈万葉・一五・三七三三〉❷行動のきっかけや、原因・理由を表す。〜から。〜のために。⇩こころもて。❸ある事柄をとりたてて示す。〜をもって。例おほやけの奉り物は、おろそかなるを**もて**よしとす(=天皇のお召し物は、粗末であるのをもってよいとする)〈徒然・二〉語誌 体言および活用語の連体形、またはそれに格助詞「を」のついた形につく。格助詞的な働きをする。

もて-あ・ぐ【持て上ぐ】動(ガ下二) 持ち上げる。例(鼻ヲ)上ざまへ**持て上げ**させて〈宇治拾遺・二五〉

もて-あそび【弄び・玩び・翫び】名❶遊び仲間。例(幼イ紫ノ上ハ)いとをかしき**もてあそび**なり〈源氏・若紫〉❷心を慰めるもの。心の慰めとなること。例五葉・紅梅・桜・藤・山吹・岩躑躅などやうの春の**もてあそび**をわざとは植ゑで〈源氏・少女〉❸玩具。おもちゃ。例十両十五両が**もてあそび**を調へ〈西鶴・好色一代男・四・六〉

もてあそび-ぐさ【弄び種】名 心を慰めるもととなるもの。例(姫宮ヲ)おいらかにうつくしき**もてあそびぐさ**に思ひきこえたまへり〈源氏・若菜上〉

もてあそび-もの【弄び物】名❶心の慰めとするもの。気を紛らわすもの。例(アナタヲ)明け暮れの**もてあそびもの**に思ひきこえつるを〈源氏・少女〉❷おもちゃ。玩具。

もて-あそ・ぶ【弄ぶ・玩ぶ・翫ぶ】動(バ四)〔手に持って遊ぶ意〕❶**遊び相手にする。愛して心の慰めとする。**例臥し起きはただ幼き人を**もてあそび**て(=明けても暮れてもただ幼い我が子を心の慰めとして)〈蜻蛉・上〉❷**花・月・音楽など風流なものを愛好する。観賞する。**例この対の前なる紅梅と桜とは、花のをりをりに心とどめて**もてあそびたまへ**(=この建物の前にある紅梅と桜とを、花の咲くときどきには忘れずに眺めてお楽しみください)〈源氏・御法〉語誌 近代になってから、なぶる、自分の思うままにする、という意をもつが、それ以前には特に否定的なニュアンスはない。〈安達敬子〉

もてあつかひ-ぐさ【もて扱ひ種】モテアツカイ―　名 うわさの種。例世の中に、そのころ、人の**もてあつかひぐさ**に言ひあへる事〈徒然・七七〉

もて-あつか・ふ【もて扱ふ】―アツカウ・―アツコウ　動(ハ四)〔「もて」は接頭語〕❶大切に取り扱う。世話する。例子などあまた(=大勢)**もてあつかひ**たる〈枕・むつかしげなるもの〉❷もて余す。取り扱いに困る。例小さかりし子どもの騒ぐなるをこそ、**もてあつかひ**てものしたまふなれ〈宇津保・国譲下〉

もて-い・く【持て行く・もて行く】動(カ四)「もてゆく」とも。❶手に持って行く。例この石は…我が家に**持て行き**て、使ふべきやうのあるなり〈宇治拾遺・一六二〉❷〔「もて」は接頭語〕(動詞の連用形について補助動詞的に用いて)しだいに〜してゆく。〜し続ける。例昼になりて、(気温ガ)ぬるくゆるび**もていけ**ば〈枕・春はあけぼの〉

もて-い・づ【持て出づ】―イズ　動(ダ下二)❶持ち出す。例銚子に土器とりそへて**持て出で**て〈徒然・二一五〉❷表に出す。目立つようにする。例さやうに**持て出で**たることは(=出過ぎたことは)、いとあやしく頼もしげなくおぼえはべりき〈源氏・帚木〉

もて-かく・す【もて隠す】動(サ四)〔「もて」は接頭語〕うまく隠す。外から見えないようにする。取り繕う。例顔を外ざまに**もて隠し**て〈源氏・東屋〉

もて-かしづ・く【もて傅く】―カシズク　動(カ四)〔「もて」は接頭語〕大切に世話をする。例疑ひなきまうけの君(=皇太子)と世に**もてかしづき**きこゆれど〈源氏・桐壺〉

もて-きょう・ず【もて興ず】動(サ変)〔「もて」は接

頭語〕おもしろがる。興味をもって扱う。例(遊女ヲ)けぢかくて(=近くに呼び寄せて)、人々**もて興ず**るに〈更級〉

もて-く【持て来】動(カ変) 持って来る。例命婦の君ぞ、御直衣などは、かき集め**持て来**たる〈源氏・若紫〉

もて-け・つ【もて消つ】動(タ四)〔「もて」は接頭語〕❶うまく消し去る。さりげなく無くす。例みづからの御上(=御身の上)は、かくそこはかとなく**もて消ち**て〈源氏・総角〉❷けなす。また、軽視する。例(人ヲ)**もて消ち**軽むることも、人にことなる(=人一倍激しい)大臣なれば〈源氏・常夏〉❸圧倒する。色あせさせる。例誇りかにはなやぎたる方は、弟の君たちには**もて消たれ**て〈源氏・若菜下〉

もて-さわ・ぐ【もて騒ぐ】動(ガ四)〔「もて」は接頭語〕もてはやす。あれこれと騒ぐ。例大殿腹の君をうつくしげなりと世人**もて騒ぐ**は〈源氏・松風〉

もて-しづ・む【もて鎮む】―シズム 動(マ下二)〔「もて」は接頭語〕態度などを落ち着かせる。控え目にする。例**もてしづめ**たる気配の、若やかなるして(=若々しい感じで)〈徒然・一〇四〉

もて-つ・く【もて付く】動(カ下二)〔「もて」は接頭語〕❶身につける。備える。例うはべの情けはおのづから**もてつけ**つべきわざをや〈源氏・帚木〉❷装う。取り繕う。例(恨ム様子モ見セズ)ただ朝夕に**もてつけ**たらむありさまに見えて〈源氏・帚木〉

もて-なし【もて成し】名❶取り計い。処置。とりなし。例よき若人、童べのなり・姿(=美しい年若の女房や女の童の身なり・姿を)めやすくととのへて、少納言が**もてなし**心もとなきところなう、心にくし〈源氏・葵〉❷ふるまい。態度。例童べは…さま・**もてなし**すぐれたるかぎりを召したり〈源氏・若菜下〉❸取り扱い。待遇。例世の例にもなりぬべき御**もてなし**なり(=世間の語り草にもなるにちがいないご待遇である)〈源氏・桐壺〉読解 桐壺更衣に対する帝の寵愛ぶり。❹取りさばき方。使いざま。例たをやかに使ひなしたる撥の**もてなし**〈源氏・若菜下〉❺ごちそう。例御**もてなし**、御あそびもの(=玩具)など奉る〈御伽草子・木幡狐〉

もて-な・す

【もて成す】動(サ四)「もて」は接頭語。「なす」は「なる」の他動詞形。対象になんらかの働きかけをして、結果がうまくいくようにする、が原義。

❶(物事に対して)**処置する。取り扱う。取り計らう。**例門もいと心かしこうも**もてなさ**ず(=門もそれほど厳重に閉じたりせず)〈枕・宮仕人の里なども〉

❷(他人に対して)**応対する。世話をする。接待する。**例すげなくのみ**もてなし**ければ、来わづらひてなむありける(=冷淡にばかり応対したので、来にくがっていた)〈落窪・三〉

❸(自分の身について)**ふるまう。**例顔などは、さし向かひたらむ人などにも、わざと見ゆまじう**もてなし**たり(=顔などは、向かいあっている人などにも、わざわざ見えないようにふるまっている)〈源氏・空蟬〉

❹**賞玩する。もてはやす。**例梨の花、よにすさまじきものにて、ちかう**もてなさ**ず(=梨の花は、まことにおもしろみのないものとして、身近に賞玩しない)〈枕・木の花は〉

〈安達敬子〉

もてなやみ-ぐさ【もて悩み種】名 もて余しの種。例天の下にも、あぢきなう(=苦々しく)人の**もてなやみぐさ**になりて〈源氏・桐壺〉

もて-なや・む【もて悩む】動(マ四)〔「もて」は接頭語〕処置に困る。もて余す。例やむごとなき験者ども、めづらかなりと**もて悩む**〈源氏・葵〉

もて-なら・す【持て馴らす】動(サ四) 使いならす。例ありつる扇御覧ずれば、**もて馴らし**たる移り香いとしみ深うなつかしくて〈源氏・夕顔〉

もて-はな・る【もて離る】動(ラ下二)〔「もて」は接頭語〕❶離れる。遠ざかる。❷疎遠になる。冷淡になる。例**もて離れ**つれなき人の御心を…つらう心憂しとおぼえたまふをり多かり〈源氏・賢木〉❸本筋から離れる。見当違いになる。例問ふ中に、言ひ当つるもあり、**もて離れ**たることをも思ひ寄せて(=推測して)疑ふも〈源氏・帚木〉❹遠ざける。隔たりを置く。例人を**もて離るる**心あるは、いとうちとけがたく〈源氏・若菜上〉

もて-はや・す

【もて映す・もて囃す】動(サ四)〔「もて」は接頭語。「はやす」は「はゆ」の他動詞形〕❶**引き立たせる。美しく見せる。**例月やうやうさし上がるままに、花の色香も**もてはやされ**て(=月がだんだんと昇るにつれて、花の色香も引き立てられて)〈源氏・若菜下〉

❷**手厚くもてなす。機嫌を取りもつ。**例今日の事には、院のおはしますをめでたき事におぼされて、いみじう**もてはやし**きこえさせたまふ(=今日の催しには、院がおいでになるのをすばらしい事にお思いになって、たいそう手厚くおもてなし申し上げなさる)〈栄花・初花〉

❸**ほめそやす。取り立ててほめる。**例よしあしきけぢめもけざやかに、**もてはやし**、またもて消ち軽むることも、人に異なる大臣なれば(=善悪のけじめもはっきりして、ほめたり、けなし軽んじたりすることも、普通以上の大臣なので)〈源氏・常夏〉

語誌 ①は自然の美しさのほか、人物の美しさ・楽器の音色などにも広く用いられる。〈安達敬子〉

もて-まゐ・る【持て参る】―マイル 動(ラ四) 持って参上する。持参する。例僧都、琴をみづから**持てまゐり**て〈源氏・若紫〉

もて-ゆ・く【持て行く・もて行く】動(カ四)「もていく」に同じ。

もて-わた・る【持て渡る】動(ラ四) 持って行く。持って来る。例いと寒きに、火など急ぎおこして、炭**もてわたる**もいとつきづきし(=似つかわしい)〈枕・春はあけぼの〉

もて-わづら・ふ【もて煩ふ】―ワズラウ・―ワズロウ 動(ハ四)〔「もて」は接頭語〕扱いに困る。もて余す。例このむすめ一人を**もてわづらひ**たるけしき、いとかたはらいたきまで(=気の毒なほど)〈源氏・明石〉

もと【元・本】草や木の根もとをさすのが原義。意味が広がって、基礎・基点・根幹・根源の意を表す。時間的な意にも用いる。

❶名 ❶**草木の根もと・株・茎・幹などの部分**。例その竹の中に、**もと**光る竹なむ一すぢありける(＝根もとが光る竹が一本あった)〈竹取〉 ❷**立っているものの下部**。また、**地面に接している部分**。例その岩の**もと**に、波白くうち寄す(＝その岩の下部に、白い波が寄せている)〈土佐〉 ❸**居所**。**すぐそば**。**近辺**。例井の**もと**に出でて遊びけるを(＝井戸のそばに出て遊んでいたが)〈伊勢・二三〉 ❹**手もと**。**手に持つ部分**。例五重はあまり厚くなりて、**もと**などにくげなり(＝五重がさねの扇は、あまりにぶ厚くなって、手もとの所などが上品ではない)〈枕・なまめかしきもの〉 ❺**物事の根本・原因・起こり**。例才を**もと**としてこそ、大和魂の世に用ゐらるる方も強うはべらめ(＝学問を根本としてこそ、実務の才能が世間に用いられることも確実でございましょう)〈源氏・少女〉 ❻**はじめ**。**昔**。**以前**。例ゆく河の流れは絶えずして、しかも、**もと**の水にあらず(＝過ぎ行く川の流れはとぎれることなくて、しかも、はじめのままの水ではない)〈方丈記〉 ❼**和歌の上の句**。例上の三句をば**本**といひ、下の二句をば末(＝下の句)といふ〈新撰髄脳〉 ❽**元金**。**資本**。**もとで**。例絞り取られて**元**も利も滓も残らぬ(＝元金も利子もおろか滓さえも残らない)油桶〈近松・女殺油地獄・中〉読解 油を売って貯めた金を使い果してしまった、ということ。

❷副 **以前に**。**先に**。**昔**。**古く**。例夕闇は道も見えねど旧里は**本**来し駒にまかせてぞ来る(＝夕闇では道も見えないけれど、昔通い慣れた土地は以前に来た馬の歩みに従って訪れることよ)〈後撰・恋五〉

❸接尾 数を数える。例ひと**もと**と思ひし花を(＝一本と思った花を)〈古今・秋下〉 ❶草木や細長く立っているものを数える。 ❷鷹狩りに使う鷹を数える。例大鷹一**もと**それて来たり(＝大鷹が一羽はぐれて来た)〈醒睡笑・五〉

語誌 「本葉」「本方」「其処もと」「手もと」「みなもと」「もとゐ(基)」など、多くの複合語の構成要素としても用いられる。〈五十嵐康夫〉

もと‐あら【本荒・本疎】名 根もと近くの葉がまばらなこと。例宮木野の**本あら**の小萩〈古今・恋四〉

もと‐うた【本歌・元歌】名「ほんか」に同じ。

もとおりのりなが〘本居宣長〙⇩もとをりのりなが

もどか・し 形(シク)〔動詞「もどく」の形容詞形〕 ❶**非難したくなる**。**悪口を言いたくなる**。例わびしげなる車に装束わるくて物見る人、いと**もどかし**(＝みすぼらしい牛車に服装も粗末で祭りなどを見物する人は、実に非難したくなる)〈枕・よろづのことよりも〉 ❷**いらいらしてくる**。**じれったい**。例(柏木ガ)女三の宮の御事さしも命に換ふばかり思ひ入りけむぞ、**もどかしき**(＝女三の宮の御事をあれほど命がけで思いこんだというのは、いらだたしい)〈無名草子〉読解『源氏物語』の柏木についての批評。すべてにすぐれた貴公子が、欠点の多い女三の宮に夢中になって、悲劇的な死を遂げたことを惜しむあまりの批判。

語誌 ①は「もどく(非難する・悪口を言う)」という行為を人にさせるようなさまにいう。転じて、その状態に対する主観的な感情に重点を置くと②の意になる。〈安達敬子〉

もと‐かしは【本柏】―カシワ 名「もとがしは」とも。❶柏の葉で、冬でも木から落ちずについているもの。大嘗祭では、その葉に酒を浸し、神饌にそそぐ。例石上(枕詞)ふる幹小野の**本柏**〈古今・雑上〉 ❷古くからのもの。本来のもの。例太政大臣の御方には中の兄にて、**本柏**にもおはすれど〈狭衣・一〉読解 ここは一番最初の妻の意。

もどき【抵牾き・牴牾き】名 ❶非難。例例なきことと、**もどき**もあはれがりもさまざまに聞こゆべし〈源氏・賢木〉 ❷似ているが本物とは違うもの。例小侍従が**もどき**の句といひつべし〈著聞集・五・一六二〉

もど・く 動(カ四) ❶**ほかのもののまねをする**。**似せる**。例この七歳なる子、父を**もどき**て、高麗人と文を作りかはしければ(＝この七歳である子は、父をまねして、高麗人と漢詩を作りあったので)〈宇津保・俊蔭〉 ❷**あれこれと非難する**。**悪口を言う**。例困じてうちねぶれば、「ねぶりをのみして」なども**どかる**(＝疲れて居眠りをすると、「眠ってばかりいて」などと非難される)〈枕・思はん子を〉

語誌 ②は、①の意にあたるものまねをして他者の言動を批判することから出たものであろう。〈安達敬子〉

もと‐しげどう【本重籐】名 弓の籐の巻き方の一種。弓の握りから上部は矢摺り籐・鏑籐のみ巻き、下部は全体に籐を巻いた重籐という。

もと‐じろ【本白】名 矢羽の一種。大部分が黒や褐色で、下部だけが白いもの。⇩や(図)。例鶴の**本白**、鴻の羽をわり合はせてはいだる矢〈平家・一一・遠矢〉

もと‐すゑ【本末】―スエ 名 ❶上と下。先と後。根本と末端。始めと終わり。例また、同じやうに削りたる木の、漆塗りたるを遣せて(＝送ってきて)、「これが**本末**定めよ」とて奉れり〈今昔・五・三二〉 ❷草木の根もとと枝葉。例神山にとる榊葉の**もと末**に〈栄花・鳥辺野〉 ❸和歌の上の句と下の句。例**本末**いひ適ふる事(＝うまくつりあわせて表現する事)の難きなり〈無名抄・上句劣秀歌事〉 ❹神楽歌の本方の歌と末方の歌。例殿も**本末**の拍子とりたまふぞ、うるはしき〈讃岐典侍日記・下〉

もと‐だち【本立ち】名 草木の根もと。根ぎわ。例遣り水かき払ひ、前栽の**本立ち**も涼しうしなしなどして(＝作りあげなどして)〈源氏・蓬生〉

もと‐つ‐ひと【元つ人・本つ人】名〔「つ」は「の」の意の上代の格助詞〕昔からの知人。例ほととぎすなほも鳴かなむ(＝もっと鳴いてほしい)**本つ人**かけつつもとな我を音し泣くも〈万葉・二〇・四四三七〉読解 ここは親しかった故人をさす。

もと-どり【髻】 名〔「本取り」の意〕髪を頭の上で束ねた所。また、その髪。たぶさ。例髻は塵ばかりにて、額ははげ入りて〈落窪・二〉

もとどり-はなつ【髻放つ】 冠などをかぶらず、髻をあらわにする。不作法なこととされた。例三所ながら(=三人とも)、**御髻はなちて**おはしましけるは、いとこそ見苦しかりけれ〈大鏡・道隆〉

もと-な 副《上代語》❶むやみに。むしょうに。例いづくより 来たりしものそ まなかひに(=目の前に) もとなかかりて 安眠しなさぬ〈万葉・五・八〇二〉➡名歌93 ❷わけもなく。例何せむに(=なんのために) 命をもとな 長く欲りせむ〈万葉・一一・二三五八〉

もと-は【本葉】 名 草木の根もとのほうにある葉。例はたすすき 本葉もそよに 秋風の 吹き来る夕に〈万葉・一〇・二〇八九〉

もと-はず【本弭・本筈】 名 弓の下側の弭。⇩ゆみ(図)。例弓の本弭・末弭取り違へ〈太平記・二八〉

もと-へ【本方・本辺】 名《上代語》❶もとのほう。下のほう。例い組竹節竹 本辺をば 琴に作り〈紀・継体・歌謡〉❷山のふもとのあたり。例三諸は 人の守る山 本辺には あしび花咲き 末辺には 椿花咲く〈万葉・一三・三二二二〉

もとほ・す【廻す・回す】 動(サ四)〔「もとほる」の他動詞形〕ぐるぐるとまわす。例寿き**もとほし** 献り来し御酒ぞ〈記・中・仲哀・歌謡〉

もと-ほととぎす【本時鳥】 名 以前から来ては鳴いているほととぎす。昔なじみのほととぎす。例あをによし(枕詞)奈良の都は古りぬれど**もとほととぎす**鳴かずあらなくに〈万葉・一七・三九一九〉

もとほ・る【廻る・回る】 動(ラ四)❶ぐるぐるまわる。徘徊する。例鶉なす(=鶉のように) い這ひ**もとほり** 侍へど 侍ひえねば〈万葉・二・一九九〉❷物事が思いどおりに進む。自由になる。例口が**もとほらず**とも、間を置いて聞かせられい〈狂言・魚説経〉

もとほろ・ふ【廻ろふ・回ろふ】 動(ハ四)〔動詞「もとほる」の未然形＋上代の反復・継続の助動詞「ふ」＝「もとほらふ」の変化した形〕まわる。めぐる。例なづきの田の 稲がらに 稲がらに 這ひ**廻ろふ** 野老蔓〈記・中・景行・歌謡〉

もと・む【求む】 動(マ下二)❶求める。得ようとして探す。例江林に 伏せる猪やも **求むる**に良き〈万葉・七・一二九二〉❷欲しいと望む。要求する。例中納言殿の…(コノ笛ヲ)**もとめ**たまひしかど〈落窪・三〉❸ある事態を自ら招く。引き起こす。例薬を飲みて汗を**求むる**には、効なきことあれども〈徒然・一二九〉❹買う。買い求める。例戯絵ざっと書いたるを**もとめ**てこい〈狂言・末広がり〉

もと-も【尤も・最も】 副「もっとも②」に同じ。例**もとも**今こそ恋はすべなき〈万葉・一一・二七八一〉

もと-ゆひ【元結ひ】 名「もとひ」「もっとい」(「もとひ」の変化した形)とも。髪を束ねて結ぶもの。古くは組み糸、後世は糊で固めたこよりを用いた。例女房八人、一つ色にさうぞきて(=同じ色の衣装を着て)、髪あげ、白き**元結ひ**して〈紫式部日記〉

[元結ひ切る] 出家するために髪を切る。例御**元結ひ切り**たまひて、清水へぞ参られける〈御伽草子・梵天国〉

もと-より

【元より・固より】 副❶**以前から。**最初から。もともと。例(世俗ノコトハ)**もとより**望むことなくしてやまんは、第一の事なり(=最初から望まないですむものなら、それが一番よいことである)〈徒然・一五一〉

❷**もちろん。言うまでもなく。**例行く春丹波にゐまさば、**もとより**この情うかぶまじ(=晩春を丹波国にいらっしゃったら、言うまでもなくこの感情は浮かばないだろう)〈俳諧・去来抄・先師評〉読解「この情」は惜春の情のこと。芭蕉の「行く春を近江の人と惜しみける」(➡名句155)の句の評の一部分。〈五十嵐康夫〉

もど・る【戻る】 動(ラ四)❶元の場所に帰る。例正午までに行いて**戻る**〈近松・女殺油地獄・中〉❷元の状態になる。例また水に**もどる**も早し初氷〈俳諧・俳諧古撰〉❸儲けがふいになる。例この油の高さでは、儲けるほどみな**戻る**〈近松・長町女腹切・上〉

もどろ-か・す 動(サ四)❶まだら模様にする。例おし摺り**もどろかし**たる袴など着せたり〈枕・正月に寺にこもりたるは〉❷惑わす。例国王より始めて民にいたるまで心を**もどろかし**〈今昔・四・一三〉

もどろ・く 〔「もどろ」は「まだら」の変化した形〕**1** 動(カ四)惑う。例あまりなることは、目も**もどろく**心地なむしたまひける〈大鏡・道長上〉**2** 動(カ下二)まだら模様にする。例その国の人、男女並びに髪をわけ、身を**もどろけ**て〈紀・景行〉読解ここは体に入れ墨をしていることをいう。

本居宣長(もとをりのりなが)《人名》江戸時代の国学者。一七三〇～一八〇一(享保一五～享和元)。伊勢松阪(三重県松阪市)の木綿問屋に生まれる。医学を学ぶために上った京都で、国学、特に契沖の学問に啓発される。帰郷後、医者を開業するとともに、国学の研鑽に努め、多くの著作と門人を残した。書斎の名をとって鈴屋とも号す。国学の大成者。

●**業績** 当初は『源氏物語』などの中古を対象としていたが、賀茂真淵と出会ってのちは主に古代研究に従事し、三十余年をかけて『古事記伝』を著した。日本本来の道としての古道を明らかにするためには、古語・古典の実証的研究および和歌・物語を通じて風雅を解することが必要と考え、『詞の玉緒』などの語学研究を進展させ、「もののあはれ」の文学論を主張した。「もののあはれ」論は『紫文要領』(「紫文」は『源氏物語』のこと)『石上私淑言』『源氏物語玉の小櫛』に見えるが、『源氏物語』作者の物語観から、物語の本質は読むものに「もののあはれ」を感じさせることにあるとして、善悪を超えた「もののあはれ」の自律性を主張し、従来の、文学は教戒のためにあるとする考え方と一線を画した。ほかに『玉勝間』『うひ山ぶみ』『古今集遠鏡』などがある。〈大谷俊太〉

本居春庭(もとをりはるには)《人名》一七六三～一八二八(宝暦一三～文政一一)。江戸時代の国学者・歌人。宣長の子。幼時から国学・和歌を熱心に学ぶ。眼病を患い、三十二歳で失明。針医のかたわら研究を続け、門人も育成した。語学書に『詞の八衢』など。家集に『後鈴屋集』。

も-なか【最中】 [名] ❶真ん中。中央。[例]水の面に照る月なみを数ふれば今宵ぞ秋の**もなか**なりける〈拾遺・秋〉→名歌344 ❷和菓子の名。江戸吉原の名物で、形が「最中の月(満月)」に似ることからいう。

も-ぬ・く【蛻く】 [動](カ下二) 蛇や蟬などが脱皮する。[例](衰弱シタ姿ハ)**もぬけ**たる虫のからなどのやうに〈源氏・若菜下〉

も-ぬけ【蛻け】 [名] ❶蛇や蟬などが脱皮すること。また、その抜け殻。[例]唐の薄様(=薄い紙)に蟬の**蛻け**を包みてもてきて〈重之集・詞書〉❷人の身体が抜け出した後の寝床や家。脱ぎ捨てられた衣服。また、魂が抜け出た後の体。[例]かの**もぬけ**を、いかに伊勢をの海人の(衣ノヨウニ)しほなれてやなど思ふも〈源氏・空蟬〉

もの

【物・者】 有形・無形の区別なく、知覚・認識できるものをいう。もともと、「ものの怪」「もの忌み」などのように不思議で超人的な力をさしたり、「もの思ふ」などのように魂ぐらいの意をもさしたりした。

1 [名] ❶**個別の物体・物品をはっきり示さず一般化していう**。飲食物・衣服・調度・楽器など。[例]便りごとに**物**も絶えず得させたり(=ついでのあるたびに物もいつもやってある)〈土佐〉

❷**何と定められない漠然としたもの**。[例]わづらひたまふさまの、そこはかとなく**もの**を心細く思ひて(=ご病気でいらっしゃる様子は、はっきりしたものはなくなんとなく心細く思って)〈源氏・柏木〉

❸**取り立てていうべきほどのもの**。打消の語を伴って、たいしたことのないもの、の意に用いられることが多い。[例]右大臣の御勢ひは、**ものにもあらず**おされたまへり(=右大臣の御威勢は、ものの数でもなく圧倒されておしまいになった)〈源氏・桐壺〉

❹**ほかの所**。**出かけて行く場所**。[例]この御忌み果てて、あからさまに**もの**になん(=この御忌みが終わって、ほんのちょっとほかの所へ)〈源氏・蜻蛉〉

❺**筋道**。**言葉**。[例]世のすき者にて、**もの**よく言ひとほれるを(=天下の風流人で、ものの道理をよどみなく話しているので)〈源氏・帚木〉

❻**超人的な存在**。**物の怪**。神仏。鬼神など。[例](a)**もの**の知らせ言はせたりけるなりけり(=神仏が知らせ言わせたのであったなあ)〈蜻蛉・中〉[例](b)**物**に襲はるる心地して、おどろきたまへれば、灯も消えにけり(=何かに襲われる気持ちがして、目をお覚ましになったところ、灯火も消えてしまっていた)〈源氏・夕顔〉

❼**人間や動物**。**者**。人より低いものとして表現する。[例]竹取りの翁といふ**もの**ありけり〈竹取〉

2 [接頭] 形容詞・形容動詞・副詞などについて、**なんとなく**、**そこはかとなく**、**の意を表す**。「物哀れ」「物憂し」「物心細し」など。

〈藤本勝義〉

[物に魔はる] (「魔はる」はうなされる意)悪夢にうなされる。妖怪などに襲われたような気になる。[例]**物におそはるる**心地して、「や」とおびゆれど(=おびえた声を立てるが)〈源氏・帚木〉

[物に似ず] 普通でない。なんとも言いようがない。[例]悲しきことも**ものに似ず**、よよとぞ泣きける〈大和・一四八〉

[物にもあらず] 問題にならない。ものの数ではない。[例]右大臣の御勢ひは、**ものにもあらず**(左大臣ニ)おされたまへり〈源氏・桐壺〉

もの

1 [終助] 感動・詠嘆の意を表す。～のになあ。[例]天飛ぶや(枕詞)鳥にもがもや(=鳥でありたいものだ)都まで送りまをして飛び帰る**もの**〈万葉・五・八七六〉 **2** [接助] 近世の用法。順接の確定条件を表す。～だから。[例]日がな一日ゐたり立ったりする**もの**を、腹もへらうぢゃあねえか〈滑稽本・浮世風呂・三下〉

[接続] ①は活用語の連体形につく。②は文を終止した形につく。

もの-あはせ【物合はせ】 [名] 物を比べ合わせて、優劣を競いあう遊戯の総称。絵合わせ・貝合わせ・香合わせ・花合わせ・物語合わせなど。[例]**物合はせ**、なにくれと(=何やかやと)挑むことに勝ちたる、いかでかうれしからざらん〈枕・うれしきもの〉

もの-あはれ【物哀れ】 [形動](ナリ) (「もの」は接頭語)なんとなくしみじみとしたさま。なんとなく感慨深いさま。[例]**ものあはれ**に慰む方なくおぼえたまふ折々〈源氏・明石〉

もの-あひ【物間】 [名] 物と物との間。すきま。また、その距離。[例]障子の隙間**物間**の〈謡曲・熊坂〉

もの-あらがひ【物争ひ・物諍ひ】 [名] 反論。言い争い。[例]御**ものあらがひ**こそ、なかなか心おかれはべりぬべけれ〈源氏・椎本〉

もの-いひ【物言ひ】 [名] ❶ものの言い方。口のきき方。[例]幼の御**もの言ひ**やな〈源氏・宿木〉❷うわさ。世評。[例]世の人の**もの言ひ**ぞ、いとあぢきなけしからずはべるや〈源氏・浮舟〉❸口が達者な人。[例]隈なき(=なんでも知っている)**もの言ひ**も定めかねて〈源氏・帚木〉

もの-い・ふ【物言ふ】 [動](ハ四) ❶発言する。口をきく。[例]いささか**もの言ふ**をも制す〈源氏・少女〉❷気の利いた言い方をする。[例]この言葉、何とにはなけれども、**もの言ふ**やうにぞ聞こえたる〈土佐〉[読解]「黒鳥のもとに、白き波を寄す」という言葉に、色の対照のおもしろさを感じたという一節。❸男女が親密に話す。情を交わす。[例]人の娘のかしづく、いかでこの男に**もの言は**むと思ひけり〈伊勢・四五〉

もの-いみ

【物忌み】 [名] ❶その日が凶日にあたるときや夢見が悪いとき、身に穢れがある日、あるいは神事などのため、身を清め、他人との交渉を避けたりして謹慎生活をすること。[例]明日明後日、固き**物忌み**にはべるを(=明日あさっては、厳しい物忌みでございますので)〈源氏・東屋〉❷①の期間中、柳の木を薄く削ったものや白紙に「物忌」と書いて、簾に下げたり、冠や烏帽子などにつけたりした札。[例]烏帽子に**物忌み**付けたるは〈枕・説経の講師は〉❸伊勢神宮などで神事に仕える少年少女。

語誌▼**物忌みの習俗**　特に平安時代、貴族の生活を規制した陰陽道(おんよう)信仰の中心を占める禁忌の思想の重要な一つが物忌みの習俗である。通常二日連続し、四日・六日連続の物忌日ということもある。偶数で連続するのが普通で、一日・三日連続などの例はまずない。このような禁忌の日が頻繁にあるため、政務や日常生活に支障をきたすことも少なくなかった。そのため、物忌みの日でもそれをあまり守らなかったり、逆に出向きたくない用事を回避するため、偽りの物忌みを設け、口実に使ったりすることもあった。〈藤本勝義〉

もの‐う・し【物憂し】形(ク)〔「もの」は接頭語〕❶**気が進まない。なんとなくめんどうだ。**例荒れたる宿は…**ものうき**ぞわりなかりける(=この荒れた屋敷へは…気の進まないのはしかたのないことだった)〈源氏・末摘花〉❷**つらい。いやだ。**例さらでも旅は**ものうき**に、心をつくす夕まぐれ、池田の宿(しゅく)にもつきたまひぬ(=そうでなくても旅はつらいのに、あれこれもの思いをする夕暮れ時に、池田の宿にご到着なさった)〈平家・一〇・海道下〉〈藤本勝義〉

もの‐うじ【物倦じ】名〔「ものうんじ」の撥音の表記されない形〕物事がいやになること。世をはかなむこと。例**もの倦じ**してはかなき山里に隠れゐにけるを〈源氏・玉鬘〉

もの‐うと・し【物疎し】形(ク)〔「もの」は接頭語〕なんとなく疎ましい。なんとなく縁遠い。例冷え入りにたれば、けはひ**もの疎く**なりゆく〈源氏・夕顔〉

もの‐うらやみ【物羨み】名動(サ変)うらやむこと。例**物うらやみ**し、(自分ノ)身の上なげき、人の上いひ〈枕・にくきもの〉

もの‐うんじ【物倦じ】名「ものうじ」に同じ。

もの‐おそろ・し【物恐ろし】形(シク)〔「もの」は接頭語〕なんとなく恐ろしい。なんとなく気味が悪い。例人げ遠き心地して**もの恐ろし**〈源氏・帚木〉

もの‐おぢ【物怖ぢ】(オヂ)名恐れること。こわがってびくびくすること。例**もの怖ぢ**をなんわりなく(=むやみに)せさせたまふ本性(ほんじゃう)にて〈源氏・夕顔〉

もの‐おぼ・ゆ【物覚ゆ】動(ヤ下二)❶意識がはっきりする。例(父ノ死ヲ聞イテ)あさましく**ものおぼえ**ぬ心地して〈源氏・椎本〉❷世の中の事がわかりはじめる。もの心がつく。例なにがし(=私)**もの覚え**てのち、不思議なりしことは〈大鏡・道長下〉

もの‐おもひ【物思ひ】(オモイ)名思い煩うこと。苦悩。例年経(ふ)ればよはひは老いぬしかはあれど花をし見れば**もの思ひ**もなし〈古今・春上〉↓名歌248

もの‐おも・ふ【物思ふ】(オモウ)動(ハ四)**もの思いにふける。思い悩む。**例(a)朝戸開けて**もの思ふ**時に白露の置ける秋萩(あきはぎ)見えつつもとな(=朝の戸を開けてもの思いにふけるときに白露が降りた秋萩が目に入ってしかたがない)〈万葉・八・一五七九〉例(b)七月十五日の月に出でゐて、せちに**もの思へ**る気色(けしき)なり(=七月十五日の月に縁に出て座り、ひどくもの思いにふけっている様子である)〈竹取〉読解かぐや姫が月を見て思いにふけり嘆くところ。〈藤本勝義〉

もの‐か　終助〔形式名詞「もの」+係助詞「か」〕❶現実への反発をこめた反語の意を表す。〜ものか。〜てよいのか。例心なき鳥にぞありけるほととぎすもの思(も)ふ時に鳴くべき**ものか**〈万葉・一五・三七八四〉❷感動を表す。〜ことか。〜だなあ。例海神(わたつみ)はくすしき**ものか**(=不思議だなあ)〈万葉・三・三八八〉
接続 活用語の連体形につく。

もの‐がくし【物隠し】名物事を秘密にすること。例**もの隠し**は懲りぬらむかし〈源氏・紅葉賀〉

もの‐がしら【物頭】名❶武家で、弓組や鉄砲組などの足軽(あしがる)の長。例**物頭**に馬あひつけ(=馬を引かせ)〈曽我・一〉❷上役。かしら。例お家の掟(おきて)を知らずんばなぜ**物頭**には伺はぬ〈近松・傾城反魂香・上〉

もの‐かず【物数】名❶物の数。品物の数。品数。例取りあつめて**物数**二十三、銀二百目付けておくられけるに〈西鶴・好色五人女・二・四〉❷物の数の多いこと。多数のもの。例声も調子にかかり、能も心づくころなれば、次第次第に**物数**をも教ふべし〈風姿花伝・一〉❸言葉数。口数。例**物数**いはぬこそよけれ〈西鶴・好色一代女・一・四〉❹特に数えたてるほど重要なこと。数えたてるほどりっぱなこと。例**物数**にしていふにはあらねど〈読本・八犬伝・四・三〉

もの‐がたら・ふ【物語らふ】(─ガタラウ・─ガタロウ)動(ハ四)語りあう。男女が情愛を交わす。例それをかのまめ男、うち**物語らひ**て〈伊勢・二〉

もの‐がたり【物語】名❶談話。世間話。男女の語らい。幼児の意味をなさない言葉にもいう。例(a)青みづら(枕詞)依網(よさみ)の原に人も逢はぬかも(=だれかと出会わないものかなあ)石走(いはばしる)(枕詞)近江県(あがた)の**物語**せむ〈万葉・七・一二八七〉例(b)炭櫃(すびつ)に火おこして、**物語**などして集まりさぶらふに〈枕・雪のいと高う降りたるを〉❷⇒物語(ものがたり)

ものがたり‐あはせ【物語合はせ】(─アワセ)名遊戯の名。左右二組に分かれ、物語に和歌などを添えて出しあい、優劣を競う。例五月五日、六条前斎院に**物語合はせ**しはべりけるに〈後拾遺・雑一・詞書〉

もの‐がた・る【物語る】動(ラ四)談話する。あるまとまった話を語り聞かせる。例春雨や**ものがたり**ゆく蓑(みの)と傘〈俳諧・蕪村句集・上〉↓名句119 語誌古くは「ものがたりす」が用いられるのが一般的。

もの‐かな　終助〔形式名詞「もの」+終助詞「かな」〕感動の意を表す。〜だなあ。〜ことか。例世の中はあぢきなき**ものかな**〈源氏・須磨〉
接続 活用語の連体形につく。

もの‐がな・し【物悲し】形(シク)〔「もの」は接頭語〕**なんとなく悲しい。何かせつない。**例(a)川霧立ちわたりて、麓(ふもと)も見えぬ山の見やられたるも、いと**もの悲しう**(音便形)て(=川霧が一面に立って、ふもとも見えない山が眺められているのも、ほんとうになんとなく悲しくて)〈蜻蛉・下〉読解夫と離れて転居した川霧立ちこめる邸の内外の風景は、作者のうら悲しい心象風景でもある。例(b)今日にしも閉ぢむまじきことなれど、またなく**もの悲し**(=今日限りでご来訪がなくなるはずもないことなのだが、この上もなく何かせつない)

〈源氏・葵〉読解 葵の上の死後、喪に服していた光源氏が左大臣邸を去るに際し、皆、その喪失感・空虚感からせつなく思う。

語誌 「ものがなし」は、単に悲しいという意ではなく、複雑でせつなく微妙なニュアンスを醸し出す平安朝的な語といえる。『万葉集』にわずか一例しか用例がないことがそれを示している。〈藤本勝義〉

もの-かは

終助〔形式名詞「もの」＋係助詞「かは」〕❶反語の意を表す。〜か(いや、〜そうではない)。例花はさかりに、月はくまなきをのみ見るものかは(＝花は満開の時に、月は曇りのないものだけを見るものか、いや、そうではない)〈徒然・一三七〉❷強い感動の意を表す。〜ことよ。〜ではないか。例「この矢あたれ」とおほせらるるに、おなじものを中心にはあたるものかは(＝「この矢よ当たれ」とおっしゃるところ、同じ当たるにしても、なんと、的の中心に当たったことですよ)〈大鏡・道長上〉

接続 活用語の連体形につく。

語誌 「ものか」は感動にも反語にも用いるが、「ものかは」はほとんどが反語に用いられる。〈近藤要司〉

もの-かは〔名詞「もの」＋係助詞「かは」〕問題ではない。ものの数ではない。例待つ宵にふけゆく鐘の声聞けばあかぬ別れの鳥は**ものかは**〈新古今・恋三〉↓名歌330

物語 平安・鎌倉時代に流行した文学のジャンルの一つ。

●**物語の本質** 作者の設定した語り手が、珍しく興味深い話を語り聞かせるという体裁をとるのが特徴。作者は、一般的な教養と常識のある語り手に扮し、ときおり批評や感想(これを草子地と呼ぶことがある)を交え、読者の想像力を刺激しながら、物語を語り進めていく。この語り手は、作者その人ではなく、また実体的な存在ではない。あくまでも作者の想定した架空の存在である。それだけに、ある時には物語を遠くから見渡し、ある時には作中人物の心情に接近し、一体化するような自由自在な立場を保つことができる。この仕組みによって、珍しい出来事そのものではなく、背景にある人間の真実の姿を描こうとするところに物語の本質がある。

古い氏族にまつわる数多くの伝承が成立の基盤となっていると考えられるが、漢文による伝奇小説の影響も注目される。『竹取物語』『宇津保物語』など初期の物語は、漢詩文の教養ある男性官人の、いわば余技として書かれた。当時、新たに考案された仮名文字を用いることによって、より多様で細やかな表現が可能となり、多くの読者に享受されることになった。なお、当時は、正統的な文学ではなく、女性や子どもの娯楽の具としてみなされていた。『枕草子』では、「つれづれなぐさむもの」として碁・双六とともに物語が挙げられている。

●**展開** 初期の作品としては、『竹取物語』『宇津保物語』など伝奇的な性格の強い物語群があり、またそれとは別に、『伊勢物語』『大和物語』などの歌物語の系譜があった。そしてその両者の流れを受けて高い達成を示したのが『源氏物語』である。以後、物語の創作は女性の手に移り、『狭衣物語』『夜の寝覚』『堤中納言物語』などが書かれた。『源氏物語』の影響がきわめて強く、その亜流の物語とみられている。また、新しい趣向をねらうあまり、現実離れした、退廃的な物語も多く書かれるようになる。『浜松中納言物語』『とりかへばや物語』などがそれである。このような王朝的な物語は、鎌倉時代になっても創作され続け、擬古物語などと呼ばれる。『住吉物語』『松浦宮物語』『海人の刈藻』などで、ここにも『源氏物語』の影響がみられる。

こうした動向の一方では、物語としてのジャンルも広がりをみせるようになる。平安後期には、『栄花物語』『大鏡』などの歴史物語、『今昔物語集』の膨大な説話集も現れた。さらに、鎌倉・室町時代には戦乱の世相を反映して『平家物語』『太平記』などの軍記も流行した。室町時代の御伽草子も物語の系譜に連なっているが、中世小説と総称されることもある。〈大井田晴彦〉

もの-から

接助〔形式名詞「もの」＋格助詞「から」〕❶逆接。**ある事柄とそれに伴う反面を合わせて述べるのに用いる。**〜けれども。〜ものの。例ことごとしうかき曇る**ものから**、ただ気色ばかり雨うち降るはせむかたなくあはれにおぼえて(＝真っ暗に曇っているものの、ほんの少しだけ雨が降ってくるのはどうしようもなくせつなく思われて)〈和泉式部日記〉❷近世文語の用法。順接。**原因・理由を表す。**〜ので。〜ゆえに。例辺土の遺風忘れざる**ものから**、殊勝に覚えらる(＝へんぴな田舎に残る風流を忘れていないので、感心なことだと思われる)〈芭蕉・奥の細道〉

接続 活用語の連体形につく。

語誌 ▼**用法の特徴** 同じく形式名詞「もの」をその一部に取り込んだ形の接続助詞に「ものを」「ものの」がある。それらに似て、「ものから」も逆接的になる傾向が強い。しかし、逆接の確定条件を示す接続助詞「ど」「ども」とは違って、これには、前の事柄に伴っている、その反面をあるがまま述べるような表現性が目立つ。

②は①の用法が中世に一度断絶してのちに生じたものらしく、近世に見られる擬古的用法である。

▼**関連語形** 上代には格助詞「に」を伴う「ものからに」の形でも用いられた。意味や働きはほとんど変わらない。例相見ては面隠さるるものからに継ぎて見まくの欲しき君かも(＝逢うと恥ずかしさについ顔を隠してしまうけれども、また続いて逢いたくなるあなただ)〈万葉・一一・二五五四〉〈山口堯二〉

もの-がら【物柄】 名 物の品質。例(調度類ハ)費えもなくて、物がらのよきがよきなり〈徒然・八一〉

もの-きこ・ゆ【物聞こゆ】 動(ヤ下二)「物言ふ」の謙譲語。申し上げる。例人の御もとにしのびて**もの**

も

聞こえて〈伊勢・一二〇〉

もの‐ぐさ【物種】 名 物の種類。材料。また、物事。例桜花我が宿にのみありと見ばなき**物種**は思はざらまし〈拾遺・雑春〉

もの‐くさ・し【物臭し・懶し】 形(ク)〔「もの」は接頭語。中世以降「ものぐさし」〕❶【物臭し】㋐なんとなく臭い。汚い。例**物くさき**部屋に臥ふして〈落窪・一〉㋑なんとなく怪しい。例この内は**物ぐさし**。捜せや捜せ〈近松・碁盤太平記〉❷【懶し】㋐なんとなく気が進まない。めんどうくさい。例能、**ものくさく**なりたちぬれば、やがて能は止まるなり〈風姿花伝・一〉㋑気分が悪い。例**ものくさく**なりて、死ぬべき時に〈仮名草子・仁勢物語・上〉

物くさ太郎 《作品名》室町時代の御伽草子一冊。作者・成立年未詳。信濃の国の怠け者の物くさ太郎が都に上る。和歌の才や機知に富んだため、美しい官女を妻に得て帝に召し出される。実は貴い生まれと判明し、甲斐・信濃両国を与えられ、長寿を保って神にまでなる。和歌の才能による立身出世譚。

もの‐ぐるは・し【物狂はし】 形(シク)「ものぐるほし」に同じ。例さまざまの**物狂はしき**事どもを申して逃げて去りにけり〈今昔・二三・三三〉

もの‐ぐるひ【物狂ひ】 名 ❶狂気。乱心。また、その人。例この心を得ざらん人(=この気持ちを理解しないような人)は、(私ヲ)**物狂ひ**とも言へ〈徒然・二二〉❷神が乗り移ること。また、その人。例この**物ぐるひ**、走りまはって(数珠ヲ)拾ひ集め〈平家・三・一行阿闍梨之沙汰〉❸能楽で、肉親や恋人を失って狂気となった人。また、その所作。多くは流浪して狂った様子を見せる。

もの‐ぐるほ・し【物狂ほし】 形(シク)〔「くるほし」は、動詞「くるふ」の形容詞形「くるはし」の変化した形〕**度はずれている。狂気じみている。**ばかげている。例あな**ものぐるほし**、たはぶれごととこそわれは思ひしか(=なんと狂気じみているのか、冗談だとばかり私は思ったのに)〈蜻蛉・上〉読解ちょっとした口げんかで通って来なくなった夫の態度を、作者は常識はずれだと思っている。例(b)心にうつりゆくよしなし事を、そこはかとなく書きつくれば、あやしうこそ**ものぐるほしけれ**(=心に浮かんでは消えてゆくたわいのない事を、なんということもなく書きつけると、奇妙で狂気じみた感じがする)〈徒然・序〉《藤本勝義》

もの‐けたまはる【物けたまはる】 〔「ものうけたまはる」の変化した形〕相手の意向を問う言葉。人にものを言うときの挨拶の言葉。もしもし。例「**ものけたまはる**。これ(=これなどいかが)」など起こせど〈源氏・宿木〉

ものげ‐な・し【物げ無し】 形(ク) たいしたことはない。取るに足りない。例**ものげなし**と侮りきこえさせたまふにはべるめりかし〈源氏・少女〉

もの‐こころぼそ・し【物心細し】 形(ク) なんとなく不安だ。例わが入らむとする道はいと暗う細きに、蔦・楓は茂り、**もの心ぼそく**〈伊勢・九〉

もの‐ごし【物腰】 名 身のこなし。立ち居ふるまい。例二十一、二の女、色白く髪うるはしく、**物腰**やさしく〈西鶴・好色一代男・三・四〉

もの‐ごし【物越し】 名 物を隔てて対すること。几帳や簾を隔てることが多い。例心やましき(=おもしろくもない)**物越し**にてなむ逢ひてはべる〈源氏・帚木〉

もの‐ごのみ【物好み】 名 動(サ変) ❶風流なことなどに好奇心をもって熱心にすること。例何ごともも**の好みし**、艶がりおはする親王にて〈源氏・梅枝〉❷より好みすること。例用捨もなく**物好みして**、身を自由にくつろぎしは〈西鶴・好色一代女・五・三〉

もの‐ごは・し【物強し】 形(ク)〔「もの」は接頭語〕なんとなく堅苦しい。うちとけない様子だ。例すくよかに(=無愛想に)言ひて、**ものごはき**さましたまへれば〈源氏・若紫〉

もの‐こほ・し【物恋し】 形(シク)〔「もの」は接頭語〕なんとなく恋しい。

もの‐ごり【物懲り】 名 動(サ変) 懲りること。例さまざまもの嘆かしきをりをり多かるに、**もの懲りし**ぬべけれど〈源氏・若菜下〉

もの‐さだめ【物定め】 名 よしあしを判定すること。例馬頭の、**物定め**の博士になりて〈源氏・帚木〉

もの‐ざね【物実】 名 物の元となるもの。物の根元。また、原材料。例生まれませる五柱の男子は、**物**実我が物によりてなりませり〈記・上・神代〉

もの‐さび・し【もの寂し・もの淋し】 形(シク)〔「もの」は接頭語〕なんとなくさびしい。うらさびしい。例**ものさびしく**心細き世を経ふるは(=生涯を送るのは)〈源氏・椎本〉

もの‐さ・ぶ【物さぶ】 動(バ上二)〔「もの」は接頭語〕❶なんとなく荒れている。さびれている。例かほどに多き人の中に、我ら兄弟が幕の内ほど**ものさび**たるは候まじ〈謡曲・夜討曾我〉❷古びて趣がある。例いと**ものさび**たる家の、簀の子の下に、遣り水の音たえだえ聞こえて〈十訓抄・一・一七〉

もの‐さわが・し【物騒がし】 形(シク)〔「もの」は接頭語〕❶なんとなくあわただしい。なんとなくざわついている。例年の終はり、はた、いと**もの騒がし**〈源氏・若菜下〉❷性急だ。せっかちだ。例腹のたちのままに**ものさわがしき事**したまひては、のちに必ずくやしみたまふべし〈平家・二・小教訓〉❸物騒だ。不穏だ。例夜部(=昨夜)何となう、世の**ものさわがしう**(音便形)候ひしを〈平家・二・少将乞請〉

もの‐し【物仕・物師】 名 ❶物事にすぐれた人。老練な人。例坂倉といへる**物師**〈西鶴・好色一代女・一・四〉❷裁縫師。御物師。例内儀(=奥様)に腰元、中居女、**物師**を添へて〈西鶴・世間胸算用・二・三〉

もの・し【物し】 形(シク)〔名詞「もの」の形容詞化〕❶**不快だ。気にくわない**。例御目のいたう泣き腫れたるぞ、すこし**ものしけれ**ど(=御目がひどく泣き腫れているのは、少し気にくわないけれど)〈源氏・真木柱〉❷**不気味だ。不吉だ**。例「夢に**ものしく**見えし」など言ひて(=「夢に不吉に見えた」などと言って)〈蜻蛉・上〉

語誌「もの」は、元来畏怖すべき対象をさす語。そこから、何か心に引っかかるもの、正体は不明だが存在している何か、などの意に用いられることもある。「ものし」は、その「もの」を形容詞化させた語である。〈藤本勝義〉

もの・す【物す】人物の動作・状態などを明確に表現することを避けて、その代わりに用いる。

1 動(サ変) ❶「あり」「居をり」「行く」「来く」「生まる」などの意に用いる。例(a)ここに**ものし**たまふは誰にか(=ここにおいでになるのはだれだろうか)〈源氏・若紫〉例(b)浜づらのかたに祓へもせむと思ひて、唐崎へとて**ものす**(=浜辺のほうで祓えでもしようと思って、唐崎へと出かける)〈蜻蛉・中〉読解 唐崎は琵琶湖のほとりの地名。祓えの名所。

❷種々の他動詞的な動作を婉曲に表す。例(a)あはれのことや。訪ふべかりけるを。などかさなむとも**のせざりし**(=いたわしいことだな。お見舞いしなければならなかったのに。どうしてそうだと言ってくれなかったのか)〈源氏・若紫〉例(b)湯など**ものして**(=身を清めるため湯を浴びて)御堂にのぼる〈蜻蛉・中〉

2 補動(サ変)(形容詞・形容動詞型活用語の連用形について)～である。例名高き色好みに**ものし**たまひけり(=有名な伊達男でいらっしゃった)〈宇津保・藤原の君〉

語誌 平安時代の女流文学に特徴的な語である。ことに『蜻蛉日記』はその使用率が最も高い。婉曲な表現であるところから、物語などでは、敬語を伴って貴人に用いられることも多い。〈安達敬子〉

ものずき-しゃ【物好き者・物数奇者】名 変わった趣向、特に風流な趣を好む人。好事家。例亭主は物数奇者と見えた〈鷺流狂言・萩大名〉

もの-すさま・じ【物凄じ】形(シク)〔「もの」は接頭語〕なんとなくふさわしくない。なんとなく興ざめだ。例松風木高く吹きおろし、**ものすさまじく**もありぬべきほどに〈源氏・初音〉

もの-ぞ〔形式名詞「もの」+係助詞「ぞ」〕(文末に用いて)断定や強意を表す。上代は「ものそ」。～のである。きっと～にちがいない。例(a)紅はうつろふ**ものぞ**(=色があせるものである)〈万葉・一八・四一〇九〉例(b)まだ明かきほどに来なむ**ものぞ**(=きっと来るにちがいない)〈源氏・蛍〉

もの-ぞこなひ【物損なひ】—ソコナイ 名 物の情趣をそぐこと。興ざめなこと。例裳も着ず、袿姿にてゐたるこそ、**物ぞこなひ**にて口惜しけれ〈枕・かへる年の二月二十日よ日〉

もの-たち【物裁ち】名 布を裁つこと。裁縫。例**物裁ち**などするねび御達(=老女房たち)〈源氏・野分〉

もの-だね【物種】名 ❶源。根源。例命が**物種**ぢや〈狂言記・武悪〉❷植物の種子。例**物種**の袋濡らしつ春の雨〈俳諧・蕪村句集・上〉

もの-ぢか・し【物近し】形(ク)〔「もの」は接頭語〕間近い。例いかならむをりに、かばかりにても**もの近く**御声をだに聞きたてまつらむ〈源氏・総角〉

もの-つき【物憑き】名 ❶神仏や物の怪に乗り移られること。また、乗り移られた人。例「いかなる神の託させたまひたるぞ」と問ふに、**物憑き**口走って申しけるは〈太平記・二五〉❷「よりまし」に同じ。例新大納言成親卿・法勝寺の執行俊寛・西光法師らが霊ども、御**物つき**に移って〈源平盛衰記・一〇〉

もの-つくり【物作り】名 農耕。また、農民・農夫。例あまたの人馬を抱へ、**物つくり**をして、世の中の秋(=豊作の秋)にあひ〈西鶴・本朝二十不孝・三・一〉

もの-つつま・し【物慎まし】形(シク)〔「もの」は接頭語〕なんとなく遠慮される。気が引ける。例**ものつつましき**ほどの心には(言イ出セズニ)嘆かしうてやみぬ〈源氏・少女〉

もの-づつみ【物慎み】名 物事を包み隠すこと。遠慮すること。例世の人に似ず**ものづつみ**をしたまひて〈源氏・夕顔〉

もの-とがめ【物咎め】名 動(サ変) 咎めること。例**もの咎めする**犬の声絶えず〈源氏・浮舟〉

もの-どほ・し【物遠し】—ドオシ 形(ク)〔「もの」は接頭語〕❶離れている。遠い。例かく**もの遠く**ては、いかが聞こえさすべからむ〈源氏・藤袴〉❷とりすましている。よそよそしい。例いと静かに、**もの遠き**さましておはするに〈源氏・紅葉賀〉

もの-ども【者共】代 対称の人称代名詞。複数の目下の人に呼びかける。おまえたち。例「**者ども**まゐって猿楽つかまつれ」と仰せければ〈平家・一・鹿谷〉

もの-とり【物取り】名 人の物を奪うこと。また、盗人。例盗人の**物取り**に入りたるか〈今昔・二九・四〉

もの-なげか・し【物嘆かし】形(シク)〔「もの」は接頭語〕なんとなくゆううつだ。気が晴れ晴れしない。例**もの嘆かしく**のみ思ひめぐらしつつ〈源氏・匂宮〉

もの-ならはし【物習はし】—ラワシ 名 物になれさせること。学問をさせること。例昔、仲麿を唐土に**物習はし**に遣はしたりけるに〈古今・羇旅・左注〉

もの-なら・ふ【物習ふ】—ナラウ・—ナロウ 動(ハ四) 学問や技芸などを習う。例かしこにてはえ**もの習ひ**たまはじ〈源氏・少女〉

もの-な・る【物慣る・物馴る】動(ラ下二) ❶物事になれる。熟達する。例かやうの事は、**ものなれ**ぬ人のある事なり〈徒然・二三四〉❷なれなれしくする。親しくする。例御仲らひ…うちとけゆくに、さりとてさし過ぎ(=度を越して)**もの馴れず**〈源氏・藤裏葉〉

ものに～【物に～】⇒「もの」の子項目

もの-ねたみ【物妬み】名 動(サ変) 嫉妬すること。例**ものねたみし**はべりける男、離れはべりてのちに〈拾遺・雑秋・詞書〉

もの-ねんじ【物念じ】名 動(サ変) 辛抱すること。我慢すること。例**もの念じ**してのどかなる人こそ、幸ひは見はてたまふなれ〈源氏・浮舟〉

もの-の 接助〔形式名詞「もの」+格助詞「の」〕逆接。**前後の事柄の対立する関係を表す。**～のに。～けれども。～ものの。例(a)うつせみの(枕詞)世の人言のしげければ忘れぬ**ものの**離れぬべらなり(=世間のうわさが煩わしいので、忘れてはいないけれど足が遠のいてしまいそうだ)〈古今・恋四〉例(b)つれなくねたきものの、忘れがたきに思す(=つれなく憎く思うけれど、忘れがたい人だとお思いになる)〈源氏・夕顔〉

接続 活用語の連体形につく。

語誌 平安時代を中心に用いられた語。現代語「ものの」にもほぼ同じ意で残る。〈佐藤一恵〉

もの-の-あはれ【物のあはれ】アワレ 名 **物事にふれて起こる感動・感慨。**しみじみとした情感を表すことが多い。例(a)楫取り(=船頭)**もののあはれ**も知らで、…早く去なむとて〈土佐〉読解 船頭は、別れを惜しむ人々の気持ちを理解しようとせず、さっさと出発しようとしている。例(b)**もののあはれ**にえ過ぐしたまはで、めづらしき物一つばかり弾きたまふに(=しみじみとしたお気持ちでそのままにもおできになれないで、珍しい曲を一つだけお弾きになるので)〈源氏・若菜上〉読解 折からの感動を抑えることができずに琴を演奏した。例(c)恋せずは人は心もなからまし**もののあはれ**もこれよりぞ知る(=もし恋をしなければ人は真の心もないだろうに。物事の感動もこの恋によって知るものだ)〈長秋詠藻・中〉読解「もののあはれ」を知らないのは、人としての心がないことに等しいとされている。例(d)「**もののあはれ**は秋こそまされ」と人ごとに言ふめれど(=「しみじみとした感慨は秋こそが一番だ」とだれもが言うようだけれど)〈徒然・一九〉

語誌 江戸時代の国学者本居宣長は、古代の理想的な精神性として、さまざまな事物に接して感情が過不足なく発露したり、他者に共感・同情することができたりする心を、「物のあはれを知る」心として重視した。以降、文学用語として定着し、平安時代の代表的文芸理念とみなされるようにもなる。〈杉田昌彦〉

もの-の-かず【物の数】数えあげるに値するもの。打消の語を伴って、たいしたものではない、の意に用いられることも多い。例いかで東の御方、さる**ものの数**にて立ち並びたまへらむ〈源氏・野分〉

もの-の-きこえ【物の聞こえ】世間のうわさ。世評。例**ものの聞こえ**などのつつましさに(=遠慮されるために)〈源氏・須磨〉

もの-の-ぐ【物の具】名 ❶**家具。調度。道具。**例家も焼けほろび、**物の具**もみな取られはてて(=家も焼けてなくなり、道具もすべてすっかり奪われて)〈大和・一二六〉

❷**仏具。**例古寺に至りて仏を盗み、堂の**物の具**を破り取りて(=古寺に行って仏像を盗み、お堂の仏具を壊し取って)〈方丈記〉

❸**武具。武器。**主に鎧・兜をいう。例芝の上に**物の具**脱ぎ捨て、鎧に立ったる矢目を数へたりければ(=芝の上に武具を脱ぎ捨て、鎧に突き刺さった矢傷を数えてみると)〈平家・四・橋合戦〉

❹**礼装一式。**特に、女性の裳・唐衣・袴など一そろいの礼服。例宮の、御**物の具**召したりし御さまなどの(=宮が、御礼装を身に着けなさったお姿などが)〈右京大夫集・詞書〉

語誌 ▼**さまざまの「具」** 生活する上で重要な意味をもつものを漠然とさす語。平安時代の公家社会では祓えの道具や礼装をいい、中世の武家社会では武具の類をいうなど、時代や用いる人によって実体が異なる。〈鈴木幸夫〉

もの-の-け【物の怪・物の気】名 〔「もの」は精霊・鬼の意〕**正体不明のものや人の死霊の類。**人に乗り移って危害を加え、病気にし、ときには取り殺したりする。出産時や病気のときにも人の弱り目につけこんで取り憑き、人を苦しめる。修験者らの加持祈禱などによって調伏されると、病人の身から離れて「よりまし」に移り、退散するとされる。例(a)今とせさせたまふほど、御**もののけ**のねたみののしる声などのむくつけさよ(=いよいよ御出産なさるとき、御物の怪が悔しがってわめく声などの恐ろしいことよ)〈紫式部日記〉読解 中宮彰子が出産するとき、それを阻止しようとする物の怪が、悔しがりわめき叫ぶ。例(b)御加持に御**物の怪**出で来て、「かうぞあるよ…今は帰りなむ」とてうち笑ふ(=御加持祈禱に御物の怪が出て来て、「それみたことか…今は立ち去ってしまおう」と言って笑う)〈源氏・柏木〉読解 女三の宮の出家後、六条御息所の死霊が現れ、目的を果たしたと語って笑う。

語誌 ▼平安時代、物の怪出現は事実として受け止められていた。実態としては、政治的敗者が権力者やその一族に憑依する場合が特に目立つ。中でも、物の怪の正体がほぼ判明するものとして、藤原道長・頼通らに祟った中の関白家の怨霊が知られる。また、冷泉天皇との皇太子争いに敗れた広平親王の外祖父藤原元方の死霊も著名である。
▼物語などでは、『源氏物語』の六条御息所の生霊・死霊がよく知られている。そこでは、物の怪を心の鬼、つまり良心の呵責の見せる幻影とする語り手の意識もうかがえる。〈藤本勝義〉

もの-の-こころ【物の心】物事の真の意味。物事の道理や情趣。例学問などして、すこし**ものの心**得はべらば〈源氏・少女〉

もの-の-さとし【物の諭し】神仏のお告げ。物事の前兆。例その年、朝廷に**物のさとし**しきりて(=たび重なって)〈源氏・明石〉

もの-の-じゃうず【物の上手】ジョウズ 芸能や技芸にすぐれた人。名人。例いみじき**ものの上手**の、心の限り思ひ澄まして静かに描きたまへるは〈源氏・絵合〉

もの-の-な【物の名】名『和歌用語』一首の中に、内容とは無関係に事物の名前を隠して詠み込んだ和歌。⇩かくしだい

もの-の-ね【物の音】楽器の音色。例昔聞きし**物の音**なども聞かで久しうなりにけるかな〈源氏・明石〉

もの-の-ふ【物部・武士】名 ❶【物部】上代、**朝廷に仕えた官人。文武百官。**例**もののふ**の臣の壮士は大君の任のまにまに聞くといふものぞ(=朝廷に仕える臣下は、天皇の命令のままに従うものだ)〈万葉・三・三六九〉

❷【武士】**武芸を業とする人。武士。勇士。**一般に荒々しくて、風雅や情緒を解さないとされたが、中世に至って、武勇を名誉とするようになった。例(a)たけき**もののふ**の心をも慰むるは歌なり(=たけだけしい武士の心をもやわらげるのは歌である)〈古今・仮名序〉

例(b)ただいまわが命をうしなはんとて、**武士**どもが参るにこそと(=たった今私の命をとろうとして、武士どもが参るのだなと)〈平家・二・小教訓〉

語誌 本来は文武両官を含めた部族の総称。平安時代からしだいに武士の意で用いられるようになった。〈黒木祥子〉

もののふの【物部の・武士の】《枕詞》❶朝廷に仕える「氏(物部)」の数の多いことから「八十」「八十氏人」に、また、地名「宇治」にかかる。例**もののふの**八十宇治川の網代木にいさよふ波の行くへ知らずも〈万葉・三・二六四〉→名歌368 ❷地名「岩瀬」にかかる。かかり方未詳。

もの‐の‐べ【物部】名❶大和王権で、物部氏に率いられ軍事・警察・刑罰の任にあたる部民。例**物部**の兵士三十人を遣はして〈紀・雄略〉❷令制で、刑部省の囚獄司に属し、罪人の刑罰の任にあたる下級官人。

もの‐はかな・し【物はかなし】形(ク)〔「もの」は接頭語〕❶なんとなく頼りない。例世の中にいとも**のはかなく**、とにもかくにもつかで、世に経る人ありけり〈蜻蛉・上〉❷とりとめもない。例例の**ものはかなき**御物語せさせたまひても〈和泉式部日記〉

もの‐はづか・し【物恥づかし】形(シク)〔「もの」は接頭語〕なんとなく気がひける。例かたみに(=お互いに)**もの恥づかしく**胸つぶれて〈源氏・少女〉

もの‐び【物日】名❶江戸時代、五節句などの祝日。神仏に十二文の銭を捧げる風習がある。例久しい**物日**の十二銅〈滑稽本・浮世風呂・二上〉❷特に遊里で、特別な日と定められた日。江戸の吉原では陰暦六月一日・七月十日・八月一日など。衣服を新調し、客はその衣装代を負担するなどの習わしがある。

もの‐ふか・し【物深し】形(ク)〔「もの」は接頭語〕❶奥深い。奥まっている。例(鳥ノ声ガ)いみじう**物ふかく**遠きが、明くるままに(=夜が明けるにつれて)近く聞こゆるも〈枕・しのびたる所にありては〉❷思慮深い。例いといはけなくて(=とても幼くて)**もの深く**も思されざりしを〈源氏・薄雲〉❸奥ゆかしい。趣が深い。例御簾の内の匂ひ、いと**もの深き**黒方(=薫香の名)にしみて〈源氏・賢木〉

もの‐ふ・る【物旧る】動(ラ上二)〔「もの」は接頭語〕❶古めかしくなる。古びる。例木立などのはるかに**ものふり**、屋のさまも高う〈枕・職の御曹司におはします頃、木立などの〉❷年をとる。年寄りじみる。例いと**ものふりたる**声にて〈源氏・蓬生〉

もの‐まう【物申】感〔「ものまうす」の変化した形〕他人の家を訪ねたとき、案内を請う語。もしもし。ごめんください。例「**ものまう**」「誰そ(=だれだ)」〈狂言・餅酒〉

もの‐まう・す【物申す】動(サ四)〔上代は「ものまをす」〕「物言ふ」の謙譲語。❶申し上げる。お尋ねする。例うちわたす 遠方人に(=はるかに見渡す遠くの人に)**もの申す**われ〈古今・雑体〉❷神仏に願い事を申し上げる。例神・寺などにまうでて**物申**さするに〈枕・こころゆくもの〉

もの‐まうで【物詣で】名 神社や寺に参詣すること。例身の病いと重くなりて、心にまかせて**物詣でな**どせしこともえせずなりたれば(=私自身の病気がたいそう重くなって、気ままに参詣などしたこともできなくなったので)〈更級〉

語誌▼**王朝女性にとっての物詣で** 物詣での本来の目的は、来世に備えて功徳を積むことや現世での利益を求めることにあるが、実際には、観光や小旅行という側面も大きかった。特に、日ごろの行動範囲が狭かった王朝の女性たちにとっては日常生活から解放され見聞を広めるかっこうの機会だった。藤原道綱母、菅原孝標女、清少納言、和泉式部、赤染衛門らは、道中の様子・参籠のさまを生き生きと書き残している。寺社の中では長谷寺(初瀬)、石山寺などが好まれ、近い所では清水寺、賀茂神社などが信仰を集めた。〈高田祐彦〉

もの‐まね【物真似】名❶能楽・狂言で、実際のものの姿をまねて演技すること。また、その演技。例さのみの**物まね**は、たとひ、すべくとも、教ふまじきなり〈風姿花伝・一〉❷役者の声色をまねる芸。例**物真似**聞きにそれそこへ〈近松・曾根崎心中〉

もの‐まねび【物学び】名動(サ変)人のまねをすること。例門田の稲刈るとて、所につけたる(=場所柄にふさわしい)**ものまねびしつつ**〈源氏・手習〉

もの‐まめやか形動(ナリ)〔「もの」は接頭語〕❶誠実だ。まじめだ。例**ものまめやかに**むべむべしき御物語(=格式ばったお話)はすこしばかりにて〈源氏・藤裏葉〉❷堅実だ。地道だ。現実的だ。例物語のこともうちたえ(=すっかり)忘られて、**ものまめやかなる**さまに心もなりはててぞ〈更級〉

もの‐まを・す【物申す】動(サ四)《上代語》「ものまうす」に同じ。例山代の 筒木の宮に **物申す**〈記・下・仁徳・歌謡〉

もの‐み【物見】1名❶見物。例対の御方よりも、童べなど**物見**に渡り来て〈源氏・蛍〉❷戦場で、敵の様子を探ること。例**物見**の武者ほまれある事〈北条五代記・八・目録〉❸牛車の左右の立て板にある窓。例左右の**物見**をひらく〈平家・一〇・内裏女房〉❹城・邸宅などで、外の様子を見るために設けた設備。物見台。物見窓。例表の**物見**に女中の声々申し〈近松・夕霧阿波鳴渡・中〉❺見るに値するもの。見物。例これほどの**物見**を、一期に一度の大事ぞ〈義経記・六〉 2形動(ナリ)みごとだ。りっぱだ。例世にすぐれて**物見なる**大鬚をもちたまへるあり〈醒睡笑・二〉

ものみ‐ぐるま【物見車】名 祭り見物などに出かけるための牛車。例何ぞやうのをりの**物見車**思し出でらる〈源氏・関屋〉

もの‐むつか・し【もの難し】形(シク)〔「もの」は接頭語〕❶なんとなく気が晴れない。例**ものむつかしき**をりは、近江の君見るこそよろづ紛るれ(=気が紛れる)〈源氏・行幸〉❷薄気味悪い。例夏の、月なきほど(=月のないころ)は、庭の光なき、いと**ものむつかしく**〈源氏・篝火〉

もの‐めか・し【物めかし】形(シク)〔「めかし」は接尾語〕一人前のように見える。まともだ。例位などいますこし**ものめかしき**ほどになりなば〈源氏・若菜

上〉

もの‐めか・す【物めかす】動(サ四)〔「めかす」は接尾語〕一人前として扱う。大切に扱う。例はかなく見たまひけむ人(=ちょっと関係をおもちになったような女性)をものめかしたまひて〈源氏・紅葉賀〉

もの‐もどき【物抵牾き・物抵牾き】名何に対しても不平を言い非難すること。例物もどきうちし、われは(=我こそは)と思へる人〈紫式部日記〉

もの‐もの・し

【物物し】形(シク)❶重々しい。どっしりとしている。おごそかでりっぱだ。例三十ばかりなる男の、丈高くものものしくふとりて(=三十歳ほどの男で、背が高くどっしりと太っていて)〈源氏・玉鬘〉
❷大げさだ。こしゃくだ。例あらものものしやおのれらよ(=ああ大げさだな、おまえたちよ)〈謡曲・夜討曾我〉 〈藤本勝義〉

もの‐もひ【物思ひ】名「ものおもひ」の変化した形。例夕さればものもひまさる見し人(=逢った人)の言問ふ姿面影にして〈万葉・四・六〇二〉

もの‐も・ふ【物思ふ】動(八四)「ものおもふ」の変化した形。例雨隠りものもふ時にほととぎす我が住む里に来鳴き響もす〈万葉・一五・三七八二〉

もの‐やみ【物病み】名病気。例もの病みになりて、死ぬべき時に〈伊勢・四五〉

もの‐ゆか・し【物ゆかし】形(シク)〔「もの」は接頭語〕なんとなく心ひかれる。例例は(=いつもは)ものゆかしからぬ心地に…(今日ハ)几帳の綻びより見れば〈源氏・野分〉

もの‐ゆゑ

接助〔形式名詞「もの」+形式名詞「ゆゑ」〕❶逆接。事柄どうしが不似合いな関係にあることを表す。〜のに。例ともにこそ花をも見めと待つ人の来ぬものゆゑに惜しき春かな(=いっしょに花見をしようと待つ人も尋ねて来ないのに、やはり春の終わるのが惜しいことだよ)〈後撰・春下〉
❷順接。理由や根拠を表す。〜から。〜ので。例我が故に思ひな痩せそ秋風の吹かむその月逢はむものゆゑ(=私のせいで思い詰めて痩せたりしないでおくれ。秋風が吹き始めるその月にはまた逢えるだろうから)〈万葉・一五・三五八六〉

接続 活用語の連体形につく。

語誌 ▼「ものを」「ものの」「ものから」などと比べると、逆接の例以外に、順接の例もかなり混じる点が注意される。
▼関連語形 格助詞「に」を伴う「ものゆゑに」の形もある。意味や働きはほとんど変わらない。例いたづらに行きては来ぬるものゆゑに見まくほしさにいざなはれつつ(=無駄に行って帰るだけなのに逢いたい思いに誘われ誘われして)〈古今・恋三〉 〈山口堯二〉

ものゆゑ‐に

接助❶逆接の確定条件を表す。〜のに。〜けれども。例いたづらに(=むなしく)行きては来ぬるものゆゑに見まくほしさに誘はれつつ〈伊勢・六五〉❷順接の確定条件を表す。〜ので。〜のだから。例参らんと思ふ道ならばこそやがて参るとも申さめ、参らざらむものゆゑに、何と御返事を申すべしともおぼえず〈平家・一・祇王〉

接続 活用語の連体形につく。

もの‐わび・し【物侘びし】形(シク)〔「もの」は接頭語〕なんとなく寂しい。わびしい。例みな人ものわびしくて、京に思ふ人なきにしもあらず〈伊勢・九〉

もの‐わらひ【物笑ひ】名動(サ変)❶何かにつけて笑うこと。例なほはなやぎたるところつきてもの笑ひしたまふ大臣の〈源氏・柏木〉❷嘲笑すること。また、その対象。例我一人逃げて命を生きたらば、諸人の物笑ひなるべし〈太平記・一八〉

もの‐ゑんじ【物怨じ】名相手を恨むこと。嫉妬。例(女ガ)もの怨じをいたくしはべりしかば(=ひどくしましたので)〈源氏・帚木〉

もの‐を

〔形式名詞「もの」+助詞「を」〕1 接助
❶逆接。前後の事柄の対立する関係を表す。〜のに。例知ると言へば枕だにせで寝しものを塵ならぬ名の空にたつらむ(=枕は秘密を知るというからそれさえしないで共寝をしたのに、塵でもないうわさが、どうしてこうやけに立っているのだろう)〈古今・恋三〉
❷主に近世の用法。順接。理由や根拠を表す。〜から。〜ので。例湯水を遣ふのだものを、かかるが悪くは(=かかって困るならば)遠くへ退居るがいい〈滑稽本・浮世風呂・二下〉

2 終助 後悔したり、他を責めたりするような、強い詠嘆の意を表す。〜のになあ。例かくばかり恋ひむものそと知らませば遠く見べくもありけるものを(=こんなに恋しいものと知っていたら、遠く離れて無関心でいればよかったのになあ)〈万葉・一一・二三七二〉

接続 活用語の連体形につく。

語誌 ▼用法の特徴 接続助詞の一部になった「もの」には、前の事柄を一般化することで、事柄どうしの関係の表し方を強める働きがある。「ものを」の用法が逆接に偏るのは、その「もの」の働きのほか、「を」の前身の格助詞「を」が本来備えている、対象との情意的な対立感に由来するものであろう。
▼用法のつながり 2の用法は、1①の接続助詞で結ばれるはずの後句が省略された表現に近く、「〜のに」と訳せる点はそれらに共通している。 〈山口堯二〉

もはら

副❶ひたすら。まったく。もっぱら。「もはらに」の形でも用いられる。例(a)逢ふことのもはら絶えぬる時にこそ人の恋しきことも知りけれ(=逢うことがまったく絶えてしまったときにこそ人が恋しいということを知ったのであった)〈古今・恋五〉例(b)汝はもはらに我を憑めり。我汝を加護すべし(=おまえはひたすら私に帰依している。私はおまえを守護しよう)〈今昔・三一・三〉
❷(打消の語を伴って)まったく(〜ない)。決して(〜ない)。例かくたいまつれれども、もはら風止まで、いや吹きに(=このように幣を捧げたが、まったく風は止まらないで、ますます吹いて)〈土佐〉 〈奥村悦三〉

もひ【盌・椀・水】名❶【盌・椀】水や酒を入れる器。例玉笥には飯さへ盛り玉盌に水さへ盛り〈紀・武烈・歌謡〉❷【水】(①から転じて)飲み水。例御もひも寒し(=冷たい)御秣(=馬の飼料)もよし〈催馬

楽・飛鳥井〉

もーびき【裳引き】 名 裳の裾を長く引くこと。また、その引きずった跡。例我が背子が言うつくしみ出でて行かば裳引き著けむ雪な降りそね〈万葉・一〇・三二四三〉読解 愛する人の優しい言葉に引かれて出て行ったら裳を引きずった跡が目立ってしまうから、雪よ降ってくれるな、と詠む。

もひーとり【水取り・主水】 モイ― 名〔「もひ」は飲み水の意〕「もんど」「もんどり」とも。天皇など貴人の飲料水のことをつかさどること。また、その人。令制で、主水司や後宮の水司に属する官人・女官。例釆女・水司・御髪あげども、殿司・掃司の女官、顔も知らぬ折〈紫式部日記〉

もひとりーのーつかさ【主水司】 モイトリ― 名 ❶【主水司】「もんどのつかさ」とも。令制で、宮内省に属する役所の一つ。飲料水・酒・粥・氷室のことなどをつかさどる。❷【水司】後宮十二司の一つ。①と同様の職務にあたる。

も・ふ【思ふ】 モウ 動(ハ四)「おもふ」の変化した形。例(弓ニスル木ヲ)い伐らむと 心はもへど い取らむと 心はもへど〈記・中・応神・歌謡〉

もみーえぼし【揉み烏帽子】 名 烏帽子の一種。漆を薄く塗り、柔らかに揉んで皺をつけてある。多く兜の下に折り畳んでかぶった。⇩えぼし(図)。例九十日剃らぬ頭に、揉み烏帽子に鉢巻きし〈義経記・三〉

もみず【紅葉ず・黄葉ず】 ⇩もみづ

もみーた・つ【揉み立つ】 動(タ下二) ❶盛んに揉む。激しく攻めたてる。例寄せ手の勢ひ強く揉み立て揉み立て〈近松・国性爺合戦・四〉❷せきたてる。例その夜にはかに揉み立て、吉野(=遊女の名)を請け出し〈西鶴・好色一代男・五・一〉

もみたーふ【紅葉たふ・黄葉たふ】 モミタウ・モミトウ《上代語》〔動詞「もみつ」の未然形＋上代の反復・継続の助動詞「ふ」〕紅葉している。例百舟の泊つる(ここまで序詞)対馬の浅茅山しぐれの雨にもみたひにけり〈万葉・一五・三六九七〉

もみぢ

【紅葉・黄葉】 モミジ 名〔動詞「もみづ」の名詞形。上代は「もみち」〕❶木や草の葉が、黄または赤に色づくこと。また、その葉。例(a)秋山の 木の葉を見ては 黄葉をば 取りてそしのふ〈万葉・一・一六〉➡名歌314 例(b)奥山に紅葉踏みわけ鳴く鹿の声きく時ぞ秋は悲しき〈古今・秋上〉読解「紅葉」と「鹿」とを取り合わせた歌。➡名歌97

❷「紅葉襲」の略。襲の色目の名。表が紅、裏が青。一説に、表が赤色、裏が濃い赤色とも。陰暦九月から十一月に着用。⇩口絵。例九月ばかりのことなれば、薄色の衣一重ねに、紅葉の袴を着て(=九月ごろのことなので、薄紫色の衣一重ねに、紅葉襲の袴をはいて)〈宇治拾遺・一六六〉

❸恥ずかしさや怒りで赤くなった顔のたとえ。例時ならぬ紅葉、面に現し(=時季外れの紅葉のような赤さを、顔に現し)〈浮世草子・傾城禁短気・一・一〉

語誌 ▼秋の紅葉は古来、春の花(桜)と並んで、季節の自然美の典型とされてきた。『万葉集』など上代の文献では多く「黄葉」と表記されている。これは、漢籍の影響にもよるが、大和地方では多くの雑木の黄葉に親しんでいたという風土的な条件にもよっている。▼和歌では古くから、動物では鹿、天象では露・霜・時雨とともに詠む例が多く、また平安時代に入ると錦などに見立てる表現が盛んになる。在原業平の「ちはやぶる(枕詞)神代も聞かず龍田川からくれなゐに水くくるとは」〈古今・秋下〉(➡名歌226)は、「紅葉」の語を用いずに、龍田の川面に流れる紅葉を華麗な絞り染めに見立てている。〈鈴木日出男〉

もみぢーがり【紅葉狩り】 モミジ― 名 山野に紅葉を見物に出かけること。例時雨を急ぐ紅葉狩り、深き山路を尋ねん〈謡曲・紅葉狩〉

もみぢーのーが【紅葉の賀】 モミジ― 紅葉の季節に催される賀の祝い。紅葉の木の下で宴が催される。例源氏の、御紅葉の賀の折思し出でられて〈源氏・花宴〉

もみぢーのーにしき【紅葉の錦】 モミジ― 紅葉の美しさを錦に見立てていう語。例このたびはぬさもとりあへず手向山紅葉の錦神のまにまに〈古今・羇旅〉➡名歌160

もみぢーば【紅葉・黄葉】 モミジ― 名〔上代は「もみちば」〕紅葉した葉。例龍田川もみぢ葉流る神なびの御室の山に時雨降るらし〈古今・秋下〉

もみぢばーの【紅葉の・黄葉の】《枕詞》〔上代は「もみちばの」〕紅葉の散り過ぎていく様子から「移る」「過ぐ」「散る」にかかる。のちには、その色彩から「朱」「色」などにもかかる。例ま草刈る荒野にはあれど黄葉の過ぎにし君が形見とぞ来し〈万葉・一・四七〉読解「君」は草壁皇子。黄葉が散りうせるように亡くなられたと詠む。

もみ・つ【紅葉つ・黄葉つ】 動(タ四)《上代語》「もみづ」に同じ。例夏の野に我が見し草はもみちたりけり〈万葉・一九・四二六八〉

もみ・づ【紅葉づ・黄葉づ】 モミズ 動(ダ上二)〔上代は「もみつ」で四段活用〕木や草の葉が、黄または赤に色づく。例しぐれつつもみづるよりも言の葉の心のあきにあふぞわびしき〈古今・恋五〉読解「あき」は「秋」と「飽き」を掛ける。

もみーふ・す【揉み伏す】 動(サ下二) 激しく押しあったり責めたてたりして疲れさせる。例もみふせたる馬ども追っつくべしとも覚えず〈平家・九・重衡生捕〉

も・む

【揉む】 動(マ四) ❶両手に物を挟んで繰り返し柔らげほぐす。手や物を激しくこすり合わせる。例(a)(貝ヲ)辛塩に こごと揉み(=辛塩でごしごし揉みほぐして)〈万葉・一六・三八八〇〉例(b)首を傾け数珠をもみ(=首を傾け数珠を激しくこすり合わせて)〈謡曲・調伏曾我〉

❷激しく押しまくる。例(a)(扇ハ)春風に一もみ二もみもまれて、海へさっとぞ散ったりける(=春風に一押し二押し押しまくられて、海へさっと散っていった)〈平家・一一・那須与一〉例(b)しだり柳は風に揉まるる〈謡曲・放下僧〉

❸激しく攻める。激しく闘う。激しく祈る。例(a)もみにもう(音便形)で、火出づるほどにぞ攻めたりける(=激しく闘いに闘って、火が出るほどに攻めたのだった)〈平家・七・倶梨迦羅落〉例(b)本山の三宝、年来所持の本

尊達、責めふせ責めふせ採まれけり(=本山の仏や、長年持仏としている本尊たちに、物の怪を責めて降伏させようと激しくお祈りになられた)〈平家・三・御産〉

❹馬を責めて全速力で走らせる。例川原を下りに二町ばかり鞭鐙をそろへて、もみにもう(音便形)でぞ逃げたりける(=川原を下って二町ほどの距離を鞭と鐙を合わせて、馬を責めに責めて全速力で逃げたのだった)〈保元・中〉

❺激しい動作をする。例為手のひとり採むところあり(=主役が一人激しい動作をするところがある)〈申楽談儀〉

❻鍛える。受身の形で用いることが多い。例島原の太夫高橋にもまれ〈西鶴・日本永代蔵・二・三〉

語誌 ①が原義。そこから、②の激しい自然の力や、③の激しい戦闘行為にもいうようになった。特に、軍記で合戦の場面に用いることが多い。〈黒木祥子〉

もむ-な・い 形(口語)『近世語』味が悪い。まずい。「もみない」とも。例**もむない**ところは了簡して(=我慢して)随分精出してよう食てくだされ〈浄瑠璃・鎌倉三代記・六〉

も・める【揉める】 動(マ下一)『近世語』❶争う。いさかう。ごたごたする。例御兄弟の中がいかう(=ひどく)**揉める**といの〈歌舞伎・名歌徳三升玉垣・四〉❷金がかかる。費用を負担する。例(遊ビ代ハ)私が**もめ**まする〈近松・傾城壬生大念仏・中〉

もも【桃】 名❶植物の名。バラ科の落葉小高木。春に淡紅色・白色の花が咲く。実は食用となる。⇩口絵。例三月三日は、うらうらとのどかに照りたる。**桃**の花のいま咲き始むる(=三月三日は、うららかでのんびりと日が照っているのがよい。桃の花がちょうど咲き始めたところ)〈枕・三月三日は〉

❷襲の色目の名。表は紅、裏は紅梅。または、表は白、裏は紅。陰暦三月に着用。

語誌 ▼**古くに中国から渡来** 桃は中国原産で、古く日本に渡来した。上代から庭園に植えられて観賞され、実が食用とされた。大伴家持の「春の園紅にほふ桃の花下照る道に出で立つ娘子」〈万葉・一九・四一三九〉(➡名歌293)は、その花の美しさを詠んだ歌。

▼**邪気を払う力** 記紀の神話に、伊邪那岐が黄泉の国から逃げ去るとき、追ってくる者に桃の実を投げつけて退散させる場面がある。桃には邪気を払う力があると信じられていたのである。

▼**西王母の故事** 平安時代以降の和歌では、漢籍を基に詠んだ歌が多い。西王母が三千年に一度花咲き実るという桃を武帝に食べさせたという故事もよく知られていて、その珍しさや時間の長さゆえにめでたいものとして詠まれることも多かった。例三千年になるてふ(=三千年に一度実がなるという)桃の今年より花咲く春にあひにけるかな〈拾遺・賀〉〈佐藤明浩〉

もも【百】 ❶名百。また、数の多いこと。例**百**に千に人は言ふとも〈万葉・一一・二五九〉❷接頭 名詞について、数の多いことを表す。「百草」「百夜」など。

もも-え【百枝】 名たくさんの枝。例**百枝**さし 生ふる橘 玉に貫く 五月を近み〈万葉・八・一五〇七〉

もも-か【百日】 名❶百日。また、日数の多いこと。例**百日**しも行かぬ(=行くのに百日もかからない)松浦道今日行きて明日は来なむを〈万葉・五・八七〇〉❷生後百日目。また、その日に行う祝い。例いつしかと待ちいでたるちごの、五十日・**百日**などのほどなりたる〈枕・心もとなきもの〉

もも-くさ【百草】 名たくさんの草。いろいろの草。例**百草**の花の紐とく秋の野に〈古今・秋上〉

もも-くさ【百種】 名たくさんの種類。いろいろの種類。例この花の一よ(=一枝)の内に**百種**の言ぞ隠れるおほろかにすな〈万葉・八・一四五六〉

もも-くま【百隈】 名多くの曲がり角。例**百隈**の道は来にしをまたさらに八十島(=多くの島)過ぎて別れか行かむ〈万葉・二〇・四三四九〉

ももしき【百敷・百石城】 名皇居。宮中。例**ももしき**に行きかひはべらむことは、ましていと憚り多くなん(=宮中に出入りしますのは、なおさら非常に遠慮されまして)〈源氏・桐壺〉

語誌 皇居の意の「大宮」にかかる枕詞「ももしきの」から転じて、「大宮」そのものをいうようになったもの。〈藤本宗利〉

ももしきの【百敷の・百石城の】『枕詞』多くの石や木で築いた宮殿の意から「大宮」にかかる。例**ももしき**の大宮人は暇あれや〈万葉・一〇・一八八三〉

もも-じり【桃尻】 名馬に乗ることが下手で、鞍に尻が落ち着かないこと。桃の実の尻が座りの悪いことからいう。例馬など迎へにおこせたらんに、**桃尻**にて落ちなんは心憂かるべし〈徒然・一八八〉

もも-だち【股立ち】 名袴の腰の部分の、左右のあいた部分を縫い止めたところ。例袴の**股立ち**を引き開けて見すれば〈今昔・二四・八〉

【股立ちを取る】 自由に活動するため、左右の股立ちをつまみあげて帯にはさむ。例「おもしろい。くぐって見せう」と**股立ちをとる**〈歌舞伎・幼稚子敵討・六〉

もも-たび【百度】 名百回。また、多くの回数。例**百度**戦ひて**百度**勝つとも〈徒然・八〇〉

ももたらず【百足らず】『枕詞』百に足りない意から「八十」「五十」などにかかり、さらに「八」「五」の音から「山田」「筏」「斎槻」などにかかる。

もも-だ・る【百足る】 動(ラ四)十分に備わっている。豊富である。充実している。例**百足る** 槻が枝は 上つ枝は 天を覆へり〈記・下・雄略・歌謡〉

もも-ち【百千】 名百千。また、数が非常に多いこと。例**百千**度恋ふと言ふとも〈万葉・四・七七四〉

ももち-だ・る【百千足る】 動(ラ四)「ももだる」に同じ。例千葉の(枕詞)葛野を見れば **百千足る** 家庭も見ゆ 国の秀も見ゆ〈記・中・応神・歌謡〉

ももち-どり【百千鳥】 名❶たくさんの鳥。いろいろの鳥。例**百千鳥**の声もいとうららかなり〈源氏・若菜上〉❷千鳥。例友をなみ川瀬にのみぞ立ちゐける**百千鳥**とはたれか言ひけん〈和泉式部集〉❸鶯の別称。例**百千鳥**けさこそ来鳴けささ竹の大宮人に初音待たれて〈続古今・春上〉

ももづたふ【百伝ふ】(モモツタウ・モモヅトウ)『枕詞』❶百に至る数という意から「五十」「八十」に、さらに「五」の音から地名「磐余」にかかる。例**ももづたふ**磐余の池に鳴く鴨を今日のみ見てや雲隠りなむ〈万葉・三・四一六〉↓名歌373 ❷地名「津」「角鹿」「度会」、さらに駅馬に使う「鐸」にかかる。かかり方未詳。

もも-て【百手】 名 ❶いろいろの手段・方法。例四十八手のその内を、**百手**に砕きて〈仮名草子・竹斎・上〉 ❷弓術で、二〇〇本の矢を一〇〇回に分けて射ること。二本を一手とする。例**百手**の矢をもて的を州浜形に射なしければ〈源平盛衰記・二〉

もも-とせ【百歳・百年】 名 百年。また、多くの年月。百歳。例**百歳**に老い舌出でてよよむとも(=腰が曲がっても)〈万葉・四・七六四〉

もも-とり【百鳥】 名 たくさんの鳥。また、いろいろの種類の鳥。例梅の花今盛りなり**百鳥**の声の恋しき春来たるらし〈万葉・五・八三四〉

もも-なが【股長】 名 形動(ナリ) 足を伸ばしているさま。一説に、「百長」で、いつまでも長く、の意とも。例**もも長に** 寝をしなせ〈記・上・神代・歌謡〉

もも-ぬき【股貫】 名 股までである皮製の深ぐつ。例太刀はき、**股貫**はきて、いできたり〈宇治拾遺・一一〇〉

もも-はがき【百羽掻き】 名 鴫などが、くちばしで何回も羽をかくこと。回数が多いことのたとえ。例暁の鴫の羽がき**百羽がき**〈古今・恋五〉

もも-へ【百重】 名 数多く重なっていること。いくたびも重ねること。例心には千重に**百重**に思へれど〈万葉・一二・二九一〇〉

もも-よ【百世・百代】 名 長い年月。多くの歳月。例山高く川の瀬清し**百代**まで神しみ行かむ(=神々しくなっていくだろう)大宮所〈万葉・六・一〇五二〉

もも-よ【百夜】 名 多くの夜。百夜分の長い間。例秋の百夜を願ひつるかも〈万葉・四・五四八〉

もも-よせ【股寄せ】 名 太刀の鞘の峰のほうを覆う金具。例(矢八)**股寄せ**に当たりぬ〈今昔・二五・三〉

も-や【母屋】 名 寝殿造りで、廂の内側にある中央の部分の部屋。例**母屋**の際なる(=境にある)御几帳のもとに、かたはら臥したまへる〈源氏・蛍〉

も-や【喪屋】 名 埋葬まで遺体を仮に納め、葬儀を行うために特に作った所。例哭き悲しびて、すなはちそこに**喪屋**を作りて〈記・上・神代〉

も-や

間助〔係助詞「も」+間投助詞「や」〕感動の意を表す。ああ。〜なあ。例我は**もや**安見児得たり皆人の得かてにすといふ(=得がたいという)安見児得たり〈万葉・二・九五〉

接続▶種々の語につく。

も-や 〔係助詞「も」+係助詞「や」〕疑問の意を表す。平安時代には期待や危惧をこめた疑問に用いることが多い。ひょっとして〜か。例定めかねたまへる御心**もや**慰む〈源氏・葵〉

もや-くる 動(ラ四)《近世語》❶ごたごたする。もめる。例跡の月(=先月)から**もやくり**出し〈近松・曾根崎心中〉 ❷気分がむしゃくしゃする。例気も**もやくつ**(音便形)て〈近松・今宮の心中・上〉

もやひ【舫ひ】 名「むやひ」とも。舟と舟をつなぎ合わせること。舟を杭などにつなぎとめること。また、そのための綱。例波に筏の**舫ひ**を押し切られて〈太平記・一四〉

もや・ふ【舫ふ】 動(ハ四)「むやふ」とも。船をつなぎとめる。ほかの船や岸の杭などにつなぐ。例船をぞ**もやふ**五月雨のころ〈夫木・八〉

もや-もや 名 副《近世語》❶ごたごたすること。もめること。例幸ひ(=折よく)様子を聞いた**ももやもや**〈歌舞伎・韓人漢文手管始・四〉 ❷不快な感情が晴れないさま。例早**もやもや**と腹が立つ〈近松・夕霧阿波鳴渡・中〉

も・ゆ【萌ゆ】 動(ヤ下二) 草木が芽を出す。例水ごもりに蘆の若葉や**もえ**ぬらん〈千載・春上〉

も・ゆ

【燃ゆ】 動(ヤ下二) ❶**火が燃え上がる**。燃えて、炎が立つ。例さねさし(枕詞)相模の小野に **燃ゆる**火の 火中に立ちて 問ひし君はも〈記・中・景行・歌謡〉↓名歌179

❷**炎のように光を放つ**。蛍や陽炎の光などについていうことが多い。例終夜(=一晩じゅう)**燃ゆる**蛍を今朝見れば草の葉ごとに露ぞ置きける〈拾遺・雑春〉

読解 一晩じゅう光を放っていた蛍を見ながら夜を明かし、今朝見てみると蛍に代わって、草の葉の一つ一つに露が置いて光っていた、という歌。

❸**感情が高ぶる**。**胸が熱くなる**。例思はぬに妹が笑まひを夢に見て心の内に**燃え**つつそ居る(=思いがけなくあなたの笑顔を夢に見て、心のなかで感情が高ぶっているのだ)〈万葉・四・七一八〉

一語誌▼**和歌での「燃ゆ」** 和歌では、③の意で恋の歌に用いられることが多い。その際、「恋ひ」や「思ひ」の「ひ」に「火」を掛けて「燃ゆ」の縁語としたり、燃えるものや蛍の光などとともに燃えるような思いを詠んだりすることがしばしばある。「みかきもり衛士のたく火の夜は燃え昼は消えつつものをこそ思へ〈詞花・恋上〉(↓名歌334)は、火の様子そのものを恋の思いとして詠んだ歌。〈余田弘実〉

も-よ

間助〔係助詞「も」+間投助詞「よ」〕感動の意を表す。〜よ。〜なあ。例籠**もよ** み籠持ち ふくし**もよ** みぶくし持ち〈万葉・一・一〉↓名歌168

接続▶種々の語につく。

もよ-ぎ【萌黄・萌葱】 名「もえぎ」の変化した形。例君が春蚊屋は**もよぎ**に極まりぬ(=決まっている)〈俳諧・去来抄・先師評〉

もよひ【催ひ】 名 準備。用意。例とかくの**もよひ**なく、足を踏み止むまじきなり〈徒然・一五五〉

もよほし【催し】 名 ❶勧誘。催促。例**催し**ばかりの言を添ふるに〈源氏・澪標〉 ❷誘い出すもの。原因。例いとどつらく心憂き涙の**催し**に思さる〈源氏・夕霧〉 ❸準備。手配。また、神仏の計らい。例ひとへに(=ひたすらに)弥陀の御**催し**にあづかって念仏申し候ふ人を〈歎異抄〉

もよほし-がほ【催し顔】 形動(ナリ) 促すような様子。誘うような様子。例草むらの虫の声々(涙ヲ)**催し顔なる**も〈源氏・桐壺〉

もよほ・す

【催す】 動(サ四) 他者に働きかけて、その潜在的に持っている力を発揮させるように仕向ける意。

❶催促する。促す。せき立てる。例「舟とく漕げ。天気がよいから」とせき立てると〈土佐〉
❷気持ちなどをかき立てる。誘い出す。例（ソノ人ガ）いみじう泣かるるさまぞ、いとどもよほさるる心地して堪へがたき（＝ひどくお泣きになる様子は、私もたいそう気持ちをかき立てられる感じがして苦しい）〈讃岐典侍日記・上〉
❸執り行う。挙行する。準備する。例公事ども繁く、春の急ぎにとり重ねて催し行はるるさまぞ、いみじきや（＝朝廷の諸行事が多く、新年の準備に加えて準備し行われる様子は、すばらしいことであるよ）〈徒然・一九〉
❹招集する。徴発する。例都を造りたまふに、国の内に夫を催して（＝都をお造りになるのに、国内の人夫を徴発して）〈今昔・一一・二四〉
❺割り当てる。賦課する。例破子三十荷なむいるべきを、人々に言ひて催せ（＝弁当箱が三十個必要なので、人々に言って割り当てよ）〈今昔・二八・九〉〈小島孝之〉

もら・す【漏らす】 動（サ四）〔「もる」の他動詞形〕❶こぼす。もらす。例涙を漏らし落としても〈源氏・帚木〉❷秘密をほかに知らせる。例わが名漏らすな〈古今・墨滅歌〉❸感情をあらわにする。心の内を現す。例すきずきしき心ばへ（＝好色な気持ち）など漏らしたまふな〈源氏・藤裏葉〉❹抜かす。落とす。例多くのことどもを記し漏らせり〈徒然・二三六〉

もらひ【貰ひ】 名《近世語》❶もらうこと。もらうもの。客から受ける祝儀や、施し物の類。例今日はあまり貰ひがなさに〈浄瑠璃・神霊矢口渡・三〉❷けんかなどで決着がつかないとき、仲裁をすること。また、相撲などで勝ち負けを決めず、預りとすること。例両方とも、おれが貰ひぢゃ〈浄瑠璃・新版歌祭文・上〉❸遊里で、ほかの客のところに出ている遊女を、自分のところへ呼ぶこと。

もらひ-みづ【貰ひ水】 名よその家から井戸水を分けてもらうこと。また、その水。例朝顔に釣瓶とられてもらひ水〈俳諧・千代尼句集〉➡名句7

もら・ふ【貰ふ】 1動（ハ四）❶贈られたり願い求めたりして、物品や恩恵などを自分のものとする。例網人に釣人に、手をすりひざをかがめて魚をもらい（音便形）〈平家・三・有王〉❷人から食事の世話を受ける。例人にやとはれ、ぬひ針とりて口はもらへど〈読本・春雨・宮木が塚〉❸けんかの仲裁をする。例この出入り（＝けんか）貰い（音便形）に出た〈浄瑠璃・夏祭浪花鑑・八〉2補動（ハ四）（動詞の連用形＋接続助詞「て」の形について）〜（て）もらう。例よささうなお仏をつくってもらはうと存ずる〈狂言・仏師〉

もり【森・杜】 名❶たくさんの樹木がうっそうと群がっている所。例森の木立木深く〈源氏・須磨〉❷神社の森。神の社。また、神社。樹木の群がった所は神の来臨する聖空間とされた。例泣沢の神社に神酒据ゑ祈れども〈万葉・二・二〇二〉

森川許六 《人名》⇩許六

もり-き・く【漏り聞く】 動（カ四）表立っていない事柄を、それとなく聞く。人づてやうわさなどで耳にする。例よその人は漏り聞けども親に隠すたぐひこそは、昔の物語にもあめれど〈源氏・夕霧〉

守武 《人名》一四七三〜一五四九（文明五〜天文一八）。室町時代の連歌・俳諧作者。本姓荒木田氏。代々伊勢内宮の神官を務める家に生まれる。伊勢神官の連歌の指導者的役割を果たす一方、俳諧に傾倒し、独吟の『守武千句』は後世に多大な影響を与えた。宗鑑とともに俳諧の始祖とされる。ほかに正風連歌の『秋津島千句』、和歌では家集『世中百首』など。

守武千句 《作品名》室町時代の俳諧連歌。一冊。守武作。天文九年（一五四〇）冬成立、承応元年（一六五二）刊。最初の俳諧千句。俳諧を連歌と対等の文芸と主張する。

もり-た・つ【守り立つ】 動（タ下二）守り育てる。大切に養育する。例（赤ン坊ガ）夜泣きすとただもりたてよ末の代に清く盛ふることもこそあれ〈平家・六・祇園女御〉読解「ただもりたてよ」に平忠盛の名を、「清く盛ふる」にその子清盛の名を詠み込んだ歌。

もり-べ【守部】 名守る役目の人。山野・陵墓・関などの番人。例焼き大刀を（枕詞）砺波の関に明日よりは守部遣り添へ君を留めむ〈万葉・一八・四〇八五〉

もり-もの【盛り物】 名❶食物を盛って膳に供する物。例丈高くうるはしきもりものを四もり〈宇津保・吹上上〉❷仏前に供える物。例お仏壇へお盛り物を並べ立って〈滑稽本・浮世風呂・二上〉

も・る【守る】 動（ラ四）❶見張る。番をする。例魂合へば相寝るものを小山田の鹿猪田守るごと母し守らすも（＝母が見張っていらっしゃる）〈万葉・一二・三〇〇〇〉❷警戒する。人目につかないよう用心する。例人目守る君がまにまに（＝あなたに従って）我さへに早く起きつつ（朝露デ）裳の裾濡れぬ〈万葉・一一・二五六三〉

も・る【捥る】 動（ラ四）もぎ取る。摘み取る。例わが門の榎の実もり食む百千鳥千鳥は来れど君そ来まさぬ（＝たくさんの鳥は来るけれど、あなたはおいでにならない）〈万葉・一六・三八七二〉

も・る

【漏る・洩る】光・水・音・情報などが、すきまなどを通ってしまう意。外から内へも、内から外へも、どちらにもいう。

1動（ラ四）❶すきまを通り抜ける。こぼれる。例夜ふけて、月の、窓より洩りたりしに（＝夜が更けて、月光が、窓のすきまからもれてきたが）〈枕・九月二十日あまりのほど〉
❷露見する。外部に伝わる。例御心のうちなりけむ事、いかで漏りにけん（＝御心の中であったのだろう事が、どうして世間に伝わってしまったのだろう）〈源氏・花宴〉
❸選択から外れる。落ちる。省かれる。例その方を取り出でむ選びに必ず漏るまじきは、いとかたしや（＝その方面の人を選び出す選考に絶対外れまいというのは、たいへん難しいものですよ）〈源氏・帚木〉読解女性について語る一節。たとえば筆跡や人あしらいなどでも、本当にすぐれているとして常に選ばれるのはた

いへん難しいということ。
2動(ラ下二) ❶[1]②に同じ。例もし**漏れ聞こえば**、いと恐ろしう便なかるべし(=もし世間に伝わり知られたら、たいそう危険で不都合にちがいない)〈浜松中納言・三〉
❷[1]③に同じ。例このたびの司召しにも**漏れぬれど**(=今回の官職の任命式にも外れてしまったけれど)〈源氏・賢木〉

語誌▼**活用の種類** 四段活用([1])の例は上代から見えるが、下二段活用([2])の出現はそれよりも遅く、平安中期の『源氏物語』あたりが初出とされる。以後四段活用の②③の用法はしだいに下二段活用が取って替わり、四段活用では①のみが残る。〈小島孝之〉

もろ-

【諸】接頭 主に名詞につく。❶両方の。二つの。「諸刃」「諸矢」「諸手」など。❷いっしょ。お互い。「諸声」「諸共に」など。❸多くの。さまざまの。「諸人」「諸神」「諸社」など。〈吉田比呂子〉

もろ-うた【諸歌】 名 神楽歌で、人長(楽人の長)と歌方、あるいは歌方の本方と末方が斉唱すること。また、その部分。

もろ-かづら【諸葛】 —カズラ 名 ❶賀茂の祭りのとき、挿頭にしたり御簾にかけたりする葵と桂。例**もろかづら**落葉をなにに(=どうして)ひろひけむ〈源氏・若菜下〉 ❷植物の名。フタバアオイの別称。例あしひきの(枕詞)山に生ふてふ**もろ葛**〈後撰・恋三〉

もろ-がみ【諸神】 名 もろもろの神。多くの神。例**諸神**の祈るいはひは君が世のため〈千載・神祇〉

もろ-くち【諸口】 名 ❶多くの人の言うこと。民衆の声。例御王位だに、臣下の**諸口**と申す事は、え否びたまはぬ事なり〈宇津保・国譲中〉読解「え〜ぬ(ず)」は不可能の意を表す。❷馬を引くのに、左右の口縄を取って引くこと。例あるいは**諸口**に引かせ〈平家・九・生ずきの沙汰〉

もろ-ごころ【諸心】 名 他の人と心を一つにすること。協力すること。例涙おし拭ひたまひつつ、仏を**諸心**に念じきこえたまふさま〈源氏・若菜下〉

もろこし

【唐土・唐】名 日本から中国をさして呼ぶ称。「唐土」とも。例**もろこし**に三度渡れる博士中臣門人といふを召して(=中国に三度留学した博士、中臣門人という人をお呼びになって)〈宇津保・俊蔭〉

語誌▼**「もろこし」のいわれ** 「もろこし」は「諸越」の訓読みによる称かといわれ、中国の春秋戦国時代の国「越」の地方をさす語が、中国全体をさすようになったという。中国をさす語には、ほかに「唐」などがある。
▼**「もろこしの吉野の山」** 「もろこし」はまた、現実の中国をさすだけでなく、はるか遠くの地というイメージでも用いられる。「もろこしの吉野の山にこもるともおくれんと思ふ我ならなくに(=取り残されると思うような私ではないのに)」〈古今・雑体〉などと、実際には有り得ない遠くの場所の意の表現も生まれた。〈大谷俊太〉

もろこし-の-はうぐゎん【唐土の判官】 —ホウガン 遣唐使の第三等官。大使・副使に次ぐ。例**唐土の判官**に召されてはべりけるときに〈古今・雑下・詞書〉

もろこし-ぶね【唐土船】 名 中国の船。また、中国との貿易にあたる船。例その年来たりける**唐土船**の王けいといふ人のもとに〈竹取〉

もろ-ごひ【諸恋ひ】 —ゴイ 名 互いに恋しあうこと。相思相愛の仲。例我が片恋ひ(=片思い)を**諸恋ひ**になせ〈古今六帖・四〉

もろ-ごゑ【諸声】 —ゴエ 名 大勢がいっしょに声を出すこと。また、その声。動物の鳴き声などにもいう。例なほおなじことを**もろ声**に誦して(=口ずさんで)〈枕・五月ばかり、月もなういとくらきに〉

もろ・し

【脆し】形(ク) ❶**壊れやすい**。はかない。例(a)唐の紙は**もろくて**(=破れやすくて)〈源氏・鈴虫〉例(b)**もろき**命をあやぶむ(=はかない命を不安に思う)〈平家・八・太宰府落〉
❷**心が動揺しやすい**。例木の葉よりけに(=さらに)**もろき**御涙は〈源氏・葵〉読解悲しみのため心が動揺し、木の葉が木から落ちるよりもさらに涙が落ちる、ということ。

語誌 ②の精神的な意味は涙と関連づけて用いられることが多く、「涙もろし」という複合語も平安時代からすでに見られる。〈橋本行洋〉

もろ-て【諸手】 名 両手。左右の手。例**もろ手**をもって、越中前司が鎧の胸板をばくと(=ぐいと)突いて〈平家・九・越中前司最期〉

もろとも-に【諸共に】 副 そろって。ともに。例学問をも**もろともに**して〈源氏・帚木〉

もろ-は【諸刃・両刃】 名 刀身の両側に刃のあるもの。例剣大刀**諸刃**の上に行き触れて死にかもしなむ〈万葉・一一・二六三六〉

もろ-はく【諸白】 名 よく精白した米と麹から醸造した上等の酒。例蕎麦切り百桶、**諸白**七斗、ものの見事にせしめけり〈浮世草子・好色万金丹・二・二〉

もろ-ひと【諸人】 名 「もろびと」とも。もろもろの人。多くの人。例梅の花折りてかざせる**諸人**は今日の間は楽しくあるべし〈万葉・五・八三二〉

もろ-ほ【諸穂】 名 稲がそろって穂を出すこと。また、その穂。例稲の穂の　**諸穂**に垂でよ〈神楽歌・木綿垂で〉

もろ-もち【諸持ち】 名 人といっしょに持つこと。共同すること。例かの人々の、口網も**もろもち**にて〈土佐〉

もろ-もろ【諸諸】 名 多くのもの。すべてのもの。衆人。例**もろもろ**は幸くと申す(=無事でとお祈り申し上げる)帰り来までに〈万葉・二〇・四三七二〉

もろ-や【諸矢】 名 ❶射芸で、一回の勝負に用いる二本一対の矢。初めの矢を甲矢、二本目を乙矢という。例ある人、弓射る事を習ふに、**諸矢**をたばさみて的に向かふ〈徒然・九二〉 ❷(「諸矢す」の形で)①の二本の矢がともに的に命中すること。例梓弓今ぞうれしき**諸矢**しつれば〈拾遺・雑春〉

もろ-をりど【諸折り戸】 —オリド 名 左右に開く折り戸。「片折り戸」に対していう。例古りたる家の**諸折り**戸の中へ落ち入りにけり〈宇治拾遺・一八四〉

もん【門】 [名] 建物の門。出入り口。[例]無量寿院の南の門の脇の御門より〈栄花・鶴の林〉

もん【紋・文】 [名] ❶模様。織物・染め物などのあや。[例]唐衣は松の実の紋〈紫式部日記〉❷家紋。紋所。[例]御家の紋のもかうを色々に織りたりしにや〈増鏡・秋のみ山〉

もん【文】 ■1[名] ❶文字。また、文句。文章。[例]常住といふ二つの文を聞くに、すなはち天に生まる〈三宝絵・下・八〉❷特に、呪文。あるいは経文。[例]目を眠ぶり(=つぶり)口に文を呪したるに〈太平記・二四〉■2[接尾] 銭貨の単位。「貫」の千分の一。また、足袋の長さの単位。一文は八分(約二・四センチ)。[例]美人両足は八文七分に定まれり〈西鶴・諸艶大鑑・七・二〉

もん-えふ【門葉】 [名] 一門の分かれ。同族。[例]門葉たる者帰敬せず(=信仰心をもたない)といふ事なし〈平家・七・願書〉

もん-ざい【文才】 [名] 学才。特に、漢学の才。[例]文才をばさるものにていはず〈源氏・絵合〉

もんざう-はかせ【文章博士】 [名]「もんじゃうはかせ」に同じ。

もん-さく【文作】 [名] 即興で、しゃれなどの言葉遊びを言うこと。[例]文作には神楽・願斎(=ともに太鼓持ちの名)もはだしで逃げ〈西鶴・日本永代蔵・六・二〉[読解]うまいことを言って遊里で客を喜ばせる太鼓持ちも、この人にはかなわない。

もん-じ【文字】 [名]「もじ」に同じ。[例]書きたまへる筆のたたずまひなど、そのもんじともなくあやしげなるを〈苔の衣〉

もんじ-の-ほふし【文字の法師】 仏教の教理や経文の解釈にばかり専念して、真の仏道修行に励まない僧をあざけっていう語。⇩あんしょうのぜんじ。[例]文字の法師・暗証の禅師、たがひに測りて、己にしかずと思へる(=自分よりも劣ると思っていることは)、ともに当たらず〈徒然・一九三〉

もん-じゃ【文者】 [名] 学者。また、作文・詩作に長じた人。[例]それはまことしき文者にて、御前の作文には文(=漢詩)たてまつられしは〈大鏡・道隆〉

もん-じゃう【文章】 [名]「ぶんしゃう」とも。❶字句を連ねてまとまった思想を述べたもの。詩や文。[例]村上の天皇、文章を好ませたまひける間、「宮の鶯暁に囀る」といふ題をもて詩を作らせたまひけり(=村上天皇が、詩文をお好きでいらっしゃったので、「宮の鶯暁に囀る」という題で漢詩をお作りになった)〈今昔・二四・二六〉❷文章や容姿・ふるまいなどとして、内面の徳が外面に現れたもの。〈奥村悦三〉

もん-じゃう【問状】 [名] 鎌倉・室町時代、訴訟において、幕府や守護が被告の答弁を求めるために出す文書。「問ひ状」とも。

もんじゃう-しゃう【文章生】 [名] 令制の大学寮で、詩文と歴史を学ぶ学生。大学寮の試験を受けて擬文章生となった後、さらに式部省の試験に合格した人がなる。「進士」とも。

もんじゃう-はかせ【文章博士】 [名]「もんざうはかせ」とも。令制の大学寮で詩文と歴史を教授する教官。正七位下相当、のち従五位下相当。

もん-じゃく【文籍】 [名]「ぶんせき」とも。書物。書籍。[例]文籍にも家礼(=年長者を敬うこと)といふことあるべくや〈源氏・藤裏葉〉

もん-じゃく【問籍】 [名]「なだいめん①」に同じ。[例]滝口の問籍も絶えにければ、古き人々心細くおぼえて〈平家・四・厳島御幸〉

もん-しゅ【門主】 [名] 門跡寺院などの住職。[例]西室の顕実僧正は、関東(=北条氏)の一族にて、権勢の門主たる間〈太平記・二〉

もん-じゅ【文殊・文珠】 [名]《仏教語》「文殊師利菩薩」の略。諸仏の智恵をつかさどる菩薩。釈迦如来の脇士として左に配される。一般的には獅子に乗る形で描かれる。文殊菩薩。[例]仏は…文殊〈枕・仏は〉

もんじゅ-ぼさつ【文殊菩薩】 [名]《仏教語》「もんじゅ」に同じ。

もん-じょ【文書】 [名]「もんぞ」とも。❶書物。[例]人の嘆き・願ひ満つべしとなん、文書にいへる〈宇津保・藤原の君〉❷書類。書きつけ。書きもの。[例]まかり返りて、文書に付きてこそは沙汰しまうし候はむ(=処置いたしましょう)〈今昔・二八・三一〉

もん-じん【問訊】 [名][動](サ変) ❶問い尋ねること。❷降参すること。[例]太刀を投げすて問訊しけり〈醒睡笑・一〉

もん-ぜき【門跡】 [名] ❶一門派の教えの伝統・系統を継承する寺・僧。[例]延暦・園城両寺は、門跡二つに相分かるといへども〈平家・四・山門牒状〉❷皇族や公家出身の僧が住持する寺。また、その寺の住職。室町時代以降は寺の格式を示し、宮門跡・摂家門跡・清華門跡などがあった。❸江戸時代、東・西本願寺の俗称。

もん-ぜつ【悶絶】 [名][動](サ変) 苦しみもだえること。苦しんで気絶すること。[例]馬より落ちて悶絶して死に入りぬ〈今昔・六・三五〉

もんぜつ-びゃくぢ【悶絶躄地】 [名][動](サ変) もだえ苦しんで、のたうちまわること。のたうちまわって気絶すること。[例]悶絶躄地して、つひにあつち死にぞしたまひける〈平家・六・入道死去〉[読解]「あつち死に」は、身もだえして跳ねまわって死ぬこと。

文選 《作品名》中国の詩文集。三〇巻。梁の昭明太子撰。六世紀前半の成立。周代以降約一〇〇〇年間の詩文八〇〇余を「賦」「詩」などの文体ごとに分けて収める。日本にも古く渡来し、特に平安時代には宮中でも講義されるほどに流行した。『枕草子』「書は」段には「書は 文集(=『白氏文集』)、文選」とある。なお、漢文の訓読に、ある語をまず音読みし、さらに訓読みするという特殊な読み方がある。「片時」を「へんじのかたとき」と読む類である。この読み方は平安時代の『文選』の講義に始まるとされ、そこからこれを「文選読み」という。

もんぜん-ちゃう【門前町】 [名] 寺社の門前に形成された町。参詣人などを対象とする商業から発達した。善光寺のある長野、新勝寺のある成田などが代表的。「もんぜんまち」とも。[例]門前町の

御下屋敷におかれ〈西鶴・好色一代女・五・一〉

もん-だ・ふ【問答ふ】 動（ハ四）〔名詞「問答」の動詞化〕問答する。例とかくの是非をば**もんだ**はずして〈謡曲・安宅〉

もんぢゅう-しょ【問注所・問註所】 名「もんちゅうじょ」とも。鎌倉・室町幕府の政務機関。鎌倉時代には訴訟・裁判をつかさどり、室町時代には文書の保管を主な仕事とした。

もん-と【門徒】 名❶門人。門弟。弟子。同じ宗門の信者や弟子。例慶秀が**門徒**においては、今夜六波羅におし寄せて〈平家・四・永僉議〉読解「慶秀」は三井寺の僧。❷「門徒宗」（浄土真宗）の略。また、その信者。

もん-ど【主水】 名〔「もひとり」の撥音便形「もんどり」の変化した形〕「もひとり」に同じ。

文徳実録 《作品名》⇩日本文徳天皇実録

もん-どころ【紋所】 名 各家ごとに定まっている紋章。定紋。例**紋所**を定めず〈西鶴・日本永代蔵・二・一〉

もん-び【紋日】 名〔「ものび（物日）」の変化した形。「紋」はあて字〕「ものび②」に同じ。例**紋日**かかさぬほどの大尽に〈西鶴・好色一代男・七・三〉

もん-ぼふ【聞法】 名《仏教語》仏法を聴聞すること。例経には**聞法**歓喜讃 聞く人蓮の身とぞなる〈梁塵秘抄・法文歌〉

もん-め【匁】 名❶重さの単位。「貫」の千分の一。約三・七五グラム。❷江戸時代の銀貨の単位。金と一定の比率で交換されたが、時によって変動があり、たとえば元禄一四年（一七〇一）には金一両は銀六〇匁。

もん-ゐん【門院】 名〔院号に皇居の門の名をつけたことから〕女院の院号の一つ。万寿三年（一〇二六）に出家した一条天皇の中宮彰子に「上東門院」の称号が与えられたのに始まる。⇩にょうゐん

や

や【八・弥】 名〔「いや（弥）」と同根。「よ（四）」の交替形で、その倍数を表す〕はち。やっつ。古く神聖な数とされ、数の多いことや無限の数量・程度を表すのにも用いられた。多く複合語で用いられる。例八雲立つ（枕詞）出雲八重垣 妻籠みに 八重垣作る その八重垣を〈記・上・神代・歌謡〉➡名歌375

や【矢・箭】 名❶弓の弦にかけて射る武器。矢柄の本には、鳥の羽でできた矢羽を普通は三枚（二、四枚もある）つけて方向を定め、先端の鏃で敵を殺傷する。例初心の人、二つの矢を持つ事なかれ（＝初心者は、二本の矢を持ってはならない）〈徒然・九二〉❷（①から転じて）速いことのたとえ。❸紋所の名。①の形を図案化したもの。

語誌▼矢の種類 矢の長さは、手で握った数で十二束が普通で、十五束・十八束などの長いものは射手の力が強いとされる。弓の弦につがえる部分を矢筈という。戦闘用の征矢、競技や練習用の的矢、狩猟用の野矢の、また鏃の形や矢を入れる道具である箙の中にさす位置や、矢羽の模様などから、多くの種類に分けられる。飛ぶときに音を立てる鏑矢は、戦闘開始の矢合わせに使用したり、神意を問うのに用いたりした。〈黒木祥子〉

や【輻】 名 車軸とまわりの車輪をつなぐ、放射状の多くの棒。⇩くるま（図）。例（走ッテイル車ヲ描クトキ）輻などのしるしには、墨をにほはさせたまへりし（＝ぼかしなさいました）〈大鏡・伊尹〉

や【屋・家・舎】 ❶名 家屋。住居。家。また、屋根。例難波人葦火焚く屋の煤してあれど己が妻こそ常めづらしき（＝常に新鮮でかわいい）〈万葉・一一・二六五一〉❷接尾❶その職業の家、その職業の人、の意を表す。「米や」など。❷屋号に添える。「越後や」「高麗や」など。❸人の性質や特徴などを呼び名とするときに用いる。「わからずや」など。

や 感❶呼びかけに用いる語。もしもし。おい。例や、殿、これはいかなる御はからひぞ〈保元・中〉❷驚い

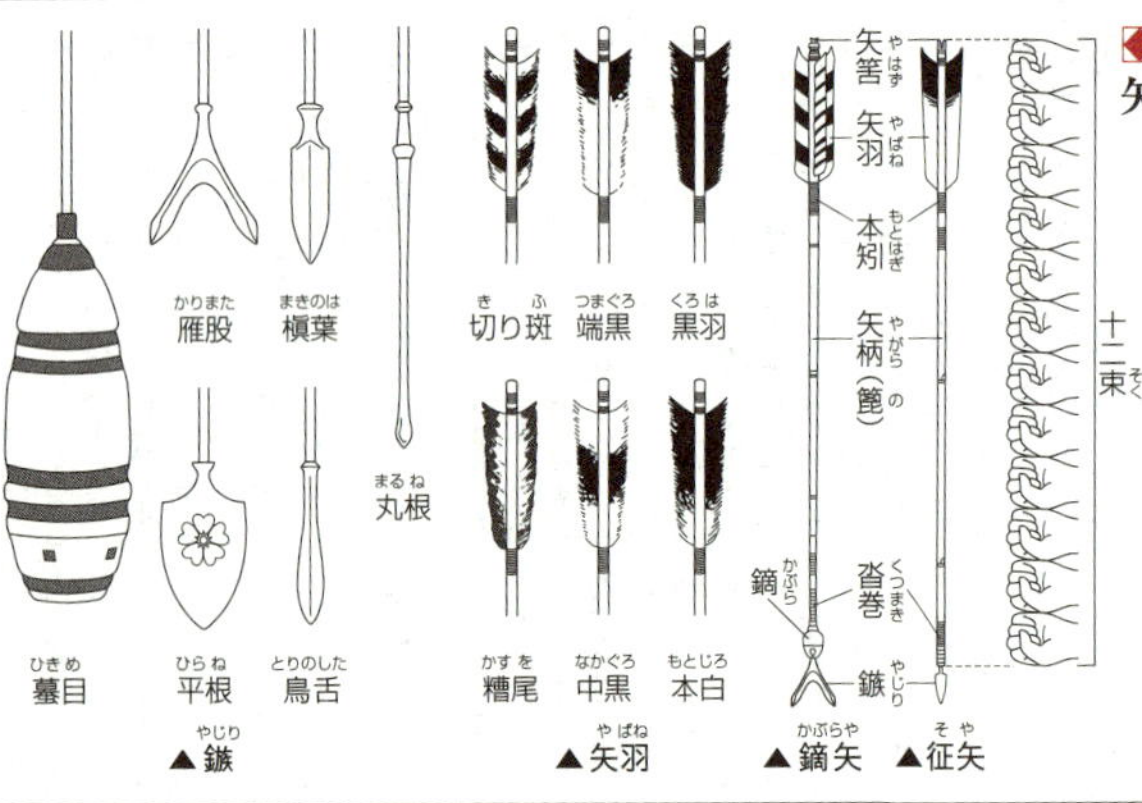

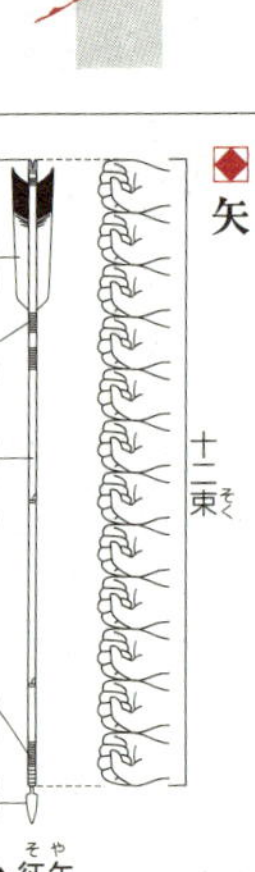

たときに発する語。あっ。おっ。［例］物におそはるる心地して、「や」とおびゆれど〈源氏・帚木〉

や

［1］［係助］❶疑問。疑う気持ちや、質問の意を表す。〜か。［例］(a)大伴の大納言は、龍の首の玉や取りておはしたる(＝龍の首の玉を取っていらっしゃったのか)〈竹取〉［例］(b)名にし負はばいざ言問はむ都鳥わが思ふ人はありやなしやと〈伊勢・九〉➡名歌269 ［例］(c)世に語り伝ふる事、まことはあいなきにや、多くは皆虚言なり(＝世間で語り伝えていることは、本当の話はつまらないのであろうか、多くは皆うそである)〈徒然・七三〉

❷反語。問いかける形を取りながら、その反対の意を主張するもの。〜か(いや、そんなことはない)。〜ものか。⇩やは・やも・めや。［例］かく立つ波に舟出すべしや(＝こんなに立っている荒波に船出してよいものか、いや、よくない)〈万葉・九・一七八一〉

［2］［終助］詠嘆や、呼びかけの意を表す。〜なあ。〜よ。［例］(a)あな恐ろしや(＝ああ、恐ろしいなあ)〈源氏・桐壺〉［例］(b)朝臣や、御休み所もとめよ(＝朝臣よ、客人のご寝所を用意しなさい)〈源氏・藤裏葉〉

［3］［間助］古く連体修飾語につけて軽い詠嘆の意を添えたり、近世以降、俳諧の切れ字に用いられたりする。〜よ。［例］(a)石見のや高角山の木の間より我が振る袖を妹見つらむか〈万葉・二・一三二〉➡名歌70 ［例］(b)夏草や兵どもが夢の跡〈芭蕉・奥の細道〉➡名句99

［接続］［1］は、文中にある場合は体言、活用語の連用形・連体形、副詞、助詞などにつき、文末にある場合は活用語の終止形などにつく。［2］は、体言、形容詞とナリ活用の形容動詞の語幹、文の終止した形につく。［3］は種々の文節末につく。

［語誌］▼係り結び　［1］には、文中に用いられる場合と文末に用いられる場合とがある。文中に用いられる場合は、係り結びによって文末の活用語は連体形で結ばれる。

▼結びの省略　係り結びをする際、［1］①［例］(c)のように結びが省略されることがある。省略されるのは、「あらむ」(「む」は連体形)であることが多い。

▼文中の「や」の訳し方　現代語で疑問・反語を表す「か」などの言い方は、文末にのみ用いられる。だから、［1］の文中の「や」を現代語に訳すには、「〜か」などの訳語を文末に移すとよい。

［3］の［例］(a)のように、連体修飾語の下にある間投助詞は、ふつう訳さない。

▼係助詞「や」と「か」の違い　どちらも疑問を表し、文中と文末の用法があり、文中用法の場合、係り結びになる。これらの点は、同じである。ただ、文末用法で活用語につく場合、「や」は終止形に、「か」は連体形につく、という違いがある。

また、平安時代や中世の文語では、［1］①［例］(a)(b)のように他の疑問語なしに係助詞だけで疑問文を作る場合、「か」でなく、「や」が用いられるのが普通であった。

▼係助詞「や」＋疑問語　疑問語より下に疑問の係助詞がくる場合は、たとえば「いづくにか…」というように「か」が用いられたが、疑問語より上に疑問の係助詞を用いる場合は、次のように「や」が用いられた。［例］ここにありて筑紫やいづち(＝ここから見て筑紫はどっちだろうか)白雲のたなびく山の方にしあるらし〈万葉・四・五七四〉

▼俳諧の切れ字の「や」　俳諧の発句で、［3］［例］(b)のように上五などによく用いられる、いわゆる切れ字の「や」は、間投助詞と見られる。〈山口堯二〉

や

〔助動詞「やる」の命令形「やれ」の変化した形〕軽い敬意を含んだ命令の意を表す。〜なさい。［例］みんな覚悟しや〈近松・丹波与作待夜の小室節・中〉

［識別のポイント］ や

(1) 係助詞　種々の語につく。疑問・反語の意を表す。文末が連体形で結ばれる。

［例］国の内に年老いたる翁・嫗やある(＝国内に年老いた老人・老女はいるか)〈大鏡・序〉

(2) 終助詞　体言、形容詞・ナリ活用形容動詞の語幹、文の終止した形につく。詠嘆・呼びかけの意を表す。

［例］あな、めでたや(＝ああ、ありがたいことよ)〈徒然・二三六〉

(3) 間投助詞　種々の文節末につく。詠嘆の意を表す。

［例］石見のや(＝石見のよ)高角山の木の間より我が振る袖を妹見つらむか〈万葉・二・一三二〉➡名歌70

やあ

［感］❶驚いたりあきれたりしたときに発する。［例］やあ、見れば隣の田には、水がなみなみとある〈山本東本狂言・水掛聟〉❷非難や不審をこめて呼びかけるときにいう。［例］やあ喧しまし。これは汝が子のことにてあるか〈謡曲・丹後物狂〉❸横柄な態度で返答するときにいう。［例］「やい猿引き」「やあ」「やあとは、おのれ憎いやつの」〈虎寛本狂言・靱猿〉

や-あはせ【矢合はせ】

—アワセ ［名］敵対する軍勢が、戦闘開始の合図に互いに鏑矢を射あうこと。［例］源平、富士河にて矢合はせと定めたり〈平家・五・富士川〉

やい

［感］対等以下の人に呼びかけるときに用いる語。おい。［例］やい、あれは猿ではないか〈狂言・靱猿〉

や-い

［終助］〔間投助詞「や」＋終助詞「い」〕相手に強く訴えかける調子を表す。［例］太郎冠者はあるかやい〈狂言・粟田口〉

［接続］文末につく。

やい

〔助動詞「やる」の命令形「やれ」の変化した形〕親愛の意を含んだ命令の意を表す。〜なさい。対等以下の人に対して用いる。［例］(戸ヲ)開けやい〈近松・大経師昔暦・上〉

也有

ヤユウ《人名》一七〇二〜一七八三(元禄一五〜天明三)。江戸時代の俳人。本姓横井氏。尾張藩重臣。美濃派の俳諧を学び、特に俳文にすぐれた。俳文集『鶉衣』、句集『蘿葉集』などがある。

や-いくさ【矢軍】

［名］両軍がやや離れ、矢を射あって戦うこと。また、その合戦。［例］相近付いて矢軍をせんとすれば、矢種皆射尽くして〈太平記・九〉

やい-ごめ【焼い米】

［名］「やきごめ」のイ音便形。いろいろの餅、薄き濃き入れて、紙へだてて焼い米入れて〈落窪・一〉

やい-じるし【焼い印】

［名］〔「やきじるし」のイ音便形〕焼き印。［例］花方が頬っに、浪方といふ焼い印をぞせられける〈平家・一〇・請文〉

やい-と【灸】 名〔「やきと(焼処)」のイ音便形〕「やいとう」「やい」とも。灸。例明日からはおとなしう月代も剃りまうさん。**やいと**をもするゑませう〈近松・出世景清・四〉

やい-の 感 主に女性が、感情をこめて激しく相手に迫るときに発する語。ねえ。例これ、申し、**やいの** やいのと(男ヲ)抱きしめ〈浄瑠璃・鎌倉三代記・三〉

やい-ば【刃】 名〔「やきば(焼き刃)」のイ音便形〕❶焼き入れをした刀剣の刃。また、刃身の焼きぐあいでできた波状の乱れ模様。例進退ここに極まりて、御剣の**刃**の乱るる心なりけり〈謡曲・小鍛冶〉❷刀剣・刃物の総称。例**刃**をもって人を損なひ〈洒落本・伊賀越増補合羽之龍〉❸鋭いもの・威力あるもののたとえ。例とぶ鳥も祈りおとすほどの**やいば**の(=効験の鋭い)験者とぞきこえし〈平家・五・文覚荒行〉

【刃に伏す】 刃物で自害する。例みづから**刃**に伏し、今夜陰風に乗りてはるばる来たり〈読本・雨月・菊花の約〉

や-いろ【矢色】 名 放たれて飛んでいく矢の勢い。例切って放したる**矢色**・弦音・弓倒し〈太平記・一三〉

やう【益】 ヨウ 名「やく」のウ音便形。

やう【陽】 ヨウ 名 易学で、万物を二つの要素に分けたうちの一つ。積極的・能動的な事象の象徴で、天・日・南・昼・男・春・夏など。消極的・受動的な事象の象徴は「陰」。⇩いんやう。例清むは**陽**、濁るは陰なり〈俳諧・三冊子・黒冊子〉

やう【様】 ヨウ ❶名〔漢語「様」から〕❶㋐決まったやり方。様式。例はなばなとものしたまふ殿の**やう**にて(=はでいらっしゃる家風で)〈源氏・花宴〉㋑様子・ありさま・状態。例添ひたりし女のさまも、同じ**やう**にて見えければ(=そばにいた女性の姿も、同じ様子に見えたので)〈源氏・夕顔〉㋒方法。手段。例ことに人多く立ち込みて、分け入りぬべき**やう**もなし(=特に人が多く混雑していて、割り込んで中に入る手段もない)〈徒然・四一〉㋓事情。わけ。例なぞかく今まで寝られぬ。もしある**やう**ある(=どうしてこのように今まで眠れないのか。ひょっとして何かわけがあるのか)〈大和・附載三〉❷形式名詞的に用いる。例(富士山ハ)なりは塩尻の**やう**になんありける(=形は塩尻のようであった)〈伊勢・九〉㋐似ているありさま。同様のもの。読解「塩尻」は古代の製塩に用いられ、砂を円錐形に盛り上げたものといわれる。㋑思考・言動の対象や内容。〜ということ。例さりとも絶えて思ひ放つ**やう**はあらじ(=そうはいってもすっかり思い切るということはあるまい)〈源氏・帚木〉㋒(「言ふやう」「思ふやう」などの形で)発言や思考の内容の引用文を導く。〜ことには。⇩いふやう。例かぐや姫に語らふ**やう**「かくなむ帝の仰せたまへる」(=かぐや姫に相談するように言うことには「このように帝がおっしゃいました」)〈竹取〉㋓(「〜やうに」の形で)その動作の目的・意図を表す。例(火種ガ)転び落ちぬ**やう**に心得て炭を積むべきなり(=転げ落ちないように用心して炭を積まなければならない)〈徒然・二一三〉❷接尾 ❶名詞、助詞「など」などについて、例示や同類である意を表す。〜のよう。〜ふう。例中将・中務**やう**の人々には(=中将や中務のような人々には)〈源氏・澪標〉❷動詞の連用形について、その様子・やり方、の意を表す。〜仕方。〜ぶり。「書き様」「立ち様」など。

語誌 この語に断定の助動詞「なり」のついた「やうなり」は、❶②㋐の意を中心に、比況の助動詞ともみられ、「ごとし」に似た働きをする。〈安達敬子〉

やう-がう【影向】 ヨウゴウ 名動(サ変)《仏教語》神仏が仮の姿でこの世に現れること。例天衆・地類(=地上の神々)も影向をたれ〈平家・四・山門牒状〉

やう-がま・し【様がまし】 ヨウ 形(シク)〔「がまし」は接尾語〕❶もったいぶっている。思わせぶりだ。例耳談合(=ひそひそ話)なんどをして、**やうがましき**人の分別を〈甲陽軍鑑・一三〉❷注文や条件がうるさい。例そなたは名に**やうがましい**(音便形)人ぢゃ〈狂言・呂蓮〉

やう-が・り【様がり】 ヨウ 動(ラ変)〔「やうがあり」の変化した形〕風変わりである。変わった趣がある。風情があっておもしろい。例山の(名デ)**様がる**は雨山・守山・しぶく山 鳴らねど鈴鹿山〈梁塵秘抄・四句神歌〉

やう-き【様器・楊器】 ヨウ 名 語義未詳。儀式に用いる食器、食器を載せる台、などの説がある。例銀の様器、瑠璃の御盃〈源氏・宿木〉

楊貴妃 ヨウキヒ《人名》七一九〜七五六。中国の唐の玄宗皇帝の妃。名は玉環。唐の最盛期を築いた玄宗の寵愛を一身に集め、皇后に次ぐ貴妃となる。のち、安禄山の反乱(安史の乱)が起きるとその遠因とみなされ、逃亡の途中馬嵬坡で縊死させられた。その生涯は白居易の詩「長恨歌」など多くの作品に取り上げられた。

やう-きゅう【楊弓】 ヨウ 名 遊戯に用いる小さな弓。また、その遊戯。座ったままで短い矢を射て七間半(約一三・五メートル)先の的に命中させる。例をりふし楊弓はじまりて〈西鶴・好色一代男・三・一〉

やうごと-な・し ヨウゴトー 形(ク)「やむごとなし」のウ音便形。例なにの**やうごとなき**はにもあらず(=身分でもない)〈和泉式部日記〉

栄西 ヨウサイ《人名》「えいさい」とも。一一四一〜一二一五(保延七〜建保三)。鎌倉初期の僧。字は明庵、栄西は諱。千光国師と追諡。はじめ比叡山で天台教学を学び、二度宋に渡って禅を学び、日本に禅学の教義を紹介し、臨済宗を定着させた。宋から茶を移入、栽培し、喫茶の風習を広めたことでも知られる。主著に『興禅護国論』『喫茶養生記』などがある。

やう-じゃう【養生】 ヨウジョウ 名 健康を保つこと。また、病気の手当てをすること。例常に歩き、常に働くは、**養性**なるべし〈方丈記〉

やう-す【様子】 ヨウ 名 ❶状態。ありさま。例西山・東山はいつもの事、**様子**のちがうた所へ行きたいが〈狂言記・萩大名〉❷姿かたち。外見。例棒を後ろ手で隠してゐる**様子**も見えず〈滑稽本・浮世床・二上〉❸事情。事の次第。例このほどの**様子**を語って聞かせう〈狂言記・花子〉❹気配。兆し。例おなかに**様子**が出来たらば〈西鶴・好色一代男・一・七〉読解ここは妊娠の兆し。

やう・ず【瑩ず】ヨウズ 動(サ変) 瑩貝(貝や金属でできたつや出し)で絹などを磨いてつやを出す。例(女君ノ髪ハ)**瑩じ**かけたると見ゆ〈宇津保・蔵開中〉

やう‐だい【様体】ヨウ― ❶名❶人の姿。体つき。容姿。例とりどりなる(=それぞれにすぐれた)童べの**様体**・容貌を思しわづらひて〈源氏・少女〉❷物事の状況・事態。ありさま。例物の**様体**も知らせたまはざりけり〈宇治拾遺・一〇〉❸やり方。作法。例出仕などの**様体**をも談合申さん〈御伽草子・猿源氏草紙〉❹健康状態。特に、病状。「容態」とも書く。例大事の娘が病気…容態御覧なされくだされ〈近松・女殺油地獄・中〉❷名形動(ナリ) もったいぶっていること。気どっていること。例我が家の裏なる草花見るさへ、かく**様体なり**〈西鶴・好色五人女・二・三〉

やう‐ちゃう【羊腸】ヨウチョウ 名形動(ナリ) 羊の腸のように、長く曲がりくねった山道。つづら折り。例かの龍門山と申すは…路**羊腸**をめぐれり〈太平記・三四〉

やう‐でう【横笛】ヨウジョウ 名 よこぶえ。「横笛」の字音「わうてき」が「王敵」に通じるのを忌んで読みかえたものという。例**やうでう**の吹き澄まされたるは、なぞの春(=どうして春がよいものか)とおぼゆかし〈更級〉

やう‐な・し【益無し】ヨウ― 形(ク)「やくなし」のウ音便形。例永く居をりて**やうなき**を思ひて〈読本・雨月・菊花の約〉

やう‐なり

ヨウ― 形式名詞「やう(様)」＋断定の助動詞「なり」。ある物事が、異なった別の物事と同様であることを表す。

❶物事のたとえに用いる。〜みたいだ。〜のようだ。例にしとみといふ所の山、絵よくかきたらむ屏風をたてならべたらむ**やうなり**(=にしとみという所の山は、絵を上手に描いた屏風を立て並べてあるようだ)〈更級〉❷同じである意を表す。〜と同じだ。〜ようだ。例二十日。昨日の**やうなれ**ば、舟出ださず(=二十日。昨日と同じであるので、船を出さない)〈土佐〉読解昨日と同様に今日も天候が悪い。❸様子から状態を判断する意を表す。〜ように思われる。〜ようだ。例人みな、えあらで笑ふ**やうなり**(=人々は皆、とてもそのままではすまなくて笑い出すようだ)〈土佐〉❹(多く「やうに」の形で)願望や意図を表す。〜ように。例すべて男をば、女に笑はれぬ**やうに**おほしたつべしとぞ(=すべて男は、女に笑われないように養育するのがよいということである)〈徒然・一〇七〉

語誌 中世以降一語化し、比況の意を表す助動詞となる。同様に比況の助動詞には「**ごとし**」がある。「やうなり」が仮名文に用いられるのに対して、「ごとし」は漢文訓読系の文などに用いられた。〈野村剛史〉

やう‐の‐もの【様のもの】ヨウ― 同じさま。同類。そんなたぐい。多く、見下げていう。例**やうのもの**と人笑へなることを添ふるありさまにて〈源氏・総角〉

やう‐めい【揚名】ヨウ― 名❶名ばかりで実のないこと。特に、名目だけで職務も俸禄もない官職。❷「やうめいのすけ」に同じ。

やうめい‐がく【陽明学】ヨウメイ― 名 中国の明の儒学者王陽明が唱えた学説。知識と行為は同一のもので、真の知は必ず行為を伴うものであり、知って行わないのは真の知ではないという知行同一を説く。日本でも近世の儒学に大きな影響を与え、中江藤樹・熊沢蕃山などの陽明学者が出た。

やうめい‐の‐すけ【揚名の介】ヨウメイ― 平安時代以降、名誉職としての国司の次官。名目だけで職務も俸禄もない。例**揚名の介**なる人の家になんはべりける〈源氏・夕顔〉

やうめい‐もん【陽明門】ヨウメイ― 名 大内裏の外郭門の一つ。大内裏の東面、待賢門の北に位置し、近衛の御門と大路からの入り口にあたる。⇩付録

やう‐やう【様様】ヨウヨウ 名形動(ナリ) (「様様」の音読) いろいろ。さまざま。例山王おりさせたまひて、やうやう御託宣こそおそろしけれ〈平家・一・願立〉

やう‐やう

【漸う】ヨウヨウ 副〔副詞「やうやく」のウ音便形〕❶しだいに。だんだん。例紅葉の**やうやう**色づくほど、絵にかきたるやうにおもしろきを(=紅葉がしだいに色づく様子が、絵に描いたように美しいのを)〈源氏・夕顔〉❷しずしずと。ゆっくりと。例普賢菩薩、象に乗りて**やうやう**おはして(=普賢菩薩が、象に乗ってしずしずとおいでになって)〈宇治拾遺・一〇四〉❸やっとのことで。どうにか。例**やうやう**として穴の口までは出でたれども、え出でずして(=やっとのことで穴の出入り口までは出たが、外には出られずに)〈宇治拾遺・一七二〉読解「え〜ず」で不可能の意を表す。❹もはや。今はもう。例平家の代ょは、**やうやう**末になりぬるは(=平家の時代は、もはや終わりになったぞ)〈平家・五・物怪之沙汰〉〈井上博嗣〉

やう‐やうヨウヨウ 感 呼びかけるときや驚いたときに発する語。やあやあ。例「**やうやう**、をうをう」と言ひて、太刀を抜きて仏師を斬らんとて〈宇治拾遺・一〇九〉

やう‐やう・し【様様し】ヨウヨウシ 形(シク) 様子ありげに見える。ゆえありげだ。もったいぶったふうだ。例荒れたる堂の大きに**やうやうしき**が見えければ、怪しくて〈無名抄・榎葉井事〉

やうやく【漸く】ヨウヤク 副「やうやう(漸う)」に同じ。

や‐うら【八占・弥占】名 いろいろな占い。また、数多く占うこと。例**八占**さし母は問ふともその名は告のらじ〈万葉一一・二四〇七〉

養老の滝ヨウロウノタキ《地名》美濃国、今の岐阜県養老郡養老町の滝。霊亀三年(七一七)、行幸した元正天皇がその美泉に感じ、老いを養うことができるとして、年号を「養老」と改めたことによる。老父に孝養を尽くす息子のために神が滝を酒に変えたという酒泉伝説でも知られる。

やう‐らく【瓔珞】ヨウ― 名《仏教語》天蓋や、仏像の頭・首・胸などに垂れ下げる飾り。珠玉や金属を糸で

連ねて作る。本来は古代インドの貴族の装身具で、頭につけるものを「瓔」、身につけるものを「珞」といった。例龍の冠(かうぶり)したる夜叉(やしゃ)の形の人なり、天衣(てんえ)・瓔珞をもって身をかざりて〈今昔・一四・一七〉

やーうれ 感〔感動詞「や」＋代名詞「うれ」〕目下の人に呼びかけるときに用いる語。おい。おいおい。やいやい。例やうれ、御所の辺りにて、見て来こ〈宇治拾遺・一二九〉

やえ【八重】⇩やへ

やお【八百】⇩やほ

やーおもて【矢面】名 敵の矢の飛んでくる正面。矢先(やさき)。例我も我もと馬のかしらをたて並べて、大将軍の矢面にふさがりければ〈平家・一一・嗣信最期〉

やおら ⇩やをら

やーおれ 感〔感動詞「や」＋代名詞「おれ」〕「やうれ」とも。目下の人に呼びかける語。やい、おのれ。こら、おまえ。例やおれ、これに物論ずる人のあるぞ〈源平盛衰記・六〉

-やか 接尾 名詞、形容詞の語幹、擬態語などについて、形容動詞の語幹を作る。「匂(にほ)ひやか」「高(たか)やか」「爽(さは)やか」など。

やか【宅】名「やけ」に同じ。例やかの辰巳(たつみ)(＝東南)の隅の崩れ、いと危し〈源氏・東屋〉

やーかう【夜行】(コウ)— 名「やぎゃう」とも。❶夜、出歩くこと。夜歩き。❷夜の見回り。例にげなきもの…靫負(ゆげひ)の佐(すけ)の**夜行**のすがた〈枕・にげなきもの〉❸夜遊び。例禅師はまだきに(＝まだ年端もゆかないのに)**夜行**好むめり〈梁塵秘抄・四句神歌〉❹「ひゃくきやぎゃう」に同じ。例路(ち)のほどなどに、**夜行**の夜なども自(を)のづからありあふらん〈栄花・初花〉

やーがかり【矢懸り】名 射る矢の届く所。例敵の勢ひに機を(＝気を)呑(の)まれて、**矢懸り**までも進みえず〈太平記・一七〉

やーかげ【家陰・屋陰】名 家の陰。例北の**屋陰**に消え残りたる雪の、いたう凍りたるに〈徒然・一〇五〉

やーかず【矢数】名❶矢の本数。特に、的に当たった矢の本数。例**矢数**いま二つ劣りたまひぬ〈大鏡・道長上〉❷「おほやかず①」に同じ。例三十三間(げん)に**矢数**の武勇(ぶよう)を思はれ〈西鶴・武道伝来記・一・三〉❸「おほやかず②」に同じ。例天下**矢数**二度の大願四千句なり〈西鶴・西鶴大矢数・一〉

やーかぜ【矢風】名 射放たれた矢が飛ぶときに起こす風。例照射(ともし)すと秋の山べにいる人の弓の**矢風**に紅葉散るらし〈曾丹集〉読解「照射」は、夜の鹿狩りで、鹿をおびき寄せるためにたくかがり火。

やーかた【屋形・館】名❶仮に作った家。例水茎の岡の**屋形**に妹と我(あ)れと寝ての朝明(あさけ)(＝明け方)の霜の降りはも〈古今・大歌所御歌〉❷牛車(ぎっしゃ)や船などの上に設ける家の形をした覆い。例月の明かきに、**屋形**なき車のあひたる〈枕・にげなきもの〉❸貴人・大名などの邸宅。また、貴人や大名の敬称。例**屋形屋形**に行きて、殿造り仕舞ひ〈西鶴・日本永代蔵・三・一〉

やかたーぶね【屋形船】名「やかた②」を設けた船。主に川遊びに用いる。例淀(よど)の枝川に**屋形舟**を飾らせ〈西鶴・椀久一世の物語・上・四〉

やーがため【屋固め】名 家の新築の柱立てのときに、無事完成を祈る儀式。例吉方(きっぽう)に打ち向かひ、まづ**屋固め**の祭文(さいもん)を唱へつつ〈近松・出世景清・一〉

やかたーを【矢形尾・屋形尾】(オ)— 名 鷹(たか)の尾羽の模様の一種。まだら模様が八の字の形をしたもの。一説に、矢羽の形をした尾羽とも。例**矢形尾**の鷹を手にする〈万葉・一七・四〇一一〉

やがて

【軈て】副 状態がその時のまま変化することがないさま、動作が引き続いて起こるさまを表す。

❶**その時のまま。そのまま引き続いて。**例(使者ヲ)出だし立てさせたまひて、**やがて**ながめおはします(＝出発させなさって、御自分はそのままもの思いにふけっておいでになる)〈源氏・桐壺〉

❷**すぐに。すぐさま。早速。**例名を聞くより、**やがて**面影はおしはからるる心地するを(＝名前を聞くやいなや、すぐにその人の顔つきは自然と推測される気持ちがするのに)〈徒然・七一〉読解「おしはからるる」の「るる」は自発の意。可能の意として、「推測できる」としてもよい。

❸**ほかでもなく。とりもなおさず。**例(田舎ニ下ッタコトガ)**やがて**世を棄(す)つる門出なりけり(＝ほかでもなく、この世を捨ててしまう門出だったのだ)〈源氏・松風〉

❹**まもなく。少しして。**例いづれもしばし黙然(もくねん)たるところに、金時(きんとき)**やがて**進み出で(＝皆しばらく黙っているところに、金時がまもなく進み出て)〈浄瑠璃・頼光跡目論・四〉

語誌 現代語「やがて」は、近い未来の意で用いられることが多いが、古語では、状態的にも時間的にも前に引き続くさまをいうのが本来の用法。〈井上博嗣〉

やーから【族】名〔「や」は「家」、「から」は一族・血族の意〕❶一族(いちぞく)。一門。例もろもろの虬(みつち)(＝龍)の**族**、淵(ふち)の底の岫穴(かふや)に満(はい)めり〈紀・仁徳〉❷ともがら。仲間。例我が君を佗(わ)びさせたてまつる盗人の**族**は〈宇津保・蔵開中〉類義①うから

やーがら【矢柄・矢幹・簳】名 矢の、羽と鏃(やじり)を除いた幹の部分。普通は竹製。「箆(の)」「矢箆(やの)」とも。⇩や(図)。例箭柄(やがら)をば抜きて、征箭(そや)の身の限り(＝鏃の部分だけ)を穴に深く打ち入れたりければ〈今昔・二七・三〉

やーかん【射干・野干】名 中国の伝説上の邪悪な動物の名。狐(きつね)に似て人を害する。日本では、転じて狐をさす。例虎(とら)・**野干**のすみかにて、人さらに(＝まったく)行き通ふなし〈御伽草子・熊野の本地〉

やーき【八寸】名 馬の前足の先から肩までの高さが四尺八寸(約一四五センチ)あること。馬の丈は四尺(約一二〇センチ)を標準として、それ以上は寸だけで数える。四尺八寸は当時の日本の馬としては非常に大きい。例**八寸**ばかりなる馬に黄覆輪(きぶくりん)の鞍(くら)置かせ〈平治・上〉

やぎ【柳】名 やなぎ。多く、「青柳(あをやぎ)」「川柳(かはやぎ)」など複合語で用いられる。

やきーいし【焼き石】名「をんじゃく」に同じ。例(老

人ガ)焼き石包みて持て来たるを〈落窪・二〉

やき-がね【焼き金・焼き鉄】 名❶「やききん」とも。吹き分けて混合物を除いた純金。例**やきがね**の色ににほへる山吹は〈夫木・六〉❷刑罰や目印のために、熱した金属を罪人や牛馬の皮膚に当てて焼き印をつけること。また、その印。その道具。例(相手ヲ)押さへて**焼き金**当つるは〈西鶴・西鶴諸国ばなし・三・三〉

やき-ごめ【焼き米】 名「やいごめ」とも。籾のままの新米を炒り、ついて籾殻を取り去ったもの。煎り米。

やき-たち【焼き太刀】 名 繰り返し焼いて鍛えた太刀。例**焼き太刀**のかど打ち放ち〈万葉・六・九八九〉

やき-もの【焼き物】 名❶魚や鳥の肉などを直火で焼いた料理。例まっ二つに胴切りの血なまぐさい**焼き物**〈近松・嫗山姥・一〉❷土器・陶器・磁器の総称。例やれありがたやこの櫛箱に**焼き物**の鬢水入れ〈近松・冥途の飛脚・上〉

や-ぎゃう【夜行】 ギヤウ 名「やこう」とも。❶夜回り。夜歩き。夜警。例宿直人の怪しき声したる、**夜行**うちして〈源氏・東屋〉❷「百鬼夜行」の略。例暦を見たまひければ、**夜行**にてその夜ありけり〈古本説話集・下・五一〉

や-ぎり【矢切り】 名❶飛んでくる矢を切り払うこと。❷人の侵入を防ぐもの。忍び返し。例所々に…**矢欄**を付けて〈近松・用明天王職人鑑・五〉

やく【厄】 名❶災難。例父の**厄**を救はむことを請ふ〈霊異記・上・一五〉❷「厄年」の略。❸(一生に一度はかかる災難と考えられたことから)疱瘡。例お孫様がお**やく**をあすばしたさうでございますね〈滑稽本・浮世風呂・三上〉

やく

【役】名❶**職務。つとめ。自分にあてられた仕事。**例かばかりの事をだにものうげにしたまふは。何を**役**にせむとならむ(=これくらいの事をさえつらそうになさるなんて。いったい何を自分の仕事にしようというのだろうか)〈落窪・一〉読解継母が、縫い物が遅いと、姫君を責める場面。

❷**もっぱら専心していること。いつもそればかりしていること。**例人咲はするを**役**とする翁にてなむありければ(=人を笑わせることばかりする老人であったので)〈今昔・二八・六〉

❸**官などから民に課せられた労働。夫役。税。**例我はかやうの**役**はすべき者にもあらず(=自分はこんな夫役をしなければならない者ではない)〈宇治拾遺・六・二〉読解民部省の次官が夫役を命じられたときの言葉。

語誌 ②の意に格助詞「と」がついて副詞「やくと」になる。〈安達敬子〉

やく【益】 名〈中世以降「えき」とも〉利益。効果。例心にむせびはべりつつ命終はりはべりなば、何の**やく**かはべらむ〈源氏・薄雲〉

や・く

【焼く】[1]動(カ四)❶**火をつけて燃やす。**例おもしろき野をばな**焼き**そ古草に新草交じり生ひは生ふるがに(=すばらしい野を焼いてくれるな。古い草に新しい草がまじって生えるだけは生えるように)〈万葉・一四・三四五二〉

❷**火にあてて水分を除く。**例志賀の海人の塩**焼く**煙〈万葉・七・一二四六〉

❸**火にあてて料理する。**例餅ひのいと大きなるをば一つ、小さきをば二つを**焼き**て〈大鏡・時平〉

❹**思いを焦がす。心を悩ます。**例我が心**焼く**も我なりはしきやし君に恋ふるも我が心から(=自分の胸を焦がすのも私だ。いとしいあなたをいとしく思うのも私の心のせいだ)〈万葉・一三・三二七一〉

❺(「世話をやく」の形で)他人のためにあれこれと気を配る。例おのれが世話を**焼か**するによって、落つまい(=落ちるはずのない)馬にまで落つる〈虎寛本狂言・止動方角〉

❻嫉妬する。

[2]動(カ下二)❶**火がついて燃える。**例そのたび、公卿の家十六**焼け**たり〈方丈記〉読解安元三年(一一七七)の京の大火の話。

❷日照りで水が干あがる。田畑の穀物が枯れる。例田の**焼くる**時に〈霊異記・上・三〉

❸**思い焦がれる。**例思ひそ**焼くる**我が下心(=胸のうち)〈万葉・一・五〉

語誌▼関連語 「やく」は火や熱が物に作用して影響を及ぼすことに主眼がある。「**もゆ**」は燃えた炎の様子をいう語。「**たく**」は何かの目的のために火を燃やす動作をいう。〈余田弘実〉

やく-おとし【厄落とし】 名 災厄を払い落とすこと。また、その方法。特に、厄年の前年の節分の夜、年齢の数に一を加えた数の煎り大豆を銭や古褌とともに路傍に捨て、拾われれば厄が落ちたとする風習。例さる大名の御**厄落とし**の金子四百三十両拾ひしより〈西鶴・日本永代蔵・五・一〉

やく-がひ【夜久貝・屋久貝】 ガイ 名 貝の名。夜光貝(二枚貝の一種)の別称。殻を磨いて杯にしたり螺鈿に使ったりする。例果てには、屋久貝といふ物して飲みて立つ〈枕・なほめでたきこと〉

やくさ-の-かばね【八色の姓】 名 天武天皇一三年(六八四)に、従来の姓を廃して新たに定められた八種類の姓。上位から順に、真人・朝臣(あそん)・宿禰・忌寸・道師・臣・連・稲置。

やく-し

【薬師】名『仏教語』「薬師瑠璃光如来」の略。東方にある極楽、浄瑠璃世界の教主。衆生の苦悩、特に病苦を除くとされ、古くから現世利益の仏として信仰された。像は左手に薬壺を持つものが多い。例思ひわびて(=思い悩んで)**薬師**の霊験の寺に詣でて〈今昔・四・三八〉〈馬場光子〉

やくし-かう【薬師講】 コウ 名『仏教語』薬師如来をたたえ祈る法会。薬師経を百座に分けて、一日一座の割合で講説・読経する。例御祈りには…百座の仁王講、百座の**薬師講**〈平家・一・願立〉

薬師寺 名 大和国、今の奈良市西の京の寺。法相宗の大本山。天武天皇九年(六八〇)に勅願によって藤原宮に創建され、平城京造営に伴って移転。本尊は薬師如来。東塔は奈良初期の建築とされ、また、仏足石のかたわらには仏足石歌を刻んだ碑がある。

やくし-にょらい【薬師如来】 名『仏教語』「やくし」に同じ。例蓼原の里の中の蓼原堂に**薬師如来**

の木像在す〈霊異記・下・二一〉

やくし‐ぼとけ【薬師仏】 名《仏教語》「やくし」に同じ。例仏は 如意輪。千手。すべて六観音。薬師仏〈枕・仏は〉

やく‐しゃ【役者】 名❶ある役目を務める人。「役人」とも。例言上すべき事、**役者**ならびに書状を用ふ〈吾妻鏡・文治元年十二月〉❷能・歌舞伎などを演じる人。能の囃子方もいい、人形浄瑠璃では人形遣いをいう。例囃子の音ぞ聞こえける。**役者**の衆は誰々ぞ〈仮名草子・竹斎・上〉

やく‐しゅ【薬種】 名薬の材料。薬品。例「**薬種**は何ぞ」と問ひければ〈仮名草子・竹斎・下〉

やく‐そう【役送・益送】 名動(サ変)神への供物や天皇の食事、節会・大饗などの膳を運んで配膳役に取り次ぐこと。また、その役。例准后の陪膳四条宰相、**役送**左衛門督なり〈とはずがたり・三〉

やく‐たい【益体】 名形動(ナリ)❶役立つこと。きちんとしていて、しまりのあること。例荷を締めるやら何やら、**やくたい**のあることか〈近松・曾我会稽山・四〉❷「益体無し」の略。例ああ年寄ると**やくたいやくたい**〈浄瑠璃・仮名手本忠臣蔵・三〉

やくたい‐なし【益体無し】 名役に立たないこと。しまりがないこと。また、その人。例あの**やくたいなし**。とっととお行きやれ〈虎寛本狂言・萩大名〉

やく‐と【役と】 副(「と」は格助詞)❶それを役目とするように、もっぱら。それぱかり。例味はひのうまかりければ、これを**役と**もてなして菜の料に(=もてはやしておかずとして)好みけり〈今昔・三一・三一〉❷むやみに。やたらに。例**やくと**足が達者だあのし〈滑稽本・膝栗毛・四上〉

やく‐どし【厄年】 名陰陽道で、災難を避けるために忌み慎むべき年齢。ふつう、男性は数えの二十五歳・四十二歳、女性は十九歳・三十三歳。男性の四十二歳と女性の三十三歳は特に「大厄」といい、その前後の年「前厄」「後厄」もあわせて慎んだ。例こなさま(=あなたさま)も二十五歳の厄の年、わしも十九の**厄年**とて〈近松・曾根崎心中〉語誌 四十二歳・三十三歳が大厄とされるのは江戸後期以降のことで、「死に」「さんざん」のごろ合わせによるともいう。男女を問わず十三歳・二十五歳・三十七歳・四十九歳などとすることもあり、これは十二支による。『源氏物語』で藤壺の死や紫の上の発病が三十七歳のときと設定されるのも、厄年と関連があろう。

やく‐な・し【益無し】 形(ク)「やうなし」とも。無益だ。かいがない。例少しの地をもいたづらに置かんことは(=無駄にあけておくことは)、**やくなき**事なり〈徒然・二二四〉

やく‐はらひ【厄払ひ・厄祓ひ】 ハライ 名❶神仏に祈って、身についた厄・穢れなどを払い落とすこと。厄除け。厄落とし。例**厄はらひ**にいざ〈西鶴・好色一代男・八・一〉❷大みそかや節分の夜に、「御厄払いませう」と唱えて歩き、金銭をもらい受ける物もらいの一種。例市原といふ野を行けば、**厄はらひ**の声〈西鶴・好色一代男・三・四〉

やく‐び【役日】 名節句・祭日など、特別な行事のある日。また遊里で、遊女が必ず客をとらなければならない日。⇨ものび

やく‐びゃう【疫病】 ビョウ 名伝染性の強い熱病。例とんと(=まるで)**疫病**でも病んだやうだ〈黄表紙・高漫斉行脚日記・下〉

やく‐み【薬味】 名❶薬の原料。薬の種類。例わごりょが(=あなたの)**薬味**は何々が入るぞ〈狂言記・膏薬煉〉❷「加薬味」の略。料理に添える香辛料。唐辛子・葱の類。例蕎麦麵などの汁に加役とも**役味**ともいひて辛味をきざみ用ゐるなり〈松屋筆記・一〇五〉

や‐くも【八雲】 名❶幾重にも重なっている雲。例八雲立つ(枕詞) 出雲八重垣 妻籠みに 八重垣作る その八重垣を〈記・上・神代・歌謡〉→名歌375 ❷和歌。①の例の歌が、『古今和歌集』の仮名序で和歌のはじめとされていることから。

やくもさす【八雲刺す】《枕詞》多くの雲がさし出る意から地名「出雲」にかかる。例**八雲刺す**出雲の児らが黒髪は吉野の川の沖になづさふ(=漂う)〈万葉・三・四三〇〉読解 おぼれ死んだ出雲娘子を詠む。

やくもたつ【八雲立つ】《枕詞》多くの雲がわき立つ意から地名「出雲」にかかる。例**八雲立つ** 出雲建が 佩ける太刀〈紀・崇神・歌謡〉

やくも‐の‐みち【八雲の道】 和歌の道。歌道。例雲井よりなれきたりて、いまも**八雲のみち**にあそび〈続古今・序〉類義 しきしまのみち

やくやく‐と【役役と】 副「やくと」に同じ。例生きたる猿丸をとらへて、明け暮れは、(飼イ犬ニ)**やくやくと**食ひころさせてならはす〈宇治拾遺・一一九〉

や‐ぐら【櫓・矢倉】 名❶敵状を見たり矢や石を発射したりするために、城門や城壁などの上に設けた高楼。元来は矢を納める倉。例**矢倉**の前、逆茂木の下には、人馬のししむら(=肉塊)山のごとし〈平家・九・落足〉❷江戸時代、劇場の正面入り口の上方に設けた高い台。興行の官許のしるしで、三方に座元の紋などを染めた幕を張り、梵天や毛槍を置いた。例芝居の**櫓**暗き夜も〈近松・長町女腹切・中〉

やく‐れい【薬礼】 名医師の投薬や治療に対する謝礼。例**薬礼**を置いてござれ〈虎寛本狂言・神鳴〉

やくわう‐ぼさつ【薬王菩薩】 ヤクオウー 名《仏教語》法華経に説く二十五菩薩の一つ。薬術によって衆生の心身の病苦を除くという。例**薬王菩薩**・勇施菩薩、二人の従僧に変ず(=姿を変える)〈平家・六・慈心房〉

やく‐ゐん【施薬院】 イン 名(「施」の字を省略して読むのがふつう)❶貧しい病人を無料で治療する施設。聖徳太子が四天王寺建立のときに設けたのが最初とされる。また、天平二年(七三〇)には光明皇后によって皇后宮職に初めて設けられた。後世、諸国の寺などにも設置された。❷江戸時代、幕府が小石川の薬園内に設けた養生所の別称。

や‐け【宅】 名「やか」とも。家。屋敷。居住地。例御**宅**をこの村に造りたまひき〈播磨風土記〉

やけ‐の‐の‐きぎす【焼け野の雉子】 ❶棲んでいる野を焼かれ、身を隠す所のない雉。危険にさらされることのたとえ。❷巣のある野を焼かれた雉が、自分の命を犠牲にしても子を救おうとすることか

や

ら、親が子を思う情愛の深く強いたとえ。例**焼け野の雉**、夜の鶴、梁の燕にいたるまで、子ゆゑ命を捨つるなり〈謡曲・丹後物狂〉

や-げん【薬研】 名 漢方で、薬の材料を砕いて粉にするための金属製の器具。細長い船形の器のくぼんだ部分に材料を入れて、車を取り付けた木の棒を両手で回転させて押しつぶす。例かた土くわっと崩れて**薬研**のやうなる所へ〈太平記・三〉

薬研〔高田装束研究所〕

やげん-ぼり【薬研堀】 名 薬研のような形状に掘った、V字形の堀。例**薬研堀**の底狭なるが中へ、かっぱと飛び下り〈御伽草子・秋夜長物語〉

やごつ-な・し 形(ク)「やごとなし」の変化した形。⇩やむごとなし。例**やごつなき**所の衆どものすることとなれば〈宇治拾遺・三〉

やごと-な・し 形(ク)「やんごとなし」の撥音の表記されない形。⇩やむごとなし

や-ごろ【矢比・矢頃】 名 矢を射当てるのにちょうどよい距離。例**矢ごろ**すこし遠かりければ〈平家・一一・那須与一〉

や-ごゑ【や声】 名「や」という掛け声。例**や声**を出だしてぞ戦ひ合ひたる〈太平記・一九〉

やさか-に【八尺瓊・八坂瓊】 名(「尺」は長さの単位。「坂」は「尺」のあて字)大きな玉。また、多くの玉を紐で貫いて輪にしたもの。装身具とした。例すなはち**八坂瓊**の五百箇の御統(=輪にしたもの)をもって〈紀・神代上〉

やさかに-の-まがたま【八尺瓊の曲玉】 名 ❶大きな曲玉。また、多くの曲玉を紐で貫いて輪にしたもの。❷三種の神器の一つ。例天照大神…**八坂瓊の曲玉**及び八咫の鏡・草薙の剣、三種の宝物を賜ふ〈紀・神代下〉

や-さき【矢先・矢前】 名 ❶矢の先。矢尻。例**矢先**をそろへて、さしつめひきつめ(=次々につがえて)さんざんに射る〈平家・四・橋合戦〉 ❷矢が飛んでくる前面。矢おもて。例**矢さき**にまはる者、射通されずといふ事なし〈平家・二・嗣信最期〉 ❸ねらい。目当て。例小児の**矢さき**はづれず〈醒睡笑・六〉 ❹事のまさに始まろうとする時。ちょうどその時。例悦ぶ**矢先**に〈近松・堀川波鼓・中〉

や-さけび【矢叫び】 名 ❶矢を射当てたときに、射手が上げる歓声。例「得たりをう(=うまくいったぞ、おう)」と**矢叫び**をこそしたりけれ〈平家・四・鵺〉 ❷矢を射あうときに上げる敵味方の叫び声。例**矢叫び**の音・鬨の声、しばしもやむ時なければ〈太平記・三〉

やさ・し

形(シク) 動詞「やす(痩す)」の形容詞化。肩身が狭く身も細るようだ、が原義。

❶**身も細る思いでつらい。肩身が狭い。恥ずかしい。** 例世の中を憂しと**やさし**と思へども飛び立ちかねつ鳥にしあらねば〈万葉・五・八九三〉➡名歌411

❷**つつましい。控えめだ。** 例(年齢ハ)百八十におよびてこそさぶらふらめど、**やさしく**申すなり(=百八十に届いておりましょうが、控えめに申すのです)〈大鏡・序〉

❸**優美だ。優雅だ。上品だ。** 例(a)斎王の野の宮におはしますありさまこそ、**やさしく**、面白き事の限りとは覚えしか(=斎王が野の宮にいらっしゃる様子こそ、優美で、趣のあることの極みだと思われた)〈徒然・二四〉例(b)丹後(=女房の名)、**やさしき**歌あまた詠めりき〈後鳥羽院御口伝〉

❹**感心だ。殊勝だ。けなげだ。** 例あな**やさし**…み方の御勢は皆落ち候ふに、ただ一騎残らせたまひたるこそ優なれ(=ああ感心だ…味方の御軍勢は全員逃げましたのに、ただ一騎お残りになっていることは殊勝である)〈平家・七・実盛〉

❺**情け深い。思いやりがある。温和だ。** 例あら**やさし**や。今の物語を聞き候ひて落涙し候ふよ〈謡曲・隅田川〉

❻**わかりやすい。平易だ。** 例まづ観音さまの音の字を見ねえ。**やさしく**書けば〈滑稽本・浮世床・初中〉

語誌 平安時代までは用例が少なく、意味も原義に近い例が主。身も細る思いという遠慮する心遣いを優美だと評価して③が生じる。『徒然草』ではすべて③の意で、中世では①は消滅する。現代語の「易しい」につながる⑥は近世末期に生じた。〈池田節子〉

やさ-ば・む【優ばむ】 動(マ四)(「ばむ」は接尾語) ❶やさしげに見える。情趣ありげに見える。例**優ばみ**たる句とまことに艶なる句と〈ささめごと・上〉 ❷やさしげに見せる。情趣ありげに見せる。例あまりに詞を**やさばみ**て〈八雲御抄・六〉 **語誌** 多く、和歌・連歌の批評に用いる。

や-し

間助《上代語》(間投助詞「や」+副助詞「し」)調子を整える語。詠嘆の意も添える。例(a)あなに**やし**、え男を(=ほんとにまあ、いとしいお方だなあ)〈記・上・神代〉例(b)はしき**やし**(=いとしいなあ)然ある恋にもありしかも〈万葉・一二・三一四〇〉

接続 形容詞の連体形、副詞的な語句などにつく。

語誌 『万葉集』では「はしきやし」「はしけやし」「よしゑやし」が見られる。

や-しき【屋敷】 名 ❶家の敷地。家を建てる土地。例国に**屋敷**など永代限りて宛てたまひけり〈著聞集・一・一九〉 ❷その中に家が建っている一区画の土地。また、その家。例**屋敷**は昔に変はらねども、蔀格子もなかりけり〈源平盛衰記・一〇〉 ❸武家の邸宅。例お**屋敷**のお客はあり、大取り込みでござります〈歌舞伎・お染久松色読販・序幕〉

やしなひ【養ひ】 名 ❶養うこと。養育。例在所の衆が**養ひ**で(=田舎の人たちに養われて)やうやう馬を追ひならひ〈近松・丹波与作待夜の小室節・上〉 ❷養子。例忠盛とりて**養ひ**にせよ〈平家・六・祇園女御〉 ❸生命を保ち養うのに大切なもの。食事。食べ物。また、金銭。養育費。例昼の**養ひ**せむとて〈今昔・二九・二三〉

やしなひ-ぎみ【養ひ君】 名 乳母が育てる貴人の子。例**養ひ君**の、比叡の山に児にておはしますが〈徒然・四七〉

やしな・ふ【養ふ】 動(ハ四) ❶はぐくむ。育て

て大きくする。例帝王の深き宮に養はれたまひて〈源氏・明石〉❷食事などを与えて世話する。生活のめんどうをみる。例物食はせ、きぬ着せなどして養ふ〈宇津保・吹上下〉❸他人の子を育てる。養子にする。例わが御甥の資平の宰相を養ひたまふめり〈大鏡・実頼〉❹体力や気力を保たせる。養生する。例身を養ひて何事をか待つ〈徒然・七四〉

やしは-ご【玄孫】ヤシワ— 名 孫の孫。曾孫の子。やしゃご。例子・孫・ひこ・やしは子にいたるまで、残りなくとり殺しはてて〈宇治拾遺・一三四〉

や-しほ【八入】シオ— 名〔「八」は数の多い意〕染色のとき、染料に幾度も浸すこと。また、その染め物。例紅の八しほの衣かくしあらば〈拾遺・恋五〉

や-しほぢ【八潮路】シオジ— 名 多くの海水の通路。例八塩道の塩の八百会に〈祝詞・六月晦大祓〉

やしほ-をり【八入折り・八塩折り】ヤシオオリ 名❶何度も繰り返して醸造した酒。例なれども(=おまえたち)、八塩折りの酒を醸み〈記・上・神代〉❷何度も繰り返して鍛えあげること。例すなはち八塩折りの紐小刀を作りて〈記・中・垂仁〉

や-しま【八島・八洲・八州】名 多くの島。また、日本の別称。例この八島をまづ生みたまへるによりて、大八島国といふ〈記・上・神代〉

屋島 やしま《地名》讃岐国、今の香川県高松市の北東部の岬。昔は島だった。西海に追われた平家がこの島を拠点とし、一時勢力を盛り返したが、元暦二年(一一八五)二月、源義経が強風をついて急襲し、敗れた平家は壇の浦へ退いた。この戦いを題材にした文学作品や芸能が多い。

やしま-くに【八島国・八洲国】名「やしまぐに」とも。「やしま(八州)」に同じ。例神の命は八島国妻枕きかねて(=めとれずに)〈記・上・神代・歌謡〉

やしゃ【夜叉】名《仏教語》〔梵語の音写〕醜い容姿で凶暴な古代インドの鬼神。のち、仏教に取り入れられて毘沙門天の眷属とされる。八部衆の一つ。北方の守護神。例頭は夜叉のごとく、十二の面上にならべり〈太平記・二三〉

やしゃる 助動〈四段型〉《近世語》〔「さしゃる」の変化した形〕尊敬の意を表す。～なさる。例今一言いうてみ**やしゃれ**(命令形)〈歌舞伎・好色伝授・上〉
接続 未然形が一音節である動詞の未然形につく。
活用 やしゃら／やしゃり／やしゃる／やしゃる／やしゃれ／やしゃれ・やしゃい

やしゃんす 助動(特殊型)《近世語》〔尊敬の助動詞「やしゃる」の連用形＋丁寧の助動詞「ます」=「やしゃります」の変化した形〕丁寧の意をこめた尊敬を表す。～なさいます。例こりゃ父さんが斬られて死んでゐ**やしゃんす**(終止形)わいな〈歌舞伎・韓人漢文手管始・四〉
接続 未然形が一音節である動詞の未然形につく。
活用 やしゃんせ／やしゃんし／やしゃんす／やしゃんす／やしゃんすれ／やしゃんせ

や-じり【矢尻・鏃】名❶矢の部分の名。矢竹の先端に差し込んで、矢が当たったときに突き刺さる部分。⇒や(図)。例一尺ばかりの矢に、錐のやうなる矢尻をすげて(=はめこんで)、それに毒を塗りて射れば〈宇治拾遺・一五五〉❷矢を射る腕前。例小藤太が矢尻のこまかさ、これ見たまへ〈近松・曾我虎が磨・下〉

や-じり【家尻・家後】名 家・蔵などの裏のほう。例出入りの不自由にないやうに家尻をば大きく切りやれ〈黄表紙・莫切自根金生木・中〉

やしろ

【社】名❶**神の来臨する場所**。例天つ神地つ祇の社を定めまつりたまひき(=天上の神や地上の神が来臨する場所をお決め申し上げなさった)〈記・中・崇神〉❷**神が住まう殿舎。神を祭る建物。神社**。例社は布留の社。生田の社〈枕・社は〉

語誌 古く、神は異界にいて、祭時には仮屋を建てて迎え、祭りが終わればまた帰って行くと考えられていたが、やがてその地に常住するとして建物が立てられるようになり、これをさすようになった。〈馬場光子〉

や・す【痩す】動(サ下二)❶身体が細くなる。やせる。例四十余ばかりにて、いと白うあてに(=上品で)痩せたれど〈源氏・若紫〉❷地味が豊かでなくなる。

やす 助動(特殊型)《近世語》丁寧や軽い尊敬の意を表す。～ます。例ちゃっとあちら向き**やす**(終止形)〈近松・天神記・三〉
接続 活用語の連用形につく。
活用 やせ／やし／やす／やす／○／やせ(やし・やす)

やす-い【安寝】名 落ち着いて寝ること。安眠。例まなかひに もとなかかりて 安眠しなさぬ〈万葉・五・八〇二〉➡名歌93

やす-かた【安方】名「うとうやすかた」に同じ。例今はうとうの音に泣きて、やすかたの鳥の安からずや(=心が穏やかでないのだ)〈謡曲・善知鳥〉

やす-くに【安国】名 平穏な国。平安に治まっている国。例四方の国を安国と平らけく知ろしめす(=統治なさる)〈祝詞・祈年祭〉

や-ずくみ【矢竦み】名 激しく矢を射かけられて、動作が自由にならないこと。例その矢、冬野の霜に臥したるがごとく折り懸けたれば、矢すくみに立ってはたらかず〈太平記・二六〉

やす-げ【安げ・易げ】形動(ナリ)〔「げ」は接尾語〕❶安らかそうだ。気楽そうだ。例何ごとも、人にもどきあつかはれぬ際は(=人から非難されない身分は)安げなり〈源氏・賢木〉❷たやすそうだ。簡単そうだ。例(稲ノ)本を切るさまぞ、やすげに、せまほしげに見ゆるや(=自分でもやってみたいように見えることだ)〈枕・八月つごもり〉

やすげ-な・し【安げ無し】形(ク)落ち着いている様子がない。安心していられない。不安だ。苦しい。例さまざま安げなき身の愁へ(=身の上の悲哀)を申す〈源氏・須磨〉

やす・し

【易し・安し】形(ク)❶**容易だ。簡単だ**。たやすい。例(a)旅といへば言にぞ易きすくなくも妹に恋ひつつすべなけなくに(=旅というと言葉の上では簡単なこと、非常にあなたを恋いつづけて、つらく苦しい旅であるのに)〈万葉・一五・三七四三〉例(b)いかならん岩木のはざまにても過ごさん事やすかるべし(=どんな岩や木の間でも暮らそうとすることはたやすいにちがいない)〈平家・一・祇王〉

❷〈動詞の連用形について〉～しやすい。～しがちだ。例移ろひやすき我が心かも（＝変わりやすい私の心であることよ）〈万葉・四・六五七〉

❸心安らかなさま。おだやかだ。心のどかだ。平穏だ。例同じほど、それより下臈の更衣たちはましてやすからず（＝同じ身分、あるいはそれより低い地位の更衣たちはなおさらおだやかではない）〈源氏・桐壺〉

読解 天皇の寵愛が一人の更衣に集中しているので、ほかの女性たちは気持ちがおさまらない。

❹物の値が安い。例帰り足にて安く候ふぞ（＝売れ残りだから安くしておりますよ）〈七十一番職人歌合〉

❺ものや人の値打ちを低く見ること。格が劣ること。

対義 ①かたし（難し） 〈米山敬子〉

やす-の-かは【安の河】カハ 名「天の安の河」の略。神話で、高天原にあるとされた川。のち、七夕伝説に取り入れられて天の川をさすようになる。例安の河に議りて、天の下を平らげ〈記・上・神代〉

やす-の-わたり【安の渡り】名「天の安の河」の渡し場。天の川の渡し場。例天の川安の渡りに舟浮けて秋立つ待つと妹に告げこそ（＝告げてほしい）〈万葉・一〇・二〇〇〇〉読解 末尾の「こそ」は他に対する希望の意を表す終助詞。

やすま・る【休まる・息まる】動（ラ四）楽になる。落ち着く。例苦しび漸く息まりて〈今昔・六・二三〉

や-すみ【八隅】名 天皇が治める国土の四方八方の隅々。例君が八隅の外までも君子、国とぞ仰ぎける〈近松・用明天王職人鑑・一〉

やすみしし【八隅知し・安見知し】《枕詞》国の隅々までお治めになる、または安らかにお治めになる、の意から「我が大君」「我ご大君」にかかる。例やすみしし 我が大君 高照らす 日の皇子〈万葉・三・二六一〉

やす・む【休む・息む】〔「やすし（安し・易し）」と同根〕❶動（マ四）❶休息する。憩う。行動を休止する。例皇后の疲れたまふを以ちて、暫く輿を留めて息む（＝皇后がお疲れになったので、少しの間輿をとどめて休息する）〈紀・天武上〉

❷事物や心の激しい動きがおさまる。安らかになる。平穏になる。例ⓐ我がためや波もたかしの浜ならん袖のみなとの波は休まで（＝私のために波が高い高師の浜なのだろうか。私の袖に打ち寄せる涙の波は静まることがなくて）〈十六夜〉読解「たかし」は地名「高師」と「高し」を掛ける。例ⓑなほ憤りやすまで（＝やはり怒りがおさまらず）〈御伽草子・福富長者物語〉

❸寝る。横になる。例ものなど食ひてその夜はやすみて、つとめてとく起きて（＝ものなどを食べてその日の夜は寝て、翌朝早く起きて）〈宇治拾遺・八・七〉

❹病気が治る。例病やすみて起ち居をりき（＝病気が治って起きあがれるようになった）〈霊異記・下・三六〉

❷動（マ下二）❶休憩させる。手足などの動きを止める。例ⓐ青山の繁き山辺に馬休め君（＝青々と草木が茂った山の、葉の茂っている山辺に馬を休ませなさい、あなた）〈万葉・七・一二八九〉例ⓑ水を渡る者、手を休めつれば溺れて死す（＝水の中を渡っていく者は、手を止めてしまうとすぐに溺れて死ぬ）〈発心集・七・一三〉

❷安らかにする。平静にする。例ⓐ常かくし恋ふれば苦しましくも心休めむ事計りせよ（＝いつもこんなに恋していると苦しい。しばらくの間でも心を安らかにしてくれるような計画を考えてください）〈万葉・一二・二九〇八〉例ⓑ亡魂の憤りを休めん（＝亡霊の怒りをしずめよう）〈義経記・四〉

語誌 欠席する意で用いるのは、近代になってから。〈森山由紀子〉

やす-らか【安らか】形動（ナリ）〔「らか」は接尾語〕❶穏やかな状態だ。無事だ。気楽な様子だ。例安らかに身をもてなし〈源氏・帚木〉❷たやすい。簡単だ。例（水車ヲ）やすらかにゆひて（＝組み立てて）〈徒然・五一〉❸難がない。ごく普通の凝らない様子だ。例うちある調度も、昔覚えて（＝古風な感じで）やすらかなるこそ、心にくしと見ゆれ（＝奥ゆかしいと思われる）〈徒然・一〇〉

やすら-け・し【安らけし】形（ク）安らかだ。穏やかだ。例平らけく安らけく知ろしめせ（＝お治めなさいませ）と白す〈祝詞・大殿祭〉

やすらひ【休らひ】ヤスライ 名❶じっとしていること。ためらうこと。例ⓐ入りやらで（＝沈みきらないで）夜を惜しむ月のやすらひにほのぼの明くる山の端ぞ憂き〈新古今・雑上〉例ⓑ来し方の（＝これまでの）心のやすらひさへあやふくおぼえたまへど〈源氏・総角〉❷休むこと。休息。例道のべや木の下ごとのやすらひに〈玉葉集・春下〉

やすら・ふ【休らふ】ヤスラウ・ヤスロウ ❶動（ハ四）❶ためらう。ちゅうちょする。例ⓐ（先方ガ）うちつけにや思さむ、と心恥づかしくて、やすらひたまふ（＝ぶしつけだとお思いになるだろうか、と気がひけて、ためらっていらっしゃる）〈源氏・末摘花〉例ⓑやすらはで寝なましものをさ夜ふけてかたぶくまでの月を見しかな〈後拾遺・恋二〉➡名歌376

❷足を止める。立ち止まる。たたずむ。例ⓐものの情け知らぬ山がつも、花の陰にはなほ休らはまほしきにや（＝物の情趣を知らない卑しい山人も、花の陰にはやはり足を止めたいと思うのだろうか）〈源氏・夕顔〉読解「花の陰」は花の咲いている木の下陰。例ⓑこの女、みぎはに出で、やすらふとぞ見えし、淵にとびいりて死にけり（＝この女は、水際に歩み出で、そこで立ち止まるかと見えたが、淵に飛び込んで死んでしまった）〈曾我・五〉

❸休む。休息する。例岩に腰かけてしばしやすらふほど（＝しばらく休むうちに）〈芭蕉・奥の細道〉

❹一時的にとどまる。滞在する。例宋朝よりすぐれたる名医渡って、本朝にやすらふ事あり（＝宋の国からすぐれた名医がやって来て、日本に滞在することがある）〈平家・三・医師問答〉

❷動（ハ下二）休ませる。楽にする。例貞任くつばみをやすらへ（＝貞任は馬のくつわを楽にして）〈著聞集・九・三三六〉

語誌 平安時代の物語・和歌では❶①②の意に用いられることが多い。ただし中世以降、①の意ではもっ

ぱら「ためらふ」が用いられる。〈森山由紀子〉

やせ-が【痩せ我】 名 やせ我慢。例 母が**痩せ我**も子の望みも、金銀といふ兵には、またしても圧へしつけられ〈近松・山崎与次兵衛寿の門松・上〉

やせ-さらぼ・ふ【痩せさらぼふ】 ーサラボウ 動(ハ四) やせて骨と皮だけのようになる。やせ衰える。例(病気デ)**痩せさらぼひ**たるしも、いよいよ白うあてはかなるさまして(=上品な様子をして)〈源氏・柏木〉

やせ-やせ【痩せ痩せ】 形動(ナリ) ひどくやせているさま。例 鬚がちにかじけ(=やつれ)**やせやせなる**男と〈枕・見ぐるしきもの〉

や-ぜん【夜前】 名 昨夜。ゆうべ。例 **夜前**のごとく、多くの馬に乗れる人来たりぬ〈今昔・一三・三四〉

や-そ【八十】 名 数の多いこと。例(a)天の河川門に八十ありいづくにか君がみ船を吾が待ち居らむ(=天の川は川の渡り瀬がたくさんある。どこであなたの御船を私は待っていようか)〈万葉・一〇・二〇八二〉例(b)百づたふ(枕詞)**八十**の島廻を漕ぎ来れど(=多くの島をめぐって漕いで来るけれど)〈万葉・九・一七一一〉

語誌 「八」が神聖な数として無限の数量を意味したところから「八十」も多数の意で用いられた。「百」「五百」「千」も同様に用いることが多い。〈大浦誠士〉

やそ-うぢひと【八十氏人】 ーウジヒト 名「やそうぢびと」とも。いろいろな氏族に属する多くの人々。例 参ゐ上る 八十氏人の 手向けする(=供え物をする)恐の坂に〈万葉・六・一〇二二〉

やそ-か【八十楫・八十梶】 名 多くの櫓や櫂。また、多くの梶。例 **八十梶**掛け漕ぎ出でむ舟に後れて居らむ〈万葉・二・三三一〉

やそ-かげ【八十蔭・八十影】 名(広い日陰を作る所の意)広大な宮殿。例 我が大君の 隠ります 天の八十蔭〈紀・推古・歌謡〉

やそ-がみ【八十神】 名 多くの神。例 この大国主の神の兄弟八十神坐しき〈記・上・神代〉

やそ-くに【八十国】 名 ❶多くの国。例 国の八十国・島の八十島生みたまひ〈祝詞・鎮火祭〉❷多くの国々の人々。例 **八十国**は難波に集ひ〈万葉・二〇・四三二九〉

やそ-くま【八十隈】 名 多くの曲がり角。例 この道の 八十隈ごとに よろづたび かへりみすれど〈万葉・二・一三一〉→名歌69

やそ-しま【八十島】 名 ❶多くの島。例 海原の 八十島の上ゆ 妹があたり見む〈万葉・一五・三六五一〉❷「八十島祭り」の略。

やそしま-まつり【八十島祭り】 名 平安時代、天皇即位にあたって、国土の生成を謝し、皇室の安泰を祈る神事。大嘗祭の翌年の吉日に、朝廷からの使者を難波(大阪市)に派遣して、住吉の神・大依羅の神・海の神・垂水の神などを祭る。

やそ-たける【八十梟師・八十建】 名 勇猛な集団。勇猛な一族。例 まづ**八十梟師**を国見の丘に撃ちて、破り斬りつ〈紀・神武即位前紀〉

やそ-ぢ【八十・八十路】 ージ 名(「ぢ」は接尾語「ち(個)」の連濁形)❶数の名。八十。❷八十歳。八十年。例 御をばの八十の賀に〈古今・賀・詞書〉

やそ-とものを【八十伴の緒】 ートモノオ 名 多くの氏族の長。また、朝廷に仕える多くの役人たち。例 うつそみ(=この世)の **八十伴の緒**は 大君に まつろふ(=従う)ものと〈万葉・一九・四二一四〉

や-た【八咫】 名(「やあた」の変化した形)長いこと。大きなこと。例 中つ枝には**八咫**の鏡をとりかけ〈紀・神代上〉

や-だうな【矢だうな】 ードウナ 形動(ナリ) 矢を無駄に使うさま。例(鹿ヲ射タノヲ見テ)罪つくりに、**矢だうな**にとぞ制しける〈平家・九・坂落〉

やた-がらす【八咫烏】 名(「やた」は「やあた」の変化した形。「あた」は長さの単位)❶大きな烏。記紀神話で、神武天皇の東征のとき、天照大御神の使いとして熊野から大和への道案内をしたという烏。例 天より**八咫烏**を遣はさむ〈記・中・神武〉❷中国の伝説で、太陽の中にいるという三本足の烏。また、それをかたどった像をつけた幟。日本でも朝賀の儀式などに庭に立てる。例 例の、**やたがらす**…など立て渡したる〈讃岐典侍日記・下〉

や-たけ【弥猛】 形動(ナリ)(「いやたけ」の変化した形)いよいよ勇みたつさま。例 今は**やたけに**思ふとも叶ふべからず候ふ〈太平記・一〇〉

やたけ-ごころ【弥猛心】 名 勇みに勇む心。勇猛心。例 勇者は懼れずの、**弥猛心**の梓弓〈謡曲・八島〉

や-たて【矢立て】 名 ❶矢を入れる道具。箙・胡簶の類。❷「矢立ての硯」の略。例 **矢立て**を取り出だして一筆書きつけて〈太平記・六〉❸携帯用の筆記用具。小さな墨壺に筆の先が入るように筒形の柄をつけたもの。腰に差して持ち歩く。例 これを**矢立て**の初めとして〈芭蕉・奥の細道〉読解「初め」は使い初めの意。この句を旅の句の初めとして、ということ。

矢立て③

やたて-の-すずり【矢立ての硯】 名 戦の陣中で、箙や鎧の中に入れて携帯する硯。例 鎧の引き合はせより**矢立ての硯**を取り出だして〈太平記・九〉

や-だね【矢種】 名 箙などに入れて身につけている矢。例 深入りして戦ふほどに、**矢種**皆射つくして〈平家・七・篠原合戦〉

やた-の-かがみ【八咫の鏡】 名 ❶大きな鏡。❷三種の神器の一つ。例 八坂瓊の曲玉及び**八咫の鏡**・草薙の剣、三種の宝物を賜ふ〈紀・神代下〉

やち-くさ【八千草・八千種】 名 ❶多くの草。❷多くの種類。例 **八千種**に草木を植ゑて時ごとに咲かむ花をし見つつ偲はな〈万葉・二〇・四三一四〉

やち-たび【八千度】 名 八千回。また、非常に多くの回数。例 先だたぬ悔いの**八千度**かなしきは流るる水の帰り来ぬなり〈古今・哀傷〉

や-ちまた【八衢】 名 いくつにも道が分かれている場所。迷いやすい場所、にぎやかな場所、の意をこめて用いられる。例 橘の影踏む道の(ここまで序詞)**八衢**にものをぞ思ふ妹に逢はずして〈万葉・二・一二五〉

やち-よ【八千代】 名 八千年。また、非常に長い年

月。例わが君は千代に八千代に〈古今・賀〉

やつ【奴】 名 ❶人を卑しめていう。また、鳥獣などを人より劣ったものとして卑しめていう。例かぐや姫てふ(=という)大盗人の奴が、人を殺さんとするなりけり〈竹取〉❷目下の人などに、親しみをこめていう。例でかした、(オマエハ)愛い奴(=かわいい奴)〈浄瑠璃・本朝二十四孝・四〉❸近世の用法。形式名詞として用いる。もの。こと。例(裏地ハ)紅絹の真新しい奴よ〈滑稽本・浮世床・初上〉読解「紅絹」は紅で無地に染めた薄い絹地。

やつ【谷】 名 谷。例ここのやつかしこの小路より、どっとをめいては懸け入り〈太平記・三二〉語誌 特に、鎌倉・下総(千葉県・茨城県)あたりでいう。

や-つ【八つ】 名 ❶数の名。八。また、数の多いこと。❷八歳。例次の君は、八つばかりにて、いとらうたげに〈源氏・真木柱〉❸時刻の名。八つ時。今の午前または午後二時ごろ。例「子九つ、丑八つ」などぞ、さとびたる人(=世間の人)は言ふ〈枕・時奏する、いみじうをかし〉

や-つか【八束・八握】 名〔「つか」は握った拳の幅〕八握りの長さがあること。また、長いこと。例上つ枝には八握の剣を挂け〈紀・景行〉

や-づか【矢束】 名 矢の長さ。例矢束は十三束〈保元・中〉

やつか-ほ【八束穂】 名〔「八束」は長い意〕稲などの、豊かに実った長い穂。例神代より今日のためとや八束穂に長田の稲のしなひそめけん(=たわみはじめたのだろう)〈新古今・賀〉

やつかれ【僕】 代〔「やつこあれ(奴吾)」の変化した形〕「やつがれ」とも。自称の人称代名詞。自分をへりくだっていう。わたくしめ。例素戔嗚尊対へて曰はく「やつかれは元より黒き心無し」〈紀・神代上〉

やつぎ-ばや【矢継ぎ早】 名 形動(ナリ)❶矢を次々につがえては射るのが早いこと。例矢つぎばやの手きき、大力の剛の者〈平家・四・競〉❷(①から転じて)物事を次から次へと手早く行うこと。例行く年の矢つぎばやなる師走かな〈俳諧・玉海集・四〉

や-つ-こ【臣・奴】〔「家つ子」で、「つ」は「の」の意の上代の格助詞〕**1** 名 ❶神や主君に仕える人。臣下。例王子の、臣が家に隠りましし事を聞かず〈記・下・安康〉❷人に使われる身分の低い人。奴婢。古くは、氏の所有物のようにみなされた。例住吉の小田を刈らす児奴かもなき(=奴はいないのか)〈万葉・七・一二七五〉❸人などをののしっていう。やつ。例(a)何処にありし奴ぞ〈紀・雄略〉例(b)ますらをの聡き心も今はなし恋の奴に我は死ぬべし〈万葉・一二・二九〇七〉読解 恋を擬人化し、恋というやつにとらえられて自分は死んでしまいそうだと詠んだ歌。**2** 代 自称の人称代名詞。自分を卑下していう。わたくしめ。例臣、拙弱しといへども(=臆病ではあるが)、敬みて勅を奉る〈紀・雄略〉

やっこ【奴】 名『近世語』〔「やつこ」の変化した形〕❶武家の下僕。主人の行列には槍・長柄・挟箱などを持って供をする。例「はい」とかけたる一声に、両口(=馬の左右の手綱)放す奴が髭も、ともに跳ねたる駿足や〈近松・鑓の権三重帷子・上〉❷侠客。男伊達。「旗本奴」「町奴」などと呼ばれ、徒党を組み、侠気を売り物とした。例あづまのやっこを見はべりしが、音に聞きしに(=うわさに聞いていた様子より)十倍せり〈仮名草子・百物語・下・五〇〉❸遊女などが②の風俗や気風を好むこと。また、その遊女。例かかる心底(=心意気)またあるまじ。大坂屋のやっこ三笠と名を残しぬ〈西鶴・好色一代男・六・一〉❹「奴頭」の略。

やっこ-あたま【奴頭】 名 ❶江戸時代、武家の奴や商家の丁稚などの髪型。月代を広く深く剃り込み、両鬢と後頭部に残した毛で髷を短く結ったもの。例奴あたまを振りながら〈近松・心中重井筒・上〉❷江戸時代、男児の髪型の一つ。両耳の上と後頭部だけ毛を剃り残したもの。

奴頭①
〔絵本御伽品鏡〕

やっこ-ことば【奴詞・奴言葉】 名 江戸時代、武家の奴や侠客などが用いた粗野な言葉遣い。関東方言がもとで、「涙」を「なだ」、「つめたい」を「ひゃっこい」などという類。例蕨の宿にて馬子どもの喧嘩するを見て、かれが心をすなはち奴子詞にてよみはべりし 手を出せろ折ってくれべい馬鹿づらめどこさ蕨の宿の馬方〈狂歌・後撰夷曲集・六〉読解「蕨の宿」は中山道の宿駅。今の埼玉県蕨市。

やっさ-もっさ 名『近世語』〔感動詞「やっさ」に類音の「もっさ」を重ねた語〕大騒ぎ。どさくさ。ごたごた。例出るの引くのと、やっさもっさが発って〈滑稽本・浮世風呂・二下〉

やつし【俏し・窶し】 名 ❶目立たないように姿を変えること。また、みすぼらしく姿を変えること。例このごろかうしたやつしをせしが〈浮世草子・傾城禁短気・一・三〉❷「俏し形」の略。例このぼうさま…芝居のやつしといふ髪なり〈滑稽本・膝栗毛・七下〉

やつし-がた【俏し形】 名 ❶歌舞伎で、若殿・若旦那などが勘当を受けるなどして流浪し、みすぼらしいさまに身を落とす役。また、その役を得意とする役者。例川へ飛び込むなんぞといふやうな事は、やつし形の本役ではねえわ〈滑稽本・八笑人・三下〉❷(①から転じて)美男子。色男。例貴公も顔に似合はぬやつし形〈浄瑠璃・伊賀越道中双六・七〉

やつし-ごと【俏し事】 名 歌舞伎で、俏し形の演じる演技。

やっしゃる 助動(四段型)『近世語』〔「やしゃる」の変化した形〕尊敬の意を表す。〜なさる。例用がござる、ちょっとそれへ出やっしゃれ(命令形)〈歌舞伎・三十石艠始・二〉

接続 未然形が一音節である動詞の未然形につく。

活用 やっしゃら/やっしゃり/やっしゃる/やっしゃる/やっしゃれ/やっしゃれ・やっしゃい

やつ・す【俏す・窶す】 動(サ四)〔「やつる」の他動詞形〕❶目立たないように姿などを変える。みすぼらしい様子にする。例狩り

の御衣など、旅の御よそひいたくやつしたまひて(＝狩衣など、旅の御装束をたいそう粗末な身なりになさって)〈源氏・須磨〉
❷出家して僧の姿に変える。出家する。例朱雀院の御末にならせたまひて、今はとやつしたまひし際にこそ(＝朱雀院が晩年におなりになって、いよいよ御出家なさったときに)〈源氏・宿木〉
❸物事を省略する。簡略にする。くずす。例文字一字よく書けば、仏一体つくりし道理(＝ということになる)。やつして書けば仏の五体を破るとかや(＝壊すとかいうことである)〈近松・三世相・四〉
❹(多く「身をやつす」の形で)そのことに打ち込む。熱中する。また、その結果やせる思いをする。例連歌に身をやつし、心をそめ(＝深く思い込んで)〈醒睡笑・七〉
❺あるものにまねて作る。擬装する。もじる。例花軍をやつし、扇軍とて〈西鶴・日本永代蔵・三・二〉
❻行儀や形をくずす。くつろぐ。例事過ぎて、あとはやつして乱れ酒(＝茶事がすんで、あとはくつろいで乱れた酒宴)〈西鶴・好色一代男・七・一〉
❼化粧をする。めかす。〈中村隆嗣〉

やつ-すぎ【八つ過ぎ】 名 ❶八つ時(午前または午後二時)を過ぎたころ。例天下は夜中八つ過ぎ、廓は恋の昼中や〈近松・淀鯉出世滝徳・上〉❷(①から転じて)古くなって色などがあせること。例この中うち見たうちに、甚三紅絹の(＝紅梅色の無地の絹布で)八つ過ぎかといふ身頃があったが〈滑稽本・浮世風呂・三下〉

やっ-と 副《近世語》❶たくさん。多く。例川魚屋もまだまあやっとあれどな〈滑稽本・浮世風呂・二上〉❷段違いに。ずっと。はるかに。例横にねて転けるほうが(走ルヨリ)やっと速いぢゃ〈滑稽本・浮世風呂・二上〉❸かろうじて。ようやく。例やっと聞き出す京の道づれ〈俳諧・続猿蓑・上〉

やっと-な 感 力を入れて動作を行うときのかけ声。どっこいしょ。例やっとな。最前と違うて、ことのほか軽うなって〈虎寛本狂言・三本の柱〉

やつ-はし【八つ橋】 名 数枚の橋板を稲妻形につなぎ合わせてかけた橋。また、それを図案化した模様。

八橋 《地名》歌枕 三河国、今の愛知県知立市の地名。『伊勢物語』「東下り」の一節で有名で、「三河の国、八橋といふ所にいたりぬ。そこを八橋といひけるは、水ゆく河のくもでなれば、橋を八つ渡せるによりてなむ八橋といひける」〈伊勢・九〉とある。例八橋は名のみして、橋のかたもなく〈更級〉

八つ橋
〔八橋模様友禅帷子〕

やつ-ばち【八つ撥】 名 ❶羯鼓の別称。また、羯鼓を打ちながら踊る遊芸。❷太鼓の曲打ちをすること。例八つばちや太鼓うつつに世を渡るかな〈狂歌・古今夷曲集・九〉読解「うつつ」は太鼓を打つ意と「現」を掛ける。

やつ-ばら【奴ばら】 名(「ばら」は接尾語)複数の人を卑しめていう語。やつら。やつども。例遅く来る奴ばらを待たじ〈竹取〉

や-つぼ【矢壺・矢坪】 名 矢を射るときの目標。例姿かたちも見えざれば、矢つぼをいづくとも定めがたし〈平家・四・鵼〉

や-づま【屋端】 名 ❶家の軒先。軒端。例あやめ草長きためしにひきなして屋端にかかるものとのみ〈栄花・岩蔭〉❷家の中。例あの屋端より、女の、歌を吟ずる声の聞こえ候ふ〈謡曲・夕顔〉

やつめさす 《枕詞》地名「出雲」にかかる。語義・かかり方未詳。

や-つ-よ【弥つ世・八つ代】 名 多くの年代。永久。八千代。例八つ代にも我は忘れじこの橘を〈万葉・一八・四〇五八〉

やつ-る【俏る・窶る】 動(ラ下二)❶みすぼらしくなる。落ちぶれる。例(日ニ焼ケテ)少し黒みやつれたる旅姿、いとふつつかに心づきなし(＝武骨で気に入らない)〈源氏・夕顔〉❷粗末な様子になる。じみで人目につかない様子でいる。例ⓐいと忍びて…やつれたまひて、難波の辺におはしまして〈竹取〉例ⓑ(光源氏ハ、自分ヲ)誰とも知らせたまはず、いといたう(＝ひどく)やつれたまへれど、しるき(＝はっきりそれとわかる)御さまなれば〈源氏・若紫〉❸病気や年齢などのため、肉体が衰えて見苦しくなる。やせ細る。例御容貌いたう痩せおとろへて…やつれたまへり〈源氏・柏木〉

やつれ【俏れ・窶れ】 名 ❶服装などを粗末なものにすること。人目をしのんで目立たない姿になること。例このごろの御やつれに設けたまへる(＝準備なさっている)狩りの御装束〈源氏・夕顔〉❷品位を落とすこと。例(私ガ)物越しにて聞こえ知らすばかりは、何ばかりの御身のやつれにかはあらん(＝物を隔てて申し上げてお知らせするぐらいのことは、どれほどあなたの不名誉になるのでしょう)〈源氏・若菜下〉❸病気や年齢などのため、肉体が衰えて見苦しくなること。また、その様子。例齢の積もりには、面なくこそなるわざなりけれ(＝年齢が積み重なると、厚かましくなることなのだった)。世に知らぬやつれを〈源氏・朝顔〉

やつ-を【八つ峰】 名 多くの峰。重なりあった山々。例あしひきの《枕詞》山椿咲く八つ峰越え〈万葉・七・一二六二〉

や-てい【野体】 名 田舎じみたやぼな風体。例忍べばこそ供をも連れず、風俗も野体にて出でしに〈西鶴・好色一代男・五・二〉

やど

【屋戸・宿】 名 ❶家。家屋。自宅。また、家の庭。例君待つと我が恋ひ居れば我がやどの簾動かし秋の風吹く〈万葉・四・四八八〉↓名歌141
❷家の戸。家の入り口。例夢に我今夜至らむやどさすなゆめ(＝夢の中で私は今夜会いに行こう。戸を閉めるな決して)〈万葉・一二・二九一二〉
❸旅先で泊まる所。一時的に泊まる所。旅宿。例一年にひとたび来ます君待てば宿かす人もあらじと

ぞ思ふ〈伊勢・八三〉➡名歌305 ❹主人。あるじ。主に、他人に対して妻が夫をさしていう。例わたしの宿が五十の賀(=五十歳の祝い)〈滑稽本・浮世風呂・三下〉 ❺遊女を呼んで遊ぶ家。揚げ屋。また、女郎屋。例門おくりには(=大門口までの見送りには)…宿のあるじを先として〈西鶴・諸艶大鑑・一・四〉

語誌▼「屋の処」の意、また「屋の外」「屋の戸」の意とされる。「屋」は建物のこと。

▼関連語 類義語「いへ」には家族・一族などの意がある。③の意では「やどり」も多用される。〈藤本勝義〉

やどかし-どり【宿貸し鳥】 名 鳥の名。橿鳥(カケス)の別称。例時鳥しばしば過ぐるほど、**宿かし鳥**の便りさへあるを〈芭蕉・幻住庵記〉

や-どころ【矢所】 名「やつぼ」に同じ。例いづくを射るべしと矢所さだかならず〈源平盛衰記・一六〉

やど-さがり【宿下がり】 名 奉公人が暇をもらって親または請け人(保証人)の家に帰ること。例え、いつか行きやした。姉さんの**宿下がり**の時に行ったあ〈滑稽本・浮世風呂・前下〉

やど・す【宿す】 動(サ四) ❶宿を貸す。宿泊させる。例舞人を**宿せる**仮屋より(火ガ)出で来たりける〈方丈記〉 ❷一時とどめる。光や影をうつす。持ち物を預ける。例有り明けの月の光のさやけきは(月ヲ)**やどす**草葉の露や置き添ふ〈新勅撰・秋下〉 ❸胎児をはらむ。妊娠する。

やとせ-ご【八年児】 名 八歳の子。また、幼い子ども。例葦屋の菟原処女の**八年児**の片生ひの時ゆ(=子どものころから)〈万葉・九・一八〇九〉

やど-ばひり【宿這入り】 名 自分の家を得て所帯をもつこと。また、奉公人が年季を勤めあげて、独立して一戸を構えること。例**宿ばひり**の時分敷き銀にして(=嫁入りの持参金にして)、よい所へ嫁入りする〈浮世草子・傾城禁短気・三・一〉

やと・ふ【雇ふ・傭ふ】 動(ハ四) ❶代価を払って人を使う。例その道の人を**雇ひ**て、四、五日護らせけるに〈今昔・二四・一九〉 ❷利用する。借用する。例舌根(=舌)を**やとひ**て、不請の阿弥陀仏両三遍申してやみぬ〈方丈記〉

やど-ふだ【宿札】 名 ❶公家や大名などの宿泊のしるしとして、宿駅の出入り口や宿所の前に立てた札。例**宿札**どもを面々に二、三十づつ持たせて〈太平記・六〉 ❷門札。表札。例そのかど(=門前)をも恥ぢず、**宿札**見かけて(物モライニ)まはりぬ〈西鶴・好色盛衰記・三・二〉

やど-もり【宿守り】 名 屋敷の番人。管理人。また、家の番をすること。例**宿守り**のやうにてある人を呼びとりて(=呼び寄せて)語らふ〈源氏・松風〉

やど-や【宿屋】 名 ❶宿泊している家。宿泊所。例逃るべきやう無かりければ、**宿屋**の中門に走り上がりて〈太平記・三八〉 ❷旅館。旅籠。例どなたかお泊まりと見えて、みな**宿屋**に札がはってある〈滑稽本・膝栗毛・初〉 ❸「あげや」に同じ。

宿屋飯盛《人名》⇩石川雅望

やどり【宿り】 名 ❶旅先で泊まること。宿泊。また、その場所。例沖辺より舟人上る呼び寄せていざ告げ遣らむ旅の**宿り**を〈万葉・一五・三六四三〉 ❷仮の住まい。例かの夕顔の**宿り**には、(女君ノ行方ヲ)いづ方にと思ひまどへど〈源氏・夕顔〉 ❸一時とどまること。また、その場所。例(ホトトギスガ)卯の花・花橘などに**やどり**をして〈枕・鳥は〉

やどり-ぎ【宿り木・寄生木】 名〔古くは「やどりき」とも〕他の樹木に寄生する草木の総称。ヤドリギ・ツクバネなど。例**やどり木**といふ名、いとあはれなり〈枕・花の木ならぬは〉

やど・る

【宿る】 動(ラ四)〔「屋取る」の意〕❶**旅先で泊まる。宿泊する。**例初瀬に詣づるごとに**やどり**ける人の家に(=長谷寺に参詣するたびに泊まった人の家に)〈古今・春上・詞書〉

❷**一時とどまる。**例(a)手に結ぶ水に**宿れ**る月影のあるかなきかの世にこそありけれ(=手ですくい上げる水に映っている月の光のようにはかない私の命であったのだなあ)〈拾遺・哀傷〉例(b)(コノ家ニ)亡き魂や**宿り**て見たまふらん(=亡きお方の魂がとどまってご覧になっているのだろうか)〈源氏・東屋〉

❸**寄生する。**⇩やどりぎ。例いとけしきある深山木に**やどり**たる蔦の色ぞまだ残りたる(=たいそう風趣のある奥深い山の木にからまっている蔦の葉の色がまだ残っている)〈源氏・宿木〉

❹**はらまれる。胎内にやどる。**例はじめて体内に**宿り**て、十月(=十か月間)身を苦しめ〈撰集抄・四・一〉

語誌▼②は、人間や動物だけでなく、雲・涙・露や、水に映った月などにもいう。

▼「宿」と「宿る」 動詞「やどる」は、名詞「やど」を活用させた語のようにみえるが、もともとは「屋取る」に由来する。「やど」はおそらく「屋所」であり、一時の宿泊地をいう語ではなかった。「わがやど」といえば自分の住居をさすのがふつう。ただし、『万葉集』には「やど」を「宿」と表記した例が少数ながら存在する。当時すでに、やど=やどる場所、の連想が生じていたのであろう。なお、他動詞形「やどす」は、上代には確かな例がない。〈品田悦一〉

やな【梁・簗】 名 川の瀬に杭を打ち並べて水をせきとめ、一か所だけあけて簀を張り、その上に乗った魚を取る仕掛け。例**梁**見れば河風いたく(=ひどく)吹く時ぞ波の花さへ落ちまさりける〈拾遺・雑春〉

梁〔石山寺縁起絵巻〕

や-な

終助〔間投助詞「や」+終助詞「な」〕感動・詠嘆の意を表す。~だなあ。~なことよ。例せめて煙草飲みた**やな**〈近松・ひぢりめん卯月紅葉・中〉

接続▼種々の語につく。

やない-ばこ【柳筥】 名〔「やなぎばこ」のイ音便形〕

柳を細く三角形に削り、生糸などで編んで作った箱。例山藍・日かげ(=ともに植物の名)など、柳筥に入れて〈枕・内裏は、五節の頃こそ〉

柳筥〔高田装束研究所〕

やなぎ【柳】 名 ❶植物の名。ヤナギ。特にシダレヤナギ。和歌では、梅・桜とともに華やかで新鮮な春の色彩を印象づける。例見渡せば**柳**桜をこきまぜて都ぞ春の錦なりける〈古今・春上〉⬇名歌356 ❷襲の色目の名。表は白、裏は青。一説に、裏は萌黄とも。冬から春に着用。⇩口絵。例**柳**の下襲に、青鈍の綺(=織物の一種)の指貫着たまひて〈源氏・真木柱〉❸柳色のこと。白みをおびた緑色。織り色の場合は縦糸が萌黄、横糸が白。例**柳**の織物の、よしある(=趣のある)唐草を乱れ織れる〈源氏・玉鬘〉

やなぎ-かづら【柳鬘】 カズラ 名 柳の細枝を頭に巻いて「鬘」としたもの。例頭の弁の、**柳かづら**せさせ、桃の花を挿頭(=髪飾り)にささせ〈枕・うへにさぶらふ御猫は〉

やなぎ-がみ【柳髪】 名「やなぎのかみ」に同じ。

やなぎ-だる【柳樽】 名〔「やなぎ」は酒の別称〕長い二本の柄のついた酒樽。朱塗りなどで祝儀用。婚礼用には「家内喜多留」の字をあてる。

柳樽〔月次風俗図屏風〕

柳多留《作品名》江戸時代の川柳集。一六七冊。初編は呉陵軒可有編で明和二年(一七六五)刊。柄井川柳評の万句合わせ入選句から、前句を省いても句意のわかりやすい付け句を収録。単独詠様式の川柳文芸誕生の契機となった。天保一一年(一八四〇)終刊。なお、寛政二年(一七九〇)川柳没後、二五編以降は別人の万句合わせなどから抜粋。三一編以後は各種月並会の寄せ集めで編者も定めがたい。

やなぎ-の-いと【柳の糸】〔「柳糸」の訓読〕柳の細い枝を糸に見立てていう。例御髪は左右よりこぼれかかりて、**柳の糸**のさま(=趣)したり〈源氏・若菜下〉

やなぎ-の-かみ【柳の髪】 ❶柳の枝の細長くしなやかなさまを、女性の美しい髪にたとえていう。例春風や**柳の髪**をけづるらむ〈新千載・春上〉❷女性の長く美しい髪の毛を、柳の枝にたとえていう。例**柳の髪**は黒き筋も無し〈今昔・一〇・六〉

やなぎ-の-まゆ【柳の眉】 ❶柳の細い葉や芽吹きのさまを眉に見立てていう。例さかしらに(=生意気に)**柳の眉**のひろごりて春の面を伏する(=面目を失う)宿かな〈枕・三月ばかり、物忌しにとて〉❷〔「柳眉」の訓読〕女性の美しい眉を柳の葉にたとえていう。例上臈の、芙蓉のかんばせ**柳の眉**(=貴婦人の、芙蓉の花のような顔、柳のような眉)〈近松・国性爺合戦・二〉

やなぎ-ばこ【柳筥】 名「やないばこ」に同じ。

や-なぐひ【胡籙・胡簶】 グイ 名 矢を入れて背負う武具。壺胡籙・平胡籙などの種類がある。例男、弓・胡籙を負ひて戸口にをり〈伊勢・六〉

や-なみ【矢並み】 名 箙(=矢を入れる道具)に入れた矢の並びぐあい。抜きやすいようにきちんと並べる。例もののふの**矢並み**つくろふ籠手の上にあられたばしる那須の篠原〈金槐集・上〉⬇名歌370

や-には【矢庭】 ニワ 名 矢を射ているその場所。矢の飛び交う戦場。例あるいは**矢庭**に射臥せ、あるいは家に籠めながら焼き殺し〈今昔・二五・五〉

や-には【家庭】 ニワ 名 家の建っている場所。人里。例百千足る**家庭**も見ゆ〈記・中・応神・歌謡〉

やには-に【矢庭に】 ヤニワ 副 ただちに。その場ですぐに。いきなり。例そののち太刀を抜いて戦ふに…**やにはに**八人斬り臥せ〈平家・四・橋合戦〉

や-ぬち【屋内】 名〔「やのうち」の変化した形〕家の中。例櫛も見じ**屋内**も掃かじ〈万葉・一九・四二六三〉

や-の-ね【矢の根】 名「やじり(矢尻)」に同じ。

やは ヤワ 副〔係助詞「やは」の副詞化〕反語の意を表す。どうして～か(いや、～でない)。例**やは**鬢たたらとは歌ふべき〈今昔・二八・四〉

や-は 係助〔係助詞「や」＋係助詞「は」〕文中に用いられる場合、係り結びによって文末の活用語は連体形で結ばれる。❶反語の意を表す。～か(いや、そんなことはない)。例ⓐ春の夜の闇はあやなし梅の花色こそ見えね香**やは**隠るる〈古今・春上〉⬇名歌296 例ⓑいづれの御方も、我、人に劣らむと思いたる**やは**ある(=どのお方も、自分が、他の人より劣っているだろうと思っていらっしゃる方がいるか、いや、いない)〈源氏・桐壺〉❷疑問の意を表す。～か。例世の中は昔より**やは**憂かりけんわが身ひとつのためになれるか(=世の中は昔からつらかったのだろうか。それとも私一人のためにつらいものになっているのか)〈古今・雑下〉

接続 種々の語につく。

語誌 ①の反語の用法が多く、②の疑問に用いられるのはまれである。〈近藤要司〉

や-ば【矢場】 名 ❶弓を射る所。弓の練習や試合をする場所。例**矢場**もまだ片肌寒し梅の花〈俳諧・蘿葉集〉❷近世の遊戯場の一種。料金を取って楊弓で的を射て遊ばせる。楊弓場。

野坡《人名》一六六二～一七四〇(寛文二～元文五)。江戸時代の俳人。志太氏。其角、のち芭蕉に学び、「かるみ」の代表的俳諧集『炭俵』を編む。晩年大坂に移り、西国を中心に一大勢力を確立した。

やは-か ヤワ 副〔副詞「やは」＋係助詞「か」〕❶反語の意を表す。どうして～か(いや、～ない)。例上の空に申しては**やはか**ご承引(=御承諾)候ふべき〈謡曲・善知鳥〉❷(打消推量の表現を伴って)まさか。よもや。例一夜は呼び候ふとも、**やはか**二夜とも呼び候ふまじ〈御伽草子・あきみち〉

やは-す【和す】 ヤワス 動(サ四)やわらげる。平定する。服従させる。例荒ぶる神、またまつろはぬ人らを言向け(=服従させ)**やはせ**〈記・中・景行〉

や-はず【矢筈】 名 ❶矢の末端の、弓の弦を引きかける所。⇨や〈図〉。例片手矢をはめて矢筈をとり〈曾我・四〉❷模様の名。①を図案化したもの。例矢筈付けたる地白の帷子に〈義経記・七〉

やはた【八幡】ヤワタ・ヤハタ 名 石清水八幡宮のこと。例山鳩はいづくか鳥栖(=ねぐら)石清水 八幡の宮の若松の枝〈梁塵秘抄・二句神歌〉

やは-やは-と【柔柔と】ヤワヤワ— 副 やわらかに。穏やかに。なよなよと。例なつかしくらうたげに(=やさしくかわいらしい感じで)、やはやはとのみ見えたまふ〈源氏・若菜下〉

やはら

ヤワラ 副 動作を徐々に、静かに行うさま。そっと。そろそろと。例(a)妻戸をやはらかい放つ音すなり(=妻戸をそっとあけ放す音がするようだ)〈堤中納言・花桜折る少将〉例(b)腰の刀をやはら抜きて、この蛇の背中に突き立てて(=腰の刀をそろそろと抜いて、この蛇の背中に突き立てて)〈宇治拾遺・八七〉

語誌 語の成り立ちについては、「やはらか(柔らか)」と同根という見方や、「やをら」の変化した語とする見方がある。〈森山由紀子〉

やはら-か【柔らか】ヤワラ— 形動(ナリ)〔「か」は接尾語〕やわらかい。しなやかだ。穏やかだ。すなおだ。例ただひたぶるに子めきて(=子どもっぽくて)柔らかならむ人を〈源氏・帚木〉

やはら-ぐ【柔らぐ・和らぐ】ヤワラグ [1]動(ガ四)❶やわらかくなる。心が穏やかになる。例すこしなよび(=なよなよとして)やはらぎて〈源氏・匂宮〉❷親しくなる。例今、この治まれる御代に随ひ、ともに和らぎつつ〈俳諧・おらが春〉[2]動(ガ下二)❶やわらかくする。穏やかにする。例男・女の仲をもやはらげ〈古今・仮名序〉❷わかりやすくする。例万葉集をやはらげられけるも〈十訓抄・七・八〉

やはら-ぶ【柔らぶ・和らぶ】ヤワラブ 動(バ四)穏やかに見える。やわらぐ。例なつかしくやはらい(音便形)だる形などを静かに描きまぜて〈源氏・帚木〉

や-はん【夜半】名 夜中。例童神子、夜半ばかりにはかに絶え入りにけり〈平家・一・願立〉

夜半楽やはんらく 名 雅楽の曲名。唐楽の一つ。舞のない平調の曲。唐の玄宗皇帝の作といわれる。

や-ひらで【八枚手・八葉盤】名〔「八ゃ」は数の多い意〕多くの枚手。例八葉盤を 手に取り持ちて〈神楽歌・韓神〉

やぶ【藪】名❶手入れされず、伸びほうだいになった草木が密生している所。例昼の養ひせむとて(=昼食を取ろうとして)藪の中に入るを〈今昔・二九・二三〉❷特に、竹やぶ。例となりの藪から根が差いて、大きな竹の子が多う出た〈狂言・竹の子〉❸「やぶくすし」に同じ。

やぶ-いり【藪入り】名 江戸時代、正月と盆の十六日またはその前後に、奉公人が休暇をもらって実家に帰ったり物見遊山したりすること。また、その日・その時期。特に正月のものをさし、盆のものを「後の藪入り」ということがある。例盆・正月の藪入りのほかに、一夜がけのお隙をもらうて〈浮世草子・傾城禁短気・三・二〉

やぶ-くすし【藪薬師】名 下手な医者。藪医者。例さるほどに、医師をよぶべきにて、藪薬師の近々にありけるを、よびて見すれば〈沙石集・三・二〉

やぶさ-め【流鏑馬】名 馬を走らせながら、鏑矢で的を射る競技。多くは神事に行われた。例悦び申しの流鏑馬射させ〈平治・上〉

流鏑馬〔鳥獣人物戯画〕

や-ぶすま【矢衾】名 弓の射手がすきまなく立ち並んだ列。また、矢をまんべんなく、間断なく射かけること。例ただ陣を隔てて矢衾を作って、遠矢に射殺さんとしける間〈太平記・一〇〉

やぶ-はら【藪原】名 草木が生い茂って藪のようになっている原。例はろばろに 言(=話し声)そ聞こゆる 島の藪原〈紀・皇極・歌謡〉

やぶ・る

【破る】ものなどの一部を突いたり傷つけたりして、全体を壊す意が原義。

[1]動(ラ四)❶打ち砕く。破壊する。例したたみを い拾ひ持ち来て 石もち つつき破り(=したたみを拾って持って来て、石で突いて砕き)〈万葉・一六・三八八〇〉❷傷つける。害する。例(a)我ら誤りて菩薩の身を壊りつ(=私たちは間違って菩薩の体を傷つけてしまった)〈三宝絵・上・一〉例(b)恐ろしと聞く人の心やぶらじとばかりに(=こわいと評判に聞く人の心を害さないようにしようとだけ)〈浜松中納言・一〉

読解「したたみ」は貝の一種。

❸戒律・規則などを犯す。物事をだめにする。例この殿、制をやぶりたる御装束の、ことのほかにめでたきをして(=この殿が、禁制を犯した御衣装で、とりわけすばらしいのを着て)〈大鏡・時平〉❹敵陣を突破する。突き破る。相手を負かす。例わづかに三千余騎をもって、かの数万の兵を破りをはんぬ(=わずか三千騎ちょっとで、あの数万の軍勢を負かしてしまった)〈平家・七・木曾山門牒状〉

[2]動(ラ下二)❶壊れる。砕ける。例(昔住ンデイタ家ガ)いふかひなくぞ、こぼれやぶれたる(=言いようがなく、崩れ壊れていた)〈土佐〉❷傷つく。害される。例やぶれたる蛇を見て、薬をつけていやす(=薬を塗って治す)〈十訓抄・一・五〉❸成就しない。台なしになる。例かくわりなき御さはりなれば、みな事破れたるやうなり(=このようなどうしようもない御事故であるので、すべて台なしになったようである)〈源氏・葵〉❹戦いに敗れる。負ける。例そのいくさやぶれぬ(=その戦いは敗れた)〈三宝絵・中・一〉

語誌 古語の「やぶる」は現代語の「こわす」「こわれる」に近い。現代語の「やぶる」「やぶれる」の意では、「やる(破る)」を用いることが多い。〈小島孝之〉

やぶれ【破れ】名❶破れること。破れたもの。破損。

破片。例枕上に物のかき落とされたるを見れば、紙の**破れ**なり〈今昔・二三・三四〉❷事が成り立たないこと。破綻。失敗。例よろづの事、先のつまりたるは、**破れ**に近き道なり〈徒然・八三〉

やーへ【八重】一 名〔「や(八)」は数量の多い意〕**幾重にも重なっていること。幾重にも重なっているもの。**例知らしめす 神の命と 天雲の 八重かき分けて 神下し いませまつりし(＝この地をお治めになる神として、天雲が幾重にも重なった所をかき分けて下し置かれた)〈万葉・二・一六七〉読解柿本人麻呂「日並皇子挽歌」の一節で、天武天皇が天照大御神の命令を受けて地上支配のために下されたことを叙する部分。

語誌「八」は神聖な数とされ、無限の数量を表すとともに、対象をほめたたえる意をも含む。上代の「八重垣」「八重雲」「八重波」などは、単に垣・雲・波が幾重にも重なっていることだけではなく、それらが神聖なものであることも意味している。平安時代以後の「八重葎」などは、その神聖さが薄められ、数量が多いだけの意に傾斜した用法と考えられる。〈大浦誠士〉

やへ-がき【八重垣】一 名 幾重にもめぐらしたりっぱな垣根。例八雲立つ(枕詞) 出雲八重垣 妻籠みに 八重垣作る〈記・上・神代・歌謡〉➡名歌375

やへ-ぐも【八重雲】一 名 幾重にも重なってわき上がる雲。例天雲の八重雲隠り鳴る神(＝雷)の音のみにやも聞き渡りなむ〈万葉・一一・二六五八〉

やへ-の-しほかぜ【八重の潮風】 波が幾重にも重なるほどの、はるか遠い海路を吹き渡ってくる風。例薩摩潟沖の小島に我ありと親には告げよ八重の潮風〈平家・三・卒都婆流〉

やへ-の-しほぢ【八重の潮路】 波が幾重にも重なるほどの、はるか遠い海路。例追ひ風に八重の潮路をゆく舟の(ここまで序詞)ほのかにだにも逢ひ見てしがな〈新古今・恋一〉

やへ-はたぐも【八重旗雲】一 名 幾重にも重なりながら旗のようにたなびいている雲。例八幡宮として現れ、八重旗雲をしるべにて〈謡曲・弓八幡〉

やへ-むぐら【八重葎】一 名 幾重にも生い茂っている葎。多く荒れ果てた邸宅の描写にいう。⇩むぐら。例八重葎しげれる宿のさびしきに人こそ見えね秋は来にけり〈拾遺・秋〉➡名歌379

やへ-やま【八重山】一 名 幾重にも重なりあっている山々。例朝霧の(枕詞)八重山越えてほととぎす卯の花辺から鳴きて越え来ぬ〈万葉・一〇・一九四五〉

やーほ【八百】一 名 八百。また、数の多いこと。「八百日」「八百重」など、多く接頭語的に用いる。

やーほ【弥帆・矢帆】名 大きな船で、舳先に張る補助用の小さな帆。例帆柱を吹き折られて、**弥帆**にて馳せる船もあり〈太平記・二〇〉

やーぼ【野暮】名 形動(ナリ) 世情に疎く、態度や行動が洗練されていないこと。特に、遊里の事情に疎いこと。また、その人。例**野暮**はいやなり〈西鶴・好色一代女・三・三〉語誌 語源については諸説あるが未詳。「野暮」はあて字。江戸時代、「すい(粋)」や「いき(粋)」の対極とされた。

やほ-あひ【八百会ひ】名 多くのものが集まること。また、集まりあう場所。多く潮流についていう。例海にます神のたすけにかからずは潮の**やほあひ**にさすらへなまし〈源氏・明石〉

やほ-か【八百日】一 名 きわめて多くの日数。例八百日ゆく浜のまさごをしきかへて玉になしつる秋の夜の月〈千載・秋上〉

やーほこ【八矛】名 多くの矛。また、多くの棒状の苗木。例田道間守 常世(＝海のかなたの国)に渡り 八矛持ち 参ゐ出来し時〈万葉・一八・四一一一〉

やほ-へ【八百重】名 幾重にも重なっていること。とても離れていること。また、その場所。例月読みの尊は、もて滄海原の潮の八百重を治らすべし(＝治めなさい)〈紀・神代上〉

やほ-よろづ【八百万】名 非常に数の多いこと。例八百万の神とともに笑ひき〈記・上・神代〉

やま【山】名 ❶㋐山。周囲から隔絶して、陸地の高く隆起した所。例玉桙の(枕詞) 道に出で立ち 岩根踏み **山**越え野行き(＝道に出発し大きな岩を踏み山を越え野を行き)〈万葉・一八・四一一六〉㋑**死者の霊の籠もる他界としての山。**例狂言か およづれ言とかこもりくの(枕詞)泊瀬の**山**に廬りせりといふ(＝たわ言か人を惑わす言葉なのか、泊瀬の山にあの人は仮の宿りをしているという)〈万葉・七・一四〇八〉読解この「廬りせり」は、死者として葬られていることを示す。「泊瀬の山」には、実際にも墳墓が多い。❷(多く山にあることから)寺。特に、**比叡山延暦寺。**山寺での仏道修行を意味することもある。例**山**・三井寺の騒ぎなど聞こゆるも、いとどおぼつかなし(＝比叡山延暦寺と三井寺の騒動などが聞こえてくるのも、ますます不安だ)〈十六夜〉読解「騒ぎ」は、延暦寺の僧兵が三井寺に攻め込んだことをさす。❸**天皇などの陵。**山陵。みささぎ。例御山に参でたまひて、おはしまし御ありさま、ただ目の前のやうに思し出でらる(＝御陵にお参りなさって、生きていらっしゃったお姿が、ただもう目の前にいらっしゃるかのように思い出されなさる)〈源氏・須磨〉❹**山のように人工的に作ったもの。**庭園の築山・雪山など。また、祭礼で神の依り代となる山車やその作りもの。例ⓐ(ソノ邸宅ハ)もとの木立、**山**のたたずまひおもしろき所なりけるを(＝以前からの木立や、築山の様子が風情のある所だったのを)〈源氏・桐壺〉例ⓑ**山**はいつものごとく作って(＝山車はいつものように作って)〈狂言・鬮罪人〉読解これは祇園祭りに引き出す山車。❺高く盛り上がったり、集積したりしたもののたとえ。例君がため塵と砕くる魂や積もれば恋の**山**となるらん(＝あなたのために塵のように砕け散る私の魂だが、その塵も積もると恋の山となるだろう)〈宇津保・菊の宴〉❻山のように仰ぎ見るもの。頼りとするもの。例笠取の**山**と頼みし君を置きて涙の雨に濡れつつぞゆく(＝笠取山のように頼りにしていたあなたを都に残して涙の雨に濡れながら私は旅立つことだ)〈後撰・離別〉❼物事の絶頂。極点。肝心なところ。例どうしてどうして、これからが**山**だ(＝とんでもない、これからが

肝心なところだ〈滑稽本・八笑人・二上〉

類義①㋐をか・ね（峰・嶺）

語誌▼**人間世界の対極**　山は、人里を取り囲む原や野のさらに外側に位置する世界である。基本的には、日常の世界に対する異界、神の世界としてあった。天上に近い山が神の降臨の聖所と考えられた。神は人間の日常とは直接に触れあえないから、特に奥山が選ばれた。人間が奥山に入ることは許されない。しかし、人間は神と接する場をどこかに作らねばならない。その接点となる場が端山、あるいは外山である。端山・外山での祭りを通じて、山の神からの霊威を人々は受け取った。

山はまた、死者の霊の集まる他界としても考えられた。実際にも山中や山麓には墳墓が多く作られているが、結局は人間世界の対極にある世界だからである。そのような異世界であり、人間の立ち入りを許さぬ空間であることが、のちに俗世間の秩序とは隔離された世界として、山を仏道修行の場にしていくことになる。〈多田一臣〉

やま-あひ【山間】アイ 名 山と山との間。例**山あひ**におりしづまれる白雲のしばしと見ればはや消えにけり〈風雅・雑中〉

やま-あらし【山嵐】名 激しく山中を吹く風。山から激しく吹き下ろす風。例吉野の山の**山嵐**も寒く日ごとになりゆけば〈古今・雑体〉

やま-あららぎ【山蘭】名 植物の名。落葉高木のコブシの古称。例妹と我といるさの山の**山蘭**〈催馬楽・婦与我〉

やま-あゐ【山藍】アイ 名 植物の名。トウダイグサ科の多年草。葉の汁を青色の染料に用いる。「やまゐ」とも。例**山藍**もち摺れる衣着てただひとりい渡らす児は〈万葉・九・一七四二〉

やま-うつぼ【山靫】名 狩猟などに用いる粗末な靫。例**山うつぼ**竹箙に矢種のあるほどこそ防ぎけれ〈平家・八・妹尾最期〉

やま-うど【山人】ヤモウド 名「やまびと」のウ音便形。

やま-うば【山姥】名 山奥に住むと信じられていた鬼女。例**山姥**の山廻りするといふ事を〈謡曲・山姥〉

やま-おくり【山送り】名動（サ変）葬送のため墓地の山に行くこと。野辺送り。例天皇の御身にて大臣の葬送の**山送り**例なき事なり〈今昔・三一・一〉

やま-おろし【山颪】名 風が山から激しく吹き下ろすこと。また、その風。例**山おろし**心すごく（＝もの寂しく）、松の響き木深く〈源氏・夕霧〉

やま-が【山家】名❶山中の家。山里の家。例**山家山**家に押し入り、押し取りしてぞ上りける（＝物を強奪して都にのぼった）〈義経記・三〉❷山里。例**山家**の花と、所（＝その土地）の小歌にうたふほどの女なり〈西鶴・西鶴諸国ばなし・五・六〉

やま-がく・る【山隠る】❶動（ラ四）山に隠れる。山に隔てられて見えなくなる。例明日よりはみ**山隠**りて見えずかもあらむ〈記・下・顕宗・歌謡〉❷動（ラ下二）❶に同じ。例わが宿のこずゑの夏になるときは伊駒の山ぞ**やまがくれ**ける〈能因法師集・中〉

やま-がくれ【山隠れ】名 山に隠れて見えないこと。また、その場所。例あしひきの（枕詞）**山隠れ**なる桜花散り残れりと風に知らるな（＝知られるな）〈拾遺・春〉

やま-かげ【山陰】名 山の陰。前に山があって日の当たらないところ。例夕月夜おほつかなしも（＝はっきり見えないことだ）**山陰**にして〈万葉・一〇・一八七五〉

やま-かぜ【山風】名 山中を吹く風。また、山から吹き下ろす風。例吹くからに秋の草木のしをるればむべ**山風**を嵐といふらむ〈古今・秋下〉→名歌312

やま-がた【山県】名〔「やまあがた」の変化した形〕山にある県。またそこから、山にある田畑。例**山県**に蒔ける菘菜も〈記・下・仁徳・歌謡〉

やま-がつ【山賤】名❶きこりや猟師など、山中で生計をたてて暮らす人。ものの条理や情趣を解さないものとしていわれることが多い。例ものの情け知らぬ**山賤**も、花の蔭にはなほ休らはまほしきにや〈源氏・夕顔〉❷（❶から転じて）人をあざけって、また、自分を卑下していう。田舎者。例年ごろ（＝長年）音にも聞こえぬ**山賤**の子迎へ取りて〈源氏・常夏〉

やま-かづら【山蔓・山鬘】カズラ 名❶つる草の名。ヒカゲノカズラの別称。神事のとき髻とした。例山人と人も見るがに（＝見るほどに）**山かづら**せよ〈古今・神遊びの歌〉❷夜明け方に山の端にかかる雲。山がつけた鬘に見立てていう。

やまかづら-かげ【山鬘蘿】ヤマカズラ― 名「やまかづら」に同じ。

やま-かは【山川】カワ 名 山と川。例愛しと我が思ふ妹を**山川**を中に隔なりて安けくもなし（＝不安でならない）〈万葉・一五・三七五五〉

やま-がは【山川】ガワ 名 山中を流れる川。例**山川**に風のかけたるしがらみは流れもあへぬ紅葉なりけり〈古今・秋下〉→名歌382

やまがはの【山川の】ヤマガワノ（枕詞）山中の川が音高く速く流れることから「音」「速し」「たぎつ」「流る」などにかかる。

やま-かひ【山峡】カイ 名「やまがひ」とも。山と山との間。例**山峡**に咲ける桜を〈万葉・一七・三九六七〉

やま-から【山柄】名 山の品格。山の本性。山を擬人化していう。一説に、山ゆえに、の意とも。例み吉野の吉野の宮は**山柄し**貴くあらし〈万葉・三・三一五〉

やま-ぎは【山際】ギワ 名❶空が山の稜線に接する部分。例春はあけぼの。やうやう白くなりゆく、**山ぎは**少しあかりて〈枕・春はあけぼの〉❷山すそ。ふもと。例平等院一切経蔵の南の**山ぎは**に〈宇治拾遺・序〉❸山の稜線。例**山際**よりさし出づる日のはなやかなるにさしあひ〈源氏・若菜上〉語誌「山の端」が山の稜線をいうのに対して、「山際」は山のすぐそばをいうことが多く、山と接するのが空の場合は①、平地などの場合は②となる。また③のように「山の端」と同じ意味と考えられる例もある。

やま-ぐさ【山草】名「やまくさ」とも。❶山に生える草。❷シダ植物の名。ウラジロの別称。正月の門松の飾りに用いる。例門飾りの**山草**一葉〈西鶴・日本永代蔵・五・三〉

やま-ぐち【山口】名❶山の入り口。登り口。例**山口**にいたりかかれば、申の果て（＝申の刻の終わり）ばかりになりにたり〈蜻蛉・中〉❷鷹狩りで、狩り場に入ること。また、狩り場への入り口。例さて山ぐち入らせたまひしほどに、しらせうといひし御鷹の、鳥をとりながら〈大鏡・道長下〉❸物のはじめ。物事の兆し。例すぐれたる人の山口はしるかりけれ(=はっきりしているものなのだ)〈源氏・松風〉

やま-ごえ【山越え】 名 山を越えて旅すること。「志賀の山越え」が有名。例桜花道みえぬまで散りにけりいかがはすべき志賀の**山越え**〈後拾遺・春下〉

やま-ごもり【山籠り】 名 山中に隠れ住むこと。特に、山寺などにこもって仏道修行をすること。例**山籠り**して里に出でじと誓ひたるを〈源氏・夕霧〉

山崎(やまざき)《地名》山城国(京都府)と摂津国(大阪府)の境、天王山のふもと一帯。今の京都府乙訓(おとくに)郡・大阪府三島郡。淀(よど)川に臨み、山陽道が通る交通の要衝。平安初期は嵯峨(さが)天皇の離宮などが営まれ、貴族の狩猟や行楽の地。遊女も多数いた。例**山崎**のあなたに(=向こうに)、水無瀬(みなせ)といふ所に宮ありけり〈伊勢・八二〉

山崎宗鑑(やまざきそうかん)《人名》⇩宗鑑(そうかん)

やま-さち【山幸】 名 山の獲物。また、それをとるための道具。弓矢など。⇩うみさち

やま-ざと【山里】 名 ❶**山の中にある人里。** 例**山里**は冬ぞさびしさまさりける人目も草もかれぬと思へば〈古今・冬〉➡名歌384

❷**山里に建てた貴族の別荘。** 山荘。例小野(をの)といふわたりに**山里**持たまへるに(=小野というあたりに山荘を持っていらっしゃるところへ)〈源氏・夕霧〉読解「小野」は京都東北部、ほぼ比叡(ひえい)山のふもとの地。❸山奥の家。**やまが。** 例**山里**の垣根続きに咲ける(=咲いている)卯(う)の花〈金葉・夏〉

語誌▼**非日常の別世界** 上代には例がなく、平安時代に入ってから見られる語。「山里」は、平安貴族が、日常暮らしている都の空間とは異なる非日常的な別世界として発見した空間であった。『源氏物語』宇治十帖や『夜の寝覚(ねざめ)』など、山里に住む女君を描いた物語も多い。〈高田祐彦〉

やまざと-ぶ【山里ぶ】 動(バ上二)〔「ぶ」は接尾語〕山里めく。山里住みの人のように見える。例さま異(こと)に**山里びたる**網代屛風(あじろびやうぶ)などの、ことさらにことそぎて(=簡素にして)、見どころある御しつらひを〈源氏・椎本〉

やまさは-びと【山沢人】(ヤマサワー) 名 山の沢のあたりに住む人。例あしひきの(枕詞)**山沢人**の(ここまで序詞)人さはに(=数多く)〈万葉・一四・三四六二〉

やま-さ-ぶ【山さぶ】 動(バ上二)〔「さぶ」は接尾語〕いかにも山らしくある。山が古くなって神々しい様子である。例畝傍(うねび)の この瑞山(みづやま)は 日の緯(よこ)の 大き御門(みかど)に 瑞山と **山さび**います〈万葉・一・五二〉

やま・し【疚し・疾し】 形(シク)〔動詞「やむ(病む)」の形容詞形〕⇩こころやまし

やま-した【山下】 名 ❶山中の草木に覆われた下陰。例あしひきの(枕詞)**山下**響(とよ)み(=鳴り響いて)行く水の〈万葉・一一・二七〇四〉❷「やまおろし」に同じ。

やました-かぜ【山下風】 名「やまもと」に同じ。例白雪の降りしく時はみ吉野の**山下風**に花ぞ散りける〈古今・賀〉

やました-つゆ【山下露】 名 山の木々からこぼれる露。また、山のふもとの草木に宿る露。例ぬばたまの(枕詞)黒髪山を朝越えて**山下露**に濡(ぬ)れにけるかも〈万葉・七・一二四一〉

やました-みづ【山下水】(ミズ) 名 山麓(さんろく)を流れる水。例あしひきの(枕詞)**山下水**の木隠(こがく)れて〈古今・恋一〉

山科(やましな)《地名》「山階」とも書く。山城国、今の京都市山科区の一帯。古くは大和から宇治を通り近江(おうみ)へ行く街道筋にあたり、平安時代以後は京都から近江へ抜ける街道筋であった。天智(てんじ)天皇の山科陵があり、平安初期には大寺院も営まれた。

山城(やましろ)《地名》〔古くは「山背」「山代」と書く。奈良から見て山の背(後ろ)にあたる意〕旧国名。今の京都府南部。畿内(きない)五か国の一つ。山州(さんしゅう)。城州(じょうしゅう)。雍州(ようしゅう)。延喜式(えんぎしき)で上国。

やま-すが【山菅】 名「やますげ」に同じ。

やま-すげ【山菅】 名 植物の名。ヤブランの古称。一説に、山に自生する菅(すげ)類とも。例あしひきの(枕詞)山の**山菅**(ここまで序詞)やまずのみ見ねば恋しき君にもあるかな〈拾遺・恋三〉

やますげ-の【山菅の】《枕詞》山菅の実がなる意で「実」に、乱れて伸びる葉の状態から「乱る」に、また、同音であることから「止(や)まず」などにかかる。

やま-ずみ【山住み】 名 俗世を離れ寺や山里に住むこと。また、その人。「里(さと)住み」に対していう。例深き**山住み**せんにも〈源氏・幻〉

やま-だ【山田】 名 山中にある田。例穂にも出でぬ**山田**をもると(=番をするということで)〈古今・秋下〉

やま-だち【山立ち】 名 山賊。おいはぎ。例伊勢の鈴鹿(すずか)山にて**山だち**して〈平家・一一・嗣信最期〉

やま-たちばな【山橘】 名 植物の名。ヤブコウジの別称。小さく赤い実がなる。例我が恋をしのびかねてはあしひきの(枕詞)**山橘**の色に出でぬべし〈古今・恋三〉読解秘めた思いが表に出てしまうことをいう。

やま-たづ【山たづ・接骨木】(タズ) 名 植物の名。ニワトコの古称。スイカズラ科の低木落葉樹。

やまたづ-の【山たづの】(ヤマタズノ)《枕詞》ニワトコの枝や葉が向かいあって生えていることから「迎へ」にかかる。例君がゆき(=あなたの旅) 日(け)長くなりぬ **やまたづの** 迎へを行かむ 待つには待たじ〈記・下・允恭・歌謡〉

やまだ-の-そほづ【山田の案山子】(ソオズ) 名 山あいの田にある案山子(かかし)。例あしひきの(枕詞)**山田のそほづ**うちわびて〈後撰・恋四〉

やま-ぢ【山路】(ジ) 名 山道。例わが恋は知らぬ**山路**にあらなくに迷ふ心ぞわびしかりける〈古今・恋二〉

やま-ぢさ【山萵苣】(ジサ) 名 植物の名。エゴノキの別称か。一説に、サンゴジュ、イワタバコの別称とも。例**山ぢさ**の白露重み〈万葉・一一・二四六九〉

やま-づと【山苞】 名 山からの土産。例あしひきの(枕詞)山行きしかば山人の朕(われ)に得しめし(=山人が私にくれた)**山づと**ぞこれ〈万葉・二〇・四二九三〉語誌古くは里にもたらされる聖なる山の物と考えられていたらしい。平安時代には、四季折々に都の人々を喜

ばせる風流な贈り物となる。

やま-つ-み【山神・山祇】 [名]（「つ」は「の」の意の上代の格助詞。「み」は神霊の意）山の神。山を支配する神。[例]**山神**の 奉る御調と 春へには 花かざし持ち〈万葉・一・三八〉[読解]吉野山の神が天皇へ捧げる貢ぎ物として春には桜の花を山の頂に咲かせる、の意。

やま-づら【山面】 [名] 山の斜面。[例]**山づら**を見れば、霧はげに(=なるほど現に)麓をこめたり〈蜻蛉・上〉

やま-と【山処】 [名] 山のあるあたり。[例]**山処**の 一本薄 項傾し(=首を垂れて)〈記・上・神代・歌謡〉

大和・倭 やまと《地名》❶大和国の一地方。磯城郡の郷名。今の奈良県天理市の一部。❷旧国名。今の奈良県。畿内五か国の一つ。延喜式で大国。八世紀末の平安京遷都まで日本の政治的中心地。わずかな例を除き、古代の王権は飛鳥などこの地に王宮を設け、和銅三年(七一〇)には平城京が造営された。平安京遷都後は興福寺などの寺社勢力の支配が強く、江戸時代には奈良奉行の置かれた天領のほか七藩が支配した。和州。倭州。❸日本の別称。古代から都の所在地であったことからいう。接頭語的に用いて、日本本来の、日本の、などの意にも用いる。

[語誌]▼**表記について** 「倭」はもと中国で日本をさす称。「大和」は、「倭」に通じる「和」に美称の「大」を添えたもの。〈大谷俊太〉

やまと-うた【大和歌】 [名]❶日本固有の歌。和歌。「からうた(漢詩)」に対していう。短歌をさすことが多い。[例]**やまとうた**は人の心を種として、よろづの言の葉とぞなれりける〈古今・仮名序〉❷雅楽で、国風の歌の称。宮中の祭祀などに舞われる大和舞のときに歌われる。

やまと-ごころ【大和心】 [名]❶日本人としての心性。中国的な教養・学問に対して、実生活上の思慮分別をさすことが多い。⇩やまとだましひ①。[例](藤原隆家ハ)**大和心**かしこくおはする人にて〈大鏡・道隆〉❷思いやりがあって柔和な、日本人としての人情。[例]**大和心**になって、大きにやはらいだる口上〈浮世草子・けいせい色三味線・江戸・四〉

やまと-ごと【大和琴・倭琴】 [名]「わごん」に同じ。

やまと-ことのは【大和言の葉】 [名]❶「やまとことば①」に同じ。❷「やまとことば②」に同じ。[例]敷島の道(=和歌の道)に我が名はたつの市やいさ(=さあ)まだ知らぬ**やまとことのは**〈風雅・雑下〉

やまと-ことば【大和言葉】 [名]❶日本の言葉。和語。中国から入ってきた言葉ではない日本固有の言葉。❷(和歌は原則として和語ばかりで詠まれるため)和歌。やまとうた。❸室町・江戸時代、平安時代の言葉や女房詞などを混用した雅語の称。[例]御奉公にお上りあすばすと、それこそもう**大和言葉**で〈滑稽本・浮世風呂・三下〉

やまと-さう【大和相】 ―ソウ [名] 日本流の人相を見る方法。また、それをよくする人。[例]帝、かしこき御心に、**倭相**を仰せて〈源氏・桐壺〉

やまと-さるがく【大和猿楽】 [名] 室町時代、興福寺・法隆寺・春日大社など大和の寺社に所属した猿楽の座。円満井(金春)・結崎(観世)・外山(宝生)・坂戸(金剛)の四座がある。中でも、結崎座の観阿弥・世阿弥父子は、本来の芸風であるものまねに優美さを加え、能を大成した。

やまと-さんざん【大和三山】 奈良盆地の南、飛鳥周辺の畝傍山・香具山・耳成山の三山の称。

やまと-しまね【大和島根】 [名]❶大和地方の山々。明石海峡あたりから大和・河内のほうを望むと生駒山・葛城山などの連山が島のように見えることからの称。「大和島」とも。[例]夕なぎに明石の門より見渡せば**大和島根**を出づる月影〈新勅撰・雑四〉❷日本。[例]敷島や(枕詞)**大和島根**も神代より君がためとや固めおきけん〈新古今・賀〉

倭建命・日本武尊 やまとたけるのみこと《人名》記紀に登場する伝説的英雄。景行天皇一四年～同四三年。景行天皇の子。仲哀天皇の父。小碓命、倭男具那命とも。

『古事記』の伝承によると、幼時より腕力にすぐれ、食事の場に出てこない兄の手足をもぎ捨てて殺した。その剛勇を恐れた父天皇の命を受けて西征の途に出向き、女装して熊襲建を討ち、またその帰路、たくみに偽刀を交換して出雲建をも倒した。西征から戻ると、すぐに東征を命じられ、叔母の倭比売のもとに赴き、「天皇…なほ、あれすでに死ね(=私をもう死んでしまえ)と思ほしめすぞ」と嘆く。叔母から草薙剣などの呪具を授かり、東国平定に出発する。相模の焼津で火攻めに遭うが、授かった呪具で難を逃れ、賊を倒す。途中、走水の渡りでは、妻の弟橘比売を失う。蝦夷を従わせ、足柄の神を打ち殺す。さらに甲斐から信濃を越えて尾張に向かい、美夜受比売と結婚する。のち伊吹山で神の祟りに遭い、伊勢の能煩野で病死し、白鳥に化したという。

『古事記』の伝承は、大和王権による日本統一の過程を一人の勇者の姿に投影したものと考えられる。いくつかの歌謡を取り入れた、叙事性の高いすぐれた物語になっている。『日本書紀』では、その人物像は、父天皇の影に隠れて生彩を欠いている。『常陸国風土記』にも、「倭武天皇」の名で登場する。なお、倭比売との関係は、姉妹や伯叔母など近親の女性が男性にとっての霊的守護者であったとする古い信仰を反映したものといえる。〈多田一臣〉

やまと-だましひ【大和魂】 ―ダマシイ [名]❶実生活上の才覚。政治的力量。[例]なほ(=やはり)、才をもととしてこそ、**大和魂**の世に用ゐらるる方も強うはべらめ(=世間で重用されることも確実でございましょう)〈源氏・少女〉❷日本民族本来の精神。[例]もとの**やまと魂**を失へりければ…なほく清く千代の古道には行き立ちがてになむある〈歌意考〉[読解]「古道」は、本来のあるがままの上古の道、外来の儒教思想などで汚されていない日本精神をさす。[語誌]平安時代には中国の学問・教養をさす「才」「漢才」に対して①の意で用いられた。②は近世国学者たちの用法。『歌意考』の筆者は賀茂真淵。

やまと-なでしこ【大和撫子】 [名]❶「なでしこ」の別称。渡来種の「唐撫子」に対していう。和歌では、

「撫でし娘(子)」から、かれんな女性や子どもにたとえる。「河原撫子」とも。例うちかへし(=繰り返し)見まくぞほしき故郷の**大和撫子**色や変はれる(=心変わりしただろうか)〈後撰・恋四〉❷日本女性をほめていう語。

やまと-まひ【大和舞】 名 古代舞踊の一つ。大嘗祭や鎮魂祭、春日祭りなどのときに行われる。もと大和地方の「大和歌」による舞が、宮廷や神社の祭祀に舞われるようになったもの。

大和物語 《作品名》平安前期の歌物語。一冊。作者未詳。天暦五年(九五一)ごろ成立か。一七〇余りの章段からなり、歌数およそ二七〇首。前半は実在の人物について当時流行していた歌語りを、後半は古い時代の伝承を収める。

やま-どり【山鳥】 名 キジ科の鳥の名。尾が長いのが特徴。鏡を前に置かれると友かと思って鳴く、雌雄は谷を隔てて寝る、などの言い伝えがある。例あしびきの(枕詞)**山鳥**の尾のしだり尾の(ここまで序詞)ながながし夜をひとりかも寝む〈拾遺・恋三〉➡名歌24

やまと-ゑ【大和絵】 名 平安中期ごろに起こった日本風の絵画様式。日本の自然や風物などを題材とし、彩色されて屏風・障子・色紙・絵巻などに描かれた。例屏風には、中間水をかき、上に唐絵をかき、下に**大和絵**をかきたりけり〈著聞集・一一・三九三〉

やま-なし【山梨】 名 植物の名。バラ科の落葉高木。陰暦四月ごろ白い花をつける。梨に似た小さい実がなるが、食用ではない。例立ちかへり見れどもあかず**山梨**の花〈新古今・雑上〉

やま-なみ【山並み】 名 山々が連なっているさま。また、連なっている山々。例布当山**山並み**見れば〈万葉・六・一〇五五〉

山上憶良 《人名》六六〇〜七三三?(斉明六〜天平五?)。奈良前期、『万葉集』第三期の代表的歌人。遣唐使として渡唐した経験をもつ。晩年筑前守のとき大宰帥であった大伴旅人と交流をもち、筑紫歌壇を形成。中国的教養に富んだ社会的・思想的な作風は、『万葉集』の中で独自の境地を示す。下層階級の人々への暖かなまなざしをもちながら、人生の苦悩や社会の矛盾を歌った歌も多く、「貧窮問答歌」は特に有名。『万葉集』に長歌一一首、短歌五三首と漢文三編、漢詩二首が残る。また編著とされる歌集に『類聚歌林』がある。

やま-の-かみ【山の神】 名❶山を守り、つかさどる神。例次に**山の神**、名は大山津見の神を生み〈記・上・神代〉❷山の神が女性神で、またその容貌が醜悪とされたことから、自分の妻を戯れていう。

やま-の-ざす【山の座主】 名 比叡山延暦寺の事務を統括する長。天台座主。例**山の座主**・何くれの僧都たちもえ請じあへたまはず〈源氏・葵〉

やま-の-は【山の端】 名 山の稜線が空に接している部分。⇩やまぎは。例おしなべて峰もたひらになりななむ(=平らになってほしい)**山の端**なくは月も入らじを〈伊勢・八二〉

やま-の-べ【山の辺】「やまべ(山辺)」に同じ。

やま-の-ゐ【山の井】 山中に、清水がたまって自然にできた井戸。例安積香山影さへ見ゆる**山の井**の(ここまで序詞)浅き心を我が思はなくに〈万葉・一六・三八〇七〉➡名歌17

やまばと-いろ【山鳩色】 名 染め色の名。青みがかった黄色。主に天皇の服の色。「麹塵」とも。例**山鳩色**の御衣にびんづら(=髪型の名)結はせたまひて〈平家・灌頂・六道之沙汰〉

やま-ひ【病】 名❶病気。例そこはかと苦しげなる**病**にもあらざなるを(=はっきりどこが苦しいような病気でもなさそうなので)〈源氏・若菜下〉❷《歌学用語》和歌の表現上の欠点。例(歌学書に)**病**避るべき所多かりしかば(=多くあげてあったので)〈源氏・玉鬘〉❸心配の原因。悩みの種。例旦那の**病**になされた中国・北国(ノ米ハ)残らず売って〈近松・五十年忌歌念仏・中〉

やまひ-づ・く【病付く】 動(カ四) 病気になる。例**病づき**はかなくなりたまひにし(=亡くなった)ありさまを聞こえ出でて〈源氏・橋姫〉

やま-びと【山人】 名❶山に住む人。きこり・猟師・炭焼き人など。例**山人**の赤き木の実ひとつを顔に放たぬ(=顔につけて離さない)と見えたまふ〈源氏・蓬生〉❷山中に住む仙人。例**山人**のよはひを君のためにして千とせの坂にかかる白雲〈拾遺愚草・上〉

やま-ひめ【山姫】 名❶山を守り、支配する女神。例同じ枝を分きてそめける**山姫**にいづれか深き色と問はばや〈源氏・総角〉❷植物の名。アケビの別称。

やま・ふ【病ふ】 動(ハ四)〔動詞「やむ」の未然形+接尾語「ふ」〕病気になる。患う。例うち絶えてあたらぬ恋に**やまふ**ころかな〈散木奇歌集・七〉

やま-ぶき【山吹】

名❶植物の名。バラ科の落葉低木。晩春に五弁の黄色い花が咲く。八重咲きのものもある。⇩口絵。例かはづ鳴く井出の**山吹**散りにけり花のさかりにあはましものを(=蛙が鳴く井出の山吹の花が散ってしまったよ。花盛りの時に出会いたかったのに)〈古今・春下〉❷山吹の花のような黄色。また、黄金色。山吹色。例紅、紫、**山吹**の地のかぎり織れる御小袿などを着たまへるさま(=紅、紫、山吹などの色の、全体が無地の御小袿などを着ていらっしゃる様子は)〈源氏・紅葉賀〉❸襲の色目の名。表は薄朽ち葉色、裏は黄。冬から春に着用。若者が着る。例白き衣、**山吹**などの萎えたる着て走り来たる女子(=白い着物に、山吹襲などで着なれて柔らかくなっているものを着て走って来た女の子)〈源氏・若紫〉❹(山吹の花に似た色であることから)小判・大判。例**山吹**二枚とり出し〈浮世草子・元禄大平記・三・三〉

語誌 ▼**晩春の景物** 山吹の花は晩春の代表的な景物の一つとして古来賞美され、和歌にも盛んに詠まれた。平安時代以降は、①例の歌の影響もあって、名所として山城国の井出(京都府綴喜郡)がしばしば取り上げられ、また、「かはづ」ととり合わされることが多かった。

▼**「実のならぬ」木** 山吹には実ができない品種があり、「花咲きて実はならねども」〈万葉・一〇・一八六〇〉など

と詠まれる。「七重八重花は咲けども山吹のみのひとつだになきぞあやしき」〈後拾遺・雑五〉(➡名歌267)の歌は有名。

▼**花の色は「口無し」色**　山吹色に衣を染めるには梔子の実を用いる。「山吹の花色衣ぬしやたれ(＝持ち主はだれか)問へど答えずくちなしにして」〈古今・雑体〉は、その「梔子」に「口無し」を掛けて詠んだもの。こうしたところから、山吹は「物言わぬ花」として和歌に詠まれることがあった。〈佐藤明浩〉

やまぶき-いろ【山吹色】 名 ❶山吹の花のような黄色。また、黄金色。例**山吹色**の綾の袙〈京極御息所歌合・仮名日記〉 ❷(色が似ていることから)小判・大判。例大切な**山吹色**の重宝に〈近松・吉野忠信・三〉

やま-ぶし【山伏・山臥】 名 ❶山中に宿ること。俗世を捨てて山里で生活すること。また、その人。例**山伏**のひが耳に松風を聞きわたしはべるにやあらん〈源氏・明石〉 ❷山野に宿って仏道修行する僧。例松の葉をすきて(＝食べて)勤むる**山伏**だに〈源氏・総角〉 ❸修験道の行者。例法螺貝腰につけ、錫杖つきなどしたる**山伏**の〈宇治拾遺・五〉

やま-ふところ【山懐】 名 山に囲まれた奥深い場所。山奥。例(娘夕チヲ)かかる**山ふところ**にひきこめては(＝ひきこもらせては)〈源氏・椎本〉

やま-ぶみ【山踏み】 名動(サ変) 山歩き。多く、仏道修行のために寺に詣でることにいう。例**山踏みし**はべりて、あはれなる人をなむ見たまへつけたりし(＝見つけ申し上げたのだった)〈源氏・玉鬘〉

やま-べ【山辺】 名〔古くは「やまへ」とも〕山のほとり。ふもと。例巻向の**山辺**とよみて行く水の水沫のごとし世の人我は〈万葉・七・一二六九〉➡名歌326

やま-べ【山部】 名 古代、皇室の直轄山林の管理に従事する部曲。また、その部族の人。例その領をむる山部を奪ひたまふ〈紀・清寧即位前紀〉

山部赤人 やまべのあかひと《人名》生没年未詳。八世紀なかばごろの人。奈良前期の宮廷に仕えた下級官人。『万葉集』第三期の代表的歌人。『万葉集』に長歌一三首、短歌三七首が残る。官命を受けての旅や天皇の行幸に従った旅で、その風景を詠んだ歌が中心。均整のとれた清新な自然詠が、いわゆる叙景歌の伝統を築くことになる。『古今和歌集』仮名序では柿本人麻呂と並称されている。

やま-ぼこ【山鉾・山鋒】 名 神社の祭礼のときの山車の一つ。台上に作った山形の上に鉾などを飾ったもの。京都祇園会の山鉾が代表的。例祇園会の**山鉾**を見に行くと覚えたり〈近松・堀川波鼓・下〉

やま-ほととぎす【山時鳥・山霍公鳥】 名 山にいるほととぎす。ほととぎすは、夏になると山から里におりて来て鳴くと考えられていた。例わがやどの池の藤波咲きにけり**山ほととぎす**いつか来鳴かむ(＝いつになったら来て鳴くだろう)〈古今・夏〉

やま-ぼふし【山法師】 ボウシ 名 延暦寺の僧。園城寺(三井寺)の僧徒を「寺法師」と呼ぶのに対していう。例「賀茂川の水、双六の賽、**山法師**、これぞ我が心にかなはぬ物(＝私の思いどおりにならない物)」と、白河院も仰せなりけり〈平家・一・願立〉

やま-みち【山道】 名 ❶山中の道。例春霞(枕詞)立ち別れゆく**山道**は〈拾遺・春〉 ❷模様の名。山の稜線を横に連ねたようなジグザグ模様。❸女性の着物の裾の縫い取り方の一つ。裾の裏地を表に出して、波形に縫ったもの。例紅うらを**山道**のすそ取り〈西鶴・好色五人女・四・一〉

やま-もと【山本・山元】 名 山の下のほう。山麓。例見渡せば**山もと**霞む水無瀬川夕べは秋となに思ひけむ〈新古今・春上〉➡名歌357

山本荷兮 やまもとかけい《人名》⇩荷兮

やま-もり【山守】 名 山を守ること。また、山の番人。例木こりの、**山守**に斧をとられて、わびし、心うしと思ひて〈宇治拾遺・四〇〉

やま-やき【山焼き】 名 早春、草がよく成長するように山の枯れ草などを焼くこと。奈良の若草山のものが有名。例**山焼き**や仏体と見え鬼と見え〈俳諧・七番日記〉

やまわけ-ごろも【山分け衣】 名 修行僧や山人などが、山に入るときに着る衣服。例**山わけ衣**織りて着ましを〈古今・雑上〉

やま-ゐ【山井】 イ ― 名「やまのゐ」に同じ。

やみ

【闇】 名 ❶まったく光のささない状態。月や星明かりのない夜。暗黒。暗闇。闇夜。また、例(a)**闇**ならばうべも来まさじ梅の花咲ける月夜に出でまさじとや(＝闇ならば来られないのも道理だろうが、梅の花の咲いている月夜に、おいでにならないつもりか)〈万葉・八・一四五二〉 読解 古くは、男が女のもとへ通うことができるのは月夜に限られていた。例(b)夏は夜。月のころはさらなり、**闇**もなほ、蛍の多く飛びちがひたる(＝月が出ているころはいうまでもなく、闇夜もやはり、蛍がたくさん入り乱れて飛んでいるのはすばらしい)〈枕・春はあけぼの〉 読解「闇」は月の初旬ないし下旬の、月の出ない時期。 ❷㋐(闇によって視覚が遮断されることから)道理に即して物事をみることができない愚かさのたとえ。例人の親の心は**闇**にあらねども子を思ふ道に惑ひぬるかな〈後撰・雑一〉➡名歌306 ㋑現世への執着や迷い。煩悩。仏教の立場からいう。例夢覚めんその暁を待つほどの**闇**をも照らせ法のともし火(＝迷いの夢から覚めるだろう、その暁を待つ間の闇夜のような煩悩を照らして消してくれ、法華経の功徳の灯火よ)〈千載・釈教〉 ❸文字が読めないこと。また、その人。例その余の文字は**闇**なる男(＝それ以外の文字は読めない男)〈醒睡笑・三〉

語誌 ▼**闇への恐れ**　闇はもともと始原の世界の無秩序性を示す状態といえる。妖しいものたちが跳梁する恐ろしい世界である。視覚が遮断されることから闇への恐怖が生じる。視覚は人間にとって最も本質的な感覚とされたからである。したがって夜、特に闇夜は、人間にとって恐れ慎まなければならない時間として存在した。しかし、その闇への恐れが人間の想像力を広げる母胎となりえたことは重視するべきである。⇩よ(夜)〈多田一臣〉

【闇に暮る】 ❶日が暮れて闇になる。例月も出で**で闇にくれたる**姨捨に何とて今宵たづね来つ

らむ〈更級〉❷悲しみで分別を失う。例**闇にくれて**臥ししづみたまへるほどに〈源氏・桐壺〉

【闇に惑ふ】❶「やみにくる②」に同じ。例(父ガ死ンデ)**闇にまどひ**たまへる御あたりに〈源氏・椎本〉❷闇のために道に迷う。煩悩に惑う。例あはれとだにのたまはせよ。心のどめて、人やりならぬ**闇にまどは**む道の光にもしはべらむ〈源氏・柏木〉

【闇の夜の錦】(錦も闇夜に着たのでは見る人がなく無駄なことから)無益なこと・張り合いのないことのたとえ。例釣殿御覧ぜさせむとしつるを、**闇の夜の錦**とかいふやうもなむ〈宇津保・祭の使〉

やみ-ぢ【闇路】ジ 名 ❶月の出ていない暗い夜道。例影たけてくやしかるべき秋の月**闇路**近くもなりやしぬらん〈新勅撰・雑三〉❷真理の光を見ることができず、煩悩に迷っている状態。例願はくはしばし**闇路**にやすらひてかかげやせまし法の灯〈新古今・釈教〉❸死出の旅路。例三宝を頂戴し、沙門を供養して、**闇路**のたよりにせん〈曽我・七〉

やみ-の-うつつ【闇の現】暗闇の中の現実。例むばたまの(枕詞)**闇のうつつ**はさだかなる夢(=はっきりと見た夢)にいくらもまさらざりけり〈古今・恋三〉

やみ-やみ【闇闇】副「やみやみと」の形でも用いる。分別や見通しに欠けるさま。わけもわからず。むざむざと。例いかでか(=どうして)**やみやみ**として討ちたてまつらんとしたまふぞ〈保元・中〉

や・む【病む】動(マ四)❶病気になる。病気におかされる。例(a)年長く**病み**し渡れば〈万葉・五・八九七〉例(b)にはかに胸を**病み**て亡せにき〈源氏・橋姫〉❷痛む。苦しむ。例その後しばしば、この傷のあと**やむ**よしして〈著聞集・一六・五四七〉❸思い悩む。ひどく心配する。例恋ふれかも 胸の**病み**たる 思へかも 心の痛き〈万葉・一三・三三二九〉

や・む

【止む・息む】[1]動(マ四)❶動作や現象が止まる。感情がおさまる。やむ。例(a)五日。風波**止ま**ねば、なほ同じ所にあり(=五日。風がやまないので、やはり同じ所にいる)〈土佐〉例(b)我が背子に我が恋ふらくは**止む**時もなし(=あなたを恋しく思う気持ちはおさまるときもない)〈万葉・二・二六二二〉❷**とだえる。途中で行われなくなる。**例(妻ノ家ニ)**やま**ず行かば 人目を多み〈万葉・二・二〇七〉➡名歌45 ❸**病気や欠点がなおる。**例(恋ノ病ガ)**やむ**薬ならねば、かひなきわざになむありける(=なおる薬ではないので、なんの効き目もないことであった)〈源氏・柏木〉❹**決着がつく。それっきりになる。**例(ソノ人トノ交際ハ)にくくてこそ**やみ**にしか(=仲たがいしたままで終わってしまった)〈枕・里にまかでたるに〉

[2]動(マ下二)❶**止める。やませる。おさめる。**例(a)雨立ち**止め**む〈記・下・允恭・歌謡〉読解ここは、雨宿りして雨をやり過ごす意。例(b)人の思ひを**やめ**させたまはば、おぼしめす事もかなひ(=他人の恨みをおなくしになれば、ご自分がお思いになる事もかない)〈平家・三・赦文〉❷**やめる。中止する。**例遊びはみな**やめ**て(=管弦の遊びはすべて中止にして)〈源氏・賢木〉❸**病気や欠点をなおす。**例いかでこの舌疾さ**やめ**はべらむ(=なんとかしてこの早口を直しましょう)〈源氏・常夏〉

語誌▼**類義語との違い**　「**とまる**」「**とどまる**」は、ともに、動きが停止してもその本体は存在しつづける感じであり、「とどまる」には、特定の場所を離れなくなるといった意味合いもある。「やむ([1])」は、停止した事柄そのものが消えてなくなる感じ。〈品田悦一〉

やむごと-な・し

ヤンゴトー 形(ク)「止む事無し」の意。気持ちがおさまらずそのままにしておけないという感じを表す。「やうごとなし」「やんごとなし」とも。

❶**捨てておけない。やむにやまれぬ。重大だ。**例「**やんごとなき**ことあり」とて出でむとするに(=「重大な用事がある」と言って出ていこうとするときに)〈蜻蛉・上〉

❷**身分・家柄などが重々しい。尊重すべきだ。高貴だ。**例いと**やむごとなき**際にはあらぬが、すぐれて時めきたまふありけり(=たいして重々しい身分ではないお方が、格別に帝のご寵愛を受けていらっしゃることがあった)〈源氏・桐壺〉読解光源氏の母桐壺更衣のこと。「あらぬが」の「が」を同格の意とする説もある。

❸**貴重だ。大切だ。**例**やむごとなき**物持たせて、人のもとにやりたるに、おそく帰る(=貴重な物を持たせて、人の所に使いに出したのに、遅く帰ってくる)〈枕・おぼつかなきもの〉読解気がかりなものを列挙した段の一節。

❹**並々でない。格別だ。**例(ソノ僧ヲ)天皇も待ち受けて**やむごとなく**敬ひ(=皇帝も来るのを待っていて並々でなく敬い)〈今昔・一九・二〉

類義▶②あて(貴)

語誌 平安時代になって現れる語。①が原義で、転じて②③の意が生じ、程度が並一通りでないことをいう④の意も生じた。〈鈴木宏子〉

や-め【矢目】名 矢の当たった所。矢傷。例鎧に立ったる**矢目**を数へたりければ六十三〈平家・四・橋合戦〉

や-も

係助《上代語》〔係助詞「や」＋係助詞「も」〕❶詠嘆をこめた反語の意を表す。～か(いや、～ではないのだなあ)。例(a)士**やも**空しくあるべき万代に語り継ぐべき名は立てずして〈万葉・六・九七八〉例(b)楽浪の志賀の大わだ淀むとも昔の人にまたも逢はめ**やも**〈万葉・一・三一〉➡名歌174 ❷詠嘆をこめた疑問の意を表す。～かなあ。例ここにして家**やも**いづち白雲のたなびく山を越えて来にけり〈万葉・三・二八七〉

接続▶種々の語につく。文末の用法では、活用語の已然形または終止形につく。

注意▼反語に用いられることが多い。特に文末の用法では、推量の助動詞「む」の已然形「め」についた「めやも」の形で反語の意を表すことが多い。▼文中に用いられる場合、係り結びの法則によって、文末の活用語は連体形になる。

やも‐め【寡・寡婦】 名 独身者。夫のいない女性。妻のいない男性。未婚・死別を問わずいう。例(a)かぐや姫のやもめなるを歎かしければ〈竹取〉例(b)昔、男やもめにてゐて〈伊勢・一三〉

やもめ‐ずみ【寡住み】 名 夫もしくは妻がいなくて暮らすこと。独身の生活。例やもめ住みしたる男の、文書きさして(=手紙を書きかけて)〈蜻蛉・下〉

や‐もり【家守】 名 ❶家の番をすること。留守番。また、その人。❷江戸時代、所有者に代わって土地を管理し、地代・店賃(家賃)を取り立て、公用・町用を務める人。差配人。大家。例二ケ月分の家賃滞りけるを、家守の八兵衛がせつらうしく(=気ぜわしく)せがむに〈浮世草子・好色万金丹・四・四〉

やも‐を【寡男・鰥】 名 独身の男性。未婚の人にも妻をなくした人にもいう。例里に鰥・寡(=独身の女性)なく〈紀・仁徳〉

やや【稍・漸】 副 ❶普通よりも多少程度が異なるさま。大小・長短などの対比的比較で、多少どちらかに寄っているさま。少し。いくらか。例風のやや荒々しう吹きたるは〈源氏・夕顔〉❷しだいに。だんだん。例月ややさしあがり、更けぬる空おもしろきに〈源氏・鈴虫〉❸やっと。ようやく。例門々に灯ともすころ、やや駕の見えければ〈俳諧・父の終焉日記〉

や‐や 感〔感動詞「や」を重ねた語〕❶驚いたときに発する語。おやまあ。例強く打ちたれば、「やや」とて手を捧げて迷ふに〈今昔・一六・二〇〉❷相手に呼びかけるときに発する語。もしもし。例「やや」といへど、答へもせで逃げて〈大和・一五六〉

ややま・し 形(シク)〔動詞「ややむ」の形容詞形〕心苦しい。気がかりだ。例願はん道(=仏道修行の道)にも入りがたくややましきを〈源氏・御法〉

やや・む 動(マ四)思い悩む。難儀する。例いと苦しげにややみて、ひさしく下りて(=長い間かかって車から降りて)ゐざり入る〈源氏・宿木〉

ややも‐すれば【動もすれば】 副 どうかすると。例いといたく思ひしめりて、ややもすれば、花の木に目をつけてながめやる〈源氏・若菜上〉

ややも‐せば【動もせば】 副「ややもすれば」に同じ。例なほくもりて、ややもせば(雨ガ)降りおちぬべく見えたるも〈枕・正月一日、三月三日は〉

や‐よ 感 相手に呼びかけるときに用いる語。やあ。おい。例思ふらん心のほどややよいかに〈源氏・明石〉

やよ・し 形(ク)ますます多い。例老いの数さへ やよければ〈古今・雑体〉

やよひ【弥生・三月】

名 **陰暦の三月のこと。** 晩春であり、春と夏との移行期間ともいえる。例野辺見ればやよひの月の二十日までまだうら若きさゐたづまかな〈後拾遺・春下〉読解「さゐたづま」は植物の名。「つま」に妻の意を掛け、晩春まで若々しい草に美しい妻のイメージを重ねる。

語誌 ▼**春を惜しむ月** 『伊勢物語』では、春雨、楓の若葉の紅葉、藤の花、春夜の短かさ、春の最後を惜しむ、などの素材や話題とともに描写されている。弥生の最後の日を「三月尽」という。
▼**藤・山吹・桜** 『源氏物語』では、「三月のつごもり」の藤の花の宴で光源氏が朧月夜と再会したり〈花宴巻〉、「三月になりて」夕映えの中の藤の花や山吹の花につけて光源氏が玉鬘を偲んだりする場面があり〈真木柱巻〉、都では散った桜が「三月のつごもり」の北山の奥ではまだ盛りであったり〈若紫巻〉と、桜が描写されることもある。〈島内景二〉

やよ‐や 感〔感動詞「やよ」+間投助詞「や」〕相手に呼びかけるときに用いる語。やあ。おい。例いぶせくも(=気が晴れず)心にものを悩むかなやよやいかにと問ふ人もなみ(=いないので)〈源氏・明石〉

やら 感 感動や驚きを表す声。やあ。あら。例やら奇特や、表に案内がある〈狂言記・貰聟〉

やら

副助〔「やらう」の変化した形〕❶不確実であることを表す。〜か。〜かしら。例山一つこなた(=こちら)へも参ったとやら申しまする〈虎寛本狂言・伯母が酒〉❷列挙する意を表す。例奉公人やら手間取りやら〈近松・薩摩歌・中〉

接続 種々の語につく。

やらう 「やらん」の変化した形。例また湊へ舟が入るやらう〈閑吟集・一三七〉

やらう‐あたま【野郎頭】 名 江戸時代、元服後の男性の一般的な髪型。前髪を剃り落として月代を剃ったもの。⇒髪型〈図〉。例野郎あたまにて和尚とあふがれ〈黄表紙・高漫斉行脚日記・上〉

やらう‐かぶき【野郎歌舞伎】 名 初期歌舞伎の一時期の称。若衆歌舞伎が禁じられた後、前髪を剃った野郎頭の成人男性の役者(野郎)によって演じられた歌舞伎。

やら・ふ【遣らふ】 動(八四)〔動詞「やる」の未然形+接尾語「ふ」〕追い払う。追いたてる。例「早や(=お帰りください)」などあまたたび遣らはるれど、なほ居明かせば〈枕・宮仕人の里なども〉

やらむ‐かた‐なし【遣らむ方無し】 もの思いの晴らしようがない。どうしようもない。例(女ヲ死ナセタ)くやしさもやらん方なし〈源氏・夕顔〉

やらん 〔「にやあらむ」の変化した形〕❶疑いを含んだ推量の意を表す。〜だろうか。例内府は何と思ひて、これらをば呼びとるやらん〈平家・二・烽火之沙汰〉❷表現をぼかすのに用いる。〜やら。〜かなにか。〜でも。例汝は、竹とやらんを(=笛とやらを)鳴らすと聞く〈御伽草子・御曹子島渡〉

やり【槍・鎗・鑓】

名 ❶**細長い柄の先に三稜角の刃をつけ、敵を突き刺す武器。** 穂先の形態から、直槍・鎌槍・十文字槍・管槍など種類が多い。例(a)柄の長さ一丈ばかりに見えたる鑓を馬の平首に引きそへて(=馬の首の側面に引きつけて)〈太平記・三五〉読解「一丈」は約三メートル。例(b)この橋の上に、馬乗り一人・出家一人・鑓一筋、朝から晩まで絶ゆることなし(=この橋の上に、馬上の武士や僧や鑓持ちを従えた武士が、朝から晩まで絶えることはない)〈西鶴・日本永代蔵・三・一〉

❷将棋で、香車の別称。

❸文句をつけること。横槍を入れること。特に浄瑠璃などで、下手な芸をののしり妨げること。やじをとばすこと。「やりを入る」などの形で用いる。

語誌 鎌倉末期から広まりはじめ、室町末期以降は鉄砲と並ぶ代表的な武器となり、単に「道具」と呼ばれたり、先陣の手柄を「一番槍」などと称するようになった。実戦以外でも、行列の際に鞘にさまざまな飾りをつけた槍を立てたり、外出のときに従者に槍を持たせるのがしかるべき身分の武士のシンボルとなった。〈黒木祥子〉

やり-いだ・す【遣り出だす】 動(サ四) 牛車などを出す。進める。例車に取りのせ、いづくをさす(=どこをめざす)ともなく**遣り出だす**〈平家・二・小教訓〉

やり-すご・す【遣り過ごす】 動(サ四)「やりすぐす」とも。通過させる。道をよけて、相手を先に通らせる。例(国守ノ一行ヲ)**やり過ごし**て、いまは立ちてゆけば〈蜻蛉・中〉

やり-す・つ【破り捨つ】 動(タ下二) やぶり捨てる。例昔の人の書きすさみたまへりし(=慰み書きをなさった)絵どもなどの**破り捨て**んが惜しかりしどもを〈狭衣・四〉

やり-て【遣り手】 名 ❶牛を使う人。牛車を操り動かす人。また、それに巧みな人。例牛飼ひは…高名の**遣り手**なり〈源平盛衰記・三三〉 ❷遊里で、遊女の監督や客との仲介をする年配の女。やりてばば。例**やり手**が欲ばかりの(=欲得づくの)算用もきかず〈西鶴・好色一代男・六・二〉

やり-ど【遣り戸】 名 左右に開閉する板の戸。引き戸。例**遣り戸**をあらく閉て開くるもいとあやし(=実にけしからぬことだ)〈枕・にくきもの〉

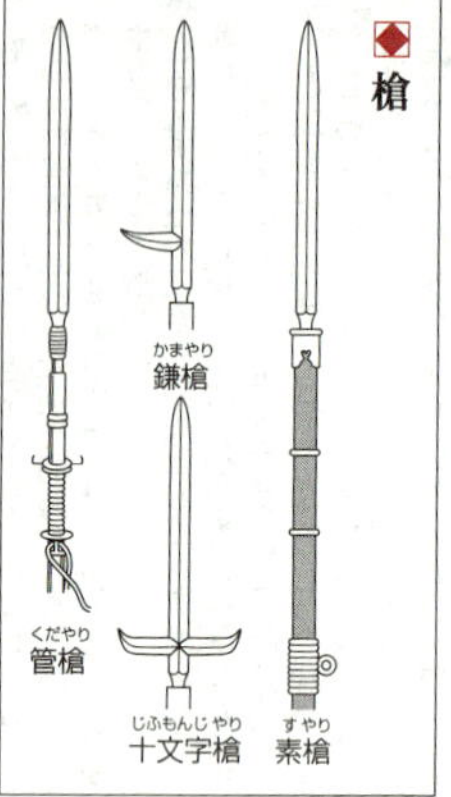

やりど-ぐち【遣り戸口】 名 遣り戸のある出入り口。例さすがにされたる(=そうは言っても風情のある)**遣り戸口**に、黄なる生絹の単袴長く着なしたる童の、をかしげなる、出で来て〈源氏・夕顔〉

遣り戸口〔源氏物語絵巻〕

鑓の権三重帷子(やりのごんざかさねかたびら)《作品名》浄瑠璃。世話物。二段。近松門左衛門作。享保二年(一七一七)竹本座初演。松江藩の小姓笹野権三は雪と将来を契った仲である。茶道の秘伝の伝授を師匠浅香市之進の妻おさゐに懇願し、その代わりに娘との結婚を求められて承諾する。しかし権三と雪の関係を知ったおさゐは激情をぶつけ、結果、おさゐと権三は不義密通とされてしまう。二人は流浪の果てに京都伏見に身を隠すが、妻敵討ちとして二人を求める市之進に追いつかれると、潔くその手にかかって果てる。実説は同年七月十七日大坂高麗橋であった妻敵討ち事件。

やり-みづ【遣り水】 ミズ 名 川の水を庭に引き入れて作った小さな流れ。庭園設計の一つとして寝殿造りに必ず取り入れられるもの。例池のわたり(=ほとり)のこずゑども、**遣り水**のほとりのくさむら、おのがじし(=それぞれ)色づきわたりつつ〈紫式部日記〉

や・る【遣る】 動(ラ四) 物や人を自分のところから先方へ向かわせたり、届けたりする意。転じて、気持ちを晴らしたり、物事をうまく進行させたりする意にも用いられる。

❶**人を行かせる。**使者に、物や手紙を持って行かせる。例ⓐ我が背子を大和へ**遣る**とさ夜ふけて暁露に我が立ち濡れし〈万葉・二・一〇五〉➡名歌423 例ⓑ男のもとに、雨降る夜、傘を**やり**て呼びけれど、来ざりければ(=男のもとに、雨が降る夜、傘を持って行かせて招いたけれど、来なかったので)〈後撰・恋六・詞書〉 読解 傘持ちの従者を、迎えとして行かせたもの。

❷**物を贈る。与える。**例わたつみの手巻きの玉を家づとに妹に**やら**むと(=海の、腕飾りにする玉を、土産に妻に贈ろうと)〈万葉・一五・三六二七〉

❸(「思ひをやる」「心をやる」の形で)**心中の思いを晴らす。うさを晴らす。**例物語と言ひて女の御心を**やる**物(=物語といって、女の方の御心のうさを晴らす物)〈三宝絵・序〉

❹**物事を自由に進行させる。停滞しないように進めさせる。はかどらせる。**例車**やら**ん事、賽王丸にまさりてえ知らじ(=牛車を円滑に進ませる事は、賽王丸以上によく知っているわけではない)〈徒然・一一四〉 読解「賽王丸」は当時の有名な牛飼いの名。

❺他の動詞の連用形につく。㋐**遠くのほうに、その動作を向かわせる。**⇩おもひやる・みやる。例この一品の宮をながめ**やり**つつ(=この一品の宮の御殿をよそながら眺めては)〈更級〉 ㋑**その動作が完了したことを示す。**多く「～やらず」の形で、それができない意に用いられる。例はかばかしうものたまはせ**やら**ず(=はきはきとも仰せなさることもできず)〈源氏・桐壺〉

語誌 ▼関連語 類義語「**つかはす**(遣はす)」は、上位者から下位者に与える意。対義語に「**おこす**(遣す)」がある。〈安達敬子〉

や・る【破る】 ❶動(ラ四) やぶる。引き裂く。例とまれかうまれ、疾く**破り**てむ〈土佐〉 読解 とにもかくにも、この日記を早く破ってしまおう、の意。『土佐日記』の末尾の一文である。❷動(ラ下二) やぶれる。だめになる。例衣こそば(=衣服ならば)それ**破れ**ぬれば 継ぎつつも また合ふといへ〈万葉・一三・三三三〇〉 語誌 古語の「**やぶる**(破る)」は、現代語の

「こわす」「こわれる」に近い。

やる 助動（四段型）〔ラ変動詞「あり」の連体形「ある」の変化した形〕❶（多く「お～やる」の形で）尊敬の意を表す。～なさる。例それにお待ち**やれ**（命令形）〈狂言・末広がり〉❷丁寧の意を表す。～です。～ます。例乳飲みたいと…泣き**やり**ました（＝泣いていました）〈近松・心中天の網島・中〉

接続▶動詞の連用形につく。

活用▶やら／やり・やっ／やる／やる／やれ／やれ・や

やる-かた-なし【遣る方無し】「やらむかたなし」に同じ。例わが御方（かた）に臥（ふ）したまひて、胸の**やる方なき**ほど過ぐして〈源氏・紅葉賀〉

やる-まい-ぞ【遣るまいぞ】 逃がさないぞ。放さないぞ。狂言の終わりに用いられる決まり文句。例あのたらしが（＝うそつきめが）、**やるまいぞ、やるまいぞ**〈狂言・入間川〉

やれ 感❶驚いたときに発する語。おや。まあ。例**やれやれ**ようこそおぢゃったわ〈狂言・薬水〉❷目下の人を呼ぶときに用いる語。おい。やい。例「**やれ**子牛健児（こでい）、**やれ**子牛健児」といひければ〈平家・八・猫間〉

や-わたり【家渡り】 名引っ越し。転居。例よき日を取りて渡りけるに、例の**家渡り**のやうにはなくて〈今昔・二七・三一〉

やわら ⇩やはら

や-をとめ【八少女】（オトメ） 名大嘗祭（だいじょうさい）や新嘗祭などの神事に奉仕する八人の采女（うねめ）。また、神社に仕え、神楽（かぐら）を奏したり舞ったりする少女（しょうじょ）。例神垣に今日たちめぐる**やをとめ**の〈夫木・七〉

やをら（ヤオラ） 副そっと。静かに。ゆっくりと。例戸の細目に開きたるを、**やをら**押し開けて〈源氏・賢木〉

やん-ごと-な・し 形（ク）「やむごとなし」に同じ。

やん-や ❶感ほめそやすときに発する語。例**やんや**、人の誉（ほ）むるが道理でござる〈狂言・どぶかっちり〉❷形動（ナリ）りっぱだ。例女房が五大力（ごだいりき）（＝三味線の曲名）の爪弾（つまび）きを聴いてるも**やんやな**沙汰（さた）ぢゃあねえ〈滑稽本・浮世風呂・三下〉

ゆ-【斎】 接頭 名詞について、神聖な、清らかな、の意を添える。助詞「つ」を伴って「ゆつ」の形でも用いられる。「斎鍬（ゆすき）」「斎笹（ゆささ）」「斎種（ゆだね）」「斎槻（ゆつき）」「斎庭（ゆには）」など。⇩い（斎）

ゆ【柚】 名植物の名。ミカン科の常緑樹。ユズ。また、その実。夏、芳香のある白く小さい花が咲く。実は食用にする。例（野草ヲ）笥（け）にあへしらひて（＝器にとりあわせて）、**柚**おし切りて〈蜻蛉・中〉

ゆ【湯】 名❶水を熱くしたもの。❷ふろの湯。また、入浴すること。湯あみ。例**湯**のこと急がして堂に上りぬ〈蜻蛉・中〉❸温泉。例国のことごと**湯**はしもさはにあれども（＝たくさんあるが）〈万葉・三・三二二〉❹薬湯。煎（せん）じ薬。例**湯**をせめているれば（＝無理に口へ注ぐので）、飲みなどして、身などなほりもてゆく〈蜻蛉・上〉❺船底にたまった水。例しら波の　波路にいたく　行きかよひ　**湯**も取りあへず〈拾遺・雑下〉

【湯を引（ひ）く】 入浴する。湯あみをする。例湯殿しつらひなんどして（＝浴室を設けなどして）、御**湯引か**せたてまつる〈平家・一〇・千手前〉

ゆ 助動（下二段型）『上代語』❶**自発の意を表す。自然と～れる。～られる。** 例慰むる心はなしに雲隠り鳴き行く鳥の音（ね）のみし泣か**ゆ**（＝気が晴れる心はなくて、雲のかなたを鳴いて行く鳥のように自然と泣けてくる）〈万葉・五・八九八〉

読解 三・四句は序詞。

❷**受身の意を表す。** 例か行けば　人にいとは**え**（連用形）　かく行けば　人に憎ま**え**（連用形）　老（お）よし男（を）は　かくのみならし（＝あっちへ行くと人にいやがられ、こっちに行くと人に嫌われ、年寄りはそういうものであるらしい）〈万葉・五・八〇四〉

❸**可能の意を表す。～れる。～られる。～できる。** ふつう、打消の表現を伴って用いられる。例我が母の袖（そで）もち撫（な）でて我が故（か）に泣きし心を忘ら**え**（未然形）ぬかも（＝私の母が袖でなでては私のために泣いていた気持ちを忘れられない）〈万葉・二〇・四三五六〉読解 防人（さきもり）の歌で、防人に旅立つ者の家人の悲しみを歌ったもの。この「忘る」は四段活用。

接続▶四段・ナ変・ラ変動詞の未然形につく。

活用▶下二段型

未然形	連用形	終止形	連体形	已然形	命令形
え	え	ゆ	ゆる	ゆれ	○

語誌▼「ゆ」と対応する助動詞に「らゆ」がある。ただし、「らゆ」は可能の意だけに用いる。

▼「覚ゆ」「思ほゆ」「聞こゆ」「見ゆ」などの「ゆ」は、この助動詞と同源であるが、ふつう、これらの「ゆ」は接尾語とみなされる。

▼「あり」「言ふ」などに「ゆ」がついた「あらゆる」「言はゆる」などは、固定化した表現として現代でも用いられ、連体詞とされている。〈野村剛史〉

ゆ 格助『上代語』格助詞「より」とほぼ同義。❶**動作・作用の起点を表す。～から。～以来。** 例天地（あめつち）の　初めの時**ゆ**（＝天地の始まりのときから）〈万葉・一〇・二〇八九〉

❷**動作・作用の経過点を表す。～を通って。～から。** 例田子（たご）の浦**ゆ**うち出でて見れば真白（ましろ）にそ富士の高嶺（ね）に雪は降りける〈万葉・三・三一八〉➡名歌206

❸**比較の基準を表す。～に比べて。～より。** 例たまきはる（枕詞）命に向かひ恋ひむ**ゆ**は君がみ舟の梶柄（かぢから）にもが（＝命がけで恋しがるよりは、あなたの御舟の梶の柄になって、あなたのそばにいたい）〈万葉・八・一四五五〉

読解 出発する遺唐使に贈った歌。

❹**手段・方法を表す。～で。～によって。** 例多摩の横山（よこやま）徒歩（かし）**ゆ**か遣（や）らむ（＝多摩の横山を徒歩で行かせるのだろうか）〈万葉・二〇・四四一七〉

接続▶体言および体言に準じる語句につく。

語誌 ▼関連語 上代には、類義語「**ゆり**」「**よ**」「**より**」があり、「ゆ」「よ」は歌にのみ用いられた。平安時代以降は「より」のみが用いられる。〈佐藤一恵〉

湯浅常山(ゆあさじょうざん)〔ユアサヂヤウザン〕《人名》一七〇八～一七八一(宝永五～安永一〇)。江戸時代の儒者。服部南郭(はっとりなんかく)らに学ぶ。詩文・和歌にもすぐれる。歴史書『常山紀談』が代表作。

ゆ-あみ【湯浴み】 名 湯を浴びること。入浴。湯治。例筑紫(つくし)の国に**湯あみ**にまからむ〈竹取〉

ゆい-かい【遺戒・遺誡】 名「ゐかい」とも。死後、子孫などに残す戒め。遺訓(いくん)。例「美麗をもとむる事なかれ」とぞ、九条殿の**遺誡**にも侍る〈徒然・二〉

ゆいが-どくそん【唯我独尊】 ⇩てんじゃうてんげゆいがどくそん

ゆい-げう【遺教】〔ギヨウ〕名 ❶教えを後代に残すこと。また、その教え。❷《仏教語》釈迦(しゃか)が説き残した教え。例これより漢土の仏法は弘(ひろ)まりて、**遺教**今に流布せり〈太平記・二四〉

ゆい-せき【遺跡】 名 ❶旧跡。昔の人事・事件にかかわりのある場所や建物。例かれ(=興福寺)はむかしの**遺跡**なり〈平家・七・平家山門連署〉❷跡目。相続する領地や家督。例かの国多胡(たご)の庄は、亡父の**遺跡**たるの間〈吾妻鏡・治承四年十二月〉

維摩(ゆいま)《人名》〔梵語の音写「維摩羅詰(らきつ)」の略〕釈迦(しゃか)の高弟の一人。釈迦在世のころの毘耶離(びやり)城の長者で、在家のまま菩薩(ぼさつ)道を修行した。

ゆいま-かう【維摩講】〔コウ〕名《仏教語》「ゆいまゑ」に同じ。例冬十月、皇后宮(おほきさきのみや)の**維摩講**に〈万葉・八・一五九四・左注〉

ゆいま-きゃう【維摩経】〔キヨウ〕名《仏教語》維摩居士(こじ)の説いた教えを、維摩を主人公にして記した経典。在家で仏道を志す者の心得や大乗仏教の教理と実践を明らかにする。

ゆいま-ゑ【維摩会】〔エ〕名《仏教語》維摩経を講じる法会(ほうえ)。特に、陰暦十月十日から十六日(藤原鎌足(かまたり)の忌日)まで興福寺で行われるものは、薬師寺の最勝会(さいしょうえ)・大極殿(だいごくでん)の御斎会(ごさいえ)と並ぶ南都三会の一つとされる。「維摩講(かう)」とも。例白河殿七百首歌に、**維摩会**をよませたまうける 神無月(かみなづき)しぐれふりおける御法(みのり)とてならの都に残る言(こと)の葉〈新続古今・釈教〉読解「神無月」は陰暦十月のこと。

ユウ【右・有・幽・祐・猶・遊・優】 ⇩いう

ゆう【夕・木綿・結う】 ⇩ゆふ

ゆう【用】 名「よう」とも。「体(たい)」の対で、属性的な作用・働きのこと。連歌論や能楽論などに用いる。例体は花、**用**は匂(にほ)ひのごとし。または月と影とのごとし〈至花道・体用事〉

ゆうがお【夕顔】 ⇩ゆふがほ

ゆうげん【幽玄】 ⇩いうげん

ゆうし【猶予・遊子】 ⇩いうし

ゆうそく【有職・有識】 ⇩いうそく

ゆう-づう【融通】〔ズウ〕名《仏教語》「ゆづう」に同じ。

ゆうづう-ねんぶつ【融通念仏】〔ユウズウ―〕名《仏教語》融通念仏宗で唱える念仏。円融念仏。大念仏。

ゆうづうねんぶつ-しゅう【融通念仏宗】〔ユウズウネンブツ―〕名 平安末期の僧良忍(りょうにん)の始めた浄土宗の一派。念仏はすべてのものととけあうとし、念仏を唱えることで自他ともに極楽往生すると説く。

ゆうべ【夕べ】 ⇩ゆふべ

雄略天皇(ゆうりゃくてんのう)〔ユウリヤクテンノウ〕《人名》生没年未詳。大和王権時代の天皇。允恭(いんぎょう)天皇の皇子。中国の歴史書『宋書』に見える倭(わ)の五王のうちの武にあたるとされる。記紀では、豪勇と情愛とを兼ね備えた英雄的な天皇として描かれ、多くの伝承を残す。その作とされる和歌は、いずれも伝承をふまえて仮託されたものと考えられる。

ゆえ【故】 ⇩ゆゑ

ゆおびか ⇩ゆほびか

ゆか【床・牀】 名 ❶寝殿造りの母屋(もや)・廂(ひさし)などで、一段高く作って寝所などにする区画。例**床**の下(しも)に、二人ばかりぞ臥(ふ)したる〈源氏・空蝉〉❷建物で、根太(ねだ)などによって地面より高く板を張り渡してある部分。❸芝居小屋で、浄瑠璃太夫(じょうるりだゆう)などが座る高座。

ゆが【瑜伽】 名《仏教語》〔梵語の音写〕主観と客観とが相応、融合して一つとなった境地。呼吸を整えるなどの方法で心を統一し、仏と一体となる状態に至ること。ヨガと源流は同じ。例親王ひそかにその**瑜伽**の壇場を見たまふに〈安撰集・左注〉

ゆ-かく【行かく】〔動詞「ゆく」のク語法〕行くこと。例児(こ)ろが金門(かなと)よ**行かく**し良(え)しも〈万葉・一四・三五三〇〉

ゆ-がけ【弓懸け・韘】 名 弓を射るとき、指を弦で痛めないように用いる革の手袋。本来は右手だけだが、騎馬などのときには両手にはめた。例鞭(むち)と**弓懸け**をば、二人の乳母(めのと)が方(かた)へやるべし〈曾我・九〉

ゆか・し

形(シク) 動詞「ゆく」の形容詞化。対象の内に隠されたものに好奇心をもち、心がひきつけられるさま。

❶**見たい。聞きたい。知りたい。** 例ねびゆかむさま**ゆかしき**人かな、と目とまりたまふ(=成長していく様子を見たい人であることよ、と目がひきつけられなさる)〈源氏・若紫〉

❷**こちらの心がひかれる対象のさま。慕わしい。** 例山路来(き)て何やら**ゆかし**すみれ草〈芭蕉・野ざらし紀行〉➡名句147

語誌 対象や心のひかれ方によって、見たい・聞きたい・知りたいなどと訳し分ける工夫が必要である。なお、現代語の「(奥)ゆかしい」のように、そのような感情を起こさせる対象の様子についていうことは少ない。〈池田節子〉

ゆかし-がる 動(ラ四)〔「がる」は接尾語〕見たがる。聞きたがる。知りたがる。例女房たち、何ごとならむと**ゆかしがる**〈源氏・末摘花〉

ゆ-かたびら【湯帷子】 名 入浴のとき、または浴後に着る一重の衣。浴衣(ゆかた)の原型。例**湯帷子**ながらおはしましたるに〈栄花・玉の飾り〉

ゆ-がみ【結髪】 名〔「ゆひがみ」の変化した形〕馬のたてがみを束ねて結んだもの。例手綱(たづな)を馬の**ゆがみ**に捨て〈平家・九・宇治川先陣〉

ゆがみ-もじ【歪み文字】 名 (字の形から)ひらがなの「く」の字。⇩ふたつもじ

ゆが・む【歪む】 ❶動(マ四) ❶整った形が崩れる。曲がる。ゆがむ。例中門の、いといたうゆがみよろぼひて(=崩れかかって)〈源氏・末摘花〉 ❷心や行いが正しくなくなる。公平でなくなる。例その人、ゆがめる心なく直しきなりけりとて〈今昔・一〇・三三〉 ❸言葉がなまる。例東国の方の遥かなる世界に埋もれて年経ければにや、声などほとほとうちゆがみぬべく〈源氏・東屋〉 ❷動(マ下二) ❶整った形を崩す。曲げる。ゆがめる。例直衣・狩衣などゆがめたりとも〈枕・あかつきに帰らん人は〉 ❷心や行いを正しくなくする。不公平にする。例すぐなる(=正しい)心を今はゆがめて〈西鶴・新可笑記・五・四〉

ゆかり

【縁】 名 ❶関係のある人。縁者。親類。例(光源氏ヲ)うしと思しなすゆかり多うて(=ことさら憎いとお思いになる縁者が多くて)〈源氏・須磨〉 ❷関係があること。かかわり。つながり。縁。例ただ、この人の御ゆかりにさすらへぬるぞ(=すべて、この人とのご縁でさまよってしまったのだ)〈源氏・手習〉

読解 浮舟が不幸な過去を反省しているところ。

類義 ①②えん(縁)・よすが 〈岩坪健〉

ゆかり-の-いろ【縁の色】 名 紫色のこと。『古今和歌集』の「紫のひともとゆゑに武蔵野の草はみながらあはれとぞ見る」〈雑上〉の歌(➡名歌363)からいう。例花散りてかたみ恋しきわが宿に縁の色の池の藤なみ〈新勅撰・春下〉

ゆかり-むつび【縁睦び】 名 近親者どうしが親しくすること。また、親族どうしが結婚すること。例ゆかり睦び、ねぢけがましきさまにて〈源氏・少女〉

ゆき

【雪】 名 ❶雪。例(a)み吉野の 耳我の嶺に 時なくそ 雪は降りける(=吉野の耳我の山には時節を問わず雪は降ったなあ)〈万葉・一・二五〉例(b)富士の山を見れば、五月のつごもりに、雪いと白う降れり(=富士山を見ると、五月の末だというのに、雪がたいそう白く降りつもっている)〈伊勢・九〉 ❷(雪が白いことから)白いもののたとえ。特に、白髪。例春の日の光にあたる我なれど頭の雪となるぞわびしき(=春の日の光にあたっている私ではあるけれど、年老いて頭が白髪となっているのがつらいことだ)〈古今・春上〉 読解「春の日の光にあたる」は皇太子(春宮)の恩恵を受けることのたとえ。

語誌 ▼異界の霊威 古くは、雪は天から降ってくる不思議な、異界の霊威に満ちあふれたものと信じられていた。それゆえに夏でも頂上に雪を戴く山は、異界の霊威が絶えず及ぶ山として、とりわけ神聖視されることになった。①の吉野の山や富士山はそのような例である。雪にこもる霊威は、豊穣を約束させる力でもあった。大雪の降ることが豊年のしるしとされる理由はそこにある。「新たしき年の初めに豊の稔しるすとならし(=豊作の前触れをするらしい)雪の降れるは」〈万葉・一七・三九二五〉には、その発想が顕著である。春、山腹に見える残雪の形によって農作業の日取りを定める習慣があることも、雪と農耕の深いかかわりを示している。

▼風雅の主題 和歌では、「雪月花」という言葉があるように、雪は風雅を表す大切な主題とされた。春の雪は梅と取り合わされることが多く、また「雪降れば木ごとに花ぞ咲きにけるいづれを梅とわきて(=区別して)折らまし」〈古今・冬〉(➡名歌392)のように、雪を花に見立てた例も多い。平安時代に入ると、とりわけ吉野山が雪の名所と考えられてくる。吉野は花の名所でもあるが、何よりもそこは都から見て、最も程近く異界の神秘と直接に触れあうことのできる場として考えられていた。一方、都の置かれた京都は比較的降雪量の少ない土地であったから、大雪が積もれば大事件であった。『枕草子』には、大雪の朝、女房たちが庭に雪山を作らせて興じたという記事も見える。〈多田一臣〉

【雪を廻らす】 (「廻雪」の訓読)美しい舞姿を、風が雪を吹きめぐらすさまにたとえた表現。例雪をめぐらす雲のうへ人〈夫木・一八〉

ゆき【靫】 名「ゆぎ」とも。矢を入れて背負う武具。のちの壺胡籙にあたる。例剣太刀 腰に取り佩き 梓弓 靫取り負ひて〈万葉・三・四七八〉

ゆき【行き】 名 行くこと。旅行。例我が行きは七日は過ぎじ〈万葉・九・一七四八〉

ゆき【斎忌・悠紀・由基】 名 大嘗祭の新穀を奉るために、占いで定められた国の一つ。京都の東方の国から選ばれる。⇩すき(主基)

ゆき-あか・る【行き別る】 動(ラ下二) 離れてばらばらになる。離れ去って行く。例ちりぢりに行きあかれぬ〈徒然・三〇〉

ゆき-あひ【行き合ひ・行き逢ひ】 アイ 名 ❶出会うこと。また、その時・場所。例彦星の行き逢ひを待つ鵲の〈新古今・雑下〉 ❷季節の変わり目。特に、夏と秋の変わり目。例夏衣片へ涼しくなりぬなり夜や更けぬらん行き会ひの空〈新古今・夏〉

ゆきあひ-の-ま【行き合ひの間】 ユキアイ 行きあって接した物と物とのすきま。例夜や寒き衣や薄き片そぎ(=神社の屋根にある千木)のゆき合ひの間より霜や置くらん〈新古今・神祇〉

ゆき-あ・ふ【行き合ふ・行き逢ふ】 アウ・オウ ❶動(ハ四) ❶めぐりあう。ばったり出会う。例都の人も御供の人も、夢の心地して行き合ひ〈源氏・明石〉 ❷ぴったり合う。一致する。例二道の道理の、かくひしと行き合ひぬれば〈愚管抄・三〉 ❸交差する。重なる。例杉の屋の行き合はぬ間より置く霜にむすばぬ夢も月になりける〈拾玉集・五〉 ❷動(ハ下二) 交差させる。例(鳥ガ)尾ゆきあへ〈記・下・雄略・歌謡〉

ゆき-かぐ・る【行きかぐる】 動(ラ下二) 語義未詳。求婚する、または、寄り集まる意か。例湊入りに舟漕ぐごとく 行きかぐれ〈万葉・九・一八〇七〉➡名歌250

ゆき-がた【行き方】 名 ❶行く方向。行くはずの道。例鬼の島へや行かんと、行き方知らぬ折ふし(=その時)〈御伽草子・浦島太郎〉 ❷行った方向。ゆくえ。例父にて候ふ者は…今に(=いまだに)行き方も知らず候ふ〈御伽草子・三人法師・下〉

ゆき-か・つ【行きかつ】 動(タ下二) 行くことができる。実際には、打消の語を伴って、行くことができない、の意を表す。例落ち激つ走井水の清くあれ

ばおきては(=見捨てては)我は行きかてぬかも〈万葉・七・一二七〉

ゆき-がて【雪糅て】 形動(ナリ)雪まじりのさま。例神無月しぐればかりは降らずして雪がてにのみなどか(=どうして)なるらん〈伊勢集〉

ゆきかひ-ぢ【往き交ひ路・行き交ひ路】 名 行き来する道。往来の途中。例かりそめのゆきかひ路とぞ思ひこし〈古今・哀傷〉

ゆき-か・ふ【行き交ふ】 動(ハ四)❶行ったり来たりする。往来する。例かの桟敷の前をここら(=数多く)行き交ふ人の〈徒然・一三七〉❷次々と移り変わってゆく。一方で去り、一方で新しいものがやってくる。巡り移る。例たとひ時移り、事去り、楽しび悲しびゆきかふとも〈古今・仮名序〉❸しょっちゅう出入りする。頻繁に通う。例ももしき(=宮中)に行きかふ人の聞くばかりやは〈源氏・末摘花〉

ゆき-かへ・る【行き返る・往き返る】 動(ラ四)〔上代は「ゆきがへる」〕❶往復する。行って戻る。例いくたびか馴れし都に行きかへるらん〈千載・羇旅〉❷年月があらたまる。例あらたまの(枕詞)年ゆきがへり春立たば〈万葉・二〇・四四九〇〉

ゆき-かよ・ふ【行き通ふ】 動(ハ四)❶親しく行き来する。しばしば通う。例行き通ふ類・親族などだにことになく〈更級〉❷通いあう。通じる。例行き通ふ心あればとなぐさめて〈新続古今・恋一〉

ゆき・く【行き来・往き来】 動(カ変)行ったり来たりする。往来する。例行き来る人に今日も茶を売らうと〈狂言記・薩摩守〉

ゆき-くら・す【行き暮らす】 動(サ四)日が暮れるまで行き続ける。旅の途中で日が暮れる。例旅の空を行き暮らすみねに松風の吹く〈拾玉集・四〉

ゆき-く・る【行き暮る】 動(ラ下二)道を行く途中で日が暮れる。例行き暮れて木の下かげを宿とせば花やこよひのあるじならまし〈平家・九・忠度最期〉

ゆき-げ【雪気】 名 雪の降りそうな空模様。例空はなほ霞みもやらず風さえて雪げにくもる春の夜の月〈新古今・春上〉➡名歌202

ゆき-げ【雪消・雪解】 名 動(サ変)❶雪が消えること。雪どけ。例雪消する 山道すらを なづみぞ我が来ける〈万葉・三・三八二〉❷雪どけ水。例射水川 雪消溢りて(=あふれて)行く水の〈万葉・一八・四一一六〉

ゆき-げた【行き桁】 名 橋などを支えるために、掛けた方向に沿って渡した角材・板。例橋のゆきげたをさらさらさらと走り渡る〈平家・四・橋合戦〉

ゆき-こかし【雪転し】 名 雪の玉をころがして、しだいに大きな塊とすること。「雪丸げ」とも。例雪転しをして来る〈近松・傾城壬生大念仏・中〉

ゆき-じもの【雪じもの】 副〔「じもの」は接尾語〕雪のように。一説に、「ゆき」にかかる枕詞とも。例ひさかたの(枕詞)天伝ひ来る 雪じもの 行き通ひつつ〈万葉・三・二六一〉

ゆき-ずり【行き摩り・行き摺り】 名 ❶すれ違うこと。また、その時に、触れた色や香りなどが移ること。例行きずりの人の袖さへにほふかな梅の立ち枝に風や吹くらん〈江帥集〉❷通りすがり。通りがかり。例我ならぬ人に汲ますな行きずりにむすびおきつる玉の井の水〈風雅・雑中〉❸一時的なこと。かりそめ。例行き摺りのうちつけ心(=気まぐれ)に宣はむ事、聞かむこそをかしけれ〈今昔・二八・一〉

ゆき-つ・く【行き着く】 動(カ四)❶目的地にたどり着く。到着する。例東山に用ありて、すでに行きつきたりとも〈徒然・一八八〉❷近世の用法。精神力・体力・経済力・運勢などが、限界になる。行き詰まる。例思はぬ大損をしてゆきつき〈浮世草子・商人軍配団・二・三〉

ゆき-つ・る【行き連る】 動(ラ下二)道中の道連れになる。同行する。例立て文持ったる男に行き連れて物語したまふ〈平家・二・勝浦付大坂越〉

ゆき-とぶら・ふ【行き訪ふ】 動(ハ四)訪問する。様子を見に訪れる。例心ざし深かりける人、ゆきとぶらひけるを〈伊勢・四〉

ゆき-の-やま【雪の山】 名 ❶庭に雪を高く積み重ねたもの。インドの雪山(ヒマラヤ)になぞらえて作ったという。例ひと年(=先年)、中宮の御前に雪の山作られたりし〈源氏・朝顔〉❷〔「雪山」の訓読〕インドのヒマラヤのこと。例雪の山の御法のなるらし年をへて広くふりしく末ぞうれしき〈拾玉集・三〉❸雪の降り積もった山。白髪頭のたとえにもいう。例老いはてて雪の山をばいただけど〈拾遺・雑下〉

ゆき-はな・る【行き離る】 動(ラ下二)離れ離れになる。離れてゆく。例年ごろ、わびつつも行き離れざりつる人の、かく別れぬることを〈源氏・蓬生〉

ゆき-ふり-がみ【雪降り髪】 名 馬のたてがみで、白いもの。「木綿髪」とも。例垣根のそひに(=そばで)食む駒の雪ふりがみとみゆる卯の花〈夫木・七〉

ゆき-ふ・る【行き触る】 動(ラ下二)行って触れる。例大御袖 行き触れし松を〈万葉・一三・三三二四〉
語誌 この例を「行き触りし」と読んで四段活用とする説もある。

ゆき-べ【靫部】 名「ゆげひべ」に同じ。

ゆき-ぼとけ【雪仏】 名 雪で作った仏。雪だるま。例春の日に雪仏を作りて、そのために金銀珠玉の飾りを営み(=作り)〈徒然・一六六〉

ゆき-ま【雪間】 名 ❶積もった雪の消えた所。例七日、雪間の若菜摘み〈枕・正月一日は〉❷雪の晴れ間。例ゆきまなき吉野の山をたづねても心のかよふあと絶えめやは〈源氏・薄雲〉❸降る雪の中。積雪の中。例降りやまぬ雪間の梅のつぼみ笠思ふ心のいつか開けん〈新撰六帖・五〉

ゆき-まろげ【雪丸げ】 名「ゆきまろばし」に同じ。例きみ火をたけよき物見せむ雪丸げ〈俳諧・雪まろげ・上〉

ゆき-まろばし【雪転ばし】 名 雪遊びの一種。雪玉を転がして大きな塊にすること。また、その雪の塊。「ゆきこかし」「ゆきころがし」「ゆきまろげ」などとも。例池の氷もえもいはずすごきに、童べおろして、雪まろばしせさせたまふ〈源氏・朝顔〉

ゆき-むか・ふ【行き向かふ】 動(ハ四)❶次々と新しいものがやって来る。年月などが巡り来る。例行き向かふ 年の緒長く 仕へ来し 君が御門を〈万葉・一三・三三二四〉❷出向く。そのほうに行く。

困難・危険などに立ち向かう。例賊衆にゆき向かつ（音便形）て、その罪を問ふべしといへども〈平家・四・南都牒状〉

ゆき-めぐ・る【行き廻る・行き巡る】 動（ラ四）❶めぐり歩く。例をみなへし咲きたる野辺を**行き巡り**〈万葉・一七・三九四四〉❷一回りしてもとの状態にもどる。循環する。例**行きめぐり**つひにすむべき月影の〈源氏・須磨〉

ゆきもよ-に【雪もよに】 雪の降る中に、また、雪の夜に、の意というが未詳。例空にたつ鳥だに見えぬ**雪もよに**〈和泉式部集〉

ゆ-ぎゃう【遊行】 ーギョウ [1]名動（サ変）❶散歩すること。例つれづれなるときは、これを友として**遊行す**〈方丈記〉❷僧が修行・教化のために諸国を巡り歩くこと。例縁に随ひて**遊行して**、所に随ひて衆生を利益す〈今昔・六・八〉[2]名「遊行上人」の略。一遍以来の時宗の歴代の長の称。

ゆき-や・る【行き遣る】 動（ラ四）（多く打消の語を伴って）どんどん進んで行く（ことはない）。例（私ヲ）うち捨ててはえ**行きやらじ**〈源氏・桐壺〉

ゆき-ゆ・く【行き行く】 動（カ四）どんどん進んで行く。例**行き行きて**駿河の国にいたりぬ…なほ**行き行きて**、武蔵の国と下つ総の国との中に、いと大きなる河あり〈伊勢・九〉

ゆきをめぐらす【雪を廻らす】 ⇩「ゆき」の子項目

ゆ・く

【行く・往く】動（カ四）❶**進む**。**出かけて行く**。**去って行く**。**行き着く**。**通過する**。例あづまの方に住むべき国求めにとて**ゆき**けり（＝東国のほうに住むことができる国を探しにと思って行った）〈伊勢・九〉❷**水が流れ去る**。**風が吹き去る**。例**ゆく**河の流れは絶えずして、しかももとの水にあらず（＝流れてゆく川の流れは絶えないで、しかももとの水ではない）〈方丈記〉❸**時が移りゆく**。**年を取る**。例(a)昔、月日の**ゆく**をさへ嘆く男（＝昔、月日が過ぎ去るのをまで嘆く男が）〈伊勢・九一〉例(b)我が身の年の**ゆく**事をば歎かずして、君のおとなしうならせたまふ事をのみうれしう思ひたてまつり（＝あなた様の御成人なさる事ばかりをうれしく思い申し上げ）〈平家・二・少将乞請〉❹**死ぬ**。**逝去する**。例い**行く**我妹か若子を置きて（＝死んでいく妻よ、赤ん坊を残して）〈万葉・三・四六七〉❺**心がはればれする**。**満足する**。例我がやどに花そ咲きたる そを見れど 心も**ゆかず**（＝私の家の庭に花が咲いた。それを見るけれど心もはればれしない）〈万葉・三・四六六〉❻**物事がうまく進行する**。例歩むやうにはしけれども、はかも**ゆかず**、よろよろとして出で来たり（＝歩くようにはしたけれども、進みもせず、よろよろとして出て来た）〈平家・三・有王〉❼**ある結果や状態になる**。例損の**ゆか**ぬやうに（＝損にならないように）〈西鶴・世間胸算用・一・三〉❽（動詞の連用形について）**動作や変化が継続・進行する意を表す**。**～していく**。例(a)いや遠長く 祖の名も 継ぎ**行く**ものと（＝ますます末長く祖先の名を継いでいくものだと）〈万葉・三・四四三〉例(b)やうやう夜も明け**ゆく**に（＝しだいに夜も明けてゆくので）〈伊勢・六〉

語誌▼「いく」と「ゆく」 「いく」「ゆく」ともに上代からあるが、中古・中世を通じて、文献上は「ゆく」のほうが多く、和歌における「生く」との掛詞などを除けば「ゆく」を用いるのがふつう。〈森山由紀子〉

ゆく-あき【行く秋】 晩秋。過ぎ去ってしまう秋。例**行く秋**の形見なるべきもみぢ葉も明日は時雨と降りやまがはん（＝降り乱れるのだろうか）〈新古今・秋下〉

ゆく-かた【行く方】 名❶行く先。行く所。例**行く方**も帰らむ里も忘れぬべう、若き人々の心をうつすに〈源氏・胡蝶〉❷（形容詞「無し」を伴って）心を晴らす方法（がない）。例わが恋はむなしき空に満ちぬらし思ひやれども**行く方**もなし〈古今・恋一〉

ゆく-さ【行くさ】 名（「さ」は接尾語）行くとき。行きしな。例**行くさ**には二人我が見しこの崎を（帰ルトキハ）ひとり過ぐれば心悲しも〈万葉・三・四五〇〉

ゆく-さき【行く先】 名❶（空間的に）目的地。行く手。例**行く先**いまだいづくとも思ひ定めぬかと〈平家・九・落足〉❷（時間的に）これから先。将来。例**行く先**も頼もしげなめる事と思し定めて〈源氏・桐壺〉❸余命。例この頼もし人（＝頼りとする人）は**行く先**短かりなむ〈源氏・帚木〉

ゆくさ-くさ【行くさ来さ】 （「さ」は接尾語）行くときと来るときと。往来の際。例青海原風波なびき**行くさ来さ**つつむことなく（＝障害にあうことなく）舟は早けむ〈万葉・二〇・四五一四〉

ゆく-すゑ【行く末】 ースエ 名❶（空間的に）行くべき先。行く手。例はるばると雲井をさして行く舟の**行く末**遠く思ほゆるかな〈拾遺・雑賀〉❷（時間的に）これから先。遠い将来。未来。例易の占ひは、**行く末**を掌の中のやうにさして知る事にて〈宇治拾遺・八〉❸おぼつかない余命。また転じて、死期。例（浄土へ）迎へさせたまへとて念じつつ、ありがたや、はや**行く末**は近く〈御伽草子・小町草紙〉語誌 ①②は、「行く先」に比べて、ずっとはるかな先という気分。逆に③は、「行く先」よりも切迫感が強いことが多い。

ゆく-て【行く手】 名❶行くべき先の道。進んで行く方向。例いそぎつる道の**行く手**はくらき夜に〈続千載・羇旅〉❷行きがけ。道のついで。例駒並めて**行く手**にも見ん山吹の花〈三奏本金葉・春〉

ゆくとりの【行く鳥の】 《枕詞》飛び立って行く鳥が先を争うように、の意から「争ふ」に、また、群をなして飛び立つことから「群がる」にかかる。

ゆく-はる【行く春】 晩春。過ぎ去ってしまう春。例**行く春**を近江の人と惜しみける〈俳諧・猿蓑・四〉➡名句155

ゆく-へ【行く方】 ーエ 名❶これから進んで行くべき方向。行く先。例もののふの（枕詞）八十（ここまで序詞）宇治川の網代木にいさよふ波の**行くへ**知らずも〈万葉・三・二六四〉➡名歌368 ❷行った所。所在。消息。例はやう（＝以前）ほのかに見し人の、**行くへ**も知らずなりにしが〈源氏・浮舟〉❸将来。身のなりゆく果て。例「祖父の敵になりける蜂の**行く方**なり」とて、焼き失ひてければ〈十訓抄・一・六〉❹時間の経過。例年月の**行くへ**も知らず顔なるを〈源氏・若菜上〉

ゆくへ-なし【行く方無し】ユクエ— ❶どこにも行く所がない。あてにできる所がない。例いづ方となく行く方なき心地したまひて〈源氏・明石〉 ❷所在がわからない。消息が不明である。例若君の上をだに(=うわささえ)え聞かず、あさましく行く方なくて過ぎゆく〈源氏・夕顔〉 ❸果てがない。例行く方なき御涙のみぞとどまらぬ〈増鏡・新島守〉

ゆくみづの【行く水の】ユクミズノ《枕詞》水の流れる様子から「過ぐ」「留めかぬ」「浅し」「絶えず」などにかかる。

ゆく-ゆく 副 ❶滞ることのないさま。どんどん。ずんずん。すらすら。例御腹はゆくゆくと高くなる〈宇津保・国譲下〉 ❷遠慮のないさま。ずけずけと。おおっぴらに。堂々と。例ゆくゆくと宮にも(苦情ヲ)愁へきこえたまふ〈源氏・賢木〉

ゆく-ゆく【行く行く】 副 ❶行きながら。行くにつれて。例(酒ナドヲ)船に入れたり。ゆくゆく飲み食ふ〈土佐〉 ❷将来は。やがては。先々には。

ゆくら-か 形動(ナリ)〔「か」は接尾語〕ゆったりしているさま。一説に、ゆらゆらと揺れ動いているさま、の意とも。例ゆくらかに妹は心に乗りにけるかも〈万葉・一二・三一七四〉

ゆくら-ゆくら-に 副 ゆらゆらと動揺して定まらないさま。ゆらゆら。心理的にも空間的にも用いる。例ゆくらゆくらに下恋ひに(=心の中で恋い慕って)いつかも来むと待たすらむ〈万葉・一七・三九六二〉

ゆくり-か 形動(ナリ)〔「か」は接尾語〕❶思いがけない。急だ。不意だ。例ゆくりかに思ひよりて(=思いついて)〈源氏・東屋〉 ❷軽はずみだ。不用意だ。例わが御心ながらも、ゆくりかにあはつけきこと(=浮ついたこと)と思し知らるれば〈源氏・胡蝶〉

ゆくり-な・し 形(ク)〔「ゆくり」は思いがけないさま。「なし」は接尾語〕多く「ゆくりなく」の形で副詞的に用いる。「ゆくりもなし」とも。❶思いがけない。不意だ。突然だ。例ゆくりなく風吹きて(=突然に風が吹いて)〈土佐〉 ❷何気ない。不注意だ。不用意だ。例湯ぶねへ躍りいりて、のけざまにゆくりもなく臥したるに(=湯船に飛び込んで、あお向けに何気なく横たわったところ)〈宇治拾遺・三七〉

類義 ①②ゆくりか 〈鈴木宏子〉

ゆ-げ【遊戯】 名 動(サ変)〔古くは「ゆけ」〕❶《仏教語》仏や菩薩の心のままに自在であること。例地獄に遊戯してこそおはしませ〈沙石集・一・一〇〉 ❷心楽しいこと。楽しく思うこと。また、のびのびと遊ぶこと。例いま十二十年の命は(=もう十年か二十年の命が)、今日延びぬる心地しはべりと、いたく(=ひどく)遊戯するを〈大鏡・後一条院〉

ゆ-げた【湯桁】 名 湯船のまわりに渡してある桁。また、湯船。例一人をば湯桁に押し当てて、首ねぢ切って投げ出だす〈保元・下〉

ゆげひ【靫負】ユゲイ 名〔「ゆきおひ(靫負ひ)」の変化した形。古くは「ゆけひ」〕靫を負って宮廷を守る人。兵士。特に、衛門府およびその官人の称。

ゆげひ-の-じょう【靫負の尉】ユゲイ— 名 左右の衛門府の三等官。大尉は従六位、少尉は従七位相当。「衛門の尉」とも。

ゆげひ-の-すけ【靫負の佐】ユゲイ— 名 衛門の佐の別称。例にげなきもの…靫負の佐の夜行すがた。狩衣姿もいとあやしげなり〈枕・にげなきもの〉

ゆげひ-の-つかさ【靫負の司】ユゲイ— 名 宮中守護の武官をつかさどる役所。左右の近衛・兵衛・衛門府の六衛府。また、特に衛門府。

ゆげひ-の-みゃうぶ【靫負の命婦】ユゲイ—ミョウブ 名 命婦の呼び名の一つ。父兄あるいは夫が靫負(衛門府の官人)である命婦。例常よりも思し出づること多くて、(亡キ更衣ノ里ニ)靫負の命婦といふを遣はす〈源氏・桐壺〉

ゆげひ-べ【靫負部】ユゲイ— 名 大化の改新以前、国の造の子弟たちによって組織され、宮中を守護する朝廷の親衛隊。「ゆきべ」とも。

ゆ-さん【遊山】 名 動(サ変)❶《仏教語》禅宗で、自然に接して清らかな心境になること。❷山遊び。桜狩り・きのこ狩り・紅葉狩りなど。❸遊びに出かけること。気晴らしに外出すること。行楽。例汝はいかなる遊山をしたぞ〈狂言・茫々頭〉

ゆじゅん【由旬】 名〔梵語の音写〕古代インドの距離の単位。聖王の一日の行程という。一由旬は六町を一里(約六五五メートル)として、一六里とも、三〇里または四〇里とも。例炎の空へたちあがり、多百由旬に及びけんも〈平家・六・入道死去〉

ゆ・す【揺す】 動(サ変)琴の琴を弾くとき、左手で弦を揺り動かす。例ひと度も揺し按ずる暇も心あわたたしければ〈源氏・若菜下〉

ゆす・ふ【結ふ】ユスウ 動(ハ四)《上代語》「むすぶ(結ぶ)」の東国方言。結ぶ。例家の妹ろ我を偲ふらし真結ひに結ひし紐の解くらく思へば〈万葉・二〇・四四二七〉

ゆすり-み・つ【揺すり満つ】 動(タ四)その場の人すべてが騒ぎたてる。全体にざわめく。例殿の内ゆすりみちて、惑ひこがれたまふ〈宇津保・あて宮〉

ゆする【泔】 名 洗髪・整髪すること。また、それに用いる水。洗髪用には、米のとぎ汁や強飯を蒸したあとの水を用いたという。例御泔参り、御衣着替へなどしたまひて〈源氏・葵〉 読解「参る」は尊敬語。お使いになって、の意。

ゆす・る【揺する】 動(ラ四)❶揺れ動く。揺り動かす。例山野揺すり、大空響きて〈宇津保・俊蔭〉 ❷驚いて大騒ぎする。例宮の内ゆすりて、ゆゆしう泣きみちたり〈源氏・賢木〉 ❸相手を脅して、自分の言い分を通したり金銭を奪ったりする。例雲助も駄賃をゆすらず〈滑稽本・膝栗毛・三上〉

ゆする-つき【泔坏】 名 泔の水を入れるための器。古くは土器、のちは漆器や銀器を用いた。例出でし日使ひし泔坏の水は、さながらありけり〈蜻蛉・上〉

泔坏〔高田装束研究所〕

ゆ-ずゑ【弓末・弓上】ユズエ— 名 弓の上部。例ますらをの弓末振り起こし射つる矢

を〈万葉・三・三六四〉

ゆた【寛】 形動(ナリ) ゆったりとして余裕がある。例大舟の(=大舟のように)ゆたにあるらむ人の児ゆゑに〈万葉・一一・二三六七〉

ゆた-か【豊か】 形動(ナリ)〔「か」は接尾語〕❶物事が豊富なさま。裕福だ。満ち足りている。例翁やうやう(=しだいに)豊かになり行く〈竹取〉❷ゆとりがあるさま。ゆったりしている。おうようだ。例唐衣袂ゆたかに裁てといはましを(=言えばよかったのに)〈古今・雑上〉

ゆ-だけ【弓丈】 名「ゆんだけ」に同じ。

ゆ-だけ【裄丈】 名着物のゆきの丈。背縫いから袖口までの長さ。例ゆだけの片の身を縫ひつるが〈枕・ねたきもの〉

ゆたけ-し【豊けし】 形(ク)❶ゆったりしている。おおらかだ。例大の浦のその長浜に寄する波(ここまで序詞)ゆたけき君を思ふこのころ〈万葉・八・一六一五〉❷広々としている。たっぷりしている。例三保の浦のゆたけき見つつもの思ひもなし〈万葉・三・二九六〉❸盛大だ。勢いが盛んだ。例才もすぐれ、ゆたけきさきら(=弁舌)を、いとど心して(=心をこめて)言ひつづけたる〈源氏・鈴虫〉❹裕福だ。富み栄えている。例かくばかりゆたけき年に〈夫木・二〇〉

ゆ-だち【弓立ち】 名弓を射るときに、弓を標的に向けて垂直に立て、構える姿勢を取ること。例弓立ちして、弓をさしかざして〈宇治拾遺・一八九〉

ゆ-だて【湯立て】 名巫女が神前で行う神事の一つ。熱湯に笹の葉を浸し、それを体にふりかけて、神がかりになって神の託宣を受ける。例里巫女がみ湯立て笹のそよそよに〈金槐集・下〉

ゆたに-たゆたに【寛にたゆたに】 ゆらゆらと落ち着かないさま。ゆっくり漂い動くさま。例我が心ゆたにたゆたに浮き蓴(=水草の名)辺にも沖にも寄りかつましじ〈万葉・七・一三五二〉

ゆ-だね【斎種】 名〔「ゆ」は接頭語〕潔斎して清めた種。主に稲の種をいう。一説に、「ゆ」は「五百」の変化した形で、多くの種類の種。また、「湯種」で、湯に浸して発芽を早めた種籾の意とも。例湯種蒔くあらきの小田を求めむと〈万葉・七・一一一〇〉

ゆた-の-たゆたに【寛のたゆたに】「ゆたにたゆたに」に同じ。例大舟の(枕詞)ゆたのたゆたにもの思ふころぞ〈古今・恋一〉

ゆた・ふ 動(ハ四) たるむ。ゆるくなる。例つぎ目(=関節)現れて、皮(=皮膚)ゆたひ〈平家・三・有王〉

ゆ-たん【油単】 名一重の布や紙などに油を染み込ませたもの。湿気を防ぐための覆いや敷物などに用いる。例新しき油単に、襪(=くつした)はいとよくとらへられにけり〈枕・方弘は、いみじう人に〉

ゆ-つ-【斎つ】 接頭〔「つ」は「の」の意の上代の格助詞〕名詞について、神聖な、清らかな、の意を添える。「斎つ岩群」「斎つ桂」「斎つ真椿」など。

ゆ・づ【茹づ・煠づ】 動(ダ下二)❶熱湯で煮る。ゆでる。例湯に初めのごとく(鼻ヲ)茹づれば〈今昔・二八・二〇〉❷湯治する。患部を湯や湯気にあてる。例馬より落ちて右の腕をうち折りたれば、それをゆでんとて〈宇治拾遺・八九〉

ゆ-づう【融通】 名❶滞りなく通用すること。互いに通じあうこと。❷金銭・物品などをやりくりすること。例使ふための金銀だから用向きの事にはつかふがよし。つかはねば融通が悪い〈滑稽本・浮世風呂・四上〉❸《仏教語》異なる別々のものがとけあって一体となること。

ゆ-づか【弓柄・弓束】 名「ゆつか」とも。矢を射るとき、左手で弓を握る部分。皮などを巻く。⇨ゆみ(図)。例南淵の細川山に立つ檀弓束巻くまで人に知らえじ〈万葉・七・一三三〇〉読解「檀」は弓材となる。

ゆつ-かつら【斎つ桂】 名〔「ゆつ」は接頭語〕神聖な桂。一説に、枝の密生した桂とも。例門の斎つ桂の上に居て〈記・上・神代〉

ゆ-つき【斎槻】 名〔「ゆ」は接頭語〕神聖な槻。一説に、「ゆ」は「五百」の変化した形で、枝や葉の繁った槻の意とも。例長谷の斎槻が下に隠したる妻〈万葉・一一・二三五三〉

弓月が嶽 《地名》大和国、今の奈良県桜井市の山。巻向山の最高峰。⇨巻向

ゆ-づけ【湯漬け】 名飯に湯を注いだ食べ物。また、そのようにして食べること。例わりなく(=しかたなく)夜ふけてとまりたりとも、さらに湯漬けをだに食はせじ〈枕・宮仕人のもとに〉

ゆつ-つまぐし【斎つ爪櫛】 名〔「ゆつ」は接頭語〕神聖な爪櫛(歯の数が多い櫛)。例右の御みづらに刺させるゆつつま櫛を引きかきて〈記・上・神代〉

ゆつ-まつばき【斎つ真椿】 名〔「ゆつ」「ま」は接頭語〕神聖な椿。一説に、「ゆ」は「五百」の変化した形で、枝や葉の繁った椿、の意とも。例葉広斎つ真椿しが花の〈記・下・仁徳・歌謡〉

ゆづり-じゃう【譲り状】 名所領や財産を近親者に譲渡する旨を記した文書。「譲り文」とも。例父があづけおきし譲り状をとりそへて〈曾我・一〉

ゆづり-は【譲り葉・交譲木】 名〔古くは「ゆづるは」〕植物の名。トウダイグサ科の常緑高木。新しい葉が出てから古い葉が落ちるのを親が子に譲ると見立て、その新旧交替のさまがめでたいとして正月などに飾り物として用いる。例ゆづり葉の、いみじうふさやかに(=ふさふさとして)つやめき〈枕・花の木ならぬは〉

ゆ-つ・る 動(ラ四) 時間や月が移る。移動する。例まそ鏡(枕詞)清き月夜のゆつりなば〈万葉・一一・二六七〇〉

ゆ-づる【弓弦】 名弓の弦。はじいて鳴らし、魔除けとすることがあった。例弓弦いとつきづきしく(=似つかわしく)打ち鳴らして〈源氏・夕顔〉

ゆづ・る【譲る】 動(ラ四)❶自分の持ち物を他人に与える。自分の権利を他人に与える。例箏の御琴をば、上(=紫の上)に譲りきこえて〈源氏・若菜下〉❷譲歩する。また、ひけを取る。例老母あり、孟氏の操(=節操)に譲らず〈読本・雨月・菊花の約〉

ゆづる-は【譲る葉・交譲木】 名「ゆづりは」の古形。

ゆ-づゑ【弓杖】 名「ゆんづゑ」に同じ。

ゆ-どの【湯殿】 名❶浴室。浴室を設けた殿舎。例兵衛、あて宮のゆどの出でたまへるに〈宇津保・菊の

宴〉❷入浴すること。例その夜は、けづり髪せさせ、ゆどのなどせさせたまふほどに〈宇津保・蔵開中〉❸貴人の入浴に奉仕する役。例御湯殿は宰相の君〈紫式部日記〉

ゆな-ゆな 名 語義未詳。のちのち、の意か。例ゆなゆなは 息さへ絶えて のち遂に 命死にける〈万葉・九・一七四〇〉

ゆ-には【斎庭】 名〔「ゆ」は接頭語〕神聖な庭。神を祭るために潔斎した場所。例瑞穂を平らけく安らけく斎庭に知ろしめせ〈祝詞・中臣寿詞〉

ゆ-ば【弓場】 名「ゆみば」とも。弓を射る練習をする場所。平安時代では、内裏の紫宸殿の前庭の西隅にあったものをさす。のちに武家にも設けられた。例維衡をば左衛門府の弓場に下され(=召し出し)〈今昔・二三・一三〉

ゆ-はず【弓筈・弓弭】 名 弓の両端の、弦を掛ける部分。上端を末弭、下端を本弭という。例取り持てる 弓弭の騒き〈万葉・二・一九九〉

ゆ-はた【纈】 名〔「ゆひはた(結ひ機)」の変化した形〕くくり染め。絞り染め。例あふ事はかたむすびなるわぎもこがゆはたの紐もよ〈続後拾遺・恋三〉

ゆば-どの【弓場殿】 名 天皇が弓術を見る場所。内裏の校書殿の東廂の北に、紫宸殿寄りに設けられた。⇩口絵。例弓場殿を経て、殿上の小庭に出でつつ〈平家・四・競〉

ゆば-はじめ【弓場始め】 名 ❶平安・鎌倉時代、陰暦十月五日に内裏の弓場殿で行われる公卿・殿上人の賭弓を天皇が見る儀式。射場始め。❷武家で、年頭や新築の弓場で初めて弓を射る儀式。

ゆ-はら【弓腹】 名「ゆばら」とも。弓の胴の部分。一説に、弓の両端の弦をかける部分(弓筈)のことども。例梓弓 弓腹振り起こし〈万葉・一三・三三〇二〉

ゆ-ばり【尿】 名「ゆまり」に同じ。例河の上にゆばりをまり入れて候ひつるが〈沙石集・八・一〇〉読解 川の上流で小便をしましたが、ということ。

ゆひ【結ひ】 1 名 ❶ものを結ぶこと。また、標を結うこと。例春かけてこらしおきたるゆひなれば〈有房集〉❷田植え・刈り入れなどのとき、集落で手伝いあうこと。また、その人々。例明日はただゆひも雇はで早苗取りてん〈堀河百首〉2 接尾 紐で結んだ衣服や銭などを数える。～くくり。～束。「衣二結ひ」など。

ゆび【指】 名 手足の指。特に、手の指。⇩および

[指を差す] ❶指でさし示す。例富人の家を「彼ぞ富める家」と指を差して教へたりき〈今昔・二・二七〉❷他人のことを悪く言う。後ろ指をさす。例あれこそ為義が子どものなれる果てよとて、人に指をさされて〈保元・下〉

ゆひ-はた【結ひ機】 名「ゆはた」に同じ。

ゆふ【夕】 名 日の暮れる時間帯。夕方。例朝守り夕の守りに(=朝方の警備、夕方の警備に)大君の 御門の守り〈万葉・一八・四〇九四〉

語誌 ▼昼を中心とする時間区分「あさ・ひる・ゆふ」の一つ。夜を中心とする時間区分の最初である「ゆふべ」と同じころ。

▼単独で用いられることは少なく、『万葉集』では動詞「さる」とともに用いる「夕さる(夕方になる意)」の形がほとんどである。「夕影」「夕霧」「夕月夜」「夕凪」などの複合語となることも多い。〈高田祐彦〉

ゆふ【木綿】 名 楮の皮をはぎ、その繊維を蒸して水にさらし、細かく裂いて糸状にしたもの。神事のとき、幣として榊などにかける。例木綿かけて斎ふこの社も越えぬべく思ほゆるかも(=踏み越えてしまいそうに思われることだよ)恋の繁きに〈万葉・七・一三七八〉

ゆ・ふ

【結ふ】 動(ハ四)❶結ぶ。縛る。例帯は道のままに(=道の途中で)ゆひて〈枕・五月の御精進のほど〉❷髪を整える。例角髪(=少年の髪型)ゆひたまへるつらつき〈源氏・桐壺〉❸造り構える。組み立てる。例(水車ヲ)やすらかにゆひて(=やすやすと組み立てて)〈徒然・五一〉❹糸でつづる。繕う。例几帳どものほころびゆひつつ〈枕・宮の五節いださせ給ふに〉

語誌 類義語「むすぶ」がものに結び合わせて固定するという感じが強いのに対し、「ゆふ」はある形に作りあげる、組みあげるという感じが強い。〈木村博〉

ゆふ-うら【夕占・夕卜】 名「ゆふけ」に同じ。

ゆふ-か・く【夕掛く】 動(カ下二)夕方になる。和歌では、多く「木綿かく」と掛けて用いる。例夕かけて、みな帰りたまふほど〈源氏・藤裏葉〉

ゆふ-かげ【夕影】 名 ❶夕方の日の光。例春の野に霞たなびきうら悲しこの夕影に鶯鳴くも〈万葉・一九・四二九〇〉→名歌294 ❷夕方の日の光を受けた姿・形。例一日(=先日)の源氏の御夕影ゆゆしう思されて〈源氏・紅葉賀〉

ゆふかげ-ぐさ【夕影草・夕陰草】 名 夕方の薄明かりの中にある草。一説に、夕方、物陰で咲く草とも。例みなせ山夕かげ草の下露や〈続千載・秋上〉

ゆふ-かたぎぬ【木綿肩衣】 名 木綿で作った袖のない着物。例木綿肩衣 純裏に(=一枚の布を折って)縫ひ着〈万葉・一六・三七九一〉

ゆふ-がほ

【夕顔】 名 植物の名。ウリ科のつる性一年草。夏、夕方に白い花が咲く。古くから栽培され、実は食用、また干瓢の原料となる。⇩口絵。例夕顔は、花のかたちも朝顔に似て…夕顔という名ばかりはをかし(=趣深い)〈枕・草の花は〉

語誌 ▼夕方に咲く白い花 花が夕方に開いて翌朝にはしぼむので、この名がある。『源氏物語』夕顔巻で、光源氏が、通りかかった粗末な家に白い花の咲いているのを見出す場面がある。源氏はその名を知らず、供人に「かの白く咲けるをなむ、夕顔と申しはべる。花の名は人めきて、かうあやしき(=みすぼらしい)垣根になん咲きはべりける」と教えられる。この家に身を寄せていた女性は夕顔と通称されるが、源氏との関係が急展開するなかで、はかなく命を落としてしまう。夕顔は平安後期以降は歌にも詠まれるようになるが、そこには『源氏物語』の影響が大きく、「あやしき」家に咲く花として定着していく。〈佐藤明浩〉

夕顔 《人名》『源氏物語』の作中人物。三位中将

の娘。両親とは早くに死別。もとは頭中将の愛人。一女(玉鬘)をもうけたが、内気な性格もあって正妻方に迫害されて姿を隠したという。後年、それとも知らぬ光源氏と夕顔の花を機縁に出会い、互いに素姓を明かさぬまま逢瀬を重ねる。八月、源氏に連れて行かれた某の院で物の怪に取り憑かれて急死。十九歳。源氏は十七歳。

ゆふ-かみ【木綿髪】 ユウ― 名「ゆきふりがみ」に同じ。例薄紅梅の毛にて、髪・尾などいと白き。げに「**木綿髪**」ともいひつべし〈枕・鳥は〉

夕霧 ユウギリ《人名》『源氏物語』の作中人物。光源氏の長男。母はその正妻の葵の上。誕生とともに母に死なれ、幼時は母方の祖母のもとで養育される。源氏の意志で厳しい教育を受け、ひたすら勉学に励む。従姉にあたる雲居雁との幼い恋を、その父内大臣(頭中将)に裂かれて悲しむこともあった。雲居雁とは六年後に結婚。後年、親友柏木の死に際しては後事を託され、その正妻の女二の宮(落葉の宮)の世話をするうちに思いが募って結婚。雲居雁の嫉妬は激しい。大勢の子に恵まれ、右大臣、さらに左大臣に昇進。

夕霧阿波鳴渡 ユウギリアワノナルト《作品名》浄瑠璃。世話物。三段。近松門左衛門作。正徳二年(一七一二)竹本座初演。大坂新町の遊里の太夫夕霧は、伊左衛門との間の子源之助を阿波の侍平岡左近に押しつけたと伊左衛門に話す。それを聞いた左近の妻は武士の面目から内密にと頼み、夕霧を身請けして源之助の乳母とする。結局は廓に戻った夕霧は危篤となり、伊左衛門に別れを告げるが、伊左衛門の母に嫁と認められた喜びで快方に向かう。後世の夕霧物と呼ばれるものへの影響が大きい。

ゆ-ぶくろ【弓袋】 名「ゆみぶくろ」とも。弓を入れる袋。例**弓袋**の料に(=弓袋を作る材料として)おくられたりける布どもをば〈平家・二・西光被斬〉

ゆふ-け【夕占】 ユウ― 名夕方、街の辻に立ち、道行く人の言葉を聞いて吉凶を占うこと。例月夜には門に出で立ち夕占問ひ〈万葉・四・七三六〉

ゆふ-け【夕食】 ユウ― 名〔近世は「ゆふげ」〕夕方の食事。夕食。例千代までも民の煙や絶えざらむ鳥羽田の里の朝け**夕け**に〈夫木・一九〉

ゆふ-ざ【夕座】 ユウ― 名《仏教語》朝夕二回行う講座のうち、夕方に行うもの。例供養ののち、朝座・**夕座**に講莚(=説法)を行ひて〈今昔・一三・一九〉

ゆふ-さらず【夕去らず】 ユウ― 夕方にはいつも。毎夕。例今日もかも明日香の川の**夕去らず**かはづ鳴く瀬のさやけくあるらむ〈万葉・三・三五六〉

ゆふ-さり【夕さり】 ユウ― 名夕方になること。日暮れ。例朝には狩りに出だし立ててやり、**夕さり**はかへりつつ(=帰ってくるといつも)そこに来させけり〈伊勢・六九〉

ゆふさり-つ-かた【夕さりつ方】 ユウサリ― 名〔「つ」は「の」の意の上代の格助詞〕夕方ころ。例**夕さりつ方**帰りなむとしける時によめる〈古今・離別・詞書〉

ゆふ-さ・る【夕さる】 ユウ― 動(ラ四)〔「さる」はその時が来る意〕夕方になる。例**夕されば**小倉の山に鳴く鹿は今夜は鳴かず寝ねにけらしも〈万葉・八・一五一一〉
↓名歌399

ゆふ-しで【木綿垂・木綿四手】 ユウ― 名木綿で作った垂。神前に供える幣の一種。例榊葉に**木綿垂**かけて誰が世にか神の御前に斎ひそめけん〈拾遺・神楽歌〉

ゆふ-しほ【夕潮・夕汐】 ユウシオ 名夕方に満ちてくる潮。例**夕潮**満ち来て、入り江の鶴も声惜しまぬほどの〈源氏・澪標〉

ゆふ-だすき【木綿襷】 ユウ― ❶名木綿で作った襷。神事のとき、神官が肩に掛けて袖を束ねる。例**木綿だすき**肩に取り掛け〈万葉・一三・三二八六〉❷《枕詞》襷を掛ける意から「かく」「むすぶ」にかかる。例**木綿襷**むすぼほれつつ嘆くこと〈蜻蛉・上〉

ゆふ-だ・つ【夕立つ】 ユウ― 動(タ四)❶夕方、波・風・雲・雪などが起こり立つ。例かきくもり**夕立つ**波のあらければ〈新古今・羇旅〉❷夕立が降る。例やがて**夕立つ**我が袂かな〈山家集・下〉

ゆふ-つ-かた【夕つ方】 ユウ― 名〔「つ」は「の」の意の上代の格助詞〕夕方。例五月四日の**夕つかた**、青き草おほくいとうるはしく(=きちんと)切りて〈枕・五月四日の夕つかた〉

ゆふ-づきよ【夕月夜】 ユウ― 名「ゆふづくよ❶」に同じ。

ゆふ-づ・く【夕づく】 ユウ― 動(カ下二)夕方になる。例**夕づけて**、いとめづらしき文あり〈蜻蛉・中〉

ゆふ-づく-ひ【夕づく日】 ユウ― 名夕日。夕方の日光。例**夕づく日**さすやいほりの柴の戸にさびしくもあるかひぐらしの声〈新古今・夏〉

ゆふ-づくよ【夕月夜】 ユウ― ❶名陰暦七日ころまでの夕方に出ている月。また、その月の出ている夕方。例**夕月夜**のをかしきほどに(使者ヲ)出だし立てさせたまひて〈源氏・桐壺〉❷《枕詞》月が夜中に沈むことから「暁闇」に、月がほの暗いことから「を暗し」と同音を含む地名「小倉山」に、月が沈むことから「入る」と同音を含む地名「入佐」「入野」にかかる。

ゆふつけ-どり【木綿付け鳥】 ユウツケ― 名鶏の別称。世の中が乱れたとき、鶏に木綿をつけて都の四境の関で鳴かせ、祓えをしたという故事による。例逢坂の**木綿つけ鳥**もわがごとく人や恋しき音のみなくらむ〈古今・恋一〉

ゆふつげ-どり【夕告げ鳥】 ユウツゲ― 名「ゆふつけどり」に同じ。「木綿付け」を「夕告げ」と解したもの。

ゆふ-つづ【長庚・夕星】 ユウ― 名❶明るく輝く星。白く輝く星。❷夕方、西の空に見える金星。宵の明星。例星はすばる。ひこぼし。**ゆふつづ**〈枕・星は〉

ゆふつづの【長庚の・夕星の】 ユウツヅノ《枕詞》「ゆふつづ」が夕方現れることから「夕べ」に、また、周期によって東の空に現れたり西の空に見えたりするところから「か行きかく行き」にかかる。

ゆふ-なぎ【夕凪】 ユウ― 名夕方に一時風がやんで、海が静かになること。例**夕凪**に門(=海峡)渡る千鳥波間より見ゆる小島の雲に消えぬる〈新古今・冬〉

ゆふなみ-ちどり【夕波千鳥】 ユウナミ― 名夕方寄せる波のあたりを飛ぶ千鳥。例近江の海**夕波千鳥**汝が

鳴けば心もしのに古思ほゆ〈万葉・三・二六六〉➡名歌42

ゆふ-には【夕庭】ユウニワ 名 夕方の庭。例朝庭に 出で立ち平し 夕庭に 踏み平げず〈万葉・一七・三九五七〉

ゆふ-ばえ【夕映え】ユウ 名 夕方薄暗くなるころ、物の色や形がかえってくっきりと美しく見えること。例桜の御直衣に、くれなゐの御衣の**夕ばえ**なども〈枕・淑景舎、東宮にまゐり給ふほどのことなど〉

ゆふ-はな【木綿花】ユウ 名 木綿で作った造花。一説に、神事の際に榊の枝などにつけた木綿をその白さから花に見立てたものとも。例泊瀬女の造る**木綿花**〈万葉・六・九一二〉

ゆふ-は-ふる【夕羽振る】ユウ 夕方、風や波が荒々しく吹き寄せることのたとえ。例朝はふる 風こそ寄せめ **夕はふる** 波こそ来寄れ〈万葉・二・一三一〉➡名歌69

ゆふ-べ

【夕べ】ユウ 名〔古くは「ゆふへ」。「へ」は方向の意〕❶**夕方。夕暮れ。**例(a)我がやどのいささ群竹吹く風の音のかそけきこの夕へかも〈万葉・一九・四二九一〉➡名歌429 例(b)朝に死に、**夕べ**に生まるるならひ、ただ水の泡にぞ似たりける(=朝に人が死に、夕方に人が生まれる世の常は、ただ水に浮かぶ泡に似ているものだ)〈方丈記〉

❷**昨夜。**例ただ一人の姫を、**ゆふべ**の暮れほどに、行き方知らず見失ふ(=たった一人の娘を、昨夜の日暮れごろに、行方もわからなくなり見失った)〈御伽草子・酒呑童子〉

語誌▼**夜の時間区分の初め** 夜を中心とする時間区分「ゆふべ・よひ・よなか・あかつき・あした」の最初の時間帯。昼を中心とする時間区分「あさ・ひる・ゆふ」の「ゆふ」と実際の時間帯は同じになる。夜の始まりを回想して表現することから②の用法が生まれた。
▼**「秋の夕べ」** 男女の仲にとっては、男性が女性を訪れる前の「ゆふべ」は、もの思いの時間帯であり、とりわけ「秋のゆふべ」は、「いつとても恋しからずはあらねども秋の夕べはあやしかりけり」〈古今・恋一〉のように、ものを思わせるころだった。また、「見渡せば山もと霞む水無瀬川夕べは秋となに思ひけむ」〈新古今・春上〉(➡名歌357)のように、平安時代には夕べは秋をよしとする美意識が標準的であった。〈高田祐彦〉

ゆふ-まぐれ【夕間暮れ】ユウ 名〔「まぐれ」は「目暗れ」の意〕夕暮れ。夕方の薄暗いこと。また、その時分。例秋はなほ**ゆふまぐれ**こそただならね(=心ひかれるものだ)荻の上風萩の下露〈義孝集〉

ゆふ-まどひ【夕惑ひ】ユウマドイ 名 夕方から眠くなること。「宵惑ひ」とも。例曹司(=部屋)に入り臥して、**夕まどひ**したるほどなり〈源氏・末摘花〉

ゆふ-やみ【夕闇】ユウ 名 日が暮れてから月が昇るまでの闇。また、その期間。月の出の遅い陰暦二十日前後にいうことが多い。例**夕闇**は道たづたづし(=おぼつかない)〈万葉・四・七〇九〉

ゆぶ-ゆぶ 副「ゆふゆふ」とも。水気などを含んでぶくぶくしているさま。例顔は青鈍なる練り衣に水を包みたるやうにて、一身**ゆふゆふ**と腫れたる者〈今昔・二四・七〉

ゆほ-びか ユオ 形動(ナリ) 広々としたさま。ゆったりとして穏やかなさま。例(明石ノ浦ハ)他所に似ず、**ゆほびかなる**所にはべる〈源氏・若紫〉

ゆ-まき【湯巻き】名 貴人の入浴に奉仕する女官が、衣服がぬれないように上に着るもの。多くは白い生絹を用いたが、のちは模様染めのものなども用いた。例よはひ二十ばかりなる女房の…染め付けの**湯巻き**して〈平家・一〇・千手前〉

ゆまは-る【斎まはる】ユマワル 動(ラ四) 心身の穢れを祓って身を清める。斎戒する。例太手襁取り掛けて、持ち**斎まはり**仕へまつれる〈祝詞・祈年祭〉

ゆ-まり【尿】名〔「ゆ」は湯、「まり」は排泄する意の動詞「まる」の名詞形〕小便。「ゆばり」とも。例次に**小便**まる。神となる〈紀・神代上〉

ゆみ

【弓】名 ❶**矢をつがえて射る武器。**古くは梓・檀・槻などの材を削った丸木弓で、平安時代以降、それらに竹をはり合わせて籐や糸を巻いた伏竹弓になった。例(a)大御身に 大刀取り佩かし 大御手に **弓**取り持たし(=尊いお体に大刀を取って身にお着けになり、尊いお手に弓を取ってお持ちになり)〈万葉・二・一九九〉例(b)大矢と申す定の者の、十五束に劣って引くは候はず。**弓**の強さもしたたかなる者五、六人して張り候ふ(=強弓を引く武者と言われるほどの者で、十五束より短い矢を引く者はおりません。弓の強さも、屈強な者が五、六人で張ります)〈平家・五・富士川〉

❷**弓を射ること。弓を射る技能。**また、**弓の競技。**例究竟の**弓**の上手どもが、矢先をそろへて…さんざんに射る(=すぐれた弓の名手たちが、矢の先をそろえて…激しく射る)〈平家・四・橋合戦〉

❸「破魔弓」の略。例年の市**弓**は手桶に納めたり〈柳多留拾遺・初〉読解 正月準備の市で、若水をくむ手桶と子どもに贈る破魔弓を買った。

❹「わたゆみ」に同じ。

語誌 籐などの巻き方により、重籐・塗籠籐などと分類される。長さは通常七尺五寸で、上端を末弭、下端を本弭といい、そこに弦を張る。そのときに要する人数によって何人張りと称して弓の強さを表す。武士を弓取り、武道を弓馬の道というように武器として最も重要視された。また、出産・病気の折には、魔物をも鳴弦によって退散させられると信じら

◆弓

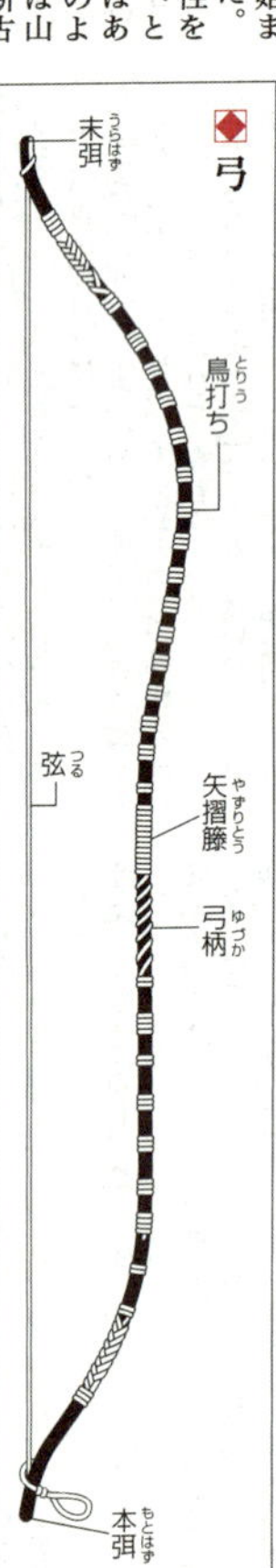

れた。　〈黒木祥子〉

［弓引く］ ⇩ゆみをひく

［弓を引く］ ❶弓に矢をつがえて射る。例河なかで弓引くな〈平家・四・橋合戦〉 ❷悪魔・悪霊・穢れなどを追い払うために、弓の弦を引き放して鳴らす。例弓ひき鳴らし、あやしき男どもの声どもして「火危ふし(=火の用心)」など言ふも〈源氏・浮舟〉読解夜回りの警備のさま。❸敵対する。反抗する。例その恩忘れて、当家に向かって弓をひくにこそあんなれ〈平家・五・早馬〉

ゆみ-とり【弓取り】 名 ❶弓を持つこと。弓を使うこと。また、その人。例ある所に強盗入りたりけるに、弓取りに法師をたてたりけるが〈著聞集・三・四三九〉 ❷弓術にすぐれていること。また、弓の名人。例生まれ付きたる弓取りにて〈保元・上〉 ❸弓矢を持つことをつとめとする人。武士。例弓取りのならひ、軍に負けて落つるは常のことぞかし〈平治・中〉

ゆみ-はじめ【弓始め】 名「ゆばはじめ②」に同じ。

ゆみ-はず【弓筈・弓弭】 名「ゆはず」に同じ。

ゆみ-はり【弓張り】 名 ❶弓の弦を張ること。また、その人。❷「弓張り月」の略。例月を弓張りと言ふは何の心ぞ〈大和・一三三〉 ❸「弓張り提灯」の略。

ゆみはり-ぢゃうちん【弓張り提灯】 名 竹を弓のように曲げ、その両端に上下を引っかけて張り開くようにした提灯。例二、三人づれにて弓張り提灯をともし〈滑稽本・膝栗毛・四下〉

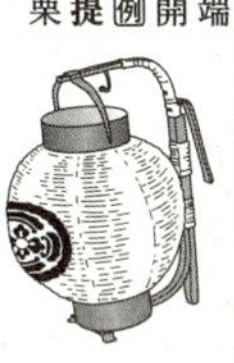

弓張り提灯

ゆみはり-づき【弓張り月】 名 弓に弦を張った形の月。上弦、または下弦の月。例「ほととぎす名をも雲井にあぐるかな」と仰せられかけたりければ…「弓張り月のいるにまかせて」と仕りつ〈平家・四・鵼〉読解「いる」は、弓を「射る」と月が「入る」を掛ける。

ゆみ-ふで【弓筆】 名 ❶弓と筆。武事と文事。文武両道。例八百万代の末までも、弓筆に残す心なり〈謡曲・賀茂〉 ❷〔弓に関する筆の意〕武士の名誉を記した記録。例身を捨ててこそ、後記にも、佳名を留むべき弓筆の跡なるべけれ〈謡曲・八島〉

ゆみ-や【弓矢】 名 ❶弓と矢。転じて、武器。例弓矢を取って並びなきのみならず〈平家・四・鵼〉 ❷弓矢に関する方面。武芸。武道。例弓矢にたづさはらん者、なにしかはわが身を思はん事は候はん〈宇治拾遺・一五五〉 ❸弓矢を取る身。武士。また、武士の家柄。例ただ今ここを渡さずは、ながき弓矢の疵なるべし〈平家・四・橋合戦〉 ❹弓矢の争い。戦争。例これこそ期したる(=覚悟の)弓矢にて候へ〈義経記・八〉

ゆみや-とり【弓矢取り】 名 弓矢を取って用いること。また、その人。武士。例母方の祖父にあづけて、弓矢取りにはしたてたり〈平家・九・三草合戦〉

ゆみや-はちまん【弓矢八幡】 1名 弓矢の神である八幡神。武士が誓いを立てるときに唱える語。例弓矢八幡、箱根の権現も照覧あれ〈謡曲・調伏曾我〉 2副 神かけて。断じて。例弓矢八幡、成敗いたさうず〈狂言・入間川〉 3感 失敗を悟ったとき、非常に驚いたとき、次に言う語を強調するときなどに発する語。例弓矢八幡、おもしろい〈狂言・今参〉

ゆめ

【夢】 名〔「いめ」の変化した形〕 ❶眠っている時などに見る像。例うたた寝に恋しき人を見てしより夢てふものはたのみそめてき〈古今・恋二〉↓名歌82 ❷現実とは思われないようなこと。はかないこと。例寝ても見ゆ寝でも見えけりおほかたはうつせみの世ぞゆめにはありける(=寝ても見える、寝ないでも見えたなあ。だいたいはこのはかない世は夢であったなあ)〈古今・哀傷〉

語誌▼不思議なもの　上代は「いめ」。「いめ」は「寝+目」とする説が有力だが、「い(斎・忌)」+「め(見)」と考えるほうがわかりやすい。特殊に見ること、霊威のある見方、神々の意志を見ることなど、いろいろ考えられるが、夢を不思議だと感じていることで、単に寝て見るものと解するには、用例が特殊すぎる。「直に逢はずあらくも多く(=直接に逢わないでいることも多く)しきたへの(枕詞)枕さらずていめにし見えむ」〈万葉・五・八〇九〉では、実際にはなかなか逢えなくて恋しいので、あなたの夢に現れているといっており、自分の魂が抜け出して相手の夢に出るという観念があったことを示している。

夢は神のお告げを得るものでもあり、夢の内容から吉凶などを判断する夢合わせ・夢解きや、悪い夢を吉に変えたりするための夢違えも行われた。法隆寺の夢殿を、籠もって夢を見ることで神々の意志を知ろうとする建物と考える説もある。

▼「ゆめ」と「うつつ」　②の例は、この世を夢という例の初期のもの。寝ても見え、寝ないでも見えるという二句が、その夢と現実との境界がなくなっている状態をよく表している。文芸における夢は、このような夢と現の境界が定かでない状態として表現される場合が多い。　〈古橋信孝〉

［夢合はす］ 夢を、占いの法則に合わせて判断する。例夢を見たりければ、合はせんとて、夢解きの女のもとに行きて、夢あはせてのち〈宇治拾遺・一六五〉

ゆめ

【努・勤】 副 禁止や打消の語と呼応して、その禁止や打消を強調する。

❶(禁止の語を伴って)決して(〜するな)。絶対に(〜するな)。例(a)秋萩はこの月ごろは散りこすなゆめ(=秋萩は、今月じゅうは散ってくれるな、決して)〈万葉・八・一五六〇〉例(b)かかること、ゆめ人に言ふな(=このような事は、決して他人に語るな)〈和泉式部日記〉

❷(打消の語を伴って)まったく(〜ない)。例かへりては弄ずるここちして、ゆめうれしからず(=かえって私をばかにしている気がして、まったくうれしくない)〈蜻蛉・下〉

語誌▼①の用法では、古くは例(a)のように文末に用いられることも多い。

▼「ゆめ」を強めた形に「ゆめゆめ」があり、多く①の意に用いられる。②の意は、「夢」と混同されて、「ゆめに」「ゆめにも」などの形も用いられるようになってゆく。　〈井上博嗣〉

ゆめ-あはせ【夢合はせ】 名「ゆめとき」に同じ。例いかさまにも(=どうみても)末たのもしき事にこそと夢合はせしたまひて〈源平盛衰記・一五〉

ゆめ-うつつ【夢現】 名 夢と現実。また、その区別のつかないさま。例かきくらす心の闇にまどひにき夢うつつとは今宵さだめよ〈伊勢・六九〉➡名歌112

ゆめ-がたり【夢語り】 名 ❶自分の見た夢の内容を他人に話すこと。例世心つける(=好色めいた心のある)女…まことならぬ夢語りをす〈伊勢・六三〉 ❷夢のようにはかない話。例いかで(=なんとかして、せめて)、あさましかりし世の夢語りをだに(シタイモノダ)〈源氏・夢浮橋〉

ゆめ-がま・し【夢がまし】 形(シク)〔「がまし」は接尾語〕はかなく頼りないさま。わずかであるさま。例(先日ノ土産ハ)夢がましく見えはべりしかば、重ねて奉るなり〈発心集・一・九〉

ゆめ-ぢ【夢路】 名 夢の中の道。夢の中で相手の所へ行き来すること。例夢路には足もやすめず通へども〈古今・恋三〉 類義▶ゆめのかよひぢ

ゆめ-とき【夢解き】 名 夢の内容から、未来に起こることや吉凶を判断すること。また、それをする人。例夢を見たりければ…夢ときの女のもとに行きて、夢合はせて〈宇治拾遺・一六五〉

ゆめ-に【夢に】 副(打消の語を伴って)決して(〜ない)。少しも(〜ない)。例ゆめに知りたまはざりければ〈源氏・末摘花〉

ゆめに-も【夢にも】 副「ゆめに」に同じ。例君は夢にも知りたまはず〈源氏・澪標〉

ゆめ-の-うきはし【夢の浮き橋】 夢の通い路。夢。例春の夜の夢の浮き橋とだえして峰に別るる横雲の空〈新古今・春上〉➡名歌297

ゆめ-の-かよひぢ【夢の通ひ路】 夢の中で行き通う道。例住江の岸による波(ここまで序詞)よるさへや夢の通ひ路人めよくらむ〈古今・恋二〉➡名歌197

ゆめ-の-ただぢ【夢の直路】 夢の中で目的地にまっすぐ通じている道。思う人のもとにまっすぐ行くことのできる夢の中の道。例恋ひわびてうち寝るなかに行き通ふ夢の直路はうつつならなむ(=現実のものであってほしい)〈古今・恋二〉

ゆめ-の-つげ【夢の告げ】 神仏が夢の中でするお告げ。例夢のつげむなしからず(=事実無根ではない)。恐ろしき事なり〈続古事談・四〉

ゆめ-の-ゆめ【夢の夢】 夢の中で見る夢。きわめてはかないことのたとえ。例娑婆の栄花は夢の夢、楽しみ栄えて何かせむ〈平家・一・祇王〉

ゆめ-の-よ【夢の世】 夢のようにはかない現世。例かかる夢の世をば見ずもやあらまし(=経験せずにすんだだろう)〈更級〉

ゆめ-ばかり【夢ばかり】 副 ほんの少し。例もし食ふべき物やある。夢ばかり得しめよ(=分けてください)〈今昔・一九・一四〉

ゆめ-まくら【夢枕】 名 ❶夢を見ていたときにしていた枕。「夢の枕」とも。例夢枕むすぶ契りのはかなきにみやこへいざといかでさそはん〈霊元法皇御集〉 ❷夢の中で、神仏や故人が枕もとに現れて、告げ知らせること。

ゆめ-み【夢見】 名 夢を見ること。また、その内容。例平家の人々夢見も悪しう〈平家・五・物怪之沙汰〉

ゆめ-ゆめ【努努】 副〔副詞「ゆめ」を重ねた語〕❶(禁止の語を伴って)決して(〜な)。断じて(〜な)。例ゆめゆめ軽々しくよからぬ方にもてなしきこゆな(=扱い申し上げるな)〈源氏・椎本〉 ❷(打消の語を伴って)少しも(〜ない)。まったく(〜ない)。例ゆめゆめ知りまゐらせず候ふ〈平家・六・小督〉

ゆ-や【斎屋】 名 寺社に参籠するとき、沐浴・斎戒するために籠もる建物。休息などにも使う。例寺の中につきぬ。斎屋に物など敷きたりければ、行きて臥しぬ〈蜻蛉・中〉

ゆ-や【湯屋】 名 ❶浴室のある建物。湯殿。例「湯屋にてからむべし(=捕らえよう)」とて、湯にいれて〈平家・一二・六代被斬〉 ❷風呂屋。銭湯。例湯屋の流し版(=流し場)のごとく〈滑稽本・浮世風呂・大意〉

熊野権現 名〔「ゆや」は「熊野」の音読〕「くまのさんざん」に同じ。

ゆゆ・し

形(シク) タブーとなっているものに触れてはならないと恐れる気持ちを表す。そこから、不吉な感じだ、さらに、不気味なほど程度がはなはだしい、の意となる。

❶**神聖で恐れ多い。触れるのがはばかられる。** 例かけまくも(=言葉に出して申すのも) ゆゆし恐こし 住吉の 現人神〈万葉・六・一〇二〇〉 読解「かけまくもゆゆし恐し」は慣用的な言い方。

❷**不吉だ。忌まわしい。不吉な感じがするほど恐ろしい。気味が悪い。不吉な感じがして心配だ。** 例(a)ひとり寝て絶えにし紐をゆゆしみと(=ひとり寝をして切れてしまった紐が不吉だからと)〈万葉・四・五一五〉 読解旅立ちに妻が結んだ紐が切れるのは、留守宅に不幸があることのしるしと考えられていた。例(b)神など空にめでつべき容貌かな。うたてゆゆし(=神などが空から魅入ってしまうにちがいない容貌であることよ。気味悪く不吉だ)〈源氏・紅葉賀〉 読解あまりに美しい人は神に魅入られたりなどして早死にすると考えられていた。

❸**程度がはなはだしい。とんでもない。** 例たかき屐子をさへはきたれば、ゆゆしう(音便形)たかし(=高い屐子をまでも履いていたので、とんでもなく背が高い)〈枕・今内裏のひむがしをば〉 読解「屐子」は履物の名。

❹**すばらしい。りっぱだ。** 例馬屋・侍所にいたるまで、ゆゆしくつくり立て居ばや(=馬屋や侍所にいたるまで、りっぱに造り立てて暮らしたい)〈御伽草子・物くさ太郎〉

語誌▼神聖な、の意の「ゆ(斎)」を重ねて形容詞化した語と考えられている。類義語「いまいまし」「いみじ」は「いむ(忌む・斎む)」に関係する形容詞。
▼時代が下るにつれて、禁忌的な意味が失われていく。『源氏物語』ですでに、①の意はなく、ほとんどが②の意である。はばかられる・慎まれるといった意は、「いまいまし」で表現されることが多い。中世以降は④の意が増えるが、不吉だ・気味が悪いといった語感

らはしたるも、あてはかに（＝優雅で）**ゆゑづき**たれば〈源氏・夕顔〉❷動（カ下二）子細ありげにする。例おのづから一つ**ゆゑづけ**て、し出づることもあり〈源氏・帚木〉

ゆゑ・ぶ【故ぶ】ユヱ 動（バ上二）「ゆゑづく㊀」に同じ。

ゆゑ-ゆゑ・し【故故し】ユヱユヱシ 形（シク）〔名詞「ゆゑ」を重ねて形容詞化した語〕由緒ありげだ。趣・風格がある。例**ゆゑゆゑしき**唐橋どもを渡りつつ〈紫式部日記〉

ゆゑ-よし【故由】ユヱ― 名 ❶由来。わけ。例壮士墓このもかのもに（＝あちらこちらに）造り置ける**故縁**聞きて〈万葉・九・一八〇九〉❷教養が身についていること。奥ゆかしい様子。例あまりの**ゆゑよし**心ばせうち添へたらむをばよろこびに思ひ〈源氏・帚木〉

ゆゑん【所以】ユヱン 名 理由。わけ。鎌倉時代以降、漢文訓読体の文章に用いる。例重犯の族にいたっては、御計らひあるべきか。**ゆゑん**はなんぞ〈追加法〉

ゆをひく【湯を引く】⇩「ゆ」の子項目

ゆん-ぜい【弓勢】名〔「ゆみせい」の撥音便形〕弓を引く力の強さ。例この矢一つ受けて、**弓勢**のほど御覧ぜよ〈太平記・一六〉

ゆん-だけ【弓丈】名〔「ゆみだけ」の撥音便形〕「ゆだけ」とも。弦を張らない弓一張りの長さ。ふつう七尺五寸（約二・二七メートル）。例（敵ヲ）つかうで（＝つかんで）**弓丈**ばかり投げのけられたり〈平家・九・忠度最期〉

ゆん-づゑ【弓杖】ユンヅヱ 名〔「ゆみづゑ」の撥音便形〕「ゆづゑ」とも。❶弓を杖にすること。また、その弓。例鎧の胸板後ろへつっと射ぬかれて、**弓杖**にすがり、すくむところを〈平家・九・二度之懸〉❷「ゆんだけ」に同じ。例（ソノ畦道ハ）はたばり（＝幅）**弓杖**一たけばかりにて〈平家・八・妹尾最期〉

ゆん-で【弓手・左手】名〔「ゆみて」の撥音便形〕左側。左の方向。例つづいて寄る安芸太郎を**弓手**の脇にとってはさみ〈平家・一一・能登殿最期〉語誌 人間の左手の意とされることが多いが、「弓手の腕」〈保元・上〉などの例からわかるように、基本的な意味は左側・左の方向である。⇩めて

よ

【世・代】名 時間の広がりの中で、ある区切られた範囲をさすのが原義。

❶時の流れに関していう。㋐時代。年代。例遠き代に　ありけることを　昨日しも　見けむがごとも　思ほゆるかも〈万葉・九・一八〇七〉➡名歌250　㋑統治者が治める期間。治世。転じて、国政。朝廷。例橿原の　ひじりの**御代**ゆ　生れましし　神のことごと〈万葉・一・二九〉➡名歌216　㋒時分。時期。折。例つくづくとして起き上がる**世**もなく（＝ぼんやりとしていて起き上がる折もなく）〈源氏・手習〉

❷人間の一生に関していう。㋐生涯。例もの思ふと過ぐる月日も知らぬ間に年もわが**世**も今日や尽きぬる（＝もの思いをするといって過ぎ行く月日をわからない間に、この一年も我が人生も今日で終わってしまうのか）〈源氏・幻〉㋑寿命。例限りある御命にて、この**世**尽きたまひぬとも（＝初めから決まっている御命で、この寿命が尽きておしまいになってしまうとしても）〈源氏・若菜下〉㋒境遇。生活。例賤しく貧しき者も、高き**世**に改まり（＝身分が低く貧しい者も、すぐれた境遇に変わり）〈源氏・若菜下〉

❸現実世界に関していう。㋐世間。社会。例**世**を捨てて山に入る人山にてもなほ憂き時はいづち行くらん（＝世間を捨てて山に入る人は、山でもやはりつらいときはどこへ行くのだろうか）〈古今・雑下〉㋑世俗。時流。例**世**に靡かぬ限りの人々（＝時流にへつらわない、すべての人々）〈源氏・須磨〉

❹仏教的世界に関していう。**前世**・**現世**・**来世**の三世それぞれの世。例この**世**にし楽しくあらば来む**世**には虫にも鳥にも我はなりなむ（＝現世でさえ楽しかったら来世では虫にでも鳥にでも私はなってしまおう）〈万葉・三・三四八〉読解「この世」は現世、「来む世」は来世。

❺男女の仲。夫婦仲。例むげに**世**を思ひ知らぬやうにおぼほれたまふなむ、いとつらき（＝まったく男女の仲をわからないようにとぼけていらっしゃるのは、ひどく恨めしい）〈源氏・帚木〉

語誌 ▼「世」と「節」　「世」は、竹や葦などの節と節の中間部を「節」と呼ぶのと関連があるとされる。「節」は空間の広がりのある部分、「世」は時間の広がりのある部分をさす。空間・時間の相違はあるが、ともに区切られた範囲である。

▼男女の仲　平安時代の女流の和歌や物語では、「世」「世の中」の語が、人の一生、世間、男女の仲など多様に用いられたが、その意味内容は、かなり近接しあう関係にあった。当時の閉塞的な社会環境に生かされている貴族の女性たちは、恋や結婚の相手との交渉を通して、俗世間を見たり、自分の人生を考えたりした。生涯も世間も男女関係も一続きのものとみられたのである。〈鈴木日出男〉

［世と共に］〔世の推移とともに、の意〕いつも。常に。例亡せたまひぬる北の方を、**世とともに**恋ひきこえたまひて〈源氏・若菜下〉

［世に逢ふ］世に用いられる。時勢にあう。はぶりがよい。例**世にあひ**、はなやかなる若人にて〈源氏・賢木〉

［世にあり］類義▶ときにあふ ❶この世に生きている。この世に存在する。例わが**世にあらん**限りだに、この院荒らさず〈源氏・匂宮〉❷世の人に認められる。時めいている。評判が高い。例**世にある**僧どもの、参らぬはなし〈宇治拾遺・一九一〉

［世に知らず］世の中に類例がない。並々でない。例**世に知らず**聡う賢くおはすれば〈源氏・桐壺〉

[世に無し] ❶この世に生存しない。例今は**世になき**人の御事はかひなし〈源氏・若紫〉❷この世に比類ない。世にまたとない。例この児のかたちきよらなること、**世になく**〈竹取〉❸世に時めいていない。時勢にあわない。例**世にな**き古めき人にて〈源氏・蓬生〉

[世に似ず] 世の中に類例がない。格別である。例かぐや姫の容貌の**世に似ず**めでたきことを、帝聞こしめして〈竹取〉

[世に経] ❶この世に生き長らえる。和歌では、「(雨が)降る」に掛けて用いることも多い。例(a)花の色はうつりにけりないたづらにわが身**世にふる**ながめせしまに〈古今・春下〉➡名歌288 例(b)いとものはかなく、とにもかくにもつかで、**世に経る**人ありけり〈蜻蛉・上〉❷俗人として世を過ごす。例(入道ハ)**世に経**し時だに、人(=世人一般)に似ぬ心ばへにより〈源氏・若菜上〉❸男女の情がわかる。色気づく。例**よに経**ぬもの(=まだ男女の情がわからないもの)と思ひけるかな〈後撰・恋五〉

[世に旧る] ❶(世に広く知られて)珍しくも新しくもなくなる。例**世にふりぬる**事をも、おのづから聞き漏らすあたりもあれば〈徒然・二三四〉❷結婚の経験がある。例**世にふりにたる**などを、(妻トシテ)持ちゐたるたぐひ多かり〈源氏・蜻蛉〉

[世を知る] ❶世の中の事情に通じる。世情に通じる。例**世を知らぬ**虫だに秋は鳴きにこそ鳴け〈千載・雑中〉❷男女間の情がわかる。例(コノ女性ハ)ひたぶるに若びたるものから(=幼げであるものの)、**世をまだ知らぬ**にもあらず〈源氏・夕顔〉❸国を治める。例殿の御前(=藤原道長)、**世を知り**初めさせたまひてのち〈栄花・疑ひ〉

[世を捨つ] 俗世を捨てる。隠遁する。出家する。例**世を捨てて**明石の浦に住む人も〈源氏・若菜上〉

[世を背く] 「よをすつ」に同じ。例五十の春を迎へて、家を出で、**世を背けり**〈方丈記〉

[世を保つ] 国を治める。例**世を保たせ**たまはむに憚りあるまじく賢く見えさせたまふ〈源氏・明石〉

[世を尽くす] 一生を送る。例白波の寄する渚に**世を尽くす**海人の子なれば宿も定めず〈新古今・雑下〉

[世を遁る] 「よをすつ」に同じ。例**世を遁れて**山林にまじはる(=分け入って住む)〈方丈記〉

[世を離る] 「よをすつ」に同じ。例かく**世を離る**るさまに(尼姿ニ)ものしたまへば〈源氏・夕顔〉

[世を響かす] 世間に評判を立てる。大評判となる。例かく**世をひびかす**御孫の出でおはしましたる〈大鏡・道長上〉

[世を貪る] 世俗的な名誉や愛欲などに心を奪われる。欲望に心を迷わせる。例ひたすら**世をむさぼ**る心のみ深く、もののあはれも知らずなりゆくなん、あさましき〈徒然・七〉

[世を渡す] ❶世の中や世の人を救う。仏が衆生を救う。済度する。例仏の世に出でたまひて、**世を渡し**たまへる〈栄花・鶴の林〉❷家督を譲る。例子孫に**世を渡し**〈西鶴・世間胸算用・五・三〉

よ【夜】

名 **日が暮れてから夜が明けるまでの時間帯。** 夜。例青山に 日が隠らば ぬばたまの(枕詞) **夜**は出でなむ(=青々と草木の茂った山に日が隠れるならば、夜がやって来るだろう)〈記・上・神代・歌謡〉

語誌 ▼「夜」と「日」 一日の時間概念は、まず夜と日に二分される。「かがなべて 夜には九夜 日には十日を」〈記・中・景行・歌謡〉(➡名歌277)の例は、「日」が昼の意で、「夜」と対応していることをよく示す。

▼**夜の特殊性** この二つの基本的な時間は、人の活動しうる「日」と、活動してはいけない「夜」という分け方もできる。夜に活動することがきわめて特殊であることになる。祭りを夜する場合が多いのはそのためである。「百鬼夜行」など、化け物は夜の時間帯に出没し、鶏の鳴き声とともに去るということもあげられる。古代では、引っ越しを夜にしたことも、秩序の変化だからだったかもしれない。旅から帰って入京する場合も、夜であった。

▼「よ(夜)」が複合語として用いられる場合が多いのに対して、「よる」は複合語を作らない。〈古橋信孝〉

[夜を日に継ぐ] (音便形)昼夜の区別なく行う。例**夜を日につい**で馳せ上るほどに〈平家・一二・泊瀬六代〉

よ【節】

名 ❶竹や葦などの、節と節の間の空洞部分。例節を隔てて、**よ**ごとに黄金ある竹を見つくること重なりぬ(=節を仕切りにして、その間の空洞ごとに黄金が入っている竹を見つけることが度重なった)〈竹取〉

❷(①から転じて)節。例大きなる竹の**よ**を通して入道の口にあて(=大きな竹の節を抜いて入道の口に当てて)〈平治・上〉読解 地中でも呼吸ができるようにする。

語誌 和歌では枕詞「呉竹の」「なよ竹の」を上につけて用いられることが多く、また「節」が「世」や「夜」と掛詞として用いられることも多い。例今さらに何生ひ出づらん竹の子の憂き節しげきよとは知らずや〈古今・雑下〉読解 幼子を見て詠んだ歌で、「よ」は「世」と「節」を掛ける。〈鈴木日出男〉

よ【余・予】

代 自称の人称代名詞。自分。わたし。男性が用いる。例**予**もいづれの年よりか、片雲の風にさそはれて、漂泊の思ひやまず〈芭蕉・奥の細道〉

よ

❶格助 『上代語』格助詞「より」とほぼ同義。

❶**動作・作用の起点を表す。** 〜から。例古**よ**しのひにければほととぎす鳴く声聞きて恋しきものを(=昔から賞美してきたので、ほととぎすが鳴く声を聞くと恋しいものだなあ)〈万葉・一八・四一一九〉読解「ものを」は詠嘆の意を表す。

❷**動作・作用の経過点を表す。** 〜を通って。〜から。例さ雄鹿の伏すや草むら(ここまで序詞)見えずとも児ろが金門**よ**行かくし良しも(=雄鹿が隠れている草むらのように姿が見えなくても、あの娘の家の門を通って行くのはうれしいなあ)〈万葉・一四・三五三〇〉

❸**比較の基準を表す。** 〜に比べて。〜より。例雲に飛ぶ薬食む**よ**は都見ばいやしき我が身またをちぬべし(=空を飛ぶ仙薬を飲むよりは都を見れば身分の低い

私もまた若返るにちがいない)〈万葉・五・八四八〉 読解 九州の筑紫(つくし)で故郷の奈良の都を思って詠んだ歌。
❹手段・方法を表す。〜で。〜によって。例空は行かず 足よ行くな(＝空を飛んで行けず、足で歩いて行くことだ)〈記・中・景行・歌謡〉

2 間助 ❶詠嘆・感動の意を添える。〜なあ。〜よ。例かくてもあられけるよと、あはれに見るほどに(＝このようにも住めるのだなあと、しみじみと感動して見ているうちに)〈徒然・一一〉
❷呼びかけ・念押しなどの意を添える。〜よ。〜だぞ。例(a)少納言よ。直衣(なほし)着たりつらむは、いづら(＝少納言よ。直衣を着ているという人は、どこ)〈源氏・若紫〉 例(b)この膝(ひざ)の上に大殿籠(おほとのごも)れよ(＝私の膝の上でお休みなさいよ)〈源氏・若紫〉

接続 1は体言および体言に準じる語につく。2は種々の語につく。

語誌 ▼1は、和歌にしか用例がない。平安時代以降、「より」が用いられる。
▼2のうち、命令形につく「よ」は、動詞の命令形の一部である「よ」と紛れやすい。命令形に現れる「よ」も、もともとは②の「よ」であったと考えられるが、平安時代以降は、一段活用、二段活用、サ行変格活用などの場合、常に命令形に「よ」が現れることから、これらの活用の場合には、「よ」までを命令形としている。
▼2のうち、文末に用いられるものは終助詞とする説もある。〈佐藤一惠〉

よ-あう【余殃】(ヨウ) 名 先祖の犯した悪事の報いとして子孫が受ける災難。例積悪(しゃくあく)の門(＝悪事を重ねた家)に余殃とどまるとこそ承れ〈平家・二・小教訓〉

よ-あらし【夜嵐】 名 夜吹く嵐。例夜あらしに岸根の紅葉ちり浮きて今朝(けさ)川水ぞあけにながるる〈大江戸倭歌集・三〉

よい【宵】 ⇩よひ

よ-いくさ【夜軍】 名 夜間の戦い。例夜軍になって、暗さは暗し(＝暗いことは暗いし)、官軍寺にせめ入りて火をはなつ〈平家・四・三井寺炎上〉

よい-しゅ【好い衆】 名 家柄がよく、財産のある人々。例袖鑑(そでかがみ)(＝長者番付)に、よい衆・分限者(ぶんげん)・銀(かね)持ちとて、これに三つのわかちあり〈西鶴・諸艶大鑑(しょえんおおかがみ)・六・四〉 語誌 例は資産家の町人を三つに分けている。それによれば、「好い衆」はその最上位で、代々の名家で、金を稼ぐ必要がないので家業もなく、趣味や教養に日々を過ごす人々という。最下位の「銀持ち」は、ここではにわか成金。

よ-いち【世一】 名 天下一。日本一。当世第一。無類。例いけずきといふ世一の馬には乗ったりけり〈平家・九・宇治川先陣〉

ヨウ【妖・要・窅・遥・腰・謡】 ⇩えう

ヨウ【葉】 ⇩えふ

ヨウ【羊・栄・揚・陽・楊・様・影・瑩・養・瓔】 ⇩やう

よう【酔う】 ⇩ゑふ

よう【用】 名 ❶必要。入り用。また、費用。例かかる用もや(＝こうした必要な折があろうか)と残したまへりける御装束(さうぞく)〈源氏・桐壺〉 ❷用事。例用ありて行きたりとも、その事はてなば、とく(＝すぐ)帰るべし〈徒然・一七〇〉 ❸「ゆう」とも。働き。作用。例人なほわざ(＝技能や職業)にはよるまじ。ただ心の用なり〈今昔・六・四〉

よう【庸】 名 令制の税の一つ。年一〇日の労役の代わりに納める税。ふつう、布が代納された。

よう【良う・善う・能う】 副「よく」のウ音便形。

よう 助動(特殊型) ❶推量・意志の意を表す。〜だろう。〜よう。例どこにしよう(終止形)な〈洒落本・遊子方言〉 ❷勧誘・命令の意を表す。〜よう。例さあ、寝よう(終止形)〈洒落本・道中粋語録〉

接続 四段活用以外の動詞と動詞型活用の助動詞の未然形につく。

活用 ○/○/よう/よう/○/○

よう-い

【用意】 名動(サ変) ❶心を用いること。心遣い。配慮。例大殿(おほとの)の頭中将(とうのちゅうじゃう)、容貌(かたち)・用意、人にはことなるを(＝左大臣家の頭中将は、容貌や心遣いが、並の人よりはすぐれているが)〈源氏・紅葉賀〉 ❷事前に備えておくこと。準備。支度。例今日、九郎が鎌倉へ入るなるに、おのおの用意したまへ(＝今日、九郎が鎌倉に入るそうだから、めいめい準備しなさい)〈平家・一一・腰越〉 読解 弟義経(よしつね)(九郎)を警戒する源頼朝(よりとも)の言葉。

語誌 ▼「かたち」と「ようい」 ①は、『源氏物語』では例のほかにも「(明石(あかし)ノ君ハ)容貌(かたち)・用意、あらまほしうねびまさりゆく」〈薄雲〉などとある。内面の「用意」が外見の「かたち」と一対で、人間の基本的な評価基準とされていたことがわかる。〈川崎剛志〉

よう-かん【勇敢・勇幹】 名 形動(ナリ) 勇気があり、押し切って物事を行うこと。また、気性が荒々しく粗暴であること。例すこし勇幹にあしき人にてぞおはせし〈大鏡・伊尹〉

よう-ぎ【容儀】 名 礼儀にかなった姿・形。ふるまい。また、容姿。例極楽世界に行きて、阿弥陀仏(あみだぶつ)の容儀を見たてまつりて〈今昔・六・一六〉

栄西(ようさい)《人名》⇩栄西(やうさい)

ようさ-つ-かた【夜さつ方】 名(「ようさりつかた」の変化した形)夜になるころ。例十六日。今日のようさつかた、京へ上る〈土佐〉

よう-さり【夜さり】 名 夜になるころ。夕方。また、夜。例「今日なむ(帰ッテ来タ)」とて、夜さり見えたり〈蜻蛉・中〉 語誌 「よさり」の変化した形。一説に、「ゆふさり(夕さり)」「よひさり(宵さり)」の変化した形とも。

ようさり-つ-かた【夜さりつ方】 名(「よさりつかた」の変化した形)夜になるころ。例夜さりつ方、二条院へ渡りたまはむとて〈源氏・若菜下〉

雍州(ようしう)《地名》(中国で長安(ちやうあん)が雍州の地にあったことから)平安京のある山城国の別称。

よう-しゃ【用捨】 名 ❶用いることと捨てること。取捨選択すること。例我ながら用捨に迷惑して(＝迷って)〈連理秘抄〉 ❷人の扱い方。例下人用捨も常にかはりてつかひければ〈西鶴・武家義理物語・五・四〉 ❸控えめにすること。遠慮。手かげん。また、やめること。辞退。例年せんさく(＝年齢をとやかく言い立てること)は用捨あるべし〈西鶴・好色一代男・三・一〉

ようじょう【横笛】⇩やうでう

よう・す【用す】動(サ変)用いる。役立てる。例ただ馬・鞍をのみ重くす(=大事にする)。牛・車を**用する**人なし〈方丈記〉

よう-せず-は〔「よくせずは」のウ音便形〕悪くすると。ひょっとすると。例坊(=皇太子)にも、**ようせず**は、この皇子の居たまふべきなめり〈源氏・桐壺〉

よう-だい【容体・容態】名「ようてい」「やうたい」とも。様子。かっこう。姿。例頭つき・**ようだい**…世に知らずをかしげにて〈浜松中納言・四〉

よ-うち【夜討ち】名❶夜、不意に敵を襲うこと。夜襲。例いざや六波羅におしよせて**夜討ち**にせん〈平家・四・永僉議〉❷夜、人家を襲って財物を略奪すること。夜盗。例商人の宝をとらんとて、**夜討ち**の多く入りたりしかども〈曾我・八〉

よう-どう【用途】名「ようど」「ようとう」とも。費用。また、銭。例車の力を報ふほかには(=車での運び賃を払う以外には)、さらに**用途**いらず〈方丈記〉

ようなし【要無し】⇩えうなし

ようなり ⇩やうなり

よう-にん【用人】名❶有用な人。「要人」とも。例この人にまさる御**用人**あるまじ〈太平記・三九〉❷江戸時代、武家の職名。大名・旗本などの家で、金銭の出納や庶務を担当する重職。御用人。

ようやく【漸く】⇩やうやく

ようよう【様様・漸う】⇩やうやう

-よか 接尾 接尾語「やか」の変化した形。「なよよか」「賑よか」など。

よか【良か・善か】❶『上代語』形容詞「よし」の古い未然形「よけ」の東国方言。例まさかし**良かば**(=今さえよかったら)〈万葉・一四・三四一〇〉❷形容詞「よし」の連体形「よかる」の撥音便形「よかん」の撥音の表記されない形。「よかめり」「よかなり」などと用いる。

よ-がけ【夜駆け・夜懸け】名夜、不意をついて敵陣を襲撃すること。夜討ち。例多田三八はむるいなる**夜がけ**上手にて候ふ〈甲陽軍鑑・二五〉

よ-がたり【世語り】名世間の語りぐさ。例**世がたり**に人や伝へん〈源氏・若紫〉

よか-なり〔「よかるなり」の撥音便形「よかんなり」の撥音の表記されない形〕よいようだ。例いと**よかなり**〈源氏・帚木〉

横川【よかは ヨカワ】名比叡山延暦寺の三塔の一つ。東塔の北方、三塔の中でも奥に位置する区域。円仁が創建した首楞厳院(横川中堂)が始まりで、天禄三年(九七二)良源によって東塔・西塔から独立する。弟子の源信は恵心院に住み、浄土信仰を説いた。俗塵を離れた清浄な地と意識され、和歌では、「横川の水」という形で「澄む」が、時に「住む」と掛けて詠まれた。『源氏物語』末尾の手習巻・夢浮橋巻に登場する高徳の僧「横川の僧都」は源信がモデルとされる。例そのころ**横川**に、なにがし僧都とかいひて、いと尊き人住みけり〈源氏・手習〉

よ-が・る【夜離る】動(ラ下二)夜、男性が女性のもとに通ってこなくなる。男女の仲が絶える。例一夜とて**夜離れ**し床の〈千載・恋四〉

よ-がれ【夜離れ】名夜、男性が女性のもとに通わなくなること。男女の仲が絶えること。例三日がほどは、**夜離れ**なく渡りたまふを〈源氏・若菜上〉

よき【斧】名小形の斧。手おの。例腰に**斧**といふ木伐る物さして〈宇治拾遺・三〉

よき【雪】名『上代語』「ゆき(雪)」の東国方言。例上野伊香保の嶺ろに降ろ**よき**の〈万葉・一四・三四二三〉

よ-ぎ【夜着】名夜具の名。掛け布団。のちは、大形の着物のような形で綿を入れたもの。例召し付けぬ(=着慣れていらっしゃらない)木綿**夜着**、お肌が冷えてたまるまい〈近松・大経師昔暦・上〉

よぎ-な・し【余儀無し】形(ク)❶やむをえない。❷そのとおりで異議をはさむ余地がない。例申しあぐるところの辞儀(=挨拶)、**余儀なし**〈曾我・三〉❸わけへだてがない。

よき-みち【避き道・避き路】名人目を避けてこっそり通う道。また、脇道。「よきぢ」とも。例君が来まさむ**避き道**にせむ〈万葉・一一・二三六三〉

よぎり-ごも・る【夜霧隠る】動(ラ四)「よぎりがくる」とも。夜霧にかくれて見えなくなる。例ぬばたまの(枕詞)**夜霧隠れる**遠妻の手を〈万葉・一〇・二〇三五〉

よぎ・る【過ぎる】動(ラ四)〔古くは「よきる」〕❶通りかかる。立ち寄る。例(光源氏ガ)**よきり**おはしましけるよし、ただ今なむ人申すに〈源氏・若紫〉❷通りすぎる。前を横切る。

よ・く【避く】**1**動(カ四)さける。よける。例人目も我は**よか**ずぞあらまし(=世間の目も私はさけずにいるだろうに)〈貫之集・五〉

2動(カ上二)1に同じ。例この女の家、はた(=ちょうど)**避き**ぬ道なりければ〈源氏・帚木〉読解家が、宮中から退出の道筋にあったということ。

3動(カ下二)1に同じ。例この大路をこそ通らせたまふべきに、いかにも**よけ**させたまひけり(=この大通りをこそお通りなさるはずなのに、どうあってもさけさせなさった)〈著聞集・一九・六四八〉

語誌▼**活用の種類** 上代は上二段活用。平安時代は上二段・四段活用。中世以降は下二段活用。〈馬場光子〉

よく【良く・善く・能く】副〔形容詞「よし」の連用形から〕「よう」とも。❶十分に。念入りに。例(カグヤ姫ノ容貌ヲ)**よく**見てまゐるべきよし(帝ガ)のたまはせつるになむ、参りつる〈竹取〉❷上手に。うまく。例いと**よく**隠したりと思ひて〈源氏・夕顔〉❸はなはだしく。ひどく。例興なき事を言ひても**よく**笑ふにぞ、品のほど(=品位の程度)計られぬべき〈徒然・五六〉❹よくぞ。よくもまあ。例汝ら、**よく**(龍ノ首ノ玉ヲ)持て来ずなりぬ〈竹取〉❺たびたび。しばしば。例**よく**いたづらをしやあがる〈滑稽本・浮世床・初下〉

よく-かい【欲界】名『仏教語』三界の一つ。欲望の支配する世界。食欲・淫欲・睡眠欲など本能的欲望が盛んで強力な世界。例(厳シイ修行デ)**欲界**の垢を濯ぎ〈霊異記・上・二八〉

よく-しん【欲心】名❶欲の深い心。貪欲な心。例されば人の、強ちに**欲心**あるに弊き事なり〈今昔・三一・二〉❷愛欲の心。性的欲望。例この女房を見

て、欲心を起こして〈宇治拾遺・六〇〉

よくす【横臼】 名〔「よこうす」の変化した形〕横に長く、平べったい形の臼。例白檮の上に **横臼**を作り〈記・中・応神・歌謡〉

よーぐたち【夜降ち】 名 夜が更けること。夜更け。例夜降ちに寝覚めて居れば〈万葉・一九・四一四六〉

よくーぢん【欲塵】 名『仏教語』心身を穢す欲情を、塵にたとえていう語。例人道の理をかりて欲塵をのがれたまはず〈読本・雨月・白峯〉

よくーど・し【欲どし】 形(シク) 欲が深い。欲張りである。例欲どしう〈音便形〉二度くぐりたる茅の輪かな〈俳諧・俳諧新選・三〉 読解「茅の輪」は、くぐると厄除けになるとされる茅の輪。

よくーよく【良く良く・善く善く・能く能く】 1 副〔副詞「よく」を重ねて強調した語〕❶十分に念を入れて。例我も涙のこぼれたまひぬべけれど、候ふ人々の見たてまつれば、**よくよく**念じたまへど(=我慢なさるが)〈宇津保・楼上上〉 ❷程度の著しいさま。ひどく。例**よくよく**物をしらねえやつだらう〈滑稽本・浮世床・初上〉 2 形動(ナリ) ほかの手段がなく、そうするさま。よほどのことであるさま。例こなた(=あなた)も**よくよく**に思しめせばこそ女に向かうて御手を合はさせらるるに〈虎寛本狂言・花子〉

よーげ【好げ・善げ】 形動(ナリ)〔形容詞「よし」の語幹＋接尾語「げ」〕よさそうだ。よいようだ。例いと**よげ**に、いま少しさへづれば(=まったくいい気になって、さらにおしゃべりするので)〈源氏・常夏〉

よーけい【余慶】 名 先祖の積んだ善行の報いとして子孫が受ける幸福。例数代積善の**余慶**家に尽きずんば(=尽きないならば)〈太平記・一〇〉

よけく【良けく・善けく】〔形容詞「よし」のク語法〕よいこと。例悪しけくも **良けく**も見むと〈万葉・五・九〇四〉

よこ【横】 名〔「よく(避く)」と同根か〕❶水平。左右。側面。東西。わき。かたわら。例首もなきむくろ(=死体)を横に抱きつつ〈保元・下〉 ❷不正。よこしま。道理に合わないこと。例偽と横と欲とを元手にして世を渡り〈西鶴・好色一代女・三・三〉

語誌 ▼垂直の意の縦に対して水平、前後に対して左右、南北に対して東西、正面に対して側面、中心に対してわき・かたわら、などをさす。
▼転じて、「よこごと(中傷)」「よこしま(邪悪)」など、意識的に中心からはずれること、真実や事実を避けることにも用いられた。〈高木和子〉

よこーあめ【横雨】 名 横なぐりに降る雨。「よこさまあめ」とも。例窓うつも風にしたがふ**横雨**のおとくたびかふりすさぶらん〈新撰六帖・一〉

よこーがみ【横上】 名 縦長の旗の上端に、幅を張らせるためにつける横木。例旗の**横上**には、金剛童子をかきたてまって〈平家・一一・鶏合壇浦合戦〉

よこがみーをーやる【横紙を破る】(紙は漉き目に逆らう横方向には破れにくい。それをあえて破ることから)無理を押し通す。理不尽なことをする。例入道相国の(=平清盛が)「横紙をやぶる」とも。さしも**よこ紙をやられ**つるも〈平家・三・医師問答〉

よこーぐも【横雲】 名 横に長くたなびいている雲。多く明け方東の空にたなびく雲をいう。例春の夜の夢の浮き橋とだえして峰に別るる**横雲**の空〈新古今・春上〉➡名歌297

よーごこち【世心地】 名 はやり病。疫病。例堀川太政大臣と申す人、**世心地**大事に(=ひどく)わづらひたまふ〈宇治拾遺・一九一〉

よこーごと【横言】 名 中傷の言葉。悪口。例垣ほなす人の**横言**繁みかも〈万葉・九・一七九三〉

よーごころ【世心】 名 男女の情を解する心。異性を求める心。例**世心**つける女、いかで心情けあらむ男に逢ひ得てしがなと思へど〈伊勢・六三〉

よこーさ【横さ】 名〔「さ」は接尾語〕横ざま。横。例縦さにもかにも**横さ**も(=縦横どこから見ても)奴とそ我はありける〈万葉・一八・四一三二〉

よこーざ【横座】 名 一座の中で高位の人が座る上座。正座。畳や敷物をその他の座と直角の方向に置くことからいう。例むねとあると見ゆる(=首領だと思われる)鬼、**横座**に居たり〈宇治拾遺・三〉

よこーさま【横様】 名 形動(ナリ) ❶横の方向。❷普通ではないさま。異常。例あるまじき**横さま**のそねみ深く〈源氏・薄雲〉 語誌 縦は正常、横は異常な向きという考え方からいう。

よこさまーのーしに【横様の死に】〔「横死」の訓読〕非業の死。普通ではない死に方。例これ**横さまの死**をすべきものにこそはあめれ〈源氏・手習〉

よこーさら・ふ【横去らふ】〔「さらふ」は動詞「さる」の未然形＋上代の反復・継続の助動詞「ふ」〕横に歩く。横に行く。例角鹿の蟹 **横去らふ** いづくに到る〈記・中・応神・歌謡〉

よこしーま【横しま・邪】 名 形動(ナリ)〔名詞「よこし」＋接尾語「ま」〕❶横の方向。❷正しくないこと。邪悪。例鬼神は邪なし〈徒然・二〇七〉

よこしまーかぜ【横しま風・邪風】 名 横から吹きつける風。暴風。例思はぬに **横しま風**の にふふかに(=急に)覆ひ来ぬれば〈万葉・五・九〇四〉

よこーたは・る【横たはる】 1 動(ラ四) 横になる。例**横たはれ**る松の、木高きほどにはあらぬに〈源氏・藤裏葉〉 2 動(ラ下二) 1に同じ。例おほきなる木の、風に吹き倒されて根をささげ**横たはれ**臥せるなど〈枕・むとくなるもの〉

よこーた・ふ【横たふ】 1 動(ハ下二)「よこだふ」とも。❶横にする。例琴を**横たへ**て弾きて〈紀・雄略〉 ❷横にして持つ。携える。例腰の刀を**横だへ**さいて(=差して)〈平家・一・殿上闇討〉 2 動(ハ四) 横になる。横たわる。例荒海や佐渡に**よこたふ**天の河〈芭蕉・奥の細道〉➡名句9

よこーて【横手】 名(「横手を打つ」の形で)両手を左右から打ち合わせること。詠嘆や賛同の意を表すしぐさ。例**横手**をはたと打ち、「あらうれしや」と言ふままに〈御伽草子・御曹子島渡〉

よーごと【寿詞】 名 ❶天皇の治世・寿命が長く続くのを祈る言葉。賀詞。例神祇伯中臣大島朝臣、天つ神の**寿詞**読む〈紀・持統〉 ❷祈願の言葉。例「楫取りの御神、聞こしめせ(=お聞きください)…」と**よごと**をはなちて〈竹取〉

よ-ごと【善事・吉事】 名 めでたいこと。吉事。例新たしき年の始めの初春の今日降る雪の(ここまで序詞)いや重け吉事〈万葉・二〇・四五一六〉➡名歌51

よこ-なば・る【横訛る】 1動(ラ四) 言葉や発音がなまる。「よこなまる」とも。例畝傍山を訛りて宇泥咩と謂ひ〈紀・允恭〉 2動(ラ下二) 1に同じ。例横なばれたる音をもって問ふに〈今昔・一九・一一〉

よこ-なま・る【横訛る】 動(ラ四) 「よこなばる」に同じ。

よこ-ぬひ【横縫ひ】ヌイ 名 鎧や兜の各部のつなぎ方。また、それらを縫いつけるのに用いる革紐や糸。兜の鉢付けの板を鉢にとじつけたり、鎧の胴と草摺りとを縫いつけたりする。例太刀懸け・草摺りの横縫ひ、皆突き切れて〈太平記・三二〉

余呉の湖 《地名》歌枕 近江国(滋賀県)、琵琶湖の北方、賤ケ岳によって琵琶湖と隔てられた湖。羽衣伝説が伝わる。

よこ-ぶえ【横笛】 名 ❶吹き口が管の側面にあり、横に構えて吹く笛の総称。❷特に、雅楽で用いる吹き口のほかに七つの指穴がある笛。⇩ふえ(図)。例笛は横笛いとをかし〈枕・笛は〉

よこ-ほ・る【横ほる】オル 動(ラ四) 横たわる。山や島の起伏するさまなどにいう。例東の方に、山の横ほれるを見て〈土佐〉

よこ-め【横目】 名 ❶目だけで横を見ること。流し目。例隣の家を横目でにらんでる達磨さ〈滑稽本・浮世床・二下〉 ❷よそ見をすること。わき目をふること。また、別の異性に心が移ること。例片時横目すべくあらず、年月を経て恋ひわびわたりつるも〈夜の寝覚・五〉 ❸監視すること。また、その役目の人。例きびしく横目をつけ〈西鶴・武家義理物語・一・一〉

よ-ごもり【夜籠り】 名 ❶夜更け。深夜。例夜ごもりに出で来る月の光乏しき〈万葉・三・二九〇〉 ❷寺社に参籠し、一晩じゅう神仏に祈ること。

よ-ごも・る【世籠る】 動(ラ四) 世間知らずでいる。男女の仲を知らずにいる。未婚である。例いまだ世ごもりておはしける時、在中将しのびて率て隠したてまつりたりけるを〈大鏡・陽成院〉

よこ-や【横矢】 名 ❶敵の側面に矢を射ること。また、その矢。防ぎにくい。例櫓をかきて横矢に射させんと構へたり〈太平記・一〇〉 ❷城の出し塀の側面に設けられた、矢を射るための小窓。

よ-ごろ【夜来】 名 ❶このところ数夜。このごろ毎夜。例夜来を過ぐしけるほどに、この事を人にも語らざりけり〈今昔・二七・三四〉 ❷夜の間。例五月雨のころ、夜来物語などして明かすを〈顕綱朝臣集・詞書〉

よ-ごゑ【夜声】ゴエ 名 夜中の静寂を破って響く声や音。夜の大声。夜の高声。例ふえ竹の夜声はたれと問ふ人もがな〈新勅撰・恋五〉

よ-さ【夜さ】 名〔「よさり」の変化した形〕夜。晩。例風のいとふぶきて三日三夜さやまざりければ、心やり(=気晴らし)によめる〈良寛自筆歌・詞書〉

よ-ざかり【世盛り】 名 ❶時めいていること。全盛。例この禅門(=平清盛)世ざかりのほどは〈平家・一・禿髪〉 ❷若い盛り。例石懸町の井筒屋のお花、世盛り恋盛り〈近松・長町女腹切・上〉

よさ・す【寄さす】 ⇩よす1②

与謝蕪村 《人名》⇩蕪村

よ-さま【善様】 形動(ナリ) 「よざま」とも。よい様子だ。よいふうだ。例人の御名をよさまに言ひなほす人は難きものなり〈源氏・夕霧〉

よ-さむ【夜寒】 名 夜の寒さ。また、それが特に強く感じられる晩秋の季節。例秋のころほひ、夜寒に心細きを〈宇津保・国譲下〉

よ-さり【夜さり】 名〔「さり」は、その時が来る意〕夜になるころ。夜。今夜。例さらに(=あらためて)、夜さりこの寮にまうで来〈竹取〉 語誌「ゆふさり」と「よさり」は『宇津保物語』などでは混用されるが、『源氏物語』では「よさり」「ようさり」のみが用いられる。

よさり-がた【夜さり方】 名 夜になるころ。例二日の夜さり方、にはかに見えたり〈蜻蛉・中〉

よさり-つ-かた【夜さりつ方】 名 〔「つ」は「の」の意の上代の格助詞〕「よさりがた」に同じ。

よさ・る【寄さる】 動(ラ四)《上代語》「よそる」の東国方言。例逢ほしだも逢はのへしだも(=逢う時も逢わない時も)汝にこそ寄されも〈万葉・一四・三四七八〉

よ-さん【余算】 名〔「算」は年齢の意〕いくらもない残りの寿命。余命。例余算の山の端に近し(=余命はほとんどない)〈方丈記〉

よ-さん【予参・預参】 名動(サ変) 参加すること。人数のうちに入ること。参会。例講誦の座に予参す〈和漢朗詠集・上・落花〉

よし【由・因・縁】

名 動詞「よす」の名詞形。物事に近寄せ、関係づけていくことが原義。

❶手段。方法。すべ。例夢をうつつになすよしもがな(=夢を現実にする方法がほしい)〈後撰・春中〉

❷口実。きっかけ。例妹が門行き過ぎかねつひさかたの(枕詞)雨も降らぬかそをよしにせむ(=あの娘の家の門を素通りできなくなってしまった。雨でも降ってほしい。それを口実にしよう)〈万葉・一一・二六八五〉 読解 雨宿りを口実に恋人に逢おうとする。

❸事情。いきさつ。趣旨。形式名詞的にも用いる。例ここに来べきよし忍びて言へ(=ここに来なければならない事情をこっそり言え)〈源氏・夕顔〉

❹趣。風情。例木立いとよしあるは(=木立がたいそう風情があるのは)〈源氏・若紫〉

❺由緒。例母北の方なむいにしへの人のよしあるにて(=母の北の方は旧家の出身で教養のある人で)〈源氏・桐壺〉

❻縁故。ゆかり。例蘆屋の里にしるよしして、いきて住みけり(=蘆屋の里に領地がある縁で、行って住んだ)〈伊勢・八七〉

❼それらしく見せる様子。ふり。例心得たるよしして賢げにうちうなづき(=わかっているふりをしていかにも賢そうにうなずき)〈徒然・一九四〉

語誌▼「よし」と「ゆゑ」 「ゆゑ」が物事の本質的・根本的な理由・由来などを表すのに対し、「よし」は、それに関係づけていく、という意から、人為的・後天的なものを表すことになる。また、平安女流文学においては、身分や風情などの一流のものを「ゆゑ」で、一流ではないがかなりすぐれているものを「よし」で表すという区別があるとされる。〈佐藤一恵〉

よし【葦・蘆・葭】 名 植物の名。葦あし。「あし」が「悪あし」に通じるのを避けて、「良し」と同音に言い換えたもの。例さて**よし**とあしとは同じ草にて候ふか〈謡曲・蘆刈〉

よ・し

【良し・善し・好し】 形(ク) ❶**善悪・正邪・吉凶などから判断して、正しい。理にかなっている。**善んだ。例**善き**事をばすすめ、悪あしき事をばとどめさせたまふ(=正しい事は勧め、悪い事は制止なさる)〈栄花・疑ひ〉

❷**不足がない。十分だ。差し支えない。かまわない。**例青柳梅との花を折りかざし飲みてののちは散りぬとも**よし**(=青柳に梅の花を折って髪に飾り、酒を飲んだその後は散ってしまってもかまわない)〈万葉・五・八二一〉

❸**性格や容姿などがよい。りっぱだ。美しい。**例心なむありがたきまで**よかりし**(=気立てがめったにないくらいよかった)〈源氏・玉鬘〉

❹**身分や家柄などが高貴だ。尊い。栄えている。**例冬はついたち、つごもりとて、あしきも**よき**も騒ぐめるものなれば(=冬は一日ついたち、末日と移っていって、身分の低い人も高貴な人も忙しく動き回っているようなので)〈蜻蛉・上〉

❺**人格がすぐれている。賢い。教養がある。**例**よき**人のよしとよく見てよしと言ひし吉野よく見よ**よき**人よく見(=昔の賢人がすばらしい所だと、よく見てすばらしいと言った吉野をよく見よ、今の賢人たちよ、よく見なさい)〈万葉・一・二七〉

❻**品質や技術などがすぐれている。上等だ。上手だ。巧みだ。**例(a)商人の**よき**衣着たらんがごとし(=商人が上等な衣服を着ているようなものだ)〈古今・仮名序〉例(b)悪あしく、**よく**舞ふもあり〈宇治拾遺・三〉

❼**目的などにかなっている。効果がある。有効だ。都合がよい。**例夏やせに**良し**といふものぞ鰻とりめせ(=夏やせに効果があるものだそうだ、鰻を召し上がれ)〈万葉・一六・三八五三〉

❽**心地よい。楽しい。**例春菜摘む妹が白紐見らく**しよし**も(=春菜を摘むいとしいあの娘の着物の白い紐を見ていることが楽しい)〈万葉・八・一四二一〉

❾**仲がむつまじい。親しい。**例父おとど、**よき**御仲なり(=父の大臣とは、親しい御間柄である)〈宇津保・藤原の君〉

❿(動詞の連用形について)**〜しやすい。〜するのが簡単だ。**例山里はもののわびしき事こそあれ世の憂きよりは住み**よかりけり**(=山里はなにかと心細いことはあるが、世の中のいとわしさよりは住みやすいのだった)〈古今・雑下〉

⓫**よくないことをわざと反対にいう。悪い。とんでもない。**例この女、**よき**盗人なり(=この女は、とんでもない盗人である)〈宇津保・藤原の君〉

語誌▼**よさの程度** 平安時代には「**よし**」は最もすぐれている状態をいい、「**よろし**」はまあよい、悪くない程度をいい、「**わろし**」はよくない、「**あし**」は最悪の状態をいった。〈浅見和彦〉

よし【縦し】 副 ❶不満足ながら許容するさま。ままよ。仕方がない。例心をし君に奉ると思へれば**よし**このころは恋ひつつをあらむ〈万葉・一一・二六〇三〉❷(多く逆接の仮定条件を表す「とも」を伴って)たとえ。仮に。例人は**よし**思ひやむとも〈万葉・二・一四九〉

よし-あり【由有り】 ❶趣がある。例げに、いと心ことに**よしありて**、同じ木草をも植ゑなしたまへり〈源氏・若紫〉❷由緒がある。例母北の方なむ、いにしへの人の**よしある**にて〈源氏・桐壺〉

吉田兼好 《人名》⇩兼好

よし-づ・く【由付く】 動(カ四) 趣がある。風流が身についている。例父親王の、さやうの方にいと**よしづき**てものしたまうければ〈源氏・末摘花〉

義経千本桜 《作品名》浄瑠璃。時代物。五段。二世竹田出雲・並木千柳(宗輔)・三好松洛の合作。延享四年(一七四七)初演。源義経の伝説を背景に、平家の三武将、知盛・維盛・教経の活躍を描く。「渡海屋」「鮓屋」「川連館」と見所が多い。

よし-な・し

【由無し】 形(ク) 「由」のないさま、が原義。転じて、かいがない、よくない、などの意に用いられる。

❶**理由がない。根拠がない。**例やむごとなきまづの人々おはすといふことは、**よしなき**ことなり(=高貴で先に入内した人々がいらっしゃるということは、根拠がないことである)〈源氏・若菜上〉読解女三の宮の入内をすすめる光源氏の言葉。中宮などがいることは、入内をためらう理由にはならないとする。

❷**方法がない。すべがない。**例しばしば痛み苦しび、差ゆるに**由無し**(=たびたび痛みを感じて苦しみ、治療する方法がない)〈霊異記・上・三一〉

❸**縁がない。無関係だ。**例あらぬ**よしなき**者の名のりしてきたるも、返す返すもすさまじといふはおろかなり(=待っていた人とは違う縁もない人が名を告げて来訪しているのも、返す返すも興ざめだという言葉では言い足りないほど興ざめだ)〈枕・すさまじきもの〉

❹**かいがない。無益だ。つまらない。**例ようなきありきは、**よしなかりけり**(=無用な出歩きは、かいがなかったなあ)〈竹取〉

❺**よくない。不都合だ。**例見もつけられたらば、**よしなかる**べきわざぞかし(=人に見つけられたら、不都合にちがいないことだよ)〈堤中納言・貝合〉読解垣間見の手引きを頼んだ人の心配。〈佐藤一恵〉

よしな-し-ごころ【由無し心】 名 たわいのない思い。例今は、昔の**よしなし心**もくやしかりけりとのみ、思ひしりはて〈更級〉

よしな-し-ごと【由無し事】 名 たわいのないこと。つまらないこと。例心にうつりゆく**よしなしごと**を、そこはかとなく書きつくれば〈徒然・序〉

よしな-に 副 よいように。例よろづ**よしなに**申してはよろこばせ〈西鶴・好色一代男・六・一〉

吉野 《地名》歌枕 大和国、今の奈良県吉野郡の一帯。美称の接頭語「み」をつけて「み吉野」とも呼ばれる。

[語誌]▼**離宮と行幸の地**　『日本書紀』斉明天皇二年（六五六）に「吉野の宮を作る」とあるなど、古くから離宮が営まれた。その後も、六七二年の壬申の乱に際して大海人皇子（天武天皇）が拠点としたこともあり、聖地とみなされるようになる。『万葉集』の時代には、歴代天皇の行幸先となり、その川と山の美観が多くの歌に詠まれた。[例]見れど飽かぬ吉野の川の常滑の（ここまで序詞）絶ゆる事なくまたかへり見む〈万葉・一・三七〉[読解]神聖な土地柄にふさわしい、絶えることない清流を詠む。

また、古くから山岳信仰の対象でもあり、平安時代以後、金峯山の蔵王堂を中心とする修験道が発達し、信仰が全国的に広まった。

▼**雪と桜の名所**　平安時代の早くから、吉野は雪を連想させる地名と意識された。山岳信仰の神秘性も手伝って、雪に埋もれがちな土地柄というイメージが固定したらしい。[例]朝ぼらけ有り明けの月とみるまでに吉野の里にふれる白雪〈古今・冬〉➡名歌19

平安時代半ばごろからは、桜を連想させる地名としても意識され、山の桜や、舞い散った後の花びらが吉野川を流れるさまなどが多く詠まれた。[例]吉野川の花筏浮かれてこがれ候よの〈閑吟集・一四〉➡名歌402

南北朝時代には南朝の本拠地となる。支考は「歌書よりも軍書にかなし芳野山」〈俳諧・俳諧古今抄〉と、桜の名所として和歌の本に載る吉野山よりも、『太平記』などの軍書に南朝の悲話を語り伝えられる吉野山のほうがいっそう哀れ深いと詠んだ。〈鈴木日出男〉

吉野川（よしのがは）〔ヨシノガワ〕《地名》大和国の吉野を流れる川。大台ケ原に発して、吉野の渓谷を下り、宮滝・上市・下市を経て紀伊国に入り、紀の川となる。[例]吉野川岩波高く行く水の（ここまで序詞）はやくぞ人を思ひそめてし〈古今・恋一〉

よしの-がみ【吉野紙】[名]大和国の吉野で産する紙。薄く柔らかく、江戸時代には重宝された。

吉野山（よしのやま）《地名》大和国の吉野地方一帯の山地。金峯山・水分山・高城山・青根ケ峰など広範囲に及ぶ。[例]**吉野山**桜が枝に雪散りて花遅げなる年にもあるかな〈新古今・春上〉

吉野拾遺（よしのしふゐ）〔ヨシノシュウイ〕《作品名》中世後期の説話集。二巻または三巻。奥書によれば作者は「隠士松翁」であるというが、その素性は不明。また跋文に見える正平一三年（一三五八）という成立時期についても疑問が残る。後醍醐天皇や楠木一族など南朝方の人々にまつわる逸話の集成。

よし-ばみ【由ばみ】[名]気どったふるまい。また、気どり屋。[例]今様の**よしばみ**よりは、こよなう（＝格段に）奥ゆかし〈源氏・末摘花〉

よしばみ-ごと【由ばみ事】[名]気どり。風流ぶったふるまい。[例]えもいはぬ（＝いうに堪えない）**よしばみ事**しても〈紫式部日記〉

よし-ば・む【由ばむ】[動]（マ四）〔「ばむ」は接尾語〕由緒ありげにふるまう。気どる。[例]**よしばみ**情けだたざらむなむ、めやすかるべき〈源氏・帚木〉

吉原（よしはら）〔ヨシワラ〕《地名》江戸の公許の遊里。元和三年（一六一七）幕府は江戸市中に散在していた遊女屋を葺屋町（今の中央区日本橋堀留付近）に集めることを許可した。あたりに葭が生えていたことから葭原と俗称されたが、のちに吉原と改められる。明暦三年（一六五七）の大火以後、幕府の命令で浅草山谷付近（今の台東区千束）に移転。移転後のものを新吉原、葺屋町のそれを元吉原と呼ぶ。

よしはら-すずめ【吉原雀・葦原雀】〔ヨシワラー〕[名]❶小鳥の名。ヨシキリの別称。❷（①から転じて）おしゃべりでうるさい人。[例]**葦原雀**口々に科のよしあし夕時雨〈浄瑠璃・八百屋お七・下〉[読解]「夕時雨」の「夕」と「言ふ」を掛ける。❸吉原の遊里の内情に詳しい人。また、吉原のひやかし客。

よし-み【好しみ・誼】[名]❶親しいつきあい。[例]この日ごろの**よしみ**何とてか忘るべき〈平家・八・緒環〉❷縁故。関係。ゆかり。[例]中にもわ殿は、入道殿の御跡ふところにて（＝入道殿が御養い親として）育てられまゐらせて、御**好しみ**ふかき人ぞかし〈保元・中〉

良岑宗貞（よしみねのむねさだ）《人名》⇩遍昭

よし-め・く【由めく】[動]（カ四）〔「めく」は接尾語〕由緒ありげにする。[例]艶がり（＝風流ぶり）**由めく**方はなし〈紫式部日記〉

よし-も【縦しも】[副]《上代語》仮に。たとえ。[例]霰降り（枕詞）遠つ大浦に寄する波（ここまで序詞）**よしも**寄すとも〈万葉・一一・二七二九〉

よし-や【縦しや】[副]〔副詞「よし」＋間投助詞「や」〕❶ままよ。どうなろうとも。[例]ながれては妹背の山のなかに落つる吉野の川の**よしや**世の中（＝男女の仲）〈古今・恋五〉❷（逆接の仮定条件を表す表現と呼応して）たとえ。仮に。[例]吉野川（枕詞）**よしや**人こそつらからめ（＝たとえあの人が薄情でも）はやく言ひてしことは忘れじ〈古今・恋五〉

よし-よし【縦し縦し】[副]〔副詞「よし」を重ねて強調した語〕ままよ。どうなろうとも。[例]**よしよし**、また（難題ヲ）おほせられかくる事もぞはべる（＝仰せかけられることがあると困ります）〈枕・大進生昌が家に〉

よし-よし・し【由由し】[形]（シク）〔名詞「よし」を重ねて形容詞化した語〕風情がある。由緒がある。[例]**よしよししう**（音便形）はおはすべかめる所（＝いらっしゃるらしい所）のやうなり〈紫式部日記〉

よし-ゑ-やし【縦しゑやし】〔―エ―〕[副]《上代語》〔副詞「よし」＋間投助詞「ゑ」＋間投助詞「やし」〕❶ままよ。[例]**よしゑやし**恋ひじ（＝恋すまい）とすれど秋風の寒く吹く夜は君をしぞ思ふ〈万葉・一〇・二三〇一〉❷たとえ。仮に。[例]**よしゑやし**直ならずとも（＝直接ではなくとも）〈万葉・一〇・二三一一〉

よ・す【寄す】■1[動]（サ四）❶近寄らせる。近づける。近寄る。[例]今夜だに妻**寄し**こせね（＝連れて来てくれ）〈万葉・一四・三四五四〉❷（未然形「よさ」＋尊敬の助動詞「す」の形で）お任せになる。お命じになる。[例]**よさ**したまひし命（＝お言葉）のまにまに〈記・上・神代〉■2[動]（サ下二）❶近寄る。近づく。波や軍勢などが寄せる。[例]伊勢の海の磯もとどろに**寄する**波〈万葉・四・六〇〇〉❷（「心」とともに用いて）心を傾ける。好意をもつ。頼りにする。例女郎花秋の野風にうちなびき心ひとつを誰に**よすらん**〈古今・秋上〉❸関係づける。かこつける。また、関係づけてうわさする。例横川に通ふ道のたよりに**よせて**、中将ここにおはしたり〈源氏・手習〉❹物や手紙を贈る。例勝ちたまはむ方に花を**寄せてん**〈源氏・竹河〉

語誌▼1の四段活用は上代の用法。▼1 2ともに「よる」の他動詞形であるが、2①には波・軍勢などについての自動詞的用法もある。

よす-が【縁・因・便】 名（「寄す処」で、寄せる所の意。上代は「よすか」）❶**身や心の寄り所。頼る所。**縁。例幼きほどに後れはべりて、姉なる人の**よすが**に、かくてはべるなり（＝幼ないうちに両親に先立たれまして、姉である人の縁で、こうしております）〈源氏・帚木〉❷**頼りとする人。身を寄せるべき血縁の人。**夫婦・親子・家族・親類・友人など。例（右大将ヲ）近き**よすが**にて見むは、飽かぬことにやあらむ（＝近い縁者として付き合うのは、もの足りないことではなかろうか）〈源氏・蛍〉読解娘への求婚者に対する気持ち。❸**頼みの綱。手がかり。**手段。**方法。**例言伝てやらん**よすが**だになきを（＝人づてに言う方法さえないので）〈源氏・帚木〉

類義①②えん（縁）・ゆかり・よるべ

〈岩坪健〉

よ-すがら【夜すがら】 名副（「すがら」は接尾語）一晩じゅう。夜通し。例長き**夜すがら**鳴く虫の（＝鳴く虫と）おなじ声にやたへざらむと〈蜻蛉・中〉

よ-すぎ【世過ぎ】 名生活。世渡り。例同じ**世過ぎ**、格別の違ひあり〈西鶴・日本永代蔵・四・一〉

よすて-びと【世捨て人】 名**俗世間を捨てた人。出家遁世した僧や隠者。**例某とかやいひし**世捨て人**の「この世のほだし持たらぬ身に、ただ空の名残のみぞ惜しき」と言ひしこそ、まことにさも覚えぬべけれ（＝だれそれとかいった世捨て人が「俗世間の、心を束縛するものを持っていない我が身にとって、ただ自然の名残だけが捨てがたい」と言ったのこそ、本当にきっとそのように感じられるにちがいない）〈徒然・二〇〉読解世捨て人は俗世間のすべての雑事を捨て去り、俗世間に対しては何の執着心ももたないが、美しい自然に対しては執着心を捨て去ることは難しい、という。

〈島内景二〉

よせ【寄せ】 名❶**心を傾けること。信頼。信望。**例おほかた（＝世間）の**寄せ**おぼえより始め、なべてならぬ（＝並々ならぬ）御ありさま・容貌なるに〈源氏・藤裏葉〉❷**世話をする人。後援。後見。**例一の皇子は、右大臣の女御の御腹にて、**寄せ**重く〈源氏・桐壺〉❸**理由。根拠。**例（新大臣ノ披露宴ハ）させる事の**よせ**無けれども、女院の御所など借りまうす、故実なりとぞ〈徒然・一五六〉

よ-せい【余情】 1名『歌論・連歌論用語』**表現以外から感じ取られる情趣。余韻。**例(a)**余情**浮かびて、心直く衣冠正しき人を見る心地するにてはべるべし（＝言外に情趣が漂って、心がまっすぐで衣や冠をきちんと身に着けている人を見ている気持ちがする歌でございましょう）〈毎月抄〉読解「秀逸の体」と評することができる歌について。例(b)ちと言はれぬからと思ふやうなるに、**余情**の添ひて良き句はあるなり（＝少し筋が通らないのにと思われるような句に、情趣があってすぐれた句はあるものだ）〈僻連抄〉2名形動（ナリ）見栄を張ること。景気がよいこと。例**よせいなる**商ひ咄〈西鶴・諸艶大鑑・三・三〉

語誌平安時代の歌論で用いられはじめた語で、「余りの心」という言い方もされる。以来、短い言葉の中に深い味わいをこめようとする短詩型文学にとって、重要な概念となった。中世の歌論においては、妖艶や幽玄などほかの表現理念と密接に結び付けて用いられ、さらに連歌論や近世の俳論にも生かされていった。なお、「よじょう」という読みは、江戸時代以降に現れる。

〈渡部泰明〉

よせ-か・く【寄せ掛く】 動（カ下二）立て掛ける。例屏風の袋に入れこめたる、所々に**寄せかけ**〈源氏・東屋〉

よせ-つな【寄せ綱】 名物を引き寄せるための綱。例多胡の嶺に**寄せ綱**延へて（＝張って）寄すれども〈万葉・一四・三四一一〉

よせ-て【寄せ手】 名攻め寄せる軍勢。例敵の**寄せ手**喚くをば夢に見て、眠り居たりけり〈義経記・五〉

よせ-ぶみ【寄せ文】 名荘園などの寄進や寄託の旨を書き記した証書。寄進状。例延暦寺に寄する**寄せ文**を書き儲けて〈今昔・三一・二四〉

よせむね-づくり【寄せ棟造り】 名屋根の形式の一つ。大棟の両端から四隅に降棟がおりていて、屋根が四面に分かれているもの。平安時代には寺院建築に盛んに用いられた。

よ-そ【四十】 名数の名。四十。例指をかがめて（＝折り曲げて）「十、二十、三十、**四十**」など数ふるさま〈源氏・空蟬〉

よそ【余所】 名❶**遠く離れた場所。近づくことのできない場所。別の場所。**例**よそ**なれど同じ心はかよふべき（＝離れた所にいるが、同じ心は通じあうはずだ）〈新古今・哀傷〉❷**外。**外側。例御涙に咽ばせたまふとばかりこそ御車の**よそ**へは聞こえけれ（＝御涙にむせんでいらっしゃるとだけ御車の外へは聞こえた）〈保元・下〉❸**直接関係のないこと。**無縁なこと。ひとごと。例水鳥を水の上とや**よそ**に見む我もうきたる世をすぐしつつ〈千載・冬〉➡名歌343 ❹**疎遠な関係であること。血縁や男女の関係がないこと。**例（婿ノ）この大将の君の、今はと**よそ**になりたまはむなん（＝この大将の君が、これきりと疎遠な関係におなりになるのだろうことが）〈源氏・葵〉読解大将の君（光源氏）が妻（葵の上）を亡くして、彼女の家族と疎遠になること。❺**世間一般の人。他人。**例**よそ**のもどきを負はざらむなんよかるべき（＝世間からの非難を受けないようなのがよいでしょう）〈源氏・椎本〉読解父から娘への訓戒の言葉。

語誌遠くかけ離れていて、とても近寄れない場所、

または、そのような関係をいう。　類義語「ほか」は、中心からはずれた場所をいう。〈浅見和彦〉

よそう『装う・寄そう・比う』⇩よそふ

よそ‐か【四十日】 名 四十日。例春の日を**四十日**五十日までわれは経にけり〈土佐〉

よそ‐ぢ【四十】 名（「ぢ」は接尾語「ち（個）」の連濁形）❶数の名。四十。❷四十歳。四十年。例堀河大臣の**四十**の賀〈古今・賀・詞書〉

よそ‐ながら【余所ながら】 副 ❶ほかの場所にいたまま。ほかにいながら。例**よそながら**ときどき通ひ住まんこそ、年月経ても絶えぬなからひとも（＝夫婦仲にも）ならめ〈徒然・一九〇〉❷それとなく。間接的に。知らん顔で。例ありし御さまを、**よそながら**だに、いつかは見んずる（＝いつか見ることがあるだろうか）〈源氏・手習〉❸自分に関係はないが。例**よそながら**惜しき桜のにほひかな〈後拾遺・春上〉

よそひ【装ひ】 1名 ❶支度すること。準備。例水鳥の（枕詞）立たむ**装ひ**に〈万葉・一四・三五二八〉❷衣裳。装束。例唐めいたる**よそひ**はうるはしうこそありけめ〈源氏・桐壺〉❸装飾。飾り。例（船ヲ）唐の**装ひ**にことごとしう（＝大げさに）しつらひて〈源氏・胡蝶〉
2 接尾 ❶衣服・調度など、そろいのものを数える。「装束一装ひ」など。❷器に盛った食物を数える。

よそ‐びと【余所人】 名 他人。無関係の人。例**よそ**人だに、見たてまつらむに心乱れぬべし〈源氏・葵〉

よそ・ふ

【装ふ】 動（八四）❶**準備を整える。取りそろえる。用意する。** 例(a)明石の浦より…御舟**よそひ**て参れるなり（＝明石の浦から…御船を用意して参上したのである）〈源氏・明石〉例(b)南の殿の西の放ち出でに御座**よそふ**（＝南の御殿の西側の放ち出でに御座所を準備する）〈源氏・若菜上〉読解ここは、光源氏の御座所を整えたもの。「放ち出で」は、寝殿造りで、母屋などに続けて、外へ張り出して建てた建物。

❷**衣装を整え身に着ける。** 装飾する。例君なくはなぞ身**装はむ**（＝あなたがいなくては、どうして身を飾ろうか）〈万葉・九・一七七七〉読解「なぞ」は反語の意を表す。

❸**食物を器に盛る。** 例この羊を調じはべりて、**よそは**んとするに（＝この羊を調理しまして、器に盛ろうとするときに）〈宇治拾遺・一六七〉

語誌 目に見える形を整えて、容儀を正すことをいい、いくらか重々しい響きをもつ語である。〈松井健児〉

よそ・ふ

【寄そふ・比ふ】 動（八下二）「よす（寄す）」から派生した語。二つのものを関連づける意。

❶**かこつける。口実にする。** 例思ふどちひとりひとりが恋ひ死なば誰に**よそへ**て藤衣着ん（＝愛しあっている私たちのどちらかが恋い死にをしたならば、だれにかこつけて喪服を着ようか）〈古今・恋三〉読解秘密の恋なので、相手が死んでも喪に服すことはできない。

❷**なぞらえる。たとえる。** 例（桐壺更衣ノ）なつかしうらうたげなりしを思し出づるに、花鳥の色にも音にも**よそふ**べき方ぞなき（＝親しみやすくかれんであったことを思い出しなさると、花の色にも鳥の声にもなぞらえる方法がなく）〈源氏・桐壺〉

語誌 類義語「なずらふ」が二つのものを同一ないしは同類とみなすのに対して、「よそふ」は、相違を認めつつ関連づける意である。〈高田祐彦〉

よそ‐へ【寄そへ・比へ】 名 他のものとひきくらべること。なぞらえること。たとえ。例八重山吹の咲き乱れたる盛りに露かかれる夕映えぞ、ふと思ひ出でらるる。折（＝季節）に合はぬ**よそへ**どもなれど〈源氏・野分〉読解今の季節は秋。山吹の咲く季節ではない。

よそほ・し【装ほし】 形（シク）〔動詞「よそふ」の形容詞形〕ものものしい。いかめしい。例一年（＝先年）の春宮の御元服、南殿にてありし儀式の**よそほしかりし**御ひびきにおとさせたまはず（＝ご評判に劣らせなさらず）〈源氏・桐壺〉

よそほひ【装ひ】 名 ❶準備すること。支度。用意。例中宮の**よそほひ**ことにて参りたまへるに（＝入内なさったので）〈源氏・少女〉❷身繕いをすること。また、その姿。装束。例天人の**よそほひ**したる女、山の中よりいで来て〈竹取〉❸様子。ありさま。風情。例（鳥ヲ）捕らへつつ殺しける**よそほひ**〈徒然・一六二〉

よそほ・ふ【装ふ】 動（八四）〔動詞「よそふ」の未然形＋接尾語「ふ」＝「よそはふ」の変化した形〕❶衣装を身に着けてきちんとする。例王公卿相、花の袂を**よそほひ**〈平家・八・名虎〉❷化粧する。例美人の顔を**よそほふ**〈芭蕉・奥の細道〉読解松島の美しさの比喩。

よそ‐め【余所目】 名 ❶離れた所から見ること。さりげなく見ること。例山際より池の堤過ぐるほどの**よそ目**は〈源氏・若菜上〉❷他人の見る目。はた目。人目。例**よそ目**を包む（＝忍ぶ）文も、涙落としたる文もあり〈御伽草子・小町草紙〉❸自分に関係ないものとして見ること。傍観。例憂き目をば**よそめ**とのみぞのがれゆく〈古今・墨滅歌〉

よそ‐よそ・し【余所余所し】 形（シク）❶自分に関係ない。かけ離れている。例あな、うたて（＝ああ、いやだ）。いと**よそよそしき**事をも知らせたまひにけるかな〈狭衣・三〉❷冷淡だ。疎遠だ。例時々など参りて、**よそよそしから**んもてなしに〈狭衣・二〉

よそり‐つま【寄そり妻】 名 自分と関係があると人からうわさされている女性。また、自分に心を寄せている女性。一説に、自分が心を寄せている女性の意とも。例青嶺ろにいさよふ雲の**寄そり妻**はも〈万葉・一四・三五一二〉読解「嶺」に「寝」の意をこめる。私と寝ろ（「あをねろ」）と言ったのにためらっていると嘆く。語誌「寄そり夫」とする説もある。

よそ・る【寄そる】 動（ラ四）❶寄せる。打ち寄せる。例白波の**寄そる**浜辺に〈万葉・二〇・四三七九〉❷自然に引き寄せられる。例荒山も人し寄すれば**寄そる**とぞいふ〈万葉・一三・三三〇五〉❸関係があるとうわささされる。例逢はぬものゆゑ（＝逢わずにいるのに）我に**寄そる**児ら（＝あの娘よ）〈万葉・一二・三一六七〉

よ‐だけ【節竹】 名 節のある竹。一説に、「良竹」でよい竹、「世竹」で盛りの若竹の意とも。例その伊豆

志河の河島の一節竹を取りて〈記・中・応神〉

よ‐だけ・し【弥猛し】 形(ク) ❶いかめしい。おおげさだ。例御しつらひなどのことごとしく、**よだけく**、うるはしきに〈源氏・若菜上〉 ❷めんどうだ。おっくうだ。例籠りはべれば、よろづうひうひしう(=不慣れで)、**よだけく**なりにてはべり〈源氏・行幸〉

よち 名『上代語』同じ年ごろの若い子。「よちこ」とも。例汝も我も**よち**をそ持てる〈万葉・一四・三四四〇〉

よ‐ぢか・し【世近し】 形(ク) 余命少ない。死期が近い。例今は、むげに(=むしょうに)**世近く**なりぬる心地しても心細きを〈源氏・若菜下〉

よち‐こ【よち児】 名『上代語』「よち」に同じ。例よち子らと手携はりて〈万葉・五・八〇四〉

よぢり‐ふどう【捩り不動】 ヨジリ― 名 光背の火炎をよじったように描いたり作ったりした不動明王像。例良秀(=絵仏師の名)が**捩り不動**とて、いまに(=いまだに)人々めであへり〈宇治拾遺・三八〉

よ‐つ【四つ】 名 ❶数の名。四。❷四歳。例かの若者の**四つ**になる年ぞ、筑紫へは行きける〈源氏・玉鬘〉 ❸時刻の名。四つ時。今の午前または午後十時ごろ。例時は山寺わざ(=山寺のしきたり)の、貝**四つ**吹くほどになりにたり〈蜻蛉・中〉

よ・づ【攀づ・捩づ】 ヨズ 動(ダ上二) つかんで引き寄せる。例(橘ノ花ヲ)**攀ぢ**て手折りつ見ませ(=御覧なさい)我妹子〈万葉・八・一五〇七〉

よつ‐あし【四つ足・四脚】 名 ❶足が四本あること。また、四本の足。❷「四つ足門」の略。例この殿の御門を**四脚**になすをこそ〈夢ニ〉見しか〈蜻蛉・下〉 ❸獣。四本足の動物。

よつあし‐もん【四つ足門・四脚門】 名 二本の太い円柱の前後に、二本ずつの袖柱がある門。屋根は切り妻破風造りがふつう。平安時代には、大臣以上の家に設ける格式高い門。例皆小さき屋居にけり(=建っているだけである)。**四足の門**のありしも跡形もなし〈今昔・一九・五〉

よ‐づかは・し【世付かはし】 ―ツカワシ 形(シク) 〔動詞「よづく」の形容詞形〕世なれている。男女の情に通じている。例**世づかはしう**(音便形)軽々しき名の立ちたまふべきを、おろかならず思し嘆かる〈源氏・夕霧〉

よ‐つぎ【世継ぎ】 名 ❶天皇として世を受け継ぐこと。例おほかた天皇の**世継ぎ**を記せる文〈神皇正統記・中〉 ❷家の跡目を相続すること。また、その人。跡継ぎ。例この御子を(藤原氏ノ)**世継ぎ**の御位になしたまへ〈謡曲・海士〉 ❸「世継の物語」のこと。代々の天皇の事跡を次々と語ること。また、それを仮名文で記した書物。『栄花物語』『大鏡』などの歴史物語の類。例かやうの事は、**世継ぎ**などを見るにも〈讃岐典侍日記・下〉

世継曾我 『作品名』浄瑠璃。時代物。五段。近松門左衛門作。天和三年(一六八三)初演。近松の作品として確証のある浄瑠璃のうちで最も早い作品。貞享元年(一六八四)竹本座創設にあたり再演。竹本義太夫の出世の基となった。曾我兄弟の敵討ちの後日譚を近世化した作品で、兄弟の恋人の虎・少将を遊女として登場させる。舞踏的な場面も多い。

よ‐づ・く【世付く】 動(カ四) ❶世なれる。世間並みになる。例女の御装束、今日は**世づき**たりと見ゆるは〈源氏・末摘花〉 ❷男女間の機微に通じる。人情を知る。例**世づか**ず、うひうひしや〈源氏・玉鬘〉 ❸俗っぽくなる。俗塵に染まる。例九重の神さびたるありさまこそ(=宮中の神々しい様子は)、**世づか**ずめでたきものなれ〈徒然・二三〉

よつ‐じろ【四つ白】 名 馬の毛色の名。足の膝から下の毛色が白いもの。

よつ‐で【四つ手】 名 ❶相撲で、両力士が互いに両手を差し出して組みあうこと。四つ身。例ぬからず**四つ手**に組み〈近松・薩摩歌・上〉 ❷「四つ手網」の略。四隅を竹竿で張り広げた方形の網。水中に沈めておいて、折を見て引き上げて魚を捕る。例どういふわけか白魚の、折も**四つ手**に掛かったは〈歌舞伎・小袖曾我薊色縫・一・四〉 ❸「四つ手駕籠」の略。

よっ‐て【因って・依って・仍って】 ■1〔「よりて」の促音便形〕理由を表す。〜から。例剝がれるとわるいよって、はだかで来た〈噺本・軽口五色紙・下〉 ■2 接 それゆえ。例**仍って**執達件のごとし〈太平記・二〇〉 読解 以上が上意である、の意。公文書の末尾に記す慣用語。

よつで‐かご【四つ手駕籠】 名 江戸時代、庶民用の駕籠。四本の竹を柱にして、割り竹を簡単に編んで作り、小さい垂れをつけた粗末なもの。例尻に**四つ手駕籠**の蛸のできたほど(吉原ノ遊里ニ)通ったものだ〈滑稽本・膝栗毛・三下〉

四つ手駕籠

よつ‐の‐うみ【四つの海】 〔「四海」の訓読〕「しかい」に同じ。例**四つの海**波のほかまで空晴れて〈正治初度百首・下〉

よつ‐の‐とき【四つの時】 〔「四時」の訓読〕四季。また、一年。例天の下しろしめすこと、**四つの時**九の返りになんなりぬる〈古今・仮名序〉

よつ‐の‐を【四つの緒】 オ― (四弦であることから)琵琶の別称。例さびしさもなぐさむものは**四つの緒**の月まつほどのしらべなりけり〈兼好法師集〉

よっ‐ぴ・く【能っ引く】 動(カ四) 〔「よくひく」の促音便形〕弓を十分に引きしぼる。例おっかかって(=追いついて)**よっぴい**(音便形)てひゃうふっと射る〈平家・九・木曾最期〉

よっ‐ぽど【余っ程】 副 〔「よきほど」の変化した形。「余」はあて字〕❶よい程度に。ほどほどに。適当に。例城の普請を**ヨッポド**にしないた〈日葡〉 ❷だいたい。おおよそ。例昭襄王からは**よっぽど**百余年であらうぞ〈史記抄・六〉 ❸かなり。相当。例一弟子(=一番の弟子)で、**よっぽど**節は覚えたが〈近松・心中二枚絵草紙・上〉

よ‐づま【夜妻】 名 夜をともに過ごす妻。隠し妻。例あけがたのながき秋の夜ひとり寝る**夜づま**なにと思ひとむらん〈恵慶法師集〉

よ‐て【因て・依て・仍て】 接「よって」の促音の表記

されない形。例能力があるによて〈荘子抄・二〉

よ-と【夜音】 名「よおと」とも。夜の物音。夜聞こえる音。例梓弓爪引く**夜音**の〈万葉・一九・四二一四〉

よど【淀・澱】 名水の流れがよどむ所。また、よどんでいる所。例松浦川七瀬の**淀**は淀むとも我は淀まず君をし待たむ〈万葉・五・八六〇〉

淀 《地名》古くは「澱」とも書く。山城国、今の京都市伏見区の地名。京都の南方、桂川・木津川・宇治川が合流するあたり。交通の要所で、淀川水運の中心地。和歌では、「真菰」や「淀む」などが詠まれる。

淀川 《地名》歌枕 琵琶湖を水源として大阪湾に注ぐ川。宇治川・桂川・木津川が合流する山城国の淀(今の京都市伏見区)から下流部分の称。古くから京都と大坂・西国を結ぶ水運が開け、江戸時代には三十石船が往来した。例これがかの**淀川**の夜ぶねだな〈滑稽本・膝栗毛・六上〉

よ-とぎ【夜伽】 名夜間に伽をすること。夜寝ずに付き添うこと。また、その人。例今宵一夜は**夜伽**あそばし〈浄瑠璃・鎌倉三代記・七〉

よど-せ【淀瀬】 名流れのゆるやかな浅瀬。例宇治川は**淀瀬**なからし(=ないらしい)〈万葉・七・一一三五〉

よ-とで【夜戸出】 名夜、人を送ったり迎えたりするために戸外に出ること。例我妹子が**夜戸出**の姿見てしより心空なり地は踏めども〈万葉・一二・二九五〇〉

よとともに【世と共に】 ⇩「よ」の子項目

よ-どの【夜殿】 名寝室。和歌では、山城国(京都府)の地名「淀野」を掛けて用いることが多い。例あやめぐさ**よどの**に生ふるものなればねながら人は引くにやあるらん〈金葉・夏〉読解「ねながら」は「寝ながら」と「根ながら」を掛ける。

よどみ【淀み・澱み】 名「よど(淀・澱)」に同じ。例**淀み**に浮かぶうたかた(=泡)は、かつ消え、かつ結びて〈方丈記〉

よど・む

【淀む・澱む】動(マ四)❶**流れが止まって動かない。** 例楽浪の志賀の大わだ**淀む**とも昔の人にまたも逢はめやも〈万葉・一・三一〉➡名歌174

❷**物事が順調に進まない。停滞する。ためらう。ぐずぐずする。** 例ねもころに思ふ我妹を人言の繁きによりて**淀む**ころかも(=心をこめて思うあなたなのに、世間のうわさの激しさのためにためらっているこのごろであることよ)〈万葉・一二・三一〇九〉

語誌 ②は、和歌では、男女の仲についていうことも多い。〈小島孝之〉

よ-な 〔間投助詞「よ」+終助詞「な」〕語調を整え、軽く強調する意を表す。～だね。～だよ。例南殿の御後ろ、かならず人の参るに通る所**よな**、そこに人の立ちたるを〈大鏡・伊尹〉

よ-なが【夜長】 名夜が長いこと。ふつう、秋の夜についていう。例九月になりぬれば、**夜長**になりまさりて〈栄花・玉の飾り〉

よ-なみ【世並み】 名《近世語》❶世の中一般。世間並み。例借り次ぎの長崎屋、**世並み**にて百両取りてしめ〈西鶴・本朝二十不孝・一・一〉❷物事の性質・経過。例**世並み**の悪い疱瘡に〈近松・博多小女郎波枕・上〉

よな-よな【夜な夜な】 副夜ごとに。毎夜。例なきこそわたれ秋の**夜な夜な**〈古今・秋上〉

よ-ならべ-て【夜並べて】 夜を重ねて。いく晩も続けて。例**夜並べて**君を来ませと〈万葉・一一・二六六〇〉

よ-な・る【世慣る・世馴る】 動(ラ下二)❶世間になれる。世間や人情に通じる。例**世慣れ**ず、よからぬ人(=教養のない人)の必ずある事なり〈徒然・七八〉❷男女の交際になれる。男女の情愛を解する。例姫君の御前にて、この**世馴れ**たる物語など、な読み聞かせたまひそ(=読み聞かせなさるな)〈源氏・蛍〉

よ-に

【世に】副❶(打消の語を伴って)**決して(～ない)**。断じて(～ない)。例(夫ハ)文は**よ**に見たまはじ。ただ、言葉にて申せよ(=手紙は決してご覧にならないだろう。直接、口頭で申し上げよ)〈大和・一五七〉

❷**非常に。まことに。**実に。例**よに**心細き世の慰めにも(=非常に心さびしい境遇の慰めにも)〈源氏・椎本〉〈上野辰義〉

よに～【世に～】 ⇩「よ」の子項目

よに-も【世にも】 副〔「世に」を強調した語〕❶(打消の語を伴って)決して(～ない)。断じて(～ない)。例**よにも**忘れじ妹が姿は〈万葉・一二・三〇八四〉❷きわめて。とても。いかにも。例宰相**よにも**心ぐるしげにて〈平家・二・少将乞請〉

よにん-ばり【四人張り】 名四人がかりで弦を張るほどの強い弓。例九尺ばかりありける**四人張り**を杖に突き〈義経記・五〉

よね【米】 名❶米。例この娘、ただ栗をのみ食ひて、さらに**米**のたぐひを食はざりければ〈徒然・四〇〉❷(「米」の字を分解すると「八十八」になることから)八十八歳。米寿。

よ-ねん【余念】 名他念。ほかの考え。例朝夕仏前に花香をそなへ、**余念**なく願ひければ〈平家・一・祇王〉

よ-の

間助〔終助詞「よ」+終助詞「なう」〕=「よなう」の変化した形〕詠嘆の意を表す。～だなあ。例吉野川の花筏浮かれてこがれ候**よの**〈閑吟集・一四〉➡名歌402

接続 種々の語につく。

よ-の【世の】 天下の。たぐいまれな。たとえようもない。例**世の**しれ者かな(=たぐいまれな愚か者だな)。かく危ふき枝の上にて、安き心ありて睡るらんよ〈徒然・四一〉

よ-の-おぼえ【世の覚え】 世間の評判。人気。例**世のおぼえ**はなやかなる御方々〈源氏・桐壺〉類義よのきこえ

よ-の-おもし【世の重し】 国家の重鎮。世の中を治める人。例**世の重し**とものしたまへる(=国家の重鎮でいらっしゃる)大臣の〈源氏・賢木〉

よ-の-かぎり【世の限り】 ❶寿命の続く限り。死ぬまで。例**世の限り**にや恋ひ渡りなむ〈万葉・一〇・二〇四四〉❷最期。臨終。例母親(息子ニ)こがれて、**世の限り**と知らせて〈西鶴・男色大鑑・六・三〉

よ-の-かため【世の固め】 国を治めること。また、その人。国の重鎮。例才なき人は、**世の固め**とするになむ悪しき〈宇津保・国譲下〉

よ-の-ぎ【余の儀】 ほかの事。多く打消の語を伴っ

よ-べ【昨夜】 名 昨晩。ゆうべ。例**よべ**は悩みたまふことなむありける〈蜻蛉・中〉

よ-ほう【四方】 名 ⇩よはう

よ-ほろ【丁】 名「よぼろ」「てい」「ちょう」とも。令制で、課役負担者となる成年の男性。正丁・次丁・少丁に分かれる。

よほろ【膕】 名「よぼろ」とも。膝の関節の裏側。例八つ九つばかりなる男子の、髪も**よほろ**ばかりにて〈宇津保・楼上上〉

よほろ-すぢ【膕筋】 名 膝頭の裏にある大きな筋肉。例そのうへ、**よほろ筋**を断たれたれば、逃ぐべきやうなし〈宇治拾遺・九ノ一〉

よみ【黄泉】 名 **死者の魂が行くとされた死後の世界**。地底にあるという。「黄泉の国」「黄泉つ国」とも。例遠つ国 **黄泉**の界に 延ふつたの（枕詞） 己が向き向き（=自分勝手に） 天雲の（枕詞） 別れし行けば〈万葉・九・一八〇四〉 読解 弟の死を嘆く長歌の一節。「延ふつたの」は単なる枕詞ではなくて、黄泉の国に蔦が生えているという俗信があったのかもしれない。

語誌 ▼**伊邪那岐と伊邪那美** 『古事記』に、死んで黄泉の国に旅立った妻の伊邪那美を人間の世界に連れ戻そうとした伊邪那岐の話がある。伊邪那岐は妻を連れ戻すことに失敗し、「黄泉つひら坂」を境界として、生と死の二つの世界は決定的に分離した。

▼**関連語** いったんは死去した人間が息を吹き返すことを「よみがへる」というのは、黄泉の国から帰るという意味。また、地底にある死者の国のことを、「根の国」「底つ国」ということもある。なお、「黄泉」は漢語で、中国の古典でも、地下の泉・死者の赴く国の意で用いられる。〈島内景二〉

よみ-うり【読み売り】 名 江戸時代、世間の出来事などを絵入りの一枚刷りの瓦版にして、節をつけて読みながら街で売り歩くこと。また、その人。例夜さへ編み笠を着て、つれぶしの（=二人で読み歩く）**読みうり**〈西鶴・諸艶大鑑・二・五〉

よみ-がへ・る【蘇る】 動（ラ四）〔「黄泉」から「帰る」意〕死にかけた人が息を吹き返す。生き返る。例あらぬ世に**よみがへりたる**やうに〈源氏・夕顔〉

よみ-くち【読み口・詠み口】 名 ❶和歌などの詠みぶり。例**よみくち**、世のおぼえ人にすぐれて〈著聞集・五・二三〉 ❷和歌の名手。例俊恵を**よみ口**ならずと申す人はなきぞかし〈無名抄・歌人不可証得事〉

よみ・す【好す・嘉す】 動（サ変）〔形容詞「よし」の語幹＋接尾語「み」＋サ変動詞「す」〕よいと認める。ほめる。漢文訓読体の文章に用いる。例摩理勢（=人名）はもとより聖皇の**好したまふ**ところなり〈紀・舒明即位前紀〉

よみ-ぢ【黄泉】 名 ❶黄泉へ行く道。冥途への道。例にはかにうちつづくべかなる**よみぢ**の急ぎは〈源氏・夕霧〉 ❷「よみ」に同じ。例御恩徳、**黄泉**の底まで忘れうか〈近松・女殺油地獄・下〉

よみぢ-の-さはり【黄泉の障り】 成仏の妨げ。冥途へ行く障害。例今日明日斬らるべき人にこれを見せては（=自分の子どもと対面させては）、なかなか**よみぢの障り**ともなりぬべし〈太平記・三〉

よみ-づと【黄泉苞】 名 冥途への土産。例〔試楽ヲ見ルコトヲ〕**よみづと**にしはんべらんずるなり（=しようというのです）〈栄花・音楽〉

よみ-の-くに【黄泉の国】 名「よみ」に同じ。

よみ-びと【読み人・詠み人】 名 和歌などを詠んだ人。詠者。作者。例題をも、**よみ人**をもあらはし、〔歌ノ意味ヲ〕心得たるこそ〈源氏・蓬生〉

よみびと-しらず【読み人知らず】 和歌の撰集に際し、作者が不明であることを示す語。実際に作者がわからない場合のほか、作者の身分が低くて名を記してもだれかわからない場合、なんらかの事情があって作者名を記せない場合などがあるとされる。例勅勘の人なれば（=天皇のとがめを受けている人なので）、名字をばあらはされず、故郷の花といふ題にてよまれたりける歌一首ぞ、「**読人知らず**」と（『千載和歌集』に）入れられける〈平家・七・忠度都落〉

よ・む【読む・詠む】 ❶ 動（マ四） ❶**数を数える**。例(a)春花のうつろふまでに相見ねば月日**よみ**つつ妹待つらむぞ（=春の花が散り果てるまでも逢っていないので、月日を数えながら妻は待っているだろうよ）〈万葉・一七・三九八二〉例(b)時守の打ち鳴す鼓数**よみ**みれば（=時守が打ち鳴らす鼓の数を数えてみると）〈万葉・一一・二六四一〉 ❷**文章・詩歌・経などを、声を出して唱える**。例人々に物語など**読ませて**聞きたまふ〈源氏・若菜下〉 ❸**歌や詩を作る**。例生きとし生けるもの、いづれか歌を**よまざりける**（=あらゆる生き物で、どれか歌を作ら

読本 江戸時代の小説の一種。十八世紀中ごろに上方に登場し、のち江戸を中心に出版された。「読本」の称は、絵本や語り物の草子に対して文を読むことを主とする本の意。具体的には、中国明代などの白話（口語体）小説に影響を受けた伝奇的読み物として成立し、歴史性・思想性も備えた知的で娯楽的な小説をいう。

●**前期** 読本は、マンネリ化した浮世草子と交替する形で上方に誕生した。都賀庭鐘が、白話小説に影響されて、『英草紙』などの短編奇談集を書いたのが始まりとされる。

その後、上田秋成によって前期読本が完成される。秋成の代表作は、九編の怪異小説からなる短編集『雨月物語』で、ほかに『春雨物語』などがある。

●**後期** 後期読本は、寛政の改革後、文化・文政年間（一八〇四〜三〇）を経て幕末まで刊行された。基礎を築いたのは山東京伝で、寛政の改革で活動を制限されてから読本に進出した。

京伝のもとで修業し、やがて代表的作者となったのが曲亭（滝沢）馬琴である。馬琴は勧善懲悪・因果応報の理念による長編小説にすぐれ、完成に約三十年をかけた『南総里見八犬伝』や『椿説弓張月』などがある。〈松原秀江〉

ないものがあるか〉〈古今・仮名序〉 読解 「いづれか」の「か」は反語の意を表す。

❷ 動(マ下二)可能動詞として用いる。読むことができる。理解できる。

語誌 ▼数えること　声を出して順に数えていくことが原義で、単に数えあげるというだけでなく、時の流れなど、人間の力を超えたものへの接触の感覚を伴う行為でもあった。文章や経典などを「読む」ようになっても、その一文字ずつを声を出して読みあげることが基本であり、その際にも、やはり神秘的な力に接するときの畏怖の感覚を伴うものであった。平安時代の「よむ」の用例はほとんどが音読を示し、黙読にあたるものは「みる」として区別される。〈松井健児〉

よめ【嫁・娵】 名〔「むこ(婿)」の対〕❶ **息子の妻**。男性の側の両親から見ていう。例 ありがたきもの…姑に思はるる**嫁**の君(=めったにないもの…夫の母親によく思われる嫁君)〈枕・ありがたきもの〉

❷ 妻。結婚する当の男性との関係を中心にいう。例 絶えずいひわたりたるが、越前の守の**よめ**にて下りしが(=手紙を絶やさず交わしている人が、越前の国守の妻になって地方に下向したのだが)〈更級〉〈米山敬子〉

よ-め【夜目】 名 夜の暗がりの中で見ること。例 **夜目**に見しかば、宮の少将にぞ似たりし〈狭衣・一〉

よめ-が-きみ【嫁が君】 名 正月三が日の間、鼠をさす忌み詞。例 餅花やかざしに挿せる**嫁が君**〈俳諧・堺絹〉

よめ-つき【嫁突き】 名〔「よみつき(読み突き)」の変化した形か〕羽根突きで「ひとこにふたご、みわたしよめご」などと節をつけて数えながらつくこと。例 独りはねをつきしに、それは**娌突き**かと申せば〈西鶴・西鶴諸国ばなし・三・四〉

よ-も【四方】 名 ❶ 東西南北。前後左右。四方。例 天皇、高き山に登りて、**四方**の国を見て詔らしく(=仰せられたことには)〈記・下・仁徳〉 ❷ あちらこちら。あたり一帯。例 **四方**の梢そこはかとなうけぶりわたれるほど〈源氏・若紫〉

よも 副(多く打消推量の助動詞「じ」を伴って)まさか(〜ないだろう)。よもや(〜ないだろう)。例 (大将ハ)今日明日は**よも**おはせじ(=今日明日にはまさかおいでにならないだろう)〈源氏・浮舟〉

語誌 中世以降は、「じ」や打消の語を伴わずに用いられることもある。〈井上博嗣〉

よもぎ【蓬】 名 植物の名。キク科の多年草。新芽は草餅に作り、葉はもぐさの原料となる。荒れた邸宅の描写に用いられる。例 下部どもなど遣はして、蓬払はせ〈源氏・蓬生〉

よもぎ-が-そま【蓬が杣】 蓬が杣山(材木を切り出す山)の木々のように茂っている所。例 鳴けや鳴けよもぎが杣のきりぎりす過ぎゆく秋はげにぞ悲しき〈後拾遺・秋上〉➡名歌258 語誌 例の和歌に初めて現れる表現で、作者曾禰好忠の造語と考えられる。

よもぎ-の-かど【蓬の門】 蓬などが生い茂っている荒れた家の門。例 やど見れば**蓬の門**もさしながら〈蜻蛉・中〉

よもぎ-の-や【蓬の矢】 蓬の葉を矢羽根にした矢。鎌倉時代以降、男子誕生の祝いの儀式に用いた。例 生まるる時は、桑の弓・**蓬の矢**をもて、天地四方を射〈曾我・二〉

よもぎ-の-やど【蓬の宿】 蓬などが生い茂っている荒れた家。例 言の葉につけてもなどか問はざらん**よもぎの宿**もわかぬ嵐を(=区別しないで嵐が吹いているのに)〈後拾遺・雑三〉

よもぎ-ふ【蓬生】ウ 名 蓬などの生い茂った所。雑草が繁茂している荒れた土地。例 **蓬生**の荒れたる宿に郭公鳥わびしきまでにうちはへて鳴く(=蓬などが生い茂って荒れている家にほととぎすがやりきれないほどにいつまでも鳴く)〈新撰万葉集・下〉

語誌 ▼荒廃のイメージ　「よもぎふ」の「ふ」は「浅茅生」「芝生」「葎生」などの「ふ」と同様、植物の生い茂っている場所を表す語である。蓬が繁茂している様子は、浅茅や葎などのそれと同じく、手入れすることなく放置された荒れ果てた庭の描写に用いられる。蓬生といえばすなわち荒れた邸、貧しい家のさまを示すことになる。『源氏物語』蓬生巻の巻名は末摘花という女性の屋敷のすっかり荒廃したさまを表象している。平安中期以降、「秋ふけぬ鳴けや霜夜のきりぎりすやや影寒し蓬生の月」〈新古今・秋下〉などとしばしば和歌に詠まれ、歌語として定着した。〈佐藤明浩〉

よ-も-すがら 副〔「すがら」は接尾語〕一晩じゅう。夜通し。例 夢路にも露やおくらん**よもすがら**通へる袖のひちて(=濡れて)かわかぬ〈古今・恋二〉

よ-も-つ【黄泉つ】〔「よも」は「よみ」の変化した形。「つ」は「の」の意の上代の格助詞〕黄泉の。「黄泉つ神」「黄泉つ国」などと用いる。

よ-も-つ-ひらさか【黄泉つ平坂】 黄泉の国と現世との境界にあるという坂。例 **黄泉つ平坂**の坂本に到りましし時〈記・上・神代〉

よ-も-つ-へぐひ【黄泉つ竈食ひ・黄泉つ戸喫ひ】ヘグイ 黄泉の国のかまどで煮たものを食べること。現世に帰れなくなると考えられていた。例 吾は**黄泉つ戸喫ひしつ**〈記・上・神代〉

四方赤良 ⦅人名⦆ ⇨大田南畝

よも-や 副〔副詞「よも」+間投助詞「や」〕❶ (打消の語を伴って)まさか(〜ない)。例 **よもや**まことの鈍太郎殿ではござりますまい〈山本東本狂言・鈍太郎〉 ❷ おそらく。きっと。例 **よもや**金もなくなりさうなもの〈黄表紙・莫切自根金生木・下〉

よも-やま【四方山】 名 ❶ 四方の山。例 **四方山**の繁きを見れば〈和泉式部集〉 ❷〔「よもやも(四方八方)」の変化した形〕㋐ 世間。世の中みな。例 世の中にもがさ(=疱瘡)といふもの出で来て、**よもやま**の人、上下病みののしるに(=大騒ぎして)〈栄花・花山尋ぬる中納言〉 ㋑ さまざま。雑多。例 **よもやま**の田をつくり、住みつきて〈大鏡・道隆〉

よ-や 感 強く呼びかける語。おいおい。ようよう。例 助けよや、猫また、**よやよや**〈徒然・八九〉

よ-よ【世世・代代】 名 ❶ 多くの世。代々。例 古の世々の帝〈古今・仮名序〉 ❷『仏教語』過去・現在・未来の三世。生まれ変わり死に変わって経めぐる世。例絶えぬべき御法ながらぞ頼まるる世々にと結ぶ(二人ノ)仲の契りを〈源氏・御法〉❸男女が離別した後、別々に送る世。例おのが世々になりにければ、疎くなりにけり〈伊勢・二二〉

よ-よ 副❶しゃくりあげて泣くさま。例おのれも**よよ**と泣きぬ〈源氏・夕顔〉❷水やよだれが垂れるさま。たらたら。例筍をつと握り持ちて、雫も**よよ**と食ひ濡らしたまへば〈源氏・横笛〉❸酒などを勢いよく飲むさま。ぐいぐい。例酒を出だしたれば、さし受けさし受け、**よよ**と飲みぬ〈徒然・八七〉

よよ・む 動(マ四) 傾き曲がる。特に、腰が曲がる。例百歳に老い舌出でて**よよむ**とも〈万葉・四・七六四〉

よら・し【宜し・良らし】 形(シク) よろしい。ふさわしい。かまわない。例今撃たば**宜し**〈記・中・神武〉

-より【度】 接尾 回数・度数を表す。〜回。〜たび。例ふた**より**み**より**逢ふとせしまに〈千載・雑下〉

より

格助 ❶**動作・作用の起点を表す。**〜から。例ⓐあかつき**より**雨降れば(=未明から雨が降るので)〈土佐〉例ⓑこの十五日になむ、月の都**より**、かぐや姫の迎へにまうで来なる(=この十五日に、月の都から、かぐや姫を迎えるために参上するという)〈竹取〉読解 文末の「なる」は伝聞の意を表す。

❷**動作・作用の経過点を表す。**〜を通って。〜から。例木の間**より**漏りくる月の影見れば心づくしの秋は来にけり〈古今・秋上〉➡名歌163

❸**比較の基準を表す。**〜に比べて。〜より。例ふるまひて興ある**より**も、興なくてやすらかなるが、まさりたる事なり(=ことさらに趣向を凝らしておもしろみがあるよりも、おもしろみがなくても自然であるのが、すぐれているものである)〈徒然・二三一〉

❹**手段・方法を表す。**〜で。〜によって。例他夫の馬**より**行くに 己夫し 徒歩**より**行けば(=よその夫は馬で行くのに、私の夫は歩いて行くので)〈万葉・一三・三三一四〉

❺(主に「ほか」「うち」などの語を伴って)**一定の範囲を限定する意を表す。**〜以外。〜より。例これを見る**より**ほかの事なければ(=これを見る以外ほかのことがないので)〈更級〉読解「これ」は『源氏物語』をさす。

❻**即時の意を表す。**〜するやいなや。〜するとすぐに。例(牛車ヲ)門引き入るる**より**けはひあはれなり(=門の内に引き入れるやいなや風情はしみじみと趣深い)〈源氏・桐壺〉

接続▶体言および体言に準じる語句につく。

語誌▼①②の意では、鎌倉時代以降、しだいに「から」が主流となってゆく。④の意では、平安時代には「にて」、鎌倉時代以降は「で」が用いられ、「より」は主に「徒歩より」という固定的な表現で用いられる。

▼⑤は③から、⑥は①から、それぞれ派生したものと考えられる。

▼「より」と「から」 格助詞「より」と「から」には、その意味・用法によく似た点がある。「より」は、時間的・空間的に動作や作用が始まる起点を表すのが基本的用法である。一方「から」は、そのもの本来の性質を表す名詞「から(柄)」が転じて助詞となったもので、物事がその本性のままに展開するという意から、原因となる物事や理由を表すのが基本的用法。そこから、物事が展開してゆく際の経過点を表す用法が生まれ、平安時代に入ると、さらに動作の起点、手段・方法を表す用法へと広がり、結果的に「より」の意味・用法と重なることとなった。

動作・作用の起点や経過点を表す場合、古くは「より」が用いられることが多く、上代に「から」が用いられるのは和歌や歌謡に限られる。平安時代にも、もっぱら「より」が用いられたが、鎌倉時代に至って、しだいに「から」が優勢となり、「より」は主に比較や限定を表す用法に用いられるようになって、現代に至っている。〈佐藤一恵〉

より-あひ【寄り合ひ】アイ 一 名❶互いに近づいて接するところ。例天地の **寄り合ひ**の極み〈万葉・二・一六七〉❷集まり。会合。例一族の**寄り合ひ**に〈狂言・茶壺〉❸連歌・俳諧の付け合いで、句と句とを結びつける言葉や素材。例言葉あくまで優しく、**寄り合ひ**すくなく、するするとすべし〈連理秘抄〉

より-うど【寄人】ヨリュウド 名(「よりびと」のウ音便形)❶平安末期以降、宮中の記録所・御書所や後院などで庶務に従事する職員。❷和歌所の職員。和歌の選定を担当する。「召人」とも。❸鎌倉・室町幕府で、政所・問注所・侍所の職員。

より-か・く【縒り掛く】 動(カ下二) 糸を縒りあわせる。柳の枝や美しい髪をたとえることが多い。例浅緑糸**よりかけ**て白露を珠にもぬける春の柳か〈古今・春上〉

より-き【与力】 一 名動(サ変) 加勢すること。例平家に同心か、源氏に**与力**か〈平家・七・木曾山門牒状〉二 名❶室町時代、有力武将に所属する武士。❷江戸時代、諸奉行・所司代などに所属し、上司を補佐し、庶務をつかさどる職。

より-こ【寄り子】 名 戦国大名などの家中で、大身の家臣(寄り親)に従う小身の武士。江戸時代は、広く手下や奉公人の意にもいう。例一家一族**寄り子**の輩まで追ひ追ひにかけつけ〈西鶴・武道伝来記・一・四〉

より-たけ【寄り竹】 名 浜辺などに流れ寄った竹。これで作った笛は、音色が美しいという。例**より竹**を柱にして、葦を結び〈平家・三・有王〉

より-つ・く【寄り付く】 動(カ四)❶近づく。近寄る。例恐ろしうて**寄りつき**たまはず〈源氏・真木柱〉❷頼りにする。例いとどしく(=よりいっそう)淋びしく、**よりつか**ん方なきままに〈源氏・橋姫〉

より-どころ【寄り所・拠り所】 名❶頼りにするところ。頼りにする人。例はかばかしき後ろ見しなければ、事ある時は、なほ**よりどころ**無く心細げなり〈源氏・桐壺〉❷基づくところ。根拠。例事の**よりどころ**無きによって、先帝弱年にて崩じぬ〈保元・上〉読解「先帝」はしかるべき根拠がないのに帝位に就いたために若くして死去した、とする。

より-びと【寄り人】 名❶「よりまし」に同じ。また、「よりまし」に憑依する霊。例**寄り人**は、今ぞ寄り来る〈謡曲・葵上〉❷「よりうど」に同じ。

より-ふ・す【寄り臥す】 動(サ四) 物にもたれて横に

なる。例頬杖をつきたまひて寄り臥したまへれば〈源氏・若菜上〉

より-まし【寄りまし】名 神や霊などを、憑依させる物・人。例さしも踊り狂ふ御よりましどもが縛も、しばらくうち鎮めけれ〈平家・三・御産〉

より-より【度度・時時】副 時々。折々。例時々往々に、取らむとすれども得ず〈記・中・応神〉

より-ゐ・る【寄り居る】イル 自動(ワ上一) 何かに寄りかかっている。また、寄りかかって座る。例渡殿の戸口に寄りゐたまへり〈源氏・空蟬〉

よる【夜】名「ひる(昼)」の対」日が暮れてから夜が明けるまでの時間帯。⇩よ(夜)。例現には逢ふよしもなしぬばたまの(枕詞)夜の夢にを継ぎて見えこそ(=絶えず見えてください)〈万葉・五・八〇七〉

【夜になす】夜になるのを待つ。例夜になして京には入らんと思へば〈土佐〉

【夜の鶴】子を思う親の愛情の深さをいう語。『白氏文集』「五絃弾」の「夜の鶴は子を憶ひて籠中に鳴く」の句による。例夜の鶴都のうちにはなたれて子を恋ひつつもなきあかすかな〈詞花・雑上〉

【夜の錦】美しく高価な錦の衣服であっても、闇夜に着たのでは人に見られず、かいのないこと。かいのないこと、無駄なことのたとえ。『史記』項羽本紀の記事による。例見る人もなくて散りぬる奥山のもみぢは夜の錦なりけり〈古今・秋下〉

【夜を昼になす】夜昼なく事を行う。昼夜兼行でする。「夜を日に継ぐ」とも。例夜を昼になして(貝ヲ)取らしめたまふ〈竹取〉

よ・る

【寄る・因る・拠る】動(ラ四)「よす」の自動詞形。一つの方向に体を預けてゆく動作をいうのが原義。

1【寄る】❶もたれかかる。例脇息に寄りおはす(=脇息にもたれかかっていらっしゃる)〈源氏・帚木〉

❷接近する。集まってくる。例こもりくの(枕詞)泊瀬の川は 浦無みか 舟の寄り来ぬ(=泊瀬の川は入り江がないためか船が集まって来ない)〈万葉・一三・三二二五〉

❸道すがら訪れる。立ち寄る。例我が御家へも寄りたまはずしておはしましたり(=ご自宅へもお立ち寄りにならないで、ここにおいでになった)〈竹取〉

❹多く重なる。積もる。例年のよりたるに候ふ(=年を取っているのでございます)〈徒然・一五三〉

❺寄進を受ける。寄付される。例またかかる所に庄など寄りぬれば(=またこのような所に荘園などを寄進されてしまうと)〈宇治拾遺・一〇一〉

❻物の怪や霊などが乗り移る。例病つきて日ごろを経てつひに失せにけり。その女寄りたるにやとぞ(=病気になって数日たってとうとう死んでしまった。その女が乗り移ったのであろうかということだ)〈今昔・三一・七〉

❼心が傾く。好意を寄せる。例心は妹に寄りにけるかも(=心は妻に寄ってしまったことだ)〈万葉・一〇・二二四二〉

❽頼りにする。そこに落ち着く。例伊勢の海人も舟流したる 心地して よらん方なく 悲しきに(=伊勢の漁師も船を流してしまった気持ちがして、頼りにするところもなく悲しいので)〈古今・雑体〉読解 主君を失った不安と悲しみを歌う長歌の一節。

❾従う。服する。例山川も 依りて仕ふる 神の御代かも(=山も川も従い仕える神の御治世であることよ)〈万葉・一・三八〉

❿味方をする。ひいきする。例あなたによりて、ことさらに負けさせんとしけるを(=あちらに味方して、わざと負けさせようとしたのだ)〈枕・殿などのおはしまさで後〉

⓫(「おもひよる」の形で)考えが及ぶ。思いつく。例それまでは思ひもよらず〈平家・二・少将乞請〉

2【因る・拠る】「〜による」の形で用いる。❶根拠とする。基づく。例おのれ違ふところなくは、人の見聞くにはよるべからず(=自分にとって間違いなければ、人が見聞きしたことを根拠としてはならない)〈徒然・一四三〉

❷原因となる。例君により我が名はすでにたつた山(=あなたのせいで私の名は龍田山ではないが立ってしまった)〈万葉・一七・三九三一〉読解「たつた山」の「たつ」と「立つ」を掛ける。

❸〜に応じる。〜しだいである。例道心あらば住む所にしもよらじ(=悟りを得ようという心があるならば、住む所には必ずしも関係ないだろう)〈徒然・五八〉

語誌 もともとは具体的な動作をいう(**1**①〜⑥)のだろうが、早くから心理的な動きをいう(**1**⑦〜⑪)用法が発達した。**1**⑧⑨などから転じて**2**の意をもつようになったとみられる。〈鉄野昌弘〉

よ・る【縒る・搓る・撚る】動(ラ四) 片糸(=細い糸)を何本かねじりあわせて、一本の丈夫な糸にする。例片搓りに糸をぞ我が搓る〈万葉・一〇・一九八七〉

よる-の-おとど【夜の御殿】名 清涼殿内の天皇の寝所。貴人の寝所にもいう。⇩口絵。例夜の御殿に入らせたまひても、まどろませたまふことかたし(=めったにない)〈源氏・桐壺〉

よる-の-おまし【夜の御座】名「よるのおとど」に同じ。

よる-の-ころも【夜の衣】寝るときに身にまとう衣服。例蟬の羽のよるの衣はうすけれど移り香濃くも匂ひぬるかな〈古今・雑上〉

【夜の衣を返す】夜の衣を裏返しに着る。夢の中で恋しい人に会えるという俗信があった。例いとせめて恋しき時はむばたまの(枕詞)夜の衣をかへしてぞ着る〈古今・恋二〉

よるのつる【夜の鶴】⇩「よる」の子項目

よるのにしき【夜の錦】⇩「よる」の子項目

夜の寝覚 《作品名》平安後期の物語。現存本は五巻または三巻。中間と末尾に大きな欠巻がある。菅原孝標女の作ともされる。成立年未詳。姉の婚約者と偶然契りを結んでしまった女主人公中の君の数奇な人生を描く。心理描写に定評がある。『源氏物語』の影響が濃厚で、『夜半の寝覚』とも。

よる-の-もの【夜の物】寝るときに用いる物。夜具・夜着の類。例夜の物まで送りてよめる〈伊勢・一六〉

よる-ひかる-たま【夜光る玉】暗い夜にも光るという宝玉。特に、中国の夜光珠をいう。例夜光る玉

とぞ見ゆる水暗き葦辺の波にまじる蛍は〈新千載・夏〉

よる-ひる【夜昼】 ❶名 夜と昼。例**夜昼**といふわき知らず我が恋ふる心はけだし夢に見えきや(=夜と昼の区別もわからないほど私が恋している心は、もしかするとあなたの夢に現れましたか)〈万葉・四・七一六〉❷副 夜も昼も。いつも。例**夜昼**恋ひきこえたまふに〈源氏・若紫〉

よる-べ【寄る辺】 名(上代は「よるへ」)頼りにする人・場所。よりどころ。例**よるべ**無み身をこそ遠く隔てつれ心は君が影となりにき〈古今・恋三〉

よるをひるになす【夜を昼になす】 ⇨「よる」の子項目

よろい【鎧・甲】 ⇨よろひ

よろこび

【喜び・悦び】 名(動詞「よろこぶ」の名詞形)❶**うれしく思うこと。** 例かくありがたき人に対面したる**よろこび**(=このようなたぐいまれな人に会った喜び)〈源氏・桐壺〉❷**喜ぶべきこと。慶事。** 特に、**任官や官位の昇進。** 例院司・上達部や、さべき人々、**よろこびせさせ**たまへり(=院司・上達部や、しかるべき人々を、昇進させなさった)〈栄花・さまざまの喜び〉❸**喜ぶべきことに対する祝賀。祝いの言葉。** 例おこたりたまへる**よろこび**聞こえ(=病気がお治りになったお祝いの言葉を申し上げ)〈源氏・若紫〉❹**喜ぶべきことに対して礼を言うこと。** 特に、**任官や官位の昇進などの礼を言うこと。お礼。** また、**お礼の言葉。** 例**よろこび**奏するこそをかしけれ(=お礼の言葉を天皇に申し上げる姿は趣がある)〈枕・よろこび奏するこそ〉

語誌 喜ぶべき出来事を中心に、その時の心情、祝辞、お礼などをすべて「よろこび」という。任官や官位の昇進に関して用いられたものが多い。〈池田節子〉

よろこび-まうし【喜び申し・慶び申し】 ―モウシ 名 任官や官位昇進などの礼を述べること。また、その儀式。例左の大臣、おほき宮の御もとに**よろこび申し**に参りたまへり〈宇津保・国譲上〉

よろこ・ぶ

【喜ぶ・悦ぶ】 動(バ四) うれしく思う意。そこから、自分をうれしくさせてくれる人に感謝する意や、感謝を態度に示す意にも用いられる。

❶**うれしく思う。** 例帝、「いとうるせかりしものの帰りまうで来たれること」と**喜び**たまひて(=帝は、「たいそう賢かった者が帰ってまいったことだ」とうれしくお思いになって)〈宇津保・俊蔭〉❷**感謝する。礼を言う。** また、**祝いの言葉を言う。** 例女ばらも空を仰ぎてなむ、そなたに向きて**よろこび**きこえける(=侍女たちも空を仰いで、そちらの方向を向いてお礼を申し上げた)〈源氏・蓬生〉❸**出産する。** 例懐体して兄を**よろこび**しより(=妊娠して兄を出産したときから)〈西鶴・本朝桜陰比事・一・七〉

語誌 上代は上二段活用。平安時代以降も漢文訓読体ではそれが踏襲された。〈池田節子〉

よろこぼ・ふ【喜ぼふ・悦ぼふ】 ヨロコボウ 動(ハ四)(「よろこぶ」の未然形＋接尾語「ふ」＝「よろこばふ」の変化した形)とても喜ぶ。例**よろこぼひ**て、「思ひけらし(=私を愛していたらしい)」とぞ言ひをりける〈伊勢・一四〉

よろ・し

【宜し】 形(シク)❶**性質や状態が適当だ。ふさわしい。好ましい。** 例物皆は新たしき良しただしくも人は古りゆく**宜しかる**べし(=物はすべて新しいのがよい。ただし人は年をとってゆくのが好ましいだろう)〈万葉・一〇・一八八五〉❷**まあまあよい。悪くない。** 例(a)湯浴みなどせむとて、あたりの**よろしき**所に下りて行く(=入浴などしようといって、付近の悪くない所に下りて行く)〈土佐〉例(b)かの山寺の人は、(病状ガ)**よろしう**(音便形)なりて〈源氏・若紫〉❸**普通だ。平凡だ。並ひととおりだ。** 例(a)春ごとに咲くとて、桜を**よろしう**(音便形)思ふ人やはある(=毎春咲くからといって、桜を平凡だと思う人がいるだろうか)〈枕・節は五月にしく月はなし〉読解「やは」は反語の意を表す。例(b)法華経講ぜさせなどするほど、地獄の焔**宜しく**見ゆ(=法華経を説かせなどするうちに、地獄の炎が普通になったように見える)〈今昔・一四・八〉読解ここは激しい火がおさまったこと。❹(漢文訓読の用法から)**まさに〜するべきだ。当然〜するべきだ。** 例深く件の恩を知りて、**よろしく**報謝すべし(=深く先ほどの恩を知って、当然恩に報い感謝を表すのがよい)〈著聞集・二・三六〉

語誌 ▼「よろし」の古形は「よらし」で、動詞「よる(寄る)」の形容詞形。その方に寄っていきたい、近づきたいというのが原義。
▼関連語 「よし」が特によいという状態をいうのに対して、「よろし」はまあまあよい、悪くないという意味。「よし」の対義語は「あし」、「よろし」の対義語は「わろし」である。〈浅見和彦〉

よろし-なへ【宜しなへ】 ナエ 副《上代語》ふさわしく。好ましく。例**宜しなへ**我が背の君が負ひ来にしこの背の山を妹とは呼ばじ〈万葉・三・二八六〉

よろし-め【宜し女】 名《上代語》よい女性。美しい女性。例麗し女をありと聞きて**宜し女**をありと聞きて〈紀・継体・歌謡〉

よろづ

【万】 ヨロズ 名副 ❶**数の名。** 万。転じて、**数の多いこと。いろいろ。さまざま。** 例野山にまじりて竹を取りつつ、**よろづ**の事に使ひけり(=野山にわけ入って竹を取っては、さまざまな事に使った)〈竹取〉❷**すべて。万事。全部。** 例けやけく否びがたくて、**よろづ**え言ひ放たず、心弱くことうけしつ(=きっぱりと断わりにくくて、万事言い切ることができず、気弱く承諾してしまう)〈徒然・一四一〉

語誌 ▼具体的に一万という数を示すことはほとんどなく、非常に数の多いさまを漠然と表す。
▼数の単位名の「万」「千」「百」「十」には、それぞれ数の多いことを表す用法がある。「万度」「万世」「千種」「千夜」「百草」「百敷」「十重二十重」など。〈五十嵐康夫〉

よろづ-たび【万度】 ヨロズ― 副 何回も。幾度も。たびた

び。例この道の八十隈ごとに よろづたび かへりみすれど〈万葉・二・一三二〉↓名歌69

よろづ-に【万に】ヨロズ 副 すべてに。何かにつけて。例よろづにいみじくとも、色好まざらん男は、いとさうざうしく(=たいそうもの足りなくて)〈徒然・三〉

万の文反古（よろづのふみほうぐ）ヨロズノフミホウグ《作品名》江戸時代の浮世草子。五巻五冊。井原西鶴作。元禄九年(一六九六)刊。第四遺稿集。一七話からなる書簡体の短編集。「文反古」は手紙の書き損じのこと。金銭に苦しむ話など「その身の恥」を告白する内容の手紙によって、「人の心も見えわた」るのだという(自序)。一部を西鶴以外の作とする説もあり、成立や編者についても諸説がある。

よろづ-よ【万代】ヨロズ 名 限りなく長い年月。永久。永世。例臥ふして思ひ起きてかぞふる**万代**は〈古今・賀〉

-よろひ【具】イヨロ 接尾 家具や調度などで、部分品が集まって一式になったものを数えるときに用いる。そろい。組。対。「御厨子二具」など。

よろひ

【鎧・甲】イヨロ 名〔身を固める、身に着けて飾る意の動詞「よろふ」の名詞形〕❶**胸・胴・大腿部を保護するための武具の総称。**皮や鉄の小板をつづり合わせて作る。つづる糸や皮・布などを緘毛といい、その色彩や模様によって名称がつけられた。例(a)鎧二領を賜ふ(=お与えになる)〈紀・斉明〉例(b)かちんの(=濃紺色の)直垂に黒皮威の鎧きて〈平家・四・橋合戦〉

❷朝廷の儀式で、武官が着用する装飾的な鎧。絹布に金銀で鎧の形を表したもの。鎧形。例近衛府など、**よろひ**とかやいふもの着たりしこそ、見もならはず(=近衛府の官人などが、鎧形とかいうものを着ていたのは、見慣れなくて)〈讃岐典侍日記・下〉

語誌▼「大鎧」 『平家物語』の時代には、騎馬用で矢の攻撃に対応した大鎧と呼ばれる大型で華麗なものが使用され、武将の鎧や兜が詳細に描写されている。本体である胴は右側があいていて、ここで前後を引き合わせる。このあいている部分は脇楯で補

◆鎧

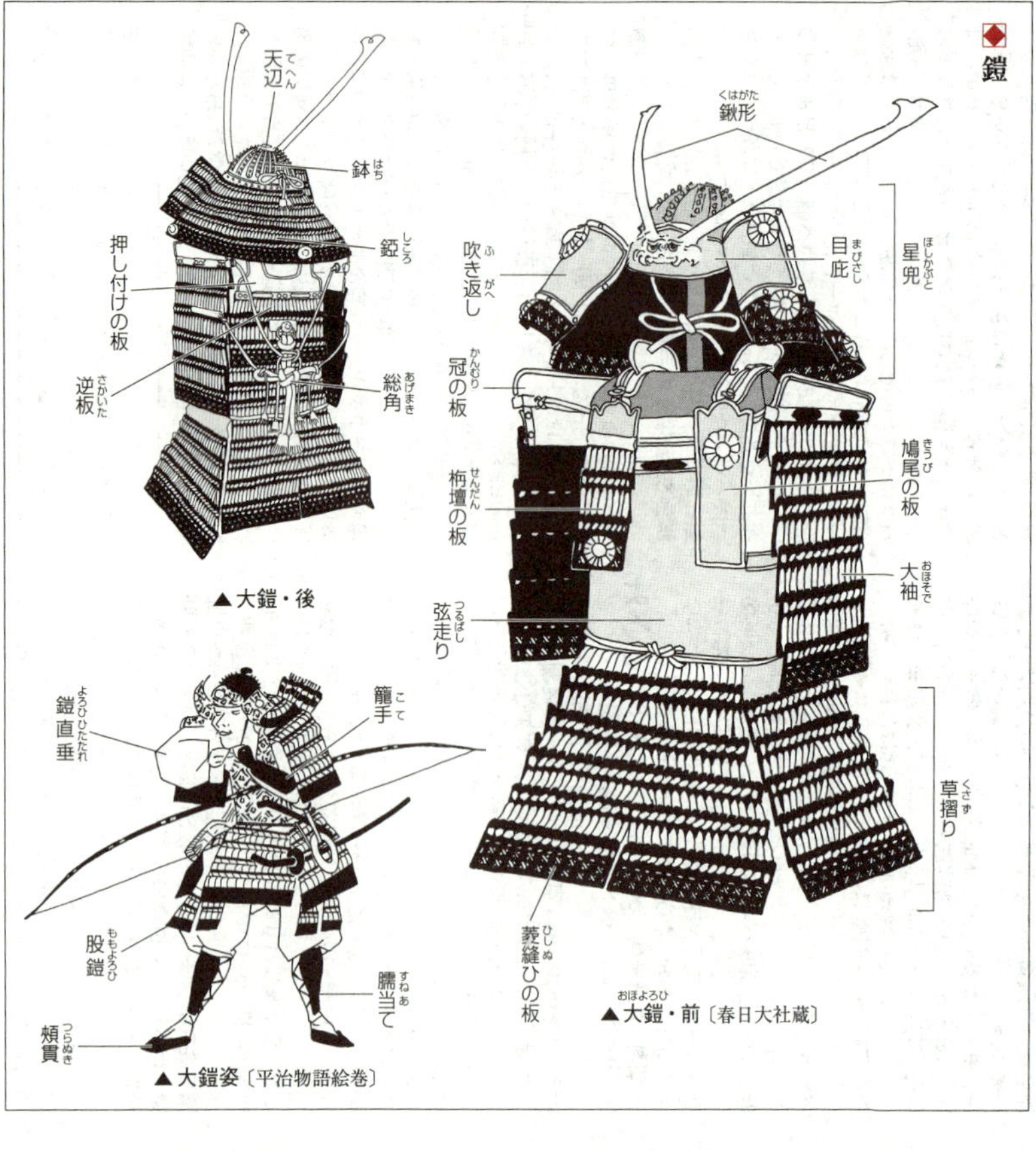

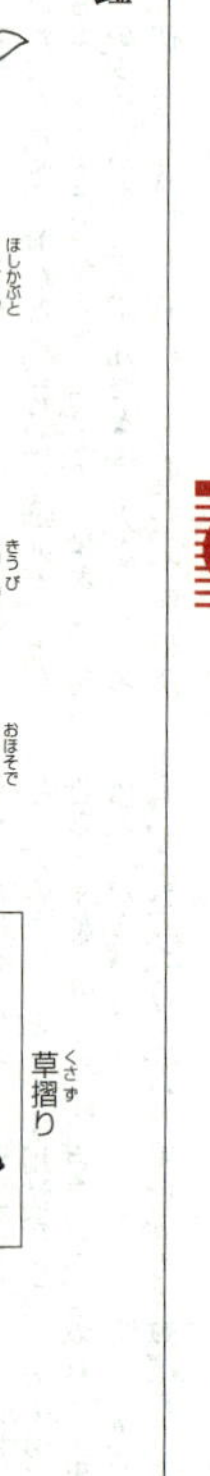

▲大鎧・後

▲大鎧・前〔春日大社蔵〕

▲大鎧姿〔平治物語絵巻〕

う。上部前面には札の上から染皮をかぶせ、下は切れ目があり広がる草摺となる。腕には、袖・籠手、肩の部分には鳩尾の板・栴檀の板を備える。室町時代以降歩兵用に簡略化し、戦国期には鉄砲や槍に対応するように変化した。〈黒木祥子〉

よろひ-づき【鎧付き・鎧突き】ヨロイ― 名 鎧をゆすり動かして、札と札の間のすきまをふさいで、矢が通らないようにすること。例さて**鎧づき**して身を的にかけて(=自分の体を的にして)射させけり〈義経記・六〉

よろひ-どほし【鎧通し】ヨロイドオシ 名 短刀の一種。反りがなく、長さは多く九寸五分(約二九センチ)で、敵と組み打ちし、鎧ごしに突き刺すときなどに用いる。「九寸五分」とも。例氷のやうなる**鎧通し**おつ取り、腹にぐっとつき立て〈近松・嫗山姥・二〉

よろひ-ひたたれ【鎧直垂】ヨロイ― 名「よろひびたたれ」とも。鎧の下に着る直垂。活動しやすいように、普通の直垂より袖丈や袴が短く、括り紐がついている。例源三位入道は、長絹の**よろひ直垂**に科革縅の鎧なり〈平家・四・橋合戦〉

よろ・ふ【鎧ふ】ヨロウ 動(ハ四) ⇨とりよろふ

よろ・ふ【鎧ふ】ヨロウ 動(ハ四) 鎧を着る。甲冑に身を固める。例甲冑を**よろひ**、弓箭を帯し(=弓と矢を身につけ)、馳せ集まる〈平家・二・西光被斬〉

よろぼ・ふ【蹌踉ふ】ヨロボウ 動(ハ四) 〔上代は「よろほふ」〕❶よろよろと歩く。また、よろめく。例やせ衰へたる者、一人**よろぼひ**出できたり〈平家・三・有王〉❷崩れかかる。例御車寄せたる中門の、いといたうゆがみ**よろぼひ**て〈源氏・末摘花〉

よろ-ぼふし【弱法師】ヨロボウシ 名「よろぼし」とも。よろよろして頼りなげな僧。また、よろよろとしたこじき坊主。例**弱法師**我が門ゆるせ餅の札〈俳諧・猿蓑・一〉読解「餅の札」は、正月に餅をもらった家の門にしるしとして張るもの。与える餅がないのでそれは免除してくれ、ということ。

よわ【夜半】⇨よは

よわい【齢】⇨よはひ

よわ-げ【弱げ】形動(ナリ)〔「げ」は接尾語〕弱々しい様子。いかにも衰弱しているさま。例あれが馬はわが馬よりは**よわげなる**ものを〈平家・九・二之懸〉

よわ-ごし【弱腰】名 腰のくびれた部分。ウエスト。例鷹は(獲物ノ)**よわ腰**を取る事なれば(=つかまえるものであるので)〈徒然・六六〉

よわ・し

【弱し】形(ク)〔「よわる(弱る)」と同根〕❶**力や勢いが乏しい。よわい。欠点がある。**例片糸もち貫きたる玉の緒を**弱み**乱れやしなむ人の知るべく(=片糸で貫いてある玉の緒が弱いので、糸が切れて乱れてしまうだろうか、人が知るほどに)〈万葉・一一・二七九一〉読解「片糸」は二本縒りあわせていない、一筋だけの糸。その弱い糸が切れて玉が乱れるように、思い乱れて人に自分の思いが知られてしまうのではないか、という。「弱み」は、語幹＋接尾語「み」。❷**健康でない。衰弱している。**例宮は、なほ**弱う**(音便形)消え入るやうにしたまひて(=宮は、まだ弱々しく意識もとぎれるようになさって)〈源氏・柏木〉読解 出産後の女三の宮の様子。❸**意志が堅固でない。気弱だ。情にもろい。**⇨こころよわし。例すこし**弱き**ところつきて、なよび過ぎたりしけぞかし(=少し情にもろいところがあって、柔和すぎたためだよ)〈源氏・柏木〉読解 死んだ親友柏木を回想する夕霧の思い。〈森山由紀子〉

よ-わたり【世渡り】名 生活をしていくこと。例手と身になりての思案(=身一つの極貧になってあれこれと考えてみても)、何とも埒の明かぬ**世渡り**〈西鶴・日本永代蔵・五・二〉

与話情浮名横櫛よわなさけうきなのよこぐし《作品名》歌舞伎。世話物。九幕三〇場。三世瀬川如皐作。嘉永六年(一八五三)初演。土地の親分の妾お富と恋仲となったことが原因で切られ、体じゅう傷だらけになった与三郎が、偶然お富と再会する「源氏店(玄冶店)」で有名。通称『切られ与三』。

よわ-め【弱目】名 ちょうど弱ったとき。弱った状態。例物の怪なども、かかる**弱目**にところ得るものなりければ(=幅をきかせるものであるので)〈源氏・夕霧〉

よわ・る【弱る】動(ラ四) ❶**勢いがなくなる。かすかになる。**例秋深くなりゆくままに虫の音の聞けば夜ごとに**弱る**なるかな〈堀河百首〉❷**体力・気力が衰える。**例日にそへて(=日がたつにつれて)**よわらせ**たまひ候ひしが、同じき三月二日、つひにはかなくならせたまひぬ(=とうとうお亡くなりになってしまった)〈平家・三・僧都死去〉

よ-ゐ【夜居】ヨイ 名 夜間、寝ずに控えていること。特に、僧が加持祈禱のために一晩じゅう貴人に付き添うこと。例今は**夜居**などいと堪へがたうおぼえはべれど〈源氏・薄雲〉

よゐ-の-そう【夜居の僧】ヨイ― 宮中や貴族の家などで、一晩じゅう加持祈禱をする僧。宮中では、清涼殿の夜の御殿の東の二間に詰め、天皇を護持する。例黒き衣などを着て、**夜居の僧**のやうになりはべらむとすれば〈源氏・賢木〉

よを-〜【世を〜】⇨「よ」の子項目

よを-こめて【夜を籠めて】まだ夜が深いうちに。例**夜をこめて**鳥のそらねははかるともよに逢坂の関はゆるさじ〈枕・頭の弁の、職にまゐり給ひて〉➡名歌417

よをひにつぐ【夜を日に継ぐ】⇨「よ」の子項目

よ-をり【節折り】ヨオリ― 名 宮中の年中行事の一つ。陰暦六月・十二月の晦日に行われる大祓の後に行う祓え。女蔵人が天皇(皇后・東宮)の身長を竹で測って等身に折り、祓えをする。例六月・十二月のつごもりの**節折り**の蔵人〈枕・えせものの所得るをり〉

よん-の-おとど【夜の御殿】名「よるのおとど」の変化した形。

よん-べ【昨夜】名〔「よべ」の変化した形〕昨晩。ゆうべ。例二十二日、**よんべ**の泊まりより、異泊まりをおひてゆく(=別の停泊地へ向かう)〈土佐〉

-ら【等】 接尾 ❶形容詞の語幹などについて、状態を表す名詞・形容動詞語幹を作る。「清ら」「賢しら」など。❷名詞・代名詞につく。㋐複数の意を表したり、婉曲に表現したりする。例網の浦の 海人娘子らが 焼く塩の(=塩のように) 思ひそ焼くる〈万葉・一・五〉 ㋑親愛の情やへりくだる気持ちを添える。例憶良らは今は罷らむ子泣くらむそれその母も我を待つらむそ〈万葉・三・三三七〉➡名歌98 ㋒中世以降、相手をばかにしてあなどる気持ちを表す。例おのれらがやうなる下臈(=卑しい身分の者)のはてを〈平家・二・西光被斬〉 ❸名詞について、語調を整える。例荒野らに里はあれども大君の敷きます(=お治めになる)時は都となりぬ〈万葉・六・九二九〉

ら【羅】 名 薄く織った絹布。⇩うすもの。例御経よりはじめ、玉の軸、羅の表紙〈源氏・賢木〉

ら 完了の助動詞「り」の未然形。

らい-かう【来迎】 名《仏教語》「らいがう」とも。阿弥陀仏を信仰する人の臨終のとき、阿弥陀仏が諸菩薩とともに現れて極楽浄土に迎え導くこと。例西方浄土の来迎にあづからんとおぼしめし〈平家・二・先帝身投〉

らいかう-いんぜふ【来迎引接・来迎引摂】《仏教語》仏や菩薩が来迎して、信者を極楽浄土へ導くこと。例ひとたび(阿弥陀仏ノ)御名を称ふれば 来迎引接疑はず〈梁塵秘抄・法文歌〉

らいかう-づ【来迎図】 名 仏や菩薩たちの来迎を描いた絵画。浄土信仰の盛んな平安中期から鎌倉時代にかけて数多く制作された。阿弥陀仏の来迎を描く阿弥陀来迎図のほか、弥勒菩薩や十一面観音などの来迎図もある。

らいかう-ばしら【来迎柱】 名《仏教語》仏像を安置する須弥壇の四隅にある円柱。例柿(=柿渋染め)の夏頭巾置きたる頭、来迎柱の順にちろりと見えけるを〈西鶴・武家義理物語・二・三〉

礼記 《作品名》中国の儒教の経書。四九巻。五経の一つ。編者・成立とも未詳だが、前一世紀ごろ前漢の戴聖がまとめたかという。周末から漢初に至る儒家の文化・習俗の礼についての諸説を集める。なお、四書のうちの『大学』『中庸』は、本来どちらも『礼記』中の一編である。

らい-さん【礼賛・礼讃】 名 動(サ変)《仏教語》三宝(仏・法・僧)を礼拝し、その功徳をほめたたえること。例念仏礼讃などはてて(=済んで)、朗詠ありけるに〈著聞集・一六・五六四〉

来山 《人名》一六五四〜一七一六(承応三〜享保元)。江戸時代の俳人。本姓小西氏。宗因門か。雑俳点者としても活躍し、元禄期(一六八八〜一七〇四)大坂俳壇の代表的俳人。俳諧俳文集『いまみや草』がある。

頼山陽 《人名》一七八〇〜一八三二(安永九〜天保三)。江戸時代の儒者。書画・歴史などにも教養があり、特に漢詩文にすぐれる。代表的な著に漢文による史論『日本外史』がある。

らい-し【礼紙】 名 書状の文言を記した紙に儀礼的に重ねる白紙。また、書状を巻くのに用いる紙。例(赦免状ニ)俊寛といふ文字はなし。礼紙にぞあるらんとて礼紙を見るにも見えず〈平家・三・足摺〉

らい-せ【来世】 名《仏教語》三世の一つ。死後に生まれる世界。「未来世」「当来世」「後世」「後生」とも。和語では「来む世」。例仏に奉る物はいたづらにならず。来世・未来の功徳なり(=仏に捧げる物は無駄ではない。来世や未来の果報である)〈宇津保・藤原の君〉〈藤原克己〉

らい-だう【礼堂】 名 寺の本堂の前に建てた、礼拝・読経をするための堂。礼拝堂。例礼堂に居て、法華経を誦するに〈今昔・一三・三六〉

らい-ばん【礼盤】 名《仏教語》「らいはん」とも。導師が着座して礼拝・読経をする壇。本尊の正面にある。例礼盤に僧一人候ひて、経読みたてまつる〈栄花・玉の台〉

-らう【郎】 接尾 数字やそれに準じる語について、男子の呼称を作る。生まれた順に「太郎」「二郎」「三郎」などと呼ぶ。まれに、男女の別なく生まれた順に呼ぶこともある。

らう【労】 名 ❶功労。年功。また、苦労。骨折り。例式部の労によりて(=式部丞としてよく努めた功労によって)筑前の守になりたるなり〈今昔・一五・三五〉 ❷熟練すること。経験を積むこと。例深き労なく見ゆるおれ者(=愚か者)も、さるべきにて(書画ヲ)描き〈源氏・絵合〉 ❸洗練されていること。風情があること。よく行き届いていること。⇩らうあり

らう【廊】 名 建物の間をつなぐ渡り廊下。また、殿舎から突き出した細長い建物。例(a)男君たちは、あるかぎり、らうを御曹司にしたまひて(=男君たちは、すべての方々が、廊をお部屋になさって)〈宇津保・藤原の君〉例(b)(車ヲ)人もなき廊にさし寄せて、下りさせたまひぬ(=人がいない廊に寄せて、お降りになった)〈和泉式部日記〉読解 男宮が和泉式部をある邸に連れ出したときのこと。廊に車寄せがある例。〈藤本勝義〉

らう【領】 名「りやう(領)1①」に同じ。例御領・御庄、さるべきかぎりは四五所みな寄せたてまつらせたまひて〈栄花・鶴の林〉

らう【霊】 名「りやう(霊)」に同じ。例この御生霊、故父大臣の御らうなど言ふものあり〈源氏・葵〉

らう【羅宇】 名(ラオス産の竹を用いたことから)キセルの火皿と吸い口をつなぐ竹の管。また、それに使う竹。例羅宇の破れてある煙管で煙草喫むやうなもので〈浮世草子・傾城禁短気・一・四〉

らう 助動(特殊型)〔推量の助動詞「らむ」の変化した形〕一般的な推量の意を表す。〜だろう。例宇治の川瀬の水車 何と(=どういうわけで)憂き世をめぐるらう(終止形)〈閑吟集・六四〉

接続 活用語の終止形につく。

活用▶○／○／らう／らう／○／○

語誌▼主に室町時代に用いられた。▼「らむ」よりも、同じ推量の助動詞「む」の意味に近い。

らう-あり【労あり】 ❶経験を積んで熟練している。例玉淵（=人名）はいと**労ありて**、歌などいとよくよみき〈大鏡・道長下〉 ❷心が行き届いている。才知に富んでいる。例人にあまねく知らせじとおもむけたまへる気色（=心遣いなさる態度）いと**労あり**〈源氏・藤袴〉 ❸洗練された情趣が感じられる。風情がある。例年の内、出で来る節会の中に、いづれ、いと切に**労ある**〈宇津保・内侍のかみ〉

らう-あん【諒闇】 名「りゃうあん」に同じ。

らう-えい【朗詠】 名 宮廷歌謡の一種。漢詩文の二節の訓読や和歌を節をつけて朗唱すること。また、その詩句。平安中期、一条天皇のころから盛んになり、儀礼や宴席に用いられた。「郢曲」とも。例「十悪といへども引摂す（=極楽浄土へ導く）」といふ**朗詠**をして〈平家・一〇・千手前〉

らう-えん【狼煙】 名「のろし（狼烟・狼煙・烽火）」に同じ。例**狼煙**天をかすめ（=覆い）〈太平記・一〉

らう-がは・し

【乱がはし】 形（シク）〔「乱」の字音「らん」の変化した形「らう」＋接尾語「がはし」〕 ❶**乱雑だ。むさくるしい。** 例**らうがはしき**大路に立ちおはしまして（=むさくるしい大通りに立っていらっしゃって）〈源氏・夕顔〉 読解 庶民の多く住まう一帯に光源氏が足を踏み入れた場面。
❷**騒がしい。やかましい。** 例いと**らうがはしく**泣きとよむ声、雷にもおとらず（=非常に騒がしく泣き叫ぶ声は、雷にも劣らない）〈源氏・明石〉
❸**不作法だ。理不尽だ。** 例こちたく酔ひののしりて、うたて**らうがはしき**事どもさし交じるべし（=ひどく酔って大声を上げて、嘆かわしく不作法な事などもあるにちがいない）〈栄花・つぼみ花〉

類義▶①③みだりがはし

語誌 乱雑で秩序のないさまをいう語。視覚的なもの（①）、聴覚的なもの（②）、心理的なもの（③）に分けたが、はっきり区別しにくい例も多く、本来乱雑な印象を総合的に表す語と考えられる。〈池田節子〉

らう-げ【労気】 名 疲労からくる病気。例**労気**にはかに起こりて、いたくなん患ふ（=ひどく苦しんでいる）〈源氏・夢浮橋〉

らう-さ【老者】 名「らうしゃ」とも。老人。例いと興あること言ふ**老者**たちかな〈大鏡・序〉

老子 名 ❶《人名》中国古代の思想家。生没年未詳。姓は李、名は耳、字は聃。紀元前四世紀ごろの楚の人か。道家の祖。宇宙の根本を道や無とし、無為自然を説く。周王朝の衰えを目にして、函谷関を西に出るとき、関所の役人の求めに応じて上下二編の『道徳経』を著したとされる。❷《作品名》老子の著とされる書物。上編を「道経」、下編を「徳経」というので『道徳経』とも称される。儒家・墨家の仁義・礼楽を否定し、無為自然を主張する。

らう-じゅう【郎従】 名「らうどう」に同じ。例両人の**郎従**ども、何の意趣もなきに（=恨みもないのに）差し違へ〈太平記・七〉

らう・ず【領ず】 動（サ変）「りゃうず」に同じ。

らうせう-ふぢゃう【老少不定】 《仏教語》人の寿命は年齢の老若にはかかわらないということ。例**老少不定**の世の中は、石火の光（=火打ち石から出る一瞬の光）にことならず〈平家・一〇・横笛〉

らう-ぜき

【狼藉】 名 形動（ナリ） ❶**散乱しているさま。雑然としたさま。** 例野分のはしたなう吹いて、紅葉みな吹きちらし、落葉すこぶる**狼藉なり**（=暴風がひどく吹いて、紅葉をすっかり吹き散らし、落葉がたいへん散乱している）〈平家・六・紅葉〉
❷**無法な態度や行為。乱暴。無礼。** 例(a)延暦・興福両寺の大衆…互ひに**狼藉**に及ぶ（=延暦寺と興福寺の両寺の衆徒が…お互いに乱暴を働く）〈平家・一・額打論〉 例(b)あまりに傍若無人なる振る舞ひを**狼藉なり**と目にかけける時なり（=ひどく遠慮のない勝手な行いを無礼であると目をとめたときである）〈太平記・三五〉

語誌 漢文訓読体ではタリ活用にも用いられた。例落花狼藉たり風狂じてのち（=散り落ちた花が散乱している。風が激しく吹いた後は）〈和漢朗詠集・上・落花〉 〈川崎剛志〉

らう-だう【郎党】 名 ⇨らうどう

らうた-が・る 動（ラ四）〔「がる」は接尾語〕かわいがる。例子ども・わらはべを、見入れ（=目をかけて）**らうたがりて**〈枕・にくきもの〉

らうた-げ

形動（ナリ）〔形容詞「らうたし」の語幹＋接尾語「げ」〕かわいらしい**様子だ。かれんに見える。** 例(a)親もなく、いと心細げにて、さらばこの人こそはと、事にふれて思へるさまも**らうたげなりき**（=親もいなくて、たいそう心細い様子であって、それならばこの人だけを頼りにと、何かにつけて思っている様子もかわいらしかった）〈源氏・帚木〉 例(b)かまつかの花**らうたげなり**〈枕・草の花は〉

語誌 「らうたし」に含まれていた、かばって世話をしたいという主観的な気持ちは薄くなり、単に愛らしい感じをいう用例も少なくない。〈池田節子〉

らう-た・し

形（ク） 名詞「らう（労）」＋形容詞「いたし」＝「らういたし」の変化した形。「らう」はいたわる意。自分よりも小さいもの、弱いものを、いたわってやりたい気持ちを表す。また、そのような気持ちにさせる相手の様子をもいう。

かわいらしい。いじらしい。かわいがりたい。 例をかしげなるちごの…遊ばしうつくしむほどに、かいつきて寝たる、いと**らうたし**（=いかにもかわいらしい幼児が…遊ばせてかわいがるうちに、すがりついて寝ているのは、とてもかわいらしい）〈枕・うつくしきもの〉

語誌▼関連語 「らうたし」が、保護してやりたいなどの感情を含むのに対して、「うつくし」は対象の外見上のかわいらしさをいう。「うつくしうらうたし」と併用されることもある。「いとほし」は平安時代ではもっぱら他者への同情を表し、かわいい、いとしい、の意になるのは後世のことである。〈池田節子〉

らうーぢゅう【老中】 名 ❶室町時代、幕府の評定・引き付けの二つの衆の総称。❷室町時代、諸大名の老臣の称。❸江戸時代、幕府の職名。将軍に直属する最高職。

らうーどう【郎等】 名「郎党」とも書く。❶従者。家来。例はかばかしく身の助けと思ふ郎等どもは、みな率て来にけり（=しっかりしていて私の助けになると思われる従者たちは、全員引き連れて来てしまった）〈源氏・玉鬘〉❷武家で、主家と血縁関係のない家臣。血縁のある「家の子」に対していう。例重代の郎等どもみな討たれしかば、その勢二十余騎になりて（=先祖代々の家臣たちは全員殺されたので、その軍勢は二十騎余りとなって）〈義経記・一〉

類義 ①②らうじゅう

語誌 ▼平安時代、国司は郎等を伴って赴任することが多かった。郎等は国司に代わって事務を指揮したり警備にあたったりするのを任務とし、家臣団の中では上位の身分である。
▼②は①から派生したものとみられる。「家の子」に準じて重い位置を占める。例のように代々続く主従関係も多く、軍記などには、主人のために命を賭けて働く姿が記されている。〈藤本宗利〉

らうーにん【浪人・牢人】 名 ❶郷里を離れて漂泊する人。❷主家と離れ、禄をもらえない武士。例町家に身を隠し、兵法の指南させし浪人〈西鶴・武家義理物語・四・二〉❸失業者。例牢人して、ある程の身のかは（=衣服）を日算用すまして〈西鶴・好色一代女・五・三〉 読解 夫に離縁された女性の様子。衣服を売ってその日暮らしをしている。

らうーまい【粮米】 名 食糧にする米。例（酒ノ）樽二三、粮米そへて〈曾我・五〉

らうーらう・じ 形（シク）〔「らう」を重ねて形容詞化した語。「らう」は、年功・経験の意の「労」か〕❶利発だ。気が利いている。巧みだ。例いとめやすく聞こえなしたまふけはひの、らうらうじくなつかしきにつけても（=御返事をまことに感じよく申し上げなさる御様子が、気が利いていて情こまやかなのにつけても）〈源氏・藤袴〉❷洗練されていて美しい。上品でかわいらしい。例(a)大納言殿はものものしうきよげに、中将殿はいとらうらうじう（音便形）、いづれもめでたきを（=大納言殿は重々しくきれいで、中将殿はまことに洗練されていて美しく、どちらの方もすばらしいのを）〈枕・淑景舎、東宮にまゐり給ふほどのことなど〉例(b)いとをかしげに**らうらうじく**書きたまへり（=まことに美しく上品にお書きになった）〈源氏・椎本〉

語誌 ▼経験を積んで熟練し、上品に洗練された美をいう。また、才気があり、心配りが行き届いたさまを表す。
▼『源氏物語』の「らうらうじ」 『源氏物語』の登場人物では、紫の上に圧倒的に多く用いられている。ほかには、玉鬘、宇治の中の君、明石の君、朧月夜などに複数例見られ、光源氏、薫、六条御息所などにはない。美質を表現する語ではあるが、超一流の貴人の美質の形容にはあまり用いられていない。超一流の人は巧まずして美しく上手であり、気が利いているとか巧みだとかいうのは、一段落ちるのであろう。女房たちの世慣れた感じをいうこともある。〈池田節子〉

らうーろう【牢籠】 名動（サ変）❶引きこもること。❷苦しみ困ること。例畠山殿故なく懸命の地（=大切な所有地）を没収せられ、伯父・甥ともに牢籠の身とまかりなる〈太平記・三三〉❸衰えること。例仏法の衰微、王法の牢籠〈平家・四・山門牒状〉❹自分の手中に入れ、自由に操ること。例国衙（=政庁が治める公地）・荘園牢籠せり〈源平盛衰記・三四〉

-らか 接尾 形容詞の語幹・擬態語などについて、形容動詞の語幹を作る。「浅らか」「安らか」など。

らーがい【羅蓋】 名 薄絹を張った笠。貴人の頭上にかざす。例羅蓋さしたり〈竹取〉

らかん【羅漢】 名『仏教語』「阿羅漢」の略。

らく【洛】 名 都。特に、京都の称。中国で黄河の支流洛水があり、近くに都の洛陽があったことを模していう。「京洛」「洛城」などともいい、鴨川を「洛水」と呼ぶこともあった。⇨らくやう。例洛に帰りて〈芭蕉・奥の細道〉

らく 活用語について、その句を体言化する。～すること。～するところ。文末で詠嘆の意が生じることもある。例止む時もなく恋ふらく思へば〈万葉・一〇・一九〇七〉 語誌 活用語の語尾「る」に「あく」という語がついた「るあく」が変化してできたとする説や、体言化する接尾語とする説がある。⇨く

らくーあみ【楽阿弥】 名 のんびりと暮らす人や気楽な人を人名に擬して表す語。楽坊主。楽隠居。例昔は男山、今こそ楽阿弥と八幡（=地名）の柴の座といふ所にたのしみを極め〈西鶴・好色一代男・三・一〉

らくーきょ【落居】 名動（サ変）〔「落ち居る」の漢字表記を音読してできた語〕❶落ち着くこと。例世間も落居せぬさまになりゆく事〈平家・三・法印問答〉❷裁判・事件などの決着がつくこと。例いまだ落居せぬ科人〈浄瑠璃・夏祭浪花鑑・二〉

らくーくゎ【落花】 名 花が散ること。また、散る花。多く桜にいう。例山路落花をよめる〈後拾遺・春下・詞書〉

【落花枝に帰らず】（散った花は再び枝に戻らないことから）死んだ人は生き返らないことのたとえ。また、破れた男女の仲はもとに戻りがたいことのたとえ。例落花枝に帰らず、破鏡（=割れた鏡）ふたたび照らさず〈謡曲・八島〉

らくーくゎん【落款】 名 書画を書いたあかしに、筆者が自分の姓名や雅号を書いたり、雅号の印を押したりしたもの。

落柿舎 名 江戸時代の俳人去来の別宅の号。山城国、今の京都市右京区嵯峨にある。師の芭蕉もしばらく滞在した。芭蕉の『嵯峨日記』はその間の記。

らくーしゅ【落首】 名 匿名で時世や人物を風刺したりあざけったりする戯れ歌。例素人は狂歌も落首もおなじやうに心得るから〈滑稽本・浮世風呂・四下〉

らくーしょ【落書】 名 権力者や社会の風潮に対する批

判や風刺を、匿名で記した文章・詩歌。短歌形式のものを特に「落首」という。人目につく場所に貼ったり、道に落としておいたりする。例落書ども多かりけり〈平家・五・五節之沙汰〉

らく-しょく【落飾】 名 剃髪し出家すること。平安時代以降は高貴な人にいう。例道慈少年にして**落飾**し〈懐風藻〉

らく-じん【楽人】 名《近世語》苦労をせずに気楽に暮らしている人。例懐炉といふ物を仕出し(=発明し)、雪月(=十二月)ごろより売りけるほどに、これは老人・**楽人**の養生〈西鶴・西鶴織留・一・三〉

らく-そん【落蹲】 名 舞楽の曲名。高麗楽。競べ馬などの競技的行事や、賀宴などに奏される。面をつけ、桴を持って、一人または二人で舞う。

らく-ぢゃく【落着】ジャク 名動(サ変) 決定。決着。特に、裁判の判決を下すこと。例御**落着**までは、その宿にあづけおかれし〈西鶴・新可笑記・四・五〉

らく-ちゅう【洛中】 名 都の中。京都の町の中。その範囲は時代により一定しないが、およそ東は賀茂川、北は鞍馬口通り、西と南は豊臣秀吉の築かせた御土居の内側をいう。例はじめて**洛中**に両人の一族(=一族のうちの二人)を居ゑ〈太平記・一〉

らくちゅう-づくし【洛中尽くし】 名 京都じゅうの名所旧跡を絵や文章に書き連ねたもの。例**洛中尽くし**を見たらば、見ぬ所をありきたがるべし(=出歩きたがるだろう)〈西鶴・日本永代蔵・三・二〉

らくちゅうらくぐわい-づ【洛中洛外図】ラクチュウラクガイズ 名 室町後期から江戸前期にかけて制作された絵画で、京都の市中(洛中)と郊外(洛外)の景観を、人事風俗や四季の景物とともに描いたもの。六曲一双の屏風に描かれることが多い。織田信長が上杉謙信に贈ったという狩野永徳筆の「上杉本洛中洛外図屏風」などが有名。

らく-のりもの【楽乗り物】 名 乗り心地のよい、大きくてぜいたくな駕籠。例毎日**楽乗り物**つらせて出でられしに〈西鶴・好色一代女・一・三〉

らく-やう【洛陽】ラクヨウ 名(中国の後漢時代などの都「洛陽」から) 京都の別称。平安京の左京・右京を中国の都にならって洛陽・長安と称したところから、京都全体の称となった。特に左京をさすこともある。例叡岳の(=比叡山の)麓を過ぎて**洛陽**の衢に入るべし〈平家・七・木曾山門牒状〉

らし

助動(特殊型) ❶**具体的な根拠に基づいて事態を推定する意を表す。〜らしい。〜ようだ。〜にちがいない。** 例(a)春過ぎて夏来る**らし**(終止形)白妙の衣ほしたり天の香具山〈万葉・一・二八〉➡名歌292 例(b)古の七の賢しき人たちも欲りせしものは酒にしある**らし**(終止形)(=昔の七人の賢人たちも欲しがったものは酒であるらしい)〈万葉・三・三四〇〉

❷**明らかな事実を表す語について、その原因・理由を推定する意を表す。〜ので〜らしい。** 例玉に貫く花橘をともしみしこの我が里に来鳴かずある**らし**(終止形)(=玉に通す橘の花が少ないので、この私の里に来て鳴かないらしい)〈万葉・一七・三九八四〉読解ほととぎすを詠んだ歌。

接続 活用語の終止形につく。ただし、ラ変型活用語には連体形につく。

活用 特殊型　表内の( )は使用例の限られたもの。

未然形	連用形	終止形	連体形	已然形	命令形
○	○	らし	(らし)(らしき)	(らし)	○

語誌 ▼**推定の根拠** 「らし」は本来、①例(a)の「衣干したり天の香具山」のような具体的な事実を根拠に、その原因となる事態「春過ぎて夏来る」を推定する助動詞である。例(b)では根拠となる事実が直接には表現されていないが、この歌は酒をほめる連作中の一首で、酒はすばらしいものという前提で詠まれている。したがって相応の確信を話者は保持していると考えられるわけである。②例の場合も「来鳴かずある」ことは事実なのであって、〜ので〜らしいという、因果関係そのものを推定している。

▼**活用** 「らし」は用例のほとんどが終止的なもので、その活用は未発達であった。終止形の用例がほとんどで、連体形・已然形の「らし」は係り結びの結びとしてのみ用いられる。上代では「こそ」の結びとして連体形に「らしき」が用いられる場合もあった。

▼**「あらし」「けらし」「ならし」** 動詞「あり」や助動詞「けり」「なり(断定)」などにつく場合は、その「る」が落ちて、「あらし」「けらし」「ならし」となることが多い。

▼**用法の変遷** 「らし」は平安時代以降「めり」「らむ」に取って替わられ、もっぱら歌にのみ用いられた。なお、現代語の助動詞「らしい」は、この「らし」からではなく、近世になって、〜めいた、〜のような、の意の形容詞性接尾語「らしい」から新たに発達したものとされる。〈野村剛史〉

らしき 推定の助動詞「らし」の連体形。

らじゃう-もん【羅城門】ラジョウモン 名(「羅城」は宮城の外側をとりまく城壁の意)「らしょうもん」「らせいもん」とも。平城京ならびに平安京の正門。都の中心を南北に通る朱雀大路の南端に位置し、北端の朱雀門に対する。⇒付録。例なほ南に行くに、すでに(=もはや)**羅城門**に至りぬ〈今昔・二四・二四〉

らせつ【羅刹】 名《仏教語》(梵語の音写)古代インドの鬼神。人をだまし、その血肉を食らうという。のち仏教に取り入れられ、仏法の守護神となる。また、地獄の獄卒をいう。例**羅刹**…これを破り食ひけり〈宇治拾遺・九・一〉

らち【埒】 名 ❶馬場の周辺の柵。例東面は、分けて馬場の殿つくり、**埒**結ひて〈源氏・少女〉❷(①から転じて)物事の区切り。物事のけじめ。例必竟(=結局)二人がこの座の**埒**は、そもいかならん〈人情本・春色梅児誉美・三・一六〉

【埒明く】 物事が片づく。決まりがつく。例年中ひとにふみつけられて、**らちあか**ず(=煮えきらない人)だといはれますよ〈人情本・春色辰巳園・三・三〉

【埒も無い】 筋道が立たない。めちゃくちゃだ。例なにの**らちもない**宗ぢゃ(=宗派だ)〈噺本・軽口御前男・四〉

［埒を明く］ 物事の片をつける。事を済ます。例我一代は、（履物八）一足にて**埒を明け**んと思ひしに〈西鶴・世間胸算用・一・四〉

らっ‐し【﨟次】 名〔「らふし」の促音便形〕❶出家受戒後の年数。また、それによる僧の順序。例座についても、**﨟次**を存じ上げれば上座を敬ず〈雑談集・四〉❷（①から転じて）物事の次第。順序。けじめ。例酒に酔うては人とからかひ（＝争い）、垣壁をも打ち破り、**﨟次**がなかった〈醒睡笑・七〉

ら‐てん【螺鈿】 名〔近世以降「らでん」〕オウム貝やヤク貝などの光沢のある部分をさまざまな形に切り、漆器などの面にはめ込んで飾りとしたもの。例蒔絵・**螺鈿**のこまやかなる心ばへ〈源氏・東屋〉

らに【蘭】 名〔「らん」の撥音を「に」と表記したもの〕植物の名。藤袴の別称。例**らに**の花のいとおもしろきを〈源氏・藤袴〉

らふ【﨟】 名❶《仏教語》僧が九十日間の一夏の安居を終えること。この数によって僧の序列が定められ、そこから、出家後の年数をもいう。例寺の中の僧を集む。**﨟**のついで（＝順序）にまかせて座をつらね〈三宝絵・下・二四〉❷年功を積むこと。また、それによる身分や地位。「上﨟」「中﨟」「下﨟」など。

らふ【臘】 名「らふげつ」に同じ。

らふ‐げつ【臘月】 名陰暦十二月の別称。例行きて雲山を踏む**臘月**の時〈文華秀麗集・下・雑詠〉

らふ‐し【﨟次】 名「らふじ」とも。「らっし」に同じ。例わづかに**﨟次**をかぞへ〈沙石集・三・五〉

‐らま 接尾《上代語》名詞「おほみこと」「やつこ」について、～たるべきもの、～そのもの、の意を添える。

らむ

助動（四段型）「らん」とも。現在起きている事柄を想像・推量するのが基本。事柄の背後にある原因や理由を推量することもある。

❶**話し手の目の届かない場所で起こっている事柄を想像する意を表す。今ごろ（～では）～しているだろう。**例(a)憶良らは今は罷らむ子泣く**らむ**（終止形）それその母も我を待つ**らむ**（連体形）そ〈万葉・三・三三七〉読解「罷らむ」は「罷る」の未然形＋「む」。↓名歌98 例(b)風吹けば沖つ白波（ここまで序詞）たつた山夜半にや君がひとり越ゆ**らむ**（連体形）〈古今・雑下〉読解係助詞「や」の結びで、この「らむ」は連体形。↓名歌120

❷**すでに見聞している事柄の原因や理由について推量する意を表す。（どうして）～しているのだろう。**㋐**疑問の係助詞「や」「か」と呼応するもの。**例うちなびく（枕詞）春を近みかぬばたまの（枕詞）今夜の月夜霞みたる**らむ**（連体形）〈万葉・二〇・四四八九〉読解月が霞んでいる理由を、春が近いからか、と推量している。㋑**「など」「なに」などの疑問語を伴うもの。**例春霞なにかくす**らむ**（連体形）桜花散るまをだにも見るべきものを（＝春霞はどうして隠しているのだろうか、桜花は散る間だけでも見ておかなければならないのに）〈古今・春下〉㋒**疑問語を伴っていないが、現代語訳では疑問語を補うもの。**例わが宿に咲ける藤波立ち返り過ぎがてにのみ人の見る**らむ**（連体形）（＝私の家に咲いている藤の花を、なぜ、波が立ち返るように行ったり来たりして、通り過ぎにくそうにして人は見ているのだろうか）〈古今・春下〉読解それはこの藤の花が美しいからだ、と自慢した歌。「藤波」は藤の花房を波に見立てていう語で、「立ち返り」は「波」の縁語。

❸**伝聞・婉曲の意を表す。～という。～ような。**例（鸚鵡トイウ鳥ハ）人の言ふ**らむ**（連体形）ことをまねぶ**らむ**（連体形）よ（＝人が言うようなことをまねするというよ）〈枕・鳥は〉読解鸚鵡は平安時代には珍しい鳥で、清少納言も実際には見ていなかったのだろう。「らむよ」は意味上「らむことよ」に近い。終助詞「よ」は活用語には連体形につく。

❹**単なる推量を表す。～だろう。**例（女性ニ）目をくばりて読みゐたるこそ、罪や得**らむ**（終止形）とおぼゆれ（＝目を向けて読経し座っている僧こそ、仏罰を被るだろうと思われる）〈枕・八月ばかりに、白き単〉

接続 活用語の終止形につく。ただし、ラ変型活用語には連体形につく。古くは、上一段活用語の場合には「見らむ」のような形をとることがある。

活用 四段型

未然形	連用形	終止形	連体形	已然形	命令形
○	○	らむ（らん）	らむ（らん）	らめ	○

語誌 ▼**用法の変遷** 語源については、ラ変動詞「あり」に「む」がついた「あらむ」からできたとする説が有力である。上代には①の用法（現在推量）が優勢。平安時代に入ると②の用法で用いられることが多くなり、特に和歌において使用が目立つ。また、「なに」「など」「いかに」などの疑問詞や「や」「か」といった疑問の係助詞を伴って用いられることが多く、疑問推量を表すといわれている。中世に入ると「らう」という形に変化し、多くは「つらう」（「つらむ」の変化した形）という形で用いられる。

▼**「らむ」と「けむ」** 現在の事態については「らむ」、過去の事態については「けむ」というように時制によって使い分けられた。ともに原因推量の用法をもち、疑問語とともに使われることが多い、など性格がよく似ている。

▼**「らむ」と「む」** 「らむ」はすでに実現している事柄についての推量を表すが、「む」はまだ実現していない事柄についての推量を表す。また、「む」は単独で原因推量を表すことはできず、断定の「なり」（「にあり」）との複合によって原因推量を表す。〈高山善行〉

ら‐む 〔完了の助動詞「り」の未然形＋推量の助動詞「む」〕～ているだろう。例あたら夜（＝明けるのが惜しい夜）の月と花とを同じくはあはれ知れ**らむ**人に見せばや〈後撰・春下〉

［識別のポイント］ **らむ（らん）**

(1) **推量の助動詞「らむ」の終止形・連体形** 活用語の終止形につく。ただし、ラ変型活用語は連体形につく。例などや苦しきめを見る**らむ**（＝どうしてつらいめにあうのだろう）〈更級〉

(2) **完了の助動詞「り」の未然形＋推量の助動詞「む」**の

終止形・連体形　四段動詞の已然形（命令形）、サ変動詞の未然形につく。例生けらんほどは、武に誇るべからず（＝生きている間は、武勇を誇ってはいけない）〈徒然・八〇〉

(3)ラ行四段・ラ変動詞の未然形の活用語尾＋推量の助動詞「む」の終止形・連体形　例深き故あらん（＝深いわけがあるのだろう）〈徒然・二三六〉

(4)ナリ活用形容動詞の未然形の活用語尾の一部＋推量の助動詞「む」の終止形・連体形　「ならむ（ん）」の形で用いられ、直前の部分は形容動詞の語幹である。例香炉峰の雪いかならん（＝香炉峰の雪はどのようであろう）〈枕・雪のいと高う降りたるを〉

(5)断定の助動詞「なり」の未然形の一部＋推量の助動詞「む」の終止・連体形　「ならむ（ん）」の形で用いられ、直前の部分は体言・活用語の連体形などである。例これや我が求むる山ならむと思ひて（＝これこそ私が探し求めている山であろうと思って）〈竹取〉

らめ　推量の助動詞「らむ」の已然形。

ら-もん【羅文・羅門】 名 板垣・立て蔀・透垣の上に、細い木や竹を二本ずつ菱形に交差するように組み、飾りとしたもの。「らんもん」とも。例透垣の**羅文**・軒の上に、掻いたる（＝張り渡した）蜘蛛の巣のこぼれ残りたるに〈枕・九月ばかり、夜一夜〉

羅文〔源氏物語絵巻〕

らゆ

助動（下二段型）『上代語』可能の意を表す。～できる。実際には「寝の寝らえぬ」の形で、寝ることができない、の意に用いられる。例妹を思ひ寝の寝**らえ**ぬに暁の朝霧隠り雁がねそ鳴く〈万葉・一五・三六六五〉

接続 四段・ナ変・ラ変活用以外の動詞の未然形につく。ただし、実際の用例では動詞「ぬ（寝）」の未然形につくものしか見られない。

活用 らえ／○／○／○／○／○

語誌 ▼助動詞「らる」に相当する上代語。ただし可能の意だけに用いる。▼実際の用例は「寝の寝らえぬ」の形で未然形のみ。接続は「らゆ」と対応する上代の助動詞「ゆ」から推定される。

ら-りょう【羅綾】 名「りょうら」に同じ。例白粉を絶えさず、**羅綾**の衣多うして〈謡曲・卒都婆小町〉

らる

助動（下二段型）❶**自発の意を表す。自然に～れる。（どうしても）～ないではいられない。** 例(a)人知れぬ思ひ出で笑ひもせ**られ**（連用形）（＝自然に自分一人の思い出し笑いがされ）〈源氏・帚木〉例(b)かの砧の音も…恋しう思し出で**らるる**ままに（＝あの砧の音も…自然に恋しく思い出しなさるにつけて）〈源氏・末摘花〉

❷**受身の意を表す。～られる。** 例(a)ありがたきもの（＝めったにないもの）舅にほめ**らるる**婿〈枕・ありがたきもの〉例(b)ほかの散りなむ、とや教へ**られ**（連用形）たりけん、おくれて咲く桜二木ぞいとおもしろき（＝と教えられたのだろうか、遅れて咲く二本の桜がたいそう美しい）〈源氏・花宴〉読解「桜」が主語になっている例。「ほかの散りなむ」は「見る人もなき山里の桜花ほかの散りなむのちぞ咲かまし」〈古今・春上〉（→名歌354）を引いた表現。例(c)問ひつめ**られ**（連用形）て、え答へずなりはべりつ（＝問い詰められて、答えることができなくなってしまいました）〈徒然・二四三〉読解「え～ず」は不可能の意を表す。

❸**可能の意を表す。～できる。～ことができる。** 例寝**られ**（未然形）ざりければ、外の方を見出だして臥せるに（＝眠ることができなかったので、外のほうを見やって横になっていると）〈伊勢・六九〉

❹**尊敬の意を表す。お～になる。～なさる。** 例(a)四十の賀、九条の家にてせ**られ**（連用形）ける日（＝四十歳の祝賀を、九条の家でなさった日）〈伊勢・九七〉例(b)こと人の言はむやうに心得ず仰せ**らる**（＝ほかの人が言いそうなふうにわからずおっしゃられる）〈源氏・帚木〉

接続 上一段・下一段・上二段・下二段・カ変・サ変動詞の未然形、助動詞「す」「さす」「しむ」の未然形につく。

活用 下二段型

未然形	連用形	終止形	連体形	已然形	命令形
られ	られ	らる	らるる	らるれ	られよ

語誌 ▼**「る」と「らる」**　同じ意味を表す助動詞に「る」がある。「らる」は接続の上で助動詞「る」と補いあう関係にあり、「らる」が接続する動詞以外の動詞には「る」が接続する。「る」は上代にも例があるが、「らる」は見られない。なお、上代には、「る」「らる」の類義語として助動詞「ゆ」「らゆ」がある。

▼**用法の注意点**　①が原義で、①から派生した②～④には①の語義が残存しているものが多い。

①には命令形はない。心情を表す動詞の下の「らる」は、この自発の意が多い。

②は多く「～に～らる」の形で用い、主語はほとんどが人間または動物である。例(b)のように人間や動物以外が主語となったものを、特に「非情の受身」と呼ぶことがある。

③には命令形はない。平安時代はほとんどが打消の語とともに用いられた。

④は、平安中期ごろまでは単独で尊敬の意を表す用法は少なく、多くは他の尊敬語とともに用いられた。単独で尊敬の意を表す用法が多くなるのは平安末期からである。なお、④は尊敬の補助動詞「たまふ」とともに用いられることはないとされる。

▼**敬意の高低**　平安時代では「**せたまふ（させたまふ）**」が最も敬意が高く、それに続くのが「**たまふ**」で、「る」「らる」が最も敬意が低かった。しかし、『平家物語』などでは「たまふ」の敬意が落ちたため、「る」「らる」の敬意は「たまふ」よりやや低いか、同程度となる。〈泉基博〉

らるる　自発・受身・可能・尊敬の助動詞「らる」の連体形。

らるれ　自発・受身・可能・尊敬の助動詞「らる」の已然形。

られ　自発・受身・可能・尊敬の助動詞「らる」の未然形・

ら

連用形。

られよ 自発・受身・可能・尊敬の助動詞「らる」の命令形。

らん 助動詞「らむ」の「む」が平安中期ごろから「ん」と発音されるようになって、「らん」と書かれるようになったもの。

蘭更《人名》一七二六～一七九八(享保一一～寛政一〇)。江戸時代の俳人。高桑氏。希因門人。蕉風復興に尽くし、平明な作風を説く。著作に俳論『有の儘』。

蘭学事始《作品名》江戸時代の随筆。二巻。杉田玄白著。文化一二年(一八一五)成立。別名「蘭東事始」。オランダ医学の伝来や、『解体新書』翻訳の苦心などを記す回想録。

らん-ぐひ【乱杭・乱杙】グイ 名 地上や水底に数多く不規則に打ち込んだ杭。これに縄を張って敵の攻撃の障害物とする。例水の底には乱杭打って大綱張り〈平家・九・宇治川先陣〉

らん-けい【鸞鏡】名「らんきゃう」とも。❶中国の想像上の鳥である鸞鳥の姿を裏に刻んだ鏡。例光耀鸞鏡をみがいて〈平家・三・灯炉之沙汰〉❷「鸞鏡調」の略。雅楽の十二律の一つ。

らん-ざう【乱声】ゾウ 名「らんじゃう」に同じ。

らん-じゃ【蘭麝】名 蘭の花と麝香とを調合した香。転じて、よい香り。例蘭麝の匂ひに引きかへて、香の煙ぞ立ちのぼる〈平家・灌頂・大原御幸〉

らん-しゃう【濫觴】ショウ 名 物事の始まり。起源。長江(揚子江)も水源は觴を濫べるほどの細流であるということから。例この鐘の濫觴は龍宮の紫金(=最高の純金)を取って〈近松・用明天王職人鑑・三〉

らん-しゃう【蘭省】ショウ 名「らんせい」とも。❶中国の役所、尚書省の別称。尚書省は日本では太政官に相当することから、太政官、また太政官の弁官の唐名にも用いる。例蘭省の花の時 錦帳の下〈枕・頭の中将の、すずろなるそら言を〉読解 白居易の『白氏文集』の引用。「錦帳の下」は宮殿をさす。❷皇后の寝室。また、宮殿。

らん-じゃう【乱声】ジョウ 名 ❶「らんざう」とも。雅楽の楽曲の様式名。笛に太鼓・鉦鼓を添えるもので、舞楽の前奏、また、行幸や相撲など儀礼における登場・退場に用いる。❷鐘や太鼓を乱打して鬨の声を上げること。例つねに太鼓をうって乱声をす〈平家・九・樋口被討罰〉

らんじゃ-たい【蘭奢待】名 奈良時代、聖武天皇の時代に唐から渡来した名香。伽羅の最上のもので、東大寺正倉院の宝物の一つ。「蘭」「奢」「待」の各文字に「東」「大」「寺」の文字を含むことから「東大寺」とも。織田信長や徳川家康が切り取った跡があるとされる。

嵐雪《人名》一六五四～一七〇七(承応三～宝永四)。江戸時代の俳人。江戸の人。本姓服部氏。芭蕉の門人で、其角とともに江戸蕉門の双璧として活躍した。俳諧集『其袋』などを編む。

らん-にゃ【蘭若】名《仏教語》(梵語の音写「阿蘭若」の略。閑寂な所の意)修行に適した所。転じて、寺。「蘭若」「練若」とも。例当寺の蘭若を占めて弥陀の浄刹(=阿弥陀の極楽浄土)をのぞむ〈著聞集・二・三六〉

らん-ばう【濫妨・乱妨】ボウ 名動(サ変) 暴力を用いて奪うこと。略奪すること。例まず打ち出の小槌を濫妨し〈御伽草子・一寸法師〉

らん-ばこ【覧箱】名 貴人に見せる文書を入れておく箱。例院宣をば覧箱に入れられたり。兵衛佐(=源頼朝)に奉る〈平家・八・征夷将軍院宣〉

らん-ぶ【乱舞】名「らっぷ」とも。❶即興的に自由に演じられる舞の総称。例公卿已下(=以下)庭上にて乱舞ありけり〈著聞集・二〇・六九〇〉❷能楽で、演技の間に行う舞。

らん-もん【羅文・羅門】名「らもん」に同じ。

らん-よ【鸞輿】名「らんにょ」とも。天皇の乗る輿。例鸞輿に駕して(=乗って)大内に入らせたまひにき〈神皇正統記・中〉読解「大内」は大内裏のこと。

り

り【里】名 ❶令制で、国・郡に次ぐ最下級の地方行政単位。一里は五〇戸。奈良時代初め、「郷」と改称。❷条里制で、田地の区画の単位。一里は六町四方(三六町歩)で、約三五ヘクタール。❸距離の単位。令制では一里は五町(約五四五メートル)とするが、一般的には六町(約六五五メートル)、平安時代ごろからは三六町(約三・九キロ)とされた。

り【理】名 ❶従うべき道理。物事の筋道。条理。理屈。「ことわり」とも。例(a)季武、理に折れて(=道理に負けて)言ふ事なかりけり〈著聞集・九・三四七〉例(b)義をすて、理をそむくこと、その悪をしらざれども、時にほろぶることあり(=義を捨て、道理を背くことは、その悪を知らなくても、いつか滅んでしまう)〈曾我・一〉❷理性。例御心のたけさ、理の強さ、さしもゆゆしき人にてましましけれども(=御心の勇猛さといい、理性の強さといい、あれほどすばらしい人でいらっしゃったが)〈平家・一・願立〉❸《仏教語》真理としての普遍的なもの。事(現象)の背後にあって現象たらしめているもの。例理に付けては、自他の仏性一如なり(=真理についていえば、自分も他人も仏になる可能性は同一である)〈沙石集・一〇本・五〉❹儒学の朱子学で、宇宙の根本原理。気(現象界)を動かすもの。〈黒木祥子〉

り【利】1名 ❶利益。もうけ。例大きなる利を得んがために〈徒然・八五〉❷利息。利子。例利を一ケ月も重ねぬやうにまはせば〈西鶴・日本永代蔵・四・五〉❸有利であること。また、都合のよいこと。例平家は三千余騎、御方の御勢は一万余騎、はるかの利に候ふ〈平家・九・三草合戦〉 ❷名形動（ナリ）鋭いこと。鋭く賢いこと。例利なる者は名と見（=事物の名称と見解）とに着す〈沙石集・一〇本・一〇〉

り

助動（ラ変型）ものが、あるありさまで存在していること、動作が完了した状態にあることなど、存続・完了を表す。

❶ものが、あるありさまで存在し継続している意を表す。変化した結果としての状態についていても、単に存在しているありさまについていてもいう。〜ている。〜てある。例(a)岩屋戸に立てる松の木（=岩屋の入り口に立っている松の木）〈万葉・三・三〇九〉例(b)袖ひちて（=袖がぬれて）むすびし水のこほれるを春立つ今日の風やとくらむ〈古今・春上〉➡名歌201 例(c)日を経つつきはまりゆくさま、少水の魚のたとへにかなへり（終止形）（=日ごとに困窮してゆく様子は、わずかな水の中で苦しむ魚のたとえにかなっている）〈方丈記〉

❷動作の完了の意を表す。〜た。例(a)秋萩は雁に逢はじと言へれ（已然形）ばか声を聞きては花に散りぬる（=秋萩は雁に逢うまいと言ったからか、鳴く声を聞いては花のままで散ってしまったのか）〈万葉・一〇・二一二六〉例(b)不思議の事なれば、末の世の物語、とかく記せるなり（=不思議なことなので、後世の物語は、何かと記しとどめたのである）〈宇治拾遺・二〇〉

❸動作の継続の意を表す。〜ている。例うらうらに照れる春日に雲雀あがり心悲しもひとりし思へば〈万葉・一九・四二九二〉➡名歌91

接続▶四段活用の動詞の已然形（命令形）、サ変動詞の未然形につく。

活用▶ラ変型　表内の（　）は使用例の限られたもの。

未然形	連用形	終止形	連体形	已然形	命令形
ら	り	り	る	れ	（れ）

語誌▼語の成り立ち　「り」はもともと、ラ変動詞の「あり」が四段活用およびサ変動詞の連用形について生じた。その際、上代の日本語は母音の連続を嫌うので、「咲きあり→咲けり」のような融合が起き、その「り」を助動詞と認めたのである。

▼動詞との接続　上代では、四段活用の動詞の已然形と命令形とで使用される万葉仮名に区別があり、「咲けり」の「け」などはその命令形と同種の仮名が使われていたので、「り」は四段活用の命令形に接続するといわれる。しかし命令形に助動詞がつくというのはいささか奇妙なので、四段動詞の已然形と命令形との形に区別のなくなった平安時代以降は、「り」は已然形につくともいわれる。サ変動詞「す」の場合も、「しあり→せり」の「せ」が「す」の活用表の未然形に見いだされるために、「り」は未然形につくといわれる。

▼「り」「たり」と「ぬ」の違い　同一の光景を前にして、「花咲けり」「花咲きぬ」という二つの表現が可能である。例(a)我がやどの萩花咲けり見に来ませいま二日だみあらば散りなむ（=私の家の萩の花が咲いている。見においでください。もう二日ぐらいしたらきっと散ってしまうだろう）〈万葉・八・一六二一〉例(b)恋しくは形見にせよと我が背子が植ゑし秋萩花咲きにけり（=恋しかったら思い出すよすがにしなさいと、私の夫が植えた秋萩が咲いたなあ）〈万葉・一〇・二一一九〉 例(a)の「咲けり」は、咲いている状態にある（だから見に来てください）、ということを表現し、例(b)の「咲きにけり」は、（昔植えた萩が）ついに咲いた、ことを表現している。同じく完了の助動詞でも、「り」「たり」は状態に重点があり、「ぬ」は変化に重点がある。「り」「たり」は、意識的・活動的な動作を表す語につくことはない。

▼「り」と「たり」の比較については「たり」を参照。

〈野村剛史〉

りう-えい【柳営】 名〔漢の将軍周亜夫が細柳という地に陣を構えたという故事から〕❶将軍の居場所。転じて、幕府。例柳営煙暗うして〈太平記・三三〉 ❷将軍。将軍家。

琉球 《地名》〔もと、中国側からの称〕今の沖縄県全域と鹿児島県の奄美諸島。十五世紀初めに統一王朝が成立。十七世紀初頭、島津藩に服属する形となり、近代に入ると明治政府の干渉で琉球国は消滅し、沖縄県となった。独自の文化をもつ。統一王朝の首都は首里（今の那覇市）。

りうくゎゑん【柳花苑】 名舞楽の曲名。唐楽の双調。女舞といわれるが、舞は鎌倉時代には廃絶、楽だけが伝わる。例柳花苑といふ舞を、これはいますこし過ぐして（=念入りに舞い）〈源氏・花宴〉

りう-ご【輪鼓】 名❶猿楽の曲芸に用いる道具。鼓のような形で、中央がくびれている。そのくびれた部分に紐を巻き、回しながら空中に投げ上げたり受け止めたりする。また、その曲芸の名。❷①の道具のように中央のくびれた形。また、その形を図案化した紋所の名。例両の腕首、輪鼓になれとしっかとくくり〈近松・持統天皇歌軍法・一〉

輪鼓②

りう-たん【龍胆】 名「りんだう」に同じ。

りう-てい【流涕】 名動（サ変）激しく泣くこと。例ものの筋あはれなる事とて流涕するを〈梁塵秘抄口伝集・一〇〉

[流涕焦がる] 涙を流して激しく泣く。御伽草子や浄瑠璃などの決まり文句の一つ。例流涕焦がれければ…声も惜しまずかなしみけり〈義経記・八〉

柳亭種彦 《人名》一七八三〜一八四二（天明三〜天保一三）。江戸時代の戯作者。旗本。山東京伝の作風を慕い読本作者として登場し、のち合巻に専念して『正本製』で地位を確立する。考証学で得た知識を盛り込んだ合巻を多作。天保の改革で『偐紫田舎源氏』の版木が没収された直後に死去。

りう-はつ【柳髪】 名女性の髪の長くしなやかで美しいさまを、風になびく柳にたとえた語。例柳髪風に乱るるよそほひ〈平家・七・維盛都落〉

り-うん【理運・利運】 名形動（ナリ）❶道理にかなっていること。例山門（=延暦寺）の御訴訟、理運の条もちろんに候ふ〈平家・一・御輿振〉❷当然であるかのようなふるまい。わがまま。例あんまり理運過ぎました〈近松・心中天の網島・中〉❸戦いなどがうまく運ぶこと。好運。例所々合戦、味方理運〈宗長手記・上〉

り-かん【利勘】 名 勘定高いこと。計算ずくであること。例あんな事もあらうかと、主の利勘〈浄瑠璃・夏祭浪花鑑・九〉

利休 《人名》⇒千利休

りき-じ【力士】 名〔のちは「りきし」とも〕《仏教語》「金剛力士」の略。例軍を発こして長者の家を囲む時に、長者の家を守る一の力士あり〈今昔・二・三三〉

りきじ-まひ【力士舞】 名 古代の舞の名。仏法を守護する金剛力士の仮装をして舞う。例池神の力士舞かも白鷺の桙啄ひ持ちて〈万葉・一六・三八三一〉

りき-しゃ【力者】 名❶力の強い人。また、相撲取り。例あっぱれ力者の祐康と、勝ち誇ったる帰り足（=帰り道）〈歌舞伎・小袖曾我薊色縫・一・大詰〉❷院・公家・武家などに仕える、剃髪した下僕。輿を担いだり、馬の口を取ったり、長刀を持ったりして、貴人の供をする。例力者どもに輿かかせ（=担がせ）、急ぎ迎へに遣はしけり〈保元・中〉

り-ぎん【利銀】 名 利息。利子。例利銀のかさなり、富貴になる事を楽しみける〈西鶴・世間胸算用・三・一〉

りく-ぎ【六義】 名❶漢詩の六種の体。風・賦・比・興・雅・頌。❷和歌の六種の体。『古今和歌集』仮名序で、①になぞらえていったもの。「そへ歌」「かぞへ歌」「なずらへ歌」「たとへ歌」「ただこと歌」「いはひ歌」。❸さまざまな道理。方式。例物の筋道、六義を立て〈近松・生玉心中・上〉

りく-げい【六芸】 名 古代中国で、士以上の人が修めるべきものとされた六種の技芸。礼（作法）・楽（音楽）・射（弓道）・御（馬術）・書（書道）・数（数学）。例弓射・馬に乗る事、六芸に出だせり〈徒然・一二二〉

六国史 名 奈良時代から平安時代にかけて作成された六つの勅撰歴史書の総称。『日本書紀』『続日本紀』『日本後紀』『続日本後紀』『日本文徳天皇実録』『日本三代実録』。この六書で、神代から光孝天皇の仁和三年（八八七）までつながる。いずれも漢文体の編年体。

りく-じ【六事】 名 人として心がけるべき六つの事柄。慈・倹・勤・慎・誠・明。例六事の題を出だして人々に思ふ事を書かせられけり〈著聞集・五・一八九〉

陸前 《地名》旧国名。今の宮城県の大部分と岩手県の南東部。東山道八か国の一つ「陸奥」を、明治元年（一八六八）五分割して設けた国。

陸中 《地名》旧国名。今の岩手県の大部分と秋田県北東部。東山道八か国の一つ「陸奥」を明治元年（一八六八）五分割して設けた国。

りく-ゑふ【六衛府】 名「ろくゑふ」に同じ。

り-けり 〔完了の助動詞「り」の連用形＋助動詞「けり」〕過去に起きた事柄が現在まで続いている、またはそのことに気づいたことを表す。～ていた。～ていたのだった。例その女、世人には（=世間一般の人よりは）まされりけり〈伊勢・二〉

り-けん【利剣】 名❶鋭い剣。例金の甲を帯し、利剣を持てり〈今昔・七・一三〉❷煩悩などを破り砕く仏の救いの力を剣にたとえていう語。例利剣即是弥陀号（トイウ経文）を頼めば、魔閻（=悪魔）近づかず〈平家・一〇・戒文〉

り-こう【利口】 名動（サ変）形動（ナリ）❶上手に話すこと。口達者。巧言。例小僧が利口でかへってめいわく〈噺本・軽口露がはなし・一・一六・目録〉❷気の利いたしゃれ。冗談口。例少々は、空物語もあり、利口なる事もあり〈宇治拾遺・序〉❸賢いこと。利発。例利口さうなる男の行くは〈西鶴・好色一代男・二・六〉

り-こん【利根】 名形動（ナリ）賢いこと。気転が利くこと。例（ミョウガヲ）食うてさへ利根ならば、食はぬ時はなほ良からう〈狂言・鈍根草〉

り-し【律師】 名《仏教語》「りっし」に同じ。

り-しゃう【利生】 名《仏教語》仏や菩薩が衆生を救うこと。利益をもたらすこと。のち、神の加護にもいう。例利生の翅を並べて…帰洛の本懐をとげしめたまへ〈平家・二・康頼祝言〉

りしゃう-はうべん【利生方便】 《仏教語》仏や菩薩が便宜的方法によって衆生に利益を与えること。また、その方法。例地蔵菩薩、利生方便のために悪しき人の中に交じはりて〈今昔・一七・三〉

り-ち【律】 名「りつ②」に同じ。

りち-ぎ【律義・律儀】 名形動（ナリ）規律や義理を重んじ、守ること。勤勉実直なこと。正直なこと。例律義を立てて、思ひ詰めたる事をば翻さぬ人あり〈仮名草子・浮世物語・一・九〉

りつ【律】 名❶律令制で、犯罪に対する刑罰の規定。例その犯に准へて、律によりて科断せよ（=処罰しろ）〈続紀・和銅五年五月〉❷雅楽の音階の一つ。例唐土は呂の国なり。律の音なし〈徒然・一九九〉❸《仏教語》修行者の守るべき戒律。

りつ-ぎ【律儀・律義】 1 名《仏教語》悪行や過失を未然に防ぐ戒律。善行。例律儀空しく（=戒律を守らない人として）人口のそしりに落つ〈太平記・一二〉 2 名形動（ナリ）「りちぎ」に同じ。

りっ-し【律師】 名《仏教語》〔戒律の師範となる人の意〕「りし」とも。僧官の一つ。僧正・僧都の下位で、貴族では五位の殿上人に相当する。例されば、真言院の律師のもとに消息（=手紙）言ひ遣はしつ〈宇津保・国譲中〉

りっ-しゃ【竪者・立者】 名《仏教語》❶法会の竪義の論議で、質問に対して条理を立てて答える役の僧。❷竪義に及第した僧。例三塔一の僉議者（=比叡山延暦寺で最もすぐれた雄弁家）と聞こえし摂津の竪者豪運〈平家・一・御輿振〉

立正安国論 《作品名》鎌倉中期の仏教書。一巻。日蓮著。文応元年（一二六〇）幕府に上呈。法華経を重視した正法の確立を主張し、他宗を攻撃する内容。これによって日蓮は流罪に処せられた。

りっ-しゅう【律宗】 名 南都六宗の一つ。『四分律』による。日本へは奈良時代に鑑真によって伝えられた。総本山は唐招提寺。例律宗は大小に通ずるなり。鑑真和尚来朝してひろめられしより〈神皇正統記・中〉

りつ-りゃう【律令】リョウ —— 名 国家の基本法令。犯罪に対する刑罰を規定する律と、刑法以外の一般の法令である令。例**律令**に熟せず、多く過失あり〈続紀・和銅五年五月〉

りつりゃう-きゃくしき【律令格式】リツリョウ —— 名 律と令と格と式。奈良・平安時代の国家の法令制度の称。例昔よりつくりをかれたる**律令格式**にもそむきて〈愚管抄・四〉

りつ-りょ【律呂】名 雅楽で、律旋法と呂旋法。転じて、音楽の調子。音律。

李白（りはく）《人名》七〇一～七六二。中国の盛唐の詩人。字は太白。自由奔放で才気あふれる詩が多く、特に七言絶句と楽府にすぐれる。「子夜呉歌」「静夜思」「黄鶴楼にて孟浩然の広陵に之くを送る」「友人を送る」などが有名で、『李太白集』にまとめられている。「詩聖」と称された杜甫に対して、「詩仙」と称された。芭蕉の『奥の細道』冒頭に「春夜桃李園に宴するの序」が引かれるなど、日本の文学にも多くの影響を与える。

り-はつ【利発・悧発】名 形動(ナリ) ❶利口なこと。賢いこと。**抜け目がなく世事にたけていること。**例**利発**なやうでも女心。母の詞を真実と思ふか。言やることがみな嘘だ(=おっしゃることはみな嘘だ)〈近松・心中宵庚申・下〉 ❷**有益なこと。役に立つこと。**例**利発なる**小判を長櫃の底に入れ置き、年久しく世間を見せたまはぬは、商人の形気にあらず(=商人の根性ではない)〈西鶴・日本永代蔵・六・三〉 〈松原秀江〉

り-ひ【理非】名 理と非。道理に合うことと合わないこと。是非。例**理非**をしめさせたまへるなり(=お示しになったのだ)〈大鏡・時平〉

り-ぶ【吏部・李部】名「りほう」とも。式部省の唐名。また、その職員。例**吏部**来たりて告げていはく〈今昔・九・三〉

りふ-ぎ【竪義・立義】リュウ —— 名《仏教語》法会のとき、儀式の一つとして教義に関する論議を行い、僧の学業を試すこと。また、そのときに、質問者の難詰に対し、条理を立てて答える役の僧。竪者。例比叡の山の**竪義**や近くなりぬらん夜半に冴えたる問答の声〈拾玉集・三〉

りふ-ぐゎん【立願】リュウガン 名 動(サ変) 神仏に祈願すること。願立て。例御心中に深き御**立願**あり〈平家・四・厳島御幸〉

り-ぶん【利分】名 ❶利益。儲け。例米の値を上げんと**利分**を守るほどに〈仮名草子・浮世物語・二・四〉 ❷利子。利息。例来年世立ち直らば、本物ばかりを(=元金にあたる物資だけを)借り主に返納すべし。**利分**は我添へて返すべし〈太平記・三五〉

り-ほう【吏部・李部】名「りぶ」に同じ。

り-もつ【利物】名《仏教語》(「物」は一切衆生の意)仏が衆生に利益を与えること。例**利物**のところには愚かなるをも捨てず〈太平記・三六〉

り-やう【利養】ヨウ —— 名 財物をむさぼり私腹を肥やすこと。例永く現世の名聞(=名声)**利養**を棄てて〈今昔・三・三七〉

りゃう【令】リョウ 名 律令制で、律(刑罰の規定)以外の基本的規定を定めた法令。行政法規ないしは国家機構に関する規定を中心におく。例もし**令**に違ふ者あらば、すなはちその犯に准へて、律によりて科断せよ(=処罰しろ)〈続紀・和銅五年五月〉

りゃう【霊】リョウ 名「らう」とも。祟りをする生き霊・死霊。例多くは、(病気ノ原因ヲ)女の**りゃう**とのみ占ひ申しければ〈源氏・柏木〉

りゃう【両】リョウ ❶名 重さ・貨幣・織物などを計る単位。例その人は我が金を千**両**負ひたる(=借りた)人なり〈宇治拾遺・八〉 ❷接尾 ❶二つで一そろいのものを数えるのに用いる。❷車の数を数えるのに用いる。

りゃう【領】リョウ ❶名 ❶領地。例故朱雀院の御**領**にて宇治の院といひし所、このわたり(=あたり)ならむ〈源氏・手習〉 ❷郡司の官職名。長官を大領、次官を少領という。❷接尾 鎧や装束を数える単位。「鎧二領」「御衣二十領」など。

りゃう-あん【諒闇】リョウ —— 名(「諒」はまことに、「闇」は喪に服するの意)「らうあん」とも。天皇が父母の喪に服する期間。一年間とされ、臣下も喪に服す。例天下**諒闇**になりしかば、大宮人もおしなべて、花の袂やつれけん(=美服を喪服にかえただろう)〈平家・六・小督〉

りゃう-かい【両界】リョウ —— 名《仏教語》「りゃうがい」とも。密教の金剛界と胎蔵界。例極楽寺といふ寺に木像の**両界**の像おはします〈今昔・三一・三〉

りゃう-がへ【両替】リョウガエ 名 動(サ変) ❶貨幣を別の種類の貨幣と交換すること。また、それをする業者。例**両替**には、「算用差し引きして後に渡さう…」と〈西鶴・世間胸算用・一・一〉 ❷(①から転じて)貨幣と物とを交換すること。

りゃうがへ-や【両替屋】リョウガエ —— 名「りゃうがへ①」を業とする店。両替の手数料をとる程度の小規模なものから、今の金融業に相当するものまである。例手前に金銀あるときは利なしに(=無利子で)**両替屋**に預け〈西鶴・世間胸算用・一・一〉

良寛（りゃうくゎん）リョウカン《人名》一七五八～一八三一(宝暦八～天保二)。江戸時代の僧・歌人。越後(新潟県)出雲崎の人。俗名山本栄蔵。諸国を漂泊、三十九歳ごろ郷里に戻る。書にも長じていた。歌は天真爛漫な詠みぶりである。没後に貞心尼によって歌集『はちすの露』が編まれた。

りゃう-け【領家】リョウ —— 名 荘園領主。在地領主から荘園の寄進を受けた中央の貴族らをいう。例国は国司にしたがひ、庄は**領家**のままなり〈平家・一二・大地震〉

りゃうげ-の-くゎん【令外の官】リョウゲ カン 名 大宝令制定後に新設され、その職員令に規定のない役所・官職。例内大臣はこれ**令外の官**なり〈中右記・永長元年三月〉

りゃう-じ【令旨】リョウ —— 名「れいし」とも。東宮や三后(皇后・皇太后・太皇太后)からの命令を伝える文書。のちは親王や女院などの皇族の命令にもいう。例義仲先日に**令旨**を給はるによって〈平家・七・木曾山門牒状〉

りゃう-じゃう【領状・領掌】リョウジョウ 名 動(サ変) 承諾すること。承知すること。例兵どもやがて参るべきよし**領状**をば申しながら〈平家・八・名虎〉

り

りやう-しょ【領所】 名 領有する所。領地。例領所、近江にありけるを〈大鏡・師尹〉

りやう・ず

【領ず】 動(サ変) 対象を独占的に領有・支配する意。「らうず」とも。

❶㋐土地・邸宅・財産などを領有する。占有する。支配する。例領じたまふ御庄、御牧よりはじめて、さるべき所どころの券などみな奉りおきたまふ(=ご領有なさっている御荘園や御牧馬をはじめとして、しかるべきあちらこちらの所有権を示す書類などすべて渡しおき申し上げなさる)〈源氏・須磨〉読解須磨退去に際して、光源氏が紫の上に財産の管理を委ねたことを記した部分。

㋑女性を自分のものとする。妻や愛人にして、ほかの男性から隔てる。例(大将ガアナタヲ)おのがものと領じはてては、さやうの御まじらひも難げなめる世なめり(=すっかり自分のものにしてしまってからでは、そのような宮仕えも難しくなろう身の上であるようだ)〈源氏・真木柱〉

❷鬼神・魔物などが取りつく。憑依する。受身形で、取りつかれる、魅入られる、の意に用いられることも多い。例附子に領じられたやら、食ひたうてならぬほどに(=附子に取りつかれたのだろうか、食べたくてしかたがないので)〈狂言・附子〉読解「附子」は毒薬の名。ここでは実は黒砂糖。

語誌 類義語「しる(知る・領る)」は、対象をくまなく知り、その結果として対象を領有・支配する意。「領ず」は、対象に向かう力が独占的に及んでいることを表す。〈多田一臣〉

梁塵秘抄 《作品名》平安末期の歌謡集。二〇巻(現存四巻)。後白河院撰。治承三年(一一七九)までに完成か。もとは今様を中心とする歌謡集一〇巻と今様について述べる口伝集一〇巻からなるとされ、前者は巻一の一部と巻二、後者は巻一の一部と巻一〇とが現存。歌謡は約五六〇首が長歌・法文歌・神歌などに分類集成され、特に法文歌と四句神歌は最も今様的。

令義解 《作品名》平安前期の法制書。三〇編(現存二一編)。清原夏野・菅原清公ら撰。天長一〇年(八三三)成立。『養老令』の公定注釈書。その解釈は令に準じる効力をもつものとされ、承和元年(八三四)施行された。現存しない『養老令』の本文を知るうえでも貴重。

りやう-ぶ【両部】 名❶《仏教語》「りやうかい」に同じ。例(伊勢神宮ノ)内宮・外宮は両部の大日とこそ(=大日如来と)習ひ伝へてはべれ〈沙石集・一・一〉❷「両部神道」の略。

りやうぶ-しんたう【両部神道】 名 密教、特に真言宗で説く金剛界・胎蔵界の両界曼陀羅に描かれた諸尊に日本の神道の諸神の性格をあてはめ、本地垂迹説により、神仏二道を習合したもの。神仏習合思想の主流。平安時代末ごろから教説が立てられはじめ、鎌倉時代以降盛んになった。

りやう-や【良夜】 名 よい夜。月の明るく美しい夜。特に、中秋の名月の夜。または九月十三夜。例八月十五日・九月十三日は、婁宿(=星座の名)なり…月を翫ぶに良夜とす〈徒然・二三九〉

りやう-りやう・じ 形(シク)「らうらうじ」に同じ。例ふくらかに愛敬づきたる人の、髪長けにて、いとりやうりやうじき〈宇津保・国譲上〉

り-やく【利益】 名動(サ変)《仏教語》仏や菩薩が衆生を救うこと。恵みを与えること。利生。転じて、人のためになること。例我これ(=布施物)をもて、仏事にも、利益にも用ゐむと思へるに〈沙石集・六・一〇〉

リュウ【柳・流・琉・龍】 ⇩りう

リュウ【立】 ⇩りふ

りゅう【龍】 名「りょう」「たつ」とも。想像上の動物。蛇のような体に四本の足、鋭いつめ、二本の角とひげをもつ。水中に住み、空に昇って雲を呼び雨を降らすという。インドでは仏法の守護神とされ、中国ではめでたい動物として天子になぞらえた。⇩たつ〈龍〉。例疾風も龍の吹かするなり〈竹取〉

りゅう-がん【龍顔】 名(古代中国で龍を天子の象徴と考えたことから)「りょうがん」とも。天皇の顔。例龍顔のいとおどろおどろしきを(=恐しいのを)〈読本・弓張月・前・一五〉

りゅうこ-しゃ【龍骨車】 名(形が龍の骨に似ているとされたことから)田畑に水をくみ上げる器械。樋の中に、多くの水かき板を備えたベルトを配し、これを足で回転させて水をくみ上げる。

龍骨車

りゅう-じん【龍神】 名《仏教語》龍を神格化したもので、八部衆の一つ。仏法の守護神であり、雨と水をつかさどる。海神としても信仰された。「龍王」「海龍王」とも。例雨を降らすべき龍神無かりけり〈太平記・三〉

りゅうじん-はちぶ【龍神八部】 名《仏教語》仏法を守る八種の異類。八部衆。龍神を特に重んじるので、代表させていう。例龍神八部・冥官冥衆(=冥土の官人や鬼神)も驚き騒ぎたまふらん〈平家・五・奈良炎上〉

りゅうたつ-ぶし【隆達節】 名 近世初期に流行した歌謡。高三隆達が創始。先行の今様・早歌などの歌謡を取り入れ、恋を主題とした優艶な曲調が好まれた。「隆達小歌」とも。

りゅう-づ【龍頭】 名❶「たつがしら」に同じ。❷釣り鐘を鐘楼の梁にかけつるす、龍の頭の形をした取っ手。例(大蛇ガ)鐘を巻きて、尾をもって龍頭を叩く事二時三時ばかりなり〈今昔・一四・三〉

滝亭鯉丈 《人名》?～一八四一(天保一二)。生年は安永元年(一七七二)以降。江戸時代の戯作者。滑稽本『滑稽和合人』『八笑人』で知られる。

りゅうどう-げきしゅ【龍頭鷁首】 名「りょうどうげきしゅ」に同じ。

りゅう-にょ【龍女】 名 龍宮に住む龍王の娘。特に、八歳で悟りを開き、成仏したという、娑伽羅龍王の娘。例龍女が仏に成ることは 文殊のこしらへ(=計画)とこそ聞け〈梁塵秘抄・四句神歌〉

りゅう-め【龍馬】 名 たいへんすぐれた馬。例大鷦鷯帝の時に、龍馬西に見ゆ〈紀・孝徳〉

りゅう-わう【龍王】 名《仏教語》「りゅうじん」に同じ。例海の中の龍王、よろづの神たちに願を立てさせたまふに〈源氏・明石〉

りょ【呂】 名 呂旋法のこと。雅楽の六調子のうち壱越調・双調・平調の三調の音階で、春の調べとされる。例唐土は呂の国なり。律の音なし〈徒然・一九九〉

リョウ【令・両・良・梁・領・諒・霊】⇩りゃう

リョウ【料・聊・蓼・寮・療】⇩れう

りょう【龍】 名「りゅう(龍)」に同じ。

凌雲集《作品名》平安前期の勅撰漢詩集。一巻。嵯峨天皇の勅命で小野岑守らが撰。弘仁五年(八一四)成立。最初の勅撰漢詩集。平城上皇・嵯峨天皇ら二四人の詩九一首を官位順に収める。遊覧や宴席での唱和が多い。「凌雲」は雲を凌ぐほど高くそびえる意。『凌雲新集』とも。

りょう-がん【龍顔】 名「りゅうがん」に同じ。

りょうじんひしょう【梁塵秘抄】⇩りゃうぢんひせう

りょうず【領ず】⇩りゃうず

りょう-ず【凌ず・掕ず】 動(サ変)「れうず」とも。責めさいなむ。暴力を加える。例打ち踏み掕ずる事限り無し〈今昔・二〇・二〉

りょうどう-げきしゅ【龍頭鷁首】 名「りょうどう」は「りょうとう」、「げきしゅ」は「げきす」とも。船首にそれぞれ龍と鷁(想像上の水鳥)の飾りをつけた二隻一対の船。平安時代、貴族の船遊びに用いられた。例あたらしく造られたる船ども…龍頭鷁首の生けるかたち思ひやられて〈紫式部日記〉

龍頭鷁首〔駒競行幸絵巻〕
上が龍頭、下が鷁首。二隻の船の上で、笙・篳篥・太鼓などによる船楽が行われている。楽人たちは鳥兜をかぶり、裲襠を着けている。四人の船差しが棹を操り船を進める。

りょう-ら【綾羅】 名 綾織りの絹(綾)と薄く織った絹(羅)。また、高価で美しい布や衣装。「羅綾」とも。例綾羅錦繍(=錦と刺繍をした織物)を身にまとひ〈平家・一・吾身栄花〉

りょく-ら【緑蘿】 名 緑色の蔦。例緑蘿の墻、翠黛(=緑黒色)の山、画にかくとも筆もおよびがたし〈平家・灌頂・大原御幸〉

りょ-ぐわい【慮外】 名・形動(ナリ) ❶思いがけないこと。例この度病悩平癒、慮外の事なり〈権記・長保二年八月〉 ❷ぶしつけなこと。無礼。例仏法興隆のところに、度々慮外して罪作るこそ心得ね(=理解できない)〈義経記・六〉

りょ-りつ【呂律】 名「りつりょ」に同じ。例呂律の物に適はざるは(=音楽の調子が合わないのは)、人の咎なり〈徒然・二二九〉

りん【鈴】 名 ❶「れい(鈴)」に同じ。❷仏具の名。椀形で、読経のとき縁を鈴棒でたたいて鳴らす。例鈴と鈴棒手に渡せば…鈴打ち鳴らし声はり上げ〈浄瑠璃・鎌倉三代記・八〉

りん【輪】 名 衣服の襟・袖・裾などに、別布で縁をつけたもの。覆輪。例蛇が大臣の指貫の左の輪をはひまはりけるを〈平家・四・競〉

りん-かう【臨幸】 名・動(サ変) 天皇が出かけて行き、その場所に臨むこと。「臨御」とも。例臨幸の厳重なる(=厳かな)事も侍らん〈増鏡・新島守〉

りん-き【悋気】 名・動(サ変) ねたむこと。嫉妬すること。やきもち。例悋気するではなけれども、浮き世狂ひ(=浮気)も年による〈近松・出世景清・三〉

りん-げん【綸言】 名 天皇の言葉。詔。例「綸言再びかへらず(=二度と変更できない)」とて〈太平記・一五〉

【綸言汗の如し】 汗が一度出たら再び体内に戻らないように、君主の言葉は口から出たら二度と変更できないということ。『漢書』劉向伝の「号令は汗のごとし、汗は出でて反らず」による。例天子には戯れの詞なし、綸言汗の如しとこそ承れ〈平家・三・頼豪〉

りんざい-しゅう【臨済宗】 名 禅宗の一派。中国唐代の臨済義玄を始祖とし、日本には栄西によって伝えられた。鎌倉時代以降武家政権との結びつきを強め、室町時代に制定された五山十刹の制度により、幕府に庇護されるに至った。

りん-し【綸旨】 名〔「綸言」の旨、の意〕「りんじ」とも。天皇の言葉・意志を受けて、蔵人が書く文書。ふつう漉きがえしの紙に書いたことから「薄墨の綸旨」とも。例綸旨を申し下し、諸国の兵にくばりし条〈太平記・四〉

りん-じ【臨時】 名 その時に臨んで行うこと。その場限りの一時的・特例的なこと。例臨時にも、さまざま尊き事どもをせさせたまひ〈源氏・賢木〉

りんじ-きゃく【臨時客】 名 平安時代、正月の初めに摂関家や大臣家で親王以下公卿を招いて行う饗応という。大饗など公事として定まったものに対していう。例臨時客の日、寝殿の隅の紅梅盛りに咲きたるを〈大鏡・兼通〉

りんじ-の-ぢもく【臨時の除目】 ―ジモク 恒例の除目（春の県召・秋の司召）以外に臨時に行われる除目。小規模なことから「小除目」とも呼ばれる。

りんじ-の-まつり【臨時の祭り】 例祭のほかに臨時に行われる祭り。平安時代には、特に石清水八幡宮と賀茂神社のものをいう。両者とも実際には恒例化し、前者は陰暦三月中の午の日、後者が十一月下の酉の日に定められていた。例石清水・賀茂の**臨時の祭り**などに召す人々〈源氏・若菜下〉

りん-じゅう【臨終】 名 息を引き取る間際。また、死ぬこと。例**臨終**の折は、風火まづ去る〈栄花・鶴の林〉

りんじゅう-しゃうねん【臨終正念】 ―ショウネン 『仏教語』死に臨んで、雑念を払い捨てて一心に仏を念じること。例南無阿弥陀仏と唱へて、わが心のなくなるを、**臨終正念**といふ〈一遍上人語録・上〉

りん-ず【綸子・綾子】 名 紋織りの絹織物の一種。生糸で織りあげて精練する。地が厚く滑らかで光沢がある。例十人より五十貫目（ノ金ヲ）借りて、この**綸子**を買ひ置きけるに〈西鶴・日本永代蔵・六・三〉

りん-だう【龍胆】 ―ドウ 名 ❶植物の名。リンドウ科の多年草。秋、紫色で鐘状の花をつける。根は乾燥させて胃薬とする。例**龍胆**は…いとはなやかなる色あひにてさし出でたる、いとをかし〈枕・草の花は〉 ❷襲の色目の名。表は蘇芳、裏は青。陰暦九月から十一月に着用。

りん-と【凛と】 副 ❶態度・姿などがきりっとしているさま。例首筋立ち伸び（=すらっとして）、目の張り**りんと**して〈西鶴・好色五人女・三・一〉 ❷計量の仕方が厳密であるさま。転じて、物事の処理がきちんとしているさま。きっちりと。確実に。例秤の上目にて（=目盛りで）一匁二分、**りんと**ある事を喜び〈西鶴・日本永代蔵・一・二〉

りん-ね【輪廻・輪回】 名 ⇨りんゑ

りん-ぼう【輪宝】 名 ❶『仏教語』「りんぽう」「りんほう」とも。理想の国王とされる転輪聖王の七宝の一つ。車輪の形をし、車の輻が鋭く八方に突き出ている。王が遊行するとき、先にたって進み、行く手を制圧し山野を開いて、王の正義による統治の礎を築くという。例**輪宝**の山を崩し、磊石の（=大石が）卵を圧すに異ならず〈太平記・三〉 ❷紋所の名。①を図案化したもの。

りん-めい【綸命】 名 天皇の命令。綸言。勅命。例義貞**綸命**を蒙って（=受けて）〈太平記・一六〉

輪宝①〔信貴山縁起絵巻〕

輪宝②

りん-ゑ

【輪廻・輪回】 ―ネ 名「りんね」とも。❶『仏教語』車輪が絶えることなく回転し続けるように、人間が悟りを開けないために、迷いの世界で何回も生死を繰り返して、苦しみながら生き続けること。例およそ**輪廻**は車の輪のごとく、六趣四生を出でやらず（=離れ出ることができず）〈謡曲・葵上〉 読解「六趣」は生物が生死を繰り返す六つの世界、また、迷いの世界。「四生」は生物の生まれ方の総称。あらゆる生物は四生によって六道を輪廻するという。 ❷執着心が強いこと。執念深いこと。例ええ、**輪廻**したる女かな（=なんとまあ執念深い女だなあ）〈近松・出世景清・二〉

語誌 ▼苦の世界 生きているときに罪深いことをすると、来世でも極楽に生まれ変わることができずに六道を転々とする、と仏教は教える。このような罪を業といい、転々と輪廻することを転生という。平安後期の『浜松中納言物語』は、親子間の愛と、男女間の愛によって、永遠に転生を繰り返す人々の姿を描く。〈島内景二〉

る

る【流】 名「るざい」に同じ。例長屋王と交はり通ふに坐せられて（=罪に問われて）、並びに流に処せらる〈続紀・天平元年二月〉

る 助動（下二段型）❶**自発の意を表す**。自然に～れる。（どうしても）～ないではいられない。例(a)世は憂きものなりけりと思し知らる（=世の中は無情なものであったのだなあと悟らないではいられない）〈源氏・須磨〉例(b)（光源氏ノ様子ガ）若ううつくしげなれば、我もうち笑まるる心地して（=若々しくかわいげがあるので、自分も自然にほほえまれる感じがして）〈源氏・末摘花〉

❷**受身の意を表す**。～れる。例(a)博奕をして、親にもはらからにもにくまれ（連用形）ければ（=ばくちをして、親にも兄弟にも嫌われたので）〈大和・五四〉例(b)品高く生まれぬれば、人にもてかしづかれ（連用形）て隠るること多く（=身分が高く生まれてしまうと、人から大切に世話をされて欠点が隠れることが多く）〈源氏・帚木〉例(c)三つある船二つは損なはれ（連用形）ぬ（=三つある船のうち二つは壊れてしまった）〈宇津保・俊蔭〉 読解「船」という無生物が主語になっている例。

❸**可能の意を表す**。～できる。～ことができる。例つゆまどろまれ（未然形）ず、明かしかねさせたまふ（=うとうと眠ることもまったくできず、夜を明かしかねていらっしゃる）〈源氏・桐壺〉 読解病の桐壺更衣を里下がりさせた後の帝の様子。例(b)冬はいかなる所にも住まる（=冬はどんな所にでも住むことができる）〈徒然・五五〉

❹**尊敬の意を表す**。お～になる。～なさる。例(a)親たちのいとことごとしう思ひまどはるるが心苦しさに

（＝親たちがたいそうおおげさに心配してうろたえなさるのが気の毒で）〈源氏・葵〉例(b)かうてやみなむとは、さりとも思され(未然形)じ（＝こうして絶えてしまおうとは、いくらなんでもお思いにならないだろう）〈源氏・花宴〉

接続 四段・ナ変・ラ変活用の動詞の未然形につく。

活用 下二段型

未然形	連用形	終止形	連体形	已然形	命令形
れ	れ	る	るる	るれ	れよ

語誌 ▼「る」と「らる」 同じ意味を表す助動詞に「らる」がある。「る」は接続の上で「らる」と補いあう関係にあり、「る」が接続する動詞以外の動詞には「らる」が接続する。「る」は上代にも例があるが、「らる」は見られない。なお、上代には「る」「らる」の類義語として助動詞「ゆ」「らゆ」がある。

▼用法の注意点 ①が原義で、①から派生した②〜④には①の語義が残存しているものが多い。

①には命令形はない。心情を表す動詞の下の「る」は、この自発の意が多い。

②は多く「〜に〜る」の形で用い、主語はほとんどが人間または動物である。例(c)のように人間や動物以外が主語となったものを、特に「非情の受身」と呼ぶことがある。

③には命令形はない。平安時代ではほとんどが打消の語とともに用いられた。

④は、平安中期ごろまでは単独で尊敬の意を表す用法は少なく、多くは他の尊敬語とともに用いられた。単独で尊敬の意を表す用法が多くなるのは平安末期からである。なお、④は尊敬の補助動詞「たまふ」とともに用いられることはないとされる。

▼敬意の高低 平安時代では「せたまふ（させたまふ）」が最も敬意が高く、それに続くのが「たまふ」で、「る」「らる」が最も敬意が低かった。しかし、『平家物語』などでは「たまふ」の敬意が落ちたため、「る」「らる」の敬意は「たまふ」よりやや低いか、同程度となる。〈泉基博〉

る 完了の助動詞「り」の連体形。

識別のポイント **る**

(1)**自発・受身・可能・尊敬の助動詞「る」の終止形** 四段・ナ変・ラ変動詞の未然形につく。

例冬はいかなる所にも住まる（＝冬はどんな所にでも住むことができる）〈徒然・五五〉

(2)**完了の助動詞「り」の連体形** 四段動詞の已然形（命令形）、サ変動詞の未然形につく。

例道知れる人もなくて（＝道を知っている人もいなくて）〈伊勢・九〉

(3)**ラ行四段動詞の終止形・連体形の活用語尾**

例その夜は、くろとの浜といふ所にとまる（＝その夜は、くろとの浜という所に宿泊する）〈更級〉

るい【類】 名❶同類。仲間。例龍は鳴る雷（＝雷）の類にこそありけれ〈竹取〉❷親類。一族。縁故。例類にふれて（＝縁故をたどって）迎へ取りてあらすれど〈源氏・澪標〉

類聚国史 《作品名》平安前期の歴史書。二〇〇巻（現存六二巻）。菅原道真の撰。寛平四年（八九二）成立。六国史の記事を神祇・帝王などの部に分け、さらに年代順に配列して検索しやすくしたもの。六国史逸失部分の補完資料としても重要。

類聚名義抄 《作品名》「るいじゅうみょうぎせう」とも。平安末期・鎌倉初期の辞書。仏・法・僧の三巻構成。編者未詳。原撰本は十一世紀末・十二世紀初めころに、改撰本は十三世紀前半までに成立か。漢字・熟語を部首別に分類し、音訓・意味を記した漢和辞典的なもの。和訓には音の高低を示す声点があり、当時のアクセントを知ることができる。略称『名義抄』。

るい・す【類す】 動（サ変）❶同類のものになる。似る。例心、花にあらざる時は、鳥獣に類す〈芭蕉・笈の小文〉❷ともに行動する。伴う。例三条の右の大臣、こと（＝ほかの）上達部など類して参りたまうて、碁うち、御遊びなどしたまひて〈大和・二九〉

るい-たい【累代】 名「るいだい」とも。代を次々重ねること。代々。歴代。例(a)見苦しきこと多く、累代のたとひにもやならん（＝嘲笑の例にもなるだろうか）〈宇津保・吹上上〉例(b)累代の公物、古弊をもちて規模とす（＝代々の朝廷の器物は、古くて傷んでいることをもって模範とする）〈徒然・九九〉

る-けい【流刑】 名「るざい」に同じ。

る-ざい【流罪】 名五刑の一つ。罪人を都から離れた土地に送り、そこから他所へ移ることを禁じる刑罰。罪の重さによって遠流（伊豆・安房・土佐・佐渡）・中流（信濃・伊予）・近流（越前・安芸）に分かれる。「流る」とも。例死罪におこなはるべかりしを…流罪に申しなだめたり〈平家・五・早馬〉

るしゃな-ぶつ【盧遮那仏】 名《仏教語》「びるしゃなぶつ」に同じ。

る-す【留守・留主】 名❶天皇・主君や主人が外出したとき、とどまってそこを守ること。また、その人。例我は、これ、王城の留守なり〈今昔・九・三五〉❷外出して、いないこと。不在。例思ひのほかの隙入り（＝手間取ること）、あるいは留守とてたびたび足をはこびぬ〈西鶴・日本永代蔵・五・三〉❸一つの事に心を奪われて、ほかに気が回らないこと。また、間抜けなこと。例（頭ノホウハ立派ダガ）裾はおるすの勝手見舞ひ〈近松・心中宵庚申・上〉

るす-ゐ【留守居】 名❶主人・家人の不在のとき、その家を守ること。また、その人。例留守居の体に見ぐるし。はや門の外へいで候へ〈曾我・七〉❷江戸幕府の職名。老中の支配に属し、将軍不在時の江戸城守衛のほか、大奥取り締まり・天守番などをつかさどる。❸江戸時代、諸大名が江戸藩邸に置いた職。幕府との連絡や、他藩との交際にあたる。

る-てん【流転】 名動（サ変）《仏教語》六道の生死を繰り返し、迷いの世界にあること。輪廻。例流転生死の業因（＝原因となる行為）をば、なせどもなせどもあきたらず〈沙石集・六・一〇〉

る-にん【流人】 名流罪に処せられた人。配流された人。例鬼界が島へ、三人流されたりし流人〈平家・

三・有王〉

るーふ【流布】 名動(サ変) 広く世間に知らせること。また、知れわたること。世に広まること。例広国(＝人名)、黄泉に至りて、善悪の報いを見、顕はし録して**流布せり**〈霊異記・上・三〇〉読解 死んで生き返った人が、黄泉の国で見聞きしたことをつぶさに記録して広く世間に知らせた、という話。

るり【瑠璃・琉璃】 名 ❶〔梵語の音写「吠瑠璃」の略〕七宝の一つ。多く青色の宝石ラピスラズリをいう。例極楽浄土の宮殿は**瑠璃**の瓦を青く葺き(＝極楽浄土にある宮殿は、瑠璃で作った瓦を青色あざやかに葺いて)〈梁塵秘抄・法文歌〉 ❷(①から転じて)深い青色。るり色。例緑真珠の葉は**瑠璃**の色にして〈栄花・音楽〉 ❸ガラスの古称。例あらはに透き徹りて、**瑠璃**の壺の中に物を入れたるがごとくなり(＝はっきりと透き通って、ガラスの壺の中に物を入れたようである)〈今昔・一・一〉〈吉田比呂子〉

るる 自発・受身・可能・尊敬の助動詞「る」の連体形。

るれ 自発・受身・可能・尊敬の助動詞「る」の已然形。

るゐ【類】 ⇨るい

れ

れ 完了の助動詞「り」の已然形・命令形。

れ 自発・受身・可能・尊敬の助動詞「る」の未然形・連用形。

［識別のポイント］ **れ**

(1) **自発・受身・可能・尊敬の助動詞「る」の未然形・連用形** 四段・ナ変・ラ変動詞の未然形につく。例硯に髪の入りてすら**れ**たる(＝硯に髪の毛が入ってすられてしまうこと)〈枕・にくきもの〉

(2) **自発・受身・可能・尊敬の助動詞「らる」の未然形・連用形の一部** 例さらにこそ信ぜら**れ**ね(＝まったくもって信じられない)〈大鏡・序〉

(3) **完了の助動詞「り」の已然形・命令形** 四段動詞の已然形(命令形)、サ変動詞の未然形につく。例いと思ひのほかなる人の言へ**れ**ば、人々あやしがる(＝まったく思いがけない人が詠んだので、人々が不思議に思う)〈土佐〉

れい【礼】 名 ❶儒教の五常の一つ。社会の秩序を保つためのきまり。敬意の現れ。礼儀。例これまた**礼**にあらず〈徒然・一三〇〉 ❷感謝の気持ちを示す言葉や贈り物。例宿へも**礼**いうて〈西鶴・好色一代男・七・三〉

れい【鈴】 名 仏具の名。鐘の形をして上に柄があり、振ると音が鳴るように中に舌がある。例**鈴**の音は尾上の雲にひびけり〈平家・一〇・高野巻〉

れい

【例】 過去・現在の事物で標準となるもの、また広く一般的にならわしとなっているものをいう。そこから転じて、ありふれた、いつものこと、などの意にも用いられる。⇨ためし

1 名 ❶**過去の先例**。現在からみて典拠となるもの。例何事も、ただはじめの**例**を一つ違へず引かせたまふ(＝どんな事でも、ただもう以前の先例を一つも違えずにお引きになる)〈栄花・初花〉 ❷**世間によくある事物。**また、**慣習となっていること**。例琴のさまも**例**に似ず、清くめでたう(＝琴の様子も世間にありふれたものとは違っていて、けがれなくすばらしく)〈宇津保・楼上下〉

2 名副 **普通の状態**。いつものこと。**常の様子**。例(a)**例**はさしものぞきたまはぬ北の方(＝普段はめったにのぞきもなさらない北の方が)〈落窪・一〉例(b)(マダ夜ガ深イノデ)小家などに**例**おとなふものも聞こえず(＝小家などからいつも聞こえる音も聞こえない)〈堤中納言・花桜折る少将〉

語誌 2の意では、「例ならず」という形で、いつもとは違う状態としての病気や妊娠の婉曲表現に用いられることも多い。〈安達敬子〉

れいけい-でん【麗景殿】 名 内裏の後宮七殿の一つ。宣耀殿の南にある。皇后・中宮・女御などの居所にあてられ、その女性たちをさしていうのにも用いる。⇩口絵。例今のは**麗景殿**に…住ませたまふ〈宇津保・国譲下〉

れい-けん【霊剣】 名 不思議な力をもっている剣。霊妙な剣。例わが朝(＝我が国)には神代より伝はれる**霊剣**三つあり〈平家・一一・剣〉

れい-げん【霊験】 名 祈願に対し、神仏の力によって現れた効験。利益。利生。例震旦の国まで**霊験**を施したまふ観音におはします〈今昔・一一・三〉読解「震旦」は、今の中国。

れい-ざま【例様】 名 普段の様子。通常の状態。例御心地はなほここにても**例ざま**にもおはしまさざりけり〈栄花・見果てぬ夢〉

れい-じ【例時】 名 『仏教語』寺で、夕方の決まった時刻に勤行をすること。また、その勤行。例**例時**の

ほどになりにければ、寺へ出でぬ〈著聞集・二・五六〉

れい‐しゃ【霊社】 名 霊験あらたかな神社。例 王城にさしもたっとき(=あれだけ尊い)霊仏**霊社**のいくらもましますを〈平家・二・徳大寺厳島詣〉

れい‐じん【伶人】 名「がくにん」に同じ。例 内裏にて桜花の宴ありけり…文人詩を献じ、**伶人**楽を奏しけるに〈著聞集・六・二三四〉

冷泉為相《人名》⇒藤原為相

れい‐ち【霊地】 名 神仏の霊が宿る神聖な土地。霊場。霊境。例 天王寺はこれ仏法最初の**霊地**にて〈太平記・五〉

れい‐ぢゃう【霊場】 名「れいち」に同じ。

れい‐でう【藜藋】 名 草の名。アカザの別称。例 **藜藋**深く鎖せり(=人が通れないほど茂り)雨原憲が枢を湿ほす〈和漢朗詠集・下・草〉 読解「原憲」は中国の人。賢人だったが貧しかった。

れい‐なら‐ず【例ならず】 ❶いつもとは違っている。例 雪のいと高う降りたるを、**例ならず**御格子まゐりて(=降ろして)、炭櫃に火おこして〈枕・雪のいと高う降りたるを〉 ❷心身のぐあいが普通とは違う。病気や妊娠についていう。例 御心地なほ**例ならず**のみ思さるれば、他所に渡りたまひて御修法などせさせたまふ〈源氏・葵〉

れい‐の【例の】 ❶(体言を修飾する)いつもの。例 限りあれば、**例の**作法にをさめたてまつるを(=決まりがあるので、いつもの作法どおりにご葬儀を執り行い申し上げるのを)〈源氏・桐壺〉 読解 桐壺更衣の葬儀の場面。悲しみは尽きないが、通例の葬儀の定まった作法に従わなければならない。 ❷(用言を修飾する)いつものように。例 日暮るるほど、**例の**集まりぬ(=日が暮れるころ、いつものように集まった)〈竹取〉

語誌 ②を副詞とする説もある。「例」の副詞的用法と重なるが、こちらのほうが意味する範囲が広い。〈安達敬子〉

れい‐ぶつ【霊仏】 名 霊験あらたかな寺、または仏。例 **霊仏**霊社に金銀七宝をなげ(=投げ出すように捧げ)〈平家・六・入道死去〉

れい‐む【霊夢】 名 神仏のお告げのある不思議な夢。例 神拝のついでに**霊夢**を蒙りて(=受けて)〈平家・二・教訓状〉

れう

れう【料】 名 ❶目的・用途に応じて準備しておくもの。そのためのぶん。材料。例(a)こたみの**料**とて造らせたまへる船ども(=今度のときに用いるものとして造らせなさった船々)〈栄花・初花〉 例(b)丈六の仏を造らるるよしを聞きて、奥州の清衡、薄の**料**に金を奉りけるを(=高さ一丈六尺の仏像をお造りになるということを聞いて、奥州の藤原清衡が、金箔の材料に金を献上したが)〈十訓抄・六・三三〉 読解「一丈六尺」は約四・八五メートル。 ❷行為の目的。ため。例 十二月十余日ばかり、中宮の御八講なり…初めの日は先帝の御**料**、次の日は母后の御ため(=十二月十日すぎごろ、中宮の法華八講の御仏事である…初日は先帝の御ため、次の日は母后の御ため)〈源氏・賢木〉 ❸僧などに与える布施。お礼の品物。例 御法事の僧の法服・御誦経の**料**の御衣の事(=御法事を務める僧の法衣や御読経の布施の御召し物の事)〈栄花・玉の飾り〉

れう【寮】 名 ❶令制の役所の一種。省に属し、職の下、司の上に位置する。例 式部省。**寮**二を管ぶ〈職員令〉 ❷寺の学寮。〈安達敬子〉

れう‐けん【料簡・了簡】 名 動(サ変) ❶考えをめぐらすこと。思慮。考え。例 文字につけて(=文字について)御**料簡**あるに〈太平記・三〉 ❷我慢すること。我慢して許すこと。例 **了簡**して一命を助くべし〈西鶴・武家義理物語・五・二〉

れう‐し【料紙】 名 用紙。特に、物を書くための紙。例 反故(=不用紙)選りいだして、**料紙**にすかせて〈右京大夫集・詞書〉

れう‐し【寮試】 名 大学寮の試験。大学寮の学科の一つ紀伝道の予科生である擬文章生を選抜するために実施するもの。『史記』『漢書』などの漢籍から出題された。例 今は**寮試**受けさせむとて〈源氏・少女〉

れう‐じ【聊爾】 名 形動(ナリ) ❶軽率なさま。例 国の安危、政の要須(=なくてはならないこと)、これより先なるはなし(=大切なことはない)。誰か**聊爾**に処せん〈太平記・二四〉 ❷ぶしつけだ。失礼。例 いみじうもてなして、事に触れつつ**聊爾ならず**〈無名抄・範兼家会優事〉

れう‐しょ【料所】 名 そこからの収入を、寺の修理費など、ある特定の目的のための費用にあてることとしている領地。南北朝以後は、大名の領地の意。江戸時代は、特に幕府直轄領をいう。例 当国の安室の郷を御寄付あって、不断如法経の**料所**にぞ擬せられける(=おあてになった)〈太平記・二〉

れう‐ず【凌ず・捩ず】 動(サ変)「りょうず」に同じ。例 打ち縛り**れうぜ**られて〈三宝絵・中・八〉

れう‐そく【料足】 名〔「足」は銭の意〕ある用件のためにかかる費用。代価。また、銭。例 願書を一通封して、供具(=神仏に飲食を供えること)の**料足**一万匹添へて〈太平記・三六〉

蓼太《人名》一七一八〜一七八七(享保三〜天明七)。江戸時代の俳人。本姓吉川氏、大島氏を名のる。別号雪中庵三世など。芭蕉晩年の平明な俳風を理想とし、都会的な作風の江戸座に対抗した。『芭蕉句解』など多数の芭蕉作品の注釈書や資料紹介を著した。

れう‐ぢ【療治】 名 病気を治すこと。治療。例 典薬の頭定成こそ、御**療治**のために召されたりしかば〈平家・四・若宮出家〉

れう‐もん【寮門】 名「れう(寮)①」の入り口の門。例 大学に参りたまふ日は、**寮門**に上達部の御車ども数知らず集ひたり〈源氏・少女〉

れう‐り【料理】 名 ❶物事を取り計らい、処理すること。例(御子ヲ)南方(=南朝方)へ取りたてまつらんとせられけるが、とかく**料理**に滞って〈太平記・三三〉 ❷食物を処理して食べられる状態にすること。また、その食べ物。調理。例 象潟や**料理**何くふ神祭り〈芭蕉・奥の細道〉読解同行の曾良の句。

れき-すう【暦数】名❶天から授けられた運命・命の長さ。帝王が天命を受けて帝位につく運。例人王の代となりて**暦数**も短くなりにける〈神皇正統記・上〉読解「人王の代」は天皇が支配する代をさす。❷年数。年代。例平氏世を執って九代、**暦数**すでに百六十余年に及びぬれば〈太平記・二〉

れき-はかせ【暦博士】名令制で、陰陽寮に属し、暦を作成し、暦生の教授にあたる職。「暦の博士」とも。

れき-れき【歴歴】名形動(タリ)❶はっきりしている。明らかだ。例下を見れば三丈**歴々と**ある紅蓮の淵〈義経記・五〉❷身分や家柄が高い。また、その人。一流の人。親代々の分限者にもいう。例お座敷までは**歴々なり**とて〈狂言・鶏聟〉読解座敷まで通るのは自分の分を越えている、の意。

れっ-けん【列見】名「れけん」とも。平安時代、下級官人の器量・容儀を見定める行事。また、その儀式。毎年陰暦二月十一日、式部・兵部両省が選んだ六位以下の下級官人で六位まで加階すべきものを、太政官に召集して行う。

列子【れっし】《作品名》中国の道家の書。八巻。戦国時代の列子(列禦寇)の著とも、後世の偽作ともいう。老子の無為の説を寓話の形式で記したもので、「杞憂」「木鶏」「朝三暮四」(『荘子』にもみえる)の逸話などが知られる。

歴史物語 平安後期以降、仮名散文によって歴史を物語風に叙述した一連の作品。叙述の形式には、歴史事実を年代順に記述する編年体と、天皇の事跡や系譜を記述した本紀と主要人物の伝を記した列伝からなる紀伝体とがある。
●**主な作品** 最初の作品は『栄花物語』。宇多天皇から堀河天皇の時代までを編年体で記述。漢文体の官撰国史である六国史の延長上にありながら、物語風に記述してある。続く『大鏡』は、文徳天皇から後一条天皇の時代までを、古老の独り語りや対話を通して紀伝体の形式で記述する。この二つの作品はともに道長を中心に藤原氏全盛の時代を対象としているが、『大鏡』では、特に主要人物の人間像が列伝の形式によって生き生きと描かれている。『今鏡』は『大鏡』のあとを受けて高倉天皇の時代までを紀伝体で記述。『大鏡』の語り手大宅世継の孫で紫式部にも仕えたことのある老女の語る話という体裁である。『水鏡』は、『大鏡』に先だつ時代を編年体で記述。大和の葛城山で仙人の語ったという話を老尼が聞き書きしたという体裁。『増鏡』は、後鳥羽天皇から後醍醐天皇の時代までを編年体によって、老尼が語るという体裁で記述。
このうち、『大鏡』『今鏡』『水鏡』『増鏡』を四鏡といい、鏡物とも総称する。〈鈴木日出男〉

れよ 自発・受身・可能・尊敬の助動詞「る」の命令形。

れん-く【連句】名俳諧の連歌で、一句独立して作られる発句に対して、複数句を付けて連ねたもの。歌仙(三十六句)・五十韻・百韻などの形式がある。

れん-く【聯句】名❶漢詩の律詩で、対になる二句。❷漢詩で、二人以上の人が二句あるいは一句ずつ作り、前句に付けていくこと。また、その作品。連歌と結合して、和句と漢句を交互に付けていくものを和漢聯句・漢和聯句という。

れん-げ【蓮華】名蓮の花。例池に色々の**蓮華**並み寄りて、風涼しう吹けば〈栄花・鳥の舞〉

れんげ-ざ【蓮華座】名《仏教語》仏や菩薩が座る蓮華の台座。蓮の花の形に造った、仏像の台座。「蓮座」「蓮台」とも。例地蔵は**蓮花座**に立ちたまはず〈今昔・一七・六〉

蓮月【れんげつ】《人名》⇩太田垣蓮月

れん-ざ【蓮座】名《仏教語》「れんげざ」に同じ。

れん-し【連枝】名(幹は同じことから)兄弟。特に、高貴な人についていう。例これ皆後伏見院の御子、今上皇帝の御**連枝**なり〈太平記・五〉

れん-じ【櫺子・連子】名窓などに設けた格子。また、それを取り付けた窓。例中門の北の廊の**連子**よりのぞかせたまへば〈大鏡・頼忠〉

櫺子〔春日権現験記絵〕

れん-しゃ【輦車】名「れんじゃ」とも。「てぐるま」に同じ。例牛車・**輦車**の宣旨を蒙って(=いただいて)、乗りながら宮中を出入す〈平家・一・鱸〉

れん-じゃく【連尺】名荷物を背負うのに用いる道具。麻縄などで肩の当たる所を幅広く編んで作った担い縄や、それを木の枠に取り付けた背負子をいう。例**連尺**つかんで肩にかけ〈幸若・八島〉

れん-じゅ【連衆】名連歌・俳諧の一座に出席する人々。例連歌の上手(=達人)あり。それもその日の**連衆**に加はりた〈噺本・昨日は今日の物語・上〉

れん-じょ【連署】名動(サ変)「れんしょ」とも。❶一通の文書に、複数の人が署名し、判を連ねること。連判。例二心(=裏切りの心)なき由の**連署**の起請を書いて〈太平記・三〉❷鎌倉幕府の職名。執権を補佐して政務を執り、公文書に執権とともに署名・連判する重職。

れん-・ず【練ず】動(サ変)熟練する。慣れる。例いまだ合戦に**練ぜ**ざるものにて候ふ〈保元・上〉

れんぜん-あしげ【連銭葦毛】名馬の毛色の名。葦毛に灰色の銭のような斑紋のあるもの。例**連銭葦毛**なる馬に黄覆輪の鞍置いてぞ乗ったりける〈平家・七・実盛〉

れん-だい【蓮台】名《仏教語》「れんげざ」に同じ。例石の**蓮台**・獅子の座などは、蓬・葎の上に堆く〈芭蕉・笈の小文〉

れん-だい【輦台・連台・蓮台】名江戸時代、川を渡るときに客を乗せて担ぐ台。二本の棒の上に板を渡

連歌 長句(五・七・五)と短句(七・七)を連ねてなる詩歌の一種。中世に盛んに行われ、特に室町時代には高い達成をとげる。

●**展開** もと和歌の上句と下句を二人が唱和する一回きりのもの(短連歌)で、『万葉集』に先例がある。平安後期にはしだいに長く続けられるようになって長連歌(鎖連歌)が作られるようになり、十三世紀初めの後鳥羽院の時代には百句を連ねる百韻が登場する。鎌倉時代には式目(規則)が発達し、作者層も地下の人々にまで広がって花の下連歌も行われた。

南北朝時代は確立期で、救済・二条良基によって準勅撰の連歌撰集『菟玖波集』が編まれた。良基はそれまでの連歌の機知的・俳諧的要素を退けて、和歌の世界に近い幽玄の様式を志向し、室町中期の宗祇・宗長などに受け継がれる。長享二年(一四八八)宗祇が肖柏・宗長と行った『水無瀬三吟百韻』は、百韻連歌の最高傑作の一つとされる。その後も戦国時代を通じてその享受者層を広げ、江戸時代に至るまで連歌は詠まれ続けるが、一方、室町中期から滑稽・卑俗を主とした俳諧の連歌が起こり、江戸期の俳諧につながってゆく。

●**一味同心の文学** 連歌は通常複数の人間が一座して一作品(一巻)を巻くもので、作者は前句の鑑賞者・批評者でありつつ同時に付け句の創作者ともなり、かつ一巻全体の構成も考慮する必要がある。前句に付きすぎず離れすぎず、四季・恋などをバランスよく配し、和歌的風雅な世界に遊ぶ連歌は、出席者(連衆)の心が一つになること(一味同心)が求められる文芸である。連衆に連帯感をもたらすものであるが故に、中世という乱世に盛行したのである。

〈大谷俊太〉

したもの。⇩かはごし(図)。例**蓮台**に打ち乗り見れば、大井川の水さかまき〈滑稽本・膝栗毛・三上〉

れん-ちゅう【簾中】 名 ❶御簾の中。部屋の奥。例(管弦ノ音色ヲ)法皇、**簾中**にてぞきこしめしける〈著聞集・六・二六〇〉 ❷(常に簾の奥で生活することから)高貴な女性。また、公卿や大名の夫人の敬称。例滞りなき発明(=賢さ)は実にも小松の御**簾中**〈浄瑠璃・源平布引滝・一〉

れん-にゃ【練若】 名『仏教語』「らんにゃ」に同じ。

蓮如 《人名》一四一五〜一四九九(応永二二〜明応八)。室町後期の浄土真宗の僧。諡号は慧灯大師。本願寺第八世。北陸地方に教勢を拡大して教団の発展をもたらし、また、山科(京都市)・石山(大阪市)の本願寺を建立、宗派の中興の祖と称される。信者に与えた手紙をまとめた『御文』などがある。

れん-ぱい【連俳】 名 ❶連歌と俳諧。例切れ字のことは**連俳**ともに深く秘す(=秘事とする)〈俳諧・去来抄・故実〉 ❷俳諧の連句。

れん-ぷ【蓮府】 名 大臣の邸宅。また、大臣の別称。晋の大臣王倹が、邸内に蓮を植えて愛したという故事による。例世間の珍宝、ことごとく**蓮府**に到る〈小右記・長和三年正月〉

れん-り【連理】 名 ❶二つの木の枝が互いにつながって一つの木のようになっていること。❷男女の愛情の深いことのたとえ。例君と交はせし睦言の、比翼**連理**の言の葉も〈謡曲・楊貴妃〉

[連理の枝] 木の株は別でも枝が連理の状態になったもの。男女の愛情が深くこまやかなことのたとえ。⇩ひよくれんり。例天に住まば比翼の鳥、地に住まば**連理の枝**とならん〈平家・六・小督〉

連理秘抄 《作品名》室町時代の連歌論。一冊。二条良基著。貞和五年(一三四九)までに成立。良基の連歌論集としては最も初期のもので、連歌史に始まり、付け方から式目に至るまでを説いた連歌学書。救済が校閲した。

ろ

-ろ 接尾『上代語』東国方言。名詞について、親愛の気持ちを添えたり、語調を整えたりする。「子ろ」「妹ろ」「岩ろ」「日ろ」など。

ろ 間助『上代語』東国方言。感動の意を添える。中央語の命令形の活用語尾「よ」に同じ。〜ろ。例草枕(枕詞)旅の丸寝の紐絶えば我が手と(=私の手だと思って)付け**ろ**これの針持し(=持って)〈万葉・二〇・四四二〇〉

ロウ【老・労・牢・郎・浪・狼・朗・廊・粮・糧】⇩らう

ろう【臈・臘】⇩らふ

ろう【楼】 名 高く作った建物。高殿。例**楼**の上に檜皮葺をば葺かで(=覆わないで)〈宇津保・楼上上〉

ろうがわし【乱がわし】⇩らうがはし

ろう-こく【漏刻・漏剋】 名 水時計。転じて、時刻。時間。例**漏刻**声したたり(=水の音がして)、やや丑三つならんと思ふ折節〈俳諧・新花摘〉

ろうこく-はかせ【漏刻博士】 名 令制で、陰陽寮に属し、時守(守辰丁)を指揮して漏刻を管理し、時刻を計る職。「時守の博士」とも。

ろう-さう【緑衫】 名(「ろくさん」の変化した形)六位の官人の着る緑色の袍。例**緑衫**なりとも、雪にだに濡れなばにくかるまじ(=不快ではないだろう)〈枕・成信の中将は、入道兵部卿の宮の〉

ろう-しゃ【籠舎】「牢舎」とも。❶名 牢屋。牢獄。例思ひもよらぬ**牢舎**の住居口惜しく〈浮世草子・御前義経記・一・三〉 ❷名動(サ変) 牢屋に入れること。また、牢屋に入れられること。入牢。例盗賊人と号して(=称して)、すでに**籠舎せ**しむ〈仮名草子・伊曾保物語・中〉

ろう・ず【弄ず】 動〔サ変〕あざける。もてあそぶ。からかう。例「なほ人をば恨みつべきものになんありける（＝やはりあなたを恨みたくなりましたよ）」とて、弄じてよみてやれりける〈伊勢・九四〉

ろうぜき【狼藉】 ⇩らうぜき

ろうたげ ⇩らうたげ

ろうたし ⇩らうたし

ろうどう【郎等】 ⇩らうどう

ろう-もん【楼門】 名 二階造りの門。例六波羅の大手門・惣門・**楼門**・冠木門〈近松・平家女護島・一〉

ろう-ろう【朧朧】 形動〔タリ〕ぼんやりかすんでいる。おぼろで薄明るい。例弥生も末の七日、明けぼのの空**朧々**として〈芭蕉・奥の細道〉

ろうろうじ ⇩らうらうじ

ろ-ぎん【路銀】 名 旅費。旅行の費用。例富士の山夢に見るこそ果報なれ**路銀**もいらずくたびれもせず〈狂歌・置みやげ〉

ろく

【禄】 名 ❶給与。官に仕える人が、その位階や職に応じて与えられるもので、古くは布・綿など、のちは知行米や金銭になった。例大臣は**禄**を重んじて諫めず（＝重臣は給与を重んじてお諫めせず）〈平家・一・願立〉 ❷労をねぎらうために、当座に賜る品物。褒美。引出物。祝儀。与えられる物は大袿や女性の装束などの衣類が一般的。馬などのこともある。例産養ひ・むまのはなむけなどの使ひに**禄**取らせぬ（＝出産祝いや旅立ちの餞別などの使者に褒美を与えないこと）〈枕・すさまじきもの〉 〈安達敬子〉

ろく【陸】 名 形動〔ナリ〕❶水平なこと。平坦なこと。例家のゆがみを**陸**にしましょ〈西鶴・諸艶大鑑・七・三〉 ❷ゆがみがなくまっすぐなこと。正常なこと。例この掛け物も**ろく**にかけてもらひたい〈狂言・千切木〉 ❸気持ちが楽なさま。例おでん（＝人名）を**ろく**に寝させて〈近松・女殺油地獄・下〉 ❹（打消の語を伴って）まともに（〜ない）。十分に（〜ない）。例**ろくな**死に（＝死に方）もせぬやうに、この親は生みつけぬ〈近松・冥途の飛脚・下〉

ろく-えう【六曜】ヨウ 名 暦に記入される暦注の一つ。また、それに用いる六つの星の名。江戸中期以降、先勝・友引・先負・仏滅・大安・赤口に固定された。陰暦の各日にあてはめてその日の吉凶を占う。

ろく-かせん【六歌仙】ロッ 名『古今和歌集』序に見える、平安初期のすぐれた六人の歌人の称。在原業平・小野小町・僧正遍昭・喜撰法師・大友黒主・文屋康秀。

ろく-くゎんおん【六観音】ロッカンノン 名〔仏教語〕六道に輪廻する衆生を救済するための六種の観世音菩薩。ふつう、聖観音（地獄道）、千手観音（餓鬼道）、馬頭観音（畜生道）、十一面観音（修羅道）、准胝観音（人道）、如意輪観音（天道）。例**六観音**、金色の相好円満し〈栄花・鳥の舞〉

ろく-こん【六根】ロッ 名〔仏教語〕人間の迷いや執着の根源となる、五つの感覚器官と心。眼・耳・鼻・舌・身・意（心）。例つひには**六根**清しとか〈梁塵秘抄・法文歌〉 読解 法華経の功徳を歌う今様の一節。

ろくこん-しゃうじゃう【六根清浄】ロッコンショウジョウ 名〔仏教語〕六根の執着を捨てて清らかな心身になること。また、霊山に詣でる人や行者が歩きながら唱える文句。「ろくこんじゃう」とも。例**六根清浄**の功徳を得たまひしかば〈太平記・八〉

ろく-さい【六斎】 名 ❶〔仏教語〕「六斎日」の略。例殿上の台盤なども**六斎**に変はる事なかりけり〈今鏡・三・釣せぬ浦々〉 ❷江戸時代、六斎日にならって、月に六日定期的に物事を行うこと。例江戸に勤めしとき、月に**六斎**の忍び男〈西鶴・好色一代女・六・四〉

ろくさい-にち【六斎日】 名〔仏教語〕一か月のうち、特に身を慎むべきと定められた六日。八日・十四日・十五日・二十三日・二十九日・三十日。殺生をせず、魚鳥を食べない。例月の**六斎日**に、殺生を禁断す〈続紀・天平九年八月〉

ろく-じ【六字】 名〔仏教語〕「南無阿弥陀仏」の六字。例行（＝修行）を**六字**につづめて〈平家・一〇・戒文〉

ろく-じ【六時】 名〔仏教語〕一昼夜を六分した時刻・時間。晨朝・日中・日没・初夜・中夜・後夜。それぞれの時に念仏・誦経などの勤行を行う。例**六時**不断の香の煙も絶えやしぬらん（＝絶えてしまっただろうか）〈平家・二・山門滅亡〉

ろく-しき【六識】 名〔仏教語〕六根によって生じる六つの認識作用。眼識・耳識・鼻識・舌識・身識・意識の総称。例我が心は**六識**分別の妄心なるゆゑに〈一遍上人語録・下〉

ろくじ-だう【六時堂】ドウ 名「六時」の勤めを行う堂舎。例いはゆる**六時堂**の前の鐘なり〈徒然・二二〇〉

ろくじ-の-つとめ【六時の勤め】〔仏教語〕「六時」に読経などの勤めを行うこと。例昼夜の**六時の勤め**に…高き本意かなへたまへとなん念じはべる〈源氏・明石〉

ろくじ-の-みゃうがう【六字の名号】ミョウゴウ〔仏教語〕「ろくじ（六字）」に同じ。

ろくじふよ-しう【六十余州】ロクジュウヨシュウ 名 日本全国の称。五畿七道の六十六か国に壱岐・対馬を合わせたもの。例日本**六十余州**を残らず廻国して（＝巡り歩いて）〈浮世草子・好色万金丹・五・一〉

ろくじふろく-ぶ【六十六部】ロクジュウロクブ 名〔仏教語〕法華経を六十六部書写し、六十六か所の霊場に一部ずつ奉納するために全国を行脚する僧。江戸時代は、仏像を入れた廚子を背負い、鉦や鈴を鳴らしながら米銭を請い歩いた巡礼もさす。「六部」とも。例**六十六部**廻国に姿をやつす（＝変える）南瀬の六郎〈浄瑠璃・神霊矢口渡・三〉

ろく-しゃく【六尺・陸尺】 名 ❶駕籠などを担ぐ人。駕籠かき。例乗り物二丁並べて…**六尺**十二人〈西鶴・好色一代男・五・三〉 ❷力仕事などをする下男。例内よりつきし（＝家からついて来た）**六尺**一人〈西鶴・本朝二十不孝・一・二〉

ろく-しゅ【六趣】 名〔仏教語〕「ろくだう」に同じ。例三界は家無し、**六趣**は不定なり〈三教指帰・下〉

ろく-じょう【鹿茸】 名 鹿の袋角。初夏に生え代わった新しい角で、袋のような皮をかぶっている。

強壮剤に用いる。例**鹿茸**を鼻にあてて嗅ぐべからず〈徒然・一四九〉

ろくじ-らいさん【六時礼賛】 名《仏教語》「六時」に仏を礼拝し、その功徳をたたえること。また、そのとき唱える偈(詩句の形式で仏をたたえ、教理を説く文)。例**六時礼讃**は、法然上人の弟子、安楽といひける僧、経文をあつめて造りて勤めにしけり〈徒然・二二七〉

ろく-じんづう【六神通】 名《仏教語》「ろくじんつう」とも。仏や菩薩などが備えている六種の神通力。天眼(すべてを見通す力)・天耳(すべてを聞き取る力)・他心(他人の心を知る力)・宿命(前世のことを知る力)・神足(どこへでも自在に行く力)・漏尽(煩悩がなくなったことを知る力)の六つ。「六通」とも。

ろく-だい【六大】 名《仏教語》宇宙万物の根源である六つの要素。地・水・火・風・空・識。これらが全世界に広く満ちてあらゆるものを創造するという。

ろく-だう【六道】 名《仏教語》「りくだう」とも。すべての生ける者(衆生)が、悟りを開いて涅槃に到達するまで、あるいは極楽浄土に往生するまで輪廻転生しつづけるとされる、六つの迷いの世界。地獄・餓鬼・畜生・修羅・人間・天上。「六趣」とも。例経は、**六道**の衆生のために六部書かせたまひて(=書かせなさって)〈源氏・鈴虫〉

語誌 ▼**六道輪廻** 仏教では、衆生は現世への執着によって生死の輪廻につながれているとされる。次に六道のいずれに転生するかは、今生での業(言動だけでなく思惟や情念も業となる)によって決まるが、天上道に生まれてもなお、「天人の五衰」という言葉があるように、死と輪廻を免れることはできないのである。〈藤原克己〉

ろくだう-ししやう【六道四生】 名《仏教語》六道と四生。衆生の転生の場所と方法、または輪廻転生の世界全体をいう。例**六道四生**の間にて、いづれの道へか赴かせたまはんずらん(=お行きになっているのだろうか)〈平家・九・小宰相身投〉

ろくだう-のうげ【六道能化】 名《仏教語》六道にあって衆生を教化するもの。地蔵菩薩をいう。

ろくだう-の-ちまた【六道の巷】 「ろくだうのつじ①」に同じ。

ろくだう-の-つじ【六道の辻】 ❶冥途で、六道のそれぞれに通じる道が分岐しているとされる所。「六道の巷」とも。例**六道の辻**へ罷り出で、吟味して(=罪状を調べて)、よき罪人を、地獄へ落とさばやと存じ候ふ〈狂言・朝比奈〉 ❷山城国、今の京都市東山区の珍皇寺門前の道。ここから冥途へ道が通じているとされていた。例愛宕の寺もうち過ぎぬ。**六道の辻**とかや、げに恐ろしやこの道は、冥途に通ふなるものを〈謡曲・熊野〉

ろく-ぢ【陸地】 名平らな土地。また、陸地。例山は崩れて河を埋み、海は傾きて**陸地**をひたせり〈方丈記〉

ろく-ちく【六畜】 名「りくちく」とも。馬・牛・羊・犬・豚・鶏の六種の動物。主要な家畜の総称。例一切の俗人は…三宝(=寺)の奴婢とまた**六畜**とを搥打つこと得じ(=たたいてはいけない)〈霊異記・下・三三〉

ろく-ぢざう【六地蔵】 名《仏教語》六道のそれぞれに現れて衆生を救うといわれる六種の地蔵菩薩。一般には、地獄道の檀陀、餓鬼道の宝珠、畜生道の宝印、修羅道の持地、人道の除蓋障、天道の日光をいう。例我らをば**六地蔵**と言ふ。六道の衆生のために、六種の形を現ぜり〈今昔・一七・二三〉

ろく-ぢん【六塵】 名《仏教語》六根を通して、人間の心を汚し煩悩を起こさせる六つのもの。色・声・香・味・触・法。例**六塵**の楽欲(=欲望)多しといへども〈徒然・九〉

ろく-てうし【六調子】 名「りくてうし」とも。雅楽で用いる六種の調子。大食調・壱越調・平調・双調・黄鐘調・盤渉調の総称。例**六調子**の内の下がりも上がりも〈源家長日記〉

六条御息所 《人名》『源氏物語』の作中人物。ある大臣の娘。十六歳で当時の東宮に入内。東宮に死別し、七歳年下の光源氏の愛人となる。奥ゆかしく優雅で教養も豊かだが、深く思い詰める性格である。賀茂の祭り見物で源氏の正妻葵の上方と従者どうしが争い、人前で辱められた。葵の上の懐妊を知って屈辱感はさらに強まる。自分の意志とは無関係に魂が抜け出て葵の上に取り憑き、物の怪となってついに産後の葵の上をとり殺してしまう。この事件に源氏は人の執念の醜悪さを見せつけられ、世を厭うあまり出家をも考える。御息所は源氏を断念しようと、斎宮に選ばれた姫君とともに伊勢に下った。六年後に帰京、にわかに発病し、源氏に姫君の後見を託して死去。後年、成仏できない死霊が物の怪となって出現し、源氏最愛の紫の上を危篤に陥れ、正妻女三の宮にも取り憑いた。

ろくどう〖六道〗⇨ろくだう

六波羅 名 ❶《地名》山城国、今の京都市東山区松原付近。空也の創建と伝える六波羅蜜寺があることによる称。平安末期には平家一門の館があり、鎌倉時代には六波羅探題が置かれた。❷「六波羅探題」の略。

ろくはら-たんだい【六波羅探題】 名承久の乱後、鎌倉幕府が京都の六波羅に置いた役所。また、その長官。公家政権の監視および関西の政務を扱う。南北に分かれ、北条氏の一族が任じられた。

ろく-はらみつ【六波羅蜜】 名《仏教語》(「波羅蜜」は梵語の音写)悟りの境界に入るための六つの修行。布施・持戒・忍辱・精進・禅定・知恵。「六度」とも。

六百番歌合 《作品名》鎌倉時代の歌合わせ。二〇巻。藤原良経が建久四年(一一九三)に主催。判者は藤原俊成。藤原定家・家隆など十二人の歌人が参加し、各人百首ずつ計千二百首を六百番につがえる。題は百題。新古今歌風の表現がさまざま試みられた。俊成の判詞は歌論史上注目される。「源氏見ざる歌よみは遺恨の事なり」〈冬上・十三番〉と『源氏物語』の重視を唱えた一節も有名。

ろくや-をん【鹿野苑】 名《仏教語》中インドの波羅奈国にあった庭園。釈迦が悟りを開いた後、初めて説法した場所という。鹿が多く飼われていたのでこの名がある。例阿含経の鹿の声 **鹿野苑**にぞ聞こゆなる〈梁塵秘抄・法文歌〉

ろく-よく【六欲】 名《仏教語》異性に対していだく六種の欲。色欲・形貌欲・威儀姿態欲・語言音声欲・細滑欲・人相欲の総称。それぞれ色・容色・態度・言葉遣い・柔肌・人相にかかわる。

ろく-ゐ【六位】 名❶令制で、第六番目の位階。また、その位の人。六位の蔵人を除き、昇殿は許されなかった。例**六位**など(ト言ッテ)人の侮りはべるめれば〈源氏・少女〉❷「六位の蔵人」の略。例**六位**の宿直姿のをかしきも、(着用スル指貫ノ)紫のゆゑなり〈枕・めでたきもの〉

ろくゐ-の-くらうど【六位の蔵人】 名六位で蔵人所の職員である人。宮中の雑事・御膳の給仕にあたる。六位の中ではこの職の人だけが昇殿を許された。例**六位の蔵人**。いみじき君達なれども着たまはぬ(=とてもお召しになれない)綾織物を、心にまかせて着たる〈枕・めでたきもの〉

ろくゑ-の-つかさ【六衛の司】 名「ろくゑふ」に同じ。

ろく-ゑふ【六衛府】 名「りくゑふ」とも。平安時代、衛府の総称。左右近衛府・左右衛門府・左右兵衛府の六つの衛府。

ろ-し【路次】 名道中。道筋。道の途中。例さりがたき餞(=断れない餞別)などしたるは、さすがに打ち捨てがたくて、**路次**の煩ひ(=苦労)となれるこそわりなけれ〈芭蕉・奥の細道〉

ろ-だい【露台】 名宮中の紫宸殿と仁寿殿との間の屋根のない板敷き。例**露台**の外まで、わななくわななくおはしたるに(=お行きになるが)〈大鏡・道長上〉

ろ-ぢ【露地・露路】 名❶覆いも何もない地面。例四衢道(=四方に通じる道)の中の**露地**におはしまし、歩ませたまひつらむ御足の裏には〈栄花・花山尋ぬる中納言〉❷門内の道。特に、茶室に通じている道。例座敷に灯しかがやかせ…「**露路**の戸の鳴る時しらせ」と申し置きしに〈西鶴・日本永代蔵・二・一〉❸家と家の間の細い通路。

ろっ-ぷ【六腑】 名漢方で、人間の六種の内臓。大腸・小腸・胆・胃・三焦・膀胱の総称。例天の譴め八万四千の毛の穴に入って五臓六腑に余る間〈太平記・三三〉

ろ-なう【論無う】 副(「ろんなく」のウ音便形「ろんなう」の撥音の表記されない形)もちろん。きっと。例**論なう**騒がしう人繁くはべらむを(=人もいっぱいでしょうし)〈源氏・蜻蛉〉

ろ-な・し【論無し】 形(ク)「ろんなし」の撥音の表記されない形。例**ろなく**中宿りしたまはむを(=途中でご休息なさるので)〈源氏・総角〉

ろ-ばん【露盤・鑪盤】 名《仏教語》寺院建築で、塔の上、相輪の一番下にある方形の盤。⇨さうりん(図)

ろ-びらき【炉開き】 名茶人の家で、陰暦十月一日、または亥の日に、夏の間使った風炉を閉じて地炉を開くこと。例時雨ふりそむるころは、諸家の**炉開き**とて〈俳諧・風俗文選・四季辞〉

ろ-ふさぎ【炉塞ぎ】 名茶人の家で、陰暦三月晦日に、冬の間使った地炉をふさぐこと。夏の間は風炉を使う。例**炉ふさぎ**や床(=茶室の床の間)の絵は維摩に掛け替はる〈俳諧・蕪村句集・上〉

ろ-よう【路用】 名旅費。路銀。例泥棒にあひまして、さっぱり(=すっかり)**路用**はとられてしまひましたから〈滑稽本・膝栗毛・二・上〉

ろん【論】 名❶議論すること。言い争うこと。例(a)諸宗の諸の学者らありて…**論**を致す時に(=さまざまな宗派の多くの学者たちがいて…議論を尽くすときに)〈今昔・一二・九〉例(b)八島へわたりたまひしとき、逆櫓立てう、立てじの**論**をして(=八島へ向かいなさったとき、逆櫓を立てよう、いや立てまいという言い争いをして)〈平家・一一・土佐房被斬〉❷《仏教語》仏教の教義や教理の主要な綱目について解説したもの。三蔵(経・律・論)の一つ。例この趣…**論**にも見えたり〈栂尾明恵上人遺訓〉読解「この趣」は、風流心をもつ者こそりっぱな仏法者になりうる、という考え。〈渡部泰明〉

ろん-ぎ【論議・論義】 名動(サ変)❶《仏教語》法会などで、僧が経典の内容について問答すること。しだいに儀式化した。例法師ばらの才あるかぎり召し出でて**論議**せさせて〈源氏・賢木〉❷討議。例楽府の御**論義**の番に召されて〈徒然・二二六〉読解「楽府」は『白氏文集』の新楽府の詩。

論語〈作品名〉中国の儒教の経書。二〇編。四書の一つ。孔子の言行や門人などとの問答をまとめたもので、孔子の没後、門人やその弟子たちが編集したとされる。『千字文』とともに日本に伝わった最古の漢籍とされ(『古事記』)、近世に至るまで官人や武家の必修の書として盛んに講義・研究される。江戸時代には寺子屋の教科書にも用いられ、庶民にも広まった。

ろん・ず【論ず】 動(サ変)❶道理を説き明かす。例国を治め、道を**論じ**〈平家・一・鱸〉❷言い争う。訴訟する。例人の田を**論ずる**者、訴へに負けて〈徒然・二〇九〉

ろん-な・し【論無し】 形(ク)「ろなし」とも。論じるまでもない。言うまでもない。もちろんだ。例**ろんなく**もとの国にこそ行くらめと、おほやけより使ひ下りて追ふに(=言うまでもなく生まれ故郷の国に行っているだろうと、朝廷から使者が下って追うが)〈更級〉読解武蔵国出身の衛士が、帝の娘を連れ出した。朝廷では大騒ぎとなり、追っ手の使いが派遣された。

語誌 連用形「ろんなく」や、その音便形「ろんなう」の形で副詞的に用いられることが多い。⇩ろなう 〈渡部泰明〉

わ【回・廻・曲】 名 川・海岸・山裾(やますそ)などの湾曲している所。「河曲」「浦廻」など、多く複合語で用いられる。

わ【倭・和】 名 もと、中国から日本や日本人を呼んだ称。のち、日本人自身も用いるようになる。多く「和歌」「和琴」など熟語で用いられることが多い。

わ【我・吾・和】 **1** 代 ❶自称の人称代名詞。わたし。「が」「を」「に」「は」などの助詞を伴って用いられる。例(a)君待つと我(あ)が恋ひ居(を)れば我がやどの簾(すだれ)動かし秋の風吹く〈万葉・四・四八八〉➡名歌141 例(b)寝もと我は思(も)ふ汝(な)はあどか思ふ(=共寝しようと私は思う。おまえはどう思うか)〈万葉・一四・三四九四〉
❷反射指示の代名詞。**その人自身。自分自身。** 例**わ**が入らむとする道はいと暗う細きに、蔦(つた)・かへでは茂り、もの心細く(=自分がこれから入ろうとする道がたいへん暗く細いうえに、蔦やかえでが茂っていて、なんとなく心細く)〈伊勢・九〉
❸対称の人称代名詞。**相手を親しんで、あるいは軽んじて呼びかける。おまえ。** 例おれは何事言ふぞ。**我**が主(しゅう)の大納言を高家(かうけ)に思ふか(=おまえは何を言うのか。おまえの主人の大納言を偉いと思うのか)〈宇治拾遺・一・四〉
2 接頭 対称の相手を示す語について、身近な人への親愛や尊敬の気持ち、また、軽侮の気持ちを表す。「わ君(ぎみ)」「わ殿(どの)」「わ主(ぬし)」など。
語誌 平安時代以降は、「わが」以外はほとんど用いられなくなる。1の❷❸は、平安時代以降に現れたもので、大部分が「わが〜」の形で用いられている。❷の反射指示の表現が目の前の相手の事に及んだとき❸の意になると考えられる。⇩わが 〈米山敬子〉

わ 感 驚いたときに発する声。例何かは知らず、**わっ**と叫ぶを〈近松・心中重井筒・上〉

わ
1 間助《上代語》文末にあって、文の内容を確認・強調する意を表す。〜ね。〜よ。例鳰鳥(にほどり)の淡海(あふみ)の海に潜(かづ)きせな**わ**〈記・中・仲哀・歌謡〉 **2** 終助(係助詞「は」の終助詞化に伴う表記の変化)詠嘆の意を添える。近世までは「は」と書かれるほうが多い。〜よ。〜なあ。例ずるい事ばかり、しやあがったから、殺したのだ**わ**え〈滑稽本・八笑人・春二〉
接続 活用語の連体形につく。

わ-い
終助(終助詞「わ」+終助詞「い」)文末にあって、詠嘆・強調の意を表す。〜なあ。〜よ。例無念な**わい**〈近松・大経師昔暦・上〉
接続 活用語の終止形・連体形、体言につく。

わい-かぢ【脇楫・脇梶】(カジ) 名(「わきかぢ」のイ音便形)船の両側面に取りつけた櫓(ろ)。例艫舳(ともへ)(=船尾と船首)に櫓を立てちがへ、**わいかぢ**を入れて〈平家・一一・逆櫓〉

わい-だて【脇楯】 名(「わきだて」のイ音便形)大鎧(おほよろひ)の右の引き合わせの空間を防ぐもの。

わい-ため【弁別】 名(「わきため」のイ音便形)「わいだめ」とも。区別。差別。けじめ。例かちまけの**わいだめ**を定めむ事〈俳諧・貝おほひ〉

わい-の
終助(終助詞「わい」+終助詞「の」)感動をこめて念を押す意を表す。〜よ。〜ぞ。例「頼まれし甲斐(かひ)もない**わいの**」と、かっぱと伏して恨み泣き〈近松・心中天の網島・中〉
接続 活用語の終止形・連体形、体言につく。

わい-へ【吾家・我家】(イエ) 名(「わぎへ」のイ音便形)我が家。例**我家**は 帷帳(とばり)も 垂れたるを 大君(おほきみ)来(き)ませ 婿にせむ〈催馬楽・我家〉

わう【王】(オウ) 名 ❶一国の君主の称。また、同類のもののうちで、最高のものの称。例その中に、王とおぼしき人〈竹取〉 ❷皇族の称号の一つ。天皇の子や孫で親王宣下(せんげ)もなく、また臣籍降下もしない男子の称。女子の場合は「女王(にょわう)」という。例かの親王の御子高見(たかみ)の王、無官無位にして〈平家・一・祇園精舎〉 ❸(接頭語的に用いて)皇族出身であることを示す。「王女御(にようご)」「王命婦(みやうぶ)」など。

わう-くゎん【往還】(オウカン) 名 ❶行き帰り。往復。例田舎よりの**往還**の旅人〈仮名草子・竹斎・下〉 ❷道路。街道。例**往還**のごまの灰か泥坊か〈近松・用明天王職人鑑・二〉

わうけ-づ・く【王気付く】(オウケ) 動(カ四)皇族らしい気品がある。例御宮たち…**王気づき**て気高(けだか)うこそおはしませ〈源氏・柏木〉

わう-し【王氏】(オウ) 名 皇族。天皇の子や孫で、臣下としての姓を賜らない人の総称。例たちまちに**王氏**を出て人臣に連なる〈平家・一・祇園精舎〉

わう-し【横死】(オウ) 名 動(サ変)殺害や事故など思いがけない災難で死ぬこと。非業の死。例聖徳太子の、崇峻天皇(すしゆんてんわう)を「**横死**の相まします」と申させたまひたりしが〈平家・四・通乗之沙汰〉

わう-しき【黄鐘】(オウ) 名 ❶雅楽の十二律の第八音。❷「黄鐘調(でう)」の略。❸陰暦十一月の別称。

わうしき-でう【黄鐘調】(オウシキジョウ) 名 雅楽の六調子の一つ。十二律の黄鐘を基音とする音階・調子。「喜春楽」「応天楽」などの曲がある。

わう-じゃう【往生】(オウジョウ)

名 動(サ変) ❶《仏教語》十方諸仏の浄土や、弥勒菩薩(みろくぼさつ)の兜率天(とそつてん)などに生まれること。特に、**阿弥陀仏(あみだぶつ)の西方極楽浄土に生まれること**。例(a)西に向かひて端座・合掌して失(う)せぬれば(=西に向かってきちんと座り手を合わせて死んだのだから)、極楽に**往生する**こと疑ひ無し〈今昔・一五・三〉例(b)善人なほもって**往生**をとぐ、いはんや悪人をや(=善人でもやはり往生を遂げる。まして悪人が往生を遂げることは言うまでもない)〈歎異抄〉
❷(❶から転じて)**死ぬこと**。例夜半(よは)のころ、若き侍**往生**とて(=夜中に、若い侍が亡くなったとかいって)〈仮名草子・竹斎・上〉
語誌 ▼**往生の条件** 平安時代に流行した浄土信仰では、❶の例(a)に見られるように、臨終のとき少しも心乱れず念仏に専念していること(臨終正念(しやうねん))が、

往生の絶対条件とされていたのであるが、これは非常に困難なことでもあった。それに対して親鸞は、阿弥陀仏は罪悪深重・煩悩熾盛の凡夫をこそ救おうという大悲願を立てたのであるから、その本願を信じて念仏した瞬間に往生は決定するのだという信仰上の大転換を成し遂げた。例(b)はそのような親鸞の思想を凝縮した言葉として有名なものである。

▼**往生と悟り** 往生するとは常に阿弥陀仏や弥勒菩薩の説法を聴くことができるということであり、往生即悟りではない。自身の悟りと衆生救済のための理想的な環境が得られるということであり、それ自体は究極の到達点ではない。〈藤原克己〉

往生要集〔作品名〕平安中期の仏教書。三巻。源信(恵心僧都)著。寛和元年(九八五)成立。念仏による極楽往生を説く。日本の浄土教の基礎を確立した書。文学性も高く、特に地獄の描写には迫力がある。仏教界だけでなく、以後の文学・美術にも多大な影響を与えた。

わう-じゃく【尫弱】一 名 形動(タリ)❶か弱いこと。ひ弱いこと。例**尫弱たる**弓を敵の取り持って〈平家・一一・弓流〉❷貧乏なこと。勢力や能力などが乏しいこと。例尫弱の官人、たまたま出仕の微牛(=やせ牛)を取らるべきやうなし〈徒然・二〇六〉

わう-ずい【黄水】一 名 胃から吐く胆汁混じりの黄色い液。「きみづ」とも。例あまりに慌てて騒いで、**黄水**吐っく者多かりけり〈平家・六・横田河原合戦〉

わう-だう【王道】 名 帝王が徳をもって国を治める正しい道。例天下の珍事、**王道**の滅亡、この時にあるべし〈古活字本平治・上〉

わう-だう【横道】 名 形動(ナリ)❶本道からはずれた道。わき道。よこみち。例**横道なれ**ども、いざや当国に聞こえたる平泉寺を拝まん〈義経記・七〉❷人としての正しい道に背くこと。例私が少しの間横道いたせば事が済む〈近松・大経師昔暦・上〉

わう-ぢ【王地】 名 帝王が治める土地。例普天の下(=広大な天の下)、**王地**にあらずといふ事なし〈平家・二・教訓状〉

わう-にょうご【王女御】一 名 皇族出身の女御。例**王女御**にてさぶらひたまふを〈源氏・少女〉

わうばく-しゅう【黄檗宗】一 名 禅宗の一派。承応三年(一六五四)明の僧隠元が渡来して伝えた。宇治の万福寺が総本山。読経に唐音(中国での漢字音)を用い、中国風の儀式を行うなど、当時最新の外国文化を伝えるものとみられた。

わう-ばん【椀飯・垸飯】一 名〔「わんはん」の変化した形〕❶椀に盛った飯。例(出産ノ祝イトシテ)大将殿より屯食五十具・碁手の銭・**椀飯**などは世の常のやうにて〈源氏・宿木〉❷(①から転じて)食事の席を用意して饗応すること。例日々の**垸飯**をもてなしたてまつる〈義経記・七〉

わう-ばん【往反】一 名 動(サ変)「わうへん」とも。往復すること。例人ならびに牛・馬、これを踏みて渡り**往反す**〈今昔・三一・二一〉

わう-へん【往返・往反】一 名 動(サ変)「わうばん(往反)」に同じ。

わう-ぼふ【王法】 名 仏教の立場から、仏法に対して国王の法令や政治をいう語。例**王法**を犯さばすみやかに殺されなむ〈今昔・二・二五〉

わう-みゃうぶ【王命婦】 名 皇族で命婦である女性。例なにがし(=私)と**王命婦**とよりほかの人、この事のけしき見たるはべらず〈源氏・薄雲〉

わう-らい【往来】一 名 ❶往復。行き来。例上下往来の船のわづらひ(=風波の心配)なきこそ目出たけれ〈平家・六・築島〉❷旅。特に、諸国を回って修行する旅。回国行脚。例げに**往来**の利益こそ、他を助くべき力なれ〈謡曲・鵜飼〉❸手紙。手紙のやりとり。また、訪問時の贈答。例北国の織延べ絹三千疋、**往来**によせらる〈平家・四・南都牒状〉❹「わうらいもの」に同じ。

わうらい-もの【往来物】 名 手紙の文例を集めた手本や、実用的知識・社会常識を集めた庶民教育の書物の総称。手紙の模範文例集。『庭訓往来』『明衡往来』など。例物読む師などすべき人なかりしかば、ただ**往来物**の類などを読みならふのみなりき〈折たく柴の記・上〉

わう-わく【枉惑】一 名 人をだまし惑わすこと。例いかなる**枉惑**の奴、人謀りて物取らむとて構へ事(=たくらみ事)するならむ〈今昔・一四・四四〉

王維〔人名〕六九九?〜七六一。中国の盛唐の詩人。字は摩詰。代表的な自然詩人で、「鹿柴」「元二の安西に使いするを送る」などが有名。『王右丞集』がある。山水を描く画家としても有名で、南宗画の祖とされる。

わ-おもと【我御許】 代〔「わ」は接頭語〕対称の人称代名詞。女性を親しんで呼ぶ語。あなた。おまえさん。例**我御許**はうるさき(=りっぱな)兵の妻とこそ思ひつるに〈今昔・二六・四三〉

わか【若】 1 名 幼児。少年。例二人の**若**をぞ儲けける〈近松・出世景清・三〉 若君。多く貴人の子息にいう。

2 接頭 体言につく。❶若い、新しい、などの意を添える。「若草」「若君」など。❷年の初めの、正月の、などの意を添える。「若菜」「若水」など。❸色の薄い意を添える。「若紫」など。

3 接尾 男子の名につけて、幼少の、の意を添える。「牛若」など。

わ-が

【我が・吾が】〔代名詞「わ」+格助詞「が」〕❶〔「が」が主格を表す場合〕私が。例滝の上の三船の山に居る雲の常にあらむと**我が**思はなくに(=滝のそばの三船山にかかっている雲のように、永久にこの世にあろうとは私は思わないことだ)〈万葉・三・二四二〉

❷〔「が」が連体修飾格を表す場合〕**私の**。**自分の**。例(a)**わが**庵は都のたつみしかぞすむ世をうぢ山と人はいふなり〈古今・雑下〉➡名歌418 例(b)**わが**女御子たちの同じ列に思ひきこえむ(=私の皇女たちと同列に思い申し上げよう)〈源氏・桐壺〉

❸反射指示的に用いる。**その人自身の**。**自分の**。例人をもどくかたはやすく、**わが**心を用ゐんことはかたかべいわざを(=他人を非難するのは簡単で、自分の心を上手に働かせることは難しいことであるのに)〈紫式部日記〉

❹下につくべき名詞を省略した形。**我がもの**。**自分の**

もの。例みてぐらは**我が**にはあらず天にます豊岡姫の宮のみてぐら(＝この幣は私の作ったものではない。天にいらっしゃる豊岡姫の宮の幣だ)〈拾遺・神楽〉

語誌▼「が」が連体修飾格を表す場合には、「わが君」「わが大君」「わが身」などと、下の語と熟合して一語化することがある。上代では、「わご大君」「わぎへ(「わ＋が＋家」)」「わぎも(「わ＋が＋妹」)」のように、下の語の影響で「が」以下の音節が変化したものもある。

▼平安時代以降は、「わが御許」など、親愛の情をこめて呼ぶ表現にしばしば用いられる。〈米山敬子〉

わか-うど【若人】 名(「わかびと」のウ音便形)❶若い人。若者。例我今は老いにたりとて、**若人**もとめて〈蜻蛉・下〉❷貴族の家に仕えている年の若い女房。例つきなからぬ**若人**あまたあり〈源氏・蛍〉

わか-えびす【若恵比須・若夷】 名元日の早朝に売り歩く、恵比須神の像を印刷した札。門口にはって福を祈る。例板木で押したるやうなこの家の**若えびす**と祝ひけるに〈西鶴・日本永代蔵・二・三〉

わ-が-おほきみ【我が大君・吾が大王】 天皇・皇子・皇女を敬っていう語。例高光る(枕詞)日の御子やすみしし(枕詞)**わが大君**〈記・中・景行・歌謡〉

わ-が-おもと【我が御許】 女性を親しんで呼ぶ語。例**我が御許**生まれたまはむとせしその年〈源氏・若菜上〉読解ここは父が娘に対して呼ぶ。

わか-かへで【若楓】 名❶若葉のもえ出た楓。また、若木の楓。例御前の**若楓**・柏木などの、青やかに茂りあひたるが〈源氏・胡蝶〉❷襲の色目の名。表は薄青、裏は紅または薄紅。一説に、表は薄萌黄、裏は薄紅梅とも。初夏に着用。

わか-ぎみ【若君】 名❶貴人の幼い子女の敬称。男女いずれにもいう。例この**若君**、幼心地に、めでたき人かなと見たまひて〈源氏・若紫〉❷貴人の娘のうち、妹のこと。姉を姫君というのに対していう。

わか-くさ【若草】 名❶春、芽を出したばかりのみずみずしい草。例薄く濃き野辺の緑の**若草**に跡まで見ゆる雪のむら消え〈新古今・春上〉↓名歌81 ❷若い女性や幼女のたとえ。例うら若み(＝初々しいので)ねよげに見ゆる**若草**を人のむすばむことをしぞ思ふ〈伊勢・四九〉読解この「むすぶ」は男女が契りを結ぶ意。類義①②はつくさ

わかくさ-の【若草の】 《枕詞》若草の若々しさから「妻」「夫」「新」などにかかる。例武蔵野は今日はな焼きそ(＝焼くな)**若草の**つまもこもれり我もこもれり〈伊勢・一二〉

わか-ご【若子・若児・嬰児】 名「わかこ」とも。幼児。幼い子。乳飲み子。例大事の**若子**さまを預りましても、何とござりましょ〈西鶴・世間胸算用・三・三〉

わか-ごも【若菰】 名芽を出したばかりの菰。食用になる。例山城の淀の**若菰**〈古今・恋五〉

若狭 《地名》旧国名。今の福井県西部。北陸道七か国の一つ。若州。延喜式で中国・近国。

和歌

五・七・五・七・七の、五句三十一音を基調とする、日本の伝統的な短詩型文学。

日本最初の和歌集は、奈良時代になった『万葉集』である。そこでは五・七・五・七・七の音からなる短歌だけではなく、五・七を数度繰り返し五・七・七で終わる長歌や、五・七・七・五・七・七からなる旋頭歌、五・七・五・七・七・七からなる仏足石歌など、さまざまな歌体が見られたが、平安時代の、最初の勅撰和歌集(天皇の命令によって選ばれた和歌集)である『古今和歌集』では、短歌体が中心となった。日本固有の詩、の意味である「和歌」という名称も、このころ定着した。

以後、室町時代まで四百年余りの間に、二十一の勅撰集が編纂されたが、中でも、八番目の勅撰集である『新古今和歌集』が編まれた鎌倉初期までの間は、和歌は漢詩文と並んで文芸の中心的位置を占めていた。鎌倉時代以降も、時代の精神を反映する主流のジャンルではなくなるものの、量的にはむしろより多くの和歌が詠まれ、伝統文化の基本であり続けた。それだけでなく、連歌が和歌から生まれ、さらにその連歌から俳諧が分離独立したように、他の文芸の母胎となったり、芸能や絵画などにも大きな影響を与えたりした。

和歌に詠まれる内容としては、季節季節の風物を歌う四季の歌と、男女の恋愛を歌う恋の歌とを二大テーマとし、その他死者を悼む哀傷や、旅・祝賀などの主題が扱われた。和歌は、作者のいだく折々の感慨を表現する抒情詩であり、人の心と心を結び合わせる働きをもつと信じられてきた。そうした長い伝統をもつことによって、日本人の心情の根幹を形成してきたといってよい。

〈渡部泰明〉

わか・し

【若し】 形(ク)❶幼い。**生まれたばかりだ。**例**若ければ**道行き知らじ賂はせむ黄泉の使ひ負ひて通らせ(＝幼いので行く道もわかるまい。贈り物はしよう。だからあの世の使者よ、背負って通ってくれ)〈万葉・五・九〇五〉読解幼くして死んだ子に対する親の心情を歌ったもの。

❷若い。子どもっぽい。あどけない。例御声いと**若し**(＝お声はたいそうあどけない)〈栄花・初花〉

❸未熟だ。幼稚だ。**経験が乏しい。**例いと**若けれ**ど、生ひ先見えて、ふくよかに書いたまへり(＝たいそう幼稚だけれども、将来の上達が思われて、ふっくらとお書きになっている)〈源氏・若紫〉読解光源氏が幼い紫の上に習字をさせている場面。

❹元気だ。**活気がある。****みずみずしい。**例**若かりし**肌もしわみぬ 黒かりし 髪も白けぬ(＝みずみずしかった肌もしわがよってしまった、黒かった髪も白くなってしまった)〈万葉・九・一七四〇〉

語誌▼物事が現れてからの時間が短いさまをいう。人間だけでなく、動植物や月などにも用いる。

▼人間の場合、上代では幼少の意で用いられることが多い。平安時代以降は青年期をさすことが多く、特に平安貴族の男女では、元服・裳着ののち、二十歳ごろ

までをいう。

▼類義語「をさなし」は、年齢のわりには精神的に未熟で幼い意。「いはけなし」は、年少ゆえのかわいらしさや頼りなさをいうことが多い。〈五十嵐康夫〉

わか-しゅ【若衆】 名「わかしゅう」とも。❶若者。前髪を結った元服前の男子。❷男色の対象となる少年。稚児(ちご)。「念者(ねんじゃ)」に対していう。❸歌舞伎(かぶき)で、若い役者。特に、男色も売る少年。例**若衆**どもの舞ひ踊るありさまに〈仮名草子・浮世物語・一・一〇〉

わ-が-せ【我が背】「わがせこ」に同じ。

わ-が-せこ【我が背子】 自分の大切に思う男性。女性から夫・恋人・兄弟をいうことが多い。例**我が背子**を大和へ遣(や)るとさ夜ふけて暁露(あかときつゆ)に我が立ち濡(ぬ)れし〈万葉・二・一〇五〉➡名歌423

わか-たう【若党】 トウ 名❶若い家来。例小姓(こしやう)・若党・道具持ち、そのほか家来の者までも〈御伽草子・猿源氏草紙〉❷若い侍。例**若党**が老いたる者をはじきだすとは〈著聞集・一八・六四五〉❸江戸時代、足軽(あしがる)よりも上位の従者。

わか-だ・つ【若立つ】 動(タ四)新芽や新しい枝が出る。例桃の木の**わかだち**て〈枕・正月十よ日のほど〉

わか・つ【分かつ・別つ】 動(タ四)❶一つのものを複数に切り離す。例左右と方(かた)**分かた**せたまふ〈源氏・絵合〉❷区別を知る。判断する。例君御成人ののち、清濁を**わかた**せたまひて〈平家・六・紅葉〉

わか-どころ【和歌所】 名 勅撰和歌集の編集のために、宮中に臨時に置かれる役所。村上天皇の天暦五年(九五一)に、『後撰(ごせん)和歌集』撰集にあたって梨壺(なしつぼ)(昭陽舎(しょうようしゃ))に置かれたのが最初。

わか-とのばら【若殿ばら】 名(「ばら」は接尾語)若い侍たち。若者たち。例**若殿ばら**にあらそひて先をかけんもおとなげなし〈平家・七・実盛〉

わか-な【若菜】 名❶春に生える、食用とする草の類。例君がため春の野に出でて**若菜**つむわが衣手(ころもで)に雪は降りつつ〈古今・春上〉➡名歌136
❷正月最初の子(ね)の日、また、正月七日に食する春の菜。食べると邪気を払うとされた。例正月二十三日、子の日なるに、左大将殿の北の方(かた)、**若菜**まゐりたまふ(=正月二十三日、子の日であるので、左大将殿の奥方が、若菜を献上なさる)〈源氏・若菜上〉

語誌 ▼**邪気を払う若菜** 正月最初の子(ね)の日には、野に出て小松を引き、若菜を摘む習慣があった。もと民間行事であったものが、平安時代には貴族の風習として定着した(⇒ねのひ)。②例に掲げたのは、玉鬘(たまかずら)という女性が子の日に光源氏の四十の賀を祝う若菜を献じるという場面。物語では、この後若菜を羹(あつもの)(吸い物)にして食べている。

一方、正月七日(「人日(じんじつ)」という)に若菜を食する風習は中国伝来の行事に由来し、七種の菜を羹にした。『枕草子』「七日の日の若菜を、六日、人のもて来(き)」とあるのは、これに関する記事である。なお、別に正月十五日に宮廷に七種のものを入れた「七種(ななくさ)の粥(かゆ)」を献上する行事もあった。これと七日のものとが混同した結果か、江戸時代には正月七日に七草粥(ななくさがゆ)を食する風習も広まった。〈佐藤明浩〉

わが・ぬ【綰ぬ】 動(ナ下二)たわめ曲げる。曲げて輪にする。例上のきぬの長くところせきを**わがね**掛けたる〈枕・左右の衛門の尉を〉

わか-ぬし【若主】 名 若い人に対する敬称。お若い方。例この若主たちの「…こは誰(た)が置きたるぞ。なんの料(れう)ぞ」と問ひつれば〈宇治拾遺・一三〉

和歌の浦・若の浦(わかのうら)《地名》歌枕 紀伊(きい)国の名勝。今の和歌山市和歌浦。和歌浦湾の奥の入り江。玉津島神社がある。例**若の浦**に潮満ちくれば潟(かた)を無み葦辺(あしへ)をさして鶴(たづ)鳴きわたる〈万葉・六・九一九〉➡名歌428

わか・ぶ【若ぶ】 動(バ上二)(「ぶ」は接尾語)若く見える。子どもっぽくふるまう。例ひたぶるに**若び**たるものから、世をまだ知らぬにもあらず〈源氏・夕顔〉

わが-み【我が身】 ❶自分の体。自分自身。自分の身の上。例**わが身**はか弱くものはかなきありさまにて(=自分自身は病弱で頼りにならない境遇で)〈源氏・桐壺〉
❷代❶自称の人称代名詞。わたし。例**わが身**は女なりとも、かたきの手にはかかるまじ(=わたしは女であっても、敵の手にはかからないつもりだ)〈平家・一一・先帝身投〉❷他称の人称代名詞。目下に対して用いる。おまえ。例「**我が身**はこの国の者か」と御尋ねありけれども(=「おまえはこの国の者か」とお尋ねがあったけれども)〈源平盛衰記・一三〉

語誌 代名詞としても用いられるようになるのは中世以降。〈田島智子〉

わか-みづ【若水】 ミズ 名 立春の早朝に宮中の主水司(もひとりのつかさ)から天皇に奉る水。一年の邪気を除き、若返らせるとされる。後世は、これにならって各家で元旦に初めてくむ水にもいう。例**若水**していつしか(=さっそく)御湯殿参る〈栄花・若水〉

わか-みや【若宮】 名❶幼少の皇子・皇孫。例薬玉(くすだま)して(=薬玉を作って)姫宮・**若宮**に着けたてまつらせたまふ〈枕・三条の宮におはしますころ〉❷神の御子。また、それを祭る神社。例神の家の子公達(きんだち)は八幡の**若宮**〈梁塵秘抄・四句神歌〉❸本宮から分霊した神社。例日ごろ**若宮**とぞこの社(やしろ)(=鶴岡(つるがおか)八幡宮)は言ひならいたりける〈愚管抄・六〉読解 鶴岡八幡宮は石清水(いわしみず)八幡宮から分霊した。

わか-むらさき【若紫】 名❶「むらさき」(草の名)の別称。例春日野(かすがの)の**若紫**のすりごろも〈伊勢・一〉❷淡い紫色。薄紫色。例武蔵野(むさしの)に色やかよへる藤花**若紫**に染めて見ゆらむ〈亭子院歌合〉

わか-やか【若やか】 形動(ナリ)(「やか」は接尾語)若々しい様子だ。初々しい。例**わかやかなる**女房などの、髪うるはしう〈枕・かへる年の二月二十日よ日〉

わか-や・ぐ【若やぐ】 動(ガ四)(「やぐ」は接尾語)若々しくなる。若々しくふるまう。若々しい気分になる。例びんぴげ(=鬢(びん)やひげ)を黒う染めて**わかやが**うど思ふなり〈平家・七・実盛〉

わか-や・る【若やる】 動(ラ四)若やいでいる。若々しくある。例**若やる**胸をそだたき(=愛撫(あいぶ)し)〈記・

上・神代・歌謡〉

わか-ゆ【若鮎】 名〔「わかあゆ」の変化した形〕子鮎。若鮎。例松浦川玉島の浦に**若鮎**釣る〈万葉・五・八六三〉

わか・ゆ【若ゆ】 動(ヤ下二) 若くなる。若返る。若やぐ。例としも**若え**、命も延びたるぞかし〈大鏡・道長上〉

わか・る【別る・分かる】 動(ラ下二) ❶別々になる。区別がつく。例天地の **分かれし時ゆ**(=別々になった時から)〈万葉・三・三一七〉 ❷遠く離れる。離別する。例いかばかりの道にてか、(光源氏ノ)かかる御ありさまを見捨てては、**別れきこえん**〈源氏・賢木〉

わかれ【別れ】 名 ❶人と別れること。離別。例おほかたの(=普通の)秋の**別れ**もかなしきに鳴く音な添へそ野辺の松虫〈源氏・賢木〉 ❷死別。例見し人の松の千歳に見ましかば遠く悲しき**別れ**せましや〈土佐〉➡名歌337

わかれ-ぢ【別れ路】 名 ❶人と別れてゆく道。また、別れ。例行くさきをはるかに祈る**わかれ路**にたえぬは老いの涙なりけり〈源氏・松風〉 ❷死に別れてゆく道。死出の旅路。例**別れ路**はつひのことぞと思へども後れ先だつほどぞ悲しき〈栄花・本の雫〉

わかれ-の-くし【別れの櫛】 斎宮が伊勢へ出発するときの大極殿での別れの儀式で、天皇が自ら斎宮の額髪に挿して与える黄楊の小櫛。斎宮が帰京するのは天皇の代替わりのときであることから、天皇は「京の方におもむきたまふな」と言って挿す。例帝御心動きて、**別れの櫛**奉りたまふほど、いとあはれにてしほたれさせたまひぬ(=涙ぐんでおしまいになる)〈源氏・賢木〉

わか-わか・し【若若し】 形(シク) ❶たいそう若い。いかにも若く見える。世間を知らない、未熟、などの意をこめていう。例さぶらふ人とても、**若々しき**のみこそ多かれ〈源氏・藤裏葉〉 ❷子どもっぽい。大人げない。例「いかでかまからん、暗うて」と言へば、「あな**若々し**」と、うち笑ひたまひて〈源氏・夕顔〉

和漢三才図会 《作品名》江戸中期の事典。一〇五巻・首一巻・目一巻。大坂の医者寺島良安著。正徳二年(一七一二)成立か。日本最初の図解入り百科事典。中国の明代の『三才図会』にならい、和漢の事物を天・地・人の三才に大別し、さらに一〇五部門に分けて取り上げ、図に漢文の解説を付す。

わかん-どほり 名「わかうどほり」とも。天皇家の血筋。皇族。例(血縁ノ)離れたてまつらぬ**わかんどほり**などにて〈源氏・澪標〉

わかんどほり-ばら【わかんどほり腹】 名 皇族の女性から生まれたこと。また、その人。例**わかんどほり腹**にて、あてなる(=高貴な)筋は劣るまじけれど〈源氏・少女〉

和漢朗詠集 《作品名》平安中期の歌謡集。二巻。藤原公任撰。成立年未詳。漢詩文の秀句五八八と和歌二一六首を選び、分類・配列して収める。中国詩文では白居易が圧倒的に多く、日本詩文では菅原道真と孫の文時が多い。和歌は紀貫之を筆頭に『古今和歌集』の撰者たちが重視されている。当時流行していた朗詠の素材として歓迎され、後世にも大きな影響を与えた。

わき

【脇・腋】 名 ❶**腕の付け根の下側。わきの下。** 例安芸の太郎を弓手(=左)の**脇**にとってはさみ、弟の次郎をば馬手(=右)の**脇**にかいばさみ〈平家・一一・能登殿最期〉 ❷**衣服で①にあたる部分。** 例はや十九になりける。おつつけ(=間もなく)**脇ふたぎて**〈西鶴・世間胸算用・二・二〉 読解 当時、女性は成人したしるしとして、十九歳の秋に、それまで着ていたわきの開いた服を閉じたものに代える習慣があった。 ❸**横。かたわら。** 例馬をば御門の**わき**につなぎて〈宇治拾遺・二三〉 ❹**無関係なもの。また、傍観者的立場。** 例(貧家ハ)脇から見るさへ、悲しきことの数々なる年の暮れにぞありける(=傍観者的立場から見ても、悲しいことの多数ある年の暮れであった)〈西鶴・世間胸算用・一・二〉 ❺ないがしろ。のけ者。例本妻を**脇**になして〈西鶴・好色一代女・三・二〉 ❻別の場所。よそ。例お前はどこぞ(=どこか)**脇**で遊んでくださんせ〈近松・心中天の網島・上〉 ❼相撲人で、最高位の最手に次ぐ位。また、その人。 ❽能楽で、シテ(主役)の相手役。「ワキ」と書くことが多い。 ❾「脇能」の略。 ❿「脇句」の略。例発句・**脇**は歌の上下なり。これを連ぬるを連歌といふ〈俳諧・去来抄・故実〉

〈新野直哉〉

【脇を掻く】 わきの部分を掻く。得意がるしぐさ。例いみじくしたり顔に、**脇を掻きて**言ひけるをぞ〈今昔・二五・五〉

わき【別き・分き】 名 区別。けじめ。また、その判断。例春雨の降る**別き**知らず出でて来しかも〈万葉・一〇・一九一五〉

わき-あけ【脇明け・腋明け】 名 ❶「けってきのはう」に同じ。例楽所の君たち、**闕腋**・柳襲など着つつ参る〈宇津保・菊の宴〉 ❷年少者や女性の着物で、わきの下のところを縫わないであけておくこと。また、その着物。

わぎえ【吾家・我家】 ⇩わぎへ

わき-きゃうげん【脇狂言】 名 狂言の分類名。祝言を基調とする狂言。番組では脇能の次に演じられ、果報物・太郎冠者物などがある。

わき-く【脇句】 名 連歌や俳諧で、発句のすぐ次に詠む句。発句の五・七・五を七・七の形で受ける。

わき-ごし【脇輿】 名 輿のそばに添い従うこと。例慧心の僧都は美女(=人名)を伴ひ帰りければ、仲光もはるかに**脇輿**に参り〈謡曲・仲光〉

わき-さし【脇さし】 名「わきざし」とも。そばにつき添うこと。また、その人。侍者。例**脇さし**たち、いづかたをもみつぎたまふな(=どちらをも加勢なさるな)〈徒然・一一五〉

わき-ざし【脇差し・脇指し】 名 ❶褒美としてもらう巻物の絹布。退出するとき腰に差す。こしざし。例中媒に**脇差し**らうちして(=仲人に脇差しなど与

えて)〈宇津保・藤原の君〉❷太刀に添えて腰に差す刀。古くは短く、懐中にさした。例その刀を投げ捨て、**脇差し**の刀を抜いて〈太平記・一三〉❸江戸時代、大小両刀のうち、小刀。例町人の子に刀・**脇差し**無用なりと〈近松・夕霧阿波鳴渡・中〉❹江戸時代、庶民が一本だけ差した刀。例白柄の**脇差し**がおいてもらいたい〈西鶴・世間胸算用・三・一〉

わき-だて【脇楯】 名「わいだて」に同じ。

わき-づき【脇几】 名 座るとき横において肘を載せ、体を楽に保つ台。脇息。例**脇几**が下の 板にもが〈記・下・雄略・歌謡〉

わき-つぼ【脇壺】 名 わきの下のくぼんだ所。鎧ではすきまがある。例一人は冶部の法眼が射ける矢に**脇壺**射られて失せにけり〈義経記・五〉

わき-て【分きて・別きて】 副 選んで。とりわけ。例わび人の**わきて**立ち寄る木の本は頼む影なく紅葉散りけり〈古今・秋下〉

わき-のう【脇能】 名《能楽用語》能の分類名。主に神を主役とする祝言の能。五番仕立ての番組で最初に演じられた。世阿弥のころは「脇の猿楽」。「神事物」「神能物」「初番目物」とも。

わぎへ【我家・吾家】 名〔「わがいへ」の変化した形〕「わいへ」とも。自分の家。我が家。例はしけやし **わぎへ** の方よ 雲居立ちくも(=懐かしいなあ。我が家のほうから雲がわいてくるよ)〈記・中・景行・歌謡〉

わき-ま・ふ

【弁ふ】 動(ハ下二) 物事を見分けて、それぞれに判断する意。

❶物事を見分ける。区別する。例この品々を**わきまへ**定めあらそふ(=このさまざまの階級を区別し議論を戦わせる)〈源氏・帚木〉読解「雨夜の品定め」の始まり。女性を上・中・下の三階級に分類し、その優劣を論じる。

❷十分に理解する。心得る。判断する。例(a)乱り心地とかく乱れはべりて、何ごともえ**わきまへ**はべらず(=取り乱した心があれやこれやと動揺しまして、何ごとも判断することができません)〈源氏・柏木〉例(b)よく**わきまへ**たる道には、必ず口重く、問はぬ限りは言はぬこそいみじけれ(=よく心得ている方面のことについては、必ず口数少なく、ほかの人が尋ねない限りは言わないのがりっぱである)〈徒然・七九〉

❸支払う。弁償する。納める。例鮑を取りて国の司には**弁へ**ける(=鮑を取って国司に納めた)〈今昔・三一・二一〉

語誌 ③は漢語のサ変動詞「弁ず」などから出てきた意味であろう。〈安達敬子〉

わき-まへ【弁へ】 名 ❶分別。心得。例才賢く**弁へ**ありて〈今昔・二八・二七〉❷償い。弁償。例(アナタハ)金千両を負ひたまへり(=借りていらっしゃる)。その**弁へ**してこそ出でたまはめ〈宇治拾遺・八〉

わ-ぎみ【吾君・我君】 代〔「わ」は接頭語か〕対称の人称代名詞。相手を、親しみをこめて、またはやや軽くみていう。あなた。対等または目下の人に用いる。例**わぎみ**は、甲斐・信濃へ下りて、山道(=東山道)より責め上れ〈平治・中〉

わぎも【吾妹・我妹】 名《上代語》〔「わがいも」の変化した形〕男性が、妻・恋人など親しい女性をいう語。例風の音の(枕詞)遠き**わぎも**が着せし衣〈万葉・一四・三四五三〉

わぎも-こ【吾妹子・我妹児】 名〔「こ」は接尾語〕「わぎも」に同じ。例嶮しき山も **わぎもこ**と 二人越ゆれば 安蓆かも〈紀・仁徳・歌謡〉読解「安蓆」は座り心地のよい敷物。ここは安楽なことのたとえ。

わぎもこに【吾妹子に】《枕詞》「吾妹子に会ふ」の意から、「あふ」と同音を含む「逢坂山」「淡海」「淡路」「あふちの花」などにかかる。

わぎもこを【吾妹子を】《枕詞》❶「吾妹子をいざ見む」の意から、「いざ見」と同音を含む地名「いざみの山」にかかる。❷「吾妹子をはや見む」の意から、「はや見」と同音を含む「早み浜」にかかる。

わきをかく【脇を掻く】 ⇩「わき」の子項目

わ・く

【分く・別く】〔「わかる」の他動詞形〕

1 動(カ四) ❶区別する。区切る。例我が恋は夜昼**別かず**(=私の恋は夜昼を区別することない)〈万葉・一二・二九〇二〉

❷特別に扱う。例ももしきの袂の数は知らねども**わき**ておもひの色ぞ恋ひしき(=宮中の女官の数は知らないけれども特別な思いで緋色の袂のあなたを恋しく思っている)〈平中・三八〉読解「おもひ」の「ひ」と「緋」を掛ける。

❸識別する。理解する。例神世には歌の文字も定まらず…ことの心**わき**がたかりけらし(=神の時代には歌の音節の数も決まらず…歌を詠む事柄の内容をはっきりと理解していなかったらしい)〈古今・仮名序〉

2 動(カ下二) ❶草などを押し分けて進む。道を開いて進む。例今は、浅茅**分くる**人も跡絶えたるに(=今では、浅茅の草を押し分けて訪れる人もまったくいないのに)〈源氏・末摘花〉

❷分割する。例(強盗タチハ)物**わけ**て、この男にもあたへてけり(=物を分けて、この男にも与えてしまった)〈著聞集・一二・四三三〉

❸区別する。差別する。例みな作り合はせて、様変へて装束き**わけ**たり(=全員同じように作って、様子を変えてほかとは服装を区別している)〈源氏・澪標〉

❹識別する。判断する。例きっと善悪を**わけ**申したく(=厳しく善悪を判断し申し上げたく)〈人情本・春色辰巳園・四・七〉

語誌 ▼**四段活用と下二段活用** 四段活用を古形とみる考え方もあるが、意味的な使い分けとみるべきだろう。四段活用が判断・識別など精神的な働きをいうのに対し、下二段活用は具体的な分割・分離の動作をいうのが中心である。2③は1の意に近いが、すでにある区別を強調・差別化することをいう点で1と異なるニュアンスをもつ。

『百人一首』の「みかの原わきて流るる泉川いつ見きとてか恋しかるらむ」〈新古今・恋一〉(➡名歌335)は、四段を2①の意で用いているが、これは「湧きて」(「泉」の縁語)と掛詞にしたための異例。〈鉄野昌弘〉

わ・ぐ【綰ぐ】 動(ガ下二) たわめ曲げる。曲げて輪にする。「綰ぬ」「綰む」とも。例丈に一尺ばかり余りたるにやと見ゆる髪の、筋・裾つきいみじう美しきを、**綰げ**入れて〈堤中納言・このついで〉

わくーご【若子】 名 年若い男子。若者。また、年若い男子の敬称。若君。例稲搗っけばかかる我ぁが手を今夜もか殿の**若子**が取りて嘆かむ〈万葉・一四・三四五九〉

わぐ・む【綰む】 動(マ四)「わがぬ」に同じ。例下の袴を着て、皆かい**わぐみ**て〈宇津保・蔵開上〉

わくらーば【病葉】 名 夏に、青葉に交じり、赤や黄に変色した葉。例**わくらば**に取り付いて蟬のもぬけかな〈俳諧・蕪村遺稿〉

わくらばーに 副 ❶偶然に。たまたま。例**わくらばに**人とはあるを(=人と生まれて)人並みに我ぁもなれるを〈万葉・五・八九二〉➡名歌122 ❷まれに。例**わくらばに**訪とはれし人も昔にて〈新古今・雑中〉 語誌 上代は①の意に用いる。

わーくゎう【和光】 名「わくゎうどうぢん」に同じ。例いまだ**和光**のかげ拝せず〈平家・五・富士川〉

わくゎうーどうぢん【和光同塵】 名『仏教語』仏や菩薩が衆生を救済するため、仮の姿で俗世に現れること。例それ、**和光同塵**の利生(=利益)さまざまなりと申せども〈平家・二・卒都婆流〉

わけ【別】 名 上代の姓の一つ。諸国を治める役職の家柄。

わけ【別け・分け・訳】 名 ❶区別。違い。差別。例うんざう(=粥の類)の**分け**差別も知りをらいで(=知らないで)〈狂言記・文蔵〉 ❷分配。分け前。例**わけ**米の内を次男にせびられる〈柳多留・六〉 ❸物の道理。例ていしゅ四郎兵衛、**わけ**よき男にて〈滑稽本・膝栗毛・八下〉 ❹事情。理由。例ちと申し受けにくい**訳**がござる〈虎寛本狂言・素襖落とし〉 ❺情事。色道。例丹次郎と米八(=芸者の名)と、**わけ**のありしことをかねて察し〈人情本・春色梅児誉美・初・三〉 ❻勘定。支払い。費用。例こまごまと**分け**書き続けしを〈西鶴・好色一代男・七・五〉 ❼遊女が稼ぎを抱え主と半分に分けること。また、その遊女。例**分け**の勤めも恥づかし〈西鶴・好色一代女・六・一〉 ❽食べ残し。また、供物のお下がり。例蒲鉾のわけをすてたる祇園会の跡〈狂歌・徳和歌後万載集・一五〉

わけ【戯奴】 代『上代語』❶自称の人称代名詞。自分を卑下していう。わたくし。わたくしめ。例我ぁが君は**わけ**をば死ねと思へかも(=思うのだろうか)〈万葉・四・五五二〉 ❷対称の人称代名詞。相手を、親しみや戯れの気持ちをこめていう。おまえ。おまえさん。目下の人に用いる。例**戯奴**がため我ぁが手もすまに(=手も休めずに)春の野に抜ける茅花ぞ召して肥えませ〈万葉・八・一四六〇〉

わげ【髷】 名 髪を髻で束ね、そこから先を曲げて結んだもの。まげ。主に上方での称。例**髷**がおつに(=妙に)長くて〈滑稽本・膝栗毛・五追加〉

わけーしり【訳知り・分け知り】 名 遊里の事情に通じていること。男女の機微に通じていること。また、その人。粋人。通人。例**わけ知り**の世之介様なれば何隠すべし〈西鶴・好色一代男・五・一〉

わけーて【分けて・別けて】 副「わきて」に同じ。例冬こそ**わけて**訪とふべかりけれ〈山家集・上〉

わーこ【和子・若子】 名 貴人や目上の人の男の子どもを、親しみをこめていう語。ぼっちゃん。例その侍の**和子**、鷹いと好きにて〈仮名草子・仁勢物語・上〉

わーこう【倭寇】 名 鎌倉末期から室町時代に、朝鮮半島・中国の沿岸を襲った武装商人団に対する朝鮮・中国側の呼称。

わーごーおほきみ【我ご大君・吾ご大君】 「わがおほきみ」の変化した形。例常世物この橘のいや照りに(=ますます輝かしく)**わご大君**は今も見るごと(=見るように)〈万葉・一八・四〇六三〉

わーこく【和国・倭国】 名 日本国。例唐土は呂の国なり。律の音なし。**和国**は単律(=律だけ)の国にて、呂の音なし〈徒然・一九九〉

わーごぜ【我御前】 代(「わ」は接頭語。「ごぜ」は「ごぜん」の変化した形)対称の人称代名詞。女性や子どもを親しんで呼ぶ語。そなた。あなた。例**わごぜ**は今様は上手でありけるよ〈平家・一・祇王〉

わーごと【和事】 名 歌舞伎で、恋愛や情事の場面を、善良ではあるが柔弱な男の行動で演じる演技。また、そのような演出・役柄。主に上方で発展した。⇩あらごと

わーごりょ【吾御寮・我御料】 代「わごれう」の変化した形。例太郎冠者、**わごりょ**参れ〈虎寛本狂言・煎り物〉

わーごれう【吾御寮・我御料】 代(「わ」は接頭語)対称の人称代名詞。男女にかかわらず、対等またはそれ以下の相手に対して親しみをもって用いる。そなた。おまえ。例**わごれう**思へば(=おまえを愛しているので)安濃の津より来たものを 俺振り事は こりゃ何事〈閑吟集・七七〉

わーごん【和琴】 名 琴や箏や琵琶など中国渡来の弦楽器に対し、日本古来の弦楽器。六弦で、琴柱を立て、左手で琴爪で弾く。平安時代、琴・箏・琵琶などとの合奏のほか、神楽・東遊び・催馬楽の伴奏に用いた。「やまとごと」「あづまごと」とも。⇩こと(図)。例大御遊び始まりて、いと今めかし。弾き物(=弦楽器)、琵琶・**和琴**ばかり〈源氏・松風〉

わこんーかんさい【和魂漢才】 名 日本固有の精神と中国伝来の学問。これを合わせもつことが学者の理想とされた。

わざ

【業・態・技】 名 背後に深い意味や意図をもつ行い、が原義。

❶**行うこと**。**行為**。例けしからぬ**わざ**しける人かな(=異様な行為をした人だなあ)〈堤中納言・虫めづる姫君〉

❷**仕事**。**つとめ**。例(洗イ張リノヨウナ)いやしき**わざ**も習はざりければ、うへのきぬの肩を張り破りてけり(=身分の低い人がする仕事も習わなかったので、袍の肩の部分を洗い張りで破いてしまった)〈伊勢・四一〉

❸**技能**。**技術**。**方法**。例二つの**わざ**、やうやう境に入りければ(=二つの技能が、ようやく熟練の境地に入ったので)〈徒然・一八八〉 読解「二つのわざ」は、乗馬と

謡い物の早歌。❹仏事。法要。例(女御ガ)うせたまひて、安祥寺にてみわざしけり(=お亡くなりになって、安祥寺で御法要をした)〈伊勢・七七〉❺ありさま。事態。例おぼしき事言はぬは、腹ふくるるわざなれば(=言いたいと思う事を言わないのは、不満がたまることであるので)〈徒然・一九〉❻災い。祟り。例さては今宵の震動、そのわざなるべし(=さては今夜の地響きは、その祟りであるにちがいない)〈西鶴・男色大鑑・二・二〉

わさ-いひ【早稲飯】イイ 名 早稲の米で炊いた飯。〈松井健児〉例(妻ニ)わさ飯食はせ候ひてこそ、心は慰み候はんずれ〈沙石集・三・二〉

わざ-うた【謡歌・童謡】 名 物に託して政事や世情を風刺する歌謡。民間ではやっていた歌謡を、風刺や事件の前兆としての解釈を加えて史書に組み込んだもの。例古人大兄を立てて天皇とせむとす。時に童謡ありて曰はく〈紀・皇極〉

わざ-くれ 《近世語》[1]感 自暴自棄な気持ちを表すときに発する語。ええままよ。どうにでもなれ。例夢の浮き世の 露の命の わざくれ なり次第よの〈隆達小歌〉[2]名❶自暴自棄。やけ。例母御前はお死にやって、継母がかりの(=継母に育てられて)わざくれに〈近松・冥途の飛脚・上〉❷冗談。いたずら。例わざくれに、紙もて作りて、葉がくれにくくりつけて人を化かすにぞありける〈俳諧・おらが春〉

わざ-ごと【俳諧】 名 ざれごと。冗談。例その絵と俳諧とともに天が下に聞こえけり〈読本・雨月・夢応の鯉魚〉

わさ-だ【早稲田】 名 早稲の稲を植える田。例さ雄鹿の妻呼ぶ山の岡辺なる(=岡のあたりにある)早稲田は刈らじ霜は降るとも〈万葉・一〇・二二二〇〉

わざ-と 【態と】副❶こちらから求めて行うさま。わざわざ。故意に。ことさらに。例(a)わざと思ひ立ちて宮仕へに出で立ちたる人の(=わざわざ思い立って宮仕えに出た人が)〈枕・あぢきなきもの〉例(b)(山吹ガ)呉竹の籬にわざとなう咲きかかりたるにほひ、いとおもしろし(=呉竹の垣根に自然な姿でもたれて咲いている色合いが、たいそう美しい)〈源氏・真木柱〉❷著しく目につくさま。格別に。とりたてて。特に。例わざと深からぬ方の心ざしはうち忘れたるやうにて(=とりたてて深くはない方面への愛情はつい忘れた様子であって)〈源氏・蓬生〉❸本格的できちんとしたさま。正式に。りっぱに。「わざとの」の形で連体修飾語となることが多い。例わざとの御学問はさるものにて、琴・笛の音にも雲居をひびかし(=正式な御学問は言うまでもなく、琴や笛の音でも宮中の人々をおどろかせ)〈源氏・桐壺〉❹事新しく行うさま。あらためて。例すみやかに(京ニ)のぼりたまひて、またわざとくだりたまひて〈宇治拾遺・一〇六〉❺形式的なさま。形ばかり。ほんのちょっと。例これはこのたび新製の羊羹と香煎、わざとお年玉のしるし〈滑稽本・七偏人・初上〉〈松原秀江〉

わざと-がま・し【態とがまし】 形(シク)〔「がまし」は接尾語〕ことさらめいている。わざとらしい。例歌はわざとがましく引き放ちてぞ書きたる(=放ち書きに書いてある)〈源氏・早蕨〉

わざと-なら-ず【態とならず】〔「なら」は断定の助動詞「なり」の未然形。「ず」は打消の助動詞〕格別な様子ではない。なにげない。さりげない。例儀式もわざとならぬさまにて〈源氏・葵〉

わざと-め・く【態とめく】 動(カ四)〔「めく」は接尾語〕わざとらしく見える。意味がありそうに見える。例わざとめきよしある(=趣のある)火桶に、侍従(=薫き物の名)をくゆらかして〈源氏・初音〉

わざはひ【災ひ・禍・殃】ワザワイ 名❶悪い結果をもたらす事。災難。不幸。例詞のもらしやすきは、わざはひをまねく媒なり〈平家・五・奈良炎上〉❷(下に「や」「かな」などを伴って感動詞的に用いて)不快の意を表す。いやな事。不愉快な事。例あな災ひや。かばかりの事をだに(=こんな簡単な事でさえ)し損なひたまふよ〈大鏡・伊尹〉

わさ-ほ【早稲穂】 名 早く実る種類の稲の穂。早稲の稲穂。例我妹子が業と作れる秋の田の早稲穂の縵見れど飽かぬかも〈万葉・八・一六二五〉

わさ-わさ 副❶生き生き。はきはき。例二つ三つづつ謡ひて、わさわさ軽々と謡ひ止むべし〈三道〉❷晴れやか。うきうき。例悲しい顔を見せまいと、わざとにこにこわさわさと〈近松・淀鯉出世滝徳・下〉

わざ-わざ・し【態態し】 形(シク) わざとらしい。不自然だ。例なにか、さわざわざしう(音便形)かまへたまはずともありなむ〈蜻蛉・中〉

わざ-をき【俳優・倡優】オキ 名 物まね・歌舞などで神や人を楽しませる行為。また、それをする人。例天石窟戸の前に立たして(=お立ちになって)、巧みに俳優す〈紀・神代上〉

わ-さん【和讃】 名 和語で仏や菩薩の功徳などをほめたたえた仏教歌謡。七五調四句を一聯として、数十聯に及ぶものもある。例昔造れりしところの弥陀の和讃を誦して(=唱えて)、西に向かひて行く〈今昔・一五・一六〉

わ-ざん【和讒】 名❶人に不利なことを言って、その人を陥れること。讒言。例今にはじめぬ梶原(=人名)が和讒〈曾我・八〉❷助言すること。また、取りなすこと。例いささか夫婦に確執の事あり。和讒ありて無為に属す〈実隆公記・明応四年九月〉

わし 代《近世語》〔「わたし」の変化した形〕自称の人称代名詞。主に女性が、親しい間柄で用いる。例(世間ノ人ハ)わしが悪いとは申さいで、お主さまのお名が出やうと存じて〈浮世草子・傾城禁短気・五・一〉

わし 感《上代語》囃し詞。わっし。よいしょ。例新羅斧(海ニ)落とし入れ わし〈万葉・一六・三八七八〉

わし・す【走す】 動(サ下二)〔「わしる」の他動詞形〕はしらせる。通す。例山高み(=山が高いので)下樋をわしせ〈記・下・允恭・歌謡〉

わ-じゃう【和尚・和上】ジョウ 名《仏教語》「わしゃう」とも。法相宗・律宗・真言宗などで、多くの僧の師である僧。授戒のときに師となる僧。また、高徳の僧。律宗だけが「和上」と書く。⇩くゎしゃう

わしり-で【走り出】 名「はしりで」に同じ。

わし・る【走る】 動(ラ四)❶はしる。例東西に急ぎ、南北に**わしる**〈徒然・七四〉❷あくせくする。あたふたする。例事を知り、世を知れれば、願はず、**わしらず**(=事の道理を知り、世の中を知っているので、あれこれ望まず、あくせくしない)〈方丈記〉

わ・す【座す】〔「おはす」の変化した形〕**1** 動(サ四)「あり」「居り」「来」などの尊敬語。いらっしゃる。おいでになる。**2** 動(サ下二)①に同じ。例恋しくはとうても**わせよ**(=尋ねておいでください)〈沙石集・五末・三〉**3** 補動(サ四)(接続助詞「て」について)尊敬の意を表す。例猫殿は天性小食にて**わし**けるや〈延慶本平家・四〉**4** 補動(サ下二)③に同じ。

わずか【僅か・纔か】 ⇩わづか

わずらわし ⇩わづらはし

わす・る

【忘る】**1** 動(ラ四)**意志的に忘れる。強いて忘れる。思わないようにする。** 例(a)**忘らむ**て野行き山行き我来れど我が父母は忘れせぬかも(=なんとかして忘れようとして野を行き山を行き私はやって来たけれど、私の父母は忘れることはできないことだなあ)〈万葉・二〇・四三四四〉読解 防人の歌。例(b)我妹子や我を**忘らす**な(=いとしい妻よ私を忘れてくださるな)〈万葉・一二・三〇一三〉読解「す」は尊敬の助動詞。例(c)**忘らるる**身をば思はず誓ひてし人の命の惜しくもあるかな〈拾遺・恋四〉➡名歌431

2 動(ラ下二)❶**自然に忘れる。記憶から消える。思わなくなる。** 例(a)我が面の**忘れ**もしだは筑波嶺を振り放け見つつ妹は偲はね(=私の面影が記憶からなくなったときは筑波山を遠くふり仰いで見てはあなたは恋い慕ってほしい)〈万葉・二〇・四三六七〉読解 防人の歌。例(b)飯炊くことも**忘れ**て〈万葉・五・八九二〉➡名歌122 例(c)**忘れ**ては夢かとぞ思ふ思ひきや雪踏みわけて君を見むとは〈古今・雑下〉➡名歌435

❷①**に同じ。** 例わびぬればしひて**忘れ**んと思へども夢といふものぞ人頼めなる(=悲嘆にくれてしまったので、無理に忘れようと思うけれども、夢というものは人に期待をもたせるものだ)〈古今・恋三〉

語誌▼活用の種類と語義 『万葉集』の東歌や防人の歌に見られる上代東国方言には、四段活用・下二段活用の「忘る」があり、前者は意志的・能動的に忘れる意(①)、後者は自然に忘れる意(②①)を表すという、意味の相違が認められる。平安時代は、下二段活用が①②双方の意味で用いられ、四段活用は助動詞「る」と結びついた「忘らる」という形でのみ用いられる。〈鈴木宏子〉

わするる-くさ【忘るる草】 名「わすれぐさ」に同じ。

わすれ-がたみ【忘れ形見】 名〔「忘れ難み」と掛けた和歌の表現から〕❶忘れないようにと残しておく記念の品。例なからん跡の**忘れがたみ**にもとや思ひけむ、障子に泣く泣く一首の歌をぞ書きつけける〈平家・一・祇王〉❷親の死後、死者を偲ぶよすがになる子。例(亡キ娘ガ)など(=どうして)**忘れ形見**をだにとどめたまはずなりにけん〈源氏・手習〉

わすれ-がひ【忘れ貝】 ―ガイ 名 拾うと恋の思いを忘れさせてくれるという貝。二枚貝の離れ離れになったその一方、またはアワビのような一枚貝をいう。例**忘れ貝**拾ひしもせじ白玉を恋ふるをだにもかたみと思はむ〈土佐〉➡名歌432

わすれ-ぐさ【忘れ草】 名 植物の名。萱草の別称。恋の苦しみなどを忘れさせてくれる草といわれ、垣根に植えたり、下着の紐につけたりする。例**忘れ草**垣もしみみに(=垣根にびっしりと)植ゑたれど〈万葉・一二・三〇六二〉

わすれ-みづ【忘れ水】 ―ミズ 名 野の茂みの中や岩陰などを、人に知られず流れている水。和歌では、「絶え」「絶え間がち」などの語を導く。例霧ふかき秋の野中の**忘れ水**絶え間がちなるころにもあるかな〈是則集〉

わせ【早稲・早生】 名❶早く熟する稲の品種。例娘子らに行きあひの**早稲**を刈る時になりにけらしも萩の花咲く〈万葉・一〇・二一一七〉❷生長がほかより早いこと。早熟。

わ-そう【我僧・和僧】 代〔「わ」は接頭語〕対称の人称代名詞。僧を、親しみをこめて、または軽んじていう。例**和僧**のぼって物詣でするやうにて、たばかって(=だまして)討て〈平家・三・土佐房被斬〉

わた【海】 名〔のちは「わだ」とも〕海。例**海**の底 沖つ深江の〈万葉・五・八一三〉

わだ【曲】 名「わた」とも。❶曲がりくねっていること。例七**わた**にわだかまりたる(=曲がりくねっている)玉の〈枕・蟻通の明神〉❷地形が湾曲していること。入り江などにいう。

わ-たう【我党・和党】 ―トウ 代〔「わ」は接頭語〕対称の人称代名詞。対等の相手や目下の人を親しみをこめていう。おまえ。おまえら。単数・複数いずれにも用いる。例**わたう**達こそ、させる能(=才能)もおはせねば、物をも惜しみたまへ〈宇治拾遺・三・八〉

わだかま・る【蟠る】 動(ラ四)❶くねり曲がる。輪を巻いてかがみ込む。蛇などがとぐろを巻く。例この蛇も登りて、かたはらに**わだかまり**伏したれど〈宇治拾遺・五・七〉❷他人の物をだまし取る。着服する。例主人の金子を**わだかまり**〈近松・五十年忌歌念仏・下〉

わた-がみ【綿上・綿噛】 名 鎧の胴の、左右の肩の幅の細い部分。前面の胸板をつる紐がついている。例組んで勝負をせんと、鎧の**綿噛**をつかんで引き付けたるに〈太平記・三〉

わた-ぎぬ【綿衣】 名 綿入れ。真綿を入れた衣服。例**綿衣**の薄きを、いとよくひき着て〈枕・七月ばかりに〉

わたくし

【私】**1** 名❶〔「公」に対して〕**個人的なこと。内々のこと。** 例年ごろ公**私**御暇なくて(=長年公的なことも個人的なことも御暇がなくて)〈源氏・明石〉❷**ほしいままにすること。自分の利益をはかること。** 例親方の確かに知らぬ売り掛けは…さまざまに**わたくし**する事(=主人がはっきり知らない後払いで売った商品の代金は…いろいろと自分の利益とする事)〈西鶴・世間胸算用・三・二〉❸**不公平。えこひいき。** 例悪をなして幸ひあらば、これすなはち、天道に私ありと言ふべし(=悪事をして幸福があるならば、これはすなわち、天の神に不公平があると言えよう)〈仮名草子・浮世物語・五・二〉 ❹内密。秘密。ひそか。「わたくしに」の形で副詞的に用いることが多い。例私に広常申しけるは(=ひそかに広常が申したことには)〈義経記・三〉 **2** 代 自称の人称代名詞。へりくだっていう。わたし。例私は田舎者で、べつに令爾は申さぬ(=わたしは田舎者で、特別に失礼なことは言わない)〈虎寛本狂言・末広がり〉

語誌 1は古くはもっぱら①の意で用いられ、②以下の意で用いるようになるのは中世以後。2の代名詞は、室町時代以後の用法である。〈小島孝之〉

わたくし-ごと【私事】 名 私的なこと。個人の立場でなされること。例例の中納言の君の**私事**(=私信)のやうにて〈源氏・須磨〉

わたくし-ざま【私様】 名 私的な方面。うちうちのこと。例これは御**私ざま**に、内々のことなれば〈源氏・少女〉

わたくし-の-うしろみ【私の後ろ見】 将軍の補佐役の執権のこと。天皇の補佐をする摂政・関白を「公の後ろ見」というのに対していう。例時政(=北条時政)…故大将のありし時より**私の後ろ見**なりしを〈増鏡・新島守〉

わたくし-もの【私物】 名 個人的な所有物。うちうちに大事にしているもの。例この君をば、**私物**に思ほしかしづきたまふこと限りなし〈源氏・桐壺〉

わた-こ【綿子】 名 綿で作った防寒着。例紙布・**綿小**などいふもの…心々に送りつどひて〈芭蕉・笈の小文〉

わたし-もり【渡し守】 名〔上代は「わたりもり」〕渡し船の船頭。例**渡し守**、「はや船に乗れ、日も暮れぬ(=暮れてしまう)」といふに〈伊勢・九〉

わた・す【渡す】〔「わたる」の他動詞形〕**1** 動(サ四) ❶移動させる。渡らせる。離れた所へ行かせる。例渡り守舟はや**渡せ**〈万葉・一〇・二〇七七〉 ❷特に、川などを馬で渡る。例宇治河はやしといへども、一文字にざっと**わたい**(音便形)て〈平家・九・宇治川先陣〉 ❸〔浄土に行き着かせる意〕仏法の力で衆生を救済する。済度する。「済す」「度す」とも書く。例世を**わたす**聖をさへや悩まさん〈元輔集〉 ❹物や人を、ほかに移らせる。引きわたす。引き取る。例(新シイ妻ヲ)明日なむ**渡さ**むとすれば〈堤中納言・はいずみ〉 ❺罪人などを、見せしめにして送る。引き回す。例首をはねて大路を**わたさ**れ候ひにき〈平家・二・小教訓〉 ❻一方の端から他方の端へ届かせる。橋・梁などをかけわたす。例上つ瀬に 玉橋**渡し** 下つ瀬に 舟を浮け据ゑ〈万葉・九・一七六四〉 **2** 補動(サ四)(動詞の連用形について)一面に〜する。端から端まで〜する。例鼻を忍びやかにかみ**わたす**〈源氏・須磨〉

わた-つ-うみ【わたつ海】 名〔「つ」は「の」の意の上代の格助詞〕「わたつみ②」に同じ。例草も木も色かはれども**わたつうみ**の波の花にぞ秋なかりける〈古今・秋下〉 語誌 本来海神の意の「わたつみ」が海の意に転じたのに従って、「み」が「海」と解され、さらに「海」と訓まれて生じた語とされる。

わた-つ-み

【海神・海】名「海つ霊」の意。「つ」は「の」の意の上代の格助詞。「み」は神霊の意。中世以降「わたづみ」なども。

❶海の神。例**海神**のいづれの神を祈らばか行くさも来さも舟の早けむ(=海神のどの神に祈ったら、往路も復路も舟が早いだろうか)〈万葉・九・一七八四〉 読解 海路の安全をどの海神に祈ったらよいか思案している歌。海神が複数であると考えられている。 ❷海。例**わたつみ**の豊旗雲に入り日さし今夜の月夜さやけかりこそ〈万葉・一・一五〉→名歌436

語誌 ▼**海神と龍宮城** 『古事記』で、山幸彦が旅立ったのは「わたつみの神の宮」である。兄の海幸彦に迫害されていた彼は、この海神の宮殿で歓迎され、美しい娘と結婚し、兄を打倒する力をもつ宝の玉を獲得する。海神は、さすらう英雄に現実を幸福に生きる宝を授ける超自然的存在である。御伽草子の『浦島太郎』も、龍宮城で玉手箱という宝物を乙姫(海神の娘)からもらう。『源氏物語』の光源氏がさすらった明石の地も、文学的発想としては龍宮城のようなユートピアだと想定される。明石入道という人物は海神の役割を担うともみられる。〈島内景二〉

わた-どの

【渡殿】名 二つの建物・殿舎の間に通じる、屋根のある板敷の渡り廊下。ふつう、寝殿と対の屋を結ぶ。例(a)若き人々、**渡殿**の戸開けて物見よや〈源氏・蛍〉 読解 馬場の競射の折のこと。渡殿を見物に使用する場合。例(b)**渡殿**の戸口の局に見出だせば(=渡殿の戸口近くの部屋から外を見ると)〈紫式部日記〉 読解 紫式部の局(部屋)が渡殿の戸口近くにあったことがわかる。

語誌 ▼**社交の場としての渡殿** 今日いう廊下とは違って、座を設けたり、片側を部屋として使えるように設計されている場合も少なくなく、女房を中心とした社交の場となることがある。物語や日記文学では、そこに男君が絡み、恋愛模様が描かれたりもする。単なる渡り廊下とは違う点、注意を要する。〈藤本勝義〉

わた-なか【海中】 名 海の中。海上。例**海中**に幣取り向けてはや帰り来ね〈万葉・一・六二〉

わた-の-はら【海の原】 名「わだのはら」とも。広々とした海原。例**わたの原**八十島かけて漕ぎ出でぬと人には告げよ海人の釣り舟〈古今・羇旅〉→名歌438

わた-ばな【綿花】 名 男踏歌の舞人が冠につける、綿で作った花。例にほひもなく(=ただ白いだけで美しい色もなく)見苦しき**綿花**も〈源氏・竹河〉

わた-ぼうし【綿帽子】 名 真綿を平たくのばして作ったかぶりもの。もと、防寒用に多く老女が用いたが、のちに婚礼で新婦が顔を覆うものとなった。例頭に**綿帽子**につつみまはし、人の中をよけてわき道をゆく老女ありけり〈西鶴・好色一代男・三・四〉

わた-まし【移徙・渡座】 名 移転・転居の意の尊敬語。御転居。後世は敬意を失う。例新しく家を造りて、**わたまし**せられける夜〈十訓抄・六・三四〉

わた-ゆみ【綿弓】 名 繰り綿(種を除いただけの綿)を打って不純物を取り除き、打ち綿を作る道具。弓形に曲げた竹に張った弦を打って綿を打つ。

綿弓

わたら-せ-たま・ふ【渡らせ給ふ】 〔動詞「わたる」の未然形＋尊敬の助動詞「す」の連用形＋尊敬の補助動詞「たまふ」〕❶一方から他方へ、いらっしゃる。お渡りあそばす。例(帝ガ)宮の御方に**わたらせたまひて**〈枕・故殿の御服のころ〉❷動詞「あり」の尊敬語。いらっしゃる。おありになる。例この宮は…御子の宮たちあまた**わたらせたまひ**候ふなる〈平家・四・若宮出家〉❸(形容詞・形容動詞の連用形、断定の助動詞「なり」の連用形、また、それに助詞「て」がついた形について、補助動詞的に用いて)～でいらっしゃる。～であそばす。例(天皇ニナラズ)三十まで宮にて**わたらせたまふ**御事をば〈平家・四・源氏揃〉 語誌 ②③は中世以降の用法。

わたらひ【渡らひ】 名 生計を立てること。世渡り。暮らしむき。例年ごろ(=この数年)**わたらひ**などもいとわろくなりて〈大和・一四八〉

わたらひ-ごころ【渡らひ心】 名 日々の生活のための心がけ。生活力。例若き時に貯へ、**渡らひ心**ある人につきて(=結婚して)〈宇津保・祭の使〉

わたら-ふ【渡らふ】 〔動詞「わたる」の未然形＋上代の反復・継続の助動詞「ふ」〕❶渡って行く。一方から他方へと移動してゆく。例雲間より**渡らふ**月の〈万葉・二・一三五〉❷生計を立てる。暮らしてゆく。例貧しくして自ら存ふことあたはぬ(=できない)者に絁・綿賜ふ〈紀・持統〉

わたり 【辺り】名❶付近。近所。例この**わたり**、海賊の恐りありと言へば、神・仏を祈る(=この付近は、海賊の出てくる危険があると言うので、神仏に祈る)〈土佐〉❷ある場所・人を漠然という。一帯。～ような人。例(a)もの騒がしげなる**わたり**かな(=なんとなく騒がしい一帯だなあ)〈源氏・葵〉例(b)すこしゆゑづきて聞こゆる**わたり**は、御耳とどめたまはぬ隈なきに(=少しでも長所があるとうわさされる人のことは、注意してお聞きにならないといった抜かりはなくて)〈源氏・末摘花〉❸ある人・場所を婉曲に表現するのに用いる。例さる心地なからむ人にひかれて、また、知足院の**わたり**にものする日(=そのようなもの思いのない人に誘われて、また、知足院とやらに出かける日)〈蜻蛉・下〉

類義 ①～③あたり(辺り) 〈奥村悦三〉

わたり 【渡り】名〔動詞「わたる」の名詞形〕❶一方から他方へとわたること。移動・移転。また、訪問。例(a)いみじう風の吹く日に、宇治の**渡り**をするに(=ひどく風の吹く日に、宇治川の川渡りをすると)〈更級〉例(b)ただいまの御**わたり**こそ…感涙おさへがたう候へ(=このたびの御訪問こそは…感激の涙をおさえにくくございます)〈平家・七・忠度都落〉❷川をわたる場所。渡し場。「渡し」とも。例天流と名づけたる**渡り**あり〈東関紀行〉❸海峡。例走水の海を渡りまししし時に、その**渡り**の神波を興し、船を廻して(=走水の海をお渡りになったときに、その海峡の神が波を立て、船を回して)〈記・中・景行〉❹外国から渡来すること。舶来。例貝桶に**渡り**の緞子蓋無用に候ふ(=貝合わせの貝を入れる桶に舶来の絹織物の覆いは不必要です)〈西鶴・万の文反古・二・一〉❺「渡り者」に同じ。例**わたり**相手に狼藉千万〈西鶴・西鶴大矢数・三〉 〈品田悦一〉

わたり-あ・ふ【渡り合ふ】 動(ハ四)❶相手になって戦う。応戦する。切りあう。例小太刀を抜いて**渡り合ひ**〈謡曲・熊坂〉❷応待する。例門を閉ぢてさらに**渡りあはず**〈西鶴・男色大鑑・二・五〉

わたり-がは【渡り川】 名 三途の川。例泣く涙雨と降らなむ**渡り川**水まさりなば帰り来るがに〈古今・哀傷〉→名歌255

わたり-せ【渡り瀬】 名「わたりぜ」とも。川の、歩いて渡れる浅瀬。例立山の雪し消らしも(=消えているらしいな)延槻(=地名)の川の**渡り瀬**鐙漬かすも(=馬の鐙まで水に浸ったよ)〈万葉・一七・四〇二四〉

読解 馬で川を渡ったら、意外に深かった。きっと雪どけで水かさが増したのだろう、という。

わたり-で【渡りで】 名〔「で」は接尾語〕川を渡るのに適当な場所。例天の川去年の**渡りで**移ろへば〈万葉・一〇・二〇一八〉

わたり-もの【渡り物・渡り者】 名❶【渡り物】㋐先祖伝来の物。代々受け継いできた物。例代々の**渡り**物にて〈大鏡・三条院〉㋑祭礼で練り歩く行列や山車。例その日、**渡り物**ありとて賑はひけり〈噺本・軽口あられ酒・五・一〉㋒外国から渡来した物。例下着上着も**渡り物**〈近松・博多小女郎波枕・上〉❷【渡り者】諸所を渡り歩き、主人を替えて仕える人。渡り奉公をする人。例唐の風俗は日本と違うて、天子が**渡り**者も同然にて〈談義本・風流志道軒伝・五〉

わたり-もり【渡り守】 名「わたしもり」に同じ。

わた・る【渡る】 ■動(ラ四)❶移動する。㋐一方から他方へ渡る。例夜なかばかりに船を出だして、阿波の水門を**渡る**(=夜中ほどに船を出発させて、鳴門海峡を渡る)〈土佐〉㋑離れた場所へ行く・来る。例親の家に、この夜さりなむ**渡りぬる**(=親の家に、ついさっき夜分になってから出かけた)〈源氏・帚木〉㋒ある地点を通って行く。例ある御達の局の前を**渡りける**に(=ある位の高い女房の部屋の前を通って行ったときに)〈伊勢・三一〉㋓品物や権利などが伝わる。❷時がたつ。年月を過ごす。例(a)(自分ノ飼ッテイル鷹ハ天下一品ト)心には 思ひ誇りて 笑まひつつ **渡る**間に(=心では思って誇りにしてほほえみながら年月を過ごす間に)〈万葉・一七・四〇一一〉例(b)学問して因果の理をも知り、説経などして世**渡る**たづきともせよ(=

勉強をして原因と結果の道理を知り、経文(きょうもん)を説きなどして生活する手段にもしろ〈徒然・一八八〉
❸広く及ぶ。通じる。例この戒め、万事にわたるべし(=この訓戒は、すべての事に通じるはずだ)〈徒然・九三〉
❹「あり」の尊敬語。(多く「わたりたまふ」「わたらせたまふ」の形で)いらっしゃる。例主上ことなる御つつがもわたらせたまはぬを(=帝は特にご病気もおありにならないのに)〈平家・四・厳島御幸〉
2補動(ラ四)❶(動詞の連用形について)動作が時間的・空間的に広く及ぶことを表す。㋐〜し続ける。例逢はずて恋ひ渡るかも(=逢わないで恋い続けることだ)〈万葉・一二・二九二三〉
㋑一面に〜する。例はるかに霞(かすみ)わたりて、四方(よも)の梢(こずゑ)そこはかとなうけぶりわたれるほど(=遠くまで一面に霞んで、周囲の木の枝先ははっきりとせず一帯におぼろになっているぐらい)〈源氏・若紫〉
❷(形容詞・形容動詞の連用形、断定の助動詞の連用形について)尊敬の意を表す。多く「わたりたまふ」「わたらせたまふ」の形で用い、接続助詞「て」がはさまることもある。〜でいらっしゃる。例あれは女院(にょういん)にてわたらせたまふぞ(=あれは女院でいらっしゃるぞ)〈平家・一一・能登殿最期〉
語誌 一方から他方へと一定の経路を通って移動する、が原義(1①㋐)。到着点や通過点を主にしていう場合にも、かなりの距離を移動する感じがある。長い時を経る、物事が広く及ぶといった用法も、そこから派生したもの。〈品田悦一〉

わ-ちがひ【輪違ひ】(チガイ) 名「わちがへ」とも。❶複数の輪を互いに打ち違えて重ねた形。また、その模様。例(敵陣ニ)喚(おめ)いて駆け入り、電光の激するがごとく、蜘蛛手(くもで)(=蜘蛛が足を八方に広げているような形)・**輪違ひ**に、七、八度がほどぞ当たりける〈太平記・一〇〉❷紋所の名。①を図案化したもの。例将軍の御旗(はた)下(もと)に**輪違ひ**の旗打ち立て〈太平記・二六〉

輪違ひ②

わづか【僅か・纔か】(ワズカ) 形動(ナリ)❶ほんの少しだ。ごく一部分だ。例十九日の月、山の端(は)より**わづかに**見ゆ〈宇津保・国譲中〉❷(副詞的に用いて)ようやく。やっと。例**わづかに**、歩みなどしたまふほどなり〈源氏・横笛〉❸貧弱だ。例**わづかの**請け酒(=小売酒屋)商ひしが〈浮世草子・好色万金丹・一・三〉

わづき(ワズキ) 名 語義未詳。区別、の意か。一説に、「たどき」に同じとも。例霞(かすみ)立つ 長き春日の 暮れにける **わづき**も知らず〈万葉・一・五〉

わっさり 副(多く「わっさりと」の形で)物事にこだわらないさま。あっさり。さっぱり。例**わっさりと**仰せ付けらるるによって〈虎寛本狂言・粟田口〉

わっち 代〘近世語〙(「わたし」の変化した形)自称の人称代名詞。おれ。わたし。足軽などが用いたが、のちには町家の女性や遊女も用いた。例**わっち**も先度から田舎へいって居やした〈噺本・聞上手〉

わっぱ【童】(「わらは」の変化した形)1名 年少の人や子どもを、親しみや軽侮の情をこめていう語。おまえ。例あの**わっぱ**めを弟(おとと)とおぼしめされ〈曾我・八〉2代 自称の人称代名詞。男性が自分を謙遜(けんそん)していう。わたくし。わたくしめ。例**わっぱ**が科(とが)(=罪)も逃るべし〈幸若・烏帽子折〉

わっぱ 副(多く「わっぱと」の形で)大声でわめきたてるさま。わあわあと。例このめでたい市の初めに、何事を**わっぱ**と言ふぞ〈狂言・鍋八撥〉

わづらは・し

(ワズラワシ) 形(シク) 動詞「わづらふ」の形容詞化。めんどうで、いやだと思う気持ちを表す。

❶やっかいだ。いやだ。いとわしい。例(光源氏ガ)御心にまかせてうち遊びておはするを、世の中には、**わづらはしき**ことどもやうやう言ひ出づる人々あるべし(=御心のままに遊び暮らしていらっしゃるのを、世間では、やっかいなことをしだいに言い出す人々がいるようだ)〈源氏・賢木〉読解 遊興にふけることへの非難は、言われる光源氏の立場からするとやっかいなことである。

❷はばかられる。気遣いされる。気詰まりだ。例ⓐ斎宮の御浄(きよ)まはりも**わづらはしく**や(=斎宮の御潔斎もはばかられるだろうか)〈源氏・葵〉例ⓑかくおほかたの世につけてさへ**わづらはしう**(音便形)、思し乱るることのみまされば(=このような世の中の動きにつけてさえ気詰まりで、思い悩みなさることだけが増していくので)〈源氏・花散里〉

❸複雑だ。繁雑だ。例**わづらはしき**神宝(かむだから)さまざまにところせげなりしを(=繁雑なまでの神への奉納品があれこれと仰々しいさまだったが)〈源氏・若菜下〉

❹病気だ。例さまざまにつくろひけれど、**わづらはし**くなりて(=いろいろと治療したけれども、病気になって)〈徒然・四二〉

類義 ①〜③むつかし・うるさし

語誌 簡単には解決できない事態や、気を遣わなければならない人・場所、複雑な事柄など、いろいろな場面におけるめんどうだと思う気持ちを表す。③は、こちらにめんどうだと思わせる相手の様子である。④に用いられるのはまれ。〈池田節子〉

わづらひ【煩ひ】(ワズライ) 名❶苦労。迷惑。心配なこと。めんどうなこと。例世の**煩ひ**あるまじくとはぶかせたまへど(=質素になさるが)〈源氏・若菜下〉❷病気。病苦。例人間の身は**煩ひ**あるものと、老い先の事あんじける(=心配した)〈西鶴・日本永代蔵・六・三〉

わづら・ふ

【煩ふ】(ワズラウ・ワズロウ) 1動(ハ四)❶思うにまかせず苦しむ。気にやむ。悩む。例かにかくに 思ひ**煩ひ** 音(ね)のみし泣かゆ(=あれこれと思い悩み、声を上げてただ泣けてくる)〈万葉・五・八九七〉

❷難儀する。苦労する。例こぎのぼるに、河の水干て、悩み**わづらふ**(=舟を進めて上るうちに、川の水が少なくなって、苦しみ難儀する)〈土佐〉

❸病気になる。病気で苦しむ。例男、**わづらひ**て心地死ぬべくおぼえければ(=男は、病気になって死んでしまいそうに思われたので)〈伊勢・一二五〉

2補動(ハ四)(動詞の連用形について)〜しかねる。

例よろづに言ひ**わづらひ**(＝あれこれ言いながらも説得しかねて)〈源氏・蓬生〉

類義▶ ①①③なやむ

わ‐どの【和殿・我殿】 代〔「わ」は接頭語〕「わとの」とも。対称の人称代名詞。同輩や目下の人を、親しみをこめていう。あなた。おまえ。例**わどの**をさぐる(＝見下げる)にはあらず〈平家・七・実盛〉

わな【罠】 名 ❶鳥や獣を捕らえる仕掛け。わな。❷巻物などの紐を、端で輪状にしてまとめたもの。例経文などの紐を結ふに…二筋の中より**わな**の頭を横さまに引き出だす事は、常の事なり(＝普通に見られることである)〈徒然・二〇八〉

わなな・く

【戦慄く】 動(カ四) 整然とした形にならず、細かく揺れ動く意。

❶恐れや寒さ・病気などで、**体がぶるぶると震える。震え動く。戦慄する。** 例殺さむとせし時に、手足**わななき**て、え殺したまはざりき(＝殺そうとしたときに、手足が震えて、殺すことができにならなかった)〈記・中・神武〉 読解「え〜ざり(ず)」は不可能の意を表す。

❷**声や楽器の音などが、細かく震える。** 例ただ泣きに泣きて、御声の**わななく**も(＝ひたすら泣くばかりで、御声が細かく震えるのも)〈源氏・行幸〉

❸**ざわざわと乱れ動く。ざわめく。** 例(人々ガ)物見むと**わななき**騒ぎ笑ふこと限りなし(＝見物しようとざわめき騒ぎ笑うことが、はなはだしい)〈落窪・二〉

❹**髪の毛などが縮れる。** また、**筆跡がくねくねと乱れる。** 例髪なども我がにはあらねばにや、所々**わななき**ちりぼひて(＝髪なども自分のではないからか、所々が縮れ乱れて)〈枕・かへる年の二月二十日よ日〉 読解添え髪(かもじ)をしている。

語誌 恐れのために体が震える・戦慄する意が原義で、上代の用例はすべてこの意。その他の用法は平安時代に入ってから派生したとみられる。なお、「わななく」の母音交替形の語に「**をののく**」があるが、そちらはもっぱら恐れ震える意に用いられた。〈高桑枝実子〉

わに‐ぐち【鰐口】 名 ❶きわめて危険な場所・場合。例急ぎのがるる**鰐口**や〈近松・心中重井筒・下〉 ❷世間の恐ろしいうわさ。例世の**鰐口**に乗るばかり〈近松・心中天の網島・上〉 ❸「こんく(金鼓)①」に同じ。例清水(＝清水寺)へ参りつつ、**鰐口**てうど(＝はっしと)打ち鳴らし〈仮名草子・竹斎・上〉 語誌 ①②は鰐の口の恐ろしさから、③は鰐の口の形状からいう。

わぬ【吾・我】 代『上代語』「われ」の東国方言。わたし。例うべ児なは(＝無理もない、あの娘が)**わぬ**に恋ふなも〈万葉・一四・三四七六〉

わ‐ぬし【吾主・和主】 代〔「わ」は接頭語〕対称の人称代名詞。対等の相手や目下の人に用いる。あなた。おまえ。例**わぬし**は情けなや〈梁塵秘抄・四句神歌〉

わび

【侘び】 名 ❶**わびしく思うこと。気落ちすること。心細くつらいこと。** 例(a)今は我は**わび**そしにける息の緒に思ひし君をゆるさく思へば(＝今となっては私は気落ちするばかりだ。命がけで愛したあなたを手放すと思うと)〈万葉・四・六四四〉例(b)道中の風流、虱の**侘び**〈芭蕉書簡・元禄四年五月十日意専宛〉

❷**わび住まい。また、その趣。** 例我その句を識りてその心を見ず。その**侘び**をはかりてその楽しびをしらず(＝私はその句を知っていてもその趣がわからない。そのわび住まいを想像してもその楽しみがわからない)〈芭蕉真蹟懐紙〉 読解唐の杜甫の詩について述べる一節。

❸**茶道や俳諧などで理想とする簡素な味わい。閑寂の境地。** 例休・紹(＝千利休・武野紹鷗)二子の**侘び**を次ぎて、しかもその矩を見ず(＝法式にとらわれない)〈芭蕉・洒落堂記〉

❹過ちをわびること。謝罪。例**詫び**致すほどに、このままに勘弁致してはくれまいか〈歌舞伎・東海道四谷怪談・初日序幕〉

語誌▼「**わび**」の美 ③は、最小限の簡素な生活をすることで精神の自由を得、日常卑近なものの中にある素朴で閑寂な趣を見いだそうとする美的理念。西行や宗祇らの和歌・連歌に見られ、紹鷗・利休らの侘び茶を経て芭蕉によって大成された。〈松原秀江〉

わび‐うた【侘び歌】 名 思い煩う苦しい心をつれない相手に訴える歌。例**わび歌**など書きておこすれども(＝よこすけれども)、かひなしと思へど〈竹取〉

わび‐こと【侘び言・詫び言】 名「わびごと」とも。❶【侘び言】気落ちして言う言葉。また、つれない人に対して思い悩んで訴える言葉。愚痴。恨み言。例さまざまなる人々の御**わび言**も多かり〈源氏・藤袴〉 ❷【詫び言】㋐辞退の言葉。断り。例歌などを詠うだ事はござらぬ…御**わび言**を申し上げまする〈虎寛本狂言・三人夫〉 ㋑謝罪の言葉。例正直の首を下げて**詫び言**して〈西鶴・日本永代蔵・三・四〉

わび‐ごゑ【侘び声】 ゴエ 名 つらそうに発する悲しげな声。思いわびて力のない声。例暁は鳴くゆふつけ(＝鶏)の**侘び声**に〈大和・一二九〉

わび・し

【侘びし】 形(シク) 動詞「わぶ」の形容詞形。物事が思いどおりにならないときの心情を表す。ほぼ現代語の「つらい」に相当する。

❶**つらい。やりきれない。せつない。** 例(a)いとわりなくて見たてまつるほどさへ、現とはおぼえぬぞ**わびしき**や(＝まったく分別がなくてお逢いしている間までも、現実とは思われないのがせつないことよ)〈源氏・若紫〉 読解藤壺の宮との許されぬ逢瀬に苦しむ光源氏の心情。例(b)足の裏動かれず**わびしけれ**ば、せん方なくて休みたまふ(＝足の裏が動くことができないほどつらいので、しかたなくてお休みになる)〈源氏・玉鬘〉 読解徒歩で長谷寺に参詣しようとしたが、足にまめができて一歩も動けなくなってしまう。

❷**気落ちする感じだ。がっかりだ。** 例人のもとにわざときよげに書きてやりつる文の…「おはしまさざりけり」もしは「御物忌みとて取り入れず」と言ひて持て帰りたる、いと**わびしく**すさまじ(＝人のもとに特にきちんと整えて書いて送った手紙が…「おいでになりませ

わ

んでした」もしくは「御物忌みだといって受け取りません」と言って持って帰ってきた、それはたいへんがっかりで興ざめだ)〈枕・すさまじきもの〉 ❸**当惑する気持ちだ。困ったことだ。** 例女は、なほいと艶に恨みかくるを、**わびし**と思ひ歩きたまふ(＝女はやはりとてもなまめかしく恨み言を言うので、困ったことだと思い続けなさる)〈源氏・紅葉賀〉 読解「思ひ歩きたまふ」の「歩く」は、〜し続ける、の意。 ❹**寂しく心細い。もの悲しい。** 例影見れば波の底なるひさかたの(枕詞)空漕ぎ渡るわれぞ**わびしき**〈土佐〉 読解「影」は水底に映る月。海底に広がるもう一つの天空を見つめながら漕いでいくと、もの寂しさが胸に満ちてくるという歌。 ❺**興ざめだ。つまらない。** 例童べの名は、例のやうなるは**わびし**とて、虫の名をなむつけたまひたりける(＝子どもの召使の名前は、平凡なものではつまらないといって、虫の名前をおつけになっていた)〈堤中納言・虫めづる姫君〉 ❻**貧しい。みすぼらしい。** 例身の**侘しければ**盗みをもし(＝自身が貧乏であるので盗みをもし)〈今昔・二五・一一〉

語誌▼「さびし」と「わびし」 類義語「さびし」は、もともとの生気や活気が衰えて荒れすさんだ気持ち。この「わびし」は、ままならぬ状況に窮したつらい気持ちをいうのが基本。 〈今井久代〉

わびし-げ【侘びしげ】 形動(ナリ)〔「げ」は接尾語〕 ❶みすぼらしい様子だ。貧しそうだ。 例あさましげなる犬の**わびしげなる**が〈枕・うへにさぶらふ御猫は〉 ❷心細そうだ。つらそうだ。 例**侘びしげなる**音をもっていはく〈今昔・二五・一一〉

わびし・む【侘びしむ】 動(マ下二) ❶わびしく思わせる。寂しく思わせる。 例寝覚めする(＝眠れない)人の心を**侘びしめて**時雨るる音は悲しかりけり〈山家集・上〉 ❷困らせる。 例これ、ことごとく人を**わびしめたる**報ひとや定めんとする〈発心集・三・七〉

わ-ひと【吾人・和人】 代〔「わ」は接頭語〕対称の人称代名詞。目下の人に用いる。おまえ。 例さて**わ人**どもは、砥波山のいくさにおひおとされ(＝追い払われ)〈平家・二・嗣信最期〉

わび-びと【侘び人】 名「わびひと」とも。 ❶失意の人。悲しみに沈む人。 例**わび人**は憂き世の中に生けらじ(＝生きていたくない)と思ふ事さへ叶はざりけり〈拾遺・雑上〉 ❷貧しい人。 例**侘び人**の、粮少し申さむがために(＝もらおうと思って)〈今昔・二八・一五〉

わ・ぶ

【侘ぶ】 動(バ上二) ままならない状況に追いつめられて悩み苦しむ、つらいと嘆く意。

❶**気力を失う。気落ちする。悲観する。** 例山高み人もすさめぬ桜花いたくな**わびそ**我見はやさむ(＝山が高いのでだれも気にとめない桜花よ、ひどく悲観しないでくれ、私が見て賞美しよう)〈古今・春上〉 読解「な〜そ」は柔らかい禁止の意を表す。 ❷**困惑する。困りきる。** 例「にはかに(＝急なことだ)」と**わぶれ**ど〈源氏・帚木〉 ❸**思い悩む。心細く思う。せつなく思う。** 例わくらばに問ふ人あらば須磨の浦に藻塩たれつつ**わぶ**と答へよ〈古今・雑下〉➡名歌430 ❹**落ちぶれる。貧困に苦しむ。** 例時を失ひ、世に**わび**(＝勢力が衰え、たいそう落ちぶれて)〈古今・仮名序〉 ❺**世俗を離れて閑雅な生活を楽しむ。** 例この須磨の浦に、心あらん人はわざとも(＝わざわざでも)**わびて**こそ住むべけれ〈謡曲・松風〉 読解「心あらん人」とは風雅な情趣を解することのできるような人。 ❻**困りぬいて嘆願する。許しを請う。わびる。** 例「ただ許したまはらん」と**わびければ**(＝「切にお許しいただきたい」とわびたので)〈宇治拾遺・一・三六〉 ❼(他の動詞の連用形について)**〜しかねる。〜しにくい。** 例慰め**わびて**、乳母も泣きあへり(＝慰めかねて、乳母もいっしょに泣いている)〈源氏・若紫〉

語誌▼行き詰まって思うようにならない状況を思いわずらったり愁訴したりするというのが原義。たとえば恋の歌によく用いられるのは、恋の多くはままならないものととらえられるからである。 ▼古くは、失意・落胆・困窮・孤独感などの望ましくない状態を嘆く意に用いたが、中世になると逆に、そこに肯定的な価値を見いだす。すなわち、閑雅・枯淡の美を享受することの意味となり、茶道や俳諧の「わび」の理念にまで高めるようになる。 ▼現代語の「わびる」は、困った状況を訴えるところから、許しを請う意に固定したもの。 〈今井久代〉

わ・ぶ・る【侘ぶる】 動(ラ下二) つらく思う。気落ちする。 例思ひ**わぶれ**て寝る夜しそ多き〈万葉・一五・三七五九〉

わ-みこと【吾尊・我尊】 代〔「わ」は接頭語〕対称の人称代名詞。対等またはそれ以下の相手を呼ぶ語。おまえ。きみ。 例この立てる杉の木は**吾尊**の目には見ゆや(＝見えるか)〈今昔・二七・三七〉

倭名類聚抄・和名類聚抄(ワミヨウルイジユシヨウ) 《作品名》「わみゃうるいじゅうせう」とも。平安中期の辞書。一〇巻、または二〇巻。源順編。承平年間(九三一〜九三八)に成立。漢字・熟語を意味別に分類し、音訓・意味を記したもの。略称『和名抄』。

わ-よ【和与】 名 動(サ変) 和解すること。和睦。 例和与して命は生きたれども〈源平盛衰記・三七〉

わら-うだ【藁蓋・円座】(ワロ―) 名「わらふだ」の変化した形。 例**わらうだ**の大きさして、さし出でたる(＝突き出ている)石あり〈伊勢・八七〉

わら-うづ【藁沓】(ワラウズ・ワロウズ) 名〔「わらぐつ」の変化した形〕藁を編んで作った履物。 例御**わらうづ**といふ物はかせたまひながら〈栄花・楚王の夢〉

わら-ぐつ【藁沓】 名「わらうづ」に同じ。 例紫の指貫を着て、**藁沓**を履きて〈今昔・一六・二〇〉

わら-しべ【藁稭】 名「わらすべ」とも。稲の穂の芯。 例下向する路に**わらしべ**のあるを〈雑談集・五・一〉

わら-すぢ【藁筋】(―スジ) 名「わらしべ」に同じ。 例**藁筋**一つが、大きなる柑子(＝みかんの一種)三つになりぬる事と思ひて〈今昔・一六・二八〉

わら-ぢ【草鞋】(―ジ) 名 藁を編んで作る、草履に似た履き物。長い緒を足首に巻きつけて履く。わらじ。 例紺の染め緒つけたる**草鞋**二足餞す〈芭蕉・奥の細道〉 語誌「わらぐつ」が「わらうづ」「わらんづ」「わらんぢ」「わらぢ」と変化して成立した語。

わらは

【童】ワラワ 名 狭義には、髪を肩のあたりでそろえ、頭上中央で左右に分けた振り分け髪の男女児をいうが、広義には、成人前の年ごろの男女児をいう。

❶**成人儀式前の小児。幼児。童児。** 例(a)ある人の子の童なる、ひそかに言ふ(=ある人の子でまだ幼児である者が、こっそりと言う)〈土佐〉例(b)すべてさしいでは、**わらは**も大人もいとにくし(=総じてでしゃばりは、子どもも大人もたいへんいやだ)〈枕・にくきもの〉 ❷**髪を束ねないで肩のあたりで切りそろえた髪型。** 子どもの髪型。例か黒し髪を…解き乱り 童になしみ(=真っ黒な髪を…解き乱して子どもの髪型にしてみたりして)〈万葉・一六・三七九一〉 ❸**寺や貴族の屋敷に仕える身分の低い召使い。** 少年だけでなく、成人しても髻を結わず垂れ髪を後ろでくくった人をもいう。例(a)しかしてのち、小子、元興寺の**童子**となる(=そののち、幼児は、元興寺の召使いの少年となる)〈霊異記・上・三〉例(b)乗円律師が**わらは**、鶴丸とて生年十八歳になるが(=乗円律師の召し使う子どもで、鶴丸といって十八歳になる者が)〈平家・二・一行阿闍梨之沙汰〉 ❹五節の舞姫につき従う童女。⇩ごせちのわらは。例御覧の日の**童**の心地どもは、おろかならざるものを(=並たいていではないのに)〈紫式部日記〉読解「御覧」は「童御覧」で、この童女たちを清涼殿に召して天皇が見る儀式。童女たちの緊張は並たいていではないとする。

語誌 本来、成人前の小児の称(①)であったが、中世になると、成人しても髻を結わずにいる人(③)を一人前の人とは見なさず「童」と称した(「牛飼ひ童」など)。それは、年齢や髪型を基準とした呼称から、身分的な区別の呼称への変化であるが、『万葉集』にも従者などに呼びかけた「童ども」の例があり、古くからこういう意味合いを含んでいたものかもしれない。なお、③の少年は「**ちご**(稚児)」とも呼ばれる。〈米山敬子〉

わらは【妾】ワラワ 代(「童」の意から)自称の人称代名詞。女性が自分を謙遜していう。わたくし。わたくしめ。例さらずは**わらは**に暇をたべ(=さもなければ、わたくしめにお暇を下さい)〈平家・一・祇王〉

わらは-あそび【童遊び】ワラワ 名 子どもの遊び。例昔の御**童遊び**のなごりをだに(=記憶さえも)思ひ出でたまはず〈源氏・横笛〉

わらは-おひ【童生ひ】ワラワオイ 名 子どものころの成長の様子。生い立ち。例仲忠が**童生ひ**のあやしさ(=卑しさ)を〈枕・かへる年の二月二十日よ日〉

わらは・ぐ【童ぐ】ワラワグ 動(ガ下二)子どもらしくふるまう。子どもっぽい様子をする。例(女ノ童ノ)小ささは、**童げ**てよろこび走るに〈源氏・朝顔〉

わらは-ごこち【童心地】ワラワ 名 子どもらしい気持ち。子ども心。例**童心地**にいとめでたくうれしと思ふ〈源氏・帚木〉

わらは-ごと【童言】ワラワ 名 子どもらしい言葉。子どもっぽい言い方。例いまさらに**童言**する老人にして〈万葉・二・二五八二〉

わらは-ごらん【童御覧・童女御覧】ワラワ 名 五節の行事の一つ。陰暦十一月中の卯の日(五節の三日目)に、五節の舞姫につき従う童女を清涼殿に召して天皇が見る儀式。

わらは-てんじゃう【童殿上】ワラワテンジョウ 名 貴族の子弟が昇殿を許され、宮中の作法見習いのために殿上に上がって奉仕すること。その子弟を「殿上童」「上童」といい、蔵人所に属する。例大将殿の君たち、**童殿上**したまひて参りたまへり〈源氏・幻〉

わらは-な【童名】ワラワ 名 元服以前の名前。幼名。例まふくた丸は智光が**童名**なり〈古本説話集・下・六〇〉

わらは-べ【童部】ワラワ 名「わらべ」「わらんべ」とも。❶子ども。子どもたち。例**わらはべ**の踏みあけたるついひぢ(=土塀)の崩れより通ひけり〈伊勢・五〉 ❷子どもの召使。童形のままの奉公人にもいう。例簀の子などに若き**童べ**所どころに臥して、今ぞ起き騒ぐ〈源氏・須磨〉 ❸まだ幼い妻。また、自分の妻をへりくだっていう語。例かの大将の九つにあたる娘は、頼明が**童部**にてなむはべる〈宇津保・嵯峨院〉

わらは-まひ【童舞】ワラワマイ 名 ❶子どもの舞う舞。稚児舞。特に、法会や神事などでの舞。例醍醐の桜会に、**童舞**おもしろき年ありけり〈著聞集・五・一九八〉 ❷五節の童の舞。例**童舞**の夜はいとをかし〈枕・内裏は、五節の頃こそ〉

わらは-め【童女】ワラワ 名 女の子。少女。例**童女**に問ひて曰はく〈紀・崇神〉

わらは-やみ【瘧】ワラワ 名 病の名。マラリアに似た熱病。「おこり」とも。例**瘧病**にわづらひたまひて〈源氏・若紫〉

わらび【蕨】名 植物の名。シダ類の多年草。山野に自生し、早春、にぎりこぶし状に巻いた新芽を出す。芽を出したばかりの早蕨は食用になる。根からはデンプンをとる。例**蕨**・つくづくし(=ツクシ)、をかしき籠に入れて〈源氏・早蕨〉

わら・ふ

【笑ふ・咲ふ・嗤ふ】ワラウ・ワロウ 動(ハ四)❶**喜んだりおもしろがったりして声を立てる。声を立てて笑う。にこにこする。** 例姫君見て、いみじく笑ひたまふ(=姫君は見て、ひどくお笑いになる)〈源氏・末摘花〉読解 光源氏が、自分の鼻の先に紅をつけて紫の上に見せた。 ❷(比喩的に)**つぼみが開く。**また、果実が熟しきって割れる。例腹筋をよりてや笑ふ糸ざくら〈俳諧・綾錦〉読解「腹筋をよる」は、腹の皮がよじれる、の意。 ❸**あざ笑う。嘲笑する。**例方弘は、いみじう人に**わらはるる**ものかな(=方弘は、ひどく人に嘲笑されるものであるよ)〈枕・方弘は、いみじう人に〉読解 風変わりなふるまいを示す源方弘の言動を記した段の冒頭。

語誌 ▼「**わらふ**」と「**ゑむ**」 「わらふ」は声を立てて笑う意、類義語「**ゑむ**」は口元をにっこりさせる意であるが、その区別は厳密ではない。また、「ゑむ」には③の意はない。〈鈴木宏子〉

わら-ふだ【藁蓋・円座】ワロウダ 名「わらうだ」とも。藁・菅・藺・蒲などの茎や葉を渦巻き状に平らに編んだ、円形の敷物。例**わらふだ**ばかりさし出でたれど

〈枕・雪のいと高うはあらで〉類義ゑんざ

わら‐べ【童】 名〔「わらんべ」の撥音の表記されない形〕「わらはべ」に同じ。

わら‐らか 形動（ナリ）〔「わらふ（笑ふ）」と同根。「らか」は接尾語〕にこやかなさま。明朗快活だ。「わららか」とも。例人ざまの**わららかに**け近くものしたまへば（＝親しみやすくいらっしゃるので）〈源氏・蛍〉

わらわ【妾・童】 ⇩わらは

わらわやみ【瘧】 ⇩わらはやみ

わら‐わら 副❶破れ乱れたさま。ちりぢり。ばらばら。例紙衣の汚きが**わらわら**と破れたるが上に〈延慶本平家・六末〉❷「わららか」に同じ。

わら‐んぢ【草鞋】 名「わらぢ」に同じ。例幾度**わらんぢ**の緒をしめて、隙入りけるに（＝手間どっていると）〈西鶴・武道伝来記・八・一〉

わら‐ん‐べ【童部】 名「わらはべ」の変化した形。例煙に迷へる女・**わらんべ**ども、追っ立てられて〈太平記・一〇〉

わり‐ご【破子・破籠】 名檜の薄い白木で作った折り箱のような容器。中にしきりがあり、ふたがついていて、食物を入れる。また、それに入れた食物のこと。例集めたる鬚籠ども、**破子**など、奉れたまへり（＝差し上げなさっている）〈源氏・初音〉

わり‐な・し

形（ク）「わり」は「理」の意。あるべき筋道からはずれてどうしようもないさま。

❶道理に合わない。筋道が立たない。無理だ。むちゃくちゃだ。例(a)心をぞ**わりなき**物と思ひぬる見るものからや恋しかるべき（＝心を道理に合わないものと思い知った。こうして逢っているのに、恋しいことがあろうか）〈古今・恋四〉読解「見るものからや」の「や」は反語の意を表す。逢っていても恋しい、という気持ち。例(b)〔貝覆イノ遊ビデ〕よくおほふ人は、よそまで**わりなく**取るとは見えずして（＝上手に覆う人は、ほかの場所まで無理に取るとは見えないで）〈徒然・一七一〉

❷やむを得ない。仕方がない。例〔餞別ガ〕路次の煩ひとなれるこそ**わりなけれ**（＝道中の苦労となっていることはやむを得ない）〈芭蕉・奥の細道〉

❸どうしようもなくつらい。耐えがたい。困る。例一昨日より腹を病みて、いと**わりなければ**（＝たいそうつらいので）〈源氏・空蝉〉

❹その程度がはなはだしい。例もの怖ぢをなん、**わりなく**せさせたまふ本性にて（＝何かをこわがるということを、むやみになさる性格で）〈源氏・夕顔〉

❺格別にすぐれている。とてもすばらしい。例みめかたち・心ざま、優に**わりなき**者で候ふ（＝容姿や性質が、優雅で格別にすぐれている者でございます）〈平家・一〇・千手前〉

一語誌▼**語義の広がり** ①が原義。通常の道理からはずれている意から、どうにも打開しようのない状況に際して困惑し、つらく思う意(②③)になり、さらに物事の程度が通常の範囲を超えてはなはだしいという意(④)にも用いる。⑤は、④をよい意味に用いるようになったもので、中世以降の用法。▼**「わりなし」と「あやなし」** 「わりなし」が自分の理性では判断・処理できないさまをいうのに対して、①の類義語「あやなし」は対象の側がはっきりしないさまをいう。〈鈴木宏子〉

わり‐ふ【割り符】 名「わっぷ」とも。❶木片や竹片に文字などを記して、二分して別々に所有し、後日合わせて証拠とするもの。例六十余州ことごとく**符**を合はせたるごとく、同時に軍起こって〈太平記・二〉❷一般に、のちの証拠となるもの。例〔コノ刀ハ〕さては**割り符**に遣はされしか〈浄瑠璃・鎌倉三代記・七〉

わり‐もの【割り物】 名そろばんで、二桁以上の割り算を用いる複雑な計算。例算用はむつかしき**割り物**も埒をあけ（＝こなして）〈西鶴・西鶴織留・一・四〉

わ・る

【割る・破る】 1動（ラ四）❶壊す。砕く。例岩戸**割る**手力もがも（＝岩の戸を壊す腕力が欲しいものだ）〈万葉・三・四一九〉

❷分ける。分割する。例〔新都福原ノ造営デ〕九条の地を**わられ**けるに…五条より下はなかりけり（＝九条の地割りをなさったところ…五条より下はなかった）〈平家・五・都遷〉

❸押し分けて入る。割って入る。例「寄りあへや、組まむ」とて、真ん中に**わっ**（音便形）て入り（＝「近寄ってこい、組み討ちをしよう」と言って敵中に押し分けて入り）〈平治・中〉

2動（ラ下二）❶割れる。壊れる。例大海の磯もとどろに寄する波**割れ**て砕けてさけて散るかも〈金槐集・下〉↓名歌102

❷分かれる。別々になる。例瀬をはやみ岩にせかるる滝川の（ここまで序詞）**われ**ても末にあはむとぞ思ふ〈詞花・恋上〉↓名歌200

❸思い乱れる。例我が胸は**割れ**て砕けて利心もなし（＝私の胸は思い乱れて悩んで正気もない）〈万葉・一一・二八九四〉

わる‐がね【悪銀・悪金】 名品質の悪い貨幣。悪貨。例**悪銀**二粒はまぜてわたしける〈西鶴・世間胸算用・三・三〉

わる‐さ【悪さ】 名〔「さ」は接尾語〕❶悪いこと。例**悪さ**する子どもを叱るに〈西鶴・日本永代蔵・四・一〉❷いたずらっ子。例これはまあまあ、お師匠様でござりますか。**悪さ**をお頼み申します〈浄瑠璃・菅原伝授手習鑑・四〉

わる・し【悪し】 形（ク）「わろし」に同じ。例宮仕へする人を、あはあはしう（＝軽率で）**わるき**ことに言ひ思ひたる男などこそ、いとにくけれ〈枕・おひさきなく〉

われ

【我】代❶自称の人称代名詞。**わたし**。古くは「わ」の形もあった。例そらみつ（枕詞）大和の国は おしなべて **我こそ**居れ しきなべて **我こそ**いませ〈万葉・一・一〉↓名歌168

❷反射指示の代名詞。**その人自身**。**自分自身**。例その親王…〔女ヲ愛シテイルノハ〕**我**のみと思ひけるを（＝自分だけだと思ったのだが）〈伊勢・四三〉

❸対称の人称代名詞。**あなた**。**そなた**。**なんじ**。**おまえ**。対等または目下の人に対していう。のちには、相

手をののしるのにも用いられた。例(a)殿には院の勘当ゆるされたまひたれば、我にも告げ申しに人遣はしたりしかば(=殿には斎院からの勘当が許されなさったので、あなたにもお知らせしようと使いをやったところ)〈今昔・二七・三三〉例(b)我に預けた金子出して見せい(=おまえに預けた金を出して見せてやれ)〈西鶴・好色一代男・五・二〉

語誌 ▼**自称の代表語**　自称の代名詞のうち最もよく用いられる語である。特に②の用法は、いろいろな語が下につき、一語化して用いられる。連語「われかひとか」「われから」、形容詞「われさかし」、名詞「われしりがほ」、動詞「われめく」など。〈米山敬子〉

われ-か【我か】〔「か」は疑問の係助詞〕❶自分のことか。例たまぼこの(枕詞)道は常にもまどはなむ人をとふとも**我か**と思はむ〈古今・恋四〉読解お通いになる道をいつも迷ってほしい。ほかの人を訪ねるのだとしても、私のことかと思うことにしよう、の意。❷「我か人とか」の略。例**我か**の心地して死ぬべく思さる(=死にそうにお思いになる)〈源氏・賢木〉

われ-かしこげに【我賢げに】自分こそ賢いものだというように。例**我賢げに**物ひきしたため(=整理し)、ちりぢりに行きあかれぬ〈徒然・三〇〉

われ-か-ひと-か【我か人か】自他の区別がつかないほど混乱して、茫然自失のさま。例心まどひて、**われか人か**にもあらで宣ふ〈宇津保・藤原の君〉

われから 名 動物の名。海藻類に付着して生活する甲殻類の一種。和歌で「我から(自分から、自分のせいで、の意)」と掛けてよく用いる。例あまの刈る藻に住む虫の**われから**と音をこそなかめ(=声を上げて泣こう)世をばうらみじ〈古今・恋五〉

われ-から

【我から】「から」は格助詞。ほかの何物でもなく、自分自身が原因である、と認識する気持ちで用いる。

自分のために。自分のせいで。和歌では、虫の名前の「割殻」と掛けて用いることも多い。例(a)海人の刈る藻に住む虫の(ここまで序詞)**我から**と音をこそ泣かめ世をば恨みじ(=漁師が刈る海藻に住む虫の割殻ではないが、自分のせいだと思って泣こう。あの人との仲を恨むまい)〈古今・恋五〉例(b)よし、これも**われから**なり(=まあよい、これも自分のせいだ)〈源氏・夕顔〉

語誌 平安時代の用例は、ほとんど例(a)の和歌をふまえた表現。例(b)は、自分は卑しい「海人の子」だからとうちとけない相手に対して、光源氏がすねてみせる言葉である。〈安随直子〉

われ-さか・し【我賢し】形(シク)自分こそがかしこいと思っているさま。利口ぶっている。例**我賢しう**(音便形)思ひしづめたまふにはあらねど〈源氏・椎本〉

われ-たけ・し【我猛し】形(ク)「われだけし」とも。偉ぶって自慢するさま。得意になって調子に乗るさま。例**われたけく**言ひそしはべるに(=言い過ぎましたところ)〈源氏・帚木〉

われ-だのみ【我頼み】名 自分自身を心頼みにすること。うぬぼれ。例あるまじき**我頼み**にて、見直したまふ後瀬(=将来逢う機会)をも思ひたまへ慰めましを〈源氏・帚木〉

われ-て【破れて】副 無理に。強いて。例男、**われて**「あはむ」といふ〈伊勢・六九〉

われ-と【我と】〔「と」は格助詞〕自分で。自分から。例**われと**御位を儲けの君(=皇太子)にゆづりたてまつり〈平家・四・厳島御幸〉

われ-どち【我どち】名〔「どち」は接尾語〕自分たちどうし。仲間。例**我どち**言ふことも、何事ならむとおぼゆ〈枕・説経の講師は〉

われ-に-も-あら-ず【我にもあらず】自分が自分でないよう。無我夢中。例女、いとわびしう(=困って)…**我にもあらぬ**心地して〈落窪・一〉

われは-がほ

【我は顔】ガオ 名 形動(ナリ)「は」は係助詞。自分こそはと思いこんでいる様子、の意。

得意顔。思い上がった様子。我が物顔。例(a)ことに深き用意なき人の、所につけて**われは顔なる**が(=特別に深い心遣いのない人で、中宮の御所だからといって得意顔である人が)〈紫式部日記〉例(b)**我は顔なる**柞原〈源氏・少女〉読解「柞」は楢や櫟の総称。ここは、きれいに紅葉したのを擬人化した表現。〈安随直子〉

われ-ぼめ【我褒め】名 自分で自分を褒めること。自慢。例見ぐるしき**我ぼめ**どもをかし〈枕・頭の弁の御もとより〉

われ-もかう【吾亦紅・吾木香・地楡】モコウ 名 ❶植物の名。バラ科の多年草。夏から秋にかけて、長い柄の先に黒みをおびた紅紫色の花を密集してつける。例おとろへゆく藤袴、ものげなき(=見映えのしない)**われもかう**などは、いとすさまじき(=殺風景な)霜枯れのころほひまで思し捨てず〈源氏・匂宮〉❷織物の模様。①の花をかたどったもの。例濃き薄き、**われもかう**の織物奉りたるも〈狭衣・三〉

われ-ら【我等・吾等】代〔「ら」は接尾語〕❶自称の人称代名詞。複数。われわれ。わたくしども。例(姫君ガ)おはせましかば、**我ら**は(西国へ)下らざらまし〈源氏・玉鬘〉❷自称の人称代名詞。単数。わたくし。例この**我ら**が中将なりしとき〈宇津保・蔵開下〉❸対称の人称代名詞。複数。対等の相手や目下の人に用いる。おまえたち。例はてさて、**われら**は役に立たぬ〈近松・姫蔵大黒柱・一〉

われら-しき【我等しき】名〔「しき」は軽くみる意を添える接尾語〕我々程度の者。我々ふぜい。例**我等しき**のやうな幅のない(=はぶりのきかない)大臣を振る事にや〈浮世草子・傾城禁短気・六・一〉

われ-われ【我我】1代❶自称の人称代名詞。複数を表す。われら。わたしたち。例**我々**は所々にてとどまる方多し〈芭蕉・奥の細道〉❷自称の人称代名詞。謙遜の気持ちをこめて用いる。わたし。例**我々**はちとよそへ参り候ふほどに、あとを頼む〈噺本・昨日は今日の物語・上〉❸対称の人称代名詞。複数を表す。おまえたち。例かかる身の果てを**我々**も外のやうには思ふまじ〈西鶴・本朝桜陰比事・二・一〉2名 めいめい。おのおの。各自。例**我々**が働きにて、わづ

かなる身代(=財産)の者ども金銀を仕出し(=稼ぎ出し)〈西鶴・世間胸算用・二・一〉

わろ【和郎】〔「わらは(童)」の変化した形か〕名 子ども。男の子ども。また、下僕。人を、ののしって、または親しみをこめて呼ぶのにも用いる。例出来た(=でかした)出来た、若い**和郎**の奇特な(=殊勝なことだ)〈近松・鑓の権三重帷子・上〉

わろ【我ろ・吾ろ】代《上代語》「われ」の東国方言。例**我ろ**旅は旅と思ほど〈万葉・二〇・四三四三〉

わろうだ【藁蓋・円座】⇩わらふだ

わろ・し

【悪し】形(ク) ❶**性質や状態がよくない。好ましくない。不都合だ。**例「宮仕へする人は、あはあはし」など、**わろき**事に思ひ言ひたる(=「宮仕えをする人は、浮ついて軽々しい」などと、好ましくない事に思ったり言ったりしている)〈能因本枕・生ひさきなく〉

❷**技術や品質などが劣っている。できがよくない。下手だ。**例年ごろは**わろく**書きけるものかな(=長年下手に書いていたものだなあ)〈宇治拾遺・三八〉

❸**容姿や外見などが見栄えがしない。見劣りがする。みっともない。**例われはこのごろ**わろき**ぞかし。盛りにならば、容貌もかぎりなくよく(=私は今は見栄えがしないことであるよ。年ごろになったらば、姿かたちもこの上なくすばらしく)〈更級〉

❹**貧しい。卑しい。下品だ。**例(a)年ごろわたらひなどもいと**わろく**なりて(=長年暮しむきもたいそう貧しくなって)〈大和・一四八〉例(b)今はさは、この人の**わろく**、うとましからんことを見て、思ひうとまばや(=今となっては、それでは、この人の下品で、いやなところを見て、嫌いになりたい)〈宇治拾遺・五〇〉

❺**食べ物が傷んでいる。**例(瓜ガ)**わろく**なりて、水ぐみたりければ(=傷んでしまって、水っぽくなっているので)〈著聞集・一八・六三三〉

語誌 ▼性質がよくない、悪質である、 の意。転じて、みっともない、他と比較して見劣りがする、相対的によくない、の意に用いられるようになった。後世、用いられることが多くなる「**わるし**(悪し)」よりは意味は広かった。

▼「よろし」と対義の関係で、平安時代には「よし」「よろし」「わろし」「あし」の順で評価が下がっていった。〈浅見和彦〉

わろ-びと【悪人】名 身分や地位の低い人。例やむごとなき車ども(=高貴な方々の車が)立ち込みぬれば、**わろ人**の車寄りつくべくもあらねば〈栄花・音楽〉

わろ-び・る【悪びる】動(ラ下二) 気後れする。わるびれる。例ちっとも色(=顔色)も変ぜず**わろびれ**たる景気(=様子)もなし〈平家・二・西光被斬〉

わろ・ぶ【悪ぶ】動(バ上二)〔「ぶ」は接尾語〕劣って見える。見苦しい様子である。例(世間ノ評判ガ衰エルト)心は心として事足らず(=経済的に苦しく)、**わろびたる**事ども出でくるわざなめれば〈源氏・帚木〉

わろ-もの【悪者】名 品性や教養の劣る人。つまらない人。技量の未熟な人。例男も女も、**わろ者**は、わづかに知れる方のことを残りなく見せ尽くさむと思へる〈源氏・帚木〉

わわ・く動(カ下二) ぼろぼろになる。破れ乱れる。例綿もなき 布肩衣の 海松のごと **わわけ**さがれる〈万葉・五・八九二〉➡名歌122

わわ・し形(シク) ❶騒がしく落ち着きがない。軽々しい。例このごろの人は、よろづ**わわしき**さまにのみ連歌の道もなり行くなり〈筑波問答・跋〉 ❷やかましい。口うるさい。例**わわしい**(音便形)女は夫を食ふといふが、そなたの事ぢゃ〈和泉流狂言・太鼓負〉

わ-をとこ【我男・和男】オトコ 代〔「わ」は接頭語〕対称の人称代名詞。男性を、親しみをこめて、または軽んじていう。あなた。おまえ。例**わ男**は、何事言はむと思ふぞ〈今昔・二九・六〉

わ-をんな【我女・和女】オンナ 代〔「わ」は接頭語〕対称の人称代名詞。女性を、親しみをこめて、または軽んじていう。きみ。おまえ。例あはれ、**わをんな**は詮なき(=無駄な)事を思ふなり〈義経記・七〉

ゐ

ゐ【井】ィ 名 ❶堰を造ったりして泉や流水などから水をくみ取れるようにした所。例むすぶ手のしづくに濁る山の**井**の(ここまで序詞)あかでも人に別れぬるかな〈古今・離別〉➡名歌361 ❷掘って、地下水をくみ上げるようにした所。井戸。例あしびなす(枕詞)栄えし君が掘りし**井**の石井の水は飲めど飽かぬかも〈万葉・七・一一二八〉

ゐ【猪・家】ィ 名 ❶動物の名。イノシシ科の哺乳動物。例赤き**猪**、この山にあり〈記・上・神代〉

❷【亥】㋐十二支の第十二番目。⇩十二支(図) ㋑㋐にあてた年・月・日の呼称。㋒方角の呼称。北北西。㋓時刻の呼称。今の午後十時ごろ、およびその前後約二時間。(一説に、その後約二時間)。例はるばるといたるほどに(=はるか遠くから帰り着くと)、**ゐ**の時になりにたり〈蜻蛉・中〉

語誌 「ゐ」という語も「猪」「家」という用字も、本来はイノシシ科の動物の総称であったとされる。飼育用のイノシシをさす「ぶた」の語が登場してから(中世以降か)は、野性のイノシシをさすことが一般的になった。「しし」は食用の獣の総称で、「ゐのしし」はその中で特に「かのしし(鹿)」と区別して呼んだものである。野生の猪は「くさゐなぎ」とも呼ばれた(『今昔物語集』巻二〇第一三話など)。ほかに猪の別称としては、歌語の「ふすゐの床」があり、『徒然草』第一四段における言及でよく知られる。〈池山晃〉

遺愛寺イアイジ 名 中国江西省九江県の廬山の北、香炉峰の麓の寺。白居易の「遺愛寺の鐘は枕

を欹てて聴き 香炉峰の雪は簾を撥げて看る」の詩句で有名。

ゐ-あか・す【居明かす】 イ 動(サ四) 眠らずに夜を明かす。例**居明かして**君をば待たむぬばたまの(枕詞)我が黒髪に霜は降るとも〈万葉・二・八九〉

ゐ-あま・る【居余る】 イ 動(ラ四) 大勢いて、その場所からあふれ出る。満員で座りきれない。例上達部・殿上人は**居余る**まで多かり〈落窪・三〉

ゐ-い・る【居入る】 イ 動(ラ四) 入りこむ。中に入って座りこむ。例(幼児ガ)常に来つつ、**ゐ入りて**調度うち散らしぬる、いとにくし〈枕・にくきもの〉

ゐ-かか・る【居掛かる】 イ 動(ラ四) 座って寄りかかる。例優なる女の、姿・にほひ(=風情)、人よりことなるが、分け入りて膝に**居かかれば**〈徒然・二三八〉

ゐ-か・く【居懸く】 イ 動(カ下二) 座るとき、衣服の一部を隣の人の衣服の上にかける。一説に、隣の人の衣服の上に座る意とも。例土佐(=人名)が居たる横座にむずと鎧の草摺りを**居懸けて**〈義経記・四〉

ゐ-かは・る【居替はる・居代はる】 イカワル 動(ラ四) 居場所をかわる。また、交替して座る。例かたみに**ゐかはりて**、羽の上の霜はらふむほどなど〈枕・鳥は〉

ゐ-き【位記】 イ 名 叙位の旨を記した文書。位によって書式が異なり、叙位の理由などを記すこともある。例**位記**、御前にて賜ふ〈宇津保・吹上下〉

ゐ-ぎ【威儀】 イ 名 威厳のある姿・動作。品位や作法が重々しくいかめしいこと。僧侶の作法などにもいう。例僧綱の中に**威儀**具足してもおはしまさで(=威厳を備えた様子でもいらっしゃらないで)〈枕・関白殿、二月二十一日に〉

ゐぎ-し【威儀師】 イギ 名『仏教語』法会や授戒のとき、儀式の進行をつかさどり、威儀を整える役をする僧。例季の御読経の**威儀師**。赤袈裟着て僧の名ども読み上げたる〈枕・えせものの所得るをり〉

ゐぎ-の-おもの【威儀の御膳】 イギ 節会などで、装飾的・儀礼的に用意する貴人の食膳。菓子・干物などを盛って供した。例さまざまに彩りて、**威儀**のおもの参る〈宇津保・吹上上〉

ゐぎ-の-みこ【威儀の親王】 イギ 天皇即位などの儀式のとき、玉座のかたわらにあって威儀を整える役をする親王。例御即位あり…**威儀の親王**、帳上げなど、例の事なり〈栄花・根合はせ〉

ゐ-ぐつ【藺履】 イ 名 藺草で編んで紙の緒をつけた、裏のない草履。法会などに用いる。例(僧タチノ身ナリハ)いみじくつきづきしくして(=似つかわしくして)、**藺履**どもを履きたり〈栄花・音楽〉

ゐ-くび【猪頸・猪首】 イ 名 ❶猪の首のように太く短い首。例雨垂れの路地は**猪首**に通り抜き〈柳多留拾遺・一〇〉 ❷兜を頭の後ろ側にずらしてかぶり、首の周囲を錣で覆うこと。首が短く見えるのでいう。例黒皮縅の鎧に、甲**猪頸**に着ないて〈平家・九・一二之懸〉

ゐ-げた【井桁】 イ 名 ❶井戸の縁を、木で井の字の形に組んだもの。例深き**井桁**を切るなるは欄井(=井桁のある井戸)の釣瓶縄〈謡曲・金札〉 ❷紋所の名。①を菱形に図案化したもの。

ゐ-げん【遺言】 イ 名 死に際して言葉を言い残すこと。また、言い残した言葉。ゆいごん。例「親類ぢゅう立ち合ひこれを改め、それぞれに相渡し申せ」との**ゐげん**〈西鶴・万の文反古・三・二〉

ゐ-こ・む【居籠む・居込む】 イ 動(マ下二) ❶ぎっしり詰めて座る。例**居こめ**たりつる人も、皆くづれ出づるほどにまぎれて〈大鏡・道長下〉 ❷ぎっしり詰めて座らせる。例いま、里より参る人々は、なかなか**居こめられず**〈紫式部日記〉 読解 新参の女房たちが邪魔者扱いされて、居場所も与えられないでいる様子。

ゐ-ごもり【居籠り】 イ 名〔「斎籠り・忌籠り」の意。「居籠り」はあて字〕穢れを避けてもの忌みし、家の中に閉じこもること。例津の国西の宮の**居籠り**〈西鶴・世間胸算用・四・一〉

ゐ-こん【遺恨】 イ 名 ❶悔いを残すこと。残念。例**遺恨**のわざをもしたりけるかな〈大鏡・道長下〉 ❷忘れられない恨み。宿怨。例何の**遺恨**をもって、この一門ほろぼすべきよし御結構(=御計画)は候ひけるやらん〈平家・二・小教訓〉

ゐ-さい【委細】 イ 名 ❶細かく詳しいこと。詳しい事情や状況。例はじめてこの所へ尋ね来たまへば、**委細**の物語を申すなり〈太平記・三七〉 ❷(副詞的に用いて)詳細に。すべて。すっかり。例諸大将にその手の忠否を**委細**尋ねきはめて〈太平記・一三〉

ゐ-ざ・る【居ざる・膝行る】 イ 動(ラ四)〔「さる」は移動する意〕❶立たずに、膝をすって進む。例(自分ノ部屋ニ)**ゐざり**帰るにや遅きと〈枕・宮にはじめてまゐりたるころ〉 ❷舟がのろのろと進む。例川の水なければ、**ゐざり**にのみぞ**ゐざる**〈土佐〉

ゐ-しき【居敷】 イ 名 ❶座席。例草を敷きて**坐**とせば〈紀・神功〉 ❷尻。例座禅する事多年、居敷に瘡出でて膿みくさり〈沙石集・一〇末・三〉

ゐ-し・く【居敷く】 イ 動(カ四) 座る。例最前からしばらく**居敷い**(音便形)てをりましたによって、ちとしびりが切れました〈虎寛本狂言・素袍落〉

ゐ-じゅん【違順】 イ 名『仏教語』逆境と順境。苦を感じる境界と楽を感じる境界。例**違順**の境にあひて、悪愛(=憎しみと慈しみ)の心やみがたきにや〈沙石集・四・九〉

ゐ-しょ【位署】 イ 名 公文書に官位・姓名を記すこと。また、その書式。例御**位署**に散位従一位藤原朝臣某と書かせたまひたりける〈著聞集・五・一四九〉 読解「散位」は、位はあるが官職のないこと。

ゐ-しょう【称唯】 イ 名動(サ変)〔「譲位」に音が通じるのを避けて転倒して読んだもの〕宮中の作法で、高貴な人から呼ばれたとき「をを」と答えること。例俊賢高く**称唯して**〈愚管抄・三〉

ゐ-すく・む【居竦む】 イ 動(マ四) その場にすくんで動けなくなる。例女房たち**ゐすくみて**、立つ心地いとわびし〈栄花・若ばえ〉

ゐ-ずまひ【居住まひ】 イズマイ 名 座った状態。座り方。例**居住まひ**もかしこまりたるけしきにて〈枕・碁を、やむごとなき人のうつとて〉

ゐ-せき【井堰・堰】 イ 名 用水を引くため、土や木などで堤を作り、川の流れをせき止めた所。例卯の花

の咲けるさかりは白波のたつたの川の**ゐせき**とぞ見る〈後拾遺・夏〉 読解「たつ」は「立つ」と龍田川の「龍」を掛ける。

惟然《人名》?〜一七一一(正徳元)。江戸時代の俳人。芭蕉門人。芭蕉没後、その発句に節をつけ、念仏のように唱える風羅念仏を創始し、諸国を行脚した。口語調の俳風で知られる。編著に俳諧集『藤の実』、句集『惟然坊句集』など。

ゐ‐たけ【居丈】 名 座っているときの背丈。座高。例**居丈**の高く、を背長(＝胴長)に見えたまふに〈源氏・末摘花〉

ゐ‐た・つ【居立つ・居起つ】 動(タ四) 座ったり立ったりする。例太政大臣**居たちて**…儀式を尽くしたまへりけり〈源氏・若菜下〉

ゐだ‐てん【韋駄天】 名《仏教語》仏法の守護神。甲冑を着け、両腕に宝剣を持つ。捷疾鬼が仏舎利を盗んだとき追って取り返したという話があり、足の速い神とされる。例世界を**韋駄天**のかけ廻るごとく(早ク巡ル)〈西鶴・世間胸算用・三・二〉

ゐ‐ちょく【違勅】 名動(サ変) 天皇の命令に背くこと。例朝家(＝朝廷)に武士をおかるる事は…**違勅**の者を滅ぼさんがためなり〈平家・四・鵼〉

ゐ‐つ・く【居着く】 動(カ四) ❶帰らずに居続ける。座って落ち着く。例やがて(＝そのまま)**居着き**て、もの言ふなり〈枕・成信の中将は、入道兵部卿の宮の〉 ❷住み着く。定住する。例大かた(＝全然)人も**え居着かね**ば〈宇治拾遺・四七〉

ゐ‐づつ【井筒】 名 ❶井戸の地上部分の囲い。木や石で円筒形や方形に囲った。「井桁」とも。例筒井筒の**井筒**にかけしまろがたけ過ぎにけらしな妹見ざるまに〈伊勢・二三〉→名歌237 ❷紋所の名。「井」の字を図案化したもの。

ゐ‐つづけ【居続け】 名 ❶一か所に長くいて、家に帰らないこと。例なんでも朝むっくり起きるから、晩まで私がうちに**居続け**だ〈滑稽本・浮世風呂・三下〉 ❷特に、遊里などで、連日遊び続けて帰らないこと。例つひに**居続け**ときまりしところへ〈黄表紙・心学早染草・中〉

ゐ‐で【堰・井出】 名「ゐせき」に同じ。例泊瀬川流るる水脈の瀬を早み(＝川筋の浅瀬が速いので)**ゐで**越す波の音の清けく〈万葉・七・一一〇八〉

井出《地名》歌枕 山城国、今の京都府綴喜郡井手町。山吹の名所で、玉川が流れる。和歌では、「山吹」「蛙」とともに詠むことが多い。例蛙なく**井手**の山吹散りにけり花のさかりに逢はましものを〈古今・春下〉

ゐ‐でん【位田】 名 令制で、四品以上の親王と五位以上の官人に、位階に応じて支給される田地。

ゐなか

【田舎】 名 ❶**都以外の土地。地方。** 例(a)長岡といふ所に家つくりてをりけり(＝住んでいた)…**ゐなか**なりければ〈伊勢・五八〉 例(b)京のならひ、何わざにつけても、みなもとは**ゐなか**をこそ頼めるに(＝京の習慣は、どんなことをするにつけても、大もとは地方をあてにしているのに)〈方丈記〉 読解長岡(京都府)には平安京の前の都が置かれた。
❷(接頭語的に用いて)**野卑、粗暴、などの意を表す。** 例いとすくよかなる**ゐなか**侍めく者(＝たいそういかつい粗暴な侍らしい者)〈増鏡・秋のみ山〉

語誌▼「ゐなか」と「ひな」 「ゐなか」は、都の外、近い所も遠い所もさす語である。都から遠く離れた所、として、「ひな」と同義語のように説明されることがあるが、①例(a)の長岡など都の近郊にもいう。平安末期の辞書『類聚名義抄』では、「鄙」の字を「ゐなか」とも「ひな」とも訓んでいて、両者が近い意味をもつようになっていることがわかる。〈高田祐彦〉

ゐなか‐うど【田舎人】 名「ゐなかびと」のウ音便形。

ゐなか‐せかい【田舎世界】 名 田舎。地方。例(大嘗祭ハ)一代に一度の見物にて、**田舎世界**の人だに見るものを〈更級〉

ゐなか‐だ・つ【田舎だつ】 動(タ四)〔「だつ」は接尾[illegible]田舎という感じがする。例**田舎だちたる**所[illegible]、みなあつまり来て〈枕・すさまじきもの〉

ゐなか‐びと【田舎人】 名 田舎に住む人。田舎者。例あづまの国、**ゐなか人**になりてまどはむ、いみじかるべし〈更級〉

ゐなか・ぶ【田舎ぶ】 動(バ上二)〔「ぶ」は接尾語〕田舎じみる。例**田舎びたる**山がつ(＝身分の低い者)どものみ、まれに馴れ参り仕うまつる〈源氏・橋姫〉

ゐなか‐ま【田舎間】 名 建築の長さの単位。柱間を六尺(約一・八メートル)にとり、これを一間とする。主として関東で用いられた。例**ゐなか間**のうすべり寒し菊の宿〈俳諧・猿蓑・三〉

ゐ‐ながら【居ながら】 副 座ったままで。その場で。例いったんの(＝当座の)害をのがれんがために、**居ながら**七枚の起請文を書いて〈平家・三・土佐房被斬〉

ゐ‐なが・る【居流る】 動(ラ下二) 並んで座る。居並ぶ。例五人三人**居流れ**て、そのさま笑をかし〈西鶴・好色一代男・三・五〉

ゐなか‐わざ【田舎業】 名 田舎めいたこしらえ。田舎らしい細工。例調度・弾碁(＝遊戯の一種)の具など、**田舎業**にしなして(＝仕立てて)〈源氏・須磨〉

ゐなか‐わたらひ【田舎渡らひ】 名 田舎を回って生計を立てること。例昔、**田舎渡らひ**しける人の子ども〈伊勢・二三〉 読解ここは行商とも地方官ともいう。

ゐ‐なほ・る【居直る】 動(ラ四) ❶座り直す。いずまいを正す。例**ゐなほり**、(祭リノ行列ヲ)ひさしく待つも苦しく〈枕・祭のかへさ〉 ❷急に態度を変える。

ゐ‐な・む【居並む】 動(マ四) ならんで座る。例(女房ナドガ)襲の裳・唐衣・汗衫ども着て居並みたり〈宇津保・俊蔭〉

ゐ‐なら・ふ【居慣らふ・居習ふ】 動(ハ四) 座り慣れる。座りつける。いつも座る。例かかる物の外には、まだ**ゐならはず**〈源氏・東屋〉

ゐ‐なり【居成り】 名 ❶そのままでいること。じっとしていること。例風は**居なり**に吹くと見つれど

〈夫木・四〉❷奉公人が年季が明けてもそのまま続けて働くこと。役者が二年以上同じ座に出演すること、遊女が同じ廓に勤め続けることなどにもいう。例三ケの津(=京・大坂・江戸)の色里に出世し、**居成り**に勤むるといふは〈浮世草子・傾城禁短気・五・一〉❸家に住んでいるままの状態。家具・調度などがすべて含まれる状態で、家の売買や賃借のときにいう。居抜き。例この紙屋、借宅を**居成り**に買ひ求めけるに〈西鶴・本朝桜陰比事・四・八〉

ゐ・ぬ【率寝】イヌ 動(ナ下二)連れて行っていっしょに寝る。共寝する。例過ぎかてに息づく(=通り過ぎることができなくて嘆いてため息をつく)君を**率寝て**やらさね〈万葉・一四・三三八八〉

ゐ-ねう【囲繞】イニョウ 名動(サ変)❶《仏教語》右回りに三度回って礼拝すること。また、法会で、仏の像のまわりを回って礼拝する作法。例仏の前後左右には、諸僧威儀具足して(=威厳を備えて)**囲繞し**たてまつれり〈栄花・鳥の舞〉❷まわりを取り囲むこと。古くは、その対象に敬意を込めて行うことが多い。例四、五百人の所従眷属(=召使や一族・配下)に**囲繞せ**られてこそおはせしか〈平家・三・有王〉

ゐ-の-く【居退く】イ― 動(カ四)その場からしりぞく。立ちのく。例わが妻にあらざりければ、さればよ(=やはり)と思ひて、**居退き**けるほどに〈宇治拾遺・二・九〉

ゐ-の-こ【亥子】イ― 名❶陰暦十月上の亥の日(中世以後は中の亥の日)。「亥子の祝ひ」の日。十月は亥の月にあたり、その亥の日、亥の刻に新穀でついた餅を食べると、万病を除き子孫繁栄がかなうとされる。例一昨年の十月中の**亥の子**に火燵明けた(=出した)祝儀とて〈近松・心中天の網島・中〉❷①に食べる餅。⇩ゐのこもちひ

ゐのこ-もちひ【亥子餅】イノコモチイ 名「ゐのこもち」とも。亥子の日に食べる餅。大豆・小豆・ささげ・胡麻・栗・柿・糖類の粉をまぜて、猪の子の形に作る。例その夜さり、**亥子餅**参らせたり〈源氏・葵〉

ゐのしし-むしゃ【猪武者】イノシシ― 名前後の思慮もなく、がむしゃらに突進する武者。例片趣なるをば(=一方に片寄って融通のきかないのを)、**猪武者**とてよきにはせず〈平家・一一・逆櫓〉

ゐ-の-め【猪の目】イ― 名建築・器物の飾りとして彫るハート形の穴。猪の目の形に似ていることからの称という。例**猪の目**透かしたる鉞の、刃のわたり一尺ばかりあるを〈太平記・一七〉

ゐはい-ちぎゃう【位牌知行】イハイチギョウ 名〔先祖の位牌を守っているだけで得られる知行の意〕世襲の禄に甘えている武士をあざけっていう語。例末々の侍、親の**位牌知行**を取り、楽々とその通りに世を送ること本意にあらず〈西鶴・日本永代蔵・四・一〉

ゐ-はう【位袍】イホウ 名朝廷に出仕するときに着る正服の袍。位によって色が定められていた。例内弁…さらに**位袍**に改め着て事を行ふ〈政事要略・二七〉

井原西鶴 ゐはらさいかく イハラサイカク《人名》一六四二〜一六九三(寛永一九〜元禄六)。江戸時代の俳人・浮世草子作者。大坂の人。本名は平山藤五か。俳号は初め鶴永、のち師の宗因の別号西翁の一字をもらって西鶴と改める。西鵬・松風軒・松寿軒などとも。井原は母方の姓か。

●**生涯**【**俳諧の時代**】裕福な町人の子として生まれ、十五歳のころから貞門系の俳諧を始める。二十一歳ですでに点者として他人の作を批評・指導していた。三十代の初めに談林俳諧の宗因と出会う。西鶴の独特な軽口の俳諧は阿蘭陀流と異端視されたが、延宝元年(一六七三)三十二歳の折にそれを新風と誇示して万句俳諧を興行し、『生玉万句』として刊行。以後、一夜一日独吟千六百句や同じく四千句独吟の興行を行うなど、独吟の句数を競う矢数俳諧に奇才を発揮した。

【**浮世草子の時代**】小説家としての活躍は、天和二年(一六八二)刊の『好色一代男』に始まる。この作品は西鶴四十一歳の作で、「転合書き(いたずら書きの意。『好色一代男』のあとがきにある言葉)」のつもりで書いたとされるが、当時の好色風俗を大胆かつ清新に描いてベストセラーになった。ここに、浮世草子と呼ばれる近世的な小説が成立する。その後、出版元の求めにも応じて『好色五人女』『好色一代女』や武家物・雑話物などの浮世草子を次々に発表、多才な流行作家として活躍する。この間、一昼夜二万三千五百句独吟を成就して二万翁と自称したり、浄瑠璃を書いたりもした。晩年は、『日本永代蔵』や『世間胸算用』などで金銭にまつわる町人の生き方などを描いた。

元禄六年八月十日、五十二歳で没。辞世の句は「浮き世の月見過ごしにけり末二年」(➡名句19)。没後、弟子の北条団水によって『西鶴置土産』などの遺稿が出版された。

●**作風・作品** 寛文一二年(一六七二)に西廻り航路が開発されると、大坂には米など諸国の産物が集中するようになった。これを契機に大坂の経済力は飛躍的に発展し、人口も急増する。西鶴は、このような大坂の新興町人のエネルギーを人間中心で風俗詩的傾向の強い「自由にもとづく俳諧」(『西鶴大矢数』あとがき)に表現、スピードと量を誇る矢数俳諧を極限まで推し進めた。

西鶴の浮世草子が高く評価されるのは、浮き世の現実や人間の喜怒哀楽を鋭く見つめ、その真実を探ろうとしたからである。鋭い目でとらえられた人間や社会の諸相が独特の俳諧的手法で描かれている。俳諧的な笑いを通して欠点だらけの人間を描くことで、人間本来の姿を明らかにしている。その文章は破格も多いが、連句のように次々と飛躍・展開する文体は即物的でスピード感にあふれ、生き生きしている。作品の多くが短編集なのも、前句への付けぐあいを重視する連句的手法によるものである。

西鶴作の浮世草子は二十五点ほどとされ、それらは題材の違いによって次の四つに分けられる。

【**好色物**】男女間の恋や好色生活を描く。遊里を中心にするものや、実在の恋愛事件に取材したものもある。『好色一代男』『椀久一世の物語』『好色五人女』『好色一代女』『男色大鑑』など。

【**町人物**】金銭にまつわる町人の生き方やその心を描

く。金銭をテーマとする小説は西鶴に始まる。『日本永代蔵』『世間胸算用』『西鶴織留』など。
【武家物】「人の鑑」といわれた武士の生き方を描く。『武道伝来記』『武家義理物語』など。
【雑話物】好色物や町人物・武家物に入らない作品。諸国の珍談・奇談や説話を素材とする。『西鶴諸国ばなし』『本朝二十不孝』『本朝桜陰比事』『万の文反古』など。

●**後世への影響**　『好色一代男』の与えた衝撃は大きく、一時西鶴は「好色屋の西鶴」などと呼ばれた。西鶴没後も亜流の好色本の全盛期は続くが、しだいに飽きられ、十八世紀後半には浮世草子の時代は終わりを迎えるが、読本作家として活躍した上田秋成らが町人物に関心を寄せている。
　西鶴は近代に入って再評価される。明治二〇年代、尾崎紅葉・幸田露伴・樋口一葉らは西鶴の描写力や文体に強い刺激を受けた。自然主義の時代には田山花袋らが高く評価し、織田作之助や太宰治などにも大きな影響を与えた。〈松原秀江〉

ゐ-ふ【位封】イ 名 令制で、三位以上の人に対し、位階に応じて支給された食封。

ゐ-ふたぎ【韻塞ぎ】イ 名「ゐんふたぎ」に同じ。

ゐまち-づき【居待ち月】イマチ ❶名 陰暦十八日ごろの月。月の出が遅いので、座って待つ月と称した。❷《枕詞》地名「明石」にかかる。居待ち月が明るいことからとも、月の出が遅いので夜を明かすことからとも。

ゐ-まは・る【居回る・居廻る】イマワル 動(ラ四) まるく輪になって座る。例(鬼タチガ)うつほ木(=幹が空洞になっている木)の前に**ゐまはり**ぬ〈宇治拾遺・三〉

ゐや【礼】イヤ 名 敬うこと。礼儀。「うや」とも。例(兄トシテ)賢弟の**ゐや**を納むる〈読本・雨月・菊花の約〉

ゐ-や【居屋】イ 名 住む家。住居。例**居屋**ばかりを構へて、はかばかしく(=しっかりと)屋を造るに及ばず〈方丈記〉

ゐや-な・し【礼無し】イヤ 形(ク) 無礼だ。例これ伏はず(=服従せず)**礼なき**人らぞ〈記・中・景行〉

ゐや・ぶ【礼ぶ・敬ぶ】イヤ 動(バ上二)〔「ぶ」は接尾語〕礼を尽くす。うやまう。例もしよく我を**敬び**まつらば、必ずまさに(国ハ)たひらぎなむ〈紀・崇神〉

ゐや-ま・ふ【礼ふ・敬ふ】イヤマウ・イヤモウ 動(ハ四) 礼を尽くす。うやまう。例清禅阿闍梨は大威徳(=大威徳明王)を**敬ひ**て腰を屈めたり〈栄花・初花〉

ゐや-やか【礼やか】イヤ 形動(ナリ)〔「やか」は接尾語〕礼儀正しいさま。うやうやしいさま。例家の人の出で入り、憎げならず**ゐややかなり**〈土佐〉

ゐや-ゐや・し【礼礼し】イヤイヤシ 形(シク) 丁寧で礼儀正しい。うやうやしい。例(返事ヲ)**ゐやゐやしく**書きなしたまへり〈源氏・真木柱〉

ゐ-よ・る【居寄る】イ 動(ラ四) にじり寄る。座ったまま近寄る。例めづらしがりて近う**居寄り**、物言ひうなづき〈枕・説経の講師は〉

ゐる

【居る】イル 動(ワ上一)「立つ」に対して、座るという動作を表すのが原義。転じて、運動が沈静化する意を表すようになり、さらに、事物の存在を表すようになった。

❶**座る。しゃがむ。**例立ちて見、**ゐ**て見、見れど(=立って見、座って見、見るが)〈伊勢・四〉

❷**鳥や虫などがとまる。**例寝殿に鳶**ゐ**させじ(=寝殿に鳶をとまらせまい)〈徒然・一〇〉

❸**風や波がおさまる。やむ。**例立てば立つ**ゐれ**ばまた**ゐる**吹く風と波とは思ふどちにやあるらむ(=風が立つと波も立ち、風がやむとまた波もやむ。吹く風と波とは気の合うどうしなのだろうか)〈土佐〉

❹(「腹がゐる」の形で)**怒りがおさまる。**例梶原、この詞に腹が**ゐ**て…どっとわらってのきにけり(=梶原は、この言葉に怒りがおさまって…どっと笑ってその場を去ってしまった)〈平家・九・生ずきの沙汰〉

❺**雲や霧がかかる。**例滝の上の三船の山に**居る**雲の〈万葉・三・二四二〉 読解 吉野(奈良県吉野)の宮滝付近で詠んだ歌。

❻**同じ場所にいる。滞在する。とどまる。**例久しう里に**ゐ**たり(=しばらくの間里に滞在した)〈枕・殿などのおはしまさで後〉

❼**草などが生えている。そこにある。**例絶えぬるか影だに見えば問ふべきを形見の水は水草**ゐ**にけり〈蜻蛉・上〉→名歌203

❽**ある地位につく。その位にいる。**天皇・皇后・皇太子・斎宮などにいうことが多い。例源氏のうちしきり后に**ゐ**たまはんこと、世の人ゆるしきこえず(=皇族が引き続いて后におつきになることは、世間の人も納得し申し上げなくて)〈源氏・少女〉 読解 当時は藤原氏の女性が后となるのが普通だった。

❾(補助動詞的に用いて)**〜ている。**例夜の疾く明けよかしと心もとなく思ひ**ゐ**たるに(=夜が早く明けろよとじれったく思っていると)〈今昔・二七・三六〉

語誌 ▼**語義の変遷**　「ゐる」は本来、人が座るという動き、運動の沈静化を表し、「立つ」と対義的であった。それが平安時代になると、動作そのものよりもむしろ、座っている、とまっている、などの状態(動作の結果)を表すようになった。平安時代には、「たり」「り」という助動詞の力を借りて、「ゐたり」「ゐたまへり」の形をとっていたが、中世に入ると、「ゐる」が単独で状態的意味を表し、ある場所を占める、という意をもつようになる。その意味が存在の意味につながり、現代語では「うちの庭に猫がいる」のような、存在を表す動詞となっている。

▼**「あり」と「ゐる」**　現代語では、存在を表す場合には、「いる」と「ある」のどちらかを用いることが多い。おおむね、主語が生物の場合は「いる」を用い、非生物の場合は「ある」を用いる。古語では、事物の存在を表す基本的な動詞に「あり」があって、主語が生物の場合にも、「昔、男ありけり」のように「あり」が用いられていたが、「ゐる」が存在の意味を表すようになると、徐々に「あり」の意味領域に食い込んでいった。なお、存在を表す動詞には「をり」もある。

▼「ゐる」は「起きゐる」「出でゐる」「並みゐる」など複合動詞に用いられることが多い。また、「家居」「雲居」「田居」など、名詞について複合名詞を構成

することもある。〈高山善行〉

ゐる

【率る】動(ワ上一) 事情をよく知っているものや、力の強いものが先に立って、引き連れていく意。

❶連れていく。伴う。ひきいる。例偶へる妹を誰か率にけむ(=仲よくいっしょにいるいとしいあの娘をだれが連れていったのだろう)〈紀・孝徳・歌謡〉❷身に添えて持っていく。携える。例内侍所・神璽・宝剣ばかりをぞ、忍びて率て渡させたまふ(=八咫の鏡と八尺瓊の曲玉と天の叢雲の剣だけを、こっそりと携えてお移しなさる)〈増鏡・むら時雨〉

語誌 平安時代以降、接続助詞「て」を伴った「ゐて」の形で、他の動詞に続く用法(「ゐて奉る」など)がほとんどとなった。〈浅見和彦〉

ゐ-れい【違例】 名 ❶普通の例と異なっていること。恒例のものではないこと。❷心身のぐあいが普通とは違うこと。病気。例老母を一人持って候ふが、もってのほかに**違例し**〈狂言記・生捕鈴木〉

ゐ-ろく【位禄】 名 令制で、四・五位の人に対し、位階に応じて支給される禄。

ゐん【尹】 名 弾正台の長官。従四位相当だが、親王が任じられたり、納言以上の人が兼任したりすることが多かった。

ゐん

【院】名 ❶**貴人の邸宅**。また、別邸。例船曳き上るに(=船を引っ張って川を上っていくときに)、渚の院といふ所を見つつゆく〈土佐〉読解「渚の院」は文徳天皇の離宮。のちに第一皇子惟喬親王の領となった。❷**上皇・法皇・女院などの御所**。例院の殿上には誰々かありつる(=御所の殿上の間にはだれだれがいたか)〈枕・方弘は、いみじう人に〉読解ここは女院の御所。❸**上皇・法皇・女院などの敬称**。例内・東宮・院など参り定めさせたまふほど(=参上して事をお定めになる様子に)〈栄花・岩蔭〉読解「内」は三条天皇、「東宮」は敦成親王、「院」は上皇の一条院。❹寺の建物。寺院。

語誌 ▼本来は周囲に垣をめぐらし一区画をなす建物をいう。このような建物は身分や経済力に支えられていたから、実際には①②④をさして用いられ、また、その建物に住む主人を表す③の意にも用いた。

▼『源氏物語』では光源氏を「院」あるいは「六条院」と呼ぶ例が多い。光源氏は帝位についてないので上皇ではないが、准上皇(准太上天皇)となった後、「院」などと呼称される。歴史的に見ると、男子の准上皇の例は『源氏物語』成立の時期まではないので、紫式部の創作といえる。上皇が複数いる場合は、一院(本院)・中院・新院と区別することもあった。⇩にょうゐん〈藤本勝義〉

ゐん【韻】 名 漢字の字音のうち、語頭の子音(頭子音)を除いた部分。

ゐん-がう【院号】 名 退位した天皇や皇太后などに贈られる称号。例**院号**かうぶらせたまひて建礼門院とぞ申しける〈平家・一・吾身栄花〉

ゐん-ぐう【院宮】 名「ゐんきゅう」とも。上皇や法皇・女院・三后(皇后・皇太后・太皇太后)・東宮の総称。また、その住居。例ひとへに**院宮**のごとくにてぞありける〈平家・四・厳島御幸〉

ゐん-ぐゎい【員外】 名 ❶数のほかであること。ものの数に入らない人。例われらを**員外**に思ひたまふゆゑなり〈曾我・八〉❷「員外官」の略。令制で、定められた定員以外の官。

ゐん-げ【院家】 名《仏教語》門跡寺院に付随する、由緒ある寺院。また、その住職。例諸**院家**の僧綱、ならびに禅律の長老、寺社の別当・神主に至るまで〈太平記・三〇〉

ゐん-ざん【院参】 名動(サ変) 院の御所に参上すること。例この事申さんとて**院参せ**られたりけれども〈平家・二・座主流〉

ゐん-し【院司】 名「ゐんじ」とも。院の庁の役人。例事果てて、院還らせたまふ。**院司**・上達部など、こたみはかたへぞ(=今度は半分が)仕うまつりたまひける〈枕・関白殿、二月二十一日に〉

ゐん-じゅ【院主】 名 ❶禅宗の寺で、監主(僧の監督役)の旧称。❷寺のあるじの僧。住職。例**院主**の光影房にこの事を語る〈平家・六・慈心房〉

ゐん-ぜん【院宣】 名 上皇・法皇の命令を受けて、院司が書いて下す文書。例討ちまゐらせよといふ**院宣**の旨国々へ下り候はば〈平治・上〉

ゐん-ちゅう【院中】 名 院の御所。また、その中。例**院中**に近く召し使はるる公卿・殿上人、上下の北面にいたるまで〈平家・一・殿下乗合〉

ゐん-つう【銀子・員子】 名《近世語》中国から渡来の純良の金銀。転じて、金銭。例男はよし、**ゐんつう**はあり〈西鶴・好色一代男・六・七〉

ゐん-づかさ【院司】 名「ゐんし」に同じ。

ゐん-の-うへ【院の上】 上皇の敬称。例**院の上**…時々悩ませたまへば(=時折御病気におなりになるので)〈源氏・賢木〉

ゐん-の-ごしょ【院の御所】 名 上皇・法皇の御所。例きっと(=間違いなく)**院の御所**へ参れ〈平家・二・西光被斬〉

ゐん-の-ちゃう【院の庁】 ❶上皇・法皇が政務を執る所。院政期には国政の中心となった。❷女院に関する事務をつかさどる所。

ゐん-の-べったう【院の別当】 院の庁の長官。

ゐん-の-みかど【院の帝】 上皇の敬称。例**院の帝**…御幸もところせからで(=お出かけも気軽に)渡りたまひなどしつつ〈源氏・若菜下〉読解退位後の冷泉院の暮らしぶり。

ゐん-ふたぎ【韻塞ぎ】 名「ゐふたぎ」とも。古人の漢詩の押韻している字を隠しておいて、それを当てる遊戯。例文作り・**韻塞ぎ**などやうのすさびわざどもをもしなど心をやりて(=慰みごとをしたりなど気を晴らして)〈源氏・賢木〉

ゐん-もり【院守】 名 院の番人。例この**院守**などに聞かせむことは〈源氏・夕顔〉

ゑ【会】 エ 名 人々が集まってする会。多く法会をいう。例年に二、三度、会を行はる〈大鏡・道長上〉

【会に逢はぬ花】（法会に間に合わない花の意から）時機に遅れて役に立たないもののたとえ。例今は何の用にかあふべき。**会に逢はぬ花**、六日の菖蒲〈平家・二・志度合戦〉読解「六日の菖蒲」も同じ意。「用にか」の「か」は反語の意を表す。

ゑ【恵・慧】 エ 名『仏教語』真実の道理を見極め、判断する心の働き。基本的な三つの修行（三学）の一つ。例戒・定・**慧**の三学を兼備したまへる一人の沙門（＝僧）おはしけり〈太平記・二〉

ゑ【絵】 エ 名 絵。⇩絵画。例**絵**などかきて、色どりたまふ（＝色をおつけになる）〈源氏・末摘花〉

ゑ

エ 間助『上代語』詠嘆の意を表す。〜よ。例我は寂しゑ君にしあらねば〈万葉・四・四八六〉

接続▶種々の語につく。

ゑ【飢】 エ『上代語』〔動詞「うう」の連用形「うゑ」の変化した形〕飢える。例飯に**飢**て 臥せる その旅人あはれ〈紀・推古・歌謡〉

ゑ‐あはせ【絵合はせ】 エアワセ 名 左右二組に分かれ、双方から絵を一つずつ提出して優劣を競う遊戯。例なま（＝若い）上達部・殿上人あまた集まりて、**絵合はせ**のありけるに〈太平記・一八〉

ゑ‐が【垣下】 エ｜ 名「ゑんが」の撥音の表記されない形。例大饗の**ゑが**の君達などあまた集ひたまふ〈源氏・竹河〉

ゑ‐かう【回向・廻向】エコウ 名動（サ変）『仏教語』❶自分のなした仏事などの功徳を、ほかのすべての衆生の解脱や成仏のために転じ及ぼすこと。特に、法要の終わりなどで、この仏事の功徳を一切衆生に及ぼすという趣旨の回向文を唱えること。また、その回向文。例御念仏果てて、声よき僧の**廻向し**たる、いみじう尊きに（＝御念仏が終わって、声のよい僧が回向文を唱えている、それが、たいそう尊いので）〈栄花・玉の台〉 ❷（①から転じて）㋐死者の成仏のために念仏・読経すること。供養。例その猿のかばねを埋みて、念仏申して**廻向し**て帰りぬ（＝その猿の遺骸を埋めて、念仏を唱えて供養して帰った）〈著聞集・二〇・六八〇〉 ㋑寺に寄進すること。布施。例沙金・錦絹を、得長寿院へ**回向し**たてまつるべしとて（＝砂金、錦や絹を、得長寿院へ寄進申し上げよといって）〈源平盛衰記・一〉

語誌▼**回向文** 回向文は宗派によっても異なるが、最もよく知られているのは、法華経化城喩品の「願はくはこの功徳をもって 普く一切に及ぼし 我らと衆生と 皆ともに仏道を成ぜん」である。〈藤原克己〉

ゑ‐がち【笑がち】 エ｜ 形動（ナリ）笑顔になりがちだ。ほほえんでいることが多い。例なでふことなき（＝たいしたことはない）人の、**笑がち**にて物いたういひたる〈枕・にくきもの〉

恵慶 エギョウ『人名』生没年未詳。平安中期の歌人。出自・経歴はよくわからないが、当時の専門歌人たちと幅広い交流があったらしい。家集に『恵慶法師集』。

ゑぐ エグ 名 植物の名。黒慈姑の古称。カヤツリグサ科の多年草。浅い水中や湿地に生え、地下茎は食用になる。一説に、芹の別称とも。例君がため山田の沢に**ゑぐ**摘むと雪消の水に裳の裾濡れぬ〈万葉・一〇・一八三九〉

ゑ‐ぐし【笑酒・咲酒】 エ｜ 名〔飲むと顔がほころぶような酒の意〕酒の別称。例事無酒 **笑酒**に 我酔ひにけり〈記・中・応神・歌謡〉

ゑ‐げ【会下】 エ｜ 名『仏教語』禅宗や浄土宗などで、師僧のもとに集まって修行する道場。また、そこで学ぶ僧。例やがて関東へ修行に出て、松島の**会下**に三年候うて〈御伽草子・三人法師・下〉

ゑ‐げん【慧眼・恵眼】 エ｜ 名『仏教語』真理を見抜く目。例法門を沙汰してこそ（＝論じてこそ）**恵眼**は開く事にてはべれ〈十訓抄・三・一五〉

ゑ‐ことば【絵詞】 エ｜ 名❶絵の内容を説明した文章。また、絵巻の詞書。例源氏**絵詞**、内府（＝内大臣）書かる〈明月記・天福元年三月〉 ❷（①から転じて）絵と説明文からなる絵巻。

ゑ‐ざうし【絵草紙・絵双紙】 エゾウシ 名❶江戸初期、絵入り仮名書きの通俗読み物の総称。中期以降は草双紙をいうことが多い。❷江戸時代、人の関心をひきそうな事件を絵入りの刷り物にして売り歩いたもの。「瓦版」とも。例紙屋治兵衛が心中と…根掘り葉掘りを**絵草紙**の〈近松・心中天の網島・下〉

ゑ‐さし【餌差し・餌刺し】 エ｜ 名 鷹の餌などにする小鳥を黐竿で捕らえること。また、それを生業とする人。例**餌さし**と言ふ者を役命して（雀ヲ）鷹の餌にするとし〈自然真営道・二四〉

ゑ‐し【絵師・画師】 エ｜ 名 絵かき。また、宮廷直属の絵画職人。奈良時代は画工司、平安時代は画所に属した。例心のいたり（＝思慮深さ）少なからん**絵師**は描き及ぶまじと見ゆ〈源氏・明石〉

ゑ‐じ【衛士】 エ｜ 名 令制で、諸国から交替で上京させられ、宮門・宮城の警備、行幸時の警護などにあたる農民出身の兵士。例みかきもり**衛士**のたく火の（ここまで序詞）夜は燃え昼は消えつつものをこそ思へ〈詞花・恋上〉↓名歌334

ゑ‐しき【会式】 エ｜ 名『仏教語』❶法会の儀式。例林鐘（＝六月）半ば、かの**会式**にてござ候ふほどに、ただ今参詣つかまつり候ふ〈謡曲・九世戸〉 ❷特に日蓮宗で、陰暦十月十三日の日蓮の忌日と、その前日に行う仏事。御会式。御命講。

ゑ‐しゃく【会釈】 エ｜ 名動（サ変）❶『仏教語』仏の教えの難しいところを理解し会得すること。例この講師（＝説教師）これを聞きて、あまりに**会釈**過ぎたり〈沙石集・六・一八〉 ❷理解し解釈すること。例式（＝規則）の文に**会釈**を加へ〈連理秘抄〉 ❸相手を理解し、思いやること。例中書王の御陣へ会釈もなく打ってかかる〈太平記・一四〉❹取りなすこと。また、言い訳をすること。例静憲法印、院宣の御使にてさまざま会釈申しければ〈源平盛衰記・一三〉❺挨拶すること。例国司にゑしゃくの間〈十訓抄・三・二〉❻愛想よくすること。愛嬌。例思ひ寄らずの 会釈のふりや(=そぶりよ)〈隆達小歌〉

ゑしゃ-ぢゃうり【会者定離】エシャジョウリ《仏教語》会うものは必ず離れる運命にあること。この世の無常のたとえ。例生者必滅、会者定離はうき世のならひにて候ふなり〈平家・一〇・維盛入水〉

ゑ-しん【回心・廻心】エ 名動(サ変)《仏教語》仏教の教えを信じて、よこしまな心を改めること。例十悪五逆廻心すれば往生をとぐ〈平家・一〇・戒文〉

恵心ゑしん エシン《人名》⇒源信

ゑ-ず【怨ず】エズ 動(サ変)「ゑんず」の撥音の表記されない形。

ゑ-そらごと【絵空事】エ 名(絵は想像や誇張を交えて描かれることから)物事に虚偽や誇大が多いことのたとえ。例ありのままの寸法にかきて候はば、見所なき物に候ふゆゑに、絵空事とは申す事にて候ふ〈著聞集・一一・三九六〉

ゑだくみ-の-つかさ【画工の司】エダクミ 名 令制で、絵画や画工を担当する役所。はじめ中務省に属したが、大同三年(八〇八)に内匠寮に合併した。

越後ゑちご エチゴ《地名》旧国名。今の佐渡が島を除く新潟県。北陸道七か国の一つ。越州。延喜式で上国・遠国。古くは「越の道の後」。

越後獅子ゑちごじし エチゴジシ《作品名》長唄を地とする江戸後期の所作事。篠田金次郎作詞、九世杵屋六左衛門作曲。文化八年(一八一一)初演。『遅桜手爾葉七文字』という七変化舞踊の一つで、江戸の師走の風物詩であった角兵衛獅子の風俗を見せる。

越前ゑちぜん エチゼン《地名》旧国名。今の福井県東北部。北陸道七か国の一つ。越州。延喜式で大国・中国。古くは「越の道の前」。

越人ゑつじん エツジン《人名》一六五六〜一七三六ごろ(明暦二〜享保二一ごろ)。江戸時代の俳人。本姓越智氏。芭蕉に俳諧を学ぶ。『更科紀行』の旅にも芭蕉に同行したが、のち蕉門から離脱。

越中ゑっちゅう エッチュウ《地名》旧国名。今の富山県。北陸道七か国の一つ。越州。延喜式で上国・中国。古くは「越の道の中」。

ゑ-つぼ【笑壺】エ 名(突かれると笑わずにはいられない急所の意か)笑い興じること。例大名・小名興に入りて(=おもしろがって)、ゑつぼの会なりけり〈源平盛衰記・三四〉

【笑壺に入る】思わず笑い出す。笑い興じる。得意になって思わず笑みを浮かべる。例女房ども、みなゑつぼに入りにけり〈今昔・二四・二三〉

越天楽・越殿楽ゑてんらく エテンラク 名 雅楽の曲名。唐楽。平安初期に日本に伝わり、中期に盛行。もとは盤渉調だが、のち平調で奏された。舞は伴わず、宴楽として奏した以外に舞人や楽人が退出するときにも奏した。

ゑ-ど

【穢土】エ 名 ❶《仏教語》(「浄土」に対して)この穢らわしい現世。例(a)従来この穢土を厭離せり 本願に生をその浄刹に託せむ(=もとよりこの穢らわしい現世を嫌い離れようとしていた。本来の願いとしてあの極楽浄土に命を寄せたい)〈万葉・五・七九四・序詩〉例(b)ゑどを厭ひ、浄土を願はん〈平家・一・祇王〉❷糞の別称。例ただ墨のやうに黒きゑどを、ひまもなく、はるばるとしちらしたれば(=まるで墨のように黒い糞を、すきまもなく、はるか遠くまでまき散らしたので)〈宇治拾遺・一・九〉

語誌▼源信の『往生要集』(平安中期の成立)には、はじめに「厭離穢土」の標題のもとに六道の苦と不浄が説かれている。六道のうち特に不浄が強調されるのは人間道で、六道絵でも、野ざらしの若い女の死体がおぞましく腐乱し白骨化してゆくさまが描かれたりした。それはこの世の美と歓楽もつかの間であり、その本質は無常であり苦であることを端的に示して、現世に執着しないよう戒めたもので、穢土とは単に穢らわしいというだけでなく、無常にして憂苦に満ちた世界の意である。〈藤原克己〉

ゑ-とき【絵解き】エ 名 絵を示しながらその内容を解説すること。また、その言葉・その人。特に、地獄極楽図を見せて説明すること。例地獄極楽すべて六道のありさまを絵にかきて絵ときをいたし〈仮名草子・東海道名所記・三〉

ゑ-どころ【絵所】エ 名 平安時代、宮中の絵画をつかさどる役所。また、そこに属する絵師。例絵所・造物所にて、女房の裳・唐衣に絵書き、つくり絵などいみじくせさせたまふ〈栄花・殿上の花見〉

ゑ-とり【餌取り】エ 名 鷹の餌にするために牛や馬などを殺す人。また、その皮や肉を売る人。例餌取りの取り残したる馬・牛の肉を取り持ち来たりて〈今昔・一五・二七〉

ゑ-ど・る【絵取る】エ 動(ラ四)描き彩る。彩色する。例わらはが(=私の)顔を…うつくしう絵取っ(音便形)てたもれ〈狂言・金岡〉

ゑにあはぬはな【会に逢はぬ花】⇒「ゑ」の子項目

ゑ-の-こ【狗・狗児】エ 名(「ゑぬのこ」の変化した形)犬の子。小犬。例白いゑのこの走り出でたるをとらんとて〈平家・三・六代〉

犬子集ゑのこしふ エノコシュウ《作品名》江戸時代の俳諧集。五冊。重頼編。寛永一〇年(一六三三)刊。近世に出版された最初の俳諧撰集。書名は『犬筑波集』にちなむ。

ゑ-ば【餌ば・餌食】エ 名 魚・鳥などの餌。転じて、人を誘惑したりだましたりするのに利用するもの。例知行(=領地)の餌ばにかかって侍の本意(=本来の志)を忘れ〈近松・津国女夫池・三〉

ゑ-はう【恵方】エホウ 名「えはう」に同じ。例当年の恵方より御祝義まうしいれますと〈四方のあか・下〉

ゑひ【酔ひ】エイ 名 ❶酒・乗り物などに酔うこと。例土器あまたたび流れ(=酒杯が何度も回り)、みな酔ひになりて〈源氏・行幸〉❷心を奪われること。例惑ひの上に酔へり。酔ひの中に夢をなす(=見ている)〈徒然・七五〉

ゑひ-ごこち【酔ひ心地】エイ 名 酒に酔った心持ち。

例源氏の君、酔ひ心地に見過ぐしがたくおぼえたまひければ〈源氏・花宴〉

ゑひ-ごと【酔ひ言】 エイ 名 酒に酔って言う言葉。例酔ひ言に心よげなる言として〈土佐〉

ゑひ-さまた・る【酔ひさまたる】 エイ 動(ラ下二) 酒に酔って正体がなくなる。泥酔する。例この君達、一人直しき(=きちんとしている)者もなく、酔ひさまたれて〈今昔・二八・四〉

ゑひ-し・る【酔ひ痴る】 エイ 動(ラ下二) 酒に酔って正体がなくなる。例ありとある上・下(=身分の高い人も低い人も)、童まで酔ひ痴れて〈土佐〉

ゑひ-なき【酔ひ泣き】 エイ 名 酒に酔って泣くこと。例賢しみともの言ふよりは酒飲みて酔ひ泣きするしまさりたるらし〈万葉・三・三四一〉↓名歌170

ゑ-ふ【衛府】 エ 名 ❶宮城や京内の警護、行幸・行啓の供奉をつかさどる役所の総称。例舞人は、衛府の次将どもの、容貌きよげに丈だち等しきかぎりを選らせたまふ(=舞人は、衛府の次将たちで、顔が美しく背丈の同じ者ばかりをお選びになる)〈源氏・若菜下〉
❷①に属する武官。例六位の衛府・諸大夫、品々にいかめしくて饗したり(=六位の衛府の武官や諸大夫まで、それぞれの身分に応じてりっぱにごちそうした)〈宇津保・吹上下〉 読解「諸大夫」は四位・五位の官人。
語誌 令制では衛門府・左右衛士府・左右兵衛府の五衛府だったが、奈良時代には中衛府・授刀衛(のちの近衛府)・外衛府が加わり、八衛府となった。平安初期に左右近衛府・左右衛門府・左右兵衛府の六衛府制となり、以後継続された。〈池田尚隆〉

ゑ・ふ【酔ふ】 ウエ・ウヨ 動(ハ四) ❶酒に酔う。例飲み酔ひ留まり伏し寝ねき(=酒を飲んで酔ってその場に横になって寝た)〈記・上・神代〉
❷乗り物に酔う。乗り物に揺られて気分が悪くなる。例三人ながら酔ひぬれば(=三人とも車に酔ってしまったので)〈今昔・二八・二〉 読解 牛車に初めて乗った武士たちの様子。
❸中毒する。例和太利といふ茸こそ、人それを食ひつれば、酔ひて必ず死ぬる(=和太利というキノコは、人がそれを食べてしまうと、中毒して必ず死ぬ)〈今昔・二八・一八〉
❹心を奪われる。陶酔する。例物に酔ひたる心地して、うつ伏しに伏せり(=何かに心を奪われたような感じがして、うつ伏せにひれ伏している)〈竹取〉
語誌 発音は、ハ行転呼現象などにより「えう」となり、さらに長音化して「よう」と変わった。〈鈴木宏子〉

ゑ-ぶくろ【餌袋】 エ 名 ❶鷹狩りに使う鷹の餌を入れる容器。例のきばうつ真白のたかの餌袋に招餌もささでかへしつるかな〈金葉・雑上〉❷(①から転じて)外出のときに、菓子や乾し飯などを持ち運ぶ袋。例餌袋なる物取り出で食ひなどするほどに〈蜻蛉・中〉

ゑふ-づかさ【衛府司】 エフ 名 衛府の役所。また、衛府の官人。例若き衛府司たちは、などか乱れたまはざらむ〈源氏・若菜上〉

ゑ-ぶっし【絵仏師】 エ 名 仏画の製作、仏像の彩色などを専門にする画師。

ゑふ-の-かみ【衛府の督】 エフ 名 六衛府の長官の総称。近衛府では大将、兵衛府・衛門府では督という。例この男のこのかみ(=兄)も衛府の督なりけり〈伊勢・八七〉

ゑふ-の-くらうど【衛府の蔵人】 エフ-クロウド 名 六衛府の武官で蔵人を兼務する人。例伊豆守、そのころはいまだ衛府の蔵人でおはしけるが〈平家・四・競〉

ゑふ-の-すけ【衛府の佐】 エフ 名 六衛府の次官の総称。近衛府では中将・少将、兵衛府・衛門府では佐という。例舞人は、衛府のすけどもの、容貌清げに丈だち(=背丈)等しきかぎりを選らせたまふ〈源氏・若菜下〉

ゑ-ぼし【烏帽子】 ⇩えぼし

ゑ-ほん【絵本】 エ 名 ❶絵をかくための手本。例この障子の絵本ども、鴨居殿の御倉にぞ侍るなる〈著聞集・一一・三八四〉❷江戸時代、さし絵を主とした通俗的な読み物。絵草紙(絵双紙)。

ゑ-ま【絵馬】 エ 名 願い事や報謝のために馬の絵を板などにかいて寺社に奉納したもの。神馬奉納の代用だったが、のちには馬の絵以外の絵もかかれるようになった。例板に書きたる絵馬あり〈今昔・二三・三四〉

ゑま・し【笑まし】 エマシ 形(シク)〔動詞「ゑむ」の形容詞形〕ほほえましい。例見るに笑ましく、世の中忘るる心地ぞしたまふ〈源氏・藤裏葉〉

ゑまは・し【笑まはし】 エマワシ 形(シク)〔連語「ゑまふ」の形容詞形〕ほほえましい。例さ百合の花の笑まはしきかも〈万葉・一八・四〇八六〉

ゑまひ【笑まひ】 エマイ 名 ❶ほほえむこと。微笑。例我妹子が笑まひ眉引き(=眉の様子)面影にかかりてもとな(=しきりに)思ほゆるかも〈万葉・一二・二九〇〇〉
❷花が咲くこと。例花のゑまひのくちびるも見ず春くれど野辺の霞につつまれて〈永久百首〉

ゑま・ふ【笑まふ】 ウエマ・ウエモ 〔動詞「ゑむ」の未然形＋上代の反復・継続の助動詞「ふ」〕❶ほほえむ。例心には思ひ誇りて笑まひつつ渡る間に〈万葉・一七・四〇一一〉❷花が咲く。花のつぼみがほころびる。例梅柳常よりことに敷き栄え笑まひ開きて〈続日本後紀・嘉祥二年三月〉

ゑみ【笑み】 エミ 名 ❶ほほえむこと。笑うこと。笑顔。例ぬばたまの(枕詞)黒髪変はり朝の笑み夕へ変はらひ〈万葉・一九・四一六〇〉❷花が咲くこと。また、実が熟しきって割れること。例白き花ぞ、おのれひとり笑みの眉ひらけたる(=自分一人心地よげに咲いている)〈源氏・夕顔〉

ゑみ-こだ・る【笑みこだる】 エミ 動(ラ下二) 笑い転げる。笑い崩れる。例横座(=上座)の鬼、盃を左の手にもちて、笑みこだれたるさま、ただこの世の人のごとし〈宇治拾遺・一・三〉

ゑみ-さか・ゆ【笑み栄ゆ】 エミ 動(ヤ下二) 満面に笑みを浮かべる。喜んでにこにこ顔になる。例老い忘れ齢のぶる心地して、笑みさかえて〈源氏・明石〉

ゑみ-ひろご・る【笑み広ごる】 エミ 動(ラ四) 満面に笑みを浮かべる。しまりのないほど笑う。例女ばら(=女房たち)物の背後に近づき参りて、笑みひろご

りてゐたり〈源氏・宿木〉

ゑみ-まが-る【笑み曲がる】エミ— 動(ラ四) 眉を曲げて笑う。満面に笑みを浮かべる様子。例青柳の(ヨウナ)細き眉根を **笑み曲がり**〈万葉・一九・四一九二〉

ゑみ-ま・く【笑み設く】エミ— 動(カ下二) 笑顔になる。うれしさににこにこする。例生女ばら(=つまらない女房たち)なども**笑みまけ**て〈源氏・末摘花〉

ゑみ-ゑみ【笑み笑み】エミエミ 副 笑みを含んださま。また、気味の悪い笑いを浮かべるさま。にこにこ。にたにた。例(老婆ガ)御簾をやをら(=そろそろと)引きあげて、**ゑみゑみ**として〈著聞集・一六・五三三〉

ゑ・む

【笑む】エム 動(マ四) ❶**にっこり笑う。ほほえむ。笑い顔になる。**例花のごと **笑みて**立てれば(=花のようにほほえんで立っているので)〈万葉・九・一七三八〉

❷(比喩的に)**花のつぼみがほころびる。**また、栗のいがなどが熟して口を開く。例花の**ゑめる**を 見れば(=花のつぼみがほころびているのを見ると)〈曾丹集〉

類義 ①②わらふ

一語誌 ①は口もとをほころばせる感じ。声に出す「わらふ」に対して、「ゑむ」は声を立てないとされるが、実際の用例ではその区別は厳密ではない。〈鈴木宏子〉

絵巻 ゑまき エマキ 絵巻物とも。横長の巻物を右から左へと繰り広げながら鑑賞する形式の絵画作品。多く詞(文章)と絵からなり、一般的には、まず詞を置き、次にこれに対応する絵を置く、というふうに詞と絵を交互に配列する。

●**展開**　**[奈良・平安時代]**　絵巻の最も古い遺品は八世紀ごろの『絵因果経』で、中国渡来の原本を模写したものである。十〜十一世紀になると、仮名文学の隆盛とともに物語絵巻などが盛んに制作・鑑賞され、絵巻の表現や技法は発達していったと考えられるが、この時期の作品は伝わっていない。十二世紀に至ると絵巻は黄金期を迎え、『源氏物語絵巻』『信貴山縁起絵巻』『伴大納言絵巻』などの傑作が生み出される。

[鎌倉時代以降]　鎌倉時代には多様な主題の絵巻が数多く作られた。宮廷を中心として『紫式部日記絵巻』など王朝文化を素材とする作品の制作が続けられ、また武士の時代を反映して『平治物語絵巻』『蒙古襲来絵詞』などの合戦絵巻も生み出された。この時代の特色を最もよく示すのは宗教的主題の絵巻である。『春日権現験記絵』などの社寺縁起絵巻は、社寺の創建の由来や霊験などを説いたもの、『一遍聖絵』など高僧伝絵巻は、仏教の諸宗派が祖師・高僧の伝記を描き出したものである。室町時代には御伽草子絵巻が作られた。

●**段落式と連続式**　絵巻はふつう両手に広げ持って巻きながら見ていく。繰るにつれて詞や絵が次々に現れてくる。詞も絵も横幅はさまざまである。『源氏物語絵巻』は絵の横幅はどれも両手を広げた幅の中に収まる。このような絵巻を段落式という。一方、『信貴山縁起絵巻』の絵の横幅は何メートルにも及ぶ。このような絵巻を連続式という。

段落式絵巻では、手を止めてじっと画面を見入る鑑賞者が、画中人物に感情移入したり、人物の姿態や画面の色調・構図から人物の心情や場面の雰囲気を読み取ったりできるように、類型的な人物表現(⇩引目鉤鼻)や、絵の具を塗り重ねながら緻密に画面を構成していく技法(つくり絵)を採ることが多い。屋根や天井を取り払って室内を斜め上方から見下ろしたように描く吹抜屋台という方法もよく用いられる。一方、繰るにつれて画面が次々に展開しストーリーを語っていく連続式絵巻には、表情豊かな人物表現や、躍動感ある筆致がふさわしい。題材も、段落式は物語を、連続式は説話を扱うのに適している。

●**詞の作り方**　社寺縁起絵巻や高僧伝絵巻などの詞は、資料・伝承などをもとに書き下ろしたものも多いが、既存の物語・日記・説話などを絵巻化する場合は、原典に手を加えて詞を作ることが多い。たとえば『源氏物語絵巻』は、『源氏物語』から一〇〇ほどの場面を選び出し、各場面を詞と絵で表したもの(現存するのは一部)であるが、その詞は、『源氏物語』から抜き出した本文に、ところどころ省略・改変を施して作られている。〈木谷眞理子〉

ゑ-もん【衛門】エ— 名「衛門府」の略。また、「右衛門府」の略。

ゑもん-の-かみ【衛門の督】エモン— 名 衛門府の長官。定員は左右各一人。弘仁二年(八一一)以後は従四位下相当だが、中納言・参議が兼任することが多い。例まことや(=そうそう、そう言えば)、**衛門の督**は中納言になりにきかし〈源氏・若菜下〉

ゑもん-の-すけ【衛門の佐】エモン— 名 衛門府の次官。定員は左右各一人。例かの昔の小君、今は**衛門の佐**なるを召し寄せて〈源氏・関屋〉

ゑもん-ふ【衛門府】エモン— 名 令制で、宮中の諸門の警備・開閉などにあたる役所。平安初期に左右二府となり、おのおの督・佐・尉・志などの職員を置く。左衛門府・右衛門府はそれぞれ六衛府の一つ。

ゑ-やう【絵様】エヨウ 名 ❶絵の下書き。また、絵図面。例ものの**絵様**遣るとて〈枕・雨のうちはへ降るころ〉 ❷模様。図柄。例鴛鴦の、波の綾に文をまじへたるなど(=波紋に模様をつけ加えているさまなど)、物の**絵様**にも描き取らまほしきに〈源氏・胡蝶〉

ゑら・くエラク 動(カ四) 喜び楽しんで笑う。例いかにぞ天鈿女命かく**ゑらく**や〈紀・神代上〉

ゑら-ゑら-にエラエラ— 副 機嫌よく。にこにこ。例**ゑらゑらに** 仕へまつるを 見るが貴さ〈万葉・一九・四二六六〉

ゑ・る【彫る】エル 動(ラ四) ❶ほりつける。字や模様などを刻みつける。例御足跡すらを 我はえ見ずて石に**彫りつく**〈仏足石歌〉 ❷表面を刻み、金銀珠玉をはめこむ。例白き(=白瑠璃の壺)には梅を**彫り**て〈源氏・梅枝〉 ❸木や岩を掘り抜く。くりぬく。例寺の仏前の柱を**ゑり**て、その中に奉納して〈著聞集・二〇・六八〇〉

ゑ-わら・ふ【ゑ笑ふ】 動(ハ四) にこにこしたり、声を立てたりして笑う。例(先輩格ノ女房タチハ)御文とりつぎ、たちゐ、いきちがふさまなどのつつましげならず(=遠慮のない様子で)、ものいひ、ゑ笑ふ〈枕・宮にはじめてまゐりたるころ〉

ゑん-あう【鴛鴦】 名〔「鴛」は雄、「鴦」は雌〕水鳥の名。オシドリ。⇩をし(鴛鴦)

【鴛鴦の契り】 夫婦仲のむつまじい関係。例互ひに鴛鴦の契り浅からずして、明かし暮らさせたまふ〈御伽草子・浦島太郎〉

ゑん-が【垣下】 名「ゑんか」「ゑが」とも。朝廷や貴族の家で催される宴会で、主賓以外の相伴する人。例君達の、斎院の垣下にとて、昼の装束うるはしうして(=束帯をきちんと整えて)〈枕・祭のかへさ〉

円覚寺 名 相模国、今の神奈川県鎌倉市の寺。臨済宗。弘安五年(一二八二)北条時宗の創建。開山は無学祖元。鎌倉五山の第二。

ゑん-ごく【遠国】 名「をんごく」に同じ。

ゑん-ざ【円座】 名 藁・菅・藺などで、平らな渦巻き状に編んだ円形の敷物。例僧寄りて円座に居れば〈今昔・一七・三三〉類義わらふだ

ゑん-じゃく【円寂】 名動(サ変)『仏教語』〔円満に寂滅する意〕涅槃に入ること。転じて、僧が死ぬこと。例にはかに病に侵され、円寂したまひけるとかや〈太平記・四〉

ゑん-しゅう【円宗】 名 天台宗の別称。円頓宗。例北嶺(=比叡山)は円宗一味の学地(=学問の地)〈平家・四・山門牒状〉

ゑん・ず

【怨ず】 動(サ変)〔漢語「怨」のサ変動詞化〕相手に対して不満の気持ちをもつ。また、その気持ちを相手に示す。恨む。嫉妬する。恨みごとを言う。例(a)恨むべきふしぞ、げにことわりとおぼゆるふしを、やがて長く思ひつめて深く怨ぜられしこそ、いと苦しかりしか(=恨むのも当然だ、それもしかたがないと思うことでも、そのままいつまでも思い詰めて深く恨み通されたのは、まったくつらかった)〈源氏・若菜下〉例(b)言ひ知らせぬをば怨じ、そしり(=話して知らせないことを恨み、悪口を言い)〈枕・にくきもの〉

語誌▶「怨ず」と「恨む」 「恨む」とほぼ同じ意で、例(a)のように同時に用いられることも少なくない。ただし、「恨む」のほうが内向する感じで、「怨ず」は口に出して文句を言う意のことが多い。恨みの程度は「恨む」のほうが概して深い。〈池田節子〉

ゑん-すい【淵酔】 名「ゑんずい」とも。❶深く酔うこと。例太子淵酔によりてこの事を知りたまはず〈十訓抄・六・四〉❷平安時代以降、陰暦の正月三が日の吉日、十一月の五節の寅の日、臨時の大礼などの後、天皇が殿上人を清涼殿に召して催す酒宴。歌舞などをして楽しんだ。例(正月)二日、殿上の淵酔もなし〈平家・六・新院崩御〉

ゑん-たう【遠島】 名❶陸地から遠く離れた島。例(生マレタ子ヲ)官人に仰せつけて、遠島に捨てけり〈曾我・六〉❷江戸時代の刑罰の一つ。島流し。死刑に次ぐ重刑で、令制の遠流にあたる。伊豆七島(東京都)・五島(長崎県)・隠岐(島根県)・壱岐(長崎県)などがその地となった。

ゑん-どん【円頓】 名『仏教語』すべてを円満に備え、速やかに悟りに入ること。また、その教え。天台宗で、自宗や、根本経典の法華経などをさしていう。例学するところはこれ円頓一味の教門に同じ〈平家・四・山門牒状〉

ゑん-りょ【遠慮】 名❶将来に対する深い思慮。例祖師に遠慮なきにあらず〈正法眼蔵・渓声山色〉❷他人に対して、言葉遣いや動作を控えめにすること。例汝に対して物語をいたすこと、少し遠慮に候へども〈都鄙問答・一〉❸江戸時代、武士・僧に対する刑罰の一つ。軽い謹慎刑。門を閉じて邸内に籠もっていなければならないが、夜間にはくぐり戸からの出入りが許された。「逼塞」より軽い。

を-【小】 接頭❶名詞について、小さい、細かい、の意を添える。また、語調をやわらげ、親愛の気持ちを添える。「小川」「小舟」「小筑波」など。❷動詞・形容詞について、少し、いささか、の意を添える。「小暗し」「小止む」など。

を【尾】 名❶獣や鳥などのしっぽ。例あしびきの(枕詞)山鳥の尾のしだり尾の(ここまで序詞)ながながし夜をひとりかも寝む〈拾遺・恋三〉➡名歌24 ❷山の裾の延びた所。例山桜わが見に来れば春霞峰にも尾にもたち隠しつつ〈古今・春上〉❸隠していた失敗やごまかし。ぼろ。例今は内証(=内情)に尾が見えて〈西鶴・日本永代蔵・二・三〉

を

【牡・雄・男・夫】 名〔「め(牝・雌・女・妻)」の対〕❶男。男性。夫。動物などのオスにもいう。例(a)あはもよ 女にしあれば なをきて 男はなし(=私はまあ、女であるので、あなた以外に夫はいない)〈記・上・神代・歌謡〉例(b)昔者、気長足姫尊、男を為したまふに(=昔、気長足姫尊が、男性の服装をなさると)〈肥前風土記〉読解気長足姫尊は神功皇后。出陣にあたって男装し、武装を整えたという。例(c)齢九つばかりなる男の童、齢よりは幼くぞある(=年が九つばかりである男の子で、年よりも幼くている)〈土佐〉例(d)雄鹿を鳴くなり妻が目を欲り(=雄の鹿の鳴く声が聞こえる。妻に逢いたがって)〈万葉・一〇・二一四九〉❷陽。陰陽を対としていう。陰陽は、天地の間にあって万物を生成する根本となる二つの気。例古に天地いまだ剖かれず、陰陽分かれざりしとき(=昔、天

地がいまだに分かれず、陰と陽も分かれていなかったとき)〈紀・神代上〉

[語誌] 一音節の語であるため、単独で用いることは少ない。接頭語的に用いて「牡鹿」「男餓鬼」などと動物や魔物のオスを表す場合や、「醜男」などと複合語の下部につく場合もある。平安時代以降は、「をのこ」「をのわらは」「しづのを」などの語に残るが、用いられる範囲は狭くなり、男性一般を表す語としては「をとこ」がこれに替わった。〈米山敬子〉

を【峰・丘・岡】 オ [名] ❶尾根。峰。[例]向かつ峰の若桂の木〈万葉・七・一三五九〉 ❷山の小高い所。おか。[例]わが逃げ登りし あり(=そこにある)丘の 榛の木の枝〈記・下・雄略・歌謡〉

を【麻・苧】 オ [名] 植物の名。麻の別称。また、麻や苧からとった繊維。[例]麻をよりてかひなきものは落ち積もる涙の玉を貫かぬなりけり〈土佐〉

を【緒】 オ [名] ❶糸や紐などの総称。❷琴などの楽器や弓などに張る弦。[例]弾くにはあらで、緒などを手まさぐりにして〈枕・無名といふ琵琶の御琴を〉 ❸履物にすげる紐。鼻緒。[例]履などに、「緒すげさせ…」など〈枕・四月、祭の頃〉 ❹長く続くこと。また、長く続くもの。「年の緒」「息の緒」などと用いる。❺(「玉(魂)の緒」の意から)生命。[例]おのが命を盗み(=ひそかに)殺せむと〈記・中・崇神・歌謡〉

を オ [感] 人に答えるときに発する語。はい。[例]「こなたに(=こちらに)」と召せば、「を」と、いとけざやかに聞こえて(=はっきりと申し上げて)〈源氏・行幸〉

を

❶ [格助] ❶動作の対象を表す。〜を。[例]月を見ては、いみじく泣きたまふ(=月を見ては、ひどくお泣きになる)〈竹取〉

❷通過する場所を表す。〜を。[例]阿波の水門を渡る(=阿波の海峡を渡る)〈土佐〉

❸経過する時を表す。〜を。[例]雪の、日をへて降るころ(=雪が、幾日も降るころ)〈更級〉

❹動作の起点を表す。〜から。[例]家をもいで世をものがれたりせば(=家から出て、出家でもしていたとしたら)〈平家・一・二代后〉

❺(「〜を〜み」の形で)意味の上では主語にあたる語を示す。[例]采女の袖吹きかへす明日香風京を遠み(=都が遠いので)いたづらに吹く〈万葉・一・五一〉 ↓名歌88

❻慣用表現を作る。「音を泣く」「寝を寝」など。

❷ [接助] ❶逆接。前後の事柄の対立的であることを表す。〜のに。〜が。[例](a)玉ならば手にも巻かむをうつせみの(枕詞)世の人なれば手に巻きかたし(=玉ならば手にでも巻きつけようが、この世の人なので手に巻くことができない)〈万葉・四・七二九〉 [例](b)父はこと人にあはせむといひけるを、母なんあてなる人に心つけたりける(=父はほかの男と結婚させようと言ったが、母は高貴な人にと心がけていた)〈伊勢・一〇〉

❷順接。後の事柄の理由を表す。〜ので。〜から。[例]この女の童は、絶えて宮仕へつかうまつるべくもあらずはんべるを、もてわづらひはべり(=この娘子は、まったく宮仕えをいたしそうにもございませんので、困っております)〈竹取〉

❸ [間助] 文節の切れ目で、詠嘆の意や強く訴える気持ちを添える。意志・希望・命令などの表現に多く用いられる。〜ね。〜よ。[例]萩が花散るらむ小野の露霜にぬれてをゆかんさ夜はふくとも(=今ごろは萩の花も散っているだろうが、その野原の露や霜にぬれながらね、行こうよ、たとえ夜は更けても)〈古今・秋上〉

[接続]▶ 1は体言、活用語の連体形に、2は活用語の連体形に、3は種々の語につく。

[語誌] ▼123のつながり 12の用法は3から分化したとみられる。123それぞれのつながりが強く、各用法の見分けのつけにくい例が多い。1の⑤には3の間投助詞と見る説もある。間投助詞は文末にも用いられるが、後へ続く形の2の接続助詞にも、文の末に倒置されている場合や後句が省略されて文の末に位置する場合があり、2とみるか、3とみるかなど、扱いの揺れることも少なくない。

▼接続助詞「を」の特徴 2の接続助詞の用法は順接・逆接にまたがるが、そのいずれにしても、接続助詞「に」などに比べて、情意性・主張性の強いものであったたろう。〈山口堯二〉

をい オイ [感] 「おい」「おひ」とも。はっと気づいたときに発する語。おや。おお。[例]おい、この君にこそ〈枕・五月ばかり、月もなういとくらきに〉

をい-をい オイオイ [感] 「おいおい」とも。❶応答・承諾のときにいう語。はいはい。[例]「おいおい、さなり(=そのとおりだ)、さなり」と宣ふほど〈栄花・月の宴〉 ❷人に呼びかけるときにいう語。おういおうい。[例]阿弥陀仏よや、をいをい〈今昔・一九・一四〉 ❸大声で泣く声。[例]をいをいと泣きたまふ〈落窪・二〉

をう オウ [感] 「おう」「わう」「をを」「あふ」などとも。❶応答・承諾のときにいう語。はい。[例]涙の落つるを恥づかしと思ひて、「をを」と荒らかに聞こえゐたり(=申し上げている)〈源氏・夢浮橋〉 ❷驚いたり感動したりしたときに発する語。ああっ。おおっ。[例]「得たり(=うまくやった)、をう」と言ひて〈今昔・二七・三五〉 ❸人に呼びかけるときにいう語。おい。

をう-ご【擁護】 オウ― [名][動](サ変)『仏教語』神仏などが衆生を助け守ること。[例]神明三宝の威光も消え、諸天も擁護したまはず〈平家・六・入道死去〉

を-うと【夫】 オ― [名](「をひと」のウ音便形)夫。[例]兄と夫と誰をか志深く思ひたまふ〈水鏡・垂仁〉

をう-な【女】 オウナ [名](「をみな」のウ音便形)女。女性。[例](小野小町ノ歌ハ)よきをうなのなやめる(=病気で苦しむ)ところあるに似たり〈古今・仮名序〉

をう-をう オウオウ [感] 「おうおう」「ををを」「おおお」などとも。❶わめき騒ぐ声。泣き叫ぶ声。[例]「阿弥陀仏、我を殺す人ありや、をうをう」とぞ、音を挙げて叫びける〈今昔・二〇・一三〉 ❷応答するときにいう語。[例]おうおうといへど敲くや雪の門〈俳諧・去来発句集〉↓名句34 ❸相づちを打ったり、何か思いついたときにいう語。[例]「坊はいい子だ」「ををを、いいお子とも」〈滑稽本・浮世風呂・三下〉

をか

【丘・岡・陸】 オカ [名] ❶周囲より小高くなっている土地。山よりは低いもの。丘。岡。[例]この岡に 菜摘ます児 家聞かな 名告らさね(=お名のりなさい)〈万葉・一・一〉↓名歌168

❷陸地。例丘の上に舟を引き上げて、夜を明かす(=夜が明けるのを待つ)〈更級〉❸(②から転じて)浴場の洗い場。流し。例「さあさあ(浴槽カラ)出よう出よう」とをかへ出ると〈滑稽本・浮世風呂・二上〉❹(接頭語的に用いて)第三者的であること、かたわらの存在であることを示す。対象と正しく向き合う関係でないところから、正当でない、不当である、という印象が与えられることがある。「岡目」「岡焼き」「岡惚(ぼ)れ」「岡場所」など。〈多田一臣〉

をか【陸】(オカ) 名 ❶(海に対して)陸地。例鳴海潟(なるみがた)をかをめぐりて行く人は〈夫木・三五〉❷銭湯の洗い場。例「さあさあ、出よう出よう」と、をかへ出ると〈滑稽本・浮世風呂・二上〉

を-がき【男餓鬼】(オ―) 名 男(おとこ)の餓鬼。例寺々の女餓鬼(めがき)申さく大神(おほみわ)の男餓鬼賜(たば)りて(=いただいて)その子産まはむ〈万葉・一六・三八四〇〉

を-かきつ【小垣内】(オ―) 名(「を」は接頭語)垣根の中。例小垣内の麻を引き干し〈万葉・九・一八〇〇〉

岡崎(をかざき)(オカザキ)《地名》❶三河国、今の愛知県岡崎市。徳川家発祥の地で、矢作(やはぎ)川に沿う城下町として発達。江戸時代は東海道の宿駅が置かれた。❷山城国、今の京都市左京区岡崎。平安神宮などがある一帯。例都を見立て、岡崎の奥に楽隠居をかまへ〈西鶴・武道伝来記・六・一〉

をかし【犯し・侵し】(オカシ) 名 法や規則などを破ること。罪を犯すこと。例前(さき)の世の報いか、この世の犯しか〈源氏・明石〉

をか・し

(オカシ) 形(シク) 普通とは異なっている様子や物事に接して、滑稽(こっけい)に思ったり好意的に感じたりするさまを表す。

❶滑稽(こっけい)だ。おかしい。ばかばかしくて笑いたくなる。例「我を『足白き盗人』とつけたりつるこそ、をかしかりつれ」など、ただ二人語らひて笑ひたまふ(=「私を『足の白い盗人』と名付けていたことも、おかしかった」などと言って、ただ二人で話してお笑いになる)〈落窪・一〉

❷興味深い。感興をおぼえる。例忍びたまふ御仲らひのことなれど、おのづから、人のをかしきことに語り伝へつつ(=隠しておいでになるご縁組のことであるが、自然と、人が興味深いこととして語り伝えるにつれて)〈源氏・真木柱〉

❸趣がある。風情がある。風流だ。例雁(かり)などのつらねたるが、いとちひさくみゆるはいとをかし(=雁などで並んでいるものが、たいそう小さく見えるのはとても風情がある)〈枕・春はあけぼの〉

❹人柄・容姿などが魅力的だ。すぐれている。りっぱだ。かわいらしい。例(a)かたちいとをかしげに、心ばへもをかしう(音便形)おはす(=容貌がほんとうにいかにもすばらしく、気性も魅力的でいらっしゃる)〈枕・成信の中将は〉例(b)梳(けづ)ることをうるさがりたまへど、をかしの御髪(ぐし)や(=櫛(くし)でとかすことをいやがりなさるけれど、なんとかわいらしい御髪ですこと)〈源氏・若紫〉読解語幹の用法。

❺奇異な感じだ。怪しげだ。変だ。妙だ。例ゆゑもなくしかる事を宣(のたま)ひしかば、をかしと思ひて止(や)みはべりにき(=理由もなくそのような事をおっしゃったので、変だと思ってそのまま終わってしまいました)〈今昔・二五・一〇〉

語誌 ▼理知的な価値判断 「あはれ」とともに平安時代の美意識を代表する語。「あはれ」が主観的・情緒的なしみじみとした感慨を表すのに対し、「をかし」は、通常とは異なる物事に対してある程度精神的な距離を置き、滑稽(こっけい)だ・趣がある・かわいらしい・妙だ、など理知的な価値判断を表すのに用いた。女流文学では、②〜④の意で用いることが多い。〈杉田昌彦〉

をかし-げ(オカシ―) 形動(ナリ)(「げ」は接尾語)❶いかにも情趣があるさま。風情があるさま。例いとよく鳴る琵琶(びは)のをかしげなるが〈枕・南ならずは東の〉❷いかにもかわいらしい。例いと小さき塵(ちり)のありけるを目ざとに(=目ざとく)見つけて、いとをかしげなる指(および)にとらへて〈枕・うつくしきもの〉❸怪しげだ。例をかしげなる藁人形(わらにんぎやう)を作りなして〈西鶴・日本永代蔵・四・一〉

をかし-やか(オカシ―) 形動(ナリ)(「やか」は接尾語)趣が深いさま。例をかしやかに気色(けしき)ばめる(=意中をほのめかしている)御文(ふみ)など〈源氏・少女〉

をか・す

【犯す・侵す・冒す】(オカス) 動(サ四)❶法律・規則・道徳などに背いた行為をする。悪事を行う。例八百(やほ)よろづ神もあはれと思ふらむ犯せる罪のそれとなければ(=数多くの神も気の毒に思っているだろう、犯した罪がこれといってないのだから)〈源氏・須磨〉読解須磨(すま)に流離した光源氏が上巳(じやうし)の祓(はら)えの日に詠んだ歌。この直後、突然暴風雨が起こる。罪なくして須磨の地にいることを嘆く光源氏のこの歌に神々が感応したのであろう。

❷不当に奪う。穢(けが)す。不法に入りこむ。侵害する。侵略する。例(a)おのが母(=自分の母)犯せる罪・おのが子犯せる罪〈祝詞・六月晦大祓〉例(b)異国(ことくに)の人の、いかでかこの国の土をばをかすべき(=他国の人が、どうしてこの国の地を侵害してよいだろうか)〈大和・一四七〉読解生田川(いくたがわ)伝説の一節。入水(じゅすい)した女性の塚のかたわらに求愛していた男性二人を埋葬しようとしたとき、一方の男の親が主張する言葉。「いかでか」は反語の意を表す。女性とは違う国の男の遺体をそこに埋めてはならないとする。

❸病気や眠けなどがとりつく。心や体を損なう。受身形で用いることが多い。例病(やまひ)に犯されぬれば、その愁へ忍びがたし(=病気にとりつかれてしまうと、その不安は耐えがたい)〈徒然・一二三〉

語誌 決められた範囲やよくないことといった、自他や善悪などの区別・範囲を乗り越えて侵犯する行為をいうが、その対象に侵入して危害を加えるばかりではなく、自身のものにしてしまう行為をいうこともある。〈林田孝和〉

尾形光琳(をがたくわうりん)(オガタコウリン)《人名》一六五八〜一七一六(万治元〜正徳六)。江戸時代の画家。京都の呉服商の家に生まれる。初め狩野(かの)派に学び、のち本阿弥光悦(ほんあみこうえつ)・俵屋宗達(たわらやそうたつ)に私淑して、華麗な装飾的画風を確立する。その意匠を用いた蒔絵や陶器の絵付けにも傑作を残した。「燕子花図屏風」「八橋蒔絵硯箱」「紅白梅図屏風」などがある。

をか-ばしょ【岡場所】｜名 江戸で、官許の吉原以外の遊里。吉原に対する岡の場所(脇の場所)の意で、深川などにあった。

をか-び【岡辺・岡傍】｜名「をかべ」に同じ。例ほととぎす鳴きて過ぎにし**をかび**から〈万葉・一七・三九四六〉

をか-べ【岡辺】｜名 丘のまわり。丘の近く。例高潮に怖ぢて、このごろ、娘などは**岡辺**の宿に移して住ませければ〈源氏・明石〉

を-かみ【尾髪】｜名「をがみ」とも。馬の、尾とたてがみの毛。特に、尾の毛。例**尾髪**を切り、金焼き(=焼印)して〈平家・四・競〉

をか-み【岡見・傍見】｜名 民間習俗の一つ。大みそかの夜、蓑をさかさに着て岡の上の木に登り、自分の家を見て来年の吉凶を占うこと。例言霊のおぼつかなさに**岡見**すと〈堀河百首〉

をがみ-うち【拝み打ち】｜名 刀の柄を拝むような形で両手で握り、振りかぶってまっすぐに切りおろすこと。拝み切り。例弁慶これを見て、もって開いて**拝み打ち**にちゃうど打つ〈幸若・高館〉

をが・む【拝む】

動(マ四) ❶**身を折ってかがめて礼をする。手を合わせて神仏に礼拝する。**例御社の方を**拝みきこゆ**(=御社の方角に礼拝し申し上げる)〈源氏・澪標〉❷**身分の上の人にお目にかかる。拝顔する。拝見する。**例睦月に**をがみたてまつらむ**とて、小野にまうでたるに、比叡の山のふもとなれば、雪いと高し(=一月にお目にかかり申し上げようとして、小野の地に参上したが、比叡山のふもとなので、雪がたいそう深い)〈伊勢・八三〉読解 出家してしまった惟喬親王を、それでも正月の拝謁だけは果たそうと昔男が出かけていく場面。

語誌「をろがむ」が変化した語か。そもそもは神仏や貴人に対する折に行う呪術的な動作をさす言葉であったらしい。〈林田孝和〉

を-がら【麻幹・苧殻】｜名 皮をはいだ麻の茎。盂蘭盆の供物の箸に作ったり、迎え火や送り火をたいたり、焼いて火口にしたりする。絵画の下絵の筆にもした。軽くて折れやすいことから、弱いものや軽いもののたとえにもいう。例悲しさや**麻幹**の箸も大人並み〈俳諧・続猿蓑・下〉読解 幼くして死んだ人を悼む句。

をぎ【荻】名 植物の名。イネ科の多年草。水辺や湿地に自生し、秋に穂をつける。和歌では、多く秋風に吹かれる葉音が詠まれる。例ものごとに秋のけしきはしるけれど(=はっきりとしているが)まづ身にしむは**をぎ**のうは風〈千載・秋上〉

荻生徂徠《人名》一六六六～一七二八(寛文六～享保一三)。江戸時代の儒者。「徂来」とも書く。字は茂卿。物部氏の子孫と称し、物茂卿などとも名のる。五代将軍綱吉の寵臣柳沢吉保に朱子学を奉じて仕えたが、のち古文辞学と呼ばれる独自の学説をたてる。江戸茅場町に塾を開き、その門流を「蘐園派」ともいう(「蘐」は、かやの意)。『蘐園随筆』や、詩文集『徂徠集』などがある。

を・く【招く】動(カ四)〔のちは「をぐ」とも〕まねく。呼び寄せる。例み冬継ぎ春は来たれど梅の花君にしあらねば**招く**人もなし〈万葉・一七・三九〇一〉

を-ぐし【小櫛】｜名〔「を」は接頭語〕くし。例別れ路に添へし**小櫛**を〈源氏・絵合〉

を-ぐな【童男・小男】｜名 男子。男の子。例しばらくありて一箇の**小男**ありて〈紀・神代上〉

を-くに【小国】｜名〔「を」は接頭語〕小さい国。また、国。例こもりくの(枕詞) 泊瀬の**小国**に 妻しあればく(=妻がいるので)〈万葉・一三・三三一一〉

を-ぐら・し【小暗し】｜形(ク)〔「を」は接頭語〕薄暗い。例山の方は**小暗く**、何のあやめも見えぬに(=物の見分けもつかないのに)〈源氏・宿木〉

巨椋の池《地名》山城国の池。平安京の南、今の京都市伏見区・宇治市・久世郡にまたがる広さを有した。宇治川・木津川・桂川が流れ込む遊水池だったが、豊臣秀吉の伏見城築城のとき、堤が築かれて池の規模が小さくなった。昭和時代に干拓され、住宅地となる。

小倉百人一首《作品名》鎌倉時代の秀歌撰。一巻。藤原定家撰。子息為家の舅宇都宮入道蓮生の要請で、文暦二年(一二三五)撰歌したことが知られるが、後人が若干の補訂を加えて現在の形になったと推定される。天智天皇から順徳院に至る百人の和歌を各一首ずつ集めたもの。内容は恋の歌が四三首と多く、四季では秋が最多。歌集では『古今和歌集』の二四首が多い。早くから王朝和歌の精粋と評価され、江戸時代は歌がるたとして普及、現在でも広く親しまれている。書名は、『小倉山荘色紙和歌』、また単に『百人一首』とも。

小倉山・小椋山《地名》歌枕 ❶山城国、今の京都市右京区嵯峨の山。西南を大井川(保津川)が流れ、対岸に嵐山がある。紅葉の名所。和歌では、その名から「小暗し」に掛けて詠まれることが多い。例**小倉山**峰のもみぢ葉心あらば今ひとたびのみゆき待たなむ〈拾遺・雑秋〉➡名歌442 ❷大和国、今の奈良県桜井市近辺の山とされるが、未詳。例夕されば**小倉の山**に鳴く鹿は今夜は鳴かず寝ねにけらしも〈万葉・八・一五一一〉➡名歌399

を-け【麻笥・桶】｜名 紡いだ麻糸を入れておく器。多く檜の薄板を曲げて円筒状に作る。例娘子らが 麻笥に垂れたる 績み麻なす(=紡いだ麻糸のように)〈万葉・一三・三二四三〉

をこ【痴・烏滸・尾籠】

名 形動(ナリ) ❶**愚劣なこと。思慮の足りないこと。体裁が悪いこと。**例人違へしては**をこならむ**(=人違いをしては体裁が悪いであろう)〈源氏・蓬生〉❷**したたかで不敵なこと。不届きなこと。**「をこの者」の形で用いることが多い。例(曾我五郎ハ)みぎはまさりの大力、**をこ**の者と聞きたり(=際立った大力で、したたか者と聞いている)〈曾我・九〉

語誌▼「烏滸」「尾籠」はあて字。「尾籠」はこれを音読して「びろう」という語ができた。▼平安時代の用例は、愚かだ、の意よりも、不体裁だ、の意味にとれる場合が多い。愚かさ自体をいうのではなく、他人の失笑を買う行動や考え方を、第三者的な眼で評価しているのである。

▼②は、他人をあきれさせるほどその人物の特質がはなはだしいさまをいい、非難する場合にも賞賛する場合にも用いる。〈藤本宗利〉

をこ-がま・し【痴がまし・烏滸がまし】 形(シク)〔「がまし」は接尾語〕❶ばからしく見えるさま。みっともない。笑いものになりかねない。例**をこがましき**こともこそ(=みっともないことになりはすまいか)と思すに〈源氏・空蟬〉 ❷差し出がましい。思い上がっている。例烏許**がましく**候へども、それがしが(=私の)父落鮎岩水員種とよばれしもの、すなはち豊島の家臣なり〈読本・八犬伝・八・八五〉

をこ-が・る【痴がる・烏滸がる】 動(ラ四)〔「がる」は接尾語〕ばからしく思う。ばかにする。例男ども、**をこがり**あざけりて〈宇治拾遺・三〇〉

を-ごけ【麻小笥】 名「をけ」に同じ。

を-ごころ【雄心】 名 男らしい心。勇気ある心。例天地に少し至らぬますらをと思ひし我や(恋ノセイデ)雄心もなき〈万葉・一二・二八七五〉

をこ-づ・く【痴づく】 動(カ四)❶ばかげて見える。風采が上がらない。例腰屈まりて**をこづき**てなむありし〈今昔・二六・二六〉 ❷ばかにする。例男どもこれを聞きて、**をこづき**嘲りて〈今昔・一〇・三六〉

をこつ・る【誘る】 動(ラ四)人をそそのかす。だましてさそう。機嫌を取る。例この文の気色なく(=この手紙をほしそうな様子を見せずに)**をこつ**り取らむの心にて〈源氏・夕霧〉

をこ-め・く【痴めく・烏滸めく】 動(カ四)〔「めく」は接尾語〕ふざける。おどける。ばかに見える。例**をこめい**(音便形)たまへる大臣にて、ほほ笑みて(軽口ヲ)のたまふ〈源氏・常夏〉

をご-め・く【蠢く】 動(カ四)⇩おごめく

をこ-ゑ【痴絵・烏滸絵】 名 見る人の笑いを誘う、機知に富んだ即興的な絵。戯画。例世に並びなき**をこ絵**の上手といふ名を立ちて〈今昔・二八・三六〉

をさ

【長】 名 集団やある特定の区域などの統率者である人。頭。長。主に上にその集団を表す名詞をつけて「〜(の)をさ」の形で用いる。例船の長しける翁、月日ごろの苦しき心やりに詠める(=船の長をした老人が長い月日の苦しい心の慰めに詠んだ歌)〈土佐〉 読解 ここは乗客の一団の長。

語誌 動詞「をさむ(治む)」や形容詞「をさをさし」は、この「をさ」から派生した語。〈米山敬子〉

をさ【筬】 名 織機の付属具の一種。縦糸を整えて、横糸を織り込むのに用いる。竹の小片を、横長の框の中に櫛の歯のように並べたもの。例須磨の海人の塩焼き衣の**をさ**をあらみ(=粗いので)〈古今・恋五〉

筬〔機織図〕

をさ-あい【幼児】 名「をさない」に同じ。例**をさあい**の心にさへ親の御恩をおぼしめす〈御伽草子・唐糸草紙〉

をさぎ【兎】 名《上代語》「うさぎ」の東国方言。例等夜の野に**をさぎ**ねらはり(=ねらうように)〈万葉・一四・三五二九〉

を-ざさ【小笹】 名〔「を」は接頭語〕笹。例分け来つる小笹が露のしげければ〈千載・恋三〉

をざさ-はら【小笹原】 名「をざさがはら」とも。笹の生い茂っている原。例小笹原風待つ露の消えやらで(=消えてしまわないで)〈新古今・雑下〉

をさな【幼】 〔形容詞「をさなし」の語幹〕子どもじみていること。幼いこと。感嘆の表現として用いることが多い。例いで、あな幼や〈源氏・若紫〉

をさない【幼児】 名〔形容詞「をさなし」の連体形のイ音便形から〕幼児。おさなご。例**をさない**たちをば都に棄ててぞ落ちられける〈義経記・一〉

をさな-おひ【幼生ひ】 名 幼いときの成長ぶり。幼いときの様子。例中納言の宮腹の(=母が皇女である)姫君こそ、**幼生ひ**めでたく〈住吉・上〉

をさな-ごこち【幼心地】 名 子ども心。例**幼心地**にも、はかなき花・紅葉につけても心ざしを見えたてまつる(=お見せ申し上げる)〈源氏・桐壺〉

をさな・し

【幼し】 形(ク)〔「長無し」の意〕❶幼少だ。年端がいかない。小さい。例**幼き心地**に(=子ども心にも)母君を忘れず〈源氏・玉鬘〉

❷年齢以上に幼い。精神的に幼い。㋐姿・様子が子どもっぽい。例女宮は、いとらうたげに**幼き**さまにて(=女宮は、たいそうかわいらしく子どもっぽい様子で)〈源氏・若菜上〉

㋑考え方が未熟だ。愚かだ。例(亡クナッタ)女子のためには、親、**幼く**なりぬべし(=娘のためには、親は、きっと愚かになるにちがいない)〈土佐〉

類義 ①②いとけなし・いはけなし・わかし

語誌 実際の年齢以上に幼稚だというマイナスの意で用いられることが多い。〈白石佳和〉

をさな・ぶ【幼ぶ】 動(バ上二)〔「ぶ」は接尾語〕幼く見える。子どものように思える。例いとほしやさらに心の**幼び**て魂切れらるる(=魂がちぎれるような)恋もするかな〈山家集・下〉

小沢蘆庵 《人名》一七二三〜一八〇一(享保八〜享和元)。江戸時代の歌人。本名玄中。冷泉為村に学んだが、のちに破門された。『古今和歌集』仮名序にいう「ただこと歌」を理想とし、香川景樹らに影響を与えた。家集に『六帖詠草』、歌論に『塵ひぢ』など。

をさま・る【治まる・収まる・納まる】 動(ラ四)❶乱れ・騒動などがしずまる。例世もめでたく**をさまっ**(音便形)て〈平家・五・富士川〉 ❷気持ちがしずまる。例誰も誰も、あるかぎり心**をさまら**ぬほどなれば〈源氏・賢木〉 ❸適当な場所や位置にきちんと入る。物事が片づく。決着がつく。例とかく食物が**納まり**かねまして〈滑稽本・浮世風呂・前上〉 ❹薄らぐ。消える。例月は有り明けにて光**をさまれ**るものから

人。例いづこにかをちかた人は宿るらん〈壬二集〉

をち-かへ・る【復ち返る】動(ラ四)❶若返る。よみがえる。例老いぬともまたをち反へり君をし待たむ〈万葉・一二・三〇四三〉❷元に戻る。繰り返す。例暁の寝覚めの千鳥誰がためか佐保の河原にをちかへり鳴く〈拾遺・雑上〉

をち-こち【彼方此方・遠近】名❶遠くと近く。あちこち。例遠近の人、皆来たりてこれを聞く〈今昔・六・三三〉❷未来と現在。例またまつく(枕詞)をちこち兼ねて言は言へど〈万葉・四・六七四〉

をちこち-びと【彼方此方人】名あちらこちらにいる人々。例をちこち人に問ひたまへば〈御伽草子・小町草紙〉

をち-ど【越度】名「をっど」とも。手落ち。過ち。例今までおのおのを見知らざりけるこそ越度なれ〈保元・中〉

をぢ-な・し形(ク)劣っている。考えが浅い。臆病だ。例をぢなきことする船人にもあるかな〈竹取〉

をち-みづ【復ち水・変若水】名飲むと若返るとされる水。月の神が持っていると考えられていた。例月読みの 持てるをち水 い取り来て 君に奉りて〈万葉・一三・三二四五〉

越智越人《人名》⇨越人

を・つ【復つ・変若つ】動(タ上二)元に戻る。若返る。復活する。例我が盛りまたをちめやもほとほとに奈良の都を見ずかなりなむ(=私の元気だったころがまた戻ってくるものだろうか。もしかすると奈良の都を見ずに終わってしまうのだろうか)〈万葉・三・三三一〉読解「めやも」は詠嘆をこめた反語の意を表す。

をっ-かい【越階】名位階の順序を飛び越えて昇進すること。例越階とて二階をすること(=二階級進むのも)ありがたき朝恩なるに〈平家・一一・鏡〉

を-つかみ【小掴み】名(「を」は接頭語)つかめる程度に伸びた髪。例髪をつかみなる法師一人臥したりけり〈著聞集・一七・六一〇〉

をっ-そ【越訴】名動(サ変)所定の手続きを無視して訴訟を起こすこと。担当の役所を差し置いて、直接上級官庁に訴えること。禁じられていた。例奉行の人々、その越訴の罪をことわりて(=裁定して)〈折たく柴の記・中〉

をつつ【現】名(「うつつ」と同根か)「をつづ」とも。現在。例神ながら 神さびいます 奇しみ魂 今の現に 尊きろかむ〈万葉・五・八一三〉

を-づつ【尾筒】名獣の尾の付け根の、円筒形の部分。例(猪ノ)尾筒を手綱に取り〈曾我・八〉

をつ-ど【越度】名「をちど」に同じ。例たとひ不慮のをつどありとも〈源平盛衰記・五〉

を-づめ名(「を」は接頭語)橋のたもと。一説に、橋のたもとで行われた男女の野遊びの意とも。例住吉のをづめに出でて〈万葉・一六・三八〇八〉

をても-このも【彼面此面】名(「をちおもこのおも」の変化した形)あちらこちら。あちら側とこちら側。例筑波嶺のをてもこのもに(ここまで序詞)守部すゑ(=番人を置き)〈万葉・一四・三三九三〉

をと-こ

【男】名古くは「をとめ」の、のちは「をみな」「をんな」の対。人間関係に応じて、女に対する男、妻に対する夫などと、意味は多様。

❶**成人に達して、しかも若々しい男性。**例大人になりにければ、をとこも女も恥ぢかはしてありけれど(=大人になってしまったので、男も女も互いに恥ずかしく思っていたけれど)〈伊勢・二三〉

❷**男性一般。**例をとこもすなる日記といふものを、女もしてみんとてするなり(=男性も書くという日記というものを、女性も書いてみようと思って書くのである)〈土佐〉

❸**夫。女と結婚の関係にある男性。**例乳母なる人はをとこなどもなくなして(=乳母である人は夫などにも先立たれて)〈更級〉

❹**強壮の男性。男らしい男性。**例もののふの臣の壮士は大君の任けのまにまに聞くといふものそ(=朝廷に仕える臣下の男子は、天皇の命令のとおり従うというものだ)〈万葉・三・三六九〉

❺**従者。下男。**例下人どもぞ、をとこ女、数多かむめる(=召使たちは、下男下女、人数が多いようだ)〈源氏・玉鬘〉

❻**在俗の男性。出家していない男性。**例そのやすら殿は、男か法師か(=そのやすら殿は、出家していない男性か僧か)〈徒然・九〇〉

❼**男っぷり。男前。**例男もすぐれて、女の好くべき風なり(=男っぷりもまさっていて、女性が好むようなりである)〈西鶴・好色一代男・四・四〉

語誌▼物語中の「男」という呼称 平安時代の物語では、ある人物をいうのに、しばしば、その実名や官名などを用いずに、ただ「男」と呼ぶ。その典型的な例が『伊勢物語』であり、章段の多くが「昔、男…」で始まっている。これは、その人物の社会的な立場をあえて無視し、一個の男としての存在を強調する表現である。『伊勢物語』の場合、これによって、いっそう純化した恋の世界を作り上げている。

『源氏物語』でも、特に男女関係を強調しようとする場合、ただ「男」「女」と呼んでいる。たとえば、光源氏がせつない思慕の情をいだいて父帝の后藤壺の宮のもとに近づく場面に、「男は、うしつらし(=つらい、恨めしい)と思ひきこえたまふこと限りなきに」〈賢木〉とあるのも、恋におぼれる存在としての源氏を、強調的に語ろうとするからである。〈鈴木日出男〉

【男になる】元服して一人前になる。例殿の君達の、まだ男にならせたまはぬ、童にてみな仕うまつらせたまへりき〈大鏡・道長下〉

【男を立つ】男としての面目を保つ。特に、武士の体面を保つ。例危ふき命を惜しまず男を立てられしに〈西鶴・男色大鑑・六・一〉

をとこ-がた【男方】名男性のほう。男性の側。例(コノ女房ハ)男方の御遊び(=管弦の演奏)にまじりなどして〈源氏・紅葉賀〉

をとこ-ぎみ【男君】名❶貴族の子息の敬称。例女君たちは婿取り、男君たちは皆、ほどほど(=それぞれの身分)につけて位どもおはせしを〈大鏡・時平〉

❷貴族の婿・夫の敬称。例婿の君などの…男君もにくからずうち笑みたるに〈枕・正月一日は〉

をとこ‐さび【男さび】 ― 名〔「さび」は接尾語「さぶ」の名詞形〕男らしいふるまい。例ますらをの男さびすと剣太刀腰に取り佩き〈万葉・五・八〇四〉

をとこ‐じもの【男じもの】 ― 副 男なのに。男でありながら。例面形の忘るさあらばあづきなく男じものや恋ひつつ居らむ〈万葉・一一・二五八〇〉 語誌「じもの」は接尾語で、本来、～のように、の意。

をとこ‐しゅう【男主】 ― 名 男あるじ。亭主。例人の家の男主ならでは、高くはなひたる(=くしゃみをしたのは)、いとにくし〈枕・にくきもの〉

をとこ・す【男す】 動(サ変)❶夫をもつ。男性の恋人をもつ。例一生に男せでやみなむ〈大和・一四三〉❷男らしくふるまう。男らしい態度をとる。例侍が何方にて男せんや〈甲陽軍鑑・四七〉

をとこ‐だて【男達・男伊達】 ― 名 男としての面目を重んじ、意気地や見栄を張ることを重視する生き方。また、その人。義に生き、強きをくじき弱きを助ける気風を誇る。任侠。侠客。例やい、男だてはおいてくれ(=やめてくれ)〈近松・丹波与作待夜の小室節・中〉

をとこ‐たふか【男踏歌】 名 宮中で陰暦一月十四日、男性の演じる踏歌。殿上人や地下の人々が宮中から諸院・諸宮などをめぐって踏歌を行う。女踏歌が一月十六日に毎年行われる年中行事であったのに対して、ほぼ一年おきに行われる。十世紀末には廃絶された。例朔日のほど過ぎて、今年、男踏歌あるべければ〈源氏・末摘花〉

をとこ‐で【男手】 ― 名〔「手」は文字の意〕漢字。男性が多く用いたことによる称。「真名」とも。例男手放ち書きに書きて〈宇津保・国譲上〉

をとこ‐まひ【男舞】 名❶(男装して舞うことから)平安末期から流行した白拍子の舞。例はじめは水干に立て烏帽子、白鞘巻を差いて(=差して)舞ひければ、男舞とぞ申しける〈平家・一・祇王〉❷能楽の舞の一種。武士や山伏などの姿で舞い、テンポはきわめて速い。

をとこ‐みこ【男御子・男皇子】 ― 名「をのこみこ」とも。天皇の男の子ども。皇子。例(産マレタノガ)をとこみこにさへおはすれば〈源氏・若菜上〉

をとこ‐みや【男宮】 ― 名 男性の皇族。皇子。親王。例おほかた(=およそ)男宮九人・女宮十人ぞおはしける〈栄花・月の宴〉

をとこ‐もじ【男文字】 ― 名「をとこで」に同じ。

男山 《地名》歌枕 山城国、今の京都府八幡市の山。山頂に石清水八幡宮を祭る。和歌では、一人前の男性の意や八幡宮のある山に対する祝意をこめて詠まれる。

をとこ‐ゑ【男絵】 名❶唐絵の伝統による力強い描線を特徴とする絵か。例男絵など、絵師恥づかしうかかせたまふ〈栄花・根合はせ〉❷男性を描いた絵。例絵にかける男絵を見て、このやうなる君に情けかはしてこそと〈浮世草子・好色三代男・二・一〉

をどし【縅・威】 名 鎧の札を糸や革などで綴り合わせること。また、そのもの。材料、綴り方、色や模様によって多くの種類がある。

をど・す【縅す・威す】 動(サ四) 鎧の札を革や糸などで綴り合わせる。例黒唐綾をふとくたたみて威したる大荒目の鎧の〈保元・上〉

をと‐つ‐ひ【一昨日】 名〔「遠つ日」の意。「つ」は「の」の意の上代の格助詞〕一昨日。おととい。例山の峡(=谷間)そことも見えず一昨日も昨日も今日も雪の降れれば〈万葉・一七・三九二四〉

をとめ

【少女・乙女・処女】 ― 名❶成人した若い女性。未婚の女性。古くは「をとこ」に対応する語として用いられた。例をとめをとこの行き集ひかがふ嬥歌に(=若い男女が行き集まり遊興する歌垣で)〈万葉・九・一七五九〉 読解 歌垣の行事に集まった若い男女のさま。❷五節の舞姫など、信仰や儀礼にかかわる神聖な少女。例天つ風雲の通ひ路吹き閉ぢよをとめの姿しばしとどめむ〈古今・雑上〉➡名歌44

語誌 平安時代以後、「をとこ」に対して「をんな」が用いられるようになると、「をとめ」はほとんど②の意に限定されるようになった。〈鈴木日出男〉

をとめ‐こ【少女子】 ― 名「をとめご」とも。❶「をとめ①」に同じ。例人の親の娘子児据ゑて守山辺から朝な朝な通ひし君が来ねば悲しも〈万葉・一一・二三六〇〉❷「をとめ②」に同じ。例をとめごも神さびぬらし(=年を取ってしまったらしい)天つ袖ふるき世の友よはひ経ぬれば〈源氏・少女〉 読解 光源氏が、かつて交渉のあった五節の舞姫を回想して詠み贈った歌。

をとめ‐さび【少女さび・娘子さび】 ― 名〔「さび」は接尾語「さぶ」の名詞形〕女性らしいふるまい。例娘子らが少女さびすと韓玉を手本に巻かし(=手首にお巻きになり)〈万葉・五・八〇四〉

をどり【踊り】 名❶踊ること。舞踊。例踊り見に参りしほどに〈西鶴・好色五人女・二・二〉❷胸がどきどきすること。動悸がすること。例胸のをどりはまだ…

処女塚伝説 伝説の一類型。複数の男から同時に求婚された処女が、困惑のあまり自ら死を選ぶという伝説。葬られた処女の塚にちなんで処女塚伝説と呼ばれる。処女が自殺までして求婚を避けとおすのは、一説には、神に仕える巫女は処女でなければならないという信仰が背後にあったからだともいう。

『万葉集』にこの型の伝説が多く、葛飾の真間の手児奈・葦屋の菟原処女をはじめ、桜児・縵児も同型の伝説。おおむね、各地の処女塚を訪ねた都の歌人がその伝説に感興を催し詠んだ歌として定着、いずれも処女のけなげな死が美化されている。『源氏物語』で浮舟という女性が薫と匂宮の板挟みになって苦悩し、宇治川に身を投げようとしたのも、この種の伝説を背後にもっているとみられる。〈鈴木日出男〉

だやまず〈近松・曾我扇八景・中〉❸貸し金の利息を二重取りすること。例利銀は二割、三月をどりでございます〈浄瑠璃・伊賀越道中双六・二〉読解ここは、三か月ごとに一か月分多く利息を取ること。

をどり-ねんぶつ【踊り念仏】 名 鉦や太鼓を打ち鳴らし、踊りながら念仏を唱えること。空也が始めたとされ、一遍が広めた。「念仏踊り」とも。例ちと**踊り念仏**を始めて、きゃつを浮かいてやらう(=あいつを浮かれさせてやろう)〈虎寛本狂言・宗論〉

をど・る【踊る】 動(ラ四)❶飛びはねる。はね上がる。跳躍する。例杉の野にさ**をどる**雉〈万葉・一九・四一四八〉❷歌・拍子・音楽などに合わせて舞踏する。例**をどり**たうはなけれども〈狂言・金津の地蔵〉❸貸し金の利息を二重取りする。例わづかの商売の、元手も利食ひの月を**をどる**〈近松・心中二枚絵草紙・中〉

をな-ご【女子】 名〔「をんなご」の変化した形〕❶女の子。例下京に妹がおりまらする。これにも**女子**が一ひきござあるが〈狂言・粟田口〉❷女性。婦人。例**女子**のたしなみは殿御の持ってが大事ぞや〈近松・堀川波鼓・中〉❸下女。女中。

を-なみ【男波】 名 強く高い波。「女波」に対していう。例鴨鳥のむれゐてさわぐ入り江には**をなみ**立つらし〈行宗集〉

をの【斧】 名 木を切ったり割ったりする道具。斧。例斧取りて 丹生の檜山の 木伐り来て〈万葉・一三・三二三二〉

「斧の柄朽つ」 知らない間に長い年月がたってしまうことのたとえ。中国の晋の王質が山中で仙人の囲碁を見ているうちに、持っていた斧の柄が腐っているのに驚き、村に帰ると、長い年月がたっていて知人は皆死んでいたという故事(爛柯の故事)による。例千年も見聞かまほしき(=見聞きしたいような)御ありさまなれば、**斧の柄も朽ち**ぬべけれど〈源氏・松風〉

を-の【小野】 名〔「を」は接頭語〕野。野原。例ほととぎす声聞く**小野**の〈万葉・八・一四六八〉

を-の-こ

【男子・男】 名 ❶**男性**。**男子**。男児。例世界の**をのこ**、貴なるも賤しきも(=この世の男は、身分の高い人も低い人も)〈竹取〉❷**男の子ども**。**息子**。例むすめども**をのこ**ども、所につけたるよすがども出で来て(=娘たちも息子たちも、その土地相応の夫や妻を得て)〈源氏・玉鬘〉❸**男性の奉公人・召使**。**下男**。例家に使はるる**をのこ**どものもとに(=その家に使われている下男たちの所に)〈竹取〉❹**宮中の殿上の間に奉仕する男性**。**殿上人**。例(天皇ガ)**をのこ**ども召せば、蔵人忠隆・なりなか参りたれば(=殿上人をお呼びになると、蔵人の忠隆となりなかが参上したので)〈枕・うへにさぶらふ御猫は〉❺(接尾語的に用いて)目下の人の名などにつけて、親しみを表す。「又五郎**をのこ**」〈徒然・一〇二〉など。

語誌 「女の子」に対する語。平安時代以後、「をとこ」が多く恋愛や結婚の対象としての男性を表すのに対して、「をのこ」は男性一般、しかも身分などの低い人としての男性を表すようになる。やや見下げる気持ちや親しみをこめて用いることが多い。〈鈴木日出男〉

をのこ-ご【男子】 名 ❶男の子ども。息子。例八つ、九つ、十ばかりなどの**をのこご**の〈枕・うつくしきもの〉❷男。男性。例睦ましき人なれど、**をのこご**にはうちとくまじきものなり〈源氏・少女〉

をのこ-みこ【男御子・男皇子】 名「をとこみこ」に同じ。例世になくきよらなる玉の(=世の中に比べるものがなく清らかに美しい玉のような)**をのこみこ**〈源氏・桐壺〉読解光源氏誕生の場面。

小野小町 《人名》平安前期の歌人。生没年未詳。素姓・事跡も不明。六歌仙の一人。ただし、『古今和歌集』所収の一八首以外は、自作の歌としては認めがたい。家集とされる『小町集』も他人の作であろう。

●**歌風と小町伝説** 小町の歌は、掛詞などを用いて自然の景物に自分の感情を封じこめる作、非現実の夢の中に生きようとする歌、の二つに分類することもできる。特に前者は、縁語・掛詞仕立ての歌という六歌仙時代の新風をおこした点で注目される。後世、小町はおびただしい説話・伝説の人物として伝えられ、たとえば謡曲『草子洗小町』『通小町』『卒都婆小町』などを生むことにもなった。その根幹には佳人薄命の類型がみられるが、おそらく「花の色は」の歌(➡名歌288)によっているのであろう。〈鈴木日出男〉

小野道風 《人名》名は正しくは「みちかぜ」。八九四〜九六六(寛平六〜康保三)。平安中期の官人・書家。小野篁の孫。藤原佐理・藤原行成とともに三蹟と称される。漢字の書において、日本独自の書風の和様書を創始した。遺墨に「智証大師諡号勅書」などがある。

小野篁 《人名》八〇二〜八五二(延暦二一〜仁寿二)。平安前期の漢詩人・歌人。姓の「野」をとって野相公・野宰相とも。その学才や人柄が賞賛されたが、遣唐副使のときに大使と争って乗船を拒んだことから隠岐に流された。『百人一首』の「わたの原」の歌(➡名歌438)はこのときのもの。『令義解』の編纂にもかかわる。篁を主人公とした物語に『篁物語』がある。

を-の-へ【尾の上】 名〔「をのうへ(峰の上)」の変化した形〕山の峰。山の頂。例高砂の**尾の上**の桜咲きにけり外山の霞立たずもあらなむ〈後拾遺・春上〉➡名歌204

を-の-わらは【男の童】 名 ❶男の子。少年。例齢九つばかりなる**男の童**、齢よりは幼くぞある〈土佐〉❷召使の少年。例**男の童**のつくりたてたるやうなる、三、四人具したり〈栄花・音楽〉

を-は【尾羽】 名 尾と羽。例うちなびく〈枕詞〉春さり来れば篠の末に**尾羽**うち触れて鶯鳴くも〈万葉・一〇・一八三〇〉

を-ば【伯母・叔母・小母】 名 父母の姉妹。また は、伯父・叔父の妻。例侍従が**をば**の少将といひはべりし老い人なん〈源氏・蓬生〉

をーば〔格助詞「を」＋係助詞「は」＝「をは」が濁音化したもの〕取り立てて「を」の意を強める言い方。例(a)黄葉**をば**取りてそしのふ〈万葉・一・一六〉↓名歌314 例(b)女**をば**奥に押し入れて〈伊勢・六〉

姨捨山《地名》歌枕 信濃国の山。今の長野県更級郡の冠着山のことといわれる。月の名所。芭蕉の『更科紀行』の旅も、「さらしなの里、をばすて山の月見ん事、しきりにすすむる秋風の、心に吹き騒ぎて（＝更科の里の姨捨山の月を見ようと、しきりに勧める秋風が、私の心に吹き騒いで）」と姨捨山の月を見ることを目的としての旅であった。

語誌▼**姨捨伝説の山**　古来、老人を山中に捨てるという話（棄老説話。姨捨伝説）がある。いくつかの型があるが、『大和物語』一五六段では、早くに親に死に別れて伯母に育てられた男が、妻に責められて老いた伯母を山に捨てに行く。が、伯母を山に置いて帰った後に、その山に昇った月を見て、「我が心慰めかねつ更級や姨捨山に照る月を見て」〈古今・雑上〉（↓名歌420）と詠んで、堪え切れず、山から連れ戻してきた、とある。この歌は、本来は姨捨伝説とは無関係だが、姨捨伝説中の歌として広く知られている。〈大谷俊太〉

をーばな【尾花】名（形が獣の尾に似ているところから）薄の花穂。秋の七草の一つ。例浜風に**尾花**なみよる秋の夕暮れ〈金葉・秋〉

をーはなり【小放り】名〔「を」は接頭語〕上代、若い女性の髪型。振り分け髪。例八歳子の片生ひの時ゆ（＝子どものときから）**小放り**に髪たくまでに（＝結い上げるまでに）〈万葉・九・一八〇九〉

をはり【終はり】名❶終了すること。しまい。例あらたまの（枕詞）年の**をはり**になるごとに〈古今・冬〉❷一生の終わり。最期。臨終。例乱れずと**終はり**聞くこそうれしけれ〈千載・哀傷〉

尾張《地名》旧国名。今の愛知県西部。東海道十五か国の一つ。尾州。延喜式で上国・近国。

をは・る【終はる】動（ラ四）〔「をふ」の自動詞形〕❶終了する。しまいになる。例我が待つ君が事**終はり**帰りまかりて〈万葉・一八・四一一六〉❷一生が終わる。死ぬ。例禅定（＝無我の境地）に入るがごとくして**終はりぬ**〈沙石集・二・五〉

をはん‐ぬ【畢んぬ・了んぬ】〔動詞「をはる」の連用形＋完了の助動詞「ぬ」＝「をはりぬ」の撥音便形〕（動詞・助動詞の連用形について）〜てしまった。例義仲わづかに三千余騎をもって、かの兵を破り**をはんぬ**〈平家・七・木曾山門牒状〉

をび・く【誘く】動（カ四）だましてさそう。例遠矢を射させてぞ**をびき**ける〈太平記・一四〉

をーふ【麻生】名 麻の生えている所。麻畑。麻原。例**麻生**の下草露しあれば〈万葉・一一・二六八七〉

を・ふ【終ふ】動（ハ下二）「はじむ」の対。❶**最後までやり遂げる。終える。**例釈迦の御足跡石に写し置き行き廻り敬ひまつり我が世は**終へ**む（＝お釈迦様の御足跡を石に写しておき、周囲をまわって礼拝し、敬い申し上げ、自分の生涯を終えたい）〈仏足石歌〉❷**極める。尽くす。**例正月立ち春の来たらばかくしこそ梅を招きつつ楽しき**終へ**め（＝正月になり春が来たらこのようにして梅を迎えては楽しさの限りを尽くそう）〈万葉・五・八一五〉❸（他の動詞の連用形について）**すっかり〜しとげる。〜しおえる。**例そのほどに造り**終へ**たらんあらば、任を延べ位を増させたまふべきよし（＝期限内に造り終えたような者がいたら、任期を延ばし、官位を昇進させなさるにちがいない旨）〈栄花・つぼみ花〉〈奥村悦三〉

をーぶね【小舟】名〔「を」は接頭語〕小さい舟。例世の中は常にもがもな渚こぐあまの**小舟**の綱手かなしも〈金槐集・下〉↓名歌407

をーみ【小忌・小斎】名〔「をいみ」の変化した形〕❶大嘗会・新嘗会などに、厳重な斎戒をして小忌衣を着て奉仕すること。また、その役の官人。小忌人。例**小忌**の君たちもいとなまめかし（＝しなやかで美しい）〈枕・なまめかしきもの〉❷「小忌衣」の略。例蔵人少将など**小忌**にて、青摺りの姿ども〈源氏・幻〉

をーみ【麻績】名〔「をうみ（麻績み）」の変化した形〕布を織るために、麻を細く切り裂いて撚って糸状にすること。また、糸状にしたもの。それを仕事とする人にもいう。例打麻やし（枕詞）**麻績**の子ら〈万葉・一六・三七九一〉

をみ‐ごろも【小忌衣】名 大嘗会・新嘗会・豊の明かりの節会などに参列する官人が、袍の上に着る衣服。白麻地に山藍で花鳥の文様などを摺り出した青摺りの一重の衣。右肩に赤紐を結ぶ。⇩あづまあそび（図）。例まことにやなべて重ね**しをみごろも**豊の明かりのかくれなきよに〈後拾遺・雑五〉

をみな【女】名 若い女性。また、女性。特に、古くは美女をいう。例弾く琴に儛する**をみな**〈記・下・雄略・歌謡〉

をみなへし【女郎花・敗醤】名❶植物の名。オミナエシ科の多年草。秋に黄色の小さい花を多数つける。秋の七草の一つ。⇩口絵。例手に取れば袖さへにほふ**をみなへし**この白露に散らまく惜しも（＝手に取ると袖までも花の色に染まる女郎花が、この白露に散ったら残念だ）〈万葉・一〇・二一一五〉❷襲の色目の名。表は縦糸が青、横糸が黄、裏は青。一説に、表は黄、裏は青とも。陰暦七、八月に着用。

語誌▼**美女にたとえる**　「をみな」は女、「へし」は他を圧倒する意の「へす」で、花の美しさが美女をも圧倒する意から「をみなへし」の名があるという。①例の歌の原表記「美人部師」や「姫押」〈万葉・七・一三四六〉などの用字は、そうした語源意識によるか。平安時代以降の和歌では、「名にめでて折れるばかりぞ女郎花我おちにきと人にかたるな」〈古今・秋上〉や「女郎花多かる野辺に宿りせばあやなくあだの名をや立ちなん」〈古今・秋上〉などと詠まれ、妖しい美しさで男性を魅了する女性をイメージさせるものとして定着していく。なお、中世には「をみなべし」「をみなめし」の形も一般

に用いられた。〈佐藤明浩〉

をみなめし【女郎花】 名「をみなへし」に同じ。

を‐むかひ【峰向かひ】 名谷を挟んで、峰と峰とが向かい合っていること。また、向こう側の峰。例あしひきの（枕詞）山鳥こそば **峰向かひ**に 妻問ひすといへ〈万葉・八・一六二九〉

を‐め・く【喚く】 ― 動（カ四）〔「を」は擬声語。「めく」は接尾語〕大声で叫ぶ。わめく。例**をめき**さけぶ声（天上ノ）梵天までもきこえ〈平家・一・御輿振〉

を‐や ― 〔格助詞「を」＋係助詞「や」〕疑問の意を表す。～を～か。～を～だろうか。例女郎花多かる野辺に宿りせばあやなくあだの名**をや**立ちなむ（＝浮気だという評判を立てることになってしまうだろうか）〈古今・秋上〉

を‐や 〔間投助詞「を」＋間投助詞「や」〕❶詠嘆の意を表す。逆接の意をこめて用いることもある。～だなあ。～のになあ。例されば よ（＝思っていたとおりだった）、（アノ女性ニ）言ひ寄りにける**をや**〈源氏・末摘花〉❷（「いはむや～をや」「いはむや～においてをや」などの形で）いうまでもなく～だ。まして～においてはなおさらだ。⇩いはむや。例賢王（デサエ）なほ御誤りあり。いはむや凡人においてを**や**〈平家・二・小教訓〉

を‐やまだ【小山田】 ― 名〔「を」は接頭語〕山あいの小さい田。例**小山田**の池の堤にさす（＝挿し木にした）柳〈万葉・一四・三四九二〉

を‐やみ【小止み】 ― 名雨・雪・病状などが少しの間やむこと。例**をやみ**せず雨さへ降れば沢水のまさるらんとも思ほゆるかな〈後撰・恋二〉

をやみ‐な・し【小止み無し】 ― 形（ク）少しもやむことがない。間断がない。例道すがら**をやみなく**なむ泣かせたまへる〈堤中納言・はいずみ〉

を‐や・む【小止む】 ― 動（マ四）〔「を」は接頭語〕少しの間、やむ。とぎれる。例雷鳴りやみ、雨すこし**をやみ**ぬるほどに〈源氏・賢木〉

を・ゆ【瘁ゆ・瘼ゆ】 動（ヤ下二）病気などで衰弱する。例御軍もみな**をえ**て伏しぬ〈記・中・神武〉

をり

【折り】 名〔四段動詞「をる」の名詞形〕❶ **時間の変わり目・節目。**㋐時節。季節。例すべて**をり**につけつつ、一とせながらをかし（＝全部時節時節に応じて、一年すべて趣がある）〈枕・頃は〉㋑時機。機会。**その時。その際。**例世の中のはかなきことを思ひける**をり**に、菊の花を見て詠みける（＝世の中が無常であることを感じていたときに、菊の花を見て詠んだ歌）〈古今・秋下・詞書〉❷折ること。折ったもの。特に、連歌・俳諧で句を書く懐紙の一枚一枚。紙の表裏に書き、たとえば、百句を連ねる百韻では四折を用いる。

語誌▼**時間の折れ目** もとより時間は棒のように連続しているが、その時間の折れ目を「折り」といった。「折り」と「折り」との間は同じ安定した時間帯がある。また、「折り」そのものにも一続きの時間があるが、それは連続した時間から変化したもので不安定な時間帯である。たとえば春の季節の中でも、立春ごろの若菜を摘む折り、晩春の桜の散る折りなど、事柄には一刻一刻と変化する節目がある。それが「折り」である。平安時代の貴族たちは「折りを過ぐさぬ」タイミングによって、相手の心の動きを敏感につかまえようと心がける。それが貴族たちの礼儀でもあった。〈古橋信孝〉

〔折りに付く〕 その時節や場合に応じる。例正月・三月・四月・五月・七八九月・十一二月、すべて**をりにつけつつ**、一とせながらをかし〈枕・頃は〉

を・り

【居り】 事物の存在を表す基本的な動詞。「ゐる（居る）」に「あり」の意の加わった語。

❶動（ラ変）❶**いる。ある。**例(a)男、弓・籙を負ひて戸口に**居り**（＝男は、弓や籙を背負って戸口にいる）〈伊勢・六〉読解「籙」は矢を入れて背負う道具。例(b)無徳なるもの 潮干の潟に**をる**大船（＝さまにならないもの、潮の引いた干潟にある大きな船）〈枕・むとくなるもの〉❷**座っている。**例立てれども **居れ**ども ともに戯れ（＝立っていても座っていてもいっしょに遊び戯れ）〈万葉・五・九〇四〉読解「立てれども」の「れ」は完了・存続の助動詞「り」の已然形。「をり」は、和歌では「立つ」とともに対句的に用いられることが多い。

❷補動（ラ変）（動詞の連用形について）**動作や状態が継続している意を表す。**～し続けている。～している。例いづれの日まで我恋ひ**居らむ**（＝いつの日まで私は恋い慕い続けていることだろう）〈万葉・一五・三七四二〉

語誌▼上代に例が多く、平安時代になるとあまり見られなくなる。また、平安時代以降は、存在の意に加えて、その主語となるものを見下すような意味がつき添うようになる。たとえば、『枕草子』では農民・下僕の類が「をり」の主語となっている。『源氏物語』でも随身・使者など身分の低い人が主語となった例が多く見られ、比較的身分が高い人が主語となった場合でも、主語に対する非難や軽蔑の感情を伴っていることが指摘されている。

▼**語の成り立ち** 成り立ちについては、「ゐる＋あり」→「をり」という変化を考えるのが一般的だが、音韻の面からいうと、「ゐる＋あり」は「ゐり」となるはずで、問題が残る。〈高山善行〉

をり‐えぼし【折り烏帽子】 ― 名「をりえぼうし」とも。立て烏帽子に対し、頂を折りふせた烏帽子。武士などがかぶる。⇩えぼし（図）。例**折り烏帽子**引っ立て、大床（＝廂の間）にかしこまる〈平治・中〉

をり‐か・く【折り掛く・折り懸く】 ― 動（カ下二）❶波や軍勢などが、繰り返し寄せる。例風吹けば波**折りかけ**て返りけり〈散木奇歌集・一〉❷折り曲げて掛ける。例篠の**折りかけ**て干す衣〈梁塵秘抄・二句神歌〉❸折って、そのままにしておく。特に、鎧に刺さった矢を、折って刺さったままにしておく。例射向けの袖（＝鎧の左袖）に立ちたる矢ども**をりかけ**〈古活字本保元・上〉

をりかけ‐がき【折り掛け垣】 ― 名木の枝や竹などを折り曲げて作った垣根。例山里の**折りかけ垣**の梅をだに、情けなしと惜しみしに〈謡曲・鉢木〉

をり‐かへ・す【折り返す】 動（サ四）❶折って二

重にする。例白たへの 我が衣手を **折り返し**〈万葉・一三・三三七四〉 ❷繰り返す。曲を最後まで歌ったのち、再び前に返って歌う。例**折り返し**うたひたまふ御声〈源氏・若菜下〉

をり-かみ【折り紙】 一 名「をりがみ」とも。❶奉書紙・鳥の子紙などを横に二つ折りにしたもの。公文書、進物の目録、書画・刀剣の鑑定書などに用いる。また、その鑑定書。例われら細工というても**折り紙**が物はある〈黄表紙・高漫斉行脚日記・上〉 ❷「折り紙道具」の略。①のついた貴重な道具。最上の物。例代物(＝代金)問へば、三百貫の**折り紙**〈近松・長町女腹切・上〉

をり-から【折り柄】 一 **1**名 ちょうどその時。そのものにふさわしい時。例**をりから**の御文、いとあはれなれば〈源氏・須磨〉 **2**副 ちょうどその時なので。折しも。例何ばかりのこともあらぬに、**をりから**ものあはれにて〈源氏・賢木〉

をり-く【折り句】 一 名 和歌で各句の最初に、五文字の言葉を一文字ずつ詠み込む技巧。たとえば「唐衣きつつなれにしつましあればはるばるきぬる旅をしぞ思ふ」〈伊勢・九〉(➡名歌129)は「かきつばた」を詠み込んでいる。

をり-ごと【折り琴】 一 名 折り畳みが出来るように作った琴。例いはゆる、**をり琴**・つぎ琵琶(＝柄を取りはずしできる琵琶)これなり〈方丈記〉

をり-しも【折りしも】 一 副〔「しも」は副助詞〕ちょうどその時に。折も折。例花もやうやうけしきだつほどこそあれ(＝咲き出すころなのに)、**折りしも**雨風うちつづきて〈徒然・一九〉

をり-しも-あれ【折りしもあれ】 一 ほかに折もあろうに。こんな折に。例**をりしもあれ**いかに契りて雁の花の盛りに帰りそめけん〈後拾遺・春上〉

をりしり-がほ【折り知り顔】 一 名 形動(ナリ) いかにもその時節にふさわしい情趣を知っているというふるまい。例風いと冷ややかに吹きて、松虫の鳴きからしたる声も**折り知り顔なる**を〈源氏・賢木〉

折たく柴の記 《作品名》江戸時代の随筆。三巻。新井白石著。享保元年(一七一六)ごろから執筆。自伝的な内容で、祖父母や両親のこと、自身の生い立ち、自分が仕えた六代将軍家宣の業績などを記す。

をりにつく【折りに付く】 ⇩「をり」の子項目

をり-は・ふ【折り延ふ】 一・一 動(八下二)〔折(時)を延ばす意〕長く続ける。いつまでも続ける。例鶯ぞ、**折りはへ**て鳴くにつけて〈蜻蛉・中〉

をり-びつ【折り櫃】 一 名 食器の一種。檜の薄板を折り曲げて作った箱。菓子や酒の肴などを入れる。例くらきに起きて、**折り櫃**など具せさせて〈枕・職の御曹司におはします頃、西の廂にて〉

をりびつ-もの【折り櫃物】 一 名 折り櫃に入れた食べ物。例**折り櫃物**・籠物どもなど〈紫式部日記〉

をり-ふし【折節】 一 **1**名 ❶その時々。その場合場合。例ある人々、**折節**につけて、漢詩ども、時に似つかはしきいふ〈土佐〉 ❷季節。時節。例**折節**の移りかはるこそ、ものごとにあはれなれ〈徒然・一九〉 ❸時。場合。例つらきを**をりふし**なれど〈源氏・橋姫〉 **2**副 ❶ちょうどその時。例谷々の氷うちとけて、水は**をりふし**まさりたり〈平家・九・宇治川先陣〉 ❷時々。例**折節**気慰みに御入りあるべし〈西鶴・好色一代女・二・三〉

をり-ほん【折り本】 一 名 横に長く継いだ紙を、同じ幅で折り畳んでゆく製本形式。綴じずに、一折りずつ開いて読む。

をり-まつ【折り松】 一 名 折った松の枝。篝火・松明・薪に用いる。例殿上の**折り松**召しければ、尽きたる由申しければ〈弁内侍日記〉

をりめ-だか【折り目高】 一 名 形動(ナリ) ❶衣服や紙などの折り目が、はっきりと際立っていること。例粘のこはきを、**をりめ高**に着なして〈滑稽本・膝栗毛・六下〉 ❷立ち居ふるまいや行儀作法がきちんとしていて堅苦しいこと。例よろづに**折り目だかなる**生まれつきながら〈西鶴・武道伝来記・四・三〉

をり-ゆ【居り湯】 一 名 釜のついていない風呂桶に別に沸かした湯を入れて入浴すること。また、そうして入る風呂。例男、逢ひがたき**居り湯**に逢ひて〈仮名草子・仁勢物語・下〉

をり-をり【折り折り】 一 **1**名 その時その時。その都度。例さるべき御遊びの**をりをり**、なにごとにもゆゑある事(＝趣のある催し事)のふしぶしには〈源氏・桐壺〉 **2**副 しだいに。だんだんに。例齢は歳々に高く、栖は**折り折り**狭し〈方丈記〉

を・る

【折る】 一 **1**動(ラ四) ❶波などが寄せては返す。波などが折れ重なる。**折れ重なって砕ける。**例今日もかも沖つ玉藻は白波の八重**折るが**上に乱れてあるらむ(＝今日もまた、沖の美しい藻は白波が幾重にも折れ重なっている上に乱れているのだろうか)〈万葉・七・一一六八〉 ❷曲げる。**折り畳む。曲げて切り離す。折り取る。**例心あてに**折らば**や**折らむ**初霜の置きまどはせる白菊の花〈古今・秋下〉➡名歌153 ❸**屈服させる。くじく。**例(コノ女性ハ)なよ竹の心地して、さすがに**折る**べくもあらず(＝細くしなやかな竹のような感じで、やはり屈服させることはできそうにない)〈源氏・帚木〉 **2**動(ラ下二) ❶**折れ曲がる。**曲がって切れる。例大きなる木の枝などの**折るる**音も、いとうたてあり(＝たいそう気味が悪い)〈源氏・野分〉 ❷**横へ曲がる。曲がっていく。**例五条の大路を西ざまに(＝西のほうに)**折れ**たまふ〈源氏・行幸〉 ❸**負ける。**屈する。**気がくじける。譲歩する。**例理に**折れ**て(＝道理に負けて)、言ふ事なかりけり〈著聞集・一一・三九六〉 ❹和歌で、第三句(腰句)と第四句との続きぐあいが悪く詠む。下手に詠む。⇩こしをれうた。例腰離れぬばかり**折れ**かかりたる歌を(＝第三句が第四句と離れてしまうほど下手に詠んだ歌を)〈紫式部日記〉 〈山口慎一〉

をれ-こだ・る【折れこだる】 一 動(ラ下二) 体を折り曲げる。例二人の者は…**折れこだれ、折れこだれ、**一時ばかり舞ひたりける〈源平盛衰記・二〉

を-ろ【尾ろ】 一 名〔「ろ」は接尾語〕尾。例山鳥の尾ろのはつをに鏡掛け〈万葉・一四・三四六八〉

をろが・む【拝む】 一 動(マ四)『上代語』おがむ。礼

拝する。例鹿しこそば い這ひ拝め〈万葉・三・三三九〉

をろ-た【峰ろ田】— 名 丘の上の田。山田。例安波をろのをろ田に生はるたはみづら〈万葉・一四・三五〇一〉

をろ-ち【大蛇】— 名〔「を」は「尾」。「ち」は霊力のある意〕巨大な蛇。例八俣のをろち、年ごとに来て(娘タチヲ)喫へり〈記・上・神代〉

を-を・し【雄雄し・男男し】 形(シク) 男らしい。勇ましい。例(鬚黒大将ハ)いとあざやかにををしきさまして〈源氏・真木柱〉

ををり【撓り】 名 花がたくさん咲いたり葉が茂ったりして、枝がたわみ曲がること。例萩の花咲きのををりを見よとかも〈万葉・一〇・二二二八〉

をを・る【撓る】 動(ラ四)『上代語』たわみ曲がる。枝がたわむほど花が咲き葉が茂る。例春へには(=春のころには) 花咲きををり〈万葉・六・九二三〉

をん-ごく【遠国】— 名「ゑんごく」とも。❶令制で、都からの距離によって諸国を近国・中国・遠国の三種に分類したうちの一つ。延喜式では関東・越後以北、石見・安芸以西、伊予・土佐、西海道の国々。❷遠く離れた国。都から離れたへんぴな地。例(私ガ)遠国へ下らん事も(両親ハ)しろしめさず、あとにて歎きたまはんことよ〈御伽草子・文正草子〉

園城寺 名 近江国、今の滋賀県大津市の寺。天台宗寺門派の総本山。元来大友氏の氏寺と伝えるが、貞観元年(八五九)円珍によって延暦寺の別院となる。のち延暦寺と対立し、しばしば放火されて炎上するが、武家の信仰を集めて栄える。延暦寺を山門というのに対して寺門ともいい、天智・天武・持統三代の天皇の産湯となった井戸があるという伝承から「三井寺」とも。

をん-じゃく【温石】— 名 焼いた石を綿や布に包み、懐炉のように懐中に入れて体を暖めるもの。例温石か、おらあまた餅かとおもった〈洒落本・傾城買四十八手〉

をんぞうゑ-く【怨憎会苦】— 名『仏教語』八苦の一つ。この世では怨み憎むものとも会わなければならない苦。

をん-でき【怨敵】— 名「をんてき」とも。怨みのある敵。仇敵。例怨敵を目の前にたひらげ、凶徒をただ今せめおとさん事〈平家・七・竹生島詣〉

をんな

【女】 名「をみな」の撥音便形。平安時代ごろからは、「をとこ(男)」の対として用いられる。

❶成人した女性。女性一般。例女ばかり、身をもてなすさまもところせう、あはれなるべきものはなし(=女性ほど、身の処し方も窮屈で、痛ましいにちがいないものはいない)〈源氏・夕霧〉

❷妻。恋人・愛人である女性。例門をたたかせたまふに、女、目をさまして(=門をたたかせなさると、女は目を覚まして)〈和泉式部日記〉 読解 深夜、愛人関係にある女性のもとを訪ねる場面。

語誌 ▼古くは「をとめ」に対して「をとこ」が意識されていたが、平安時代ごろから「をんな」「をとこ」の対応が生じた。

▼「女の筋」という言い方で、恋愛や女色の方面、の意を表すことがある。例女の筋につけて、まだ譏りとらず(=まだ非難を受けたことはなく)〈源氏・手習〉

▼物語中の「女」という呼称 平安時代の物語では、男女関係を強調する場面で、女性をしばしば「女」とだけ呼ぶことがある。『源氏物語』で、初めて光源氏に逢った朧月夜という女性について「女も若うたをやぎて…女は、まして、さまざまに思ひ乱れたる気色なり」〈花宴〉とあり、源氏に魅せられていくさまが語られる。⇩をとこ 〈鈴木日出男〉

をんな-がく【女楽】— 名 女性だけで合奏する音楽。例(琴ニ)かの人々の箏・琵琶の音も合はせて、女楽試みさせむ〈源氏・若菜下〉

をんな-がた【女方】— 名 ❶(男性に対して)女性のほう。女性の側。例女方も、あやしう様違ひたるもの思ひをなむしける〈源氏・夕顔〉❷女性のいつも控えている所。女官の詰め所。例男、女方(ニ出入リヲ)許されたりければ〈伊勢・六五〉❸歌舞伎で、女役を演じる男性の役者。江戸初期、女歌舞伎が禁止されてから現れる。「女形」とも書く。例今は町の女、皆芝居の女形の風(=姿)を似せ〈浮世草子・傾城禁短気・二・四〉

をんな-かぶき【女歌舞伎】— 名 初期歌舞伎の一時期の称。出雲の阿国に始まり、女芸人による歌舞を中心とした芝居。寛永六年(一六二九)、風紀を乱すとして幕府によって禁止された。

をんな-ぎみ【女君】— 名 ❶貴人の娘の敬称。姫君。例源宰相兼忠とかきこえし人の御むすめの腹にこそ、女君いとうつくしげにてものしたまふなれ〈蜻蛉・下〉❷貴人の妻の敬称。例男君も女君も御心のどやかによくおはすれば〈落窪・二〉

をんな-ぐるま【女車】— 名 主に女性が外出のときに乗る牛車。簾の内側に下簾を垂らし、その下から衣装の端を出すことが多い。「女房車」とも。例下簾を垂れて女車のやうにて(祭リヲ)見むはいかに(=どうだろう)〈今昔・二八・二〉

をんな-ご【女子】— 名 女の子ども。少女。例この家にて生まれし女子の、もろともに帰らねば、いかがは悲しき(=どんなにか悲しいことだ)〈土佐〉

女殺油地獄 『作品名』浄瑠璃。世話物。三段。近松門左衛門作。享保六年(一七二一)竹本座初演。大坂の油屋河内屋の次男与兵衛は、同業の豊島屋の女房お吉に親切にされたことがあった。遊ぶ金の欲しい与兵衛は両親をだまして奪おうとするが失敗し、勘当されて家を追い出される。しかし親たちはそれぞれお吉の家へ来て、与兵衛への情愛を訴えて帰る。それを門口で聞いていた与兵衛はお吉に金の無心をするが、断られ、お吉を殺して金を奪う。のち与兵衛は捕らえられた。上演当時はあまり好評ではなかった。

女三の宮 『人名』『源氏物語』の作中人物。朱雀院の第三皇女で、亡き母は女御。藤壺の姪で、紫の上の従姉妹にあたる。十四、五歳のとき四十歳の光源氏に降嫁して正妻となるが、源氏はその幼稚さに失望する。七年後柏木と密通、源氏

にも知られる。翌年不義の子薫を出産。まもなく出家し、源氏の死後は薫を頼りに仏道に専心する。

をんな・し【女し】 形(シク) 女らしい。女性の態度や性格などをほめていう。例(筆跡ハ)なまめかしう**女しき**ところ書き添へたまへり〈源氏・賢木〉

をんな-たふか【女踏歌】 名 宮中の年中行事の一つ。陰暦一月十六日に行われる女性の踏歌。舞姫四〇人が歌を唱えながら紫宸殿の南庭から校書殿をめぐる。⇩をとこたふか

をんな-で【女手】 名〔「手」は文字の意〕平仮名。女性はもっぱら平仮名を用いたことによる称。例おほどかなる(＝おっとりした)**女手**の、うるはしう心とどめて書きたまへる、たとふべきかたなし〈源氏・梅枝〉

をんな-でら【女寺】 名 女の子だけを集めて教える寺子屋。また、師匠が女性である寺子屋。例**女寺**へもやらずして筆の道(＝書道)を教へ〈西鶴・日本永代蔵・二・一〉

をんな-どち【女どち】 名〔「どち」は接尾語〕女どうし。例**女どち**も、契り深くて語らふ人の、末まで仲よき人難し(＝終わりまで仲がよい人はめったにない)〈枕・ありがたきもの〉

をんな-にて

【女にて】 ❶(女性自身が)女として。例**女にて**は、見捨て亡くならむ魂かならず留まりなむかし〈源氏・葵〉 読解 妻の、死の無念さを想像する叙述。夫を後に残して死んでゆく魂は必ず夫のもとにとどまるだろうよ、という。

❷(相手の男性を)女に見なして。例色めかしうなよびたまへるを、**女にて**見むはをかしかりぬべく(＝なまめかしく柔和でいらっしゃるので、女に見なしてお相手したらさぞかしおもしろいにちがいない)〈源氏・紅葉賀〉 読解 紫の上の父宮を、光源氏がこのように思う。

❸(男性である自分が)女になって。例兵部卿宮はいとなまめかしくおはするや。**女にて**馴れ仕うまつらばやとなんおぼえはべる(＝兵部卿宮は実にたいした方でいらっしゃるよ。女の身になっていつもおそばにお仕え申し上げたいと思われます)〈源氏・手習〉 読解 紀伊守という人物の言葉。

一語誌 平安時代の物語にしばしばみられる常套表現。②③は、どちらかに決しがたい例もある。〈鈴木日出男〉

をんな-はらから【女同胞】 名 同母の姉妹。例その里に、いとなまめいたる(＝たいそうみずみずしく美しい)**女はらから**住みけり〈伊勢・一〉

をんな-ぶみ【女文】 名 女性の書く平仮名の手紙。例**女文**に、(漢字ヲ)なかば過ぎて(＝半分以上も)書きすすめたる〈源氏・帚木〉

をんな-みこ【女御子・皇女】 名 天皇の女の子ども。皇女。例**女御子**たち二所(＝二人)、この(女御ノ)御腹におはしませど〈源氏・桐壺〉

をんな-みや【女宮】 名 女性の皇族。皇女。内親王。例ただ**女宮**一ところ(＝お一方)をぞ持ちたてまつりたまへりける〈源氏・宿木〉

をんな-もじ【女文字】 名「をんなで」に同じ。

をんな-わらは【女童】 名 女の子ども。少女。例ありける**女童**なむ、この歌を詠める〈土佐〉

をんな-ゑ【女絵】 名 ❶大和絵の技法によって和歌や物語の情景・場面を描いた絵か。例**女絵**をかしくかきたりけるがありければ、取りて懐に入れて、持てきたり〈蜻蛉・下〉 ❷美人画。例掛け物箱より**女絵**を取り出だし〈西鶴・好色一代女・一・三〉

をん-りゃう【怨霊】 名 恨みをいだいて人にたたる死霊や生き霊。例この顕光公は死後に**怨霊**となりて〈宇治拾遺・一八四〉

をん-る【遠流】 名 流罪の一つ。最も重く、延喜式によれば、伊豆(静岡県)・安房(千葉県)・常陸(茨城県)・佐渡(新潟県)・隠岐(島根県)・土佐(高知県)などの諸国への流罪。例法皇の御憤り深かりしかば、なほ**遠流**に定めらる〈平家・二・座主流〉

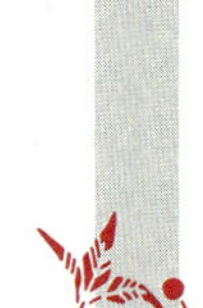

ん 助動詞「む」が平安中期ごろから「ん」と発音されるようになって、「ん」と書かれるようになったもの。

んす

助動(特殊型)《近世語》❶〔「しゃんす」の変化した形〕尊敬の意を表す。〜なさいます。⇩さんす。例「また来さんしたか。早う往なんし(命令形)(＝お去りなさいませ)」などいへば〈仮名草子・浮世物語・一・六〉 ❷〔「ます」の変化した形〕丁寧の意を表す。〜ます。例さはってもおくんなんすな。けがれんす(終止形)〈洒落本・通言総籬〉

接続 ①は四段・ナ変活用の語の未然形につく。②は動詞の連用形につく。

活用 んせ・んしょ／んし／んす／んす／んすれ／んせ・んし

んず 助動詞「むず」の「む」が平安中期ごろから「ん」と発音されるようになって、「んず」と書かれるようになったもの。

んずる 助動詞「むず」の連体形「むずる」の「む」が平安中期ごろから「ん」と発音されるようになって、「んずる」と書かれるようになったもの。

んずれ 助動詞「むず」の已然形「むずれ」の「む」が平安中期ごろから「ん」と発音されるようになって、「んずれ」と書かれるようになったもの。

ん-と-す 「むとす」の「む」が平安中期ごろから「ん」と発音されるようになって、「んとす」と書かれるようになったもの。

ん

名歌・名句辞典

◇江戸時代までの著名な和歌・俳諧・歌謡などを、教科書に採られているものを中心に、『**名歌辞典**』四四二首、『**名句辞典**』一九八句を収録した。百人一首はすべて収録し、作品の後ろに【百】という記号で示した。なお、百人一首と異なる形がある歌は、百人一首の形を優先させた。
◇『**名歌辞典**』には歌意と読解を、『**名句辞典**』には句意と季語と読解を付した。
◇配列は、歴史的仮名遣いの五十音順とし、各作品に通し番号を付した。ただし、連歌「水無瀬三吟百韻」・連句『猿蓑』・俳詩「春風馬堤曲」は『**名句辞典**』の末尾にまとめて掲載した。
◇出典の示し方は、原則として本文の項目の形に準じた。
◇読解中に挙げた作品で、立項されているものについては、たとえば(➡74)または(➡名歌92)などの形で通し番号を示した。
◇『**和歌・俳諧の表現技法**』のページを設けて、主な表現技法について説明し、末尾に、「主な季語一覧」を掲載した。

名歌辞典

1 **あかねさす紫野行き標野行き野守は見ずや君が袖振る**　額田王〈万葉・一・二〇〉

歌意 紫草の生えている野を行き、その立ち入りを禁じられている野を行って、野の番人が見ていないことがあるだろうか。あなたが袖を振るのを。読解 天智天皇が蒲生野で薬猟りをしたときに、額田王が皇太子（のちの天武天皇）に詠みかけた歌。袖を振ることは相手の魂を呼び寄せようとする情愛の表現。薬猟りの後の宴で、あたかも秘密の恋であるかのように演じた歌とみられる。「あかねさす」は枕詞。

2 **秋風にあへず散りぬるもみぢ葉のゆくへさだめぬ我ぞかなしき**　読み人知らず〈古今・秋下〉

歌意 秋風にこらえきれないで散ってしまうもみぢ葉の行方がどことわからないように、行く先を定めることのできない我が身が悲しい。読解 上三句の序詞で悲しい秋が具体的にイメージされ、それが我が身の境遇に重ねられる。句切れがなく、ひと続きに詠まれていることが、深い嘆きの吐息のようにも感じさせる。

3 **秋風にたなびく雲の絶え間よりもれ出づる月の影のさやけさ**【百】　藤原顕輔〈新古今・秋上〉

歌意 秋風でたなびいている雲の切れ間から、漏れさしてくる月の光の、なんとくっきりと澄みきっていることよ。読解 平明な調べの中に、秋の夜の清澄な美しさを描き出した歌。さわやかな秋風が吹き渡り、たなびいている雲がにわかに切れ目をつくって、澄明な月の光が漏れ出てくる。

4 **秋風に初雁が音ぞ聞こゆなる誰がたまづさをかけて来つらむ**　紀友則〈古今・秋上〉

歌意 秋風にのって初雁の声が聞こえてくる。だれからの手紙を携えて来たのだろうか。読解 雁が手紙を運ぶというのは、中国の前漢時代、匈奴に捕らえられた蘇武が、手紙を雁の足につけて漢に送ったという『史記』の「雁信」の故事をふまえる。

5 **秋風のいたりいたらぬ袖はあらじただわれからの露の夕暮れ**　鴨長明〈新古今・秋上〉

歌意 秋風が、ある人の袖には吹き、ある人の袖には吹かないということはあるまい。それなのにこの夕暮れ、私の袖にだけ露が置いているのは、自分自身のせいなのだ。読解「春の色のいたりいたらぬ里はあらじ咲ける咲かざる花の見ゆらむ」〈古今・春下〉を本歌とする本歌取りの歌。本歌の春を秋に詠みかえた。「われからの露」とは、自分のせいで流れ出る涙。

6 **秋風の吹きうらがへす葛の葉のうらみてもなほうらめしきかな**　平貞文〈古今・恋五〉

歌意 秋風が吹いて裏返す葛の葉のように心の裏を見せた人のことを思うと、恨んでもやはりうらめしい。読解 第三句までが序詞。葛の葉は裏が白く、風に翻るのが目立つことから「うら」を導き、「裏見」を「恨み」に掛けて詠んだ。末尾の「うらめし」は、恋を断念しきれない我が心を見つめる言葉である。

7 **秋来ぬと目にはさやかに見えねども風の音にぞおどろかれぬる**　藤原敏行〈古今・秋上〉

歌意 秋が来たと目にははっきりと見えないけれど、風の音にはっと気づかされてしまう。読解 立秋を詠んだ歌。目に見える風景はまだ夏のままだが、風の音を聞くことで秋の到来に気がついた、とする。

8 **秋の田の仮庵の庵の苫をあらみわが衣手は露にぬれつつ**【百】　天智天皇〈後撰・秋中〉

歌意 秋の田のほとりにある仮小屋の、その屋根を葺いた苫の編み目が粗いので、私の衣の袖は露にぬれていくばかりである。読解 晩秋の田園風景のわびしい静寂をとらえた歌。もともとは『万葉集』の作者不明歌〈一〇・二一七四〉で、後世、歌詞も多少変わり天智天皇の作として伝承された。

9 **秋の田の穂の上に霧らふ朝霞いつへの方に我が恋やまむ**　磐姫皇后〈万葉・二・八八〉

歌意 秋の田の稲穂の上に立ちこめている朝霞のように、いつになったら私の恋は晴れるだろうか。読解 夫仁徳天皇を思って作った歌とされる。一人眠れぬままに朝を迎えたものか。目の前のいつ晴れるとも知れない一面の霞は、重く鬱屈する恋心に重なる。

10 **秋の野になまめき立てる女郎花あなかしがまし花も一時**　僧正遍昭〈古今・雑体〉

歌意 秋の野に優美な様子に咲いている女郎花、ああうるさい。華やかな花の時期も一時のことだよ。読解 女性を女郎花に喩えることは多いが、美しさを競いあうかしがましさを取り込んで滑稽味を出した。俳諧歌の典型。

11 **秋の夜のほがらほがらと天の原照る月影に雁鳴きわたる**　賀茂真淵〈賀茂翁家集・一〉

歌意 秋の夜の明るく晴れわたった大空に月が照る、その光の中を雁が鳴きながら飛んでいくことである。読解「九月十三夜県居にて」と題する連作の冒頭の歌。江戸浜町にある真淵の住居で月見会を催した折の一首。「ほがらほがらと」は「しののめのほがらほがらと明けゆけばおのがきぬぎぬなるぞかなしき」〈古今・恋三〉を念頭に置いた表現で、ここでは天空に悠然と照り映る月の形容。

12 **秋吹くはいかなる色の風なれば身にしむばかりあはれなるらむ**　和泉式部〈詞花・秋〉

歌意 秋に吹くのはどのような色の風なので、このように身にしみるほどしみじみとしているのであろうか。読解「身にしむ」の「しむ」は「染む（色に染まる）」を掛け、「色」の縁語。秋風が身にしみるのは風にも色があるからなのか、と疑った表現の歌。「しむ」の掛詞のおもしろみをねらった。

13 **秋山の黄葉をしげみ惑ひぬる妹を求めむ山道知らずも**　柿本人麻呂〈万葉・二・二〇八〉

歌意 秋の山の黄葉が茂っているので、山中に迷い込んでしまった妻を探し求めようと思う、その山道がわからない。読解 45の反歌の第一首目。妻の死を黄葉の山に見失ったとする。死者の魂は山の中に入っていくと考える古代の死生観によった歌。

14 **明けぬれば暮るるものとは知りながらなほうら**

めしき朝ぼらけかな【百】　藤原道信〈後拾遺・恋二〉

歌意 夜が明けてしまうと、すぐに日が暮れ、あなたにまた逢うことができるとはわかっているけれど、それでもやはり恨めしい夜明けだ。読解 後朝（男女が共寝をした翌朝）の歌。夜が明ければ必ず日は暮れ、暮れればまた逢うことができる、という理屈はわかるが、それでも別れなければならない夜明けが恨めしくてならない、とする。

15 **明けばまた越ゆべき山の峰なれや空ゆく月の末の白雲**　藤原家隆〈新古今・羇旅〉

歌意 夜が明けたら、また越えてゆかなければならない山の峰であろうか、空を渡ってゆく月の行きつく先の白雲のかかっているあのあたりは。読解 旅人の漂泊の思いを詠んだ題詠の歌。「空ゆく月」は、「忘るなよ程は雲居になりぬとも空ゆく月のめぐりあふまで」〈伊勢・一一〉を念頭に置いた表現か。

16 **朝影に我が身はなりぬ玉かきるほのかに見えて去にし児ゆゑに**　柿本朝臣人麿歌集〈万葉・一一・二三九四〉

歌意 朝の影のように私はやせ細ってしまった。わずかに見えただけで行ってしまったあの娘のせいで。読解 朝できる影は細長い。そのように恋のためにやせ細ってしまった、という。枕詞「玉かきる」は玉がちらりと輝く意で、一瞬にして去ってしまった娘の美しさ、瞬時に落ちた恋のはかなさも印象づける。

17 **安積香山影さへ見ゆる山の井の浅き心を我が思はなくに**　陸奥国前采女〈万葉・一六・三八〇七〉

歌意 安積香山の姿まで映って見えるほど澄んだ山の井が浅いように、浅い心で私はあなたを思ってはいないのに。読解 葛城王が陸奥国に下ったときの宴席で、国司の接待の悪さから王が不興になったときに、以前采女だった女性がこの歌を歌って王の機嫌を直したと伝えられる。第三句までが序詞。『古今和歌集』の仮名序では、272とともに手習いで最初に習う歌とされる。『大和物語』『今昔物語集』では、仕えていた若者に盗み出された姫君の歌として載る。

18 **浅茅生の小野の篠原しのぶれどあまりてなどか人の恋しき【百】**　源等〈後撰・恋一〉

歌意 浅茅の生えている野の篠原の「しの」ではないが、忍び続けて我慢はしてきたが、どうしてあの人のことがこうも恋しいのか。読解 人目を忍ぶ恋でありながら、その思いが抑えきれないとする。第二句までが、同音反復の序詞として「忍ぶ」を導く。

19 **朝ぼらけ有り明けの月とみるまでに吉野の里にふれる白雪【百】**　坂上是則〈古今・冬〉

歌意 夜がほのかに明るくなって、有り明けの月かと思うくらいに、吉野の里に白々と降っている白雪である。読解 雪や霜をその白さにおいて月の光に見立てた歌。大和国（奈良県）の吉野は古来雪や桜の名所。

20 **朝ぼらけ宇治の川霧たえだえにあらはれわたる瀬々の網代木【百】**　藤原定頼〈千載・冬〉

歌意 明け方、あたりがほのぼのと明るくなるころ、宇治川の川面に立ちこめていた霧がとぎれとぎれになって、その絶え間のあちらこちらから点々と現れてきた川瀬川瀬の網代木よ。読解 一幅の絵を思わせる叙景歌。網代は、冬、鮎の稚魚を捕るために川の瀬に杭を打ち並べ、簀（竹や木を編んだもの）を設けたもの。網代木はその杭。宇治川の冬の景物として有名。

21 **あさましや剣の枝のたわむまでこは何の身のなれるなるらむ**　和泉式部〈金葉・雑下〉

歌意 驚きあきれることよ。剣の枝がしなるまでに体を貫かれて、これは枝に実が生っているのではなく、どういう身がこのようになっているのであろうか。読解 詞書に「地獄絵に剣の枝に人の貫かれたるを見てよめる」とある。地獄絵は、地獄で罪人がさまざまな責め苦にあっているさまを描いたもの。「身のなれる」に「実の生れる」を掛ける。

22 **朝まだき嵐の山の寒ければ紅葉の錦着ぬ人ぞなき**　藤原公任〈拾遺・秋〉

歌意 朝がまだ早く、嵐山を吹く風が寒いので、錦のように散り乱れる紅葉の葉を着ない人はいない。読解 散りかかってくる紅葉を衣服として着るという趣向。紅葉の名所嵐山で詠んだ歌。

23 **あしひきの山川の瀬の鳴るなへに弓月が岳に雲立ち渡る**　柿本朝臣人麿歌集〈万葉・七・一〇八八〉

歌意 山の中の流れる川の瀬音が鳴り響くにつれて、弓月が岳に雲が立ち起こってくる。読解 川の瀬音と弓月が岳に立ちのぼる雲の様子とが互いに関係するかのように結びつけられている。聴覚的映像と視覚的映像を組みあわせて、激しく変化する自然の様子を詠んだ歌。「あしひきの」は枕詞。

24 **あしびきの山鳥の尾のしだり尾のながながし夜をひとりかも寝む【百】**　柿本人麻呂〈拾遺・恋三〉

歌意 山鳥の尾の、その垂れ下がった尾が長々しいように、秋の長々しい夜をひとりで寝ることになるのだろうか。読解 恋しい人に逢えないまま、秋の夜長をひとり過ごさねばならない哀しみを詠んだ歌。「あしびきの」は枕詞。第三句までが序詞。山鳥は夜になると雌雄が谷を隔てて寝る習性があると考えられていた。『万葉集』では作者不明の歌〈一一・二八〇二〉として載る。

25 **あしひきの山のしづくに妹待つと我立ち濡れぬ山のしづくに**　大津皇子〈万葉・二・一〇七〉

歌意 山の滴に、あなたを待って私は立ち続けてぬれてしまった。山の滴に。読解 大津皇子が石川郎女に贈った歌で、相手が来なかったことを恨むという内容。「あしひきの」は枕詞。

26 **明日よりは春菜摘まむと標めし野に昨日も今日も雪は降りつつ**　山部赤人〈万葉・八・一四二七〉

歌意 明日から春菜を摘もうと標縄を張っておいた野に、昨日も今日も雪が降り続いて。読解 降り続く雪のために明日から若菜摘みができないことを詠んだ歌。冬から春へという季節の移り変わりを昨日・今日・明日という時の流れの中に詠む。

27 **遊びをせむとや生まれけむ　戯れせむとや生まれけむ　遊ぶ子どもの声聞けば　我が身さへこそゆるがるれ**　〈梁塵秘抄・四句神歌〉

歌意 人は遊びをしようとしてこの世に生まれてきたの

だろうか。戯れをしようとしてこの世に生まれてきたのだろうか。無心に遊び興じている子どもの声を聞くと、我が身までもが自然に動き出す。**読解**今様形式の歌。無心に遊び戯れる子どもの姿に、人それぞれの人生のさまざまな感興を催す、というのである。

28 **東屋の　真屋のあまりの　その雨そそき　我立ち濡れぬ　殿戸開かせ　かすがひも　錠もあらばこそ　その殿戸　我鎖さめ　おし開いて来ませ　我や人妻**　〈催馬楽・東屋〉

歌意（男）粗末な家の、切り妻造りの粗末な家の軒先の、その雨だれで、私は外に立ってぬれてしまったよ、戸を開けてください。（女）掛け金も錠もあるならば、それをその家の戸に私はさしておきますが…、さっさと開けて入って来なさい、私を人妻と思っているのでしょうか。**読解**男女の掛けあいで構成された歌。「我や人妻」の「や」は反語で、私は他人の妻ではない、あなたのものだ、の意。『源氏物語』には、これを口ずさむ場面がいくつも見られ、また、「東屋」という巻名としても用いられている。

29 **あなうなぎいづくの山のいもとせをさかれてのちに身をこがすとは**　四方赤良〈蜀山百首〉

歌意ああ情けない。どこの山の芋からできたうなぎだか知らないが、妹背の仲を裂かれた上に、背を割かれ焦がされて蒲焼きになった後でも、相手のことを思い焦がれているとは。**読解**うなぎの蒲焼きと恋の苦悩を重ねあわせた狂歌。「あなうなぎ」に「あな憂」を掛ける。「山のいもとせ」は、諺の「山の芋うなぎになる」に「妹」を掛ける。「せ」は「背（夫）」と「背中」の掛詞。「いもとせをさかれて」は、妹背（夫婦）の仲を裂かれる意と、うなぎの背が割かれる意を掛ける。さらに「身をこがす」は、蒲焼きに焼かれる意と恋に身を苦しめる意を掛ける。

30 **あな醜賢しらをすと酒飲まぬ人をよく見ば猿にかも似る**　大伴旅人〈万葉・三・三四四〉

歌意ああ醜いことだ。賢人ぶって酒を飲まない人をよくよく見たら猿に似ているかなあ。**読解**酒を褒めた歌十三首の中の第七首。偉そうにして酒を飲まない人を嘲笑して、痛烈な皮肉をこめた歌。第四句を「見れば（見ると）」と訓む説もある。

31 **淡路島かよふ千鳥の鳴く声に幾夜寝覚めぬ須磨の関守**【百】　源兼昌〈金葉・冬〉

歌意淡路島から通ってくる千鳥の鳴く声のために、幾夜目を覚ましたことか、須磨の関守は。**読解**詞書に「関路千鳥といへることを詠める」とある。この時代、須磨の関はすでに廃されていた。冬の夜、荒涼とした須磨の地を通り過ぎる旅人は、向かいの淡路島から飛び通ってくる千鳥の寂しげな鳴き声を聞き、昔の関守のわびしい心を思いやる。その想像が、そのまま旅人の旅愁になっている。

32 **あはれさればこれはまことかなほもただ夢にやあらむとこそおぼゆれ**　建礼門院右京大夫〈建礼門院右京大夫集〉

歌意ああ、それではやはりこの恐ろしいことは真実だったのだなあ。それでもなお私には、ただ悪夢ではなかろうかと思われる。**読解**合戦で敗れた平家の戦死者が市中に引き回されたといううわさを聞いたときの、動転するような恐れと悲しみを詠んだ歌。作者は高倉天皇の中宮平徳子（清盛の娘）に仕え、平資盛に愛された。初句「あはれされば」の字余りの変調からも、平静さを失った作者の心情が読みとれる。

33 **あはれともいふべき人は思ほえで身のいたづらになりぬべきかな**【百】　藤原伊尹〈拾遺・恋五〉

歌意私のことをかわいそうだといってくれそうな人は思い浮かばず、きっと私はむなしく死んでいくにちがいないのだなあ。**読解**つれない女性に訴えかけた歌。「いたづらになる」は、むだに死ぬ意。せめて、かわいそうだという憐憫の情だけでもかけてほしいと思うが、それもかなわず、自分はひとり恋い焦がれて死んでしまうだろう、とする。

34 **相思はぬ人を思ふは大寺の餓鬼の後に額つくごとし**　笠女郎〈万葉・四・六〇八〉

歌意互いに思いあわない人を自分のほうからだけ思うのは、大寺の餓鬼を、それも後ろのほうから額づいて願いごとをするようなものだ。**読解**大伴家持に贈った二十四首の中の一首。「餓鬼」は、餓鬼道に落ちた亡者の像のことで、拝むに値しないもの。報われない自分の恋を自嘲的に詠んでいる。

35 **あひにあひて物思ふころのわが袖にやどる月さへ濡るる顔なる**　伊勢〈古今・恋五〉

歌意私の心にちょうどぴったり合って、もの思いにふけっているころの涙にぬれた私の袖に映っている月までもぬれた顔であるよ。**読解**男がやって来なくなったのを嘆いた歌。袖をぬらす涙に映った月を人の顔に見立て、月が自分と同じく涙にくれているとする。

36 **逢ひ見てののちの心にくらぶれば昔はものを思はざりけり**【百】　藤原敦忠〈拾遺・恋二〉

歌意逢瀬を遂げた後の恋しい気持ちにくらべると、以前の恋心などは、何も思っていなかったのと同じであったなあ。**読解**恋しい人へのつのる思いを詠んだ歌。初めて一夜をともにするという体験をしてみると、もの思いが晴れるどころか、以前のもの思いなど問題にならないほどせつないまでの恋しさがわき起ってきた、という。

37 **逢ふことの絶えてしなくはなかなかに人をも身をも恨みざらまし**【百】　藤原朝忠〈拾遺・恋一〉

歌意もし逢うことが絶対にないのならば、かえって、あの人のつれなさも、我が身のつたない運命も恨むことはしないのに。**読解**逢瀬を望み、恋い焦がれる思いを詠んだ。「〜は〜まし」は反実仮想の構文で、現実にはときおり逢うので、かえっていらだたずにはいられない恋の心を的確に表現した。

38 **あふこともなみだに浮かぶ我が身には死なぬ薬も何にかはせむ**　〈竹取〉

歌意かぐや姫に逢うこともなく、あふれ出る涙に浮かぶ私には、不死の薬などなんの役に立とうか。**読解**かぐや姫が形見として帝に残した不死の薬を焼くときにつけた帝の歌。かなわぬ恋情をいだいて長々と生きねばならない者の絶望的な悲しみを詠む。「なみ」は涙の「なみ」と「無み（ないので）」の掛詞。「何にかはせむ」の「かは」は反語の意を表す。

39 **逢坂の関のいはかど踏みならし山たち出づるきりはらの駒**　藤原高遠〈拾遺・秋〉

歌意 逢坂の関のごつごつとした岩の角を踏みならして、霧の立つ山中を出で立つきりはらの駒よ。読解 駒迎えの歌。駒迎えは、毎年八月中ごろに諸国から献上される馬を、宮中の役人が逢坂の関まで迎えに行く行事。「桐原（信濃の国の馬の産地）」の「きり」と「霧」を掛ける。駒迎えを詠んだ名歌として40と並称される。

40 **逢坂の関の清水に影見えて今や引くらむ望月の駒**　紀貫之〈拾遺・秋〉

歌意 逢坂の関の泉に満月の光が明るくさして、そこに姿を映しながら、今まさに引いていることだろう、望月の駒を。読解 39とともに駒迎えの歌。屏風絵を見て詠んだ一首。望月は信濃の名馬の産地。満月の意の「望月」を掛け、「影」はその縁語。

41 **樗咲く外面の木陰露落ちて五月雨晴るる風わたるなり**　藤原忠良〈新古今・夏〉

歌意 樗の花が咲く戸外の木陰に宿っていた露がこぼれ落ちて、五月雨があがろうとしていることを知らせる風が吹く音が聞こえる。読解 五月雨があがろうとするその瞬間をとらえた歌。「樗」は栴檀のこと。「なり」は、音から推定する意の助動詞であり、「外面の木陰」と表現していることから、作者は室内にいて戸外の風景を思い描いていることが想像される。

42 **近江の海夕波千鳥汝が鳴けば心もしのに古思ほゆ**　柿本人麻呂〈万葉・三・二六六〉

歌意 近江の海の夕波の間を飛ぶ千鳥よ、おまえが鳴くと心もしおれて昔のことが思われる。読解「近江の海」は琵琶湖。その湖畔、今の大津市に天智天皇の開いた宮が置かれた。かつて栄えたその大津の宮も荒廃してしまったとする歴史的な回顧を詠んだ歌。夕暮れ時はもの思いをさせがちな時間帯。千鳥の鳴き声は周囲の静寂を逆に際立てている。

43 **天離る鄙の長道ゆ恋ひ来れば明石の門より大和島見ゆ**　柿本人麻呂〈万葉・三・二五五〉

歌意 地方からの長い道筋を通って恋しく思いながらやって来ると、明石海峡から大和の山々が見える。読解 旅もようやく終わりに近づいたことを喜んだ歌。「天離る」は枕詞。「大和島」は具体的には、大和国の生駒・葛城・金剛の山並みをさす。

44 **天つ風雲の通ひ路吹き閉ぢよをとめの姿しばしとどめむ【百】**　良岑宗貞〈古今・雑上〉

歌意 空吹く風よ、雲の通り道を閉じておくれ。天女の舞い姿をしばらくこの地上にとどめておこう。読解 五節の舞姫を天女に見立てて詠んだ歌。五節の舞は新嘗祭で宮中で催される少女たちの舞。宮中と天上界とが重ねられ、この世のものとは思われない華麗な世界が描かれている。

45 **天飛ぶや　軽の道は　我妹子が　里にしあれば　ねもころに　見まく欲しけど　やまず行かば　人目を多み　まねく行かば　人知りぬべみ　さね葛　のちも逢はむと　大舟の　思ひ頼みて　玉かぎる　磐垣淵の　隠りのみ　恋ひつつあるに　渡る日の　暮れぬるがごと　照る月の　雲隠るごと　沖つ藻の　なびきし妹は　黄葉の　過ぎて去にきと　玉梓の　使ひの言へば　梓弓　音に聞きて　言はむすべ　せむすべ知らに　音のみを　聞きてありえねば　我が恋ふる　千重の一重も　慰もる　心もありやと　我妹子が　やまず出で見し　軽の市に　我が立ち聞けば　玉だすき　畝傍の山に　鳴く鳥の　声も聞こえず　玉桙の　道行き人も　ひとりだに　似てし行かねば　すべをなみ　妹が名呼びて　袖ぞ振りつる**　柿本人麻呂〈万葉・二・二〇七〉

歌意 軽の道は我が妻の住む里なので、つくづくと見たいと思うけれど、絶えず行くと人目が多いので、数多く行くと人が知りそうなので、のちにでも逢おうと頼みに思って、家に籠もって人知れず恋い続けていると、空を渡る日が暮れていくように、照る月が雲に隠れるように、沖の藻のごとく寄りそっていた妻は、黄葉が散り落ちるように亡くなってしまった、と使いの者が言うので、知らせを聞いてなんと言ってよいか何をしてよいかわからず、なすすべもなく途方にくれ、知らせだけを聞いてじっとしていられないので、私が恋しく思う千分の一でも慰められることもあるかと、我が妻がいつも出て見ていた軽の市に自分も立って耳をすませていると、妻の声も聞こえず、道を行く人も一人も似た人は通らないので、どうしようもないので、妻の名前を呼んで袖を振ったことだ。読解 妻が亡くなったときに泣き悲しんで作った歌。妻の死が、太陽の運行に喩えられるなど人の意志や力の及ばないものとして見つめられている。末尾の、名を呼び袖を振る行為は妻の魂を招き寄せようとする動作であるが、軽の市の雑踏の中で袖を振るしかない点に、残された者の孤独な悲しみが表現されている。「軽の道」は今の奈良県橿原市大軽あたりの地。「玉かぎる磐垣淵の」は「隠りのみ」を、「玉だすき畝火の山に鳴く鳥の」は「声も聞こえず」を導く序詞。「天飛ぶや」「さね葛」「大舟の」「玉かぎる」「沖つ藻の」「黄葉の」「玉梓の」「梓弓」「玉だすき」「玉桙の」は枕詞。多くの枕詞や序詞によって詩的なふくらみをもたらすのが人麻呂の長歌の特徴だが、この歌はその典型。

46 **天の原月すむ秋をま二つにふりわけみればちやうど仲麻呂**　朱楽菅江〈徳和歌後万載集・三〉

歌意 大空に澄んだ月が出ている今宵、空を仰ぎ見ながら秋を真っ二つに分けてみると、今夜がちょうど仲麻呂ならぬ、真ん中になる。読解 阿部仲麻呂の「天の原ふりさけ見れば春日なる三笠の山に出でし月かも」（➡47）による狂歌。「ふりさけ」を「ふりわけ」に転じ、「仲麻呂」と秋の「真ん中（仲秋）」を掛ける。

47 **天の原ふりさけ見れば春日なる三笠の山に出でし月かも【百】**　阿倍仲麻呂〈古今・羇旅〉

歌意 大空をふり仰いではるか遠くを眺めると、今見ている月は、かつて奈良の春日にある三笠山の上に出ていた月と同じ月なのだなあ。[読解]唐から帰国しようとした際、送別の席で詠んだ歌。変わらぬ天上の月を介して過去と現在とが見つめられている。作者は十七歳で入唐し、この時までに三十年の歳月が流れている。こみあげてくる望郷の思いが、これまでの人生を顧みさせてもいよう。

48 **天の海に雲の波立ち月の舟星の林に漕ぎ隠る見ゆ**　柿本朝臣人麿歌集〈万葉・七・一〇六八〉
[歌意]天の海に雲の波が立ち、月の舟が星の林の中に漕ぎ入って隠れるのが見える。[読解]天を海に、雲を波に、月を舟に、星々を林に、と夜の天空を海の光景に見立てた大胆な発想によって詠まれた歌。

49 **あらざらむこの世のほかの思ひ出に今ひとたびの逢ふこともがな**【百】　和泉式部〈後拾遺・恋三〉
[歌意]まもなく私は死んでしまうだろう、この世から去っていく思い出として、死ぬ前にもう一度逢いたいものだ。[読解]死ぬ前に愛する人に逢いたいという願いを率直に詠んだ歌。「あらざらむ」と「この世のほか」は、内容が重複している印象を与えるが、それがかえって死期の近づいた緊迫感をよく伝えている。

50 **嵐吹く三室の山のもみぢ葉は龍田の川の錦なりけり**【百】　能因〈後拾遺・秋下〉
[歌意]嵐の吹きおろす三室の山の紅葉は、龍田の川の錦なのだった。[読解]龍田川に錦を織りなす三室山の紅葉の華麗さを詠んだ歌。紅葉を錦に見立てるという発想は特に目新しいものではないが、紅葉で名高い二つの地名「三室の山」「龍田の川」を配し、山と川とを対照させているという点が注目される。

51 **新たしき年の始めの初春の今日降る雪のいや重け吉事**　大伴家持〈万葉・二〇・四五一六〉
[歌意]新しい年の初めの初春の今日降る雪が積もるように、いよいよ重なれ、よい事が。[読解]『万葉集』中、制作年代のわかる歌の中で最も新しい歌で、集の最後に置かれている。天平宝字三年(七五九)正月一日、四十二歳を迎えた家持が、因幡守として新年の宴で詠んだ歌である。第四句までが序詞。そこに表された新春降雪の風景自体も、豊年の予兆である。

52 **有り明けの月に朝顔見し折も忘れがたきをいかで忘れむ**　建礼門院右京大夫〈建礼門院右京大夫集〉
[歌意]有り明けの月の光で朝顔を、そしてあの人のお顔を見たときのことも忘れがたいのであるが、それをどうにかして忘れたい。[読解]朝顔の花を恋人平資盛と見た、二人だけの思い出。その忘れることのできない思い出をどうにかして忘れよう、とする。朝顔ははかなさの象徴であるとともに、共寝した後の朝の顔でもある。資盛が壇の浦の戦に敗れて死んだ後の歌。

53 **有り明けのつれなく見えし別れより暁ばかり憂きものはなし**【百】　壬生忠岑〈古今・恋三〉
[歌意]有り明けの月がそっけなく見えた、そのそっけなく思われた別れからずっと、暁がたほど我が身の運命をつらく思うときはない。[読解]「有り明けの月」は、明け方になっても空に残っている月。有り明けの月の出る時分は、逢瀬を遂げた男女が別れるときである。暁の空にしらじらと浮かぶ月の姿は、冷淡な態度で別れた相手の姿を表してもいよう。

54 **有馬山猪名の笹原風吹けばいでそよ人を忘れやはする**【百】　大弐三位〈後拾遺・恋二〉
[歌意]有馬山に近い猪名の笹原に風が吹くと、笹の葉がそよそよと音をたてる。さあそのこと、お忘れになったのはあなたのほう、私はどうしてあなたのことを忘れなどしようか。[読解]風になびく笹原によせて忘れがたい恋心を詠んだ歌。第三句までが序詞。反語表現を用いた下の句には、相手に反発する気持ちがこもる。

55 **沫雪のほどろほどろに降りしけば奈良の都し思ほゆるかも**　大伴旅人〈万葉・八・一六三九〉
[歌意]あわ雪がまだらまだらに降り積もると、奈良の都が思い出されることだ。[読解]任地大宰府で雪を見て詠んだ歌。「沫雪」は、水の泡のような、降ってもすぐに消えてしまう雪。「ほどろほどろに」には反復継続の気持ちもあり、望郷の思いが次から次へとわき起こってくる趣である。

56 **あをによし奈良の都は咲く花のにほふがごとく今盛りなり**　小野老〈万葉・三・三二八〉
[歌意]奈良の都は咲く花の色美しく照り映えるように、今が真っ盛りである。[読解]都としての奈良の景観の美しさを賞賛した歌。「あをによし」は枕詞。「にほふ」は視覚的な美しさをいうが、この歌の原文では「薫ふ」とあり、香りをいう気持ちもこめられている。

57 **我を待つと君が濡れけむあしひきの山のしづくにならましものを**　石川郎女〈万葉・二・一〇八〉
[歌意]私を待ってあなたがぬれたという山の滴になれたらよいのに。[読解]25に答えた歌。相手の歌に対して、私こそその山の滴になりたかったと切り返す。「あしひきの」は枕詞。

58 **青柳の糸よりかくる春しもぞ乱れて花のほころびにける**　紀貫之〈古今・春上〉
[歌意]柳の枝が風になびいているのは、あたかも緑の糸を縒りあわせたようなもの。そうした春に、一方では糸が乱れてほころびるように、花が咲いていたのだった。[読解]柳の枝と桜の花を、裁縫のさまに見立てた歌。柳の新緑と桜花の薄紅という色彩の鮮やかな対照を、「より」と「ほころび」という対照的な表現にのせて詠んだ。一方で糸を縒りあわせたような柳が風になびいているのに、一方ではほころぶように花が咲いているという気分である。「よる」「かく」「乱る」「ほころぶ」は「糸」の縁語。「ほころぶ」には花の芽のほころぶ意に着物のほころぶ意を響かせる。

59 **いかにせむ来ぬ夜あまたのほととぎす待たじと思へば村雨の空**　藤原家隆〈新古今・夏〉
[歌意]どうしようか、待っても来ない夜の多くなったほととぎすよ。もう待つまいと思うとほととぎすの鳴きそうな村雨の降り出したこの空であるよ。[読解]「頼めつつ来ぬ夜あまたになりぬれば待たじと思ふぞ待つにまされる」〈拾遺・恋三〉を本歌とする本歌取りの歌。本歌の恋人を待つ心を、ほととぎすを待つ心へと巧みに転換している。

60
池水に汀の桜散りしきて波の花こそさかりなりけれ　後白河院〈千載・春下〉
歌意 池の水面に岸辺の桜の花びらが散り敷いて、今や波の花が真っ盛りなのだった。読解「池の上の花」という題を詠んだ歌。波の上に散って浮かぶ花びらを「波の花」と見立てた。寂光院での情景を目にして詠んだとする。『平家物語』灌頂巻「大原御幸」では、

61
いざ子ども早く日本へ大伴の三津の浜松待ち恋ひぬらむ　山上憶良〈万葉・一・六三〉
歌意 さあ皆の者よ、早く日本へ帰ろう。今ごろは大伴の三津の浜辺の松も私たちを待ちわびているだろう。読解 遣唐使の一員として唐に滞在していたとき、おそらく帰国を前にしての宴席で詠まれた歌であろう。「子ども」は配下の者への呼びかけの言葉。「大伴の三津」は遣唐使船の発着する大阪湾の港。擬人化された浜松が、帰国を待ち焦がれる故郷の妻や恋人を連想させ、望郷の思いを強めている。

62
いづ方に鳴きてゆくらむほととぎす淀のわたりのまだ夜ぶかきに　壬生忠見〈拾遺・夏〉
歌意 いったいどの方角へ鳴いてゆくのだろうか、ほととぎすは。淀の渡し場のあたりは、まだ夜明けまで間があるのに。読解 詞書に「御屏風に、淀の渡りする人描けるところに」とある。「淀のわたり」は山城国の歌枕。黒以外色彩のない世界を描出している。

63
いづくにか舟泊てすらむ安礼の崎漕ぎたみ行きし棚なし小舟　高市黒人〈万葉・一・五八〉
歌意 今ごろはどこで舟を泊めているだろうか。安礼の崎を漕ぎ回って行った、あの舟棚もない小さな舟は。読解 持統天皇の三河行幸に同行して詠んだ。昼間見かけた小さな舟を日が暮れてから思いやる、旅愁の歌である。

64
いとほしや見るに涙もとどまらず親もなき子の母をたづぬる　源実朝〈金槐集・下〉
歌意 かわいそうだなあ、見ると涙もとまらない。親もない子どもが母親を捜し求めている。読解 詞書によれば、路傍で母を捜してひどく泣いている幼児がいたので近くの人に尋ねたところ、この子の父母は亡くなったのだと答えた、とある。実朝のやさしい心情が率直に詠まれている。

65
いにしへの奈良の都の八重桜けふ九重ににほひぬるかな【百】　伊勢大輔〈詞花・春〉
歌意 昔の奈良の都の八重桜が、今日は宮中で、ひときわ美しく咲きほこっていることだ。読解 奈良の八重桜が宮中(九重)に献上された折に即詠した歌。「いにしへ」と「けふ」が照応、「八重」「九重」は数の連鎖をなす。咲きほこる八重桜の美しさを通して、一条天皇の御代の繁栄をもたたえる。

66
命だに心にかなふものならば何か別れの悲しからまし　白女〈古今・離別〉
歌意 せめて命だけでも心のままになって、あなたの帰りを待てるならば、どうして別れが悲しいだろうか。読解 白女という遊女が旅行く男性と別れを惜しんだ歌。軽いものをあげて、言外に重いものを類推させる副助詞「だに」の表現効果に注意。本来重いはずの命を軽いものとして提示することで別れの悲しみの深さを強調している。実際には、歌自体は遊女が即興的に詠んだもの。

67
命の　全けむ人は　たたみこも　平群の山の
くまかしが葉を　うずにさせ　その子　倭建命〈記・中・景行〉
歌意 生命力が完全で健康な若者は、平群の山の大きな樫の木の葉を髪飾りにして挿せ。おまえたちよ。読解「命の全けむ人」は、若者に呼びかけた言葉。樫などの常緑樹の葉を髪飾りとするのは、長寿や豊饒を願う儀礼的行為。もともとは平群の山遊びのときの老人の歌であったらしいが、『古事記』では、病の重くなった倭建命の、故郷大和を思慕する歌として詠まれている。「たたみこも」は枕詞。

68
石走る垂水の上のさわらびの萌え出づる春になりにけるかも　志貴皇子〈万葉・八・一四一八〉
歌意 岩の上を激しく流れる滝のほとりの蕨が、芽を出す春になったことだなあ。読解『万葉集』の巻八は四季に分類されていて、その春の巻頭を飾る歌。「萌え出づる」早蕨の生命力を通して、春が到来した喜びを詠んだ。

69
石見の海　角の浦廻を　浦なしと　人こそ見らめ　潟なしと　人こそ見らめ　よしゑやし　浦はなくとも　よしゑやし　潟はなくとも　いさなとり　海辺をさして　にきたづの　荒磯の上に　か青く生ふる　玉藻沖つ藻　朝はふる　風こそ寄せめ　夕はふる　波こそ来寄れ　波のむた　か寄りかく寄る　玉藻なす　寄り寝し妹を　露霜の　置きてし来れば　この道の　八十隈ごとに　よろづたび　かへりみすれど　いや遠に　里は離りぬ　いや高に　山も越え来ぬ　夏草の　思ひしなえて　偲ふらむ　妹が門見む　なびけこの山　柿本人麻呂〈万葉・二・一三一〉
歌意 石見の海の角の海岸を、よい浦がないと人は見るだろうが、よい潟がないと人は見るだろうが、ままよ、よい浦がなくても、ままよ、よい潟はなくても、海辺をめざして、にきたづの荒磯のあたりに、青々と生える玉藻や沖の藻を、朝吹く風が寄せるだろうが、夕方に寄る波がこちらに寄せるだろうが、その波とともにあちこちに寄る玉藻のように、寄り添って寝た我が妻を置いて来るので、この道のいくつもの曲り角ごとに何度も振り返って見るけれど、いよいよ遠くに里は離れてしまった、ますます高く山も越えて来てしまった。心もしおれて私を思い偲んでいるだろう妻のいる家の門を見たい。平たくなれ、この山よ。読解 妻と別れて石見国(今の島根県西部)から上京したときの歌。初句から「玉藻なす」までが序詞で、風波に揺れる藻の様子が寄り添って寝た妻の姿を連想させる。全体は、妻の住む石見の海岸から歌い起こし、妻への情愛に転じて、最後には別れの悲しみを詠んでいる。末尾の「なびけこの山」という大げさな言い方も、妻への激情としておさまっている。「いさなとり」「露霜の」「夏草の」は枕詞。

70 **石見のや高角山の木の間より我が振る袖を妹見つらむか**　柿本人麻呂〈万葉・二・一三二〉

歌意 石見の高角山の木の間から私が振る袖を妻は見ているのであろうか。 読解 69の反歌の第一首目。妻と遠く離れてしまったことを悲しく自覚した歌。

71 **家にあれば笥に盛る飯を草枕旅にしあれば椎の葉に盛る**　有間皇子〈万葉・二・一四二〉

歌意 家にいるといつも器に盛る飯を、旅にあるので椎の葉に盛る。 読解 謀反の嫌疑を受け、審問のため紀伊へ護送された有間皇子はその帰途、殺されてしまう。その護送の途中で詠んだ歌。歌の内容は旅にあって我が家を懐かしんだものであるが、死を直前にするという事態から、日常的な事柄もかけがえのないものとなっている。「草枕」は枕詞。

72 **今来むと言ひしばかりに長月の有り明けの月を待ち出でつるかな【百】**　素性〈古今・恋四〉

歌意 今すぐ来ようとあの人が言ってきたばっかりに、九月の夜長を待ち続けているうちに有り明けの月が出てきてしまったことだ。 読解 来ると言ってきたのに来なかった相手のために、夜通し待ち続けた恨みを詠んだ歌。有り明けの月の出る時分は、普通は男の帰っていく時間帯である。作者は男性だが、女性の立場で詠んでいる。

73 **今はただ思ひ絶えなむとばかりを人づてならで言ふよしもがな【百】**　藤原道雅〈後拾遺・恋三〉

歌意 今となってはただもうあきらめてしまおう、ということだけを、せめて人づてではなく、じかにお目にかかって話す手立てがほしいものだ。 読解 詞書によれば、斎宮の任を終えて伊勢から帰った三条院の皇女、当子内親王のもとに、作者が通っていたことを天皇が聞き知り、監視の女房をつけたため逢えなくなった折の歌。禁じられた恋へのいちずな思いが詠み込まれている。

74 **今はとて天の羽衣着る折ぞ君をあはれと思ひいでける**　〈竹取〉

歌意 今はこれまでと天の羽衣を着るこの時になって、あなたのことをしみじみと思い出すのだった。 読解 かぐや姫が月の世界(もの思いのない理想世界)に帰るときに詠んだ歌。「あはれ」という極めて人間的な感動を詠んでいる。

75 **今はとてわが身時雨にふりぬれば言の葉さへにうつろひにけり**　小野小町〈古今・恋五〉

歌意 今はもうおしまいだということで、私が時雨に降られて古びるように年をとってしまったので、野山の木の葉だけではなく、あなたの言葉までが、色が変わりはててしまった。 読解 時雨は木々の葉を色づかせ、散らせるもの。「ふり」は「降り」と「古り」を掛ける。「言の葉」に「木の葉」を響かせ、華麗な紅葉が散ろうとするさまに、自分の恋の終わりを見つめている。

76 **妹が背にねぶる童のうつつなき手にさへめぐる風車かな**　大隈言道〈草径集・上〉

歌意 妻の背中で正体もなく眠っている幼な子の手でも回っている風車であるなあ。 読解 題は「風車」。作者言道の子どもへのあたたかなまなざしが注がれる。

77 **妹が見し楝の花は散りぬべし我が泣く涙いまだ干なくに**　山上憶良〈万葉・五・七九八〉

歌意 妻が見た楝の花も散ってしまいそうだ。私の泣く涙がまだ乾かないのに。 読解 大伴旅人の妻が亡くなったときに、憶良が旅人の立場で詠んだ長歌「日本挽歌」の反歌五首の中の第四首目。楝の花の散ることで、人の死のはかなさを言い表した。

78 **色見えでうつろふものは世の中の人の心の花にぞありける**　小野小町〈古今・恋五〉

歌意 表面に現れずに移ろい変わっていくものは、世の中の人の心の中の花であった。 読解 人の心の変化をなかなかとらえられないことを嘆いた歌。「心の花」は、人の心を移ろいやすい花にたとえた表現。しかし実際の花と違って来年も咲くことはない。

79 **鵜飼ひはいとほしや　万劫年経る亀殺しまた鵜の首を結ひ　現世はかくてもありぬべし　後生わが身をいかにせむ**　〈梁塵秘抄・四句神歌〉

歌意 鵜飼いはつらいものだ。永い年月を生きる亀を鵜の餌のために殺し、また鵜の首を締めては鮎を吐かせる。現世はそれでもきっと過ごせるだろう。しかし、来世の我が身をどうしたらよいだろう。 読解 亀を殺し、鵜を苦しめてきた鵜飼いが、深い罪業感から、救いのない自らの運命を嘆いた歌。

80 **憂かりける人を初瀬の山おろしよはげしかれとは祈らぬものを【百】**　源俊頼〈千載・恋二〉

歌意 私がつらく思ったあの人を、なびくようにと初瀬の観音に祈りこそしたが、初瀬の山おろしよ、ひどくなれとは祈りはしなかったのに。 読解 ままならぬ恋の嘆きを詠んだ歌。つれない相手の心がなびくように長谷寺の観音に祈ったが、その思いは通じることなく、相手はいよいよつらくあたる、という。

81 **薄く濃き野辺の緑の若草に跡まで見ゆる雪のむら消え**　宮内卿〈新古今・春上〉

歌意 あるところは薄く、あるところは濃い野辺の緑の若草によって、積もっていた雪があるところは早く、まだらに消えていった跡までも見えることだ。 読解 若草を主題に詠んだ歌。残雪の白と若草の緑、視覚的な美しさを摘出しながら、冬と春の季節感を同時に表している。この歌により、作者は「若草の宮内卿」と称された。

82 **うたた寝に恋しき人を見てしより夢てふものはたのみそめてき**　小野小町〈古今・恋二〉

歌意 うたた寝で恋しい人を夢に見たその時から、夢というものを頼りにしはじめてしまった。 読解 現実よりも、はかない夢のほうが頼りになる、とする。

83 **歌よみは下手こそよけれあめつちの動き出だしてたまるものかは**　宿屋飯盛〈狂歌才蔵集・一二〉

歌意 歌詠みは下手なほうがよいのだ。名歌などを詠んだがために、天地が動き出してはたまったものではない。 読解 和歌の本質と効用を述べた『古今和歌集』仮名序の「力をも入れずして天地を動かし」を、文字どおりに受けとめて揶揄した狂歌。

84 **うちしめりあやめぞかをるほととぎす鳴くや五**

月の雨の夕暮れ　藤原良経〈新古今・夏〉
歌意しっとりと湿った空気の中であやめが薫る。ほととぎすが鳴く五月の雨の夕暮れよ。**読解**「ほととぎす鳴くや五月のあやめ草あやめも知らぬ恋もするかな」(↓322)を本歌とする本歌取りの歌。五月雨の夕暮れ時の鬱屈した思いを詠んだ。

85 **うつそみの人なる我や明日よりは二上山を弟と我が見む**　大伯皇女〈万葉・二・一六五〉
歌意この世に生き残っている人である私は、明日からは二上山を弟と思って見よう。**読解**謀反の罪で刑死した大津皇子は大和盆地と大阪平野との境界にある二上山の雄岳の山頂に移葬された。その時に姉皇女が詠んだ歌の第一首目。「うつそみの人なる我」は、あの世の人となった皇子とこの世の人である私とを対照的にとらえた表現である。

86 **太秦の深き林を響きくる風の音すごき秋の夕暮れ**　小沢盧庵〈六帖詠草〉
歌意太秦の深い林を響かせて吹いてくる風の音がぞっとするほど寂しい秋の夕暮れよ。**読解**「太秦にてひとりながめて」という詞書。第五句を「秋の夕暮れ」とする連作中の一首。太秦は京都の西郊の地。盧庵は天明の大火で岡崎の家を焼かれ、この地に四年間住んだ。吹き渡ってくる秋風を「すごし」ととらえた点にこの歌の眼目がある。

87 **鶉鳴く真野の入り江の浜風に尾花波寄る秋の夕暮れ**　源俊頼〈金葉・秋〉
歌意鶉が鳴く真野の入り江の浜を吹く風によって、薄の穂が波の寄せるようになびいている秋の夕暮れよ。**読解**もの寂しい秋の夕暮れの景を活写した歌。鶉の鳴き声は、当時寂しさを喚起するものとされていた。「真野」は近江国の歌枕。「波寄る」は「入り江」の縁語。作者俊頼の代表歌とされる。

88 **采女の袖吹きかへす明日香風京を遠みいたづらに吹く**　志貴皇子〈万葉・一・五一〉
歌意采女の袖を吹き返す明日香の風は、都が遠いのでむなしく吹いている。**読解**飛鳥浄御原宮から藤原京に遷都されたのち、旧都を懐かしんで詠んだ歌。采女は後宮の雑事に従事した容姿端麗な女性。

89 **生まれしも帰らぬものをわが宿に小松のあるを見るが悲しさ**　〈土佐〉
歌意生まれた子も帰らないのに、我が家に小松が生えているのを見ることの悲しさよ。**読解**土佐から帰京直後、荒れ果てた邸で、枯れた松のかたわらに小松の生えているのを見て詠んだ歌。松とは違い、女児を失った自分はただ老い衰えるばかりだとする。

90 **梅の花誰が袖ふれし匂ひぞと春や昔の月に問はばや**　源通具〈新古今・春上〉
歌意この梅の花の香、昔いったいだれの袖が触れた移り香なのかと、昔のままのこの春の月に尋ねたいものだ。**読解**「色よりも香こそあはれとおもほゆれ誰が袖ふれし宿の梅ぞも」〈古今・春上〉「月やあらぬ春や昔の春ならぬ我が身ひとつはもとの身にして」(↓230)を本歌とする本歌取りの歌。本歌の言葉を巧みに詠み込み、梅の香と春の月、そして過ぎ去った恋への思いが表現されている。

91 **うらうらに照れる春日に雲雀あがり心悲しもひとりし思へば**　大伴家持〈万葉・一九・四二九二〉
歌意うららかに照っている春の日に、雲雀は高く飛びあがって、心は悲しいことだ、ひとりもの思いに沈んでいるのだから。**読解**明るくうららかな春にあっても、かえって逆に、自らの心の陰りが見えてしまうというのである。

92 **恨みわびほさぬ袖だにあるものを恋に朽ちなむ名こそ惜しけれ**【百】　相模〈後拾遺・恋四〉
歌意恨んだ末に、もう恨む気力も失って、涙を乾かす間もなく朽ちてしまった袖さえ惜しいのに、まして、この恋ゆえに世間に浮き名を流して朽ちてしまうであろう我が名が、いかにも惜しいことだ。**読解**上の句では、つれない相手を恨んで恨みぬいた末に、その気力も失ってしまった恋心を、下の句では、思うにまかせないこの恋が周囲の知るところとなり、よからぬうわさのたつことのたえがたさを表現している。

93 **瓜食めば　子ども思ほゆ　栗食めば　まして偲はゆ　いづくより　来りしものそ　まなかひに　もとなかかりて　安眠しなさぬ**　山上憶良〈万葉・五・八〇二〉
歌意瓜を食べると子どもが思い出される。栗を食べるとまして偲ばれる。どんな宿縁から来たものか、眼前にむやみにちらついて、眠らせてくれない。**読解**親の心をとらえて離さない子への愛執を詠んだ歌。子への愛情をもっているのが人間の真実ならば、それに執着し苦しむのもまた人間の真実ということか。

94 **枝に洩る朝日の影の少なさに涼しさ深き竹の奥かな**　京極為兼〈玉葉集・夏〉
歌意枝の間から漏れてさす朝日の光が少ないゆえに、涼しさがいっそう感じられる竹林の奥であることだ。**読解**ひんやりとした竹林の朝を詠んだ歌。第三句を「少なきに」とする本もある。

95 **沖つ風吹きにけらしな住吉の松の下枝を洗ふ白波**　源経信〈後拾遺・雑四〉
歌意沖の風が強く吹いたらしいな。住吉の浜の松の下枝を、寄せる白波が洗っていることだ。**読解**後三条院の住吉御幸に随行した折に詠んだ叙景歌。住吉は、今の大阪市住吉区の一帯。「波」「松」とともに詠まれることが多い。

96 **おくと見るほどぞはかなきともすれば風にみだるる萩のうは露**　〈源氏・御法〉
歌意私が起きていると御覧になっても、それはつかの間のこと。どうかすると風に乱れ散る萩の葉に置いた露と同じことだ。**読解**死の近いことを自覚する紫の上の歌。養女明石の中宮が病床を訪れ、夕刻、光源氏もやって来る。ちょっとした小康さえを喜ぶ源氏を見ると、自分の死が源氏をどれほど悲しませるか、いたわしく不憫でたまらなくなる。その「あはれ」という感動から詠みかけたもの。「おく」は「起く」と「(露が)置く」を掛ける。物語は、この直後に「消えゆく露の」ように「消えはて」たとその死を語る。『源氏物語絵巻』の名場面でも有名。

97 **奥山に紅葉踏みわけ鳴く鹿の声きく時ぞ秋は悲しき【百】**
読み人知らず〈古今・秋上〉
歌意 人里離れた奥山で、散り敷いた紅葉を踏みわけて鳴いている鹿の声を聞くときこそ、いよいよ秋は悲しいものと感じられる。読解 秋を悲しく感じるのはほかにもあるが、とりわけ鹿の声を聞くときが、悲しみが深くなるというのである。晩秋を彩る華麗な紅葉も、ここでは滅びの前の、秋の悲哀の極まった風景としてとらえられている。古来、第二句の主語を「鹿」とするか「人」とするかで説が分かれるが、「鹿」と解釈した。百人一首では猿丸大夫(伝未詳)の作とする。

98 **憶良らは今は罷らむ子泣くらむそれその母も我を待つらむぞ**
山上憶良〈万葉・三・三三七〉
歌意 私、憶良めはもう退出しよう。今ごろ家では子どもが泣いているだろう。その子の母も私を待っているだろう。読解 宴席を退出するときに詠んだ歌。「泣くらむ」「待つらむ」の「らむ」は現在推量。今現在の我が家に思いをはせている。

99 **音に聞く高師の浜のあだ波はかけじや袖のぬれもこそすれ【百】**
一宮紀伊〈金葉・恋下〉
歌意 うわさに名高い高師の浜のいたずらに立つ波はかけますまい。袖がぬれると大変だから。―うわさに高い浮気なあなたの言葉は、心にかけますまい。後で袖が涙でぬれるといけないから。読解 藤原俊忠の贈歌「人知れぬ思ひありその浦風に波のよるこそ言はまほしけれ」への返歌。贈歌の「荒磯の浦」に対して「高師の浜」、「あり・よる」の掛詞に対して「高し・かけ」、「浦・波・寄る」の縁語に対して「浜・波・ぬれ」と応じた。「高師の浜」は和泉国(今の大阪府)の歌枕。

100 **おのづから涼しくもあるか夏衣ひもゆふぐれの雨のなごりに**
藤原清輔〈新古今・夏〉
歌意 自然と涼しくなったことだ。夏衣の紐を結ぶ、夕暮れの夕立の名残で。読解 夕立の後のすがすがしい感じがよく表されている歌。「日も」に「紐」、「夕」に「結ふ」を掛ける。「なごり」は、ある物事が過ぎ去った後、なおも残る気配・余韻。

101 **生ひ立たむありかも知らぬ若草をおくらす露ぞ消えんそらなき**
〈源氏・若紫〉
歌意 生長してゆく行き先がどこともわからない若草をこの世に残していこうとする露は、消えるにも消えようがない。読解 病がちの尼君が、手もとで育てる幼い孫の将来を案じて嘆く歌。「若草」が孫の少女(のちの紫の上)、「露」が命はかない尼君を示す。二語は縁語で、「消えん」はその「露」の縁語となる。

102 **大海の磯もとどろに寄する波割れて砕けてさけて散るかも**
源実朝〈金槐集・下〉
歌意 大海の磯もとどろくほどに寄せる波は、割れて、砕けて、裂けて、飛び散っていることだ。読解 詞書に「荒磯に波の寄るを見て詠める」とある。「磯もとどろに」は「伊勢の海の磯もとどろに寄する波かしこき人に恋ひわたるかも」〈万葉・四・六〇〇〉による表現。波の様子を正確に描写した独創的な歌である。

103 **大江山いく野の道の遠ければまだふみもみず天の橋立【百】**
小式部内侍〈金葉・雑上〉
歌意 大江山を越え、生野を通って行く丹後への道のりは遠いので、まだ天の橋立の地を踏んだこともなく、また、母からの手紙も見ていない。読解 作者の並はずれた才気がうかがわれる一首。即興的に詠んだにもかかわらず、母ゆかりの地である丹後国の歌枕を詠み込み、「生野」の「いく」と「行く」、「踏み」と「文(手紙)」は掛詞で、「踏み」と「橋」は縁語。この歌をめぐる逸話は、多くの説話集や歌論書にも収められている。『金葉和歌集』では第四句は「ふみもまだみず」。

104 **おほかたは月をもめでじこれぞこのつもれば人の老いとなるもの**
在原業平〈古今・雑上〉
歌意 だいたいのところでは、月を賞美すまい。これこの月こそは、積み重なると人の老いをもたらすもの。読解 美しいものとしてめでる月という一般的な考えを逆手にとって、暦の月に置きかえた。言葉遊びの中に、月を眺めて過ごしてきたような人生への苦い思いがこもる。『伊勢物語』八八段にも載る。

105 **おほけなくうき世の民におほふかなわがたつ杣に墨染めの袖【百】**
慈円〈千載・雑中〉
歌意 身のほどもわきまえず、私はつらいこの世を生きる人々に覆いかけることだ。この比叡の山に住みはじめたばかりの私のこの墨染めの袖を。読解 仏法の力によって天下万民を救おうとする大きな抱負や決意を詠んだ歌。その時青年僧であった作者はのちに天台座主(延暦寺の住職で一所を統括する職)となる。「おほふ」は「袖」と縁語。「すみぞめ」は「墨染め」に「住み初め」を掛ける。

106 **大空は梅のにほひに霞みつつ曇りも果てぬ春の夜の月**
藤原定家〈新古今・春上〉
歌意 大空は梅の香りのために霞んでゆき、だからといって曇りきってもしまわない春の夜の月だ。読解 「照りもせず曇りも果てぬ春の夜の朧月夜にしくものぞなき」(➡241)を本歌とする本歌取りの歌。本歌の「曇りも果てぬ」という句に梅の「にほひ」を添えたところにこの歌の眼目がある。

107 **大野山霧立ち渡る我が嘆くおきその風に霧立ち渡る**
山上憶良〈万葉・五・七九九〉
歌意 大野山に霧が立ちこめる。私の嘆く息で起こる風で霧が立ちこめる。読解 77に続く「日本挽歌」の第五首目。大野山は大宰府の背後にある山。嘆きの息が霧となって山に立ちこめているとする。妻を失った後の寂寥感が霧のように歌全体を包んでいる。

108 **大堰川かへらぬ水に影見えて今年も咲ける山桜かな**
香川景樹〈桂園一枝〉
歌意 大堰川の、もとにかえることなく流れ去る水に姿を映して、今年もまた咲いている山桜であるなあ。読解 大堰川は山城国の歌枕。桜の名所である嵐山の麓を流れる川。「かへらぬ水に」からは、『方丈記』冒頭の「行く川の流れは絶えずして、しかももとの水にあらず」という表現が思い起こされる。こうした川の流れと去年と変わらずに咲いている山桜の対照が印象的である。

109 **思ひあまりそなたの空をながむれば霞を分けて春雨ぞ降る**
藤原俊成〈新古今・恋二〉

〔歌意〕恋しい思いにたえかねて、あなたの住んでいる方角の空をじっと見つめると、立ちこめた霞を分けるようにして細かい春雨が降っていることだ。〔読解〕「思ひかねそなたの空をながむればただ山の端にかかる白雲」〈詞花・雑下〉を本歌とする本歌取りの歌。本歌の友への思いを、恋の相手への思いに詠みかえた。下二句は眼前の風景であるが、作者の心象でもある。

110 **思ひつつ寝ればや人の見えつらむ夢と知りせば覚めざらましを** 小野小町〈古今・恋二〉

〔歌意〕あの人を思い思いして寝たので夢に現れたのであろうか。夢と知っていたのなら目覚めないでいたものを。〔読解〕「～せば～まし」は、反実仮想の構文。実際は夢だと思っていなかったので目が覚めてしまったというのである。切ない恋心を詠んでいるが、夢は夢でしかないという絶望があとに残る。

111 **思ひわびさても命はあるものを憂きにたへぬは涙なりけり**【百】 道因〈千載・恋三〉

〔歌意〕つれない人ゆえに思い悩んで、それでも命はこうしてあるものなのに、そのつらさにたえられないでこぼれ落ちるのは涙だった。〔読解〕自分の意志や理性では制御できない恋心を、「命」と「涙」とを対比させて詠んだ歌。「思ひわぶ」は、つれない人のことを思い続けて、すでに思う気力さえ失った意。

112 **かきくらす心の闇にまどひにき夢うつつとは今宵さだめよ** 〈伊勢・六九〉

〔歌意〕私は真っ暗になった心の闇の中で分別を失ってしまった。あれは夢だったのか、それとも現実のことだったのか、あらためて今宵はっきりさせてください。〔読解〕斎宮とのあるまじき逢瀬ののち、斎宮からの歌(➡142)に応じた返歌。「かきくらす心の闇」は、恋ゆえに思慮分別を失って心のはげしく乱れる状態をいう。「今宵さだめよ」に、今宵も逢おうとする気持ちをこめる。『古今和歌集』では第五句は「世人さだめよ」。

113 **限りとて別るる道の悲しきにいかまほしきは命なりけり** 〈源氏・桐壺〉

〔歌意〕今を限りとお別れしなければならない死出の道が悲しく思われるのにつけて、私が行きたいのは生きる道のほうだ。〔読解〕死期の近づいた桐壺更衣が宮中を退出する折、帝に詠んだ歌。生きることへの執着が言い表されている。「いか」は「行か」と「生か」の掛詞で、その「行か」は「道」の縁語。

114 **かくとだにえやはいぶきのさしも草さしも知らじな燃ゆる思ひを**【百】 藤原実方〈後拾遺・恋一〉

〔歌意〕せめて、こんなに私が恋い慕っているとだけでもあなたに言いたいのだが、言うことができない。伊吹山のさしも草ではないが、それほどまでとはわからないだろう。火のように燃えあがる私の思いを。〔読解〕思いを寄せる相手に初めて心のうちを打ち明けた歌。伊吹山は艾(さしも草)の産地として知られる。「いぶきのさしも草」が同音反復の序詞として「さしも」を導く。二組の掛詞(「言ふ」と「伊吹」の「いふ」、「思ひ」の「ひ」と「火」)が用いられている。

115 **かささぎの渡せる橋におく霜の白きをみれば夜ぞふけにける**【百】 大伴家持〈新古今・冬〻〉

〔歌意〕かささぎが翼をつらねて渡したという橋―宮中の御階におりている霜の白いのを見ると、もう夜も更けてしまったのだった。〔読解〕中国の七夕伝説では、かささぎが翼をつらねて天の川に橋を架けるとされた。それを宮中の南殿の階段に見立てている。地上の霜と冴えわたる星空とが結びついて、幻想的な冬の夜が描き出されている。

116 **春日野の雪間をわけて生ひ出でくる草のはつかに見えし君はも** 壬生忠岑〈古今・恋一〉

〔歌意〕春日野の雪の間を分けて生えてくる草がわずかに見えるように、ほんのちょっとしか見えなかったあなただったよ。〔読解〕「草の」までが序詞。雪間に生え出た若草の初々しさが、初めて見た女性への恋の始まりの初々しさをさわやかに印象づけている。

117 **霞立つながき春日にこどもらと手毬つきつつこの日暮らしつ** 良寛〈布留散東〉

〔歌意〕霞の立つ春の長い一日を、子どもたちと手毬をつきながら、この今日を暮らしたことだ。〔読解〕のどかな春の、どうとはない一日。おだやかでさりげない詠みぶりに良寛らしさが表れる。

118 **風かよふ寝ざめの袖の花の香にかをる枕の春の夜の夢** 藤原俊成女〈新古今・春下〉

〔歌意〕風が吹き通ってきてふと目覚めた私の袖が、風の運んできた花の香に薫り、枕もまたその花の香に薫っている。その枕の上で今まで見ていた春の夜の夢よ。〔読解〕『新古今和歌集』の歌の配列からは「花の香」は桜の香とすべきであるが、『千五百番歌合』では、「梅」の位置に配され、梅の歌と番えられている。助詞「の」によってつなぎとめられた語のひとつひとつが、さまざまなイメージを醸し出している一首。

119 **風そよぐならの小川の夕暮れはみそぎぞ夏のしるしなりける**【百】 藤原家隆〈新勅撰・夏〉

〔歌意〕風がそよそよと楢の葉に吹いている、このならの小川の夕暮れは、秋の訪れを感じさせるが、六月祓えの禊だけが、夏であることのしるしなのだった。〔読解〕秋の気配を感じさせる晩夏のならの小川の夕暮れを詠んだ、清涼感あふれる歌。「ならの小川」は上賀茂神社の中を流れる御手洗川。六月祓え(夏越しの祓え)は陰暦六月三十日に行われる神事。「なら」に「楢」を掛ける。

120 **風吹けば沖つ白波たつた山夜半にや君がひとり越ゆらむ** 読み人知らず〈古今・雑下〉

〔歌意〕風が吹くと沖に波が立つという、「たつ」という名の龍田山を、夜半にあなたは一人で越えているのだろう。〔読解〕『伊勢物語』二三段では、別の女性の所に向かう夫を思いやって詠んだ妻の歌。上二句は掛詞式で「たつ」を導く序詞。

121 **風吹けば落つるもみぢ葉水きよみ散らぬかげさへ底に見えつつ** 凡河内躬恒〈古今・秋下〉

〔歌意〕風が吹くと池の水面に散り落ちる紅葉は、水が清く澄んでいるので、水面に浮かぶ紅葉だけでなく、散らずに枝に残る葉の影までも池の底のあちらこちらに映っている。〔読解〕詞書は「池のほとりにて紅葉の散るを詠める」。落葉して水面に浮かぶ紅葉だけでなく、木に残っている紅葉も清らかな水面に映って、まるで水底で揺れ動くように見えるというのである。

122 **風交じり　雨降る夜の　雨交じり　雪降る夜は　すべもなく　寒くしあれば　堅塩を　取りつづしろひ　糟湯酒　うちすすろひて　しはぶかひ　鼻びしびしに　しかとあらぬ　ひげ掻き撫でて　我を除きて　人はあらじと　誇ろへど　寒くしあれば　麻衾　引き被り　布肩衣　ありのことごと　着襲へども　寒き夜すらを　我よりも　貧しき人の　父母は　飢ゑ寒ゆらむ　妻子どもは　乞ひて泣くらむ　この時は　いかにしつつか　汝が世は渡る　天地は　広しといへど　我がためは　狭くやなりぬる　日月は　明かしといへど　我がためは　照りやたまはぬ　人皆か　我のみやしかる　わくらばに　人とはあるを　人並みに　我もなれるを　綿もなき　布肩衣の　海松のごと　わわけさがれる　かかふのみ　肩にうち掛け　伏せ廬の　曲げ廬の内に　直土に　藁解き敷きて　父母は　枕の方に　妻子どもは　足の方に　囲み居て　憂へ吟ひ　かまどには　火気吹き立てず　甑には　蜘蛛の巣かきて　飯炊く　ことも忘れて　ぬえ鳥の　のどよひ居るに　いとのきて　短き物を　端切ると　言へるがごとく　しもと取る　里長が声は　寝屋処まで　来立ち呼ばひぬ　かくばかり　すべなきものか　世の中の道**

山上憶良〈万葉・五・八九二〉

歌意 （貧者）風まじりに雨の降る夜、雨まじりに雪の降る夜は、どうしようもなく寒いので、堅塩を少しずつつまんでは糟湯酒をすすりすすり、咳をしては鼻をぐずぐずさせ、りっぱでもない髭をなでまわしては、世の中に自分以外にたいした人物もいないと誇ってはみるものの、寒いので麻でできた夜具をひっかぶり、肩を被う衣をありったけ重ねて着ているけれど寒い夜さえ、私よりももっと貧しい人は、その父母が空腹で寒がっているだろう、その妻や子は食べ物をせがんでは泣いているだろう、このような時はどのようにしながら、あなたは世間を渡っているのか。（窮者）天地は広いというけれど、私にとっては狭くなってしまったのか。太陽や月は明るいというけれど、私のためには照ってはくださらないのか、ほかの人も皆そうなのか、私だけがそうなのか、たまたま人と生まれて、人並みに五体そろって生きているのに、綿も入っていない肩を被う衣で、海藻のように破れたぼろだけを肩にかけ、伏せたような粗末な家で、曲がって倒れかかった家の中で、地べたにわらを敷いて、父母は頭のほうに、妻や子は足のほうに自分を囲むように座って、悲嘆してうめき声をあげて、かまどには煙も立てず、蒸し器には蜘蛛が巣を張って、飯を炊くことも忘れて、弱々しい声をあげていると、とりわけ短い物を、さらに短くその端を切るという諺のように、鞭を持った里長が声をはりあげて、寝床まで来てはわめき立てている。このようにどうしようもないものなのか、世の中の道は。読解 題詞に「貧窮問答歌」とある。貧者と窮者の対話という形式で、生活苦にあえぐ人々の現実を詠んだ歌である。このような内容は和歌の伝統になく、特異の和歌といってよい。和歌には用いられない日常的な語を多く用いている点でも、生活の現実性を取り込もうとしている。「ぬえ鳥の」は枕詞。

123 **風わたる浅茅が末の露にだにやどりもはてぬ宵の稲妻**

藤原有家〈新古今・秋上〉

歌意 風が吹きわたる浅茅の葉末に置いた、はかなくこぼれやすい露にさえとどまりきらないで、すぐに消えてしまう宵の稲妻よ。読解「浅茅」は丈の低い茅萱。その葉先に置いた露は、風に吹かれてはかなく散りやすい。その露より稲妻の一瞬の閃光はいっそうはかない、というのである。

124 **風をいたみ岩うつ波のおのれのみくだけてものを思ふころかな**【百】

源重之〈詞花・恋上〉

歌意 風が激しいので岩にうちあたる波が自分ひとりだけで砕け散るように、私だけが心も砕けるばかりにもの思いにふけるこのごろである。読解 岩うつ波のように心の砕け散る恋の切なさを詠んだ歌。第二句までが序詞。この序詞が、そのまま恋の絶望的な心の調べとなっている。

125 **風をだに恋ふるはともし風をだに来むとし待たば何か嘆かむ**

鏡王女〈万葉・四・四八九〉

歌意 風をさえ恋い慕うとはうらやましい。せめて風だけでも来るだろうと待っているのならば、何を嘆くことがあろう。読解 額田王の歌（➡141）に和した歌。風が吹いたのを恋人の来訪と間違えたとしても、待つ人のいる額田王がうらやましいとする。待つ人のいない自分を嘆いた歌。

126 **かはらむと祈る命は惜しからでさても別れむことぞ悲しき**

赤染衛門〈詞花・雑下〉

歌意 我が子の身代わりになろうと祈る命は惜しくはないが、たとえそうしても、死に別れになるということが悲しい。読解 大江挙周が重い病気にかかったときに、母親である作者が平癒を祈って住吉明神に奉った歌。子を思う母親の気持ちが率直に詠まれている。挙周の病は平癒したという。

127 **帰る姿を　見むと思へば　霧がの　朝霧が**

〈隆達小歌〉

歌意 帰ってゆくあの人の後ろ姿を見ようとすると、霧が、あの朝霧が。読解 後朝の別れの後、霧の中を帰ってゆく恋人を見送る女心を歌ったもの。霧が恋人の姿を隠してしまう恨みを述べる。末尾が言いさしになっていることで、切ない心情がより強調されている。

128 **韓衣裾に取り付き泣く子らを置きてそ来ぬや母なしにして**

防人歌〈万葉・二〇・四四〇一〉

歌意 韓衣の裾に取りすがって泣く子どもを残して来たことだ。母親もいないのに。読解 信濃の国の防人が後に残してきた子を思って詠んだ歌。妻、すなわち子どもたちの母親はすでに亡くなっているのであろう。

129 **唐衣きつつなれにしつましあればはるばるきぬる旅をしぞ思ふ**

在原業平〈古今・羇旅〉

〔歌意〕唐衣が着ているうちに柔らかくなるように、なれ親しんだ妻が都にいるので、はるばるとやって来た旅をしみじみ思うことである。〔読解〕「唐衣きつつ」は着なれる意となれ親しむ意を掛けた「なれ」を導く序詞。「つま」は「褄」と「妻」、「はるばる」は「張る張る」と「遥々」の掛詞。「着」「褄」「張る」は「衣」の縁語。詞書には、東国に向かう途中、三河の八橋でかきつばたが美しく咲いていたのを見て、「かきつばた」の五文字を句の上に据えて詠んだとある。さまざまな技法を効果的に用いて、都への絶ちがたい郷愁を詠んだ歌。『伊勢物語』九段(東下りの段)にも載る。

130
烏とふ大をそ鳥のまさでにも来まさぬ君をころくとそ鳴く
東歌〈万葉・一四・三五二一〉

〔歌意〕烏というひどくそそっかしい鳥が、明らかにいらっしゃらないあの人なのに、コロク(やって来る)と鳴く。〔読解〕動物に寄せた恋歌の中の一首。来ないとわかっていても、思わず待ってしまっているから、烏の声も「あの人がやって来る」と聞こえるのである。来ない男を待つ自分を自嘲的に詠んでいる。

131
狩り暮らしたなばたつめに宿借らむ天の河原に我は来にけり
在原業平〈古今・羇旅〉

〔歌意〕一日中狩りをして、今夜は織姫に宿を借りよう。天の河原に私は来てしまったのだ。〔読解〕惟喬親王の狩りの供をして、「天の河」という場所にたどり着いたとき、親王にその地名を題に詠めと言われて詠んだ歌。春の一日を惜しむ気持ちに、牽牛・織女の、年に一度のめぐりあいの名残惜しさが重ねられている。『伊勢物語』八二段にも載る。

132
聞くたびにめづらしければほととぎすいつも初音の心地こそすれ
永縁〈金葉・夏〉

〔歌意〕聞くたびにすばらしいので、ほととぎすの声はいつ聞いても今年初めて聞く声のような気持ちがすることだ。〔読解〕ほととぎすの声を賞美した歌。ほととぎすは、初夏の景物として多く詠まれ、とりわけその初音が愛された。『平家物語』などによれば、作者はこの歌により、「初音の僧正」と呼ばれたという。

133
北へ行く雁ぞ鳴くなる連れて来し数は足らでぞ帰るべらなる
読み人知らず〈古今・羇旅〉

〔歌意〕北へ飛んで行く雁が鳴いているのが聞こえる。連れてきた数に足らないまま帰るようである。〔読解〕左注によれば、夫婦で地方に下ったが、夫が亡くなってしまったので、妻が一人で都に帰るときに、雁の鳴くのを聞いて詠んだ歌とある。帰路は自分ひとりだ、というのである。「行く雁」は雁が北国へ帰る春の、「来る雁」は日本に来る秋の景物である。

134
君があたり見つつも居らむ生駒山雲なたなびき雨は降るとも
作者未詳歌〈万葉・一二・三〇三二〉

〔歌意〕あなたの家のあたりを見続けていよう。生駒山に雲よ、たなびくな。雨は降っても。〔読解〕「な～そ」は柔らかい禁止の意を表すが、ここは「そ」が省略された形。『伊勢物語』二三段では、第四句が「雲な隠しそ」になって、河内国に住む女の、大和にいる男を思いやって詠んだ歌として載る。

135
君がため　手力疲れ　織りたる衣ぞ　春さらば　いかなる色に　摺りてば良けむ
柿本朝臣人麿歌集〈万葉・七・一二八一〉

〔歌意〕あなたのために力を尽くして織った服だ。春になったらどんな色に模様を染め出せばいいだろうか。〔読解〕旋頭歌体の歌。機織りの労働に従事する女性が詠んだ歌。ひたむきな心情が素直に表されている。実際は、機織りの際に謡われた労働歌謡か。

136
君がため春の野に出でて若菜つむわが衣手に雪は降りつつ【百】
光孝天皇〈古今・春上〉

〔歌意〕あなたのために、春の野に出かけていって、若菜を摘んでいる私の袖に、雪が次から次へと降りかかってくる。〔読解〕だれかに若菜を贈った際に、それに添えた歌。若菜は相手の長寿を願って贈るものであった。若菜の緑と雪の白を対照的に配置して、春と冬の交錯する早春の息吹を取り込んで詠んでいる。

137
君がため惜しからざりし命さへ長くもがなと思ひけるかな【百】
藤原義孝〈後拾遺・恋二〉

〔歌意〕あなたのためにはたとえ捨てても惜しくないと思っていた命までも、逢瀬を遂げた今となっては、長くありたいと思うようになったのだった。〔読解〕逢瀬の翌朝に男性から女性のもとに贈った、いわゆる後朝の歌。恋が成就したことによって、その存続を願うあまり生への執着までも生まれてしまった、とする。

138
君が行く道の長手を繰り畳ね焼き滅ぼさむ天の火もがも
狭野弟上娘子〈万葉・一五・三七二四〉

〔歌意〕あなたが行く長い道を手繰り重ねて、焼き滅ぼすような天の火がほしいものだ。〔読解〕夫の中臣宅守が越前に配流されたときに詠んだ歌。長い道のりを帯のようなものに見立て、それを天の火で燃やして宅守を行かせたくない、というのである。大胆な見立ての発想が、恋情の激しさを伝えている。

139
君来むといひし夜ごとに過ぎぬれば頼まぬものの恋ひつつぞふる
読み人知らず〈新古今・恋三〉

〔歌意〕あなたが来ようと言ったどの夜もむなしく過ぎてしまったので、もうあてにはしないものの、恋しく思い続けて日を送っている。〔読解〕『伊勢物語』二三段では、男に飽きられた高安の郡の女が詠んだ歌とされる。

140
君に恋ひいたもすべなみ奈良山の小松が下に立ち嘆くかも
笠女郎〈万葉・四・五九三〉

〔歌意〕あなたに恋して、あまりにどうしようもないので、奈良山の小さな松の下で立ち嘆いたことだ。〔読解〕大伴家持に贈った歌の一首。「すべなみ」は、なすべもないので、の意。片恋の苦しさを詠んだ歌。

141
君待つと我が恋ひ居れば我がやどの簾動かし秋の風吹く
額田王〈万葉・四・四八八〉

〔歌意〕あなたを待って、私が恋い慕っていると、私の家の簾を動かして秋風が吹く。〔読解〕題詞によれば、天智天皇に贈った歌とある。秋風で簾が揺れ動く、そのかすかな動きを、恋する人(天智天皇)が訪ねてくれる前兆かと思う。

142
君や来し我や行きけむ思ほえず夢かうつつか寝てかさめてか
〈伊勢・六九〉

［歌意］あなたが来たのか、私が行ったのだろうか、はっきりしない。これは夢なのか、現実のことなのか、寝ていたのか、目覚めていたのか。［読解］ある男が宮中から使者として伊勢の斎宮に派遣された。深夜、斎宮がやって来て男と逢った後、斎宮から男に詠みかけてきた歌である。神に仕える身の斎宮は、恋愛はもちろん、むやみに男性と会うことも禁止されている。それにもかかわらず二人は逢瀬を遂げてしまったのである。「君」「我」、「来」「行き」、「夢」「うつつ」、「寝」「さめ」と対照的な言葉をしつこいまでに重ねた表現に、心の動揺が表されている。

143 **きりぎりす鳴くや霜夜のさむしろに衣かたしきひとりかも寝む**【百】　藤原良経〈新古今・秋下〉

［歌意］こおろぎの鳴く、霜のおりる寒い夜、むしろの上に衣の片方の袖を敷いて、私はひとり寂しく寝るのであろうか。［読解］「さむしろに衣片敷き今宵もやわれを待つらむ宇治の橋姫」〈古今・恋四〉「あしびきの山鳥の尾のしだり尾のながながし夜をひとりかも寝む」(↓24)を本歌とする本歌取りの歌。本歌の恋の情調を漂わせながら、暮れていく秋の寂しさを詠んだ。「さむしろ」の「さむし」に「寒し」を掛ける。

144 **桐の葉もふみ分けがたくなりにけり必ず人を待つとなけれど**　式子内親王〈新古今・秋下〉

［歌意］桐の落ち葉も踏み分けにくいほど庭一面に積もってしまったのだった。必ずしも人の訪れを待っているわけでもないのだけれど。［読解］晩秋のいいしれない人恋しさを詠んだ歌。特に「桐の葉」としたのは、『和漢朗詠集』の「秋の庭は掃はず藤杖に携はりて　閑かに梧桐の黄葉を踏んで行く」〈上・落葉〉という白居易の詩句をふまえたものであろう。

145 **百済野の萩の古枝に春待つと居りし鶯鳴きにけむかも**　山部赤人〈万葉・八・一四三一〉

［歌意］百済野の萩の枯れ枝で春を待ってとまっていた鶯はもう鳴いてしまっただろうか。［読解］春を迎えて、以前百済野(今の奈良県北葛城郡広陵町)で見た鶯の記憶がよみがえり、そのときの鶯はもう鳴いたであろうかと思いやっている。冬から春にかけての時の流れを取り込みながら、春到来の喜びを詠んだ歌。

146 **柵越しに麦食む小馬のはつはつに相見し児らしあやにかなしも**　東歌〈万葉・一四・三五三七〉

［歌意］柵越しに麦を食う小馬が、柵がじゃまで少しずつしか食べられないように、少しだけ逢ったあの娘がたまらなくいとしい。［読解］第二句までが序詞。少しずつしか麦を食べられない小馬のもどかしさを、恋のもどかしさに転じている。東国の田園風景を背景とした、初々しい恋の歌。

147 **暗きより暗き道にぞ入りぬべきはるかに照らせ山の端の月**　和泉式部〈拾遺・哀傷〉

［歌意］私は迷いの暗闇から、いっそう深い暗闇の道へと入ってしまいそうだ。どうかはるか彼方まで照らして私を悟りへと導いてください。山の端の真如の月よ。［読解］詞書に「性空上人のもとに、詠みて遣はしける」とある。上の句は法華経化成喩品の「冥きより冥きに入り、永く仏名を聞かず」による。下の句の「月」に、普遍的真理を体現する存在の上人をよそえている。

148 **くらべこし振り分け髪も肩すぎぬ君ならずして誰かあぐべき**　〈伊勢・二三〉

［歌意］あなたと長さを比べあってきた振り分け髪も肩を過ぎて長くなった。あなたでなくて、だれが私の髪を結い上げてくれるのか。あなた以外にはいない。［読解］237への返歌で、男の求婚を積極的に受け入れて詠んだ歌。「振り分け髪」は少年少女の髪型。それが結い上げられるようになったというのは、女性が適齢期に入ったことを表している。第五句は、あなたでなくてだれが私を妻にするのか、の意。

149 **苦しくも降り来る雨か三輪の崎狭野の渡りに家もあらなくに**　長忌寸奥麻呂〈万葉・三・二六五〉

［歌意］困ったことに降ってくる雨だ。三輪の崎の佐野の渡し場には雨やどりをする家もないのに。［読解］「狭野の渡り」は、今の和歌山県新宮市を流れる紀ノ川にあった渡し場。旅先で雨に降られたときの困惑の気持ちが率直に詠まれている。後世高く評価され、166や源実朝の「涙こそゆくへも知らね三輪の崎佐野の渡りの雨の夕暮れ」〈金槐集・中〉の本歌となっている。

150 **暮るるかとみれば明けぬる夏の夜をあかずとや鳴く山ほととぎす**　壬生忠岑〈古今・夏〉

［歌意］暮れるかと思うとすぐに明けてしまう夏の夜をもの足りないと思って鳴き悲しむのか、山ほととぎすよ。［読解］ほととぎすを擬人化した表現。あっという間に明けてしまう夏の夜の短さを惜しむ気持ちを詠む。

151 **暮れてゆく春のみなとは知らねども霞に落つる宇治の柴舟**　寂蓮〈新古今・春下〉

［歌意］暮れてゆく春の行き着く所はどこか知らないけれど、晩春の夕霞の中に落ちるように下ってゆく宇治川の柴舟よ。［読解］紀貫之の「年ごとにもみぢ葉流す龍田川みなとや秋のとまりなるらむ」(↓245)を本歌とする本歌取りの歌。「柴舟」は柴を積んで川を下る小舟。「秋のとまり」を「春のみなと」、「龍田川」を「宇治(川)」に詠みかえて、惜春の情を詠んだ。

152 **黒髪の乱れも知らずうちふせばまづかきやりし人ぞ恋しき**　和泉式部〈後拾遺・恋三〉

［歌意］黒髪の乱れも気づかずに臥していると、こんな時にはすぐにこの髪をかきなでてくれたあの人のことが恋しくてならない。［読解］相手への思慕の情を官能的なまでに詠んだ歌。心が千々に乱れ、黒髪の乱れるのにまかせて泣き臥していると、やさしく黒髪をなでてくれた相手のことが恋しく思い起こされるという。

153 **心あてに折らばや折らむ初霜の置きまどはせる白菊の花**【百】　凡河内躬恒〈古今・秋下〉

［歌意］あて推量で、もし折るのならば折ってみようか。初霜を置いて見分けもつかないように紛らわしくしている白菊の花を。［読解］白菊の美しさを詠んだ歌。初霜の白さは冷ややかで清潔な印象を与えるが、それが白菊の白さに紛れているとすることで、菊の白さがいっそう清潔で気品のあるものとして描かれている。

154 **心あらむ人に見せばや津の国の難波わたりの春のけしきを**　能因〈後拾遺・春上〉

歌意 情趣を解する人に見せたい。この摂津国の難波あたりの春のすばらしい景色を。読解 詞書に「正月ばかりに津の国に侍りけるころ、人のもとにいひつかはしける」とある。この「人」は、「心あらむ人」であり、出家後摂津国に住んでいた作者は、その美景への思いを共有したい、というのであろう。

155 **心なき身にもあはれは知られけり鴫立つ沢の秋の夕暮れ**　西行〈新古今・秋上〉
歌意 ものの情趣を解さない私のような者にも、しみじみとした情趣は感じられるのだった。鴫の飛び立つ沢辺の秋の夕暮れよ。読解「心なき身」は、出家の身で、人間的な執心を捨てた人をいう。その身にも「あはれ」の感動がこみあげるとする。飛び立つ鴫の「動」によって、静寂の深さが知らされ、沢辺だけの広がる暮色が映しだされている。三夕の歌の一つ。

156 **心にもあらで憂き世にながらへば恋しかるべき夜半の月かな**【百】　三条天皇〈後拾遺・雑一〉
歌意 これから先、心ならずも、このつらくはかない世に生きながらえるならば、きっと恋しく思い出されるにちがいない、今夜の夜更けの月である。読解 眼病を患っていた三条天皇が、帝位を去ろうとした時期に、明るい月を見て詠んだ歌。美しい月への感慨を詠みながら、現世への絶望的な思いがにじみ出ている。

157 **東風吹かばにほひおこせよ梅の花あるじなしとて春を忘るな**　菅原道真〈拾遺・雑春〉
歌意 春風が吹いたならば、その風に託してその香りを送ってよこせ、梅の花よ。主人がいないからといって、春を忘れるな。読解 大宰府に左遷されるときに、家の梅の花を見て詠んだ歌。梅を擬人化し、それに呼びかける形で、都への執着・別離の悲しみを表している。『大鏡』時平伝では、第五句が「春な忘れそ」で載るものもある。

158 **琴の音に峰の松風かよふらしいづれのをよりしらべそめけむ**　斎宮女御〈拾遺・雑上〉
歌意 琴の音に峰の松風の音が似通っているようだ。いったい松風は、どの山の尾根―琴の緒から美しい音を奏ではじめたのだろう。読解 松風の音を琴の音によそえた歌。「を」は尾根の「尾」と琴の「緒」の掛詞。

159 **来ぬ人をまつほの浦の夕なぎに焼くや藻塩の身もこがれつつ**【百】　藤原定家〈新勅撰・恋三〉
歌意 いくら待っても来ない人を待ち続け、松帆の浦の夕なぎのころに焼く藻塩のように、私の身もずっと恋い焦がれていることだ。読解 身を焦がすような思いで、来ない男性を待ち続ける女性の立場になって詠んだ歌。「まつ」は「待つ」と「松帆の浦」の「松」の掛詞。「まつほの…藻塩の」は「こがれ」を導き出す序詞。「焼く」「藻塩」「こがれ」は縁語。また「名寸隅の 舟瀬ゆ見ゆる 淡路島 松帆の浦に 朝なぎに 玉藻刈りつつ 夕なぎに 藻塩焼きつつ」〈万葉・六・九三五〉を本歌とする本歌取りの歌でもある。

160 **このたびはぬさもとりあへず手向山紅葉の錦神のまにまに**【百】　菅原道真〈古今・羇旅〉
歌意 この度の旅は、捧げる幣を用意しきることもできない。さしあたって手向けの山の紅葉の錦を幣として捧げるので、神のお心のままにお受け取りください。読解 宇多天皇が退位後、奈良へ旅した際の歌。紅葉を錦に見立てて、神に捧げる幣としては手向け山の紅葉の錦のほうがふさわしいというのである。「手向け山」は、神に手向けをする山。固有名詞ではない。間接的な表現によって、紅葉を、華麗な錦織の美しさとして浮かび上がらせている。

161 **木の葉散るやどは聞きわくことぞなき時雨する夜も時雨せぬ夜も**　源頼実〈後拾遺・冬〉
歌意 絶え間なく木の葉の散りかかる家では聞きわけることがない。時雨の降る夜であるのか、時雨の降らない夜であるのかを。読解 詞書に「落葉雨のごとしといふ心を詠める」とある。『袋草紙』によれば、作者が住吉明神に祈願し、命にかえて得ることのできた秀歌であるという。

162 **この春は　花にまさりし　君待ちて　青柳の糸　乱れ候**　〈隆達小歌〉
歌意 この春は、花より美しいあなたのことを待ち焦がれて、私の心は、青柳の細い枝が風に吹かれて乱れるように乱れます。読解 切ない恋心を歌ったもの。「花」と「青柳」の色の対照が印象的。「青柳の糸」は枝を糸に見立てた表現で、「乱れ」を導く序詞。

163 **木の間より漏りくる月の影見れば心づくしの秋は来にけり**　読み人知らず〈古今・秋上〉
歌意 木の枝のすき間から漏れてくる月の光を見ていると、もの思いに心をうち砕く秋が来ていたのに気づいたことだ。読解 古今集時代になると、秋を万物の衰える悲しい季節ととらえる発想が一般化する。この歌では、枝葉を漏れてくる光を見て、人の心をうち砕く秋が来た、とした。

164 **この世をばわが世とぞ思ふ望月のかけたることもなしと思へば**　藤原道長〈小右記〉
歌意 この世の中を自分のためにあると思う。今宵の満月が欠けているところがないように、自分も不満が全くないと思うと。読解 藤原実資の日記『小右記』によれば、寛仁二年(一〇一八)初冬、十六夜の月の美しい夜に詠んだ歌。栄華を極めた自分の感慨を、満月によそえて率直に詠んでいる。

165 **恋すてふわが名はまだき立ちにけり人知れずこそ思ひそめしか**【百】　壬生忠見〈拾遺・恋一〉
歌意 恋をしているという私のうわさは早くもたってしまったのだった。だれにも知られないように、心ひそかに思いはじめたのに。読解 秘めた恋が世間に知られることになったとまどいを詠んだ歌。「〜こそ〜已然形」の構文や倒置法的な表現によって、思いはじめたばかりの恋が露見してしまった嘆きが的確に表されている。

166 **駒とめて袖うちはらふかげもなし佐野のわたりの雪の夕暮れ**　藤原定家〈新古今・冬〉
歌意 馬をとめて降りかかった袖の雪を払う物陰もない。佐野の渡し場の雪の夕暮れよ。読解「苦しくも降り来る雨か三輪の崎狭野の渡りに家もあらなくに」(➡149)を本歌とする本歌取りの歌。本歌の雨を雪に変え、「家もあらなくに」を「袖うちはらふかげもなし」と新たな表現によってとらえなおしている。本歌取りの典型とされる一首。

167
来むと言ふも来ぬ時あるを来じと言ふを来むとは待たじ来じと言ふものを
大伴坂上郎女〈万葉・四・五二七〉

歌意 来ようと言っても来ないときがあるのに、来るつもりはないと言うのを、来るだろうと待つことはするまい。来るつもりはないと言っているのに。読解 各句頭に「来」を置く頭韻の歌。戯れの気分を漂わせた言い方で、訪ねてくれそうもない相手の態度にいらだつ思いを詠んだ。

168
籠もよ　み籠持ち　ふくしもよ　みぶくし持ち　この岡に　菜摘ます児　家聞かな　名告らさね　そらみつ　大和の国は　おしなべて　我こそ居れ　しきなべて　我こそいませ　我こそば　告らめ　家をも名をも
雄略天皇〈万葉・一・一〉

歌意 籠よ、その美しい籠を持ち、へらよ、その美しいへらを持ち、この岡で菜を摘んでいる娘さん、あなたの家が聞きたい、名前を告げてほしい。大和の国は押しなびかせて私が支配している、すっかり、従えなびかせて私が支配している。私こそ告げよう、家も名前も。読解『万葉集』の巻頭歌。男性が女性に名や家を尋ねることは求婚を意味する。牧歌的な雰囲気をかもしだしているが、後半に「そらみつ…我こそいませ」という国土の支配者を示す言葉が続いて、単なる求婚の歌ではなくなる。雄略天皇その人の作ではなく、たたえられるべき天皇の歌として伝承されてきたとみられる。「そらみつ」は枕詞。

169
これやこの行くも帰るも別れては知るも知らぬも逢坂の関【百】
蟬丸〈後撰・雑一〉

歌意 これがあの、これから旅立つ人も帰る人も、知っている人も知らない人も、別れてはまた逢うという、逢坂の関なのだ。読解 逢坂の関を行き交う人々を見て詠んだ歌。中世の歌人たちはこの歌を、会うは別れのはじめだとする会者定離の理を詠んだものとした。

170
賢しみともの言ふよりは酒飲みて酔ひ泣きするしまさりたるらし
大伴旅人〈万葉・三・三四一〉

歌意 自分は賢いと思って偉そうにものを言うよりは、酒を飲んで酔い泣きするほうがまさっているらしい。読解 酒を褒めた歌十三首の中の第四首。小賢しい生き方を否定し、人生の悲哀に浸る感動を詠む。「らし」は確信をもって推定する意。

171
防人に行くは誰が背と問ふ人を見るがともしさもの思ひもせず
防人歌〈万葉・二〇・四四二五〉

歌意「防人に行くのはだれの夫」と問う、その人を見ることのうらやましさよ。その人はもの思いもしない。読解 防人の妻の歌。防人とは無関係な他人をうらやむことで、夫を防人として送り出さねばならぬ妻自身の、自分だけの悲しみが見つめられている。

172
桜田へ鶴鳴き渡る年魚市潟潮干にけらし鶴鳴き渡る
高市黒人〈万葉・三・二七一〉

歌意 桜田のほうへ鶴が鳴いて飛んでいく。年魚市潟では潮が引いてしまったらしい。鶴が鳴いて飛んでいく。読解 桜田は今の名古屋市南区元桜田町一帯で、当時はそこまで海が入りこんでいた。年魚市潟はその東側にあった干潟。鶴が干潟で餌をあさる習性をふまえて、鶴が海岸をめざして飛んでいく理由を干潟になったからだろうと推定して詠んだ歌。

173
さくら花散りぬる風のなごりには水なき空に波ぞ立ちける
紀貫之〈古今・春下〉

歌意 桜の花を散らした風がしずまった後も、花びらがひらひらと舞っているのは、水のない空に波が立っているということだった。読解 桜の花が風に吹かれて散った後の一瞬の余韻を詠んだ歌。「水なき空」は、風の吹いた後に残る大きな空間を海に、そして、その中をひらひらと舞っている散り遅れた花びらを「波」に見立てている。

174
楽浪の志賀の大わだ淀むとも昔の人にまたも逢はめやも
柿本人麻呂〈万葉・一・三一〉

歌意 楽浪の志賀の大わだは昔と変わらず淀んでいても、昔の人にまた逢えるのだろうか。読解 216の反歌の第二首目。「大わだ」は海岸線が入りこんで水の淀んだ所。その「大わだ」を擬人化して、水が淀んでいるのを、大わだが人を待って滞っていると見立てている。どんなに待っても大宮人が来ることはなく、過ぎ去った昔が再び戻ってくることはない、というのである。

175
楽浪の志賀の唐崎幸くあれど大宮人の舟待ちかねつ
柿本人麻呂〈万葉・一・三〇〉

歌意 楽浪の志賀の唐崎は昔と変わらずにあるけれど、大宮人の舟を待つことはできなかった。読解 216の反歌の第一首目。都がすっかり荒れはててしまった今は待っても大宮人の舟が来ることはない、というのである。「ささなみのしがのからさきさきく」というサ音の反復にのせて視点を琵琶湖岸に移し、変わらぬ自然を前に、人間の営みのはかなさを見つめている。

176
さざなみや志賀の都はあれにしを昔ながらの山桜かな
平忠度〈千載・春上〉

歌意 志賀の古京は荒れはててしまったが、長等山の山桜は昔のままに美しく咲いていることだ。読解「さざなみや」は枕詞。「志賀の都」は壬申の乱によって滅びた大津の宮。「昔ながら」の「ながら」に大津の宮を臨む長等山を掛ける。人の営みのはかなさと変わることのない自然への感慨を主題とする。『千載和歌集』では読み人知らずとして入集。『平家物語』巻七「忠度都落」に、その事情が記されている。

177
笹の葉はみ山もさやにさやげども我は妹思ふ別れ来ぬれば
柿本人麻呂〈万葉・二・一三三〉

歌意 笹の葉は山全体にさやさやと音をたてているけれども、私は妻のことを思っている。別れて来たので。読解 69の反歌の第二首目。第二句「さやげども」は万葉仮名では「乱友」とあるが、それを「みだるとも」と訓む説もある。サ音の繰り返しは笹の葉の乱れを聴覚的に表す。山全体をそのざわめきが満たしても、自分はひたすら別れて来た妻を思う、というのである。

178
五月待つ花橘の香をかげば昔の人の袖の香ぞする
読み人知らず〈古今・夏〉

歌意 五月を待って咲く花橘の香りをかぐと、昔親しかった人の袖の香りがする。読解 五月になると咲く花橘の香りをかぐと、日ごろは忘れかけていた昔の人の記憶がにわかによみがえってきた、というのである。この歌は王朝人に愛唱され、「五月待つ花橘」「花橘の香」というだけで、昔の人を思う気持ちを意味するようになった。『伊勢物語』六〇段にも載る。

179
さねさし　相模の小野に　燃ゆる火の　火中に立ちて　問ひし君はも
弟橘比売命〈記・中・景行〉
歌意 相模の野原で燃え上がる火の中に立って、私に呼びかけたあなたよ。読解 倭建命の東征の途中、走水の海（浦賀水道）で海神の怒りに触れた際、その怒りを鎮めるために、夫の倭建命に代わって入水するときに詠んだ歌。以前、相模国で火攻めにあったことを思い出して、命への深い慕情を表明している。「さねさし」は枕詞。

180
さびしさに堪へたる人のまたもあれな庵ならべむ冬の山里
西行〈新古今・冬〉
歌意 寂しさにたえている人が私のほかにもいてほしい。そうしたら、その人と庵を並べて住もう。この冬の山里で。読解 人けのない山里、おそってくる孤独感にたえ忍びつつ、そうした思いを共有できる、同じ境涯の人を希求する思いが告白された趣。

181
さびしさにやどを立ち出でてながむればいづこも同じ秋の夕暮れ【百】
良暹〈後拾遺・秋上〉
歌意 寂しさのために、庵を出てあたりを見渡すと、どこも同じように寂しい秋の夕暮れである。読解「秋の夕暮れ」が遁世の生活者の実感によってとらえられている歌であり、人けのない山里をつつむ深い寂寥の世界が、たくまずして描き出されている。

182
さびしさはその色としもなかりけり真木立つ山の秋の夕暮れ
寂蓮〈新古今・秋上〉
歌意 寂しさは、とりたててどの色がそうだというのではなかったのだった。真木が群生する山の秋の夕暮れの寂しさよ。読解 秋の寂しさというものは、紅葉の色などといった特定の色とは無関係なのだと気づいた趣の歌。「真木」は、杉・檜・槙などの常緑樹の総称。三夕の歌の一つ。

183
志賀の浦や遠ざかりゆく波間より凍りて出づる有り明けの月
藤原家隆〈新古今・冬〉
歌意 志賀の浦の、岸辺から凍りつき遠ざかっていく波間から、凍りついたような光を放って出てくる有り明けの月よ。読解「湖上の冬月」という題を詠んだ歌。「志賀の浦」は近江国の歌枕で、琵琶湖の西岸。「小夜ふくるままにみぎはや氷るらむ遠ざかりゆく志賀の浦波」〈後拾遺・冬〉を本歌とする本歌取りの歌。本歌を「遠ざかりゆく波間」という表現に圧縮し、さらに月を配した点にこの歌の眼目がある。

184
敷島の大和心を人問はば朝日ににほふ山桜花
本居宣長〈肖像自賛〉
歌意 この大和の心は何であるかと人が尋ねたら、朝日に照り映えて咲く山桜の花だと答えよう。読解 六十一歳の自画像に書きつけた歌。「敷島の」は「大和」にかかる枕詞であるが、敷島の道（和歌）の意もこめる。この「大和心」は日本人固有の精神の意。

185
信濃道は今の墾道刈りばねに足踏ましむな沓はけ我が背
東歌〈万葉・一四・三三九九〉
歌意 信濃の道は今新しく開墾された道。切り株に足を踏ませるな。履き物をはきなさい、あなた。読解「しむ」は使役、「な」は禁止を表す。「足踏ましなむ」の訓みもある。旅立つ夫に妻が詠んだ歌か。道中の苦労を思いやる細やかな心遣いが感じられる。

186
信濃なる千曲の川の小石も君し踏みてば玉と拾はむ
東歌〈万葉・一四・三四〇〇〉
歌意 信濃にある千曲川の小石もあなたが踏んだならば、玉と思って拾おう。読解 何の価値もない河原の小石も、いとしいあの人が踏んだものならば、その人にかかわるものとなって宝石にも匹敵する、とする。恋する者の普遍的な心情を明るく詠んだ歌である。

187
しのぶれど色に出でにけりわが恋はものや思ふと人の問ふまで【百】
平兼盛〈拾遺・恋一〉
歌意 心のうちにこらえてきたけれど、顔色や表情に出てしまっていたのだった。私の恋は、恋のもの思いをしているのかと、人が尋ねるくらいに。読解 忍ぶ恋の歌。自分では隠し通していたつもりだったのに、もの思いでもしているのかと周囲の人に尋ねられて、初めて外に表れていることに気がついたのである。天徳四年内裏歌合で165と番えられた歌とされ、それにまつわる逸話も有名。

188
白雲に羽うち交はし飛ぶ雁の数さへ見ゆる秋の夜の月
読み人知らず〈古今・秋上〉
歌意 白雲の浮かぶ天空に羽を連ねて飛んでいく雁の、その数までも見えるほどに澄みきった秋の夜の月よ。読解 秋の夜空の清明さを詠んだ歌。天空に照り輝く月、その月明かりに照らされた白雲、それらを背景に飛ぶ雁のシルエットなど、具体的な景物を的確に配置することで、冴え渡る天空の映像を鮮やかに表現している。

189
白玉かなにぞと人の問ひしとき露と答へて消えなましものを
在原業平〈新古今・哀傷〉
歌意「あれは真珠ですか、何ですか」とあの人が尋ねたとき、「あれは露です」と答えて露のようにはかなく死んでしまえばよかったのに。読解 生き残ってこんなにつらい思いをするくらいなら、いっそ先に死んだほうがよかった、というのである。『伊勢物語』六段（第五句「消えなましものを」）では、男が女を連れて逃げる途中、芥川のほとりで、女が草の上の露を見て「あれは何ですか」と問いかけた、その女を鬼に食われてしまった男の歌として載る。露を真珠かと尋ねるところに、女の無垢な人柄が表れている。

190
白珠は　人に知らえず　知らずともよし　知らずとも　我し知れらば　知らずともよし
元興寺の僧〈万葉・六・一〇一八〉
歌意 真珠はその価値を人に知られない。知らなくてもよい。知らなくても、私が知っているのなら、知らなくてもよい。読解 左注には、ひとり修行していた僧が、世間から認められないことを嘆いて詠んだ歌とある。「白珠」は自分の才能をたとえる。第三・六句の反復、頭韻を踏んだような「シラ」の繰り返しなど、謡い物的な特徴をもった旋頭歌である。

191 **白露に風の吹きしく秋の野はつらぬきとめぬ玉ぞ散りける**【百】 文屋朝康〈後撰・秋中〉

歌意 白露に風がしきりに吹いている秋の野は、紐で貫きとめていない玉が散り乱れていたのだったよ。読解 風に吹き散らされる露を真珠に見立てることで、秋の野一面にはかなく光る白露の美しさを詠んだ歌。白露を真珠に見立てて、それを紐(緒)で貫くというのは、常套表現。

192 **験なきものを思はずは一坏の濁れる酒を飲むべくあるらし** 大伴旅人〈万葉・三・三三八〉

歌意 かいのないもの思いなどせずに、一杯の濁った酒を飲むべきであるらしい。読解 酒を褒めた十三首の中の第一首。全体の序にあたる。世俗的な小賢しさを否定し、飲酒を褒めている。超俗的な精神を理想とする老荘思想をふまえて詠まれた歌。

193 **銀も金も玉も何せむにまされる宝子にしかめやも** 山上憶良〈万葉・五・八〇三〉

歌意 銀も金も宝石も何になろう。すぐれた宝も子に及ぶだろうか、いや、及ばないだろう。読解 93の反歌。長歌にみられた子への深い情愛から生まれてくる苦しみは示されず、子への思いが率直に歌われている。

194 **白妙の袖の別れに露おちて身にしむ色の秋風ぞ吹く** 藤原定家〈新古今・恋五〉

歌意 白い袖と袖とを別つ後朝の別れ、その袖の上に涙の露が落ちて、その上を身にしみるような色合いで秋風が吹くことだ。読解 後朝の別れの悲しさに秋風の寂寥感を重ねた歌。「白妙の」は枕詞だが、ここでは白い色彩感を示す。「露」は涙の比喩。深い悲しみを表す紅涙である。袖の白と涙の紅の対照。「秋風」の「秋」に「飽き」が掛かることで後朝の悲しみはいっそう複雑なものとなっている。

195 **鈴鹿山憂き世をよそにふり捨てていかになりゆくわが身なるらむ** 西行〈新古今・雑中〉

歌意 鈴鹿山よ。つらいことの多い世の中を自分とは無縁のものとして振り捨てて行くが、これから先どのようになってゆく我が身なのだろうか。読解 伊勢へ下った折に詠んだ歌。「鈴鹿山」は伊勢国の歌枕。「ふり」「なり」は「鈴」の縁語。出家直後の作と考えられるが、英断して出家した後の前途への不安が、率直に表現されている。

196 **隅田川蓑きて下す筏師に霞むあしたの雨をこそ知れ** 橘千蔭〈うけらが花・一〉

歌意 隅田川を蓑を着て筏を下す筏師によって、霞むこの朝、雨の降っていることが知られる。読解 霞がかっている朝、隅田川を下って行く筏師が蓑を着ているのを見て、雨が降っていることに気づいた、とする。

197 **住江の岸による波よるさへや夢の通ひ路人めよくらむ**【百】 藤原敏行〈古今・恋二〉

歌意 住江の岸に寄る波のよるではないが、夜までも夢の通い路で人目を避けているのであろうか。読解 現実はもちろん夢でも逢えないことを嘆く歌。女性の立場に立って、恋人が来てくれないつらさを詠んだ。第二句までが「よる」の同音反復の序詞。

198 **住む人もなき山里の秋の夜は月の光もさびしかりけり** 藤原範永〈後拾遺・秋上〉

歌意 住む人もいない山里の秋の夜は、月の光までも寂しいものであったのだった。読解 藤原定頼の家集『定頼集』によれば、月が明るく、美しかったので、殿上人・蔵人たちが広沢の遍照寺に出かけた折の歌。京都嵯峨の広沢池一帯は月の名所として知られる。

199 **駿河なる宇津の山べのうつつにも夢にも人に逢はぬなりけり** 在原業平〈新古今・羇旅〉

歌意 駿河にある宇津の山のうつではないが、起きているときも夢でもあなたに逢わないことだ。読解 東国へ向かう旅の途中で詠んだ歌として『伊勢物語』九段(東下りの段)にも載る。人が夢を見るのは、相手が自分を思っているのだという古代の信仰から、相手の思いが足りないと恨んだ歌。上二句は同音反復で「うつつ」を導く序詞。

200 **瀬をはやみ岩にせかるる滝川のわれても末にあはむとぞ思ふ**【百】 崇徳院〈詞花・恋上〉

歌意 川瀬の流れがはやいので岩にせきとめられる急流が、二つに分かれてもまた一つになるように、恋しいあの人と今は別れても、いつかはきっと逢おうと思う。読解 川の流れの行く末に自分の恋の将来を重ねて詠んだ恋の歌。第三句までが序詞。「われても」は水の流れが分かれる意と男女が別れる意を掛ける。

201 **袖ひちてむすびし水のこほれるを春立つ今日の風やとくらむ** 紀貫之〈古今・春上〉

歌意 夏、袖がぬれて手ですくった水が、冬になって凍っていたのを、立春の今日吹く風が今ごろ溶かしているだろうか。読解 立春の日に詠んだ歌。前年の夏から春にかけての四季のめぐりの中に立春をとらえ直している。時の移り変わりの中で物事をとらえようとするのは古今集時代の歌の特徴の一つで、この歌はその典型といえる。「むすぶ」「とく」は縁語。

202 **空はなほ霞みもやらず風さえて雪げにくもる春の夜の月** 藤原良経〈新古今・春上〉

歌意 春だというのに空はまだ霞みきることもなく、風は冷たく雪模様に曇っている春の夜の月よ。読解 詞書によると「余寒(立春の後になお残る冬のような寒さ)」を詠んだ歌。春霞によって曇るはずの月が、雪の降り出しそうな空模様によって曇っている。

203 **絶えぬるか影だに見えば問ふべきを形見の水は水草ゐにけり** 右大将道綱母〈新古今・恋四〉

歌意 二人の仲はもう絶えてしまったのか。せめてこの泔坏の水に姿だけでも映っていたら尋ねることもできるだろうが、形見の水には水草が生えてしまったことだ。読解『蜻蛉日記』(第二句「影だにあらば」)によれば、夫藤原兼家といさかいの後、なんの音沙汰もなく数日たって心細く沈んだ思いでいるころ、その兼家が出掛けに用いた泔坏(洗髪・整髪するための水を入れておく器)がそのまま残っているのを見て詠んだ歌。水の表面に浮かんでいる塵を水草になぞらえた。水草が生えるほど長い時間がむなしく過ぎてしまったという思いである。

204 **高砂の尾の上の桜咲きにけり外山の霞立たずもあらなむ【百】** 大江匡房〈後拾遺・春上〉

歌意 遠くの山の峰の桜が咲いたのだった。人里近い山の霞よ、どうか立たないでほしい。読解 上の句に遠景の「尾の上の桜」を、下の句に近景の「外山の霞」を配して対照させ、「立たずもあらなむ」と願望を訴えて一首を結んでいる。はるかに望む山桜を賞美する心が、素直に表現されている。

205 **滝の音は絶えて久しくなりぬれど名こそ流れてなほ聞こえけれ【百】** 藤原公任〈拾遺・雑上〉

歌意 滝の水音は聞こえなくなってから長い年月がたってしまったけれども、その名声だけは流れ伝わって、今でもやはり聞こえてくることだ。読解 京都嵯峨に大勢の人が遊覧した折、大覚寺で古い滝を見て詠んだ歌。この時代、すでに滝の水は枯れ、さびれていたという。「滝」にちなんだ縁語「音」「絶え」「流れ」「聞こえ」が効果的に用いられている。

206 **田子の浦にうち出でてみれば白妙の富士の高嶺に雪は降りつつ【百】** 山部赤人〈新古今・冬〉

歌意 田子の浦に出てみると、真っ白な富士の高嶺にしきりに雪が降っていることだよ。読解 眼前に田子の浦、遠くに真っ白な富士の高嶺を配置した風景画のような歌。遠くの山頂を中心に広大な空間が広がっている。『万葉集』では「田子の浦ゆうち出でてみれば真白にそ富士の高嶺に雪は降りける」〈三・三一八〉。

207 **橘の小島の色はかはらじをこのうき舟ぞゆくへ知られぬ** 〈源氏・浮舟〉

歌意 橘の小島の緑の色は変わらないだろうが、水に浮く小舟のようなこの私は、これからどうなるかもわからないことだ。読解 薫によって宇治に隠し住まわせられていた浮舟を、匂宮が強引に誘い出す。雪の降り積もっている有り明けの月の下を小舟で宇治川の対岸へ渡る途中、橘の小島が見えた。匂宮が「年経ともかはらむものか橘の小島のさきに契る心は」と詠んだのに対して、浮舟が答えたのがこの歌。橘の常緑にかけて永遠の契りを誓う言葉に感動しつつも、我が身の不安を感じざるを得ない。

208 **橘のにほふあたりのうたた寝は夢も昔の袖の香ぞする** 藤原俊成女〈新古今・夏〉

歌意 橘の香のにおうあたりでのうたた寝は、夢の中にまでも昔親しかった人の袖の香がすることだ。読解 「五月待つ花橘の香をかげば昔の人の袖の香ぞする」（➡178）を本歌とする本歌取りの歌。本歌の現実の世界を「うたた寝」で見る夢の世界へと転化している。

209 **たち別れいなばの山の峰に生ふるまつとし聞かば今帰り来む【百】** 在原行平〈古今・離別〉

歌意 別れて因幡の国に行ったとしても、因幡の稲羽山の峰に生えている松ではないが、あなたが待っていると聞いたら、すぐに帰って来よう。読解 地方への赴任を前に、都の人々との別れを惜しんだ歌。「往なば」と「稲羽」、「松」と「待つ」の二つの掛詞を軸に、都や都の人々への断ちがたい執着の思いを詠む。

210 **楽しみはめづらしき書人に借りはじめ一ひら広げたる時** 橘曙覧〈志濃夫廼舎歌集〉

歌意 楽しみは、珍しい書籍を人から借りてきて、最初の一枚を広げ読もうとしている時。読解 「独楽吟」と題された連作の中の一首。日ごろ心にかかりながら読めなかった本を開く楽しみ、入手しがたい書を貸してくれた友への思いが読みとれる歌。「独楽吟」五十二首は、すべて「楽しみは」の初句で始まり「時」の形で終わる。ほかには「楽しみはまれに魚煮て児ら皆がうましうましといひて食ふ時」など。

211 **頼めしをなほや待つべき霜枯れし梅をも春は忘れざりけり** 〈更級〉

歌意 あなたは私を頼みに思わせたのに、もっと待たなければならないのかしら。霜枯れた梅さえも春は忘れずに訪れて、こんな美しい花を咲かせてくれたのに。読解 継母が「梅の花の咲くころには、きっと帰って来ますよ」と言い残して出ていったのに、翌年の春、梅が咲いてもなんの音沙汰もないので詠んだ歌。

212 **旅にしてもの恋しきに山下の赤のそほ舟沖を漕ぐ見ゆ** 高市黒人〈万葉・三・二七〇〉

歌意 旅にあってなんとなく都が恋しく思われるときに、山裾に停泊していた赤く塗った船が沖のほうを漕いでいくのが見える。読解 羇旅歌。海の青、山の緑、船の赤など色彩が豊かで、かつ映像も鮮明なところから、一枚の絵画のような印象を与える。それが「もの恋しき」気分によって見いだされた風景である。

213 **旅人の袖吹きかへす秋風に夕日さびしき山のかけはし** 藤原定家〈新古今・羇旅〉

歌意 旅人の袖を吹き翻す秋風の中に、夕日が寂しくさしている山のかけ橋よ。読解 険しい山あいにかけられた橋（桟道）を歩む孤独な旅人の姿を描く。白居易の『長恨歌』の、玄宗皇帝が桟道伝いに逃げ落ちようとする一節「黄埃散漫風蕭索 雲桟縈紆して剣閣に登る 峨嵋山下人行少なり 旌旗光無く日色薄し」をふまえる。

214 **多摩川にさらす手作りさらさらになにそこの児のここだかなしき** 東歌〈万葉・一四・三三七三〉

歌意 多摩川にさらす手織りの布がさらさらしている、そのさらさらではないが、ますます、どうしてこの娘がとてもいとしいのか。読解 第二句までが「サラ」の音による同音反復の序詞。「さらさらに」は布をさらさらとさらすさまとますますの意を掛ける。布作りという労働を背景にした恋の歌。

215 **玉くしげ箱根の海はけけれあれや二国にかけて何かたゆたふ** 源実朝〈金槐集・下〉

歌意 箱根の湖には心があるのだろうか、二つの国（相模と駿河）にまたがって揺れ動いている。読解 「玉くしげ」は枕詞。「箱根の海」は、芦ノ湖。「けけれ」は東国方言で心のこと。「二国」を「二山」とする本もある。「たまくしげ」「箱」「け」「二」は縁語。

216 **玉だすき　畝傍の山の　橿原の　ひじりの御代ゆ　生れましし　神のことごと　つがの木の　いやつぎつぎに　天の下　知らしめし**

しを　天にみつ　大和を置きて　あをによし　奈良山を越え　いかさまに　思ほしめせか　あまざかる　鄙にはあれど　いはばしる　近江の国の　楽浪の　大津の宮に　天の下　知らしめしけむ　天皇の　神の尊の　大宮は　ここと聞けども　大殿は　ここと言へども　春草の　しげく生ひたる　霞立ち　春日の霧れる　ももしきの　大宮所　見れば悲しも

柿本人麻呂〈万葉・一・二九〉

【歌意】畝傍山の橿原で即位した神武天皇の御代からお生まれになったすべての天皇が、次々と天下をお治めなさったのに、その大和を捨てて、奈良山を越え、どのようにお思いになったのか、田舎ではあるけれど、近江国の大津の宮で天下をお治めなさったという、神である天皇の都はここだと聞くけれども、宮殿はここだと言うけれども、春の草が生い茂っている、霞が立って春の日がかすんでいる、御殿の跡を見ると悲しい。【読解】かつて天智天皇が近江国に大津の宮を開いた。しかし壬申の乱によって、それまで繁栄の中にあった大津の宮は一気に荒廃した。その旧都の跡を通ったときに詠まれた歌。荒れ果てた宮のありさまは、おだやかな春の風景として描き出されているが、その昔のさまは想像することができないとする。「玉だすき」「つがの木の」「天にみつ」「あをによし」「あまざかる」「いはばしる」「ももしきの」は枕詞。

217 **玉の緒よ絶えなば絶えねながらへば忍ぶることの弱りもぞする**【百】

式子内親王〈新古今・恋一〉

【歌意】我が命よ、絶えてしまうのならば絶えてしまえ。もしこのまま生きながらえていたら、たえ忍ぶ心が弱まると困る。【読解】題は「忍ぶる恋」。上二句では堰を切ったような恋の激情が描かれている。それが「ながらへば」という条件句を境に一転し、下二句では、不安におののく心細い心情が表されている。「絶え」「ながらへ」「弱り」は、それぞれ「緒」の縁語。「もぞ」は、そうなっては困るという危惧を表す。

218 **玉ゆらの露も涙もとどまらずなき人恋ふる宿の秋風**

藤原定家〈新古今・哀傷〉

【歌意】草木の露も私の涙も、ほんのしばらくの間もとどまらずにこぼれ落ちる。亡き母を恋い偲ぶこの邸を吹く秋風で。【読解】母の死への悲しみを詠んだ歌。「故郷に母あり秋風の涙 旅館に人なし暮雨の魂」〈新撰朗詠集・下・行旅〉を典拠とし、「暁の露は涙もとどまらで恨むる風の声ぞ残れる」〈新古今・秋上〉を本歌としている。「玉ゆらの」は、ここでは、ほんのしばらくの間の意。この「玉」と「露」「涙」は縁語。

219 **たらちねの母が飼ふ蚕の繭隠りいぶせくもあるか妹に逢はずして**

作者未詳歌〈万葉・一二・二九九一〉

【歌意】母が飼う蚕が繭の中に籠もっているように、憂鬱なことだ。恋しい人に逢わずに。【読解】繭に寄せて恋の思いを詠んだ歌。第三句までが序詞で、蚕が繭の中で身動きもできない窮屈さが、内にこもって晴れ晴れとしない恋心をかたどる。「たらちねの」は枕詞。

220 **たれこめて春のゆくへも知らぬ間に待ちし桜もうつろひにけり**

藤原因香〈古今・春下〉

【歌意】簾や帳を下ろして暮らしていて、春の移ろいも知らない間に、咲くのを待っていた桜も散ってしまったのだった。【読解】詞書に、病気になったとき、花瓶に挿しておいた桜が散りぎわになったのを見て詠んだ、とある。外の桜を想像しながら、過ぎゆく春を哀惜した歌。『徒然草』一三七段に、「たれこめて春のゆくへ知らぬも、なほあはれに情け深し」と引かれている。

221 **誰をかも知る人にせむ高砂の松も昔の友ならなくに**【百】

藤原興風〈古今・雑上〉

【歌意】いったいだれを親しい友人にしようか。長寿の高砂の松も、昔の友ではないのだから。【読解】年老いて親しい友も皆亡くなり、生き残ってしまった者の孤独と悲哀を詠んだ歌。祝賀されるべき長寿が、ここでは逆に自身の孤独を際立たせるものとなっている。

222 **契りおきしさせもが露を命にてあはれ今年の秋もいぬめり**【百】

藤原基俊〈千載・雑上〉

【歌意】約束してくださった「私を頼みにせよ」という恵みの露のようなお言葉を命とも頼んできたが、ああ、今年の秋もむなしく過ぎていくようだ。【読解】作者は、子息の光覚が維摩会の講師になることを、その任命者である藤原忠通に懇願していたが、今年の秋も選に漏れてしまった。それを恨んで詠んだ歌。

223 **契りおく花とならびのをかのへにあはれ幾世の春を過ぐさむ**

兼好〈兼好法師集〉

【歌意】死んだ後も一緒に過ごそうと約束して植えた桜と並んで、この双の岡に、ああ、これから自分はどれほどの春を過ごすのだろう。【読解】兼好が、隠棲していた双の岡（仁和寺の南方にある岡）に墓地をつくり、そこに桜の木を植えた折に詠んだ歌。「ならび」は「（花と）ならび」に「双の岡」の「ならび」を掛ける。

224 **契りきなかたみに袖をしぼりつつ末の松山波越さじとは**【百】

清原元輔〈後拾遺・恋四〉

【歌意】約束したことだったよ。たがいに涙にぬらした袖をしぼっては、末の松山を波が越さないように二人の心が変わらないということを。【読解】詞書によれば、心変わりした女性に、相手の男性に代わって詠んだ歌。相思相愛であったころの感動的な二人の約束ごとをとりあげているが、それによって女性の心変わりを恨む気持ちだけでなく、あきらめがたさまでもが詠み込まれている。

225 **父母が頭かきなで幸くあれて言ひし言葉ぜ忘れかねつる**

防人歌〈万葉・二〇・四三四六〉

【歌意】父母が、私の頭をかき撫でて、無事を祈ると言った言葉が忘れられない。【読解】防人の歌。頭を撫でるのは、子の無事を願う呪術的な所作。「て」は格助詞「と」の、「けとば」は「ことば」の東国方言。「ぜ」は係助詞「ぞ」の東国方言か。出発の際の父母の姿を思い出して詠んだ歌。親子の情愛がしみじみと歌われている。

226 **ちはやぶる神代も聞かず龍田川からくれなゐに水くくるとは**【百】

在原業平〈古今・秋下〉

歌意 不思議なことの多い神代でも聞いたことがない。龍田川が唐紅色に水をくくり染めにしているとは。読解「ちはやぶる」は枕詞。「くくる」は、くくり染め（しぼり染め）にする意。ここでの「水くくる」は、龍田川の流れの水をしぼり染めにする意で、水面のところどころに紅葉が流れている状態を、しぼり染めに見立てた。このやや奇抜な見立ての技法によって、川面を流れる華麗な紅葉を想像させた。『伊勢物語』一〇六段にも載る。

227 **勅なればいともかしこし鶯の宿はと問はばいかが答へむ**　読み人知らず〈拾遺・雑下〉
歌意 勅命なので、それをお断り申し上げるのはまことに恐れ多いことではある。しかし、もし鶯がやってきて「私の宿はどこに行ったのだろうか」と尋ねたら、どのように答えたらよいだろうか。読解 詞書などによれば、内裏から人が遣わされ、ある家にあった紅梅を掘り取らせようとしたときに、鶯が巣をかけていたので、その家の女主人がこの歌を奏上したという。その結果、梅の木は掘らないことになった。『大鏡』道長伝では紀貫之の娘の作とし、紅梅は村上天皇の内裏に召された、とある。

228 **散る花もまた来む春は見もやせむやがて別れし人ぞ恋しき**　〈更級〉
歌意 散りゆく花も、再びめぐってくる春には見ることもあるだろう。しかし、あのまま永遠の別れとなった人が恋しくてならない。読解 菅原孝標女の乳母が亡くなったときに詠んだ歌。孝標女は一日中泣いて過ごした。三月の初旬で、桜の花が残りなく散り乱れていたという。

229 **月見ればちぢにものこそ悲しけれわが身一つの秋にはあらねど**【百】　大江千里〈古今・秋上〉
歌意 月を見ると、あれこれと際限なく物事が悲しく思われる。私一人だけの秋ではないけれども。読解 秋を悲哀の季節とする感覚は、平安時代初頭から一般化した。「ちぢ(千々)」「一つ」が照応。『白氏文集』の詩の一節「燕子楼中霜月の夜 秋来たってただ一人のために長し」を翻案した歌ともいわれている。

230 **月やあらぬ春や昔の春ならぬ我が身ひとつはもとの身にして**　在原業平〈古今・恋五〉
歌意 月は昔のままの月ではないのか。春は昔のままの春ではないのか。我が身一つだけは昔のままの身であって。読解 詞書には、二条の后高子との恋が挫折した、その一年後に、梅の花が盛りで月の美しい夜に思い出の場所に来て詠んだ歌とある。本来不変の自然が変わってしまったと感じられるのは、あの人がいないからだ、という。「や」を反語と解する説もある。『伊勢物語』四段にも載る。

231 **月宿る沢田の面にふす鴫の氷より立つあけがたの空**　頓阿〈続草庵集・三〉
歌意 月の光が映っている沢田の表面に伏している鴫が、まるで凍ったような沢田の表面から飛び立つ明け方の空よ。読解「月前の鴫」という題を詠んだ歌。「心なき身にもあはれは知られけり鴫立つ沢の秋の夕暮れ」(➡155)を念頭に置きつつ、月光によって氷のように見える明け方の沢田から鴫の飛び立つ景を詠んだ。この歌により、頓阿は「沢田の頓阿」と称された。

232 **つきゆみのひかりをまちてかへりませやまぢはくりのいがのしげきに**　良寛〈はちすの露〉
歌意 月の光がさすのを待ってお帰りなさい。山路は栗のいがが多くてあぶないので。読解 親友が、国上山の五合庵をたずねてきた折の歌。友を思う気持ちと少しでも長く引きとめたい心情が素直に詠み下されている。「つきゆみ」は月の別称。

233 **月夜よし夜よしと人に告げやらば来てふに似たり待たずしもあらず**　読み人知らず〈古今・恋四〉
歌意 月の美しく、よい夜だ、とあの人に言ってやるならば、それは来てくださいと言うのと同じだ。といっても私が待っていないわけではない。読解「月夜」は、月のこと。はっきりと「来てほしい」とは言えないが、それでも恋人の訪れを心待ちする微妙な心を詠んだ歌。

234 **筑波嶺に雪かも降らるいなをかもかなしき児ろが布乾さるかも**　東歌〈万葉・一四・三三五一〉
歌意 筑波山に白く見えるのは雪が降ったのかな、違うのかな、いとしいあの娘が布を干しているのかな。読解「いなをかも」は、いや違うかなの意で、囃し詞のように用いられている。民謡風の歌である。

235 **筑波嶺の峰より落つる男女川恋ぞつもりて淵となりぬる**【百】　陽成院〈後撰・恋三〉
歌意 筑波山の峰から激しく流れ落ちてくる男女川がしだいに水量を増やして深い淵となるように、私の恋心も積もり積もって淵のように深くなってしまった。読解 時がたつにつれてしだいに深まっていく孤独な恋心を川の流れの成長する景に託して表現している。第三句までが序詞。筑波山は常陸国（茨城県）の山。

236 **つつめどもかくれぬものは夏虫の身よりあまれる思ひなりけり**　読み人知らず〈後撰・夏〉
歌意 袖に包んでも隠れないものは、夏の虫である蛍の、身から余って発している思いの火であったのだった。読解『大和物語』四〇段では、桂の内親王に仕えていた童女が、内親王のもとに通ってくる式部卿宮敦慶親王に思いを寄せて詠んだ、とある。「思ひ」の「ひ」に「火」を掛ける。

237 **筒井筒井筒にかけしまろがたけ過ぎにけらしな妹見ざるまに**　〈伊勢・二三〉
歌意 筒のように丸く掘った井戸の囲いと測り比べた私の背も井戸の囲いを過ぎてしまったらしい、あなたを見ない間に。読解 二三段の前部は、幼なじみの男女が、初志の思いを貫き通して結ばれるという話。この歌はその中で、大人になった男が女に贈った求愛の歌。二三段の話は、謡曲『井筒』や樋口一葉の『たけくらべ』など後世に影響を与えた。

238 **津の国の難波の春は夢なれや蘆の枯れ葉に風渡るなり**　西行〈新古今・冬〉
歌意 摂津国の難波の美しい春は夢だったのか。今は蘆の枯れ葉を風が吹き渡る音が聞こえる。読解「心あらむ人に見せばや津の国の難波わたりの春のけしきを」(➡154)を本歌とする本歌取りの歌。春の景色を冬枯れの荒涼とした景色ともの寂しげな風の音に詠みかえた。上三句の、本歌を想起させる力が強く、夢幻と現実、栄枯盛衰といったものを感じさせずにおかない。家集の題は「無常」。「夢なれや」の「なり」は断定、「風渡るなり」の「なり」は聴覚による推定。

239 **つひに行く道とはかねて聞きしかど昨日今日とは思はざりしを** 在原業平〈古今・哀傷〉

歌意 最後に行く道とは前から聞いていたけれども、昨日今日のことだとは思わなかった。読解 詞書に「病して、弱くなりにける時詠める」とある。これまで死を観念的に理解し、他人事として見聞きしてきたが、それが突然自分自身に迫ってきた、というのである。『伊勢物語』では、この歌を最終段に載せる。

240 **つれづれと空ぞ見らるる思ふ人天降り来むものならなくに** 和泉式部〈玉葉集・恋三〉

歌意 満たされずもの思いに沈むあまり、思わず空を見上げてしまうことだ。私の思う人が天から降ってくるわけではないのに。読解「空」はしばしば恋の歌に詠まれる(➡396)が、この歌ではそうした発想をふまえつつも、もの思いのあまり無意識のうちに見上げたものとして詠まれる。「天降る」の重々しい語感は神をも連想させ、ありえないと知りつつも、思う人を来させてくれるものへの祈りさえ感じさせる。

241 **照りもせず曇りも果てぬ春の夜の朧月夜にしくものぞなき** 大江千里〈新古今・春上〉

歌意 照りもしないし、曇りきってもしまわない春の夜の朧月夜におよぶものはない。読解 詞書には、『白氏文集』「嘉陵春夜詩」の一句「明らかならず暗からず朧朧たる月」という題を詠んだとある。第四句までは漢詩の情景を翻訳し、第五句で春の最上の風景として位置づけている。『源氏物語』花宴の巻では、この歌を口ずさみながら(第五句「似るものぞなき」)朧月夜の君が登場してくる。

242 **時知らぬ山は富士の嶺いつとてか鹿の子まだらに雪の降るらむ** 在原業平〈新古今・雑中〉

歌意 季節を知らない山は富士の山だ。いったい今をいつと思って、子鹿の毛の白い斑点模様のように雪が降るのだろう。読解 詞書に「五月のつごもり」に詠んだとある。夏の真盛りにもかかわらず山に雪の残るのを見て、興じて詠んだ歌である。『伊勢物語』九段(東下りの段)では、主人公が東国を旅したときに詠んだ歌として載る。

243 **時によりすぐれば民のなげきなり八大龍王雨やめたまへ** 源実朝〈金槐集・下〉

歌意 時によって、度が過ぎると雨は民の嘆きとなるのです。八大龍王よ、雨を止めてください。読解「八大龍王」は、雨をつかさどるとされた。洪水の際、その龍王に対して、治者としての強い自覚をもって大雨を止めて欲しいという万民の思いを祈念した歌。

244 **年暮れて我がよふけ行く風の音に心のうちのすさまじきかな** 紫式部〈玉葉集・冬〉

歌意 年が暮れて私もふけこんでゆく、その夜更けの風の音につけても、私の心の中は寒々と荒涼としていることだ。読解『紫式部日記』によれば、年末に宮中に帰参し、周囲の女房たちの色めいた会話をよそに、宮仕え生活に慣れきってしまった我が身がうとましいという思いから、つい口ずさまれた歌。心のうちにこそ風が吹きすさんでいる。「よ」は「世」と「夜」の掛詞。

245 **年ごとにもみぢ葉流す龍田川みなとや秋のとまりなるらむ** 紀貫之〈古今・秋下〉

歌意 毎年紅葉を流す龍田川、その紅葉の流れつく河口は、秋が停泊する港なのであろうか。読解 秋が終わるという趣旨で詠んだ歌。龍田川を擬人化し、その龍田川が紅葉を流す様子を想像したうえで、さらに、その紅葉が留まる河口を想像している。二重の想像という仕組みを持った歌である。

246 **年たけてまた越ゆべしと思ひきや命なりけり佐夜の中山** 西行〈新古今・羇旅〉

歌意 年老いて再び越えるだろうと思ってもみなかった。命があったからなのだった。佐夜の中山よ。読解 二度目に東国へ下った折に詠んだ歌。「佐夜の中山」は遠江国(静岡県)の歌枕で、東海道の難所。何十年もの時を隔てた今、同じ地を越えるその感動が一気に歌いあげられている。「や」は反語の意を表す。

247 **年のうちに春は来にけり一年を去年とや言はむ今年とや言はむ** 在原元方〈古今・春上〉

歌意 年が明ける前に立春になってしまった。この一年を去年といおうか、今年といおうか。読解『古今和歌集』の巻頭歌。詞書に「旧年に春立ちける日詠める」とある。立春と年明けとは普通は一致するが、陰暦ではしばしばずれることがあった。ここでは、それを理屈に合わないとおもしろがっている。

248 **年経ればよはひは老いぬしかはあれど花をし見ればもの思ひもなし** 藤原良房〈古今・春上〉

歌意 年月がたって、年老いてしまった。そうではあるけれど、この桜を見ていると、なんのもの思いもない。読解 詞書に「染殿后の御前に花瓶に桜の花を挿させたまへるを見て詠める」とある。染殿后は文徳天皇の中宮で、作者の娘の明子のこと。娘を桜の花にたとえて詠んだ歌。

249 **とどめおきて誰をあはれと思ふらむ子はまさるらむ子はまさりけり** 和泉式部〈後拾遺・哀傷〉

歌意 この世に母である私と自分の子を残して、私の娘は今ごろあの世でだれをいとしいと思っているのだろう。きっと母の私より子を思う心がまさっているだろう。私も自分の子である娘を思う心がまさっているのだったよ。読解 娘の小式部内侍が没したころに詠んだ歌。我が子を亡くした悲しみとともに、母を失った孫への哀切な思いが表現されている。助動詞「らむ」「けり」が効果的に用いられている。

250 **鶏が鳴く　東の国に　古に　ありけることと　今までに　絶えず言ひける　勝鹿の　真間の手児奈が　麻衣に　青衿着け　ひたさ麻を　裳には織り着て　髪だにも　掻きは梳らず　沓をだに　はかず行けども　錦綾の　中に包める　斎児も　妹にしかめや　望月の　足れる面わに　花のごと　笑みて立てれば　夏虫の　火に入るがごと　湊入**

りに　舟漕ぐごとく　行きかぐれ　人の言ふ時　いくばくも　生けらじものを　何すとか　身をたな知りて　波の音の　さわく湊の　奥つ城に　妹が臥やせる　遠き代に　ありけることを　昨日しも　見けむがごとも　思ほゆるかも

高橋連虫麻呂歌集〈万葉・九・一八〇七〉

歌意 東の国で昔あったことと今まで絶えず言い続けてきた葛飾の真間の手児奈が、麻の服に青い衿を付け、まじりけのない麻を裳に織り着て、髪さえとかさず、沓さえ履かずに歩いて行くけれど、錦や綾にくるまれて大切に育てられた子もこの娘の美しさにはかなうだろうか、いや、かなわない。満月のような豊かな顔つきで花のようにほほえんで立っていると、夏虫が火に飛び入るように、港に入ろうと船を漕ぐように、寄り集まって男たちが言い寄ってくるとき、人生ははかなくてどれほども生きていないだろうに、どういうつもりで我が身をすっかりわきまえきって、波の音の騒がしい港の墓所にあの娘は身を横たえているのか。遠い昔にあったことなのに、昨日見たかのように思われる。読解 真間の手児奈は、真間(千葉県市川市真間町)にいたとされる伝説上の美少女で、多くの男性たちから求婚されたが自ら死を選んだと伝えられる。ここでは、「身をたな知る」、すなわち我が身の運命を見すえたことによって死を選んだとされている。「鶏が鳴く」は枕詞。

251 **長からむ心も知らず黒髪の乱れて今朝はものをこそ思へ**【百】　待賢門院堀河〈千載・恋三〉

歌意 末長く変わらないという、あなたの心もはかりがたく、逢って別れた今朝は、黒髪が乱れるように心が乱れて、あれこれともの思いをすることだ。読解 後朝の黒髪の乱れに象徴される恋のもの思いを、情感ゆたかに詠んだ歌。「長から」「乱れ」は、ともに「黒髪」の縁語。

252 **ながらへばまたこのごろやしのばれむ憂しとみし世ぞ今は恋しき**【百】　藤原清輔〈新古今・雑下〉

歌意 もしこの先生きながらえたら、つらいと感じているこのごろもまた、懐かしく思い出されるのだろうか。つらいと思って過ごした昔の日々も、今では恋しく思われるのだから。読解 現在から過去を思い(下の句)、将来から過ぎ去った現在を仮想し(上の句)、時の流れの不可思議な力を思いながら、人生を述懐している。

253 **流れゆく我はみくづとなりはてぬ君しがらみとなりてとどめよ**　菅原道真〈大鏡・時平〉

歌意 配所へ流される私は、水中のごみになりはててしまった。我が君は柵となって、私をとどめてください。読解 大宰府に左遷されるときに、敬愛する宇多上皇に贈った歌。自身を「みくづ(水屑)」、上皇を流れをせきとめる「しがらみ(柵)」にたとえて、なんとか上皇の力で救ってほしいと訴えている。

254 **亡き人の来る夜と聞けど君もなしわが住む宿や魂なきの里**　和泉式部〈後拾遺・哀傷〉

歌意 今夜は亡くなった人の魂が来る夜だと聞いているけれど、あの人はいない。私の住む家は、魂のいない里なのか。読解「十二月の晦の夜」に詠んだ歌。この夜は死者の魂が帰って来るとして、魂祭りが行われる。その夜なのに恋人だった故帥宮敦道親王は姿を現さない。和歌としては特異な下の句に、愛する人を失った喪失感が痛ましくかたどられている。「魂なきの里」は作者の造語。その衝撃力の強さから、歌枕ともみなされた。家集では第四句は「わが住む里や」。

255 **泣く涙雨と降らなむ渡り川水まさりなば帰り来るがに**　小野篁〈古今・哀傷〉

歌意 私の泣く涙が雨になって降ってほしい。三途の川があふれてしまったら、川を渡れずにあの人が帰って来るから。読解 愛する人が亡くなったときの歌。涙を雨に見立てるのは珍しくないが、それで三途の川をあふれさせたいとするのは意表をつく発想である。

256 **嘆きつつひとり寝る夜の明くる間はいかに久しきものとかは知る**【百】　右大将道綱母〈拾遺・恋四〉

歌意 嘆き嘆きして、ひとりで寝る夜の明けるまでの時間がどんなに長いものか、あなたにわかるか、わかるはずもあるまい。読解 ひとり寝のたえがたい夜長の嘆きを訴えかけた歌。『蜻蛉日記』では、夫藤原兼家が別の女性のもとに通っていることを知った作者が、夫の訪れを知りながら門を開けず、朝方になってから贈った歌とある。「いかに〜かは知る」という強い語調からは、夫の不実に対する作者の精一杯の抵抗の姿勢を読みとることもできよう。

257 **嘆けとて月やはものを思はするかこち顔なるわが涙かな**【百】　西行〈千載・恋五〉

歌意 嘆けといって月が私にもの思いをさせるのか、いや、そうではない。それなのに月のせいだと言いがかりをつけるように、流れる私の涙であるよ。読解 月に相対していると、おのずとあふれてくる涙。その涙を「かこち顔なる」と巧みに擬人化しながら、落涙の原因を月のせいであるかのように、その罪を押しつけてみる。実はかなわぬ恋の嘆きゆえの涙なのである。

258 **鳴けや鳴けよもぎが杣のきりぎりす過ぎゆく秋はげにぞ悲しき**　曾禰好忠〈後拾遺・秋上〉

歌意 鳴けよ鳴け。よもぎが杣山のように生い茂っている中のこおろぎよ。過ぎゆく秋は本当に悲しいものだ。読解「杣」は「杣山(植林して、材木を切り出す山)」の略。「よもぎが杣」は、生い茂ったよもぎを杣山に見立てたもの。こおろぎからすれば、群生するよもぎが杣山に見えるであろう、というのである。

259 **なごの海の霞の間よりながむれば入る日をあらふ沖つ白波**　藤原実定〈新古今・春上〉

歌意 なごの海の霞の間から遠く見渡すと、今しも水平線に沈もうとする夕日を洗っているかのように見える沖の白波よ。読解「晩霞(夕暮れの霞)」という題を詠んだ歌。歌枕「なごの海」は、越中国・摂津国の両説がある。一幅の絵画を思わせるような作品。

260 **夏の野の繁みに咲ける姫百合の知らえぬ恋は苦しきものそ**　大伴坂上郎女〈万葉・八・一五〇〇〉

歌意 夏の野の茂みに咲いている姫百合が人に知られ

ないように、相手に知ってもらえない恋は切ないものだ。〔読解〕第三句までが序詞。茂みの中にひっそりと人知れず咲く姫百合の姿が、相手に知ってもらえない孤独な恋のありようを鮮明なものにしている。

261 **夏野行く牡鹿の角の束の間も妹が心を忘れて思へや**　柿本人麻呂〈万葉・四・五〇二〉
〔歌意〕夏の野を行く雄鹿の角の間が短いように、ほんの少しの間も妻の心を忘れようか。〔読解〕第二句までが序詞。むせかえるような夏の野を分け行く雄鹿の姿が、重苦しい恋の情感を鮮明に印象づけている。

262 **夏の夜の月待つほどの手すさみに岩もる清水いくむすびしつ**　藤原基俊〈金葉・夏〉
〔歌意〕夏の夜の月が出るのを待つ間の手なぐさみに、岩間から漏れ流れる清水を何度も手ですくったことだ。〔読解〕短夜の夏の月を待ちわびる心を詠んだ歌。岩間から漏れ流れる清水を表現することで、涼感も伝わってくる。

263 **夏の夜の臥すかとすればほととぎす鳴く一声に明くるしののめ**　紀貫之〈古今・夏〉
〔歌意〕横になったかと思うと、ほととぎすの鳴く一声で、明ける夏の夜の、その夜明け方よ。〔読解〕夏の夜の短さを詠んだ歌。「ほととぎす鳴く一声に明くる」という誇張が、その短さを鮮やかに印象づけている。

264 **夏の夜はまだ宵ながら明けぬるを雲のいづこに月やどるらむ**【百】　清原深養父〈古今・夏〉
〔歌意〕夏の夜は、まだ宵のままと思っているうちに明けてしまったので、いったい雲のどのあたりに月は宿をとっているのだろうか。〔読解〕夜が明けて見えなくなる月を惜しんで詠んだ歌。朝までの時間があっという間に過ぎてしまったという気持ちをこめる。「明けぬるを」を明けてしまったが、と逆接とする説もある。

265 **夏虫の身をいたづらになすこともひとつ思ひによりてなりけり**　読み人知らず〈古今・恋一〉
〔歌意〕夏虫が自ら灯火に飛びこんで身を滅ぼしてしまうことも、私と同じ思い、恋の思いの火によってなのだった。〔読解〕夏の夜、蛾などが自分から灯火に飛びこんで我が身を焼いてしまう。小動物の不可解な行動が、改めて自分の破滅的な恋を浮かびあがらせる。私は夏虫と同じだ、ではなく、夏虫が私と同じだと言うのだから、この恋に殉じようとするのだろう。「思ひ」の「ひ」と「火」が掛詞。

266 **夏山の青葉まじりの遅桜初花よりもめづらしきかな**　藤原盛房〈金葉・夏〉
〔歌意〕夏山の青葉にまじって咲いている遅咲きの桜の花は、春の初めに咲く花よりも清新であることだ。〔読解〕詞書に「余花の心」を詠んだとある。「余花」は、夏に咲き残った春の花。初夏の山の青葉の中に、人知れず咲く遅咲きの山桜を賞美した歌。

267 **七重八重花は咲けども山吹のみのひとつだになきぞあやしき**　兼明親王〈後拾遺・雑五〉
〔歌意〕七重八重と花は咲くけれども、山吹が実の一つさえないのは不思議なことだ。その山吹のように蓑の一つさえないことだ。〔読解〕雨の降った日、蓑を借りに来た人があった。そこで、山吹の枝を折って与えたが、翌日、その意味が分からないといってきたので返事に遣わした歌。「実の一つ」に「蓑一つ」を掛ける。

268 **名にし負はば逢坂山のさねかづら人に知られでくるよしもがな**【百】　藤原定方〈後撰・恋三〉
〔歌意〕逢って共寝をするという名をもっているならば、その逢坂山のさねかづらがたぐれば来るように、だれにも知られずにあなたを連れ出す手立てがほしい。〔読解〕さねかづらをたぐり寄せるように忍んで逢いたい恋情を詠んだ歌。「逢坂山」の「あふ」と「逢ふ」、「さねかづら」の「さね」と「さ寝(共寝)」、「繰る」と「来る」が掛詞。

269 **名にし負はばいざ言問はむ都鳥わが思ふ人はありやなしやと**　在原業平〈古今・羇旅〉
〔歌意〕都という名をもっているならば、さあ尋ねよう、都鳥よ、私の愛する人は無事でいるかどうかと。〔読解〕詞書には、東国への旅の途中、隅田川を渡るときに、都では見かけない鳥の名を都鳥と教えられて詠んだ、とある。都鳥という言葉を聞いて一気にわきおこった都への郷愁を、都鳥に呼びかける形で詠む。『伊勢物語』九段(東下りの段)にも載る。

270 **難波江の葦のかりねのひとよゆゑみをつくしてや恋ひわたるべき**【百】　皇嘉門院別当〈千載・恋三〉
〔歌意〕難波の入り江の葦の刈り根の一節ではないが、ただ一夜の仮寝のために、あの澪標のように身を尽くして恋い続けなければならないのだろうか。〔読解〕題は「旅宿に逢ふ恋」。旅の宿での人と人との運命的な出逢いを念頭において、はかない恋心を詠んだ歌。「葦」「刈り根」「一節」「澪標」は「難波江」の縁語。「難波江の葦の」までが序詞。「刈り根」と「仮寝」、「一節」と「一夜」、水路の目印の「澪標」と「身を尽くし」は、それぞれ掛詞。

271 **難波潟みじかき葦のふしの間も逢はでこの世を過ぐしてよとや**【百】　伊勢〈新古今・恋一〉
〔歌意〕難波潟の葦の、その短い節と節の間のような、ほんのわずかな間も逢わないまま、私にこの世を終えてしまえとあなたは言うのだろうか。〔読解〕わずかな逢瀬も許されない恋への絶望感を詠んだ歌。第三句までが、葦の節と節の間の短さを時間の短さに転換する序詞。

272 **難波津に咲くや木の花冬ごもり今は春べと咲くや木の花**　王仁〈古今・仮名序〉
〔歌意〕難波津に咲いている木の花よ。春が来たと咲いている木の花よ。〔読解〕『古今和歌集』仮名序では、暗喩の歌の例として載り、のちの仁徳天皇とその弟宮とが互いに皇太子の位を譲りあったとき、王仁がこの歌を詠んで仁徳天皇に即位を勧めたとする。17とともに手習いで最初に習う歌とされている。「木の花」は梅。「この花」とする説もある。「冬ごもり」は「春」の枕詞。

273 **なほ頼め梅の立ち枝はちぎりおかぬ思ひのほかの人もとふなり**　〈更級〉
〔歌意〕やはり頼りにして待っていなさい。梅の立ち枝が美しい花をつけるころには、約束もしていない思いもかけない人が訪れてくるというのだから。**読解**211への返歌。「なり」は伝聞。「わが宿の梅の立ち枝や見えつらむ思ひのほかに君が来ませる」〈拾遺・春〉をふまえる。

274
波の上に映る夕日の影はあれど遠つ小島は色暮れにけり　京極為兼〈玉葉集・雑三〉
歌意波の上に映る夕日の光はまだ残っているけれど、遠くの小島はもう暮色に包まれてしまったのだった。**読解**「海路眺望を」という題を詠んだ歌。夕日をきらきらと反射している海面と夕闇に包まれている沖合いの小島。その光と影の対照を鮮やかに描写した。

275
熟田津に舟乗りせむと月待てば潮もかなひぬ今は漕ぎ出でな　額田王〈万葉・一・八〉
歌意熟田津で舟出をしようと月の出るのを待っていると、月も出てきて潮も満ちてきた。さあ漕ぎ出そう。**読解**新羅遠征の際、熟田津（愛媛県松山市）に停泊したときに詠まれた歌とされる。船出に際して気迫のこもった歌である。

276
庭の面はまだかはかぬに夕立の空さりげなく澄める月かな　源頼政〈新古今・夏〉
歌意庭の表面はまだ乾いていないのに、夕立の降っていた空はその様子もなく、何事もなかったかのように澄んだ月が出ていることだ。**読解**詞書に「夏の月を詠める」とある。夕立直後のさわやかな景を詠んだ歌。「さりげなく」は「空さりげなく」と「さりげなく澄める月かな」の上下にかかる。

277
新治　筑波を過ぎて　幾夜か寝つる　倭建命
かがなべて　夜には九夜　日には十日を　御火焼の老人〈記・中・景行〉
歌意（命）新治や筑波の地を過ぎてから、幾夜寝たか。（老人）日に日を重ねて、夜なら九日、昼なら十日になる。**読解**倭建命が東征の帰りに、御火焼の老人と交わした歌。「御火焼」は警護のためのかがり火をたくこと。五・七・七の片歌を繰り返す形式になっている。後世、連歌の起源とされた。連歌を「筑波の道」と呼ぶのはこの歌に由来する。

278
鳰の海や月の光のうつろへば波の花にも秋は見えけり　藤原家隆〈新古今・秋上〉
歌意鳰の海よ。その湖面に月の光が映ると、四季の区別のない花のような波頭にも秋の兆しが見えるのだった。**読解**「鳰の海」は琵琶湖のこと。「草も木も色かはれどもわたつうみの波の花にぞ秋なかりける」〈古今・秋下〉を本歌とする本歌取りの歌。本歌に異を唱えた形で詠んでいる。

279
ぬばたまの夜のふけゆけば久木生ふる清き川原に千鳥しば鳴く　山部赤人〈万葉・六・九二五〉
歌意夜がふけていくと、久木の生えている清い川原に千鳥がしきりと鳴いている。**読解**350に続く反歌の第二首目。350が早朝の山の風景であったのに対して、夜の吉野川を詠む。千鳥の声が夜の静寂を際立たせるとともに、闇の中に吉野川の清らかな川原を浮かびあがらせている。「ぬばたまの」は枕詞。

280
願はくは花のしたにて春死なむそのきさらぎの望月のころ　西行〈山家集・上〉
歌意願うことには花の下で春に死にたい。釈迦の入滅されたというあの二月十五日の満月のころに。**読解**満月の光に照らし出された花の下での死を希求するという思いは、一種耽美的でさえある。そして、その思いどおり、西行は文治六年（一一九〇）如月十六日にこの世を去った。

281
野とならば鶉と鳴きて年は経むかりにだにやは君は来ざらむ　読み人知らず〈古今・雑下〉
歌意ここが野原になったら鶉になって鳴いていよう。あなたはせめて鶉を狩りにだけでも、かりそめにも来るだろう。**読解**離別したいという男性の歌に対する女性の返歌。申し出を素直に受け取り、それならば自分は狩りの獲物である鶉に身を変えて、命を犠牲にしても逢いたいと詠む。『伊勢物語』一二三段にも載る。

282
箱根路をわが越え来れば伊豆の海や沖の小島に波の寄る見ゆ　源実朝〈金槐集・下〉
歌意箱根の山路を越えてくると、にわかに伊豆の海がひらけ、その沖の小島に波のうち寄せるのが見える。**読解**雄大な眺望の叙景歌。伊豆権現・箱根権現へ参詣する、二所詣での旅中に詠まれた作とされる。

283
はしたての　倉椅山を　嶮しみと　岩かきかねて　わが手取らすも　速総別王〈記・下・仁徳〉
歌意倉椅山は険しいので、岩につかまることもできず、私の手をお取りなさるよ。**読解**女鳥王という皇女がいた。仁徳天皇が異母弟の速総別を使者に立てて求婚するが、女鳥は速総別を選ぶ。仁徳は反逆罪として二人を殺そうとし、二人は倉椅山を越えて逃げようとする。その逃避行でうたわれた二首のうちの一首。『肥前国風土記』に「霰降る　杵島が岳を　嶮しみと　草採りかねて　妹が手を執る」という歌垣の歌謡があり、それを改作して物語の中に組みこんだものか。自分につかまろうとする動作を「取らす」と尊敬表現でいうところにも、女鳥を大切に思う心が感じられる。「はしたての」は枕詞。

284
蓮葉の濁りに染まぬ心もてなにかは露を玉とあざむく　僧正遍昭〈古今・夏〉
歌意蓮の葉は、泥水の中にありながら濁りに染まらない清い心をもっているのに、どうして葉の上の露を真珠だといって人を欺くのか。**読解**露を真珠に見立て、法華経涌出品の「世間の法に染まらざること、蓮華の水にあるがごとし」をふまえて詠んだ歌。露が真珠のように美しいのは蓮が人を欺いているからだ、とする。

285
初雁のはつかに声を聞きしより中空にのみものを思ふかな　凡河内躬恒〈古今・恋一〉
歌意初雁のはつではないが、わずかにあの人の声を聞いたときから、うわの空で、もの思いにふけってばかりいる。**読解**憧れの女性の声を聞いてからというもの、心を奪われて身動きがとれなくなったというのである。「初雁の」は枕詞。「初雁」と「中空」は縁語。

286
花さそふ嵐の庭の雪ならでふりゆくものはわが身なりけり【百】　藤原公経〈新勅撰・雑一〉
歌意花を誘って散らす嵐の吹く庭は、雪のように花が降りくるが、真に古りゆくものは、実は雪ではなく、この我が身なのだった。読解 風に散りゆく桜の花を目の前にして、自らの老いを実感し、それを嘆く心を詠んだ歌。花・嵐を擬人化、さらに落花を雪に見立てている。「ふりゆく」は「降りゆく」と「古りゆく（年老いてゆく）」の掛詞。

287 **花さそふ比良の山風吹きにけりこぎ行く舟の跡見ゆるまで** 宮内卿〈新古今・春下〉

歌意 桜の花を誘うように吹いて散らす比良の山風が吹いてしまったのだった。湖上を漕いで行く舟の航跡が見えるほどに花びらが浮かんでいる。読解 花と風とを擬人化し「花さそふ…」と詠んでいる。比良は琵琶湖の西岸を南北に連なる連山。「世の中を何にたとへむ朝ぼらけ漕ぎ行く舟の跡の白波」（➡413）を本歌とする本歌取りの歌。

288 **花の色はうつりにけりないたづらにわが身世にふるながめせしまに**【百】 小野小町〈古今・春下〉

歌意 桜の花はむなしく色あせてしまった。春の長雨が降っていた間に。私の容姿もすっかり衰えてしまった。生きていることのもの思いをしていた間に。読解「降る」と「経る」、「長雨」と「眺め」が掛詞。長雨のために散る前に色あせてしまった桜と、もの思いにふけっている間に盛りを過ぎてしまった我が身とが重ねられている。

289 **春霞立つを見捨てて行く雁は花なき里に住みやならへる** 伊勢〈古今・春上〉

歌意 春霞が立つのを見捨てて帰っていく雁は、花のない里に住み慣れているのか。読解 詞書に「帰る雁を詠める」とある。「帰る雁」は、春の到来とともに北へ帰る雁のこと。その雁を擬人化して「花なき里」の住人とすることで、春を明るく迎えることのできない人の、暗い悲しみを詠んでいる。

290 **春来てぞ人もとひける山里は花こそ宿のあるじなりけれ** 藤原公任〈拾遺・雑春〉

歌意 春が来て、ようやく人が訪れて来た。この山里は、私ではなく、この花こそが宿の主人だったのだ。読解 詞書に「北白河の山庄に花のおもしろく咲きてはべりけるを見に人々まうで来たりければ」とある。北白河には作者の山荘があった。主人よりも花を目的に訪ねてきた人を風刺して詠んだもの。

291 **春雨の降るは涙か桜花散るを惜しまぬ人しなければ** 大伴黒主〈古今・春下〉

歌意 春雨が降るのは涙なのか、桜の花の散るのを惜しまない人はいないのだから。読解 春雨を、花の散るのを惜しんで泣く人の涙とみなして詠んだ歌。

292 **春過ぎて夏来にけらし白妙の衣ほすてふ天の香具山**【百】 持統天皇〈新古今・夏〉

歌意 春が過ぎて夏が来てしまったらしい。夏になると真っ白な衣を干すという天の香具山なのだから。読解 夏になると香具山には衣が干されたらしい。山の緑と布の白さの鮮やかな配色によって夏の到来が示されている。「白妙の」は枕詞。『万葉集』では「春過ぎて夏来るらし白妙の衣ほしたり天の香具山」（一・二八）。

293 **春の園紅にほふ桃の花下照る道に出で立つ娘子** 大伴家持〈万葉・一九・四一三九〉

歌意 春の園は紅に輝いている。桃の花が下を明るく照らす道に出て立っているおとめよ。読解 桃は李とともに中国から渡来した花。唐代の美人画「樹下美人」の構図によっているともみられている。中国風の異国情趣の漂う絵画のような歌である。

294 **春の野に霞たなびきうら悲しこの夕影に鶯鳴くも** 大伴家持〈万葉・一九・四二九〇〉

歌意 春の野に霞がたなびいて、なんとなく悲しい。この夕暮れの薄明かりの中で、鶯が鳴いているよ。読解 眼前では、薄暮の中に春野が朦朧と霞んでいて、わけもなく悲しくなってきたところに、鶯の声が悲しみをさらに深めるかのように鳴く、というのである。もともと喜ばしいはずの春の季節なのに、どことなく愁わしい。家持に独自な春愁の歌である。

295 **春の野にすみれ摘みにと来し我ぞ野をなつかしみ一夜寝にける** 山部赤人〈万葉・八・一四二四〉

歌意 春の野にすみれを摘もうと来た私は、野から離れがたく思ったので一晩寝てしまった。読解 春の野遊びの歌。

296 **春の夜の闇はあやなし梅の花色こそ見えね香やは隠るる** 凡河内躬恒〈古今・春上〉

歌意 春の夜の闇はわけがわからない。梅の花の色は見えないけれど、香は隠れるか、隠れはしない。読解 夜の闇の中に梅の香の漂ってくるのを詠んだ歌。香によって梅の花の存在を際立てている。「やは」は反語。

297 **春の夜の夢の浮き橋とだえして峰に別るる横雲の空** 藤原定家〈新古今・春上〉

歌意 春の夜の夢がふっととぎれて、折しも横にたなびく雲が峰から別れてゆく空の景色であることよ。読解 春の夜のはかない夢から覚め、まだ覚醒しきらない折の夢幻の境地を詠んだ歌。「夢の浮き橋」の「浮き橋」は、筏や舟を水上に浮かべ、その上に板を渡して作った橋で、その頼りなさから、はかない夢の意。

298 **春の夜の夢ばかりなる手枕にかひなく立たむ名こそ惜しけれ**【百】 周防内侍〈千載・雑上〉

歌意 短い春の夜ほどの、はかないたわむれの手枕のために、何のかいもない浮き名が立ったら、なんとも口惜しいことだ。読解 陰暦二月ごろの月の明るい夜、二条院で人々が夜通し物語などしていた折、作者が「枕が欲しいものです」と言ったところ、藤原忠家が御簾の下から自分の腕を差し入れて「これを枕に」と言ってきたので詠んだ、という。「かひなく」の「かひな」に「腕」を掛ける。

299 **春はただ花のひとへに咲くばかりもののあはれは秋ぞまされる** 読み人知らず〈拾遺・雑下〉

歌意 春は単に花がもっぱら咲くだけのものだ。季節の情趣は、秋のほうがまさっている。読解 古来春と秋の優劣は好んで論じられてきた。作者は、視覚的な美意識だけに限らない微妙な味わいを秋に見いだしている。

300 **ひさかたの天の香具山この夕へ霞たなびく春立つらしも** 柿本朝臣人麿歌集〈万葉・一〇・一八一二〉

歌意 天の香具山に、今日この夕方は、霞がたなびいている。春になるらしい。読解「ひさかたの」は枕詞。「らし」は、確信をこめて推量する意。春の到来を告げる歌である。

301 **ひさかたの月の桂も秋はなほ紅葉すればや照りまさるらむ**　壬生忠岑〈古今・秋上〉
歌意 月に生えている桂の木も、やはり秋になると紅葉するので、月の輝きが増しているのだろうか。読解 秋の月が、他の季節に比べて際立って美しく照り輝くのを詠んだ歌。月には大きな桂の木が生えているという中国の伝説をふまえ、月の輝きが増したのは、その木が色づいたからだろうと推量している。「ひさかたの」は枕詞。

302 **ひさかたの光のどけき春の日に静心なく花の散るらむ**【百】　紀友則〈古今・春下〉
歌意 日の光がのどかにさしている春の日に、落ちついた心がないので桜の花が散っているのであろう。読解 桜を擬人化し、桜が気ぜわしく散らねばならない、その真意を想像する歌となっている。爛漫の春の落花のはかない美を詠んでいる。従来「など(などか)」などの疑問語を補って、どうして散っているのだろう、と訳すことも多く、また、花が散るのは静心がないからだろうか、のように解する説もある。「ひさかたの」は枕詞。

303 **人買ひ船は沖を漕ぐ　とても売らるる身をただ静かに漕げよ　船頭殿**　〈閑吟集・一三一〉
歌意 人買い舟は沖を漕いで行く。どうせ売られるこの身だもの、ただ静かに漕いでおくれ、船頭さん。読解 室町時代の歌謡。当時、人身売買は固く禁じられてはいたが、人目につかない形でよく行われていた。中世、琵琶湖には人買い舟が横行していたらしいが、この歌も『閑吟集』の配列から推定すると琵琶湖の風景であろう。

304 **人住まぬ不破の関屋の板びさし荒れにしのちはただ秋の風**　藤原良経〈新古今・雑中〉
歌意 もう関守も住んでいない不破の関の、番小屋の板びさしがすっかり荒れてしまった後には、ただ秋の風が吹きすぎるばかりである。読解「関路の秋風」という題を詠んだ歌。不破の関は今の岐阜県不破郡関ケ原町付近に置かれた関所で、平安時代初頭には廃されていた。その荒涼とした風景の焦点は「板びさし」へと絞りこまれ、さらに秋風の吹く情景が加えられることで、寂寥と感傷とが極まっている。

305 **一年にひとたび来ます君待てば宿かす人もあらじとぞ思ふ**　紀有常〈古今・羇旅〉
歌意 織姫は一年に一度いらっしゃる君を待っているので、宿を貸す人はほかにはいないだろうと思う。読解 七夕伝説をふまえて詠んだ在原業平(→131)の返歌として、惟喬親王に代わって詠んだ歌。「君」は牽牛。『伊勢物語』八二段にも載る。

306 **人の親の心は闇にあらねども子を思ふ道に惑ひぬるかな**　藤原兼輔〈後撰・雑一〉
歌意 子どもを持つ親の心は闇のように分別がないわけではないが、我が子を思うことになると理性を失ってどうすればよいのかわからなくなってしまうことだ。読解 子に対する親の愛情がしみじみと感得できる歌。『大和物語』四五段にもみえ、それによると、娘の入内の折に、作者が帝に奉った歌とされる。

307 **人はいさ心も知らずふるさとは花ぞ昔の香ににほひける**【百】　紀貫之〈古今・春上〉
歌意 あなたは、さあどうだろう、人の気持ちは私にはわからない。昔なじみの土地では、梅の花だけが昔と同じ香りでにおうのだったよ。読解 貫之が久方ぶりに大和国の長谷寺に参詣したとき、常宿としていた宿の主人が、疎遠の恨み言を言ったのに応じた歌。人の心の移ろいやすさを毎年咲き香る梅の花に対照させて詠んでいる。

308 **人も惜し人も恨めしあぢきなく世を思ふゆゑにもの思ふ身は**【百】　後鳥羽院〈続後撰・雑中〉
歌意 人がいとおしくも、また人が恨めしくも思われる。おもしろくないものとこの世を思うところから、あれこれともの思いをするこの私には。読解 政を掌握しなければならない位置にありながらも、思うにまかせない帝王の、心のゆらぎを読みとることのできる一首。承久の乱のほぼ九年前の作。鎌倉幕府との関係を、院はすでに憂慮していたのかもしれない。

309 **東の野にかぎろひの立つ見えてかへり見すれば月かたぶきぬ**　柿本人麻呂〈万葉・一・四八〉
歌意 東の山裾に曙光がさすのが見えて、振り返って見ると、月が西に傾いてしまっていた。読解 軽皇子(のちの文武天皇)が安騎野(奈良県宇陀郡大宇陀町一帯)に遊猟したときに詠んだ長歌の反歌の第三首目。東の空に曙光、西にはまだ空に残る月をとらえたスケールの大きな歌である。

310 **深草の野辺の桜し心あらば今年ばかりは墨染めに咲け**　上野岑雄〈古今・哀傷〉
歌意 深草の野辺の桜よ、もしも人間と同じ心があるならば、今年だけは墨染め色に咲け。読解 藤原基経が亡くなって、深草の地に埋葬したときの歌。墨染め色は喪服の墨色のこと。華やぐ春の季節の中で、亡き人への悲しみを詠んだ。

311 **吹く風をなこその関と思へども道も狭に散る山桜かな**　源義家〈千載・春下〉
歌意 吹く風に対して、「来るな」という名のこの勿来の関には、吹くなと思うのだが、道も狭くなるほど散る山桜であることだ。読解 詞書によれば、作者が陸奥国に赴いた折、勿来の関で落花を詠んだ歌。勿来の関は今の福島県いわき市に置かれた関所で、陸奥の歌枕。白河・念珠とともに奥州三関の一つ。「な来そ(来るな)」を掛ける。

312 **吹くからに秋の草木のしをるればむべ山風を嵐といふらむ**【百】　文屋康秀〈古今・秋下〉
歌意 吹くやいなや秋の草木がしおれるので、なるほど山風を嵐というのであろう。読解「山風」という漢字二字を一つに合わせると「嵐」という漢字になる、とする漢字遊びに基づいた歌。「嵐」と「荒し」が掛詞。

313 **冬枯れの野辺と我が身を思ひせばもえても春を待たましものを**　伊勢〈古今・恋五〉

［歌意］もしも、冬枯れの野であると我が身を思ったならば、燃えても草の萌えて芽の出る春を待つだろうに。［読解］「〜せば〜まし」は反実仮想の構文。実際は我が身は冬枯れの野ではないので、もう私の人生には春が訪れることはないだろう、というのである。「思ひ」の「ひ」と「火」、「燃え」と「萌え」は掛詞。「火」と「燃ゆ」が縁語。

314 **冬ごもり　春さり来れば　鳴かざりし　鳥も来鳴きぬ　咲かざりし　花も咲けれど　山をしみ　入りても取らず　草深み　取りても見ず　秋山の　木の葉を見ては　黄葉をば　取りてそしのふ　青きをば　置きてそ嘆く　そこし恨めし　秋山そ我は**　額田王〈万葉・一・一六〉

［歌意］春がやって来ると、鳴かなかった鳥も来て鳴く。咲かなかった花も咲いているが、山が茂っているので入って取りもせず、草が深いので手に取って見ることもしない。秋山の木の葉を見ては、黄葉を手に取って賞美する。青いものはそのまま置いて嘆く。そこだけが残念だ。秋山を選ぶ、私は。［読解］天智天皇が藤原鎌足に命じて「春山万花の艶と秋山千葉の彩」とを競わせたときに、作者が判定したという歌。題詞に「歌をもちて」とあるのは、男子官人たちが漢詩を競作したのに対して和歌で、ということだろう。春秋の長所・短所をくるくると展開させて聞き手を翻弄し、秋の短所をあげた直後に突如「秋そ」と判定する巧みさ。春秋くらべという題材を含め、近江朝時代の文化的雰囲気をも伝える。「冬ごもり」は枕詞。

315 **冬ながら空より花の散り来るは雲のあなたは春にやあるらむ**　清原深養父〈古今・冬〉

［歌意］冬でありながら空から花が散ってくるのは、雲の向こうはもう春なのであろうか。［読解］降る雪を落花に見立てる。雪を降らせる鉛色の雪雲の向こう側に春の到来を想像している歌。

316 **冬の来て山もあらはに木の葉ふり残る松さへ嶺にさびしき**　祝部成茂〈新古今・冬〉

［歌意］冬が来て山も丸見えになってしまうほど木の葉が散り、落葉せずに残っている松までもが峰に寂しそうに立っていることだ。［読解］冬山の寂しさを詠んだ歌。下の句は陶淵明の詩「四時」の「冬嶺孤松を秀づ」によっているとみられる。

317 **振り放けて三日月見れば一目見し人の眉引き思ほゆるかも**　大伴家持〈万葉・六・九九四〉

［歌意］遠くの空を振り仰いで三日月を見ると、一目見たあの人の眉が思い起こされる。［読解］夜空に浮かぶ三日月から、ふとかいま見た女性の細くかいた眉を連想した歌。家持が十六歳ごろの作である。

318 **古畑のそばの立つ木にゐる鳩の友呼ぶ声のすごき夕暮れ**　西行〈新古今・雑中〉

［歌意］荒れた畑の山の切り立った斜面に生えている木にとまっている鳩の友を呼ぶ声が、ぞっとするほど寂しいこの夕暮れよ。［読解］「古畑」は、耕作されることなく長く放置された畑。「すごし」は、ぞっとする感じ、寂しい感じを表す語で、和歌に用いられることはまれである。

319 **仏は常にいませども　現ならぬぞあはれなる　人の音せぬ暁に　ほのかに夢に見えたまふ**　〈梁塵秘抄・法文歌〉

［歌意］仏は常にいらっしゃるけれども、現実の世界にお姿を現さないのがしみじみと感慨深く思われる。人々が寝静まって物音のしない暁に、ぼんやりとそのお姿を夢に現しなさる。［読解］今様形式の歌謡。仏の常住不滅、すなわち、仏の生命は無限であり永遠の生命であるという仏教の教えが、和語の駆使と今様の調べによってしみじみとやさしく歌われている。

320 **ほととぎす自由自在にきく里は酒屋へ三里豆腐屋へ二里**　頭光〈万代狂歌集・三〉

［歌意］ほととぎすの声を思う存分聞ける里というのは、町中ではなく、酒屋へ三里、豆腐屋へ二里もある不便で辺鄙な所だ。［読解］ほととぎすは、夏の到来を知らせる伝統的な景物。自然の風流を楽しむことと実生活の両立のままならないことを詠んだ狂歌。

321 **ほととぎす鳴きつる方をながむればただ有明けの月ぞ残れる【百】**　藤原実定〈千載・夏〉

［歌意］ほととぎすが鳴いたほうを眺めると、そこにはただ有明けの月が残っているだけである。［読解］「暁に郭公を聞く」という題を詠んだ歌。「ほととぎす」と「有り明けの月」を取りあわせて詠むという発想はまれではないが、「ながむれば」を境にして上二句の聴覚から下二句の視覚へとなめらかに転じている。

322 **ほととぎす鳴くや五月のあやめ草あやめも知らぬ恋もするかな**　読み人知らず〈古今・恋一〉

［歌意］ほととぎすの鳴く五月のあやめ草ではないが、物事の道理もわからない、理性を失った恋をしていることだ。［読解］第三句までが、あやめ草（菖蒲）と物事の道理の意の「文目」を同音で反復させた序詞。陰暦五月のうっとうしい天候が、どうにもならない恋に悶々とする心を印象づけている。

323 **ほのぼのと明石の浦の朝霧に島がくれ行く船をしぞ思ふ**　読み人知らず〈古今・羇旅〉

［歌意］ほのぼのと明るくなる明石の浦の朝霧の中で、島の向こうに隠れて見えなくなる船をしみじみ思う。［読解］旅にある者の、もの寂しい心を表した歌。枕詞「ほのぼのと」が、そのまま夜明けの海辺の情景になっている。「あかし」は地名「明石」と「明かし」を掛ける。

324 **ほのぼのと有り明けの月の月影に紅葉吹きおろす山おろしの風**　源信明〈新古今・冬〉

［歌意］ほんのりと明るい有り明けの月の光のもとで、紅葉の葉を吹きおろす山おろしの風よ。［読解］初冬の景を詠んだ歌。家集の詞書から屏風歌であることが知られる。第二、四、五句は字余り。同語反復の技巧が用いられている。

325 **ほのぼのと春こそ空に来にけらし天の香具山霞たなびく**　後鳥羽院〈新古今・春上〉

［歌意］ほんのりと春はまず空にやってきたらしい。天の香具山に霞がたなびいている。［読解］詞書に「春の初めの歌」とある。「ひさかたの天の香具山この夕べ霞たなびく春立つらしも」(→300)を本歌とする本歌取りの歌。香具山は大和三山の一つ。春の兆しが、まず

空に現れたことを詠んだ。

326 **巻向の山辺とよみて行く水の水沫のごとし世の人我は**

柿本朝臣人麿歌集〈万葉・七・一二六九〉

歌意 巻向山の山辺に響きわたって流れていく水の泡のようだ。この世に生きている人である私は。読解 響きわたる川音から、流れの中の水泡を想像して、我が身のはかない存在を自覚している。巻向山は今の奈良県桜井市にある山。

327 **ますらをの弓末振り起こし射つる矢をのち見む人は語り継ぐがね**

笠金村〈万葉・三・三六四〉

歌意 りっぱな男子が弓の上端を振り立てて射た矢を、後に見る人は、語り伝えてほしい。読解「ますらを」は金村自身をさす。山越えで矢を射て神に捧げて自身の武運を祈り、旅の無事を願う歌。第二句を「弓末振り起こせ」と訓んで「弓末をしっかり振り起こして射よ」と解する説もある。

328 **まだ知らぬ人もありける東路に我も行きてぞ住むべかりける**

藤原実頼〈後撰・哀傷〉

歌意 私の子の死をまだ知らない人も東国にはいたのだった。私もそんな東国に行って住めばよかったのだった。読解 息子を失った父親の思いが切々と表現されている。作者の長男敦敏が死んだことをまだ聞き知らずに、東国から敦敏のために馬が送られてきたので詠んだことが、詞書から知られる。

329 **またや見む交野のみ野の桜がり花の雪散る春のあけぼの**

藤原俊成〈新古今・春下〉

歌意 再び見ることがあろうか、いや、もうあるまい。交野のご料地での桜狩り、花が雪のように散る春のあけぼののこの美しい景色よ。読解『伊勢物語』八二段、在原業平や惟喬親王の交野での桜狩り(桜の花をたずね歩くこと)の場面を下敷きにして詠んだ歌。舞い散る花の美しさに心を動かされつつ、老いの身を意識して時の流れを愛惜している。

330 **待つ宵にふけゆく鐘の声聞けばあかぬ別れの鳥はものかは**

小侍従〈新古今・恋三〉

歌意 恋人が来るのを待つ宵に夜の更けてゆくことを知らせる鐘の音を聞くときの切なさに比べると、まだ別れたくないのに別れをうながす夜明けの鶏の声を聞くつらさなどは、ものの数であろうか、いや、ものの数ではない。読解『平家物語』巻五「月見」によると、恋の情趣の優劣について尋ねられた際に答えて詠んだ歌。この歌により、作者に「待つ宵の小侍従」という異名がつけられたという。

331 **まどちかき竹の葉すさぶ風の音にいとど短きうたたねの夢**

式子内親王〈新古今・夏〉

歌意 窓近くの竹の葉をもてあそぶように吹く風の音にふと目を覚まされて、ただでさえ短い夏の夜のうたた寝の夢のいっそう短いことよ。読解『和漢朗詠集』に載る白居易の詩句「風の竹に生る夜は窓の間に臥し 月の松を照らす時は台の上に行く」〈上・夏夜〉をふまえた歌。一人住みの女性のしっとりとした情感が詠まれている。

332 **舞へ舞へかたつぶり 舞はぬものならば 馬の子や牛の子に蹴ゑさせてん 踏み破らせてん まことにうつくしく舞うたらば 華の園まで遊ばせん**

〈梁塵秘抄・四句神歌〉

歌意 舞え舞えかたつむりよ。舞わないのならば、馬の子や牛の子に蹴らせてしまおう。踏み割らせてしまおう。ほんとうにかわいらしく舞ったら、花園にまで遊ばせよう。読解 今様形式の歌謡。「舞へ」は、ここでは、角を出せ、の意。童謡のような心暖まる世界。

333 **真帆引きてよせくる舟に月照れり楽しくぞあらむその舟人は**

田安宗武〈悠然院様御詠草〉

歌意 帆をいっぱいに広げてこちらに近づいて来る舟に月が美しく照っている。楽しいことであろう、その舟に乗る人たちは。読解 大景を詠んだ、明るくすがすがしい歌。七月、隅田川河口の江戸佃島で詠んだ。

334 **みかきもり衛士のたく火の夜は燃え昼は消えつつものをこそ思へ**【百】

大中臣能宣〈詞花・恋上〉

歌意 宮中の諸門を警護する衛士のたく火が、夜は燃えて昼は消えているように、私も夜は恋の炎に身を焦がしては昼は消え入るように沈みこむことを繰り返すばかりで、もの思いに悩むほかはないのだ。読解 夜は炎と燃えあがり、昼は意気消沈する恋のもの思いの苦しみを詠んだ恋歌。第二句までが序詞。

335 **みかの原わきて流るる泉川いつ見きとてか恋しかるらむ**【百】

藤原兼輔〈新古今・恋一〉

歌意 みかの原を二分して、湧き出てくるように流れる泉川ではないが、いったいいつ逢ったというので、こうも恋しいのだろう。読解 序詞である上の句では泉川(今の木津川)の景観が描かれ、それが下の句では尽きることなく湧き出てくる恋の憧れへと転じる。「分き」に「湧き」を掛け、「湧き」は「泉」の縁語。

336 **み熊野の浦の浜木綿百重なす心は思へどただに逢はぬかも**

柿本人麻呂〈万葉・四・四九六〉

歌意 熊野の浦の浜木綿が幾重にも重なるように、幾重にも心では思うが、じかには逢えないことだ。読解 浜辺に数多く重なっている浜木綿。風景を詠み込んだ第二句までの序詞が、切ない恋の心情を鮮明なものとしている。

337 **見し人の松の千歳に見ましかば遠く悲しき別れせましや**

〈土佐〉

歌意 生きていたころ見ていた娘が、松のように千年も見ていられるのだったら、遠い土佐で悲しい別れをしただろうか。読解 帰京後、荒れ果てた庭で小松を見たときに、土佐で亡くした女児を偲んで詠んだ歌。松は長寿の象徴。『土佐日記』の最終歌。

338 **見せばやな雄島のあまの袖だにもぬれにぞぬれし色はかはらず**【百】

殷富門院大輔〈千載・恋四〉

歌意 血の涙で変わってしまった私の袖をお見せしたいもの。松島の雄島の漁師の袖でさえ、波に洗われてぬれにぬれてしまった。色は変わらないのに。読解 源重之の「松島や雄島の磯にあさりせしあまの袖こそかくはぬれしか」〈後拾遺・恋四〉を本歌とする本歌取りの歌。重之の歌を受けて、重之の袖は涙にぬれただけだが、私の袖はぬれた上に色まで変わってしまった、と詠んだ。

339 **みぞれ降り夜のふけゆけば有馬山いで湯の室に人の音もせぬ**　上田秋成〈藤簍冊子・二〉
〔歌意〕みぞれが降り夜が更けてゆくと、有馬山の温泉の浴室には、人のいるような物音もしない。〔読解〕今の神戸市、六甲山の北に位置する有馬温泉に湯治に行った折に詠んだ歌。人けのない夜更けの湯治場の静けさが感得されている。

340 **陸奥のしのぶもぢずり誰ゆゑに乱れそめにしわれならなくに**【百】　源融〈古今・恋四〉
〔歌意〕陸奥のしのぶもじずりの乱れ模様のように、だれのせいで乱れはじめてしまったのか、私のせいではないのに。ほかならぬあなたのせいなのだ。〔読解〕「もぢずり」は乱れ模様に染めた衣のことで、ここまでが序詞。その乱れ模様に託して、恋に動揺する自らの心を詠んでいる。『伊勢物語』初段にも載る。

341 **陸奥はいづくはあれど塩釜の浦漕ぐ舟の綱手かなしも**　東歌〈古今・東歌〉
〔歌意〕陸奥はどこもそうだが、塩釜の浦を漕ぐ舟を引き綱で引いている光景が、とりわけしみじみと感じられることだ。〔読解〕東国地方の歌謡から『古今和歌集』に収められた一首。塩釜の浦は今の宮城県松島湾に面する一帯。平安時代、左大臣源融が自邸河原院の庭にその景を写したことでも有名。この一首以来、「かなし」を連想させる歌枕となる。

342 **道の辺に清水流るる柳かげしばしとてこそ立ちどまりつれ**　西行〈新古今・夏〉
〔歌意〕道のほとりに清水が流れている柳の木陰、ほんのしばらくの間と思って立ちどまったのに。―涼しさについ時を過ごしてしまった。〔読解〕暑い夏の日盛りと木陰の涼しさ、その涼しさに思わず長居をしてしまった時の経過が眼目となっている歌。

343 **水鳥を水の上とやよそに見むわれもうきたる世をすぐしつつ**　紫式部〈千載・冬〉
〔歌意〕水鳥を、あれは水の上で漂うはかないものと、よそごとのように見ることができようか。この私もあの水鳥のようによりどころのない日々を送っているのだ。〔読解〕華やかな宮仕えの生活になじみきれない自らの心のうちを水鳥の姿に重ねあわせて詠んだ歌。「うき」は「浮き」と「憂き」を掛ける。

344 **水の面に照る月なみを数ふれば今宵ぞ秋のもなかなりける**　源順〈拾遺・秋〉
〔歌意〕池の水面に照り映っている月を見て、月日を数えてみると、今夜は秋の真ん中の八月十五夜なのだった。〔読解〕詞書によれば、実景ではなく屏風絵を見て詠んだ歌。「月次(月の数)」に「月波(波の立つ池に映る月)」を掛け、水面に映った月の美しさによって、八月十五夜に気づいたというのである。

345 **水門の　葦の末葉を　誰か手折りし**
我が背子が　振る手を見むと　我ぞ手折りし
柿本朝臣人麿歌集〈万葉・七・一二八八〉
〔歌意〕河口の葦の葉先をだれが折ったのか。あなたが振る手を見ようと、私が折ったのだ。〔読解〕男女の問答の形をとる旋頭歌か。旅立つ夫を見送る妻の歌か。

346 **みな人は花の衣になりぬなり苔の袂よかわきだにせよ**　僧正遍昭〈古今・哀傷〉
〔歌意〕ほかの人々は皆、喪服を脱いで華やかな着物になってしまったそうだ。私の涙にぬれた僧衣の袂よ、せめて乾きだけでもしておくれ。〔読解〕仁明天皇の崩御にともなう喪が明けて、人々が明るさを取り戻していくのを聞いて詠んだ歌。「花の衣」と「苔の袂」との対比が、華やかさを取り戻した世間に対して、いまだ癒やされぬ悲しみを抱き続ける作者の心を浮き彫りにしている。『大和物語』一六八段にも載る。

347 **宮城野の露吹きむすぶ風の音に小萩がもとを思ひこそやれ**　〈源氏・桐壺〉
〔歌意〕宮城野を吹き渡って露を結ぶ風の音を聞くにつけて、小萩のことが思いやられる。〔読解〕母桐壺更衣の亡き後、更衣の里で暮らす若宮を帝が思いやって詠んだ歌。歌枕「宮城野」は萩の名所で、ここでは宮中の意を響かす。また、「露」は帝の涙、「小萩」は若宮をたとえる。

348 **都をば霞とともに立ちしかど秋風ぞ吹く白河の関**　能因〈後拾遺・羇旅〉
〔歌意〕都を春霞が立つのとともに旅立ったが、もう秋風が吹いている。この白河の関では。〔読解〕詞書に「陸奥国にまかり下りけるに、白河の関にて詠みはべりける」とある。「霞」と「立つ」、「秋風」の「秋」と「白河の関」の「白」は縁語。五行説によれば「白」は秋の色。また「立ち」は霞が立つ意と旅立つ意を掛ける。白河の関は奥州三関の一つ。芭蕉の『奥の細道』には、白河の関を越える折、この歌を想起して感慨を述べた部分がある。

349 **深山木のその梢とも見えざりし桜は花にあらはれにけり**　源頼政〈詞花・春〉
〔歌意〕奥深い山の木々に埋もれて今まで何の木の枝であるとも見分けがつかなかった桜の木は、花が咲いてはっきりとわかったのだった。〔読解〕『平家物語』巻一「御輿振」では、この歌を引き、作者が武人としてだけではなく、歌人としてもすぐれていたという逸話を載せている。

350 **み吉野の象山のまの木末にはここだも騒く鳥の声かも**　山部赤人〈万葉・六・九二四〉
〔歌意〕吉野の象山の山あいの梢には、たくさん鳴き騒ぐ鳥の声がすることだ。〔読解〕聖武天皇の吉野行幸に従って詠んだ長歌の反歌の第一首目。鳴き騒ぐ鳥の声が、かえって吉野の静寂な光景を際立たせている。

351 **み吉野の高嶺の桜散りにけりあらしも白き春のあけぼの**　後鳥羽院〈新古今・春下〉
〔歌意〕吉野の高嶺の桜が散ってしまった。吹きおろす山風までも落花のために白く見える春のあけぼのよ。〔読解〕詞書によると、障子絵のために詠まれた歌。吉野一帯は桜の名所。「あらしも白き」は、後鳥羽院による斬新な表現。

352 **み吉野の山かき曇り雪降ればふもとの里はうちしぐれつつ**　俊恵〈新古今・冬〉
〔歌意〕吉野の山が一面に曇って雪が降ると、ふもとの里では時雨がしきりに降ることだ。読解 山と里、雪と時雨を対照させながら、吉野の冬の景を詠む。助詞「つつ」は反復を表す。

353 **み吉野の山の秋風さ夜ふけてふるさと寒く衣うつなり**【百】　藤原雅経〈新古今・秋下〉

歌意 吉野の山の秋風が夜更けて吹きわたり、古京である吉野の里は寒く、寒々と衣を打つ音が聞こえる。読解「み吉野の山の白雪つもるらしふるさと寒くなりまさるなり」〈古今・冬〉を本歌とする本歌取りの歌。本歌の冬の世界を秋へと変え、白雪という視覚的イメージから、秋風と砧の音という聴覚的イメージに変化させている。衣のつやを出すために衣を打つ砧の響きは、漢詩の趣向を取り入れたもの。

354 **見る人もなき山里の桜花ほかの散りなむのちぞ咲かまし**　伊勢〈古今・春上〉

歌意 訪ねる人もいない山里の桜花よ。ほかの桜が散ってしまった後で咲いたらよいのに。読解 遠い山里の桜を、哀惜の気持ちをこめて思いやって詠んだ歌。ほかの桜が散った後に咲けば人も見るだろうと思うが、それは願ってもどうにもならない。

355 **見渡せば花も紅葉もなかりけり浦の苫屋の秋の夕暮れ**　藤原定家〈新古今・秋上〉

歌意 見渡すと色美しい花も紅葉もなかったのだった。浦の苫屋あたりの秋の夕暮れよ。読解「苫屋」は漁師の粗末な仮小屋。華やかな色彩のない、水墨画を思わせる海浜の秋の夕暮れの興趣を詠んだ一首。『源氏物語』明石の巻の一節を典拠とし、作者の視点はそのまま主人公光源氏のそれにも重なるように巧妙に形作られている。三夕の歌の一つ。

356 **見渡せば柳桜をこきまぜて都ぞ春の錦なりける**　素性〈古今・春上〉

歌意 遠く眺め渡すと、柳の若葉と桜の花びらとを混ぜあわせて、都はまさに春の錦なのであった。読解 小高いところから春の都全体を眺望して詠んだ歌。柳の新緑と桜の薄紅とが美しく混ざりあった都の春景を錦織に見立てている。錦は、秋の紅葉を見立てる表現として一般的であったが、それを「春の錦」としたところにこの歌の斬新さがある。

357 **見渡せば山もと霞む水無瀬川夕べは秋となに思ひけむ**　後鳥羽院〈新古今・春上〉

歌意 見渡すと山のふもとは霞み、水無瀬川が流れている。夕べの情趣は秋に限るとどうして思いこんだのだろう。―春の夕べの風情もすばらしいではないか。読解「水郷の春望」という題を詠んだ歌。水無瀬川の南に後鳥羽院の離宮があった。『枕草子』「春はあけぼの」の段の「秋は夕暮れ」を念頭に置き、逆に春の夕暮れを称揚している。

358 **三輪山をしかも隠すか雲だにも心あらなも隠さふべしや**　額田王〈万葉・一・一八〉

歌意 三輪山をそんなに隠すのか。せめて雲だけでも人間らしい情があってほしい。隠してよいものか。読解 天智天皇の大津遷都に伴い、近江国へ移るときに詠んだ長歌の反歌。三輪山は大和の象徴。三輪山への惜別の思いはそのまま大和の地への思いにつながっている。

359 **昔思ふ草の庵の夜の雨に涙な添へそ山ほととぎす**　藤原俊成〈新古今・夏〉

歌意 昔のことを思う山中の草庵での、涙を催させる夜の雨に、さらに悲しい声で鳴いて涙を加えさせてくれるな、山ほととぎすよ。読解『和漢朗詠集』に載る白居易の詩句「蘭省の花の時の錦帳の下 廬山の雨の夜の草庵の中」〈下・山家〉を典拠とする歌。白居易の詩が、友人と自分との現在の境遇を比較しているのに対し、この歌は、昔と今の自分の境遇を比べている。「な〜そ」は柔らかい禁止を表す。

360 **昔せし隠れ遊びになりなばやかたすみもとに寄り臥せりつつ**　西行〈聞書集〉

歌意 昔したかくれんぼをする身にもう一度なってしまいたいな。ものの片隅にじっと身を寄せあい寄せあいして。読解 幼いころを回想し、その感慨にひたりつつ、憂き世、憂き身を意識しないでいられた無邪気なころに戻りたいと願う歌。最晩年、嵯峨に移り住んだころの作と考えられる。

361 **むすぶ手のしづくに濁る山の井のあかでも人に別れぬるかな**　紀貫之〈古今・離別〉

歌意 すくう手からこぼれた滴に濁って、十分に飲めない山の井の水の「閼伽」ではないが、もの足りないまま人と別れてしまったことだ。読解 名残のつきない人との別れを詠んだ歌。第三句までが、水の意の「閼伽」と「飽かでも」の「あか」の掛詞による序詞。

362 **紫のにほへる妹を憎くあらば人妻ゆゑに我恋ひめやも**　天武天皇〈万葉・一・二一〉

歌意 紫草のように美しいあなたを憎いと思うならば、あなたが人妻であるのに、どうして私が恋したりするだろうか。読解 額田王の歌（➡1）に答えた歌。実際は、あなたを憎く思っていないのだから、人妻にもかかわらず恋い慕っている、というのである。はじめに「憎くあらば」と真情と反対の気持ちを仮定し、それを反語で逆転させるという文脈を通して、恋してはならない存在である「人妻」への屈折した恋情が詠まれている。

363 **紫のひともとゆゑに武蔵野の草はみながらあはれとぞ見る**　読み人知らず〈古今・雑上〉

歌意 紫草一本のために、そのゆかりのものとして、武蔵野の草はすべて懐かしいものと見ることだ。読解「みながら」は、すべて・全部の意。ある人を愛するあまり、その人につながりのあるすべての人もいとしく思われると詠んだ歌とされる。この歌から、「紫の縁」は、いとしく思う人にゆかりのある人や物をさす語となった。

364 **村雨の露もまだひぬ真木の葉に霧立ちのぼる秋の夕暮れ**【百】　寂蓮〈新古今・秋下〉

歌意 降り過ぎていったにわか雨の露もまだ乾いていない真木の葉のあたりに、霧がほの白くわきあがってくる秋の夕暮れであるよ。読解 秋の夕暮れの美の典型を詠んだ歌。上の句では近景に焦点を合わせ、紅葉する木々ではなく、常緑の木々をとらえ、下の句では遠景へと視点を変化させている。句切れがなく、すべて第五句「秋の夕暮れ」に集約していく趣である。

365 **めぐりあひて見しやそれともわかぬ間に雲がくれにし夜半の月かな**【百】 紫式部〈新古今・雑上〉
歌意 久しぶりにめぐりあって、その人かどうか見分けがつかないうちに、雲間に隠れてしまった夜半の月のように、あの人はあわただしく姿を隠してしまったことだ。読解 幼なじみの女友達とのつかの間の再会を詠んだ歌。姿を現したかと思うとすぐに雲間に隠れてしまう月と重ねあわせ、巧みに詠じている。「月かな」は「月影」とする本もある。

366 **もの言はぬ四方のけだものすらだにも哀れなるかな親の子を思ふ** 源実朝〈金槐集・下〉
歌意 ものを言わないあちらこちらにいる獣でさえ、しみじみとしたものがあるのだなあ。親が子どもを思う気持ちには。読解 詞書に「慈悲の心を」とある。副助詞「すら」「だに」を重ねて意味を強めている。生あるものの愛情の普遍性を直叙した一首。

367 **もの思へば沢の蛍もわが身よりあくがれ出づる魂かとぞ見る** 和泉式部〈後拾遺・雑六〉
歌意 思い悩んでいると、沢辺に飛んでいる蛍も、私の身体から離れ出た魂かと見えることだ。読解 詞書に「男に忘られてはべりけるころ、貴船にまゐりて御手洗川に蛍の飛びはべりけるを見て詠める」とある。恋の相手に捨てられたくないと思いつめている折の歌。川のほとりに飛び漂っている蛍を、身から遊離した魂であるとみている。

368 **もののふの八十宇治川の網代木にいさよふ波の行くへ知らずも** 柿本人麻呂〈万葉・三・二六四〉
歌意 宇治川の網代木にせきとめられ、流れずにいる波の行く先がわからないことだ。読解 「もののふの」は枕詞。「もののふの八十」までが「氏」と「宇治」の掛詞を導き出す序詞。世のはかなさを感じさせる歌。

369 **もののふの八十娘子らが汲みまがふ寺井の上の堅香子の花** 大伴家持〈万葉・一九・四一四三〉
歌意 大勢の娘たちが汲みにぎわう寺の井のほとりに咲いているかたかごの花よ。読解 家持が越中守として北陸に赴任していたときの作。娘たちの華やかな喧騒を背景に、ひっそりと咲く堅香子(カタクリ)の花に焦点をあてることで、北国のさわやかな早春の美を詠んだ。「もののふの」は枕詞。

370 **もののふの矢並みつくろふ籠手の上にあられたばしる那須の篠原** 源実朝〈金槐集・上〉
歌意 武士が背負っている箙に差した矢の並びを整える、その籠手の上に霰が飛び散る那須の篠原よ。読解 「霰」の題詠歌。霰が激しい音をたてて降るさまが動的に表現されている。那須原は、下野国那須野。関東武士たちの狩り場で、作者の父頼朝もこの地で狩りをしたという。篠は細く小さめの竹。

371 **もみぢ葉の流れてとまるみなとには紅深き波や立つらむ** 素性〈古今・秋下〉
歌意 紅葉の葉が流れて止まる水門には、赤い波が立っているのだろうか。読解 水面に紅葉の重なりあっている様子を、紅の波が立っているとする。龍田川に紅葉の流れている情景が描かれた屏風を見て詠んだ屏風歌で、その紅葉が河口まで流れていったところが詠まれている。助動詞「らむ」によって絵には描かれていない風景を想像させる。

372 **ももしきや古き軒端のしのぶにもなほあまりある昔なりけり**【百】 順徳院〈続後撰・雑下〉
歌意 宮中の古びた軒端の忍ぶ草を見るにつけても、偲んでも偲びつくせないほど慕わしいものは、昔のよき御代なのだった。読解 皇室が栄えていた古き良き時代への懐旧の情とともに、衰退した皇室の権威への沈痛な思いが詠まれている歌。「しのぶ」は昔を「偲ぶ」と「忍ぶ草」の「しのぶ」の掛詞。

373 **ももづたふ磐余の池に鳴く鴨を今日のみ見てや雲隠りなむ** 大津皇子〈万葉・三・四一六〉
歌意 磐余の池に鳴く鴨を今日を限りとして見て、自分は雲に隠れてしまうのだろうか。読解 謀反を企てたとして死罪となった大津皇子が、死に臨んで詠んだ歌。磐余の池は自邸の近くにあって長年親しんだ場所。目前の死を自覚したとき、日常的に見なれた風景が輝かしくかけがえのないものに見えてくる。「ももづたふ」は枕詞。

374 **もろともにあはれと思へ山桜花よりほかに知る人もなし**【百】 行尊〈金葉・雑上〉
歌意 私がおまえをしみじみといとしく思うように、おまえもまた私のことをしみじみいとしいと思ってくれ、山桜よ。花であるおまえ以外に心を知る人もいないのだから。読解 ひっそりと咲く山桜に、孤独にたえて修行する自分の姿を重ねあわせ、たがいに共感しあえるという感動を詠んだ歌。

375 **八雲立つ出雲八重垣妻籠みに八重垣作るその八重垣を** 須佐之男命〈記・上・神代〉
歌意 雲の群がり立つ出雲国の八重垣。妻をこもらせるために新しい宮のめぐりに八重垣を作るよ、このみごとな八重垣を。読解 八俣大蛇を退治し、櫛名田姫を妻として迎える新居の場所を探したとき、出雲国(島根県)須賀の地でめでたい雲が立ち昇るのを見て、歓喜して詠んだ歌。「八雲立つ」は枕詞。

376 **やすらはで寝なましものをさ夜ふけてかたぶくまでの月を見しかな**【百】 赤染衛門〈後拾遺・恋二〉
歌意 あなたが来ないことをはじめから知っていたら、ためらわずに寝てしまっただろうに。今か今かと待つうちに夜が更けて、西に傾くまでの月を見ていたことよ。読解 訪れてくれなかった男への恨み言に、待つ女の悲哀がにじみ出ている歌。「まし」は反実仮想の助動詞。

377 **宿近く花橘は掘り植ゑじ昔をしのぶつまとなりけり** 花山院〈詞花・夏〉
歌意 もう家の近くに花橘の木を掘り取ってきて植えまい。昔を懐かしく思い出すきっかけとなったよ。読解 橘の香が昔を思い出させるというのは「五月待つ花橘の香をかげば昔の人の袖の香ぞする」(→178)以来の常套。この歌は「宿近く梅の花植ゑじあぢきなく待つ人の香にあやまたれけり」〈古今・春上〉も念頭に置いている。

378 **宿りして春の山べに寝たる夜は夢のうちにも花ぞ散りける**　紀貫之〈古今・春下〉
歌意 旅の宿をとって、春の山辺に寝た夜は、夢の中にも桜の花が散ったことだった。読解 落花の幻想的な美しさを詠んだ歌。山辺一面の桜花が夢の中にもおしよせてくる、という。

379 **八重葎しげれる宿のさびしきに人こそ見えね秋は来にけり**【百】　恵慶〈拾遺・秋〉
歌意 幾重にもつる草の生い茂っている家で、寂しい家に、訪ねて来る人はいないが、秋はやって来ていた。読解 詞書に「河原院にて、荒れたる宿に秋来るといふ心を人々詠みはべりけるに」とある。河原院は、源融の旧邸宅で、風趣を極めたとされる。その河原院も、時の流れの中で荒れはて、今は訪れる人もなくなってしまったが、そんな所にも季節はきちんとめぐってくる、と詠んだ。

380 **山おろし日も夕かげに吹く時ぞしみじみ人は恋しかりける**　香川景樹〈桂園一枝拾遺〉
歌意 夕方になって日ざしも弱まり、山おろしが吹くときは、しみじみとあの人のことが恋しくなるのだった。読解 夕方が一日のうちで最も人恋しい気持ちになるというのは、『古今和歌集』以来の伝統的な発想でもある。この歌では、目でとらえられる夕日の寂しげな光、耳や肌で感じられる山おろしの風が、人恋しくなる夕べの景をかたどっている。

381 **山陰の岩間を伝ふ苔水のかすかにわれはすみ渡るかも**　良寛〈良寛歌集〉
歌意 山陰の岩間の苔の上を伝って流れる水のように、ひっそりと私は住み続けていることだ。読解 第三句までが序詞。「すみ」は「住み」と「澄み」の掛詞となり、「水」の縁語。初句を「あしひきの」とする本もある。

382 **山川に風のかけたるしがらみは流れもあへぬ紅葉なりけり**【百】　春道列樹〈古今・秋下〉
歌意 山あいを流れる川に風のかけた柵とは、実は流れることもできないでいる紅葉なのだった。読解 谷川の流れの中に散りたまる紅葉の美しさを詠んだ歌。「しがらみ」は、流れをせきとめるための柵。所々にとどまっている紅葉をしがらみに見立て、それを風がかけ渡したものだとする。

383 **山桜咲きそめしよりひさかたの雲居に見ゆる滝の白糸**　源俊頼〈金葉・春〉
歌意 山桜が咲きはじめたときから、遠方の山の景色は大空に滝の白糸が現れたように見えることだ。読解 彼方にある山桜が、山頂から山裾にかけて筋状に美しく咲いていくさまを、多くの白い糸のように滝から落ちる水に見立てた。「ひさかたの」は枕詞で、ここでは山桜の咲く山が遠方であることも暗示する。

384 **山里は冬ぞさびしさまさりける人目も草もかれぬと思へば**【百】　源宗于〈古今・冬〉
歌意 山里は、冬が特に寂しさがまさるものだった。人も訪ねて来なくなり、草も枯れてしまうと思うので。読解 都と違って、ただでさえ山里の暮らしは寂しいのに、冬になると、その寂しさがいっそう極まる、というのである。「枯れ」と「離れ」の掛詞が、草木も枯れ、訪ねて来る人もいない、寒々とした冬の情景を描き出している。

385 **山里は雪降り積みて道もなし今日来む人をあはれとは見む**　平兼盛〈拾遺・冬〉
歌意 山里は雪が降り積もって道も絶えている。今日訪ねて来る人を、情けの厚い人であると思おう。読解 「山里は冬ぞさびしさまさりける人目も草もかれぬと思へば」(➡384)とあるように、山里の冬はひときわわびしさがつのる。その人恋しさを素直に詠んだ歌。

386 **大和には　群山あれど　とりよろふ　天の香具山　登り立ち　国見をすれば　国原は　煙立ち立つ　海原は　かまめ立ち立つ　うまし国そ　あきづ島　大和の国は**　舒明天皇〈万葉・一・二〉
歌意 大和には多くの山があるけれど、とりわけ美点を備えている天の香具山、その山に登り立って国見をすると、国土には煙があちこちに立っている。海上にはかもめがあちこちに飛んでいる。国中に生気があふれている美しい国だ、大和の国は。読解 天皇が香具山に登って国見をしたときの歌。国見は豊穣を前もって祝う儀礼であるとともに国土を支配下に置くことも意味していた。場所の提示・描写・賛美という構成も国見の歌の基本。この「あきづ島」は枕詞。

387 **倭は　国のまほろば　たたなづく　青垣　山隠れる　倭しうるはし**　倭建命〈記・中・景行〉
歌意 大和は国の中で最もすぐれたところだ。重なりあった青垣のような山々の中にこもっている大和こそほんとうに美しい。読解 倭建命が能煩野(三重県亀山市のあたり)にたどり着いたときに、故郷の大和を思慕して詠んだ歌。もともとは国を賛美した国見の歌の一つであったろうと考えられている。

388 **山深み春とも知らぬ松の戸にたえだえかかる雪の玉水**　式子内親王〈新古今・春上〉
歌意 山が深いので春が来たともわからない山家の松の戸に、とぎれとぎれに落ちかかる雪どけの美しい滴よ。読解 「松の戸」は、松の枝で作った粗末な戸。題詠の歌ではあるが、山家のわび住まい、消えとける松の雪といった風景を伝統的な歌言葉を用いて詠みあげ、春を待ち望む心を描き出している。

389 **山伏の腰につけたる法螺貝の　ちやうと落ち　ていと割れ　砕けてものを思ふころかな**　〈梁塵秘抄・二句神歌〉
歌意 山伏が腰につけているほら貝が、ちょうと落ち、ていと割れて砕けるように、私の心も千々に砕けてもの思いに明け暮れるこのごろであるなあ。読解 「ちやうと落ち　ていと割れ」は、囃し詞風に用いられている擬声語で、ここまでが序詞となって「砕けて…」の句に続く。いかめしい山伏の話から恋のもの思いへの転換におもしろみがある歌。

390 **山もとの鳥の声々明けそめて花もむらむら色ぞ見えゆく**　永福門院〈玉葉集・春下〉

歌意 山のふもとの鳥たちの声とともに、夜は明けはじめ、桜の花もあちらに一むら、こちらに一むら、暁闇の中からしだいに色が浮かびあがるように見えてゆくことだ。読解「曙の花」という題を詠んだ歌。春の明け方の情景を聴覚・視覚の両面から描き出した。

391 **雪のうちに春は来にけり鶯のこほれる涙今やとくらむ**　藤原高子〈古今・春上〉

歌意 雪が残っているうちに春が来てしまった。凍っていた鶯の涙は、今、溶けているだろうか。読解 まだ雪が残る中で、春の到来を喜ぶ歌。春風は氷を溶かす。その氷を「鶯のこほれる涙」とし、それが溶けて、春を告げる鶯が再び鳴きだすのを想像している。

392 **雪降れば木ごとに花ぞ咲きにけるいづれを梅とわきて折らまし**　紀友則〈古今・冬〉

歌意 雪が降ると、すべての木に花が咲いたのだった。どれを梅だと見分けて折ったらよいのだろう。読解 雪を梅の花に見立てた歌。一面の雪景色ではあるが、その背後には春がそこまで来ているのだ、という気持ちがこもる。「木ごと」は「木毎」で、二字合わせると「梅」になるという言葉遊び(離合)になっている。

393 **雪降れば冬ごもりせる草も木も春に知られぬ花ぞ咲きける**　紀貫之〈古今・冬〉

歌意 雪が降ると、冬ごもりをしている草や木にも、春には見られない花が咲いたことだ。読解 草の上や木の枝に雪が積もったのを花に見立てて詠んだ歌。

394 **行きやらで山路くらしつほととぎすいまひと声の聞かまほしさに**　源公忠〈拾遺・夏〉

歌意 そのまま先に行くことができず、この山路で日を暮らしてしまった。ほととぎすのもう一声が聞きたいばかりに。読解 醍醐天皇の皇女康子内親王の裳着の祝いの屏風に詠まれた歌。初夏の景物であるほととぎすは、とりわけその鳴き声が愛された。

395 **行く蛍雲のうへまでいぬべくは秋風吹くと雁に告げこせ**　〈伊勢・四五〉

歌意 飛んで行く蛍よ、雲の上まで行くことができるならば、下界ではもう秋風が吹いていると雁に告げてほしい。読解 ある娘が男に恋して、いまわの際にやっと打ち明けた。男は急ぎ駆けつけるが娘は死んでしまった。ころは六月末、喪に服す男が詠んだ歌。「蛍」は男自身の魂、「雁」は死んだ娘の霊魂であろう。

396 **夕暮れは雲のはたてにものぞ思ふ天つ空なる人を恋ふとて**　読み人知らず〈古今・恋一〉

歌意 夕暮れには、旗の形の雲を見てもの思いをする。空のかなたにいるような手の届かない人を恋しているので。読解 身分違いの恋をした男性のせつない気持ちを詠んだ歌。夕暮れ時は、一日の中でもの思いをさせる時であった。「雲」と「天つ空」は縁語。「雲のはたて」を雲の果てとする解釈もある。

397 **夕されば門田の稲葉おとづれて蘆のまろやに秋風ぞ吹く**【百】　源経信〈金葉・秋〉

歌意 夕方になると、門前の田の稲の葉が、そよそよと音をたてて、蘆葺きの山荘に涼しい秋風が吹き渡ってくることだ。読解 郊外の田園の景として、門田の稲葉を吹き渡ってくる秋風を詠んだ歌。視覚によってだけでなく、聴覚、さらに皮膚の感触によってもとらえているすがすがしい叙景の一首である。

398 **夕されば野辺の秋風身にしみて鶉鳴くなり深草の里**　藤原俊成〈千載・秋上〉

歌意 夕方になると野辺を吹く秋風がしみじみと身にしみて感じられ、鶉の鳴く声が聞こえる。この深草の里では。読解『伊勢物語』一二三段の話を典拠とした歌。男に捨てられかけた女が「野とならば鶉と鳴きて年は経むかりにだにやは君は来ざらむ」(➡281)とけなげに詠み、男はその歌に心動かされて出ていくのをやめた、という話である。『無名抄』では、この歌が作者の自賛歌であったことを伝える。

399 **夕されば小倉の山に鳴く鹿は今夜は鳴かず寝ねにけらしも**　舒明天皇〈万葉・八・一五一一〉

歌意 夕方になるといつも小倉山で鳴いている鹿が今夜は鳴かない。共寝をしてしまったらしい。読解 鹿は、雄鹿が雌鹿を求めて鳴くとされる。ここでは、いつもは聞こえる鹿の声が聞こえないところから、今夜は雌鹿を得ているのだろうと推測している。

400 **夕月夜潮満ちくらし難波江の葦の若葉を越ゆる白波**　藤原秀能〈新古今・春上〉

歌意 空には夕月がかかり、潮が満ちてくるらしい。難波江の葦の若葉を白波が越えるのが見える。読解「水郷の春望」という題を詠んだ。「花ならで折らまほしきは難波江の葦の若葉にふれる白雪」〈後拾遺・春上〉を本歌とする本歌取りの歌。「白雪」を「白波」へと詠みかえた。

401 **由良のとを渡る舟人かぢをたえ行くへも知らぬ恋の道かな**【百】　曾禰好忠〈新古今・恋一〉

歌意 由良の瀬戸を漕ぎ渡っていく舟人が、かじがなくなって行く先もわからずに漂うように、これから行く末のわからない恋のなりゆきだ。読解 ただでさえ潮流の激しい海峡でかじをなくしてしまった舟人が、どうすることもできずに翻弄されてしまう。それと同じように、自分の恋もこれから先のことがまるでわからない、というのである。第三句までが序詞。「と」「渡る」「舟人」「かぢ」「行くへ」「道」は縁語。この「由良のと」は、今の京都府宮津市。

402 **吉野川の花筏　浮かれてこがれ候よの　浮かれてこがれ候よの**　〈閑吟集・一四〉

歌意 私は吉野川の花筏、その筏が浮かんで漕がれるように、心も浮かれて思い焦がれますよ。浮かれ浮かれて焦がれるばかりなのですよ。読解 上の句では春の美しい風景が描かれ、下の句では恋の思いが表現されている。「うかれ」は筏が浮かぶ意と心が浮かれる意を掛ける。また、「こがれ」は筏が漕がれる意と思い焦がれる意を掛ける。

403 **寄する波うちも寄せなむわが恋ふる人忘れ貝下りて拾はむ**　〈土佐〉

歌意 打ち寄せる波よ、忘れ貝を打ち寄せてほしい。そうしたら、私のいとしく思っている人を忘れるという忘れ貝を、船から下りて拾おう。読解 土佐で亡くした女児を思うと切なく苦しくてしようがないので、忘れ貝を拾って忘れてしまいたい、というのである。

432 と

対の歌で、女児を激しく哀惜する気持ちを逆説的に詠む。

404 **世にふるは苦しきものを真木の屋にやすくも過ぐる初時雨かな**　二条院讃岐〈新古今・冬〉
歌意 この世に生きながらえてゆくことは苦しいものであるのに、同じふるものでありながらこの真木の屋にやすやすと降り過ぎてゆく初時雨であるよ。読解「ふる」は「経る」に「時雨」の縁語「降る」を掛ける。「真木の屋」は、杉の板などで葺いた庵。人生の辛い思いを時雨に託して詠んだ歌。

405 **世の中にさらぬ別れのなくもがな千代もと嘆く人の子のため**　在原業平〈古今・雑上〉
歌意 この世の中に避けられない別れがなければよいなあ。親が千年も生きてほしいと嘆く人の子のために。読解 避けられない別れとは死別。親の長寿を願う子どもの普遍的な心情が詠まれている。『伊勢物語』八四段では、第四句が「千代もと祈る」となって載る。

406 **世の中にたえて桜のなかりせば春の心はのどけからまし**　在原業平〈古今・春上〉
歌意 世の中にまったく桜がなかったならば、春の人の心はのどかであったろうに。読解「〜せば〜まし」は反実仮想の構文。実際は桜の花があれこれ気にかかって、とてものどかではいられない、というのである。逆説的な言い方で桜への強い愛着を表現した歌。『伊勢物語』八二段にも載る。

407 **世の中は常にもがもな渚こぐあまの小舟の綱手かなしも【百】**　源実朝〈新勅撰・羇旅〉
歌意 この世の中は、永遠に変わらないでほしいものだなあ。この渚を漕いでゆく漁師の、小舟に引き綱をつけて引くさまに、身にしみて心動かされることだ。読解「河上のゆつ岩群に草生さず常にもがもな常処女にて」〈万葉・一・二二〉「陸奥はいづくはあれど塩釜の浦漕ぐ舟の綱手かなしも」(➡341)を本歌としながら、人の世の無常に対する感傷の漂う、奥行きの深い風景を詠んだ一首。

408 **世の中はなにか常なる飛鳥川昨日の淵ぞ今日は瀬になる**　読み人知らず〈古今・雑下〉
歌意 この世の中では何が不変であろうか。飛鳥川の昨日は淵であったところが、今日は瀬に変わっている。読解 川の名の「飛鳥」に「明日」を連想させ、その縁語で「昨日」「今日」を配し、時間の流れを強く意識した歌。飛鳥川は、この歌によって、世の無常をたとえる歌枕として定着していく。

409 **世の中は空しきものと知る時しいよよますます悲しかりけり**　大伴旅人〈万葉・五・七九三〉
歌意 この世の中は仮のもので、はかないものだと思い知ったときに、いよいよますます悲しく感じたのであった。読解 都からのある訃報の返事につけた歌。旅人自身もこの少し前に妻を亡くしている。「世の中は空しきもの」は仏教の「世間虚仮」に由来する。心にいだいてきた世の無常を、このたびはいっそう悲しく実感したというのである。

410 **世の中よ道こそなけれ思ひ入る山の奥にも鹿ぞ鳴くなる【百】**　藤原俊成〈千載・雑中〉
歌意 この世の中には、逃れる道はないものだ。いちずに思いつめて入る山の奥もまた、悲しげに鳴く鹿の声が聞こえる。読解 俗世から容易には逃れることのできない憂愁を詠んだ歌。鹿は秋を代表する動物。雄鹿が雌鹿を慕って鳴くとして、その哀れさが多く歌に詠まれる。「思ひ入る(深く考えこむ)」の「入る」に、山に「入る」が重ねあわされる。末尾の「なる」は、聴覚による推定の助動詞「なり」の連体形。

411 **世の中を憂しとやさしと思へども飛び立ちかねつ鳥にしあらねば**　山上憶良〈万葉・五・八九三〉
歌意 世の中を、つらいとか恥ずかしいとか思うけれども飛び立って逃れることはできなかった。鳥ではないので。読解 122の反歌。生きがたい現実からの解放を願いながらも、結局は人間世界にとどまるしかないのだという絶望的な認識が示されている。

412 **世の中を思ひつらねてながむればむなしき空に消ゆる白雲**　藤原俊成〈新古今・雑下〉
歌意 世の中のことをあれこれ思い続けて見つめていると、虚空に消える白雲が見えることだ。読解 世の中の無常のさまざまな姿を思い浮かべている。もの思いをしながら外を見やると、虚空に白雲が消えていく、その光景がはかないものの象徴ととらえられている。「むなしき空」は、漢語「虚空」による表現。

413 **世の中を何にたとへむ朝開き漕ぎ去にし舟の跡なきごとし**　沙弥満誓〈万葉・三・三五一〉
歌意 世の中を何にたとえよう。早朝港を漕ぎ出した舟の跡がすぐに消えるようなものだ。読解 世の中が無常ではかないことを自問自答の形で詠んだ歌。『和漢朗詠集』などでは、「世の中を何にたとへむ朝ぼらけ漕ぎ行く舟の跡の白波」とあり、こちらのほうが後世広く伝えられている。

414 **宵の間のむら雲つたひかげ見えて山の端めぐる秋の稲妻**　伏見天皇〈玉葉集・秋上〉
歌意 宵のころ、群がり立つ雲の縁づたいに閃光を見せ、山の稜線をかけめぐって光る秋の稲妻よ。読解 一瞬の光景を的確に写し取り、さわやかささえ感じさせる一首。

415 **夜もすがら契りしことを忘れずは恋ひむ涙の色ぞゆかしき**　藤原定子〈後拾遺・哀傷〉
歌意 一晩中、のちの世も夫婦でいようと約束なさったことをお忘れでないならば、私のいなくなった後、恋しく思ってお流しになる君の御涙はどんな色であるのか知りたい。読解 詞書によれば、一条天皇の皇后であった作者の没後、御帳台の帷子の紐に結びつけられていた文に書きつけられていた三首中の一首。「涙の色」は、悲しみの血涙の紅色。

416 **夜もすがらもの思ふころは明けやらで閨のひまさへつれなかりけり【百】**　俊恵〈千載・恋二〉
歌意 一晩中もの思いに沈んでいるこのごろは、夜がなかなか明けきれないで、つれない人ばかりか、寝室のすき間までもがつれなく思われるのだった。読解 ひとり寝室で恋に悩む女性の立場に立って詠んだ歌。この時代、男性歌人が女性の立場で詠んだ歌が少なくない。俊恵の家集『林葉集』や『千載和歌集』などでは第三句は「明けやらぬ」。

417 **夜をこめて鳥のそらねははかるともよに逢坂の関はゆるさじ**【百】　清少納言〈後拾遺・雑二〉

歌意 夜の明けないうちに、鶏の鳴きまねで人をだまそうとしても、あの函谷関ならばともかく、この逢坂の関はけっして許さないだろう。—だまそうとしても私はけっして逢うまい。 読解 上の句で、中国の函谷関の故事をもち出し、下の句では「逢坂の関」に「逢ふ」を掛けて機知を働かせ、相手の誘いをそらしてみごとに切り返している。『後拾遺和歌集』では第二句は「鳥のそらねに」。

418 **わが庵は都のたつみしかぞすむ世をうぢ山と人はいふなり**【百】　喜撰〈古今・雑下〉

歌意 私の粗末な住まいは都の東南にあり、このように心のどかに暮らしている。けれど、私がこの世をつらいと思って逃れ住んでいる宇治山だと世間の人は言うそうだ。 読解 宇治での隠棲生活ののどかな心を詠んだ歌。世捨て人にありがちな人生の暗いかげりはなく、自由で洒脱な明るさがある。「宇治」と「憂し」は掛詞。

419 **わが庵は三輪の山もと恋しくは訪ひ来ませ杉立てる門**　読み人知らず〈古今・雑下〉

歌意 私の粗末な住まいは三輪山の麓。恋しかったら訪ねていらっしゃい。杉が立っている門へ。 読解 男性に訪問を促すという恋歌の発想に、三輪山への信仰を重ねて詠んだものであろう。『古今和歌六帖』では三輪山の神の歌として載るなど、三輪山説話と関係の深い歌として享受された。

420 **我が心慰めかねつ更級や姨捨山に照る月を見て**　読み人知らず〈古今・雑上〉

歌意 私の心は慰められなかった。更級の姨捨山に美しく照る月を見ていると。 読解 旅の途中で故郷を懐かしく思って詠んだ歌。当時、月はもの思いの種とされたが、ここでもその月を見てますます心は慰められなかった、とする。『大和物語』や『今昔物語集』などでは、姨捨伝説にかかわる歌として載る。

421 **わが子ども君に仕へむためならで渡らましやは関の藤川**　阿仏尼〈十六夜日記〉

歌意 我が子たちが大君にお仕えするためでなくて、どうして渡れようか、この関の藤川を。 読解 「美濃の国関の藤川たえずして君に仕へむ万代までに」〈古今・神遊びの歌〉を本歌とする本歌取りの歌。夫藤原為家の死後に生じた遺産相続争いをめぐり、作者は幕府に訴訟を起こそうとして鎌倉へ下った。この歌は、出発して二日後、藤川を渡る折に詠んだもの。

422 **わが恋は松を時雨のそめかねて真葛が原に風騒ぐなり**　慈円〈新古今・恋一〉

歌意 私の恋は、松を時雨が紅葉させることができずに、真葛が原で風が騒ぐようなものだ。—私は相手の心を変えることができず、心の平静を失うほかないことだ。 読解 「松」は恋人、「時雨」は自分自身の比喩。時雨は木の葉を色づかせると考えられていたが、松は常緑であることから相手のつれなさを暗示する。

423 **我が背子を大和へ遣るとさ夜ふけて暁露に我が立ち濡れし**　大伯皇女〈万葉・二・一〇五〉

歌意 私の弟を大和に帰そうとして、夜もふけて、見送りに立ち続けた私は、明け方の露にぬれてしまった。 読解 斎宮として伊勢神宮に奉仕していた作者が、ひそかに伊勢に来た同母弟大津皇子を、大和に送り出したときに詠んだ歌。このの ち、大津皇子は謀反の罪で死罪となってしまう。

424 **わが袖は潮干に見えぬ沖の石の人こそ知らねかわく間もなし**【百】　二条院讃岐〈千載・恋二〉

歌意 私の袖は、引き潮のときにも海中に隠れて見えない沖の石のように、だれも知らないけれど、涙にぬれて乾く間もない。 読解 第三句までが序詞。「わが袖は水の下なる石なれや人に知られでかわく間もなし」〈和泉式部集〉を本歌とした本歌取りの歌。本歌の「水の下なる石」を「潮干に見えぬ沖の石」としたところに、新しい趣向がうかがえる。『千載和歌集』では第五句は「かわく間ぞなき」。

425 **我が園に梅の花散るひさかたの天より雪の流れ来るかも**　大伴旅人〈万葉・五・八二二〉

歌意 我が庭に梅の花が散る。天から雪が流れ来る。 読解 大宰府の旅人邸で梅花の宴を催したときの歌。白梅の落花の様子を、天空から流れ来る雪に見立てる。「ひさかたの」は枕詞。

426 **我が園の李の花か庭に散るはだれのいまだ残りたるかも**　大伴家持〈万葉・一九・四一四〇〉

歌意 私の庭の李の花が庭に散っているのか。それともはらはらと降った雪がまだ残っているのか。 読解 293に続く、「桃李の花」の歌のうちの李の歌。李は桃と同じく中国から渡来した花。庭に散った李の白い花びらと残雪とが区別しがたい、とする。

427 **我が妻はいたく恋ひらし飲む水に影さへ見えてよに忘られず**　防人歌〈万葉・二〇・四三二二〉

歌意 私の妻はひどく私を恋い慕っているらしい。飲む水に妻の面影まで見えて、とても忘れられない。 読解 防人が妻を想って詠んだ歌。水を飲むような日常の行動にまで妻の面影が現れることを根拠に、妻が自分を強く慕っているらしいとする。面影が現れるのは相手が自分を強く慕っているからという信仰による。

428 **若の浦に潮満ちくれば潟を無み葦辺をさして鶴鳴きわたる**　山部赤人〈万葉・六・九一九〉

歌意 若の浦に潮が満ちてくると、干潟がないので、葦の生える岸辺に向かって鶴が鳴いて飛び渡っていく。 読解 聖武天皇の紀伊行幸に従って詠んだ長歌の反歌。手前に若の浦、遠方に葦辺、その葦辺をめざして飛び渡っていく鶴という構図をもつ。

429 **我がやどのいささ群竹吹く風の音のかそけきこの夕かも**　大伴家持〈万葉・一九・四二九一〉

歌意 我が家のわずかな群竹、そこに吹く風の音がかすかなこの夕方だなあ。 読解 294に続く一首。庭のわずかな竹が風にそよぎ、葉ずれのかすかな音が聞こえてくる。微細な音も聞きのがさない鋭敏な感覚が働いている。

430 **わくらばに問ふ人あらば須磨の浦に藻塩た**

れつつわぶと答へよ　在原行平(ありわらのゆきひら)〈古今・雑下〉
[歌意]偶然に私のことを尋ねる人がいたら、須磨の浦で藻塩草に海水をかけては涙を流していると答えてほしい。[読解]ある事件にかかわって須磨に引き籠(こ)もっていたときに、宮廷に仕えていた人に贈った。漂泊の身を嘆いた歌である。この歌によって、後世、須磨はわびしい地とみられるようになった。

431 **忘らるる身をば思はず誓ひてし人の命の惜しくもあるかな**【百】　右近(うこん)〈拾遺・恋四〉
[歌意]忘れ去られる私自身のことはなんとも思わない。ただ、いつまでも愛するとかつて神に誓ったあの人が命を落とすことになるのが惜しまれてならないことだ。[読解]自分を捨てた男へのあきらめがたい恋の執着を詠んだ歌。永遠の愛を神に誓ったことの裏切りの結果として、その男は神罰によって命を落とすかもしれないと危ぶむ。その死を「惜しくもあるかな」とするゆえんである。

432 **忘れ貝拾ひしもせじ白玉(しらたま)を恋ふるをだにもかたみと思はむ**　〈土佐〉
[歌意]忘れ貝を拾うことはするまい。せめて真珠のようなあの子を恋しく思うことだけでも、形見と思おう。[読解]「忘れ貝」は恋しい人を忘れさせてくれる貝。土佐で亡くした女児を恋い慕う気持ちから詠んだ歌。

433 **忘れじな難波(なには)の秋の夜半(よは)の空こと浦にすむ月はみるとも**　宜秋門院丹後(ぎしゆうもんいんのたんご)〈新古今・秋上〉
[歌意]忘れまいよ。この難波の秋の夜半の空を。たとえこの先、ほかの浦に住み、そこで澄んだ月を見るとしても。[読解]「海辺の秋月」という題を詠んだ歌。「すむ」は「住む」と「澄む」の掛詞。「こと浦」は珍しい表現。この歌により、作者は「こと浦の丹後」とも称された。

434 **忘れじの行く末まではかたければ今日を限りの命ともがな**【百】　儀同三司母(ぎどうさんしのはは)〈新古今・恋三〉
[歌意]いつまでも忘れまい、と言うその言葉が、遠い将来までは頼みにしがたいので、その言葉のあった今日という日を最後とする私の命であってほしい。[読解]藤原道隆(みちたか)との結婚当初に詠まれた歌。恋が成就した今日という日の喜びとともに、前途への不安も直感されている。

435 **忘れては夢かとぞ思ふ思ひきや雪踏みわけて君を見むとは**　在原業平(ありわらのなりひら)〈古今・雑下〉
[歌意]出家なさったのを忘れて、夢でないかと思われる。思いもしなかった。雪を踏み分けてくるような所で親王にお逢いすることになろうとは。[読解]出家した惟喬(これたか)親王を正月に雪深い中に訪ねた後、京に帰ってから贈った歌。親王が都から離れた雪深い山里で暮らしていることを嘆き悲しんでいる。『伊勢物語』八三段では、訪ねて帰るときに詠んだ歌として載る。

436 **わたつみの豊旗雲(とよはたくも)に入り日さし今夜(こよひ)の月夜(つくよ)さやけかりこそ**　天智(てんじ)天皇〈万葉・一・一五〉
[歌意]大海原のかなたの、旗のように長く横にたなびく豊旗雲に夕日がさしている。今夜の月は清らかであってほしい。[読解]荘厳な夕焼け雲の光景がそのまま清らかな月の夜を予想させる、とする。「さやけし」は、清らかで穢(けが)れのないことを表す。「こそ」は、他への希望を表す上代の助詞。第五句の訓(よ)みには諸説ある。

437 **わたの原漕(こ)ぎ出でて見ればひさかたの雲居にまがふ沖つ白波**【百】　藤原忠通(ただみち)〈詞花・雑下〉
[歌意]大海原に舟を漕ぎ出して眺めわたすと、雲と見まがうばかりに沖の白波が立っていることだ。[読解]「海上の遠望」という題を詠んだ歌。雲の白さと波の白さの見分けのつかない、はるかに大空と大海の接するところが遠望されている。「ひさかたの」は枕詞。

438 **わたの原八十島(やそしま)かけて漕(こ)ぎ出でぬと人には告げよ海人(あま)の釣り舟**【百】　小野篁(おののたかむら)〈古今・羇旅〉
[歌意]大海原をたくさんの島々をめざして漕ぎ出してしまったと、都にいる人に伝えておくれ。漁師の釣り舟よ。[読解]流罪のため隠岐(おき)国(島根県)に船出するときに、これからの船旅を案じて詠んだ歌。

439 **わびぬれば今はた同じ難波(なには)なるみをつくしても逢はむとぞ思ふ**【百】　元良(もとよし)親王〈後撰・恋五〉
[歌意]どうしてよいか行きづまってしまったのだから、今となってはもう同じことだ。難波にある澪漂(みをつくし)ではないが、身を尽くしても逢おうと思う。[読解]秘めた恋が世間に漏れてしまった折の歌。思い悩みながら、我が身を滅ぼしてもと思う激しい恋の情である。水路の目印の「澪漂(みをつくし)」と「身を尽くし」を掛ける。

440 **我こそは新島守(にひじまもり)よ隠岐(おき)の海の荒き波風心して吹け**　後鳥羽(ごとば)院〈増鏡・新島守〉
[歌意]私こそは、新しい島の番人だ。隠岐の海の荒い波風よ、心にとめて吹けよ。[読解]承久の乱(承久三年五月)に敗れた後鳥羽院は、承久三年七月に隠岐の島に流された。この歌は、配流後まだ間もないころに詠まれたとされる『遠島御百首(えんとうおんひやくしゆ)』の中の一首。

441 **われを頼めて来(こ)ぬ男　角(つの)三つ生(お)ひたる鬼になれ　さて人に疎まれよ　霜雪霰(あられ)降る水田(みづた)の鳥となれ　さて足冷たかれ　池の浮き草となりねかし　と揺りかう揺り揺られ歩(あり)け**　〈梁塵秘抄・四句神歌〉
[歌意]私を頼みに思わせておいて通って来ない男よ。角が三本生えた鬼になれ。そして世間に嫌がられよ。霜や雪や霰が降る水田に立つ鳥となれ。そして足が冷たくなれ。池の浮き草となってしまえ。あちらに揺れこちらに揺れて揺られて歩け。[読解]男の不実をなじる女の歌。「〜になれ、そうすれば〜となるだろう」という悪口の繰り返しからは、この後も際限なくののしりの言葉が続きそうにもみえる。憎しみだけでなく、相手への執着もそれだけ強いということだろう。

442 **小倉山(をぐらやま)峰のもみぢ葉心あらば今ひとたびのみゆき待たなむ**【百】　藤原忠平(ただひら)〈拾遺・雑秋〉
[歌意]小倉山の峰の紅葉よ、もしもおまえに人間と同じ心があるのならば、もう一度の行幸(みゆき)があるまで、散らずに待っていてほしい。[読解]行幸を勧めたくなるほどすばらしい小倉山の紅葉を詠んだ歌。「心あらば」は、紅葉を擬人化した表現。小倉山は京都嵯峨(さが)にある紅葉の名所。

名句辞典

1 **あかあかと日はつれなくも秋の風**　芭蕉〈奥の細道〉

句意 旅する身に太陽はまだあかあかと容赦なく照りつけるが、さすがに吹く風は涼しく秋の気配が感じられる。季 秋の風(秋)。読解『奥の細道』では金沢から小松へ向かう途中で詠んだ句。名歌7をふまえる。古人が風の音に感じた秋の訪れを、残暑の旅に実感した秋風の涼しさによってとらえた。

2 **秋風やむしりたがりし赤い花**　一茶〈おらが春〉

句意 野辺に吹く秋風に赤い花が揺れる。ああ、あの花は幼い我が子がむしりたがった花だった。季 秋風(秋)。読解 一茶の長女さとはわずか一歳余で疱瘡のため世を去った。その三十五日の墓参りの吟。無常の象徴である秋風の中、娘の死を嘆く親の思いがにじみ出ている。

3 **秋十とせかへって江戸を指す故郷**　芭蕉〈野ざらし紀行〉

句意 江戸に住んでもう十年の秋を重ねた。故郷へ旅立つ今、江戸がかえって故郷のように思われ立ち去りがたい。季 秋。読解 105とともに『野ざらし紀行』出立の句。他郷がいつしか第二の故郷になっていたという唐の賈島の詩「并州に客舎してすでに十霜…かへって并州を指すこれ故郷」〈桑乾を渡る〉をふまえ、江戸への愛着と旅立ちの不安な思いをこめた。

4 **秋深き隣は何をする人ぞ**　芭蕉〈笈日記〉

句意 秋も深まる中、自分同様ひっそりと静かに暮らす隣家ではどんな人がどんな生活を営んでいるのだろう。季 秋深き(秋)。読解 晩秋という季節に、深まる孤独、寂寥感の中で人懐かしい思いを詠んだ。元禄七年(一六九四)九月二十八日の作。芭蕉は翌日病に倒れ、十月十二日に大坂で没した。

5 **灰汁桶の雫やみけりきりぎりす**　凡兆〈猿蓑・五〉

句意 秋の夜更けに、ぽとりぽとりと滴っていた灰汁桶の雫の音もいつしかやんでいた。と、土間の隅でこおろぎが鳴き出した。季 きりぎりす(秋)。読解 灰汁桶の滴りやこおろぎの声により、秋の夜の深い静けさを表現した。灰汁桶は桶の下の栓口から灰汁が滴るようにしたもの。灰汁は洗濯などに使う。「きりぎりす」はこおろぎの古称。

6 **曙や白魚白きこと一寸**　芭蕉〈野ざらし紀行〉

句意 曙の薄明かりの中、網にすくい上げられた白魚はまだ一寸ほどでなんと小さく清らかに美しいことか。季 白魚一寸(冬)。読解 桑名の浜での作。微妙な光の中に極小の白魚の美しさをとらえた感覚的な句。一方で、本来春季である白魚を、杜甫が「天然二寸の魚」〈白小〉と詠んだ詩句により一寸の白魚はまだ小さいから冬季とする機知的な句でもある。

7 **朝顔に釣瓶とられてもらひ水**　千代〈千代尼句集〉

句意 井戸の釣瓶に巻きついて朝顔が咲いている。蔓をちぎって水を汲むのはかわいそうなので、近所から水をもらったことだ。季 朝顔(秋)。読解「釣瓶」は井戸の水を汲むため縄や竿の先につけた桶。ややわざとらしいが、女性らしい優しい句として広く知られている。

8 **朝露によごれて涼し瓜の土**　芭蕉〈続猿蓑・下〉

句意 畑に転がっている瓜が土に汚れたまま朝露でぬれている。なんと涼しげなことよ。季 涼し・瓜(夏)。読解 瓜を汚す「土」という意外なものに夏の早朝の清涼感を発見。下五を「瓜の泥」とするものもあり、そのほうが湿った感じが強まる。

9 **荒海や佐渡によこたふ天の河**　芭蕉〈奥の細道〉

句意 暗い日本海の荒海の彼方に浮かぶ佐渡が島。遠流の地とされ悲しい歴史を持つその島に向かって、秋の夜空に天の川が大きく横たわっている。季 天の河(秋)。読解「よこたふ」は横たわる意。十七文字中に雄大な自然の景観をよくとらえた名句。荒海に浮かぶ佐渡が島は流罪の島で、悲愁の情もこめられている。

10 **あらたふと青葉若葉の日の光**　芭蕉〈奥の細道〉

句意 ああ尊いことだ。日の光が青葉若葉に美しく輝くこの日光の地は。季 若葉(夏)。読解「日の光」に地名の日光を掛ける。降り注ぐ日の光に東照宮の神威をたたえる気持ちを重ねた、土地への挨拶句。

11 **あら何ともなやきのふは過ぎてふくと汁**　芭蕉〈江戸三吟〉

句意 ああ何事もなくてよかった。河豚汁を食べ、当たらないかと昨日からびくびくしていたが、無事一晩過ぎたことだ。季 ふくと汁(冬)。読解「あら何ともなや」は謡曲の決まり文句で、つまらない意。それを文字通り何事もなかったという意味に用いたのが俳諧のおかしみ。

12 **有り明けや浅間の霧が膳をはふ**　一茶〈七番日記〉

句意 早立ちの朝、旅宿で膳につくと、開け放った窓からは有り明けの月がまだ空にかすかに残っているのが見え、浅間山の麓の朝霧がはうように流れこんでくる。季 有り明け・霧(秋)。読解 軽井沢での吟。早暁の旅情をさわやかに詠んだ。

13 **いうぜんとして山をみる蛙かな**　一茶〈七番日記〉

句意 一匹の蛙が落ち着き払って動かない。向こうの山をじっと眺めているようだ。季 蛙(春)。読解 陶淵明の「菊を採る東籬の下 悠然として南山を見る」〈飲酒詩〉をふまえ、これを動かぬ蛙のさまに用いたユーモラスな句。

14 **几巾きのふの空のありどころ**　蕪村〈蕪村句集・上〉

句意 青空に高く揚がる一つの凧。昨日もあそこに、そしてはるか昔から同じ所に揚がっていたような気がする。季 几巾(春)。読解 一句の中に凧の揚がる青空の空間的広がりと、時間的な広がりを言い得た。

15 **いざさらば雪見にころぶ所まで**　芭蕉〈花摘〉

句意 私は雪見に出かけてくるよ。足をとられて転んでしまう所まで。**季** 雪見（冬）。**読解** 雪に興ずる気持ちを、おかしみをこめ、リズムよく詠んだ。貞享四年（一六八七）、名古屋に滞在中、折よく降り出した雪を見ての作。

16 **石山の石より白し秋の風**　芭蕉〈奥の細道〉

句意 白さで有名なこの那谷寺の石山を吹き過ぎる清澄な秋風は、その石よりももっと白々と感じられる。**季** 秋の風（秋）。**読解** 那谷寺（石川県小松市）の庭には灰白色の岩山があった。秋風を白いとみるのは古来詩歌の伝統。秋風の澄みきった感じに加え、那谷寺の神聖な雰囲気が「白」で表されている。

17 **岩はなやここにもひとり月の客**　去来〈笈日記〉

句意 名月に興じて戸外を歩き回っていると、岩の突き出た先にもまた一人、月を賞する風流人を見つけたことだ。**季** 月（秋）。**読解** 去来の自解は右の通りだが、芭蕉は岩頭で月をめでる風流人を自分のこととし、名月に対して「ここにも一人月の客がいるぞ」と名のり出る趣にしたほうがはるかに風狂味がまさると教え、去来も従った。

18 **妹が垣根三味線草の花咲きぬ**　蕪村〈蕪村句集・上〉

句意 恋しい人の家の垣根に咲いた三味線草の花よ、どうか私の思いを伝えておくれ。**季** 三味線草（春）。**読解** 前書に「琴心もて美人に挑む」とあり、漢の司馬相如が琴を弾いて、ある娘に恋心を伝え妻にした故事による。琴を当世風で庶民的な三味線に変えたところが俳諧。三味線草は薺のこと。また句の表現は「昔見し妹が垣根は荒れにけりつばな交じりの菫のみして」〈堀河百首〉をふまえる。

19 **浮き世の月見過ごしにけり末二年**　西鶴〈西鶴置土産〉

句意 人生五十年というが、私は二年も余計にこの浮き世の月を見たことだ。**季** 月（秋）。**読解** 元禄六年（一六九三）に五十二歳で亡くなった西鶴の辞世吟。柿本人麻呂の辞世の歌と伝えられる「石見がた高津の松の木の間よりうき世の月を見はてぬるかな」（所伝によって字句が異なる）による。浮世草子作家として世のありさまを眺めつくした西鶴らしい句。

20 **憂き我をさびしがらせよ閑古鳥**　芭蕉〈嵯峨日記〉

句意 閑古鳥よ、おまえの寂しい鳴き声でもの憂い気持ちでいる私をさらに寂しがらせておくれ。**季** 閑古鳥（夏）。**読解** 「閑古鳥」は郭公。『嵯峨日記』はこの句の前に一人住む楽しさを述べ、西行の歌として「山里にこはまた誰をよぶこ鳥独り住まむと思ひしものを」などを引く。嵯峨の落柿舎滞在中、訪問客のない一日に寂しさを味わいつくそうという句。

21 **鶯や餅に糞する縁の先**　芭蕉〈葛の松原〉

句意 庭にやってきた鶯が鳴くかと思えば、縁先に洗って干してある餅に、思いがけず糞をして飛び去っていった。それもまた春のめでたさ、のどかさであることよ。**季** 鶯（春）。**読解** 和歌・連歌・漢詩などが扱わない素材を用いて風雅を表現しようとしていた芭蕉の自信作で、自ら「日比の工夫の処」という。花に鳴く鶯の伝統を翻して、糞をする鶯を詠みながらも、卑俗にならず、春の気分を表すことに成功している。

22 **鶯やもののまぎれに夕鳴きす**　暁台〈暁台句集〉

句意 春の夕べ何かのはずみで鶯が一声鳴いた。夕方にはあまり鳴かない鳥なのだが、それも趣深く聞こえたことだ。**季** 鶯（春）。**読解** 「もののまぎれ」は『源氏物語』などで男女の密会の意味にも用いられる語。また「春の野に霞たなびきうら悲しこの夕影に鶯鳴くも」（➡名歌294）もふまえていると思われ、全体に古典めいた優雅な雰囲気を持たせている。

23 **討ちはたす梵論つれ立ちて夏野かな**　蕪村〈新花摘〉

句意 互いに相手を討ちはたすべき敵どうしの梵論が、連れ立って果たしあいの場を求め、夏野を歩んでゆく。**季** 夏野（夏）。**読解** 「梵論」は有髪の乞食僧。『徒然草』一一五段の、敵どうしの梵論が潔く決闘してともに死んだ話を一句に仕立てた。草生い茂る夏野の活力に、梵論の殺気や緊迫感が調和している。

24 **うつくしや障子の穴の天の川**　一茶〈七番日記〉

句意 長患いで寝込んだまま七夕を迎えた。試みに障子の穴から空を眺めると、天の川がほんとうに美しく見えた。**季** 天の川（秋）。**読解** 旅先で病を得た一茶は、門人の家で七十余日病臥することとなった。病人なりの七夕に興じているのである。

25 **うづくまる薬の下の寒さかな**　丈草〈枯尾花〉

句意 師の病状を案じながら薬を煎じる鍋のもとにうずくまっていると、冬の夜の寒さがひとしお身にしみる。**季** 寒さ（冬）。**読解** 死の床にあった芭蕉に勧められて門人たちが作った句の一つ。丈草自身の姿を客観的に詠むことで、師を思う真情が表れた。「寒さ」は心の寒さでもある。芭蕉はこの句だけを「丈草出来たり」と褒めたという。

26 **卯の花に兼房みゆる白毛かな**　曾良〈奥の細道〉

句意 真っ白に咲き乱れる卯の花を見ていると、昔この高館で、白髪を振り乱して戦った兼房の姿が目に浮かぶ。**季** 卯の花（夏）。**読解** 白い卯の花から白髪を連想した。増尾十郎権頭兼房は源義経の家来。年寄りながら高館で義経夫婦の自害を助け、館に火を放って炎の中に飛びこみ壮絶な最期を遂げた。『奥の細道』では芭蕉の99の句と並記、ともに平泉の悲しい歴史を詠んだ句である。

27 **卯の花をかざしに関の晴れ着かな**　曾良〈奥の細道〉

句意 古人は白河の関を越える際、能因に敬意を表して装束を改めたというが、なんの準備もない私は卯の花を髪に挿して晴れ着としよう。**季** 卯の花（夏）。**読解** 竹田大夫国行が、能因の歌（➡名歌348）に敬意を表し、衣装を改めて白河の関を越えたという『袋草紙』の故事による。和歌の伝統上白河の関と縁の深い卯の花を、挿頭にするところに風狂の精神がある。

28 **馬に寝て残夢月遠し茶の煙**　芭蕉〈野ざらし紀行〉

[句意]早朝の旅立ちで馬上にうとうとと夢見心地でいたが、はっと気づくと、有り明けの月は遠く山の端にかかり、麓の里では茶を煮る煙が立ち昇っている。[季]月(秋)。[読解]東海道の難所、小夜の中山での作。杜牧の詩「鞭を垂れて馬に信せて行く…林下残夢を帯び 葉飛んで時にたちまち驚く…月暁にして遠山横はる」〈早行〉をふまえ漢詩文調の固い調子をもつ。さらに寝覚めの縁語で、この土地の名産の「茶」を配し、新しい「早行(早朝の旅)」の旅情を詠んだ。

29 **海暮れて鴨の声ほのかに白し**　芭蕉〈野ざらし紀行〉

[句意]海はもう宵闇に沈もうとしているが、どこからかかすかに聞こえてくる鴨の声がほの白く感じられる。[季]鴨(冬)。[読解]前書「海辺に日暮らして」。鋭い感覚により鴨の声を「ほのかに白し」と言いきった。夕闇に包まれる寸前の冬の海全体がほの白く印象づけられる。五・五・七のリズムが特徴的。

30 **うめ一輪一輪ほどの暖かさ**　嵐雪〈遠のく〉

[句意]寒梅が一輪花をつけた。そのほのかなにおいや色合いから、冬とはいえ一輪ほどの暖かさが感じられる。[季]寒梅(冬)。[読解]「うめ」は原文では「むめ」。前書に「寒梅」とあり、冬の梅を詠んだもの。寒梅に寄せて春を待つ情を、平明ながらリズムよく詠んだ。

31 **うめが香にのっと日の出る山路かな**　芭蕉〈炭俵・上〉

[句意]暁の冷気の中、梅の香の漂う山路を行くと、突然行く手に朝日がのっと顔を出した。[季]うめが香(春)。[読解]「うめ」は原文では「むめ」。「のっと」は突然、悠然と現れるさま。梅の香が漂う山路という和歌的な世界がこの俗語の使用により俳諧となる。しかも全体の清冷な気分を破ることもなく「軽み」の傑作とされる。

32 **愁ひつつ岡にのぼれば花いばら**　蕪村〈蕪村句集・上〉

[句意]心に愁いを抱いて岡に登ると、白い茨の花があちこちに咲き香っており、ますますやるせない思いがすることだ。[季]花いばら(夏)。[読解]愁わしい思いで岡に登るのは漢詩の一パターンを踏襲したもの。

33 **易水に葱流るる寒さかな**　蕪村〈蕪村句集・下〉

[句意]昔、燕の荊軻が「風蕭蕭として易水寒し 壮士一たび去りてまた還らず」と吟じた大河易水には、今もまた冷たい風が吹き、だれが洗い落としたか白い葱が流れて行く。返らぬ葱の行方を見つめているとひとしお寒さが身にしみる。[季]葱・寒さ(冬)。[読解]秦の始皇帝を暗殺しようとした荊軻は、易水で燕の太子らに見送られ、右の詩を詠じた。葱は生活感を出すと同時に荊軻が始皇帝に投げつけた匕首(あいくち)のイメージが重ねられる。芭蕉の「葱白く洗ひたてたる寒さかな」(→104)も意識。

34 **応々といへど敲くや雪の門**　去来〈句兄弟〉

[句意]降り積もる雪の中を訪ねてきた人が門を敲く。中では「はいはい」と答えるのだが、聞こえないのか、寒さに待ちかねてか、さらに激しく門を敲いている。[季]雪(冬)。[読解]「応々といへど敲く」が、家の内外の動きを巧みにとらえ、しんしんと寒い雪の夜の情景を描き出している。

35 **遅き日のつもりて遠き昔かな**　蕪村〈蕪村句集・上〉

[句意]ゆっくりと暮れてゆく春の日。こうして一日一日が積もって、若かった日々がいつしか遠い昔となっていったのだなあ。[季]遅き日(春)。[読解]名歌104などをふまえ、歌語のみで作られた句だが、杜審言の「遅日園林昔遊を悲しむ」〈湘江を渡る〉など漢詩の世界も取り込み、青春を懐かしんでいる。

36 **御手討ちの夫婦なりしを更衣**　蕪村〈蕪村句集・上〉

[句意]武家奉公の男女が御法度の不義密通を犯した。本来なら御手討ちの罪だが、許され夫婦となってひっそりと暮らしていた。更衣の今日、改めて生命の喜びを感じたことだ。[季]更衣(夏)。[読解]更衣の清新な気分を新生の喜びに具体化した。芝居の筋のような複雑な内容を十七文字で表現したところが手柄。

37 **大原や蝶の出て舞ふ朧月**　丈草〈北の山〉

[句意]朧月の大原の里、ほのかな光に誘われて白い蝶がひらひらと舞っている。[季]朧月(春)。[読解]大原は『平家物語』や謡曲『大原御幸』などで有名な、京都の大原などが想定されている。朧月に出て舞う蝶は能舞台も連想させよう。古典を背景にした夢幻的な美しい句。

38 **大晦日定めなき世の定めかな**　西鶴〈三ヶ津〉

[句意]この世は無常ではかないものだが、借金を取り立てられる大晦日だけはきちんとやってくる。[季]大晦日(冬)。[読解]仏教的無常観に基く語「定めなき世」に現実的な「定め」を見つけたおかしみ。当時の大晦日は貸借の決算日で西鶴の浮世草子『世間胸算用』にも借金をめぐるこの日の町人の悲喜劇が記される。

39 **おもしろうてやがて悲しき鵜舟かな**　芭蕉〈曠野・三〉

[句意]鵜飼い見物はおもしろいが、やがて漁が終わり篝火も消えるころになると、なんともいえない悲しく寂しい気持ちになる。[季]鵜舟(夏)。[読解]岐阜長良川の鵜飼いを詠んだ句。殺生禁断の川で鵜飼いをしたため殺された漁夫を扱った謡曲『鵜飼』で、老漁夫が鵜飼いの面白さに狂った後、闇の世へ帰る場面をふまえる。鵜飼いに興じた後の自分の哀感と、謡曲の主題である深い哀愁とを重ね、奥深い句に仕立てた。

40 **孝行のしたい時分に親はなし**　〈柳多留・二二〉

[句意]親孝行をしたいと思ったときにはもう遅く、親は死んでしまっているものだ。[読解]若いころは親に迷惑をかけるばかり、また意見をする親を疎ましく思ったりしたものだが、自分も親になって苦労するうちその気持ちもわかり、しみじみと親をありがたく思うようになる。その時にはもう間に合わないのだが、という人生の真をついたユーモア。

41 **数ならぬ身とな思ひそ玉祭り**　芭蕉〈有磯海〉

【句意】取るに足らない身だとそんなに遠慮しなくてもよいのだよ。魂祭りにおまえの冥福を心から祈ることだ。【季】玉祭り(秋)。【読解】前書「尼寿貞が身まかりけるときゝて」。寿貞は芭蕉の若いころの内妻といわれる女性で、元禄七年(一六九四)夏、江戸の芭蕉庵で没した。その新盆の句。寿貞を幸せにできなかった芭蕉の後悔や、彼女へのいたわりの思いがにじみでている。「な〜そ」は柔らかい禁止の意を表す。

42 **霞さへまだらに立つや寅の年**　貞徳〈犬子集・一〉

【句意】新年を迎えた。今年は寅年なので春霞さえ虎の毛のようなまだら模様に立っている。【季】霞・年立つ・寅の年(春)。【読解】「立つ」に年が立つ意と霞が立つ意を掛ける。「まだら」と「寅」は縁語。干支による言葉の技巧に興じた句。

43 **かみなりをまねて腹掛けやっとさせ**〈柳多留・初〉

【句意】「ゴロゴロゴロ、ほら雷様が来る、はやく隠さないとおへそを取られるよ」と脅かして、やっと逃げ回る裸の子に腹掛けをさせた。【読解】真夏の庶民の家庭のほほえましい光景。親が怖い雷様の様子をまねたともとれる。「やっと」の言葉に、手をすりぬけて走り回る幼児の姿が浮かんでくる。

44 **辛崎の松は花より朧にて**　芭蕉〈野ざらし紀行〉

【句意】湖上はるかな辛崎の松は、春霞の中、桜よりなおおぼろげに霞んで見える。【季】朧(春)。【読解】前書「湖水の眺望」。土地の代表的歌枕「辛崎の松」を詠み込み、大津の門人へ挨拶した句。近江の花・松とも昔を偲ぶ題材で、この句の「朧」も過去からの幻想に包まれるイメージがある。「かな」でなく「にて」で止めたことには古来議論があるが、「にて」の余韻と琵琶湖水の朦朧とした様子がよく響きあっている。

45 **かれ朶に烏のとまりけり秋の暮れ**　芭蕉〈曠野・四〉

【句意】葉も落ちつくした枯れ枝に烏が来てとまっている。いかにも寂しい秋の夕暮れにふさわしい。【季】秋の暮れ(秋)。【読解】冬の画題「寒鴉枯木」を秋の暮れの寂しさに結びつけたところが俳諧。初案は「枯枝に烏のとまりたるや秋の暮れ」と生硬な表現であったのを改めた。

46 **菊の香や奈良には古き仏たち**　芭蕉〈元禄七年九月杉風宛書簡〉

【句意】古い仏たちがいらっしゃる古都奈良には、重陽の節供の今日、菊の香が漂っている。【季】菊の香(秋)。【読解】重陽という古い高雅な節供を象徴する菊の香と、古都に年経る御仏との調和により、いにしえを懐かしむ浪漫的な句。単純な写生句ではない。

47 **象潟や雨に西施がねぶの花**　芭蕉〈奥の細道〉

【句意】象潟の景色はほんとうに美しい。折から咲くねむの淡紅色の花が雨にぬれるさまは、美女西施がもの思わしげに目を閉じているようだ。【季】ねぶの花(夏)。【読解】「ねぶ」に眠る意を掛ける。西施は中国の美女。『奥の細道』に「松島は笑ふがごとく、象潟はうらむがごとし」といい、雨にぬれるねむの花、西施の姿態はまた象潟の景の形容でもある。

48 **狂句木枯らしの身は竹斎に似たるかな**　芭蕉〈冬の日〉

【句意】落ちぶれ果て、おかしな句を詠み散らしながら木枯らしに吹かれ旅する私は、あの竹斎そっくりですね。【季】木枯らし(冬)。【読解】「竹斎」は仮名草子『竹斎』の主人公。京都の藪医者で、珍事件を起こしては狂歌を詠みつつ江戸へ下る途中、名古屋に滞留した。名古屋門人への謙遜をこめた挨拶の句。

49 **行水の捨てどころなし虫の声**　鬼貫〈仏兄七久留万〉

【句意】行水に使った水を捨てようと思うが、庭ではあちこちで虫が鳴いている。せっかくのよい声を止めるのが惜しくて捨てられないことだ。【季】虫の声(秋)。【読解】日常生活の中での風流だが、かえって風流を売り物にする嫌味も感じられる。「捨てどころなき」とする形も伝わる。

50 **公達に狐化けたり宵の春**　蕪村〈蕪村句集・上〉

【句意】なまめいた春の宵、狐が美しい貴公子に化けてどこからともなく現れた。人間の美女のもとへと通うのだろうか。【季】宵の春(春)。【読解】春の宵の艶めいた風情を女のもとに通う妖しい貴公子によって表現した。蕪村には王朝に取材した幻想的な句が多い。

51 **草の戸も住み替はる代ぞ雛の家**　芭蕉〈奥の細道〉

【句意】自分が住んでいたころはわびしい草庵だったが、住む人も替わる時がきた。雛祭りには雛人形も飾られるにぎやかな家になることだろう。【季】雛(春)。【読解】芭蕉庵を人に譲ったときの作。『奥の細道』の冒頭の句。漂泊の旅への出立にあたり、世の移り変わりに対する感慨を述べた。

52 **草臥れて宿かるころや藤の花**　芭蕉〈猿蓑・四〉

【句意】大和路の歌枕を訪ねて一日歩きくたびれ、宿をとるころとなった。ふと見ると黄昏の光の中、紫の藤の花がもの憂く咲いている。【季】藤の花(春)。【読解】前書「大和行脚のとき」。「草臥れ」は単に肉体的な疲れだけではなく、懐旧の情に浸りながら晩春の大和路を一日行き暮らした心と体の疲れである。夕暮れ時の藤の花房がもの憂い気分を象徴している。

53 **凩の果てはありけり海の音**　言水〈新撰都曲〉

【句意】冬の野山を我が物顔に吹き荒れた木枯らしはいつまでもどこまでも吹いていそうだったが、冬の海に出て激しい波の響きとなった。これぞ木枯らしの果てというべきか。【季】凩(冬)。【読解】木枯らしの終わりを見つけたという知的な表現だが、冬の自然の本質をとらえた壮大な句で嫌味が感じられない。言水はこの句により「こがらしの言水」と呼ばれた。

54 **心から信濃の雪に降られけり**　一茶〈文化句帖〉

【句意】家族にも村人にも冷たくされ、故郷信濃を再び出ていく身に雪が降る。心の底から寒々と感じられることだ。【季】雪(冬)。【読解】文化四年(一八〇七)、柏原へ帰郷しての作。異母弟との遺産問題は決着がつかず、長い間郷里を離れていたため村人とも折りあいが悪く、結局一茶は四日間滞在しただけで江戸へ帰った。その孤独感と人々への憎しみがこめられている。

55 **小鳥来る音うれしさよ板びさし**　蕪村〈蕪村句集・上〉
【句意】屋根の板びさしの上にかすかな小鳥の足音や鳴き声が聞こえる。今年も渡り鳥の来るころになったのだと、何となく心楽しい。【季】小鳥(秋)。【読解】作者は室内で小鳥の気配に耳を澄ませている。聞こえる音だけで小鳥の姿を想像することでうれしさが強調される。

56 **この秋は何で年寄る雲に鳥**　芭蕉〈笈日記〉
【句意】今年の秋はどうしてこれほど老いを感じるのだろう。雲の彼方に小鳥が小さく消えていくが、その頼りない姿は、まるで今旅に病んでいる私のようだ。【季】秋。【読解】前書「旅懐」は旅の思い。元禄七年(一六九四)九月大坂での句。雲の彼方に消えゆく鳥の孤独な姿に、旅の途中で病み、死を予感する自分の姿を重ねている。

57 **この道や行く人なしに秋の暮れ**　芭蕉〈其便〉
【句意】秋の夕暮れ時、自分の歩いて行くこの道にはほかに人の影もなく、薄闇の中をどこまでも続いている。【季】秋の暮れ(秋)。【読解】同時に「人声やこの道帰る秋の暮れ」の句もあったが、「この道や」の形に決まった。前書「所思」は思うところの意で、行く人のない道は芭蕉の孤独な生き方、人生を象徴している。元禄七年(一六九四)九月、衰えを自覚したころの句。

58 **木のもとに汁も鱠も桜かな**　芭蕉〈ひさご〉
【句意】満開の桜の下に花見の宴を張ると、汁も鱠も何もかも散りしきる花びらで埋まってしまいそうだ。【季】桜(春)。【読解】前書「花見」。花見の宴に「汁も鱠も」と卑近な食べ物を詠み込んで、状況を具体的にしたところが俳諧。ありありと宴のさまを想像させる。芭蕉自賛の句。

59 **高麗船の寄らで過ぎ行く霞かな**　蕪村〈蕪村句集・上〉
【句意】春の海に立ちこめる霞の中から彩色鮮やかな高麗船が現れた。港に入るのかと心がときめいたが、また霞の中へ消えていってしまった。【季】霞(春)。【読解】「寄らで過ぎ行く」は、晋の王子猷が大雪の夜、友人を思い小舟に乗って門に至ったが、興尽きて訪れずに帰ったという故事による。小舟を古代朝鮮の大船「高麗船」にかえ、まったく趣の異なる幻想的な句に仕立てた。

60 **これがまあつひの栖か雪五尺**　一茶〈七番日記〉
【句意】雪が五尺も積もったこの故郷が、今後私が終生住んでいく所なのか。【季】雪(冬)。【読解】文化九年(一八一二)、一茶は長い漂泊生活に終止符を打ち、故郷信濃(長野県)柏原に定住することになった。やっと帰りついた故郷はしかし有数の豪雪地帯、ここで死を迎えるまで暮らしていくのか、という感慨である。「五尺」は約一・五メートル。

61 **これはこれはとばかり花の吉野山**　貞室〈一本草〉
【句意】満山桜の吉野山。そのみごとさに圧倒され、ただこれはこれはというだけで、あとは言葉も出ない。【季】花(春)。【読解】桜の名所吉野山のすばらしさを言葉の技巧に頼らず率直に表現。貞室の代表作で、のちに芭蕉の『笈の小文』にも引かれた。

62 **声かれて猿の歯白し峰の月**　其角〈句兄弟〉
【句意】峰の上の月に向かって、猿が悲しい声で啼いている。白い歯をむき出し、声もかれるまで。【季】月(秋)。【読解】猿の声を悲しいものと聞く「哀猿の声」は漢詩の伝統的な題材。むき出しになった白い歯により、具体的にそのイメージを呼び起こした。芭蕉はこの句に啓発され73の句を作っている。

63 **さしぬきを足でぬぐ夜や朧月**　蕪村〈蕪村句集・上〉
【句意】朧月の春の夜、ほろ酔い機嫌で帰った貴公子が、めんどうくさそうに足で指貫を踏み脱いでいる。【季】朧月(春)。【読解】王朝趣味の句。「さしぬき」は直衣・狩衣を着るときに履く袴で、裾を紐でくくったもの。春の夜の艶情ともの憂い気分を、自堕落ながらなまめいた王朝の貴公子に具象化した。

64 **五月雨の降りのこしてや光堂**　芭蕉〈奥の細道〉
【句意】何百年もの間降り注ぎすべてのものを朽ちさせてきた五月雨も、この御堂には降らなかったのだろうか。光堂の名のとおり今も燦然と輝いている。【季】五月雨(夏)。【読解】「降り」に経る意を掛ける。奥州藤原氏の栄華の記念が平泉の地に今なお残っていることへの驚き。「五月雨」は歴史の転変を象徴している。

65 **五月雨や大河を前に家二軒**　蕪村〈蕪村句集・上〉
【句意】降り続く五月雨に増水した川は今にもあふれそうだ。その大河を前に二軒の家が心細そうに並んでいる。【季】五月雨(夏)。【読解】画家蕪村らしい絵画的な構図。寄り添うように建つ「家二軒」が不安感を高めている。

66 **五月雨をあつめて早し最上川**　芭蕉〈奥の細道〉
【句意】山野に降り続いた五月雨を集め、最上川は奔流となって流れてゆく。【季】五月雨(夏)。【読解】満々と水をたたえた急流最上川の景をリズムよく詠んだ。初案は「あつめて涼し」の形で、大石田(山形県)の俳人への挨拶の句だったが、『奥の細道』収録の際、改められた。句の改変には芭蕉の最上川下りの経験も生かされていよう。

67 **離別れたる身を踏ん込んで田植ゑかな**　蕪村〈蕪村句集・上〉
【句意】田植えは村の共同作業である。今日は離縁された先夫の家の田植え。恥ずかしくも恨めしくもさまざまに思い乱れつつ、ついに覚悟を決め泥の中に一歩を踏み入れた。【季】田植ゑ(夏)。【読解】複雑な心理を詠んだ、小説的な内容の句。「身を踏ん込んで」に意を決した女性の迫力が感じられる。

68 **さればここに談林の木あり梅の花**　宗因〈談林十百韻〉
【句意】さてここに談林の名のもと人々が集って俳諧に熱心だが、咲きにおう梅の花こそ談林の木にふさわしい。皆さんも梅のように新しい俳諧の花を咲かせてください。[季]梅の花(春)。[読解]宗因の新風に傾倒していた江戸の田代松意に与えた句。「談林(檀林)」は僧侶の学問所をいう。松意が自分の俳諧結社名にしたため挨拶の意味で用いたが、のちに宗因風の俳諧の総称となった。「梅」は学問の神、天神との関係が深く、また梅の木で数珠を作ることから「談林」と取りあわされた。

69 **閑かさや岩にしみ入る蟬の声**　芭蕉〈奥の細道〉

[句意]立石寺の境内には、蟬の声が周囲の岩にしみ入るように聞こえるばかり。閑静なたたずまいに心が澄み渡っていく。[季]蟬(夏)。[読解]騒がしい音の代表である蟬の声により、かえって寺の清閑な雰囲気が深まるのである。初案「山寺や石にしみつく蟬の声」。推敲を重ね、芭蕉自身の清澄な心境を表現することに成功した。

70 **しづかさや湖水の底の雲の峰**　一茶〈寛政句帖〉

[句意]真夏の空の大きな白い入道雲が、炎天下静まりかえった琵琶湖の水底にうつって、いかにも涼しげだ。[季]雲の峰(夏)。[読解]蕪村一派の霞東の句「しづかさや湖水にうつる雲の峰」〈続明烏〉に学んだもの。平板な「湖水にうつる」を「湖水の底」に改めたことで、一句がどっしりと落ち着き、深みが生まれた。

71 **死にもせぬ旅寝の果てよ秋の暮れ**　芭蕉〈野ざらし紀行〉

[句意]死を覚悟しての旅であったが、なんとか死ぬこともなくここまでたどりついたことだ。秋も暮れようとしている時に。[季]秋の暮れ(秋)。[読解]大垣の俳人木因亭での作。「秋の暮れ」はふつう秋の日の夕暮れをさすが、ここでは晩秋、秋の終わりの意も兼ねる。『野ざらし紀行』出立にあたって詠んだ105の句に呼応する。

72 **四方より花吹き入れて鳰の波**　芭蕉〈白馬〉

[句意]風が四方の山から落花を吹き入れて、鳰の海と呼ばれる琵琶湖に花の波が立ち騒いでいる。[季]花(春)。[読解]近江国膳所(滋賀県大津市)で記した俳文「洒落堂記」末尾に置かれる。洒落堂からの景観を詠んだ挨拶句で、スケールの大きさと幻想的な美しさを持つ。

73 **塩鯛の歯ぐきも寒し魚の店**　芭蕉〈薦獅子集〉

[句意]冬の魚屋の店先には鮮魚も少なく塩漬けの鯛が並べられている。その剝き出した歯茎が寒々としていることよ。[季]寒し(冬)。[読解]其角の62の句に感じてなった句。日常性の中に鋭敏に寒さを見いだした。

74 **白梅に明くる夜ばかりとなりにけり**　蕪村〈から檜葉〉

[句意]ほのかな香りの中、白梅のあたりから夜が白々と明けるころとなった。これからはいつもそのような明け方をする美しい季節になったのだ。[季]白梅(春)。[読解]臨終三吟の一つ。六十五歳の天明三年(一七八三)十二月二十五日の夜明け方、この句を吟じ「初春」と題をつけるよう言い残して世を去った。「白梅の」という形も伝わる。他の句は「冬鶯むかし王維が垣根かな」「うぐひすや何ごそつかす藪の霜」。

75 **白魚のどっと生まるるおぼろかな**　一茶〈文化句帖〉

[句意]朧月夜の下、水のぬるんだ川の中では、透明な白魚がどっとたくさん生まれ、きらめきながら泳いでいることだろう。[季]白魚・おぼろ(春)。[読解]春に賞味される白魚の透明な美しさを詠んだ幻想的な句。

76 **白魚やさながら動く水の色**　来山〈続今宮草〉

[句意]透き通った白魚が泳ぐさまは、まるで水の色そのものが水中を動いているようだ。[季]白魚(春)。[読解]「白魚」は透明な小魚で、春先川をさかのぼる。繊細な感覚の句。

77 **涼風の曲がりくねって来たりけり**　一茶〈七番日記〉

[句意]自分の住む裏長屋には、せっかくの涼風も狭い路地を曲がりくねって、やっとかすかに吹いてくるだけだ。[季]涼風(夏)。[読解]貧しい裏長屋に住む身を、おかしみを含め、自嘲的に表現した句。

78 **涼しさを我が宿にしてねまるなり**　芭蕉〈奥の細道〉

[句意]この家は実に涼しくて、我が家にいるような気楽さでくつろいでいることです。[季]涼し(夏)。[読解]尾花沢(山形県)の清風亭での挨拶句。「ねまる」は東北方言でくつろいで座ること。清風のもてなしに対し、土地言葉を詠み込んだ句で感謝を示した。

79 **雀の子そこのけそこのけ御馬が通る**　一茶〈おらが春〉

[句意]まだよく飛べない雀の子が道で餌をついばんでいる。ほらお馬が通る、どいてどいて。踏みつぶされてしまうよ。[季]雀の子(春)。[読解]一茶独特の小さいもの、弱いものへの同情・愛情がみられる。「御馬」は特に武家の馬と解する説もある。

80 **蕭条として石に日の入る枯れ野かな**　蕪村〈蕪村句集・下〉

[句意]草が枯れ、石ばかりが目立ってごろごろしている荒涼とした枯れ野に、今ひっそりと日が沈んでいく。[季]枯れ野(冬)。[読解]「蕭条」はものさびしいさま。字余りは夕日の沈む時間的経過も示す。

81 **大根引き大根で道を教へけり**　一茶〈七番日記〉

[句意]畑で大根を抜いている男に道を尋ねると、今抜いたばかりの大根で方向を示して教えてくれた。[季]大根(冬)。[読解]田舎の農民の気安く無造作なさまをよくとらえた句。川柳の「ひんぬいた大根で道を教へられ」〈柳多留・初〉と同想のユーモア。

82 **滝口に灯を呼ぶ声や春の雨**　蕪村〈蕪村句集・上〉

[句意]春雨の降り続く夕暮れ時、宮中の静寂を破って、滝口のあたりで「早く灯火を」と呼ぶ武士の猛々しい声が響いた。[季]春の雨(春)。[読解]王朝に取材した句。「滝口」には宮中警護の武士の詰め所があった。春雨のかそけき情緒と荒々しい武士との対比が主眼だが、夕闇迫るころの一抹の不安感も漂う。

83 **蛸壺やはかなき夢を夏の月**　芭蕉〈猿蓑・二〉

【句意】夏の月の照らす一夜、海の底では蛸が朝には捕まるとも知らず、蛸壺の中ではかない夢を見ていることだろう。【季】夏の月(夏)。【読解】前書「明石夜泊」。夏の短夜のはかない夢という伝統的な恋の言葉に蛸壺を結びつけたところが俳諧。蛸は明石の名産。明石は『源氏物語』や『平家物語』などの古典の舞台でもあり、蛸の滑稽感や哀れさは、旅に明け暮れる芭蕉自身にも、人生全般の無常感へも広がっていく。

84 **旅に病んで夢は枯れ野をかけ廻る** 芭蕉〈笈日記〉

【句意】旅の途中で病み臥したが、見る夢はひたすら枯れ野をかけめぐっている。【季】枯れ野(冬)。【読解】前書「病中吟」。元禄七年(一六九四)十月八日、大坂で病に倒れた芭蕉が看病していた門人に書き取らせた句。死を目前にしつつなお旅を、風雅を慕う芭蕉の絶唱である。

85 **旅人と我が名呼ばれん初時雨** 芭蕉〈笈の小文〉

【句意】初時雨の降るころとなった。早く旅に出て、道々人に旅人と呼ばれたいものだ。【季】初時雨(冬)。【読解】貞享四年(一六八七)十月『笈の小文』の旅の餞別会での句。時雨は無常と風雅の象徴。初時雨にぬれつつ、漂泊の旅人の境地を味わいつくしたいという芭蕉の心のはずみが感じられる。

86 **月天心貧しき町を通りけり** 蕪村〈蕪村句集・下〉

【句意】夜も更け、月は天の中心にかかっている。寝静まってだれ一人月を見ることもないこの貧しい町が、月の清い光を浴びて美しく変じた光景を、自分だけが楽しみながら歩いて行く。【季】月(秋)。【読解】邵康節の「月天心に到る処 風水面に来る時 一般の清意の味はひ 科り得たり人の知ること少れなるを」〈清夜吟〉をふまえる。

87 **月に柄をさしたらばよき団扇かな** 宗鑑〈俳諧初学抄〉

【句意】暑い夏の夜、空にはまるい月がかかっている。あの月に柄をつけたら、さぞよい団扇ができるだろう。【季】団扇(夏)。【読解】夏の月は古来涼しさの象徴。月と団扇の形の類似からの連想だけでなく、空から涼風を送ってくれそうだという期待がこめられる。「柄をさしたらば」という無邪気さが一句に生彩を与える。

88 **月はやし梢は雨を持ちながら** 芭蕉〈鹿島紀行〉

【句意】雨上がりの雲の動きが速いので、月が速く空を行くように見える。木々の梢からはまだ先ほどの雨のしずくが滴り落ちてくる。【季】月(秋)。【読解】貞享四年(一六八七)八月十五夜、芭蕉は鹿島(茨城県)の仏頂和尚を訪ねた。当夜は雨であったが、暁にあがり、雨後の月を賞した句。雨気を帯びた暁の月のさわやかさをよくとらえている。

89 **づぶ濡れの大名を見る炬燵かな** 一茶〈八番日記〉

【句意】冬の雨にずぶぬれになって通る大名行列、こちらは家の中で炬燵にあたりながらそれを眺めていることよ。【季】炬燵(冬)。【読解】庶民の気楽さと大名など権威者への小気味よい反発が感じられる。

90 **露の世は露の世ながらさりながら** 一茶〈おらが春〉

【句意】この世は露のようにはかない無常の世だとわかってはいるのだが、娘の死の悲しさ、辛さをどうしたらいいだろう。【季】露(秋)。【読解】文政二年(一八一九)、五十六歳でようやく得た長女さとを一歳余で失った追悼句。さとの死は六月だが、「露の世」が一句での中心なので秋季の句とする。

91 **手にとらば消えん涙ぞ熱き秋の霜** 芭蕉〈野ざらし紀行〉

【句意】母の遺髪を手にすると、私の熱い涙のために秋の霜のようにはかなく消えてしまいそうだ。【季】秋の霜(秋)。【読解】「秋の霜」は母の白髪の比喩であり、はかないその命の象徴。芭蕉は母の死に目に会えず、貞享元年(一六八四)伊賀(三重県)上野の実家でその遺髪を拝んだ。極端な字余りが悲しみの激しさを表している。

92 **年暮れぬ笠きて草鞋はきながら** 芭蕉〈野ざらし紀行〉

【句意】あちらこちらと旅寝を重ねるうちに年も暮れてしまった。人々は年越しの準備に忙しげだが、私は笠を着て草鞋を履いた旅装のままだ。【季】年の暮れ(冬)。【読解】藤原定家の歌と伝える「旅人の笠きて馬に乗りながら口をひかれて西へこそゆけ」をふまえた軽いリズムを持つ。伊賀(三重県)上野の実家での吟。郷里にあってかえって強く旅人であることを意識している。

93 **鳥羽殿へ五六騎いそぐ野分かな** 蕪村〈蕪村句集・下〉

【句意】野分の吹き荒れる中、五、六騎の武者がただならぬ様子で鳥羽殿へ馬を走らせる。何か異変が起きたのか。【季】野分(秋)。【読解】「鳥羽殿」は白河・鳥羽上皇の離宮で、保元の乱などの舞台。軍記の世界を詠んだ歴史空想句。絵巻き物の一場面を見るようで、野分の荒々しさをよく生かし、躍動感ある句である。

94 **ともかくもあなた任せの年の暮れ** 一茶〈おらが春〉

【句意】とにもかくにも阿弥陀様にお任せして、なんとかこの年の暮れを迎えたことだ。【季】年の暮れ(冬)。【読解】「あなた」は浄土真宗で阿弥陀如来をいう。文政二年(一八一九)十二月末の句。愛娘の死などいろいろなことがあった一年だが、それでも年の暮れを迎えたという感慨である。

95 **十団子も小粒になりぬ秋の風** 許六〈韻塞〉

【句意】秋の風の身にしみるころ、宇津の山を通りかかった。名物の十団子も心なしか以前より小粒になったようだ。【季】秋の風(秋)。【読解】駿河国(静岡県)宇津谷峠での作。「十団子」はその麓の茶屋で売っていた名物の団子で、小豆大の粒を十ずつ糸でつないだもの。秋風の哀れさ、寂しさに、団子もいっそう小粒になるかと感じられるのである。

96 **ながむとて花にもいたし首の骨** 宗因〈懐子〉

【句意】桜の花に見とれて上ばかり眺めていたので首の骨が痛くなってしまった。【季】花(春)。【読解】西行の

「ながむとて花にもいたく馴れぬれば散る別れこそ悲しかりけれ」〈新古今・春下〉の歌のもじり。本歌の「いたく」を、はなはだの意から痛いの意に変えたところがおもしろさ。

97 **泣き泣きもよい方をとる形見分け** 〈柳多留・一七〉

[句意]身近な人が亡くなった。泣きながらもその人の形見を分けてもらう際にはしっかりよいほうをとっている。[読解]悲しみと物欲は別、というやや皮肉な見方。

98 **夏河を越すうれしさよ手に草履** 蕪村〈蕪村句集・上〉

[句意]炎天下の旅で小さな清流にさしかかった。手に草履を下げ、裸足で冷たい水を渡ると、その快いこと。[季]夏河(夏)。[読解]四年にわたる丹後滞在中の句。句中の人物の「うれしさ」が伝わってくる爽快な句。

99 **夏草や兵どもが夢の跡** 芭蕉〈奥の細道〉

[句意]昔この地で奮戦した源義経一党の武者たちの功名も、奥州藤原氏の栄華もすべて一時の夢と化し、あとにはただ夏草が生い茂るばかりだ。[季]夏草(夏)。[読解]悠久の自然に人間の営みのむなしさを対比させ、往古の勇士を弔った。「夢」は「兵ども」が見た夢であり、歴史の流れの中にはかなく消えた夢である。

100 **菜の花や月は東に日は西に** 蕪村〈蕪村句集・上〉

[句意]春の夕暮れ時、一面に咲いた黄金色の菜の花畑をはさんで、東の空には低く月がかかり、西の空には日が沈もうとしている。[季]菜の花(春)。[読解]陶淵明の「白日西阿に淪み　素月東嶺に出づ」〈雑詩其二〉や李白の「日西月また東」〈古風其二八〉などの漢詩、柿本人麻呂の和歌(➡名歌309)、また「月は東に昴は西に、いとし御殿は真ん中に」という丹後地方のはやり歌などをふまえつつ、和歌では詠まれなかった菜の花の美しさを広大な景にとらえた句。

101 **にょっぽりと秋の空なる富士の山** 鬼貫〈大悟物狂〉

[句意]澄んだ秋の青空に富士山がにょっぽりとひときわ高くそびえている。[季]秋の空(秋)。[読解]「にょっぽりと」はにょっきりと高くそびえ立つさま。俗語で富士をうまく形容している。

102 **盗人に鐘つく寺や冬木立** 太祇〈太祇句選〉

[句意]冬木立の寒々とそびえる深夜、村に盗人が入ったことを知らせる非常の鐘が鳴り響いた。[季]冬木立(冬)。[読解]寺の鐘は火事や盗賊の侵入など非常事態を知らせるためにも鳴らされる。慌ただしい情景をコンパクトにまとめた。冬木立の厳しい景が一句の緊迫感とよく調和している。

103 **寝姿の蠅追ふも今日がかぎりかな** 一茶〈父の終焉日記〉

[句意]眠る父にまといつく蠅を追うのも今日が限りか。もはや命の頼みなく見えることよ。[季]蠅(夏)。[読解]享和元年(一八〇一)五月二十日の句。一茶の帰郷していたこの年四月から父は熱病にかかり、看病のかいなく翌二十一日に没した。もうだめだろうと思いつつ蠅を追う、一茶の悲しみとあきらめの気持ちがにじみ出ている。

104 **葱白く洗ひたてたる寒さかな** 芭蕉〈韻塞〉

[句意]採りたての葱の泥を落として洗った、その際立った白さが寒々と目にしみる。[季]葱・寒さ(冬)。[読解]美濃の国(岐阜県)垂井の本龍寺での句。垂井は葱の産地。土地の名産を賞しつつ、純白な葱の根に目に見える形での寒さを感じている。

105 **野ざらしを心に風のしむ身かな** 芭蕉〈野ざらし紀行〉

[句意]旅中倒れて野に髑髏となる覚悟で旅立とうとすると、秋風が身にも心にもいっそうしみることだ。[季]身にしむ(秋)。[読解]貞享元年(一六八四)八月、『野ざらし紀行』出立の句。「心に」は「野ざらしを心に」と「心に風のしむ」の上下にかかる。旅立ちの覚悟をやや大げさに表明。

106 **蚤虱馬の尿する枕もと** 芭蕉〈奥の細道〉

[句意]蚤や虱に悩まされ、枕元では馬が小便をするという辛い旅寝をすることだ。[季]蚤(夏)。[読解]尿前の関(宮城県)での句。地名の縁で「尿」の語を使った。「尿」は「しと」と読む説が有力であったが、一九九六(平成八)年出現した芭蕉自筆の『奥の細道』により「ばり」と読む。旅の苦難を強調したが、汚いものを並べることで軽いユーモアも生まれる。

107 **白梅や墨芳しき鴻臚館** 蕪村〈蕪村句集・上〉

[句意]白梅香る鴻臚館では、今唐土の使者を迎え詩文がやりとりされているのであろう。かぐわしい墨の香が漂っている。[季]白梅(春)。[読解]鴻臚館は王朝時代、外国使節接待のために置かれた施設で、蕪村の時代にはない。空想の詠史句である。梅の白と墨の黒の色の対比、またそれぞれの高雅な香りの対比が鮮やか。

108 **芭蕉野分して盥に雨を聞く夜かな** 芭蕉〈武蔵曲〉

[句意]草庵の中でひとり、野分の荒い風が庭の芭蕉を吹き破るすさまじい音や、盥に滴る雨漏りの音を聞いていると、孤独な夜の寂しさが身にしみる。[季]野分(秋)。[読解]深川の芭蕉庵での作。「芭蕉」は庵の庭に植えられた愛樹で、芭蕉の号はこの樹に由来する。漢文訓読的な破調が緊迫感を伝えるのに効果的。

109 **芭蕉翁ぼちゃんといふと立ち留まり** 〈柳多留・一七〉

[句意]芭蕉翁が句を考えながら歩いていた。ちょうどその時、ぼちゃんと蛙が池に飛びこんだ音。翁ははっと立ち止まり、有名な古池の句が生まれたのだ。[読解]芭蕉の130の句をふまえたもの。古池の句誕生の瞬間のうがちだが、わざと「蛙」の語を隠して水の音だけ聞かせたところが川柳である。

110 **初恋や灯籠に寄する顔と顔** 太祇〈太祇句選後篇〉

[句意]まだ若い男女が顔を寄せて語りあっている。恋しい相手とこうしていられるうれしさ恥ずかしさで赤くなった二人の顔を、盆灯籠の灯影が照らし出している。[季]灯籠(秋)。[読解]人情を詠むのに巧みであった太祇らしく、初心な恋心のみずみずしさを美しく詠んだ印象的な句。

111 **初時雨猿も小蓑をほしげなり** 芭蕉〈猿蓑・一〉
句意 初時雨に興じつつ山道を歩いていく。ふと見ると、ぬれそぼった猿が一匹。猿も猿なりの小さな蓑を着て、この時雨の中を歩いてみたそうだ。季 初時雨（冬）。読解 時雨は和歌・連歌で世の無常を感じさせる寂しい雨、また猿の声は漢詩で悲しみをかきたてるものとして詠まれてきた。その寂しい時雨に興じ、猿にも興じさせて小蓑を着せる瓢逸さが俳諧。『猿蓑』の冒頭の句。書名もこの句に基づく。

112 **花の雲鐘は上野か浅草か** 芭蕉〈続虚栗〉
句意 草庵から眺めやると、上野・浅草あたりは雲かと見まがうほどの花盛り。そのせいか聞こえてくる鐘の音もぼやけて上野の寛永寺か浅草の浅草寺かわからないありさまだ。季 花の雲（春）。読解 深川の芭蕉庵から花盛りの江戸をはるかに見ている。草庵閑居のおももちながら大らかな春の気分をよくとらえている。

113 **花よりも団子やありて帰る雁** 貞徳〈犬子集・一〉
句意 せっかくの花を見捨てて雁が北へ帰っていくのは、諺に「花より団子」というその団子があるからか。季 花・帰る雁（春）。読解 北へ帰る雁を「花なき里に住みやならへる」と詠んだ歌（↓名歌289）をふまえる。帰るのを惜しむ帰雁の伝統的な詠み方を、俗諺により俳諧化した。

114 **這へ笑へ二つになるぞけさからは** 一茶〈おらが春〉
句意 さあ這い這いをしてごらん、笑ってごらん、おまえも今日から二歳になるのだよ。季 けさ（春）。読解 文政二年（一八一九）正月の作。前年五月に生まれた娘に、一人前の雑煮膳をこしらえて成長を祝ったという親心をそのまま詠んだもの。当時は数え年のため、生まれた時が一歳で、次の正月から一つずつ年をとる。

115 **蛤のふたみにわかれ行く秋ぞ** 芭蕉〈奥の細道〉
句意 蛤の蓋と身が離れがたいように、親しい人々に別れがたい思いをしながら、私はまた二見が浦へと旅立って行く。まさに去り行こうとする秋の空の下。季 行く秋（秋）。読解 長い陸奥行脚を終え、再び大垣から伊勢へと旅立つ芭蕉を見送りにきた門人知友への挨拶の句。『奥の細道』の最後を飾る。伊勢の二見が浦の地名に、その名産蛤の蓋と身を掛け、「行く」は「わかれ行く」と「行く秋」の上下にかかる。

116 **春雨や食はれ残りの鴨が鳴く** 一茶〈七番日記〉
句意 静かに春雨の降る中、寂しげな鴨の鳴き声が聞こえてくる。まだ北へ帰らずに残っている鴨は、思えば冬の間人間に捕まらずにいた食われ残りの鴨といえようか。季 春雨（春）。読解 鴨は春北へ帰る渡り鳥で、冬季は狩猟の対象となる。まだ渡り残っている鴨を「食はれ残り」と表現したおかしみ、哀れさが眼目。

117 **春雨や小磯の小貝ぬるるほど** 蕪村〈蕪村句集・上〉
句意 春雨が小さな磯の小さな貝を少しぬらす程度にかすかに降っている。季 春雨（春）。読解 芭蕉の「小萩散れますほの小貝小盃」〈薦獅子集〉「しぐるるや田の新株の黒むほど」〈泊船集〉による。春雨のかすかな降り方を詠んだ。ぬれた小貝が繊細な美しさを添える。

118 **春雨や蜂の巣つたふ屋根の漏り** 芭蕉〈炭俵・上〉
句意 音もたてずに降る春雨がいつか屋根を漏り、軒先の蜂の巣を伝ってぽとりぽとりと落ちている。季 春雨（春）。読解 春雨の静かに降る風情を的確につかみ、閑居の徒然の寂しさを感じさせる。春雨に「蜂の巣」を伝わらせたところが俳諧。

119 **春雨やものがたりゆく蓑と傘** 蕪村〈蕪村句集・上〉
句意 やわらかに降る春雨の中を、蓑着た人と傘をさした人が親しげに物語りながら歩いて行く。季 春雨（春）。読解 「蓑と傘」という着物と道具で人物を表現した。物語る内容は商用などの俗事ではない。

120 **春立つやにほんめでたき門の松** 徳元〈犬子集・一〉
句意 春となり、家々では門松を二本立て、まことにめでたい日本の新年である。季 春立つ・門の松（春）。読解 「立つ」には門松が立つ意が、「にほん」には二本と日本とが掛けられる。大らかなゆったりした句で、貞門の代表撰集『犬子集』の巻頭を飾った。

121 **春の海終日のたりのたりかな** 蕪村〈蕪村句集・上〉
句意 のどかな春の日ざしを浴びて、海は一日中のたりのたりともの憂げに波打っている。季 春の海（春）。読解 「のたりのたり」の擬態語が穏やかな春の海を巧みに形容している。

122 **日くれたり三井寺下りる春の人** 暁台〈暁台句集〉
句意 日が暮れ、晩の鐘が響くころになった。三井寺に参詣し、今日一日花をめで楽しんだ人たちが、名残惜しげに石段を下ってくる。季 春。読解 大津の三井寺は桜の名所。また「三井の晩鐘」は近江八景の一つで、言外にその鐘の音を感じさせる。

123 **髭風ヲ吹いて暮秋嘆ズルハ誰ガ子ゾ** 芭蕉〈虚栗〉
句意 髭を風の吹くにまかせ、暮秋の悲哀を嘆いているのはいったいだれなのだろう。季 暮秋（秋）。読解 「風髭を吹いて」というべきところをわざと逆にして強調した漢詩文調の句。前書「老杜を憶ふ」。老杜は唐の詩人杜甫。その「白帝城最高楼」の詩句「藜を杖ついて世を嘆ずるは誰が子ぞ」をふまえ、杜甫に呼びかけた。

124 **人恋し灯ともしごろをさくらちる** 白雄〈白雄句集〉
句意 春の夕闇が迫るころ、なんとなく人恋しくなり外へ出たものの、桜の花がはらはらと散りかかり、いっそうその思いをかきたてる。季 さくら（春）。読解 春の夕暮れ時の感傷的な気分をリズムよく表現した。

125 **一つ家に遊女も寝たり萩と月** 芭蕉〈奥の細道〉
句意 思いがけず遊女と同じ屋根の下に泊まることとな

った。乞食行脚のこの身と艶な遊女とでは今日の月と庭の萩のような一見無縁の取りあわせながら、何がなし風情も感じられることだ。季 萩・月(秋)。読解「萩」と「月」に遊女と自分を擬える。縁の無いようで、定めない日々を送る相似た境涯。「ひとつや」を「ひとついへ」と読む説もある。

126 **不二ひとつ埋み残して若葉かな**　蕪村〈蕪村句集・上〉

句意 富士山だけを埋め残して、若葉が地上を覆いつくしている。季 若葉(夏)。読解 勢い盛んな新緑の海に霊峰富士がそびえる雄大な景。若葉の緑と雪を頂く富士の白さが対照的である。

127 **蒲団着て寝たる姿や東山**　嵐雪〈枕屏風〉

句意 冬の夕暮れ時の京都東山、そのなだらかな山の姿は、ちょうど人が蒲団をかけて寝ているように見える。季 蒲団(冬)。読解 前書「東山晩望」。「寝たる姿」は、冬の山をいう「山眠る」という季語をふまえたものだが、単なる比喩にとどまらず、東山のほのぼのとした柔らかな趣も伝えている。

128 **鮒ずしや彦根の城に雲かかる**　蕪村〈新花摘〉

句意 琵琶湖畔の茶店で名物の鮒鮨を食べている。ふと見上げると、彦根城の天守閣あたりに真っ白い雲が一筋かかっている。季 鮒ずし(夏)。読解 鮒鮨は、内臓を抜いた鮒を飯とともに塩漬けにして自然発酵させた大津名産の熟鮨。夏のさわやかな旅情を描いた。

129 **冬木立月骨髄に入る夜かな**　几董〈ももすもも〉

句意 枯れてすっかり葉を落とした木立を、冴え渡った月の光が照らし出す。その光の鋭さ、冷たさは体の芯まで突き通るようだ。季 冬木立(冬)。読解 冬の月光の透徹した鋭さを「月骨髄に入る」と漢詩風に表現した。蕪村との両吟連句の発句で、蕪村はこの句に「この句老杜が寒き腸(この几董の句は中国の詩人杜甫の厳しい精神にも等しい)」と発句を褒める異例の脇句をつけている。

130 **古池や蛙飛びこむ水の音**　芭蕉〈蛙合〉

句意 水のよどんだ静かな古池。眠りから覚めた蛙が飛びこむ水音だけが聞こえてくる。それはいかにも春らしい音であることよ。季 蛙(春)。読解 和歌の伝統的な取りあわせである「山吹」と「蛙」に対して「古池」を配し、鳴く蛙の声ではなく飛ぶ蛙のたてた水音に春の季感を表現させた。芭蕉の門人支考により、蕉風開眼の句としてもてはやされた。

131 **古郷やよるもさはるも茨の花**　一茶〈七番日記〉

句意 故郷の人々はだれもかれも、自分に対して敵意を抱き冷たくする。ちょうどあの茨の花が近寄る者を鋭い棘で刺すように。季 茨の花(夏)。読解 遺産問題で継母・義弟ともめていた一茶に対し、村人は決して同情的ではなかった。その冷たい扱いへの怒りや憎しみが露骨に詠まれている。

132 **牡丹散りて打ち重なりぬ二三片**　蕪村〈蕪村句集・上〉

句意 盛りを過ぎた牡丹の花からふたひらみひら花びらが散り、黒い土の上にふわりと重なった。季 牡丹(夏)。読解 豪華に咲き誇った牡丹の花が崩れる美しさをみごとにとらえた。牡丹の漢詩的な風情により「二三片」と堅い表現をしている。蕪村には牡丹の秀句が多い。

133 **ほととぎす鳴くや湖水のささにごり**　丈草〈芭蕉庵小文庫〉

句意 五月雨で増水した琵琶湖はいささか濁っている。と、あたりの静寂を破って、ほととぎすが一声鋭く鳴いて湖上を飛び過ぎた。季 ほととぎす(夏)。読解 視覚・聴覚の双方を使って大景の把握に成功した。濁った湖の上を行くほととぎすの鋭い声が印象的である。

134 **ほととぎす平安城を筋違ひに**　蕪村〈蕪村句集・上〉

句意 ほととぎすの鋭い声が、京の町を斜めに突っ切って過ぎていった。季 ほととぎす(夏)。読解 ほととぎすは姿でなく声を賞する鳥。碁盤の目のような京の町並みを斜めに飛び去ることで、その声の鋭さ、速さを表現した。「平安城」という語も一句をひきしめる。「筋違ひに」と言いさしたことで鳴き声の余韻も感じられる。

135 **ほろほろと山吹ちるか滝の音**　芭蕉〈笈の小文〉

句意 滝の音のとどろく中、岸辺の黄色い山吹は盛りを過ぎて、その響きにもたえぬかのようにほろほろと散って行く。季 山吹(春)。読解 前書「西河」は吉野の滝の一つ。滝に岸の山吹を詠むのは『古今和歌集』以来の常識だが、「ほろほろ」の擬態語が山吹の散りゆくさまを効果的に表現して、読者に色・音・動きのある映像を想起させる。

136 **道の辺の木槿は馬に食はれけり**　芭蕉〈野ざらし紀行〉

句意 道端に木槿が咲いている、と見るより早く乗っていた馬がぱくりとそれを食べてしまった。季 木槿(秋)。読解 前書「馬上吟」。木槿の花は「槿花一日の栄」といい、はかないものの象徴だが、そうした意味をほのめかしたのではなく、ただ見たままを詠んだとする説もある。可憐な花を馬が食べてしまったユーモラスな景。

137 **皆人の昼寝の種や秋の月**　貞徳〈犬子集・五〉

句意 美しい秋の月を賞して夜更かしをするので、翌日は皆寝不足。昼寝の原因は名月にあることだ。季 秋の月(秋)。読解 風雅の代表的景物である月を「昼寝の種」という卑俗な現実面からとらえた。掛詞などの言語遊戯にたよらず、着想そのものにおかしみがある。

138 **蓑虫の音を聞きに来よ草の庵**　芭蕉〈続虚栗〉

句意 草庵でひとり静かに蓑虫の音を聞こうと耳を澄ましている。あなたもどうぞ聞きに来てください。季 蓑虫(秋)。読解 蓑虫は鳴かないが、『枕草子』以来文芸上は鳴くものとされた。前書「聴閑」は鳴かない虫の声を聞こうという風雅をいう。また蓑虫の無能無才ぶりは芭蕉らの愛読した『荘子』の教えにもかない、蓑虫には芭蕉自身がなぞらえられている。句を贈られた素堂は「蓑虫ノ説」を作ってこれに和した。

139 **椋鳥と人に呼ばるる寒さかな**　一茶〈八番日記〉

〔句意〕「信州の椋鳥」と江戸の人々にばかにされる身に、ひとしお寒さがしみることだ。〔季〕寒さ(冬)。〔読解〕椋鳥は群をなして鳴き声が騒々しいことから、江戸に出稼ぎにくる田舎者、特に信州出身者を蔑視してこう呼んだ。都会への引け目と反発の悲しさを、冬の寒さに重ねて表現した。

140 **名月を取ってくれろと泣く子かな**　一茶〈おらが春〉

〔句意〕あの大きなまるい月を取ってくれと、無理なだだをこねて子供が泣いている。〔季〕名月(秋)。〔読解〕平明ながら子供らしい気持ちと、名月の美しさがよく表れている句。初案は上五が「あの月を」の形であった。

141 **目出度さも中位なりおらが春**　一茶〈おらが春〉

〔句意〕自分のような俗人は、いまさら改まって正月を祝ったところで空々しい。どうせめでたさといってもいい加減なもの、あるがままに新年を迎えよう。〔季〕春。〔読解〕「中位」は中程度の意味ではなく、あやふやなさまをいう信濃の方言。『おらが春』の巻頭を飾る句。

142 **目には青葉山ほととぎす初松魚**　素堂〈江戸新道〉

〔句意〕木々の青葉を見、山ほととぎすの声を聞き、新鮮な初鰹を食べる鎌倉の夏は全く申し分なくすばらしい。〔季〕青葉・山ほととぎす・初松魚(夏)。〔読解〕「鎌倉にて」と前書がある。目・耳・口に関する初夏の風物を並べた。「初松魚」は『徒然草』一一九段により鎌倉名産。和歌の題材である「青葉」「ほととぎす」に続けて卑近な「松魚」を取り上げた点に俳意がある。

143 **役人の子はにぎにぎをよく覚え**　〈柳多留・初〉

〔句意〕役人の子はさすがに「にぎにぎ(手を開いたり握ったりする乳児の仕草)」をよく覚える。〔読解〕「にぎにぎ」は収賄を暗示する語。本来は「運のよい事運のよい事」という前句に付けられ、役人の子に生まれた幸運を詠んだものだが、前句と切り離されて役人に対する風刺句となった。

144 **痩せ蛙負けるな一茶これに有り**　一茶〈七番日記〉

〔句意〕雌をめぐる争いに押しのけられた痩せ蛙、やれ負けるな、この一茶がついているぞ。〔季〕蛙(春)。〔読解〕雌をめぐって雄同士が激しく争う蛙合戦を見ての吟。弱者への同情だけでなく、蛙の性的な争いを軍談めかした諧謔にやや屈折したユーモアも感じられる。

145 **柳散り清水涸れ石処々**　蕪村〈蕪村句集・下〉

〔句意〕西行の歌で名高い遊行柳を見に来てみると、柳はすでに散り果て、道のべの清水も水が枯れ、あたりはむき出しになった石が転がっているばかり。〔季〕柳散(秋)。〔読解〕西行が「道の辺に清水流るる柳かげしばしとてこそ立ちどまりつれ」(→名歌342)と詠んだ歌枕遊行柳での作。句はこの歌をふまえ、想像とは全く異なっていた名所のさびた光景を詠んだもの。蘇東坡の「山高く月小さく　水落ちて石出づ」〈後赤壁賦〉から発想され、句の表記も漢文調。

146 **山蟻のあからさまなり白牡丹**　蕪村〈蕪村句集・上〉

〔句意〕大きな純白の牡丹の花弁の上に、蜜を吸いに這い上がった山蟻が漆黒にくっきりと見える。〔季〕牡丹(夏)。〔読解〕黒い山蟻との対比という斬新な視点で白牡丹を詠んだ。「あからさま」は漢字で「白地」とも書き、まさに白地に黒という洒落もきかせる。

147 **山路来て何やらゆかしすみれ草**　芭蕉〈野ざらし紀行〉

〔句意〕山道をたどってきて、ふと目にとまった菫の紫の可憐な花になんとなく心が引かれる。〔季〕すみれ草(春)。〔読解〕紀行には「大津に至る道、山路をこえて」とある。初案「何とはなしになにやらゆかしすみれ草」。推敲を経て旅情を強く感じさせる句になった。

148 **病雁の夜寒に落ちて旅寝かな**　芭蕉〈猿蓑・三〉

〔句意〕仲間の列から離れ、病んだ雁が一羽湖に降りてきた、この夜寒、同じ岸辺に私もわびしく旅寝することだ。〔季〕雁・夜寒(秋)。〔読解〕「病雁」は「びょうがん」と読む説もある。琵琶湖西岸の堅田での句。「堅田の落雁」は近江八景の一つだが、病んだ孤雁としたところに新しみがある。雁には芭蕉自身の姿も重ねられている。

149 **やれ打つな蠅が手を擂り足をする**　一茶〈八番日記〉

〔句意〕やれ蠅を打ちなさるな、しきりに手足をすりあわせ、命乞いをしているようではないか。〔季〕蠅(夏)。〔読解〕蠅のよくする動作を擬人的に見立てた。軽快な調子がおかしみを増す。

150 **雪とけて村一ぱいの子どもかな**　一茶〈七番日記〉

〔句意〕長い冬の間、家に閉じ込められていた子どもたちが、雪解けとともにいっせいに飛び出してきた。たちまち村は子どもでいっぱいだ。〔季〕雪とく(春)。〔読解〕雪国の春の訪れを子どもの躍動感あふれる姿でとらえた。楽しげにはねまわる子どもたちの姿が浮かんでくるような句である。

151 **ゆく春やおもたき琵琶の抱き心**　蕪村〈蕪村遺稿〉

〔句意〕過ぎゆく春を思って、愛用の琵琶を膝に抱いて弾こうとしたものの、なんとなく今日は重たくもの憂く感じられる。〔季〕ゆく春(春)。〔読解〕暮春のややけだるい気分を「抱き心」の重さという微妙な感覚でとらえた。

152 **ゆく春や逡巡として遅桜**　蕪村〈蕪村句集・上〉

〔句意〕春がためらいがちに去ろうとしている。野山が緑濃くなる中、春を引き止めるかのように遅咲きの桜が今みごとな花を咲かせている。〔季〕ゆく春(春)。〔読解〕召波の「行く春のとどまる所遅桜」〈春泥句集〉を改作。「逡巡として」という漢語は「ゆく春」と「遅桜」の上下にかかり、リズムの上でも効果的。

153 **行く春や撰者を恨む歌の主**　蕪村〈蕪村句集・上〉

〔句意〕自信のあった歌を勅撰集に選ばれなかった歌人

が撰者を恨んでいる。春は落胆した歌人を置いたまま立ち去ろうとしている。〔季〕行く春(春)。〔読解〕歌人の未練の情と過ぎ行く春の哀感とが重なりあった惜春の佳句。

154 **行く春や鳥啼き魚の目は泪**　芭蕉〈奥の細道〉

〔句意〕鳥は悲しげに啼き、魚も目に泪をためて行く春を惜しんでいる。折しも私は漂泊の旅に出ようとしていて、親しい人々と別れる悲しみも胸に迫ってくる。〔季〕行く春(春)。〔読解〕これから長い旅に出る芭蕉を、奥州街道最初の宿駅千住(東京都)まで見送りに来た人々への別れの句。春を惜しむ鳥魚の情に、自身の惜別の気持ちを託した。

155 **行く春を近江の人と惜しみける**　芭蕉〈猿蓑・四〉

〔句意〕朦朧と霞む琵琶湖を眺めながら、この湖の春景を愛してきた近江の人々とともに、暮れ行く春を心ゆくまで惜しんだことだ。〔季〕行く春(春)。〔読解〕琵琶湖での作。「近江の人」と春を惜しむ背景には、琵琶湖の春の景色を詠み継いできた和歌の伝統がある。また、近江の門人たちへの親しみをこめた挨拶にもなっている。

156 **夕風や水青鷺の脛を打つ**　蕪村〈蕪村句集・上〉

〔句意〕夏の水辺の夕暮れ時、一羽の青鷺が夕風に吹かれて立っている。その長い脚をひたひたと打つ水がいかにも涼しげだ。〔季〕青鷺(夏)。〔読解〕画家蕪村らしい絵のような景。鷺の脚を「脛」と擬人化。芭蕉の「汐越や鶴はぎぬれて海涼し」〈奥の細道〉をふまえる。

157 **世にふるもさらに時雨の宿りかな**　宗祇〈新撰菟玖波集〉

〔句意〕戦乱の続くこの無常の世において、人生とは時雨の過ぎるのを待つしばしの雨宿りのようにはかないものだ。〔季〕時雨(冬)。〔読解〕応仁の乱を逃れ信濃に下ったときの作。「ふる」は「経る」と「降る」の掛詞。「世にふるは苦しきものを」と時雨を詠んだ歌(↓名歌404)をふまえ、時雨のわびしさと人生の無常をみごとに取りあわせている。

158 **世にふるもさらに宗祇の宿りかな**　芭蕉〈虚栗〉

〔句意〕この世に生きていくのは、確かに宗祇の言うとおり、時雨がやむのを待つ間の仮の宿りのようにはかないものなのだ。〔季〕時雨(冬)。〔読解〕157の「時雨」を「宗祇」にさしかえた。季語は隠されているが「時雨」。機知的な句ながら、宗祇の風雅の伝統を継ごうという芭蕉の自覚がうかがわれる。「ふる」は「経る」と「降る」の掛詞。

159 **六月や峰に雲置クあらし山**　芭蕉〈元禄七年六月杉風宛書簡〉

〔句意〕六月の炎天下、緑濃い嵐山の頂には真っ白な入道雲がどっかりと腰を据えている。〔季〕六月(夏)。〔読解〕紅葉の名所嵐山の夏景色を力強い調子で詠んだ。

160 **櫓の声波ヲうって腸氷ル夜やなみだ**　芭蕉〈武蔵曲〉

〔句意〕舟の櫓を漕ぐ音、櫓に波のあたる音、それらをじっとひとり聞いている寒夜、孤独感に腸も凍るようで涙がこぼれてくる。〔季〕氷ル(冬)。〔読解〕前書「深川冬夜の感」。前年芭蕉はにぎやかな江戸市中から深川の芭蕉庵に隠栖した。漢詩文調と極端な字余りが貧しさと孤独を強調する。

161 **若葉して御目の雫ぬぐはばや**　芭蕉〈笈の小文〉

〔句意〕初夏の光を浴びて滴るような緑の若葉で、鑑真和尚の御目元の涙を拭いてさしあげたい。〔季〕若葉(夏)。〔読解〕唐招提寺の鑑真和尚は来日の際、さまざまな苦難にあい失明した。その尊像を拝しての句。「若葉」の縁で涙を「雫」とした。

162 **早稲の香や分け入る右は有磯海**　芭蕉〈奥の細道〉

〔句意〕実った早稲の香が漂う中、穂波を分け入るように進むと、右手はるかに有磯海が広がっている。〔季〕早稲(秋)。〔読解〕加賀国(石川県)に入るときの句。ゆったりと大景を述べ、稲の実りや「有磯海」という古い歌枕を詠み込んで大国加賀にふさわしい句に仕立てた。

163 **我と来て遊べや親のない雀**　一茶〈おらが春〉

〔句意〕親をなくした子雀よ、こちらへ来て母親のない私といっしょに遊ぼうよ。〔季〕雀の子(春)。〔読解〕一茶八歳、あるいは六歳のときの作と自らいうが、幼年時代を回顧して作ったものであろう。一茶は三歳で母と死別し、八歳のとき継母を迎えた。

164 **絵草紙に鎮おく店や春の風**　几董〈井華集〉

〔句意〕店先に並べられた絵草紙には重石が置いてある。春風がその表紙をめくろうとするので。〔季〕春の風(春)。〔読解〕絵草紙は挿絵入りの通俗小説の類。春風が色鮮やかな絵草紙をなぶっていくという美しい句。

165 **越後屋に絹さく音や衣更**　其角〈浮世の北〉

〔句意〕越後屋の奥から絹地を裂く爽快な音がしきりに聞こえてくる。夏の袷にするのであろう、もう衣更えの季節だなあ。〔季〕衣更(夏)。〔読解〕越後屋は江戸日本橋にあった三井呉服店で、江戸一番の大店。都会人らしい感覚で時代の流行風俗の中に巧みに季節感をとらえた。

166 **斧入レて香におどろくや冬木立**　蕪村〈蕪村句集・下〉

〔句意〕すっかり葉を落とし枯れていると思った木に斧を入れると、新鮮な木の香りが立ち昇ってきて驚いた。〔季〕冬木立(冬)。〔読解〕冬木の生命力に対する感動。

167● **水無瀬三吟百韻(表八句)** ― 連歌 ―

雪ながら山もと霞む夕べかな　宗祇

〔句意〕峰には雪を残しながら麓は早くも春霞に霞む早春の夕景の美しさよ。〔季〕霞む(春)。〔読解〕発句。後鳥羽院御影堂へ奉納した百韻連歌。院の歌「見渡せば山もと霞む水無瀬川夕べは秋となに思ひけむ」(↓名歌357)をふまえつつ、冬(雪)との対比の上に春景をとらえた。

168 **行く水遠く梅にほふさと**　肖柏

〔句意〕川の水は満々と流れ行き、里には梅の香が漂う。〔季〕梅(春)。〔読解〕脇句。発句の遠景に対し雪解け水をたたえた川、麓の里の梅とふさわしい近景をつけた。

169 **川風に一むら柳春見えて**　宗長
〔句意〕川風に一かたまりの柳がなびくと新芽の若緑が今さらのように目に映って春の訪れを感じさせる。〔季〕柳(春)。〔読解〕第三。前句の水辺の里の梅に、岸の柳を配した。風になびく柳に春を発見したところがこの句の主眼。

170 **舟さす音もしるきあけがた**　宗祇
〔句意〕暁方の静けさに、舟に棹さす音もはっきり聞こえる。〔季〕雑。〔読解〕夜が明け、明るくなったので前句の春らしい景色が見えてきたという論理的なつけ方。

171 **月やなほ霧わたる夜に残るらん**　肖柏
〔句意〕霧のたちこめた夜空がほんのり明るい。まだ月が残っているのだろうか。〔季〕月・霧(秋)。〔読解〕霧のためなお暗い夜明け、月光はその霧を通して光り、舟さす音も聞こえてくる。幻想的な一時。

172 **霜おく野はら秋は暮れけり**　宗長
〔句意〕野原には一面白く霜が置き、秋はもう暮れようとしていることだ。〔季〕秋。〔読解〕前句の空の霧に野原の霜を対置。暮秋の残月を慕い、秋を惜しむ気持ちをつけた。

173 **鳴く虫の心ともなく草枯れて**　宗祇
〔句意〕草は、その陰に鳴く虫の心などに構わず枯れていく。〔季〕虫(秋)。〔読解〕前句の霜枯れていく野原にふさわしく、心細い虫の声をつけた。

174 **垣根をとへばあらはなる道**　肖柏
〔句意〕人を訪ねてみると、垣根の草は枯れ、道がむき出しになり、いかにも寒々しい。〔季〕雑。〔読解〕道があらわになったのは前句の草が枯れたためで、あたりの虫の声も哀れに聞こえるとつけた。寒々と荒れた垣根で住む人の寂しい生活を暗示する。

175● **猿蓑(巻五・表六句) ― 連句 ―**

市中は物のにほひや夏の月　凡兆
〔句意〕夜になっても夏の町中は暑さも消えず、いろいろなにおいがこもってむっとしている。が、空を見上げると、地上とは対照的に涼しげな月がかかっている。〔季〕夏の月(夏)。〔読解〕発句。庶民の生活の場と対比させながら、伝統的な夏の月の涼しさを詠んだところに新しさがある。「市中」は「まちなか」と読む説もある。

176 **あつしあつしと門々の声**　芭蕉
〔句意〕門口に涼みに出てきた人々が、口々に「暑い、暑い」と言っている。〔季〕あつし(夏)。〔読解〕脇句。会話の形をとって発句の極暑の感じをはっきりさせた。

177 **二番草取りも果たさず穂に出でて**　去来
〔句意〕例年にない暑さで、まだ二度目の草取りもすまないうちに稲の穂が出始めた。〔季〕二番草(夏)。〔読解〕第三。都会の夜から田園へと転じた。門口に涼みに出た農民たちが、暑さで稲の生長のよいのを話題にしている。

178 **灰うちたたくうるめ一枚**　凡兆
〔句意〕いろりの火で直に焼いたうるめ鰯の干物の灰をぱっぱっとはたき落とし、急いで食べることだ。〔季〕雑。〔読解〕稲の生長が早いので農家は急き立てられるように忙しい。その忙しさを簡単で気ぜわしい昼食のさまで表現。

179 **この筋は銀も見しらず不自由さよ**　芭蕉
〔句意〕このあたりでは銀貨は通用せず、かねは銭しか使えない。なんと不自由なことよ。〔季〕雑。〔読解〕銀貨は秤で重さを計って使うもので、田舎では通用しない。前句を粗食に甘んずる僻地のさまとみて、旅人の困惑をつけた。

180 **ただとひやうしに長き脇差**　去来
〔句意〕腰にはただ法外に長い脇差しを差している。〔季〕雑。〔読解〕長脇差しは町人禁制で、博奕打ちなどが用いる。前句に横柄な口調を感じ取り、それにふさわしい人物の、特徴的な持ち物だけを取り上げた。

181● **春風馬堤曲 ― 俳詩 ―**

やぶ入りや浪花を出でて長柄川
〔句意〕藪入りの日を迎え我が家に帰る。繁華な浪花を出て足取りも軽く長柄川の岸を歩いて行くことだ。〔季〕やぶ入り(春)。〔読解〕発句体。まず登場人物(藪入りで帰省する娘)と舞台(堤の道)の説明。藪入りは正月十六日前後、数日間奉公人が暇をもらって実家に帰ること。長柄川は大阪平野を流れる淀川の分流で、この堤沿いに蕪村の故郷毛馬村があった。藪入りの娘には道のりの長さをきかせる。「長柄」には蕪村自身の望郷の思いが重ねられる。

182 **春風や堤長うして家遠し**
〔句意〕春風がそよそよと吹いている。堤は長く長く続いていて、家は遠くまだ見えない。〔季〕春風(春)。〔読解〕発句体。「長う」「遠し」のO音の繰り返しが堤の長さを強調する。第一首の「長柄川」を受け「長」の字を使用。

183 **堤ヨリ下リテ芳草ヲ摘メバ　荊ト蕀ト路ヲ塞グ　荊蕀何ゾ妬情ナル　裙ヲ裂キ且ツ股ヲ傷ツク**
〔句意〕堤から降りてかぐわしい春の草を摘もうとすると、茨が路を塞いでしまう。憎らしい茨、なぜそんなにやきもちを妬くのか。私の服の裾を裂き、股を傷つけたりして。〔読解〕漢詩体。娘の愛らしい動作をやや色っぽく表現した。第二首の「堤」の語を受けて展開。

184 **渓流石点々　石ヲ踏ンデ香芹ヲ撮ル　多謝ス水上ノ石　儂ヲシテ裙ヲ沾ラサザラシム**
〔句意〕細い流れには点々と石がある。その石を踏んでよい香りのする芹を摘んだ。ありがとう、水上の石よ。おかげで着物の裾をぬらさずにすんだ。〔読解〕漢詩体。「石」の繰り返しによるリズムが娘の軽やかな動きを感じさせる。第三首の「裙」を受ける。

185 **一軒の茶店の柳老いにけり**
〔句意〕久しぶりに通りかかった茶店の前の柳は、すっかり老木になってしまったように見える。〔季〕柳(春)。〔読解〕発句体。再び堤上に戻って歩き出した娘。故郷から離れていた時間の長さを実感する。

186 **茶店の老婆子儂を見て慇懃に　無恙を賀し且つ儂が春衣を美ム**
〔句意〕茶店のおばあさんが私を見つけ、くすぐったいほど丁寧に挨拶し、私の無事を喜んで、正月の晴れ着を褒めてくれた。〔読解〕漢文訓読体。垢抜けた娘に以前と違って丁寧に挨拶する老婆。「老婆子」は老婆を中国風にいったもので第五首の「老」を受ける。

187 **店中二客有リ　能ク江南ノ語ヲ解ス　酒銭三緡ヲ擲チ　我ヲ迎ヘ榻ヲ譲ッテ去ル**

【句意】茶店の中には客が二人、大坂の廓詞を使って話す粋な人たち。酒代をぽんと気前よく三さし投げ出して、さあこちらへお座りと私に席を譲って店を出て行った。【読解】漢詩体。「江南ノ語」は淀川の南の花街の言葉。「緡」は穴あき銭をつなぐ縄で「三緡」は三百文になる。第七首の「茶店」を受けて「店中」、また第五首の「一軒」を受け「二」「三」と数を並べた。

188 **古駅三両家猫児妻を呼ぶ妻来らず**

【句意】茶店を出てさらに行くと、さびれた宿駅には家が二、三軒しか残っていない。物陰でさかりのついた雄猫がしきりに雌猫を呼んでいるが、雌猫はいっこうに寄りつかない。【季】猫児妻を呼ぶ(「猫の恋」で春)。【読解】破調の発句体。のどかにもわびしい景に転じた。「三両家」は二、三軒の意で、第七首の数字遊びに応じている。

189 **雛ヲ呼ブ籬外ノ鶏　籬外草地ニ満ツ　雛飛ビテ籬ヲ越エント欲ス　籬高クシテ堕ツル コト三四**

【句意】垣の外から親鶏が雛を呼んでいる。外には柔らかな若草が一面に生えている。雛たちは一所懸命飛び越えようとするが、垣が高くて三度も四度も落ちてしまう。【読解】漢詩体。「雛」「籬」の繰り返しによるリズムがある。「三四」は第八首からの数字のしりとり。一匹の恋猫からにぎやかな鶏の親子へ転換。親子の愛情を詠んで、親里へ帰る娘の心の動きも示す。

190 **春艸路三叉中に捷径あり我を迎ふ**

【句意】若草の茂る中、道は三つに分かれている。その中に近道があって私を招いてくれるよう。【季】春艸(春)。【読解】破調の発句体。幼時なれ親しんだ近道に自然と足が進んで行き、生家に近づいた感じがする。全体は第九首の「草地ニ満ツ」を受け、「三叉」も数のしりとりに応じる。

191 **たんぽぽ花咲けり三々五々五々は黄に　三々は白し記得す去年この路よりす**

【句意】道に沿ってたんぽぽが三々五々、あちらこちらにかたまって、こちらは黄色に、あちらは白にというぐあいに咲いている。覚えている。いつかもこの道を通って奉公へ出て行ったのだった。【読解】たんぽぽには黄花と白花がある。第五首の「一」から始まる数のしりとりは「三々五々」へと展開し、娘の気持ちの高まりを表現している。これはまた李白の詩「岸上誰が家の遊冶郎　三三五五垂柳に映ず」〈採蓮曲〉をふまえる。また後半は儲嗣宗の「記得す去年春雨の後」〈小楼〉による。

192 **憐みとる蒲英茎短うして乳を泡せり**

【句意】なんとなく懐かしくてそっとたんぽぽの花を摘むと、茎は短く折れ、乳のような白い汁があふれてきた。【季】蒲英(春)。【読解】破調の発句体。たんぽぽの白い汁に母乳のイメージを重ねた。

193 **むかしむかししきりにおもふ慈母の恩　慈母の懐袍別に春あり**

【句意】遠い昔、私を優しく育ててくれた母の恩愛がしきりに思われる。優しい母の懐には特別の春のような暖かさがあった。【読解】発句体と漢文訓読体。母乳のようなたんぽぽの汁から母を連想。芭蕉の「父母のしきりに恋し雉子の声」〈笈の小文〉をふまえ、「慈母」の繰り返しにより母恋しさを強調した。

194 **春あり成長して浪花にあり　梅は白し浪花橋辺財主の家　春情まなび得たり浪花風流**

【句意】母の愛情のもとに春を重ね、私は成長して大坂へ出た。白い梅がいち早く咲くお金持ちの主人の家は浪花橋のほとりにあり、私は大坂の最新のスタイルを身につけ得意になっていた。【読解】漢文訓読体。「梅」は大坂の春の象徴。「春あり」は第十三首の末尾を受ける。「春情」は色気。都会に染まっていく娘の変貌の回想。

195 **郷を辞し弟に負く身三春　本をわすれ末を取る接木の梅**

【句意】思えば、故郷を去り、弟を捨てて華やかな大坂で暮らし始めてもう三回の春を数えた。もとの親木を忘れ別の木の末で咲き誇る接木の梅のようなもの。【読解】故郷に三年も戻らなかった娘の自省。「春」「梅」はともに第十四首による。

196 **故郷春深し行き行きて又行き行く　楊柳長堤道漸くくだれり**

【句意】故郷は今春たけなわ。ひたすらに道を進めば、楊柳の美しい長い堤も終わり、道はようやく我が家のほうへ下っていく。【読解】漢文訓読体。「行き行きて重ねて行き行く　君と生きながら別離す」〈文選・古詩〉をふまえる。「故郷」「春」は第十五首による。テンポよく生家に近づいていく。

197 **矯首はじめて見る故園の家黄昏　戸に倚る白髪の人弟を抱き我を　待春又春**

【句意】首をあげて初めて故郷の家を見た。もう黄昏時。家の戸に寄りかかって白髪の人―母が弟を抱いて私を待っている。去年の春も一昨年の春もこうして待っていてくれたのだろう。【読解】漢文訓読体。陶淵明の「時に首を矯げて游観す」〈帰去来辞〉、元政の「故山母有り涙衣を沾らし…遥かに識る門に倚り我が帰るを望むを」〈月に対し帰を思ふ〉をふまえる。「故園」「春」は第十六首を受ける。

198 **君不見古人太祇が句　藪入の寝るやひとりの親の側**

【句意】あなたはご存知ないだろうか。亡くなった私の旧友太祇の句を。「藪入の寝るやひとりの親の側(藪入りで久しぶりに家に帰り、夫に先立たれて一人になってしまった母親の側でゆっくり眠ることだ)」。【季】藪入(春)。【読解】漢文訓読体と発句。「君不見」は第十七首の「白髪の人」とともに白居易の「君見ずや昔時呂向が美人の賦を　また見ずや今日上陽白髪の歌を」〈上陽白髪人〉をふまえる。親友の発句に余情を任せ、芝居の道行きめかした一連の詩に幕を引く。

和歌・俳諧の表現技法

和歌の表現技法

枕詞(まくらことば) 普通五音句からなる。ある語句の直前に置いて、声調を整えたり、印象を強めたり、その語句に具体的なイメージを与えたりする技法。特定の語句に特定の枕詞がかかるという固定性が強い。五音であることを除けば、その働きは序詞(じょことば)とほぼ同じ。序詞とともに『万葉集』以来の技法で、枕詞を含んで構成された序詞も少なくない(→序詞①の例歌)。かかり方は、おおむね次の三つに分類される。

①比喩(ひゆ)など語の意味によるもの

例ぬばたまの夜のふけゆけば久木(ひさぎ)生(お)ふる清き川原に千鳥しば鳴く 〈万葉・六・九二五〉→名歌279

*「ぬばたまの」が枕詞。漆黒のイメージで「夜」にかかる。

②語の音によるもの

㋐掛詞(かけことば)式

例梓弓(あづさゆみ)はるの山辺を越え来(く)れば道もさりあへず花ぞ散りける 〈古今・春下〉

*「梓弓」が「はる」にかかる枕詞。「梓弓張る」「春の山辺」の掛詞式で、文脈が二重になる。

㋑同音繰り返し式

例初雁(はつかり)のはつかに声を聞きしより中空(なかぞら)にのみものを思ふかな 〈古今・恋一〉→名歌285

*「はつかりの」は同音を含む「はつか」にかかる枕詞。

序詞(じょことば) ある語句に具体的にイメージを与える技法。七音以上の長さで、作者の独創による詞句である点が枕詞(まくらことば)とは異なる。序詞の多くは自然の景物に関する叙述であり、自然の景物と心情とを対応させ、心のありようを具体的なイメージとして形づくる。かかり方は、おおむね次の三つに分類される。

①比喩(ひゆ)など語の意味によるもの

例あしびきの山鳥の尾のしだり尾のながながし夜をひとりかも寝む 〈拾遺・恋三〉→名歌24

*「あしびきの」は「山」にかかる枕詞。「あしびきの山鳥の尾のしだり尾の」が序詞。尾の長さのイメージで「ながながし」にかかる。

②語の音によるもの

㋐掛詞(かけことば)式

例風吹けば沖つ白波たつた山夜半(よは)にや君がひとり越ゆらむ 〈伊勢・二三〉→名歌120

*「風吹けば沖つ白波」が「たつ」にかかる序詞。「(白波が)立つ」と「龍田(たつた)山」の「龍」が掛詞式で、文脈が二重になる。

㋑同音繰り返し式

例駿河(するが)なる宇津(うつ)の山べのうつつにも夢にも人に逢はぬなりけり 〈伊勢・九〉→名歌199

*「駿河なる宇津の山べ」が同音を含む「うつつ」にかかる序詞。

掛詞(かけことば) 同音異義の二語を重ね用いる技法。同音異義語の一方は自然の景物を、もう一方は人間の心情や状態を表すことが多く、その自然の景物によって心情や状態を具体的なイメージとして形づくる。縁語とともに『古今和歌集』の時代から発達した。

例山里は冬ぞさびしさまさりける人目も草もかれぬと思へば 〈古今・冬〉→名歌384

*「かれ」は「(人目が)離(か)る」と「(草が)枯る」の掛詞。

縁語(えんご) 意味的に関連の深い語群を意識的に詠みこむことで、明確なイメージを創り出す技法。一首の中で、掛詞とともに用いられることも多い。

例ⓐ青柳(あをやぎ)の糸よりかくる春しもぞ乱れて花のほころびにける 〈古今・春上〉→名歌58

*「糸」という語を中心にして、「よる(縒る)」「乱る」「ほころぶ」という「糸」に関係の深い語がいくつも用いられ、縫うための「糸」があるのに花は「ほころぶ」という対照のおもしろさを深めている。

例ⓑ冬枯れの野辺と我が身を思ひせばもえても春を待たましものを 〈古今・恋五〉→名歌313

*「思ひ」の「ひ」は「火」と、「もえ」は「萌え」と「燃え」の掛詞。「火」と「燃え」が縁語。

見立て・擬人法（みたて・ぎじんほう） ある事柄を別の事柄になぞらえる技法。ある事柄から別の事柄への連想力を働かせて事実を呼び起こし、想像力を広げさせる。また、別の事柄にあたるところを、特に人間になぞらえたものを擬人法と呼ぶことがある。もとは漢詩の技法で、『古今和歌集』時代から、和歌に多く用いられた。

例(a)見渡せば柳桜をこきまぜて都ぞ春の錦なりける 〈古今・春上〉→名歌356

＊柳の新緑と桜の薄紅とが美しく混ざりあった都の春景を錦織に見立てる。

例(b)暮るるかとみれば明けぬる夏の夜をあかずとや鳴く山ほととぎす 〈古今・夏〉→名歌150

＊ほととぎすを擬人化する。

体言止め（たいげんどめ） 歌の末尾を体言（名詞）で止める技法。述語の部分の欠けた印象から、読み手にその後を想像させる。余情を重んじた『新古今和歌集』の時代に特に多く用いられた。

例秋風にたなびく雲の絶え間よりもれ出づる月の影のさやけさ 〈新古今・秋上〉→名歌3

本歌取り（ほんかどり） 意識的にある古歌などを下敷きにする技法。古歌（本歌）の心・言葉・趣向などを取り入れることによって、伝統的な古さと独創的な新しさが重なり、複雑な情感が生み出される。体言止めとともに『新古今和歌集』の時代の重要な技法。

例駒とめて袖うちはらふかげもなし佐野のわたりの雪の夕暮れ 〈新古今・冬〉→名歌166

＊「苦しくも降り来る雨か三輪の崎狭野の渡りに家もあらなくに」〈万葉・三・二六五〉（→名歌149）が本歌。

句切れ（くぎれ） 複数の文からなる短歌で、結句（第五句）以外の何句目で文が終わっているかを示すもの。その位置によって、初句切れ・二句切れ・三句切れ・四句切れという。『万葉集』の時代は二句切れ・四句切れが、『古今和歌集』の時代は三句切れが、『新古今和歌集』の時代は初句切れ・三句切れが、比較的多い。句切れの位置によって歌のリズムが異なり、二・四句目で切れる場合は五七調に、初・三句目で切れる場合は七五調になる。

俳諧の表現技法

季語（きご） その句の季節を示す言葉。時節・時候を表す語や、四季それぞれの季節感と結びついた、その季節特有の動植物・年中行事など。「季題」とも。江戸時代には「季詞（きことば）」「四季の詞（しきのことば）」といい、「季語」「季題」は近代に入ってからの用語。

発句には必ず季語が必要とされ、一句の主題となる場合も多い。一句中に複数の季語があることもある。

なお、四季は陰暦による。また、近代以降の俳句では「新年」を別に立てるが、江戸時代は「春」に含めるので、それぞれ注意が必要である。季語を分類整理し、解説や例句を加えたものを「季寄せ」「歳時記（さいじき）」という。

次ページ以下に、本書の項目のうち主な季語を、四季ごとに歴史的仮名遣いの五十音順によってあげる。

切れ字（きれじ） 句中や句末にあって、そこで句を言い切る働きをする語。

連歌・俳諧では、発句以外の句は前の句と二句ひとまとまりで鑑賞されるのに対し、巻頭句の発句は前の句がない。発句がそれだけで独立した句であることを示すため、特別に切れ字が必要であると考えられた。切れ字が用いられると、そこで表現が断絶し、明瞭な意味上の切れ目ができる。それが主題の強調や余韻などの効果をもたらし、句に重みやまとまりを与える。したがって、切れ字のある句は感動の中心を表すことが多い。

［主な切れ字］

かな・もがな・ぞ・か・や・よ　終助詞
けり・ず・じ・ぬ・つ・らむ　助動詞終止形
〜け・〜せ・〜へ・〜れ　動詞命令形語尾
〜し　形容詞終止形語尾
いかに　感動詞・副詞

例(a)菜の花や月は東に日は西に 〈蕪村句集・上〉→名句100

例(b)おもしろうてやがて悲しき鵜舟かな 〈曠野・三〉→名句39

例(c)かれ朶に烏のとまりけり秋の暮れ 〈曠野・四〉→名句45

主な季語一覧

●「初春」「秋の声」など春夏秋冬を含む語で、その語が示す季節と同じものや「睦月」「如月」など月の名前は原則的に外した。
●表内の語の表記は、本書の見出しの形にそろえたが、実際の句では異なる形で用いられる場合もある。

春

揚(あ)げ羽(は)の蝶(てふ)　朝霞(あさがすみ)　朝東風(あさこち)　浅葱(あさつき)　馬酔木(あしび)　暖(あた)か　小豆粥(あづきがゆ)　淡雪(あはゆき)　鮎子(あゆこ)　白馬(あをうま)の節会(せちゑ)　青柳(あをやぎ)　凧(いかのぼり)　伊勢暦(いせごよみ)　伊勢参(いせまゐ)り　糸桜(いとざくら)　糸遊(いとゆふ)　家桜(いへざくら)　鶯(うぐひす)　鷽(うそ)　卯槌(うづち)　卯杖(うづゑ)　姥桜(うばざくら)　梅(うめ)

梅(うめ)が香(か)　梅暦(うめごよみ)　うららか　永日(えいじつ)　押(お)し鮎(あゆ)　大服(おほぶく)　大峰入(おほみねい)り　朧(おぼろ)　御身拭(おみぬぐ)ひ　寄居虫(がうな)　鏡開(かがみびら)き　懸(か)け鯛(だひ)　陽炎(かげろふ)　飾(かざ)り松(まつ)　霞(かすみ)　霞(かすみ)の衣(ころも)　樺桜(かばざくら)　蛙(かはづ)　川柳(かはやなぎ)　紙雛(かみびな)　粥杖(かゆづゑ)　雉子(きぎす・きじ)　毬打(ぎちやう)

吉書(きつしよ)　御忌(ぎよき)　曲水(きよくすい)の宴(えん)　御慶(ぎよけい)　茎立(くくた)ち　薬子(くすりこ)　桑(くは)　桑子(くはこ)　食(く)ひ積(つ)み　蔵開(くらびら)き　傀儡師(くわいらいし)　元三(ぐわんさん)　元日(ぐわんにち)　削(けづ)り掛(か)け　紅梅(こうばい)　蚕飼(こがひ)　胡鬼(こぎ)の子(こ)　御斎会(ごさいゑ)　小桜(こざくら)　東風(こち)　胡蝶(こてふ)　木(こ)の芽(め)　菰(こも)の子(こ)

歳旦(さいたん)　冴(さ)え返(かへ)る　左義長(さぎちやう)　桜(さくら)　桜狩(さくらがり)　囀(さへづ)る　佐保姫(さほひめ)　猿引(さるひ)き　早蕨(さわらび)　三箇日(さんがにち)　三月尽(さんぐわつじん)　下萌(したも)え　四方拝(しはうはい)　塩釜桜(しほがまざくら)　潮干潟(しほひがた)　正月(しやうぐわつ)　上巳(じやうし)　浄土双六(じやうどすごろく)　常楽会(じやうらくゑ)　精霊会(しやうりやうゑ)　釈奠(しやくてん)　人日(じんじつ)　巣隠(すがく)る

末黒(すぐろ)　清白(すずしろ)　雀隠(すずめがく)れ　墨染(すみぞめ)桜(ざくら)　菫(すみれ)　清明(せいめい)　節振(せちぶ)る舞(ま)ひ　芹(せり)　千秋万歳(せんずまんざい)　奏賀(そうが)　大黒舞(だいこくまひ)　内裏雛(だいりびな)　薪能(たきぎのう)　田作(たづく)り　種井(たなゐ)　玉箒(たまばはき)　躑躅(つつじ)　椿(つばき)　燕(つばくらめ・つばめ)　茅花(つばな)　壺菫(つぼすみれ)　蝶(てふ)　野老(ところ)

年返(としかへ)る　年立(とした)つ　歳徳神(としとくじん)　歳徳棚(としとくだな)　屠蘇(とそ)　飛(と)び梅(うめ)　鶏合(とりあ)はせ　鳥追(とりお)ひ　十日戎(とをかえびす)　どんど　薺(なづな)　七種(ななくさ)　七種(ななくさ)の粥(かゆ)　苗代(なはしろ)　庭竈(にはかまど)　新草(にひくさ)　子(ね)の日(ひ)　涅槃会(ねはんゑ)　熨斗(のし)　長閑(のどか)　野火(のび)　野焼(のや)き　歯固(はがた)め

箱鳥(はこどり)　八十八夜(はちじふはちや)　初午(はつうま)　初草(はつくさ)　初寅(はつとら)　初花(はつはな)　初夢(はつゆめ)　花(はな)　花合(はなあ)はせ　花筐(はながたみ)　花曇(はなぐも)り　花衣(はなごろも)　花桜(はなざくら)　花(はな)の雲(くも)　花(はな)の雪(ゆき)　羽(はね)　母子(ははこ)（母子草）　母子餅(ははこもちひ)　蛤(はまぐり)　破魔矢(はまや)　破魔弓(はまゆみ)　蘖(ひこばえ)　氷(ひ)の様(ためし)

雲雀(ひばり)　雛遊(ひひなあそ)び　白散(びやくさん)　藤(ふぢ)　太箸(ふとばし)　振(ぶ)り振(ぶ)り　遍路(へんろ)　焙炉(ほいろ)　蓬莱(ほうらい)　松飾(まつかざ)り　松(まつ)の内(うち)　松囃子(まつばやし)　万歳(まんざい)　御薪(みかまぎ)　水取(みづと)り　蜷(みな)　壬生念仏(みぶねんぶつ)　餅鏡(もちひかがみ)　桃(もも)（花）　百千鳥(ももちどり)　柳(やなぎ)　柳髪(やなぎかづら)　柳(やなぎ)の糸(いと)

藪入(やぶい)り　山草(やまぐさ)　山吹(やまぶき)　山焼(やまや)き　雪解(ゆきげ)　雪間(ゆきま)　譲(ゆづ)り葉(は)　嫁(よめ)が君(きみ)　蓬(よもぎ)　落花(らくくわ)　炉塞(ろふさ)ぎ　若恵比須(わかえびす)　若草(わかくさ)　若菰(わかごも)　若菜(わかな)　若水(わかみづ)　若紫(わかむらさき)　若鮎(わかゆ)　蕨(わらび)　踊(をど)り念仏(ねんぶつ)

夏

藜(あかざ)　朝涼(あさすず)み

袷(あはせ)　鮑(あはび)

扇(あふぎ)　葵(あふひ)

葵祭(あふひまつ)り　油虫(あぶらむし)

雨乞(あまご)ひ　雨彦(あまびこ)

編(あ)み笠(がさ)　綾莚(あやむしろ)

菖蒲(あやめ)　菖蒲(あやめ)の鬘(かづら)

菖蒲(あやめ)の枕(まくら)　菖蒲葺(あやめふ)く

鮎(あゆ)　蟻(あり)

夏

青嵐（あをあらし）
青鷺（あをさぎ）
青挿し（あをざし）
安居（あんご）
雷（いかづち）
石清水（いはしみづ）
茨（いばら）
伊予簾（いよすだれ）
鵜（う）
鵜川（うかは）
鵜飼ひ（うかひ）
浮き草（うきくさ）
浮き巣（うきす）
朮（うけら）
団扇（うちは）
空蟬（うつせみ）
卯波（うなみ）
卯の花（うのはな）
卯の花腐し（うのはなくたし）

鵜舟（うぶね）
瓜（うり）
大矢数（おほやかず）
沢瀉（おもだか）
蚊（か）
杜若（かきつばた）
飾り粽（かざりちまき）
風薫る（かぜかをる）
蝸牛（かたつぶり）
酢漿草（かたばみ）
帷（かたびら）
鰹（かつを）
鹿の子（かのこ）
蚊柱（かばしら）
蝙蝠（かはほり）
川床（かはゆか）
顔佳花（かほよばな）
雷（かみなり）
蚊遣り火（かやりび）

唐葵（からあふひ）
烏扇（からすあふぎ）
唐撫子（からなでしこ）
苧（からむし）
唐桃（からもも）
閑古鳥（かんこどり）
行水（ぎやうずい）
祇園会（ぎをんゑ）
草合はせ（くさあはせ）
薬玉（くすだま）
葛花（くずばな）
薬猟り（くすりがり）
薬日（くすりび）
水鶏（くひな）
熊葛（くまつづら）
蜘蛛（くも）
雲の峰（くものみね）
水母（くらげ）
霍乱（くわくらん）

萱草（くわんざう）
灌仏（くわんぶつ）
薫風（くんぷう）
芥子（けし）
苔清水（こけしみづ）
小五月（こざつき）
事なし草（ことなしぐさ）
木の暗れ（このくれ）
木の下闇（このしたやみ）
衣更へ（ころもがへ）
薔薇（さうび）
榊（さかき）
石榴（花）（ざくろ）
五月雨（さつきあめ）
五月晴れ（さつきばれ）
五月闇（さつきやみ）
早苗（さなへ）
五月蠅（さばへ）
五月雨（さみだれ）

早乙女（さをとめ）
三伏（さんぷく）
山王祭り（さんわうまつり）
下闇（したやみ）
紙帳（しちやう）
十九土用（じふくどよう）
紙魚（しみ）
清水（しみづ）
繍線菊（しもつけ）
菖蒲（しやうぶ）
菖蒲刀（しやうぶがたな）
菖蒲兜（しやうぶかぶと）
水飯（すいはん）
菅抜き（すがぬき）
涼し（すずし）
簾（すだれ）
施米（せまい）
蟬（せみ）
田歌（たうた）

道明寺乾し飯（だうみやうじほしいひ）
誰が袖（たがそで）
竹席（たかむしろ）
筍（たかむな）
滝（たき）
滝殿（たきどの）
蓼（たで）
玉簾（たますだれ）
端午（たんご）
茅の輪（ちのわ）
粽（ちまき）
筑摩の祭り（つくまのまつり）
葛（つづら）
釣殿（つりどの）
常夏（とこなつ）
通し矢（とほしや）
土用（どよう）
夏越しの祓へ（なごしのはらへ）
撫子（なでしこ）

蚱蟬（なはぜみ）
鳴る神（なるかみ）
鳰の浮き巣（にほのうきす）
合歓（ねぶ）
幟（のぼり）
麦秋（ばくしう・むぎあき）
端居（はしゐ）
蓮（はち・はす）
霹靂神（はたたがみ）
初鰹（はつがつを）
花供養（はなくやう）
花橘（はなたちばな）
花柚（はなゆ）
帚木（ははきぎ）
蠅（はへ）
浜木綿（はまゆふ）
蟇（ひき）
氷水（ひみづ）
氷室（ひむろ）

仏生会（ぶつしやうゑ）
仏法僧（ぶつぽふそう）
舟遊び（ふなあそび）
紅花（べにばな）
蛇（へび）
牡丹（ぼうたん）
火串（ほぐし）
鉾（ほこ）
蛍（ほたる）
乾し飯（ほしいひ）
時鳥（ほととぎす）
海鞘（ほや）
まくなぎ
真菰（まこも）
真清水（ましみづ）
祭り（まつり）
万年草（まんねんぐさ）
短夜（みじかよ）
禊ぎ（みそぎ）

禊川（みそぎがは）
水蓼（みづたで）
麦（むぎ）
葎（むぐら）
藻刈り舟（もかりぶね）
桃（実）（もも）
諸葛（もろかづら）
八重葎（やへむぐら）
大和撫子（やまとなでしこ）
湯帷子（ゆかたびら）
夕顔（花）（ゆふがほ）
吉原雀（よしはらすずめ）
龍骨車（りゆうこしや）
若楓（わかかへで）
病葉（わくらば）

秋

茜（あかね）
朝顔（あさがほ）
朝寒（あささむ）
葦（あし）
葦刈り（あしかり）
粟（あは）
天の川（あまのがは）
有り明け（ありあけ）
斑鳩（いかるが）

生き御霊（いきみたま）
十六夜（いざよひ）
石伏（いしぶし）
鶍（いすか）
櫟（いちひ）
糸薄（いとすすき）
蟋蟀（いとど）
稲妻（いなづま）
稲舟（いなぶね）

稲筵（いなむしろ）
稲叢（いなむら）
犬飼ひ星（いぬかひぼし）
芋名月（いもめいげつ）
色鳥（いろどり）
牛祭り（うしまつり）
鶉（うづら）
末枯れ（うらがれ）
盂蘭盆会（うらぼんゑ）

葡萄蔓（えびかづら）
晩生（おくて）
送り火（おくりび）
晩稲（おしね）
落ち鮎（おちあゆ）
落ち栗（おちぐり）
落とし水（おとしみづ）
案山子（かがし）
柿（かき）

蜻蛉（かげろふ）
鵲の橋（かささぎのはし）
梶の葉（かぢのは）
門火（かどび）
楓（かへで）
唐萩（からはぎ）
雁（かり・かりがね）
雁が音（かりがね）
刈萱（かるかや）

桔梗（ききやう）
菊（きく）
菊酒（きくざけ）
菊の宴（きくのえん）
乞巧奠（きつかうでん）
砧（きぬた）
霧（きり）
蟋蟀（きりぎりす）
草市（くさいち）

葛（くず）
轡虫（くつわむし）
胡桃（くるみ）
検見（けみ）
今日の月（けふのつき）
小鷹（こたか）
小鷹狩り（こたかがり）
小水葱（こなぎ）
小萩（こはぎ）

蟋蟀（こほろぎ）
駒牽き（こまひき）
駒迎へ（こまむかへ）
衣打つ（ころもうつ）
索餅（さくべい）
石榴（ざくろ）
刺し鯖（さしさば）
真葛（さねかづら）
錆鮎（さびあゆ）

小牡鹿（さをしか）
三五夜（さんごや）
鹿（しか）
鴫（しぎ）
鴫の羽掻き（しぎのはねがき）
忍草（しのぶぐさ）
十五夜（じふごや）
十三夜（じふさんや）
十七夜（じふしちや）

秋

生姜(しやうが)　織女(しよくぢよ)　白露(しらつゆ)　不知火(しらぬひ)　紫苑(しをん)　薄(すすき)　鈴虫(すずむし)　相撲の節(すまひのせち)　施餓鬼(せがき)　接待(せつたい)　千秋楽(せんしうらく)　そが菊(そがぎく)　漫ろ寒し(そぞろさむし)

大文字の火(だいもんじのひ)　擣衣(たうい)　当薬(たうやく)　蟷螂(たうらう)　茸(たけ)　橘(実)(たちばな)　龍田姫(たつたひめ)　七夕(たなばた)　棚機つ女(たなばたつめ)　田の実(たのみ)　魂棚(たまだな)　魂祭り(たままつり)　茅(ち)

中秋(ちうしう)　重陽(ちようやう)　月(つき)　月影(つきかげ)　月草(つきくさ)　月の霜(つきのしも)　月の出潮(つきのでしほ)　月見(つきみ)　蔦(つた)　爪紅(つまべに)　露(つゆ)　露草(つゆくさ)　露時雨(つゆしぐれ)

露霜(つゆしも)　灯籠(とうろう)　木賊(とくさ)　富草(とみくさ)　蜻蛉(とんばう)　楢(なら)　零余子(ぬかご)　額突き虫(ぬかづきむし)　願ひの糸(ねがひのいと)　後の月(のちのつき)　野分(のわき)　放生会(はうじやうゑ)　萩(はぎ)

萩原(はぎはら)　はじかみ　機織り(はたおり)　旗薄(はたすすき)　初嵐(はつあらし)　初風(はつかぜ)　初雁(はつかり)　初雁が音(はつかりがね)　八朔(はつさく)　初月(はつづき)　初紅葉(はつもみぢ)　花薄(はなすすき)　花野(はなの)

柞(ははそ)　浜荻(はまをぎ)　蜩(ひぐらし)　彦星(ひこぼし)　瓠(ひさご)　瓢(ふくべ)　五倍子(ふし)　藤袴(ふぢばかま)　芙蓉(ふよう)　糸瓜(へちま)　星合ひ(ほしあひ)　星月夜(ほしづきよ)　菩提子(ぼだいし)

盆(ぼん)　松虫(まつむし)　待つ宵(まつよひ)　豆名月(まめめいげつ)　身に沁む(みにしむ)　迎へ火(むかへび)　木槿(むくげ)　虫(むし)　虫籠(むしこ)　名月(めいげつ)　鵙(もず)　望月(もちづき)　紅葉(もみぢ)

紅葉狩(もみぢがり)　紅葉の賀(もみぢのが)　紅葉の錦(もみぢのにしき)　焼き米(やきごめ)　山梨(やまなし)　夕顔(実)(ゆふがほ)　夕月夜(ゆふづくよ)　夜寒(よさむ)　夜長(よなが)　婚ひ星(よばひぼし)　宵闇(よひやみ)　良夜(りやうや)　龍胆(りんだう)

早稲田(わさだ)　早稲(わせ)　綿弓(わたゆみ)　吾亦紅(われもかう)　荻(をぎ)　踊り(をどり)　尾花(をばな)　女郎花(をみなへし)

冬

赤柏(あかがしは)　皸(あかがり)　網代(あじろ)　網代木(あじろき)　網代守り(あじろもり)　霰(あられ)　鯨(いさな)　鼬(いたち)　兎(うさぎ)　薄氷(うすらひ)　埋み火(うづみび)　恵比須講(えびすかう)　御講(おかう)　御高祖頭巾(おこそづきん)　御霜月(おしもつき)

落ち葉(おちば)　追儺(おにやらひ)　御仏名(おぶつみやう)　大鷹(おほたか)　大鷹狩り(おほたかがり)　御火焚き(おほたき)　大晦日(おほつごもり)　大年(おほどし)　大根(おほね)　御命講(おめいかう)　掛け乞ひ(かけごひ)　返り花(かへりばな)　顔見世(かほみせ)　神遊び(かみあそび)　髪置き(かみおき)

神送り(かみおくり)　紙子(かみこ)　神の留守(かみのるす)　紙衾(かみぶすま)　神迎へ(かみむかへ)　鴨(かも)　乾鮭(からざけ)　狩り(かり)　枯れ野(かれの)　枯れ尾花(かれをばな)　寒(かん)　寒苦鳥(かんくてう)　寒垢離(かんごり)　樏(かんじき)　狐(きつね)

狐火(きつねび)　空也忌(くうやき)　鵠(くぐひ)　草枯れ(くさがれ)　くさめ　薬食ひ(くすりぐひ)　朽ち葉(くちば)　熊鷹(くまたか)　木枯らし(こがらし)　事始め(ことはじめ)　木の葉(このは)　小春(こはる)　氷(こほり)　凍る(こほる)　冴え凍る(さえこほる)

朔旦冬至(さくたんとうじ)　寒し(さむし)　小夜時雨(さよしぐれ)　小夜千鳥(さよちどり)　敷き松葉(しきまつば)　時雨(しぐれ)　七五三(しちごさん)　咳く(しはぶく)　鮪(しび)　十夜(じふや)　霜(しも)　霜枯れ(しもがれ)　障子(しやうじ)　煤竹(すすたけ)　煤掃き(すすはき)

炭櫃(すびつ)　節季候(せきぞろ)　節季(せつき)　節分(せつぶん)　鷹(たか)　鷹狩り(たかがり)　狸(たぬき)　垂氷(たるひ)　達磨忌(だるまき)　千鳥(ちどり)　追儺(ついな)　頭巾(づきん)　氷柱(つらら)　年木(としぎ)　年籠り(としごもり)

年の夜(としのよ)　酉の町(とりのまち)　鳰鳥(にほどり)　布子(ぬのこ)　根深(ねぶか)　子祭り(ねまつり)　袴着(はかまぎ)　斑雪(はだれゆき)　鉢叩き(はちたたき)　初時雨(はつしぐれ)　初霜(はつしも)　浜千鳥(はまちどり)　春隣(はるとなり)　日蔭の鬘(ひかげのかづら)　日向ぼこり(ひなたぼこり)

屛風(びやうぶ)　百八の鐘(ひやくはちのかね)　氷魚(ひを)　火桶(ひをけ)　柴漬け(ふしづけ)　衾(ふすま)　仏名会(ぶつみやうゑ)　報恩講(ほうおんかう)　丸頭巾(まるづきん)　水鳥(みづとり)　都鳥(みやこどり)　深雪(みゆき)　村時雨(むらしぐれ)　餅(もち)　厄落とし(やくおとし)

厄払ひ(やくはらひ)　山橘(やまたちばな)　維摩会(ゆいまゑ)　雪仏(ゆきぼとけ)　雪丸げ(ゆきまろげ)　夜着(よぎ)　炉開き(ろびらき)　綿衣(わたぎぬ)　綿子(わたこ)　綿帽子(わたぼうし)　亥子餅(ゐのこもち)　会式(ゑしき)　岡見(をかみ)　鴛鴦(をし)　温石(をんじやく)

付録

国語・国文法用語集

●本書で用いている語の解説を兼ねて、国語および国文法の用語を解説する。
●配列は、現代仮名遣いの五十音順による。

あ行

天草版（あまくさばん）　⇩本文「写本と異本（しゃほんといほん）」

イ音便（いおんびん）　語の末尾や語中の「き」「ぎ」「し」「り」の子音が「い」音に変化する現象。「つきたち」→「ついたち」「まして」→「まいて」「聞きて」→「聞いて」「強き」→「強い」「ござります」→「ございます」など。

活用語でイ音便を生じるのは、
(1)カ・ガ・サ行四段動詞の連用形＋助詞「て」・助動詞「たり」（「泣いたまふ」のように補助動詞などがつく場合もある）
(2)形容詞の連体形＋体言・終助詞「かな」
(3)形容詞型活用の助動詞の連体形「べき」「まじき」＋体言・終助詞「かな」
などの場合である。

意志の助動詞（いしのじょどうし）　動作主の決意や希望などを表す助動詞。文語では、推量の助動詞のうち「む」「むず」「べし」「じ」「まじ」「まし」にこの用法があり、このとき主語は原則として一人称になる。動作主に話し手以外の人が入っている場合は、その人に同調を求める誘いかけの意を含む。

例僧たち、宵（よひ）のつれづれに、「いざ、かいもちひせん（＝ぼたもちを作ろう）」と言ひけるを〈宇治拾遺・一二〉

「じ」「まじ」は、それぞれ「む」「べし」の打消で、～まい・～ないつもりだ、という打消の意志を表す。「まし」は、動作主のはっきりした決意や希望を表す「む」「べし」に対して、疑問語とともに用いられ、ためらいの気持ちを表す。「ためらいの意志」といわれることもある。

例「しやせまし、せずやあらまし（＝しようかしら、しないでおこうかしら）」と思ふ事は、おほやうは、せぬはよきなり〈徒然・九八〉

已然形（いぜんけい）　文語における活用形の一つ。すでに実現していることやその時点での事実を表す用法があるところからの名称。主な用法は次のようになる。
(1)接続助詞「ば」「ど」「ども」がついて、順接または逆接の確定条件などを表す。なお、上代には已然形単独で条件を表す用法もあった。
例(a)いと幼ければ、籠（こ）に入れて養ふ〈竹取〉
例(b)海は荒るれども、心は少し凪（な）ぎぬ〈土佐〉
(2)終止法。係助詞「こそ」の結びとして文を終止する。
例(a)この女をこそ得め〈伊勢・二三〉
例(b)始め終はりこそをかしけれ〈徒然・一三七〉
(3)已然形に接続する助詞がつく。

口語文法では、この已然形に相当する活用形が仮定形と呼ばれる。口語ではその働きが変化して、仮定の意を表すようになっているからである。

位相語（いそうご）　⇩語彙の位相（ごいのいそう）

一般条件（いっぱんじょうけん）　⇩条件法（じょうけんほう）

異本（いほん）　⇩本文「写本と異本（しゃほんといほん）」

忌み詞（いみことば）　忌みはばかって用いるのを避ける言葉。また、その代わりに用いる言葉。神に仕える斎宮で「仏」「経」などを忌んで「中子（なかご）」「染め紙」といったり、婚礼で「去る」「帰（かへ）る」「別（わか）る」などを避けたりする類。⇩斎宮の忌み詞（さいぐうのいみことば）

ウ音便（うおんびん）　語の末尾や語中の「く」「ぐ」「ひ」「び」「み」などが「う」に変化する現象。「いもひと」→「いもうと」「思ひて」→「思うて」「悲しく」→「悲しう」「悲しみて」→「悲しうで」など。

活用語でウ音便を生じるのは、
(1)ハ・バ・マ行四段動詞の連用形＋助詞「て」「たり」（バ・マ行のウ音便は鎌倉時代以降に現れる）
(2)形容詞の連用形＋接続助詞「て」「して」、他の用言
などの場合である。

受け手尊敬を表す謙譲語（うけてそんけいをあらわすけんじょうご）　⇩『敬語表現の理解』

受身の助動詞（うけみのじょどうし）　他から動作・作用を受ける意を表す助動詞。文語では「る」「らる」にこの用法があり、「る」は四段・ナ変・ラ変動詞の未然形につき、「らる」はそれ以外の動詞と、助動詞「す」「さす」「しむ」の未然形につく。ほかに上代特有の受身の助動詞として「ゆ」がある。

「る」「らる」は現代語では「れる」「られる」となるが、本来、自らの意志にかかわりなく動作・作用・事態が実現するという意を表し、そこから受身・自発・尊敬・可能の各用法が発展した。

なお、受身の助動詞は、意味の上からは他への動作や働きかけを示す他動詞について用いられるはずであるが、自動詞につく場合もある。

例かく人に恥ぢ**らるる**女〈徒然・一〇七〉

受身表現（うけみひょうげん）　他から動作・作用の影響を受ける意を表す表現。影響を受ける側を主語とし、影響を与える動作・作用の主体を「〜に」で表す。文語の受身は助動詞「る」「らる」（ほかに上代特有の助動詞「ゆ」）で表される。「〜に〜る（らる）」の形となるが、「〜に」にあたる部分は省略されることも多い。動作・作用の影響を与える主体は人であることが多く、無生物が主体となる場合を「非情の受身」と呼ぶことがある。

また、受身表現は害を被る意を含むことが多いことから「迷惑の受身」と呼ぶことがある。

なお、軍記などで、使役の助動詞「す」「さす」を用いた形で受身の意を表すことがある。⇩武者詞（むしゃことば）

打消の助動詞（うちけしのじょどうし）　〜ない、という話し手の否定の判断を表す助動詞。「否定の助動詞」ともいう。

文語では「ず」がこれにあたるが、打消推量の「じ」「まじ」を含めることもある。

「ず」は、奈良時代には古い未然形「な」、連用形「に」、終止形「ぬ」があり、古くは「な・に・ぬ・ぬ・ね」と活用する打消の助動詞「ぬ」があったらしい。古い活用は、平安時代以降も、接尾語「く」がついて、〜ないこと、の意を表す用法（ク語法）に残っている。

例飽か**なく**に（＝まだ飽き足らないのに）まだきも月の隠るるか〈古今・雑上〉

江戸語（えどご）　⇩近世語（きんせいご）

婉曲表現（えんきょくひょうげん）　物事を直接的にはっきり表現したり、強く断定したりするのを避けて、遠回しにやわらかく述べる表現。具体的な表現のしかたはさまざまであるが、たとえば、

例少納言の乳母（めのと）とぞ人言ふ**める**は（＝人々が言っているようなのは）〈源氏・若紫〉では、周囲の人々が「少納言の乳母」と言うのは眼前の事実なのでそのまま表現して差し支えないところだが、わざと推定の助動詞「めり」を用いて口調をやわらげたものである。

なお、推量の助動詞「む」「らむ」「けむ」が連体法・準体法で用いられる場合も婉曲表現と解釈されることが多い。その場合、現代語に訳せないことも多いので注意が必要である。

例いみじから**む**心地もせず〈竹取〉

縁語（えんご）　⇩『名歌・名句辞典』「和歌の表現技法」

音韻（おんいん）　個々の具体的な音声に対して、それらの中核にあるものとして共通すると解釈できる抽象的な音。たとえば、同じ「楽しい」という言葉を発音しても、個別的具体的な音声は、話し手によって、また、発音される状況によって、高さ・強さ・音色などが異なり、正確に同じ音にはならない。しかし普通は頭の中で、同一の言葉として認識している。このような認識の核になる抽象的な音を音韻という。

音訓（おんくん）　日本で用いられる漢字の読み方は「音」と「訓」に大別される。

古代の日本語には、固有の文字がなく、言葉を表記するには、中国の文字である漢字を用いていた。朝鮮半島を経由して漢字が日本に伝わったのは、三〜四世紀ごろといわれている。最初は我々が英語を読むように、中国語の発音で読んでいたと考えられるが、日本語の中で用いられているうちに、漢字の発音も日本語的な発音に変化していった。このように漢字本来の発音が日本語化して定着したものを「音」（「字音」「漢字音」）といい、それによる漢字の読み方を音読みという。

一方、漢字は表意文字（意味を表す文字）なので、日本人が漢字の意味を理解しようとすれば、それに対応する日本語の訳語に置き換えて考えなければならない。そのような理解のしかたが積み重なり、習慣化するうちに多くの漢字にはその意味に対応する日本語の訳語が、読み方として定着するようになった。そのようにして個々の漢字に結びついた日本語固有の読み方を「訓」（「字訓」）といい、それによる漢字の読み方を訓読みという。

音写（おんしゃ）　漢字を表音文字として用いて、外国語の固有名詞などを書き表す方法。「音訳」ともいう。狭い意味には、古代の中国で、サンスクリットで書かれた仏教の経典を中国語に訳す際に、人名・地名など訳せない語の原音を漢字を用いて表したことをいうが、広く、漢字の音や訓によって発音を表す用字法をいう場合もある。「釈迦牟尼（しゃかむに）」「卒塔婆（そとば）」など。

音声（おんせい）　人間が各自の音声器官（肺・気管・喉頭・声帯・鼻孔・口蓋・唇・歯・舌など）を使って作り出し、コミュニケーションの手段となる音。

音節（おんせつ）　実際に発音される際に、前後に自然な切れ目があって、その中には切れ目がなく、連続して発音される単音、または、単音の連続。たとえば「はな（花）」という言葉を発音する場合、「ハ」と「ナ」に区切って発音することができるが、「ハ」と「ナ」それぞれの音は内部で切れ目がなく、これ以上小さく区切って発音することはできない。したがって「はな」は二音節からなる語、とされるわけである。

日本語の音節は、母音単独、または子音＋母音（子音＋半母音＋母音＝「キャ・キュ・キョ」なども含む）が基本的構造となる。促音・撥音・長音は音節とは異なるが、一音節に相当する長さで発音できるので音節に準じて考えられてい

る。

促音や撥音以外、日本語の音節はすべて母音で終わる開音節である（子音で終わる音節は閉音節と呼ぶ）という特徴がある。

表記の上からは、日本語の一音節はほぼ仮名一字に相当するが、拗音を含む音節は二文字で表される。

音便（おんびん）　発音の都合上、語の末尾や語中の音が変化する現象。ふつうは、一時的な音の変化ではなく、表記上もそれが固定したものをいう。変化した結果の音によってイ音便・ウ音便・撥音便・促音便の四種に分かれ、音便によって変化した形を音便形という。

確実な例は平安初期に初めて現れ、イ音便・ウ音便・撥音便・促音便の順に成立したと考えられている。

か 行

開合（かいごう）　もとは中国や日本の音韻学（音韻を研究する学問）で、口の開きの違いで発音を区別するための用語。国語の歴史の上では、鎌倉〜室町時代にかけて、オ列の長音にあった二種類の発音、またその区別についていう。

もともと日本語は、母音が連続して現れることを避ける傾向が強く、たとえば『万葉集』では「あらいそ（荒磯）」→「ありそ」、「わがいも（我妹）」→「わぎも」の形がみられる。

平安時代に入って音便が発生したり、個々の音節の発音が変化するにつれて、日本語でも二つの母音が連続することが多くなった。やがて室町時代になると、連続する二母音は融合して長音になる傾向が強くなり、「アウ・カウ・サウ」「オウ・コウ・ソウ」「エウ・ケウ・セウ」などの連続は、オ段の長音になる現象が一般化していった。しかし室町時代には、「アウ・カウ・サウ」が長音化した発音と「オウ・コウ・ソウ」から生じた発音、「エウ・ケウ・セウ」などから生じた発音は区別されていた。

「アウ…」から生じた長音を開音、「オウ…」「エウ…」から生じた長音を合音といい、その区別を開合の別という。この区別はいちおう室町末期までは保たれていたと考えられるが、方言では早くから混同され、江戸時代には区別が失われた。

回想の助動詞（かいそうのじょどうし）　⇩過去の助動詞（かこのじょどうし）

係助詞（かかりじょし）　⇩係助詞（けいじょし）

係り結び（かかりむすび）　文語の係助詞「ぞ」「なむ」「や（やは）」「か（かは）」「こそ」が文中に用いられると、それを受ける文節が特定の活用形になること。このときその係助詞を「係り」、それに呼応する活用形を「結び」という。「ぞ」「なむ」「や（やは）」「か（かは）」は連体形、「こそ」は已然形が結びとなる。

例空　晴る。（ラ行下二段終止形）
空ぞ　晴るる。（連体形）
空なむ　晴るる。（連体形）
空や　晴るる。（連体形）
いづこの空か　晴るる。（連体形）
空こそ　晴るれ。（已然形）

係助詞の結びになるはずの活用語を含む文節が省略され、文中に結びが現れないことがある。これを「結びの省略」という。省略される結びは文脈から容易に類推される簡単なものがほとんどである。（カッコ内が省略された結び）

例(a)たびたび強盗（がうだう）にあひたるゆゑに、この名をつけにけるとぞ（**言ふ**）〈徒然・四六〉

例(b)いづれの御時にか（**ありけむ**）〈源氏・桐壺〉

例(c)ひとり歩（あり）かん身は、心すべきことにこそ（**あれ**）〈徒然・八九〉

また、係助詞の結びになるはずの文節が、そこで言い切りにならず、その活用語に接続助詞などがついて、係り結びが成立しなくなることがある。これを「結びの消滅（消去・消失）」「結びの流れ」という。

例たとひ耳鼻こそ**切れ失す**とも、命ばかりはなどか生きざらん〈徒然・五三〉

係助詞「こそ」＋已然形の係り結びで、結びとなる文節で文が終わらず、さらに下の句へ続くことがある。この場合、ふつう逆接の意を伴う。

例中垣こそ**あれ**、一つ家のやうなれば（＝私の家と隣の家とは、隔ての垣根はあるけれども、一軒の家のようなものなので）〈土佐〉

係り結びは平安時代に最もよく法則として守られていたが、中世以後、連体形で文を終止するようになり終止形と連体形の区別がつかなくなると、係り結びの法則もくずれはじめる。

カ行変格活用（かぎょうへんかくかつよう）　動詞の活用の種類の一つ。活用語尾が五十音図のカ行のイ・ウ・オ段の三段にわたる変わった活用をする。文語のカ行変格活用では、連体形に「る」、已然形に「れ」を伴う。略して「カ変」ともいう。

カ行変格活用の動詞は「来（く）」（とその複合語「まうで来」など）だけで、「来」には語幹と活用語尾の区別がない。命令形は「こ」「こよ」の両形があるが、平安時代末ごろまでは「こ」の形が普通である。

確述の助動詞（かくじゅつのじょどうし）　⇩完了の助動詞（かんりょうのじょどうし）

格助詞（かくじょし）　体言や体言と同じ資格の連体形などについて、その文節が、下にくる文節（主にその中の自立語）とどのような関係にあるかを示す助詞。文法用語としての「格」とは、文中で、主に体言が他の語とどのような資格でかかわり合っているか、をいうもので、そのような格関係を明示する助詞として「格助詞」と呼んでいる。

ただし、日本語はもともと格関係を必ずしも明示する必要がないため、実際の文中では格助詞が用いられないことも多い。

文語の格助詞は、次の二つに大別される。

(1)主格と連体修飾格を示すもの。「が」「の」

(2)連用修飾格を示すもの。「を」「に」「へ」「と」「より」「から」「して」

確定条件（かくていじょうけん） ⇩条件法（じょうけんほう）

掛詞（かけことば） ⇩『名歌・名句辞典』「和歌の表現技法」

過去推量の助動詞（かこすいりょうのじょどうし） ⇩推量の助動詞（すいりょうのじょどうし）

過去の助動詞（かこのじょどうし） 話し手が、現在の視点から、ある事柄を、過去のことであると判断し表現することを示す助動詞。単純にある出来事が過去に起こったということだけでなく、現在とのつながりを常に意識する表現であることから「回想の助動詞」ともいわれる。

文語では「き」「けり」の二語がこれにあたる。「き」は話し手が直接体験した事柄を過去のこととして述べるのに用い、「けり」は間接的に言い伝えられた事柄や、今まで続いてきた事柄などを現時点で確認するように用いる、という傾向がある。そこで、それぞれ「体験回想」「伝聞回想」と呼んで区別することがある。

「けり」が物語や段落の最後などに用いられたり、今はじめてあることに気がついて詠嘆する気持ちを表したり（気づき・詠嘆の「けり」と呼ばれることもある）するのも、事柄を現時点でとらえるという「けり」の働きからきている。

例今宵（こよひ）は十五夜なり**けり**（＝今夜は十五夜だったのだなあ）とおぼしいでて〈源氏・須磨〉

なお、「き」は「(せ)・○・き・し・しか・○」というサ行・カ行にわたる特殊な活用をし、連用形接続だがカ変・サ変動詞には未然形につくこともあるという特別な接続をするので、その点にも注意が必要である。

片仮名（かたかな） 漢字の点や画を省略して作りだされた表音文字。奈良時代以前は、日本語を表音的に表記するには万葉仮名を用いていた。万葉仮名はあくまで漢字であるから、一字一字を書くのに手間がかかる。そこで、平安時代初期ごろ、僧侶などが、仏典などの読み方を行間などにすばやくメモするため、漢字を省略して符号のように用いるようになった。そこから「片仮名」ができたと考えられている。古くは字体もさまざまで、個人差や地域差が大きかったが、しだいに統一されて、十世紀ごろから社会的に通用する文字体系となっていった。

もともと漢文訓読の世界から生まれた文字体系なので、漢字・漢文と縁が深く、漢文訓読体の文章は漢字片仮名交じり文で書かれる場合が多かった。

例阿→ア　伊→イ　宇→ウ　江→エ　於→オ

活用（かつよう） 単語が、文中での使われ方や下への続き方によって、規則的に語形が変わること。たとえば動詞「言ふ」は文を言い切る場合には「言ふ」、文の途中でいったん中止する場合には「言ひ」、名詞を修飾する場合には「言ふこと」となり、「言はず」「言ひたり」「言へども」のように下に続く助詞・助動詞によっても形が変わる。このような現象を「活用」といい、変化したそれぞれの形を「活用形」という。活用する場合、活用形は違っても、すべて同一の単語である。自立語では動詞・形容詞・形容動詞、付属語では助動詞に活用があり、活用する語を総称して「活用語」という。

活用形（かつようけい） 活用によって変化したそれぞれの語形。文語の「死ぬ」という動詞には「死な・死に・死ぬ・死ぬる・死ぬれ・死ね」の六通りの語形があり、最も数が多いので、それにあわせて六つの活用形を立て、それぞれ「未然形」「連用形」「終止形」「連体形」「已然形」「命令形」という名称をつけて整理する。

各活用形の名称は、その活用形の用法の代表的なものをとって名付けられてはいるが、あくまで呼び名であり、たとえば終止形は名称の由来となった、文を終止する以外に、助動詞「べし」「らし」「めり」などに続く、助詞「とも」に続く、という機能もある。

活用語（かつようご） ⇩活用（かつよう）

活用語尾（かつようごび） 単語が活用するとき、語形変化する部分。単に「語尾」ともいう。たとえば文語の動詞「読む」では「読ま・読み・読む・読む・読め・読め」と活用し、「ま・み・む・む・め・め」と変化する部分が活用語尾である。

活用の種類（かつようのしゅるい） 用言の活用のしかたを整理すると、いくつかの型に分けることができる。それを「活用の種類」という。文語の動詞では、四段活用・上一段活用・上二段活用・下一段活用・下二段活用・ナ行変格活用・ラ行変格活用・カ行変格活用・サ行変格活用の九種類、形容詞では、ク活用・シク活用の二種類、形容動詞では、ナリ活用・タリ活用の二種類である。

なお、助動詞には用言のような活用の種類はないが、大部分の助動詞は用言の活用に準じているため、動詞型活用・形容詞型活用・形容動詞型活用、それらに属さない特殊型活用という分類をすることがある。

活用表（かつようひょう） 活用のしかたをまとめて表にしたもの。基本形（終止形。辞書の見出し語となる形）・語幹・各活用形（ふつうは活用語尾のみを示す）が順に示される。

果が状態として存在したり、動作・作用が継続して行われている意を示す存続の用法がある。

例 立てる（＝立っている）人どもは、装束のきよらなること物にも似ず〈竹取〉

なお、「り」は、もともと四段動詞の連用形に「あり」がついて、「立ち」＋「あり」→「立てり」と音韻が変化して生まれたものであった。このとき「立て」は、「立つ」の已然形・命令形と同じ形になるように見えるが、奈良時代には已然形と命令形では少し発音が違っていたことが明らかになっており、発音の上からは命令形の「立て」と同じ形であった。このことから便宜的に、「り」は四段動詞の命令形（サ変動詞は未然形）につくとされている。

擬音語 ⇩擬声語

聞き手尊敬 ⇩『敬語表現の理解』

戯訓 ⇩万葉仮名

季語 ⇩『名歌・名句辞典』『俳諧の表現技法』

擬古文 平安時代の和文をまねて書いた文章。ふつう、江戸中期から明治初期にかけて国学者たちに用いられたものをいい、平安時代の語や、ときに上代語も交えて構成された。

擬声語 物がたてる音や、動物の鳴き声、人の音声などを描写してできた語。「擬音語」ともいう。現代語でいえば「とんとん」「にゃあにゃあ」「わあわあ」の類。

同じ音でも時代や地域によって表現のしかたが異なる。現代語では馬の鳴き声を「ひん」と形容するが、奈良時代には馬は「い」と鳴くとされており、そこから「いななく」という語ができた。「かり（雁）」や「ほととぎす（時鳥）」もその鳴き声から名称に転じた例とされている。

擬態語 耳には聞こえない物事の状態を、音声によって象徴的に描写した語。日本語や朝鮮語は特に擬態語が豊富な言語で、古くから例が多い。

例 この児、やしなふほどに、**すくすく**と大きになりまさる〈竹取〉

希望の助動詞 上の語で示される動作や事態の実現を願う意を表す助動詞。「願望の助動詞」ともいわれる。文語では「まほし」「たし」の二語がこれにあたる。

「まほし」は助動詞「む」のク語法「まく」＋形容詞「欲し」＝「まく欲し」から変化した語で、主に平安時代に用いられる。「たし」は平安後期の院政期以降に広く使われるようになった。

疑問表現 相手に対する問いかけや話し手（書き手）の疑念を表す表現。古文では不定称の代名詞（「たれ」「なに」など）や、疑問の副詞（「など」「いかに」など）、係助詞「や」「か」などを用いて表す。

例 (a)「**いづれ**の山**か**天に近き」と問はせたまふに〈竹取〉――問いかけ・質問を表す。

例 (b) 五年六年のうちに、千年**や**過ぎにけむ〈土佐〉――疑念を表す。

逆接 ⇩接続

強意の助動詞 ⇩完了の助動詞

キリシタン版 ⇩本文「写本と異本」

切れ字 ⇩『名歌・名句辞典』『俳諧の表現技法』

近世語 江戸時代特有の言葉やその用法。実際には、出版された資料が多く残されている、江戸時代の京・大坂の言葉（上方語）と、江戸特有の言葉（江戸語）をさす。江戸前期には、日本の文化の中心は京・大坂であったため、上方語が全国に通用する共通語であったが、宝暦年間（一七五一～六四）ごろから、都市としての江戸が発展し、文化の中心も江戸に移るにつれて、しだいに江戸語が共通語として広まっていった。

町人文化の発展を背景にした、町人・職人特有の語彙・語法、江戸時代特有の風俗や文物についての語彙（遊里語や新しい経済語彙など）、今までほとんど取り上げられることがなかった口語を取り入れた文学作品の登場、浄瑠璃・歌舞伎などの新しい芸能の発展などにより、江戸時代以前の書き言葉を中心とする国語とはさまざまな面で違いが見られる。

ク活用 文語形容詞の活用の種類の一つ。連用形の活用語尾が「く」になるもの。形容詞本来の「○・く・し・き・けれ・○」の活用と、「から・かり・○・かる・○・かれ」という補助活用（カリ活用）とをあわせてク活用とする。

ク語法 接尾語「く」「らく」が、用言の未然形・連用形などについて、体言に相当する語句を作る用法。単に上の活用語を体言化するのではなく、それを述語（またはその一部）とする文に相当するものを体言的にまとめる働きをする。⇩本文「く」

廓詞 ⇩遊里語

訓 ⇩音訓

訓点 漢文を訓読するために、もとの漢文の行間や字間・字面（字の上）などに書き加えた文字や符号のこと。漢字を読む順序を示す返り点、読みを示す振り仮名・送り仮名のほか、「朱引き」や「ヲコト点」などという特殊な符号などがある。実際に訓点を記入した平安時代以降の文献が現代でも寺院などに残されており、「訓点資料」と呼ばれて、当時の日本語を研究するための重要な資料になっている。

訓読 漢字を訓読みすること（⇩音訓）。または、中国の古典の文章を、漢字を一字ずつ音読み、または訓読みしながら、文全体は日本語の文（文語文）になるように読むこと。中国語と日本語は文法構造が異なっているので、漢字の順序をかえて読んだり、同じ漢字を二度読んだり、日本語の助詞・助動詞を補ったりしながら読むことになる。日本語による漢文の訓読がいつごろどのように始まったかははっきりしないが、平安初期にはふつうに行われていたと考えられる。

訓読語（くんどくご）　「漢文訓読語」ともいう。漢文の訓読に用いられる言葉や、その使い方。古い時代の訓点資料に実際に用いられているもの（特に「訓点語」という）のほか、訓読によって新しく作られた語や言い方も含めていう。和文に用いられる言葉とは、語彙・文法・音韻などさまざまな点で違いがあった。⇩漢文訓読体（かんぶんくんどくたい）

敬語（けいご）　⇩『敬語表現の理解』

敬語動詞（けいごどうし）　動作的意味と敬意とをあわせて示す動詞。敬意を含まない動詞や、敬意のみを表す敬語の補助動詞に対していう。動詞によっては、敬語動詞としての意味と敬語の補助動詞としての用法とをあわせてもつものがあるので注意が必要である。⇩『敬語表現の理解』「主な敬語動詞一覧」

例(a)そこらの年ごろ、そこらの黄金（こがね）**賜**（たま）**ひて**（＝下さって）〈竹取〉――敬語動詞

例(b)かぐや姫は罪をつくり**たまへ**りければ（＝おつくりになったので）〈竹取〉――敬語（尊敬）の補助動詞

形式名詞（けいしきめいし）　普通名詞のうち、実質的な意味が薄らいで、連体修飾語をつけてその実質的な意味を表すように用いられる名詞。「こと」「もの」「ため」「ほど」「ゆゑ」「よし」などが挙げられるが、これらの多くには、実質的な意味をもつ普通名詞としての用法もあるので注意が必要である。

例(a)**こと**（＝用事）の尽くる限りもなく〈徒然・五九〉――普通名詞

例(b)うつくしき**こと**、限りなし〈竹取〉――形式名詞

敬称（けいしょう）　目上の人物や神仏を、敬意をこめていう言い方。「尊称」ともいう。尊敬の意をこめた名詞・代名詞（「おほとの」「君だち」など）をさす場合と、名前などにつけて敬意を表す接尾語「～殿」「～君」などをさす場合とがある。

係助詞（けいじょし）　「かかりじょし」ともいう。種々の語について、その語やその語を含む句を強調したり、疑問・反語などの意味を添えたりしながら、それを受ける文節に一定の活用形で結ぶことを要求する助詞。文語では、「ぞ」「なむ」「や」「か」「こそ」「は」「も」がある。

文中に「ぞ」「なむ」「や」「か」が用いられた場合、文末の活用語は連体形で終止し、「こそ」に対しては已然形で終止する。⇩係り結び（かかりむすび）

強意を表す「ぞ」、疑問・反語を表す「や」「か」、詠嘆を表す「は」「も」は文末にも用いられる。これを係助詞の文末用法とか結び用法とかいうことがある。この場合、係り結びの法則は適用されない。

例(a)花**ぞ**昔の香ににほひける〈古今・春上〉➡名歌307

例(b)こ**は**、なでふことをのたまふ**ぞ**〈竹取〉

「は」「も」は、文中に用いられても文末の活用形に変化がないが、「ぞ」「や」「か」と同じく、文中用法と文末用法があること、文中用法の「は」「も」は上の語句を主題として取り立てると同時に、それについての説明を要求し文を成立させようとする、という文の成立にかかわる働きをもつこと、などの点から係助詞として分類されている。

形容詞（けいようし）　品詞の一つ。自立語で活用があり、単独で述語になれる単語で「（何が）どんなだ」という、人や事物の性質・状態などを表すもの。文語では「し」の形で言い切り、連用形が「～く」の形になるク活用と「～しく」の形になるシク活用の二種類に分けられる。「いみじ」「すさまじ」など「じ」で終わるものがあるが、これらもシク活用の形容詞である。口語では活用のしかたの違いはなくなり、すべて「い」で言い切る。

文語の形容詞の活用は、本来の活用のほかに、下に助動詞がつく場合や、命令形に用いられる補助活用（カリ活用）があり、この二つの系列の活用をあわせて形容詞の活用としている。

形容詞の語幹は、形容動詞の語幹と同じく独立性が強く、単独で用いられることがある（⇩語幹の用法（ごかんのようほう））。シク活用の場合は終止形が語幹的用法を兼ねる。

形容動詞（けいようどうし）　品詞の一つ。自立語で活用があり、単独で述語になれる単語で「（何が）どんなだ」という、人や事物の性質・状態などを表すもの。文語の形容動詞は「なり」「たり」の形で言い切りになり、それぞれナリ活用とタリ活用に分かれる。口語の形容動詞は「だ」で言い切る一種類になるが、これは文語のナリ活用の「なり」から「である」などを経てきた形である。

形容動詞の活用語尾「なり」「たり」はそれぞれ格助詞「に」「と」にラ変動詞「あり」が融合したもので、意味の上からは形容詞に準じ、活用や接続の上からはラ変動詞に準ずることから形容動詞と呼ばれている。語幹の独立性は形容詞よりさらに強く、単独で用いられることも多い（⇩語幹の用法（ごかんのようほう））。

古語辞典ではふつう形容動詞は語幹を見出し語としている。

原因推量の助動詞（げんいんすいりょうのじょどうし）　現在や過去の事実に関して、その原因・理由を推量することを示す助動詞。文語では「らむ」「けむ」にこの用法がある。（傍線部が原因・理由）
例思ひつつ寝（ぬ）ればや人の見えつ**らむ**〈古今・恋二〉➡名歌110 ――「夢に恋人が見えた」のは事実。その原因を「恋人を思いながら寝たから（か）」と推量する。

現在推量の助動詞（げんざいすいりょうのじょどうし）　⇩推量の助動詞（すいりょうのじょどうし）

謙譲語（けんじょうご）　⇩『敬語表現の理解』

現代仮名遣い（げんだいかなづかい）　現代の日本語を仮名で書く場合に、基準となる仮名遣い。昭和二十一年（一九四六）に内閣告示「現代かなづかい」が発表され、教科書などに採用されて広く使われるようになった。原則として、表音的（発音に基づいて書く）だが、助詞の「へ」「は」「を」など伝統的な表記も残している。今日のそれは、昭和六十一年（一九八六）に内閣告示「現代仮名遣い」によって一部改定されたものである。

語彙（ごい）　時代、人、作品、使われる分野、外来語かどうかなど、何らかの観点から範囲を限ったときに、その範囲に入る語の集まり。「平安時代の語彙」「源氏物語の語彙」「服飾語彙」などといった言い方をする。個々の語をさすのではなく、たとえば「平安時代の語彙」なら、平安時代に用いられた単語の集合全体について、その特色や使われ方などを体系的に述べる場合などに用いる。

語彙の位相（ごいのいそう）　性別・年齢・職業・文体・地域・社会的階層などによって使用される語が異なることを語彙の位相といい、特に、同一の事物や事柄に対して、位相の差によって使われる語が異なる場合、それらの位相に特有な語を位相語という。男性語・女性語・幼児語・職業語などさまざまなものがあるが、国語の歴史では、武者詞（ことば）・女房詞・遊里語・斎宮の忌（い）み詞（ことば）などがよく取り上げられる。

口語（こうご）　本来は、日常会話などに用いる話し言葉（「口頭語」ともいう）をさすが、話し言葉に基づく文章または文体（「口語体」）、古文に対する現代文という意味でも用いられる。話し言葉と書き言葉の違いは、平安末期から大きくなりはじめ、明治時代に言文一致運動（口頭語と文章語を一致させ、わかりやすい日本語の文体を作ろうとする運動）が起こるまでは、文章を書くときには話すときとはかなり異なる言葉遣いを用いるのが普通であった。そのため「口語」「文語」という区別が必要とされたのである。⇩文語（ぶんご）

恒時条件（こうじじょうけん）　⇩条件法（じょうけんほう）

恒常条件（こうじょうじょうけん）　⇩条件法（じょうけんほう）

交替形（こうたいけい）　名詞などが、複合語の前項などに来て、その語尾の母音が他の場合と違っているような場合を中心に、その一方を他方の「交替形」ということがある。一般にそのどちらの形が先にあったかには立ち入らないで使う傾向がある。たとえば、「あまくも（雨雲）」「かむかぜ（神風）」の「あま」「かむ」は「あめ」「かみ」のそれぞれ交替形であるといえる。

呼応（こおう）　文中で特定の語が前に用いられると、それを受ける語に特定の言い方が現れること。陳述の副詞にいわれることが多い。係助詞「ぞ」「なむ」「や」「か」、「こそ」を受けて「結び」が活用語の連体形・已然形となったり、疑問語を受けて文末が活用語の連体形や助詞「ぞ」「や」「か」などの形となる現象などにもいう。⇩陳述の副詞（ちんじゅつのふくし）

呼応の副詞（こおうのふくし）　⇩陳述の副詞（ちんじゅつのふくし）

呉音（ごおん）　⇩字音（じおん）

古活字本（こかつじぼん）　⇩本文「印刷と版本（いんさつとはんぽん）」

語幹（ごかん）　単語が活用するとき、語形変化しない部分。たとえば文語の動詞「読む」では「読ま・読み・読む・読む・読め・読め」と活用するので「よ」が語幹になる。ただし、助動詞は変化しない部分があってもふつう語幹・語尾の区別をしない。また、動詞でも「得（う）」「寝（ぬ）」「経（ふ）」「来（く）」「す」「蹴る」など活用形が一音節になるものは語幹と語尾が区別できない。

形容詞・形容動詞の語幹は動詞の語幹と違って独立性が強く、独自の用法をもつ。⇩語幹の用法（ごかんのようほう）

語幹の用法（ごかんのようほう）　形容詞と形容動詞の語幹は独立性が強く、次のような特別な用法がある。

(1)感動文の結びとなる。詠嘆の終助詞「や」などが下につくことも多い。
例(a)あな、**めでた**や〈徒然・二三六〉
例(b)あな、**うまげ**、ただ一口〈今昔・二七・一五〉

(2)格助詞「の」を伴って連体修飾語となる。感動文に用いられることが多い。
例(a)あな、**かひな**のわざや〈竹取〉
例(b)**とみ**の事とて御文（ふみ）あり〈伊勢・八四〉

(3)体言（＋格助詞「を」）＋形容詞の語幹＋接尾語「み」の形で原因・理由を表す。もっぱら和歌で用いられ、「ミ語法」と呼ばれることがある。
例若の浦に潮満ちくれば潟（かた）を**無み**（＝干潟がなくなるので）葦辺（あしへ）をさして鶴（たづ）鳴きわたる〈万葉・六・九一九〉➡名歌428

(4)複合語・派生語を作る。「**長**言（ながごと）」「**近**づく」「**愛し**妻（うつくしづま）」「**そぞろ**歩き」「**深**さ」「**繁**み」「あやしがる」「閑かさ」「あはれがる」など。

(5)接続助詞「ながら」を伴う。

例身はいやしながら〈伊勢・八四〉

語源（ごげん）　時代が経って語形や意味が変化し、もとの形や意味がわかりにくくなった場合を中心に、もとの語形や意味の由来を、その語の語源という。現代語で「さかな」といえば、魚のことだが、「さか」は酒、「な」は副食物の意で、本来は酒に添える副食物の意であった。それが現代語「さかな（魚）」の語源になる。現代語からいえば、古語辞典には多くの場合その語源に当たる語形や意味が取り上げられていることになる。また、動詞「書く」の意は、「掻く」から分かれたとみられるが、そのような場合、両語の語源が同じであることを「同源」ということがある。八世紀以前の国語を知る資料は少ないため、国語の語源はそう古くまではさかのぼれないことが多い。そのため、特に過去には、あまり信用できない、憶測だけに基づく語源説も多いので、注意が必要である。

語構成（ごこうせい）　単語には、「やま（山）」「おや（親）」のように、意味を考えるとそれ以上分けられない単語と、「うみやま（海山）」＝「うみ＋やま」、「おやたち（親たち）」＝「おや＋たち」のように、二つ以上の要素に分けることができる単語がある。ある単語が、その内部で、意味の上からさらになんらかの要素に分析できる場合、その単語の内部構造を語構成といい、分析された構成要素を語構成要素という。

語根（ごこん）　語構成に関する用語。語源的にいくつかの語に共通して認められる、語構成の根幹となる部分やその形をいう。「語基」ともいう。

派生語ともとの語、同じ語からできた派生語同士の関係など、語源的関係を説明するときにいわれることが多い。「あざやか（鮮やか）」「あざらか」「あざやぐ」「あざあざ」の「あざ」など。語根が同じことを「同根」という。

五十音図（ごじゅうおんず）　仮名を、子音が共通または類似するものを縦に五字ずつ、母音が共通するものを横に十字ずつ配置した表。

アイウエオ
カキクケコ
サシスセソ
タチツテト
ナニヌネノ
ハヒフヘホ
マミムメモ
ヤイユエヨ
ラリルレロ
ワヰウヱヲ

それぞれ縦の組を「行」と呼び最初の字をとって「ア行・カ行」、横の組を「段」または「列」と呼び、「ア段・イ段」などという。古くは五十音図の各行を「五音」（「ごおん」「ごいん」）といい、五十音図全体の名称としてもよく用いられた。そのほかに「五音図」「五十連音図」「音図」などともいう。

仮名は一文字で一音節を表すから、五十音図は日本語の音節を組織的に配列した一覧表ということもできる。（ただし、濁音・半濁音・促音・撥音・拗音は含まれていない。）

いつごろだれによって作られたかははっきりしない。現存している最古の五十音図は平安中期のもので、ア行・ヤ行に「イ・エ」、ア行・ワ行に「ウ」が重なって用いられていることから、ほぼ中古の音韻の知識に従っていると考えられている。

段や行の配列順序も古くはさまざまで、仮名の配置が異なっていたものも多く（ア行の「オ」とワ行の「ヲ」など）、現在の五十音図になるのは、江戸時代後期の本居宣長（もとおりのりなが）の研究をまたねばならなかった。五十音図は、扱いやすい音節の一覧表として、古くから、語の発音の変化や語義の説明、語源の解釈や活用現象の整理、仮名遣いの研究など、広く国語の研究に利用された。しかし、仮名の一覧表としては、「いろは歌」のほうがよく用いられ、辞書などの配列基準としても「アイウエオ」順が一般化するのは明治時代以降のことである。

語尾（ごび）　一般には単語の終わりの部分をいうが、文法の用語としては活用語尾をさすことが多い。

固有名詞（こゆうめいし）　ただ一つしかないものの名称を表す名詞。人名・地名・書名など。「藤原道長」「明日香（あすか）」「竹取物語」「かぐや姫」など。ただし、太陽の意の「日」はただ一つしか存在しないが、同類の他のものと区別するための名称ではないので普通名詞とされる。

さ行

再帰代名詞（さいきだいめいし）　⇨反射指示代名詞（はんしゃしじだいめいし）

斎宮の忌み詞（さいぐうのいみことば）　伊勢の斎宮で用いられた特殊な言葉。『皇太神宮儀式帳』『延喜式』などに収録されており、確認される忌み詞としては最も古いものである。伊勢神宮は、古くからの神域であり、仏教関係の語や、病気・死・血など、穢（けが）れと見なされる語の使用を避けて、別の語を用いた。「仏」を「中子（なかご）」、「経」を「染め紙」などという類。一部は賀茂（かも）の斎院でも同様に用いられた。

最高敬語（さいこうけいご）　⇨『敬語表現の理解』

サ行変格活用（さぎょうへんかくかつよう）　動詞の活用の種類の一つ。文語のサ行変格活用では、活用語尾が五十音図のサ行のイ・ウ・エ段の三段にわたる変わった活用をし、連体形に「る」、已然形に「れ」、命令形に「よ」を伴う。略して「サ変」ともいう。
　サ行変格活用の動詞は、「す」(およびその複合語)と「おはす」だけで、「す」には、語幹と活用語尾の区別がない。
　「す」は名詞、漢語の名詞、形容詞・形容動詞の連用形、形容詞語幹＋接尾語「み」などさまざまな語と結びついて多くのサ変複合動詞を作る。このとき音変化がおこって「〜ず」となる場合もあるが、これらの動詞も「サ変」に含める。「心す」「案ず」「具す」「対面す」「愛しうす」「たくましうす」「無みす」「軽んず」など。

サ変複合動詞　⇩サ行変格活用

子音　「母音」に対していう。のどや口腔などで空気の通路を狭めたり閉じたりして、破裂・摩擦・振動などを起こすことによって生じる音。どの位置で音が作られるか(調音位置という)によって、唇音・歯茎音(舌音とも)・軟口蓋音・喉音(声門音とも)などと区別される。声を伴う有声子音と、声を伴わない無声子音とがある。

使役の助動詞　他者に、動作・作用・状態などを実現させるようしむける、という意を表す助動詞。文語では「す」「さす」「しむ」の三語がこれにあたる。
　上代には「す」「さす」があまり用いられず、もっぱら「しむ」が用いられた。平安時代以降、「す」「さす」は和文や和歌に盛んに用いられ、「しむ」は漢文訓読調の文章に用いられるようになった。「す」は四段・ナ変・ラ変動詞の未然形につき、「さす」はそれ以外の動詞の未然形につく。この二語は形容詞・形容動詞にはつかない。「しむ」も本来は形容詞・形容動詞にはつかなかったが、近世に入ると形容詞・形容動詞・他の助動詞の未然形などにもつくようになった。
　「す」「さす」は、軍記などで、受身の意をわざと使役で表す場合に用いられることがある。⇩武者詞
例 兼綱、内甲を射させて(=射られて)ひるむところに〈平家・四・宮御最期〉

字音　漢字の音のこと(⇩音訓)。漢字が日本に伝来したのは三〜四世紀とされているが、その後も、長い時代にわたって日本に取り入れられた。中国語は地方や時代によって発音の差が大きいので、それを取り入れた日本の漢字音も、中国のどの地域の発音に基づくのか、いつごろ取り入れられたかによって異なっており、一つの漢字にいくつもの「音」がある場合が少なくない。日本の漢字音は伝来の時期や地域差によって、おおよそ呉音・漢音・唐音の三種に区別される。
(1)呉音　最も古く取り入れられた音で、六世紀前半、南北朝時代の南朝の地盤である江南の呉地方の音が仏教とともに取り入れられたもの。仏教語や古くに渡来した調度品名などには、呉音が用いられることが多い。
(2)漢音　奈良時代末から平安初期にかけて、遣唐僧らが持ち帰った隋・唐時代の長安を中心とする北方の標準音に基づくもの。奈良時代以降、朝廷が「正音」として普及に努力し、漢籍や仏典の訓読に用いられた。
(3)唐音　鎌倉時代以降、禅宗の僧侶や商人によって断片的に取り入れられたもの。主に江南地方の近代音(宋・元・明代の音)に基づく。禅宗の用語などにまれに用いられる。「宋音」「唐宋音」などともいう。
　以上の三種に含まれないものは、一括して慣用音と呼ばれている。

〈漢字音の種類〉

	呉音	漢音	唐音
行	ギョウ(修行)	コウ(旅行)	アン(行脚)
明	ミョウ(明日)	メイ(明白)	ミン(明朝体)
経	キョウ(法華経)	ケイ(経済)	キン(看経)

シク活用　文語形容詞の活用の種類の一つ。連用形の活用語尾が「しく」になるもの。形容詞本来の「○・しく・し・しき・しけれ・○」の活用と、「しから・しかり・○・しかる・○・しかれ」という補助活用(カリ活用)とをあわせてシク活用とする。「いみじ」「すさまじ」など「じ」で終わる形容詞があるが、これらもシク活用の形容詞とする。
　形容詞の語幹は、形容動詞の語幹と同じく独立性が強く単独で用いられることがあるが、シク活用の場合は終止形が語幹的用法を兼ねる。

字訓　⇩音訓

自敬表現　⇩『敬語表現の理解』

自己卑下を表す謙譲語　⇩『敬語表現の理解』

指示代名詞　事物・場所・方向などをさし示す代名詞。話し手との関係に基づいて、話し手に近い範囲のものをさし示す近称、聞き手に近い範囲のものをさし示す中称、話し手からも聞き手からも遠い範囲のものをさし示す遠称、よくわからないものをさし示す場合や、指示するものが特定できない場合、わざと漠然とさし示す場合などに用いる不定称に整理されるが、さし示す領域の分け方については諸説ある。
　また、指示代名詞には、実際の話や文章において、すでに述べられた物事をさし示す用法があり、「文脈指示」と呼ばれることがある。この場合も話し手からの心理的な距離に応じて近称・

中称・遠称の使い分けがなされる。

〔主な指示代名詞〕

	近称	中称	遠称	不定称
事物	こ　これ	そ　それ	か　かれ あ　あれ	いづれ なに
場所	ここ	そこ	かしこ あしこ	いづこ いづく　いづら
方向	こち こなた	そち そなた	あち かなた あなた	いづち いづかた

指示代名詞のうち中称の「そ・それ」には、現代語と異なって、不定の対称を漠然と示す場合がある。

例**それ**の年(=ある年)の十二月(しはす)の二十日(はつか)あまり一日(ひと)の日の戌(いぬ)の時に〈土佐〉

為手尊敬(してそんけい)　⇒『敬語表現の理解』

自動詞(じどうし)　「水流る」「花咲く」「我行く」などのように、動作・作用が主語自体に生じるだけで他には及ばない動詞。「他動詞」に対している。

自動詞と他動詞は、「流る(自動詞)」と「流す(他動詞)」、「立つ(自動詞四段)」と「立つ(他動詞下二段)」のように形の上からも対になっているものが多いが、「吹く」「す」(サ変)のように自動詞・他動詞の語形がまったく同じもの、「行く」のように対応する他動詞のないものもあるので注意が必要である。

国語の動詞は、欧米語のように、目的語を取るかどうかで自動詞・他動詞がはっきり区別されるようにはなっていない。意味の上で区別しているに過ぎないことも多いのである。そのうえ、「わびぬれば身を浮草の根を絶えて」〈古今・雑上〉、「あるまじき名を立ち」〈源氏・夕霧〉、「命を助かつたを」〈狂言・靭猿〉などのように、働きかける対象を「を」で表し、意味上、他動詞がきそうな位置に、自動詞が用いられる言い方さえかなりある。こうしたことから、本書では、すべての動詞を自動詞と他動詞に区別する方針は採らず、必要に応じて、その違いに注意するにとどめている。

自発の助動詞(じはつのじょどうし)　動作・作用が自然に起こる意を表す助動詞。文語では「る」「らる」(上代では「ゆ」)にこの用法がある。これは、自らの意志にかかわりなく動作・作用・事態が実現する、という「る」「らる」の本義から発展した用法で、人物の心理に関する表現に用いられることが多い。命令形はない。

なお、上代に用いられた助動詞「ゆ」は、「思ほゆ」「聞こゆ」など動詞の一部として残る。

下一段活用(しもいちだんかつよう)　動詞の活用の種類の一つ。活用語尾が五十音図のエ段(下のほうの一段)だけで活用する。文語の下一段活用では、終止形と連体形に「る」、已然形に「れ」、命令形に「よ」を伴う。文語の下一段活用の動詞は「蹴る」一語で、語幹と活用語尾の区別がない。

下二段活用(しもにだんかつよう)　文語動詞の活用の種類の一つ。活用語尾が五十音図のウ・エ段(下のほうの二段)だけで活用する。たとえば「捨つ」では、「捨て・捨て・捨つ・捨つる・捨つれ・捨てよ」と変化して、連体形に「る」、已然形に「れ」、命令形に「よ」を伴う。各行にあり、語数も四段活用の動詞についで多い。行の名前をつけて「カ行下二段活用」などと呼ぶ。

ア行下二段活用は「得(う)」「心得(こころう)」の二語、ワ行下二段活用は「植う」「飢う」「据(す)う」の三語のみ。「覚ゆ」「聞こゆ」などのようにヤ行下二段や、「与ふ」「衰ふ」などのようにハ行下二段に所属する語が多い。

また「得(う)」「寝(ぬ)」「経(ふ)」には語幹と活用語尾の区別がなく、終止形はそれぞれ「う」「ぬ」「ふ」の一字となる。

写本(しゃほん)　⇒本文「写本と異本(しゃほんといほん)」

終止形(しゅうしけい)　活用形の一つ。単独で文を終止する(言い切る)用法があるところからの名称。終止形はその単語を代表する形なので「基本形」ともいい、辞書の見出し語ともなる。ただし、形容動詞は語幹が見出し語になる場合も多い。主な用法は次のようになる。

(1)終止法　文を終止する。

例(a)大津より浦戸をさして**漕(こ)ぎ出づ**〈土佐〉

例(b)門(かど)引き入るるよりけはひ**あはれなり**〈源氏・桐壺〉

(2)終止形に接続する助詞・助動詞がつく。

終止法(しゅうしほう)　単語が文を終止させる(言い切る)働きをもつこと。また、その用法。ふつうは活用語の活用形の用法として、終止形と命令形、係り結びの「結び」になる場合の連体形・已然形で文を終止させる用法にいわれることが多い。

なお、広く、文を終止させる働きとして、感動詞、体言(体言止め)、形容詞・形容動詞の語幹、終助詞についてもいわれることがある。

修飾語(しゅうしょくご)　文の成分の一つ。いろいろな文節に連なって、その意味内容を詳しく定める文節。体言を中心とする文節にかかる連体修飾語と、用言を中心とする文節にかかる連用修飾語に分けられる。

例**もと光る**(連体修飾語)　竹なむ　**一すぢ**(連用修飾語)　ありける〈竹取〉

このとき修飾語がかかってゆく文節を被修飾語といい、例文ではそれぞれ「竹なむ」「ありける」が被修飾語となる。連用修飾語は、文全体を修飾したり修飾語と被修飾語との間に他の文節が入ったりすることも多いので、解釈にあたっては注意が必要である。

例**あさましう**、犬なども、かかる心あるものなりけり〈枕・うへにさぶらふ御猫は〉――文全体を修飾

例花は**盛りに**、月はくまなきをのみ見るものかは〈徒然・一三七〉――傍線部が被修飾語

終助詞（しゅうじょし）　文末にのみ用いられて、詠嘆・強調・希望・禁止などの意味を添えるとともに、その文を成立させる働きをもつ助詞。文語の終助詞には「か」「かな」「な（詠嘆）」「や」「かし」「こそ」「てしかな」「にしかな」「ばや」「なむ」「もがな」「がな」「な（禁止）」「そ」などがある。

主語（しゅご）　文の成分の一つ。動作・作用・状態などの主体や、題目などを表す文節。「何がどうする」「何がどんなだ」「何がなんだ」などの形になる文で「何が」にあたる。実際には主語が省略されて文中に現れない場合も多いが、文を正しく解釈するためには、その文の主語が何かということに常に注意をはらう必要がある。

例(a)**潮**みちぬ〈土佐〉

例(b)**おのが身は**この国の人にもあらず〈竹取〉

述語（じゅつご）　文の成分の一つ。主語の動作・作用・状態などを述べる文節。「何がどうする」「何がどんなだ」「何がなんだ」などの形になる文で「どうする」「どんなだ」「なんだ」にあたる。述語は文の叙述内容をまとめる働きをするが、そこで言い切りになって文が終止する場合と、さらに後に続いて全体として新たな文の成分となる場合とがある。

例(a)昔、男**ありけり**〈伊勢・二〉

例(b)命長ければ**恥多し**〈徒然・七〉

順接（じゅんせつ）　⇨接続（せつぞく）

準体法（じゅんたいほう）　活用語の連体形の用法の一つ。連体形が、こと・もの・人・さま・とき、などの意味を含み、体言と同じ資格で用いられるもの。たとえば、

例白き鳥の、嘴と脚と**赤き**、鴫の大きさ**なる**〈伊勢・九〉

では、「赤き鳥」「鴫の大きさなる鳥」の意で、「鳥」が省略されていると考えてよい。

条件法（じょうけんほう）　二つの叙述内容が接続されるとき、前に述べられた事柄（前件）が後に述べられた事柄（後件）の前提条件になる用法。仮定条件・確定条件・一般条件の三種に、それぞれ順接と逆接を組み合わせて分類される。古文では特に、接続助詞による条件接続の用法についていわれる場合が多い。

(1)仮定条件　まだ実現していない事柄や、そのときの事実に反する事柄が仮に起こったと仮定し、それを前提とする。

(ア)順接の仮定条件　仮定の事柄に対して順当な結果が導かれる。活用語の未然形＋接続助詞「ば」（形容詞、助動詞「ず」、形容詞型活用の助動詞は、連用形＋「は」）の形で用いる。

例(a)月の都の人**まうで来ば**、捕らへさせむ〈竹取〉

例(b)**恋しくは**訪ひ来ませ〈古今・雑下〉➡名歌419

(イ)逆接の仮定条件　仮定の事柄に対して、対立する結果が導かれる。活用語の終止形（形容詞、形容詞型活用の助動詞、助動詞「ず」は連用形）＋接続助詞「とも」の形で用いる。

例(a)かく**鎖し籠めてありとも**、かの国の人来ば、みなあきなむとす〈竹取〉

例(b)門を**開かれずとも**、このきはまで立ち寄らせたまへ〈平家・七・忠度都落〉

(2)確定条件　すでに実現している事柄や、そのときの事実を取り上げて前提とする。「既定条件」ともいう。

(ア)順接の確定条件　すでに実現している事実に対して、順当な結果が導かれる。活用語の已然形＋接続助詞「ば」の形で用いる。

例いと**幼ければ**、籠に入れて養ふ〈竹取〉

(イ)逆接の確定条件　すでに実現している事実に対して、対立する結果が導かれる。活用語の已然形＋接続助詞「ど」「ども」の形で用いる。

例海は**荒るれども**、心は少し凪ぎぬ〈土佐〉

(3)一般条件　「恒常条件」「恒時条件」ともいう。こういう場合には必ずこうなるものだ、という意で、ある事柄を一般的に取り上げて前提とする。

(ア)順接の一般条件　一般的に順当な結果を導く。活用語の已然形＋接続助詞「ば」の形で用いる。

例命**長ければ**、恥多し〈徒然・七〉

(イ)逆接の一般条件　一般的に対立する結果を導く。活用語の已然形＋接続助詞「ど」「ども」の形で用いる。

例よき草子などは、**いみじう心して書けど**、必ずこそきたなげになるめれ〈枕・ありがたきもの〉

接続助詞による条件接続では、用いられる助詞の種類や接続を手がかりにして、前後の意味関係に着目することが必要である。

畳語（じょうご）　複合語の一種で、同じ単語や語構成要素が繰り返されて一単語となったもの。複数であることや、意味の強調、動作の繰り返しや状態の継続などを表す。「ひとびと（人々）」「ゆめゆめ」「見る見る」など。

上代語（じょうだいご）　奈良時代とそれ以前の言葉やその用法。ふつう、平安時代以降には用いられなくなったものについていう。具体的

には、『万葉集』や『古事記』『日本書紀』などの文献や、現代まで残っている古い時代の金石文（石碑や土器・金属器などに刻まれた文章）、正倉院の文書、仏足石歌などが資料になる。固有の文字をもたなかった日本語をどう表記するか、という問題に直面した時代の言葉で、平安時代以降の日本語とは表記・音韻・文法などの点で異なるところが多い。

上代東国方言（じょうだいとうごくほうげん）　奈良時代およびそれ以前の東国の方言。主に『万葉集』巻一四の東歌、巻二〇の防人歌にみられる。『万葉集』によれば信濃・遠江・駿河・伊豆・相模・武蔵・上総・下総・上野・下野・常陸・陸奥の十二か国にわたる。『常陸国風土記』にもわずかだが例がある。奈良・京都を中心にする中央語とは音韻・文法・語彙などさまざまな面で違いがある。中央語以外の方言が記録されることはたいへん少なく、また、単なる訛りや地域差だけでなく、中央語で早く消滅した古い時代の言葉を残していると考えられる面もあり、日本語を研究するための貴重な資料の一つとなっている。

上代特殊仮名遣い（じょうだいとくしゅかなづかい）　上代の文献（『古事記』『日本書紀』『万葉集』など）で、万葉仮名を用いて語を表記する場合に、後世では一音となっている特定の音節について、二種類の万葉仮名の使い分けがあるという現象。後世の「こ」にあたる音節に用いられている万葉仮名を詳しく調べてみると、

（甲類）古・故・高・庫・姑・孤・枯・固・顧　など
（乙類）己・許・巨・居・去・虚・忌・挙・拠　など

の二つのグループがあって、語によって「こ」の表記に用いる万葉仮名が、甲類か乙類か決まっている、ということがわかる。

たとえば、「恋」を意味する「こひ」の「こ」は、「古比」「故非」「孤悲」のように甲類の万葉仮名の範囲内ではいろいろな文字が使われるのだが、乙類の万葉仮名が使われることはない。逆に「心」を意味する「こころ」の「こ」には乙類の万葉仮名が使われ、甲類のものは用いられない。

このような使い分けは、「き」「ひ」「み」「け」「へ」「め」「こ」「そ」「と」「の」「よ」「ろ」およびその濁音に認められる（『古事記』では「も」にも認められる）。これらは後世には一音節になるが、古くは、発音が異なっていて、母音の違いが表記に反映したものと考えられている。

状態の副詞（じょうたいのふくし）　主に動詞を含む文節を修飾して、その状態や動作の起こり方などを明らかにする副詞。「情態の副詞」「様態の副詞」ともいう。（傍線部が被修飾語）

例 涙を**ほろほろと**落として、**やがて**出でぬるを見送る心地〈更級〉

形容詞、形容動詞、体言＋「なり」「たり」などを修飾する場合もある。

例 髪のうつくしげにそがれたる末も、**なかなか**長きよりもこよなういまめかしきものかな〈源氏・若紫〉

序詞（じょことば）　⇩『名歌・名句辞典』「和歌の表現技法」

助詞（じょし）　品詞の一つ。付属語で活用のない単語。自立語の下について、それに一定の意味を添えたり、文節どうしの関係を示したりする。主に体言や活用語の連体形・連用形の下につくが、その助詞に別の助詞を重ね用いることもある。助詞はその文法上の働きや接続をもとにして、ふつう次の六種類に分けられる。

(1)関係を示す。　(ア)格助詞　(イ)接続助詞　(エ)副助詞
(2)強調し意味を添える。　(ウ)係助詞　(オ)終助詞　(カ)間投助詞

助詞・助動詞の接続（じょし・じょどうしのせつぞく）　助詞・助動詞は常に自立語の下について用いられるが、個々の助詞・助動詞ごとにどのような活用形につくかが決まっている。これを助詞・助動詞の接続といい、助詞・助動詞を分類整理するための基準の一つとなる。

古文を学習する上では、まぎらわしい同形語を正しく識別し、文を解釈するためにも、助詞・助動詞の接続は重要な手がかりとなる。

例 (a)髪もいみじく長くなり**なむ**〈更級〉——四段動詞「なる」の連用形「なり」につく。完了の助動詞「ぬ」の未然形＋推量の助動詞「む」。
(b)梅咲か**なむ**〈更級〉——四段動詞「咲く」の未然形「咲か」につく。他に対する希望を表す終助詞「なむ」。

叙述の副詞（じょじゅつのふくし）　⇩陳述の副詞

助数詞（じょすうし）　⇩数詞

助動詞（じょどうし）　品詞の一つ。付属語で活用があり、自立語の下についてそれに一定の意味（話し手や書き手の判断など）を添える働きをする。助動詞は、

(1)意味　どのような意味・用法があるか。
(2)接続　どのような語や活用形につくか。
(3)活用　どのような活用をするか。

によって分類整理される。助動詞にはさまざまな意味・用法があり、次のように一つの動詞にいくつかの助動詞が連なってつくことも多い。

例 龍を　捕らへ　**たら**　**まし**　**か**　ば、また、こともなく、我は　害せ　**られ**　**な**　**まし**〈竹取〉

このように助動詞がいくつか重なる場合、その順序は、それぞれの助動詞の働きによって決まっている。この順序を助動詞の相互承接と呼び、各助動詞の働きを考える上で重要とされている。

助動詞の意味（じょどうしのいみ）　「助動詞の意味」というときは、ふつう「打消」や「過去」など助動詞の働きをさす。一般の名詞や動詞などの意味とは違って、「〜ない」や「〜た」などの個々の助動詞の直接の訳語は「意味」といわないので注意が必要である。また、助動詞には一語でいくつもの意味をもつものが多く、意味によって助動詞を分類する際には各語の代表的な意味をもとにしている。

自立語（じりつご）　単独で文節になれる単語。単語を大きく二つに分類したときの一つで、もう一方を「付属語」という。一文節中には、自立語が必ず一つだけあり、文節の頭に位置する。
　自立語はさらに、活用のある動詞・形容詞・形容動詞と、活用のない名詞・副詞・連体詞・接続詞・感動詞に二分される。

推定・伝聞の助動詞（すいてい・でんぶんのじょどうし）　⇩推定の助動詞（すいていのじょどうし）

推定の助動詞（すいていのじょどうし）　客観的根拠に基づく確実性の高い推量を表す助動詞。推量の助動詞であるが、断定にも近いという意味で「推定の助動詞」と呼ばれる。文語では「らし」「めり」「なり（終止形接続）」にこの用法がある。

　「らし」は上代から主に和歌に用いられ、推定の根拠が文中に示される場合が多い。（傍線部が推定の根拠となる事態）

例春過ぎて夏来（き）たる**らし**白妙（しろたへ）の衣干したり天（あめ）の香具山〈万葉・一・二八〉➡名歌292
　「めり」は、視覚に基づく推定を表すとされ、目で見たものを根拠に推定する、というのが本来の用法。転じて、はっきり断定できることがらをあえて、やわらかく表現する婉曲（えんきょく）用法もある。

　それに対して「なり」は、聴覚に基づく推定を表すとされ、耳で聞いたことを根拠に推定する、というのが本来の用法。転じて、人から聞いた話であること（伝聞）を示すのにも用いられ、推定・伝聞の助動詞として区別されることも多い。

　なお、推定の「らし」「めり」「なり」は、終止形接続だが、ラ変型の活用語に接続する場合は連体形につき、

「ある」＋「らし」→「あらし」

「ある」＋「めり」→「あんめり」→「あめり」

「ある」＋「なり」→「あんなり」→「あなり」

と変化した形になることが多い。

推量の助動詞（すいりょうのじょどうし）　話し手が、まだ実現していない事柄や、不確かな事柄について、（たぶん）〜だろう、と推し量って判断することを表す助動詞。現代語では、推量の意を表すのはほぼ「だろう」一語に限られるが、文語では意味・用法に応じてさまざまな助動詞がある。主なものは次のようになる。
(1)「む」「むず」　一般的な事柄やまだ実現していない事柄についての予想・想像を表す。
(2)「らむ」「けむ」　「らむ」は現在眼前にない事態を推量する現在推量や、眼前にある現在の事態について、その原因や理由を推量する原因推量に用いられる。「けむ」は過去の事柄を推量する過去推量と過去の事実についての原因推量を表す。
(3)「まし」　現実的でない事柄について推量する。⇩反実仮想の助動詞（はんじつかそうのじょどうし）
(4)「べし」　道理にてらして当然そうなるはずだ、という判断に基づく推量を表す。当然・意志・可能・命令、など文脈によってさまざまな意味になる。
(5)「らし」「めり」「なり（推定・伝聞）」　客観的根拠に基づく推量を示す。「推定」として推量の助動詞と区別されることも多い。⇩推定の助動詞（すいていのじょどうし）
(6)「じ」「まじ」　打消の推量を示す。「む」「べし」の打消に相当する。
　推量の助動詞は、推量の表現から転じて、意志・適当・勧誘・仮定・婉曲などさまざまな用法をもつことが多い。

数詞（すうし）　数量や順序などを表す名詞。「ひとつ」「ふたり」「みっか（三日）」「四個」など物事の数量を表す基数詞と、「一番」「ふたつめ」「第三」など数によって順番を表す序数詞がある。このとき、純粋な数の観念を表す「ひと（一）」「ふた（二）」「み（三）」などについて数詞を作る接尾語「り」「か（日）」「こ（個）」などを「助数詞」という。

接辞（せつじ）　それ自身は単語として用いることはできず、常に他の語や語構成要素の上か下について、新しい単語（派生語）を作る語構成要素。⇩接頭語（せっとうご）・接尾語（せつびご）

接続（せつぞく）　本来、別々に切り離して表現することのできる二つ以上の叙述内容を、接続詞、接続助詞、活用語の中止法などによって結びつけること。前に述べられた事柄を前件、後に述べられた事柄を後件という。前件と後件との接続関係は、前件が後件の条件になるかどうかによって、条件接続と非条件接続に、また、前件と後件の意味内容の論理的関係から、順接と逆接に分類されることが多い。
(1)前件が条件になるかどうかによる分類。
(ア)条件接続　⇩条件法（じょうけんほう）
(イ)非条件接続　前後の内容が完全に対等であったり、時間的先後関係を表すだけの単純な接続のほか、並列・添加・選択・換言・補説・転換などさまざまな接続関係がある。具体的には用いられる接続詞・接続助詞・副詞などの意味用法に応じて文脈から判断する必要がある。
(2)前後の意味関係による分類。

(ア)順接　「順態接続」ともいう。原因・理由・契機などを表す上の事柄と、そこから順当に導きだされる下の事柄を結びつける、条件接続の場合と、接続助詞「に」「を」などによる場合のように単なる文脈上の順接の場合とがある。

(イ)逆接　「逆態接続」ともいう。上の事柄と下の事柄とが、本来対立する関係にあって、ともには成立しがたいものをあえて結びつける、条件接続の場合と、接続助詞「に」「を」「ものを」「ものから」などによる場合のように単なる文脈上の逆接の場合とがある。

なお、助詞・助動詞がどのような活用形につくかについてもいう。⇩助詞・助動詞の接続（じょし・じょどうしのせつぞく）

接続語（せつぞくご）　接続助詞や、接続助詞のような働きをする語が末尾にきて、下へ続いてゆく文節。また、文頭などに位置して上下をつなぐ接続詞や接続詞のような働きをする連語の文節。後に続く事態の前提条件や理由を示す場合が多い。

例(a)**命長ければ**恥多し〈徒然・七〉

例(b)**さればこそ**、異物（ことのもの）の皮なりけり〈竹取〉

接続詞（せつぞくし）　品詞の一つ。自立語で活用がなく、上下の語句や文・段落を接続する働きをもつ単語。接続詞によって結ばれた上下の内容の意味関係から、おおよそ次のように分けられる。

(1)順接　上の事柄と、それに順当に続く下の事柄とを結びつける。「かれ」「かくて」「さて」「さらば」「されば」「しかうして」など。

(2)逆接　上の事柄と、それに対立する下の事柄を結びつける。「いへども」「されども」「さりとて」「さりながら」「さるに」「されど」「しかるに」「しかれども」など。

(3)並列・添加　同類の事柄を並べたり、付け足したりする。「および」「また」「かつ」「かつは」「しかも」など。

(4)換言　上の事柄を言い換えて、その要点などを示す。「すなはち」など。

(5)選択　上下のどちらかが選ばれて、該当すればよいことを示す。「あるいは」「または」「もしは」など。

(6)補説　上の事柄についての補足説明を導く。「ただし」「さるは」「すなはち」など。

(7)転換　上の話題を転じて別の話題を持ち出す。「さて」「そも」「そもそも」など。

右の例からもわかるように、接続詞はすべて他の品詞や連語から転成したものである。

接続助詞（せつぞくじょし）　主として用言（動詞・形容詞・形容動詞）や助動詞について、上下の意味関係を示しながら、用言を含む下の文節に続けていく助詞。文相当のものどうしを接続させる点で格助詞とは区別される。主な文語の接続助詞には「ば」「とも」「ど」「ども」「が」「に」「を」「ものを」「ものの」「ものから」「ものゆゑ」「からに」「ながら」「つつ」「て」「して」「で」などがあり、格助詞から転成したり、係助詞や形式名詞を語源としたりするものが多い。

接続助詞の用法は、上の事柄が条件になるかどうか（条件接続か非条件接続か）、上下の関係が順当かどうか（順接か逆接か）という二つの観点から分類整理される。⇩接続・条件法（せつぞく・じょうけんほう）

接頭語（せっとうご）　接辞の一つ。常に他の語の上について、その語にある意味を添えたり語調を整えたりするもの。接頭語がついてできた語の品詞は、もとの語の品詞と同じである。

(1)名詞につくもの　「**おほん**目」「**さ**霧（ぎり）」

(2)動詞につくもの　「**あひ**見る」「**うち**続く」

(3)形容詞につくもの　「**け**ぢかし」「**た**やすし」

接尾語（せつびご）　接辞の一つ。常に他の語や語構成要素の下について、それにある意味を添えるもの。その結果、もとの語を他の品詞に変化させることもある。「様」「ども」などは、名詞（代名詞）について意味を添えるだけであるが、他の品詞に変化させるものには、次のようなものなどがある。

(1)名詞を作る　「うれし**さ**」「深**み**」

(2)動詞を作る　「けしき**ばむ**」「悲し**がる**」

(3)形容詞を作る　「好**まし**」「をこ**がまし**」

(4)形容動詞の語幹を作る　「悲し**げ**」「清**らか**」

宋音（そうおん）　⇩字音（じおん）

促音（そくおん）　現代仮名遣いで、小さい「っ」によって表される音。「つまる音」ともいう。促音は語頭や語尾にくることがなく、原則として、無声の子音（カ・サ・タ・パ行の子音）の前に現れる。

歴史的にみると、促音は漢字音の影響によって生じたといわれており、促音便の成立とともに広く用いられるようになるが、古くは表記のしかたが一定しておらず、平安時代には無表記の場合も多い。

促音便（そくおんびん）　語の末尾や語中の「ち」「ひ」「り」が促音「っ」に変化する現象。「もちて」→「もって」「思ひて」→「思って」「取りて」→「取って」など。

活用語で促音便を生じるのは、

(1)タ・ハ・ラ行四段動詞の連用形＋助詞「て」・助動詞「たり」

(2)ラ変動詞の連用形＋助詞「て」・助動詞「たり」

などの場合である。

撥音便と同じく、漢字音の影響で生まれた新しい音節であるため、決まった表記がなく、「にき（日記）」〈土佐〉のように古くは表記されないことも多い。

また、表記される場合も、古くは小さな「っ」でなく、ふつうに「つ」と表記されたので注意が必の形も、意味上その活用形の一つとみて、連用形に加えている。

ナリ活用の形容動詞の語幹は「きよら」「きよげ」「静か」「あざやか」「こまやか」などのように接尾語がついて構成されるものが多く、平安時代以降、盛んに用いられるようになる。

二重敬語 ⇨『敬語表現の理解』

二方面への敬語 ⇨『敬語表現の理解』

女房詞　室町時代ごろ、宮中や院の御所に仕える女房たちに用いられるようになった特殊な言葉。身のまわりの物や食べ物、女性の身体語彙などについて、直接口にするのを避けて、特別な婉曲表現を用いて言い換えたもの。「餅」を「かちん」、「水」を「おひやし」、女性の生理などを「さしあひ」という類。古くは鎌倉後期の『とはずがたり』に「酒」を「くこん(九献)」といった例が見える。

宮中から室町幕府・江戸幕府に仕える女性たちに伝わり、優雅で上品な言葉遣いとして、武家や庶民の女性、さらに男性の間にまで広まっていった。「しゃもじ」や「おいしい」など現代語にまで残っているものもある。

人称代名詞　人をさし示す代名詞。話し手との関係に基づいて、話し手自身をさす自称(一人称)、聞き手をさす対称(二人称)、それ以外の他者をさす他称(三人称)、話し手にわからない人物をさす場合や、指示する者が特定できない場合、また、わざと漠然とさし示す場合などに用いる不定称がある。

〔主な人称代名詞〕

自称	対称	他称	不定称
あ　あれ	な　なれ	か　かれ	た　たれ
わ　われ	なんぢ	あ　あれ	
まろ	いまし		

「ここ・そこ」「か・かれ」「あ・あれ」などは指示代名詞から人称代名詞に転じた語。人のいる場所をさすことから転じて、人自身をさすようになったもの。このような例はほかにも数多い。

は行

ハ行転呼音　語の末尾や語中のハ行子音がワ行子音に変化する現象。また、その結果変化した発音のしかた。平安時代の中ごろから生じ、十一世紀以後はそれが一般化した。

同じころ、ア行とワ行の混同も生じたので、ハ行転呼音のヲ・ヰ・ヱはア行のオ・イ・エとも一つになっていった。

例川(カハ→カワ)
恋し(コヒシ→コヰシ→コイシ)

派生語　単語の一つ。ある単語や語構成要素に、接頭語や接尾語がついてできた語。

例つづく(続く)→うちつづく
はる(春)→はるめく
いとし→いとしさ

撥音　現代仮名遣いで、「ん」によって表される音。「はねる音」ともいう。撥音はふつう語頭にくることがない。

歴史的にみると、漢字音の影響によって新たに認識されるようになった音韻とされており、平安時代に撥音便が成立するとともに広く用いられるようになった。ただし、古くは[n]と[m]は区別されていたらしい。表記のしかたもさまざまで、無表記、「む」「に」「い」などによる表記もあって、一定していなかった。

撥音便　語の末尾や語中の「に」「び」「み」「り」「る」が「ん」に変化する現象。「おみな」→「お**ん**な」「死にて」→「死**ん**で」「あるめり」→「あ**ん**めり」「去りぬる」→「去**ん**ぬる」など。

活用語で撥音便を生じるのは、

(1)バ・マ行四段、ナ変動詞の連用形＋助詞「て」・助動詞「たり」

(2)ラ行四段活用などの動詞の連用形＋助動詞「ぬ」(鎌倉時代以降に現れる)

(3)ラ変型活用の活用語の連体形＋終止形接続の助動詞「べし」「なり」「めり」　この場合、「ん」が表記されない場合も多い。「強かるめり」→「強かんめり」→「強かめり」

などの場合である。

撥音便は、古くは「に」「り」などの舌音の子音を含む音節から転じることの多い[n]音と、「ひ」「び」「み」などから転じることの多い[m]音が区別されていたらしい。[n]音の撥音便は「なにぞ」→「なぞ」、「死にし子」→「死し子」など表記されないことが多く、[m]音の撥音便は「む」で表記されることが多い、という使い分けが見られる。

反語表現　疑問表現を用いて問いかける形をとりながら、実際には、その反対の答えを要求して文意を強める表現。形の上では疑問表現と同じだが、訳語としては「〜だろうか、いや〜ない」の「いや〜ない」に話し手の表現の主眼がある。

例(a)「御子はおはすや」と問ひしに〈徒然・一四三〉
——疑問表現

例(b)近き火などに逃ぐる人は、「しばし」とや言ふ〈徒然・五九〉——反語表現

反実仮想の助動詞　事実に反する事態を仮定し、そのもとで想像する意を表す助動詞。文語では「まし」がこれにあたり、「未然形＋ば〜まし」「〜ませば〜まし」「〜ましかば〜まし」「〜

せば〜まし」などの文型で「もし〜としたら、〜だろうに」という意を表す。

反射指示代名詞 人称代名詞のうち、「おの」「おのれ」は自称・対称・他称の区別なく、話題になっている人物自身をさすのに用いられる。このような代名詞を「反射指示代名詞」「再帰代名詞」「反照代名詞」などという。自称の「わ・われ」にも反射指示の用法がある。

例(a)女は**おのれ**（＝自分）をよろこぶもののために顔づくりす〈枕・職の御曹司の西面の〉

例(b)**わが**入らむとする道は、いと暗う細きに〈伊勢・九〉

反照代名詞 ⇩反射指示代名詞

版本 ⇩本文「印刷と版本」

比況の助動詞 他の物事にたとえたり、例を挙げたりする意を表す助動詞。文語では「ごとし」がこれにあたる。平安時代には、「ごとし」は漢文訓読調の文章に用いられることが多く、和文では形式名詞「やう」に断定の助動詞「なり」がついた「やうなり」が用いられることが多い（「やうなり」を助動詞とする立場もある）。

非情の受身 ⇩受身表現

否定の助動詞 ⇩打消の助動詞

平仮名 漢字の草書体をさらに自由にくずして作り出された表音文字。単に「かんな」「かな」ともいう。万葉仮名の草書体（草仮名）をもとの字体にとらわれず、さらにくずして書くようになり、平安時代初期ごろに成立したと考えられる。

平仮名は、主に和歌や消息（手紙）などを書く私的な場で成立してきた文字体系であり、女性が多く用いたことから「女手」（「手」は文字の意）とも呼ばれた。これに対して漢字は「男手」という。

平安時代には平仮名で書かれた和歌・物語などが隆盛を極め、仮名文学などと総称されもする。平安時代の平仮名の文章では、漢字が使用されることが少なく、ほぼ平仮名のみで書かれた。漢字を交えたものが多くなるのは鎌倉時代以降、和漢混交文が広く使われるようになってからのことである。

直線的な片仮名と違って、字形をくずして続け書きすることによって生まれた文字なので、平仮名の字体は全体的に曲線的なことを特徴としている。

古くは同じ音節を表すのに、異なる漢字から生まれたいくつもの平仮名の字体があり、見た目の美しさや、読むときの便宜などの観点から使い分けられた。これらは異体字・変体仮名と呼ばれている。

明治時代に標準の字体が定められ、平仮名の体系は現在の四十八文字となった。

例安→あ　以→い　宇→う　衣→え　於→お

品詞 単語を、活用の有無・文中での働きなど、文法上の観点からいくつかに分類したときの、それぞれの単語のグループ。実際の文中に用いられた語がどのグループに属しているかを判断することを「品詞（の）分類」という。その語の性質や働き、意義を考える上で大きな手がかりとなる。

通常は左の表のように、動詞・形容詞・形容動詞・名詞・副詞・連体詞・接続詞・感動詞・助動詞・助詞の十の品詞に分ける。本書の品詞表示の欄では、名詞と代名詞、動詞と補助動詞とをさらに区別している。

品詞の転成 ある品詞に属する単語が、そのままの形で、または一部が変化して、他の品詞になること。意味や用法が変化する。

例遊び（動詞の連用形→名詞）
つゆ（名詞→副詞）
また（副詞→接続詞）
いかに（副詞→感動詞）

《品詞分類表》

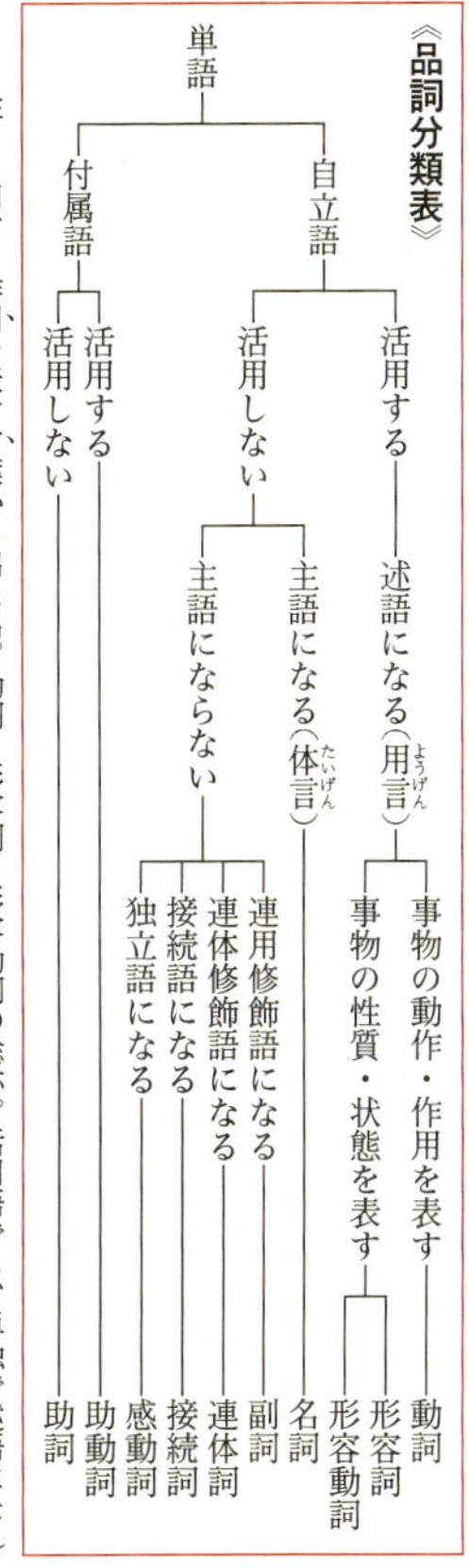

注1　用言　作用を表す言葉から出た名。動詞・形容詞・形容動詞の総称。活用語でも、単独で述語になれない助動詞は、用言ではない。

注2　体言　実体を表す言葉から出た名。体言すなわち名詞。代名詞を名詞から独立させる説に従えば、体言は名詞・代名詞の総称となる。

用言・助動詞活用表

1 動詞活用表

表内の語幹のうち、( )は活用語尾と区別できないもの。

活用の種類	行	例語	語幹	未然形	連用形	終止形	連体形	已然形	命令形	備考
四段	カ	書く	か	—か	—き	—く	—く	—け	—け	●ア行・ワ行の四段はない。終止形が「ウ」の音になるのはすべてハ行。 ●口語では「書く」—「書ける」のように、五段活用動詞に対して可能動詞があるが、文語に可能動詞はない。 ●イ音便—聞き＋て→聞いて　ウ音便—思ひ＋て→思うて 撥音便—飛び＋て→飛んで　促音便—立ち＋て→立って
	ガ	急ぐ	いそ	—が	—ぎ	—ぐ	—ぐ	—げ	—げ	
	サ	隠す	かく	—さ	—し	—す	—す	—せ	—せ	
	タ	保つ	たも	—た	—ち	—つ	—つ	—て	—て	
	ハ	思ふ	おも	—は	—ひ	—ふ	—ふ	—へ	—へ	
	バ	遊ぶ	あそ	—ば	—び	—ぶ	—ぶ	—べ	—べ	
	マ	悩む	なや	—ま	—み	—む	—む	—め	—め	
	ラ	散る	ち	—ら	—り	—る	—る	—れ	—れ	
上一段	カ	着る	(き)	き	き	きる	きる	きれ	きよ	●ヤ行上一段は「射る」「鋳(い)る」の二語。 ●ワ行上一段は「居る」「率る」「率(ひき)ゐる」「用ゐる」の四語。 ●「顧(かへり)みる」「鑑(かんが)みる」「試(こころ)みる」「率ゐる」「用ゐる」を除いて、ほかはすべて語幹と活用語尾の区別がつかない。
	ナ	似る	(に)	に	に	にる	にる	にれ	によ	
	ハ	干る	(ひ)	ひ	ひ	ひる	ひる	ひれ	ひよ	
	マ	見る	(み)	み	み	みる	みる	みれ	みよ	
	ヤ	射る	(い)	い	い	いる	いる	いれ	いよ	
	ワ	居る	(ゐ)	ゐ	ゐ	ゐる	ゐる	ゐれ	ゐよ	
下一段	カ	蹴る	(け)	け	け	ける	ける	けれ	けよ	●所属語は「蹴る」のみ。
上二段	カ	起く	お	—き	—き	—く	—くる	—くれ	—きよ	●所属語は四段・下二段活用に次いで多い。 ●ヤ行に活用するのは「老ゆ」「悔(く)ゆ」「報(むく)ゆ」の三語。 ●「恨む」が四段活用になるのは、近世以降。
	ガ	過ぐ	す	—ぎ	—ぎ	—ぐ	—ぐる	—ぐれ	—ぎよ	
	タ	落つ	お	—ち	—ち	—つ	—つる	—つれ	—ちよ	
	ダ	閉づ	と	—ぢ	—ぢ	—づ	—づる	—づれ	—ぢよ	
	ハ	恋ふ	こ	—ひ	—ひ	—ふ	—ふる	—ふれ	—ひよ	
	バ	忍ぶ	しの	—び	—び	—ぶ	—ぶる	—ぶれ	—びよ	
	マ	恨む	うら	—み	—み	—む	—むる	—むれ	—みよ	

種類	行	例語	語幹	ズ	タリ	言い切る	トキ	ドモ	命令して言い切る
上二段	ヤ	老ゆ	お	—い	—い	—ゆ	—ゆる	—ゆれ	—いよ
	ラ	古る	ふ	—り	—り	—る	—るる	—るれ	—りよ
下二段	ア	得	(う)	え	え	う	うる	うれ	えよ
	カ	授く	さづ	—け	—け	—く	—くる	—くれ	—けよ
	ガ	遂ぐ	と	—げ	—げ	—ぐ	—ぐる	—ぐれ	—げよ
	サ	失す	う	—せ	—せ	—す	—する	—すれ	—せよ
	ザ	混ず	ま	—ぜ	—ぜ	—ず	—ずる	—ずれ	—ぜよ
	タ	捨つ	す	—て	—て	—つ	—つる	—つれ	—てよ
	ダ	出づ	い	—で	—で	—づ	—づる	—づれ	—でよ
	ナ	尋ぬ	たづ	—ね	—ね	—ぬ	—ぬる	—ぬれ	—ねよ
	ハ	憂ふ	うれ	—へ	—へ	—ふ	—ふる	—ふれ	—へよ
	バ	比ぶ	くら	—べ	—べ	—ぶ	—ぶる	—ぶれ	—べよ
	マ	眺む	なが	—め	—め	—む	—むる	—むれ	—めよ
	ヤ	覚ゆ	おぼ	—え	—え	—ゆ	—ゆる	—ゆれ	—えよ
	ラ	流る	なが	—れ	—れ	—る	—るる	—るれ	—れよ
	ワ	据う	す	—ゑ	—ゑ	—う	—うる	—うれ	—ゑよ
ナ変	ナ	死ぬ	し	—な	—に	—ぬ	—ぬる	—ぬれ	—ね
ラ変	ラ	あり	あ	—ら	—り	—り	—る	—れ	—れ
カ変	カ	来	(く)	こ	き	く	くる	くれ	こ(よ)
サ変	サ	す	(す)	せ	し	す	する	すれ	せよ

下二段

- 所属語は四段活用とともに多く、所属行も全行に及んでいる。
- ア行下二段は「得」「心得」の二語。
- ザ行下二段は「混ず」の一語。
- ワ行下二段は「植う」「飢う」「据う」の三語。
- 「得」「経」「寝」は、語幹と活用語尾の区別がつかない。

ナ変

- 所属語は「死ぬ」「往ぬ」の二語。
- 撥音便—死に＋て→死んで

ラ変

- 所属語は「あり」「居り」「侍り」「いますがり(いまそがり)」の四語。副詞「さ」「しか」「かく」と「あり」が複合した「さり」「しかり」「かかり」などもラ変動詞となる。
- 促音便—あり＋て→あって　撥音便—ある＋めり(なり)→あんめり(なり)　(「ん」が表記されないこともある。)

カ変

- 平安時代末ごろまで、命令形は「こ」。
- 所属語は「来」の一語。「持て来」「詣で来」などの複合動詞を作る。

サ変

- 所属語は「す」「おはす」の二語。主に漢語と結びついて、多数の複合動詞を作る。このとき「案ず」「論ず」などザ行に活用するものもある。

2 形容詞活用表

表内の〔　〕は異説のあるもの。

活用の種類	例語	語幹	活用語尾 未然形	連用形	終止形	連体形	已然形	命令形	備考
ク活用	高し	たか	—〔く〕 —から	—く —かり	—し	—き —かる	—けれ	 —かれ	●シク活用には「いみじ」「同じ」など、活用語尾の濁るものがある。 ●補助活用（カリ活用）「から・かり…」「しから・しかり…」は、本来の連用形「く」「しく」にラ変動詞「あり」が融合したもの。助動詞がつく場合や命令表現に用いられ、終止形・已然形は原則用いられない。ただし「多し」は、和文で「多かり」「多かれ」が用いられる。 ●上代には、未然形と已然形に「け（しけ）」の形もあった。 ●接続助詞「は」がついた「くは」「しくは」の「く」「しく」を未然形とする説もある。 ●イ音便—白き+花→白い花　ウ音便—悲しく+思ふ→悲しう思ふ 撥音便—強かる+めり（なり）→強かんめり（なり） （「ん」が表記されないこともある）
シク活用	激し	はげ	—〔しく〕 —しから	—しく —しかり	—し	—しき —しかる	—しけれ	 —しかれ	
主な用法（下接する語）			〔は〕ズ	ナル ケリ	言い切る	トキ	ドモ	命令して言い切る	

3 形容動詞活用表

活用の種類	例語	語幹	活用語尾 未然形	連用形	終止形	連体形	已然形	命令形	備考
ナリ活用	静かなり	しづか	—なら	—なり —に	—なり	—なる	—なれ	—なれ	●活用語尾の「なり」「たり」はそれぞれ格助詞「に」「と」にラ変動詞「あり」が融合したものなので、その活用はラ変型である。 ●タリ活用の語の語幹はすべて漢語である。 ●撥音便—静かなる+めり（なり）→静かなんめり（なり） （「ん」が表記されないこともある。）
タリ活用	堂々たり	だうだう	—たら	—たり —と	—たり	—たる	—たれ	—たれ	
主な用法（下接する語）			ズ	ケリ シテ	言い切る	トキ	ドモ	命令して言い切る	

4 助動詞活用表

表内の（ ）は使用例の限られたもの。〔 〕は異説のあるもの。＊は上代の助動詞。

種類	語	未然形	連用形	終止形	連体形	已然形	命令形	活用の型	主な意味と訳語	主な接続
自発 受身 可能 尊敬	る	れ	れ	る	るる	るれ	れよ	下二段型（自発・可能の場合は命令形はない）	自発〔自然に～れる・～られる〕 受身〔～れる・～られる〕 可能〔～れる・～られる・～できる〕 尊敬〔お～になる・～なさる〕	四段・ナ変・ラ変動詞
	らる	られ	られ	らる	らるる	らるれ	られよ			右以外の動詞
自発 受身 可能	＊ゆ	え	え	ゆ	ゆる	ゆれ	○	下二段型	自発〔自然に～れる・～られる〕 受身〔～れる・～られる〕 可能〔～れる・～られる・～できる〕	四段・ナ変・ラ変動詞
使役 尊敬	す	せ	せ	す	する	すれ	せよ	下二段型	使役〔～させる〕 尊敬〔お～になる・～なさる・～て（で）いらっしゃる〕	四段・ナ変・ラ変動詞
	さす	させ	させ	さす	さする	さすれ	させよ			右以外の動詞
	しむ	しめ	しめ	しむ	しむる	しむれ	しめよ			すべての活用語
尊敬	＊す	さ	し	す	す	せ	せ	四段型	尊敬〔お～になる・～なさる〕	四段・サ変動詞
打消	ず	（な） 〔ず〕 ざら	（に） ず ざり	ず	ぬ ざる	ね ざれ	ざれ	特殊型	打消〔～ない〕	すべての活用語
推量	む （ん）	（ま）	○	む （ん）	む （ん）	め	○	四段型	推量〔～う・～よう・～だろう〕 意志・希望〔～う・～よう・～たい〕 適当・勧誘〔～のがよい（だろう）・～すべきだ〕 仮定〔～たら〕 婉曲〔～というような〕	すべての活用語
	むず （んず）	○	○	むず （んず）	むずる （んずる）	むずれ （んずれ）	○	サ変型		
	まし	（ませ） ましか	○	まし	まし	ましか	○	特殊型	反実仮想〔もし～としたら、～だろうに〕 希望〔（できれば）～たらよいのに〕 意志〔～しようか・～たものだろうか〕	

未然形接続

種類	語	未然形	連用形	終止形	連体形	已然形	命令形	活用の型	主な意味と訳語	主な接続	
打消推量	じ	○	○	じ	（じ）	（じ）	○	特殊型	打消の推量〔～ないだろう・～まい〕 打消の意志〔～ないつもりだ・～まい〕 打消の勧誘〔～ないほうがよい〕	すべての活用語	未然形接続
反復・継続	*ふ	は	ひ	ふ	ふ	へ	へ	四段型	反復・継続〔繰り返し～する・～し続ける〕	動詞	未然形接続
希望	まほし	〔まほしく〕 まほしから	まほしく まほしかり	まほし	まほしき まほしかる	まほしけれ	○	シク型	希望〔～たい・～たがる・～てほしい〕	動詞・助動詞	未然形接続
希望	たし	〔たく〕 たから	たく たかり	たし	たき たかる	たけれ	○	ク型	希望〔～たい・～てほしい〕	動詞・助動詞	連用形接続
過去	き	（せ）	○	き	し	しか	○	特殊型	過去・回想〔～た〕	すべての活用語（カ変・サ変動詞の場合は特殊）	連用形接続
過去	けり	（けら）	○	けり	ける	けれ	○	ラ変型	過去〔～た・～たそうだ・～たということだ〕 気づき・詠嘆〔～たことだなあ〕	すべての活用語	連用形接続
推量	けむ （けん）	○	○	けむ （けん）	けむ （けん）	けめ	○	四段型	過去推量〔たぶん～しただろう〕 過去の原因推量〔～のために～したのだろう〕 伝聞・婉曲〔～という〕	すべての活用語	連用形接続
完了	つ	て	て	つ	つる	つれ	てよ	下二段型	完了〔～た・～てしまう・～てしまった〕 強意〔きっと～・確かに～〕	すべての活用語	連用形接続
完了	ぬ	な	に	ぬ	ぬる	ぬれ	ね	ナ変型			連用形接続
完了	たり	たら	たり	たり	たる	たれ	（たれ）	ラ変型	存続〔～ている・～てある〕 完了〔～た〕 継続〔～ている〕		連用形接続
完了	り	ら	り	り	る	れ	（れ）	ラ変型		四段動詞の已然（命令）形 サ変動詞の未然形	特殊
推量	らむ （らん）	○	○	らむ （らん）	らむ （らん）	らめ	○	四段型	現在推量〔今ごろ～しているだろう〕 現在の原因推量〔（どうして）～しているのだろう〕 伝聞・婉曲〔～という・～ような〕	すべての活用語	

推量	べし	〔べく〕 べから	べく べかり	べし	べき べかる	べけれ	○	ク型	推量〔(きっと)～だろう・～はずだ〕 当然・適当〔～はずだ・～なければならない・～するべきだ〕 可能〔～することができる〕 勧誘・命令〔～するがいい・(必ず)～せよ〕 意志〔～う・～よう・～するつもりだ〕	すべての活用語
	らし	○	○	らし	(らし) (らしき)	(らし)	○	特殊型	推定〔～らしい・～ようだ・～にちがいない〕	
	めり	○	(めり)	めり	める	めれ	○	ラ変型	視覚に基づく推定〔～ようだ・～らしい・～ように見える〕 婉曲〔～ようだ〕	
推定・伝聞	なり	○	(なり)	なり	なる	なれ	○	ラ変型	聴覚に基づく推定〔～ようだ・～らしい〕 伝聞〔～そうだ・～という〕	
打消推量	まじ	〔まじく〕 (まじから)	まじく まじかり	まじ	まじき (まじかる)	まじけれ	○	シク型	打消の推量〔～ないだろう・～まい〕 打消の当然・不適当〔～するべきでない・～てはならない〕 不可能〔～することができそうにない〕 禁止〔～してはいけない・～な〕 打消の意志〔～しないつもりだ・決して～まい〕	すべての活用語
断定	なり	なら	なり に	なり	なる	なれ	なれ	ナリ型	断定〔～だ・～である〕 存在〔～にいる・～にある〕	体言 すべての活用語
	たり	たら	たり と	たり	たる	たれ	たれ	タリ型	断定〔～だ・～である〕	体言
比況	ごとし	〔ごとく〕	ごとく	ごとし	ごとき	○	○	ク型	同一〔～のとおりだ・～と同じだ〕 比況〔～のようだ・～みたいだ〕 例示〔(たとえば)～のようだ〕	格助詞「の」「が」 体言 すべての活用語

終止形（ラ変型の場合は連体形）接続（べし・らし・めり・なり〔推定・伝聞〕・まじ）

体言・連体形接続（なり〔断定〕・たり・ごとし）

敬語表現の理解

敬語とは

言葉が実際に用いられ、会話が成立するためには、言葉を用いて表現する主体である**話し手**と、それに対する**聞き手**、会話の内容としてとりあげられる**話題**の三つが必ず必要である。

このとき、普通に用いられる「食事をする」という表現に対して、「お食事をなさる」のように、話し手が、聞き手や話題となっている人物に対する敬いの気持ち(敬意)を表すために、特別な言い方をする場合、それを敬語表現という。ここでは平安時代・鎌倉時代の敬語を中心に説明する。

敬語として用いられるのは、敬語動詞、助動詞、名詞(代名詞および接頭語・接尾語がついた派生語を含む)である。

○**主な敬語**　丁寧語は敬語動詞のみ。

	尊敬語	謙譲語
敬語動詞	⇩「主な敬語動詞一覧」	
助動詞	る・らる・す・さす・しむ	
名詞(代名詞)	上・帝・院・宮・大殿・君・卿・行幸・行啓	なにがし・おのれ・わらは・それがし
接頭語	お━・おん━・おほん━・おほみ━・み━	
接尾語	━君・━殿	━め・━ら

敬意の主体と対象　―だれからだれへの敬意か―

敬語を正しく解釈するためには、だれからだれへの敬意か、すなわち**敬意の主体**(敬う人)と**敬意の対象**(敬われる人)をはっきり区別することが重要である。

先にも述べたように、敬語とは、話し手が聞き手や話題の人物に対する敬意を表す表現であるから、敬意の主体は、原則として常に、会話における話し手や手紙などの書き手ということになる。

文学作品における**地の文**(登場人物同士の会話や心中思惟、和歌など以外の部分)の場合も会話と同様に考えることができる。随筆や日記など、作者が話し手と一致すると考えられる作品、たとえば『枕草子』では、敬語が用いられる場合、敬意の主体は作品の書き手、すなわち作者の清少納言となる。

一方、『源氏物語』などの虚構の物語においては、作者とは別に語り手が設定されていることが多く、この場合、地の文で用いられる敬語の敬意の主体も、この語り手と考えるのが普通である。

敬語は、主として敬意の対象がだれであるか、という観点から、尊敬語・謙譲語・丁寧語の三種に分類される。

敬語の種類

尊敬語　話し手(書き手)が、話題の人物の動作や、その人物にかかわる事物に用いて、その人物を高め、直接その人物に対する敬意を表す敬語。特に、話題の人物の動作について用いられる場合、動作の為手(動作の主体)に敬意を表すことになるため、**為手尊敬**とも呼ばれる。

例(a)「ここにおはするかぐや姫は、重き病をしたまへば、え出でおはしますまじ」〈竹取〉

訳「ここにおいでになるかぐや姫は、重い病気をなさっているので、出ていらっしゃることはできますまい。」

＊竹取の翁が、かぐや姫を迎えに来た天人に語る言葉。翁(話し手)からかぐや姫に対する敬意を表す。

例(b)「この名しかるべからず」とて、かの木をきられにけり〈徒然・四五〉

訳「この名前(「榎の木の僧正」というあだ名)はよくない」と言って、(良覚僧正は)その木(あだ名の由来となった榎の木)をお切りになってしまった。

＊地の文。作者兼好から良覚僧正(榎の木の僧正)に対する敬意を表す。

例(c)上の御前に「いなかへじ」といふ御笛の候ふ名なり〈枕・無名といふ琵琶の御琴を〉

訳帝のお手もとに「いなかへじ」という名前のお笛があります、その名前です。

＊地の文。作者清少納言から一条帝に対する敬意を表す。

謙譲語　従来、謙譲語とされているものには、かなり用法の異なる二つの種類のものが含まれており、それぞれ敬意の対象が異なる。

(A) **受け手尊敬を表す謙譲語**　話し手(書き手)が、話題の人物に対する動作に用いて、その動作の対象となる人物(受け手)に対する敬意を表す。

例 (a)花は仏に奉り、実は数珠につらぬき〈枕・草は〉

訳 (蓮の)花は仏に差し上げ、実はつらぬいて数珠にし、

＊地の文。作者清少納言から仏に対する敬意を表す。

例 (b)「竹の中より見つけきこえたりしかど…わが丈立ち並ぶまで養ひたてまつりたる我が子を」〈竹取〉

訳「竹の中から(かぐや姫を)見つけ申し上げましたが…私の身の丈と同じくらいになるまでお育て申し上げた我が子のあなたを、」

＊竹取の翁が、かぐや姫に語る言葉。翁(話し手)からかぐや姫に対する敬意を表す。

(B) **自己卑下を表す謙譲語**　話し手(書き手)が、自分や自分側の人物の動作やその人物にかかわる事物に用いて、へりくだる気持ちを表し、聞き手(読み手)に対する敬意を表す。原則として、会話文・手紙文だけに用いられる。

自己卑下を表す謙譲語の動詞で、平安時代によく用いられたのは、下二段活用の補助動詞「たまふ」一語であり、主に動詞「見る」「聞く」「思ふ」の下につけて用いられる。

例 (a)「はかばかしう後ろ見思ふ人もなきまじらひは、なかなかなるべきことと思ひたまへながら」〈源氏・桐壺〉

訳「しっかりした後ろ盾になる人もない宮仕えは、かえってしないほうがよいことと存じておりましたのに、」

＊桐壺更衣の母君が、靫負命婦に語る言葉。母君(話し手)から命婦(聞き手)に対する敬意を表す。

例 (b)憶良らは今は罷らむ子泣くらむそれその母も我を待つらむぞ〈万葉・三・三三七〉➡名歌98

訳 私、憶良めは今はもう失礼いたしましょう。家では今ごろ子どもが泣いているでしょう。その母親も私を待っているでしょうよ。

＊山上憶良が宴会から退出するときに詠んだ歌。「ら」は、へりくだる気持ちを添える接尾語。憶良(話し手)から宴会にいる人々(聞き手)への敬意を表す。

丁寧語　話し手(書き手)が、話題の内容に関係なく、言い方を丁寧にするために用いて、聞き手(読み手)に対する敬意を表す。話題にかかわりなく、聞き手に対する敬意を表す、という点から**聞き手尊敬**と呼ばれることもある。

例 (a)「いかなる所にかこの木はさぶらひけむ」〈竹取〉

訳「どのような所にこの木はございましたのでしょうか。」

＊竹取の翁が、くらもちの皇子に質問する言葉。翁(話し手)から皇子(聞き手)に対する敬意を表す。

例 (b)「目も見えはべらぬに、かくかしこき仰せ言を光にてなん」〈源氏・桐壺〉

訳「涙で目も見えませんが、このようにもったいないお言葉を光として、(お手紙を拝見いたします)」

＊桐壺更衣の母君(話し手)が、靫負命婦に語る言葉。母君(話し手)から命婦(聞き手)に対する敬意を表す。

例 (c)栗栖野といふ所を過ぎて、ある山里に尋ね入ること侍りしに〈徒然・一一〉

訳 栗栖野という所を通り過ぎて、ある山里に尋ねていくことがございましたときに、

＊地の文。作者兼好から読者に対する敬意を表す。

特殊な敬語表現

二方面への敬語　話題の人物の動作について、その動作の受け手と為手(動作の主体)が、ともに敬意の対象となりうる場合、受け手尊敬の謙譲語と尊敬語を併用して、動作の受け手と為手を同時に高める用法がある。実際の例では「受け手尊敬の謙譲語＋尊敬の補助動詞」という語順がほとんどである。

二方面への敬語はたいへんよく用いられるので、「動作の為手・受け手」という概念をきちんと理解しておく必要がある。

例 いづれの御時にか、女御・更衣あまたさぶらひたまひける中に〈源氏・桐壺〉

訳 どの帝の御代であったろうか、女御や更衣が大勢お仕えなさっていた中に、

＊地の文で、敬意の主体は語り手。「さぶらひたまふ」という表現で、謙譲語「さぶらふ」によって「お仕えする」という動作の受け手である帝への敬意を表し、尊敬の補助動詞「たまふ」によって動作の主体である「女御・更衣」への敬意を表す。「お仕えする」という一つの動作について、同時に二

主な敬語動詞一覧

●主な敬語動詞の活用の種類・主な意味・敬意を含まない語(普通の語)を示した。
●＊は補助動詞の用法。この場合、下の普通の語とは対応しない。

尊敬語

語	活用の種類	主な意味	普通の語
おはす	サ変	いらっしゃる おいでになる ＊〜て(で)いらっしゃる	あり・居(を)り 行く・来(く)
おはします	四段		
ます	四段	いらっしゃる おいでになる ＊〜て(で)いらっしゃる	あり・居(を)り 行く・来(く)
います	四段・サ変		
いますがり (いまそがり)	ラ変	いらっしゃる おありになる ＊〜て(で)いらっしゃる	あり・居(を)り
ござる	四段	いらっしゃる おいでになる ＊〜て(で)いらっしゃる	あり・居(を)り 行く・来(く)
のたまふ	四段	おっしゃる	言ふ
おほす	下二段	おっしゃる	言ふ
おもほす	四段	お思いになる	思ふ
おぼす	四段		
おぼしめす	四段		

尊敬語

語	活用の種類	主な意味	普通の語
たまふ	四段	お与えになる くださる ＊お〜になる・お〜なさる	与ふ
たぶ	四段		
たうぶ	四段		
つかはす	四段	お遣(つか)わしになる お贈りになる	遣(や)る 贈る・与ふ
御覧(ごらん)ず	サ変	ご覧になる	見る
みす	四段	ご覧になる	見る
みそなはす	四段		
きこす	四段	お聞きになる 召し上がる	聞く 食ふ・飲む
きこしめす	四段		
しろしめす	四段	お治めになる 知っていらっしゃる	知る・治む
めす	四段	ご覧になる お呼びになる 召し上がる お召しになる	見る 呼ぶ 食ふ・飲む 着る
まつる	四段	召し上がる	食ふ・飲む
たてまつる	四段	召し上がる お召しになる お乗りになる	食ふ・飲む 着る 乗る

種類	語	活用	訳	本来の語
尊敬語	まゐる	四段	召し上がる	食ふ・飲む
尊敬語	あそばす	四段	(詩歌・管弦に関することを)なさる ＊お〜になる・お〜なさる	為(す)
尊敬語	大殿籠(おほとのごも)る	四段	おやすみになる	寝(ぬ)・寝(い)ぬ
謙譲語	まうす	四段	申し上げる ＊〜申し上げる	言ふ
謙譲語	きこゆ	下二段	申し上げる ＊〜申し上げる	言ふ
謙譲語	きこえさす	下二段	申し上げる ＊〜申し上げる	言ふ
謙譲語	奏(そう)す	サ変	(天皇・上皇・法皇に)申し上げる	言ふ
謙譲語	啓(けい)す	サ変	(皇后・皇太子などに)申し上げる	言ふ
謙譲語	まつる	四段	差し上げる ＊〜申し上げる	与ふ・遣(や)る
謙譲語	たてまつる	四段	差し上げる ＊〜申し上げる	与ふ・遣(や)る
謙譲語	まゐらす	下二段	差し上げる ＊〜申し上げる	与ふ
謙譲語	たまはる	四段	いただく ＊〜ていただく	受く・もらふ
謙譲語	たばる	四段	いただく	受く・もらふ
謙譲語	たまふ	下二段	＊〜させていただく ＊存じます	

種類	語	活用	訳	本来の語
謙譲語	うけたまはる	四段	お受けする・承諾申し上げる お聞きする	受く 聞く
謙譲語	まうづ	下二段	参上する・参詣する	行く・来(く)
謙譲語	まゐる	四段	参上する・参詣する 差し上げる	行く・来(く) 遣(や)る
謙譲語	まかる	四段	出向く 退出する	行く・来(く) 去る・出(い)づ
謙譲語	まかづ	下二段	出向く 退出する	行く・来(く) 去る・出(い)づ
謙譲語	つかうまつる	四段	お仕えする し申し上げる	仕ふ 為(す)
謙譲語	つかまつる	四段	お仕えする し申し上げる	仕ふ 為(す)
謙譲語	いたす	四段	し申し上げる ＊〜し申し上げる	為(す)
謙譲語	はべり	ラ変	おそばに控える・伺候する・お仕えする	あり・居(を)り 仕ふ
謙譲語	さぶらふ	四段	おそばに控える・伺候する・お仕えする	あり・居(を)り 仕ふ
謙譲語	さうらふ	四段	おそばに控える・伺候する・お仕えする	あり・居(を)り 仕ふ
丁寧語	はべり	ラ変	あります・ございます・おります ＊〜ます・〜ございます・〜おります	あり・居(を)り
丁寧語	さぶらふ	四段	あります・ございます ＊〜ます・〜です・〜ございます	あり・居(を)り
丁寧語	さうらふ	四段	あります・ございます ＊〜ます・〜です・〜ございます	あり・居(を)り

重要系図・系譜

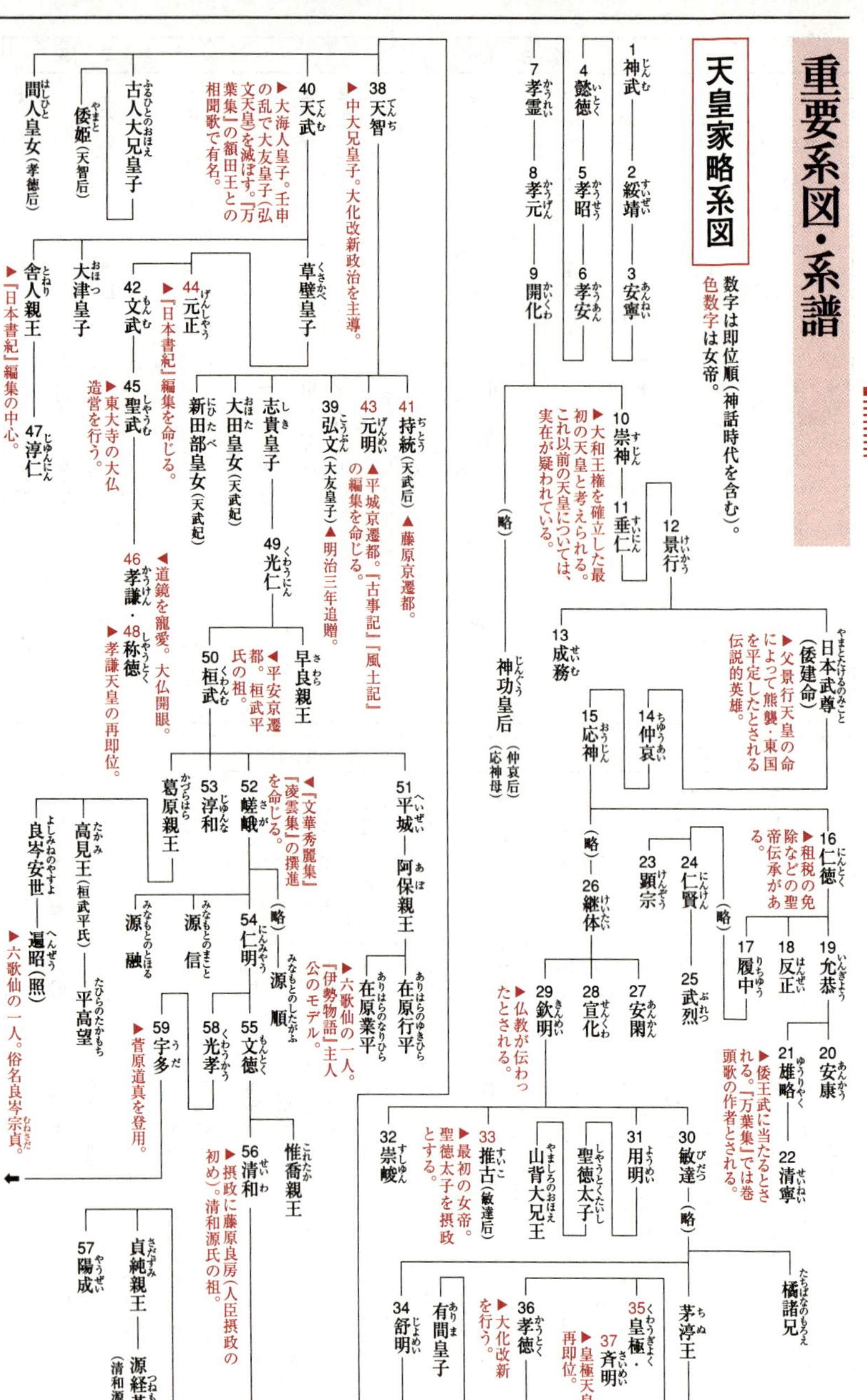

天皇家略系図
数字は即位順（神話時代を含む）。
色数字は女帝。
1 神武
2 綏靖
3 安寧
4 懿徳
5 孝昭
6 孝安
7 孝霊
8 孝元
9 開化
10 崇神
▶大和王権を確立した最初の天皇と考えられる。これ以前の天皇については、実在が疑われている。
11 垂仁
12 景行
日本武尊（倭建命）
▶父景行天皇の命によって熊襲・東国を平定したとされる伝説的英雄。
13 成務
14 仲哀
15 応神
（略）
神功皇后（仲哀后）（応神母）
16 仁徳
▶租税の免除などの聖帝伝承がある。
17 履中
18 反正
19 允恭
20 安康
21 雄略
▶倭王武に当たるとされる。『万葉集』では巻頭歌の作者とされる。
22 清寧
23 顕宗
24 仁賢
25 武烈
（略）
26 継体
27 安閑
28 宣化
29 欽明
▶仏教が伝わったとされる。
30 敏達
31 用明
聖徳太子
山背大兄王
33 推古（敏達后）
▶最初の女帝。聖徳太子を摂政とする。
32 崇峻
（略）
橘諸兄
茅渟王
35 皇極・37 斉明
▶皇極天皇の再即位。
36 孝徳
▶大化改新を行う。
有間皇子
34 舒明
38 天智
▶中大兄皇子。大化改新政治を主導。
40 天武
▶大海人皇子。壬申の乱で大友皇子（弘文天皇）を滅ぼす。『万葉集』の額田王との相聞歌で有名。
古人大兄皇子
倭姫（天智后）
間人皇女（孝徳后）
41 持統（天武后）▶藤原京遷都。
43 元明 ▶平城京遷都。『古事記』『風土記』の編集を命じる。
39 弘文（大友皇子）▶明治三年追贈。
志貴皇子
大田皇女（天武妃）
新田部皇女（天武妃）
草壁皇子
44 元正
42 文武
▶『日本書紀』編集を命じる。
大津皇子
舎人親王
▶『日本書紀』編集の中心。
45 聖武
▶東大寺の大仏造営を行う。
46 孝謙・48 称徳
▶道鏡を寵愛。大仏開眼。
▶孝謙天皇の再即位。
47 淳仁
49 光仁
早良親王
50 桓武
▶平安京遷都。桓武平氏の祖。
51 平城
阿保親王
在原行平
在原業平
▶六歌仙の一人。『伊勢物語』主人公のモデル。
52 嵯峨
▶『文華秀麗集』『凌雲集』の撰進を命じる。
（略）
源順
源信
源融
53 淳和
葛原親王
高見王（桓武平氏）
平高望
良岑安世
遍昭（照）
▶六歌仙の一人。俗名良岑宗貞。
54 仁明
55 文徳
58 光孝
59 宇多
▶菅原道真を登用。
惟喬親王
56 清和
▶摂政に藤原良房（人臣摂政の初め）。清和源氏の祖。
貞純親王
源経基（清和源氏）
57 陽成

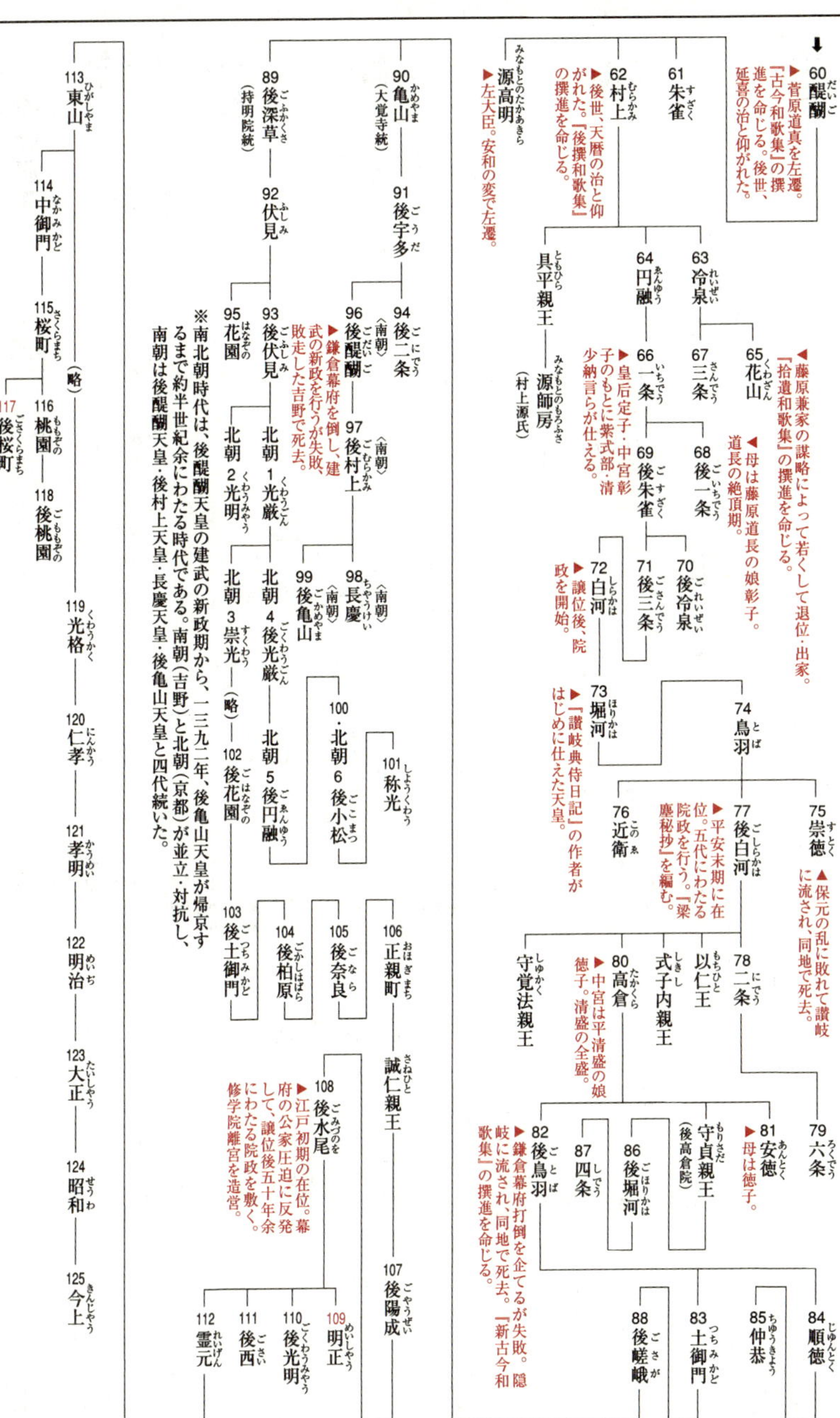
60 醍醐
▶菅原道真を左遷。『古今和歌集』の撰進を命じる。後世、延喜の治と仰がれた。
61 朱雀
62 村上
▶後世、天暦の治と仰がれた。『後撰和歌集』の撰進を命じる。
源高明
▶左大臣。安和の変で左遷。
63 冷泉
64 円融
具平親王
源師房
(村上源氏)
65 花山
▶藤原兼家の謀略によって若くして退位・出家。『拾遺和歌集』の撰進を命じる。
67 三条
66 一条
▶皇后定子・中宮彰子のもとに紫式部・清少納言らが仕える。
68 後一条
▶母は藤原道長の娘彰子。道長の絶頂期。
69 後朱雀
70 後冷泉
71 後三条
72 白河
▶譲位後、院政を開始。
73 堀河
▶『讃岐典侍日記』の作者がはじめに仕えた天皇。
74 鳥羽
75 崇徳
▶保元の乱に敗れて讃岐に流され、同地で死去。
77 後白河
▶平安末期に在位。五代にわたる院政を行う。『梁塵秘抄』を編む。
76 近衛
78 二条
以仁王
式子内親王
80 高倉
▶中宮は平清盛の娘徳子。清盛の全盛。
守覚法親王
79 六条
81 安徳
▶母は徳子。
守貞親王
(後高倉院)
86 後堀河
87 四条
82 後鳥羽
▶鎌倉幕府打倒を企てるが失敗。隠岐に流され、同地で死去。『新古今和歌集』の撰進を命じる。
84 順徳
85 仲恭
83 土御門
88 後嵯峨
90 亀山
(大覚寺統)
89 後深草
(持明院統)
91 後宇多
92 伏見
94 後二条
〈南朝〉
96 後醍醐
▶鎌倉幕府を倒し、建武の新政を行うが失敗、敗走した吉野で死去。
93 後伏見
95 花園
97 後村上
〈南朝〉
98 長慶
〈南朝〉
99 後亀山
〈南朝〉
北朝1 光厳
北朝2 光明
北朝4 後光厳
北朝3 崇光
(略)
102 後花園
北朝5 後円融
100・北朝6 後小松
101 称光
103 後土御門
104 後柏原
105 後奈良
106 正親町
誠仁親王
107 後陽成
108 後水尾
▶江戸初期の在位。幕府の公家圧迫に反発して、譲位後五十年余にわたる院政を敷く。修学院離宮を造営。
109 明正
110 後光明
111 後西
112 霊元
※南北朝時代は、後醍醐天皇の建武の新政期から、一三九二年、後亀山天皇が帰京するまで約半世紀余にわたる時代である。南朝(吉野)と北朝(京都)が並立・対抗し、南朝は後醍醐天皇・後村上天皇・長慶天皇・後亀山天皇と四代続いた。
113 東山
114 中御門
115 桜町
(略)
116 桃園
117 後桜町
118 後桃園
119 光格
120 仁孝
121 孝明
122 明治
123 大正
124 昭和
125 今上

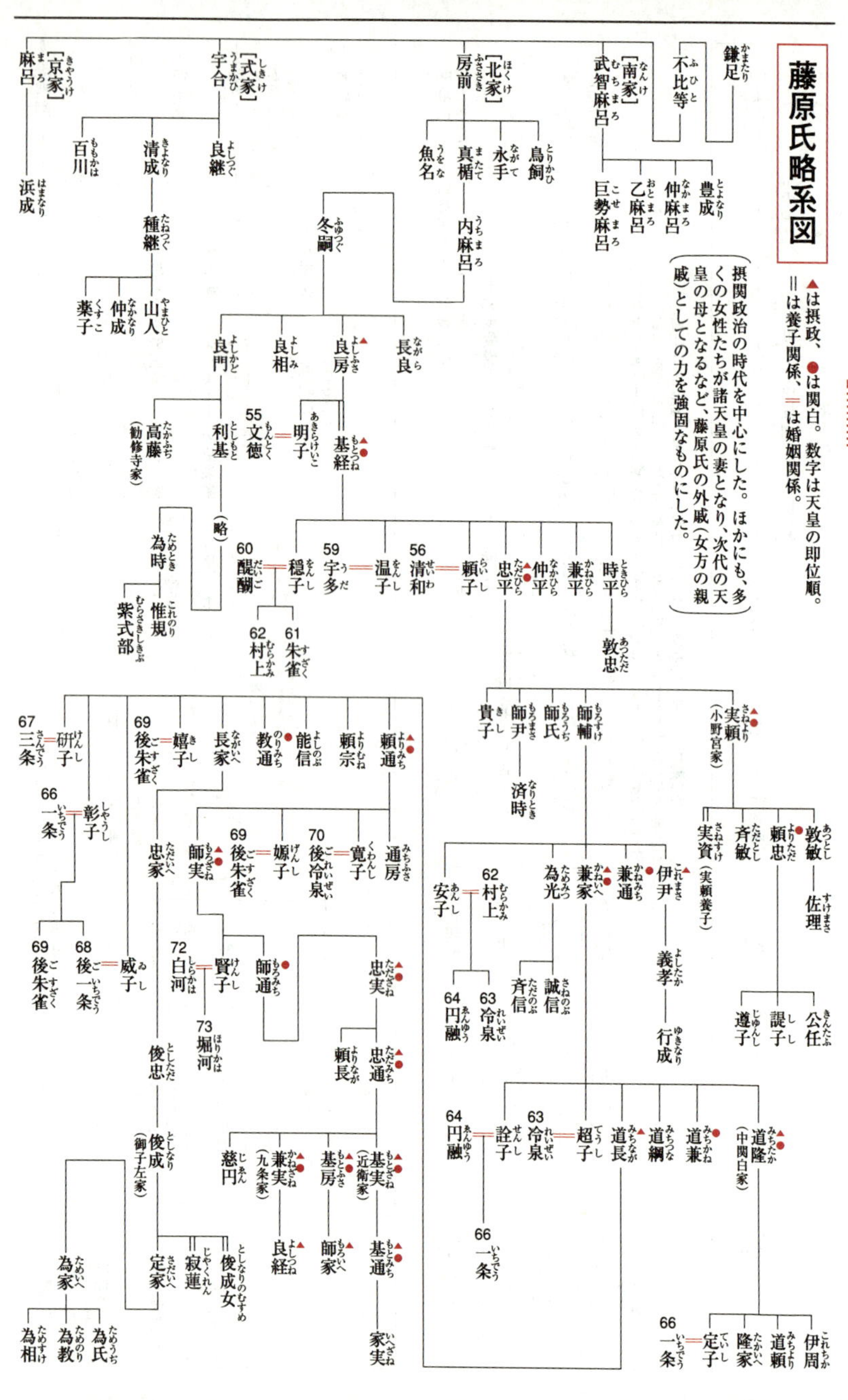
藤原氏略系図
▲は摂政、●は関白。数字は天皇の即位順。
＝は養子関係、＝は婚姻関係。
摂関政治の時代を中心にした。ほかにも、多くの女性たちが諸天皇の妻となり、次代の天皇の母となるなど、藤原氏の外戚（女方の親戚）としての力を強固なものにした。
鎌足
不比等
［南家］武智麻呂
豊成
仲麻呂
乙麻呂
巨勢麻呂
［北家］房前
鳥飼
永手
真楯
魚名
内麻呂
冬嗣
長良
良房
良相
良門
基経
明子
55 文徳
利基
高藤（勧修寺家）
（略）
為時
惟規
紫式部
時平
兼平
仲平
忠平
頼子
56 清和
温子
59 宇多
穏子
60 醍醐
61 朱雀
62 村上
敦忠
実頼（小野宮家）
師輔
師氏
師尹
貴子
済時
敦敏
頼忠
斉敏
実資（実頼養子）
佐理
公任
諟子
遵子
伊尹
兼通
兼家
為光
安子
62 村上
63 冷泉
64 円融
義孝
行成
誠信
斉信
道隆（中関白家）
道兼
道綱
道長
超子
63 冷泉
詮子
64 円融
66 一条
伊周
道頼
隆家
定子
66 一条
頼通
頼宗
能信
教通
長家
嬉子
69 後朱雀
妍子
67 三条
彰子
66 一条
威子
68 後一条
69 後朱雀
通房
寛子
70 後冷泉
嫄子
69 後朱雀
師実
賢子
72 白河
73 堀河
師通
忠実
忠通
頼長
基実（近衛家）
基房
兼実（九条家）
慈円
基通
師家
良経
家実
忠家
俊忠
俊成（御子左家）
俊成女
寂蓮
定家
為家
為氏
為教
為相
［式家］宇合
良継
清成
百川
種継
山人
仲成
薬子
［京家］麻呂
浜成

源氏略系図

（清和源氏の略系図）

（源氏・平氏ともそれぞれ何代かの天皇から賜姓を受けたが、最もよく知られているのが清和源氏と桓武平氏である。ここでは、平安末期から鎌倉初期にかけての源平抗争の歴史の中で、『平家物語』などに出てくる人物を中心に略系図とした。（　）は主要な人物についての注記、［　］は『平家物語』などに出てくる呼称。）

- 清和天皇（56）― 貞純親王 ― 経基王 ◀源姓を賜る。
  - 満仲［鎮守府将軍］▶清和源氏発展の基礎を固める。
    - 頼光 ▶大江山の酒呑童子退治の伝承がある。
      - 頼国 ― 頼綱
        - 明国 ―（略）― 行綱
        - 仲政 ― 頼政［源三位入道］― 仲綱
    - 頼親
    - 頼信
      - 頼義
        - 義家［八幡太郎］◀東国での源氏の基盤を築く。
          - 義国
          - 義親 ― 為義［六条判官］
            - 義朝 ▶平治の乱を起こす。
              - 義平［悪源太］
              - 頼朝［鎌倉殿］▶鎌倉幕府の初代将軍。
                - 頼家 ◀二代将軍。― 公暁 ◀実朝を殺害。
                - 実朝 ◀三代将軍。『金槐和歌集』の作者。
              - 範頼［蒲冠者］▶平氏を一の谷・壇の浦に破る。
              - 義円
              - 義経［九郎判官・（幼名）牛若］
            - 義賢
              - 仲家
              - 義仲［木曽殿］― 義高
            - 義憲
            - 為朝［鎮西八郎］▶『椿説弓張月』の主人公。
            - 行家 ▶義仲と共に平氏と戦う。
          - 義時
        - 義光［新羅三郎］
      - 頼季

平氏略系図

（桓武平氏の略系図）

- 桓武天皇（50）― 葛原親王
  - 高見王 ― 高望王 ◀平姓を賜る。
    - 国香 ― 貞盛
      - 維将 ―（略）― 時方 ― 時政（北条）― 義時
      - 維衡 ― 正度
        - 正衡 ― 正盛
          - 忠盛
            - 清盛［入道相国・平相国］◀平氏の最盛期。太政大臣となる。
              - 重盛［小松殿］◀清盛の長子。平氏の繁栄を支える。
                - 維盛 ― 六代
                - 資盛
                - 清経
                - 有盛
                - 師盛
                - 忠房
              - 基盛 ― 行盛
              - 宗盛 ― 清宗
              - 知盛［新中納言］
                - 知章
                - 知忠
              - 重衡
              - 知度
              - 徳子（高倉天皇中宮、安徳天皇母）［建礼門院］▶平氏滅亡後、洛北大原の寂光院に隠栖。
            - 経盛
              - 経正
              - 敦盛［無官大夫］
            - 教盛
              - 通盛
              - 教経［能登殿］▶平氏第一の豪勇として知られる。
            - 頼盛
            - 忠度［薩摩守］▶藤原俊成に師事して和歌をよくする。
          - 忠正
        - 貞季
    - 良将 ― 将門 ▶関東で乱を起こす。
    - 良文 ― 忠頼 ― 忠常
  - 高棟王 ◀平姓を賜る。―（略）― 時信
    - 時忠［平大納言］▶能登に流される。
    - 時子（清盛妻。二位尼）
    - 滋子（後白河女御、高倉天皇母）［建春門院］

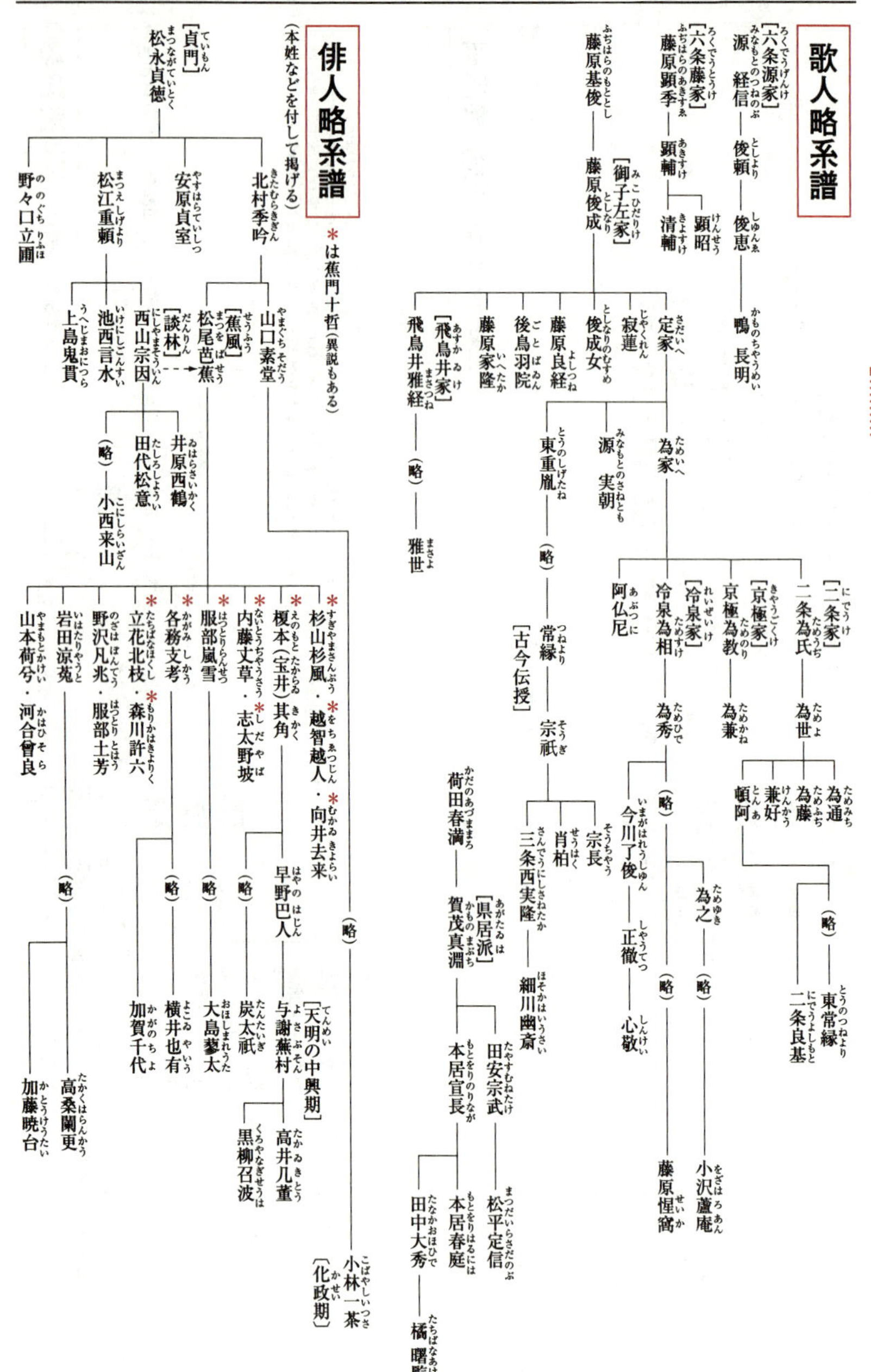

歌人略系譜
［六条源家］
源　経信
俊頼
俊恵
鴨　長明
［六条藤家］
藤原顕季
顕輔
顕昭
清輔
藤原基俊
藤原俊成
［御子左家］
定家
寂蓮
俊成女
藤原良経
後鳥羽院
藤原家隆
［飛鳥井家］
飛鳥井雅経
（略）
雅世
為家
源　実朝
東重胤
（略）
常縁
［古今伝授］
宗祇
宗長
肖柏
三条西実隆
細川幽斎
［二条家］
二条為氏
為世
為通
為藤
兼好
頓阿
（略）
東常縁
二条良基
［京極家］
京極為教
為兼
［冷泉家］
冷泉為相
為秀
（略）
今川了俊
正徹
心敬
為之
（略）
小沢蘆庵
（略）
藤原惺窩
阿仏尼
荷田春満
［県居派］
賀茂真淵
田安宗武
松平定信
本居宣長
本居春庭
田中大秀
橘　曙覧
俳人略系譜
（本姓などを付して掲げる）
＊は蕉門十哲（異説もある）
［貞門］
松永貞徳
北村季吟
安原貞室
松江重頼
野々口立圃
山口素堂
（略）
小林一茶
〔化政期〕
［蕉風］
松尾芭蕉
［談林］
西山宗因
池西言水
上島鬼貫
井原西鶴
田代松意
（略）
小西来山
＊杉山杉風・＊越智越人・＊向井去来
＊榎本（宝井）其角
早野巴人
与謝蕪村
［天明の中興期］
高井几董
黒柳召波
＊内藤丈草・＊志太野坡
（略）
炭太祇
＊服部嵐雪
（略）
大島蓼太
＊各務支考
（略）
横井也有
＊立花北枝・＊森川許六
加賀千代
野沢凡兆・服部土芳
岩田涼菟
（略）
高桑闌更
加藤暁台
山本荷兮・河合曾良

古典文学史年表

●本書の項目で見出しとなっている作品を中心に、成立年などを示した。
●見出しで取り上げられていない作品には、〈　〉に入れてジャンル・作者名（撰者名）などを付す。
●↔はその年の前後、→はその年以前、←はその年以後の成立であることを示す。
●漢文体の日記など、記録を中心とする内容の日記は記述の始まる年に示し、～で記述が及ぶ年を示す。

時代	西暦	年号	作品	関連事項
奈良時代	七一二	和銅五	古事記	七一〇 平城京遷都
	七一三	和銅六	風土記撰進の詔	
	七一六	霊亀二	播磨国風土記〈地誌〉→	
	七一八	養老二	常陸国風土記→	七一八 養老律令制定
	七二〇	養老四	日本書紀	
	七三三	天平五	出雲国風土記　肥前国風土記・豊後国風土記〈地誌〉↔　類聚歌林〈山上憶良〉↔	
	七五一	天平勝宝三	懐風藻	七五二 東大寺大仏開眼
	七五三	天平勝宝五	仏足石歌	
	七五九	天平宝字三	万葉集中最後の歌	
	七七二	宝亀三	歌経標式	
	七八九	延暦八	高橋氏文〈歴史書〉	七八四 長岡京遷都
平安時代	七九七	延暦一六	続日本紀　三教指帰〈仏教書・空海〉	七九四 平安京遷都
	八〇七	大同二	古語拾遺	
	八一〇	弘仁元	琴歌譜↔	
	八一四	弘仁五	凌雲集	白氏文集このころ渡来か
	八一五	弘仁六	新撰姓氏録〈万多親王ら〉	
	八一八	弘仁九	文華秀麗集	
	八一九	弘仁一〇	文鏡秘府論↔ 日本霊異記↔（弘仁年間）	
	八二七	天長四	経国集	
	八三五	承和二	性霊集↔	八三三 令義解

時代	西暦	年号	作品	関連事項
平安時代	八四〇	承和七	日本後紀	
	八六九	貞観一一	続日本後紀	
	八七九	元慶三	日本文徳天皇実録　都氏文集〈漢文集・都良香〉←	
	八八四	元慶八	在民部卿家歌合←（仁和三年→）	
	八九二	寛平四	類聚国史	
	八九三	寛平五	寛平御時后宮歌合→　新撰万葉集上巻	
	八九四	寛平六	句題和歌〈歌集・大江千里〉	八九四 遣唐使廃止
	九〇〇	昌泰三	菅家文草 新撰字鏡（昌泰年間） 竹取物語（このころ） 伊勢物語原型（このころ）	
	九〇一	延喜元	日本三代実録　先代旧事本紀〈歴史書〉→	九〇一 菅原道真左遷
	九〇三	延喜三	菅家後集	
	九〇五	延喜五	古今和歌集	
	九〇七	延喜七	貞信公記〈日記・藤原忠平〉～天暦二年（九四八）	九〇七 唐滅亡
	九一三	延喜一三	亭子院歌合　新撰万葉集下巻 催馬楽の譜が制定される（このころ）	九二七 延喜式撰上
	九三〇	延長八	新撰和歌〈歌集・紀貫之〉↔	
	九三五	承平五	土佐日記 倭名類聚抄（承平年間）	九三五 承平・天慶の乱
	九四〇	天慶三	将門記	
	九五一	天暦五	後撰和歌集撰進開始　大和物語↔ 伊勢集（天暦年間）	
	九六〇	天徳四	天徳四年内裏歌合	
	九六二	応和二	多武峯少将物語↔	
	九六五	康保二	平中物語→ 宇津保物語（このころ）	
	九七四	天延二	蜻蛉日記←	
	九七六	貞元元	古今和歌六帖←	
	九八二	天元五	池亭記〈漢文随筆・慶滋保胤〉　小右記〈日記・藤原実資〉～長元五年（一〇三二）	
	九八四	永観二	三宝絵	
	九八五	寛和元	往生要集	

平安時代

西暦	年号	作品	関連事項
九九一	正暦二	権記〈日記・藤原行成〉～寛弘八年（一〇一一） 落窪物語（このころ）	
九九八	長徳四	御堂関白記～治安元年（一〇二一）	
一〇〇一	長保三	源氏物語執筆開始←（寛弘二年→） 枕草子↔ 新撰髄脳↔	
一〇〇二	長保四	拾遺和歌集←（寛弘四年→）	
一〇〇七	寛弘四	和泉式部日記↔	
一〇〇九	寛弘六	和歌九品〈歌論書・藤原公任〉	
一〇一〇	寛弘七	紫式部日記↔ 源氏物語完成←	
一〇一一	寛弘八	江吏部集〈漢詩文集・大江匡衡〉↔ 紫式部集（このころ） 和漢朗詠集（このころ）	一〇一六 藤原道長摂政となる
一〇一七	寛仁元	北山抄〈有職故実書・藤原公任〉↔	
一〇二五	万寿二	大鏡最後の記事（成立は十二世紀初めか）	
一〇二七	万寿四	御堂関白集〈歌集・藤原道長〉↔	
一〇二八	長元元	栄花物語正編最後の記事	
一〇五五	天喜三	堤中納言物語← 浜松中納言物語（このころ） 夜の寝覚（このころ）	一〇五一 前九年の合戦
一〇六二	康平五	陸奥話記←〈軍記〉 更級日記（康平年間） 本朝文粋（康平年間） 篁物語（このころ）	
一〇六六	治暦二	明衡往来↔	
一〇六八	治暦四	十巻本歌合〈歌合わせ集〉→	
一〇七三	延久五	成尋阿闍梨母集 最後の記事 狭衣物語（このころ）	
一〇七九	承暦三	いろは歌最古の例	一〇八三 後三年の合戦
一〇八六	応徳三	後拾遺和歌集	一〇八六 白河上皇院政を開始
一〇八七	寛治元	中右記〈日記・藤原宗忠〉～保延四年（一一三八）	
一〇九二	寛治六	栄花物語続編最後の記事 類聚名義抄（このころ）	
一一〇四	長治元	江談抄↔	
一一〇五	長治二	堀河百首〈歌集・源俊頼ら〉	

平安時代

西暦	年号	作品	関連事項
一一〇九	天仁二	讃岐典侍日記↔	
一一一一	天永二	江家次第〈有職故実書・大江匡房〉→	
一一一五	永久三	俊頼髄脳↔	
一一一九	元永二	源氏物語絵巻製作始まる	
一一二〇	保安元	今昔物語集←	
一一二三	保安四	新撰朗詠集〈詩歌集・藤原基俊〉→	
一一二七	大治二	金葉和歌集 散木奇歌集↔	
一一三四	長承三	打聞集→	
一一三五	保延元	奥義抄←（天養元年→）	
一一三六	保延二	台記〈日記・藤原頼長〉～久寿二年（一一五五）	
一一四〇	保延六	続本朝文粋〈漢詩文集〉←	
一一四四	天養元	色葉字類抄←	
一一五一	仁平元	詞花和歌集↔	
一一五五	久寿二	後葉和歌集〈歌集・藤原為経〉↔	
一一五七	保元二	信貴山縁起絵巻←	一一五六 保元の乱
一一五九	平治元	袋草紙→ 曾丹集（このころ）	一一五九 平治の乱
一一六四	長寛二	玉葉 ～正治二年（一二〇〇）	
一一六五	永万元	続詞花和歌集↔	一一六七 平清盛太政大臣となる
一一六九	嘉応元	和歌初学抄〈歌学書・藤原清輔〉	
一一七〇	嘉応二	今鏡最後の記事	
一一七六	安元二	唐物語→	
一一七八	治承二	長秋詠藻	
一一七九	治承三	梁塵秘抄→	
一一八〇	治承四	明月記 ～嘉禎元年（一二三五） 吾妻鏡～文永三年（一二六六） 宝物集（このころ）	
一一八六	文治二	袖中抄〈歌学書・顕昭〉↔	一一八五 平氏滅亡。源頼朝、各地に守護・地頭を設置
一一八八	文治四	千載和歌集	
一一八九	文治五	御裳濯河歌合・宮河歌合〈歌合わせ・西行〉↔ 松浦宮物語←（建仁二年→）	
一一九〇	建久元	山家集↔ とりかへばや物語↔ 和泉式部集 海人の刈藻〈物語〉（このころ） 古本説話集（このころ） 水鏡（このころ）	

西暦	年号	作品	関連事項
鎌倉時代			
一一九三	建久四	六百番歌合	一一九二 源頼朝征夷大将軍となる。鎌倉幕府開設
一一九七	建久八	古来風体抄	
一一九八	建久九	選択本願念仏集〈仏教書・法然〉 興禅護国論〈仏教書・栄西〉	
一二〇〇	正治二	正治初度百首〈歌集・藤原定家ら〉 無名草子↔	
一二〇二	建仁二	千五百番歌合↔	
一二〇四	元久元	秋篠月清集〈歌集・藤原良経〉	
一二〇五	元久二	新古今和歌集	
一二〇九	承元三	近代秀歌	
一二一一	建暦元	無名抄↔	
一二一二	建暦二	方丈記 古事談←（建保三年→） 宇治拾遺物語←（承久二年→）	
一二一三	建保元	金槐和歌集	
一二一六	建保四	拾遺愚草 発心集→ 源家長日記〈日記・源家長〉↔	
一二一八	建保六	詠歌之大概↔	
一二一九	建保七	建春門院中納言日記	一二一九 源実朝暗殺される
一二一九	承久元	毎月抄 続古事談〈説話集〉	
一二二〇	承久二	愚管抄	
一二二一	承久三	平家物語原型→	一二二一 承久の乱
一二二二	承久四	閑居友	
一二二三	貞応二	海道記 保元物語←	
一二二四	元仁元	教行信証	
一二二五	嘉禄元	後鳥羽院御口伝↔	
一二三二	貞永元	建礼門院右京大夫集↔ 教訓抄〈雅楽書・狛近真〉↔	
一二三五	嘉禎元	新勅撰和歌集 小倉百人一首 八雲御抄〈歌学書・順徳院〉↔ 正法眼蔵随聞記（嘉禎年間）	
一二三九	延応元	今物語← 承久記〈軍記〉（このころ） 住吉物語（このころ）	
一二四二	仁治三	東関紀行	
一二四五	寛元三	壬二集→	
一二四六	寛元四	平治物語→	

西暦	年号	作品	関連事項
鎌倉時代			
一二五一	建長三	続後撰和歌集	
一二五二	建長四	十訓抄 撰集抄〈説話集〉↔	
一二五三	建長五	正法眼蔵	
一二五四	建長六	古今著聞集	
一二六〇	文応元	立正安国論	このころ金沢文庫開設
一二六三	弘長三	詠歌一体〈歌論・藤原為家〉↔	
一二六五	文永二	続古今和歌集	
一二六九	文永六	万葉集註釈	
一二七一	文永八	風葉和歌集 石清水物語→ 苔の衣↔	
一二七四	文永一一	釈日本紀〈注釈書・卜部懐賢〉	一二七四 文永の役
一二七八	弘安元	続拾遺和歌集 弁内侍日記→	
一二八〇	弘安三	十六夜日記↔	一二八一 弘安の役
一二八三	弘安六	沙石集 うたたね〈日記・阿仏尼〉→	
一二八五	弘安八	為兼卿和歌抄↔ 夜の鶴〈歌論書・阿仏尼〉（弘安年間）	
一二九二	正応五	中務内侍日記最後の記事 朗詠要集〈歌謡集・聖玄〉 歎異抄→	
一二九六	永仁四	宴曲集〈歌謡集・明空〉→	
一三〇三	嘉元元	新後撰和歌集	
一三〇五	嘉元三	雑談集	
一三一〇	延慶三	夫木和歌抄↔	
一三一二	正和元	玉葉和歌集	
一三一三	正和二	とはずがたり→	
一三二〇	元応二	続千載和歌集↔	
一三二二	元亨二	元亨釈書	
一三二四	正中元	石山寺縁起製作開始	
一三二六	嘉暦元	続後拾遺和歌集	
一三二九	元徳元	竹むきが記〈日記・日野資名女〉〜貞和五年（一三四九） 一言芳談（このころ） 徒然草（このころ） 源平盛衰記（このころ）	一三三三 鎌倉幕府滅亡
一三三八	暦応元	増鏡←（永和二年→）	一三三六 南北朝の対立
一三三九	暦応二	神皇正統記	
一三四〇	暦応三	職原抄〈有職故実書・北畠親房〉	
一三四六	貞和二	拾玉集〈歌集・慈円〉	

西暦	年号	作品	関連事項
（南北朝時代）			
一三四九	貞和五	梅松論〈歴史物語〉 連理秘抄← 風雅和歌集↔	
一三五六	延文元	菟玖波集→ 筑波問答←（応安五年→）	
一三五八	延文三	吉野拾遺↔	
一三五九	延文四	新千載和歌集 草庵集正編↔	
一三六三	貞治二	愚問賢註〈歌論書・二条良基・頓阿〉	
一三六四	貞治三	新拾遺和歌集 井蛙抄→	
一三六七	貞治六	河海抄〈注釈書・四辻善成〉→	
		太平記（このころ）	
一三七一	応安四	李花集〈歌集・宗良親王〉←	
一三七二	応安五	応安新式	
一三八一	永徳元	新葉和歌集 仙源抄〈注釈書・長慶天皇〉	
一三八四	至徳元	新後拾遺和歌集	
		庭訓往来（このころ）	
		曾我物語（このころ）	一三九二 南北朝合一
		義経記（このころ）	一三九七 金閣建立
室町時代			
一四〇〇	応永七	風姿花伝←	
一四〇二	応永九	難太平記〈軍記・今川了俊〉	
一四二〇	応永二七	至花道	
一四二二	応永二九	公事根源〈有職故実書・一条兼良〉	
一四二三	応永三〇	三道〈能楽書・世阿弥〉	
一四二四	応永三一	花鏡	
一四三〇	永享二	申楽談儀 習道書〈能楽書・世阿弥〉	
一四三九	永享一一	新続古今和歌集	
一四四四	文安元	下学集	
一四四六	文安三	壒嚢鈔〈事典・行誉〉	
一四五〇	宝徳二	正徹物語↔	
一四五二	享徳元	連歌初学抄〈歌学書・一条兼良〉	
一四五五	康正元	六輪一露之記〈能楽書・金春禅竹〉	
一四六三	寛正四	ささめごと↔	
一四六七	文正二	吾妻問答	一四六七 応仁の乱
一四六八	応仁二	ひとりごと	
		御伽草子の流行（このころ）	
一四七二	文明四	花鳥余情〈注釈書・一条兼良〉	

西暦	年号	作品	関連事項
一四七三	文明五	草根集	
一四七四	文明六	実隆公記〈日記・三条西実隆〉～天文五年（一五三六）	
一四七六	文明八	竹林抄〈連歌集・宗祇〉	
一四七七	文明九	御湯殿上日記 ～文政九年（一八二六）	
		梁塵愚案抄〈注釈書・一条兼良〉	
		東斎随筆（このころ）	
一四八七	文明一九	節用集	
一四八八	長享二	水無瀬三吟百韻	一四八九 銀閣建立
一四九五	明応四	新撰菟玖波集	
一五一二	永正九	体源抄〈雅楽書・豊原統秋〉	
一五一三	永正一〇	細流抄〈注釈書・三条西実隆〉↔	
一五一八	永正一五	閑吟集	
一五二六	大永七	宗長手記〈紀行・宗長〉	
一五三〇	享禄三	俳諧独吟百韻〈俳諧集・守武〉	
一五三二	天文元	犬筑波集	
一五四〇	天文九	守武千句	一五四九 キリスト教伝来
		御文刊（天文年間）	
（安土・桃山時代）			
一五八六	天正一四	詠歌大概抄〈注釈書・細川幽斎〉 連歌至宝抄〈歌学書・紹巴〉	一五七三 室町幕府滅亡
一五九二	文禄元	天草版どちりなきりしたん〈教理書〉 天草本平家物語刊	一五八二 本能寺の変。太閤検地始まる
一五九三	文禄二	天草本伊曾保物語刊	
一五九四	文禄三	後陽成院御歌合〈歌合わせ・後陽成院ら〉	
一五九八	慶長三	信長公記〈軍記・大田牛一〉→	
一五九九	慶長四	ぎやどぺかどる刊〈教理書〉	一六〇〇 関ヶ原の合戦
江戸時代			
一六〇三	慶長八	日葡辞書刊	一六〇三 江戸幕府開設
一六〇五	慶長一〇	妙貞問答〈教理書・ハビアン〉	
一六〇八	慶長一三	日本大文典〈語学書・ロドリゲス〉	
一六一四	慶長一九	恨の介〈仮名草子〉↔	
一六一五	元和元	昨日は今日の物語〈噺本〉↔ 薄雪物語↔	一六一五 大坂夏の陣
一六二一	元和七	竹斎↔	
一六二三	元和九	醒睡笑 おもろさうし	
一六二五	寛永二	太閤記〈軍記・小瀬甫庵〉	
一六三二	寛永九	二人比丘尼↔	
一六三三	寛永一〇	犬子集	
一六三九	寛永一六	山椒太夫↔ 伊曾保物語→ 仁勢物語	一六三九 ポルトガル人

江戸時代

西暦	年号	作品	関連事項
一六四二	寛永一九	〈仮名草子〉↔　可笑記刊〈仮名草子・如儡子〉	の来航禁止。鎖国体制がほぼ完成
一六四三	寛永二〇	新増犬筑波集刊〈俳諧集・貞徳〉　棠陰比事物語刊〈仮名草子〉（寛永年間）	
一六四四	正保元	戴恩記↔	
一六四五	正保二	毛吹草刊	
一六四九	慶安二	挙白集刊	
一六五一	慶安四	俳諧御傘刊〈俳論書・貞徳〉	
一六五七	明暦三	大日本史編纂始まる	
一六六一	寛文元	因果物語刊〈仮名草子・鈴木正三〉　東海道名所記↔　万葉集管見〈注釈書・下河辺長流〉↔	
一六六二	寛文二	江戸名所記刊〈地誌・浅井了意〉	
一六六五	寛文五	浮世物語↔	
一六六六	寛文六	古今夷曲集刊　伽婢子刊	
一六七〇	寛文一〇	本朝通鑑〈歴史書・林羅山〉	
一六七二	寛文一二	貝おほひ刊　後撰夷曲集刊〈狂歌集・生白堂行風〉	
一六七三	寛文一三	生玉万句　湖月抄	
一六七四	延宝二	枕草子春曙抄	
一六七五	延宝三	談林十百韻刊	
一六八一	延宝九	西鶴大矢数刊	
一六八二	天和二	好色一代男刊	
一六八三	天和三	虚栗刊　世継曾我初演	
一六八四	貞享元	諸艶大鑑刊〈浮世草子・井原西鶴〉	一六八四　竹本座創設
一六八五	貞享二	冬の日刊　西鶴諸国ばなし刊　出世景清初演　椀久一世の物語刊〈浮世草子・井原西鶴〉	一六八五　生類憐みの令
一六八六	貞享三	好色一代女刊　好色五人女刊　本朝二十不孝刊　春の日刊	
一六八七	貞享四	鹿島紀行　武道伝来記刊　男色大鑑刊〈浮世草子・井原西鶴〉　野ざらし紀行↔	
一六八八	元禄元	日本永代蔵　武家義理物語刊　新可笑記刊〈浮世草子・井原西鶴〉　更科紀行↔	

江戸時代

西暦	年号	作品	関連事項
一六八九	元禄二	曠野　本朝桜陰比事刊	
一六九〇	元禄三	幻住庵記　万葉代匠記精撰本　ひさご刊	
一六九一	元禄四	猿蓑刊　嵯峨日記	
一六九二	元禄五	世間胸算用刊　狗張子刊〈仮名草子・浅井了意〉　勢語臆断〈注釈書・契沖〉	
一六九三	元禄六	許六離別の詞　西鶴置土産刊	
一六九四	元禄七	西鶴織留刊　炭俵刊　好色万金丹刊〈浮世草子・夜食時分〉　奥の細道→	
一六九五	元禄八	笈日記　和字正濫抄刊〈語学書・契沖〉	
一六九六	元禄九	万の文反古刊	
一六九八	元禄一一	続猿蓑刊　梨本集〈歌学書・戸田茂睡〉	
一六九九	元禄一二	傾城仏の原初演　旅寝論	
一七〇一	元禄一四	藩翰譜〈歴史書・新井白石〉　けいせい色三味線刊	
一七〇二	元禄一五	三冊子　傾城壬生大念仏初演〈歌舞伎・近松門左衛門〉	
一七〇三	元禄一六	曾根崎心中初演　松の葉刊	
一七〇四	宝永元	薩摩歌初演〈浄瑠璃・近松門左衛門〉　去来抄↔	
一七〇五	宝永二	用明天王職人鑑初演〈浄瑠璃・近松門左衛門〉	
一七〇六	宝永三	風俗文選刊	
一七〇七	宝永四	心中重井筒初演〈浄瑠璃・近松門左衛門〉　五十年忌歌念仏初演〈浄瑠璃・近松門左衛門〉　丹波与作待夜の小室節初演↔	
一七〇八	宝永五	傾城反魂香初演　菊のちり刊〈俳諧集・園女〉	
一七〇九	宝永六	笈の小文刊	一七〇九　正徳の治開始
一七一一	正徳元	傾城禁短気刊　冥途の飛脚初演	
一七一二	正徳二	読史余論〈歴史書・新井白石〉　夕霧阿波鳴渡初演　和漢三才図会↔	
一七一三	正徳三	養生訓〈医学書・貝原益軒〉	
一七一五	正徳五	国性爺合戦初演　世間子息気質	

江戸時代

西暦	年号	作品	関連事項
		刊　西洋紀聞〈随筆・新井白石〉　八百屋お七初演〈浄瑠璃・紀海音〉（正徳年間）	
一七一六	享保元	折たく柴の記執筆	一七一六　享保の改革開始
一七一七	享保二	東雅〈辞書・新井白石〉　鑓の権三重帷子初演　世間娘気質刊〈浮世草子・江島其磧〉	
一七一八	享保三	独りごと刊〈俳論書・鬼貫〉　曾我会稽山初演〈浄瑠璃・近松門左衛門〉　本朝文鑑刊〈俳文集・支考〉	
一七一九	享保四	俳諧十論〈俳論書・支考〉　平家女護島初演〈浄瑠璃・近松門左衛門〉	
一七二〇	享保五	心中天の網島初演　浮世親仁形気刊	
一七二一	享保六	女殺油地獄初演	
一七二二	享保七	心中二つ腹帯初演〈浄瑠璃・紀海音〉　心中宵庚申初演〈浄瑠璃・近松門左衛門〉	
一七二五	享保一〇	万葉集僻案抄〈注釈書・荷田春満〉↔	
一七三二	享保一七	俳諧七部集↔	
一七三八	元文三	難波土産刊	
一七三九	元文四	都鄙問答刊〈思想書・石田梅岩〉　ひらかな盛衰記初演〈浄瑠璃・文耕堂ら〉	
一七四二	寛保二	国歌八論〈歌論書・荷田在満〉	
一七四四	延享元	磨光韻鏡刊〈語学書・文雄〉	
一七四六	延享三	菅原伝授手習鑑初演	
一七四七	延享四	義経千本桜初演	
一七四八	寛延元	仮名手本忠臣蔵初演	
一七四九	寛延二	英草紙刊	
一七五〇	寛延三	駿台雑話刊　武玉川初編刊〈俳諧集・紀逸〉	
一七五一	宝暦元	一谷嫩軍記初演	
一七五二	宝暦二	当世下手談義刊	
一七五三	宝暦三	自然真営道〈思想書・安藤昌益〉	
一七五七	宝暦七	冠辞考刊〈語学書・賀茂真淵〉	
一七五八	宝暦八	三十石艠始初演〈歌舞伎・並木正三〉	

江戸時代

西暦	年号	作品	関連事項
一七六〇	宝暦一〇	歌意考〈歌論書・賀茂真淵〉→	
一七六三	宝暦一三	根南志具佐　風流志道軒伝刊　石上私淑言　千代尼句集〈俳諧集・千代〉←	
一七六五	明和二	柳多留初編刊　新学	
一七六六	明和三	本朝廿四孝初演　諸道聴耳世間猿刊　世間妾形気〈浮世草子・上田秋成〉　繁野話刊〈読本・都賀庭鐘〉	
一七六七	明和四	挿頭抄〈語学書・富士谷成章〉	
一七六八	明和五	雨月物語　西山物語刊　傾城阿波の鳴門初演　万葉考刊行開始	
一七六九	明和六	近江源氏先陣館初演〈浄瑠璃・近松半二ら〉	
一七七〇	明和七	常山紀談↔　遊子方言刊　神霊矢口渡初演	
一七七一	明和八	妹背山婦女庭訓初演　池の藻屑・月の行方〈歴史物語・荒木田麗女〉　天降言〈歌集・田安宗武〉←	一七七二　田沼意次老中となる
一七七三	安永二	あけ烏刊　本朝水滸伝刊〈読本・建部綾足〉　脚結抄〈語学書・富士谷成章〉	
一七七四	安永三	解体新書刊〈医学書・杉田玄白ら〉	
一七七五	安永四	金々先生栄花夢　物類称呼刊〈辞書・吾山〉	
一七七七	安永六	春泥句集刊　新花摘　夜半楽〈春風馬堤曲〉刊　伽羅先代萩初演　和訓栞前編刊〈辞書・谷川士清〉←	
一七七八	安永七	金門五山桐初演	
一七八〇	安永九	新版歌祭文初演	
一七八三	天明三	万載狂歌集刊　伊賀越道中双六初演	一七八三　天明の大飢饉
一七八四	天明四	蕪村句集刊	
一七八五	天明五	莫切自根金生木〈黄表紙・唐来三和〉　江戸生艶気樺焼刊　詞の玉緒刊〈語学書・本居宣長〉　徳和歌後万載集刊〈狂歌集・四方赤良〉	
一七八六	天明六	群書類従正編刊行開始	
一七八七	天明七	鶉衣前編刊　通言総籬刊	一七八七　寛政の改革開

江戸時代			
西暦	年号	作品	関連事項
一七八九	寛政元	玉くしげ刊〈国学書・本居宣長〉 韓人漢文手管始初演〈歌舞伎・並木五瓶〉	
一七九三	寛政五	玉勝間 〜享和元年(一八〇一)	
一七九四	寛政六	五大力恋緘初演〈歌舞伎・並木五瓶〉	
一七九五	寛政七	東遊記・西遊記刊〈紀行・橘南谿〉	
一七九六	寛政八	源氏物語玉の小櫛 万葉集略解刊行開始 伊勢音頭恋寝刃初演〈歌舞伎・近松徳三〉	
一七九八	寛政一〇	うひ山ぶみ 古事記伝 鈴屋集刊↔	
一七九九	寛政一一	閑田耕筆〈随筆・伴蒿蹊〉 絵本太功記初演〈浄瑠璃・近松柳ら〉	
一八〇一	享和元	父の終焉日記	
一八〇二	享和二	東海道中膝栗毛初編刊 うけらが花刊〈歌集・加藤千蔭〉	
一八〇五	文化二	桜姫全伝曙草紙刊〈読本・山東京伝〉	
一八〇六	文化三	藤簍冊子刊 雷太郎強悪物語刊 詞の八衢〈語学書・本居春庭〉	
一八〇七	文化四	椿説弓張月初編刊	
一八〇八	文化五	三七全伝南柯夢刊〈読本・曲亭馬琴〉 胆大小心録 春雨物語	
一八〇九	文化六	浮世風呂初編刊 蕪村七部集刊	
一八一〇	文化七	七番日記〈句日記・一茶〉〜文化十五年(一八一八) 琴後集刊〈歌文集・村田春海〉	
一八一一	文化八	六帖詠草刊〈歌集・小沢蘆庵〉 越後獅子初演	
一八一三	文化一〇	浮世床初編刊 泊洦筆話刊〈随筆・清水浜臣〉 お染久松色読販初演〈歌舞伎・鶴屋南北〉 新学異見〈歌論書・香川景樹〉	
一八一四	文化一一	南総里見八犬伝初編刊	
一八一五	文化一二	蘭学事始	
一八一八	文政元	花月草紙	
一八一九	文政二	群書類従正編刊行完了 古史徴刊〈国学書・平田篤胤〉	
一八二〇	文政三	おらが春 八笑人初編刊	

江戸時代			
西暦	年号	作品	関連事項
一八二二	文政五	古事記伝刊行完了 癇癖談刊〈滑稽本・上田秋成〉	
一八二五	文政八	東海道四谷怪談初演	
一八二六	文政九	雅言集覧一部刊	
一八二七	文政一〇	筆のすさび〈随筆・菅茶山〉 日本外史↔	
一八二九	文政一二	修紫田舎源氏初編刊 近世説美少年録初編刊 一茶発句集刊〈俳諧集・一茶〉 泊洦舎集刊〈歌集・清水浜臣〉	
一八三〇	文政一三	桂園一枝刊 嬉遊笑覧	
一八三二	天保三	春色梅児誉美刊 江戸繁昌記刊〈随筆・寺門静軒〉	
一八三三	天保四	春色辰巳園初編刊〈人情本・為永春水〉	
一八三五	天保六	古今和歌集正義一部刊〈注釈書・香川景樹〉 はちすの露〈歌集・良寛〉 北越雪譜初編刊〈随筆・鈴木牧之〉	
一八三六	天保七	春告鳥初編刊〈人情本・為永春水〉	
一八三七	天保八	おあむ物語刊	
一八四〇	天保一一	勧進帳初演	一八四一 天保の改革
一八四三	天保一四	雲萍雑志刊〈随筆〉	
一八四四	弘化元	万葉集古義〈注釈書・鹿持雅澄〉↔	
一八五一	嘉永四	橿園随筆刊〈随筆・中島広足〉	
一八五三	嘉永六	与話情浮名横櫛初演	一八五三 ペリー来航
一八五六	安政三	蔦紅葉宇都谷峠初演〈歌舞伎・河竹黙阿弥〉	
一八五七	安政四	ひとりごち〈歌論書・大隈言道〉→	
一八五九	安政六	柳橋新誌初編刊〈随筆・成島柳北〉	
一八六〇	万延元	三人吉三廓初買初演	
一八六二	文久二	青砥稿花紅彩画・勧善懲悪覗機関初演〈歌舞伎・河竹黙阿弥〉	
一八六三	文久三	草径集〈歌集・大隈言道〉	
一八六六	慶応二	西洋事情初編刊〈福沢諭吉〉	一八六七 大政奉還

年号対照表

●年号の表記と、その一般的な読み方を現代仮名遣いの五十音順に配列した。下の数字は西暦年。
●○・*の年号は、それぞれ南朝・北朝のものであることを示す。

あ

年号	読み	西暦
安永	あんえい	一七七二〜一七八一
安元	あんげん	一一七五〜一一七七
安政	あんせい	一八五四〜一八六〇
安貞	あんてい	一二二七〜一二二九
安和	あんな	九六八〜九七〇

え

年号	読み	西暦
永延	えいえん	九八七〜九八九
永観	えいかん	九八三〜九八五
永久	えいきゅう	一一一三〜一一一八
永享	えいきょう	一四二九〜一四四一
永治	えいじ	一一四一〜一一四二
永正	えいしょう	一五〇四〜一五二一
永承	えいしょう	一〇四六〜一〇五三
永祚	えいそ	九八九〜九九〇
永長	えいちょう	一〇九六〜一〇九七
*永徳	えいとく	一三八一〜一三八四
永仁	えいにん	一二九三〜一二九九
永保	えいほう	一〇八一〜一〇八四
永万	えいまん	一一六五〜一一六六
永暦	えいりゃく	一一六〇〜一一六一
永禄	えいろく	一五五八〜一五七〇
*永和	えいわ	一三七五〜一三七九
延応	えんおう	一二三九〜一二四〇
延喜	えんぎ	九〇一〜九二三
延久	えんきゅう	一〇六九〜一〇七四
延享	えんきょう	一七四四〜一七四八
延慶	えんきょう	一三〇八〜一三一一
○延元	えんげん	一三三六〜一三四〇
延長	えんちょう	九二三〜九三一
延徳	えんとく	一四八九〜一四九二
*延文	えんぶん	一三五六〜一三六一
延宝	えんぽう	一六七三〜一六八一
延暦	えんりゃく	七八二〜八〇六

お

年号	読み	西暦
*応安	おうあん	一三六八〜一三七五
応永	おうえい	一三九四〜一四二八
応長	おうちょう	一三一一〜一三一二
応徳	おうとく	一〇八四〜一〇八七
応仁	おうにん	一四六七〜一四六九
応保	おうほう	一一六一〜一一六三
応和	おうわ	九六一〜九六四

か

年号	読み	西暦
嘉永	かえい	一八四八〜一八五四
嘉応	かおう	一一六九〜一一七一
嘉吉	かきつ	一四四一〜一四四四
*嘉慶	かきょう	一三八七〜一三八九
嘉元	かげん	一三〇三〜一三〇六
嘉祥	かしょう	八四八〜八五一
嘉承	かしょう	一一〇六〜一一〇八
嘉禎	かてい	一二三五〜一二三八
嘉保	かほう	一〇九四〜一〇九六
嘉暦	かりゃく	一三二六〜一三二九
嘉禄	かろく	一二二五〜一二二七
寛永	かんえい	一六二四〜一六四四
寛延	かんえん	一七四八〜一七五一
寛喜	かんぎ	一二二九〜一二三二
元慶	がんぎょう	八七七〜八八五
寛元	かんげん	一二四三〜一二四七
寛弘	かんこう	一〇〇四〜一〇一二
寛治	かんじ	一〇八七〜一〇九四
寛正	かんしょう	一四六〇〜一四六六
寛政	かんせい	一七八九〜一八〇一
寛徳	かんとく	一〇四四〜一〇四六
寛和	かんな	九八五〜九八七
寛仁	かんにん	一〇一七〜一〇二一
*観応	かんのう	一三五〇〜一三五二
寛平	かんぴょう	八八九〜八九八
寛文	かんぶん	一六六一〜一六七三
寛保	かんぽう	一七四一〜一七四四

き

年号	読み	西暦
久安	きゅうあん	一一四五〜一一五一
久寿	きゅうじゅ	一一五四〜一一五六
享徳	きょうとく	一四五二〜一四五五
享保	きょうほう	一七一六〜一七三六
享禄	きょうろく	一五二八〜一五三二
享和	きょうわ	一八〇一〜一八〇四

け

年号	読み	西暦
慶安	けいあん	一六四八〜一六五二
慶雲	けいうん	七〇四〜七〇八
慶応	けいおう	一八六五〜一八六八
慶長	けいちょう	一五九六〜一六一五
建永	けんえい	一二〇六〜一二〇七
元永	げんえい	一一一八〜一一二〇
元応	げんおう	一三一九〜一三二一
元亀	げんき	一五七〇〜一五七三
建久	けんきゅう	一一九〇〜一一九九
元久	げんきゅう	一二〇四〜一二〇六
乾元	けんげん	一三〇二〜一三〇三
元亨	げんこう	一三二一〜一三二四
○元弘	げんこう	一三三一〜一三三四
建治	けんじ	一二七五〜一二七八
元治	げんじ	一八六四〜一八六五
○元中	げんちゅう	一三八四〜一三九二
建長	けんちょう	一二四九〜一二五六
○建徳	けんとく	一三七〇〜一三七二
元徳	げんとく	一三二九〜一三三一
元和	げんな	一六一五〜一六二四
建仁	けんにん	一二〇一〜一二〇四
元仁	げんにん	一二二四〜一二二五
元文	げんぶん	一七三六〜一七四一
建保	けんぽう	一二一三〜一二一九
建武	けんむ	一三三四〜一三三八
建暦	けんりゃく	一二一一〜一二一三
元暦	げんりゃく	一一八四〜一一八五
元禄	げんろく	一六八八〜一七〇四

こ

年号	読み	西暦
弘安	こうあん	一二七八〜一二八八
*康安	こうあん	一三六一〜一三六二
*康永	こうえい	一三四二〜一三四五
*康応	こうおう	一三八九〜一三九〇
弘化	こうか	一八四四〜一八四八
康元	こうげん	一二五六〜一二五七
○興国	こうこく	一三四〇〜一三四六
弘治	こうじ	一五五五〜一五五八
康治	こうじ	一一四二〜一一四四
康正	こうしょう	一四五五〜一四五七
弘長	こうちょう	一二六一〜一二六四
弘仁	こうにん	八一〇〜八二四
康平	こうへい	一〇五八〜一〇六五
康保	こうほう	九六四〜九六八
*康暦	こうりゃく	一三七九〜一三八一
○弘和	こうわ	一三八一〜一三八四
康和	こうわ	一〇九九〜一一〇四

さ

年号	読み	西暦
斉衡	さいこう	八五四〜八五七

し

年号	読み	西暦
治安	じあん	一〇二一〜一〇二四
治承	じしょう	一一七七〜一一八一
*至徳	しとく	一三八四〜一三八七

年号	読み	西暦
寿永	じゅえい	一一八二～一一八五
朱鳥	しゅちょう	六八六
正安	しょうあん	一二九九～一三〇二
承安	じょうあん	一一七一～一一七五
貞永	じょうえい	一二三二～一二三三
正応	しょうおう	一二八八～一二九三
承応	じょうおう	一六五二～一六五五
貞応	じょうおう	一二二二～一二二四
正嘉	しょうか	一二五七～一二五九
貞観	じょうがん	八五九～八七七
承久	じょうきゅう	一二一九～一二二二
正慶	しょうきょう	一三三二～一三三三
貞享	じょうきょう	一六八四～一六八八
正元	しょうげん	一二五九～一二六〇
承元	じょうげん	一二〇七～一二一一
貞元	じょうげん	九七六～九七八
正治	しょうじ	一一九九～一二〇一
*貞治	じょうじ	一三六二～一三六八
昌泰	しょうたい	八九八～九〇一
正中	しょうちゅう	一三二四～一三二六
正長	しょうちょう	一四二八～一四二九
正徳	しょうとく	一七一一～一七一六
承徳	じょうとく	一〇九七～一〇九九
○正平	しょうへい	一三四六～一三七〇
承平	じょうへい	九三一～九三八
正保	しょうほう	一六四四～一六四八
承保	じょうほう	一〇七四～一〇七七
正暦	しょうりゃく	九九〇～九九五
承暦	じょうりゃく	一〇七七～一〇八一
正和	しょうわ	一三一二～一三一七
昭和	しょうわ	一九二六～一九八九
承和	じょうわ	八三四～八四八
*貞和	じょうわ	一三四五～一三五〇
治暦	じりゃく	一〇六五～一〇六九
神亀	じんき	七二四～七二九
神護景雲	じんごけいうん	七六七～七七〇
た		
大永	だいえい	一五二一～一五二八
大化	たいか	六四五～六五〇
大治	だいじ	一一二六～一一三一
大正	たいしょう	一九一二～一九二六
大同	だいどう	八〇六～八一〇
大宝	たいほう	七〇一～七〇四
ち		
長寛	ちょうかん	一一六三～一一六五
長久	ちょうきゅう	一〇四〇～一〇四四
長享	ちょうきょう	一四八七～一四八九
長元	ちょうげん	一〇二八～一〇三七
長治	ちょうじ	一一〇四～一一〇六
長承	ちょうしょう	一一三二～一一三五
長徳	ちょうとく	九九五～九九九
長保	ちょうほう	九九九～一〇〇四
長暦	ちょうりゃく	一〇三七～一〇四〇
長禄	ちょうろく	一四五七～一四六〇
長和	ちょうわ	一〇一二～一〇一七
て		
天安	てんあん	八五七～八五九
天永	てんえい	一一一〇～一一一三
天延	てんえん	九七三～九七六
天応	てんおう	七八一～七八二
天喜	てんき	一〇五三～一〇五八
天慶	てんぎょう	九三八～九四七
天元	てんげん	九七八～九八三
天治	てんじ	一一二四～一一二六
○天授	てんじゅ	一三七五～一三八一
天正	てんしょう	一五七三～一五九二
天承	てんしょう	一一三一～一一三二
天長	てんちょう	八二四～八三四
天徳	てんとく	九五七～九六一
天和	てんな	一六八一～一六八四
天仁	てんにん	一一〇八～一一一〇
天平	てんぴょう	七二九～七四九
天平感宝	てんぴょうかんぽう	七四九
天平勝宝	てんぴょうしょうほう	七四九～七五七
天平神護	てんぴょうじんご	七六五～七六七
天平宝字	てんぴょうほうじ	七五七～七六五
天福	てんぷく	一二三三～一二三四
天文	てんぶん	一五三二～一五五五
天保	てんぽう	一八三〇～一八四四
天明	てんめい	一七八一～一七八九
天養	てんよう	一一四四～一一四五
天暦	てんりゃく	九四七～九五七
天禄	てんろく	九七〇～九七三
と		
徳治	とくじ	一三〇六～一三〇八
に		
仁安	にんあん	一一六六～一一六九
仁治	にんじ	一二四〇～一二四三
仁寿	にんじゅ	八五一～八五四
仁和	にんな	八八五～八八九
仁平	にんぴょう	一一五一～一一五四
は		
白雉	はくち	六五〇～六五四
ふ		
文安	ぶんあん	一四四四～一四四九
文永	ぶんえい	一二六四～一二七五
文応	ぶんおう	一二六〇～一二六一
文化	ぶんか	一八〇四～一八一八
文亀	ぶんき	一五〇一～一五〇四
文久	ぶんきゅう	一八六一～一八六四
文治	ぶんじ	一一八五～一一九〇
文正	ぶんしょう	一四六六～一四六七
文政	ぶんせい	一八一八～一八三〇
○文中	ぶんちゅう	一三七二～一三七五
*文和	ぶんな	一三五二～一三五六
文保	ぶんぽう	一三一七～一三一九
文明	ぶんめい	一四六九～一四八七
文暦	ぶんりゃく	一二三四～一二三五
文禄	ぶんろく	一五九二～一五九六
へ		
平治	へいじ	一一五九～一一六〇
平成	へいせい	一九八九～
ほ		
保安	ほうあん	一一二〇～一一二四
宝永	ほうえい	一七〇四～一七一一
保延	ほうえん	一一三五～一一四一
宝亀	ほうき	七七〇～七八〇
保元	ほうげん	一一五六～一一五九
宝治	ほうじ	一二四七～一二四九
宝徳	ほうとく	一四四九～一四五二
宝暦	ほうりゃく	一七五一～一七六四
ま		
万延	まんえん	一八六〇～一八六一
万治	まんじ	一六五八～一六六一
万寿	まんじゅ	一〇二四～一〇二八
め		
明応	めいおう	一四九二～一五〇一
明治	めいじ	一八六八～一九一二
*明徳	めいとく	一三九〇～一三九四
明暦	めいれき	一六五五～一六五八
明和	めいわ	一七六四～一七七二
よ		
養老	ようろう	七一七～七二四
養和	ようわ	一一八一～一一八二
り		
*暦応	りゃくおう	一三三八～一三四二
暦仁	りゃくにん	一二三八～一二三九
れ		
霊亀	れいき	七一五～七一七
わ		
和銅	わどう	七〇八～七一五

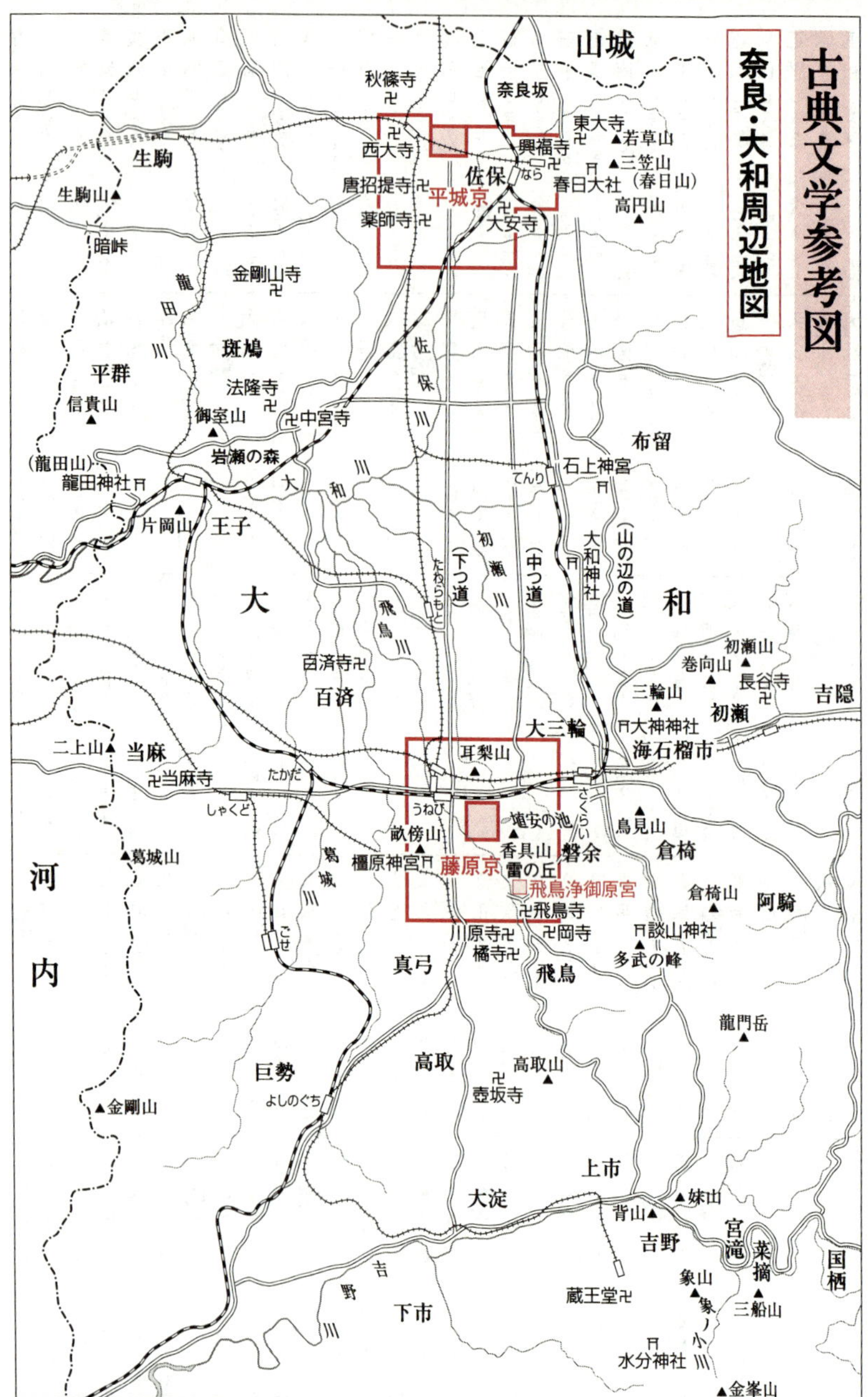

古典文学参考図
奈良・大和周辺地図
山城
奈良坂
秋篠寺
東大寺
若草山
西大寺
興福寺
三笠山
（春日山）
生駒
佐保
なら
春日大社
唐招提寺
平城京
生駒山
高円山
薬師寺
大安寺
暗峠
金剛山寺
龍田川
斑鳩
佐保川
平群
法隆寺
信貴山
御室山
中宮寺
布留
岩瀬の森
（龍田山）
石上神宮
龍田神社
大和川
てんり
片岡山
王子
初瀬川
（下つ道）
（中つ道）
大和神社
（山の辺の道）
大
和
たわらもと
飛鳥川
初瀬山
巻向山
百済寺
長谷寺
三輪山
吉隠
百済
初瀬
大神神社
大三輪
海石榴市
二上山
当麻
耳梨山
当麻寺
たかだ
しゃくど
うねび
さくらい
埴安の池
鳥見山
畝傍山
香具山
磐余
倉椅
葛城山
葛城川
橿原神宮
藤原京
雷の丘
河
飛鳥浄御原宮
倉椅山
阿騎
飛鳥寺
ごせ
川原寺
岡寺
談山神社
橘寺
多武の峰
内
真弓
飛鳥
龍門岳
高取
高取山
巨勢
壺坂寺
よしのぐち
金剛山
上市
大淀
妹山
背山
宮滝
吉野
菜摘
国栖
吉野川
象山
蔵王堂
象ノ小川
下市
三船山
水分神社
金峯山

古典文学参考図

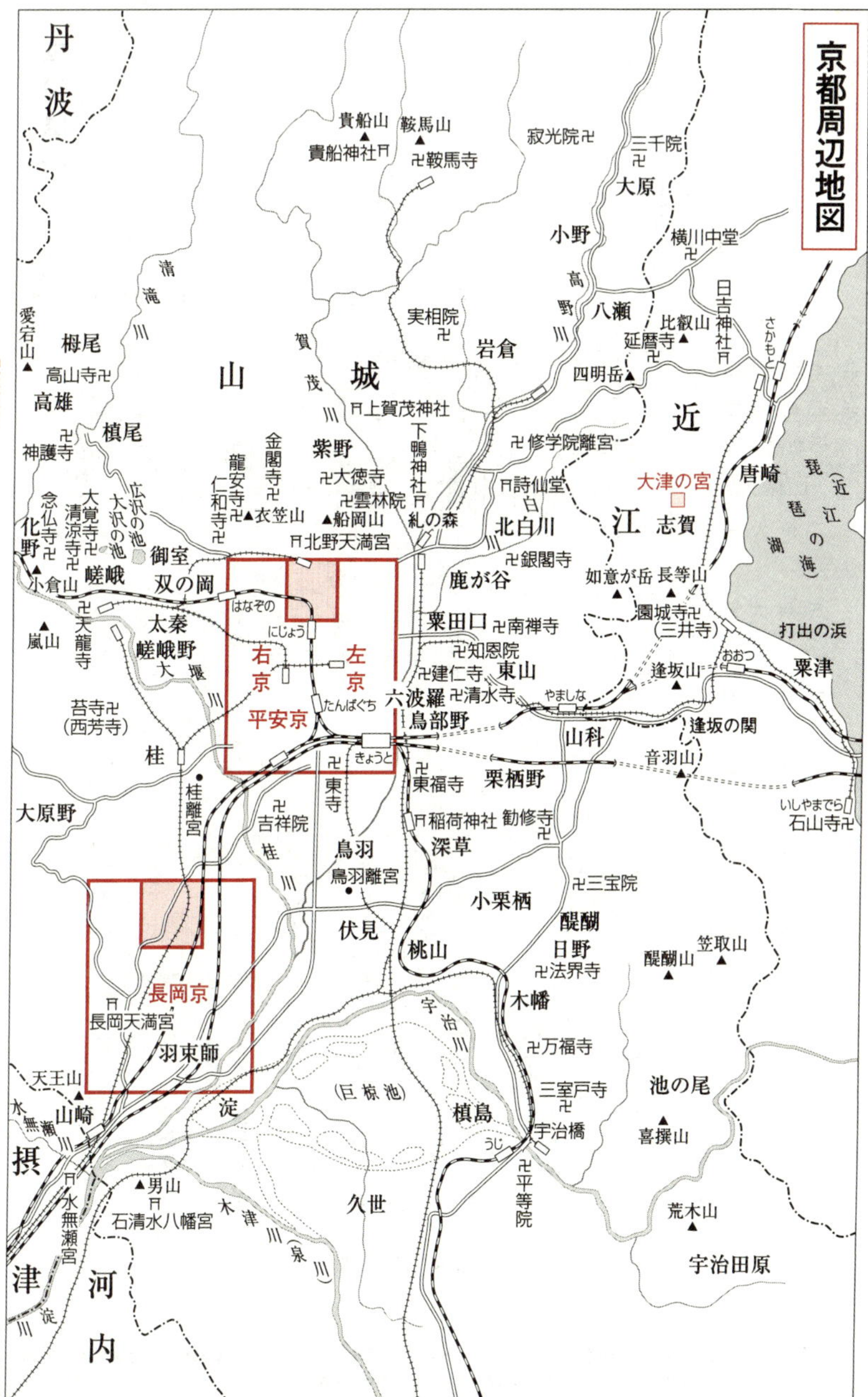
京都周辺地図
丹波
山城
近江
摂津
河内
貴船山
貴船神社
鞍馬山
鞍馬寺
寂光院
三千院
大原
小野
横川中堂
高野川
八瀬
比叡山
延暦寺
日吉神社
さかもと
四明岳
岩倉
実相院
清滝川
愛宕山
梅尾
高山寺
高雄
槇尾
神護寺
賀茂川
上賀茂神社
下鴨神社
紫野
大徳寺
雲林院
金閣寺
龍安寺
仁和寺
衣笠山
船岡山
北野天満宮
糺の森
修学院離宮
詩仙堂
大津の宮
唐崎
琵琶湖（近江の海）
志賀
北白川
銀閣寺
如意が岳
長等山
園城寺（三井寺）
打出の浜
念仏寺
化野
大覚寺
清涼寺
大沢の池
広沢の池
御室
嵯峨
双の岡
小倉山
嵐山
天龍寺
太秦
嵯峨野
大堰川
はなぞの
にじょう
右京
左京
平安京
たんばくち
鹿が谷
粟田口
南禅寺
知恩院
建仁寺
東山
清水寺
六波羅
鳥部野
やましな
山科
逢坂山
おおつ
粟津
逢坂の関
苔寺（西芳寺）
桂
きょうと
東寺
東福寺
栗栖野
音羽山
いしやまでら
石山寺
大原野
桂離宮
吉祥院
桂川
稲荷神社
勧修寺
深草
鳥羽
鳥羽離宮
三宝院
小栗栖
醍醐
伏見
桃山
日野
法界寺
醍醐山
笠取山
長岡京
長岡天満宮
宇治川
木幡
万福寺
羽束師
天王山
山崎
水無瀬川
淀
巨椋池
三室戸寺
池の尾
槇島
宇治橋
うじ
喜撰山
平等院
男山
石清水八幡宮
木津川（泉川）
久世
水無瀬宮
淀川
荒木山
宇治田原

古典文学参考図

平安京図

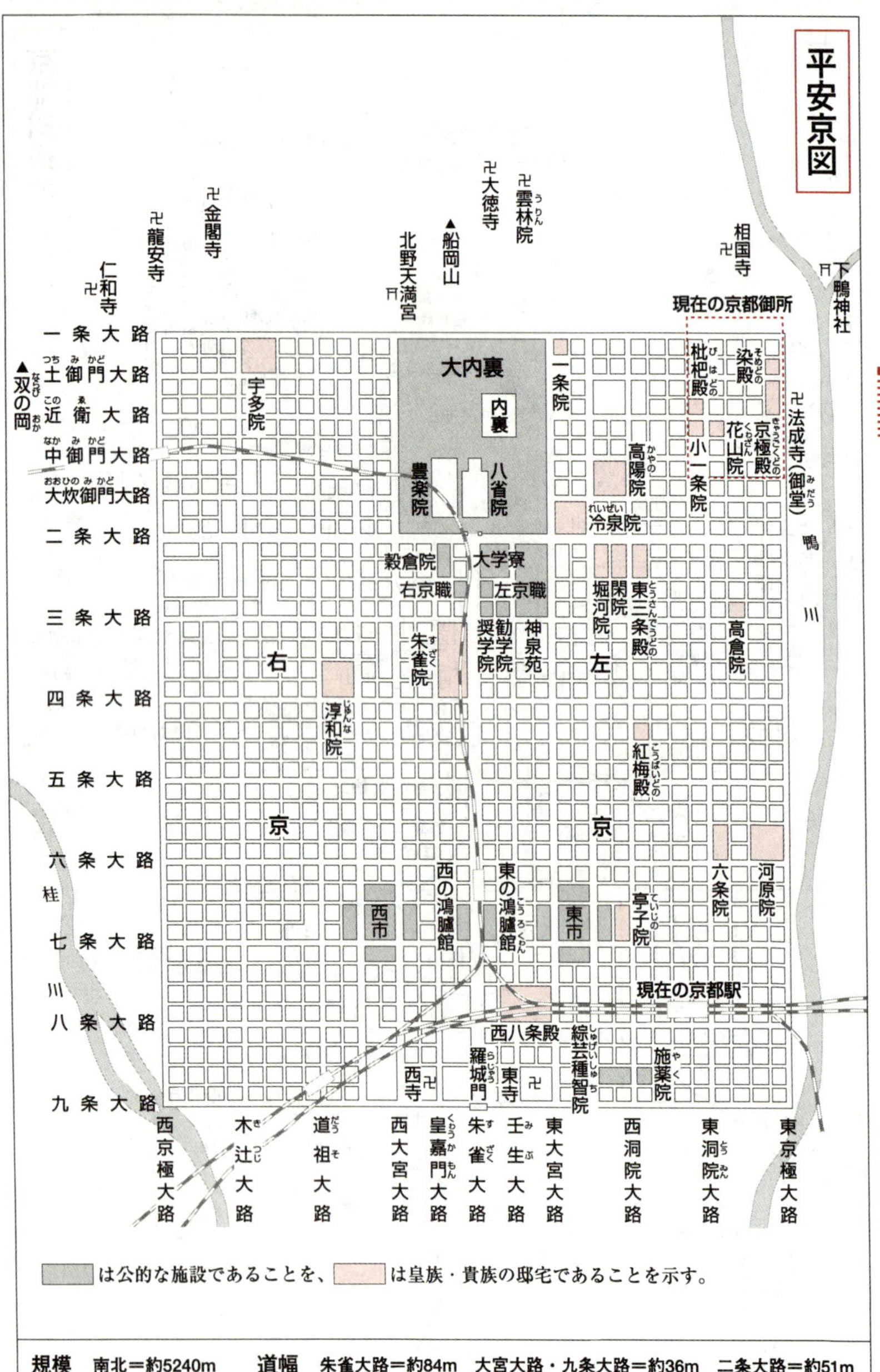

規模　南北＝約5240m　東西＝約4510m

道幅　朱雀大路＝約84m　大宮大路・九条大路＝約36m　二条大路＝約51m　他の大路＝約30m〜24m　小路＝約12m